INCLUS DANS VOTRE ACHAT
VOTRE OUVRAGE ACCESSIBLE EN LIGNE

AF860512

sur **www.rfediti**

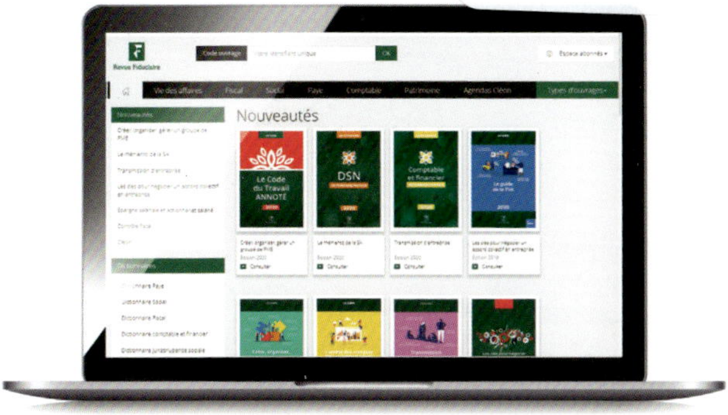

› **Accédez à la dernière version** à jour de la réglementation

› **Consultez votre ouvrage** où que vous soyez

› **Recherchez rapidement** par mots clés

› Retrouvez **l'ensemble de vos éditions**

1 SCANNEZ ce QR Code

OU

1 ENTREZ CE CODE UNIQUE sur le site

IDENTIFIANT UNIQUE

00BC-7078-41A8-864D-E46C

2 REMPLISSEZ LE FORMULAIRE et recevez vos identifiants* par e-mail

* Vos identifiants sont uniques et personnels. Tout partage et reproduction sont strictement interdits et soumis au droit d'auteur. ** Jusqu'à la sortie d'une nouvelle édition.

Revue Fiduciaire

320195012

LES CODES

Le Code du Travail ANNOTÉ

— 41e édition —

À jour au JO du 6 février 2021

Réalisé sous la direction d'Yves de La Villeguérin

Coordination : Benjamin Marcelis

Jean-Marc Béraud, Stéphane Guillaumin, Nathalie Ribert, Florence Vasseur, Mathilde Vivas

Groupe Revue Fiduciaire
100, rue La Fayette - 75485 Paris Cedex 10
www.revue-fiduciaire.com

Attention

la photocopie tue le livre

Nous alertons nos lecteurs sur la menace que représente pour l'avenir de l'écrit, tout particulièrement dans les domaines du droit et de la gestion, le développement massif du « photocopillage ».

Le code de la propriété intellectuelle interdit en effet, expressément, la photocopie à usage collectif sans autorisation des ayants droit. Or, cette pratique s'est développée dans de nombreux cabinets, entreprises, administrations, organisations professionnelles et établissements d'enseignement, provoquant une baisse notable des achats de livres et de revues au point que la possibilité même de créer des œuvres nouvelles et de les faire éditer est aujourd'hui menacée.

100 rue La Fayette - 75485 Paris Cedex 10

Dépôt légal avril 2021 - ISBN 978-2-7579-0810-5

Achevé d'imprimer sur les presses du Groupe Prenant, 70-82 rue Auber, 94400 Vitry-sur-Seine - mars 2021

Table générale

Pages

Présentation du code

Issu d'une seconde codification après celle de 1973 (ord. 2007-329 du 12 mars 2007, JO 13, ratifiée par loi 2008-67 du 21 janvier 2008, JO 22 ; décrets 2008-243 et 2008-244 du 7 mars 2008, JO 12), le « nouveau » code du travail est entré en vigueur le 1er mai 2008.

Dans sa présentation officielle, le code du travail est organisé en deux parties : une partie législative, une partie réglementaire. La première contient tous les articles précédés de la lettre « L ». La seconde contient, dans un ensemble désormais unique, les articles précédés des lettres R, R* et D, correspondant aux dispositions relevant respectivement de décrets en Conseil d'État, en Conseil des ministres et de décrets simples.

Notre présentation. Plutôt que de séparer les parties législatives et réglementaires, nous avons choisi de préserver la présentation originale du code du travail annoté, qui consiste à rapprocher le plus possible les articles réglementaires des articles législatifs auxquels ils se rapportent.

Les articles en L (dispositions législatives), maintenus à leur place normale compte tenu de la numérotation décimale retenue par le codificateur (L. 1111-1, L. 1111-2), sont suivis, s'il en existe et lorsque cela est possible, des articles en R, R* ou D (dispositions réglementaires) qui se rattachent directement à eux.

Sur le plan typographique, *des caractères différents* ont été choisis pour les dispositions législatives (articles en L) et pour les dispositions réglementaires (articles en R, R* et D).

Mise à jour des textes. Les textes du « Code du Travail Annoté » qui modifient des articles légaux ou réglementaires figurent entre parenthèses, en caractères italiques gras, dans le corps même de l'article concerné.

Lorsque seule une partie d'un article est modifiée (alinéa, phrase ou groupe de mots), elle apparaît entre guillemets à la suite du texte qui en est à l'origine.

Lorsqu'une partie du code, telle que titre, chapitre, section, sous-section, paragraphe, est modifiée, le texte qui en est à l'origine est mentionné dans une note introductive.

Les précisions concernant l'entrée en vigueur d'un article et les dispositions transitoires figurent généralement dans les notes.

Textes non codifiés. Nous avons jugé nécessaire de rapporter ou de mentionner en fin de code un certain nombre de textes qui sont en rapport étroit avec le droit du travail et présentent donc un intérêt certain pour l'utilisateur.

Les notes. Des notes figurent sous un très grand nombre d'articles législatifs et réglementaires.

Elles constituent, en tenant compte des arrêts les plus récents de la Cour de cassation, du Conseil d'État et de la Cour de justice de l'Union européenne, un commentaire pratique des articles dont l'application ou l'interprétation soulèvent des problèmes ou des difficultés. Elles comportent également, sur des points controversés, complexes ou importants, le rappel de la position prise à leur égard par l'administration (circulaires ministérielles, réponses à des questions écrites) et renvoient éventuellement, pour de plus amples développements, à des revues spécialisées.

Les tables. Le « Code du Travail Annoté » est assorti de trois tables :

- **Une table analytique** comportant *pour chaque chapitre* l'indication en gras de la racine numérique (1111, 1121) des articles en L, R, R* et/ou D qu'il comprend et de la page à laquelle ce chapitre débute.
- **Une table de référence, indispensable** dans le code du travail annoté, de couleur grise. Elle permet en effet de retrouver **instantanément** à quelle page du code se trouve inséré chaque article, le système de présentation qui a été adopté conduisant en effet à ce que **les articles réglementaires ne se suivent pas toujours dans leur ordre numérique**.
- **Une table alphabétique** de couleur grise reposant sur le principe de *mots-clés*.

Ordonnance n° 2007-329 du 12 mars 2007 relative au code du travail

(partie législative) (JO 13), ratifiée par loi 2008-67 du 21 janvier 2008 (JO 22), rapportée dans « Le nouveau code du travail annoté », éd. 2008.

....

Art. 12. – I. - Sont abrogées, sous réserve de l'article 13, les dispositions de la partie législative du code du travail dans sa rédaction issue de la loi 73-4 du 2 janvier 1973 relative au code du travail ainsi que des textes qui l'ont complétée ou modifiée.

II. - Sont abrogées les dispositions suivantes :

1° Les cinq premiers alinéas de l'article L. 133-5-3 du code de la sécurité sociale ;

2° Les cinq premiers alinéas, le septième, le huitième et le neuvième alinéas de l'article L. 133-5-5 du code de la sécurité sociale ;

3° L'article 1er de l'ordonnance n° 84 du 16 août 1892 sur les jours fériés applicable aux départements du Bas-Rhin, du Haut-Rhin et de la Moselle ;

4° Les articles 6, 41 a, 41 b, 105 a, 105 b, 105 c, 105 d, 105 e, 105 f, 105 g, 105 i et 133 a du code professionnel local applicable aux départements du Bas-Rhin, du Haut-Rhin et de la Moselle ;

5° Les articles 616, 621, 622 et 629 du code civil local applicable aux départements du Bas-Rhin, du Haut-Rhin et de la Moselle ;

6° Les articles 59, 63 et 66 du code de commerce local applicable aux départements du Bas-Rhin, du Haut-Rhin et de la Moselle ;

7° Les articles 1er, 1-1, 4, 5, 8 deuxième alinéa, 10 et 11 de l'ordonnance n° 45-2339 du 13 octobre 1945 relative aux spectacles ;

8° Les cinq premiers alinéas de l'article 19, ainsi que les articles 20, 21, 22, 23 24, 25 et 28 de l'ordonnance n° 67-830 du 27 septembre 1967 relative à l'aménagement des conditions de travail en ce qui concerne le régime des conventions collectives, le travail des jeunes et les titres restaurant ;

9° Le I de l'article 64 de la loi de finances pour 1975 n° 74-1129 du 30 décembre 1974 ;

10° Les articles 1er, 2, 3, 4 et 5 de la loi n° 76-463 du 31 mai 1976 relative à l'accession à la propriété ;

11° La loi n° 78-49 du 19 janvier 1978 relative à la mensualisation et à la procédure conventionnelle ;

12° L'article 26 de l'ordonnance n° 82-41 du 16 janvier 1982 relative à la durée du travail et aux congés payés ;

13° Les trois premiers alinéas du II de l'article 5 de la loi n° 82-600 du 13 juillet 1982 relative à l'indemnisation des victimes de catastrophes naturelles ;

14° Le premier alinéa de l'article 93 de la loi n° 82-652 du 29 juillet 1982 relative à la communication audiovisuelle ;

15° Les articles 1er à 4 de la loi n° 82-684 du 4 août 1982 relative à la participation des employeurs au financement des transports publics urbains et des chèques-transports ;

16° Les articles 1er à 4 de la loi n° 82-939 du 4 novembre 1982 relative à la contribution exceptionnelle de solidarité en faveur des travailleurs privés d'emploi ;

17° L'article 18 de la loi n° 83-635 du 13 juillet 1983 portant modification du code du travail et du code pénal en ce qui concerne l'égalité professionnelle entre les femmes et les hommes ;

18° Les articles 29 et 30 de la loi n° 83-675 du 26 juillet 1983 relative à la démocratisation du secteur public ;

19° L'article 18 de la loi n° 87-572 du 23 juillet 1987 modifiant le titre Ier du code du travail et relative à l'apprentissage ;

20° Le V de l'article 9 de la loi n° 98-657 du 29 juillet 1998 relative à la lutte contre les exclusions ;

21° L'article 8 de la loi n° 99-944 du 15 novembre 1999 relative au pacte civil de solidarité ;

22° Le II de l'article 30 de la loi n° 2000-37 du 19 janvier 2000 relative à la réduction négociée du temps de travail ;

23° L'article 1er de la loi n° 2005-296 du 31 mars 2005 portant réforme de l'organisation du temps de travail dans l'entreprise ;

24° L'article 20 de la loi n° 2005-843 du 26 juillet 2005 portant diverses mesures de transposition du droit communautaire à la fonction publique ;

25° Le VIII de l'article 96 de la loi n° 2005-882 du 2 août 2005 en faveur des petites et moyennes entreprises ;

26° Les articles 1er, 2 et 3 de l'ordonnance n° 2005-893 du 2 août 2005 relative au contrat de travail « nouvelles embauches ».

III. - Sont abrogés l'article R. 250-1 et les deux premiers alinéas de l'article R. 250-2 du code du travail.

IV. - L'abrogation des dispositions prévue aux I à III prend effet à la date d'entrée en vigueur de la partie réglementaire du nouveau code du travail pour ce qui concerne les articles, alinéas, phrases ou mots mentionnés à l'annexe 2 de la présente ordonnance.

Note L'annexe II est rapportée au JO du 13 mars 2007, p. 37291.

Art. 13. – Nonobstant les dispositions de l'article 1er, *demeurent en vigueur*, dans leur rédaction en vigueur à la date de la publication de la présente ordonnance, les dispositions suivantes de la partie législative du code du travail :

1° Les dispositions de l'article L. 143-11-7, en tant qu'elles s'appliquent aux marins mentionnés à l'article L. 742-6 ;

2° Les dispositions de l'article L. 143-11-9, en tant qu'elles s'appliquent aux marins mentionnés à l'article L. 742-6 ;

3° Les articles L. 148-2 et L. 148-3, ainsi que l'article L. 154-3, en tant qu'il s'applique aux infractions aux dispositions de ces deux articles ;

4° La deuxième phrase du troisième alinéa de l'article L. 212-4-4 ;

5° Les articles L. 212-18 et L. 212-19 ;

6° L'article L. 213-11 ;

7° L'article L. 220-3 ;

8° Le second alinéa de l'article L. 221-1 ;

9° L'article L. 321-13 ;

10° Les articles L. 323-2 (abrogé par L. 2019-828 du 6 août 2019, art. 90, II, JO 7), L. 323-4-1 (modifié par L. 2016-483 du 20 avril 2016, art. 65, JO 21 et L. 2018-771 du 5 sept 2018, art. 74, I, JO 6), L. 323-8-6-1 (modifié par L. 2010-123 du 9 févr. 2010, JO 10, Ord. 2010-420 du 27 avr. 2010, JO 30, L. 2010-1657 du 29 déc. 2010, JO 30, L. 2011-901 du 28 juil. 2011, JO 30, L. 2016-483 du 20 avril 2016, art. 65, JO 21, L. 2017-256 du 28 févr. 2017, art. 84, JO 1er mars et L. 2018-771 du 5 sept. 2018, art. 72, I, 4° à 6°, entrée en vigueur le 01.01.2020 et art. 74, II, JO 6) ;

11° En tant qu'ils s'appliquent aux collectivités et organismes mentionnés à l'article L. 323-2, les quatre premiers alinéas de l'article L. 323-5 (modifié par L. 2018-771 du 5 sept. 2018, art. 72, I, 2°, JO 6, entrée en vigueur le 01.01.2020), le premier alinéa de l'article L. 323-8 (abrogé par L. 2018-771 du 5 sept. 2018, art. 72, I, 3°, JO 6, entrée en vigueur le 01.01.2020), les articles L. 323-8-7 et L. 323-8-8 (abrogé par L. 2019-828 du 6 août 2019, art. 90, II, JO 7), le cinquième alinéa de l'article L. 323-21 et l'article L. 323-34 ;

12° Le neuvième alinéa de l'article L. 342-3 et le dixième alinéa de ce même article en tant qu'il s'applique aux entreprises de transport ;

13° L'article L. 351-13, en tant qu'il s'applique aux personnes mentionnées aux 1° et 2° de ce même article ;

14° L'article L. 353-2 ;

15° Les articles L. 471-1 à L. 471-3 ;

16° Le cinquième alinéa de l'article L. 620-10 ;

17° Les articles L. 713-1 et L. 713-2 ;

18° L'article L. 742-1, les II à IV de l'article L. 742-1-1 et les articles L. 742-2 à L. 743-2 ;

19° Les articles L. 800-4 et L. 800-5 en tant qu'ils concernent la Nouvelle-Calédonie et la Polynésie française ;

20° Le douzième alinéa de l'article L. 812-1 ;

21° Les articles L. 970-1 à L. 970-6 ;

22° Le deuxième alinéa de l'article L. 981-4.

Note Voir Annexe II de la circulaire DGT 2008/05 du 8 avril 2008, rapportée ci-après, note sous « Codification prévue dans le code des transports ».

(Ord. 2008-697 du 11 juil. 2008, art. 1er, IV, JO 16) « **Art. 13-1.** – Les dispositions du 12° de l'article 13 de la présente ordonnance ne sont pas applicables à Saint-Pierre-et-Miquelon. »

Art. 14. – Les dispositions de la présente ordonnance entrent en vigueur le 1er mai 2008.

Art. 14-1. – La présente ordonnance est applicable à Mayotte, aux Terres australes et antarctiques françaises et aux îles Wallis et Futuna en tant qu'elle abroge des dispositions applicables dans ces collectivités.

....

* *
*

Décret n° 2008-244 du 7 mars 2008 relatif au code du travail

(partie réglementaire) (JO 12)

rapporté dans « Le nouveau code du travail annoté », éd. 2008.

....

Art. 9. – I. – Sont abrogées, sous réserve de l'article 10 les dispositions de la partie réglementaire du code du travail dans sa rédaction issue du décret n° 73-1048 du 15 novembre 1973 fixant la partie réglementaire du code du travail ainsi que les textes qui l'ont complétée ou modifiée.

II. – Sont abrogées les dispositions suivantes :

1° Les articles R. 133-10, R. 133-11, R. 133-16, R. 133-17, D. 133-6, D. 133-7, D. 133-10 et D. 133-13 du code de la sécurité sociale ;

2° Le décret du 2 mars 1905 portant règlement d'administration publique relatif au contrôle de l'inspection du travail dans les établissements de l'État, soumis à la loi du 12 juin 1893 ;

3° Le décret n° 65-48 du 8 janvier 1965 portant règlement d'administration publique pour l'exécution des dispositions du livre II du Code du travail (titre II – Hygiène et sécurité des travailleurs) en ce qui concerne les mesures particulières de protection et de salubrité applicables aux établissements dont le personnel exécute des travaux du bâtiment, des travaux publics et tous autres travaux concernant les immeubles ;

4° Les articles 1er et 3 à 15-2 du décret n° 67-1165 du 22 décembre 1967 relatif aux titres-restaurant ;

5° Les articles 1er, premier à cinquième alinéas, 2 à 7 du décret n° 82-835 du 30 septembre 1982 relatif à l'application de la prise en charge par les employeurs des trajets domicile-travail ;

6° Le décret n° 85-682 du 4 juillet 1985 relatif à l'organisme professionnel de prévention du bâtiment et des travaux publics ;

7° L'article 1er du décret n° 87-947 du 26 novembre 1987 fixant les conditions d'application du chapitre Ier de l'ordonnance n° 86-1134 du 21 octobre 1986 modifiée relative à l'intéressement et à la participation des salariés aux résultats de l'entreprise et à l'actionnariat des salariés aux entreprises publiques dont le personnel est soumis pour les conditions de travail à un statut législatif ou réglementaire ;

8° Le décret n° 91-451 du 14 mai 1991 relatif à la prévention des risques liés au travail sur des équipements comportant des écrans de visualisation ;

9° Les articles ***(D. 2009-289 du 13 mars 2009, JO 15)*** « 4 » à 8 du décret n° 94-1166 du 28 décembre 1994 relatif à l'organisation des services déconcentrés du travail, de l'emploi et de la formation professionnelle ;

10° Le I de l'annexe au décret n° 95-607 du 6 mai 1995 fixant la liste des prescriptions réglementaires que doivent respecter les travailleurs indépendants ainsi que les employeurs lorsqu'ils exercent directement une activité sur un chantier de bâtiment ou de génie civil ;

11° Le décret n° 97-213 du 11 mars 1997 relatif à la coordination de la lutte contre le travail illégal ;

12° Le décret n° 97-331 du 10 avril 1997 relatif à la protection de certains travailleurs exposés à l'inhalation de poussières siliceuses sur leurs lieux de travail ;

13° Les articles 2 à 6 du décret n° 97-954 du 17 octobre 1997 relatif au développement d'activités pour l'emploi des jeunes ;

14° Les articles 1er et 2 du décret n° 98-252 du 1er avril 1998 relatif à la déclaration unique d'embauche ;

15° Les articles 1er à 8 du décret n° 99-107 du 18 février 1999 relatif aux entreprises d'insertion ;

16° Le décret n° 99-108 du 18 février 1999 relatif aux associations intermédiaires ;

17° Le décret n° 99-275 du 12 avril 1999 relatif aux fonds départementaux pour l'insertion ;

18° Les articles 1er à 8 et 10 du décret n° 2000-609 du 29 juin 2000 pris pour l'application des articles 4 et 10 de l'ordonnance n° 45-2339 du 13 octobre 1945 relative aux spectacles ;

19° Les articles 1er à 7 du décret n° 2002-374 du 20 mars 2002 portant application de l'article L. 12-10-1 du code du travail, à l'exception de la première phrase du quatrième alinéa de l'article 5 ;

20° Le décret n° 2005-894 du 2 août 2005 relatif à l'allocation forfaitaire ;

21° L'article 3 du décret n° 2006-1033 du 22 août 2006 relatif à la création de la direction générale du travail au ministère de l'emploi, de la cohésion sociale et du logement ;

22° Le décret n° 2007-175 du 9 février 2007 relatif au chèque-transport ;

23° Le décret n° 2007-279 du 2 mars 2007 instituant un Conseil national de l'inspection du travail ;

24° Les articles 1er à 3 de l'arrêté du 8 octobre 1990 fixant la liste des travaux pour lesquels il ne peut être fait appel aux salariés sous contrat de travail à durée déterminée ou aux salariés des entreprises de travail temporaire ;

25° L'arrêté du 27 juin 1991 fixant la liste des travaux pour lesquels il ne peut être fait appel aux salariés sous contrat de travail à durée déterminée ou aux salariés des entreprises de travail temporaire ;

26° Les articles 1er, deuxième alinéa, 2 à 6 de l'arrêté du 26 avril 1996 pris en application de l'article R. 237-1 du code du travail et portant adaptation de certaines règles de sécurité applicables aux opérations de chargement et de déchargement effectuées par une entreprise extérieure ;

27° L'arrêté du 14 mai 1996 relatif aux règles techniques que doivent respecter les entreprises effectuant des activités de confinement et de retrait d'amiante ;

28° L'article 1er de l'arrêté du 4 juillet 1996 relatif à l'extension aux établissements agricoles visés à l'article L. 231-1 du code du travail de l'arrêté du 26 avril 1996 pris en application de l'article R. 237-1 du code du travail et portant adaptation de certaines règles de sécurité applicables aux opérations de chargement et de déchargement effectuées par une entreprise extérieure ;

29° L'arrêté du 9 février 2006 fixant la liste des dépenses déductibles de la contribution annuelle prévue à l'article L. 323-8-2 du code du travail.

Note Au 19°, le décret 2002-374 du 20 mars 2002 a été abrogé par décret 2013-54 du 15 janvier 2013 (JO 17).

Art. 10. – Nonobstant les dispositions de l'article 1er, demeurent en vigueur, dans leur rédaction à la date de publication du présent décret, les dispositions suivantes de la partie réglementaire du code du travail :

1° Les articles R. 212-12, R. 213-11 [abrogé par décret 2014-530 du 22 mai 2014, art. 8, JO 27], R. 221-18 à R. 221-26 [22] [abrogés par décret 2013-253 du 25 mars 2013, art. 4, JO 27], R. 233-89-1 (second alinéa), R. 233-89-1-1 (troisième alinéa), R. 241-1-8 [abrogé par décret 2008-1503 du 30 décembre 2008, JO 31], R. 342-12 [modifié par décret 2008-1503 du 30 décembre 2008, JO 31], R. 713-1 à R. 713-14, R. 742-1 à R. 742-39 [dont R. 742-3, R. 742-4, R. 742-8-9 à 8-13 modifiés par décret 2008-1503 du 30 décembre 2008, JO 31 et R. 742-22 abrogé par le même décret ; R. 742-8-12 et 8-13 abrogés par décret 2016-303 du 15 mars 2016, JO 17 ; R. 742-8-1 à 8-11 abrogés par décret 2020-1410 du 17 novembre 2020, JO 19], R. 743-2 à R. 743-12, D. 141-7, D. 212-17 [abrogé par décret 2014-530 du 22 mai 2014, art. 8, JO 27], D. 220-4 (second alinéa) [abrogé par décret 2014-530 du 22 mai 2014, art. 8, JO 27], D. 741-1 à D. 741-8 [abrogés par décret 2014-530 du 22 mai 2014, art. 8, JO 27] ***(D. 2009-289 du 13 mars 2009, JO 15)*** « D. 742-3 à D. 742-11 [abrogés par décret 2020-1410 du 17 novembre 2020, JO 19], » D. 743-1 à D. 743-8, D. 744-1 à D. 744-3, D. 981-4 [modifié par décret 2018-821 du 27 septembre 2018, JO 29] ;

2° L'article R. 261-7, en tant qu'il s'applique aux infractions aux dispositions de l'article L. 213-11 du code du travail maintenu en vigueur par l'article 13 de l'ordonnance n° 2007-329 du 12 mars 2007 relative au code du travail (partie législative) [abrogé par décret 2014-530 du 22 mai 2014, art. 8, JO 27] ;

3° Le III de l'article R. 322-7, en tant qu'il concerne l'allocation de préretraite progressive ;

4° Les articles R. 351-22, premier à cinquième alinéas à R. 351-24, en tant qu'ils s'appliquent aux marins-pêcheurs et aux ouvriers dockers occasionnels ;

5° L'article R. 364-2 [modifié par décret 2008-1503 du 30 décembre 2008, JO 31], en tant qu'il s'applique aux infractions aux dispositions de l'article R. 342-12 ;

6° L'article D. 212-12, en tant qu'il exclut les entreprises de transport soumises au contrôle technique du ministère des transports [abrogé par décret 2014-530 du 22 mai 2014, art. 8, JO 27] ;

7° Les articles R. 351-15-1 à R. 351-15-4 et R. 351-36-1 sont maintenus en vigueur jusqu'au 31 décembre 2008.

Art. 11. – Les dispositions du présent décret entrent en vigueur le 1er mai 2008.

Art. 12. – Le présent décret est applicable à Mayotte, aux Terres australes et antarctiques françaises et aux îles Wallis et Futuna en tant qu'il abroge des dispositions applicables dans ces collectivités.

* * *

Circulaire DGT 2008/05 du 8 avril 2008 relative à l'entrée en vigueur du nouveau code du travail

Annexe II

Liste des articles maintenus en vigueur dans l'attente de leur codification

Codification prévue dans le code des transports
L. 143-11-7 alinéas 1 à 6 (créances salariales, en ce qu'elles concernent le code des transports)
L. 143-11-9 (créances salariales, en ce qu'elles concernent le code des transports)
L. 148-2 (économats)
L. 148-3 (économats)
L. 212-4-4 alinéa 3 phrase 2 (travail à temps partiel) (voir note)
L. 212-18 (durée du travail) (voir note)
L. 212-19 (durée du travail) (voir note)
L. 213-11 (travail de nuit) (voir note)
L. 220-3 (repos quotidien) (voir note)
L. 342-3 alinéa 9 (détachement) (voir note)
L. 351-13 alinéas 2 et 3 (allocation de solidarité spécifique) (voir note)
L. 742-1 (contrat de travail des marins) (voir note)
L. 742-1-1 II à IV (inspection du travail maritime) (voir note)
L. 742-5 (santé et sécurité au travail sur les navires) (voir note)
L. 742-12 (aptitude des marins) (voir note)
L. 743-1, L. 743-2 (personnels des ports) (voir note)
L. 981-4 alinéa 2 (contrat de professionnalisation) (voir note)
R. 212-12 (attributions ITT en durée du travail)
R. 221-18 à R. 221-26 [22] (repos des personnels de navigation intérieure) [abrogés par décret 2013-253 du 25 mars 2013, art. 4, JO 27]
R. 241-1-8 [abrogé par décret 2008-1503 du 30 décembre 2008, JO 31] (attribution ministre transport pour services de santé)
R. 742-1 à R. 742-39 [dont R. 742-3, R. 742-4, R. 742-8-9 à 8-13 modifiés par décret 2008-1503 du 30 décembre 2008, JO 31, R. 742-22 abrogé par le même décret, R. 742-38 abrogé par décret 2012-361 du 14 mars 2012, JO 16 et R. 742-8-1 à 8-11 abrogés par décret 2020-1410 du 17 novembre 2020, JO 19] (marins)
R. 743-2 à R. 743-12 (personnels des entreprises de manutention des ports)
D. 212-17 (contrôle durée du travail) [abrogé par décret 2014-530 du 22 mai 2014, art. 8, JO 27]

Codification prévue dans le code des transports
D. 220-4, second alinéa (dérogation repos quotidien) [abrogé par décret 2014-530 du 22 mai 2014, art. 8, JO 27]
D. 741-1 à D. 741-8 (congés des intermittents des transports) [abrogés par décret 2014-530 du 22 mai 2014, art. 8, JO 27]
D. 743-1 à D. 743-8 (personnels des entreprises de manutention des ports)
D. 744-1 à D. 744-3 (personnels établissements portuaires : heures supplémentaires)
D. 981-4 (professionnalisation des marins)
L'article R. 261-7, en tant qu'il s'applique aux infractions des dispositions de l'article L. 213-11 du code du travail maintenu en vigueur par l'article 13 de l'ordonnance n° 2007-329 du 12 mars 2007 relative au code du travail (partie législative) [abrogé par décret 2014-530 du 22 mai 2014, art. 8, JO 27]
Les articles R. 351-22, premier à cinquième alinéa à R. 351-24, en tant qu'ils s'appliquent aux marins-pêcheurs et aux ouvriers dockers occasionnels
L'article D. 212-12, en tant qu'il exclut les entreprises de transport soumises au contrôle technique du ministère des transports [abrogé par décret 2014-530 du 22 mai 2014, art. 8, JO 27].

Note Cette codification a été faite, pour la *partie législative*, par l'ordonnance 2010-1307 du 28 octobre 2010 (JO 3 nov.) modifée par l'ordonnance 2011-204 du 24 février 2011 (JO 25), ratifiées toutes deux par la loi 2012-375 du 19 mars 2012 (JO 20).

Sont abrogés, sous réserve des dispositions des articles 9 et 16, la dernière phrase du troisième alinéa de l'article L. 212-4-4, les articles L. 212-18, L. 212-19, L. 213-11, L. 220-3, le deuxième alinéa de l'article L. 221-1, le neuvième alinéa de l'article L. 342-3 et le dixième alinéa de ce même article, les premier et deuxième alinéas de l'article L. 351-13 en tant qu'ils concernent les dockers, l'article L. 742-1, les II à IV de l'article L. 742-1-1, les articles L. 742-2 à L. 742-12, les articles L. 743-1 et L. 743-2 et le deuxième alinéa de l'article L. 981-4 du code du travail (ordonnance 2010-1307 du 28 octobre 2010 relative à la partie législative du code des transports, art. 7, 9°, JO 3 nov.).

Est et demeure abrogé le I de l'article L. 742-1-1 du code du travail (ordonnance 2010-1307 précitée, art. 8, 1°).

L'abrogation des dispositions mentionnées à l'article 7 de l'ordonnance précitée ne prendra effet qu'à compter de la publication des dispositions réglementaires du code des transports en ce qui concerne la deuxième phrase de l'article L. 742-2 du code du travail (ordonnance 2010-1307 précitée, art. 9, 5°).

Pour la *partie réglementaire*, voir décret 2014-530 du 22 mai 2014 codifiant les dispositions communes du code des transports. Sont abrogés, dans le code du travail (ancien), les articles R. 213-11, R. 261-7, D. 212-12, D. 212-17, D. 220-4 et D. 741-1 à D. 741-8.

Codification prévue dans le code de l'énergie
L. 713-1 et L. 713-2 (industries électriques et gazières)
R. 713-1 à R. 713-14 (accords dans industries électrique et gazière)

Note Cette codification a été faite, pour la partie législative, par l'ordonnance 2011-504 du 9 mai 2011 (JO 10).

Sont abrogés, sous réserve des dispositions des articles 6 et 12, les articles L. 713-1 et L. 713-2 CT (ancien).

Annexe III

Liste des dispositions transférées dans un autre code

Code de l'action sociale et des familles
L. 773-1 à L. 773-29
L. 774-1 et L. 774-2
D. 773-5 à D. 773-20
D. 773-2-1 CDT à D. 773-2-7

Code de l'éducation
L. 786 (intermittent enseignement supérieur)
L. 231-2-2 (commissions d'hygiène et de sécurité)

Code du travail de Mayotte
L. 830-1 alinéa 1 (Agence nationale pour l'emploi)

Code minier
L. 712-1 à L. 712-34 (délégué mineur et délégué permanent de surface)
L. 791-1 (pénalité mines et carrières)
L. 791-2 (pénalité délégué mineur)
L. 791-3 (pénalité délégué mineur)
R. 711-1 à R. 711-5 (conditions de travail)
R. 711-6 à R. 711-13 (santé et sécurité au travail)
R. 712-1 à R. 712-69 (délégués mineurs)
R. 791-1 à R. 791-3 (pénalités)
D. 711-1 à D. 711-20 (santé et sécurité au travail
D. 712-1 à D. 712-6 (délégués mineurs)

Code rural
L. 122-3-18 (contrat de vendanges)
L. 122-3-19 (contrat de vendanges)
L. 122-3-20 (contrat de vendanges)
L. 231-2-1 II (commissions paritaires d'hygiène, de sécurité et des conditions de travail en agriculture)
L. 231-1-2
L. 231-1-3
L. 231-12 IV (arrêt de travaux en milieu forestier)
L. 231-13 (travaux forestiers)
L. 231-14 (travaux en hauteur dans les arbres)
L. 263-11 alinéa 1 et alinéas 3 et 4 (dispositions pénales, en ce qu'elles concernent l'agriculture)
L. 324-11-3 (lutte contre le travail illégal)
L. 411-18 (syndicats)
L. 523-2 alinéa 3 (conflits collectifs)
L. 611-6 (inspection du travail agriculture)
L. 611-12-1 (inspection du travail agriculture)
L. 721-20
L. 721-21
L. 952-4 alinéa 5 (déclaration fiscale)
L. 953-3 (participation au financement de la formation professionnelle continue)
L. 992-1 (formation professionnelle continue)
R. 523-17 à R. 523-25 (Commission de conciliation en agriculture)
R. 524-14 (Procédure de médiation dans les professions agricoles)
R. 231-25 à R. 231-31 (Commission nationale d'hygiène, de sécurité et des conditions de travail agriculture)
R. 232-13 à R. 232-13-9 (Dispositions particulières à l'utilisation des lieux de travail dans les établissements agricoles)
R. 235-2-12, alinéa 2
R. 620-5
R. 721-12
R. 953-10 à R. 953-14
D. 950-7 et D. 950-8
R. 962-2
R. 963-5

Code de la sécurité sociale
L. 128-1 alinéa 5 (chèque emploi associatif)
L. 129-12 (chèque emploi-service universel)
L. 322-13 (embauche dans les zones de redynamisation urbaine et zone de revitalisation rurale)
L. 620-9 (GUSO)
R. 128-2 alinéa 3, R. 128-3 I, R. 128-4, R. 128-5 III à VII, R. 128-6, R. 128-7 (Chèque-emploi associatif)
D. 129-1 alinéa 1, D. 129-2 à 129-6, D. 129-12 (Chèque emploi service universel)
R. 620-6 alinéa 1, R. 620-6-4, R. 620-6-5 (GUSO)

Abréviations, sigles et acronymes

AJDA	Actualité juridique de droit administratif
ASH	Actualités sociales hebdomadaires
AN	Assemblée nationale
BC	Bulletin des arrêts de la Cour de cassation (chambres civiles)
B. crim.	Bulletin des arrêts de la Cour de cassation (chambre criminelle)
BO TR (ou MT)	Bulletin officiel travail, emploi, formation professionnelle
BS Lefebvre	Bulletin social Francis Lefebvre
C. constit.	Conseil constitutionnel
CA	Cour d'appel
CAA	Cour administrative d'appel
Cah. prud'h.	Cahiers prud'homaux
c. act. soc. et fam.	Code de l'action sociale et des familles
c. civ.	Code civil
c. com.	Code de commerce
c. éduc.	Code de l'éducation
c. justice adm.	Code de justice administrative
c. pén.	Code pénal
c. proc. civ.	Code de procédure civile
c. propr. intel.	Code de la propriété intellectuelle
c. rur. et pêche mar.	Code rural et de la pêche maritime
c. santé publ.	Code de la santé publique
c. séc. soc.	Code de la sécurité sociale
c. transp.	Code des transports
Cass. ass. plén.	Cour de cassation, assemblée plénière
Cass. civ.	Cour de cassation, chambre civile
Cass. com.	Cour de cassation, chambre commerciale
Cass. crim.	Cour de cassation, chambre criminelle
Cass. soc.	Cour de cassation, chambre sociale
CDAPH	Commission des droits et de l'autonomie des personnes handicapées
CE	Conseil d'État
CEDH	Cour européenne des Droits de l'Homme
CESEDA	Code de l'entrée et du séjour des étrangers et du droit d'asile
CGI	Code général des impôts
Chron.	Chronique
Circ. min.	Circulaire ministérielle
CJCE	Cour de justice des Communautés européennes
CJUE	Cour de justice de l'Union européenne (depuis le 1er déc. 2009)
Cons. prud'h.	Conseil de prud'hommes
CRPA	Code des relations entre le public et l'administration
CSB	Cahiers sociaux du Barreau de Paris
CT	Code du travail
D.	Dalloz
DIMA	Dispositif d'initiation aux métiers en alternance
Dr. Ouvr.	Droit Ouvrier
Dr. Soc.	Droit Social
ESAT	Établissement ou service d'aide par le travail
FAF	Fonds de l'assurance formation
FPSPP	Fonds paritaire de sécurisation des parcours professionnels
FPTETT	Fonds professionnel pour l'emploi dans le travail temporaire
FRS	Feuillet rapide social Francis Lefebvre
Gaz. Pal.	Gazette du Palais
JCP	Juris-classeur périodique/ La semaine juridique
JO	Journal officiel
JOCE	Journal officiel des Communautés européennes
JOUE	Journal officiel de l'Union européenne (depuis le 1er févr. 2003)
JS	Juri-Social
JS UIMM	Jurisprudence sociale de l'UIMM
JSL	Jurisprudence sociale Lamy
LS	Liaisons sociales
LSQ	Liaisons sociales, Quotidien
OETH	Obligation d'emploi des travailleurs handicapés
OPCA	Organisme collecteur paritaire agréé
rép. QE	Réponse à question écrite
QPC	Question prioritaire de constitutionnalité
RDT	Revue de droit du travail
Rec. Lebon	Recueil Lebon
RF	La Revue Fiduciaire
RJS	Revue de jurisprudence sociale Francis Lefebvre
Sén.	Sénat
SSL	Semaine sociale Lamy
TA	Tribunal administratif
TGI	Tribunal de grande instance
TI	Tribunal d'instance
TJ	Tribunal judiciaire (depuis le 1er janv. 2020)
TPS	Travail et Protection sociale
Trib. confl.	Tribunal des conflits

Pages

Table Analytique

PREMIÈRE PARTIE
LES RELATIONS INDIVIDUELLES DE TRAVAIL

LIVRE Ier DISPOSITIONS PRÉLIMINAIRES

LIVRE II LE CONTRAT DE TRAVAIL

LIVRE III LE RÈGLEMENT INTÉRIEUR ET LE DROIT DISCIPLINAIRE

LIVRE IV LA RÉSOLUTION DES LITIGES - LE CONSEIL DE PRUD'HOMMES

LIVRE V DISPOSITIONS RELATIVES À L'OUTRE-MER

DEUXIÈME PARTIE

LES RELATIONS COLLECTIVES DE TRAVAIL

LIVRE Ier LES SYNDICATS PROFESSIONNELS

LIVRE II LA NÉGOCIATION COLLECTIVE - LES CONVENTIONS ET ACCORDS COLLECTIFS DE TRAVAIL

LIVRE III LES INSTITUTIONS REPRÉSENTATIVES DU PERSONNEL

LIVRE IV **LES SALARIÉS PROTÉGÉS**

LIVRE V LES CONFLITS COLLECTIFS

LIVRE VI DISPOSITIONS RELATIVES À L'OUTRE-MER

TROISIÈME PARTIE

DURÉE DU TRAVAIL, SALAIRE, INTÉRESSEMENT, PARTICIPATION ET ÉPARGNE SALARIALE

LIVRE Ier DURÉE DU TRAVAIL, REPOS ET CONGÉS

LIVRE II SALAIRE ET AVANTAGES DIVERS

QUATRIÈME PARTIE

SANTÉ ET SÉCURITÉ AU TRAVAIL

LIVRE Ier DISPOSITIONS GÉNÉRALES

LIVRE V PRÉVENTION DES RISQUES LIÉS À CERTAINES ACTIVITÉS OU OPÉRATIONS

LIVRE VI INSTITUTIONS ET ORGANISMES DE PRÉVENTION

LIVRE VII CONTRÔLE

LIVRE VIII DISPOSITIONS RELATIVES À L'OUTRE-MER

CINQUIÈME PARTIE

L'EMPLOI

LIVRE Ier LES DISPOSITIFS EN FAVEUR DE L'EMPLOI

LIVRE II DISPOSITIONS APPLICABLES À CERTAINES CATÉGORIES DE TRAVAILLEURS

LIVRE III SERVICE PUBLIC DE L'EMPLOI ET PLACEMENT

LIVRE IV LE DEMANDEUR D'EMPLOI

LIVRE V DISPOSITIONS RELATIVES À L'OUTRE-MER

SIXIÈME PARTIE

LA FORMATION PROFESSIONNELLE TOUT AU LONG DE LA VIE

LIVRE Ier PRINCIPES GÉNÉRAUX ET ORGANISATION INSTITUTIONNELLE DE LA FORMATION ET DE L'ORIENTATION PROFESSIONNELLES

LIVRE II L'APPRENTISSAGE

LIVRE III LA FORMATION PROFESSIONNELLE

SEPTIÈME PARTIE

DISPOSITIONS PARTICULIÈRES À CERTAINES PROFESSIONS ET ACTIVITÉS

LIVRE Ier JOURNALISTES PROFESSIONNELS, PROFESSIONS DU SPECTACLE, DE L'AUDIOVISUEL, DE LA PUBLICITÉ ET DE LA MODE

LIVRE II CONCIERGES ET EMPLOYÉS D'IMMEUBLES À USAGE D'HABITATION, EMPLOYÉS DE MAISON ET SERVICES À LA PERSONNE

LIVRE III VOYAGEURS, REPRÉSENTANTS OU PLACIERS, GÉRANTS DE SUCCURSALES, ENTREPRENEURS SALARIÉS ASSOCIÉS D'UNE COOPÉRATIVE D'ACTIVITÉ ET D'EMPLOI ET TRAVAILLEURS UTILISANT UNE PLATEFORME DE MISE EN RELATION PAR VOIE ÉLECTRONIQUE

HUITIÈME PARTIE

CONTRÔLE DE L'APPLICATION DE LA LÉGISLATION DU TRAVAIL

LIVRE Ier INSPECTION DU TRAVAIL

LIVRE II LUTTE CONTRE LE TRAVAIL ILLÉGAL

LIVRE III DISPOSITIONS RELATIVES À L'OUTRE-MER

Table de référence

Une table alphabétique figure en fin d'ouvrage à la page 2853

Deuxième partie

Livre Ier

Livre III

Troisième partie

Livre Ier

Livre III

Livre IV

Quatrième partie

Livre Ier

Livre II

LIVRE III

Livre VI

Septième partie

LIVRE Ier

Livre V

Huitième partie

Livre Ier

Livre II

Texte du code du travail

CHAPITRE PRÉLIMINAIRE

Dialogue social

Note Ces articles résultent de la loi du 31 janvier 2007 dite de « modernisation du dialogue social ». Sur cette nouvelle approche, J-Fr. Cesaro, « Commentaire de la loi du 31 janvier 2007 de modernisation du dialogue social », JCP éd. S 2009, p. 1117 ; N. Maggin-Germain « Sur le dialogue social », Dr. Soc. 2007, p. 798 ; P-H Antonmattei « Négociation collective : une bonne nouvelle et une mauvaise », Dr. Soc. 2007, p. 459. Voir également « La place des partenaires sociaux dans l'élaboration des réformes. Premier bilan de l'application des articles L. 1 et s. du code du travail », Dr. Soc. 2010, pp. 489 et s.

Le Sénat et l'Assemblée nationale ont chacun adopté un protocole organisant, à titre expérimental, la consultation des partenaires sociaux préalablement à l'examen des propositions de loi relatives aux relations individuelles et collectives du travail, l'emploi et la formation professionnelle (rép. QE 55248, JO AN 18 mai 2010, p. 5609).

Art. L. 1. Tout projet de réforme envisagé par le Gouvernement qui porte sur les relations individuelles et collectives du travail, l'emploi et la formation professionnelle et qui relève du champ de la négociation nationale et interprofessionnelle fait l'objet d'une concertation préalable avec les organisations syndicales de salariés et d'employeurs représentatives au niveau national et interprofessionnel en vue de l'ouverture éventuelle d'une telle négociation.

À cet effet, le Gouvernement leur communique un document d'orientation présentant des éléments de diagnostic, les objectifs poursuivis et les principales options.

Lorsqu'elles font connaître leur intention d'engager une telle négociation, les organisations indiquent également au Gouvernement le délai qu'elles estiment nécessaire pour conduire la négociation.

Le présent article n'est pas applicable en cas d'urgence. Lorsque le Gouvernement décide de mettre en œuvre un projet de réforme en l'absence de procédure de concertation, il fait connaître cette décision aux organisations mentionnées au premier alinéa en la motivant dans un document qu'il transmet à ces organisations avant de prendre toute mesure nécessitée par l'urgence.

Art. L. 2. Le Gouvernement soumet les projets de textes législatifs et réglementaires élaborés dans le champ défini par l'article L. 1, au vu des résultats de la procédure de concertation et de négociation, à la Commission nationale de la négociation collective ***(L. 2020-1525 du 7 déc. 2020, art. 19, I, 1°, JO 8, entrée en vigueur le 01.06.2021)*** « , de l'emploi et de la formation professionnelle » et ***(L. 2020-1525 du 7 déc. 2020, art. 19, I, 1°, JO 8, entrée en vigueur le 01.06.2021)*** « à l'article L. 2271-1. »

Art. L. 3. Chaque année, les orientations de la politique du Gouvernement dans les domaines des relations individuelles et collectives du travail, de l'emploi et de la formation professionnelle, ainsi que le calendrier envisagé pour leur mise en œuvre sont présentés pour l'année à venir devant la Commission nationale de la négociation collective ***(L. 2020-1525 du 7 déc. 2020, art. 19, I, 2°, JO 8, entrée en vigueur le 01.06.2021)*** « , de l'emploi et de la formation professionnelle ». Les organisations mentionnées à l'article L. 1 présentent, pour leur part, l'état d'avancement des négociations interprofessionnelles en cours ainsi que le calendrier de celles qu'elles entendent mener ou engager dans l'année à venir. Le compte rendu des débats est publié.

Chaque année, le Gouvernement remet au Parlement un rapport faisant état de toutes les procédures de concertation et de consultation mises en œuvre pendant l'année écoulée en application des articles L. 1 et L. 2, des différents domaines dans lesquels ces procédures sont intervenues et des différentes phases de ces procédures.

Première partie

LES RELATIONS INDIVIDUELLES DE TRAVAIL

LIVRE Ier

DISPOSITIONS PRÉLIMINAIRES

TITRE Ier CHAMP D'APPLICATION ET CALCUL DES SEUILS D'EFFECTIFS

CHAPITRE UNIQUE

Art. L. 1111-1. Les dispositions du présent livre sont applicables aux employeurs de droit privé ainsi qu'à leurs salariés.

Elles sont également applicables au personnel des personnes publiques employé dans les conditions du droit privé, sous réserve des dispositions particulières ayant le même objet résultant du statut qui régit ce personnel.

Art. L. 1111-2. Pour la mise en œuvre des dispositions du présent code, les effectifs de l'entreprise sont calculés conformément aux dispositions suivantes :

1° Les salariés titulaires d'un contrat de travail à durée indéterminée à temps plein et les travailleurs à domicile sont pris intégralement en compte dans l'effectif de l'entreprise ;

2° Les salariés titulaires d'un contrat de travail à durée déterminée, les salariés titulaires d'un contrat de travail intermittent, les salariés mis à la disposition de l'entreprise par une entreprise extérieure ***(L. 2008-789 du 20 août 2008, art. 3, JO 21)*** « qui sont présents dans les locaux de l'entreprise utilisatrice et y travaillent depuis au moins un an, ainsi que » les salariés temporaires, sont pris en compte dans l'effectif de l'entreprise à due proportion de leur temps de présence au cours des douze mois précédents. Toutefois, les salariés titulaires d'un contrat de travail à durée déterminée et les salariés mis à disposition par une entreprise extérieure, y compris les salariés temporaires, sont exclus du décompte des effectifs lorsqu'ils remplacent un salarié absent ou dont le contrat de travail est suspendu, notamment du fait d'un congé de maternité, d'un congé d'adoption ou d'un congé parental d'éducation ;

3° Les salariés à temps partiel, quelle que soit la nature de leur contrat de travail, sont pris en compte en divisant la somme totale des horaires inscrits dans leurs contrats de travail par la durée légale ou la durée conventionnelle du travail.

Note • **Salariés d'entreprises de travail temporaires.** Voir aussi note sous L. 1251-54.

• **Travailleurs mis à disposition.** Si les conditions instaurées par la loi 2008-789 du 20 août 2008 sont remplies (présence dans les locaux de l'entreprise et ancienneté dans l'entreprise utilisatrice d'au moins un an), les salariés mis à disposition doivent être pris en compte dans l'effectif de l'entreprise utilisatrice, quelle que soit la nature juridique des liens de l'entreprise extérieure avec l'entreprise utilisatrice (cass. soc. 15 avril 2015, n° 14-20.200, RJS 7/15 n° 494 ; JCP éd. S 2015, 1292, note D. Chenu).

Le fait que des salariés mis à disposition aient choisi d'exercer leur droit de vote dans leur entreprise d'origine (voir L. 2314-23 CT) n'exclut pas leur prise en compte dans l'effectif de l'entreprise utilisatrice (cass. soc. 19 janvier 2011, n° 10-60.296, BC V n° 27 ; RJS 4/11 n° 337 ; JCP éd. S 2011, 1172, note Y. Pagnerre).

La solution sera différente si les salariés ne sont pas mis à la disposition de la société utilisatrice de façon exclusive et ne se rendent dans les locaux de celle-ci que ponctuellement (cass. soc. 14 avril 2010, n° 09-60.367, BC V n° 99 ; Dr. Soc. 2010, p. 720, obs. L. Pécaut-Rivolier). De même, ne sont pas à prendre en compte dans l'effectif d'une société utilisatrice, des salariés d'entreprises extérieures qui ne se rendent que de façon ponctuelle sur le site de cette société et qui de plus, ont vu leur contrat rompu pendant la période de référence de un an (cass. soc. 23 septembre 2015, n° 14-26.262, BC V n° 178; JCP éd. S 2015, 1399, note Y. Pagnerre; RJS 12/15 n° 792).

Antérieurement à l'entrée en vigueur de la loi 2008-789 du 20 août 2008 et sauf dispositions législatives contraires, les travailleurs mis à la disposition d'une entreprise étaient inclus dans le calcul des effectifs s'ils étaient intégrés de façon étroite et permanente à la communauté de travail (cass. soc. 28 février 2007, n° 06-60.171, BC V n° 34; RJS 5/07 n° 636 et 10/07, chron. H. Guyader; SSL 2007 n° 1298, p. 12, note F. C.). Voir aussi cass. soc. 1er avril 2008, n° 07-60.287, BC V n° 77; 13 novembre 2008, 3 arrêts, n° 07-60.434, BC V n° 219, n° 07-60.465, BC V n° 218, n° 08-60.331, BC V n° 220, SSL 2008 n° 1375, dossier spécial, avis J. Duplat, p. 5 et obs. A. Lyon-Caen «À la recherche des travailleurs mis à disposition», SSL 2009 n° 1400, dossier spécial «Les salariés mis à disposition à nouveau dans le débat».

• **Jeunes salariés.** Une ordonnance 2005-892 du 2 août 2005 avait exclu les jeunes de moins de vingt-six ans du calcul des effectifs du personnel de l'entreprise. Retenant l'interprétation donnée par la CJCE (CJCE 18 janvier 2007, aff. C-385/05, rec. p. I-611; Dr. Ouvr. 2007, p. 197, M. Bonnechère; D. 2007, p. 776, note V. Bonnin; JCP éd. S 2007, 1082, note B. Gauriau), le Conseil d'État a annulé l'ordonnance pour excès de pouvoir (CE 19 octobre 2005, nos 283471, 283892, RJS 12/05 n° 1240; 23 novembre 2005, n° 286440, RJS 1/06 n° 74; 6 juillet 2007, nos 283892, 284472, 284555, 284718, RJS 10/07 n° 1099; JCP éd. S 2007, 1572, note B. Gauriau).

• **Salariés à temps partiel.** Seuls les salariés dont les contrats de travail mentionnent la durée hebdomadaire ou mensuelle de travail peuvent être comptés dans l'effectif *au prorata* de leur temps de travail. Des formateurs occasionnels recrutés pour une durée de 30 jours par année civile doivent donc être comptés pour une unité, leurs contrats de travail ne comportant pas de durée précise mais un volume de travail exprimé en jours (cass. civ., 2e ch., 30 mai 2013, n° 12-19.741, BC II n° 102; RJS 8-9/13 n° 647).

Un accord ou une convention collective peut prévoir que les salariés à temps partiel sont comptabilisés comme des salariés à temps complet, et valent, ainsi, une unité (cass. soc. 25 janvier 2012, n° 11-60.092, BC V n° 35; Dr. Soc. 2012, p. 424, obs. Fr. Petit).

• **Mode de calcul.** Lorsque le calcul des effectifs aboutit à un nombre décimal, aucune disposition de ce texte ne prévoit de l'arrondir au nombre entier supérieur (cass. soc. 17 juin 2009, n° 08-60.594, RJS 8-9/09 n° 729).

• **Entreprises de l'économie sociale et solidaire.** L'effectif des personnes présentes dans l'entreprise pour déterminer le seuil affectant la date d'entrée en vigueur de l'obligation de présenter à l'assemblée générale annuelle des informations sur l'application du guide d'amélioration continue des bonnes pratiques des entreprises de l'économie sociale et solidaire a dû être calculé suivant les modalités définies aux articles L. 1111-1 et L. 1111-3 CT. Pour l'appréciation de ce seuil, il a convenu d'ajouter à l'effectif salarié, le nombre de volontaires du service civique présents dans l'entreprise, à due proportion de leur temps de présence (loi 2014-856 du 31 juillet 2014, art. 3, JO 1er août; décret 2016-1593 du 24 novembre 2016, JO 26).

Art. R. 1111-1. En application de l'article L. 1111-2, les salariés mis à disposition par une entreprise de travail temporaire, un groupement d'employeurs ou une association intermédiaire ne sont pas pris en compte pour le calcul des effectifs de l'entreprise utilisatrice pour l'application des dispositions légales relatives à la tarification des risques accident du travail et maladie professionnelle qui se réfèrent à une condition d'effectif.

Note Cet article a été modifié par le décret 2019-1586 du 31 décembre 2019, JO 1er janv. 2020, entrée en vigueur le 01.01.2020.

Art. L. 1111-3. Ne sont pas pris en compte dans le calcul des effectifs de l'entreprise:

1° Les apprentis;

2° Les titulaires d'un contrat initiative-emploi, pendant la durée ***(L. 2012-1189 du 26 oct. 2012, art. 7, JO 27, entrée en vigueur le 01.11.2012)*** «d'attribution de l'aide financière mentionnée à l'article L. 5134-72»;

3° (Abrogé);

4° Les titulaires d'un contrat d'accompagnement dans l'emploi ***(L. 2008-1249 du 1er déc. 2008, art. 18, JO 3, en vigueur au 01.01.2010)*** «pendant la durée» ***(L. 2012-1189 du 26 oct. 2012, art. 7, JO 27, entrée en vigueur le 01.11.2012)*** «d'attribution de l'aide financière mentionnée à l'article L. 5134-30»;

5° (Abrogé);

6° Les titulaires d'un contrat de professionnalisation jusqu'au terme prévu par le contrat lorsque celui-ci est à durée déterminée ou jusqu'à la fin de l'action de professionnalisation lorsque le contrat est à durée indéterminée.

Toutefois, ces salariés sont pris en compte pour l'application des dispositions légales relatives à la tarification des risques d'accidents du travail et de maladies professionnelles.

Note Dans le 2° de cet article, la référence au contrat d'accès à l'emploi a été supprimée par l'ordonnance 2015-1578 du 3 décembre 2015, JO 4, entrée en vigueur le 01.01.2016.

Cet article énonce plusieurs cas d'exclusion de travailleurs du calcul des effectifs. Le Conseil constitutionnel a jugé que l'exclusion de certaines catégories de salariés visés par cet article est constitutionnelle (C. constit. 29 avril 2011, n° 2011-122 QPC, JO 30; RJS 7/11 n° 618). De son côté, la Cour de cassation a décidé d'interroger la CJUE afin de vérifier si les dispositions de la directive 2002/14/CE du 11 mars 2002 établissant un cadre général relatif à l'information et la consultation des travailleurs dans la Communauté européenne s'opposent ou non à ce qu'une disposition législative nationale exclue certaines catégories de travailleurs du calcul des effectifs, notamment pour la mise en place des institutions représentatives du personnel (cass. soc. 11 avril 2012, n° 11-21.609, BC V n° 122; JCP éd. S 2012, 1301, note J-Ph. Tricoit). La CJUE a décidé que les dispositions de l'article L. 1111-3 étaient contraires au droit de l'Union. Elle a toutefois précisé que, faute d'avoir un effet direct horizontal, les dispositions de la directive de 2002 et de la Charte des droits fondamentaux de l'UE ne peuvent être invoquées dans un litige entre particuliers afin de laisser cet article inappliqué, seule une indemnisation pouvant être réclamée à l'État par les parties lésées du fait de la non-conformité du droit national au droit européen (CJUE 15 janvier 2014, aff. C-176/12, LSQ n° 16512 du 21.01.2014; JSL n° 361, 05.03.2014, pp. 20 et s., J-E Tourreil; JCP éd. S 2014, 1140, note R. Milchior et É. Pujol).

Tirant les conséquences de cette décision, la Cour de cassation a décidé que l'application de l'article L. 1111-3, quoique incompatible avec le droit de l'Union, ne peut être écartée par le juge judiciaire dans un litige entre particuliers au titre de l'article 27 de la Charte des droits fondamentaux de l'Union européenne et des articles 2 et 3 § 1 de la directive 2002/14/CE du Parlement Européen et du Conseil du 11 mars 2002, et qu'il appartient au juge de vérifier si l'effectif de l'entreprise permet la mise en place de l'institution en tenant compte des exclusions prévues par l'article L. 1111-3 (cass. soc. 9 juillet 2014, n° 11-21.609, BC V n° 193; RJS 10/14 n° 700).

Voir SSL, 23 avril 2012, n° 1535, S. Laulom: «La saga du calcul des seuils d'effectif» et Dr. Soc. janvier 2013, p. 37, étude J. Dirringer: «La computation des effectifs dans l'entreprise aux prises avec le dialogue des juges».

TITRE II DROITS ET LIBERTÉS DANS L'ENTREPRISE

CHAPITRE UNIQUE

Art. L. 1121-1. Nul ne peut apporter aux droits des personnes et aux libertés individuelles et collectives de restrictions qui ne seraient pas justifiées par la nature de la tâche à accomplir ni proportionnées au but recherché.

Note • Voir L. 1321-3, 2° concernant le règlement intérieur (voir note sous cet article).

• Voir circulaire DRT 93-10 du 15 mars 1993.

• La protection instituée par L. 1121-1 s'applique aux candidats à l'emploi, aux salariés (circ. précité) et aux stagiaires en milieu professionnel (art. L. 124-12 c. éduc.).

• **Chartes d'éthique et codes de conduite.** L'administration a précisé que les codes de conduite et les dispositions ou les annexes de chartes d'éthique comportant des règles de conduite peuvent contenir des dispositions relevant du champ légal du règlement intérieur (art. L. 1321-1 CT; circ. DGT 2008-22 du 19 novembre 2008, BO MT 2008/12 du 30 décembre 2008).

À propos de clauses insérées dans un code de conduite des affaires, les juges rappellent que les salariés jouissent, dans l'entreprise et hors de celle-ci, de la liberté d'expression; des restrictions peuvent être apportées à cette liberté si, et seulement si, elles sont justifiées par la nature de la tâche à accomplir et proportionnées au but recherché. En l'espèce, les informations présentant un caractère confidentiel ne faisaient pas l'objet de définition précise, de sorte qu'il était impossible de vérifier si les restrictions posées répondaient aux exigences posées par la loi (cass. soc. 8 décembre 2009, n° 08-17.191, BC V n° 276; SSL 2009 n° 1425, p. 6, avis B. Aldigé; RJS 2/10, p. 104, rapp. M-L Morin).

• **Clause de résidence.** Comme toutes les clauses portant atteinte aux droits et libertés du salarié, les clauses de résidence, qui restreignent le libre choix par le salarié de son domicile, ne sont admises que si elles sont à la fois justifiées par la nature de la tâche à accomplir et proportionnées au but recherché (cass. soc. 12 janvier 1999, n° 96-40.755, BC V n° 7; RJS 2/99 n° 151).

Par exemple, une société de HLM ne peut pas exiger d'employés d'immeubles qu'ils habitent au sein de l'ensemble immobilier où ils travaillent (cass. soc. 13 avril 2005, n° 03-42.965, BC V n° 134). De même, le souci d'une bonne intégration dans l'environnement local ne justifie pas l'obligation faite à un avocat salarié de résider à proximité de son cabinet (cass. soc. 12 juillet 2005, n° 04-13.342, BC V n° 241).

S'agissant d'une gouvernante employée par une association pour veiller sur des personnes placées sous tutelle ou curatelle qui avait été licenciée pour avoir déménagé à 20 km de son lieu de travail alors que son contrat lui imposait de résider à moins de 200 m, la Cour de cassation a censuré l'arrêt d'une cour d'appel qui avait validé le licenciement de l'intéressée sans expliquer en quoi la nature du travail confié à la salariée exigeait qu'elle réside à proximité de son lieu de travail et sans rechercher si cette atteinte à la liberté de domicile était proportionnée au but recherché (cass. soc. 28 février 2012, n° 10-18.308, BC V n° 78; RJS 5/12 n° 415; RDT, avril 2012, CH, 225, Ch. Varin; JCP éd. S 2012, 1244, note G. Loiseau).

Un employeur ne peut imposer au salarié l'obligation de fixer sa résidence à proximité de son lieu de travail, même en présence d'une clause de mobilité; une telle obligation constitue une modification de son contrat de travail que le salarié peut refuser (cass. soc. 15 mai 2007, n° 06-41.277, BC V n° 74; RDT 2007, CH, 449, V. Bonnin).

• **Clause de mobilité et mutation géographique.** La Cour de cassation apprécie la mise en œuvre de la clause de mobilité en considération de l'article L. 1121-1. Les juges vérifient que la mise en œuvre d'une telle clause ne porte pas atteinte au droit du salarié à une vie personnelle et familiale et si une telle atteinte peut être justifiée par la tâche à accomplir et proportionnée au but recherché (cass. soc. 18 mai 1999, n° 96-44315, BC V n° 219; 14 octobre 2008, n° 07-40.523, BC V n° 192; RDT, décembre 2008, CH, 731, G. Auzero; 13 janvier 2009, n° 06-45562, BC V n° 4). Exemple: Un employeur avait souhaité muter une salariée de la région de La Rochelle (Puilboreau) à celle de Toulouse (Colomiers), distante d'environ 400 km, en application de la clause de mobilité inscrite dans son contrat de travail. La mise en œuvre de cette clause était dictée par l'intérêt de l'entreprise, dans la mesure où l'activité à laquelle était affectée la salariée avait connu une baisse considérable et durable, consécutive à la perte d'un marché avec un client important. En outre, compte tenu de cette baisse d'activité, les juges ont considéré que, après examen de la situation de la salariée (mère de deux enfants âgés respectivement de 12 et 17 ans et dont l'époux travaillait à La Rochelle), l'atteinte portée à sa vie personnelle et familiale était justifiée et proportionnée au but recherché (cass. soc. 14 février 2018, n° 16-23.042, LS Jurispr. n° 58 du 27.03.2018).

Une mutation géographique ne constitue pas en elle-même une atteinte à la liberté fondamentale du salarié quant au libre choix de son domicile et, si elle peut priver de cause réelle et sérieuse le licenciement du salarié qui la refuse lorsque l'employeur la met en œuvre dans des conditions exclusives de la bonne foi contractuelle, elle ne justifie pas la nullité du licenciement (cass. soc. 28 mars 2006, n° 04-41.016, BC V n° 126; RJS 6/06 n° 690).

• **Clause d'exclusivité.** La Cour de cassation vise l'article L. 120-2 [L. 1121-1] pour limiter le champ d'application des clauses d'exclusivité: «La clause par laquelle un salarié s'engage à consacrer l'exclusivité de son activité à un employeur porte atteinte à la liberté du travail; elle n'est valable que si elle est indispensable à la protection des intérêts légitimes de l'entreprise, et si elle est justifiée par la nature de la tâche à accomplir et proportionnée au but recherché» (cass. soc. 11 juillet 2000, n° 98-40.143, BC V n° 276; RJS 11/00 n° 1155). Les mêmes conditions de validité s'appliquent à la clause qui serait inscrite dans un contrat de travail à temps partiel. Le cas échéant, la nullité de la clause n'a pas pour effet d'entraîner la requalification du contrat à temps partiel en contrat à temps complet, mais elle permet au salarié d'obtenir réparation du préjudice ayant résulté pour lui de cette clause illicite (cass. soc. 25 février 2004, n° 01-43.392, BC V n° 64; RJS 5/04 n° 624).

La clause par laquelle l'employeur soumet l'exercice, par le salarié engagé à temps partiel, d'une autre activité professionnelle, à une autorisation préalable porte atteinte au principe fondamental du libre exercice d'une activité professionnelle et n'est valable que si elle est indispensable à la protection des intérêts légitimes de l'entreprise et si elle est justifiée par la nature de la tâche à accomplir et proportionnée au but recherché (cass. soc. 16 septembre 2009, n° 07-45.346, BC V n° 184; JSL n° 265, 12.11.2009, p. 8, M. Hautefort; RJS 12/09 n° 987; JCP éd. S 2009, 1532, note I. Beyneix; 22 septembre 2016, n° 15-16.724).

Une clause d'exclusivité doit, pour être valable, préciser les contours de l'activité complémentaire qui serait envisagée par le salarié, activité bénévole ou lucrative, professionnelle ou de loisirs et pour laquelle l'autorisation de l'employeur est requise. Une clause rédigée en termes généraux et imprécis n'est donc pas valable dans la mesure où son champ d'application n'est pas limité et sa rédaction ne permet pas de vérifier si la restriction à la liberté du travail est justifiée et proportionnée (cass. soc. 16 mai 2018, n° 16-25.272, JSL n° 456, 29.06.2018, pp. 23 et s., H. Nasom-Tissandier; RJS 7/18 n° 462).

• **Clause d'indivisibilité.** La clause d'indivisibilité des engagements de deux salariés ne produit effet que si elle est justifiée par la nature du travail à accomplir et proportionnée au but poursuivi, et si la poursuite du second contrat de travail est rendue impossible par la rupture du premier (cass. soc. 12 juillet 2005, n° 03-45.394, BC V n° 244; RJS 10/05 n° 941; Dr. Soc. 2005, p. 1045, obs. J. Savatier). Sur la question de l'utilité et de la licéité de cette clause, voir note J. Mouly sous CA Paris, 18e ch. E, 30 novembre 2007, n° 06/6984, JCP éd. S 2008, 1492.

• **Clause de non-concurrence.** L'article L. 120-2 [L. 1121-1] est visé par la Cour de cassation pour décider qu'une clause de non-concurrence n'est licite que si elle est indispensable à la protection des intérêts légitimes de l'entreprise, limitée dans le temps et dans l'espace, qu'elle tient compte des spécificités de l'emploi du salarié et comporte l'obligation pour l'employeur de verser au salarié une contrepartie financière, ces conditions étant cumulatives (cass. soc. 10 juillet 2002, n° 00-45.135, BC V n° 239; 27 octobre 2009, n° 08-41.501, BC V n° 232).

Contrepartie financière. Une convention collective ne peut déroger à la loi pour interdire au salarié de bénéficier d'une contrepartie financière en cas de faute grave (cass. soc. 4 juin 2008, n° 04-40.609, BC V n° 123; RJS 8-9/08 n° 892). Lorsqu'une clause du contrat de travail minore la contrepartie financière en cas de licenciement pour faute grave, cette précision doit être réputée non écrite, mais l'obligation de non-concurrence demeure (cass. soc. 8 avril 2010, n° 08-43.056, BC V n° 92; RJS 6/10 n° 512; 9 avril 2015, n° 13-25.847, BC V n° 71; LSQ n° 16815 du 15.04.2015; JSL n° 388, 29.05.2015, pp. 17 et s., M. Hautefort; JCP éd. S 2015, 1276, note I. Beyneix; RJS 6/15 n° 409).

La disposition conventionnelle qui prévoit une minoration de la contrepartie financière en cas de rupture du contrat par le salarié est contraire au principe de libre exercice d'une activité professionnelle et à l'article L. 1121-1 CT. Elle doit être réputée non écrite (cass. soc. 14 avril 2016, n° 14-29.679, BC V n° 76; RJS 6/16 n° 414; JSL n° 411, 10.06.2016, pp. 17 et s., J-Ph. Lhernould; JCP éd. S 2016, 1229, note I. Beyneix; voir aussi cass. soc. 21 octobre 2020, n° 19-18.928).

Une clause de non-concurrence ouvre droit à la contrepartie financière prévue par la convention collective, même si le contrat de travail est rompu par une rupture conventionnelle et que ce type de rupture ne fait pas partie de ceux visés par la convention collective (cass. soc. 18 janvier 2018, n° 15-24.002, BC V n° 6; JCP éd. S 2018, 1059, note I. Beyneix; RJS 3/18 n° 182; JSL n° 449, 16.03.2018, pp. 11 et s., J-Ph. Lhernould).

Attention toutefois, une clause de non-concurrence accordant une indemnité exorbitante au salarié peut être jugée illicite. Dans un contexte avéré de difficultés financières rencontrées par l'entreprise, la clause de non-concurrence octroyant au salarié une compensation d'un montant disproportionné au regard des sujétions imposées et faisant, dans le même temps, obligation à l'employeur de procéder à son paiement en un seul versement, sans faculté pour celui-ci de lever la clause, constituait en l'espèce un avantage exorbitant tandis que la pénalité de 10 000 € prévue en cas de violation de l'obligation par le salarié était dérisoire au regard de la somme versée (cass. soc. 4 novembre 2020, n° 19-12.279, à paraître).

Voir aussi RDT, novembre 2018, ET, 735, F. Rosa, «La contrepartie financière à la clause de non-concurrence dans le contrat de travail: analyse au prisme de l'immobilisation de la force de travail».

• **Clause imposant de faire connaître les changements dans la situation personnelle.** Au regard notamment des articles L. 1121-1 CT et 9 c. civ., la clause du contrat de travail qui exige du salarié de faire connaître à l'employeur toute modification intervenant dans son état civil, sa situation familiale ou son domicile est licite car les éléments d'information demandés sont nécessaires à l'employeur pour pouvoir remplir le salarié de ses droits (cass. soc. 3 mai 2018, n° 17-11.048, LS Jurispr. n° 229 du 18.12.2018).

• **Fichiers, connexions internet et courriers présumés professionnels**

Fichiers informatiques. Les dossiers et fichiers créés par un salarié grâce à un ordinateur mis à sa disposition par son employeur pour l'exécution de son travail sont présumés avoir un caractère professionnel de sorte que l'employeur peut y avoir accès en son absence, sauf si le salarié les a identifiés comme étant personnels (cass. ch. mixte 18 mai 2007, n° 05-40.803, BC n° 3; RJS 7/07 n° 810). La seule dénomination «Mes documents» donnée à un fichier ne lui confère pas un caractère personnel (cass. soc. 10 mai 2012, n° 11-13.884, BC V n° 135; JSL n° 324, 21.06.2012, p. 13, J-Ph. Lhernould). La dénomination donnée au disque dur lui-même («D: données personnelles») ne peut conférer un caractère personnel à l'intégralité des données qu'il contient (cass. soc. 4 juillet 2012, n° 11-12.502, LSQ n° 16142 du 13.07.2012; RJS 10/12 n° 760).

Une clé USB, dès lors qu'elle est connectée à l'outil informatique mis à la disposition du salarié par l'employeur pour l'exécution du contrat de travail, est présumée utilisée à des fins professionnelles; l'employeur peut donc avoir accès aux fichiers non identifiés comme personnels qu'elle contient, hors la présence du salarié (cass. soc. 12 février 2013, n° 11-28.649, BC V n° 34; LSQ n° 16285 du 14.02.2013; RJS 4/13 n° 252).

La CEDH confirme le droit de regard de l'employeur sur l'ordinateur professionnel, en dehors des fichiers identifiés comme privés (CEDH 22 février 2018, n° 588/13; «Renommer le disque dur de son ordinateur ne marque pas son contenu comme personnel», BS Lefebvre 07/18, p. 3).

Connexions internet. Les connexions établies par un salarié sur des sites Internet pendant son temps de travail sont présumées avoir un caractère professionnel (cass. soc. 9 juillet 2008, n° 06-45.800, BC V n° 150; RJS 11/08 n° 1071; 9 février 2010, n° 08-45.253, RJS 5/10 n° 399; JCP éd. S 2010, 1243, note B. Bossu).

Mails, SMS et courriers papiers. Les courriels adressés ou reçus par le salarié à l'aide de l'outil informatique mis à sa disposition par l'employeur pour les besoins de son travail sont présumés avoir un caractère professionnel en sorte que l'employeur est en droit de les ouvrir hors la présence de l'intéressé, sauf s'ils sont identifiés comme personnels (cass. soc. 30 mai 2007, n° 05-43.102, JSL n° 216, 31.07.2007, p. 24; 15 décembre 2010, n° 08-42.486, RJS 2/11 n° 92; 18 octobre 2011, n° 10-26.782, RJS 1/12 n° 3, 1re espèce). Voir aussi cass. soc. 9 septembre 2020, n° 18-20.489, LS n° 18149 du 28.09.2020; JSL n° 506, 16.10.2020, pp. 25 et s., D. Julien-Paturle.

Le règlement intérieur de l'entreprise peut contenir des dispositions restreignant le pouvoir de consultation de l'employeur, en le soumettant à d'autres conditions et notamment en prévoyant que les messageries électroniques des salariés ne peuvent être consultées par la direction qu'en présence du salarié (cass. soc. 26 juin 2012, n° 11-15.310, BC V n° 196; RJS 10/12 n° 761).

Les mails échangés avec la messagerie personnelle du salarié, distincte de la boîte mail professionnelle, sont privés et protégés par le secret des correspondances. L'employeur ne peut donc pas les consulter même si le salarié s'est servi de l'ordinateur professionnel (cass. soc. 26 janvier 2016, n° 14-15.360, BC V n° 12; JCP éd. S 2016, 1087, note B. Bossu; JSL n° 405, 07.03.2016, pp. 10 et s., J-Ph. Lhernould; RJS 4/16 n° 227; RDT, juin 2016, CH, 421, S. Michel; cass. soc. 7 avril 2016, n° 14-27.949, RJS 6/16 n° 396; JSL n° 411, 10.06.2016, p. 36). La règle est la même pour des messages échangés au moyen d'une messagerie instantanée (ex.: MSN Messenger) et provenant d'une boîte mail personnelle distincte de la messagerie professionnelle (cass. soc. 23 octobre 2019, n° 17-28.448, JSL n° 489, 09.01.2020, p. 24, S. Mayoux; RJS 1/20 n° 3).

L'employeur ne pouvait s'appuyer sur un courriel du salarié pour, par exemple, établir sa faute, qu'à condition notamment d'avoir déclaré la messagerie électronique à la CNIL sachant que, dès lors qu'elle n'était pas associée à un dispositif de contrôle de l'activité des salariés, une déclaration simplifiée suffisait (délib. CNIL 2005-2 du 13 janvier 2005, JO 17 févr.). Dans ce cas, l'absence de déclaration simplifiée ne rendait pas illicite la production en justice des courriels adressés par l'employeur ou par le salarié, dont l'auteur ne pouvait ignorer qu'ils étaient enregistrés et conservés par le système informatique (cass. soc. 1er juin 2017, n° 15-23.522, BC V n° 99; JSL n° 435, 11.07.2017, pp. 9 et s., M. Hautefort; JCP éd. S 2017, 1248, note J-S Lipski; RJS 8-9/17 n° 543) [attention: suite au RGPD, les formalités préalables auprès de la CNIL ont été supprimées (loi 78-17 du 6 janvier 1978, 22 à 25 supprimés par loi 2018-493 du 20 juin 2018, art. 11, JO 21). En lieu et place, l'employeur ou son sous-traitant doit respecter les obligations résultant du RGPD dans la mise en œuvre de ses traitements (règlement (UE) 2016/679 du 27 avril 2016, JOUE L 119/1 du 4.05.2016)].

Les SMS envoyés ou reçus par le salarié au moyen du téléphone mis à sa disposition par l'employeur pour les besoins de son travail, sont présumés avoir un caractère professionnel, en sorte que l'employeur est en droit de les consulter en dehors de la présence de l'intéressé, sauf s'ils sont identifiés comme étant personnels (cass. com. 10 février 2015, n° 13-14.779, BC IV n° 20; RJS 4/15 n° 232, 1re espèce; JSL n° 385, 10.04.2015, pp. 9 et s., J-Ph. Lhernould; JCP éd. S 2015, 1155, note B. Bossu).

Les correspondances «papier» adressées ou reçues par le salarié sur son lieu de travail, ou des documents conservés par lui dans un bureau de l'entreprise, sont présumés avoir un caractère professionnel et l'employeur peut donc les ouvrir en dehors de la présence du salarié, sauf s'ils sont identifiés comme personnels (cass. soc. 11 juillet 2012, n° 11-22.972, LS Jurispr. n° 146 des 30-31.07.2012; RJS 10/12 n° 763; 4 juillet 2012, n° 11-12.330, LS Jurispr. n° 146 des 30-31.07.2012; RJS 10/12 n° 759).

- **Protection des fichiers, courriers et mails identifiés comme personnels**

Protection des mails personnels. Par application de l'article L. 1121-1, il est jugé que «le salarié a droit, même au temps et au lieu de travail, au respect de l'intimité de sa vie privée; que celle-ci implique en particulier le secret des correspondances; que l'employeur ne peut dès lors, sans violation de cette liberté fondamentale, prendre connaissance des messages personnels émis par le salarié et reçus par lui grâce à un outil informatique mis à sa disposition pour son travail et ceci même au cas où l'employeur aurait interdit une utilisation non professionnelle de l'ordinateur» (cass. soc. 2 octobre 2001, n° 99-42.942, BC V n° 291; RJS 12/01 n° 1394).

Protection des fichiers personnels. L'ouverture des fichiers personnels d'un salarié n'est, en principe, possible qu'en présence du salarié ou celui-ci étant dûment appelé (cass. soc. 17 mai 2005, n° 03-40.017, BC V n° 165; RJS 8-9/05 n° 799; 17 juin 2009, n° 08-40.274, BC V n° 153; RJS 8-9/09 n° 743).

Cette solution s'applique également pour des documents sur support papier (cass. soc. 18 octobre 2006, n° 04-48.025, BC V n° 308; RJS 1/07 n° 7).

Il en va autrement lorsque l'ouverture de ces fichiers est justifiée par un «risque ou événement particulier» (même arrêt et cass. soc. 17 juin 2009, précité: un simple incident de sécurité ne saurait suffire). Un risque particulier peut résulter de ce que l'employeur avait des motifs légitimes de suspecter des actes de concurrence déloyale (cass. soc. 23 mai 2007, n° 05-17.818, BC V n° 84; RJS 8-9/07 n° 909; RDT, octobre 2007, CH, 590, R. de Quenaudon). En l'espèce, les juges ont énoncé que «le respect de la vie personnelle du salarié ne constitue pas en lui-même un obstacle à l'application des dispositions de l'article 145» du code de procédure civile; l'employeur avait obtenu du président du tribunal de grande instance (du tribunal judiciaire depuis le 01.01.2020), sur requête, une ordonnance autorisant un huissier de justice à accéder aux données de l'ordinateur mis par l'entreprise à la disposition du salarié. Il appartient au juge de constater que les mesures qu'il ordonne procèdent d'un motif légitime et sont nécessaires à la protection des droits de la partie qui les a sollicitées (cass. soc. 10 juin 2008, n° 06-19.229, BC V n° 129; RJS 8-9/08 n° 866; RDT, octobre 2008, CH, 602, A. Varnek).

Voir aussi JCP éd. S, 1328, note G. Loiseau, «Le contrôle des communications électroniques des salariés» (CEDH 5 septembre 2017, n° 61496/08).

• **Participation à une manifestation publique.** La participation d'un salarié à une manifestation publique en dehors du temps de travail constitue une liberté collective et l'employeur ne peut justifier un licenciement pour ce motif en invoquant le trouble créé dans l'entreprise sans caractériser en quoi, compte tenu de la fonction du salarié et de la nature de l'entreprise, la seule relation de travail pouvait justifier cette interdiction (cass. soc. 23 mai 2007, n° 05-41.374, BC V n° 82; RDT 2007, CH, 587, Th. Aubert-Monpeyssen). Voir également cass. soc. 8 décembre 2009, n° 08-17.191, précité dans la rubrique Chartes d'éthique et codes de conduite.

• **Liberté d'expression.** «Sauf abus, le salarié jouit, dans l'entreprise et en dehors de celle-ci, de sa liberté d'expression à laquelle seules des restrictions justifiées par la nature de la tâche à accomplir et proportionnées au but recherché peuvent être apportées» (cass. soc. 22 juin 2004, n° 02-42.446, BC V n° 175; RJS 11/04 n° 1120).

Courriers, tracts et liberté d'expression. L'envoi de plusieurs courriers à l'employeur, qui ne contenaient aucun propos injurieux, diffamatoires ou excessifs ne caractérise pas un abus de la liberté d'expression du salarié et ne constitue pas une cause réelle et sérieuse de licenciement (cass. soc. 2 mai 2001, n° 98-45.532, BC V n° 142; RJS 7/01 n° 832; 27 mars 2013, n° 11-19.734, BC V n° 95; RJS 6/13 n° 453).

Des critiques, même vives, concernant la nouvelle organisation proposée par la direction, exprimées par un cadre salarié de haut niveau lors d'une réunion du comité de direction, ne constituent pas une cause réelle et sérieuse de licenciement (cass. soc. 14 décembre 1999, n° 97-41.995, BC V n° 488; RJS 2/00 n° 192; voir aussi cass. soc. 3 juillet 2012, n° 11-10.793, BC V n° 202; RJS 10/12 n° 819). En l'espèce, l'affichage, par un cadre de direction ayant participé à un projet de restructuration, d'un tract syndical qualifiant ce projet de «hasardeux» et de «sournois» mais ne contenant aucun propos injurieux, diffamatoire ou excessif ne caractérise pas un abus de la liberté d'expression justifiant le licenciement du salarié. Il en va différemment si le salarié met en cause, publiquement et à plusieurs reprises, la compétence et la légitimité des nouveaux dirigeants sociaux (cass. soc. 12 juin 2007, n° 05-45.333, RJS 8-9/07 n° 912).

L'abus doit être caractérisé par l'existence de propos injurieux, diffamatoires ou excessifs, sans quoi le salarié ne peut être ni sanctionné, ni licencié au motif de l'usage de sa liberté d'expression. Un tel abus n'était pas caractérisé s'agissant d'un délégué général, au sein d'un service de santé au travail, qui avait remis en cause la nouvelle présidence et mis en copie le directeur général du travail et le conseiller technique du Pôle Travail (cass. soc. 21 septembre 2011, n° 09-72.054, BC V n° 191; RJS 11/11 n° 858; 23 septembre 2015, n° 14-14.021, BC V n° 177; LS Jurispr. n° 188 du 20.10.2015; JSL n° 397, 9.11.2015, p. 21; JCP éd. S 2015, 1429, note B. Bossu). À propos de mails, il a été précisé que pour apprécier la gravité des propos tenus par un salarié il fallait tenir compte du contexte dans lequel ces propos avaient été tenus, de la publicité que leur avaient donnée le salarié et des destinataires des messages. En l'espèce, les propos incriminés avaient été tenus dans un message destiné à des salariés et représentants syndicaux à propos de la négociation d'un accord collectif pour défendre des droits susceptibles d'être remis en cause. Compte tenu de ces seuls éléments, le salarié n'avait pas abusé de sa liberté d'expression (cass. soc. 19 mai 2016, n° 15-12.311, RJS 8-9/16 n° 543).

Internet, réseaux sociaux et liberté d'expression. Les critiques formulées par un salarié sur un site Internet ne constituent pas toujours un abus de la liberté d'expression (cass. soc. 6 mai 2015, n° 14-10.781, LS Jurispr. n° 92 du 26.05.2015; RJS 8-9/15 n° 540; JSL n° 390, 23.06.2015, pp. 23 et s., Ph. Pacotte et G. Halimi).

Le paramétrage d'un compte sur un réseau social (tel le réseau social Facebook) permet de déterminer si les propos qui y sont publiés ont un caractère public. Par exemple, quand les propos en cause sont diffusés sur des comptes ouverts par un salarié sur des réseaux sociaux mais que ceux-ci ne sont accessibles qu'aux seules personnes agréées par l'intéressé, en nombre très restreint et formant ainsi une communauté d'intérêts, ils n'ont pas de caractère public. Dans ce cadre, le salarié concerné ne peut pas être condamné pour injures publiques (cass. civ., 1re ch., 10 avril 2013, n° 11-19.530, BC I n° 70; RJS 6/13 n° 429; JCP éd. S 2013, 1237, note B. Bossu).

L'employeur qui accède à des informations extraites du compte Facebook d'un salarié A, obtenues à partir du téléphone portable professionnel d'un salarié B, porte une atteinte disproportionnée et déloyale à la vie privée du salarié A, si les informations en question sont réservées à des personnes autorisées et que l'employeur ne fait pas partie de ces personnes. Les informations ainsi obtenues sont donc des preuves irrecevables à un procès prud'homal (cass. soc.

20 décembre 2017, n° 16-19.609, LS Jurispr. n° 11 du 16.01.2018; RJS 3/18 n° 157; JSL n° 449, 16.03.2018, pp. 23 et s., S. Mayoux).

La seule existence de propos injurieux et calomnieux sur un réseau social (en l'espèce, le réseau social Facebook) ne suffit pas à justifier en soi le licenciement d'un salarié. L'employeur doit démonter le caractère public des correspondances litigieuses, ce qui n'était pas le cas ici. En l'espèce, une salariée avait été licenciée pour faute grave après avoir proféré des propos injurieux et offensant à l'égard de son employeur sur un réseau social dans le cadre d'un groupe intitulé «Extermination des directrices chieuses». Toutefois, le licenciement de la salariée a été jugé sans cause réelle et sérieuse au motif que les propos tenus sur le réseau social en question étaient ici de nature privée dans la mesure où ils n'étaient accessibles qu'à des personnes agréées par le titulaire du compte et fort peu nombreuses (14 personnes) (cass. soc. 12 septembre 2018, n° 16-11.690, à paraître, LSQ n° 17654 du 19.09.2018; JCP éd. S 2018, 1328, note G. Loiseau; RJS 11/18 n° 656; JSL n° 462, 31.10.2018, pp. 7 et s., M. Hautefort).

Toutefois, un employeur peut licencier à titre disciplinaire un salarié en raison des éléments que celui-ci a publié sur son compte privé Facebook et rapporter de manière licite la preuve de cette publication pourvu que les éléments aient été obtenus par un procédé loyal et que l'atteinte à la vie privée du salarié qui en ressort soit proportionnée au but poursuivi par l'employeur. En l'espèce, la publication litigieuse avait été spontanément communiquée à l'employeur par une autre salariée qui était autorisée à accéder au compte Facebook de la salariée licenciée. La Cour de cassation a donc décidé que le procédé d'obtention de la preuve n'avait pas été déloyal. Cette situation se distinguait de celle ayant donné lieu à l'arrêt cass. soc. 20 décembre 2017, n° 16-19.609, précité. Par ailleurs, la production en justice par l'employeur d'une photographie extraite du compte privé Facebook de la salariée, auquel il n'était pas autorisé à accéder, ainsi que d'éléments d'identification des personnes enregistrées comme «amis» destinataires de cette publication, constituait une atteinte à la vie privée de la salariée. Pour autant, la production de ces éléments était indispensable à l'exercice du droit à la preuve de l'employeur. En outre, l'atteinte à la vie privée de la salariée avait été proportionnée à l'intérêt légitime de l'employeur tenant en l'espèce à la confidentialité de ses affaires (cass. soc. 30 septembre 2020, n° 19-12.058, à paraître, JCP éd. S 2020, 3042, avis A. Berriat et note Gr. Loiseau; JSL n° 507, 09.11.2020, pp. 4 et s., S. Mayoux; RJS 12/20 n° 573; RDT, décembre 2020, AC, 764, C. Lhomond).

Voir aussi SSL Lamy n° 1852, p. 12, «Propos diffusés sur les réseaux sociaux: le regard des juges du fond».

- **Liberté vestimentaire et religion**

Laïcité ou neutralité dans l'entreprise. Le principe de laïcité instauré par l'article 1er de la Constitution n'est pas applicable aux salariés des employeurs de droit privé n'assurant pas la gestion d'un service public; les restrictions à la liberté du salarié de manifester ses convictions religieuses doivent donc être justifiées par la nature de la tâche à accomplir et proportionnées au but recherché. En application de ce principe, l'Assemblée plénière de la Cour de cassation a approuvé une cour d'appel d'avoir décidé que le licenciement d'une salariée travaillant dans une crèche privée était justifié par son refus de s'abstenir de porter le voile islamique au travail, conformément au règlement intérieur de la crèche interdisant de manifester sa religion dans l'exercice de l'ensemble des activités développées, tant dans les locaux de la crèche ou ses annexes qu'en accompagnement extérieur des enfants; en effet, la cour d'appel, appréciant de manière concrète les conditions de fonctionnement de la crèche, dont la dimension était réduite et qui employait seulement 18 salariés en relation directe avec les enfants et leurs parents ou pouvant l'être, a pu légitimement considérer que la restriction à la liberté de manifester sa religion édictée par le règlement intérieur ne présentait pas un caractère général, mais était suffisamment précise, justifiée par la nature des tâches accomplies par les salariés de l'association et proportionnée au but recherché (affaire dite «Baby-Loup») (cass. ass. plén. 25 juin 2014, n° 13-28.369, BC n° 1; LSQ n° 16619 du 27.06.2014; JCP éd. S 2014, 1287, note B. Bossu; RJS 10/14 n° 667; JSL n° 371, 8.09.2014, pp. 9 et s., M. Hautefort; RDT, octobre 2014, ET, 607, P. Adam). En revanche, dans les organismes de droit privé gérant un service public, les principes de neutralité et de laïcité sont applicables; dès lors, les salariés sont soumis à des contraintes spécifiques résultant du fait qu'ils participent à une mission de service public, lesquelles leur interdisent notamment de manifester leurs croyances religieuses par des signes extérieurs, en particulier vestimentaires (cass. soc. 19 mars 2013, n° 12-11.690, BC V n° 76; RJS 5/13 n° 346, 2e espèce).

Voir aussi RDT, novembre 2018, ET, 726, C. Wolmark, «La neutralité du salarié»; À propos de l'avis du Comité des droits de l'homme de l'ONU du 10 août 2018 sur l'affaire dite «Baby-Loup» (voir ci-avant), voir SSL 2018 n° 1828, dossier spécial.

Restrictions liées au contact avec la clientèle: jurisprudence européenne. La CEDH considère que n'est pas contraire à la Convention européenne des droits de l'homme (art. 9, garantissant la liberté de manifester sa religion) le non-renouvellement du contrat à durée déterminée (CDD) d'une assistante sociale d'un établissement public hospitalier français en raison de son refus d'ôter son voile, malgré des plaintes de patients et plusieurs mises en garde de sa hiérarchie. En effet, les États peuvent invoquer les principes de laïcité et de neutralité des services publics pour justifier des restrictions au port de signes religieux par des agents publics à la condition toutefois que ces restrictions soient proportionnées au but recherché (CEDH 26 novembre 2015, n° 64846/11).

Pour la CJUE, une entreprise privée peut imposer des restrictions au port visible de signes de convictions politiques, philosophiques ou religieuses si cette règle interne vise indifféremment toute manifestation de telles convictions et ne concerne que les salariés en contact avec la clientèle (CJUE 14 mars 2017, aff. C-157/15, RJS 6/17, chron. A. Gardin, p. 448). À noter que cette décision fait suite à la saisine de la CJUE par la justice belge (Communiqué de presse de la CJUE du 31 mai 2016 et conclusions de l'Avocat général dans l'affaire C-157/15).

En revanche, la demande ponctuelle d'un client ne justifie pas une différence de traitement à l'égard du salarié en contact avec ce client et portant un signe religieux déterminé. La discrimination est ici caractérisée (CJUE 14 mars 2017, aff. C-188/15, JCP éd. S 2017, 1105, note B. Bossu; JSL n° 430, 25.04.2017, pp. 3 et s., H. Tissandier; RJS 5/17 n° 384, 2e espèce). À noter que cette décision fait suite à la saisine de la CJUE par la Cour de cassation (cass. soc. 9 avril 2015, n° 13-19.855, BC V n° 75; JSL n° 388, 29.05.2015, pp. 9 et s., H. Tissandier; JCP éd. S 2015, 1224, note B. Bossu et 1225, avis B. Aldigé; RDT, Juin 2015, CH, 405, M. Miné; RJS 6/15 n° 386).

Restrictions liées au contact avec la clientèle: jurisprudence de la Cour de cassation. Des restrictions peuvent être apportées à la liberté de se vêtir et à la liberté religieuse pour tenir compte des impératifs liés aux contacts avec la clientèle sous réserve de respecter les exigences suivantes. L'employeur doit inscrire une clause de neutralité dans le règlement intérieur (ou dans une note de service qui devra dans ce cas respecter l'ensemble des règles relatives au règlement intérieur). Il n'a donc pas d'autres voies possibles pour adopter ce type de restrictions. Pour être valable, ce type de clause doit interdire le port visible de tout signe politique, philosophique ou religieux sur le lieu de travail et viser uniquement les salariés se trouvant en contact avec les clients (sur ce point voir note sous art. L. 1321-2-1).

Si un salarié en contact avec les clients refuse de se conformer à une telle clause de neutralité, l'employeur doit rechercher s'il peut lui proposer un poste de travail n'impliquant pas de contact visuel avec les clients avant de procéder à son licenciement en prenant en compte les contraintes inhérentes à l'entreprise. Il n'a pas pour ce faire à subir de charge supplémentaire (cass. soc. 22 novembre 2017, n° 13-19.855, BC V n° 200; JCP éd. S 2017, 1399, note C. Courcol-Bouchard et 1400, note Fr. Pinatel; SSL, 27 nov. 2017, n° 1792, J-G Huglo et P. Adam, «Religion dans l'entreprise, la neutralité sous conditions»; RJS 1/18, avis C. Courcol-Bouchard, «Liberté religieuse en entreprise: l'employeur peut-il interdire le port d'un foulard islamique»; D. 2018, EC, 218, J. Mouly: «Le voile dans l'entreprise et les clauses de neutralité: les enseignements de la CJUE " traduits " en droit interne par la Cour de cassation»; JSL n° 445, 4.01.2018, pp. 4 et s., B. Bernard; RDT, décembre 2017, CH, 797, M. Miné; JCP éd. G 2018, 21, note S. Hennion; Dr. Soc. 2018, pp. 348 et s.: «Neutralité religieuse dans l'entreprise: le droit français au prisme du droit européen», H. Nasom-Tissandier; Dr. Soc. 2018, pp. 312 et s.: «Le voile dans l'entreprise», dossier coordonné par A. Gardin et J-Ph. Lhernould). La Cour de cassation a posé ces principes dans le cadre d'une affaire où aucune clause de neutralité n'était prévue dans le règlement intérieur (ou dans une note de service apparentée). De plus, l'interdiction faite à une salariée de porter le foulard islamique dans ses contacts avec les clients résultait seulement d'un ordre oral et visait un signe religieux déterminé. Il s'agissait là d'une discrimination directement fondée sur les convictions religieuses. Or, la volonté d'un employeur de tenir compte des souhaits d'un client de ne plus voir ses services assurés par une salariée portant un foulard islamique ne constitue pas une exigence professionnelle essentielle et déterminante justifiant une telle différence de traitement. Dès lors, le licenciement de cette salariée qui avait refusé de se plier à la directive de son employeur aurait dû être jugé nul, ce qu'a fait la cour d'appel de renvoi (CA Versailles, 18 avril 2019, 21e ch., n° 18/021898). La Cour de cassation s'est ainsi alignée sur la jurisprudence européenne (voir ci-avant).

Guide du fait religieux en entreprise. Le ministère du Travail a présenté en novembre 2016 un guide du fait religieux en entreprise qui a pour objet d'apporter des réponses concrètes aux questions que peut susciter le fait religieux en entreprise et de rappeler les règles fixées par le droit en la matière (Guide pratique du fait religieux dans les entreprises privées).

Voir aussi: JCP éd. S 2018, 1043, étude C. Courcol-Bouchard, «La religion dans l'entreprise».

• **Liberté vestimentaire (autres restrictions).** La tenue vestimentaire du salarié au travail peut faire l'objet d'injonctions ou d'interdictions de l'employeur si elles sont justifiées par la nature de la tâche à accomplir et proportionnées au but recherché. À titre d'exemple, a été jugée justifiée l'interdiction du port d'un survêtement faite à une salariée d'une agence immobilière, en contact avec la clientèle (cass. soc. 6 novembre 2001, n° 99-43.988, BC V n° 337; RJS 1/02 n° 8).

Sur l'obligation de port de l'uniforme, voir cass. soc. 3 juin 2009, n° 08-40.346, BC V n° 144; RJS 8-9/09 n° 683, 1re espèce; JCP éd. S 2009, 1476, 1re espèce, note B. Bossu; RDT, novembre 2009, CH, 656, C. Robin: port non obligatoire pour des salariés dont les fonctions ne les appelaient pas à être en contact avec la clientèle, même occasionnellement.

Sur le port de signes religieux, voir ci-dessus *Liberté vestimentaire et religion*.

• **Liberté religieuse et apparence physique.** Dans le cadre d'une affaire relative au licenciement d'un salarié ayant refusé de tailler sa barbe à la demande d'un client de l'employeur, la

Cour de cassation a adopté des principes similaires à ceux qu'elle a déjà énoncés à propos du port du foulard (voir cass. soc. 22 novembre 2017, n° 13-19.855, précité; cass. soc. 8 juillet 2020, n° 18-23.743, à paraître, JCP éd. S 2020, 2092, note B. Bossu; RJS 10/20 n° 452; JSL n° 504, 28.09.2020, pp. 4 et s., J-O Marre et M-L Boulanger; RDT, octobre 2020, CH, 620, L. Willocx). Ainsi, les demandes d'un client relatives au port d'une barbe pouvant être connotée de façon religieuse ne sauraient, par elles-mêmes, être considérées comme une exigence professionnelle essentielle et déterminante justifiant une restriction à la liberté religieuse du salarié. En revanche, l'objectif légitime de sécurité du personnel et des clients de l'entreprise peut justifier des restrictions aux droits des personnes et aux libertés individuelles et collectives et, par suite, permet à l'employeur d'imposer aux salariés une apparence neutre, dans le règlement intérieur, lorsque celle-ci est rendue nécessaire afin de prévenir un danger objectif.

• **Liberté d'expression et religion.** Ne pouvait pas être jugé fondé sur une cause réelle et sérieuse le licenciement disciplinaire motivé par la diffusion, pendant le temps de travail, d'un message à connotation religieuse ou politique, sans avoir caractérisé, au regard de la tâche d'agent de sécurité de l'intéressé et de l'activité de l'entreprise spécialisée dans ce même domaine, un abus du salarié dans l'usage de la liberté d'expression dont il jouit dans l'entreprise et en dehors de celle-ci (cass. soc. 1er juillet 2015, n° 14-13.871, LS Jurispr. n° 137 des 3-4.08.2015; JSL n° 394, 24.09.2015, p. 30; RJS 11/15 n° 698; RDT, octobre 2015, CH, 614, B. Bossu).

• **Liberté d'agir en justice.** Le licenciement notifié en réaction à une action en justice introduite (ou susceptible d'être introduite) encourt la nullité dans la mesure où il porte atteinte à la liberté fondamentale d'ester en justice (cass. soc. 8 février 2017, 15-28.085, JSL n° 429, 10.04.2017, pp. 16 et s., A. Bonnot; 21 novembre 2018, n° 17-11.122, à paraître, RJS 2/19 n° 90, 2e espèce; JSL n° 469, 11.02.2019, pp. 8 et s., H. Nasom-Tissandier; 9 octobre 2019, n° 17-24.773, à paraître, RJS 12/19 n° 688, 2e espèce; JCP éd. S 2019, 1335, note L. Cailloux-Meurice; JSL n° 487-488, 17.12.2019, pp. 12 et s., C. Franco et M. Saiget; RDT, décembre 2019, CH, 801, Fr. Guiomard). Toutefois, le seul fait qu'une action en justice exercée par le salarié soit contemporaine d'une mesure de licenciement ne fait pas présumer que celle-ci procède d'une atteinte à la liberté fondamentale d'agir en justice (cass. soc. 4 novembre 2020, n° 19-12.367, à paraître, LS n° 18189 du 24.11.2020; JCP éd. S 2020, 3107, note A. Bugada; JSL n° 509-510 du 22.12.2020, pp. 19 et s., M. Hautefort).

• **Nullité du licenciement en cas de violation d'une liberté fondamentale.** Voir article L. 1235-3-1, 1°.

• **Contrôle des salariés.** Tout système de surveillance des salariés doit répondre aux conditions posées par l'article L. 1121-1.

Géolocalisation. L'utilisation d'un système de géolocalisation pour contrôler la durée du travail n'est licite que lorsque ce contrôle ne peut être fait par un autre moyen et n'est pas justifiée lorsque le salarié dispose d'une liberté dans l'organisation de son travail (cass. soc. 3 novembre 2011, n° 10-18.036, BC V n° 247; RJS 1/12 n° 4; Dr. Soc. 2012, p. 61, J-E Ray; 17 décembre 2014, n° 13-23.645, LS Jurispr. n° 12 du 20.01.2015; RJS 3/15 n° 171; CE 15 décembre 2017, n° 403776, Rec. Lebon, p. 374; LS Jurispr. n° 233 du 26.12.2017; RJS 3/18 n° 158; JSL n° 450, 03.04.2018, p. 13, Ph. Pacotte et R. Leroy; cass. soc. 19 décembre 2018, n° 17-14.631, à paraître, JCP éd. S 2019, 1038, note B. Bossu; JSL n° 470, 25.02.2019, pp. 7 et s., P-L Nisol; RJS 3/19 n° 146). La CNIL impose aux employeurs de ne pas collecter une donnée de localisation en dehors du temps de travail du conducteur (délib. CNIL 2015-165 du 4 juin 2015, JO 17; RDT, septembre 2015, CH, 544). À noter: les délibérations adoptées par la CNIL avant le 25 mai 2018, date d'entrée en vigueur du RGPD (règlement (UE) 2016/679 du 27 avril 2016, JOUE L 119 du 4.05.2016), gardent tout leur intérêt pour l'application des règles de protection des données personnelles qui sont demeurées inchangées. Voir aussi Fiche CNIL, «La géolocalisation des véhicules» (*www.cnil.fr*).

Surveillance de l'utilisation d'internet. L'employeur peut fixer les conditions et limites de l'utilisation d'internet. Selon la CNIL, ces limites ne constituent pas, en soi, une atteinte à la vie privée des salariés. Voir «Le contrôle de l'utilisation d'internet et de la messagerie électronique» et «Les outils informatiques au travail» (*www.cnil.fr*).

La CEDH reconnaît le droit pour l'employeur de surveiller les communications Internet de ses salariés pendant leur temps de travail à condition que cette surveillance reste raisonnable. Cette surveillance ne doit pas porter une atteinte disproportionnée au droit au respect de leur vie privée (CEDH 12 janvier 2016, n° 61496/08).

Vidéosurveillance. Voir «La vidéosurveillance-vidéoprotection au travail», *www.cnil.fr*.

Voir aussi CEDH 17 octobre 2019, nos 1874/13 et 8567/13, LSE n° 483 du 31.10 au 13.11.2019; JSL n° 489, 09.01.2020, p. 23, D. Julien-Paturle; JCP éd. S 2020, 1036, note H. Sanzey; RJS 3/20 n° 164; RDT, février 2020, CH, 122, B. Dabosville.

Écoutes téléphoniques. Voir «L'écoute et l'enregistrement des appels sur le lieu de travail» (*www.cnil.fr*).

Enquête interne. La recherche de la preuve doit toujours se faire en respectant la vie privée du salarié. Ainsi, «lorsqu'un employeur diligente une enquête interne visant un salarié à propos de faits, venus à sa connaissance, mettant en cause ce salarié, les investigations menées dans ce cadre doivent être justifiées et proportionnées par rapport aux faits qui sont à l'origine de l'enquête et ne sauraient porter d'atteinte excessive au droit du salarié au respect de sa vie privée» (CE 2 mars 2020, n° 418640, RJS 5/20 n° 245; LS n° 18072 du 3 juin 2020; JCP éd. S 2020, 2051, note Y. Pagnerre).

Autres dispositifs de contrôle (alcootest, tests salivaires de détection de produits stupéfiants, etc.). Voir note sous article L. 1321-3.

Voir aussi: JCP éd. S 2018, 1043, étude É. Jeansen, «Les outils numériques dans la relation individuelle de travail»; B. Dabosville, «Communication personnelle en entreprise et surveillance patronale: new deal ou statu quo ?»; Dr. Soc. 2019, p. 591, étude L. Malfettes, «Gestion du personnel par algorithmes et droits du salarié».

• **Alertes.** Voir articles L. 1132-1 et L. 2312-59.

TITRE III DISCRIMINATIONS

CHAPITRE Ier Champ d'application

Art. L. 1131-1. Les dispositions du présent titre sont applicables aux employeurs de droit privé ainsi qu'à leurs salariés.

Elles sont également applicables au personnel des personnes publiques employé dans les conditions du droit privé.

Art. L. 1131-2. ***(L. 2017-86 du 27 janv. 2017, art. 214, JO 28)*** Dans toute entreprise employant au moins trois cents salariés et dans toute entreprise spécialisée dans le recrutement, les employés chargés des missions de recrutement reçoivent une formation à la non-discrimination à l'embauche au moins une fois tous les cinq ans.

CHAPITRE II Principe de non-discrimination

Art. L. 1132-1. Aucune personne ne peut être écartée d'une procédure de recrutement ***(L. 2019-486 du 22 mai 2019, art. 190, JO 23)*** «ou de nomination» ou de l'accès à un stage ou à une période de formation en entreprise, aucun salarié ne peut être sanctionné, licencié ou faire l'objet d'une mesure discriminatoire, directe ou indirecte, ***(L. 2008-496 du 27 mai 2008, art. 6, JO 28)*** «telle que définie à l'article 1er de la loi n° 2008-496 du 27 mai 2008 portant diverses dispositions d'adaptation au droit communautaire dans le domaine de la lutte contre les discriminations,» notamment en matière de rémunération, au sens de l'article L. 3221-3, de mesures d'intéressement ou de distribution d'actions, de formation, de reclassement, d'affectation, de qualification, de classification, de promotion professionnelle, de mutation ou de renouvellement de contrat en raison de ***(L. 2017-256 du 28 févr. 2017, art. 70, JO 1er mars)*** «son origine, de son sexe, de ses mœurs, de son orientation sexuelle, de son identité de genre, de son âge, de sa situation de famille ou de sa grossesse, de ses caractéristiques génétiques, de la particulière vulnérabilité résultant de sa situation économique, apparente ou connue de son auteur, de son appartenance ou de sa non-appartenance, vraie ou supposée, à une ethnie, une nation ou une prétendue race, de ses opinions politiques, de ses activités syndicales ou mutualistes ***(L. 2019-1461 du 27 déc. 2019, art. 86, I, JO 28)*** «, de son exercice d'un mandat électif», de ses convictions religieuses, de son apparence physique, de son nom de famille, de son lieu de résidence ou de sa domiciliation bancaire, ou en raison de son état de santé, de sa perte d'autonomie ou de son handicap, de sa capacité à s'exprimer dans une langue autre que le français.»

Note • Cet article a été modifié par la loi 2020-760 du 22 juin 2020, art. 15, II, JO 23.

• La loi 2006-340 du 24 mars 2006 a visé également les discriminations relatives aux mesures d'intéressement et aux distributions d'actions.

La loi 2008-496 du 27 mai 2008 (JO 28, rectif. JO 8 août 2009) modifiée en dernier lieu par la loi 2018-699 du 3 août 2018 (JO 5) porte diverses dispositions d'adaptation au droit communautaire dans le domaine de la lutte contre les discriminations (rapportée dans les *Textes non codifiés*, rubrique «Lutte contre les discriminations»). Elle est applicable en Nouvelle-Calédonie, en Polynésie française, dans les îles Wallis et Futuna et dans les Terres australes et antarctiques françaises dans toutes les matières que la loi organique ne réserve pas à la compétence de leurs institutions (art. 11). Les dispositions non codifiées de cette loi sont rapportées en fin de code dans les *Textes non codifiés*. Voir M-Th. Lanquetin, «Discrimination: la loi d'adaptation au droit communautaire du 27 mai 2008», Dr. Soc. 2008, p. 778; RDT 2008, CH, 532 et 741, M. Miné; SSL 2008, n° 1355, p. 2, Fr. Champeaux.

Le décret 2008-1344 du 17 décembre 2008 (JO 19) modifié par le décret 2014-335 a créé un label en matière de promotion de la diversité et de prévention des discriminations dans le cadre de la gestion des ressources humaines et a mis en place une commission de labellisation. Les décrets 2014-335 du 14 mars 2014 (JO 15) et 2019-296 du 9 avril 2019 (JO 11) ont chacun reconduit pour 5 ans cette commission.

• **Lanceurs d'alerte.** Les lanceurs d'alerte sont protégés contre les discriminations. Voir note sous L. 1132-3-3.

• **Défenseur des droits.** La loi 2004-1486 du 30 décembre 2004 (JO 31) avait créé une Haute Autorité de lutte contre les discriminations et pour l'égalité: la Halde. Les prérogatives de la Halde ont été transférées au Défenseur des droits au 1er mai 2011 (loi organique 2011-333 du 29 mars 2011, rapportée dans les *Textes non codifiés*, rubrique «Lutte contre les discriminations»). Entre autres prérogatives, il formule des recommandations aux employeurs par exemple en matière de lutte contre les discriminations au travail (*www.defenseurdesdroits.fr*).

• **Définition de la discrimination.** La loi du 27 mai 2008 (art. 1) précitée définit la discrimination directe et la discrimination indirecte (rapportée dans les *Textes non codifiés*, rubrique «Lutte contre les discriminations»). Voir le rapport de H. Gosselin, RJS 7/09, p. 533.

Voir aussi JCP éd. S 2019, 1077, étude J. Cavallini, «La discrimination positive en droit de l'Union européenne».

• **Étendue du principe**

Discrimination à l'embauche. Le refus d'embaucher «des gens de couleur» constitue un délit de discrimination raciale à l'embauche. Ce délit est caractérisé par la pérennité de pratiques consistant à ne pas recruter des commis de race noire (CA Paris 17 octobre 2003, 11e ch., n° 03-387, RJS 2/04 n° 171). L'article 225-2 c. pén. réprime le fait de subordonner une offre d'emploi à une condition discriminatoire (cass. crim. 23 juin 2009, n° 07-85.109, B. crim. n° 126; RJS 10/09 n° 819). La chambre criminelle établit une distinction entre le délit d'offre d'emploi discriminatoire au sens de l'article 225-2, 5° c. pén., délit ici retenu, et le délit du refus d'embauche prévu par l'article 225-2, 3° c. pén.; en l'espèce, condamnation de salariés d'agences d'intérim et d'un groupe ainsi que des sociétés qui les emploient pour avoir organisé un recrutement excluant des candidats d'origine étrangère. La Cour de Justice condamne toute discrimination à l'embauche alors même qu'il n'existe aucun plaignant soutenant avoir été victime d'une telle discrimination (CJCE 10 juillet 2008, aff. C-54/07, rec. p. I-5187; RJS 11/08 n° 1136 et p. 885, note H. Tissandier: en l'espèce, l'employeur avait déclaré publiquement qu'il ne recruterait pas des salariés ayant une certaine origine ethnique ou raciale). Pour la Cour de cassation, la discrimination est caractérisée malgré l'embauche ultérieure du candidat, dès lors qu'elle a eu pour effet d'en différer la date (cass. soc. 18 janvier 2012, n° 10-16.926, BC V n° 17; RJS 5/12 n° 406).

Mais le seul fait du recrutement d'un autre salarié au poste auquel le salarié s'était porté candidat ne peut suffire à laisser supposer l'existence d'une discrimination (cass. soc. 3 juillet 2012, n° 11-11.059, RJS 10/12 n° 766). Voir aussi note sous article L. 1134-1.

Discrimination et période d'essai. Les dispositions de cet article sont applicables à la période d'essai (cass. soc. 16 février 2005, n° 02-43.402, BC V n° 52; RJS 5/05 n° 469).

Discrimination et harcèlement (réparations spécifiques). Les obligations résultant des articles L. 1132-1 et L. 1152-1 CT (relatif au harcèlement moral) sont distinctes, en sorte que la méconnaissance de chacune d'elles, lorsqu'elle entraîne des préjudices différents, ouvre droit à des réparations spécifiques (cass. soc. 3 mars 2015, n° 13-23.521, BC V n° 32; RJS 5/15 n° 314; JSL n° 386, 27.04.2015, pp. 14 et s., Ph. Pacotte et G. Halimi).

• **Diversité des motifs de discrimination.** *Discrimination et religion.* Si un salarié ne peut être licencié pour le seul motif tiré de ses mœurs ou de ses convictions religieuses, «il peut être procédé à un licenciement dont la cause objective est fondée sur le comportement du salarié qui, compte tenu de la nature de ses fonctions et de la finalité propre de l'entreprise, a créé un trouble caractérisé au sein de cette dernière» (cass. soc. 17 avril 1991, n° 90-42.636, BC V n° 201; Dr. Soc. 1991, p. 489, obs. J. Savatier).

Aux visas de l'article 9 de la convention de sauvegarde des droits de l'homme et de L. 1132-1 CT, il résulte, selon la Cour de cassation, de l'article 23 de la loi du 15 juillet 1845 sur la police des chemins de fer que le serment des agents de surveillance exerçant au sein des entreprises visées par cette disposition peut être reçu selon les formes en usage dans leur religion. Cet article prévoit sans autre précision que les agents de surveillance doivent être «dûment assermentés». Il ne fixe pas les termes du serment qui doit être prononcé. Le rapporteur précisait en ce sens qu'aucun texte ne prévoyait la formule de serment demandée aux agents dont l'origine était au final indéterminée et que par ailleurs l'emploi de la formule «Je jure» était proscrite par certaines religions ou courants religieux. Par conséquent, un salarié n'avait commis aucune faute en proposant une formule conforme à ses croyances, de sorte que son licenciement, prononcé en raison de ses convictions religieuses, était nul (cass. soc. 1er février 2017, n° 16-10.459, BC V n° 18; RJS 4/17 n° 300; RDT, mai 2017, CH, 332, I. Desbarats; JCP éd. S 2017, 1159, note J-M Chonnier; JSL n° 427, 13.03.2017, pp. 4 et s., M. Rivolier et M. Hautefort).

Par ailleurs, la jurisprudence tient compte de la situation particulière des entreprises dites «de tendance». Ainsi, un salarié «engagé pour accomplir une tâche impliquant qu'il soit en communion de pensée et de foi avec son employeur» peut être licencié lorsqu'il «méconnaît les obligations résultant de cet engagement» (cass. soc. 20 novembre 1986, n° 84-43.243, BC V n° 555; Dr. Soc. 1987, p. 379, 2e espèce, obs. J. Savatier; CA Toulouse 17 août 1995, RJS 3/96 n° 247: licenciement justifié d'un surveillant rituel de confession juive pour avoir entretenu des relations avec une femme mariée). Voir aussi Dr. Soc. 2018, p. 915, étude J. Mouly, «Discriminations fondées sur la religion, entreprises de tendance et droit de l'Union».

Pour la CJUE, l'octroi, en Autriche, d'un jour férié payé le vendredi saint aux seuls travailleurs appartenant à certaines églises constitue une discrimination en raison de la religion interdite par le droit de l'Union (CJUE 22 janvier 2019, aff. C-193/17, SSL 2019 n° 1852, p. 5, Forum réflexions G. Calvès «Jour férié réservé aux membres d'un culte minoritaire: un refus clair et net de la CJUE»).

Voir aussi JCP éd. S 2017, 1259 à 1266, «Colloque: le silence religieux dans l'entreprise».

Sur l'exercice de la liberté religieuse et sur celle de se vêtir dans l'entreprise voir note sous L. 1121-1 CT. Sur la clause de neutralité pouvant être inscrite dans le règlement intérieur voir L. 1321-2-1 et note sous cet article.

Discriminations dans l'évolution de carrière et de rémunération des salariés en raison de leurs activités syndicales. Les juges du fond doivent appliquer cet article dès l'instant que la discrimination en raison de l'activité syndicale est invoquée, même si l'article n'est pas lui-même spécialement invoqué (cass. soc. 4 décembre 2001, n° 99-43.231, RJS 2/02 n° 197). En présence d'une disparité de traitement non contestée, il appartient au juge de vérifier si l'employeur peut justifier d'éléments objectifs, étrangers à l'exercice d'un mandat syndical (cass. soc. 28 septembre 2004, n° 03-42.624, BC V n° 227; RJS 1/05 n° 55). Sur la question de l'avancement d'un salarié, délégué syndical, retardé par rapport à celui d'autres salariés voir cass. soc. 27 juin 2007, n° 06-42.084, RJS 10/07 n° 1111; 24 septembre 2008, n° 06-46.179, BC V n° 187; RJS 11/08 n° 1107 s'agissant d'une limitation de la progression de rémunération. Voir aussi cass. soc. 24 septembre 2014, n° 13-10.233, BC V n° 200: le juge, qui constate une présomption de discrimination pour une promotion à raison de l'exercice d'un mandat représentatif, doit vérifier si, au regard des critères de compétence professionnelle retenus par l'employeur pour le choix des candidats, seul celui n'exerçant pas un tel mandat devait être promu.

Mais, en l'absence de toute constatation d'une différence de traitement concomitante à l'activité syndicale d'un salarié, le seul refus de prendre en charge certains de ses déplacements ne peut constituer à lui seul un trouble manifestement illicite au regard de l'interdiction des mesures discriminatoires (cass. soc. 29 juin 2005, n° 04-43.165, RJS 10/05 n° 999).

Voir aussi note sous L. 2141-5 CT.

Discrimination et état de santé. De la disposition selon laquelle «aucune personne ne peut être sanctionnée en raison de son *état de santé*», la Cour de cassation déduit que le fait pour un salarié de quitter son poste de travail en raison de son état de santé afin de consulter un médecin sans avoir obtenu l'autorisation de son supérieur hiérarchique ne constitue pas, en soi, une faute de nature à justifier le licenciement (cass. soc. 3 juillet 2001, n° 99-41.738, BC V n° 244; RJS 10/01 n° 1133). La justification du retard de carrière par des absences pour maladie se heurte à la prohibition de la discrimination à raison de l'état de santé du salarié (cass. soc. 28 janvier 2010, n° 08-44.486, BC V n° 26; RJS 4/10 n° 335). Un changement d'affectation décidé en raison de l'état de santé du salarié présente un caractère discriminatoire (cass. soc. 30 mars 2011, n° 09-71.542, BC V n° 81; RJS 6/11 n° 517; SSL n° 1490, note A. Marcon et Fr. Champeaux). Une salariée a obtenu la résiliation judiciaire de son contrat de travail suite à une proposition de modification du contrat de travail qui lui avait été faite après deux arrêts de quinze jours chacun prescrits dans le cadre de tentatives de fécondation in vitro (FIV) et après qu'elle eut annoncé qu'elle serait de nouveau en arrêt pour les mêmes raisons. En effet, la chronologie de ces éléments, pris dans leur ensemble, laissait supposer l'existence d'une discrimination en raison de son état de santé. La résiliation judiciaire du contrat de travail a produit les effets d'un licenciement nul (cass. soc. 28 juin 2018, n° 16-28.511, à paraître, JCP éd. S 2018, 1307, note G. Loiseau; RJS 11/18 n° 672; Dr. Soc. 2018, p. 953, act. J. Mouly).

L'article L. 1132-1 CT ne s'oppose pas au licenciement motivé, non pas par l'état de santé du salarié, mais par la situation objective de l'entreprise qui se trouve dans la nécessité de pourvoir au remplacement définitif d'un salarié dont l'absence prolongée ou les absences répétées perturbent son fonctionnement. L'absence de cause réelle et sérieuse d'un tel licenciement ne laisse pas, à elle seule, présumer l'existence d'une discrimination prohibée. Dès lors, en l'absence d'élément de nature à laisser présumer l'existence d'une discrimination, ce licenciement n'est pas nul (cass. soc. 16 juillet 1998, n° 97-43484, BC V n° 394; 27 janvier 2016, n° 14-10.084, BC V n° 16; JCP éd. S 2016, 1086, note B. Gauriau; RJS 4/16 n° 235; Dr. Soc. 2016, p. 384, act. J. Mouly; RDT, juin 2016, CH, 423, N. Moizard).

La Cour européenne des droits de l'homme a jugé que licenciement d'un salarié en raison de sa séropositivité, intervenu sous la pression des autres employés de l'entreprise, constitue une discrimination fondée sur son état de santé, en violation des articles 8 et 14 de la convention EDH (CEDH 3 octobre 2013, n° 552/10, JSL n° 354, 22.11.2013, p. 14, V. Nivelles; JCP éd. G 2013, 1288, note J. Colonna).

En l'absence d'élément objectif et pertinent la justifiant, est nulle en raison de son caractère discriminatoire fondé sur l'état de santé du salarié la disposition d'une convention collective excluant les salariés licenciés pour cause d'inaptitude consécutive à une maladie ou à un accident non professionnel du bénéfice de l'indemnité de licenciement qu'elle institue (cass. soc. 8 octobre 2014, n° 13-11.789, BC V n° 232; LS Jurispr. n° 190 du 21.10.2014; RJS 12/14 n° 851; JCP éd. S 2014, 1493, note P-Y Verkindt).

Si un accord collectif peut tenir compte des absences pour le paiement d'une prime, c'est à la condition que toutes les absences, hormis celles légalement assimilées à un temps de travail effectif, entraînent les mêmes conséquences sur son attribution. Heurte la prohibition de la discrimination à raison de l'état de santé du salarié et n'est donc pas opposable au salarié la disposition d'un accord d'entreprise mettant en place, pour l'attribution d'une prime, un système d'abattements par suite des seules absences pour maladie (cass. soc. 11 janvier 2012, n° 10-23.139, BC V n° 10; RJS 3/12 n° 241; JCP éd. S 2012, 1149, note L. Drai). Il a également été jugé que, même organisés à l'issue de toute absence, quel qu'en soit le motif, des entretiens de «retour d'absence» au cours desquels étaient évoquées les perturbations de l'organisation de l'entreprise résultant de l'absence et donnant lieu à l'établissement d'un document signé par le salarié concerné, constituent une discrimination en raison de l'état de santé, un tel dispositif conduisant malgré son apparente neutralité à stigmatiser les salariés absents pour maladie (cass. soc. 12 février 2013, n° 11-27.689, RJS 4/13 n° 255).

Discrimination et handicap. Pour la CJUE: la notion de «handicap» visée par la directive 2000/78/CE du 27 novembre 2000 inclut un état pathologique causé par une maladie médicalement constatée comme curable ou incurable dès lors que cette maladie entraîne une limitation, résultant notamment d'atteintes physiques, mentales ou psychiques, dont l'interaction avec diverses barrières peut faire obstacle à la pleine et effective participation de la personne concernée à la vie professionnelle sur la base de l'égalité avec les autres travailleurs, et que cette limitation est de longue durée; la nature des mesures que doit prendre l'employeur n'est pas déterminante pour considérer que l'état de santé d'une personne relève de cette notion (CJUE 11 avril 2013, aff. C-335/11 et C-337/11, LSQ n° 16330 du 19.04.2013). Il a été jugé que l'obésité peut constituer un handicap au sens de la directive du 27 novembre 2000 lorsqu'elle fait obstacle à la pleine et effective participation du travailleur concerné à la vie professionnelle sur la base de l'égalité avec les autres travailleurs du fait d'une mobilité réduite ou de la survenance, chez cette personne, de pathologies qui l'empêchent d'accomplir son travail ou qui entraînent une gêne dans l'exercice de son activité professionnelle (CJUE 18 décembre 2014, aff. C-354/13, RJS 4/15 n° 302 et p. 217, chron. A. Gardin, JCP 2015, n° 168). Voir aussi CJUE 1er décembre 2016, aff. C-395/15 qui admet qu'un licenciement fondé sur une incapacité temporaire de travail résultant d'un accident du travail puisse constituer une discrimination interdite lorsqu'une guérison n'est pas envisageable à court terme (JCP éd. S 2017, 1023, note J. Cavallini).

La Cour de Justice prohibe également la discrimination par association visant «quiconque se trouve discriminé parce qu'associé à une personne» en l'espèce handicapée (CJCE 17 juillet 2008, aff. C-303/06, rec. p. I-5603; JOUE C 223/6 du 30.08.2008; RJS 11/08, p. 883, chron. M. Le Barbier-Le-Bris).

Le licenciement d'un travailleur devenu handicapé et déclaré inapte à son poste doit être précédé de recherches de reclassement de mesures appropriées pour préserver son emploi (voir art. L. 5213-6 CT). À défaut, le licenciement est considéré comme discriminatoire en raison de l'état de santé et du handicap et peut être annulé (cass. soc. 3 juin 2020, n° 18-21.993, à paraître, RJS 7/20 n° 382; JCP éd. S 2020, 2077, note M. Babin; JSL n° 503, 14.09.2020, pp. 11 et s., Ph. Pacotte et J. Layat; RDT, septembre 2020, CH, 544, M. Mercat-Bruns).

Discrimination et situation de famille. Pour une illustration d'une discrimination en raison de la situation de famille, voir cass. soc. 10 février 1999, n° 96-42.998, BC V n° 61; RJS 3/99 n° 363. Voir aussi cass. crim. 21 juin 2016, n° 15-80.365, B. crim. n° 187; JCP, éd. S 2017, 1043, note Fr. Bousez, à propos d'une discrimination en raison de la situation de famille, le salarié imputant sa mise à l'écart aux activités politiques de son frère.

Selon la HALDE (remplacée par le Défenseur des droits), le fait de réserver des emplois saisonniers aux enfants du personnel caractérise une discrimination fondée sur la situation de famille (délib. Halde 31 janvier 2011, communiqué du 18 mai 2011).

Discrimination et apparence physique. A été jugé nul le licenciement d'un salarié, chef de rang dans un restaurant, prononcé en raison de son refus d'enlever ses boucles d'oreilles durant le service, alors qu'il était un homme, un tel motif tiré de l'apparence physique du salarié, rapportée à son sexe étant, en l'absence de toute justification objective, discriminatoire (cass. soc. 11 janvier 2012, n° 10-28.213, BC V n° 12; JCP éd. S 2012, 1164, note B. Bossu; RJS 3/12 n° 214; RDT, mars 2012, CH, 159, N. Moizard; Dr. Soc. 2012, p. 346, obs. J-Ph. Lhernould).

Discrimination et sexe. Un candidat ne doit pas être écarté d'une procédure de recrutement au motif qu'il est de sexe masculin, sous peine d'une condamnation pour discrimination interdite (cass. soc. 30 septembre 2015, n° 14-25.736).

Une salariée licenciée en raison essentiellement du fait qu'elle subit un traitement de fécondation in vitro peut se prévaloir de la protection contre la discrimination fondée sur le sexe prohibée par le droit de l'Union (CJCE 26 février 2008, aff. C-506/06, rec. p. I-1017; JSL n° 230, 27.03.2008, p. 14, J-Ph. Lhernould). Cette solution peut être reprise en droit interne sur le fondement de l'article L. 1132-1.

Si une salariée ne retrouve pas son poste (ou un emploi similaire assorti d'une rémunération équivalente) au retour d'un congé parental d'éducation, mais se voit confier d'autres tâches d'un niveau «inférieur» sans rapport avec ses fonctions antérieures, son employeur s'expose à une condamnation pour discrimination indirecte à raison du sexe (statistiquement, il y a plus beaucoup plus de femmes qui prennent un congé parental). À moins que cette décision ne soit justifiée par des éléments objectifs étrangers à toute discrimination (cass. soc. 14 novembre 2019, n° 18-15.682, à paraître, JCP éd. S 2019, 1361, note B. Bossu; RJS 1/20 n° 27; JSL n° 489, 09.01.2020, pp. 15 et s., H. Nasom-Tissandier).

Une salariée à temps plein qui passe à temps partiel dans le cadre d'un congé parental d'éducation doit bénéficier, le cas échéant, d'une indemnité de licenciement et d'une allocation de congé de reclassement calculée sur la base de son temps plein. En effet, «l'application de ces articles (voir art. L. 1233-72, L. 3123-5 et R. 1233-3 CT) contraires à l'article 157 du traité précité en ce qu'ils instaurent une discrimination indirecte fondée sur le sexe, doit être (...) écartée» (cass. soc. 18 mars 2020, n° 16-27.825, à paraître, RJS 6/20 n° 299; JSL n° 501, 08.07.2020, pp. 19 et s., Ph. Pacotte et R. Leroy).

Discrimination et orientation sexuelle. Voir RJS 4/11, chron. J-Ph. Lhernould, p. 261; BS Lefebvre 12/17, étude «Agir contre les discriminations liées à l'orientation sexuelle et à l'identité de genre». Voir aussi cass. soc. 24 avril 2013, n° 11-15.204, BC V n° 116; RJS 7/13 n° 506 et CJUE 25 avril 2013, aff. C-81/12, RJS 7/13 n° 575 et p. 442, chron. A. Gardin.

Discrimination et nationalité. L'offre d'emploi subordonnée à une condition de nationalité est constitutive d'une discrimination prohibée (c. pén. art. 225-2, 5°; cass. crim. 20 janvier 2009, n° 08-83.710, B. crim. n° 19; RJS 4/09 n° 311).

Sur une discrimination à raison de la consonance étrangère du patronyme, voir cass. crim. 30 septembre 2008, n° 07-87.734, B. crim. n° 199.

Le fait pour un employeur d'exiger d'un salarié qu'il change son prénom d'origine étrangère pour un prénom français constitue une discrimination à raison de l'origine et l'accord du salarié ne suffit pas à valider une pratique discriminatoire (cass. soc. 10 novembre 2009, n° 08-42.286, BC V n° 245; RJS 1/10 n° 4; RDT, mars 2010, CH, 169, Th. Aubert-Monpeyssen). De même, le fait pour une directrice de cafétéria d'avoir refusé d'engager une employée de restauration en lui indiquant qu'elle ne faisait pas confiance aux Maghrébines caractérise une discrimination raciale (cass. soc. 18 janvier 2012, n° 10-16.926, BC V n° 17; JCP éd. S 2012, 1119, note C. Puigelier; RJS 5/12 n° 406).

Discrimination et âge. Selon l'article 6, § 1, de la directive 2000/78/CE du 27 novembre 2000 portant création d'un cadre général en faveur de l'égalité de traitement en matière d'emploi et de travail, nonobstant l'article 2, § 2, les États membres peuvent prévoir que des différences de traitement fondées sur l'âge ne constituent pas une discrimination lorsqu'elles sont objectivement et raisonnablement justifiées, dans le cadre du droit national, par un objectif légitime, notamment par des objectifs légitimes de politique de l'emploi, du marché du travail et de la formation professionnelle, et que les moyens de réaliser cet objectif sont appropriés et nécessaires (cass. soc. 17 mars 2015, n° 13-27.142, BC V n° 53; JSL n° 388, 29.05.2015, p. 25; JCP éd. S 2015, 1298, note B. Bossu; 31 mars 2015, n° 13-18.667, BC V n° 66; JCP éd. S 2015, 1266, note J-Ph. Tricoit; LS Jurispr. n° 73 du 21.04.2015; JSL n° 389, 10.06.2015, p. 28; RJS 6/15 n° 405). À titre d'exemple, un dispositif de mise à la retraite anticipée (statut EDF) doit répondre à ces conditions pour être applicable (cass. soc. 9 mars 2016, n° 14-25.840, BC V n° 45; JSL n° 408, 27.04.2016, p. 22). Pour la Cour de cassation, le principe de non-discrimination en raison de l'âge n'est pas applicable à la rupture d'un contrat de travail résultant de l'adhésion volontaire d'un salarié à un dispositif de pré-retraite prévu par un accord collectif (cass. soc. 20 avril 2017, n° 15-28.304, BC V n° 60; JCP éd. S 2017, 1241, note L. Cailloux-Meurice; RJS 7/17 n° 455; voir aussi cass. soc. 31 janvier 2018, n° 15-23.596).

Un système de promotion dit de «up or out» (les salariés ont l'obligation de progresser dans la hiérarchie ou de partir) peut caractériser une discrimination basée sur l'âge. En l'espèce, un salarié contestant son licenciement pour insuffisance professionnelle a saisi les juges en faisant valoir que ce mécanisme était nécessairement défavorable aux salariés atteignant un certain âge, puisque, dans une hiérarchie pyramidale, les possibilités de promotion s'amenuisent au fil de la carrière. Ce système, combiné à d'autres indices, laissait supposer l'existence d'une discrimination en raison de l'âge (cass. soc. 12 avril 2018, n° 16-25.503).

Voir aussi cass. soc. 9 octobre 2019, n° 17-16.642, à paraître (voir ci-après «Différence de traitement reposant sur des dispositions conventionnelles»).

Voir aussi note sous articles L. 1133-2 et L. 1132-4.

Discrimination et langue parlée. Voir Dr. Soc. 2019, p. 580, étude L. Gamet, «Glottophobie et droit du travail».

• **Différences de traitement autorisées.** Une différence de traitement entre salariés d'une même entreprise ne constitue pas en elle-même une discrimination illicite au sens de l'article L. 122-45 [L. 1132-1] (cass. soc. 18 janvier 2006, n° 03-45.422, BC V n° 17; Dr. Soc. 2006, p. 449, obs. Ch. Radé). La disparité de traitement s'apprécie au regard de salariés placés dans une situation comparable, ce qui n'implique pas l'identité des tâches accomplies par les salariés mis en comparaison (cass. soc. 5 mai 2011, n° 09-43.175, RJS 7/11 n° 575). Cependant, l'existence d'une discrimination n'implique pas nécessairement une comparaison avec la situation d'autres salariés (cass. soc. 29 juin 2011, n° 10-14.067, BC V n° 166, arrêt n° 1; RJS 10/11 n° 746: l'employeur n'avait pas fourni de travail au salarié pendant de longues périodes).

Cet article n'interdit pas de façon générale à l'employeur de sanctionner différemment des salariés qui ont commis des fautes identiques (cass. soc. 15 mai 1991, n° 89-42.270, BC V n° 236; Dr. Soc. 1991, p. 624, rapp. Waquet, concl. Franck; voir aussi cass. soc. 29 janvier 1992, n° 89-44.501, BC V n° 50; RJS 3/92 n° 283; 17 décembre 1996, n° 95-41.858, BC V n° 445; RJS 1/97 n° 85; 14 mai 1998, n° 96-41.755, BC V n° 250; RJS 6/98 n° 735; 6 juin 2012, n° 10-28.199, BC V n° 173; RJS 8-9/12 n° 684; JCP éd. S 2012, 1346, note C. Puigelier).

Une inégalité de traitement entre des salariés peut être justifiée lorsqu'elle repose sur des raisons objectives pertinentes, étrangères à toute discrimination prohibée et proportionnées à l'objectif légitimement poursuivi par les États contractants (cass. soc. 17 avril 2008, n° 06-45.270, BC V n° 95; RJS 6/08 n° 675; SSL 2008 n° 1354, p. 12; 9 novembre 2005, n° 03-47.720, BC V n° 312; Dr. Soc. 2006, p. 221, obs. A. Jeammaud; RJS 2/06 n° 210: indemnité d'expatriation versée au profit de salariés étrangers).

Voir aussi articles L. 1133-1 à L. 1133-6.

• **Différence de traitement entre des salariés de catégories professionnelles différentes («avantages catégoriels»).** La seule différence de catégorie professionnelle ne saurait en elle-même justifier, pour l'attribution d'un avantage, une différence de traitement entre les salariés placés dans une situation identique au regard dudit avantage, cette différence devant reposer sur des raisons objectives dont le juge doit contrôler concrètement la réalité et la pertinence (cass. soc. 20 février 2008, n° 05-45.601, BC V n° 39; RJS 5/08 n° 512; Dr. Soc. 2008, p. 530, Ch. Radé; JCP éd. S 2008, 1305, note D. Everaert-Dumont; 1er juillet 2009, n° 07-42.675, BC V n° 168; RJS 10/09 n° 760; JCP éd. S 2009, 1451, note E. Jeansen; 7 avril 2010, n° 08-44.865, BC V n° 86; RJS 6/10 n° 570; RDT, juin 2010, CH, 517, B. Bossu).

S'agissant des différences de traitement entre catégories professionnelles opérées par voie de conventions ou d'accords collectifs négociés et signés par des organisations syndicales représentatives, la Cour de cassation a décidé qu'elles sont présumées justifiées, de sorte qu'il appartient à celui qui les conteste de démontrer qu'elles sont étrangères à toute considération de nature professionnelle (cass. soc. 27 janvier 2015, 3 arrêts, nos 13-14.773, 13-22.179 et 13-25.437, BC V nos 8, 9 et 10; LSQ n° 16765 du 03.02.2015; RJS 3/15 n° 172; Dr. Soc. 2015, études A. Fabre, p. 237 et P-H Antonmattei, p. 351; RJS 3/15, chron. J-G Huglo, p. 155; JCP éd. S 2015, 1054, étude J. Daniel; JCP éd. S 2015, 1055, étude S. Van der Vlist). Ce faisant, la Cour de cassation est revenue sur sa jurisprudence antérieure (cass. soc. 18 juin 2011, n° 10-14.725, BC V n° 155).

Les différences de traitement entre des salariés exerçant, au sein d'une même catégorie professionnelle, des fonctions distinctes sont également présumées justifiées, dès lors qu'elles résultent de dispositions conventionnelles (cass. soc. 8 juin 2016, n° 15-11.324, BC V n° 130; RJS 8-9/16 n° 542; JCP éd. S 2016, 1321, note B. Bossu).

L'inégalité de traitement cadres/non-cadres résultant de l'opposition d'un syndicat à un accord catégoriel est justifiée (cass. soc. 30 mai 2018, n° 16-16.484, à paraître, JCP éd. S 2018, 1247, note G. Vachet; RJS 8-9/18 n° 524).

À noter que, le seul fait pour des salariés appartenant à des catégories professionnelles différentes de relever de conventions collectives distinctes ne constitue pas une raison objective et pertinente justifiant une différence de traitement dans l'attribution d'un avantage, dès lors que ces salariés se trouvent dans une situation identique au regard de cet avantage (cass. soc. 4 décembre 2013, n° 12-19.667, BC V n° 300; RJS 2/14 n° 133).

Mais lorsque des différences de traitement entre catégories professionnelles résultent de décisions unilatérales de l'employeur, il appartient à ce dernier, en cas de litige, de démontrer qu'elles reposent sur des raisons objectives dont le juge doit contrôler la réalité et la pertinence (cass. soc. 27 janvier 2015, n° 13-17.622, BC V n° 6; LSQ n° 16765 du 3.02.2015; RJS 3/15 n° 172). Toutefois, l'employeur peut mettre en place une prime de 13e mois réservée aux seuls cadres sans avoir à justifier la différence de traitement avec les non-cadres. En effet, «quelles que soient les modalités de son versement, une prime de 13e mois, qui n'a pas d'objet spécifique étranger au travail accompli ou destiné à compenser une sujétion particulière, participe de la rémunération annuelle versée, au même titre que le salaire de base, en contrepartie du travail à l'égard duquel les salariés cadres et non-cadres ne sont pas placés dans une situation identique» (cass. soc. 26 septembre 2018, n° 17-15.101, à paraître, JCP éd. S 2018, 1337, note E. Lederlin; JSL n° 463, 12.11.2018, pp. 4 et s., M. Hautefort; RJS 12/18 n° 715; RDT, décembre 2018, CH, 855, B. Géniaut).

• **Différence de traitement reposant sur des dispositions conventionnelles.** *Jurisprudence européenne.* Saisie d'une question préjudicielle portant sur l'interprétation de la directive 2006/54/CE du 5 juillet 2006 relative à la mise en œuvre du principe de l'égalité des chances et de l'égalité de traitement entre hommes et femmes en matière d'emploi et de travail, la CJUE considère qu'un congé conventionnel, qui s'ajoute au congé légal de maternité, peut être réservé aux mères élevant elles-mêmes leur enfant. Toutefois, ce congé doit viser «la protection des travailleuses» au regard «des conséquences de la grossesse» et «de leur condition de maternité», sinon la disposition conventionnelle en question serait discriminatoire. Il appartient à la juridiction de renvoi de vérifier que cette condition est remplie en prenant en compte les éléments d'interprétation donnés par la CJUE tenant aux conditions d'octroi du congé supplémentaire, aux modalités et à la durée du congé ainsi qu'au niveau de protection juridique correspondant au congé. À l'inverse, si une CCN réserve le bénéfice d'un congé supplémentaire aux femmes «en leur seule qualité de parent», elle instaure une discrimination directe à l'égard des travailleurs de sexe masculin (CJUE, 18 novembre 2020, aff. C-463/19, LS n° 18188 du 23.11.2020).

Jurisprudence de la Cour de cassation. La Cour de cassation établit des présomptions de justification de différences de traitement entre des salariés opérées par voie de conventions ou d'accords collectifs négociés et signés par les syndicats représentatifs, de sorte qu'il appartient à celui qui les conteste de démontrer que celles-ci sont étrangères à toute considération de nature professionnelle. Tel est le cas, par exemple, des différences de traitement entre catégories professionnelles (voir ci-avant). Autre exemple: sont présumées justifiées les différences de traitement entre des salariés de la même entreprise mais appartenant à des établissements distincts, issues d'accords d'établissement ou d'un accord d'entreprise négociés et signés par les organisations syndicales représentatives (cass. soc. 3 novembre 2016, n° 15-18.444, BC V n° 206; JCP éd. S 2016, 1392, note J-F Cesaro; JSL n° 421-422, 21.12.2016, pp. 4 et s., H. Tissandier; RJS 1/17 n° 7; 4 octobre 2017, n° 16-17.517, BC V n° 170; JCP éd. S 2017, 1391, note J-Fr. Cesaro; LSQ n° 17420 du 6.10.2017; JSL n° 442, 29.11.2017, p. 8, J-Ph. Lhernould; RJS 12/17 n° 780).

Cela étant, la Cour de cassation refuse de reconnaître une présomption générale de justification de toutes différences de traitement entre les salariés opérées par voie de conventions ou d'accords collectifs. Une telle généralisation serait, dans les domaines où est mis en œuvre le droit de l'Union européenne, contraire à celui-ci en ce qu'elle ferait reposer sur le seul salarié la charge de la preuve de l'atteinte au principe d'égalité et en ce qu'un accord collectif n'est pas en soi de nature à justifier une différence de traitement. En outre, dans ces domaines, une telle présomption se trouverait privée d'effet dans la mesure où les règles de preuve propres au droit de l'Union viendraient à s'appliquer. Partant, la généralisation d'une présomption de justification de toutes différences de traitement ne peut qu'être écartée. Il en résulte qu'ayant retenu qu'un accord collectif opère, entre les salariés, une différence de traitement en raison uniquement de la date de présence sur un site désigné, que les salariés sont placés dans une situation exactement identique au regard des avantages de cet accord dont l'objet est de prendre en compte les impacts professionnels, économiques et familiaux de la mobilité géographique impliqués par le transfert des services sur un autre site et d'accompagner les salariés pour préserver leurs conditions d'emploi et de vie familiale, la cour d'appel en a déduit à bon droit que, s'agissant d'une différence de traitement fondée sur la date de présence sur un site, celle-ci ne saurait être présumée justifiée (cass. soc. 3 avril 2019, n° 17-11.970, à paraître, JCP éd. S 2019, 1134, note G. Loiseau et 1135, note J. Cavallini; Dr. Soc. 2019, p. 447, étude Ch. Radé; JSL n° 476, 23.05.2019, pp. 4 et s., M. Hautefort; RJS 6/19 n° 338 et pp. 431 et s., «Pas de présomption générale de justification des différences de traitement conventionnelles», avis A. Berriat; Dr. Soc. 2019, pp. 559 et s.: «Une motion de défiance à l'égard de la négociation collective», étude J-E Ray; RDT, Juillet/Août 2019, CH, 498, P-E Berthier; LS Europe n° 471 du 18.04.2019; RDT, septembre 2019, CH, 578, F. Rosa).

En outre, même si elle est prévue par accord collectif, une différence de traitement entre les salariés en raison de l'âge ne peut pas être présumée justifiée au regard du principe d'interdiction des discriminations (cass. soc. 9 octobre 2019, n° 17-16.642, à paraître, RJS 12/19 n° 676; JCP éd. S 2019, 1336, note J. Daniel; JSL n° 487-488, 17.12.2019, pp. 26 et s., H. Nasom-Tissandier).

• **Responsabilité civile.** L'employeur, tenu envers ses salariés d'une obligation de sécurité en matière de protection de la santé et de la sécurité des travailleurs (voir art. L. 4121-1 et 2 CT), notamment en matière de discrimination, doit répondre des agissements des personnes qui exercent, de fait ou de droit, une autorité sur les salariés (cass. soc. 30 janvier 2019, n° 17-28.905, à paraître, JCP éd. S 2019, 1133, note C. Leborgne-Ingelaere; JSL n° 472, 25.03.2019, pp. 7 et s., M. Hautefort; RJS 4/19 n° 196). En l'espèce, la salariée d'une association, victime d'insultes à connotation sexiste et de jets de détritus commis par des bénévoles à l'occasion d'une soirée où ils travaillaient ensemble, et sans réaction de son supérieur hiérarchique, aurait dû obtenir des dommages-intérêts de l'association.

• **Sanction pénale.** Le code du travail ne prévoit pas de sanction pénale spécifique en cas de violation des dispositions de cet article. Au niveau pénal, les sanctions applicables sont celles qui figurent dans le code pénal à l'article 225-2 réprimant les discriminations définies aux articles 225-1 et 1-1 de ce code (rapportés dans les *Textes non codifiés*, rubrique «Lutte contre les discriminations»).

Art. L. 1132-2. Aucun salarié ne peut être sanctionné, licencié ou faire l'objet d'une mesure discriminatoire mentionnée à l'article L. 1132-1 en raison de l'exercice normal du droit de grève.

Note Un salarié gréviste ne peut être licencié ou sanctionné, à raison d'un fait commis à l'occasion de la grève à laquelle il participe, que si ce fait est constitutif d'une faute lourde (cass. soc. 16 décembre 1992, n° 91-41.215, BC V n° 592; RJS 2/93 n° 174). Le salarié qui demande sa réintégration, à la suite d'un licenciement nul car prononcé en violation du droit de grève, a droit au paiement d'une indemnité égale au montant de la rémunération qu'il aurait dû percevoir entre son éviction de l'entreprise et sa réintégration, peu important qu'il ait ou non reçu des salaires ou un revenu de remplacement pendant cette période (cass. soc. 25 novembre 2015, n° 14-20.527, BC V n° 236; LS Jurispr. n° 230 du 22.12.2015; JCP éd. S 2016, 1090, note J-Y Kerbourc'h).

L'exercice du droit de grève ne saurait donner lieu de la part de l'employeur à des mesures discriminatoires en matière de rémunération et d'avantages sociaux (cass. soc. 25 novembre 2015, n° 14-20.527, précité). Est discriminatoire l'attribution par l'employeur d'une prime aux salariés selon qu'ils ont participé ou non à un mouvement de grève (cass. soc. 1er juin 2010, n° 09-40.144, BC V n° 119; Dr. Soc. 2010, p. 998, obs. Ch. Radé).

Voir également la note sous l'article L. 2511-1.

Art. L. 1132-3. Aucun salarié ne peut être sanctionné, licencié ou faire l'objet d'une mesure discriminatoire pour avoir témoigné des agissements définis aux articles L. 1132-1 et L. 1132-2 ou pour les avoir relatés.

Art. L. 1132-3-1. ***(L. 2011-939 du 10 août 2011, art. 9, JO 11)*** Aucun salarié ne peut être sanctionné, licencié ou faire l'objet d'une mesure discriminatoire mentionnée à l'article L. 1132-1 en raison de l'exercice des fonctions de juré ou de citoyen assesseur.

Art. L. 1132-3-2. ***(L. 2013-404 du 17 mai 2013, art. 19, JO 18)*** Aucun salarié ne peut être sanctionné, licencié ou faire l'objet d'une mesure discriminatoire mentionnée à l'article L. 1132-1 pour avoir refusé en raison de son orientation sexuelle une mutation géographique dans un État incriminant l'homosexualité.

Art. L. 1132-3-3. ***(L. 2013-1117 du 6 déc. 2013, art. 35, JO 7)*** Aucune personne ne peut être écartée d'une procédure de recrutement ou de l'accès à un stage ou à une période de formation en entreprise, aucun salarié ne peut être sanctionné, licencié ou faire l'objet d'une mesure discriminatoire, directe ou indirecte, notamment en matière de rémunération, au sens de l'article L. 3221-3, de mesures d'intéressement ou de distribution d'actions, de formation, de reclassement, d'affectation, de qualification, de classification, de promotion professionnelle, de mutation ou de renouvellement de contrat, pour avoir relaté ou témoigné, de bonne foi, de faits constitutifs d'un délit ou d'un crime dont il aurait eu connaissance dans l'exercice de ses fonctions.

(L. 2016-1691 du 9 déc. 2016, art. 10, JO 10) «Aucune personne ne peut être écartée d'une procédure de recrutement ou de l'accès à un stage ou à une période de formation professionnelle, aucun salarié ne peut être sanctionné, licencié ou faire l'objet d'une mesure discriminatoire, directe ou indirecte, notamment en matière de rémunération, au sens de l'article L. 3221-3, de mesures d'intéressement ou de distribution d'actions, de formation, de reclassement, d'affectation, de qualification, de classification, de promotion professionnelle, de mutation ou de renouvellement de contrat, pour avoir signalé une alerte dans le respect des articles 6 à 8 de la loi n° 2016-1691 du 9 décembre 2016 relative à la transparence, à la lutte contre la corruption et à la modernisation de la vie économique.

En cas de litige relatif à l'application des premier et deuxième alinéas, dès lors que la personne présente des éléments de fait qui permettent de présumer qu'elle a relaté ou témoigné de bonne foi de faits constitutifs d'un délit ou d'un crime, ou qu'elle a signalé une alerte dans le respect des articles 6 à 8 de la loi n° 2016-1691 du 9 décembre

2016 précitée, il incombe à la partie défenderesse, au vu des éléments, de prouver que sa décision est justifiée par des éléments objectifs étrangers à la déclaration ou au témoignage de l'intéressé.» Le juge forme sa conviction après avoir ordonné, en cas de besoin, toutes les mesures d'instruction qu'il estime utiles.

Note • Sur le droit d'alerte en matière de santé publique et d'environnement, voir L. 4133-1 à L. 4133-4.

• Le Conseil constitutionnel a validé les dispositions de la loi du 9 décembre 2016 précitée (C. constit. 8 décembre 2016, n° 2016-740 DC).

• Pour bénéficier de la protection conférée au lanceur d'alerte, il faut rapporter des faits susceptibles d'être constitutifs d'un délit ou d'un crime (cass. soc. 4 novembre 2020, n° 18-15.669, à paraître, LS n° 18212 du 30.12.2020; JCP éd. S 2020, 3091, note B. Bossu).

• Les personnes morales de droit public ou de droit privé d'au moins 50 agents ou salariés ont l'obligation d'adopter une procédure de recueil des signalements (loi du 9 décembre 2016 précitée). Un décret du 19 avril 2017 définit le contenu de cette procédure et ses modalités d'adoption, obligatoire au 1er janvier 2018 (décret 2017-564 du 19 avril 2017, JO 21, modifié par décret 2020-100 du 7 février 2020, JO 8).

Les règles de protection des données personnelles issues de la loi 78-17 du 6 janvier 1978 dite «Informatique et libertés» ainsi que du RGPD doivent être respectées (règlement (UE) 2016/679 du 27 avril 2016, JOUE L 119/1 du 4.05.2016). La CNIL a adopté un référentiel guidant les employeurs dans la mise en conformité des dispositifs d'alertes professionnelles (délib. CNIL 2019-139 du 18 juillet 2019, JO 10 déc.).

Art. L. 1132-4. Toute disposition ou tout acte pris à l'égard d'un salarié en méconnaissance des dispositions du présent chapitre est nul.

Note • **Nullité de plein droit.** Les licenciements prononcés en violation du principe de non-discrimination sont annulés (ex.: cass. soc. 10 avril 1991, n° 89-40.216: nullité du licenciement d'un syndicaliste en raison de ses activités syndicales; voir aussi note sous article L. 2141-5 pour les discriminations syndicales). Le juge des référés peut ordonner la réintégration d'une salariée licenciée en raison de son refus persistant d'accepter de nouvelles tâches que l'employeur entendait lui imposer pour pallier les perturbations que ses arrêts de travail avaient entraînées dans le bon fonctionnement de l'entreprise (cass. soc. 23 novembre 1999, n° 98-41.376, BC V n° 450; RJS 1/00 n° 33).

Un licenciement fondé exclusivement sur l'âge est nul (cass. soc. 4 avril 2012, n° 11-10.706, BC V n° 118; RJS 6/12 n° 598). Une mise à la retraite constitue un licenciement nul lorsque le salarié ne bénéficie pas d'une retraite à taux plein et que la seule cause de rupture invoquée par l'employeur est l'âge du salarié (cass. soc. 21 décembre 2006, n° 05-12.816, BC V n° 412; RDT, avril 2007, p. 238, note I. Desbarrats; voir aussi dans le même sens, cass. soc. 15 janvier 2013, n° 11-15.646, BC V n° 8; RJS 3/13 n° 202, s'agissant d'une mise à la retraite prononcée de façon précipitée et au mépris des dispositions conventionnelles afin de se soustraire aux nouvelles conditions légales de mise à la retraite). Voir aussi note sous art. L. 1133-2.

En application de l'article L. 1132-4 CT, Le licenciement d'un salarié prononcé parce qu'il a lancé une «alerte» de bonne foi est nul (voir art. L. 1132-3-3 CT) (cass. soc. 30 juin 2016, n° 15-10.557, BC V n° 140; JSL n° 415, 05.09.2016, pp. 18 et s., H. Tissandier; RJS 10/16 n° 612; JCP éd. S 2016, 1381, note G. Duchange).

• **Droit à réparation et réintégration du salarié victime de discrimination.** Lorsqu'un salarié fait l'objet d'une mesure discriminatoire, il peut prétendre à des dommages-intérêts; le juge peut également ordonner à l'employeur une réparation en nature (cass. soc. 23 juin 2004, n° 02-41.011, BC V n° 181; RJS 11/04 n° 1163). Si la discrimination a eu pour effet un ralentissement de carrière, il est possible d'envisager une reconstitution de celle-ci avec obligation d'attribuer une rémunération correspondant à la classification résultant d'un reclassement fixé par le juge (cass. soc. 24 février 2004, n° 01-46.499). Plus généralement, l'atteinte au principe d'égalité de traitement peut être réparée par l'octroi, aux salariés concernés, de l'avantage dont ils ont été irrégulièrement privés (cass. soc. 6 octobre 2015, n° 14-16.667).

Le salarié dont le licenciement est nul et qui demande sa réintégration a droit au paiement d'une indemnité égale au montant de la rémunération qu'il aurait dû percevoir entre son éviction de l'entreprise et sa réintégration, en prenant en compte, le cas échéant, la requalification du contrat à temps partiel en un contrat à temps plein (cass. soc. 14 septembre 2016, n° 15-15.944, BC V n° 164; RJS 11/16 n° 700; JCP éd. S 2016, 1383, note D. Chenu).

Le principe de non-discrimination en raison de l'âge ne constitue pas une liberté fondamentale qui justifierait, en cas de nullité du licenciement prononcé en violation de cette prohibition, la non-déduction des revenus de remplacement perçus par le salarié entre son éviction de l'entreprise et sa réintégration (cass. soc. 15 novembre 2017, n° 16-14.281, BC V n° 193; JCP éd. S 2017, 1406, note J-Ph. Lhernould; RJS 1/18 n° 20; JSL n° 446, 25.01.2018, p. 19, M. Hautefort).

La solution est différente quand un licenciement est nul parce que prononcé en raison des activités syndicales du salarié. Il s'agit dans ce cas de la violation d'une liberté fondamentale, celle de pouvoir défendre ses droits et ses intérêts par l'action syndicale. Le salarié qui demande sa réintégration a alors droit au paiement d'une indemnité égale à la rémunération qu'il aurait dû percevoir entre son éviction de l'entreprise et sa réintégration, sans déduire les éventuels salaires ou revenu de remplacement perçus pendant cette période (cass. soc. 9 juillet 2014, n° 13-16.434, BC V n° 186; RJS 11/14 n° 793).

La solution est la même en cas de licenciement prononcé en raison de l'état de santé du salarié dans la mesure où il constitue une atteinte au droit fondamental à la protection de la santé (cass. soc. 11 juillet 2012, n° 10-15.905, BC V n° 218; RJS 10/12 n° 785), ou encore, pour faits de grève (hors faute lourde) (cass. soc. 2 février 2006, n° 03-47.481, BC V n° 53) (voir note sous art. L. 1132-2 CT). En revanche, le salarié ne peut prétendre au paiement des indemnités de rupture (cass. soc. 11 juillet 2012, n° 10-15.905, précité).

De même, le licenciement prononcé à l'égard d'une salariée en raison de son état de grossesse caractérise une atteinte au principe d'égalité de droits entre l'homme et la femme, garanti par l'alinéa 3 du préambule de la Constitution du 27 octobre 1946. La salariée qui demande sa réintégration a droit au paiement d'une indemnité égale au montant de la rémunération qu'elle aurait dû percevoir entre son éviction de l'entreprise et sa réintégration, sans déduction des éventuels revenus de remplacement dont elle a pu bénéficier pendant cette période (cass. soc. 29 janvier 2020, n° 18-21.862, à paraître, JSL n° 494, 23.09.2020, pp. 24 et s., M. Hautefort; RJS 4/20 n° 171).

La réintégration s'impose en principe à l'employeur, ce dernier peut toutefois démontrer qu'une impossibilité matérielle l'empêche de le faire. À ce titre, le seul fait de confier à un prestataire de services le nettoyage des locaux ne caractérisait pas une impossibilité matérielle pour l'employeur de réintégrer la salariée, chargée du ménage et de l'entretien des locaux, dans son emploi ou, à défaut, dans un emploi équivalent. De plus, le salarié n'a pas l'obligation de faire sa demande de réintégration dans un court délai. En l'espèce, l'employeur ne pouvait donc invoquer les 3 années de silence de la salariée après l'annonce de la nullité de son licenciement pour justifier un refus de la réintégrer (cass. soc. 14 septembre 2016, n° 15-15.944, précité).

La victime d'un licenciement nul qui ne demande pas sa réintégration a droit à plusieurs indemnités: d'une part, aux indemnités de rupture, c'est-à-dire à l'indemnité compensatrice de préavis et à l'indemnité légale ou conventionnelle de licenciement, d'autre part, à une indemnité réparant l'intégralité du préjudice résultant du caractère illicite du licenciement et au moins égale à celle prévue par l'article L. 1235-3 CT (cass. soc. 5 juin 2001, n° 99-41.186, BC V n° 211; RJS 8-9/01 n° 1009; 27 juin 2000, n° 98-43.439, BC V n° 250; RJS 9-10/00 n° 937; 14 avril 2010, n° 09-40.486, BC V n° 97; RJS 6/10 n° 500; 7 décembre 2011, n° 10-15.222, BC V n° 294; RJS 2/12 n° 133). Le salarié a droit, en toute hypothèse, à ces indemnités (cass. soc. 21 septembre 2005, n° 03-44.855, BC V n° 262; RJS 12/05 n° 1163). L'indemnité compensatrice de préavis est intégralement due bien que le salarié, irrégulièrement licencié, n'ait pas été en état d'exécuter un préavis (cass. soc. 5 juin 2001, n° 99-41.186, précité).

CHAPITRE III Différences de traitement autorisées

Art. L. 1133-1. ***(L. 2008-496 du 27 mai 2008, art. 6, JO 28)*** L'article L. 1132-1 ne fait pas obstacle aux différences de traitement, lorsqu'elles répondent à une exigence professionnelle essentielle et déterminante et pour autant que l'objectif soit légitime et l'exigence proportionnée.

Note Voir les annotations sous l'article L. 1132-1.

Art. L. 1133-2. ***(L. 2008-496 du 27 mai 2008, art. 6, JO 28)*** «Les différences de traitement fondées sur l'âge ne constituent pas une discrimination lorsqu'elles sont objectivement et raisonnablement justifiées par un but légitime, notamment par le souci de préserver la santé ou la sécurité des travailleurs, de favoriser leur insertion professionnelle, d'assurer leur emploi, leur reclassement ou leur indemnisation en cas de perte d'emploi, et lorsque les moyens de réaliser ce but sont nécessaires et appropriés.»

Ces différences peuvent notamment consister en:

1° L'interdiction de l'accès à l'emploi ou la mise en place de conditions de travail spéciales en vue d'assurer la protection des jeunes et des travailleurs âgés;

2° La fixation d'un âge maximum pour le recrutement, fondée sur la formation requise pour le poste concerné ou la nécessité d'une période d'emploi raisonnable avant la retraite.

Note • Les articles L. 1133-1, 2 et 3 sont devenus respectivement les articles L. 1133-2, 3 et 4 (loi 2008-496 précité, art. 6).

Les dispositions de cet article reprennent celles de la directive 2000/78/CE du 27 novembre 2000. L'arrêt Mangold rendu par la CJCE (22 novembre 2015, aff. C-144/04, rec. p. I-9981) fait de la non-discrimination en fonction de l'âge un principe général de droit communautaire (SSL 2006, n° 1266, P. Rodière; RDT, juin 2007, ET, 360, M. Mercat-Bruns; Dr. Soc. 2010, p. 1060, Fr. Michéa).

• **Différences de traitement justifiées.** Des différences de traitement fondées sur l'âge peuvent être objectivement et raisonnablement justifiées par des objectifs légitimes de politiques de l'emploi, du marché du travail et de la formation professionnelle (CJCE 5 mars 2009, aff. C-388/07, rec. p. I-1569; JOUE C 102/6 du 1.05.2009; RDT juin 2009, CH, 385, M. Schmitt; RJS 6/09, p. 443, chron. M. Le Barbier Le Bris). Les moyens de réaliser cet objectif doivent être appropriés et nécessaires (cass. soc. 17 mars 2015, n° 13-27.142, BC V n° 53; JCP éd. S 2015, 1298, note B. Bossu; 31 mars 2015, n° 13-18.667, BC V n° 66; JCP éd. S 2015, 1266, note J-Ph. Tricoit; LS Jurispr. n° 73 du 21.04.2015; JSL n° 389, 10.06.2015, p. 28; RJS 6/15 n° 405).

À titre d'exemples, un dispositif de mise à la retraite anticipée (statut EDF) doit répondre à ces conditions pour être applicable (cass. soc. 9 mars 2016, n° 14-25.840, BC V n° 45; JSL n° 408, 27.04.2016, p. 22). Un arrêt rendu par la CJCE (16 octobre 2007, aff. C-411/05, rec. p. I-8531; JOUE C 297/6 du 8.12.2007) fait référence au fait que les mesures de mise à la retraite justifiées par un objectif d'emploi ne constituent pas des discriminations interdites par la directive (SSL n° 1338, Actualité de droit social communautaire, S. Laulom et SSL n° 1432, p. 5). Au visa de l'article 6 § 1 de la directive 2000/78/CE du 27 novembre 2000, il a été jugé que la mise à la retraite d'un salarié, décidée dans le cadre d'un accord collectif comportant, dans le secteur concerné, des contreparties en termes d'emploi et de formation professionnelle, n'est pas discriminatoire (cass. soc. 26 novembre 2013, n° 12-24.690, BC V n° 285; RJS 2/14 n° 120, 2e espèce).

Les juges ne peuvent, pour décider que l'attribution par un plan de suppression d'emplois d'indemnités variant selon l'âge des salariés ne constitue pas une discrimination, retenir que les plus jeunes subissant un préjudice de carrière plus important doivent être mieux indemnisés que les salariés plus âgés, ces motifs généraux ne suffisant pas à caractériser la poursuite d'un but légitime et le caractère nécessaire et approprié des moyens mis en œuvre pour l'atteindre (cass. soc. 9 octobre 2012, n° 11-23.142, BC V n° 254; RJS 12/12 n° 928).

Pour d'autres exemples, voir CJUE 12 janvier 2010, aff. C-229/08, rec. p. I-00001 (recrutement des pompiers); CJUE 12 janvier 2010, aff. C-341/08, rec. p. I-00047 (exercice de la profession de dentiste conventionné); CJUE 19 janvier 2010, aff. C-555/07, rec. p. I-00365 (interdiction d'une réglementation réservant un traitement moins favorable aux salariés entrés au service d'un employeur avant l'âge de 25 ans); CJUE 13 septembre 2011, aff. C-447/09, rec. p. I-8003; LS Jurispr. n° 191 du 27.09.2011; RJS 12/11, p. 817, chron. M. Mercat-Bruns; cass. soc. 11 mai 2010, nos 08-43.681 et 08-45.307, BC V n° 105; RJS 7/10 n° 582; SSL n° 1448, p. 9, note M. Hautefort; cass. soc. 3 juillet 2012, n° 11-13.795, BC V n° 205; RJS 10/12 n° 851 (limite d'âge pour les pilotes dans le transport aérien; sur la législation applicable en France, voir c. aviation civ. art. L. 421-9). Voir aussi l'article de E. Bribosia et T. Bombois, RTD eur. janv.-mars 2011, p. 41.

Art. L. 1133-3. Les différences de traitement fondées sur l'inaptitude constatée par le médecin du travail en raison de l'état de santé ou du handicap ne constituent pas une discrimination lorsqu'elles sont objectives, nécessaires et appropriées.

Note Voir aussi L. 5213-6 CT.

Art. L. 1133-4. Les mesures prises en faveur des personnes handicapées et visant à favoriser l'égalité de traitement, prévues à l'article L. 5213-6 ne constituent pas une discrimination.

Art. L. 1133-5. ***(L. 2014-173 du 21 févr. 2014, art. 15, II, JO 22)*** Les mesures prises en faveur des personnes résidant dans certaines zones géographiques et visant à favoriser l'égalité de traitement ne constituent pas une discrimination.

Art. L. 1133-6. ***(L. 2016-832 du 24 juin 2016, JO 25)*** Les mesures prises en faveur des personnes vulnérables en raison de leur situation économique et visant à favoriser l'égalité de traitement ne constituent pas une discrimination.

CHAPITRE IV Actions en justice

SECTION 1. Dispositions communes

Note Les sections 1 et 2 de ce chapitre sont issues de la loi 2016-1547 du 18 novembre 2016, art. 87, I, JO 19.

Art. L. 1134-1. Lorsque survient un litige en raison d'une méconnaissance des dispositions du chapitre II, le candidat à un emploi, à un stage ou à une période de formation en entreprise ou le salarié présente des éléments de fait laissant supposer l'existence d'une discrimination directe ou indirecte ***(L. 2008-496 du 27 mai 2008, art. 6, JO 28)*** «telle que définie à l'article 1er de la loi n° 2008-496 du 27 mai 2008 portant diverses dispositions d'adaptation au droit communautaire dans le domaine de la lutte contre les discriminations».

Au vu de ces éléments, il incombe à la partie défenderesse de prouver que sa décision est justifiée par des éléments objectifs étrangers à toute discrimination.

Le juge forme sa conviction après avoir ordonné, en cas de besoin, toutes les mesures d'instruction qu'il estime utiles.

Note • Sur une discrimination à l'embauche, le conseil de prud'hommes est compétent alors même qu'aucun contrat de travail n'avait été conclu (cass. soc. 20 décembre 2006, n° 06-40.662, BC V n° 404; RJS 3/07 n° 397: en l'espèce, il s'agissait d'une discrimination raciale).

• Eu égard à la nécessité de protéger les droits fondamentaux de la personne concernée, l'aménagement des règles de preuve prévues par cet article ne viole pas le principe de l'égalité des armes tel que résultant de l'article 6 de la Convention de sauvegarde des droits de l'homme et des libertés fondamentales (cass. soc. 7 février 2012, n° 10-19.505, BC V n° 54; RJS 4/12 n° 299; JCP éd. S 2012, 1150, note D. Boulmier). Ces dispositions ne s'appliquent pas devant les juridictions pénales (loi 2008-496 du 27 mai 2008, art. 4, JO 28).

• **Éléments de fait laissant supposer l'existence d'une discrimination présentés par le salarié.** Le salarié qui invoque une discrimination doit préciser celui des motifs prohibés par la loi sur la base duquel il aurait été discriminé (cass. soc. 26 septembre 2012, n° 11-18.701).

Parmi les éléments de fait laissant supposer l'existence d'une discrimination, le salarié peut produire un rapport de l'inspection du travail établi à sa demande, peu important que l'agent de contrôle n'ait pas relevé par un procès-verbal les infractions éventuellement constatées (cass. soc. 15 janvier 2014, n° 12-27.261, BC V n° 14; LS Jurispr. n° 19 du 28.01.2014; RJS 4/14 n° 295).

Dans le cadre d'un contentieux relatif à l'existence d'une discrimination syndicale, le salarié qui s'estime victime d'une telle discrimination doit présenter aux juges les éléments permettant d'établir que l'employeur avait connaissance de son activité syndicale (cass. soc. 1er juillet 2015, n° 14-11.459, RJS 11/15 n° 719).

Ayant constaté que l'employeur avait engagé la procédure de licenciement huit jours après avoir reçu un courriel du salarié l'informant de ses difficultés de santé en relation avec ses conditions de travail et retenu par ailleurs que le licenciement pour insuffisance professionnelle était sans cause réelle et sérieuse, aucun des griefs invoqués n'étant établi, ce dont il résultait que le salarié présentait des éléments de fait laissant supposer l'existence d'une discrimination en raison de son état de santé, la cour d'appel a violé les articles L. 1132-1 et L. 1134-1 CT (cass. soc. 5 février 2020, n° 18-22.399, LS Jurispr. n° 37 du 25.02.2020; JSL n° 495, 06.04.2020, pp. 10 et s., J-Ph. Lhernould).

Voir aussi, cass. soc. 8 juillet 2020, n° 19-13.637, pour des éléments de faits laissant supposer une discrimination à raison de l'état de santé (concomitance entre la réduction d'une prime et les périodes d'absence pour maladie de la salariée), cass. soc. 9 septembre 2020, n° 18-24.861, pour des éléments de fait laissant supposer une discrimination à raison de l'âge (constat que 13 salariés de plus de 45 ans, dont la moitié avait plus de 50 ans, s'étaient vus attribuer la note de potentiel «D», contre un seul salarié de l'entreprise de moins de 45 ans ayant eu cette notation), cass. soc. 25 mars 2020, n° 18-18.061, pour des éléments de faits laissant supposer une discrimination syndicale (déclassement professionnel du salarié, prononcé successif de 14 sanctions disciplinaires irrégulières).

Selon la CJUE, le salarié ne dispose pas de droit spécifique pour accéder à des informations détenues par le défendeur (CJUE 21 juillet 2011, aff. C-104/10, rec. p. I-6813; RJS 11/11, p. 755, chron. A. Gardin). Ainsi, un travailleur, alléguant de façon plausible qu'il remplit les conditions énoncées dans un avis de recrutement et dont la candidature n'a pas été retenue, ne dispose pas de droit d'accès à l'information précisant si l'employeur, à l'issue de la procédure de recrutement, a embauché un autre candidat; toutefois, un refus de tout accès à l'information de la part du défendeur peut constituer un élément à prendre en compte dans le cadre de l'établissement des faits qui permettent de présumer l'existence d'une discrimination directe ou indirecte (CJUE 19 avril 2012, aff. C-415/10, RJS 7/12 n° 664 et p. 523, chron. J-Ph. Lhernould).

L'existence d'une discrimination n'implique pas nécessairement une comparaison avec la situation d'autres salariés (cass. soc. 10 novembre 2009, n° 07-42.849, BC V n° 246; RJS 1/10 n° 6; Dr. Soc. 2010, p. 112, obs. Ch. Radé).

Dans le cadre d'une affaire où un salarié demandait la nullité de son licenciement pour discrimination en raison de son état de santé, les juges d'appel ont relevé que les griefs mentionnés dans la lettre de licenciement étaient relatifs à une période antérieure à l'arrêt de travail du salarié, que ceux-ci avaient été évoqués lors d'un entretien avec le supérieur hiérarchique antérieurement à cet arrêt de travail et que le licenciement était intervenu plusieurs mois après le début de l'arrêt maladie et avant la reprise du travail. Ils ont pu retenir que le salarié ne présentait pas d'éléments de fait laissant supposer l'existence d'une discrimination fondée sur son état de santé (cass. soc. 2 octobre 2019, n° 18-14.546, JCP éd. S 2019, 1319, note S. Brissy).

• **Appréciation des juges.** L'opportunité de recourir à des mesures d'instruction est laissée à l'appréciation souveraine des juges du fond (cass. soc. 4 février 2009, n° 07-42.697, BC V n° 33; RJS 4/09 n° 314).

Il appartient au juge d'examiner dans leur ensemble les éléments qui lui ont été fournis. L'appréciation du juge doit être globale et les éléments produits par le salarié ne doivent pas être analysés isolément les uns des autres (cass. soc. 29 juin 2011, n° 10-15.792, BC V n° 166, arrêt n° 2; RJS 10/11 n° 748; 12 avril 2012, n° 11-12.847).

• **Saisine du juge des référés sur le fondement de l'article 145 du c. proc. civ.** Le salarié qui ne dispose pas d'éléments suffisants pour laisser supposer l'existence d'une discrimination à son encontre a la possibilité de saisir le juge des référés sur le fondement de l'article 145 c. proc. civ., afin qu'il ordonne à l'employeur de communiquer les documents de nature à révéler cette discrimination et notamment les contrats de travail, bulletins de salaire, tableaux d'avancement et de promotion des salariés exerçant les mêmes fonctions. Au juge d'apprécier souverainement si les mesures d'instruction demandées procèdent d'un motif légitime et sont nécessaires à la protection des droits du salarié (cass. soc. 19 décembre 2012, n° 10-20.526, BC V n° 341; RJS 3/13 n° 191; JSL n° 338, 26.02.2013, pp. 7 et s., M. Hautefort; JCP éd. S 2013, 1222, note J-Fr. Cesaro). Voir aussi cass. soc. 8 juillet 2020, n° 18-23.765, RJS 10/20 n° 454.

Le cas échéant, il appartient aux juges de la cour d'appel, après avoir estimé que les salariés justifient d'un motif légitime (en l'espèce, une trentaine de salariés titulaires de mandats de représentant du personnel, tous membres du même syndicat, avaient estimé être victimes de discrimination en raison de leurs activités syndicales), de vérifier quelles mesures étaient indispensables à la protection de leur droit à la preuve et proportionnées au but poursuivi, au besoin en cantonnant le périmètre de la production de pièces sollicitée (cass. soc. 16 décembre 2020, n° 19-17.637, à paraître, LS n° 18221 du 13.01.2021).

• **Preuve à apporter par l'employeur.** L'employeur doit justifier de façon objective et pertinente une différence de traitement entre des salariés effectuant un même travail ou un travail de valeur égale et ne peut opposer son pouvoir discrétionnaire pour se soustraire à cette obligation (cass. soc. 13 juin 2012, n° 11-12.252). Dès lors qu'un employeur ne justifiait pas de raisons objectives pouvant expliquer le retard important subi par un salarié dans le déroulement de sa carrière, par rapport à l'ensemble des salariés se trouvant dans une situation comparable, une cour d'appel a pu en déduire que ce retard n'était pas étranger à la discrimination ethnique invoquée par le salarié (cass. soc. 7 février 2012, n° 10-19.505, précité).

S'agissant des justifications que doit apporter l'employeur pour expliquer une inégalité de traitement, il a été précisé que les dispositions concernant l'amnistie n'ont pas, par elles-mêmes, pour objet d'interdire à un employeur de faire référence devant une juridiction à des faits ayant motivé une sanction disciplinaire amnistiée, dès lors que cela est strictement nécessaire à l'exercice de ses droits de la défense (cass. soc. 4 juin 2014, n° 12-28.740, BC V n° 132; RJS 8-9/14 n° 629).

Toutefois, lorsque des faits permettent de présumer l'existence d'une discrimination fondée sur l'orientation sexuelle lors du recrutement, l'aménagement de la charge de la preuve ne conduit pas à exiger de l'employeur une preuve impossible à rapporter sans porter atteinte au droit au respect de la vie privée. Ainsi, il n'est pas nécessaire qu'il prouve que des personnes d'une orientation sexuelle déterminée ont été recrutées dans le passé, une telle exigence étant susceptible de porter atteinte au droit au respect de la vie privée (CJUE 25 avril 2013, aff. C-81/12, RJS 7/13 n° 575 et p. 442 (I. C.) chron. A. Gardin).

• **Méthode du testing.** Voir art. 225-3-1 c. pén.; circ. crim. 2006-16 du 28 juin 2006, BO Justice n° 102 du 13 juillet 2006; loi 2008-496 du 27 mai 2008, art. 4, modifié par loi 2017-86 du 27 janvier 2017, JO 28.

Art. L. 1134-2. Les organisations syndicales représentatives au niveau national, au niveau départemental ***(Ord. 2008-205 du 27 févr. 2008, JO 1er mars)*** «ou de la collectivité» ***(Ord. 2017-1491 du 25 oct. 2017, art. 2, 1°, JO 26, entrée en vigueur le 01.01.2018)*** «en Guadeloupe, en Guyane, en Martinique, à Mayotte, à La Réunion» ***(Ord. 2008-205 du 27 févr. 2008, JO 1er mars)*** «, à Saint-Barthélemy et à Saint-Martin», ou dans l'entreprise peuvent exercer en justice toutes les actions résultant de l'application des dispositions du chapitre II.

Elles peuvent exercer ces actions en faveur d'un candidat à un emploi, à un stage ou une période de formation en entreprise, ou d'un salarié, dans les conditions prévues par l'article L. 1134-1.

L'organisation syndicale n'a pas à justifier d'un mandat de l'intéressé. Il suffit que celui-ci ait été averti par écrit de cette action et ne s'y soit pas opposé dans un délai de quinze jours à compter de la date à laquelle l'organisation syndicale lui a notifié son intention d'agir.

L'intéressé peut toujours intervenir à l'instance engagée par le syndicat.

Note Dès lors que les lettres adressées aux salariés mentionnent expressément que le syndicat entend exercer une action en justice en leur nom, en raison d'une discrimination dont ils sont victimes, la demande de dommages et intérêts formée par ce syndicat est recevable (cass. soc. 3 mars 2009, n° 07-44.676, RJS 5/09 n° 450).

Art. L. 1134-3. Les associations régulièrement constituées depuis cinq ans au moins pour la lutte contre les discriminations ou œuvrant dans le domaine du handicap peuvent exercer en justice toutes actions résultant de l'application des dispositions du chapitre II.

Elles peuvent exercer ces actions en faveur d'un candidat à un emploi, à un stage ou une période de formation en entreprise ou d'un salarié dans les conditions prévues à l'article L. 1134-1, sous réserve de justifier d'un accord écrit de l'intéressé.

L'intéressé peut toujours intervenir à l'instance engagée par l'association et y mettre un terme à tout moment.

Art. L. 1134-4. Est nul et de nul effet le licenciement d'un salarié faisant suite à une action en justice engagée par ce salarié ou en sa faveur, sur le fondement des dispositions du chapitre II, lorsqu'il est établi que le licenciement n'a pas de cause réelle et sérieuse et constitue en réalité une mesure prise par l'employeur en raison de cette action en justice. Dans ce cas, la réintégration est de droit et le salarié est regardé comme n'ayant jamais cessé d'occuper son emploi.

(Ord. 2017-1387 du 22 sept. 2017, art. 3, 1°, JO 23) «Lorsque le salarié refuse de poursuivre l'exécution du contrat de travail, les dispositions de l'article L. 1235-3-1 sont applicables.»

Note Les dispositions de cet article, dans sa rédaction issue de l'ordonnance 2017-1387 précitée, sont applicables aux licenciements prononcés après le 23 septembre 2017 (ordonnance précitée, art. 40, I).

Art. L. 1134-5. ***(L. 2008-561 du 17 juin 2008, JO 18)*** L'action en réparation du préjudice résultant d'une discrimination se prescrit par cinq ans à compter de la révélation de la discrimination.

Ce délai n'est pas susceptible d'aménagement conventionnel.

Les dommages et intérêts réparent l'entier préjudice résultant de la discrimination, pendant toute sa durée.

Note Le point de départ de ce délai est la connaissance des faits par le salarié s'estimant victime d'une discrimination. L'article 2232 c. civ. précise que le délai de la prescription extinctive est de vingt ans à compter du jour de la naissance du droit. Voir article V. Delnaud, «Prescription et discrimination», D. 2008, p. 2533.

Si la prescription interdit la prise en compte de faits de discrimination couverts par elle, elle n'interdit pas au juge, pour apprécier la réalité de la discrimination subie au cours de la période non prescrite, de procéder à des comparaisons avec d'autres salariés engagés dans des conditions identiques de diplôme et de qualification à la même date que l'intéressé, celle-ci fût-elle antérieure à la période non prescrite (cass. soc. 4 février 2009, n° 07-42.697, cité sous l'article L. 1134-1).

L'action engagée sur le fondement des articles 1382 et 1383 [1240 et 1241] c. civ. pour des faits relatifs à un refus d'embauche discriminatoire et antérieurs à la loi du 17 juin 2008 est soumise à la prescription décennale de l'article 2270-1 c. civ. alors applicable (cass. soc. 5 juillet 2011, n° 10-30.752, RJS 10/11 n° 747).

SECTION 2. Dispositions spécifiques à l'action de groupe

Art. L. 1134-6. Sous réserve des articles L. 1134-7 à L. 1134-10, le chapitre Ier du titre V de la loi n° 2016-1547 du 18 novembre 2016 de modernisation de la justice du XXIe siècle s'applique à l'action de groupe prévue à la présente section.

Note Les articles L. 1134-6 à L. 1134-10 sont applicables aux seules actions dont le fait générateur de la responsabilité ou le manquement est postérieur au 20 novembre 2016 (loi 2016-1547 du 18 novembre 2016, art. 92, II, JO 19). Le chapitre Ier du titre V de la loi 2016-1547 du 18 novembre 2016 (JO 19), relatif à l'action de groupe devant le juge judiciaire, est rapporté en fin de code dans les *Textes non codifiés*.

Art. L. 1134-7. Une organisation syndicale de salariés représentative au sens des articles L. 2122-1, L. 2122-5 ou L. 2122-9 peut agir devant une juridiction civile afin d'établir que plusieurs candidats à un emploi, à un stage ou à une période de formation en entreprise ou plusieurs salariés font l'objet d'une discrimination, directe ou indirecte, fondée sur un même motif figurant parmi ceux mentionnés à l'article L. 1132-1 et imputable à un même employeur.

Une association régulièrement déclarée depuis au moins cinq ans intervenant dans la lutte contre les discriminations ou œuvrant dans le domaine du handicap peut agir aux mêmes fins, pour la défense des intérêts de plusieurs candidats à un emploi ou à un stage en entreprise.

(L. 2017-86 du 27 janv. 2017, art. 212, JO 28) «Pour l'application du présent article, l'organisation syndicale mentionnée au premier alinéa peut, si elle le souhaite, recueillir l'aide d'une association mentionnée au deuxième alinéa.»

Note La loi du 18 novembre 2016 «de modernisation de la justice du XXIe siècle» a inscrit l'action de groupe en discrimination dans le code du travail (loi 2016-547 du 18 novembre 2016, JO 19). En application du principe de non-rétroactivité de la loi (art. 2 c. civ.; loi précitée, art. 92, II), le tribunal judiciaire de Paris a considéré que des faits antérieurs au 20 novembre 2016, date d'entrée en vigueur de la loi précitée, ne peuvent pas être à l'origine d'une telle action, peu important que ceux-ci auraient eu des effets postérieurs à cette date (TJ Paris 15 décembre 2020, n° RG 18/04058). Cette décision a fait l'objet d'un appel.

Art. L. 1134-8. L'action peut tendre à la cessation du manquement et, le cas échéant, en cas de manquement, à la réparation des préjudices subis.

Sauf en ce qui concerne les candidats à un emploi, à un stage ou à une période de formation, sont seuls indemnisables dans le cadre de l'action de groupe les préjudices nés après la réception de la demande mentionnée à l'article L. 1134-9.

Art. L. 1134-9. Par dérogation à l'article 64 de la loi n° 2016-1547 du 18 novembre 2016 de modernisation de la justice du XXIe siècle, préalablement à l'engagement de l'action de groupe mentionnée à l'article L. 1134-7, les personnes mentionnées au même article L. 1134-7 demandent à l'employeur, par tout moyen conférant date certaine à cette demande, de faire cesser la situation de discrimination collective alléguée.

Dans un délai d'un mois à compter de la réception de cette demande, l'employeur en informe le ***(Ord. 2017-1386 du 22 sept. 2017, art. 4, 1°, JO 23, entrée en vigueur au plus tard le 01.01.2018)*** «comité social et économique», ainsi que les organisations syndicales représentatives dans l'entreprise. À la demande du ***(Ord. 2017-1386 du 22 sept. 2017, art. 4, 1°, JO 23, entrée en vigueur au plus tard le 01.01.2018)*** «comité social et économique», ou à la demande d'une organisation syndicale représentative, l'employeur engage une discussion sur les mesures permettant de faire cesser la situation de discrimination collective alléguée.

L'action de groupe engagée pour la défense des intérêts de plusieurs candidats à un emploi, à un stage ou à une période de formation en entreprise ou de plusieurs salariés peut être introduite à l'expiration d'un délai de six mois à compter de la demande tendant à faire cesser la situation de discrimination collective alléguée ou à compter de la notification par l'employeur du rejet de la demande.

Art. L. 1134-10. Lorsque l'action tend à la réparation des préjudices subis, elle s'exerce dans le cadre de la procédure individuelle de réparation définie au chapitre Ier du titre V de la loi n° 2016-1547 du 18 novembre 2016 de modernisation de la justice du XXIe siècle.

Le ***(Ord. 2019-964 du 18 sept. 2019, art. 35, JO 19, entrée en vigueur le 01.01.2020)*** «tribunal judiciaire» connaît des demandes en réparation des préjudices subis du fait de la discrimination auxquelles l'employeur n'a pas fait droit.

TITRE IV ÉGALITÉ PROFESSIONNELLE ENTRE LES FEMMES ET LES HOMMES

Note • Les dispositions figurant dans ce titre résultent des lois 83-635 du 13 juillet 1983 (JO 14), 89-488 du 10 juillet 1989 (JO 14) et 89-531 du 2 août 1989 (JO 4) qui avaient, en partie, pour objet de mettre la législation française en harmonie avec la directive 76/207/CEE du 9 février

1976 relative à la mise en œuvre du principe de l'égalité de traitement entre les hommes et les femmes en ce qui concerne l'accès à l'emploi, à la formation professionnelle et les conditions de travail (JOCE L 39 du 14.02.1976).

La loi du 13 juillet 1983, portant modification du code du travail et du code pénal en ce qui concerne l'égalité professionnelle entre les hommes et les femmes, avait modifié et complété les dispositions du code du travail relatives à l'égalité de rémunération entre les hommes et les femmes (voir note sous art. L. 3221-2), institué un conseil supérieur de l'égalité professionnelle entre les femmes et les hommes.

La loi 2008-496 du 27 mai 2008 (JO 28) a transposé la directive 2006/54/CE du 5 juillet 2006.

La loi 2014-873 du 4 août 2014 pour l'égalité réelle entre les femmes et les hommes (JO 5) complète les textes précédents par des mesures visant à rendre effective l'égalité entre les hommes et les femmes au sein de l'entreprise.

La loi 2018-771 du 5 septembre 2018 pour la liberté de choisir son avenir professionnel (JO 6) a notamment créé le chapitre II bis «Mesures visant à supprimer les écarts de rémunération entre les femmes et les hommes dans l'entreprise» (voir art. L. 1142-7 à 10).

Le décret 2013-8 du 3 janvier 2013 (JO 5) modifié en dernier lieu par le décret 2019-134 du 26 février 2019 (JO 28) a créé le Haut Conseil à l'égalité entre les femmes et les hommes.

Voir circulaire du 23 août 2012 (JO 24) relative à la prise en compte dans la préparation des textes législatifs et réglementaires de leur impact en termes d'égalité entre les femmes et les hommes et circulaire du 23 août 2012 (JO 24) relative à la mise en œuvre de la politique interministérielle en faveur de l'égalité entre les femmes et les hommes.

Un décret 2012-1097 du 28 septembre 2012 (JO 30) a créé un comité interministériel aux droits des femmes et à l'égalité entre les femmes et les hommes.

Sur l'obligation de négocier en matière d'égalité professionnelle entre les hommes et les femmes, voir art. L. 2242-8 à 10 et L. 2242-17 à 19 et leur note. Voir aussi l'accord national interprofessionnel du 19 juin 2013, étendu par arrêté du 15 avril 2014 (JO 23).

Sur la représentation équilibrée entre les femmes et les hommes:
- au sein des institutions représentatives du personnel, voir art. L. 2314-30, L. 2314-31 et L. 2342-9;
- dans le cadre de la désignation des conseillers prud'hommes, voir art. L. 1441-19.

Sur le rôle des représentants du personnel, voir notamment art. L. 2312-26.

• **Droit communautaire.** En matière d'égalité de traitement entre hommes et femmes, sont notamment intervenues:
- la directive 79/7/CEE du Conseil du 19 décembre 1978 relative à la mise en œuvre progressive du principe de l'égalité de traitement entre hommes et femmes en matière de sécurité sociale;
- la directive 2006/54/CE du Conseil du 5 juillet 2006 relative à la mise en œuvre du principe de l'égalité des chances et de l'égalité de traitement entre hommes et femmes en matière d'emploi et de travail qui a eu pour objet la refonte de plusieurs directives traitant de ces questions.

• **Conventions internationales.** La convention sur l'élimination de toutes les formes de discrimination à l'égard des femmes, ouverte à la signature à New York le 14 mars 1980, est entrée en vigueur à l'égard de la France le 13 janvier 1984 (décret 84-193 du 12 mars 1984, JO 20). Certaines conventions de l'OIT ont été ratifiées par la France, en particulier la convention 156 du 22 juin 1981 concernant l'égalité des chances et de traitement pour les travailleurs des deux sexes a été ratifiée par la France par une loi du 30 décembre 1988 (JO 3 janv. 1989).

CHAPITRE Ier Champ d'application

Art. L. 1141-1. Les dispositions du présent titre sont applicables aux employeurs de droit privé ainsi qu'à leurs salariés.

Elles sont également applicables au personnel des personnes publiques employé dans les conditions du droit privé.

CHAPITRE II Dispositions générales

Art. L. 1142-1. Sous réserve des dispositions particulières du présent code, nul ne peut:

1° Mentionner ou faire mentionner dans une offre d'emploi le sexe ou la situation de famille du candidat recherché. Cette interdiction est applicable pour toute forme de publicité relative à une embauche et quels que soient les caractères du contrat de travail envisagé;

2° Refuser d'embaucher une personne, prononcer une mutation, résilier ou refuser de renouveler le contrat de travail d'un salarié en considération du sexe, de la situation de famille ou de la grossesse sur la base de critères de choix différents selon le sexe, la situation de famille ou la grossesse ;

3° Prendre en considération du sexe ou de la grossesse toute mesure, notamment en matière de rémunération, de formation, d'affectation, de qualification, de classification, de promotion professionnelle ou de mutation.

Note • S'agissant de l'égalité de rémunération entre les hommes et les femmes, voir note sous les articles L. 3221-2 et s.

• **Accès à l'emploi**

Règles générales. La directive communautaire relative à l'égalité professionnelle entre hommes et femmes n'impose pas qu'une discrimination fondée sur le sexe lors de l'accès à l'emploi doive être sanctionnée par l'obligation imposée à l'employeur, auteur de la discrimination, de conclure un contrat de travail avec le candidat discriminé (CJCE 10 avril 1984, aff. 14/83, rec. p. 1891).

Viole le principe d'égalité de traitement l'employeur qui refuse d'engager une femme enceinte en raison des conséquences possibles, dommageables pour lui, d'un tel engagement, peu important qu'aucun candidat masculin ne se soit présenté pour le poste à pourvoir (CJCE 4 décembre 1990, aff. C-177/88, rec. p. I-3941). Un employeur ne peut refuser d'engager une femme enceinte pour un emploi à durée indéterminée au motif qu'une interdiction légale de travail attachée à cet état fait obstacle, pour la durée de sa grossesse, à ce qu'elle occupe, dès le départ, cet emploi (CJCE 3 février 2000, aff. C-207/98, rec. p. I-549; RJS 5/00 n° 602). S'oppose au principe d'égalité de traitement consacré par le droit européen une législation nationale qui ne reconnaît pas à un travailleur féminin en congé de maternité les mêmes droits que ceux reconnus à d'autres lauréats d'un même concours de recrutement et reportant la date d'entrée en fonction d'un fonctionnaire à la fin de son congé de maternité (CJCE 16 février 2006, aff. C-294/04, rec. p. I-1513).

Une réglementation nationale accordant automatiquement la priorité, à qualification égale, aux candidats féminins dans les secteurs où les femmes sont sous-représentées viole les dispositions du droit européen (CJCE 17 octobre 1995, aff. C-450/93, rec. p. I-3051; RJS 7/96, p. 495; cass. soc. 18 décembre 2007, n° 06-45.132, BC V n° 215; Dr. Soc. 2008, p. 246, obs. Ch. Radé et note sous article L. 1142-3).

Mais, dans un arrêt du 11 novembre 1997, la Cour de justice décide que les mesures d'action positive en faveur des femmes, autres que des quotas rigides, sont autorisées par le droit communautaire (CJCE 11 novembre 1997, aff. C-409/95, rec. p. I-6363; RJS 3/98 n° 391).

• **Exécution du contrat.** *Promotion.* Une salariée pour laquelle une promotion a été envisagée par l'employeur ne peut se voir refuser celle-ci en raison de la survenance d'un congé de maternité (cass. soc. 16 décembre 2008, n° 06-45.262, BC V n° 249; RJS 3/09 n° 227; Dr. Soc. 2009, p. 363, obs. Ch. Radé; RDT, juin 2009, CH, 382, M. Miné).

Travail à temps partiel. La disposition selon laquelle les durées de pratique professionnelle pour différents emplois de la classification doivent, en cas de travail à temps partiel, être majorées à due concurrence de la réduction du temps de travail, n'est pas constitutive d'une discrimination, même indirecte, entre hommes et femmes (cass. soc. 9 avril 1996, n° 92-41.103, BC V n° 146).

Accès aux places de crèche. Une discrimination positive en faveur des femmes est admissible lorsqu'elle a pour but de lutter contre une sous-représentation importante des femmes au sein de l'organisme concerné et à condition que les hommes assumant seuls la garde de leurs enfants aient accès au système de garderie aux mêmes conditions que les femmes (CJCE 19 mars 2002, aff. C-476/99, rec. p. I-2891; RJS 7/02 n° 913).

Rémunération. Le principe d'égalité des rémunérations ne s'oppose pas au versement d'une allocation forfaitaire aux seules salariées qui partent en congé de maternité, dès lors que cette allocation est destinée à compenser les désavantages professionnels résultant pour ces salariées de leur éloignement du travail (CJCE 16 septembre 1999, aff. C-218/98, rec. p. I-5723).

Travail le dimanche. La règle fixant au dimanche le repos hebdomadaire a été prise dans le seul intérêt des travailleurs, hommes ou femmes, et constitue un avantage social; dès lors, son application n'est pas de nature à entraîner une discrimination directe ou indirecte au détriment des uns ou des autres (cass. crim. 10 janvier 1995, n° 94-80.365, RJS 4/95 n° 388).

• **Transfert des contrats de travail en cas de changement de prestataire sur un marché.** En application de l'article 2, § 2, c, de la directive 2006/54/CE du 5 juillet 2006 relative à la mise en œuvre du principe de l'égalité des chances et de l'égalité de traitement entre hommes et femmes en matière d'emploi et de travail, la Cour de cassation a interprété l'accord collectif du 29 mars 1990 (art. 2) fixant les conditions d'une garantie d'emploi et de continuité du contrat de travail du personnel des entreprises de propreté en cas de changement de prestataire (abrogé; dispositions reprises à l'art. 7.2 de la CCN des entreprises de propreté et services associés du 26 juillet 2011). Il en résulte que cet accord, selon lequel la condition pour la salariée de ne pas être absente depuis quatre mois ou plus à la date d'expiration du contrat de nettoyage ne s'appliquait pas aux salariées en congé maternité qui auraient été reprises sans limitation de leur temps d'absence, doit être interprété en ce sens qu'une absence en raison d'une maternité ne peut être prise en compte à ce titre, quand bien même le congé de maternité a pris fin avant la date de la perte du marché de nettoyage (cass. soc. 23 mars 2016, n° 14-24.486, BC V n° 57; RJS 6/16 n° 410; JCP éd. S 2016, 1208, note L. Cailloux-Meurice).

• **Licenciement.** Sous réserve des dispositions du droit national, le droit européen ne s'oppose pas aux licenciements qui sont la conséquence d'absences dues à une maladie qui trouve son origine dans la grossesse ou l'accouchement (CJCE 8 novembre 1990, aff. C-179/88, rec. p. I-3979).

Art. L. 1142-2. ***(L. 2008-496 du 27 mai 2008, art. 6, JO 28)*** «Lorsque l'appartenance à l'un ou l'autre sexe répond à une exigence professionnelle essentielle et déterminante et pour autant que l'objectif soit légitime et l'exigence proportionnée, les interdictions prévues à l'article L. 1142-1 ne sont pas applicables.»

Un décret en Conseil d'État détermine, après avis des organisations d'employeurs et de salariés représentatives au niveau national, la liste des emplois et des activités professionnelles pour l'exercice desquels l'appartenance à l'un ou l'autre sexe constitue la condition déterminante. Cette liste est révisée périodiquement.

Art. R. 1142-1. Les emplois et activités professionnelles pour l'exercice desquels l'appartenance à l'un ou l'autre sexe constitue la condition déterminante sont les suivants:

1° Artistes appelés à interpréter soit un rôle féminin, soit un rôle masculin;

2° Mannequins chargés de présenter des vêtements et accessoires;

3° Modèles masculins et féminins.

Art. L. 1142-2-1. ***(L. 2015-994 du 17 août 2015, art. 20, JO 18)*** Nul ne doit subir d'agissement sexiste, défini comme tout agissement lié au sexe d'une personne, ayant pour objet ou pour effet de porter atteinte à sa dignité ou de créer un environnement intimidant, hostile, dégradant, humiliant ou offensant.

Art. L. 1142-3. Est nulle toute clause d'une convention ou d'un accord collectif de travail ou d'un contrat de travail qui réserve le bénéfice d'une mesure quelconque, à un ou des salariés, en considération du sexe.

Toutefois, ces dispositions ne sont pas applicables lorsque cette clause a pour objet l'application des dispositions relatives:

1° À la protection de la grossesse et de la maternité, prévues aux articles L. 1225-1 à L. 1225-28;

2° À l'interdiction d'emploi prénatal et postnatal, prévues à l'article L. 1225-29;

3° À l'allaitement, prévues aux articles L. 1225-30 à L. 1225-33;

4° À la démission de la salariée en état de grossesse médicalement constaté, prévues à l'article L. 1225-34;

5° Au congé de paternité ***(L. 2012-1404 du 17 déc. 2012, art. 94, II, JO 18)*** «et d'accueil de l'enfant», prévues aux articles L. 1225-35 et L. 1225-36;

6° Au congé d'adoption, prévues aux articles L. 1225-37 à L. 1225-45.

Note • Voir également les mesures prévues par l'article L. 2261-22.

• La directive «principe d'égalité entre hommes et femmes» (directive 2006/54/CE du 5 juillet 2006, JO 2006, L 204, p. 23) interdit toute discrimination directe ou indirecte fondée sur le sexe en ce qui concerne les conditions d'emploi et de travail. La CJUE, saisit par un conseil de prud'hommes dans le cadre d'une question préjudicielle, précise cependant que, après l'expiration du congé légal de maternité, un État membre peut réserver à la mère de l'enfant un congé supplémentaire lorsque ce dernier vise celle-ci, non pas en sa qualité de parent, mais au regard tant des conséquences de la grossesse que de sa condition de maternité. En effet, un tel congé supplémentaire doit être destiné à assurer la protection de la condition biologique de la femme ainsi que des rapports particuliers qu'elle entretient avec son enfant au cours de la période postérieure à l'accouchement. La CJUE souligne, ensuite, qu'une convention collective qui exclut du bénéfice d'un tel congé supplémentaire un travailleur de sexe masculin qui élève lui-même son enfant institue une différence de traitement entre les travailleurs de sexe masculin et les travailleurs de sexe féminin. Ce n'est que si elle vise la protection de la mère au regard tant des conséquences de la grossesse que de sa condition de maternité, c'est-à-dire si elle est destinée à assurer la protection de la condition biologique de la femme ainsi que des rapports particuliers qu'elle entretient avec son enfant au cours de la période postérieure à l'accouchement, qu'une telle différence de traitement apparaît compatible avec la directive précitée. Ainsi, dans l'hypothèse où la convention collective s'appliquerait aux femmes en leur seule qualité de parent, elle instaurerait une discrimination directe à l'égard des travailleurs de sexe masculin. La CJUE ajoute qu'un congé qui intervient à l'expiration du congé légal de maternité pourrait être considéré comme faisant partie intégrante d'un congé de maternité d'une durée plus longue et plus favorable aux travailleuses que celle du congé légal de maternité. Néanmoins, la possibilité d'instituer un congé réservé aux mères après l'expiration du congé légal de maternité est soumise à la condition qu'il vise lui-même la protection des femmes. Par conséquent, le seul fait qu'un congé suit immédiatement le congé légal de maternité ne suffit pas pour considérer qu'il peut être réservé aux travailleuses élevant elles-mêmes leur enfant. En outre, la juridiction nationale doit vérifier concrètement si le congé prévu vise, en substance, la protection de la mère au regard tant des conséquences de la grossesse que de sa condition de maternité. La CJUE conclut que la directive précitée ne s'oppose pas à une convention collective nationale qui réserve aux travailleuses qui élèvent elles-mêmes leur enfant le droit à un congé après l'expiration du congé légal de maternité, à la condition que ce congé supplémentaire vise la protection des travailleurs de sexe féminin au regard tant des conséquences de la grossesse que de leur condition de maternité, ce qu'il appartient à la juridiction de renvoi de vérifier, en prenant en compte, notamment, les conditions d'octroi dudit congé, les modalités et la durée de celui-ci ainsi que le niveau de protection juridique qui y est afférent (CJUE, 18 novembre 2020, aff. C-463/19, LS n° 18188 du 23.11.2020).

• Est contraire au principe communautaire d'égalité de traitement entre travailleurs masculins et féminins une disposition accordant une priorité absolue et inconditionnelle à certaines catégories de femmes (divorcées et non remariées), à l'exclusion des hommes (divorcés et non remariés) dans la même situation (cass. soc. 18 décembre 2007, n° 06-45.132, BC V n° 215; RJS 3/08 n° 319; en l'espèce, le statut de la RATP réservait aux femmes le bénéfice de l'inopposabilité des limites d'âge pour l'accès au statut d'agent permanent de la RATP).

Art. L. 1142-4. Les dispositions des articles L. 1142-1 et L. 1142-3 ne font pas obstacle à l'intervention de mesures temporaires prises au seul bénéfice des femmes visant à établir l'égalité des chances entre les femmes et les hommes, en particulier en remédiant aux inégalités de fait qui affectent les chances des femmes.

Ces mesures résultent :

1° Soit de dispositions réglementaires prises dans les domaines du recrutement, de la formation, de la promotion, de l'organisation et des conditions de travail ;

2° Soit de stipulations de conventions de branches étendues ou d'accords collectifs étendus ;

3° Soit de l'application du plan pour l'égalité professionnelle entre les femmes et les hommes.

Note En application des articles L. 1142-4, L. 1143-1 et L. 1143-2 CT, interprétés à la lumière de l'article 157, § 4, du traité sur le fonctionnement de l'UE, un accord collectif peut prévoir au seul bénéfice des salariées de sexe féminin une demi-journée de repos à l'occasion de la journée internationale pour les droits des femmes, dès lors que cette mesure vise à établir l'égalité des chances entre les hommes et les femmes en remédiant aux inégalités de fait qui affectent les chances des femmes. En conséquence de quoi, un salarié qui invoquait une inégalité de traitement a valablement été débouté de sa demande de dommages-intérêts, cette différence de traitement étant justifiée par la nécessité de favoriser la lutte des femmes dans leur combat pour une égalité avec les hommes non acquise dans le milieu professionnel (cass. soc. 12 juillet 2017, n° 15-26.262, BC V n° 123; LSQ n° 17367 du 17.07.2017; JCP éd. S 2017, 1288, note Fr. Dumont; JSL n° 438, 3.10.2017, pp. 9 et s., J-Ph. Lhernould; RJS 10/17 n° 648).

Art. L. 1142-5. Il incombe à l'employeur de prendre en compte les objectifs en matière d'égalité professionnelle entre les femmes et les hommes dans l'entreprise et les mesures permettant de les atteindre :

1° Dans les entreprises dépourvues de délégué syndical ;

2° Dans les entreprises non soumises à l'obligation de négocier en application des articles ***(L. 2008-789 du 20 août 2008, art. 9, JO 21)*** « L. 2232-21 et L. 2232-24 » ;

3° Dans les entreprises non couvertes par une convention ou un accord de branche étendu relatif à l'égalité salariale entre les femmes et les hommes.

Art. L. 1142-6. ***(Ord. 2014-699 du 26 juin 2014, art. 1er, JO 27)*** Dans les lieux de travail ainsi que dans les locaux ou à la porte des locaux où se fait l'embauche, les personnes mentionnées à l'article L. 1132-1 sont informées par tout moyen du texte des articles 225-1 à 225-4 du code pénal.

CHAPITRE II *BIS* Mesures visant à supprimer les écarts de rémunération entre les femmes et les hommes dans l'entreprise

Note • Ce chapitre a été introduit par la loi 2018-771 du 5 septembre 2018, art. 104, I, JO 6, entrée en vigueur au plus tard le 01.01.2019 pour les entreprises de plus de 250 salariés et au plus tard le 01.01.2020 pour les entreprises de 50 à 250 salariés (loi précitée, art. 104, X). Voir aussi note sous D. 1142-4 CT.

Art. L. 1142-7

• Voir instruction DGT/2019/03 du 25 janvier 2019 relative aux dispositions visant à supprimer les écarts de rémunération entre les femmes et les hommes.

• Voir la série de questions - réponses publiées sur le site internet du ministère du Travail et relatives à ces mêmes dispositions (*www.travail.gouv.fr*). En outre, le ministère a mis en place divers outils pour accompagner les employeurs ainsi que des référents «Égalité salariale femmes-hommes» au niveau des Direccte [Dreets] dont la liste est également publiée sur le site internet du ministère.

• Voir JCP éd. S 2019, 1075 et 1976, études C. Terrenoire, «Égalité salariale entre les femmes et les hommes».

Art. L. 1142-7. L'employeur prend en compte un objectif de suppression des écarts de rémunération entre les femmes et les hommes.

Art. L. 1142-8. Dans les entreprises d'au moins cinquante salariés, l'employeur publie chaque année des indicateurs relatifs aux écarts de rémunération entre les femmes et les hommes et aux actions mises en œuvre pour les supprimer, selon des modalités et une méthodologie définies par décret.

Art. L. 1142-9. Dans les entreprises d'au moins cinquante salariés, lorsque les résultats obtenus par l'entreprise au regard des indicateurs mentionnés à l'article L. 1142-8 se situent en-deçà d'un niveau défini par décret, la négociation sur l'égalité professionnelle prévue au 2° de l'article L. 2242-1 porte également sur les mesures adéquates et pertinentes de correction et, le cas échéant, sur la programmation, annuelle ou pluriannuelle, de mesures financières de rattrapage salarial. En l'absence d'accord prévoyant de telles mesures, celles-ci sont déterminées par décision de l'employeur, après consultation du comité social et économique. La décision est déposée auprès de l'autorité administrative dans les mêmes conditions que le plan d'action mentionné à l'article L. 2242-3. L'autorité administrative peut présenter des observations sur les mesures prévues par l'accord ou la décision de l'employeur.

Art. L. 1142-10. Dans les entreprises d'au moins cinquante salariés, lorsque les résultats obtenus par l'entreprise, au regard des indicateurs mentionnés à l'article L. 1142-8, se situent en deçà d'un niveau défini par décret, l'entreprise dispose d'un délai de trois ans pour se mettre en conformité. À l'expiration de ce délai, si les résultats obtenus sont toujours en deçà du niveau défini par décret, l'employeur peut se voir appliquer une pénalité financière. Dès lors qu'une pénalité lui est appliquée sur le fondement du présent alinéa, l'employeur ne peut se voir appliquer la pénalité financière prévue à l'article L. 2242-8.

Le montant de la pénalité prévue au premier alinéa du présent article est fixé au maximum à 1 % des rémunérations et gains au sens du premier alinéa de l'article L. 242-1 du code de la sécurité sociale et du premier alinéa de l'article L. 741-10 du code rural et de la pêche maritime versés aux travailleurs salariés ou assimilés au cours de l'année civile précédant l'expiration du délai mentionné au premier alinéa du présent article. Le montant est fixé par l'autorité administrative, dans des conditions prévues par décret. En fonction des efforts constatés dans l'entreprise en matière d'égalité salariale entre les femmes et les hommes ainsi que des motifs de sa défaillance, un délai supplémentaire d'un an peut lui être accordé pour se mettre en conformité.

Le produit de cette pénalité est affecté au fonds mentionné à l'article L. 135-1 du code de la sécurité sociale.

Art. D. 1142-2. ***(D. 2019-15 du 8 janv. 2019, JO 9, entrée en vigueur le 01.01.2019)*** Pour les entreprises de plus de deux cent cinquante salariés, les indicateurs mentionnés à l'article L. 1142-8 sont les suivants:

1° L'écart de rémunération entre les femmes et les hommes, calculé à partir de la moyenne de la rémunération des femmes comparée à celle des hommes, par tranche d'âge et par catégorie de postes équivalents;

2° L'écart de taux d'augmentations individuelles de salaire ne correspondant pas à des promotions entre les femmes et les hommes;

3° L'écart de taux de promotions entre les femmes et les hommes;

4° Le pourcentage de salariées ayant bénéficié d'une augmentation dans l'année de leur retour de congé de maternité, si des augmentations sont intervenues au cours de la période pendant laquelle le congé a été pris;

5° Le nombre de salariés du sexe sous-représenté parmi les dix salariés ayant perçu les plus hautes rémunérations.

Ces indicateurs sont calculés selon les modalités définies à l'annexe I figurant à la fin du présent chapitre. En cas de constitution d'un comité social et économique au niveau d'une unité économique et sociale reconnue par accord collectif ou par décision de justice entre plusieurs entreprises juridiquement distinctes, les indicateurs sont calculés au niveau de l'unité économique et sociale.

Art. D. 1142-2-1. ***(D. 2019-15 du 8 janv. 2019, JO 9, entrée en vigueur le 01.01.2019)*** Pour les entreprises de cinquante à deux cent cinquante salariés, les indicateurs mentionnés à l'article L. 1142-8 sont les suivants :

1° L'écart de rémunération entre les femmes et les hommes, calculé à partir de la moyenne de la rémunération des femmes comparée à celle des hommes, par tranche d'âge et par catégorie de postes équivalents ;

2° L'écart de taux d'augmentations individuelles de salaire entre les femmes et les hommes ;

3° Le pourcentage de salariées ayant bénéficié d'une augmentation dans l'année suivant leur retour de congé de maternité, si des augmentations sont intervenues au cours de la période pendant laquelle le congé a été pris ;

4° Le nombre de salariés du sexe sous-représenté parmi les dix salariés ayant perçu les plus hautes rémunérations.

Ces indicateurs sont calculés selon les modalités définies à l'annexe II figurant à la fin du présent chapitre. En cas de constitution d'un comité social et économique au niveau d'une unité économique et sociale reconnue par accord collectif ou par décision de justice entre plusieurs entreprises juridiquement distinctes, les indicateurs sont calculés au niveau de l'unité économique et sociale.

Art. D. 1142-3. ***(D. 2019-15 du 8 janv. 2019, JO 9, entrée en vigueur le 01.01.2019)*** Le niveau de résultat obtenu par l'entreprise au regard des indicateurs définis aux articles D. 1142-2 et D. 1142-2-1 est déterminé selon les modalités fixées aux annexes I et II figurant à la fin du présent chapitre.

Art. D. 1142-4. ***(D. 2019-15 du 8 janv. 2019, JO 9, entrée en vigueur le 01.01.2019)*** Le niveau de résultat mentionné à l'article D. 1142-3 est publié annuellement, au plus tard le 1er mars de l'année en cours, au titre de l'année précédente, sur le site internet de l'entreprise lorsqu'il en existe un. À défaut, il est porté à la connaissance des salariés par tout moyen.

Note À titre transitoire, par dérogation à cet article, les entreprises de plus de 250 et de moins de 1 000 salariés avaient pu publier leur niveau de résultat jusqu'au 1er septembre 2019. Celles de 50 à 250 salariés avaient pu les publier jusqu'au 1er mars 2020 (décret 2019-15 précité, art. 4, II, 1°).

Art. D. 1142-5. ***(D. 2019-15 du 8 janv. 2019, JO 9, entrée en vigueur le 01.01.2019)*** Les indicateurs définis aux articles D. 1142-2 et D. 1142-2-1, ainsi que le niveau de résultat mentionné à l'article D. 1142-3, sont mis à la disposition du comité social et économique, selon la périodicité fixée à l'article D. 1142-4, dans les conditions prévues au deuxième alinéa de l'article L. 2312-18. Les résultats sont présentés par catégorie socio-professionnelle, niveau ou coefficient hiérarchique ou selon les niveaux de la méthode de cotation des postes de l'entreprise. Ces informations sont accompagnées de toutes les précisions utiles à leur compréhension, notamment relatives à la méthodologie appliquée, la répartition des salariés par catégorie socio-professionnelle ou selon les niveaux de la méthode de cotation des postes de l'entreprise et, le cas échéant, des mesures de correction envisagées ou déjà mises en œuvre.

Les dispositions prévues au premier alinéa s'appliquent également dans les cas, prévus aux annexes I et II, où certains indicateurs ne peuvent pas être calculés. Dans ce cas, l'information du comité social et économique est accompagnée de toutes les précisions expliquant les raisons pour lesquelles les indicateurs n'ont pas pu être calculés.

L'ensemble de ces informations est également transmis aux services du ministre chargé du travail selon un modèle et une procédure de télédéclaration définis par arrêté du ministre chargé du travail.

Note Voir arrêté du 31 janvier 2019 (JO 21 févr.) définissant les modèles de présentation et les modalités de transmission à l'administration des indicateurs et du niveau de résultat en matière d'écart de rémunération entre les femmes et les hommes dans l'entreprise.

Art. D. 1142-6. ***(D. 2019-15 du 8 janv. 2019, JO 9, entrée en vigueur le 01.01.2019)*** Les mesures de correction et, le cas échéant, la programmation de mesures financières de rattrapage salarial, prévues à l'article L. 1142-9, doivent être mises en œuvre dès lors que le niveau de résultat mentionné à l'article D. 1142-3 est inférieur à soixante-quinze points.

Art. D. 1142-7. ***(D. 2019-15 du 8 janv. 2019, JO 9, entrée en vigueur le 01.01.2019)*** Chaque ***(D. 2020-1545 du 9 déc. 2020, JO 10, entrée en vigueur le 01.04.2021)*** « directeur régional de l'économie, de l'emploi, du travail et des solidarités » désigne un ou plusieurs référents chargés d'accompagner les entreprises de cinquante à deux cent cinquante salariés, à leur demande, pour le calcul des indicateurs mentionnés à l'article D. 1142-2 et, le cas échéant, pour la définition des mesures adéquates et pertinentes de correction.

Art. D. 1142-8. ***(D. 2019-15 du 8 janv. 2019, JO 9, entrée en vigueur le 01.01.2019)*** L'entreprise ne peut se voir appliquer la pénalité mentionnée à l'article L. 1142-10 avant l'expiration d'un délai de trois ans à compter de la publication d'un niveau de résultat de moins de soixante-quinze points. Si elle atteint un niveau de résultat au moins égal à soixante-quinze points avant l'expiration de ce délai, un nouveau délai de trois ans lui est accordé pour mettre en œuvre des mesures de correction à compter de l'année où est publié un niveau de résultat inférieur à ce nombre.

L'entreprise dont l'effectif atteint cinquante salariés a trois ans pour appliquer les dispositions prévues aux articles D. 1142-4 à D. 1142-6. Les modalités de calcul des effectifs sont celles prévues aux articles L. 1111-2, L. 1111-3 et L. 1251-54.

Art. D. 1142-9. ***(D. 2019-15 du 8 janv. 2019, JO 9, entrée en vigueur le 01.01.2019)*** Lorsque l'agent de contrôle de l'inspection du travail constate que le niveau de résultat mentionné à l'article D. 1142-3, est, depuis trois ans, inférieur à soixante-quinze points, il transmet au ***(D. 2020-1545 du 9 déc. 2020, JO 10, entrée en vigueur le 01.04.2021)*** « directeur régional de l'économie, de l'emploi, du travail et des solidarités » un rapport sur cette situation.

Art. D. 1142-10. ***(D. 2019-15 du 8 janv. 2019, JO 9, entrée en vigueur le 01.01.2019)*** Lorsque le ***(D. 2020-1545 du 9 déc. 2020, JO 10, entrée en vigueur le 01.04.2021)*** « directeur régional de l'économie, de l'emploi, du travail et des solidarités » envisage de prononcer la pénalité mentionnée à l'article L. 1142-10, il en informe l'employeur, par tout moyen permettant de conférer date certaine de sa réception par le destinataire, dans un délai maximum de deux mois à compter de la date de transmission du rapport mentionné à l'article D. 1142-9.

Il invite l'employeur à lui présenter ses observations et à justifier, le cas échéant, des motifs de sa défaillance dans un délai d'un mois. Ce délai peut être prorogé d'un mois à la demande de l'intéressé, si les circonstances ou la complexité de la situation le justifient. L'employeur peut à sa demande être entendu.

Art. D. 1142-11. ***(D. 2019-15 du 8 janv. 2019, JO 9, entrée en vigueur le 01.01.2019)*** Le ***(D. 2020-1545 du 9 déc. 2020, JO 10, entrée en vigueur le 01.04.2021)*** « directeur régional de l'économie, de l'emploi, du travail et des solidarités » tient compte des mesures prises par l'entreprise en matière d'égalité salariale entre les femmes et les hommes, de la bonne foi de l'employeur, ainsi que des motifs de défaillance dont il a justifiés, soit pour accorder à l'employeur le délai supplémentaire d'une durée maximale d'un an prévu à l'article L. 1142-10, pour atteindre le niveau de résultat mentionné à l'article D. 1142-3, soit pour déterminer le montant de la pénalité.

Au titre des motifs de défaillance, sont notamment prises en compte :
1° La survenance de difficultés économiques de l'entreprise ;
2° Les restructurations ou fusions en cours ;
3° L'existence d'une procédure collective en cours.

Art. D. 1142-12. ***(D. 2019-15 du 8 janv. 2019, JO 9, entrée en vigueur le 01.01.2019)*** Lorsque le ***(D. 2020-1545 du 9 déc. 2020, JO 10, entrée en vigueur le 01.04.2021)*** « directeur régional de l'économie, de l'emploi, du travail et des solidarités » décide d'accorder un délai supplémentaire à l'employeur, il lui notifie sa décision, par tout moyen permettant de conférer date certaine de sa réception par le destinataire, dans le délai de deux mois à compter de l'expiration du délai prévu au deuxième alinéa de l'article D. 1142-10.

Art. D. 1142-13. ***(D. 2019-15 du 8 janv. 2019, JO 9, entrée en vigueur le 01.01.2019)*** La pénalité mentionnée à l'article L. 1142-10 est calculée sur la base des revenus d'activité, tels qu'ils sont pris en compte pour la détermination de l'assiette des cotisations définie à l'article L. 242-1 du code de la sécurité sociale et de celle définie à l'article L. 741-10 du code rural et de la pêche maritime dus au cours de l'année civile précédant l'expiration du délai de trois ans laissé à l'entreprise pour se mettre en conformité.

Art. D. 1142-14. ***(D. 2019-15 du 8 janv. 2019, JO 9, entrée en vigueur le 01.01.2019)*** Le ***(D. 2020-1545 du 9 déc. 2020, JO 10, entrée en vigueur le 01.04.2021)*** « directeur régional de l'économie, de l'emploi, du travail et des solidarités » adresse à l'employeur, par tout moyen permettant de conférer date certaine de sa réception par le destinataire, une notification motivée du taux de pénalité qui lui est appliqué, dans le délai de deux mois à compter de l'expiration du délai prévu au deuxième alinéa de l'article D. 1142-10. Il lui demande de communiquer en retour les revenus d'activité servant de base au calcul de la pénalité conformément aux dispositions de l'article D. 1142-13 dans le délai de deux mois. À défaut, la pénalité est calculée sur la base de deux fois la valeur du plafond mensuel de la sécurité sociale, par salarié de l'entreprise et par mois compris dans l'année civile mentionnée à l'article D. 1142-13.

Le ***(D. 2020-1545 du 9 déc. 2020, JO 10, entrée en vigueur le 01.04.2021)*** « directeur régional de l'économie, de l'emploi, du travail et des solidarités » établit un titre de perception et le transmet au directeur départemental ou, le cas échéant, régional des finances publiques qui en assure le recouvrement comme en matière de créance étrangère à l'impôt et au domaine.

ANNEXES

ANNEXE I
MODALITÉS DE CALCUL ET D'ÉVALUATION DES INDICATEURS DÉFINIS À L'ARTICLE D. 1142-2 POUR LES ENTREPRISES DE PLUS DE 250 SALARIÉS

1. Période de référence

L'employeur peut choisir la période de douze mois consécutifs servant de période de référence pour le calcul des indicateurs.

Les indicateurs sont calculés chaque année par l'employeur, au plus tard le 1er mars de l'année en cours, à partir des données de la période de référence annuelle choisie par l'employeur qui précède l'année de publication des indicateurs.

2. Salariés à prendre en compte pour le calcul des indicateurs

L'effectif des salariés à prendre en compte pour le calcul des indicateurs est apprécié sur la période de référence annuelle choisie par l'employeur.

Les apprentis, les titulaires d'un contrat de professionnalisation, les salariés mis à la disposition de l'entreprise par une entreprise extérieure, les salariés expatriés, ainsi que les salariés absents plus de la moitié de la période de référence annuelle considérée ne sont pas pris en compte dans les effectifs de l'entreprise pour le calcul des indicateurs.

Les caractéristiques individuelles des salariés suivantes sont appréciées au dernier jour de la période de référence annuelle choisie par l'employeur ou au dernier jour de présence du salarié dans l'entreprise :

- l'âge ;
- le niveau ou coefficient hiérarchique en application de la classification de branche ;
- le niveau selon la méthode de cotation des postes de l'entreprise ;
- la catégorie socioprofessionnelle.

3. Eléments de la rémunération à prendre en compte pour le calcul des indicateurs

La rémunération de chaque salarié, au sens de l'article L. 3221-3, est reconstituée en équivalent temps plein sur la période de référence annuelle considérée. Les indemnités de licenciement et de départ à la retraite, les primes liées à une sujétion particulière qui ne concerne pas la personne du salarié, les primes d'ancienneté, les heures supplémentaires, les heures complémentaires, ainsi que les versements effectués au titre de l'intéressement et de la participation ne sont pas pris en compte.

4. Méthode de calcul des indicateurs et barème à appliquer aux résultats ainsi obtenus

Les indicateurs définis à l'article D. 1142-2 sont calculés et évalués selon un barème allant de 0 à 100 points, conformément aux tableaux suivants :

4.1. Indicateur relatif à l'écart de rémunération entre les femmes et les hommes

Indicateur	Méthode de calcul	Résultats obtenus	Nombre de points
Écart de rémunération entre les femmes et les hommes (1° de l'article D. 1142-2)	a) Les salariés sont répartis en groupe, selon quatre tranches d'âge et par catégorie de postes équivalents. Les tranches d'âge sont les suivantes : - moins de 30 ans ; - de 30 à 39 ans ; - de 40 à 49 ans ; - et 50 ans et plus. S'agissant des catégories de postes équivalents, l'employeur peut répartir les salariés, après consultation du comité social et économique, par niveau ou coefficient hiérarchique, en application de la classification de branche ou d'une autre méthode de cotation des postes. La méthode de cotation des postes est adoptée après avis du comité social et économique. Si l'employeur ne souhaite pas répartir les salariés par niveau ou coefficient hiérarchique ou selon une autre méthode de cotation des postes, ou si ces méthodes de répartition ne permettent pas de calculer l'indicateur, il répartit les salariés entre les quatre catégories socioprofessionnelles suivantes : - ouvriers ; - employés ; - techniciens et agents de maîtrise ; - ingénieurs et cadres. b) Seuls les groupes comprenant au moins trois hommes et au moins trois femmes sont pris en compte. Si, en application de cette règle, le calcul de l'indicateur par niveau ou coefficient hiérarchique, dans les conditions prévues au a), est rendu impossible, au regard du critère défini au paragraphe 5.1, le classement par niveau ou coefficient hiérarchique n'est pas retenu et les salariés sont regroupés selon les quatre catégories socioprofessionnelles définies au même a). c) La rémunération moyenne des femmes et des hommes est calculée pour chacun des groupes ainsi constitué en calculant le salaire en équivalent temps plein pour chaque salarié puis en en faisant la moyenne. d) L'écart de rémunération est calculé, en pourcentage, pour chacun des groupes, en soustrayant la rémunération moyenne des femmes à la rémunération moyenne des hommes et en rapportant ce résultat à la rémunération moyenne des hommes.	Égal à 0 %	40 points
		Supérieur à 0 % et inférieur ou égal à 1 %	39 points
		Supérieur à 1 % et inférieur ou égal à 2 %	38 points
		Supérieur à 2 % et inférieur ou égal à 3 %	37 points
		Supérieur à 3 % et inférieur ou égal à 4 %	36 points
		Supérieur à 4 % et inférieur ou égal à 5 %	35 points
		Supérieur à 5 % et inférieur ou égal à 6 %	34 points
		Supérieur à 6 % et inférieur ou égal à 7 %	33 points
		Supérieur à 7 % et inférieur ou égal à 8 %	31 points
		Supérieur à 8 % et inférieur ou égal à 9 %	29 points
		Supérieur à 9 % et inférieur ou égal à 10 %	27 points
		Supérieur à 10 % et inférieur ou égal à 11 %	25 points
		Supérieur à 11 % et inférieur ou égal à 12 %	23 points
		Supérieur à 12 % et inférieur ou égal à 13 %	21 points
		Supérieur à 13 % et inférieur ou égal à 14 %	19 points
		Supérieur à 14 % et inférieur ou égal à 15 %	17 points

Indicateur	Méthode de calcul	Résultats obtenus	Nombre de points
Écart de rémunération entre les femmes et les hommes (1° de l'article D. 1142-2)	e) Dans les groupes constitués par catégorie socioprofessionnelle, le seuil de pertinence des écarts est de 5 %. Dans les groupes constitués par niveau ou coefficient hiérarchique, le seuil de pertinence des écarts est de 2 %. Lorsque l'écart de rémunération est positif, le seuil de pertinence est déduit de l'écart, sans toutefois pouvoir l'amener à devenir négatif (plancher à zéro). Lorsque l'écart de rémunération est négatif, le seuil de pertinence est ajouté à l'écart, sans toutefois pouvoir l'amener à devenir positif (plafond à zéro). f) Les écarts ainsi ajustés en fonction des seuils pour chacun des groupes sont multipliés par le ratio de l'effectif du groupe à l'effectif total des groupes pris en compte, puis additionnés pour obtenir l'écart global de rémunération entre les femmes et les hommes. g) Le résultat final est la valeur absolue de l'écart global de rémunération, arrondie à la première décimale.	Supérieur à 15 % et inférieur ou égal à 16 %	14 points
		Supérieur à 16 % et inférieur ou égal à 17 %	11 points
		Supérieur à 17 % et inférieur ou égal à 18 %	8 points
		Supérieur à 18 % et inférieur ou égal à 19 %	5 points
		Supérieur à 19 % et inférieur ou égal à 20 %	2 points
		Supérieur à 20 %	0 point

4.2. Indicateurs relatifs aux écarts de taux d'augmentations individuelles et de promotions entre les femmes et les hommes

Indicateur	Méthode de calcul	Résultats obtenus	Nombre de points
Écart de taux d'augmentations individuelles (hors promotion) entre les femmes et les hommes (2° de l'article D. 1142-2)	a) Les salariés sont répartis en 4 groupes selon les quatre catégories socioprofessionnelles définies au paragraphe 4.1. b) Seuls les groupes comprenant au moins dix femmes et dix hommes sont pris en compte. c) Dans chacun des groupes, les taux d'augmentations des femmes et des hommes sont calculés, en pourcentage, comme la proportion de salariés augmentés au cours de la période de référence. Sont uniquement prises en compte les augmentations individuelles (1) ne correspondant pas à des promotions (2). d) L'écart de taux d'augmentations est calculé, en points de pourcentage, pour chacun des groupes, en soustrayant le taux d'augmentations des femmes au taux d'augmentations des hommes. e) Les écarts ainsi obtenus sont multipliés par le ratio de l'effectif du groupe à l'effectif total des groupes pris en compte, puis additionnés pour obtenir l'écart global de taux d'augmentations entre les femmes et les hommes. f) Le résultat final est la valeur absolue de l'écart global de taux d'augmentations, arrondie à la première décimale.	Inférieur ou égal à 2 points de %	20 points
		Supérieur à 2 et inférieur ou égal à 5 points de %	10 points
		Supérieur à 5 et inférieur ou égal à 10 points de %	5 points
		Supérieur à 10 points de %	0 point
Écart de taux de promotions entre les femmes et les hommes (3° de l'article D. 1142-2)	a) Les salariés sont répartis en 4 groupes selon les quatre catégories socioprofessionnelles définies au paragraphe 4.1. b) Seuls les groupes comprenant au moins dix hommes et dix femmes sont pris en compte. c) Dans chacun des groupes, les taux de promotions des femmes et des hommes sont calculés, en pourcentage, comme la proportion de salariés ayant bénéficié d'une promotion (2) au cours de la période de référence. Les augmentations exclues du calcul de l'indicateur défini au (1) au motif qu'elles correspondent à des promotions doivent être prises en compte. d) L'écart de taux de promotions est calculé, en points de pourcentage, pour chacun des groupes, en soustrayant le taux de promotions des femmes au taux de promotions des hommes. e) Les écarts ainsi obtenus sont multipliés par le ratio de l'effectif du groupe à l'effectif total des groupes pris en compte, puis additionnés pour obtenir l'écart global de taux de promotions entre les femmes et les hommes. f) Le résultat final est la valeur absolue de l'écart global de taux de promotions, arrondie à la première décimale.	Inférieur ou égal à 2 points de %	15 points
		Supérieur à 2 et inférieur ou égal à 5 points de %	10 points
		Supérieur à 5 et inférieur ou égal à 10 points de %	5 points
		Supérieur à 10 points de %	0 point

(1) La notion d'augmentation individuelle correspond à une augmentation individuelle du salaire de base du salarié concerné.
(2) La notion de promotion retenue correspond au passage à niveau ou un coefficient hiérarchique supérieur.

4.3. Indicateur relatif au pourcentage de salariées ayant bénéficié d'une augmentation dans l'année suivant leur retour de congé de maternité

Indicateur	Résultats obtenus	Nombre de points
Pourcentage de salariées revenues de congé maternité pendant l'année de référence et ayant bénéficié d'une augmentation à leur retour pendant cette même période, si des augmentations sont intervenues durant la durée de leur congé (4° de l'article D. 1142-2)	Égal à 100 %	15 points
	Inférieur à 100 %	0 point

4.4. Indicateur relatif au nombre de salariés du sexe sous-représenté parmi les dix salariés ayant perçu les plus hautes rémunérations

Indicateur	Méthode de calcul	Résultats obtenus	Nombre de points
Nombre de salariés du sexe sous-représenté parmi les dix salariés ayant perçu les plus hautes rémunérations (5° de l'article D. 1142-2)	L'indicateur est le plus petit des deux nombres suivants : le nombre de femmes et le nombre d'hommes parmi les salariés ayant perçu les 10 plus hautes rémunérations (nombres compris entre 0 et 10).	4 ou 5 salariés	10 points
		2 ou 3 salariés	5 points
		0 ou 1 salarié	0 point

5. Niveau de résultat

Le niveau de résultat obtenu par l'entreprise au regard des indicateurs définis à l'article D. 1142-2 correspond à la somme des points obtenus pour chacun des indicateurs en application du barème prévu au paragraphe 4.

5.1. Détermination du niveau de résultat en cas d'indicateurs incalculables

Des indicateurs peuvent ne pas être calculables dans les cas suivants :

- pour le calcul de l'indicateur défini au 1° de l'article D. 1142-2 : parce que l'effectif total retenu, en application des modalités de calcul définies au paragraphe 4.1, est inférieur à 40 % de l'effectif devant être pris en compte pour le calcul de l'ensemble des indicateurs, selon les dispositions prévues au paragraphe 2 ;
- pour le calcul des indicateurs définis aux 2° et 3° de l'article D. 1142-2 : soit parce qu'aucune promotion ou aucune augmentation individuelle n'est intervenue au cours de la période de référence annuelle considérée, soit parce que l'effectif total retenu, en application des modalités de calcul définies au paragraphe 4.2, est inférieur à 40 % de l'effectif devant être pris en compte pour le calcul de l'ensemble des indicateurs, selon les dispositions prévues au paragraphe 2 ;
- pour le calcul de l'indicateur défini au 4° de l'article D. 1142-2 : parce qu'aucun retour de congé maternité n'est intervenu au cours de la période de référence annuelle considérée ou qu'aucune augmentation n'est intervenue durant la durée de ces congés.

Pour les cas énumérés ci-dessus, lorsqu'un ou plusieurs indicateurs ne sont pas calculables, les autres indicateurs sont calculés. Le nombre total de points ainsi obtenus est ramené sur cent en appliquant la règle de la proportionnalité.

Dès lors que le nombre maximum de points pouvant être obtenus, au total, par l'entreprise, avant application de la règle de la proportionnalité, est inférieur à soixante-quinze points, le niveau de résultat mentionné au premier alinéa du paragraphe 5 ne peut être déterminé pour la période de référence annuelle considérée. Le fait de ne pas pouvoir déterminer le niveau de résultat n'exonère pas l'entreprise de son obligation de mettre les indicateurs qui peuvent être calculés à disposition du comité social et économique, ainsi que des services du ministre chargé du travail selon les modalités fixées à l'article D. 1142-5.

5.2. Prise en compte des mesures de correction

Afin de ne pas pénaliser les entreprises prenant des mesures adéquates et pertinentes et, le cas échéant, programmant des mesures financières de rattrapage salarial, en application de l'article L. 1142-9, lorsque l'indicateur défini au 1° de l'article D. 1142-2 est calculable et que l'entreprise n'obtient pas la note maximale pour cet indicateur :

- elle obtient le maximum de points à l'indicateur défini au 2° de l'article D. 1142-2 si les écarts constatés à cet indicateur favorisent la population ayant la rémunération la plus faible au regard des résultats obtenus à l'indicateur 1° ;
- elle obtient le maximum de points à l'indicateur défini au 3° de l'article D. 1142-2 si les écarts constatés à cet indicateur favorisent la population ayant la rémunération la plus faible au regard des résultats obtenus à l'indicateur 1°.

ANNEXE II
MODALITÉS DE CALCUL ET D'ÉVALUATION DES INDICATEURS DÉFINIS À L'ARTICLE D. 1142-2-1 POUR LES ENTREPRISES ENTRE 50 ET 250 SALARIÉS

1. Période de référence

L'employeur peut choisir la période de douze mois consécutifs servant de période de référence pour le calcul des indicateurs.

Les indicateurs sont calculés chaque année par l'employeur, au plus tard le 1er mars de l'année en cours, à partir des données de la période de référence annuelle choisie par l'employeur qui précède l'année de publication des indicateurs.

L'employeur peut décider de calculer l'indicateur relatif aux augmentations individuelles, défini au 2° de l'article D. 1142-2-1, sur une période de référence pluriannuelle, à partir des données des deux ou trois années précédentes. Son caractère pluriannuel peut être révisé tous les trois ans.

2. Salariés à prendre en compte pour le calcul des indicateurs

L'effectif des salariés à prendre en compte pour le calcul des indicateurs est apprécié sur la période de référence annuelle choisie par l'employeur.

Les apprentis, les titulaires d'un contrat de professionnalisation, les salariés mis à la disposition de l'entreprise par une entreprise extérieure, les salariés expatriés, ainsi que les salariés absents plus de la moitié de la période de référence considérée ne sont pas pris en compte dans les effectifs de l'entreprise pour le calcul des indicateurs.

Les caractéristiques individuelles des salariés suivantes sont appréciées au dernier jour de la période de référence annuelle choisie par l'employeur ou au dernier jour de présence du salarié dans l'entreprise :

- l'âge ;
- le niveau ou coefficient hiérarchique en application de la classification de branche ;
- le niveau selon la méthode de cotation des postes de l'entreprise ;
- la catégorie socioprofessionnelle.

3. Eléments de la rémunération à prendre en compte pour le calcul des indicateurs

La rémunération de chaque salarié, au sens de l'article L. 3221-3, est reconstituée en équivalent temps plein sur la période de référence annuelle considérée. Les indemnités de licenciement et de départ à la retraite, les primes liées à une sujétion particulière qui ne concerne pas la personne du salarié, les primes d'ancienneté, les heures supplémentaires, les heures complémentaires, ainsi que les versements effectués au titre de l'intéressement et de la participation ne sont pas pris en compte.

4. Méthode de calcul des indicateurs et barème à appliquer aux résultats ainsi obtenus

Les indicateurs définis à l'article D. 1142-2-1 sont calculés et évalués selon un barème allant de 0 à 100 points, conformément aux tableaux suivants :

4.1. Indicateur relatif à l'écart de rémunération entre les femmes et les hommes

Indicateur	Méthode de calcul	Résultats obtenus	Nombre de points
Écart de rémunération entre les femmes et les hommes (1° de l'article D. 1142-2-1)	a) Les salariés sont répartis en groupe, selon quatre tranches d'âge et par catégorie de postes équivalents. Les tranches d'âge sont les suivantes : - moins de 30 ans ; - de 30 à 39 ans ; - de 40 à 49 ans ; - et 50 ans et plus. S'agissant des catégories de postes équivalents, l'employeur peut répartir les salariés, après consultation du comité social et économique, par niveau ou coefficient hiérarchique, en application de la classification de branche ou d'une autre méthode de cotation des postes. La méthode de cotation des postes est adoptée après avis du comité social et économique. Si l'employeur ne souhaite pas répartir les salariés par niveau ou coefficient hiérarchique ou selon une autre méthode de cotation des postes, ou si ces méthodes de répartition ne permettent pas de calculer l'indicateur, il répartit les salariés entre les quatre catégories socioprofessionnelles suivantes : - ouvriers ; - employés ; - techniciens et agents de maîtrise ; - ingénieurs et cadres. b) Seuls les groupes comprenant au moins trois hommes et trois femmes sont pris en compte. Si, en application de cette règle, le calcul de l'indicateur par niveau ou coefficient hiérarchique, dans les conditions prévues au a), est rendu impossible, au regard du critère défini au paragraphe 5.1, le classement par niveau ou coefficient hiérarchique n'est pas retenu et les salariés sont regroupés selon les quatre catégories socioprofessionnelles définies au même a). c) La rémunération moyenne des femmes et des hommes est calculée pour chacun des groupes ainsi constitué, en calculant le salaire en équivalent temps plein pour chaque salarié puis en en faisant la moyenne. d) L'écart de rémunération est calculé, en pourcentage, pour chacun des groupes, en soustrayant la rémunération moyenne des femmes à la rémunération moyenne des hommes et en rapportant ce résultat à la rémunération moyenne des hommes. e) Dans les groupes constitués par catégorie socioprofessionnelle, le seuil de pertinence des écarts est de 5 %. Dans les groupes constitués par niveau ou coefficient hiérarchique, le seuil de pertinence des écarts est de 2 %. Lorsque l'écart de rémunération est positif, le seuil de pertinence est déduit de l'écart, sans toutefois pouvoir l'amener à devenir négatif (plancher à zéro). Lorsque l'écart de rémunération est négatif, le seuil de pertinence est ajouté à l'écart, sans toutefois pouvoir l'amener à devenir positif (plafond à zéro). f) Les écarts ainsi ajustés en fonction des seuils pour chacun des groupes sont multipliés par le ratio de l'effectif du groupe à l'effectif total des groupes pris en compte, puis additionnés pour obtenir l'écart global de rémunération entre les femmes et les hommes. g) Le résultat final est la valeur absolue de l'écart global de rémunération, arrondie à la première décimale.	Égal à 0 %	40 points
		Supérieur à 0 % et inférieur ou égal à 1 %	39 points
		Supérieur à 1 % et inférieur ou égal à 2 %	38 points
		Supérieur à 2 % et inférieur ou égal à 3 %	37 points
		Supérieur à 3 % et inférieur ou égal à 4 %	36 points
		Supérieur à 4 % et inférieur ou égal à 5 %	35 points
		Supérieur à 5 % et inférieur ou égal à 6 %	34 points
		Supérieur à 6 % et inférieur ou égal à 7 %	33 points
		Supérieur à 7 % et inférieur ou égal à 8 %	31 points
		Supérieur à 8 % et inférieur ou égal à 9 %	29 points
		Supérieur à 9 % et inférieur ou égal à 10 %	27 points
		Supérieur à 10 % et inférieur ou égal à 11 %	25 points
		Supérieur à 11 % et inférieur ou égal à 12 %	23 points
		Supérieur à 12 % et inférieur ou égal à 13 %	21 points
		Supérieur à 13 % et inférieur ou égal à 14 %	19 points
		Supérieur à 14 % et inférieur ou égal à 15 %	17 points
		Supérieur à 15 % et inférieur ou égal à 16 %	14 points
		Supérieur à 16 % et inférieur ou égal à 17 %	11 points
		Supérieur à 17 % et inférieur ou égal à 18 %	8 points
		Supérieur à 18 % et inférieur ou égal à 19 %	5 points
		Supérieur à 19 % et inférieur ou égal à 20 %	2 points
		Supérieur à 20 %	0 point

4.2. Indicateur relatif à l'écart de taux d'augmentations individuelles entre les femmes et les hommes

Indicateur	Méthode de calcul	Résultats obtenus	Nombre de points
Écart de taux d'augmentations individuelles entre les femmes et les hommes (2° de l'article D. 1142-2-1)	a) Les taux d'augmentations des femmes et des hommes sont calculés, en pourcentage, comme la proportion de salariés augmentés au cours de la période de référence. Sont prises en compte toutes les augmentations individuelles (1), qu'elles correspondent ou non à une promotion. b) L'écart absolu de taux d'augmentations est égal à la valeur absolue de la différence entre le taux d'augmentations des hommes et le taux d'augmentations des femmes. c) L'écart en nombre de salariés est obtenu en appliquant l'écart absolu de taux d'augmentations calculé au b), au nombre de femmes, ou au nombre d'hommes pris en compte dans le calcul, en choisissant le plus petit de ces deux nombres. d) L'écart en points de pourcentage et le nombre de salariés sont arrondis à la première décimale. e) Le barème est appliqué à l'écart en points de pourcentage et à l'écart en nombre de salariés, et le résultat correspondant au nombre de points le plus élevé est retenu.	Inférieur ou égal à 2 points de % Ou à 2 salariés	35 points
		Supérieur à 2 et inférieur ou égal à 5 points de % Ou supérieur à 2 salariés et inférieur ou égal à 5 salariés	25 points
		Supérieur à 5 et inférieur ou égal à 10 points de % Ou supérieur à 5 salariés et inférieur ou égal à 10 salariés	15 points
		Supérieur à 10 points de % ou plus de 10 salariés	0 point
(1) La notion d'augmentation individuelle correspond à une augmentation individuelle du salaire de base du salarié concerné.			

4.3. Indicateur relatif au pourcentage de salariées ayant bénéficié d'une augmentation dans l'année suivant leur retour de congé de maternité

Indicateur	Résultats obtenus	Nombre de points
Pourcentage de salariées revenues de congé maternité pendant l'année de référence et ayant bénéficié d'une augmentation à leur retour pendant cette même période, si des augmentations sont intervenues durant la durée de leur congé (4° de l'article D. 1142-2)	Égal à 100 %	15 points
	Inférieur à 100 %	0 point

4.4. Indicateur relatif au nombre de salariés du sexe sous-représenté parmi les dix salariés ayant perçu les plus hautes rémunérations

Indicateur	Méthode de calcul	Résultats obtenus	Nombre de points
Nombre de salariés du sexe sous-représenté parmi les dix salariés ayant perçu les plus hautes rémunérations (4° de l'article D. 1142-2-1)	L'indicateur est le plus petit des deux nombres suivants : le nombre de femmes et le nombre d'hommes parmi les salariés ayant perçu les 10 plus hautes rémunérations (nombres compris entre 0 et 10).	4 ou 5 salariés	10 points
		2 ou 3 salariés	5 points
		0 ou 1 salarié	0 point

5. Niveau de résultat

Le niveau de résultat obtenu par l'entreprise au regard des indicateurs définis à l'article D. 1142-2-1 correspond à la somme des points obtenus pour chacun des indicateurs en application du barème prévu.

5.1. Détermination du niveau de résultat en cas d'indicateurs incalculables

Des indicateurs peuvent ne pas être calculables dans les cas suivants :

- pour le calcul de l'indicateur défini au 1° de l'article D. 1142-2-1 : parce que l'effectif total retenu, en application des modalités de calcul définies au paragraphe 4.1, est inférieur à 40 % de l'effectif devant être pris en compte pour le calcul de l'ensemble des indicateurs, selon les dispositions prévues au paragraphe 2 ;
- pour le calcul de l'indicateur défini au 2° de l'article D. 1142-2-1 : soit parce qu'aucune augmentation individuelle n'est intervenue au cours de la période de référence considérée, soit parce que l'entreprise ne comporte pas au moins cinq femmes et cinq hommes en application des dispositions prévues au paragraphe 2 ;
- pour le calcul de l'indicateur défini au 3° de l'article D. 1142-2-1 : parce qu'aucun retour de congé maternité n'est intervenu au cours de la période de référence annuelle considérée ou qu'aucune augmentation n'est intervenue durant la durée de ces congés.

Pour les cas énumérés ci-dessus, lorsqu'un ou plusieurs indicateurs ne sont pas calculables, les autres indicateurs sont calculés. Le nombre total de points ainsi obtenus est ramené sur cent en appliquant la règle de la proportionnalité.

Dès lors que le nombre maximum de points pouvant être obtenus, au total, par l'entreprise, avant application de la règle de la proportionnalité, est inférieur à soixante-quinze points, le niveau de résultat mentionné au premier alinéa du paragraphe 5 ne peut être déterminé pour la période de référence considérée. Le fait de ne pas pouvoir déterminer le niveau de résultat n'exonère pas l'entreprise de son obligation de mettre les indicateurs qui peuvent être calculés à disposition du comité social et économique ainsi que des services du ministre chargé du travail selon les modalités fixées à l'article D. 1142-5.

5.2. Prise en compte des mesures de correction

Afin de ne pas pénaliser les entreprises prenant des mesures adéquates et pertinentes et, le cas échéant, programmant des mesures financières de rattrapage salarial, en application de l'article L. 1142-9 : lorsque l'indicateur défini au 1° de l'article D. 1142-2-1 est calculable et que l'entreprise n'obtient pas la note maximale pour cet indicateur, elle obtient le maximum de points à l'indicateur défini au 2° du même article si les écarts constatés à cet indicateur favorisent la population ayant la rémunération la plus faible au regard des résultats obtenus à l'indicateur 1.

CHAPITRE III Plan et contrat pour l'égalité professionnelle

SECTION UNIQUE. Plan pour l'égalité professionnelle

Art. L. 1143-1. Pour assurer l'égalité professionnelle entre les femmes et les hommes, les mesures visant à établir l'égalité des chances prévues à l'article L. 1142-4 peuvent faire l'objet d'un plan pour l'égalité professionnelle négocié dans l'entreprise.

Ces mesures sont prises au vu notamment ***(L. 2015-994 du 17 août 2015, art. 18, XIV, 1°, JO 18, entrée en vigueur le 01.01.2016)*** « des données mentionnées au 1° *bis* de l'article L. 2323-8 ».

Art. L. 1143-2. Si, au terme de la négociation, aucun accord n'est intervenu, l'employeur peut mettre en œuvre le plan pour l'égalité professionnelle, sous réserve d'avoir préalablement consulté et recueilli l'avis du ***(Ord. 2017-1386 du 22 sept. 2017, art. 4, 2°, JO 23, entrée en vigueur au plus tard le 01.01.2018)*** « comité social et économique ».

Art. L. 1143-3. Le plan pour l'égalité professionnelle s'applique, sauf si l'autorité administrative s'y oppose, dans des conditions déterminées par voie réglementaire.

SECTION 1 (réglementaire). Convention d'étude

Art. R. 1143-1. Toute entreprise de moins de trois cents salariés peut conclure avec l'État une convention lui permettant de recevoir une aide financière afin de faire procéder à une étude portant sur :

1° Sa situation en matière d'égalité professionnelle ;

2° Les mesures à prendre pour rétablir l'égalité des chances entre les femmes et les hommes.

Art. D. 1143-2. La convention d'étude est conclue après avis du ***(D. 2017-1819 du 29 déc. 2017, art. 3, 1°, JO 30, entrée en vigueur le 01.01.2018)*** « comité social et économique, s'il existe ».

Art. D. 1143-3. La convention d'étude fixe :

1° L'objet, le contenu, le délai de réalisation et les conditions de diffusion de l'étude ;

2° Le montant de l'aide financière de l'État.

Art. D. 1143-4. Pour chaque convention, l'aide financière de l'État est au plus égale à 70 % des frais d'intervention hors taxe du consultant chargé de l'étude.

Elle ne peut excéder 10 700 €.

Art. D. 1143-5. Le ***(D. 2017-1819 du 29 déc. 2017, art. 3, 2°, JO 30, entrée en vigueur le 01.01.2018)*** « comité social et économique est consulté » sur l'étude réalisée dans les conditions prévues à l'article R. 1143-1 et les suites à lui donner.

L'étude est également communiquée aux délégués syndicaux.

L'étude et les avis recueillis sont communiqués au ***(D. 2020-1545 du 9 déc. 2020, JO 10, entrée en vigueur le 01.04.2021)*** « directeur régional de l'économie, de l'emploi, du travail et des solidarités ».

SECTION 2 (réglementaire). Plan pour l'égalité professionnelle

Art. D. 1143-6. Le ***(D. 2020-1545 du 9 déc. 2020, JO 10, entrée en vigueur le 01.04.2021)*** « directeur régional de l'économie, de l'emploi, du travail et des solidarités » peut s'opposer, en application de l'article L. 1143-3, au plan pour l'égalité professionnelle. Il émet un avis écrit et motivé dans un délai de deux mois suivant la date de sa saisine.

SECTION 3 (réglementaire). Contrat pour la mixité des emplois et l'égalité professionnelle entre les femmes et les hommes

Note • Le décret 2011-1830 du 6 décembre 2011 (JO 8) a simplifié les modalités d'utilisation des aides de l'État aux entreprises qui s'appliquent en matière d'égalité professionnelle en fusionnant les dispositifs concernant le contrat pour l'égalité professionnelle et le contrat pour la mixité des emplois. Les contrats pour l'égalité professionnelle conclus avant la date d'entrée en vigueur du décret précité continuent de produire leurs effets jusqu'à leur terme.

• Une circulaire DGCS/SDFE/B3/2012/77 du 17 février 2012 présente les conditions de mise en œuvre du contrat pour la mixité des emplois et l'égalité professionnelle entre les femmes et les hommes.

Sous-section 1. **Conclusion et objet du contrat**

Art. D. 1143-7. Un ***(D. 2011-1830 du 6 déc. 2011, JO 8)*** «contrat pour la mixité des emplois et l'égalité professionnelle entre les femmes et les hommes», ouvrant droit à l'aide financière de l'État prévue à la sous-section 2, est conclu entre l'État et l'employeur, après avis des organisations syndicales de salariés représentatives au plan national implantées dans l'entreprise si elles existent.

Art. D. 1143-8. Le ***(D. 2011-1830 du 6 déc. 2011, JO 3)*** «contrat pour la mixité des emplois et l'égalité professionnelle entre les femmes et les hommes» ne peut intervenir qu'après:

1° Soit la conclusion d'un accord collectif de travail comportant des actions exemplaires en faveur de l'égalité professionnelle entre les femmes et les hommes;

2° Soit l'adoption d'un plan pour l'égalité professionnelle;

(D. 2011-1830 du 6 déc. 2011, JO 8) «3° Soit l'adoption d'une ou plusieurs mesures en faveur de la mixité des emplois.»

Art. D. 1143-9. Le ***(D. 2011-1830 du 6 déc. 2011, JO 8)*** «contrat pour la mixité des emplois et l'égalité professionnelle entre les femmes et les hommes» précise:

1° L'objet et la nature des engagements souscrits par l'employeur;

2° Le montant de l'aide de l'État et ses modalités de versement;

3° Les modalités d'évaluation et de contrôle de la réalisation des engagements souscrits.

Art. D. 1143-10. Les engagements souscrits par l'employeur dans le ***(D. 2011-1830 du 6 déc. 2011, JO 8)*** «contrat pour la mixité des emplois et l'égalité professionnelle entre les femmes et les hommes» doivent avoir pour but de contribuer significativement à la mise en place de l'égalité professionnelle entre les femmes et les hommes dans l'entreprise ***(D. 2011-1830 du 6 déc. 2011, JO 8)*** «ou l'établissement, ou de contribuer à développer la mixité des emplois,» par l'adoption de mesures de sensibilisation, ***(D. 2011-1830 du 6 déc. 2011, JO 8)*** «d'embauche,» de formation, de promotion et d'amélioration des conditions de travail.

Art. D. 1143-11. Le ***(D. 2011-1830 du 6 déc. 2011, JO 8)*** «contrat pour la mixité des emplois et l'égalité professionnelle entre les femmes et les hommes» est conclu au nom de l'État par le préfet de région.

Si son champ d'application excède le cadre régional, le contrat est conclu par le ministre chargé des droits des femmes.

Sous-section 2. **Aide financière de l'État**

Art. D. 1143-12. La participation financière de l'État aux dépenses directement imputables à la réalisation du ***(D. 2011-1830 du 6 déc. 2011, JO 8)*** «contrat pour la mixité des emplois et l'égalité professionnelle entre les femmes et les hommes», déduction faite de la taxe sur la valeur ajoutée, est calculée dans la limite maximale d'un pourcentage variable selon la nature et le contenu des actions:

1° 50 % du coût d'investissement en matériel lié à la modification de l'organisation et des conditions de travail;

2° 30 % des dépenses de rémunération exposées par l'employeur pour les salariés bénéficiant d'actions de formation au titre et pendant la durée de la réalisation du plan pour l'égalité professionnelle. Sont exclues de l'aide éventuelle les augmentations de rémunérations, quelles qu'en soient les modalités, acquises par les salariés du fait de la réalisation du plan;

3° 50 % des autres coûts.

Art. D. 1143-13. ***(D. 2011-1830 du 6 déc. 2011, JO 8)*** Pour le bénéfice de l'aide financière, les actions en faveur des salariés sous contrat à durée déterminée et des salariés intérimaires sont prises en compte lorsque leur contrat, ou la durée de leur mission, est d'une durée supérieure ou égale à six mois.

Art. D. 1143-14. L'aide de l'État prévue à l'article ***(D. 2011-1830 du 6 déc. 2011, JO 8)*** « D. 1143-12» n'est pas cumulable avec une aide publique ayant un objet identique.

Art. D. 1143-15. En cas de non-respect du ***(D. 2011-1830 du 6 déc. 2011, JO 8)*** «contrat pour la mixité des emplois et l'égalité professionnelle entre les femmes et les hommes» par l'entreprise, l'aide de l'État fait l'objet d'un ordre de reversement.

Sous-section 3. **Suivi et évaluation**

Art. D. 1143-16. Le ***(D. 2017-1819 du 29 déc. 2017, art. 3, 3°, JO 30, entrée en vigueur le 01.01.2018)*** «comité social et économique est régulièrement informé» de l'exécution des engagements souscrits par l'employeur dans le ***(D. 2011-1830 du 6 déc. 2011, JO 8)*** «contrat pour la mixité des emplois et l'égalité professionnelle entre les femmes et les hommes».

Art. D. 1143-17. Le compte rendu de l'exécution des engagements souscrits par l'employeur dans le ***(D. 2011-1830 du 6 déc. 2011, JO 8)*** «contrat pour la mixité des emplois et l'égalité professionnelle entre les femmes et les hommes» est adressé au ***(D. 2020-1545 du 9 déc. 2020, JO 10, entrée en vigueur le 01.04.2021)*** «directeur régional de l'économie, de l'emploi, du travail et des solidarités» et au *(D. 2009-1484 du 3 déc. 2009, JO 4)* «directeur départemental de la cohésion sociale et de la protection des populations ou directeur départemental de la cohésion sociale».

Art. D. 1143-18. Au terme du *(D. 2011-1830 du 6 déc. 2011, JO 8)* «contrat pour la mixité des emplois et l'égalité professionnelle entre les femmes et les hommes», une évaluation des engagements souscrits et des mesures concrètes mises en œuvre est réalisée sous la responsabilité de l'employeur signataire du contrat.

Cette évaluation est transmise au *(D. 2020-1545 du 9 déc. 2020, JO 10, entrée en vigueur le 01.04.2021)* «directeur régional de l'économie, de l'emploi, du travail et des solidarités» et au *(D. 2009-1484 du 3 déc. 2009, JO 4)* «directeur départemental de la cohésion sociale et de la protection des populations ou directeur départemental de la cohésion sociale».

CHAPITRE IV Actions en justice

Art. L. 1144-1. Lorsque survient un litige relatif à l'application des dispositions des articles L. 1142-1 et L. 1142-2, le candidat à un emploi, à un stage ou à une période de formation ou le salarié présente des éléments de fait laissant supposer l'existence d'une discrimination, directe ou indirecte, fondée sur le sexe, la situation de famille ou la grossesse.

Au vu de ces éléments, il incombe à la partie défenderesse de prouver que sa décision est justifiée par des éléments objectifs étrangers à toute discrimination.

Le juge forme sa conviction après avoir ordonné, en cas de besoin, toutes les mesures d'instruction qu'il estime utiles.

Note La loi 2006-340 du 23 mars 2006 (JO 24) a intégré dans ce texte de nouvelles dispositions relatives à la situation de famille et à la grossesse.

Voir aussi note sous L. 1134-1 CT.

Art. L. 1144-2. Les organisations syndicales représentatives au niveau national ou dans l'entreprise peuvent exercer en justice toutes actions résultant de l'application des articles L. 3221-2 à L. 3221-7, relatifs à l'égalité de rémunération entre les femmes et les hommes.

Elles peuvent exercer ces actions en faveur d'un candidat à un emploi, à un stage ou à une période de formation ou d'un salarié.

L'organisation syndicale n'a pas à justifier d'un mandat de l'intéressé. Il suffit que celui-ci ait été averti par écrit de cette action et ne s'y soit pas opposé dans un délai de quinze jours à compter de la date à laquelle l'organisation syndicale lui a notifié son intention d'agir.

L'intéressé peut toujours intervenir à l'instance engagée par le syndicat.

Art. L. 1144-3. Est nul et de nul effet le licenciement d'un salarié faisant suite à une action en justice engagée par ce salarié ou en sa faveur sur le fondement des dispositions relatives à l'égalité professionnelle entre les femmes et les hommes lorsqu'il est établi que le licenciement n'a pas de cause réelle et sérieuse et constitue en réalité une mesure prise par l'employeur en raison de cette action en justice. Dans ce cas, la réintégration est de droit et le salarié est considéré comme n'ayant jamais cessé d'occuper son emploi.

(Ord. 2017-1387 du 22 sept. 2017, art. 3, 1°, JO 23) «Lorsque le salarié refuse de poursuivre l'exécution du contrat de travail, les dispositions de l'article L. 1235-3-1 sont applicables.»

Note Les dispositions de cet article, dans sa rédaction issue de l'ordonnance 2017-1387 précitée, sont applicables aux licenciements prononcés après le 23 septembre 2017 (ordonnance précitée, art. 40, I).

Est nul le licenciement prononcé à la suite d'une action en justice engagée par un salarié sur le fondement des dispositions relatives à l'égalité professionnelle entre hommes et femmes (en l'espèce, la salariée avait été licenciée pour insuffisance professionnelle six mois après avoir saisi le conseil de prud'hommes d'un rappel de salaires; la cour d'appel avait estimé que le grief d'insuffisance professionnelle n'était pas établi) (cass. soc. 28 novembre 2000, n° 97-43.715, BC V n° 395; RJS 2/01 n° 165). Sur la nullité du licenciement notifié en réaction à toute action en justice engagée par le salarié dans la mesure où il porte atteinte à une liberté fondamentale, voir note sous L. 1121-1 CT.

CHAPITRE V Instances concourant à l'égalité professionnelle

Note L'article L. 1145-1 qui figurait dans ce chapitre a été abrogé par la loi 2020-1525 du 7 décembre 2020, art. 20, I, JO 8.

SECTION UNIQUE (réglementaire). Conseil supérieur de l'égalité professionnelle entre les femmes et les hommes

Note Les dispositions réglementaires (art. D. 1145-1 à 19) instituant le Conseil supérieur de l'égalité professionnelle entre les femmes et les hommes (CSEP) ont été prorogées pour une durée de cinq ans (décret 2009-624 du 6 juin 2009, JO 7), puis pour une durée d'un an et enfin, en dernier lieu, pour une durée de cinq ans à compter du 8 juin 2015, soit jusqu'au 8 juin 2020 (décret 2014-598 du 6 juin 2014, JO 7; décret 2015-626 du 5 juin 2015, JO 7).

Sous-section 1. Missions

Art. D. 1145-1. Le Conseil supérieur de l'égalité professionnelle entre les femmes et les hommes participe à la définition et à la mise en œuvre de la politique menée en matière d'égalité professionnelle entre les femmes et les hommes.

Art. D. 1145-2. Le Conseil supérieur est consulté:

1° Sur les projets de lois et de décrets ayant pour objet d'assurer l'égalité professionnelle entre les femmes et les hommes;

2° Sur les textes relatifs à des conditions particulières de travail propres à l'un ou l'autre sexe.

Art. D. 1145-4. Le Conseil supérieur peut procéder à des études et à des recherches, susciter ou favoriser des initiatives et faire des propositions tendant à améliorer l'égalité professionnelle entre les femmes et les hommes. ***(D. 2013-371 du 30 avril 2013, JO 3 mai)*** « Ses travaux peuvent notamment porter sur l'articulation des temps, les modes de gardes, les congés familiaux, les systèmes de représentation dans l'entreprise, le harcèlement sexuel et moral, la formation initiale et continue et la diversification des choix professionnels des filles et des garçons, la création et la reprise d'entreprises par les femmes. »

Art. D. 1145-4-1. ***(D. 2013-371 du 30 avril 2013, JO 3 mai)*** Sauf dispositions législatives contraires, les administrations de l'État et les établissements publics de l'État sont tenus de communiquer au conseil supérieur les éléments d'information et les études dont ils disposent et qui apparaissent nécessaires au conseil pour l'exercice de ses missions. Le conseil leur fait connaître ses besoins afin qu'ils soient pris en compte dans leurs programmes de travaux statistiques et d'études.

Art. D. 1145-5. Le Conseil supérieur établit un rapport annuel d'activité qui est rendu public.

Art. D. 1145-6. Tous les deux ans, le ministre chargé des droits des femmes adresse au Conseil supérieur un rapport faisant l'état de l'égalité professionnelle entre les femmes et les hommes et mentionnant les suites données aux avis émis par le conseil.

Ce rapport comporte, en particulier:

1° Un bilan des activités menées en matière d'égalité professionnelle entre les femmes et les hommes par:

a) ***(D. 2014-524 du 22 mai 2014, art. 16, JO 24)*** « Pôle emploi »;

b) ***(D. 2016-1539 du 15 nov. 2016, art. 6, JO 17, entrée en vigueur au plus tard le 01.01.2017)*** « L'établissement mentionné à l'article L. 5315-1 du code du travail »;

c) L'Agence nationale pour l'amélioration des conditions de travail;

d) Les services d'inspection du travail;

2° Un compte rendu des travaux réalisés sur l'égalité professionnelle entre les femmes et les hommes par la Commission nationale de la négociation collective ***(D. 2018-1262 du 26 déc. 2018, art. 1er, III, JO 28, entrée en vigueur le 01.01.2019)*** « , de l'emploi et de la formation professionnelle » en application du 8° de l'article L. 2271-1;

(D. 2013-371 du 30 avril 2013, JO 3 mai) « 3° Un bilan des actions réalisées en matière d'articulation des temps et de modes de garde;

4° Un bilan des actions engagées en matière d'orientation et de mixité dans les filières scolaires et de l'enseignement supérieur ainsi qu'en matière de mixité dans les métiers. »

Au vu du rapport qui lui est adressé, le Conseil supérieur émet un avis rendu public.

Sous-section 2. Composition

Art. D. 1145-7. Le Conseil supérieur de l'égalité professionnelle entre les femmes et les hommes comprend:

1° Sept représentants de l'État, dont:

a) Le ministre chargé des droits des femmes ou son représentant, président;

b) Le ministre chargé du travail ou son représentant, vice-président;

c) Le ministre chargé de l'emploi ou son représentant, vice-président;
d) Le ministre chargé de la formation professionnelle ou son représentant, vice-président;
e) Le ***(D. 2013-371 du 30 avril 2013, JO 3 mai)*** «directeur général de la cohésion sociale»;
f) Le directeur général de la forêt et des affaires rurales du ministère chargé de l'agriculture;
g) Le directeur général de l'enseignement scolaire au ministère de l'éducation nationale;
2° Trois directeurs d'établissement public:
a) Le directeur de ***(D. 2014-524 du 22 mai 2014, art. 16, JO 24)*** «Pôle emploi»;
b) Le directeur de l'Agence nationale pour l'amélioration des conditions de travail;
c) Le directeur de ***(D. 2016-1539 du 15 nov. 2016, art. 6, JO 17, entrée en vigueur au plus tard le 01.01.2017)*** «l'établissement mentionné à l'article L. 5315-1 du code du travail»;
3° Neuf représentants des salariés désignés sur proposition des organisations syndicales représentatives au niveau national, à raison de:
a) Trois représentants sur proposition de la Confédération générale du travail (CGT);
b) Deux représentants sur proposition de la Confédération française démocratique du travail (CFDT);
c) Deux représentants sur proposition de la Confédération générale du travail-Force ouvrière (CGT-FO);
d) Un représentant sur proposition de la Confédération française de l'encadrement-Confédération générale des cadres (CFE-CGC);
e) Un représentant sur proposition de la Confédération française des travailleurs chrétiens (CFTC);
4° Neuf représentants des employeurs, à raison de:
a) Cinq membres désignés sur proposition du Mouvement des entreprises de France (MEDEF), parmi lesquels un représentant au titre des entreprises moyennes et petites;
b) Un membre désigné après consultation du MEDEF représentant les entreprises publiques;
c) Un membre désigné sur proposition de la Confédération générale des petites et moyennes entreprises (CGPME);
d) Un membre représentant les professions agricoles désigné sur proposition de la Fédération nationale des syndicats d'exploitants agricoles (FNSEA) et de la Confédération nationale de la mutualité, de la coopération et du crédit agricoles (CNMCCA);
e) Un membre représentant les employeurs artisans désigné sur proposition de l'Union professionnelle artisanale (UPA);
5° Neuf personnalités désignées en raison de leur compétence ou de leur expérience.

Art. D. 1145-8. Les organisations d'employeurs et de salariés mentionnées aux 3° et 4° de l'article D. 1145-7 proposent, en même temps que des membres titulaires et en nombre égal, des membres suppléants.

Art. D. 1145-9. Les représentants titulaires et suppléants des employeurs et des salariés ainsi que les personnes désignées en raison de leur compétence sont nommés au Conseil supérieur pour une durée de trois ans par arrêté du ministre chargé des droits des femmes.

Art. D. 1145-10. Le mandat des membres du Conseil supérieur est renouvelable.

En cas de décès, de démission ou de perte de leur mandat, les membres sont remplacés pour la période restant à courir.

Art. D. 1145-11. Un membre suppléant ne peut assister aux séances du Conseil supérieur ou de ses commissions qu'en cas d'absence du membre titulaire.

Art. D. 1145-12. Les fonctions de membre du Conseil supérieur ne sont pas rémunérées.

Des frais de déplacement et de séjour peuvent être alloués aux membres du Conseil ainsi qu'aux personnes mentionnées à l'article D. 1145-17, dans les conditions fixées par arrêté conjoint du ministre chargé des droits des femmes et du ministre chargé du budget.

Sous-section 3. Organisation et fonctionnement

Art. D. 1145-13. Le Conseil supérieur de l'égalité professionnelle entre les femmes et les hommes est placé auprès des ministres chargés des droits des femmes, du travail, de l'emploi et de la formation professionnelle.

Art. D. 1145-14. Le Conseil supérieur élabore son règlement intérieur.

Art. D. 1145-15. Le Conseil supérieur constitue en son sein une commission permanente qui prépare les travaux du conseil et qui peut être consultée, en cas d'urgence, en ses lieu et place.

La commission permanente est présidée par le président du Conseil supérieur ou son représentant et comprend:
1° Cinq membres du Conseil supérieur, choisis parmi les membres mentionnés aux 1° et 2° de l'article D. 1145-7;
2° Cinq membres du Conseil supérieur représentant les salariés, choisis parmi les membres mentionnés au 3° de ce même article;

3° Cinq membres du Conseil supérieur représentant les employeurs, choisis parmi les membres mentionnés au 4° de ce même article;

4° Cinq membres du Conseil supérieur, choisis parmi les personnalités désignées en raison de leur compétence mentionnées au 5° de ce même article;

(D. 2013-371 du 30 avril 2013, JO 3 mai) « 5° Le secrétaire général du conseil supérieur mentionné à l'article D. 1145-18. »

Art. D. 1145-16. Les membres de la commission permanente et leurs suppléants sont désignés pour trois ans, sur proposition du Conseil supérieur, par arrêté du ministre chargé des droits des femmes.

Art. D. 1145-17. Le Conseil supérieur peut constituer des commissions spécialisées et des groupes de travail pour l'étude des questions relevant de sa compétence.

Les membres du Conseil supérieur représentant les employeurs et les salariés peuvent se faire assister d'un expert de leur choix dans ces formations.

Les commissions spécialisées et les groupes de travail peuvent s'adjoindre toute personne qualifiée dans les matières étudiées par eux.

Art. D. 1145-18. ***(D. 2013-371 du 30 avril 2013, JO 3 mai)*** Le conseil supérieur est assisté par un secrétaire général placé auprès du président, nommé pour trois ans par arrêté du ministre en charge des droits des femmes.

Le secrétaire général anime les travaux des groupes de travail et commissions du conseil. Il propose un programme de travail pour l'année à venir, soumis à l'approbation du conseil et rend compte au conseil des travaux de l'année écoulée. Il prépare le rapport annuel d'activité mentionné à l'article D. 1145-5.

Pour l'exercice de ses missions, le secrétaire général est assisté par le service des droits des femmes et de l'égalité entre les femmes et les hommes de la direction générale de la cohésion sociale.

Art. D. 1145-19. Le Conseil supérieur se réunit au moins une fois par an, sur convocation de son président ou à la demande de la majorité de ses membres.

La commission permanente se réunit au moins deux fois par an dans les mêmes conditions.

L'ordre du jour du Conseil supérieur et celui de la commission permanente sont fixés par le président. Sauf cas d'urgence, l'ordre du jour est adressé aux intéressés quinze jours avant la date de la réunion.

CHAPITRE VI Dispositions pénales

Art. L. 1146-1. Le fait de méconnaître les dispositions relatives à l'égalité professionnelle entre les femmes et les hommes, prévues par les articles L. 1142-1 et L. 1142-2, est puni d'un emprisonnement d'un an et d'une amende de 3 750 €.

La juridiction peut également ordonner, à titre de peine complémentaire, l'affichage du jugement aux frais de la personne condamnée dans les conditions prévues à l'article 131-35 du code pénal et son insertion, intégrale ou par extraits, dans les journaux qu'elle désigne. Ces frais ne peuvent excéder le montant maximum de l'amende encourue.

Note Sur les sanctions prévues par le code pénal voir les art. 225-2 et s.

Art. L. 1146-2. Les dispositions des articles 132-58 à 132-62 du code pénal, relatives à l'ajournement du prononcé de la peine, sont applicables en cas de poursuites pour infraction aux dispositions des articles L. 1142-1 et L. 1142-2, sous réserve des mesures particulières suivantes:

1° L'ajournement comporte injonction à l'employeur de définir, après consultation du ***(Ord. 2017-1386 du 22 sept. 2017, art. 4, 2°, JO 23, entrée en vigueur au plus tard le 01.01.2018)*** « comité social et économique », et dans un délai déterminé, les mesures propres à assurer dans l'entreprise en cause le rétablissement de l'égalité professionnelle entre les femmes et les hommes;

2° L'ajournement peut également comporter injonction à l'employeur d'exécuter dans le même délai les mesures définies.

La juridiction peut ordonner l'exécution provisoire de sa décision.

Art. L. 1146-3. À l'audience de renvoi et au vu des mesures définies et, le cas échéant, exécutées par l'employeur, la juridiction apprécie s'il y a lieu de prononcer une dispense de peine.

Toutefois, lorsque le délai prévu au 2° de l'article L. 1146-2 n'a pas été respecté, la juridiction peut prononcer un nouvel et dernier ajournement et donner un nouveau délai au prévenu pour exécuter l'injonction.

TITRE V HARCÈLEMENTS

CHAPITRE Ier Champ d'application

Art. L. 1151-1. Les dispositions du présent titre sont applicables aux employeurs de droit privé ainsi qu'à leurs salariés.

Elles sont également applicables au personnel des personnes publiques employé dans les conditions du droit privé.

Note Un accord national interprofessionnel sur le harcèlement et la violence au travail a été conclu le 26 mars 2010 et étendu par un arrêté du 23 juillet 2010 (JO 31). Cet accord prévoit des mesures de prévention, d'identification et de gestion des problèmes de harcèlement et de violence au travail. Il a transposé l'accord-cadre européen du 26 avril 2007 (voir SSL n° 1441, p. 3).

Art. L. 1151-2. ***(L. 2019-486 du 22 mai 2019, art. 11, VI, 1°, JO 23, entrée en vigueur le 01.01.2020)*** Pour l'application du présent titre, l'effectif salarié et le franchissement d'un seuil d'effectif sont déterminés selon les modalités prévues à l'article L. 130-1 du code de la sécurité sociale.

CHAPITRE II Harcèlement moral

Art. L. 1152-1. Aucun salarié ne doit subir les agissements répétés de harcèlement moral qui ont pour objet ou pour effet une dégradation de ses conditions de travail susceptible de porter atteinte à ses droits et à sa dignité, d'altérer sa santé physique ou mentale ou de compromettre son avenir professionnel.

Note • Par décision du 11 juillet 2012, la chambre sociale de la Cour de cassation a refusé de renvoyer devant le Conseil constitutionnel une question prioritaire de constitutionnalité relative aux dispositions de cet article. Ces dispositions avaient déjà été déclarées conformes à la Constitution par décision du Conseil constitutionnel 2001-455 DC du 12 janvier 2002. En outre, la décision du Conseil constitutionnel 2012-240 DC du 4 mai 2012, déclarant contraire à la Constitution l'article 222-33 c. pén. relatif au harcèlement sexuel, ne constituait pas un changement de circonstances justifiant un réexamen de l'article L. 1152-1 CT (cass. soc., QPC, 11 juillet 2012, n° 12-40.051, BC V n° 220).

• Les stagiaires en milieu professionnel bénéficient des protections et droits mentionnés à cet article dans les mêmes conditions que les salariés (art. L. 124-12 c. éduc.).

• **Notion de harcèlement**

Agissements répétés. Le harcèlement moral se caractérise par la conjonction et la répétition de certains faits laissés à l'appréciation souveraine des juges du fond; en l'espèce, ces faits avaient été générateurs d'un état dépressif médicalement constaté (cass. soc. 27 octobre 2004, n° 04-41.008, BC V n° 267; Dr. Soc. 2005, p. 100, obs. Cl. Roy-Loustaunau; 26 mars 2013, n° 11-27.964, BC V n° 83; LS Jurispr. n° 87 du 7.05.2013 : multiples mesures vexatoires ne pouvant être justifiées par l'exercice par l'employeur de son pouvoir de direction; cass. crim. 6 septembre 2006, n° 05-87.134; cass. soc. 16 avril 2008, n° 06-41.999, BC V n° 86; RJS 6/08 n° 672: plusieurs mises en garde et avertissements irréguliers ayant entraîné une dégradation des conditions de travail).

Le harcèlement moral est constitué indépendamment de la volonté de son auteur; il n'est donc pas nécessaire de démontrer une intention de nuire (cass. soc. 10 novembre 2009, n° 08-41.497, BC V n° 248; RJS 1/10 n° 7; 14 mars 2012, n° 11-10.663, JSL n° 321, 3.05.2012, p. 30; 13 juin 2012, n° 11-11.181). À noter que la chambre criminelle adopte la même position (cass. crim. 13 novembre 2019, n° 18-85.367, RJS 1/20 n° 6).

Le harcèlement peut être reconnu malgré les qualités professionnelles de son auteur (CE 23 juillet 2010, n° 313685, LS Jurispr. n° 188 du 28.09.2010).

Des faits constitutifs de harcèlement moral peuvent se dérouler sur une brève période (cass. soc. 26 mai 2010, n° 08-43.152, BC V n° 111; SSL n° 1449, note F. Pelletier; RJS 8-9/10 n° 690). À l'inverse, le grand espacement dans le temps des agissements invoqués (en l'espèce, plusieurs années) n'exclut pas leur caractère répétitif (cass. soc. 25 septembre 2012, n° 11-17.987, LS Jurispr. n° 200 du 23.10.2012; RJS 12/12 n° 912).

L'attitude «répétitive» constitutive de violences morales et psychologiques adoptée par un employeur à l'égard d'un salarié permet à ce dernier de rompre son contrat de travail et d'en imputer la rupture à l'employeur (cass. soc. 26 janvier 2005, n° 02-47.296, BC V n° 23; RJS 4/05 n° 339; cet arrêt ne faisait pas référence au harcèlement moral, les faits dont avait été victime le salarié étant antérieurs à la loi du 17 janvier 2002).

Mais, des écarts de langage de la part d'un supérieur hiérarchique au cours d'une même journée s'analysent en un fait unique et ne peuvent donc caractériser un harcèlement moral (cass. soc. 5 novembre 2014, n° 13-16.729, LS Jurispr. n° 208 du 18.11.2014).

Ne peut davantage s'analyser en agissements répétés constitutifs de harcèlement moral une décision de l'employeur de rétrograder un salarié, peu important que l'employeur ait maintenu par divers actes sa décision malgré les protestations réitérées du salarié (cass. soc. 9 décembre 2009, n° 07-45.521, BC V n° 280; RJS 2/10 n° 148). Dans le même sens, voir cass. soc. 13 février 2013, n° 11-25.828, LS Jurispr. n° 40 du 26.02.2013 : un acte isolé, même maintenu dans le temps, ne caractérise pas un harcèlement moral. En l'espèce, un employeur avait pendant deux mois maintenu le bureau d'un salarié dans les anciens locaux de l'entreprise après le déménagement de celle-ci sans l'informer de sa nouvelle affectation.

Engage sa responsabilité personnelle à l'égard de ses subordonnés le salarié qui leur fait subir intentionnellement des agissements répétés de harcèlement moral (cass. soc. 21 juin 2006, n° 05-43.914, BC V n° 223; RJS 8-9/06, p. 670, rapp. L. Leblanc; RDT, octobre 2006, CH, 245, P. Adam).

Les agissements répétés n'ont pas à être de nature différente. En effet, poser comme condition du harcèlement moral que soient constatés des agissements répétés de nature différente et que ces agissements ait initialement eu pour objet ou pour effet une dégradation des conditions de travail susceptible de porter atteinte à la dignité et à la santé de la victime, reviendrait à ajouter à la loi des conditions qu'elle ne comporte pas (cass. crim. 26 janvier 2016, n° 14-80.455, B. crim. n° 15; JCP éd. S 2016, 1138, note C. Leborgne-Ingelaere).

Dégradation des conditions de travail. Une situation stressante dans l'entreprise ne doit pas être confondue avec le harcèlement moral (TGI Paris, 31e ch. correct., n° 0206301288, RJS 1/03 n° 5). Mais des méthodes de gestion mises en œuvre par un supérieur hiérarchique peuvent caractériser un harcèlement moral (cass. soc. 10 novembre 2009, n° 07-45.321, BC V n° 247; Dr. Soc. 2010, p. 109, obs. Ch. Radé; RDT, janvier 2010, CH, 39, Fr. Géa; RJS 1/10 n° 8: méthodes de gestion ayant pour objet ou pour effet d'entraîner une dégradation des conditions de travail susceptibles de porter atteinte aux droits et à la dignité du salarié, d'altérer sa santé physique ou mentale ou de compromettre son avenir professionnel; en l'espèce, des pressions continuelles, des reproches incessants, la mise à l'écart d'un salarié et un mépris affiché; 19 janvier 2011, n° 09-67.463, RJS 4/11 n° 292: critiques brutales et vexantes faites en public à une salariée; voir aussi cass. soc. 22 octobre 2014, n° 13-18.862, BC V n° 247; RJS 1/15 n° 5; JSL n° 379, 08.01.2015, pp. 16 et s., J-Ph. Lhernould; JCP éd. S 2015, 1015, 2e espèce, note C. Leborgne-Ingelaere, s'agissant de méthodes de gestion autoritaires et inappropriées mais ne caractérisant pas un harcèlement moral).

Si la simple possibilité d'une dégradation des conditions de travail suffit à constituer le délit de harcèlement moral (cass. crim. 6 décembre 2011, n° 10-82.266, B. crim. n° 249; RJS 3/12 n° 216; JCP éd. S 2012, 1176, note C. Leborgne-Ingelaere; Dr. Soc. 2012, p. 539, obs. Fr. Duquesne), le harcèlement moral n'est pas caractérisé lorsque le salarié n'est pas personnellement victime d'une dégradation de ses conditions de travail (cass. soc. 20 octobre 2010, n° 08-19.748, BC V n° 242; RJS 1/11 n° 10: en l'espèce, les agissements du chef de bureau avaient été subis par d'autres salariés et ils n'avaient pas eu d'incidence directe sur les conditions de travail du salarié qui se prétendait victime de harcèlement moral).

Le fait que le salarié victime de harcèlement moral ait pu contribuer, par son propre comportement, à la dégradation des conditions de travail n'atténue pas la responsabilité de l'employeur. Peu important le comportement du salarié, l'employeur porte la pleine responsabilité du harcèlement moral. Les juges ne peuvent donc pas diminuer l'indemnisation due au salarié en raison de sa participation dans la dégradation des conditions de travail (cass. soc. 13 juin 2019, n° 18-11.115, RJS 10/19 n° 552; JSL n° 483, 14.10.2019, pp. 12 et s., J-Ph. Lhernould).

Le fait qu'un salarié soit dispensé d'activité dans le cadre d'un congé de fin de carrière, sans que le contrat de travail ne soit rompu, n'empêche pas une action en reconnaissance d'une situation de harcèlement moral (cass. soc. 26 juin 2019, n° 17-28.328, à paraître, JSL n° 481, 16.09.2019, pp. 20 et s., H. Nasom-Tissandier; JCP éd. S 2019, 1255, note C. Leborgne-Ingelaere; RJS 10/19 n° 549).

Caractérise le harcèlement moral le fait pour un employeur de:
– proposer au salarié des postes incompatibles avec les préconisations du médecin du travail et de lui avoir imposé de manière répétée des tâches ayant eu pour effet de provoquer de nombreux arrêts de travail (cass. soc. 28 janvier 2010, n° 08-42.616, BC V n° 27; RJS 4/10 n° 336). Voir aussi cass. soc. 4 novembre 2020, n° 19-11.626, LS Jurispr. n° 217 du 01.12.2020; JSL n° 511, 12.01.2021, p. 28, F. Lalanne;

– d'avoir fait, à plusieurs reprises, pression sur une apprentie, dont il connaissait l'état de santé, pour lui faire accepter une résiliation amiable du contrat d'apprentissage (cass. soc. 6 juin 2012, n° 11-17.489, BC V n° 171; RJS 8-9/12 n° 681; Dr. Soc. 2012, p. 848, obs. Ch. Radé);
– suspendre les moyens de communication d'un salarié en réaction à la volonté de celui-ci de défendre ses droits, sans que cette mesure soit justifiée par l'intérêt de l'entreprise et mettre en cause sa loyauté sans justification objective (cass. soc. 24 octobre 2012, n° 11-19.862);
– d'avoir exercé une pression constante sur un professeur en le rabaissant et en l'humiliant devant les élèves et les clients, la conjonction et la répétition de ces agissements ayant porté atteinte aux droits et à la dignité du salarié et altéré sa santé (cass. soc. 20 juin 2013, n° 10-20.507, RJS 10/13 n° 715).

Existence d'une ou de plusieurs victimes. Les éléments qui permettent de faire présumer l'existence d'un harcèlement moral ne doivent pas nécessairement concerner un seul salarié dès lors que celui qui s'en plaint fait partie des personnes qui en sont victimes (cass. soc. 28 mars 2012, n° 10-24.441, LS Jurispr. n° 71 du 10.04.2012; RJS 6/12 n° 522, 2e espèce).

• **Indemnisation de la victime.** Voir note sous art. L. 1154-1.

• **Contrôle du juge.** Voir note sous art. L. 1154-1.

• **Action pénale**

Délit de harcèlement. Le code du travail ne prévoyant pas de sanction spécifique, les faits de harcèlement moral sont réprimés par l'article 222-33-2 c. pén.

Pour la chambre criminelle de la Cour de cassation, le délit de harcèlement moral au travail suppose l'existence d'une relation de travail entre le plaignant et son agresseur supposé (cass. crim. 13 décembre 2016, n° 16-81.253, B. crim. n° 334; LS Jurispr. n° 2 du 03.01.2017).

Il n'est pas subordonné à l'existence d'un pouvoir hiérarchique; le fait que la personne poursuivie soit le subordonné de la victime est donc indifférent à la caractérisation de l'infraction (cass. crim. 6 décembre 2011, n° 10-82.266, précité). Il peut être constitué quel qu'ait été le comportement de la victime (cass. crim. 27 mai 2015, n° 14-81.489, B. crim. n° 129; JCP éd. S 2015, 1329, note C. Leborgne-Ingelaere).

Pour confirmer le jugement de relaxe, un arrêt de cour d'appel énonce que, «si M. X... se montrait autoritaire dans la mesure où il claquait des doigts et criait, ce comportement, certes inadapté en termes de management du personnel, ne caractérise pas suffisamment des faits harcèlement moral, ces propos, gestes et attitudes étant tenus à l'égard de tout le personnel dans le contexte particulier du travail en cuisine (...) les juges relèvent que le prévenu n'a pas affecté Mme A... à d'autres tâches que celles relevant de son poste et que les propos dénoncés par la partie civile (" comment on peut engager des bons à rien comme cela " et " si vous ne savez pas porter, vous n'avez qu'à pas prendre des métiers d'homme "), bien que désobligeants, n'apparaissent pas avoir été prononcés à plusieurs reprises à l'égard de celle-ci (...) ils ajoutent qu'elle-même n'admettait pas les remarques faites sur son travail et pouvait avoir une attitude inadaptée en réponse aux réflexions de son supérieur hiérarchique». Or, pour la chambre criminelle de la Cour de cassation, en statuant ainsi, alors que les comportements qu'elle décrivait excédaient, quelle qu'ait été la manière de servir de la partie civile, les limites du pouvoir de direction du prévenu, la cour d'appel n'a pas tiré les conséquences légales de ses propres constatations. Elle a cassé et annulé cet arrêt. L'affaire sera donc rejugée (cass. crim. 19 juin 2018, n° 17-82.649, RJS 8-9/18 n° 521).

Prescription de l'action publique. La prescription du délit de harcèlement moral, lequel n'est caractérisé que par la répétition de propos ou comportements, commence à courir au jour du dernier acte manifestant l'état d'habitude (cass. crim. 19 juin 2019, n° 18-85.725, à paraître, JCP éd. S 2019, 1277, note C. Leborgne-Ingelaere; JSL n° 481, 16.09.2019, pp. 4 et s., R. Mesa; Dr. Soc. 2019, p. 776, étude Droit pénal du travail, chron. R. Salomon; RJS 10/19 n° 550).

Employeur partie civile. En cas de poursuites pénales du salarié harceleur, l'employeur peut se constituer partie civile aux fins d'indemnisation du «préjudice d'image» (cass. crim. 14 novembre 2017, n° 16-85.161, B. crim. n° 252; JCP éd. S 2018, 1039, note C. Leborgne-Ingelaere; RJS 2/18 n° 95; JSL n° 447, 09.02.2018, pp. 18 et s., M. Hautefort).

Employeur commettant. La faute pénale du préposé (en l'espèce, une salariée responsable des ressources humaines), dont résulte la faute civile (art. 1242, al. 5 c. civ.), ne peut plus être contestée par le commettant (à savoir, l'employeur), fût-ce à l'occasion d'un procès ayant pour objet la seule action civile, lorsqu'elle constitue le fondement d'une condamnation pénale devenue définitive à l'encontre de ce préposé (cass. crim. 13 novembre 2018, n° 17-81.398, B. crim. n° 190; JCP éd. S 2018, 1408, note L. Genty; JSL n° 468, 28.01.2019, pp. 10 et s., R. Mesa; RJS 2/19 n° 75).

Distinction avec la faute intentionnelle. L'élément intentionnel du délit de harcèlement moral dans le cadre du travail ne se confond pas avec la faute intentionnelle, au sens de L. 452-5 c. séc. soc., qui suppose que soit établi que l'auteur a voulu le dommage survenu à la victime à la suite de ses agissements (cass. crim. 13 décembre 2016, n° 15-81.853, B. crim. n° 335; RJS 3/17 n° 231; LS Jurispr. n° 12 du 07.02.2017).

Art. L. 1152-2. Aucun salarié, ***(L. 2012-954 du 6 août 2012, JO 7)*** «aucune personne en formation ou en stage» ne peut être sanctionné, licencié ou faire l'objet d'une mesure discriminatoire, directe ou indirecte, notamment en matière de rémunération, de formation, de reclassement, d'affectation, de qualification, de classification, de promotion professionnelle, de mutation ou de renouvellement de contrat pour avoir subi ou refusé de subir des agissements répétés de harcèlement moral ou pour avoir témoigné de tels agissements ou les avoir relatés.

Note • **Champ de la protection contre le harcèlement moral.** Tous les salariés sont protégés contre le harcèlement moral: dès avant l'intervention de la loi du 6 août 2012 ayant ajouté à la liste des personnes protégées celles en formation ou en stage, la Cour de cassation a jugé que le fait pour un employeur d'avoir fait, à plusieurs reprises, pression sur une apprentie dont l'état de santé était fragile pour lui faire accepter une résiliation amiable du contrat d'apprentissage constituait un harcèlement moral (cass. soc. 6 juin 2012, n° 11-17.489, BC V n° 171; RJS 8-9/12 n° 681).

• **Dénonciation d'un harcèlement moral**

Pas de protection sans qualification des faits. La protection instituée par l'article L. 1152-2 CT ne joue que si le salarié dénonce des faits qualifiés par lui de harcèlement moral (cass. soc. 13 septembre 2017, n° 15-23.045, BC V n° 134; JCP éd. S 2017, 1359, note C. Leborgne-Ingelaere; RJS 11/17 n° 724; JSL n° 439, 10.10.2017, pp. 4 et s., J-Ph. Lhernould).

Mauvaise foi justifiant une sanction disciplinaire. Le salarié qui relate des faits de harcèlement moral (ou sexuel) ne peut être licencié pour ce motif (un tel licenciement serait nul, voir art. L. 1152-3 CT) (cass. soc. 16 juin 2016, n° 14-26.965), sauf mauvaise foi, laquelle ne peut résulter que de la connaissance par l'intéressé de la fausseté des faits qu'il dénonce (cass. soc. 7 février 2012, n° 10-18.035, BC V n° 55; RJS 4/12 n° 302; 10 juin 2015, 2 arrêts, n°s 13-25.554 et 14-13.318, BC V n°s 115 et 116; RJS 8-9/15 n° 539; JCP éd. S 2015, 1345, note C. Leborgne-Ingelaere; JSL n° 393, 03.09.2015, p. 6, H. Tissandier) et non de la seule circonstance que les faits énoncés ne sont pas établis (cass. soc. 10 mars 2009, n° 07-44.092, BC V n° 66; avis J. Duplat, SSL n° 1394, p. 11; RDT 2009, CH, 453, P. Adam; 27 octobre 2010, n° 08-44.446, RJS 1/11 n° 11; 19 octobre 2011, n° 10-16.444, BC V n° 234; RJS 1/12 n° 6). Sur l'indemnisation du salarié dont le licenciement a été jugé nul parce que consécutif à la dénonciation d'un harcèlement moral et qui a demandé sa réintégration voir cass. soc. 14 décembre 2016, n° 14-21.325, BC V n° 248, sous art. L. 1152-3 CT.

S'agissant d'un apprenti, il a été jugé que, sauf mauvaise foi, la dénonciation d'un harcèlement moral (ou sexuel) ne pouvant être sanctionnée, ce motif ne peut pas être pris en considération dans l'appréciation des éventuelles fautes de l'apprenti de nature à justifier la résiliation judiciaire du contrat à ses torts (cass. soc. 10 juin 2015, n° 14-13.318, précité).

À titre d'exemples:

– la dénonciation mensongère de faits inexistants de harcèlement moral dans le but de déstabiliser l'entreprise et de se débarrasser d'un cadre caractérise la mauvaise foi et constitue une faute grave (cass. soc. 6 juin 2012, n° 10-28.345, RJS 8-9/12 n° 682; 28 janvier 2015, n° 13-22.378, LS Jurispr. n° 36 du 24.02.2015);

– le salarié qui avait sciemment organisé une conférence de presse destinée à «ternir l'image» de son employeur au cours de laquelle il avait porté des accusations infondées de harcèlement moral et de faits de discrimination dénaturés et volontairement sortis de leur contexte, a pu être licencié pour faute lourde (cass. soc. 5 juillet 2018, n° 17-17.485, RJS 11/18 n° 681).

Le juge des référés est compétent pour vérifier si le salarié qui a dénoncé des faits de harcèlement a fait preuve ou non de mauvaise foi (cass. soc. 25 novembre 2015, n° 14-17.551, BC V n° 235; LS Jurispr. n° 220 du 8.12.2015; RJS 2/16 n° 96, 1re espèce). Lorsqu'un grief tiré de la relation de faits qualifiés de harcèlement moral par le salarié est énoncé dans la lettre de licenciement, il appartient au juge des référés de se prononcer sur la mauvaise foi du salarié lorsqu'il avait dénoncé ces faits pour déterminer si le licenciement de celui-ci constituait un trouble manifestement illicite (cass. soc. 21 mars 2018, n° 16-24.350, JSL n° 453, 14.05.2018, pp. 23 et s., Ph. Pacotte et J. Layat; RJS 6/18 n° 396).

Le fait que la lettre de licenciement ne mentionne pas expressément la mauvaise foi du salarié qui a dénoncé des faits inexistants de harcèlement moral n'empêche pas sa reconnaissance par le juge au regard des éléments apportés par l'employeur (cass. soc. 16 septembre 2020, n° 18-26.696, à paraître, RJS 11/20 n° 521; JSL n° 507, 09.11.2020, pp. 11 et s., M. Hautefort; JCP éd. S 2020, 3077, note C. Leborgne-Ingelaere).

Absence de diffamation mais dénonciation calomnieuse possible en cas de mauvaise foi. Les salariés sont autorisés par la loi à dénoncer (art. L. 1152-2, L. 4131-1, al. 1er CT; art. 122-4 c. pén.; loi du 29 juillet 1881 sur la liberté de la presse, art. 29, al. 1er, et 32, al. 1er), auprès de leur employeur et des organes chargés de veiller à l'application des dispositions du code du travail, les agissements répétés de harcèlement moral dont ils estiment être victimes. Dès lors, «la relation de tels agissements», auprès de ces personnes, «ne peut être poursuivie pour diffamation».

Toutefois, lorsqu'il est établi, par la partie poursuivante, que le salarié avait connaissance, au moment de la dénonciation, de la fausseté des faits allégués, la mauvaise foi de celui-ci est caractérisée et la qualification de dénonciation calomnieuse peut (art. 226-10 c. pén.), par suite, être retenue (cass. civ., 1re ch., 28 septembre 2016, n° 15-21.823, BC I n° 182; JSL n° 419, 04.11.2016, pp. 4 et s., A. Bonnet; RJS 12/16 n° 747).

Absence de diffamation si la révélation des agissements est faite à l'employeur ou à des organes chargés de veiller à l'application des dispositions du code du travail. La personne poursuivie du chef de diffamation après avoir révélé des faits de harcèlement moral (ou sexuel) dont elle s'estime victime peut s'exonérer de sa responsabilité pénale, en application de l'article 122-4 c. pén., lorsqu'elle a dénoncé ces agissements, dans les conditions prévues à l'article L. 1152-2 CT (ou L. 1153-3 s'agissant du harcèlement sexuel ou L. 4131-1 s'agissant de l'exercice du droit d'alerte et de retrait en cas de danger grave et imminent), auprès de son employeur ou des organes chargés de veiller à l'application des dispositions du code du travail. Toutefois, pour bénéficier de cette cause d'irresponsabilité pénale, la personne poursuivie de ce chef doit avoir réservé la relation de tels agissements à son employeur ou à des organes chargés de veiller à l'application des dispositions du code du travail et non, comme en l'espèce, l'avoir aussi adressée à des personnes ne disposant pas de l'une de ces qualités (cass. crim. 26 novembre 2019, n° 19-80.360, à paraître, LS n° 17948 du 28.11.2019; JSL n° 490, 27.01.2020, pp. 8 et s., R. Mesa; JCP éd. S 2020, 1014, note C. Leborgne-Ingelaere; RJS 2/20 n° 75).

Art. L. 1152-3. Toute rupture du contrat de travail intervenue en méconnaissance des dispositions des articles L. 1152-1 et L. 1152-2, toute disposition ou tout acte contraire est nul.

Note • **Nullité du licenciement.** Le licenciement prononcé à l'encontre d'un salarié pour avoir subi ou refusé de subir des agissements répétés de harcèlement moral est nul (cass. soc. 29 juin 2011, n° 09-69.444, BC V n° 168; RJS 10/11 n° 749: en l'espèce, le comportement reproché à la salariée était une réaction au harcèlement moral dont elle était victime). À noter cependant que le juge judiciaire ne peut annuler le licenciement d'un salarié protégé victime d'un harcèlement; il peut seulement lui accorder une indemnisation (cass. soc. 15 novembre 2011, 3 arrêts, nos 10-10.687, 10-18.417 et 10-30.463, BC V nos 259 à 261; Dr. Soc. 2012, p. 103, obs. Ch. Radé).

Un employeur ne peut se prévaloir de la perturbation qu'une absence prolongée du salarié a pu causer au fonctionnement de l'entreprise pour le licencier alors que cette absence prolongée était la conséquence du harcèlement moral dont ce salarié avait été l'objet. Un tel licenciement doit être déclaré nul (cass. soc. 11 octobre 2006, n° 04-48.314, BC V n° 301; RDT, janvier 2007, CH, 30, E. Dockès; RJS 12/06 n° 1272). Voir aussi cass. soc. 30 janvier 2019, n° 17-31.473, à paraître, Dr. Soc. 2019, p. 265, act. J. Mouly; JSL n° 472, 25.03.2019, pp. 4 et s., C. Martin, B. Lubineau et J. Verneret; RJS 4/19 n° 203.

De même est nul le licenciement d'une salariée en raison de son inaptitude définitive à son poste de travail, dès lors que son inaptitude avait pour seule origine son état dépressif réactionnel aux agissements de harcèlement moral dont elle avait fait l'objet (cass. soc. 13 février 2013, n° 11-26.380, RJS 4/13 n° 273; voir aussi précédemment cass. soc. 17 octobre 2012, n° 11-22.553).

Le grief tiré de la relation des agissements de harcèlement moral par le salarié emporte à lui seul la nullité de plein droit du licenciement (cass. soc. 10 mars 2009, n° 07-44.092, BC V n° 66; RDT, juin 2009, CH, 376, B. Lardy-Pélissier; 14 mars 2012, n° 10-28.335, RJS 5/12 n° 414).

L'obtention en référé d'une mesure provisoire, mettant un terme au harcèlement subi par un salarié, ne saurait interdire à celui-ci de justifier devant le juge du fond du fait qu'il a dû solliciter cette mesure en raison d'un harcèlement susceptible d'entraîner la nullité de la rupture effective du contrat de travail; une cour d'appel, qui a fait ressortir qu'un employeur avait contraint un salarié à solliciter en justice une mesure de mise en inactivité anticipée ayant permis de mettre fin au harcèlement moral dont elle a caractérisé l'existence, en a exactement déduit que la rupture du contrat de travail produisait les effets d'un licenciement nul (cass. soc. 9 décembre 2014, n° 13-16.045, BC V n° 279; RJS 2/15 n° 152; JSL n° 381, 10.02.2015, p. 13, Ph. Pacotte et A-Ch. Renucci).

• **Réintégration.** Le salarié qui demande sa réintégration dans l'entreprise ne peut pas être débouté au motif que sa réintégration apparaît peu opportune compte tenu du fait, qu'au moment du licenciement, les relations des parties étaient arrivées à un point de non-retour. En effet, il n'y avait là aucune impossibilité de procéder à cette réintégration (cass. soc. 14 février 2018, n° 16-22.360, RJS 5/18 n° 325).

Le salarié dont le licenciement est nul car lié à un harcèlement moral et qui demande sa réintégration a droit au paiement d'une somme correspondant à la réparation de la totalité du préjudice subi au cours de la période qui s'est écoulée entre son licenciement et sa réintégration, dans la limite du montant des salaires dont il a été privé (cass. soc. 14 décembre 2016, n° 14-21.325, BC V n° 248; JCP éd. S 2017, 1057, note C. Leborgne-Ingelaere; JSL n° 425, 10.02.2017, pp. 8 et s., H. Tissandier; RJS 2/17 n° 102).

• **Clause de garantie d'emploi.** Un employeur qui a licencié pour inaptitude un salarié qui bénéficiait d'une clause de garantie d'emploi, pendant la période de garantie d'emploi contractuellement prévue, doit verser l'indemnité prévue par cette clause dès lors que l'inaptitude trouve son origine dans une situation de harcèlement moral (cass. soc. 15 avril 2015, n° 13-21.306, BC V n° 78 ; LS Jurispr. n° 85 du 12.05.2015 ; Dr. Soc. 2015, p. 559, act. J. Mouly ; RDT, septembre 2015, CH, 541, M. Kocher ; RJS 6/15 n° 383).

• **Rupture conventionnelle homologuée possible.** En l'absence de vice du consentement, l'existence de faits de harcèlement moral n'affecte pas en elle-même la validité de la convention de rupture (voir L. 1237-11 CT). Le lien aurait dû être établi entre le contexte de harcèlement et un consentement vicié (cass. soc. 23 janvier 2019, n° 17-21.550, à paraître, JCP éd. S 2019, 1057, note G. Loiseau ; JSL n° 471, 11.03.2019, pp. 4 et s., J-Ph. Lhernould ; Dr. Soc. 2019, p. 268, act. J. Mouly ; RJS 4/19 n° 208).

Une cour d'appel, ayant relevé qu'à la date de la signature de la convention de rupture, la salariée était dans une situation de violence morale en raison du harcèlement moral et des troubles psychologiques qui en ont découlés, a caractérisé un vice du consentement justifiant l'annulation de la rupture conventionnelle et la restitution de la somme versée en exécution de la convention (cass. soc. 29 janvier 2020, n° 18-24.296, RJS 4/20 n° 175 ; JCP éd. S 2020, 1099, note J-Y Frouin).

Art. L. 1152-4. L'employeur prend toutes dispositions nécessaires en vue de prévenir les agissements de harcèlement moral.

(Ord. 2014-699 du 26 juin 2014, art. 2, JO 27) « Les personnes mentionnées à l'article L. 1152-2 sont informées par tout moyen du texte de l'article 222-33-2 du code pénal. »

Note **Obligation de prévention.** Sur les obligations de l'employeur en matière de prévention du harcèlement moral, voir circulaire DGT 2012/14 du 12 novembre 2012.

L'obligation de prévention des risques professionnels (L. 4121-1 CT) est distincte de la prohibition des agissements de harcèlement moral (L. 1152-1 CT) et ne se confond pas avec elle. Une cour d'appel, qui a relevé que de très nombreux salariés de l'entreprise avaient été confrontés à des situations de souffrance au travail et à une grave dégradation de leurs conditions de travail induites par un mode de management par la peur ayant entraîné une vague de démissions notamment de la part des salariés les plus anciens, a pu condamner l'employeur pour manquement à son obligation de prévention des risques psycho-sociaux. Et ce, sans qu'il soit besoin de caractériser le harcèlement moral (cass. soc. 6 décembre 2017, n° 16-10.885, JCP éd. S 2018, 1051, note Gr. Loiseau ; RJS 3/18 n° 194). Dans le même sens, voir : cass. soc. 8 juillet 2020, n° 18-24.320, à paraître, LS n° 18124 du 20.08.2020 ; JSL n° 505, 12.10.2020, pp. 18 et s., P. Prépin ; RJS 11/20 n° 523, 2e espèce.

Voir aussi : cass. soc. 27 novembre 2019, n° 18-10.551, à paraître, LS n° 17957 du 11.12.2019 ; JCP éd. S 2020, 1011, note V. Armillei ; RJS 2/20 n° 94 ; JSL n° 492, 24.02.2020, pp. 15 et s., Ph. Pacotte et J. Layat. En l'espèce, un employeur aurait dû être sanctionné pour non-respect de son obligation de prévention des risques professionnels car il n'avait pas déclenché une enquête interne et contradictoire après la dénonciation de harcèlement moral. Cette enquête doit être exhaustive et impartiale pour être valable, mais cela ne signifie pas qu'elle doit être menée auprès de tous les collaborateurs du salarié auquel des agissements de harcèlement moral sont reprochés (cass. soc. 8 janvier 2020, n° 18-20.151 ; JCP éd. S 2020, 1044, note V. Armillei).

En cas de harcèlement et de non-respect de l'obligation générale de prévention, la méconnaissance de chacune des obligations de l'employeur, lorsqu'elle entraîne des préjudices différents pour le salarié, peut ouvrir droit à des réparations spécifiques : l'une au titre des faits de harcèlement, l'autre au titre du non-respect de l'obligation générale de prévention (cass. soc. 6 juin 2012, n° 10-27.694, BC V n° 169 ; RJS 8-9/12 n° 680 ; Dr. Soc. 2012, p. 845, obs. Ch. Radé). Cette solution a été transposée au harcèlement sexuel (cass. soc. 17 mai 2017, n° 15-19.300, BC V n° 84 ; JCP éd. S 2017, 1223, note C. Leborgne-Ingelaere ; RJS 8-9/17 n° 547).

Obligation légale de sécurité. Ne méconnaît pas l'obligation légale lui imposant de prendre les mesures nécessaires pour assurer la sécurité et protéger la santé physique et mentale des travailleurs, notamment en matière de harcèlement moral, l'employeur qui justifie avoir pris toutes les mesures de prévention prévues par les articles L. 4121-1 et L. 4121-2 CT et qui, informé de l'existence de faits susceptibles de constituer un harcèlement moral, a pris les mesures immédiates propres à le faire cesser (cass. soc. 1er juin 2016, n° 14-19.702, BC V n° 123 ; JCP éd. S 2016, 1220, note G. Loiseau ; JSL n° 413, 5.07.2016, pp. 11 et s., J-Ph. Lhernould ; RJS 8-9/16 n° 567 ; RDT, novembre 2016, CH, 709, B. Géniaut ; SSL Jurispr., 2e semestre 2017, p. 35, chron. H. Gosselin). Voir aussi note sous L. 4121-1 CT.

Responsabilité de l'employeur du fait d'un tiers. L'employeur doit répondre des agissements des personnes qui exercent, de fait ou de droit, une autorité sur les salariés (cass. soc. 1er mars 2011, n° 09-69.616, BC V n° 53 ; RJS 5/11 n° 390 ; Dr. Soc. 2011, p. 599, obs. Ch. Radé : en l'espèce, l'auteur du harcèlement était un prestataire extérieur et n'avait aucun lien hiérarchique ni n'exerçait aucun pouvoir disciplinaire sur la salariée). Le commettant ne pouvant s'exonérer de sa responsabilité que si son préposé a agi en dehors de ses fonctions, sans autorisation et à des fins étrangères à ses attributions, un employeur avait été reconnu civilement responsable du délit de harcèlement moral commis par un représentant du personnel à l'encontre d'une salariée lors de réunions du comité d'établissement, dès lors que les agissements en cause, commis au temps et sur les lieux du travail, étaient connus de la direction de la société qui n'était pas intervenue pour les faire cesser et étaient étrangers au mandat du prévenu et à la défense des intérêts des salariés (cass. crim. 28 mai 2013, n° 11-88.009, B. crim. n° 119; RJS 11/13 n° 721). Pour des affaires où la responsabilité de l'employeur n'a pas été mise en cause, voir cass. soc. 19 octobre 2016, 2 arrêts, n°s 14-29.623 et 14-29.624; JSL n° 421-422, 21.12.2016, pp. 23 et s., Ph. Pacotte et J. Layat-Le Bourhis.

Modification ou rupture du contrat de travail. L'obligation faite à l'employeur de prendre toutes les dispositions nécessaires en vue de prévenir ou de faire cesser les agissements de harcèlement moral n'implique pas par elle-même la rupture immédiate du contrat de travail d'un salarié à l'origine d'une situation susceptible de caractériser ou dégénérer en harcèlement moral (cass. soc. 22 octobre 2014, n° 13-18.862, BC V n° 247; RJS 1/15 n° 5; JSL n° 379, 08.01.2015, pp. 16 et s., J-Ph. Lhernould; JCP éd. S 2015, 1015, 2e espèce, note C. Leborgne-Ingelaere).

Il n'entre pas dans les pouvoirs du juge d'ordonner la modification ou la rupture du contrat de travail du salarié auquel sont imputés des agissements de harcèlement moral, à la demande d'autres salariés, tiers à ce contrat (cass. soc. 1er juillet 2009, n° 07-44.482, BC V n° 167; SSL 2009 n° 1410, p. 8, rapp. J-M Béraud; RDT, oct. 2009, CH, 589, P. Adam).

Prise d'acte de la rupture et résiliation judiciaire du contrat de travail. En cas de harcèlement moral (ou sexuel), lorsque l'employeur a manqué à son obligation légale de sécurité, la prise d'acte de la rupture du contrat n'est légitimée que si ce manquement a empêché la poursuite du contrat de travail (cass. soc. 11 mars 2015, n° 13-18.603, BC V n° 43; RJS 5/15 n° 319, 2e espèce; Dr. Soc. 2015, pp. 384 et s., étude J. Mouly; JSL n° 386, 27.04.2015, pp. 23 et s., M. Hautefort; JCP éd. S 2015, 1191, note L. Flament et 1254, note C. Leborgne-Ingelaere). Dans cette situation, la prise d'acte de la rupture n'a donc pas automatiquement les effets d'un licenciement nul; faut-il encore que l'impossibilité de poursuivre le contrat du fait du manquement de l'employeur soit établie (cass. soc. 2 mars 2016, n° 14-23.684). Pour un cas de demande de résiliation judiciaire du contrat de travail n'ayant pas abouti à la nullité de la rupture en l'absence de manquements suffisamment grave de l'employeur, voir cass. soc. 21 juin 2017, n° 15-24.272; RJS 10/17 n° 662, 1re espèce.

Art. L. 1152-5. Tout salarié ayant procédé à des agissements de harcèlement moral est passible d'une sanction disciplinaire.

Note Des faits de harcèlement (dénigrement et humiliation d'un supérieur hiérarchique envers ses subordonnés) peuvent être constitutifs d'une faute grave que ne peuvent excuser l'ancienneté et les résultats de ce salarié (cass. soc. 28 juin 2006, n° 05-40.990, BC V n° 231; RJS 11/06 n° 1144). Voir aussi cass. soc. 24 octobre 2012, n° 11-20.085, RJS 1/13 n° 7. Mais les juges du fond qui constatent qu'un salarié, licencié «pour management constitutif de harcèlement moral», était lui-même victime de harcèlement moral et que l'employeur, alerté à plusieurs reprises sur cette situation, ne l'avait pas sensibilisé à la difficulté d'exercice de ses fonctions, peuvent écarter la faute grave et déclarer le licenciement fondé sur une cause réelle et sérieuse (cass. soc. 29 janvier 2013, n° 11-23.944, RJS 4/13 n° 259).

Est sans cause réelle et sérieuse le licenciement d'un salarié, auteur de harcèlement sexuel et moral, la procédure de licenciement ayant été engagée tardivement en raison de l'abstention fautive de l'employeur (cass. soc. 29 juin 2011, n° 09-70.902, BC V n° 172; RJS 10/11 n° 750; JCP éd. S 2011, 1463, 1re espèce, note C. Leborgne-Ingelaere; RDT, octobre 2011, CH, 576, P. Adam).

Art. L. 1152-6. Une procédure de médiation peut être mise en œuvre par toute personne de l'entreprise s'estimant victime de harcèlement moral ou par la personne mise en cause.

Le choix du médiateur fait l'objet d'un accord entre les parties.

Le médiateur s'informe de l'état des relations entre les parties. Il tente de les concilier et leur soumet des propositions qu'il consigne par écrit en vue de mettre fin au harcèlement.

Lorsque la conciliation échoue, le médiateur informe les parties des éventuelles sanctions encourues et des garanties procédurales prévues en faveur de la victime.

CHAPITRE III Harcèlement sexuel

Art. L. 1153-1. ***(L. 2012-954 du 6 août 2012, JO 7)*** Aucun salarié ne doit subir des faits:

1° Soit de harcèlement sexuel, constitué par des propos ou comportements à connotation sexuelle répétés qui soit portent atteinte à sa dignité en raison de leur caractère dégradant ou humiliant, soit créent à son encontre une situation intimidante, hostile ou offensante;

2° Soit assimilés au harcèlement sexuel, consistant en toute forme de pression grave, même non répétée, exercée dans le but réel ou apparent d'obtenir un acte de nature sexuelle, que celui-ci soit recherché au profit de l'auteur des faits ou au profit d'un tiers.

Note • Cet article est issu de la loi 2012-954 du 6 août 2012 qui, à la suite de l'abrogation par le Conseil constitutionnel de l'article 222-33 c. pén. (C. constit. 4 mai 2012, n° 2012-240 QPC, JO 5) a rétabli le délit de harcèlement sexuel dans le code pénal et l'a redéfini dans le code pénal et le code du travail. La loi 2018-703 du 3 août 2018 (JO 5) a modifié la définition du harcèlement sexuel inscrite dans le code pénal en y ajoutant les propos ou comportements à connotation «sexiste» (art. 222-33 c. pén. rapporté dans les *Textes non codifiés*, rubrique «Santé et conditions de travail»).

La loi 2012-954 du 6 août 2012 étend aux personnes en formation ou en stage la protection contre les sanctions, les licenciements ou les mesures discriminatoires liées au harcèlement sexuel ou moral et réprime les discriminations commises dans le cadre du travail à la suite d'un harcèlement (voir ci-après L. 1153-3 et L. 1155-2 CT).

Les stagiaires en milieu professionnel bénéficient des protections et droits mentionnés à cet article dans les mêmes conditions que les salariés (art. L. 124-12 c. éduc.).

Voir aussi RDT, janvier 2018, CO, 12, «Le harcèlement sexuel dans les relations de travail, quels moyens pour quelles spécificités ?», M. Beckers et N. Chaignot Delage; SSL 2018 n° 1839, dossier spécial «Égalité salariale-Harcèlement sexuel, un pas en avant, un pas de côté»; JCP éd. S 2019, 1167, note P. Lagesse et V. Armillei, «Les enquêtes internes en cas de harcèlement: un nouveau défi après la loi Sapin 2 ?»; JCP éd. S 2019, 1072, note C. Leborgne-Ingelaere, «Harcèlement sexuel et agissements sexistes au travail: la sortie de l'immobilisme»; JCP éd. S 2019, 1074, note L. Lerouge, «Harcèlement sexuel au travail et droit comparé: comparaison des approches juridiques».

• **Faits de harcèlement sexuel.** L'atteinte à la dignité résulte de comportements ouvertement sexistes, grivois ou obscènes, qui peuvent prendre la forme de paroles ou d'écrits répétés constituant des provocations, des injures ou des diffamations, même non publiques, commises en raison du sexe ou de l'orientation ou de l'identité sexuelle de la victime. Quant aux situations intimidantes, hostiles ou offensantes, elles recouvrent tous les cas dans lesquels le comportement du harceleur rend les conditions de travail insupportables. Il en est ainsi, par exemple, lorsqu'une personne importune quotidiennement son ou sa collègue en lui adressant sans cesse des messages ou des objets à connotation sexuelle (circ. CRIM 2012-15 du 7 août 2012, § 1.1.1).

La caractérisation de faits de harcèlement sexuel en droit du travail, tels que définis à l'article L. 1153-1, 1° CT, ne suppose pas l'existence d'un élément intentionnel (cass. soc. 25 mars 2020, n° 18-23.682, à paraître, RJS 6/20 n° 277; JSL n° 499, 08.06.2020, pp. 8 et s., J-Ph. Lhernould; JCP éd. S 2020, 2048, note C. Leborgne-Ingelaere).

Les éléments suivants ne suffisaient pas à laisser présumer l'existence d'un harcèlement sexuel: deux SMS avaient été adressés à une salariée par son supérieur hiérarchique, avec lequel elle avait entretenu une liaison. En effet, ils ne démontraient que la «persistance nostalgique d'un attachement sentimental» de la part de celui-ci (cass. soc. 23 septembre 2015, n° 14-17.143). Un chef de service ne pouvait se voir reprocher des actes s'inscrivant dans le cadre de relations de familiarité réciproques (cass. soc. 10 juillet 2013, n° 12-11.787, JCP éd. S 2013, 1465, note C. Leborgne-Ingelaere). Voir aussi cass. soc. 8 juillet 2020, n° 18-24.320, à paraître, LS n° 18124 du 20.08.2020; JSL n° 505, 12.10.2020, pp. 18 et s., P. Prépin; RJS 11/20 n° 523, 2e espèce.

• **Acte unique assimilé à du harcèlement sexuel.** Il s'agit d'une forme de «chantage sexuel» qui peut être constitué d'un acte unique alors que le délit de harcèlement sexuel à proprement parler impose une répétition dans le comportement ou les propos. Ce chantage peut s'exercer lors d'un entretien d'embauche, à l'occasion d'une demande d'augmentation ou lorsqu'un ou une salariée craint de perdre son emploi. Selon l'administration, il n'est pas nécessaire que le harceleur cherche à obtenir une relation sexuelle. Il peut s'agir de tout acte de nature sexuelle, comme un simple contact physique destiné à assouvir un fantasme. Enfin, ce chantage a pour but réel «ou apparent» d'obtenir un acte de nature sexuelle. Cette précision vise à sanctionner les personnes qui agissent uniquement par jeu ou dans le seul but d'humilier la victime, sans avoir l'intention de passer à l'acte (circulaire précitée, § 1.1.2).

• **Agissements en dehors du temps et du lieu du travail.** Le fait pour un salarié d'abuser de son pouvoir hiérarchique dans le but d'obtenir des faveurs sexuelles constitue un harcèlement sexuel, même si les agissements ont lieu en dehors du temps et du lieu de travail (cass. soc. 11 janvier 2012, n° 10-12.930, BC V n° 9; RJS 3/12 n° 218; JCP éd. S 2012, 1283, note C. Leborgne-Ingelaere). Bien que survenus en dehors du travail, le salarié ne peut soutenir que ses agissements relèvent de sa vie personnelle lorsqu'ils ont été commis à l'encontre de personnes avec lesquelles il était en contact en raison de son travail (cass. soc. 19 octobre 2011, n° 09-72.672, BC V n° 236; RJS 1/12 n° 7).

Art. L. 1153-2

• Dispositions pénales

Dispositions applicables. Les sanctions des faits de harcèlement sexuel et de ceux qui y sont assimilés sont prévues uniquement dans le code pénal (art. 222-33 c. pén., modifié en dernier lieu par loi 2018-703 du 3 août 2018, JO 5), rapporté dans les *Textes non codifiés*, rubrique «Santé et conditions de travail». Des peines complémentaires peuvent être prononcées (art. 222-44 et 222-50-1 c. pén.).

Voir aussi circ. CRIM 2012-15/E8 du 7 août 2012 (BO complémentaire du ministère de la Justice du 23 août 2012), circ. CRIM 2018-10 du 3 septembre 2018 (présentation de la loi 2018-703 du 3 août 2018 renforçant la lutte contre les violences sexuelles et sexistes) et circulaire DGT 2012/14 du 12 novembre 2012.

Cas d'application. Pour la chambre criminelle de la Cour de cassation, la condamnation d'un salarié pour harcèlement sexuel est justifiée même s'il a mésestimé la portée de ses agissements, celui-ci ayant en connaissance de cause, imposé aux victimes, de façon répétée, des propos ou comportement à connotation sexuelle les ayant placées dans une situation intimidante, hostile ou offensante objectivement constatée (cass. crim. 18 novembre 2015, n° 14-85.591, B. crim. n° 259; LS Jurispr. n° 211 du 24.11.2015; RJS 2/16 n° 97).

L'employeur peut se constituer partie civile au procès pénal afin de demander réparation du préjudice subi, si celui-ci est personnel et direct (cass. crim. 14 novembre 2017, n° 16-85.161, B. crim. n° 252; JCP éd. S 2018, 1039, note C. Leborgne-Ingelaere; RJS 2/18 n° 95; JSL n° 447, 09.02.2018, pp. 18 et s., M. Hautefort; 4 septembre 2019, n° 18-83.480, RJS 12/19 n° 679; Dr. Soc. 2020, p. 169, étude R. Salomon).

Distinction avec l'outrage sexiste. La loi 2018-703 du 3 août 2018 (JO 5) a créé l'infraction de l'outrage sexiste (contravention) qui se distingue du harcèlement sexuel (délit) (art. 621-1 c. pén.; rapporté dans *Textes non codifiés*). L'outrage sexiste peut être caractérisé dans l'entreprise. En effet, le «Gouvernement n'a pas cantonné le champ d'application de cette (...) infraction aux propos et comportements dans l'espace public, afin de permettre la poursuite de ces faits notamment au travail» (rapport AN n° 398, p. 148). Elle ne vise donc pas seulement ce qui a été communément appelé le «harcèlement de rue».

Art. L. 1153-2. Aucun salarié, ***(L. 2012-954 du 6 août 2012, JO 7)*** «aucune personne en formation ou en stage, aucun candidat à un recrutement, à un stage ou à une formation» en entreprise ne peut être sanctionné, licencié ou faire l'objet d'une mesure discriminatoire, directe ou indirecte, notamment en matière de rémunération, de formation, de reclassement, d'affectation, de qualification, de classification, de promotion professionnelle, de mutation ou de renouvellement de contrat pour avoir subi ou refusé de subir ***(L. 2012-954 du 6 août 2012, JO 7)*** «des faits de harcèlement sexuel tels que définis à l'article L. 1153-1, y compris, dans le cas mentionné au 1° du même article, si les propos ou comportements n'ont pas été répétés.»

Note La salariée contre laquelle ont été engagées des poursuites disciplinaires à la suite des accusations de harcèlement sexuel qu'elle avait portées contre son chef de service a droit à des dommages-intérêts alors même qu'elle n'a fait l'objet d'aucune sanction (cass. soc. 27 janvier 1993, n° 91-45.777, BC V n° 26; RJS 4/93 n° 395).

Les juges du fond ne peuvent prononcer de manière automatique l'annulation d'un licenciement sans avoir préalablement constaté que la salariée avait été licenciée pour avoir subi ou refusé de subir des agissements de harcèlement (cass. soc. 20 avril 2005, n° 03-41.916, BC V n° 149; RJS 7/05 n° 707). Ayant constaté que les liens de subordination et a fortiori de tutorat inhérents à la formation que la salariée suivait, en contrat de professionnalisation, l'empêchant de quitter le cabinet sous peine de perdre également la possibilité d'obtenir son diplôme, l'avaient logiquement et naturellement retenue dans l'expression de ses plaintes jusqu'à la mise à pied conservatoire et qu'au demeurant, elle avait déclaré à l'officier de police lors de la plainte que lorsqu'elle avait voulu parler à l'employeur de ses propos, il lui avait répondu qu'elle devait «se décoincer», une cour d'appel a fait ressortir le lien entre les faits de harcèlement sexuel qu'elle constatait et le licenciement, justifiant ainsi légalement sa décision de prononcer la nullité de cette rupture (cass. soc. 25 mars 2020, n° 18-23.682, à paraître, RJS 6/20 n° 277).

Art. L. 1153-3. Aucun salarié, ***(L. 2012-954 du 6 août 2012, JO 7)*** «aucune personne en formation ou en stage» ne peut être sanctionné, licencié ou faire l'objet d'une mesure discriminatoire pour avoir témoigné ***(L. 2012-954 du 6 août 2012, JO 7)*** «de faits» de harcèlement sexuel ou pour les avoir relatés.

Note Sur la dénonciation de faits de harcèlement sexuel, et d'éventuelles poursuites pénales, voir note sous L. 1152-2 CT.

Art. L. 1153-4. Toute disposition ou tout acte contraire aux dispositions des articles L. 1153-1 à L. 1153-3 est nul.

Art. L. 1153-5. L'employeur prend toutes dispositions nécessaires en vue de prévenir les ***(L. 2012-954 du 6 août 2012, JO 7)*** «faits» de harcèlement sexuel ***(L. 2014-873 du 4 août 2014, art. 42, JO 5)*** «, d'y mettre un terme et de les sanctionner».

(Ord. 2014-699 du 26 juin 2014, art. 3, JO 27) «Dans les lieux de travail ainsi que dans les locaux ou à la porte des locaux où se fait l'embauche, les personnes mentionnées à l'article L. 1153-2 sont informées par tout moyen du texte de l'article 222-33 du code pénal ***(L. 2018-771 du 5 sept. 2018, art. 105, I, JO 6, entrée en vigueur au plus tard le 01.01.2019)*** «ainsi que des actions contentieuses civiles et pénales ouvertes en matière de harcèlement sexuel et des coordonnées des autorités et services compétents. La liste de ces services est définie par décret.»

Note • Le CSE peut proposer à l'employeur des actions de prévention en matière de harcèlement sexuel et moral (voir art. L. 2312-9 CT).

• L'obligation de prévention des risques professionnels, qui résulte de l'article L. 4121-1 CT et de l'article L. 4121-2 du même code est distincte de la prohibition des agissements de harcèlement moral instituée par l'article L. 1152-1 CT et des agissements de harcèlement sexuel instituée par l'article L. 1153-1 du même code et ne se confond pas avec elle. C'est à tort que, pour débouter la salariée de sa demande de dommages-intérêts pour manquement à l'obligation de sécurité, une cour d'appel a retenu que dès lors que les seules déclarations de la salariée ne sont pas suffisantes pour établir des faits permettant de présumer l'existence du harcèlement sexuel et que celle-ci n'établit pas l'existence de faits qui, pris dans leur ensemble, seraient de nature à faire présumer l'existence d'un harcèlement moral à son égard, il n'y a pas lieu d'examiner si un manquement de l'employeur à son obligation de sécurité est à l'origine de ce harcèlement sexuel et moral invoqué (cass. soc. 8 juillet 2020, n° 18-24.320, à paraître, LS n° 18124 du 20.08.2020; JSL n° 505, 12.10.2020, pp. 18 et s., P. Prépin; RJS 11/20 n° 523, 2e espèce). Voir aussi note sous article L. 1152-4 CT.

• Une cour d'appel, ayant constaté que les faits allégués de harcèlement sexuel par un autre salarié de l'entreprise auraient été commis en dehors de l'entreprise et du temps de travail et que la salariée n'en avait pas informé l'employeur, en a déduit à bon droit que ce dernier n'avait pas à mettre en œuvre l'obligation de prévention résultant de l'article L. 1153-5 CT (cass. soc. 14 octobre 2020, n° 19-13.168).

• Le ministère du Travail a diffusé le 8 mars 2019 un «guide pratique et juridique» pour lutter contre le harcèlement sexuel et les agissements sexistes (Guide «Harcèlement sexuel et agissements sexistes au travail: prévenir, agir, sanctionner», *www.travail.gouv.fr*).

Art. D. 1151-1. ***(D. 2019-15 du 8 janv. 2019, JO 9, entrée en vigueur le 01.01.2019)*** L'information prévue au second alinéa de l'article L. 1153-5 précise l'adresse et le numéro d'appel:

1° Du médecin du travail ou du service de santé au travail compétent pour l'établissement;

2° De l'inspection du travail compétente ainsi que le nom de l'inspecteur compétent;

3° Du Défenseur des droits;

4° Du référent prévu à l'article L. 1153-5-1 dans toute entreprise employant au moins deux cent cinquante salariés;

5° Du référent prévu à l'article L. 2314-1 lorsqu'un comité social et économique existe.

Art. L. 1153-5-1. ***(L. 2018-771 du 5 sept. 2018, art. 105, II, JO 6, entrée en vigueur au plus tard le 01.01.2019)*** Dans toute entreprise employant au moins deux cent cinquante salariés est désigné un référent chargé d'orienter, d'informer et d'accompagner les salariés en matière de lutte contre le harcèlement sexuel et les agissements sexistes.

Note Sur le référent en matière de lutte contre le harcèlement sexuel et les agissements sexistes désigné parmi les membres du comité social et économique, voir L. 2314-1 CT.

Art. L. 1153-6. Tout salarié ayant procédé à des ***(L. 2012-954 du 6 août 2012, JO 7)*** «faits» de harcèlement sexuel est passible d'une sanction disciplinaire.

Note **Sanctions disciplinaires.** Le harcèlement sexuel constitue nécessairement une faute grave (cass. soc. 5 mars 2002, n° 00-40.717, BC V n° 83; RJS 5/02 n° 528). Dans le même sens, voir aussi cass. soc. 14 septembre 2016, n° 15-14.630, LS Jurispr. n° 26 du 07.02.2017 et cass. soc. 27 mai 2020, n° 18-21.877, RJS 7/20 n° 344; JSL n° 503, 14.09.2020, pp. 25 et s., N. Farzam et Ch. Rodriguez.

Peu importe que les faits de harcèlement sexuel aient eu lieu hors du lieu et du temps de travail dès lors qu'ils concernent un(e) collègue de travail (cass. soc. 19 octobre 2011, n° 09-72.672, BC V n° 236; RJS 1/12 n° 7; JCP éd. S 2012, 1042, note B. Bossu). Peu importe également, la tolérance antérieure de l'employeur (cass. soc. 18 février 2014, n° 12-17.557, BC V n° 52; RJS 5/14 n° 387), lequel est tenu à une obligation légale en matière de protection de la santé et de la sécurité des travailleurs (voir note sous L. 1154-1 CT).

Sanctions pénales. Voir note sous L. 1153-1.

CHAPITRE IV Actions en justice

Art. L. 1154-1. Lorsque survient un litige relatif à l'application des articles L. 1152-1 à L. 1152-3 et L. 1153-1 à L. 1153-4, le candidat à un emploi, à un stage ou à une période de formation en entreprise ou le salarié ***(L. 2016-1088 du 8 août 2016, art. 3, JO 9)*** «présente des éléments de fait laissant supposer» l'existence d'un harcèlement.

Au vu de ces éléments, il incombe à la partie défenderesse de prouver que ces agissements ne sont pas constitutifs d'un tel harcèlement et que sa décision est justifiée par des éléments objectifs étrangers à tout harcèlement.

Le juge forme sa conviction après avoir ordonné, en cas de besoin, toutes les mesures d'instruction qu'il estime utiles.

Note • **Champ d'application.** Cet article n'est pas applicable en cas de litige relatif à la mise en cause par l'employeur d'un salarié auquel sont reprochés des agissements de harcèlement moral (cass. soc. 7 février 2012, n° 10-17.393, BC V n° 56; RJS 4/12 n° 301; 6 juin 2018, n° 16-26.490, JSL n° 457, 12.07.2018, p. 32).

• **Charge de la preuve.** Depuis le 10 août 2016 (date d'entrée en vigueur de la loi 2016-1088 du 8 août 2016 précitée), le salarié ou le candidat à un emploi, à un stage ou à une période de formation en entreprise qui estime être victime de harcèlement moral ou sexuel doit présenter au juge des «éléments de fait laissant supposer» l'existence d'un harcèlement. Il n'a plus à établir «des faits permettant de présumer d'un harcèlement» (voir *infra*).

L'existence d'un harcèlement moral ne doit pas être déduite de la seule violation par l'employeur de son obligation légale de sécurité, cela constituerait une violation du mécanisme probatoire prévu par L. 1154-1 CT (cass. soc. 20 décembre 2017, n° 16-21.302).

Il appartient au juge du fond d'apprécier les éléments de faits présentés par le salarié «dans leur ensemble». Si ceux-ci laissent supposer l'existence d'un harcèlement, il incombe à l'employeur de prouver que ces agissements ne sont pas constitutifs d'un tel harcèlement et que les mesures prises par lui sont justifiées par des éléments objectifs étrangers à tout harcèlement (cass. soc. 25 janvier 2011, n° 09-42.766, BC V n° 30; RJS 4/11 n° 314; 15 novembre 2011, n° 10-10.687, BC V n° 259; RJS 2/12 n° 173; 16 mai 2012, 2 arrêts, n°s 10-10.623 et 10-15.238, BC V n°s 149 et 154; RJS 7/12 n°s 609 et 621; 13 novembre 2014, n° 13-17.459; 2 juin 2016, n° 15-11.414). Voir aussi dans le même sens: cass. soc. 8 juillet 2020, n° 18-23.410, à paraître, JCP éd. S 2020, 2097, note C. Leborgne-Ingelaere; JSL n° 505, 12.10.2020, pp. 7 et s., J-Ph. Lhernould; RJS 11/20 n° 523, 1re espèce.

Les juges du fond apprécient souverainement si le salarié présente des faits laissant supposer l'existence d'un harcèlement et si l'employeur prouve que les agissements invoqués sont étrangers à tout harcèlement (cass. soc. 8 juin 2016, n° 14-13.418, BC V n° 128; RJS 8-9/16 n° 541; JSL n° 415, 5.09.2016, pp. 6 et s., Ph. Pacotte et G. Halimi; JCP éd. S 2016, 1262, note C. Leborgne-Ingelaere).

Lorsque le salarié produit des certificats médicaux, le juge doit les prendre en compte dans son appréciation globale (cass. soc. 6 juin 2012, n° 10-27.766, BC V n° 170; LS Jurispr. n° 122 du 26.06.2012; RJS 8-9/12 n° 679; JSL n° 327, 4.09.2012, p. 11, H K Gaba; Dr. Soc. 2012, p. 849, obs. Ch. Radé; 26 septembre 2012, n° 11-21.844, RJS 12/12 n° 914). Voir aussi cass. soc. 20 mars 2019, n° 17-27.854.

Pour des faits commis avant le 10 août 2016 et une instance en cours à cette date (date d'entrée en vigueur de la loi 2016-1088 du 8 août 2016 précitée), la Cour de cassation a affirmé que «les règles relatives à la charge de la preuve ne constituent pas des règles de procédure applicables aux instances en cours mais touchent le fond du droit». En conséquence de quoi, le harcèlement moral allégué devait en l'espèce être examiné au regard des dispositions de l'article L. 1154-1 CT dans sa rédaction antérieure à la loi précitée. En l'espèce, le harcèlement moral a été reconnu (cass. soc. 19 décembre 2018, n° 17-18.190, à paraître, LSQ n° 17730 du 10.01.2019; JCP éd. S 2019, 1049, note C. Leborgne-Ingelaere).

Moyens de preuve. La preuve d'un harcèlement sexuel peut être rapportée au moyen de messages téléphoniques écrits ou SMS (cass. soc. 23 mai 2007, n° 06-43.209, BC V n° 85; RDT, septembre 2007, CH, 530, R. de Quénaudon).

Les termes de la lettre de licenciement du supérieur hiérarchique auteur du harcèlement, celle-ci étant produite devant les juges par le salarié victime de ce harcèlement, peuvent permettre, comme en l'espèce, de faire supposer l'existence d'un harcèlement (cass. soc. 29 septembre 2011, n° 10-12.722, BC V n° 219; RJS 12/11 n° 934).

• **Indemnisation du salarié victime de harcèlement.** Le harcèlement moral, dès lors qu'il était constitué, causait nécessairement un préjudice (cass. soc. 6 mai 2014, n° 12-25.253, LS Jurispr. n° 92 du 20.05.2014; RJS 7/14 n° 540). La Cour de cassation a adopté un principe général suivant lequel l'existence d'un préjudice et l'évaluation de celui-ci relèvent du pouvoir souverain d'appréciation des juges du fond. Dès lors, si le salarié n'apporte pas la preuve de son préjudice, l'employeur n'est pas condamné à lui verser des dommages-intérêts (cass. soc. 13 avril 2016, n° 14-28.293, BC V n° 72; RJS 6/16 n° 423 et 7/16, pp. 491 et s., chron. J. Mouly; JCP éd. S 2016, 1213, note G. Turpin; JSL n° 411, 10.06.2016, pp. 9 et s., A. Dejean de La Bâtie). Reste à savoir si la Cour de cassation appliquera ce principe général au cas du harcèlement ou si elle établira une exception dans cette situation.

Les obligations des travailleurs dans le domaine de la sécurité et de la santé morale au travail (voir art. L. 4122-1 CT) n'affectent pas le principe de responsabilité de l'employeur. Le montant des dommages-intérêts alloués en réparation du préjudice subi du fait des agissements de harcèlement moral ne doit donc pas être limité pour tenir compte du fait que le salarié a pu contribuer par son propre comportement à la dégradation des conditions de travail (cass. soc. 13 juin 2019, n° 18-11.115, LS n° 17844 du 27.06.2019; RJS 10/19 n° 552; JSL n° 483, 14.10.2019, pp. 12 et s., J-Ph. Lhernould).

Sur l'indemnisation du salarié en cas de non-respect par l'employeur de son obligation légale de sécurité, voir note sous L. 1152-4 CT.

Art. L. 1154-2. Les organisations syndicales représentatives dans l'entreprise peuvent exercer en justice toutes les actions résultant des articles L. 1152-1 à L. 1152-3 et L. 1153-1 à L. 1153-4.

Elles peuvent exercer ces actions en faveur d'un salarié de l'entreprise dans les conditions prévues par l'article L. 1154-1, sous réserve de justifier d'un accord écrit de l'intéressé.

L'intéressé peut toujours intervenir à l'instance engagée par le syndicat et y mettre fin à tout moment.

CHAPITRE V Dispositions pénales

Art. L. 1155-1. Le fait de porter ou de tenter de porter atteinte à l'exercice régulier des fonctions de médiateur, prévu à l'article L. 1152-6, est puni d'un emprisonnement d'un an et d'une amende de 3750 €.

Art. L. 1155-2. ***(L. 2012-954 du 6 août 2012, JO 7)*** «Sont punis d'un an d'emprisonnement et d'une amende de 3750 € les faits de discriminations commis à la suite d'un harcèlement moral ou sexuel définis aux articles L. 1152-2, L. 1153-2 et L. 1153-3 du présent code.»

La juridiction peut également ordonner, à titre de peine complémentaire, l'affichage du jugement aux frais de la personne condamnée dans les conditions prévues à l'article 131-35 du code pénal et son insertion, intégrale ou par extraits, dans les journaux qu'elle désigne. Ces frais ne peuvent excéder le montant maximum de l'amende encourue.

TITRE VI CORRUPTION

Note Ce titre a été introduit par la loi 2007-1598 du 13 novembre 2007, JO 14.

CHAPITRE UNIQUE

Note L'article L. 1161-1 qui figurait dans ce chapitre a été abrogé par la loi 2016-1691 du 9 décembre 2016, art. 15, JO 10. Sur la protection des lanceurs d'alerte, voir note sous L. 1132-3-3.

LIVRE II

LE CONTRAT DE TRAVAIL

TITRE Ier CHAMP D'APPLICATION

CHAPITRE UNIQUE

Art. L. 1211-1. Les dispositions du présent livre sont applicables aux employeurs de droit privé ainsi qu'à leurs salariés.

Elles sont également applicables au personnel des personnes publiques employé dans les conditions du droit privé, sous réserve des dispositions particulières ayant le même objet résultant du statut qui régit ce personnel.

TITRE II FORMATION ET EXÉCUTION DU CONTRAT DE TRAVAIL

CHAPITRE Ier Formation du contrat de travail

SECTION 1. Dispositions générales

Art. L. 1221-1. Le contrat de travail est soumis aux règles du droit commun. Il peut être établi selon les formes que les parties contractantes décident d'adopter.

Note • **Notion de contrat de travail.** L'article L. 1221-1 CT ne définit pas le contrat de travail. La jurisprudence a dû pallier la carence du législateur.

Lien de subordination. Pour qu'un contrat soit qualifié de contrat de travail, il faut qu'une personne (le salarié) accepte de fournir une prestation de travail au profit d'une autre personne (l'employeur) en se plaçant dans un état de subordination juridique vis-à-vis de cette dernière.

La Cour de cassation a donné une définition du lien de subordination: «Le lien de subordination est caractérisé par l'exécution d'un travail sous l'autorité d'un employeur qui a le pouvoir de donner des ordres et des directives, d'en contrôler l'exécution et de sanctionner les manquements de son subordonné» (cass. soc. 13 novembre 1996, n° 94-13.187, BC V n° 386; RJS 12/96 n° 1320). Cette définition a été reprise dans des arrêts ultérieurs: notamment cass. soc. 23 avril 1997, n° 94-40.909, BC V n° 142; RJS 6/97 n° 645; 15 octobre 1998, n° 96-42.012, RJS 11/98 n° 1343, 1re espèce; 29 avril 2009, n° 07-45.509, RJS 7/09 n° 597. En outre, la Cour de cassation a énoncé que l'existence d'une relation de travail ne dépend ni de la volonté exprimée par les parties ni de la dénomination qu'elles ont donnée à leur convention, mais des conditions de fait dans lesquelles est exercée l'activité des travailleurs. C'est sur le fondement de ce principe que la Cour a notamment jugé que, dans la mesure où l'accomplissement effectif du travail dans les conditions prévues par un contrat de location de taxi plaçait le «locataire» dans un état de subordination à l'égard du «loueur», sous l'apparence de ce contrat était en fait dissimulée l'existence d'un contrat de travail (cass. soc. 19 décembre 2000, n° 98-40.572, BC V n° 437; RJS 3/01 n° 275; voir aussi cass. soc. 1er décembre 2005, n° 05-43.031, BC V n° 349; JSL n° 181, 17.01.2006, p. 17, M-Ch. Haller; RJS 2/06 n° 147; 30 novembre 2011, n° 11-10.688, RJS 2/12 n° 95; 18 mars 2016, n° 14-28.987).

De même, le règlement dit «participants» à une émission de télévision n'exclut pas l'existence d'un contrat de travail dès lors qu'est caractérisée une prestation de travail exécutée sous la subordination de la société de production, et ayant pour objet la production d'un bien ayant une valeur économique, prestation consistant pour les participants, pendant un temps et dans un lieu sans rapport avec le déroulement habituel de leur vie personnelle, à prendre part à des activités imposées, ce qui la distingue du seul enregistrement de leur vie quotidienne (cass. soc. 25 juin 2013, n° 12-13.968, BC V n° 165; JSL n° 350, 26.09.2013, p. 16, F. Lalanne; RJS 10/13 n° 649, 2e espèce; JCP éd. S 2013, 1386, note Th. Lahalle; voir aussi cass. soc. 3 juin 2009, n° 08-40.981, BC V n° 141; Dr. Soc. 2009, p. 780, D. Allix et obs. J-J D; RDT, septembre 2009, CH, 507, G. Auzero; JSL n° 258, 30.06.2009, p. 9, M. Hautefort; 4 avril 2012, n° 10-28.818, RJS 6/12 n° 517; cass. civ., 1re ch., 24 avril 2013, n° 11-19.091, BC I n° 83; JCP éd. S 2013, 1191, avis O. Falletti; RJS 7/13 n° 566).

Par ailleurs, lorsqu'un joueur de rugby amateur est tenu, sous peine de sanctions, conformément au règlement interne du club et la charte des droits et des devoirs du joueur, de participer aux activités sportives, de suivre les consignes données lors des entraînements et de respecter le règlement du club, et perçoit des sommes en contrepartie du temps passé dans les entraînements et les matches, la convention liant le club au joueur est un contrat de travail, peu important que ce dernier exerce en parallèle une activité professionnelle à temps complet (cass. soc. 28 avril 2011, n° 10-15.573, BC V n° 100; RDT, juin 2011, CH, 370, G. Auzero; RJS 7/11 n° 571; JCP éd. S 2011, 1362, note C. Puigelier; voir aussi cass. soc. 23 janvier 1997, n° 94-40.099, RJS 3/97 n° 245, s'agissant d'un joueur de hockey sur glace).

Contrat de travail et plateforme de mise en relation par voie électronique. Voir cass. soc. 28 novembre 2018, n° 17-20.079, à paraître et cass. soc. 4 mars 2020, n° 19-13.316, à paraître, cités sous l'article L. 8221-6.

Contrat de travail et communauté religieuse. Si les ecclésiastiques ne sont pas, en général, considérés comme les salariés des congrégations auxquelles ils appartiennent (cass. ass. plén. 8 janvier 1993, n° 87-20.036, BC n° 2; RJS 2/93 n° 180; voir aussi, s'agissant des pasteurs des églises et œuvres cultuelles relevant de la Fédération protestante de France, cass. soc. 12 juillet 2005, n° 03-43.354, BC V n° 243; RJS 11/05 n° 1069; 28 avril 2011, n° 09-72.721), les autres personnes participant aux activités d'une communauté seront considérées comme salariés si les critères habituels du contrat de travail sont réunis; la nature spirituelle de leur engagement n'est pas prise en compte (cass. soc. 29 octobre 2008, n° 07-44.766, BC V n° 206; RJS 1/09 n° 1). Par ailleurs, l'engagement religieux d'une personne n'est susceptible d'exclure l'existence d'un contrat de travail que pour les activités qu'elle accomplit pour le compte et au bénéfice d'une congrégation ou d'une association cultuelle légalement établie (cass. soc. 20 janvier 2010, n° 08-42.207, BC V n° 15; JSL n° 272, 25.02.2010, p. 20, J-E Tourreil; RDT, mars 2010, CH, 162, J. Couard; RJS 4/10 n° 303; JCP éd. S 2010, 1137, note G. Vachet; Dr. Soc. 2010, p. 623, J. Savatier: possibilité d'un contrat de travail entre une religieuse et une association privée de fidèles).

Contrat de travail et contrat de collaboration libérale. Si, en principe, la clientèle personnelle est exclusive du salariat, le traitement d'un nombre dérisoire de dossiers propres à l'avocat lié à un cabinet par un contrat de collaboration ne fait pas obstacle à la qualification de ce contrat en contrat de travail lorsqu'il est établi que cette situation n'est pas de son fait mais que les conditions d'exercice de son activité ne lui ont pas permis de développer effectivement une clientèle personnelle (cass. civ., 1re ch., 14 mai 2009, n° 08-12.966, BC I n° 90; Dr. Soc. 2009, p. 1195, J. Barthélémy; cass. soc. 11 juillet 2012, n° 11-13.809, JSL n° 330, 25.10.2012, p. 30; voir aussi cass. crim. 15 mars 2016, n° 14-85.328, B. crim. n° 77; JCP éd. S 2016, 1184, note Fr. Duquesne). Pour des exemples de développement d'une clientèle personnelle, voir cass. soc. 5 mai 2011, n° 10-10.818, JSL n° 302, 30.06.2011, p. 27; 9 octobre 2013, n° 12-23.718, BC V n° 225; RJS 12/13 n° 856; cass. civ., 1re ch., 9 décembre 2015, n° 14-28.237, BC I n° 311. Voir aussi C. Tétard-Blanquart, «Le contrat de collaboration libérale a-t-il un avenir au sein de la profession d'avocat ?», JCP éd. S 2012, 1355.

En outre, la Cour de cassation a précisé qu'un avocat ne pouvant exercer sa profession dans le cadre d'un contrat de travail le liant à une personne physique ou morale autre qu'un avocat, une association ou une société d'avocats, le juge ne peut, par l'effet d'une requalification des relations contractuelles, conclure, en dehors de ces hypothèses, à l'existence d'un contrat de travail (cass. soc. 16 septembre 2015, n° 14-17.842, BC V n° 155; RJS 11/15 n° 736; JCP éd. S 2015, 1405, note H. Guyot; RDT, novembre 2015, CH, 682, L. Bento de Carvalho).

Contrat de travail et mandat social. Il est toujours possible de cumuler un contrat de travail et un mandat social dans deux entreprises différentes (cass. soc. 25 février 1988, n° 84-42.219, BC V n° 136).

Dans une même entreprise, le cumul est possible à condition que le salarié exerce des fonctions techniques distinctes du mandat social, dans un lien de subordination et moyennant une rémunération distincte de celle versée au titre du mandat (voir notamment cass. soc. 14 mai 1998, n° 96-40.693, BC V n° 52; 30 octobre 2001, n° 99-44.425, RJS 2/02 n° 234; 25 octobre 2011, n° 10-18.327, RJS 1/12 n° 85, 3e espèce; pour un exemple d'absence de lien de subordination, voir aussi cass. soc. 16 janvier 2019, n° 17-12.749, à paraître, LS Jurispr. n° 19 du 29.01.2019; JCP éd. S 2019, 1047, note Th. Lahalle; RDT, mars 2019, CH, 180, G. Auzero; RJS 4/19 n° 259).

Dans les sociétés anonymes, un membre du conseil d'administration en fonction ne peut pas devenir salarié de l'entreprise (art. L. 225-44 c. com.), sauf dans les sociétés de moins de 250 salariés (art. L. 225-21-1 c. com. issu de la loi 2012-387 du 22 mars 2012, JO 23); en revanche, un salarié peut devenir membre du conseil d'administration sans perdre le bénéfice de son contrat (art. L. 225-22 c. com.). Par ailleurs, les membres du directoire et du conseil de surveillance peuvent exercer des fonctions salariées dans l'entreprise (art. L. 225-61 et L. 225-85 c. com.)

Dans les sociétés à responsabilité limitée, un gérant majoritaire ne peut pas être salarié de l'entreprise (cass. soc. 8 octobre 1980, n° 79-12.125, BC V n° 174; 31 mars 1982, n° 81-10.448, BC V n° 238) alors qu'un gérant minoritaire peut l'être (cass. soc. 16 mai 1990, n° 86-42.681, BC V n° 227). S'agissant des gérants égalitaires, voir J-C Pagnucco, «Retour sur la possibilité pour le gérant égalitaire de SARL de cumuler mandat social et contrat de travail», RDT, juillet/août 2011, CH, 433.

S'agissant des sociétés en nom collectif, un associé ne peut pas être lié à la société par un contrat de travail (cass. soc. 14 octobre 2015, n° 14-10.960, BC V n° 190; JCP éd. S 2015, 1449, note D. Chenu; RJS 12/15 n° 817; RDT, février 2016, CH, 94, S. Ranc).

En l'absence de convention contraire, le contrat de travail d'un salarié devenu mandataire social et qui a cessé d'être lié à la société par un lien de subordination est suspendu pendant la durée du mandat social (cass. soc. 14 juin 2005, n° 02-47.320, BC V n° 201; RJS 8-9/05 n° 915; 22 septembre 2011, n° 09-72.637, JCP éd. S 2011, 1499, note C. Puigelier). Seule l'existence d'une novation permet de considérer que le contrat de travail n'a pas été suspendu pendant l'exercice du mandat social, mais a disparu avec tous ses effets (cass. soc. 8 octobre 2003, n° 01-43.556, BC V n° 253; RJS 12/03 n° 1447; 9 mai 2012, n° 11-23.299, RJS 7/12 n° 659; pour un exemple de novation, voir cass. soc. 29 septembre 2009, n° 08-44.475, RJS 12/09 n° 984).

Contrat de travail et emploi dans la fonction publique. Un fonctionnaire peut cumuler les qualités de fonctionnaire et de salarié; le fonctionnaire mis à la disposition d'un organisme de droit privé et qui accomplit un travail pour le compte de celui-ci dans un rapport de subordination se trouve lié à cet organisme par un contrat de travail (cass. ass. plén. 20 décembre 1996, n° 92-40.641, BC n° 10; RJS 3/97 n° 244; cass. soc. 1er juillet 1998, n° 96-17.076,

BC V n° 356; RJS 8-9/98 n° 1033 : enseignant recruté par l'État, mis à la disposition d'un organisme de droit privé; 27 juin 2000, n° 97-43.536, BC V n° 251; RJS 9-10/00 n° 1016; 13 mars 2001, n°s 99-40.139 et 99-40.154, BC V n° 91; RJS 6/01 n° 800). De façon générale, un fonctionnaire ou un agent public, mis à la disposition d'un organisme de droit privé pour accomplir un travail pour le compte de celui-ci et sous sa direction, est lié à cet organisme par un contrat de travail (cass. soc. 15 juin 2010, n°s 09-69.453 et 08-44.238, BC V n°s 139 et 133; RJS 8-9/10 n° 706). Des dispositions législatives peuvent déroger à ce principe (cass. soc. 29 septembre 2014, n° 13-11.191, BC V n° 211; RJS 12/14 n° 898).

À noter que le fonctionnaire ou l'agent public mis en disponibilité est, dans ses rapports avec l'organisme de droit privé au sein duquel il exerce son activité, régi par les dispositions générales applicables au contrat de travail (cass. soc. 6 mai 2009, n° 07-44.449, BC V n° 124; JCP éd. S 2009, 1388, note Fr. Dumont).

Contrat de travail et convention de stage. Si les juges peuvent requalifier en contrat de travail une convention de stage, l'accomplissement de tâches professionnelles sous l'autorité de l'entreprise d'accueil n'entraîne pas à lui seul une telle requalification; celle-ci ne peut intervenir que si les conditions requises par la convention de stage en entreprise n'avaient pas été remplies (cass. soc. 17 octobre 2000, n° 98-40.986, BC V n° 336; RJS 12/00 n° 1214). Le dépassement du terme, décidé d'un commun accord, d'une convention de stage ne modifie pas le rapport fondamental de maître à élève et n'entraîne pas la requalification de la convention de stage en contrat de travail (cass. soc. 14 novembre 2000, n° 98-42.551, RJS 2/01 n° 157).

Se rend coupable du délit d'obtention abusive, de la part d'une personne en situation de dépendance, de services insuffisamment rétribués par rapport au travail accompli le directeur d'un hôtel qui a employé, dans le cadre d'un stage obligatoire, trois personnes, sept nuits sur sept, en contrepartie d'une faible rémunération (cass. crim. 3 décembre 2002, n° 02-81.453, B. crim. n° 215; RJS 3/03 n° 373).

Sur les stages en entreprise ne relevant ni de la formation professionnelle tout au long de la vie ni de l'article L. 4153-1 CT, voir articles L. 124-1 à 20, D. 124-1 à 9 et R. 124-1 à 13 c. éduc. rapportés dans les *Textes non codifiés*.

Contrat de travail et bénévolat. Si, dans le cadre d'une association, les membres adhérents de celle-ci peuvent accomplir, sous l'autorité du président de l'association ou de son délégataire, un travail destiné à la réalisation de l'objet social, en ne percevant, le cas échéant, que le strict remboursement des frais exposés par eux, et ceci sans relever des dispositions du code du travail, la seule signature d'un contrat dit «de bénévolat» entre une association et une personne n'ayant pas la qualité de sociétaire n'exclut pas l'existence d'un contrat de travail, dès l'instant que les conditions en sont remplies (cass. soc. 29 janvier 2002, n° 99-42.697, BC V n° 38; RJS 4/02 n° 387).

Salarié mis à disposition d'un comité d'entreprise. Un agent d'une entreprise mis à la disposition d'un comité d'entreprise pour y accomplir un travail pour le compte de ce dernier et sous sa direction est lié par un contrat de travail à cet organisme, lequel a dès lors la qualité d'employeur (cass. soc. 23 mars 2016, n° 14-14.811, BC V n° 56; JCP éd. S 2016, 1186, note É. Mialhe et Fr. Broud; JSL n° 409, 06.05.2016, p. 21; RJS 6/16 n° 430).

Travailleurs handicapés [ESAT (ex-CAT)]. Les personnes admises, en raison de leur handicap, dans un ESAT (Établissement et service d'aide par le travail), par décision de la Commission des droits et de l'autonomie des personnes handicapées, ne sont pas liées à cet établissement par un contrat de travail (cass. soc. 6 février 2013, n° 11-14.424, RJS 4/13 n° 330).

À noter, toutefois, que la CJUE a énoncé que la notion de «travailleur» au sens de l'article 7 de la directive 2003/88/CE du Parlement européen et du Conseil, du 4 novembre 2003, concernant certains aspects de l'aménagement du temps de travail et de l'article 31, § 2, de la charte des droits fondamentaux de l'Union européenne, peut englober une personne admise dans un centre d'aide par le travail (CJUE 26 mars 2015, aff. C-316/13, RJS 8-9/15, p. 505, chron., A. Gardin; RDT, Juillet/Août 2015, CH, 469, Fl. Canut).

Personnes incarcérées. Il résulte de l'article 717-3 c. proc. pén. que les relations de travail des personnes incarcérées ne font pas l'objet d'un contrat de travail. Cette disposition a été jugée conforme à la Constitution (C. constit. 14 juin 2013, n° 2013-320/321 QPC, JO 16; RJS 8-9/13 n° 582; JSL n° 348, 25.07.2013, p. 23; RDT, septembre 2013, CH, 565, C. Wolmark; voir aussi C. constit. 25 septembre 2015, n° 2015-485 QPC, JO 27; LSQ n° 16923 du 29.09.2015; JSL n° 397, 9.11.2015, p. 23). Voir M. Harbonnier, «Le travail en prison et le droit du travail», JCP éd. S 2013, 1342; Ph. Auvergnon, «Travail en prison: le combat continue !», Dr. Soc. 2016, p. 64; V. Champeil-Desplats, «Retour sur la case " prison ": le Conseil constitutionnel, un monde à part ?», RDT, novembre 2016, ET, 611; Ph. Auvergnon, M. Crétenot, N. Ferran et C. Wolmark, «Proposition pour un statut juridique du détenu travailleur», Dr. Soc. 2019, p. 1075.

• **Preuve de l'existence d'un contrat.** La preuve de l'existence et de l'exécution d'un contrat de travail incombe à la partie demanderesse (cass. soc. 3 juillet 1991, n° 88-40.107). En présence d'un contrat de travail apparent, il incombe à celui qui invoque son caractère fictif d'en rapporter la preuve (cass. soc. 18 décembre 2000, n° 98-41.178, BC V n° 425; 10 mai 2012, n° 11-18.681, BC V n° 136; RJS 7/12 n° 607; JCP éd. S 2012, 1294, note C. Puigelier; 6 juillet 2016, n° 15-14.971; 21 octobre 2020, n° 19-16.855).

La reconnaissance de l'existence d'un contrat de travail est un droit exclusivement attaché à la personne de celui qui se prétend salarié (cass. soc. 24 avril 2013, n° 11-19.737; voir aussi cass. soc. 13 juillet 2004, n° 02-43.444, BC V n° 217; RJS 11/04 n° 1184).

• **Formalisme du contrat.** Doivent notamment être constatés par écrit le contrat à durée déterminée, le contrat de travail temporaire, le contrat de travail à temps partiel, le contrat de travail intermittent, le contrat d'apprentissage, le contrat de professionnalisation, le contrat du médecin du travail et les contrats conclus par un groupement d'employeurs.

À noter qu'en présence d'un contrat de travail écrit, il appartient à celui qui en conteste la réalité de rapporter la preuve de son caractère fictif (voir notamment cass. soc. 10 avril 2013, n° 12-12.994; 12 janvier 2016, n° 14-27.071).

• Voir aussi E. Lederlin, «Le travail numérique à l'épreuve du droit social: l'appréciation du lien de subordination selon le principe de réalité», JCP éd. S 2015, 1415; T. Pasquier, «Sens et limites de la qualification de contrat de travail», RDT, février 2017, ET, 95.

• **Promesse d'embauche.** La Cour de cassation, revenant sur sa jurisprudence antérieure, distingue désormais l'offre de contrat de travail et la promesse unilatérale de contrat de travail (cass. soc. 21 septembre 2017, 2 arrêts, n°s 16-20.103 et 16-20.104, BC V n° 148; LSQ n° 17415 du 29.09.2017; JCP éd. S 2017, 1356, note G. Loiseau; JSL n° 441, 8.11.2017, p. 4, M. Hautefort; RJS 12/17, n° 776 et chron. p. 859, J. Mouly; voir aussi R. Vatinet, «Offre et promesse de contrat de travail: le coup du chapeau», Dr. Soc. 2018, p. 170; Y. Pagnerre, «Libres propos prospectifs sur la formation du contrat de travail», Dr. Soc. 2018, p. 175).

Ainsi, d'une part, l'acte par lequel un employeur propose un engagement précisant l'emploi, la rémunération et la date d'entrée en fonction et exprime la volonté de son auteur d'être lié en cas d'acceptation, constitue une offre de contrat de travail, qui peut être librement rétractée tant qu'elle n'est pas parvenue à son destinataire; la rétractation de l'offre avant l'expiration du délai fixé par son auteur ou, à défaut, l'issue d'un délai raisonnable, fait obstacle à la conclusion du contrat de travail et engage la responsabilité extra-contractuelle de son auteur.

D'autre part, la promesse unilatérale de contrat de travail est le contrat par lequel une partie, le promettant, accorde à l'autre, le bénéficiaire, le droit d'opter pour la conclusion d'un contrat de travail, dont l'emploi, la rémunération et la date d'entrée en fonction sont déterminés, et pour la formation duquel ne manque que le consentement du bénéficiaire; la révocation de la promesse pendant le temps laissé au bénéficiaire pour opter n'empêche pas la formation du contrat de travail promis.

• **Coemploi.** La Cour de cassation jugeait que, hors l'existence d'un lien de subordination, une société faisant partie d'un groupe ne peut être considérée comme un coemployeur, à l'égard du personnel employé par une autre, que s'il existe entre elles, au-delà de la nécessaire coordination des actions économiques entre les sociétés appartenant à un même groupe et de l'état de domination économique que cette appartenance peut engendrer, une confusion d'intérêts, d'activités et de direction se manifestant par une immixtion dans la gestion économique et sociale de cette dernière (cass. soc. 2 juillet 2014, n° 13-15.208, BC V n° 159; JCP éd. S 2014, 1311, 1re espèce, note G. Loiseau; JSL n° 372, 23.09.2014, p. 8, A. Boulanger, D. Liault et Fr. Kessler; RJS 10/14 n° 662; RDT, octobre 2014, CH, 625, M. Kocher; 10 décembre 2015, n° 14-19.316, BC V n° 252; RJS 2/16 n° 92; JSL n° 403, 08.02.2016, p. 14, H. Tissandier; 6 juillet 2016, n° 14-27.266, BC V n° 146; RJS 10/16 n° 609, 1re espèce; JSL n° 416, 23.09.2016, p. 7, H. Tissandier; RDT, septembre 2016, CH, 560, S. Vernac; JCP éd. S 2016, 1317, 1re espèce, étude G. Loiseau; 7 mars 2017, n° 15-16.865, BC V n° 39; RDT, avril 2017, CH, 256, G. Auzero; JCP éd. S 2017, 1174, note Y. Pagnerre; RJS 5/17 n° 311; 9 octobre 2019, n° 17-28.150, à paraître, RJS 12/19 n° 671; JCP éd. S 2019, 1346, note D. Chenu).

Le coemploi implique désormais une immixtion permanente dans la gestion économique et sociale de la société, conduisant à la perte totale d'autonomie d'action de cette dernière (cass. soc. 25 novembre 2020, n° 18-13.769, à paraître, LS n° 18196 du 03.12.2020).

Sur le coemploi, voir notamment G. Auzero, «Coemploi: en finir avec les approximations !», RDT, janvier 2016, ET, 27; Y. Pagnerre, «Regard historique sur le co-emploi», Dr. Soc. 2016, p. 550; Y. Pagnerre, «Le coemploi, une exception française ?», JCP éd. S 2017, 1188; M. Lafargue, «Au cœur des paradoxes, le coemploi», JCP éd. S 2018, 1253.

Art. L. 1221-2. ***(L. 2008-596 du 25 juin 2008, JO 26)*** «Le contrat de travail à durée indéterminée est la forme normale et générale de la relation de travail.»

Toutefois, ***(L. 2008-596 du 25 juin 2008, JO 26)*** «le contrat de travail peut» comporter un terme fixé avec précision dès sa conclusion ou résultant de la réalisation de l'objet pour lequel il est conclu dans les cas et dans les conditions mentionnés au titre IV relatif au contrat de travail à durée déterminée.

Art. L. 1221-3. Le contrat de travail établi par écrit est rédigé en français.

Lorsque l'emploi qui fait l'objet du contrat ne peut être désigné que par un terme étranger sans correspondant en français, le contrat de travail comporte une explication en français du terme étranger.

Lorsque le salarié est étranger et le contrat constaté par écrit, une traduction du contrat est rédigée, à la demande du salarié, dans la langue de ce dernier. Les deux textes font également foi en justice. En cas de discordance entre les deux textes, seul le texte rédigé dans la langue du salarié étranger peut être invoqué contre ce dernier.

L'employeur ne peut se prévaloir à l'encontre du salarié auquel elles feraient grief des clauses d'un contrat de travail conclu en méconnaissance du présent article.

Note • La directive communautaire du 14 octobre 1991, transposée en droit français par le décret 94-761 du 31 août 1994 (JO 2 sept.), faisait obligation aux États membres d'adopter, avant le 1er juillet 1993, les dispositions législatives, réglementaires et administratives nécessaires pour sa mise en application ou de s'assurer que les partenaires sociaux ont mis en place les dispositions nécessaires par voie d'accord (directive 91/533/CEE du 14 octobre 1991, JOCE L 288 du 18.10.1991, art. 9). Elle faisait notamment obligation à l'employeur de remettre au salarié, lié par un contrat à durée indéterminée ou à durée déterminée, dans les deux mois suivant la date d'embauche, un ou plusieurs documents écrits (contrat de travail écrit, lettre d'engagement ou autres documents écrits) comportant des éléments d'information sur les éléments essentiels du contrat.

L'information porte au moins sur les éléments suivants :
- l'identité des parties ;
- le lieu de travail. À défaut de lieu de travail fixe ou prédominant, le principe que le travailleur est occupé à divers endroits ainsi que le siège ou, le cas échéant, le domicile de l'employeur ;
- le titre, le grade, la qualité ou la catégorie d'emploi en lesquels le travailleur est occupé, ou la caractérisation ou la description sommaire du travail ;
- la date de début du contrat ou de la relation de travail ;
- s'il s'agit d'un contrat ou d'une relation de travail temporaire, la durée prévisible du contrat ou de la relation de travail ;
- la durée du congé payé auquel le travailleur a droit ou, si cette indication est impossible au moment de la délivrance de l'information, les modalités d'attribution et de détermination de ce congé ;
- la durée des délais de préavis à observer par l'employeur et le travailleur en cas de cessation du contrat ou de la relation de travail, ou, si cette indication est impossible au moment de la délivrance de l'information, les modalités de détermination de ces délais de préavis ;
- le montant de base initial, les autres éléments constitutifs ainsi que la périodicité de versement de la rémunération à laquelle le travailleur a droit ;
- la durée de travail journalière ou hebdomadaire normale du travailleur ;
- le cas échéant, la mention des conventions collectives et/ou accords collectifs régissant les conditions de travail du travailleur ou, s'il s'agit de conventions collectives conclues en dehors de l'entreprise par des organes ou institutions paritaires particuliers, la mention de l'organe compétent ou de l'institution paritaire compétente au sein duquel/de laquelle elles ont été conclues.

À noter l'adoption de la directive (UE) 2019/1152 du 20 juin 2019 relative à des conditions de travail transparentes et prévisibles dans l'Union européenne, abrogeant la directive 91/533/CEE à compter du 01.08.2022 (JOUE L 186 du 11.07.2019, entrée en vigueur le 31.07.2019 et transposition par les États membres au plus tard le 01.08.2022).

• Une circulaire du Premier ministre en date du 19 mars 1996 (JO 20) précise que c'est le lieu de conclusion et non celui de l'exécution du contrat qui importe : un contrat conclu sur le territoire français doit être rédigé en français, même s'il est exécuté à l'étranger ; inversement, un contrat signé à l'étranger n'est pas assujetti à cet article, même s'il doit être exécuté totalement ou partiellement sur le territoire français.

• S'agissant des contrats de travail à caractère transfrontalier, la CJUE a jugé qu'enfreint le principe de libre circulation des travailleurs une réglementation d'un État membre imposant à tout employeur ayant son siège d'exploitation sur son territoire de rédiger ces contrats exclusivement dans la langue officielle de cet État, sous peine de nullité relevée d'office par le juge (CJUE 16 avril 2013, aff. C-202/11, LSQ n° 16332 du 23.04.2013 ; JSL n° 344, 30.05.2013, p. 8, J-E Tourreil ; JCP éd. S 2013, 1278, note J. Cavallini ; RJS 7/13, p. 439 (I. A.) chron. J-Ph. Lhernould). Voir aussi S. Tournaux, «Chronique d'actualité du régime juridique du contrat de travail», Dr. Soc. 2013, p. 576.

Art. L. 1221-4. Les procédures d'enchères électroniques inversées étant interdites en matière de fixation du salaire, tout contrat de travail stipulant un salaire fixé à l'issue d'une telle procédure est nul de plein droit.

Art. L. 1221-5. Toute clause attributive de juridiction incluse dans un contrat de travail est nulle et de nul effet.

Note • **Droit interne.** Les clauses attributives de juridiction dans un contrat de travail sont prohibées de façon absolue (cass. soc. 25 mars 1963, BC IV n° 293), sans qu'il y ait de distinction à opérer suivant qu'elles portent sur la nature ou sur le siège de la juridiction choisie (cass. soc. 9 mai 1962, BC IV n° 420).

Sur l'inapplicabilité d'une clause compromissoire, voir note sous l'article L. 1411-4.

• **Contrat de travail international.** Une clause attributive de compétence incluse dans un contrat de travail international exécuté en France ne peut faire échec aux dispositions impératives de l'article R. 1412-1 CT applicables dans l'ordre international (cass. soc. 29 septembre 2010, n° 09-40.688, BC V n° 204; RJS 12/10 n° 972; Dr. Soc. 2011, p. 212, obs. P. Chaumette; JCP éd. S 2011, 1036, note J-Ph. Tricoit). En revanche, la clause attributive de compétence, incluse dans un contrat conclu entre un salarié français et une société étrangère pour être exécuté à l'étranger (hors de l'Union européenne), et désignant expressément la juridiction étrangère, est valide, exclut l'application de l'article R. 1412-1 CT, et emporte renonciation du salarié au bénéfice des dispositions de l'article 14 c. civ. (cass. soc. 30 janvier 1991, n° 87-42.086, BC V n° 41; voir aussi cass. soc. 21 janvier 2004, n° 01-44.215, BC V n° 24; RJS 4/04 n° 441). À noter que lorsque le contrat de travail international exécuté à l'étranger (hors de l'Union européenne) ne comporte pas de clause attributive de juridiction, le salarié de nationalité française peut toujours invoquer l'article 14 c. civ. (cass. soc. 9 juillet 1996, n° 93-41.549, BC V n° 266; RJS 10/96 n° 1075).

Sur la clause compromissoire insérée dans un contrat de travail international exécuté en France, voir note sous l'article R. 1412-1.

• **Traités internationaux**

Le règlement (UE) 1215/2012 du Parlement européen et du Conseil du 12 décembre 2012, qui a remplacé le règlement (CE) 44/2001 du 22 décembre 2000, contient, dans ses articles 20 et s., des règles particulières de compétence en matière de contrats individuels de travail:

– art. 21. 1. Un employeur domicilié sur le territoire d'un État membre peut être attrait:

a) devant les juridictions de l'État membre où il a son domicile; ou

b) dans un autre État membre:

i) devant la juridiction du lieu où ou à partir duquel le travailleur accomplit habituellement son travail ou devant la juridiction du dernier lieu où il a accompli habituellement son travail; ou

ii) lorsque le travailleur n'accomplit pas ou n'a pas accompli habituellement son travail dans un même pays, devant la juridiction du lieu où se trouve ou se trouvait l'établissement qui a embauché le travailleur.

2. Un employeur qui n'est pas domicilié sur le territoire d'un État membre peut être attrait devant les juridictions d'un État membre conformément au paragraphe 1, point b).

art. 22. 1. L'action de l'employeur ne peut être portée que devant les juridictions de l'État membre sur le territoire duquel le travailleur a son domicile.

2. Les dispositions de la présente section ne portent pas atteinte au droit d'introduire une demande reconventionnelle devant la juridiction saisie de la demande originaire conformément à la présente section.*

art. 23. Il ne peut être dérogé aux dispositions de la présente section que par des conventions:

1) postérieures à la naissance du différend; ou

2) qui permettent au travailleur de saisir d'autres juridictions que celles indiquées à la présente section.

Sur les conditions de validité de conventions attributives de juridiction prévues par le règlement (CE) 44/2001, voir cass. soc. 17 décembre 1997, n° 94-45.445, BC V n° 456; RJS 3/98 n° 353; 14 novembre 2000, n° 98-41.959, BC V n° 371; RJS 3/01 n° 331.

SECTION 2. Recrutement

Art. L. 1221-6. Les informations demandées, sous quelque forme que ce soit, au candidat à un emploi ne peuvent avoir comme finalité que d'apprécier sa capacité à occuper l'emploi proposé ou ses aptitudes professionnelles.

Ces informations doivent présenter un lien direct et nécessaire avec l'emploi proposé ou avec l'évaluation des aptitudes professionnelles.

Le candidat est tenu de répondre de bonne foi à ces demandes d'informations.

Note • Cette protection intervient quel que soit le mode de recrutement du candidat, direct ou indirect. La loi 92-1446 du 31 décembre 1992 (JO 1er janv. 1993) est applicable aussi bien aux conseils en recrutement qu'aux employeurs qui recrutent directement (en ce sens, circ. DRT 93-10 du 15 mars 1993).

Les deux conditions posées par cet article sont cumulatives. Toutes les informations demandées doivent répondre à la fois à la condition de finalité et à la condition de lien nécessaire avec l'emploi. À titre d'exemple, la circulaire précitée indique qu'il ne peut être demandé au candidat ou au salarié des renseignements sur son état de santé, sur sa vie sexuelle, sur son logement, sur la profession des parents ou du conjoint, sur ses loisirs…

• Voir aussi délibération CNIL 2002-17 du 21 mars 2002 (JO 16 juil.) portant adoption d'une recommandation relative à la collecte et au traitement d'informations nominatives lors d'opérations de recrutement.

Art. L. 1221-7. ***(L. 2015-994 du 17 août 2015, art. 48, JO 18)*** **«Les informations mentionnées à l'article L. 1221-6 et communiquées par écrit par le candidat à un emploi peuvent être examinées dans des conditions préservant son anonymat.»**

Les modalités d'application du présent article sont déterminées par décret en Conseil d'État.

Note Le Conseil d'État avait donné six mois au Premier ministre pour prendre le décret d'application des dispositions relatives au CV anonyme introduit par la loi du 31 mars 2006 pour l'égalité des chances (CE 9 juillet 2014, n° 345253, LSQ n° 16629 du 11.07.2014; RJS 10/14 n° 661). Voir S. Tournaux, «Chronique d'actualité du régime juridique du contrat de travail», Dr. Soc. 2015, p. 206.

Art. L. 1221-8. Le candidat à un emploi est expressément informé, préalablement à leur mise en œuvre, des méthodes et techniques d'aide au recrutement utilisées à son égard.

Les résultats obtenus sont confidentiels.

Les méthodes et techniques d'aide au recrutement ou d'évaluation des candidats à un emploi doivent être pertinentes au regard de la finalité poursuivie.

Art. L. 1221-9. Aucune information concernant personnellement un candidat à un emploi ne peut être collectée par un dispositif qui n'a pas été porté préalablement à sa connaissance.

SECTION 3. Formalités à l'embauche et à l'emploi

Sous-section 1. Déclaration préalable à l'embauche

Art. L. 1221-10. L'embauche d'un salarié ne peut intervenir qu'après déclaration nominative accomplie par l'employeur auprès des organismes de protection sociale désignés à cet effet.

L'employeur accomplit cette déclaration dans tous les lieux de travail où sont employés des salariés.

Note Le salarié peut obtenir les informations relatives à la déclaration préalable à l'embauche le concernant. Voir art. L. 8223-2.

Art. L. 1221-11. Le non-respect de l'obligation de déclaration préalable à l'embauche, constaté par les agents mentionnés à l'article L. 8271-7, entraîne une pénalité dont le montant est égal à trois cents fois le taux horaire du minimum garanti prévu à l'article L. 3231-12.

Art. L. 1221-12. Un décret en Conseil d'État détermine:

1° Les conditions dans lesquelles la déclaration préalable à l'embauche est réalisée;

2° Les modalités de recouvrement de la pénalité prévue à l'article L. 1221-11.

Note Un arrêté du 21 octobre 2011 (JO 1er nov.) fixe les modèles d'imprimés à utiliser pour l'application de l'article L. 1221-12 CT pour les salariés relevant du régime de protection sociale agricole.

Art. L. 1221-12-1. ***(L. 2013-1203 du 23 déc. 2013, art. 27, II, B, JO 24)*** **Sont tenus d'adresser les déclarations préalables à l'embauche par voie électronique:**

1° Les employeurs dont le personnel relève du régime général de sécurité sociale, autres que les particuliers employant un salarié à leur service, et dont le nombre de déclarations préalables à l'embauche accomplies au cours de l'année civile précédente excède un seuil fixé par décret;

2° Les employeurs dont le personnel relève du régime de protection sociale agricole et dont le nombre de déclarations préalables à l'embauche accomplies au cours de l'année civile précédente excède un seuil fixé par décret.

Le non-respect de cette obligation entraîne l'application d'une pénalité, fixée par décret, dans la limite de 0,5 % du plafond mensuel de la sécurité sociale par salarié, recouvrée et contrôlée selon les règles, garanties et sanctions relatives au recouvrement des cotisations de sécurité sociale. Les pénalités dues au titre d'une année civile sont versées au plus tard à la première date d'exigibilité des cotisations de sécurité sociale de l'année suivante.

Note Voir articles D. 1221-18 et 19 introduits par le décret 2014-628 du 17 juin 2014 (JO 19).

SECTION 1 (réglementaire). Déclaration préalable à l'embauche

Note Le 1er août 2011, ont fusionné les dispositifs «déclaration préalable à l'embauche» et «déclaration unique d'embauche» au sein d'une déclaration préalable à l'embauche rénovée.

Le décret 2011-681 du 16 juin 2011 (JO 18) a ainsi regroupé les déclarations devant être effectuées par l'employeur à l'occasion de l'embauche d'un salarié au sein d'une déclaration préalable à l'embauche dont la portée est étendue. Les modalités d'accomplissement de la déclaration sont simplifiées et actualisées. Elle est envoyée en priorité par voie électronique.

Pour effectuer la déclaration, se connecter sur *www.net-entreprises.fr.*

Voir «La déclaration préalable à l'embauche. La simplicité d'une idée vieille de 30 ans, la jeunesse d'un vingtième anniversaire», V. Ravoux et Y. Rebouillat, Dr. Soc. 2011, p. 1190.

Sous-section 1. Mentions obligatoires et portée de la déclaration

Art. R. 1221-1. La déclaration préalable à l'embauche comporte les mentions suivantes :

1° Dénomination sociale ou nom et prénoms de l'employeur, code APE, adresse de l'employeur, numéro du système d'identification du répertoire des entreprises et de leurs établissements ***(D. 2011-681 du 16 juin 2011, JO 18, entrée en vigueur le 01.08.2011)*** «ainsi que le service de santé au travail dont l'employeur dépend s'il relève du régime général de sécurité sociale» ;

2° Nom, prénoms, ***(D. 2011-681 du 16 juin 2011, JO 18, entrée en vigueur le 01.08.2011)*** «sexe», date et lieu de naissance du salarié ainsi que son numéro national d'identification s'il est déjà immatriculé à la sécurité sociale ;

3° Date et heure d'embauche ;

4° ***(D. 2011-681 du 16 juin 2011, JO 18, entrée en vigueur le 01.08.2011)*** «Nature, durée du contrat ainsi que durée de la période d'essai éventuelle pour les contrats à durée indéterminée et les contrats à durée déterminée dont le terme ou la durée minimale excède six mois ;

5° Lorsqu'il s'agit de l'embauche d'un salarié agricole, les données nécessaires au calcul par les caisses de mutualité sociale agricole des cotisations dues pour l'emploi de salariés agricoles, à l'affiliation de ces mêmes salariés aux institutions mentionnées à l'article L. 727-2 du code rural et de la pêche maritime et à l'organisation de ***(D. 2016-1908 du 27 déc. 2016, art. 3, 1°, JO 29, entrée en vigueur le 01.01.2017)*** «la visite d'information et de prévention ou de l'examen médical d'aptitude à l'embauche prévus»***(D. 2017-1311 du 29 août 2017, JO 31)*** «aux articles R. 717-13 et R. 717-16» du même code.»

Art. R. 1221-2. ***(D. 2011-681 du 16 juin 2011, JO 18, entrée en vigueur le 01.08.2011)*** Au moyen de la déclaration préalable à l'embauche, l'employeur accomplit les déclarations et demandes suivantes :

1° L'immatriculation de l'employeur au régime général de la sécurité sociale, s'il s'agit d'un salarié non agricole, prévue à l'article R. 243-2 du code de la sécurité sociale ***(D. 2019-1517 du 30 déc. 2019, art. 2, JO 31, entrée en vigueur le 01.01.2020)*** «, ou l'immatriculation de l'employeur à l'établissement national des invalides de la marine, si la déclaration est relative à un marin salarié» ;

2° L'immatriculation du salarié à la caisse primaire d'assurance maladie prévue à l'article R. 312-4 du code de la sécurité sociale ou, s'il s'agit d'un salarié agricole, à la caisse de mutualité sociale agricole prévue à l'article R. 722-34 du code rural et de la pêche maritime ***(D. 2019-1517 du 30 déc. 2019, art. 2, JO 31, entrée en vigueur le 01.01.2020)*** «ou, s'il s'agit d'un marin salarié, à l'établissement national des invalides de la marine, en application des articles L. 5551-1 et L. 5551-2 du code des transports» ;

3° L'affiliation de l'employeur au régime d'assurance chômage prévue à l'article R. 5422-5 du présent code ;

4° La demande d'adhésion à un service de santé au travail, s'il s'agit d'un salarié non agricole, prévu à l'article L. 4622-7 du présent code ;

5° ***(D. 2016-1908 du 27 déc. 2016, art. 3, 2°, JO 29, entrée en vigueur le 01.01.2017)*** «La demande de visite d'information et de prévention prévue au deuxième alinéa de l'article L. 4624-1 du présent code ou la demande d'examen médical d'aptitude à l'embauche prévu à l'article L. 4624-2 du présent code», ou, s'il s'agit d'un salarié agricole, ***(D. 2017-1311 du 29 août 2017, JO 31)*** «aux articles R. 717-13 et R. 717-16» du code rural et de la pêche maritime;

6° La déclaration destinée à l'affiliation des salariés agricoles aux institutions prévues à l'article L. 727-2 du code rural et de la pêche maritime.

Sous-section 2. Organisme destinataire

Art. R. 1221-3. ***(D. 2011-681 du 16 juin 2011, JO 18, entrée en vigueur le 01.08.2011)*** La déclaration préalable à l'embauche est adressée par l'employeur:

1° Soit à l'organisme de recouvrement des cotisations du régime général de sécurité sociale dans le ressort territorial duquel est situé l'établissement devant employer le salarié ***(D. 2016-1908 du 27 déc. 2016, art. 3, 3°, JO 29, entrée en vigueur le 01.01.2017)*** «et au service de santé au travail mentionné au 1° de l'article R. 1221-1»;

2° Soit, s'il s'agit d'un salarié relevant du régime de la protection sociale agricole, à la caisse de mutualité sociale agricole du lieu de travail de ce salarié;

(D. 2019-1517 du 30 déc. 2019, art. 2, JO 31, entrée en vigueur le 01.01.2020) «3° Soit, s'il s'agit d'un salarié relevant du régime spécial des marins, à l'union pour le recouvrement des cotisations de sécurité sociale et d'allocations familiales mentionnée à l'article L. 213-4 du code de la sécurité sociale.»

Art. R. 1221-4. ***(D. 2011-681 du 16 juin 2011, JO 18, entrée en vigueur le 01.08.2011)*** La déclaration préalable à l'embauche est adressée au plus tôt dans les huit jours précédant la date prévisible de l'embauche.

Sous-section 3. Transmission

Art. R. 1221-5. ***(D. 2011-681 du 16 juin 2011, JO 18, entrée en vigueur le 01.08.2011)*** La déclaration préalable à l'embauche est effectuée par voie électronique.

À défaut d'utiliser la voie électronique, la déclaration est effectuée au moyen d'un formulaire fixé par arrêté des ministres chargés du travail et de la sécurité sociale, ainsi que, lorsque la déclaration concerne un salarié relevant du régime de protection sociale agricole, du ministre chargé de l'agriculture.

L'employeur adresse ce formulaire, signé par lui, à l'organisme mentionné à l'article R. 1221-3 par télécopie ou par lettre recommandée avec demande d'avis de réception.

Lorsqu'il est transmis par télécopie, l'employeur conserve l'avis de réception émis par l'appareil et le document qu'il a transmis jusqu'à réception du document prévu à l'article R. 1221-7.

Lorsqu'il est transmis par lettre recommandée avec avis de réception, celle-ci est envoyée au plus tard le dernier jour ouvrable précédant l'embauche, le cachet de la poste faisant foi. L'employeur conserve un double de la lettre et le récépissé postal jusqu'à réception du document prévu à l'article R. 1221-7.

L'indisponibilité de l'un des moyens de transmission mentionnés ci-dessus n'exonère pas l'employeur de son obligation de déclaration par l'un des autres moyens.

Note Voir arrêté du 30 juillet 2012 (JO 14 août) fixant le modèle du formulaire «Déclaration préalable à l'embauche» pour les salariés relevant du régime général de sécurité sociale.

Art. R. 1221-6. ***(D. 2011-681 du 16 juin 2011, JO 18, entrée en vigueur le 01.08.2011)*** Lorsque la déclaration est effectuée par voie électronique par un employeur relevant du régime général de sécurité sociale préalablement inscrit à un service d'authentification, la formalité est réputée accomplie au moyen de la fourniture du numéro d'identification de l'établissement employeur, du numéro national d'identification du salarié s'il est déjà immatriculé à la sécurité sociale et s'il a déjà fait l'objet d'une déclaration préalable à l'embauche dans un délai fixé par arrêté ainsi que des mentions prévues aux 3° et 4° de l'article R. 1221-1.

Note Le délai mentionné à cet article est fixé à quatorze mois (arrêté du 19 juillet 2011, JO 27).

Sous-section 4. Preuve de la déclaration préalable à l'embauche

Art. R. 1221-7. ***(D. 2011-681 du 16 juin 2011, JO 18, entrée en vigueur le 01.08.2011)*** «L'organisme destinataire adresse à l'employeur un document accusant réception de la déclaration et mentionnant les informations enregistrées, dans les cinq jours ouvrables suivant celui de la réception du formulaire de déclaration.»

À défaut de contestation par l'employeur des informations figurant sur ce document, dans le délai de deux jours ouvrables suivant la réception de celui-ci, le document ***(D. 2011-681 du 16 juin 2011, JO 18, entrée en vigueur le 01.08.2011)*** «constitue une preuve» de la déclaration.

Note Depuis le 7 février 2015, l'Urssaf n'adresse plus d'accusés de réception de DPAE «papier» aux employeurs qui transmettent leurs déclarations préalables à l'embauche par voie postale ou par télécopie (Information du réseau des Urssaf du 8 janvier 2015).

Art. R. 1221-8. L'employeur conserve l'avis de réception jusqu'à ***(D. 2011-681 du 16 juin 2011, JO 18, entrée en vigueur le 01.08.2011)*** « l'accomplissement de la déclaration prévue par l'article R. 243-14 du code de la sécurité sociale pour les salariés non agricoles et par l'article R. 741-2 du code rural et de la pêche maritime pour les salariés agricoles ».

Sous-section 5. Documents à remettre au salarié

Art. R. 1221-9. Lors de l'embauche du salarié, l'employeur lui fournit ***(D. 2011-681 du 16 juin 2011, JO 18, entrée en vigueur le 01.08.2011)*** « une copie de la déclaration préalable à l'embauche ou de l'accusé de réception ».

(D. 2011-681 du 16 juin 2011, JO 18, entrée en vigueur le 01.08.2011) « Cette obligation de remise est considérée comme satisfaite dès lors que le salarié dispose d'un contrat de travail écrit, accompagné de la mention de l'organisme destinataire de la déclaration. »

Sous-section 6. Contrôle et sanctions administratives

Art. R. 1221-12. Sur toute demande des agents de contrôle mentionnés à l'article L. 8271-7, l'employeur :

1° Présente l'avis de réception de la déclaration préalable à l'embauche ***(D. 2011-681 du 16 juin 2011, JO 18, entrée en vigueur le 01.08.2011)*** « s'il est encore tenu de le conserver en application de l'article R. 1221-8 » ;

2° Communique, tant qu'il n'a pas reçu l'avis de réception, les éléments leur permettant de vérifier qu'il a bien procédé à la déclaration préalable à l'embauche du salarié.

Art. R. 1221-13. La pénalité prévue à l'article L. 1221-11 en cas de non-respect de l'obligation de déclaration préalable à l'embauche est recouvrée selon les modalités et dans les conditions fixées :

1° Dans les secteurs autres que le secteur agricole, à l'article ***(D. 2011-681 du 16 juin 2011, JO 18, entrée en vigueur le 01.08.2011)*** « R. 243-19 » du code de la sécurité sociale ;

2° Dans le secteur agricole, à l'article L. 725-3 du code rural ***(Ord. 2010-462 du 6 mai 2010, JO 7)*** « et de la pêche maritime ».

Sous-section 7. Obligations de l'organisme destinataire

Note Cette sous-section a été introduite par le décret 2011-681 du 16 juin 2011, JO 18, entrée en vigueur le 01.08.2011.

Art. R. 1221-14. L'organisme mentionné à l'article R. 1221-3 communique les renseignements portés sur la déclaration préalable à l'embauche à chaque administration, service, organisme ou institution concerné par l'une ou l'autre des déclarations ou demandes prévues à l'article R. 1221-2, selon leurs compétences respectives.

Ces destinataires finaux sont seuls compétents pour apprécier la validité des déclarations et informations transmises les concernant.

Art. R. 1221-15. Les modalités de la transmission mentionnée à l'article R. 1221-14 sont fixées par voie de conventions passées :

1° Soit par l'Agence centrale des organismes de sécurité sociale avec :

a) Le ministre chargé du travail ;

b) ***(D. 2014-524 du 22 mai 2014, art. 16, JO 24)*** « Pôle emploi » ;

c) La Caisse nationale de l'assurance maladie ;

d) La Caisse nationale d'assurance vieillesse ;

2° Soit par la caisse centrale de la Mutualité sociale agricole avec :

a) Le ministre chargé du travail ;

b) ***(D. 2014-524 du 22 mai 2014, art. 16, JO 24)*** « Pôle emploi » ;

c) Les institutions de retraite complémentaire et de prévoyance mentionnées à l'article L. 727-2 du code rural et de la pêche maritime.

Ces conventions prévoient les modalités de rémunération du service rendu par l'organisme ou la caisse mentionné à l'article R. 1221-3.

Note Cet article a été modifié par le décret 2019-718 du 5 juillet 2019, art. 9, III, 1°, JO 7.

Art. R. 1221-16. L'organisme mentionné à l'article R. 1221-3 conserve les données qui y sont portées pendant un délai de six mois suivant la date de leur réception pour les besoins des administrations, services, organismes ou institutions concernés.

Art. R. 1221-17. L'organisme mentionné à l'article R. 1221-3 transmet à ***(D. 2014-524 du 22 mai 2014, art. 16, JO 24)*** « Pôle emploi » les informations suivantes portées sur la déclaration préalable à l'embauche :

1° Les éléments d'identification de l'employeur ;

(D. 2012-927 du 30 juil. 2012, JO 1er août) « 2° Le numéro national d'identification du salarié ; »

(D. 2012-927 du 30 juil. 2012, JO 1er août) « 3° » La date d'embauche du salarié, son sexe et sa date de naissance;

(D. 2012-927 du 30 juil. 2012, JO 1er août) « 4° » La nature et la durée du contrat de travail;

(D. 2012-927 du 30 juil. 2012, JO 1er août) « 5° » La durée de la période d'essai.

Art. R. 1221-18. ***(D. 2014-1371 du 17 nov. 2014, JO 18)*** À partir des données de la déclaration préalable à l'embauche que lui transmet l'organisme mentionné à l'article R. 1221-3, la Caisse nationale d'assurance vieillesse des travailleurs salariés vérifie que le numéro d'inscription au répertoire national d'identification des personnes physiques (NIR) ou le numéro identifiant d'attente (NIA) du salarié porté sur ladite déclaration correspond aux données d'état civil qui figurent sur cette même déclaration.

En cas d'absence de numéro d'inscription au répertoire national d'identification des personnes physiques et de numéro identifiant d'attente ou en cas de numéro d'inscription au répertoire national d'identification des personnes physiques ou de numéro identifiant d'attente erroné dans la déclaration préalable à l'embauche, la Caisse nationale d'assurance vieillesse des travailleurs salariés renvoie à l'organisme mentionné à l'article R. 1221-3 un bilan d'identification comprenant, lorsqu'elle a pu retrouver celui-ci, le numéro d'inscription au répertoire national d'identification des personnes physique ou numéro identifiant d'attente à utiliser. L'organisme mentionné à l'article précité avise l'employeur de la disponibilité de ce bilan d'identification afin que, notamment, il rectifie ou complète les données transmises dans la déclaration sociale nominative.

Note Cet article s'applique depuis le 19.11.2014 : 1° Aux employeurs, personnes physiques ou morales de droit privé ainsi qu'aux établissements publics à caractère industriel et commercial, qui ont versé pour l'année 2013 un montant égal ou supérieur à 2 millions d'euros de cotisations ou contributions sociales ou à un million lorsqu'ils ont recours à un tiers déclarant agissant pour un volume de cotisations ou de contributions égal ou supérieur à 10 millions d'euros; 2° Aux employeurs qui ont opté pour la déclaration sociale nominative (décret 2014-1371 précité, art. 5, I).

Sous-section 8. Obligation de dématérialisation

Note Cette sous-section a été introduite par le décret 2014-628 du 17 juin 2014, JO 19, entrée en vigueur le 01.10.2014.

Art. D. 1221-18. I. – Les employeurs dont le personnel relève du régime général de sécurité sociale, autres que les particuliers employant un salarié à leur service, qui ont accompli plus de 50 déclarations préalables à l'embauche au cours de l'année civile précédente sont tenus d'adresser ces déclarations par voie électronique.

II. – Les employeurs dont le personnel relève du régime de protection sociale agricole qui ont accompli plus de 50 déclarations préalables à l'embauche au cours de l'année civile précédente sont tenus d'adresser les déclarations préalables à l'embauche par voie électronique.

Art. D. 1221-19. La méconnaissance de l'obligation de déclaration préalable à l'embauche dématérialisée entraîne l'application d'une pénalité égale, par salarié, à 0,5 % du plafond mensuel de la sécurité sociale.

Sous-section 2. Registre unique du personnel

Art. L. 1221-13. Un registre unique du personnel est tenu dans tout établissement où sont employés des salariés.

Les noms et prénoms de tous les salariés sont inscrits dans l'ordre des embauches. Ces mentions sont portées sur le registre au moment de l'embauche et de façon indélébile.

(L. 2014-788 du 10 juil. 2014, art. 3, JO 11) « Les nom et prénoms des stagiaires ***(L. 2017-86 du 27 janv. 2017, art. 20, I, 1°, JO 28)*** « et des personnes volontaires en service civique au sens de l'article L. 120-1 du code du service national » accueillis dans l'établissement sont inscrits dans l'ordre d'arrivée, dans une partie spécifique du registre unique du personnel. »

Les indications complémentaires à mentionner sur ce registre, soit pour l'ensemble des salariés, soit pour certaines catégories seulement, ***(L. 2014-788 du 10 juil. 2014, art. 3, JO 11)*** « soit pour les stagiaires ***(L. 2017-86 du 27 janv. 2017, art. 20, I, 2°, JO 28)*** « et les personnes volontaires en service civique » mentionnés au troisième alinéa, » sont définies par voie réglementaire.

Note • Le cadre légal de l'obligation de tenue du registre du personnel est non pas l'entreprise mais l'établissement (cass. crim. 29 septembre 1992, n° 91-86.851, B. crim. n° 292; voir aussi cass. crim. 31 janvier 2012, n° 11-85.226, B. crim. n° 32; RJS 5/12 n° 490; JCP éd. S 2012, 1219, note L. Drai); est visé l'établissement où se trouve l'employeur ou son délégataire (cass. crim. 17 janvier 1995, n° 93-85.078, B. crim. n° 23).

• Sur les questions pouvant se poser sur la portée de l'obligation de tenue du registre unique du personnel (mentions rectificatives, présentation et délai de conservation, date d'exigibilité, travailleurs étrangers occupés sur les chantiers et autres lieux de travail distincts, de l'établissement), voir circulaire DRT 90-16 du 27 juillet 1990.

Art. D. 1221-23. Les indications complémentaires portées sur le registre unique du personnel pour chaque salarié, mentionnées au troisième alinéa de l'article L. 1221-13, sont les suivantes :

1° La nationalité ;

2° La date de naissance ;

3° Le sexe ;

4° L'emploi ;

5° La qualification ;

6° Les dates d'entrée et de sortie de l'établissement ;

7° Lorsqu'une autorisation d'embauche ou de licenciement est requise, la date de cette autorisation ou, à défaut, la date de la demande d'autorisation ;

8° Pour les travailleurs étrangers assujettis à la possession d'un titre autorisant l'exercice d'une activité salariée, le type et le numéro d'ordre du titre valant autorisation de travail ;

9° Pour les travailleurs titulaires d'un contrat de travail à durée déterminée, la mention « contrat à durée déterminée » ;

10° Pour les salariés temporaires, la mention « salarié temporaire » ainsi que le nom et l'adresse de l'entreprise de travail temporaire ;

11° Pour les travailleurs mis à disposition par un groupement d'employeurs, la mention « mis à disposition par un groupement d'employeurs » ainsi que la dénomination et l'adresse de ce dernier ;

12° Pour les salariés à temps partiel, la mention « salarié à temps partiel » ;

13° Pour les jeunes travailleurs titulaires d'un contrat d'apprentissage ou de professionnalisation, la mention « apprenti » ou « contrat de professionnalisation ».

Art. D. 1221-23-1. ***(D. 2014-1420 du 27 nov. 2014, JO 30)*** Pour chaque stagiaire mentionné au troisième alinéa de l'article L. 1221-13, les indications complémentaires, portées sur le registre unique du personnel ou pour les organismes ne disposant pas d'un registre unique du personnel dans tout autre document permettant de suivre les conventions de stage, sont les suivantes :

1° Les nom et prénoms du stagiaire ;

2° Les dates de début et de fin de la période de formation en milieu professionnel ou du stage ;

3° Les nom et prénoms du tuteur ainsi que le lieu de présence du stagiaire.

Art. D. 1221-24. ***(D. 2015-364 du 30 mars 2015, art. 9, JO 31, entrée en vigueur le 01.05.2015)*** Une copie des titres autorisant l'exercice d'une activité salariée des travailleurs étrangers est annexée au registre unique du personnel et rendue accessible aux ***(D. 2017-1819 du 29 déc. 2017, art. 3, 39°, JO 30, entrée en vigueur le 01.01.2018)*** « membres de la délégation du personnel du comité social et économique » et aux fonctionnaires et agents chargés de veiller à l'application du présent code et du code de la sécurité sociale. Elle est tenue à leur disposition soit dans l'établissement, soit sur chaque chantier ou lieu de travail distinct de l'établissement pour ceux des travailleurs étrangers qui y sont employés.

Note • Sur l'entrée en vigueur du décret 2015-364 précité, voir CE 8 juillet 2016, n° 389745, RJS 11/16 n° 735.

• S'agissant des travailleurs étrangers occupés sur des « chantiers ou autres lieux de travail distincts », les dispositions de l'article D. 1221-24 (ancien art. R. 620-3) impliquent seulement que peut être exigée, sur chacun des lieux de travail distincts du siège de l'entreprise, la présentation des copies des titres de travail (et non du registre) des étrangers qui s'y trouvent. Cette obligation s'ajoute, sans s'y substituer, à l'obligation de tenue, au siège de l'établissement, du registre unique du personnel, avec ses caractéristiques propres aux travailleurs étrangers (inscription du type et numéro d'ordre des titres, tenue des copies des titres en annexe au registre). Elle pèse sur l'employeur ou son préposé (circ. DRT 90-16 du 27 juillet 1990). Le fait que les titres de travail des étrangers soient conservés au siège social de l'entreprise pour des raisons de sécurité ne dispense pas l'employeur d'en tenir copie sur le chantier à la disposition de l'inspecteur du travail notamment (cass. crim. 9 novembre 1993, n° 92-86.101, RJS 3/94 n° 286).

Art. D. 1221-24-1. ***(D. 2015-364 du 30 mars 2015, art. 9, JO 31, entrée en vigueur le 01.05.2015) (D. 2020-916 du 28 juil. 2020, JO 29, entrée en vigueur le 30.07.2020)*** « Les accusés de réception » des déclarations de détachement mentionnées aux articles R. 1263-3, R. 1263-4 et R. 1263-6 ***(D. 2020-916 du 28 juil. 2020, JO 29, entrée en vigueur le 30.07.2020)*** « sont annexés au registre unique du personnel et rendus accessibles » aux ***(D. 2017-1819 du 29 déc. 2017, art. 3, 39°, JO 30, entrée en vigueur le 01.01.2018)*** « membres de la délégation du personnel du comité social et économique » et aux fonctionnaires et agents chargés de veiller à l'application du présent code et du code de la sécurité sociale. ***(D. 2020-916 du 28 juil. 2020, JO 29, entrée en vigueur le 30.07.2020)*** « Ils sont tenus » à leur disposition soit dans l'établissement, soit sur chaque chantier ou lieu de travail distinct de l'établissement pour ceux des travailleurs détachés qui y sont employés.

Note Sur l'entrée en vigueur du décret 2015-364 précité, voir CE 8 juillet 2016, n° 389745, RJS 11/16 n° 735.

Art. D. 1221-25. Les mentions relatives à des événements postérieurs à l'embauche ***(D. 2014-1420 du 27 nov. 2014, JO 30)*** « du salarié, ou à l'arrivée du stagiaire » sont portées sur le registre unique du personnel au moment où ceux-ci surviennent.

Art. R. 1221-26. Les mentions portées sur le registre unique du personnel sont conservées pendant cinq ans à compter de la date à laquelle le salarié ***(D. 2015-1359 du 26 oct. 2015, JO 28)*** « ou le stagiaire » a quitté l'établissement.

Art. L. 1221-14. Il peut être dérogé à la tenue du registre unique du personnel, pour tenir compte du recours à d'autres moyens, notamment informatiques, dans les conditions prévues à l'article L. 8113-6.

Art. D. 1221-27. Lorsque l'employeur recourt à un support de substitution pour la tenue du registre unique du personnel, les exigences des articles D. 8113-2 et D. 8113-3 sont applicables.

Dans ce cas, l'employeur adresse à l'inspection du travail l'avis ***(D. 2017-1819 du 29 déc. 2017, art. 3, 40°, JO 30, entrée en vigueur le 01.01.2018)*** « du comité social et économique prévu à l'article L. 2315-5 ».

Art. L. 1221-15. Le registre unique du personnel est tenu à la disposition ***(Ord. 2017-1386 du 22 sept. 2017, art. 4, 72°, JO 23, entrée en vigueur au plus tard le 01.01.2018)*** « du comité social et économique » et des fonctionnaires et agents chargés de veiller à l'application du présent code et du code de la sécurité sociale.

Art. L. 1221-15-1. ***(L. 2014-790 du 10 juil. 2014, art. 2, JO 11)*** La déclaration mentionnée au I de l'article L. 1262-2-1 est annexée au registre unique du personnel de l'entreprise qui accueille les salariés détachés.

Sous-section 3. Autres formalités

Art. L. 1221-16. Dans certains établissements ou professions, définis par voie réglementaire, l'employeur informe le service public de l'emploi de toute embauche ou rupture du contrat de travail.

Note • *Déclaration des mouvements de main-d'œuvre (DMMO).* Pour l'application de cet article, est intervenu un arrêté du 27 février 1987 (JO 28). Voir aussi arrêtés du 15 octobre 1997 (JO 31) et du 12 décembre 2001 (JO 26) modifié par arrêté du 6 juin 2007 (JO 28) relatifs à l'informatisation des déclarations mensuelles des mouvements de main-d'œuvre complétés par l'arrêté du 18 juillet 2006 (JO 3 août) modifié par arrêté du 6 juin 2007 (JO 28) relatif à l'élargissement des destinataires et à l'extension des finalités du traitement des déclarations mensuelles des mouvements de main-d'œuvre et abrogeant l'arrêté du 4 juillet 2006 (JO 14) relatif au même objet.

Il existe par ailleurs une *enquête sur les mouvements de main-d'œuvre (EMMO)* : voir arrêté du 10 mai 2007 (JO 16) modifié par arrêté du 13 juillet 2012 (JO 8 sept.).

• La déclaration des mouvements de main-d'œuvre et l'enquête sur les mouvements de main-d'œuvre entrent dans le périmètre de la déclaration sociale nominative (art. R. 133-14 c. séc. soc.).

Art. D. 1221-28. Les dispositions de la présente sous-section sont applicables aux entreprises et établissements de cinquante salariés et plus.

Note La sous-section visée à cet article est celle de la partie réglementaire concernant le relevé mensuel des contrats de travail.

Art. D. 1221-29. Dans les huit premiers jours de chaque mois, l'employeur adresse ***(D. 2010-1334 du 8 nov. 2010, JO 10, entrée en vigueur le 01.01.2011)*** « à la direction de l'animation de la recherche, des études et des statistiques (DARES) » le relevé des contrats de travail conclus ou rompus au cours du mois précédent.

Cette disposition ne s'applique pas au contrat de travail à durée déterminée conclu pour une durée maximum d'un mois non renouvelable.

Art. D. 1221-30. Le relevé mensuel des contrats de travail contient les mentions suivantes :

1° Le nom et l'adresse de l'employeur ;

2° La nature de l'activité de l'entreprise ;

3° Les nom, prénoms, nationalité, date de naissance, sexe, emploi et qualification des salariés dont le contrat de travail a été conclu ou rompu ;

4° La date d'effet des contrats de travail ou de leur rupture avec, en cas de licenciement pour motif économique, l'indication de la nature de ce motif.

Art. D. 1221-31. Sur demande expresse des services chargés du contrôle de l'emploi, l'employeur communique l'adresse des salariés dont le contrat de travail a été conclu ou rompu, mentionnés au 3° de l'article D. 1221-30.

Art. L. 1221-17. Outre la déclaration préalable à l'embauche prévue à l'article L. 1221-10, une déclaration préalable est effectuée :

1° Lorsqu'un établissement, ayant cessé d'employer du personnel pendant six mois au moins, se propose d'en employer à nouveau ;

2° Lorsqu'un établissement employant du personnel change d'exploitant ;

3° Lorsqu'un établissement employant du personnel est transféré dans un autre emplacement ou s'il fait l'objet d'extension ou de transformation entraînant une modification dans les activités industrielles et commerciales.

Art. R. 1221-32. La déclaration préalable prévue à l'article L. 1221-17 est accomplie par l'employeur.

Dans le cas prévu au 2° de ce même article, la déclaration est accomplie par le nouvel employeur, par lettre recommandée adressée à l'inspection du travail.

Le récépissé de la lettre est présenté par l'employeur sur demande de l'inspection du travail à la première visite de celle-ci.

Note La déclaration visée au 1er alinéa peut être souscrite auprès des centres de formalités des entreprises (art. R. 123-1 à 30 c. com.).

Art. R. 1221-33. La déclaration préalable précise :

1° Celui des cas prévus à l'article L. 1221-17 auquel elle répond ;

2° Le nom et l'adresse du déclarant ;

3° L'emplacement de l'établissement ;

4° La nature exacte des industries ou des commerces exercés.

Art. R. 1221-34. En cas d'expatriation du salarié d'une durée supérieure à un mois, le document remis par l'employeur au salarié mentionne également :

1° La durée de l'expatriation ;

2° La devise servant au paiement de la rémunération ;

3° Les avantages en espèces et en nature liés à l'expatriation ;

4° Les conditions de rapatriement du salarié.

Est considéré comme expatrié, au sens du présent article, le salarié exerçant son activité professionnelle dans un ou plusieurs États autres que la France et dont le contrat de travail est soumis à la législation française.

Note • Les articles R. 1221-34 et 35 sont les anciens articles R. 1221-10 et 11 (décret 2011-681 du 16 juin 2011, JO 18, entrée en vigueur le 01.08.2011).

• Les dispositions de l'article R. 1221-34 ne font pas obstacle à ce que le travail exercé à l'étranger par le salarié expatrié soit prévu, dans le document obligatoire remis par l'employeur, comme étant à durée indéterminée (cass. soc. 12 septembre 2018, n° 16-18.411, à paraître, LS Jurispr. n° 173 du 25.09.2018 ; JCP éd. S 2018, 1319, note Ph. Coursier ; RJS 11/18 n° 662).

Art. R. 1221-35. La modification d'une ou plusieurs des informations mentionnées à l'article ***(D. 2011-681 du 16 juin 2011, JO 18, entrée en vigueur le 01.08.2011)*** « R. 1221-34 » fait l'objet d'un document remis par l'employeur au salarié au plus tard un mois après la date de la prise d'effet de cette modification.

Art. L. 1221-18. ***(L. 2007-1786 du 19 déc. 2007, art. 16, V, JO 21)*** Tout employeur de personnel salarié ou assimilé est tenu d'adresser à l'organisme chargé du recouvrement des cotisations et contributions sociales dont il relève, au plus tard le 31 janvier de chaque année, une déclaration indiquant le nombre de salariés partis en préretraite ou placés en cessation anticipée d'activité au cours de l'année civile précédente, leur âge et le montant de l'avantage qui leur est alloué. Cette déclaration indique également le nombre de mises à la retraite d'office à l'initiative de l'employeur intervenant dans les conditions des articles L. 1237-5 à L. 1237-10 et le nombre de salariés âgés de ***(L. 2008-1330 du 17 déc. 2008, art. 90, JO 18)*** « cinquante-cinq ans et plus licenciés ou ayant bénéficié de la rupture conventionnelle mentionnée à l'article L. 1237-11 » au cours de l'année civile précédant la déclaration.

Le défaut de production, dans les délais prescrits, de cette déclaration entraîne une pénalité dont le montant est égal à six cents fois le taux horaire du salaire minimum de croissance. Cette pénalité est recouvrée par l'organisme chargé du recouvrement des cotisations et contributions sociales dont relève l'employeur. Son produit est affecté à la Caisse nationale d'assurance vieillesse.

Le modèle de déclaration est fixé par arrêté conjoint du ministre chargé de la sécurité sociale et du ministre chargé de l'emploi.

Art. L. 1221-18

L'obligation de déclaration mentionnée au premier alinéa ne s'applique qu'aux employeurs dont au moins un salarié ou assimilé est parti en préretraite ou a été placé en cessation anticipée d'activité ***(L. 2008-1330 du 17 déc. 2008, art. 90, JO 18)*** «ou a été mis en retraite à l'initiative de l'employeur au cours de l'année civile précédente ainsi qu'aux employeurs dont au moins un salarié âgé de cinquante-cinq ans ou plus a été licencié ou a bénéficié de la rupture conventionnelle mentionnée à l'article L. 1237-11 au cours de l'année civile précédente».

Note • Le 2e alinéa de cet article a été modifié par l'ordonnance 2018-470 du 12 juin 2018, art. 9, III, 6°, JO 13.

• Cet article est entré en vigueur en même temps que l'ordonnance 2007-329 du 12 mars 2007 relative au code du travail (partie législative). Il est applicable aux avantages versés depuis le 11 octobre 2007.

La contribution sur les avantages versés aux anciens salariés qui bénéficiaient d'un avantage de préretraite ou de cessation anticipée d'activité antérieurement au 11 octobre 2007 demeure régie par le II de l'article L. 137-10 c. séc. soc. et le III de l'article 17 de la loi 2003-775 du 21 août 2003 dans leur rédaction en vigueur au 10 octobre 2007 (loi 2007-1786 précitée, art. 16, VII).

• Un arrêté du 31 décembre 2008 (JO 13 janv. 2009) fixe le modèle du formulaire «Déclaration de départ de salariés, soit à 55 ans au moins dans le cadre d'un licenciement ou d'une rupture conventionnelle, soit en cas de préretraite d'entreprise ou de mise à la retraite d'office».

• La déclaration visée à cet article entre dans le périmètre de la déclaration sociale nominative (art. R. 133-14 c. séc. soc.).

SECTION 4. Période d'essai

Note • Cette section a été introduite par la loi 2008-596 du 25 juin 2008, JO 26.

• La loi 2008-596 a livré pour la première fois une définition de la période d'essai (art. L. 1221-20); elle en a fixé la durée et elle a institué un délai de prévenance lorsqu'il est mis fin à la période d'essai. Voir J-Y Frouin, «La période d'essai après la loi du 25 juin 2008», RJS 6/10, p. 419; J. Mouly, «Une innovation ambiguë: la réglementation de la période d'essai», Dr. Soc. 2008, p. 288; article collectif «Variations sur la période d'essai», RDT 2008, p. 515; A. Mazeaud «Un nouveau droit de la formation du contrat de travail dans la perspective de la modernisation du marché du travail», Dr. Soc. 2008, p. 626.

• Essai

La période d'essai doit être distinguée du test professionnel. Le test professionnel, à la différence de la période d'essai, n'implique pas que l'intéressé soit placé dans des conditions normales d'emploi (cass. soc. 4 janvier 2000, n° 97-41.154, BC V n° 4; Dr. Soc. 2000, p. 550, obs. J. Mouly; voir aussi cass. soc. 16 septembre 2009, n° 07-45.485, LS Jurispr. n° 213 du 19.10.2009).

Elle doit également être distinguée du stage professionnel. Un stage effectué en vue d'une promotion professionnelle, en cours d'exécution du contrat de travail, ne constitue pas une période d'essai (cass. soc. 14 novembre 1990, n° 88-42.542, BC V n° 552). Mais un stage d'un an prévu dans le contrat d'embauche en application de la convention collective doit être assimilé à une période d'essai dans la mesure où il est expressément prévu que la rupture du contrat décidée par l'employeur au cours de la première année ne serait pas assujettie aux règles du licenciement (cass. soc. 8 janvier 1997, n° 93-40.291, BC V n° 9).

La Cour de cassation a d'abord décidé que le stage professionnel et la période d'essai pouvaient, selon les circonstances, être nettement distincts ou au contraire être confondus (cass. soc. 29 novembre 1978, n° 77-40.359, BC V n° 806: le stage préalable était assimilable, en l'espèce, à la période d'essai; cass. soc. 4 mars 1970, n° 69-40.078, BC V n° 157: le stage de formation précède l'engagement à l'essai; en la circonstance, le stage de formation n'avait pas été institué dans l'intention de prolonger par un moyen détourné la durée maximale de la période d'essai). Mais, partant de l'affirmation selon laquelle la période d'essai se situe au commencement de l'exécution du contrat de travail, elle juge désormais que la période de formation est incluse dans la période d'essai alors même que la formation est une formation théorique, dispensée hors de l'entreprise par un organisme indépendant (cass. soc. 24 octobre 1997, n° 94-45.275, BC V n° 333; Dr. Soc. 1997, p. 1092, obs. Cl. Roy-Loustaunau; dans le même sens, cass. soc. 25 février 1997, n° 94-45.381, BC V n° 84: le séminaire de formation constituant l'exécution du contrat de travail est inclus dans la période d'essai). Cependant, si l'exécution du stage est une condition du recrutement, le stage n'est pas compris dans la période d'essai (cass. soc. 1er février 2000, n° 97-41.908, RJS 3/00 n° 246; 24 octobre 2001, n° 99-45.068, RJS 1/02 n° 3).

Essai et période probatoire. Aucune période d'essai ne peut être imposée au salarié au cours de l'exécution du contrat de travail, notamment en cas de changement d'employeur par suite d'un transfert d'entreprise, dès lors que le même contrat se poursuit (cass. soc. 31 mars 1998, n° 95-44.889, BC V n° 185; RJS 5/98 n° 571). Lorsque le cessionnaire rompt la période d'essai qu'il a imposée au salarié, ce dernier est en droit d'agir contre lui au titre des conséquences de la rupture, peu important qu'une transaction ait été conclue avec le cédant (cass. soc. 25 septembre 2013, n° 12-20.256, BC V n° 200; LS Jurispr. n° 194 du 22.10.2013; RJS 1/14 n° 12, 1re espèce; Dr. Soc. 2014, p. 79, act. A. Mazeaud; JSL nos 355-356, 19.12.2013, p. 28).

Si le salarié refuse de passer au service d'un nouvel employeur par l'effet de l'article L. 1224-1, l'employeur initial qui accepte de le garder à son service ne peut pas lui imposer une clause d'essai, même si de nouvelles fonctions sont attribuées à ce salarié (cass. soc. 26 mai 1998, n° 96-40.536, BC V n° 275; RJS 7/98 n° 821).

En cours d'exécution du contrat, les parties peuvent seulement prévoir une période probatoire en cas de modification du contrat. Au cours de cette période, le salarié peut être replacé dans ses fonctions antérieures, mais l'employeur ne peut pas rompre le contrat en éludant les règles du licenciement. Cette prohibition des clauses d'essai s'applique même lorsque le changement de fonctions donne lieu à la conclusion d'un nouveau contrat; la période d'essai qui serait stipulée dans le second contrat est assimilée à une période probatoire «dont la rupture a pour effet de replacer le salarié dans ses fonctions antérieures» (cass. soc. 30 mars 2005, 3 arrêts, nos 02-46.103, 02-46.338 et 03-41.797, BC V nos 107, 108 et 109; RJS 6/05 n° 594; chron. J-Y Frouin, RJS 6/05, p. 423; avis de l'avocat général J. Duplat, SSL n° 1210, p. 5; J. Pélissier, Panorama «Droit du travail», D. 2005, p. 2501). La Cour de cassation a énoncé qu'en présence de contrats de travail successifs conclus entre les mêmes parties, la période d'essai stipulée dans le dernier contrat n'est licite qu'à la condition que ce contrat ait été conclu pour pourvoir un emploi différent de celui des précédents contrats (cass. soc. 23 mars 2011, n° 09-69.349, JSL n° 299, 16.05.2011, p. 26; voir aussi cass. soc. 28 septembre 2005, n° 03-47.214, BC V n° 273; RJS 12/05 n° 1164). Par ailleurs, la Cour de cassation a jugé qu'un avenant au contrat, stipulant une période probatoire pour l'exercice de nouvelles fonctions, mettait nécessairement fin à la période d'essai qui avait été insérée dans le contrat (cass. soc. 20 octobre 2010, n° 08-42.805, BC V n° 240; RJS 1/11 n° 2; JCP éd. S 2010, 1507, note C. Puigelier).

Art. L. 1221-19. Le contrat de travail à durée indéterminée peut comporter une période d'essai dont la durée maximale est:

1° Pour les ouvriers et les employés, de deux mois;

2° Pour les agents de maîtrise et les techniciens, de trois mois;

3° Pour les cadres, de quatre mois.

Note • Voir J. Mouly «Sur le caractère impératif de la durée des nouvelles périodes d'essai», SSL n° 1351, p. 61; S. Tournaux, «Le déclin de la finalité de la période d'essai», Dr. Soc. 2012, p. 788.

• Il faut noter que l'ANI du 11 janvier 2008 sur la modernisation du marché du travail fixe, dans son article 4, des durées minimales, ce que la loi 2008-596 n'a pas repris.

Durée de la période d'essai

• *Avant la loi 2008-596 du 25 juin 2008.* La durée de la période d'essai peut être fixée librement par les parties dans les limites imposées par la convention collective. La validité de la clause fixant la durée de l'essai s'apprécie à la date de sa conclusion et en se référant à la convention collective mentionnée dans le contrat de travail, peu important qu'il soit ultérieurement établi que cette convention n'était pas celle appliquée dans l'entreprise (cass. soc. 16 mai 2012, n° 11-11.100, BC V n° 150; Dr. Soc. 2012, p. 742, obs. J. Mouly; RJS 8-9/12 n° 671).

Lorsqu'une convention collective prévoit la durée d'une période d'essai, les parties ne peuvent convenir d'une durée plus longue (cass. soc. 18 juin 1997, n° 94-43.985, BC V n° 229; RJS 8-9/97 n° 945; 30 juin 1999, n° 97-42.942, BC V n° 317; JSL n° 44, 19.10.1999, p. 32); elles peuvent, en revanche, convenir d'une durée plus courte (cass. soc. 20 janvier 1999, n° 96-44.677, RJS 4/99 n° 469). De façon générale, lorsque la convention collective prévoit une période d'essai et que le contrat individuel de travail ne déroge pas expressément à cette clause conventionnelle, les juges considèrent que la clause conventionnelle d'essai s'applique (cass. soc. 13 mars 1990, n° 87-44.804, RJS 5/90 n° 346). Mais si la convention collective soumet l'existence de la période d'essai à certaines conditions relatives à la conclusion du contrat, l'employeur qui n'a pas respecté ces conditions ne peut pas invoquer, à l'encontre du salarié, les règles de l'essai (cass. soc. 11 décembre 1991, n° 88-41.638, BC V n° 569; RJS 2/92 n° 117, 1re espèce: défaut d'envoi d'une lettre d'embauche précisant les clauses essentielles du contrat alors que la convention collective imposait cet envoi; cass. soc. 7 janvier 1992, n° 88-42.293, BC V n° 6; RJS 2/92 n° 117, 2e espèce: un employeur qui ne respecte pas la clause conventionnelle lui imposant de notifier par écrit au salarié la durée de l'essai ne peut pas invoquer la clause conventionnelle d'essai).

À défaut de dispositions conventionnelles, les parties sont, en principe, libres de fixer contractuellement la durée de l'essai, mais cette liberté a une limite: la durée de l'essai doit être proportionnée avec le temps nécessaire pour éprouver un salarié de la catégorie du salarié concerné (cass. soc. 7 janvier 1992, n° 88-45.393, RJS 3/92 n° 244). Souvent, les usages locaux ou professionnels permettront de déterminer si la durée de l'essai fixée par le contrat est ou n'est pas excessive (cass. soc. 21 décembre 1977, n° 76-40.685, BC V n° 727 : période d'essai hors de proportion avec le temps nécessaire pour tester l'employé, contraire aux usages pratiqués dans la région et la profession ; cass. soc. 9 juin 1988, n° 85-43.146, BC V n° 348 : salarié embauché en qualité de livreur, d'abord par contrats à durée déterminée d'une durée de six jours et treize jours, puis par contrat à durée indéterminée comportant une période d'essai de trois mois).

• Sauf disposition conventionnelle ou contractuelle contraire, toute période d'essai, qu'elle soit exprimée en jours, en semaines ou en mois, se décompte de manière calendaire (cass. soc. 28 avril 2011, 2 arrêts, n°s 09-72.165 et 09-40.464, BC V n° 101 ; JSL n° 301, 17.06.2011, p. 15, J-E Tourreil ; RJS 7/11 n° 582 ; RDT, juillet/août 2011, CH, 435, S. Tournaux ; voir aussi cass. soc. 29 juin 2005, n° 02-45.701, BC V n° 220 ; RJS 10/05 n° 944 ; JCP éd. S 2005, 1172, note B. Gauriau).

• La durée de la période ne peut inclure des périodes de suspension du contrat de travail (par exemple, fermeture de l'entreprise en raison des congés annuels : cass. soc. 27 novembre 1985, n° 82-42.581, BC V n° 560 ; maladie du salarié : cass. soc. 18 janvier 1989, n° 85-43.505, BC V n° 36 ; épreuve de sélection du service national et jours de congé : cass. soc. 26 octobre 1999, n° 97-43.266, RJS 12/99 n° 1436 ; prise de jours de RTT : cass. soc. 11 septembre 2019, n° 17-21.976, à paraître, JCP éd. S 2019, 1291, note D. Fallik Maymard ; LS n° 17908 du 01.10.2019 ; JSL n° 484, 28.10.2019, p. 7, L. Jousselin ; RJS 11/19 n° 613). Sa prolongation ne peut être limitée aux seuls jours ouvrables (cass. soc. 14 novembre 1990, n° 87-42.795, BC V n° 551 ; voir aussi cass. soc. 11 septembre 2019, n° 17-21.976, précité).

La désignation d'un salarié comme mandataire social, avec suspension du contrat de travail pendant la durée de ce mandat, en l'absence de fonctions techniques distinctes, ne mettant pas fin à la période d'essai en cours, celle-ci reprend son cours après la révocation du mandat social (cass. soc. 24 avril 2013, n° 12-11.825, BC V n° 110 ; JSL n° 345, 11.06.2013, p. 8, J-Ph. Lhernould ; RJS 7/13 n° 501 ; RDT, juillet/août 2013, CH, 483, H. Payancé).

• Les dispositions propres à la computation des délais de procédure ne s'appliquent pas au calcul de la durée d'une période d'essai (cass. soc. 15 mars 2006, n° 04-44.544, BC V n° 103 ; RJS 5/06 n° 516, 1re espèce ; JCP éd. S 2006, 1379, note J-Y Frouin).

• Ont été jugées déraisonnables, au regard de la finalité de la période d'essai et de l'exclusion des règles du licenciement durant cette période, une période d'essai dont la durée est de six mois (cass. soc. 10 mai 2012, n° 10-28.512, BC V n° 137 ; RJS 7/12 n° 608), dont la durée est de 12 mois (cass. soc. 30 septembre 2014, n° 13-21.385, JSL n° 376, 25.11.2014, p. 31) et dont la durée, renouvellement inclus, atteint un an (cass. soc. 11 janvier 2012, n° 10-17.945, BC V n° 11 ; LSQ n° 16024 du 23.01.2012 ; RJS 3/12 n° 207 ; JSL n° 316, 23.02.2012, p. 14, J-E Tourreil ; RDT, mars 2012, CH, 150, S. Tournaux ; 26 mars 2013, n° 11-25.580, BC V n° 82 ; JSL n° 343, 14.05.2013, p. 9, J-Ph. Lhernould ; RJS 6/13 n° 432 ; JCP éd. S 2013, 1292, note J-Ph. Tricoit ; voir aussi cass. soc. 4 juin 2009, n° 08-41.359, BC V n° 146 ; JCP éd. S 2009, 1335, note J. Mouly ; RJS 8-9/09 n° 679 ; JSL n° 260, 29.07.2009, p. 24, N. Gardair-Rérolle ; RDT, octobre 2009, CH, 579, S. Tournaux, s'agissant de la durée d'un an de stage prévu par une convention collective). Voir aussi « Les clauses du contrat de travail révisées par la Cour de cassation », JSL n° 324, 21.06.2012, p. 8, F. Taquet.

La Cour de cassation a précisé qu'un salarié exécutant son travail en France mais dont le contrat est soumis à une loi étrangère peut invoquer le caractère déraisonnable d'une période d'essai trop longue (cass. soc. 26 mars 2013, n° 11-25.580, précité).

Art. L. 1221-20. **La période d'essai permet à l'employeur d'évaluer les compétences du salarié dans son travail, notamment au regard de son expérience, et au salarié d'apprécier si les fonctions occupées lui conviennent.**

Note • Lorsqu'une société a déjà pu évaluer les compétences d'un salarié dans son travail et que c'est en raison de ses compétences reconnues et de l'expérience acquise chez elle au cours de la mise à disposition du salarié qu'elle l'embauche dans les mêmes fonctions, la stipulation d'une période d'essai est abusive (cass. soc. 13 juin 2012, n° 11-15.283, RJS 8-9/12 n° 670 ; voir aussi cass. soc. 28 janvier 2015, n° 13-21.875, LS Jurispr. n° 31 du 17.02.2015).

• L'employeur peut, pour fonder un licenciement disciplinaire, invoquer même après l'expiration de la période d'essai des fautes que le salarié aurait commises au cours de cette période (cass. soc. 3 décembre 2014, n° 13-19.815, LSQ n° 16733 du 15.12.2014 ; JSL n° 381, 10.02.2015, p. 21, M. Patin).

Art. L. 1221-21. La période d'essai peut être renouvelée une fois si un accord de branche étendu le prévoit. Cet accord fixe les conditions et les durées de renouvellement.

La durée de la période d'essai, renouvellement compris, ne peut pas dépasser :

1° Quatre mois pour les ouvriers et employés ;

2° Six mois pour les agents de maîtrise et techniciens ;

3° Huit mois pour les cadres.

Note **Jurisprudence rendue sous l'empire de la loi 2008-596 du 25 juin 2008**

La clause contractuelle prévoyant le renouvellement de la période d'essai est nulle si l'accord de branche étendu applicable à l'entreprise ne prévoit pas une telle possibilité (cass. soc. 20 décembre 2017, n° 16-17.998, BC V n° 222; JCP éd. S 2018, 1076, note A. Barège; RJS 3/18 n° 155).

Renouvellement de la période d'essai avant la loi 2008-596 du 25 juin 2008

• Le renouvellement de la période d'essai ne peut résulter que d'un accord exprès des parties intervenu au cours de la période initiale (cass. soc. 23 janvier 1997, n° 94-44.357, BC V n° 33; RJS 3/97 n° 248; 10 janvier 2001, n° 97-45.164, BC V n° 4; RJS 3/01 n° 280) et exige une manifestation de volonté claire et non équivoque du salarié ne pouvant être déduite de la seule apposition de sa signature sur un document établi par l'employeur (cass. soc. 25 novembre 2009, n° 08-43.008, BC V n° 265; JSL n° 269, 18.01.2010, p. 18, M-Ch. Haller; RJS 2/10 n° 142; JCP éd. S 2010, 1041, note X. Carsin; 8 juillet 2015, n° 14-11.762, RJS 11/15 n° 692; voir aussi cass. soc. 15 mars 2006, n° 04-46.406, BC V n° 104; RJS 5/06 n° 516, 3e espèce, s'agissant de la signature d'un salarié apposée sur un document d'évaluation adressé par l'évaluateur à l'employeur). En revanche, sous réserve des modalités spécifiques prévues par certaines conventions collectives, l'accord exprès du salarié peut être donné par courrier électronique à condition que l'accord y soit exprimé dans des termes clairs et non équivoques (rép. QE 88607, JO AN 1er mars 2011, p. 2088). À noter que l'accord exprès est nécessaire même si les dispositions conventionnelles prévoient une simple information du salarié (cass. soc. 12 juillet 2010, n° 09-41.875, JSL n° 286, 27.10.2010, p. 24).

• Lorsque la convention collective ne prévoit pas la possibilité de renouveler la période d'essai, la clause du contrat de travail prévoyant son renouvellement est nulle (cass. soc. 30 mars 1995, n° 91-44.079, BC V n° 117; RJS 8-9/95 n° 863) quand bien même la durée totale de la période d'essai renouvelée n'excéderait pas la durée maximale prévue par la convention collective (cass. soc. 25 février 2009, n° 07-40.155, BC V n° 50; JCP éd. S 2009, 1158, note J. Mouly; RJS 5/09 n° 409).

• L'engagement du salarié devient définitif à l'issue de la première période d'exécution de l'essai lorsque le renouvellement de l'essai a été notifié verbalement au salarié alors que la convention collective prévoit que l'employeur doit notifier par écrit à l'intéressé les motifs de la reconduction de l'essai (cass. soc. 31 janvier 1995, n° 91-42.862, BC V n° 44; RJS 3/95 n° 203).

• La durée de la période d'essai initialement fixée par les parties ne peut excéder celle prévue par la convention collective et les parties ne peuvent stipuler dès l'origine une durée supérieure en y ajoutant la durée de la prolongation ou du renouvellement éventuellement permis par la convention collective (cass. soc. 17 juillet 1996, n° 93-43.864, RJS 8-9/96 n° 889; voir aussi cass. soc. 17 janvier 1995, n° 91-43.011, Dr. Soc. 1995, p. 188).

• Ne constitue pas un renouvellement de la période d'essai, celle incluse dans un contrat avec une société d'un groupe, quand bien même ce contrat ferait suite à un précédent contrat, conclu avec une autre société du même groupe, qui contenait déjà une période d'essai (cass. soc. 20 octobre 2010, n° 08-40.822, BC V n° 239; RJS 1/11 n° 1; JCP éd. S 2011, 1041, note A. Barège: la clause d'essai stipulée dans le second contrat est valable).

Art. L. 1221-22. Les durées des périodes d'essai fixées par les articles L. 1221-19 et L. 1221-21 ont un caractère impératif, à l'exception:

- de durées plus longues fixées par les accords de branche conclus avant la date de publication de la loi n° 2008-596 du 25 juin 2008 portant modernisation du marché du travail;
- de durées plus courtes fixées par des accords collectifs conclus après la date de publication de la loi n° 2008-596 du 25 juin 2008 précitée;
- de durées plus courtes fixées dans la lettre d'engagement ou le contrat de travail.

Note Les stipulations des accords de branche conclus avant la publication de la loi 2008-596 du 25 juin 2008 (JO 26) et fixant des durées d'essai plus courtes que celles déterminées par l'article L. 1221-19 sont restées en vigueur jusqu'au 30 juin 2009 (loi 2008-596 précitée, art. 2, II).

À l'issue de cette période transitoire, les durées maximales de la période d'essai prévues aux articles L. 1221-19 et L. 1221-21 se sont substituées aux durées plus courtes, renouvellement compris, résultant des conventions collectives de branche conclues antérieurement à l'entrée en vigueur de la loi 2008-596 du 25 juin 2008 (cass. soc. 31 mars 2016, n° 14-29.184, BC V n° 61; JSL n° 409, 06.05.2016, p. 6, J-Ph. Lhernould; JCP éd. S 2016, 1185, note L. Drai; RJS 6/16 n° 390; 13 mars 2019, n° 17-22.783, LS Jurispr. n° 57 du 26.03.2019; JSL n° 475, 07.05.2019, pp. 21 et 27).

Art. L. 1221-23. La période d'essai et la possibilité de la renouveler ne se présument pas. Elles sont expressément stipulées dans la lettre d'engagement ou le contrat de travail.

Note **Existence d'une période d'essai**

• L'essai est une dérogation au principe selon lequel la convention est normalement conclue à titre définitif: il en résulte que c'est celui qui se prévaut de l'existence d'un essai qui doit en rapporter la preuve (cass. soc. 5 juin 1990, n° 86-45.066).

La période d'essai ne se présume pas: pour pouvoir invoquer l'existence d'une période d'essai, il est nécessaire qu'il y ait une stipulation expresse de la convention collective ou du contrat de travail. Un document interne à l'entreprise ne saurait être assimilé à une convention collective et ne peut instaurer une période d'essai opposable au salarié (cass. soc. 6 juin 2001, n° 99-43.929, RJS 8-9/01 n° 981).

Une période d'essai ne peut pas être instituée par un usage (cass. soc. 23 novembre 1999, n° 97-43.022, BC V n° 448; Dr. Soc. 2000, p. 204, note J. Mouly).

• Une clause d'essai peut être introduite dans un contrat de travail, alors même que ce contrat est conclu en fin d'apprentissage entre l'ancien maître d'apprentissage et l'ancien apprenti (cass. soc. 4 mars 1992, n° 88-44.217, BC V n° 150; RJS 4/92 n° 403).

Une période d'essai d'un mois ne peut être valablement stipulée dans un engagement à durée déterminée conclu le 1er mars 1998 lorsque le salarié embauché a, en 1997, exercé les mêmes fonctions au profit du même employeur (cass. soc. 26 février 2002, n° 00-40.749, BC V n° 78; RJS 5/02 n° 539).

• La période d'essai doit être fixée dès l'engagement du salarié; dès lors, si la lettre d'embauche en vertu de laquelle un salarié prend ses fonctions n'en prévoit pas, la période d'essai figurant dans le contrat de travail signé postérieurement à l'embauche effective est inopposable au salarié (cass. soc. 25 janvier 2006, n° 04-45.429, BC V n° 24; RJS 4/06 n° 388). À l'inverse, la période d'essai contractuellement prévue par une lettre d'engagement existe, peu important que le contrat conclu ensuite n'y fasse plus référence (cass. soc. 23 mars 2011, n° 09-67.487).

Par ailleurs, le fait que la promesse d'embauche ne mentionne pas l'existence d'une période d'essai ne fait pas obstacle à ce que le contrat de travail en prévoie une (cass. soc. 12 juin 2014, n° 13-14.258, BC V n° 138; RJS 8-9/14 n° 607; JCP éd. S 2014, 1330, note G. Duchange; JSL n° 370, 21.07.2014, p. 12, M. Hautefort).

• Un salarié est soumis à une période d'essai dès lors que la convention collective applicable prévoit que tout contrat de travail comporte une période d'essai sans exiger que la lettre d'embauche la mentionne (cass. soc. 22 juin 1994, n° 91-41.653, BC V n° 208; RJS 8-9/94 n° 962).

Lorsque le contrat de travail ne fait pas mention de l'existence d'une période d'essai, l'employeur ne peut se prévaloir de la période d'essai instituée de manière obligatoire par la convention collective que si le salarié a été informé, au moment de son engagement, de l'existence d'une convention collective applicable et mis en mesure d'en prendre connaissance (cass. soc. 18 juillet 2001, n° 99-44.729, RJS 11/01 n° 1244; 29 mars 1995, n° 91-44.562, BC V n° 112; RJS 5/95 n° 538); il en est de même en cas d'absence de contrat de travail écrit (cass. soc. 25 mars 1998, n° 96-40.496, BC V n° 173; RJS 5/98 n° 561; 23 avril 1997, n° 94-42.525, BC V n° 143; RJS 6/97 n° 648).

La disposition conventionnelle est inopposable au salarié lorsque l'employeur n'a pas affiché sur les lieux du travail l'avis indiquant qu'il tenait à la disposition du personnel un exemplaire de la convention collective (cass. soc. 6 juillet 1994, n° 91-41.370, BC V n° 225; RJS 8-9/94 n° 1023). En outre, l'affichage des modalités de consultation de la convention collective dans les locaux de l'entreprise ne vaut pas information de l'existence de la convention (cass. soc. 15 septembre 2010, n° 09-42.277, BC V n° 180; RJS 11/10 n° 828).

Dans les cas où la convention collective prévoit un essai obligatoire tout en précisant que le contrat de travail doit être conclu par écrit et qu'il doit contenir une clause d'essai, l'absence de clause contractuelle relative à l'essai conduit les juges à décider qu'il n'y a pas d'essai (cass. soc. 27 mars 1996, n° 92-44.740, RJS 5/96 n° 510; 5 juin 1996, n° 94-42.263, BC V n° 228; RJS 7/96 n° 766).

• Plus délicate est la question de savoir comment doit s'appliquer la clause d'une convention collective se bornant à fixer, sans autre précision, la durée de la période d'essai. Dans un premier temps, la Cour de cassation avait considéré qu'en présence d'une convention collective stipulant seulement que «la durée de la période d'essai est fixée à trois mois», et en l'absence de toute indication à cet égard dans la lettre d'embauche, une cour d'appel avait à bon droit déclaré la clause de la convention collective applicable en l'absence de tout accord contraire y dérogeant (cass. soc. 19 octobre 1977, n° 76-40.049, BC V n° 544). Mais elle a, par la suite, pris une autre position, affirmant qu'on ne peut opposer une période d'essai à un salarié dans la mesure où la convention collective applicable ne prévoit pas que «tout engagement comporte une période d'essai et que celle-ci n'est pas envisagée par le contrat de travail» (cass. soc. 15 novembre 1989, n° 86-41.430, BC V n° 661), et décidant que la seule référence à la convention collective prévoyant une période d'essai ne suffit pas à apporter la preuve qu'elle ait été convenue (cass. soc. 18 mars 1992, n° 88-44.518, BC V n° 190; 2 mars 1994, n° 91-41.324, RJS 4/94 n° 374, 2e espèce).

• La non-conformité de la clause relative à la période d'essai aux dispositions de la convention collective n'entraîne pas la nullité du contrat de travail mais a seulement pour effet de ramener la période d'essai à la durée fixée par ladite convention (cass. soc. 4 avril 1979, n° 77-41.234, BC V n° 321).

• **Période d'essai interprofessionnelle.** L'accord national interprofessionnel (ANI) du 11 janvier 2008 avait institué une période d'essai interprofessionnelle (art. 4). La durée maximale de cet essai varie de 1 à 4 mois (période renouvelable une fois par accord de branche étendu).

Art. L. 1221-24. En cas d'embauche dans l'entreprise ***(L. 2011-893 du 28 juil. 2011, art. 28, JO 29)*** «dans les trois mois suivant l'issue» du stage intégré à un cursus pédagogique réalisé lors de la dernière année d'études, la durée de ce stage est déduite de la période d'essai, sans que cela ait pour effet de réduire cette dernière de plus de la moitié, sauf accord collectif prévoyant des stipulations plus favorables. ***(L. 2011-893 du 28 juil. 2011, art. 28, JO 29)*** «Lorsque cette embauche est effectuée dans un emploi en correspondance avec les activités qui avaient été confiées au stagiaire, la durée du stage est déduite intégralement de la période d'essai.

Lorsque le stagiaire est embauché par l'entreprise à l'issue d'un stage d'une durée supérieure à deux mois, au sens de l'article ***(L. 2014-788 du 10 juil. 2014, art. 4, JO 11)*** « L. 124-6» du code de l'éducation, la durée de ce stage est prise en compte pour l'ouverture et le calcul des droits liés à l'ancienneté.»

Art. L. 1221-25. Lorsqu'il est mis fin, par l'employeur, au contrat en cours ou au terme de la période d'essai définie aux articles L. 1221-19 à L. 1221-24 ou à l'article L. 1242-10 pour les contrats stipulant une période d'essai d'au moins une semaine, le salarié est prévenu dans un délai qui ne peut être inférieur à :

1° Vingt-quatre heures en deçà de huit jours de présence;

2° Quarante-huit heures entre huit jours et un mois de présence;

3° Deux semaines après un mois de présence;

4° Un mois après trois mois de présence.

La période d'essai, renouvellement inclus, ne peut être prolongée du fait de la durée du délai de prévenance.

(Ord. 2014-699 du 26 juin 2014, art. 19, JO 27) «Lorsque le délai de prévenance n'a pas été respecté, son inexécution ouvre droit pour le salarié, sauf s'il a commis une faute grave, à une indemnité compensatrice. Cette indemnité est égale au montant des salaires et avantages que le salarié aurait perçus s'il avait accompli son travail jusqu'à l'expiration du délai de prévenance, indemnité compensatrice de congés payés comprise.»

Note • Voir S. Tournaux, «Le déclin de la finalité de la période d'essai», Dr. Soc. 2012, p. 788; D. Jourdan, «Rupture de la période d'essai», JCP éd. S 2012, 1339.

Rupture en cours d'essai

• L'employeur doit manifester sa volonté de mettre fin à la période d'essai avant sa date d'expiration, peu important que le salarié reçoive la lettre lui notifiant cette rupture après l'expiration de la période (cass. soc. 11 mai 2005, n° 03-40.650, BC V n° 159; RJS 7/05 n° 722; 26 septembre 2006, n° 05-44.670, BC V n° 287; Dr. Soc. 2006, p. 1193, obs. J. Savatier).

• Les dispositions de l'article L. 1225-5 CT relatives à l'annulation du licenciement d'une salariée en état de grossesse en cas de connaissance postérieure par l'employeur de cet état ne sont pas applicables à la rupture en période d'essai (cass. soc. 21 décembre 2006, n° 05-44.806, BC V n° 415; RJS 3/07 n° 325; Dr. Soc. 2007, p. 356, obs. J. Savatier). Mais la nullité du licenciement d'une salariée en état de grossesse est encourue sur le fondement de l'article L. 1132-1, la Cour de cassation ayant jugé que les dispositions de cet article s'appliquent à la période d'essai (cass. soc. 16 février 2005, n° 02-43.402, BC V n° 52; RJS 5/05 n° 469).

La Cour de cassation a précisé que, les dispositions relatives à la rupture du contrat de travail à durée indéterminée n'étant pas applicables pendant la période d'essai, la rupture fondée sur un motif discriminatoire n'ouvre pas droit à l'indemnité de préavis (cass. soc. 12 septembre 2018, n° 16-26.333, à paraître, LSQ n° 17661 du 28.09.2018; JCP éd. S 2018, 1338, note A. Barège; RJS 11/18 n° 655; JSL n° 463, 12.11.2018, p. 7, J-Ph. Lhernould).

• Durant la période d'essai, chacune des parties dispose en principe d'un droit de résiliation unilatéral, sans avoir à alléguer de motif (cass. soc. 20 octobre 2010, n° 08-40.822, BC V n° 239; RJS 1/11 n° 1; JCP éd. S 2011, 1041, note A. Barège).

• Le droit de rompre l'essai ne doit pas dégénérer en abus. La rupture est abusive lorsqu'elle intervient pour un motif non inhérent à la personne du salarié (cass. soc. 20 novembre 2007, n° 06-41.212, BC V n° 194; JSL n° 223, 11.12.2007, p. 11, M-Ch. Haller; RJS 2/08 n° 134; JCP éd.

S 2008, 1215, note C. Leborgne-Ingenaere). Ainsi, l'employeur ne peut invoquer ni les conditions climatiques (cass. soc. 15 décembre 2010, n° 09-42.273, JCP éd. S 2011, 1282, note Fr. Bousez), ni le refus par le salarié de modifications de son contrat de travail (cass. soc. 10 décembre 2008, n° 07-42.445, BC V n° 246; JSL n° 247, 14.01.2009, p. 12, M-Ch. Haller; RJS 2/09 n° 132; Dr. Soc. 2009, p. 235, obs. G. Couturier; JCP éd. S 2009, 1123, note D. Everaert-Dumont), ni la suppression du poste occupé par le salarié (cass. soc. 30 novembre 2011, n° 10-30.535). Les juges retiennent l'abus du droit de rompre en relevant la légèreté blâmable de l'employeur qui met très rapidement fin à l'essai en l'absence de faute grossière du salarié (cass. soc. 17 juillet 1996, n° 93-46.494, BC V n° 289; RJS 8-9/96 n° 892; 5 mai 2004, n° 02-41.224, BC V n° 123; RJS 7/04 n° 792; 10 janvier 2012, n° 10-14.868, LS Jurispr. n° 23 du 31.01.2012; 15 décembre 2016, n° 15-21.596); ils n'hésitent pas à considérer qu'il y a précipitation inhabituelle pour interrompre la période d'essai et abus du droit alors que la décision de rupture a été prise après vingt-huit jours de travail (cass. soc. 22 novembre 1995, n° 92-43.036, RJS 1/96 n° 2, 2e espèce). Constitue également un abus le fait pour un employeur de rompre la période d'essai quelques jours après avoir décidé de la renouveler (cass. soc. 6 janvier 2010, n° 08-42.826, LS Jurispr. n° 17 du 25.01.2010).

L'abus du droit est retenu chaque fois que l'appréciation des qualités professionnelles n'a pas pu être réalisée (par exemple, cass. soc. 18 juin 1996, n° 92-44.891, BC V n° 247; RJS 8-9/96 n° 891: rupture abusive lorsque l'employeur rompt le contrat pendant une période de suspension de contrat en raison de la maladie du salarié alors que la période d'essai a été renouvelée pendant cette suspension et que le travail n'a pas été repris; voir aussi cass. soc. 10 avril 2013, n° 11-24.794, RJS 6/13 n° 423). Il en est de même lorsqu'il apparaît que la rupture du contrat ne peut pas être motivée par le manque de qualités professionnelles (cass. soc. 9 octobre 1996, n° 93-45.668, BC V n° 318; RJS 11/96 n° 1148).

La rupture de la période d'essai à l'initiative du salarié en raison du non-paiement de ses salaires s'analyse en une rupture abusive imputable à l'employeur et ouvre droit à des dommages-intérêts (cass. soc. 7 février 2012, n° 10-27.525, BC V n° 57; JSL n° 318, 22.03.2012, p. 21, J-E Tourreil; RJS 4/12 n° 295; JCP éd. S 2012, 1177, note C. Puigelier).

• Les salariés, victimes d'un accident du travail en cours d'essai, bénéficient des règles de protection contre la résiliation du contrat de travail (cass. soc. 25 février 1997, n° 93-40.185, BC V n° 80; RJS 4/97, n° 371; 12 mai 2004, n° 02-44.325, BC V n° 132; RJS 7/04 n° 808: la résiliation du contrat de travail pendant la période provoquée par un accident du travail est nulle, même si elle intervient pendant la période d'essai).

Par ailleurs, la chambre sociale de la Cour de cassation a jugé que «les dispositions légales qui assurent une protection exceptionnelle et exorbitante du droit commun à certains salariés, en raison du mandat ou des fonctions qu'ils exercent dans l'intérêt de l'ensemble des travailleurs, s'appliquent à la rupture du contrat de travail à l'initiative de l'employeur pendant la période d'essai» (cass. soc. 26 octobre 2005, 2 arrêts, nos 03-44.585 et 03-44.751, BC V n° 306; RJS 1/06, p. 9, rapp. M-L Morin et n° 63). Un employeur doit donc solliciter l'autorisation de l'inspecteur du travail lorsqu'il entend rompre le contrat de travail, même en période d'essai, d'un conseiller prud'homal (cass. soc. 22 septembre 2010, n° 09-40.968, BC V n° 191; LS Bref n° 15702 du 4.10.2010; RJS 12/10 n° 981; Dr. Soc. 2010, p. 1268, obs. L. Pécaut-Rivolier).

• L'employeur doit respecter la procédure disciplinaire lorsqu'il invoque un motif disciplinaire pour mettre fin à l'essai (cass. soc. 10 mars 2004, n° 01-44.750, BC V n° 80; RJS 6/04 n° 646; 14 mai 2014, n° 13-13.975, RJS 7/14 n° 533).

• La rétractation par l'employeur de la rupture de la période d'essai ne peut intervenir sans l'accord du salarié (cass. soc. 20 février 2019, n° 17-27.089, LS Jurispr. n° 43 du 05.03.2019; JSL n° 474, 23.04.2019, p. 27, D. Julien-Paturle).

Délai de prévenance prévu par l'article L. 1221-25

• Lorsque les stipulations contractuelles prévoient un délai de prévenance plus favorable que les délais légaux, elles doivent s'appliquer (cass. soc. 15 avril 2016, n° 15-12.588, LSQ n° 17078 du 11.05.2016; RJS 7/16 n° 471).

• La période d'essai ne pouvant être prolongée du fait de la durée du délai de prévenance, en cas de rupture pendant la période d'essai, le contrat prend fin au terme du délai de prévenance s'il est exécuté et au plus tard à l'expiration de la période d'essai; la poursuite de la relation de travail au-delà du terme de l'essai donne naissance à un nouveau contrat de travail à durée indéterminée qui ne peut être rompu à l'initiative de l'employeur que par un licenciement (cass. soc. 5 novembre 2014, n° 13-18.114, BC V n° 254; LSQ n° 16711 du 13.11.2014; RJS 1/15 n° 1; JCP éd. S 2015, 1123, note Fr. Dumont).

• Lorsque l'exécution du délai de prévenance conduit au dépassement du terme de la période d'essai, l'employeur peut rompre le contrat et indemniser le salarié du délai de prévenance non respecté (cass. soc. 16 septembre 2015, n° 14-16.713, BC V n° 159; RJS 11/15 n° 693; JSL n° 397, 9.11.2015, p. 11, J-Ph. Lhernould).

• Lorsque l'employeur met fin à la période d'essai avant son terme sans respecter le délai de prévenance, la rupture ne s'analyse pas en un licenciement (cass. soc. 23 janvier 2013, n° 11-23.428, BC V n° 14; JCP éd. S 2013, 1108, note D. Corrignan-Carsin; JSL n° 339, 12.03.2013, p. 9, T. Loubaton et M. Patin; RJS 4/13 n° 251 et p. 211, chron. J-Y Frouin).

Art. L. 1221-26. Lorsqu'il est mis fin à la période d'essai par le salarié, celui-ci respecte un délai de prévenance de quarante-huit heures. Ce délai est ramené à vingt-quatre heures si la durée de présence du salarié dans l'entreprise est inférieure à huit jours.

CHAPITRE II Exécution et modification du contrat de travail

SECTION 1. Exécution du contrat de travail

Art. L. 1222-1. Le contrat de travail est exécuté de bonne foi.

Note • Voir V. Guislain «La bonne foi, notion-cadre régulatrice des relations de travail», JSL n° 358, 27.01.2014, p. 3 et «Les effets positifs de la bonne foi en droit du travail», JSL n° 359, 6.02.2014, p. 3.

• L'employeur manque à l'exécution de bonne foi du contrat de travail en supprimant un avantage lié à la fonction du salarié et en mettant celui-ci dans l'impossibilité de travailler (cass. soc. 10 mai 2006, n° 05-42.210, BC V n° 169; Dr. Soc. 2006, p. 803, obs. J. Savatier: suppression du transport du domicile au lieu de travail de très bonne heure; résiliation judiciaire prononcée à la demande du salarié).

Art. L. 1222-2. Les informations demandées, sous quelque forme que ce soit, à un salarié ne peuvent avoir comme finalité que d'apprécier ses aptitudes professionnelles.

Ces informations doivent présenter un lien direct et nécessaire avec l'évaluation de ses aptitudes.

Le salarié est tenu de répondre de bonne foi à ces demandes d'informations.

Note Voir note sous L. 1221-6 relative au recrutement.

Art. L. 1222-3. Le salarié est expressément informé, préalablement à leur mise en œuvre, des méthodes et techniques d'évaluation professionnelles mises en œuvre à son égard.

Les résultats obtenus sont confidentiels.

Les méthodes et techniques d'évaluation des salariés doivent être pertinentes au regard de la finalité poursuivie.

Art. L. 1222-4. Aucune information concernant personnellement un salarié ne peut être collectée par un dispositif qui n'a pas été porté préalablement à sa connaissance.

Art. L. 1222-5. L'employeur ne peut opposer aucune clause d'exclusivité pendant une durée d'un an au salarié qui crée ou reprend une entreprise, même en présence de stipulation contractuelle ou conventionnelle contraire. Toutefois, cette interdiction ne s'applique pas à la clause d'exclusivité prévue par l'article L. 7313-6 pour les voyageurs, représentants ou placiers.

Lorsqu'un congé pour la création ou la reprise d'entreprise est prolongé dans les conditions prévues ***(L. 2016-1088 du 8 août 2016, art. 9, III, 1°, JO 9)*** «aux articles L. 3142-111, L. 3142-117 et L. 3142-119», les dispositions du premier alinéa s'appliquent jusqu'au terme de la prolongation.

Le salarié reste soumis à l'obligation de loyauté à l'égard de son employeur.

Art. D. 1222-1. Le délai d'un an pendant lequel l'employeur ne peut opposer la clause d'exclusivité prévue à l'article L. 1222-5 court à compter:

1° Soit de l'inscription du salarié au registre du commerce et des sociétés ou au répertoire des métiers;

2° Soit de sa déclaration de début d'activité professionnelle agricole ou indépendante.

SECTION 2. Modification du contrat de travail pour motif économique

Art. L. 1222-6. Lorsque l'employeur envisage la modification d'un élément essentiel du contrat de travail pour l'un des motifs économiques énoncés à l'article L. 1233-3, il en fait la proposition au salarié par lettre recommandée avec avis de réception.

Art. L. 1222-6

La lettre de notification informe le salarié qu'il dispose d'un mois à compter de sa réception pour faire connaître son refus. ***(Ord. 2014-326 du 12 mars 2014, art. 109, JO 14, entrée en vigueur le 01.07.2014)*** «Le délai est de quinze jours si l'entreprise est en redressement judiciaire ou en liquidation judiciaire.»

À défaut de réponse dans le délai d'un mois, ***(Ord. 2014-326 du 12 mars 2014, art. 109, JO 14, entrée en vigueur le 01.07.2014)*** «ou de quinze jours si l'entreprise est en redressement judiciaire ou en liquidation judiciaire,» le salarié est réputé avoir accepté la modification proposée.

Note • Les dispositions de cet article, dans sa rédaction issue de l'ordonnance 2014-326 précitée, ne sont pas applicables aux procédures collectives en cours au 01.07.2014 (ordonnance précitée, art. 116).

• Il résulte de l'article L. 1222-6 que la procédure qu'il prévoit est applicable lorsque l'employeur envisage la modification d'un élément essentiel du contrat de travail pour l'un des motifs énoncés à l'article L. 1233-3 CT (cass. soc. 13 septembre 2017, n° 15-28.569, BC V n° 135; JCP éd. S 2017, 1336, note P. Bailly; RJS 11/17 n° 727; JSL n° 440, 26.10.2017, p. 15, C. Margerin et Ph. Pacotte).

• Le délai d'un mois prévu au deuxième alinéa expire à minuit le jour du mois suivant qui porte le même quantième que le jour de la réception de la lettre recommandée contenant la proposition de modification (cass. soc. 3 mars 2009, n° 07-42.850, RJS 6/09 n° 499; JCP éd. S 2009, 1305, note L. Drai). L'inobservation par l'employeur du délai d'un mois, qui constitue une période de réflexion destinée à permettre au salarié de prendre parti sur la proposition de modification en mesurant les conséquences de son choix, prive de cause réelle et sérieuse le licenciement fondé sur le refus par le salarié de la modification de son contrat de travail (cass. soc. 10 décembre 2003, n°s 01-44.745, BC V n° 313 et 01-40.225, BC V n° 312; RJS 2/04 n° 174; 28 octobre 2008, n° 07-42.718, RJS 1/09 n° 10; 4 juillet 2012, n° 11-19.205, RJS 10/12 n° 773; 11 décembre 2015, n° 14-20.350).

L'employeur peut renoncer à la modification du contrat avant la fin du délai accordé au salarié et le refus de ce dernier de reprendre le travail ne rend pas la rupture imputable à l'employeur (cass. soc. 5 mars 1997, n° 94-42.188, BC V n° 96; RJS 4/97, n° 376).

• Seule une réponse expresse et positive, ou le silence gardé par le salarié pendant plus d'un mois, vaut acceptation de la modification proposée par l'employeur; une réponse dilatoire ou conditionnelle, telle qu'une demande de prorogation, constitue une réponse négative (cass. avis 6 juillet 1998, n° 98-00.005, BC n° 9; RJS 8-9/98 n° 959); en outre, le silence du salarié vaut acceptation, même en présence d'une clause prévoyant le contraire (cass. soc. 18 mai 2004, n° 01-46.164).

Dans l'exercice de son pouvoir souverain d'appréciation d'une stipulation ambiguë, une cour d'appel a pu estimer que le salarié qui avait donné son accord tout en envisageant la possibilité d'engager toute procédure utile pour le respect de ses intérêts n'a pas consenti à la modification de son contrat de travail (cass. soc. 14 janvier 2003, n° 00-45.269, RJS 3/02 n° 317).

En cas de refus par le salarié, l'employeur ne peut que poursuivre le contrat de travail aux conditions initiales ou diligenter une procédure de licenciement (cass. soc. 26 juin 2001, n° 99-42.489, BC V n° 229; RJS 10/01 n° 1117).

• L'employeur qui n'a pas respecté les formalités prescrites par l'ancien article L. 321-1-2 [L. 1222-6] CT ne peut se prévaloir ni d'un refus ni d'une acceptation de la modification du contrat par le salarié (cass. soc. 25 janvier 2005, n° 02-41.819, BC V n° 18; RJS 4/05 n° 344; 27 mai 2009, n° 06-46.293, BC V n° 137; JCP éd. S 2009, 1338, note P. Morvan; RJS 8-9/09 n° 689; 28 septembre 2016, n° 15-16.775, RJS 12/16 n° 760).

• Une proposition de modification des contrats de travail faite par l'administrateur judiciaire est soumise aux dispositions de l'article L. 1222-6 et ne peut renvoyer à une réponse des salariés sous huit jours (cass. soc. 28 novembre 2000, n° 98-42.852, BC V n° 393; RJS 2/01 n° 169). En revanche, les dispositions de cet article (ancien article L. 321-1-2) ne sont pas applicables lorsque l'employeur propose un reclassement au salarié en vue d'éviter son licenciement résultant de la suppression de son emploi (cass. soc. 13 avril 1999, n° 97-41.934, BC V n° 170; RJS 6/99 n° 793; 27 novembre 2001, n° 99-41.723, BC V n° 359; Dr. Soc. 2002, p. 221, obs. J. Mouly; 12 septembre 2018, n° 17-12.746, JSL n° 461, 11.10.2018, p. 31).

SECTION 4. **Télétravail**

Note • Cette section a été introduite par la loi 2012-387 du 22 mars 2012, art. 46, JO 23.

Ces dispositions, qui ont introduit le télétravail dans le code du travail, reprennent l'essentiel de l'accord national interprofessionnel du 19 juillet 2005.

Voir H. Guyot, «Le télétravail codifié», JCP éd. S 2012, 1204; J-E Ray, «Légaliser le télétravail: une bonne idée ?», Dr. Soc. 2012, p. 443; Y. Lasfargues et P-Y Verkindt, «La loi sur le télétravail:

une avancée ?», RDT, janvier 2013, CO, 9; H. Guyot, «Le télétravail: état des lieux», JCP éd. S 2013, 1382.

• Sur la réforme du télétravail par l'ordonnance 2017-1387 du 22 septembre 2017, voir RF 19 octobre 2017, FH 3712, 4-10 et s.; H. Guyot, «Le droit au télétravail», JCP éd. S 2017, 1318; J-E Ray, «De la question sociale du XXIe siècle au télétravail», Dr. Soc. 2018, p. 52. Voir aussi A. Probst, «Télétravail: ultimes modifications par la loi du 29 mars 2018», Dr. Soc. 2018, p. 516; P. Coeffard et A. Thouvenin, «La promotion du télétravail», JCP éd. S 2018, 1334.

• À noter que la loi 2016-1088 du 8 août 2016 (art. 57, JO 9) avait prévu l'engagement, avant le 1er octobre 2016, d'une concertation sur le développement du télétravail et du travail à distance avec les organisations professionnelles d'employeurs et les organisations syndicales de salariés représentatives au niveau national et interprofessionnel, qui, si elles le souhaitaient, pouvaient ouvrir une négociation à ce sujet. Cette concertation devait s'appuyer sur un large état des lieux faisant apparaître:
– 1° le taux de télétravail par branche selon la famille professionnelle et le sexe;
– 2° la liste des métiers, par branche professionnelle, potentiellement éligibles au télétravail.

Cette concertation devait porter également sur l'évaluation de la charge de travail des salariés en forfait en jours, sur la prise en compte des pratiques liées aux outils numériques permettant de mieux articuler la vie personnelle et la vie professionnelle, ainsi que sur l'opportunité et, le cas échéant, les modalités du fractionnement du repos quotidien ou hebdomadaire de ces salariés.

À l'issue de la concertation, un guide des bonnes pratiques devait être élaboré et servir de document de référence lors de la négociation d'une convention ou d'un accord d'entreprise.

Par ailleurs, sur le recours au télétravail pour les salariés handicapés, voir art. L. 5213-6.

Sur le télétravail dans la loi du 8 août 2016, voir RF 8 septembre 2016, FH 3657, 4-42 et 4-43; H. Guyot, «L'adaptation du droit du travail à l'ère numérique», JCP éd. S 2016, 1310.

• Sur la santé et la sécurité des télétravailleurs, voir L. Lafourcade, «Repenser la sécurité du télétravailleur», JCP éd. S 2016, 1401.

• Sur la nature des frais pouvant être indemnisés dans le cadre du télétravail et les modalités de leur évaluation, voir circ. DSS/SDFSS/5B 2003-07 du 7 janvier 2003 modifiée par circ. DSS/SDFSS/5B 2005-376 du 4 août 2005.

Sur la prise en charge des frais de connexion Internet en cas de recours au télétravail, voir Rescrit social du 29 avril 2013 (*www.securite-sociale.fr*).

• Sur *le télétravail en période de Covid-19*, voir notamment le «Questions - Réponses» accessible sur le site internet du ministère du Travail et le «Questions - Réponses» de la CNIL du 12 novembre 2020 publié sur son site internet.

Voir aussi B. Géniaut, «Covid-19 et télétravail», Dr. Soc. 2020, p. 607; B. Sourbès et A. Probst, «Faut-il une «autre» réforme du télétravail ?», RDT, septembre 2020, CO, 514; Numéro Spécial Télétravail, JCP éd. S 2020, n° 38.

Art. L. 1222-9. ***(L. 2018-217 du 29 mars 2018, art. 11, I, 1°, JO 31)*** I. – Sans préjudice de l'application, s'il y a lieu, des dispositions du présent code protégeant les travailleurs à domicile, le télétravail désigne toute forme d'organisation du travail dans laquelle un travail qui aurait également pu être exécuté dans les locaux de l'employeur est effectué par un salarié hors de ces locaux de façon volontaire en utilisant les technologies de l'information et de la communication.

Est qualifié de télétravailleur au sens de la présente section tout salarié de l'entreprise qui effectue, soit dès l'embauche, soit ultérieurement, du télétravail tel que défini au premier alinéa du présent I.

Le télétravail est mis en place dans le cadre d'un accord collectif ou, à défaut, dans le cadre d'une charte élaborée par l'employeur après avis du comité social et économique, s'il existe.

En l'absence d'accord collectif ou de charte, lorsque le salarié et l'employeur conviennent de recourir au télétravail, ils formalisent leur accord par tout moyen. ***(L. 2018-771 du 5 sept. 2018, art. 68, I, 1°, JO 6)*** «Lorsque la demande de recours au télétravail est formulée par un travailleur handicapé mentionné à l'article L. 5212-13 du présent code ou un proche aidant mentionné à l'article L. 113-1-3 du code de l'action sociale et des familles, l'employeur motive, le cas échéant, sa décision de refus.»

II. – L'accord collectif applicable ou, à défaut, la charte élaborée par l'employeur précise:

1° Les conditions de passage en télétravail, en particulier en cas d'épisode de pollution mentionné à l'article L. 223-1 du code de l'environnement, et les conditions de retour à une exécution du contrat de travail sans télétravail;

2° Les modalités d'acceptation par le salarié des conditions de mise en œuvre du télétravail;

3° Les modalités de contrôle du temps de travail ou de régulation de la charge de travail;

4° La détermination des plages horaires durant lesquelles l'employeur peut habituellement contacter le salarié en télétravail.

(L. 2018-771 du 5 sept. 2018, art. 68, I, 2°, JO 6) «5° Les modalités d'accès des travailleurs handicapés à une organisation en télétravail, en application des mesures prévues à l'article L. 5213-6.»

III. – Le télétravailleur a les mêmes droits que le salarié qui exécute son travail dans les locaux de l'entreprise.

L'employeur qui refuse d'accorder le bénéfice du télétravail à un salarié qui occupe un poste éligible à un mode d'organisation en télétravail dans les conditions prévues par accord collectif ou, à défaut, par la charte, motive sa réponse.

Le refus d'accepter un poste de télétravailleur n'est pas un motif de rupture du contrat de travail.

L'accident survenu sur le lieu où est exercé le télétravail pendant l'exercice de l'activité professionnelle du télétravailleur est présumé être un accident de travail au sens de l'article L. 411-1 du code de la sécurité sociale.

Note • Pour les salariés dont le contrat de travail conclu avant le 23 septembre 2017 contient des stipulations relatives au télétravail, sauf refus du salarié, les stipulations et dispositions de l'accord ou de la charte mentionnés à l'article L. 1222-9 se substituent, s'il y a lieu, aux clauses du contrat contraires ou incompatibles. Le salarié fait connaître son refus à l'employeur dans le délai d'un mois à compter de la date à laquelle l'accord ou la charte a été communiqué dans l'entreprise (ordonnance 2017-1387 du 22 septembre 2017, art. 40, VII, JO 23, ratifiée par loi 2018-217 précitée).

• Les fonctionnaires relevant de la loi 83-634 du 13 juillet 1983 portant droits et obligations des fonctionnaires peuvent exercer leurs fonctions dans le cadre du télétravail, tel qu'il est défini au premier alinéa de cet article (voir loi 2012-347 du 12 mars 2012, art. 133, JO 13).

• Lorsque les parties sont convenues d'une exécution de tout ou partie de la prestation de travail par le salarié à son domicile, l'employeur ne peut modifier cette organisation contractuelle du travail sans l'accord du salarié (cass. soc. 13 février 2013, n° 11-22.360, RJS 4/13 n° 263; JSL n° 340, 28.03.2013, p. 22, N. Gardair-Rérolle; JCP éd. S 2013, 1193, note H. Guyot; voir aussi cass. soc. 31 mai 2006, n° 04-43.592, BC V n° 196; JSL n° 192, 27.06.2006, p. 8, M. Hautefort; RJS 8-9/06 n° 919; Dr. Soc. 2006, p. 924, obs. J. Savatier; JCP éd. S 2006, 1815, note B. Bossu; 12 février 2014, n° 12-23.051, BC V n° 48; RJS 4/14 n° 298; JSL n° 363, 7.04.2014, p. 14, M. Hautefort; JCP éd. S 2014, 1212, note H. Guyot).

Art. L. 1222-10. Outre ses obligations de droit commun vis-à-vis de ses salariés, l'employeur est tenu à l'égard du salarié en télétravail:

(Ord. 2017-1387 du 22 sept. 2017, art. 21, 2°, JO 23) «1°» D'informer le salarié de toute restriction à l'usage d'équipements ou outils informatiques ou de services de communication électronique et des sanctions en cas de non-respect de telles restrictions;

(Ord. 2017-1387 du 22 sept. 2017, art. 21, 2°, JO 23) «2°» De lui donner priorité pour occuper ou reprendre un poste sans télétravail qui correspond à ses qualifications et compétences professionnelles et de porter à sa connaissance la disponibilité de tout poste de cette nature;

(Ord. 2017-1387 du 22 sept. 2017, art. 21, 2°, JO 23) «3°» D'organiser chaque année un entretien qui porte notamment sur les conditions d'activité du salarié et sa charge de travail.

Art. L. 1222-11. En cas de circonstances exceptionnelles, notamment de menace d'épidémie, ou en cas de force majeure, la mise en œuvre du télétravail peut être considérée comme un aménagement du poste de travail rendu nécessaire pour permettre la continuité de l'activité de l'entreprise et garantir la protection des salariés.

Note Cet article a été modifié par l'ordonnance 2017-1387 du 22 septembre 2017, art. 21, 3°, JO 23.

SECTION 5. Mobilité volontaire sécurisée

Note • Cette section a été introduite par la loi 2013-504 du 14 juin 2013, art. 6, JO 16.

• Voir notamment RF 30 mai 2013, FH 3498, 3-26 à 3-31.

Voir aussi L. Marquet de Vasselot, «La mobilité et l'emploi: vers de nouvelles pratiques ?», JCP éd. S 2013, 1262; S. Tournaux, «Le chemin tortueux de la mobilité volontaire sécurisée», Dr. Soc. 2013, p. 713; D. Jourdan, «La mobilité volontaire sécurisée», JCP éd. S 2013, 1429.

Art. L. 1222-12. Dans les entreprises et les groupes d'entreprises, au sens de l'article L. 2331-1, d'au moins trois cents salariés, tout salarié justifiant d'une ancienneté minimale de vingt-quatre mois, consécutifs ou non, peut, avec l'accord de son employeur, bénéficier d'une période de mobilité volontaire sécurisée afin d'exercer une activité dans une autre entreprise, au cours de laquelle l'exécution de son contrat de travail est suspendue.

Si l'employeur oppose deux refus successifs à la demande de mobilité, l'accès au ***(Ord. 2019-861 du 21 août 2019, art. 1er, 4°, JO 22)*** «congé spécifique mentionné à l'article L. 6323-17-1» est de droit pour le salarié, sans que puissent lui être opposées la durée d'ancienneté mentionnée à l'article ***(Ord. 2019-861 du 21 août 2019, art. 1er, 1°, JO 22)*** « L. 6323-17-1» ou les dispositions ***(Ord. 2019-861 du 21 août 2019, art. 1er, 1°, JO 22)*** «définies par décret en Conseil d'État».

Art. L. 1222-13. La période de mobilité volontaire sécurisée est prévue par un avenant au contrat de travail, qui détermine l'objet, la durée, la date de prise d'effet et le terme de la période de mobilité, ainsi que le délai dans lequel le salarié informe par écrit l'employeur de son choix éventuel de ne pas réintégrer l'entreprise.

Il prévoit également les situations et modalités d'un retour anticipé du salarié, qui intervient dans un délai raisonnable et qui reste dans tous les cas possible à tout moment avec l'accord de l'employeur.

Art. L. 1222-14. À son retour dans l'entreprise d'origine, le salarié retrouve de plein droit son précédent emploi ou un emploi similaire, assorti d'une qualification et d'une rémunération au moins équivalentes ainsi que du maintien à titre personnel de sa classification. ***(L. 2014-288 du 5 mars 2014, art. 5, I, 8°, JO 6)*** «Il bénéficie de l'entretien professionnel mentionné au I de l'article L. 6315-1.»

Art. L. 1222-15. Lorsque le salarié choisit de ne pas réintégrer son entreprise d'origine au cours ou au terme de la période de mobilité, le contrat de travail qui le lie à son employeur est rompu. Cette rupture constitue une démission qui n'est soumise à aucun préavis autre que celui prévu par l'avenant mentionné à l'article L. 1222-13.

Art. L. 1222-16. L'employeur communique semestriellement au ***(Ord. 2017-1386 du 22 sept. 2017, art. 4, 20°, JO 23, entrée en vigueur au plus tard le 01.01.2018)*** «comité social et économique» la liste des demandes de période de mobilité volontaire sécurisée avec l'indication de la suite qui leur a été donnée.

CHAPITRE III Formation et exécution de certains types de contrats

SECTION 2. Contrat de mission à l'exportation

Art. L. 1223-5. Un accord collectif de branche ou d'entreprise détermine les contrats de travail conclus pour la réalisation d'une mission à l'exportation accomplie en majeure partie hors du territoire national, dont la rupture à l'initiative de l'employeur à la fin de la mission n'est pas soumise aux dispositions relatives au licenciement économique.

Art. L. 1223-6. L'accord collectif de branche ou d'entreprise prévoyant la mise en place du contrat de mission à l'exportation fixe notamment:

1° Les catégories de salariés concernés;

2° La nature des missions à l'exportation concernées ainsi que leur durée minimale, qui ne peut pas être inférieure à six mois;

3° Les contreparties en termes de rémunération et d'indemnité de licenciement accordées aux salariés, sans que cette indemnité puisse être inférieure au montant de l'indemnité légale de licenciement attribué à due proportion du temps sans condition d'ancienneté et quel que soit l'effectif de l'entreprise;

4° Les garanties en termes de formation pour les salariés concernés;

5° Les mesures indispensables au reclassement des salariés.

S'il s'agit d'un accord collectif de branche, il fixe également la taille et le type d'entreprises concernées.

Art. L. 1223-7. Les dispositions en matière de protection sociale de la branche ou de l'entreprise sont applicables au bénéficiaire du contrat de mission à l'exportation.

SECTION 3. Contrat de chantier ou d'opération

Note Cette section est issue de l'ordonnance 2017-1387 du 22 septembre 2017, art. 30, JO 23; les dispositions de cette section sont applicables aux contrats de travail conclus après le 23 septembre 2017 (ordonnance précitée, art. 40, VIII).

Voir RF 19 octobre 2017, FH 3712, 4-31 et s.; C. Dechristé, «Le contrat de chantier ou d'opération: le grand retour», RDT, octobre 2017, CH, 633; F. Bousez, «CDD à durée indéterminable ? et CDI d'opération à durée limitée ?», JCP éd. S 2017, 1316; L. Gamet et L. Aluome, «Le contrat de travail de chantier ou d'opération», JCP éd. S 2017, 1355.

Art. L. 1223-8. Une convention ou un accord collectif de branche étendu fixe les conditions dans lesquelles il est possible de recourir à un contrat conclu pour la durée d'un chantier ou d'une opération.

À défaut d'un tel accord, ce contrat peut être conclu dans les secteurs où son usage est habituel et conforme à l'exercice régulier de la profession qui y recourt au 1er janvier 2017.

Ce contrat est conclu pour une durée indéterminée.

Note Voir décret 2019-1021 du 4 octobre 2019 (JO 6) fixant la liste des établissements publics de recherche à caractère industriel et commercial et des fondations reconnues d'utilité publique ayant pour activité principale la recherche publique pouvant recourir au contrat de chantier ou d'opération.

Art. L. 1223-9. La convention ou l'accord collectif prévu à l'article ***(Ord. 2017-1718 du 20 déc. 2017, art. 1er, I, 1°, JO 21)*** « L. 1223-8 » fixe:

1° La taille des entreprises concernées;

2° Les activités concernées;

3° Les mesures d'information du salarié sur la nature de son contrat;

4° Les contreparties en termes de rémunération et d'indemnité de licenciement accordées aux salariés;

5° Les garanties en termes de formation pour les salariés concernés;

6° Les modalités adaptées de rupture de ce contrat dans l'hypothèse où le chantier ou l'opération pour lequel ce contrat a été conclu ne peut pas se réaliser ou se termine de manière anticipée.

CHAPITRE IV Transfert du contrat de travail

Art. L. 1224-1. Lorsque survient une modification dans la situation juridique de l'employeur, notamment par succession, vente, fusion, transformation du fonds, mise en société de l'entreprise, tous les contrats de travail en cours au jour de la modification subsistent entre le nouvel employeur et le personnel de l'entreprise.

Note • *Covid-19*. Voir loi 2020-734 du 17 juin 2020, art. 40, JO 18.

• Voir «Vers un déclin de la règle de maintien des contrats de travail en cas de transferts d'entreprise ?», A-L Mazaud et A. Mazeaud, RDT, mai 2017, CO, 302.

• Le principe du maintien des contrats de travail pour «tout transfert d'entreprise, d'établissement ou de partie d'entreprise ou d'établissement à un autre employeur, résultant d'une cession conventionnelle ou d'une fusion» figure dans une directive 2001/23/CE du 12 mars 2001, JOCE L 82 du 22.03.2001 qui reprend et codifie l'ensemble des dispositions des directives 77/187/CEE du 14 février 1977 et 98/50/CEE du 29 juin 1998.

• L'article L. 1224-1 est un texte d'ordre public qui s'impose aux salariés comme aux chefs d'entreprise (cass. soc. 26 septembre 1990, n° 87-41.092, BC V n° 392; 28 mai 1997, n° 94-43.561, RJS 8-9/97 n° 952). Le refus du nouvel employeur de fournir du travail au salarié constitue un trouble manifestement illicite qu'il convient de faire cesser. Le contrat de travail se poursuit de plein droit et le salarié peut donc obtenir sa réintégration (cass. soc. 5 juillet 2006, n° 05-44.127, RJS 10/06 n° 1030). La démission de salariés avant la cession d'un fonds de commerce ne peut faire échec aux dispositions de cet article dès lors qu'ils ont continué d'exercer leurs fonctions au service du nouvel employeur (cass. soc. 12 février 1991, n° 88-41.519, BC V n° 59). Il ne peut être dérogé aux effets de l'article L. 1224-1 par des conventions particulières subordonnant le changement d'employeur à l'accord préalable du salarié (cass. soc. 20 avril 2005, n° 03-42.096, RJS 7/05 n° 712). La clause de la convention de cession d'une entité économique autonome, qui ne prévoit que la reprise d'une partie des salariés, est contraire aux dispositions d'ordre public de l'article L. 1224-1, sans qu'en soit affectée entre les parties la validité de la convention de cession (cass. ch. mixte 7 juillet 2006, n° 04-14.788, BC n° 5; RJS 11/06 n° 1154, 1re espèce).

L'employeur n'est pas tenu d'informer les salariés sur la date, le motif ou les conséquences juridiques, économiques et sociales d'un transfert, l'article 7, al. 6 de la directive 2001/23/CE du 12 mars 2001 n'ayant pas fait l'objet d'une transposition en droit interne (cass. soc. 18 novembre 2009, n° 08-43.397, BC V n° 256; RJS 2/10, p. 91, chron. J-Ph. Lhernould; voir aussi cass. soc. 17 décembre 2013, n° 12-13.503, BC V n° 307; LSQ n° 16511 du 20.01.2014; RJS 3/14 n° 197; JCP éd. S 2014, 1151, note P. Morvan; 3 février 2017, n° 15-21.674, JSL n° 427, 13.03.2017, p. 32).

• L'article L. 1224-1 déroge à l'effet relatif des contrats; le nouvel employeur ne saurait prétendre être un tiers aux contrats conclus par le précédent employeur (cass. soc. 13 juin 1990, n° 86-45.216, BC V n° 273).

• L'article L. 1224-1 est applicable à tous les contrats en cours au jour de la modification, notamment les contrats d'apprentissage (cass. soc. 28 mars 1996, n° 93-40.716, BC V n° 125).

Le contrat de travail qui lie un salarié à une entreprise ne prend pas nécessairement fin lorsque ce salarié devient, par l'effet d'une succession, coïndivisaire de l'entreprise (cass. soc. 12 février 1991, n° 87-44.671, BC V n° 60).

• Le contrat de travail liant un fonctionnaire détaché et un organisme privé dont l'activité est reprise ne peut pas faire l'objet d'un transfert (cass. soc. 8 avril 2014, n° 12-35.425, BC V n° 99; RJS 6/14 n° 524; RDT, juillet/août 2014, CH, 463, Fl. Debord).

• L'article L. 1224-1 n'est pas applicable aux salariés passés au service d'une société qu'ils ont constituée à l'occasion de leur licenciement pour motif économique, consécutif à la liquidation judiciaire de l'employeur (cass. soc. 3 mai 2011, n° 09-70.813, BC V n° 103; RJS 7/11 n° 580; Dr. Soc. 2011, p. 865, obs. A. Mazeaud).

• L'article L. 1224-1 est inapplicable aux employés de maison (cass. soc. 5 décembre 1989, n° 86-43.165, BC V n° 695; 26 septembre 2012, n° 11-11.697, RJS 12/12 n° 990); il est inapplicable également à une personne liée à un établissement public à caractère administratif par un contrat d'agent non titulaire de droit public (cass. soc. 16 juin 2010, n° 09-66.916, RJS 10/10 n° 722).

• À noter que si la violation des dispositions de l'article L. 1224-1 ayant pour objet le maintien des droits des travailleurs en cas de transfert de leur contrat de travail porte atteinte à l'intérêt collectif de la profession représentée par le syndicat, de sorte que l'intervention de ce dernier au côté du salarié à l'occasion d'un litige portant sur l'applicabilité de ce texte est recevable (cass. soc. 23 septembre 2009, n° 08-42.109, BC V n° 198; RJS 12/09 n° 957), les actions en contestation (cass. soc. 11 septembre 2012, n° 11-22.014, BC V n° 226; RJS 11/12 n° 882; JCP éd. S 2012, 1521, note G. Loiseau; voir aussi cass. soc. 9 mars 2016, n° 14-11.837, BC V n° 46; JCP éd. S 2016, 1243, 2e espèce, note B. Gauriau) et en revendication (cass. soc. 12 juillet 2017, n° 16-10.460, BC V n° 121; LSQ n° 17384 du 11.08.2017; RJS 10/17 n° 682) du transfert d'un contrat de travail sont des droits exclusivement attachés à la personne du salarié.

A. CONDITIONS D'APPLICATION DES DISPOSITIONS DE L'ARTICLE L. 1224-1

• **Non-exigence d'un lien de droit.** En 1990, l'assemblée plénière de la Cour de cassation a énoncé que «les articles 1 et 3 de la directive du 14 février 1977 du Conseil des Communautés européennes et L. 122-12, alinéa 2, du Code du travail s'appliquent, même en l'absence d'un lien de droit entre les employeurs successifs» (cass. ass. plén. 16 mars 1990, nos 86-40.686 et 89-45.730, BC n° 4; voir aussi cass. soc. 13 avril 1999, n° 97-41.450, BC V n° 168; 29 septembre 2015, n° 14-12.440).

En outre, l'assemblée plénière de la Cour de cassation y précisait que ces dispositions s'appliquent «à tout transfert d'une entité économique conservant son identité et dont l'activité est poursuivie ou reprise».

• **Transfert d'une entité économique.** Selon la Cour de cassation, constitue une entité économique un ensemble organisé de personnes et d'éléments corporels ou incorporels permettant l'exercice d'une activité économique qui poursuit un objectif propre (cass. soc. 7 juillet 1998, n° 96-21.451, BC V n° 363).

L'existence d'une entité économique autonome, dont il appartient aux juges du fond de rechercher les éléments constitutifs, est indépendante des règles d'organisation et de gestion du service au sein duquel s'exerce l'activité économique (cass. soc. 10 octobre 2006, n° 04-43.453, BC V n° 296; RJS 12/06 n° 1250: en l'espèce, l'activité concernée relevait d'un marché d'intérêt national; 27 mai 2009, n° 08-40.393, BC V n° 138; RJS 8-9/09 n° 687, jugeant que constitue une entité économique autonome le service de restauration des malades et du personnel d'un hôpital, géré à la fois par un centre anticancéreux qui dispose du matériel nécessaire à la confection des repas, et par l'hôpital qui y affecte un personnel spécialisé dont une partie a été mise à la disposition de ce centre).

En cas de perte de l'autonomie organisationnelle de l'entité économique, la directive s'applique «à condition que le lien fonctionnel entre les différents facteurs de production transférés soit maintenu et qu'il permette au cessionnaire d'utiliser ces derniers aux fins de poursuivre une activité économique identique ou analogue» (CJCE 12 février 2009, aff. C-466/07, rec. p. I-803; RJS 6/09 n° 593, p. 439, note J-Ph. Lhernould).

Une entité économique transférée conserve son autonomie dès lors que les pouvoirs accordés aux responsables de cette entité, au sein des structures d'organisation du cédant, demeurent, au sein des structures du cessionnaire, en substance, inchangés (CJUE 29 juillet 2010, aff. C-151/09, rec. p. I-7591; JOUE C 246/6 du 11.9.2010; JCP éd. S 2010, 1430, note E. Jeansen; JSL n° 286, 27.10.2010, p. 16, J-Ph. Lhernould; RJS 12/10, p. 807, chron. P. Morvan (I. A.) et n° 997).

Une branche ou un secteur d'activité d'une entreprise peut constituer une entité économique autonome. Tel est le cas d'une activité de menuiserie exercée par une société de manière autonome et distincte de ses autres activités de production et de distribution de graines (cass. soc. 12 décembre 1990, n° 86-40.065, BC V n° 651); de même, le portefeuille d'une agence immobilière comprenant des mandats de gestion d'appartements, de garages et de copropriétés constitue une entité économique autonome (cass. soc. 23 septembre 1992, n° 91-40.313, BC V n° 474).

Il y a également transfert d'une entité économique en cas de:
– reprise par une société de la totalité de l'activité de distribution de ses propres produits jusque-là assurée par une filiale (cass. soc. 10 octobre 1990, n° 87-40.716, BC V n° 437);
– transfert d'une même activité hôtelière se poursuivant dans les mêmes lieux (cass. soc. 27 juin 1990, n° 87-40.224, BC V n° 318);
– cession d'un rayon de boucherie équipé pour la vente (cass. soc. 26 septembre 1990, n° 86-40.813, BC V n° 388);
– reprise de la représentation d'une marque et de la clientèle y afférente, par la société propriétaire de la marque (cass. soc. 13 avril 1999, n° 96-44.254, BC V n° 169; 12 novembre 2008, n° 07-43.256, RJS 1/09 n° 13).

En revanche, il n'y a pas de transfert en cas de:
– cession de la distribution des produits d'une marque lorsque le cédant conserve son propre circuit de distribution et continue à commercialiser ses produits sous une nouvelle marque (cass. soc. 20 octobre 1993, n° 92-41.670, RJS 12/93 n° 1180, 1re espèce);
– cession de participations que l'employeur détient dans d'autres sociétés (cass. soc. 29 octobre 2002, n° 00-45.166, BC V n° 321; RJS 1/03 n° 11);
– cession d'une structure créée artificiellement sans activité économique antérieure (cass. soc. 3 mars 2009, n° 07-44.653, RJS 5/09 n° 412);
– poursuite d'une même activité dans le cadre d'une mission d'assistance technique (cass. soc. 14 mars 2012, n° 10-27.809, RJS 5/12 n° 419).

Un cabinet d'avocat constitue une entité économique autonome (cass. soc. 25 septembre 2007, n° 06-41.892, RJS 12/07 n° 1246; 12 mars 2008, n° 06-46.090, RJS 5/08 n° 517); il en est de même d'un office public d'huissier de justice (cass. soc. 29 octobre 2002, n° 01-40.197, BC V n° 320; RJS 1/03 n° 97).

En 1990, l'assemblée plénière de la Cour de cassation a affirmé que «l'article L. 122-12 [L. 1224-1] CT n'est pas applicable dans le cas de la seule perte d'un marché» (cass. ass. plén. 16 mars 1990, n° 85-44.518, BC n° 3; voir aussi cass. soc. 13 mai 2009, n° 08-40.368, RJS 7/09 n° 606). La chambre sociale a confirmé cette solution dans des espèces concernant des changements de prestataires de services (voir notamment cass. soc. 15 janvier 2003, n° 00-46.416, RJS 4/03 n° 419; 18 février 2004, n° 01-46.432, RJS 5/04 n° 507). Mais, si la succession des prestataires de services ou la reprise en gestion directe d'une activité équivaut au transfert d'une entité économique, l'article L. 1224-1 s'applique (voir notamment cass. soc. 28 novembre 2001, n° 99-45.593, RJS 4/02 n° 395; 19 novembre 2008, n° 07-42.455, RJS 2/09 n° 139, 1re espèce).

En 2002, la Cour de cassation a jugé que «le changement de concessionnaire exclusif de la vente de véhicules automobiles d'une marque entraîne le transfert d'une entité économique autonome» (cass. soc. 11 juin 2002, n° 01-43.051, BC V n° 197; RJS 8-9/02 n° 947: en l'espèce, il n'y avait eu, entre les concessionnaires successifs, ni transfert de local ni cession d'un stock de véhicules et de pièces de rechange; 12 février 2003, n° 00-46.187, RJS 4/03 n° 418), peu important que le changement de concessionnaire ait eu lieu avant qu'il ne se soit vu attribuer officiellement le droit de distribuer les produits sur un secteur par le constructeur (cass. soc. 11 juin 2008, n° 07-41.394, RJS 8-9/08 n° 868). Elle a jugé également (cass. soc. 24 septembre 2002, n° 00-44.923, RJS 12/02 n° 1356) que les conditions du transfert d'une entité économique sont réalisées dès lors que l'activité d'animation promotionnelle, qui exigeait un personnel propre, s'était poursuivie sous une direction nouvelle avec la plus grande partie du personnel qualifié spécialement affecté à celle-ci par le précédent employeur. En outre, elle a décidé que «la reprise de la commercialisation des produits d'une marque et de la clientèle qui y est attachée entraîne en principe le transfert d'une entité économique autonome» (cass. soc. 14 mai 2003, n° 01-40.597, Dr. Soc. 2003, p. 1130, obs. J. Mouly; 23 octobre 2014, n° 13-19.727).

Par ailleurs, dès lors que la cession ne porte pas seulement sur un ensemble immobilier, mais s'accompagne de la reprise du service de gardiennage et d'entretien ainsi que des contrats nécessaires à l'exploitation d'une résidence, il y a bien transfert d'un ensemble organisé de personnes et d'éléments corporels et incorporels permettant l'exercice d'une activité économique poursuivant un objectif propre (cass. soc. 14 février 2007, n° 04-47.110, BC V n° 22; RJS 4/07 n° 411).

Pour la Cour de cassation, caractérise le transfert d'une entité économique autonome la reprise par une association d'une autre association pour continuer à assurer dans une même région une mission de promotion et de diffusion musicale, et ayant bénéficié d'un transfert de subventions versées auparavant à la précédente association. Cette activité similaire s'adressait, en outre, au même public (cass. soc. 14 décembre 2005, n° 03-47.993, RJS 2/06 n° 171).

Le transfert des moyens d'exploitation nécessaires à la poursuite de l'activité de l'entité peut être indirect (cass. soc. 24 novembre 2009, n° 08-44.148, BC V n° 264; RJS 2/10 n° 155: en l'espèce, la société avait repris, pour la gestion d'un service de restauration, des éléments d'exploitation nécessaires et significatifs appartenant à une clinique, éléments que celle-ci avait mis à la disposition de prestataires successifs; voir aussi cass. soc. 24 avril 2013, n° 11-26.388, JSL n° 345, 11.06.2013, p. 29).

Lorsque l'activité reprise constitue un service public à caractère industriel ou commercial, l'article L. 1224-1 est applicable (cass. soc. 7 avril 1998, n° 96-43.063, BC V n° 200: en cas de reprise d'un abattoir privé par une commune, le transfert des contrats de travail s'impose, car la loi du 8 juillet 1965 relative à la gestion des abattoirs publics départementaux et municipaux a fait des abattoirs publics des services publics à caractère industriel et commercial). De même, la reprise d'une exploitation agricole par une personne privée, investie d'une mission de service public, est soumise à l'article L. 1224-1 (cass. soc. 2 mars 1999, n° 97-40.444, BC V n° 86: reprise par une Safer).

À noter que dans un arrêt du 6 septembre 2011, la CJUE a précisé que la reprise, par une autorité publique d'un État membre, du personnel employé par une autre autorité publique, constitue un transfert d'entreprise relevant de la directive 77/187/CEE du 14 février 1977, lorsque ledit personnel est constitué d'un ensemble structuré d'employés qui sont protégés en tant que travailleurs en vertu du droit interne de cet État membre (CJUE 6 septembre 2011, aff. C-108/10, rec. p. I-7491; JCP éd. S 2011, 1444, note E. Jeansen; RJS 12/11, p. 815, chron. H. Tissandier (A.); RDT, décembre 2011, CH, 701, Fr. Géa).

Cas particulier des opérations d'externalisation. La tendance des entreprises à externaliser certains services de fabrication, de distribution ou d'entretien soulève la question du changement d'employeur des salariés affectés à un service externalisé. L'originalité de ces situations tient à ce que les salariés concernés, au lieu d'invoquer l'application de l'article L. 1224-1, prétendent que l'opération d'externalisation n'entre pas dans les prévisions de cet article. Leurs craintes sont compréhensibles; en quittant une entreprise importante, attribuant des avantages sociaux par voie de convention collective et une certaine stabilité d'emploi, ils deviennent souvent les salariés d'une petite structure offrant beaucoup moins de garanties et d'avantages collectifs. Aussi saisissent-ils les tribunaux pour faire juger que l'article L. 1224-1 est inapplicable à l'opération d'externalisation. La Cour de cassation recherche si l'activité externalisée constitue une entité économique autonome; si la réponse est positive, elle applique l'article L. 1224-1 (cass. soc. 28 juin 2000, n° 98-43.692, RJS 12/00 n° 1225; 23 janvier 2002, n° 99-46.245, RJS 5/02 n° 533; 26 mai 2004, n° 02-17.642, RJS 8-9/04 n° 888); si elle est négative, elle en écarte l'application (cass. soc. 18 juillet 2000, n° 98-18.037, BC V n° 285; Dr. Soc. 2000, p. 845, G. Couturier; 22 janvier 2002, n° 00-40.787, BC V n° 24; RJS 4/02 n° 396). Mais le contrat confiant à une entreprise la gestion de marchandises remises en dépôt dans des locaux et avec les moyens appartenant à une autre entreprise ne caractérise pas le transfert d'une entité économique autonome (cass. soc. 10 juillet 2007, n° 06-41.158, RDT, octobre 2007, CH, 582, Ph. Waquet).

• **Entité économique conservant son identité.** L'article L. 1224-1 ne s'applique pas à une société d'autocars succédant à un précédent exploitant si elle assure le transport du personnel d'une entreprise avec ses propres cars (cass. soc. 12 décembre 1990, n° 85-41.924, BC V n° 652). De même, la substitution à la fourniture de plats préparés par un traiteur extérieur d'un service de restauration intérieure assuré par un atelier d'apprentissage professionnel destiné aux travailleurs handicapés et encadrés par des éducateurs spécialisés modifie la nature et l'objet de l'entité économique (cass. soc. 12 juillet 2010, n° 09-41.403, BC V n° 164; RJS 10/10 n° 723; voir aussi cass. soc. 4 juillet 2012, n° 10-28.229, RJS 10/12 n° 775, s'agissant d'un parc animalier ayant perdu son identité au jour du transfert à la suite de la vente de ses animaux sauvages). Enfin, l'article L. 1224-1 ne s'applique pas lorsque l'activité transférée est répartie entre deux sociétés (cass. soc. 12 janvier 2016, n° 14-22.216, BC V n° 4; RJS 3/16 n° 165; JCP éd. S 2016, 1142, note J. Icard).

Dans le cadre d'une liquidation judiciaire, la cession globale d'unités de production ordonnée par le juge commissaire en application de l'article 155 de la loi du 25 janvier 1985 (L. 622-17 ancien c. com.) entraîne de plein droit le transfert d'une entité économique autonome conservant son identité (cass. soc. 27 octobre 1999, n° 97-43.194, BC V n° 415: les contrats de travail des salariés travaillant dans une unité ayant fait l'objet d'une cession globale sont donc maintenus en application de l'article L. 1224-1; 19 avril 2005, n° 03-43.240, BC V n° 143; RJS 7/05 n° 713). De même, la cession de l'entreprise en redressement judiciaire en application des articles 81 et 82 de la loi du 25 janvier 1985 (L. 621-83 et 84 ancien c. com.) entraîne de plein droit le transfert d'une entité économique autonome conservant son identité (cass. soc. 6 juillet 1999, n° 97-42.231, BC V n° 322).

L'entité économique conserve son identité en cas de location-gérance si le fonds de commerce est toujours exploitable et fait retour de plein droit au bailleur (cass. soc. 11 mai 1999, n° 97-42.026, BC V n° 210; 20 mars 2001, n° 99-41.392, BC V n° 98; RJS 6/01 n° 726; 14 mars 2012, n° 11-12.883, RJS 5/12 n° 420; 29 juin 2017, n° 16-12.622, RJS 10/17 n° 658).

• **Poursuite ou reprise de l'activité.** L'article L. 1224-1 est applicable en cas de transfert d'une entité économique autonome qui conserve son identité et dont l'activité est poursuivie, peu important que son exploitation ait été temporairement interrompue (cass. soc. 13 mai 2009, n° 07-45.516, RJS 7/09 n° 605, 1re espèce; voir aussi notamment cass. soc. 28 mai 1997, n° 94-44.644, BC V n° 195: interruption pendant 5 mois de l'activité de l'entreprise due à l'accomplissement par le cessionnaire des démarches administratives nécessaires à l'obtention de l'aide publique à laquelle la réalisation de la cession était subordonnée).

À noter que l'article L. 1224-1 est applicable aux salariés travaillant dans des unités de production cédées à un repreneur dans le cadre d'une liquidation judiciaire dès lors qu'il y a eu transfert d'une entité économique conservant son identité et dont l'activité a été poursuivie, peu important l'interruption temporaire de l'activité (cass. soc. 27 avril 2000, n° 98-40.064, BC V n° 156; RJS 6/00 n° 635).

B. TRANSFERT CONVENTIONNEL DES CONTRATS DE TRAVAIL ET APPLICATION VOLONTAIRE DE L'ARTICLE L. 1224-1

• **Transfert conventionnel.** Plusieurs conventions collectives de branche ont été conclues et étendues pour organiser le transfert des contrats de travail d'un employeur à un autre dans des situations où l'article L. 1224-1 CT ne s'applique pas (secteurs de la manutention ferroviaire, de la restauration collective, de la propreté, de la sécurité).

Sur l'interprétation de ces clauses conventionnelles, voir cass. soc. 12 juillet 1999, n° 97-42.338, BC V n° 348, à propos de la convention collective des entreprises de nettoyage de locaux: si le transfert des contrats suppose que le marché ait le même objet et concerne les mêmes locaux, la garantie d'emploi n'est pas subordonnée à des conditions de forme et de durée du contrat conclu par le nouveau prestataire ni à l'étendue des prestations; voir aussi cass. soc. 11 mars 2003, n° 01-40.863, BC V n° 95; RJS 5/03 n° 575, à propos de la convention collective des entreprises de prévention et de sécurité: lorsque l'accord prévoit une procédure d'information individuelle et préalable au profit des salariés de l'entreprise sortante, cette procédure constitue une garantie de fond; son inobservation a pour effet de rendre sans cause réelle et sérieuse le licenciement motivé par le seul refus du salarié de passer au service du nouveau titulaire du marché.

Si, au jour du changement de prestataire, un salarié ne remplit pas une des conditions requises par la convention collective pour le transfert, la société sortante demeure son employeur (cass. soc. 10 décembre 2015, n° 14-21.485, BC V n° 256; RJS 3/16 n° 166; JCP éd. S 2016, 1109, note L. Hamoudi).

Il n'appartient pas au salarié de démontrer qu'il remplit les conditions requises par l'accord collectif pour bénéficier du transfert de son contrat de travail (cass. soc. 13 octobre 2010, n° 09-67.458, BC V n° 233; RJS 12/10 n° 903). Il incombe à l'entreprise sortante d'en apporter la preuve; en outre, lorsque cette dernière a communiqué à l'entreprise entrante les éléments requis par l'accord, il appartient au juge d'apprécier si l'éventuelle insuffisance des éléments fournis rendait impossible l'organisation de la reprise effective du marché; enfin, en l'absence de disposition conventionnelle réglant les conséquences de l'inobservation par l'entreprise entrante de ses obligations, l'entreprise sortante est tenue de maintenir la rémunération des salariés concernés par ce transfert tant que leur contrat de travail n'a pas été repris par le nouveau prestataire (cass. soc. 30 novembre 2010, n° 09-40.386, BC V n° 274; RJS 2/11 n° 102; JCP éd. S 2011, 1079, note E. Jeansen; voir aussi cass. soc. 29 janvier 2014, n° 12-23.597).

Le défaut de transfert du contrat de travail d'un salarié remplissant les conditions exigées par l'accord pour exercer son emploi au sein de l'entreprise entrante qui fait suite à une irrégularité de la procédure conventionnelle applicable constitue pour le salarié un trouble manifestement illicite, dès lors que l'entreprise entrante n'établit pas que l'emploi de l'intéressé n'était pas nécessaire aux besoins de l'activité transférée (cass. soc. 22 janvier 2020, n° 18-15.209, à paraître, RJS 4/20 n° 173).

L'inobservation, par l'employeur entrant, des dispositions de la convention collective applicable fait obstacle aux transferts des contrats de travail au nouvel employeur et le salarié dont le contrat a été rompu par l'employeur sortant peut demander à ce dernier réparation de son préjudice (cass. soc. 2 décembre 2009, n° 08-43.722, BC V n° 273; RJS 2/10 n° 157; JSL n° 272, 25.02.2010, p. 28, N. Gardair-Rérolle; Dr. Soc. 2010, p. 350, obs. A. Mazeaud; RDT, mars 2010, CH, 166, A. Fabre; JCP éd. S 2010, 1112, note A. Martinon; voir aussi cass. soc. 5 mars 2014, n° 10-11.081).

Par ailleurs, lorsque l'entrepreneur entrant doit reprendre une certaine proportion du personnel transférable et que des salariés compris dans cette proportion ont refusé de changer d'employeur, il n'est pas tenu de faire de nouvelles propositions, mais s'il décide de compléter le nombre des salariés transférés, il doit choisir en priorité des salariés transférables (cass. soc. 3 novembre 2011, n° 10-11.820, BC V n° 249; RJS 1/12 n° 11; JCP éd. S 2012, 1098, note J-Ph. Tricoit).

Lorsqu'une société a perdu un marché de nettoyage et que celui-ci n'a pas été pour autant dévolu à une autre entreprise, cette dernière n'ayant fait qu'exécuter des missions ponctuelles, le contrat de travail de la salariée affectée au chantier ne lui a pas été transmis; dans ces conditions, la société ayant perdu le marché ne pouvait refuser de considérer que le contrat de travail se poursuivait avec elle (cass. soc. 12 juillet 2006, n° 04-45.395, BC V n° 262; RJS 11/06 n° 1154).

À noter que le nouveau titulaire d'un marché ne peut être tenu, en vertu de dispositions conventionnelles applicables en cas de changement de prestataire de services, de poursuivre le contrat de travail d'un salarié étranger non muni du titre l'autorisant à exercer une activité salariée en France (cass. soc. 17 avril 2019, n° 18-15.321, à paraître, LS Jurispr. n° 84 du 07.05.2019; JSL n° 478, 21.06.2019, p. 26; RJS 7/19 n° 415; Dr. Soc. 2019, p. 660, act. J. Mouly).

• **Application volontaire.** Les parties peuvent également convenir d'une application volontaire de l'article L. 122-12, al. 2 [L. 1224-1] CT (cass. soc. 17 mars 1993, n° 90-41.996, BC V n° 88). Tel est le cas lorsqu'un nouveau concessionnaire appose sa signature sur un cahier des charges l'obligeant à reprendre le personnel (cass. soc. 14 novembre 1995, n° 94-41.255) ou lorsque des sociétés sous-traitantes reconnaissent leur qualité d'employeur en convoquant les salariés pour leur trouver une nouvelle affectation (cass. soc. 2 avril 1996, n° 94-40.673).

• **Nécessité d'obtenir l'accord exprès du salarié.** Lorsque les conditions d'application de l'article L. 1224-1 ne sont pas réunies, à savoir en cas de transfert conventionnel ou d'application volontaire, le transfert du salarié d'une entreprise à une autre constitue une modification de ce contrat qui ne peut intervenir sans son accord exprès (cass. soc. 2 avril 1998, n° 96-40.383, RJS 5/98 n° 572), lequel ne peut résulter de la seule poursuite du travail (cass. soc. 10 octobre 2006, n° 04-46.134, BC V n° 294; RJS 1/07 n° 13; 13 décembre 2011, n° 10-25.544, JSL n° 315, 9.02.2012, p. 30; voir aussi cass. soc. 19 mai 2016, n° 14-26.556, BC V n° 108; RJS 8-9/16 n° 550; RDT, juillet/août 2016, CH, 482, B. Reynès, énonçant que, sauf application éventuelle de l'article L. 1224-1 CT, le changement d'employeur prévu et organisé par voie conventionnelle suppose l'accord exprès du salarié, qui ne peut résulter de la seule poursuite de son contrat de travail sous une autre direction). La procédure relative à la modification du contrat de travail pour motif économique prévue par l'article L. 1222-6 ne s'applique pas au cas de changement d'employeur résultant du transfert d'un service ou de sa gestion à un tiers (cass. soc. 8 avril 2009, n° 08-41.046, BC V n° 104; RJS 6/09 n° 498; Dr. Soc. 2009, p. 813, A. Mazeaud; JCP éd. S 2009, 1339, note P. Morvan).

Ce principe ayant été édicté dans le seul intérêt du salarié, ce dernier peut seul en invoquer la méconnaissance (cass. soc. 10 avril 2008, n° 06-45.836, RJS 6/08 n° 644; 12 juin 2019, n° 17-21.013, LS Jurispr. n° 124 du 09.07.2019; JSL n° 482, 26.09.2019, p. 13, J-Ph. Lhernould).

Sur cette question, voir notamment «Application conventionnelle de l'article L. 122-12 et accord du salarié: plaidoyer pour un revirement», P. Morvan, JCP éd. S 2006, 1964.

C. LICENCIEMENT AVANT LA MODIFICATION JURIDIQUE

• Voir «Les effets du licenciement " sans effet " dans le transfert d'entreprise», P. Morvan, Dr. Soc. 2013, p. 135.

• Sur la possibilité de licenciement pour motif économique ouverte par la loi 2016-1088 du 8 août 2016, art. 94, JO 9, voir art. L. 1233-61; voir aussi notamment RF 8 septembre 2016, FH 3657, 4-10 et «Une disposition oubliée de la " loi travail ": l'article 94 sur les licenciements économiques antérieurs au transfert de l'entreprise», J. Mouly, Dr. Soc. 2016, p. 738.

• La Cour de cassation affirme que «si les dispositions de l'article L. 122-12 [L. 1224-1] CT ne font pas obstacle à des licenciements pouvant intervenir antérieurement à la cession pour des raisons économiques ou techniques impliquant une suppression d'emploi, l'intention manifestée par le cessionnaire de poursuivre seul l'exploitation ne saurait constituer pour le cédant une cause légitime de rupture du contrat de travail d'un salarié employé dans l'entreprise transférée» (cass. soc. 27 juin 1995, n° 94-40.359, BC V n° 217; 9 avril 2002, n° 00-41.958).

• La Cour de cassation a ouvert une option au salarié licencié à l'occasion du transfert d'une entité économique autonome dont l'activité est poursuivie; le licenciement étant privé d'effet, le salarié peut soit demander au repreneur la poursuite du contrat de travail illégalement rompu, soit demander à l'auteur du licenciement illégal la réparation du préjudice en résultant (cass. soc. 20 mars 2002, n° 00-41.651, BC V n° 94; RJS 6/02 n° 656; 28 janvier 2004, n° 01-47.356, BC V n° 28; RJS 4/04 n° 383; 6 mai 2014, n° 12-22.881, RJS 7/14 n° 582, s'agissant de la rupture d'un contrat d'apprentissage); l'employeur ayant cédé l'entité économique et condamné à réparer le préjudice résultant du licenciement illicite peut appeler en garantie l'entreprise cessionnaire qui a contribué au préjudice subi par les salariés du fait de la perte de leur emploi (cass. soc. 20 mars 2002, n° 00-41.651, précité; 14 mars 2012, n° 10-26.223, RJS 5/12 n° 422;

voir aussi cass. soc. 12 juillet 2017, n° 16-12.659, BC V n° 117; RJS 10/17 n° 657). Lorsque le salarié décide de poursuivre l'auteur du licenciement illicite, celui-ci sera condamné pour licenciement sans cause réelle et sérieuse (même arrêt).

En tout état de cause, si le salarié licencié à l'occasion du transfert de l'entité économique dont il relève peut exiger du cessionnaire qu'il l'indemnise des conséquences de la perte de son emploi, c'est à la condition que celui-ci ait refusé la poursuite du contrat de travail en cours au jour du transfert (cass. soc. 28 septembre 2011, n° 10-30.020, RJS 12/11 n° 941; voir aussi cass. soc. 16 décembre 2008, n° 07-43.862, RJS 2/09 n° 142).

Mais, lorsque le cessionnaire informe le salarié, avant l'expiration du préavis, de son intention de poursuivre, sans modification, le contrat de travail, le changement d'employeur s'impose au salarié (cass. soc. 11 mars 2003, n° 01-41.842, BC V n° 86; RJS 5/03 n° 573; 4 mai 2011, n° 10-15.393, RJS 7/11 n° 581). Le salarié ne peut, dans cette hypothèse, demander des dommages-intérêts ni à l'employeur cédant (le licenciement étant sans effet) ni à l'employeur cessionnaire qui est prêt à exécuter le contrat de travail. Un salarié licencié pour motif économique à l'occasion de la résiliation du contrat de location-gérance d'un fonds de commerce dont l'exploitation est ensuite poursuivie ne peut être privé du droit de demander réparation du préjudice que lui cause la perte de son emploi que si le contrat de travail s'est effectivement poursuivi avec le nouvel employeur malgré le licenciement ou s'il a refusé l'offre de poursuite de son contrat de travail faite par le repreneur avant l'expiration du délai de préavis faisant suite au licenciement (cass. soc. 17 octobre 2006, n° 03-47.938, RJS 1/07 n° 18; 26 mars 2014, n° 12-28.687, RJS 6/14 n° 467).

Le salarié qui en fait la demande doit obtenir sa réintégration chez le repreneur (cass. soc. 15 février 2006, n° 04-43.923, BC V n° 67; RJS 5/06 n° 533); à noter que si l'obligation de réintégration est assortie d'une astreinte, celle-ci ne se transmet pas au nouvel employeur, une astreinte ne pouvant être liquidée qu'à l'encontre de la personne condamnée à en supporter la charge (cass. soc. 1er février 2011, n° 09-68.162, RJS 5/11 n° 396).

• Lorsque la perte de l'emploi résulte à la fois du cédant, qui a pris l'initiative d'un licenciement dépourvu d'effet, et du cessionnaire, qui a refusé de poursuivre le contrat de travail ainsi rompu, le salarié peut diriger son action contre l'un ou l'autre, sauf un éventuel recours entre eux (cass. soc. 19 janvier 2011, n° 09-72.317, RJS 4/11 n° 297; 13 mai 2009, n° 08-41.434, RJS 7/09 n° 611).

• Lorsqu'un salarié licencié par le cédant passe effectivement au service du cessionnaire qui rompt son contrat de travail, l'indemnité transactionnelle déjà versée par le cédant doit être déduite des sommes mises à la charge du cessionnaire en considération d'une ancienneté remontant à son embauche par le cédant (cass. soc. 25 septembre 2013, n° 12-20.256, BC V n° 200; LS Jurispr. n° 194 du 22.10.2013; RJS 1/14 n° 12, 1re espèce; Dr. Soc. 2014, p. 79, act. A. Mazeaud; JSL nos 355-356, 19.12.2013, p. 28).

• L'accord du cédant et du cessionnaire pour faire échec aux dispositions de l'article L. 1224-1 ne constitue pas une cause de licenciement (cass. soc. 10 mai 1999, n° 96-45.250, BC V n° 201; 20 juin 2000, n° 98-40.539, RJS 12/00 n° 1228).

En cas de collusion frauduleuse entre l'ancien et le nouvel employeur, il y a lieu à condamnation solidaire des deux employeurs au paiement de dommages et intérêts (cass. soc. 14 février 2007, n° 04-47.110, BC V n° 22; RJS 4/07 n° 474; 28 janvier 2015, n° 13-16.719, BC V n° 11; RJS 4/15 n° 236; JCP éd. S 2015, 1100, note D. Chenu).

Sur la notion de collusion frauduleuse, voir «De la référence à la fraude en matière de transfert d'entreprise», F. Géa, RJS 10/17, chron. p. 719.

• Le plan de cession d'une société mise en règlement judiciaire doit prévoir le nombre de licenciements à intervenir avant la cession ainsi que les catégories professionnelles concernées. À défaut de ces mentions, le licenciement notifié au salarié par l'administrateur judiciaire est sans effet (cass. soc. 10 juillet 2001, n° 99-44.466, BC V n° 254; RJS 10/01 n° 1118; 12 juin 2007, n° 05-45.669, RDT, septembre 2007, CH, 522, Ph. Waquet); il ne peut prévoir le licenciement de tous les salariés et la reprise ultérieure de certains d'entre eux seulement, les licenciements prononcés antérieurement sont de nul effet (cass. soc. 30 juin 1992, n° 90-44.057, BC V n° 427); le licenciement de salariés prononcé hors de toute fraude ayant pris effet en application d'un plan de cession, le nouvel employeur peut conclure avec ceux-ci un contrat à durée déterminée (cass. soc. 30 juin 1992, n° 89-40.132, BC V n° 430).

Il n'est dérogé aux effets de l'article L. 1224-1 qu'à la condition que le jugement arrêtant le plan de cession prévoie des licenciements et réponde aux exigences de l'article 64 du décret du 27 décembre 1985 (cass. soc. 7 novembre 2007, n° 06-41.208, RDT, janvier 2008, CH, 36, Ph. Waquet).

Seuls des licenciements économiques prononcés en vertu d'une autorisation donnée par le juge-commissaire, au cours de la période d'observation, ou conformément aux prévisions du jugement arrêtant le plan de redressement de l'entreprise, peuvent faire obstacle aux effets de l'article L. 1224-1, en cas de cession d'une entité économique autonome (cass. soc. 22 mars 2006, n° 04-43.334, RJS 6/06 n° 695).

Les licenciements pour motif économique prévus par le plan de redressement d'une société mise en redressement judiciaire, arrêté par le tribunal de commerce, sont opposables à tous (cass. soc. 23 juin 1993, n° 91-40.730, RJS 8-9/93 n° 861; 9 juillet 2008, n° 06-40.945, BC V n° 156; RJS 10/08 n° 974). Le VRP licencié par l'administrateur judiciaire en application du plan de cession ne peut obtenir de l'acquéreur de l'entreprise le paiement de commissions sur des commandes exécutées après la cession; le licenciement ayant eu lieu avant la cession, l'article L. 122-12, al. 2 [L. 1224-1] ne s'applique pas (cass. soc. 14 mai 1997, n° 94-43.678, RJS 6/97 n° 661).

• Lorsque le juge-commissaire ordonne la liquidation judiciaire d'une société et autorise le mandataire liquidateur à céder le fonds de commerce de cette société, les licenciements prononcés par le mandataire liquidateur antérieurement à la cession du fonds sont sans effet dès lors que la cession a entraîné le transfert d'une entité économique autonome dont l'activité a été poursuivie (cass. soc. 20 janvier 1998, n° 95-40.812, BC V n° 16; 27 octobre 1999, n° 97-43.194, BC V n° 415; 3 avril 2001, n° 98-44.778, BC V n° 113; RJS 6/01 n° 725, 1re espèce; 24 septembre 2002, n° 00-41.643, RJS 12/02 n° 1359). Pour que la solution soit autre, il faut que le juge-commissaire ait autorisé le licenciement pendant la période d'observation ou que le tribunal de commerce l'ait autorisé dans le plan de cession ou de continuation de l'entreprise.

• Le simple maintien des contrats de travail avec le cessionnaire pour l'exécution du préavis n'entraîne pas application de cet article (cass. soc. 6 novembre 1991, n° 90-40.798, BC V n° 475). Mais si, après le licenciement du salarié par le cédant de l'entité économique, le cessionnaire embauche ce salarié, le licenciement est sans effet (cass. soc. 26 octobre 1994, n° 93-43.521, Dr. Soc. 1995, p. 55, obs. H. Blaise: le salarié ne peut pas obtenir d'indemnités de licenciement de l'entrepreneur qui l'avait licencié avant de céder son fonds de commerce).

• Le droit des salariés à la priorité de réembauche subsiste après le licenciement ou la rupture du contrat de travail, en cas de modification dans la situation juridique de l'employeur (cass. soc. 26 février 1992, n° 88-43.891, BC V n° 128; 5 février 2002, n° 99-46.345, BC V n° 52; RJS 4/02 n° 397; 9 juillet 2008, n° 06-40.945, précité).

D. LE SORT DES CONTRATS DE TRAVAIL APRÈS TRANSFERT

• **Maintien des contrats de travail.** Le transfert du contrat de travail en cas de cession d'entreprise ne donne pas droit au salarié au maintien dans le logement de fonctions, mis à sa disposition par l'ancien employeur (cass. soc. 20 mars 1997, n° 95-17.470, BC V n° 119: logement dans un local qui n'est pas cédé au nouvel employeur; l'ancien employeur n'est plus tenu de laisser le logement lui appartenant à la disposition du salarié après le transfert du contrat de travail; il appartient à ce dernier, s'il estime que le contrat a été modifié, d'en tirer les conséquences à l'égard du nouvel employeur).

Le détachement d'un salarié dans une autre société au moment du transfert de l'entité économique ne fait pas échec au transfert du contrat de travail (cass. soc. 14 mai 1997, n° 94-41.814, BC V n° 170: le travailleur reste le salarié de la société qui l'a embauché; en cas de reprise du fonds de cette société par une autre entreprise, le travailleur détaché devient le salarié de l'acquéreur du fonds).

L'obligation de non-concurrence souscrite par un salarié se transmet avec le contrat de travail (cass. soc. 15 septembre 2015, n° 14-10.422, LS Jurispr. n° 174 du 29.09.2015); seul le nouvel employeur peut en demander l'exécution; l'ancien employeur n'a aucune créance de non-concurrence à l'encontre de l'ancien salarié après le transfert d'entreprise (cass. soc. 15 octobre 1997, n° 95-42.454, BC V n° 318).

Le nouvel employeur est tenu de maintenir les conventions individuelles négociées avec le cédant; il ne peut y mettre fin qu'avec l'accord des salariés concernés ou dans les conditions convenues avec lui (cass. soc. 27 mai 2009, n° 08-42.555, BC V n° 136; RJS 8-9/09 n° 688; 16 janvier 2013, n° 11-22.542).

Le transfert partiel d'activité peut s'accompagner d'un transfert partiel de contrat de travail lorsque le salarié travaille pour le compte des diverses unités de l'entreprise (cass. soc. 22 juin 1993, n° 90-44.705, BC V n° 171; 2 mai 2001, n° 99-41.960, BC V n° 145; Dr. Soc. 2001, p. 769, obs. G. Couturier; 28 septembre 2011, n° 09-70.689). Mais le contrat de travail est totalement transféré quand il s'exécutait pour l'essentiel dans le secteur qui a fait l'objet du transfert (cass. soc. 30 mars 2010, n° 08-42.065, BC V n° 78; RJS 6/10 n° 489, 1re espèce). Voir aussi A. Mazeaud, «L'affectation des salariés pour partie à l'entité transférée (art. L. 1224-1 CT)», Dr. Soc. 2009, p. 265.

Dans une décision rendue en mars 2020, la CJUE a énoncé qu'en présence d'un transfert d'entreprise impliquant plusieurs cessionnaires, les droits et les obligations résultant d'un contrat de travail sont transférés à chacun des cessionnaires, *au prorata* des fonctions exercées par le travailleur concerné, à condition que la scission du contrat de travail en résultant soit possible ou n'entraîne pas une détérioration des conditions de travail ni ne porte atteinte au maintien des droits des travailleurs; dans l'hypothèse où une telle scission se révélerait impossible à réaliser ou porterait atteinte aux droits du travailleur, l'éventuelle résiliation de la relation de travail qui s'ensuivrait serait considérée comme intervenue du fait du ou des cessionnaires, quand bien même cette résiliation serait intervenue à l'initiative du travailleur (CJUE 26 mars 2020, aff. C-344/18, RJS 7/20 n° 394; RDT, juin 2020, CH, 401, N. Mihman). Dans la lignée de cette décision, la Cour de cassation a jugé que lorsque le salarié est affecté tant dans le secteur repris, constituant une entité économique autonome conservant son identité et dont l'activité est poursuivie ou reprise, que dans un secteur d'activité non repris, le contrat de travail de ce salarié est transféré pour la partie de l'activité qu'il consacre au secteur cédé, sauf si la scission du contrat de travail, *au prorata* des fonctions exercées par le salarié, est impossible, entraîne une détérioration des conditions de travail de ce dernier ou porte atteinte au maintien de ses droits garantis par le droit européen (cass. soc. 30 septembre 2020, n° 18-24.881, à paraître, JCP éd. S 2020, 3037, note P. Morvan; JSL n° 508, 23.11.2020, p. 14, J-Ph. Lhernould; RJS 12/20 n° 582).

Ancienneté: le salarié dont le contrat subsiste avec le nouvel employeur conserve le bénéfice de l'ancienneté acquise au service du précédent (cass. soc. 18 décembre 1991, n° 88-43.550, BC V n° 590; 10 octobre 2000, n° 98-42.189, BC V n° 315; RJS 12/00 n° 1227; 7 mars 2012, n° 10-16.362). Cette jurisprudence est conforme à la solution dégagée par la CJUE qui, dans un arrêt du 6 septembre 2011 a précisé que, lorsqu'un transfert au sens de la directive 77/187/CEE conduit à l'application immédiate, aux travailleurs transférés, de la convention collective en vigueur auprès du cessionnaire et que les conditions de rémunération prévues par cette convention sont notamment liées à l'ancienneté, l'article 3 de cette directive s'oppose à ce que les travailleurs transférés subissent, par rapport à leur situation immédiatement antérieure au transfert, une régression salariale substantielle en raison du fait que leur ancienneté acquise auprès du cédant, équivalente à celle acquise par des travailleurs au service du cessionnaire, n'est pas prise en compte lors de la détermination de leur position salariale de départ auprès de ce dernier (CJUE 6 septembre 2011, aff. C-108/10, rec. p. I-7491; JCP éd. S 2011, 1444, note E. Jeansen; RJS 12/11, p. 815, chron. H. Tissandier (A.); RDT, décembre 2011, CH, 701, Fr. Géa).

En cas de rupture, le nouvel employeur a la charge du versement des indemnités de rupture, compte tenu de l'ancienneté totale du salarié (cass. soc. 4 octobre 1995, n° 93-46.181, BC V n° 261).

Classification: le nouvel employeur doit donner au salarié la classification qui lui est due en raison de son emploi et des règles posées par la convention collective (cass. soc. 4 avril 1990, n° 86-43.629, BC V n° 155).

Primes: le droit à la prime du 13e mois ne naissant qu'au 31 décembre de l'année concernée, en cas de cession d'entreprise en cours d'année, le paiement de cette prime incombe en totalité à l'employeur du salarié à cette date (cass. soc. 11 mars 1992, n° 88-43.447, BC V n° 169).

• Sur la mise en cause de la convention collective consécutive à une modification dans la situation juridique de l'employeur, voir note sous L. 2261-14.

• Sur la possibilité pour le cédant, après le transfert, de réintégrer ses anciens salariés, voir «Transfert d'entreprise: l'aménagement conventionnel de la reprise des salariés», M. Patin, JCP éd. S 2011, 1292.

• **Droit de licenciement du nouvel employeur.** Le nouvel employeur peut invoquer, à l'appui d'un licenciement, des négligences et manquements commis par le salarié dans la période précédant le transfert (cass. soc. 29 mai 1990, n° 87-40.151, BC V n° 242); s'il entend invoquer une faute disciplinaire commise par le salarié avant le transfert, il ne peut le faire que s'il ne s'est pas écoulé un délai de 2 mois depuis le jour où l'employeur (serait-ce l'employeur précédent) a eu connaissance des faits (cass. soc. 27 mai 2009, n° 06-46.293, BC V n° 137; RJS 8-9/09 n° 689; voir aussi cass. soc. 4 février 2014, n° 12-27.900, RJS 4/14 n° 299).

À noter que la clause obligeant le cessionnaire à exploiter l'activité durant au moins deux ans avec les salariés attachés à l'entité cédée, à peine de dommages-intérêts, n'a pas pour effet de priver l'employeur du pouvoir de prononcer des licenciements pour motif disciplinaire (cass. soc. 17 mai 2011, n° 09-43.003, BC V n° 110; RJS 7/11 n° 587; JCP éd. S 2011, 1401, note X. Vincent et L. Beljean).

Par ailleurs, lorsque la société cédante continue à exercer sur les salariés transférés un pouvoir de direction et de contrôle, elle ne perd pas la qualité d'employeur et doit à ce titre supporter les conséquences de la rupture du contrat de travail notifiée par la société cessionnaire (cass. soc. 10 janvier 2012, n° 10-19.489, RJS 3/12 n° 220).

• **Modification du contrat de travail.** L'application de l'article L. 1224-1 ne fait pas obstacle aux pouvoirs du nouvel employeur d'organiser ses services et d'affecter le personnel intégré au sein de l'entreprise (cass. soc. 8 mars 1995, n° 93-10.584, Dr. Soc. 1995, p. 508, obs. H. Blaise).

Le nouvel employeur peut convenir avec le salarié de nover le contrat en cours, immédiatement après le transfert d'entreprise (cass. soc. 17 septembre 2003, n° 01-43.687, BC V n° 232; RJS 12/03 n° 1368; 28 mars 2012, n° 11-10.109). Mais la modification du contrat ne doit pas être frauduleuse: il en va ainsi d'une modification intervenant le jour même du transfert tendant à éluder les dispositions d'ordre public de l'article L. 1224-1 (cass. soc. 9 mars 2004, n° 02-42.140, RJS 6/04 n° 656; dans le même sens, cass. soc. 14 janvier 2004, n° 01-45.126, BC V n° 9; RJS 3/04 n° 288).

Sauf en cas de collusion frauduleuse, les modifications apportées par le cessionnaire aux contrats de travail des salariés passés à son service ne peuvent constituer un manquement du cédant à ses obligations (cass. soc. 13 mai 2009, n° 08-40.447, BC V n° 127; RJS 7/09 n° 612; 4 mai 2011, n° 10-30.646, RJS 7/11 n° 579; 27 novembre 2013, n° 12-18.470, RJS 2/14 n° 109).

Lorsque le cessionnaire n'est pas en mesure de maintenir les conditions antérieures, le salarié est en droit de s'opposer à une modification de son contrat. Il appartient alors au nouvel employeur soit de formuler de nouvelles propositions, soit d'engager une procédure de licenciement. À défaut, le salarié peut poursuivre la résiliation judiciaire du contrat, laquelle produit alors les effets d'un licenciement sans cause réelle et sérieuse (cass. soc. 30 mars 2010, n° 08-44.227, BC V n° 79; RJS 6/10 n° 489, 2e espèce; Dr. Soc. 2010, p. 856, obs. A. Mazeaud; 16 janvier 2013, n° 11-22.542, précité; voir aussi cass. soc. 1er juin 2016, n° 14-21.143, BC V n° 122; RJS 8-9/16 n° 553; Dr. Soc. 2016, p. 775, act. J. Mouly). La Cour de cassation a précisé que la rupture résultant du refus par le salarié d'une modification de son contrat de travail, proposée par l'employeur pour un motif non inhérent à sa personne, constitue un licenciement pour motif économique (cass. soc. 17 avril 2019, n° 17-17.880, à paraître, JCP éd. S 2019, 1179, note P. Morvan; LS n° 17813 du 10.05.2019; JSL n° 478, 21.06.2019, p. 19, J-Ph. Lhernould; RJS 7/19 n° 414).

Ce licenciement aura ou n'aura pas, selon les circonstances, une cause réelle et sérieuse. Les juges considèrent qu'il y a fraude à la loi lorsque la modification proposée a pour but de faire échec aux conséquences habituelles de l'article L. 1224-1 (cass. soc. 23 septembre 1992, n° 91-40.313, BC V n° 474: conclusion d'un contrat à durée déterminée après le transfert; cass. soc. 22 septembre 1993, n° 91-45.103, BC V n° 220: licenciement après refus de conclure un nouveau contrat comportant une clause d'essai; cass. soc. 20 octobre 1999, n° 97-43.008, BC V n° 388: la proposition de déclassement faite au salarié avant même que le contrat de nettoyage des locaux qu'il venait de conclure ait été mis en application constitue un détournement de procédure destiné à faire échec aux dispositions de la convention collective nationale des entreprises de nettoyage des locaux relatives au transfert de plein droit des contrats de travail).

La volonté d'aligner la rémunération des salariés «transférés» sur celle des salariés de l'entreprise cessionnaire ne constitue pas une cause réelle et sérieuse de licenciement en cas de refus par ces salariés de la modification de leur contrat (cass. soc. 21 septembre 2005, n° 03-45.548, RJS 12/05 n° 1174).

E. DROITS ET OBLIGATIONS DU SALARIÉ

• Le refus du salarié de poursuivre son contrat de travail avec le nouvel employeur lors du transfert effectif d'une entité économique produit les effets d'une démission; un tel refus doit être clairement établi et individuellement exprimé. Il ne peut se déduire d'une opposition collective des salariés (cass. soc. 10 octobre 2006, n° 04-40.325, BC V n° 295; RJS 12/06 n° 1251).

• Si la convention collective applicable au nouvel employeur est substituée à celle qui régissait les rapports des salariés avec leur ancien employeur, seuls les salariés peuvent se prévaloir du maintien d'avantages acquis au titre de l'ancienne convention collective, le nouvel employeur ne pouvant faire valoir le caractère plus favorable de cette dernière pour certains avantages (cass. soc. 9 octobre 1990, n° 87-40.565, BC V n° 428).

• Le nouvel employeur est tenu d'appliquer les usages et engagements unilatéraux pris par l'ancien employeur, mais seulement à l'égard des salariés dont le contrat était en cours au jour du transfert de l'entité économique autonome, ce qui exclut les salariés engagés postérieurement au transfert (cass. soc. 7 décembre 2005, n° 04-44.594, BC V n° 356; RJS 2/06 n° 172; 16 septembre 2015, n° 14-16.158, RJS 12/15 n° 749; voir aussi cass. soc. 11 janvier 2012, n° 10-14.614, BC V n° 15; RJS 3/12 n° 219; JSL n° 316, 23.02.2012, p. 19, H. Guyader; JCP éd. S 2012, 1148, note J. Daniel, énonçant que l'obligation à laquelle est légalement tenu le nouvel employeur, en cas de transfert d'une entité économique, de maintenir au bénéfice des salariés qui y sont rattachés les droits qu'ils tiennent d'un usage en vigueur au jour du transfert, justifie la différence de traitement qui en résulte par rapport aux autres salariés). La solution s'applique de la même manière lorsque la cession intervient dans le cadre d'une procédure collective (cass. soc. 22 janvier 2008, n° 06-43.534, RJS 3/08 n° 253), sans que les conditions prévues dans l'offre du repreneur retenue par le tribunal de commerce puissent y faire obstacle (cass. soc. 12 mars 2008, n° 06-45.147, BC V n° 59; RJS 5/08 n° 519). En cas d'application de l'article L. 122-12 [L. 1224-1], les salariés peuvent invoquer à l'encontre du nouvel employeur le bénéfice de l'engagement unilatéral pris par le précédent employeur; le nouvel employeur ne peut mettre fin à cet engagement qu'à condition de prévenir individuellement les salariés et les institutions représentatives du personnel (cass. soc. 4 février 1997, n° 95-41.468, BC V n° 47; 21 septembre 2005, n° 03-43.532, BC V n° 260; RJS 12/05 n° 1173).

À noter que dans le cas d'une fusion absorption, l'employeur entrant ne peut pas subordonner le bénéfice dans l'entreprise d'accueil des avantages collectifs à la condition que les salariés transférés renoncent aux droits qu'ils tiennent d'un usage ou d'un engagement unilatéral en vigueur dans leur entreprise d'origine au jour du transfert ou qu'ils renoncent au maintien des avantages individuels acquis en cas de mise en cause d'un accord collectif (cass. soc. 13 octobre 2016, n° 14-25.411, BC V n° 189; LS Jurispr. n° 193 du 25.10.2016; RJS 12/16 n° 777).

• En cas de transfert conventionnel de salariés à la suite de la perte d'un marché par leur employeur, les salariés de la société entrante doivent bénéficier d'une prime dont bénéficient les salariés de la société sortante au titre de leur contrat maintenu (cass. soc. 15 janvier 2014, n° 12-25.402, BC V n° 23; JSL n° 361, 5.03.2014, p. 13, Ph. Pacotte et J. Layat-Le Bourhis; RJS 4/14 n° 300; JCP éd. S 2014, 1198, note A. Barège; voir aussi cass. soc. 16 septembre 2015, n° 13-26.788, BC V n° 168; JSL n° 397, 9.11.2015, p. 8, M. Hautefort; JCP éd. S 2015, 1440, note A. Barège; RJS 12/15 n° 753). Revenant sur cette jurisprudence, la Cour de cassation juge désormais que la différence de traitement entre les salariés dont le contrat de travail a été transféré en application d'une garantie d'emploi instituée par voie conventionnelle par les organisations syndicales représentatives investies de la défense des droits et intérêts des salariés et à l'habilitation desquelles ces derniers participent directement par leur vote et les salariés de l'employeur entrant, qui résulte de l'obligation à laquelle est tenu ce dernier de maintenir au bénéfice des salariés transférés les droits qui leur étaient reconnus chez leur ancien employeur au jour du transfert, n'est pas étrangère à toute considération de nature professionnelle et se trouve dès lors justifiée au regard du principe d'égalité de traitement (cass. soc. 30 novembre 2017, n° 16-20.532, BC V n° 204; LSQ n° 17460 du 4.12.2017; JCP éd. S 2018, 1023, note J-Fr. Cesaro; RJS 2/18 n° 100; JSL n° 446, 25.01.2018, p. 9 et s., J-Ph. Lhernould).

• Si le nouvel employeur s'est engagé par convention à supporter la charge des créances antérieures à la cession, les salariés peuvent s'en prévaloir comme d'une stipulation pour autrui en leur faveur; cette solution est retenue dans le cas d'une cession intervenue dans le cadre d'une procédure de redressement judiciaire (cass. soc. 12 février 1992, n° 89-42.276, RJS 3/92 n° 255).

• *Règlement intérieur.* Dans une affaire de scission d'entreprise avec création de nouvelles sociétés, la Cour de cassation a précisé que le transfert de droit des contrats de travail des salariés affectés à une des nouvelles entreprises ne s'accompagne pas du transfert du règlement intérieur d'origine, de sorte que l'employeur ne peut pas s'appuyer dessus pour sanctionner des salariés; il revient à la nouvelle entreprise de mettre en place son propre règlement intérieur en application de l'article R. 1321-5 dans sa version antérieure au décret 2019-1586 (cass. soc. 17 octobre 2018, n° 17-16.465, à paraître, LSQ n° 17681 du 26.10.2018; JCP éd. S 2018, 1389, note P. Morvan; JSL n° 465-466, 28.12.2018, p. 13, J-Ph. Lhernould; RJS 1/19 n° 70).

F. MANDATS DE REPRÉSENTATION DU PERSONNEL

Voir livre IV de la deuxième partie du code relatif aux salariés protégés, notamment la note introductive et les notes sous les articles L. 2414-1, L. 2421-9, L. 2422-1, L. 2422-2 et L. 2422-4.

Art. L. 1224-2. Le nouvel employeur est tenu, à l'égard des salariés dont les contrats de travail subsistent, aux obligations qui incombaient à l'ancien employeur à la date de la modification, sauf dans les cas suivants:

1° Procédure de sauvegarde, de redressement ou de liquidation judiciaire;

2° Substitution d'employeurs intervenue sans qu'il y ait eu de convention entre ceux-ci.

Le premier employeur rembourse les sommes acquittées par le nouvel employeur, dues à la date de la modification, sauf s'il a été tenu compte de la charge résultant de ces obligations dans la convention intervenue entre eux.

Note • Cet article est issu de la loi 83-528 du 28 juin 1983 (JO 29) portant mise en œuvre de la directive du Conseil des Communautés européennes du 14 février 1977 concernant le rapprochement des législations des États membres relatives au maintien des droits des travailleurs en cas de transfert d'entreprises, d'établissements ou de parties d'établissements.

• Le champ d'application de cet article est le même que celui de l'article L. 1224-1, excepté les deux cas suivants:

– *transfert d'entreprise intervenant dans le cadre d'une procédure de sauvegarde, de redressement ou de liquidation judiciaire.* Les salariés sont, dans cette hypothèse, garantis du paiement d'une partie de leurs créances par le jeu du régime d'assurance des créances des salariés (AGS). Il a été précisé que «sont exonérés de l'obligation nouvelle non seulement la masse des créanciers en cas de poursuite de l'exploitation, mais aussi le repreneur, que la reprise s'effectue par location-gérance ou par rachat de l'entreprise».

Ainsi, le nouvel employeur n'est tenu au paiement des congés payés que pour la période postérieure à la reprise des contrats de travail (cass. soc. 19 février 1992, n° 89-45.112, BC V n° 93; 1er juillet 1992, n° 91-44.262, BC V n° 432; 18 novembre 1992, n° 90-44.392, RJS 1/93 n° 8; voir aussi cass. soc. 24 octobre 2012, n° 11-18.584); il doit la totalité des primes de vacances et de fin d'année lorsque le droit à ces primes prend naissance postérieurement au transfert des contrats (cass. soc. 18 novembre 1992, n° 90-44.392, précité).

De même, le nouvel employeur ne peut être tenu au paiement de dommages-intérêts au titre d'un manquement aux obligations nées du contrat de travail antérieures à la modification dans la situation juridique de l'employeur intervenue dans le cadre d'une procédure collective (cass. soc. 2 février 2006, n° 04-40.474, BC V n° 54; RJS 5/06 n° 532).

Enfin, en cas de résolution du plan de cession arrêté par le tribunal de commerce dans le cadre d'une procédure de redressement judiciaire, le cessionnaire est tenu aux obligations nées entre la date de l'adoption du plan de cession arrêté par le tribunal et celle de la résolution de celui-ci et les licenciements postérieurs à la résolution du plan de cession sont à la charge du cédant (cass. soc. 8 juin 1999, 2 arrêts, n°s 97-12.731 et 96-43.933, BC V n°s 263 et 264; voir aussi cass. soc. 4 juillet 2018, n° 17-14.587, à paraître, JCP éd. S 2018, 1295, note L. Fin-Langer; RJS 10/18 n° 591).

À noter que le nouvel employeur peut s'engager à prendre en charge dans le cadre d'un plan de cession adopté par le tribunal de commerce, dont les salariés peuvent se prévaloir, les droits attachés aux contrats de travail transférés (cass. soc. 30 juin 2016, n° 14-26.172, BC V n° 139; RJS 10/16 n° 617).

– *substitution d'employeurs en dehors de toute convention entre eux.* La convention visée par cet article doit être relative au transfert de l'entreprise (cass. soc. 18 novembre 1992, n° 89-42.281, BC V n° 549). Exemple d'absence de convention entre employeurs successifs: cass. soc. 24 septembre 2002, n° 00-44.923, RJS 12/02 n° 1356. En l'absence de convention particulière, le nouvel employeur, tenu de payer les créances salariales exigibles après le transfert des contrats de travail, peut obtenir le remboursement par l'ancien employeur pour la part correspondant au temps pendant lequel les salariés ont été au service de ce dernier (cass. com. 18 septembre 2007, n° 05-14.618, BC IV n° 198; RJS 12/07 n° 1249).

• En cas de transfert conventionnel du contrat, une disposition conventionnelle peut prévoir que le nouveau prestataire n'est pas tenu des obligations qui incombaient à l'ancien au moment du transfert (cass. soc. 27 mai 2015, n° 14-11.155, BC V n° 107; LSQ n° 16849 du 9.06.2015; JCP éd. S 2015, 1290, note Fr. Bousez; RJS 8-9/15 n° 545; JSL n° 391, 13.07.2015, p. 31, D. Julien-Paturle).

• L'article L. 1224-2 a pour objet de transmettre au cessionnaire les dettes que le cédant aurait gardées à l'égard des salariés (créances que les salariés auraient acquises à l'égard du cédant et qui seraient restées impayées: heures supplémentaires, primes, commissions, indemnités de congés payés pour la période antérieure au transfert, avantages divers...).

Le salarié, dont le contrat de travail s'est poursuivi dans le cadre du transfert d'une entité et qui entend obtenir l'exécution des obligations nées à la date du transfert, peut exercer son action aussi bien à l'encontre de l'ancien employeur que du nouveau (cass. soc. 13 novembre 2001, n° 99-42.467, RJS 1/02 n° 16). Dès lors, le salarié peut ne mettre en cause que le nouvel employeur, même si la créance invoquée est la conséquence d'un manquement du cédant aux obligations résultant du contrat de travail, (cass. soc. 14 mai 2008, n° 07-42.341, BC V n° 103; RJS 7/08 n° 759; 19 mai 2016, n° 15-20.091, LS Jurispr. n° 99 du 31.05.2016; voir aussi cass. soc. 20 février 2013, n° 11-28.340, RJS 5/13 n° 351; Dr. Soc. 2013, 554, act. A. Mazeaud). À l'inverse, l'article L. 1224-2 ne fait pas obstacle à ce que le salarié exerce son action en paiement directement à l'encontre de son ancien employeur (cass. soc. 3 avril 1991, n° 88-41.786, BC V n° 164; voir aussi cass. soc. 25 septembre 2013, n° 12-13.593). Par ailleurs, le salarié pouvant agir indifféremment à l'encontre des deux employeurs successifs en paiement des salaires échus à la date de la modification dans leur situation juridique, ceux-ci sont tenus *in solidum* (cass. soc. 6 avril 2011, n° 10-16.391, BC V n° 91; RJS 6/11 n° 528; JCP éd. S 2011, 1327, note C. Puigelier). En revanche, sauf collusion frauduleuse entre les employeurs successifs, seul le nouvel employeur est tenu envers le salarié aux obligations et au paiement des créances résultant de la poursuite du contrat de travail après le transfert (cass. soc. 27 mai 2020, n° 19-12.471, à paraître, LS Jurispr. n° 114 du 23.06.2020; JSL n° 501, 08.07.2020, pp. 8 et s., J-Ph. Lhernould; RJS 7/20 n° 339; Dr. Soc. 2020, p. 873, act. J. Mouly).

Si l'obligation au paiement d'une indemnité de requalification d'un contrat à durée déterminée naît dès la conclusion de ce contrat en méconnaissance des exigences légales et pèse en conséquence sur l'employeur l'ayant conclu, cette circonstance ne fait pas obstacle à l'application de l'article L. 1224-2; dès lors, un salarié peut demander au nouvel employeur le paiement d'une indemnité de requalification au titre du contrat à durée déterminée conclu avec le premier employeur sauf le recours du nouvel employeur contre celui-ci (cass. soc. 16 mars 2011, n° 09-69.945, BC V n° 75; LS Jurispr. n° 66 du 29.03.2011; 8 novembre 2017, n° 16-16.648).

En cas de travail dissimulé, lorsque l'ancien employeur en est à l'origine, le salarié licencié par le nouvel employeur peut demander à ce dernier le paiement d'une indemnité pour travail dissimulé (cass. soc. 11 mai 2016, n° 14-17.496, BC V n° 100; RJS 7/16 n° 500).

• S'agissant de la santé des salariés, voir «Transfert du contrat de travail: quel est l'employeur garant de la santé mentale des salariés ?», O. Levannier-Gouël, JSL n° 397, 9.11.2015, p. 4.

Art. L. 1224-3. Lorsque l'activité d'une entité économique employant des salariés de droit privé est, par transfert de cette entité, reprise par une personne publique dans le cadre d'un service public administratif, il appartient à cette personne publique de proposer à ces salariés un contrat de droit public, à durée déterminée ou indéterminée selon la nature du contrat dont ils sont titulaires.

Art. L. 1224-3

Sauf disposition légale ou conditions générales de rémunération et d'emploi des agents non titulaires de la personne publique contraires, le contrat qu'elle propose reprend les clauses substantielles du contrat dont les salariés sont titulaires, en particulier celles qui concernent la rémunération.

(L. 2016-483 du 20 avril 2016, art. 40, IV, JO 21) «Les services accomplis au sein de l'entité économique d'origine sont assimilés à des services accomplis au sein de la personne publique d'accueil.»

(L. 2009-972 du 3 août 2009, art. 24, JO 6) «En cas de refus des salariés d'accepter le contrat proposé, leur contrat prend fin de plein droit. La personne publique applique les dispositions relatives aux agents licenciés prévues par le droit du travail et par leur contrat.»

Note • Cet article avait repris les dispositions de l'article 20 de la loi 2005-843 du 26 juillet 2005 portant diverses mesures de transposition du droit communautaire à la fonction publique.

• La reprise d'une activité par un service public administratif a longtemps été considérée comme exclusive de l'application de l'article L. 1224-1; par exemple, le rachat d'une clinique par un centre hospitalier, qui est un établissement public administratif: il n'y a pas continuation de la même entreprise, la première ayant cessé son activité (cass. soc. 7 février 1980, n° 78-41.168, BC V n° 115). De la même façon, l'article L. 1224-1 ne s'appliquait pas lorsque le service des eaux, de service privé devenait service communal, exploité en régie directe (cass. soc. 10 juillet 1995, 2 arrêts, n°s 93-46.569 et 94-40.608, RJS 8-9/95 n° 866). Cette jurisprudence était en contradiction avec celle de la CJCE concernant l'application de la directive 77/187/CEE du 14 février 1977 (remplacée par la directive 2001/23/CE du 12 mars 2001). La CJCE jugeait en effet que la directive 77/187/CEE du Conseil était applicable en cas de reprise par une commune, personne morale de droit public agissant dans le cadre des règles spécifiques du droit administratif, des activités de publicité et d'information sur les services qu'elle offre au public, exercées jusqu'alors par une association sans but lucratif, personne morale de droit privé, pour autant que l'entité, cédée, conserve son identité (CJCE 26 septembre 2000, aff. C-175/99, rec. p. I-7755; RJS 1/01 n° 138; voir aussi CJUE 20 janvier 2011, aff. C-463/09, rec. p. I-95; RJS 5/11 n° 486 et p. 358 (I. C.) chron. H. Tissandier; Dr. Soc. 2011, p. 866, obs. A. Mazeaud, jugeant que la directive 2001/23/CE ne s'applique pas à une situation dans laquelle une commune, qui confiait le nettoyage de ses locaux à une entreprise privée, décide de mettre fin au contrat qui la liait à celle-ci et d'exercer elle-même l'activité de nettoyage desdits locaux en engageant à cette fin un nouveau personnel).

• Dans trois arrêts rendus le 25 juin 2002, la Cour de cassation a aligné sa jurisprudence sur celle de la CJCE: «la seule circonstance que le cessionnaire soit un établissement public à caractère administratif lié à son personnel par des rapports de droit public ne peut suffire à caractériser une modification dans l'identité de l'entité économique transférée» (cass. soc. 25 juin 2002, n° 01-43.467, BC V n° 209 et n°s 01-43.468 et 01-43.500, RJS 10/02 n° 1078; dans le même sens, cass. soc. 14 janvier 2003, n° 01-43.676, BC V n° 3; Dr. Soc. 2003, p. 437, obs. A. Mazeaud). Le Conseil d'État a également décidé qu'il y a maintien de la relation de travail lorsque l'activité d'une entité économique employant des salariés de droit privé est reprise par une personne publique gérant un service public administratif (CE 22 octobre 2004, n° 245154, RJS 1/05 n° 12). Il appartient à celle-ci soit de maintenir le contrat de droit privé des intéressés, soit de leur proposer un contrat de droit public reprenant les clauses substantielles de leur ancien contrat, dans la mesure où des dispositions législatives ou réglementaires n'y font pas obstacle (CE 22 octobre 2004, n° 245154, précité; voir aussi CE 27 juin 2012, n° 335481, RJS 10/12 n° 774, s'agissant de dispositions réglementaires ne pouvant porter atteinte au droit d'un salarié à la conservation de l'ancienneté acquise auprès de l'entité transférée). En revanche, les salariés dont le contrat est maintenu n'ont aucun droit à être titularisés; si la personne publique entend titulariser le bénéficiaire de l'article L. 1224-1, elle n'est pas obligée de prendre en compte, lors de la titularisation, la situation et la carrière antérieure de l'intéressé (même arrêt).

Toutefois, la Cour a énoncé que si les dispositions de l'article L. 1224-1 impose le maintien des contrats de travail en cours y compris dans le cas où l'entité économique transférée constitue un service public administratif dont la gestion, jusqu'ici assurée par une personne privée, est reprise par une personne morale de droit public normalement liée à son personnel par des rapports de droit public, elles n'ont pas pour effet de transformer la nature juridique des contrats de travail en cause, qui demeure des contrats de droit privé tant que le nouvel employeur public n'a pas placé les salariés dans un régime de droit public (cass. soc. 23 novembre 2005, n° 03-45.439, BC V n° 339; RJS 1/06 n° 12; 12 juin 2007, n° 05-44.337, BC V n° 96; RJS 8-9/07 n° 91).

Dès lors une loi du 26 juillet 2005 a précisé, dans son article 20, que la personne publique cessionnaire doit proposer aux salariés un contrat de droit public reprenant autant que possible les clauses substantielles du contrat de travail en cours [voir chronique J-B Cottin, «Transfert d'une entité économique autonome vers un service public administratif», RJS 1/06, p. 3; A. Mazeaud, «Reprise d'une entité économique par une personne publique dans le cadre d'un service public administratif (art. 20 de la loi du 26 juillet 2005)», Dr. Soc. 2006, p. 383; C. Wolmark, «Le sort des contrats de travail en cas de reprise en gestion directe d'un service public administratif», RDT, septembre 2006, ET, 159]; le juge judiciaire ne peut pas faire injonction au repreneur de proposer un tel contrat (cass. soc. 22 septembre 2015, n° 13-26.032, BC V n° 174; JSL n° 398, 30.11.2015, p. 17, H. Tissandier; RJS 12/15 n° 752; Dr. Soc. 2015, p. 1025, act. J. Mouly).

• En cas de reprise par une personne publique dans le cadre d'un service public administratif de l'activité d'une entité économique employant des salariés de droit privé telle que prévue par l'article L. 1224-3 CT, le repreneur peut, en vue d'assurer la continuité du service, faire, avant la date prévue pour le transfert, les offres de contrats auxquelles il est tenu et procéder aux licenciements des salariés les ayant refusées afin que leur contrat prenne fin à la date effective du transfert (cass. soc. 26 juin 2013, n° 12-19.208, Dr. Soc. 2013, p. 755, act. A. Mazeaud).

• Le nouvel employeur, personne morale de droit public, est tenu, dès la reprise de l'activité, de continuer à rémunérer les salariés transférés dans les conditions prévues par leur contrat de droit privé jusqu'à ce que ceux-ci acceptent le contrat de droit public qui leur sera proposé ou jusqu'à leur licenciement, s'ils le refusent (cass. soc. 1er juin 2010, n° 09-40.679, BC V n° 120; RJS 8-9/10 n° 643).

La CJCE a précisé les effets de la directive en cas de transfert d'entreprise d'une personne morale de droit privé à l'État dans un arrêt du 11 novembre 2004: la directive ne s'oppose pas à ce que l'État, en tant que nouvel employeur, procède à une réduction du montant de la rémunération des travailleurs concernés aux fins de se conformer aux règles nationales en vigueur relatives aux employés publics. Cette baisse de rémunération constitue toutefois une modification du contrat de travail; si cette modification n'est pas acceptée par le salarié, il y a résiliation du contrat à l'initiative de l'employeur (CJCE 11 novembre 2004, aff. C-425/02, rec. p. I-10823; JOUE C 6/9 du 8.01.2005; RJS 3/05 n° 324).

Dans un avis rendu le 21 mai 2007, le Conseil d'État a décidé que la reprise de la rémunération antérieure n'est légalement possible que si elle n'excède pas manifestement celle qu'il appartiendrait à l'autorité administrative compétente de fixer compte tenu des fonctions exercées, du niveau de qualification et de rémunération pour des agents de l'État exerçant des fonctions analogues (CE avis 21 mai 2007, n° 299307, Rec. Lebon, p. 214; Dr. Soc. 2007, p. 969, concl. Fr. Séners). À cette fin, la rémunération antérieure et la rémunération proposée doivent être comparées en prenant en considération les primes éventuellement accordées à l'agent et liées à l'exercice normal de ses fonctions, dans le cadre de son ancien comme de son nouveau contrat; s'agissant d'un contrat de droit public, il convient de tenir compte du régime indemnitaire découlant des règles générales applicables aux agents de la personne publique, sans qu'y fasse obstacle la circonstance qu'il n'en serait pas fait mention par ce contrat (CE 24 mai 2013, n° 354905; voir aussi CE 3 juillet 2020, n° 422481).

• Un salarié est fondé à prendre acte de la rupture du contrat de travail aux torts du nouvel employeur; ce dernier n'avait pas licencié le salarié qui avait refusé la modification de son contrat de travail qu'il lui avait notifiée (cass. soc. 16 décembre 2008, n° 07-43.419, RJS 3/09 n° 229).

• D'une part, si le licenciement d'un salarié qui refuse un contrat de droit public doit être prononcé dans les conditions prévues par le code du travail, le refus de changer de statut opposé par le salarié repris constitue à lui seul une cause de licenciement; d'autre part, la cause particulière de rupture du contrat de travail prévue par l'article L. 1224-3 CT ne relève pas des dispositions de ce code applicables aux licenciements pour motif économique (cass. soc. 30 septembre 2009, n° 08-40.846, BC V n° 212; RJS 12/09 n° 899; voir aussi cass. soc. 2 décembre 2009, n° 07-45.304, BC V n° 270; RJS 2/10 n° 153).

• Si la personne publique doit notifier au salarié la rupture du contrat de travail, le défaut de cette notification constitue seulement une irrégularité donnant droit à des dommages-intérêts en fonction du préjudice subi par le salarié (cass. soc. 8 décembre 2016, n° 15-17.176, BC V n° 239; Dr. Soc. 2017, p. 79, act. J. Mouly; JCP éd. S 2017, 1060, note F. Dumont; RJS 2/17 n° 96; JSL n° 433, 12.06.2017, p. 3, C. Simonin et D. Blanc).

• En cas de refus du salarié du contrat de droit public proposé, la rupture du contrat de travail ouvre droit au préavis (cass. soc. 10 janvier 2017, n° 15-14.775, BC V n° 2; RJS 3/17 n° 187; JCP éd. S 2017, 1051, note K. Pagani; JSL n° 433, 12.06.2017, p. 3, C. Simonin et D. Blanc) mais n'oblige pas la personne publique à convoquer le salarié à un entretien préalable en cas de licenciement pour motif personnel (cass. soc. 10 janvier 2017, n° 15-14.775, précité; 1er février 2017, n° 15-18.480, BC V n° 17, arrêt n° 1; RJS 4/17 n° 254, 1re espèce; JCP éd. S 2017, 1153, note K. Pagani; JSL n° 433, 12.06.2017, p. 3, C. Simonin et D. Blanc).

• À noter que la rupture du contrat de travail d'un salarié protégé qui fait suite à son refus d'accepter le contrat qu'une personne publique lui propose en application des dispositions de l'article L. 1224-3 est soumise à l'ensemble de la procédure prévue en cas de licenciement d'un salarié protégé et est, dès lors, subordonnée à l'obtention d'une autorisation administrative préalable (CE 6 juin 2018, n° 391860, Rec. Lebon p 257; JCP éd. S 2018, 1250, note M. Morand; RJS 8-9/18 n° 526; JSL n° 458, 31.07.2018, p. 17, C. Simonin et D. Blanc; Dr. Soc. 2018, p. 752, act. J. Mouly).

Art. L. 1224-3-1

• Si le contentieux relatif à un arrêté de titularisation relève évidemment de la compétence des juridictions administratives, la rupture du contrat de travail décidée par la personne publique relève de la compétence du juge judiciaire (Trib. confl. 19 janvier 2004, n° 3393, RJS 5/04 n° 506 : l'application de cet article n'a pas pour effet de «transformer la nature juridique des contrats de travail en cause, qui demeurent des contrats de droit privé tant que le nouvel employeur public n'a pas placé les salariés dans un régime de droit public»; cass. soc. 23 novembre 2005, n° 03-45.439, précité; 12 juin 2007, n° 05-44.337, précité; 16 décembre 2008, n° 07-44.093, RJS 2/09 n° 137, 1re espèce). Cependant, le juge judiciaire ne peut, sans violer le principe de la séparation des pouvoirs, se prononcer sur la conformité d'un contrat de droit public aux dispositions de l'article L. 1224-3 (cass. soc. 1er juin 2010, n° 09-40.679, précité).

• Lorsqu'un service public administratif disparaît, la reprise de son activité par un organisme de droit privé n'entraîne pas le transfert d'une entité économique conservant son identité : l'article L. 1224-1 ne s'applique pas (cass. soc. 1er décembre 1993, n° 91-41.602, BC V n° 295). Cette solution est compatible avec l'interprétation de la directive communautaire. La CJCE décide en effet que le bénéfice de la directive ne peut être invoqué que par les personnes qui, dans l'État membre concerné, sont protégées en tant que travailleurs au titre de la législation nationale en matière de droit du travail (CJCE 14 septembre 2000, aff. C-343/98, rec. p. I-6659; RJS 12/00 n° 1308).

Art. L. 1224-3-1. ***(L. 2009-972 du 3 août 2009, art. 25, JO 6)*** Sous réserve de l'application de dispositions législatives ou réglementaires spéciales, lorsque l'activité d'une personne morale de droit public employant des agents non titulaires de droit public est reprise par une personne morale de droit privé ou par un organisme de droit public gérant un service public industriel et commercial, cette personne morale ou cet organisme propose à ces agents un contrat régi par le présent code.

Le contrat proposé reprend les clauses substantielles du contrat dont les agents sont titulaires, en particulier celles qui concernent la rémunération.

En cas de refus des agents d'accepter le contrat proposé, leur contrat prend fin de plein droit. La personne morale ou l'organisme qui reprend l'activité applique les dispositions de droit public relatives aux agents licenciés.

Note À propos de cet article, voir «Reprise de l'activité d'une personne morale de droit public employant des agents non titulaires de droit public par une personne morale de droit privé», A. Mazeaud, Dr. Soc. 2011, p. 367.

Art. L. 1224-3-2. ***(Ord. 2017-1387 du 22 sept. 2017, art. 34, JO 23)*** Lorsqu'un accord de branche étendu prévoit et organise la poursuite des contrats de travail en cas de succession d'entreprises dans l'exécution d'un marché, les salariés du nouveau prestataire ne peuvent invoquer utilement les différences de rémunération résultant d'avantages obtenus, avant le changement de prestataire, par les salariés dont les contrats de travail ont été poursuivis.

Note Cet article est applicable aux contrats de travail depuis le 23 septembre 2017, quelle que soit la date à laquelle ces contrats ont été poursuivis entre les entreprises concernées (ordonnance 2017-1387 précitée, art. 40, IX).

Art. L. 1224-4. Un décret en Conseil d'État détermine les modalités d'application des articles L. 1224-1 et L. 1224-2.

CHAPITRE V Maternité, paternité, adoption et éducation des enfants

Note Voir notamment RF Social, mars 2020, Cahier juridique n° 205, «Parentalité dans l'entreprise Congés, protections et prestations».

SECTION 1. Protection de la grossesse et de la maternité

Sous-section 1. Embauche, mutation et licenciement

Art. L. 1225-1. L'employeur ne doit pas prendre en considération l'état de grossesse d'une femme pour refuser de l'embaucher, pour rompre son contrat de travail au cours d'une période d'essai ou, sous réserve d'une affectation temporaire réalisée dans le cadre des dispositions des articles L. 1225-7, L. 1225-9 et L. 1225-12, pour prononcer une mutation d'emploi.

Il lui est en conséquence interdit de rechercher ou de faire rechercher toutes informations concernant l'état de grossesse de l'intéressée.

Note • Toute discrimination liée à l'état de grossesse tombe sous le coup des sanctions pénales de l'article 225-1 c. pén.

• **Embauche.** L'interdiction faite à l'employeur de rechercher ou faire rechercher des informations sur l'état de grossesse concerne essentiellement les mentions qui pourraient, à cet égard, figurer dans les «questionnaires d'embauche» et les fiches médicales établies par le médecin du travail à l'issue de la visite médicale d'embauche.

Voir également, sur le refus d'embauche, l'article L. 1142-1.

• **Rupture du contrat de travail pendant la période d'essai.** Si la résiliation du contrat de travail d'une salariée enceinte pendant une période d'essai est interdite lorsqu'elle est motivée par l'état de grossesse de l'intéressée, elle reste possible pour un motif tenant, par exemple, à l'insuffisance professionnelle. Les dispositions de l'article L. 1225-4 n'étant pas applicables pendant la période d'essai, le licenciement d'une femme enceinte pendant une telle période ne saurait être considéré comme nul (cass. soc. 2 février 1983, n° 79-41.754, BC V n° 74). Est fondée la décision d'un employeur (ETT) mettant fin au contrat d'une salariée à l'issue d'une période d'essai pour un motif directement lié à l'essai (insuffisance professionnelle) et alors que l'employeur ne pouvait connaître l'état de grossesse de l'intéressée (cass. soc. 8 novembre 1983, n° 81-41.785, BC V n° 546).

• Voir A. Gardin, «Maternité et éducation des enfants», RJS 11/09, p. 727.

Art. R. 1225-1. Pour bénéficier de la protection de la grossesse et de la maternité, prévue aux articles L. 1225-1 et suivants, la salariée remet contre récépissé ou envoie par lettre recommandée avec avis de réception à son employeur un certificat médical attestant son état de grossesse et la date présumée de son accouchement ou la date effective de celui-ci, ainsi que, s'il y a lieu, l'existence et la durée prévisible de son état pathologique nécessitant un allongement de la période de suspension de son contrat de travail.

Note L'envoi d'un certificat médical attestant son état de grossesse ne constitue pas une formalité substantielle (cass. soc. 9 juillet 2008, n° 07-41.927, BC V n° 152; RJS 10/08 n° 988; 11 décembre 2013, n° 12-23.687, RJS 2/14 n° 117). Pour que la salariée enceinte puisse bénéficier de la protection légale, il suffit d'établir que l'employeur en avait eu connaissance, ce que la salariée pourra prouver par tous moyens (voir, par exemple, cass. soc. 20 juin 1995, n° 91-44.952, BC V n° 202; RJS 8-9/95 n° 880).

Art. R. 1225-3. Pour l'application des dispositions du présent chapitre, les formalités sont réputées accomplies au jour de l'expédition de la lettre recommandée avec avis de réception.

Art. L. 1225-2. La femme candidate à un emploi ou salariée n'est pas tenue de révéler son état de grossesse, sauf lorsqu'elle demande le bénéfice des dispositions légales relatives à la protection de la femme enceinte.

Art. L. 1225-3. Lorsque survient un litige relatif à l'application des articles L. 1225-1 et L. 1225-2, l'employeur communique au juge tous les éléments de nature à justifier sa décision.

Lorsqu'un doute subsiste, il profite à la salariée enceinte.

Art. L. 1225-3-1. ***(L. 2016-41 du 26 janv. 2016, art. 87, I, 1°, JO 27)*** Les articles L. 1225-1, L. 1225-2 et L. 1225-3 sont applicables aux salariées bénéficiant d'une assistance médicale à la procréation conformément à l'article L. 2141-2 du code de la santé publique.

Art. L. 1225-4. Aucun employeur ne peut rompre le contrat de travail d'une salariée lorsqu'elle est en état de grossesse médicalement constaté, pendant l'intégralité des périodes de suspension du contrat de travail auxquelles elle a droit au titre du congé de maternité, qu'elle use ou non de ce droit, ***(L. 2016-1088 du 8 août 2016, art. 10, 1°, JO 9)*** «et au titre des congés payés pris immédiatement après le congé de maternité» ainsi que pendant les ***(L. 2016-1088 du 8 août 2016, art. 10, 1°, JO 9)*** «dix» semaines suivant l'expiration de ces périodes.

Toutefois, l'employeur peut rompre le contrat s'il justifie d'une faute grave de l'intéressée, non liée à l'état de grossesse, ou de son impossibilité de maintenir ce contrat pour un motif étranger à la grossesse ou à l'accouchement. Dans ce cas, la rupture du contrat de travail ne peut prendre effet ou être notifiée pendant les périodes de suspension du contrat de travail mentionnées au premier alinéa.

Note • **Champ d'application.** Pour la CJCE, les articles 2 § 1 et 5 § 1 de la directive 76/207/CEE du 9 février 1976 s'opposent au licenciement d'une salariée fondé essentiellement sur le fait qu'elle a subi un traitement de fécondation *in vitro* (CJCE 26 février 2008, aff. C-506/06, rec.

p. I-1017; JOUE C 92/7 du 12.04.2008; RJS 6/08, p. 499, II. A., note E. Lafuma; RDT, mai 2008, CH, 313, C. Kouchner; JCP éd. S 2008, 1321, note A. Moriceau; JSL n° 230, 27.03.2008, p. 14, J-Ph. Lhernould).

Une salariée de nationalité étrangère non munie du titre l'autorisant à exercer une activité en France ne bénéficie pas des dispositions légales protectrices de la femme enceinte interdisant ou limitant les cas de licenciement (cass. soc. 15 mars 2017, n° 15-27.928, BC V n° 51; LSQ n° 17290 du 21.03.2017; JSL n° 430, 25.04.2017, p. 10, P. Pacotte et C. Margerin; RJS 5/17 n° 382).

• **Notion de faute grave non liée à l'état de grossesse.** L'employeur ne peut rompre le contrat de travail d'une salariée enceinte que s'il justifie d'une faute grave commise par l'intéressée et si une telle faute n'est pas liée à l'état de grossesse de la salariée.

Exemples de fautes graves non liées à l'état de grossesse

Fautes graves justifiant le licenciement. Cass. soc. 28 mars 1996, n° 93-40.437 (injures grossières proférées à l'encontre de l'employeur); cass. soc. 9 décembre 1998, n° 96-43.068, RJS 4/99 n° 503 (salariée qui appose un paraphe sur un document permettant d'obtenir un complément de prestations et qui laisse ainsi croire que c'est l'employeur qui a signé); cass. soc. 10 mai 2012, n° 11-11.193, JSL n° 324, 21.06.2012, p. 29 (salariée s'étant délibérément soustraite aux instructions de son employeur). Il appartient aux juges du fond, en cas de faute grave invoquée par l'employeur, de caractériser un manquement dépourvu de lien avec l'état de grossesse de la salariée rendant impossible son maintien dans l'entreprise (cass. soc. 18 avril 2008, n° 06-46.119, BC V n° 98; RJS 7/08 n° 773).

Absence de faute grave. La seule absence de justification de la prolongation d'un arrêt de travail ne constitue pas une faute grave lorsque l'employeur ne peut ignorer la raison de cette prolongation (cass. soc. 24 octobre 1996, n° 93-46.158, RJS 12/96 n° 1260); le seul fait du retard de la salariée dans l'envoi d'un certificat médical ne suffit pas à caractériser une faute grave (cass. soc. 12 mars 1997, n° 94-42.382).

Exemple de faute grave liée à l'état de grossesse. Cass. soc. 19 décembre 1990, n° 87-45.298, BC V n° 682, s'agissant d'une absence injustifiée de quinze jours d'une salariée dont l'employeur connaissait l'état de grossesse.

• **Motif étranger à la grossesse ou à l'accouchement**

C'est à l'employeur qu'il appartient d'apporter la preuve de l'impossibilité de maintenir le contrat. N'apporte pas la preuve de l'impossibilité de maintenir le contrat l'employeur qui se contente d'alléguer la suppression de l'emploi d'une salariée, engagée en qualité de garde d'enfant, du fait de la scolarisation de deux enfants concernés (cass. soc. 8 avril 2009, n° 08-40.011, RJS 6/09 n° 581).

L'existence d'un motif économique au licenciement ne caractérise pas, à elle seule, l'impossibilité visée à l'article L. 1225-4 CT dans laquelle se trouve l'employeur de maintenir le contrat de travail de la salariée (cass. soc. 21 mai 2008, n° 07-41.179, BC V n° 110; RJS 8-9/08 n° 887; 6 janvier 2010, n° 08-44.626, RJS 3/10 n° 255; 11 juillet 2012, n° 11-13.685, JSL n° 330, 25.10.2012, p. 30). Il en est de même du refus par la salariée d'une proposition de mobilité formulée dans le cadre d'un accord de mobilité interne (cass. soc. 4 mars 2020, n° 18-19.189, à paraître, LS n° 18070 du 29.05.2020; RJS 5/20 n° 233, 2e espèce; JSL n° 496-497, 05.05.2020, p. 13, M. Hautefort; Dr. Soc. 2020, p. 565, act. J. Mouly).

Néanmoins, il a été jugé qu'une lettre de licenciement visant la cessation d'activité de l'entreprise satisfait aux exigences de motivation (cass. soc. 26 septembre 2012, n° 11-17.420, RJS 12/12 n° 937).

À noter que, pour la CJUE, une salariée enceinte peut être licenciée dans le cadre d'un licenciement collectif sans que lui soient fournis d'autres motifs que ceux qui justifient le licenciement collectif, dès lors que les critères objectifs retenus pour désigner les salariés à licencier sont indiqués par l'employeur (CJUE 22 février 2018, aff. C-103/16, JCP éd. S 2018, 1135, note Ph. Coursier; JSL n° 452, 02.05.2018, p. 7, M. Hautefort; RJS 7/18 n° 512 et p. 551 (I, B.), chron. A. Gardin).

• **Rupture du contrat de travail pendant le congé de maternité**

Même si l'employeur justifie de l'impossibilité de maintenir le contrat de travail pour un motif étranger à la grossesse, à l'accouchement ou à l'adoption, la résiliation du contrat ne peut prendre effet ou être signifiée pendant la période de suspension du contrat résultant du congé de maternité. Un licenciement prononcé dans ces conditions est un licenciement nul (cass. soc. 19 mars 2008, n° 07-40.599, BC V n° 69; RJS 5/08 n° 541; RDT, juin 2008, CH, 383, note H. Tissandier; JCP éd. S 2008, 1306, note C. Puigelier; Dr. Soc. 2008, p. 880, obs. J. Savatier). La salariée aura droit à une indemnité réparant intégralement le préjudice subi et qui ne peut être inférieure à 6 mois de salaire.

Le remplacement définitif d'une salariée pendant son congé de maternité constitue une mesure préparatoire à son licenciement; celui-ci sera déclaré nul même s'il a été prononcé après le congé (cass. soc. 15 septembre 2010, n° 08-43.299, BC V n° 182; RJS 11/10 n° 841; voir aussi cass. soc. 1er février 2017, n° 15-26.250, LSQ n° 17275 du 28.02.2017; JSL n° 429, 10.04.2017, p. 10, H. Tissandier; RJS 4/17 n° 253). Cette solution reprend celle d'un arrêt de la CJCE; l'article 10 de la directive 92/85 du 19 octobre 1992 interdisant de prendre des mesures préparatoires au licenciement avant l'échéance de la période de protection (CJCE 11 octobre 2007, aff. C-460/06, Rec. p. I-8511; RJS 2/08, p. 103, chron. E. Lafuma). En revanche, la Cour de cassation a jugé que la simple réunion par l'employeur, au fur et à mesure de leur signalement, d'éléments relatifs aux dysfonctionnements qui sont portés à sa connaissance ne peut pas être considérée comme une mesure préparatoire au licenciement d'une salariée pour insuffisance professionnelle (cass. soc. 6 novembre 2019, n° 18-20.909, LS Jurispr. n° 210 du 19.11.2019; RJS 1/20 n° 9).

• **Rupture du contrat de travail pendant les semaines suivant l'expiration du congé de maternité (avant la loi 2016-1088 du 8 août 2016)**

Pendant les quatre semaines suivant l'expiration des périodes de suspension du contrat de travail, l'employeur peut licencier une salariée pour faute grave non liée à l'état de grossesse ou pour impossibilité de maintenir le contrat pour un motif étranger à la grossesse ou à l'accouchement (cass. soc. 17 février 2010, n° 06-41.392, BC V n° 49; RDT, mai 2010, CH, 290, note D. Gardes; RJS 5/10 n° 422; JSL n° 275, 19.04.2010, p. 11, M-Ch. Haller; JCP éd. S 2010, 1230, note A. Martinon; en l'espèce, il s'agissait d'un licenciement pour faute grave).

Si la période de protection de quatre semaines suivant le congé de maternité est suspendue par la prise des congés payés suivant immédiatement le congé de maternité, son point de départ étant alors reporté à la date de la reprise du travail par la salariée (cass. soc. 30 avril 2014, n° 13-12.321, BC V n° 111; JSL n° 368, 23.06.2014, p. 18, Fr. Taquet; RJS 7/14 n° 557; JCP éd. S 2014, 1333, note D. Everaert-Dumont; voir aussi cass. soc. 14 septembre 2016, n° 15-15.943, BC V n° 163; LSQ n° 17164 du 21.09.2016; RJS 11/16 n° 685; JCP éd. S 2016, 1382, note L. Dauxerre), il n'en va pas de même en cas d'arrêt de travail pour maladie (cass. soc. 8 juillet 2015, n° 14-15.979, BC V n° 150; LSQ n° 16876 du 20.07.2015; JSL n° 394, 24.09.2015, p. 4, M. Hautefort; RJS 10/15 n° 637; JCP éd. S 2015, 1365, note D. Everaert-Dumont).

Pour un exemple de disposition conventionnelle permettant à une salariée de prendre un congé supplémentaire à l'issue de son congé de maternité, voir cass. soc. 14 décembre 2016, n° 15-21.898, BC V n° 252; JCP éd. S 2017, 1049, note D. Everaert-Dumont; JSL n° 425, 10.02.2017, p. 19, J-Ph. Lhernould; RJS 2/17 n° 94.

• **Le motif autorisant exceptionnellement le licenciement doit figurer explicitement dans la lettre de licenciement.** Le licenciement d'une salariée enceinte est nul dès lors que la lettre de licenciement ne mentionne pas expressément l'un des motifs exigés par l'article L. 1225-4 CT (cass. soc. 24 octobre 2000, n° 98-41.937, BC V n° 343; RJS 12/00 n° 1245; 21 janvier 2009, n° 07-41.841, BC V n° 22; RJS 4/09 n° 339: suppression d'un emploi dans le cadre d'un plan de cession; 3 novembre 2016, n° 15-15.333, BC V n° 208; LSQ n° 17200 du 15.11.2016; JCP éd. S 2016, 1413, note Th. Lahalle; RJS 1/17 n° 12: licenciement pour inaptitude et impossibilité de reclassement).

• **Résiliation judiciaire.** La Cour de cassation a précisé que, lorsqu'au jour de la demande de résiliation judiciaire, la salariée n'a pas informé l'employeur de son état de grossesse, la résiliation judiciaire aux torts de l'employeur doit s'analyser en un licenciement sans cause réelle et sérieuse et non en un licenciement nul (cass. soc. 28 novembre 2018, n° 15-29.330, à paraître, LSQ n° 17710 du 10.12.2018; RJS 2/19 n° 85; JCP éd. S 2019, 1029, note A. Barège; Dr. Soc. 2019, p. 182, act. J. Mouly).

Art. L. 1225-4-1. ***(L. 2014-873 du 4 août 2014, art. 9, JO 5)*** Aucun employeur ne peut rompre le contrat de travail d'un salarié pendant les ***(L. 2016-1088 du 8 août 2016, art. 10, 2°, JO 9)*** «dix» semaines suivant la naissance de son enfant.

Toutefois, l'employeur peut rompre le contrat s'il justifie d'une faute grave de l'intéressé ou de son impossibilité de maintenir ce contrat pour un motif étranger à l'arrivée de l'enfant.

Note Un salarié ne bénéficie pas de l'interdiction des actes préparatoires à un licenciement pendant la période de protection prévue par cet article (cass. soc. 30 septembre 2020, n° 19-12.036, à paraître, LS n° 18170 du 27.10.2020; RJS 12/20 n° 580; JSL n° 509-510, 22.12.2020, p. 22, H. Nasom-Tissandier; voir aussi «L'homme enceint», A-M Grivel, Dr. Soc. 2020, p. 929).

Art. L. 1225-4-2. ***(L. 2020-692 du 8 juin 2020, art. 8, JO 9)*** Aucun employeur ne peut rompre le contrat de travail d'un salarié pendant les treize semaines suivant le décès de son enfant âgé de moins de vingt-cinq ans ou de la personne âgée de moins de vingt-cinq ans dont le salarié a la charge effective et permanente.

Toutefois, l'employeur peut rompre le contrat s'il justifie d'une faute grave de l'intéressé ou de son impossibilité de maintenir ce contrat pour un motif étranger au décès de l'enfant.

Art. L. 1225-5

Art. L. 1225-5. Le licenciement d'une salariée est annulé lorsque, dans un délai de quinze jours à compter de sa notification, l'intéressée envoie à son employeur, dans des conditions déterminées par voie réglementaire, un certificat médical justifiant qu'elle est enceinte.

Ces dispositions ne s'appliquent pas lorsque le licenciement est prononcé pour une faute grave non liée à l'état de grossesse ou par impossibilité de maintenir le contrat pour un motif étranger à la grossesse ou à l'accouchement.

Note • Les dispositions de cet article ne sont pas applicables à la rupture en période d'essai (cass. soc. 21 décembre 2006, n° 05-44.806, BC V n° 415; RJS 3/07 n° 325; Dr. Soc. 2007, p. 356, obs. J. Savatier).

• Le délai de quinze jours prévu par ce texte court à compter du jour où le licenciement a été effectivement porté à la connaissance de la salariée (cass. soc. 8 juin 2011, n° 10-17.022, BC V n° 139; RJS 8-9/11 n° 680; JCP éd. S 2011, 1388, note S. Brissy).

• Il n'est pas nécessaire que la salariée soit déjà enceinte au moment de la notification de son licenciement pour bénéficier des dispositions de l'article L. 1225-5 (cass. soc. 2 juillet 2014, n° 13-12.496, LSQ n° 16660 du 2.09.2014; RJS 10/14 n° 679; JSL n° 373, 8.10.2014, p. 21, F. Taquet).

• Lorsqu'une salariée notifie à l'employeur son état de grossesse, de sorte que le licenciement est annulé, le juge doit apprécier le caractère tardif de la décision de réintégrer cette salariée au regard de la date de connaissance par l'employeur de cet état (cass. soc. 15 décembre 2015, n° 14-10.522, BC V n° 261; LSQ n° 16992 du 07.01.2016; JCP éd. S 2016, 1058, note D. Everaert-Dumont; RJS 2/16 n° 104; JSL n° 403, 8.02.2016, p. 9, J-Ph. Lhernould).

• Si, à la suite de la notification par la salariée d'un certificat médical justifiant qu'elle est enceinte, l'employeur revient tardivement sur sa décision de licencier, la salariée, qui n'est pas tenue d'accepter la réintégration proposée, a droit, outre les indemnités de rupture et une indemnité au moins égale à six mois de salaire réparant intégralement le préjudice subi résultant du caractère illicite du licenciement, aux salaires qu'elle aurait perçus pendant la période couverte par la nullité (cass. soc. 15 décembre 2015, n° 14-10.522, précité; voir aussi cass. soc. 6 octobre 2010, n° 08-43.171, RJS 12/10 n° 928, 1re espèce).

• La demande en annulation du licenciement formée par une salariée invoquant son état de grossesse ne peut être accueillie par une cour d'appel se bornant à un motif dubitatif quant à l'existence d'un lien entre la faute grave et l'état de grossesse (cass. soc. 10 mai 2012, n° 10-26.926, RJS 7/12 n° 624).

• À noter que le délai de quinze jours bénéficie également à une assistante maternelle à laquelle a été notifié le retrait de la garde d'un enfant emportant la rupture de son contrat de travail (cass. soc. 31 janvier 2018, n° 16-17.886, BC V n° 15; LS Jurispr. n° 39 du 27.02.2018; JCP éd. S 2018, 1107, note Th. Lahalle; RJS 4/18 n° 294).

Art. R. 1225-2. En cas de licenciement, le certificat médical justifiant que la salariée est enceinte, prévu à l'article L. 1225-5, est adressé par lettre recommandée avec avis de réception.

Art. L. 1225-6. Les dispositions des articles L. 1225-4 et L. 1225-5 ne font pas obstacle à l'échéance du contrat de travail à durée déterminée.

Sous-section 2. Changements temporaires d'affectation

§ 1. Nécessité médicale

Art. L. 1225-7. La salariée enceinte peut être affectée temporairement dans un autre emploi, à son initiative ou à celle de l'employeur, si son état de santé médicalement constaté l'exige.

En cas de désaccord entre l'employeur et la salariée ou lorsque le changement intervient à l'initiative de l'employeur, seul le médecin du travail peut établir la nécessité médicale du changement d'emploi et l'aptitude de la salariée à occuper le nouvel emploi envisagé.

L'affectation dans un autre établissement est subordonnée à l'accord de l'intéressée.

L'affectation temporaire ne peut excéder la durée de la grossesse et prend fin dès que l'état de santé de la femme lui permet de retrouver son emploi initial.

Le changement d'affectation n'entraîne aucune diminution de rémunération.

Note Lorsqu'un changement d'affectation de la salariée en état de grossesse est nécessaire, l'employeur doit rémunérer cette salariée pendant la période où celle-ci est en arrêt de travail dans l'attente d'un nouvel emploi (cass. soc. 17 décembre 1997, n° 94-44.833, RJS 2/98 n° 176; 19 janvier 1999, n° 96-44.976, BC V n° 28; RJS 3/99 n° 368).

Outre le maintien de son salaire de base, la salariée affectée provisoirement sur un autre poste en raison de sa grossesse a droit aux éléments de rémunération ou aux primes qui se rattachent à son statut professionnel (CJUE 1er juillet 2010, aff. C-471/08, rec. p. I-6533; JOUE C 234/9 du 28.8.2010; RJS 10/10, n° 819, 1re espèce et p. 650, chron. A. Gardin; JCP éd. S 2010, 1388, 2e espèce, E. Jeansen).

Art. L. 1225-8. Lorsque la salariée reprend son travail à l'issue du congé de maternité et si pendant sa grossesse elle a fait l'objet d'un changement d'affectation dans les conditions prévues au présent paragraphe, elle est réintégrée dans l'emploi occupé avant cette affectation.

§ 2. Travail de nuit

Art. L. 1225-9. La salariée en état de grossesse médicalement constaté ou ayant accouché, qui travaille de nuit dans les conditions déterminées à l'article ***(L. 2016-1088 du 8 août 2016, art. 8, XI, 1°, JO 9)*** « L. 3122-5», est affectée sur sa demande à un poste de jour pendant la durée de sa grossesse et pendant la période du congé postnatal.

Elle est également affectée à un poste de jour pendant la durée de sa grossesse lorsque le médecin du travail constate par écrit que le poste de nuit est incompatible avec son état. Cette période peut être prolongée pendant le congé postnatal et après son retour de ce congé pour une durée n'excédant pas un mois lorsque le médecin du travail constate par écrit que le poste de nuit est incompatible avec son état.

L'affectation dans un autre établissement est subordonnée à l'accord de la salariée.

Le changement d'affectation n'entraîne aucune diminution de la rémunération.

Art. L. 1225-10. Lorsque l'employeur est dans l'impossibilité de proposer un autre emploi à la salariée travaillant de nuit, il lui fait connaître par écrit, ainsi qu'au médecin du travail, les motifs qui s'opposent à cette affectation.

Le contrat de travail de la salariée est alors suspendu jusqu'à la date du début du congé légal de maternité et éventuellement durant la période complémentaire qui suit la fin de ce congé en application de l'article L. 1225-9.

La salariée bénéficie d'une garantie de rémunération pendant la suspension du contrat de travail, composée de l'allocation journalière prévue à l'article L. 333-1 du code de la sécurité sociale et d'une indemnité complémentaire à la charge de l'employeur, calculée selon les mêmes modalités que celles prévues à l'article L. 1226-1, à l'exception des dispositions relatives à l'ancienneté.

Art. L. 1225-11. Les dispositions du présent paragraphe ne font pas obstacle à l'application des dispositions des articles:

1° L. 1225-4, relatif à la protection contre la rupture du contrat de travail d'une salariée en état de grossesse médicalement constaté;

2° L. 1225-17, relatif au congé de maternité;

3° L. 1225-29, relatif à l'interdiction d'emploi postnatal et prénatal;

4° L. 1226-2, relatif à l'inaptitude consécutive à une maladie ou un accident non professionnel constatée par le médecin du travail;

(L. 2016-1088 du 8 août 2016, art. 102, I, 1°, JO 9, entrée en vigueur au plus tard le 01.01.2017) «4° *bis* L. 1226-10, relatif à l'inaptitude consécutive à un accident du travail ou à une maladie professionnelle;»

5° ***(L. 2016-1088 du 8 août 2016, art. 102, I, 1°, JO 9, entrée en vigueur au plus tard le 01.01.2017)*** « L. 4624-3 et L. 4624-4, relatifs» aux mesures individuelles pouvant être proposées par le médecin du travail.

§ 3. Exposition à des risques particuliers

Note Les articles L. 1225-12 à L. 1225-15 sont issus de l'ordonnance 2001-173 du 22 février 2001 (JO 24) relative à la transposition de la directive 92/85/CEE du 19 octobre 1992 concernant la mise en œuvre de mesures visant à promouvoir l'amélioration de la sécurité et de la santé des travailleuses enceintes, accouchées ou allaitantes au travail.

Art. L. 1225-12. L'employeur propose à la salariée qui occupe un poste de travail l'exposant à des risques déterminés par voie réglementaire un autre emploi compatible avec son état:

1° Lorsqu'elle est en état de grossesse médicalement constaté;

2° Lorsqu'elle a accouché, compte tenu des répercussions sur sa santé ou sur l'allaitement, durant une période n'excédant pas un mois après son retour de congé postnatal.

Art. L. 1225-13. La proposition d'emploi est réalisée au besoin par la mise en œuvre de mesures temporaires telles que l'aménagement de son poste de travail ou son affectation dans un autre poste de travail. Elle prend en compte les conclusions écrites du médecin du travail et les indications qu'il formule sur l'aptitude de la salariée à exercer l'une des tâches existantes dans l'entreprise.

Ces mesures temporaires n'entraînent aucune diminution de la rémunération.

Art. L. 1225-14. Lorsque l'employeur est dans l'impossibilité de proposer un autre emploi à la salariée, il lui fait connaître par écrit, ainsi qu'au médecin du travail, les motifs qui s'opposent à cette affectation temporaire.

Le contrat de travail de la salariée est alors suspendu jusqu'à la date du début du congé de maternité et, lorsqu'elle a accouché, durant la période n'excédant pas un mois prévue au 2° de l'article L. 1225-12.

La salariée bénéficie d'une garantie de rémunération pendant la suspension du contrat de travail, composée de l'allocation journalière prévue à l'article L. 333-1 du code de la sécurité sociale et d'une indemnité complémentaire à la charge de l'employeur, selon les mêmes modalités que celles prévues par les dispositions mentionnées à l'article L. 1226-1, à l'exception des dispositions relatives à l'ancienneté.

Art. R. 1225-4. Pour bénéficier de la garantie de rémunération prévue au troisième alinéa de l'article L. 1225-14 et lorsque les conditions de ce même article sont remplies, la salariée doit avoir occupé un poste de travail l'ayant exposée à l'un des risques suivants:

1° Agents toxiques pour la reproduction de catégorie 1 ou 2;

2° Produits antiparasitaires dont l'étiquetage indique qu'ils peuvent provoquer des altérations génétiques héréditaires ou des malformations congénitales et produits antiparasitaires classés cancérogènes et mutagènes;

3° Benzène;

4° Plomb métallique et ses composés;

5° Virus de la rubéole ou toxoplasme;

6° Travaux en milieu hyperbare dès lors que la pression relative maximale ***(D. 2011-45 du 11 janv. 2011, JO 13)*** «est supérieure à 100 hectopascals».

Art. L. 1225-15. Les dispositions du présent paragraphe ne font pas obstacle à l'application des articles:

1° L. 1225-4, relatif à la protection contre la rupture du contrat de travail d'une salariée en état de grossesse médicalement constaté;

2° L. 1226-2, relatif à l'inaptitude consécutive à une maladie ou un accident non professionnel constatée par le médecin du travail;

(L. 2016-1088 du 8 août 2016, art. 102, I, 2°, JO 9, entrée en vigueur au plus tard le 01.01.2017) «2° *bis* L. 1226-10, relatif à l'inaptitude consécutive à un accident du travail ou à une maladie professionnelle;»

3° ***(L. 2016-1088 du 8 août 2016, art. 102, I, 2°, JO 9, entrée en vigueur au plus tard le 01.01.2017)*** « L. 4624-3 et L. 4624-4, relatifs» aux mesures individuelles pouvant être proposées par le médecin du travail.

Sous-section 3. Autorisations d'absence et congé de maternité

Art. L. 1225-16. La salariée bénéficie d'une autorisation d'absence pour se rendre aux examens médicaux obligatoires prévus par l'article L. 2122-1 du code de la santé publique dans le cadre de la surveillance médicale de la grossesse et des suites de l'accouchement.

(L. 2016-41 du 26 janv. 2016, art. 87, 2°, JO 27) «La salariée bénéficiant d'une assistance médicale à la procréation dans les conditions prévues au chapitre Ier du titre IV du livre Ier de la deuxième partie du code de la santé publique bénéficie d'une autorisation d'absence pour les actes médicaux nécessaires.»

(L. 2014-873 du 4 août 2014, art. 11, JO 5) «Le conjoint salarié de la femme enceinte ***(L. 2016-41 du 26 janv. 2016, art. 87, 2°, JO 27)*** «ou bénéficiant d'une assistance médicale à la procréation» ou la personne salariée liée à elle par un pacte civil de solidarité ou vivant maritalement avec elle bénéficie également d'une autorisation d'absence pour se rendre à trois de ces examens médicaux obligatoires ***(L. 2016-41 du 26 janv. 2016, art. 87, 2°, JO 27)*** «ou de ces actes médicaux nécessaires pour chaque protocole du parcours d'assistance médicale» au maximum.»

Ces absences n'entraînent aucune diminution de la rémunération et sont assimilées à une période de travail effectif pour la détermination de la durée des congés payés ainsi que pour les droits légaux ou conventionnels acquis par la salariée au titre de son ancienneté dans l'entreprise.

Note Dans le cadre de l'assistance médicale à la procréation, aux termes de l'article L. 1244-5 c. santé publ. issu de la loi 2011-814 du 7 juillet 2011 (JO 8) relative à la bioéthique et modifié par la loi 2016-41 précitée, «la donneuse [d'ovocytes] bénéficie d'une autorisation d'absence de son employeur pour se rendre aux examens et se soumettre aux interventions nécessaires à la stimulation ovarienne et au prélèvement ovocytaire. Lorsque la donneuse est salariée, l'autorisation est accordée dans les conditions prévues au dernier alinéa de l'article L. 1225-16 CT».

Art. L. 1225-17. La salariée a le droit de bénéficier d'un congé de maternité pendant une période qui commence six semaines avant la date présumée de l'accouchement et se termine dix semaines après la date de celui-ci.

À la demande de la salariée et sous réserve d'un avis favorable du professionnel de santé qui suit la grossesse, la période de suspension du contrat de travail qui commence avant la date présumée de l'accouchement peut être réduite d'une durée maximale de trois semaines. La période postérieure à la date présumée de l'accouchement est alors augmentée d'autant.

Lorsque la salariée a reporté après la naissance de l'enfant une partie du congé de maternité et qu'elle se voit prescrire un arrêt de travail pendant la période antérieure à la date présumée de l'accouchement, ce report est annulé et la période de suspension du contrat de travail est décomptée à partir du premier jour de l'arrêt de travail. La période initialement reportée est réduite d'autant.

Note • **Congé maternité anticipé.** Les femmes dont la grossesse pathologique est liée à l'exposition *in utero* au diéthylstilbestrol bénéficient d'un congé de maternité à compter du premier jour de leur arrêt de travail (loi 2004-1370 du 20 décembre 2004, art. 32, JO 21). Pour une application de cette disposition, voir cass. soc. 15 janvier 2020, n° 18-24.736, RJS 3/20 n° 127.

• Ne peut prétendre à un congé de maternité une salariée en sa qualité de mère commanditaire ayant eu un enfant grâce à une convention de mère porteuse, y compris lorsqu'elle est susceptible d'allaiter cet enfant après la naissance ou qu'elle l'allaite effectivement. (CJUE 18 mars 2014, aff. C-167/12, JOUE C 142/6 du 12.5.2014; JSL n° 365, 6.05.2014, p. 10, M. Hautefort; RJS 7/14 n° 600, 1re espèce et p. 437, chron. J-Ph. Lhernould).

• À noter que la CJUE a jugé que les directives 92/85/CEE du Conseil, du 19 octobre 1992, concernant la mise en œuvre de mesures visant à promouvoir l'amélioration de la sécurité et de la santé des travailleuses enceintes, accouchées ou allaitantes au travail, et 76/207/CEE du Conseil, du 9 février 1976, relative à la mise en œuvre du principe de l'égalité de traitement entre hommes et femmes en ce qui concerne l'accès à l'emploi, à la formation et à la promotion professionnelles, et les conditions de travail, doivent être interprétées en ce sens qu'elles ne s'opposent pas à une mesure nationale qui prévoit que le père d'un enfant, ayant le statut de travailleur salarié, peut, avec l'accord de la mère ayant également le statut de travailleur salarié, bénéficier d'un congé de maternité pour la période postérieure aux six semaines de repos obligatoire de la mère après l'accouchement, à l'exception des cas où il existe un danger pour la santé de celle-ci, alors que le père d'un enfant ayant le statut de travailleur salarié ne peut bénéficier d'un tel congé lorsque la mère de son enfant ne dispose pas du statut de travailleur salarié et n'est pas affiliée à un régime public de sécurité sociale (CJUE 19 septembre 2013, aff. C-5/12, JOUE C 225/50 du 3.8.2013; LSQ n° 16432 du 25.09.2013; JCP éd. S 2014, 1046, note Ph. Coursier).

Art. L. 1225-18. Lorsque des naissances multiples sont prévues, la période de congé de maternité varie dans les conditions suivantes:

1° Pour la naissance de deux enfants, cette période commence douze semaines avant la date présumée de l'accouchement et se termine vingt-deux semaines après la date de l'accouchement. La période de suspension antérieure à la date présumée de l'accouchement peut être augmentée d'une durée maximale de quatre semaines. La période de vingt-deux semaines postérieure à l'accouchement est alors réduite d'autant;

2° Pour la naissance de trois enfants ou plus, cette période commence vingt-quatre semaines avant la date présumée de l'accouchement et se termine vingt-deux semaines après la date de l'accouchement.

Art. L. 1225-19. Lorsque, avant l'accouchement, la salariée elle-même ou le foyer assume déjà la charge de deux enfants au moins ou lorsque la salariée a déjà mis au monde au moins deux enfants nés viables, le congé de maternité commence huit semaines avant la date présumée de l'accouchement et se termine dix-huit semaines après la date de celui-ci.

À la demande de la salariée et sous réserve d'un avis favorable du professionnel de santé qui suit la grossesse, la période de suspension du contrat de travail qui commence avant la date présumée de l'accouchement peut être réduite d'une durée maximale de trois semaines. La période postérieure à la date présumée de l'accouchement est alors augmentée d'autant.

Lorsque la salariée a reporté après la naissance de l'enfant une partie du congé de maternité et qu'elle se voit prescrire un arrêt de travail pendant la période antérieure à la date présumée de l'accouchement, ce report est annulé et la période de suspension du contrat de travail est décomptée à partir du premier jour de l'arrêt de travail. La période initialement reportée est réduite d'autant.

La période de huit semaines de congé de maternité antérieure à la date présumée de l'accouchement peut être augmentée d'une durée maximale de deux semaines. La période de dix-huit semaines postérieure à la date de l'accouchement est alors réduite d'autant.

Note Le deuxième alinéa de cet article est issu de la loi 2007-293 du 5 mars 2007 (JO 6) réformant la protection de l'enfance. La possibilité de reporter le congé prénatal après la naissance de l'enfant suppose un avis préalable et favorable du médecin qui suit la grossesse de la salariée.

Art. L. 1225-20. Lorsque l'accouchement intervient avant la date présumée, le congé de maternité peut être prolongé jusqu'au terme, selon le cas, des seize, vingt-six, trente-quatre ou quarante-six semaines de suspension du contrat auxquelles la salariée a droit, en application des articles L. 1225-17 à L. 1225-19.

Art. L. 1225-21. Lorsqu'un état pathologique est attesté par un certificat médical comme résultant de la grossesse ou de l'accouchement, le congé de maternité est augmenté de la durée de cet état pathologique dans la limite de deux semaines avant la date présumée de l'accouchement et de quatre semaines après la date de celui-ci.

Note Pour une application de cet article, voir cass. soc. 27 mars 2019, n° 17-23.988, à paraître, LS Jurispr. n° 67 du 09.04.2019; RJS 6/19 n° 344.

Art. L. 1225-22. Lorsque l'enfant est resté hospitalisé jusqu'à l'expiration de la sixième semaine suivant l'accouchement, la salariée peut reporter à la date de la fin de l'hospitalisation tout ou partie du congé auquel elle peut encore prétendre.

Art. L. 1225-23. Lorsque l'accouchement intervient plus de six semaines avant la date prévue et exige l'hospitalisation postnatale de l'enfant, le congé de maternité est prolongé du nombre de jours courant de la date effective de l'accouchement au début des périodes de congé de maternité mentionnées aux articles L. 1225-17 à L. 1225-19.

Art. L. 1225-24. Le congé de maternité entraîne la suspension du contrat de travail. La salariée avertit l'employeur du motif de son absence et de la date à laquelle elle entend y mettre fin.

La durée de ce congé est assimilée à une période de travail effectif pour la détermination des droits que la salariée tient de son ancienneté.

Note • Dans le cadre d'un congé-maternité, la suspension du contrat prend fin à l'expiration des délais prévus aux articles L. 1225-17 et s. CT (cass. soc. 29 septembre 2004, n° 02-42.461, BC V n° 239; RJS 12/04 n° 1274, 2e espèce; 15 décembre 2015, n° 14-15.283, RJS 2/16 n° 105; 21 octobre 2020, n° 19-20.570, LS Jurispr. n° 199 du 03.11.2020). Après un congé de maternité, la salariée bénéficie d'un examen de reprise de travail par le médecin du travail (voir article R. 4624-31).

• **Rémunération de la salariée.** La salariée en congé de maternité a droit à une rémunération équivalente au salaire moyen qu'elle a perçu au cours d'une période de référence antérieure au début dudit congé, à l'exclusion de l'indemnité pour astreinte (CJUE 1er juillet 2010, aff. C-194/08, rec. p. I-6281; JOUE C 234/4 du 28.8.2010; RJS 10/10 n° 819, 2e espèce et p. 650 (I. B.), chron. A. Gardin).

La salariée a droit à cette rémunération y compris lorsque le congé de maternité interrompt un congé parental non rémunéré (CJUE 13 février 2014, aff. C-512/11, JOUE C 93/2 du 29.3.2014; RJS 5/14 n° 450).

Une salariée ne peut bénéficier, pendant son congé de maternité, du bonus institué par un protocole de fin de conflit et expressément subordonné à l'exercice de fonctions spécifiques, faute pour elle d'avoir exercé ces fonctions (cass. soc. 19 septembre 2018, n° 17-11.618, à paraître, RJS 11/18 n° 673, 2e espèce; JSL n° 463, 12.11.2018, p. 15, H. Nasom-Tissandier; RDT, décembre 2018, CH, 855, B. Géniaut; voir aussi cass. soc. 18 mars 2020, n° 18-20.614, LS Jurispr. n° 84 du 05.05.2020, s'agissant d'un bonus déterminé en fonction des résultats de l'entreprise et de la contribution personnelle du salarié à sa bonne marche).

• **Notation pendant le congé maternité.** Une femme absente de l'entreprise en raison d'un congé maternité a droit à la notation annuelle qui peut entraîner une promotion alors même qu'elle ne remplit pas la condition de six mois de présence dans l'entreprise, posée par la convention collective pour ouvrir droit à la notation (CJCE 30 avril 1998, aff. C-136/95, rec. p. I-2011; RJS 6/98 n° 800).

Art. D. 1225-4-1. La salariée avertit son employeur, en application du premier alinéa de l'article L. 1225-24, par lettre recommandée avec avis de réception ou remise contre récépissé.

Art. L. 1225-25. À l'issue du congé de maternité, la salariée retrouve son précédent emploi ou un emploi similaire assorti d'une rémunération au moins équivalente.

Note À l'issue de son congé de maternité, la salariée doit retrouver son précédent emploi ou un emploi similaire assorti d'une rémunération au moins équivalente. Il en résulte que la réintégration doit se faire en priorité dans le précédent emploi (cass. soc. 25 mai 2011, n° 09-72.556, RJS 8-9/11 n° 681 : dans cette affaire, le poste occupé par la salariée antérieurement à son congé maternité avait été, le jour même de son retour de congé, confié à sa remplaçante suivant un nouveau contrat à durée déterminée). En outre, après avoir relevé qu'en raison de sa situation familiale, il avait été impossible de confier à une salariée les mêmes tâches que celles exercées avant son congé de maternité, et constaté que sa nouvelle tâche correspondait à sa classification, une cour d'appel a pu en déduire que l'emploi proposé était similaire au précédent emploi (cass. soc. 1er février 2012, n° 10-20.906, RJS 4/12 n° 334).

La salariée n'ayant plus, à son retour, les fonctions d'encadrement qu'elle exerçait auparavant peut prendre acte de la rupture de son contrat de travail; cette rupture produira les effets d'un licenciement sans cause réelle et sérieuse (cass. soc. 3 février 2010, n° 08-40.338, BC V n° 33; RJS 4/10 n° 337; 3 novembre 2010, n° 09-67.928).

Mais, l'employeur n'est pas tenu de maintenir le montant moyen des commissions perçues par le salarié avant son départ en congé maternité, dès lors que ce montant n'était pas fixé par le contrat et dépendait de la seule activité professionnelle de la salariée (cass. soc. 10 décembre 2008, n° 07-44.113, RJS 2/09 n° 150, 2e espèce).

Une salariée enceinte qui, pour des raisons totalement indépendantes de son état, et avec son accord, est affectée dans un établissement autre que celui où elle exerçait ses fonctions ne peut, à l'issue de son congé de maternité, prétendre être réintégrée dans l'emploi qu'elle occupait avant sa mutation, en invoquant à cet effet les dispositions de cet article. En effet, ces dispositions légales prévoyant que la salariée enceinte qui a fait l'objet d'un changement d'affectation doit, à l'issue de son congé de maternité, être réintégrée dans l'emploi qu'elle occupait initialement ne visent que la salariée qui a fait l'objet d'un changement temporaire d'activité, dans les conditions prévues à l'article L. 1225-1, en raison de son état de santé pendant sa grossesse (cass. soc. 9 avril 1987, n° 84-42.411, BC V n° 208).

Lorsque le refus d'un employeur d'accéder à la demande de modification d'horaire de travail formulée par une salariée à l'issue de son congé de maternité résulte de l'exercice légitime de son pouvoir de direction sans porter abusivement atteinte au droit à une vie personnelle et familiale, l'absence prolongée et injustifiée de la salariée à son poste malgré des mises en demeure rend impossible son maintien dans l'entreprise et constitue une faute grave (cass. soc. 12 septembre 2012, n° 11-21.494, RJS 12/12 n° 938).

Art. L. 1225-26. En l'absence d'accord collectif de branche ou d'entreprise déterminant des garanties d'évolution de la rémunération des salariées pendant le congé de maternité et à la suite de ce congé au moins aussi favorables que celles mentionnées dans le présent article, cette rémunération, au sens de l'article L. 3221-3, est majorée, à la suite de ce congé, des augmentations générales ainsi que de la moyenne des augmentations individuelles perçues pendant la durée de ce congé par les salariés relevant de la même catégorie professionnelle ou, à défaut, de la moyenne des augmentations individuelles dans l'entreprise.

Cette règle n'est pas applicable aux accords collectifs de branche ou d'entreprise conclus antérieurement à l'entrée en vigueur de la loi n° 2006-340 du 23 mars 2006 relative à l'égalité salariale entre les femmes et les hommes.

Art. L. 1225-27

Note • Une circulaire SDFE/DGT/DGEFP du 19 avril 2007 (JO 17 mai) a précisé les modalités de mise en œuvre de la garantie d'augmentation de salaire pour les salariées en congé de maternité et à l'issue de ce congé. L'appréciation des augmentations est effectuée au niveau de l'entreprise.

• Pour une application de cet article, voir cass. soc. 14 février 2018, n° 16-25.323, BC V n° 20; LSQ n° 17521 du 01.03.2018; JCP éd. S 2018, 1106, note Th. Lahalle; RJS 4/18 n° 245.

Art. L. 1225-27. La salariée qui reprend son activité à l'issue d'un congé de maternité a droit à ***(L. 2014-288 du 5 mars 2014, art. 5, I, 9°, JO 6)*** «l'entretien professionnel mentionné au I de l'article L. 6315-1.»

Art. L. 1225-28. ***(L. 2014-1554 du 22 déc. 2014, art. 45, VI, JO 24)*** «En cas de décès de la mère au cours de la période d'indemnisation définie au premier alinéa de l'article L. 331-6 du code de la sécurité sociale, le père peut suspendre son contrat de travail pendant une période au plus égale à la durée d'indemnisation restant à courir, définie au même premier alinéa, le cas échéant reportée en application du deuxième alinéa du même article.»

L'intéressé avertit son employeur du motif de son absence et de la date à laquelle il entend mettre fin à la suspension de son contrat de travail. Le père bénéficie alors de la protection contre le licenciement prévue aux articles L. 1225-4 et L. 1225-5.

(L. 2012-1404 du 17 déc. 2012, art. 94, III, JO 18) «Lorsque le père de l'enfant n'exerce pas son droit, le bénéfice de celui-ci est accordé au conjoint salarié de la mère ou à la personne ***(L. 2014-1554 du 22 déc. 2014, art. 45, VI, JO 24)*** «salariée» liée à elle par un pacte civil de solidarité ou vivant maritalement avec elle.»

Note Les dispositions de cet article, dans sa rédaction issue de la loi 2014-1554 précitée, sont applicables aux périodes de congés ou de cessation d'activité en cours au 01.01.2015 (loi précitée, art. 45, VII).

Sous-section 4. Interdiction d'emploi prénatal et postnatal

Art. L. 1225-29. Il est interdit d'employer la salariée pendant une période de huit semaines au total avant et après son accouchement.

Il est interdit d'employer la salariée dans les six semaines qui suivent son accouchement.

Sous-section 5. Dispositions particulières à l'allaitement

Art. L. 1225-30. Pendant une année à compter du jour de la naissance, la salariée allaitant son enfant dispose à cet effet d'une heure par jour durant les heures de travail.

Note Les heures accordées aux mères pour allaiter leurs enfants ne sont pas considérées comme du travail effectif. Une convention ou un accord collectif peut prévoir qu'elles seront rémunérées par l'employeur (rép. QE 29, JO AN 9 août 1993, p. 2478).

Art. R. 1225-5. L'heure prévue à l'article L. 1225-30 dont dispose la salariée pour allaiter son enfant est répartie en deux périodes de trente minutes, l'une pendant le travail du matin, l'autre pendant l'après-midi.

La période où le travail est arrêté pour l'allaitement est déterminée par accord entre la salariée et l'employeur.

À défaut d'accord, cette période est placée au milieu de chaque demi-journée de travail.

Art. R. 1225-6. La période de trente minutes est réduite à vingt minutes lorsque l'employeur met à la disposition des salariées, à l'intérieur ou à proximité des locaux affectés au travail, un local dédié à l'allaitement.

Art. L. 1225-31. La salariée peut allaiter son enfant dans l'établissement.

Art. L. 1225-32. Tout employeur employant plus de cent salariées peut être mis en demeure d'installer dans son établissement ou à proximité des locaux dédiés à l'allaitement.

Note Lorsque la mise en demeure n'émane pas de l'inspection du travail mais d'un syndicat, l'employeur n'est pas obligé d'obtempérer (cass. soc. 25 novembre 2020, n° 19-19.996, à paraître, LS Jurispr. n° 222 du 08.12.2020).

Art. R. 1225-7. Les caractéristiques du local dédié à l'allaitement, prévu à l'article L. 1225-32, figurent aux articles R. 4152-13 et suivants.

Art. L. 1225-33. Un décret en Conseil d'État détermine, suivant l'importance et la nature des établissements, les conditions d'application de la présente sous-section.

Sous-section 6. Démission

Art. L. 1225-34. La salariée en état de grossesse médicalement constaté peut rompre son contrat de travail sans préavis et sans devoir d'indemnité de rupture.

SECTION 2. Congé de paternité et d'accueil de l'enfant

Art. L. 1225-35. ***(L. 2012-1404 du 17 déc. 2012, art. 94, I, JO 18)*** «Après la naissance de l'enfant et dans un délai déterminé par décret, le père salarié ainsi que, le cas échéant, le conjoint salarié de la mère ou la personne salariée liée à elle par un pacte civil de solidarité ou vivant maritalement avec elle bénéficient d'un congé de paternité et d'accueil de l'enfant» de onze jours consécutifs ou de dix-huit jours consécutifs en cas de naissances multiples.

Le congé de paternité ***(L. 2012-1404 du 17 déc. 2012, art. 94, I, JO 18)*** «et d'accueil de l'enfant» entraîne la suspension du contrat de travail.

Le salarié qui souhaite bénéficier du congé de paternité ***(L. 2012-1404 du 17 déc. 2012, art. 94, I, JO 18)*** «et d'accueil de l'enfant» avertit son employeur au moins un mois avant la date à laquelle il envisage de le prendre, en précisant la date à laquelle il entend y mettre fin.

(L. 2018-1203 du 22 déc. 2018, art. 72, III, JO 23) «Par dérogation aux trois premiers alinéas, lorsque l'état de santé de l'enfant nécessite son hospitalisation immédiate après la naissance dans une unité de soins spécialisée définie par arrêté des ministres chargés de la santé et de la sécurité sociale, le congé de paternité et d'accueil de l'enfant est de droit pendant la période d'hospitalisation, dans la limite d'une durée maximale déterminée par décret.»

Note • ***À compter du 01.07.2021****, au premier alinéa, les mots: «et dans un délai déterminé par décret» sont supprimés, après le mot: «conjoint», sont insérés les mots: «ou concubin», les mots: «ou vivant maritalement avec elle» sont supprimés et les mots: «onze jours consécutifs ou de dix-huit jours consécutifs» sont remplacés par les mots: «vingt-cinq jours calendaires ou de trente-deux jours calendaires»; après le deuxième alinéa, sont insérés deux alinéas ainsi rédigés: «Ce congé est composé d'une période de quatre jours calendaires consécutifs, faisant immédiatement suite au congé de naissance mentionné au 3° de l'article L. 3142-1, et d'une période de vingt et un jours calendaires, portée à vingt-huit jours calendaires en cas de naissances multiples. Le délai de prévenance de l'employeur quant à la date prévisionnelle de l'accouchement et aux dates de prise du congé et à la durée de la ou des périodes de congés, le délai dans lequel les jours de congé doivent être pris ainsi que les modalités de fractionnement de la période de congé de vingt et un jours et de vingt-huit jours sont fixés par décret. Le délai de prévenance relatif à la date prévisionnelle de l'accouchement et celui relatif aux dates de prise du ou des congés de la seconde période de vingt et un jours ou de vingt-huit jours ainsi qu'à la durée de ces congés doivent être compris entre quinze jours et deux mois.»; le troisième alinéa est supprimé; au dernier alinéa, le mot: «trois» est remplacé par le mot: «quatre» et les mots: «le congé de paternité et d'accueil de l'enfant est de droit» sont remplacés par les mots: «la période de congé de quatre jours consécutifs mentionnée au troisième alinéa est prolongée de droit, à la demande du salarié,» (loi 2020-1576 du 14 décembre 2020, art. 73, I, 1° et IV, JO 15).*

Les dispositions de cet article, dans sa rédaction issue de la loi 2020-1576 précitée, s'appliquent aux enfants nés ou adoptés à compter du 01.07.2021 ainsi qu'aux enfants, nés avant cette date, dont la naissance était supposée intervenir à compter de cette date; par dérogation, les dispositions relatives à l'information de l'employeur sur la date prévisionnelle de la naissance qui s'appliquent aux naissances prévues à compter du 01.07.2021 (loi précitée, art. 73, IV).

• Les dispositions de cet article, dans sa rédaction issue de la loi 2018-1203 précitée, s'appliquent aux naissances intervenant depuis le 01.07.2019 (loi précitée, art. 72, IV et décret 2019-630 du 24 juin 2019, JO 25).

Voir arrêté du 24 juin 2019 (JO 25) fixant les unités de soins spécialisées visées par cet article pour l'attribution du congé de paternité en cas d'hospitalisation immédiate de l'enfant.

Voir aussi circulaire Cnam 25/2019 du 31 juillet 2019 présentant les modalités de ce congé.

• Le congé de paternité peut être ouvert pour la naissance d'un enfant né sans vie ou pour un enfant né mort et viable (arrêté du 3 mai 2013, JO 23).

• À noter que pour le Défenseur des droits, constitue une discrimination directe fondée sur le sexe et l'orientation sexuelle la circonstance de réserver l'attribution du deuxième congé de paternité et d'accueil de l'enfant à la femme ou l'homme liés à la mère et d'exclure directement de cet avantage l'homme qui vit maritalement, est pacsé ou est l'époux du père (Défenseur des droits, 9 octobre 2020, n° 2020-036). Sur cette décision, voir notamment LS n° 18170 du 27.10.2020.

• Pendant la durée du congé, le salarié bénéficie d'une indemnité journalière versée par la caisse de sécurité sociale dans la limite du plafond de la sécurité sociale. Si la rémunération du salarié est supérieure au plafond, l'employeur n'a pas l'obligation de verser un complément, sauf stipulations conventionnelles contraires (rép. QE 19503, JO AN 11 août 2003, p. 6273). Pour le bénéfice de l'indemnisation de son congé de paternité ou d'accueil de l'enfant, l'assuré doit adresser à l'organisme de sécurité sociale dont il relève une ou plusieurs pièces justificatives (voir arrêté du 3 mai 2013 précité).

• L'employeur, informé conformément à l'alinéa 3 de l'article L. 1225-35 des dates choisies par le salarié, ne peut ni s'opposer à son départ, ni en exiger le report (cass. soc. 31 mai 2012, n° 11-10.282, BC V n° 163; RJS 8-9/12 n° 721; JSL n° 326, 19.07.2012, p. 23; JCP éd. S 2012, 1345, note G. François).

Art. D. 1225-8. Le congé de paternité ***(D. 2019-630 du 24 juin 2019, JO 25, entrée en vigueur le 01.07.2019)*** «et d'accueil de l'enfant prévu aux trois premiers alinéas de l'article L. 1225-35» est pris dans les quatre mois suivant la naissance de l'enfant.

Le congé peut être reporté au-delà des quatre mois dans l'un des cas suivants:

1° L'hospitalisation de l'enfant. Le congé est pris dans les quatre mois qui suivent la fin de l'hospitalisation;

2° Le décès de la mère. Le congé est pris dans les quatre mois qui suivent la fin du congé dont bénéficie le père en application de l'article L. 1225-28.

Note Le report du congé à l'initiative de l'employeur n'est pas pris en considération par la CPAM qui refuse de payer les indemnités journalières de sécurité sociale hors des deux cas visés par cet article (cass. civ., 2e ch., 10 novembre 2009, n° 08-19.510, BC II n° 265; RJS 1/10 n° 87).

Art. D. 1225-8-1. ***(D. 2019-630 du 24 juin 2019, JO 25, entrée en vigueur le 01.07.2019)*** En sus du congé mentionné à l'article L. 1225-35, le père, le conjoint de la mère ou la personne liée à elle par un pacte civil de solidarité ou vivant maritalement avec elle a droit au congé de paternité et d'accueil de l'enfant en cas d'hospitalisation immédiate de l'enfant après la naissance mentionné au quatrième alinéa du même article, pendant toute la période d'hospitalisation dans une ou plusieurs unités de soins spécialisés mentionnées dans l'arrêté prévu au même alinéa, pendant une durée maximale de trente jours consécutifs. Le congé est pris dans les quatre mois suivant la naissance de l'enfant.

Le salarié bénéficiant de ce congé en informe son employeur sans délai en transmettant un document justifiant de cette hospitalisation.

Art. L. 1225-35-1. ***(L. 2020-1576 du 14 déc. 2020, art. 73, I, 2°, JO 15, entrée en vigueur le 01.07.2021)*** Il est interdit d'employer le salarié pendant le congé mentionné au 3° de l'article L. 3142-1 et pendant la période de congé de paternité et d'accueil de l'enfant de quatre jours mentionnée au troisième alinéa de l'article L. 1225-35, à l'exception de sa prolongation éventuelle mentionnée au dernier alinéa du même article L. 1225-35 et sans qu'y fasse, le cas échéant, obstacle le non-respect par le salarié du délai de prévenance mentionné à l'avant-dernier alinéa dudit article L. 1225-35.

Si la naissance de l'enfant intervient alors que le salarié a pris des congés payés ou un congé pour évènements familiaux, l'interdiction d'emploi débute à l'issue de cette période de congés.

L'interdiction d'emploi ne s'applique pas pour le congé mentionné au troisième alinéa de l'article L. 1225-35 lorsque le salarié ne peut pas bénéficier des indemnités et allocations versées dans les conditions prévues à l'article L. 331-8 du code de la sécurité sociale ou par d'autres dispositions législatives ou réglementaires.

Note Cet article s'applique aux enfants nés ou adoptés à compter du 01.07.2021 ainsi qu'aux enfants, nés avant cette date, dont la naissance était supposée intervenir à compter de cette date (loi 2020-1576 précitée, art. 73, IV).

Art. L. 1225-36. À l'issue du congé de paternité ***(L. 2012-1404 du 17 déc. 2012, art. 94, I, JO 18)*** «et d'accueil de l'enfant», le salarié retrouve son précédent emploi ou un emploi similaire assorti d'une rémunération au moins équivalente.

SECTION 3. Congés d'adoption

Note Les dispositions de cette section sont applicables à Mayotte pour l'arrivée au foyer d'un enfant dans le cadre d'une procédure d'adoption à partir du 1er janvier 2018 (ordonnance 2017-1491 du 25 octobre 2017, art. 40, JO 26).

Art. L. 1225-37. Le salarié à qui l'autorité administrative ou tout organisme désigné par voie réglementaire confie un enfant en vue de son adoption a le droit de bénéficier d'un congé d'adoption d'une durée de dix semaines au plus à dater de l'arrivée de l'enfant au foyer. Ce congé peut précéder de sept jours consécutifs, au plus, l'arrivée de l'enfant au foyer.

Le congé d'adoption est porté à :

1° Dix-huit semaines lorsque l'adoption porte à trois ou plus le nombre d'enfants dont le salarié ou le foyer assume la charge ;

2° Vingt-deux semaines en cas d'adoptions multiples.

Note ***À compter du 01.07.2021,** à la première phrase du premier alinéa, le mot: «dix» est remplacé par le mot: «seize» (loi 2020-1576 du 14 décembre 2020, art. 73, I, 6° et IV, JO 15).*

Les dispositions de cet article, dans sa rédaction issue de la loi 2020-1576 précitée, s'appliquent aux enfants nés ou adoptés à compter du 01.07.2021 ainsi qu'aux enfants, nés avant cette date, dont la naissance était supposée intervenir à compter de cette date (loi précitée, art. 73, IV).

Art. R. 1225-9. Le congé d'adoption bénéficie au salarié qui s'est vu confier un enfant par le service départemental d'aide sociale à l'enfance, l'Agence française de l'adoption ou tout autre organisme français autorisé pour l'adoption.

Art. L. 1225-38. Le congé d'adoption suspend le contrat de travail.

Pendant la suspension, les parents salariés bénéficient de la protection contre le licenciement prévue aux articles L. 1225-4 et L. 1225-5. L'application de ces articles ne fait pas obstacle à l'échéance du contrat de travail à durée déterminée.

Art. L. 1225-39. Le licenciement d'un salarié est annulé lorsque, dans un délai de quinze jours à compter de sa notification, l'intéressé envoie à son employeur, dans des conditions déterminées par voie réglementaire, une attestation justifiant l'arrivée à son foyer, dans un délai de quinze jours, d'un enfant placé en vue de son adoption. Cette attestation est délivrée par l'autorité administrative ou par l'organisme autorisé pour l'adoption qui procède au placement.

Ces dispositions ne s'appliquent pas lorsque le licenciement est prononcé pour une faute grave non liée à l'adoption ou par impossibilité de maintenir le contrat de travail pour un motif étranger à l'adoption.

Art. R. 1225-10. L'attestation justifiant l'arrivée d'un enfant, mentionnée à l'article L. 1225-39, est délivrée par le président du ***(D. 2013-938 du 18 oct. 2013, art. 1er, JO 20)*** « Conseil départemental ».

Art. R. 1225-11. Le salarié avertit son employeur, en application de l'article L. 1225-39, du premier alinéa de l'article L. 1225-42 et de l'article L. 1225-46, par lettre recommandée avec avis de réception ou remise contre récépissé.

Art. L. 1225-40. Lorsque la durée du congé d'adoption est répartie entre les deux parents, l'adoption d'un enfant par un couple de parents salariés ouvre droit à onze jours supplémentaires de congé d'adoption ou à dix-huit jours en cas d'adoptions multiples.

La durée du congé ne peut être fractionnée qu'en deux périodes, dont la plus courte est au moins égale à onze jours.

Ces deux périodes peuvent être simultanées.

Note ***À compter du 01.07.2021,** au premier alinéa, le mot: «onze» est remplacé par le mot: «vingt-cinq» et le mot: «dix-huit» est remplacé par le mot «trente-deux» et au deuxième alinéa, le mot: «onze» est remplacé par le mot: «vingt-cinq» (loi 2020-1576 du 14 décembre 2020, art. 73, I, 4° et IV, JO 15).*

Les dispositions de cet article, dans sa rédaction issue de la loi 2020-1576 précitée, s'appliquent aux enfants nés ou adoptés à compter du 01.07.2021 ainsi qu'aux enfants, nés avant cette date, dont la naissance était supposée intervenir à compter de cette date (loi précitée, art. 73, IV).

Art. L. 1225-41. Le salarié titulaire de l'agrément mentionné aux articles L. 225-2 et L. 225-17 du code de l'action sociale et des familles bénéficie du congé d'adoption lorsqu'il adopte ou accueille un enfant en vue de son adoption par décision de l'autorité étrangère compétente, à condition que l'enfant ait été autorisé, à ce titre, à entrer sur le territoire national.

Art. L. 1225-42. Le salarié avertit l'employeur du motif de son absence et de la date à laquelle il entend mettre fin à la suspension de son contrat de travail.

Art. L. 1225-43

La durée du congé d'adoption est assimilée à une période de travail effectif pour la détermination des droits que le salarié tient de son ancienneté.

Note Voir art. R. 1225-11 figurant sous art. L. 1225-39.

Art. L. 1225-43. À l'issue du congé d'adoption, le salarié retrouve son précédent emploi ou un emploi similaire assorti d'une rémunération au moins équivalente.

Art. L. 1225-44. En l'absence d'accord collectif de branche ou d'entreprise déterminant des garanties d'évolution de la rémunération des salariés, pendant le congé d'adoption et à la suite de ce congé, au moins aussi favorables que celles mentionnées dans le présent article, cette rémunération, au sens de l'article L. 3221-3, est majorée, à la suite de ce congé, des augmentations générales ainsi que de la moyenne des augmentations individuelles perçues pendant la durée de ce congé par les salariés relevant de la même catégorie professionnelle ou, à défaut, de la moyenne des augmentations individuelles dans l'entreprise.

Cette règle n'est pas applicable aux accords collectifs de branche ou d'entreprise conclus antérieurement à l'entrée en vigueur de la loi n° 2006-340 du 23 mars 2006 relative à l'égalité salariale entre les femmes et les hommes.

Art. L. 1225-45. Toute stipulation d'une convention ou d'un accord collectif de travail comportant en faveur des salariées en congé de maternité un avantage lié à la naissance s'applique de plein droit aux salariés en congé d'adoption.

Art. L. 1225-46. Tout salarié titulaire de l'agrément mentionné aux articles L. 225-2 et L. 225-17 du code de l'action sociale et des familles a le droit de bénéficier d'un congé d'adoption internationale et extra-métropolitaine non rémunéré lorsque, en vue de l'adoption d'un enfant, il se rend à l'étranger ***(Ord. 2017-1491 du 25 oct. 2017, art. 2, 2°, JO 26, entrée en vigueur le 01.01.2018)*** «dans une collectivité régie par l'article 73 ou l'article 74 de la Constitution» ou en Nouvelle-Calédonie, depuis un département métropolitain, ***(Ord. 2017-1491 du 25 oct. 2017, art. 2, 2°, JO 26, entrée en vigueur le 01.01.2018)*** «une autre collectivité régie par l'article 73 de la Constitution» ou depuis ***(Ord. 2008-205 du 27 févr. 2008, JO 1er mars)*** «Saint-Barthélemy, Saint-Martin ou» Saint-Pierre-et-Miquelon.

Le droit au congé est ouvert pour une durée maximale de six semaines par agrément.

Le salarié informe son employeur au moins deux semaines avant son départ du point de départ et de la durée envisagée du congé.

Le salarié a le droit de reprendre son activité initiale lorsqu'il interrompt son congé avant la date prévue.

À l'issue de son congé, le salarié retrouve son précédent emploi ou un emploi similaire assorti d'une rémunération au moins équivalente.

Note Voir art. R. 1225-11 figurant sous art. L. 1225-39.

Art. L. 1225-46-1. ***(L. 2014-288 du 5 mars 2014, art. 5, I, 10°, JO 6)*** Le salarié qui reprend son activité initiale à l'issue des congés d'adoption mentionnés à la présente section a droit à l'entretien professionnel mentionné au I de l'article L. 6315-1.

SECTION 4. Congés d'éducation des enfants

Sous-section 1. Congé parental d'éducation et passage à temps partiel

Note Les dispositions de cette sous-section sont applicables à Mayotte pour la naissance d'un enfant ou son arrivée au foyer dans le cadre d'une procédure d'adoption à partir du 1er janvier 2018 (ordonnance 2017-1491 du 25 octobre 2017, art. 40, JO 26).

Art. L. 1225-47. Pendant la période qui suit l'expiration du congé de maternité ou d'adoption, tout salarié justifiant d'une ancienneté minimale d'une année à la date de naissance de son enfant, adopté ou confié en vue de son adoption, ou de l'arrivée au foyer d'un enfant qui n'a pas encore atteint l'âge de la fin de l'obligation scolaire a le droit :

1° Soit au bénéfice d'un congé parental d'éducation durant lequel le contrat de travail est suspendu ;

2° Soit à la réduction de sa durée de travail, sans que cette activité à temps partiel puisse être inférieure à seize heures hebdomadaires.

Note • Une directive 96/34/CE du 3 juin 1996 modifiée (JOCE L 145 du 19.06.1996) met en œuvre l'accord-cadre du 14 décembre 1995 sur le congé parental. Un nouvel accord-cadre prévoyant l'amélioration du congé parental d'éducation a été conclu le 18 juin 2009 par les partenaires sociaux européens. La directive 2010/18/UE du 8 mars 2010 modifiée par la directive 2013/62/UE du 17 décembre 2013 (JOUE L 353 du 28.12.2013) en raison de la modification du statut de Mayotte à l'égard de l'Union européenne porte application de cet accord-cadre révisé. La clause 6 prévoit la possibilité, pour les travailleurs, de demander, à leur retour d'un congé parental, l'aménagement de leur horaire et/ou de leur rythme de travail pendant une période déterminée.

Le décret 2012-1061 du 18 septembre 2012 (JO 19) crée un droit individuel à un congé parental pour les deux parents, en modifiant les dispositions réglementaires applicables aux fonctionnaires et aux agents non titulaires des trois fonctions publiques, pour les mettre en conformité avec la directive 2010/18/UE du 8 mars 2010 instituant un droit individuel à un congé parental accordé aux travailleurs, hommes ou femmes, en raison de la naissance ou de l'adoption d'un enfant. Il supprime l'interdiction de la prise concomitante du congé parental par les deux parents pour un même enfant.

À noter l'adoption de la directive (UE) 2019/1158 du 20 juin 2019 concernant l'équilibre entre vie professionnelle et vie privée des parents et des aidants, abrogeant la directive 2010/18/UE à compter du 02.08.2022 (JOUE L 188 du 12.07.2019, entrée en vigueur le 01.08.2019 et transposition par les États membres au plus tard le 02.08.2022).

• **Champ d'application.** Quelle que soit la taille de l'entreprise, tout salarié qui justifie d'une ancienneté minimale d'une année à la date de la naissance de son enfant ou de l'arrivée au foyer d'un enfant adopté n'ayant pas atteint l'âge de la fin de l'obligation scolaire a droit au congé parental. La règle s'applique aux employés de maison comme aux autres salariés (cass. soc. 19 novembre 2003, n° 01-43.456, BC V n° 291; RJS 2/04 n° 270). Il n'est pas interdit à l'employeur de prononcer la résiliation du contrat de travail pour un motif indépendant du congé parental pendant la période de suspension du congé parental (cass. soc. 18 octobre 1989, n° 87-45.724, BC V n° 602).

Le bénéfice d'un congé parental ne fait pas obstacle aux règles protectrices de la maternité; l'employeur ne peut pas licencier une salariée enceinte en l'absence de faute grave ou de l'impossibilité où il se trouve pour un motif étranger à la grossesse de maintenir le contrat de travail (art. L. 1225-4) alors même que cette salariée est en période de congé parental (cass. soc. 11 février 2004, n° 01-43.574, BC V n° 47; RJS 4/04 n° 426; voir aussi CJCE 20 septembre 2007, aff. C-116/06, rec. p. I-7643; RJS 12/07, chron. p. 998, M. Le Barbier-Le Bris). Sur le licenciement d'une salariée en congé parental, voir cass. soc. 13 décembre 2007, n° 06-46.302, BC V n° 211; RDT, février 2008, chron. p. 96, note A. Gardin; RJS 2/08 n° 180; JCP éd. S 2008, 1220, note P-Y Verkindt.

La naissance de jumeaux n'ouvre droit qu'à un seul congé parental (CJUE 16 septembre 2010, aff. C-149/10, rec. p. I-8489; JOUE C 301/3 du 6.11.2010; RJS 1/11 n° 81 et p. 6, chron. A. Gardin).

• **Activité à temps partiel.** À défaut d'accord des parties, la fixation des horaires relève du pouvoir de direction de l'employeur (cass. soc. 4 juin 2002, n° 00-42.262, BC V n° 189; RJS 8-9/02 n° 993).

Rupture du contrat de travail. L'indemnité de licenciement et l'allocation de congé de reclassement à verser à un salarié engagé à durée indéterminée et à temps plein, licencié au moment où il bénéficie d'un congé parental à temps partiel, doivent être calculées sur la base de sa rémunération à temps plein et non, même partiellement, sur celle de la rémunération réduite qu'il perçoit quand le licenciement intervient (CJUE 8 mai 2019, aff. C-486/18, LS n° 17814 du 13.05.2019; JSL n° 478, 21.06.2019, p. 24; RJS 8-9/19 n° 536 et p. 603, chron. A. Gardin).

Cette solution a été reprise par la Cour de cassation (cass. soc. 18 mars 2020, n° 16-27.825, à paraître, LS n° 18068 du 27.05.2020; RJS 6/20 n° 299; JSL n° 501, 08.07.2020, p. 19, Ph. Pacotte et R. Leroy).

• À noter que les périodes de congé parental doivent être déduites de la durée du travail permettant de calculer l'âge d'accès au droit à l'allocation de cessation anticipée d'activité des travailleurs de l'amiante (cass. civ., 2e ch., 18 septembre 2014, n° 13-20.081).

Art. L. 1225-48. Le congé parental d'éducation et la période d'activité à temps partiel ont une durée initiale d'un an au plus. Ils peuvent être prolongés deux fois pour prendre fin au plus tard au terme des périodes définies aux deuxième et ***(L. 2014-873 du 4 août 2014, art. 8, JO 5)*** «quatrième» alinéas, quelle que soit la date de leur début.

Le congé parental d'éducation et la période d'activité à temps partiel prennent fin au plus tard au troisième anniversaire de l'enfant.

(L. 2014-873 du 4 août 2014, art. 8, JO 5) «En cas de naissances multiples, le congé parental d'éducation peut être prolongé jusqu'à l'entrée à l'école maternelle des enfants. Pour les naissances multiples d'au moins trois enfants ou les arrivées simultanées d'au moins trois enfants adoptés ou confiés en vue d'adoption, il peut être prolongé cinq fois pour prendre fin au plus tard au sixième anniversaire des enfants.»

Art. L. 1225-49

En cas d'adoption d'un enfant de moins de trois ans, le congé parental et la période d'activité à temps partiel prennent fin à l'expiration d'un délai de trois ans à compter de l'arrivée au foyer de l'enfant.

Lorsque l'enfant adopté ou confié en vue de son adoption est âgé de plus de trois ans mais n'a pas encore atteint l'âge de la fin de l'obligation scolaire, le congé parental et la période d'activité à temps partiel ne peuvent excéder une année à compter de l'arrivée au foyer.

Note • Les dispositions de cet article, dans sa rédaction issue de la loi 2014-873 précitée, sont applicables aux enfants nés ou adoptés depuis le 1er octobre 2014.

Pour les enfants nés ou adoptés avant le 1er octobre 2014, les dispositions du code de la sécurité sociale demeurent applicables dans leur rédaction antérieure à la date d'entrée en vigueur de cette loi (loi précitée, art. 8, VI).

• D'une durée initiale de 1 an, le congé d'éducation (ou l'activité à temps partiel) ne suit pas obligatoirement le congé de maternité (ou d'adoption). Il peut être prolongé deux fois, exceptionnellement trois, en cas d'accident, de maladie ou de handicap graves de l'enfant. Il ne peut être prolongé au-delà du troisième (exceptionnellement du quatrième) anniversaire de l'enfant ou, en cas d'adoption, à l'expiration d'un délai de 3 ou 4 ans à compter de l'arrivée au foyer de l'enfant. La mère (ou le père) peut bénéficier d'un congé d'éducation lors de chaque naissance même dans l'hypothèse où, déjà en congé, il sollicite un second congé pour une nouvelle naissance (rép. QE 77847, JO AN 3 mars 1986, p. 835).

Art. L. 1225-49. En cas de maladie, d'accident ou de handicap graves de l'enfant appréciés selon des modalités définies par décret en Conseil d'État, le congé parental et la période d'activité à temps partiel prennent fin au plus tard une année après les dates limites définies à l'article L. 1225-48.

Art. R. 1225-12. Pour l'application de l'article L. 1225-49 :

1° La gravité de la maladie ou de l'accident est constatée par un certificat médical qui atteste également que l'état de l'enfant rend nécessaire la présence d'une personne auprès de lui pendant une période déterminée ;

2° Le handicap grave de l'enfant est établi dès lors que ce handicap ouvre droit à l'allocation d'éducation spéciale prévue à l'article L. 541-1 du code de la sécurité sociale.

Art. L. 1225-50. Le salarié informe son employeur du point de départ et de la durée de la période pendant laquelle il entend bénéficier soit d'un congé parental d'éducation, soit d'une réduction de sa durée du travail.

Lorsque cette période suit immédiatement le congé de maternité ou le congé d'adoption, le salarié informe l'employeur au moins un mois avant le terme de ce congé. Dans le cas contraire, l'information est donnée à l'employeur deux mois au moins avant le début du congé parental d'éducation ou de l'activité à temps partiel.

Note • Lorsque le salarié demande à bénéficier d'un congé parental pour la période suivant immédiatement le congé de maternité, l'inobservation du délai prévu par l'article L. 1225-50 ne rend pas la demande de congé irrecevable (cass. soc. 18 juin 2002, n° 00-41.361, RJS 11/02 n° 1244).

• Lorsque le salarié opte pour une réduction de sa durée de travail, la fixation de l'horaire de travail, à défaut d'accord des parties, relève du pouvoir de direction de l'employeur ; néanmoins, le refus du salarié d'accepter les horaires proposés n'est pas constitutif d'une faute grave dès lors que la proposition de l'employeur n'est pas compatible avec des obligations familiales impérieuses (cass. soc. 1er avril 2003, n° 00-41.873, BC V n° 125 ; RJS 6/03 n° 768).

Art. R. 1225-13. Les informations et demandes motivées prévues aux articles L. 1225-50 à L. 1225-52 sont adressées à l'employeur par lettre recommandée avec avis de réception ou remise contre récépissé.

Note L'obligation faite au salarié d'informer son employeur, par lettre recommandée avec demande d'avis de réception, du point de départ et de la période pendant laquelle il entend bénéficier du congé parental n'est pas une condition du droit au bénéfice du congé (cass. soc. 10 juin 2003, n° 01-42.887, RJS 8-9/03 n° 1030 ; 25 janvier 2012, n° 10-16.369, RJS 4/12 n° 358).

Art. L. 1225-51. Lorsque le salarié entend prolonger ou modifier son congé parental d'éducation ou sa période d'activité à temps partiel, il en avertit l'employeur au moins un mois avant le terme initialement prévu et l'informe de son intention soit de transformer le congé parental en activité à temps partiel, soit de transformer l'activité à temps partiel en congé parental.

Toutefois, pendant la période d'activité à temps partiel ou à l'occasion des prolongations de celle-ci, le salarié ne peut pas modifier la durée du travail initialement choisie sauf accord de l'employeur ou lorsqu'une convention ou un accord collectif de travail le prévoit expressément.

Note • **Prolongation du congé parental.** Si les formalités prévues aux articles L. 1225-51 et R. 1225-13 ne sont pas une condition du droit du salarié au bénéfice de cette prolongation, celui-ci se trouve, à défaut de justifier d'une demande de prolongation ou d'autres causes de son absence à l'issue du congé parental, en situation d'absence injustifiée (cass. soc. 3 mai 2016, n° 14-29.190, BC V n° 82; JSL n° 412, 20.06.2016, p. 14, H. Tissandier; RJS 7/16 n° 502; JCP éd. S 2016, 1251, note D. Everaert-Dumont).

• **Transformation du congé parental en activité à temps partiel.** Le non-respect des conditions prévues aux articles L. 1225-51 et R. 1225-13 ne rend pas irrecevable la demande de transformation du congé parental en activité à temps partiel (cass. soc. 1er juin 2004, n° 02-43.151, BC V n° 145; RJS 8-9/04 n° 932).

En cas de transformation du congé parental en activité à temps partiel, lorsque l'emploi occupé par le salarié avant son congé est compatible avec une activité à temps partiel, le refus par le salarié de la reprise de son activité dans un autre emploi n'est pas fautif et son licenciement est dépourvu de cause réelle et sérieuse (cass. soc. 10 décembre 2014, n° 13-22.135, BC V n° 285; LS Jurispr. n° 235 du 30.12.2014; RJS 2/15 n° 109).

Art. L. 1225-52. En cas de décès de l'enfant ou de diminution importante des ressources du foyer, le salarié a le droit:

1° S'il bénéficie du congé parental d'éducation, soit de reprendre son activité initiale, soit d'exercer son activité à temps partiel dans la limite de la durée initialement prévue par le contrat de travail;

2° S'il travaille à temps partiel pour élever un enfant, de reprendre son activité initiale et, avec l'accord de l'employeur, d'en modifier la durée.

Le salarié adresse une demande motivée à l'employeur un mois au moins avant la date à laquelle il entend bénéficier de ces dispositions.

Art. L. 1225-53. Le salarié en congé parental d'éducation ou qui travaille à temps partiel pour élever un enfant ne peut exercer par ailleurs aucune activité professionnelle autre que les activités d'assistance maternelle définies par le titre II du livre IV du code de l'action sociale et des familles.

Art. L. 1225-54. La durée du congé parental d'éducation est prise en compte pour moitié pour la détermination des droits que le salarié tient de son ancienneté.

Art. L. 1225-55. À l'issue du congé parental d'éducation ou de la période de travail à temps partiel ou dans le mois qui suit la demande motivée de reprise de l'activité initiale mentionnée à l'article L. 1225-52, le salarié retrouve son précédent emploi ou un emploi similaire assorti d'une rémunération au moins équivalente.

Note • Lorsque l'emploi précédemment occupé par le salarié est disponible au retour de son congé, l'employeur doit réintégrer le salarié dans cet emploi, peu important la stipulation d'une clause de mobilité dans le contrat de travail; le non-respect de cette obligation justifie la prise d'acte de la rupture de son contrat par le salarié (cass. soc. 19 juin 2013, n° 12-12.758, BC V n° 157; LSQ n° 16374 du 27.05.2013; JSL n° 349, 4.09.2013, p. 26; RJS 10/13 n° 693; JCP éd. S 2013, 1407, note Th. Passerone).

• C'est seulement lorsque l'emploi qu'il occupait n'est plus disponible qu'un emploi similaire peut être proposé au salarié à la fin du congé parental (cass. soc. 27 octobre 1993, n° 90-40.226, BC V n° 253; Dr. Soc. 1993, p. 963).

Un emploi similaire doit s'entendre d'un emploi comportant la même rémunération, la même qualification, mais aussi des responsabilités similaires (cass. soc. 17 février 2010, n° 08-44.127, JSL n° 276, 30.04.2010, p. 27).

• A droit à des dommages-intérêts la salariée qui, de retour d'un congé parental, s'est vu attribuer un poste présentant, à son détriment, de sensibles différences, peu important à cet égard que l'intéressée, qui avait vainement, à deux reprises, demandé à reprendre son emploi, eût occupé le poste qui lui avait été proposé à son retour dans l'entreprise (cass. soc. 1er juillet 1985, n° 83-40.755, BC V n° 386).

• Le fait de confier à une salariée, au retour de son congé parental, des tâches «inférieures» à ses fonctions d'origine peut constituer une discrimination en raison du sexe (cass. soc. 14 novembre 2019, n° 18-15.682, à paraître, LS n° 17947 du 27.11.2019; RJS 1/20 n° 27; JCP éd. S 2019, 1361, note B. Bossu; JSL n° 489, 09.01.2020, p. 15, H. Nasom-Tissandier).

• **Licenciement du remplaçant.** Est justifié le licenciement de la personne qui avait été engagée en vue de remplacer une salariée en congé parental (cass. soc. 19 décembre 1990, n° 88-40.494).

Art. L. 1225-56. Au cours du congé parental d'éducation ou d'une période d'activité à temps partiel pour élever un enfant, le salarié a le droit de suivre, à son initiative, ***(L. 2018-771 du 5 sept. 2018, art. 4, IV, 1°, JO 6)*** «un bilan de compétences».

Pendant cette période, il n'est pas rémunéré.

Il bénéficie de la législation de sécurité sociale relative à la protection en matière d'accidents du travail et de maladies professionnelles prévue à l'article L. 6342-5 pour les stagiaires de la formation professionnelle.

Note Les dispositions de cet article, dans sa rédaction issue de la loi 2018-771 précitée, sont applicables depuis le 1er janvier 2019 (loi précitée, art. 46, I).

Art. L. 1225-57. Le salarié qui reprend son activité initiale à l'issue du congé parental d'éducation ***(L. 2014-288 du 5 mars 2014, art. 5, I, 11°, JO 6)*** «ou d'une période d'activité à temps partiel pour élever un enfant» a droit à ***(L. 2014-288 du 5 mars 2014, art. 5, I, 11°, JO 6)*** «l'entretien professionnel mentionné au I de l'article L. 6315-1».

(L. 2014-873 du 4 août 2014, art. 12, JO 5) «Au cours de cet entretien, l'employeur et le salarié organisent le retour à l'emploi du salarié; ils déterminent les besoins de formation du salarié et examinent les conséquences éventuelles du congé sur sa rémunération et l'évolution de sa carrière.

À la demande du salarié, l'entretien peut avoir lieu avant la fin du congé parental d'éducation.»

Art. L. 1225-58. Le salarié bénéficiant d'un congé parental d'éducation ou exerçant son activité à temps partiel pour élever un enfant bénéficie de plein droit du bilan de compétences mentionné à l'article L. 6313-1, dans les conditions d'ancienneté mentionnées à l'article L. 1225-47.

Art. L. 1225-59. Le salarié reprenant son activité initiale bénéficie d'un droit à une action de formation professionnelle, notamment en cas de changement de techniques ou de méthodes de travail.

Le salarié peut également bénéficier de ce droit avant l'expiration de la période pendant laquelle il entendait bénéficier d'un congé parental d'éducation ou d'une période d'activité à temps partiel. Dans ce cas, il est mis fin au congé parental d'éducation ou à l'exercice d'une activité à temps partiel pour élever un enfant.

Note • Le salarié reprenant son activité a droit à une action de formation professionnelle en cas de changement de technique ou de méthodes de travail et cette formation doit être adaptée à l'emploi dans lequel le salarié est réintégré (cass. soc. 11 mars 2009, n° 07-41.821, BC V n° 72; RJS 5/09 n° 444).

• Si l'insuffisance professionnelle du salarié est constatée après son retour de congé parental, les juges doivent rechercher si celle-ci ne s'explique pas par l'absence de formation professionnelle, due en cas de changement de techniques ou de méthodes de travail, avant de déclarer le licenciement justifié par une cause réelle et sérieuse (cass. soc. 29 octobre 2002, n° 00-40.630, RJS 1/03 n° 51).

• La méconnaissance par l'employeur du droit du salarié à une action de formation professionnelle prévu par l'article L. 1225-59 ne constitue ni une discrimination illicite (cass. soc. 5 mars 2014, n° 12-27.701, BC V n° 67; RJS 5/14 n° 409, 2e espèce; JCP éd. S 2014, 1288, note C. Leborgne-Ingelaere) ni la violation d'une liberté fondamentale (cass. soc. 5 mars 2014, n° 11-14.426, BC V n° 69; JSL n° 364, 22.04.2014, p. 8, M. Hautefort; RJS 5/14 n° 409, 1re espèce; JCP éd. S 2014, 1216, note L. Cailloux-Meurice).

Sous-section 2. Congés pour maladie d'un enfant

§ 1. Congé pour enfant malade

Art. L. 1225-61. Le salarié bénéficie d'un congé non rémunéré en cas de maladie ou d'accident, constatés par certificat médical, d'un enfant de moins de seize ans dont il assume la charge au sens de l'article L. 513-1 du code de la sécurité sociale.

La durée de ce congé est au maximum de trois jours par an. Elle est portée à cinq jours si l'enfant est âgé de moins d'un an ou si le salarié assume la charge de trois enfants ou plus âgés de moins de seize ans.

Note Les mentions de l'avis d'arrêt de travail établi par le médecin pour les besoins de l'obtention d'un congé pour enfant malade ne sont pas couvertes par le secret médical (cass. soc. 12 mai 2010, n° 09-40.997).

§ 2. Congé de présence parentale

Art. L. 1225-62. Le salarié dont l'enfant à charge au sens de l'article L. 513-1 du code de la sécurité sociale et remplissant l'une des conditions prévues par l'article L. 512-3 du même code est atteint d'une maladie, d'un handicap ou victime d'un accident d'une particulière gravité rendant indispensables une présence soutenue et des soins contraignants bénéficie, pour une période déterminée par décret, d'un congé de présence parentale.

Le nombre de jours de congés dont peut bénéficier le salarié au titre du congé de présence parentale est au maximum de trois cent dix jours ouvrés. ***(L. 2019-1446 du 24 déc. 2019, art. 69, II, 1°, JO 27, entrée en vigueur au plus tard le 30.09.2020)*** «Le salarié peut, avec l'accord de son employeur, transformer ce congé en période d'activité à temps partiel ou le fractionner.»

La durée initiale du congé est celle définie dans le certificat médical mentionné à l'article L. 544-2 du code de la sécurité sociale. ***(L. 2019-180 du 8 mars 2019, JO 10)*** «Cette durée peut faire l'objet d'un nouvel examen dans les conditions fixées au second alinéa du même article L. 544-2.

Au-delà de la période déterminée au premier alinéa du présent article, le salarié peut à nouveau bénéficier d'un congé de présence parentale, dans le respect des dispositions du présent article et des articles L. 1225-63 à L. 1225-65 du présent code, dans les situations mentionnées aux 1° et 2° de l'article L. 544-3 du code de la sécurité sociale.»

Note • Le salarié, en congé de présence parentale, bénéficie d'une l'allocation journalière de présence parentale, servie par les organismes débiteurs de prestations familiales.

• Pour l'application à Mayotte de cet article, le certificat médical prévu au troisième alinéa de cet article doit attester la particulière gravité de la maladie, du handicap ou de l'accident de l'enfant. Ce certificat médical détaillé, établi par le médecin qui suit l'enfant au titre de la maladie, du handicap ou de l'accident susmentionnés, précise la nature des soins contraignants, les modalités de la présence soutenue du parent aux côtés de l'enfant ainsi que la durée prévisible du traitement de l'enfant (décret 2018-953 du 31 octobre 2018, art. 61, JO 6 nov.).

Art. R. 1225-15. Pour l'application de l'article L. 1225-62, la particulière gravité de la maladie, de l'accident ou du handicap ainsi que la nécessité d'une présence soutenue et de soins contraignants sont attestées par un certificat médical.

Ce certificat précise la durée prévisible de traitement de l'enfant.

Art. D. 1225-16. La période maximale pendant laquelle un salarié peut pour un même enfant et par maladie, accident ou handicap bénéficier des jours de congé de présence parentale est fixée à trois ans.

(D. 2020-1208 du 1er oct. 2020, JO 2) «En cas de fractionnement du congé, la durée minimale de chaque période de congé est d'une demi-journée.»

Note Les dispositions de cet article, dans sa rédaction issue du décret 2020-1208 précité, s'appliquent aux demandes d'allocation visant à l'indemnisation des périodes de congés ou de cessation d'activités courant depuis le 30.09.2020 (décret précité, art. 5, I).

Art. D. 1225-17. ***(D. 2020-470 du 23 avril 2020, JO 25)*** «La» durée initiale de la période au cours de laquelle le salarié bénéficie du droit à congé de présence parentale fait l'objet d'un nouvel examen ***(D. 2020-470 du 23 avril 2020, JO 25)*** «dans les conditions prévues à l'article D. 544-2 du code de la sécurité sociale. Ce nouvel examen» donne lieu à un certificat médical, tel que prévu à l'article R. 1225-15 et qui est adressé à l'employeur.

En cas de prolongation au-delà de la durée du congé de présence parentale prévu antérieurement, les conditions de prévenance de l'employeur prévues à l'article L. 1225-63 s'appliquent.

Art. L. 1225-63. Le salarié informe l'employeur de sa volonté de bénéficier du congé de présence parentale au moins quinze jours avant le début du congé.

(L. 2019-1446 du 24 déc. 2019, art. 69, II, 2°, JO 27, entrée en vigueur au plus tard le 30.09.2020) «Chaque fois qu'il souhaite prendre une demi-journée, un jour ou plusieurs jours de congé, il en informe l'employeur au moins quarante-huit heures à l'avance. En cas de dégradation soudaine de l'état de santé de l'enfant ou en cas de situation de crise nécessitant une présence sans délai du salarié, ce dernier peut bénéficier de ce congé immédiatement.»

Art. R. 1225-14. Au moins quinze jours avant le début du congé de présence parentale, le salarié informe son employeur par lettre recommandée avec avis de réception ou remise contre récépissé de sa volonté de bénéficier de ce congé. Il joint un certificat médical.

Art. L. 1225-64. À l'issue du congé de présence parentale, le salarié retrouve son précédent emploi ou un emploi similaire assorti d'une rémunération au moins équivalente.

En cas de décès de l'enfant ou de diminution importante des ressources du foyer, le salarié qui a accompli la formalité prévue à l'article L. 1225-52 retrouve son précédent emploi ou un emploi similaire assorti d'une rémunération au moins équivalente.

Art. L. 1225-65. La durée du congé de présence parentale est prise en compte ***(L. 2019-180 du 8 mars 2019, JO 10)*** «en totalité» pour la détermination des droits que le salarié tient de son ancienneté ***(L. 2019-180 du 8 mars 2019, JO 10)*** «dans l'entreprise».

§ 3. Don de jours de repos à un parent d'enfant décédé ou gravement malade

Note
- Ce paragraphe a été introduit par la loi 2014-459 du 9 mai 2014, JO 10.
- Les décrets 2015-573 et 2015-580 du 28 mai 2015 (JO 29) déterminent les conditions d'application de ce paragraphe aux agents publics civils et militaires.
- Voir V. Roche et T. Cicerchia, «Le don de jours de repos», JCP éd. S 2016, 1171.

Art. L. 1225-65-1. Un salarié peut, sur sa demande et en accord avec l'employeur, renoncer anonymement et sans contrepartie à tout ou partie de ses jours de repos non pris, qu'ils aient été affectés ou non sur un compte épargne temps, au bénéfice d'un autre salarié de l'entreprise qui assume la charge d'un enfant âgé de moins de vingt ans atteint d'une maladie, d'un handicap ou victime d'un accident d'une particulière gravité rendant indispensables une présence soutenue et des soins contraignants. Le congé annuel ne peut être cédé que pour sa durée excédant vingt-quatre jours ouvrables.

(L. 2020-692 du 8 juin 2020, art. 3, I, 2°, JO 9) «Un salarié peut, dans les mêmes conditions, renoncer à tout ou partie de ses jours de repos non pris au bénéfice d'un autre salarié de l'entreprise dont l'enfant âgé de moins de vingt-cinq ans est décédé. Cette possibilité est également ouverte au bénéfice du salarié au titre du décès de la personne de moins de vingt-cinq ans à sa charge effective et permanente. Cette renonciation peut intervenir au cours de l'année suivant la date du décès.»

Le salarié bénéficiaire d'un ou plusieurs jours cédés en application ***(L. 2020-692 du 8 juin 2020, art. 3, I, 2°, JO 9)*** «des deux premiers alinéas» bénéficie du maintien de sa rémunération pendant sa période d'absence. Cette période d'absence est assimilée à une période de travail effectif pour la détermination des droits que le salarié tient de son ancienneté. Le salarié conserve le bénéfice de tous les avantages qu'il avait acquis avant le début de sa période d'absence.

Note Un décret en Conseil d'État détermine les conditions d'application du présent article aux agents publics civils et militaires. Le chef de service est informé du don de jours de repos. Il ne peut pas s'y opposer (loi 2020-692 précitée, art. 3, II).

Art. L. 1225-65-2. La particulière gravité de la maladie, du handicap ou de l'accident mentionnés au premier alinéa de l'article L. 1225-65-1 ainsi que le caractère indispensable d'une présence soutenue et de soins contraignants sont attestés par un certificat médical détaillé, établi par le médecin qui suit l'enfant au titre de la maladie, du handicap ou de l'accident.

Sous-section 3. **Démission pour élever un enfant**

Art. L. 1225-66. Pour élever son enfant, le salarié peut, sous réserve d'en informer son employeur au moins quinze jours à l'avance, rompre son contrat de travail à l'issue du congé de maternité ou d'adoption ou, le cas échéant, deux mois après la naissance ou l'arrivée au foyer de l'enfant, sans être tenu de respecter le délai de préavis, ni de devoir de ce fait d'indemnité de rupture.

Note
- Pour élever son enfant, le salarié peut, à sa convenance, démissionner ou demander un congé parental, aucune disposition légale n'imposant le choix prioritaire du congé parental (cass. soc. 11 décembre 1990, n° 87-41.216, BC V n° 630).

• La salariée démissionnaire, dispensée de respecter le délai de préavis, n'a droit à aucune indemnité de préavis (cass. soc. 18 juin 1997, n° 94-44.466, BC V n° 227 ; RJS 8-9/97 n° 969).

Art. R. 1225-18. Le salarié informe son employeur de sa démission, en application de l'article L. 1225-66, par lettre recommandée avec avis de réception ou remise contre récépissé.

Il adresse à l'employeur sa demande de réembauche, en application de l'article L. 1225-67, par lettre recommandée avec avis de réception ou remise contre récépissé.

Art. L. 1225-67. Dans l'année suivant la rupture de son contrat, le salarié peut solliciter sa réembauche.

Le salarié bénéficie alors pendant un an d'une priorité de réembauche dans les emplois auxquels sa qualification lui permet de prétendre.

L'employeur lui accorde, en cas de réemploi, le bénéfice de tous les avantages qu'il avait acquis au moment de son départ.

Art. R. 1225-19. Les propositions d'embauche par priorité faites par l'employeur conformément à l'article L. 1225-67 sont adressées au salarié par lettre recommandée avec avis de réception.

Le refus par le salarié de ces propositions est adressé à l'employeur dans la même forme.

Art. L. 1225-68. Le salarié réembauché dans l'entreprise en application de l'article L. 1225-67 bénéficie d'un droit à une action de formation professionnelle, notamment en cas de changement de techniques ou de méthodes de travail.

SECTION 5. Sanctions

Art. L. 1225-70. Toute convention contraire aux articles L. 1225-1 à L. 1225-28 et L. 1225-35 à L. 1225-69, relatifs à la maternité, la paternité, l'adoption et l'éducation des enfants est nulle.

Art. L. 1225-71. ***(Ord. 2017-1387 du 22 sept. 2017, art. 3, 2°, JO 23)*** L'inobservation par l'employeur des dispositions des articles L. 1225-1 à L. 1225-28 et L. 1225-35 à L. 1225-69 peut donner lieu, au profit du salarié, à l'attribution d'une indemnité déterminée conformément aux dispositions de l'article L. 1235-3-1.

Note • Les dispositions de cet article, dans sa rédaction issue de l'ordonnance 2017-1387 précitée, sont applicables aux licenciements prononcés après le 23 septembre 2017 (ordonnance précitée, art. 40, I).

Jurisprudence rendue dans le cadre des dispositions antérieures à l'ordonnance 2017-1387 précitée

• **Champ d'application.** La réparation prévue par le deuxième alinéa de cet article [en cas de licenciement nul] n'est subordonnée à aucune condition d'ancienneté de la salariée ou d'effectifs dans l'entreprise (cass. soc. 30 octobre 1991, n° 89-40.248). Viole l'article L. 1225-4, al. 2 la cour d'appel qui déboute une salariée de sa demande en paiement de salaire, en application de cet article, au motif qu'elle ne pouvait se prévaloir de la nullité de son licenciement alors que la cour d'appel avait relevé que le licenciement de la salariée avait été notifié pendant la période de protection prévue par les articles L. 1225-17 à L. 1225-23 (cass. soc. 3 octobre 1991, n° 87-44.294).

• **Effets de la nullité du licenciement.** Lorsque son licenciement est nul, la salariée a droit à réintégration dans son emploi ou, à défaut, dans un emploi équivalent (cass. soc. 30 avril 2003, n° 00-44.811, BC V n° 152 ; RJS 7/03 n° 869).

• **Cumul de sanctions.** Lorsque le licenciement d'une salariée est nul, si cette dernière demande sa réintégration, elle a droit au paiement d'une somme correspondant à la réparation de la totalité du préjudice subi au cours de la période qui s'est écoulée entre son licenciement et sa réintégration, dans la limite du montant des salaires dont elle a été privée (cass. soc. 30 septembre 2010, n° 08-44.340, RJS 12/10 n° 928, 2e espèce).

La salariée, dont le licenciement est nul et qui ne demande pas sa réintégration, a droit, d'une part, aux indemnités de rupture, d'autre part, à une indemnité réparant intégralement le préjudice résultant du caractère illicite du licenciement, dont le montant est souverainement apprécié par les juges du fond dès lors qu'il est au moins égal à celui prévu par l'article L. 1235-3 CT (cass. soc. 9 octobre 2001, n° 99-44.353, BC V n° 314 ; RJS 12/01 n° 1468 ; 19 mars 2008, n° 07-40.599, BC V n° 69 ; RJS 5/08 n° 541 ; RDT, juin 2008, CH, 383, H. Tissandier ; JCP éd. S 2008, 1306, note C. Puigelier ; Dr. Soc. 2008, p. 880, obs. J. Savatier).

• **Refus de la salariée d'être réintégrée.** La salariée ayant refusé la réintégration proposée par l'employeur en exécution d'un jugement du conseil de prud'hommes a droit à une indemnisation dans la limite des salaires non perçus pour la période comprise entre le licenciement et la date de son refus, mais pas pour la période postérieure à ce refus dès lors qu'elle s'est abstenue de reprendre sa prestation de travail (cass. soc. 17 février 2010, n° 08-45.640, BC V n° 42; RJS 5/10 n° 424; Dr. Soc. 2010, p. 591, obs. Ch. Radé).

• La salariée dont le contrat a été rompu en cours d'essai en considération de son état de grossesse a droit aux dommages-intérêts prévus par l'alinéa 1er de cet article mais ne peut pas prétendre au paiement des salaires prévu à l'alinéa 2, qui ne sanctionne que la violation des dispositions des articles L. 1225-4 et s. non applicables à la rupture en période d'essai (cass. soc. 15 janvier 1997, n° 94-43.755, BC V n° 17).

La nullité du licenciement fondée sur l'article L. 1132-1 lui ouvre droit désormais aussi au paiement des salaires qui auraient été perçus pendant la période couverte par la nullité, que la salariée demande ou non sa réintégration.

SECTION 6. Dispositions d'application

Art. L. 1225-72. Un décret en Conseil d'État détermine les modalités d'application des articles L. 1225-1 à L. 1225-28 et L. 1225-35 à L. 1225-69 ainsi que le régime des sanctions applicables à l'employeur qui méconnaît leurs dispositions.

CHAPITRE VI Maladie, accident et inaptitude médicale

SECTION 1. Absences pour maladie ou accident

Art. L. 1226-1. Tout salarié ayant ***(L. 2008-596 du 25 juin 2008, JO 26)*** «une année» d'ancienneté dans l'entreprise bénéficie, en cas d'absence au travail justifiée par l'incapacité résultant de maladie ou d'accident constaté par certificat médical et contre-visite s'il y a lieu, d'une indemnité complémentaire à l'allocation journalière prévue à l'article L. 321-1 du code de la sécurité sociale, à condition:

1° D'avoir justifié dans les quarante-huit heures de cette incapacité ***(L. 2015-1702 du 21 déc. 2015, art. 63, II, JO 22)*** «, sauf si le salarié fait partie des personnes mentionnées à l'article L. 169-1 du code de la sécurité sociale»;

2° D'être pris en charge par la sécurité sociale;

3° D'être soigné sur le territoire français ou dans l'un des autres États membres de la Communauté européenne ou dans l'un des autres États partie à l'accord sur l'Espace économique européen.

Ces dispositions ne s'appliquent pas aux salariés travaillant à domicile, aux salariés saisonniers, aux salariés intermittents et aux salariés temporaires.

Un décret en Conseil d'État détermine les formes et conditions de la contre-visite mentionnée au premier alinéa.

Le taux, les délais et les modalités de calcul de l'indemnité complémentaire sont déterminés par voie réglementaire.

Note • *Covid-19.* Voir ordonnance 2020-322 du 25 mars 2020, art. 1er, JO 26, entrée en vigueur le 26.03.2020, modifié. Voir aussi décret 2021-13 du 8 janvier 2021, JO 9, entrée en vigueur le 01.01.2021.

• Cet article intègre dans le code des dispositions de l'article 7 figurant dans l'accord national interprofessionnel du 10 décembre 1977 sur la mensualisation et reprises par la loi 78-49 du 19 janvier 1978.

• La loi dite de mensualisation a subordonné l'indemnité complémentaire à une contre-visite, laissée à l'appréciation de l'employeur. Le médecin est choisi par l'employeur (pour un rappel de ce principe, voir cass. soc. 20 octobre 2015, n° 13-26.889). Le salarié qui refuse cette contre-visite n'encourt aucune sanction disciplinaire, son refus ne pouvant être considéré comme une faute (cass. soc. 27 juin 2000, n° 98-40.952, BC V n° 249). Mais si le médecin contrôleur estime que le salarié peut reprendre le travail, l'employeur peut interrompre le paiement de l'indemnité complémentaire (cass. soc. 4 mai 1999, n° 96-44.924, BC V n° 192).

• ***Contre-visite patronale et indemnisation de la sécurité sociale.*** La loi 2009-1646 du 24 décembre 2009 (JO 27) généralise le dispositif expérimenté dans certaines caisses jusqu'au 31 décembre 2009 (loi 2007-1786 du 19 décembre 2007, art. 103, 1°; décret 2008-552 du 11 juin 2008). En cas de contre-visite médicale patronale concluant à l'absence de justification de l'arrêt de travail ou faisant état de l'impossibilité d'examiner le salarié, le médecin mandaté par l'employeur transmet son rapport au service du contrôle médical de la caisse dans un délai maximal de 48 heures (loi précitée, art. 90, I; art. L. 315-1 c. séc. soc.). Au vu de ce rapport, le service du contrôle médical de la caisse a une seule alternative : procéder à un nouvel examen (ce nouvel examen est de droit si le rapport a fait état de l'impossibilité de procéder à l'examen de l'assuré) ou demander à la caisse de suspendre le paiement des indemnités journalières. Le décret 2010-957 du 24 août 2010 (JO 26) a précisé la procédure de suspension des indemnités journalières ainsi que les modalités de versement de ces indemnités en cas de nouvel arrêt de travail consécutif à une décision de suspension desdites indemnités. Si la suspension des IJSS est demandée, l'assuré social en est informé. Dans un délai de 10 jours décompté à partir de la réception de l'information, l'assuré pourra contester la suspension, en demandant à sa CPAM d'être examiné par le service du contrôle médical, qui dispose de 4 jours pour répondre sur le versement des prestations. Cette mesure concernera les IJSS maladie, mais également celles versées en cas d'accident du travail ou de maladie professionnelle (art. D. 315-4 c. séc. soc.).

• ***Lutte contre les arrêts de travail successifs non justifiés.*** Lorsque certains arrêts de travail jugés non justifiés par le service du contrôle médical de la sécurité sociale donnent lieu à une suspension des IJSS, il arrive que certains assurés sociaux se fassent prescrire un nouvel arrêt de travail, ce qui permet la reprise du versement des IJSS. La loi généralise le dispositif expérimenté par certaines caisses jusqu'au 31 décembre 2009 (loi 2007-1786 du 19 décembre 2007, art. 103, 2°). Une personne ayant fait l'objet d'une suspension d'indemnités journalières de sécurité sociale se voyant prescrire un nouvel arrêt de travail, dans un délai de 10 jours francs à compter d'une décision de suspension des indemnités journalières de sécurité sociale, n'a pas automatiquement droit aux indemnités journalières. La reprise du versement des indemnités est subordonnée à l'avis du contrôle médical, rendu dans un délai de 4 jours francs à compter de la date de réception de l'avis d'arrêt de travail (loi art. 90, II ; art. L. 323-7 et D. 323-4 c. séc. soc.).

Voir aussi «L'abus d'arrêt de travail», C-Fr. Pradel et V. Pradel, JCP éd. S 2012, 1504 ; «De quelques moyens de lutte contre les arrêts de travail abusifs», B. Desaint et F. Carrière, JSL n° 392, 25.07.2015, p. 9.

• Lorsque le salarié tombe malade au cours d'une période de suspension de son contrat pendant laquelle il n'a droit à aucune rémunération, il ne peut prétendre au bénéfice de la garantie conventionnelle de salaire prévue en faveur des salariés malades (cass. soc. 31 mai 2012, n° 10-16.810, BC V n° 165 ; RJS 8-9/12 n° 706, s'agissant d'un salarié placé sous contrôle judiciaire).

• Lorsque le certificat médical d'arrêt de travail porte la mention «sortie libre», l'employeur doit être informé (par le salarié) des horaires et de l'adresse où pourront s'effectuer les contre-visites (cass. soc. 4 février 2009, n° 07-43.430, BC V n° 32 ; RJS 4/09 n° 348 ; RDT, mai 2009, CH, 301, M. Véricel ; JCP éd. S 2009, 1238, note Th. Lahalle).

• Ne constitue pas une faute grave la seule absence de justification des prolongations de l'arrêt de travail, même à la demande de l'employeur, si celui-ci a été informé par la remise d'un certificat médical initial du salarié malade (cass. soc. 17 mars 2010, n° 08-43.414, RJS 6/10 n° 501).

Art. D. 1226-1. L'indemnité complémentaire prévue à l'article L. 1226-1 est calculée selon les modalités suivantes :

1° Pendant les trente premiers jours, 90 % de la rémunération brute que le salarié aurait perçue s'il avait continué à travailler ;

2° Pendant les trente jours suivants, deux tiers de cette même rémunération.

Note *Calcul de la retenue sur salaire correspondant au délai de carence.* La retenue de salaire doit correspondre au temps exact de la cessation de travail, le délai de carence conventionnel étant sans incidence sur les modalités de calcul de la retenue sur la rémunération (cass. soc. 26 janvier 2011, n° 08-45.204, BC V n° 41 ; RJS 4/11 n° 328 ; JCP éd. S 2011, 1166, note C. Puigelier ; JSL n° 297, 13.04.2011, p. 24).

Art. D. 1226-2. Les durées d'indemnisation sont augmentées de dix jours par période entière de cinq ans d'ancienneté en plus de la durée ***(D. 2008-716 du 18 juil. 2008, JO 19)*** «d'une année» requise à l'article L. 1226-1, sans que chacune d'elles puisse dépasser quatre-vingt-dix jours.

Art. D. 1226-3. Lors de chaque arrêt de travail, les durées d'indemnisation courent à compter du premier jour d'absence si celle-ci est consécutive à un accident du travail ou à une maladie professionnelle, à l'exclusion des accidents de trajet.

(D. 2008-716 du 18 juil. 2008, JO 19) «Toutefois, dans tous les autres cas, le délai d'indemnisation court au-delà de sept jours d'absence.»

Art. D. 1226-4. Pour le calcul des indemnités dues au titre d'une période de paie, il est tenu compte des indemnités déjà perçues par l'intéressé durant les douze mois antérieurs, de telle sorte que si plusieurs absences pour maladie ou accident ont été indemnisées au cours de ces douze mois, la durée totale d'indemnisation ne dépasse pas celle applicable en application des articles D. 1226-1 et D. 1226-2.

Art. D. 1226-5. Sont déduites de l'indemnité complémentaire les allocations que le salarié perçoit de la sécurité sociale et des régimes complémentaires de prévoyance, mais en ne retenant dans ce dernier cas que la part des prestations résultant des versements de l'employeur.

Art. D. 1226-6. Lorsque les indemnités de la sécurité sociale sont réduites du fait, notamment, de l'hospitalisation ou d'une sanction par la caisse du non respect de son règlement intérieur, elles sont réputées servies intégralement pour le calcul de l'indemnité complémentaire.

Art. D. 1226-7. La rémunération à prendre en considération pour le calcul de l'indemnité complémentaire est celle correspondant à l'horaire pratiqué pendant l'absence du salarié dans l'établissement ou partie d'établissement.

Toutefois, si l'horaire des salariés a été augmenté par suite de l'absence du salarié, cette augmentation n'est pas prise en considération pour la fixation de la rémunération.

Art. D. 1226-8. L'ancienneté prise en compte pour la détermination du droit à l'indemnité complémentaire s'apprécie au premier jour de l'absence.

Art. L. 1226-1-1. ***(L. 2020-1576 du 14 déc. 2020, art. 76, II, 2°, JO 15)*** Lorsque la protection de la santé publique le justifie, en cas de risque sanitaire grave et exceptionnel, tel que prévu à l'article L. 16-10-1 du code de la sécurité sociale, notamment d'épidémie, nécessitant l'adoption en urgence de conditions adaptées pour le versement de l'indemnité complémentaire prévue à l'article L. 1226-1 du présent code, dérogatoires au droit commun, celles-ci peuvent être prévues par décret, pour une durée limitée qui ne peut excéder un an.

Dans les conditions et limites fixées par ce décret, les dérogations mises en œuvre en application du premier alinéa du présent article peuvent porter sur :

1° La condition d'ancienneté prévue au premier alinéa de l'article L. 1226-1 ;

2° Le motif d'absence au travail prévu au même premier alinéa ;

3° Les conditions prévues aux 1° et 3° du même article L. 1226-1 ;

4° L'exclusion des catégories de salariés mentionnées au cinquième alinéa dudit article L. 1226-1 ;

5° Les taux de l'indemnité complémentaire prévus par le décret pris pour l'application du dernier alinéa du même article L. 1226-1 ;

6° Les délais fixés par le même décret ;

7° Les modalités de calcul de l'indemnité complémentaire prévues par le même décret.

Le décret mentionné au premier alinéa du présent article détermine la durée et les conditions de mise en œuvre des dérogations et peut leur conférer une portée rétroactive, dans la limite d'un mois avant la date de sa publication.

Art. L. 1226-1-2. Le contrat de travail d'un salarié atteint d'une maladie ou victime d'un accident non professionnel demeure suspendu pendant les périodes au cours desquelles il suit les actions mentionnées à l'article L. 323-3-1 du code de la sécurité sociale dans les conditions prévues à ce même article.

Note Cet article est l'ancien article L. 1226-1-1 (loi 2020-1576 du 14 décembre 2020, art. 76, II, 1°, JO 15)

SECTION 2. Inaptitude consécutive à une maladie ou un accident non professionnel - Maladie grave

Sous-section 1. Inaptitude consécutive à une maladie ou un accident non professionnel

Art. L. 1226-2. Lorsque ***(L. 2016-1088 du 8 août 2016, art. 102, I, 3°, JO 9, entrée en vigueur au plus tard le 01.01.2017)*** « le salarié victime d'une maladie ou d'un accident non professionnel » est déclaré inapte par le médecin du travail ***(L. 2016-1088 du 8 août 2016, art. 102, I, 3°, JO 9, entrée en vigueur au plus tard le 01.01.2017)*** « , en application de l'article L. 4624-4, » à reprendre l'emploi qu'il occupait précédemment, l'employeur lui propose un autre emploi approprié à ses capacités ***(Ord. 2017-1387 du 22 sept. 2017, art. 7, 1°, JO 23)*** « , au sein de l'entreprise ou des entreprises du groupe auquel elle appartient le cas échéant, situées sur le territoire national et dont l'organisation, les activités ou le lieu d'exploitation assurent la permutation de tout ou partie du personnel.

(Ord. 2017-1718 du 20 déc. 2017, art. 1er, I, 2°, JO 21) « Pour l'application du présent article, la notion de groupe désigne le groupe formé par une entreprise appelée entreprise dominante et les entreprises qu'elle contrôle dans les conditions définies à l'article L. 233-1, aux I et II de l'article L. 233-3 et à l'article L. 233-16 du code de commerce. »

Cette proposition prend en compte ***(L. 2016-1088 du 8 août 2016, art. 102, I, 3°, JO 9, entrée en vigueur au plus tard le 01.01.2017)*** « , après avis ***(Ord. 2017-1386 du 22 sept. 2017,***

art. 4, 73°, JO 23, entrée en vigueur au plus tard le 01.01.2018) « du comité social et économique lorsqu'il existe », » les conclusions écrites du médecin du travail et les indications qu'il formule sur ***(L. 2016-1088 du 8 août 2016, art. 102, I, 3°, JO 9, entrée en vigueur au plus tard le 01.01.2017)*** « les capacités » du salarié à exercer l'une des tâches existantes dans l'entreprise. ***(L. 2016-1088 du 8 août 2016, art. 102, I, 3°, JO 9, entrée en vigueur au plus tard le 01.01.2017)*** « Le médecin du travail formule également des indications sur la capacité du salarié à bénéficier d'une formation le préparant à occuper un poste adapté. »

L'emploi proposé est aussi comparable que possible à l'emploi précédemment occupé, au besoin par la mise en œuvre de mesures telles que mutations, ***(L. 2016-1088 du 8 août 2016, art. 102, I, 3°, JO 9, entrée en vigueur au plus tard le 01.01.2017)*** « aménagements, adaptations ou transformations de postes existants » ou aménagement du temps de travail.

Note • Sur l'inaptitude après l'ordonnance 2017-1387 du 22 septembre 2017, voir RF 19 octobre 2017, FH 3712, 4-1 et s.; P-Y Verkindt, « La question de l'inaptitude médicale dans l'ordonnance n° 2017-1387 du 22 septembre 2017 », JCP éd. S 2017, 1310; P-Y Verkindt, « Les conditions de travail et la santé au travail dans les ordonnances du 22 septembre 2017 : faut-il mouiller son mouchoir ? », Dr. Soc. 2018, p. 41.

• Sur l'inaptitude après la loi 2016-1088 du 8 août 2016, voir RF 8 septembre 2016, FH 3657, 4-27 et s.; É. Jeansen, « L'avis d'inaptitude », JCP éd. S 2016, 1318; S. Fantoni, F. Héas et P-Y Verkindt, « La santé au travail après la loi du 8 août 2016 », Dr. Soc. 2016, p. 921; C. Ferté, « La santé au travail après le 1er janvier 2017 », JCP éd. S 2017, 1001; M. Ledoux et M-A Godefroy, « La sécurisation relative de la procédure d'inaptitude », RJS 2/17, chron. p. 91; A. Gardin, « La réforme des règles relatives à la santé au travail : entre ombres et lumières », RJS 4/17, chron. p. 275.

• **Fin de la suspension du contrat de travail.** Seule la visite de reprise met fin à la suspension du contrat de travail (cass. soc. 6 avril 1999, n° 96-45.056, BC V n° 157; RJS 5/99 n° 659; voir note sous R. 4624-32). Dès lors que le médecin du travail a déclaré un salarié inapte à tenir son emploi lors des visites de reprise, la période de suspension du contrat de travail prend fin, peu important que le salarié ait continué à bénéficier d'un arrêt de travail de son médecin traitant (cass. soc. 6 avril 1999, n° 96-45.056, précité; 19 janvier 2005, n° 03-41.904, BC V n° 9 et n° 03-41.479, BC V n° 8; RJS 3/05 n° 267).

• **Déclaration d'inaptitude**

Avis d'inaptitude à la reprise du travail. La déclaration par le médecin du travail de l'inaptitude du salarié à reprendre l'emploi qu'il occupait précédemment ne doit pas être confondue avec une déclaration par le médecin du travail d'inaptitude à la reprise du travail; cette dernière a pour seul effet de différer la reprise du travail et ne peut être invoquée par l'employeur pour justifier un licenciement en raison de l'inaptitude du salarié (cass. soc. 18 novembre 1992, n° 90-44.500, Dr. Soc. 1993, p. 59).

Classement d'un salarié en invalidité de la deuxième catégorie. Ce classement, réalisé par un médecin conseil de la sécurité sociale, ne saurait être assimilé à l'avis d'inaptitude délivré par le médecin du travail; l'employeur, qui n'envisage pas de licencier pour inaptitude un salarié classé en invalidité de la deuxième catégorie, n'a pas à prendre l'initiative d'un examen par le médecin du travail du salarié qui n'a pas demandé à reprendre le travail; il ne peut donc pas être condamné à payer un salaire à ce salarié au motif qu'il n'a été ni licencié ni reclassé (cass. soc. 18 juillet 1996, n° 95-45.264, BC V n° 298; RJS 10/96 n° 1035).

L'examen médical en cours de suspension du contrat. L'examen médical visé par cet article ne doit pas être confondu avec l'examen qui peut avoir lieu préalablement à la reprise du travail, à la demande du salarié, du médecin traitant ou du médecin conseil des organismes de sécurité sociale, pour faciliter la recherche de mesures de reclassement (art. R. 4624-29 et 30). Ce dernier examen ne fait pas courir le délai de 1 mois prévu par cet article. La Cour de cassation fait nettement la distinction entre l'examen pratiqué par le médecin du travail en application des articles R. 4624-31 et 32 CT et celui pratiqué en application de l'article R. 4624-29; seul l'examen pratiqué en application de l'article R. 4624-32 constitue une visite de reprise. Cette visite, dont l'initiative appartient normalement à l'employeur, peut aussi être sollicitée par le salarié soit auprès de son employeur, soit auprès du médecin du travail, en avertissant l'employeur de cette demande (cass. soc. 12 novembre 1997, n° 94-40.912, BC V n° 366; RJS 12/97 n° 1359). Ne sera pas qualifiée de visite de reprise la visite effectuée par le médecin du travail, à l'initiative du salarié, sans que l'employeur en ait été averti (cass. soc. 4 février 2009, n° 07-44.498, BC V n° 38; RJS 4/09 n° 333; 26 janvier 2011, n° 09-65.715, JSL n° 295, 10.03.2011, p. 26). En pareille hypothèse, la décision d'inaptitude prise par le médecin du travail ne s'impose pas à l'employeur (cass. soc. 20 janvier 2010, n° 08-44.240, RJS 4/10 n° 333). Le salarié qui refuse de se soumettre à une visite commet une faute qui peut constituer une cause réelle et sérieuse de licenciement (cass. soc. 17 octobre 2000, n° 97-45.286, RJS 1/01 n° 33).

• L'inaptitude peut être constatée par le médecin du travail pendant une période d'essai (CE 17 juin 2009, n° 314729, Dr. Soc. 2009, p. 941, note Y. Struillou et p. 1137, obs. P. Chaumette; RDT, janvier 2010, CH, 30, M. Véricel; JSL n° 266, 25.11.2009, p. 19, M-Ch. Haller).

• **Obligation de proposer un poste de reclassement (avant l'ordonnance 2017-1387 du 22 septembre 2017).** Cet article institue l'obligation pour l'employeur de reclasser le salarié devenu inapte à tenir l'emploi qu'il occupait avant la maladie ou l'accident sans prévoir la sanction en cas de violation de cette obligation. L'obligation de reclassement s'impose à l'employeur quelle que soit la durée du contrat, indéterminée ou déterminée (cass. soc. 8 juin 2005, n° 03-44.913, BC V n° 193; RJS 8-9/05 n° 830). En cas de manquement à cette obligation, il appartient au juge de rechercher si celui-ci est constitutif d'une faute grave (cass. soc. 26 novembre 2008, n° 07-40.802, BC V n° 230; RJS 2/09 n° 166).

L'employeur, tenu d'une obligation de sécurité de résultat en matière de protection de la santé des salariés, doit prendre en considération les recommandations émises par le médecin du travail (cass. soc. 19 décembre 2007, n° 06-43.918, BC V n° 216; JSL n° 226, 28.01.2008, p. 14, M-Ch. Haller; RJS 3/08 n° 295, 1re espèce: en l'espèce, il s'agissait d'un avis d'aptitude avec réserves); il ne peut ajouter aux restrictions émises par le médecin du travail (cass. soc. 20 janvier 2010, n° 08-44.322, RJS 4/10 n° 334).

Si les réponses apportées par le médecin du travail postérieurement au constat d'inaptitude, sur les possibilités éventuelles de reclassement du salarié déclaré inapte, concourent à la justification par l'employeur de l'impossibilité de remplir cette obligation, elles ne dispensent pas cet employeur de toute recherche de reclassement (cass. soc. 3 mai 2018, n° 17-10.234, RJS 7/18 n° 474).

Le classement d'un salarié en invalidité 2e catégorie est sans incidence sur l'obligation de reclassement du salarié inapte qui incombe à l'employeur (cass. soc. 9 juillet 2008, n° 07-41.318, BC V n° 151; RJS 10/08 n° 982; JCP éd. S 2008, 1507, note P-Y Verkindt; Dr. Soc. 2008, p. 1138, obs. J. Savatier).

L'obligation de reclassement des salariés devenus inaptes à occuper leur emploi pour des raisons médicales est devenue un principe général du droit pour le Conseil d'État (CE 26 février 2007, n° 276863, Dr. Soc. 2007, p. 962, concl. Ch. Devys).

Le point de départ de l'obligation de reclassement est la seconde visite de reprise (cass. soc. 6 janvier 2010, n° 08-44.177, BC V n° 1; RJS 3/10 n° 252; voir aussi cass. soc. 21 septembre 2011, n° 10-13.403).

En ce qui concerne le contenu de l'obligation qui pèse sur l'employeur, la Cour de cassation précise que les possibilités de reclassement doivent être recherchées, non seulement dans l'entreprise au sein de laquelle travaille le salarié devenu inapte mais également dans toutes les entreprises du groupe auquel appartient l'entreprise dont les activités, l'organisation et le lieu d'exploitation permettent d'effectuer la permutation de tout ou partie du personnel (cass. soc. 24 juin 2009, n° 07-45.656, BC V n° 163; JSL n° 260, 29.07.2009, p. 11, J-E Tourreil; RJS 10/09 n° 784, 1re espèce; 10 décembre 2014, n° 13-18.679, RJS 3/15 n° 182). L'employeur doit rechercher une possibilité de reclassement du salarié, même lorsque le médecin du travail a déclaré le salarié inapte à tout emploi dans l'entreprise, par la mise en œuvre de mesures telles que mutations, transformations de poste de travail ou aménagement du temps de travail (cass. soc. 20 septembre 2006, n° 05-40.526, BC V n° 283; RJS 11/06 n° 1171; 16 septembre 2009, n° 08-42.212, BC V n° 185; Dr. Soc. 2009, p. 119, note J. Savatier; JCP éd. S 2009, 1523, note P-Y Verkindt; RJS 11/09 n° 848; 13 juin 2012, n° 11-14.735, RJS 8-9/12 n° 696).

Seules les recherches de reclassement compatibles avec les conclusions du médecin du travail émises au cours de la visite de reprise peuvent être prises en considération pour apprécier le respect par l'employeur de son obligation de reclassement (cass. soc. 26 novembre 2008, n° 07-44.061, BC V n° 231; RJS 2/09 n° 164; Dr. Soc. 2009, p. 257, chron. J. Savatier; 20 janvier 2010, n° 08-44.322, précité; 24 avril 2013, n° 12-13.519, JSL n° 345, 11.06.2013, p. 30).

Il appartient à l'employeur de justifier, tant au niveau de l'entreprise que du groupe auquel elle appartient, des démarches précises qu'il a effectuées pour parvenir au reclassement (cass. soc. 6 janvier 2010, n° 08-44.177, précité).

L'extrême brièveté du délai écoulé entre l'avis du médecin du travail et la mise en œuvre du licenciement suffit à établir le non-respect par l'employeur de son obligation de reclassement (cass. soc. 30 avril 2009, n° 07-43.219, BC V n° 120; JSL n° 257, 10.06.2009, p. 11, M-Ch. Haller; RJS 7/09 n° 625; 24 avril 2013, n° 12-13.571, RJS 7/13 n° 528; voir aussi cass. soc. 4 novembre 2015, n° 14-11.879, BC V n° 217; LSQ n° 16958 du 18.11.2015; JCP éd. S 2015, 1451, note P-Y Verkindt; RJS 1/16 n° 22, s'agissant d'un employeur ayant envoyé la lettre de convocation à l'entretien préalable le jour de l'avis d'inaptitude).

Les propositions de reclassement n'ont pas à être faites par écrit (cass. soc. 31 mars 2016, n° 14-28.314, BC V n° 60; JSL n° 409, 06.05.2016, p. 14, M. Patin; JCP éd. S 2016, 1187, note L. Drai; RJS 6/16 n° 405).

Le reclassement doit être recherché parmi les emplois disponibles. La Cour de cassation juge que «l'employeur ne peut être tenu d'imposer à un autre salarié une modification de son contrat de travail à l'effet de libérer son poste pour le proposer en reclassement à un salarié» (cass. soc. 15 novembre 2006, n° 05-40.408, BC V n° 339; RDT, février 2007, 96, J-Y Frouin; Dr. Soc. 2007, p. 106, obs. G. Couturier; RJS 1/07 n° 45).

Le caractère temporaire d'un poste n'interdit pas de proposer celui-ci en reclassement (cass. soc. 5 mars 2014, n° 12-24.456, JSL n° 364, 22.04.2014, p. 21, F. Lalanne; RJS 5/14 n° 395).

La rémunération afférente au poste de reclassement proposé par l'employeur ne doit pas être inférieure au SMIC (cass. soc. 5 décembre 2012, n° 11-21.849, BC V n° 318; RJS 2/13 n° 110; JCP éd. S 2013, 1124, note D. Jacotot).

L'employeur n'est pas tenu de donner au salarié une formation de base différente de la sienne et relevant d'un autre métier (cass. soc. 16 mars 2016, n° 13-25.927, RJS 6/16 n° 404).

Acceptation par le salarié du poste de reclassement. L'acceptation du poste de reclassement est dépourvue de toute portée dès lors qu'elle intervient avant la visite de reprise (cass. soc. 28 mars 2006, n° 04-44.895).

Refus par le salarié du poste de reclassement. L'employeur peut tenir compte de la position prise par le salarié pour limiter le périmètre de ses recherches de reclassement (cass. soc. 28 juin 2017, n° 16-10.053).

Le refus par un salarié du poste de reclassement proposé par l'employeur dès lors que la proposition de reclassement entraîne une modification du contrat de travail n'est pas abusif (cass. soc. 14 juin 2000, n° 98-42.882, BC V n° 228; RJS 7-8/00 n° 790) et ne constitue pas en soi une cause réelle et sérieuse de licenciement (cass. soc. 9 avril 2002, n° 99-44.678, BC V n° 121; RJS 7/02 n° 807; 19 juin 2013, n° 12-12.018, RJS 10/13 n° 668). Voir aussi note sous l'article L. 1226-10 sur le refus par un salarié d'un poste de reclassement.

Le refus par un salarié déclaré inapte à son poste, d'une proposition de reclassement n'implique pas, à lui seul, le respect de son obligation par l'employeur, auquel il appartient d'établir qu'il ne dispose d'aucun autre poste compatible avec l'état de santé de ce salarié (cass. soc. 3 novembre 2011, n° 10-20.236; 19 mars 2014, n° 12-29.928).

Il appartient à l'employeur de tirer les conséquences du refus du salarié soit en formulant de nouvelles propositions de reclassement, soit en procédant au licenciement de l'intéressé aux motifs de l'inaptitude et de l'impossibilité de reclassement (cass. soc. 26 janvier 2011, n° 09-43.193, BC V n° 32; RJS 4/11 n° 286; JCP éd. S 2011, 1150, note D. Corrignan-Carsin; 19 juin 2013, n° 12-12.018, précité; 10 février 2016, n° 14-14.325, JSL n° 407, 6.04.2016, p. 32).

L'appréciation du caractère sérieux de la recherche de reclassement relève du pouvoir souverain des juges du fond (cass. soc. 28 juin 2017, n° 16-10.053, précité).

• **Consultation des délégués du personnel.** La méconnaissance des dispositions relatives au reclassement du salarié déclaré inapte consécutivement à un accident non professionnel ou une maladie, dont celle imposant à l'employeur de consulter les délégués du personnel, prive le licenciement de cause réelle et sérieuse (cass. soc. 30 septembre 2020, n° 19-11.974, à paraître, LS n° 18160 du 13.10.2020; JCP éd. S 2020, 3054, note Fl. Clouzeau et B. Harlé; RJS 12/20 n° 579).

Art. L. 1226-2-1. ***(L. 2016-1088 du 8 août 2016, art. 102, I, 4°, JO 9, entrée en vigueur au plus tard le 01.01.2017)*** Lorsqu'il est impossible à l'employeur de proposer un autre emploi au salarié, il lui fait connaître par écrit les motifs qui s'opposent à son reclassement.

L'employeur ne peut rompre le contrat de travail que s'il justifie soit de son impossibilité de proposer un emploi dans les conditions prévues à l'article L. 1226-2, soit du refus par le salarié de l'emploi proposé dans ces conditions, soit de la mention expresse dans l'avis du médecin du travail que tout maintien du salarié dans un emploi serait gravement préjudiciable à sa santé ou que l'état de santé du salarié fait obstacle à tout reclassement dans un emploi.

L'obligation de reclassement est réputée satisfaite lorsque l'employeur a proposé un emploi, dans les conditions prévues à l'article L. 1226-2, en prenant en compte l'avis et les indications du médecin du travail.

S'il prononce le licenciement, l'employeur respecte la procédure applicable au licenciement pour motif personnel prévue au chapitre II du titre III du présent livre.

Note • **Modèle type de lettre de notification de licenciement.** Voir annexe II du décret 2017-1820 du 29 décembre 2017, JO 30, établissant des modèles types de lettres de notification de licenciement, rapporté dans les *Textes non codifiés*, rubrique «Licenciement (notification)».

• **Motivation du licenciement.** Lorsqu'un salarié est déclaré inapte par le médecin du travail, l'employeur est tenu de procéder à son reclassement et, dans le cas où celui-ci s'avère impossible, de le licencier pour inaptitude; ces règles relatives à l'inaptitude étant d'ordre public (cass. soc. 5 décembre 2012, n° 11-17.913, BC V n° 320), le licenciement du salarié pour un autre motif que l'inaptitude (en l'espèce, motif disciplinaire) est dépourvu de cause réelle et sérieuse (cass. soc. 20 décembre 2017, n° 16-14.983, BC V n° 223; LS Jurispr. n° 11 du 16.01.2018; JCP éd. S 2018, 1063, note M. Babin).

Ne constitue pas l'énoncé d'un motif précis de licenciement l'inaptitude physique du salarié, sans mention de l'impossibilité de reclassement (cass. soc. 23 mai 2017, n° 16-10.156, RJS 8-9/17 n° 556, 1re espèce; 3 juin 2020, n° 18-25.757, RJS 7/20 n° 335; JCP éd. S 2020, 3022, note B. Harlé et Fl. Clouzeau).

• **Preuve de l'impossibilité de reclassement.** Les réponses apportées, postérieurement au constat d'inaptitude, par le médecin du travail sur les possibilités éventuelles de reclassement, concourent à la justification par l'employeur de l'impossibilité de reclassement (cass. soc. 1er février 2017, n° 15-26.207, JSL n° 427, 13.03.2017, p. 31).

• **Remboursement des allocations de chômage.** Les dispositions de l'article L. 1235-4 CT prévoyant le remboursement des indemnités de chômage sont applicables au licenciement pour inaptitude d'origine non professionnelle (cass. soc. 10 octobre 2018, n° 17-14.905).

Art. L. 1226-3. Le contrat de travail du salarié déclaré inapte peut être suspendu pour lui permettre de suivre un stage de reclassement professionnel.

Art. L. 1226-4. Lorsque, à l'issue d'un délai d'un mois à compter de la date de l'examen médical de reprise du travail, le salarié déclaré inapte n'est pas reclassé dans l'entreprise ou s'il n'est pas licencié, l'employeur lui verse, dès l'expiration de ce délai, le salaire correspondant à l'emploi que celui-ci occupait avant la suspension de son contrat de travail.

Ces dispositions s'appliquent également en cas d'inaptitude à tout emploi dans l'entreprise constatée par le médecin du travail.

(L. 2012-387 du 22 mars 2012, art. 47, JO 23) «En cas de licenciement, le préavis n'est pas exécuté et le contrat de travail est rompu à la date de notification du licenciement. Le préavis est néanmoins pris en compte pour le calcul de l'indemnité mentionnée à l'article L. 1234-9. Par dérogation à l'article L. 1234-5, l'inexécution du préavis ne donne pas lieu au versement d'une indemnité compensatrice.»

Note • L'employeur doit reprendre le versement du salaire, peu important que le salarié ait déjà retrouvé un emploi (cass. soc. 4 mars 2020, n° 18-10.719, à paraître, LS n° 18087 du 24.06.2020; JSL n° 498, 18.05.2020, p. 3, O. Giovenal; RJS 6/20 n° 281; Dr. Soc. 2020, p. 567, act. J. Mouly).

• **Point de départ du droit à salaire.** Le délai d'un mois visé par cet article ne court qu'à partir de la date du second examen médical prévu à l'article R. 241-51 [R. 4624-31 ancien] CT (cass. soc. 10 juillet 2002, n° 00-42.912, RJS 10/02 n° 1109: lorsque le médecin du travail déclare le salarié inapte à son emploi à l'issue d'un unique examen médical, le délai d'un mois n'a pu commencer à courir; cass. soc. 28 janvier 1998, n° 95-44.301, BC V n° 39; RJS 3/98 n° 307; 10 novembre 1998, n° 96-44.067, BC V n° 482; Dr. Soc. 1999, p. 189, obs. J. Savatier; 19 mars 2014, n° 12-27.073).

• **Délai.** Le délai d'un mois ne peut être ni prorogé ni suspendu, peu important que le médecin du travail soit conduit à préciser son avis après la seconde visite (cass. soc. 25 mars 2009, n° 07-44.748, BC V n° 84; JCP éd. S 2009, 1287, note Fr. Dumont; RJS 6/09 n° 507; JSL n° 254, 29.04.2009, p. 23; 10 février 2016, n° 14-14.519, JSL n° 407, 6.04.2016, p. 32; voir aussi cass. soc. 26 janvier 2011, n° 08-44.583, LS Jurispr. n° 39 du 22.02.2011). Ce délai n'est donc pas suspendu par le recours exercé par le salarié devant l'inspecteur du travail (cass. soc. 26 janvier 2011, n° 09-43.139, JSL n° 296, 24.03.2011, p. 27; JCP éd. S 2011, 1215). Mais lorsque l'inaptitude du salarié à son poste de travail est constatée régulièrement dans le cadre d'un seul examen constatant que le maintien du salarié à ce poste entraîne un danger immédiat pour la santé ou la sécurité de l'intéressé ou celle de tiers, le délai d'un mois à l'issue duquel l'employeur, à défaut de reclassement ou de licenciement du salarié, doit reprendre le paiement des salaires court à compter de cet examen unique (cass. soc. 6 février 2008, n° 06-45.551, BC V n° 31; RJS 4/08 n° 413; JCP éd. S 2008, 1204, note P-Y Verkindt; 27 janvier 2016, n° 14-16.838); en outre, dans ce cas, le salarié doit reprendre le paiement des salaires à l'issue du délai d'un mois après cette visite, peu important le refus par l'autorité administrative de l'autorisation de licenciement et celui du salarié de se rendre à une nouvelle visite de reprise, ce dernier refus n'entraînant pas une nouvelle suspension du contrat de travail (cass. soc. 22 juin 2011, n° 09-72.767, RJS 10/11 n° 777).

Par ailleurs, l'annulation de l'autorisation administrative de licenciement est sans conséquence sur l'obligation pour l'employeur de verser le salaire dû à partir de l'expiration du délai d'un mois suivant la déclaration d'inaptitude et jusqu'à la date de notification du licenciement (cass. soc. 28 mars 2012, n° 10-24.441).

La délivrance d'un nouvel arrêt de travail au bénéfice d'un salarié déclaré inapte par le médecin du travail ne peut avoir pour conséquence juridique d'ouvrir une nouvelle période de suspension du contrat de travail et de tenir en échec le régime applicable à l'inaptitude (cass. soc. 8 juillet 2020, n° 19-14.006, LS Jurispr. n° 171 du 22.09.2020; JSL n° 506, 16.10.2020, p. 20).

• **Montant du salaire.** Le montant des sommes que doit verser l'employeur en application de l'article L. 1226-4 CT est fixé forfaitairement au montant du salaire correspondant à l'emploi que le salarié occupait avant la suspension du contrat de travail; les prestations de sécurité sociale et de prévoyance ne peuvent être déduites des sommes dues à l'intéressé (cass. soc. 16 février 2005, n° 02-43.792, BC V n° 51; RJS 5/05 n° 504; 24 avril 2013, n° 12-13.058).

À noter que le salaire au paiement duquel l'employeur est tenu en application de l'article L. 1226-4 ouvre droit à une indemnité de congés payés (cass. soc. 4 avril 2012, n° 10-10.701, BC V n° 115; RJS 6/12 n° 542; JSL n° 323, 7.06.2012, p. 14, M. Hautefort; JCP éd. S 2012, 1259, note D. Jacotot; 5 décembre 2018, n° 17-18.170, RJS 2/19 n° 83).

• **Droit d'option du salarié.** Le salarié ni reclassé ni licencié peut soit se prévaloir de la poursuite du contrat de travail et solliciter la condamnation de l'employeur au paiement des salaires, soit faire constater la rupture du contrat de travail pour manquement de l'employeur à cette obligation; cette rupture s'analyse alors en un licenciement sans cause réelle et sérieuse (cass. soc. 11 juillet 2000, n° 98-45.471, BC V n° 271; RJS 11/00 n° 1080; 29 septembre 2004, n° 02-43.746, BC V n° 233; RJS 12/04 n° 1273).

Le salarié peut à la fois demander la résiliation du contrat pour manquement de l'employeur à son obligation de reprendre le paiement du salaire et réclamer un tel paiement jusqu'à la date de la rupture (cass. soc. 14 décembre 2011, n° 10-14.251, RJS 3/12 n° 239).

Lorsqu'un salarié a été licencié en raison de son inaptitude et de son impossibilité de reclassement, le défaut de règlement des salaires ne prive pas le licenciement déjà prononcé de cause réelle et sérieuse, mais le salarié peut demander le solde de rémunération à payer et la réparation du préjudice en résultant pour lui (cass. soc. 20 septembre 2006, n° 05-42.930, BC V n° 271; RJS 11/06 n° 1172; JCP éd. S 2006, 1861, note P-Y Verkindt; JSL n° 198, 24.10.2006, p. 17, M-Ch. Haller; RDT, décembre 2006, CH, 383, B. Lardy-Pélissier et J. Pélissier; 24 juin 2009, n° 07-45.006, RJS 10/09 n° 786).

• **Absence de droit d'option de l'employeur.** Il n'y a pas d'option pour l'employeur entre l'obligation de reclassement et l'obligation de verser les salaires. L'employeur doit prioritairement chercher un poste de reclassement et ce n'est qu'en cas d'impossibilité de reclassement qu'il peut soit licencier, soit reprendre le paiement des salaires. La reprise de paiement des salaires ne le dispense pas de l'obligation de proposer un poste de reclassement (cass. soc. 3 mai 2006, n° 04-40.721, BC V n° 159; Dr. Soc. 2006, p. 802, obs. J. Savatier; RJS 7/06 n° 830; 26 janvier 2011, n° 09-43.139, précité; 21 mars 2012, n° 10-12.068, BC V n° 100; RJS 6/12 n° 525; JSL n° 322, 24.05.2012, p. 18, J-E Tourreil; JCP éd. S 2012, 1260, note C. Puigelier; 24 avril 2013, n° 12-13.907, RJS 7/13 n° 529).

À noter que l'employeur, tenu, en l'absence de reclassement ou de licenciement du salarié déclaré inapte, de reprendre le paiement du salaire, ne peut substituer à cette obligation le paiement d'une indemnité de congés payés non pris, ni contraindre le salarié à prendre ses congés (cass. soc. 3 juillet 2013, n° 11-23.687, BC V n° 177; LSQ n° 16384 du 11.07.2013; RJS 10/13 n° 669; JSL n° 350, 26.09.2013, p. 14, J-E Tourreil; JCP éd. S 2013, 1408, note A. Barège; 1er mars 2017, n° 15-28.563, RJS 5/17 n° 322).

• **Indemnité de licenciement.** La loi et la circulaire ne donnent aucune indication sur la solution qu'il convient d'adopter lorsque le salarié refuse, sans motif valable, l'emploi de reclassement proposé par l'employeur. Le refus, à le supposer abusif, peut-il priver le salarié de l'indemnité de licenciement ? La jurisprudence répond par la négative lorsque l'inaptitude a une origine professionnelle (cass. soc. 19 juillet 1994, n° 90-41.362, BC V n° 242; RJS 8-9/94 n° 975), mais rien n'interdit aux juges d'adopter des solutions différentes en tenant compte de l'origine de l'inaptitude.

Art. L. 1226-4-1. ***(L. 2008-596 du 25 juin 2008, JO 26)*** En cas de licenciement prononcé dans le cas visé à l'article ***(L. 2016-1088 du 8 août 2016, art. 102, I, 5°, JO 9, entrée en vigueur au plus tard le 01.01.2017)*** « L. 1226-2-1 », les indemnités dues au salarié au titre de la rupture sont prises en charge soit directement par l'employeur, soit au titre des garanties qu'il a souscrites à un fonds de mutualisation.

La gestion de ce fonds est confiée à l'association prévue à l'article L. 3253-14.

Art. L. 1226-4-2. ***(L. 2011-525 du 17 mai 2011, art. 49, JO 18)*** Les dispositions visées à l'article L. 1226-4 s'appliquent également aux salariés en contrat de travail à durée déterminée.

Art. L. 1226-4-3. ***(L. 2011-525 du 17 mai 2011, art. 49, JO 18)*** La rupture du contrat à durée déterminée prononcée en cas d'inaptitude ouvre droit, pour le salarié, à une indemnité dont le montant ne peut être inférieur à celui de l'indemnité prévue à l'article L. 1234-9. Cette indemnité de rupture est versée selon les mêmes modalités que l'indemnité de précarité prévue à l'article L. 1243-8.

Sous-section 2. Maladie grave

Art. L. 1226-5. Tout salarié atteint d'une maladie grave au sens du 3° et du 4° de l'article L. 160-14 du code de la sécurité sociale bénéficie d'autorisations d'absence pour suivre les traitements médicaux rendus nécessaires par son état de santé.

SECTION 3. Accident du travail ou maladie professionnelle

Sous-section 1. Champ d'application

Art. L. 1226-6. Les dispositions de la présente section ne sont pas applicables aux rapports entre un employeur et son salarié victime d'un accident du travail ou d'une maladie professionnelle, survenu ou contractée au service d'un autre employeur.

Note En principe, un salarié ne peut pas bénéficier de la protection spécifique aux victimes d'accident du travail dès lors qu'il connaît une rechute d'un accident du travail survenu alors qu'il était au service d'un précédent employeur (cass. soc. 27 octobre 1993, n° 89-44.348, BC V n° 254; RJS 12/93 n° 1249).

Cet article n'est pas applicable lorsqu'un salarié passe au service d'un nouvel employeur en application de l'article L. 1224-1; le nouvel employeur doit respecter les garanties offertes par la loi aux victimes d'accident du travail (cass. soc. 9 juillet 1992, n° 91-40.015, RJS 8-9/92 n° 974; 20 janvier 1993, n° 91-41.500, BC V n° 14).

Le salarié peut prétendre au bénéfice de la protection des victimes d'accident du travail dès lors qu'il existe un lien de causalité entre la rechute de l'accident du travail initial survenu chez un précédent employeur et les conditions de travail du salarié ou tout autre événement inhérent à ses fonctions au service du nouvel employeur (cass. soc. 9 juin 2010, n° 09-40.253, BC V n° 130; JSL n° 284, 29.09.2010, p. 25; JCP éd. S 2010, 1443, note A. Martinon; RJS 8-9/10 n° 663, 2e espèce; 6 mai 2015, n° 13-24.035, RJS 7/15 n° 480; 19 juin 2019, n° 18-17.831). Mais il appartient au salarié de se prévaloir de ce lien de causalité (cass. soc. 19 mars 2008, n° 07-40.295, RJS 6/08 n° 660).

L'accord conclu dans le cadre d'une perte de marché de services qui prévoit et organise la reprise de tout ou partie des contrats de travail ne constitue pas une application volontaire de l'article L. 122-12, al. 2 [L. 1224-1] CT; il ne peut à lui seul, sauf clause contraire, faire échec aux dispositions de l'article L. 122-32-10 [L. 1226-6] (cass. soc. 14 mars 2007, n° 05-43.184, BC V n° 47; RJS 5/07 n° 584, rapp. J-M Béraud, p. 405; Dr. Soc. 2007, p. 777, obs. A. Mazeaud). En revanche, dans ce cas, le nouvel employeur doit faire bénéficier le salarié des dispositions relatives à l'inaptitude d'origine non professionnelle (cass. soc. 29 novembre 2011, n° 10-30.728, BC V n° 274; LSQ n° 15995 du 13.12.2011; RJS 2/12 n° 134; JCP éd. S 2012, 1108, note S. Abellard).

Sous-section 2. Suspension du contrat et protection contre la rupture

Art. L. 1226-7. Le contrat de travail du salarié victime d'un accident du travail, autre qu'un accident de trajet, ou d'une maladie professionnelle est suspendu pendant la durée de l'arrêt de travail provoqué par l'accident ou la maladie.

Le contrat de travail est également suspendu pendant le délai d'attente et la durée du stage de réadaptation, de rééducation ou de formation professionnelle que doit suivre l'intéressé, conformément à l'avis de la commission des droits et de l'autonomie des personnes handicapées mentionnée à l'article L. 146-9 du code de l'action sociale et des familles. Le salarié bénéficie d'une priorité en matière d'accès aux actions de formation professionnelle.

(L. 2010-1594 du 20 décembre 2010, art. 84, II, JO 21) «Le contrat de travail est également suspendu pendant les périodes au cours desquelles le salarié suit les actions mentionnées à l'article L. 323-3-1 du code de la sécurité sociale dans les conditions prévues à ce même article, en application du quatrième alinéa de l'article L. 433-1 du même code.»

La durée des périodes de suspension est prise en compte pour la détermination de tous les avantages légaux ou conventionnels liés à l'ancienneté dans l'entreprise.

Note • **Notion d'accident du travail.** Le juge n'est pas lié par la décision d'un organisme de sécurité sociale quant à la détermination du lien de causalité entre un arrêt de travail et un accident du travail (cass. soc. 31 mars 1993, n° 89-40.711, BC V n° 104; RJS 5/93 n° 507: le juge peut refuser d'appliquer les articles L. 1226-7 et s. à un salarié dont l'arrêt de travail est pris en charge par la sécurité sociale au titre de la législation sur les accidents du travail). Mais les juges décident à bon droit qu'un employeur ne peut pas licencier un salarié pendant la période d'arrêt de travail lorsque le salarié l'a informé du recours qu'il exerçait contre la décision de la caisse primaire d'assurance maladie refusant la prise en charge de l'arrêt de travail au titre de la législation sur les accidents du travail (cass. soc. 8 novembre 1995, n° 92-41.786). En revanche, il ne peut être reproché à un employeur de licencier un salarié lorsque, à la date du licenciement, il avait connaissance de la décision de la caisse primaire d'assurance maladie refusant de prendre en charge l'indemnisation du salarié au titre de la législation sur les accidents du travail, d'une part, et qu'il n'avait pas été avisé d'un quelconque recours du salarié contre cette décision, d'autre part (cass. soc. 21 novembre 1995, n° 92-41.944).

Un accident qui se produit à un moment où le salarié ne se trouve plus sous la subordination de l'employeur constitue un accident du travail dès lors que le salarié établit qu'il est survenu par le fait du travail (cass. civ., 2e ch., 22 février 2007, n° 05-13.771, BC II n° 54; RDT 2007, p. 307, B. Lardy-Pélissier: en l'espèce, le salarié avait tenté de mettre fin à ses jours pendant une période de suspension de son contrat de travail due à un syndrome anxio-dépressif dépendant lui-même de la dégradation continue des relations de travail et du comportement de l'employeur).

• **Maladie professionnelle.** La Cour de cassation décide qu'il faut se référer aux dispositions en matière de sécurité sociale pour savoir si une maladie peut être qualifiée de «maladie professionnelle» au sens de l'article L. 1226-7 (cass. soc. 21 mars 1996, n° 92-41.019, BC V n° 108; RJS 5/96 n° 532: il était établi que la salariée souffrait d'un asthme d'origine professionnelle provoqué par l'inhalation de la ouate synthétique utilisée dans l'entreprise; la cour d'appel avait décidé qu'il n'y avait pas lieu de se référer aux dispositions édictées en matière de sécurité sociale et avait fait bénéficier la salariée des dispositions des articles L. 1226-7, L. 1226-10 et s. CT; son arrêt est cassé au motif que «seules les affections visées par l'article L. 461-1-1 c. séc. soc., alors applicable, peuvent ouvrir droit à l'application des mesures protectrices prévues par le code du travail pour les victimes de maladie professionnelle»).

• **Notion de «délai d'attente».** Le délai d'attente s'entend de celui qui s'écoule entre la décision de la commission d'accorder le bénéfice d'un stage et la date d'exécution de celui-ci (cass. soc. 10 octobre 1990, n° 87-41.027, BC V n° 435; RJS 11/90 n° 847).

• **Incidences d'une absence non justifiée.** Si l'employeur considère que l'absence d'un salarié n'est plus justifiée par l'accident du travail dont l'intéressé a été victime, il ne peut considérer le salarié comme démissionnaire mais doit mettre en œuvre la procédure de licenciement de droit commun, ou se conformer aux dispositions prévues aux articles L. 1226-8 et s. CT (cass. soc. 7 janvier 1992, n° 88-43.203, BC V n° 4; RJS 2/92 n° 129).

• **Incidence d'une absence pour maladie.** Dans une espèce où un salarié, dont le contrat de travail était suspendu à la suite d'un accident du travail, avait été convoqué à un entretien en vue de son licenciement, c'est à bon droit que les juges du fond ont condamné l'employeur au versement des indemnités de rupture prévues en faveur des salariés victimes d'un accident du travail, la lettre de convocation à l'entretien ayant été adressée au salarié le 28 décembre, date à laquelle il était encore dans une période de suspension de contrat pour accident du travail, peu important, dès lors, l'absence postérieure de 3 jours pour maladie qui ne pouvait avoir pour effet de placer le salarié hors du champ d'application de ce texte (cass. soc. 5 mars 1987, n° 84-43.477).

• **Prise en compte des périodes de suspension du contrat.** L'article L. 1226-7, al. 4 prévoit la prise en compte de la durée des périodes de suspension résultant d'un accident du travail pour la détermination de l'ancienneté; il n'assimile point cette période à une durée de travail effectif pour le calcul des congés payés. La durée du congé annuel payé doit être appréciée au regard des dispositions de l'article L. 3141-5 (voir note sous cet article). Voir, pour la détermination du montant d'une prime conventionnelle, cass. soc. 12 décembre 1990, n° 87-43.110, BC V n° 650; RJS 2/91 n° 148.

• **Fin de la période de suspension.** S'agissant des visites obligatoires de reprise après un arrêt de travail consécutif à un accident du travail ou une maladie professionnelle, voir les articles R. 4624-31 et 32.

Art. L. 1226-8. À l'issue des périodes de suspension définies à l'article L. 1226-7, le salarié retrouve son emploi ou un emploi similaire assorti d'une rémunération au moins équivalente ***(L. 2016-1088 du 8 août 2016, art. 102, I, 6°, JO 9, entrée en vigueur au plus tard le 01.01.2017)*** «, sauf dans les situations mentionnées à l'article L. 1226-10».

Les conséquences de l'accident ou de la maladie professionnelle ne peuvent entraîner pour l'intéressé aucun retard de promotion ou d'avancement au sein de l'entreprise.

Note • La déclaration d'aptitude par le médecin du travail au poste occupé avant la suspension du contrat de travail emporte pour le salarié, victime d'un accident du travail, le droit à réintégration dans cet emploi et ce n'est que dans le cas où cet emploi n'existe plus ou n'est plus vacant que la réintégration peut avoir lieu dans un emploi similaire (cass. soc. 28 mai 2013, n° 12-12.105, RJS 8-9/13 n° 630; voir aussi cass. soc. 22 octobre 1997, n° 94-44.706, BC V n° 324; RJS 12/97 n° 1360). Est un emploi similaire au sens de l'article L. 1226-8 l'emploi comportant le même niveau de rémunération, la même qualification et les mêmes perspectives de carrière que l'emploi initial (cass. soc. 24 janvier 2010, n° 09-40.339, BC V n° 72; RJS 6/10 n° 505; JSL n° 279, 16.06.2010, p. 15, B. Ballouhey; JCP éd. S 2010, 1287, note Everaert-Dumont; voir aussi cass. soc. 22 octobre 1997, n° 94-44.706, précité).

• L'emploi proposé est un emploi similaire, malgré le changement du lieu de travail, lorsque le contrat de travail contenait une clause de mobilité (cass. soc. 31 octobre 1996, n° 93-43.779, BC V n° 369; RJS 11/96 n° 1166).

• Le refus de réintégrer le salarié dans son emploi au jour de la reprise du travail fixée par le médecin du travail vaut licenciement à cette date et entraîne les sanctions prévues à l'article L. 1226-15 CT alors même que l'employeur a engagé quelques jours plus tard une procédure de licenciement pour motif économique (cass. soc. 12 novembre 1996, n° 93-44.863, BC V n° 371; RJS 12/96 n° 1256).

Est assimilé à un refus de réintégration le comportement de l'employeur qui propose à la salariée, le jour de la reprise du travail, un changement de poste de travail en le motivant par son insuffisance professionnelle (cass. soc. 14 février 1996, n° 93-40.052, BC V n° 56; RJS 3/96 n° 267).

• La méconnaissance par l'employeur de son obligation de réintégrer le salarié à son poste de travail s'apprécie au regard du dernier avis d'aptitude au poste délivré par le médecin du travail (cass. soc. 9 juillet 2014, n° 13-18.696, BC V n° 185; RJS 10/14 n° 677; JCP éd. S 2014, 1428, note É. Combes et S. Orbec-Barthe).

• L'avis du médecin du travail s'impose aux parties. L'employeur ne saurait déduire des réserves, même importantes, émises par le médecin du travail une inaptitude du salarié à exercer ses fonctions (cass. soc. 28 janvier 2010, n° 08-42.616, BC V n° 27; RJS 4/10 n° 336; voir aussi cass. soc. 6 février 2013, n° 11-28.038, BC V n° 28; LSQ n° 16287 du 18.02.2013; JSL n° 339, 12.03.2013, p. 23; RJS 4/13 n° 277; JCP éd. S 2013, 1148, note P-Y Verkindt; 13 avril 2016, n° 15-10.400, BC V n° 75; RJS 6/16 n° 403; JSL n° 411, 10.06.2016, p. 14, M. Hautefort; JCP éd. S 2016, 1196, note P-Y Verkindt). En cas de difficulté ou de désaccord sur la portée de cet avis, le salarié ou l'employeur peuvent exercer le recours prévu par l'article L. 4624-7 (voir note sous art. L. 4624-7).

• Voir aussi P. Pochet, «L'aptitude avec réserves», JCP éd. S 2012, 1173.

Art. L. 1226-9. Au cours des périodes de suspension du contrat de travail, l'employeur ne peut rompre ce dernier que s'il justifie soit d'une faute grave de l'intéressé, soit de son impossibilité de maintenir ce contrat pour un motif étranger à l'accident ou à la maladie.

Note • **Résiliation et engagement de la procédure de licenciement.** L'article L. 1226-9 prohibe la résiliation du contrat de travail; il n'interdit pas l'engagement d'une procédure de licenciement au cours de la période de suspension (cass. soc. 17 janvier 1996, n° 92-42.031, BC V n° 14; RJS 3/96 n° 285; 13 février 1996, n° 92-42.717, RJS 4/96 n° 395: le licenciement notifié après la fin de la période de suspension ne peut pas être annulé au motif que la procédure de licenciement a été engagée pendant la suspension du contrat).

En l'absence de faute grave du salarié ou d'une impossibilité pour l'employeur de maintenir le contrat, le licenciement prononcé pendant la période de suspension provoquée par un accident du travail, quand bien même il serait intervenu après l'entretien préalable, est nul en raison de l'origine professionnelle de l'accident (cass. soc. 8 octobre 1991, n° 89-45.513, BC V n° 398; RJS 11/91 n° 1190; 10 mai 1995, n° 91-45.527, BC V n° 150; RJS 6/95 n° 640). Est nul le licenciement survenu au cours d'une suspension du contrat de travail suite à un accident du travail sans qu'ait eu lieu la visite de reprise et pour un motif autre que ceux prévus à l'article L. 1226-9 (cass. soc. 17 février 2010, n° 08-45.120, RJS 5/10 n° 419; voir aussi cass. soc. 21 septembre 2011, n° 10-15.741, RJS 11/11 n° 868).

La notification du licenciement en cours de suspension entraîne la nullité de celui-ci, alors même qu'elle reportait les effets de la rupture à une date postérieure à la fin de la suspension (cass. soc. 5 juin 1996, n° 92-44.140, BC V n° 222; RJS 8-9/96 n° 915). Lorsque la lettre de licenciement a été envoyée au salarié avant qu'il ne soit victime d'un accident du travail, la circonstance que cette lettre ne lui soit parvenue qu'au cours de la période de suspension consécutive à l'accident n'a pas pour conséquence de rendre nul le licenciement prononcé dont l'effet était reporté à l'expiration de la période de suspension (cass. ass. plén. 28 janvier 2005, n° 01-45.924, BC n° 1; RJS 4/05 n° 373; Dr. Soc. 2005, p. 581, obs. G. Couturier).

• **Période d'essai.** En l'absence de faute grave du salarié ou d'une impossibilité pour l'employeur de maintenir le contrat, la résiliation du contrat prononcée pendant la période de suspension provoquée par un accident du travail, quand bien même elle serait intervenue pendant la période d'essai, est nulle en raison de l'origine professionnelle de l'accident (cass. soc. 12 mai 2004, n° 02-44.325, BC V n° 132; RJS 7/04 n° 808).

• **Mise à la retraite.** Une mise à la retraite décidée par l'employeur est nulle si elle intervient au cours des périodes de suspension consécutives à un accident du travail ou à une maladie professionnelle (cass. soc. 7 mars 2007, n° 05-42.279, BC V n° 42; RJS 5/07 n° 585; 27 janvier 2009, n° 07-45.290, RJS 4/09 n° 335).

• **Rupture conventionnelle.** Voir note sous article L. 1237-11.

• **Adhésion à un contrat de sécurisation professionnelle.** Bénéficie de la protection prévue par les articles L. 1226-9 et L. 1226-13 le salarié qui est en arrêt de travail d'origine professionnelle à la date d'expiration du délai dont il dispose pour prendre parti sur la proposition d'un contrat de sécurisation professionnelle et l'adhésion à ce contrat, qui constitue une modalité du licenciement pour motif économique, ne caractérise pas l'impossibilité pour l'employeur de maintenir le contrat de travail pour un motif étranger à la maladie ou à l'accident (cass. soc. 14 décembre 2016, n° 15-25.981, BC V n° 249; LSQ n° 17237 du 5.01.2017; JCP éd. S 2017, 1050, note Fr. Dumont; JSL n° 425, 10.02.2017, p. 11, M. Hautefort; RJS 2/17 n° 87).

• **Caractère professionnel de l'accident ou de la maladie**

Voir note sous art. L. 1226-7, Notion d'accident du travail et Maladie professionnelle.

Connaissance par l'employeur de l'origine professionnelle de l'affection. Lorsque l'employeur connaît l'origine professionnelle de l'accident dont a été victime un salarié, il doit appliquer les règles protectrices de l'article L. 1226-9, peu important que, le jour du licenciement, il ait été informé d'un refus de prise en charge au titre du régime des accidents du travail ou des maladies professionnelles (cass. soc. 29 juin 2011, n° 10-11.699, BC V n° 169; RJS 10/11 n° 779; JCP éd. S 2011, 1443, note P-Y Verkindt; JSL n° 306, 27.09.2011, p. 15, J-E Tourreil; 18 septembre 2013, n° 11-27.721, RJS 12/13 n° 808, 1re espèce).

• **Faute grave.** La Cour de cassation a rappelé que seuls des manquements du salarié à l'obligation de loyauté peuvent justifier une rupture du contrat de travail pour faute grave pendant la période de suspension (cass. soc. 20 février 2019, n° 17-18.912, à paraître, LSQ n° 17764 du 27.02.2019; JCP éd. S 2019, 1141, note D. Jacotot; JSL n° 473, 08.04.2019, p. 7, M. Hautefort; RJS 5/19 n° 279).

Ainsi, par exemple, si le fait de travailler pour le compte d'autrui ou pour son propre compte pendant la période de suspension peut constituer une faute grave (cass. soc. 21 mai 1996, n° 95-40.032, RJS 7/96 n° 782), le fait d'effectuer une réparation sur son véhicule personnel, dans les locaux de l'entreprise et avec l'autorisation de son supérieur hiérarchique direct, a été jugé comme non constitutif d'une faute grave (cass. soc. 14 mai 1998, n° 96-41.867, BC V n° 254; RJS 7/98 n° 848).

Le comportement du salarié faisant obstacle de façon réitérée à un examen du médecin du travail constitue une faute grave (cass. soc. 29 novembre 2006, n° 04-47.302, BC V n° 361; RJS 2/07 n° 213; Dr. Soc. 2007, p. 248, obs. J. Savatier; JSL n° 203, 16.01.2007, p. 22; JCP éd. S 2007, 1039, note P-Y Verkindt; RDT, mars 2007, CH, 167, G. Auzero).

En l'absence de faute grave commise pendant la période de suspension, l'employeur ne peut pas, même après l'expiration de la période de suspension, licencier le salarié pour faute. Le licenciement prononcé irrégulièrement est nul (cass. soc. 8 janvier 2003, n° 01-40.388, BC V n° 1; RJS 3/03 n° 338; 26 janvier 2011, n° 09-42.117, JSL n° 296, 24.03.2011, p. 27).

• **Notion d'impossibilité de maintenir le contrat.** Faute pour l'employeur d'avoir fait procéder à une visite de reprise du salarié arrêté pendant au moins 8 jours à la suite d'un accident du travail, l'employeur ne peut le licencier pour faute, car le contrat est demeuré suspendu. Le licenciement est nul si le motif invoqué dans la lettre de licenciement ne peut caractériser une faute grave (cass. soc. 13 juillet 2010, n° 09-40.984, BC V n° 175; RJS 10/10 n° 752: motif trop vague pour être matériellement vérifiable). L'existence d'une cause économique ne constitue pas habituellement une impossibilité pour l'employeur, au sens de l'article L. 1226-9, de maintenir le contrat de travail d'un salarié victime d'un accident du travail (cass. soc. 7 décembre 1999, n° 97-44.472, BC V n° 474; 25 mai 2011, n° 09-69.641, RJS 8-9/11 n° 677; 23 mai 2017, n° 16-12.232, RJS 8-9/17 n° 553). Il en est de même de l'autorisation donnée par le juge-commissaire et des critères de l'ordre des licenciements qui ne suffisent pas à caractériser une telle impossibilité (cass. soc. 25 mai 2011, n° 09-69.641, précité; voir aussi cass. soc. 25 septembre 2013, n° 12-15.348). L'impossibilité de maintenir le contrat n'est caractérisée, en cas de suppression pour motif économique de l'emploi, que si le reclassement du salarié n'est pas possible (cass. soc. 21 janvier 2009, n° 07-41.347, RJS 4/09 n° 336). En revanche, la cessation d'activité, si elle est réelle, autorise la rupture du contrat de travail due à un accident du travail pendant la suspension de celui-ci (cass. soc. 15 mars 2005, n° 03-43.038, BC V n° 87; Dr. Soc. 2005, p. 695, obs. J. Savatier; RJS 6/05 n° 622).

La fin d'un chantier caractérise une impossibilité de maintenir le contrat pour un motif étranger à l'accident du travail (cass. soc. 8 avril 2009, n° 07-42.942, BC V n° 103; RJS 6/09 n° 521).

• Lorsqu'elle est justifiée par les manquements de l'employeur, la prise d'acte par un salarié de la rupture de son contrat de travail pendant la période de suspension consécutive à un accident du travail produit les effets d'un licenciement nul, peu important que le salarié ait ensuite travaillé pour le compte d'un autre employeur (cass. soc. 12 décembre 2012, n° 10-26.324, BC V n° 334; RJS 2/13 n° 111; JSL n° 338, 26.02.2013, p. 16, J-Ph. Lhernould; JCP éd. S 2013, 1136, note Fr. Dumont).

Art. L. 1226-9-1

Art. L. 1226-9-1. ***(L. 2020-546 du 11 mai 2020, art. 6, JO 12, entrée en vigueur le 12.05.2020)*** Les dispositions de la présente sous-section s'appliquent en cas de mise en quarantaine au sens du 3° du I de l'article L. 3131-15 du code de la santé publique.

Sous-section 3. Inaptitude consécutive à un accident du travail ou à une maladie professionnelle

Art. L. 1226-10. Lorsque ***(L. 2016-1088 du 8 août 2016, art. 102, I, 7°, JO 9, entrée en vigueur au plus tard le 01.01.2017)*** «le salarié victime d'un accident du travail ou d'une maladie professionnelle» est déclaré inapte par le médecin du travail ***(L. 2016-1088 du 8 août 2016, art. 102, I, 7°, JO 9, entrée en vigueur au plus tard le 01.01.2017)*** «, en application de l'article L. 4624-4,» à reprendre l'emploi qu'il occupait précédemment, l'employeur lui propose un autre emploi approprié à ses capacités ***(Ord. 2017-1387 du 22 sept. 2017, art. 7, 2°, JO 23)*** «, au sein de l'entreprise ou des entreprises du groupe auquel elle appartient le cas échéant, situées sur le territoire national et dont l'organisation, les activités ou le lieu d'exploitation assurent la permutation de tout ou partie du personnel».

Cette proposition prend en compte, après avis ***(Ord. 2017-1386 du 22 sept. 2017, art. 4, 61°, JO 23, entrée en vigueur au plus tard le 01.01.2018)*** «du comité [social et économique]», les conclusions écrites du médecin du travail et les indications qu'il formule sur ***(L. 2016-1088 du 8 août 2016, art. 102, I, 7°, JO 9, entrée en vigueur au plus tard le 01.01.2017)*** «les capacités» du salarié à exercer l'une des tâches existant dans l'entreprise. ***(L. 2009-1437 du 24 nov. 2009, art. 9, JO 25)*** «Le médecin du travail formule également des indications sur l'aptitude du salarié à bénéficier d'une formation ***(L. 2016-1088 du 8 août 2016, art. 102, I, 7°, JO 9, entrée en vigueur au plus tard le 01.01.2017)*** «le préparant à occuper» un poste adapté.»

L'emploi proposé est aussi comparable que possible à l'emploi précédemment occupé, au besoin par la mise en œuvre de mesures telles que mutations, ***(L. 2016-1088 du 8 août 2016, art. 102, I, 7°, JO 9, entrée en vigueur au plus tard le 01.01.2017)*** «aménagements, adaptations ou transformations de postes existants» ou aménagement du temps de travail.

(Ord. 2017-1718 du 20 déc. 2017, art. 1er, I, 3°, JO 21) «Pour l'application du présent article, la notion de groupe désigne le groupe formé par une entreprise appelée entreprise dominante et les entreprises qu'elle contrôle dans les conditions définies à l'article L. 233-1, aux I et II de l'article L. 233-3 et à l'article L. 233-16 du code de commerce.»

Note • Sur l'inaptitude après l'ordonnance 2017-1387 du 22 septembre 2017, voir RF 19 octobre 2017, FH 3712, 4-1 et s.; P-Y Verkindt, «La question de l'inaptitude médicale dans l'ordonnance n° 2017-1387 du 22 septembre 2017», JCP éd. S 2017, 1310; P-Y Verkindt, «Les conditions de travail et la santé au travail dans les ordonnances du 22 septembre 2017: faut-il mouiller son mouchoir ?», Dr. Soc. 2018, p. 41.

• Sur l'inaptitude après la loi 2016-1088 du 8 août 2016, voir notamment RF 8 septembre 2016, FH 3657, 4-27 et s.; É. Jeansen, «L'avis d'inaptitude», JCP éd. S 2016, 1318; S. Fantoni, F. Héas et P-Y Verkindt, «La santé au travail après la loi du 8 août 2016», Dr. Soc. 2016, p. 921; C. Ferté, «La santé au travail après le 1er janvier 2017», JCP éd. S 2017, 1001; M. Ledoux et M-A Godefroy, «La sécurisation relative de la procédure d'inaptitude», RJS 2/17, chron. p. 91; A. Gardin, «La réforme des règles relatives à la santé au travail: entre ombres et lumières», RJS 4/17, chron. p. 275.

• **Champ d'application.** Les dispositions de l'article L. 1226-10 sont applicables pendant la période d'essai (cass. soc. 25 février 1997, n° 93-40.185, BC V n° 80; RJS 4/97 n° 371).

Les dispositions législatives protectrices des victimes d'accident du travail ne font pas obstacle à ce qu'un salarié déclaré inapte prenne acte de la rupture du contrat de travail en raison de faits qu'il reproche à son employeur (cass. soc. 21 janvier 2009, n° 07-41.822, BC V n° 18; RJS 4/09 n° 338; Dr. Soc. 2009, p. 492, obs. J. Savatier: en l'espèce, la rupture produisait les effets d'une démission).

• **Inaptitude dont l'origine est partiellement liée à un accident du travail ou à une maladie professionnelle.** Les règles protectrices applicables aux victimes d'un accident du travail ou d'une maladie professionnelle s'appliquent dès lors que l'inaptitude du salarié, quel que soit le moment où elle est constatée ou invoquée, a, au moins partiellement, pour origine cet accident ou cette maladie et que l'employeur avait connaissance de cette origine professionnelle au moment du licenciement (cass. soc. 9 juin 2010, n° 09-41.040, BC V n° 131; RJS 8-9/10 n° 663, 1re espèce; JCP éd. S 2010, 1442, note A. Martinon; 10 juillet 2002, n° 00-40.436, BC V n° 237; RJS 10/02 n° 1110; 9 mai 1995, n° 91-44.918, BC V n° 148; RJS 6/95 n° 639). En outre, l'application de l'article L. 1226-10 n'est pas subordonnée à la reconnaissance par la caisse primaire d'assurance maladie du lien de causalité entre l'accident du travail et l'inaptitude (cass. soc. 9 juin 2010, n° 09-41.040, précité; 26 septembre 2012, n° 11-17.396).

• **Obligation de reclassement pesant sur l'employeur (avant l'ordonnance 2017-1387 du 22 septembre 2017)**

Primauté de l'obligation de reclassement. Un employeur ne peut pas licencier pour motif économique un salarié déclaré inapte par le médecin du travail à tenir son emploi ; il doit respecter les obligations résultant de l'article L. 1226-10 CT (cass. soc. 14 mars 2000, n° 98-41.556, BC V n° 103 ; RJS 5/00 n° 526).

L'obligation de reclassement s'impose à l'employeur même si le salarié est déclaré inapte à tout emploi existant dans l'entreprise (cass. soc. 20 mars 2013, n° 12-12.899, RJS 6/13 n° 444, 2e espèce ; voir aussi cass. soc. 6 octobre 2017, n° 16-14.544).

La mention, par l'avis du médecin du travail visant un danger immédiat, d'une inaptitude du salarié à tout poste dans l'entreprise, ne dispense pas l'employeur de procéder lui-même à la recherche de reclassement (cass. soc. 30 avril 2014, n° 12-28.906).

Propositions de reclassement. Les possibilités de reclassement doivent être recherchées non seulement dans l'entreprise où travaillait précédemment le salarié mais aussi dans toutes les entreprises du groupe dont les activités, l'organisation ou le lieu d'exploitation permettent d'effectuer la permutation de tout ou partie du personnel (cass. soc. 24 octobre 1995, n° 94-40.188, BC V n° 283 ; RJS 12/95 n° 1240 ; 15 février 2011, n° 09-67.354, RJS 5/11 n° 418 ; 21 novembre 2012, n° 11-23.303).

Les propositions de reclassement n'ont pas à être faites par écrit (cass. soc. 8 juin 2017, n° 15-29.419, LS Jurispr. n° 112 du 20.06.2017 ; JSL n° 435, 11.07.2017, p. 31).

L'emploi proposé au salarié doit être « approprié à ses capacités » (cass. soc. 7 mars 2012, n° 11-11.311, BC V n° 87 ; RJS 5/12 n° 439 ; JCP éd. S 2012, 1224, note D. Chenu ; JSL n° 322, 24.05.2012, p. 21, J-Ph. Lhernould).

L'emploi proposé doit être, non pas équivalent, mais aussi comparable que possible à l'emploi précédemment occupé et donc, éventuellement, être un poste de catégorie inférieure (cass. soc. 17 février 2010, n° 08-44.298, RJS 5/10 n° 435). Un emploi disponible pour une durée limitée doit être proposé (cass. soc. 10 février 2016, n° 14-16.156, RJS 4/16 n° 237).

L'employeur peut proposer un poste impliquant un déménagement du salarié (cass. soc. 12 octobre 2011, n° 10-15.316, LSQ n° 15961 du 21.10.2011).

Ne constituent pas un poste disponible pour le reclassement d'un salarié déclaré inapte l'ensemble des tâches confiées à des stagiaires qui ne sont pas salariés de l'entreprise, mais suivent une formation au sein de celle-ci (cass. soc. 11 mai 2017, n° 16-12.191, BC V n° 72 ; LSQ n° 17329 du 18.05.2017 ; JCP éd. S 2017, 1213, note M. Babin ; JSL n° 435, 11.07.2017, p. 14, J. Layat ; RJS 7/17 n° 467).

Lorsque le salarié est de nouveau en arrêt de travail, l'employeur doit rechercher, après le nouvel avis d'inaptitude, les possibilités de reclassement ; il ne peut valablement faire état des recherches effectuées quelques mois auparavant à la suite d'un précédent avis d'inaptitude (cass. soc. 22 février 2000, n° 97-41.827, BC V n° 68 ; RJS 4/00 n° 398).

Refus par le salarié du poste de reclassement. L'employeur peut tenir compte de la position prise par le salarié pour limiter le périmètre de ses recherches de reclassement (cass. soc. 23 novembre 2016, 2 arrêts, n°s 14-26.398 et 15-18.092, BC V n° 222 ; LSQ n° 17208 du 25.11.2016 ; JSL n° 423, 2.01.2017, p. 8, M. Hautefort ; JCP éd. S 2017, 1004, note M. Babin ; RJS 1/17 n° 10 ; voir aussi cass. soc. 11 mai 2017, n° 15-23.339, RJS 7/17 n° 468).

Ne peut être fautif ni constituer en soi une cause réelle et sérieuse de licenciement le refus par le salarié du poste de reclassement proposé par l'employeur en application de l'article L. 1226-10 lorsque la proposition de reclassement emporte modification du contrat de travail et il appartient à l'employeur de tirer les conséquences du refus du salarié, soit en formulant de nouvelles propositions de reclassement, soit en procédant au licenciement de l'intéressé au motif de l'impossibilité du reclassement (cass. soc. 12 octobre 2011, n° 10-21.333, JSL n° 310, 30.11.2011, p. 16, J-E Tourreil).

Le refus par le salarié d'un poste proposé par l'employeur dans le cadre de son obligation de reclassement n'implique pas à lui seul le respect par celui-ci de cette obligation et il lui appartient d'établir qu'il ne dispose d'aucun autre poste compatible avec l'inaptitude du salarié ainsi que de faire connaître par écrit les motifs qui s'opposent au reclassement avant de procéder au licenciement (cass. soc. 30 novembre 2010, n° 09-66.687, BC V n° 271 ; Dr. Soc. 2011, p. 215, obs. Fr. Favennec-Héry ; JSL n° 292, 27.01.2011, p. 18, J-E Tourreil ; RJS 2/11 n° 128 ; JCP éd. S 2011, 1440, note A. Barège ; 10 mai 2012, n° 11-10.915).

N'est pas abusif le refus du salarié d'accepter le reclassement qui lui a été proposé et qui avait pour effet d'entraîner la diminution de son salaire (cass. soc. 25 avril 1990, n° 87-43.589, BC V n° 187 ; RJS 6/90, n° 472). Le fait d'avoir accepté un poste de reclassement, puis de le refuser peu de temps après, ne suffit pas à donner au refus un caractère abusif lorsque celui-ci est fondé sur un déclassement professionnel et une diminution de salaire (cass. soc. 7 juillet 1993, n° 90-40.770, RJS 8-9/93 n° 863). En revanche, est abusif le refus d'un poste spécialement aménagé avec l'accord du médecin du travail et avec maintien du salaire (cass. soc. 7 décembre 1994, n° 90-40.840, BC V n° 330; RJS 1/95 n° 16; voir aussi cass. soc. 7 mai 1996, n° 92-42.572, BC V n° 178; RJS 6/96 n° 668).

À noter que le seul fait pour le salarié de ne pas indiquer à l'employeur les motifs du refus de postes estimés conformes à l'avis du médecin du travail ne caractérise pas à lui seul le caractère abusif de ce refus (cass. soc. 22 juin 2017, n° 16-16.977).

Le refus abusif de reclassement ne rend pas le salarié responsable de la rupture (cass. soc. 26 mars 1996, n° 93-40.624, RJS 6/96 n° 669), mais il lui fait perdre le bénéfice des indemnités spéciales prévues par l'article L. 1226-14 (cass. soc. 20 février 2008, n° 06-44.867, BC V n° 40; RJS 5/08 n° 540, 2e espèce; 25 mai 2011, n° 09-71.543, RJS 10/11 n° 781; 17 mai 2016, n° 14-19.861, RJS 8-9/16 n° 547, 2e espèce); le salarié conserve le droit à l'indemnité légale de licenciement prévue par l'article L. 1234-9 (cass. soc. 19 juillet 1994, n° 90-41.362, BC V n° 242; RJS 8-9/94, n° 975; 26 mars 1996, n° 93-40.624, précité).

Le caractère abusif du refus du salarié ne dispense pas l'employeur de l'obligation mise à sa charge par le premier alinéa de l'article L. 1226-11 CT; celui-ci doit payer le salaire correspondant à l'emploi tenu par le salarié avant la suspension du contrat s'il n'a ni licencié ni reclassé le travailleur à l'issue du délai de 1 mois à compter de la date du second examen de la visite de reprise (cass. soc. 7 décembre 1999, n° 97-43.775, BC V n° 471; RJS 1/00 n° 36).

Acceptation par le salarié du poste de reclassement. L'acceptation par le salarié d'un nouveau poste de travail – non conforme aux prescriptions du médecin du travail ou non identique à celui qu'il occupait avant l'accident – ne saurait résulter de la seule poursuite d'activité par l'intéressé (cass. soc. 5 décembre 1989, n° 86-44.529).

L'acceptation par le salarié d'un nouvel emploi entraîne la novation des obligations contractuelles. Cependant, si le salarié a des difficultés à tenir son nouvel emploi, l'employeur doit rechercher s'il peut proposer un autre emploi mieux adapté à l'aptitude actuelle du salarié (cass. soc. 10 janvier 1991, n° 88-40.461, RJS 3/91 n° 368, 1re espèce; 22 janvier 1991, n° 87-44.321, BC V n° 31; RJS 3/91 n° 320).

L'appréciation du caractère sérieux de la recherche de reclassement relève du pouvoir souverain des juges du fond (cass. soc. 23 novembre 2016, 2 arrêts, nos 14-26.398 et 15-18.092, précités).

• **Consultation des délégués du personnel.** La consultation des délégués du personnel constitue une exigence dont l'omission rend le licenciement illicite et entraîne la sanction civile édictée par l'article L. 1226-15 CT (cass. soc. 2 octobre 2001, n° 99-45.346, BC V n° 295; RJS 12/01 n° 1420; 13 décembre 1995, n° 92-44.490, RJS 3/96 n° 268). L'avis des délégués doit être recueilli avant que la procédure de licenciement d'un salarié inapte à son emploi en conséquence d'un accident du travail ou d'une maladie professionnelle ne soit engagée (cass. soc. 8 avril 2009, n° 07-44.307, BC V n° 109; RJS 6/09 n° 524; JCP éd. S 2009, 1441, 1re espèce, note P-Y Verkindt; 28 avril 2011, n° 09-71.658, RJS 7/11 n° 600), y compris lorsqu'aucun poste de reclassement ne peut être proposé (cass. soc. 30 septembre 2020, n° 19-16.488, à paraître, LS n° 18160 du 13.10.2020; JSL n° 508, 23.11.2020, p. 27; RJS 12/20 n° 577). La sanction prévue à l'article L. 1226-15 est encourue lorsque l'employeur consulte les délégués alors que le salarié n'a fait l'objet que du premier des deux examens médicaux exigés par l'article R. 241-51-1 [R. 4624-31 ancien] CT (cass. soc. 15 octobre 2002, n° 99-44.623, BC V n° 310; RJS 1/03 n° 27; 16 février 2005, n° 03-40.721, BC V n° 56; RJS 5/05 n° 507; Dr. Soc. 2005, p. 580, obs. J. Savatier; 8 avril 2009, n° 07-44.307, précité). Mais lorsque le salarié refuse l'emploi de reclassement qui lui est proposé, l'employeur peut proposer un autre emploi de reclassement sans avoir à consulter une nouvelle fois les délégués du personnel (cass. soc. 3 juillet 2001, n° 98-43.326, RJS 10/01 n° 1134). Il en va de même si le salarié concerné est un salarié protégé (cass. soc. 21 septembre 2011, n° 10-30.129, RJS 11/11 n° 869). L'avis des délégués du personnel doit être recueilli après la déclaration d'inaptitude et avant toute proposition d'un poste de reclassement approprié aux capacités du salarié (cass. soc. 28 octobre 2009, n° 08-42.804, BC V n° 235; RJS 1/10 n° 33; 25 mars 2015, n° 13-28.229, BC V n° 61; RJS 6/15 n° 404; voir aussi cass. soc. 16 mars 2016, n° 14-13.986, LSQ n° 17049 du 29.03.2016 et 15 janvier 2020, n° 18-24.328, LS Jurispr. n° 23 du 04.02.2020, précisant que les délégués du personnel peuvent être consultés entre deux propositions de reclassement). À défaut, le licenciement sera déclaré sans cause réelle et sérieuse. La sanction est encourue en l'absence de délégués du personnel dès lors que leur mise en place était obligatoire en application de l'article L. 2312-2 CT et qu'aucun procès-verbal de carence n'avait été établi (cass. soc. 22 mars 2000, n° 98-41.166, BC V n° 119; RJS 5/00 n° 525; 23 septembre 2009, n° 08-41.685, BC V n° 192; RJS 12/09 n° 921; 19 février 2014, n° 12-23.577, RJS 5/14 n° 396; 8 juillet 2020, n° 18-26.806, RJS 10/20 n° 456) ou que le procès-verbal établi n'était pas valable (cass. soc. 11 mai 2016, n° 14-12.169, BC V n° 92; RJS 7/16 n° 504; JCP éd. S 2016, 1278, note J-Y Kerbourc'h).

À noter qu'en cas de transfert d'entreprise, le nouvel employeur peut, pour se soustraire à l'obligation de consultation des délégués du personnel, se prévaloir du procès-verbal de carence établi par l'ancien employeur pour une durée correspondant à celle de la durée légale des mandats dès lors que l'entité transférée a conservé son autonomie et qu'aucune demande d'organisation d'élections professionnelles n'a été formée par un salarié ou par une organisation professionnelle (cass. soc. 6 mars 2019, n° 17-28.478, à paraître, LSQ n° 17775 du 14.03.2019; JCP éd. S 2019, 1107, note M. Babin; JSL n° 474, 23.04.2019, p. 8, C. Mo et S. Merlet; RJS 5/19 n° 284).

Le sens de l'avis des délégués du personnel est sans conséquence sur le respect par l'employeur de son obligation de reclassement (cass. soc. 6 mai 2015, n° 13-25.727, LSQ n° 16836 du 20.05.2015; RJS 7/15 n° 481; 6 octobre 2017, n° 16-14.544, précité).

La consultation d'un représentant d'une organisation syndicale ne saurait remplacer la consultation des délégués du personnel (cass. soc. 21 février 1990, n° 88-42.125, BC V n° 72; RJS 4/90 n° 284).

Si une entreprise compte des établissements distincts, seuls les délégués du personnel de l'établissement dans lequel travaillait le salarié accidenté doivent être consultés (cass. soc. 13 novembre 2008, n° 07-41.512, BC V n° 222; RJS 1/09 n° 33; voir aussi cass. soc. 23 janvier 2013, n° 11-28.267, RJS 4/13 n° 278).

Lorsque le salarié travaille dans un établissement dont l'effectif – moins de 11 salariés – ne permet pas la mise en place de délégués du personnel, il doit être rattaché à un établissement qui en est doté pour bénéficier du droit à leur consultation (cass. soc. 7 décembre 2016, n° 14-27.232, BC V n° 234; LSQ n° 17222 du 15.12.2016; JCP éd. S 2017, 1042, note J-Y Kerbourc'h; JSL n° 424, 27.01.2017, p. 7, M. Hautefort; RJS 2/17 n° 121).

L'article L. 1226-10 n'impose pas à l'employeur de recueillir collectivement, au cours d'une réunion, l'avis des délégués du personnel (cass. soc. 29 avril 2003, n° 00-46.477, BC V n° 144; RJS 7/03 n° 870), lesquels peuvent être consultés dans le cadre d'une conférence téléphonique (cass. soc. 30 septembre 2020, n° 19-13.122, à paraître, LS n° 18160 du 13.10.2020; RJS 12/20 n° 578). L'employeur doit fournir aux délégués toutes les informations nécessaires (cass. soc. 13 juillet 2004, n° 02-41.046, BC V n° 209; RJS 11/04 n° 1138; 26 janvier 2011, n° 09-72.284, RJS 4/11 n° 321). La procédure de consultation est régulière, peu important que certains des délégués consultés aient estimé ne pas devoir s'exprimer (cass. soc. 10 décembre 2014, n° 13-20.725).

À noter que les délégués du personnel peuvent être convoqués par voie électronique (cass. soc. 23 mai 2017, n° 15-24.713, BC V n° 88; JCP éd. S 2017, 1269, note J-Y Kerbourc'h; JSL n° 435, 11.07.2017, p. 12, J-Ph. Lhernould; RJS 8-9/17 n° 555).

L'employeur n'est pas tenu de consulter le comité d'hygiène, de sécurité et des conditions de travail dans le cadre de la mise en œuvre de l'obligation de reclassement des victimes d'un accident du travail ou d'une maladie professionnelle (cass. soc. 9 octobre 2013, n° 12-20.690, RJS 12/13 n° 810; RDT, janv. 2014, CH, 56, F. Signoretto).

Art. R. 1226-9. La transformation d'un poste réalisée en application de l'article L. 1226-10 peut donner lieu à attribution de l'aide financière prévue à l'article L. 5213-10.

Art. L. 1226-11. Lorsque, à l'issue d'un délai d'un mois à compter de la date de l'examen médical de reprise du travail, le salarié déclaré inapte n'est pas reclassé dans l'entreprise ou s'il n'est pas licencié, l'employeur lui verse, dès l'expiration de ce délai, le salaire correspondant à l'emploi que celui-ci occupait avant la suspension de son contrat de travail.

Ces dispositions s'appliquent également en cas d'inaptitude à tout emploi dans l'entreprise constatée par le médecin du travail.

Note • Sur l'application des dispositions de cet article aux salariés en contrat à durée déterminée, voir art. L. 1226-20; sur une telle application, antérieurement à l'entrée en vigueur de la loi 2011-525 du 17 mai 2011, voir cass. soc. 25 mai 2011, n° 10-10.515, BC V n° 127; JSL n° 303, 13.07.2011, p. 12, M. Hautefort; RJS 8-9/11 n° 679.

• Les dispositions de l'article L. 1226-11 ne s'appliquent pas pendant la période non travaillée et non rémunérée d'un contrat de travail à temps partiel annualisé (cass. soc. 12 décembre 2012, n° 11-23.998, BC V n° 332; LSQ n° 16259 du 9.01.2013; RJS 2/13 n° 112; JSL n° 337, 12.02.2013, p. 11, J-Ph. Lhernould).

• **Absence conjuguée de reclassement et de licenciement.** Le salarié qui, un mois après l'examen de reprise du travail, n'est ni licencié ni reclassé a droit au salaire correspondant à l'emploi qu'il occupait avant l'accident de travail ou la maladie professionnelle. Les prestations de sécurité sociale et de prévoyance reçues par le salarié ne doivent pas être déduites des salaires dus (cass. soc. 22 octobre 1996, n° 94-43.691, BC V n° 336; RJS 12/96 n° 1255; 9 janvier 2008, n° 06-41.174: en l'absence d'une disposition expresse en ce sens, les juges du fond ne peuvent opérer aucune réduction sur le montant des sommes que l'employeur doit verser au salarié et qui est fixé forfaitairement au montant du salaire correspondant à l'emploi que celui-ci occupait avant la suspension du contrat de travail; 18 décembre 2013, n° 12-16.460, RJS 3/14 n° 212).

Le droit à rémunération n'est acquis qu'à l'expiration d'un délai d'un mois commençant à courir à la date de l'examen médical de reprise; ce délai court à compter du second des deux examens prévus à l'article R. 241-51-1 [R. 4624-31 ancien] CT (cass. soc. 4 juin 1998, n° 95-45.311, BC V n° 297; RJS 8-9/98 n° 977; 4 mai 1999, n° 98-40.959, BC V n° 184; RJS 6/99 n° 815; 19 mars 2008, n° 06-44.734, BC V n° 68; RJS 6/08 n° 664; JCP éd. S 2008, 1333, note P-Y Verkindt).

En cas de substitution à l'avis d'aptitude délivré par le médecin du travail d'une décision d'inaptitude de l'inspecteur du travail, l'obligation pour l'employeur de reprendre le paiement du salaire ne s'impose à lui qu'à l'issue du délai d'un mois suivant la date à laquelle l'inspecteur du travail a pris sa décision (cass. soc. 20 décembre 2017, n° 15-28.367, BC V n° 227; JCP éd. S 2018, 1062, note M. Babin; LS jurispr. n° 25 du 6.02.2018; RJS 3/18 n° 168). Cette décision rendue sous l'empire des dispositions antérieures à la loi 2016-1088 du 8 août 2016 conserve à notre sens sa valeur dans le cadre de cette loi (art. L. 4624-7) où c'est la décision du conseil de prud'hommes qui se substitue à l'avis du médecin du travail.

La délivrance d'un nouvel arrêt de travail, après que le salarié a été déclaré inapte, ne peut avoir pour conséquence juridique d'ouvrir une nouvelle période de suspension du contrat de travail et de tenir en échec le régime juridique applicable à l'inaptitude (cass. soc. 9 juin 2010, n° 09-40.553, RJS 8-9/10 n° 662; 13 mars 2019, n° 17-26.127; voir aussi cass. soc. 8 avril 2015, n° 13-22.461, JSL n° 388, 29.05.2015, p. 30, énonçant que ni la décision prise par la caisse d'assurance maladie, ni la délivrance d'un nouvel arrêt de travail ne peut avoir pour conséquence de dispenser l'employeur de son obligation de reprendre le paiement du salaire). Ce délai n'est pas suspendu par le recours exercé devant l'inspecteur du travail (cass. soc. 28 janvier 2004, n° 01-46.913, BC V n° 31; RJS 4/04 n° 401; 4 mai 1999, n° 98-40.959, précité). Il ne l'est pas non plus par la demande d'autorisation de licencier un salarié protégé effectuée auprès de l'inspection du travail (cass. soc. 18 janvier 2000, n° 97-44.939, BC V n° 26; RJS 3/00 n° 272).

Le salarié, qui, après la visite de reprise, n'a plus droit aux indemnités journalières de la sécurité sociale, ne peut pas obtenir, en l'absence de travail, une rémunération de l'employeur (cass. soc. 4 juin 1998, n° 95-41.832, BC V n° 299; RJS 7/98 n° 856).

Lorsque l'employeur ne reprend pas le paiement des salaires à l'expiration du délai d'un mois, le salarié peut, au lieu d'exiger en justice ce paiement, faire juger que la carence de l'employeur constitue une rupture du contrat de travail qui doit s'analyser en un licenciement sans cause réelle et sérieuse (cass. soc. 4 mai 1999, n° 97-40.547, BC V n° 185; RJS 6/99 n° 816; voir aussi cass. soc. 17 octobre 2012, n° 11-20.447, JSL nos 333-334, 20.12.2012, p. 37).

En outre, les dispositions de l'article L. 1226-11 n'interdisent pas au salarié de demander à la fois la résiliation de son contrat de travail pour manquement de l'employeur à ses obligations et la condamnation de celui-ci au paiement, jusqu'à la date de la rupture, des sommes qu'il doit au titre de la reprise du paiement des salaires (cass. soc. 12 décembre 2012, n° 12-12.173, RJS 2/13 n° 113).

• **Rétablissement de l'indemnité journalière.** Cette indemnité peut être rétablie pendant le délai d'un mois mentionné par l'article L. 1226-11 CT lorsque la victime ne peut percevoir aucune rémunération liée à son activité salariée (art. L. 433-1, al. 5 c. séc. soc.; voir aussi art. D. 433-2 et s. c. séc. soc.).

• **Salarié exécutant un congé individuel de formation.** L'exécution d'un congé individuel de formation par un salarié déclaré inapte à son poste de travail suspend le contrat de travail et les obligations prévues par l'article L. 1226-11 CT. Par suite, c'est à bon droit qu'une cour d'appel a décidé que le salarié inapte, parti en congé individuel de formation, ne pouvait prétendre au versement de son salaire par l'employeur, pendant cette période (cass. soc. 16 mars 2011, n° 09-69.945, BC V n° 75; RJS 5/11 n° 419; JSL n° 299, 16.05.2011, p. 13, J-E Tourreil).

Art. L. 1226-12. Lorsque l'employeur est dans l'impossibilité de proposer un autre emploi au salarié, il lui fait connaître par écrit les motifs qui s'opposent au reclassement.

L'employeur ne peut rompre le contrat de travail que s'il justifie soit de son impossibilité de proposer un emploi dans les conditions prévues à l'article L. 1226-10, soit du refus par le salarié de l'emploi proposé dans ces conditions ***(L. 2016-1088 du 8 août 2016, art. 102, I, 8°, JO 9, entrée en vigueur au plus tard le 01.01.2017)*** «, soit de la mention expresse dans l'avis du médecin du travail que tout maintien du salarié dans l'emploi serait gravement préjudiciable à sa santé ou que l'état de santé du salarié fait obstacle à tout reclassement dans l'emploi».

(L. 2016-1088 du 8 août 2016, art. 102, I, 8°, JO 9, entrée en vigueur au plus tard le 01.01.2017) «L'obligation de reclassement est réputée satisfaite lorsque l'employeur a proposé un emploi, dans les conditions prévues à l'article L. 1226-10, en prenant en compte l'avis et les indications du médecin du travail.»

S'il prononce le licenciement, l'employeur respecte la procédure applicable au licenciement pour motif personnel prévue au chapitre II du titre III.

Note • **Modèle type de lettre de notification de licenciement.** Voir annexe II du décret 2017-1820 du 29 décembre 2017, JO 30, établissant des modèles types de lettres de notification de licenciement, rapporté dans les *Textes non codifiés*, rubrique «Licenciement (notification)».

• **Notification des motifs s'opposant au reclassement.** L'employeur est tenu, dans tous les cas, de faire connaître par écrit les motifs qui s'opposent au reclassement (cass. soc. 20 mars 2013, n° 12-15.633, RJS 6/13 n° 444, 1re espèce; 11 janvier 2017, n° 15-19.959, RJS 3/17 n° 226), peu important que le médecin du travail ait déclaré qu'il n'y avait pas de poste vacant dans l'entreprise (cass. soc. 9 mai 1990, n° 86-41.874, BC V n° 211). Cette formalité doit être accomplie avant que soit engagée la procédure de licenciement (cass. soc. 20 mars 2013, n° 12-15.633, précité; 11 janvier 2017, n° 15-19.959, précité).

Dès lors qu'il apparaît qu'à la suite d'un accident du travail, un salarié (ingénieur), déclaré par le médecin du travail «inapte à un poste à plein temps comportant des déplacements et apte à un travail de synthèse et de réflexion», a exprimé sa volonté de ne reprendre aucune activité dans l'entreprise, l'employeur n'est pas tenu de proposer un reclassement à l'intéressé ou de faire connaître par écrit les motifs s'opposant à celui-ci (cass. soc. 14 novembre 1990, n° 87-45.859).

L'absence de notification écrite des motifs s'opposant au reclassement de l'accidenté n'expose pas l'employeur aux sanctions prévues par l'article L. 1226-15 mais le rend redevable d'une indemnité en réparation du préjudice subi (cass. soc. 18 novembre 2003, n° 01-43.710, BC V n° 286; RJS 2/04 n° 198; 28 mai 2014, n° 13-11.868, RJS 8-9/14 n° 623, 1re espèce). Cette indemnité ne peut se cumuler avec celle qui sanctionne l'irrégularité de fond résultant de la violation par l'employeur des règles particulières applicables aux salariés victimes d'un accident du travail ou d'une maladie professionnelle (cass. soc. 23 octobre 2001, n° 99-40.126, RJS 1/02 n° 28).

La demande d'indemnité sur le fondement de l'article L. 1226-15 inclut nécessairement la demande de dommages-intérêts pour violation de l'obligation de notifier par écrit les motifs s'opposant au reclassement (cass. soc. 8 juillet 2003, n° 01-43.394, BC V n° 219; RJS 10/03 n° 1151; 28 mai 2014, n° 13-10.512, RJS 8-9/14 n° 623, 2e espèce; 25 novembre 2020, n° 19-16.424).

• **Motivation du licenciement.** Sur l'impossibilité de licencier un salarié déclaré inapte par le médecin du travail pour un motif autre que l'inaptitude, voir cass. soc. 20 décembre 2017, n° 16-14.983, BC V n° 223; LS Jurispr. n° 11 du 16.01.2018, cité sous l'article L. 1226-2-1.

Le licenciement pour inaptitude est dépourvu de cause réelle et sérieuse lorsque l'inaptitude du salarié est consécutive à un manquement de l'employeur à son obligation de sécurité (cass. soc. 3 mai 2018, 2 arrêts, nos 16-26.850 et 17-10.306, à paraître, JCP éd. S 2018, 1213, note A. Bugada; RJS 7/18 n° 475).

Ne constitue pas l'énoncé d'un motif précis de licenciement l'inaptitude physique du salarié, sans mention de l'impossibilité de reclassement (cass. soc. 9 avril 2008, n° 07-40.356, BC V n° 83; RDT, 2008, 378, F. Héas; RJS 7/08 n° 771, 1re espèce; 13 juin 2012, n° 11-14.772, RJS 8-9/12 n° 697; 21 mars 2018, n° 16-29.073, JSL n° 453, 14.05.2018, p. 32).

• **Preuve de l'impossibilité du reclassement.** C'est à l'employeur qu'il appartient d'administrer cette preuve (cass. soc. 10 mai 2012, n° 11-11.070, précité; 13 mai 2015, n° 13-27.677).

Les réponses apportées, postérieurement au constat d'inaptitude, par le médecin du travail sur les possibilités éventuelles de reclassement concourent à la justification par l'employeur de l'impossibilité de reclassement (cass. soc. 15 décembre 2015, n° 14-11.858, BC V n° 259; LS Jurispr. n° 12 du 19.01.2016; RJS 2/16 n° 103; JSL n° 404, 17.02.2016, p. 11, J-Ph. Lhernould).

Ne justifie pas de l'impossibilité de reclassement l'employeur qui, après avoir aménagé le service du salarié pendant les 2 semaines suivant la reprise du travail, prétend ne plus pouvoir le faire (cass. soc. 21 novembre 1990, n° 87-41.668). Justifie d'une telle impossibilité l'employeur qui ne peut réaménager le poste de l'accidenté, compte tenu de la spécificité de ce poste, des interdictions médicales, et qui a soumis une liste de postes vacants au médecin du travail, lequel a estimé qu'aucun d'eux ne pouvait convenir à l'intéressé (cass. soc. 6 février 1990, n° 87-40.854).

• **Remboursement des allocations de chômage.** Les dispositions de l'article L. 1235-4 CT prévoyant le remboursement des indemnités de chômage ne sont applicables qu'au licenciement sans cause réelle et sérieuse et non au licenciement prononcé en violation des règles particulières aux victimes d'accident du travail ou de maladie professionnelle édictées par les articles L. 1226-8, et L. 1226-10 à 12 CT (cass. soc. 16 octobre 1991, n° 89-40.481, BC V n° 413; RJS 11/91 n° 1192; 18 septembre 2013, n° 12-18.464, JSL n° 352, 24.10.2013, p. 29; 26 septembre 2018, n° 17-20.170; 21 octobre 2020, n° 19-12.249).

Sous-section 4. Indemnités et sanctions

Art. L. 1226-13. Toute rupture du contrat de travail prononcée en méconnaissance des dispositions des articles L. 1226-9 et L. 1226-18 est nulle.

Note • **Nullité du licenciement.** En cas de nullité du licenciement:
a) l'employeur est tenu de réintégrer le salarié si celui-ci en fait la demande (cass. soc. 11 juillet 2001, n° 99-42.902, BC V n° 263; RJS 10/01 n° 1135; 25 février 1998, n° 95-44.019, BC V n° 102; RJS 4/98 n° 451); dès lors, ce dernier a droit au paiement d'une somme correspondant à la réparation de la totalité du préjudice subi au cours de la période écoulée entre son licenciement et sa réintégration, dans la limite du montant des salaires dont il a été privé (cass. soc. 16 octobre 2019, n° 17-31.624, à paraître, LS Jurispr. n° 198 du 29.10.2019; RJS 1/20 n° 15; JCP éd. S 2019, 1345, note E. Leynaud et V. Delattre; 25 mars 2015, n° 14-10.956, JCP éd. S 2015, 1204, note S. Brissy; voir aussi cass. soc. 9 décembre 2020, n° 19-16.448, à paraître, LS Jurispr. n° 232 du 22.12.2020, précisant que le salaire à prendre en compte pour le calcul de l'indemnité est le salaire qu'aurait perçu le salarié s'il avait continué à travailler, pendant la période s'étant écoulée entre son licenciement et sa réintégration, au poste qu'il occupait avant la suspension du contrat de travail provoquée par l'accident du travail).
b) le salarié n'est pas tenu d'accepter une offre de réintégration;
c) lorsque le salarié ne demande pas sa réintégration, il a droit à plusieurs indemnités dans les conditions indiquées ci-dessous dans la rubrique «Réintégration du salarié», dernier paragraphe;
d) lorsque le salarié ne sollicite pas sa réintégration, la résiliation, bien qu'elle soit nulle, prend effet à la date à laquelle elle est intervenue (cass. soc. 12 novembre 1997, n° 93-43.987, RJS 12/97 n° 1358 : le contrat ne se poursuit pas au-delà de la rupture de fait par l'employeur; le salarié ne peut donc pas obtenir une indemnité de départ à la retraite, prévue par le statut du personnel des Aéroports de Paris).

• **Réintégration du salarié.** Doit être cassé l'arrêt de cour d'appel déboutant un salarié, licencié pendant une période de suspension de son contrat de travail due à un accident du travail, de ses demandes fondées sur l'article L. 1226-15 en vue d'obtenir sa réintégration ou, à défaut, une indemnité égale à douze mois de salaire, au motif qu'il n'y avait pas lieu d'appliquer les dispositions de cet article mais le droit commun de la responsabilité. «La nullité qui frappe la résiliation du contrat de travail prononcée au cours de la période de suspension en méconnaissance des dispositions de l'article L. 122-32-2 [L. 1226-9] ne peut avoir pour effet de faire échapper l'employeur aux conséquences de son refus d'offrir au salarié un emploi à l'issue de cette période» (cass. soc. 19 mars 1987, n° 84-40.399, BC V n° 169).

Il ne peut être reproché à un salarié victime d'un accident du travail, dont la résiliation du contrat de travail, prononcée en méconnaissance des dispositions de l'article L. 1226-9 CT, est nulle, de ne pas avoir exercé son droit à être réintégré (cass. soc. 27 mai 1987, n° 84-45.063).

Si la résiliation du contrat de travail, prononcée en méconnaissance des dispositions de l'article L. 1226-9, est nulle, le salarié auquel l'employeur a notifié la rupture des relations contractuelles n'a pas l'obligation d'accepter une offre de réintégration ultérieure; par voie de conséquence, le refus opposé, en l'espèce, par l'intéressé de reprendre son travail ne pouvait le rendre responsable de la rupture de son contrat de travail (cass. soc. 9 février 1989, n° 86-45.078).

Un salarié licencié en violation des dispositions de l'article L. 1226-9 par un employeur qui annule par la suite le licenciement ne peut se voir imposer une réintégration qu'il n'accepte pas (cass. soc. 13 novembre 1991, n° 88-42.486, BC V n° 488). Lorsque le salarié ne demande pas sa réintégration, il a droit, en toute hypothèse, outre les indemnités de rupture, à une indemnité réparant l'intégralité du préjudice résultant du caractère illicite du licenciement et au moins égale à six mois de salaire (cass. soc. 2 juin 2004, n° 02-41.045, BC V n° 153; RJS 8-9/04 n° 903, 2e espèce; 6 octobre 2010, n° 09-42.283, BC V n° 216; RJS 12/10 n° 925; 11 juillet 2012, n° 11-17.240).

Voir également note sous article L. 1226-9.

Art. L. 1226-14. La rupture du contrat de travail dans les cas prévus au deuxième alinéa de l'article L. 1226-12 ouvre droit, pour le salarié, à une indemnité compensatrice d'un montant égal à celui de l'indemnité compensatrice de préavis prévue à l'article L. 1234-5 ainsi qu'à une indemnité spéciale de licenciement qui, sauf dispositions conventionnelles plus favorables, est égale au double de l'indemnité prévue par l'article L. 1234-9.

Toutefois, ces indemnités ne sont pas dues par l'employeur qui établit que le refus par le salarié du reclassement qui lui est proposé est abusif.

Les dispositions du présent article ne se cumulent pas avec les avantages de même nature prévus par des dispositions conventionnelles ou contractuelles en vigueur au 7 janvier 1981 et destinés à compenser le préjudice résultant de la perte de l'emploi consécutive à l'accident du travail ou à la maladie professionnelle.

Note • **Indemnité compensatrice.** L'indemnité prévue par cet article n'a pas la nature d'une indemnité compensatrice de préavis (cass. soc. 4 décembre 2001, n° 99-44.677, BC V n° 370; RJS 2/02 n° 167; 12 octobre 2011, n° 10-18.904, JSL nos 311-312, 21.12.2011, p. 33; 15 janvier 2014, n° 12-24.883). Le paiement de cette indemnité par l'employeur n'a pas pour effet de reculer la date de cessation du contrat de travail (cass. soc. 15 juin 1999, n° 97-15.328, BC V n° 283; RJS 8-9/99 n° 1052 : la date de cessation du contrat est celle de la notification du licenciement). Dès lors, le salarié licencié a droit à l'indemnisation du chômage dès la notification du licenciement (dir. Unédic 01-00 du 14 janvier 2000). Peut être rattachée à cette analyse la solution selon laquelle les indemnités journalières versées par la sécurité sociale ne doivent pas être déduites de l'indemnité due par l'employeur (cass. soc. 18 mai 1999, n° 97-40.699, BC V n° 217; RJS 6/99 n° 812); celle-ci exclut au moins implicitement la qualification «salaires» donnée à l'indemnité compensatrice de préavis.

L'indemnité compensatrice a le caractère d'une créance superprivilégiée.

Il résulte des articles L. 1226-10 et 14 et L. 1234-1 et 5 que l'employeur est tenu de verser au salarié, déclaré par le médecin du travail inapte à reprendre, à l'issue des périodes de suspension provoquées par un accident du travail ou une maladie professionnelle, l'emploi occupé précédemment, et dont le contrat de travail a été rompu, une indemnité compensatrice d'un montant égal à celui de l'indemnité prévue à l'article L. 1234-1 et non à celui prévu par la convention collective (cass. soc. 26 janvier 2011, n° 09-68.544, BC V n° 31; RJS 4/11 n° 320; JSL n° 295, 10.03.2011, p. 23; 2 juillet 2014, n° 12-29.677, RJS 10/14 n° 678; 24 octobre 2018, n° 17-18.149, JSL n° 467, 9.01.2019, p. 30).

En revanche, le salarié a droit à l'indemnité compensatrice, même lorsqu'il refuse d'effectuer son préavis dans un poste compatible avec son état de santé au sein d'une entreprise qui n'est pas son employeur (cass. soc. 7 mai 1996, n° 92-41.529, RJS 6/96 n° 670).

L'article L. 5213-9, qui a pour but de doubler la durée du préavis en faveur des salariés handicapés, n'est pas applicable à l'indemnité compensatrice prévue par l'article L. 1226-14 (cass. soc. 10 mars 2009, n° 08-42.249, BC V n° 64; RJS 5/09 n° 429; 26 septembre 2012, n° 11-18.086; 10 décembre 2014, n° 13-17.626).

• **Indemnité spéciale de licenciement**

L'indemnité spéciale de licenciement n'est due que si le reclassement du salarié déclaré inapte s'est révélé impossible ou en cas de refus non abusif par le salarié inapte de l'emploi proposé (cass. soc. 8 avril 2009, n° 07-45.234, BC V n° 106; RDT, juillet/août 2009, CH, 444, H. Guyader; RJS 6/09 n° 522; 9 juillet 2014, n° 13-18.696, BC V n° 185; RJS 10/14 n° 677; JCP éd. S 2014, 1428, note É. Combes et S. Orbec-Barthe).

Ancienneté du salarié. L'article L. 1226-14, qui fixe le montant de l'indemnité spéciale de licenciement, ne prévoit aucune condition de durée minimale d'emploi, la référence faite à l'article L. 1234-9 concernant exclusivement le montant de l'indemnité instituée par cet article et non sa condition d'attribution; peut donc prétendre à l'indemnité spéciale tout salarié ayant moins de 2 ans d'ancienneté dans l'entreprise (cass. soc. 10 novembre 1988, n° 86-41.100, BC V n° 589).

Montant de l'indemnité. La règle de doublement de l'indemnité de licenciement prévue à l'article L. 1226-14 CT ne vise, à défaut de dispositions conventionnelles plus favorables, que l'indemnité légale prévue par l'article L. 1234-9 du même code, et non l'indemnité conventionnelle de licenciement (cass. soc. 22 février 2000, n° 98-40.137, RJS 4/00 n° 399; 22 janvier 1992, n° 89-40.147, BC V n° 28; RJS 3/92 n° 276).

Les dispositions du 1er alinéa impliquent qu'une comparaison soit faite entre l'indemnité légale doublée et l'indemnité conventionnelle éventuellement prévue.

Résiliation judiciaire. Lorsque le juge prononce la résiliation judiciaire du contrat de travail aux torts de l'employeur, laquelle produit les effets d'un licenciement sans cause réelle et sérieuse, le salarié déclaré inapte à la suite d'un accident du travail a droit à l'indemnité spéciale de licenciement (cass. soc. 20 février 2019, n° 17-17.744, à paraître, LS Jurispr. n° 53 du 19.03.2019; JCP éd. S 2019, 1098, note M. Babin; RJS 5/19 n° 281; JSL n° 476, 23.05.2019, p. 20, M. Patin).

Mise à la retraite. Lorsque la rupture du contrat de travail d'un salarié déclaré par le médecin du travail inapte à son emploi en conséquence d'un accident du travail ou d'une maladie professionnelle prend la forme d'une mise à la retraite prononcée en conformité avec les dispositions légales ou conventionnelles, elle ouvre droit pour le salarié non reclassé dans l'entreprise à l'indemnité spéciale de licenciement (cass. soc. 29 janvier 2002, n° 99-41.028, BC V n° 37; RJS 4/02 n° 424; 4 juin 1998, n° 95-41.832, BC V n° 299; RJS 7/98 n° 856).

• **Refus du salarié.** Voir note sous art. L. 1226-10.

• Le salarié licencié en raison d'une inaptitude imputable à une faute inexcusable de l'employeur ne peut plus obtenir devant le juge prud'homal la réparation des préjudices liés à la perte d'emploi et des droits à la retraite (cass. soc. 6 octobre 2015, n° 13-26.052, BC V n° 187; LSQ n° 16937 du 19.10.2015; JSL n° 398, 30.11.2015, p. 8, M. Hautefort; RJS 12/15 n° 770; JCP éd. S 2016, 1018, note G. Vachet).

Art. L. 1226-15. Lorsqu'un licenciement est prononcé en méconnaissance des dispositions relatives à la réintégration du salarié, prévues à l'article L. 1226-8, le tribunal saisi peut proposer la réintégration du salarié dans l'entreprise, avec maintien de ses avantages acquis.

Art. L. 1226-15

Il en va de même en cas de licenciement prononcé en méconnaissance des dispositions relatives au reclassement du salarié déclaré inapte prévues aux articles L. 1226-10 à L. 1226-12.

(Ord. 2017-1387 du 22 sept. 2017, art. 3, 3°, JO 23) «En cas de refus de réintégration par l'une ou l'autre des parties, le juge octroie une indemnité au salarié dont le montant est fixé conformément aux dispositions de l'article L. 1235-3-1. Elle se cumule avec l'indemnité compensatrice et, le cas échéant, l'indemnité spéciale de licenciement, prévues à l'article L. 1226-14.»

Lorsqu'un licenciement est prononcé en méconnaissance des dispositions du ***(L. 2016-1088 du 8 août 2016, art. 102, I, 9°, JO 9, entrée en vigueur au plus tard le 01.01.2017)*** «dernier» alinéa de l'article L. 1226-12, il est fait application des dispositions prévues par l'article L. 1235-2 en cas d'inobservation de la procédure de licenciement.

Note • Les dispositions de cet article, dans sa rédaction issue de l'ordonnance 2017-1387 précitée, sont applicables aux licenciements prononcés après le 23 septembre 2017 (ordonnance précitée, art. 40, I).

• L'indemnité minimale de douze mois de salaire s'applique, quelles que soient la taille de l'entreprise et/ou l'ancienneté du salarié. Cette indemnité doit être calculée en fonction de la rémunération brute dont le salarié aurait bénéficié (cass. soc. 8 juillet 2003, n° 00-21.862, BC V n° 218; RJS 10/03 n° 1151).

• L'article L. 1226-15 CT n'est pas applicable lorsque, en méconnaissance des dispositions de l'article L. 1226-9, l'employeur, au cours de la suspension du contrat de travail provoquée par un accident du travail ou une maladie professionnelle, prononce la résiliation de ce contrat (cass. soc. 26 novembre 2008, n° 07-42.403, BC V n° 234; RJS 2/09 n° 167; 6 octobre 2010, n° 09-42.283, BC V n° 216; RJS 12/10 n° 925; voir aussi cass. soc. 31 janvier 2018, n° 14-15.696, RJS 4/18 n° 244, énonçant que l'article L. 1226-15 n'est pas applicable lorsque la résiliation judiciaire du contrat de travail est prononcée aux torts de l'employeur, pendant une période de suspension du contrat de travail consécutive à un accident du travail).

• Lorsque l'accident du travail survient pendant le préavis de démission, les articles L. 1226-8 et L. 1226-10 et s. ne s'appliquent pas; l'employeur n'a pas l'obligation, à défaut de reclassement, de licencier le salarié inapte. En l'absence de requalification de la démission en licenciement, il n'y a pas lieu de faire application de la sanction prévue par cet article (cass. soc. 15 février 2006, n° 04-42.822, BC V n° 68; RJS 5/06 n° 556).

• A violé les dispositions de l'article L. 122-32-7 [L. 1226-15] la cour d'appel qui condamne, pour licenciement abusif et non au titre de cet article, un employeur ayant licencié un accidenté du travail à une indemnité égale à 6 mois de salaire après avoir relevé que le salarié avait été déclaré par le médecin du travail partiellement inapte à reprendre son emploi et que l'employeur aurait dû proposer au salarié, compte tenu des conclusions écrites du médecin de travail, un autre emploi compatible avec ses aptitudes et aussi comparable que possible avec celui qu'il occupait avant l'accident (cass. soc. 15 octobre 1987, n° 85-40.427, BC V n° 571).

• Lorsque l'employeur n'a pas respecté les règles de procédure édictées par les articles L. 1232-2 et s. CT, les juges doivent faire application des dispositions prévues à l'article L. 1235-2, quels que soient l'effectif de l'entreprise ou l'ancienneté du salarié (cass. soc. 21 mai 1996, n° 92-43.824, BC V n° 192; RJS 7/96 n° 784). En revanche, si l'irrégularité consiste à ne pas avoir consulté les délégués du personnel, ce sont les sanctions prévues par l'article L. 1226-15 qui doivent être appliquées (cass. soc. 13 décembre 1995, n° 92-44.490, RJS 3/96 n° 268; voir aussi cass. soc. 15 octobre 2014, n° 13-16.958).

• L'omission de la formalité substantielle de consultation des délégués du personnel et la méconnaissance par l'employeur des dispositions relatives au reclassement du salarié déclaré inapte ne peuvent être sanctionnées que par une seule et même indemnité au titre de l'article L. 1226-15 (cass. soc. 16 décembre 2010, n° 09-67.446, BC V n° 299; RJS 2/11 n° 129; JCP éd. S 2011, 1186, note B. Bossu; 15 octobre 2014, n° 13-16.773, RJS 1/15 n° 24; 7 mars 2018, n° 16-25.498). Il en va de même s'agissant de l'omission de la formalité substantielle de consultation des délégués du personnel et de la méconnaissance par l'employeur des dispositions relatives à la motivation de la lettre de licenciement du salarié déclaré inapte (cass. soc. 23 mai 2017, n° 16-10.580, BC V n° 89; JCP éd. S 2017, 1289, note E. Jeansen; JSL n° 435, 11.07.2017, p. 17, H. Tissandier; RJS 8-9/17 n° 557).

• Un salarié ne peut obtenir deux fois réparation d'un même préjudice. Il ne peut cumuler l'indemnité due en application de l'article L. 1226-15 et celle réparant l'intégralité du préjudice résultant du caractère illicite et au moins égale à l'indemnité prévue par l'article L. 1235-3. Il ne peut obtenir que le montant de l'indemnité la plus élevée (cass. soc. 30 juin 2010, n° 09-40.347, BC V n° 154; RJS 10/10 n° 795; JCP éd. S 2011, 1031, note P-Y Verkindt: en l'espèce, le salarié, investi d'un mandat professionnel, avait été licencié sans l'autorisation administrative nécessaire et en méconnaissance des règles applicables aux victimes d'accident du travail).

• La demande en paiement de l'indemnité prévue à l'article L. 1226-15 englobe nécessairement la demande en paiement de l'indemnité pour inobservation de la procédure de licenciement de sorte que les deux indemnités ne peuvent se cumuler (cass. soc. 15 décembre 2006, n° 05-42.532, BC V n° 386; RJS 2/07 n° 215; 26 septembre 2012, n° 11-15.506, RJS 12/12 n° 936; 25 mars 2015, n° 13-18.929).

Art. L. 1226-16. Les indemnités prévues aux articles L. 1226-14 et L. 1226-15 sont calculées sur la base du salaire moyen qui aurait été perçu par l'intéressé au cours des trois derniers mois s'il avait continué à travailler au poste qu'il occupait avant la suspension du contrat de travail provoquée par l'accident du travail ou la maladie professionnelle.

Pour le calcul de ces indemnités, la notion de salaire est définie par le taux personnel, les primes, les avantages de toute nature, les indemnités et les gratifications qui composent le revenu.

Note • L'indemnité spéciale de licenciement peut aussi être calculée sur la base du salaire moyen des 12 mois précédant le licenciement par application de l'article 5 de l'accord national interprofessionnel du 10 décembre 1997 sur la mensualisation (cass. soc. 1er juin 1999, n° 97-40.218, BC V n° 253; RJS 7/99 n° 914).

L'indemnité pour intempéries est destinée à compenser, dans une certaine limite, la perte de salaire subie par le salarié durant une période d'intempéries et constitue un élément du revenu de l'intéressé (cass. soc. 17 octobre 1990, n° 88-41.104, BC V n° 475; RJS 12/90 n° 956, 2e espèce).

• En cas de rechute donnant lieu à une nouvelle suspension liée à l'accident ou à la maladie, le salaire de référence doit être calculé, sauf dispositions conventionnelles plus favorables, sur la base du salaire moyen des trois derniers mois avant la nouvelle période de suspension du contrat de travail due à cette rechute (cass. soc. 28 septembre 2011, n° 10-17.845, BC V n° 197; RJS 12/11 n° 968; JCP éd. S 2011, 1547, note B. Gauriau).

Art. L. 1226-17. En cas de procédure de sauvegarde, de redressement ou de liquidation judiciaire, les dispositions relatives aux créances salariales mentionnées aux articles L. 3253-15, L. 3253-19 à L. 3253-21 sont applicables au paiement des indemnités prévues aux articles L. 1226-14 et L. 1226-15.

Sous-section 5. Salarié titulaire d'un contrat de travail à durée déterminée

Art. L. 1226-18. Lorsque le salarié victime d'un accident ou d'une maladie professionnelle est titulaire d'un contrat de travail à durée déterminée, l'employeur ne peut rompre le contrat au cours des périodes de suspension du contrat que s'il justifie soit d'une faute grave de l'intéressé, soit d'un cas de force majeure.

Art. L. 1226-19. Les périodes de suspension du contrat de travail consécutives à un accident du travail ou à une maladie professionnelle ne font pas obstacle à l'échéance du contrat de travail à durée déterminée.

Toutefois, lorsque ce contrat comporte une clause de renouvellement, l'employeur ne peut, au cours des périodes de suspension, refuser le renouvellement que s'il justifie d'un motif réel et sérieux, étranger à l'accident ou à la maladie. À défaut, il verse au salarié une indemnité correspondant au préjudice subi, qui ne peut être inférieure au montant des salaires et avantages que le salarié aurait reçus jusqu'au terme de la période de renouvellement prévue au contrat.

Note • La Cour de cassation a précisé que si, en vertu de l'article L. 1226-19 CT, la période de suspension du contrat de travail consécutive à un accident du travail ne fait pas obstacle à l'échéance du contrat à durée déterminée, la rupture par la seule survenance du terme d'un contrat qui est requalifié postérieurement en contrat à durée indéterminée constitue, en application des articles L. 1226-9 et L. 1226-13 CT, un licenciement nul, et non un licenciement sans cause réelle et sérieuse; le salarié peut donc exiger sa réintégration dans l'entreprise (cass. soc. 14 novembre 2018, n° 17-18.891, à paraître, LSQ n° 17701 du 27.11.2018; JCP éd. S 2018, 1397, note D. Chenu; RJS 1/19 n° 9; JSL n° 467, 9.01.2019, p. 7, J-Ph. Lhernould).

• La suspension du contrat ne fait pas obstacle à l'échéance du terme. Lorsque le contrat comporte une clause de renouvellement, le refus de renouvellement qui intervient avant que le salarié ne soit victime d'un accident du travail produit ses effets sans que l'employeur ait à justifier d'un motif réel et sérieux (cass. soc. 12 février 2002, n° 00-41.222, BC V n° 61; RJS 5/02 n° 559).

Art. L. 1226-20. Lorsque le salarié est titulaire d'un contrat à durée déterminée, les dispositions des deuxième et ***(L. 2016-1088 du 8 août 2016, art. 102, I, 10°, JO 9, entrée en vigueur au plus tard le 01.01.2017)*** «dernier» alinéas de l'article L. 1226-12 et des articles

L. 1226-14 à L. 1226-16, relatives aux conditions de licenciement d'un salarié victime d'un accident du travail ou d'une maladie professionnelle, ne sont pas applicables.

Si l'employeur justifie de son impossibilité de proposer un emploi, dans les conditions prévues aux articles L. 1226-10 et L. 1226-11, au salarié déclaré inapte titulaire d'un tel contrat ou si le salarié refuse un emploi offert dans ces conditions ***(L. 2016-1088 du 8 août 2016, art. 102, I, 10°, JO 9, entrée en vigueur au plus tard le 01.01.2017)*** «ou si l'avis du médecin du travail mentionne expressément que tout maintien du salarié dans l'emploi serait gravement préjudiciable à sa santé ou que l'état de santé du salarié fait obstacle à tout reclassement dans l'emploi», l'employeur est en droit de ***(L. 2011-525 du 17 mai 2011, art. 49, JO 18)*** «procéder à la rupture» du contrat.

(L. 2011-525 du 17 mai 2011, art. 49, JO 18) «Les dispositions visées aux articles L. 1226-10 et L. 1226-11 s'appliquent également aux salariés en contrat de travail à durée déterminée.

La rupture du contrat ouvre droit, pour le salarié, à une indemnité dont le montant ne peut être inférieur au double de celui de l'indemnité prévue à l'article L. 1234-9. Cette indemnité de rupture est versée selon les mêmes modalités que l'indemnité de précarité prévue à l'article L. 1243-8.»

Note L'action en résolution judiciaire ne peut pas être exercée par l'employeur lorsque l'inaptitude à l'emploi est la conséquence d'un accident ou d'une maladie non professionnelle (cass. avis 29 avril 2002, n° 02-00.001, BC n° 3; RJS 8-9/02 n° 966 et p. 707, obs. S. Bourgeot).

Les dommages-intérêts versés par l'employeur à l'occasion de la rupture anticipée d'un contrat à durée déterminée sont assujettis à la CSG et à la CRDS (cass. civ., 2e ch., 7 juin 2006, n° 04-10.326, BC II n° 150).

Art. L. 1226-21. Lorsque le salarié ***(L. 2016-1088 du 8 août 2016, art. 102, I, 11°, JO 9, entrée en vigueur au plus tard le 01.01.2017)*** «n'est pas déclaré inapte» à l'issue des périodes de suspension, la rupture du contrat de travail à durée déterminée par l'employeur en méconnaissance des dispositions de l'article L. 1226-8 ouvre droit à une indemnité correspondant au préjudice subi. Cette indemnité ne peut être inférieure au montant des salaires et avantages qu'il aurait reçus jusqu'au terme de la période en cours de validité de son contrat.

Il en va de même pour un salarié déclaré inapte en cas de rupture par l'employeur en méconnaissance des dispositions des articles L. 1226-10 et L. 1226-11 ou du deuxième alinéa de l'article L. 1226-20.

Art. L. 1226-22. En cas de procédure de sauvegarde, de redressement ou de liquidation judiciaire, les dispositions relatives aux créances salariales mentionnées aux articles L. 3253-15, L. 3253-19 à L. 3253-21 sont applicables au paiement des indemnités prévues aux articles L. 1226-20 et L. 1226-21.

SECTION 4. Dispositions particulières aux départements de la Moselle, du Bas-Rhin et du Haut-Rhin

Art. L. 1226-23. Le salarié dont le contrat de travail est suspendu pour une cause personnelle indépendante de sa volonté et pour une durée relativement sans importance a droit au maintien de son salaire.

Toutefois, pendant la suspension du contrat, les indemnités versées par un régime d'assurances sociales obligatoire sont déduites du montant de la rémunération due par l'employeur.

Note Sur l'obligation pour l'employeur de payer un salarié absent en raison de la maladie d'un enfant, voir rép. QE 21775, JO AN 29 octobre 2013, p. 11443.

Art. L. 1226-24. Le commis commercial qui, par suite d'un accident dont il n'est pas fautif, est dans l'impossibilité d'exécuter son contrat de travail a droit à son salaire pour une durée maximale de six semaines.

Pendant cette durée, les indemnités versées par une société d'assurance ou une mutuelle ne sont pas déduites du montant de la rémunération due par l'employeur. Toute stipulation contraire est nulle.

Est un commis commercial le salarié qui, employé par un commerçant au sens de l'article L. 121-1 du code de commerce, occupe des fonctions commerciales au service de la clientèle.

CHAPITRE VII Dispositions pénales

Art. L. 1227-1. Le fait pour un directeur ou un salarié de révéler ou de tenter de révéler un secret de fabrication est puni d'un emprisonnement de deux ans et d'une amende de 30000 €.

La juridiction peut également prononcer, à titre de peine complémentaire, pour une durée de cinq ans au plus, l'interdiction des droits civiques, civils et de famille prévue par l'article 131-26 du code pénal.

Art. R. 1227-1. Le fait de ne pas procéder à la déclaration préalable à l'embauche, prévue à l'article L. 1221-10, dans les conditions déterminées aux articles R. 1221-1 à R. 1221-6, est puni de l'amende prévue pour les contraventions de la cinquième classe.

Art. R. 1227-2. Est puni de l'amende prévue pour les contraventions de la quatrième classe le fait :

1° De contrevenir aux dispositions de l'article ***(D. 2011-681 du 16 juin 2011, JO 18, entrée en vigueur le 01.08.2011)*** « R. 1221-9 relatives à la remise d'une copie de la déclaration préalable à l'embauche ou de l'accusé de réception » au salarié ou, à défaut, de ne pas délivrer au salarié de contrat écrit accompagné de la mention de l'organisme destinataire de la déclaration préalable d'embauche ;

(D. 2011-681 du 16 juin 2011, JO 18, entrée en vigueur le 01.08.2011) « 2° De ne pas présenter à toute réquisition des agents de contrôle mentionnés à l'article L. 8271-7 l'avis de réception prévu par l'article R. 1221-7 s'il est encore tenu de le conserver en application de l'article R. 1221-8 ou, tant qu'il n'a pas reçu cet avis, de ne pas leur communiquer les éléments leur permettant de vérifier qu'il a procédé à la déclaration préalable à l'embauche du salarié, en méconnaissance des dispositions de l'article R. 1221-12. »

Art. R. 1227-3. Le fait de ne pas informer le service public de l'emploi d'une embauche ou de la rupture d'un contrat de travail, en méconnaissance des dispositions de l'article L. 1221-16 et de l'arrêté pris pour son application, est puni de l'amende prévue pour les contraventions de la quatrième classe.

Art. R. 1227-4. Le fait de ne pas fournir les renseignements prévus aux articles ***(D. 2009-289 du 13 mars 2009, JO 15)*** « D. 1221-30 et D. 1221-31 », relatifs au relevé mensuel des contrats de travail, est puni de l'amende prévue pour les contraventions de la quatrième classe.

Art. R. 1227-5. Est puni des amendes prévues pour les contraventions de la cinquième classe le fait de méconnaître les dispositions :

1° Des articles L. 1225-1 à L. 1225-28 ainsi que celles des articles R. 1225-1, R. 1225-3, R. 1225-4, R. 1225-11, relatives à la protection de la grossesse et de la maternité ;

2° Des articles L. 1225-35 et L. 1225-36, relatives au congé de paternité ;

3° Des articles L. 1225-37 à L. 1225-45, relatives au congé d'adoption ;

4° Des articles L. 1225-47 à L. 1225-52 et L. 1225-55, relatives au congé parental et au passage à temps partiel pour l'éducation d'un enfant ;

5° Des articles L. 1225-66 et L. 1225-67, relatives à la démission pour élever un enfant.

La récidive de la contravention prévue au présent article est réprimée conformément aux articles 132-11 et 132-15 du code pénal.

Art. R. 1227-6. Le fait de méconnaître les dispositions des articles L. 1225-29 à L. 1225-33, relatives à l'interdiction d'emploi prénatal et postnatal ainsi qu'à l'allaitement, est puni de l'amende prévue pour les contraventions de la cinquième classe, prononcée autant de fois qu'il y a de salariés concernés par l'infraction.

La récidive de la contravention prévue au présent article est réprimée conformément aux articles 132-11 et 132-15 du code pénal.

En cas de pluralité de contraventions entraînant les peines de la récidive, l'amende est appliquée autant de fois qu'il a été relevé de nouvelles infractions.

Art. R. 1227-7. Est puni de l'amende prévue pour les contraventions de la quatrième classe le fait de méconnaître les dispositions :

(D. 2009-289 du 13 mars 2009, JO 15) « 1° » Des articles L. 1221-13 ***(D. 2015-364 du 30 mars 2015, art. 9, JO 31, entrée en vigueur le 01.05.2015)*** « , L. 1221-15 et L. 1221-15-1, » D. 1221-23 à R. 1221-26, relatives au registre unique du personnel ;

(D. 2009-289 du 13 mars 2009, JO 15) « 2° » Des articles L. 1221-17 et R. 1221-32 à R. 1221-33, relatives aux autres cas de déclaration préalable.

Cette amende est appliquée autant de fois qu'il y a de personnes employées dans des conditions susceptibles d'être sanctionnées au titre des dispositions de cet article.

Note Sur l'entrée en vigueur du décret 2015-364 précité, voir CE 8 juillet 2016, n° 389745, RJS 11/16 n° 735.

TITRE III RUPTURE DU CONTRAT DE TRAVAIL À DURÉE INDÉTERMINÉE

CHAPITRE Ier Dispositions générales

Art. L. 1231-1. Le contrat de travail à durée indéterminée peut être rompu à l'initiative de l'employeur ou du salarié ***(L. 2008-596 du 25 juin 2008, JO 26)*** «, ou d'un commun accord,» dans les conditions prévues par les dispositions du présent titre.

Ces dispositions ne sont pas applicables pendant la période d'essai.

Note • **Résiliation judiciaire du contrat à durée indéterminée.** *L'employeur*, qui dispose du droit de résilier unilatéralement un contrat de travail à durée indéterminée par la voie du licenciement, n'est pas recevable, hors les cas où la loi en dispose autrement, à demander la résolution judiciaire dudit contrat (cass. soc. 9 mars 1999, n° 96-41.734, BC V n° 108; RJS 4/99 n° 505; 30 mai 2000, n° 98-40.085, BC V n° 210; RJS 7-8/00 n° 844; 13 mars 2001, n° 98-46.411, BC V n° 89; RJS 5/01 n° 596).

La demande en résiliation judiciaire vaut licenciement (cass. soc. 5 juillet 2005, n° 03-45.058, BC V n° 232; RJS 10/05 n° 971: le licenciement sera sans cause réelle et sérieuse en raison du défaut de lettre de licenciement; voir aussi cass. soc. 17 mars 2010, n° 08-44.887, RJS 6/10 n° 507). Cette irrecevabilité de la demande de l'employeur est retenue alors même qu'il s'agit d'une demande reconventionnelle (cass. soc. 29 juin 2005, n° 03-41.966, BC V n° 224; RJS 10/05 n° 961; 3 novembre 2005, n° 03-43.345, BC V n° 308; RJS 1/06 n° 39).

Le salarié peut, en revanche, obtenir la résiliation judiciaire du contrat de travail lorsque l'employeur ne respecte pas ses obligations contractuelles (voir par exemple cass. soc. 8 avril 2010, n° 09-41.134, BC V n° 93; RJS 6/10 n° 535, et 7 février 2012, n° 10-18.686, BC V n° 58; RJS 4/12 n° 303, précisant que l'atteinte à la dignité de son salarié constitue pour l'employeur un manquement grave à ses obligations). Un représentant du personnel (et plus généralement tout salarié protégé) peut, comme tout salarié, poursuivre la résiliation judiciaire de son contrat de travail aux torts de l'employeur (cass. soc. 16 mars 2005, n° 03-40.251, BC V n° 94), non seulement en raison de la violation par l'employeur de ses obligations contractuelles, mais aussi en raison des violations par celui-ci des règles concernant l'exercice du mandat de représentant du personnel (cass. soc. 27 mai 2009, n° 08-42.555, BC V n° 136; RJS 8-9/09 n° 688; 4 avril 2012, n° 10-20.845, BC V n° 117; RJS 6/12 n° 572; Dr. Soc. 2012, p. 469, obs. L. Pécaut-Rivolier) ou de conseiller prud'homme (cass. soc. 5 décembre 2018, n° 17-11.223). Pour plus de précisions sur la résiliation judiciaire du contrat de travail d'un salarié protégé, voir note introductive du chapitre Ier du titre Ier du livre IV de la 2e partie.

Il appartient aux juges du fond qui prononcent la résiliation judiciaire du contrat de travail aux torts de l'employeur de caractériser un manquement de ce dernier à ses obligations contractuelles. À cet égard, la Cour de cassation a précisé que le seul engagement d'une procédure disciplinaire, qui n'a pas été menée jusqu'à son terme, ne constitue pas un manquement de l'employeur à ses obligations contractuelles, dès lors que sa mise en œuvre ne procède pas d'une légèreté blâmable ou d'une intention malveillante (cass. soc. 25 septembre 2013, n° 12-11.832, BC V n° 205; RJS 12/13 n° 818). En outre, pour justifier la résiliation judiciaire du contrat de travail aux torts de l'employeur, le manquement de ce dernier doit être suffisamment grave pour rendre impossible la poursuite de l'exécution du travail par le salarié. Ainsi, une modification unilatérale de la rémunération contractuelle d'un salarié ne justifie pas la résiliation judiciaire du contrat de travail si les juges du fond constatent qu'elle n'a pas eu ou n'a eu que peu d'incidence sur le montant de la rémunération de l'intéressé et n'a pas empêché la poursuite de la relation de travail (cass. soc. 12 juin 2014, 2 arrêts, n°s 13-11.448 et 12-29.063, BC V n°s 139 et 140; RJS 8-9/14 n° 626). De même, l'absence de visite médicale de reprise procédant d'une erreur des services administratifs de l'employeur qui n'avait pas été commise lors des précédents arrêts de travail et qui n'a pas empêché la poursuite du contrat de travail durant plusieurs mois ne peut justifier la résiliation judiciaire du contrat aux torts de l'employeur (cass. soc. 26 mars 2014, n° 12-35.040, BC V n° 87; RJS 6/14 n° 470, 2e espèce). Il a également été jugé que n'est pas d'une gravité suffisante pour empêcher la poursuite du contrat de travail le seul fait pour l'employeur de ne pas avoir réglé les sommes dues au titre du repos compensateur (cass. soc. 27 novembre 2014, n° 13-17.179). En revanche, constitue un manquement de l'employeur à son obligation de sécurité ayant empêché la poursuite du contrat de travail, justifiant la résiliation judiciaire du contrat de travail aux torts de l'employeur, le fait, pour ce dernier, de s'être abstenu, en toute connaissance de cause, d'assurer un suivi de la charge de travail de la salariée, soumise à une durée du travail déraisonnable (cass. soc. 10 octobre 2018, n° 17-10.248, à paraître, LS Jurispr. n° 192 du 23.10.2018; JCP éd. S 2018, 1357, note J-Ph. Tricoit; RJS 12/18 n° 739, 2e espèce); de même, une cour d'appel qui a relevé une atteinte aux droits du salarié concernant l'organisation de son temps travail et son temps de repos (non-respect par l'employeur des amplitudes journalières et hebdomadaires de travail) et les conséquences inévitables que cette situation faisait peser sur sa vie personnelle, a fait ressortir que cette atteinte rendait impossible la poursuite du contrat de travail et pu retenir qu'elle constituait un motif suffisamment grave pour justifier la résiliation judiciaire du contrat (cass. soc. 16 octobre 2019, n° 18-16.539, à paraître, RJS 12/19 n° 698). La réduction unilatérale par l'employeur des responsabilités du salarié (cass. soc. 28 novembre 2018, n° 17-22.415) et un manque de respect réitéré envers le salarié (cass. soc. 18 mars 2020, n° 18-25.168, LS Jurispr. n° 84 du 05.05.2020) constituent également des manquements rendant impossible la poursuite du contrat de travail. À noter que les juges du fond doivent apprécier les manquements imputés à l'employeur au jour de leur décision; une cour d'appel a donc pu débouter une salariée de sa demande en résiliation de son contrat de travail après avoir estimé que les manquements imputés par l'intéressée à son employeur, dont elle a constaté l'entière régularisation au jour de sa décision, n'étaient pas d'une gravité suffisante pour justifier une telle résiliation (cass. soc. 29 janvier 2014, n° 12-24.951, BC V n° 37; RJS 4/14 n° 314; 28 novembre 2018, n° 17-22.724, RJS 2/19 n° 87: arriéré dû au titre des heures supplémentaires réglé par l'employeur en cours de procédure; voir aussi cass. soc. 12 septembre 2018, n° 16-24.178: des manquements de l'employeur datant de plus de quatre années ne sont pas de nature à rendre impossible la poursuite du contrat de travail). Par ailleurs, le juge judiciaire saisi d'une demande de résiliation judiciaire du contrat de travail ne peut pas prononcer la rupture de ce contrat de travail s'il estime que les manquements de l'employeur ne sont pas établis, mais seulement débouter le salarié de sa demande (cass. soc. 26 septembre 2007, n° 06-42.551, BC V n° 138; RJS 12/07 n° 1281; JSL n° 220, 23 octobre 2007, p. 11, M-Ch. Haller; JCP éd. S 2008, 1067, note J-Y Frouin; 7 juillet 2010, n° 09-42.636, BC V n° 160; RJS 10/10 n° 749; LS Jurispr. n° 144 du 21.07.2010; JSL n° 286, 27 octobre 2010, p. 19, J-E Tourreil; 4 septembre 2019, n° 18-10.541, RJS 11/19 n° 634).

La résiliation judiciaire, prononcée à l'initiative du salarié et aux torts de l'employeur, produit les effets d'un licenciement dépourvu d'une cause réelle et sérieuse (cass. soc. 30 octobre 2007, n° 06-44.187, RJS 2/08 n° 175; 20 janvier 1998, n° 95-43.350, BC V n° 21; RJS 3/98 n° 286); les juges doivent donc, pour déterminer le montant des dommages-intérêts sanctionnant la résiliation judiciaire, rechercher si le salarié remplissait les conditions d'octroi de l'indemnité prévue en cas de licenciement sans cause réelle et sérieuse (cass. soc. 7 juillet 2004, n° 02-45.088, RJS 10/04 n° 1033). Outre l'indemnité de licenciement sans cause réelle et sérieuse, le salarié a droit aux autres indemnités de rupture: indemnité légale ou conventionnelle de licenciement et indemnités compensatrices de préavis et de congés payés (cass. soc. 28 avril 2011, n° 09-40.708, BC V n° 102; RJS 7/11 n° 611; voir aussi cass. soc. 10 octobre 2018, n° 17-23.650: dès lors que la résiliation judiciaire est prononcée aux torts de l'employeur, l'indemnité de préavis est due et ce, même si le salarié a été déclaré inapte à son poste de travail), indemnité spéciale de licenciement prévue par l'article L. 1226-14 CT lorsque le salarié dont le contrat est résilié a été déclaré inapte à la suite d'un accident du travail (cass. soc. 20 février 2019, n° 17-17.744, à paraître, LS Jurispr. n° 53 du 19.03.2019; RJS 5/19 n° 281; JCP éd. S 2019, 1098, note M. Babin; JSL n° 476, 23.05.2019, p. 20, M. Patin); mais il n'a pas droit à l'indemnité prévue en cas de non-respect de la procédure de licenciement (cass. soc. 20 octobre 2010, n° 08-70.433, BC V n° 241; RJS 1/11 n° 35; cass. soc. 20 juin 2012, n° 11-14.660, RJS 10/12 n° 790; 13 juin 2018, n° 16-27.651). À noter toutefois que lorsque la résiliation judiciaire du contrat de travail a été prononcée aux torts de l'employeur, en raison du harcèlement moral dont le salarié a été victime sur son lieu de travail, cette rupture produit les effets d'un licenciement nul conformément aux dispositions de l'article L. 1152-3 CT (cass. soc. 20 février 2013, n° 11-26.560, BC V n° 47; LSQ n° 16294 du 27.02.2013; RJS 5/13 n° 344; sur la résiliation judiciaire du contrat en cas de harcèlement moral, voir aussi note sous article L. 1152-4). À noter également que lorsque la résiliation judiciaire du contrat de travail est prononcée du fait du refus de l'employeur de procéder à la réintégration ordonnée par une précédente décision de justice en raison de la nullité du licenciement, la résiliation judiciaire produit les effets d'un licenciement illicite, avec application du régime d'indemnisation correspondant (cass. soc. 29 mai 2013, n° 11-28.734, BC V n° 136; JSL n° 348, 25.07.2013, p. 19, F. Lalanne).

La prise d'effet de la résiliation judiciaire ne peut être fixée qu'à la date de la décision judiciaire la prononçant dès lors que le contrat n'a pas été rompu avant cette date et que le salarié est toujours au service de son employeur (cass. 11 janvier 2007, n° 05-40.626, BC V n° 6; 24 avril 2013, n° 11-28.629, BC V n° 113; RJS 7/13 n° 533; 4 septembre 2019, n° 18-10.541, précité). En cas de confirmation en appel du jugement prononçant la résiliation, la date de la rupture est celle fixée par le jugement, sauf si l'exécution du contrat de travail s'est poursuivie après cette décision (cass. soc. 21 janvier 2014, n° 12-28.237, BC V n° 26; RJS 4/14 n° 315; voir aussi cass. soc. 3 février 2016, n° 14-17.000, BC V n° 20; RJS 4/16 n° 243). Lorsque le salarié n'est plus au service de l'employeur au moment où le juge prononce la résiliation judiciaire du contrat, celle-ci prend effet au plus tard à la date à laquelle la relation de travail a pris fin (cass. soc. 21 septembre 2017, n° 16-10.346, BC V n° 154; LS Jurispr. n° 182 du 10.10.2017). Ainsi, lorsque le salarié a retrouvé un nouvel emploi avant la date du prononcé de la résiliation judiciaire, celle-ci prend effet au jour où le salarié a bénéficié d'un nouveau contrat de travail auprès d'un autre employeur (cass. soc. 21 septembre 2016, n° 14-30.056, BC V n° 169; RJS 12/16 n° 761; JCP éd. S 2017, 1068, note A. Barège).

Concomitance avec d'autres modes de rupture. Lorsque, après une demande en résiliation judiciaire présentée par le salarié, l'employeur licencie le salarié, le juge doit d'abord rechercher si la demande en résiliation judiciaire est fondée (cass. soc. 13 décembre 2007, n° 06-45.220, SSL 2008 n° 1337, p. 19; 6 février 2019, n° 17-26.562). Si elle l'est, le licenciement est sans effet. La date d'effet de la résiliation judiciaire est, dans ce cas, fixée à la date de l'envoi de la lettre de licenciement (cass. soc. 13 décembre 2007, n° 06-45.220, précité). Si la demande de résiliation judiciaire n'est pas fondée, le juge recherchera si le licenciement a une cause réelle et sérieuse (cass. soc. 16 février 2005, n° 02-46.649, BC V n° 54; 5 avril 2005, n° 02-46.634, BC V n° 122; 22 mars 2006, n° 04-43.933, BC V n° 121; Dr. Soc. 2006, p. 688, obs. J. Mouly; 7 novembre 2006, 2 arrêts, nos 04-45.427 et 05-41.509). De même, lorsque, après avoir demandé la résiliation judiciaire de son contrat de travail aux torts de l'employeur tout en continuant à travailler à son service, le salarié adhère à une convention de reclassement personnalisé (ou, depuis la loi du 28 juillet 2011, à un contrat de sécurisation professionnelle), le juge doit d'abord rechercher si la demande de résiliation judiciaire du contrat de travail est justifiée (cass. soc. 12 juin 2012, n° 11-19.641, BC V n° 177; RJS 8-9/12 n° 698). À noter également que le fait que le salarié ait fait valoir ses droits à la retraite postérieurement au licenciement intervenu alors qu'il avait saisi le juge d'une demande de résiliation judiciaire de son contrat de travail aux torts de l'employeur ne prive pas d'objet sa demande de résiliation judiciaire (cass. soc. 14 novembre 2018, n° 17-26.681).

Au contraire, si le salarié prend acte de la rupture du contrat après avoir introduit une demande en résiliation judiciaire, la prise d'acte produit immédiatement ses effets et il n'y a plus lieu de statuer sur la demande de résiliation judiciaire introduite auparavant (cass. soc. 31 octobre 2006, 2 arrêts, nos 04-46.280 et 04-48.234, BC V n° 321; RDT, janvier 2007, CH, 28, T. Grumbach et J. Pélissier; 15 mars 2006, n° 05-41.376, BC V n° 108; RJS 6/06 n° 699). De même, lorsque le contrat de travail a pris fin par la mise ou le départ à la retraite du salarié avant que le juge ait statué sur la demande en résiliation judiciaire qu'il avait présentée, cette demande devient sans objet (cass. soc. 13 juillet 2010, n° 08-43.852). La même solution s'applique lorsque le salarié a démissionné avant que le juge statue sur sa demande de résiliation judiciaire (cass. soc. 30 avril 2014, n° 13-10.772, BC V n° 108; LSQ n° 16585 du 6.05.2014; RJS 7/14 n° 561). La Cour de cassation précise que dans une telle hypothèse, l'intéressé a la faculté, si les griefs qu'il faisait valoir au soutien de sa demande de résiliation judiciaire étaient justifiés, de demander la réparation du préjudice en résultant; elle ajoute que si, à la demande du salarié, la démission a été requalifiée en prise d'acte par le juge, celui-ci doit, pour l'appréciation du bien-fondé de la prise d'acte, prendre en considération les manquements de l'employeur invoqués par le salarié tant à l'appui de la demande de résiliation judiciaire devenue sans objet qu'à l'appui de la prise d'acte (même arrêt).

À noter toutefois que si la demande de résiliation judiciaire engagée par le salarié après l'envoi de la lettre de licenciement, date de la rupture du contrat de travail, est nécessairement sans objet, elle n'est pas totalement dépourvue d'effet, le juge devant, pour apprécier le bien-fondé du licenciement, prendre en considération les griefs invoqués par le salarié dans sa demande de résiliation judiciaire dès lors qu'ils sont de nature à avoir une influence sur son appréciation; ainsi, dans une affaire où un salarié avait été licencié pour faute grave en raison d'absences injustifiées, la Cour de cassation a censuré la décision d'une cour d'appel qui avait validé ce licenciement après avoir constaté que les absences étaient établies, sans prendre en considération le fait que le salarié avait ensuite formé une demande de résiliation judiciaire en soutenant qu'il ne s'était plus présenté à son travail parce qu'il n'était pas rémunéré (cass. soc. 7 mars 2012, n° 10-17.090, BC V n° 89; LS Jurispr. n° 57 du 20.03.12; RJS 5/12 n° 441; JCP éd. S 2012, 1226, note J-Y Frouin).

Décès du salarié. Le décès du salarié ne rend pas sans objet la demande, reprise en appel par les ayants-droit de celui-ci, en résiliation du contrat de travail et la date d'effet de la résiliation de ce contrat doit être fixée au jour du décès (cass. soc. 12 février 2014, n° 12-28.571, BC V n° 50; RJS 4/14 n° 313). Voir aussi S. Tournaux, «La mort du salarié au regard des relations individuelles de travail», Dr. Soc. 2020, p. 904 (II-B).

• **Résiliation d'un commun accord.** Depuis l'introduction dans le code du travail des dispositions des articles L. 1237-11 à 16 relatives à la rupture conventionnelle, les juges avaient à déterminer si la rupture amiable du contrat de travail à durée indéterminée sur la base de l'article 1134 [1193] c. civ. était toujours valable. La Cour de cassation a tranché: «sauf dispositions légales contraires, la rupture du contrat de travail par accord des parties ne peut intervenir que dans les conditions prévues par l'article L. 1237-11 relatif à la rupture conventionnelle». Elle a ainsi approuvé une cour d'appel d'avoir décidé que la rupture d'un commun accord intervenue hors du cadre des dispositions régissant la rupture conventionnelle s'analysait en un licenciement sans cause réelle et sérieuse (cass. soc. 15 octobre 2014, n° 11-22.251, BC V n° 241; RJS 12/14 n° 854; 21 décembre 2017, n° 16-12.780, LS Jurispr. n° 16 du 23.01.2018; RJS 3/18 n° 181).

La Cour de cassation réservant l'hypothèse de l'existence de dispositions légales contraires, il reste possible de recourir à la rupture amiable hors rupture conventionnelle dans les cas suivants:
– rupture amiable d'un contrat de travail à durée déterminée, cette rupture obéissant par ailleurs à ses propres règles (art. L. 1243-1);
– départ négocié intervenant dans le cadre d'un accord collectif portant GPEC ou rupture conventionnelle collective (art. L. 1237-17 et s.), d'un accord sur la gestion des emplois et des

parcours professionnels et sur la mixité des métiers (art. L. 2242-20 et 21) ou d'un plan de sauvegarde de l'emploi (art. L. 1233-61), la rupture conventionnelle «individuelle» étant d'ailleurs expressément exclue dans ces situations (art. L. 1237-16);
– enfin, un contrat d'apprentissage peut être rompu d'un commun accord par l'employeur et l'apprenti hors rupture conventionnelle, des règles spécifiques étant là aussi applicables (art. L. 6222-18).

Sur la rupture conventionnelle «individuelle», voir *infra*, articles L. 1237-11 et s.

• **Rupture du contrat avant tout commencement d'exécution.** Un contrat de travail peut être conclu en reportant le début d'exécution à une date ultérieure. La circonstance que le contrat de travail a été rompu par l'employeur avant tout commencement d'exécution ne retire pas à cette rupture le caractère d'un licenciement (cass. soc. 12 juillet 2006, n° 04-48.182, BC V n° 246).

• **Essai.** Voir *supra* article L. 1221-19 et s.

Art. L. 1231-2. Les dispositions du présent titre ne dérogent pas aux dispositions légales assurant une protection particulière à certains salariés.

Note Les diverses formalités (prévues par les art. L. 1232-3 et s. et les articles R correspondants) doivent être observées concurremment avec celles que d'autres dispositions ont instituées en faveur, notamment, des représentants du personnel, des victimes d'accident du travail et en vue de la protection de la maternité.

Art. L. 1231-3. Les dispositions du présent titre sont applicables lorsque le salarié est lié à plusieurs employeurs par des contrats de travail.

Art. L. 1231-4. L'employeur et le salarié ne peuvent renoncer par avance au droit de se prévaloir des règles prévues par le présent titre.

Note L'interdiction de renoncer par avance au droit de se prévaloir des règles du licenciement rend sans effet la clause de durée maximale des relations de travail introduite dans un contrat à durée indéterminée (cass. soc. 16 février 1994, n° 91-45.745, BC V n° 57; RJS 4/94 n° 372), la clause de résiliation automatique insérée dans le contrat de travail d'époux pour le cas où l'un des deux contrats serait rompu (cass. soc. 12 juillet 2005, n° 03-45.394, BC V n° 244; RJS 10/05 n° 941; 18 novembre 1998, n° 97-42.854, BC V n° 496; Dr. Soc. 1999, p. 192) ainsi que la renonciation à l'indemnité compensatrice de préavis préalablement à la notification du licenciement (cass. soc. 18 mai 1999, n° 97-40.686, RJS 10/99 n° 1251). Les dispositions de cet article interdisent également aux parties de prévoir qu'à défaut de permettre le reclassement d'un autre salarié sur son poste, le départ du salarié sera assimilé à une démission (cass. soc. 25 janvier 2012, n° 10-26.887, BC V n° 23; RJS 4/12 n° 313; JCP éd. S 2012, 1166, note Fr. Dumont).

La Cour de cassation fait référence à cet article pour juger que la signature d'un contrat à durée déterminée est sans effet lorsque le contrat à durée indéterminée est toujours en cours d'exécution (cass. soc. 25 mars 2009, n° 06-46.330, BC V n° 87; RJS 6/09 n° 497).

Art. L. 1231-5. Lorsqu'un salarié engagé par une société mère a été mis à la disposition d'une filiale étrangère et qu'un contrat de travail a été conclu avec cette dernière, la société mère assure son rapatriement en cas de licenciement par la filiale et lui procure un nouvel emploi compatible avec l'importance de ses précédentes fonctions en son sein.

Si la société mère entend néanmoins licencier ce salarié, les dispositions du présent titre sont applicables.

Le temps passé par le salarié au service de la filiale est alors pris en compte pour le calcul du préavis et de l'indemnité de licenciement.

Note • Les dispositions de cet article précisent que, dans le cas où une société met un de ses salariés à la disposition d'une filiale étrangère, un lien subsiste entre cette société et le salarié, même si un contrat de travail est conclu entre ce salarié et la filiale; ce lien se traduit, en cas de licenciement par la filiale, par des obligations incombant à la société mère: rapatriement en France et fourniture d'un nouvel emploi compatible avec l'importance des précédentes fonctions de l'intéressé; en cas de congédiement intervenant à l'initiative de la société mère, le temps passé au service de la filiale entre en compte pour le calcul du préavis et de l'indemnité de licenciement.

• **Rapport «société mère/filiale étrangère».** La notion de «filiale» est laissée à l'appréciation de l'autorité judiciaire. L'article L. 1231-5 (ancien art. L. 122-14-8) CT ne saurait recevoir application lorsque l'une des deux sociétés en cause n'a aucune participation financière dans l'autre et ne se trouve pas dans une position dominante à l'égard de cette dernière (cass. soc. 23 janvier 1991, n° 88-44.649).

• **Rapport «société mère/salarié».** Cet article ne subordonne pas son application au maintien d'un contrat de travail entre le salarié et la société mère (cass. soc. 13 novembre 2008, n° 07-41.700, BC V n° 214, arrêt n° 1; RJS 1/09, p. 19, rapport H. Gosselin; voir aussi cass. soc. 30 mars 2011, n° 09-70.306, BC V n° 82; RJS 6/11 n° 558, s'agissant d'un salarié initialement embauché par un contrat à durée déterminée arrivé à son terme avant la conclusion du contrat avec la filiale; 1er juillet 2020, n° 18-24.011). En outre, le seul fait que le salarié n'ait pas, avant son détachement, exercé des fonctions effectives au service de l'employeur qui l'a détaché ne dispense pas celui-ci de son obligation d'assurer son rapatriement à la fin du détachement et de le reclasser dans un autre emploi en rapport avec ses compétences (cass. soc. 7 décembre 2011, n° 09-67.367, BC V n° 286; RJS 2/12 n° 193; 9 janvier 2013, n° 11-20.013, RJS 3/13 n° 239; 23 janvier 2019, n° 17-17.244, RJS 4/19 n° 264; JSL n° 472, 25.03.2019, p. 28, D. J.-P.). Enfin, l'obligation de reclassement à la charge de la société mère ne concernant que les relations entre celle-ci et le salarié qu'elle met à disposition, peu importe que le contrat conclu entre ce dernier et la filiale ait été soumis au droit étranger (cass. soc. 30 mars 2011, n° 09-70.306, précité).

• **Rapport «filiale étrangère/salarié».** Le salarié doit avoir été lié à la filiale par un contrat de travail à durée indéterminée et avoir fait l'objet d'un licenciement de la part de la filiale. La Cour de cassation applique cependant les dispositions de l'article L. 1231-5 CT, alors même qu'il n'y a pas eu licenciement du salarié par la filiale, dès lors que celle-ci a cédé son fonds à une société tierce (cass. soc. 13 novembre 2008, n° 06-42.583, BC V n° 214; RJS 1/09 n° 68, 2e espèce: en application du droit argentin, le contrat du salarié avait été transféré à la société reprenant le fonds de commerce; la Cour de cassation juge «que la cession par la filiale argentine… de son fonds à une société tierce, mettait fin *ipso facto* au contrat de travail liant le salarié à la filiale argentine et qu'il s'en déduisait qu'il appartenait à la société mère… de prendre l'initiative du rapatriement du salarié et de lui proposer un reclassement»).

• **Mise en œuvre de l'obligation de rapatriement.** Cette obligation n'est pas subordonnée à une demande expresse du salarié congédié (cass. soc. 6 juillet 1982, n° 80-41.092, BC V n° 451; 19 octobre 2017, n° 16-18.854, RJS 2/18 n° 147). Est fondé l'arrêt condamnant une société mère à verser à un salarié, licencié par l'une de ses filiales et par elle-même, une indemnité pour frais de séjour à l'étranger, la société mère n'ayant pu apporter la preuve, qui lui incombait, que le retard mis par elle à assurer le rapatriement de l'intéressé ne lui était pas imputable (cass. soc. 5 mai 1982, n° 80-40.481, BC V n° 274). Voir également s'agissant d'un salarié qui avait attendu plus d'un an pour solliciter son rapatriement sans que la société l'ait mis en demeure de prendre une décision à cet égard, cass. soc. 16 janvier 1991, n° 87-42.368.

• **Obligation de réembauche.** Cette obligation n'est pas subordonnée à une demande expresse du salarié congédié (cass. soc. 6 juillet 1982, n° 80-41.092, précité). Le fait qu'un salarié licencié ait reçu des indemnités de rupture de la filiale ne suffit pas à décharger la société mère de l'obligation de procurer un nouvel emploi à l'intéressé (cass. soc. 4 décembre 1985, n° 83-41.913, BC V n° 569). Lorsqu'à l'issue de son détachement à l'étranger, le salarié a fait l'objet d'une mesure de rapatriement sans bénéficier d'une offre de réintégration sérieuse, précise et compatible avec l'importance de ses précédentes fonctions au sein de la société mère, il est fondé à prendre acte de la rupture de son contrat de travail aux torts de cette dernière (cass. soc. 21 novembre 2012, n° 10-17.978, BC V n° 299; RJS 2/13 n° 169; JCP éd. S 2013, 1113, note Y. Pagnerre).

Lorsque la société mère ne réintègre pas le salarié après son licenciement par la filiale étrangère, faute de lui avoir proposé un emploi conforme aux exigences de cet article, les indemnités de rupture auxquelles le salarié peut prétendre doivent être calculées par référence aux salaires perçus par celui-ci dans son dernier emploi, et non à ceux perçus antérieurement à la période de détachement (cass. soc. 14 octobre 2020, n° 19-12.275, à paraître, LSQ n° 18181 du 12.11.2020; JCP éd. S 2020, 3092, note Y. Pagnerre; RJS 12/20 n° 635). Par ailleurs, en l'absence d'offre de réintégration sérieuse, précise et compatible avec l'importance des précédentes fonctions du salarié au sein de la société mère, cette dernière est tenue, jusqu'à la rupture du contrat de travail la liant au salarié, au paiement des salaires et des accessoires de rémunération du dernier emploi, dès lors que le salarié s'est tenu à la disposition de l'employeur (cass. soc. 14 octobre 2020, n° 19-12.275, précité).

À noter qu'à l'issue de son détachement, le salarié ne peut refuser d'être réintégré dans un poste correspondant à ses responsabilités et fonctions situé dans son lieu d'affectation d'origine choisi d'un commun accord lors de l'embauche. En effet, dans cette hypothèse, le changement de secteur géographique ne résulte pas de la mise en œuvre d'une clause de mobilité, mais du terme du détachement, et ne constitue pas une modification du contrat de travail nécessitant l'accord du salarié (cass. soc. 24 juin 2015, n° 13-25.522, BC V n° 127; LSQ n° 16871 du 09.07.2015; RJS 11/15 n° 699).

• **Licenciement par la société mère.** La société mère ne peut pas justifier le licenciement qu'elle prononce par les motifs qui ont servi de cause au licenciement décidé par la filiale; les deux licenciements successifs doivent avoir chacun leur propre cause (cass. soc. 18 mai 1999, n° 96-45.439, BC V n° 216; RJS 10/99 n° 1311 : la cause réelle et sérieuse du licenciement prononcé par la société mère doit concerner des faits intéressant cette entreprise; dans un sens voisin, cass. soc. 30 mars 1999, n° 97-40.544, BC V n° 141; RJS 5/99 n° 754).

Paiement des indemnités de rupture. Si la société mère doit verser à l'intéressé des indemnités compensatrice de préavis et de licenciement en tenant compte de son ancienneté acquise au service de la filiale, le salarié ne peut prétendre, pour une même période de travail, cumuler les indemnités versées à ce titre par la filiale qui l'a licencié avec celles qu'il pourrait obtenir à la suite de son congédiement par la société mère (cass. soc. 4 décembre 1985, n° 83-41.913, BC V n° 569; dans le même sens, cass. soc. 20 janvier 1993, n° 89-43.873, RJS 2/93 n° 125). Mais lorsqu'un salarié est licencié par une filiale, qui lui verse une indemnité compensatrice de préavis, puis par la société mère, cette dernière est tenue de lui verser une indemnité de préavis, les deux indemnités étant afférentes à des licenciements distincts et s'appliquant à des périodes différentes (cass. soc. 15 novembre 1989, n° 86-43.866, BC V n° 660).

Art. L. 1231-6. Un décret en Conseil d'État détermine les modalités d'application du présent chapitre.

Art. L. 1231-7. ***(L. 2019-486 du 22 mai 2019, art. 11, VI, 2°, JO 23, entrée en vigueur le 01.01.2020)*** Par dérogation aux articles L. 1111-2 et L. 1111-3, pour l'application de la section 2 du chapitre IV du présent titre, un décret en Conseil d'État fixe les conditions dans lesquelles l'effectif salarié et les règles de franchissement des seuils d'effectif sont déterminés.

Art. R. 1231-1. Lorsque les délais prévus par les dispositions légales du présent titre expirent un samedi, un dimanche ou un jour férié ou chômé, ils sont prorogés jusqu'au premier jour ouvrable suivant.

CHAPITRE II Licenciement pour motif personnel

Note • Voir le «Questions - Réponses» sur la rupture du contrat de travail, publié sur le site internet du ministère du Travail le 15 juillet 2020, explicitant les dispositions relatives à la procédure de licenciement introduites par les ordonnances du 22 septembre 2017 sur le renforcement du dialogue social et la sécurisation des relations de travail (questions 1 à 11).

• Voir aussi RF Social, octobre 2019, Cahier juridique n° 200, «Licenciement personnel - Les motifs»; RF Social, décembre 2019, Cahier juridique n° 202, «Licenciement personnel - La procédure»; LS Les Thématiques n° 84, décembre 2020, «Le licenciement pour motif personnel - Comprendre la procédure et les sanctions applicables»; A. Fabre, «Actualité du licenciement pour motif personnel», RDT, novembre 2020, ET, 659.

SECTION 1. Cause réelle et sérieuse

Art. L. 1232-1. ***(L. 2008-596 du 25 juin 2008, JO 26)*** Tout licenciement pour motif personnel est motivé dans les conditions définies par le présent chapitre.

Il est justifié par une cause réelle et sérieuse.

Note • **Notion de cause réelle et sérieuse.** La notion de caractère réel et sérieux du licenciement s'applique à tous les licenciements, quelles que soient la taille de l'entreprise et l'ancienneté du salarié.

Alors que la notion de cause réelle et sérieuse joue un rôle capital dans le droit du licenciement, elle n'est définie ni par la loi ni par la jurisprudence. Il est par ailleurs interdit aux cocontractants ou aux acteurs sociaux d'en imposer une définition.

Lire également B. Gauriau, «Faut-il nommer l'ordre public ? (Contribution à l'étude de la cause réelle et sérieuse du licenciement)», RJS 7/19, chron. p. 513.

Absence de définition légale. Le texte légal ne donnant aucune précision sur le sens des qualificatifs «réel» et «sérieux», les interprètes se reportent habituellement aux travaux parlementaires qui ont précédé le vote de la loi du 13 juillet 1973. «La cause est réelle si elle présente un caractère d'objectivité, ce qui exclut les préjugés et les convenances personnelles. La cause réelle peut être, par exemple, une faute, une inaptitude professionnelle ou une réorganisation de l'entreprise» (JO AN 23 mai 1973, p. 1445, col. 2). La cause réelle est d'abord une cause «objective», «indépendante de la bonne ou de la mauvaise humeur de l'employeur» (JO AN 30 mai 1973, p. 1619, col. 2); elle doit être «existante et exacte» (rapport AN n° 352, p. 46). L'exigence d'une cause «exacte» signifie que le juge ne doit pas seulement vérifier que les faits allégués par l'employeur comme cause de licenciement existent; il doit également rechercher si d'autres faits évoqués par le salarié ne sont pas la véritable cause du licenciement (cass. soc. 28 mars 2012, n° 11-10.109: salariée n'ayant pas été licenciée à cause de son comportement mais en raison de la seule volonté de la société de la remplacer par un salarié en contrat d'insertion pour réduire les coûts; cass. soc. 23 octobre 1991, n° 88-44.099, BC V n° 427; 26 mai 1998, n° 96-41.062, BC V n° 276; 3 mai 2018, 2 arrêts, n°s 16-26.850 et 17-10.306, à paraître, JCP éd. S 2018, 1213, note A. Bugada; RJS 7/18 n° 475: accidenté du travail licencié pour inaptitude alors que celle-ci est due à un manquement de l'employeur à son obligation de sécurité).

Quant à la cause sérieuse, il s'agirait d'«une cause revêtant une certaine gravité qui rend impossible, sans dommages pour l'entreprise, la continuation du travail et qui rend nécessaire le licenciement» (JO AN 30 mai 1973, p. 1619, col. 2).

Sur le rôle du juge, voir aussi note sous article L. 1235-1.

Le flou jurisprudentiel. Depuis décembre 1985, la Cour de cassation ne contrôle plus les qualifications «cause réelle et sérieuse» données par les juges du fond. Au juge du fond d'«user des pouvoirs qu'il tient de l'article L. 1232-1 CT en décidant que le licenciement procède (ou ne procède pas) d'une cause répondant aux exigences de ce texte» (cass. soc. 18 décembre 1986, Dr. Soc. 1987, p. 89, concl. av. gén. G. Picca; 21 janvier 1987, n° 83-44.546, BC V n° 31; Dr. Soc. 1987, p. 357, J. Savatier; 16 juillet 1987, n° 84-45.880, BC V n° 489), la Cour de cassation décidant seulement que «la réalité et le sérieux du motif de licenciement s'apprécient au jour où la décision de rompre le contrat de travail est prise par l'employeur» (cass. soc. 5 janvier 1999, n° 96-44.356, RJS 2/99 n° 166: un licenciement pour désorganisation de l'entreprise en raison d'une absence prolongée n'a pas de cause réelle et sérieuse lorsqu'il est prononcé à un moment où le salarié a repris son travail) et qu'il appartient au juge, non d'apprécier le choix de l'employeur de licencier, mais seulement la réalité et la gravité des griefs invoqués sans lien avec ce choix (cass. soc. 10 juillet 2019, n° 18-13.893, JCP éd. S 2019, 1279, note A. Morin-Galvin: les juges du fond ne peuvent se fonder sur la seule absence d'avertissement ou de mise en garde préalables adressés à la salariée pour juger que le licenciement est dépourvu de cause réelle et sérieuse).

Le désengagement de la Cour de cassation n'est cependant pas total. La volonté de garder un certain contrôle sur l'interprétation de la loi tout en affirmant la souveraineté des juges du fond pour apprécier la réalité et le sérieux de la cause du licenciement conduit la Cour de cassation à rendre des arrêts dont la cohérence n'est pas toujours aisément saisissable.

Si, dans certains cas, le contrôle exercé par la Cour de cassation ne porte pas sur le caractère réel et sérieux de la cause du licenciement, dans d'autres situations, le contrôle de la Cour de cassation a bien, semble-t-il, cet objet.

1. *Le **contrôle de la qualification du licenciement** doit être nettement distingué du contrôle du caractère réel et sérieux de la cause du licenciement.* La Cour de cassation contrôle la qualification «licenciement économique» ou «licenciement disciplinaire» donnée par les juges du fond. Elle vérifie si la cause alléguée par l'employeur est bien une cause économique au sens donné à cette expression par l'article L. 1233-3 CT (voir note sous cet article). De même, elle vérifie que la cause du licenciement est, ou n'est pas, une faute du salarié pour déterminer si ce licenciement doit ou non être soumis au régime du licenciement disciplinaire (cass. soc. 21 janvier 1992, n° 90-46.104, BC V n° 17; 21 octobre 2020, n° 19-15.453: la lettre de licenciement faisant état de critiques systématiques, par le salarié, des orientations stratégiques et commerciales prises par un responsable, de la remise en cause régulière de son autorité hiérarchique et d'une demande réitérée de changement du comportement du salarié caractérise un licenciement disciplinaire; 25 novembre 2020, n° 19-14.549: requalification d'un licenciement prononcé pour insuffisance professionnelle en licenciement disciplinaire; sur la notion de faute, voir aussi note sous article L. 1331-1).

2. *La Cour de cassation est également amenée à exercer son **contrôle sur le caractère illicite de la cause du licenciement**.* Elle veille à ce que les textes légaux interdisant le licenciement de grévistes en l'absence de faute lourde, d'une salariée en état de grossesse, de la victime d'un accident du travail ou d'une maladie professionnelle pendant la période de suspension du contrat de travail, d'un salarié «en raison de son origine, de son sexe, de ses mœurs, de sa situation de famille, de son appartenance à une ethnie, une nation ou une race, de ses opinions politiques, de ses activités syndicales…» soient correctement appliqués (cass. soc. 22 janvier 1992, n° 90-44.249, BC V n° 19: l'absence du salarié consécutive à des arrêts de travail provoqués par un accident du travail ne peut constituer une cause de licenciement). De même, la Cour de cassation vérifie que les juges du fond prononcent bien la nullité des licenciements effectués en violation des libertés publiques (cass. soc. 28 avril 1988, n° 87-41.804, BC V n° 257: l'exercice de la liberté d'expression ne peut être une cause licite de licenciement; cass. soc. 14 décembre 1999, n° 97-41.995, BC V n° 488; RJS 2/00 n° 158: la liberté d'expression et de critique d'un cadre de haut niveau ne peut constituer une cause réelle et sérieuse; cass. soc. 25 novembre 2015, n° 14-21.272, BC V n° 241; JCP éd. S 2016, 1037, note B. Bossu; RJS 2/16 n° 126: nullité du licenciement prononcé en raison de l'exercice de son droit de retrait par un salarié; cass. soc. 30 juin 2016, n° 15-10.557, BC V n° 140; RJS 10/16 n° 612; LSQ n° 17115 du 04.07.2016 : est nul, en raison de l'atteinte qu'il porte à la liberté d'expression, le licenciement d'un salarié prononcé pour avoir relaté ou témoigné de bonne foi de faits de nature à caractériser des infractions pénales et dont il a eu connaissance dans l'exercice de ses fonctions; cass. soc. 21 novembre 2018, n° 17-11.122, LSQ n° 17714 du 14.12.2018; JSL n° 468, 28.01.2019, p. 26, M. H. ; RJS 2/19 n° 90, 2e espèce; RDT, janvier 2019, CH, 257, I. Meyrat: est nul comme portant atteinte à une liberté fondamentale constitutionnellement garantie, le licenciement intervenu en raison d'une action en justice introduite ou susceptible d'être introduite par le salarié à l'encontre de son employeur). Sur l'exercice et l'abus de sa liberté d'expression par le salarié et la liberté d'agir en justice, voir aussi note sous article L. 1121-1.

Elle pose également en principe que les comportements de la vie privée (ou personnelle) du salarié doivent être distingués des actes de la vie professionnelle au regard de la cause réelle et sérieuse.

Un motif tiré de la vie personnelle du salarié ne peut, en principe, justifier un licenciement disciplinaire, sauf s'il constitue un manquement de l'intéressé à une obligation de son contrat de travail (cass. soc. 3 mai 2011, n° 09-67.464, BC V n° 105; RJS 7/11 n° 588: le licenciement disciplinaire d'un salarié qui s'était vu retirer son permis de conduire à la suite d'infractions au code de la route commises en dehors de l'exécution de son contrat de travail est dépourvu de cause réelle et sérieuse). Cette solution a été confirmée par un arrêt du 10 juillet 2013 (n° 12-16.878, LSQ n° 16391 du 22.07.2013; RJS 10/13 n° 661): le fait pour un salarié qui utilise un véhicule dans l'exercice de ses fonctions de commettre, dans le cadre de sa vie personnelle, une infraction entraînant la suspension de son permis de conduire ne saurait être regardé comme une méconnaissance par l'intéressé des obligations découlant de son contrat de travail (dans le même sens, voir cass. soc. 24 octobre 2018, n° 17-16.099, s'agissant d'un conducteur routier ayant fait l'objet d'une suspension de son permis de conduire à la suite d'un contrôle d'alcoolémie positif au volant de son véhicule personnel, pendant ses congés). De même, en l'absence de harcèlement moral, le fait, pour un salarié, d'avoir posé une balise GPS sur le véhicule personnel d'une collègue de travail avec laquelle il entretenait une relation amoureuse, faite de ruptures et de sollicitations réciproques, et de lui avoir adressé seulement deux courriels au moyen de l'outil professionnel relèvent de sa vie personnelle et ne constituent pas un manquement aux obligations découlant de son contrat de travail, dès lors qu'ils n'ont eu aucun retentissement au sein de l'agence ou sur la carrière de l'intéressée; son licenciement est donc dénué de cause réelle et sérieuse (cass. soc. 16 décembre 2020, n° 19-14.665, LS Jurispr. n° 7 du 12.01.2021). À l'inverse, la publication par une salariée sur son compte Facebook regroupant plus de 200 «amis» travaillant dans le même secteur d'activité, et pour certains auprès d'entreprises concurrentes, d'une photographie de la future collection de vêtements de la société présentée exclusivement aux commerciaux de celle-ci constitue une violation de son obligation contractuelle de confidentialité justifiant son licenciement pour faute grave (cass. soc. 30 septembre 2020, n° 19-12.058, à paraître, LSQ n° 18153 du 02.10.2020; JCP éd. S 2020, 3042, avis A. Berriat et note G. Loiseau; JSL n° 507, 09.11.2020, pp. 4 et s., S. Mayoux; RJS 12/20 n° 573; RDT, décembre 2020, AC, 764, C. Lhomond; voir aussi note sous article L. 1235-1).

Mais un fait de la vie personnelle du salarié peut également être une cause réelle et sérieuse de licenciement lorsqu'il entraîne un trouble objectif dans le fonctionnement de l'entreprise (cass. soc. 25 janvier 2006, n° 04-44.918, BC V n° 26; JCP éd. G 2006.II.10049, note B. Bossu: la participation d'une salariée, cadre dans une banque et tenue, à ce titre, d'une obligation particulière de probité, à un vol et à un trafic de voitures, perpétrés dans le cadre de sa vie personnelle, ayant créé un trouble caractérisé au sein de l'établissement justifie son licenciement pour faute grave; cass. soc. 16 septembre 2009, n° 08-41.837, RJS 11/09 n° 842; 26 septembre 2012, n° 11-11.247, RJS 12/12 n° 922; voir aussi cass. soc. 24 octobre 2018, n° 17-16.099, précité: en l'état d'un licenciement prononcé pour motif disciplinaire, la cour d'appel n'a pas à rechercher si le comportement du salarié a occasionné un trouble objectif au sein de l'entreprise).

Il n'est pas toujours aisé de distinguer la vie personnelle de la vie professionnelle du salarié; ce n'est pas parce que les faits sont commis à l'extérieur des locaux de l'entreprise et en dehors du temps de travail qu'ils ne peuvent pas se rattacher à la vie professionnelle:
- l'agression (coups et blessures) commise par un salarié, à son domicile, à l'encontre d'un subordonné qui venait récupérer un véhicule de l'entreprise se rattache à la vie professionnelle de ce salarié (cass. soc. 6 février 2002, n° 99-45.418, RJS 4/02 n° 410);
- un vol commis en dehors des heures de travail avec un camion de l'entreprise se rattache à la vie professionnelle (cass. soc. 18 mai 2011, n° 10-11.907, RJS 8-9/11 n° 669); il en est de même d'un vol commis par un salarié, pendant le temps d'une escale, dans un hôtel partenaire commercial de la société, dans lequel il séjournait en tant que membre d'équipage de cette société, qui y avait réservé à ses frais les chambres (cass. soc. 8 juillet 2020, n° 18-18.317, à paraître, LSQ n° 18121 du 17.08.2020; JCP éd. S 2020, 3011, note Gr. Loiseau; RJS 10/20 n° 450; JSL n° 504, 28.09.2020, p. 16, J-Ph. Lhernould; RDT, octobre 2020, CH, 611, B. Dabosville);
- des propos à caractère sexuel à l'égard de personnes avec lesquelles l'intéressé est en contact en raison de son travail ne relèvent pas de sa vie personnelle, même s'ils sont tenus en dehors du temps de travail; ils justifient un licenciement (cass. soc. 19 octobre 2011, n° 09-72.672, BC V n° 236; RJS 1/12 n° 7);
- des propos injurieux concernant sa supérieure hiérarchique tenus par le salarié en dehors de ses lieu et temps de travail (sur un stand de foire), mais devant trois personnes qu'il était chargé d'encadrer, sont considérés comme se rattachant à la vie de l'entreprise (cass. soc. 10 décembre 2008, n° 07-41.820, BC V n° 245; RJS 2/09 n° 163);
- les propos injurieux et offensants à l'égard de son employeur diffusés par un salarié sur son compte Facebook qui n'ont été accessibles qu'à des personnes agréées par ce salarié et peu nombreuses, à savoir un groupe fermé composé de quatorze personnes, relèvent en revanche d'une conversation de nature privée et ne constituent pas une cause réelle et sérieuse de licen-

ciement (cass. soc. 12 septembre 2018, n° 16-11.690, à paraître, LSQ n° 17654 du 19.09.2018; RJS 11/18 n° 656; JSL n° 462, 31.10.2018, p. 7, M. Hautefort; JCP éd. S 2018, 1328, note G. Loiseau; RDT, janvier 2019, CH, 44, R. Dalmasso).

Sur l'évolution de la jurisprudence en ce domaine, lire J. Mouly, «Le licenciement du salarié pour des faits relevant de sa vie personnelle: le retour discret de la perte de confiance», Dr. Soc. 2006, p. 839.

Sur cette question, voir aussi notes sous articles L. 1121-1 et L. 1331-1.

3. *La Cour de cassation contrôle le* ***caractère objectif de la cause du licenciement pour motif personnel***. Après avoir jugé, pendant plus de dix ans, que la perte de confiance constituait une cause réelle et sérieuse de licenciement (cass. soc. 26 juin 1980, n° 79-40.859, BC V n° 573), la Cour de cassation décide qu'«un licenciement pour une cause inhérente à la personne doit être fondé sur des éléments objectifs; que la perte de confiance alléguée par l'employeur ne constitue pas en soi un motif de licenciement» (cass. soc. 29 novembre 1990, n° 87-40.184, BC V n° 597; D. 1991 p. 190, note J. Pélissier; 9 janvier 1991, n° 89-43.918, BC V n° 1; 25 juin 1991, n° 88-42.737, BC V n° 324; RJS 10/91 n° 1081; 14 janvier 1998, n° 96-40.165, BC V n° 14; RJS 3/98 n° 292; 6 octobre 1999, n° 97-42.884, RJS 11/99 n° 1355). Elle précise que «la perte de confiance de l'employeur ne peut jamais constituer *en tant que telle* une cause de licenciement, même quand elle repose sur des éléments objectifs; seuls ces éléments objectifs peuvent constituer une cause de licenciement» (cass. soc. 29 mai 2001, n° 98-46.341, BC V n° 183; RJS 8-9/01 n° 999). Sur l'exigence d'éléments objectifs imputables au salarié, seuls susceptibles de justifier un licenciement pour une cause inhérente à sa personne, voir aussi cass. soc. 20 octobre 2015, n° 14-17.624, BC V n° 199; LS Jurispr. n° 211 du 24.11.2015; RJS 1/16 n° 12.

De cette jurisprudence, il résulte que:
– le licenciement d'un salarié ne peut plus être justifié par le comportement d'un de ses proches (cass. soc. 29 novembre 1990, n° 87-40.184 et 9 janvier 1991, n° 89-43.918, précités; 12 janvier 1993, Dr. Soc. 1993, p. 187: les agissements du fils du salarié ne peuvent pas constituer une cause de licenciement: en l'espèce, le fils, qui vivait chez son père, était représentant pour une société concurrente de celle qui employait le père et prospectait dans le même secteur géographique que le père; cass. soc. 27 mai 1998, n° 96-41.276, BC V n° 283; RJS 10/98 n° 1185; 21 mars 2000, n° 98-40.130, BC V n° 113; RJS 5/00 n° 509; 23 juin 2004, n° 01-43.606, RJS 10/04 n° 1006); la cause du licenciement doit tenir au comportement du salarié lui-même (cass. soc. 21 septembre 2006, n° 05-41.155, BC V n° 285; RDT, novembre 2006, CH, 314, E. Dockès: le seul risque d'un conflit d'intérêts ne peut constituer une cause réelle et sérieuse de licenciement);
– la cause du licenciement ne peut pas reposer sur de simples soupçons (cass. soc. 25 juin 1991, n° 88-42.737, précité; 16 mai 1991, n° 89-42.299, RJS 7/91 n° 825); elle ne peut tenir qu'à un fait objectif imputable au salarié; la Cour de cassation admet cependant certaines exceptions à ce principe: soupçons étayés au moment du licenciement par deux expertises, infirmés ensuite par une contre-expertise (cass. soc. 14 janvier 1992, n° 91-40.757, RJS 4/92 n° 419); licenciement d'un salarié relaxé par la cour d'appel, justifié dans la mesure où la presse avait fait un large écho à la condamnation du salarié en première instance (cass. soc. 12 mars 1991, n° 88-43.051, BC V n° 120; Dr. Soc. 1991, p. 633, note J. Savatier); par ailleurs, sur la validité du licenciement d'un salarié au seul motif qu'une entreprise cliente refuse de le laisser travailler dans ses propres locaux, voir CA Paris, 22e ch. C, 17 janvier 1997, RJS 10/97 n° 1074;
– la mésentente entre un salarié et tout ou partie du personnel ne peut constituer une cause de licenciement que si elle repose objectivement sur des faits imputables au salarié licencié (cass. soc. 9 novembre 2004, n° 02-42.938, RJS 1/05 n° 19; 27 novembre 2001, n° 99-45.163, BC V n° 360);
– si les connexions excessives d'un salarié à Internet à des fins personnelles depuis un ordinateur mis à sa disposition par son employeur et strictement affecté à un usage professionnel peuvent justifier un licenciement (voir cass. soc. 3 octobre 2018, n° 17-13.089, RJS 12/18 n° 733; LS Jurispr. n° 188 du 16.10.2018 : en l'espèce, 800 connexions en 1 mois à des sites Internet à caractère pornographique, dont 200 sur une seule semaine), l'employeur doit toutefois être en mesure de s'assurer que le salarié est bien l'auteur des connexions litigieuses; à défaut, l'imputabilité des faits reprochés au salarié n'est pas établie et le licenciement est dépourvu de cause réelle et sérieuse (cass. soc. 3 octobre 2018, n° 16-23.968, LS Jurispr. n° 188 du 16.10.2018 : en l'espèce, l'accès au poste informatique des salariés n'était pas sécurisé, les codes d'accès de chaque ordinateur de l'entreprise correspondant aux simples initiales de leurs utilisateurs habituels et les doubles des clés de l'ensemble des bureaux étant accessible à tous);
– la Cour de cassation déroge ainsi elle-même à la règle qu'elle a posée selon laquelle elle ne contrôle pas la qualification «cause réelle et sérieuse».

La même tendance à reprendre le contrôle de la cause réelle et sérieuse se manifeste à propos des licenciements pour insuffisance des résultats. La Cour de cassation décide que «la seule insuffisance de résultats ne peut, en soi, constituer une cause de licenciement»; les juges du fond doivent vérifier que les objectifs définis étaient raisonnables et compatibles avec le marché (cass. soc. 30 mars 1999, n° 97-41.028, BC V n° 143; RJS 5/99 n° 641) et que les mauvais résultats procèdent soit d'une insuffisance professionnelle, soit d'une faute imputable au salarié (cass.

soc. 3 octobre 2007, n° 06-42.121, JCP éd. S 2007, 1938, note C. Pizzio-Delaporte; 18 mai 2005, n° 03-40.579, RJS 8-9/05 n° 819; 24 juin 2020, n° 19-11.736). Lorsque les objectifs sont très difficiles à atteindre compte tenu des conditions d'exploitation du magasin (cass. soc. 3 février 1999, n° 97-40.606, BC V n° 56; RJS 3/99 n° 351) ou d'une conjoncture difficile (cass. soc. 4 avril 2001, n° 99-41.651, RJS 6/01 n° 729), les juges du fond peuvent, dans l'exercice de leur pouvoir d'appréciation, décider que le licenciement ne procède pas d'une cause réelle et sérieuse. Il en est de même lorsque l'insuffisance de résultats n'est pas imputable au salarié mais au caractère irréaliste des objectifs fixés par l'employeur ainsi qu'au défaut de conseil et d'accompagnement apportés au salarié (cass. soc. 16 mai 2018, n° 16-25.689, RJS 7/18 n° 481). Lorsque l'objectif est un chiffre d'affaires pour l'année civile, l'employeur ne peut reprocher au salarié, le 31 août, l'insuffisance de ses résultats par une projection de ceux-ci à la fin de l'année (cass. soc. 29 septembre 2009, n° 07-45.722, RJS 12/09 n° 906; 2 mars 2011, n° 08-44.977, BC V n° 55; RJS 5/11 n° 393).

Ces garanties étant données au salarié, la Cour de cassation décide que les objectifs peuvent être définis unilatéralement par l'employeur dans le cadre de son pouvoir de direction (cass. soc. 22 mai 2001, n° 99-41.838, BC V n° 180; RJS 8-9/01 n° 998; 2 mars 2011, n° 08-44.977, précité).

4. *La Cour de cassation contrôle quelquefois le* ***caractère sérieux de la cause du licenciement***. Elle décide ainsi que:

– *pendant la période de suspension du contrat de travail*, les obligations du salarié étant suspendues, seuls les actes de déloyauté commis par le salarié vis-à-vis de l'employeur peuvent constituer une cause réelle et sérieuse de licenciement (cass. soc. 16 juin 1998, n° 96-41.558, BC V n° 323; 21 mars 2000, n° 97-44.370, BC V n° 115; RJS 5/00 n° 524; 4 juin 2002, n° 00-40.894, BC V n° 191; RJS 8-9/02 n° 963; 12 octobre 2011, n° 10-16.649, BC V n° 231; RJS 12/11 n° 964; JCP éd. S 2012, 1027, note B. Bossu; 21 novembre 2018, n° 16-28.513, RJS 3/19 n° 148; 26 février 2020, n° 18-10.017, à paraître, LSQ n° 18019 du 12.03.2020; RJS 5/20 n° 232; JSL n° 496-497 du 05.05.2020, p. 10, J-Ph. Lhernould; LS Jurispr. n° 123 du 07.07.2020); à noter que l'exercice d'une activité, pour le compte d'une société non concurrente de celle de l'employeur, pendant un arrêt maladie ne constitue pas en lui-même un manquement à l'obligation de loyauté; dans un tel cas, pour fonder un licenciement, l'acte commis par le salarié durant la suspension du contrat de travail doit causer un préjudice à l'employeur ou à l'entreprise, lequel ne saurait résulter du seul paiement par l'employeur des indemnités complémentaires aux allocations journalières (cass. soc. 26 février 2020, n° 18-10.017, précité);

– s'agissant des absences prolongées pour maladie, le *remplacement définitif* du salarié doit intervenir dans un délai raisonnable après le licenciement (cass. soc. 10 novembre 2004, n° 02-45.156, BC V n° 283; RJS 1/05 n° 30; 16 septembre 2009, n° 08-41.879, BC V n° 186) et donner lieu à l'engagement d'un autre salarié sous CDI, fût-ce pour pourvoir le poste du salarié muté en interne pour remplacer le salarié absent (cass. soc. 26 janvier 2011, n° 09-67.073, BC V n° 33; RJS 4/11 n° 316, 2e espèce; 15 janvier 2014, n° 12-21.179, BC V n° 17; RJS 3/14 n° 210; 7 juillet 2016, n° 14-18.310, LS Jurispr. n° 154 du 29.08.0216); en outre, les conséquences de l'absence prolongée d'un salarié pour cause de maladie sur le fonctionnement de l'entreprise ne peuvent être invoquées pour justifier un licenciement lorsque cette absence résulte d'un manquement de l'employeur à l'obligation de sécurité de résultat (cass. soc. 13 mars 2013, n° 11-22.082, BC V n° 71; LSQ n° 16309 du 20.03.2013; RJS 5/13 n° 361) ou du harcèlement moral dont le salarié a été l'objet (cass. soc. 30 janvier 2019, n° 17-31.473, à paraître, LSQ n° 17753 du 12.02.2019; RJS 4/19 n° 203; Dr. Soc. 2019, p. 265, act. J. Mouly; JSL n° 472, 25.03.2019, pp. 4 et s., C. Martin, B. Lubineau et J. Verneret; voir aussi note sous article L. 1152-3), ou encore en présence de dispositions conventionnelles restreignant le pouvoir de licencier de l'employeur (cass. soc. 18 décembre 2019, n° 18-18.864, à paraître, LSQ n° 17982 du 21.01.2020; JCP éd. S 2020, 1012, note J-Y Frouin; JSL n° 492, 24.02.2020, pp. 8 et s., F. Lalanne; RJS 3/20 n° 125: la convention collective prévoyant que les absences justifiées par la maladie ou l'accident dans un délai maximum d'un an n'entraînent pas une rupture du contrat de travail, l'employeur ne pouvait se prévaloir des conséquences de l'absence pour maladie de la salariée qui, à la date où le licenciement a été prononcé, n'excédait pas un an);

– l'unique cession gratuite à des clients de produits d'infime valeur marchande n'est pas une cause sérieuse de licenciement (cass. soc. 21 mars 2002, n° 00-40.776, RJS 6/02 n° 664);

– l'insuffisance de résultats ne peut constituer en soi une cause de licenciement (cass. soc. 12 février 2002, n° 99-42.878, BC V n° 65; RJS 5/02 n° 543: les juges doivent rechercher s'il y a soit insuffisance professionnelle, soit faute imputable au salarié; voir *supra* 3);

– dès lors que la réglementation applicable à l'entreprise impose la vaccination des salariés exposés à une maladie (en l'espèce l'hépatite B), le refus par un salarié de se soumettre à cette mesure prescrite par le médecin du travail en l'absence de contre-indication constitue une cause de licenciement (cass. soc. 11 juillet 2012, n° 10-27.888, BC V n° 221; RDT, novembre 2012, CH, 637, V. Pontif);

– le retrait de l'habilitation préfectorale à accéder en zone réservée aéroportuaire, qui rend impossible l'exécution du contrat de travail par le salarié, constitue une cause réelle et sérieuse de licenciement; sauf disposition conventionnelle contraire, aucune obligation de reclassement ne pèse sur l'employeur (cass. soc. 28 novembre 2018, n° 17-13.199, à paraître, JCP éd. S 2019, 1014, note B. Urbain; RJS 2/19 n° 92; JSL n° 469, 11.02.2019, p. 26, D. J.-P.).

5. *La Cour de cassation n'hésite pas à contrôler le* ***caractère réel et sérieux de la cause économique du licenciement***: contrôle de la réalité d'une suppression d'emploi (cass. soc. 5 avril 1995, 2 arrêts, n°s 93-42.690 et 93-43.866, BC V n° 123; Dr. Soc. 1995, p. 487, chron. G. Lyon-Caen, p. 489, comm. Ph. Waquet, p. 482: la réalité de la suppression d'emploi est examinée au niveau de l'entreprise), contrôle de la réalité des difficultés économiques (cass. soc. 12 mai 1998, 2 arrêts, n°s 95-44.100 et 96-40.370, BC V n° 245), contrôle du bien-fondé de la réorganisation de l'entreprise (cass. soc. 1er avril 1992, n° 90-44.697, BC V n° 223; 5 avril 1995, 2 arrêts, n°s 93-42.690 et 93-43.866, précités), contrôle de l'impossibilité du reclassement du salarié (cass. soc. 1er avril 1992, n° 89-43.494, BC V n° 228; RJS 5/92 n° 598, 1re espèce; 30 septembre 1997, n° 94-43.898, BC V n° 290; RJS 11/97 n° 1222), contrôle du lien de causalité entre les difficultés économiques et la nécessité du licenciement (cass. soc. 26 mars 1992, n° 91-41.274). Voir aussi note sous article L. 1233-3.

• **Interdiction des définitions contractuelles ou conventionnelles de la cause réelle et sérieuse.** Aucune clause du contrat de travail ne peut valablement décider qu'une circonstance quelconque constituera une cause réelle et sérieuse de licenciement (cass. soc. 14 novembre 2000, n° 98-42.371, BC V n° 367; RJS 1/01 n° 22: arrêt rendu à propos d'une clause d'objectif, la non-réalisation de l'objectif à concurrence de 20 % de l'objectif annuel pendant deux trimestres consécutifs étant contractuellement retenue comme une cause de rupture du contrat; voir aussi cass. soc. 12 février 2014, n° 12-11.554, BC V n° 49; RJS 4/14 n° 304; JSL n° 363, 7.04.2014, p. 8, J-Ph. Lhernould; JCP éd. S 2014, 1234, note Fr. Dumont, s'agissant d'une clause prévoyant que le retrait du permis de conduire constituerait une cause de rupture du contrat de travail). Seul le juge peut apprécier, dans le cadre des pouvoirs qu'il tient de l'article L. 1235-1 CT, si les faits invoqués par l'employeur dans la lettre de licenciement peuvent caractériser une cause réelle et sérieuse de licenciement. De la même façon, une clause d'une convention collective ne peut pas imposer au juge une définition de la cause réelle et sérieuse (cass. soc. 13 octobre 2004, n° 02-45.285, BC V n° 256; RJS 12/04 n° 1260; 12 janvier 2011, n° 09-41.904, BC V n° 16; RJS 3/11 n° 221). Elle peut, en revanche, prévoir que certaines situations ne constitueront pas des causes réelles et sérieuses de licenciement.

• **Possibilité de limiter conventionnellement les causes réelles et sérieuses de licenciement.** Les dispositions légales relatives à la résiliation par l'employeur du contrat de travail n'interdisent pas aux partenaires sociaux de limiter à des causes qu'ils énumèrent le pouvoir de licencier de l'employeur (cass. soc. 29 septembre 2009, n° 07-43.431, BC V n° 208; RJS 12/09 n° 907; 25 octobre 2005, n° 02-45.158, BC V n° 301; Dr. Soc. 2006, p. 110, obs. J. Savatier; 14 octobre 1997, n° 97-40.033, BC V n° 310; RJS 11/97 n° 1229; 28 février 1996, n° 94-40.561, RJS 4/96 n° 390; 3 février 1993, n° 91-42.409, BC V n° 33; Dr. Soc. 1993, p. 301; voir aussi cass. soc. 18 décembre 2019, n° 18-18.864, précité). Le licenciement prononcé pour un motif autre que ceux conventionnellement prévus n'est pas nul mais seulement dépourvu de cause réelle et sérieuse en l'absence de disposition conventionnelle prévoyant expressément la nullité dans une telle hypothèse (cass. soc. 25 mars 2009, n° 07-44.748, BC V n° 84; RJS 6/09 n° 507; 25 octobre 2005, n° 02-45.158, précité; 14 octobre 1997, n° 97-40.033, précité).

• **Clause de garantie d'emploi.** Le licenciement prononcé en violation d'une clause de garantie d'emploi n'est pas nécessairement un licenciement sans cause réelle et sérieuse; les juges du fond doivent apprécier le caractère réel et sérieux des motifs invoqués par l'employeur dans la lettre de licenciement (cass. soc. 13 novembre 2008, n° 07-42.640, BC V n° 215; RJS 1/09 n° 3). Le salarié licencié en violation de la clause de garantie d'emploi a droit à une indemnité forfaitaire minimale correspondant aux salaires qu'il aurait dû percevoir jusqu'à la fin de la période de garantie d'emploi (cass. soc. 27 octobre 1998, n° 95-43.308, BC V n° 455; 2 février 1999, n° 96-40.773, BC V n° 49). À cette indemnité, s'ajoutent les indemnités de préavis et de licenciement ainsi que celle due au titre du licenciement sans cause réelle et sérieuse lorsque le salarié peut y prétendre (cass. soc. 23 octobre 2007, n° 06-42.994, BC V n° 172; 4 mars 2008, n° 06-45.221, BC V n° 44 et 13 novembre 2008, n° 07-42.640, précité).

SECTION 2. Entretien préalable

Art. L. 1232-2. L'employeur qui envisage de licencier un salarié le convoque, avant toute décision, à un entretien préalable.

La convocation est effectuée par lettre recommandée ou par lettre remise en main propre contre décharge. Cette lettre indique l'objet de la convocation.

L'entretien préalable ne peut avoir lieu moins de cinq jours ouvrables après la présentation de la lettre recommandée ou la remise en main propre de la lettre de convocation.

Note • **Champ d'application.** L'employeur doit suivre la procédure de licenciement non seulement lorsqu'il prend l'initiative de rompre le contrat de travail mais aussi lorsqu'il le considère comme rompu du fait du salarié et qu'il prend acte de cette rupture (cass. soc. 25 juin 2003,

2 arrêts, n°s 01-40.235 et 01-41.150, BC V n° 208; Dr. Soc. 2003, p. 814, avis P. Lyon-Caen; 13 janvier 2004, n° 01-44.853, BC V n° 5; RJS 4/04 n° 388, 1re espèce; 5 juin 2019, n° 17-27.118, RJS 8-9/19 n° 481); à défaut, la rupture s'analyse en un licenciement sans cause réelle et sérieuse (arrêts précités).

En principe, tous les salariés, quels que soient leur ancienneté, le motif de leur licenciement et la taille de l'entreprise, bénéficient d'un entretien préalable; il existe cependant quelques exceptions. La plus générale concerne les salariés compris dans un licenciement économique de dix salariés ou plus intervenant dans une entreprise où existe un comité social et économique (voir article L. 1233-38). La seconde exception est propre aux assistantes maternelles employées par des particuliers, qui n'ont pas droit à un entretien préalable lorsque le particulier décide de retirer l'enfant qui leur était confié (cass. soc. 16 juin 1998, n° 95-45.592, BC V n° 327; RJS 8-9/98 n° 1085), et aux salariés des particuliers employeurs en cas de décès de l'employeur (voir note sous article L. 7221-2). À noter qu'en cas de décès de l'employeur chef d'entreprise, les héritiers ne souhaitant pas poursuivre l'activité de l'entreprise sont tenus de procéder au licenciement des salariés pour motif économique (cass. soc. 6 novembre 2013, n° 12-19.572, JSL n° 357, 07.01.2014, p. 21, F. Lalanne; voir aussi G. François, «La mort de l'employeur», Dr. Soc. 2020, p. 924).

Un employeur, qui avait envisagé de procéder à un licenciement pour motif économique de plus de dix salariés et mis en œuvre la procédure correspondante, n'est pas tenu de convoquer à un entretien préalable individuel les quatre salariés finalement licenciés (cass. soc. 26 janvier 1994, n° 92-41.512, BC V n° 30; Dr. Soc. 1994, p. 274).

La circonstance que le salarié est malade ne saurait dispenser l'employeur de le convoquer pour l'entretien, même s'il s'agit d'une maladie de longue durée (cass. soc. 24 janvier 1985, n° 82-42.991, BC V n° 59).

Une brève incarcération du salarié (une journée) qui, de surcroît, avait cessé lors du congédiement ne peut dispenser l'employeur de convoquer l'intéressé à un entretien préalable (cass. soc. 9 octobre 1980, n° 78-41.567, BC V n° 725). L'employeur doit respecter la procédure de licenciement, même lorsque l'incarcération du salarié est de plus longue durée (CA Paris, 18e ch., 11 juillet 1991), ce qui laisse entendre que le salarié peut se faire représenter à l'entretien (déjà, en ce sens, CA Bourges 23 avril 1976, Dr. Ouvr. 1977, p. 148; CA Montpellier, 27 juin 1985).

Dès lors qu'un entretien (14 octobre) n'a été suivi d'aucune sanction et qu'une mesure de licenciement pour des faits postérieurs à cet entretien intervient par la suite (29 octobre), l'employeur était tenu de convoquer le salarié à un nouvel entretien (cass. soc. 7 novembre 1990, n° 88-44.361).

• Convocation du salarié

Caractère général de l'obligation. L'entretien préalable prévu aux articles L. 1232-2 à 5 ne peut, à raison de sa finalité et des règles procédurales qui s'y attachent, être remplacé par des entretiens informels (cass. soc. 21 mai 1992, n° 91-40.989, BC V n° 334) ou par une conversation téléphonique (cass. soc. 14 novembre 1991, n° 90-44.195). Le caractère prétendument légitime d'un licenciement - le salarié congédié avait, par écrit, reconnu avoir commis les fautes qui lui étaient reprochées et que son licenciement était justifié - ne saurait dispenser l'employeur d'observer la procédure de l'entretien préalable (cass. soc. 9 avril 1987, n° 84-40.461, BC V n° 204).

Mais l'absence d'entretien préalable n'a pas pour effet de priver la cause du licenciement de son caractère réel et sérieux (cass. soc. 11 septembre 2012, n° 11-20.371, RJS 11/12 n° 869; dans le même sens, voir aussi cass. soc. 16 septembre 2015, n° 14-10.325, BC V n° 160; LS Jurispr. n° 174 du 29.09.2015; JCP éd. S 2015, 1420, note Fr. Dumont; RJS 12/15 n° 762: n'est pas dépourvu de cause réelle et sérieuse le licenciement d'un salarié prononcé à la suite de son refus d'une rétrogradation au seul motif qu'il n'avait pas été convoqué à un nouvel entretien préalable). Sur la sanction de cette irrégularité de procédure, voir article L. 1235-2 et sa note.

Sur l'effet de la manifestation par l'employeur, avant l'entretien préalable, de sa volonté irrévocable de rompre le contrat de travail, voir note sous article L. 1232-6.

Formes requises. Cette convocation peut être faite par lettre recommandée ou par lettre remise en main propre contre décharge. Toutefois, l'envoi de la lettre recommandée avec demande d'avis de réception ou la remise en main propre contre décharge n'est qu'un moyen légal de prévenir toute contestation sur la date de la convocation. En cas de remise en main propre de la convocation, peu importe donc l'absence de délivrance d'un récépissé dès lors qu'il est établi que le salarié a été régulièrement convoqué à l'entretien préalable (cass. soc. 28 février 2018, n° 16-19.934, LS Jurispr. n° 62 du 03.04.2018; RJS 5/18 n° 310).

La convocation peut également être réalisée par voie d'huissier (cass. soc. 30 mars 2011, n° 09-71.412, BC V n° 83; RJS 6/11 n° 511) ou par l'envoi d'une lettre par Chronopost qui permet de justifier des dates d'expédition et de réception de la lettre (cass. soc. 8 février 2011, n° 09-40.027, BC V n° 45; RJS 4/11 n° 309).

Destination de la lettre de convocation. Une salariée ne saurait se prévaloir de son absence (congés payés passés hors du lieu de résidence habituel) lors de la présentation à son domicile d'une lettre recommandée la convoquant à un entretien préalable (cass. soc. 5 mars 1987, JS 1987 NB 55). Une lettre de convocation à un entretien préalable peut valablement être adressée à un salarié à sa résidence de vacances (cass. soc. 24 octobre 1989, en l'espèce lettre adressée au Maroc).

Délais. Le salarié devant disposer d'un délai de cinq jours pleins pour préparer sa défense, le jour de la remise de la lettre de convocation ne compte pas dans le délai, non plus que le dimanche qui n'est pas un jour ouvrable (cass. soc. 3 juin 2015, n° 14-12.245, BC V n° 112; RJS 8-9/15 n° 574; voir déjà en ce sens cass. soc. 20 février 2008, n° 06-40.949, BC V n° 41; 20 décembre 2006, n° 04-47.853, BC V n° 396).

Le délai de cinq jours après la présentation de la lettre recommandée doit être respecté, même si l'employeur a averti le salarié par fax de la date de l'entretien avant la présentation de cette lettre (cass. soc. 13 septembre 2006, n° 04-45.698, BC V n° 267; RJS 11/06 n° 1164; JCP éd. S 2006, 1862, note D. Corrignan-Carsin).

Le salarié ne saurait renoncer à ce délai de cinq jours ouvrables (cass. soc. 28 juin 2005, n° 02-47.128, BC V n° 215; RJS 10/05 n° 967).

Le non-respect de ce délai constitue une irrégularité qui ne peut être couverte par le fait que le salarié avait renoncé à comparaître et qui entraîne nécessairement un préjudice pour le salarié (cass. soc. 20 janvier 2015, n° 13-21.565). Cependant, lorsque, après une convocation régulière, le salarié a demandé le report de l'entretien, aucun délai n'est imposé à l'employeur pour l'envoi d'une seconde convocation (cass. soc. 24 novembre 2010, n° 09-66.616, BC V n° 267; RJS 2/11 n° 115).

Lorsque le licenciement a un caractère disciplinaire, la convocation à un entretien doit être adressée dans les deux mois qui suivent la connaissance par l'employeur des fautes commises par le salarié (cass. soc. 28 juin 1990, n° 88-43.674, BC V n° 327; voir aussi cass. soc. 13 juillet 1993, n° 91-42.964, BC V n° 202; 17 janvier 1996, n° 92-42.031, BC V n° 14; 20 novembre 2014, n° 13-16.546, précisant que la maladie ou l'accident du salarié n'entraîne ni la suspension ni l'interruption du délai de deux mois).

Art. R. 1232-1. La lettre de convocation prévue à l'article L. 1232-2 indique l'objet de l'entretien entre le salarié et l'employeur.

Elle précise la date, l'heure et le lieu de cet entretien.

Elle rappelle que le salarié peut se faire assister pour cet entretien par une personne de son choix appartenant au personnel de l'entreprise ou, en l'absence d'institutions représentatives dans l'entreprise, par un conseiller du salarié.

Note • **Objet de l'entretien.** La convocation doit contenir l'indication non équivoque qu'un licenciement est envisagé et l'absence d'une telle mention doit entraîner la condamnation, fût-elle de principe, de l'employeur (cass. soc. 31 octobre 1989, n° 87-40.309, RJS 12/89 n° 921; 20 février 1991, n° 88-42.574, BC V n° 84). Mais il n'est pas nécessaire que la lettre de convocation à l'entretien mentionne les motifs qui font envisager le licenciement (cass. soc. 19 décembre 2007, n° 06-44.592, RJS 2/08 n° 159: les droits de la défense sont respectés dès lors que le salarié a le droit d'être assisté au cours de l'entretien et qu'il peut se défendre contre les griefs formulés par l'employeur au cours de cet entretien; les dispositions de l'article 7 de la convention 158 de l'OIT sont respectées; voir aussi dans le même sens, cass. soc. 6 avril 2016, n° 14-23.198, BC V n° 69; LSQ n° 17060 du 13.04.2016; RJS 6/16 n° 437).

• **Lieu de l'entretien.** L'article L. 1232-2 (ancien art. L. 122-14) n'exige pas que l'entretien préalable se déroule sur les lieux du travail; une convocation au siège de l'entreprise est valable [cass. soc. 28 janvier 2005, n° 02-45.971, BC V n° 38; Dr. Soc. 2005, p. 476; 3 octobre 1995, n° 94-40.995, Dr. Soc. 1995, p. 933; 24 janvier 1996, n° 92-45.287, RJS 3/96 n° 261: le salarié obtiendra le remboursement des frais de transport s'il en apporte la justification; dans le même sens, cass. soc. 28 janvier 2005, n° 02-45.971, précité. En l'absence de précision légale ou réglementaire, la Cour de cassation décide que «le lieu de l'entretien préalable est en principe celui où s'exécute le travail ou celui du siège social de l'entreprise»; lorsque l'employeur fixe l'entretien en un autre lieu, il faut qu'il puisse justifier ce choix (cass. soc. 9 mai 2000, n° 97-45.294, BC V n° 171; RJS 6/00 n° 650)].

Lorsque l'entretien préalable au licenciement a eu lieu dans un local technique vitré et situé au milieu du centre commercial, avec fenêtres ouvertes et convocation manifeste de plusieurs salariés pour écouter cet entretien, ceci constitue une mise en scène constitutive de procédés vexatoires: le salarié a droit à des dommages-intérêts supplémentaires, non compris dans l'indemnité pour licenciement sans cause réelle et sérieuse (CA Paris, 21e ch. A, 12 septembre 2007, n° 06-1603).

Entretien à distance. Même si l'entretien préalable au licenciement doit en principe se tenir en présence physique des parties, le recours à un entretien à distance *via* une téléconférence, au regard des circonstances de l'espèce, du statut d'expatriée de la salariée et de sa localisation à l'étranger, ne constitue pas une irrégularité de procédure dès lors que les droits de la salariée ont été respectés et qu'elle a été en mesure de se défendre utilement (CA Versailles 4 juin 2020, 6e ch., n° 17/04940, RJS 11/20 n° 535).

• **Date et heure.** À défaut de précision dans les textes, la Cour de cassation juge que la convocation du salarié à l'entretien préalable en dehors du temps de travail ne constitue pas une irrégularité de procédure, mais le salarié peut prétendre à la réparation du préjudice subi (cass. soc. 7 avril 2004, n° 02-40.359, BC V n° 110; RJS 6/04 n° 670: en l'espèce, le salarié ne pouvait prétendre à aucune indemnisation car le temps passé à l'entretien avait été rémunéré).

Mais l'absence de mention de l'heure sur la lettre de convocation à l'entretien préalable rend la procédure irrégulière (cass. soc. 27 septembre 2007, n° 05-45.592, RJS 12/07 n° 1266).

Lorsque le report de l'entretien préalable intervient à la demande du salarié, l'employeur est simplement tenu d'aviser, en temps utile et par tous moyens, le salarié des nouvelles date et heure de cet entretien (cass. soc. 29 janvier 2014, n° 12-19.872, BC V n° 36; LSQ n° 16524 du 6.02.2014; RJS 4/14 n° 308).

• **Assistance du salarié.** La lettre doit obligatoirement mentionner que le salarié peut se faire assister par un membre du personnel de l'entreprise ou, lorsque l'entreprise ne comporte pas d'institution représentative du personnel, par un conseiller extérieur à l'entreprise. Dans ce dernier cas, elle doit contenir l'adresse des services où la liste des conseillers est tenue à la disposition des salariés (inspection du travail et mairie). Si la lettre de convocation ne mentionne que l'adresse de l'inspection du travail, à l'exclusion de celle de la mairie où la liste des conseillers peut être consultée, cela entraîne pour le salarié un préjudice devant être indemnisé par l'attribution d'une indemnité qui ne peut être supérieure à un mois de salaire (cass. soc. 29 avril 2003, n° 01-41.364, BC V n° 145; RJS 7/03 n° 860; 21 mars 2012, n° 11-10.944).

La rédaction de l'article R. 1232-1 CT subordonne le droit à l'assistance d'un conseiller extérieur à l'entreprise à l'exécution du contrat de travail dans une entreprise: les employés de maison ne peuvent donc pas invoquer le droit à l'assistance d'un conseiller (cass. soc. 4 juin 1998, n° 95-44.693, BC V n° 302; RJS 10/98 n° 1305). Par ailleurs, l'ancien article L. 122-14 [R. 1232-1] visant l'absence de représentation du personnel dans l'entreprise, la Cour de cassation en déduit qu'un salarié ne peut pas invoquer le droit à l'assistance d'un conseiller au motif qu'aucune institution représentative du personnel n'existe dans l'établissement où il travaille, alors qu'il existe une représentation du personnel dans l'entreprise (cass. soc. 5 mars 1997, n° 94-43.042; 26 novembre 1996, n° 95-42.457, BC V n° 404; Dr. Soc. 1997, p. 200). De même, le salarié ne peut pas se faire assister par un conseiller extérieur à l'entreprise lorsqu'il existe une représentation du personnel au sein de l'UES dont fait partie l'entreprise employeur (cass. soc. 21 septembre 2005, n° 03-44.810, BC V n° 263; Dr. Soc. 2006, p. 105, obs. J. Savatier). Lorsque l'employeur relève d'une unité économique et sociale, il doit mentionner que le salarié peut se faire assister par une personne de son choix appartenant au personnel de l'UES (cass. soc. 8 juin 2011, n° 10-14.650, BC V n° 140; RJS 8-9/11 n° 672: procédure irrégulière car la lettre de convocation à l'entretien mentionnait que l'intéressé ne pourrait se faire assister que par une personne appartenant obligatoirement au personnel de l'entreprise; s'agissant d'un salarié protégé, voir CE 12 juin 2019, n° 408970, LS Jurispr. n° 114 du 25.06.2019; RJS 8-9/19 n° 510; JSL n° 481, 16.09.2019, p. 26, D. J.-P. ; voir aussi *infra* «Sanctions»).

Pour la Cour de cassation, il existe une représentation du personnel au sens de l'article R. 1232-1 CT dès lors qu'un délégué syndical est présent dans l'entreprise (cass. soc. 19 février 2002, n° 00-40.657, BC V n° 68; Dr. Soc. 2002, p. 1078).

• **Sanctions.** Le défaut des mentions essentielles devant figurer dans la lettre de convocation (en l'espèce, absence des mentions concernant l'objet de l'entretien et la possibilité, pour le salarié, de se faire assister par une personne de son choix) doit entraîner l'application automatique de la sanction, fût-elle de principe, prévue à l'article L. 1235-2 (ancien art. L. 122-14-4) CT en cas de procédure irrégulière (cass. soc. 5 juillet 1978, n° 77-40.086, BC V n° 558; voir aussi cass. soc. 3 mai 1978, n° 77-40.129, BC V n° 318; 31 octobre 1989, n° 87-40.309, RJS 12/89 n° 921).

On notera toutefois que, pour le Conseil d'État, l'absence de mention, dans la lettre de convocation à l'entretien préalable, de la possibilité pour le salarié convoqué de se faire assister par une personne de son choix appartenant au personnel de l'entreprise ou d'une autre entreprise appartenant à l'UES n'entache pas d'irrégularité la procédure de licenciement d'un salarié protégé s'il est établi que ce dernier a été pleinement informé, en temps utile, des modalités d'assistance auxquelles il avait droit, en fonction de la situation de l'entreprise, pour son entretien préalable (CE 12 juin 2019, n° 408970, précité).

Art. L. 1232-3. Au cours de l'entretien préalable, l'employeur indique les motifs de la décision envisagée et recueille les explications du salarié.

Note • **Présence du salarié.** L'entretien étant prévu dans le seul intérêt du salarié, ce dernier n'est pas obligé de répondre à la convocation de l'employeur et ne commet aucune faute s'il préfère ne pas bénéficier de cette règle procédurale (cass. soc. 15 mai 1991, n° 89-44.670, BC V n° 235; RJS 6/91 n° 740; 28 novembre 2001, n° 99-46.031, RJS 2/02 n° 157).

Par ailleurs, la Cour suprême a jugé que l'absence du salarié en raison de son état de santé n'oblige pas l'employeur à procéder à une nouvelle convocation (cass. soc. 26 mai 2004, n° 02-40.681, RJS 8-9/04 n° 898; 7 octobre 1997, n° 94-44.306, RJS 11/97 n° 1223).

• **Représentation.** La loi ne prévoit pas la représentation de l'employeur ou du salarié au cours de l'entretien. Mais la jurisprudence admet que l'employeur puisse se faire représenter.

Pour que l'entretien conserve sa signification, il serait indispensable que le représentant de l'employeur ait qualité pour décider du maintien dans l'emploi ou du licenciement du salarié convoqué; la Cour de cassation ne pose pourtant pas cette exigence (cass. soc. 14 juin 1994, n° 92-45.072, RJS 7/94 n° 851: «la faculté de représenter l'employeur à l'entretien préalable n'est pas réservée au seul délégataire du pouvoir de prononcer le licenciement»; cass. soc. 14 mai 1987, n° 83-46.073, BC V n° 332). Mais une personne étrangère à l'entreprise ne peut pas recevoir valablement mandat pour procéder à l'entretien et notifier le licenciement (cass. soc. 26 mars 2002, n° 99-43.155, BC V n° 105; RJS 6/02 n° 669; voir aussi cass. soc. 7 décembre 2011, n° 10-30.222, BC V n° 289; RJS 2/12 n° 124, 1re espèce; JCP éd. S 2012, 1084, note J-Ph. Tricoit; Dr. Soc. 2012, p. 415, obs. G. Couturier); sur l'appréciation par les juges de la notion d'appartenance à l'entreprise, voir note sous article L. 1232-6.

• **Assistance de l'employeur.** La Cour de cassation admet que l'employeur puisse se faire assister lors de l'entretien préalable mais dans certaines limites:
– l'employeur ne peut se faire assister que par une personne appartenant au personnel de l'entreprise (cass. soc. 20 juin 1990, n° 87-41.118, BC V n° 302; 2 avril 1996, n° 93-42.689; 27 mai 1998, n° 96-40.741, BC V n° 284; RJS 7/98 n° 839; 30 mars 2011, n° 09-71.412, BC V n° 83; RJS 6/11 n° 511: la présence d'un huissier au cours de l'entretien constitue une irrégularité de procédure), l'appartenance au personnel de l'entreprise devant être entendue strictement (cass. soc. 28 octobre 2009, n° 08-44.241, BC V n° 234; RJS 1/10 n° 28: irrégularité de la procédure au motif que l'employeur était assisté par son fils, actionnaire de la société employeur, salarié du groupe et ancien salarié de la société);
– l'assistance de l'employeur par plusieurs personnes ne doit pas transformer l'entretien en enquête (cass. soc. 10 janvier 1991, n° 88-41.404, BC V n° 5; RJS 3/91 n° 325) et détourner celui-ci de son objet (cass. soc. 11 février 2009, n° 07-43.056, RJS 5/09 n° 420);
– l'employeur ne peut pas se faire assister par un délégué du personnel lorsqu'il existe un différend important entre ce délégué et le salarié convoqué à l'entretien (cass. soc. 21 juin 2011, n° 10-11.690, RJS 11/11 n° 863).

• **Déroulement de l'entretien.** L'employeur (ou son représentant) doit, notamment, lors de l'entretien, faire connaître au salarié le ou les motifs du licenciement envisagé; à défaut, une cour d'appel ne peut débouter un salarié licencié de ses demandes d'indemnité au seul motif que l'employeur a régulièrement fait état des causes du congédiement dans la lettre d'énonciation des motifs du licenciement (cass. soc. 28 mai 1997, n° 94-42.835, BC V n° 196; RJS 7/97 n° 801). Si l'employeur licencie le salarié pour des faits postérieurs à l'entretien préalable, il doit, avant de notifier le licenciement, organiser un nouvel entretien (cass. soc. 30 mars 1994, n° 89-43.716, BC V n° 113; RJS 6/94 n° 677). Mais le fait de ne pas avoir évoqué, au cours de l'entretien, la cause présentée dans la lettre de licenciement comme la cause de celui-ci ne constitue qu'une irrégularité de forme qui n'empêche pas le juge de décider que ce grief peut constituer une cause réelle et sérieuse (cass. soc. 28 mai 1997, n° 94-42.835, précité; 12 septembre 2018, n° 16-22.330).

À noter que le respect des droits de la défense n'impose pas que le salarié ait accès au dossier et aux éléments de preuve constitués contre lui avant l'entretien préalable (cass. soc., QPC, 27 février 2013, n° 12-23.213, BC V n° 63; LS Jurispr. n° 145 des 5-6.08.2013; dans le même sens, voir aussi cass. soc. 18 février 2014, n° 12-17.557, BC V n° 52; RJS 5/14 n° 387; JCP éd. S 2014, 1321, note C. Leborgne-Ingelaere).

Les propos tenus par le salarié en cours d'entretien ne peuvent pas constituer, sauf abus, une cause de licenciement (cass. soc. 19 juin 1991, n° 89-40.843, BC V n° 310 et 27 juin 1991, n° 89-44.020, RJS 8-9/91 n° 959; 21 juin 1994, n° 92-45.133, Dr. Soc. 1994, p. 804).

Il est interdit d'enregistrer l'entretien à l'insu de l'autre partie; la violation de cette interdiction constitue le délit d'atteinte à la vie privée (cass. crim. 16 janvier 1990, n° 89-83.075, B. crim. n° 25; RJS 4/90 n° 277).

L'entretien doit être mené dans une langue compréhensible par l'employeur et par le salarié; à défaut, il doit être fait appel à un interprète accepté par les deux parties (cass. soc. 8 janvier 1997, n° 95-41.085, BC V n° 4; Dr. Soc. 1997, p. 317).

L'entretien revêt un caractère strictement individuel; il est exclu que le salarié soit entendu en présence de collègues contre lesquels il est également envisagé de prononcer une mesure de licenciement, quand bien même les faits reprochés seraient identiques (cass. soc. 23 avril 2003, n° 01-40.817, BC V n° 138; RJS 7/03 n° 861).

Art. L. 1232-4. Lors de son audition, le salarié peut se faire assister par une personne de son choix appartenant au personnel de l'entreprise.

Lorsqu'il n'y a pas d'institutions représentatives du personnel dans l'entreprise, le salarié peut se faire assister soit par une personne de son choix appartenant au personnel de l'entreprise, soit par un conseiller du salarié choisi sur une liste dressée par l'autorité administrative.

La lettre de convocation à l'entretien préalable adressée au salarié mentionne la possibilité de recourir à un conseiller du salarié et précise l'adresse des services dans lesquels la liste de ces conseillers est tenue à sa disposition.

Note • **Assistance du salarié.** Le salarié a la faculté de se faire assister, ceci dans tous les cas, c'est-à-dire qu'il y ait ou non des institutions représentatives du personnel dans l'entreprise, par une personne de son choix appartenant à l'entreprise (mais pas nécessairement à l'établissement). Un salarié peut se faire assister par une personne qui est également convoquée à un entretien aux fins de licenciement (CE 16 juin 1995, n° 145728, RJS 8/95 n° 914).

Dans les entreprises dépourvues d'institutions représentatives du personnel, le choix du salarié peut se porter sur une personne extérieure à l'entreprise inscrite sur une liste départementale (art. L. 1232-7). La circulaire 91-16 du 5 septembre 1991 (non publiée au JO) relative à l'assistance du salarié lors de l'entretien préalable au licenciement a apporté, à cet égard, les précisions suivantes: «Il convient de considérer qu'une entreprise est dépourvue d'institutions représentatives du personnel lorsqu'il n'existe dans cette entreprise ni comité d'entreprise, ni délégués syndicaux, ni délégués du personnel, ni comité d'hygiène, de sécurité et des conditions de travail. La présence d'institutions représentatives du personnel devant s'apprécier, aux termes des articles L. 122-14 et L. 122-14-1 CT, au niveau de l'entreprise et non de l'établissement, on admettra que l'entreprise est pourvue d'institutions représentatives du personnel dès lors qu'une de ces institutions est présente dans un ou plusieurs établissements, même si tel n'est pas le cas de l'établissement dans lequel le salarié concerné travaille. Dans ce cas, en effet, le salarié pourra avoir recours à l'assistance d'un représentant du personnel d'un autre établissement et notamment du siège de l'entreprise.»

Cette interprétation ministérielle a été adoptée par les magistrats, à propos du sens qu'il convient de donner à l'expression «institutions représentatives du personnel» (cass. soc. 19 février 2002, n° 00-40.657, BC V n° 68; RJS 5/02 n° 547); interprétation discutable, car les délégués syndicaux ne sont pas des représentants du personnel et leur présence dans l'entreprise ne devrait pas faire échec au droit des salariés de se faire assister par un conseiller. Elle a été également retenue en ce qui concerne l'absence de représentation du personnel au niveau de l'établissement; celle-ci ne suffit pas, à elle seule, à ouvrir droit à l'assistance d'un conseiller ne faisant pas partie du personnel de l'entreprise. Seule l'absence de représentants du personnel au niveau de l'entreprise ouvre ce droit (cass. soc. 26 novembre 1996, n° 95-42.457, BC V n° 404; Dr. Soc. 1997, p. 200). Cette solution est transposable dans le cadre des règles relatives au CSE, l'absence de représentants du personnel s'entendant alors de l'absence de CSE et de délégués syndicaux au niveau de l'entreprise.

La lettre de convocation est irrégulière si elle précise seulement que le salarié peut se faire assister par une personne extérieure à l'entreprise en raison de l'absence de représentants du personnel; elle doit, en outre, indiquer que le salarié peut se faire assister par une personne de son choix appartenant au personnel de l'entreprise (cass. soc. 6 février 2001, n° 98-43.597, BC V n° 44; RJS 4/01 n° 423).

La procédure est irrégulière lorsque la lettre de convocation ne précise pas l'adresse des services dans lesquels la liste des conseillers peut être consultée; cette irrégularité ouvre au salarié le droit à une indemnité maximale d'un mois de salaire (art. L. 1235-2; cass. soc. 2 juin 2004, n° 01-45.906, RJS 8-9/04 n° 889). Le salarié a droit à cette indemnité alors même qu'il s'est fait assister par un conseiller lors de l'entretien (cass. soc. 21 janvier 2009, n° 07-42.985, BC V n° 16; RJS 4/09 n° 329).

Est régulière la procédure préalable de licenciement dès lors qu'il apparaît que l'absence, pendant l'entretien, de la personne que le salarié souhaitait avoir pour assistant n'était pas due à une interdiction ou à une intervention dissuasive de l'employeur (cass. soc. 5 juin 1985, n° 84-43.023, BC V n° 325).

La personne extérieure à l'entreprise qui se présente à l'entretien préalable comme conseiller du salarié doit être en mesure de justifier de cette qualité auprès de l'employeur si ce dernier lui en fait la demande. À défaut, l'employeur est en droit de refuser sa présence (cass. soc. 25 septembre 2012, n° 11-10.684, BC V n° 231; RJS 12/12 n° 924; JCP éd. S 2012, 1477, note C. Puigelier). En pratique, pour permettre aux conseillers de justifier de leur qualité, la Direccte [Dreets] délivre à chaque conseiller une copie de l'arrêté préfectoral qui fixe la liste des conseillers dans le département, ainsi qu'une attestation individuelle assortie d'une photographie de l'intéressé (circ. DRT 91-16 du 5 septembre 1996, § 2.2.1).

• **Rémunération de l'assistant appartenant à l'entreprise.** La Cour de cassation a précisé que le droit, reconnu au salarié par cet article, de se faire assister lors de l'entretien préalable au licenciement par un autre salarié de l'entreprise implique que ce dernier ne doit, du fait de l'assistance qu'il prête, subir aucune perte de rémunération (cass. soc. 12 février 1991, n° 87-45.259, BC V n° 61; RJS 3/91 n° 323; 26 mars 2013, n° 11-22.148, RJS 6/13 n° 451). La formule utilisée par la Cour de cassation laisse entendre, d'une part, que l'assistant ne recevra aucune «rémunération» si l'entretien a lieu en dehors de son horaire de travail (il ne subit en effet aucune perte de salaire du fait de l'assistance), d'autre part, qu'il a droit à une rémunération non seulement pour le temps de l'entretien mais aussi pour le temps de son déplacement si l'un et l'autre se situent pendant son horaire de travail. L'assistant du salarié a également droit au remboursement des frais de déplacement et de repas qu'il expose, peu important qu'il soit délégué syndical et qu'un accord d'entreprise attribue à chaque organisation syndicale une somme forfaitaire annuelle destinée à couvrir les frais de déplacement (cass. soc. 3 mars 2004, n° 01-43.579, RJS 5/04 n° 525).

• **Règles conventionnelles de procédure.** Voir note sous art. L. 1332-2.

Art. R. 1232-2. Le salarié qui souhaite se faire assister, lors de l'entretien préalable à son licenciement, par un conseiller du salarié communique à celui-ci la date, l'heure et le lieu de l'entretien.

Le salarié informe l'employeur de sa démarche.

Art. R. 1232-3. Le conseiller du salarié confirme au salarié sa venue ou lui fait connaître immédiatement et par tous moyens qu'il ne peut se rendre à l'entretien.

Note La circulaire précitée du 5 septembre 1991 précise que le conseiller du salarié peut «intervenir, demander des explications à l'employeur, compléter celles du salarié et présenter des observations. Son rôle est strictement limité à cette seule fonction d'assistance et de conseil».

Art. L. 1232-5. Un décret en Conseil d'État détermine les modalités d'application de la présente section.

SECTION 3. Notification du licenciement

Art. L. 1232-6. Lorsque l'employeur décide de licencier un salarié, il lui notifie sa décision par lettre recommandée avec avis de réception.

Cette lettre comporte l'énoncé du ou des motifs invoqués par l'employeur.

Elle ne peut être expédiée moins de deux jours ouvrables après la date prévue de l'entretien préalable au licenciement auquel le salarié a été convoqué.

Un décret en Conseil d'État détermine les modalités d'application du présent article. ***(Ord. 2017-1387 du 22 sept. 2017, art. 4, I, JO 23, entrée en vigueur au plus tard le 01.01.2018)*** «***(L. 2018-217 du 29 mars 2018, art. 11, I, 2°, JO 31)*** «Un arrêté du ministre chargé du travail fixe» les modèles que l'employeur peut utiliser pour procéder à la notification du licenciement.»

Note • Le premier alinéa de cet article a été jugé conforme à la Constitution: en ne prévoyant pas de dispositions spécifiques aux salariés protégés visant à garantir l'effet suspensif du recours formé contre l'autorisation administrative de licenciement, ces dispositions, en vertu desquelles la décision de l'employeur de licencier un salarié prend effet lors de sa notification par lettre recommandée avec avis de réception, ne méconnaissent pas le droit à un recours juridictionnel effectif et ne sont pas entachées d'incompétence négative (Cons. const. 7 juin 2019, n° 2019-787 QPC, JO 8; LSQ n° 17833 du 12.06.2019). À propos de l'effet de la notification du licenciement sur la demande de suspension de l'exécution de l'autorisation administrative de licenciement, voir note sous article R. 2421-12.

• **Modèles types de lettres de notification de licenciement.** Voir annexes I et III du décret 2017-1820 du 29 décembre 2017, JO 30, établissant des modèles types de lettres de notification de licenciement, rapporté dans les *Textes non codifiés*, rubrique «Licenciement (notification)». Voir aussi le «Questions - Réponses» sur la rupture du contrat de travail, publié sur le site internet du ministère du Travail le 15 juillet 2020 (questions 1 à 3).

Voir par ailleurs F. Taquet, «Modèles de lettres de notification de licenciement: une intention louable non dénuée de critiques»: JCP éd. S 2018, act. 11 (libres propos); V. Manigot et X. Premel, «Le recours aux modèles-types de lettres de licenciement: quelle sécurisation ?», JCP éd. S 2018, 1123.

• **Représentation de l'employeur.** L'article L. 1232-6, comme les articles L. 1232-2 et 3 relatifs à l'entretien, ne font référence qu'à l'employeur. C'est l'employeur qui convoque le salarié à un entretien (art. L. 1232-2); c'est l'employeur qui indique, au cours de l'entretien, les motifs qui font envisager le licenciement (art. L. 1232-3); c'est l'employeur qui notifie la décision de licenciement (art. L. 1232-6). Aucun de ces textes n'envisage la représentation de l'employeur.

Désignation d'un représentant. La Cour de cassation a admis la possibilité d'une représentation. En dehors des cas où les statuts de la personne morale employeur précisent les règles de la délégation de pouvoir, il est admis que le représentant de la personne morale peut déléguer son pouvoir. Logiquement, cette délégation de pouvoir devrait être donnée uniquement à un salarié de l'entreprise (en ce sens, cass. soc. 26 mars 2002, n° 99-43.155, BC V n° 105; RJS 6/02 n° 669; 7 décembre 2011, n° 10-30.222, BC V n° 289; RJS 2/12 n° 124; voir aussi cass. soc. 26 avril 2017, n° 15-25.204, BC V n° 68; LSQ n° 17324 du 11.05.2017; RJS 7/17 n° 476; RDT, juin 2017, CH, 409, G. Auzero; JSL n° 433, 12.06.2017, pp. 7 et s., M. Hautefort; JCP éd. S 2017, 1203, note Fr. Bousez: est dépourvu de cause réelle et sérieuse le licenciement dont la procédure a été conduite par l'expert-comptable de l'employeur, personne étrangère à l'entreprise, nonobstant la signature pour ordre de la lettre de licenciement par cette personne à laquelle il était interdit à l'employeur de donner mandat). Mais la Cour de cassation entend de façon large l'appartenance à l'entreprise. Elle a ainsi jugé que n'est pas une personne étrangère à l'entreprise et peut donc recevoir mandat pour procéder au licenciement d'un salarié de celle-ci: le directeur des ressources humaines de la société mère, même s'il n'est pas précisé qui est le mandant (cass. soc. 23 septembre 2009, n° 07-44.200, BC V n° 191; RJS 12/09 n° 898: les salariés de la filiale n'étant pas les salariés de la société mère, seul le directeur de la société filiale devrait pouvoir donner valablement délégation pour licencier les salariés de cette filiale), un travailleur temporaire effectuant une mission au sein de l'entreprise (cass. soc. 2 mars 2011, n° 09-67.237, BC V n° 57; RJS 5/11 n° 406), le directeur financier d'une société propriétaire de 100 % des actions de la société employeur (cass. soc. 30 juin 2015, n° 13-28.146, BC V n° 133; RJS 10/15 n° 625), le directeur régional du groupe auquel appartient l'entreprise (cass. soc. 13 février 2019, n° 17-15.251), ou encore le secrétaire général de la société mère (cass. soc. 27 novembre 2019, n° 18-16.857). Il a également été jugé que le directeur général de la société mère d'un groupe peut licencier le directeur général d'une filiale dont il supervise les activités (cass. soc. 13 juin 2018, n° 16-23.701, à paraître, LSQ n° 17608 du 10.07.2018; RJS 8-9/18 n° 533; JCP éd. S 2018, 1237, note G. François; JSL n° 459, 14.09.2018, p. 18, H. Nasom-Tissandier; JSL n° 460, 28.09.2018, pp. 8 et s., J-Ph. Lhernould).

Par ailleurs, la délégation de pouvoir n'est pas soumise à des modalités rigoureuses. Il n'est pas nécessaire qu'elle soit donnée par écrit; elle peut être tacite et découler des fonctions du salarié qui conduit la procédure de licenciement (cass. soc. 23 septembre 2009, n° 07-44.200, précité; 7 mars 2012, n° 10-21.524, JSL n° 320, 20.04.2012, p. 29; 29 septembre 2010, n° 09-42.296, BC V n° 206; RJS 12/10 n° 950: le pouvoir reconnu à un salarié «de représenter l'employeur dans toutes les actions liées à la gestion des ressources humaines emporte pouvoir de licencier»; 11 mars 2020, n° 18-25.999: a été signée par une personne considérée par l'employeur comme étant délégataire du pouvoir de licencier la lettre de licenciement signée par le supérieur hiérarchique du salarié ayant conduit la procédure de licenciement avec le directeur des relations humaines).

Lorsque les statuts de la personne morale déterminent avec précision les conditions de la délégation de pouvoir, les délégations qui sont réalisées sans respecter ces conditions sont privées d'effet et les licenciements prononcés sont irréguliers (cass. soc. 4 avril 2006, n° 04-47.677, BC V n° 134; 7 novembre 2007, n° 06-42.417; 17 octobre 2018, n° 17-13.268). Cette solution semble être remise en cause par un arrêt de la Cour de cassation selon lequel une ratification, postérieure à la notification du licenciement, par une personne représentant l'employeur validerait le licenciement notifié par une personne n'ayant pas le pouvoir de licencier au moment où l'acte de licenciement a été notifié (cass. ch. mixte 19 novembre 2010, n° 10-30.215, BC n° 2; RJS 1/11 n° 26, 2e espèce et pp. 15 et s., avis D. Allix).

S'agissant des licenciements notifiés par un DRH dans une société par actions simplifiée, la Cour de cassation a décidé que si, selon l'article L. 227-6 c. com., une telle société est représentée à l'égard des tiers par son président et, si ses statuts le prévoient, par un directeur général ou un directeur général délégué dont la nomination est soumise à publicité, cette règle n'exclut pas la possibilité, pour ces représentants légaux, de déléguer le pouvoir d'effectuer des actes déterminés tel que celui d'engager ou de licencier les salariés de l'entreprise (cass. ch. mixte 19 novembre 2010, 2 arrêts, n° 10-10.095 et n° 10-30.215, BC n° 1 et n° 2; RJS 1/11 n° 26 et pp. 15 et s., avis D. Allix).

Dans les associations, le licenciement prononcé par la directrice des ressources humaines n'est valable que si une délégation de pouvoirs lui a été donnée par le président de l'association dans les conditions fixées par le règlement intérieur (cass. soc. 25 septembre 2013, n° 12-14.991, RJS 12/13 n° 792; dans le même sens, voir cass. soc. 13 novembre 2019, n° 18-19.574). En effet, en l'absence de disposition statutaire contraire attribuant cette compétence à un autre organe, il entre dans les attributions du seul président de l'association de mettre en œuvre la procédure de licenciement d'un salarié (cass. soc. 5 décembre 2018, n° 17-21.676: défaut de pouvoir du directeur d'une association pour signer la lettre de licenciement; voir aussi cass. soc. 7 novembre 2018, n° 17-18.800: lorsque les statuts d'une association ne réservent pas au conseil d'administration la mise en œuvre de la procédure de licenciement, il entre dans les attributions du président, qui, en l'espèce, avait signé le contrat de travail, de procéder au licenciement du salarié; 9 septembre 2020, n° 18-18.810, JCP éd. S 2020, 3069, note G. Vachet: dès lors que les statuts de l'association prévoient que le conseil d'administration, sur proposition du président, nomme le directeur, ce dernier ne peut être démis de ses fonctions que sur décision du conseil d'administration).

Sanctions d'un licenciement prononcé par une personne n'ayant pas le pouvoir de licencier. Sur les conséquences du défaut de pouvoir de licencier du signataire de la lettre de licenciement, les juges ont hésité entre l'annulation du licenciement (cass. soc. 29 avril 2009, n° 08-40.128, LS Jurispr. n° 102 du 12.05.09; 13 septembre 2005, n° 02-47.619) et la condamnation de l'employeur pour licenciement sans cause réelle et sérieuse (cass. soc. 30 septembre 2010, n° 09-40.114, BC V n° 208; RJS 12/10 n° 917; 7 décembre 2011, n° 10-30.222, précité; 20 janvier 2015, n° 13-24.181, JCP éd. S 2014, 1158, note D. Everaert-Dumont; 17 octobre 2018, n° 17-13.268 précité; 9 septembre 2020, n° 18-18.810, précité). Si la logique juridique incite à privilégier la première solution (G. Auzero, «L'exercice du pouvoir de licencier», Dr. Soc. 2010, p. 292), la Cour de cassation semble désormais privilégier la seconde. Mais, comme il est mentionné plus haut, l'une ou l'autre de ces sanctions pourrait être mise en échec par une régularisation postérieure de l'employeur (cass. ch. mixte 19 novembre 2010, n°s 10-10.095 et 10-30.215, précités).

• **Forme de la notification.** L'envoi de la lettre recommandée avec avis de réception prévu par cet article n'est qu'un moyen légal de prévenir toute contestation sur la date de notification du licenciement (cass. soc. 23 octobre 2013, n° 12-12.700, BC V n° 242; RJS 1/14 n° 24). La Cour de cassation a admis que la lettre recommandée pouvait valablement être remplacée par un exploit d'huissier, procédé présentant «une meilleure garantie pour toutes les parties» (cass. soc. 8 novembre 1978, n° 77-40.249, BC V n° 746) ou par une remise en main propre (cass. soc. 16 juin 2009, n° 08-40.722, BC V n° 149; RJS 8-9/09 n° 702; 16 décembre 2009, n° 08-42.922, RJS 3/10 n° 249). Dans une affaire où l'employeur avait fait remettre la lettre de licenciement par un tiers non habilité à prononcer le licenciement, la Cour de cassation a décidé que cette irrégularité n'affectait pas la validité du licenciement (cass. soc. 23 octobre 2013, n° 12-12.700, précité). Sur la possibilité de notifier la rupture du contrat de travail par recommandé électronique, voir CPCE, art. L. 100; LSQ 17684 du 31.10.2018.

• **Preuve de la notification.** La preuve de la notification du licenciement peut être apportée par tous moyens; ainsi, la remise en main propre de la lettre de licenciement peut être établie par le témoignage d'un salarié de l'entreprise (cass. soc. 29 septembre 2014, n° 12-26.932, BC V n° 213; RJS 12/14 n° 841).

• **Obligation d'énoncer les motifs.** L'employeur a toujours l'obligation de mentionner dans la lettre de licenciement les motifs du licenciement. Cette obligation pèse sur lui quels que soient le motif du licenciement (tenant à la personne du salarié ou économique), l'ancienneté du salarié ou la taille de l'entreprise. Des dispositions contractuelles, conventionnelles ou statutaires ne peuvent pas en dispenser l'employeur (cass. soc. 12 janvier 2011, n° 09-41.904, BC V n° 16; RJS 3/11 n° 221). Par exception, cette obligation ne pèse pas sur l'employeur qui retire à une assistante maternelle la garde d'un enfant (cass. soc. 8 avril 2009, n° 07-43.868, BC V n° 112; RJS 6/09 n° 579).

L'ordonnance 2017-1387 du 22 septembre 2017 a facilité l'accomplissement de cette obligation d'énonciation des motifs en permettant à l'employeur de recourir aux modèles de lettre de licenciement visés aux deux derniers alinéas de cet article et dont le contenu est fixé par décret.

• **Portée de la mention des motifs.** L'article L. 1235-2, dans sa rédaction issue de l'ordonnance 2017-1387 du 22 septembre 2017, permet désormais à l'employeur de préciser les motifs énoncés dans la lettre de licenciement soit à son initiative soit à la demande du salarié (voir article R. 1232-13; voir aussi le «Questions - Réponses» sur la rupture du contrat de travail, publié sur le site internet du ministère du Travail le 15 juillet 2020, questions 4 à 11). C'est donc la notification du licenciement éventuellement ainsi précisée qui fixera les limites du litige pour ce qui concerne les motifs du licenciement. Sous cette réserve, la jurisprudence rapportée ci-dessous conserve toute sa valeur.

La lettre de licenciement fixe les limites du litige et c'est au regard des motifs qui y sont énoncés que s'apprécie le bien-fondé du licenciement (cass. soc. 19 juin 1991, n° 89-40.843, BC V n° 310; 4 juillet 2012, n° 11-17.469, RJS 10/12 n° 783). Elle s'oppose donc à ce que l'employeur invoque des motifs non indiqués dans cette lettre (cass. soc. 14 octobre 1993, n° 92-42.227, BC V n° 235; RJS 11/93 n° 1084 : l'employeur ayant seulement invoqué un motif économique dans la lettre de licenciement, la cour d'appel n'a pas à examiner le motif disciplinaire invoqué ultérieurement par l'employeur; cass. soc. 22 janvier 1998, n° 95-41.496, BC V n° 28; RJS 3/98 n° 291; 16 mars 1999, n° 96-45.247, BC V n° 115; RJS 5/99 n° 649: la lettre mentionnant la faute lourde du salarié sans énoncer aucun fait, le licenciement est sans cause réelle et sérieuse).

La Cour de cassation interprète strictement cette obligation d'énoncer les motifs du licenciement. Ainsi, l'employeur qui licencie un salarié en absence prolongée doit invoquer expressément dans la lettre de licenciement non seulement la nécessité du remplacement du salarié absent mais aussi l'existence de perturbations dans le fonctionnement de l'entreprise résultant de cette absence. À défaut, le licenciement sera déclaré sans cause réelle et sérieuse (cass. soc. 19 octobre 2005, n° 03-46.847, BC V n° 294; Dr. Soc. 2006, p. 109, obs. J. Savatier; voir aussi *infra* «Énonciation de motifs matériellement vérifiables»).

Mais l'employeur peut invoquer devant le juge tous les motifs mentionnés dans la lettre de licenciement, même ceux qui n'auraient pas été évoqués au cours de l'entretien (cass. soc. 28 juin 2000, n° 98-43.070, RJS 9-10/00 n° 927; 28 mai 1997, n° 94-42.835, BC V n° 196; RJS 7/97 n° 801; 17 décembre 2014, n° 13-20.217, LS Jurispr. n° 12 du 20.01.2015). En outre, si la lettre de licenciement doit énoncer des motifs précis et matériellement vérifiables, l'employeur est en droit, en cas de contestation, d'invoquer toutes les circonstances de fait qui permettent de vérifier ce motif (cass. soc. 15 octobre 2013, n° 11-18.977, BC V n° 232; RJS 12/13 n° 797). L'absence éventuelle dans la lettre de licenciement de mention expresse de la mauvaise foi avec laquelle le salarié a relaté des agissements de harcèlement moral n'est pas exclusive de la mauvaise foi de l'intéressé, laquelle peut être alléguée par l'employeur devant le juge (cass. soc. 16 septembre 2020, n° 18-26.696, à paraître, LSQ n° 18155 du 06.10.2020; RJS 11/20 n° 521; JSL n° 507, 09.11.2020, p. 11, M. Hautefort; JCP éd. S 2020, 3077, note C. Leborgne-Ingelaere).

La règle selon laquelle la lettre de licenciement fixe les limites du litige interdit à l'employeur seul d'invoquer devant le juge des motifs de licenciement autres que ceux mentionnés dans la lettre. Le salarié licencié peut en revanche toujours soutenir devant le juge que le véritable motif de licenciement est autre que celui présenté par l'employeur dans la lettre de licenciement; le juge recherchera quelle est la cause exacte du licenciement (cass. soc. 23 novembre 1999, n° 97-44.667, RJS 1/00 n° 27; 26 mai 1998, n° 96-41.062, BC V n° 276; RJS 7/98 n° 840; voir aussi cass. soc. 8 juillet 2020, n° 18-23.410, à paraître, LS Jurispr. n° 135 du 28.07.2020; JSL n° 505, 12.10.2020, p. 7, J-Ph. Lhernould; JCP éd. S 2020, 2097, note C. Leborgne-Ingelaere; RJS 11/20 n° 523, 1re espèce).

Rôle du juge. Si le juge doit s'en tenir au motif énoncé dans la lettre de licenciement, il n'est pas lié par la qualification donnée aux faits par l'employeur (cass. soc. 16 juin 1993, n° 91-45.102, Dr. Soc. 1993, p. 772; 30 juin 1993, n° 91-44.825, Dr. Soc. 1993, p. 771; 22 mars 1995, n° 93-45.121, RJS 5/95 n° 499; 16 septembre 2020, n° 18-25.943, à paraître, LS Jurispr. n° 175 du 29.09.2020; RJS 11/20 n° 534; JSL n° 507, 09.11.2020, p. 8, H. Nasom-Tissandier). Cependant, lorsque le licenciement présente un caractère disciplinaire, le juge ne peut retenir la cause réelle et sérieuse que si le fait allégué par l'employeur est un fait fautif (cass. soc. 27 octobre 2004, n° 02-41.187, BC V n° 268; RJS 1/05 n° 32: «motivé par une faute grave […], le licenciement présentait un caractère disciplinaire et ne pouvait être justifié que par une faute du salarié»; le licenciement prononcé à la suite du refus par le salarié d'un poste aménagé en raison de son inaptitude est sans cause réelle et sérieuse, car ce refus n'est pas fautif).

Par ailleurs, lorsqu'il est appelé à se prononcer sur un licenciement disciplinaire, le juge ne peut aggraver la qualification de la faute retenue par l'employeur dans la lettre de licenciement; il ne peut donc retenir une faute grave à l'encontre d'un salarié lorsque, dans la lettre de licenciement, l'employeur n'a prononcé qu'un licenciement pour cause réelle et sérieuse (cass. soc. 20 décembre 2017, n° 16-17.199, BC V n° 224; LSQ n° 17491 du 18.01.2018; RJS 3/18 n° 187; JSL n° 449, 16.03.2018, p. 8, B. Desaint; JCP éd. S 2018, 1061, note S. Poncet; 16 septembre 2020, n° 19-10.583, LS Jurispr. n° 175 du 29.09.2020). À l'inverse, le juge a la faculté de requalifier la faute et de conclure à un licenciement pour faute simple là où l'employeur avait vu une faute grave ou lourde; lorsque le juge ne retient pas la qualification de faute lourde invoquée par l'employeur dans la lettre de licenciement, faute de caractériser l'intention de nuire du salarié, il est même tenu, avant de juger le licenciement dépourvu de cause réelle et sérieuse, de vérifier si les faits reprochés au salarié ne sont pas constitutifs d'une faute grave ou d'une faute de nature à conférer une cause réelle et sérieuse au licenciement (cass. soc. 16 septembre 2020, n° 18-25.943, précité). Enfin, en l'absence de toute qualification par l'employeur des faits invoqués à l'encontre du salarié mentionnés dans la lettre de licenciement, il appartient au juge de les qualifier (cass. soc. 20 février 2019, n° 17-26.532, à paraître, LS Jurispr. n° 53 du 19.03.2019; JSL n° 474, 23.04.2019, p. 25, D. Julien-Paturle; RJS 5/19 n° 327: les juges du fond ont pu déduire qu'en notifiant à l'agent sa radiation des cadres de la SNCF en faisant état d'une absence injustifiée après rappel de reprendre son poste, l'employeur lui avait reproché une faute grave).

La Cour de cassation a également précisé que la seule référence dans la lettre de licenciement à une procédure contentieuse à l'encontre de la société envisagée par le salarié est constitutive d'une atteinte à la liberté fondamentale d'ester en justice entraînant à elle seule la nullité de la rupture du contrat de travail (cass. soc. 21 novembre 2018, n° 17-11.122, à paraître, LSQ n° 17714 du 14.12.2018; JSL n° 468, 28.01.2019, p. 26, M. H. ; RJS 2/19 n° 90, 2e espèce; JSL n° 469, 11.02.2019, pp. 8 et s., H. Nasom-Tissandier; RDT, janvier 2019, CH, 257, I. Meyrat).

• **Pluralité de motifs.** À condition de respecter les règles de procédure applicables à chaque cause de licenciement, l'employeur peut invoquer dans la lettre de licenciement des motifs différents de rupture, inhérents à la personne du salarié, dès lors qu'ils procèdent de faits distincts. Les juges ont alors l'obligation d'examiner tous les griefs énoncés dans la lettre de licenciement sans pouvoir opérer de sélection entre eux (cass. soc. 14 janvier 2014, n° 12-12.744, BC V n° 5;

RJS 4/14 n° 309; 17 octobre 2018, n° 17-13.431). Après avoir écarté un des motifs énoncés dans la lettre (faute grave), les juges du fond peuvent retenir l'autre motif pour déclarer le licenciement justifié (cass. soc. 23 septembre 2003, n° 01-41.478, BC V n° 242; RJS 11/03 n° 1260 et p. 863, avis J. Duplat; 6 juillet 2004, n° 02-41.578). Bien que cet arrêt semble réserver la possibilité d'énoncer plusieurs motifs aux situations où ces motifs sont tous inhérents à la personne du salarié, aucune raison juridique ne s'oppose à ce que la même solution soit retenue lorsque coexistent un motif économique et un motif personnel, découlant de faits indépendants (en ce sens, M-C Amauger-Lattes, D. 2004 SC 102; A. Cristau, Dr. Soc. 2003, p. 1119; «Les grands arrêts de droit du travail», D. 2004, p. 387).

Lorsque l'employeur invoque un motif économique et un motif personnel pour justifier le licenciement, le juge doit rechercher celui qui a été la cause première et déterminante du licenciement et apprécier le bien-fondé du licenciement au regard de cette seule cause (cass. soc. 3 avril 2002, n° 00-42.583, RJS 6/02 n° 697).

• **Absence d'énonciation de motifs.** Le défaut total d'énonciation des motifs ou l'imprécision des motifs invoqués *équivaut à une absence de motif de licenciement* (cass. soc. 29 novembre 1990, n° 88-44.308, BC V n° 598).

La chambre sociale de la Cour de cassation a eu l'occasion de réaffirmer à plusieurs reprises la règle qu'elle entend faire respecter: l'absence de motif dans la lettre de licenciement équivaut à une absence de cause réelle et sérieuse (cass. soc. 20 janvier 1993, n° 91-41.931, BC V n° 17; RJS 3/93 n° 259; 21 septembre 1993, n° 91-43.705, RJS 11/93 n° 1083; 12 janvier 1994, 4 arrêts, n°s 92-42.745, 92-42.827, 92-43.521, BC V n° 2 et n° 92-43.580, RJS 2/94 n° 137); il en est ainsi même lorsque c'est le salarié qui a demandé que la cause du licenciement ne soit pas mentionnée dans la lettre notifiant celui-ci (cass. soc. 10 janvier 1995, n° 92-44.800, BC V n° 19; RJS 2/95 n° 114) ou lorsque celui-ci a reconnu expressément, avant l'envoi de la lettre de licenciement, la réalité des fautes qui lui sont reprochées et qui motivent le licenciement (cass. soc. 19 mars 1998, n° 96-40.391, BC V n° 161; RJS 5/98 n° 583). L'Assemblée plénière a, dans un arrêt du 27 novembre 1998, confirmé cette jurisprudence (cass. ass. plén. 27 novembre 1998, n° 96-44.358, BC n° 7; RJS 1/99 n° 23).

L'indication du motif de licenciement dans la lettre de convocation à l'entretien ne saurait remplacer la mention du motif dans la lettre de licenciement (cass. soc. 12 janvier 1994, 3 arrêts, n°s 92-42.745, 92-42.827 et 92-43.521, précités; 30 novembre 1994, n° 93-40.368, BC V n° 317; Dr. Soc. 1995, p. 61; 18 mai 1995, n° 94-40.153, RJS 8-9/95 n° 874; cass. ass. plén. 27 novembre 1998, 3 arrêts, n°s 97-40.423, BC n° 6 et n°s 96-40.199 et 96-44.358, BC n° 7; RJS 1/99 n° 23). Cependant, lorsqu'une copie de la lettre de convocation, mentionnant les motifs faisant envisager le licenciement, est annexée à la lettre notifiant le licenciement, la chambre sociale de la Cour de cassation juge que la lettre de convocation fait partie intégrante de la lettre de licenciement et que celle-ci énonce donc les motifs de licenciement (cass. soc. 2 décembre 1998, n° 96-44.363, RJS 1/99 n° 23). De même, la référence dans la lettre de licenciement à des correspondances antérieures ne vaut pas énonciation des motifs (cass. soc. 31 mai 1995, n° 93-44.719, BC V n° 171; Dr. Soc. 1995, p. 677, obs. H. Blaise; 7 octobre 1997, n° 94-44.306, RJS 11/97 n° 1223), mais la référence, dans la lettre de licenciement, aux faits contenus dans un procès-verbal des services vétérinaires à l'encontre du salarié responsable de la boucherie vaut indication du motif de licenciement (cass. soc. 11 juin 1996, n° 93-42.778, RJS 11/96 n° 1162). De façon plus générale, il est admis que la lettre de licenciement, renvoyant à une annexe jointe à la lettre, est une lettre motivée dans la mesure où l'annexe fait état de motifs précis (cass. soc. 10 octobre 2000, n° 98-40.496, RJS 12/00 n° 1241).

• **Énonciation de motifs matériellement vérifiables.** La Cour de cassation a d'abord assimilé l'imprécision des motifs invoqués à l'absence d'énonciation de motifs (cass. soc. 29 novembre 1990, n° 88-44.308, BC V n° 598; 5 octobre 1994, n° 92-45.105, BC V n° 257; RJS 11/94 n° 1257, 2e espèce; 21 juin 1994, n° 93-41.093, RJS 10/94 n° 1125, 2e espèce: licenciement en raison de la conjoncture économique: motif imprécis; 29 juin 1994, n° 93-43.526, RJS 8-9/94 n° 971: licenciement pour suppression de poste: le motif est imprécis; il aurait fallu préciser les motifs économiques ou de changement de technologie à l'origine de cette suppression de poste).

Puis la Cour de cassation a atténué la portée du principe qu'elle avait posé. Elle juge que la lettre de licenciement mentionne un motif suffisamment précis lorsqu'elle indique les griefs adressés au salarié sans en préciser la date (cass. soc. 7 mars 1995, 2 arrêts, n°s 93-43.415 et 93-43.596, RJS 4/95 n° 366; 15 octobre 2002, n° 00-44.954, RJS 12/02 n° 1377; 11 juillet 2012, n° 10-28.798, RJS 11/12 n° 871; 9 juillet 2014, n° 13-13.719, JSL n° 375, 5.11.2014, p. 17, Fr. Taquet), l'insuffisance des résultats obtenus par le salarié (cass. soc. 13 décembre 1994, n° 93-43.945, BC V n° 339; RJS 4/95 n° 365), l'insuffisance professionnelle (cass. soc. 4 octobre 1994, n° 92-45.161; 26 octobre 1995, n° 94-42.217, RJS 12/95 n° 1238; 23 mai 2000, n° 98-42.064, BC V n° 194; RJS 7-8/00 n° 783), les indélicatesses commises par le salarié (cass. soc. 3 mai 1995, n° 93-46.012, BC V n° 140; RJS 7/95 n° 767).

Mais elle juge que «les difficultés relationnelles» sont des termes trop généraux qui ne permettent pas de contrôler la cause du licenciement (cass. soc. 25 juin 1997, n° 95-42.451, BC V n° 236), que la lettre indiquant que le salarié ne remplit pas la tâche qui lui a été confiée est insuffisamment motivée (cass. soc. 7 janvier 1998, n° 95-41.371), ou encore que le motif «absence prolongée gênant le bon fonctionnement du service» manque de précision (cass. soc. 5 juin 2001, n° 99-41.603, BC V n° 209; JSL 13.09.2001, p. 22: il faut préciser que cette absence rend nécessaire le remplacement définitif du salarié, sinon le licenciement sera réputé sans cause réelle et sérieuse; dans un arrêt du 10 novembre 2004, n° 02-45.187, BC V n° 284; RJS 1/05 n° 31, la Cour de cassation juge que la lettre de licenciement est suffisamment motivée lorsqu'elle mentionne la nécessité du remplacement du salarié absent en raison de son état de santé et qu'il appartient aux juges du fond de vérifier que le remplacement a été définitif; cass. soc. 2 décembre 2009, n° 08-43.486, RJS 2/10 n° 171; 1er février 2017, n° 15-17.101; 26 juin 2018, n° 15-28.868, LS Jurispr. n° 139 du 31.07.2018; JSL n° 461, 11.10.2018, p. 21, F. Lalanne: la lettre de licenciement doit énoncer expressément la perturbation dans le fonctionnement de l'entreprise; la seule mention d'une perturbation dans le fonctionnement du service dans lequel travaillait le salarié prive le licenciement de cause réelle et sérieuse; voir toutefois cass. soc. 5 février 2020, n° 18-17.394, LS Jurispr. n° 42 du 03.03.2020 : la seule mention d'une désorganisation du service au sein duquel la salariée travaillait ne prive pas le licenciement de cause réelle et sérieuse dès lors que les juges du fond ont constaté que les absences répétées de la salariée désorganisaient l'entreprise). De même, la référence à une faute lourde (cass. soc. 16 mars 1999, n° 96-45.247, BC V n° 115; RJS 5/99 n° 649), à une incompatibilité d'humeur (cass. soc. 4 février 1998, n° 95-41.982), à une mésentente sans autre précision (cass. soc. 5 février 2002, n° 99-44.383, BC V n° 50; RJS 4/02 n° 409), au non-respect de la hiérarchie (cass. soc. 31 mars 1999, n° 96-40.448), à de graves négligences (cass. soc. 5 juillet 2000, n° 98-42.889, RJS 9-10/00 n° 929), à un comportement déloyal (cass. soc. 10 mai 2001, n° 99-40.128, BC V n° 161; RJS 7/01 n° 850), à une inaptitude au poste occupé sans indication de la nature physique ou professionnelle de l'inaptitude invoquée (cass. soc. 20 février 2002, n° 99-40.527, BC V n° 72; RJS 5/02 n° 551), à l'inaptitude physique du salarié sans mention de l'impossibilité de reclassement (cass. soc. 26 septembre 2012, n° 11-14.989, RJS 12/12 n° 925) ne constitue pas l'énonciation d'un motif suffisamment précis ou «matériellement vérifiable». Enfin, n'est pas motivée la lettre de licenciement qui se borne à évoquer le retrait de l'agrément nécessaire pour occuper un poste sans préciser les faits à l'origine de ce retrait, peu important à cet égard que des règles statutaires imposent le licenciement du salarié s'étant vu retirer son agrément (cass. soc. 12 janvier 2011, n° 09-41.904, BC V n° 16; RJS 3/11 n° 221).

Dans plusieurs décisions, la chambre sociale de la Cour de cassation substitue à l'exigence de «motif précis» celle de «motif matériellement vérifiable»; «la lettre de licenciement qui énonce des griefs matériellement vérifiables répond aux conditions exigées par l'ancien article L. 122-14-2 CT», devenu L. 1232-6 CT (cass. soc. 14 mai 1996, n° 94-45.499, BC V n° 189 et n° 93-40.279, RJS 6/96 n° 664; 5 juillet 2000, n° 98-42.889, précité; 23 mai 2000, n° 98-42.064, BC V n° 194; RJS 7-8/00 n° 783; 10 mai 2001, n° 99-40.128, BC V n° 161; RJS 7/01 n° 850; 4 juillet 2018, n° 16-21.737: le grief relatif au comportement extrêmement familier du salarié avec ses équipes le mettant notamment dans l'impossibilité de sanctionner les erreurs et manquements professionnels de celles-ci constitue un motif de licenciement matériellement vérifiable pouvant être précisé et discuté devant les juges du fond).

Par ailleurs, ce qui importe, c'est l'énonciation de griefs dans la lettre de licenciement et non pas la qualification juridique qui leur est donnée par l'employeur pour savoir si le licenciement a une cause réelle et sérieuse (cass. soc. 30 septembre 1997, n° 94-45.474, RJS 11/97 n° 1228 : l'employeur avait licencié pour insuffisance professionnelle en mentionnant dans la lettre les fautes commises par le salarié; le licenciement doit être requalifié en licenciement disciplinaire, mais les juges ne peuvent pas condamner l'employeur pour absence de cause réelle et sérieuse au motif que la cause de licenciement n'est pas l'insuffisance professionnelle; ils doivent rechercher si les fautes mentionnées dans la lettre de licenciement sont de nature à justifier un licenciement).

• **Office du juge.** Même si le moyen tiré du défaut de motivation de la lettre de licenciement n'a pas été soulevé par le salarié devant les juges du fond, il est nécessairement dans le débat. Il appartient donc aux juges de rechercher, au besoin d'office, en respectant le principe du contradictoire, si la lettre de licenciement énonce le ou les motifs du licenciement (cass. soc. 26 mai 1999, n° 97-40.803, BC V n° 235; RJS 7/99 n° 906).

• **Point de départ du préavis.** Si la rupture du contrat de travail se situe à la date d'envoi de la lettre recommandée avec demande d'avis de réception notifiant le licenciement, le préavis ne court qu'à compter de la date de présentation de cette lettre (cass. soc. 7 novembre 2006, n° 05-42.323, BC V n° 327). La procédure de précision des motifs de licenciement ne modifie pas le point de départ du préavis, qui commence à courir dès la date de présentation de la lettre recommandée initiale notifiant le licenciement («Questions - Réponses» sur la rupture du contrat de travail, publié sur le site internet du ministère du Travail le 15 juillet 2020, question 11).

• **Délai.** Si, pour la notification du licenciement, la loi exige l'observation d'un délai minimal variant selon le motif (personnel ou économique) du licenciement, elle n'a fixé aucun délai maximal. Doit être rejeté le pourvoi fondé sur le motif qu'une lettre de licenciement était illégale pour avoir été envoyée plus d'un mois après l'entretien préalable, alors que l'article L. 122-14-1 [L. 1232-6] CT ne fixe aucun délai maximal entre l'entretien préalable et la lettre de licenciement (cass. soc. 24 janvier 1991, n° 89-40.263). Toutefois, s'il s'agit d'un licenciement prononcé pour motif disciplinaire, il y a lieu d'appliquer l'article L. 122-41 [L. 1332-2] CT; la lettre de licenciement ne peut pas être adressée plus d'un mois après l'entretien préalable (cass. soc. 7 juillet 1998, n° 96-40.487, BC V n° 368; RJS 10/98 n° 1218; 4 mai 1995, n° 93-41.440, RJS 6/95 n° 630; 16 mars 1995, n° 90-41.213, BC V n° 90; RJS 5/95 n° 498: le caractère tardif de la sanction prive le licenciement de cause; voir aussi cass. soc. 17 octobre 2018, n° 16-27.808, RJS 1/19, n° 1, 2e espèce: ayant constaté qu'une seconde enquête décidée par l'employeur s'était avérée nécessaire pour tenir compte des contestations et observations du salarié sur les faits reprochés lors du premier entretien préalable, que cette enquête avait conduit à la découverte de faits nouveaux et que l'employeur avait convoqué dans le délai d'un mois à l'issue du premier entretien le salarié à un nouvel entretien préalable pour recueillir ses observations, une cour d'appel en a déduit à bon droit que la notification du licenciement intervenue, pour l'ensemble de ces faits, dans le mois suivant le second entretien préalable était régulière).

• **Absence de notification dans les formes requises.** Lorsque l'employeur manifeste sa volonté de licencier sans notifier le licenciement par lettre recommandée, le contrat de travail est rompu; «malgré son irrégularité, le licenciement verbal a pour effet de rompre le contrat de travail» (cass. soc. 12 mars 1992, n° 90-44.174, RJS 4/92 n° 425; 30 septembre 1992, n° 88-44.080). Mais, en l'absence de lettre notifiant le licenciement, celui-ci sera considéré comme sans cause réelle et sérieuse (cass. soc. 23 juin 1998, n° 96-41.688, RJS 8-9/98 n° 971; 17 février 2004, n° 01-45.659, JSL n° 142, 23 mars 2004, p. 25; voir aussi cass. soc. 24 mai 2018, n° 17-16.362, RJS 8-9/18 n° 532; LS Jurispr. n° 143 des 6-7.08.2018 : la non-réception de la lettre de licenciement par le salarié en raison d'une erreur de l'employeur dans le libellé de l'adresse figurant sur le formulaire du recommandé avec avis de réception prive le licenciement de cause réelle et sérieuse) et ne pourra être régularisé *a posteriori* par l'envoi d'une lettre de convocation à un entretien préalable à un éventuel licenciement (cass. soc. 10 janvier 2017, n° 15-13.007, LS Jurispr. n° 17 du 24.01.2017; JSL n° 426, 24.02.2017, pp. 27 et s., A. Bonnet). La manifestation par l'employeur, avant l'entretien préalable, de sa volonté irrévocable de rompre le contrat de travail constitue un licenciement verbal dépourvu de cause réelle et sérieuse (cass. soc. 12 décembre 2018, n° 16-27.537, RJS 3/19 n° 157).

Il appartient aux juges du fond d'apprécier si l'employeur a manifesté ou non sa volonté de mettre fin au contrat de travail du salarié (voir par exemple cass. soc. 7 novembre 2018, n° 17-21.474, s'agissant d'un courriel jugé comme ne caractérisant pas la manifestation de la volonté de l'employeur de mettre fin au contrat de travail du salarié).

Art. R. 1232-13. ***(D. 2017-1702 du 15 déc. 2017, JO 17)*** Dans les quinze jours suivant la notification du licenciement, le salarié peut, par lettre recommandée avec avis de réception ou remise contre récépissé, demander à l'employeur des précisions sur les motifs énoncés dans la lettre de licenciement.

L'employeur dispose d'un délai de quinze jours après la réception de la demande du salarié pour apporter des précisions s'il le souhaite. Il communique ces précisions au salarié par lettre recommandée avec avis de réception ou remise contre récépissé.

Dans un délai de quinze jours suivant la notification du licenciement et selon les mêmes formes, l'employeur peut, à son initiative, préciser les motifs du licenciement.

Note • Cet article est applicable aux licenciements prononcés après le 17 décembre 2017 (décret 2017-1702 précité, art. 2).

• Le Conseil d'État a rejeté le recours, formé par plusieurs syndicats, en annulation du décret 2017-1702 du 15 décembre 2017 ayant introduit cet article, jugeant notamment que le délai imparti au salarié licencié pour demander à l'employeur de préciser les motifs mentionnés dans la lettre de licenciement ne portait pas atteinte au droit des salariés licenciés de contester, devant la juridiction compétente, le licenciement ou, le cas échéant, l'autorisation administrative de licenciement, et qu'il était ainsi compatible avec les exigences résultant de l'article 6, § 1 de la Convention européenne de sauvegarde des droits de l'homme et des libertés fondamentales, malgré son absence d'effet interruptif sur le délai de contestation en justice du licenciement (CE 6 mai 2019, n° 417299, LSQ n° 17813 du 10.05.2019; RJS 7/19 n° 422 et pp. 517 et s., concl. Fr. Dieu). Voir aussi note sous article L. 1235-2.

SECTION 4. Conseiller du salarié

Art. L. 1232-7. Le conseiller du salarié est chargé d'assister le salarié lors de l'entretien préalable au licenciement dans les entreprises dépourvues d'institutions représentatives du personnel.

Il est inscrit sur une liste arrêtée par l'autorité administrative après consultation des organisations représentatives d'employeurs et de salariés au niveau national, dans des conditions déterminées par décret.

La liste des conseillers comporte notamment le nom, l'adresse, la profession ainsi que l'appartenance syndicale éventuelle des conseillers. Elle ne peut comporter de conseillers prud'hommes en activité.

Note Voir note sous article L. 1232-4.

Art. L. 1232-8. Dans les établissements ***(L. 2012-387 du 22 mars 2012, art. 43, 3°, JO 23)*** «d'au moins onze salariés», l'employeur laisse au salarié investi de la mission de conseiller du salarié le temps nécessaire à l'exercice de sa mission dans la limite d'une durée qui ne peut excéder quinze heures par mois.

Art. L. 1232-9. Le temps passé par le conseiller du salarié hors de l'entreprise pendant les heures de travail pour l'exercice de sa mission est assimilé à une durée de travail effectif pour la détermination de la durée des congés payés, du droit aux prestations d'assurances sociales et aux prestations familiales ainsi qu'au regard de tous les droits que le salarié tient du fait de son ancienneté dans l'entreprise.

Ces absences sont rémunérées par l'employeur et n'entraînent aucune diminution des rémunérations et avantages correspondants.

Note Une circulaire DRT 2000-4 du 10 avril 2000 (BO TR 2000/19 du 20 octobre 2000) précise que lorsque le conseiller du salarié est victime d'un accident de trajet à l'occasion de l'exercice de sa mission, la direction départementale du travail [Direccte puis, désormais, Dreets] doit rembourser à l'employeur de ce conseiller le complément de salaire versé en application de l'accord national interprofessionnel du 10 décembre 1977, d'une convention collective de branche ou de l'accord d'entreprise. Ce remboursement est effectué selon les modalités qui président au remboursement des rémunérations des conseillers du salarié.

Art. L. 1232-10. Un décret détermine les modalités d'indemnisation du conseiller du salarié qui exerce son activité professionnelle en dehors de tout établissement ou dépend de plusieurs employeurs.

Art. L. 1232-11. Les employeurs sont remboursés par l'État des salaires maintenus pendant les absences du conseiller du salarié pour l'exercice de sa mission ainsi que des avantages et des charges sociales correspondants.

Art. L. 1232-12. L'employeur accorde au conseiller du salarié, sur la demande de ce dernier, des autorisations d'absence pour les besoins de sa formation. Ces autorisations sont délivrées dans la limite de deux semaines par période de trois ans suivant la publication de la liste des conseillers sur laquelle il est inscrit.

Les dispositions des articles ***(L. 2016-1088 du 8 août 2016, art. 33, VI, JO 9)*** « L. 2145-5» à ***(L. 2016-1088 du 8 août 2016, art. 33, VII, JO 9)*** « L. 2145-10», ***(L. 2016-1088 du 8 août 2016, art. 33, X, JO 9)*** «et L. 2145-12», relatives au congé de formation économique, sociale et syndicale, sont applicables à ces autorisations.

Art. L. 1232-13. Le conseiller du salarié est tenu au secret professionnel pour toutes les questions relatives aux procédés de fabrication.

Il est tenu à une obligation de discrétion à l'égard des informations présentant un caractère confidentiel et données comme telles par l'employeur.

Toute méconnaissance de cette obligation peut entraîner la radiation de l'intéressé de la liste des conseillers par l'autorité administrative.

Art. L. 1232-14. L'exercice de la mission de conseiller du salarié ne peut être une cause de rupture du contrat de travail.

Le licenciement du conseiller du salarié est soumis à la procédure d'autorisation administrative prévue par le livre IV de la deuxième partie.

Note La protection accordée au conseiller du salarié est indépendante de l'accomplissement de missions dont la mise en œuvre ne lui appartient pas (cass. soc. 14 janvier 2003, n° 00-45.883, BC V n° 4; Dr. Soc. 2003, p. 445, obs. Fr. Duquesne).

Le conseiller du salarié est désigné pour une période de trois ans (art. D. 1232-6; cass. soc. 19 juin 2007, n° 05-46.017, BC V n° 106; RJS 8-9/07 n° 933). La période de protection accordée au conseiller du salarié prend désormais fin au terme de la période de trois ans en cours au jour de son licenciement ou douze mois après la cessation de ses fonctions, à condition qu'il les ait exercées au moins pendant un an (cass. soc. 19 juin 2007, n° 05-46.017, précité).

La nouvelle rédaction du code du travail ne reprenant pas les termes de la rédaction antérieure, un employeur prétendait que le conseiller du salarié ne bénéficiait d'une protection particulière que pendant la période où il était conseiller et qu'il n'était plus protégé après la cessation de sa fonction. La Cour de cassation rejette cette prétention: «sauf dispositions expresses contraires, la recodification est intervenue à droit constant. Il en résulte que s'appliquent au conseiller du salarié les dispositions de l'article L. 2411-33 CT relatives à la protection d'un délégué syndical» (cass. soc. 27 janvier 2010, n° 08-44.376, BC V n° 22; RJS 4/10 n° 322: le conseiller ayant exercé ses fonctions plus de douze mois ne peut être licencié sans autorisation administrative pendant les douze mois suivant la cessation de ses fonctions).

Cet article soumettant le licenciement d'un conseiller du salarié à la procédure prévue par le livre IV de la deuxième partie du code du travail, il en résulte que les dispositions de l'article L. 2422-1 lui sont applicables; en conséquence, à la suite de l'annulation de l'autorisation administrative de licenciement, le conseiller du salarié a droit à réintégration dans son emploi ou dans un emploi équivalent (cass. soc. 17 mai 2017, n° 16-14.979, BC V n° 86; JCP éd. S 2017, 1225, note J-Y Kerbourc'h; RJS 8-9/17 n° 590).

Art. D. 1232-4. La liste des conseillers du salarié est préparée par le ***(D. 2020-1545 du 9 déc. 2020, JO 10, entrée en vigueur le 01.04.2021)*** «directeur régional de l'économie, de l'emploi, du travail et des solidarités», après consultation des organisations d'employeurs et de salariés représentatives au niveau national siégeant à la Commission nationale de la négociation collective ***(D. 2018-1262 du 26 déc. 2018, art. 1er, III, JO 28, entrée en vigueur le 01.01.2019)*** «, de l'emploi et de la formation professionnelle», dont les observations sont présentées dans le délai d'un mois.

Les conseillers du salarié sont choisis en fonction de leur expérience des relations professionnelles et de leurs connaissances du droit social.

Ils exercent leurs fonctions à titre gratuit.

Note L'article L. 1232-7 précise que ces listes ne peuvent comporter de conseillers prud'hommes en activité. Il ressort par ailleurs de l'article D. 1232-7 (ancien art. D. 122-5) que «des fonctionnaires en activité» (ex.: inspecteur du travail, contrôleur du travail) peuvent au contraire être inscrits sur lesdites listes.

Art. D. 1232-5. La liste des conseillers du salarié est arrêtée dans chaque département par le préfet et publiée au recueil des actes administratifs de la préfecture.

Elle est tenue à la disposition des salariés dans chaque section d'inspection du travail et dans chaque mairie.

Note Voir note sous article L. 1232-4.

Art. D. 1232-6. La liste des conseillers du salarié est révisée tous les trois ans.

Elle peut être complétée à tout moment si nécessaire.

Art. D. 1232-7. Les frais de déplacement et de séjour hors de leur résidence supportés par les médiateurs, les experts et les personnes qualifiées, pour l'accomplissement de leur mission, leur sont remboursés dans les conditions prévues par la réglementation en vigueur pour les fonctionnaires de l'État.

Art. D. 1232-8. Le conseiller du salarié qui a réalisé au moins quatre interventions au cours de l'année civile peut bénéficier d'une indemnité forfaitaire annuelle dont le montant est fixé par arrêté conjoint des ministres chargés du budget et du travail.

Art. D. 1232-9. L'employeur est remboursé mensuellement par l'État des salaires maintenus en application des dispositions de l'article L. 1232-9 ainsi que de l'ensemble des avantages et des charges sociales correspondant qui lui incombent.

Lorsque l'horaire de travail est supérieur à la durée légale, la charge des majorations pour heures supplémentaires est répartie entre l'État et l'employeur. Cette répartition est réalisée proportionnellement au temps passé par le conseiller du salarié respectivement au sein de son entreprise et dans l'exercice de sa fonction d'assistance.

Ce remboursement est réalisé au vu d'une demande établie par l'employeur et contresignée par le conseiller du salarié mentionnant l'ensemble des absences de l'entreprise ayant donné lieu à maintien de la rémunération ainsi que les autres éléments nécessaires au calcul des sommes dues. Cette demande de remboursement est accompagnée directement d'une copie du bulletin de paie correspondant ainsi que des attestations des salariés bénéficiaires de l'assistance.

En cas d'employeurs multiples, il est produit autant de demandes de remboursement qu'il y a d'employeurs ayant maintenu des salaires.

Art. D. 1232-10. Par dérogation aux dispositions de l'article D. 1232-9, le conseiller du salarié rémunéré uniquement à la commission est indemnisé directement dans les conditions prévues par le présent article.

Pour chaque heure passée entre 8 heures et 18 heures dans l'exercice des fonctions de conseiller, le conseiller du salarié rémunéré uniquement à la commission perçoit une indemnité horaire égale à 1 / 1 900 des revenus professionnels déclarés à l'administration fiscale l'année précédente.

À cet effet, l'intéressé produit copie de sa déclaration d'impôts ainsi qu'une attestation de revenus délivrée par le ou les employeurs.

Art. D. 1232-11. Le salarié qui exerce son activité professionnelle en dehors de tout établissement, à l'exception des salariés mentionnés à l'article D. 1232-10, a droit à ce que les heures passées à l'exercice des fonctions de conseiller du salarié entre 8 heures et 18 heures soient considérées, en tout ou partie, comme des heures de travail et payées comme telles par l'employeur.

Ce dernier est remboursé intégralement dans les conditions prévues à l'article D. 1232-9.

Art. D. 1232-12. Le conseiller du salarié peut être radié de la liste par le préfet, dans les conditions prévues à l'article L. 1232-13.

CHAPITRE III Licenciement pour motif économique

Note • Les dispositions insérées dans ce chapitre, issues de la loi 75-5 du 3 janvier 1975 relative aux licenciements pour cause économique, ont été profondément modifiées, notamment par les lois 86-797 et 86-1320 du 3 juillet 1986 (JO 4), 30 décembre 1986 (JO 31), 89-549 du 2 août 1989 (JO 8), 92-722 du 29 juillet 1992 (JO 30), 93-121 du 27 janvier 1993 (JO 30), 93-1313 du 20 décembre 1993 (JO 21), 2002-73 du 17 janvier 2002 (JO 18, avec C. constit. 12 janvier 2002, n° 2001-455 DC), 2005-32 du 18 janvier 2005 (JO 19, avec C. constit. 13 janvier 2005, n° 2004-509 DC) et par la loi 2013-504 du 14 juin 2013 (JO 16, avec C. constit. 13 juin 2013, n° 13-672 DC) prise à la suite de l'accord national interprofessionnel du 11 janvier 2013 au service de la compétitivité des entreprises et de la sécurisation de l'emploi. La loi 2015-990 du 6 août 2015 (JO 7) a apporté certains assouplissements, notamment en matière d'accords de maintien de l'emploi, ainsi que divers ajustements à la procédure de licenciement collectif avec PSE. Enfin, l'ordonnance 2017-1387 du 22 septembre 2017 (JO 23) a cantonné au territoire national l'appréciation du motif économique de licenciement et simplifié les règles relatives notamment à l'obligation de reclassement et au périmètre d'application des critères d'ordre des licenciements.

• Le cadre communautaire est défini par la directive 98/59/CE du Conseil du 20 juillet 1998 modifiée relative aux licenciements collectifs (JOCE L 225 du 12.08.1998) qui a codifié la directive 75/129/CEE du 17 février 1975 complétée par la directive 92/56/CEE du 24 juin 1992. Un arrêt de la CJCE du 15 février 2007 (aff. C-270/05, rec. p. I-1499) précise la notion d'établissement visée par la directive; la CJUE a également précisé les cessations de contrat de travail à prendre en compte pour caractériser un licenciement collectif et le seuil d'effectif conditionnant la mise en œuvre de la procédure de licenciement économique collectif (CJUE 11 novembre 2015, aff. C-422/14, JOUE C 16/12 du 18.01.2016; RJS 3/16 n° 223), ainsi que la période de référence à prendre en compte pour déterminer si ce seuil est atteint (CJUE 11 novembre 2020, aff. C-300/19).

• Voir notamment: P. Morvan, «Le droit des licenciements pour motif économique retouché par la loi du 6 août 2015», JCP éd. S 2015, 1320; G. Couturier, «Le droit du licenciement économique», Dr. Soc. 2018, p. 17; LS Les Thématiques n° 64, décembre 2018, «Le licenciement économique I»; RF Social, juillet-août 2020, Cahier juridique n° 209, «Licenciement économique: motifs et prévention»; RF Social, septembre 2020, Cahier juridique n° 210, «Licenciement économique: procédures».

• Voir également:
- circulaire DGEFP/DRT 2005-47 du 30 décembre 2005 (BO TR 2006/2) relative à l'anticipation et à l'accompagnement des restructurations et instruction DGEFP n° 12 du 30 juillet 2008 relative au rôle de l'État en matière de restructurations (BO MT 2008/10 du 30 octobre 2008; LS Bref n° 15187 du 2.09.2008);
- instruction DGEFP 2013/10 du 26 juin 2013 (NOR: ETSD1316861J) relative aux orientations pour l'exercice des nouvelles responsabilités des Direccte dans les procédures de licenciements économiques collectifs;
- instruction DGEFP/DGT 2013/13 du 19 juillet 2013 (NOR: ETSD1319060J) relative à la mise en œuvre de la procédure de licenciement économique collectif;
- «Questions - Réponses» sur la rupture du contrat de travail, publié sur le site internet du ministère du Travail le 15 juillet 2020, explicitant les dispositions relatives à la procédure de licenciement introduites par les ordonnances du 22 septembre 2017 sur le renforcement du dialogue social et la sécurisation des relations de travail (questions 1 à 11 et 31 à 42).

• *Covid-19.* Voir J. Icard, «Le licenciement pour motif économique et la crise sanitaire», Dr. Soc. 2020, p. 602.

SECTION 1. Champ d'application

Art. L. 1233-1. Les dispositions du présent chapitre sont applicables dans les entreprises et établissements privés de toute nature ainsi que, sauf dispositions particulières, dans les entreprises publiques et les établissements publics industriels et commerciaux.

Note • **Employés de maison.** Le licenciement d'un employé de maison, même s'il repose sur un motif étranger à sa personne, n'est pas soumis aux dispositions concernant les licenciements pour motif économique (cass. soc. 18 février 1998, n° 95-44.721, BC V n° 94; RJS 4/98 n° 539).

• **Personnels des services des ambassades et des services diplomatiques d'un État.** Les règles régissant le licenciement pour motif économique ne sont pas applicables aux licenciements des personnels des services administratifs et techniques des ambassades et services diplomatiques des États étrangers (cass. soc. 13 novembre 2008, n° 07-41.411, BC V n° 216; RJS 1/09 n° 28; 23 avril 2013, n° 11-28.197, BC V n° 107; RJS 7/13 n° 524).

• **Salariés d'un syndicat de copropriétaires.** Lorsqu'un syndicat de copropriétaires est chargé d'administrer une résidence de personnes âgées disposant d'un service médical, et n'assure pas seulement l'administration et la conservation de l'immeuble commun en vertu de l'article 14 de la loi du 10 juillet 1965 fixant le statut de la copropriété, les licenciements des infirmières affectées au service médical relèvent des dispositions des articles L. 1233-1 et suivants CT concernant les licenciements pour motif économique (cass. soc. 21 novembre 2018, n° 17-12.599, à paraître, LS Jurispr. n° 219 du 04.12.2018; JCP éd. S 2019, 1003, note Fr. Dumont; JSL n° 468, 28.01.2019, p. 24, M. H. ; RJS 2/19 n° 96).

SECTION 2. Dispositions communes

Sous-section 1. Cause réelle et sérieuse

Art. L. 1233-2. ***(L. 2008-596 du 25 juin 2008, JO 26)*** Tout licenciement pour motif économique est motivé dans les conditions définies par le présent chapitre.

Il est justifié par une cause réelle et sérieuse.

Note • Le défaut de cause réelle et sérieuse de licenciement ne lui enlève pas sa nature juridique de licenciement économique; le salarié est alors fondé à prétendre au bénéfice des mesures d'accompagnement prévues par le plan social (cass. soc. 14 février 2007, n° 05-40.504, BC V n° 25; RJS 5/07 n° 580).

• Il appartient aux juges du fond d'apprécier la réalité et le sérieux des difficultés économiques (cass. soc. 6 février 1996, n° 92-43.732; 12 mai 1998, 2 arrêts, n°s 95-44.100 et 96-40.370, BC V n° 245; RJS 6/98 n° 712); ils ne peuvent se borner à énoncer que la baisse du chiffre d'affaires d'une société suffisait à justifier dans son principe le licenciement économique prononcé (cass. soc. 12 décembre 1991, n° 90-44.762, BC V n° 579; 6 juillet 1999, n° 97-41.036, BC V n° 327; RJS 10/99 n° 1236). Pour apprécier le caractère réel et sérieux des licenciements pour motif économique, le juge doit se placer au moment de la notification de leur licenciement aux salariés (cass. soc. 30 mars 2010, n° 09-40.068, BC V n° 83; RDT, juin 2010, CH, 372, Fr. Géa), mais il peut également tenir compte d'éléments postérieurs au licenciement (cass. soc. 11 décembre 2019, n° 18-17.874; voir aussi note sous article L. 1233-3, «Difficultés économiques»).

• Voir aussi B. Gauriau, «Faut-il nommer l'ordre public ? (Contribution à l'étude de la cause réelle et sérieuse du licenciement)», RJS 7/19, chron. p. 513.

Sous-section 2. Définition du motif économique

Art. L. 1233-3. Constitue un licenciement pour motif économique le licenciement effectué par un employeur pour un ou plusieurs motifs non inhérents à la personne du salarié résultant d'une suppression ou transformation d'emploi ou d'une modification, refusée par le salarié, d'un élément essentiel du contrat de travail, consécutives ***(L. 2016-1088 du 8 août 2016, art. 67, JO 9, entrée en vigueur le 01.12.2016)*** «notamment:

1° À des difficultés économiques caractérisées soit par l'évolution significative d'au moins un indicateur économique tel qu'une baisse des commandes ou du chiffre d'affaires, des pertes d'exploitation ou une dégradation de la trésorerie ou de l'excédent brut d'exploitation, soit par tout autre élément de nature à justifier de ces difficultés.

Une baisse significative des commandes ou du chiffre d'affaires est constituée dès lors que la durée de cette baisse est, en comparaison avec la même période de l'année précédente, au moins égale à :

a) Un trimestre pour une entreprise de moins de onze salariés;

b) Deux trimestres consécutifs pour une entreprise d'au moins onze salariés et de moins de cinquante salariés;

c) Trois trimestres consécutifs pour une entreprise d'au moins cinquante salariés et de moins de trois cents salariés;

d) Quatre trimestres consécutifs pour une entreprise de trois cents salariés et plus;

2° À des mutations technologiques;

3° À une réorganisation de l'entreprise nécessaire à la sauvegarde de sa compétitivité;

4° À la cessation d'activité de l'entreprise.

La matérialité de la suppression, de la transformation d'emploi ou de la modification d'un élément essentiel du contrat de travail s'apprécie au niveau de l'entreprise.»

(Ord. 2017-1387 du 22 sept. 2017, art. 15, JO 23) «Les difficultés économiques, les mutations technologiques ou la nécessité de sauvegarder la compétitivité de l'entreprise s'apprécient au niveau de cette entreprise si elle n'appartient pas à un groupe et, dans le cas contraire, au niveau du secteur d'activité ***(Ord. 2017-1718 du 20 déc. 2017, art. 1er, I, 4°, JO 21)*** «commun à cette entreprise et aux» entreprises du groupe auquel elle appartient, établies sur le territoire national ***(L. 2018-217 du 29 mars 2018, art. 11, I, 3°, JO 31)*** «, sauf fraude.»

(Ord. 2017-1718 du 20 déc. 2017, art. 1er, I, 4°, JO 21) «Pour l'application du présent article, la notion de groupe désigne le groupe formé par une entreprise appelée entreprise dominante et les entreprises qu'elle contrôle dans les conditions définies à l'article L. 233-1, aux I et II de l'article L. 233-3 et à l'article L. 233-16 du code de commerce.»

Le secteur d'activité permettant d'apprécier la cause économique du licenciement est caractérisé, notamment, par la nature des produits biens ou services délivrés, la clientèle ciblée, ***(Ord. 2017-1718 du 20 déc. 2017, art. 1er, I, 4°, JO 21)*** «ainsi que» les réseaux et modes de distribution, se rapportant à un même marché.»

(Ord. 2017-1387 du 22 sept. 2017, art. 11, JO 23) «Les dispositions du présent chapitre sont applicables à toute rupture du contrat de travail résultant de l'une des causes énoncées au présent article, à l'exclusion de la rupture conventionnelle visée aux articles L. 1237-11 et suivants et de la rupture d'un commun accord dans le cadre d'un accord collectif visée aux articles L. 1237-17 et suivants.»

Note • Les dispositions de cet article, dans sa rédaction issue de l'article 15 de l'ordonnance 2017-1387 précitée, sont applicables aux procédures de licenciement économique engagées après le 23 septembre 2017 (ordonnance précitée, art. 40, V).

• **Définition.** La loi du 2 août 1989 a introduit pour la première fois une définition du licenciement économique. La loi du 8 août 2016 a modifié les dispositions de cet article en ajoutant aux deux motifs qui y figuraient déjà (des difficultés économiques et des mutations technologiques) deux motifs reconnus par la Cour de cassation (la réorganisation de l'entreprise nécessaire à la sauvegarde de sa compétitivité et la cessation d'activité de l'entreprise). En outre, cette loi a précisé, en reprenant les principes dégagés par la jurisprudence, la notion de difficultés économiques et a défini, en fonction de la taille de l'entreprise, une durée à partir de laquelle une baisse significative des commandes ou du chiffre d'affaires peut constituer un motif économique de licenciement.

La Cour de cassation a progressivement tracé les contours de la notion de licenciement pour motif économique. Les conditions relatives à la suppression d'emploi, à la transformation d'emploi ou à la modification du contrat («élément matériel» du licenciement pour motif économique) et celles ayant trait aux difficultés économiques, aux mutations technologiques ou à la réorganisation destinée à sauvegarder la compétitivité de l'entreprise («élément causal») doivent être cumulativement remplies (cass. soc. 4 février 1997, n° 94-19.798, BC V n° 48; 13 juillet 1999, n° 97-42.939, RJS 11/99 n° 1360). Les licenciements ont une cause économique réelle et sérieuse lorsqu'il est établi que la réorganisation de l'entreprise, qui entraîne des suppressions d'emplois, est nécessaire à la sauvegarde de la compétitivité de l'entreprise ou du secteur d'activité du groupe auquel elle appartient. Dès lors que les juges du fond reconnaissent que cette condition est remplie dans les trois hypothèses de réorganisation envisagées initialement par l'employeur, il ne leur appartient pas de contrôler le choix effectué par l'employeur entre plusieurs solutions possibles (cass. ass. plén. 8 décembre 2000, n° 97-44.219, BC n° 11; RJS 2/01 n° 180 et chron. P-H Antonmattei, p. 95. Voir aussi cass. soc. 20 juin 2007, 3 arrêts, nos 06-41.437, 06-41.438 et 05-45.924, RDT, 2007, CH, 585, A. Fabre; 8 juillet 2009, n° 08-40.046, BC V n° 173; RJS 10/09 n° 776).

Voir LS Dossier juridique n° 51 du 15.03.2019, «Comment caractériser le motif économique du licenciement ? Nouvelle définition issue de la loi Travail et des ordonnances Macron».

Lire également A. Fabre, «De la faute retrouvée dans la contestation des suppressions d'emplois», RDT, septembre 2018, ET, 570.

• **Motif inhérent ou non inhérent à la personne.** En cas de coexistence d'un motif économique et d'un motif personnel, il convient de rechercher celui qui a été la cause première et déterminante, et d'apprécier le bien-fondé du licenciement au regard de cette seule cause (cass. soc. 3 avril 2002, n° 00-42.583, RJS 6/02 n° 697). Ne constitue pas un licenciement pour motif économique le licenciement essentiellement fondé sur l'âge du salarié, élément inhérent à sa personne (cass. soc. 24 avril 1990, n° 88-43.555, BC V n° 181); sur l'insuffisance professionnelle (cass. soc. 21 juillet 1994, n° 92-42.764, SSL 1994, n° 713; 14 mai 1996, n° 93-40.447, BC V n° 188), sur une insuffisance de résultats (cass. soc. 26 octobre 1999, n° 97-43.613, BC V n° 408; RJS 12/99 n° 1447), sur l'inaptitude physique (cass. soc. 17 février 1994, n° 90-45.411, Dr. Ouvr. 1994, p. 349; 29 avril 1998, n° 96-40.582, BC V n° 213; 14 novembre 2000, n° 98-45.371, BC V n° 368; RJS 1/01 n° 24), sur l'inaptitude professionnelle invoquée par l'employeur pour refuser aux salariés la possibilité d'occuper les emplois modifiés par la mutation technologique de l'entreprise (cass. soc. 12 décembre 1991, n° 90-46.002, BC V n° 578; 30 novembre 1994, n° 93-42.864; *a contrario*, voir cass. soc. 15 octobre 1992, n° 91-43.632, BC V n° 513) ou sur la circonstance que le salarié ne remplit plus les conditions légales pour occuper les fonctions (cass. soc. 3 juin 1998, n° 96-40.016, BC V n° 295; RJS 10/98 n° 1186; 3 février 2004, n° 01-44.448, RJS 4/04 n° 389).

Le licenciement consécutif au refus d'une mutation décidée à la suite d'un désaccord avec le président de la société repose sur un motif inhérent à la personne du salarié et n'est pas justifié par un motif économique (cass. soc. 2 juin 1993, n° 91-41.010).

En revanche, le fait que le salarié se soit proposé pour être inclus dans la mesure de licenciement collectif à la place d'un autre salarié n'a pas pour effet de lui conférer le rôle d'auteur d'une mesure décidée par l'employeur (cass. soc. 18 mars 1992, n° 88-40.923, BC V n° 191).

Le défaut de cause réelle et sérieuse du licenciement n'enlève pas à celui-ci sa nature juridique de licenciement pour motif économique, même si sa véritable cause est d'ordre personnel (cass. soc. 8 juillet 2009, n° 08-42.914, RJS 11/09 n° 846).

Le caractère frauduleux de licenciements notifiés pour motif personnel alors que la cause réelle est économique affecte la validité des transactions ensuite conclues; faute de procéder d'une cause immorale, il ne fait pas obstacle à la restitution par les salariés des sommes perçues en exécution des transactions annulées (cass. soc. 10 novembre 2009, n° 08-43.805, BC V n° 251; RJS 1/10 n° 35).

• **Suppression d'emploi.** La suppression d'emploi doit être effective; tel n'est pas le cas lorsque le salarié se trouve remplacé dans l'emploi occupé ou dans un emploi de même nature (cass. soc. 4 novembre 1992, n° 91-41.278; 22 février 1995, n° 93-44.074, BC V n° 67; 8 décembre 2004, n° 02-44.045, BC V n° 320), notamment lorsque l'employeur entend remplacer les contrats à durée indéterminée par des contrats à durée déterminée (cass. soc. 12 février 1997, n° 95-41.694, BC V n° 58; RJS 3/97 n° 265; 16 octobre 1997, n° 95-41.318, BC V n° 320; RJS 12/97 n° 1348). Encore faut-il que les emplois pourvus soient de même nature et de même niveau (cass. soc. 19 novembre 1992, n° 90-40.937; 12 janvier 1993, n° 90-40.769). Mais il y a bien suppression d'emploi en cas de fermeture d'un établissement en France et de transfert de l'activité sur d'autres sites, notamment à l'étranger (cass. soc. 5 avril 1995, n°s 93-42.690 et 93-43.866, cités *infra* «niveau d'appréciation du motif»). La suppression d'emploi peut également résulter d'un recours à la sous-traitance (cass. soc. 12 janvier 1994, n° 92-41.687).

N'est pas justifié par un motif économique le licenciement de deux salariés exerçant les mêmes tâches, alors qu'en réalité un seul emploi est supprimé (cass. soc. 25 février 1992, n° 90-40.712, BC V n° 121; 23 septembre 1992, n° 90-41.237, BC V n° 471).

Lorsque le salarié a été maintenu dans l'entreprise plusieurs mois après le licenciement et au-delà du terme du préavis, le juge a pu décider que les difficultés économiques n'imposaient pas la suppression de l'emploi du salarié (cass. soc. 17 mars 1998, n° 96-40.644, BC V n° 145; RJS 5/98 n° 579). La seule mention de l'impossibilité de maintenir le poste de reclassement dans lequel le salarié a été affecté après la suppression de son poste ne constitue pas en elle-même une cause économique de licenciement (cass. soc. 9 octobre 2002, n° 00-44.868, RJS 12/02 n° 1375).

Le poste n'est pas supprimé lorsqu'un autre salarié est affecté aux fonctions exercées par le salarié licencié, peu important qu'il ait été salarié de la société mère (cass. soc. 16 janvier 2001, n° 98-44.461, BC V n° 11; RJS 3/01 n° 292). En revanche, la suppression d'un poste, même si elle s'accompagne de la répartition des tâches accomplies par le salarié licencié entre les salariés demeurés dans l'entreprise, est une suppression d'emploi (cass. soc. 29 janvier 1992, n° 91-42.128, BC V n° 51; 2 juin 1993, n° 90-44.956, BC V n° 155; 12 janvier 2012, n° 10-21.101, RJS 3/12 n° 231; 23 octobre 2019, n° 18-10.032). Dans le cadre de la réorganisation de l'entreprise, un salarié peut être affecté au poste de travail précédemment occupé par un salarié licencié en application des critères déterminant l'ordre des licenciements (cass. soc. 29 juin 1994, n° 92-44.466, BC V n° 216; 13 juin 1996, n° 93-43.298, BC V n° 237; RJS 7/96 n° 776). En supprimant le poste de secrétaire salarié et en faisant assurer cette fonction par des collaborateurs bénévoles, l'employeur procède bien à la suppression d'un emploi salarié (cass. soc. 7 octobre 1992, n° 88-45.522, BC V n° 502); il en est de même lorsque la fonction, précédemment assurée par un salarié, est confiée à l'un des associés (cass. soc. 10 mars 1993, n° 90-43.523, RJS 5/93 n° 495), au conjoint (cass. soc. 20 janvier 1998, n° 94-45.094, BC V n° 19; RJS 3/98 n° 288) ou épisodiquement à des «extras» (cass. soc. 17 mai 1994, n° 92-44.301, RJS 7/94 n° 848; 10 janvier 1995, n° 92-43.222, BC V n° 20; RJS 2/95 n° 168).

La mise à la retraite résultant de la mise en œuvre d'un plan social supprimant 25 emplois doit être assimilée à un licenciement pour suppression d'emploi (cass. soc. 18 avril 2000, n° 97-45.434, BC V n° 142; RJS 6/00 n° 652; 2 novembre 2005, n° 03-46.325, RJS 1/06 n° 30).

Est fondé le licenciement notifié au terme d'un congé parental lorsque le poste a été supprimé dans le cadre d'une réorganisation décidée dans l'intérêt de l'entreprise pendant la période où la salariée se trouvait en congé parental (cass. soc. 13 juillet 1993, n° 91-41.989, RJS 10/93 n° 994). Dans le même sens, sur un refus d'une salariée à temps partiel de reprendre ses fonctions à plein temps, voir cass. soc. 24 novembre 1998, n° 96-41.740, BC V n° 512; RJS 1/99 n° 133.

Est sans cause réelle et sérieuse le licenciement résultant de la suppression sans motif objectif d'un emploi spécifiquement féminin et donc fondé sur le sexe de la salariée, alors qu'il résulte de l'article L. 122-45 [L. 1132-1] CT qu'aucun salarié ne peut être licencié en raison de son sexe (cass. soc. 9 juin 1998, n° 96-40.390, BC V n° 311; RJS 7/98 n° 834).

Voir également «Ruptures conventionnelles et suppressions d'emplois pour motif économique: possibilité offerte par la loi ou fraude à la loi ?», RDT, juin 2010, CH, 369, A. Fabre. «Ruptures conventionnelles et licenciements collectifs», RJS 5/11, chron. p. 347, G. Couturier; «Ruptures conventionnelles et droit du licenciement économique: un rapport à décrypter», RDT, avril 2011, ET, 226, J-M Béraud; «Ruptures conventionnelles assujetties au droit du licenciement économique», SSL n° 1484, p. 7, J. Pélissier; «Les ruptures conventionnelles pour motif économique», Dr. Soc. 2011, p. 681, G. Loiseau.

• **Transformation d'emploi.** A un motif économique le licenciement d'une employée administrative dont l'emploi a été transformé en raison de l'informatisation de l'entreprise et qui n'a pu s'adapter aux nouvelles exigences technologiques afférentes à cet emploi, ni aux autres postes qui lui ont été proposés (cass. soc. 15 octobre 1992, n° 91-43.632, BC V n° 513; 9 juillet 1997, n° 94-43.709, BC V n° 262; RJS 8-9/97 n° 959, transformation d'un emploi de secrétaire-dactylographe en un emploi de secrétaire de direction; 16 décembre 1997, n° 95-41.816, RJS 2/98 n° 155, transformation d'emplois affectés à la vente de produits informatiques en emplois de techniciens de programmation exigeant une formation de base compatible avec l'exploitation et le développement de ce nouveau créneau).

S'agissant du licenciement de deux salariés pour motif économique, c'est à bon droit qu'après avoir relevé que l'employeur invoquait leur inaptitude professionnelle pour leur refuser la possibilité d'occuper les emplois modifiés par la mutation technologique de l'entreprise, une cour d'appel a décidé que ces licenciements avaient été prononcés pour un motif inhérent à la personne du salarié et condamné en conséquence l'employeur au paiement de dommages-intérêts pour licenciement sans cause réelle et sérieuse (cass. soc. 12 décembre 1991, n° 90-46.002, BC V n° 578).

• **Modification du contrat de travail.** Le licenciement consécutif à un refus du salarié d'accepter une modification de son contrat de travail a une nature économique lorsque cette modification a une cause économique, peu important les motifs du refus (cass. soc. 12 octobre 2004, n° 02-42.980, RJS 12/04 n° 1248). La rupture du contrat de travail, résultant du refus par le salarié d'une modification [substantielle] de son contrat, imposée par l'employeur pour un motif non inhérent à sa personne, constitue un licenciement économique (cass. soc. 9 octobre 1991, n° 89-45.295, BC V n° 399; 1er avril 1992, n° 90-44.697, BC V n° 223; 21 octobre 1992, n° 89-44.667, BC V n° 514; 9 mai 2006, n° 04-46.271, RJS 7/06 n° 821; 28 mai 2019, n° 17-17.929, à paraître, LS Jurispr. n° 110 du 18.06.2019; JSL n° 480, 22.07.2019, p. 24, M. H. ; RJS 8-9/19 n° 491; RDT, septembre 2019, CH, 576, V. Loquet; 27 mai 2020, n° 18-19.605, RJS 7/20 n° 346). Si la modification du contrat est consécutive à des difficultés économiques, le licenciement résultant du refus du salarié est justifié et procède d'une cause réelle et sérieuse (mêmes arrêts). Le fait que, devant le refus du salarié d'accepter une réduction de son temps de travail, l'employeur l'ait remplacé par un autre salarié occupant le même emploi avec une rémunération moindre est sans incidence à cet égard (cass. soc. 12 décembre 1991, n° 90-45.032, BC V n° 580).

Sur l'abandon par la Cour de cassation de la notion de «modification substantielle», voir Ph. Waquet, «La modification du contrat de travail et le changement des conditions de travail», RJS 12/96 p. 791.

Le refus d'une modification du contrat de travail ne constituant pas une cause de licenciement, il appartient au juge de rechercher si la modification proposée au salarié et refusée par celui-ci était consécutive à des difficultés économiques, à des mutations technologiques ou à une réorganisation de l'entreprise nécessaire à la sauvegarde de sa compétitivité (cass. soc. 14 mai 1997, n° 94-43.712, BC V n° 177; RJS 6/97 n° 657; 11 janvier 2006, n° 04-46.201, RJS 3/06 n° 322, comm. J-Y Frouin, p. 187; Dr. Soc. 2006, p. 138, note J-E Ray; 12 avril 2012, n° 11-10.471; 11 juillet 2018, n° 17-12.747, à paraître, LSQ n° 17621 du 27.07.2018; RJS 10/18 n° 601; JCP éd. S 2018, 1294, G. de Raincourt et S. Rioche; JSL n° 461, 11.10.2018, pp. 10 et s., H. Nasom-Tissandier; LS Jurispr. n° 229 du 18.12.2018) et si l'employeur n'a pas omis d'énoncer dans la lettre de licenciement les motifs rendant, selon lui, nécessaire la modification, en l'occurrence, l'augmentation de la durée hebdomadaire du travail de la salariée (cass. soc. 20 octobre 1998, n° 96-40.614, BC V n° 433; RJS 12/98 n° 1445; 24 novembre 1998, n° 96-41.740, précité). N'a pas de cause économique la réorganisation du régime des rémunérations justifiée par la seule volonté de réaliser des bénéfices plus importants (cass. soc. 26 novembre 1996, n° 93-44.811, BC V n° 406; RJS 3/97 n° 266; 20 janvier 1998, n° 95-41.680) ou la modification du statut des représentants dictée par le désir d'augmenter les profits et de remettre en cause une situation acquise jugée trop favorable aux salariés (cass. soc. 30 septembre 1997, n° 94-43.733, BC V n° 291; RJS 11/97 n° 1297).

Autres exemples: cass. soc. 28 avril 2000, n° 98-40.904: réduction de l'horaire de travail; 14 décembre 1993, n° 91-45.736: harmonisation des conditions de rémunération en raison de graves difficultés de l'entreprise; 26 janvier 1994, n° 92-41.507, BC V n° 28: réorganisation des rémunérations à la suite d'une reprise pour supprimer les différences entre deux établissements industriels identiques et rendre les coûts de fabrication comparables à ceux des concurrents; 9 mars 1994, n° 91-44.433: alignement de la rémunération de salariés repris en application de l'article L. 122-12 [L. 1224-1]; 29 mars 1994, n° 92-41.318: mutation; 6 avril 1994, n° 92-44.943: nouvelle qualification; 19 octobre 1994, n° 93-40.557, RJS 12/94 n° 1360 : souci d'améliorer la rentabilité de l'entreprise et d'assurer, par une réorganisation des indemnités de déplacement, sa compétitivité; 5 avril 1995, n°s 93-42.690 et 93-43.866, cités *infra* «niveau d'appréciation du motif»: dénonciation d'usages et réduction des salaires par référence à des difficultés dans le secteur d'activité du groupe auquel appartient l'entreprise; 3 décembre 1996, 2 arrêts, n°s 95-17.352 et 95-20.360, BC V n° 411; RJS 1/97 n° 24; 11 juillet 2018, n° 17-12.747, précité: transfert du lieu de travail dans le cadre d'une restructuration des services; 10 décembre 1996, n° 94-40.300, BC V n° 430: réorganisation de l'entreprise pour la sauvegarde de sa compétitivité; 7 mai 1998, n° 94-42.115: réorganisation assortie de l'offre de deux activités à mi-temps sur deux magasins; 27 octobre 1998, n° 96-41.104: modification du mode de rémunération des attachés commerciaux pour sauvegarder la compétitivité de l'entreprise; 11 décembre 2001, n° 99-42.906, BC V n° 376; RJS 3/02 n° 265: réaménagement d'un horaire de travail fondé sur l'intérêt du service offert au public par une association; 17 octobre 2006, n° 04-41.088, RJS 12/06 n° 1266: modification du lieu de travail; 27 mai 2020, n° 18-19.605, précité: modification des fonctions et du lieu de travail résidant dans la seule volonté de l'employeur de réorganiser l'activité commerciale de l'entreprise.

La mise à disposition d'un salarié n'entraîne pas, en soi, une modification de son contrat de travail. D'une part, les salariés continuant à dépendre de leur employeur quant à leurs droits, leur rémunération, la gestion de leur carrière et de leur emploi, et le pouvoir disciplinaire à leur égard continuant à être exercé par le responsable hiérarchique du pouvoir de nomination, d'autre part, le lieu, la qualification, la rémunération, la durée du travail des salariés n'étant pas modifiés, une cour d'appel a pu décider que la constitution d'un syndicat inter-hospitalier n'entraînait aucune modification du contrat de travail des salariés (cass. soc. 1er avril 2003, n° 02-14.680, BC V n° 128; RJS 6/03 n° 708).

Un transfert d'activité et de personnel au sein de la région parisienne ne donne pas lieu à la mise en œuvre d'un plan de sauvegarde de l'emploi, la mention du lieu de travail dans le contrat de travail ayant valeur d'information, à moins qu'il ne soit stipulé par une clause claire et précise que le salarié exécutera son travail exclusivement dans ce lieu (cass. soc. 21 janvier 2004, n° 02-12.712, BC V n° 26; RJS 3/04 n° 301).

Lorsque la baisse du chiffre d'affaires alléguée par l'employeur n'est pas établie, le refus d'accepter une transformation du contrat de travail en contrat à temps partiel ne peut constituer une cause de licenciement (cass. soc. 2 juin 1993, n° 90-45.947, BC V n° 154).

L'apparition de nouvelles difficultés économiques ne peut justifier le licenciement économique d'un salarié à raison du refus de la proposition de modification de son contrat de travail qui lui avait été faite quatorze mois plus tôt (cass. soc. 2 octobre 2001, n° 99-43.999, BC V n° 293; RJS 11/01 n° 1261).

Lorsqu'une prime est due en vertu d'un usage ou d'un engagement unilatéral de l'employeur, elle n'est pas incorporée aux contrats de travail et la dénonciation de l'usage ou de l'engagement unilatéral n'emporte aucune modification de ces contrats (cass. soc. 13 février 1996, n° 93-42.309, BC V n° 53; SSL 1996, p. 3, Ph. Waquet). Sur l'ambiguïté de la rupture du contrat de travail résultant de la contestation par un salarié protégé de la dénonciation d'un usage, voir chron. D. Chelle et X. Prétot, RJS 11/95, p. 703.

Voir également note sous art. L. 1222-6.

• **Difficultés économiques.** Ce motif a été précisé par la loi du 8 août 2016, notamment à partir des éléments dégagés par la jurisprudence. Les arrêts rapportés ci-dessous conservent donc tout leur intérêt.

Seules des difficultés économiques sérieuses justifient un licenciement économique. Le motif est apprécié à la date de la rupture du contrat de travail (cass. soc. 26 février 1992, n° 90-41.247, BC V n° 130; 30 mars 2010, n° 09-40.068, BC V n° 83; RJS 6/10 n° 533); encore faut-il que l'employeur n'ait pas connu la situation obérée de l'entreprise lors de l'engagement du salarié (cass. soc. 26 février 1992, n° 90-40.364, RJS 4/92 n° 422; 1er mars 1994, n° 92-42.124, RJS 4/94 n° 385). Le juge peut se fonder sur des faits postérieurs au licenciement pour apprécier le caractère réel et sérieux des motifs invoqués à la date où il a été prononcé (cass. soc. 26 mars 2002, n° 00-40.898, BC V n° 106; RJS 6/02 n° 665; 16 mars 2004, n° 02-41.356, RJS 5/04 n° 523; 3 décembre 2014, n° 13-19.707, LS Jurispr. n° 227 du 16.12.2014; 11 décembre 2019, n° 18-17.874; voir aussi cass. soc. 9 septembre 2020, n° 18-19.309, RJS 11/20 n° 536, précisant que les juges du fond étaient tenus de répondre aux conclusions de l'employeur selon lesquelles les difficultés économiques invoquées étaient caractérisées au regard du solde déficitaire du compte de résultat de la société arrêté 3 mois après le licenciement). De même, les juges appréciant l'ensemble des circonstances de la rupture peuvent déduire du recrutement d'une salariée exerçant les mêmes fonctions que le salarié licencié peu de temps avant l'engagement de la procédure de licenciement que les difficultés économiques invoquées par l'employeur ne sont pas établies (cass. soc. 14 mars 2012, n° 11-10.898, RJS 5/12 n° 431).

À noter que la validité du licenciement n'est pas remise en cause par le redressement rapide de l'entreprise après l'adoption des mesures envisagées par l'employeur (cass. soc. 17 septembre 2014, n° 13-19.763, JSL n° 375, 5.11.2014, p. 30).

S'il est exact qu'en principe la preuve du motif économique n'incombe pas spécialement à l'employeur, l'absence de production des documents que celui-ci est tenu de fournir au comité d'entreprise permet au juge de déduire que les licenciements n'avaient pas de cause économique (cass. soc. 28 février 2001, n° 98-44.370, RJS 5/01 n° 585).

Sont de nature à caractériser le motif économique du licenciement une suppression ou une diminution de l'activité de l'entreprise, la nécessité d'une diminution des coûts (cass. soc. 7 novembre 1990, n° 89-45.671; 29 mai 1991, n° 88-41.911) ou des difficultés financières (cass. soc. 12 décembre 1991, n° 90-45.847, BC V n° 581: pertes financières et sous-emploi de certains équipements; 30 septembre 1997, n° 94-45.385, BC V n° 298; RJS 11/97 n° 1227 et 13 janvier 1998, n° 95-45.014: surendettement bancaire constant et baisse du chiffre d'affaires; 26 janvier 2005, n° 02-44.138, RJS 4/05 n° 361: charges financières compromettant durablement les résultats; 17 octobre 2006, n° 04-44.948, RJS 12/06 n° 1262: difficultés économiques d'un organisme de formation résultant de la diminution persistante des inscriptions).

En revanche, la seule baisse d'activité et le résultat déficitaire de l'atelier où était affecté le salarié (cass. soc. 26 octobre 1999, n° 98-41.521, BC V n° 405), le seul objectif d'économiser ou de réduire les coûts salariaux sans référence à des difficultés financières (cass. soc. 15 décembre 1998, n° 96-44.571, RJS 2/99 n° 177; 9 décembre 2003, n° 01-46.228, Dr. Soc. 2004, p. 210), la seule réduction des frais fixes sur un site d'une filiale d'un groupe international (cass. soc. 12 juin 2001, n° 99-41.571, BC V n° 214; RJS 8-9/01 n° 1001; 6 juillet 2016, n° 14-27.266, BC V n° 146), la seule perte d'un marché (cass. soc. 8 juin 2005, n° 03-41.410, RJS 8-9/05 n° 822; 29 janvier 2014, n° 12-15.925, RJS 5/14 n° 445, 1re espèce), la seule cessation d'une partie des activités de l'entreprise (cass. soc. 29 juin 2005, n° 03-43.664, RJS 10/05 n° 964), les difficultés d'un établissement (cass. soc. 26 octobre 2005, n° 03-41.972, RJS 2/06 n° 180, comm. Ph. Waquet, p. 87), la réalisation d'un chiffre d'affaires moindre et une baisse des bénéfices (cass. soc. 13 septembre 2012, n° 11-18.480, JSL n° 330, 25.10.2012, p. 30; 16 mai 2018, n° 16-19.085, JSL n° 456, 29.06.2018, p. 32; 27 novembre 2019, n° 18-20.252: baisse du chiffre d'affaires après la cession du fonds de commerce sur une durée très limitée d'un mois et demi) ne permettent pas de conclure au motif économique du licenciement. Il en est de même du coût élevé du travail d'un salarié lorsque la situation financière de l'entreprise permet d'en assurer la charge (cass. soc. 24 avril 1990, n° 88-43.703, BC V n° 182; 16 mars 1994, n° 92-43.094, BC V n° 95; 7 octobre 1998, n° 96-43.107, BC V n° 405; RJS 11/98 n° 1350). Une délocalisation à l'étranger, dictée par des incitations financières et fiscales attractives, obéit à des facteurs étrangers à ceux prévus par cet article (cass. soc. 18 septembre 2007, n° 06-42.401, RDT, nov. 2007, CH, 654, Ph. Waquet). Mais il appartient au juge qui constate une expansion du chiffre d'affaires de rechercher si la modification des contrats proposée ne procède pas du souci d'améliorer la rentabilité de l'entreprise et d'assurer sa compétitivité vis-à-vis des entreprises concurrentes (cass. soc. 19 octobre 1994 n° 93-40.557, précité; voir aussi cass. soc. 5 avril 1995, nos 93-42.690 et 93-43.866, cités *infra* «niveau d'appréciation du motif»). S'il n'est pas exigé que la situation financière de l'entreprise soit catastrophique, encore faut-il que la suppression d'emploi soit consécutive à des difficultés économiques, des mutations technologiques ou à une réorganisation effectuée pour sauvegarder la compétitivité de l'entreprise ou d'un secteur d'activité du groupe auquel elle appartient (cass. soc. 9 juillet 1997, n° 95-43.722, BC V n° 261; RJS 8-9/97 n° 960; 29 mai 2001, n° 99-41.930, RJS 8-9/01 n° 1002; 23 juin 2009, n° 07-45.668, BC V n° 161; RJS 10/09 n° 772; 13 novembre 2014, n° 13-18.515).

Les difficultés économiques ou financières invoquées ne doivent pas résulter d'une attitude frauduleuse (cass. soc. 13 janvier 1993, n° 91-45.894, BC V n° 9; 12 janvier 1994, n° 92-43.191, RJS 2/94 n° 134) ou d'une faute de l'employeur (cass. soc. 26 janvier 1994, n° 92-43.616, BC V n° 26; 24 mai 2018, n° 17-12.560, à paraître, LS Jurispr. n° 101 du 05.06.2018; RJS 8-9/18 n° 534, 1re espèce; RDT, juillet/août 2018, CH, 523, S. Vernac); mais l'erreur du chef d'entreprise dans l'appréciation du risque inhérent à tout choix de gestion ne caractérise pas à elle seule la légèreté blâmable (cass. soc. 14 décembre 2005, n° 03-44.380, BC V n° 365; RJS 2/06 n° 185). La responsabilité délictuelle de l'actionnaire principal (ou de la société mère) du groupe détenant la société employeur envers les salariés licenciés de sa filiale peut par ailleurs être engagée s'il est établi qu'il a pris des décisions préjudiciables dans son seul intérêt d'actionnaire et a ainsi concouru à la déconfiture de l'employeur et à la disparition des emplois en étant résulté (cass. soc. 24 mai 2018, n° 16-22.881, à paraître, LSQ n° 17581 du 01.06.2018; RJS 8-9/18 n° 530; JSL n° 457, 12.07.2018, pp. 4 et s., M. Hautefort; voir aussi RJS 8-9/18, p. 623, avis: «Responsabilité pour faute de la société mère envers les salariés licenciés de sa filiale», R. Weissmann; Y. Pagnerre, «Une mère indigne», JCP éd. S 2018, 1252; enfin, sur l'exclusion de la compétence du conseil de prud'hommes et du tribunal de commerce pour statuer sur la demande, formée par des salariés licenciés pour motif économique, visant à voir reconnaître la responsabilité extra-contractuelle de la société mère dans la déconfiture de leur employeur, voir cass. soc. 13 juin 2018, n° 16-25.873, à paraître, RJS 8-9/18 n° 562; LS Jurispr. n° 115 du 26.06.2018; JSL n° 458, 31.07.2018, p. 23; JCP éd. S 2018, 1291, note A. Bugada).

La nécessité pour l'employeur de régulariser la situation du salarié au regard de la législation du travail ne constitue pas en soi une cause économique de licenciement (cass. soc. 1er avril 1992, n° 88-45.399, BC V n° 227; 3 juin 1998, n° 96-40.016, précité). La requalification de contrats à durée déterminée en contrats à durée indéterminée pour dépassement de la durée maximale autorisée ne constitue pas une cause économique de licenciement (cass. soc. 17 décembre 2002, n° 00-43.609, BC V n° 391).

Sur la nécessité d'un motif propre à la société mère et nécessairement distinct de celui ayant provoqué le licenciement par la filiale en cas de mise à disposition de cette dernière, voir cass. soc. 20 juin 2000, n° 98-42.126, BC V n° 236; RJS 9-10/00 n° 919.

Covid-19. Voir J. Icard, «Le licenciement pour motif économique et la crise sanitaire», Dr. Soc. 2020, p. 602.

• **Licenciement économique et durée du travail.** Un accord de réduction collective du temps de travail, destiné à éviter les licenciements prévus dans le cadre d'un licenciement collectif pour motif économique, ne s'impose au salarié dont le contrat de travail est modifié par une réduction du temps de travail que si le licenciement économique collectif est justifié par une cause économique (cass. soc. 5 juillet 2005, n° 02-47.576, BC V n° 234; RJS 11/05 n° 1101).

Les dispositions de l'article 30, II de la loi du 19 janvier 2000 qualifiant de licenciement individuel ne reposant pas sur un motif économique le licenciement consécutif au refus par un ou plusieurs salariés d'une modification de leur contrat de travail, proposée en application d'un accord de réduction de la durée du travail, sont applicables à tout licenciement résultant d'un accord de réduction du temps de travail, que celui-ci ait été conclu en application de la loi du 13 juin 1998 ou de celle du 19 janvier 2000 (cass. soc. 15 mars 2006, 2 arrêts, n° 04-41.935, BC V n° 107; RJS 5/06 n° 578 et n° 03-48.027, BC V n° 107; RJS 5/06 n° 579). En revanche, le licenciement prononcé en raison du refus par un salarié de la modification de sa rémunération proposée, non en application d'un accord collectif, mais par suite d'une mise en œuvre unilatérale dans l'entreprise de la réduction du temps de travail à 35 heures, constitue un licenciement pour motif économique (cass. soc. 15 mars 2006, n° 05-42.946, BC V n° 107; RJS 5/06 n° 581; sur une procédure collective, voir cass. soc. 23 avril 2006, n° 04-17.524, BC V n° 179; RJS 8-9/06 n° 955).

• **Mutations technologiques.** Elles constituent un motif économique autonome de licenciement. Peu importe donc que la compétitivité de l'entreprise ne soit pas menacée (cass. soc. 15 mars 2012, n° 10-25.996, RJS 6/12 n° 532; 9 octobre 2002, n° 00-44.069, RJS 12/02 n° 1373). Le recours à des moyens modernes de reportage (cass. soc. 19 décembre 1990, n° 89-42.242, BC V n° 687), les mutations technologiques et les innovations en matière de gestion (cass. soc. 19 juin 1991, n° 90-40.361; 9 juillet 1997, n° 95-43.722, précité), l'introduction de nouvelles technologies (cass. soc. 2 juin 1993, n° 90-44.956, BC V n° 155), la mise en œuvre d'un nouveau logiciel informatique (cass. soc. 17 mai 2006, n° 04-43.022, RJS 8-9/06 n° 934) constituent des motifs économiques justifiant certaines suppressions d'emploi. C'est par une appréciation souveraine échappant au contrôle de la Cour de cassation qu'une cour d'appel a estimé que le simple changement d'un progiciel ou d'un logiciel ne constitue pas une innovation technologique en tant que telle au sens de l'article L. 1233-3 (cass. soc. 13 mai 2003, n° 00-46.766, RJS 10/03 n° 1135).

• **Fermeture de l'entreprise.** La cessation d'activité de l'entreprise, quand elle n'est pas due à une faute de l'employeur ou à sa légèreté blâmable, constitue un motif économique de licenciement (cass. soc. 16 janvier 2001, n° 98-44.647, BC V n° 10; Dr. Soc. 2001, p. 413, note J. Savatier; 30 octobre 2002, n° 00-43.624, RJS 1/03 n° 18; 28 février 2006, n° 03-47.880, BC V n° 89; RJS 5/06 n° 650; 8 juillet 2009, n° 08-41.644, RJS 10/09 n° 773; 2 juillet 2014, n° 12-24.624, RJS 11/14 n° 772).

Est dépourvu de cause réelle et sérieuse le licenciement fondé sur des difficultés économiques résultant d'agissements de l'employeur qui avait, en connaissance de cause, conduit à la liquidation forcée par la commission de contrôle des banques (cass. soc. 10 juillet 2002, n° 00-41.491, RJS 11/02 n° 1216) ou qui avait agi avec une légèreté blâmable en matière de sécurité dont étaient résultées la fermeture administrative de l'établissement et la cessation d'activité de l'entreprise (cass. soc. 10 mai 2005, n° 03-40.620, RJS 7/05 n° 720). La cessation définitive de l'activité de la société décidée de manière précipitée, malgré les bons résultats qu'elle avait réalisés, procède d'une légèreté blâmable privant les licenciements de cause réelle et sérieuse (cass. soc. 28 octobre 2008, n° 07-41.984, RJS 1/09 n° 24).

Le fait que la cessation d'activité de l'entreprise résulte de sa liquidation judiciaire ne prive pas le salarié de la possibilité d'invoquer l'existence d'une faute de l'employeur à l'origine de la cessation d'activité, de nature à priver le licenciement de cause réelle et sérieuse (cass. soc. 8 juillet 2020, n° 18-26.140, à paraître, LS Jurispr. n° 166 du 15.09.2020; RJS 10/20 n° 465; JCP éd. S 2020, 3010, note L. Fin-Langer; JSL n° 506, 16.10.2020, pp. 17 et s., M. Hautefort).

À l'occasion de litiges concernant la fermeture de filiales, la Cour de cassation a apporté les précisions suivantes:
– si, en cas de fermeture définitive et totale de l'entreprise, le juge ne peut, sans méconnaître l'autonomie de ce motif de licenciement, déduire la faute ou la légèreté blâmable de l'employeur de la seule absence de difficultés économiques ou, à l'inverse, déduire l'absence de faute de l'existence de telles difficultés, il ne lui est pas interdit de prendre en compte la situation économique de l'entreprise pour apprécier le comportement de l'employeur. Ainsi, lorsqu'il s'avère que la baisse d'activité de la filiale est imputable à des décisions du groupe, que la décision de fermeture a été prise par le groupe, non pas pour sauvegarder sa compétitivité, mais afin de réaliser des économies et d'améliorer sa propre rentabilité, au détriment de la stabilité de l'emploi dans l'entreprise concernée, le juge peut en déduire que l'employeur a agi avec une légèreté blâmable et que les licenciements étaient dépourvus de cause réelle et sérieuse (cass. soc. 1er février 2011, n° 10-30.045, BC V n° 42; RJS 4/11 n° 305);
– dans l'hypothèse où le salarié a pour coemployeurs des entités faisant partie d'un même groupe, la cessation d'activité de l'une d'elles ne peut constituer une cause économique de licenciement qu'à la condition d'être justifiée par des difficultés économiques, par une mutation technologique ou par la nécessité de sauvegarder la compétitivité du secteur d'activité du groupe dont elles relèvent (cass. soc. 18 janvier 2011, n° 09-69.199, BC V n° 23; RJS 3/11 n° 207; JCP éd. S 2011, 1065, note P. Morvan; Dr. Soc. 2011, p. 372, obs. G. Couturier).

L'employeur qui a interrompu son activité sans la cesser de manière définitive agit avec une légèreté blâmable en prononçant le licenciement de la salariée (cass. soc. 9 mars 2004, n° 01-46.780, RJS 6/04 n° 667; 21 mars 2006, n° 03-47.824).

La fermeture d'une agence a la nature juridique d'un licenciement économique (cass. soc. 29 janvier 2003, n° 00-44.962, RJS 4/03 n° 437). La cessation d'activité consécutive à une inondation (cass. soc. 15 février 1995, n° 91-43.905, RJS 4/95 n° 371) ou à un incendie (cass. soc. 27 juin 2000, n° 98-42.555, RJS 9-10/00 n° 940) peut être invoquée comme une cause économique de licenciement. Mais la fermeture d'une partie d'un bâtiment pour des raisons de sécurité ne constitue pas un motif économique (cass. soc. 26 novembre 2003, n° 01-41.622, RJS 3/04 n° 300); de même, la fermeture temporaire d'un hôtel pour travaux ne constitue pas une cessation d'activité de l'entreprise (cass. soc. 15 octobre 2002, n° 01-46.240, BC V n° 311; RJS 12/02 n° 1452; 22 mars 2005, n° 02-46.226, RJS 6/05 n° 618). Seule une cessation complète de l'activité de l'employeur peut constituer en elle-même une cause économique de licenciement; une cessation partielle ne justifie un licenciement qu'en cas de difficultés économiques, de mutation technologique ou de réorganisation de l'entreprise nécessaire (cass. soc. 10 octobre 2006, n° 04-43.453, BC V n° 296; RJS 12/06 n° 1250); ainsi, une cour d'appel, qui a fait ressortir que la fermeture de l'établissement n'était pas justifiée par la nécessité de sauvegarder la compétitivité de l'entreprise, a pu décider que le licenciement ne reposait pas sur une cause économique (cass. soc. 16 mars 2004, n° 01-44.477, RJS 6/04 n° 667; 14 décembre 2005, n° 04-40.396, RJS 2/06 n° 181). Peu importe à cet égard que la cessation partielle d'activité (en l'espèce: fermeture d'un établissement d'une entreprise imposée par une chambre de commerce et d'industrie) résulte de la décision d'un tiers (cass. soc. 23 mars 2017, n° 15-21.183, BC V n° 56; JCP éd. S 2017, 1232, note G. Duchange; RJS 6/17 n° 403).

La fermeture d'une ligne aérienne, consécutive au non-renouvellement de la concession, ne constitue pas en soi un motif économique de licenciement d'un pilote (cass. soc. 11 juin 2002, n° 00-42.233, BC V n° 199; RJS 8-9/02 n° 954).

Est insuffisamment motivée la lettre de licenciement qui se borne à faire état de la fermeture d'un établissement, et non d'une cessation d'activité de l'entreprise, sans préciser l'incidence de cette décision de l'employeur sur le contrat de travail ou l'emploi du salarié licencié (cass. soc. 29 octobre 2003, n° 01-44.000, RJS 1/04 n° 21). Répond aux exigences légales de motivation la lettre de licenciement énonçant pour cause de rupture des contrats de travail la dissolution de l'association dont il se déduisait la suppression de tous les postes de travail (cass. soc. 29 mai 2002, n° 00-41.939, RJS 8-9/02 n° 959). S'en tenant à bon droit aux termes de la lettre de licenciement qui n'invoquait pas une cessation d'activité, une cour d'appel a pu décider que le seul fait de vendre le fonds de commerce ne constituait pas une cause économique de licenciement (cass. soc. 10 juillet 2002, n° 00-41.721, RJS 10/02 n° 1100).

Voir aussi «Causes (économiques) enchevêtrées», RDT, mai 2010, CH, 297, Fr. Géa.

• **Réorganisation de l'entreprise.** La réorganisation de l'entreprise constitue un motif économique autonome de licenciement. La lettre de licenciement, qui fait mention du refus d'une modification du contrat de travail consécutive à une réorganisation de l'entreprise, dont il appartient au juge de vérifier qu'elle était destinée à sauvegarder sa compétitivité, est suffisamment motivée (cass. soc. 24 septembre 2002, n° 00-44.007, BC V n° 275; RJS 12/02 n° 1378; 2 février 2006, n° 03-48.228, RJS 4/06 n° 408; 11 juillet 2006, n° 04-47.240, RJS 10/06 n° 1049). En l'absence de difficultés économiques ou de mutations technologiques invoquées dans la lettre de licenciement, la réorganisation qui y est mentionnée ne constitue pas l'énoncé d'une cause économique dès lors que l'employeur ne se prévaut pas de la nécessité de sauvegarder la compétitivité de l'entreprise (cass. soc. 16 décembre 2008, n° 07-41.953, BC V n° 252;

RDT, février 2009, CH, 103, J-Y Frouin; Dr. Soc. 2009, p. 243, obs. G. Couturier). Le juge doit rechercher si la restructuration est décidée pour sauvegarder la compétitivité de l'entreprise (cass. soc. 27 mai 2009, n° 08-40.925, RJS 8-9/09 n° 698: refus par le salarié d'une modification de son contrat de travail consécutive à une nouvelle organisation du travail entraînant une surcharge de travail liée, notamment, à la mise en place d'un nouveau logiciel; or, l'employeur ne prétendait pas que cette réorganisation résultait d'une mutation technologique; 23 novembre 1999, n° 97-42.979, BC V n° 454; RJS 1/00 n° 77; 30 novembre 1999, n° 97-41.008, RJS 1/00 n° 22: modification du mode de rémunération des salariés procédant de la seule recherche d'une meilleure organisation en l'absence de difficultés économiques et d'impératifs de sauvegarde de compétitivité; 1er décembre 1999, n° 98-42.746, BC V n° 466; RJS 2/00 n° 159: réorganisation dans le seul but de supprimer des emplois permanents; 15 janvier 2003, n° 00-44.793, RJS 3/03 n° 327; 29 janvier 2003, n° 00-44.962, RJS 4/03 n° 428: regroupement d'activités dans une situation économique prospère et en l'absence de menace sur la compétitivité; 13 mai 2003, n° 00-46.766, RJS 10/03 n° 1135: centralisation en Angleterre du service informatique au nom de l'intérêt général de l'entreprise, sans référence à la sauvegarde de la compétitivité; 13 septembre 2006, n° 05-41.665, RJS 11/06 n° 1161: recherche d'une amélioration des marges qui étaient positives; 10 juillet 2019, n° 17-23.274: réorganisation au sein d'une société ayant réalisé un résultat net en progression de 6,8 % par rapport à l'année précédente; 17 octobre 2006, n° 04-41.088, RJS 12/06 n° 1266: modification du lieu d'exercice de l'activité; 11 juillet 2018, n° 17-12.747, précité dans «Modification du contrat de travail»: refus par le salarié d'une modification de son contrat de travail résidant dans la volonté de l'employeur de réorganiser le service financier de l'entreprise, alors qu'il n'était pas allégué que cette réorganisation résultait de difficultés économiques ou de mutations technologiques ou qu'elle fût indispensable à la sauvegarde de la compétitivité de l'entreprise) ou d'un secteur d'activité de l'entreprise ou du groupe auquel elle appartient (cass. soc. 5 avril 1995, nos 93-42.690 et 93-43.866, cités infra «niveau d'appréciation du motif»; 17 décembre 2002, n° 00-45.621, BC V n° 392; RJS 3/03 n° 327: suppression d'un site jugée non nécessaire à la sauvegarde de la compétitivité du secteur de l'entreprise). Le juge qui retient que la suppression d'emploi consécutive à la réorganisation obéit au souci de préservation de la compétitivité de l'entreprise ou du secteur d'activité du groupe dont elle relève doit caractériser l'existence d'une menace pesant sur celle-ci ou sur ce secteur (cass. soc. 31 mai 2006, n° 04-47.376, BC V n° 200; 4 juillet 2006, n° 04-46.261, RJS 10/06 n° 1043; 16 septembre 2020, n° 19-11.514). Voir P. Lokiec, «Les juges et le contrôle de la sauvegarde de la compétitivité», SSL 2007, n° 1334, p. 6; B. Boubli et P. Lokiec, «Quel contrôle judiciaire de la compétitivité de l'entreprise ?», RDT, avril 2008, CO, 218.

Il n'appartient pas aux juges «de contrôler le choix effectué par l'employeur» entre plusieurs solutions possibles (cass. ass. plén. 8 décembre 2000, n° 97-44.219, voir *supra* «Définition»). Le juge ne peut se substituer à l'employeur quant au choix qu'il effectue dans la mise en œuvre d'une réorganisation (cass. soc. 8 juillet 2009, n° 08-40.046, BC n° 173; RJS 10/09 n° 776; 24 mars 2010, n° 09-40.444, RJS 6/10 n° 494). En revanche, il peut rechercher si l'employeur n'a pas commis une faute: la faute de l'employeur à l'origine de la menace pesant sur la compétitivité de l'entreprise rendant nécessaire sa réorganisation est en effet de nature à priver de cause réelle et sérieuse les licenciements consécutifs à cette réorganisation; mais l'erreur éventuellement commise dans l'appréciation du risque inhérent à tout choix de gestion ne caractérise pas à elle seule une telle faute (cass. soc. 4 novembre 2020, n° 18-23.029, à paraître, LSQ n° 18190 du 25.11.2020; JCP éd. S 2020, 3093, note Q. Chatelier; JSL n° 509-510 du 22.12.2020, pp. 15 et s., J-Ph. Lhernould).

Constitue un motif économique la réorganisation pour prévenir des difficultés économiques à venir liées à des évolutions technologiques et leurs conséquences sur l'emploi, sans être subordonnées à l'existence de difficultés économiques à la date du licenciement (cass. soc. 11 janvier 2006, 2 arrêts, nos 04-46.201 et 05-40.977, BC V n° 10; RJS 3/06 n° 322 et chron. J-Y Frouin, p. 187; chron. Ph. Waquet: «Emploi et profit», RJS 5/06, p. 351; D. 2006, 1013, note J. Pélissier; Dr. Soc. 2006, p. 138, note J-E Ray). La nouvelle organisation mise en place, qui procède d'une gestion prévisionnelle des emplois destinée à prévenir des difficultés économiques à venir et leurs conséquences sur l'emploi, a pu être jugée nécessaire à la sauvegarde de la compétitivité de l'entreprise et du secteur d'activité du groupe auquel elle appartient (cass. soc. 21 novembre 2006, n° 05-40.656, BC V n° 349; RJS 2/07 n° 205; Dr. Soc. 2007, p. 114, note G. Couturier).

Une réorganisation de l'entreprise liée aux prescriptions d'une autorité de tutelle ne constitue pas en soi une cause économique de licenciement (cass. soc. 17 octobre 2006, n° 04-43.201, RJS 12/06 n° 1265).

Le changement d'activité du magasin et le manque d'expérience de la salariée relativement à la nouvelle activité ne constituent pas une cause économique de licenciement (cass. soc. 10 mai 2000, n° 98-42.869, RJS 6/00 n° 645).

• **Niveau d'appréciation du motif économique.** L'ordonnance 2017-1387 précitée a restreint le périmètre d'appréciation du motif économique en le limitant au territoire national lorsque l'entreprise fait partie d'un groupe; elle a également donné une définition du groupe et du secteur d'activité pour l'appréciation du motif économique. Pour plus de précisions sur ces mesures, voir le «Questions - Réponses» sur la rupture du contrat de travail, publié sur le site internet du ministère du Travail le 15 juillet 2020 (questions 31 à 36).

Ces modifications n'étant pas applicables aux procédures de licenciement économique engagées avant le 24 septembre 2017, nous rapportons ci-après la jurisprudence rendue dans le cadre des dispositions antérieures à cette ordonnance.

Si la réalité de la suppression, de la transformation d'emploi ou de la modification du contrat de travail est examinée au niveau de l'entreprise (cass. soc. 16 janvier 2001, n° 98-44.461, BC V n° 11; RJS 3/01 n° 292; 26 octobre 2005, n° 03-41.972, RJS 2/06 n° 180, comm. Ph. Waquet, p. 87), les difficultés économiques doivent être appréciées au niveau de l'entreprise si elle ne fait pas partie d'un groupe (cass. soc. 7 octobre 1998, n° 96-43.107, BC V n° 405), ou au regard du secteur d'activité du groupe auquel appartient l'entreprise concernée (cass. soc. 5 avril 1995, n° 93-42.690, BC V n° 123; 28 novembre 2007, n° 06-40.489, BC V n° 197; 14 décembre 2011, n° 10-13.922, BC V n° 296; voir aussi cass. soc. 26 juin 2012, n° 11-13.736, BC V n° 197; RJS 10/12 n° 782, précisant que la cause économique ne peut être appréciée à un niveau inférieur à celui de l'entreprise et cela même lorsque celle-ci comporte plusieurs départements correspondant chacun à un secteur d'activité).

Lorsqu'elle n'est pas liée à des difficultés économiques ou à des mutations technologiques, une réorganisation ne peut constituer un motif économique que si elle est effectuée pour sauvegarder la compétitivité du secteur d'activité (cass. soc. 5 avril 1995, 2 arrêts, n°s 93-42.690 et 93-43.866, BC V n° 123; RJS 5/95 n° 497 et concl. Y. Chauvy; 7 avril 2004, n° 01-42.882, BC V n° 112; 14 décembre 2011, n° 10-11.042, BC V n° 295; JCP éd. S 2012, 1085, 1re espèce, note P-Y Verkindt; RJS 3/12 n° 233, 2e espèce; 14 décembre 2011, n° 10-13.922, précité; voir aussi CE 9 octobre 2020, n° 428431). Il n'y a pas lieu de réduire le groupe ou son secteur d'activité aux sociétés ou entreprises situées sur le territoire national (cass. soc. 12 juin 2001, 2 arrêts, n°s 99-41.571 et 99-41.839, BC V n°s 214 et 215; RJS 8-9/01 n° 1001) ou européen (cass. soc. 10 décembre 2003, 2 arrêts, n°s 01-47.332 et 02-40.293, RJS 2/04 n° 187; 21 septembre 2005, n° 03-47.065). Voir également cass. soc. 25 juin 1992, n° 90-41.244, BC V n° 420; 19 novembre 1992, n° 91-45.774, BC V n° 562; 14 janvier 2004, n° 01-45.020, RJS 3/04 n° 298. Il en est de même pour la fermeture d'un magasin (cass. soc. 7 avril 1998, n° 95-41.672, BC V n° 203; RJS 5/98 n° 580); la réalité des difficultés économiques doit être appréciée en fonction de l'activité de l'ensemble des magasins exploités par l'employeur (cass. soc. 17 juin 1992, n° 89-42.769, BC V n° 403). Il appartient à l'employeur de produire les éléments permettant de déterminer l'étendue du secteur d'activité du groupe dont relève l'entreprise (cass. soc. 4 mars 2009, n° 07-42.381, BC V n° 57; RDT mai 2009, CH, 306, J-Y Frouin) .

S'agissant du périmètre du groupe à prendre en considération pour apprécier la cause économique de licenciement, la Cour de cassation a précisé qu'il est constitué par l'ensemble des entreprises unies par le contrôle ou l'influence d'une entreprise dominante dans les conditions définies à l'article L. 2331-1 CT pour la mise en place du comité de groupe, sans qu'il y ait lieu de réduire le groupe aux entreprises situées sur le territoire national (cass. soc. 16 novembre 2016, 2 arrêts, n°s 14-30.063 et 15-19.927, BC V n°s 216 et 217; LSQ n° 17203 du 18.11.2016; RJS 1/17 n° 19; 20 mars 2019, n° 16-22.274, RJS 5/19 n° 293; voir aussi Y. Pagnerre, «Les apports du droit du travail au droit des sociétés», JCP éd. S 2019, 1198).

• **Départs volontaires et négociés.** Il a été jugé que sauf dispositions légales contraires, la rupture du contrat de travail par accord des parties ne peut intervenir que dans les conditions prévues par l'article L. 1237-11 relatif à la rupture conventionnelle (cass. soc. 15 octobre 2014, n° 11-22.251, BC V n° 241; RJS 12/14 n° 854). Par conséquent, si les parties sont d'accord pour mettre fin au contrat de travail pour un motif économique, elles doivent en principe avoir recours à la rupture conventionnelle «individuelle». Il reste cependant possible de recourir à la rupture amiable hors rupture conventionnelle «individuelle» en cas de départ négocié intervenant dans le cadre d'un accord portant GPEC ou rupture conventionnelle collective (art. L. 1237-17 et s.), d'un accord sur la gestion des emplois et des parcours professionnels et sur la mixité des métiers (art. L. 2242-20 et 21) ou d'un plan de sauvegarde de l'emploi (art. L. 1233-61), la rupture conventionnelle «individuelle» étant d'ailleurs expressément exclue dans ces situations (art. L. 1237-16). La Cour de cassation a par ailleurs reconnu la possibilité d'une résiliation amiable du contrat de travail pour motif économique dans le cadre d'un plan de départs volontaires mis en œuvre après consultation des institutions représentatives du personnel, lequel peut être compris dans un plan de sauvegarde de l'emploi ou «autonome», c'est-à-dire exclusif de tout licenciement (cass. soc. 2 décembre 2003, n° 01-46.540, BC V n° 309; RJS 2/04 n° 179; voir aussi cass. soc. 1er juin 2017, n° 16-15.456, BC V n° 97; RJS 8-9/17 n° 577; JCP éd. S 2017, 1251, note F. Favennec-Héry; 3 octobre 2018, n° 16-18.547).

À noter cependant qu'à partir du moment où l'employeur licencie pour motif économique un candidat au départ volontaire, il ne peut plus prétendre qu'il s'agit d'une rupture amiable; en effet, le licenciement pour motif économique de salariés qui ont exprimé l'intention de quitter l'entreprise ne constitue ni une rupture amiable ni une démission (cass. soc. 6 juillet 2011, n° 09-43.130, BC V n° 187; RJS 10/11 n° 741; voir aussi cass. soc. 14 septembre 2017, n° 16-20.552, BC V n° 139; LS Jurispr. n° 173 du 26.09.2017; JCP éd. S 2017, 1329, note Fr. Aknin; RJS 11/17 n° 736, 1re espèce; 3 octobre 2018, n° 17-16.188).

La mise à la retraite s'inscrivant dans le cadre d'une réduction des effectifs motivée par des raisons économiques doit être assimilée à un licenciement pour suppression d'emploi et ouvre droit à l'indemnité conventionnelle de licenciement inscrite dans le plan social (cass. soc. 2 novembre 2005, n° 03-46.325, RJS 1/06 n° 30). En revanche, si la rupture du contrat de travail pour un motif économique est soumise, pour sa mise en œuvre, aux dispositions sur le licenciement économique, il n'en résulte pas que toute rupture d'un contrat de travail procédant d'un motif économique entraîne les effets d'un licenciement; ainsi, le départ volontaire à la retraite dans le cadre d'un plan social constitue une rupture à l'initiative du salarié et n'ouvre pas droit à l'indemnité conventionnelle de licenciement (cass. soc. 25 juin 2002, n° 00-18.907, BC V n° 214; RJS 10/02 n° 1154), ni à l'indemnité de licenciement mentionnée à l'article L. 761-5 [L. 7112-3] CT (cass. soc. 9 juillet 2003, n° 01-43.298, RJS 10/03 n° 1161). De même, la résiliation amiable conclue dans le cadre d'un plan de départs volontaires excluant tout licenciement, soumis aux instances représentatives du personnel, qui ne constitue pas un licenciement, n'implique pas le versement d'une indemnité de licenciement ou d'une indemnité de départ au moins égale à l'indemnité légale de licenciement (cass. soc. 3 octobre 2018, n° 16-18.547).

Sur la question de savoir si les départs volontaires ont un motif économique, voir art. G. Couturier, Dr. Soc. 2007, p. 978; P. Morvan, «Libérer le départ volontaire pour motif économique», Dr. Soc. 2005, p. 59; G. Couturier et J. Pélissier, «Le volontariat chasse-t-il le reclassement ?», SSL 2009, n° 1407; I. Meyrat, «Le régime du licenciement économique à l'épreuve des plans de départs volontaires», Dr. Ouvr. 2009, p. 543; P. Bailly, «Du motif économique aux départs volontaires», dossier spécial, synthèse de jurisprudence SSL 2009, n° 1385; Fr. Favennec-Héry, «Les plans de départs volontaires autonomes», JCP éd. S 2010, 1384; Fr. Favennec-Héry, «Les plans de départ volontaire», Dr. Soc. 2011, p. 622; P-H Antonmattei, «Le plan des départs volontaires mérite mieux», RJS 5/11, chron. p. 353.

Sur l'articulation entre plan de départs volontaires et rupture conventionnelle collective, voir le «Questions - Réponses» sur la rupture conventionnelle collective du 13 avril 2018 (mis à jour en novembre 2019), accessible sur le site du ministère du Travail à l'adresse suivante: *https://travail-emploi.gouv.fr/IMG/pdf/book_rcc_maj_nov2019.pdf*; voir aussi D. Baugard, «L'impact de la rupture conventionnelle collective sur les plans de départs volontaires dits autonomes: quelques observations», RJS 10/18, p. 687; I. Meftah, «Les départs provoqués: les plans de départs volontaires et ruptures conventionnelles collectives», RJS 6/20, chron. p. 399; LS Dossier pratique n° 134 du 24.07.2020, «Le recours au plan de départs volontaires - Élaboration, mise en œuvre, modalités de rupture du contrat, etc.».

Art. R. 1233-2-2. ***(D. 2017-1702 du 15 déc. 2017, JO 17)*** Dans les quinze jours suivant la notification du licenciement, le salarié peut, par lettre recommandée avec avis de réception ou remise contre récépissé, demander à l'employeur des précisions sur les motifs énoncés dans la lettre de licenciement.

L'employeur dispose d'un délai de quinze jours après la réception de la demande du salarié pour apporter des précisions s'il le souhaite. Il communique ces précisions au salarié par lettre recommandée avec avis de réception ou remise contre récépissé.

Dans un délai de quinze jours suivant la notification du licenciement et selon les mêmes formes l'employeur peut, à son initiative, préciser les motifs du licenciement.

Note • Cet article est applicable aux licenciements prononcés après le 17 décembre 2017 (décret 2017-1702 précité, art. 2).

• Le Conseil d'État a rejeté le recours, formé par plusieurs syndicats, en annulation du décret 2017-1702 du 15 décembre 2017 ayant introduit cet article, jugeant notamment que le délai imparti au salarié licencié pour demander à l'employeur de préciser les motifs mentionnés dans la lettre de licenciement ne portait pas atteinte au droit des salariés licenciés de contester, devant la juridiction compétente, le licenciement ou, le cas échéant, l'autorisation administrative de licenciement, et qu'il était ainsi compatible avec les exigences résultant de l'article 6, § 1 de la Convention européenne de sauvegarde des droits de l'homme et des libertés fondamentales, malgré son absence d'effet interruptif sur le délai de contestation en justice du licenciement (CE 6 mai 2019, n° 417299, LS n° 17813 du 10.05.2019; RJS 7/19 n° 422 et pp. 517 et s., concl. Fr. Dieu). Voir aussi note sous article L. 1235-2.

Sous-section 3. **Obligations d'adaptation et de reclassement**

Art. L. 1233-4. Le licenciement pour motif économique d'un salarié ne peut intervenir que lorsque tous les efforts de formation et d'adaptation ont été réalisés et que le reclassement de l'intéressé ne peut être opéré ***(L. 2015-990 du 6 août 2015, art. 290, I, JO 7)*** «sur les emplois disponibles, situés sur le territoire national dans l'entreprise ou les autres entreprises du groupe dont l'entreprise fait partie» ***(Ord. 2017-1387 du***

22 sept. 2017, art. 16, JO 23) «et dont l'organisation, les activités ou le lieu d'exploitation assurent la permutation de tout ou partie du personnel.

(Ord. 2017-1718 du 20 déc. 2017, art. 1er, I, 5°, JO 21) «Pour l'application du présent article, la notion de groupe désigne le groupe formé par une entreprise appelée entreprise dominante et les entreprises qu'elle contrôle dans les conditions définies à l'article L. 233-1, aux I et II de l'article L. 233-3 et à l'article L. 233-16 du code de commerce.»

Le reclassement du salarié s'effectue sur un emploi relevant de la même catégorie que celui qu'il occupe ou sur un emploi équivalent ***(L. 2010-499 du 18 mai 2010, JO 19)*** «assorti d'une rémunération équivalente». À défaut, et sous réserve de l'accord exprès du salarié, le reclassement s'effectue sur un emploi d'une catégorie inférieure.

(Ord. 2017-1387 du 22 sept. 2017, art. 16, JO 23, entrée en vigueur au plus tard le 01.01.2018) «L'employeur adresse de manière personnalisée les offres de reclassement à chaque salarié ou diffuse par tout moyen une liste des postes disponibles à l'ensemble des salariés, dans des conditions précisées par décret.»

Les offres de reclassement proposées au salarié sont écrites et précises.

Note • Les dispositions du premier alinéa de cet article, dans sa rédaction issue de l'ordonnance 2017-1387 précitée, sont applicables aux procédures de licenciement économique engagées après le 23 septembre 2017 (ordonnance précitée, art. 40, V).

L'ordonnance 2017-1387 précitée a également assoupli l'obligation de reclassement en permettant à l'employeur de diffuser une liste des postes disponibles à l'ensemble des salariés (avant-dernier alinéa modifié et article D. 1233-2-1) et en supprimant les dispositions qui imposaient aux entreprises ou groupes comportant des établissements situés à l'étranger de proposer les postes disponibles hors du territoire national aux salariés ayant manifesté la volonté de recevoir des offres de reclassement dans ces établissements (article L. 1233-4-1 abrogé), limitant ainsi strictement le périmètre de l'obligation de reclassement au territoire national.

Enfin, l'ordonnance 2017-1718 précitée a adopté une définition restrictive du groupe de reclassement, par référence à celle donnée par le code de commerce (2e alinéa).

• L'administration du travail précise que si l'employeur n'est plus légalement tenu de proposer des offres de reclassement dans les sociétés du groupe situées à l'étranger, il lui est cependant toujours possible de le faire; il peut également y être tenu en application d'une obligation conventionnelle. Par ailleurs, si l'employeur choisit de diffuser une liste des postes disponibles à l'ensemble des salariés, en application de l'avant-dernier alinéa de cet article, cette liste doit comprendre l'ensemble des postes disponibles au reclassement dans le périmètre donné, sans présélection de l'employeur quant au profil, compétences et qualifications des salariés concernés par les licenciements; ainsi, dans l'hypothèse où il candidaterait sur un poste ne répondant pas à la définition d'emploi équivalent, un salarié pourra se voir opposer un refus motivé de l'employeur («Questions - Réponses» sur la rupture du contrat de travail, publié sur le site internet du ministère du Travail le 15 juillet 2020, questions 39 et 40).

Jurisprudence rendue dans le cadre des dispositions antérieures à l'ordonnance 2017-1387

• Les modifications de cet article issues de la loi 2015-990 du 6 août 2015 (suppression de l'obligation légale de reclassement à l'étranger à l'initiative de l'employeur) sont applicables aux procédures de licenciement pour motif économique engagées, en application des articles L. 1233-8 ou L. 1233-30, après le 7 août 2015 (loi précitée, art. 295). Sur l'obligation d'informer le salarié de la possibilité de demander à recevoir des offres de reclassement à l'étranger, voir Code du Travail Annoté, éd. 2017, articles L. 1233-4-1 et D. 1233-2-1 anciens (pour une application de ces dispositions, voir par exemple cass. soc. 9 octobre 2019, n° 17-28.150, à paraître, JCP éd. S 2019, 1346, note D. Chenu; JSL n° 489, 09.01.2020, p. 21; RJS 12/19 n° 671).

• Voir A. Fabre, «L'extension de l'obligation de reclassement préalable au licenciement pour motif économique», RDT, décembre 2013, étude, p. 752; J. Chauviré, «L'obligation de reclassement dans le licenciement pour motif économique», SSL n° 1477, p. 6; S. Frossard, «Les contextes de l'obligation de reclassement», Dr. Soc. 2010, p. 959; J-E Ray, «Devoirs d'adaptation et obligations de reclassement», Dr. Soc. 2008, p. 949; F. Géa, «Licenciement pour motif économique: l'obligation générale de reclassement», RJS 7-8/00, p. 511; G. Couturier, «Vers un droit du reclassement ?», Dr. Soc. 1999, p. 497; F. Héas, «Les obligations de reclassement en droit du travail», Dr. Soc. 1999, p. 504.

• **Employeur débiteur de l'obligation de reclassement.** L'obligation de reclasser les salariés dont le licenciement est envisagé et d'établir un plan de sauvegarde de l'emploi n'incombe qu'à l'employeur; une société relevant du même groupe que l'employeur n'est donc pas, en cette qualité, débitrice d'une obligation de reclassement à l'égard des salariés concernés et n'a donc pas à répondre des conséquences d'une insuffisance des mesures de reclassement prévues dans le plan de sauvegarde (cass. soc. 13 janvier 2010, n° 08-15.776, BC V n° 5; Dr. Soc. 2010, p. 474, obs. G. Couturier; RJS 3/10 n° 247).

• **Recherche de reclassement.** Le moyen relatif à l'obligation de reclassement est nécessairement dans le débat portant sur la cause économique du licenciement (cass. soc. 6 décembre 2000, n° 98-45.644, RJS 2/01 n° 179; 4 décembre 2002, n° 00-44.510, RJS 3/03 n° 172). Avant tout licenciement pour motif économique, l'employeur doit rechercher et proposer aux salariés les postes disponibles dans l'ensemble de l'entreprise (cass. soc. 22 février 1995, n° 93-43.404, BC V n° 66; 7 juillet 1998, n° 96-41.565, BC V n° 370). Les recherches de reclassement ne portent que sur des emplois disponibles: il n'y a pas de manquement à l'obligation de reclassement si l'employeur justifie de l'absence de poste disponible, à l'époque du licenciement, dans l'entreprise ou, s'il y a lieu, dans le groupe auquel elle appartient (cass. soc. 15 mai 2019, n° 18-11.845); des emplois maintenus pour les besoins de la liquidation des contrats d'assurance en cours ne sont pas des emplois disponibles (cass. soc. 15 juin 2010, n° 08-70.391, BC V n° 135; RJS 8-9/10 n° 651). L'employeur est astreint à une obligation de reclassement dans l'entreprise (cass. soc. 5 mars 1996, n° 92-44.246, BC V n° 83; RJS 4/96 n° 432; 26 novembre 1996, n° 95-40.517, RJS 1/97 n° 18; 21 octobre 1998, n° 96-43.347; 13 janvier 1999, n° 97-40.245) et dans le groupe, sauf si l'employeur justifie que la législation locale applicable aux salariés étrangers ne permet pas un reclassement (cass. soc. 4 décembre 2007, n° 05-46.073, BC V n° 204; RJS 2/08 n° 158, 2e espèce) (voir *infra*). Cette obligation de reclassement individuel à l'égard de chaque salarié s'impose à l'employeur quel que soit le nombre de licenciements envisagés, sans préjudice de l'application des dispositions des articles L. 321-4 et L. 321-4-1 (anciens) CT quand les conditions en sont réunies (cass. soc. 9 janvier 2002, n° 00-40.437, RJS 3/02 n° 277).

Sauf fraude, les possibilités de reclassement s'apprécient au plus tard à la date du licenciement (cass. soc. 1er juin 2010, n° 09-40.421, BC V n° 121; RJS 8-9/10 n° 652; Dr. Soc. 2010, p. 995, obs. G. Couturier; 2 juillet 2014, n° 13-13.876, BC V n° 165; RJS 10/14 n° 672, 2e espèce). Les possibilités de reclassement doivent être recherchées jusqu'à la date du licenciement (cass. soc. 28 septembre 2011, n° 10-23.703, BC V n° 198; RDT, novembre 2011, CH, 637, Fr. Géa; RJS 12/11 n° 955). L'employeur n'a pas à proposer au salarié un poste de reclassement devenu disponible après la date d'envoi de la lettre de licenciement; dans un tel cas, il ne peut lui être reproché d'avoir manqué à son obligation de reclassement (cass. soc. 22 septembre 2011, n° 10-11.876, RJS 11/11 n° 862; voir aussi cass. soc. 9 septembre 2020, n° 18-24.983, RJS 11/20 n° 537; JSL n° 507, 09.11.2020, p. 21, J-Ph. Lhernould: les juges du fond doivent donc rechercher, à la demande du salarié licencié, si le poste pourvu ultérieurement par un recrutement extérieur n'était pas disponible au moment du licenciement). Cette solution s'applique même lorsque le licenciement est subordonné au refus par le salarié de la convention de reclassement personnalisé [aujourd'hui contrat de sécurisation professionnelle] qui lui a été proposée (cass. soc. 13 novembre 2012, n° 11-14.162, BC V n° 287; RJS 1/13 n° 66).

L'employeur doit réaliser tous les efforts de formation et d'adaptation des salariés à l'évolution de leur emploi. Ce devoir a été mis en exergue par un arrêt Expovit du 25 février 1992 (n° 89-41.634, BC V n° 122; D. 1992, som. p. 294, note A. Lyon-Caen). Voir note *infra* sous la rubrique «Efforts de formation et d'adaptation».

• **Emploi de même catégorie ou emploi équivalent.** L'existence d'un plan social, qui a notamment pour objet de prévoir des mesures de reclassement, ne démontre pas à elle seule que l'employeur a respecté son obligation de reclassement à l'égard des salariés contestant leur licenciement (cass. soc. 31 mars 1998, n° 96-40.748, BC V n° 188; RJS 5/98 n° 578; 16 décembre 1998, n° 96-41.989, BC V n° 560; RJS 2/99 n° 178; 13 avril 1999, n° 97-40.732, RJS 5/99 n° 643; 26 mars 2002, n° 00-40.898, BC V n° 106; RJS 6/02 n° 665; 12 mai 2009, n° 08-41.400, LS Jurispr. n° 172 du 24-25.08.09).

Il appartient à l'employeur de rechercher s'il existe des possibilités de reclassement, prévues ou non dans le plan social, et de proposer aux salariés dont le licenciement est envisagé des emplois disponibles de même catégorie (cass. soc. 27 octobre 1998, n° 96-42.843, BC V n° 458; RJS 12/98 n° 1457); à défaut, il doit leur proposer des emplois de catégorie inférieure, fût-ce par voie de modification de leurs contrats de travail (cass. soc. 8 avril 1992, n° 89-41.548, BC V n° 258; 19 novembre 1992, n° 91-45.156, BC V n° 563; 18 février 1998, n° 95-45.502, BC V n° 88; 18 novembre 1998, n° 96-42.991, BC V n° 499; RJS 1/99 n° 74; 15 mai 2001, n° 98-44.330, RJS 8-9/01 n° 1003; 25 novembre 2009, n° 08-42.755, BC V n° 267; RJS 2/10 n° 163; 11 mars 2020, n° 19-12.288).

L'employeur doit avoir examiné sérieusement toutes les possibilités correspondant aux capacités et à l'expérience du salarié (cass. soc. 12 juillet 2006, n° 04-44.714, RJS 10/06 n° 1045, 2e espèce). L'offre d'adhésion à une convention FNE de préretraite progressive constitue une proposition de reclassement (cass. soc. 6 juin 2000, n° 98-41.457, BC V n° 214; RJS 7-8/00 n° 781). Sur l'absence de proposition d'un poste à temps plein à un salarié à temps partiel, voir cass. soc. 13 mai 1992, n° 91-40.734, BC V n° 299; RJS 6/92 n° 725.

Dès lors que la société aurait pu proposer au salarié des emplois de même nature existant dans d'autres régions et pour lesquels elle recrutait du personnel, le licenciement n'est pas justifié par un motif économique (cass. soc. 22 janvier 1992, n° 89-41.242, BC V n° 31). En se bornant à faire état d'une liste de postes vacants qui concernait des emplois distincts de celui occupé par le salarié, sans lui faire aucune proposition de reclassement, ni prévoir son adaptation à l'un des emplois disponibles, l'employeur n'a pas satisfait à son obligation (cass. soc. 6 juillet 1999, n° 96-45.665, BC V n° 333).

• **Offres de reclassement écrites, précises, concrètes et personnalisées.** L'employeur doit adresser à chacun des salariés dont le licenciement est envisagé des offres de reclassement écrites et précises (cass. soc. 20 septembre 2006, n° 04-45.703, BC V n° 276; RJS 11/06 n° 1163; Dr. Soc. 2006, p. 115, note G. Couturier; 13 mai 2009, n° 07-43.893, RJS 7/09 n° 621: propositions identiques pour des postes à l'étranger adressées à l'ensemble des salariés, sans préciser le montant exact de la rémunération); elles doivent être concrètes et personnalisées (cass. soc. 7 juillet 2004, 2 arrêts, n°s 02-42.289 et 02-44.613, RJS 10/04 n° 1017; 7 décembre 2005, n° 03-45.012, RJS 3/06 n° 324; 27 novembre 2019, n° 17-20.470: l'employeur ne peut se borner à adresser au salarié une liste de postes correspondant à des besoins d'emploi en se réservant la possibilité d'étudier leur compatibilité avec ses compétences professionnelles). L'obligation de reclassement appelle une proposition individualisée, au-delà de la seule information du personnel par voie d'affichage sur des possibilités de reclassement dans les sociétés du groupe assortie d'une invitation à prendre contact avec la société mère (cass. soc. 12 mars 2003, n° 00-46.700, RJS 5/04 n° 585; 29 juin 2005, n° 03-45.519, RJS 10/05 n° 965; 13 juillet 2010, n° 09-42.839, RJS 10/10, n° 737). L'employeur doit procéder à un examen individuel des possibilités de reclassement de chaque salarié et ne peut seulement prévoir de diffuser la liste des postes disponibles au sein du groupe sur son site intranet, d'adresser une liste des salariés dont le licenciement est envisagé à toutes les succursales du groupe et de proposer les services d'un bureau de placement, sans aucune proposition personnelle (cass. soc. 26 septembre 2006, n° 05-43.841, BC V n° 288; RJS 11/06 n° 1166; 19 janvier 2011, n° 09-43.522, RJS 4/11 n° 308; 23 avril 2013, n° 12-15.230, BC V n° 108; JCP éd. S 2013, 1399, note A. Martinon); en revanche, est suffisamment personnalisée la lettre de demande de recherche de reclassement adressée par l'employeur aux autres sociétés du groupe comportant un tableau récapitulant, par département de l'entreprise, l'emploi occupé par les salariés à reclasser et le nombre de salariés concernés pour chacun de ces emplois et précisant que les CV de chacun sont tenus à disposition (cass. soc. 1er juillet 2020, n° 18-24.608, RJS 11/20 n° 538; JSL n° 506, 16.10.2020, p. 13, J-Ph. Lhernould). Lorsque l'employeur est conventionnellement tenu de saisir une commission territoriale de l'emploi, il doit proposer à chaque salarié de manière écrite, précise et personnalisée, les offres de reclassement qui lui ont été transmises par cette commission, après avoir vérifié que ces offres sont en rapport avec les compétences et les capacités du salarié concerné (cass. soc. 18 février 2014, n° 12-18.029, BC V n° 54; RJS 4/14 n° 307, 2e espèce; voir aussi cass. soc. 7 novembre 2018, n° 17-21.778).

Plan de départs volontaires. Lorsque les départs volontaires prévus dans un plan de sauvegarde de l'emploi s'adressent aux salariés dont le licenciement est envisagé en raison de la réduction des effectifs, sans engagement de ne pas licencier si l'objectif n'est pas atteint au moyen de ruptures amiables des contrats de travail des intéressés, l'employeur est tenu, à l'égard de ces salariés, d'exécuter au préalable l'obligation de reclassement prévue dans le plan, en leur proposant des emplois disponibles et adaptés à leur situation personnelle, dans les sociétés du groupe dont les activités, l'organisation ou le lieu d'exploitation leur permettent la permutation de tout ou partie du personnel (cass. soc. 19 mai 2016, n° 15-12.137, BC V n° 104; LSQ n° 17090 du 30.05.2016; RJS 8-9/16 n° 563, 1re espèce; JCP éd. S 2016, 1277, 2e espèce, note J. Grangé).

Voir aussi, sur l'obligation de reclassement, note sous article L. 1233-61, **Contenu du plan de sauvegarde de l'emploi**.

La méconnaissance de l'obligation individuelle de reclassement prévue par l'article L. 1233-4 CT n'est pas sanctionnée par la nullité de la procédure de licenciement et l'obligation de réintégration qui en résulterait (cass. soc. 26 février 2003, n° 01-41.030, BC V n° 70; RJS 5/03 n° 589).

Si l'employeur est en droit de proposer un même poste à plusieurs salariés, les offres de reclassement doivent être personnalisées (cass. soc. 19 janvier 2011, n° 09-42.736, RJS 4/11 n° 307).

Cas des salariés inaptes. Lorsque l'employeur a connaissance du classement d'un salarié en invalidité 2e catégorie au moment d'engager la procédure de licenciement économique ou pendant son déroulement, il est tenu de proposer à l'intéressé un emploi de reclassement prenant en compte les préconisations du médecin du travail exprimées à l'issue de la visite de reprise; à défaut, le licenciement du salarié est dénué de cause réelle et sérieuse (cass. soc. 5 décembre 2012, n° 10-24.204, BC V n° 321; LS Jurispr. n° 237 du 18.12.2012; RJS 2/13 n° 103).

De même, lorsqu'un salarié, victime d'un accident du travail, a été déclaré, à l'issue de la visite de reprise, provisoirement apte, l'employeur est tenu, au moment d'engager la procédure de licenciement pour motif économique ou pendant son déroulement, de faire procéder, à l'issue de la période d'aptitude provisoire, à une nouvelle visite médicale afin de prendre en compte les préconisations définitives du médecin du travail (cass. soc. 29 mai 2013, n° 12-15.313, BC V n° 134; RJS 8-9/13 n° 591).

Ce n'est que dans l'hypothèse d'une cessation totale et définitive de l'activité de l'entreprise, et lorsque celle-ci n'appartient pas à un groupe, que l'employeur pourra procéder au licenciement économique d'un salarié déclaré inapte, sans avoir à rechercher préalablement à reclasser l'intéressé dans un poste compatible avec l'avis d'inaptitude, l'impossibilité de reclassement étant alors nécessairement établie (cass. soc. 4 octobre 2017, n° 16-16.441, BC V n° 168; LS Jurispr. n° 192 du 24.10.2017; JCP éd. S 2017, 1421, note L. Fin-Langer; JSL n° 442, 29.11.2017, p. 19, Ph. Pacotte et J. Layat-Le Bourhis; RJS 12/17 n° 788).

• **Niveau d'appréciation de la recherche de reclassement.** La recherche des possibilités de reclassement doit s'apprécier au sein de la société lorsqu'elle comporte plusieurs établissements (cass. soc. 16 mars 1994, n° 92-41.078; 9 février 2000, n° 97-44.023, précité; 26 septembre 2012, n° 11-11.309) ou à l'intérieur du groupe auquel appartient l'employeur, parmi les entreprises dont les activités, l'organisation ou le lieu d'exploitation leur permettent d'effectuer la permutation de tout ou partie du personnel (cass. soc. 25 juin 1992, n° 90-41.244, BC V n° 420; 19 novembre 1992, n° 91-45.744, BC V n° 562; 12 décembre 1995, n° 94-41.765, BC V n° 342; 11 février 2015, n° 13-23.573, BC V n° 26; RJS 4/15 n° 245; 7 mars 2017, n° 15-23.038, BC V n° 41; LS Jurispr. n° 55 du 21.03.2017; JCP éd. S 2017, 1118, note E. Jeansen; RJS 5/17 n° 329; 20 mars 2019, n° 17-19.595, à paraître, LS Jurispr. n° 62 du 02.04.2019; JSL n° 475, 07.05.2019, p. 9, C. Curt et D. Chapellon-Liedhart; RJS 5/19 n° 295; Dr. Soc. 2019, p. 436, étude G. Auzero; RDT, mai 2019, CH, 332, M. Kocher), même s'il n'existe pas de lien de dépendance financière entre les diverses activités de l'employeur (cass. soc. 10 décembre 2002, n° 00-46.518, RJS 3/03 n° 171). Peu importe également que les entreprises du groupe n'appartiennent pas au même secteur d'activité (cass. soc. 13 décembre 2011, n° 10-21.745, RJS 2/12 n° 151; 26 novembre 2014, n° 13-22.795). L'existence d'un groupe s'apprécie à la date du licenciement (cass. soc. 2 février 2006, n° 03-47.480; 1er juin 2010, n° 09-40.421, BC V n° 121; JCP éd. E 2010, 1949, S. Béal et Cl. Terrenoire: à la date du licenciement, la société qui avait procédé à des licenciements économiques n'était pas intégrée à un groupe, l'opération de cession n'ayant pas été encore réalisée).

En cas de contestation sur l'étendue du périmètre du groupe au sein duquel l'employeur doit justifier de ses recherches de reclassement, il appartient au juge de former sa conviction au vu de l'ensemble des éléments qui lui sont soumis par les parties (cass. soc. 16 novembre 2016, n° 15-19.927, BC V n° 217; LSQ n° 17203 du 18.11.2016; RJS 1/17 n° 20).

L'obligation de reclassement ne s'étend pas, sauf disposition conventionnelle le prévoyant, à d'autres entreprises ne relevant pas d'un même groupe (cass. soc. 15 juin 2010, n° 08-70.391, BC V n° 135; RJS 8-9/10 n° 651; 8 janvier 2020, n° 18-14.373).

Le licenciement économique prononcé par l'un des coemployeurs mettant fin au contrat de travail, chacun d'eux doit en supporter les conséquences, notamment au regard de l'obligation de reclassement (cass. soc. 28 septembre 2011, n° 10-12.278, RJS 12/11 n° 929; 12 septembre 2012, n° 11-12.243, BC V n° 216; RJS 10/12 n° 776; JCP éd. S 2012, 1395, note Fr. Bousez). Il n'est pas nécessaire de constater l'existence d'un rapport de subordination individuel de chacun des salariés de la filiale avec la société mère. La qualité de coemployeurs se révèle par une confusion d'intérêts, d'activités et de direction entre deux sociétés, par exemple entre une société mère et sa filiale (voir arrêt précité).

La dépendance économique existant entre des firmes n'est pas de nature à caractériser un lien de subordination juridique entre les sociétés actionnaires et les salariés (cass. soc. 18 octobre 1995, n° 93-19.180). La seule détention d'une partie du capital n'implique pas en soi la possibilité d'effectuer entre les sociétés la permutation du personnel et ne caractérise pas l'existence d'un groupe au sein duquel le reclassement doit s'effectuer (cass. soc. 27 octobre 1998, n° 96-40.626, BC V n° 459; RJS 12/98 n° 1456; 10 février 2009, n° 07-45.712, RDT, juin 2009, CH, 377, Y. Chagny: absence d'organisation et de gestion commune des sociétés). Sur un exemple de permutation du personnel entre plusieurs sociétés conduisant à retenir l'existence d'un groupe au regard de l'obligation de reclassement, voir cass. soc. 5 octobre 1999, n° 97-41.838, BC V n° 368; RJS 11/99 n° 1356; 31 janvier 2001, n° 98-43.897, Dr. Soc. 2001, p. 565; 20 novembre 2002, n° 00-42.962: ensemble d'associations indépendantes; 29 janvier 2003, n° 00-44.882, BC V n° 27; RJS 4/03 n° 455: obligation contractuelle de déplacement attestant d'une organisation permettant la permutabilité du personnel entre des sociétés dans lesquelles le gérant a des intérêts personnels. Sur des possibilités de permutation de personnel entre sociétés filiales d'une société en exécution d'un plan de redressement judiciaire, voir cass. soc. 18 novembre 2003, n° 01-44.671, RJS 1/04 n° 18.

Voir Fr. Favennec-Héry, «L'extinction de la relation de travail dans les groupes», Dr. Soc. 2010, p. 762.

• **Étendue de l'obligation de reclassement.** L'employeur doit exécuter loyalement son obligation de reclassement, ce qui n'est pas le cas lorsqu'un poste qui aurait pu être offert au salarié dans l'une des sociétés du groupe a été pourvu par un recrutement extérieur alors que le processus de licenciement était en cours (cass. soc. 7 avril 2004, n° 01-44.191, BC V n° 114; RJS 6/04 n° 666).

Le licenciement économique d'un salarié ne peut intervenir, en cas de suppression d'emploi, que si le reclassement de l'intéressé dans l'entreprise et, le cas échéant, dans le groupe n'est pas possible (cass. soc. 19 février 1992, n° 90-46.107, BC V n° 100; 1er avril 1992, n° 89-43.494, BC V n° 228; 1er décembre 1993, n° 92-40.760, RJS 1/94 n° 13; 8 juillet 1998, n° 96-42.736, RJS 10/98 n° 1189 : existence d'un poste dans un autre établissement pourvu par recrutement extérieur; 17 mars 1999, n° 97-40.515, BC V n° 127; RJS 5/99 n° 666; 7 juillet 1999, n° 97-43.190, RJS 10/99 n° 1239; 27 octobre 1999, n° 97-43.951, RJS 12/99 n° 1449; 30 novembre 1999, n° 97-41.431, BC V n° 464; RJS 1/00 n° 115: révocation d'un mandat social confié à l'intéressé dans une filiale; 15 mars 2000, n° 98-40.151, RJS 6/00 n° 653: emplois disponibles non proposés aux salariés après un refus de mutation des intéressés; 24 octobre 2000, n° 98-41.192, BC V n° 344; RJS 12/00 n° 1249; 19 décembre 2000, n° 98-42.919, BC V n° 435; RJS 3/01 n° 371: salarié expatrié; 10 juillet 2002, n° 00-42.343, RJS 11/02 n° 1217: recherche en vain, à défaut d'emploi convenant au salarié; 12 juillet 2004, n° 02-40.312, RJS 10/04 n° 1010: capacités du salarié ne lui permettant pas d'occuper un emploi autre qu'administratif; 26 janvier 2005, n° 03-40.020, RJS 4/05 n° 362 et 5 décembre 2006, n° 04-48.800, RJS 2/07 n° 206: recours, de manière habituelle et en nombre, à des travailleurs intérimaires).

L'employeur ne peut limiter ses offres en fonction de la volonté présumée des salariés de les refuser (cass. soc. 24 juin 2008, n° 06-45.870, BC V n° 138; RDT, octobre 2008, CH, 598, J-Y Frouin; Dr. Soc. 2009, p. 116, note G. Couturier: les salariés ayant refusé, pour des raisons personnelles et familiales, des propositions de reclassement à Paris, l'employeur n'avait pas jugé utile de leur proposer des postes disponibles à l'étranger; 22 juin 2011, n° 09-73.035, RJS 10/11 n° 765) ou encore limiter ses recherches en fonction de la volonté exprimée des salariés en dehors de toute proposition concrète (cass. soc. 4 mars 2009, n° 07-42.381, BC V n° 57; RDT mai 2009, CH, 306, J-Y Frouin; SSL 2009 n° 1391, p. 12, extraits du rapport de J. Chauviré et note F.C.; SSL 2009 n° 1411, p. 12, note H. Guyader; 29 février 2012, n° 10-26.657, JSL n° 320, 20.04.2012, p. 30). Est ainsi dépourvu de cause réelle et sérieuse le licenciement prononcé sans que l'employeur ait proposé au salarié, dans le cadre de son obligation de reclassement, le poste que l'intéressé avait refusé auparavant dans le cadre de la proposition de modification de son contrat de travail (cass. soc. 3 décembre 2014, n° 13-19.697; 11 décembre 2019, n° 18-11.822; voir aussi cass. soc. 27 novembre 2019, n° 18-16.985: manque de loyauté dans l'exécution de son obligation de reclassement l'employeur qui propose au salarié d'être reclassé dans un emploi portant le même intitulé que le poste précédemment refusé dans le cadre de la proposition de modification du contrat de travail mais impliquant, par rapport à ce dernier poste, une rétrogradation catégorielle, une rémunération inférieure et un temps de travail supérieur). En revanche, les juges du fond ont pu décider que le défaut de réponse du salarié sollicité par l'entreprise quant à une acceptation éventuelle d'un reclassement dans une société du groupe installée à l'étranger s'analysait en un refus de recevoir des offres de reclassement hors du territoire national, et qu'il ne pouvait donc être reproché à l'employeur de ne pas avoir davantage recherché un reclassement à l'étranger (cass. soc. 7 novembre 2018, n° 17-16.930).

Lorsqu'une procédure de licenciement pour motif économique est engagée simultanément dans plusieurs entreprises d'un même groupe, si des salariés d'entreprises différentes se trouvent en concurrence sur des postes de reclassement disponibles dans l'une ou l'autre entreprise du groupe, priorité est donnée, à qualification comparable, aux salariés de l'entreprise au sein de laquelle des postes se trouvent disponibles (cass. soc. 11 décembre 2001, n° 99-44.291, BC V n° 379; RJS 2/02 n° 155).

Lorsque les «offres valables d'emploi» prévues dans le plan ne sont destinées qu'à assurer la reconversion professionnelle des salariés, hors de l'entreprise et du groupe, *après leur licenciement*, l'inobservation de ce dispositif par l'employeur, qui a par ailleurs recherché et proposé aux intéressés toutes les possibilités de reclassement dans l'entreprise et dans le groupe, n'est pas de nature à caractériser un manquement à son obligation de reclassement (cass. soc. 21 novembre 2006, n° 05-40.656, RJS 2/07 n° 205). Mais lorsque l'employeur s'est engagé, dans le plan de sauvegarde de l'emploi, à présenter aux salariés avant la notification du licenciement, un certain nombre d'offres valables d'emploi hors de l'entreprise ou du groupe, le non-respect de cet engagement, qui étend le périmètre de reclassement, constitue un manquement à l'obligation de reclassement préalable au licenciement et prive celui-ci de cause réelle et sérieuse (cass. soc. 30 septembre 2013, n° 12-13.439, BC V n° 221; RJS 12/13 n° 796).

De même, lorsqu'une convention collective impose à l'employeur de saisir, *avant tout licenciement économique*, une commission territoriale paritaire de l'emploi afin de rechercher les possibilités de reclassement à extérieur de l'entreprise, le défaut de saisine de cette commission prive le licenciement de cause réelle et sérieuse (cass. soc. 30 septembre 2013, n° 12-15.940, BC V n° 223; RJS 12/13 n° 795; 8 juillet 2014, n° 13-14.609, BC V n° 181; RJS 11/14 n° 773; voir aussi cass. soc. 17 mars 2015, n° 13-24.303, BC V n° 52; LS Jurispr. n° 59 du 31.03.2015; RJS 6/15 n° 398, précisant que l'employeur n'est pas tenu, lors de la saisine de la commission, de lui fournir une liste nominative des salariés dont le licenciement est envisagé ni leur profil individuel). À noter que seule l'instauration d'une commission territoriale de l'emploi ou d'une commission paritaire nationale de l'emploi avec la mission expresse d'aider au reclassement externe en cas de licenciements économiques collectifs détermine l'existence de l'obligation de saisine pour les employeurs; dès lors, en l'état d'un accord collectif relatif à la mise en place d'une commission paritaire de l'emploi qui, bien que se référant de façon générale à l'ANI du 10 février 1969, n'attribue pas de mission à cette commission en matière de reclassement externe, il n'existe aucune obligation de saisir cette commission avant tout licenciement pour motif économique de plus de 10 salariés (cass. soc. 11 juillet 2016, n° 15-12.752, BC V n° 152; RJS 10/16 n° 626; JSL n° 416, 23.09.2016, pp. 17 et s., Ph. Pacotte et R. Leroy; RDT, octobre 2016, CH, 619, M. Kocher; 23 octobre 2019, n° 18-15.498, à paraître, LSQ n° 17935 du 08.11.2019; JSL n° 489, 09.01.2020, p. 27, D. Julien-Paturle).

Lorsque le plan social a prévu une priorité dans la proposition et l'attribution de postes offerts au reclassement au profit des salariés âgés de plus de cinquante ans, le juge doit rechercher si l'employeur s'est trouvé dans l'impossibilité d'appliquer au salarié cette priorité ou si les salariés auxquels ces postes ont été attribués remplissaient également la condition d'âge (cass. soc. 14 janvier 2004, n° 02-46.678, BC V n° 11; RJS 3/04 n° 296).

Dans le cadre de son obligation de reclassement, l'employeur ne peut être tenu de proposer à un salarié une mesure de préretraite à l'effet de libérer son poste pour le proposer en reclassement à un autre salarié (cass. soc. 28 novembre 2000, n° 98-46.140, RJS 2/01 n° 227).

• **Refus du reclassement par le salarié.** La proposition d'une modification du contrat de travail, que le salarié peut refuser, ne dispense pas l'employeur de son obligation de reclassement (cass. soc. 30 septembre 1997, n° 94-43.898, BC V n° 290; RJS 11/97 n° 1222; 12 mai 1998, n° 96-40.645; 7 mars 2000, n° 98-40.659, BC V n° 88; RJS 4/00 n° 377; 14 décembre 2005, n° 04-40.396, RJS 2/06 n° 181). Il en était de même pour la convention de conversion (cass. soc. 19 mars 1998, n° 95-44.024, BC V n° 163; 2 décembre 1998, n° 96-43.663, RJS 1/99 n° 92).

Constitue une mesure de reclassement licite la mise en situation de recherche de reclassement pendant une période déterminée avec dispense d'activité et maintien de la rémunération dès lors que, pendant cette période, l'employeur remplit son obligation de recherche de reclassement et que le plan prévoit les mesures nécessaires à cet effet (cass. soc. 14 février 2007, n° 05-45.887, BC V n° 24; JCP éd. S 2007, 1539, note P. Morvan).

Le salarié est en droit de refuser les mesures de reclassement proposées par l'employeur (cass. soc. 29 janvier 2003, n° 00-46.322, BC V n° 28; RJS 4/03 n° 436). Ne satisfait pas à son obligation de reclassement l'employeur qui a proposé au salarié une offre de reclassement unique que celui-ci était en droit de refuser (cass. soc. 22 novembre 2006, n° 04-42.497).

Si, pour des raisons familiales, la salariée refuse un poste, l'employeur est fondé à limiter ses recherches de poste de reclassement au périmètre géographique résultant du souhait de la salariée de ne pas s'éloigner de son domicile (cass. soc. 13 novembre 2008, n° 06-46.227, BC V n° 217; RJS 1/09 n° 25). L'employeur a satisfait à son obligation de reclassement s'il a pu justifier de l'absence de poste disponible en rapport avec les compétences de la salariée après avoir fait des recherches dans ce périmètre géographique.

De même, l'employeur peut limiter ses recherches de reclassement aux entreprises du groupe installées sur le territoire national lorsque le salarié a refusé de recevoir des offres de reclassement à l'étranger (voir en ce sens cass. soc. 7 novembre 2018, n° 17-16.930, précité).

Voir aussi *supra* «Étendue de l'obligation de reclassement».

• **Chronologie des offres de reclassement.** L'employeur doit justifier de tentatives de reclassement avant la notification du licenciement (cass. soc. 27 octobre 1998, n° 96-45.517, BC V n° 453; RJS 12/98 n° 1458; 30 mars 1999, n° 97-41.265, BC V n° 146; RJS 5/99 n° 645; 10 mai 1999, n° 97-40.060, BC V n° 203; RJS 6/99 n° 802: mandataire liquidateur; 26 mai 1999, n° 96-44.387, RJS 7/99 n° 904; 19 janvier 2011, n° 09-43.522, RJS 4/11 n° 308). Il n'est pas débiteur de l'obligation de reclassement à une date antérieure à l'apparition de la cause du licenciement (cass. soc. 21 juin 2006, n° 03-43.517).

Ne remplit pas son obligation de reclassement l'employeur qui prononce les licenciements avant l'expiration du délai qu'il a imparti aux salariés pour faire connaître leur acceptation ou leur refus de ses propositions de reclassement (cass. soc. 24 avril 2003, n° 01-42.131, RJS 7/04 n° 859) ou qui se borne à adresser, le jour de la convocation à l'entretien préalable, une lettre aux responsables du groupe auquel appartient la société, sans attendre leur réponse avant de prendre la décision de licencier (cass. soc. 20 octobre 1999, n° 97-43.539; 21 mars 2001, n° 99-43.108, RJS 5/01 n° 584). Le délai de réflexion laissé aux salariés pour se prononcer sur les mesures de reclassement «constitue une garantie de fond dont le non-respect par l'employeur emporte méconnaissance de son obligation de reclassement et prive le licenciement de cause réelle et sérieuse» (cass. soc. 16 mai 2007, n° 05-44.085, RDT, juillet/août 2007, CH, 455, Ph. Waquet).

Une proposition de réembauche postérieure au licenciement est sans incidence sur l'obligation de reclassement qui s'exécute avant le licenciement. Une cour d'appel, qui a relevé qu'un employeur n'avait pas proposé, à titre de reclassement avant le licenciement, un emploi disponible dans l'entreprise, emploi équivalent à celui occupé par le salarié, a légalement justifié sa décision de déclarer le licenciement dépourvu de cause réelle et sérieuse (cass. soc. 25 septembre 2002, n° 00-42.879, BC V n° 278).

En l'absence de respect de l'obligation de reclassement particulière prévue par la convention collective, le licenciement est dépourvu de cause réelle et sérieuse (cass. soc. 2 mai 2001, n° 98-44.945, BC V n° 146; RJS 7/01 n° 895; 28 mai 2008, n° 06-46.009, BC V n° 116; RJS 8-9/08 n° 877: les dispositions conventionnelles étendaient le périmètre de reclassement afin de favoriser celui-ci à l'extérieur de l'entreprise).

Le salarié licencié pour motif économique, suite à son refus de la modification de son contrat de travail, qui n'a contesté à aucun moment l'énonciation de la lettre de licenciement relative à l'impossibilité de son reclassement ne peut proposer devant la Cour de cassation un moyen incompatible avec la thèse qu'il a développée devant les juges du fond (cass. soc. 7 décembre 2005, n° 04-41.882, BC V n° 358; RJS 2/06 n° 187).

Le reclassement ne peut être envisagé que dans un emploi compatible avec les capacités et la compétence du salarié (cass. soc. 24 octobre 1995, n° 94-40.203). Une offre d'emploi, effectuée dans le cadre d'un plan social, à un salarié qui avait précédemment fait l'objet d'un reclassement dans l'entreprise à la suite d'une déclaration d'inaptitude par le médecin du travail doit être compatible avec l'aptitude physique de l'intéressé (cass. soc. 17 mai 2000, n° 98-40.595, BC V n° 189; RJS 7-8/00 n° 784).

• **Efforts de formation, d'adaptation et d'accompagnement.** Sur l'obligation pour l'employeur d'assurer l'adaptation des salariés à leur poste de travail et de veiller au maintien de leur capacité à occuper un emploi, voir cass. soc. 23 octobre 2007, n° 06-40.950, BC V n° 171; RDT, janvier 2008, CH, 33, A. Fabre; Dr. Ouvr. 2008, p. 296, note B. Lardy-Pélissier. L'employeur, tenu d'exécuter de bonne foi le contrat de travail, a le devoir d'assurer l'adaptation des salariés à une évolution de leur emploi et, consécutivement, de saisir toute possibilité de reclassement dans des emplois compatibles avec leurs capacités (cass. soc. 25 février 1992, n° 89-41.634, BC V n° 122; 23 septembre 1992, n° 90-44.466, BC V n° 472; 17 mai 1994, n° 93-41.566, Dr. Ouvr. 1995, p. 172; 19 octobre 1994, n° 92-41.583, BC V n° 279; Dr. Soc. 1995, p. 64: refus par l'employeur d'une courte formation; 17 février 1998, n° 95-45.261, BC V n° 86; RJS 4/98 n° 434; 7 décembre 2005, n° 03-45.012, RJS 3/06 n° 324). Il lui appartient d'établir qu'il ne dispose d'aucun poste susceptible d'être offert au salarié licencié ou que celui-ci est inapte à s'adapter (cass. soc. 19 novembre 1992, n° 90-45.970, BC V n° 564; 24 mars 1993, n° 89-41.284; 20 octobre 1998, n° 96-42.952) aux nouvelles exigences techniques (cass. soc. 15 octobre 1992, n° 91-43.632, BC V n° 513; 3 mai 1994, n° 92-44.421, RJS 6/94 n° 675), ou à l'industrialisation de la production jusqu'alors artisanale (cass. soc. 4 février 1998, n° 95-41.390, RJS 4/98 n° 434), malgré l'effort d'adaptation tenté au cours de l'année précédente (cass. soc. 9 juillet 1997, n° 94-43.709, BC V n° 262).

Le licenciement est dépourvu de cause réelle et sérieuse si l'employeur ne justifie pas de l'impossibilité d'affecter la salariée au poste disponible moyennant une formation permettant son adaptation à un nouvel emploi (cass. soc. 28 mai 2008, n° 06-45.572, BC V n° 115; RJS 8-9/08 n° 873).

Il appartient à l'employeur, tenu d'exécuter de bonne foi son obligation de reclassement, de proposer des postes accessibles ou rendus accessibles par des mesures d'accompagnement aux salariés dont le licenciement est envisagé (cass. soc. 29 mai 2002, n° 00-40.475, RJS 8-9/02 n° 956).

Mais si l'employeur a l'obligation d'assurer l'adaptation des salariés à l'évolution de leur emploi, en leur donnant au besoin une formation complémentaire, il ne peut lui être imposé d'assurer la formation initiale qui leur fait défaut (cass. soc. 2 juillet 2014, n° 13-13.876, BC V n° 165; LS Jurispr. n° 161 du 9.09.2014; RJS 10/14 n° 672, 2e espèce; 3 avril 2001, n° 99-42.188, BC V n° 114). Ainsi, il n'est pas tenu de délivrer aux salariés une qualification nouvelle leur permettant d'accéder à un poste disponible de catégorie supérieure (cass. soc. 17 mai 2006, n° 04-43.022, RJS 8-9/06 n° 934). Sur un reclassement impossible, le salarié n'étant pas en mesure, même avec une formation adéquate, d'occuper des fonctions pour lesquelles il n'avait pas les compétences requises (cass. soc. 7 juillet 1999, n° 97-42.194, RJS 10/99 n° 1239; 21 juin 2000, n° 98-43.742, RJS 9-10/00 n° 923). Le manquement de l'employeur, au cours de l'exécution du contrat de travail, à son obligation d'adapter le salarié à l'évolution de son emploi et de veiller au maintien de sa capacité à occuper un emploi au regard notamment de l'évolution des emplois, des technologies et des organisations (prévue à l'article L. 6321-1 CT) cause au salarié un préjudice spécifique mais n'a pas pour effet de priver de cause réelle et sérieuse un licenciement pour motif économique (cass. soc. 12 septembre 2018, n° 17-14.257, LS Jurispr. n° 173 du 25.09.2018 : l'employeur n'avait, en l'espèce, proposé aucune formation complémentaire au salarié en vingt ans de service).

«En l'absence de disposition expresse en ce sens, et la nullité ne se présumant point, la méconnaissance de l'obligation d'adaptation [inscrite dans la loi de modernisation sociale (art. 108)] ne pourra pas être sanctionnée par la nullité de la procédure de licenciement et l'obligation de réintégration qui en résulterait» (C. constit. 12 janvier 2002, n° 2001-455 DC, JO 18).

Art. D. 1233-2-1. ***(D. 2017-1725 du 21 déc. 2017, JO 22)*** I. – Pour l'application de l'article L. 1233-4, l'employeur adresse des offres de reclassement de manière personnalisée ou communique la liste des offres disponibles aux salariés, et le cas échéant l'actualisation de celle-ci, par tout moyen permettant de conférer date certaine.

II. – Ces offres écrites précisent:
a) L'intitulé du poste et son descriptif;
b) Le nom de l'employeur;
c) La nature du contrat de travail;
d) La localisation du poste;
e) Le niveau de rémunération;
f) La classification du poste.

III. – En cas de diffusion d'une liste des offres de reclassement interne, celle-ci comprend les postes disponibles situés sur le territoire national dans l'entreprise et les autres entreprises du groupe dont l'entreprise fait partie.

La liste précise les critères de départage entre salariés en cas de candidatures multiples sur un même poste, ainsi que le délai dont dispose le salarié pour présenter sa candidature écrite.

Ce délai ne peut être inférieur à quinze jours francs à compter de la publication de la liste, sauf lorsque l'entreprise fait l'objet d'un redressement ou d'une liquidation judiciaire.

Dans les entreprises en redressement ou liquidation judiciaire, ce délai ne peut être inférieur à quatre jours francs à compter de la publication de la liste.

L'absence de candidature écrite du salarié à l'issue du délai mentionné au deuxième alinéa vaut refus des offres.

Note Cet article s'applique aux procédures de licenciement engagées depuis le 23 décembre 2017.

Sous-section 4. Critères d'ordre des licenciements

Art. L. 1233-5. Lorsque l'employeur procède à un licenciement collectif pour motif économique et en l'absence de convention ou accord collectif de travail applicable, il définit les critères retenus pour fixer l'ordre des licenciements, après consultation du ***(Ord. 2017-1386 du 22 sept. 2017, art. 4, 3°, JO 23, entrée en vigueur au plus tard le 01.01.2018)*** «comité social et économique».

Ces critères prennent notamment en compte:
1° Les charges de famille, en particulier celles des parents isolés;
2° L'ancienneté de service dans l'établissement ou l'entreprise;
3° La situation des salariés qui présentent des caractéristiques sociales rendant leur réinsertion professionnelle particulièrement difficile, notamment celle des personnes handicapées et des salariés âgés;
4° Les qualités professionnelles appréciées par catégorie.

(L. 2013-504 du 14 juin 2013, art. 20, I, JO 16) «L'employeur peut privilégier un de ces critères, à condition de tenir compte de l'ensemble des autres critères prévus au présent article.»

(Ord. 2017-1387 du 22 sept. 2017, art. 18, JO 23) «Le périmètre d'application des critères d'ordre des licenciements peut être fixé par un accord collectif.

En l'absence d'un tel accord, ce périmètre ne peut être inférieur à celui de chaque zone d'***(Ord. 2017-1718 du 20 déc. 2017, art. 1er, I, 6°, JO 21)*** «emplois» dans laquelle sont situés un ou plusieurs établissements de l'entreprise concernés par les suppressions d'***(Ord. 2017-1718 du 20 déc. 2017, art. 1er, I, 6°, JO 21)*** «emplois».»

Les conditions d'application de l'avant-dernier alinéa du présent article sont définies par décret.

Note • Les dispositions des 7e et 8e alinéas de cet article, dans sa rédaction issue de l'ordonnance 2017-1387 précitée, sont applicables aux procédures de licenciement économique engagées après le 23 septembre 2017 (ordonnance précitée, art. 40, V).

• Le principe est le suivant:
– s'il y a une convention ou un accord collectif applicable dans l'établissement, les règles édictées par cette convention quant à l'ordre des licenciements doivent être suivies (cass. soc. 28 octobre 1997, n° 94-44.177, BC V n° 346; RJS 12/97 n° 1354); il en est de même lorsqu'un plan de sauvegarde de l'emploi a été établi;
– en l'absence de disposition conventionnelle applicable, il appartient à l'employeur d'établir, à l'occasion de chaque licenciement collectif, les critères d'ordre des licenciements après consultation du comité d'entreprise ou, à défaut, des délégués du personnel (ou, désormais, du comité social et économique). L'obligation de consultation des représentants du personnel est satisfaite alors même que ceux-ci se sont refusés à formuler un avis (cass. soc. 18 février 1998, n° 95-42.172, BC V n° 93; RJS 4/98 n° 440).

• **Cas d'application.** L'employeur n'est tenu de mettre en œuvre les dispositions de l'article L. 1233-5 que lorsqu'un licenciement pour motif économique est décidé, et non lorsqu'il se borne à prévoir la mise en préretraite ou le reclassement des salariés occupés dans les services qu'il entend supprimer (cass. soc. 3 décembre 1996, n° 94-22.163, BC V n° 410; RJS 1/97 n° 23, concl. P. Lyon-Caen, p. 14; 10 mai 1999, n° 96-19.828, BC V n° 202; RJS 6/99 n° 806: appel au volontariat pour le travail à mi-temps, une mobilité interne ou un départ). Il en est de même lorsque la réduction d'effectif envisagée ne doit se réaliser, selon le plan [social], qu'au moyen d'accords de rupture négociés conclus avec les seuls salariés souhaitant quitter volontairement l'entreprise, à l'exclusion de tout licenciement économique (cass. soc. 12 juillet 2004, n° 02-19.175, RJS 10/04 n° 1014). Dans l'hypothèse où la réduction d'effectifs résulte à la fois de licenciements et de départs volontaires, les critères d'ordre des licenciements ne sont pas applicables aux candidats au départ volontaires; en effet, la Cour de cassation considère que «sauf engagement de s'y soumettre, l'employeur n'est pas tenu de mettre en œuvre les dispositions légales ou conventionnelles relatives à l'ordre des licenciements lorsque la rupture du contrat de travail pour motif économique résulte d'un départ volontaire du salarié dans le cadre d'un plan de départ volontaire prévu après consultation des institutions représentatives du personnel». Elle a donc approuvé une cour d'appel, qui après avoir constaté que le départ décidé par une salariée entrait dans le champ d'application d'un tel plan de départ volontaire prévu par le plan de sauvegarde de l'emploi et que l'employeur l'avait accepté, avait décidé que l'employeur n'était pas tenu à l'application à son égard des règles relatives à l'ordre des licenciements (cass. soc. 1er juin 2017, n° 16-15.456, BC V n° 97; RJS 8-9/17 n° 577; LSQ n° 17347 du 16.06.2017; JCP éd. S 2017, 1251, note F. Favennec-Héry).

De même, il n'y a pas lieu d'appliquer un ordre des licenciements lorsqu'il n'y a aucun choix à opérer parmi les salariés. Tel est le cas lorsque le projet de licenciement vise toute une catégorie professionnelle (cass. soc. 14 janvier 2003, n° 00-45.700) ou lorsqu'une modification de leur contrat de travail a été proposée à tous les salariés et que les licenciements concernent tous ceux l'ayant refusée (cass. soc. 27 mars 2012, n° 11-14.223, BC V n° 108; RJS 6/12 n° 533; 28 octobre 2015, n° 14-17.712).

Le juge administratif, devenu le juge du plan de sauvegarde de l'emploi avec la loi 2013-504 du 14 juin 2013 relative à la sécurisation de l'emploi, adopte la même solution: les critères d'ordre se trouvent privés d'objet lorsque l'employeur, soit en l'absence de toute suppression d'emploi, soit après avoir procédé aux licenciements consécutifs à des suppressions d'emploi en respectant ces critères d'ordre, envisage seulement de proposer à des salariés une modification de leur contrat de travail et ne prévoit leur licenciement qu'à raison de leur refus; par suite, dans ce cas, la circonstance que le plan de sauvegarde de l'emploi ne comporte pas la pondération des critères d'ordre et la définition de leur périmètre d'application ne fait pas légalement obstacle à ce que l'administration homologue le document unilatéral relatif à ce plan (CE 10 octobre 2018, n° 395280, RJS 12/18 n° 735; LS Jurispr. n° 48 du 12.03.2019; RDT, juin 2019, CH, 416, A. Fabre, s'agissant d'un plan de sauvegarde de l'emploi envisageant le licenciement des seuls salariés qui, une fois les réductions d'effectifs atteintes par des départs volontaires, refuseraient une proposition de modification de leur contrat de travail).

En revanche, dès lors que l'employeur lui a notifié un licenciement pour motif économique, le salarié peut invoquer une violation de l'ordre des licenciements (cass. soc. 13 janvier 2009, n° 07-44.398, BC V n° 5; Dr. Soc. 2009, p. 376, obs. G. Couturier: en l'espèce, une salariée avait accepté une convention de préretraite d'entreprise, inscrite dans un plan de sauvegarde de l'entreprise).

En cas de licenciement individuel, l'employeur doit, en application de l'article L. 1233-7, prendre en compte les critères d'ordre des licenciements dans le choix du salarié concerné et le manquement de l'employeur à son obligation d'indiquer au salarié qui le demande les critères qu'il a retenus cause nécessairement à ce dernier un préjudice distinct de celui réparant l'absence de cause réelle et sérieuse (cass. soc. 3 décembre 2014, n° 13-23.170, LS Jurispr. n° 227 du 16.12.2014).

• **Date d'appréciation.** Le respect de l'ordre des licenciements est apprécié au moment de l'engagement de la procédure (cass. soc. 12 juillet 1994, n° 91-43.855, BC V n° 233). Mais l'ordre des licenciements n'est dressé qu'au moment où les licenciements, qui sont seulement envisagés dans le plan social, sont décidés et mis en œuvre (cass. soc. 7 octobre 1998, n° 96-40.424, BC V n° 404; RJS 11/98 n° 1356).

• **Cadre d'application.** En principe, les critères déterminant l'ordre des licenciements doivent être mis en œuvre à l'égard de l'ensemble du personnel de l'entreprise (cass. soc. 15 mai 2013, n° 11-27.458, BC V n° 121; RJS 7/13 n° 525 et p. 449, avis R. Weissmann). Toutefois, depuis la loi 2013-504 de sécurisation de l'emploi du 14 juin 2013, confirmée par la loi 2015-990 du 6 août 2015, les entreprises soumises à l'obligation d'établir un PSE peuvent définir un périmètre d'application des critères d'ordre inférieur à l'entreprise dans l'accord organisant le PSE ou dans le document unilatéral; dans le cas d'un document unilatéral, ce périmètre ne peut être inférieur à celui de chaque zone d'emploi dans laquelle sont situés un ou plusieurs établissements de l'entreprise concernés par les suppressions d'emploi, ces zones d'emploi étant définies à l'article D. 1233-2. En outre, depuis l'ordonnance 2017-1387 du 22 septembre 2017, la possibilité de définir le périmètre d'application des critères d'ordre des licenciements par accord collectif est étendue à l'ensemble des entreprises (qu'elles soient soumises ou non à l'obligation d'établir un PSE), pour les procédures de licenciement engagées depuis le 24 septembre 2017 ; à défaut d'accord, ce périmètre ne peut être inférieur à celui de chaque zone d'emplois dans laquelle sont situés un ou plusieurs établissements de l'entreprise concernés par les suppressions d'emploi (zones définies à l'article D. 1233-2). À défaut d'indication, le périmètre correspond à l'entreprise (« Questions - Réponses » sur la rupture du contrat de travail, publié sur le site internet du ministère du Travail le 15 juillet 2020, question 38).

Il a par ailleurs été jugé qu'une direction peut décider d'appliquer les critères d'ordre des licenciements au niveau de l'UES ; dans cette hypothèse, elle se doit de respecter l'engagement qu'elle a pris et ne peut donc faire d'exception en écartant telle ou telle entreprise composant l'UES (cass. soc. 19 janvier 2011, n° 09-41.171, JSL n° 295, 10.03.2011, p. 27).

Lorsque, lors de la mise en œuvre des critères d'ordre des licenciements, la société employeur a déjà acquis une autre société à des fins de fusion, elle doit, pour établir l'ordre des licenciements, prendre en considération les salariés de cette nouvelle société, et cela même si la fusion n'a pas encore eu lieu au moment où les critères sont appliqués (cass. soc. 8 octobre 2014, n° 13-14.973, BC V n° 228 ; RJS 12/14 n° 843).

Il convient d'apprécier le respect des critères retenus pour fixer l'ordre des licenciements par référence aux catégories d'emplois et aux fonctions réellement exercées (cass. soc. 30 juin 1993, n° 91-43.426, BC V n° 188 ; 21 juin 1994, n° 93-40.670). Le juge doit rechercher si l'ordre des licenciements a été respecté dans la catégorie professionnelle dont relevait le salarié au sens de la convention collective (cass. soc. 16 mars 2005, n° 02-45.753, BC V n° 93). Le respect des critères retenus pour fixer l'ordre des licenciements doit s'apprécier au sein de la catégorie des chefs de service lorsqu'il s'agit de salariés seuls dans leur catégorie professionnelle (cass. soc. 2 avril 2008, n° 07-40.571, RJS 6/08 n° 654 : s'agissant d'un chef comptable). S'il ne peut être fait grief à l'employeur de n'avoir pas respecté l'ordre des licenciements lorsque les emplois supprimés sont les seuls de la catégorie à laquelle appartiennent les salariés licenciés (cass. soc. 22 janvier 1992, n° 89-44.361 ; 8 juin 1999, n° 97-40.739, RJS 7/99 n° 909 ; 1er avril 2003, n° 01-41.775, RJS 7/03 n° 863) ou lorsque le licenciement concerne tous les salariés de l'entreprise appartenant à la même catégorie professionnelle (cass. soc. 27 mai 1997, n° 95-42.419, Dr. Soc. 1997, p. 744 ; 14 janvier 2003, n° 00-45.700, RJS 3/03 n° 330), celui-ci doit tenir compte des critères définis lorsque les salariés dont le licenciement est décidé parce que leur service est supprimé sont polyvalents (cass. soc. 30 juin 1992, n° 89-44.094). Il importe peu que, dans le cadre de la réorganisation de l'entreprise, un autre salarié ait été affecté au poste occupé par le salarié licencié en application de l'ordre des licenciements (cass. soc. 29 juin 1994, n° 92-44.466, BC V n° 216 ; 13 juin 1996, n° 93-43.298, BC V n° 237). La catégorie professionnelle qui sert de base à l'établissement de l'ordre des licenciements concerne l'ensemble des salariés qui exercent dans l'entreprise des fonctions de même nature supposant une formation professionnelle commune, sans qu'il puisse être opéré de distinction, au sein de chaque catégorie, entre les salariés à temps plein et ceux à temps partiel (cass. soc. 3 mars 1998, n° 95-41.610, BC V n° 113 ; RJS 4/98 n° 548 ; 7 juillet 1998, n° 96-45.014, RJS 10/98 n° 1196 ; 10 juillet 2019, n° 18-10.218). Appartiennent à la même catégorie professionnelle les salariés exerçant des fonctions similaires sur des machines de générations différentes dès lors que le pilotage de l'une ou l'autre de ces machines ne nécessite pas une formation spécifique ou complémentaire excédant l'obligation d'adaptation (cass. soc. 27 mai 2015, n° 14-11.688, BC V n° 103 ; LS Jurispr. n° 116 du 30.06.2015 ; RJS 8-9/15 n° 557).

Sur l'établissement de tableaux fixant l'ordre des licenciements par localité en application de la convention collective des banques, voir cass. soc. 22 mars 1995, 2 arrêts, nos 92-41.280 et 91-20.003, RJS 5/95 n° 501 ; 27 janvier 1998, n° 96-12.123, BC V n° 33.

• **Détermination des critères.** L'employeur peut privilégier l'un des critères arrêtés pour fixer l'ordre des licenciements, mais il doit prendre en compte l'ensemble de ceux-ci (cass. soc. 8 avril 1992, n° 89-40.739, BC V n° 259 ; 20 janvier 1993, n° 91-42.032, BC V n° 18 ; 14 janvier 1997, n° 95-44.366, BC V n° 16 ; Dr. Soc. 1997, p. 159, concl. P. Lyon-Caen ; 27 octobre 1999, n° 97-43.130, BC V n° 419 ; RJS 12/99 n° 1453 ; 21 mars 2002, n° 00-40.899, RJS 7/02 n° 797 ; 2 mars 2004, n° 01-44.084, RJS 5/04 n° 528). Il ne peut pas exclure un des critères légaux, même à la demande des représentants du personnel (cass. soc. 19 décembre 2007, n° 06-43.788). En l'absence d'accord collectif ayant fixé les critères d'ordre des licenciements, le document unilatéral de l'employeur fixant le plan de sauvegarde de l'emploi ne saurait légalement fixer des critères d'ordre des licenciements qui omettraient l'un de ces quatre critères d'appréciation ou neutraliseraient ses effets ; il n'en va autrement que s'il est établi de manière certaine, dès l'élaboration du plan de sauvegarde de l'emploi, que, dans la situation particulière de l'entreprise et pour l'ensemble des personnes susceptibles d'être licenciées, aucune des modulations légalement envisageables pour le critère d'appréciation en question ne pourra être matériellement mise en œuvre lors de la détermination de l'ordre des licenciements (CE 22 mai 2019, nos 413342 et 418090, 2 arrêts, LS Jurispr. n° 101 du 04.06.2019 ; RJS 7/19 n° 426 ; JSL n° 479, 08.07.2019, p. 24 et n° 480 du 22.07.2019, p. 25, D. J.-P. ; 27 janvier 2020, n° 426230, LS Jurispr. n° 23 du 04.02.2020; RJS 4/20 n° 180).

Le handicap du salarié, de nature à rendre la réinsertion professionnelle plus difficile, constitue l'un des critères mentionnés par l'article L. 1233-5 (cass. soc. 11 octobre 2006, n° 04-47.168, BC V n° 302; RJS 12/06 n° 1268). L'employeur, qui se borne à prendre en considération l'âge des salariés et les sanctions antérieurement prononcées contre eux, ne respecte pas l'ordre des licenciements qui, en l'absence de convention ou accord collectif applicable, doit prendre en compte les critères édictés par la loi (cass. soc. 3 décembre 1992, n° 91-41.990).

Mais l'employeur peut, sauf détournement de procédure, tenir compte des sanctions disciplinaires pour apprécier les qualités professionnelles des salariés dans la limite de la prescription prévue par l'article L. 1332-5; toutefois, ceci ne doit pas constituer le seul critère d'évaluation mis en œuvre par l'employeur (cass. soc. 19 mai 2010, n° 09-40.103, RJS 7/10 n° 591). Il ne peut se fonder sur le seul niveau des diplômes obtenus par les salariés pour effectuer un choix entre ceux-ci (cass. soc. 17 mars 1993, n° 91-42.118, RJS 5/93 n° 501), ni sur le seul nombre d'absences injustifiées lorsqu'il existe dans l'entreprise un processus d'évaluation professionnelle des salariés (CE 22 mai 2019, n° 418090, précité). À l'inverse, lorsque la société concernée est dépourvue de tout système d'évaluation des salariés, l'existence, parmi les critères d'ordre des licenciements, d'un indicateur tiré du montant des primes d'assiduité versées par l'entreprise, corrigé des variations liées aux motifs légaux d'absence, permet aux critères d'ordre fixés par le plan de prendre en compte les qualités professionnelles des salariés (CE 22 mai 2019, n° 413342, précité). L'employeur ne peut pas non plus prendre en considération, pour apprécier leurs qualités professionnelles, la seule ancienneté des salariés (déjà prise en compte par ailleurs), dès lors que d'autres éléments auraient pu, en l'espèce, être utilisés (CE 27 janvier 2020, n° 426230, précité).

La qualité de salarié à temps partiel ne peut être retenue pour décider qu'un salarié doit être licencié de préférence à un salarié à temps complet (cass. soc. 4 juillet 2012, n° 11-12.045, BC V n° 211; JSL n° 329, 11.10.2012, p. 18, J-E Tourreil). De même, l'ordre des licenciements n'est pas respecté lorsque le seul critère retenu a été le refus d'acceptation de la modification des conditions de rémunération exigée par le cessionnaire (cass. soc. 6 juillet 1999, n° 97-40.055, BC V n° 329; RJS 10/99 n° 1241).

• Le juge ne peut substituer son appréciation à celle de l'employeur sur la valeur professionnelle du salarié (cass. soc. 21 février 1990, n° 87-41.824, BC V n° 81; 3 février 1993, n° 89-41.908, RJS 3/93 n° 262). En revanche, il lui appartient, en cas de contestation, de vérifier que l'appréciation portée sur les aptitudes professionnelles du salarié ne procède pas d'une erreur manifeste ou d'un détournement de pouvoir (cass. soc. 24 septembre 2014, n° 12-16.991, BC V n° 201; RJS 12/14 n° 844; JCP éd. S 2014, 1482, note P. Morvan). En tout état de cause, il appartient à l'employeur de communiquer au juge, les éléments objectifs sur lesquels il s'est appuyé pour arrêter son choix entre les salariés (cass. soc. 13 octobre 1993, n° 91-45.025, CSB 1993 p. 284: moindre aptitude non établie; 15 juin 1994, n° 93-41.269, Dr. Soc. 1994, p. 809: moindre qualification professionnelle non établie; 29 juin 1994, n° 92-44.756, BC V n° 217; CSB 1994 A. 43; 26 novembre 1996, n° 94-42.161, BC V n° 405; 19 mars 1998, n° 95-45.541, BC V n° 164; Dr. Soc. 1998, p. 563; 16 septembre 2003, n° 01-40.349, RJS 11/03 n° 1267: affirmations ou appréciations générales; 9 décembre 2003, n° 01-46.243, Dr. Soc. 2004, p. 209: compétence professionnelle; 9 octobre 2019, n° 18-12.429). Le juge doit vérifier si les notes attribuées aux différents critères l'ont été sur la base d'éléments objectifs (cass. soc. 3 avril 2002, n° 00-42.053, RJS 7/02 n° 797). Si la méconnaissance par l'employeur de son obligation d'informer préalablement les salariés des techniques et méthodes d'évaluation qu'il met en œuvre à leur égard peut justifier l'allocation de dommages-intérêts, elle n'est pas de nature à caractériser une inobservation des critères d'ordre des licenciements dès lors que l'appréciation des qualités professionnelles repose sur des critères objectifs et vérifiables (cass. soc. 21 novembre 2006, n° 05-40.656, BC V n° 349; RJS 2/07 n° 205). Pour la cour d'appel de Paris, le critère de l'aptitude professionnelle «doit reposer sur des éléments objectifs dont la preuve doit être rapportée par l'employeur» (CA Paris, 18e ch. C, 11 septembre 2008, n° 07/04491, SSL 2008 n° 1369, p. 15, note F.C). Ne respecte pas ce critère l'employeur qui l'affecte d'un nombre de points identique pour chaque salarié non cadre (cass. soc. 26 février 2020, n° 17-18.136, à paraître, LS Jurispr. n° 52 du 17.03.2020; RJS 5/20 n° 238; JCP éd. S 2020, 2022, note R. Favre).

• La suppression d'emplois et la nécessité de respecter des critères retenus pour fixer l'ordre des licenciements peuvent constituer l'impossibilité de maintenir le contrat de travail, pour un motif non lié à l'accident, d'un salarié dont le contrat est suspendu à la suite d'un accident du travail ou d'une maladie professionnelle. Cette impossibilité doit s'apprécier à la date de la rupture et il appartient au juge de s'assurer que le choix du salarié n'a pas été motivé par une réduction de ses capacités physiques consécutives à l'accident (cass. soc. 25 mai 1993, 2 arrêts, nos 90-44.451 et 91-43.515, BC V n° 146; RJS 7/93 n° 737; 13 juillet 1993, n° 90-43.973, RJS 10/93 n° 972; 16 mars 1994, n° 89-43.586, BC V n° 93). Voir également note sous l'article L. 1226-9.

• **Sanctions.** L'inobservation des règles relatives à l'ordre des licenciements n'a pas pour effet de priver le licenciement de cause réelle et sérieuse (cass. soc. 20 janvier 1998, n° 96-40.930,

BC V n° 20; RJS 3/98 n° 296; 26 janvier 1999, n° 97-40.463, BC V n° 39; RJS 3/99 n° 353; 5 décembre 2006, n° 04-48.800, RJS 2/07 n° 206). Revenant sur sa jurisprudence antérieure, qui considérait que cette inobservation constituait pour le salarié une illégalité qui entraînait nécessairement un préjudice pouvant aller jusqu'à la perte injustifiée de son emploi et qui devait être intégralement réparé selon son étendue (cass. soc. 23 avril 1997, n° 94-42.629, BC V n° 144; RJS 6/97 n° 713; 30 mars 1999, n° 97-40.695, BC V n° 145; 12 mars 2003, n° 98-44.682, RJS 5/03 n° 592; 5 décembre 2006, n° 04-47.822), ce qui excluait qu'il puisse être réparé par l'allocation d'un franc symbolique (cass. soc. 6 juillet 1999, n° 97-40.055, précité), la Cour de cassation juge désormais que le salarié doit, pour être indemnisé, démontrer l'existence d'un préjudice (cass. soc. 26 février 2020, n° 17-18.136, précité).

L'obligation de rembourser à l'Assédic les allocations de chômage versées au salarié licencié ne concerne pas le cas de violation de l'ordre des licenciements (cass. soc. 23 mars 1994, n° 91-43.735, BC V n° 104; CSB 1994 A. 29; 14 janvier 1997, n° 95-44.366, précité).

Il ne peut être alloué au salarié licencié sans cause économique, en plus de l'indemnité réparant l'intégralité du préjudice subi par suite de la perte injustifiée de son emploi, des dommages-intérêts pour inobservation de l'ordre des licenciements (cass. soc. 7 octobre 1998, n° 96-43.067, BC V n° 406; 5 octobre 1999, n° 98-41.384, BC V n° 366; 14 novembre 2013, n° 12-23.089). Le moyen tiré de l'obligation d'établir et respecter les critères de l'ordre des licenciements est dans le débat quand le juge statue sur le licenciement économique (cass. soc. 10 mai 1999, n° 97-40.901, RJS 6/99 n° 805). En demandant une indemnité pour licenciement sans cause réelle et sérieuse, le salarié demande implicitement la réparation du préjudice résultant d'un licenciement prononcé en violation de l'ordre des licenciements (cass. soc. 27 octobre 1998, n° 96-42.493, BC V n° 456; RJS 12/98 n° 1462).

• La disposition, insérée dans le plan de sauvegarde de l'emploi et prévoyant que lorsque les deux membres d'un couple travaillent dans l'entreprise, il ne pourra pas y avoir de licenciement des deux, ne constitue pas simplement un critère d'ordre des licenciements. Dès lors, l'inobservation de cette obligation prive le licenciement de cause réelle et sérieuse (cass. soc. 3 décembre 2008, n° 07-42.473, RJS 2/09 n° 161).

• Alors même qu'une autorisation administrative a été accordée à l'employeur par l'inspecteur du travail, il n'appartient qu'au juge judiciaire d'apprécier la mise en œuvre des critères retenus pour fixer l'ordre des licenciements (cass. soc. 11 décembre 2001, n° 99-44.994, BC V n° 380; RJS 2/02 n° 202; 10 décembre 2003, n° 01-47.147, RJS 2/04 n° 195; 27 octobre 2004, n° 02-46.935, BC V n° 270; RJS 2/05 n° 179; 9 octobre 2019, n° 18-12.429, précité dans «Détermination des critères»). Le contrôle administratif ne peut s'exercer sur l'ordre des licenciements, sauf preuve de discrimination (CE 29 décembre 2000, n° 206918, RJS 4/01 n° 475, s'agissant de représentants du personnel).

• Le salarié ayant adhéré à une convention de reclassement personnalisé [ou, depuis la loi du 28 juillet 2011, à un contrat de sécurisation professionnelle] est recevable à contester l'ordre des licenciements (cass. soc. 5 mars 2008, n° 07-41.694, RJS 5/08 n° 580; cass. avis 7 avril 2008, n° 08-00.003, BC n° 2; RJS 6/08 n° 702).

• Voir également Ph. Waquet, Dr. Soc. 1994, p. 677; H-J Legrand, «L'ordre des licenciements ou l'identification du salarié atteint par une suppression d'emploi», Dr. Soc. 1995, p. 243; P-Y Verkindt, «La question de l'ordre des licenciements», Dr. Soc. 1996, p. 26 et «L'ordre des licenciements», RJS 12/97, p. 811; D. Jacotot, «Choix et respect des critères de l'ordre des licenciements», D. 1999, 12.

Art. R. 1233-1. Le salarié qui souhaite connaître les critères retenus pour fixer l'ordre des licenciements adresse sa demande à l'employeur, en application des articles L. 1233-17 et L. 1233-43, par lettre recommandée avec avis de réception ou remise contre récépissé, avant l'expiration d'un délai de dix jours à compter de la date à laquelle il quitte effectivement son emploi.

L'employeur fait connaître les critères qu'il a retenus pour fixer l'ordre des licenciements, en application de l'article L. 1233-5, par lettre recommandée avec avis de réception ou remise contre récépissé, dans les dix jours suivant la présentation ou de la remise de la lettre du salarié.

Ces délais ne sont pas des délais francs. Ils expirent le dernier jour à vingt-quatre heures.

Note Le manquement de l'employeur à son obligation d'indiquer au salarié qui le demande les critères d'ordre des licenciements cause nécessairement au salarié un préjudice distinct de celui réparant l'absence de cause réelle et sérieuse (cass. soc. 24 septembre 2008, n° 07-42.200, BC V n° 178; RJS 12/08 n° 1176; RDT, décembre 2008, CH, 739, J-Y Frouin). Voir note sous l'article L. 1233-17.

Art. D. 1233-2. ***(D. 2015-1637 du 10 déc. 2015, JO 12)*** Les zones d'emploi mentionnées à l'avant dernier alinéa de l'article L. 1233-5 sont celles référencées dans l'atlas des zones d'emploi établi par l'Institut national de la statistique et des études économiques et les services statistiques du ministre chargé de l'emploi.

Note Cet article s'applique aux procédures de licenciement engagées depuis le 13 décembre 2015.

Art. L. 1233-6. Les critères retenus par la convention et l'accord collectif de travail ou, à défaut, par la décision de l'employeur ne peuvent établir une priorité de licenciement à raison des seuls avantages à caractère viager dont bénéficie un salarié.

Art. L. 1233-7. Lorsque l'employeur procède à un licenciement individuel pour motif économique, il prend en compte, dans le choix du salarié concerné, les critères prévus à l'article L. 1233-5.

Note Voir note sous article L. 1233-5 («Cas d'application»).

SECTION 3. Licenciement de moins de dix salariés dans une même période de trente jours

Sous-section 1. Procédure de consultation des représentants du personnel propre au licenciement collectif

Art. L. 1233-8. L'employeur qui envisage de procéder à un licenciement collectif pour motif économique de moins de dix salariés dans une même période de trente jours réunit et consulte ***(Ord. 2017-1387 du 22 sept. 2017, art. 20, 1°, JO 23)*** «le comité social et économique dans les entreprises d'au moins onze salariés», dans les conditions prévues par la présente sous-section.

(Ord. 2017-1387 du 22 sept. 2017, art. 20, 1°, JO 23) «Le comité social et économique rend son avis dans un délai qui ne peut être supérieur, à compter de ***(Ord. 2017-1718 du 20 déc. 2017, art. 1er, I, 7°, JO 21)*** «la date de la première réunion» au cours de laquelle il est consulté, à un mois. ***(Ord. 2017-1718 du 20 déc. 2017, art. 1er, I, 7°, JO 21)*** «En l'absence d'avis rendu dans ce délai», le comité social et économique est réputé avoir été consulté.»

Note Les dispositions de cet article, dans sa rédaction issue de l'ordonnance 2017-1387 précitée, sont applicables aux procédures de licenciement économique engagées dans les entreprises ayant mis en place un comité social et économique (ordonnance précitée, art. 40, VI).

Jurisprudence rendue dans le cadre législatif antérieur à l'ordonnance 2017-1387 précitée

Pour apprécier le nombre de licenciements envisagés par l'employeur, le juge doit tenir compte du projet tel qu'il est définitivement présenté: en l'espèce, six licenciements résultant d'un projet de déplacement du service commercial s'ajoutaient aux neuf licenciements initialement prévus (cass. soc. 10 juillet 2001, n° 99-43.330, BC V n° 256; RJS 11/01 n° 1278; voir également cass. soc. 25 juin 2003, 2 arrêts, n° 01-43.717, BC V n° 207 et n° 01-46.479, BC V n° 206).

Les conditions déterminant la consultation des institutions représentatives du personnel s'apprécient au niveau de l'entreprise ou de l'établissement concerné par les mesures de licenciement économique au moment où la procédure de licenciement collectif est engagée (cass. soc. 16 janvier 2008, n° 06-46.313, BC V n° 8; RDT, avril 2008, CH, 236, Ph. Waquet; en l'espèce, la requête en reconnaissance d'une unité économique et sociale était intervenue après la consultation des délégués du personnel). C'est au niveau de l'entreprise qu'il dirige que doivent être vérifiées les conditions d'effectif et de nombre des licenciements imposant l'établissement et la mise en œuvre d'un tel plan (cass. soc. 28 janvier 2009, n° 07-45.481, BC V n° 26; RDT, avril 2009, CH, 233, J-Y Frouin; Dr. Soc. 2009, p. 497, obs. J. Savatier; D. 2009, 2135, note B. Lardy-Pélissier: en l'espèce, l'effectif du GIE ayant constitué une unité économique et sociale était supérieur à cinquante salariés).

Il résulte des dispositions de cet article que l'employeur qui, dans une entreprise d'au moins cinquante salariés, envisage de procéder à un licenciement collectif pour motif économique de moins de dix salariés dans une même période de trente jours, doit, en l'absence de comité d'entreprise, réunir et consulter les délégués du personnel (cass. soc. 29 mai 2013, n° 12-12.952, BC V n° 137; RJS 8-9/13 n° 592).

S. Vernac, «L'information et la consultation des représentants des travailleurs lors de la restructuration d'un groupe. À propos de l'arrêt CJCE du 10 septembre 2009», RDT, mai 2010, ET, 285.

Art. L. 1233-9. Dans les entreprises dotées d'un comité ***(Ord. 2017-1386 du 22 sept. 2017, art. 4, 76°, JO 23, entrée en vigueur au plus tard le 01.01.2018)*** «social et économique» central d'entreprise, l'employeur réunit le comité ***(Ord. 2017-1386 du 22 sept. 2017, art. 4, 76°, JO 23, entrée en vigueur au plus tard le 01.01.2018)*** «social et économique» central et le ou les comités ***(Ord. 2017-1386 du 22 sept. 2017, art. 4, 76°, JO 23, entrée en vigueur au plus tard le 01.01.2018)*** «sociaux et économiques» d'établissements intéressés dès lors que les mesures envisagées excèdent le pouvoir du ou des chefs d'établissement concernés ou portent sur plusieurs établissements simultanément.

Art. L. 1233-10

Art. L. 1233-10. L'employeur adresse aux représentants du personnel, avec la convocation à la réunion prévue à l'article L. 1233-8, tous renseignements utiles sur le projet de licenciement collectif.

Il indique :

1° La ou les raisons économiques, financières ou techniques du projet de licenciement ;

2° Le nombre de licenciements envisagé ;

3° Les catégories professionnelles concernées et les critères proposés pour l'ordre des licenciements ;

4° Le nombre de salariés, permanents ou non, employés dans l'établissement ;

5° Le calendrier prévisionnel des licenciements ;

6° Les mesures de nature économique envisagées ;

(Ord. 2017-1387 du 22 sept. 2017, art. 20, 2°, JO 23) « 7° Le cas échéant, les conséquences des licenciements projetés en matière de santé, de sécurité ou de conditions de travail. »

Note • Les dispositions cet article, dans sa rédaction issue de l'ordonnance 2017-1387 précitée, sont applicables aux procédures de licenciement économique engagées dans les entreprises ayant mis en place un comité social et économique (ordonnance précitée, art. 40, VI).

• La notion de catégorie professionnelle, qui sert de base à l'établissement de l'ordre des licenciements, fait référence à la convention collective (cass. soc. 16 mars 2005, n° 02-45.753, BC V n° 93) et concerne l'ensemble des salariés qui exercent au sein de l'entreprise des fonctions de même nature supposant une formation professionnelle commune (cass. soc. 13 février 1997, n° 95-16.648, BC V n° 63 ; Dr. Soc. 1997, p. 249).

• Lors de la consultation des représentants du personnel sur un projet de licenciement collectif, l'employeur n'est pas tenu de leur faire connaître la liste nominative des salariés dont le licenciement est envisagé (cass. soc. 16 décembre 1992, n° 90-44.871, BC V n° 598).

Sous-section 2. Procédure à l'égard des salariés

§ 1. Entretien préalable

Art. L. 1233-11. L'employeur qui envisage de procéder à un licenciement pour motif économique, qu'il s'agisse d'un licenciement individuel ou inclus dans un licenciement collectif de moins de dix salariés dans une même période de trente jours, convoque, avant toute décision, le ou les intéressés à un entretien préalable.

La convocation est effectuée par lettre recommandée ou par lettre remise en main propre contre décharge. Cette lettre indique l'objet de la convocation.

L'entretien préalable ne peut avoir lieu moins de cinq jours ouvrables après la présentation de la lettre recommandée ou la remise en main propre de la lettre de convocation.

Art. L. 1233-12. Au cours de l'entretien préalable, l'employeur indique les motifs de la décision envisagée et recueille les explications du salarié.

Art. L. 1233-13. Lors de son audition, le salarié peut se faire assister par une personne de son choix appartenant au personnel de l'entreprise.

Lorsqu'il n'y a pas d'institutions représentatives du personnel dans l'entreprise, le salarié peut se faire assister soit par une personne de son choix appartenant au personnel de l'entreprise, soit par un conseiller du salarié choisi sur une liste dressée par l'autorité administrative.

La lettre de convocation à l'entretien préalable adressée au salarié mentionne la possibilité de recourir à un conseiller et précise l'adresse des services où la liste des conseillers est tenue à la disposition des salariés.

Art. L. 1233-14. Un décret en Conseil d'État détermine les modalités d'application du présent paragraphe.

§ 2. Notification du licenciement

Art. L. 1233-15. Lorsque l'employeur décide de licencier un salarié pour motif économique, qu'il s'agisse d'un licenciement individuel ou inclus dans un licenciement collectif de moins de dix salariés dans une même période de trente jours, il lui notifie le licenciement par lettre recommandée avec avis de réception.

Cette lettre ne peut être expédiée moins de sept jours ouvrables à compter de la date prévue de l'entretien préalable de licenciement auquel le salarié a été convoqué.

Ce délai est de quinze jours ouvrables pour le licenciement individuel d'un membre du personnel d'encadrement mentionné au 2° de l'article ***(Ord. 2016-388 du 31 mars 2016, art. 1er, 1°, JO 1er avril, entrée en vigueur le 01.02.2017)*** « L. 1441-13».

Art. L. 1233-16. La lettre de licenciement comporte l'énoncé des motifs économiques invoqués par l'employeur.

Elle mentionne également la priorité de réembauche prévue par l'article L. 1233-45 et ses conditions de mise en œuvre.

(Ord. 2017-1387 du 22 sept. 2017, art. 4, II, JO 23, entrée en vigueur au plus tard le 01.01.2018) «Un ***(L. 2018-217 du 29 mars 2018, art. 11, I, 4°, JO 31)*** «arrêté du ministre chargé du travail» fixe les modèles que l'employeur peut utiliser pour procéder à la notification du licenciement.»

Note • **Modèles types de lettres de notification de licenciement.** Voir annexes IV et V du décret 2017-1820 du 29 décembre 2017, JO 30, établissant des modèles types de lettres de notification de licenciement, rapporté dans les *Textes non codifiés*, rubrique «Licenciement (notification)».

• L'article L. 1235-2, dans sa rédaction issue de l'ordonnance 2017-1387 du 22 septembre 2017, permet désormais à l'employeur de préciser les motifs énoncés dans la lettre de licenciement, soit à son initiative, soit à la demande du salarié (voir article R. 1233-2-2). C'est donc la notification du licenciement éventuellement ainsi précisée qui fixera les limites du litige pour ce qui concerne les motifs du licenciement. Sous cette réserve, la jurisprudence rapportée ci-dessous conserve toute sa valeur.

La lettre de licenciement fixe les limites du litige (cass. soc. 5 octobre 1999, n° 98-41.384, BC V n° 366; RJS 11/99 n° 1361). La qualification que l'employeur a donnée au licenciement s'impose à lui; lorsque le licenciement a été prononcé pour un motif économique, le juge ne peut lui substituer un motif de licenciement personnel (cass. soc. 21 mars 2007, n° 05-45.060, BC V n° 53; RJS 5/07 n° 573).

La lettre doit comporter, non seulement l'énonciation des difficultés économiques, des mutations technologiques ou de la réorganisation de l'entreprise, mais également l'énonciation des incidences de ces éléments sur l'emploi ou le contrat de travail du salarié licencié (cass. soc. 11 juin 2002, 2 arrêts, nos 00-40.214 et 00-40.625, BC V nos 200 et 201; RJS 8-9/02 n° 960; 29 octobre 2003, n° 01-44.000, RJS 1/04 n° 21; 10 janvier 2006, n° 03-44.640, RJS 3/06 n° 328; 12 avril 2012, n° 10-27.160, JSL n° 323, 7.06.2012, p. 30).

Il n'est pas nécessaire de préciser dans la lettre de licenciement le niveau d'appréciation de la cause économique quand l'entreprise appartient à un groupe; c'est seulement en cas de litige que l'employeur devra démontrer, dans le périmètre pertinent, la réalité et le sérieux du motif invoqué (cass. soc. 3 mai 2016, n° 15-11.046, BC V n° 83; LSQ n° 17079 du 12.05.2016; RJS 7/16 n° 491, 1re espèce). Dès lors, répond aux exigences légales de motivation prévues par les articles L. 1233-3 et 16 la lettre de licenciement énonçant que le licenciement économique du salarié est motivé par la suppression de son emploi consécutive aux difficultés économiques de l'entreprise en sorte qu'il appartient alors au juge de vérifier le caractère réel et sérieux du motif invoqué au niveau du groupe ou du secteur d'activité du groupe auquel appartient l'entreprise (cass. soc. 4 novembre 2015, n° 14-18.140). Répond également à ces exigences la lettre de licenciement mentionnant que le salarié avait été recruté, dans le cadre d'une création de poste, afin de proposer un plan global de développement et d'ajustement de la structure que la société n'était plus en mesure de financer et exposant ainsi que, dans le cadre de sa réorganisation, l'activité dont était chargé l'intéressé était supprimée, ce dont se déduisait la suppression de son emploi (cass. soc. 24 mai 2018, n° 17-13.399, JSL n° 456, 29.06.2018, p. 31).

La lettre de licenciement doit énoncer des faits précis et matériellement vérifiables, ce qui n'est pas le cas lorsqu'elle fait simplement état d'une baisse d'activité (cass. soc. 16 février 2011, n° 09-72.172, BC V n° 49; RJS 5/11 n° 410).

Sur l'énonciation du motif économique dans la lettre de licenciement, voir aussi note sous les art. L. 1232-6 et L. 1233-3.

• Lorsque la rupture du contrat de travail résulte de l'acceptation par le salarié d'une convention de reclassement personnalisé (remplacée par le contrat de sécurisation professionnelle), la priorité de réembauche doit être mentionnée dans le document écrit énonçant le motif économique de la rupture du contrat; elle doit donc être portée à la connaissance du salarié au plus tard au moment de son acceptation (cass. soc. 30 novembre 2011, n° 10-21.678, BC V n° 276; RDT, janvier 2012, CH, 34, A. Fabre; RJS 2/12 n° 180, 2e espèce; JCP éd. S 2012, 1086, note Fr. Dumont). Le juge n'a pas à apprécier le caractère réel et sérieux du motif économique de la rupture dès lors que la lettre énonçant ce motif n'a été adressée au salarié que postérieurement à son acceptation de la convention de reclassement personnalisé (arrêt précité).

Sur le défaut de mention de la priorité de réembauche dans la lettre de licenciement, voir note sous l'article L. 1233-45.

Art. L. 1233-17. Sur demande écrite du salarié, l'employeur indique par écrit les critères retenus pour fixer l'ordre des licenciements.

Note Le manquement de l'employeur à son obligation d'indiquer au salarié qui le demande les critères retenus pour fixer l'ordre des licenciements ne prive pas le licenciement de cause réelle et sérieuse, mais constitue une irrégularité qui cause nécessairement un préjudice au salarié que le juge doit réparer en fonction de son étendue (cass. soc. 26 janvier 1999, n° 97-40.463, BC V n° 39; 12 décembre 2001, n° 00-41.057, RJS 2/02 n° 159; 24 juin 2003, n° 01-41.932, RJS 10/03 n° 1143; 2 février 2006, n° 03-45.443, BC V n° 57; RJS 4/06 n° 420). Ce préjudice est distinct de celui réparant l'absence de cause réelle et sérieuse (cass. soc. 24 septembre 2008, n° 07-42.200, BC V n° 178; RJS 12/08 n° 1177). Le fait pour un salarié de ne pas user de la faculté qui lui est ouverte par cet article de demander à l'employeur les critères retenus pour fixer l'ordre des licenciements ne le prive pas de la possibilité de se prévaloir de l'inobservation de ces critères et de demander réparation du préjudice, pouvant aller jusqu'à la perte injustifiée de son emploi qui en résulte (cass. soc. 19 novembre 1997, n° 95-42.016, BC V n° 385; RJS 3/98 n° 296; 30 mars 1999, n° 97-40.695, BC V n° 145; 18 mai 2004, n° 02-41.179, RJS 7/04 n° 803).

À noter que l'obligation de communiquer au salarié les critères d'ordre des licenciements s'applique même en cas de licenciement individuel (cass. soc. 3 décembre 2014, n° 13-23.170, LS Jurispr. n° 227 du 16.12.2014).

Art. L. 1233-18. Un décret en Conseil d'État détermine les modalités d'application du présent paragraphe.

Sous-section 3. Information de l'autorité administrative

Art. L. 1233-19. L'employeur qui procède à un licenciement collectif pour motif économique de moins de dix salariés dans une même période de trente jours informe l'autorité administrative du ou des licenciements prononcés.

Art. D. 1233-3. En cas de licenciement pour motif économique de moins de dix salariés dans une même période de trente jours, l'employeur informe par écrit le ***(D. 2020-1545 du 9 déc. 2020, JO 10, entrée en vigueur le 01.04.2021)*** «directeur régional de l'économie, de l'emploi, du travail et des solidarités» des licenciements prononcés dans les huit jours de l'envoi des lettres de licenciement aux salariés concernés.

L'employeur précise:

1° Son nom et son adresse;

2° La nature de l'activité et l'effectif de l'entreprise ou de l'établissement;

3° Les nom, prénoms, nationalité, date de naissance, sexe, adresse, emploi et qualification du ou des salariés licenciés;

4° La date de la notification des licenciements aux salariés concernés.

Note Les informations et demandes mentionnées aux articles D. 1233-3, R. 1233-3-3, R. 1233-3-5, D. 1233-4, D. 1233-5, R. 1233-6, R. 1233-7, [R.] 1233-9, D. 1233-10, D. 1233-14, D. 1233-14-1 et D. 1233-14-4 CT sont transmises par voie dématérialisée sur le système d'information RUPCO, dont l'adresse internet est *https://ruptures-collectives.emploi.gouv.fr*, ou, en cas de dysfonctionnement de ce système, par tout autre moyen permettant de conférer une date certaine (arrêté du 21 octobre 2019, JO 25, entrée en vigueur le 02.12.2019, relatif à la dématérialisation des procédures de licenciement collectif pour motif économique et de rupture conventionnelle collective). Pour les licenciements mentionnés aux articles D. 1233-3 et R. 1233-6 CT, ces dispositions s'appliquent depuis 1er janvier 2020 (arrêté précité, art. 4).

À noter que, pour les informations et demandes mentionnées aux articles D. 1233-4, D. 1233-5, [R.] 1233-9, D. 1233-10, D. 1233-14, D. 1233-14-1 et D. 1233-14-4 CT, ce nouveau portail internet remplace le portail «Si-PSE-RCC» *(https://www.portail-pse-rcc.emploi.gouv.fr)*, qui était ouvert depuis le 01.07.2014 (voir arrêté du 27 juin 2014, JO 3 juil., modifié par arrêté du 29 décembre 2017, JO 4 janv. 2018, et abrogé par arrêté du 21 octobre 2019 précité).

Art. L. 1233-20. Le procès-verbal de la réunion ***(Ord. 2017-1386 du 22 sept. 2017, art. 4, 74°, JO 23, entrée en vigueur au plus tard le 01.01.2018)*** «du comité social et économique consulté» sur un projet de licenciement collectif pour motif économique est transmis à l'autorité administrative.

SECTION 4. Licenciement de dix salariés ou plus dans une même période de trente jours

Note La loi 2013-504 du 14 juin 2013 (JO 16) a, dans son article 18, introduit la possibilité pour les entreprises d'au moins 50 salariés de définir elles-mêmes le contenu du plan de sauvegarde de l'emploi ainsi que les modalités de consultation du comité d'entreprise et de mise en œuvre des licenciements par accord collectif majoritaire validé par la Direccte [Dreets] ou, à défaut, par un texte élaboré unilatéralement et homologué par l'administration. La loi a également conféré au juge administratif la compétence de contrôler ces nouvelles décisions administratives relatives à l'aspect collectif du licenciement économique (procédure et PSE), tout en conservant la compétence du juge prud'homal pour les litiges individuels des salariés licenciés pour motif économique. Voir ci-après articles L. 1233-24-1 à 24-4 et notes sous ces articles. Voir aussi RF Social, décembre 2014, Cahier juridique n° 147, «Licenciement économique collectif: procédures».

Ces dispositions sont applicables aux procédures de licenciement collectif engagées depuis le 1er juillet 2013, sachant qu'une procédure de licenciement collectif est réputée engagée à compter de la date d'envoi de la convocation à la première réunion des représentants du personnel mentionnée à l'article L. 1233-30 (loi précitée, art. 18, XXXIII).

Voir notamment Dr. Soc. 2013, p. 814, G. Couturier, «Un nouveau droit des (grands) licenciements collectifs».

Sous-section 1. Dispositions générales

§ 1. Possibilité d'un accord et modalités spécifiques en résultant

Art. L. 1233-21. Un accord d'entreprise, de groupe ou de branche peut fixer, par dérogation aux règles de consultation des instances représentatives du personnel prévues par le présent titre et par le livre III de la deuxième partie, ***(Ord. 2017-1718 du 20 déc. 2017, art. 1er, I, 8°, JO 21)*** «les modalités d'information et de consultation du comité social et économique et, le cas échéant, le cadre de recours à une expertise par ce comité» lorsque l'employeur envisage de prononcer le licenciement économique ***(L. 2012-387 du 22 mars 2012, art. 43, 2°, JO 23)*** «d'au moins dix salariés» dans une même période de trente jours.

Note • Les dispositions de cet article, dans sa rédaction issue de l'ordonnance 2017-1387 du 22 septembre 2017, JO 23, et modifiée par l'ordonnance 2017-1718 précitée, sont applicables aux procédures de licenciement économique engagées dans les entreprises ayant mis en place un comité social et économique (ordonnance 2017-1387 précitée, art. 40, VI).

• Voir P-H Antonmattei, «Accords de méthode, génération 2005 : la positive attitude», Dr. Soc. 2005, p. 399; «Les restructurations», n° spécial, Dr. Soc. mars 2006; T. Grumbach, «Monopole syndical, contenu et négociation des accords de méthode», Dr. Soc. 2006, p. 325.

Art. L. 1233-22. L'accord prévu à l'article L. 1233-21 fixe les conditions dans lesquelles ***(Ord. 2017-1387 du 22 sept. 2017, art. 20, 4°, JO 23)*** «le comité social et économique»:

1° Est réuni et informé de la situation économique et financière de l'entreprise;

2° Peut formuler des propositions alternatives au projet économique à l'origine d'une restructuration ayant des incidences sur l'emploi et obtenir une réponse motivée de l'employeur à ses propositions;

(Ord. 2017-1387 du 22 sept. 2017, art. 20, 4°, JO 23) «3° Peut recourir à une expertise.»

Note • Les dispositions de cet article, dans sa rédaction issue de l'ordonnance 2017-1387 précitée, sont applicables aux procédures de licenciement économique engagées dans les entreprises ayant mis en place un comité social et économique (ordonnance précitée, art. 40, VI).

• Cet article a été modifié par la loi 2013-504 du 14 juin 2013, art. 18, I, JO 16 (suppression des deux derniers alinéas). En effet, tirant les conséquences de la création de la possibilité de négocier sur le contenu du PSE, la loi du 14 juin 2013 relative à la sécurisation de l'emploi a adapté le contenu des accords de méthode. Ainsi, ces derniers ne peuvent plus anticiper le contenu du PSE, qui relève désormais du champ de l'accord majoritaire.

Les accords de méthode antérieurs à la loi restent applicables exclusivement en ce qui concerne l'aménagement de la procédure d'information-consultation.

Art. L. 1233-23. L'accord prévu à l'article L. 1233-21 ne peut déroger:

(L. 2013-504 du 14 juin 2013, art. 18, I, JO 16) «1°» Aux règles générales d'information et de consultation du ***(Ord. 2017-1386 du 22 sept. 2017, art. 4, 20°, JO 23, entrée en vigueur au plus tard le 01.01.2018)*** «comité social et économique» prévues aux articles L. 2323-2, L. 2323-4 et L. 2323-5;

(L. 2013-504 du 14 juin 2013, art. 18, I, JO 16) «2°» À la communication aux représentants du personnel des renseignements prévus aux articles L. 1233-31 à L. 1233-33;

(L. 2013-504 du 14 juin 2013, art. 18, I, JO 16) «3°» Aux règles de consultation applicables lors d'un redressement ou d'une liquidation judiciaire, prévues à l'article L. 1233-58.

Art. L. 1233-24. Toute action en contestation visant tout ou partie d'un accord prévu à l'article L. 1233-21 doit être formée, à peine d'irrecevabilité, avant l'expiration d'un délai de trois mois à compter de la date du dépôt de l'accord prévu à l'article L. 2231-6.

Note • Le dernier alinéa de cet article a été supprimé par la loi 2013-504 du 14 juin 2013, art. 18, I, JO 16.

• Le plan de sauvegarde de l'emploi ne peut se confondre avec l'accord de méthode. Le fait que le délai de contestation de l'accord de méthode soit venu à expiration n'interdit pas la contestation du plan par les représentants du personnel (CA Toulouse, 4e ch., 30 janvier 2009, n° 08-02569, RDT 2009, p. 309, note A. Fabre; SSL 2009 n° 1386, p. 11, note F.C.).

Art. L. 1233-24-1. ***(L. 2013-504 du 14 juin 2013, art. 18, I, JO 16)*** Dans les entreprises de cinquante salariés et plus, un accord collectif peut déterminer le contenu du plan de sauvegarde de l'emploi mentionné aux articles L. 1233-61 à L. 1233-63 ainsi que les modalités de consultation du ***(Ord. 2017-1386 du 22 sept. 2017, art. 4, 17°, JO 23, entrée en vigueur au plus tard le 01.01.2018)*** «comité social et économique» et de mise en œuvre des licenciements. Cet accord est signé par une ou plusieurs organisations syndicales représentatives ayant recueilli au moins 50 % des suffrages exprimés en faveur d'organisations reconnues représentatives au premier tour des dernières élections des titulaires au ***(Ord. 2017-1386 du 22 sept. 2017, art. 4, 17°, JO 23, entrée en vigueur au plus tard le 01.01.2018)*** «comité social et économique», quel que soit le nombre de votants ***(Ord. 2017-1718 du 20 déc. 2017, art. 1er, I, 9°, JO 21)*** «, ou par le conseil d'entreprise dans les conditions prévues à l'article L. 2321-9». L'administration est informée sans délai de l'ouverture d'une négociation en vue de l'accord précité.

Note • Voir *supra* note sous Section 4.

Voir aussi article R. 1233-3-5 rapporté sous article L. 1233-46.

• Dans l'instruction DGEFP/DGT 2013/13 du 19 juillet 2013 (fiche 1), l'administration a précisé que l'entreprise est libre de choisir d'ouvrir ou non une négociation, même si les organisations syndicales représentatives en font la demande; le projet de licenciement économique collectif peut donc être mis en œuvre:
– soit intégralement par la voie négociée aboutissant à un accord majoritaire conclu en application des dispositions de cet article, cet accord devant comprendre au minimum le PSE;
– soit intégralement dans le cadre d'un document unilatéral élaboré par l'employeur en application de l'article L. 1233-24-4;
– soit dans le cadre d'un accord majoritaire partiel (portant a minima sur le PSE) complété par un document unilatéral.

L'administration précise en outre que l'accord est négocié par les organisations syndicales représentatives dans l'entreprise et qu'il ne peut pas être négocié au niveau de l'établissement. Néanmoins, son périmètre d'application peut être l'établissement.

Sont également précisées les modalités d'ouverture de la négociation; celle-ci peut intervenir:
– avant la procédure d'information-consultation du comité d'entreprise, c'est-à-dire avant la réunion du comité faisant démarrer le délai de procédure mentionné à l'article L. 1233-30 (l'ouverture d'une négociation à ce stade, sans consultation du comité d'entreprise, ne constitue pas un délit d'entrave);
– parallèlement à la procédure d'information-consultation (l'ouverture des négociations est annoncée lors de la réunion du comité d'entreprise faisant démarrer le délai de procédure mentionné à l'article L. 1233-30). Le Direccte [Dreets] est informé de l'intention de l'employeur d'ouvrir des négociations au plus tard le lendemain de l'ouverture de négociations, dans le cadre de la notification du projet de licenciement économique collectif mentionnée à l'article L. 1233-46;
– durant la procédure d'information-consultation, le délai de procédure mentionné à l'article L. 1233-30 ayant déjà commencé à courir, les organisations syndicales représentatives pouvant demander à tout moment l'ouverture de négociations. Le Direccte [Dreets] doit alors en être informé.

• Sur la possibilité pour les organisations syndicales de se faire assister par un expert-comptable lors de la négociation du PSE, voir article L. 1233-34 et sa note.

Art. L. 1233-24-2. ***(L. 2013-504 du 14 juin 2013, art. 18, I, JO 16)*** L'accord collectif mentionné à l'article L. 1233-24-1 porte sur le contenu du plan de sauvegarde de l'emploi mentionné aux articles L. 1233-61 à L. 1233-63.

Il peut également porter sur:

1° Les modalités d'information et de consultation du ***(Ord. 2017-1387 du 22 sept. 2017, art. 20, 5°, JO 23)*** «comité social et économique» ***(L. 2016-1088 du 8 août 2016, art. 94, I, 2°, JO 9)*** «, en particulier les conditions dans lesquelles ces modalités peuvent être aménagées en cas de projet de transfert d'une ou de plusieurs entités économiques prévu à l'article L. 1233-61, nécessaire à la sauvegarde d'une partie des emplois»;

2° La pondération et le périmètre d'application des critères d'ordre des licenciements mentionnés à l'article L. 1233-5;

3° Le calendrier des licenciements;

4° Le nombre de suppressions d'emploi et les catégories professionnelles concernées;

5° Les modalités de mise en œuvre des mesures de formation, d'adaptation et de reclassement prévues ***(Ord. 2017-1387 du 22 sept. 2017, art. 17, 1°, JO 23)*** «à l'article L. 1233-4».

Note • Cet article a été modifié par l'ordonnance 2017-1718 du 20 décembre 2017, art. 1er, I, 10°, JO 21.

• Les dispositions de cet article, dans sa rédaction issue de l'article 20 de l'ordonnance 2017-1387 précitée, sont applicables aux procédures de licenciement économique engagées dans les entreprises ayant mis en place un comité social et économique (ordonnance précitée, art. 40, VI).

• Les dispositions de cet article, dans sa rédaction issue de la loi 2016-1088 précitée, sont applicables aux licenciements économiques engagés après le 9 août 2016; la procédure de licenciement est considérée comme engagée soit à compter de la date d'envoi de la convocation à l'entretien préalable mentionnée à l'article L. 1233-11, soit à compter de la date d'envoi de la convocation à la première réunion des représentants du personnel mentionnée à l'article L. 1233-30 (loi précitée, art. 94, II).

Art. L. 1233-24-3. ***(L. 2013-504 du 14 juin 2013, art. 18, I, JO 16)*** L'accord prévu à l'article L. 1233-24-1 ne peut déroger:

1° À l'obligation d'effort de formation, d'adaptation et de reclassement incombant à l'employeur en application ***(Ord. 2017-1387 du 22 sept. 2017, art. 17, 2°, JO 23)*** «de l'article L. 1233-4»;

2° Aux règles générales d'information et de consultation du ***(Ord. 2017-1386 du 22 sept. 2017, art. 4, 20°, JO 23, entrée en vigueur au plus tard le 01.01.2018)*** «comité social et économique» prévues aux articles L. 2323-2, L. 2323-4 et L. 2323-5 ***(Ord. 2017-1718 du 20 déc. 2017, art. 1er, I, 11°, JO 21)*** «sauf lorsque l'accord est conclu par le conseil d'entreprise;»

3° À l'obligation, pour l'employeur, de proposer aux salariés le contrat de sécurisation professionnelle prévu à l'article L. 1233-65 ou le congé de reclassement prévu à l'article L. 1233-71;

4° À la communication aux représentants du personnel des renseignements prévus aux articles L. 1233-31 à L. 1233-33;

5° Aux règles de consultation applicables lors d'un redressement ou d'une liquidation judiciaire, prévues à l'article L. 1233-58.

§ 1 bis. Document unilatéral de l'employeur

Note Ce paragraphe a été introduit par la loi 2013-504 du 14 juin 2013, art. 18, II, JO 16.

Art. L. 1233-24-4. À défaut d'accord mentionné à l'article L. 1233-24-1, un document élaboré par l'employeur après la dernière réunion du ***(Ord. 2017-1386 du 22 sept. 2017, art. 4, 20°, JO 23, entrée en vigueur au plus tard le 01.01.2018)*** «comité social et économique» fixe le contenu du plan de sauvegarde de l'emploi et précise les éléments prévus aux 1° à 5° de l'article L. 1233-24-2, dans le cadre des dispositions légales et conventionnelles en vigueur.

Note Voir *supra* note sous Section 4.

§ 2. Modifications du contrat de travail donnant lieu à dix refus ou plus

Art. L. 1233-25. Lorsqu'au moins dix salariés ont refusé la modification d'un élément essentiel de leur contrat de travail, proposée par leur employeur pour l'un des motifs économiques énoncés à l'article L. 1233-3 et que leur licenciement est envisagé, celui-ci est soumis aux dispositions applicables en cas de licenciement collectif pour motif économique.

Note Cet article ne fait obligation à l'employeur de mettre en œuvre un plan de sauvegarde de l'emploi que lorsque 10 salariés au moins ont refusé la modification d'un élément essentiel de leur contrat de travail pour l'un des motifs économiques énoncés à l'article L. 1233-3 et que leur licenciement est envisagé. Ainsi, lorsque à la suite du refus de 21 salariés de voir modifier leur contrat de travail et d'être mutés sur un autre site, un employeur modifie son projet de réorganisation pour maintenir une partie de son activité et des emplois sur le site initial et procède à une nouvelle consultation des représentants du personnel sur un projet de licenciement collectif concernant moins de 10 salariés, il n'est pas tenu de mettre en œuvre un plan de sauvegarde (cass. soc. 24 janvier 2018, n° 16-22.940, BC V n° 11 ; LSQ n° 17504 du 06.02.2018 ; JCP éd. S 2018, 1088, note Fr. Dumont ; RJS 4/18 n° 259 ; JSL n° 450, 03.04.2018, pp. 10 et s. G. Desmoulin et E. Biotti ; RDT, avril 2018, CH, 290, H. Ciray et J. Jardonnet).

§ 3. Licenciements successifs

Art. L. 1233-26. Lorsqu'une entreprise ou un établissement ***(Ord. 2017-1387 du 22 sept. 2017, art. 20, 6°, JO 23)*** « employant habituellement au moins cinquante salariés » a procédé pendant trois mois consécutifs à des licenciements économiques de plus de dix salariés au total, sans atteindre dix salariés dans une même période de trente jours, tout nouveau licenciement économique envisagé au cours des trois mois suivants est soumis aux dispositions du présent chapitre.

Note • Les dispositions des articles L. 1233-26 et 27, dans leur rédaction issue de l'ordonnance 2017-1387 précitée, sont applicables aux procédures de licenciement économique engagées dans les entreprises ayant mis en place un comité social et économique (ordonnance précitée, art. 40, VI).

• Sur les conditions de mise en œuvre de ces dispositions en cas de licenciements répétés et l'intervention du juge des référés, voir TGI Paris, ord. de référé 27 octobre 1993, obs. A. Philbert, CSB 1993 A. 62 ; voir également chron. V. Stulz, SSL 1996, n° 774, p. 3.

Art. L. 1233-27. Lorsqu'une entreprise ou un établissement ***(Ord. 2017-1387 du 22 sept. 2017, art. 20, 7°, JO 23)*** « employant habituellement au moins cinquante salariés » a procédé au cours d'une année civile à des licenciements pour motif économique de plus de dix-huit salariés au total, sans avoir été tenu de présenter de plan de sauvegarde de l'emploi en application de l'article L. 1233-26 ou de l'article L. 1233-28, tout nouveau licenciement économique envisagé au cours des trois premiers mois de l'année civile suivante est soumis aux dispositions du présent chapitre.

Sous-section 2. Procédure de consultation des représentants du personnel

Note La loi 2013-504 du 14 juin 2013 (JO 16) a simplifié la procédure de consultation dans les entreprises d'au moins 50 salariés tout en allongeant sa durée globale (voir RF 30 mai 2013, FH 3498, 2-29 à 2-35). L'ordonnance 2017-1387 du 22 septembre 2017 a aménagé la procédure de consultation des représentants du personnel en cas de licenciement collectif pour motif économique afin de tirer les conséquences de la fusion des institutions représentatives du personnel en un conseil social et économique.

§ 1. Réunions des représentants du personnel

Art. L. 1233-28. L'employeur qui envisage de procéder à un licenciement collectif pour motif économique ***(L. 2012-387 du 22 mars 2012, art. 43, 2°, JO 23)*** « d'au moins dix salariés » dans une même période de trente jours réunit et consulte ***(Ord. 2017-1386 du 22 sept. 2017, art. 4, 15°, JO 23, entrée en vigueur au plus tard le 01.01.2018)*** « le comité social et économique » dans les conditions prévues par le présent paragraphe.

Note • Voir A. Lyon-Caen, « La procédure au cœur du droit du licenciement pour motif économique », Dr. Ouvr. 2002, p. 161 ; J-Ph. Lhernould, « Actualité de la jurisprudence communautaire », RJS 7/05, p. 503.

C'est au niveau de l'entreprise ou de l'établissement concerné par les mesures de licenciement économique envisagées, au moment où la procédure de licenciement collectif est engagée, que s'apprécient les conditions déterminant la consultation des instances représentatives du personnel et l'élaboration d'un plan de sauvegarde de l'emploi (cass. soc. 16 janvier 2008, n° 06-46.313, BC V n° 8 ; RDT, avril 2008, CH, 236, Ph. Waquet : en l'espèce, la date de la requête en reconnaissance de l'UES déterminait la solution à retenir qui imposait la consultation des délégués du personnel). Dès lors qu'existe dans l'entreprise un comité d'entreprise, l'employeur doit le réunir et le consulter, peu important que l'effectif de l'entreprise soit passé en dessous du seuil de cinquante salariés (cass. soc. 12 juillet 2010, n° 09-14.192, BC V n° 165 ; RJS 10/10 n° 738, 2e espèce).

• La consultation du comité d'entreprise sur les mesures de nature à affecter le volume et la structure des effectifs prévue par l'article L. 2323-6 (dans sa rédaction antérieure à la loi 2015-994 du 17 août 2015) et la consultation du comité sur un projet de licenciement collectif pour motif économique prévue par cet article constituent deux procédures distinctes qui doivent être respectées l'une et l'autre. La jurisprudence considérait que la consultation simultanée du comité sur un projet de fermeture d'établissement et de licenciement collectif était nulle si la décision de fermeture d'un établissement avait été préalablement arrêtée par l'employeur (cass.

soc. 17 juin 1997, n° 95-18.904, BC V n° 223; RJS 8-9/97 n° 990, rapp. J-Y Frouin, p. 592). Selon la CJCE, la procédure de consultation doit être déclenchée au moment où a été adoptée une décision stratégique ou commerciale contraignant à envisager des licenciements (CJCE 10 septembre 2009, aff. C-44/08, rec. p. I-8163; RJS 12/09, p. 785, obs. Fr. Kessler; JCP éd. S 2009, 1493, note E. Jeansen). Le même arrêt se prononce sur la question de savoir sur qui pèse l'obligation d'informer et de consulter au sein d'un groupe: il s'agit de l'employeur, «même si la décision concernant un licenciement collectif émane non de celui-ci, mais de l'entreprise qui le contrôle, et quand bien même il n'aurait pas été immédiatement et correctement informé de cette décision» (CJCE 10 septembre 2009, aff. C-44/08 précitée, point 43; sur la définition de la notion d'«entreprise qui contrôle cet employeur», voir CJUE 7 août 2018, aff. C-61/17, RDT, octobre 2018, CH, 676, G. Auzero; RJS 12/18, p. 853 (I. A.), chron. H. Nasom-Tissandier). Consulté sur un projet de licenciement collectif des salariés d'un établissement et sur le projet de fermeture de cet établissement, le comité d'entreprise doit disposer, conformément aux dispositions de l'article L. 2323-4 CT, d'un délai d'examen suffisant, et le chef d'entreprise n'est pas fondé à opposer au comité le délai mentionné à l'article L. 1233-35 applicable à la seule procédure de licenciement pour motif économique (cass. soc. 16 avril 1996, n° 93-20.228, BC V n° 165; RJS 5/96 n° 560, concl. R. Kessous, p. 311). Voir également G. Bélier et H-J Legrand, «Le livre III du code du travail: loi spéciale ou loi résiduelle ?», Dr. Soc. 1996, p. 932; M. Cohen, «Les deux procédures de consultation du comité d'entreprise», Dr. Soc. 1999, p. 591.

L'irrégularité de la procédure consultative permet seulement d'obtenir la suspension de la procédure de licenciement, tant qu'elle n'est pas achevée par la notification des licenciements ou, à défaut, la réparation du préjudice subi à ce titre (cass. soc. 11 janvier 2007, n° 05-10.350, BC V n° 5; RJS 3/07 n° 323; voir également note sous L. 1233-61).

• Le projet qui consiste à rechercher parmi les salariés ceux qui seraient candidats à des mesures n'entraînant pas la rupture du contrat de travail, telles que temps partiel indemnisé, congé sans solde indemnisé, préretraite progressive, mise en disponibilité, constitue une mesure de gestion prévisionnelle du personnel qui ne donne lieu qu'à la consultation prévue par l'article L. 432-1 [L. 2323-6 dans sa rédaction antérieure à la loi 2015-994 du 17 août 2015] CT (cass. soc. 12 janvier 1999, n° 97-12.662, cité dans la note sous l'article L. 1233-25; 4 avril 2006, n° 04-48.055, RJS 6/06 n° 709). La proposition de dispense d'activité jusqu'à l'âge de la retraite adressée à l'ensemble des salariés intéressés remplissant des conditions d'âge, dans le cadre d'une gestion prévisionnelle des emplois, n'impliquant pas la rupture des contrats pour motif économique, l'employeur n'est pas tenu de mettre en œuvre la procédure d'information-consultation. Ces mesures d'aménagement de fin de carrières envisagées afin de résorber un sureffectif n'ont pas la même cause économique que les propositions de départs volontaires faites l'année suivante après la prise de contrôle du groupe et en raison de la réorganisation de l'entreprise (cass. soc. 12 juillet 2004, n° 02-19.175, RJS 10/04 n° 1014). Bien qu'elle n'ait pas pris la forme de licenciements pour motif économique, une politique de réduction des effectifs doit, en application de l'article L. 2323-6 CT (dans sa rédaction antérieure à la loi 2015-994 du 17 août 2015), être soumise à la consultation du comité d'entreprise soit lors de sa mise en place initiale, soit à l'occasion de ses phases successives (cass. crim. 4 novembre 1997, n° 96-84.594, B. crim. n° 370; RJS 4/98 n° 487).

• L'employeur qui envisage de supprimer des emplois pour motif économique est tenu de respecter les dispositions d'ordre public des articles L. 1233-3 et s. CT, peu important que ces emplois ne soient supprimés que par la voie de départs volontaires; l'inobservation de la procédure n'entraîne pas la nullité de la rupture du contrat de travail, mais ouvre au salarié le droit de demander réparation du préjudice subi (cass. soc. 5 mai 2004, n° 02-40.702, RJS 7/04 n° 802).

• Lorsque le comité est informé et consulté, par application de l'article L. 2323-6 CT (dans sa rédaction antérieure à la loi 2015-994 du 17 août 2015), notamment sur une mesure de nature à affecter le volume ou la structure des effectifs, l'information et la consultation doivent porter sur l'ensemble des salariés de l'entreprise (cass. soc. 3 décembre 1996, n° 94-22.163, BC V n° 410; RJS 1/97 n° 23).

• En l'absence de modification du projet de compression des effectifs soumis au comité central d'entreprise, sa consultation est entachée d'irrégularité lorsqu'il apparaît qu'à la fin de l'exercice, le nombre de salariés concernés est supérieur au plan annoncé (cass. soc. 2 mars 1999, n° 97-13.115, BC V n° 90; RJS 4/99 n° 495).

• L'avancement du calendrier d'un plan de restructuration échelonné dans le temps impose l'information et la consultation préalables du comité d'établissement (cass. crim. 19 septembre 2006, n° 05-86.668, B. crim. n° 229; Dr. Soc. 2006, p. 1197, obs. Fr. Duquesne).

Art. L. 1233-29. Dans les entreprises ou établissements employant habituellement moins de cinquante salariés, l'employeur réunit et consulte ***(Ord. 2017-1386 du 22 sept. 2017, art. 4, 62°, JO 23, entrée en vigueur au plus tard le 01.01.2018)*** «le comité social et économique.

Ce dernier tient» deux réunions, séparées par un délai qui ne peut être supérieur à quatorze jours.

Art. L. 1233-30. ***(L. 2013-504 du 14 juin 2013, art. 18, III, JO 16)*** « I. – » Dans les entreprises ou établissements employant habituellement ***(L. 2012-387 du 22 mars 2012, art. 43, 8°, JO 23)*** « au moins cinquante salariés », l'employeur réunit et consulte le ***(Ord. 2017-1387 du 22 sept. 2017, art. 20, 8°, JO 23)*** « comité social et économique » ***(L. 2013-504 du 14 juin 2013, art. 18, III, JO 16)*** « sur : »

(L. 2013-504 du 14 juin 2013, art. 18, III, JO 16) « 1° L'opération projetée et ses modalités d'application, conformément à l'article ***(L. 2015-994 du 17 août 2015, art. 18, XIV, 2°, JO 18, entrée en vigueur le 01.01.2016)*** « L. 2323-31 » ;

2° Le projet de licenciement collectif : le nombre de suppressions d'emploi, les catégories professionnelles concernées, les critères d'ordre et le calendrier prévisionnel des licenciements, les mesures sociales d'accompagnement prévues par le plan de sauvegarde de l'emploi ***(Ord. 2017-1387 du 22 sept. 2017, art. 20, 8°, JO 23)*** « et, le cas échéant, les conséquences des licenciements projetés en matière de santé, de sécurité ou de conditions de travail ».

Les éléments mentionnés au 2° du présent I qui font l'objet de l'accord mentionné à l'article L. 1233-24-1 ne sont pas soumis à la consultation du ***(Ord. 2017-1387 du 22 sept. 2017, art. 20, 8°, JO 23)*** « comité social et économique » prévue au présent article. »

Le ***(Ord. 2017-1387 du 22 sept. 2017, art. 20, 8°, JO 23)*** « comité social et économique » tient ***(L. 2013-504 du 14 juin 2013, art. 18, III, JO 16)*** « au moins » deux réunions ***(L. 2013-504 du 14 juin 2013, art. 18, III, JO 16)*** « espacées d'au moins quinze jours. »

(L. 2013-504 du 14 juin 2013, art. 18, III, JO 16) « II. – Le ***(Ord. 2017-1387 du 22 sept. 2017, art. 20, 8°, JO 23)*** « comité social et économique » rend ses deux avis dans un délai qui ne peut être supérieur, à compter de la date de sa première réunion au cours de laquelle il est consulté sur les 1° et 2° du I, à : »

1° ***(L. 2013-504 du 14 juin 2013, art. 18, III, JO 16)*** « Deux mois » lorsque le nombre des licenciements est inférieur à cent ;

2° ***(L. 2013-504 du 14 juin 2013, art. 18, III, JO 16)*** « Trois mois » lorsque le nombre des licenciements est au moins égal à cent et inférieur à deux cent cinquante ;

3° ***(L. 2013-504 du 14 juin 2013, art. 18, III, JO 16)*** « Quatre mois » lorsque le nombre des licenciements est au moins égal à deux cent cinquante.

Une convention ou un accord collectif de travail peut prévoir des délais ***(L. 2013-504 du 14 juin 2013, art. 18, III, JO 16)*** « différents ».

(L. 2013-504 du 14 juin 2013, art. 18, III, JO 16) « En l'absence d'avis du ***(Ord. 2017-1387 du 22 sept. 2017, art. 20, 8°, JO 23)*** « comité social et économique » dans ces délais, celui-ci est réputé avoir été consulté. »

Note • Les dispositions des articles L. 1233-30 et 31, dans leur rédaction issue de l'ordonnance 2017-1387 précitée, sont applicables aux procédures de licenciement économique engagées dans les entreprises ayant mis en place un comité social et économique (CSE) (ordonnance précitée, art. 40, VI).

• **Les délais de procédure.** La loi 2013-504 a enserré, dans le même délai, les deux procédures d'information-consultation des représentants du personnel sur le projet de restructuration (art. L. 2323-31 ancien pour le comité d'entreprise ; voir art. L. 2312-39 s'agissant du CSE) et sur le plan de sauvegarde de l'emploi (art. L. 1233-30). Le comité d'entreprise (ou, désormais, le CSE) doit rendre ses deux avis dans un délai de 2, 3 ou 4 mois à compter de la première réunion de consultation.

L'administration (instruction DGEFP/DGT 2013/13 du 19 juillet 2013, fiche 1) précise que :

– ce délai ne commence à courir que lorsque l'information du comité d'entreprise a été faite à ces deux titres. Ainsi, lorsque la réunion d'information ne porte que sur l'opération projetée et ses modalités d'application, le délai de procédure ne démarre pas tant que le comité d'entreprise n'a pas été convoqué au sujet du projet de licenciement économique collectif ;

– le délai dépend du nombre de licenciements envisagés par le projet présenté au cours de la première réunion du comité d'entreprise, même si le nombre de licenciements projetés évolue au cours de la procédure d'information-consultation ;

– il s'agit d'un délai maximal, les avis du comité d'entreprise pouvant être rendus plus tôt si la situation le justifie.

Il a par ailleurs été jugé que, lorsque la demande d'homologation d'un document unilatéral fixant le contenu d'un plan de sauvegarde de l'emploi est accompagnée des avis rendus par le comité d'entreprise, la circonstance que le comité d'entreprise ou, désormais, le comité social et économique ait rendu ses avis au-delà des délais prévus est par elle-même sans incidence sur la régularité de la procédure d'information et de consultation du comité (CE 22 mai 2019, n° 420780, LSQ n° 17830 du 06.06.2019; RJS 7/19 n° 425; JSL n° 480, 22.07.2019, p. 11, H. Nasom-Tissandier; RDT, septembre 2019, CH, 574, Fr. Géa; voir aussi note sous article L. 1233-57-3).

En ce qui concerne le contenu des accords de méthode, voir article L. 1233-22 et note sous cet article.

• **Les avis du comité.** Les avis rendus par le comité d'entreprise (ou, désormais, le CSE) portent sur des objets différents, selon qu'un accord majoritaire a été conclu ou non.

Lorsque le projet de licenciement économique collectif fait l'objet d'un *document unilatéral*, le comité rend deux avis: l'un sur l'opération projetée et ses modalités d'application et l'autre sur le projet de licenciement économique collectif qui peuvent être rendus lors de la même réunion. Si l'article L. 1233-24-4 dispose que le document unilatéral est élaboré après la dernière réunion du comité d'entreprise, afin que l'avis rendu par le comité d'entreprise soit pris en compte par l'employeur dans le document unilatéral soumis au Direccte [Dreets], l'employeur peut élaborer un projet de document unilatéral avant la dernière réunion du comité.

En cas d'accord majoritaire portant sur tous les éléments du projet de licenciement, le comité est consulté sur l'opération projetée et ses modalités d'application; mais il n'est alors pas compétent pour faire des propositions de modification de l'accord majoritaire.

Lorsque le projet fait l'objet à la fois d'un *accord majoritaire partiel*, portant au minimum sur le PSE, et d'un document unilatéral, le comité rend deux avis, l'un sur l'opération projetée et ses modalités d'application (conformément aux dispositions de l'article L. 2323-31 ancien pour le comité d'entreprise ou de l'article L. 2312-39 pour le CSE), l'autre sur les dispositions du projet de licenciement économique collectif figurant dans le document unilatéral.

• Sur la possibilité pour l'employeur de proposer des mesures de reclassement interne, voir article L. 1233-45-1.

• Sur l'entrée en vigueur de la loi 2013-504 précitée, voir *supra* note sous Section 4.

• Voir aussi article R. 1233-3-1 rapporté sous article L. 1233-35.

Art. L. 1233-31. L'employeur adresse aux représentants du personnel, avec la convocation à la première réunion, tous renseignements utiles sur le projet de licenciement collectif.

Il indique:

1° La ou les raisons économiques, financières ou techniques du projet de licenciement;

2° Le nombre de licenciements envisagé;

3° Les catégories professionnelles concernées et les critères proposés pour l'ordre des licenciements;

4° Le nombre de salariés, permanents ou non, employés dans l'établissement;

5° Le calendrier prévisionnel des licenciements;

6° Les mesures de nature économique envisagées;

(Ord. 2017-1387 du 22 sept. 2017, art. 20, 9°, JO 23) «7° Le cas échéant, les conséquences de la réorganisation en matière de santé, de sécurité ou de conditions de travail.»

Art. L. 1233-32. Outre les renseignements prévus à l'article L. 1233-31, dans les entreprises de moins de cinquante salariés, l'employeur adresse aux représentants du personnel les mesures qu'il envisage de mettre en œuvre pour éviter les licenciements ou en limiter le nombre et pour faciliter le reclassement du personnel dont le licenciement ne pourrait être évité.

Dans les entreprises ***(L. 2012-387 du 22 mars 2012, art. 43, 9°, JO 23)*** «d'au moins cinquante salariés», l'employeur adresse le plan de sauvegarde de l'emploi concourant aux mêmes objectifs.

Art. R. 1233-6. ***(D. 2013-554 du 27 juin 2013, JO 28)*** Dans les entreprises de moins de cinquante salariés, l'employeur communique au ***(D. 2020-1545 du 9 déc. 2020, JO 10, entrée en vigueur le 01.04.2021)*** «directeur régional de l'économie, de l'emploi, du travail et des solidarités» les modifications qui ont pu être apportées aux mesures prévues à l'article L. 1233-32 ainsi qu'au calendrier de leur mise en œuvre.

Note • Cet article est applicable aux procédures de licenciement collectif engagées depuis le 01.07.2013.

• Sur la dématérialisation de la procédure, voir note sous article D. 1233-3.

Art. L. 1233-33. ***(L. 2013-504 du 14 juin 2013, art. 18, IV, JO 16)*** L'employeur met à l'étude, dans le délai prévu à l'article L. 1233-30, les suggestions relatives aux mesures sociales envisagées et les propositions alternatives au projet de restructuration mentionné à l'article *(L. 2015-994 du 17 août 2015, art. 18, XIV, 2°, JO 18, entrée en vigueur le 01.01.2016)* « L. 2323-31 » formulées par le *(Ord. 2017-1386 du 22 sept. 2017, art. 4, 20°, JO 23, entrée en vigueur au plus tard le 01.01.2018)* « comité social et économique ». Il leur donne une réponse motivée.

§ 2. Assistance d'un expert

Art. L. 1233-34. ***(Ord. 2017-1387 du 22 sept. 2017, art. 20, 11°, JO 23, entrée en vigueur au plus tard le 01.01.2018)*** Dans les entreprises d'au moins cinquante salariés, lorsque le projet de licenciement concerne au moins dix salariés dans une même période de trente jours, le comité social et économique peut, le cas échéant sur proposition des commissions constituées en son sein, décider, lors de la première réunion prévue à l'article L. 1233-30, de recourir à une expertise pouvant porter sur les domaines économique et comptable ainsi que sur ***(L. 2018-217 du 29 mars 2018, art. 11, I, 5°, JO 31)*** « la santé, la sécurité ou » les effets potentiels du projet sur les conditions de travail.

Les modalités et conditions de réalisation de l'expertise, lorsqu'elle porte sur un ou plusieurs des domaines cités au premier alinéa, sont déterminées par un décret en Conseil d'État.

L'expert peut être assisté dans les conditions prévues à l'article ***(Ord. 2017-1718 du 20 déc. 2017, art. 1er, I, 12°, JO 21)*** « L. 2315-81 ».

Le comité social et économique peut également mandater un expert afin qu'il apporte toute analyse utile aux organisations syndicales pour mener la négociation prévue à l'article L. 1233-24-1.

Le rapport de l'expert est remis au comité social et économique et, le cas échéant, aux organisations syndicales, au plus tard quinze jours avant l'expiration du délai mentionné à l'article L. 1233-30.

Note • Les dispositions des articles L. 1233-34 à 35-1, dans leur rédaction issue de l'ordonnance 2017-1387 précitée, sont applicables aux procédures de licenciement économique engagées dans les entreprises ayant mis en place un comité social et économique (ordonnance précitée, art. 40, VI). Nous rapportons ci-après les solutions dégagées par l'Administration et la jurisprudence dans le cadre législatif antérieur à cette ordonnance.

• ***Possibilité pour les organisations syndicales de recourir à l'assistance d'un expert-comptable lors de la négociation du PSE.*** Pour faciliter la négociation du plan de sauvegarde de l'emploi prévue à l'article L. 1233-24-1, la loi 2013-504 du 14 juin 2013 a donné aux organisations syndicales la possibilité de se faire assister par un expert-comptable lors de cette négociation.

Sur ce point, l'administration, dans l'instruction DGEFP/DGT 2013/13 du 19 juillet 2013 (fiche 1), a précisé que :
– l'expert qui assiste les organisations syndicales est celui qui assiste le comité d'entreprise lorsque le projet de licenciement économique collectif concerne au moins dix salariés dans une même période de trente jours. Il est mandaté par le comité d'entreprise ;
– lorsque l'entreprise est dotée d'un comité central d'entreprise, celui-ci peut désigner l'expert-comptable ; si le comité central ne fait pas usage de cette faculté, le ou les comités d'établissement concernés par le projet de licenciement peuvent en désigner un. La désignation intervient soit lors de la première réunion prévue dans le cadre de la procédure d'information-consultation, soit au cours d'une réunion précédant le lancement de la procédure officielle ;
– les délais relatifs à la demande d'informations à l'employeur et de réponse de l'employeur prévus à l'article L. 1233-35 s'appliquent. Le cas échéant, si les documents fournis par l'employeur sont incomplets, les organisations syndicales représentatives peuvent demander au Direccte [Dreets] d'enjoindre à l'employeur de fournir les éléments d'information ;
– si la négociation est ouverte avant la réunion du comité d'entreprise faisant démarrer le délai de procédure, l'expert peut présenter son rapport avant cette réunion ;
– en cas d'échec des négociations ou en cas d'accord majoritaire partiel, l'expert-comptable désigné par le comité d'entreprise afin d'appuyer les organisations syndicales dans la négociation peut continuer sa mission auprès du comité d'entreprise, dans le cadre de la procédure d'élaboration unilatérale du document par l'employeur.

• Sur la désignation d'un expert comptable par le comité central d'entreprise, voir note sous l'article L. 2325-35 ancien. La carence du comité central d'entreprise ne peut priver le comité d'établissement concerné par le projet de licenciement du droit d'être assisté par un expert comptable (cass. soc. 25 janvier 1995, n° 92-13.546, BC V n° 37). Il en va différemment lorsque le comité central d'entreprise a décidé, au terme d'un vote régulier, de ne pas faire appel à un expert comptable (CA Lyon, 12 décembre 1996, RJS 1/97 n° 26). Le rapport déposé par l'expert comptable dans le cadre d'une précédente procédure d'information-consultation déclarée nulle, faute par l'employeur d'avoir fourni les informations nécessaires à la consultation, ne constituant pas un document susceptible d'éclairer le comité, celui-ci a le droit de désigner à nouveau un expert comptable pour être éclairé sur la pertinence du projet qui lui est soumis (cass. soc. 8 juillet 1997, n° 95-13.177, BC V n° 256; RJS 10/97 n° 1109).

Art. L. 1233-35. ***(Ord. 2017-1387 du 22 sept. 2017, art. 20, 12°, JO 23)*** L'expert désigné par le comité social et économique demande à l'employeur, ***(Ord. 2017-1718 du 20 déc. 2017, art. 1er, I, 13°, JO 21)*** «dans les dix jours à compter de sa désignation», toutes les informations qu'il juge nécessaires à la réalisation de sa mission. L'employeur répond à cette demande dans les huit jours. Le cas échéant, l'expert demande, dans les dix jours, des informations complémentaires à l'employeur, qui répond à cette demande dans les huit jours à compter de la date à laquelle ***(Ord. 2017-1718 du 20 déc. 2017, art. 1er, I, 13°, JO 21)*** «la demande de l'expert» est formulée.

Art. L. 1233-35-1. ***(Ord. 2017-1387 du 22 sept. 2017, art. 20, 13°, JO 23)*** Toute contestation relative à l'expertise est adressée, avant transmission de la demande de validation ou d'homologation prévue à l'article L. 1233-57-4, à l'autorité administrative, qui se prononce dans un délai de cinq jours. Cette décision peut être contestée dans les conditions prévues à l'article L. 1235-7-1.

Art. R. 1233-3-1. ***(D. 2013-554 du 27 juin 2013, JO 28)*** Lorsque l'expert du ***(D. 2017-1819 du 29 déc. 2017, art. 3, 4°, JO 30, entrée en vigueur le 01.01.2018)*** «comité social et économique» est saisi, l'absence de remise du rapport mentionné à l'article L. 1233-35 ne peut avoir pour effet de reporter le délai prévu à l'article L. 1233-30.

Note Cet article est applicable aux procédures de licenciement économique engagées depuis le 01.07.2013.

Art. R. 1233-3-2. ***(D. 2017-1819 du 29 déc. 2017, art. 3, 75°, JO 30, entrée en vigueur le 01.01.2018)*** Lorsque l'expertise prévue au 2° de l'article L. 2315-85 porte sur plusieurs champs, elle donne lieu à l'établissement d'un rapport d'expertise unique.

L'expert désigné par le comité social et économique peut s'adjoindre la compétence d'un ou plusieurs autres experts sur une partie des travaux que nécessite l'expertise.

L'expert désigné vérifie alors que ces derniers disposent des compétences nécessaires au bon déroulement de la mission d'expertise ou, le cas échéant, de l'habilitation prévue à l'article L. 2315-96.

Art. R. 1233-3-3. ***(D. 2017-1819 du 29 déc. 2017, art. 3, 75°, JO 30, entrée en vigueur le 01.01.2018)*** Les contestations relatives à l'expertise prévue à l'article L. 1233-34 doivent être dûment motivées et adressées au ***(D. 2020-1545 du 9 déc. 2020, JO 10, entrée en vigueur le 01.04.2021)*** «directeur régional de l'économie, de l'emploi, du travail et des solidarités» territorialement compétent, par tout moyen permettant de conférer une date certaine:

1° Par l'employeur, s'agissant du choix de l'expert, de la nécessité, du coût prévisionnel, de l'étendue, de la durée de l'expertise;

2° Par le comité social et économique lorsque les conditions fixées aux articles L. 2315-82 et L. 2315-83 ne sont pas réunies.

Le directeur régional se prononce dans un délai de cinq jours à compter de la date de réception de la demande. Une copie de la décision est adressée aux autres parties.

Note Sur la dématérialisation de la procédure, voir note sous article D. 1233-3.

§ 3. Consultation du comité social et économique central

Art. L. 1233-36. Dans les entreprises dotées d'un ***(Ord. 2017-1387 du 22 sept. 2017, art. 20, 15°, JO 23)*** «comité social et économique central», l'employeur consulte le comité central et le ou les ***(Ord. 2017-1387 du 22 sept. 2017, art. 20, 15°, JO 23)*** «comités sociaux et économiques d'établissement» intéressés dès lors que les mesures envisagées excèdent le pouvoir du ou des chefs d'établissement concernés ou portent sur plusieurs établissements simultanément. Dans ce cas, le ou les ***(Ord. 2017-1387 du 22 sept. 2017, art. 20, 15°, JO 23)*** «comités sociaux et économiques d'établissement» tiennent leurs réunions après ***(L. 2013-504 du 14 juin 2013, art. 18, VII, JO 16)*** «celles» du ***(Ord. 2017-1387 du 22 sept. 2017, art. 20, 15°, JO 23)*** «comité social et économique central» tenues en application de l'article L. 1233-30. ***(L. 2013-504 du 14 juin 2013, art. 18, VII, JO 16)*** «Ces réunions ont lieu dans les délais prévus à l'article L. 1233-30.»

Art. L. 1233-37

Si la désignation d'un ***(Ord. 2017-1387 du 22 sept. 2017, art. 20, 15°, JO 23)*** «expert» est envisagée, elle est effectuée par le ***(Ord. 2017-1387 du 22 sept. 2017, art. 20, 15°, JO 23)*** «comité social et économique central», dans les conditions ***(L. 2013-504 du 14 juin 2013, art. 18, VII, JO 16)*** «et les délais prévus» au paragraphe 2.

Note • Les dispositions des articles L. 1233-36 et 37, dans leur rédaction issue de l'ordonnance 2017-1387 précitée, sont applicables aux procédures de licenciement économique engagées dans les entreprises ayant mis en place un comité social et économique (ordonnance précitée, art. 40, VI).

• 1er alinéa: c'est la première réunion du comité central qui fait courir le délai de l'article L. 1233-30 (instruction DGEFP/DGT 2013/13 du 19 juillet 2013, fiche 1).

Art. L. 1233-37. Lorsque le ***(Ord. 2017-1387 du 22 sept. 2017, art. 20, 16°, JO 23)*** «comité social et économique central» recourt à l'assistance d'un ***(Ord. 2017-1387 du 22 sept. 2017, art. 20, 16°, JO 23)*** «expert», ***(L. 2013-504 du 14 juin 2013, art. 18, VIII, JO 16)*** «l'article L. 1233-50 ne s'applique» pas.

Sous-section 3. Procédure à l'égard des salariés

§ 1. Entretien préalable

Art. L. 1233-38. Lorsque l'employeur procède au licenciement pour motif économique ***(L. 2012-387 du 22 mars 2012, art. 43, 2°, JO 23)*** «d'au moins dix salariés» dans une même période de trente jours et qu'il existe un ***(Ord. 2017-1386 du 22 sept. 2017, art. 4, 4°, JO 23, entrée en vigueur au plus tard le 01.01.2018)*** «comité social et économique» dans l'entreprise, la procédure d'entretien préalable au licenciement ne s'applique pas.

Un décret en Conseil d'État détermine les modalités d'application du présent article.

Note En principe, tous les salariés, quels que soient leur ancienneté, le motif de leur licenciement et la taille de l'entreprise, bénéficient d'un entretien préalable. Cet article fait état d'une exception qui concerne les salariés compris dans un licenciement économique de dix salariés ou plus intervenant dans une entreprise où existent des représentants du personnel. Un employeur, qui avait envisagé de procéder à un licenciement pour motif économique de plus de dix salariés et mis en œuvre la procédure correspondante, n'est pas tenu de convoquer les quatre salariés, finalement licenciés, à un entretien préalable individuel (cass. soc. 26 janvier 1994, n° 92-41.512, BC V n° 30).

Toutefois, l'entretien préalable s'impose pour les salariés bénéficiaires d'une protection particulière au titre d'un mandat. Voir note sous l'article R. 2421-8; CE 28 septembre 2005, n° 266023, Rec. Lebon, p. 397.

§ 2. Notification du licenciement

Art. L. 1233-39. ***(L. 2013-504 du 14 juin 2013, art. 18, IX, JO 16)*** «Dans les entreprises de moins de cinquante salariés,» l'employeur notifie au salarié le licenciement pour motif économique par lettre recommandée avec avis de réception.

La lettre de notification ne peut être adressée avant l'expiration d'un délai courant à compter de la notification du projet de licenciement à l'autorité administrative.

Ce délai ne peut être inférieur à ***(L. 2013-504 du 14 juin 2013, art. 18, IX, JO 16)*** «trente jours.»

Une convention ou un accord collectif de travail peut prévoir des délais plus favorables aux salariés.

(L. 2013-504 du 14 juin 2013, art. 18, IX, JO 16) «Dans les entreprises de cinquante salariés ou plus, lorsque le projet de licenciement concerne dix salariés ou plus dans une même période de trente jours, l'employeur notifie le licenciement selon les modalités prévues au premier alinéa du présent article, après la notification par l'autorité administrative de la décision de validation mentionnée à l'article L. 1233-57-2 ou de la décision d'homologation mentionnée à l'article L. 1233-57-3, ou à l'expiration des délais prévus à l'article L. 1233-57-4.

Il ne peut procéder, à peine de nullité, à la rupture des contrats de travail avant la notification de cette décision d'homologation ou de validation ou l'expiration des délais prévus à l'article L. 1233-57-4.»

Note Voir article R. *1233-3-4 rapporté sous article L. 1233-46.

Art. L. 1233-42. La lettre de licenciement comporte l'énoncé des motifs économiques invoqués par l'employeur.

Elle mentionne également la priorité de réembauche prévue par l'article L. 1233-45 et ses conditions de mise en œuvre.

(Ord. 2017-1387 du 22 sept. 2017, art. 4, II, JO 23, entrée en vigueur au plus tard le 01.01.2018) «Un ***(L. 2018-217 du 29 mars 2018, art. 11, I, 6°, JO 31)*** «arrêté du ministre chargé du travail» fixe les modèles que l'employeur peut utiliser pour procéder à la notification du licenciement.»

Note • **Modèle type de lettre de notification de licenciement.** Voir annexe VI du décret 2017-1820 du 29 décembre 2017, JO 30, établissant des modèles types de lettres de notification de licenciement, rapporté dans les *Textes non codifiés*, rubrique «Licenciement (notification)».

• S'agissant de l'énoncé des motifs économiques, l'article L. 1235-2, dans sa rédaction issue de l'ordonnance 2017-1387 du 22 septembre 2017, permet désormais à l'employeur de préciser les motifs énoncés dans la lettre de licenciement soit à son initiative soit à la demande du salarié (voir article R. 1233-2-2 rapporté sous l'article L. 1233-3). C'est donc la notification du licenciement éventuellement ainsi précisée qui fixera les limites du litige pour ce qui concerne les motifs du licenciement.

• Voir aussi note sous l'article L. 1233-3, notamment la rubrique «Réorganisation de l'entreprise» et l'arrêt du 16 décembre 2008, n° 07-41.953, BC V n° 252; Dr. Soc. 2009, p. 243, obs. G. Couturier; RDT, février 2009, CH, 103, J-Y Frouin.

Art. L. 1233-43. Sur demande écrite du salarié, l'employeur indique par écrit les critères retenus pour fixer l'ordre des licenciements.

Art. L. 1233-44. Un décret en Conseil d'État détermine les modalités d'application des premier et deuxième alinéas de l'article L. 1233-39 et des articles L. 1233-42 et L. 1233-43.

§ 3. Priorité de réembauche

Art. L. 1233-45. Le salarié licencié pour motif économique bénéficie d'une priorité de réembauche durant un délai d'un an à compter de la date de rupture de son contrat s'il en fait la demande au cours de ce même délai.

Dans ce cas, l'employeur informe le salarié de tout emploi devenu disponible et compatible avec sa qualification. En outre, l'employeur informe les représentants du personnel des postes disponibles.

Le salarié ayant acquis une nouvelle qualification bénéficie également de la priorité de réembauche au titre de celle-ci, s'il en informe l'employeur.

Note • L'alinéa 2 de cet article a été modifié par l'ordonnance 2014-699 du 26 juin 2014, art. 4, JO 27.

• **Champ d'application.** La priorité de réembauche ne s'applique pas aux employés de maison. Voir cass. soc. 8 juillet 1992, n° 91-40.915, au regard du champ d'application de l'accord national interprofessionnel du 10 février 1969, instaurant la priorité d'embauche avant l'inscription de celle-ci dans le code du travail par la loi du 2 août 1989.

Les dispositions relatives à la priorité de réembauche ne sont applicables qu'aux licenciements prononcés pour motif économique (cass. soc. 14 mai 1996, n° 93-40.447, BC V n° 188; RJS 6/96 n° 665); mais elles s'appliquent également aux salariés ayant accepté un départ volontaire dans le cadre d'un plan de sauvegarde de l'emploi ou d'un accord collectif (cass. soc. 10 mai 1999, n° 96-19.828, BC V n° 202; RJS 6/99 n° 806; 13 septembre 2005, n° 04-40.135, BC V n° 252; RJS 11/05 n° 1083; Dr. Soc. 2005, p. 1059, obs. G. Couturier) et à ceux ayant adhéré à un contrat de sécurisation professionnelle (cass. soc. 22 septembre 2015, n° 14-16.218, BC V n° 208; RJS 12/15 n° 800). Le défaut de cause réelle et sérieuse du licenciement ne lui enlève pas sa nature juridique de licenciement pour motif économique et ne dispense donc pas l'employeur de respecter la priorité de réembauche (cass. soc. 13 avril 1999, n° 96-45.028, BC V n° 171; RJS 5/99 n° 711; 30 novembre 1999, n° 97-41.431, BC V n° 464; RJS 1/00 n° 115). Cette mesure bénéficie au salarié qui a été licencié pour avoir refusé un poste modifié (cass. soc. 20 janvier 1998, n° 95-42.177, RJS 3/98 n° 346). La lettre de licenciement ou le document écrit adressé au salarié qui énonce le motif économique doit mentionner la priorité de réembauche (cass. soc. 27 octobre 1999, n° 97-43.180, BC V n° 417; RJS 12/99 n° 1495).

• **Bénéficiaires.** La priorité de réembauche ne s'impose à l'employeur qu'à partir du moment où le salarié a demandé à en bénéficier (cass. soc. 30 mars 1999, n° 97-41.265, BC V n° 146; RJS 5/99 n° 645). La demande n'est pas soumise à des conditions de forme (cass. soc. 6 mai 2003, n° 01-42.155); elle peut être présentée, soit de manière spontanée, soit en réponse à une sollicitation de l'employeur, pourvu qu'elle soit explicite (cass. soc. 11 avril 2012, n° 11-11.037, BC V n° 120; RJS 6/12 n° 534).

L'exercice du droit à la priorité de réembauche n'est pas subordonné à la condition que le postulant n'ait pas trouvé un autre emploi (cass. soc. 21 novembre 1990, n° 88-42.385, BC V n° 575; 3 mai 1995, n° 93-46.288, RJS 6/95 n° 637; 5 mars 2002, n° 00-41.429, BC V n° 85; RJS 5/02 n° 605), ou n'ait pas déjà refusé une proposition (cass. soc. 14 mai 1996, n° 93-41.754) ou une mutation avant son licenciement (cass. soc. 15 mai 2002, n° 00-41.441, RJS 7/02 n° 867).

• **Modalités d'application.** La priorité de réembauche s'exerce dans le cadre de l'entreprise (cass. soc. 6 avril 1994, n° 92-41.782, BC V n° 134) ou d'une autre société du groupe qui recrute sur un poste commun (cass. soc. 10 juillet 2001, n° 99-43.024, BC V n° 253; RJS 10/01 n° 1128).

Le droit des salariés, licenciés pour motif économique et qui ont demandé à bénéficier de la priorité de réembauche, s'exerce à l'égard de l'entreprise et subsiste en cas de reprise de l'entité économique par un autre employeur (cass. soc. 26 février 1992, n° 88-43.891, BC V n° 128; 5 février 2002, n° 99-46.345, BC V n° 52; RJS 4/02 n° 397; 30 octobre 2002, n° 00-41.920, RJS 1/03 n° 13), peu important que cette demande ait été faite auprès de l'auteur du licenciement (cass. soc. 20 juin 2002, n° 00-42.506, RJS 10/02 n° 1102) ou que la cession soit intervenue après le licenciement (cass. soc. 9 juillet 2008, n° 06-40.945, BC V n° 156; RDT, nov. 2008, CH, 664, J-Y Frouin). Seuls peuvent bénéficier de l'article L. 1224-1 CT, pour la mise en œuvre de la priorité de réembauche auprès du repreneur, les salariés qui étaient affectés à l'entité transférée (cass. soc. 5 mars 2002, n° 00-41.429, précité).

Il incombe à l'employeur d'informer le salarié licencié pour motif économique, ayant manifesté le désir d'user de la priorité de réembauche, de tous les postes disponibles et compatibles avec sa qualification; dès lors, il lui appartient d'apporter la preuve qu'il a satisfait à son obligation soit parce qu'il a proposé les postes disponibles, soit parce qu'il a justifié de l'absence de tels postes (cass. soc. 23 juin 2009, n° 07-44.640, BC V n° 162; RJS 10/09 n° 820; 26 janvier 2012, n° 10-23.598; 12 septembre 2018, n° 17-14.257; 16 septembre 2020, n° 19-14.078). L'employeur doit proposer au salarié tous les postes disponibles et compatibles avec sa qualification (cass. soc. 11 avril 2012, n° 11-11.037, précité), y compris le poste que le salarié a précédemment refusé dans le cadre de l'obligation de reclassement (cass. soc. 21 mai 2014, n° 12-29.508, LS Jurispr. n° 109 du 17.06.2014). Mais l'employeur peut imposer au salarié un délai de réponse à la proposition de réembauche (cass. soc. 17 avril 2019, n° 17-21.175, LS Jurispr. n° 84 du 07.05.2019; JSL n° 478, 21.06.2019, pp. 28 et s., M. Hautefort).

Lorsque plusieurs salariés ont demandé à bénéficier de la priorité de réembauche, l'employeur n'a pas à suivre un ordre déterminé et peut choisir ses collaborateurs en fonction de l'intérêt de l'entreprise, sauf à communiquer au juge, en cas de contestation, les éléments objectifs sur lesquels il s'est appuyé pour arrêter son choix (cass. soc. 2 décembre 1998, n° 96-44.416, BC V n° 531; RJS 1/99 n° 88; 11 avril 2012, n° 11-11.037, précité).

La priorité de réembauche ne peut s'exercer que lorsque l'employeur procède à des embauches (cass. soc. 6 juillet 1999, n° 97-40.546, BC V n° 334; RJS 8-9/99 n° 1113 : proposition «en interne» aux salariés de l'entreprise; 15 mai 2002, n° 00-41.441, précité: engagement pour une durée indéterminée de salariés dont les contrats à durée déterminée étaient expirés). Sur une violation de la priorité de réembauche pour un poste pourvu par un salarié d'une autre société du groupe, voir cass. soc. 12 février 1992, n° 89-41.645, RJS 3/92 n° 269.

Du recours systématique à des intérimaires, avant et après les licenciements, pour un nombre d'heures correspondant à l'emploi de plusieurs salariés, il résulte que des postes étaient disponibles et que l'employeur n'avait satisfait ni à son obligation de reclassement ni à la priorité de réembauche (cass. soc. 1er mars 2000, n° 98-46.233, BC V n° 82; RJS 4/00 n° 395; 7 février 2007, n° 05-41.623, RJS 4/07 n° 429: après le licenciement économique d'un rédacteur en chef, l'employeur avait fait appel à de nombreux pigistes, dont l'un pour un travail à temps complet).

Les emplois momentanément vacants, du fait de l'indisponibilité de leurs titulaires, ne sont pas disponibles au sens de cet article (cass. soc. 26 novembre 1997, n° 95-44.308, RJS 2/98 n° 193: cas de congé de maternité); dès lors, un employeur n'a pas à proposer le remplacement temporaire des salariés en cours de congés payés aux salariés bénéficiaires de la priorité de réembauche (cass. soc. 17 juin 1992, n° 91-45.458, BC V n° 404), ni le remplacement temporaire, pendant deux mois, d'un salarié absent (cass. soc. 17 décembre 1992, n° 91-45.560, RJS 3/93 n° 263; 12 décembre 1995, n° 94-40.827, BC V n° 343; Dr. Soc. 1996, p. 200; en sens contraire, cass. soc. 9 décembre 1997, n° 95-41.539). À propos d'embauches temporaires liées à l'arrêt momentané d'une chaîne n'ayant pas pour objet de pourvoir des postes devenus disponibles: cass. soc. 21 octobre 1998, n° 96-43.056, BC V n° 444; RJS 12/98 n° 1525. Mais l'obligation d'information n'est pas limitée à la création d'un emploi identique à celui occupé par le salarié au moment du licenciement (cass. soc. 6 avril 1994, n° 92-42.259), ni aux emplois pourvus par des contrats à durée indéterminée (cass. soc. 26 janvier 1994, n° 92-43.839, BC V n° 31; Dr. Soc. 1994, p. 277).

Pour condamner un employeur à verser une indemnité pour non-respect de la priorité de réembauche, il incombe au juge de préciser en quoi l'emploi pourvu par embauche était compatible avec le niveau de qualification atteint par le salarié licencié au terme du stage de formation qu'il avait suivi dans le cadre de la convention de conversion (cass. soc. 30 juin 1992, n° 91-41.881, BC V n° 431). Sur des emplois d'agent de sécurité et de techniciens de maintenance jugés non compatibles avec la qualification de secrétaire administratif du salarié licencié: cass. soc. 27 octobre 1998, n° 96-45.005, BC V n° 460; RJS 12/98 n° 1524.

Le délai d'un an pendant lequel le salarié bénéficie de la priorité de réembauche court à compter de l'expiration du délai de préavis, que celui-ci soit ou non travaillé (cass. soc. 21 juillet 1993, n° 90-42.389, RJS 8-9/93 n° 858; 27 novembre 2001, n° 99-44.240, BC V n° 362; RJS 2/02 n° 161; 28 février 2006, n° 03-47.860, RJS 6/06 n° 710). Sur la diffusion d'une offre plus d'un an après alors que la nécessité de pourvoir le poste était connue avant cette échéance, voir cass. soc. 6 avril 1994, n° 92-42.108, RJS 5/94 n° 535. Pour les salariés bénéficiaires d'un congé de reclassement dont la durée excède celle du préavis, et dont le terme du préavis se trouve reporté à la fin du congé de reclassement en application de l'article L. 1233-72 CT, ce délai d'un an court à compter de la date du terme effectif du congé de reclassement, peu important que le licenciement ait été jugé sans cause réelle et sérieuse (cass. soc. 11 décembre 2019, n° 18-18.653, à paraître, LSQ n° 17978 du 15.01.2020; JCP éd. S 2020, 1003, note P. Morvan; RJS 2/20 n° 90).

Par ailleurs, revenant sur sa jurisprudence antérieure qui considérait qu'en signant une transaction ne comportant pas de mention expresse, le salarié ne pouvait avoir renoncé à la priorité de réembauche (cass. soc. 14 mai 1997, n° 94-44.690, RJS 10/97 n° 1091; 29 novembre 2000, n° 98-43.518, RJS 2/01 n° 198; 28 février 2006, n° 03-47.860, précité), la Cour de cassation juge désormais que la signature d'une transaction par laquelle «les parties déclarent renoncer à intenter ou poursuivre toute instance ou action, de quelque nature que ce soit, dont la cause ou l'origine aurait trait au contrat de travail, à son exécution ou à sa rupture», prive le salarié de la possibilité de demander une indemnisation au titre du non-respect par l'employeur de son obligation de réembauche (cass. soc. 20 février 2019, n° 17-19.676, à paraître, LSQ n° 17772 du 11.03.2019; JCP éd. S 2019, 1108, note A. Teissier; JSL n° 474, 23.04.2019, pp. 11 et s., M. Hautefort; RJS 5/19 n° 289). Sur la portée conférée par les juges aux transactions rédigées en termes généraux, voir aussi note sous article L. 1234-20.

• **Sanctions.** Il y a condamnation de l'employeur pour violation de la priorité de réembauche lorsque celui-ci n'a pas proposé à un salarié licencié pour motif économique un emploi de même niveau que celui antérieurement occupé par ce salarié et compatible avec ses compétences (cass. soc. 6 juin 2007, n° 06-41.001, RJS 8-9/07 n° 936).

Le préjudice consécutif à un licenciement sans cause réelle et sérieuse est distinct de celui résultant du non-respect de la priorité de réembauche et les réparations sont cumulables (cass. soc. 5 octobre 1995, n° 94-40.093, RJS 3/96 n° 265; 13 mai 1997, n° 95-41.135, RJS 8-9/97 n° 965; 3 février 1998, n° 95-42.914, BC V n° 57; RJS 3/98 n° 299).

Défaut de mention de la priorité de réembauche dans la lettre de licenciement. Revenant sur sa jurisprudence selon laquelle le défaut de mention de la priorité de réembauche dans la lettre de licenciement entraîne nécessairement un préjudice pour le salarié et justifie l'allocation d'une indemnité pour non-respect des dispositions de l'article L. 1233-42 (cass. soc. 16 décembre 1997, 2 arrêts, n°s 96-44.294 et 94-42.089, BC V n° 442; RJS 1/98 n° 80; 16 mars 2004, n° 02-40.633, RJS 5/04 n° 529: fermeture d'établissement; 15 juin 2004, n° 02-40.178, RJS 10/04 n° 1026: liquidation), la Cour de cassation considère désormais que le salarié doit, pour être indemnisé, démontrer l'existence d'un préjudice distinct de celui résultant du licenciement (cass. soc. 30 janvier 2019, n° 17-27.796, LS Jurispr. n° 34 du 19.02.2019; RJS 4/19 n° 211). S'il est établi que l'omission de mentionner la priorité de réembauche dans la lettre de licenciement a effectivement empêché le salarié d'en bénéficier, l'indemnité spéciale prévue par l'article L. 1235-13 est due (cass. soc. 16 décembre 1997, 2 arrêts, n°s 96-44.294 et 94-42.089, précité; 7 mai 1998, n° 94-42.115, RJS 6/98 n° 772; 22 septembre 2010, n° 08-44.582).

Voir aussi note sous article L. 1235-13.

• Pour des études d'ensemble, voir D. Corrignan-Carsin, chron. RJS 10/94 et RJS 12/00, p. 783; E. Micou, «Les modalités d'application des priorités de réembauchage», JCP éd. G 1995.I.3875; J. Savatier, «La disponibilité d'un emploi en vue d'une réintégration, d'un reclassement ou d'une priorité d'embauche», Dr. Soc. 1999, p. 146. Voir aussi LS Dossier pratique n° 211 du 20.11.2019, «Quelles sont les conditions de mise en œuvre de la priorité de réembauche ?».

§ 4. Mesures de reclassement interne

Note Ce paragraphe a été introduit par la loi 2013-504 du 14 juin 2013, art. 18, XI, JO 16.

Art. L. 1233-45-1. Dans les entreprises de cinquante salariés ou plus, l'employeur peut, après avis favorable du ***(Ord. 2017-1386 du 22 sept. 2017, art. 4, 20°, JO 23, entrée en vigueur au plus tard le 01.01.2018)*** «comité social et économique», proposer des mesures de reclassement interne avant l'expiration du délai mentionné à l'article L. 1233-30.

Sous-section 4. Information et intervention de l'autorité administrative

Note L'article 18 de la loi 2013-504 du 14 juin 2013 a sensiblement renforcé les prérogatives de l'administration en matière de contrôle des licenciements économiques. Ses dispositions sont applicables aux procédures de licenciement collectif engagées depuis le 1er juillet 2013, sachant qu'une procédure de licenciement collectif est réputée engagée à compter de la date d'envoi de la convocation à la première réunion des représentants du personnel mentionnée à l'article L. 1233-30 (loi précitée, art. 18, XXXIII). Voir RF 30 mai 2013, FH 3498, 2-36 à 2-43.

§ 1. Information de l'autorité administrative

Art. L. 1233-46. L'employeur notifie à l'autorité administrative tout projet de licenciement pour motif économique ***(L. 2012-387 du 22 mars 2012, art. 43, 2°, JO 23)*** «d'au moins dix salariés» dans une même période de trente jours.

Lorsque l'entreprise est dotée de représentants du personnel, la notification est faite au plus tôt le lendemain de la date prévue pour la première réunion prévue aux articles L. 1233-29 et L. 1233-30.

La notification est accompagnée de tout renseignement concernant la convocation, l'ordre du jour et la tenue de cette réunion. ***(L. 2013-504 du 14 juin 2013, art. 18, XII, JO 16)*** «Au plus tard à cette date, elle indique, le cas échéant, l'intention de l'employeur d'ouvrir la négociation prévue à l'article L. 1233-24-1. Le seul fait d'ouvrir cette négociation avant cette date ne peut constituer une entrave au fonctionnement du ***(Ord. 2017-1386 du 22 sept. 2017, art. 4, 20°, JO 23, entrée en vigueur au plus tard le 01.01.2018)*** «comité social et économique».»

Art. R. *1233-3-4. ***(D. 2013-554 du 27 juin 2013, JO 28)*** L'autorité administrative mentionnée aux articles L. 1233-39, L. 1233-46, L. 1233-48 à L. 1233-50, L. 1233-53 et L. 1233-56 à L. 1233-57-8 est le ***(D. 2020-1545 du 9 déc. 2020, JO 10, entrée en vigueur le 01.04.2021)*** «directeur régional de l'économie, de l'emploi, du travail et des solidarités» dont relève l'établissement en cause.

Note Cet article est applicable aux procédures de licenciement collectif engagées depuis le 01.07.2013.

Art. R. 1233-3-5. ***(D. 2013-554 du 27 juin 2013, JO 28)*** Lorsque le projet de licenciement collectif porte sur des établissements relevant de la compétence de plusieurs ***(D. 2020-1545 du 9 déc. 2020, JO 10, entrée en vigueur le 01.04.2021)*** «directeurs régionaux de l'économie, de l'emploi, du travail et des solidarités», l'employeur informe le directeur régional du siège de l'entreprise de son intention d'ouvrir une négociation en application de l'article L. 1233-24-1. L'employeur notifie à ce directeur son projet de licenciement en application de l'article L. 1233-46. En application de l'article L. 1233-57-8, ***(D. 2020-88 du 5 févr. 2020, art. 1er, 3°, JO 6)*** «le ***(D. 2020-1545 du 9 déc. 2020, JO 10, entrée en vigueur le 01.04.2021)*** «directeur régional de l'économie, de l'emploi, du travail et des solidarités» compétent est celui dans le ressort duquel se situe le siège de l'entreprise.

En cas d'unité économique et sociale, le directeur compétent est celui dans le ressort duquel se situe le siège de l'entreprise principale.

En cas d'accord de groupe, le directeur compétent est celui dans le ressort duquel se situe le siège de l'entreprise dominante.

En cas d'entreprise internationale dont le siège est situé à l'étranger, le directeur compétent est celui dans le ressort duquel se situe la succursale dont le nombre d'emplois concernés est le plus élevé.».

Le ***(D. 2020-1545 du 9 déc. 2020, JO 10, entrée en vigueur le 01.04.2021)*** «directeur régional de l'économie, de l'emploi, du travail et des solidarités» compétent informe l'employeur de sa compétence par tout moyen permettant de conférer une date certaine.

L'employeur en informe, sans délai et par tout moyen, le ***(D. 2017-1819 du 29 déc. 2017, art. 3, 5°, JO 30, entrée en vigueur le 01.01.2018)*** «comité social et économique» ainsi que les organisations syndicales représentatives.

Note
- Voir note sous article R. *1233-3-4.
- Sur la dématérialisation de la procédure, voir note sous article D. 1233-3.

Art. D. 1233-4. ***(D. 2013-554 du 27 juin 2013, JO 28)*** La notification du projet de licenciement prévue à l'article L. 1233-46 est adressée par la voie dématérialisée au ***(D. 2020-1545 du 9 déc. 2020, JO 10, entrée en vigueur le 01.04.2021)*** «directeur régional de l'économie, de l'emploi, du travail et des solidarités».

Outre les renseignements prévus au troisième alinéa de l'article L. 1233-46, la notification précise:
1° Le nom et l'adresse de l'employeur;
2° La nature de l'activité et l'effectif de l'entreprise ou de l'établissement;

3° Le nombre des licenciements envisagés ;

4° Le cas échéant, les modifications qu'il y a lieu d'apporter aux informations déjà transmises en application de l'article L. 1233-31 ;

5° En cas de recours à un expert-comptable par le ***(D. 2017-1819 du 29 déc. 2017, art. 3, 4°, JO 30, entrée en vigueur le 01.01.2018)*** « comité social et économique », mention de cette décision ;

6° Le cas échéant, la signature d'un accord collectif en application des articles L. 1233-21 et L. 1233-24-1. Une copie de cet accord est alors jointe à la notification.

Note Voir notes sous articles R. *1233-3-4 et D. 1233-3.

Art. L. 1233-48. L'ensemble des informations communiquées aux représentants du personnel lors de leur convocation aux réunions prévues par les articles L. 1233-29 et L. 1233-30 est communiqué simultanément à l'autorité administrative.

L'employeur lui adresse également les procès-verbaux des réunions. Ces procès-verbaux comportent les avis, suggestions et propositions des représentants du personnel.

Art. D. 1233-5. Les informations et documents destinés aux représentants du personnel prévus à l'article L. 1233-48 sont adressés ***(D. 2013-554 du 27 juin 2013, JO 28)*** « par la voie dématérialisée » simultanément au ***(D. 2020-1545 du 9 déc. 2020, JO 10, entrée en vigueur le 01.04.2021)*** « directeur régional de l'économie, de l'emploi, du travail et des solidarités. »

Les informations et documents destinés au ***(D. 2017-1819 du 29 déc. 2017, art. 3, 35°, JO 30, entrée en vigueur le 01.01.2018)*** « comité social et économique central », en application de l'article L. 1233-51, sont adressés au ***(D. 2020-1545 du 9 déc. 2020, JO 10, entrée en vigueur le 01.04.2021)*** « directeur régional de l'économie, de l'emploi, du travail et des solidarités » du siège.

Note Voir note sous article D. 1233-3.

Art. L. 1233-49. Lorsque l'entreprise est dépourvue de ***(Ord. 2017-1386 du 22 sept. 2017, art. 4, 75°, JO 23, entrée en vigueur au plus tard le 01.01.2018)*** « comité social et économique » et est soumise à l'obligation d'établir un plan de sauvegarde de l'emploi, ce plan ainsi que les informations destinées aux représentants du personnel mentionnées à l'article L. 1233-31 sont communiqués à l'autorité administrative en même temps que la notification du projet de licenciement. En outre, le plan est porté à la connaissance des salariés par ***(Ord. 2014-699 du 26 juin 2014, art. 5, JO 27)*** « tout moyen » sur les lieux de travail.

Art. R. 1233-9. Lorsqu'il n'existe ***(D. 2017-1819 du 29 déc. 2017, art. 3, 6°, JO 30, entrée en vigueur le 01.01.2018)*** « pas de comité social et économique dans l'entreprise », les informations mentionnées à l'article L. 1233-31, le plan de sauvegarde de l'emploi et les renseignements prévus au 1° de l'article R. 1233-6 sont adressés ***(D. 2013-554 du 27 juin 2013, JO 28)*** « par la voie dématérialisée » au ***(D. 2020-1545 du 9 déc. 2020, JO 10, entrée en vigueur le 01.04.2021)*** « directeur régional de l'économie, de l'emploi, du travail et des solidarités » en même temps que la notification du projet de licenciement prévue à l'article L. 1233-46.

Note Voir note sous article D. 1233-3.

Art. D. 1233-10. En cas d'absence de ***(D. 2017-1819 du 29 déc. 2017, art. 3, 7°, JO 30, entrée en vigueur le 01.01.2018)*** « comité social et économique, par suite d'une carence constatée dans les conditions prévues à l'article L. 2314-9 », l'employeur joint à la notification du projet de licenciement le procès-verbal de carence établi conformément à ces articles ***(D. 2013-554 du 27 juin 2013, JO 28)*** « et l'adresse par la voie dématérialisée ».

Note Voir note sous article D. 1233-3.

Art. L. 1233-50. Lorsque le ***(Ord. 2017-1387 du 22 sept. 2017, art. 20, 17°, JO 23)*** « comité social et économique » recourt à l'assistance d'un ***(Ord. 2017-1387 du 22 sept. 2017, art. 20, 17°, JO 23)*** « expert », l'employeur ***(L. 2013-504 du 14 juin 2013, art. 18, XIV, JO 16)*** « en informe » l'autorité administrative. Il lui transmet également ***(L. 2013-504 du 14 juin 2013, art. 18, XIV, JO 16)*** « son rapport et » les modifications éventuelles du projet de licenciement.

Note Les dispositions des articles L. 1233-50 et 51, dans leur rédaction issue de l'ordonnance 2017-1387 précitée, sont applicables aux procédures de licenciement économique engagées dans les entreprises ayant mis en place un comité social et économique (ordonnance précitée, art. 40, VI).

Art. L. 1233-51. Lorsque le projet de licenciement donne lieu à consultation du ***(Ord. 2017-1387 du 22 sept. 2017, art. 20, 18°, JO 23)*** « comité social et économique central », l'autorité administrative du siège de l'entreprise est informée de cette consultation et, le cas échéant, de la désignation d'un ***(Ord. 2017-1387 du 22 sept. 2017, art. 20, 18°, JO 23)*** « expert ».

§ 2. Intervention de l'autorité administrative concernant les entreprises non soumises à l'obligation d'établir un plan de sauvegarde de l'emploi

Art. L. 1233-53. ***(L. 2013-504 du 14 juin 2013, art. 18, XV, JO 16)*** «Dans les entreprises de moins de cinquante salariés, l'autorité administrative vérifie, dans le délai de vingt et un jours à compter de la date de la notification du projet de licenciement, que:»

1° Les représentants du personnel ont été informés, réunis et consultés conformément aux dispositions légales et conventionnelles en vigueur;

2° Les obligations relatives à l'élaboration des mesures sociales prévues par l'article L. 1233-32 ou par des conventions ou accords collectifs de travail ont été respectées;

3° Les mesures prévues à l'article L. 1233-32 seront effectivement mises en œuvre.

Note Cet article a été modifié par la loi 2015-990 du 6 août 2015, art. 289, JO 7 (suppression du contrôle de l'administration dans les entreprises de 50 salariés et plus lorsque le projet de licenciement concerne moins de 10 salariés dans une même période de 30 jours); cette modification est applicable aux procédures de licenciement pour motif économique engagées, en application des articles L. 1233-8 ou L. 1233-30, après le 7 août 2015 (loi précitée, art. 295).

Art. L. 1233-56. Lorsque l'autorité administrative relève une irrégularité de procédure au cours des vérifications qu'elle effectue, elle adresse à l'employeur un avis précisant la nature de l'irrégularité constatée. Elle envoie simultanément copie de ses observations au ***(Ord. 2017-1386 du 22 sept. 2017, art. 4, 5°, JO 23, entrée en vigueur au plus tard le 01.01.2018)*** «comité social et économique».

(L. 2013-504 du 14 juin 2013, art. 18, XV, JO 16) «L'autorité administrative peut formuler des observations sur les mesures sociales prévues à l'article L. 1233-32.»

L'employeur répond aux observations de l'autorité administrative et adresse copie de sa réponse aux représentants du personnel. Si cette réponse intervient après le délai d'envoi des lettres de licenciement prévu à l'article L. 1233-39, celui-ci est reporté jusqu'à la date d'envoi de la réponse à l'autorité administrative. Les lettres de licenciement ne peuvent être adressées aux salariés qu'à compter de cette date.

Note • Sur l'entrée en vigueur de la loi 2013-504 précitée, voir note sous Section 4.

• S'agissant de l'autorité administrative compétente, pour les articles L. 1233-53 et L. 1233-56 à L. 1233-57-8, voir articles R. *1233-3-4 et R. 1233-3-5 rapportés sous L. 1233-46.

Art. D. 1233-11. ***(D. 2013-554 du 27 juin 2013, JO 28)*** Le ***(D. 2020-1545 du 9 déc. 2020, JO 10, entrée en vigueur le 01.04.2021)*** «directeur régional de l'économie, de l'emploi, du travail et des solidarités» adresse les pièces suivantes à l'employeur:

1° L'avis écrit mentionné à l'article L. 1233-56, en cas de licenciement de dix salariés ou plus sur une même période de trente jours;

2° Les propositions et les observations prévues aux articles L. 1233-57 et L. 1233-57-6 lorsqu'un plan de sauvegarde de l'emploi doit être élaboré.

Note Cet article est applicable aux procédures de licenciement collectif engagées depuis le 01.07.2013.

§ 3. Intervention de l'autorité administrative concernant les entreprises soumises à l'obligation d'établir un plan de sauvegarde de l'emploi

Note Voir *supra* note sous Section 4.

Voir aussi:
- instruction ministérielle du 26 juin 2013 et documentation technique jointe à l'instruction DGEFP/DGT 2013/13 du 19 juillet 2013 (NOR: ETSD1319060J), fiche 2;
- Th. Kapp, «Le contrôle accru des plans de sauvegarde de l'emploi par l'administration», SSL n° 1592 du 8 juillet 2013, p. 71;
- F. Lefrançois, «Quel contrôle est exercé sur le plan de sauvegarde de l'emploi ?», LS Dossier pratique n° 187 du 15.10.2020.

Art. L. 1233-57. L'autorité administrative peut présenter toute proposition pour compléter ou modifier le plan de sauvegarde de l'emploi, en tenant compte de la situation économique de l'entreprise.

Ces propositions sont formulées avant la dernière réunion du ***(Ord. 2017-1386 du 22 sept. 2017, art. 4, 7°, JO 23, entrée en vigueur au plus tard le 01.01.2018)*** «comité social et économique». Elles sont communiquées à l'employeur et au ***(Ord. 2017-1386 du 22 sept. 2017, art. 4, 7°, JO 23, entrée en vigueur au plus tard le 01.01.2018)*** «comité social et économique». ***(L. 2013-504 du 14 juin 2013, art. 18, XVII, JO 16)*** «L'employeur adresse une réponse motivée à l'autorité administrative.»

En l'absence de représentants du personnel, ces propositions ainsi que la réponse motivée de l'employeur à celles-ci, qu'il adresse à l'autorité administrative, sont portées à la connaissance des salariés par voie d'affichage sur les lieux de travail.

Note S'agissant des cellules de reclassement, voir note sous art. R. 5123-3.

Art. L. 1233-57-1. ***(L. 2013-504 du 14 juin 2013, art. 18, XVIII, JO 16)*** L'accord collectif majoritaire mentionné à l'article L. 1233-24-1 ou le document élaboré par l'employeur mentionné à l'article L. 1233-24-4 sont transmis à l'autorité administrative pour validation de l'accord ou homologation du document.

Note Une entreprise de moins de cinquante salariés ayant décidé de se soumettre volontairement à l'établissement et à la mise en œuvre d'un plan de sauvegarde de l'emploi n'a pas à répondre aux exigences de cet article concernant la validation du plan par la Direccte [Dreets]; le juge administratif n'est donc pas compétent pour connaître des litiges relatifs à ce plan (cass. soc. 16 janvier 2019, n° 17-17.475, LS Jurispr. n° 19 du 29.01.2019; RJS 4/19 n° 214; RDT, avril 2019, CH, 252, Fr. Géa).

Voir aussi note sous article L. 1233-61 («Mise en place volontaire d'un plan de sauvegarde par une entreprise de moins de 50 salariés»).

Art. D. 1233-14. ***(D. 2013-554 du 27 juin 2013, JO 28)*** La demande de validation de l'accord mentionné à l'article L. 1233-24-1 ou d'homologation du document unilatéral mentionné à l'article L. 1233-24-4 est adressée au ***(D. 2020-1545 du 9 déc. 2020, JO 10, entrée en vigueur le 01.04.2021)*** «directeur régional de l'économie, de l'emploi, du travail et des solidarités» par la voie dématérialisée.

En cas de procédure de sauvegarde, de redressement ou de liquidation judiciaire, la demande est envoyée par voie dématérialisée au plus tard le lendemain de la dernière réunion du ***(D. 2017-1819 du 29 déc. 2017, art. 3, 4°, JO 30, entrée en vigueur le 01.01.2018)*** «comité social et économique» mentionnée aux II et III de l'article L. 1233-58.

Note • Cet article est applicable aux procédures de licenciement collectif engagées depuis le 01.07.2013.

• Voir note sous article D. 1233-3.

Art. L. 1233-57-2. ***(L. 2013-504 du 14 juin 2013, art. 18, XVIII, JO 16)*** L'autorité administrative valide l'accord collectif mentionné à l'article L. 1233-24-1 dès lors qu'elle s'est assurée de:

1° Sa conformité aux articles L. 1233-24-1 à L. 1233-24-3;

2° La régularité de la procédure d'information et de consultation du ***(Ord. 2017-1386 du 22 sept. 2017, art. 4, 19°, JO 23, entrée en vigueur au plus tard le 01.01.2018)*** «comité social et économique»;

3° La présence dans le plan de sauvegarde de l'emploi des mesures prévues aux articles L. 1233-61 et L. 1233-63;

(L. 2014-856 du 31 juillet 2014, art. 21, JO 1er août) «4° La mise en œuvre effective, le cas échéant, des obligations prévues aux articles L. 1233-57-9 à L. 1233-57-16, L. 1233-57-19 et L. 1233-57-20.»

Note • Le contrôle exercé par la Direccte [Dreets] est modulé selon les modalités d'élaboration du projet de licenciement:
– restreint pour les projets mis en œuvre dans le cadre d'un accord collectif majoritaire;
– renforcé (art. L. 1233-57-3) pour ceux mis en œuvre de façon unilatérale par l'employeur.

En tout état de cause, la Direccte [Dreets] n'a pas à apprécier la motivation du projet de licenciement qui demeure soumise au contrôle *a posteriori* du conseil de prud'hommes (instruction DGEFP/DGT 2013/13 du 19 juillet 2013, fiche 2, III, 3.2.1).

• Pour le Conseil d'État, seules les irrégularités les plus graves, susceptibles d'avoir influencé l'appréciation des représentants du personnel ou le contrôle exercé par l'administration, conduisent à invalider un plan de sauvegarde de l'emploi.

• **Contrôle de la procédure de négociation.** Les vices affectant, le cas échéant, les conditions de négociation d'un accord collectif conclu sur le fondement de l'article L. 1233-24-1 ne sont susceptibles d'entraîner l'illégalité de l'acte validant cet accord que s'ils sont de nature à entacher ce dernier de nullité; à cet égard, le fait que les délégués syndicaux qui ont négocié l'accord collectif n'aient pas disposé d'un délai suffisant pour prendre connaissance de certaines informations relatives au nombre de postes supprimés ou au contenu du plan de reclassement n'est pas de nature à entraîner la nullité de cet accord d'entreprise (CE 7 décembre 2015, n° 383856, Rec. Lebon, p. 428; RJS 2/16 n° 119, 1re espèce; JCP éd. S 2016, 1047, note P. Morvan).

• **Contrôle du caractère majoritaire de l'accord et de la qualité des signataires.** Saisie d'une demande de validation d'un accord collectif fixant le contenu d'un plan de sauvegarde de l'emploi, l'administration doit vérifier, sous le contrôle du juge administratif, que l'accord d'entreprise qui lui est soumis a été régulièrement signé pour le compte d'une ou plusieurs organisations syndicales représentatives ayant recueilli au moins 50 % des suffrages exprimés en faveur des organisations représentatives lors du premier tour des dernières élections professionnelles au sein de l'entreprise. Cette vérification implique de contrôler que les signataires de l'accord avaient qualité pour engager leur syndicat (CE 22 juillet 2015, n° 385668, LSQ n° 16880 du 24.07.2015; RDT, septembre 2015, ET, 514, Fr. Géa et concl. G. Dumortier; RJS 10/15 n° 631; voir aussi dans le même sens CE 30 mai 2016, n° 385730, LS Jurispr. n° 114 du 21.06.2016; CE 12 juin 2019, n° 420084, voir *infra*).

Cette condition de majorité posée par l'article L. 1233-24-1 doit s'apprécier en additionnant l'audience électorale des syndicats signataires qui sont représentatifs au niveau de l'entreprise, sans considération des catégories de salariés que leurs statuts leur donnent vocation à représenter. À ce titre, la circonstance que l'opération de restructuration à l'origine du PSE ne concernerait que certains établissements ou n'entraînerait de licenciements qu'au sein de certaines catégories professionnelles, ne fait pas obstacle à la prise en compte de l'audience électorale de tous les syndicats signataires représentatifs au niveau de l'entreprise, y compris ceux qui n'auraient pas statutairement vocation à représenter les salariés de ces établissements ou de ces catégories professionnelles particuliers (CE 5 mai 2017, n° 389620, Rec. Lebon, p. 158; LSQ n° 17325 du 12.05.2017). Par ailleurs, les dispositions de l'article L. 1233-24-1 ayant pour objet de déroger à celles des articles L. 2232-12 et L. 2232-13 qui fixent les taux de représentativité auxquels est subordonnée la validité des accords d'entreprise de droit commun, l'administration n'a pas à vérifier que l'accord qui lui est soumis remplit également les conditions posées par ces articles (CE 5 mai 2017, n° 389620, précité).

L'administration doit également s'assurer que l'accord qui lui est soumis pour validation a été signé par une personne ayant qualité pour engager l'employeur (CE 12 juin 2019, n° 420084, LSQ n° 17840 du 21.06.2019; JCP éd. S 2019, 1212, concl. Fr. Dieu; JSL n° 481, 16.09.2019, pp. 17 et s., M. Hautefort; RJS 10/19 n° 568).

Dès lors qu'il incombe à l'administration de s'assurer de la qualité des signataires de l'accord, le moyen tiré de l'absence de qualité de ces signataires peut être, le cas échéant, utilement soulevé devant le juge de l'excès de pouvoir saisi de la légalité de la décision de validation; en revanche, le moyen tiré, non de l'absence de qualité des signataires, mais seulement de ce que l'administration n'aurait pas procédé à la vérification de cette qualité, est inopérant (CE 12 juin 2019, n° 420084, précité: les requérants ne sont donc pas fondés à demander l'annulation de la décision de validation au motif que l'administration n'aurait pas procédé aux vérifications nécessaires pour s'assurer de la qualité du directeur général délégué de la société pour signer l'accord litigieux au nom de cette société et ne se serait pas fait communiquer les documents établissant que les organisations syndicales signataires étaient dotées de la personnalité civile).

Sur les conditions de l'engagement de la responsabilité de l'État à l'égard de l'employeur en cas d'annulation par le juge de la décision du Direccte [Dreets] validant l'accord sur le PSE, voir TA Cergy-Pontoise 16 juin 2020, n° 1707765, SSL 2020 n° 1927, p. 12, S. Brotons.

• **Contrôle de la régularité de la procédure d'information et de consultation des institutions représentatives du personnel.** Lorsqu'elle est saisie par l'employeur d'une demande de validation d'un accord collectif conclu sur le fondement de l'article L. 1233-24-1 et fixant le contenu d'un plan de sauvegarde de l'emploi, il appartient à l'administration de s'assurer, sous le contrôle du juge de l'excès de pouvoir, que la procédure d'information et de consultation du comité d'entreprise prescrite par ces dispositions a été régulière; elle ne peut ainsi légalement accorder la validation demandée que si le comité a été mis à même d'émettre régulièrement un avis, d'une part sur l'opération projetée et ses modalités d'application et, d'autre part, sur le projet de licenciement collectif et, à ce titre, sur le plan de sauvegarde de l'emploi.

Le fait que l'employeur était, lors des réunions du comité d'entreprise, assisté d'un collaborateur de plus que les deux prévus par l'article L. 2325-1 CT ne peut justifier l'annulation de la décision de validation que si cette présence a exercé une influence sur les membres du comité d'entreprise (CE 7 décembre 2015, n° 383856, précité).

L'employeur n'étant pas tenu de soumettre pour avis au comité d'entreprise les éléments du projet de licenciement collectif fixés par l'accord collectif majoritaire qu'il soumet à la validation de l'administration, le moyen tiré de ce que la décision validant un tel accord serait illégale en raison d'un vice affectant la consultation du comité d'entreprise sur ces mêmes éléments est inopérant (CE 7 décembre 2015, n° 383856, précité).

Il appartient à l'administration, saisie d'une demande de validation d'un accord collectif portant plan de sauvegarde de l'emploi, de contrôler que la procédure d'information et de consultation des instances représentatives du personnel a été régulière au regard des textes applicables ou, le cas échéant, des stipulations particulières fixées par un accord collectif pris sur le fondement de l'article L. 1233-21 CT et ayant spécifiquement cet objet (dit «accord de méthode») ou par l'accord qui fixe le plan de sauvegarde de l'emploi lui-même. Mais les dispositions de l'article L. 1233-24-2 CT n'imposent pas à l'accord collectif portant plan de sauvegarde de l'emploi de fixer des modalités particulières d'information et de consultation du comité d'entreprise, ou de reprendre les stipulations ayant cet objet qui auraient, le cas échéant, été fixées préalablement par un accord de méthode; et, si l'accord collectif portant plan de sauvegarde de l'emploi ne prévoit pas de modalités particulières d'information et de consultation du comité d'entreprise, il ne résulte d'aucun texte que l'employeur serait alors tenu de soumettre à l'homologation de l'administration un document unilatéral fixant des modalités d'information et de consultation du comité d'entreprise ou reprenant les stipulations ayant, le cas échéant, été fixées préalablement par un accord de méthode. En conséquence, ni l'absence de mention, dans l'accord collectif portant plan de sauvegarde de l'emploi, de modalités d'information et de consultation du comité d'entreprise, ni l'absence de document soumis à homologation ayant fixé de telles modalités ne font obstacle à ce que l'administration valide l'accord portant plan de sauvegarde de l'emploi (CE 12 juin 2019, n° 420084, précité).

Lorsque l'autorité administrative est saisie d'une demande de validation d'un accord collectif fixant le contenu d'un plan de sauvegarde de l'emploi pour une opération qui, parce qu'elle modifie de manière importante les conditions de santé et de sécurité ou les conditions de travail des salariés de l'entreprise, requiert la consultation du ou des comités d'hygiène, de sécurité et des conditions de travail concernés, elle ne peut légalement accorder la validation demandée que si cette consultation a été régulière (CE 21 octobre 2015, n° 386123, LSQ n° 16946 du 30.10.2015; 29 juin 2016, n° 386581, Rec. Lebon, p. 265; LSQ n° 17116 du 05.07.2016; RJS 10/16 n° 627).

À cet égard, il a été jugé que l'existence de certaines différences entre la version du PSE communiquée aux membres du CHSCT avec leur convocation à la réunion de consultation et celle distribuée le jour de la réunion ne fait pas obstacle à ce que ce comité exprime son avis en toute connaissance de cause dans la mesure où ces différences (nombre de licenciements moins important) sont clairement mentionnées dans la version distribuée en séance et n'ont, eu égard à leur nature et à leur importance, pas d'influence sur la consultation du comité (CE 7 décembre 2015, n° 383856, précité).

Le Conseil d'État (CE 29 juin 2016, n° 386581, précité) a également précisé que:
– les vices qui affectent le cas échéant la consultation d'un CHSCT ne sont susceptibles d'entacher d'irrégularité la procédure d'information et de consultation et, par suite, de faire obstacle à toute validation ou d'homologation d'un accord ou d'un document fixant le contenu d'un plan de sauvegarde de l'emploi, que lorsque cette consultation est obligatoire;
– il appartient à l'autorité administrative de s'assurer que le CHSCT a disposé des informations utiles pour se prononcer en toute connaissance de cause sur l'opération projetée;
– l'irrégularité de la procédure d'information et de consultation obligatoire faisant obstacle à ce que l'administration puisse légalement homologuer le plan de sauvegarde de l'emploi, il appartient au juge, lorsqu'il constate que la procédure a été irrégulière, d'annuler la décision de validation ou d'homologation, sans avoir à rechercher l'influence exercée par cette irrégularité sur la décision en litige ni examiner si elle avait privé les salariés d'une garantie.

Voir aussi note sous article L. 1233-57-3.

• **Contrôle des mesures prévues par le plan de sauvegarde de l'emploi.** Si, lorsqu'elle est saisie d'une demande d'homologation d'un document élaboré unilatéralement par l'employeur en application de l'article L. 1233-24-4, il appartient à l'administration de s'assurer du respect par le plan de sauvegarde de l'emploi des dispositions des articles L. 1233-61 à 63 et d'apprécier, à ce titre, si les mesures prévues par ces articles et contenues dans le plan sont de nature à satisfaire les objectifs de maintien dans l'emploi et de reclassement des salariés compte tenu, notamment, des moyens dont dispose l'entreprise ou le groupe, il résulte en revanche des dispositions du 3° de cet article que, lorsque le contenu du plan de sauvegarde de l'emploi a été déterminé par un accord collectif majoritaire signé dans les conditions prévues à l'article L. 1233-24-1, l'administration doit seulement s'assurer de la présence, dans ce plan, des mesures prévues aux articles L. 1233-61 et L. 1233-63; par suite, il ne peut être utilement soutenu, pour contester la décision de validation d'un tel accord collectif, que le plan de reclassement prévu par cet accord est insuffisant au regard du nombre de postes vacants au sein de l'entreprise (CE 7 décembre 2015, n° 383856, précité), ni que l'administration a, à tort, apprécié le caractère suffisant des mesures du plan de reclassement au regard des moyens de la seule société concernée et non au regard de ceux du groupe auquel elle appartient (CE 12 juin 2019, n° 420084, précité).

L'obligation de prévoir, dans le plan de sauvegarde de l'emploi, le recours au contrat de sécurisation professionnelle qui doit, en application de l'article L. 1233-66, être proposé aux salariés dont le licenciement est envisagé, ne saurait s'appliquer lorsque le PSE prévoit, pour les mêmes salariés, le bénéfice d'un congé de reclassement. Par suite, quels qu'aient été, à la date d'engagement de la procédure de licenciement, les effectifs de l'entreprise ou de l'établissement, il ne peut être utilement soutenu, à l'appui de la contestation d'une décision de validation ou d'homologation d'un PSE ayant prévu un congé de reclassement pour tous les salariés n'ayant pu bénéficier d'un reclassement interne, que ce plan aurait dû prévoir le recours au contrat de sécurisation professionnelle (CE 29 juin 2016, n° 389278, Rec. Lebon, p. 260; LSQ n° 17120 du 11.07.2016; RJS 10/16 n° 628; JSL n° 416, 23.09.2016, p. 22).

Art. L. 1233-57-3

• **Contrôle de la détermination des catégories professionnelles.** Cet article fixe, notamment par renvoi à l'article L. 1233-24-3, les dispositions du code du travail auxquelles un accord collectif fixant un plan de sauvegarde de l'emploi ne peut déroger ; sauf à ce qu'il soit entaché de nullité, un accord collectif fixant un PSE ne peut faire l'objet d'un refus de validation par l'autorité administrative que s'il méconnaît ces dispositions.

La circonstance que, pour déterminer les catégories professionnelles concernées par le licenciement, un tel accord se fonde sur des considérations étrangères à celles qui permettent de regrouper les salariés par fonctions de même nature supposant une formation professionnelle commune, ou ait pour but de permettre le licenciement de salariés affectés sur un emploi ou dans un service dont la suppression est recherchée, n'est pas, par elle-même, de nature à caractériser une méconnaissance de l'article L. 1233-57-2. Elle ne saurait, par suite, faire obstacle à la validation de cet accord. Il en va autrement si les stipulations qui déterminent les catégories professionnelles sont entachées de nullité, en raison notamment de ce qu'elles revêtiraient un caractère discriminatoire (CE 7 février 2018, n°s 403989 et 404077, LSQ n° 17510 du 14.02.2018 ; JCP éd. S 2018, 1086, note S. Poncet et F. Renaud et 1087, note J-Y Kerbourc'h ; RDT, mars 2018, CH, 213, Fr. Géa ; RJS 4/18 n° 261, 2e espèce).

Art. L. 1233-57-3. ***(L. 2013-504 du 14 juin 2013, art. 18, XVIII, JO 16)*** En l'absence d'accord collectif ou en cas d'accord ne portant pas sur l'ensemble des points mentionnés aux 1° à 5° de l'article L. 1233-24-2, l'autorité administrative homologue le document élaboré par l'employeur mentionné à l'article L. 1233-24-4, après avoir vérifié la conformité de son contenu aux dispositions législatives et aux stipulations conventionnelles relatives aux éléments mentionnés aux 1° à 5° de l'article L. 1233-24-2, la régularité de la procédure d'information et de consultation du ***(Ord. 2017-1386 du 22 sept. 2017, art. 4, 19°, JO 23, entrée en vigueur au plus tard le 01.01.2018)*** « comité social et économique », ***(L. 2014-856 du 31 juillet 2014, art. 21, JO 1er août)*** « le respect, le cas échéant, des obligations prévues aux articles L. 1233-57-9 à L. 1233-57-16, L. 1233-57-19 et L. 1233-57-20 » et le respect par le plan de sauvegarde de l'emploi des articles L. 1233-61 à L. 1233-63 en fonction des critères suivants :

1° Les moyens dont disposent l'entreprise, l'unité économique et sociale et le groupe ;

2° Les mesures d'accompagnement prévues au regard de l'importance du projet de licenciement ;

3° Les efforts de formation et d'adaptation tels que mentionnés aux articles L. 1233-4 et L. 6321-1.

Elle s'assure que l'employeur a prévu le recours au contrat de sécurisation professionnelle mentionné à l'article L. 1233-65 ou la mise en place du congé de reclassement mentionné à l'article L. 1233-71.

Note • L'avant-dernier alinéa de cet article (qui prévoyait la prise en compte du rapport le plus récent établi par le comité social et économique au titre de l'article L. 2323-56, concernant l'utilisation du CICE) a été supprimé par la loi 2017-1837 du 30 décembre 2017, art. 86, II, JO 31 ; cette suppression s'applique aux rémunérations versées depuis le 01.01.2019 (loi précitée, art. 86, V).

• **Contrôle de l'administration sur la régularité de la procédure de consultation des représentants du personnel.** Lorsqu'elle est saisie par un employeur d'une demande d'homologation d'un document unilatéral fixant le contenu d'un plan de sauvegarde de l'emploi, il appartient à l'administration de s'assurer, sous le contrôle du juge de l'excès de pouvoir, que la procédure d'information et de consultation du comité d'entreprise a été régulière. Elle ne peut légalement accorder l'homologation demandée que si le comité a été mis à même d'émettre régulièrement un avis, d'une part sur l'opération projetée et ses modalités d'application et, d'autre part, sur le projet de licenciement collectif et le plan de sauvegarde de l'emploi. Il appartient à ce titre à l'administration de s'assurer que l'employeur a adressé au comité d'entreprise, avec la convocation à sa première réunion, ainsi que, le cas échéant, en réponse à des demandes exprimées par le comité, tous les éléments utiles pour qu'il formule ses deux avis en toute connaissance de cause. Lorsque l'entreprise appartient à un groupe et que l'employeur est, par suite, amené à justifier son projet au regard de la situation économique du secteur d'activité dont relève l'entreprise au sein de ce groupe, les éléments d'information adressés par l'employeur au comité d'entreprise doivent porter non seulement sur la situation économique du secteur d'activité qu'il a lui-même pris en considération, mais aussi sur les raisons qui l'ont conduit à faire reposer son analyse sur ce secteur d'activité. Toutefois, d'une part, l'employeur, qui informe et consulte le comité d'entreprise sur son propre projet, n'est pas tenu d'adresser des éléments d'information relatifs à la situation économique d'un autre secteur d'activité que celui qu'il a retenu ; d'autre part, la circonstance que le secteur d'activité retenu par l'employeur ne serait pas de nature à établir le bien-fondé du projet soumis au comité d'entreprise ne saurait être utilement invoquée pour contester la légalité d'une décision d'homologation. En effet, l'administration n'a pas à se prononcer, lorsqu'elle statue sur une demande d'homologation d'un document fixant un plan de sauvegarde de l'emploi, sur le motif économique du projet de licenciement collectif, dont il n'appartient qu'au juge du licenciement, le cas échéant ultérieurement saisi, d'apprécier le bien-fondé (CE 22 juillet 2015, n° 385816, Rec. Lebon, p. 261; LSQ n° 16880 du 24.07.2015; RDT, septembre 2015, ET, 514, Fr. Géa et concl. G. Dumortier; RJS 10/15 n° 630).

L'administration ne peut être régulièrement saisie d'une demande d'homologation d'un document unilatéral fixant le contenu d'un plan de sauvegarde de l'emploi que si cette demande est accompagnée des avis rendus par le comité d'entreprise, ou, en l'absence de ces avis, si le comité d'entreprise est réputé avoir été consulté. Lorsque la demande est accompagnée des avis rendus par le comité d'entreprise, la circonstance que le comité d'entreprise ou, désormais, le comité social et économique ait rendu ses avis au-delà des délais prévus à l'article L. 1233-30 CT est par elle-même sans incidence sur la régularité de la procédure d'information et de consultation du comité. En l'absence d'avis du comité d'entreprise ou, désormais, du comité social et économique, l'administration ne peut légalement homologuer ou valider le plan de sauvegarde de l'emploi qui lui est transmis que si, d'une part, le comité a été mis à même, avant cette transmission, de rendre ses deux avis en toute connaissance de cause dans des conditions qui ne sont pas susceptibles d'avoir faussé sa consultation et que, d'autre part, le délai prévu par ces dispositions est échu à la date de cette transmission. Enfin, si des modalités d'information et de consultation différentes ont été fixées par un accord conclu sur le fondement des articles L. 1233-21 ou L. 1233-24-1 CT (accord de méthode ou accord sur le PSE), il appartient à l'administration de s'assurer, au regard de ces modalités, que le comité d'entreprise ou, désormais, le comité social et économique a été mis à même de rendre ses deux avis en toute connaissance de cause dans des conditions qui ne sont pas susceptibles d'avoir faussé sa consultation (CE 22 mai 2019, n° 420780, LSQ n° 17830 du 06.06.2019; RJS 7/19 n° 425; JSL n° 480, 22.07.2019, p. 11, H. Nasom-Tissandier).

Lorsque le comité d'entreprise souhaite se faire assister d'un expert-comptable, il doit en prendre la décision de principe dès la première réunion mentionnée à l'article L. 1233-30 CT; sauf circonstance de nature à justifier le report de la désignation de l'expert-comptable à une réunion ultérieure, il appartient également au comité de procéder à cette désignation dès cette première réunion d'information et de consultation; à défaut, l'expert-comptable ultérieurement désigné par le comité d'entreprise ne saurait être regardé comme ayant été désigné au titre des dispositions des articles L. 1233-34 et L. 2325-35 CT et la circonstance que l'employeur n'ait pas respecté les délais prévus par l'article L. 1233-35 CT pour communiquer à l'expert les informations demandées et que, de ce fait, l'expert n'ait pas disposé des délais prévus par ce même article pour remettre son rapport n'est pas de nature à entacher d'irrégularité la procédure d'information et de consultation du comité d'entreprise (CE 23 novembre 2016, n° 388855, LSQ n° 17211 du 30.11.2016; RJS 2/17 n° 104; RDT, février 2017, ET, 110, concl. M. Vialettes; JSL n° 423, 2.01.2017, pp. 17 et s., E. Jaglin et E. de Montalembert).

Lorsque l'assistance d'un expert comptable a été demandée selon les modalités prévues par l'article L. 1233-34 CT, l'administration doit également s'assurer que celui-ci a pu exercer sa mission dans des conditions permettant au comité d'entreprise de formuler ses avis en toute connaissance de cause; si les représentants du personnel ont été privés du droit qu'ils tiennent des dispositions des articles L. 1233-34 et L. 2325-35 CT, ils ne peuvent en principe être regardés comme ayant été mis à même de formuler leurs avis en toute connaissance de cause (CE 21 octobre 2015, n° 382633, Rec. Lebon, p. 353; LSQ n° 16944 du 28.10.2015).

Cependant, à l'occasion d'un litige où l'administrateur judiciaire désigné dans le cadre d'une procédure de liquidation avait refusé de prendre à sa charge l'assistance d'un expert-comptable, le Conseil d'État a jugé que dès lors que le plan de cession et le nombre des licenciements avaient déjà été arrêtés par le tribunal de commerce dans le cadre de la procédure de liquidation judiciaire, que la délégation unique du personnel avait désigné à ses frais un expert-comptable qui avait été associé à la procédure, et que la circonstance que celui-ci n'avait pas été pris en charge par l'administrateur judiciaire ne l'avait pas empêché d'exercer utilement sa mission et, en particulier, n'avait pas fait obstacle à ce qu'il dispose des documents nécessaires à cette fin, le refus de l'administrateur judiciaire ne pouvait être regardé comme ayant été, en l'espèce, de nature à empêcher la délégation unique du personnel de formuler ses avis en toute connaissance de cause (CE 21 octobre 2015, n° 382633, précité).

Par ailleurs, l'autorité administrative saisie d'une demande d'homologation d'un document unilatéral fixant le contenu d'un plan de sauvegarde de l'emploi pour une opération qui, parce qu'elle modifie de manière importante les conditions de santé et de sécurité ou les conditions de travail des salariés de l'entreprise, requiert la consultation du ou des CHSCT concernés, ne peut légalement accorder l'homologation demandée que si cette consultation a été régulière. Or en l'espèce, dès lors que l'ensemble des postes de travail de la société, placée en liquidation judiciaire, devaient être supprimés faute de repreneur et qu'il n'était pas soutenu que les conditions de santé et de sécurité dans l'entreprise ou les conditions de travail des salariés étaient susceptibles d'être affectées par l'opération de liquidation projetée avant son achèvement, la consultation du CHSCT lors de l'élaboration du plan de sauvegarde de l'emploi n'était pas requise et son absence n'entachait donc pas la procédure d'irrégularité (CE 13 février 2019, n° 404556, LSQ n° 17760 du 21.02.2019; LS Jurispr. n° 48 du 12.03.2019; RJS 4/19 n° 213; JCP éd. S 2019, 1122, note Y. Pagnerre; JSL n° 473, 08.04.2019, p. 13, J-B Cottin).

• **Contrôle des mesures prévues par le plan de sauvegarde de l'emploi.** Lorsqu'elle est saisie d'une demande d'homologation d'un document élaboré en application de l'article L. 1233-24-4 CT, il appartient à l'administration, sous le contrôle du juge de l'excès de pouvoir, de vérifier la conformité de ce document et du plan de sauvegarde de l'emploi dont il fixe le contenu aux dispositions législatives et aux stipulations conventionnelles applicables, en s'assurant notamment du respect par le plan de sauvegarde de l'emploi des dispositions des articles L. 1233-61 à L. 1233-63 du même code. À ce titre elle doit, au regard de l'importance du projet de licenciement, apprécier si les mesures contenues dans le plan sont précises et concrètes et si, à raison, pour chacune, de sa contribution aux objectifs de maintien dans l'emploi et de reclassement des salariés, elles sont, prises dans leur ensemble, propres à satisfaire à ces objectifs compte tenu, d'une part, des efforts de formation et d'adaptation déjà réalisés par l'employeur et, d'autre part, des moyens dont disposent l'entreprise et, le cas échéant, l'unité économique et sociale et le groupe. Il revient notamment à l'autorité administrative de s'assurer que le plan de reclassement intégré au PSE est de nature à faciliter le reclassement des salariés dont le licenciement ne pourrait être évité. L'employeur doit, à cette fin, avoir identifié dans le plan l'ensemble des possibilités de reclassement des salariés dans l'entreprise. En outre, lorsque l'entreprise appartient à un groupe, l'employeur, seul débiteur de l'obligation de reclassement, doit avoir procédé à une recherche sérieuse des postes disponibles pour un reclassement dans les autres entreprises du groupe. Pour l'ensemble des postes de reclassement ainsi identifiés, l'employeur doit avoir indiqué dans le plan leur nombre, leur nature et leur localisation (CE 22 juillet 2015, n° 383481, Rec. Lebon, p. 265; LSQ n° 16880 du 24.07.2015; RDT, septembre 2015, ET, 514, Fr. Géa et concl. G. Dumortier; RJS 10/15 n° 632; voir aussi CE 4 mai 2016, n° 384094, LS Jurispr. n° 94 du 24.05.2016 : en jugeant que l'autorité administrative devait uniquement s'assurer de ce que l'employeur avait sollicité le groupe d'une demande d'abondement du plan de sauvegarde, une cour administrative d'appel a commis une erreur de droit). On relèvera que, pour les procédures de licenciement économique engagées depuis le 22 décembre 2017, le plan de reclassement contenu dans le PSE est limité au périmètre national (articles L. 1233-61 et 62 CT).

S'agissant de la mesure des moyens du groupe, une cour administrative d'appel ne commet pas d'erreur de droit en se fondant sur un faisceau d'indices pour estimer qu'en l'espèce ces moyens étaient de nature à justifier un financement plus important, par l'employeur, des mesures prévues par le plan de sauvegarde de l'emploi et en déduire que les mesures de ce plan n'étaient pas suffisantes au regard des moyens d'accompagnement, notamment financiers, dont disposaient l'entreprise et le groupe (CE 30 mai 2016, n° 384114, LS Jurispr. n° 114 du 21.06.2016).

Le Conseil d'État précise que les moyens dont dispose le groupe s'entendent des moyens, notamment financiers, dont dispose l'ensemble des entreprises placées, ainsi qu'il est dit au I de l'article L. 2331-1 CT, sous le contrôle d'une même entreprise dominante dans les conditions définies aux articles L. 233-1, L. 233-3, I et II, et L. 233-16 c. com., ainsi que ceux dont dispose cette entreprise dominante, quel que soit le lieu d'implantation du siège de ces entreprises; il en résulte que le groupe de sociétés auquel fait référence l'article L. 1233-57-3 n'est pas nécessairement identique à celui pour lequel l'article L. 2331-1 prévoit la constitution d'un comité de groupe; les dispositions de l'article L. 2331-4 (ainsi que le régime fiscal auquel une des sociétés est soumise) ne sauraient, dès lors, être utilement invoquées pour la détermination du périmètre du groupe à prendre en compte dans l'évaluation du caractère suffisant d'un plan de sauvegarde de l'emploi; l'omission, par l'administration, de la prise en compte des moyens financiers dont dispose l'une des sociétés du groupe entache d'irrégularité la décision d'homologation du plan (CE, 24 octobre 2018, n° 397900, LS Jurispr. n° 205 du 13.11.2018; JSL n° 465-466, 28.12.2018, p. 24, D. Julien-Paturle; RDT, décembre 2018, CH, 851, N. Mihman). Cette définition des «moyens du groupe» a été reprise par l'administration («Questions - Réponses» sur la rupture du contrat de travail, publié sur le site internet du ministère du Travail le 15 juillet 2020, question 37).

À noter que, appelée à statuer sur la pertinence d'un plan de sauvegarde de l'emploi établi dans le cadre des dispositions antérieures à la loi du 14 juin 2013 (ancien article L. 1235-10 CT), la Cour de cassation a précisé que les mesures qu'il contenait devaient être appréciées en fonction des moyens dont disposent l'entreprise et le groupe dont elle fait partie pour maintenir les emplois ou faciliter le reclassement; s'agissant des possibilités de reclassement au sein du groupe, cette pertinence doit s'apprécier parmi les entreprises dont les activités, l'organisation ou le lieu d'exploitation leur permettent la permutation de tout ou partie du personnel; en revanche, s'agissant des moyens financiers du groupe, la pertinence doit s'apprécier compte tenu des moyens de l'ensemble des entreprises unies par le contrôle ou l'influence d'une entreprise dominante dans les conditions définies à l'article L. 2331-1 CT pour la mise en place du comité de groupe sans qu'il y ait lieu de réduire le groupe aux entreprises situées sur le territoire national (cass. soc. 16 novembre 2016, n° 15-15.190, BC V n° 218; LSQ n° 17203 du 18.11.2016; RJS 1/17 n° 22; 21 septembre 2017, n° 16-23.223, BC V n° 149; JCP éd. S 2017, 1348, note P. Morvan; RJS 1/18 n° 26). Dès lors, la société gestionnaire d'un fonds commun de

placement (FCP) ne peut être incluse dans le périmètre du groupe pour apprécier la pertinence du plan de sauvegarde de l'emploi établi au sein d'une des filiales de la société mère, rachetée par une holding de reprise dont le FCP a acquis 85 % du capital, s'il n'est pas démontré qu'elle contrôle ou bénéficie du droit d'exercer une influence dominante sur cette filiale au sens des dispositions des articles L. 233-1, L. 233-3, I et II, et L. 233-16 c. com., auxquelles renvoie l'article L. 2331-1 CT (cass. soc. 20 mars 2019, n° 17-19.595, à paraître, LS Jurispr. n° 62 du 02.04.2019; JSL n° 475, 07.05.2019, p. 9, C. Curt et D. Chapellon-Liedhart; RJS 5/19 n° 295; Dr. Soc. 2019, p. 436, étude G. Auzero; RDT, mai 2019, CH, 332, M. Kocher). Voir aussi Y. Pagnerre, «Les apports du droit du travail au droit des sociétés», JCP éd. S 2019, 1198.
Sur l'appréciation de la pertinence des mesures du plan de sauvegarde de l'emploi établi dans le cadre d'une procédure collective, voir note sous article L. 1233-58.

Lorsqu'un accord de branche, ou toutes autres stipulations conventionnelles applicables, prévoient des obligations en matière de reclassement externe qui s'imposent à l'employeur au stade de l'élaboration d'un PSE, l'administration doit s'assurer de la conformité à ces stipulations du contenu du plan, notamment de ses mesures fixées au titre du 3° de l'article L. 1233-62 CT. A commis une erreur de droit la cour administrative d'appel qui a écarté comme inopérant le moyen tiré de ce que le PSE ne respectait pas certaines stipulations d'un accord conventionnel au motif que cet accord se rapportait à des mesures de reclassement autres que celles internes à l'entreprise ou au groupe (CE 13 avril 2018, n° 404090, LSQ n° 17560 du 26.04.2018; JCP éd. S 2018, 1207, note S. Poncet; JSL n° 455, 12.06.2018, pp. 13 et s., M. Hautefort; RDT, juin 2018, CH, 452, Fr. Géa; RJS 7/18 n° 482).

En cas de litige, il incombe au juge administratif, en application de l'article L. 1235-7-1 CT, d'apprécier si des stipulations conventionnelles imposent des obligations à l'employeur au stade de l'élaboration du PSE (CE 13 avril 2018, n° 404090, précité). En effet, la vérification du contenu du plan de sauvegarde de l'emploi relevant de l'administration sous le contrôle du juge administratif, le respect du principe de la séparation des pouvoirs s'oppose à ce que le juge judiciaire se prononce sur le respect par l'employeur de stipulations conventionnelles dont il est soutenu qu'elles s'imposaient au stade de l'élaboration de ce plan (cass. soc. 25 mars 2020, n° 18-23.692, à paraître, LS Jurispr. n° 75 du 21.04.2020; RJS 6/20 n° 287).

• **Contrôle des éléments prévus aux 1° à 5° de l'article L. 1233-24-2.** S'agissant des catégories professionnelles concernées par un projet de licenciement, il appartient à l'administration de s'assurer, au vu de l'ensemble des éléments qui lui sont soumis, notamment des échanges avec les représentants du personnel au cours de la procédure d'information et de consultation ainsi que des justifications qu'il appartient à l'employeur de fournir, que ces catégories regroupent, en tenant compte des acquis de l'expérience professionnelle qui excèdent l'obligation d'adaptation qui incombe à l'employeur, l'ensemble des salariés qui exercent, au sein de l'entreprise, des fonctions de même nature supposant une formation professionnelle commune (CE 7 février 2018, n° 407718, LSQ n° 17510 du 14.02.2018; JCP éd. S 2018, 1086, note S. Poncet et F. Renaud; RDT, mars 2018, CH, 213, Fr. Géa; RJS 4/18 n° 261, 1re espèce; voir précédemment CE 30 mai 2016, n° 387798, Rec. Lebon, p. 185; LSQ n° 17103 du 16.06.2016; RJS 8-9/16 n° 562; JSL n° 414, 25.07.2016, pp. 15 et s., M. Hautefort). Et ce, y compris lorsque l'administration est saisie d'une demande d'homologation d'un document fixant les catégories professionnelles au cours d'une période d'observation d'une entreprise en redressement judiciaire (CE 22 mai 2019, n° 407401, RJS 7/19 n° 427 et pp. 519 et s., concl. S-J Lieber).

Au terme de cet examen, l'administration refuse l'homologation demandée:
– s'il apparaît que les catégories professionnelles concernées par le licenciement ont été déterminées par l'employeur en se fondant sur des considérations, telles que l'organisation de l'entreprise ou l'ancienneté des intéressés, qui sont étrangères à celles qui permettent de regrouper, compte tenu des acquis de l'expérience professionnelle, les salariés par fonctions de même nature supposant une formation professionnelle commune;
– ou s'il apparaît qu'une ou plusieurs catégories ont été définies dans le but de permettre le licenciement de certains salariés pour un motif inhérent à leur personne ou en raison de leur affectation sur un emploi ou dans un service dont la suppression est recherchée (CE 7 février 2018, n° 407718, précité).

En application de cette grille d'analyse, le refus d'homologation s'impose lorsque les catégories professionnelles définies par le document unilatéral correspondent uniquement à l'organisation adoptée par l'entreprise compte tenu de ses différents marchés et types de clientèle (CE 7 février 2018, 2 arrêts, nos 409978 et 399838, LSQ n° 17510 du 14.02.2018; LS Jurispr. n° 35 du 20.02.2018; JCP éd. S 2018, 1086, note S. Poncet et F. Renaud) ou lorsqu'elles ont pour but de permettre le licenciement de certains salariés au seul motif de leur affectation sur un emploi dont la suppression était recherchée (CE 7 février 2018, n° 407718, précité).

À l'inverse, un PSE peut établir une distinction entre les salariés selon qu'ils sont spécialisés dans un procédé de fabrication ou dans un autre, ce critère reposant sur la formation nécessaire à l'acquisition de certaines techniques de production (CE 7 février 2018, n° 403001, LSQ n° 17510 du 14.02.2018; JCP éd. S 2018, 1086, note S. Poncet et F. Renaud; RDT, mars 2018, CH, 213, Fr. Géa).

Art. L. 1233-57-4

En cas de litige, le contrôle de la définition des catégories professionnelles concernées par les suppressions d'emploi du document unilatéral de l'employeur soumis à homologation relève du pouvoir souverain des juges du fond, sous réserve de la dénaturation et de l'erreur de droit (CE 7 février 2018, n° 399838, précité).

Lorsqu'un accord collectif relatif à un plan de sauvegarde de l'emploi ne porte pas sur l'ensemble des éléments mentionnés aux 1° à 5° de l'article L. 1233-24-2 CT, la décision par laquelle l'autorité administrative statue sur la demande de validation de cet accord est, en principe, divisible de celle par laquelle cette autorité statue sur la demande d'homologation du document unilatéral qui fixe ceux des éléments qui n'ont pas été déterminés par l'accord (CE 30 mai 2016, n° 387798, précité). Il est donc possible de réclamer l'annulation de la décision d'homologation du document unilatéral sans attaquer également la décision de validation de l'accord-PSE ; à noter que cette décision semble en contradiction avec la position de l'administration, qui estime que le Direccte [Dreets] doit se livrer à une appréciation globale de l'accord collectif et du document unilatéral et qu'il ne peut pas refuser de valider l'un et homologuer l'autre ou l'inverse (instruction DGEFP/DGT 2013-13 du 19 juillet 2013, fiche 2, § 3.2.4). Sur ce point, voir aussi note sous article D. 1233-14-1.

• **Contrôle du respect des critères d'ordre des licenciements.** Lorsque les critères d'ordre des licenciements fixés dans un plan de sauvegarde de l'emploi figurent dans un document unilatéral élaboré par l'employeur sur le fondement de l'article L. 1233-24-4, il appartient à l'autorité administrative, saisie de la demande d'homologation de ce document, de vérifier la conformité de ces critères et de leurs règles de pondération aux dispositions législatives et conventionnelles applicables.

En l'absence d'accord collectif ayant prévu d'autres critères, l'employeur qui procède à un licenciement collectif pour motif économique est tenu, pour déterminer l'ordre des licenciements, de prendre en compte l'ensemble des critères qui sont énumérés à l'article L. 1233-5 CT, y compris le critère des qualités professionnelles mentionné à son 4° ; par suite, en l'absence d'accord collectif ayant fixé les critères d'ordre des licenciements, le document unilatéral de l'employeur fixant le plan de sauvegarde de l'emploi ne saurait légalement, ni omettre l'un de ces critères, ni affecter l'un d'entre eux de la même valeur pour tous les salariés, dès lors que l'omission d'un critère dans le plan de sauvegarde de l'emploi, ou l'interdiction de le moduler, ont pour effet d'empêcher par avance que ce critère puisse être effectivement pris en compte au stade de la détermination de l'ordre des licenciements ; l'autorité administrative ne saurait, par conséquent, homologuer un tel document, sauf s'il est établi de manière certaine, dès l'élaboration du plan de sauvegarde de l'emploi, que, dans la situation particulière de l'entreprise et au vu de l'ensemble des personnes susceptibles d'être licenciées, aucune des modulations légalement envisageables pour le critère en question ne pourra être matériellement mise en œuvre lors de la détermination de l'ordre des licenciements (CE 1er février 2017, n° 387886, Rec. Lebon, p. 28 ; LSQ n° 17262 du 09.02.2017 ; RJS 4/17 n° 264, 1re espèce ; dans le même sens, voir aussi CE 22 décembre 2017, n° 400649, JSL n° 448, 01.03.2018, pp. 21 et s., Ph. Pacotte et J. Laylat-Le Bourhis, précisant que ni la position exprimée par le comité d'entreprise ni le choix effectué par l'employeur quant à l'absence de prise en compte du critère des qualités professionnelles ne peuvent être regardés comme revêtant le caractère d'un accord collectif de travail au sens des dispositions de l'article L. 2251-1 CT).

Sur le juge compétent en cas de litige, voir note sous article L. 1235-7-1.

Art. L. 1233-57-4. ***(L. 2013-504 du 14 juin 2013, art. 18, XVIII, JO 16)*** L'autorité administrative notifie à l'employeur la décision de validation dans un délai de quinze jours à compter de la réception de l'accord collectif mentionné à l'article L. 1233-24-1 et la décision d'homologation dans un délai de vingt et un jours à compter de la réception du document complet élaboré par l'employeur mentionné à l'article L. 1233-24-4.

Elle la notifie, dans les mêmes délais, au ***(Ord. 2017-1386 du 22 sept. 2017, art. 4, 20°, JO 23, entrée en vigueur au plus tard le 01.01.2018)*** « comité social et économique » et, si elle porte sur un accord collectif, aux organisations syndicales représentatives signataires. La décision prise par l'autorité administrative est motivée.

Le silence gardé par l'autorité administrative pendant les délais prévus au premier alinéa vaut décision d'acceptation de validation ou d'homologation. Dans ce cas, l'employeur transmet une copie de la demande de validation ou d'homologation, accompagnée de son accusé de réception par l'administration, au ***(Ord. 2017-1386 du 22 sept. 2017, art. 4, 20°, JO 23, entrée en vigueur au plus tard le 01.01.2018)*** « comité social et économique » et, si elle porte sur un accord collectif, aux organisations syndicales représentatives signataires.

La décision de validation ou d'homologation ou, à défaut, les documents mentionnés au troisième alinéa et les voies et délais de recours sont portés à la connaissance des salariés par voie d'affichage sur leurs lieux de travail ***(Ord. 2014-699 du 26 juin 2014, art. 6, JO 27)*** «ou par tout autre moyen permettant de conférer date certaine à cette information».

Note • *Covid-19.* Voir RF 30 avril 2020, FH 3840, 5-1 à 5-5.

• L'exigence légale de motivation prévue à cet article implique que la décision de validation ou d'homologation du PSE doit énoncer les éléments de droit et de fait qui en constituent le fondement, de sorte que les personnes auxquelles ces décisions sont notifiées puissent à leur seule lecture en connaître les motifs, mais n'implique ni que l'administration prenne explicitement parti sur le respect de chacune des règles dont il lui appartient d'assurer le contrôle en application des dispositions des articles L. 1233-57-2 et L. 1233-57-3, ni qu'elle retrace dans la motivation de sa décision les étapes de la procédure préalable à son édiction (CE 22 juillet 2015, n° 385816, Rec. Lebon, p. 261; LSQ n° 16880 du 24.07.2015; RDT, septembre 2015, ET, 514, Fr. Géa et concl. G. Dumortier; RJS 10/15 n° 630; 30 mai 2016, n° 384114, LS Jurispr. n° 114 du 21.06.2016).

Lorsqu'elle homologue la décision de l'employeur fixant un PSE, il appartient à l'administration de faire apparaître dans sa décision les éléments essentiels de son examen. Doivent ainsi y figurer ceux relatifs à la régularité de la procédure d'information et de consultation des instances représentatives du personnel, ceux tenant au caractère suffisant des mesures contenues dans le plan au regard des moyens de l'entreprise et, le cas échéant, de l'unité économique et sociale ou du groupe ainsi que, à ce titre, ceux relatifs à la recherche, par l'employeur, des postes de reclassement. En outre, il appartient, le cas échéant, à l'administration d'indiquer dans la motivation de sa décision tout élément sur lequel elle aurait été, en raison des circonstances propres à l'espèce, spécifiquement amenée à porter une appréciation (CE 1er février 2017, n° 391744, Rec. Lebon, p. 30; LSQ n° 17264 du 13.02.2017; RJS 4/17 n° 265).

Lorsque l'administration refuse l'homologation demandée, il lui incombe seulement d'énoncer les éléments de droit et de fait qui constituent le fondement de sa décision (CE 24 novembre 2017, n° 389443, LSQ n° 17464 du 8.12.2017; JCP éd. S 2018, 1041, note E. Graujeman et V. Zeimet).

Art. D. 1233-14-1. ***(D. 2013-554 du 27 juin 2013, JO 28)*** Le délai prévu à l'article L. 1233-57-4 court à compter de la réception par le ***(D. 2020-1545 du 9 déc. 2020, JO 10, entrée en vigueur le 01.04.2021)*** «directeur régional de l'économie, de l'emploi, du travail et des solidarités» du dossier complet.

Le dossier est complet lorsqu'il comprend les informations permettant de vérifier le contenu du plan de sauvegarde de l'emploi, les modalités d'information et de consultation du ***(D. 2017-1819 du 29 déc. 2017, art. 3, 4°, JO 30, entrée en vigueur le 01.01.2018)*** «comité social et économique», la pondération et le périmètre d'application des critères d'ordre des licenciements, le calendrier des licenciements, le nombre de suppressions d'emploi et les catégories professionnelles concernées, et les modalités de mise en œuvre des mesures de formation, d'adaptation et de reclassement et, lorsqu'un accord est conclu en application de l'article L. 1233-24-1, les informations relatives à la représentativité des organisations syndicales signataires.

Lorsque le dossier est complet, le ***(D. 2020-1545 du 9 déc. 2020, JO 10, entrée en vigueur le 01.04.2021)*** «directeur régional de l'économie, de l'emploi, du travail et des solidarités» en informe, sans délai et par tout moyen permettant de donner date certaine, l'employeur, le ***(D. 2017-1819 du 29 déc. 2017, art. 3, 5°, JO 30, entrée en vigueur le 01.01.2018)*** «comité social et économique» ainsi que les organisations syndicales représentatives en cas d'accord collectif mentionné à l'article L. 1233-24-1.

Lorsque la demande porte sur un accord partiel et sur un document unilatéral mentionnés à l'article L. 1233-57-3, les délais mentionnés à l'article L. 1233-57-4 sont de quinze jours pour l'accord et de vingt et un jours pour le document unilatéral.

Lorsqu'un accord collectif a été conclu en application de l'article L. 1233-24-1, il est déposé dans les conditions définies à l'article L. 2231-6.

Note • Cet article est applicable aux procédures de licenciement collectif engagées depuis le 01.07.2013.

• Sur la dématérialisation de la procédure, voir note sous article D. 1233-3.

• L'alinéa 4 de cet article précise les délais applicables en cas d'accord partiel complété par un document unilatéral, à savoir 15 jours pour la validation de l'accord et 21 jours pour l'homologation du document. Cependant, dans une instruction 2013/13 du 19 juillet 2013 (fiche 2, III, 3.2.4), l'administration précise que «afin d'assurer une analyse globale du projet de licenciement qui est matérialisé par un accord collectif portant, a minima, sur le PSE et un document unilatéral qui traite des sujets non négociés dans l'accord collectif, la procédure d'instruction de la Direccte [Dreets] devra être conduite systématiquement dans le délai de 15 jours à compter de la réception du dossier complet. En effet, il n'y aurait pas de sens à se prononcer séparément sur l'accord collectif puis sur le document unilatéral, ni à valider l'accord collectif mais à ne pas homologuer le document unilatéral. Ainsi, si formellement la Direccte [Dreets] doit valider l'accord collectif et homologuer le document unilatéral, une seule décision administrative doit être prise sachant que la non validation de l'accord partiel ou la non homologation du document unilatéral invalide l'intégralité du projet de licenciement».

Art. D. 1233-14-2. ***(D. 2013-554 du 27 juin 2013, JO 28)*** La décision du ***(D. 2020-1545 du 9 déc. 2020, JO 10, entrée en vigueur le 01.04.2021)*** «directeur régional de l'économie, de l'emploi, du travail et des solidarités» visée à l'article L. 1233-57-4 est adressée par tout moyen permettant de conférer une date certaine à l'employeur et au ***(D. 2017-1819 du 29 déc. 2017, art. 3, 9°, JO 30, entrée en vigueur le 01.01.2018)*** «comité social et économique» et, lorsqu'un accord collectif a été conclu en application de l'article L. 1233-24-1, aux organisations syndicales représentatives signataires.

L'envoi de la décision de l'administration s'effectue au plus tard le dernier jour du délai mentionné au premier alinéa de l'article L. 1233-57-4.

Note Voir note sous article D. 1233-14-1.

Art. L. 1233-57-5. ***(L. 2013-504 du 14 juin 2013, art. 18, XVIII, JO 16)*** Toute demande tendant, avant transmission de la demande de validation ou d'homologation, à ce qu'il soit enjoint à l'employeur de fournir les éléments d'information relatifs à la procédure en cours ou de se conformer à une règle de procédure prévue par les textes législatifs, les conventions collectives ou un accord collectif est adressée à l'autorité administrative. Celle-ci se prononce dans un délai de cinq jours.

Note • La procédure d'injonction prévue à cet article constitue un outil d'intervention de la Direccte [Dreets] lorsque le dialogue social entre l'employeur et les représentants du personnel est difficile. Les salariés ne sont pas compétents pour formuler des demandes d'injonction à la Direccte [Dreets] (instruction DGEFP/DGT 2013/13 du 19 juillet 2013, fiche 2, II, 2.2.2).

• Les décisions par lesquelles, sur le fondement de cet article, l'administration enjoint à l'employeur de fournir les éléments d'information ou de se conformer à une règle de procédure ne revêtent pas le caractère d'observations ou de propositions au sens des dispositions de l'article L. 1233-57-6; l'administration n'est, par suite, pas tenue d'en envoyer copie aux représentants du personnel (CE 23 mars 2016, n° 389158, LSQ n° 17050 du 30.03.2016; JSL n° 409, 06.05.2016, pp. 9 et s., M. Hautefort; RJS 6/16 n° 420).

• L'obligation faite à l'employeur d'adresser aux représentants du personnel et, le cas échéant, aux organisations syndicales, la copie des réponses qu'il fait à l'administration, ne trouve à s'appliquer que dans les cas où l'administration lui a fait des observations ou des propositions au sens de l'article L. 1233-57-6; dans le cadre de la procédure d'injonction prévue à cet article, l'employeur n'est donc pas tenu d'envoyer aux représentants du personnel et aux organisations syndicales la copie des réponses qu'il a transmises à l'administration (CE 7 décembre 2015, n° 383856, Rec. Lebon, p. 428; RJS 2/16 n° 119, 1re espèce; JCP éd. S 2016, 1047, note P. Morvan).

• Sur la compétence du tribunal administratif pour connaître des litiges relatifs aux décisions rendues dans le cadre de la procédure d'injonction, voir article L. 1235-7-1 et note sous cet article.

Art. D. 1233-12. ***(D. 2013-554 du 27 juin 2013, JO 28)*** La demande mentionnée à l'article L. 1233-57-5 est adressée par le ***(D. 2017-1819 du 29 déc. 2017, art. 3, 8°, JO 30, entrée en vigueur le 01.01.2018)*** «comité social et économique», ou, en cas de négociation d'un accord mentionné à l'article L. 1233-24-1 par les organisations syndicales représentatives de l'entreprise, au ***(D. 2020-1545 du 9 déc. 2020, JO 10, entrée en vigueur le 01.04.2021)*** «directeur régional de l'économie, de l'emploi, du travail et des solidarités» compétent en application des articles R. 1233-3-4 et R. 1233-3-5, par tout moyen permettant de conférer une date certaine.

La demande est motivée. Elle précise les éléments demandés et leur pertinence.

Le ***(D. 2020-1545 du 9 déc. 2020, JO 10, entrée en vigueur le 01.04.2021)*** «directeur régional de l'économie, de l'emploi, du travail et des solidarités» se prononce après instruction dans un délai de cinq jours à compter de la réception de la demande.

S'il décide de faire droit à la demande, le directeur régional adresse une injonction à l'employeur par tout moyen permettant de lui conférer une date certaine. Il adresse simultanément une copie de cette injonction à l'auteur de la demande, au ***(D. 2017-1819 du 29 déc. 2017, art. 3, 4°, JO 30, entrée en vigueur le 01.01.2018)*** «comité social et économique» et aux organisations syndicales représentatives en cas de négociation d'un accord mentionné à l'article L. 1233-24-1.

Note • Cet article est applicable aux procédures de licenciement collectif engagées depuis le 01.07.2013.

• À noter que, *dans le cadre législatif et réglementaire antérieur à l'ordonnance 2017-1386 du 22 septembre 2017 et au décret 2017-1819 précité* (prévoyant notamment la fusion des instances représentatives du personnel au sein du comité social et économique), la Cour de cassation considère qu'alors même que cet article n'en prévoit pas expressément la possibilité, il résulte des articles L. 1233-57-5, D. 1233-12, L. 4614-13 [ancien] et R. 4616-10 [ancien] que, lorsque sa consultation est requise, le CHSCT peut, au cours de la procédure d'information et de consultation préalable à la transmission d'une demande de validation ou d'homologation relative à un plan de sauvegarde de l'emploi, saisir l'autorité administrative de toute atteinte à l'exercice de sa mission ou de celle de l'expert qu'il a le cas échéant désigné, en formulant, selon le cas, une demande d'injonction ou une contestation relative à l'expertise (CE 29 juin 2016, n° 386581, Rec. Lebon, p. 265; LSQ n° 17116 du 05.07.2016; RJS 10/16 n° 627).

L'autorité administrative doit, dans les deux cas, se prononcer dans un délai de cinq jours et doit, si elle prononce une injonction sur le fondement de l'article L. 1233-57-5, en informer l'organe qui l'a saisie ainsi que le comité d'entreprise et, en cas de négociation d'un accord mentionné à l'article L. 1233-24-1, les organisations syndicales représentatives (CE 29 juin 2016, n° 386581, précité).

Art. L. 1233-57-6. ***(L. 2013-504 du 14 juin 2013, art. 18, XVIII, JO 16)*** L'administration peut, à tout moment en cours de procédure, faire toute observation ou proposition à l'employeur concernant le déroulement de la procédure ou les mesures sociales prévues à l'article L. 1233-32. Elle envoie simultanément copie de ses observations au ***(Ord. 2017-1386 du 22 sept. 2017, art. 4, 5°, JO 23, entrée en vigueur au plus tard le 01.01.2018)*** «comité social et économique» et, lorsque la négociation de l'accord visé à l'article L. 1233-24-1 est engagée, ***(Ord. 2017-1718 du 20 déc. 2017, art. 1er, I, 14°, JO 21)*** «le cas échéant» aux organisations syndicales représentatives dans l'entreprise.

L'employeur répond à ces observations et adresse copie de sa réponse aux représentants du personnel et, le cas échéant, aux organisations syndicales.

Note • L'obligation qui incombe à l'administration d'envoyer copie au comité d'entreprise [ou, désormais, au CSE] des observations qu'elle adresse à l'employeur sur le fondement de cet article vise à ce que le comité dispose de tous les éléments utiles pour formuler ses deux avis en toute connaissance de cause; le respect de cette obligation doit, par suite, être pris en compte dans l'appréciation globale de la régularité de la procédure d'information et de consultation de ce comité à laquelle doit se livrer l'administration à la date où elle statue sur la demande d'homologation (CE 23 mars 2016, n° 389158, LSQ n° 17050 du 30.03.2016; RJS 6/16 n° 420).

• Lorsque les observations de l'administration concernent la procédure d'information et de consultation des institutions représentatives du personnel, les suites qui leur sont données par l'employeur comme le respect par celui-ci de l'obligation d'adresser copie de sa réponse aux représentants du personnel et, le cas échéant, aux organisations syndicales, doivent être pris en compte par l'administration dans l'appréciation globale de la régularité de cette procédure d'information et de consultation.

Ainsi, la méconnaissance par l'employeur de son obligation de transmettre au comité d'entreprise ses réponses aux observations de l'administration n'est pas de nature à entraîner nécessairement l'irrégularité de la procédure d'information et de consultation mais doit être prise en compte dans l'appréciation globale que doit porter l'administration sur la régularité de cette procédure (CE 7 décembre 2015, n° 381307, LS Jurispr. n° 225 du 15.12.2015; RJS 2/16 n° 119, 2e espèce).

• S'il revient en principe à l'administration, en application des articles L. 1233-57, L. 1233-57-5 et L. 1233-57-6, de présenter toute observation ou proposition ou de formuler des injonctions de nature à éclairer l'employeur en cours de procédure sur la régularité de celle-ci et le caractère suffisant des mesures contenues dans le plan de sauvegarde de l'emploi, cette faculté ne fait pas obstacle à ce que le Direccte [Dreets] compétent se fonde, pour refuser une homologation, sur une irrégularité de la procédure d'information et de consultation, ou sur une insuffisance du plan de sauvegarde de l'emploi, sur laquelle il n'a préalablement adressé à l'employeur aucune proposition, observation ou injonction (CE 24 novembre 2017, n° 389443, LSQ n° 17464 du 8.12.2017; JCP éd. S 2018, 1041, note E. Graujeman et V. Zeimet).

Art. L. 1233-57-7. ***(L. 2013-504 du 14 juin 2013, art. 18, XVIII, JO 16)*** En cas de décision de refus de validation ou d'homologation, l'employeur, s'il souhaite reprendre son projet, présente une nouvelle demande après y avoir apporté les modifications nécessaires et consulté le ***(Ord. 2017-1386 du 22 sept. 2017, art. 4, 20°, JO 23, entrée en vigueur au plus tard le 01.01.2018)*** «comité social et économique».

Art. D. 1233-14-3. ***(D. 2013-554 du 27 juin 2013, JO 28)*** En cas de décision de refus de validation ou d'homologation, le ***(D. 2017-1819 du 29 déc. 2017, art. 3, 4°, JO 30, entrée en vigueur le 01.01.2018)*** «comité social et économique» est consulté préalablement à la nouvelle demande sur l'accord collectif ou le document unilatéral après que les modifications nécessaires ont été apportées.

Le projet modifié et l'avis du ***(D. 2017-1819 du 29 déc. 2017, art. 3, 4°, JO 30, entrée en vigueur le 01.01.2018)*** «comité social et économique» sont transmis à l'administration par tout moyen permettant de conférer une date certaine.

Note Cet article est applicable aux procédures de licenciement collectif engagées depuis le 01.07.2013.

Art. L. 1233-57-8. ***(L. 2013-504 du 14 juin 2013, art. 18, XVIII, JO 16)*** L'autorité administrative compétente pour prendre la décision d'homologation ou de validation mentionnée à l'article L. 1233-57-1 est celle du lieu où l'entreprise ou l'établissement concerné par le projet de licenciement collectif est établi. Si le projet de licenciement collectif porte sur des établissements relevant de la compétence d'autorités différentes, ***(D. 2020-88 du 5 févr. 2020, art. 1er, 1°, JO 6)*** «l'autorité administrative compétente est désignée dans les conditions prévues par décret en Conseil d'État».

Note • Sur les modalités de désignation de la Direccte [Dreets] compétente par le ministre chargé de l'emploi, voir instruction DGEFP/DGT 2013/13 du 19 juillet 2013, fiche 2, I, 1.1.2.

• Lorsque l'établissement auquel sont rattachés les emplois dont la suppression est envisagée ne dispose pas d'une autonomie suffisante, le Direccte [Dreets] compétent pour homologuer ou valider le PSE est celui dans le ressort duquel se trouve le siège social de l'entreprise (TA Strasbourg, 26 février 2015, 6e ch., n° 1406474, LSQ n° 16786 du 04.03.2015; jugement confirmé par CAA Nancy, 2 juillet 2015, 4e ch., n° 15NC00787).

SECTION 4 *BIS*. Obligation de rechercher un repreneur en cas de projet de fermeture d'un établissement

Note • La section a été introduite par la loi 2014-384 du 29 mars 2014, art. 1er, I, JO 1er avril; les dispositions législatives de cette section sont applicables aux procédures de licenciement collectif engagées depuis le 01.04.2014, sachant qu'une procédure de licenciement collectif est réputée engagée à compter de la date d'envoi de la convocation à la première réunion des représentants du personnel mentionnée à l'article L. 1233-30 CT (loi précitée, art. 1er, III).

• Par décision 2014-692 DC du 27 mars 2014 (JO 1er avril) le Conseil constitutionnel a censuré deux mesures de la loi 2014-384 du 29 mars 2014, dite Florange:

– l'obligation d'accepter une offre de reprise sérieuse en l'absence de motif légitime de refus et la compétence confiée au tribunal de commerce pour apprécier cette obligation et sanctionner son non-respect;

– la pénalité pouvant atteindre 20 SMIC mensuel par emploi supprimé dans la limite de 2 % du chiffre d'affaires de l'entreprise. En effet, le Conseil constitutionnel a estimé que l'une de ces mesures était contraire à la liberté d'entreprendre et au droit de propriété et que l'autre était disproportionnée.

La loi 2014-856 relative à l'économie sociale et solidaire du 31 juillet 2014 (art. 21 et 22, JO 1er août) a ensuite rétabli des sanctions:

– le manquement à l'obligation de rechercher un repreneur est désormais sanctionné par le refus de la Direccte [Dreets] de valider ou d'homologuer le PSE (voir *supra* articles L. 1233-57-2 et L. 1233-57-3);

– le remboursement d'aides publiques peut désormais être demandé par l'autorité administrative (voir *infra* article L. 1233-57-21).

• Sur le régime de cette obligation, voir T. Meiers, «En questions: retour sur l'obligation de rechercher un repreneur», JCP éd. S 2018, act. 249.

Voir aussi LS Dossier pratique n° 216 du 29.11.2018, «Projet de fermeture: comment mener à bien la recherche d'un repreneur ?».

• Sur la détermination du juge compétent pour apprécier le respect par l'employeur de son obligation de recherche d'un repreneur, voir note sous article L. 1235-7-1.

Sous-section 1. Information des salariés et de l'autorité administrative de l'intention de fermer un établissement

§ 1. Information des salariés

Art. L. 1233-57-9. Lorsqu'elle envisage la fermeture d'un établissement qui aurait pour conséquence un projet de licenciement collectif, l'entreprise mentionnée à l'article L. 1233-71 réunit et informe le ***(Ord. 2017-1386 du 22 sept. 2017, art. 4, 20°, JO 23, entrée en vigueur au plus tard le 01.01.2018)*** «comité social et économique», au plus tard à l'ouverture de la procédure d'information et de consultation prévue à l'article L. 1233-30.

Art. R. 1233-15. ***(D. 2015-1378 du 30 oct. 2015, JO 31)*** Est un établissement au sens de l'article L. 1233-57-9 une entité économique assujettie à l'obligation de constituer un ***(D. 2017-1819 du 29 déc. 2017, art. 3, 36°, JO 30, entrée en vigueur le 01.01.2018)*** «comité social et économique d'établissement».

Constitue une fermeture au sens de l'article L. 1233-57-9 la cessation complète d'activité d'un établissement lorsqu'elle a pour conséquence la mise en œuvre d'un plan de sauvegarde de l'emploi emportant un projet de licenciement collectif au niveau de l'établissement ou de l'entreprise.

Constitue également une fermeture d'établissement la fusion de plusieurs établissements en dehors de la zone d'emploi où ils étaient implantés ou le transfert d'un établissement en dehors de sa zone d'emploi, lorsqu'ils ont pour conséquence la mise en œuvre d'un plan de sauvegarde de l'emploi emportant un projet de licenciement collectif.

Art. L. 1233-57-10. L'employeur adresse aux représentants du personnel, avec la convocation à la réunion prévue à l'article L. 1233-57-9, tous renseignements utiles sur le projet de fermeture de l'établissement.

Il indique notamment :

1° Les raisons économiques, financières ou techniques du projet de fermeture ;

2° Les actions qu'il envisage d'engager pour trouver un repreneur ;

3° Les possibilités pour les salariés de déposer une offre de reprise, les différents modèles de reprise possibles, notamment par les sociétés prévues par la loi n° 78-763 du 19 juillet 1978 portant statut des sociétés coopératives de production, ainsi que le droit des représentants du personnel de recourir à un expert prévu à l'article L. 1233-57-17.

Art. L. 1233-57-11. Dans les entreprises dotées d'un comité ***(Ord. 2017-1386 du 22 sept. 2017, art. 4, 76°, JO 23, entrée en vigueur au plus tard le 01.01.2018)*** « social et économique » central d'entreprise, l'employeur réunit et informe le comité ***(Ord. 2017-1386 du 22 sept. 2017, art. 4, 76°, JO 23, entrée en vigueur au plus tard le 01.01.2018)*** « social et économique » central et les comités ***(Ord. 2017-1386 du 22 sept. 2017, art. 4, 76°, JO 23, entrée en vigueur au plus tard le 01.01.2018)*** « sociaux et économiques » d'établissement intéressés dès lors que les mesures envisagées excèdent le pouvoir des chefs d'établissement concernés ou portent sur plusieurs établissements simultanément. Dans ce cas, les comités ***(Ord. 2017-1386 du 22 sept. 2017, art. 4, 76°, JO 23, entrée en vigueur au plus tard le 01.01.2018)*** « sociaux et économiques » d'établissement tiennent leur réunion après la réunion du comité ***(Ord. 2017-1386 du 22 sept. 2017, art. 4, 76°, JO 23, entrée en vigueur au plus tard le 01.01.2018)*** « social et économique » central d'entreprise tenue en application de l'article L. 1233-57-9.

§ 2. Information de l'autorité administrative et des collectivités territoriales

Art. L. 1233-57-12. L'employeur notifie sans délai à l'autorité administrative tout projet de fermeture d'un établissement mentionné à l'article L. 1233-57-9.

L'ensemble des informations mentionnées à l'article L. 1233-57-10 est communiqué simultanément à l'autorité administrative. L'employeur lui adresse également le procès-verbal de la réunion mentionnée à l'article L. 1233-57-9, ainsi que tout renseignement concernant la convocation, l'ordre du jour et la tenue de cette réunion.

Art. L. 1233-57-13. L'employeur informe le maire de la commune du projet de fermeture de l'établissement. Dès que ce projet lui a été notifié, l'autorité administrative en informe les élus concernés.

Art. R. 1233-15-1. ***(D. 2015-1378 du 30 oct. 2015, JO 31)*** L'autorité administrative visée aux articles L. 1233-57-13 et L. 1233-57-21 est le préfet du département dans lequel l'établissement a son siège.

Le ***(D. 2020-1545 du 9 déc. 2020, JO 10, entrée en vigueur le 01.04.2021)*** « directeur régional de l'économie, de l'emploi, du travail et des solidarités » dans le ressort duquel se trouve l'établissement en cause ainsi que, le cas échéant, celui désigné en application de l'article R. 1233-3-5, est destinataire des informations et rapports mentionnés aux articles L. 1233-57-12, L. 1233-57-17 et L. 1233-57-20.

La notification du projet de fermeture prévue au premier alinéa de l'article L. 1233-57-12 est adressée, par tout moyen permettant de conférer une date certaine.

Sous-section 2. Recherche d'un repreneur

§ 1. Obligations à la charge de l'employeur

Art. L. 1233-57-14. L'employeur ayant informé le ***(Ord. 2017-1386 du 22 sept. 2017, art. 4, 20°, JO 23, entrée en vigueur au plus tard le 01.01.2018)*** « comité social et économique » du projet de fermeture d'un établissement recherche un repreneur. Il est tenu :

1° D'informer, par tout moyen approprié, des repreneurs potentiels de son intention de céder l'établissement ;

2° De réaliser sans délai un document de présentation de l'établissement destiné aux repreneurs potentiels ;

3° Le cas échéant, d'engager la réalisation du bilan environnemental mentionné à l'article L. 623-1 du code de commerce, ce bilan devant établir un diagnostic précis des pollutions dues à l'activité de l'établissement et présenter les solutions de dépollution envisageables ainsi que leur coût;

4° De donner accès à toutes informations nécessaires aux entreprises candidates à la reprise de l'établissement, exceptées les informations dont la communication serait de nature à porter atteinte aux intérêts de l'entreprise ou mettrait en péril la poursuite de l'ensemble de son activité. Les entreprises candidates à la reprise de l'établissement sont tenues à une obligation de confidentialité;

5° D'examiner les offres de reprise qu'il reçoit;

6° D'apporter une réponse motivée à chacune des offres de reprise reçues, dans les délais prévus à l'article L. 1233-30.

Note L'administration du travail précise que le processus de recherche d'un potentiel repreneur peut être initié en amont, dès que le projet de fermeture d'un établissement est sérieux et suffisamment avancé, dans le respect des prérogatives du CSE, afin de favoriser l'émergence d'une ou plusieurs offres sérieuses («Questions - Réponses» sur la rupture du contrat de travail, publié sur le site internet du ministère du Travail le 15 juillet 2020, question 42).

§ 2. Rôle du comité social et économique

Art. L. 1233-57-15. Le ***(Ord. 2017-1386 du 22 sept. 2017, art. 4, 20°, JO 23, entrée en vigueur au plus tard le 01.01.2018)*** «comité social et économique» est informé des offres de reprise formalisées, au plus tard huit jours après leur réception. Les informations qui lui sont communiquées à ce titre sont réputées confidentielles dans les conditions prévues à l'article L. 2325-5. Il peut émettre un avis, dans les délais prévus à l'article L. 1233-30, participer à la recherche d'un repreneur et formuler des propositions.

Art. L. 1233-57-16. Si le ***(Ord. 2017-1386 du 22 sept. 2017, art. 4, 20°, JO 23, entrée en vigueur au plus tard le 01.01.2018)*** «comité social et économique» souhaite participer à la recherche d'un repreneur, l'employeur lui donne accès, à sa demande, aux informations mentionnées aux 4° à 6° de l'article L. 1233-57-14.

Art. L. 1233-57-17. Le ***(Ord. 2017-1386 du 22 sept. 2017, art. 4, 20°, JO 23, entrée en vigueur au plus tard le 01.01.2018)*** «comité social et économique» peut recourir à l'assistance d'un expert de son choix rémunéré par l'entreprise.

Cet expert a pour mission d'analyser le processus de recherche d'un repreneur, sa méthodologie et son champ, d'apprécier les informations mises à la disposition des repreneurs potentiels, d'étudier les offres de reprise et d'apporter son concours à la recherche d'un repreneur par le ***(Ord. 2017-1386 du 22 sept. 2017, art. 4, 20°, JO 23, entrée en vigueur au plus tard le 01.01.2018)*** «comité social et économique» et à l'élaboration de projets de reprise.

L'expert présente son rapport dans les délais prévus à l'article L. 1233-30.

Lorsque le ***(Ord. 2017-1386 du 22 sept. 2017, art. 4, 20°, JO 23, entrée en vigueur au plus tard le 01.01.2018)*** «comité social et économique» recourt à l'assistance d'un expert, l'employeur en informe sans délai l'autorité administrative.

Art. L. 1233-57-18. Dans les entreprises dotées d'un comité ***(Ord. 2017-1386 du 22 sept. 2017, art. 4, 76°, JO 23, entrée en vigueur au plus tard le 01.01.2018)*** «social et économique» central d'entreprise, les comités ***(Ord. 2017-1386 du 22 sept. 2017, art. 4, 76°, JO 23, entrée en vigueur au plus tard le 01.01.2018)*** «sociaux et économiques» d'établissement exercent les attributions confiées au ***(Ord. 2017-1386 du 22 sept. 2017, art. 4, 20°, JO 23, entrée en vigueur au plus tard le 01.01.2018)*** «comité social et économique» en application des articles L. 1233-57-15 à L. 1233-57-17, L. 1233-57-19 et L. 1233-57-20, dans la limite des pouvoirs confiés aux chefs de ces établissements.

§ 3. Clôture de la période de recherche

Art. L. 1233-57-19. L'employeur consulte le ***(Ord. 2017-1386 du 22 sept. 2017, art. 4, 20°, JO 23, entrée en vigueur au plus tard le 01.01.2018)*** «comité social et économique» sur toute offre de reprise à laquelle il souhaite donner suite et indique les raisons qui le conduisent à accepter cette offre, notamment au regard de la capacité de l'auteur de l'offre à garantir la pérennité de l'activité et de l'emploi de l'établissement. Le ***(Ord. 2017-1386 du 22 sept. 2017, art. 4, 20°, JO 23, entrée en vigueur au plus tard le 01.01.2018)***

«comité social et économique» émet un avis sur cette offre dans un délai fixé en application de l'article L. 2323-3.

(L. 2016-1088 du 8 août 2016, art. 94, I, 3°, JO 9) «Lorsque la procédure est aménagée en application de l'article L. 1233-24-2 pour favoriser un projet de transfert d'une ou de plusieurs entités économiques mentionné à l'article L. 1233-61, l'employeur consulte le ***(Ord. 2017-1386 du 22 sept. 2017, art. 4, 20°, JO 23, entrée en vigueur au plus tard le 01.01.2018)*** «comité social et économique» sur l'offre de reprise dans le délai fixé par l'accord collectif mentionné à l'article L. 1233-24-2.»

Note Les dispositions du second alinéa de cet article sont applicables aux licenciements économiques engagés après le 9 août 2016; la procédure de licenciement est considérée comme engagée soit à compter de la date d'envoi de la convocation à l'entretien préalable mentionnée à l'article L. 1233-11, soit à compter de la date d'envoi de la convocation à la première réunion des représentants du personnel mentionnée à l'article L. 1233-30 (loi 2016-1088 précitée, art. 94, II).

Art. L. 1233-57-20. Avant la fin de la procédure d'information et de consultation prévue à l'article L. 1233-30, si aucune offre de reprise n'a été reçue ou si l'employeur n'a souhaité donner suite à aucune des offres, celui-ci réunit le ***(Ord. 2017-1386 du 22 sept. 2017, art. 4, 20°, JO 23, entrée en vigueur au plus tard le 01.01.2018)*** «comité social et économique» et lui présente un rapport, qui est communiqué à l'autorité administrative. Ce rapport indique:

1° Les actions engagées pour rechercher un repreneur;

2° Les offres de reprise qui ont été reçues ainsi que leurs caractéristiques;

3° Les motifs qui l'ont conduit, le cas échéant, à refuser la cession de l'établissement.

Art. L. 1233-57-21. Les actions engagées par l'employeur au titre de l'obligation de recherche d'un repreneur sont prises en compte dans la convention de revitalisation conclue entre l'entreprise et l'autorité administrative en application des articles L. 1233-84 à L. 1233-90.

(L. 2014-856 du 31 juillet 2014, art. 22, JO 1er août) «Eu égard à la capacité de l'employeur à éviter les licenciements ou à en limiter le nombre par la cession de l'établissement concerné par le projet de fermeture, attestée par les rapports mentionnés aux articles L. 1233-57-17 et L. 1233-57-20, l'autorité administrative peut demander le remboursement des aides pécuniaires en matière d'installation, de développement économique, de recherche ou d'emploi attribuées par une personne publique à l'entreprise, au titre de l'établissement concerné par le projet de fermeture, au cours des deux années précédant la réunion prévue au I de l'article L. 1233-30 et après l'entrée en vigueur de la loi n° 2014-856 du 31 juillet 2014 relative à l'économie sociale et solidaire.»

Note L'autorité administrative visée à cet article est le préfet du département dans lequel l'établissement a son siège (art. R. 1233-15-1).

Art. R. 1233-15-2. ***(D. 2015-1378 du 30 oct. 2015, JO 31)*** Au regard des rapports mentionnés aux articles L. 1233-57-17 et L. 1233-57-20, le préfet du département dans lequel l'établissement a son siège, après avoir recueilli les observations de l'entreprise, s'il décide de demander le remboursement des aides publiques mentionné au deuxième alinéa de l'article L. 1233-57-21, notifie sa décision dans un délai d'un mois maximum à compter de sa décision de validation ou d'homologation mentionnées respectivement aux articles L. 1233-57-2 et L. 1233-57-3.

Il adresse une copie de sa décision aux personnes publiques chargées du recouvrement.

Sous-section 3. Dispositions d'application

Art. L. 1233-57-22. Un décret en Conseil d'État détermine les modalités d'application de la présente section.

SECTION 5. Licenciement économique dans le cadre d'une sauvegarde, d'un redressement ou d'une liquidation judiciaire

Note • Les dispositions de cette section, dans leur rédaction issue de la loi 2013-504 du 14 juin 2013 (JO 16), sont applicables aux procédures de licenciement collectif engagées depuis le 1er juillet 2013, sachant qu'une procédure de licenciement collectif est réputée engagée à compter de la date d'envoi de la convocation à la première réunion des représentants du personnel mentionnée à l'article L. 1233-30 (loi précitée, art. 18, XXXIII).

• Sur la procédure de licenciement économique collectif donnant lieu à un plan de sauvegarde de l'emploi dans les entreprises en sauvegarde, redressement ou liquidation judiciaire, voir instruction DGEFP/DGT 2013/13 du 19 juillet 2013, fiche 4.

Voir aussi L. Driguez, «Licenciements économiques et procédures collectives: une nouvelle articulation gage de sécurisation ?», Dr. Soc. 2013, p. 995; V. Ilieva, «De l'autorité de la chose jugée au commercial sur le social - À propos du contrôle juridictionnel des licenciements pour motif économique dans l'entreprise en difficulté», RDT, octobre 2019, ET, 618.

Art. L. 1233-58. ***(L. 2013-504 du 14 juin 2013, art. 18, XX, JO 16)*** « I. –» En cas de redressement ou de liquidation judiciaire, l'employeur, l'administrateur ou le liquidateur, selon le cas, qui envisage des licenciements économiques, ***(L. 2013-504 du 14 juin 2013, art. 18, XX, JO 16)*** «met en œuvre un plan de licenciement dans les conditions prévues aux articles L. 1233-24-1 à L. 1233-24-4.»

(L. 2013-504 du 14 juin 2013, art. 18, XX, JO 16) «L'employeur, l'administrateur ou le liquidateur, selon le cas, réunit et consulte le ***(Ord. 2017-1386 du 22 sept. 2017, art. 4, 22°, JO 23, entrée en vigueur au plus tard le 01.01.2018)*** «comité social et économique» dans les conditions prévues à l'article ***(L. 2015-994 du 17 août 2015, art. 18, XIV, 2°, JO 18, entrée en vigueur le 01.01.2016)*** « L. 2323-31» ainsi qu'aux articles:»

1° L. 1233-8, pour un licenciement collectif de moins de dix salariés;

2° L. 1233-29, premier alinéa, pour un licenciement ***(L. 2012-387 du 22 mars 2012, art. 43, 2°, JO 23)*** «d'au moins dix salariés» dans une entreprise de moins de cinquante salariés;

3° L. 1233-30, ***(L. 2013-504 du 14 juin 2013, art. 18, XX, JO 16)*** «I à l'exception du dernier alinéa, et ***(Ord. 2017-1718 du 20 déc. 2017, art. 1er, I, 15°, JO 21)*** «dernier alinéa» du II», pour un licenciement ***(L. 2012-387 du 22 mars 2012, art. 43, 2°, JO 23)*** «d'au moins dix salariés» dans une entreprise ***(L. 2012-387 du 22 mars 2012, art. 43, 9°, JO 23)*** «d'au moins cinquante salariés»;

(Ord. 2014-326 du 12 mars 2014, art. 110, JO 14, entrée en vigueur le 01.07.2014) «4° L. 1233-34 et L. 1233-35 premier alinéa et, le cas échéant, ***(Ord. 2014-699 du 26 juin 2014, art. 20, JO 27)*** « L. 2325-35 et L. 4614-12-1» du code du travail relatifs au recours à l'expert»;

(Ord. 2014-326 du 12 mars 2014, art. 110, JO 14, entrée en vigueur le 01.07.2014) «5°» L. 1233-31 à L. 1233-33, L. 1233-48 et L. 1233-63, relatifs à la nature des renseignements et au contenu des mesures sociales adressés aux représentants du personnel et à l'autorité administrative;

(Ord. 2014-326 du 12 mars 2014, art. 110, JO 14, entrée en vigueur le 01.07.2014) «6°» L. 1233-49, L. 1233-61 et L. 1233-62, relatifs au plan de sauvegarde de l'emploi;

(Ord. 2014-326 du 12 mars 2014, art. 110, JO 14, entrée en vigueur le 01.07.2014) «7°» ***(L. 2013-504 du 14 juin 2013, art. 18, XX, JO 16)*** « L. 1233-57-5 et L. 1233-57-6, pour un licenciement d'au moins dix salariés dans une entreprise d'au moins cinquante salariés.

II. – Pour un licenciement d'au moins dix salariés dans une entreprise d'au moins cinquante salariés, l'accord mentionné à l'article L. 1233-24-1 est validé et le document mentionné à l'article L. 1233-24-4, élaboré par l'employeur, l'administrateur ou le liquidateur, est homologué dans les conditions fixées aux articles L. 1233-57-1 à L. 1233-57-3, aux deuxième et troisième alinéas de l'article L. 1233-57-4 et à l'article L. 1233-57-7.

(L. 2015-990 du 6 août 2015, art. 291, JO 7) «Par dérogation au 1° de l'article L. 1233-57-3, sans préjudice de la recherche, selon le cas, par l'administrateur, le liquidateur ou l'employeur, en cas de redressement ou de liquidation judiciaire, des moyens du groupe auquel l'employeur appartient pour l'établissement du plan de sauvegarde de l'emploi, l'autorité administrative homologue le plan de sauvegarde de l'emploi après s'être assurée du respect par celui-ci des articles L. 1233-61 à L. 1233-63 au regard des moyens dont dispose l'entreprise.»

(Ord. 2014-326 du 12 mars 2014, art. 110, JO 14, entrée en vigueur le 01.07.2014) «À titre exceptionnel, au vu des circonstances et des motifs justifiant le défaut d'établissement du procès-verbal de carence mentionné à l'article L. 2324-8, l'autorité administrative peut prendre une décision d'homologation.»

Les délais prévus au premier alinéa de l'article L. 1233-57-4 sont ramenés, à compter de la dernière réunion du ***(Ord. 2017-1386 du 22 sept. 2017, art. 4, 22°, JO 23, entrée en vigueur au plus tard le 01.01.2018)*** «comité social et économique», à huit jours en cas de redressement judiciaire et à quatre jours en cas de liquidation judiciaire.

L'employeur, l'administrateur ou le liquidateur ne peut procéder, sous peine d'irrégularité, à la rupture des contrats de travail avant la notification de la décision favorable de validation ou d'homologation, ou l'expiration des délais mentionnés au ***(L. 2015-990 du 6 août 2015, art. 291, JO 7)*** «quatrième» alinéa du présent II.

En cas de décision défavorable de validation ou d'homologation, l'employeur, l'administrateur ou le liquidateur consulte le ***(Ord. 2017-1386 du 22 sept. 2017, art. 4, 22°, JO 23,***

entrée en vigueur au plus tard le 01.01.2018) «comité social et économique» dans un délai de trois jours. Selon le cas, le document modifié et l'avis du ***(Ord. 2017-1386 du 22 sept. 2017, art. 4, 22°, JO 23, entrée en vigueur au plus tard le 01.01.2018)*** «comité social et économique» ou un avenant à l'accord collectif sont transmis à l'autorité administrative, qui se prononce dans un délai de trois jours.

En cas de licenciements intervenus en l'absence de toute décision relative à la validation ou à l'homologation ou en cas d'annulation d'une décision ayant procédé à la validation ou à l'homologation, le juge octroie au salarié une indemnité à la charge de l'employeur qui ne peut être inférieure aux salaires des six derniers mois. L'article L. 1235-16 ne s'applique pas.

(L. 2015-990 du 6 août 2015, art. 291, JO 7) «En cas d'annulation d'une décision de validation mentionnée à l'article L. 1233-57-2 ou d'homologation mentionnée à l'article L. 1233-57-3 en raison d'une insuffisance de motivation, l'autorité administrative prend une nouvelle décision suffisamment motivée, dans un délai de quinze jours à compter de la notification du jugement à l'administration. Cette décision est portée par l'employeur à la connaissance des salariés licenciés à la suite de la première décision de validation ou d'homologation, par tout moyen permettant de conférer une date certaine à cette information.

Dès lors que l'autorité administrative a édicté cette nouvelle décision, l'annulation pour le seul motif d'insuffisance de motivation de la première décision de l'autorité administrative est sans incidence sur la validité du licenciement et ne donne pas lieu au versement d'une indemnité à la charge de l'employeur.»

III. – En cas de licenciement d'au moins dix salariés dans une entreprise d'au moins cinquante salariés prévu par le plan de sauvegarde arrêté conformément à l'article L. 626-10 du code de commerce, les délais prévus au premier alinéa de l'article L. 1233-57-4 du présent code sont ramenés, à huit jours.

(Ord. 2014-326 du 12 mars 2014, art. 110, JO 14, entrée en vigueur le 01.07.2014) «Ils courent à compter de la date de réception de la demande de validation ou d'homologation qui est postérieure au jugement arrêtant le plan.» Lorsque l'autorité administrative rend une décision de refus de validation ou d'homologation, l'employeur consulte le ***(Ord. 2017-1386 du 22 sept. 2017, art. 4, 22°, JO 23, entrée en vigueur au plus tard le 01.01.2018)*** «comité social et économique» dans un délai de trois jours. Selon le cas, le document modifié et l'avis du ***(Ord. 2017-1386 du 22 sept. 2017, art. 4, 22°, JO 23, entrée en vigueur au plus tard le 01.01.2018)*** «comité social et économique», ou un avenant à l'accord collectif, sont transmis à l'autorité administrative, qui se prononce dans un délai de trois jours.»

Note • Les dispositions de cet article, dans sa rédaction issue de l'ordonnance 2014-326 précitée, ne sont pas applicables aux procédures collectives en cours au 01.07.2014 (ordonnance précitée, art. 116).

• Les dispositions de cet article, dans sa rédaction issue de la loi 2015-990 précitée, sont applicables aux procédures de licenciement pour motif économique engagées, en application des articles L. 1233-8 ou L. 1233-30, après le 7 août 2015 (loi précitée, art. 295).

• Voir article D. 1233-14 rapporté sous l'article L. 1233-57-1.

• Voir aussi L. Fin-Langer, «Le contentieux social des entreprises en difficulté: bilan 2018», JCP éd. S 2019, 1121; H. Nasom-Tissandier, «L'attraction progressive du droit des entreprises en difficulté sur le droit du travail: constat et enjeux», RDT, mai 2019, ET, 320.

• *Covid-19.* Voir RF 30 avril 2020, FH 3840, 5-1 à 5-5.

• **Cause réelle et sérieuse.** Sur le contrôle de la cause réelle et sérieuse du licenciement pour motif économique prononcé dans le cadre d'une liquidation judiciaire, voir note sous article L. 1233-3, rubrique «Fermeture de l'entreprise».

• **Liquidation judiciaire avec poursuite provisoire d'activité et procédure de licenciement.** Il résulte des articles L. 641-10 et L. 641-4 c. com. que, si lorsque le tribunal de commerce décide de la poursuite provisoire de l'activité d'une entreprise dans le cadre d'une procédure de liquidation judiciaire, le liquidateur judiciaire ne peut procéder à des licenciements pour motif économique qu'après autorisation du juge-commissaire, cette autorisation n'est pas requise lorsque les licenciements sont prononcés après la fin de la période de maintien d'activité (CE 13 février 2019, n° 404556, JCP éd. S 2019, 1122, note Y. Pagnerre; RJS 4/19 n° 213; JSL n° 473, 08.04.2019, pp. 13 et s., J-B Cottin).

• **Procédure de licenciement pendant la période d'observation.** Lorsqu'une entreprise est placée en période d'observation dans le cadre d'une procédure de redressement judiciaire, l'administrateur judiciaire, qui ne peut procéder à des licenciements pour motif économique qu'après autorisation du juge-commissaire, doit, si ces licenciements concernent au moins dix salariés dans une entreprise d'au moins cinquante salariés, obtenir de l'autorité administrative, préalablement à la saisine du juge-commissaire, l'homologation ou la validation d'un plan de sauvegarde de l'emploi ; en l'absence d'accord collectif fixant le contenu de ce plan ou en cas d'accord ne portant pas sur l'ensemble des points mentionnés aux 1° à 5° de l'article L. 1233-24-2 CT, il appartient à l'administration, lorsqu'elle est saisie, y compris au cours d'une période d'observation d'une entreprise en redressement judiciaire, d'une demande d'homologation d'un document qui fixe les catégories professionnelles, de se prononcer, sous le contrôle du juge administratif, sur la légalité de ces catégories professionnelles (CE 22 mai 2019, n° 407401, RJS 7/19 n° 427 et p. 519, concl. S-J Lieber).

• **Contrôle des mesures prévues par le plan de sauvegarde de l'emploi.** Lorsqu'elle est saisie d'une demande d'homologation d'un document unilatéral fixant le contenu d'un plan de sauvegarde de l'emploi dans une entreprise en liquidation judiciaire, l'administration doit, en application des dispositions de l'article L. 1233-58 CT dans leur rédaction applicable aux procédures de licenciement pour motif économique engagées à compter du 8 août 2015, apprécier si les mesures contenues dans le plan sont précises et concrètes et si, à raison, pour chacune, de sa contribution aux objectifs de maintien dans l'emploi et de reclassement des salariés, elles sont, prises dans leur ensemble, propres à satisfaire à ces objectifs compte tenu des moyens dont dispose l'entreprise. Ainsi, une cour administrative d'appel a pu estimer que, compte tenu des moyens très limités de la société, placée en liquidation judiciaire, les mesures prévues par le plan de sauvegarde de l'emploi, qui comportaient des dispositifs spécifiques au bénéfice des salariés âgés de plus de 50 ans et des salariés handicapés, des mesures d'aide au déménagement, à la création ou à la reprise d'activité, des prises en charge de frais de formation et de déplacement et représentaient une somme d'environ 1 000 euros par salarié, pouvaient être, alors même qu'elles ne comportaient aucun poste de reclassement, légalement regardées par l'administration comme étant, prises dans leur ensemble, propres à satisfaire aux objectifs mentionnés par les articles L. 1233-61 à L. 1233-63 CT (CE 13 février 2019, n° 404556, précité).

Voir aussi note sous article L. 1233-57-3.

• **Office du juge administratif en cas de recours contre une décision d'homologation ou de validation d'un plan de sauvegarde de l'emploi invoquant plusieurs motifs d'annulation.** Le juge administratif, saisi d'une requête dirigée contre une décision d'homologation ou de validation d'un plan de sauvegarde de l'emploi d'une entreprise en redressement ou liquidation judiciaire, n'est pas tenu de se prononcer, s'il est soulevé devant lui, sur le moyen tiré de l'absence ou de l'insuffisance du plan, si cette requête soulève un autre moyen de nature à justifier l'annulation de la décision attaquée ; d'autre part, il appartient dans ce cas au juge de cassation, si l'un des moyens reconnus comme fondés par cette décision en justifie légalement le dispositif d'annulation, de rejeter le pourvoi ; toutefois, en raison de l'autorité de chose jugée qui s'attache aux motifs constituant le soutien nécessaire d'un dispositif d'annulation en excès de pouvoir, le juge de cassation ne saurait, sauf à méconnaître son office, prononcer ce rejet sans avoir, au préalable, censuré celui ou ceux de ces motifs qui seraient erronés (CE 15 mars 2017, n° 387728, Rec. Lebon, p. 92 ; LSQ n° 17303 du 7.04.2017 ; JCP éd. S 2017, 1173, note P. Morvan ; JSL n° 431, 16.05.2017, pp. 9 et s., M. Hautefort).

• **Indemnisation des salariés licenciés en cas d'annulation de la décision de validation ou d'homologation du plan de sauvegarde de l'emploi.** Dans un arrêt rendu dans le *cadre législatif antérieur à la loi 2015-990 du 6 août 2015*, la Cour de cassation a approuvé une cour d'appel d'avoir jugé, d'une part, qu'il se déduisait de l'article L. 1233-58, II CT, dans sa rédaction issue de la loi 2013-504 du 14 juin 2013, que l'indemnité au moins égale aux salaires des six derniers mois était due quel que soit le motif d'annulation de la décision ayant procédé à la validation ou à l'homologation et, d'autre part, en l'absence de disposition expresse contraire, qu'elle se cumulait avec l'indemnité de licenciement (cass. soc. 19 décembre 2018, n° 17-26.132, à paraître, LSQ n° 17739 du 23.01.2019 ; JCP éd. S 2019, 1030, note L. Fin-Langer ; RJS 3/19 n° 156). Il en résulte que l'annulation de la décision administrative ayant procédé à la validation ou à l'homologation du plan de sauvegarde de l'emploi ne prive pas les licenciements économiques intervenus à la suite de cette décision de cause réelle et sérieuse ; la demande des salariés en paiement d'une indemnité compensatrice de préavis et congés payés afférents fondée sur l'absence de cause réelle et sérieuse de la rupture de leur contrat de travail, intervenue à la suite de leur acceptation d'un contrat de sécurisation professionnelle, ne peut donc pas être accueillie (cass. soc. 25 mars 2020, n° 18-23.692, à paraître, RJS 6/20 n° 288 ; JSL n° 499, 08.06.2020, p. 28, D. J.-P. ; JCP éd. S 2020, 2056, note L. Fin-Langer).

À noter que l'action du salarié tendant à bénéficier de l'indemnisation prévue à l'article L. 1233-58, II CT est soumise au délai de prescription de douze mois prévu par l'article L. 1235-7 CT, qui court à compter de la notification du licenciement (cass. soc. 8 juillet 2020, n° 18-25.352, à paraître, RJS 10/20 n° 460 ; JSL n° 505, 12.10.2020, p. 23, M. H. ; voir note sous article L. 1235-7).

• **Lettre de licenciement et proposition de CSP.** Lorsque l'administrateur judiciaire procède au licenciement d'un salarié en application de l'ordonnance du juge-commissaire autorisant des licenciements économiques présentant un caractère urgent, inévitable et indispensable et fixant le nombre des licenciements ainsi que les activités et les catégories professionnelles concernées, la lettre de licenciement doit comporter le visa de cette ordonnance, à défaut de quoi le licenciement est réputé sans cause réelle et sérieuse; il en est de même, en cas de rupture du contrat de travail résultant de l'acceptation par le salarié d'un contrat de sécurisation professionnelle, du document d'information écrit remis au salarié par l'administrateur antérieurement à son acceptation (cass. soc. 27 mai 2020, n° 18-20.153, à paraître, JSL n° 502, 24.07.2020, p. 4, J-Ph. Lhernould).

Jurisprudence rendue dans le cadre législatif antérieur à la loi du 14 juin 2013

• L'administrateur qui ne procède pas à une véritable consultation du comité d'entreprise avant de procéder à des licenciements pendant la période d'observation engage sa responsabilité (cass. crim. 28 novembre 1995, n° 93-85.808, B. crim. n° 361; CSB 1996 A. 22).

Conformément aux dispositions de l'article L. 2325-35 CT, le comité d'entreprise peut se faire assister d'un expert-comptable et dispose, pour émettre son avis, d'un délai d'examen suffisant (cass. soc. 7 juillet 1998, n° 96-21.205, BC V n° 371).

Doit être cassé l'arrêt ayant déclaré recevables les constitutions de partie civile de salariés licenciés fondées sur le défaut de consultation du comité d'entreprise sur deux offres de reprise partielle, le défaut de réunion et de consultation du comité n'étant pas susceptible d'entraîner un préjudice personnel et direct pour les salariés de l'entreprise (cass. crim. 3 décembre 1996, n° 95-84.647, B. crim. n° 441; RJS 5/97 n° 563). Sur l'indemnisation du préjudice causé à chaque salarié par la consultation d'un comité irrégulièrement composé, voir cass. soc. 3 mars 1998, n° 95-45.201, cité *infra*.

• Lorsque l'ordonnance du juge-commissaire autorisant des licenciements est devenue définitive, le caractère économique du motif de licenciement ne peut plus être contesté (cass. soc. 9 juillet 1996, n° 93-41.877, BC V n° 268; RJS 8-9/96 n° 912; 5 mai 1998, n° 95-40.171, BC V n° 217; RJS 6/98 n° 713; 26 juin 2001, n° 99-43.078, RJS 11/01 n° 1277), sauf lorsque le salarié prouve que cette autorisation résulte d'une fraude (cass. soc. 4 juillet 2018, n° 16-27.922, à paraître, JSL n° 459, 14.09.2018, p. 24; RJS 10/18 n° 603; LS Jurispr. n° 130 du 17.07.2018; JCP éd. S 2018, 1321, note L. Fin-Langer). En cas d'ordonnance du juge-commissaire fixant le nombre des salariés dont le licenciement est autorisé, les activités et les catégories professionnelles concernées, le conseil de prud'hommes demeure compétent pour statuer, dans le cadre de cette ordonnance et au regard de la situation individuelle des salariés licenciés, sur les demandes formées par ces derniers contre leur employeur (cass. soc. 3 octobre 1989, n° 88-42.835, BC V n° 559; 6 mars 1990, n° 89-40.028, BC V n° 92; 3 mars 1998, n° 95-45.201, BC V n° 112; RJS 4/98 n° 439). Il appartient au juge prud'homal de rechercher si l'employeur a respecté son obligation de reclassement (cass. soc. 12 janvier 1999, n° 96-41.756, BC V n° 11; RJS 2/99 n° 186; 8 juin 1999, n° 96-44.811, BC V n° 268; RJS 7/99 n° 908; 28 avril 2000, n° 98-40.282, CSB 2000 S. 332).

L'ordonnance du juge-commissaire n'a pas à dresser la liste nominative des salariés licenciés qu'il appartient à l'administrateur judiciaire de désigner, sous le contrôle du juge prud'homal; la liste nominative établie par le juge-commissaire est dépourvue d'effet (cass. soc. 27 octobre 1998, n° 95-42.220, BC V n° 452; RJS 1/99 n° 25; 16 mars 1999, n° 96-44.843, BC V n° 116; RJS 5/99 n° 650; 14 décembre 1999, n° 98-41.520, BC V n° 483; RJS 4/00 n° 379; 5 octobre 2004, n° 02-42.111, RJS 12/04 n° 1269). Si la procédure d'entretien préalable peut être engagée avant la décision d'autorisation du juge-commissaire, la notification du licenciement avant celle-ci est prématurée et appelle réparation (cass. soc. 18 juin 1997, n° 96-40.273, RJS 8-9/97 n° 964, 1re espèce et 18 juin 1997, n° 96-40.279, BC V n° 226; RJS 8-9/97 n° 964, 2e espèce; 18 juillet 2000, n° 98-42.929, RJS 11/00 n° 1072).

• L'énonciation précise du motif économique s'impose même lorsque les licenciements sont prononcés à la suite d'un jugement de redressement judiciaire (cass. soc. 18 novembre 1998, n° 96-42.378, BC V n° 500; RJS 1/99 n° 26; 12 janvier 1999, n° 96-43.354, RJS 4/99 n° 491). L'ouverture du redressement judiciaire n'est pas une cause de rupture des contrats de travail (cass. soc. 5 octobre 1999, n° 96-40.746, BC V n° 367; RJS 11/99 n° 1359) et le prononcé de la liquidation judiciaire n'entraîne pas, en soi, leur rupture (cass. soc. 3 avril 2001, n° 99-41.537, RJS 6/01 n° 744). La lettre de licenciement adressée aux salariés d'une entreprise en redressement judiciaire ne peut se borner à faire état d'une cause économique, mais doit se référer, selon le cas, soit à l'ordonnance du juge-commissaire ayant autorisé l'administrateur à procéder à des licenciements pour motif économique qui présentent un caractère urgent, inévitable et indispensable, pendant la période d'observation (cass. ass. plén. 24 janvier 2003, n° 00-41.741, BC n° 1; RJS 4/03 n° 435; 19 mars 2003, n° 01-44.376, BC V n° 104; CSB 2003 S. 275), soit au jugement qui, arrêtant le plan de cession, prévoit des licenciements (cass. soc. 16 décembre 2003, n° 01-45.803, RJS 2/04 n° 194; 11 octobre 2005, n° 04-41.956, RJS 12/05 n° 1191). La lettre se bornant à renvoyer à un jugement qui ne prévoyait aucun licenciement économique ne caractérise pas un motif suffisamment précis (cass. soc. 29 mai 2002, n° 00-41.965, RJS 8-9/02 n° 958; 10 juillet 2002, n° 00-42.340, BC V n° 242; RJS 11/02 n° 1220). En revanche, la lettre de licenciement émanant de l'administrateur est suffisamment motivée dès lors qu'elle vise l'ordonnance du juge-commissaire autorisant les licenciements (cass. soc. 5 mai 1998, n° 95-40.171, précité; 9 février 1999, n° 97-41.422, RJS 4/99 n° 492). Il en est de même de la lettre de licenciement émanant du mandataire judiciaire liquidateur dès lors qu'elle vise le jugement de liquidation en application duquel il est procédé au licenciement (cass. soc. 2 mars 2004, n° 02-41.932, BC V n° 67; RJS 5/04 n° 530; 8 juin 2005, n° 04-41.596 et 14 juin 2005, n° 04-40.647, RJS 8-9/05 n° 824).

• Une proposition de modification des contrats de travail faite par l'administrateur judiciaire est soumise aux dispositions de l'article L. 1222-6 CT et ne peut renvoyer à une réponse des salariés sous huit jours (cass. soc. 28 novembre 2000, n° 98-42.852, BC V n° 393; RJS 2/01 n° 169).

• Les licenciements prévus par le plan de redressement arrêté par le tribunal de commerce, conformément à l'article 63 de la loi du 25 janvier 1985, sont opposables à tous (cass. soc. 23 juin 1993, n° 91-40.730, RJS 8-9/93 n° 861; 4 juillet 2006, n° 04-43.976, RJS 10/06 n° 1050). Le tribunal qui prononce la résolution du plan de cession peut limiter les effets de cette résolution; il peut maintenir les actes passés par les administrateurs judiciaires en exécution du jugement arrêtant le plan. Dès lors, la validité des licenciements économiques ne peut être contestée (cass. soc. 9 juillet 2008, n° 06-40.945, BC V n° 156; RJS 10/08 n° 974). Le plan ne peut toutefois prévoir le licenciement de tous les salariés et la reprise ultérieure de certains d'entre eux par le cessionnaire, les contrats de travail subsistant, pour ces derniers, par le seul effet de la loi (cass. soc. 30 juin 1992, n° 90-44.057, BC V n° 427; RJS 8-9/92 n° 964, 1re espèce; 1er décembre 1993, n° 92-40.821, CSB 1994 S. 30). Le jugement arrêtant le plan de cession partielle doit indiquer le nombre des licenciements autorisés ainsi que les activités et catégories professionnelles concernées (cass. soc. 10 juillet 2001, n° 99-44.466, BC V n° 254; RJS 10/01 n° 1118; 1er octobre 2003, n° 02-10.013, RJS 12/03 n° 1369). À défaut, les licenciements prononcés sont dépourvus de cause réelle et sérieuse (cass. soc. 11 octobre 2005, n° 03-43.097, RJS 12/05 n° 1190; 12 juin 2007, n° 05-45.669, RJS 8-9/07 n° 935). Lorsque le plan de cession approuvé par le tribunal de commerce autorise un certain nombre de licenciements pour motif économique, seuls ces licenciements peuvent être prononcés (cass. soc. 3 février 1998, n° 95-44.921, BC V n° 58; RJS 3/98 n° 294; 20 juin 2002, n° 00-42.506, RJS 10/02 n° 1102). L'inobservation du délai imparti à l'administrateur judiciaire pour notifier les licenciements prévus dans le jugement qui arrête le plan de cession constitue une irrégularité de forme et n'a pas pour conséquence de priver d'effet l'autorisation de licenciement contenue dans le jugement et d'entacher les licenciements de nullité (cass. soc. 12 juillet 2005, n° 03-43.680, RJS 10/05 n° 968; 21 septembre 2005, n° 04-40.529, BC V n° 267; RJS 11/05 n° 1096).

Pas plus que la cession globale des unités de production (cass. soc. 3 avril 2001, 2 arrêts, n° 98-44.778, BC V n° 113 et n° 99-40.841, BC V n° 119; RJS 6/01 n° 725), la décision du juge-commissaire d'autoriser la cession d'éléments d'actif n'est de nature à faire échec aux dispositions de l'article L. 1224-1 CT (cass. soc. 20 janvier 1998, n° 95-40.812, BC V n° 16; RJS 3/98 n° 280; 31 mars 1998, n° 92-41.395, BC V n° 181; 21 octobre 1998, n° 96-42.116, BC V n° 440; RJS 12/98 n° 1451; 24 octobre 2006, n° 04-45.673, BC V n° 316; RJS 2/07 n° 195) et ne peut prévoir le licenciement des salariés non repris (cass. soc. 27 novembre 2001, n° 99-43.380, BC V n° 358; RJS 3/02 n° 290). Sur une situation de fraude caractérisée, les salariées licenciées ayant été immédiatement remplacées dans leurs emplois, voir cass. soc. 2 juin 2004, n° 02-47.257, RJS 8-9/04 n° 899; 8 décembre 2004, n° 02-44.080, RJS 2/05 n° 142. Le liquidateur qui notifie un licenciement privé d'effet, étant intervenu en méconnaissance de l'article L. 1224-1 CT, engage sa responsabilité à l'égard du cessionnaire, tenu de poursuivre l'exécution du contrat de travail (cass. soc. 24 février 2004, n° 01-11.446, CSB 2004 A. 36). Mais, lorsque le cessionnaire est à l'origine de la rupture des contrats de travail, il doit garantir la société cédante des indemnités mises à sa charge en réparation de préjudices résultant de licenciements dépourvus d'effets (cass. soc. 4 juillet 2006, n° 04-45.466, RJS 10/06 n° 1029, 2e espèce). La clause de cession d'une entité économique autonome qui ne prévoit que la reprise d'une partie des salariés, contraire aux dispositions d'ordre public de l'article L. 1224-1, doit être réputée non écrite, sans qu'en soit affectée entre les parties la validité de la convention de cession (cass. ch. mixte, 7 juillet 2006, n° 04-14.788, BC n° 5; RJS 10/06 n° 1029; Dr. Soc. 2006, p. 1064, obs. A. Mazeaud). Voir chron. P. Bailly, RJS 2/07, p. 115.

Il appartient au juge prud'homal de rechercher si l'administrateur judiciaire a satisfait à l'obligation de reclassement (cass. soc. 10 mai 1999, n° 96-44.647, BC V n° 204; RJS 6/99 n° 804; 20 octobre 1999, n° 97-43.539, CSB 2000 S. 38). Dans le même sens, pour le mandataire liquidateur: cass. soc. 10 mai 1999, n° 97-40.060, BC V n° 203; RJS 6/99 n° 802 et 18 novembre 2003, n° 01-44.671, RJS 1/04 n° 18; CE 3 mai 2006, n° 277079, RJS 7/06 n° 866.

Le juge prud'homal demeure compétent pour vérifier le respect par l'employeur des critères définis pour fixer l'ordre des licenciements (cass. soc. 8 avril 1992, n° 89-43.288, BC V n° 260; 27 novembre 2001, n° 99-43.380, précité; 15 mai 2002, n° 99-45.990, RJS 7/02 n° 796; 16 septembre 2020, n° 19-14.078). L'ordre des licenciements n'est pas respecté lorsque le seul critère retenu a été le refus d'acceptation de la modification des conditions de rémunération exigée par le cessionnaire (cass. soc. 6 juillet 1999, n° 97-40.055, BC V n° 329; RJS 10/99 n° 1241). Voir note sous l'article L. 1233-5.

• **Plan de sauvegarde de l'emploi.** Si la nullité des licenciements n'est pas légalement encourue à l'occasion d'une procédure de redressement ou de liquidation judiciaire, l'insuffisance du plan social au regard des exigences des articles L. 1233-61 et s. CT prive de cause réelle et sérieuse les licenciements économiques ensuite prononcés (cass. soc. 2 février 2006, n° 05-40.037, BC V n° 58; RJS 4/06 n° 412, 1re espèce; chron. Ch. et J-Y Frouin précitée, p. 251; CSB 2006 A. 36; 13 juin 2006, n° 04-44.733, RJS 8-9/06 n° 938).

Art. R. 1233-7. ***(D. 2013-554 du 27 juin 2013, JO 28)*** En cas de procédure de sauvegarde, l'employeur ou l'administrateur transmet une copie du jugement mentionné à l'article L. 626-11 du code de commerce au ***(D. 2020-1545 du 9 déc. 2020, JO 10, entrée en vigueur le 01.04.2021)*** «directeur régional de l'économie, de l'emploi, du travail et des solidarités».

En cas de redressement ou de liquidation judiciaire, l'employeur, l'administrateur ou le liquidateur transmet une copie du jugement de redressement ou de liquidation judiciaire au ***(D. 2020-1545 du 9 déc. 2020, JO 10, entrée en vigueur le 01.04.2021)*** «directeur régional de l'économie, de l'emploi, du travail et des solidarités».

Note • Cet article est applicable aux procédures de licenciement collectif engagées depuis le 01.07.2013.
• Sur la dématérialisation de la procédure, voir note sous article D. 1233-3.

Art. L. 1233-59. Les délais prévus à l'article L. 1233-15 pour l'envoi des lettres de licenciement prononcé pour un motif économique ne sont pas applicables en cas de redressement ou de liquidation judiciaire.

Un décret en Conseil d'État détermine les modalités d'application du présent article.

Note L'administration préconise le respect d'un délai de deux jours ouvrables prévu par l'article L. 122-14-1 ancien CT (instruction DGEFP/DGT 2013/13 du 19 juillet 2013, fiche 4).

Art. L. 1233-60. En cas de redressement ou de liquidation judiciaire, l'employeur, l'administrateur ou le liquidateur, selon le cas, informe l'autorité administrative avant de procéder à des licenciements pour motif économique, dans les conditions prévues aux articles L. 631-17, L. 631-19 (II), L. 641-4, dernier alinéa, L. 641-10, troisième alinéa, et L. 642-5 du code de commerce.

Art. L. 1233-60-1. ***(Ord. 2014-326 du 12 mars 2014, art. 111, JO 14, entrée en vigueur le 01.07.2014)*** En cas de redressement judiciaire ou de liquidation judiciaire, lorsque l'employeur envisage la modification d'un élément essentiel du contrat de travail pour l'un des motifs économiques énoncés à l'article L. 1233-3, il en fait la proposition au salarié par lettre recommandée avec avis de réception.

La lettre de notification informe le salarié qu'il dispose d'un délai de quinze jours à compter de sa réception pour faire connaître son refus.

À défaut de réponse dans ce délai, le salarié est réputé avoir accepté la modification proposée.

Note Cet article n'est pas applicable aux procédures collectives en cours au 01.07.2014 (ordonnance 2014-326 précitée, art. 116).

SECTION 6. Accompagnement social et territorial des procédures de licenciement

Sous-section 1. Plan de sauvegarde de l'emploi

Art. L. 1233-61. Dans les entreprises ***(L. 2012-387 du 22 mars 2012, art. 43, 9°, JO 23)*** «d'au moins cinquante salariés», lorsque le projet de licenciement concerne ***(L. 2012-387 du 22 mars 2012, art. 43, 1°, JO 23)*** «au moins dix salariés» dans une même période de trente jours, l'employeur établit et met en œuvre un plan de sauvegarde de l'emploi pour éviter les licenciements ou en limiter le nombre.

Ce plan intègre un plan de reclassement visant à faciliter le reclassement ***(Ord. 2017-1718 du 20 déc. 2017, art. 1er, I, 16°, JO 21)*** «sur le territoire national» des salariés dont le licenciement ne pourrait être évité, notamment celui des salariés âgés ou présentant des caractéristiques sociales ou de qualification rendant leur réinsertion professionnelle particulièrement difficile.

(L. 2016-1088 du 8 août 2016, art. 94, I, 1°, JO 9) «Lorsque le plan de sauvegarde de l'emploi comporte, en vue d'éviter la fermeture d'un ou de plusieurs établissements, le transfert d'une ou de plusieurs entités économiques nécessaire à la sauvegarde d'une partie des emplois et lorsque ces entreprises souhaitent accepter une offre de reprise, les dispositions de l'article L. 1224-1 relatives au transfert des contrats de travail ne s'appliquent que dans la limite du nombre des emplois qui n'ont pas été supprimés à la suite des licenciements, à la date d'effet de ce transfert.»

Note • Les dispositions du dernier alinéa de cet article, dans sa rédaction issue de la loi 2016-1088 précitée, sont applicables aux licenciements économiques engagés après le 9 août 2016; la procédure de licenciement est considérée comme engagée soit à compter de la date d'envoi de la convocation à l'entretien préalable mentionnée à l'article L. 1233-11, soit à compter de la date d'envoi de la convocation à la première réunion des représentants du personnel mentionnée à l'article L. 1233-30 (loi précitée, art. 94, II). Cet alinéa a été modifié par l'ordonnance 2017-1387 du 22 septembre 2017, art. 19, JO 23; cette modification est applicable aux procédures de licenciement économique engagées après le 23 septembre 2017 (ordonnance précitée, art. 40, V). Depuis cette date, les entreprises d'au moins cinquante salariés – et non plus seulement celles en comptant au moins mille – ont la possibilité de licencier avant le transfert les salariés non repris par le cessionnaire.

Voir G. Auzero, «Les licenciements pour motif économique antérieurs au transfert d'entreprise - Brefs propos sur un régime dérogatoire», JCP éd. S 2019, 1002.

• La loi 2013-504 du 14 juin 2013 (JO 16) a réformé profondément les règles d'élaboration du plan de sauvegarde de l'emploi (voir notamment RF 30 mai 2013, FH 3498, 2-19 à 2-47). Ainsi, depuis le 1er juillet 2013, les entreprises d'au moins 50 salariés qui engagent une procédure de licenciement de 10 salariés ou plus dans une même période de 30 jours peuvent définir elles-mêmes le contenu du plan de sauvegarde de l'emploi ainsi que les modalités de consultation du comité d'entreprise (ou, depuis l'ordonnance 2017-1387 du 22 septembre 2017, du comité social et économique) et de mise en œuvre des licenciements par accord collectif majoritaire validé par la Direccte [Dreets], ou à défaut, par un texte élaboré unilatéralement et homologué par l'administration. La loi a également conféré au juge administratif la compétence de contrôler ces nouvelles décisions administratives relatives à l'aspect collectif du licenciement économique (procédure et PSE), tout en conservant la compétence du juge prud'homal pour les litiges individuels des salariés licenciés pour motif économique.

Sur la procédure de licenciement économique avec plan de sauvegarde de l'emploi, voir *supra* Section 4.

Voir aussi LS Dossier pratique n° 122 du 06.07.2020, «Quand et comment établir un PSE ?».

• **Champ d'application.** C'est l'entreprise, non l'établissement (cass. soc. 7 mai 2003, n° 01-42.379, RJS 7/03 n° 862) ou le groupe, qui constitue le niveau d'appréciation pour l'établissement d'un plan social (cass. soc. 26 février 2003, n° 01-41.030, BC V n° 70; RJS 5/03 n° 589).

• **Calcul des effectifs.** Il y a lieu de tenir compte des seuls effectifs de l'entreprise dans laquelle est revendiquée la mise en œuvre du plan (cass. soc. 30 juin 2004, n° 02-42.672, BC V n° 186; RJS 10/04 n° 1015). L'effectif de l'entreprise rendant obligatoire l'établissement d'un plan de sauvegarde de l'emploi s'apprécie à la date de l'engagement de la procédure de licenciement (cass. soc. 13 juillet 2010, n° 09-65.182, RJS 10/10 n° 738, 1re espèce). L'effectif à prendre en compte pour déterminer s'il faut établir un plan de sauvegarde de l'emploi correspond aux salariés relevant des établissements de la société située en France, en vertu du principe de territorialité de la loi française (cass. soc. 23 septembre 2008, n° 07-42.862, BC V n° 171; RJS 12/08 n° 1181; SSL 2008 n° 1371, p. 12).

Des ruptures conventionnelles, s'inscrivant dans un projet global et concerté de réduction des effectifs, doivent être prises en compte pour apprécier s'il y a lieu d'établir un plan de sauvegarde de l'emploi (cass. soc. 9 mars 2011, n° 10-11.581, BC V n° 70; RJS 5/11 n° 408 et chron. G. Couturier, p. 347; RDT, avril 2011, ET, 226, J-M Béraud; SSL 2011 n° 1484, p. 7, note J. Pélissier; JCP éd. S 2011, 1200, note Fr. Favennec-Héry).

Lorsqu'elles entraînent la rupture du contrat de travail, les préretraites mises en œuvre en raison de difficultés économiques sont également prises en compte pour déterminer si un plan de sauvegarde de l'emploi est obligatoire (cass. soc. 1er février 2011, n° 09-70.121, RJS 4/11 n° 311).

À noter que lorsque des licenciements ont été prononcés avant l'ouverture d'une procédure collective, leur annulation n'entraîne pas la réintégration des salariés dans l'entreprise après sa liquidation et ces derniers ne sont donc pas pris en compte dans l'effectif de la société au regard de l'obligation du liquidateur d'établir un PSE en cas de nouveau licenciement collectif (cass. soc. 26 novembre 2013, n° 12-19.247, BC V n° 279; RJS 2/14 n° 111).

À noter également que, lorsque dans le cadre d'une procédure de redressement judiciaire, l'administrateur élabore un plan de cession de l'entreprise, il ne peut être arrêté qu'après la consultation des institutions représentatives du personnel dans les conditions prévues par l'article L. 1233-58, dès lors qu'il prévoit des licenciements pour motif économique et que c'est à la date à laquelle est établi le projet de plan que doit s'apprécier l'effectif de l'entreprise (cass. soc. 19 mai 2015, n° 13-26.669, BC V n° 98; LS Jurispr. n° 97 du 2.06.2015; RJS 8-9/15 n° 558).

Niveau d'appréciation des effectifs. Depuis 2010, la Cour de cassation décide qu'il faut rechercher à quel niveau la décision de supprimer des effectifs a été prise; dès lors que des licenciements économiques ont été décidés au niveau de la «direction commune» des entreprises constituant une UES, c'est à ce niveau que doit s'élaborer le plan de sauvegarde de l'emploi (cass. soc. 16 novembre 2010, n° 09-69.485, BC V n° 258; RDT, février 2011, CH, 112, E. Peskine; Dr. Soc. 2011, p. 105, obs. L. Pécaut-Rivolier: l'échelonnement de «petits licenciements» montrait, en outre, une volonté frauduleuse visant à contourner l'obligation légale de mise en place d'un plan de sauvegarde de l'emploi; dans le même sens, voir cass. soc. 9 mars 2011, n° 10-11.581, précité; 8 janvier 2020, n° 18-16.945, RJS 3/20 n° 133). Cette solution vient nettement relativiser celle qu'avait retenue la Cour de cassation en 2009 (cass. soc. 29 janvier 2009, n° 07-45.481, BC V n° 26; RDT, avril 2009, CH, 233, J-Y Frouin et D. 2009, p. 2135, obs. critiques B. Lardy-Pélissier).

Voir aussi G. Couturier, «Le licenciement collectif dans une unité économique et sociale», Dr. Soc. 2011, p. 175.

Voir également «Plan de sauvegarde de l'emploi et groupe de sociétés», chron. G. Auzero (SSL 2009 n° 1416, p. 6) et extraits du jugement du TGI de Péronne, 18 août 2009, n° 07-00856; chron. P. Morvan, JCP éd. S 2009, 1489; S. Béal et P. Klein, «Plan de sauvegarde de l'emploi et reclassement dans le groupe: le rôle des fonds d'investissement», JCP éd. S 2010, 1308.

• **Mise en place volontaire d'un plan de sauvegarde par une entreprise de moins de 50 salariés.** Lorsqu'une entreprise comportant moins de 50 salariés au jour de l'engagement de la procédure de licenciement met volontairement en place un plan de sauvegarde de l'emploi, celui-ci n'a pas à satisfaire aux exigences des articles L. 1233-61 et L. 1233-62 CT (cass. soc. 10 juin 2015, n° 14-10.031, BC V n° 118; LS Jurispr. n° 129 du 21.07.2015; RJS 10/15 n° 628). Voir aussi note sous article L. 1233-57-1.

Contenu du plan de sauvegarde de l'emploi

• Sur l'obligation de préciser dans le plan de sauvegarde les modalités selon lesquelles le salarié est informé de la possibilité de demander à recevoir des offres de reclassement hors du territoire national et les conditions dans lesquelles l'employeur est tenu de transmettre ces offres, voir les anciens articles L. 1233-4-1 et D. 1233-2-1. On rappelle en effet que, pour alléger l'obligation de reclassement mise à la charge de l'employeur, l'ordonnance 2017-1387 du 22 septembre 2017 a supprimé cette possibilité en abrogeant l'article L. 1233-4-1, limitant ainsi strictement le périmètre de l'obligation de reclassement au territoire national (voir note sous article L. 1233-4).

• Le plan de sauvegarde de l'emploi doit comporter un *plan de reclassement* comprenant des mesures de nature à éviter les licenciements ou à en limiter le nombre, et cela même lorsque le projet de réduction des effectifs repose sur le volontariat. S'il a été admis qu'un plan de reclassement n'était pas nécessaire lorsque le plan de réduction des effectifs au moyen de départs volontaires excluait tout licenciement pour atteindre les objectifs assignés en termes de suppressions d'emplois (cass. soc. 26 octobre 2010, n° 09-15.187, BC V n° 245; RJS 1/11 n° 28), un plan de reclassement interne doit être intégré au plan de sauvegarde de l'emploi lorsque le projet de réduction d'effectifs implique la suppression de l'emploi de salariés qui ne veulent ou ne peuvent quitter l'entreprise dans le cadre du plan de départs volontaires, le maintien de ces salariés dans l'entreprise supposant nécessairement en ce cas un reclassement dans un autre emploi (cass. soc. 25 janvier 2012, n° 10-23.516, BC V n° 22; RJS 4/12 n° 328; JCP éd. S 2012, 1178, note L. Cailloux-Meurice; Dr. Soc. 2012, p. 351: «Plan de départs volontaires: le jeu des distinctions», Fr. Favennec-Héry; 9 octobre 2012, n° 11-23.142, BC V n° 254; RJS 12/12 n° 928; 23 avril 2013, n° 12-15.221, BC V n° 108; JCP éd. S 2013, 1399, note A. Martinon; 19 mai 2016, 2 arrêts, n°s 15-12.137 et 15-11.047, BC V n° 104; LSQ n° 17090 du 30.05.2016; JSL n° 413, 5.07.2016, pp. 19 et s., Ph. Pacotte et R. Leroy; RJS 8-9/16 n° 563; JCP éd. S 2016, 1277, note J. Grangé).

• Pour satisfaire aux exigences des articles L. 1233-61 et 62, le plan de reclassement intégré au plan de sauvegarde de l'emploi doit comporter des mesures précises et concrètes propres à permettre le reclassement effectif des salariés dont le licenciement ne pourrait être évité et il doit, notamment, préciser le nombre, la nature et la localisation des emplois proposés en vue d'un reclassement dans les sociétés du groupe dont relève l'employeur (cass. soc. 28 mars 2012, n° 11-30.034, BC V n° 111; RJS 6/12 n° 535; 16 décembre 2008, n° 07-45.001; 13 juillet 2010, n° 09-43.028, RJS 10/10 n° 740) afin que les représentants du personnel puissent formuler leurs avis, suggestions et propositions en toute connaissance de cause (cass. soc. 10 juin 1997, n° 95-19.818, BC V n° 216; RJS 10/97 n° 1107).

Ne répond pas aux exigences de la loi le plan [social] qui ne comporte aucune indication sur le nombre, la nature et la localisation des emplois qui peuvent leur être proposés à l'intérieur du groupe, parmi les entreprises dont les activités, l'organisation ou le lieu d'exploitation leur permettent d'effectuer la permutation de tout ou partie du personnel (cass. soc. 17 mai 1995, n° 94-10.535, BC V n° 159; Dr. Soc. 1995, p. 570, concl. P. Lyon-Caen; 25 novembre 1997, n° 96-11.101, BC V n° 402; RJS 1/98 n° 17; 18 novembre 1998, n° 96-15.974, BC V n° 502; 12 janvier 1999, n° 96-22.279, BC V n° 18; RJS 2/99 n° 185; 7 juillet 2004, n° 02-42.289, RJS 10/04 n° 1017; 24 janvier 2006, n° 04-41.341, RJS 4/06 n° 418; 10 juillet 2007, n° 05-45.553, RJS 10/07 n° 1042).

Ne répond pas non plus aux exigences légales le plan se bornant à instaurer une cellule de reclassement dont la mission est l'évaluation des compétences, l'information et l'aide des salariés dans leurs démarches auprès des organismes sociaux (cass. soc. 11 octobre 2006, n° 04-47.950, BC V n° 304; RJS 12/06 n° 1277) ou se bornant, d'une part, à prévoir une commission chargée de centraliser les postes vacants au sein des deux groupes auxquels la société appartient, de mettre en relation les compétences et les offres et d'offrir un conseil à la rédaction de curriculum vitae et, d'autre part, à renvoyer les salariés à la consultation d'une liste de postes disponibles (cass. soc. 28 novembre 2006, n° 04-48.798, BC V n° 355; RJS 2/07 n° 211).

Toutefois, les recherches de postes disponibles dans les sociétés du groupe pour l'établissement du plan de reclassement intégré au plan de sauvegarde de l'emploi n'ont pas à être assorties du profil personnalisé des salariés concernés (cass. soc. 28 octobre 2015, n° 14-17.712, BC V n° 207; JCP éd. S 2015, 1459, note J-M Albiol et P. Manet).

Sur l'obligation de reclassement et les assouplissements apportés par les ordonnances 2017-1387 du 22 septembre 2017 et 2017-1718 du 20 décembre 2017, voir aussi note sous article L. 1233-4.

• Les préretraites du FNE, les primes de départ volontaire et les dispositions relatives à la priorité de réembauche ne constituent pas, à elles seules, des mesures de reclassement effectives (cass. soc. 13 février 1997, n° 95-16.648, BC V n° 63; Dr. Soc. 1997, p. 249, concl. de Caigny, note G. Couturier). Il en est de même des mesures relatives à la conclusion de conventions de préretraite progressive, à la prise de congés de longue durée et à l'incitation à des départs volontaires hors de l'entreprise (cass. soc. 28 mars 2000, n° 98-40.228, BC V n° 132; RJS 5/00 n° 519).

• Le plan de sauvegarde de l'emploi doit garantir aux salariés susceptibles d'être licenciés un accès prioritaire au plan de reclassement: ne répond pas aux exigences légales le plan de sauvegarde de l'emploi prévoyant que les salariés susceptibles d'être licenciés et auxquels pouvait être faite une proposition de reclassement dans l'une des sociétés du groupe ne bénéficiaient d'aucune priorité par rapport aux candidats extérieurs et devaient obtenir l'accord de l'entité d'accueil sur leur candidature et, après période d'adaptation de deux mois, sur leur maintien dans cette entité, sans précision sur les conditions dans lesquelles cette dernière était susceptible d'accepter ou de refuser (cass. soc. 12 juillet 2010, n° 09-15.182, BC V n° 166; RJS 10/10 n° 739; 28 mars 2012, n° 11-30.034, précité).

• L'employeur doit mettre en œuvre dans le plan [social] toutes les mesures possibles, appréciées en fonction des moyens dont dispose l'entreprise pour maintenir les emplois ou faciliter le reclassement. C'est à tort qu'une cour d'appel a énoncé que la loi n'impose pas à l'employeur de les prendre toutes dès lors qu'une seule par son efficacité est de nature à assurer le maintien de l'emploi, alors qu'il appartenait au juge de rechercher, si comme le soutenait le comité d'entreprise, en dehors des reclassements impliquant pour des salariés anciens un déplacement dans une autre région et se traduisant par une modification du contrat de travail l'employeur ne pouvait pas prendre d'autres mesures, telles que réduction de la durée du travail, passage au temps partiel et développement d'activités nouvelles (cass. soc. 28 mars 2000, n° 98-21.870, BC V n° 131; RJS 5/00 n° 520; 23 janvier 2002, n° 00-14.521, BC V n° 29; RJS 4/02 n° 417).

• Un plan de sauvegarde de l'emploi ne peut prévoir la substitution des mesures destinées à favoriser le reclassement par une indemnisation subordonnée à la conclusion d'une transaction emportant renonciation à toute contestation ultérieure de ces mesures (cass. soc. 20 novembre 2007, n° 06-41.410, BC V n° 195; RDT, février 2008, CH, 101, A. Fabre). De même, les conditions d'octroi d'un avantage résultant du plan de sauvegarde devant être objectivement définies, un plan de sauvegarde de l'emploi ne peut pas subordonner le versement d'une indemnité prévue en faveur des salariés n'ayant pas bénéficié d'un reclassement interne à la conclusion d'une transaction individuelle (cass. soc. 23 mars 2011, n° 09-41.582, JSL n° 299, 16.05.2011, p. 26).

• Les dispositions d'un plan [social] peuvent se cumuler avec celles d'un accord collectif, sauf si elles ont le même objet, auquel cas ne s'appliquent que les dispositions les plus favorables aux salariés (cass. soc. 23 juin 1999, n° 95-41.745, BC V n° 296; RJS 8-9/99 n° 1045; 26 janvier 2000, n° 98-42.964, BC V n° 41; Dr. Soc. 2000, p. 392, note G. Couturier). Le plan [social] ne peut déroger aux dispositions plus favorables de la convention collective, même en accord avec le comité d'entreprise (cass. soc. 13 juillet 1993, n° 90-43.532, BC V n° 204).

• Le plan de sauvegarde de l'emploi ne peut priver le salarié licencié des droits qu'il tient d'une convention antérieurement conclue avec l'employeur. Un salarié peut donc cumuler l'indemnité due au titre de la violation d'une clause de garantie d'emploi avec la somme versée au titre de l'aide au reclassement externe prévue dans le plan (cass. soc. 9 octobre 2012, n° 10-28.785, LS Jurispr. n° 200 du 23.10.2012; RJS 12/12 n° 929).

• Le plan [social] *s'applique à tous les salariés* appartenant aux catégories professionnelles concernées par le projet de licenciement pour motif économique (cass. soc. 29 mai 2002, n° 00-41.862, RJS 8-9/02 n° 962). S'il peut contenir des mesures réservées à certains salariés (voir par ex. cass. soc. 21 septembre 2017, n° 16-14.546, JSL n° 441, 8.11.2017, p. 25, s'agissant d'un plan de sauvegarde réservant le bénéfice d'offres d'emploi aux salariés actifs dans la recherche de reclassement), c'est à la condition que tous les salariés de l'entreprise placés dans une situation identique puissent bénéficier de l'avantage ainsi accordé et que les règles déterminant ses conditions d'attribution soient préalablement définies et contrôlables (cass. soc. 10 juillet 2001, n° 99-40.987, BC V n° 255; RJS 11/01 n° 1279; 12 juillet 2010, n° 09-15.182, BC V n° 166; RJS 10/10 n° 739; SSL n° 1465, p. 14, note Fr. Aknin: mesures d'incitation aux départs volontaires réservées aux salariés d'un seul établissement).

À cet égard, la Cour de cassation apprécie concrètement l'identité de situation entre les salariés. Ainsi, après avoir relevé qu'un salarié dont le poste avait été supprimé avait été exposé, au même titre que les salariés dont le site avait été fermé, à un licenciement économique, une cour d'appel, qui a constaté que l'employeur n'avançait aucune explication objective et pertinente propre à justifier l'attribution aux seuls salariés concernés par la fermeture du site de l'indemnité spécifique prévue par le plan de sauvegarde de l'emploi, a pu accueillir la demande du salarié et condamner son employeur à lui verser l'indemnité spécifique (cass. soc. 23 octobre 2013, n° 12-23.457, BC V n° 243; RJS 1/14 n° 27). De même, le plan de sauvegarde de l'emploi prévoyant pour les salariés ayant refusé une cessation anticipée d'activité, des avantages inférieurs à ceux attribués aux salariés ne remplissant pas les conditions pour prétendre à cette mesure instaure une différence de traitement non justifiée par des raisons objectives et pertinentes, une telle différence de traitement ne pouvant être justifiée par le seul fait d'inciter les salariés âgés d'au moins 55 ans à accepter une cessation anticipée d'activité (cass. soc. 9 juillet 2015, n° 14-16.009, BC V n° 154; LS Jurispr. n° 149 des 24-25.08.2015; RJS 10/15 n° 627). Mais dans une autre affaire, elle a admis qu'un plan de sauvegarde puisse valablement exclure du droit à l'indemnité additionnelle de licenciement qu'il prévoit les salariés bénéficiant d'une préretraite ou d'une pension d'invalidité, ces salariés se trouvant, après leur licenciement, dans une situation de précarité moindre que les salariés en activité qui perdent, après la rupture de leur contrat de travail, l'intégralité de leur salaire et donc l'essentiel de leurs revenus (cass. soc. 5 décembre 2012, n° 10-24.204, BC V n° 321; LS Jurispr. n° 237 du 18.12.2012; RJS 2/13 n° 103). De la même façon, un plan de sauvegarde peut prévoir l'attribution à tous les salariés d'une indemnité complémentaire de licenciement en en plafonnant le montant à une somme forfaitaire, dès lors, d'une part, que tous les salariés concernés en bénéficient et, d'autre part, que ce plafonnement forfaitaire repose sur des raisons objectives et pertinentes excluant toute atteinte à l'égalité de traitement, en l'espèce, la volonté de l'employeur de privilégier les salariés percevant de bas salaires afin de ne pas les priver d'une juste réparation de leur préjudice (cass. soc. 28 octobre 2015, n° 14-16.115, BC V n° 206; LS Jurispr. n° 202 du 10.11.2015).

La CJUE a adopté une solution identique: dans un arrêt rendu en 2012 (CJUE 6 décembre 2012, aff. C-152/11, LSQ n° 16259 du 9.01.2013; RJS 3/13 n° 248 et p. 161 (I. A.), chron. A. Gardin), elle a admis que les articles 2, § 2, et 6, § 1, de la directive 2000/78/CE du Conseil du 27 novembre 2000, portant création d'un cadre général en faveur de l'égalité de traitement en matière d'emploi et de travail, ne s'opposent pas à ce que, pour les travailleurs âgés de plus de 54 ans et faisant l'objet d'un licenciement économique, l'indemnité à laquelle ils ont droit en application du plan social soit calculée en fonction de la première date possible de départ à la retraite, et soit donc inférieure à celle qui aurait été versée si elle avait été calculée en fonction de l'ancienneté dans l'entreprise.

En effet, en l'espèce, cette différence de traitement fondée sur l'âge avait pour objet l'octroi d'une compensation pour l'avenir, la protection des travailleurs plus jeunes et l'aide à leur réinsertion professionnelle, tout en tenant compte de la nécessité d'une juste répartition des moyens financiers limités d'un plan social. En outre, il est légitime de vouloir éviter qu'une indemnité de licenciement ne bénéficie à des personnes qui ne cherchent pas un nouvel emploi, mais vont percevoir un revenu de substitution prenant la forme d'une pension de vieillesse.

La Cour de Justice précise toutefois, que la possibilité de percevoir une pension de retraite anticipée en raison d'un handicap ne peut, sans porter atteinte aux intérêts légitimes des travailleurs handicapés, être prise en considération pour justifier cette réduction du montant de l'indemnité de licenciement.

Succession de deux plans de sauvegarde de l'emploi dans la même entreprise. Lorsque, au sein d'une même entreprise, deux procédures de licenciements pour motif économique accompagnées de PSE distincts sont engagées successivement, les salariés licenciés dans le cadre de la première procédure ne se trouvent pas dans une situation identique à celle des salariés licenciés lors de la seconde procédure; ils ne peuvent donc pas se prévaloir du principe d'égalité de traitement pour obtenir les mêmes avantages que ceux accordés aux salariés visés par cette seconde procédure (cass. soc. 29 juin 2017, 2 arrêts, n°s 15-21.008 et 16-12.007, BC V n°s 109 et 110; LSQ n° 17358 du 3.07.2017; JCP éd. S 2017, 1298, note B. Bossu; RJS 10/17 n° 672). En effet, ainsi que l'explique la Cour de cassation dans une note explicative relative à ces arrêts, «dans une même entreprise, la succession dans le temps de procédures de licenciement économique collectif implique, de fait, une évolution du contexte économique et social ayant donné lieu à ces procédures. Les plans de sauvegarde de l'emploi, établis par l'employeur dans le cadre de ces procédures successives en fonction des besoins des salariés concernés par chacune des procédures et des moyens de l'entreprise ou du groupe évalués au moment de leur élaboration, et soumis à chaque fois à la consultation des institutions représentatives du personnel qui peuvent en demander l'amélioration, répondent à des circonstances particulières et présentent nécessairement un équilibre qui leur est propre.» Dans le même sens, voir aussi cass. soc. 28 février 2018, n° 16-22.234.

• Le plan [social] n'a pas à contenir la liste des salariés à licencier; l'ordre des licenciements n'est dressé qu'au moment où ceux qui sont seulement envisagés dans le plan sont décidés et mis en œuvre; il n'existe pas de délai pour prononcer les licenciements à partir du moment où le plan social est définitif (cass. soc. 7 octobre 1998, n° 96-40.424, BC V n° 404; RJS 11/98 n° 1356).

• Voir aussi LS Dossier pratique n° 132 du 22.07.2020, «Que doit contenir le plan de sauvegarde de l'emploi ?».

• Sur les mesures spécifiques d'accompagnement des salariés dans le cadre de la fermeture des centrales à charbon, voir ordonnance 2020-921 du 29 juillet 2020 (JO 30).

Contestation du plan de sauvegarde de l'emploi (cadre législatif antérieur à la loi du 14 juin 2013 de sécurisation de l'emploi)

• *Le comité d'entreprise* a qualité pour contester en justice la régularité d'un plan de sauvegarde de l'emploi qui ne satisferait pas aux exigences légales (cass. soc. 23 mars 2011, n° 09-72.712, JSL n° 299, 16.05.2011, p. 27).

La contestation du plan social par un syndicat professionnel peut s'exercer même après l'avis émis par le comité d'entreprise (cass. soc. 6 juillet 1999, n° 97-22.488, BC V n° 330; RJS 10/99 n° 1244).

• *Les salariés licenciés pour motif économique* ont un droit propre à faire valoir que leur licenciement est nul au regard des dispositions de l'article L. 321-4-1 [ancien] CT et l'action individuelle tendant à faire reconnaître la nullité du plan social, dès lors qu'elle est exercée dans le délai de la prescription quinquennale, relève de la compétence prud'homale sans qu'il y ait lieu de disjoindre le contentieux de la nullité du plan social et celui de la nullité du licenciement (cass. soc. 20 mars 2001, n° 99-41.041, BC V n° 99).

• Les représentants du personnel licenciés pour motif économique après autorisation de l'inspecteur du travail peuvent contester la validité du plan de sauvegarde de l'emploi devant la juridiction judiciaire et lui demander d'en tirer les conséquences qui s'évincent de l'article L. 321-4-1 [ancien] CT sans que cette contestation, qui ne concerne pas le bien-fondé de la décision administrative ayant autorisé le licenciement, porte atteinte au principe de séparation des pouvoirs (cass. soc. 22 juin 2004, n° 01-44.558, BC V n° 177).

Appréciation de la validité du plan de sauvegarde de l'emploi (cadre législatif antérieur à la loi du 14 juin 2013 de sécurisation de l'emploi)

• La pertinence du plan social doit être appréciée en fonction des moyens dont dispose l'entreprise (cass. soc. 12 novembre 1997, n° 95-16.947, BC V n° 368) et le groupe auquel elle est éventuellement intégrée (cass. soc. 18 novembre 1998, n° 96-22.343, BC V n° 501; 9 mai 2000, n° 98-20.588, BC V n° 172; 20 mars 2019, n° 17-19.595, à paraître, voir note sous article L. 1233-57-3). Voir aussi cass. soc. 3 avril 2013, n° 12-11.654: validité d'un plan de sauvegarde ne proposant que des mesures de reclassement externe, la situation de l'entreprise mise en liquidation judiciaire ne permettant pas d'envisager des mesures de reclassement interne.

À noter que les dispositions qui figuraient au dernier alinéa de l'ancien article L. 321-4-1, prévoyant que la validité du plan de sauvegarde de l'emploi est appréciée au regard des moyens dont dispose l'entreprise, l'unité économique et sociale ou le groupe, ont été reportées à l'article L. 1235-10, al. 2, par la loi 2012-387 du 22 mars 2012 (art. 43, JO 23) puis à l'article L. 1233-57-3 par la loi 2013-504 du 14 juin 2013 (art. 18, XVIII, JO 16).

• L'ensemble des mesures contenues dans le plan de sauvegarde de l'emploi doit être pris en compte pour apprécier sa pertinence ainsi que la procédure d'actualisation des offres d'emploi qu'il prévoit; constitue une mesure de reclassement licite la mise en situation de recherche de reclassement pendant une période déterminée avec dispense d'activité et maintien de la rémunération dès lors que, pendant cette période, l'employeur remplit son obligation de recherche de reclassement et que le plan prévoit les mesures nécessaires à cet effet (cass. soc. 14 février 2007, n° 05-45.887, BC V n° 24; RJS 5/07 n° 578).

Sanction de l'insuffisance du plan de sauvegarde de l'emploi

• La nullité de la procédure de licenciement prévue par l'article L. 1235-10 dans sa rédaction antérieure à la loi 2013-504 du 14 juin 2013 en cas de nullité du plan de sauvegarde de l'emploi n'affecte pas la procédure d'information - consultation du comité d'entreprise prévue aux articles L. 2323-1 et s. CT; il n'y a donc pas lieu de la recommencer (cass. soc. 25 septembre 2013, n° 12-20.986, BC V n° 204; LS Jurispr. n° 189 du 15.10.2013; RJS 12/13 n° 801).

• Dès lors que le plan présenté par un employeur au comité d'entreprise ne permettait pas, faute de précisions sur les catégories professionnelles concernées, de déterminer si les postes de reclassement offerts étaient de nature à permettre un reclassement efficace et qu'au surplus, les mesures de reclassement externe apparaissent illusoires, une cour d'appel a pu décider que le plan [social] était nul et prononcer la nullité de la procédure suivie (cass. soc. 13 février 1997, n° 95-16.648, précité; 10 juin 1997, n° 95-19.818, précité; 18 novembre 1998, n° 96-15.974, précité).

• La nullité qui affecte le plan social s'étend à tous les actes subséquents et en particulier, les licenciements prononcés par l'employeur, qui constituent la suite et la conséquence de la procédure de licenciement collectif, sont eux-mêmes nuls (cass. soc. 13 février 1997, n° 96-41.874, BC V n° 64). De même, la nullité du plan entraîne la nullité de la rupture du contrat de travail consécutive à un départ volontaire ayant une cause économique et s'inscrivant dans le processus de réduction des effectifs ayant donné lieu à l'établissement de ce plan (cass. soc. 15 mai 2013, n° 11-26.414, BC V n° 122; RJS 7/13 n° 527; RDT, juillet/août 2013, CH, 485, M. Kocher; JCP éd. S 2013, 1361, note P. Morvan; voir aussi, s'agissant de l'extension de la nullité d'un plan de départs volontaires aux conventions de rupture du contrat de travail subséquentes, cass. soc. 17 octobre 2018, n° 17-16.869, à paraître, LS Jurispr. n° 200 du 06.11.2018; JSL n° 465-466, 28.12.2018, p. 23, M. Hautefort; RJS 1/19 n° 17; JCP éd. S 2019, 1028, note Fr. Favennec-Héry). Les salariés dont le contrat a été ainsi rompu peuvent donc saisir la juridiction prud'homale en référé pour voir déclarer la nullité de cette rupture et obtenir leur réintégration (cass. soc. 30 mars 1999, n° 97-41.013, BC V n° 144; 28 mars 2000, n° 98-40.228, BC V n° 132).

À noter cependant que lorsque le plan de sauvegarde de l'emploi a été établi dans le cadre d'une procédure collective, son insuffisance n'entraîne pas la nullité des licenciements mais les prive de cause réelle et sérieuse (cass. soc. 2 février 2006, n° 05-40.037, BC V n° 58, arrêt n° 1). Voir aussi cass. soc. 2 février 2006, n° 04-40.773, BC V n° 58, arrêt n° 2. Il en est de même lorsqu'une entreprise de moins de 50 salariés a volontairement établi un plan de sauvegarde de l'emploi (cass. soc. 19 janvier 2011, n° 09-43.523, LS Jurispr. n° 23 du 01.02.2011).

• Le plan de sauvegarde de l'emploi qui ne répond pas aux exigences des articles L. 1233-61 et 63 étant nul, les sommes perçues par les salariés en vertu de ce plan n'ont plus de fondement juridique et les salariés doivent donc les restituer, ces sommes venant en déduction de la créance à titre de dommages-intérêts qui leur est allouée (cass. soc. 28 mars 2012, n° 11-30.034, BC V n° 111; RJS 6/12 n° 535; 28 mars 2000, n° 98-40.228, BC V n° 132).

• La prise d'acte de la rupture du contrat de travail par un salarié concerné par une procédure de suppression d'emplois pour raisons économiques, lorsqu'elle est justifiée par l'absence ou l'insuffisance du plan de sauvegarde de l'emploi que l'employeur est tenu d'établir, produit les effets d'un licenciement nul (cass. soc. 25 janvier 2012, n° 10-23.516, BC V n° 22; RJS 4/12 n° 328; JCP éd. S 2012, 1178, note L. Cailloux-Meurice; Dr. Soc. 2012, p. 351: «Plan de départs volontaires: le jeu des distinctions», Fr. Favennec-Héry).

• La nullité du licenciement ouvre droit, pour le salarié qui ne demande pas sa réintégration, à une indemnité réparant intégralement le préjudice résultant du caractère illicite du licenciement, dont le montant est souverainement apprécié par les juges du fond, dès lors qu'il est au moins égal à celui prévu par l'article L. 122-14-4 [ancien] CT (cass. soc. 6 mars 2001, n° 98-46.479, BC V n° 71).

• Voir aussi note sous article L. 1235-10.

Voir également, sur le sujet, M. Véricel, «Le plan de sauvegarde de l'emploi, acte normatif original», Dr. Soc. 2005, p. 976; G. Couturier, «Des limites aux nullités de l'article L. 321-4-1 CT», Dr. Soc. 2003, p. 726; Fr. Duquesne, «Le TGI face aux licenciements économiques collectifs», Dr. Soc. 2002, p. 606; Fr. Géa, «Le plan social: un acte normateur», D. 2000.550; Ph. Waquet, «La jurisprudence de la Cour de cassation sur les plans sociaux», LS Jurispr. 1999, n° 647; P-H Antonmattei, «La nullité du licenciement pour motif économique consécutive à la nullité du plan social», RJS 3/97, chron. p. 155.

Mise en œuvre du plan de sauvegarde de l'emploi

• Les engagements pris par l'employeur de sauvegarder des emplois en application d'un plan doivent être exécutés de bonne foi; en ne donnant pas suite à la proposition de salariés volontaires pour travailler à temps partiel qui aurait permis l'application de l'une des mesures prévues dans le plan [social] afin de limiter les licenciements, l'employeur a commis une faute, causant aux salariés licenciés un préjudice résultant de la perte d'une chance de conserver leur emploi (cass. soc. 6 mai 1998, n° 95-45.464, BC V n° 231; RJS 6/98 n° 715). Le licenciement découlant de la violation de l'obligation de reclassement que constitue le non-respect du plan [social] est dépourvu de cause réelle et sérieuse (cass. soc. 6 juin 2000, n° 98-42.860, BC V n° 219; RJS 7-8/00 n° 786). L'employeur qui prive un salarié de la préretraite progressive prévue par le plan [social] à laquelle il pouvait prétendre agit avec une légèreté blâmable, en sorte que le licenciement est sans cause réelle et sérieuse (cass. soc. 10 juillet 2001, n° 99-43.024, BC V n° 253; RJS 10/01 n° 1128).

L'employeur ne peut revenir sur un engagement unilatéral que si celui-ci a été pris pour une durée indéterminée; tel n'est pas le cas de l'engagement pris dans le cadre du plan [social] à l'égard des salariés qui ont opté pour l'adhésion à une convention du FNE, l'employeur étant engagé jusqu'à la cessation des effets de cette dernière (cass. soc. 4 avril 1990, n° 86-42.626, BC V n° 161). Sur l'appréciation par le juge de la portée des engagements pris par l'employeur, voir cass. soc. 23 février 1994, n° 92-42.896, BC V n° 67; 12 juin 2001, n° 99-43.329, BC V n° 218; RJS 8-9/01 n° 1054; 15 mai 2002, n° 00-41.441, RJS 7/02 n° 867 (priorité d'embauche pendant trois ans). La rémunération du salarié doit être maintenue en l'absence de refus de deux offres d'emploi prévues par le plan [social] (cass. soc. 30 septembre 2003, n° 01-42.303).

• Astreint à une obligation de renseignement de bonne foi, l'employeur est tenu de réparer le préjudice subi par des salariés licenciés induits en erreur sur le régime fiscal d'une indemnité de départ prévue dans le plan social (cass. soc. 2 avril 1996, n° 93-42.084, RJS 5/96 n° 513, 1re espèce). Il appartient à l'employeur d'informer loyalement les salariés des risques que peuvent présenter les emplois de reclassement proposés (cass. soc. 6 juin 2007, n° 06-41.001, RJS 8-9/07 n° 936 : l'employeur connaissait la situation très obérée de la société dans laquelle un reclassement externe avait été proposé au salarié).

Sur la responsabilité de l'employeur qui, après avoir laissé croire au salarié que les financements nécessaires à la réalisation de son projet professionnel lui étaient accordés, lui a notifié un refus, fondé sur des motifs non établis, voir cass. soc. 30 novembre 2004, n° 02-45.106, RJS 2/05 n° 144.

• Dès lors que son poste est affecté par la restructuration, un salarié qui avait antérieurement consenti à un départ volontaire ne peut être exclu du bénéfice du plan [social] qui prévoit une incitation aux départs volontaires (cass. soc. 10 juillet 1995, n° 94-40.477, BC V n° 241 ; 11 octobre 2005, n° 03-44.985, RJS 12/05 n° 1192).

• Un plan [social] établi dans le cadre d'un licenciement économique collectif ne peut priver un salarié en disponibilité de son droit à réintégration (cass. soc. 10 mai 1995, n° 91-40.480, RJS 6/95 n° 659).

• La mise en œuvre d'un accord collectif dont les salariés tiennent leurs droits ne peut être subordonnée à la conclusion de contrats individuels de transaction (cass. soc. 5 avril 2005, n° 04-44.626, BC V n° 124 ; RJS 6/05 n° 620 ; dans le même sens, voir aussi cass. soc. 15 octobre 2013, n° 12-22.911, BC V n° 236 ; RJS 2/14 n° 153). Les accords signés par les salariés dans ces conditions sont nuls (cass. soc. 14 juin 2006, n° 04-48.157, RJS 10/06 n° 1053).

• Le litige opposant les salariés à leur ancien employeur, relatif aux engagements qu'il aurait pris dans le cadre du plan social, relève de la compétence du juge prud'homal (cass. soc. 23 février 1994, n° 92-43.927, BC V n° 69 ; 31 octobre 2000, n° 98-44.122, BC V n° 356 ; RJS 1/01 n° 78).

• Un salarié est recevable à exercer une action oblique à l'encontre de l'État, action prévue par l'article 1166 [1341-1] c. civ., en se prévalant des engagements souscrits par l'État envers son employeur, à la condition d'établir que ces engagements n'ont pas été exécutés (CE 20 octobre 2000, n° 192851, Rec. Lebon p. 455 ; RJS 2/01 n° 185). La juridiction administrative est seule compétente pour connaître des litiges soulevés à l'initiative des salariés par l'exécution de la convention par laquelle le ministre de l'Économie, des Finances et de l'Industrie accorde à une entreprise en difficulté une subvention pour la mise en place du plan social (Trib. confl. 23 octobre 2000, n° 3208, RJS 5/01 n° 587).

• La prime de création d'entreprise prévue par le plan social, destinée à aider les salariés licenciés à se reclasser, relève de la garantie de l'AGS (cass. soc. 30 avril 2003, n° 00-46.820, BC V n° 150 ; RJS 7/04 n° 886).

• L'indemnité versée par l'employeur au salarié qui accepte de quitter volontairement l'entreprise dans le cadre d'un plan social a la nature de dommages-intérêts compensant le préjudice subi par le salarié né de la rupture de son contrat de travail et doit, en conséquence, être exonérée de cotisations de sécurité sociale (cass. soc. 12 novembre 2003, n° 01-43.013, BC V n° 281).

• *Dirigeants sociaux.* L'octroi au dirigeant social d'une société par actions simplifiées, statutairement soumise aux règles applicables aux sociétés anonymes, du bénéfice d'un plan de sauvegarde de l'emploi ou d'un dispositif de départ anticipé à la retraite mis en place par la société correspond à une convention réglementée, soumise aux dispositions des articles L. 225-86 et L. 225-88 c. com. ; dès lors, le dirigeant qui s'abstient délibérément de soumettre à l'approbation préalable du conseil de surveillance les conventions réglementées que constituent son intégration dans le plan de sauvegarde de l'emploi et l'octroi d'une avance sur son indemnité de départ, et occulte les conséquences financières qu'une telle intégration entraîne pour la société, encourt une condamnation pour abus de biens sociaux (cass. crim. 25 septembre 2019, n° 18-83.113, à paraître, JCP éd. S 2019, 1327, note Y. Pagnerre).

• **Rapports entre la gestion prévisionnelle de l'emploi et des compétences et le plan de sauvegarde de l'emploi.** Voir note sous l'article L. 2242-13 et cass. soc. 30 septembre 2009, n° 07-20.525, BC V n° 217 ; RJS 12/09 n° 915 ; RDT décembre 2009, p. 715, note Fr. Géa. La GPEC n'est pas une étape préalable aux procédures de licenciements collectifs et aux plans de sauvegarde de l'emploi ; cette solution figure désormais dans l'accord national interprofessionnel du 14 novembre 2008 sur la GPEC (voir *Textes non codifiés*).

Art. L. 1233-62. Le plan de sauvegarde de l'emploi prévoit des mesures telles que :

1° Des actions en vue du reclassement interne ***(Ord. 2017-1718 du 20 déc. 2017, art. 1er, I, 17°, JO 21)*** «sur le territoire national,» des salariés sur des emplois relevant de la même catégorie d'emplois ou équivalents à ceux qu'ils occupent ou, sous réserve de l'accord exprès des salariés concernés, sur des emplois de catégorie inférieure ;

(L. 2016-1088 du 8 août 2016, art. 94, I, 4°, JO 9) « 1° *bis* Des actions favorisant la reprise de tout ou partie des activités en vue d'éviter la fermeture d'un ou de plusieurs établissements ; »

2° Des créations d'activités nouvelles par l'entreprise ;

3° Des actions favorisant le reclassement externe à l'entreprise, notamment par le soutien à la réactivation du bassin d'emploi ;

4° Des actions de soutien à la création d'activités nouvelles ou à la reprise d'activités existantes par les salariés ;

5° Des actions de formation, de validation des acquis de l'expérience ou de reconversion de nature à faciliter le reclassement interne ou externe des salariés sur des emplois équivalents ;

6° Des mesures de réduction ou d'aménagement du temps de travail ainsi que des mesures de réduction du volume des heures supplémentaires réalisées de manière régulière lorsque ce volume montre que l'organisation du travail de l'entreprise est établie sur la base d'une durée collective manifestement supérieure à trente-cinq heures hebdomadaires ou 1 600 heures par an et que sa réduction pourrait préserver tout ou partie des emplois dont la suppression est envisagée.

Note • Les dispositions du 1° *bis* de cet article, dans sa rédaction issue de la loi 2016-1088 précitée, sont applicables aux licenciements économiques engagés après le 9 août 2016 ; la procédure de licenciement est considérée comme engagée soit à compter de la date d'envoi de la convocation à l'entretien préalable mentionnée à l'article L. 1233-11, soit à compter de la date d'envoi de la convocation à la première réunion des représentants du personnel mentionnée à l'article L. 1233-30 (loi précitée, art. 94, II).

• Voir aussi note sous article L. 1233-61.

Art. L. 1233-63. Le plan de sauvegarde de l'emploi détermine les modalités de suivi de la mise en œuvre effective des mesures contenues dans le plan de reclassement prévu à l'article L. 1233-61.

Ce suivi fait l'objet d'une consultation régulière et détaillée du ***(Ord. 2017-1386 du 22 sept. 2017, art. 4, 6°, JO 23, entrée en vigueur au plus tard le 01.01.2018)*** « comité social et économique dont l'avis est » ***(L. 2013-504 du 14 juin 2013, art. 18, XXIV, JO 16)*** « transmis à l'autorité administrative ».

L'autorité administrative est associée au suivi de ces mesures ***(L. 2013-504 du 14 juin 2013, art. 18, XXIV, JO 16)*** « et reçoit un bilan, établi par l'employeur, de la mise en œuvre effective du plan de sauvegarde de l'emploi ».

Note Les stipulations relatives aux modalités du suivi de la mise en œuvre des mesures contenues dans le plan de reclassement étant au nombre des stipulations devant obligatoirement figurer dans un accord collectif fixant un PSE, leur omission fait obstacle à sa validation par l'autorité administrative.

En revanche, les articles L. 1233-24-1, L. 1233-24-2, L. 1233-63 et L. 1233-57-2 n'imposent pas qu'un tel accord fixe des modalités particulières d'information et de consultation du comité d'entreprise, notamment pas que l'accord fixe des modalités particulières pour la consultation obligatoire du comité d'entreprise sur le suivi de la mise en œuvre des mesures contenues dans le plan de reclassement. Dès lors, l'absence de telles stipulations est, par elle-même, insusceptible de faire obstacle à la validation de l'accord par l'autorité administrative (CE 7 février 2018, n°s 403989 et 404077, LS Jurispr. n° 35 du 20.02.2018 ; JCP éd. S 2018, 1086, note S. Poncet et F. Renaud et 1087, note J-Y Kerbourc'h ; RDT, mars 2018, CH, 213, Fr. Géa ; RJS 4/18 n° 261, 2e espèce).

Art. D. 1233-14-4. ***(D. 2013-554 du 27 juin 2013, JO 28)*** Le bilan de la mise en œuvre effective du plan de sauvegarde de l'emploi mentionné à l'article L. 1233-63, dont le contenu est fixé par arrêté du ministre chargé de l'emploi, est réalisé à la fin de la mise en œuvre des mesures de reclassement prévues aux articles L. 1233-65 ou L. 1233-71. Dans un délai d'un mois après cette date, il est adressé au ***(D. 2020-1545 du 9 déc. 2020, JO 10, entrée en vigueur le 01.04.2021)*** « directeur régional de l'économie, de l'emploi, du travail et des solidarités » compétent par voie dématérialisée.

Note • Cet article est applicable aux procédures de licenciement collectif engagées depuis le 01.07.2013.

• Voir note sous article D. 1233-3.

• Le contenu du bilan de la mise en œuvre effective du plan de sauvegarde de l'emploi est précisé par arrêté du 3 avril 2014 (JO 2 mai).

Art. L. 1233-64. Les maisons de l'emploi peuvent participer, dans des conditions fixées par voie de convention avec les entreprises intéressées, à la mise en œuvre des mesures relatives au plan de sauvegarde de l'emploi.

Sous-section 2. **Contrat de sécurisation professionnelle**

Note • Cette sous-section a été introduite par la loi 2011-893 du 28 juillet 2011, art. 41, JO 29. À noter que l'entrée en vigueur l'article 41 de la loi du 28 juillet 2011 ayant été reportée au 23 septembre 2011, date de publication de l'arrêté du 1er septembre 2011 relatif à la mise en œuvre du contrat de sécurisation professionnelle, les licenciements intervenus dans le cadre d'une procédure de licenciement pour motif économique engagée avant cette date demeurent soumis à la convention de reclassement personnalisé (cass. soc. 21 septembre 2016, n° 15-10.310, BC V n° 170; LS Jurispr. n° 183 du 11.10.2016; JCP éd. S 2016, 1384, note L. Fin-Langer; JSL n° 419, 4.11.2016, p. 25; RJS 12/16 n° 775).

• Le contrat de sécurisation professionnelle (CSP) fusionne et remplace, depuis le 1er septembre 2011, la convention de reclassement personnalisé (CRP) et le contrat de transition professionnelle (CTP). Ce dispositif a pour objet l'organisation et le déroulement, sur une durée de 12 mois, d'un parcours de retour à l'emploi des salariés concernés par une procédure de licenciement pour motif économique dans les entreprises de moins de 1 000 salariés et dans celles faisant l'objet d'une procédure collective; il comprend des mesures d'accompagnement renforcé et personnalisé, des périodes de formation et de travail ainsi qu'une indemnisation spécifique (allocation de sécurisation professionnelle).

La convention du 19 juillet 2011 relative au CSP, arrivée à échéance le 31 décembre 2014, a été prorogée jusqu'au 31 janvier 2015 par un avenant du 17 décembre 2014 agréé par arrêté du 20 février 2015 (JO 7 mars).

Une nouvelle convention (rapportée dans les *Textes non codifiés*, rubrique «Emploi-chômage») a été conclue le 26 janvier 2015; cette convention, agréée par arrêté du 16 avril 2015 (JO 23), était applicable du 1er février 2015 au 31 décembre 2016 (sur les modalités de mise en œuvre de cette convention, voir circulaire Unédic 2016-09 du 27 janvier 2016). Un avenant n° 1 du 17 novembre 2016, agréé par arrêté du 18 décembre 2016 (JO 22), a prorogé l'application de cette convention au plus tard jusqu'au 30 juin 2018. Un avenant n° 2 du 14 avril 2017, agréé par arrêté du 4 mai 2017 (JO 6), a ensuite adapté cette convention aux règles de la convention d'assurance chômage du 14 avril 2017; cet avenant s'applique aux salariés compris dans une procédure de licenciement pour motif économique engagée depuis le 1er octobre 2017 (voir aussi circulaire Unédic 2017-20 du 24 juillet 2017 relative à l'assurance chômage). Enfin, l'application de la convention a été prorogée à nouveau jusqu'au 30 juin 2019 au plus tard par un avenant n° 3 du 31 mai 2018, agréé par arrêté du 17 juillet 2018 (JO 24), puis jusqu'au 30 juin 2021 au plus tard par un avenant n° 4 du 12 juin 2019, agréé par arrêté du 7 novembre 2019 (JO 9).

Dans les entreprises de moins de 1 000 salariés et dans celles faisant l'objet d'une procédure collective, l'employeur ou son représentant doit ainsi proposer le bénéfice d'un contrat de sécurisation professionnelle à chaque salarié dont il envisage de prononcer le licenciement pour motif économique. Pour bénéficier du dispositif, le salarié doit par ailleurs répondre à certaines conditions (nombre d'heures ou de jours travaillés, âge, résidence, aptitude physique à l'exercice d'un emploi).

L'avenant n° 4 du 12 juin 2019 précité a également aménagé le dispositif pour les salariés compris dans une procédure de licenciement économique engagée depuis le 1er juillet 2019: extension des causes de prolongation de la durée du CSP aux périodes d'arrêts maladie (dans la limite de 4 mois) et de congé maternité (dans la limite de la durée légale du congé), mise en place d'un entretien final dans les deux derniers mois du dispositif en vue d'établir un bilan écrit avec le bénéficiaire, impossibilité de cumuler l'indemnité différentielle (ou la prime) de reclassement et l'allocation d'aide au retour à l'emploi (ARE) versée en cas d'activité réduite ou l'aide à la reprise ou à la création d'entreprise (ARCE).

Pour plus de précisions sur les caractéristiques du dispositif, voir la fiche thématique consacrée au CSP sur le site internet de l'Unédic: *https://www.unedic.org/sites/default/files/2017-10/Fiche%20CSP-novembre%202017.pdf.*

Voir aussi RF octobre 2020, Cahier juridique n° 1118, §§ 1120 à 1162; LS Dossier juridique n° 228 du 17.12.2018.

Voir enfin le bilan du dispositif dressé par l'Unédic: «Bilan du CSP: une efficacité accrue vers l'emploi», Unédic, Éclairages, juin 2019 *(https://www.unedic.org/sites/default/files/2019-06/Bilan%20du%20CSP%20-%20Eclairages%20-%20Juin%202019.pdf).*

• Les modalités de mise en œuvre du contrat de sécurisation professionnelle à Mayotte (CSP-M) ont été définies par les partenaires sociaux dans une convention du 17 juillet 2018 (voir le site *www.unedic.org*, actualité Unédic du 25 juillet 2018), agréée par arrêté du 4 octobre 2018 (JO 10), applicable aux salariés compris dans une procédure de licenciement pour motif économique engagée depuis le 1er janvier 2018; l'application de cette convention, dont l'échéance était initialement fixée au 30 juin 2019, a été prorogée jusqu'au 30 juin 2021 au plus tard par un avenant n° 1 du 12 juin 2019, agréé par arrêté du 7 novembre 2019 (JO 9).

• **Litiges.** Dans le cadre de la convention de reclassement personnalisé que le contrat de sécurisation professionnelle a remplacé, il a été jugé que les litiges auxquels peut donner lieu la mise en œuvre de la convention de reclassement personnalisé, y compris ceux qui concernent les prestations d'accompagnement, ressortissent à la compétence de la juridiction judiciaire (Trib. confl. 3 juillet 2017, n° C 4088).

• *Covid-19.* Sur la prime exceptionnelle de l'État instituée au profit, notamment, de certains bénéficiaires d'un CSP, voir décret 2020-1785 du 30 décembre 2020, JO 31.

Art. L. 1233-65. Le contrat de sécurisation professionnelle a pour objet l'organisation et le déroulement d'un parcours de retour à l'emploi, le cas échéant au moyen d'une reconversion ou d'une création ou reprise d'entreprise.

Ce parcours débute par une phase de prébilan, d'évaluation des compétences et d'orientation professionnelle en vue de l'élaboration d'un projet professionnel. Ce projet tient compte, au plan territorial, de l'évolution des métiers et de la situation du marché du travail.

Ce parcours comprend des mesures d'accompagnement, notamment d'appui au projet professionnel, ainsi que des périodes de formation et de travail.

Art. L. 1233-66. Dans les entreprises non soumises à l'article L. 1233-71, l'employeur est tenu de proposer, lors de l'entretien préalable ou à l'issue de la dernière réunion des représentants du personnel, le bénéfice du contrat de sécurisation professionnelle à chaque salarié dont il envisage de prononcer le licenciement pour motif économique. ***(L. 2015-990 du 6 août 2015, art. 293, JO 7)*** «Lorsque le licenciement pour motif économique donne lieu à un plan de sauvegarde de l'emploi dans les conditions prévues aux articles L. 1233-24-2 et L. 1233-24-4, cette proposition est faite après la notification par l'autorité administrative de sa décision de validation ou d'homologation prévue à l'article L. 1233-57-4.»

À défaut d'une telle proposition, l'institution mentionnée à l'article L. 5312-1 propose le contrat de sécurisation professionnelle au salarié. Dans ce cas, l'employeur verse à l'organisme chargé de la gestion du régime d'assurance chômage mentionné à l'article L. 5427-1 une contribution égale à deux mois de salaire brut, portée à trois mois lorsque son ancien salarié adhère au contrat de sécurisation professionnelle sur proposition de l'institution mentionnée au même article L. 5312-1.

(L. 2012-1189 du 26 oct. 2012, art. 9, I, JO 27, entrée en vigueur le 01.01.2013) «La détermination du montant de cette contribution et son recouvrement, effectué selon les règles et sous les garanties et sanctions mentionnées au premier alinéa de l'article L. 5422-16, sont assurés par l'institution mentionnée à l'article L. 5312-1. Les conditions d'exigibilité de cette contribution sont précisées par décret en Conseil d'État.»

Note • Les dispositions de cet article, dans sa rédaction issue de la loi 2015-990 précitée, sont applicables aux procédures de licenciement pour motif économique engagées, en application des articles L. 1233-8 ou L. 1233-30, après la publication de cette loi (loi précitée, art. 295).

La loi 2012-1189 du 26 octobre 2012 (art. 9) a maintenu la compétence de Pôle emploi pour le recouvrement des contributions et des versements dus par les employeurs au titre du contrat de sécurisation professionnelle. Voir circulaire Unédic 2012-24 du 16 novembre 2012.

Le décret 2013-639 du 17 juillet 2013 (JO 19) a précisé que:
- la contribution mentionnée à l'article L. 1233-66 CT et les versements mentionnés à l'article L. 1233-69 du même code sont liquidés et appelés par Pôle emploi;
- lorsque le salarié refuse le contrat de sécurisation professionnelle proposé par Pôle emploi se substituant à l'employeur en cas de carence de celui-ci, le règlement de la contribution mentionnée à l'article L. 1233-66 est exigible dans un délai de 15 jours suivant la date d'envoi de l'avis de versement;
- lorsque le salarié accepte le contrat de sécurisation professionnelle proposé soit par l'employeur, soit par Pôle emploi se substituant à l'employeur en cas de carence de celui-ci, le règlement, selon le cas, des versements mentionnés à l'article L. 1233-69 ou de la contribution mentionnée à l'article L. 1233-66 est exigible au plus tard le 25 du 2e mois civil suivant le début du contrat de sécurisation professionnelle;
- l'avis de versement de la contribution mentionnée à l'article L. 1233-66 et des versements mentionnés à l'article L. 1233-69 est notifié à l'employeur par Pôle emploi, par tout moyen permettant d'attester une date certaine de réception. Il précise le montant et la date d'exigibilité de ces contributions ou versements.

Art. L. 1233-67

• Dans les conditions prévues à cet article, l'employeur est tenu de proposer à chaque salarié dont il envisage de prononcer le licenciement pour motif économique le bénéfice d'un contrat de sécurisation professionnelle, qui est conclu avec Pôle emploi ou un opérateur de placement mentionné à l'article L. 5321-1 ou, pour les salariés des établissements implantés dans les bassins d'emploi de Charleville-Mézières, Montbéliard, Morlaix, Saint-Dié-des-Vosges, Toulon, Valenciennes et Vitré, avec la filiale de l'Association nationale pour la formation professionnelle des adultes dénommée SG-CTP. Cette disposition cesse de plein droit dès la mise en œuvre des marchés relatifs au contrat de sécurisation professionnelle conclus par Pôle emploi avec certains opérateurs de placement (arrêté du 1er septembre 2011, JO 23).

• La non-remise du formulaire relatif au CSP par l'employeur au salarié crée un préjudice pour ce dernier qui doit être réparé selon un montant apprécié souverainement par les juges du fond (cass. soc. 7 mars 2017, n° 15-23.038, BC V n° 41).

Art. L. 1233-67. L'adhésion du salarié au contrat de sécurisation professionnelle emporte rupture du contrat de travail. Toute contestation portant sur la rupture du contrat de travail ou son motif se prescrit par douze mois à compter de l'adhésion au contrat de sécurisation professionnelle. Ce délai n'est opposable au salarié que s'il en a été fait mention dans la proposition de contrat de sécurisation professionnelle.

Cette rupture du contrat de travail, qui ne comporte ni préavis ni indemnité compensatrice de préavis ouvre droit à l'indemnité prévue à l'article L. 1234-9 et à toute indemnité conventionnelle qui aurait été due en cas de licenciement pour motif économique au terme du préavis ainsi que, le cas échéant, au solde de ce qu'aurait été l'indemnité compensatrice de préavis en cas de licenciement et après défalcation du versement de l'employeur représentatif de cette indemnité mentionné au 10° de l'article L. 1233-68. Les régimes social et fiscal applicables à ce solde sont ceux applicables aux indemnités compensatrices de préavis.

(L. 2014-288 du 5 mars 2014, art. 1er, I, 5°, JO 6 entrée en vigueur le 01.01.2015) «Après l'adhésion au contrat de sécurisation professionnelle, le bénéficiaire peut mobiliser le compte personnel de formation mentionné à l'article L. 6323-1.»

Pendant l'exécution du contrat de sécurisation professionnelle, le salarié est placé sous le statut de stagiaire de la formation professionnelle.

Le contrat de sécurisation professionnelle peut comprendre des périodes de travail réalisées dans les conditions prévues au 3° de l'article L. 1233-68.

Note • Le dernier alinéa de cet article a été modifié par la loi 2015-990 du 6 août 2015, art. 294, I, JO 7.

• L'adhésion à un contrat de sécurisation professionnelle constitue une modalité du licenciement pour motif économique et ne prive pas le salarié du droit d'obtenir l'indemnisation du préjudice que lui a causé l'irrégularité de la lettre de convocation à l'entretien préalable (cass. soc. 17 mars 2015, n° 13-26.941, BC V n° 51; LSQ n° 16801 du 25.03.2015; JSL n° 387, 13.05.2015, p. 15, H. Tissandier; RDT, mai 2015, CH, 328, A. Fabre; JCP éd. S 2015, 1192, note Th. Lahalle; RJS 6/15 n° 430). Si elle ne le prive pas non plus du droit de contester le respect par l'employeur de son obligation de reclassement, elle entraîne toutefois nécessairement renonciation du salarié aux propositions de reclassement qui lui ont été faites (cass. soc. 16 janvier 2019, n° 17-27.446).

• La rupture du contrat de travail résultant de l'acceptation par le salarié d'un contrat de sécurisation professionnelle doit avoir une cause économique réelle et sérieuse; l'employeur est en conséquence tenu d'énoncer la cause économique de la rupture du contrat dans un écrit remis ou adressé au salarié au cours de la procédure de licenciement et au plus tard au moment de l'acceptation du contrat de sécurisation professionnelle par le salarié, afin qu'il soit informé des raisons de la rupture lors de son acceptation (cass. soc. 27 mai 2020, n° 18-24.531, à paraître, LS Jurispr. n° 104 du 09.06.2020; RJS 7/20 n° 347, 1re espèce; JSL n° 502, 24.07.2020, p. 7, M. Hautefort). Il a ainsi été jugé que lorsque la rupture du contrat de travail résulte de l'acceptation par le salarié d'un contrat de sécurisation professionnelle, l'employeur doit en énoncer le motif économique, ainsi que la mention du bénéfice de la priorité de réembauche, soit dans le document écrit d'information sur ce dispositif remis obligatoirement au salarié concerné par le projet de licenciement, soit dans la lettre qu'il est tenu d'adresser au salarié lorsque le délai de réponse expire après le délai d'envoi de la lettre de licenciement imposé par les articles L. 1233-15 et L. 1233-39 CT, soit encore, lorsqu'il n'est pas possible à l'employeur d'envoyer cette lettre avant l'acceptation par le salarié du contrat de sécurisation professionnelle, dans tout autre document écrit, porté à sa connaissance au plus tard au moment de son acceptation; si ce document n'est adressé au salarié que postérieurement à son acceptation du contrat de sécurisation professionnelle, le licenciement est dépourvu de cause réelle et sérieuse (cass. soc.

22 septembre 2015, n° 14-16.218, BC V n° 171; LSQ n° 16927 du 5.10.2015; RJS 12/15 n° 800; voir aussi cass. soc. 17 mars 2015, n° 13-26.941, précité; 27 mai 2020, n° 18-20.153, à paraître, JSL n° 502, 24.07.2020, p. 4, J-Ph. Lhernould).

Peu importe, pour la Cour de cassation, la nature du document sur lequel figure l'énonciation du motif économique, pourvu que le salarié en ait été informé au cours de la procédure de licenciement et avant d'accepter le CSP; ainsi, constitue un document d'information valable la proposition de reclassement remise au salarié dans le cadre de la recherche des possibilités de reclassement devant être effectuée avant le licenciement et énonçant que la suppression de son poste est fondée sur une réorganisation de l'entreprise liée à des motifs économiques tenant à la fermeture de deux établissements (cass. soc. 16 novembre 2016, n° 15-12.293, BC V n° 219; LS Jurispr. n° 213 du 29.11.2016; RJS 2/17 n° 106). Il en est de même du courrier électronique adressé au salarié comportant le compte-rendu de la réunion avec le délégué du personnel relative au licenciement pour motif économique envisagé, et énonçant les difficultés économiques invoquées ainsi que les postes supprimés, dont celui de l'intéressé (cass. soc. 13 juin 2018, n° 16-17.865, à paraître, LS Jurispr. n° 115 du 26.06.2018; JSL n° 458, 31.07.2018, p. 23, M. Hautefort; RJS 10/18 n° 604). En revanche, des lettres adressées au salarié lors de la procédure spécifique de modification de son contrat de travail pour motif économique sur le fondement de l'article L. 1222-6 CT ayant précédé la procédure de licenciement, et non au cours de la procédure de licenciement, ne permettent pas à l'employeur de satisfaire à son obligation légale d'informer le salarié du motif économique de la rupture résultant de son acceptation d'un contrat de sécurisation professionnelle; le licenciement est alors dépourvu de cause réelle et sérieuse (cass. soc. 27 mai 2020, n° 18-24.531, précité).

À noter que, dans les *entreprises en redressement judiciaire*, le document écrit remis au salarié par l'administrateur antérieurement à son acceptation du contrat de sécurisation professionnelle doit également comporter le visa de l'ordonnance du juge-commissaire autorisant l'administrateur à procéder au licenciement; à défaut, le licenciement est dépourvu de cause réelle et sérieuse (cass. soc. 27 mai 2020, n° 18-20.153, précité).

• Lorsqu'un salarié adhère au contrat de sécurisation professionnelle, la rupture du contrat de travail intervient à l'expiration du délai dont il dispose pour prendre parti; dès lors, la lettre notifiant au salarié le motif économique du licenciement envisagé et lui précisant qu'en cas de refus du contrat de sécurisation professionnelle, cette lettre constituerait la notification de son licenciement, n'a pas pour effet de rompre le contrat de travail ni de mettre un terme au délai laissé au salarié pour se prononcer sur les offres de reclassement (cass. soc. 17 mars 2015, n° 13-26.941, précité. Voir aussi cass. soc. 19 décembre 2018, n° 17-24.007, RJS 3/19 n° 170, s'agissant d'un salarié protégé).

• En cas d'adhésion du salarié au contrat de sécurisation professionnelle, toute contestation portant sur la rupture du contrat de travail ou son motif se prescrit par douze mois à compter de cette adhésion, ce délai n'étant opposable au salarié que s'il en a été fait mention dans la proposition de contrat de sécurisation professionnelle faite par l'employeur. La remise par l'employeur au salarié, lors de la proposition du contrat de sécurisation professionnelle, d'un document d'information édité par les services de l'Unédic mentionnant le délai de prescription applicable en cas d'acceptation du contrat de sécurisation professionnelle constitue une modalité d'information suffisante du salarié quant au délai de recours qui lui est ouvert pour contester la rupture du contrat de travail ou son motif (cass. soc. 11 décembre 2019, n° 18-17.707, à paraître, LSQ n° 17972 du 07.01.2020; RJS 2/20 n° 87, 2e espèce; JCP éd. S 2020, 1063, note E. Jeansen). Ce délai s'applique à la contestation portant sur l'inobservation des critères d'ordre des licenciements, qui est relative à la rupture du contrat de travail (cass. soc. 16 décembre 2020, n° 19-18.322, à paraître, LS Jurispr. n° 7 du 12.01.2021).

La demande d'aide juridictionnelle formée par le salarié interrompt ce délai de prescription de douze mois et un nouveau délai de même durée court à compter de la date de son admission au bénéfice de cette aide (cass. soc. 12 juin 2019, n° 18-11.358).

• En l'absence de motif économique de licenciement, le contrat de sécurisation professionnelle n'a pas de cause et l'employeur est alors tenu à l'obligation du préavis et des congés payés afférents, sauf à tenir compte des sommes déjà versées au salarié; la somme versée à «Pôle emploi» par l'employeur au titre de sa participation au financement de l'allocation de sécurisation professionnelle ne peut donc venir en déduction de la créance du salarié au titre de l'indemnité de préavis (cass. soc. 10 mai 2016, n° 14-27.953, BC V n° 89; LS Jurispr. n° 94 du 24.05.2016; RJS 7/16 n° 492; JSL n° 413, 5.07.2016, pp. 14 et s., M. Hautefort; JCP éd. S 2016, 1252, note Th. Lahalle; 9 septembre 2020, n° 18-19.550).

• En outre, dans le cadre de la législation relative à la convention de reclassement personnalisé et au contrat de transition professionnelle que le contrat de sécurisation professionnelle a remplacés, la Cour de cassation a jugé que:

– lorsque le salarié bénéficie d'une protection, la rupture du contrat de travail prend effet après que l'inspecteur du travail a autorisé le licenciement (cass. soc. 4 décembre 2012, n° 11-11.299, BC V n° 314; LS Jurispr. n° 237 du 18.12.2012; RJS 2/13 n° 144);

– l'adhésion à la convention de reclassement personnalisé d'un salarié inéligible à ce dispositif ne rend pas en elle-même la rupture du contrat de travail sans cause réelle et sérieuse (cass. soc. 8 octobre 2014, n° 13-13.995, BC V n° 229; JCP éd. S 2014, 1463, note L. Drai; RJS 12/14 n° 884).

Art. L. 1233-68. Un accord conclu et agréé dans les conditions prévues à la section 5 du chapitre II du titre II du livre IV de la cinquième partie ***(L. 2018-771 du 5 sept. 2018, art. 64, I, JO 6, entrée en vigueur le 01.01.2019)*** «, à l'exception de l'article L. 5422-20-1 et du second alinéa de l'article L. 5422-22,» définit les modalités de mise en œuvre du contrat de sécurisation professionnelle, notamment:

1° Les conditions d'ancienneté pour en bénéficier;

2° Les formalités afférentes à l'adhésion au contrat de sécurisation professionnelle et les délais de réponse du salarié à la proposition de l'employeur;

3° La durée du contrat de sécurisation professionnelle et les modalités de son éventuelle adaptation aux spécificités des entreprises et aux situations des salariés intéressés, notamment par la voie de périodes de travail effectuées pour le compte de tout employeur, à l'exception des particuliers, dans le cadre des contrats de travail à durée déterminée prévus à l'article L. 1242-3, renouvelables une fois par dérogation à l'article L. 1243-13, et des contrats de travail temporaire prévus à l'article L. 1251-7;

4° Le contenu des mesures mentionnées à l'article L. 1233-65 ainsi que les modalités selon lesquelles elles sont financées, notamment au titre du ***(L. 2014-288 du 5 mars 2014, art. 1er, I, 4°, JO 6, entrée en vigueur le 01.01.2015)*** «compte personnel de formation», et mises en œuvre par l'un des organismes assurant le service public de l'emploi, y concourant ou y participant mentionnés aux articles L. 5311-2 à L. 5311-4;

5° Les dispositions permettant d'assurer la continuité des formations engagées durant le contrat de sécurisation professionnelle;

6° Les modalités de reprise éventuelle du contrat de sécurisation professionnelle après son interruption du fait d'une reprise d'emploi;

7° Les obligations du bénéficiaire du contrat de sécurisation professionnelle et les conditions dans lesquelles le contrat peut être rompu, en cas de manquement à ces obligations, à l'initiative des organismes chargés de la mise en œuvre des mesures mentionnées au 4°;

8° Le montant de l'allocation et, le cas échéant, des incitations financières au reclassement servies au bénéficiaire par l'institution mentionnée à l'article L. 5312-1 pour le compte de l'organisme chargé de la gestion du régime d'assurance chômage mentionné à l'article L. 5427-1, ainsi que les conditions de suspension, d'interruption anticipée et de cumul de cette allocation avec d'autres revenus de remplacement;

9° Les conditions dans lesquelles les règles de l'assurance chômage s'appliquent aux bénéficiaires du contrat de sécurisation professionnelle, en particulier les conditions d'imputation de la durée d'exécution du contrat sur la durée de versement de l'allocation d'assurance mentionnée à l'article L. 5422-1;

10° Les conditions dans lesquelles participent au financement des mesures prévues au 4°:

a) L'organisme chargé de la gestion du régime d'assurance chômage mentionné à l'article L. 5427-1;

b) Les employeurs, par un versement représentatif de l'indemnité compensatrice de préavis dans la limite de trois mois de salaire majoré de l'ensemble des cotisations et contributions obligatoires afférentes.

À défaut d'accord ou d'agrément de cet accord, les modalités de mise en œuvre et de financement du contrat de sécurisation professionnelle sont déterminées par décret en Conseil d'État.

Note • Le *b)* du 10° de cet article a été modifié par la loi 2015-990 du 6 août 2015, art. 294, II, JO 7.

• Si, selon l'article 20 de la convention du 19 juillet 2011, le bénéficiaire d'un contrat de sécurisation professionnelle cesse de bénéficier de ce contrat lorsqu'il refuse ou ne se présente pas à une action de reclassement ou de formation, il ne résulte pas de la décision de cessation du bénéfice du contrat de sécurisation professionnelle prise par Pôle emploi dans un tel cas que les sommes perçues par le bénéficiaire au titre de l'allocation de sécurisation professionnelle depuis la prise d'effet du contrat l'ont été indûment; le bénéficiaire ne peut donc pas être condamné à rembourser l'intégralité des sommes perçues depuis l'ouverture de son droit à allocation (cass. soc. 10 juillet 2019, n° 18-14.183, LS Jurispr. n° 138 du 30.07.2019).

Art. L. 1233-69. ***(L. 2015-990 du 6 août 2015, art. 294, III, JO 7)*** «L'employeur contribue au financement du contrat de sécurisation professionnelle par un versement représentatif de l'indemnité compensatrice de préavis, dans la limite de trois mois de salaire majoré de l'ensemble des cotisations et contributions obligatoires afférentes.»

(L. 2012-1189 du 26 oct. 2012, art. 9, II, JO 27, entrée en vigueur le 01.01.2013) «La détermination du montant de ***(L. 2015-990 du 6 août 2015, art. 294, III, JO 7)*** «ce versement» et leur recouvrement, effectué selon les règles et sous les garanties et sanctions mentionnées au premier alinéa de l'article L. 5422-16, sont assurés par l'institution mentionnée à l'article L. 5312-1. Les conditions d'exigibilité de ***(L. 2015-990 du 6 août 2015, art. 294, III, JO 7)*** «ce versement» sont précisées par décret en Conseil d'État.»

(Ord. 2019-861 du 21 août 2019, art. 1er, 3°, JO 22) «L'État et l'organisme mentionné à l'article L. 5427-1 peuvent contribuer au financement des dépenses engagées dans le cadre du contrat de sécurisation professionnelle, y compris les dépenses liées aux coûts pédagogiques des formations.»

Les régions peuvent contribuer au financement de ces mesures de formation dans le cadre de la programmation inscrite dans le contrat de plan régional de développement des formations ***(L. 2014-288 du 5 mars 2014, art. 23, XII, JO 6)*** «et de l'orientation» professionnelles mentionné à l'article L. 214-13 du code de l'éducation.

Note • Voir note sous art. L. 1233-66.

• En l'absence de motif économique, le contrat de sécurisation professionnelle devenant sans cause, la contribution prévue à cet article doit être déduite de la somme versée par l'employeur au titre du remboursement aux organismes sociaux des indemnités de chômage versées au salarié (cass. soc. 5 décembre 2018, n° 17-28.034; 22 janvier 2020, n° 18-25.040; voir déjà, à propos de la convention de reclassement personnalisé, cass. soc. 12 juin 2012, n° 10-14.632, BC V n° 176; LS Jurispr. n° 122 du 26.06.2012; RJS 10/12 n° 838; 16 janvier 2019, n° 17-24.805).

Art. L. 1233-70. Une convention pluriannuelle entre l'État et des organisations syndicales de salariés et d'employeurs représentatives au niveau national et interprofessionnel détermine les modalités de l'organisation du parcours de retour à l'emploi mentionné à l'article L. 1233-65 et de la mise en œuvre, du suivi et de l'évaluation des mesures qu'il comprend. Cette convention détermine notamment les attributions des représentants territoriaux de l'État dans cette mise en œuvre et les modalités de désignation des opérateurs qui en sont chargés.

Une convention pluriannuelle entre l'État et l'organisme chargé de la gestion du régime d'assurance chômage mentionné à l'article L. 5427-1 détermine les modalités de financement du parcours de retour à l'emploi mentionné à l'article L. 1233-65 et des mesures qu'il comprend. Une annexe financière est négociée annuellement entre l'État et l'organisme chargé de la gestion du régime d'assurance chômage mentionné à l'article L. 5427-1.

À défaut de ces conventions, les dispositions qu'elles doivent comporter sont déterminées par décret en Conseil d'État.

Art. D. 1233-49. ***(D. 2015-1749 du 23 déc. 2015, JO 26, entrée en vigueur le 01.01.2016)*** En application de l'article L. 1233-69 du présent code, les ***(L. 2018-771 du 5 sept. 2018, art. 45, II, JO 6)*** «opérateurs de compétences» financent 20 % du coût pédagogique total de chacune des actions de formation prévues à l'article L. 1233-65, à l'exception des frais de transport, de repas et d'hébergement.

Art. D. 1233-50. ***(D. 2015-1749 du 23 déc. 2015, JO 26, entrée en vigueur le 01.01.2016)*** Lorsque l'accord-cadre mentionné à l'article L. 6332-21 du présent code prévoit le financement des mesures prévues à l'article L. 1233-65, les ***(L. 2018-771 du 5 sept. 2018, art. 45, II, JO 6)*** «opérateurs de compétences» répondent aux appels à projet mentionnés à l'article R. 6332-106 pour bénéficier du financement du fonds paritaire de sécurisation des parcours professionnels à hauteur de 80 % du montant du coût pédagogique de chaque formation ainsi que, le cas échéant, des frais de transport, de repas et d'hébergement.

Par dérogation à l'article D. 1233-49, à défaut de réponse à l'appel à projet mentionné au premier alinéa, l'***(L. 2018-771 du 5 sept. 2018, art. 45, II, JO 6)*** «opérateur de compétences» finance la totalité du coût pédagogique de chaque formation ainsi que, le cas échéant, les frais de transport, de repas et d'hébergement.

Art. D. 1233-51. ***(D. 2015-1749 du 23 déc. 2015, JO 26, entrée en vigueur le 01.01.2016)*** Lorsqu'une entreprise a conclu un accord en application du premier alinéa de l'article L. 6331-10, l'employeur verse à l'***(L. 2018-771 du 5 sept. 2018, art. 45, II, JO 6)*** «opérateur de compétences», désigné par l'accord de branche dont l'entreprise relève, tout ou partie du montant pris en charge par l'organisme en application de l'article D. 1233-49, dans la limite du montant de la contribution définie à l'article L. 6331-10, afin de financer les mesures de formation prévues à l'article L. 1233-65.

Dans l'hypothèse où une entreprise ne peut procéder à ce versement, ce montant reste à la charge de l'*(L. 2018-771 du 5 sept. 2018, art. 45, II, JO 6)* «opérateur de compétences» désigné par l'accord de branche dont l'entreprise relève.

Pour l'application de l'article R. 6331-13, ce versement est pris en compte dans le total des dépenses effectivement consacrées par l'employeur au financement du compte personnel de formation de ses salariés.

Sous-section 3. Congé de reclassement

Note Voir JCP éd. S 2012, 1379, étude P. Morvan: «Pratique et théorie du congé de reclassement».

Voir également RF octobre 2020, Cahier juridique n° 1118, §§ 1170 à 1186.

Art. L. 1233-71. Dans les entreprises ou les établissements ***(L. 2012-387 du 22 mars 2012, art. 43, 18°, JO 23)*** «d'au moins mille salariés», ainsi que dans les entreprises mentionnées à l'article L. 2331-1 et celles ***(L. 2016-1088 du 8 août 2016, art. 96, JO 9)*** «répondant aux conditions mentionnées aux articles L. 2341-1 et L. 2341-2», dès lors qu'elles emploient au total au moins mille salariés, l'employeur propose à chaque salarié dont il envisage de prononcer le licenciement pour motif économique un congé de reclassement qui a pour objet de permettre au salarié de bénéficier d'actions de formation et des prestations d'une cellule d'accompagnement des démarches de recherche d'emploi.

La durée du congé de reclassement ne peut excéder ***(L. 2013-504 du 14 juin 2013, art. 20, II, JO 16)*** «douze» mois ***(L. 2020-1576 du 14 déc. 2020, art. 8, III, 1°, JO 15)*** «, pouvant être portés à vingt-quatre mois en cas de formation de reconversion professionnelle».

Ce congé débute, si nécessaire, par un bilan de compétences qui a vocation à permettre au salarié de définir un projet professionnel et, le cas échéant, de déterminer les actions de formation nécessaires à son reclassement. Celles-ci sont mises en œuvre pendant la période prévue au premier alinéa.

L'employeur finance l'ensemble de ces actions.

Note • Les dispositions de cet article, dans sa rédaction issue de la loi 2020-1576 précitée, s'appliquent aux avantages dus à compter du 01.01.2021 (loi précitée, art. 8, VII).

• Pour l'application du 1er alinéa de cet article, les effectifs de l'entreprise ou de l'établissement doivent être appréciés, selon les modalités prévues à l'article L. 1111-2 CT, à la date d'engagement de la procédure de licenciement, soit à compter de la date d'envoi de la convocation à la première réunion des représentants du personnel mentionnée à l'article L. 1233-30 (CE 29 juin 2016, n° 389278, Rec. Lebon, p. 260; LSQ n° 17120 du 11 juillet 2016; RJS 10/16 n° 628; JSL n° 416, 23.09.2016, p. 22).

• La loi du 14 juin 2013 a porté la durée maximale du congé de reclassement de 9 à 12 mois, afin d'harmoniser sa durée avec celle des contrats de sécurisation professionnelle qui constituent l'équivalent du congé de reclassement dans les entreprises de moins de 1 000 salariés.

Art. L. 1233-72. Le congé de reclassement est pris pendant le préavis, que le salarié est dispensé d'exécuter.

Lorsque la durée du congé de reclassement excède la durée du préavis, le terme de ce dernier est reporté jusqu'à la fin du congé de reclassement.

Le montant de la rémunération qui excède la durée du préavis est égal au montant de l'allocation de conversion mentionnée au 3° de l'article L. 5123-2. ***(L. 2020-1576 du 14 déc. 2020, art. 8, III, 2°, JO 15)*** «Les dispositions de l'article L. 5122-4 sont applicables à cette rémunération.»

Note • Les dispositions de cet article, dans sa rédaction issue de la loi 2020-1576 précitée, s'appliquent aux avantages dus à compter du 01.01.2021 (loi précitée, art. 8, VII).

• Selon ce texte, le salarié qui accepte un congé de reclassement bénéficie d'un préavis qu'il est dispensé d'exécuter et perçoit pendant sa durée le montant de sa rémunération; il en résulte que, si l'absence de cause réelle et sérieuse de licenciement entraîne la nullité du congé, le salarié licencié ne peut prétendre au paiement d'une indemnité de préavis et de l'indemnité de congés payés s'y rapportant que sous déduction des sommes reçues à ce titre pendant la durée du congé (cass. soc. 17 décembre 2013, n° 12-27.202, BC V n° 304; LSQ n° 16504 du 9.01.2014; RJS 3/14 n° 258).

• Le contrat de travail du salarié en congé de reclassement subsiste jusqu'à la date d'expiration du préavis, dont le terme est reporté jusqu'à la fin du congé de reclassement quand celui-ci excède la durée du préavis; un salarié en congé de reclassement ne peut donc pas bénéficier d'une pension de retraite complémentaire conditionnée par une cessation définitive d'activité (en l'espèce, le régime de retraite du personnel navigant professionnel de l'aéronautique civile), dès lors que son contrat de travail n'est ni rompu, ni modifié (cass. soc. 23 octobre 2019, n° 18-15.550, à paraître, LS Jurispr. n° 201 du 05.11.2019; JSL n° 487-488, 17.12.2019, p. 37, D. J.-P. ; JCP éd. S 2019, 1349, note S. Carré).

• Sur les modalités d'application de la priorité de réembauche aux salariés bénéficiaires d'un congé de reclassement, voir note sous article L. 1233-45.

Art. L. 1233-72-1. ***(L. 2011-893 du 28 juil. 2011, art. 42, JO 29)*** Le congé de reclassement peut comporter des périodes de travail durant lesquelles il est suspendu. Ces périodes de travail sont effectuées pour le compte de tout employeur, à l'exception des particuliers, dans le cadre de contrats de travail à durée déterminée tels que prévus à l'article L. 1242-3, renouvelables une fois par dérogation ***(Ord. 2017-1718 du 20 déc. 2017, art. 1er, I, 18°, JO 21)*** «aux articles L. 1243-13 et L. 1243-13-1», ou de contrats de travail temporaire tels que prévus à l'article L. 1251-7. Au terme de ces périodes, le congé de reclassement reprend. ***(L. 2013-504 du 14 juin 2013, art. 20, III, JO 16)*** «L'employeur peut prévoir un report du terme initial du congé à due concurrence des périodes de travail effectuées.»

Art. L. 1233-73. Les partenaires sociaux peuvent, dans le cadre d'un accord national interprofessionnel, prévoir une contribution aux actions engagées dans le cadre du congé de reclassement.

Art. L. 1233-74. Les maisons de l'emploi peuvent participer, dans des conditions fixées par voie de convention avec les entreprises intéressées, à la mise en œuvre des mesures relatives au congé de reclassement.

Art. L. 1233-75. Les dispositions de la présente sous-section ne sont pas applicables aux entreprises en redressement ou en liquidation judiciaire.

Art. L. 1233-76. Un décret en Conseil d'État détermine les modalités d'application des articles L. 1233-71 à L. 1233-73.

§ 1 (réglementaire). Proposition du congé de reclassement

Art. R. 1233-17. L'employeur informe et consulte le ***(D. 2017-1819 du 29 déc. 2017, art. 3, 10°, JO 30, entrée en vigueur le 01.01.2018)*** «comité social et économique» sur les conditions de mise en œuvre du congé de reclassement lors des réunions prévues aux articles L. 1233-8, en cas de licenciement de moins de dix salariés dans une même période de trente jours, et L. 1233-28, en cas de licenciement de dix salariés ou plus dans une même période de trente jours.

Art. R. 1233-18. Lorsque l'employeur établit un plan de sauvegarde de l'emploi, les conditions de mise en œuvre du congé de reclassement sont fixées dans ce plan.

Lorsqu'il n'est pas tenu d'établir ce plan, l'employeur adresse aux représentants du personnel un document précisant les conditions de mise en œuvre du congé de reclassement, avec les renseignements prévus aux articles L. 1233-10, en cas de licenciement de moins de dix salariés dans une même période de trente jours, L. 1233-31 et L. 1233-32, en cas de licenciement de dix salariés ou plus dans une même période de trente jours.

Art. R. 1233-19. Lors de l'entretien préalable prévu à l'article L. 1233-11, en cas de licenciement de moins de dix salariés dans une même période de trente jours, l'employeur informe le salarié des conditions de mise en œuvre du congé de reclassement.

Lorsque l'employeur n'est pas tenu de convoquer les salariés à cet entretien, en cas de licenciement de dix salariés ou plus dans une même période de trente jours, il les informe, à l'issue de la dernière réunion du ***(D. 2017-1819 du 29 déc. 2017, art. 3, 11°, JO 30, entrée en vigueur le 01.01.2018)*** «comité social et économique», des conditions de mise en œuvre du congé de reclassement.

Art. R. 1233-20. Dans la lettre de notification du licenciement prévue aux articles L. 1233-15, en cas de licenciement de moins de dix salariés dans une même période de trente jours, et L. 1233-39, en cas de licenciement de dix salariés ou plus dans une même période de trente jours, l'employeur propose au salarié le bénéfice du congé de reclassement.

Art. R. 1233-21. Le salarié dispose d'un délai de huit jours à compter de la date de notification de la lettre de licenciement pour informer l'employeur qu'il accepte le bénéfice du congé de reclassement.

L'absence de réponse dans ce délai est assimilée à un refus.

§ 2 (réglementaire). Mise en œuvre du congé de reclassement

Art. R. 1233-22. En cas d'acceptation par le salarié du bénéfice du congé de reclassement, celui-ci débute à l'expiration du délai de réponse prévu à l'article R. 1233-21.

Art. R. 1233-23. Le congé de reclassement permet au salarié de bénéficier des prestations d'une cellule d'accompagnement des démarches de recherche d'emploi et d'actions de formation destinées à favoriser son reclassement professionnel.

Pendant ce congé, le salarié peut également faire valider les acquis de son expérience ou engager les démarches en vue d'obtenir cette validation.

Art. R. 1233-24. La cellule d'accompagnement des démarches de recherche d'emploi assure :

1° Une fonction d'accueil, d'information et d'appui au salarié dans ses démarches de recherche d'emploi ;

2° Un suivi individualisé et régulier du salarié ;

3° Les opérations de prospection et de placement de nature à assurer le reclassement du salarié.

Art. R. 1233-25. Les prestations proposées par la cellule d'accompagnement sont accomplies soit par un prestataire choisi par l'employeur, soit par des salariés de l'entreprise désignés par l'employeur.

Art. R. 1233-26. La cellule d'accompagnement doit disposer des moyens nécessaires pour lui permettre de remplir sa mission.

Un ou plusieurs salariés peuvent lui apporter leur concours, après accord de l'employeur.

Art. R. 1233-27. Lorsque le salarié accepte le bénéfice du congé de reclassement, un entretien d'évaluation et d'orientation est accompli par la cellule d'accompagnement. Cet entretien a pour objet de déterminer le projet professionnel de reclassement du salarié ainsi que ses modalités de mise en œuvre.

À l'issue de cet entretien, la cellule d'accompagnement remet à l'employeur et au salarié un document précisant le contenu et la durée des actions nécessaires en vue de favoriser le reclassement.

Lorsque l'entretien d'évaluation et d'orientation n'a pas permis de définir un projet professionnel de reclassement, la cellule d'accompagnement informe le salarié qu'il peut bénéficier du bilan de compétences prévu par l'article L. 1233-71 et réalisé selon les modalités prévues par les articles R. 1233-35 et ***(D. 2018-1330 du 28 déc. 2018, art. 1er, JO 30, entrée en vigueur le 01.01.2019)*** « R. 6313-4 ». Ce bilan a pour objet d'aider le salarié à déterminer et approfondir son projet professionnel de reclassement et prévoit, en tant que de besoin, les actions de formation nécessaires à la réalisation de ce projet ainsi que celles permettant au salarié de faire valider les acquis de son expérience. Lorsque sont proposées de telles actions, l'organisme chargé de réaliser le bilan de compétences communique à la cellule d'accompagnement les informations relatives à leur nature, à leur durée et à leur mise en œuvre. Au vu de ces informations, la cellule établit le document prévu au deuxième alinéa.

Art. R. 1233-28. Au vu du document remis par la cellule d'accompagnement à l'employeur et au salarié, conformément au deuxième alinéa de l'article R. 1233-27, l'employeur précise dans un document :

1° Le terme du congé de reclassement ;

2° Les prestations de la cellule d'accompagnement dont il peut bénéficier ;

3° Selon les cas, la nature précise des actions de formation ou de validation des acquis de son expérience, ainsi que le nom des organismes prestataires de ces actions ;

4° L'obligation de donner suite aux convocations qui lui sont adressées par la cellule d'accompagnement ;

5° La rémunération versée pendant la période du congé de reclassement excédant la durée du préavis ;

6° Les engagements du salarié pendant le congé de reclassement et les conditions de rupture de ce congé définies aux articles R. 1233-34 et R. 1233-36.

Art. R. 1233-29. Le document prévu à l'article R. 1233-28 est établi en double exemplaire dont l'un est remis au salarié.

Chaque exemplaire est revêtu de la signature du salarié et de l'employeur préalablement à la réalisation des actions prévues dans le cadre du congé de reclassement.

Art. R. 1233-30. Le salarié dispose d'un délai de huit jours pour signer le document prévu à l'article R. 1233-28 à compter de la date de sa présentation.

Si, à l'issue de ce délai, le document n'a pas été signé, l'employeur notifie au salarié la fin du congé de reclassement par lettre recommandée avec avis de réception. Si le préavis est suspendu, la date de présentation de cette lettre fixe le terme de la suspension du préavis.

Art. R. 1233-31. L'employeur fixe la durée du congé de reclassement entre quatre et ***(D. 2013-554 du 27 juin 2013, JO 28)*** « douze » mois. La durée fixée peut être inférieure à quatre mois sous réserve de l'accord exprès du salarié.

Lorsque le salarié suit une action de formation ou de validation des acquis de l'expérience, la durée du congé de reclassement ne peut être inférieure à la durée de ces actions dans la limite de ***(D. 2013-554 du 27 juin 2013, JO 28)*** « douze » mois.

Note Cet article est applicable aux procédures de licenciement collectif engagées depuis le 01.07.2013.

Art. R. 1233-32. Pendant la période du congé de reclassement excédant la durée du préavis, le salarié bénéficie d'une rémunération mensuelle à la charge de l'employeur.

Le montant de cette rémunération est au moins égal à 65 % de sa rémunération mensuelle brute moyenne soumise aux contributions mentionnées à l'article L. 5422-9 au titre des douze derniers mois précédant la notification du licenciement.

Il ne peut être inférieur à un salaire mensuel égal à 85 % du produit du salaire minimum de croissance prévu à l'article L. 3231-2 par le nombre d'heures correspondant à la durée collective de travail fixée dans l'entreprise.

Il ne peut non plus être inférieur à 85 % du montant de la garantie de rémunération versée par l'employeur en application des dispositions de l'article 32 de la loi n° 2000-37 du 19 janvier 2000 relative à la réduction négociée du temps de travail.

Chaque mois, l'employeur remet au salarié un bulletin précisant le montant et les modalités de calcul de cette rémunération.

Note Les sommes issues de la monétisation du compte-épargne temps, qui ne répondent à aucune périodicité de travail ou de rémunération, ne doivent pas être prises en compte dans l'assiette de calcul de l'indemnité de congé de reclassement prévue à cet article; à l'inverse, une prime contractuelle versée en contrepartie de l'engagement du salarié de demeurer au service de l'entreprise pendant une période déterminée doit, en raison de sa nature salariale, être prise en compte (cass. soc. 22 juin 2016, n° 14-18.675, BC V n° 132; LSQ n° 17116 du 05.07.2016; JSL n° 415, 05.09.2016, p. 24; RJS 10/16 n° 629).

Art. R. 1233-33. Pendant la durée du congé de reclassement, le salarié suit les actions définies dans le document prévu à l'article R. 1233-28 et participe aux actions organisées par la cellule d'accompagnement.

Art. R. 1233-34. Lorsque le salarié s'abstient, sans motif légitime, de suivre les actions mentionnées à l'article R. 1233-33 ou de se présenter aux entretiens auxquels il a été convoqué par la cellule d'accompagnement, l'employeur lui notifie, par lettre recommandée avec avis de réception ou remise contre récépissé, une mise en demeure de suivre les actions prévues ou de donner suite aux convocations qui lui ont été adressées.

L'employeur précise dans ce courrier que si le salarié ne donne pas suite à la mise en demeure dans un délai fixé par celle-ci, le congé de reclassement sera rompu.

Si, à l'issue de ce délai, le salarié n'a pas donné suite à la mise en demeure, l'employeur lui notifie la fin du congé de reclassement par lettre recommandée avec avis de réception.

Si le préavis est suspendu, la date de présentation de cette lettre fixe le terme de la suspension du préavis.

Art. R. 1233-35. Le bilan de compétences mis en œuvre dans le cadre d'un congé de reclassement est réalisé après la conclusion d'une convention tripartite dans les conditions prévues aux articles ***(D. 2018-1330 du 28 déc. 2018, art. 1er, JO 30, entrée en vigueur le 01.01.2019)*** « R. 6313-4 à R. 6313-8 ».

Art. R. 1233-36. Si le salarié retrouve un emploi pendant son congé de reclassement, il en informe l'employeur par lettre recommandée avec avis de réception ou remise contre récépissé. Il précise la date à laquelle prend effet son embauche.

Cette lettre est adressée à l'employeur avant l'embauche.

La date de présentation de cette lettre fixe la fin du congé de reclassement et, si le préavis est suspendu, le terme de sa suspension.

Sous-section 5. **Revitalisation des bassins d'emploi**

Note • La loi 2016-1088 du 8 août 2016 (JO 9) a validé l'existence des conventions-cadres nationales de revitalisation conclues en cas de licenciement économique affectant plusieurs bassins d'emploi, en les inscrivant dans le code du travail (voit ci-après art. L. 1233-90-1).

• Voir aussi notamment:

– circulaire DGEFP/DGCIS/DATAR 2012-14 du 12 juillet 2012 relative à la mise en œuvre de l'obligation de revitalisation instituée à l'article L. 1233-84;

– instruction DGEFP n° 12 du 30 juillet 2008 relative au rôle de l'État dans l'accompagnement des restructurations, le reclassement des salariés licenciés et la revitalisation des bassins d'emploi (BO MT 2008/10 du 30 octobre 2008);

– guide méthodologique DARES/DGEFP de février 2013 relatif à l'accompagnement de la mise en œuvre des conventions de revitalisation (*https://travail-emploi.gouv.fr/IMG/pdf/Guide_methodologiq_No_4_bis.pdf*).

• Sur cette question, voir également RF octobre 2020, Cahier juridique n° 1118, §§ 1205 à 1217.

Art. L. 1233-84. Lorsqu'elles procèdent à un licenciement collectif affectant, par son ampleur, l'équilibre du ou des bassins d'emploi dans lesquels elles sont implantées, les entreprises mentionnées à l'article L. 1233-71 sont tenues de contribuer à la création d'activités et au développement des emplois et d'atténuer les effets du licenciement envisagé sur les autres entreprises dans le ou les bassins d'emploi.

Ces dispositions ne sont pas applicables dans les entreprises en redressement ou en liquidation judiciaire.

Art. L. 1233-85. Une convention entre l'entreprise et l'autorité administrative, conclue dans un délai de six mois à compter de la notification prévue à l'article L. 1233-46, détermine, le cas échéant sur la base d'une étude d'impact social et territorial prescrite par l'autorité administrative, la nature ainsi que les modalités de financement et de mise en œuvre des actions prévues à l'article L. 1233-84.

La convention tient compte des actions de même nature éventuellement mises en œuvre par anticipation dans le cadre d'un accord collectif relatif à la gestion prévisionnelle des emplois et des compétences ou prévues dans le cadre du plan de sauvegarde de l'emploi établi par l'entreprise ***(L. 2016-1088 du 8 août 2016, art. 97, 1°, JO 9)*** «ou prévues dans le cadre d'une démarche volontaire de l'entreprise faisant l'objet d'un document-cadre conclu entre l'État et l'entreprise. Le contenu et les modalités d'adoption de ce document sont définis par décret.» Lorsqu'un accord collectif de groupe, d'entreprise ou d'établissement prévoit des actions de telle nature, assorties d'engagements financiers de l'entreprise au moins égaux au montant de la contribution prévue à l'article L. 1233-86, cet accord tient lieu, à la demande de l'entreprise, de la convention prévue au présent article entre l'entreprise et l'autorité administrative, sauf opposition de cette dernière motivée et exprimée dans les deux mois suivant la demande.

Art. L. 1233-86. Le montant de la contribution versée par l'entreprise ne peut être inférieur à deux fois la valeur mensuelle du salaire minimum de croissance par emploi supprimé. Toutefois, l'autorité administrative peut fixer un montant inférieur lorsque l'entreprise est dans l'incapacité d'assurer la charge financière de cette contribution.

En l'absence de convention signée ou d'accord collectif en tenant lieu, les entreprises versent au Trésor public une contribution égale au double du montant prévu au premier alinéa.

Art. L. 1233-87. Lorsqu'un licenciement collectif effectué par une entreprise ***(L. 2012-387 du 22 mars 2012, art. 43, 9°, JO 23)*** «d'au moins cinquante salariés» non soumise à l'obligation de proposer un congé de reclassement affecte, par son ampleur, l'équilibre du ou des bassins d'emploi dans lesquels elle est implantée, l'autorité administrative, après avoir, le cas échéant, prescrit une étude d'impact social et territorial prenant en compte les observations formulées par l'entreprise concernée, intervient pour faciliter la mise en œuvre d'actions de nature à permettre le développement d'activités nouvelles et atténuer les effets de la restructuration envisagée sur les autres entreprises dans le ou les bassins d'emploi. L'autorité administrative intervient en concertation avec les organismes participant ou concourant au service public de l'emploi mentionnés aux articles L. 5311-2 et suivants et, le cas échéant, avec la ou les maisons de l'emploi.

L'entreprise et l'autorité administrative définissent d'un commun accord les modalités selon lesquelles l'entreprise prend part, le cas échéant, à ces actions, compte tenu notamment de sa situation financière et du nombre d'emplois supprimés.

Les dispositions du deuxième alinéa ne sont pas applicables aux entreprises en redressement ou en liquidation judiciaire.

Art. L. 1233-88. Les actions prévues aux articles L. 1233-84 et L. 1233-87 sont déterminées après consultation des collectivités territoriales intéressées, des organismes consulaires et des partenaires sociaux membres de la commission paritaire interprofessionnelle régionale.

Leur exécution fait l'objet d'un suivi et d'une évaluation, sous le contrôle de l'autorité administrative, selon des modalités définies par décret. Ce décret détermine également les conditions dans lesquelles les entreprises dont le siège n'est pas implanté dans le bassin d'emploi affecté par le licenciement collectif contribuent aux actions prévues.

Art. L. 1233-89. Les procédures prévues à la présente sous-section sont applicables indépendamment des autres procédures prévues par le présent chapitre.

Art. L. 1233-90. Les maisons de l'emploi peuvent participer, dans des conditions fixées par voie de convention avec les entreprises intéressées, à la mise en œuvre des mesures relatives à la revitalisation des bassins d'emploi.

Art. L. 1233-90-1. ***(L. 2016-1088 du 8 août 2016, art. 97, 2°, JO 9)*** Une convention-cadre nationale de revitalisation est conclue entre le ministre chargé de l'emploi et l'entreprise lorsque les suppressions d'emplois concernent au moins trois départements.

Il est tenu compte, pour la détermination du montant de la contribution mentionnée à l'article L. 1233-86, du nombre total des emplois supprimés.

La convention-cadre est signée dans un délai de six mois à compter de la notification du projet de licenciement mentionnée à l'article L. 1233-46.

Elle donne lieu, dans un délai de quatre mois à compter de sa signature, à une ou plusieurs conventions locales conclues entre le représentant de l'État et l'entreprise. Ces conventions se conforment au contenu de la convention-cadre nationale.

§ 1 (réglementaire). Revitalisation par les entreprises soumises à l'obligation de proposer le congé de reclassement

Art. D. 1233-37. Le préfet conclut la convention prévue à l'article L. 1233-85 ***(D. 2017-1724 du 20 déc. 2017, JO 22)*** «ou à l'article L. 1237-19-10» et assure le suivi et l'évaluation des actions prévues ***(D. 2017-1724 du 20 déc. 2017, JO 22)*** «aux articles L. 1233-84, L. 1233-87 et L. 1237-19-9».

Art. D. 1233-38. Lorsqu'une entreprise mentionnée à l'article L. 1233-71 procède à un licenciement collectif ***(D. 2017-1724 du 20 déc. 2017, JO 22)*** «ou à une rupture conventionnelle collective mentionnée à l'article L. 1237-19», le ou les préfets dans le ou les départements du ou des bassins d'emploi concernés lui indiquent, dans un délai ***(D. 2013-554 du 27 juin 2013, JO 28)*** «d'un mois» à compter de la notification ***(D. 2013-554 du 27 juin 2013, JO 28)*** «de la décision administrative de validation ou d'homologation mentionnée à l'article L. 1233-57-4»***(D. 2017-1724 du 20 déc. 2017, JO 22)*** «ou de la décision administrative de validation de l'accord collectif mentionnée à l'article L. 1237-19-3», après avoir recueilli ses observations, si elle est soumise à l'obligation de revitalisation des bassins d'emploi ***(D. 2017-1724 du 20 déc. 2017, JO 22)*** «instituée aux articles L. 1233-84 et L. 1237-19-9.»

À cet effet, ***(D. 2017-1724 du 20 déc. 2017, JO 22)*** «ils apprécient si le licenciement ou la rupture conventionnelle collective affectent, par leur ampleur», l'équilibre du ou des bassins d'emploi concernés en tenant notamment compte du nombre et des caractéristiques des emplois susceptibles d'être supprimés, du taux de chômage et des caractéristiques socio-économiques du ou des bassins d'emploi et des effets du licenciement ***(D. 2017-1724 du 20 déc. 2017, JO 22)*** «ou de la rupture conventionnelle collective» sur les autres entreprises de ce ou ces bassins d'emploi.

Ils peuvent également demander à l'entreprise de réaliser, ***(D. 2013-554 du 27 juin 2013, JO 28)*** «dès la notification du projet prévu à l'article L. 1233-46, une étude d'impact social et territorial qui doit leur être adressée au plus tard avant la fin du délai mentionné à l'article L. 1233-30».

(D. 2017-1724 du 20 déc. 2017, JO 22) «Dans le cadre de la rupture conventionnelle collective, le ou les préfets dans le ou les départements du ou des bassins d'emploi concernés peuvent demander à l'entreprise de réaliser l'étude d'impact social et territorial dès la notification de l'ouverture de la négociation prévue à l'article L. 1237-19, qui doit lui ou leur être adressée au plus tard le jour de la transmission de l'accord pour validation prévue à l'article L. 1237-19-3.»

Note Les dispositions de cet article, dans sa rédaction issue du décret 2013-554 précité, sont applicables aux procédures de licenciement collectif engagées depuis le 01.07.2013.

Art. D. 1233-39. L'entreprise informe dans un délai d'un mois à compter de la notification de la décision prévue à l'article D. 1233-38, le ou les préfets dans le ou les départements concernés si elle entend satisfaire à cette obligation par la voie d'une convention signée avec l'État ou par celle d'un accord collectif.

Dans ce dernier cas, l'entreprise leur transmet également la copie de cet accord, son récépissé de dépôt et l'ensemble des informations, notamment financières, permettant d'évaluer la portée des engagements y figurant.

Lorsque le siège de l'entreprise n'est pas situé dans le ou les bassins d'emploi concernés, elle désigne, en outre, une personne chargée de la représenter devant le ou les préfets dans le ou les départements.

Art. D. 1233-40. La convention mentionnée ***(D. 2017-1724 du 20 déc. 2017, JO 22)*** « aux articles L. 1233-85 et L. 1237-19-10 » comporte notamment :

1° Les limites géographiques du ou des bassins d'emploi affectés par le licenciement collectif ***(D. 2017-1724 du 20 déc. 2017, JO 22)*** « ou par la rupture conventionnelle collective » et concernés par les mesures qu'elle prévoit ;

2° Les mesures permettant la création d'activités, le développement des emplois et l'atténuation des effets du licenciement envisagé ***(D. 2017-1724 du 20 déc. 2017, JO 22)*** « ou de la rupture conventionnelle collective » sur les autres entreprises dans le ou les bassins d'emploi concernés, ainsi que, pour chacune d'entre elles, les modalités et les échéances de mise en œuvre et le budget prévisionnel et, le cas échéant, le ou les noms et raisons sociales des organismes, établissements ou sociétés chargés pour le compte de l'entreprise de les mettre en œuvre et les financements qui leur sont affectés ;

3° La durée d'application de la convention qui ne peut dépasser trois ans, sauf circonstances particulières ;

4° Le montant de la contribution de l'entreprise par emploi supprimé et le nombre d'emplois supprimés au sens de l'article D. 1233-43 ;

5° Les modalités de suivi et d'évaluation des mesures mises en œuvre.

Art. D. 1233-41. ***(D. 2016-1473 du 28 oct. 2016, JO 3 nov.)*** « I – » Les mesures engagées avant la signature de la convention peuvent être prises en compte dans le cadre de cette dernière lorsqu'elles contribuent à la création d'activités, au développement des emplois et permettent d'atténuer les effets du licenciement envisagé ***(D. 2017-1724 du 20 déc. 2017, JO 22)*** « ou de la rupture conventionnelle collective » sur les autres entreprises dans le ou les bassins d'emploi ***(D. 2017-1724 du 20 déc. 2017, JO 22)*** « concernés ».

Les mesures envisagées sous la forme de l'octroi d'un prêt aux mêmes fins sont valorisées à hauteur d'un coût prévisionnel tenant compte du coût de gestion du prêt, du coût du risque et du coût de l'accès au financement. Cette valorisation ne peut dépasser 30 % des sommes engagées.

Les mesures envisagées au même titre sous la forme de la cession d'un bien immobilier sont valorisées à hauteur de la différence entre la valeur de marché du bien, déterminée après avis ***(D. 2014-552 du 27 mai 2014, art. 17, JO 29)*** « du directeur départemental ou, le cas échéant, régional des finances publiques », et sa valeur de cession.

(D. 2016-1473 du 28 oct. 2016, JO 3 nov.) « II. – Les mesures prévues dans le cadre d'une démarche volontaire de l'entreprise peuvent être prises en compte selon les modalités définies au I, lorsqu'elles sont engagées dans les deux ans précédant la notification de la décision prévue à l'article D. 1233-38 et qu'elles font l'objet d'un document-cadre conclu avec le représentant de l'État dans le département. Ce document-cadre détermine :

1° Les limites géographiques du ou des bassins d'emplois d'intervention ;

2° La nature des mesures et le montant auquel chacune est valorisée pour venir en déduction du montant de la contribution ***(D. 2017-1724 du 20 déc. 2017, JO 22)*** « prévue aux articles L. 1233-86 et L 1237-19-11 » ;

3° La date de début de mise en œuvre de chacune des mesures ;

4° Les modalités de suivi et d'évaluation des mesures.

L'entreprise transmet le bilan de la mise en œuvre des mesures au représentant de l'État dans le département, au plus tard dans un délai d'un mois à compter de la notification de la décision prévue à l'article D. 1233-38. »

Note Les dispositions de cet article, dans sa rédaction issue du décret 2016-1473 précité, s'appliquent aux entreprises ayant fait l'objet d'une notification de l'obligation de revitalisation des bassins d'emploi mentionnée à l'article D. 1233-38 CT après le 3 novembre 2016 (décret précité, art. 2).

Art. D. 1233-42. Pour le suivi et l'évaluation de la mise en œuvre de revitalisation des bassins d'emploi, il est institué un comité présidé par le ou les préfets dans le ou les départements concernés, associant l'entreprise, les collectivités territoriales intéressées, les organismes consulaires et les partenaires sociaux membres de la ou des commissions paritaires interprofessionnelles régionales concernées.

Le comité se réunit au moins une fois par an, sur la base du bilan, provisoire ou définitif, transmis préalablement par l'entreprise au ou aux préfets et justifiant de la mise en œuvre de son obligation.

Le bilan définitif évalue notamment l'impact sur l'emploi des mesures mises en œuvre et comprend les éléments permettant de justifier le montant de la contribution de l'entreprise aux actions prévues.

Art. D. 1233-43. Pour le calcul de la contribution instituée à l'article L. 1233-84, le nombre d'emplois supprimés ***(D. 2017-1724 du 20 déc. 2017, JO 22)*** « est égal au nombre de salariés dont le licenciement est envisagé », duquel est déduit le nombre de salariés dont le reclassement, dans l'entreprise ou dans le groupe auquel elle appartient, est acquis sur le ou les bassins d'emploi affectés par le licenciement collectif, à l'issue de la procédure de consultation des représentants du personnel prévue aux articles L. 1233-8 et L. 1233-9, en cas de licenciement de moins de dix salariés dans une même période de trente jours, et L. 1233-28 à L. 1233-30, en cas de licenciement de dix salariés ou plus dans une même période de trente jours.

(D. 2017-1724 du 20 déc. 2017, JO 22) « Pour le calcul de la contribution prévue à l'article L. 1237-19-9, le nombre d'emplois supprimés est égal au nombre de ruptures de contrat de travail prévues dans le cadre de l'accord portant rupture conventionnelle collective, duquel est déduit le nombre d'emplois pourvus sur le même poste de travail en remplacement des salariés dont le contrat de travail a été rompu en application de l'article L. 1237-19 sur le ou les bassins d'emplois concernés. »

Lorsque le ou les préfets dans le ou les départements concernés estiment, après avoir recueilli l'avis du comité départemental d'examen des problèmes de financement des entreprises compétent ou du comité interministériel de restructuration industrielle, que l'entreprise est dans l'incapacité d'assurer la charge financière de la contribution *(D. 2017-1724 du 20 déc. 2017, JO 22)* « instituée aux articles L. 1233-84 et L. 1237-19-11 », ils peuvent en diminuer le montant.

Art. D. 1233-44. *(D. 2017-1724 du 20 déc. 2017, JO 22)* « En l'absence de convention signée dans les délais prévus aux articles L. 1233-85 et L. 1237-19-10 ou d'accord collectif de travail en tenant lieu, le préfet du département où est situé l'établissement qui procède au licenciement ou à la rupture conventionnelle collective établit un titre de perception pour la contribution prévue au deuxième alinéa des articles L. 1233-87 et L. 1237-19-11. »

Le préfet transmet ce titre au *(D. 2014-552 du 27 mai 2014, art. 17, JO 29)* « directeur départemental ou, le cas échéant, régional des finances publiques » qui en assure le recouvrement.

§ 2 (réglementaire). Revitalisation par les entreprises non soumises à l'obligation de proposer le congé de reclassement

Art. D. 1233-45. Lorsqu'une entreprise mentionnée à l'article L. 1233-87 procède à un licenciement collectif, le ou les préfets dans le ou les départements du ou des bassins d'emploi concernés apprécient si ce licenciement affecte, par son ampleur, l'équilibre de ce ou ces bassins d'emploi en tenant notamment compte du nombre et des caractéristiques des emplois susceptibles d'être supprimés, du taux de chômage et des caractéristiques socio-économiques du ou des bassins d'emploi et des effets du licenciement sur les autres entreprises de ce ou ces bassins d'emploi et le lui indiquent.

Dans ce cas, l'entreprise désigne, lorsque son siège n'est pas situé dans le ou les bassins d'emploi concernés, une personne chargée de la représenter devant le ou les préfets.

Art. D. 1233-46. Le ou les préfets, dans un délai de six mois à compter de la notification prévue à l'article L. 1233-46, et dans les conditions et selon les modalités prévues par les articles L. 1233-87 et L. 1233-88, définissent les actions mises en œuvre pour permettre le développement d'activités nouvelles et atténuer les effets de la restructuration envisagée sur les autres entreprises dans le ou les bassins d'emploi.

Art. D. 1233-47. Une convention conclue entre le ou les préfets du ou des départements intéressés et l'entreprise détermine les modalités de la participation, le cas échéant, de celle-ci aux actions mises en œuvre.

Le volume de cette participation est pris en compte pour l'attribution des aides aux actions de reclassement et de reconversion professionnelle prévues à l'article L. 5123-1.

Art. D. 1233-48. Au plus tard trois ans après la notification des licenciements prévue à l'article L. 1233-46, le ou les préfets réunissent le comité de suivi dans les conditions et selon les modalités prévues à l'article D. 1233-42.

SECTION 7. Mesures d'adaptation

Art. L. 1233-91. Des décrets en Conseil d'État peuvent déterminer les mesures d'adaptation nécessaires à l'application des dispositions relatives au licenciement pour motif économique dans les entreprises tenues de constituer un *(Ord. 2017-1386 du 22 sept. 2017, art. 4, 20°, JO 23, entrée en vigueur au plus tard le 01.01.2018)* « comité social et économique » ou des organismes en tenant lieu en vertu soit de dispositions légales autres que celles figurant dans le code du travail, soit de stipulations conventionnelles.

CHAPITRE IV Conséquences du licenciement

SECTION 1. Préavis et indemnité de licenciement

Sous-section 1. Préavis et indemnité compensatrice de préavis

Art. L. 1234-1. Lorsque le licenciement n'est pas motivé par une faute grave, le salarié a droit :

1° S'il justifie chez le même employeur d'une ancienneté de services continus inférieure à six mois, à un préavis dont la durée est déterminée par la loi, la convention ou l'accord collectif de travail ou, à défaut, par les usages pratiqués dans la localité et la profession ;

2° S'il justifie chez le même employeur d'une ancienneté de services continus comprise entre six mois et moins de deux ans, à un préavis d'un mois;

3° S'il justifie chez le même employeur d'une ancienneté de services continus d'au moins deux ans, à un préavis de deux mois.

Toutefois, les dispositions des 2° et 3° ne sont applicables que si la loi, la convention ou l'accord collectif de travail, le contrat de travail ou les usages ne prévoient pas un préavis ou une condition d'ancienneté de services plus favorable pour le salarié.

Note • **Ancienneté de services requise.** La période de suspension du contrat de travail n'entre pas en compte pour la détermination de l'ancienneté (*infra* art. L. 1234-8 CT; cass. soc. 16 septembre 2009, n° 08-41.999, RJS n° 11/09 n° 852). Si le salarié n'est pas ou n'est plus en période d'essai et a moins de six mois d'ancienneté, la durée du préavis résulte de la convention collective et, à défaut, des usages pratiqués dans la localité et la profession. Ainsi, la durée du préavis ne résulte de l'usage qu'en l'absence de convention collective et la convention l'emporte sur l'usage plus favorable pour le travailleur (cass. soc. 25 avril 1979). Il appartient au salarié qui invoque un usage d'apporter la preuve de son existence (cass. soc. 27 février 2002, n° 00-40.923).

Si le salarié a une ancienneté de services continus chez l'employeur comprise entre six mois et moins de deux ans ou au moins égale à deux ans, il a droit à un préavis respectivement d'un mois ou de deux mois. Toutefois, si le contrat de travail, la convention collective ou les usages conduisent soit à un préavis plus favorable pour le travailleur, soit à une condition d'ancienneté de services plus courte, il doit être fait application au salarié de ce régime plus avantageux. Dans cette hypothèse, il n'y a plus, pour la détermination de la durée du délai-congé auquel le salarié peut prétendre, prééminence de la convention collective sur l'usage. C'est la solution la plus avantageuse qui doit être retenue. Mais une incertitude demeure sur le point de savoir, en cas de concours de dispositions plus favorables résultant à la fois, mais pour partie, de la convention collective et de l'usage, laquelle a primauté. La jurisprudence de la Cour de cassation est, à cet égard, d'une approche difficile. Voir, s'agissant de l'application des usages locaux suivant lesquels le point de départ du préavis est le premier jour du mois suivant le licenciement, cass. ass. plén. 22 juin 1966, BC p. 122 intervenu dans le cadre de la législation antérieure, cass. soc. 9 février 1978, n° 76-40.420, BC V n° 96 et surtout cass. soc. 14 juin 1989, n° 86-43.643, BC V n° 442. Dans cet arrêt, la Cour de cassation a considéré qu'en l'absence d'une disposition conventionnelle fixant le point de départ du délai-congé, l'usage local de report au premier jour du mois suivant, plus favorable que le régime légal, devait être appliqué. La date d'appréciation de l'ancienneté pour la détermination de la durée du préavis est celle à laquelle la lettre recommandée notifiant le licenciement a été présentée, pour la première fois, au salarié (cass. soc. 28 juin 1989, n° 85-45.172; 9 octobre 1990, n° 89-43.316, BC V n° 424; 19 janvier 1994, n° 89-41.245, BC V n° 14; RJS 3/94 n° 250).

• **Point de départ du préavis.** Le point de départ du délai-congé est la date de première présentation de la lettre recommandée de licenciement, cette date constituant le premier jour d'exécution du préavis (cass. soc. 15 novembre 1990, n° 89-41.746, BC V n° 558; 7 novembre 2006, n° 05-42.323, BC V n° 327; RJS 2/07 n° 217).

Le contrat individuel, la convention collective ou l'usage peuvent prévoir que le préavis débutera à une date postérieure à la notification du licenciement, par exemple le premier jour du mois suivant (cass. soc. 9 février 1978, n° 76-40.420, précité).

Lorsqu'il apparaît qu'un salarié licencié a eu effectivement connaissance du point de départ de son préavis (mention figurant dans une lettre simple lui signifiant son licenciement qu'il avait bien reçue), l'intéressé ne saurait se prévaloir de défaut de notification du licenciement dans les formes légales (lettre recommandée) pour contester le point de départ du préavis (cass. soc. 19 mars 1987).

Le droit au préavis naissant le jour où le licenciement est notifié, ce sont les dispositions légales et conventionnelles en vigueur ce jour-là qui déterminent les droits du salarié; sauf clause contraire expresse, les dispositions intervenues au cours de la période de préavis sont sans incidence sur l'étendue de ces droits (cass. soc. 19 janvier 1994, n° 89-41.245, BC V n° 14; RJS 3/94 n° 250).

• **Le délai de préavis est un délai préfix.** Le délai de préavis est un délai préfix. Il ne comporte, en l'absence de convention contraire expresse, ni suspension ni interruption; l'échéance du terme n'est reculée ni pour cause d'accident ou de maladie survenant au cours du délai de préavis (cass. soc. 13 novembre 1967, BC IV n° 717; 6 novembre 1975, n° 74-40.520, BC V n° 516; 28 juin 1989, n° 86-42.931, BC V n° 473) ni pour fait de grève (cass. soc. 3 octobre 1968, BC IV n° 409). Le caractère préfix du préavis a été clairement réaffirmé dans un arrêt du 21 janvier 2003, n° 01-40.529, BC V n° 10; RJS 4/03 n° 446.

Toutefois, le préavis est suspendu dans plusieurs circonstances. Il est suspendu par les congés payés pris postérieurement au licenciement dans le cas d'un accord des parties ou si les dates en avaient été fixées antérieurement au licenciement (cass. soc. 22 juin 1994, n° 90-45.861, RJS 8-9/94 n° 978; mais l'employeur et le salarié peuvent se mettre d'accord pour que ce dernier prenne ses congés payés pendant le préavis sans que la prise de congés suspende le préavis : cass. ass. plén. 5 mars 1993, n° 88-45.233, BC n° 7 ; Dr. Soc. 1993, p. 459).

Le préavis est également suspendu, pendant la durée de l'arrêt de travail, lorsque le salarié est victime d'un accident du travail en cours de préavis (cass. soc. 18 juillet 1996, n° 93-43.581, BC V n° 299 ; RJS 10/96 n° 1040).

• **Preuve de la faute grave.** La charge de la preuve de la faute grave incombe dans tous les cas à l'employeur (cass. soc. 7 mars 2006, n° 04-47.076, BC V n° 94 ; 16 mars 2010, n° 08-41.393 ; 1er juillet 2020, n° 19-10.829). L'aveu du salarié ne peut porter que sur des faits. La qualification « faute grave » donnée à ces faits appartient au juge seul (cass. soc. 13 juin 2001, n° 99-42.674, BC V n° 222 ; RJS 8-9/01 n° 997 : le juge doit apprécier si les faits doivent être qualifiés de faute grave, indépendamment de la qualification qu'avait pu donner le salarié dans une lettre adressée à l'employeur). S'il subsiste un doute concernant l'un des griefs invoqués par l'employeur, ce doute doit profiter au salarié (cass. soc. 10 mai 1994, n° 92-44.191).

• **Notion de faute grave.** Le code du travail ne donne aucune définition de la faute grave. Selon la Cour de cassation, « la faute grave est celle qui rend impossible le maintien du salarié dans l'entreprise » (cass. soc. 27 septembre 2007, n° 06-43.867, BC V n° 146 ; RDT, novembre 2007, CH, 650, G. Auzero ; 29 janvier 2008, n° 06-43.501, RJS 4/08 n° 385 ; 29 avril 2009, n° 07-45.590, RJS 7/09 n° 620).

Pour qualifier la faute grave, il incombe aux juges du fond :
– de relever le ou les faits constituant pour le salarié licencié une violation des obligations découlant de son contrat de travail ou des relations de travail, seuls susceptibles d'être retenus en ce domaine (voir, par exemple, cass. soc. 10 octobre 2018, n° 17-20.566 : ayant constaté que la lettre de licenciement reprochait au salarié des faits se rattachant à la période où il n'était pas salarié de l'entreprise mais mandataire social, c'est à bon droit que les juges du fond ont requalifié le licenciement pour faute grave en licenciement pour cause réelle et sérieuse). La Cour de cassation admet cependant, à titre exceptionnel, que des fautes sans caractère professionnel puissent être qualifiées de fautes graves ; tel est le cas « lorsque le comportement de l'intéressé, compte tenu de ses fonctions et de la finalité propre de l'entreprise, a créé un trouble caractérisé au sein de cette dernière » (cass. soc. 20 novembre 1991, n° 89-44.605, BC V n° 512 ; RJS 1/92 n° 3 : vol commis par un agent de surveillance en dehors du temps et du lieu de travail) ; tel est également le cas lorsque, pendant la suspension du contrat, le salarié manque à son devoir de loyauté (cass. soc. 25 juin 2002, n° 00-44.001, BC V n° 211 ; RJS 10/02 n° 1094 ; voir aussi cass. soc. 5 juillet 2017, n° 16-15.623, BC V n° 114 ; LS Jurispr. n° 130 du 18.07.2017 ; JCP éd. S 2017, 1278, note A. Barège ; Dr. Soc. 2017, p. 882, note J. Mouly ; RJS 10/17 n° 650 : le fait pour une salariée, chef d'équipe ayant une fonction de référente à l'égard de ses collègues, d'avoir exercé pendant ses congés payés des fonctions identiques à celles occupées au sein de la société qui l'employait, pour le compte d'une société concurrente intervenant dans le même secteur d'activité et dans la même zone géographique, manquant ainsi à son obligation de loyauté, rendait impossible son maintien dans l'entreprise et constituait une faute grave sans qu'il y ait lieu de caractériser l'existence d'un préjudice particulier subi par l'employeur) ;
– puis d'apprécier, sous le contrôle de la Cour de cassation, si le ou lesdits faits étaient de nature à rendre impossible le maintien du salarié dans l'entreprise.

La Cour de cassation exerce un contrôle rigoureux sur ce dernier point, cassant, d'une part, les décisions qui se bornent à relever une faute grave sans préciser en quoi elle ne permettait pas le maintien du salarié dans l'entreprise pendant la durée du préavis, et n'hésitant pas, d'autre part, à décider elle-même que tel ou tel type de comportement est ou n'est pas de nature à rendre impossible ce maintien dans l'entreprise. Elle considère ainsi que *ne sont pas de nature à rendre impossible le maintien du salarié dans l'entreprise* une absence d'une journée (cass. soc. 13 juillet 2005, n° 03-46.504) ou la soustraction d'une marchandise d'une valeur dérisoire [6 €], par une salariée ayant plus de 6 ans d'ancienneté et n'ayant fait l'objet d'aucun avertissement antérieur pour des faits de même nature (cass. soc. 6 octobre 2016, n° 15-14.597 ; dans le même sens, voir cass. soc. 29 mai 2019, n° 18-10.801). En revanche, *rendent impossible le maintien du salarié dans l'entreprise*, peu important son ancienneté et l'absence d'antécédents disciplinaires, des propos humiliants et répétés à connotation raciste (cass. soc. 5 décembre 2018, n° 17-14.594, LS Jurispr. n° 5 du 08.01.2019 ; RJS 2/19 n° 94) ou des propos dégradants à caractère sexuel, même sur le ton de la plaisanterie (cass. soc. 27 mai 2020, n° 18-21.877, RJS 7/20 n° 344 ; JSL n° 503 du 14.09.2020, p. 25, N. Farzam et Ch. Rodriguez), tenus à l'encontre d'un autre salarié, ou encore la mise en place, à l'insu de ses collègues de travail et sans autorisation, d'une caméra dans les locaux de travail (cass. soc. 5 février 2020, n° 19-10.154, RJS 5/20 n° 225 ; LS Jurispr. n° 33 du 18.02.2020).

La Cour de cassation a été également amenée à préciser que :
– l'employeur qui fait exécuter le préavis se prive du droit d'invoquer la faute grave (cass. soc. 12 juillet 2005, n° 03-41.536 ; 15 mai 1991, n° 87-42.473, BC V n° 237) mais le seul fait que, tout en notifiant une rupture avec effet immédiat, il décide de verser au salarié une somme équivalant à l'indemnité compensatrice de préavis ne le prive pas du droit de l'invoquer (cass. soc. 2 février 2005, n° 02-45.748, BC V n° 42 ; RJS 4/05 n° 359 ; en sens contraire, cass. soc.

23 novembre 2010, n° 09-42.285, JSL n° 292, 27.01.2011 p. 25, s'agissant d'un salarié auquel l'employeur avait accordé un préavis qu'il l'avait dispensé d'effectuer);
– la faute grave étant celle qui rend impossible le maintien du salarié dans l'entreprise, les juges ne peuvent pas retenir cette qualification lorsque l'employeur a tardé à engager une procédure de licenciement après avoir eu connaissance des faits fautifs dans la mesure où aucune vérification de ces faits n'était nécessaire (cass. soc. 24 octobre 2000, n° 98-42.779, RJS 12/00 n° 1235; dans le même sens, à propos de la faute grave autorisant la rupture avant le terme convenu d'un contrat à durée déterminée: cass. soc. 6 octobre 2010, n° 09-41.294, BC V n° 214; RJS 12/10 n° 909, la rupture du contrat de travail doit intervenir dans un délai restreint après que l'employeur a eu connaissance de faits allégués dès lors qu'aucune vérification n'est nécessaire; voir aussi cass. soc. 3 octobre 2018, n° 17-18.034, sur l'appréciation du délai écoulé entre les dénonciations faites à l'employeur et l'engagement de la procédure de licenciement, dès lors que des investigations étaient nécessaires pour apprécier le bien-fondé et vérifier la réalité et la nature des griefs pouvant être imputés au salarié); cependant, le fait pour l'employeur de laisser s'écouler un court délai avant de déclencher la procédure de licenciement ne retire pas à la faute son caractère de gravité lorsque le contrat de travail est suspendu au moment où la faute est commise (cass. soc. 25 juin 2002, n° 00-44.001, BC V n° 211; RJS 10/02 n° 1094);
– le refus par le salarié d'une modification de ses conditions de travail, s'il rend son licenciement fondé sur une cause réelle et sérieuse, ne constitue pas à lui seul une faute grave (cass. soc. 3 mai 2012, n° 10-27.152, JSL n° 324, 21.06.2012, p. 30; 11 mai 2005, n° 03-41.753, BC V n° 156; voir aussi, pour un exemple de comportement d'un salarié ayant refusé un changement de ses conditions de travail jugé comme constituant une faute grave, cass. soc. 24 octobre 2018, n° 17-22.600, LS Jurispr. n° 229 du 18.12.2018 : refus d'une affectation provisoire sur un autre site également situé à Paris notifiée par l'employeur en application de la clause de mobilité figurant à son contrat de travail, et manifestation de sa volonté de n'accepter pour l'avenir aucun autre poste).

Pour un tableau récapitulatif des comportements constitutifs d'une faute grave (arrêts de la Cour de cassation de septembre 2019 à juillet 2020), voir LS Jurispr. n° 140 du 04.08.2020.

• **Situation des parties pendant le préavis.** Le contrat de travail, avec ses obligations réciproques, subsiste pendant la période du préavis et il doit donc continuer à recevoir une exécution normale; un travail différent de celui pour lequel le salarié avait été engagé ou des conditions différentes d'emploi ne peuvent lui être imposés (cass. ass. plén. 18 novembre 1994, n° 90-44.754, BC n° 6; cass. soc. 16 février 1999, n° 96-45.594, BC V n° 72; RJS 4/99 n° 477; 5 octobre 1999, n° 97-42.302, BC V n° 364; RJS 11/99 n° 1370). Toutefois, l'employeur qui licencie un salarié à raison du refus par celui-ci d'un changement de ses conditions de travail, sans se prévaloir d'une faute grave, est fondé à lui imposer d'exécuter son préavis dans les conditions nouvellement prévues (cass. soc. 25 novembre 1997, n° 95-44.053, BC V n° 396); le refus du salarié de poursuivre l'exécution de son contrat de travail en raison d'un simple changement des conditions de travail décidé par l'employeur dans l'exercice de son pouvoir de direction rend alors ce salarié responsable de l'inexécution du préavis qu'il refuse d'exécuter aux nouvelles conditions et le prive des indemnités compensatrices de préavis et de congés payés afférents, même en l'absence de faute grave (cass. soc. 31 mars 2016, n° 14-19.711, BC V n° 62; LSQ n° 17058 du 11.04.2016; RJS 6/16 n° 409; Dr. Soc. 2016, p. 572, act. J. Mouly; 4 mars 2020, n° 18-10.636, à paraître, RJS 5/20 n° 249).

La faute grave commise par le salarié au cours de l'exécution du préavis a pour seul effet d'interrompre celui-ci; elle ne prive pas le salarié de l'indemnité de licenciement, car celle-ci prend naissance à la date de la notification du congé (cass. soc. 28 juin 1989, n° 86-40.764, Cah. prud'h. 1990, n° 2, p. 43; 10 juin 2003, n° 01-41.710, RJS 8-9/03 n° 1006). À noter que le salarié qui constitue et immatricule une société concurrente de celle de son employeur au cours du préavis mais qui n'en débute l'exploitation que postérieurement à la rupture de celui-ci, alors qu'il n'est plus tenu d'aucune obligation envers son ancien employeur, ne manque pas à l'obligation de loyauté; l'employeur ne peut donc pas se prévaloir d'une faute lourde du salarié pour interrompre le préavis (cass. soc. 23 septembre 2020, n° 19-15.313, à paraître, LS Jurispr. n° 185 du 13.10.2020; RJS 11/20 n° 525; JCP éd. S 2020, 3053, note B. Bossu; JSL n° 509-510 du 22.12.2020, p. 32, M. H.).

Le salarié n'a, en principe, droit au salaire que pour autant qu'il reste à la disposition de son employeur et qu'il exécute sa prestation de travail (cass. soc. 28 novembre 2018, n° 17-13.199, à paraître, JCP éd. S 2019, 1014, note B. Urbain; RJS 2/19 n° 92: le salarié qui, du fait du retrait de l'habilitation préfectorale à accéder en zone réservée aéroportuaire, est dans l'impossibilité d'exécuter son préavis ne peut prétendre au paiement d'une indemnité compensatrice de préavis; cass. soc. 22 septembre 2016, n° 14-26.359, LS Jurispr. n° 183 du 11.10.2016; RJS 12/16 n° 781: le salarié en congé sabbatique à la date à laquelle il aurait dû effectuer son préavis est dans l'impossibilité d'exécuter son préavis et ne peut donc prétendre au paiement d'une indemnité compensatrice de préavis; 11 juillet 2000, n° 98-45.471, BC V n° 271; RJS 11/00 n° 1080 : un salarié déclaré inapte à son emploi en conséquence d'une maladie non professionnelle ne peut prétendre au paiement d'une indemnité compensatrice de préavis; cass. soc. 28 septembre 2004, n° 02-40.471, RJS 12/04 n° 1329; 17 janvier 2006, n° 03-48.262,

RJS 4/06 n° 432; 24 juin 2009, n° 08-42.618, BC V n° 164; RJS 10/09 n° 785). S'agissant du salarié licencié pour inaptitude d'origine non professionnelle, cette solution a été reprise par la loi 2012-387 du 22 mars 2012 (JO 23). Cependant, l'indemnité compensatrice de préavis est due au salarié inapte dont le licenciement est dépourvu de cause réelle et sérieuse en raison du manquement de l'employeur à son obligation de reclassement consécutive à l'inaptitude (cass. soc. 7 décembre 2017, n° 16-22.276, BC V n° 207; JCP éd. S 2018, 1004, note P-Y Verkindt; RJS 2/18 n° 98; JSL n° 447, 9.02.2018, p. 12, G. Halimi et S. Dechaumet Fries; 7 mars 2012, n° 10-18.118, RJS 5/12 n° 453; 6 février 2008, n° 06-44.898; RJS 4/08 n° 411; 26 novembre 2002, n° 00-41.633, BC V n° 354; Dr. Soc. 2003, p. 237, obs. Ch. Radé). De façon plus générale, l'employeur est tenu au paiement d'une indemnité compensatrice de préavis lorsque l'inexécution du préavis par le salarié lui est imputable; ainsi, lorsqu'il n'a pas été retenu une faute grave à l'encontre du salarié, son employeur qui l'a licencié à tort sans préavis se trouve débiteur envers lui d'une indemnité compensatrice dont il est tenu de lui verser le montant intégral pour toute la période où il aurait dû l'exécuter, nonobstant son état de maladie au cours de cette période, l'inexécution du préavis n'ayant pas pour cause la maladie du salarié mais la décision de l'employeur de le priver du délai-congé (cass. soc. 11 juillet 2012, n° 11-11.915, JSL n° 330, 25.10.2012, p. 19). De même, lorsque le licenciement est prononcé pour absence prolongée et que le préavis n'est pas exécuté, le salarié a droit à l'indemnité compensatrice de préavis du fait que l'absence ayant motivé le licenciement et rendant impossible l'exécution du préavis avait été causée par le harcèlement moral de l'employeur (cass. soc. 20 septembre 2006, n° 05-41.385, BC V n° 274).

Lorsque le salarié licencié refuse d'exécuter le préavis, il doit à l'employeur une indemnité compensatrice; l'obligation de respecter le délai-congé s'impose, en effet, aux deux parties au contrat, sans qu'il y ait lieu de tenir compte de celui qui a pris l'initiative de la rupture (cass. soc. 18 juin 2008, n° 07-42.161, BC V n° 135; RJS 8-9/08 n° 889).

Le salarié peut user des deux heures de liberté prévues par l'usage pour la recherche d'un emploi pendant la période de préavis correspondant à celle qui est fixée par la convention collective ou, à défaut, par les usages (cass. soc. 21 février 1974, n° 73-40.014, BC V n° 136) et tant qu'il n'a pas trouvé un nouvel engagement; mais s'il n'use pas de cette faculté d'absence, il ne peut prétendre à une indemnité compensatrice (cass. soc. 13 novembre 1975, n° 74-40.522, BC V n° 535), sauf si la convention collective en dispose autrement (cass. soc. 3 mai 1994, n° 92-43.472, RJS 8-9/94 n° 979). Si l'employeur refuse d'accorder ces deux heures pour recherche d'emploi, le salarié ne peut obtenir une indemnité que s'il établit en justice le préjudice que lui a causé ce refus (cass. soc. 3 février 1993, n° 89-42.436).

• **Dispense de travail accordée par l'employeur, inexécution du préavis et droit à une indemnité compensatrice.** Voir note sous art. L. 1234-5.

Art. L. 1234-2. Toute clause d'un contrat de travail fixant un préavis d'une durée inférieure à celui résultant des dispositions de l'article L. 1234-1 ou une condition d'ancienneté de services supérieure à celle énoncée par ces mêmes dispositions est nulle.

Art. L. 1234-3. La date de présentation de la lettre recommandée notifiant le licenciement au salarié fixe le point de départ du préavis.

Note Si la rupture du contrat de travail se situe à la date d'envoi de la lettre recommandée avec demande d'avis de réception notifiant le licenciement, le préavis ne court qu'à compter de la date de présentation de cette lettre (cass. soc. 7 novembre 2006, n° 05-42.323, BC V n° 327).

En conséquence, même si le salarié ne peut exécuter un préavis en raison de son inaptitude, le salaire est dû jusqu'à la présentation de la lettre de licenciement (cass. soc. 12 décembre 2018, n° 17-20.801, à paraître, LS Jurispr. n° 5 du 08.01.2019; JCP éd. S 2019, 1039, note E. Jeansen; JSL n° 469, 11.02.2019, pp. 21 et s., D. Julien-Paturle; RJS 3/19 n° 150).

Art. L. 1234-4. L'inexécution du préavis de licenciement n'a pas pour conséquence d'avancer la date à laquelle le contrat prend fin.

Note Le contrat continue à produire ses effets jusqu'à l'expiration du délai-congé bien que la prestation de travail ne soit pas fournie. Il en résulte plusieurs conséquences. En dehors de celles qui sont expressément mentionnées dans les articles L. 1234-5 et L. 1234-6, il faut relever celles qui sont relatives à la faute grave.

Faute grave ou lourde du salarié. Si la découverte ou la commission au cours du préavis d'une faute grave ou lourde peut entraîner l'interruption de son exécution, il en est autrement si le salarié a été dispensé de l'exécuter, auquel cas, l'indemnisation du préavis lui est acquise (cass. soc. 9 mai 2000, n° 97-45.294, BC V n° 171; RJS 6/00 n° 650; 31 janvier 2006, n° 04-43.141, RJS 4/06 n° 430). En cas de faute lourde commise par le salarié au cours du préavis de l'exécution duquel il a été dispensé, l'employeur peut seulement prétendre à des dommages-intérêts en réparation du préjudice qu'il a subi à cause de cette faute (cass. soc. 22 mai 2002, n° 00-40.446, BC V n° 173; RJS 8-9/02 n° 968).

Art. L. 1234-5

Certificat de travail. Le certificat de travail devant être délivré à l'expiration du contrat de travail, il résulte des dispositions relatives à la dispense de préavis que la remise ne peut en être effectuée au salarié dispensé de préavis à la date où il quitte effectivement son emploi, mais seulement à celle où expire son contrat de travail. Sur les difficultés pratiques en résultant et les moyens de les pallier, voir note sous l'article L. 1234-19.

Prestations de sécurité sociale et de chômage. Au regard de ces prestations, la date de cessation du contrat est celle de l'expiration théorique du préavis. Cependant, le salarié est délié, pendant la période où il est dispensé de l'exécution du préavis, de l'obligation de loyauté qui lui interdit normalement de travailler pour le compte d'un concurrent de son employeur (cass. soc. 27 novembre 1991, n° 88-43.917, BC V n° 531).

Art. L. 1234-5. Lorsque le salarié n'exécute pas le préavis, il a droit, sauf s'il a commis une faute grave, à une indemnité compensatrice.

L'inexécution du préavis, notamment en cas de dispense par l'employeur, n'entraîne aucune diminution des salaires et avantages que le salarié aurait perçus s'il avait accompli son travail jusqu'à l'expiration du préavis, indemnité de congés payés comprise.

L'indemnité compensatrice de préavis se cumule avec l'indemnité de licenciement et avec l'indemnité prévue à l'article L. 1235-2.

Note • **Inobservation de l'obligation de préavis par l'employeur.** Elle ouvre droit à une indemnité compensatrice égale au montant du salaire brut, assujetti au paiement par l'employeur des cotisations sociales, que le salarié aurait reçu s'il avait travaillé pendant la durée du délai-congé (cass. soc. 15 novembre 1990, n° 89-41.746, BC V n° 558), incluant les primes et indemnités dues ou versées aux salariés de l'entreprise pendant cette période (cass. soc. 6 février 1967, BC IV n° 121; 6 mars 1969, BC V n° 167; 11 juin 1975, n° 74-40.339, BC V n° 319; 14 mai 1984, n° 82-40.195, BC V n° 187; 7 mai 1986, n° 85-41.659, BC V n° 206; 29 janvier 2003, n° 00-44.882, BC V n° 27; RJS 4/03 n° 449) autres que celles représentatives de frais (cass. soc. 9 juin 1983, n° 81-40.891, BC V n° 319). Les indemnités journalières d'assurance maladie perçues par le salarié pendant la période de préavis doivent être déduites de l'indemnité compensatrice de préavis (cass. soc. 27 novembre 1991, n° 87-42.750, BC V n° 532; 3 mars 1994, n° 90-43.023, RJS 4/94 n° 401). Elle présente un caractère forfaitaire et est donc indépendante du préjudice réellement subi. En particulier, le fait que le salarié aurait été hors d'état d'exécuter la totalité du préavis est sans influence sur le montant de l'indemnité (cass. soc. 9 octobre 2001, n° 99-43.518, BC V n° 308; RJS 12/01 n° 1423: salarié malade pendant le délai-congé; 8 février 2000, n° 97-45.553, RJS 3/00 n° 273: salarié incarcéré; 12 mars 1991, n° 89-40.708, BC V n° 124; RJS 4/91 n° 457: chauffeur frappé d'une suspension de permis de conduire; 12 mars 1991, n° 87-40.348, BC V n° 124; RJS 4/91 n° 457: salarié malade).

Le salarié qui a été déclassé à un niveau correspondant à une durée de préavis inférieure et qui a refusé ce déclassement peut prétendre à une indemnité compensatrice correspondant à la durée de préavis attachée à son niveau antérieur (cass. soc. 3 mars 1988, n° 85-40.686).

• **Inobservation de l'obligation de préavis par le salarié.** Le salarié qui refuse de fournir sa prestation de travail pendant le délai-congé alors qu'il n'a pas été dispensé d'exécuter son obligation sera condamné à verser à l'employeur une indemnité égale aux salaires qu'il aurait reçus s'il avait continué à travailler jusqu'à l'expiration du préavis (cass. soc. 29 mars 1995, n° 91-44.584, RJS 5/95 n° 506).

Sur la privation d'indemnité compensatrice de préavis du salarié refusant de poursuivre l'exécution de son contrat de travail en raison d'un simple changement de ses conditions de travail, voir note sous article L. 1234-1, «Situation des parties pendant le préavis».

• **Dispense de préavis par l'employeur.** Elle peut être constitutive d'un abus de droit de l'employeur s'il y a, dans le fait de donner effet immédiat au congédiement du salarié, une attitude de brutalité, de légèreté ou de méfiance susceptible de causer un préjudice au salarié, notamment en permettant aux tiers de présumer l'existence d'une faute.

Hormis ces cas, l'employeur a le droit de dispenser unilatéralement le salarié de l'exécution du préavis, à condition, évidemment, de respecter les droits ouverts au profit de ce dernier par l'ancien article L. 122-8 [L. 1234-5] (cass. soc. 8 mars 2000, n° 99-43.091, BC V n° 92; RJS 4/00 n° 402: «la dispense par l'employeur de l'exécution du travail pendant le délai-congé ne doit entraîner jusqu'à l'expiration de ce délai aucune diminution des salaires et avantages que le salarié aurait reçus s'il avait accompli son travail»; en l'espèce, l'affirmation du droit du salarié au maintien de l'avantage en nature constitué par la mise à disposition d'un véhicule de fonction pour usage professionnel et personnel; voir aussi cass. soc. 11 juillet 2012, n° 11-15.649, BC V n° 219; RJS 10/12 n° 793, précisant que, même en application d'un engagement pris dans le contrat de travail, le salarié dispensé de préavis ne peut être tenu de restituer le véhicule de fonction mis à sa disposition). Le salarié dispensé d'exécuter le préavis, dès lors qu'il n'est pas soumis à une clause de non-concurrence, a la faculté d'entrer pendant la durée du délai-congé au service d'une entreprise, fût-elle concurrente de son ancien employeur (cass. soc. 6 mai 2015, n° 14-11.001,

LSQ n° 16833 du 13.05.2015). Si le salarié est lié par une clause de non-concurrence, la date de début de l'obligation de non-concurrence et la date d'exigibilité de la contrepartie financière de cette obligation est celle du départ effectif du salarié de l'entreprise (cass. soc. 22 juin 2011, n° 09-68.762, RJS 10/11 n° 788). Il a droit à l'indemnité compensatrice de préavis, même dans le cas où il aurait été, en raison de son état de santé, dans l'incapacité d'accomplir son préavis (cass. soc. 15 décembre 1993, n° 90-43.514, BC V n° 314; RJS 1/94 n° 27; 31 octobre 2012, n° 11-12.810, BC V n° 282; RJS 1/13 n° 26, s'agissant d'un salarié se trouvant en arrêt de travail lors de la notification de la dispense de préavis) ou dans celui où il commettrait une faute grave (cass. soc. 9 mai 2000, n° 97-45.294, BC V n° 171; 10 juin 2003, n° 01-41.710, RJS 8-9/03 n° 1006) ou lourde (cass. soc. 22 mai 2002, n° 00-40.446, BC V n° 173; RJS 8-9/02 n° 968) en cours de préavis. Il a droit au paiement d'une prime d'assiduité pour la période de préavis bien qu'il ne soit pas présent au travail pendant cette période (cass. soc. 27 juin 2001, n° 98-45.711, RJS 10/01 n° 1136). L'employeur ne peut priver le salarié du bénéfice des jours de RTT auxquels celui-ci aurait pu prétendre s'il avait travaillé durant le préavis (cass. soc. 8 avril 2009, n° 07-44.068, BC V n° 114; RJS 6/09 n° 527; 17 avril 2013, n° 11-29.010, RJS 7/13 n° 535; 14 octobre 2020, n° 19-20.399, LS Jurispr. n° 199 du 03.11.2020), ni du bénéfice de sa rémunération variable dès lors que le contrat de travail ne subordonne pas son versement à la présence du salarié sur l'intégralité de l'année concernée (cass. soc. 5 juin 2019, n° 18-15.221).

En cas de dispense d'exécution du préavis, l'indemnisation de celui-ci est acquise au salarié (cass. soc. 27 juin 2001, n° 98-45.711, précité). La Cour de cassation en déduit que le décès du salarié en cours de préavis est sans effet sur le montant de l'indemnité compensatrice (cass. soc. 26 novembre 2002, n° 00-41.764, RJS 2/03 n° 181).

La dispense de préavis doit résulter d'une manifestation de volonté non équivoque de l'employeur (cass. soc. 17 janvier 1979, n° 77-41.140, BC V n° 45; 10 avril 1991, n° 87-44.893) et ne peut par exemple résulter d'une attestation portant la mention «libre de tout engagement» délivrée à une salariée à une date où l'intéressée n'avait pas terminé son préavis (cass. soc. 3 décembre 1987, n° 85-41.564, BC V n° 700; 10 novembre 1993, n° 90-40.008, RJS 12/93 n° 1199). Le salarié est en droit de se prévaloir du refus initial par l'employeur d'accepter de le dispenser de l'exécution du préavis (cass. soc. 20 juin 1990, n° 87-41.136, BC V n° 304).

En cas de litige, la preuve de la dispense de préavis doit être apportée par le salarié (cass. soc. 22 février 1995, n° 93-42.009). L'employeur n'est pas tenu de verser une indemnité compensatrice de préavis à un salarié qui n'a pas offert de fournir la prestation de travail y afférente (cass. soc. 14 janvier 1987, n° 85-42.937).

Si l'employeur a le droit de dispenser le salarié de préavis, aucune obligation de dispense de préavis ne pèse sur lui en raison du fait que le salarié ne peut exécuter le préavis en raison d'une déclaration d'inaptitude à tenir son emploi (cass. soc. 17 janvier 2006, n° 03-48.262, RJS 4/06 n° 432); le contrat de travail prenant fin à l'expiration du préavis (même non travaillé), le salarié ne peut pas reprocher à l'employeur d'avoir attendu l'expiration de celui-ci pour lui remettre l'attestation destinée à l'Assédic [Pôle emploi] (cass. soc. 20 septembre 2006, n° 05-44.259; 17 janvier 2006, n° 03-48.262, précité).

• **Inexécution du préavis décidée d'un commun accord.** L'employeur ne doit pas d'indemnité compensatrice de préavis lorsque l'inexécution du préavis résulte du commun accord des parties (cass. soc. 28 janvier 2005, n° 03-47.403, BC V n° 37; 25 septembre 2013, n° 11-20.948, BC V n° 212; LS Jurispr. n° 184 du 8.10.2013).

• **Droit à l'indemnité compensatrice de préavis en cas de nullité du licenciement.** Le salarié qui est dans l'impossibilité d'effectuer le préavis a droit à l'indemnité compensatrice de préavis lorsque le licenciement est nul, peu important les motifs de la rupture (cass. soc. 30 mars 2005, n° 03-41.518, BC V n° 112; RJS 6/05 n° 621; 2 juin 2004, n° 02-41.045, BC V n° 153; RJS 8-9/04 n° 903, 2e espèce).

L'indemnité compensatrice de préavis, versée en cas de licenciement nul, ne peut pas être diminuée du montant des indemnités journalières pour maladie (cass. soc. 10 mai 2006, n° 04-40.901, BC V n° 173).

• **Droit à l'indemnité compensatrice de préavis, malgré la conclusion d'un contrat de sécurisation professionnelle, lorsque le licenciement ne repose pas sur une cause économique réelle et sérieuse.** Voir note sous l'article L. 1233-67.

• **Droit à l'indemnité compensatrice de préavis en cas de licenciement pour faute grave.** La faute grave n'est privative des indemnités de préavis que dans la mesure où le contrat de travail liant les parties ne contient pas de dispositions plus favorables au salarié; un salarié licencié pour faute grave dont le contrat de travail prévoyait un préavis en cas de rupture du contrat du fait de l'une ou de l'autre des parties, sans établir de distinction selon le motif de la rupture, a donc droit au paiement d'une indemnité compensatrice de préavis (cass. soc. 20 mars 2019, n° 17-26.999, LS Jurispr. n° 62 du 02.04.2019; JSL n° 476, 23.05.2019, p. 30, D. Julien-Paturle).

• **Montant de l'indemnité compensatrice.** Le salarié, dispensé de préavis, peut prétendre à tous les éléments de rémunération (sauf les indemnités compensatrices de frais professionnels) liés au maintien de son contrat jusqu'à l'expiration de la date théorique de préavis, notamment aux primes liées à une condition de présence pendant la période de préavis (prime de vacances, cass. soc. 9 juin 1983, n° 81-40.891, BC V n° 319; prime d'intéressement, cass. soc. 31 mai 2000, n° 98-42.448, RJS 7-8/00 n° 798; 28 janvier 1998, n° 95-42.250, BC V n° 42; RJS 3/98 n° 312; prime sur objectifs constituant un élément de rémunération, cass. soc. 17 mai 2017, n° 15-20.094, RJS 8-9/17, n° 572) et aux avantages en nature (avantage en nature contractuel au titre d'une voiture de fonction valorisé à 500 € par mois, cass. soc. 16 décembre 2020, n° 19-12.760). Si la rémunération du salarié est composée d'une partie fixe et d'une partie proportionnelle aux résultats obtenus, les juges doivent rechercher le chiffre d'affaires annuel réalisé afin de prendre en compte, le cas échéant, la régularisation des commissions effectuées en fin d'année dont le salarié aurait bénéficié (cass. soc. 2 mars 2011, n° 09-67.025, RJS 5/11 n° 421). Les heures supplémentaires doivent être prises en compte dans la base de calcul de l'indemnité compensatrice de préavis dans la mesure où elles constituaient un élément stable et constant de la rémunération sur lequel il était en droit de compter (cass. soc. 20 avril 2005, n° 04-45.683, BC V n° 151; Dr. Soc. 2005, p. 933, obs. Ch. Radé).

L'indemnité due au salarié est égale au salaire brut, assujetti au paiement par l'employeur des cotisations sociales, que le salarié aurait reçu s'il avait travaillé pendant la durée du délai-congé (cass. soc. 21 février 1990, n° 85-43.285, BC V n° 79; RJS 4/90 n° 290; 12 janvier 1994, n° 92-40.472, RJS 2/94 n° 143). Lorsque le salarié a été privé de la possibilité d'exécuter son préavis en raison du manquement de l'employeur, les indemnités de préavis se cumulent avec les indemnités journalières éventuellement perçues de la sécurité sociale (cass. soc. 9 juillet 2008, n° 06-44.240, BC V n° 154; RJS 10/08 n° 992). De même, l'employeur qui dispense le salarié d'exécuter le préavis est tenu de verser l'indemnité compensatrice de préavis, sans déduction des indemnités journalières de la sécurité sociale, peu important que le salarié soit déjà en arrêt de travail pour maladie non professionnelle lors de la dispense d'exécution (cass. soc. 31 octobre 2012, n° 11-12.810, BC V n° 282; RJS 1/13 n° 26).

Le salarié a droit aux augmentations de salaires qui prennent effet pendant le préavis (cass. soc. 5 mai 1988, n° 85-45.224, Cah. prud'h. 1989, 46). En revanche, il ne peut pas invoquer le bénéfice de droits nouveaux résultant de l'entrée en vigueur d'une convention collective, d'un texte légal ou réglementaire pendant le préavis: le droit au préavis naît à la date où le licenciement est notifié et ce sont les dispositions légales ou conventionnelles en vigueur à cette date qui déterminent les droits du salarié (cass. soc. 19 janvier 1994, n° 89-41.245, BC V n° 14; RJS 3/94 n° 250).

À noter qu'une clause du contrat de travail qui prévoit une réduction ou une suppression de certains éléments de la rémunération pendant la durée du préavis est illicite, comme contraire aux dispositions de l'article L. 122-8 [L. 1234-5] qui sont d'ordre public (cass. soc. 6 décembre 1990, n° 88-44.578).

Le salarié licencié, qui a demandé à être dispensé de l'exécution du préavis et qui a ainsi renoncé au revenu qu'il aurait dû percevoir de son employeur pendant cette période, ne peut pas prétendre au revenu de remplacement dont le versement incombe à l'Assédic [Pôle emploi] entre la date de fin de contrat et la date de la fin théorique de son préavis (cass. soc. 28 juin 2008, n° 07-15.478, BC V n° 142; RJS 10/08 n° 1017).

Art. L. 1234-6. En cas d'inexécution totale ou partielle du préavis résultant soit de la fermeture temporaire ou définitive de l'établissement, soit de la réduction de l'horaire de travail habituellement pratiqué dans l'établissement en deçà de la durée légale de travail, le salaire à prendre en considération est calculé sur la base de la durée légale ou conventionnelle de travail applicable à l'entreprise, lorsque le salarié travaillait à temps plein, ou de la durée du travail fixée dans son contrat de travail lorsqu'il travaillait à temps partiel.

Art. L. 1234-7. La cessation de l'entreprise ne libère pas l'employeur de l'obligation de respecter le préavis.

Note À la différence de l'ancien article L. 122-12, al. 1er qu'il remplace, l'article L. 1234-7 ne mentionne plus l'exception de la force majeure. Mais cette exception est reprise dans le nouvel article L. 1234-12.

Art. L. 1234-8. Les circonstances entraînant la suspension du contrat de travail, en vertu soit de dispositions légales, soit d'une convention ou d'un accord collectif de travail, soit de stipulations contractuelles, soit d'usages, ne rompent pas l'ancienneté du salarié appréciée pour la détermination de la durée du préavis prévue aux 2° et 3° de l'article L. 1234-1.

Toutefois, la période de suspension n'entre pas en compte pour la détermination de la durée d'ancienneté exigée pour bénéficier de ces dispositions.

Note • Toute circonstance entraînant suspension du contrat de travail (maladie, accident, grève, rappel sous les drapeaux, chômage saisonnier, etc.) est considérée comme n'interrompant pas l'ancienneté du salarié, mais la période de suspension n'est pas, en principe, prise en compte pour le calcul de l'ancienneté (cass. soc. 4 juin 1987, n° 84-43.787, BC V n° 364; 10 février 1999, n° 95-43.561, BC V n° 64; RJS 3/99 n° 390; 10 décembre 2002, n° 00-46.542, RJS 2/03 n° 180; 30 septembre 2020, n° 18-18.265, à paraître, LS Jurispr. n° 227 du 15.12.2020; RJS 12/20 n° 583; JSL n° 508, 23.11.2020, p. 31, D. J.-P.).

La loi du 7 janvier 1981 relative à la protection de l'emploi des salariés victimes d'un accident du travail et les lois du 5 janvier 1988 et du 4 février 1995 ont toutefois apporté des exceptions à cette règle: la période de suspension du contrat due à un accident du travail ou à une maladie professionnelle et à un congé de maternité ou d'adoption entre en compte dans le calcul de la durée d'ancienneté du salarié au regard de tous les avantages légaux ou conventionnels dont il peut bénéficier. De même, la durée de divers autres absences et congés légaux est assimilée totalement ou partiellement à une période de travail effectif pour la détermination des droits que le salarié tient de son ancienneté (par exemple, absence des conseillers prud'hommes pour l'exercice de leurs fonctions, congé de formation économique, sociale et syndicale, congé parental d'éducation pris en compte pour moitié).

• La durée du congé annuel payé entre en compte dans le calcul de l'ancienneté du travailleur (cass. soc. 6 novembre 1969, BC V n° 585). Elle est assimilée à une période de travail effectif (art. L. 3141-5).

Sous-section 2. Indemnité de licenciement

Art. L. 1234-9. Le salarié titulaire d'un contrat de travail à durée indéterminée, licencié alors qu'il compte ***(Ord. 2017-1387 du 22 sept. 2017, art. 39, JO 23)*** «8 mois d'ancienneté ininterrompus» au service du même employeur, a droit, sauf en cas de faute grave, à une indemnité de licenciement.

Les modalités de calcul ***(L. 2008-596 du 25 juin 2008, JO 26)*** «de cette indemnité» sont fonction de la rémunération brute dont le salarié bénéficiait antérieurement à la rupture du contrat de travail. Ce taux et ces modalités sont déterminés par voie réglementaire.

Note • Les dispositions de cet article, dans sa rédaction issue de l'ordonnance 2017-1387 précitée ayant abaissé de 12 à 8 mois la condition d'ancienneté requise pour bénéficier de l'indemnité légale de licenciement, s'appliquent aux licenciements prononcés après le 23 septembre 2017 (ordonnance précitée, art. 40, I).

• Voir le «Questions - Réponses» sur la rupture du contrat de travail, publié sur le site internet du ministère du Travail le 15 juillet 2020, explicitant les dispositions relatives à la procédure de licenciement introduites par les ordonnances du 22 septembre 2017 (questions 12 à 17).

• *Covid-19.* Voir RF Paye, décembre 2020, n° 309, «L'indemnité de licenciement en période de covid-19».

Art. R. 1234-1. L'indemnité de licenciement prévue à l'article L. 1234-9 ne peut être inférieure à une somme calculée par année de service dans l'entreprise et tenant compte des mois de service accomplis au-delà des années pleines. ***(D. 2017-1398 du 25 sept. 2017, JO 26)*** «En cas d'année incomplète, l'indemnité est calculée proportionnellement au nombre de mois complets.»

Note Les dispositions de cet article, dans sa rédaction issue du décret 2017-1398 précité, sont applicables aux licenciements et mises à la retraite prononcés et aux ruptures conventionnelles conclues après le 26 septembre 2017 (décret précité, art. 4).

Le droit à l'indemnité de licenciement naît à la date où le licenciement est notifié (cass. soc. 11 janvier 2006, n° 03-44.461, BC V n° 9; RJS 3/06 n° 336) et plus précisément à la date où l'employeur manifeste, par l'envoi de la lettre recommandée prévue par l'article L. 1232-6 (ancien art. L. 122-14-1) CT, la volonté de résilier le contrat de travail (cass. soc. 11 janvier 2007, n° 04-45.250, BC V n° 3; 26 septembre 2007, n° 06-43.033, BC V n° 135; 6 février 2008, n° 06-45.219, RJS 4/08 n° 421). Ce sont les dispositions légales ou conventionnelles en vigueur à cette date qui déterminent les droits du salarié (cass. soc. 11 janvier 2006, n° 03-44.461, 11 janvier 2007, n° 04-45.250 et 26 septembre 2007, n° 06-43.033, précités).

• **Faute grave ou lourde.** La faute grave est celle qui rend impossible le maintien du salarié dans l'entreprise (cass. soc. 27 septembre 2007 n° 06-43.867, BC V n° 146; RJS 12/07 n° 1261). Voir aussi note sous l'article L. 1234-1.

Le salarié qui commet une faute grave, ou même une faute lourde, au cours de l'exécution de son préavis ne saurait être privé de son droit à l'indemnité de licenciement qui prend naissance à la date de notification du congé, même si son exigibilité est reportée à la fin du préavis (cass. soc. 5 avril 1990, n° 87-45.570, BC V n° 176; 3 juillet 1990, n° 87-40.219, BC V n° 333). Mais sur l'incidence d'une telle faute sur l'ancienneté prise en compte pour le calcul du montant de l'indemnité de licenciement, voir ci-dessous «Notion d'ancienneté ininterrompue de services».

La faute grave révélée après notification de la rupture du contrat de travail et commise antérieurement ne peut entraîner la perte du droit à l'indemnité de licenciement qui naît à la date du licenciement (cass. soc. 7 mars 1990, n° 86-45.685, BC V n° 99).

Par ailleurs, il n'est pas interdit aux parties d'adopter une disposition plus favorable au salarié que celle de la loi en matière d'indemnité de licenciement; la clause qui autorise le versement d'une indemnité de licenciement en cas de faute grave ne fait pas obstacle au droit de licenciement reconnu à l'employeur (cass. soc. 4 juillet 1990, n° 87-40.433, BC V n° 347).

• **Maladie prolongée et inaptitude définitive.** La résiliation par l'employeur du contrat de travail du salarié indisponible durant une longue période pour maladie (cass. soc. 21 avril 1988, 2 arrêts, n°s 85-42.177 et 85-43.403, BC V n° 250; 11 décembre 1990, n° 87-45.325, BC V n° 634) ou devenu définitivement et totalement inapte à exécuter son contrat de travail (cass. soc. 21 juin 1995, n° 92-43.347, BC V n° 203) s'analyse en un licenciement qui ouvre droit à l'indemnité légale de licenciement ou, si elle est plus favorable au salarié et si les clauses de la convention ne l'excluent pas, à l'indemnité conventionnelle de licenciement. Il suffit, pour que l'indemnité conventionnelle soit due, qu'elle soit applicable au profit de tout salarié licencié, peu important que la convention collective ne qualifie pas de licenciement la rupture du contrat notifié au salarié en longue maladie (cass. soc. 30 janvier 1991, n° 87-43.954, RJS 4/91 n° 443). À noter qu'en l'absence d'élément objectif et pertinent la justifiant, est nulle en raison de son caractère discriminatoire fondé sur l'état de santé du salarié la disposition d'une convention collective excluant les salariés licenciés pour inaptitude de l'indemnité de licenciement qu'elle institue (cass. soc. 9 décembre 2020, n° 19-17.092, à paraître, LS n° 18219 du 11.01.2021).

• **Notion d'ancienneté ininterrompue de services.** Sur la notion d'ancienneté ininterrompue, voir note sous l'art. L. 1234-8.

L'existence du droit à l'indemnité de licenciement étant établie, l'évaluation du montant de celle-ci est faite en tenant compte de l'ancienneté à l'expiration du contrat, c'est-à-dire à l'expiration normale du préavis, même s'il y a eu dispense de l'exécuter (cass. soc. 30 mars 2005, n° 03-42.667, 16e moyen, BC V n° 106; RJS 6/05 n° 606; 24 janvier 1991, n° 89-41.038, BC V n° 39; JS UIMM 1992, 96).

En cas de faute grave commise par le salarié au cours de l'exécution de son préavis ayant eu pour effet d'interrompre ce préavis, le montant de l'indemnité de licenciement doit être calculé en fonction de l'ancienneté acquise à la date de cette interruption (cass. soc. 11 septembre 2019, n° 18-12.606, à paraître, LS Jurispr. n° 174 du 24.09.2019; JCP éd. S 2019, 1285, note L. Drai; JSL n° 484, 28.10.2019, p. 13, J-Ph. Lhernould; RJS 11/19 n° 626; Dr. Soc. 2019, p. 961, act. J. Mouly).

• **Montant: assiette de calcul.** En cas de chômage partiel dans la période précédant le licenciement, la Cour de cassation considère que la rémunération servant de base au calcul de l'indemnité de licenciement est celle que les salariés auraient perçue s'ils n'avaient pas été au chômage partiel (cass. soc. 27 février 1991, n° 88-42.705, BC V n° 102; 24 novembre 1993, n° 89-43.679, Dr. Soc. 1994, p. 51).

Lorsque le salarié reprend le travail, à la suite d'une maladie, dans le cadre d'un mi-temps thérapeutique et qu'il est ensuite licencié pour inaptitude physique et impossibilité de reclassement, le montant de l'indemnité de licenciement est calculé sur la base des salaires effectivement perçus et non pas sur celle des salaires qu'il aurait perçus s'il n'avait pas travaillé dans le cadre de ce mi-temps (cass. soc. 25 janvier 2011, n° 09-66.453, RJS 4/11 n° 318).

L'indemnité de licenciement doit être calculée sur la base de la rémunération brute, solution un moment contestée par la Cour de cassation (cass. soc. 9 mai 1983, n° 80-42.042, BC V n° 243) mais confirmée par la loi interprétative 84-575 du 9 juillet 1984.

Les dispositions légales ou conventionnelles intervenues au cours de la période de préavis ne peuvent, sauf clause expresse contraire, diminuer ou augmenter la quotité de ces droits (cass. soc. 19 janvier 1994, n° 89-41.245, BC V n° 14; RJS 3/94 n° 250), puisque le droit à l'indemnité naît au jour de la notification du licenciement.

• **Révision de l'indemnité.** Lorsque le montant de l'indemnité de licenciement est fixé par la convention collective, les juges ne peuvent pas le réduire au motif qu'il serait excessif (cass. soc. 14 mai 1987, n° 85-41.349, BC V n° 320; 22 février 1995, n° 93-44.268, BC V n° 65; RJS 6/95 n° 644). Il en est de même lorsque le montant de l'indemnité de licenciement est fixé par le règlement intérieur de l'entreprise et résulte donc d'un engagement unilatéral de l'employeur envers les salariés (cass. soc. 26 mai 1999, n° 96-43.614, BC V n° 236; RJS 7/99 n° 916).

Les juges peuvent, en revanche, réduire, même d'office, le montant d'une indemnité contractuelle de licenciement lorsqu'ils le trouvent manifestement excessif au regard du préjudice subi par le salarié (cass. soc. 5 mars 2014, n° 12-23.106, BC V n° 68; RJS 5/14 n° 400; voir aussi cass. soc. 16 mars 2016, n° 14-23.861, BC V n° 49; LS Jurispr. n° 58 du 29.03.2016; JSL n° 408, 27.04.2016, pp. 8 et s., Ph. Pacotte et G. Halimi, précisant que l'indemnité conserve son caractère contractuel même lorsque la clause du contrat de travail qui la prévoit se réfère à la base de calcul de l'indemnité conventionnelle de licenciement prévue par l'accord d'entreprise). L'annulation de l'indemnité contractuelle ne pourra être prononcée que si son montant est de nature à faire échec au droit de licenciement reconnu à l'employeur, ce que les juges doivent caractériser (même arrêt).

• **Bénéficiaires.** Le droit à l'indemnité de licenciement prenant naissance au jour de la notification du licenciement, peuvent prétendre au versement les héritiers du salarié licencié, décédé en cours de préavis (cass. soc. 1er février 1983, n° 80-41.766, BC V n° 61).

Art. R. 1234-2. ***(D. 2017-1398 du 25 sept. 2017, JO 26)*** L'indemnité de licenciement ne peut être inférieure aux montants suivants:

1° Un quart de mois de salaire par année d'ancienneté pour les années jusqu'à dix ans;

2° Un tiers de mois de salaire par année d'ancienneté pour les années à partir de dix ans.

Note Cet article, dans sa rédaction issue du décret 2017-1398 précité ayant revalorisé le montant de l'indemnité légale de licenciement, est applicable aux licenciements et mises à la retraite prononcés et aux ruptures conventionnelles conclues après le 26 septembre 2017 (décret précité, art. 4).

Art. R. 1234-4. Le salaire à prendre en considération pour le calcul de l'indemnité de licenciement est, selon la formule la plus avantageuse pour le salarié:

(D. 2017-1398 du 25 sept. 2017, JO 26) «1° Soit la moyenne mensuelle des douze derniers mois précédant le licenciement, ou lorsque la durée de service du salarié est inférieure à douze mois, la moyenne mensuelle de la rémunération de l'ensemble des mois précédant le licenciement;»

2° Soit le tiers des trois derniers mois. Dans ce cas, toute prime ou gratification de caractère annuel ou exceptionnel, versée au salarié pendant cette période, n'est prise en compte que dans la limite d'un montant calculé à due proportion.

Note • Les dispositions de cet article, dans sa rédaction issue du décret 2017-1398 précité, sont applicables aux licenciements et mises à la retraite prononcés et aux ruptures conventionnelles conclues après le 26 septembre 2017 (décret précité, art. 4).

• Lorsque le contrat de travail est suspendu pour cause de maladie, le salaire de référence à prendre en considération pour le calcul de l'indemnité légale ou conventionnelle de licenciement est, selon la formule la plus avantageuse pour le salarié, celui des douze ou des trois derniers mois précédant l'arrêt de travail pour maladie. C'est donc à tort que, pour rejeter la demande d'un salarié tendant à obtenir le paiement d'une somme à titre de reliquat d'indemnité de licenciement, une cour d'appel a retenu qu'en l'absence de dispositions le prévoyant dans la convention collective, le salarié ne pouvait prétendre à ce que le montant de son indemnité soit calculé sur la base des salaires qu'il aurait perçus si son contrat n'avait pas été suspendu pour cause de maladie (cass. soc. 23 mai 2017, n° 15-22.223, BC V n° 90; LSQ n° 17336 du 31.5.2017; JCP éd. S 2017, 1242, note E. Jeansen; RJS 7/17 n° 474).

En cas de chômage partiel dans la période précédant le licenciement, la rémunération servant de base au calcul de l'indemnité de licenciement est celle que les salariés auraient perçue s'ils n'avaient pas été au chômage partiel (cass. soc. 27 février 1991, n° 88-42.705, BC V n° 102; CSB 1991 S. 59; 24 novembre 1993, n° 89-43.679, Dr. Soc. 1994, p. 51).

Sur le calcul de l'indemnité de licenciement due aux salariés employés successivement à temps plein et à temps partiel, voir article L. 3123-5 et sa note.

L'indemnité de licenciement doit être calculée sur la base de la rémunération brute, solution un moment contestée par la Cour de cassation (cass. soc. 9 mai 1983, n° 80-42.042, BC V n° 243) mais confirmée par la loi interprétative 84-575 du 9 juillet 1984.

Les dispositions légales ou conventionnelles intervenues au cours de la période de préavis ne peuvent, sauf clause expresse contraire, diminuer ou augmenter la quotité de ces droits (cass. soc. 19 janvier 1994, n° 89-41.245, BC V n° 14; RJS 3/94 n° 250), puisque le droit à l'indemnité naît au jour de la notification du licenciement.

Art. R. 1234-5. L'indemnité de licenciement ne se cumule pas avec toute autre indemnité de même nature.

Note L'indemnité de licenciement se cumule avec l'indemnité due en cas de violation d'une clause de garantie d'emploi (cass. soc. 4 mars 2008, n° 06-45.221, BC V n° 44; RJS 5/08 n° 585) et avec l'indemnité forfaitaire pour travail dissimulé (cass. soc. 6 février 2013, n° 11-23.738, BC V n° 31; RJS 4/13 n° 316).

Art. L. 1234-10. La cessation de l'entreprise ne libère pas l'employeur de l'obligation de verser, s'il y a lieu, l'indemnité de licenciement prévue à l'article L. 1234-9.

Note À la différence de l'article L. 122-12, al. 1er qu'il est censé reprendre, l'article L. 1234-10 ne prévoit pas que la règle est écartée lorsque la cessation de l'entreprise résulte d'un cas de force majeure (voir note sous art. L. 1234-7). Mais cette exception est affirmée dans l'article L. 1234-12.

Art. L. 1234-11

Art. L. 1234-11. Les circonstances entraînant la suspension du contrat de travail, en vertu soit de dispositions légales, soit d'une convention ou d'un accord collectif de travail, soit de stipulations contractuelles, soit d'usages, ne rompent pas l'ancienneté du salarié appréciée pour la détermination du droit à l'indemnité de licenciement.

Toutefois, la période de suspension n'entre pas en compte pour la détermination de la durée d'ancienneté exigée pour bénéficier de ces dispositions.

Note Voir note sous art. L. 1234-8.

Sous-section 3. Cas de force majeure

Art. L. 1234-12. La cessation de l'entreprise pour cas de force majeure libère l'employeur de l'obligation de respecter le préavis et de verser l'indemnité de licenciement prévue à l'article L. 1234-9.

Note • Cet article reprend l'exception qui était initialement intégrée dans l'article L. 122-12, al. 1er prévoyant le maintien de l'indemnité de licenciement et de l'indemnité compensatrice de préavis en cas de cessation de l'entreprise.

• L'employeur est seul juge des circonstances qui le conduisent à cesser son activité; aucune disposition légale ne l'oblige à maintenir en activité l'entreprise à seule fin d'assurer à son personnel la stabilité de l'emploi, dès lors qu'il observe les règles édictées par le code du travail (cass. soc. 31 mai 1956, n° 56-04.323, BC n° 499; D. 1958, p. 21, note G. Levasseur; JCP 1956. II.9397, note P. Esmein).

• La cessation d'activité d'une entreprise peut être due à un cas de force majeure, mais elle ne constitue pas, par elle-même, un cas de force majeure dispensant l'employeur de respecter le préavis (cass. soc. 24 avril 1980, n° 78-41.601, BC V n° 353).

La force majeure permettant à l'employeur de s'exonérer de tout ou partie des obligations nées de la rupture d'un contrat de travail s'entend de la survenance d'un événement extérieur, imprévisible lors de la conclusion du contrat et irrésistible dans son exécution; par conséquent, lorsque la survenance de l'événement est envisagée dans le contrat de travail, la condition d'imprévisibilité fait défaut et il n'y a pas force majeure (cass. soc. 16 mai 2012, n° 10-17.726, BC V n° 151; RJS 7/12 n° 627).

Constituent des cas de force majeure des faits présentant un caractère imprévisible et insurmontable et entraînant une impossibilité absolue de continuer l'exécution des contrats de travail. Les salariés sont alors privés du droit au paiement des indemnités de rupture. Exemples de cas de force majeure:
- incendie détruisant totalement l'entreprise (cass. soc. 2 mai 1978, n° 77-40.406, BC V n° 313; 27 avril 1989, n° 86-41.217);
- incendie d'origine criminelle ayant rendu l'entreprise inexploitable, dès lors que n'était pas établie une insuffisance de la protection d'accès aux locaux reprochée à l'employeur (cass. soc. 20 décembre 1989, n° 86-45.181, RJS 2/90 n° 97);
- incendie ayant entraîné la fermeture du seul centre de production de l'entreprise (cass. soc. 5 avril 2006, n° 04-46.439);
- cyclone dévastant entièrement une exploitation (cass. crim. 4 janvier 1984, n° 83-90.022, B. crim. n° 6);
- le «fait du prince», décision administrative ou acte d'un gouvernement rendant l'exécution du contrat de travail impossible; par exemple, la politique du gouvernement gabonais exigeant le remplacement des ressortissants étrangers par des nationaux gabonais et s'imposant à l'employeur (cass. soc. 31 mai 1990, n° 88-42.851);
- le non-renouvellement d'une autorisation administrative d'exploitation pour le jeu de la roulette dans un casino mettant l'employeur dans l'impossibilité absolue d'exécuter les contrats de travail en raison d'une cause qui lui était étrangère (cass. soc. 31 octobre 1989, n° 86-44.655, JS UIMM 1990, p. 136).

Ne constituent pas des cas de force majeure:
- le décès de l'employeur: le salarié percevra les indemnités de préavis et de licenciement auxquelles il peut prétendre en application des articles L. 122-8 et L. 122-9 anciens [L. 1234-5 et L. 1234-9] (cass. soc. 24 février 1983, n° 80-41.779, BC V n° 117; 5 décembre 1989, n° 86-43.165, BC V n° 695; RJS 1990 n° 91; voir aussi G. François, «La mort de l'employeur», Dr. Soc. 2020, p. 924); ou encore le décès du président du conseil d'administration dans une société anonyme (cass. soc. 3 octobre 1973, n° 72-40.494, BC V n° 464);
- un incendie, lorsque la fermeture des locaux a été limitée à deux mois (durée des travaux de réparation) (cass. soc. 2 février 1994, n° 90-42.104, BC V n° 37; RJS 3/94 n° 247) ou lorsque l'employeur a gardé plusieurs salariés à son service après le sinistre et les a licenciés trois mois plus tard (cass. soc. 22 janvier 1991, n° 87-44.057; 5 février 1992, n° 88-45.650) ou lorsque la viabilité de l'entreprise n'a pas été durablement compromise (cass. soc. 14 mai 1996, n° 93-41.051);
- l'inondation d'une usine par une rivière sortant régulièrement de son lit (cass. soc. 19 mai 1988, n° 86-41.948, BC V n° 297);

– l'expropriation de l'immeuble dans lequel est exploité le fonds de commerce (cass. soc. 22 juin 1994, n° 89-44.891, BC V n° 203; RJS 8-9/94 n° 977);
– l'arrêt d'un chantier de plantation sur décision de la direction départementale de l'équipement en raison de la sécheresse (cass. soc. 17 mai 2000, n° 98-40.092);
– le passage d'un cyclone qui n'entraîne qu'un arrêt d'activité partiel et de courte durée (cass. soc. 19 juillet 2000, n° 98-44.575);
– la réduction d'activité d'une entreprise en raison d'une baisse de la demande de la clientèle (cass. soc. 6 février 2001, n° 98-42.679);
– une décision administrative refusant le bénéfice d'une dérogation à une interdiction légale de cumul d'activités (cass. soc. 4 février 1987, n° 84-40.142, BC V n° 54); l'interdiction édictée par une autorité administrative de continuer l'exploitation d'une carrière autorisée à titre précaire et révocable (cass. soc. 21 janvier 1987, n° 84-41.232, BC V n° 28);
– l'insurrection survenue dans le pays où était affectée la salariée, dès lors que l'employeur ne justifie pas de l'impossibilité durable d'exercer son activité dans ce pays (cass. soc. 1er juillet 2020, n° 17-13.047).

• *Covid-19.* Voir Ch. Radé, «Covid-19 et force majeure», Dr. Soc. 2020, p. 598.

Art. L. 1234-13. Lorsque la rupture du contrat de travail à durée indéterminée résulte d'un sinistre relevant d'un cas de force majeure, le salarié a droit à une indemnité compensatrice d'un montant égal à celui qui aurait résulté de l'application des articles L. 1234-5, relatif à l'indemnité compensatrice de préavis, et L. 1234-9, relatif à l'indemnité de licenciement.

Cette indemnité est à la charge de l'employeur.

Note • L'article L. 1234-13 est une reprise de l'ancien article L. 122-9-1, à cette différence près que l'article L. 122-9-1 ne contenait pas le second alinéa selon lequel «cette indemnité est à la charge de l'employeur».

• *Covid-19.* Voir Ch. Radé, «Covid-19 et force majeure», Dr. Soc. 2020, p. 598.

Sous-section 4. Dispositions particulières au secteur public

Art. L. 1234-14. Les dispositions des articles L. 1234-1, L. 1234-8, L. 1234-9 et L. 1234-11 sont applicables, dès lors que les intéressés remplissent les conditions prévues par ces articles:

1° Aux agents et salariés, autres que les fonctionnaires et les militaires, mentionnés à l'article L. 5424-1;

2° Aux salariés soumis au même statut légal que celui d'entreprises publiques.

Sous-section 5. Dispositions particulières aux départements de la Moselle, du Bas-Rhin et du Haut-Rhin

Art. L. 1234-15. Le salarié a droit à un préavis:

1° D'un jour lorsque sa rémunération est fixée par jour;

2° D'une semaine lorsque sa rémunération est fixée par semaine;

3° De quinze jours lorsque sa rémunération est fixée par mois;

4° De six semaines lorsque sa rémunération est fixée par trimestre ou par période plus longue.

Art. L. 1234-16. Ont droit à un préavis de six semaines:

1° Les professeurs et personnes employées chez des particuliers;

2° Les commis commerciaux mentionnés à l'article L. 1226-24;

3° Les salariés dont la rémunération est fixe et qui sont chargés de manière permanente de la direction ou la surveillance d'une activité ou d'une partie de celle-ci, ou ceux à qui sont confiés des services techniques nécessitant une certaine qualification.

Art. L. 1234-17. Pendant le préavis, l'employeur accorde au salarié qui le demande un délai raisonnable pour rechercher un nouvel emploi.

Art. L. 1234-17-1. Les dispositions de la présente sous-section s'appliquent à défaut de dispositions légales, conventionnelles ou d'usages prévoyant une durée de préavis plus longue. Elles s'appliquent également à la rupture du contrat de travail à durée indéterminée à l'initiative du salarié.

Sous-section 6. Dispositions d'application

Art. L. 1234-18. Un décret en Conseil d'État détermine les modalités d'application des articles L. 1234-1 à L. 1234-14.

SECTION 2. Documents remis par l'employeur

Sous-section 1. Certificat de travail

Art. L. 1234-19. À l'expiration du contrat de travail, l'employeur délivre au salarié un certificat dont le contenu est déterminé par voie réglementaire.

Note La rédaction de cet article diffère de la rédaction de l'ancien article L. 122-16-1 en ce qu'elle renvoie à un texte réglementaire les précisions concernant le contenu de cet acte et supprime les alinéas 2 et 3 de l'ancien article.

• **Obligation de délivrance.** Il résulte de la combinaison des articles L. 1234-19 et L. 1234-4 que l'employeur n'est pas obligé de délivrer un certificat de travail au salarié dispensé d'effectuer le préavis avant la date d'expiration du contrat de travail. Toutefois, l'administration recommande l'une des deux solutions suivantes :

a) l'employeur délivre au salarié, sur demande de celui-ci, une attestation précisant que l'intéressé sera libéré de ses liens contractuels à la date correspondant à la fin légale du préavis et que, jusqu'à cette date, toute liberté lui est laissée d'occuper un autre emploi ;

b) lorsque le salarié a trouvé un nouvel emploi à occuper avant la date légale de libération de ses liens contractuels, l'employeur lui remet, à sa demande, le certificat de travail portant comme date de cessation du contrat celle à laquelle l'intéressé désire être libéré.

L'obligation de délivrance existe alors même qu'il n'y a eu qu'une représentation d'un spectacle (cass. soc. 13 mars 1996, n° 92-42.003).

Le jugement prud'homal ordonnant la remise du certificat de travail est de plein droit exécutoire à titre provisoire et est rendu en dernier ressort, à moins qu'il ne le soit en premier ressort en raison du montant des autres demandes ; la délivrance, le cas échéant sous peine d'astreinte, du certificat de travail peut être ordonnée par le bureau de conciliation du conseil ou par la voie du référé prud'homal.

En cas de liquidation de biens postérieure au licenciement d'un salarié, l'obligation de remettre le certificat de travail à ce salarié, dont le contrat n'avait pas continué avec la masse, ne peut incomber au syndic (cass. soc. 28 octobre 1981, n° 79-42.526, BC V n° 835).

Par contre, il entre dans les pouvoirs du syndic d'une société déclarée en liquidation de biens, en sa qualité de représentant du débiteur en liquidation des biens dessaisi de l'administration et de la disposition de son patrimoine, de délivrer à un salarié qu'il licencie le certificat de travail auquel il a droit (cass. soc. 26 mai 1988, n° 85-45.606, BC V n° 329).

Dans les cas d'application de l'ancien article L. 122-12, al. 2, le nouvel employeur est tenu de délivrer, lors de l'expiration du contrat de travail, aux salariés passés à son service un certificat de travail portant comme date d'entrée celle de leur embauche par la première entreprise (cass. soc. 8 janvier 1975, n° 73-40.595, BC V n° 1). Lorsque plusieurs employeurs se sont succédé à la tête de l'entreprise, seul le dernier est tenu de certifier des services du salarié (cass. soc. 24 novembre 1993, n° 89-42.648, BC V n° 286 ; RJS 1/94 n° 30).

Cette règle ne semble pas devoir s'appliquer dans le cas de mutation d'un salarié au sein d'un même groupe, dans la mesure où chacune des sociétés du groupe avait, à la fin de chaque période d'emploi, délivré un certificat régulier au salarié. La dernière société n'était pas tenue de délivrer un certificat faisant état de la totalité des services accomplis au sein du groupe (cass. soc. 7 février 1989, n° 85-42.219).

À noter également que les employeurs utilisant le titre emploi-service entreprise (TESE) sont dispensés de l'obligation de délivrer un certificat de travail aux salariés (voir article L. 1273-5 CT).

• **Modalités de la délivrance.** Le certificat de travail est quérable et non portable (cass. soc. 22 mai 1975, n° 74-40.011, BC V n° 274 ; 26 mars 2014, n° 12-27.028) ; la seule obligation de l'employeur est d'établir ce certificat et de le tenir à la disposition du salarié (cass. soc. 3 juin 1982, n° 80-40.543). C'est au salarié demandeur qu'il appartient d'établir le défaut de remise du certificat de travail (cass. soc. 24 janvier 1979, n° 77-40.266, BC V n° 75).

Si l'employeur a proposé à l'audience de conciliation de l'instance prud'homale la remise du certificat de travail au salarié demandeur, il a satisfait à ses obligations, en vertu du principe de la quérabilité du certificat (cass. soc. 3 juin 1982, n° 80-40.543, précité). Toutefois, la notification à l'employeur de la décision du juge portant condamnation à remise du certificat de travail rend le certificat portable (cass. soc. 26 mars 1981, n° 80-40.170, BC V n° 265 ; 17 janvier 1995, n° 91-43.908, BC V n° 26 ; RJS 4/95 n° 416 ; 12 novembre 2002, n° 01-40.047).

• **Contenu du certificat.** Voir *infra*, art. D. 1234-6.

• **Non-délivrance ou délivrance tardive.** En cas de délivrance tardive du certificat de travail, le salarié doit, pour être indemnisé, démontrer que ce retard lui a causé un préjudice (cass. soc. 11 janvier 2006, n° 03-46.055, BC V n° 3 ; 13 avril 2016, n° 14-28.293, BC V n° 72 ; LSQ n° 17066 du 21.04.2016 ; RJS 6/16 n° 423 ; JCP éd. S 2016, 1213, note G. Turpin), les juges de fond disposant d'un pouvoir souverain pour apprécier l'existence de ce préjudice et en évaluer le montant (cass. soc. 13 avril 2016, n° 14-28.293, précité).

• Voir aussi LS Dossier pratique n° 189 du 16.10.2019, «Le point sur le certificat de travail».

Art. D. 1234-6. Le certificat de travail contient exclusivement les mentions suivantes:

1° La date d'entrée du salarié et celle de sa sortie;

2° La nature de l'emploi ou des emplois successivement occupés et les périodes pendant lesquelles ces emplois ont été tenus.

Note • Le certificat de travail doit également comporter, depuis le 1er juin 2014, une mention relative à la portabilité de la prévoyance frais de santé (qui permet aux salariés, après leur départ de l'entreprise et sous conditions, de continuer à bénéficier des garanties prévues par le contrat de prévoyance de l'entreprise au titre des risques portant atteinte à l'intégrité physique de la personne ou liées à la maternité) et, depuis le 1er juin 2015, à la portabilité des garanties liées aux risques décès, incapacité de travail ou invalidité (art. L. 911-8, 6° c. séc. soc.).

• L'employeur ne peut imposer au salarié des mentions autres que celles prévues à cet article (cass. soc. 4 mars 1992, n° 88-41.014, BC V n° 152: la mention de l'existence d'une clause de non-concurrence liant le salarié est illicite).

• L'employeur est tenu de mentionner sur le certificat de travail:
– la date de l'entrée du salarié dans l'entreprise; s'agissant d'un travailleur étranger, c'est cette date et non celle du visa du contrat de travail par la direction départementale du travail [Direccte puis, désormais, Dreets] qui doit figurer (cass. soc. 18 octobre 1990, n° 88-43.652, BC V n° 488);
– l'emploi ou les divers emplois tenus par le salarié, la mention du seul classement hiérarchique étant insuffisante (cass. soc. 1er décembre 1971, n° 71-40.029, BC V n° 699);
– les périodes pendant lesquelles les emplois ont été occupés: un salarié ne pourrait prétendre qu'il ne soit pas fait mention d'un congé sans solde dont il a bénéficié (cass. soc. 12 juin 1981, n° 79-40.980, BC V n° 534).

• En cas de contrats successifs à durée déterminée dont l'ensemble constituait un contrat à durée indéterminée, le certificat de travail qui mentionne le début et la fin de chacune des périodes de travail correspondant aux contrats qui s'étaient succédé doit être considéré comme régulier (cass. soc. 2 juillet 1985, JS 1985 SJ 249).

• La formule «libre de tout engagement»:
– n'a pas pour effet de délier le salarié dont le contrat de travail est expiré de son obligation de non-concurrence (cass. soc. 24 octobre 1979, n° 78-40.150, BC V n° 773; 19 juin 1991, n° 86-45.504, BC V n° 311; 25 octobre 1995, n° 93-45.442, RJS 1/96 n° 22);
– ne peut être considérée comme constituant, de la part du salarié qui a accepté un certificat la contenant, une renonciation au bénéfice de l'indemnité stipulée en sa faveur en contrepartie d'une clause de non-concurrence (cass. soc. 29 avril 1969, BC V n° 274);
– constate l'expiration régulière du contrat de travail (cass. soc. 24 octobre 1960, BC n° 928; 26 février 1970, n° 69-40.191, BC V n° 149), sans toutefois signifier que les parties étaient d'accord sur les conditions de la rupture, notamment en matière de préavis (cass. soc. 23 octobre 1947, BC III n° 42), ni être suffisante pour établir sans équivoque que l'employeur a entendu renoncer au paiement d'une indemnité compensatrice du préavis prévu par la convention collective et non exécuté par le salarié (cass. soc. 2 février 1978, n° 76-41.004, BC V n° 82).

Sous-section 2. Reçu pour solde de tout compte

Art. L. 1234-20. ***(L. 2008-596 du 25 juin 2008, JO 26)*** **Le solde de tout compte, établi par l'employeur et dont le salarié lui donne reçu, fait l'inventaire des sommes versées au salarié lors de la rupture du contrat de travail.**

Le reçu pour solde de tout compte peut être dénoncé dans les six mois qui suivent sa signature, délai au-delà duquel il devient libératoire pour l'employeur pour les sommes qui y sont mentionnées.

Note **Reçu pour solde de tout compte**

• *Effet libératoire.* La loi du 17 janvier 2002 avait supprimé l'effet libératoire du reçu pour solde de tout compte. La loi du 25 juin 2008 l'a rétabli.

Il résulte de l'article L. 1234-20, dans sa rédaction issue de cette dernière loi, d'une part, que l'employeur a l'obligation de faire l'inventaire des sommes versées au salarié lors de la rupture du contrat de travail, d'autre part, que le reçu pour solde de tout compte n'a d'effet libératoire que pour les seules sommes qui y sont mentionnées, peu important le fait qu'il soit, par ailleurs, rédigé en des termes généraux (cass. soc. 18 décembre 2013, n° 12-24.985, BC V n° 310; RJS 3/14 n° 221). Dès lors, le reçu pour solde de tout compte qui fait état d'une somme globale, sans inventaire détaillé des sommes payées, et renvoie pour le détail des sommes versées au bulletin de paie annexé n'a pas d'effet libératoire (cass. soc. 14 février 2018, n° 16-16.617, BC V n° 21; RJS 4/18 n° 256 et pp. 294 et s., avis Fr. Rémery, «Reçu pour solde de tout compte: conditions de l'effet libératoire»; JCP éd. S 2018, 1114, note M-N Rouspide-Katchadourian; JSL n° 452, 02.05.2018, pp. 13 et s., Ph. Pacotte et C. Margerin; Dr. Soc. 2018, p. 481, act. J. Mouly). Mais, faute de dénonciation par le salarié dans le délai de 6 mois, le reçu pour solde de tout compte mentionnant une somme globale à titre de salaire a un effet libératoire pour des sommes sollicitées à titre d'heures supplémentaires et au titre du non-respect par l'employeur de la garantie annuelle de rémunération prévue par la convention collective, ces demandes constituant des demandes de rappel de salaire (cass. soc. 13 mars 2019, n° 17-31.514).

Par arrêt du 18 septembre 2013 (QPC, n° 13-40.042, BC V n° 198; RJS 12/13 n° 814), la chambre sociale de la Cour de cassation a jugé que la faculté de dénonciation non motivée du reçu prévue par le second alinéa de cet article n'est contraire ni au principe de sécurité juridique ni à celui d'égalité devant la loi.

À noter que les dispositions de cet article ne prévoient pas l'obligation pour l'employeur de mentionner sur le reçu pour solde de tout compte le délai de six mois pour le dénoncer (cass. soc. 4 novembre 2015, n° 14-10.657, BC V n° 218; LSQ n° 16857 du 17.11.2015; RJS 1/16 n° 26).

Pour faire courir le délai de 6 mois à l'expiration duquel le salarié ne peut plus dénoncer le reçu pour solde de tout compte, ce dernier doit comporter la date de sa signature, peu important que celle-ci ne soit pas écrite de la main du salarié dès l'instant qu'elle est certaine (cass. soc. 20 février 2019, n° 17-27.600, à paraître, LSQ n° 17767 du 04.03.2019; RJS 5/19 n° 288; JCP éd. S 2019, 1109, note L. Paoli; JSL n° 473, 08.04.2019, p. 4, J-Ph. Lhernould).

Si la convocation devant le bureau de conciliation produit, quant aux chefs de demande qui y sont énoncés, les effets de la dénonciation visée par cet article, c'est à la condition qu'elle ait été reçue par l'employeur dans le délai de 6 mois; c'est donc à tort que, pour déclarer recevables les demandes d'un salarié, une cour d'appel a retenu que l'intéressé avait saisi le conseil de prud'hommes dans les 6 mois de la signature du reçu, alors que l'employeur n'avait été convoqué devant le bureau de conciliation qu'après la fin de ce délai (cass. soc. 7 mars 2018, n° 16-13.194, BC V n° 40; LSQ n° 17534 du 20.03.2018; JSL n° 452, 02.05.2018, pp. 17 et s., J-Ph. Lhernould; RJS 5/18 n° 322; Dr. Soc. 2018, p. 481, act. J. Mouly).

• *Effet probatoire du reçu.* Le reçu régulièrement dénoncé a la valeur d'un reçu des sommes qui y figurent (cass. soc. 11 janvier 1984, Cah. prud'h. 1984, p. 86). Mais le reçu pour solde de tout compte non signé par le salarié ne fait pas preuve du paiement des sommes qui y sont mentionnées; il appartient en conséquence à l'employeur de justifier de ce paiement (cass. soc. 27 mars 2019, n° 18-12.792, LS Jurispr. n° 80 du 30.04.2019; RJS 6/19 n° 348).

La signature d'un reçu pour solde de tout compte ne constitue pas, de la part du salarié, une volonté claire et non équivoque de démissionner (cass. soc. 9 juillet 2002, n° 00-44.417; 10 avril 2002, n° 00-43.546).

• Voir aussi LS Dossier pratique n° 151 du 22.08.2019, «Le reçu pour solde de tout compte»; R. Briguet-Lamarre, «Le reçu pour solde de tout compte», JCP éd. S 2020, 1041.

Transaction

• *Licéité.* La possibilité pour l'employeur de faire signer un reçu pour solde de tout compte ne met pas obstacle à la conclusion entre l'employeur et le salarié d'un accord transactionnel régi par les articles 2044 à 2058 c. civ. (cass. soc. 18 mai 1953, BC IV n° 280; Dr. Soc. 1953, p. 602; 13 novembre 1959, BC IV n° 1149).

La transaction est valablement conclue alors même qu'elle porte sur des droits ayant un caractère d'ordre public lorsque ces droits sont déjà nés (cass. soc. 3 juin 1981, n° 79-41.887, BC V n° 520: un salarié peut valablement renoncer à un droit qui a déjà pris naissance, «nonobstant le caractère d'ordre public des règles relatives au licenciement pour cause économique ou d'un délégué syndical»; dans le même sens, cass. crim. 4 février 1992, n° 90-82.330, B. crim. n° 50; RJS 10/92 n° 1129; voir cependant cass. soc. 1er juin 1994, n° 93-40.040, Dr. Soc. 1994, p. 788). En revanche, la mise en œuvre d'un accord collectif dont les salariés tiennent leurs droits ne peut être subordonnée à la conclusion de contrats individuels de transaction (cass. soc. 5 avril 2005, n° 04-44.626, BC V n° 124: la «transaction» signée par le salarié pour bénéficier des droits prévus par la convention collective est sans effet); il en est de même de la mise en œuvre d'un usage ou d'un engagement unilatéral de l'employeur dont les salariés tiennent leurs droits (cass. soc. 5 juin 2019, n° 17-28.377, à paraître, LS Jurispr. n° 110 du 18.06.2019; JSL n° 480, 22.07.2019, p. 24, M. H. ; JCP éd. S 2019, 1236, note F. Dumont).

Si les salariés investis de fonctions représentatives ne peuvent renoncer par avance aux dispositions protectrices instituées en leur faveur, rien ne leur interdit lorsqu'un licenciement, même illégal, leur a été notifié, de renoncer à réclamer une réintégration et de conclure avec l'employeur une transaction en vue de régler les conséquences pécuniaires de la rupture du contrat de travail (cass. soc. 5 février 2002, n° 99-45.861, BC V n° 54; RJS 4/02 n° 457).

La transaction peut être annulée lorsqu'il y a erreur sur la personne ou sur l'objet de la contestation (art. 2053 c. civ.). Doit être annulée la transaction conclue sur la croyance commune des parties que le licenciement pour inaptitude ouvre seulement droit à l'indemnité légale de licenciement; l'erreur commise porte sur l'objet de la contestation et affecte la validité de la transaction (cass. soc. 24 novembre 1998, n° 95-43.523, BC V n° 515; RJS 2/99 n° 197). Doit également être annulée pour absence d'objet certain une transaction contenant des dispositions contradictoires concernant l'obligation de reclassement du salarié (cass. soc. 18 mai 1999, n° 97-40.439, BC V n° 222; RJS 7/99 n° 917).

La transaction est annulée en raison du caractère frauduleux de licenciements notifiés pour motifs personnels alors que la cause réelle en est économique; le caractère frauduleux des licenciements affecte la validité des transactions ensuite conclues (cass. soc. 10 novembre 2009, n° 08-43.805, BC V n° 251; RJS 1/10 n° 35).

L'annulation de la transaction ôte à celle-ci tout effet; en particulier, le salarié doit restituer à l'employeur l'indemnité transactionnelle qu'il a perçue. La Cour de cassation refuse d'appliquer la règle «*nemo auditur...*» qui ferait échec à la demande de remboursement présentée par l'employeur au motif que le caractère frauduleux ne procède pas d'une cause immorale (cass. soc. 10 novembre 2009, n° 08-43.805, précité).

La transaction ne peut avoir pour objet de mettre fin au contrat de travail (cass. soc. 5 décembre 2012, n° 11-15.471, BC V n° 329; RJS 2/13 n° 116; JCP éd. S 2013, 1135, note D. Chenu); lorsqu'elle est conclue à l'occasion de la rupture du contrat de travail, elle ne peut avoir pour objet que de mettre fin à toute contestation résultant de cette rupture et ne peut donc être valablement conclue qu'une fois que la rupture du contrat est intervenue et est définitive (cass. soc. 29 mai 1996, n° 92-45.115, BC V n° 215; RJS 7/96 n° 789; 15 janvier 1997, n° 93-44.010, BC V n° 22; Dr. Soc. 1997, p. 419, obs. J. Pélissier; 16 juillet 1997, n° 94-42.283, BC V n° 278; RJS 10/97 n° 1089; 21 mars 2000, 2 arrêts, n°s 97-45.550 et 97-44.310, RJS 5/00 n° 528; 9 mai 2001, n° 98-42.615, RJS 8-9/01 n° 996; 2 octobre 2019, n° 18-17.429: est nulle la transaction ayant pour objet de déterminer les conditions et modalités de rupture amiable du contrat de travail et de régler les conséquences de cette rupture). Les arrêts précisent en effet que le licenciement doit être notifié dans les formes légales préalablement à la conclusion de la transaction (cass. soc. 18 mai 1999, n° 97-40.686, RJS 10/99 n° 1251) ou encore que la transaction ne peut être conclue qu'une fois la rupture devenue définitive par la réception par le salarié de la lettre de licenciement (cass. soc. 20 mai 1997, n° 95-41.202; dans le même sens, cass. soc. 20 décembre 2006, n° 05-44.071). La transaction est valable, même si elle est signée avant l'expiration du délai de réflexion accordé au salarié à qui est proposée une convention de reclassement personnalisé, dès lors qu'elle intervient après la notification du licenciement; peu importe que le contrat de travail ne soit rompu définitivement qu'à l'expiration de ce délai de réflexion (cass. soc. 31 mai 2011, n° 10-14.313, BC V n° 137; RJS 8-9/11 n° 685). Cette solution devrait être appliquée à la conclusion d'un contrat de sécurisation professionnelle (CSP), qui remplace désormais la convention de reclassement personnalisé. La chambre sociale de la Cour de cassation a précisé que la transaction ayant pour objet de mettre fin au litige résultant d'un licenciement ne peut être valablement conclue par le salarié licencié que lorsqu'il a eu connaissance effective des motifs du licenciement par la réception de la lettre de licenciement (cass. soc. 14 juin 2006, n° 04-43.123, BC V n° 215; RDT, septembre 2006, CH, 172, B. Lardy-Pélissier; 1er juillet 2009, n° 08-43.179, BC V n° 171; 16 février 2012, n° 10-20.248, JSL n° 321, 3.05.2012, p. 24, F. Lalanne; 12 février 2020, n° 18-19.149, LS Jurispr. n° 42 du 03.03.2020); ainsi, la transaction conclue après la présentation de la lettre recommandée mais avant que le salarié l'ait effectivement retirée est nulle. *A fortiori*, une telle transaction conclue en l'absence de notification préalable du licenciement par lettre recommandée avec demande d'avis de réception est nulle (cass. soc. 18 février 2003, n° 00-42.948, BC V n° 61; RJS 5/03 n° 604; 24 janvier 2007, n° 05-42.135, BC V n° 10: l'envoi d'une feuille blanche par lettre recommandée avec accusé de réception ne vaut évidemment pas notification du licenciement); et ce, même si une lettre de licenciement a été remise au salarié en main propre (cass. soc. 10 octobre 2018, n° 17-10.066, à paraître, RJS 12/18 n° 725; JCP éd. S 2018, 1380, note L. Drai; JSL n° 464, 29.11.2018, pp. 4 et s., J-Ph. Lhernould; 12 février 2020, n° 18-19.149, précité). La Cour de cassation a ainsi abandonné la solution qu'elle avait retenue jusqu'en 1996, selon laquelle la transaction visant à éteindre ou prévenir une contestation relative à la rupture du contrat pouvait être valablement conclue avant la notification du licenciement, dès lors que le principe du licenciement était acquis (cass. soc. 28 octobre 1992, n° 89-44.953, BC V n° 520).

La nullité de la transaction signée par un salarié non protégé, avant la notification du licenciement, est une nullité relative (cass. soc. 6 avril 2004, n° 02-41.630, RJS 6/04 n° 687; 28 mai 2002, n° 99-43.852, BC V n° 182; RJS 8-9/02 n° 970: l'employeur ne peut pas s'en prévaloir); elle se prescrit par cinq ans (cass. soc. 6 avril 2004, n° 02-41.630, précité; 14 janvier 2003, n° 00-41.880, BC V n° 6; Dr. Soc. 2003, p. 441, obs. J. Mouly). En revanche, la nullité d'une transaction signée par un salarié investi de fonctions représentatives est une nullité absolue; l'employeur peut utilement l'invoquer et obtenir le remboursement des sommes versées (cass. soc. 10 juillet 2002, n° 00-40.301, BC V n° 249; RJS 11/02 n° 1255).

La transaction par laquelle le salarié renonce à contester le contenu d'un plan de sauvegarde de l'emploi pour obtenir une indemnité ou le bénéfice de mesures prévues par le plan est nulle (cass. soc. 14 juin 2006, n° 04-48.157; 20 novembre 2007, n° 06-41.410, BC V n° 195; SSL 2008 n° 1367, p. 10).

Validité d'une transaction conclue après une rupture conventionnelle. Un salarié et un employeur ayant signé une convention de rupture ne peuvent valablement conclure une transaction, d'une part, que si celle-ci intervient postérieurement à l'homologation de la rupture conventionnelle par l'autorité administrative ou, s'agissant d'un salarié bénéficiant d'une protection mentionnée aux articles L. 2411-1 et L. 2411-2 CT, postérieurement à la notification aux parties de l'autorisation, par l'inspecteur du travail, de la rupture conventionnelle, d'autre part, que si elle a pour objet de régler un différend relatif non pas à la rupture du contrat de travail mais à son exécution sur des éléments non compris dans la convention de rupture (cass. soc. 26 mars 2014, n° 12-21.136, BC V n° 91; LS Jurispr. n° 83 du 6.05.2014; RJS 6/14 n° 501; voir également dans ce sens cass. soc. 25 mars 2015, n° 13-23.368, BC V n° 59; LSQ n° 16811 du 09.04.2015; RJS 6/15 n° 408 et rép. QE 55914, JO AN 2 septembre 2014, p. 7472).

• *Qualification.* La transaction est un contrat par lequel les parties terminent une contestation née ou préviennent une contestation à naître, en se consentant des concessions réciproques.

Il est admis que l'acte juridique doit être qualifié de transaction, alors même que les concessions de l'une et de l'autre partie sont de valeur inégale (cass. soc. 17 mars 1982, n° 80-40.455, BC V n° 180; 13 mai 1992, n° 89-40.844, BC V n° 307; 5 janvier 1994, n° 89-40.961, BC V n° 1; RJS 2/94 n° 148). La concession de chaque partie doit cependant être «appréciable» (cass. soc. 19 février 1997, n° 95-41.207, BC V n° 74; RJS 4/97 n° 410); elle ne doit pas être «dérisoire», sous peine de voir la transaction annulée (cass. soc. 28 novembre 2000, n° 98-43.635, BC V n° 399; RJS 2/01 n° 197: une indemnité forfaitaire transactionnelle de 5 000 F revêt un caractère «dérisoire» et ne constitue pas une véritable concession de la part de l'employeur; 28 avril 2011, n° 09-68.134, RJS 7/11 n° 606: il en est de même d'une indemnité transactionnelle fixée à 500 €).

Les juges du fond doivent caractériser les concessions consenties par chacune des parties avant de retenir la qualification de transaction (cass. soc. 20 juin 1995, n° 92-40.194, BC V n° 201). L'existence de concessions réciproques, qui conditionne la validité d'une transaction, doit s'apprécier en fonction des prétentions des parties au moment de la signature de l'acte; si, pour déterminer si ces concessions sont réelles, le juge peut restituer aux faits, tels qu'ils ont été énoncés par l'employeur dans la lettre de licenciement, leur véritable qualification, il ne peut, sans heurter l'autorité de chose jugée attachée à la transaction, trancher le litige que cette transaction avait pour objet de clore en se livrant à l'examen des éléments de fait et de preuve pour déterminer le bien-fondé du motif du licenciement du salarié (cass. soc. 21 mai 1997, n° 95-45.038, BC V n° 185; RJS 7/97 n° 813); de même, le juge ne peut examiner le bien-fondé de la demande de requalification d'un contrat à durée déterminée en contrat à durée indéterminée, objet du litige que la transaction avait pour objet de clore, pour apprécier le caractère dérisoire ou non de l'indemnité transactionnelle (cass. soc. 18 septembre 2019, n° 18-19.693, RJS 12/19 n° 687).

S'ils n'ont pas à se prononcer sur la réalité et le sérieux du ou des motifs énoncés dans la lettre de licenciement, les juges doivent, pour apprécier si des concessions réciproques ont été faites et si celle de l'employeur n'est pas dérisoire, vérifier que la lettre de licenciement est motivée conformément aux exigences légales (cass. soc. 7 mars 2012, n° 10-14.502; 13 juillet 2010, n° 09-40.984, BC V n° 175; RJS 10/10 n° 752). Par exemple, en constatant que le motif de licenciement avancé par l'employeur est l'insuffisance professionnelle du salarié, ils relèveront que le licenciement n'est pas un licenciement pour faute grave et que l'employeur doit normalement au salarié l'indemnité de licenciement et un préavis. Si la convention des parties oblige l'employeur à verser au salarié une somme inférieure au montant cumulé de l'indemnité de licenciement et de l'indemnité de préavis, il apparaît que l'employeur n'a fait aucune concession et que la convention n'est pas une transaction (cass. soc. 27 mars 1996, n° 92-40.448, BC V n° 124; RJS 5/96 n° 541; 18 février 1998, n° 95-42.500, BC V n° 95; RJS 4/98 n° 457; 6 avril 1999, n° 96-43.467, BC V n° 162; RJS 5/66 n° 662). De la même façon, si les juges constatent que la lettre de licenciement ne mentionne aucun motif de licenciement, ils doivent en conclure que le licenciement est sans cause réelle et sérieuse et que l'employeur n'a fait aucune concession, l'indemnité transactionnelle à sa charge étant inférieure à l'indemnité légale sanctionnant le défaut de cause réelle et sérieuse (cass. soc. 27 février 1996, n° 92-44.997; 13 octobre 1999, n° 97-42.027, BC V n° 381; RJS 11/99 n° 1373; 23 janvier 2001, n° 98-41.992, BC V n° 21; RJS 4/01 n° 439). Jugé également que le fait pour un employeur de dispenser le salarié qu'il licencie de l'exécution d'un préavis, sans pour autant lui verser d'indemnité compensatrice, ne constitue pas, de sa part et à lui seul, une concession de nature à rendre valable la transaction (cass. soc. 23 avril 1997, n° 94-40.349, RJS 6/97 n° 689).

La transaction ne peut pas porter sur l'imputabilité de la rupture, laquelle conditionne l'existence de concessions réciproques (cass. soc. 16 juillet 1997, n° 94-42.283, BC V n° 278; RJS 10/97 n° 1089).

• *Effets.* La transaction, valablement intervenue, ne peut, à la différence du reçu pour solde de tout compte, être dénoncée; elle rend irrecevable toute action ultérieure du salarié fondée sur l'exécution ou la rupture du contrat (cass. soc. 22 juin 1977, n° 75-40.679, BC V n° 21; 16 février 1978, n° 76-40.889, BC V n° 118; 9 janvier 2019, n° 17-22.788, JSL n° 470, 25.02.2019, p. 25, D. Julien-Paturle). Toutefois, une convention portant transaction ne peut être opposée par l'un des contractants que s'il en a respecté les conditions ; dans le cas contraire, l'autre partie peut demander au juge d'en prononcer la résolution (cass. soc. 7 juin 1989, n° 86-43.012, BC V n° 428 ; 30 janvier 1996, n° 92-45.050, SSL 1996, n° 781, p. 16). L'inexécution partielle de la transaction par l'un des contractants peut justifier sa résolution dès lors que cette inexécution constitue un manquement suffisamment grave à l'une des obligations déterminantes de la convention (cass. soc. 12 septembre 2018, n° 16-22.503, LS Jurispr. n° 173 du 25.09.2018). À ce titre, il a été jugé que le salarié ne pouvait pas invoquer l'inopposabilité de la transaction en cas de paiement tardif de l'indemnité transactionnelle par l'employeur lorsque ce paiement était effectivement intervenu bien avant la saisine du conseil de prud'hommes (cass. soc. 2 octobre 2019, n° 18-18.937, JCP éd. S 2019, 1312, note E. Jeansen).

À noter également que la Cour de cassation a jugé que lorsque l'indemnité transactionnelle forfaitaire comprend des éléments de rémunération, la délivrance d'un bulletin de paie détaillant les sommes versées est obligatoire pour l'employeur (cass. soc. 16 juin 1998, n° 96-41.768, BC V n° 324 ; RJS 8-9/98 n° 984).

Sur les effets et la portée d'une transaction conclue en cours d'instance, voir cass. soc. 20 février 2019, n° 17-21.626.

• *Portée.* La Cour de cassation, siégeant en assemblée plénière, a décidé de donner une large portée aux *transactions conclues à l'occasion de la rupture du contrat de travail* rédigées en termes généraux (cass. ass. plén. 4 juillet 1997, n° 93-43.375, BC n° 10 ; RJS 10/97 n° 1090 : une transaction conclue pour régler un litige relatif au paiement d'une indemnité de non-concurrence fait échec à une demande concernant une prime d'intéressement lorsque le salarié a renoncé, dans la transaction, à toutes réclamations de quelque nature qu'elles soient, relatives tant à l'exécution qu'à la rupture de son contrat de travail).

La chambre sociale, après avoir limité la portée de la transaction rédigée en termes généraux aux questions se rattachant au litige à l'origine de la transaction (voir notamment cass. soc. 14 mai 1997, n° 94-44.690, RJS 10/97 n° 1091 ; 24 avril 2013, n° 11-15.204, BC V n° 116 ; LSQ n° 16344 du 15.05.2013 ; RJS 7/13 n° 506), s'est ralliée à la solution adoptée par l'assemblée plénière : une renonciation générale et expresse à tout droit interdit toute réclamation future ; ainsi, un salarié ayant déclaré « n'avoir plus rien à réclamer à quelque titre que ce soit et pour quelque cause que ce soit, tant en raison de l'exécution que de la rupture du contrat de travail » ne peut prétendre à des dommages-intérêts pour perte de salaire et à une indemnité de préavis (cass. soc. 5 novembre 2014, n° 13-18.984, BC V n° 260 ; RJS 1/15 n° 26), ni au paiement d'une indemnité compensatrice de congés payés (cass. soc. 12 novembre 2020, n° 19-12.488). De même, la transaction selon laquelle « le salarié déclare avoir reçu toutes les sommes auxquelles il pouvait ou pourrait éventuellement prétendre au titre de ses relations de droit ou de fait existant ou ayant existé avec la société et renonce à toute réclamation de quelque nature que ce soit, née ou à naître ainsi qu'à toute somme ou forme de rémunération ou d'indemnisation auxquelles il pourrait éventuellement prétendre, à quelque titre et pour quelque cause que ce soit », prive celui-ci de la possibilité de bénéficier d'une retraite supplémentaire versée par la société (cass. soc. 30 mai 2018, n° 16-25.426, à paraître, LSQ n° 17601 du 29.06.2018 ; JSL n° 459, 14.09.2018, pp. 8 et s., J.-Ph. Lhernould ; JCP éd. S 2018, 1244, note Fr. Dumont ; RJS 8-9/18 n° 529). La signature, entre un salarié licencié pour motif économique dans le cadre d'un plan de sauvegarde de l'emploi et son ancien employeur, d'une transaction « réglant irrévocablement tout litige lié à l'exécution et à la rupture du contrat de travail en dehors de l'application des autres mesures du dispositif d'accompagnement social » et par laquelle « les parties déclarent renoncer à intenter ou poursuivre toute instance ou action, de quelque nature que ce soit, dont la cause ou l'origine aurait trait au contrat de travail, à son exécution ou à sa rupture », prive le salarié de la possibilité de demander une indemnisation au titre du non-respect par l'employeur de ses obligations de reclassement et de réembauche ainsi que de ses obligations découlant du plan de sauvegarde de l'emploi ; en revanche, la demande de l'employeur visant à obtenir le remboursement, par le salarié, d'un trop-perçu d'aide à la création d'entreprise est recevable, dès lors que cette aide fait partie des « autres mesures du dispositif d'accompagnement social » expressément exclues de l'objet de la transaction (cass. soc. 20 février 2019, n° 17-19.676, à paraître, LSQ n° 17772 du 11.03.2019 ; JCP éd. S 2019, 1108, note A. Teissier ; JSL n° 474, 23.04.2019, pp. 11 et s., M. Hautefort ; RJS 5/19 n° 289).

Mais la transaction rédigée en termes généraux *conclue au cours de l'exécution du contrat* (et non à l'occasion de sa rupture) a une portée limitée : la renonciation du salarié à ses droits nés ou à naître et à toute instance relative à l'exécution du contrat de travail ne rend pas irrecevable une demande portant sur des faits survenus pendant la période d'exécution du contrat de travail postérieure à la transaction et dont le fondement est né postérieurement à la transaction (cass. soc. 16 octobre 2019, n° 18-18.287, à paraître, LS Jurispr. n° 198 du 29.10.2019 ; Dr. Soc. 2019, p. 1089, obs. J. Mouly ; JCP éd. S 2019, 1356, note M-N Rouspide-Katchadourian ; JSL n° 487-488, 17.12.2019, p. 37, M. H. ; RDT, décembre 2019, CH, 804, S. Mraouahi ; RJS 1/20 n° 13).

À noter également que, sans se prononcer sur la licéité d'une telle clause, une cour d'appel a considéré que l'existence d'une clause transactionnelle par laquelle le salarié s'est interdit de témoigner contre son ancien employeur ne constitue pas un motif légitime de refus de témoigner à l'occasion d'un litige portant sur des faits argués de manquements à l'obligation de sécurité et de discrimination, dans la mesure où la protection de la sécurité et de la santé au travail ainsi que l'interdiction des comportements discriminatoires présentent un caractère de nécessité d'une valeur supérieure à la protection des intérêts privés de l'entreprise (CA Paris, pôle 6, ch. 5, 5 juillet 2018, n° 16/08500, RDT, septembre 2018, CH, 614, F. Guiomard).

• *Contestation.* Les parties peuvent toujours saisir la juridiction prud'homale d'une action en contestation d'une transaction quand bien même elle aurait été constatée dans un procès-verbal dressé par le bureau de conciliation (cass. soc. 29 septembre 2010, n° 09-42.084, BC V n° 207; RJS 12/10 n° 976, 1re espèce).

À noter que l'action en nullité d'une transaction conclue pendant la période suspecte, exercée par le liquidateur et fondée sur l'article L. 632-1, I, 2° c. com., selon lequel est nul, lorsqu'il est intervenu depuis la date de cessation des paiements, tout contrat commutatif dans lequel les obligations du débiteur excèdent notablement celles de l'autre partie, est née de la procédure collective et soumise à son influence juridique; elle relève en conséquence de la compétence spéciale et d'ordre public du tribunal de la procédure collective édictée à l'article R. 662-3 c. com., qui déroge aux règles de compétence de droit commun (et non de celle du conseil de prud'hommes) (cass. soc. 12 juin 2019, n° 17-26.197, à paraître, JCP éd. S 2019, 1217, note L. Fin-Langer; RJS 8-9/19 n° 495, 3e espèce).

• Sur le régime juridique de la transaction, voir LS Les Thématiques n° 64, décembre 2018, point spécial sur «La transaction». Voir aussi RJS 5/19, p. 345, «La transaction en droit social», chron. C. Jacquelet et E. Coulombel; RJS 7/19, p. 499, «La transaction en droit du travail: quelle autonomie au regard du droit commun ?», chron. J. Mouly.

Art. D. 1234-7. Le reçu pour solde de tout compte est établi en double exemplaire. Mention en est faite sur le reçu.

L'un des exemplaires est remis au salarié.

Note Le reçu pour solde de tout compte, qui n'a pas été rédigé en double exemplaire ou dont l'un des deux exemplaires n'a pas été remis au salarié, ne produit aucun effet (cass. soc. 16 juillet 1997, n° 94-41.938, BC V n° 273; Dr. Soc. 1997, p. 973).

Art. D. 1234-8. Le reçu pour solde de tout compte est dénoncé par lettre recommandée.

Sous-section 3 (réglementaire). Attestation d'assurance chômage

Art. R. 1234-9. L'employeur délivre au salarié, au moment de l'expiration ou de la rupture du contrat de travail, les attestations et justifications qui lui permettent d'exercer ses droits aux prestations mentionnées à l'article L. 5421-2 et transmet ***(D. 2011-138 du 1er févr. 2011, JO 3)*** «sans délai» ces mêmes attestations à ***(D. 2014-524 du 22 mai 2014, art. 16, JO 24)*** «Pôle emploi».

(D. 2011-138 du 1er févr. 2011, JO 3, entrée en vigueur le 01.01.2012) «Les employeurs ***(D. 2019-1586 du 31 déc. 2019, JO 1er janv. 2020, entrée en vigueur le 01.01.2020)*** «d'au moins onze salariés» effectuent cette transmission à Pôle emploi par voie électronique, sauf impossibilité pour une cause qui leur est étrangère, selon des modalités précisées par un arrêté du ministre chargé de l'emploi.»

Note • **Délivrance de l'attestation.** L'obligation de délivrance d'une attestation d'assurance chômage s'applique dans tous les cas d'expiration ou de rupture du contrat de travail, et donc y compris en cas de démission (cass. soc. 15 mars 2017, n° 15-21.232, BC V n° 50; LSQ n° 17292 du 23.03.2017; JCP éd. S 2017, 1152, note A. Barège; JSL n° 432, 29.05.2017, p. 29; RJS 5/17 n° 325).

L'obligation de remettre une attestation Assédic [Pôle emploi] est quérable (cass. soc. 5 octobre 2004, n° 02-44.487, RJS 12/04 n° 1280).

Dans le cadre d'une procédure de redressement judiciaire simplifiée, le représentant des créanciers n'est pas débiteur ès qualités de l'obligation de délivrer une attestation Assédic [Pôle emploi] (cass. soc. 8 octobre 2003, n° 01-45.654, RJS 12/03 n° 1395).

Depuis le 1er janvier 2012, les employeurs de 10 salariés et plus devaient obligatoirement adresser à Pôle emploi un exemplaire de l'attestation d'assurance chômage sous forme électronique, sauf impossibilité pour une cause leur étant étrangère (voir sur ce point circulaire Unédic 2011-9 du 15 février 2011); depuis le 1er janvier 2020, seuls les employeurs de 11 salariés et plus sont soumis à cette obligation (décret 2019-1586 du 31 décembre 2019, art. 2, JO 1er janv. 2020; sur les règles de calcul de ce seuil d'effectif, voir article R. 1234-5-1). Les modalités de transmission dématérialisée de cette attestation ont été fixées par un arrêté du 14 juin 2011 (JO 22): elle s'effectue soit par dépôt de fichier provenant du logiciel de paie de l'employeur (par Internet via le protocole de transfert de fichier SFTP ou le site *www.net-entreprises.fr*, ou par un réseau privé virtuel [VPN]), soit par saisie en ligne directement sur le site *www.pole-emploi.fr*. Pôle emploi délivre en retour à l'employeur l'attestation à remettre au salarié, constituée à partir des données transmises. Une attestation peut être corrigée par l'employeur par la transmission dématérialisée d'une nouvelle attestation. Pour les employeurs dont l'effectif est inférieur au seuil précité, la transmission dématérialisée est facultative; ils peuvent choisir d'envoyer à Pôle emploi un exemplaire de l'attestation papier (voir circulaires Unédic 2011-9 du 15 février 2011 et 2017-20 du 24 juillet 2017, fiche 13, § 1-2-2).

Par ailleurs, pour les employeurs en déclaration sociale nominative (DSN), soit la quasi-totalité d'entre eux depuis le 1er janvier 2017, la DSN inclut en principe l'envoi de l'attestation d'assurance chômage à Pôle emploi (AED, «attestation employeur dématérialisée») (article R. 133-14, IV, 2° c. séc. soc.); Pôle emploi délivre alors en retour à l'employeur «l'attestation d'employeur rematérialisée» (AER) à remettre au salarié. Pour plus de précisions sur ce point, voir Dictionnaire Paye, Groupe Revue Fiduciaire, éd. 2021, «Attestation d'assurance chômage».

En cas de non-remise ou de remise tardive de l'attestation Pôle emploi, le salarié ne pourra obtenir la condamnation de son ancien employeur au paiement de dommages-intérêts que s'il établit le préjudice qui en est résulté pour lui; il a ainsi été jugé que dans la mesure où un salarié ne pouvait percevoir d'allocations chômage, il ne pouvait arguer d'aucun préjudice lié à la remise tardive de l'attestation (cass. soc. 16 juin 2016, n° 15-15.982).

Sur la possibilité pour le bureau de conciliation et d'orientation, depuis l'intervention du décret 2016-660 du 20 mai 2016, de prendre une décision provisoire palliant l'absence de délivrance par l'employeur de l'attestation d'assurance chômage prévue à cet article, voir article R. 1454-14.

• **Contenu de l'attestation.** L'employeur doit faire figurer sur l'attestation le motif exact de la rupture du contrat de travail, tel qu'il ressort de la prise d'acte du salarié qui n'est pas une démission (cass. soc. 27 septembre 2006, n° 05-40.414, BC V n° 290; RJS 12/06 n° 1275; Dr. Soc. 2006, p. 1195, obs. J. Savatier). En revanche, elle ne doit pas contenir les motifs d'ordre personnel qui sont à l'origine de la rupture du contrat de travail; le comportement abusif de l'employeur à cet égard justifie la réparation du préjudice, distinct de celui résultant du licenciement, subi par le salarié (cass. soc. 8 octobre 1992, n° 91-43.638, RJS 11/92 n° 1256).

Le cas échéant, l'attestation destinée à Pôle emploi doit intégrer, pour chacun des douze derniers mois, la quote-part de rappel de salaires correspondant à ces mois; la détermination des montants devant figurer à ce titre relève de l'appréciation souveraine des juges du fond (cass. soc. 26 septembre 2018, n° 17-18.632).

Sur l'aménagement du contenu de l'attestation d'assurance chômage pour tenir compte de certaines spécificités liées au contrat d'engagement à servir dans la réserve opérationnelle (articles L. 3142-89 à 94-1 CT et L. 4221-1 à 10 c. défense), voir circulaire Unédic 2017-22 du 15 septembre 2017.

• **Portée de l'attestation.** L'attestation délivrée par l'employeur n'est qu'un document de preuve non créateur de droit. Lorsqu'il existe une contestation sérieuse sur le montant du salaire, il appartient au tribunal d'instance ou de grande instance de surseoir à statuer en renvoyant le salarié à attraire l'employeur devant le conseil de prud'hommes (cass. soc. 22 février 2000, n° 98-16.492, BC V n° 73; RJS 4/00 n° 405).

En cas de contestation du salarié, il incombe à l'employeur, nonobstant la délivrance de l'attestation Pôle emploi, de démontrer le paiement du salaire, de l'indemnité de licenciement et de l'indemnité de préavis, outre les éventuels congés payés afférents; doit être cassé l'arrêt de la cour d'appel qui a retenu que l'attestation Pôle emploi établie par le mandataire liquidateur faisait foi jusqu'à preuve contraire et démontrait le paiement (cass. soc. 3 octobre 2018, n° 17-14.172).

• Voir aussi LS Dossier pratique n° 164 du 11.09.2020, «Quels documents remettre au salarié en fin de contrat ?».

Art. R. 1234-5-1. ***(D. 2019-1586 du 31 déc. 2019, JO 1er janv. 2020, entrée en vigueur le 01.01.2020)*** Pour l'application de la présente section 2, l'effectif salarié et les règles de franchissement de seuils d'effectif sont déterminés selon les modalités prévues à l'article L. 130-1 du code de la sécurité sociale.

Note • Cet article ne concerne que l'application de l'article R. 1234-9.

• Pour l'application de l'article R. 1234-5-1, le II de l'article L. 130-1 du code de la sécurité sociale ne s'applique pas lorsque l'effectif de l'entreprise est, au 1er janvier 2020, supérieur ou égal au seuil déterminé à cet article et que cette entreprise était soumise, au titre de l'année 2019, aux dispositions applicables dans le cas d'un effectif supérieur ou égal au seuil applicable avant le 1er janvier 2020 (décret 2019-1586 précité, art. 4, II).

Art. R. 1234-10. Un modèle d'attestation est établi par ***(D. 2008-1010 du 29 sept. 2008, art. 7, JO 30)*** «l'organisme gestionnaire du régime d'assurance chômage».

Art. R. 1234-11. Les entreprises de travail temporaire, pour leurs salariés titulaires d'un contrat de mission, et les associations intermédiaires, pour leurs salariés embauchés en contrat de travail à durée déterminée en vue d'être mis à disposition, peuvent ne remettre les attestations et justifications mentionnées à l'article R. 1234-9 que sur demande du salarié, à la condition que le contrat de travail mentionne le droit pour le salarié d'obtenir sans délai ces documents dès le jour d'expiration du contrat.

Art. R. 1234-12. Pour les entreprises de travail temporaire, les relevés mensuels des contrats de mission, prévus à l'article L. 1251-46, tiennent lieu d'attestation pour leurs salariés qui en sont titulaires, sous réserve de la production, par leur employeur, des informations complémentaires figurant dans le modèle d'attestation prévu à l'article R. 1234-10.

CHAPITRE V Contestations et sanctions des irrégularités du licenciement

SECTION 1. Dispositions communes

Art. L. 1235-1. ***(L. 2013-504 du 14 juin 2013, art. 21, I, JO 16)*** «En cas de litige, lors de la conciliation prévue à l'article L. 1411-1, l'employeur et le salarié peuvent convenir ou le bureau ***(L. 2015-990 du 6 août 2015, art. 258, I, 3°, JO 7)*** «de conciliation et d'orientation» proposer d'y mettre un terme par accord. Cet accord prévoit le versement par l'employeur au salarié d'une indemnité forfaitaire dont le montant est déterminé, sans préjudice des indemnités légales, conventionnelles ou contractuelles, en référence à un barème fixé par décret en fonction de l'ancienneté du salarié.

Le procès-verbal constatant l'accord vaut renonciation des parties à toutes réclamations et indemnités relatives à la rupture du contrat de travail prévues au présent chapitre.»

(L. 2013-504 du 14 juin 2013, art. 21, I, JO 16) «À défaut d'accord, le juge,» à qui il appartient d'apprécier la régularité de la procédure suivie et le caractère réel et sérieux des motifs invoqués par l'employeur, forme sa conviction au vu des éléments fournis par les parties après avoir ordonné, au besoin, toutes les mesures d'instruction qu'il estime utiles.

(L. 2013-504 du 14 juin 2013, art. 21, I, JO 16) «Il justifie dans le jugement qu'il prononce le montant des indemnités qu'il octroie.»

Si un doute subsiste, il profite au salarié.

Note • Cet article a été modifié par l'ordonnance 2017-1387 du 22 septembre 2017, art. 2, 1°, JO 23; cette modification (suppression du référentiel indicatif en cas de licenciement sans cause réelle et sérieuse mis en place par la loi 2015-990 du 6 août 2015) est applicable aux licenciements prononcés après le 23 septembre 2017 (ordonnance précitée, art. 40, I).

• Les 1er et 2e alinéas de cet article sont applicables à Mayotte à compter du 01.01.2022 (ordonnance 2017-1491 du 25 octobre 2017, art. 33, 3°, JO 26).

• Le 4e alinéa de cet article, dans sa rédaction issue de la loi 2013-504 du 14 juin 2013 vise l'obligation faite au juge d'apprécier individuellement le préjudice subi par le salarié en cas de licenciement sans cause réelle et sérieuse ou irrégulier par opposition à l'indemnisation forfaitaire prévue au 1er alinéa dans la phase de conciliation (cass. soc. 9 juillet 2015, n° 14-14.654, BC V n° 153; LS Jurispr. n° 164 du 15.09.2015; RJS 11/15 n° 706).

• **Preuve du licenciement.** C'est à la partie qui invoque un congédiement d'en rapporter la preuve (cass. soc. 14 juin 1989, n° 86-42.423; 3 avril 1990, n° 87-42.703). Une telle preuve peut se trouver administrée par tous moyens: une attestation destinée à l'Assédic [Pôle emploi] dans laquelle l'employeur avait mentionné que le salarié concerné avait été licencié (cass. soc. 27 septembre 1989, n° 85-41.500), la retranscription faite par un huissier de justice d'un message vocal laissé par l'employeur sur le répondeur téléphonique du salarié (cass. soc. 6 février 2013, n° 11-23.738, BC V n° 31; RJS 4/13 n° 316), un courrier électronique, sans qu'il y ait lieu de vérifier si celui-ci respecte les dispositions des articles 1316-1 et 1316-4 [1366 et 1367] c. civ. relatives à la validité des écrits électroniques, ces dispositions n'étant pas applicables au courrier électronique produit pour faire la preuve d'un fait (cass. soc. 25 septembre 2013, n° 11-25.884, BC V n° 207; LS Jurispr. n° 189 du 15.10.2013; RJS 12/13 n° 846).

Le licenciement notifié ne peut pas être rétracté unilatéralement par l'employeur; celui-ci ne peut revenir sur le licenciement qu'il a prononcé qu'avec l'accord du salarié (cass. soc. 12 mai 2004, n° 02-41.173, RJS 7/04 n° 801; 19 février 1992, n° 88-43.020, BC V n° 96; 4 mars 2015, n° 13-16.148, LS Jurispr. n° 50 du 17.03.2015; RJS 5/15 n° 323).

La Cour de cassation assimile au licenciement l'action en justice exercée par l'employeur tendant à faire prononcer la rupture du contrat de travail à durée indéterminée (cass. soc. 22 février 2000, n° 97-41.333, BC V n° 69; Dr. Soc. 2000, p. 441, note J. Mouly).

• **Preuve du caractère réel et sérieux du licenciement**

Notion de cause réelle et sérieuse. Voir note sous art. L. 1232-1.

Charge de la preuve. L'administration de la preuve, dans tous les cas de licenciement, en ce qui concerne la régularité de la procédure suivie et le caractère réel et sérieux des motifs du licenciement, est l'œuvre commune de chacune des deux parties et du juge qui forme sa conviction au vu des éléments fournis par chaque partie et, au besoin, par des enquêtes ou des expertises; il peut, à bon droit, refuser toutes mesures d'instruction complémentaires qui lui seraient demandées par l'une ou l'autre des parties au litige, ou ne pas prendre l'initiative d'en ordonner s'il s'estime suffisamment informé ou s'il a la conviction qu'elles seraient inutiles (cass. soc. 10 mai 1994, n° 92-44.191).

Si la charge de la preuve du caractère réel et sérieux des motifs du licenciement ne pèse pas sur l'employeur, il incombe à celui-ci d'alléguer des faits précis sur lesquels il fonde le licenciement (cass. soc. 24 septembre 1987, n° 85-41.581). Il appartient alors au juge d'apprécier non seulement le caractère réel du motif du licenciement mais également son caractère sérieux (cass. soc. 25 octobre 2017, n° 16-11.173, BC V n° 188; LS Jurispr. n° 214 du 28.11.2017; RJS 1/18 n° 21). Mais, le juge ne doit pas limiter sa recherche de l'exactitude et du sérieux de la cause du licenciement à l'analyse des motifs allégués par l'employeur. Il doit également vérifier si le motif, prétendument véritable selon les dires du salarié, est ou n'est pas réel et sérieux (cass. soc. 23 octobre 1991, 88-44.099, BC V n° 427; 10 avril 1996, n° 93-41.755, BC V n° 149; RJS 5/96 n° 527; 26 mai 1998, n° 96-41.062, BC V n° 276; RJS 7/98 n° 840).

À noter toutefois que dans l'hypothèse où un salarié est licencié en raison de ses absences répétées et que le juge constate l'existence d'agissements de l'employeur susceptibles d'altérer la santé physique ou mentale du salarié, il appartient à l'employeur de justifier le licenciement par des éléments objectifs étrangers à tout harcèlement (cass. soc. 15 janvier 2014, n° 12-20.688, BC V n° 16; RJS 3/14 n° 194).

Moyens de preuve. Si, en principe, en matière prud'homale, la preuve est libre (cass. soc. 27 mars 2001, n° 98-44.666, BC V n° 108; RJS 6/01 n° 732), la preuve du caractère réel et sérieux du licenciement ne peut être valablement obtenue au moyen de procédés déloyaux ou portant atteinte à la vie privée ou aux libertés fondamentales des salariés; la jurisprudence a précisé les conditions de licéité des modes de preuve utilisés.

La simple surveillance d'un salarié faite sur les lieux du travail par son supérieur hiérarchique est possible, même en l'absence d'information préalable de l'intéressé (cass. soc. 26 avril 2006, n° 04-43.582, BC V n° 145). De même, le contrôle de l'activité d'un salarié, au temps et au lieu de travail, par un service interne à l'entreprise chargé de cette mission ne constitue pas, en soi, même en l'absence d'information préalable du salarié, un mode de preuve illicite (cass. soc. 5 novembre 2014, n° 13-18.427, BC V n° 255; LSQ n° 16717 du 21.11.2014; RJS 1/15 n° 2; voir aussi CE 13 juillet 2020, n° 417972, LS Jurispr. n° 166 du 15.09.2020; RJS 11/20 n° 549, s'agissant d'un salarié protégé). A ainsi été jugé licite le contrôle organisé par un employeur, confié à des cadres, pour observer les équipes de contrôle dans un service public de transport dans leur travail au quotidien sur les amplitudes et horaires de travail, dans la mesure où il était limité au temps de travail et n'avait impliqué aucune atteinte à la vie privée des salariés observés (cass. soc. 5 novembre 2014, n° 13-18.427, précité). Voir aussi cass. soc. 26 janvier 2016, n° 14-19.002, BC V n° 13; LS Jurispr. n° 31 du 16.02.2016; RJS 4/16 n° 226: un employeur peut se prévaloir d'un rapport d'audit pour justifier le licenciement d'une salariée, même si cette dernière n'a pas été informée préalablement de la mission confiée par l'employeur à l'expert, dès lors qu'elle n'a pas été tenue à l'écart des travaux réalisés lors de cet audit dans les locaux de l'entreprise.

Preuves obtenues à l'aide de systèmes de surveillance des salariés. En premier lieu, la Cour de cassation a précisé que les enregistrements des comportements des salariés à l'aide de moyens audiovisuels à l'insu des intéressés (cass. soc. 20 novembre 1991, n° 88-43.120, BC V n° 519) ou les comptes rendus de filature (cass. soc. 22 mai 1995, n° 93-44.078, BC V n° 164; RJS 7/95 n° 757; cass. civ., 2e ch., 17 mars 2016, n° 15-11.412, BC II n° 78) constituent un mode de preuve illicite. De façon plus générale, l'employeur ne peut pas mettre en œuvre un dispositif de surveillance clandestin et à ce titre déloyal (cass. soc. 18 mars 2008, n° 06-45.093, BC V n° 64; RJS 6/08 n° 647: vérification par deux salariés, agissant au nom de l'employeur, qui se rendent dans un restaurant, se présentent comme clients et qui constatent qu'un salarié de l'entreprise travaille dans ce restaurant pendant son temps de travail dans l'entreprise; le procédé est jugé déloyal; dans le même sens, voir aussi cass. soc. 4 juillet 2012, n° 11-30.266, BC V n° 208; RJS 10/12 n° 848, s'agissant de l'utilisation de lettres piégées à l'insu des agents d'un centre de tri postal). Mais les images captées par un système de vidéosurveillance constituent un moyen de preuve licite dès lors que les salariés ont été informés du dispositif avant sa mise en place (cass. soc. 15 mai 2001, n° 99-42.219, BC V n° 167; 2 février 2011, n° 10-14.263, RJS 4/11 n° 290) et que le comité d'entreprise, ou à défaut les délégués du personnel, ont été informés et consultés sur celui-ci avant sa mise en œuvre (cass. soc. 7 juin 2006, n° 04-43.866, BC V n° 206). Ainsi des enregistrements d'un système de vidéosurveillance installé sur le site d'une société cliente ne peuvent être utilisés à l'encontre des salariés si ces derniers n'en ont pas été informés par leur employeur (cass. soc. 10 janvier 2012, n° 10-23.482, BC V n° 2; RJS 3/12 n° 212). À noter que le signalement de la présence de caméras de vidéoprotection par une affiche à l'entrée du restaurant afin d'avertir les clients et les témoignages d'autres salariés, dès lors qu'ils n'étaient pas en mesure d'indiquer la date à laquelle ils avaient été informés, ne suffisent pas à démontrer que l'employeur avait porté à la connaissance de la salariée l'existence du système de vidéosurveillance avant sa mise en place (cass. soc. 20 septembre 2018, n° 16-26.482, RJS 12/18 n° 712).

La Cour de cassation a également précisé que constituent un moyen de preuve illicite les informations collectées par un système de traitement automatisé de données personnelles avant sa déclaration à la CNIL (cass. soc. 8 octobre 2014, n° 13-14.991, BC V n° 230; LSQ n° 16692 du 16.10.2014; RJS 12/14 n° 826) [sur la suppression des formalités préalables auprès de la CNIL à la suite de l'entrée en vigueur du RGPD, voir note sous article L. 1121-1]. Mais si l'illicéité de cette preuve au regard des dispositions de la loi 78-17 du 6 janvier 1978 (loi «Informatique et libertés») entraînait nécessairement son rejet des débats, de sorte que, si la faute n'était établie qu'au moyen de cette preuve illicite, le licenciement se trouvait nécessairement dépourvu de cause réelle et sérieuse (cass. soc. 8 octobre 2014, n° 13-14.991, précité), tel n'est plus le cas aujourd'hui: le juge doit désormais apprécier si l'utilisation de cette preuve a porté atteinte au caractère équitable de la procédure dans son ensemble, en mettant en balance le droit au respect de la vie personnelle du salarié et le droit à la preuve, lequel peut justifier la production d'éléments portant atteinte à la vie personnelle d'un salarié à la condition que cette production soit indispensable à l'exercice de ce droit et que l'atteinte soit strictement proportionnée au but poursuivi (cass. soc. 25 novembre 2020, n° 17-19.523, à paraître, LSQ n° 18200 du 09.12.2020; JSL n° 511, 12.01.2021, p. 14, H. Nasom-Tissandier: exploitation par l'employeur, sans déclaration préalable à la CNIL, des fichiers de journalisation permettant de collecter les adresses IP, et donc d'identifier indirectement une personne physique, aux fins de prouver la faute du salarié consistant en une usurpation de données informatique). À noter que la chambre sociale avait déjà considéré que dans le secteur des transports routiers où l'employeur est tenu, sous peine de sanctions pénales, de mettre en place et d'utiliser un chronotachygraphe, il pouvait se prévaloir, à l'égard des salariés, en dépit de l'absence de déclaration à la CNIL, des informations fournies par ce matériel de contrôle, les salariés ne pouvant en ignorer l'existence (cass. soc. 14 janvier 2014, n° 12-16.218, BC V n° 4; LSQ n° 16514 du 23.01.2014; RJS 3/14 n° 281).

En second lieu, la surveillance des salariés ne doit pas être disproportionnée au regard de la loi «Informatique et libertés»; un centre commercial a ainsi été mis en demeure par la CNIL (délib. du 12.07.2013) de modifier son système de vidéosurveillance (240 caméras filmant les accès aux toilettes, aux salles de pause…).

Sur ces questions, voir A. Barège et B. Bossu, «Les TIC et le contrôle de l'activité du salarié», JCP éd. S 2013, 1393; E. de Givry, «TIC et surveillance du salarié: regards de la CNIL», JCP éd. S 2013, 1394; É. Jeansen, «Les outils numériques dans la relation individuelle de travail», JCP éd. S 2018, 1043; voir aussi Groupe Revue Fiduciaire, coll. Pratiques d'experts, «Maîtriser le RGPD dans l'entreprise», 1re éd., 2018, avec la collaboration de M. Depadt Bels et M.-E. Haas.

Dispositif de géolocalisation. L'utilisation par l'employeur d'un dispositif de géolocalisation du véhicule attribué au salarié en vue de démontrer sa présence dans l'entreprise lors de connexions Internet litigieuses, alors que ce dispositif n'a fait l'objet ni d'une déclaration préalable à la CNIL, ni d'une consultation des représentants du personnel, ni d'une information individuelle préalable auprès des salariés, constitue un mode de preuve illicite (cass. soc. 3 octobre 2018, n° 16-23.968, LS Jurispr. n° 188 du 16.10.2018) [sur les conséquences de l'entrée en vigueur du RGPD, voir note sous article L. 1121-1].

Courriels. L'absence de déclaration simplifiée d'un système de messagerie électronique professionnelle non pourvu d'un contrôle individuel de l'activité des salariés, qui n'est dès lors pas susceptible de porter atteinte à la vie privée ou aux libertés au sens de l'article 24 de la loi «Informatique et libertés», ne rend pas illicite la production en justice des courriels adressés par l'employeur ou par le salarié dont l'auteur ne peut ignorer qu'ils sont enregistrés et conservés par le système informatique (cass. soc. 1er juin 2017, n° 15-23.522, BC V n° 99; JSL n° 435, 11.07.2017, pp. 9 et s., M. Hautefort; JCP éd. S 2017, 1248, note J-S Lipski; RJS 8-9/17 n° 543) [sur la suppression des formalités préalables auprès de la CNIL à la suite de l'entrée en vigueur du RGPD, voir note sous article L. 1121-1].

Les messages électroniques échangés entre salariés *via* la messagerie instantanée d'entreprise, transférés sur une boîte de messagerie professionnelle et non identifiés comme personnels peuvent également être invoqués par l'employeur au soutien d'une procédure disciplinaire dès lors qu'ils sont en rapport avec l'activité professionnelle (cass. soc. 9 septembre 2020, n° 18-20.489, LSQ n° 18149 du 28.09.2020; JSL n° 506, 16.10.2020, p. 25, D. Julien-Paturle).

Internet et réseaux sociaux. La production en justice par l'employeur d'éléments du compte privé Facebook d'un salarié constitue un mode de preuve de la faute de ce salarié recevable dès lors que l'employeur a obtenu ces éléments de façon loyale (sans recourir à un stratagème) et que l'atteinte à la vie privée du salarié que constitue la production en justice de ces éléments est indispensable à l'exercice du droit à la preuve et proportionnée au but poursuivi. En l'espèce, c'est à bon droit que les juges du fond ont considéré, d'une part, que la production en justice par l'employeur, pour établir un grief de divulgation par une salariée d'une information confidentielle de l'entreprise auprès de professionnels susceptibles de travailler pour des entreprises concurrentes, d'une photographie extraite du compte privé Facebook de cette salariée, auquel il n'était pas autorisé à accéder, et d'éléments d'identification de ses «amis» professionnels de la mode destinataires de cette publication, ne constituait pas un mode de preuve déloyal dans la mesure où la publication litigieuse lui avait été spontanément communiquée par courriel par une autre salariée de l'entreprise autorisée à accéder comme «amie» sur le compte privé Facebook de la salariée concernée et, d'autre part, que la production de ces éléments portant atteinte à la vie privée de la salariée était indispensable à l'exercice du droit à la preuve et proportionnée au but poursuivi, soit la défense de l'intérêt légitime de l'employeur à la confidentialité de ses affaires (cass. soc. 30 septembre 2020, n° 19-12.058, à paraître, LSQ n° 18153 du 02.10.2020; JCP éd. S 2020, 3042, avis A. Berriat et note G. Loiseau; JSL n° 507, 09.11.2020, pp. 4 et s., S. Mayoux; RJS 12/20 n° 573; RDT, décembre 2020, AC, 764, C. Lhomond). Voir aussi note sous article L. 1121-1.

Attestations et rapports d'enquête. La preuve étant libre en matière prud'homale, rien ne s'oppose à ce que le juge prud'homal examine une attestation établie par un salarié ayant représenté l'employeur lors de l'entretien préalable au cours duquel le salarié a reconnu les faits qui lui étaient reprochés (cass. soc. 23 octobre 2013, n° 12-22.342, BC V n° 245; RJS 1/14 n° 21; dans le même sens, voir cass. soc., 13 novembre 2019, n° 18-13.785, LS Jurispr. n° 215 du 26.11.2019, à propos d'une attestation établie par un salarié ayant représenté l'employeur lors de la procédure de licenciement et signé la lettre de rupture).

La Cour de cassation admet également la production en justice d'une attestation établie par la personne ayant assisté le salarié au cours de l'entretien (cass. soc. 12 février 2002, n° 99-45.634, RJS 5/02 n° 549; 27 mars 2001, n° 98-44.666, BC V n° 108; RJS 6/01 n° 732); en cas de fausse attestation délibérée, l'assistant s'expose à une sanction pénale (cass. crim. 26 mars 2002, n° 01-84.215, RJS 7/02 n° 795: délit d'établissement d'une attestation faisant état de faits matériellement inexacts).

Mais un rapport d'enquête faisant état de témoignages anonymes ne peut suffire à établir en justice la faute d'un salarié (cass. soc. 4 juillet 2018, n° 17-18.241, à paraître, LSQ n° 17611 du 13.07.2018; RJS 10/18 n° 600; JCP éd. S 2018, 1285, note Fr. Duquesne; JSL n° 460, 28.09.2018, pp. 11 et s., M. Hautefort; Dr. Soc. 2018, p. 951, obs. J. Mouly; RDT, novembre 2018, CH, 766, T. Kahn dit Cohen; voir aussi LSQ n° 17680 du 25.10.2018). L'employeur ne peut pas non plus invoquer, à l'appui d'une demande d'autorisation administrative de licenciement, les résultats d'une enquête interne ayant porté une atteinte excessive au droit à la vie privée du salarié (CE 2 mars 2020, n° 418640, RJS 5/20 n° 245; LSQ n° 18072 du 03.06.2020; JCP éd. S 2020, 2051, note Y. Pagnerre: enquête au cours de laquelle l'employeur, en sa qualité de fédération d'établissements bancaires, a consulté les comptes bancaires personnels du salarié, sans l'en informer, alors que cette consultation n'était pas nécessaire pour établir la matérialité des faits qui avaient été portés à sa connaissance par un tiers).

Production de documents par le salarié. De son côté, le salarié peut produire en justice les documents de l'entreprise dont il a connaissance à l'occasion de l'exercice de ses fonctions lorsque cela est strictement nécessaire à l'exercice des droits de sa défense dans le litige l'opposant à son employeur, ce qu'il appartient au juge de vérifier (cass. soc. 31 mars 2015, n° 13-24.410, BC V n° 68; LS Jurispr. n° 68 du 14.04.2015; RJS 6/15 n° 433; 30 juin 2004, n° 02-41.720, BC V n° 187; 2 décembre 1998, n° 96-44.258, BC V n° 535). La chambre criminelle de la Cour de cassation, qui qualifiait de vol la photocopie de documents de l'entreprise réalisée en vue d'être produite en justice, décide maintenant que le vol n'est pas constitué lorsqu'un salarié reproduit sans l'autorisation de l'employeur des documents de l'entreprise dont il a connaissance à l'occasion de ses fonctions et qui sont strictement nécessaires à l'exercice des droits de sa défense (cass. crim. 11 mai 2004, n° 03-85.521, B. crim. n° 117; voir aussi cass. crim. 25 novembre 2014, n° 13-84.414, LS Jurispr. n° 227 du 16.12.2014).

Risque de la preuve. Déjà prévue en matière disciplinaire, la règle selon laquelle le «doute» du juge profite au salarié a été introduite par la loi du 8 août 1989 dans le domaine du licenciement; elle s'applique à tous les licenciements, qu'ils soient inhérents à la personne du salarié ou prononcés pour un motif économique. Si, «en fin de parcours», le juge estime qu'il ne lui est pas possible d'avoir une certitude, il devra décider, en application de la nouvelle règle, que le licenciement est dépourvu de cause réelle et sérieuse. Le Conseil constitutionnel a reconnu la constitutionnalité de cette règle: ces dispositions «qui ont pour but d'assurer, selon des règles identiques, le contrôle juridictionnel des conditions légales du licenciement ne sont en rien contraires au principe d'égalité des citoyens devant la loi…».

• **Autorité de la chose jugée au pénal.** La décision de relaxe du tribunal correctionnel s'impose au juge prud'homal; les faits de vol allégués par l'employeur pour justifier le licenciement ne peuvent pas constituer une cause réelle et sérieuse si le juge répressif a décidé que l'élément matériel de l'infraction de vol n'était pas établi (cass. soc. 20 mars 1997, n° 94-41.918, BC V n° 120; 12 mars 1991, n° 88-43.153, BC V n° 122; Dr. Soc. 1991, p. 632; 6 mars 2019, n° 17-24.701; dans le même sens, voir aussi cass. soc. 12 janvier 2012, n° 10-19.611, RJS 4/12 n° 321, s'agissant d'une lettre de licenciement reprochant au salarié une infraction de faux en écriture dont il a été relaxé par une décision devenue définitive; 18 novembre 2020, n° 19-12.566, s'agissant d'une lettre de licenciement reprochant à la salariée, relaxée du chef de harcèlement moral à l'encontre d'une subordonnée, les seuls faits que la juridiction pénale a jugé non établis). Mais lorsque la décision de relaxe rendue par le tribunal correctionnel fait l'objet d'un appel de la seule partie civile, la cour d'appel, qui ne peut pas prononcer une peine, est tenue d'apprécier et de qualifier les faits en vue de condamner, s'il y a lieu, le prévenu relaxé à des dommages-intérêts (cass. crim. 22 octobre 1997, n° 96-85.970, B. crim. n° 345). L'arrêt d'appel qui déclare établis les faits de vol dans de telles circonstances a l'autorité de la chose jugée: le licenciement pour vol a une cause réelle et sérieuse, malgré la décision de relaxe, si la cour d'appel déclare les faits de vol établis (cass. soc. 6 juillet 1999, n° 96-40.882, BC V n° 325).

• **Voies de recours.** La demande tendant à voir constater que le licenciement était abusif présente un caractère indéterminé; le jugement statuant sur une telle demande est donc susceptible d'appel et ne peut faire l'objet d'un pourvoi en cassation (cass. soc. 8 juillet 2020, n° 18-25.370, à paraître, LS Jurispr. n° 135 du 28.07.2020; RJS 10/20 n° 495; JSL n° 505, 12.10.2020, p. 26, D. J.-P.).

• **Réparation en cas de licenciement vexatoire.** Même lorsqu'il est justifié par une cause réelle et sérieuse (cass. soc. 11 mars 2020, n° 19-11.257, JSL n° 498 du 18.05.2020, p. 20, M. H.) ou par une faute grave du salarié (cass. soc. 16 décembre 2020, n° 18-23.966, à paraître), le licenciement peut causer à ce dernier, en raison des circonstances vexatoires qui l'ont accompagné, un préjudice distinct de celui résultant de la perte de son emploi dont il est fondé à demander réparation.

Art. D. 1235-21. ***(D. 2016-1582 du 23 nov. 2016, JO 25)*** Le barème mentionné au premier alinéa de l'article L. 1235-1 est défini comme suit:

– deux mois de salaire si le salarié justifie chez l'employeur d'une ancienneté inférieure à un an;

– trois mois de salaire si le salarié justifie chez l'employeur d'une ancienneté au moins égale à un an, auxquels s'ajoute un mois de salaire par année supplémentaire jusqu'à huit ans d'ancienneté;

– dix mois de salaire si le salarié justifie chez l'employeur d'une ancienneté comprise entre huit ans et moins de douze ans;

– douze mois de salaire si le salarié justifie chez l'employeur d'une ancienneté comprise entre douze ans et moins de quinze ans;

– quatorze mois de salaire si le salarié justifie chez l'employeur d'une ancienneté comprise entre quinze ans et moins de dix-neuf ans;

– seize mois de salaire si le salarié justifie chez l'employeur d'une ancienneté comprise entre dix-neuf ans et moins de vingt-trois ans;

– dix-huit mois de salaire si le salarié justifie chez l'employeur d'une ancienneté comprise entre vingt-trois ans et moins de vingt-six ans;

– vingt mois de salaire si le salarié justifie chez l'employeur d'une ancienneté comprise entre vingt-six ans et moins de trente ans;

– vingt-quatre mois de salaire si le salarié justifie chez l'employeur d'une ancienneté au moins égale à trente ans.

Art. L. 1235-2. ***(Ord. 2017-1387 du 22 sept. 2017, art. 4, III, JO 23, entrée en vigueur au plus tard le 01.01.2018)*** Les motifs énoncés dans la lettre de licenciement prévue aux articles L. 1232-6, L. 1233-16 et L. 1233-42 peuvent, après la notification de celle-ci, être précisés par l'employeur, soit à son initiative soit à la demande du salarié, dans des délais et conditions fixés par décret en Conseil d'État.

La lettre de licenciement, précisée le cas échéant par l'employeur, fixe les limites du litige en ce qui concerne les motifs de licenciement.

À défaut pour le salarié d'avoir formé auprès de l'employeur une demande en application de l'alinéa premier, l'irrégularité que constitue une insuffisance de motivation de la lettre de licenciement ne prive pas, à elle seule, le licenciement de cause réelle et sérieuse et ouvre droit à une indemnité qui ne peut excéder un mois de salaire.

En l'absence de cause réelle et sérieuse du licenciement, le préjudice résultant du vice de motivation de la lettre de rupture est réparé par l'indemnité allouée conformément aux dispositions de l'article L. 1235-3.

Lorsqu'une irrégularité a été commise au cours de la procédure, notamment si le licenciement d'un salarié intervient sans que la procédure requise aux articles L. 1232-2, L. 1232-3, L. 1232-4, L. 1233-11, ***(Ord. 2017-1718 du 20 déc. 2017, art. 1er, I, 19°, JO 21)*** « L. 1233-12 et L. 1233-13» ait été observée ou sans que la procédure conventionnelle ou statutaire de consultation préalable au licenciement ait été respectée, mais pour une cause réelle et sérieuse, le juge accorde au salarié, à la charge de l'employeur, une indemnité qui ne peut être supérieure à un mois de salaire.

Note • Alors que l'ancien article L. 1235-2 concernait uniquement les sanctions applicables en cas de licenciement irrégulier, cet article, dans sa rédaction issue de l'ordonnance 2017-1387 précitée prévoit de nouvelles règles en matière de motivation du licenciement (al. 1 à 4). Sont également modifiées les règles applicables en matière d'indemnisation du licenciement irrégulier: ainsi, le non-respect d'une procédure conventionnelle ou statutaire de consultation (ex.: commission de discipline prévue par la convention collective) est, depuis le 24 septembre 2017, rangé au rang de simple irrégularité de procédure, ce qui fait échec à la jurisprudence qui assimilait ce type de procédure à une garantie de fond dont la violation rendait le licenciement sans cause réelle et sérieuse; par ailleurs, ces nouvelles règles d'indemnisation s'appliquent à tous à tous les salariés, quels que soient leur ancienneté ou l'effectif de l'entreprise. Voir LS Dossier juridique n° 75 du 19.04.2019, «Le nouveau cadre des licenciements depuis les ordonnances Macron du 22 septembre 2017».

Voir aussi le «Questions - Réponses» sur la rupture du contrat de travail, publié sur le site internet du ministère du Travail le 15 juillet 2020 (questions 4 à 11 et 26 à 28).

• Sur l'énonciation des motifs dans la lettre de licenciement, voir aussi notes sous articles L. 1232-6, L. 1233-16 et L. 1233-42.

• Sur la procédure de précision des motifs énoncés dans la lettre de licenciement, voir articles R. 1232-13 et R. 1233-2-2.

On notera que dans sa décision rejetant le recours en annulation du décret 2017-1702 du 15 décembre 2017 définissant cette procédure, formé par plusieurs syndicats, le Conseil d'État a considéré que la possibilité donnée à l'employeur de préciser *a posteriori* les motifs du licenciement était conforme aux dispositions des articles 4 et 7 de la convention n° 158 de l'OIT exigeant que le licenciement soit motivé et que le salarié ait la possibilité de se défendre contre les allégations formulées à son encontre avant d'être licencié (CE 6 mai 2019, n° 417299, LSQ n° 17813 du 10.05.2019; RJS 7/19 n° 422 et p. 517, concl. Fr. Dieu).

• Jurisprudence rendue dans le cadre législatif antérieur à l'ordonnance 2017-1387 précitée

Champ d'application

L'indemnité prévue par cet article ne peut être allouée que lorsque le contrat de travail a été rompu par un licenciement; le salarié ayant pris acte de la rupture de son contrat de travail ne peut donc y prétendre, même s'il est finalement jugé que cette prise d'acte était justifiée et produit les effets d'un licenciement sans cause réelle et sérieuse (cass. soc. 19 octobre 2016, n° 14-25.067, BC V n° 193; LS Jurispr. n° 204 du 15.11.2016; JCP éd. S 2016, 1414, note L. Cailloux-Meurice; RJS 1/17 n° 15).

Les sanctions prévues à cet article ne s'appliquent pas:
– aux licenciements prononcés par des employeurs occupant habituellement moins de 11 salariés (art. L. 1235-5); il appartient au juge de rechercher, sans pouvoir faire reposer la charge de la preuve sur le salarié, si l'employeur occupe au moins 11 salariés (cass. soc. 24 janvier 1991, n° 89-40.272). Les salariés qui sont dirigeants de l'entreprise doivent être pris en compte dans le calcul des effectifs (cass. soc. 18 janvier 1995, n° 91-41.070, BC V n° 30; RJS 3/95 n° 223);
– aux licenciements de salariés ayant moins de 2 années d'ancienneté dans l'entreprise (art. L. 1235-5); l'ancienneté s'apprécie à la date d'envoi de la lettre recommandée de licenciement (cass. soc. 26 septembre 2006, n° 05-43.841, BC V n° 288; RDT, décembre 2006, CH, 386, B. Reynès; Dr. Soc. 2006, p. 1193, obs. J. Savatier).

Sanctions des irrégularités de procédure

• Le juge ne peut sanctionner les irrégularités de procédure que s'il considère le licenciement comme motivé par une cause réelle et sérieuse (cass. soc. 25 mai 1976, n° 75-40.337, BC V n° 312; 24 janvier 1996, n° 92-42.805, BC V n° 27). Si le licenciement n'est pas fondé sur une cause réelle et sérieuse, les irrégularités de procédure ne peuvent pas être sanctionnées; seule est due l'indemnité pour licenciement sans cause réelle et sérieuse (cass. soc. 20 novembre 2013, n° 12-13.919; 25 novembre 2020, n° 19-18.703).

L'absence de sanctions des irrégularités procédurales lorsque le licenciement a une cause réelle et sérieuse ne concerne que les irrégularités de procédure au regard des articles L. 1232-2 et s.; l'inobservation de règles procédurales imposées par la convention collective applicable dans l'entreprise ouvre au salarié droit à indemnité, alors même que le licenciement n'a pas de cause réelle et sérieuse (cass. soc. 1er juin 1994, n° 92-42.295, BC V n° 184; RJS 7/94 n° 854); de même, la violation de la procédure disciplinaire ouvre droit à indemnité, même lorsque le licenciement n'a pas de cause réelle et sérieuse (cass. soc. 26 mai 1993, n° 88-42.314).

L'indemnité pour irrégularité de procédure de licenciement se cumule avec l'indemnité accordée au titre de la nullité du licenciement; l'article L. 1235-2 est, dans ce cas, inapplicable. Cette solution est une conséquence du principe de la réparation intégrale du préjudice en cas de nullité (cass. soc. 23 janvier 2008, n° 06-42.919, BC V n° 20; RJS 4/08 n° 405).

• En demandant, en application de l'ancien article L. 122-14-4, une indemnité pour licenciement sans cause réelle et sérieuse, le salarié congédié «invoque le maximum de droits auxquels il peut prétendre en application de cet article» et doit donc obtenir, le cas échéant, une indemnité pour irrégularité de procédure (voir notamment cass. soc. 14 décembre 1983, n° 81-40.924, BC V n° 618).

Obligation d'accomplir la procédure prévue

• Le juge n'est pas tenu d'imposer à l'employeur d'accomplir la procédure si le salarié ne l'a pas expressément demandé (cass. soc. 16 mars 1976, n° 75-40.126, BC V n° 170).

• Le juge du fond qui sanctionne l'irrégularité formelle d'un licenciement par l'octroi de l'indemnité prévue à cet article peut, à bon droit, estimer inutile d'ordonner l'accomplissement de la procédure si cette formalité lui apparaît sans intérêt, compte tenu des circonstances de fait propres à l'espèce qui lui est soumise (cass. soc. 16 mai 1978, n° 76-41.106, BC V n° 199).

• Le juge des référés qui prescrit l'accomplissement de la procédure ne peut ordonner la réintégration du salarié irrégulièrement licencié (cass. soc. 29 juin 1978, n° 77-11.788, BC V n° 540).

• Un licenciement prononcé sans qu'ait été respectée la procédure préliminaire n'est pas nul et une cour d'appel ne peut, du seul fait de l'irrégularité de procédure, condamner l'employeur à payer au salarié ses salaires jusqu'à régularisation de la procédure (cass. soc. 15 novembre 1979, n° 78-40.331, BC V n° 855).

Indemnité due au salarié

L'existence d'un préjudice résultant du non-respect de la procédure de licenciement et l'évaluation qui en est faite relèvent du pouvoir souverain d'appréciation des juges du fond; faute de justifier d'un préjudice à ce titre, le salarié ne peut donc prétendre à l'indemnité prévue à cet article (cass. soc. 13 septembre 2017, n° 16-13.578, BC V n° 136; LS Jurispr. n° 168 du 19.09.2017; RJS 11/17 n° 734; 30 juin 2016, n° 15-16.066, LS Jurispr. n° 128 du 12.07.2016; RJS 10/16 n° 622; JSL n° 416, 23.09.2016, pp. 28 et s., A. Bonnet). Cette jurisprudence, qui subordonne l'octroi d'une indemnité à la démonstration de son préjudice par le salarié, conserve sa valeur dans le cadre des dispositions issues de l'ordonnance 2017-1387 précitée, celle-ci ne prévoyant aucun montant minimal en cas de non-respect de la procédure de licenciement.

Art. L. 1235-2-1. ***(Ord. 2017-1387 du 22 sept. 2017, art. 4, IV, JO 23)*** En cas de pluralité de motifs de licenciement, si l'un des griefs reprochés au salarié porte atteinte à une liberté fondamentale, la nullité encourue de la rupture ne dispense pas le juge d'examiner l'ensemble des griefs énoncés, pour en tenir compte, le cas échéant, dans l'évaluation qu'il fait de l'indemnité à allouer au salarié, sans préjudice des dispositions de l'article L. 1235-3-1.

Note Cet article est applicable aux licenciements prononcés après le 23 septembre 2017 (ordonnance 2017-1387 précitée, art. 40, I).

Art. L. 1235-3. Si le licenciement d'un salarié survient pour une cause qui n'est pas réelle et sérieuse, le juge peut proposer la réintégration du salarié dans l'entreprise, avec maintien de ses avantages acquis.

(Ord. 2017-1387 du 22 sept. 2017, art. 2, 2°, JO 23) «Si l'une ou l'autre des parties refuse cette réintégration, le juge octroie au salarié une indemnité à la charge de l'employeur, dont le montant est compris entre les montants minimaux et maximaux fixés dans le tableau ci-dessous.

Ancienneté du salarié dans l'entreprise (en années complètes)	Indemnité minimale (en mois de salaire brut)	Indemnité maximale (en mois de salaire brut)	Ancienneté du salarié dans l'entreprise (en années complètes)	Indemnité minimale (en mois de salaire brut)	Indemnité maximale (en mois de salaire brut)
0	Sans objet	1	16	3	13,5
1	1	2	17	3	14
2	3	3,5	18	3	14,5
3	3	4	19	3	15
4	3	5	20	3	15,5
5	3	6	21	3	16
6	3	7	22	3	16,5
7	3	8	23	3	17
8	3	8	24	3	17,5
9	3	9	25	3	18
10	3	10	26	3	18,5
11	3	10,5	27	3	19
12	3	11	28	3	19,5
13	3	11,5	29	3	20
14	3	12	30 et au-delà	3	20
15	3	13			

En cas de licenciement opéré dans une entreprise employant habituellement moins de onze salariés, les montants minimaux fixés ci-dessous sont applicables, par dérogation à ceux fixés à l'alinéa précédent :

Ancienneté du salarié dans l'entreprise (en années complètes)	Indemnité minimale (en mois de salaire brut)	Ancienneté du salarié dans l'entreprise (en années complètes)	Indemnité minimale (en mois de salaire brut)
0	Sans objet	6	1,5
1	0,5	7	2
2	0,5	8	2
3	1	9	2,5
4	1	10	2,5
5	1,5		

Pour déterminer le montant de l'indemnité, le juge peut tenir compte, le cas échéant, des indemnités de licenciement versées à l'occasion de la rupture ***(L. 2018-217 du 29 mars 2018, art. 11, I, 7°, JO 31)*** «, à l'exception de l'indemnité de licenciement mentionnée à l'article L. 1234-9».

Cette indemnité est cumulable, le cas échéant, avec les indemnités prévues aux articles L. 1235-12, L. 1235-13 et L. 1235-15, dans la limite des montants maximaux prévus au présent article.»

Note • Les dispositions des articles L. 1235-3 à 3-2, dans leur rédaction issue de l'ordonnance 2017-1387 précitée, sont applicables aux licenciements prononcés après le 23 septembre 2017 (ordonnance précitée, art. 40, I).

Le barème prévu à cet article est également applicable en cas de résiliation judiciaire du contrat de travail aux torts de l'employeur ou de prise d'acte jugée justifiée et donc, produisant les effets d'un licenciement sans cause réelle et sérieuse (art. L. 1235-3-2); en revanche, il ne s'applique pas aux indemnités versées à la suite d'un licenciement nul (art. L. 1235-3-1 et L. 1235-11).

• Voir le «Questions - Réponses» sur la rupture du contrat de travail, publié sur le site internet du ministère du Travail le 15 juillet 2020 (questions 18 à 24).

• Sur la conformité du barème prévu à cet article à la convention n° 158 de l'OIT et à la charte sociale européenne, les jugements des conseils de prud'hommes ont divergé: voir par exemple Cons. prud'h. Le Mans, 26 septembre 2018, n° 17/00538 (conformité), LSQ n° 17673 du 16.10.2018; SSL du 15 octobre 2018, n° 1832, p. 12, A. Chaulet et S. Bloch; Cons. prud'h. Troyes, 13 décembre 2018, n° 18/00036 (non-conformité), LSQ n° 17717 du 19.12.2018; Cons. prud'h. Caen, 18 décembre 2018, n° 17/00193 (conformité); Cons. prud'h. Amiens, 19 décembre 2018, n° 18/00040 (non-conformité); Cons. prud'h. Lyon, 21 décembre 2018, n° 18/01238 (non-conformité), LSQ n° 17729 du 09.01.2019.

Saisie pour avis, la Cour de cassation a déclaré, d'une part, que ce barème était compatible avec les stipulations de l'article 10 de la convention n° 158 de l'OIT et, d'autre part, que les dispositions de l'article 24 de la Charte sociale européenne révisée étaient dépourvues d'effet direct en droit interne dans un litige entre particuliers (cass. avis 17 juillet 2019, 2 avis, n°s 19-70.010 et 19-70.011, à paraître, LSQ n° 17860 du 19.07.2019; JSL n° 483, 14.10.2019, p. 4, M. Hautefort; RDT, septembre 2019, CH, 569, G. Bargain; RDT, novembre 2019, ET, 693, J-P Marguénaud et ET, 699, M. Schmitt); elle a par ailleurs considéré que les dispositions de l'article L. 1235-3 CT n'entraient pas dans le champ d'application de l'article 6, § 1, de la Convention de sauvegarde des droits de l'homme et des libertés fondamentales (cass. avis 17 juillet 2019, n° 19-70.010, précité). Certains conseils de prud'hommes continuent toutefois d'écarter ce barème (voir par exemple Cons. prud'h. Grenoble, 22 juillet 2019, n° 18/00267 et Cons. prud'h. Troyes, 29 juillet 2019, n° 18/00169, LSQ n° 17871 du 06.08.2019; Cons. prud'h. Bayonne, 9 décembre 2019, n° 18/00241).

La cour d'appel de Reims, après avoir reconnu, à l'inverse de la Cour de cassation, un effet direct à la Charte sociale européenne permettant aux parties de s'en prévaloir dans un litige prud'homal, a par ailleurs estimé que, «*in abstracto*», le dispositif du barème (pris dans sa globalité et non tranche par tranche) était conforme aux textes européens et internationaux, tout en admettant que le juge puisse exercer un contrôle «*in concreto*» et écarter son application si, en l'espèce, elle affectait de manière disproportionnée les droits du salarié concerné; la recherche de proportionnalité «*in concreto*» doit toutefois avoir été demandée par le salarié (CA Reims, ch. soc., 25 septembre 2019, n° 19/00003, LSQ n° 17906 du 27.09.2019; JSL n° 484, 28.10.2019, p. 4, M. Hautefort; RJS 11/19 n° 627; JCP éd. S 2019, act. 365, libres propos A. Bugada; voir aussi Th. Pasquier, «La diversification des contrôles de conventionnalité des lois en matière de barème d'indemnisation», RDT, novembre 2019, ET, 683).

La cour d'appel de Paris rejoint, quant à elle, la position adoptée par la Cour de cassation dans ses avis du 17 juillet 2019 en excluant l'effet direct des dispositions de l'article 24 de la Charte sociale européenne révisée et l'application de l'article 6, § 1, de la Convention de sauvegarde des droits de l'homme et des libertés fondamentales et en jugeant que la mise en place d'un barème n'est pas en soi contraire aux articles 4, 9 et 10 de la convention n° 158 de l'OIT imposant aux États, en cas de licenciement injustifié, de garantir au salarié «une indemnité adéquate ou une réparation appropriée», le juge français gardant, dans le cadre des montants minimaux et maximaux édictés sur la base de l'ancienneté du salarié et de l'effectif de l'entreprise, une marge d'appréciation; considérant que cette marge d'appréciation laissée à la juridiction du fond entre une limite minimale et une limite maximale exprimées en mois de salaire brut (en l'espèce entre 3 et 13,5 mois) permet que l'indemnisation réponde à la situation particulière du salarié, par la prise en compte de critères autres que l'ancienneté (tels l'âge, la situation de famille, la difficulté à retrouver un emploi, etc.), la cour rejette également l'argument du salarié et des syndicats requérants selon lequel le barème, en ne prévoyant pas d'autres critères de différenciation que l'ancienneté du salarié et l'effectif de l'entreprise, traiterait de manière analogue des salariés se trouvant dans des situations différentes en violation des principes de non-discrimination et d'égalité de traitement issus des articles 20, 21 et 30 de la charte des droits fondamentaux de l'Union européenne (CA Paris, pôle 6, ch. 8, 30 octobre 2019, n° 16/05602, LSQ n° 17931 du 04.11.2019; JCP éd. S 2019, act. 416, libres propos G. Loiseau; JSL n° 487-488, 17.12.2019, p. 8, M. Hautefort; RJS 1/20 n° 14).

Pour un panorama des décisions rendues par les juges du fond relativement à ce barème, sur la période du 26 septembre 2018 au 2 juillet 2020, voir J. Marrocchella, «Le barème Macron à l'épreuve de la jurisprudence», JCP éd. S 2020, 2095.

À noter également que le Conseil constitutionnel a déclaré ce barème conforme à la Constitution (C. constit. 21 mars 2018, n° 2018-761 DC, consid. 83 à 91, JO 31) et que le Conseil d'État avait déjà rejeté la demande de suspension de l'exécution de l'article 2 de l'ordonnance 2017-1387 précitée instituant ce barème, formée par un syndicat avant sa ratification et fondée sur sa non-conformité à l'article 10 de la convention n° 158 de l'OIT et à l'article 24 de la charte sociale européenne (CE 7 décembre 2017, ord. réf., n° 415243, consid. 5 et 6, LSQ n° 17466 du 12.12.2017).

• Voir N. Collet-Thiry, «Le plafonnement des indemnités prud'homales: analyse critique et perspectives de mise en échec», JCP éd. S 2018, 1150; E. Dockès, «Le retour du licenciement abusif», Dr. Soc. 2018, p. 542; J. Mouly, «La réactivation de la théorie du licenciement abusif – Un expédient illusoire au plafonnement des indemnités prud'homales», Dr. Soc. 2018, p. 824; Dr. Soc. 2019, p. 280, dossier «Licenciement et barème – Prévoir et sécuriser», coord. M. Picq; N. Fournier de Crouy, «Les différents usages du barème d'indemnisation: retour sur l'article L. 1235-3 du Code du travail», RDT, janvier 2019, ET, 29; LS Dossier pratique n° 6 du 09.01.2019, «Le barème d'indemnisation des licenciements abusifs: Modalités d'application – Stratégies de contournement – Contestation»; A. Bugada, «Le dol et la faute lourde: un moyen d'ordre public dans le contentieux du barème ?», JCP éd. S 2019, act. 156; B. Gauriau, «Faut-il nommer l'ordre public ? (Contribution à l'étude de la cause réelle et sérieuse du licenciement)», RJS 7/19, chron. p. 513; J. Grangé, «Le renouveau du contentieux prud'homal», JCP éd. S 2019, 1162; Fr. Guiomard, «Pour une lecture contentieuse de l'effet des barèmes de licenciement», RDT, avril 2019, CH, 272 (à propos de circ. min. Justice du 28 février 2019, C3/201910006558, à l'égard des procureurs généraux près les cours d'appel, relative à l'application de l'article L. 1235-3 CT); I. Ayache-Revah et M. Ayadi, «Barème d'indemnités prud'homales: la gestion des dossiers contentieux s'alourdit», LSQ n° 17668 du 09.10.2018.

Voir aussi, sur la question de la conventionnalité du barème, J. Mouly, «L'inconventionnalité du barème: une question de proportionnalité ?», Dr. Soc. 2019, p. 234; A. Gardin et J.-Ph. Lhernould, «Le barème d'indemnisation du licenciement face au droit européen et international. Le cœur et la raison», RJS 5/19, chron. p. 353; P. Lokiec, «La convention n° 158 de l'OIT – Après le CNE, le barème…», JCP éd. S 2019, 1230; C. Nivard, S. Robin-Olivier, A. Bugada et J. Mouly, Dossier «Conventionnalité du barème Macron», Dr. Soc. 2019, pp. 792 et s.; A. Guaman, O. Leclerc, J. M. Sanchez, L. Mason et M. C. Degoli, «Regards – Le licenciement au cœur des débats», RDT, mai 2019, DR, 352; Ch. Radé et Ch. Quézel-Ambrunaz, «Prendre l'exigence de réparation adéquate au sérieux ?», RDT, novembre 2019, CO, 677; C. Nivard, «L'invocabilité des conventions internationales du travail devant les hautes juridictions françaises», RDT, décembre 2019, DR, 808.

• Jurisprudence rendue dans le cadre des dispositions antérieures à l'ordonnance 2017-1387 précitée

Champ d'application. Les dispositions du second alinéa de cet article prévoient que l'indemnité octroyée par le juge au salarié licencié sans cause réelle et sérieuse ne peut être inférieure aux salaires des 6 derniers mois. Toutefois, en application du 2° de l'article L. 1235-5, ce montant minimal n'est pas applicable au licenciement opéré dans une entreprise employant habituellement moins de 11 salariés.

Ces dispositions ont été déclarées conformes à la Constitution (C. constit. 13 octobre 2016, n° 2016-582 QPC, JO 15 oct.; RJS 12/16 n° 769).

Absence de réintégration imposée. En cas de licenciement qui n'est pas fondé sur une cause réelle et sérieuse, le tribunal peut proposer la réintégration du salarié à condition, notamment, que celui-ci l'ait demandée, mais il n'est jamais tenu de le faire. La cour d'appel peut proposer la réintégration, même si le premier juge ne l'a pas fait. Si la réintégration est proposée, elle ne peut devenir effective que dans la mesure où l'employeur et le travailleur l'acceptent l'un et l'autre (cass. soc. 29 janvier 1981, n° 79-41.038, BC V n° 80; 6 mai 1982, n° 81-12.007, BC V n° 280). En cas de refus par l'un ou l'autre, l'indemnité octroyée par le tribunal ne peut être inférieure aux salaires des six derniers mois (cass. soc. 6 juillet 1988, n° 86-11.816).

Indemnité minimale. Le licenciement sans cause réelle et sérieuse est sanctionné, à défaut de réintégration, par le versement, à la charge de l'employeur, d'une indemnité qui ne peut être inférieure aux salaires des six derniers mois. La Cour de cassation précise qu'il s'agit des salaires bruts et non des salaires nets (cass. soc. 22 juin 1993, n° 91-43.560, BC V n° 175; 13 juillet 2004, n° 03-43.780, BC V n° 207; RJS 10/04 n° 1025; 7 novembre 2018, n° 17-15.446). Le montant des dommages-intérêts dus au salarié licencié sans cause réelle et sérieuse est évalué souverainement par les juges du fond (cass. soc. 13 mars 2001, n° 98-46.244, BC V n° 85). Le fait, pour un salarié, de réclamer une somme inférieure à celle à laquelle il a droit en application de l'ancien article L. 122-14-4 n'indique pas de sa part la reconnaissance d'un motif réel et sérieux de licenciement (cass. soc. 11 octobre 1990, n° 87-40.277, BC V n° 460).

Cumul de sanctions. Si le cumul de sanctions (pour irrégularité de fond et pour irrégularité de forme) est interdit, rien n'empêche le salarié de demander, à titre principal, en se fondant sur l'absence de cause réelle et sérieuse de licenciement, sa réintégration dans l'entreprise ou une indemnité pour licenciement sans cause réelle et sérieuse et, à titre subsidiaire, une indemnité pour licenciement irrégulier en la forme pour le cas où l'existence d'une cause réelle et sérieuse serait retenue par le juge.

En revanche, peuvent se cumuler une indemnité pour licenciement sans cause réelle et sérieuse et des dommages-intérêts pour licenciement abusif (cass. soc. 12 mars 1987, n° 84-41.002, BC V n° 147; 7 mars 1991, n° 89-41.352, BC V n° 114: circonstances de la rupture vexatoires en raison de la brutalité du licenciement; 5 décembre 1995, n° 92-42.878, CSB 1996 B. 35; 12 septembre 2018, n° 16-24.799: licenciement intervenu dans des conditions «particulièrement vexatoires» ayant eu des conséquences directes sur l'état de santé du salarié; 12 septembre 2018, n° 16-22.503, LS Jurispr. n° 173 du 25.09.2018 : réitération par l'employeur de sa volonté de rompre le contrat de travail du salarié qu'il avait pourtant rappelé à son service). De même, sont admis le cumul d'une indemnité sanctionnant l'absence de cause réelle et sérieuse et d'une indemnité sanctionnant la violation d'une procédure conventionnelle (cass. soc. 1er juin 1994, n° 92-42.295, BC V n° 184; RJS 7/94 n° 854) ainsi que le cumul d'une indemnité sanctionnant l'absence de cause réelle et sérieuse avec une indemnité sanctionnant la perte d'une chance (cass. soc. 31 mai 2011, n° 09-71.350, BC V n° 130; RJS 8-9/11 n° 731: perte de la chance de pouvoir bénéficier de l'avantage retraite applicable dans l'entreprise).

Par ailleurs, est licite le cumul de dommages-intérêts accordés pour inobservation de la procédure de licenciement et d'une indemnité destinée à réparer non pas l'absence de cause réelle et sérieuse, mais le préjudice résultant des circonstances abusives du licenciement (cass. soc. 23 mars 1989, n° 85-43.577).

Enfin, les indemnités prévues par le plan de sauvegarde de l'emploi, destinées à faciliter le reclassement des salariés licenciés et compenser la perte de leur emploi, n'ont pas le même objet, ni la même cause que les dommages-intérêts pour licenciement sans cause réelle et sérieuse qui réparent le préjudice résultant du caractère injustifié de la perte de l'emploi; elles sont donc cumulables avec les dommages-intérêts pour licenciement sans cause réelle et sérieuse (cass. soc. 9 juillet 2015, n° 14-14.654, BC V n° 153; RJS 11/15 n° 706).

Régime social de l'indemnité. Il résulte de l'article L. 136-2, II, 5° c. séc. soc., dans sa rédaction alors applicable, que l'indemnité allouée au salarié en cas de licenciement sans cause réelle et sérieuse est exonérée de CSG et CRDS à hauteur du minimum légal des salaires des six derniers mois fixé par l'article L. 1235-3 CT, peu important qu'elle ait été allouée par le juge sur le fondement de cet article ou sur celui de l'article L. 1235-5 CT (cass. soc. 13 février 2019, n° 17-11.487, à paraître, RJS 4/19 n° 247; LS Jurispr. n° 38 du 26.02.2019; JSL n° 474, 23.04.2019, p. 23, M. H.). Sur le *régime social et fiscal des indemnités versées au salarié à l'occasion de la rupture du contrat de travail*, voir Dictionnaire Social ou Dictionnaire Paye, Groupe Revue Fiduciaire, éd. 2021, «Indemnités de rupture (régimes social et fiscal)»; voir aussi LS Dossier juridique n° 132 du 19.07.2019, «Régime social et fiscal des indemnités de rupture».

À défaut de précision contraire, le montant de l'indemnité indiqué dans la décision de justice se lit en brut, avant déduction des cotisations salariales (cass. soc. 3 juillet 2019, n° 18-12.149, à paraître, LS Jurispr. n° 129 du 16.07.2019; JCP éd. S 2019, 1261, note S. Brissy).

Art. L. 1235-3-1. ***(Ord. 2017-1387 du 22 sept. 2017, art. 2, 3°, JO 23)*** **L'article L. 1235-3 n'est pas applicable lorsque le juge constate que le licenciement est entaché d'une des nullités prévues au deuxième alinéa du présent article. Dans ce cas, lorsque le salarié ne demande pas la poursuite de l'exécution de son contrat de travail ou que sa réintégration est impossible, le juge lui octroie une indemnité, à la charge de l'employeur, qui ne peut être inférieure aux salaires des six derniers mois.**

Art. L. 1235-3-2

(L. 2018-217 du 29 mars 2018, art. 11, I, 8°, JO 31) «Les nullités mentionnées au premier alinéa sont celles qui sont afférentes à:

1° La violation d'une liberté fondamentale;

2° Des faits de harcèlement moral ou sexuel dans les conditions mentionnées aux articles L. 1152-3 et L. 1153-4;

3° Un licenciement discriminatoire dans les conditions mentionnées aux articles L. 1132-4 et L. 1134-4;

4° Un licenciement consécutif à une action en justice en matière d'égalité professionnelle entre les femmes et les hommes dans les conditions mentionnées à l'article L. 1144-3, ou à une dénonciation de crimes et délits;

5° Un licenciement d'un salarié protégé mentionné aux articles L. 2411-1 et L. 2412-1 en raison de l'exercice de son mandat;

6° Un licenciement d'un salarié en méconnaissance des protections mentionnées aux articles L. 1225-71 et L. 1226-13.»

L'indemnité est due sans préjudice du paiement du salaire, lorsqu'il est dû en application des dispositions de l'article L. 1225-71 et du statut protecteur ***(Ord. 2017-1718 du 20 déc. 2017, art. 1er, I, 20°, JO 21)*** «dont bénéficient certains salariés en application du chapitre Ier du Titre Ier du livre IV de la deuxième partie du code du travail», qui aurait été perçu pendant la période couverte par la nullité et, le cas échéant, ***(Ord. 2017-1718 du 20 déc. 2017, art. 1er, I, 20°, JO 21)*** «sans préjudice» de l'indemnité de licenciement légale, conventionnelle ou contractuelle.

Note • Voir F. Lefrançois, «Nullité du licenciement: causes et sanctions», LS Dossier pratique n° 110 du 17.06.2020.

• Pour des exemples de décisions prononçant la nullité de licenciements intervenus en violation de libertés fondamentales, voir notes sous articles L. 1121-1 et L. 1232-1.

Art. L. 1235-3-2. ***(Ord. 2017-1387 du 22 sept. 2017, art. 2, 4°, JO 23)*** Lorsque la rupture du contrat de travail est prononcée par le juge aux torts de l'employeur ou fait suite à une demande du salarié dans le cadre de la procédure mentionnée à l'article L. 1451-1, le montant de l'indemnité octroyée est déterminé selon les règles fixées à l'article L. 1235-3 ***(L. 2018-217 du 29 mars 2018, art. 11, I, 9°, JO 31)*** «, sauf lorsque cette rupture produit les effets d'un licenciement nul afférent aux cas mentionnés au 1° à 6° de l'article L. 1235-3-1, pour lesquels il est fait application du premier alinéa du même article L. 1235-3-1».

Art. L. 1235-4. Dans les cas prévus aux articles ***(L. 2016-1088 du 8 août 2016, art. 122, 2°, JO 9)*** « L. 1132-4, L. 1134-4, L. 1144-3, L. 1152-3, L. 1153-4,» L. 1235-3 et L. 1235-11, le juge ordonne le remboursement par l'employeur fautif aux organismes intéressés de tout ou partie des indemnités de chômage versées au salarié licencié, du jour de son licenciement au jour du jugement prononcé, dans la limite de six mois d'indemnités de chômage par salarié intéressé.

Ce remboursement est ordonné d'office lorsque les organismes intéressés ne sont pas intervenus à l'instance ou n'ont pas fait connaître le montant des indemnités versées.

(L. 2018-771 du 5 sept. 2018, art. 64, II, JO 6, entrée en vigueur le 01.01.2019) «Pour le remboursement prévu au premier alinéa, le directeur général de Pôle emploi ou la personne qu'il désigne au sein de Pôle emploi peut, pour le compte de Pôle emploi, de l'organisme chargé de la gestion du régime d'assurance chômage mentionné à l'article L. 5427-1, de l'État ou des employeurs mentionnés à l'article L. 5424- 1, dans des délais et selon des conditions fixés par décret en Conseil d'État, et après mise en demeure, délivrer une contrainte qui, à défaut d'opposition du débiteur devant la juridiction compétente, comporte tous les effets d'un jugement et confère le bénéfice de l'hypothèque judiciaire.»

Note • Il résulte des articles L. 1235-4 et L. 1235-5 que l'employeur qui emploie habituellement moins de 11 salariés n'est pas tenu de rembourser aux organismes concernés les indemnités de chômage versées au salarié licencié sans cause réelle et sérieuse (cass. soc. 23 septembre 2015, n° 14-13.264, BC V n° 180; LS Jurispr. n° 183 du 13.10.2015; RJS 12/15 n° 767; 21 novembre 2018, n° 17-14.795; voir aussi cass. soc. 16 octobre 2019, n° 18-13.754, s'agissant d'une démission jugée comme produisant les effets d'un licenciement sans cause réelle et sérieuse). Il en est de même de l'employeur ayant licencié sans cause réelle et sérieuse un salarié ayant moins de deux ans d'ancienneté dans l'entreprise (cass. soc. 9 octobre 2019, n° 17-26.636).

• Le remboursement des indemnités de chômage est dû dans l'hypothèse du licenciement sans cause réelle et sérieuse, qu'il s'agisse d'un licenciement individuel ou d'un licenciement collectif et ceci, quelle que soit la nature du licenciement (inhérent à la personne du salarié ou pour motif économique; voir par exemple, sur son applicabilité au cas de licenciement pour inaptitude d'origine non professionnelle requalifié en licenciement sans cause réelle et sérieuse en raison du non-respect par l'employeur de son obligation de reclassement, cass. soc. 10 octobre 2018, n° 17-14.905). Il est également dû lorsque le contrat de travail a été rompu par une prise d'acte jugée fondée sur des manquements de l'employeur faisant obstacle à la poursuite du contrat de travail (cass. soc. 22 juin 2016, n° 14-27.072, RJS 10/16 n° 618). Enfin, depuis l'intervention de la loi du 8 août 2016, le remboursement des indemnités de chômage est dû en cas d'annulation d'un licenciement prononcé pour des motifs discriminatoires ou à l'encontre d'un salarié victime de harcèlement moral ou sexuel ou ayant relaté ou témoigné sur de tels actes (sur l'impossibilité pour le juge d'ordonner le remboursement des indemnités de chômage en cas de nullité du licenciement dans le cadre législatif antérieur à cette loi, voir par exemple cass. soc. 3 octobre 2018, n° 17-14.897).

En revanche, il ne s'applique pas au licenciement intervenu en violation des règles particulières aux victimes d'un accident du travail ou d'une maladie professionnelle prévues par les articles L. 1226-10 et 15 CT (cass. soc. 16 octobre 1991, n° 89-40.481, BC V n° 413; 28 avril 2011, n° 09-71.658, RJS 7/11 n° 600; 26 septembre 2018, n° 17-20.170; 21 octobre 2020, n° 19-12.249), ni en cas de violation de l'ordre des licenciements (cass. soc. 23 mars 1994, n° 91-43.735, BC V n° 104; Dr. Soc. 1994, p. 711), ni en cas d'irrégularité de la procédure de licenciement individuel (cass. soc. 26 mars 1980, n° 78-41.369, BC V n° 298).

• Le droit de l'Assédic [Pôle emploi] d'obtenir le remboursement des indemnités de chômage payées à un travailleur licencié n'est pas, en principe, subordonné à d'autres conditions que la condamnation, par le même juge, de l'employeur fautif au versement d'une indemnité pour licenciement sans cause réelle et sérieuse (cass. soc. 14 mai 1987, n° 84-43.881). L'employeur peut cependant éviter l'obligation de rembourser les allocations de chômage s'il établit que ces allocations ont été payées indûment (cass. soc. 9 mars 1994, n° 91-21.926, BC V n° 86; RJS 5/94 n° 537).

• L'Assédic [Pôle emploi] est réputée être partie au litige opposant l'employeur au salarié licencié sans cause réelle et sérieuse; le remboursement des indemnités de chômage doit être ordonné d'office par la juridiction saisie, même lorsque l'Assédic [Pôle emploi] n'a présenté aucune demande. L'Assédic [Pôle emploi] peut intervenir en cause d'appel alors même qu'elle n'a présenté aucune demande de remboursement en première instance (cass. soc. 7 décembre 1994, n° 91-42.507; 16 mars 1995, n° 93-44.201).

Lorsque le salarié se désiste de son instance, il convient de distinguer deux situations: si le salarié se désiste en première instance, le jugement ne peut pas ordonner le remboursement des indemnités de chômage à l'Assédic [Pôle emploi] qui était intervenue à l'instance (cass. soc. 14 janvier 1982, n° 79-42.492, BC V n° 25). Si le salarié ou l'employeur se désiste au cours de la procédure d'appel, ce désistement dessaisit la cour d'appel du litige mais la condamnation prononcée en première instance au bénéfice de l'Assédic [Pôle emploi] produit tous ses effets (cass. soc. 16 juillet 1987, n° 84-45.944, BC V n° 517); lorsque l'Assédic [Pôle emploi] est intervenue dans l'instance d'appel, le désistement du salarié du chef de sa demande de dommages-intérêts pour licenciement sans cause réelle et sérieuse n'a pas dessaisi la cour d'appel du litige opposant l'Assédic [Pôle emploi] à l'employeur (cass. soc. 18 juillet 2001, n° 99-45.534, BC V n° 279; SSL 30 juillet 2001, p. 12). De la même façon, si une transaction est conclue entre le salarié et l'employeur au cours de la procédure d'appel, celle-ci n'est pas opposable à l'Assédic: cet organisme peut invoquer les dispositions du jugement ordonnant le remboursement par l'employeur des allocations de chômage versées au salarié (cass. soc. 7 juin 1995, n° 91-43.234, BC V n° 188; RJS 8-9/95 n° 876). Dans le cas où le juge de première instance a condamné l'employeur à verser au salarié une indemnité en raison de l'absence de cause réelle et sérieuse mais a omis d'ordonner le remboursement des indemnités de chômage au profit de l'Assédic [Pôle emploi], le désistement d'instance de l'employeur ou du salarié en appel ne prive pas l'Assédic [Pôle emploi] de la possibilité de faire réparer par le conseil de prud'hommes l'omission de statuer dont était affecté le jugement (cass. soc. 7 juin 1995, n° 91-43.042, BC V n° 189; RJS 8-9/95 n° 876).

Le délai de recours de l'Assédic [Pôle emploi] contre une décision statuant à son égard en application de l'ancien article L. 122-14-4 CT ne court qu'à compter de la date à laquelle la décision lui a été régulièrement notifiée, conformément aux dispositions des articles L. 516-42 (ancien) CT et 680 NCPC (cass. soc. 27 février 1991, n° 89-40.499, BC V n° 107; RJS 4/91 n° 454).

• Voir aussi le «Questions - Réponses» sur la rupture du contrat de travail, publié sur le site internet du ministère du Travail le 15 juillet 2020 (question 29).

Art. R. 1235-1. ***(D. 2019-252 du 27 mars 2019, JO 30, entrée en vigueur le 01.04.2019)*** I. – Lorsqu'un conseil de prud'hommes a ordonné d'office le remboursement des allocations de chômage, le greffier du conseil de prud'hommes, à l'expiration du délai d'appel, adresse à Pôle emploi une copie certifiée conforme du jugement en précisant si ce dernier a fait ou non l'objet d'un appel.

Cette copie est transmise à la direction régionale de cet établissement située dans le ressort de la juridiction qui a rendu le jugement.

II. – Lorsque le remboursement des allocations de chômage a été ordonné d'office par une cour d'appel, le greffier de cette juridiction adresse à Pôle emploi, selon les formes prévues au deuxième alinéa du I, une copie certifiée conforme de l'arrêt.

III. – Lorsque le licenciement est jugé comme résultant d'une cause réelle et sérieuse ne constituant pas une faute grave ou lourde, une copie du jugement est transmise à Pôle emploi dans les conditions prévues au deuxième alinéa du I.

Note Les articles R. 1235-1 à 10 s'appliquent aux jugements des conseils de prud'hommes rendus depuis le 1er avril 2019 (décret 2019-252 précité, art. 3).

Les articles R. 1235-1 à 17 dans leur rédaction antérieure à l'entrée en vigueur du décret précité restant applicables aux jugements des conseils de prud'hommes rendus avant le 1er avril 2019, nous les rapportons ci-après.

Art. R. 1235-1. Lorsque le jugement ordonnant ***(D. 2008-1010 du 29 sept. 2008, art. 7, JO 30)*** «d'office» le remboursement par l'employeur fautif de tout ou partie des allocations de chômage, prévu à l'article L. 1235-4, est exécutoire, ***(D. 2014-524 du 22 mai 2014, art. 16, JO 24)*** «Pôle emploi», pour le compte de l'organisme gestionnaire du régime d'assurance chômage prévu à l'article L. 5427-1 peut poursuivre leur recouvrement devant le tribunal d'instance du domicile de l'employeur. ***(D. 2008-1010 du 29 sept. 2008, art. 7, JO 30)*** «Tout autre juge se déclare d'office incompétent.»

Lorsque le licenciement est jugé comme ne résultant pas d'une faute grave ou lourde, une copie du jugement est transmise à ***(D. 2014-524 du 22 mai 2014, art. 16, JO 24)*** «Pôle emploi», dans les conditions prévues à l'article R. 1235-2.

Art. R. 1235-2. Lorsqu'un conseil de prud'hommes a ordonné d'office le remboursement des allocations de chômage, le greffier du conseil de prud'hommes, à l'expiration du délai d'appel, adresse à ***(D. 2014-524 du 22 mai 2014, art. 16, JO 24)*** «Pôle emploi» une copie certifiée conforme du jugement en précisant si ce dernier a fait ou non l'objet d'un appel.

La copie certifiée conforme du jugement est adressée par lettre simple ***(D. 2008-1010 du 29 sept. 2008, art. 7, JO 30)*** «à la direction générale de ***(D. 2014-524 du 22 mai 2014, art. 16, JO 24)*** «cet établissement».

Lorsque le remboursement des allocations de chômage a été ordonné d'office par une cour d'appel, le greffier de cette juridiction adresse ***(D. 2014-524 du 22 mai 2014, art. 16, JO 24)*** «à Pôle emploi», selon les formes prévues au deuxième alinéa, une copie certifiée conforme de ***(D. 2008-1010 du 29 sept. 2008, art. 7, JO 30)*** «l'arrêt».

Art. R. 1235-4.*(D. 2008-1010 du 29 sept. 2008, art. 7, JO 30)* «La demande en recouvrement» est formée par simple requête remise ou adressée au greffe.

(D. 2008-1010 du 29 sept. 2008, art. 7, JO 30) «Elle indique la dénomination et l'adresse de ***(D. 2014-524 du 22 mai 2014, art. 16, JO 24)*** «Pôle emploi», et la dénomination, la forme et le siège social de l'organisme gestionnaire du régime d'assurance chômage pour le compte duquel cette dernière agit. Elle indique également la dénomination, la forme et le siège social de l'employeur si ce dernier est une personne morale, ainsi que l'organe qui le représente légalement. Si l'employeur est une personne physique, elle indique ses noms, prénoms, profession et adresse.»

Elle précise le montant des allocations dont le remboursement a été ordonné.

La copie certifiée conforme de la décision et un relevé de compte individuel de l'allocataire sont joints à la demande.

Art. R. 1235-5. Au vu des documents produits à l'appui de ***(D. 2008-1010 du 29 sept. 2008, art. 7, JO 30)*** «la demande en recouvrement», le juge rend une ordonnance portant injonction de payer. La requête et l'ordonnance sont conservées au greffe, à titre de minute.

Les documents produits sont provisoirement conservés au greffe.

Art. R. 1235-6. Une copie certifiée conforme de la requête et de l'ordonnance est notifiée à l'employeur par le greffier, par lettre recommandée avec avis de réception.

Art. R. 1235-7. L'employeur peut s'opposer à l'ordonnance portant injonction de payer, en formant opposition devant le tribunal d'instance qui a rendu l'ordonnance.

L'opposition est formée dans le mois qui suit la notification de l'ordonnance.

Toutefois, si la notification n'a pas été adressée, l'opposition est recevable jusqu'à l'expiration du délai d'un mois suivant le premier acte signifié à personne ou, à défaut, suivant la première mesure d'exécution ayant pour effet de rendre indisponibles en tout ou partie les biens de l'employeur.

Art. R. 1235-8. À peine de nullité, la notification de l'ordonnance informe l'employeur qu'il doit payer à ***(D. 2008-1010 du 29 sept. 2008, art. 7, JO 30)*** «l'institution» le montant des allocations versées, sauf à former opposition s'il a à faire valoir des moyens de défense.

Sous la même sanction, la notification de l'ordonnance :

1° Indique le délai dans lequel l'opposition doit être formée, le tribunal devant lequel elle doit être portée et les formes selon lesquelles elle doit être faite ;

2° Avertit l'employeur qu'il peut prendre connaissance au greffe des documents produits par ***(D. 2008-1010 du 29 sept. 2008, art. 7, JO 30)*** «l'institution», et qu'à défaut d'opposition dans le délai indiqué il ne peut plus contester la créance et peut être contraint de la payer par toutes voies de droit.

Art. R. 1235-9. L'opposition est formée au greffe soit par déclaration contre récépissé, soit par lettre recommandée.

Art. R. 1235-10. Le greffier convoque l'employeur et ***(D. 2008-1010 du 29 sept. 2008, art. 7, JO 30)*** «l'institution» par lettre recommandée avec avis de réception quinze jours au moins avant la date de l'audience.

Art. R. 1235-11. Si aucune des parties ne se présente, le tribunal d'instance constate l'extinction de l'instance. Celle-ci rend non avenue l'ordonnance portant injonction de payer.

Art. R. 1235-12. Le tribunal d'instance statue sur l'opposition quel que soit le montant des allocations dont le remboursement a été réclamé. Le jugement du tribunal se substitue à l'ordonnance portant injonction de payer.

Le tribunal statue à charge d'appel lorsque le montant de la demande excède le taux de sa compétence en dernier ressort.

Art. R. 1235-13. Si, dans son opposition, l'employeur prétend que le remboursement des indemnités de chômage a été ordonné dans un cas où cette mesure est exclue par la loi, le tribunal d'instance renvoie l'affaire à la juridiction qui a statué aux fins d'une rétractation éventuelle du jugement sur ce point. La rétractation ne peut en aucun cas remettre en question la chose jugée entre l'employeur et le travailleur licencié, ni l'appréciation portée par la juridiction sur l'absence de cause réelle et sérieuse du licenciement.

Le greffier du tribunal d'instance transmet aussitôt le dossier de l'affaire à cette juridiction.

Le greffier de la juridiction qui a statué convoque ***(D. 2014-524 du 22 mai 2014, art. 16, JO 24)*** «Pôle emploi» et l'employeur, selon le cas, devant le bureau de jugement du conseil de prud'hommes ou devant la chambre sociale de la cour d'appel, quinze jours au moins à l'avance, par lettre recommandée avec avis de réception.

La juridiction qui a statué se prononce sur l'ensemble du litige résultant de l'opposition et est habilitée à liquider la somme due par l'employeur à ***(D. 2014-524 du 22 mai 2014, art. 16, JO 24)*** «Pôle emploi.»

La décision prononcée sur la demande de rétractation est mentionnée sur la minute et sur les expéditions du jugement.

L'auteur d'une demande dilatoire ou abusive de rétractation peut être condamné à une amende civile de 15 euros à 1 500 euros.

Art. R. 1235-14. En l'absence d'opposition dans le mois qui suit la notification de l'ordonnance portant injonction de payer, quelles que soient les modalités de la notification, ou en cas de désistement de l'employeur qui a formé opposition, ***(D. 2008-1010 du 29 sept. 2008, art. 7, JO 30)*** «l'institution» peut demander l'apposition sur l'ordonnance de la formule exécutoire.

L'ordonnance produit tous les effets d'un jugement contradictoire. Elle n'est pas susceptible d'appel.

Art. R. 1235-15. La demande tendant à l'apposition de la formule exécutoire est formée au greffe soit par ***(D. 2019-1333 du 11 déc. 2019, art. 36, JO 12, entrée en vigueur le 01.01.2020)*** «requête», soit par lettre simple.

Art. R. 1235-16. Les documents produits par ***(D. 2008-1010 du 29 sept. 2008, art. 7, JO 30)*** «l'institution» et conservés provisoirement au greffe lui sont restitués sur sa demande dès l'opposition ou au moment où l'ordonnance est revêtue de la formule exécutoire.

Art. R. 1235-17. En cas de pourvoi en cassation dirigé contre une décision qui a condamné un employeur pour licenciement sans cause réelle et sérieuse en application des dispositions de l'article L. 1235-3, la cassation du chef de la décision qui emporte condamnation au profit du salarié atteint le chef de la décision qui ordonne d'office le remboursement des indemnités de chômage.

Art. R. 1235-2. ***(D. 2019-252 du 27 mars 2019, JO 30, entrée en vigueur le 01.04.2019)*** I. – Pour l'application de l'article L. 1235-4, lorsque le jugement ordonnant d'office le remboursement par l'employeur fautif de tout ou partie des allocations de chômage est exécutoire, Pôle emploi peut mettre en demeure cet employeur de rembourser tout ou partie des allocations de chômage.

II. – Le directeur général de Pôle emploi adresse à l'employeur, par tout moyen donnant date certaine à sa réception, une mise en demeure qui comporte :

1° La dénomination et l'adresse de Pôle emploi ;

2° La dénomination et l'adresse de l'employeur et, le cas échéant, de l'organe qui le représente légalement, mentionnées dans le jugement ordonnant d'office le remboursement par l'employeur fautif de tout ou partie des allocations de chômage ;

3° Le motif, la nature et le montant des sommes dont le remboursement a été ordonné ;

4° Les périodes couvertes par les versements donnant lieu à recouvrement ;

5° La copie du jugement ordonnant d'office le remboursement par l'employeur fautif de tout ou partie des allocations de chômage.

Art. R. 1235-3. ***(D. 2019-252 du 27 mars 2019, JO 30, entrée en vigueur le 01.04.2019)*** I. – Si la mise en demeure reste sans effet au terme du délai d'un mois à compter de sa notification, le directeur général de Pôle emploi peut délivrer la contrainte prévue à l'article L. 1235-4.

II. – La contrainte est notifiée au débiteur par tout moyen donnant date certaine à sa réception ou est signifiée au débiteur par acte d'huissier de justice. À peine de nullité, la notification comprend:

1° La référence de la contrainte;

2° La référence du jugement ordonnant d'office le remboursement par l'employeur fautif de tout ou partie des allocations de chômage;

3° La preuve de la réception de la notification de la mise en demeure mentionnée à l'article R. 1235-2;

4° Le motif, la nature et le montant des sommes réclamées et les périodes couvertes par les versements donnant lieu à recouvrement;

5° Le délai dans lequel l'opposition doit être formée;

6° L'adresse de la juridiction compétente pour statuer sur l'opposition et les formes requises pour sa saisine;

7° Le fait qu'à défaut d'opposition dans le délai indiqué à l'article R. 1235-4, le débiteur ne peut plus contester la créance et peut être contraint de la payer par toutes voies de droit.

L'huissier avise dans les huit jours l'organisme créancier de la date de signification.

Art. R. 1235-4. ***(D. 2019-252 du 27 mars 2019, JO 30, entrée en vigueur le 01.04.2019)*** Le débiteur peut former opposition dans les quinze jours à compter de la notification de la contrainte auprès du greffe de la juridiction dans le ressort de laquelle est domicilié son siège social, s'il s'agit d'une personne morale, ou lui-même, s'il s'agit d'une personne physique:

1° Par déclaration;

2° Par tout moyen donnant date certaine à la réception de cette opposition.

L'opposition est motivée. Une copie de la contrainte contestée y est jointe.

Cette opposition suspend la mise en œuvre de la contrainte.

Art. R. 1235-5. ***(D. 2019-252 du 27 mars 2019, JO 30, entrée en vigueur le 01.04.2019)*** Dans les huit jours suivants la réception de l'opposition, le greffe de la juridiction informe par tout moyen donnant date certaine à la réception de cette information le directeur général de Pôle emploi.

Dès qu'il a connaissance de l'opposition, le directeur général adresse à la juridiction copie de la contrainte et de la mise en demeure, ainsi que la preuve de leur réception par le débiteur.

Art. R. 1235-6. ***(D. 2019-252 du 27 mars 2019, JO 30, entrée en vigueur le 01.04.2019)*** Le greffier convoque l'employeur et Pôle Emploi par tout moyen donnant date certaine à la réception de cette convocation quinze jours au moins avant la date de l'audience.

Art. R. 1235-7. ***(D. 2019-252 du 27 mars 2019, JO 30, entrée en vigueur le 01.04.2019)*** Les parties sont autorisées à formuler leurs prétentions et leurs moyens par écrit sans se présenter à l'audience. Le jugement rendu dans ces conditions est contradictoire.

Le juge peut ordonner que les parties se présentent devant lui. Dans ce cas, si aucune des parties ne se présente, la juridiction constate l'extinction de l'instance. Celle-ci rend non avenue la contrainte délivrée par Pôle emploi.

Art. R. 1235-8. ***(D. 2019-252 du 27 mars 2019, JO 30, entrée en vigueur le 01.04.2019)*** Le ***(D. 2019-966 du 18 sept. 2019, art. 8, JO 19, entrée en vigueur le 01.01.2020)*** «tribunal judiciaire» statue sur l'opposition quel que soit le montant des allocations dont le remboursement a été réclamé. Le jugement du tribunal se substitue à la contrainte délivrée par Pôle emploi.

Le tribunal statue à charge d'appel lorsque le montant de la demande excède le taux de sa compétence en dernier ressort.

Lorsqu'elle est susceptible d'appel, la décision de la juridiction, statuant sur l'opposition, est exécutoire de droit à titre provisoire.

Art. R. 1235-9. ***(D. 2019-252 du 27 mars 2019, JO 30, entrée en vigueur le 01.04.2019)*** Si, dans son opposition, l'employeur prétend que le remboursement des allocations de chômage a été ordonné dans un cas où cette mesure est exclue par la loi, le ***(D. 2019-966 du 18 sept. 2019, art. 8, JO 19, entrée en vigueur le 01.01.2020)*** «tribunal judiciaire» renvoie l'affaire à la juridiction qui a statué aux fins d'une rétractation éventuelle du jugement sur ce point.

La rétractation ne peut en aucun cas remettre en question la chose jugée entre l'employeur et le travailleur licencié, ni l'appréciation portée par la juridiction sur l'absence de cause réelle et sérieuse du licenciement ou de sa nullité.

Le greffier du ***(D. 2019-966 du 18 sept. 2019, art. 8, JO 19, entrée en vigueur le 01.01.2020)*** «tribunal judiciaire» transmet aussitôt le dossier de l'affaire à cette juridiction.

Le greffier de la juridiction qui a statué convoque Pôle emploi et l'employeur, selon le cas, devant le bureau de jugement du conseil de prud'hommes ou devant la chambre sociale de la cour d'appel, quinze jours au moins à l'avance, par tout moyen permettant de donner date certaine à sa réception.

La juridiction qui a statué se prononce sur l'ensemble du litige résultant de l'opposition et est habilitée à liquider la somme due par l'employeur à Pôle emploi.

La décision prononcée sur la demande de rétractation est mentionnée sur la minute et sur les expéditions du jugement.

L'auteur d'une demande dilatoire ou abusive de rétractation peut être condamné à une amende civile de 15 euros à 1 500 euros.

Art. R. 1235-10. ***(D. 2019-252 du 27 mars 2019, JO 30, entrée en vigueur le 01.04.2019)*** En cas de pourvoi en cassation dirigé contre une décision qui a condamné un employeur pour licenciement sans cause réelle et sérieuse ou licenciement nul en application des dispositions des articles L. 1132-4, L. 1134-4, L. 1144-3, L. 1152-3, L. 1153-4, L. 1235-3 et L. 1235-11, la cassation du chef de la décision précitée emporte cassation du chef de la décision qui ordonne d'office le remboursement des indemnités de chômage.

Art. L. 1235-5. ***(Ord. 2017-1387 du 22 sept. 2017, art. 2, 5°, JO 23)*** Ne sont pas applicables au licenciement d'un salarié de moins de deux ans d'ancienneté dans l'entreprise et au licenciement opéré dans une entreprise employant habituellement moins de onze salariés, les dispositions relatives au remboursement des indemnités de chômage, prévues à l'article L. 1235-4, en cas de méconnaissance des articles L. 1235-3 et L. 1235-11.

Note • Cet article est applicable aux licenciements prononcés après le 23 septembre 2017 (ordonnance 2017-1387 précitée, art. 40, I).

• Voir aussi note sous article L. 1235-4.

Jurisprudence rendue dans le cadre des dispositions antérieures à l'ordonnance 2017-1387 précitée

Principe. Les sanctions prévues par les articles L. 1235-2 et L. 1235-3 en cas de violation des règles de procédure ou de licenciement sans cause réelle et sérieuse ne sont applicables ni aux salariés ayant moins de deux ans d'ancienneté dans l'entreprise ni aux salariés licenciés par un employeur occupant moins de onze salariés.

Pour le calcul de l'ancienneté, il convient de se placer à la date d'envoi de la lettre recommandée, avec demande d'avis de réception, de licenciement (cass. soc. 26 septembre 2006, n° 05-43.841, BC V n° 288; RDT, décembre 2006, CH, 386, B. Reynès) ou à la date de notification de la prise d'acte de rupture (cass. soc. 7 décembre 2011, n° 10-14.156, RJS 2/12 n° 130). Les périodes de suspension d'exécution du contrat sont prises en compte dans le calcul de l'ancienneté (même arrêt). Seule l'ancienneté résultant du contrat de travail en cours est à prendre en considération, à l'exclusion de contrats antérieurs exécutés pour le compte du même employeur (cass. soc. 27 mai 1992, n° 89-40.297, BC V n° 352; RJS 7/92 n° 860).

L'appréciation de l'effectif habituel doit se faire au jour du licenciement (cass. soc. 27 mai 1992, n° 89-42.593, BC V n° 346). Il appartient à l'employeur de démontrer qu'il occupe habituellement moins de onze salariés s'il entend échapper aux sanctions prévues à l'article L. 122-14-4 [L. 1235-2] (cass. soc. 18 avril 2000, n° 97-44.925, BC V n° 145; RJS 6/00 n° 658). Lorsque l'employeur est une personne publique, sauf dispositions légales contraires, seuls les salariés employés dans les conditions du droit privé sont pris en compte dans la détermination de l'effectif de l'entreprise pour l'application de l'article L. 1235-5 (cass. soc. 19 septembre 2018, n° 16-27.201, à paraître, LS Jurispr. n° 178 du 02.10.2018; RJS 11/18 n° 667; JCP éd. S 2018, 1346, note K. Pagani et M. Pellissier; JSL n° 463, 12.11.2018, p. 28, D. Julien-Paturle).

• Pour la Cour de cassation, un licenciement ne reposant pas sur une cause réelle et sérieuse est «abusif» au sens de l'article L. 122-14-5 [L. 1235-3] (cass. soc. 9 mars 1993, n° 91-44.452, BC V n° 83; Dr. Soc. 1993, p. 338: «en retenant que le licenciement de la salariée ne procédait pas d'une cause réelle et sérieuse, les juges du fond en ont exactement déduit qu'il était abusif au sens de l'article L. 122-14-5 CT»).

• De la même façon, un licenciement prononcé en violation des règles de procédure peut être considéré comme abusif (cass. soc. 30 mai 1990, n° 88-41.329, BC V n° 255; D. 1990, 539, note J-P Karaquillo).

• Si lorsque le licenciement est prononcé en violation des règles de procédure, l'existence d'un préjudice en résultant pour le salarié et l'évaluation qui en est faite relèvent du pouvoir souverain d'appréciation des juges du fond, ce qui implique la nécessité pour le salarié de justifier de son préjudice, il en va différemment en cas de licenciement sans cause réelle et sérieuse, la perte injustifiée de son emploi par le salarié lui causant un préjudice dont il appartient au juge d'apprécier l'étendue (cass. soc. 13 septembre 2017, n° 16-13.578, BC V n° 136; LS Jurispr. n° 168 du 19.09.2017; RJS 11/17 n° 734; JCP éd. S 2017, 1369, note A. Bugada; JSL n° 440, 26.10.2017, pp. 4 et s., M. Hautefort; Dr. Soc. 2017, p. 1074, act. J. Mouly).

Art. L. 1235-6

Sur le régime social de l'indemnité allouée au salarié par le juge sur le fondement de cet article, voir note sous article L. 1235-3.

Exception. L'article L. 1235-5, dans sa rédaction issue de la nouvelle codification (ordonnance 2007-329 du 12 mars 2007, JO 13, entrée en vigueur le 01.05.2008), précise que lorsque les règles de procédure prévues aux articles L. 1232-4 et L. 1233-13, relatives à l'assistance du salarié par un conseiller, ont été violées, le conseil des prud'hommes doit imposer à l'employeur d'accomplir la procédure prévue et accorder au salarié, à la charge de l'employeur, une indemnité qui ne pourra pas être supérieure à un mois de salaire, alors même que le salarié a moins de deux ans d'ancienneté dans l'entreprise ou que celle-ci emploie moins de onze salariés (déjà, en ce sens, avant la nouvelle codification : cass. soc. 19 juillet 1995, n° 91-44.832, BC V n° 249 ; RJS 10/95 n° 1015 ; voir aussi cass. soc. 5 février 2003, n° 01-01.672, BC V n° 41 ; 10 juin 2003, n° 01-40.808, BC V n° 191 ; Dr. Soc. 2003, p. 895, obs. Ph. Waquet, précisant que lorsque le licenciement est sans cause réelle et sérieuse, ces salariés ont droit, en outre, à la réparation du préjudice en résultant, selon les dispositions de l'article L. 122-14-5, al. 2 du même code).

Art. L. 1235-6. Un décret en Conseil d'État détermine les modalités d'application de la présente section.

SECTION 2. Licenciement pour motif économique

Note • Les dispositions de cette section, dans leur rédaction issue de l'article 18 de la loi 2013-504 du 14 juin 2013 (JO 16), sont applicables aux procédures de licenciement collectif engagées depuis le 1er juillet 2013, sachant qu'une procédure de licenciement collectif est réputée engagée à compter de la date d'envoi de la convocation à la première réunion des représentants du personnel mentionnée à l'article L. 1233-30 (loi précitée, art. 18, XXXIII).

• La loi du 14 juin 2013 précitée a modifié les règles de recours contentieux et a fait du juge administratif le juge principal en cas de contestation (voir art. L. 1235-7-1).

• Voir RF 30 mai 2013, FH 3498, 2-46 et 2-47.

Voir aussi :
– SSL n° 1592 du 8 juillet 2013, Y. Struillou « Retour vers le futur. L'intervention du juge administratif dans le contentieux du licenciement économique » et C. Taillandier « Il était une fois… » ;
– RDT, octobre 2014, ET, 614, M-C Sarrazin : « Les licenciements économiques collectifs sous le regard du juge administratif ».

Sous-section 1. Délais de contestation et voies de recours

Art. L. 1235-7. ***(Ord. 2017-1387 du 22 sept. 2017, art. 5, JO 23)*** Toute contestation portant sur le licenciement pour motif économique se prescrit par douze mois à compter de la dernière réunion du comité social et économique ou, dans le cadre de l'exercice par le salarié de son droit individuel à contester le licenciement pour motif économique, à compter de la notification de celui-ci.

Note • Cet article a été modifié par l'ordonnance 2017-1718 du 20 décembre 2017, art. 1er, I, 21°, JO 21.

• Cet article s'applique aux prescriptions en cours à compter du 23 septembre 2017, sans que la durée totale de la prescription puisse excéder la durée prévue par la loi antérieure. Lorsqu'une instance a été introduite avant le 23 septembre 2017, l'action est poursuivie et jugée conformément à la loi ancienne y compris en appel et en cassation (loi 2017-1387 précitée, art. 40, II).

• *Jurisprudence rendue dans le cadre législatif antérieur à l'ordonnance 2017-1387 du 22 septembre 2017*

Le délai de prescription de douze mois concerne les actions mettant en cause la régularité de la procédure relative au plan de sauvegarde de l'emploi ou les actions susceptibles d'entraîner la nullité de la procédure de licenciement en raison de l'absence ou de l'insuffisance d'un tel plan ; il s'applique ainsi aux demandes de dommages-intérêts des salariés mettant en cause, d'une part, la régularité des mandats des représentants du personnel dans le cadre de la consultation sur le plan de sauvegarde de l'emploi et, d'autre part, l'insuffisance du plan de sauvegarde de l'emploi au regard des mesures de réduction ou d'aménagement du temps de travail et de reclassement, peu important que la nullité de la procédure de licenciement ne soit pas encourue pour l'entreprise en liquidation judiciaire (cass. soc. 20 septembre 2018, n° 17-11.546, à paraître, RJS 11/18 n° 668 ; JCP éd. S 2018, 1379, note A. Barège ; JSL n° 463, 12.11.2018, p. 29, D. Julien-Paturle ; voir aussi cass. soc. 8 juillet 2020, n° 18-25.352, à paraître, RJS 10/20 n° 460 ; JSL n° 505, 12.10.2020, p. 23, M. H.). En revanche, les contestations portant sur la cause réelle et sérieuse du licenciement échappent à ce délai abrégé (cass. soc. 15 juin 2010, n° 09-65.062, BC V n° 134 ; RJS 8-9/10 n° 657 ; SSL n° 1451, p. 15, note F. C. ; Dr. Soc. 2010, p. 996, obs. G. Couturier).

Ce délai de douze mois dont dispose le salarié pour contester son licenciement économique devant le conseil de prud'hommes, qui concerne notamment les actions en indemnisation fondées sur les articles L. 1235-11 et L. 1235-16 CT, court à compter de la notification du licenciement; son point de départ ne peut pas être reporté à la date de la décision définitive du juge administratif sur le plan de sauvegarde de l'emploi (cass. soc. 11 septembre 2019, n° 18-18.414, à paraître, LSQ n° 17902 du 23.09.2019; JSL n° 484, 28.10.2019, p. 21, D. J.-P. ; RDT, octobre 2019, CH, 637, V. Ilieva; RDT, novembre 2019, CH, 736, H. Tourniquet; RJS 11/19 n° 628). Il s'applique également, dans les mêmes conditions, à la demande d'indemnisation prévue à l'article L. 1233-58, II CT en cas de redressement ou liquidation judiciaire (cass. soc. 8 juillet 2020, n° 18-25.352, précité).

La Cour de cassation a par ailleurs jugé que ce délai de douze mois n'entre pas en contrariété avec les droits et libertés garantis par la Constitution, refusant de renvoyer cette question de constitutionnalité au Conseil constitutionnel (cass. ass. plén., QPC, 16 juillet 2010, 2 arrêts, n°s 10-40.015 et 10-40.018).

Art. L. 1235-7-1. *(L. 2013-504 du 14 juin 2013, art. 18, XXV, JO 16)* L'accord collectif mentionné à l'article L. 1233-24-1, le document élaboré par l'employeur mentionné à l'article L. 1233-24-4, le contenu du plan de sauvegarde de l'emploi, les décisions prises par l'administration au titre de l'article L. 1233-57-5 et la régularité de la procédure de licenciement collectif ne peuvent faire l'objet d'un litige distinct de celui relatif à la décision de validation ou d'homologation mentionnée à l'article L. 1233-57-4.

Ces litiges relèvent de la compétence, en premier ressort, du tribunal administratif, à l'exclusion de tout autre recours administratif ou contentieux.

Le recours est présenté dans un délai de deux mois par l'employeur à compter de la notification de la décision de validation ou d'homologation, et par les organisations syndicales et les salariés à compter de la date à laquelle cette décision a été portée à leur connaissance conformément à l'article L. 1233-57-4.

Le tribunal administratif statue dans un délai de trois mois. Si, à l'issue de ce délai, il ne s'est pas prononcé ou en cas d'appel, le litige est porté devant la cour administrative d'appel, qui statue dans un délai de trois mois. Si, à l'issue de ce délai, elle ne s'est pas prononcée ou en cas de pourvoi en cassation, le litige est porté devant le Conseil d'État.

Le livre V du code de justice administrative est applicable.

Note • **Compétence territoriale.** Les décisions de validation ou d'homologation mentionnées à cet article, qui n'ont pas un caractère réglementaire, sont relatives à l'application de la réglementation du travail et doivent donc être contestées devant le tribunal administratif compétent, déterminé conformément à la règle édictée par l'article R. 312-10 du code de justice administrative. Ainsi:

– lorsque l'accord collectif ou le document de l'employeur relatif au projet de licenciement collectif en cause identifie le ou les établissements auxquels sont rattachés les emplois dont la suppression est envisagée et que ces établissements sont situés dans le ressort d'un même tribunal administratif, ce tribunal est compétent pour connaître d'un recours pour excès de pouvoir dirigé contre la décision administrative validant l'accord collectif ou homologuant le document de l'employeur;

– dans tous les autres cas, il y a lieu d'estimer que «l'établissement (…) à l'origine du litige» au sens de l'article R. 312-10 du code de justice administrative est l'entreprise elle-même et que le tribunal compétent est celui dans le ressort duquel se trouve le siège de cette entreprise (CE 24 janvier 2014, n° 374163, Rec. Lebon, p. 10; RJS 4/14 n° 312).

• **Référé-suspension à l'encontre de la décision de validation ou d'homologation du PSE.** Le recours en annulation de la décision du Direccte [Dreets] peut être assorti d'une demande de suspension de son exécution en application de l'article. L. 521-1 c. justice adm. Les conditions requises par ce texte doivent cependant être démontrées: ainsi, la suspension de la décision administrative et de ses effets n'est possible que lorsque l'urgence le justifie, et qu'il est fait état d'un moyen propre à créer un doute sérieux quant à la légalité de la décision. À cet égard, le Conseil d'État a précisé que dans le cas où est demandée la suspension de l'une des décisions prévues à l'article L. 1233-57-1 validant un accord collectif ou homologuant un document de l'employeur relatifs à un plan de sauvegarde de l'emploi, la condition d'urgence ne doit pas, par principe, être regardée comme remplie mais doit être appréciée objectivement compte tenu de l'ensemble des circonstances de l'espèce (CE 21 février 2014, n° 374409, LSQ n° 16540 du 28.02.2014; RJS 5/14 n° 389; RDT, mai 2014, CH, 353, C. Mayeur Carpentier).

• **Point de départ du délai de recours des salariés contre une décision implicite d'homologation du PSE.** Il résulte de cet article et de l'article L. 1233-57-4 que le délai de recours contre une décision implicite d'homologation d'un PSE ne court, à l'égard des salariés de l'entreprise, qu'à compter du jour où, postérieurement à la naissance de cette décision implicite, ils ont été destinataires de la demande d'homologation présentée par l'employeur et de son accusé de réception par l'administration, soit par affichage de ces documents sur leurs lieux de travail, soit par tout autre moyen permettant de donner à cette information une date certaine (CE 7 février

2018, n° 399838, LSQ n° 17510 du 14.02.2018; LS Jurispr. n° 35 du 20.02.2018; JCP éd. S 2018, 1086, note S. Poncet et F. Renaud).

• **Intérêt pour agir en contestation de la décision validant ou homologuant un PSE.** Les dispositions de cet article, qui prévoient que le recours contre la décision de validation ou d'homologation d'un plan de sauvegarde de l'emploi est porté à la connaissance des salariés de l'entreprise par voie d'affichage ou équivalent, n'ont ni pour objet ni pour effet de dispenser un salarié qui introduit un tel recours de justifier d'un intérêt suffisant pour demander l'annulation de la décision qu'il attaque (CE 22 juillet 2015, n° 385668, Rec. Lebon, p. 268; LSQ n° 16880 du 24.07.2015; RJS 10/15 n° 631).

Les comités d'hygiène, de sécurité et des conditions de travail, pour lesquels l'article L. 1233-57-4 CT, dans sa rédaction antérieure à l'ordonnance 2017-1386 du 22 septembre 2017, ne prévoyait pas que soient portées à leur connaissance les décisions de validation ou d'homologation du PSE, n'ont pas qualité pour agir contre ces décisions (CE 21 octobre 2015, n° 386123, LSQ n° 16946 du 30.10.2015; RJS 1/16 n° 20; JCP éd. S 2016, 1025, note J. Martinez et J-J Giudicelli).

Les syndicats présents dans une entreprise ont qualité pour agir contre une décision validant ou homologuant un PSE dans leur entreprise et leurs recours doivent être présentés dans un délai de deux mois à compter, soit de la notification de la décision lorsque celle-ci doit leur être notifiée sur le fondement des dispositions de l'article L. 1233-57-4, soit de l'accomplissement des modalités d'information des salariés prévues par cet article (CE 22 juillet 2015, n° 383481, Rec. Lebon, p. 265; LSQ n° 16880 du 24.07.2015; RDT, septembre 2015, ET, 514, Fr. Géa et concl. G. Dumortier; RJS 10/15 n° 632; JSL n° 395, 12.10.2015, pp. 4 et s., M. Hautefort).

• **Litiges relatifs aux décisions prises dans le cadre de la procédure d'injonction.** Il résulte des articles L. 1233-57-5 et L. 1235-7-1 que toute demande tendant, avant la transmission de la demande d'homologation, à ce qu'il soit enjoint à l'employeur de fournir les éléments d'information relatifs à la procédure en cours ou de se conformer à une règle de procédure prévue par les textes législatifs est adressée à l'autorité administrative, et que les décisions prises à ce titre ainsi que la régularité de la procédure de licenciement collectif ne peuvent faire l'objet d'un litige distinct de celui relatif à la décision d'homologation relevant de la compétence, en premier ressort, du tribunal administratif, à l'exclusion de tout autre recours administratif ou contentieux; le juge judiciaire n'est donc pas compétent pour statuer sur la demande de l'expert-comptable du comité d'entreprise tendant à voir ordonner à la société de lui communiquer diverses pièces (cass. soc. 28 mars 2018, n° 15-21.372, BC V n° 46; LSQ n° 17550 du 12.04.2018; JSL n° 453 du 14.05.2018, pp. 12 et s., M. Hautefort; JCP éd. S 2018, 1164, note A. Bugada; RJS 6/18 n° 413; LS Jurispr. n° 125 du 10.07.2018; voir aussi CE 25 septembre 2019, n° 428510, LSQ n° 17915 du 10.10.2019; JSL n° 485, 12.11.2019, pp. 9 et s., M. Hautefort; RJS 12/19 n° 693; JCP éd. S 2019, 1347, note V. Piccoli; RDT, décembre 2019, CH, 785, Fr. Géa), ni sur les demandes du comité d'entreprise et d'un syndicat tendant à ce qu'il soit enjoint à la société de suspendre sous astreinte la fermeture de magasins et toute mise en œuvre du projet de restructuration avant l'achèvement de la consultation des instances représentatives du personnel relative au projet de restructuration et au projet de licenciement collectif pour motif économique donnant lieu à l'établissement d'un plan de sauvegarde de l'emploi (cass. soc. 30 septembre 2020, n° 19-13.714, à paraître, LSQ n° 18159 du 12.10.2020; JSL n° 508, 23.11.2020, pp. 10 et s., M. Hautefort; JCP éd. S 2020, 3080, note A. Bugada; RJS 12/20 n° 588). Et le juge administratif ne peut que rejeter une telle demande présentée devant lui en l'absence de tout litige relatif à une décision de validation ou d'homologation, non encore intervenue, celle-ci étant irrecevable (CE 25 septembre 2019, n° 428510, précité).

• **Litiges relatifs au respect par l'employeur des obligations conventionnelles s'imposant à lui au stade de l'élaboration du PSE.** Voir note sous article L. 1233-57-3, «Contrôle des mesures prévues par le plan de sauvegarde de l'emploi».

• **Litiges relatifs aux critères d'ordre des licenciements.** Lorsque les critères d'ordre des licenciements fixés dans un plan de sauvegarde de l'emploi figurent dans un document unilatéral élaboré par l'employeur sur le fondement de l'article L. 1233-24-4, il appartient à l'autorité administrative, saisie de la demande d'homologation de ce document, de vérifier la conformité de ces critères et de leurs règles de pondération aux dispositions législatives et conventionnelles applicables. Dès lors, si le contentieux individuel portant sur la mise en œuvre, à l'égard d'un salarié, des critères d'ordre des licenciements fixés dans un tel plan de sauvegarde de l'emploi relève de la compétence du juge judiciaire (instruction DGEFP/DGT 2013/13 du 19 juillet 2013, fiche 3, IV), il n'est pas compétent pour statuer sur une demande qui, sous le couvert d'une demande tendant à obtenir des dommages-intérêts pour violation des critères d'ordre des licenciements, tend à contester la conformité aux dispositions législatives de ces critères et de leurs règles de pondération, tels que fixés dans le plan de sauvegarde de l'emploi, dont le contrôle relève de la seule compétence de la juridiction administrative (cass. soc. 25 mars 2020, n° 17-24.491, LS Jurispr. n° 75 du 21.04.2020; RJS 6/20 n° 287).

• **Litiges relatifs au respect de l'obligation individuelle de reclassement.** La Cour de cassation précise qu'il résulte de l'article L. 1235-7-1 que si le juge judiciaire demeure compétent pour apprécier le respect par l'employeur de l'obligation individuelle de reclassement, cette appréciation ne peut méconnaître l'autorité de la chose décidée par l'autorité administrative ayant homologué le document élaboré par l'employeur par lequel a été fixé le contenu du plan de reclassement intégré au plan de sauvegarde de l'emploi; une cour d'appel ne peut donc pas, sans violer le principe de la séparation des pouvoirs, se fonder sur une insuffisance du plan de sauvegarde de l'emploi, alors que le contrôle du contenu de ce plan relève de la compétence exclusive de la juridiction administrative, pour juger établie l'absence de recherche individualisée, sérieuse et loyale de reclassement (cass. soc. 21 novembre 2018, n° 17-16.766, à paraître, LSQ n° 17699 du 23.11.2018; JCP éd. S 2018, 1418, note A. Bugada; JSL n° 467, 09.01.2019, pp. 13 et s., H. Nasom-Tissandier; Dr. Soc. 2019, pp. 353 et s., étude M. Galy; RDT, avril 2019, CH, 252, Fr. Géa).

• **Litiges relatifs au respect de l'obligation de rechercher un repreneur.** Le respect du principe de la séparation des pouvoirs s'oppose également à ce que le juge judiciaire se prononce sur le respect par l'employeur de son obligation de recherche d'un repreneur. Il résulte en effet de l'article L. 1233-57-3 CT, dans sa rédaction issue de la loi 2014-856 du 31 juillet 2014, qu'en l'absence d'accord collectif ou en cas d'accord ne portant pas sur l'ensemble des points mentionnés aux 1° à 5° de l'article L. 1233-24-2, l'autorité administrative homologue le document élaboré par l'employeur mentionné à l'article L. 1233-24-4, après avoir notamment vérifié le respect, le cas échéant, des obligations prévues aux articles L. 1233-57-9 à L. 1233-57-16, L. 1233-57-19 et L. 1233-57-20, relatives à la recherche d'un repreneur en cas de projet de fermeture d'un établissement; l'appréciation du respect de ces obligations relève donc de la seule compétence de la juridiction administrative (cass. soc. 16 janvier 2019, n° 17-20.969, à paraître, LSQ n° 17744 du 30.01.2019; JCP éd. S 2019, 1052, note Th. Meiers; JSL n° 471, 11.03.2019, pp. 14 et s., M. Hautefort; RJS 4/19, p. 259, avis A. Berriat et n° 215; RDT, avril 2019, CH, 252, Fr. Géa).

• **Contrôle du respect des dispositions relatives au transfert des contrats de travail.** Le juge judiciaire demeure compétent pour connaître de l'action exercée par des salariés licenciés dans le cadre d'un plan de sauvegarde de l'emploi aux fins de voir constater une violation des dispositions de l'article L. 1224-1 CT, de nature à priver d'effet les licenciements économiques prononcés à l'occasion du transfert d'une entité économique autonome, et de demander au repreneur la poursuite des contrats de travail illégalement rompus ou à l'auteur des licenciements illégaux la réparation du préjudice en résultant (cass. soc. 10 juin 2020, n° 18-26.229, à paraître, LS Jurispr. n° 118 du 30.06.2020 et n° 152 du 25.08.2020, avis S. Laulom; JSL n° 502, 24.07.2020, p. 10, H. Nasom-Tissandier; JCP éd. S 2020, 2094, note A. Bugada; RDT, septembre 2020, CH, 541, M. Kocher: en l'espèce, estimant que leurs contrats de travail auraient dû être transférés au repreneur de l'entité économique autonome, les salariés avaient saisi le conseil de prud'hommes de demandes en paiement de dommages-intérêts fondées sur la fraude aux dispositions de l'article L. 1224-1 CT ayant conduit à leur licenciement économique dans le cadre du plan de sauvegarde de l'emploi).

• **Contrôle des risques psychosociaux.** Le juge judiciaire reste compétent pour statuer sur des demandes tendant au contrôle des risques psychosociaux consécutifs à la mise en œuvre d'un projet de restructuration ayant donné lieu à l'élaboration d'un plan de sauvegarde de l'emploi validé ou homologué par l'administration (en l'espèce, une demande du CHSCT tendant à la suspension de la mise en œuvre d'un tel projet fondée sur le défaut de prise en compte par l'employeur des risques psychosociaux induits par ce projet) (cass. soc. 14 novembre 2019, n° 18-13.887, à paraître, LSQ n° 17942 du 20.11.2019; JCP éd. S 2019, 1355, note P. Morvan; JSL n° 489, 09.01.2020, p. 4, A. Bonnet; RJS 1/20 n° 17).

Le Tribunal des conflits précise en effet que, dans le cadre d'une réorganisation donnant lieu à l'élaboration d'un plan de sauvegarde de l'emploi, il appartient à l'autorité administrative, à l'occasion de sa décision de validation ou d'homologation, de vérifier le respect, par l'employeur, de ses obligations en matière de prévention des risques pour assurer la sécurité et protéger la santé physique et mentale des travailleurs dans le cadre de la procédure d'élaboration de ce plan, en contrôlant, à cette fin, tant la régularité de l'information et de la consultation des institutions représentatives du personnel que les mesures auxquelles l'employeur est tenu en application de l'article L. 4121-1 CT au titre des modalités d'application de l'opération projetée, et que le litige portant sur l'insuffisance des mesures d'évaluation et de prévention des risques dans le cadre d'un tel projet relève donc de la compétence du juge administratif; le juge judiciaire est, pour sa part, compétent pour assurer le respect par l'employeur de son obligation de sécurité lorsque la situation à l'origine du litige, soit est sans rapport avec le projet de licenciement collectif et l'opération de réorganisation et de réduction des effectifs en cours, soit est liée à la mise en œuvre de l'accord ou du document ou de l'opération de réorganisation (Trib. confl. 8 juin 2020, n° C4189, LSQ n° 18083 du 18.06.2020; SSL 2020 n° 1913, p. 9, A. Stocki et Y. Tarasewicz, et n° 1915, p. 4, concl. N. Polge; RJS 8-9/20 n° 415; JCP éd. S 2020, 2087, note A. Bugada; voir aussi S. Brotons, «Le PSE, le juge et le risque psychosocial», SSL 2020 n° 1921, p. 12).

• Voir aussi F. Favennec-Héry et L. Marquet de Vasselot, «Les articulations des contentieux», JCP éd. S 2019, 1163 (2, B); H. Nasom-Tissandier, «Le PSE entre juge administratif et juge judiciaire - Une articulation des compétences entre dialogue et autonomie», RJS 3/20, p. 177; Cour de cassation, Lettre de la chambre sociale, numéro spécial «Les compétences respectives du juge administratif et du juge judiciaire en cas de licenciement économique collectif», octobre 2020.

Sous-section 2. **Actions en justice des organisations syndicales**

Art. L. 1235-8. Les organisations syndicales de salariés représentatives peuvent exercer en justice toutes les actions résultant des dispositions légales ou conventionnelles régissant le licenciement pour motif économique d'un salarié, sans avoir à justifier d'un mandat de l'intéressé.

Le salarié en est averti, dans des conditions prévues par voie réglementaire, et ne doit pas s'y être opposé dans un délai de quinze jours à compter de la date à laquelle l'organisation syndicale lui a notifié son intention.

À l'issue de ce délai, l'organisation syndicale avertit l'employeur de son intention d'agir en justice.

Le salarié peut toujours intervenir à l'instance engagée par le syndicat.

Note Voir note sous art. L. 2132-3 CT.

Art. D. 1235-18. Lorsqu'une organisation syndicale a l'intention d'exercer une action en justice en faveur d'un salarié, en application de l'article L. 1235-8, elle l'en avertit par lettre recommandée avec avis de réception.

Si le salarié ne s'y est pas opposé, l'organisation syndicale avertit l'employeur dans les mêmes formes de son intention d'agir en justice.

Art. D. 1235-19. La lettre recommandée avec avis de réception adressée au salarié indique la nature et l'objet de l'action envisagée par l'organisation syndicale représentative.

Elle mentionne en outre :

1° Que l'action est conduite par l'organisation syndicale qui pourra exercer elle-même les voies de recours contre le jugement ;

2° Que le salarié peut, à tout moment, intervenir dans l'instance engagée par l'organisation syndicale ou mettre un terme à cette action ;

3° Que le salarié peut faire connaître à l'organisation syndicale son opposition à l'action envisagée dans un délai de quinze jours à compter de la date de réception.

Art. D. 1235-20. Passé le délai prévu au 3° de l'article D. 1235-19, l'acceptation tacite du salarié est réputée acquise.

Sous-section 3. **Éléments à communiquer au juge**

Art. L. 1235-9. En cas de recours portant sur un licenciement pour motif économique, l'employeur communique au juge tous les éléments fournis aux représentants du personnel en application du chapitre III ou, à défaut de représentants du personnel dans l'entreprise, tous les éléments fournis à l'autorité administrative en application de ce même chapitre.

Un décret en Conseil d'État détermine les modalités d'application du présent article.

Sous-section 4. **Sanction des irrégularités**

Art. L. 1235-10. ***(L. 2013-504 du 14 juin 2013, art. 18, XXVI, JO 16)*** «Dans les entreprises d'au moins cinquante salariés, lorsque le projet de licenciement concerne au moins dix salariés dans une même période de trente jours, le licenciement intervenu en l'absence de toute décision relative à la validation ou à l'homologation ou alors qu'une décision négative a été rendue est nul.

En cas d'annulation d'une décision de validation mentionnée à l'article L. 1233-57-2 ou d'homologation mentionnée à l'article L. 1233-57-3 en raison d'une absence ou d'une insuffisance de plan de sauvegarde de l'emploi mentionné à l'article L. 1233-61, la procédure de licenciement est nulle.

Les deux premiers alinéas ne sont pas applicables aux» entreprises en redressement ou liquidation judiciaires.

Note • Voir également notes sous les articles L. 1233-61, L. 1233-57-2 et L. 1233-57-3.

• **Recours contre une décision d'homologation ou de validation d'un plan de sauvegarde de l'emploi invoquant plusieurs motifs d'annulation. Office du juge.** Le législateur a attaché à l'annulation pour excès de pouvoir d'une décision d'homologation ou de validation d'un plan de sauvegarde de l'emploi, des effets qui diffèrent selon le motif pour lequel cette annulation est prononcée. Ainsi, aux termes de cet article, lorsque l'annulation est motivée par l'insuffisance du plan, la procédure de licenciement est nulle, et le juge peut ordonner soit la poursuite du contrat de travail soit la réintégration des salariés ou, si cette réintégration est impossible ou n'a pas été demandée, octroyer une indemnité d'au moins 12 mois de salaire. Si, au contraire, l'annulation repose sur un autre motif (essentiellement irrégularités dans la procédure d'information et de consultation du comité d'entreprise), la réintégration n'est possible qu'avec l'accord de l'employeur. À défaut de réintégration, le salarié a droit à une indemnité d'au moins 6 mois de salaire (voir ci-après art. L. 1235-16).

Tenant, compte de cette différence dans le régime des sanctions, le Conseil d'État a décidé que lorsque le juge administratif est saisi d'une requête dirigée contre une décision d'homologation ou de validation d'un plan de sauvegarde de l'emploi d'une entreprise qui n'est pas en redressement ou en liquidation judiciaire, il doit, si cette requête soulève plusieurs moyens, toujours se prononcer, s'il est soulevé devant lui, sur le moyen tiré de l'absence ou de l'insuffisance du plan, même lorsqu'un autre moyen est de nature à fonder l'annulation de la décision administrative; pour les mêmes raisons, il appartient au juge de cassation, saisi d'un pourvoi dirigé contre une décision juridictionnelle ayant prononcé l'annulation d'une décision d'homologation en raison de l'insuffisance du plan de sauvegarde de l'emploi, de se prononcer prioritairement – sous réserve du cas où la décision qui lui est déférée serait entachée d'irrégularité – sur le bien-fondé de ce motif et, si celui-ci doit être censuré, d'annuler la décision juridictionnelle attaquée, alors même qu'elle serait également fondée sur d'autres motifs susceptibles d'en justifier le dispositif (CE 15 mars 2017, n° 387728, Rec. Lebon, p. 92; LSQ n° 17303 du 7.04.2017; JCP éd. S 2017, 1173, note P. Morvan; JSL n° 431, 16.05.2017, pp. 9 et s., M. Hautefort).

• **Conséquences de l'annulation de la décision de validation ou d'homologation du plan de sauvegarde de l'emploi sur la validité de l'autorisation de licenciement d'un salarié protégé inclus dans la procédure.** Lorsque le licenciement pour motif économique d'un salarié protégé est inclus dans un licenciement collectif qui requiert l'élaboration d'un plan de sauvegarde de l'emploi, l'annulation, pour excès de pouvoir, de la décision de validation ou d'homologation du PSE entraîne, par voie de conséquence, l'illégalité de l'autorisation de licenciement accordée, à la suite de cette validation ou de cette homologation, pour l'opération concernée (CE 19 juillet 2017, n° 391849, Rec. Lebon, p. 250; LSQ n° 17376 du 28.07.2017; RJS 10/17 n° 686).

• Sur le contrôle du juge administratif saisi d'une requête dirigée contre une décision d'homologation ou de validation d'un plan de sauvegarde de l'emploi lorsque l'entreprise est en redressement ou en liquidation judiciaire, voir article L. 1233-58 et note sous cet article.

• ***Jurisprudence rendue dans le cadre législatif antérieur à la loi du 14 juin 2013***

La procédure de licenciement est nulle et de nul effet tant qu'un plan visant au reclassement des salariés s'intégrant au plan social n'est pas présenté par l'employeur aux représentants du personnel; il en résulte que la nullité qui affecte le plan social s'étend à tous les actes subséquents et en particulier aux licenciements prononcés par l'employeur (cass. soc. 13 février 1997, n° 96-41.874, BC V n° 64; Dr. Soc. 1997, p. 249, note G. Couturier; 3 juillet 2003, n° 01-44.522, BC V n° 214). De même, il résulte de l'article L. 1235-10 CT que la nullité qui affecte un plan de départs volontaires ne répondant pas aux exigences légales s'étend à tous les actes subséquents, et en particulier à la convention de rupture du contrat de travail consécutive à un départ volontaire, lorsqu'il a une cause économique et s'inscrit dans un processus de réduction des effectifs, exclusif de tout licenciement, donnant lieu à l'établissement de ce plan, peu important que les salariés n'aient pas été parties ou représentés à l'action en nullité du plan (cass. soc. 17 octobre 2018, n° 17-16.869, à paraître, LS Jurispr. n° 200 du 06.11.2018; JSL n° 465-466, 28.12.2018, p. 23, M. Hautefort; RJS 1/19 n° 17; JCP éd. S 2019, 1028, note Fr. Favennec-Héry).

Mais les dispositions de l'article L. 1235-10 ne permettent pas d'annuler la procédure de licenciement en raison de l'absence de cause économique de licenciement, seule l'absence ou l'insuffisance du plan de sauvegarde de l'emploi pouvant entraîner la nullité de la procédure de licenciement pour motif économique (cass. soc. 3 mai 2012, n° 11-20.741, BC V n° 129; RJS 6/12 n° 536 et p. 427, chron. J. Pélissier; Dr. Soc. 2012, p. 600, analyse G. Couturier et p. 606, analyse E. Dockès).

L'irrégularité de la procédure consultative permet seulement d'obtenir la suspension de la procédure de licenciement; la nullité de la procédure de licenciement économique ne peut être encourue lorsque la suspension n'a pas été demandée avant son achèvement par la notification des licenciements ou, à défaut, la réparation du préjudice subi à ce titre, dans les termes de l'article L. 1235-12 (cass. soc. 11 janvier 2007, n° 05-10.350, BC V n° 5; RJS 3/07 n° 323).

3e alinéa. Ces dispositions, qui excluent la nullité de la procédure de licenciement en cas d'absence ou d'insuffisance du plan de sauvegarde de l'emploi lorsque l'entreprise est en redressement ou en liquidation judiciaire, ont été jugées conformes à la Constitution compte tenu de la situation économique particulière des entreprises en cessation des paiements; le régime du licenciement sans cause réelle et sérieuse qui s'y applique ne porte donc pas atteinte au principe d'égalité devant la loi (C. constit. 28 mars 2013, 2013-299 QPC, JO 30). Pour une application, voir précédemment cass. soc. 2 février 2006, n° 05-40.037, BC V n° 58; RJS 4/06 n° 412, 1re espèce, comm. Ch. et J-Y Frouin, p. 251.

Art. L. 1235-11. Lorsque le juge constate que le licenciement est intervenu alors que la procédure de licenciement est nulle, conformément aux dispositions ***(L. 2013-504 du 14 juin 2013, art. 18, XXVII, JO 16)*** «des deux premiers alinéas» de l'article L. 1235-10, il peut ordonner la poursuite du contrat de travail ou prononcer la nullité du licenciement et ordonner la réintégration du salarié à la demande de ce dernier, sauf si cette réintégration est devenue impossible, notamment du fait de la fermeture de l'établissement ou du site ou de l'absence d'emploi disponible.

Lorsque le salarié ne demande pas la poursuite de son contrat de travail ou lorsque la réintégration est impossible, le juge octroie au salarié une indemnité à la charge de l'employeur qui ne peut être inférieure aux salaires des ***(Ord. 2017-1387 du 22 sept. 2017, art. 2, 6°, JO 23)*** «six» derniers mois.

Note • Par décision 2018-729 QPC du 7 septembre 2018 (JO 8), le Conseil constitutionnel a jugé les mots «alors que la procédure de licenciement est nulle, conformément aux dispositions des deux premiers alinéas de l'article L. 1235-10» et le second alinéa de cet article conformes à la Constitution (voir aussi LSQ n° 17648 du 11.09.2018; JSL n° 462, 31.10.2018, p. 4, H. Nasom-Tissandier).

• Les dispositions de cet article, dans sa rédaction issue de l'ordonnance 2017-1387 précitée, sont applicables aux licenciements prononcés après le 23 septembre 2017 (ordonnance précitée, art. 40, I).

• Dans le délai de prescription (cass. soc. 28 mars 2000, n° 98-40.228, BC V n° 132; 7 avril 2004, n° 02-40.725, BC V n° 113; RJS 6/04 n° 673), les salariés licenciés pour motif économique ont un droit propre à faire valoir que leur licenciement est nul (cass. soc. 20 mars 2001, n° 99-41.041, BC V n° 99; RJS 5/01 n° 588; 2 mai 2001, n° 99-41.960, BC V n° 145; RJS 7/01 n° 854; 20 mars 2002, 2 arrêts, n°s 00-42.077 et 00-42.078; 28 novembre 2006, n° 04-48.798, BC V n° 355; RJS 2/07 n° 211: l'employeur ne peut opposer au salarié le fait qu'il lui a proposé des mesures individuelles de reclassement).

Les salariés protégés dont le licenciement a été autorisé par l'inspecteur du travail peuvent contester la validité du plan social devant la juridiction judiciaire et lui demander d'en tirer les conséquences légales (cass. soc. 25 juin 2003, n° 01-43.717, BC V n° 207; 22 juin 2004, n° 01-44.558, RJS 10/04 n° 1068; 10 mai 2012, n° 10-24.106).

L'absence ou l'insuffisance de plan social et de mesures de reclassement constitue un trouble manifestement illicite qui justifie l'intervention de la formation des référés du conseil de prud'hommes à la demande des salariés concernés pour voir ordonner la réintégration dans un emploi équivalent si la réintégration dans leur emploi est devenue matériellement impossible (cass. soc. 12 novembre 1996, n° 92-44.905, BC V n° 375; RJS 12/96 n° 1249; 13 février 1997, n° 96-41.874, cité sous l'article L. 1235-10). Si les salariés licenciés pour motif économique ont un droit propre à faire valoir que leur licenciement est nul au regard des dispositions de l'ancien article L. 321-4-1 CT, les salariés qui n'ont pas fait l'objet d'une mesure de licenciement économique sont sans intérêt à agir en nullité de la procédure de licenciement collectif pour motif économique en cours sur le fondement des mêmes dispositions (cass. soc. 15 janvier 2003, n° 00-45.644, BC V n° 8; RJS 3/03 n° 333). À défaut d'identité des parties, une décision rendue sur la demande du comité d'entreprise n'a pas d'autorité à l'égard de la demande formée par les salariés (cass. soc. 30 mars 1999, n° 97-41.013, BC V n° 144; RJS 5/99 n° 654). Sur les nullités sanctionnant l'insuffisance du plan de reclassement, G. Couturier, Dr. Soc. 2005, p. 847.

Le salarié dont le licenciement est nul et qui demande sa réintégration a droit au paiement d'une somme correspondant à la réparation de la totalité du préjudice subi au cours de la période qui s'est écoulée entre son licenciement et sa réintégration, dans la limite du montant des salaires dont il a été privé, déduction faite des revenus qu'il a pu tirer d'une autre activité professionnelle pendant la période correspondante et du revenu de remplacement qui a pu lui être servi pendant la même période (cass. soc. 3 juillet 2003, n° 01-44.522, BC V n° 214; RJS 10/03 n° 1141). Ce qui a été versé au-delà du préjudice ouvre droit à répétition (cass. soc. 12 février 2008, n° 07-40.413, BC V n° 34; RJS 4/08 n° 404).

Ayant constaté que la société avait cessé définitivement son activité et que ses actifs industriels avaient été vendus et ayant ainsi fait ressortir que l'entreprise avait disparu, la cour d'appel a pu en déduire que la réintégration, demandée dans les seuls emplois que les salariés occupaient dans cette entreprise avant leurs licenciements, était devenue matériellement impossible [cass. soc. 15 juin 2005, n° 03-48.094, BC V n° 202; RJS 8-9/05 n° 826; voir également G. Couturier, «L'impossibilité de réintégrer (sur l'art. 77, V de la loi de programmation pour la cohésion sociale)», Dr. Soc. 2005, p. 403].

L'obligation de réintégration ne s'étend pas au groupe auquel appartient l'employeur (cass. soc. 15 février 2006, n° 04-43.282, BC V n° 69; RJS 4/06 n° 416; Dr. Soc. 2006, p. 570, obs. M. Grévy; Dr. Ouvr. 2006, p. 351, obs. B. Lardy-Pélissier).

Le salarié dont le licenciement est nul et qui ne demande pas sa réintégration a droit, d'une part, aux indemnités de rupture, d'autre part, à une indemnité réparant intégralement le préjudice résultant du caractère illicite du licenciement, dont le montant est souverainement apprécié par les juges du fond, dès lors qu'il est au moins égal à celui prévu par l'ancien article L. 122-14-4 devenu L. 1235-11 CT (cass. soc. 6 mars 2001, n° 98-46.479, BC V n° 71; 10 février 2004, n° 02-40.182, BC V n° 45; RJS 4/04 n° 399; 24 janvier 2006, n° 04-41.341, RJS 4/06 n° 418). Lorsque la réintégration du salarié dont le licenciement est nul est matériellement impossible (en l'espèce, en raison de la liquidation de sa retraite ou d'actes de concurrence déloyale), le juge apprécie le préjudice ayant résulté du caractère illicite du licenciement en allouant une indemnité d'un montant au moins égal à celui prévu par l'article L. 1235-11 (cass. soc. 25 juin 2003, n°s 01-43.717, BC V n° 207 et 01-46.479, BC V n° 206). Pour déterminer le montant de cette indemnité, le juge doit «neutraliser» les périodes d'arrêts de travail pour maladie ayant donné lieu à un salaire réduit (cass. soc. 26 juin 2019, n° 18-17.120, à paraître, LS Jurispr. n° 124 du 09.07.2019; JSL n° 481, 16.09.2019, p. 23, M. H. ; RJS 10/19 n° 564; JCP éd. S 2019, 1256, note D. Chenu: il est précisé, dans le cadre législatif antérieur à l'ordonnance 2017-1387 du 22 septembre 2017, que les juges du fond doivent prendre en considération le salaire des douze derniers mois exempts d'arrêts de travail pour maladie).

L'indemnité prévue au 2e alinéa de cet article qui est allouée en cas de licenciement collectif sans décision de validation ou d'homologation du PSE au salarié qui ne demande pas la poursuite de son contrat de travail ou lorsque la réintégration est impossible répare intégralement le préjudice résultant du caractère illicite du licenciement; le salarié ne peut donc pas prétendre à des dommages et intérêts complémentaires en réparation du préjudice résultant de la privation des mesures du plan de sauvegarde de l'emploi (cass. soc. 14 septembre 2017, n° 16-11.563, BC V n° 138; LS Jurispr. n° 173 du 26.09.2017; RJS 11/17 n° 733; JSL n° 440, 26.10.2017, pp. 4 et s., M. Hautefort).

À noter que la nullité du plan de sauvegarde de l'emploi oblige les salariés à restituer les sommes perçues en exécution de ce plan, lesquelles viennent en déduction des dommages-intérêts qui leur sont alloués (cass. soc. 28 mars 2012, n° 11-30.034, BC V n° 111; RJS 6/12 n° 535).

Art. L. 1235-12. En cas de non-respect par l'employeur des procédures de consultation des représentants du personnel ou d'information de l'autorité administrative, le juge accorde au salarié compris dans un licenciement collectif pour motif économique une indemnité à la charge de l'employeur calculée en fonction du préjudice subi.

Note En posant le principe de la réparation intégrale du préjudice, la Cour de cassation a admis le cumul de l'indemnité pour inobservation de la procédure de licenciement avec l'indemnité accordée au titre de la nullité du licenciement (cass. soc. 23 janvier 2008, n° 06-42.919, BC V n° 20; RJS 4/08 n° 405).

L'irrégularité affectant la procédure de consultation des représentants du personnel concernant l'ajout au plan de sauvegarde de l'emploi d'une mesure de départ volontaire avec un dispositif de cessation anticipée d'activité n'affecte pas la validité de la rupture du contrat intervenue en application de ce dispositif et ouvre seulement droit à la réparation du préjudice subi à ce titre en application de l'article L. 1235-12 (cass. soc. 28 octobre 2015, n° 14-16.519, BC V n° 208; JSL n° 402, 25.01.2016, p. 27).

Art. L. 1235-13. En cas de non-respect de la priorité de réembauche prévue à l'article L. 1233-45, le juge accorde au salarié une indemnité qui ne peut être inférieure à ***(Ord. 2017-1387 du 22 sept. 2017, art. 2, 7°, JO 23)*** «un» mois de salaire.

Note • Les dispositions de cet article, dans sa rédaction issue de l'ordonnance 2017-1387 précitée, sont applicables aux licenciements prononcés après le 23 septembre 2017 (ordonnance précitée, art. 40, I).

• Le préjudice consécutif à un licenciement sans cause réelle et sérieuse est distinct de celui résultant du non-respect de la priorité de réembauche et les réparations sont cumulables (cass. soc. 5 octobre 1995, n° 94-40.093, RJS 3/96 n° 265; 13 mai 1997, n° 95-41.135, RJS 8-9/97 n° 965).

Le minimum d'indemnisation prévu par cet article ne s'applique qu'en cas de violation de la priorité de réembauche et non au seul cas de non-respect de la mention de la priorité de réembauche dans la lettre de licenciement ou dans le document écrit adressé ou remis au salarié au plus tard au moment de l'acceptation du contrat de sécurisation professionnelle (cass. soc. 22 septembre 2015, n° 14-16.218, BC V n° 171; LSQ n° 16927 du 5.10.2015; RJS 12/15 n° 800).

• Voir également notes sous articles L. 1233-16 et L. 1233-45.

Art. L. 1235-14. Ne sont pas applicables au licenciement d'un salarié de moins de deux ans d'ancienneté dans l'entreprise et au licenciement opéré par un employeur employant habituellement moins de onze salariés, les dispositions relatives à la sanction:

1° De la nullité du licenciement, prévues à l'article L. 1235-11;

2° (Supprimé);

3° Du non-respect de la priorité de réembauche, prévues à l'article L. 1235-13.

Le salarié peut prétendre, en cas de licenciement abusif, à une indemnité correspondant au préjudice subi.

Note • L'ordonnance 2017-1387 du 22 septembre 2017, art. 2, 8°, JO 23, a supprimé le 3e alinéa de cet article qui excluait les salariés ayant moins de 2 ans d'ancienneté et ceux dont le licenciement était prononcé par un employeur employant habituellement moins de onze salariés compris dans un licenciement collectif pour motif économique de la possibilité d'obtenir une indemnité en cas de non-respect de la procédure de consultation des représentants du personnel et d'information de l'autorité administrative; cette modification est applicable aux licenciements prononcés après le 23 septembre 2017 (ordonnance précitée, art. 40, I).

• Le 1° de cet article réserve aux salariés comptant deux ans d'ancienneté dans l'entreprise la possibilité d'obtenir leur réintégration ou à défaut une indemnité en cas de nullité du licenciement en l'absence de plan de reclassement. Cette disposition a été jugée conforme à la Constitution. Selon le Conseil constitutionnel, «en retenant un critère d'ancienneté dans l'entreprise, le législateur s'est fondé sur un critère objectif et rationnel en lien direct avec l'objet de la loi et en fixant à deux ans la durée de l'ancienneté exigée, il a opéré une conciliation entre le droit d'obtenir un emploi et la liberté d'entreprendre qui n'est pas manifestement déséquilibrée». Dès lors, il n'a méconnu ni le principe d'égalité devant la loi ni le cinquième alinéa du Préambule de 1946 (C. constit. 13 avril 2012, n° 2012-232 QPC, JO 14).

Art. L. 1235-15. Est irrégulière toute procédure de licenciement pour motif économique dans une entreprise où le ***(Ord. 2017-1386 du 22 sept. 2017, art. 4, 14°, JO 23, entrée en vigueur au plus tard le 01.01.2018)*** «comité social et économique n'a» pas été mis en place alors qu'elle est assujettie à cette obligation et qu'aucun procès-verbal de carence n'a été établi.

Le salarié a droit à une indemnité à la charge de l'employeur qui ne peut être inférieure à un mois de salaire brut, sans préjudice des indemnités de licenciement et de préavis.

Note • Les dispositions de cet article sont applicables uniquement aux licenciements collectifs visés aux articles L. 1233-8 et L. 1233-28 de ce code et non pas aux licenciements économiques prononcés à titre individuel (cass. soc. 19 mai 2016, n° 14-10.251, BC V n° 103; LSQ n° 17087 du 25.05.2016; JSL n° 413, 5.07.2016, p. 25; RJS 8-9/16 n° 558; JCP éd. S 2016, 1264, note A. Barège).

• L'irrégularité de la procédure de licenciement peut être prononcée lorsqu'aucune instance de représentation du personnel n'existait dans l'entreprise et que l'employeur n'avait pas établi de procès-verbal de carence. Mais, lorsque l'employeur a produit un procès-verbal de carence dont la validité n'a pas été contestée dans un délai de quinze jours à compter duquel les parties intéressées en avaient eu connaissance, la sanction prévue par cet article ne sera pas appliquée (cass. soc. 6 juin 2007, n° 06-42.444, BC V n° 94; Dr. Soc. 2007, p. 999, note P-Y Verkindt).

• La seule intervention du représentant des salariés dans la procédure de licenciement, en l'absence de comité d'entreprise ou de délégué du personnel [ou, depuis l'ordonnance 2017-1386 précitée, de CSE], ne couvre pas l'irrégularité de procédure du fait du défaut de mise en place de ces institutions sans qu'un procès-verbal de carence ait été établi (cass. soc. 23 septembre 2008, n° 06-45.528, BC V n° 170; RJS 12/08 n° 1178: en l'espèce, la procédure s'inscrivait dans le cadre d'un redressement judiciaire).

• Le salarié n'a pas à démontrer la réalité d'un préjudice pour bénéficier de l'indemnité prévue au 2e alinéa de cet article: il résulte de l'application combinée de l'article L. 1235-15 CT, de l'alinéa 8 du Préambule de la Constitution du 27 octobre 1946, de l'article 27 de la Charte des droits fondamentaux de l'Union européenne, de l'article [1]382, devenu 1240, c. civ. et de l'article 8, § 1 de la directive 2002/14/CE du 11 mars 2002 établissant un cadre général relatif à l'information et la consultation des travailleurs dans la Communauté européenne, que l'employeur qui met en œuvre une procédure de licenciement économique alors qu'il n'a pas accompli, bien qu'il y soit légalement tenu, les diligences nécessaires à la mise en place d'institutions représentatives du personnel et sans qu'un procès-verbal de carence ait été établi, commet une faute qui cause un préjudice aux salariés, privés ainsi d'une possibilité de représentation et de défense de leurs intérêts (cass. soc. 17 octobre 2018, n° 17-14.392, à paraître, LSQ n° 17686 du 06.11.2018; JCP éd. S 2018, 1394, note G. François; RJS 12/18 n° 730 et pp. 863 et s., avis R. Weissmann; RDT, décembre 2018, CH, 862, V. Ilieva; JSL n° 465-466, 28.12.2018, pp. 4 et s., M. Hautefort).

Art. L. 1235-16. ***(L. 2013-504 du 14 juin 2013, art. 18, XXVIII, JO 16)*** L'annulation de la décision de validation mentionnée à l'article L. 1233-57-2 ou d'homologation mentionnée à l'article L. 1233-57-3 pour un motif autre que celui mentionné ***(L. 2015-990 du 6 août 2015, art. 292, JO 7)*** «au dernier alinéa du présent article et» au deuxième alinéa de l'article L. 1235-10 donne lieu, sous réserve de l'accord des parties, à la réintégration du salarié dans l'entreprise, avec maintien de ses avantages acquis.

À défaut, le salarié a droit à une indemnité à la charge de l'employeur, qui ne peut être inférieure aux salaires des six derniers mois. Elle est due sans préjudice de l'indemnité de licenciement prévue à l'article L. 1234-9.

(L. 2015-990 du 6 août 2015, art. 292, JO 7) «En cas d'annulation d'une décision de validation mentionnée à l'article L. 1233-57-2 ou d'homologation mentionnée à l'article L. 1233-57-3 en raison d'une insuffisance de motivation, l'autorité administrative prend une nouvelle décision suffisamment motivée dans un délai de quinze jours à compter de la notification du jugement à l'administration. Cette décision est portée par l'employeur à la connaissance des salariés licenciés à la suite de la première décision de validation ou d'homologation, par tout moyen permettant de conférer une date certaine à cette information.

Dès lors que l'autorité administrative a édicté cette nouvelle décision, l'annulation pour le seul motif d'insuffisance de motivation de la première décision de l'autorité administrative est sans incidence sur la validité du licenciement et ne donne lieu ni à réintégration, ni au versement d'une indemnité à la charge de l'employeur.»

Note Les dispositions de cet article, dans sa rédaction issue de la loi 2015-990 précitée, sont applicables aux procédures de licenciement pour motif économique engagées, en application des articles L. 1233-8 ou L. 1233-30, après le 7 août 2015 (loi précitée, art. 295).

Art. L. 1235-17. Un décret en Conseil d'État détermine les modalités d'application des articles L. 1235-11 à L. 1235-14.

CHAPITRE VI Rupture de certains types de contrats

SECTION 2. Contrat de mission à l'exportation

Art. L. 1236-7. La rupture à l'initiative de l'employeur du contrat de mission à l'exportation prévu à l'article L. 1223-5 est soumise aux dispositions du chapitre II relatives au licenciement pour motif personnel.

SECTION 3. Contrat de chantier ou d'opération

Note • Cette section est issue de l'ordonnance 2017-1387 du 22 septembre 2017, art. 31, JO 23; les dispositions de cette section sont applicables aux contrats de travail conclus après le 23 septembre 2017 (ordonnance précitée, art. 40, VIII).

• Voir RF 19 octobre 2017, FH 3712, 4-31 et s.; C. Dechristé, «Le contrat de chantier ou d'opération: le grand retour», RDT, octobre 2017, CH, 633; F. Bousez, «CDD à durée indéterminable ? et CDI d'opération à durée limitée ?», JCP éd. S 2017, 1316; L. Gamet et L. Aluome, «Le contrat de travail de chantier ou d'opération», JCP éd. S 2017, 1355.

• Voir aussi le «Questions - Réponses» sur la négociation collective, publié sur le site internet du ministère du Travail le 15 juillet 2020 (question 48).

Art. L. 1236-8. La rupture du contrat de chantier ou d'opération qui intervient à la fin du chantier ou une fois l'opération réalisée repose sur une cause réelle et sérieuse.

Cette rupture est soumise aux dispositions des articles L. 1232-2 à L. 1232-6, du chapitre IV, de la section 1 du chapitre V et du chapitre VIII du présent titre.

Note *Jurisprudence rendue dans le cadre des dispositions antérieures à l'ordonnance 2017-1387 du 22 septembre 2017*

• La validité du licenciement prononcé en raison de la survenance de la fin d'un chantier est subordonnée à l'existence, dans le contrat de travail ou la lettre d'embauche, d'une clause précisant que le contrat est conclu pour un ou plusieurs chantiers déterminés et à l'achèvement des tâches pour lesquelles le salarié a été embauché (cass. soc. 2 juin 2004, n° 01-46.891, BC V n° 149; 25 mai 2011, n° 10-10.852).

• Dès lors que les dispositions conventionnelles applicables ne mettent à la charge de l'employeur qu'une obligation de recherche de réemploi en interne et non dans les entreprises du groupe dont il dépend, et que l'employeur ne dispose d'aucun poste de réemploi à proposer au salarié dans l'entreprise, l'achèvement des tâches pour lesquelles le salarié a été engagé constitue une cause réelle et sérieuse de licenciement (cass. soc. 11 avril 2018, n° 17-10.899, BC V n° 67).

• Lorsque des dispositions conventionnelles prévoient l'information et la consultation des représentants du personnel préalablement au licenciement pour fin de chantier, ces mesures constituent pour le salarié une garantie de fond dont le non-respect prive le licenciement de cause réelle et sérieuse (cass. soc. 13 juin 2012, n° 11-13.955).

Art. L. 1236-9

• L'achèvement d'un chantier constitue une cause de licenciement si le contrat a été conclu pour la durée d'un chantier et ce, même si la durée estimée mentionnée dans le contrat de travail de celui-ci a été dépassée (cass. soc. 15 novembre 2006, n° 04-48.672, BC V n° 342). Peu importe également que la durée d'engagement ait été inférieure à la durée d'exécution du chantier et que les tâches d'autres salariés employés dans d'autres secteurs se soient poursuivies ultérieurement (cass. soc. 16 décembre 2008, n° 07-43.395, RJS 2/09 n° 155).

• Nonobstant l'arrêt de travail pour maladie du salarié, l'achèvement du chantier constitue une cause de licenciement si le contrat a été conclu pour la durée du chantier et il incombe au juge de rechercher si les tâches pour lesquelles le salarié a été embauché étaient terminées (cass. soc. 12 février 2002, n° 99-41.239, BC V n° 64; RJS 4/02 n° 411; 2 juin 2004, n° 01-46.891, précité; 16 novembre 2005, n° 04-44.743, RJS 2/06 n° 184).

• Mais la résiliation de la mission confiée à l'employeur par son client (en l'espèce, une mission d'assistance technique) ne saurait constituer la fin de chantier permettant de justifier la rupture du contrat de travail du salarié (cass. soc. 9 mai 2019, n° 17-27.493, à paraître, LS Jurispr. n° 98 du 28.05.2019; RDT, juin 2019, CH, 414, S. Tournaux; RJS 7/19 n° 424; JSL n° 479, 08.07.2019, p. 25, D. J.-P. ; JCP éd. S 2019, 1210, note Fr. Bousez; Dr. Soc. 2019, p. 663, obs. J. Mouly).

Art. L. 1236-9. ***(L. 2018-217 du 29 mars 2018, art. 11, I, 10°, JO 31)*** Si la convention ou l'accord mentionné à l'article L. 1223-8 le prévoit, le salarié licencié à l'issue d'un contrat de chantier ou d'opération peut bénéficier d'une priorité de réembauche en contrat à durée indéterminée dans le délai et selon les modalités fixés par la convention ou l'accord.

CHAPITRE VII Autres cas de rupture

Note Voir RF octobre 2020, Cahier juridique n° 1118, §§ 1420 à 1926; Guide RF, éd. 2019, «Ruptures conventionnelles, démission et prise d'acte».

SECTION 1. Rupture à l'initiative du salarié

Sous-section 1. Démission

Art. L. 1237-1. En cas de démission, l'existence et la durée du préavis sont fixées par la loi, ou par convention ou accord collectif de travail.

En l'absence de dispositions légales, de convention ou accord collectif de travail relatifs au préavis, son existence et sa durée résultent des usages pratiqués dans la localité et dans la profession.

Un décret en Conseil d'État détermine les modalités d'application du présent article.

Note • **Notion de démission.** La loi ne donne pas de définition précise de la démission.

La Cour de cassation décide que «la démission est un acte unilatéral par lequel le salarié manifeste de façon claire et non équivoque sa volonté de mettre fin au contrat de travail» (cass. soc. 9 mai 2007, n° 05-40.315, BC V n° 70; RJS 7/07 n° 823). Cette définition est incomplète dans la mesure où elle ne précise pas qu'il s'agit de la rupture d'un contrat de travail à durée indéterminée et qu'elle ne donne aucune indication sur les motifs de la décision du salarié. Le départ à la retraite et la prise d'acte de rupture du contrat par le salarié correspondent, aussi bien que la démission, à la définition retenue par la Cour de cassation. La différence entre ces actes tient au motif de la décision du salarié. Si le salarié décide unilatéralement de mettre fin au contrat pour faire liquider sa pension de retraite, cette décision est un départ à la retraite. Si la volonté de mettre fin au contrat résulte d'une mauvaise exécution du contrat par l'employeur de ses obligations contractuelles, le départ volontaire est une prise d'acte de rupture. Il n'y a démission que si la volonté de mettre fin au contrat résulte de convenances personnelles, que le salarié n'a d'ailleurs pas l'obligation de faire connaître à l'employeur.

L'initiative du salarié de rompre le contrat de travail ne peut être qualifiée de «démission» que si la volonté de rompre n'est pas équivoque (cass. soc. 7 février 1990, n° 87-45.340, BC V n° 48: non-reprise du travail après un arrêt maladie; 20 octobre 1982, n° 80-41.215, BC V n° 559: l'absence du salarié après l'expiration des congés payés n'est pas une démission; 2 juillet 1992, n° 89-42.628, RJS 8-9/92 n° 970: une salariée exprime par lettre qu'elle ne «retournera pas au magasin»; il n'y a pas démission; 2 février 1994, n° 90-42.879: le salarié qui part en congé malgré les refus de l'employeur ne peut pas être considéré comme démissionnaire, faute d'une volonté claire et non équivoque de mettre fin au contrat de travail; 30 novembre 1994, n° 93-42.770, RJS 1/95 n° 6: démission d'un salarié qui ne sait ni lire ni écrire; requalification en licenciement par les juges qui considèrent que la volonté du salarié est équivoque; 24 janvier 1996, n° 92-43.868, BC V n° 26; RJS 3/96 n° 255; 25 novembre 2020, n° 19-12.447,

LS Jurispr. n° 232 du 22.12.2020 : l'absence prolongée d'un salarié ne constitue pas de sa part une volonté non équivoque de démissionner; 10 juin 1997, n° 95-41.178, RJS 8-9/97 n° 955: le refus par un salarié de continuer ou de reprendre le travail ne caractérise pas une démission claire et non équivoque; 4 octobre 2000, n° 97-43.820, RJS 12/00 n° 1234 : absence d'un salarié fondée sur la croyance erronée qu'il bénéficiait d'un congé sabbatique; 26 septembre 2002, n° 00-45.684, RJS 12/02 n° 1369: lorsque la lettre de démission est rédigée par l'employeur et signée par le salarié qui se rétracte trois jours après la signature, il est jugé que le salarié n'a pas manifesté une volonté claire et non équivoque de démissionner; 24 avril 2013, n° 11-26.391, BC V n° 112; RJS 7/13 n° 515: ne manifestent pas une volonté non équivoque de démissionner les salariés qui, laissés dans l'incertitude sur le sort de leur contrat de travail, concluent un contrat de travail avec le nouveau prestataire du chantier où ils travaillent). Des faits de harcèlement datant de plus de six mois et auxquels l'employeur avait rapidement mis fin ne peuvent conférer un caractère équivoque à la démission d'un salarié présentée dans une lettre ne comportant aucune réserve (cass. soc. 19 novembre 2014, n° 13-17.729, BC V n° 267; RJS 2/15 n° 83). À noter également que les juges du fond ont pu déduire des termes employés par le salarié dans un courriel libellé en anglais, par lequel il avait exprimé son souhait de mettre fin à son contrat de travail, la volonté claire et non équivoque de ce dernier de démissionner (cass. soc. 1er juillet 2020, n° 18-24.011).

Enfin, la volonté du salarié doit être sérieuse pour que la rupture du contrat soit une démission; la décision de rompre prise dans un mouvement d'humeur n'est pas une démission (cass. soc. 7 avril 1999, n° 97-40.689); de même, la rétractation d'une démission écrite, le lendemain du jour où elle a été donnée, peut entraîner la requalification de la rupture en licenciement (cass. soc. 27 juin 1996, n° 94-45.400, RJS 10/96 n° 1023).

La démission du salarié doit avoir été librement consentie; à défaut, la rupture du contrat de travail est imputable à l'employeur et s'analyse en un licenciement sans cause réelle et sérieuse (cass. soc. 10 octobre 2018, n° 17-15.776, à propos d'un acte de démission établi à l'avance par l'employeur et signé par le salarié en raison de pressions exercées par l'employeur à son encontre, avant de revenir trois jours plus tard sur sa décision; voir aussi cass. soc. 23 janvier 2019, n° 17-26.794, LS Jurispr. n° 24 du 05.02.2019; JSL n° 471, 11.03.2019, pp. 23 et s., D. Julien-Paturle; RJS 4/19 n° 206, s'agissant d'un acte de démission rédigé par une salariée en même temps qu'un écrit de reconnaissance des faits qui lui étaient reprochés, en présence du directeur, dans un contexte de grande fatigue, après que ce dernier ait indiqué qu'il allait appeler les gendarmes et porter plainte, et après la signature duquel la salariée s'est rétractée).

Voir aussi LS Dossier pratique n° 116 du 27.06.2019, «À quelles conditions un salarié peut-il démissionner ?».

• **Requalification de la démission en prise d'acte.** Lorsqu'un salarié démissionne en raison de faits qu'il reproche à son employeur, cette rupture constitue une prise d'acte et produit les effets soit d'un licenciement sans cause réelle et sérieuse, si les faits invoqués la justifiaient, soit, dans le cas contraire, d'une démission (cass. soc. 25 juin 2003, n° 01-42.679, BC V n° 209; Dr. Soc. 2003, p. 824, note G. Couturier et J-E Ray; 15 mars 2006, n° 03-45.031, BC V n° 109; voir aussi cass. soc. 24 octobre 2018, n° 17-17.491: une cour d'appel a pu décider que les manquements graves de l'employeur au paiement des minima conventionnels invoqués par le salarié empêchaient la poursuite de la relation de travail, de sorte que sa démission devait s'analyser en une prise d'acte de la rupture du contrat de travail produisant les effets d'un licenciement sans cause réelle et sérieuse).

Un salarié qui a démissionné pour convenance personnelle peut obtenir la requalification de sa démission en prise d'acte de rupture lorsqu'il résulte de circonstances antérieures ou contemporaines de la démission que celle-ci était équivoque à la date à laquelle elle a été donnée (cass. soc. 4 juin 2009, n° 07-45.239, LS Jurispr. n° 168 du 17-18.08.2009; 9 mai 2007, 4 arrêts, nos 05-40.518, 05-41.324, 05-40.315, 05-42.301, BC V n° 70; RJS 7/07 n° 823; RDT, juillet/août 2007, CH, 452, G. Auzero). L'existence d'un litige avec l'employeur, antérieur ou contemporain de la démission, est de nature à donner à celle-ci un caractère équivoque (cass. soc. 4 avril 2012, n° 11-12.454, JSL n° 322, 24.05.2012, p. 29; 26 septembre 2012, n° 10-28.262; 24 octobre 2018, n° 17-17.491, précité; 12 novembre 2020, n° 19-12.664). Mais la possibilité d'obtenir une requalification est d'autant plus grande qu'elle est demandée dans un délai assez bref après la «démission» (cass. soc. 9 juillet 2008, n° 07-41.857, JCP éd. S 2008, 1584, note S. Brissy: refus de requalification demandée deux ans après la démission; 9 mai 2007, n° 05-40.518, précité: refus d'une requalification demandée plusieurs mois après la rupture). Le rôle ainsi attribué au délai entre la demande de requalification et la rupture est discutable (voir J. Pélissier, «La remise en cause des démissions», RJS 7/07, p. 593).

À noter que lorsqu'un salarié argue du caractère équivoque de sa démission, non à raison de l'existence d'un différend, antérieur ou concomitant à sa démission, qui permettrait de l'analyser en une prise d'acte de la rupture, mais au motif de la contrainte ayant vicié son consentement, le juge ne peut analyser cette démission en prise d'acte (cass. soc. 7 mars 2012, n° 09-73.050, BC V n° 88; RJS 5/12 n° 427; JCP éd. S 2012, 1225, note G. François; 17 mars 2010, n° 09-40.465, BC V n° 68; RJS 5/10 n° 405; voir aussi cass. soc. 10 octobre 2018, n° 17-15.776, précité : lorsque la démission du salarié n'a pas été librement consentie, la rupture du contrat de travail s'analyse en un licenciement sans cause réelle et sérieuse).

Sur la procédure prud'homale spécifique applicable, voir article L. 1451-1.

• **Existence et durée du préavis de démission.** La durée du préavis de démission est fixée par la convention collective ou, à défaut, par les usages.

En l'absence de convention collective applicable, il n'est pas possible d'appliquer par analogie une convention collective intéressant une branche d'activité voisine ou une catégorie professionnelle similaire pour imposer au salarié démissionnaire un préavis (cass. soc. 10 février 1993, n° 90-45.771).

Si le contrat de travail peut comporter des dispositions plus favorables que la convention collective et prévoir un délai-congé, en cas de démission du salarié, d'une durée inférieure à celle résultant de la convention collective (cass. soc. 19 juin 1996, n° 93-44.728, RJS 8-9/96 n° 920), il ne peut prévoir une durée plus longue (cass. soc. 4 juin 1987, n° 84-43.954, BC V n° 356), une telle clause étant réputée sans effet (cass. soc. 18 février 2015, n° 13-27.973, LS Jurispr. n° 45 du 10.03.2015). Ainsi, si un salarié démissionne en donnant un préavis plus long que le préavis conventionnel ou d'usage, l'employeur n'est pas tenu d'accepter l'exécution du contrat de travail jusqu'à la date de rupture fixée par le salarié (cass. soc. 1er juillet 2008, n° 07-40.109, BC V n° 143 ; RDT, oct. 2008, CH, 592, J. Pélissier).

• **Exécution du préavis de démission.** Le préavis de démission s'impose à l'employeur comme au salarié. L'employeur peut cependant dispenser le salarié d'exécuter le préavis en lui versant les salaires dus pour la période de délai-congé. Le salarié dispensé de l'exécution du préavis n'est plus tenu à une obligation de loyauté envers son employeur (cass. soc. 26 mars 1997, n° 94-44.035, Dr. Soc. 1997, p. 538).

Le salarié démissionnaire doit exécuter le préavis, même s'il bénéficie d'une nouvelle embauche (cass. soc. 28 février 1979, n° 78-40.233, BC V n° 188). Le salarié qui n'exécute pas son préavis doit à l'employeur une indemnité forfaitaire, égale à la rémunération qu'il aurait perçue s'il avait travaillé pendant la durée du délai-congé (cass. soc. 9 mai 1990, n° 88-40.044, BC V n° 209 ; 29 mars 1995, n° 91-44.584, RJS 5/95 n° 506) ; l'indemnité due par le salarié s'entend du salaire de base sans déduction des cotisations de sécurité sociale versées du chef du salarié (cass. soc. 18 décembre 1986, n° 83-44.747, BC V n° 625 ; 29 mars 1995, n° 91-44.584, précité) ; elle n'ouvre pas droit à des congés payés au profit de l'employeur (cass. soc. 22 novembre 2017, n° 16-12.524, BC V n° 201 ; LS Jurispr. n° 219 du 05.12.2017 ; RJS 3/18 n° 178) et n'est pas subordonnée à l'existence d'un préjudice (cass. soc. 23 mai 2013, n° 12-13.891, RJS 8-9/13 n° 603). Lorsque le contrat de travail stipule une clause de non-concurrence réservant à la société « le droit de libérer le salarié de l'interdiction de concurrence ou d'en réduire la durée en informant par écrit le salarié dans le délai maximal de 30 jours qui suivra la fin effective du travail (fin du préavis effectué ou début du préavis non effectué) », est valable la notification de la levée de la clause de non-concurrence faite en cours de préavis, alors même que le salarié démissionnaire a cessé d'exécuter ce préavis, dès lors qu'il n'en a pas été dispensé par l'employeur (cass. soc. 21 mars 2018, n° 16-21.021, BC V n° 42 ; LSQ n° 17541 du 29.03.2018 ; JSL n° 453 du 14.05.2018, p. 8, J-Ph. Lhernould ; JCP éd. S 2018, 1183, note M-N Rouspide-Katchadourian ; RJS 6/18 n° 407 ; RDT, juin 2018, CH, 447, C. Dupouey-Dehan).

Lorsque le salarié est victime d'un accident du travail pendant le préavis de démission, les articles L. 1226-8 et L. 1226-10 CT ne s'appliquent pas (cass. soc. 15 février 2006, n° 04-42.822, BC V n° 68 ; RJS 5/06 n° 556 : le préavis est suspendu pendant la durée de l'arrêt de travail, mais l'employeur n'a pas l'obligation, à défaut de reclassement, de licencier le salarié qui a, antérieurement à l'accident, donné sa démission de manière non équivoque).

• **Droit à une indemnité contractuelle.** La clause contractuelle prévoyant le versement d'une indemnité au salarié démissionnaire n'est pas illicite (cass. soc. 19 juillet 1995, n° 92-41.678, Dr. Soc. 1995, p. 933).

• **Prise d'acte de la rupture du contrat par le salarié.** La prise d'acte de la rupture du contrat par le salarié ne doit pas être confondue avec la démission. En prenant acte de la rupture, le salarié considère que celle-ci est imputable à l'employeur, auteur de faits qui, selon lui, rendent impossible la continuation du contrat. Le salarié cesse de fournir sa prestation de travail et demandera ensuite à l'employeur, ou au juge en cas de refus de l'employeur, de lui accorder les droits reconnus au salarié licencié.

La prise d'acte constitue un mode de rupture original qui n'est pas, après l'analyse du juge, requalifiée en démission ou en licenciement. Elle produit, en revanche, selon que les faits invoqués par le salarié justifiaient ou non la rupture, les effets d'un licenciement sans cause réelle et sérieuse ou ceux d'une démission (cass. soc. 25 juin 2003, n° 01-42.679, précité).

La prise d'acte de la rupture entraîne la cessation immédiate du contrat de travail (cass. soc. 28 septembre 2011, n° 09-67.510, BC V n° 199 ; RJS 12/11 n° 948 ; 31 octobre 2006, nos 04-46.280 et 04-48.234, BC V n° 321 ; 30 juin 2010, n° 09-41.456, BC V n° 155 ; RJS 10/10 n° 730). Il s'ensuit qu'elle ne peut pas être rétractée (cass. soc. 14 octobre 2009, n° 08-42.878, BC V n° 221 ; RDT, décembre 2009, CH, 712, J. Pélissier ; Fr. Géa, « La rétractation de la prise d'acte », SSL

2009 n° 1418, p. 7; voir aussi cass. soc. 21 novembre 2012, n° 10-26.611, LS Jurispr. n° 226 du 4.12.2012, précisant qu'un licenciement postérieur est non avenu et ne peut donc être déclaré sans cause réelle et sérieuse). Il s'ensuit également que le salarié qui prend acte de la rupture de son contrat ne peut obtenir le versement de la prime de vacances versée après son départ (cass. soc. 21 septembre 2017, n° 15-28.933, BC V n° 160; JCP éd. S 2017, 1349, 2e espèce, note L. Drai; RJS 1/18 n° 28, 1re espèce) et que l'employeur doit remettre au salarié un certificat de travail et une attestation Assédic [Pôle emploi] dès que l'auteur de la prise d'acte en fait la demande (cass. soc. 4 juin 2008, n° 06-45.757, BC V n° 122). Par ailleurs, le juge qui décide que les faits invoqués justifiaient la rupture doit accorder au salarié les dommages-intérêts, l'indemnité de préavis et les congés payés afférents ainsi que l'indemnité de licenciement auxquels il aurait eu droit en cas de licenciement sans cause réelle et sérieuse (cass. soc. 20 janvier 2010, n° 08-43.471, BC V n° 17, arrêt n° 1; RJS 4/10 n° 318, 1re espèce). Voir aussi *infra* «Prise d'acte et préavis».

Pour décider des effets de la prise d'acte par le salarié, le juge examine tous les manquements de l'employeur invoqués devant lui par le salarié, même si celui-ci ne les a pas mentionnés dans l'écrit de prise d'acte. Cet écrit, à la différence de la lettre de licenciement, ne fixe pas les limites du litige (cass. soc. 29 juin 2005, n° 03-42.804, BC V n° 223; Dr. Soc. 2005, p. 1058, obs. G. Couturier; 24 janvier 2007, n° 05-41.670; 28 novembre 2018, n° 17-19.719). Toutefois, le salarié ne peut invoquer devant le conseil de prud'hommes des faits dont il n'avait pas connaissance au jour de sa prise d'acte (cass. soc. 9 octobre 2013, n° 11-24.457, BC V n° 229; RJS 12/13 n° 791). Il appartient, en principe, au salarié d'établir l'existence des faits qu'il invoque pour justifier la prise d'acte. Il y a cependant un renversement de la charge de la preuve lorsque le salarié prend acte de la rupture au motif que l'employeur n'a pas adapté le poste de travail conformément aux recommandations du médecin du travail; il appartient à l'employeur de justifier qu'il a procédé à une telle adaptation (cass. soc. 14 octobre 2009, n° 08-42.878, précité; dans le même sens, cass. soc. 12 janvier 2011, n° 09-70.838, BC V n° 14; RJS 3/11 n° 231: «il appartient à l'employeur, qui considère injustifiée la prise d'acte de la rupture par un salarié qui, étant victime d'un accident du travail, invoque une inobservation des règles de prévention et de sécurité, de démontrer que la survenance de cet accident est étrangère à tout manquement à son obligation de sécurité de résultat»). Lorsqu'un salarié est victime de violences physiques ou morales de la part d'un autre salarié de l'entreprise, ce manquement de l'employeur à son obligation de sécurité de résultat justifie la prise d'acte de son contrat par le salarié aux torts de l'employeur, quand bien même ce dernier aurait pris des mesures pour faire cesser ces agissements (cass. soc. 3 février 2010, n° 08-40.144, BC V n° 30; RJS 4/10 n° 348, 1re espèce; 23 janvier 2013, n° 11-18.855, BC V n° 15; RJS 4/13 n° 291). De même, le fait pour un employeur de porter une atteinte physique ou morale à son salarié caractérise un manquement suffisamment grave pour justifier la prise d'acte de la rupture du contrat par le salarié (cass. soc. 8 juin 2011, n° 10-15.493, BC V n° 138; RJS 8-9/11 n° 665, 1re espèce), peu important que ces faits, relatifs à un différend professionnel, se soient déroulés en dehors du temps de travail (cass. soc. 23 janvier 2013, n° 11-20.356, BC V n° 16; LSQ n° 16273 du 29.01.2013; RJS 4/13 n° 267; JCP éd. S 2013, 1182, note D. Chenu). Dans l'hypothèse où un salarié prend acte de la rupture de son contrat de travail en raison du harcèlement dont il a été victime, la Cour de cassation décide que le seul fait pour l'employeur d'avoir mis fin à la situation de harcèlement ne suffit pas à rendre la prise d'acte injustifiée et qu'il appartient aux juges du fond d'apprécier si la poursuite du contrat de travail en a été ou non empêchée. En effet, l'existence de faits de harcèlement constitue un manquement de l'employeur à son obligation de sécurité de résultat, dont les conséquences dans l'entreprise – et surtout pour le salarié qui en a été victime – peuvent perdurer après les mesures prises par l'employeur pour faire cesser le harcèlement (cass. soc. 11 mars 2015, n° 13-18.603, BC V n° 43; LSQ n° 16797 du 19.03.2015; RJS 5/15 n° 319, 2e espèce). Lorsque l'altération de l'état de santé du salarié est en lien avec le comportement de l'employeur dont les agissements répétés ont eu pour effet une dégradation de ses conditions de travail, la prise d'acte produit les effets d'un licenciement nul (cass. soc. 20 septembre 2018, n° 16-26.152). Voir aussi note sous article L. 1152-4.

D'autres agissements de l'employeur justifient également la prise d'acte à ses torts: il en est par exemple ainsi lorsque l'employeur impose un changement des conditions de travail à une personne protégée (cass. soc. 5 mai 2010, n° 08-44.895, RJS 7/10 n° 608) ou en cas de non-respect des règles relatives aux contrats de travail à durée déterminée et du recours au temps partiel, sanctionné par la requalification en contrat de travail à durée indéterminée à temps complet et donc par le paiement d'un rappel de salaire d'un montant élevé (cass. soc. 20 novembre 2019, n° 18-15.696, JCP éd. S 2019, 1371, note Fr. Bousez; RJS 2/20 n° 77, 2e espèce). Mais l'ajout d'un échelon hiérarchique entre un salarié et le président de la société n'implique pas en soi une rétrogradation ou un déclassement, dès lors que les fonctions et les responsabilités ne sont pas modifiées; le salarié ne peut donc s'en prévaloir pour prendre acte de la rupture de son contrat de travail (cass. soc. 21 mars 2012, n° 10-12.068, BC V n° 100; RJS 6/12 n° 525; 3 juillet 2013, n° 12-18.111, LS Jurispr. n° 149 des 12-13.08.2013). De même, le défaut de fourniture de travail pendant la période de suspension provisoire de l'agrément du salarié, nécessaire à l'exercice de ses fonctions, à la suite d'une fraude de ce dernier n'est pas imputable à l'employeur, de sorte que la prise d'acte de la rupture de son contrat de travail par le salarié n'est pas justifiée (cass. soc. 14 novembre 2018, n° 17-11.448, RJS 1/19 n° 12).

En tout état de cause, le salarié doit invoquer des manquements suffisamment récents pour empêcher la poursuite du contrat de travail; en effet, lorsque le salarié a continué d'exécuter sa prestation de travail pendant plusieurs mois, voire plusieurs années après les manquements commis par l'employeur, il ne peut plus s'en prévaloir à l'appui d'une prise d'acte et celle-ci sera requalifiée en démission (cass. soc. 26 mars 2014, n° 12-23.634, BC V n° 85; RJS 6/14 n° 470, 1re espèce; voir aussi cass. soc. 9 décembre 2015, n° 14-25.148, RJS 2/16 n° 108; 13 avril 2016, n° 15-13.447, LS Jurispr. n° 78 du 26.04.2016; 7 novembre 2018, n° 17-10.123; 19 juin 2019, n° 17-31.182, LS Jurispr. n° 119 du 02.07.2019; JSL n° 482, 26.09.2019, p. 17, D. J.-P. ; RJS 10/19 n° 559, s'agissant d'une situation de harcèlement moral entre salariés ayant duré quelques semaines deux ans avant la date de la prise d'acte et à laquelle l'employeur avait rapidement mis fin). Mais la persistance, pendant plusieurs années, de manquements de l'employeur ayant affecté la santé et la carrière du salarié peut être jugée comme étant de nature à rendre impossible la poursuite du contrat de travail et justifier la requalification de la demande de mise à la retraite du salarié en une prise d'acte produisant les effets d'un licenciement nul (cass. soc. 15 janvier 2020, n° 18-23.417, LS Jurispr. n° 23 du 04.02.2020; RJS 3/20 n° 130, s'agissant d'un salarié ayant subi pendant plus de 20 ans des actes d'intimidation, d'humiliations et de menaces, une surcharge de travail et une dégradation de ses conditions de travail de nature à affecter sa santé, constitutifs de harcèlement moral, l'ayant conduit à l'épuisement et à l'obligation de demander sa mise à la retraite, ainsi que d'une discrimination syndicale dans l'évolution de sa carrière et de sa rémunération).

Voir aussi N. Collet-Thiry, «Le manquement “faisant obstacle à la poursuite du contrat de travail” en matière de prise d'acte», JCP éd. S 2020, 2060.

Le salarié peut prendre acte de la rupture après avoir introduit une demande en résiliation judiciaire du contrat de travail. Cette prise d'acte entraînant la cessation immédiate du contrat de travail, il n'y a pas lieu de statuer sur la demande de résiliation judiciaire introduite auparavant (cass. soc. 31 octobre 2006, 2 arrêts, nos 04-46.280 et 04-48.234, BC V n° 321; RDT, janvier 2007, CH, 28, T. Grumbach et J. Pélissier; dans le même sens, cass. soc. 15 mars 2006, n° 05-41.376, BC V n° 108; RJS 6/06 n° 699). Le juge se prononcera sur la seule prise d'acte, en fondant cependant sa décision aussi bien sur les manquements de l'employeur invoqués à l'appui de la demande en résiliation judiciaire que sur ceux invoqués à l'appui de la prise d'acte (cass. soc. 31 octobre 2006, nos 04-46.280 et 04-48.234, précités; dans le même sens, s'agissant d'une démission requalifiée en prise d'acte par le juge, voir aussi cass. soc. 30 avril 2014, n° 13-10.772, BC V n° 108; LSQ n° 16585 du 06.05.2014; RJS 7/14 n° 561).

Le salarié peut également prendre acte de la rupture du contrat en cours de procédure de licenciement. Si, après avoir été convoqué à un entretien préalable au licenciement, il prend acte de la rupture avant que la décision de licenciement ne lui ait été notifiée, la prise d'acte rompt le contrat avant que le licenciement ne soit prononcé. Les juges doivent déterminer seulement les conséquences de la prise d'acte par le salarié, «peu important la convocation du salarié à un entretien préalable à un éventuel licenciement» (cass. soc. 28 juin 2006, n° 04-43.431, BC V n° 232; RDT, octobre 2006, CH, 240, J. Pélissier).

Un salarié protégé peut, comme les autres salariés, prendre acte de la rupture de son contrat de travail (cass. soc. 25 janvier 2006, n° 04-41.204, RJS 4/06 n° 472; 12 avril 2012, n° 10-28.697, LS Jurispr. n° 81 du 24.04.2012, jugeant que le fait par l'employeur de ne pas rétablir dans ses fonctions le salarié protégé mis à pied à titre conservatoire et dont l'autorisation de licenciement a été refusée justifie la prise d'acte de la rupture de son contrat de travail); la rupture du contrat intervenant dès la prise d'acte, l'inspecteur du travail doit se déclarer incompétent pour statuer sur une demande d'autorisation de licenciement présentée par l'employeur ultérieurement à la prise d'acte (CE 17 décembre 2008, n° 310889, Rec. Lebon p. 461; RJS 3/09 n° 261). En outre, la prise d'acte ne pouvant être rétractée, le salarié protégé ne peut ultérieurement solliciter sa réintégration dans son emploi (cass. soc. 29 mai 2013, n° 12-15.974, BC V n° 138; RJS 8-9/13 n° 623). Pour plus de précisions sur la prise d'acte de la rupture de son contrat par un salarié protégé, voir note introductive du chapitre Ier du titre Ier du livre IV de la 2e partie.

De la même façon, un salarié déclaré inapte à son emploi à la suite d'un accident du travail peut prendre acte de la rupture de son contrat de travail (cass. soc. 21 janvier 2009, n° 07-41.822, BC V n° 18; RJS 4/09 n° 338); cette prise d'acte produit les effets d'un licenciement nul lorsqu'elle intervient pendant la période de suspension du contrat et que les manquements de l'employeur étaient suffisamment graves, peu important que le salarié ait ensuite travaillé pour un autre employeur (cass. soc. 12 décembre 2012, n° 10-26.324, BC V n° 334; RJS 2/13 n° 111).

Lorsque le salarié prend acte de la rupture du contrat de travail, l'employeur engage sa responsabilité vis-à-vis du salarié s'il mentionne dans l'attestation destinée à l'Assédic [Pôle emploi], comme motif de rupture, la démission du salarié au lieu de la prise d'acte de rupture (cass. soc. 27 septembre 2006, n° 05-40.414, BC V n° 290; RDT, janvier 2007, CH, 26, J-P Domergue).

Statuant sur les conditions de validité des clauses de changement de direction, la Cour de cassation a admis l'existence d'une prise d'acte de troisième type en application d'une clause contractuelle: le salarié peut prendre acte de la rupture du contrat de travail, en l'absence de faute commise par l'employeur, sans que cette prise d'acte entraîne les effets d'une démission (cass. soc. 26 janvier 2011, n° 09-71.271, BC V n° 35; RJS 4/11 n° 287; RDT, mars 2011, CH, 175,

J. Pélissier : la prise d'acte ne produit ni les effets d'un licenciement sans cause réelle et sérieuse ni ceux d'une démission ; elle entraîne une rupture imputable à l'employeur et ouvre droit, au profit du salarié, à une indemnité contractuelle de rupture). Dans le même sens, voir aussi cass. soc. 10 avril 2013, n° 11-25.841, BC V n° 97 ; LSQ n° 16328 du 17.04.2013 ; RJS 6/13 n° 424.

(Non-)formalisme de la prise d'acte. Si la prise d'acte de la rupture du contrat de travail n'est soumise à aucun formalisme et peut valablement être présentée par le conseil du salarié au nom de celui-ci (cass. soc. 4 avril 2007, n° 05-42.847, RJS 6/07 n° 710 ; voir aussi cass. soc. 22 novembre 2017, n° 16-12.524, BC V n° 201 ; LS Jurispr. n° 224 du 12.12.2017, JCP éd. S 2018, 1013, note S. Brissy ; JSL n° 446, 25.01.2018, p. 16, J. Bénéteau et M-L Dobski ; RJS 3/18 n° 178, s'agissant d'une lettre de prise d'acte envoyée par l'avocat du salarié en l'absence de mandat exprès), c'est à la condition qu'elle soit adressée directement à l'employeur (cass. soc. 16 mai 2012, n° 10-15.238, BC V n° 154 ; RJS 7/12 n° 621). En effet, la prise d'acte suppose de la part du salarié une manifestation de volonté de rompre immédiatement le contrat de travail. Ainsi, la saisine du conseil de prud'hommes par un salarié pour voir juger que la rupture intervenue est imputable à l'attitude fautive de l'employeur ne peut être assimilée à une prise d'acte (sur la distinction entre prise d'acte et résiliation judiciaire du contrat de travail, voir cass. soc. 1er février 2012, n° 10-20.732, RJS 4/12 n° 314, et 7 février 2012, n° 09-73.062, Dr. Soc. 2012, p. 635, obs. Fr. Géa).

Saisie pour avis à la suite de la réforme du droit des contrats issue de l'ordonnance 2016-131 du 10 février 2016, la chambre sociale de la Cour de cassation a précisé que les modes de rupture du contrat de travail, à l'initiative de l'employeur ou du salarié, sont régis par des règles particulières et emportent des conséquences spécifiques, de sorte que les dispositions de l'article 1226 du code civil ne leur sont pas applicables ; en conséquence, le salarié qui prend acte de la rupture de son contrat de travail aux torts de l'employeur n'a pas à le mettre préalablement en demeure de régulariser la situation (cass. avis 3 avril 2019, n° 19-70.001, à paraître, LSQ n° 17791 du 05.04.2019 ; RJS 6/19 n° 346 et p. 419, chron. G. Loiseau ; JCP éd. S 2019, 1140, note G. Loiseau ; RDT, mai 2019, CH, 328, L. Bento de Carvalho ; JSL n° 476, 23.05.2019, pp. 9 et s., J-Ph. Lhernould ; voir aussi J. Mouly, « L'inapplicabilité de l'article 1226 du Code civil à la prise d'acte. La querelle de l'autonomie du droit du travail rebondit », RJS 8-9/19).

Saisine du juge. La Cour de cassation a précisé qu'en cas de prise d'acte par le salarié de la rupture de son contrat de travail, le délai de prescription de l'action visant à imputer cette rupture à l'employeur (voir article L. 1471-1) court à compter de la date de cette prise d'acte, peu important l'ancienneté des manquements de l'employeur, invoqués à son soutien, que le juge doit examiner (cass. soc. 27 novembre 2019, n° 17-31.258, LSQ n° 17974 du 09.01.2020 ; JCP éd. S 2020, 1004, note N. Collet-Thiry ; RJS 2/20 n° 83 ; JSL n° 492, 24.02.2020, pp. 27 et s., J-Ph. Lhernould).

Sur la procédure prud'homale spécifique applicable en matière de prise d'acte, voir aussi article L. 1451-1.

Prise d'acte et préavis. Si la prise d'acte entraîne la cessation immédiate du contrat de travail, de sorte que le salarié n'est pas tenu d'exécuter un préavis, la circonstance que l'intéressé a spontanément accompli, en accord avec l'employeur, ou offert d'accomplir celui-ci est sans incidence sur l'appréciation de la gravité des manquements invoqués à l'appui de la prise d'acte (cass. soc. 9 juillet 2014, n° 13-15.832, LS Jurispr. n° 151 du 26.08.2014).

Dans le cas d'une démission requalifiée en prise d'acte produisant les effets d'un licenciement sans cause réelle et sérieuse, le salarié a droit à l'indemnité de préavis et aux congés payés afférents alors même qu'il avait, à sa demande, été dispensé par l'employeur d'exécuter un préavis (cass. soc. 20 janvier 2010, n° 08-43.471, précité), ou lorsqu'il s'est trouvé en arrêt maladie au cours de la période de préavis (cass. soc. 20 janvier 2010, n° 08-43.476, BC V n° 17, arrêt n° 2 ; RJS 4/10 n° 318, 2e espèce ; 11 décembre 2015, n° 14-15.670, RJS 2/16 n° 107 ; JSL n° 403, 08.02.2016, pp. 25 et s., Ph. Pacotte et S. Daguerre) ; en revanche, le salarié ayant exécuté son préavis dans le cadre de sa démission ne peut pas prétendre au paiement d'une indemnité compensatrice de préavis (cass. soc. 21 janvier 2015, n° 13-16.896, BC V n° 4 ; LS Jurispr. n° 26 du 10.02.2015 ; RJS 4/15 n° 250).

Si le juge du fond décide que la prise d'acte produit les effets d'une démission, le salarié pourra être condamné à payer à l'employeur une indemnité pour non-respect du préavis de démission (cass. soc. 2 juillet 2008, n° 07-42.299, RJS 12/08 n° 1169 ; 8 juin 2011, n° 09-43.208, BC V n° 141 ; RJS 8-9/11 n° 695 ; 3 juillet 2013, n° 12-17.888, LS Jurispr. n° 149 des 12-13.08.2013 ; 23 janvier 2019, n° 17-22.394), sauf si, après avoir accepté un préavis, le salarié est tombé malade et n'a pas pu l'exécuter (cass. soc. 15 janvier 2014, n° 11-21.907, BC V n° 18 ; RJS 3/14 n° 203).

Sous-section 2. Rupture abusive du contrat

Art. L. 1237-2. La rupture d'un contrat de travail à durée indéterminée à l'initiative du salarié ouvre droit, si elle est abusive, à des dommages et intérêts pour l'employeur.

En cas de litige, le juge se prononce conformément aux dispositions de l'article L. 1235-1.

Un décret en Conseil d'État détermine les modalités d'application du présent article.

Art. L. 1237-3

Note Lorsque le salarié prend l'initiative de la rupture et commet un abus dans l'exercice de son droit de résiliation unilatérale du contrat, le juge, à l'aide des éléments fournis tant par l'employeur que par le salarié, forme sa conviction, au besoin après toutes mesures d'instruction qu'il estime utiles, et fixe, le cas échéant, les dommages-intérêts sans avoir de limite minimale ou maximale à respecter. La rupture abusive émanant du salarié implique un caractère fautif imprimé à la démission par les circonstances dont elle est entourée et par le préjudice causé à l'entreprise (voir notamment cass. soc. 19 juin 1959, n° 58-40.515, BC n° 779; 16 mars 1977, n° 75-40.446, BC V n° 193; 25 mai 1977, n° 76-40.303, BC V n° 343; 21 mars 1979, n° 77-41.547, BC V n° 254; 1er avril 1992, n° 88-42.056). Mais l'employeur doit rapporter la preuve du caractère abusif de la démission pour obtenir des dommages-intérêts (cass. soc. 22 juin 1994, n° 90-42.143, BC V n° 204; 16 novembre 2004, n° 02-46.135, RJS 2/05 n° 149).

La démission pour exercer une activité concurrente ne constitue pas en soi un abus du droit de démissionner (cass. soc. 18 janvier 1995, n° 91-42.613, BC V n° 29; 28 juin 2000, n° 98-43.249).

Art. L. 1237-3. Lorsqu'un salarié ayant rompu abusivement un contrat de travail conclut un nouveau contrat de travail, le nouvel employeur est solidairement responsable du dommage causé à l'employeur précédent dans les cas suivants:

1° S'il est démontré que le nouvel employeur est intervenu dans la rupture;

2° Si le nouvel employeur a engagé un salarié qu'il savait déjà lié par un contrat de travail;

3° Si le nouvel employeur a continué d'employer le salarié après avoir appris que ce dernier était encore lié à un autre employeur par un contrat de travail. Dans ce cas, sa responsabilité n'est pas engagée si, au moment où il a été averti, le contrat de travail abusivement rompu par le salarié était venu à expiration, soit s'il s'agit de contrats à durée déterminée par l'arrivée du terme, soit s'il s'agit de contrats à durée indéterminée par l'expiration du préavis ou si un délai de quinze jours s'était écoulé depuis la rupture du contrat.

Note Si un salarié a rompu abusivement son contrat de travail et a été embauché par un nouvel employeur, celui-ci encourt une responsabilité vis-à-vis de l'ancien employeur, dans les trois cas énoncés par l'article L. 1237-3.

Mais indépendamment de cette responsabilité, donc en dehors des cas énoncés par l'article L. 1237-3, le nouvel employeur peut être condamné à des dommages-intérêts au profit de l'ancien employeur pour débauchage de personnel, si ces manœuvres de débauchage revêtent le caractère de la concurrence déloyale (cass. civ. 23 octobre 1964, BC n° 641; cass. com. 10 mars 1975, n° 74-10.321, BC IV n° 73; 13 mai 1975, n° 74-12.007, BC IV n° 132).

SECTION 2. Retraite

Sous-section 1. Dispositions générales

Art. L. 1237-4. Les stipulations relatives au départ à la retraite des salariés prévues par une convention collective, un accord collectif de travail ou un contrat de travail sont applicables sous réserve qu'elles ne soient pas contraires aux dispositions légales.

Sont nulles toutes stipulations d'une convention ou d'un accord collectif de travail et d'un contrat de travail prévoyant une rupture de plein droit du contrat de travail d'un salarié en raison de son âge ou du fait qu'il serait en droit de bénéficier d'une pension de vieillesse.

Note • L'article L. 1237-4 CT n'envisage que la situation des salariés régis par une convention collective, un accord collectif de travail ou un contrat de travail, à l'exclusion des salariés soumis à des dispositions statutaires légales ou réglementaires; ainsi, les dispositions des articles L. 122-14-12 et L. 122-14-13 [L. 1237-4, 5 et s.] CT relatives au départ à la retraite et à la mise à la retraite ne sont pas applicables aux salariés d'Air France (cass. soc. 22 février 2000, n° 98-45.702, BC V n° 72; Dr. Soc. 2000, p. 665); de même, une clause insérée dans le statut de la SNCF et autorisant celle-ci à liquider d'office la retraite de tout agent ayant atteint l'âge de 55 ans et ayant au moins 25 ans de service est licite (CA Paris, 18e ch., 28 novembre 1990, RJS 2/91 n° 284; dans le même sens, CE 22 février 1989, n° 69332, D. 1990 somm. 140: les prescriptions du statut relatives à la mise à la retraite d'office de l'agent remplissant des conditions d'âge et de durée d'activité ne sont pas contraires à un principe général du droit et sont donc applicables malgré les dispositions de l'article L. 122-14-12 [L. 1237-4]; CE 17 mars 1995, n° 107117, RJS 5/95 n° 583). À noter que la Cour de cassation considère toutefois que si des dispositions réglementaires autorisant, à certaines conditions, la mise à la retraite d'un salarié à un âge donné peuvent ne pas constituer, par elles-mêmes, une discrimination interdite par l'article L. 1132-1 CT, il n'en résulte pas que la décision de l'employeur de faire usage de la faculté de mettre à la retraite un salarié déterminé est nécessairement dépourvue de caractère discriminatoire, l'employeur devant justifier que la mesure répond aux exigences de la directive 2000/78/CE du 27 novembre 2000 consacrant un principe général du droit de l'Union (cass. soc. 16 février 2011, n° 10-10.465, BC V n° 50; JSL n° 297, 13.04.2011, pp. 11 et s., J-Ph. Lhernould; RDT, avril 2011, CH, 241, Fl. Debord; RJS 5/11 n° 477; 7 décembre 2016, n° 15-21.190).

• Les dispositions de l'article L. 1237-4, al. 2 sont applicables aux marins en l'absence de loi particulière régissant leur mise à la retraite (cass. soc. 28 octobre 1997, n° 95-41.647, BC V n° 344; RJS 12/97 n° 1452, 2e espèce: sont nulles toute disposition d'un accord collectif de travail et toute clause d'un contrat de travail prévoyant une rupture de plein droit du contrat de travail d'un marin en raison de son âge).

• Les dispositions d'une convention collective prévoyant la rupture de plein droit du contrat de travail à l'âge de 65 ans tombent sous le coup de la nullité des clauses couperet.

En revanche, la clause garantissant à un salarié la stabilité de son emploi jusqu'à au moins 65 ans est licite; elle oblige l'employeur à réparer le préjudice né d'une rupture prématurée du contrat de travail (cass. soc. 3 octobre 1991, n° 87-43.037). La rupture à l'initiative de l'employeur ne pouvant qu'être un licenciement tant que le salarié n'a pas atteint l'âge fixé par la convention collective, elle est sans cause réelle et sérieuse en l'absence de motif précis invoqué par l'employeur (cass. soc. 7 avril 1994, n° 90-43.465, BC V n° 139; RJS 5/94 n° 541; 18 janvier 1995, n° 91-42.344, BC V n° 31; RJS 3/95 n° 227).

À noter que, depuis un revirement de jurisprudence intervenu en 1998, la Cour de cassation considère que la nullité des clauses couperet est une nullité de protection; elle ne peut être invoquée que par le salarié (cass. ass. plén. 6 novembre 1998, n° 97-41.931, BC n° 3; RJS 12/98 n° 1475).

Voir aussi notes sous articles L. 1132-4 et L. 1133-2.

Sous-section 2. Mise à la retraite

Art. L. 1237-5. La mise à la retraite s'entend de la possibilité donnée à l'employeur de rompre le contrat de travail d'un salarié ayant atteint l'âge mentionné au 1° de l'article L. 351-8 du code de la sécurité sociale ***(L. 2008-1330 du 17 déc. 2008, art. 90, JO 18)*** «sous réserve des septième à neuvième alinéas.»

Un âge inférieur peut être fixé, dans la limite de celui prévu au premier alinéa de l'article L. 351-1 du code de la sécurité sociale, dès lors que le salarié peut bénéficier d'une pension de vieillesse à taux plein au sens du code de la sécurité sociale:

1° Dans le cadre d'une convention ou d'un accord collectif étendu conclu avant le 1er janvier 2008 fixant des contreparties en termes d'emploi ou de formation professionnelle;

(L. 2008-1330 du 17 déc. 2008, art. 90, JO 18) «2° Pour les bénéficiaires d'une préretraite ayant pris effet avant le 1er janvier 2010 et mise en œuvre dans le cadre d'un accord professionnel mentionné à l'article L. 5123-6;»

3° Dans le cadre d'une convention de préretraite progressive conclue antérieurement au 1er janvier 2005;

4° Dans le cadre du bénéfice de tout autre avantage de préretraite défini antérieurement à la date de publication de la loi n° 2003-775 du 21 août 2003 portant réforme des retraites ***(L. 2008-1330 du 17 déc. 2008, art. 90, JO 18)*** «et ayant pris effet avant le 1er janvier 2010».

(L. 2008-1330 du 17 déc. 2008, art. 90, JO 18) «Avant la date à laquelle le salarié atteint l'âge fixé au 1° de l'article L. 351-8 du code de la sécurité sociale et dans un délai fixé par décret, l'employeur interroge par écrit le salarié sur son intention de quitter volontairement l'entreprise pour bénéficier d'une pension de vieillesse.

En cas de réponse négative du salarié dans un délai fixé par décret ou à défaut d'avoir respecté l'obligation mentionnée à l'alinéa précédent, l'employeur ne peut faire usage de la possibilité mentionnée au premier alinéa pendant l'année qui suit la date à laquelle le salarié atteint l'âge fixé au 1° de l'article L. 351-8 du code de la sécurité sociale.

(L. 2010-1330 du 9 nov. 2010, art. 27, JO 10) «La même procédure est applicable chaque année jusqu'au soixante-neuvième anniversaire du salarié.»

Note • La loi 2003-775 du 21 août 2003 (JO 22) a apporté une première modification importante au droit de la mise à la retraite. Depuis cette loi, l'employeur ne peut plus, en principe, mettre à la retraite les salariés âgés de 60 à 65 ans qui ont droit à une pension à taux plein.

La loi du 17 décembre 2008 précitée a limité encore plus le droit pour l'employeur de mettre le salarié à la retraite. Tant que le salarié n'a pas atteint l'âge de 70 ans, l'employeur ne peut pas mettre à la retraite un salarié qui a manifesté son intention de poursuivre son activité.

La loi 2010-1330 du 9 novembre 2010 portant réforme des retraites a relevé l'âge légal de départ en retraite et l'âge d'attribution automatique du taux plein, respectivement à 62 et 67 ans, ce qui a des conséquences sur la gestion du personnel (incidence sur certaines procédures de départ des salariés). Voir RF 18 novembre 2010, FH 3373.

• Les dispositions de cet article, dans sa rédaction issue de la loi 2010-1330 précitée, sont applicables aux pensions prenant effet à compter du 1er juillet 2011 (loi précitée, art. 118, II).

• Le premier alinéa, dans sa rédaction antérieure à la loi du 17 décembre 2008, a été déclaré conforme à la Constitution (C. constit. 4 février 2011, n° 2010-98 QPC, JO 5).

• Voir RF Social, janvier 2021, Cahier juridique n° 214, «Départ et mise à la retraite»; RF octobre 2020, Cahier juridique n° 1118, §§ 1437 à 1459; voir aussi LS Dossier pratique n° 174 du 26.09.2018, «La mise à la retraite du salarié - Conditions, procédure et indemnités».

• **Anciennes dérogations permettant la mise à la retraite avant 65 ans.** La loi Fillon du 21 août 2003 avait permis de déroger, à certaines conditions, par convention ou accord collectif étendu, à l'interdiction de mise à la retraite avant 65 ans. La loi de financement de la sécurité sociale pour 2007 a mis un terme à cette possibilité. Depuis le 1er janvier 2008, il est interdit de conclure des accords dérogeant à l'âge légal de mise à la retraite. Les accords conclus et étendus entre août 2003 et la publication de la loi du 21 décembre 2006, ils ont cessé de produire leurs effets au plus tard le 31 décembre 2009 (art. L. 1237-5-1).

• **Salariés protégés.** La mise à la retraite d'un salarié protégé doit être autorisée par l'inspecteur du travail (cass. soc. 10 décembre 2003, n° 01-43.876, BC V n° 314; RJS 2/04 n° 234; 13 novembre 2001, n° 99-45.389, RJS 1/02 n° 55; 5 mars 1996, n° 92-42.490, BC V n° 84; Dr. Soc. 1996, p. 537). Elle doit suivre la procédure prévue en cas de licenciement et, par conséquent, être précédée de l'entretien préalable prévu par l'article L. 1232-2 CT (CE 17 juin 2009, n° 304027, RJS 11/09 n° 868). Voir ci-après note sous Chapitre Ier du Titre Ier du Livre IV de la Partie 2.

• **Régimes particuliers.** Les salariés de la RATP, dotés d'un statut particulier qui réglemente leur mise à la retraite, ne peuvent pas prétendre à l'application des dispositions de droit commun concernant la mise à la retraite (cass. soc. 29 octobre 1996, n° 92-42.046, RJS 12/96 n° 1332); la même solution est adoptée pour les agents de la SNCF et d'EDF-GDF (cass. soc. 21 juin 1995, n° 91-42.460, BC V n° 204; RJS 11/95 n° 1188; 22 octobre 1996, n° 94-43.319) ou encore de la Banque de France (CE 7 novembre 2019, n° 420450). Voir aussi note sous article L. 1237-4.

Les salariés de l'Opéra, qui sont exclusivement régis par les dispositions de leur régime spécial, ne relèvent pas de l'ancien article L. 122-14-13 CT (cass. soc. 16 juillet 1997, n° 94-42.760, BC V n° 274; RJS 10/97 n° 1173, 2e espèce).

• **Nullité.** Est nulle la mise à la retraite décidée par l'employeur au cours des périodes de suspension du contrat de travail consécutives à un accident du travail ou à une maladie professionnelle (cass. soc. 27 janvier 2009, n° 07-45.290, RJS 4/09 n° 335).

Art. D. 1237-2-1. ***(D. 2008-1515 du 30 déc. 2008, JO 31)*** Le délai mentionné au septième alinéa de l'article L. 1237-5 est fixé à trois mois avant l'anniversaire du salarié.

Le délai mentionné au huitième alinéa du même article est fixé à un mois à compter de la date à laquelle l'employeur a interrogé le salarié.

Art. L. 1237-5-1. À compter du 22 décembre 2006, aucune convention ou accord collectif prévoyant la possibilité d'une mise à la retraite d'office d'un salarié à un âge inférieur à celui fixé au 1° de l'article L. 351-8 du code de la sécurité sociale ne peut être signé ou étendu.

Les accords conclus et étendus avant le 22 décembre 2006, déterminant des contreparties en termes d'emploi ou de formation professionnelle et fixant un âge inférieur à celui mentionné au même 1°, dès lors que le salarié peut bénéficier d'une pension de vieillesse à taux plein et que cet âge n'est pas inférieur à celui fixé au premier alinéa de l'article L. 351-1 du même code, cessent de produire leurs effets au 31 décembre 2009.

Art. L. 1237-6. L'employeur qui décide une mise à la retraite respecte un préavis dont la durée est déterminée conformément à l'article L. 1234-1.

Note • **Décision de mise à la retraite.** L'employeur ne peut décider seul de la mise à la retraite du salarié que si celui-ci a au moins 70 ans. La mise à la retraite d'un salarié qui a entre 65 et 70 ans est subordonnée à l'accord du salarié (art. L. 1237-5, al. 7 à 9).

La décision de l'employeur de mettre à la retraite un salarié n'a pas à être spécialement motivée (cass. soc. 12 janvier 1993, n° 89-43.467, BC V n° 4; Dr. Soc. 1993, p. 185; 10 mars 1999, n° 97-40.059, RJS 4/99 n° 504). Ainsi, notamment, il ne peut être imposé à l'employeur qui décide de mettre à la retraite un salarié qui remplit les conditions légales de justifier d'un objectif légitime étranger à toute discrimination; en effet, les dispositions du code du travail relatives à la mise à la retraite étant conformes à la directive 2000/78/CE du 27 novembre 2000 sur l'égalité de traitement, sa décision de mise à la retraite est nécessairement exempte de toute discrimination liée à l'âge (cass. soc. 26 novembre 2013, n° 12-21.758, BC V n° 283; RJS 2/14 n° 120, 1re espèce; voir aussi cass. soc. 20 mai 2014, n° 12-29.565, BC V n° 125; RJS 8-9/14 n° 625). Mais la mise à la retraite ne peut être invoquée par l'employeur comme motif de rupture que si elle a été mentionnée dans la lettre de rupture (cass. soc. 9 mars 1999, n° 96-44.312, BC V n° 109; RJS 4/99 n° 504: l'employeur qui ne motive la rupture des relations contractuelles que par l'arrivée du terme du dernier contrat à durée déterminée est condamné pour licenciement sans cause réelle et sérieuse lorsque le contrat de travail est requalifié en contrat à durée indéterminée, alors que les conditions de mise à la retraite étaient remplies).

Ne constitue pas une mise à la retraite la rupture du contrat de travail d'un salarié qui, ayant adhéré à un dispositif conventionnel de cessation progressive d'activité, part à la retraite à l'issue de la période de préretraite définie par l'accord collectif (cass. soc. 15 octobre 2013, n° 12-21.765, BC V n° 234; JCP éd. S 2014, 1097, note G. Vachet; 1er juin 2017, n° 15-23.580, BC V n° 98; LS Jurispr. n° 112 du 20.06.2017; JCP éd. S 2017, 1252, note G. François). Il en résulte que le salarié ayant personnellement adhéré au dispositif de cessation d'activité ne peut remettre en discussion la régularité et la légitimité de la rupture de son contrat de travail, à moins d'établir une fraude de son employeur ou l'existence d'un vice du consentement (cass. soc. 1er juin 2017, n° 15-23.580, précité).

Si, en principe, la mise à la retraite peut être décidée alors même que les conditions de mise à la retraite sont réunies depuis plusieurs années, un employeur ne peut pas mettre à la retraite un salarié qui avait déjà atteint, au moment de son engagement, l'âge permettant à l'employeur de le mettre à la retraite en application de l'article L. 1237-5 CT (cass. soc. 29 juin 2011, n° 09-42.165, BC V n° 174; RJS 10/11 n° 782; 17 avril 2019, n° 17-29.017, à paraître, LSQ n° 17810 du 06.05.2019; JCP éd. S 2019, 1171, note J. Attali-Colas; RJS 7/19 n° 419; JSL n° 477, 11.06.2019, p. 26, D. J.-P.).

Le salarié qui prend acte de la rupture du contrat de travail alors que l'employeur lui propose un aménagement de sa fin de carrière et le remplace à son poste de direction peut invoquer les droits attachés à une mise à la retraite injustifiée (cass. soc. 30 septembre 1992, n° 89-45.590, BC V n° 487; RJS 11/92 n° 1234).

La mise à la retraite, décidée après que le salarié eut introduit une demande en résiliation judiciaire du contrat de travail, met fin au contrat de travail: la demande en résiliation devient sans objet (cass. soc. 12 avril 2005, n° 02-45.923, BC V n° 131; Dr. Soc. 2005, p. 844, note B. Gauriau).

La mise à la retraite d'un salarié dont le contrat de travail est suspendu à la suite d'un accident du travail est nulle (cass. soc. 7 mars 2007, n° 05-42.279, BC V n° 42).

La mise à la retraite peut être décidée après l'avis d'inaptitude délivré par le médecin du travail suite à un accident du travail, dès lors que les conditions légales et conventionnelles de mise à la retraite sont réunies; dans ce cas, le salarié mis à la retraite bénéficie de l'indemnité spéciale de licenciement prévue à l'article L. 1226-14 CT (cass. soc. 29 janvier 2002, n° 99-41.028, BC V n° 37; Dr. Soc. 2002, p. 465).

La mise à la retraite décidée à l'occasion de difficultés économiques ne doit pas être assimilée à un licenciement; le salarié n'a pas droit à l'indemnité conventionnelle de licenciement (cass. soc. 18 mars 2008, n° 07-40.269, BC V n° 63; Dict. permanent 2008 n° 878, p. 2765; SSL 2008 n° 1356, p. 12; dans le même sens, cass. soc. 14 mai 2008, n° 06-45.158, SSL 2008 n° 1355, p. 15).

En revanche, en application de l'article L. 1233-3 CT, l'employeur qui envisage de mettre ses salariés à la retraite à l'occasion de difficultés économiques doit observer les dispositions relatives aux licenciements économiques en ce qui concerne la consultation des représentants du personnel et la mise en place d'un plan de sauvegarde de l'emploi (cass. soc. 14 mai 2008, n° 06-45.158, précité).

Date d'appréciation des conditions requises. C'est à la date d'expiration du contrat de travail qu'il convient d'apprécier si les conditions prévues par l'article L. 1237-5 CT sont réunies (cass. soc. 22 juin 2011, n° 09-71.118; 31 janvier 1996, n° 91-44.143, BC V n° 35; RJS 3/96 n° 271: si, à l'expiration du préavis, le salarié peut bénéficier d'une pension de vieillesse à taux plein, la rupture du contrat constitue une mise à la retraite et non un licenciement). Mais ce sont les dispositions légales en vigueur à la date de la notification de la mise à la retraite qui fixent les conditions de la mise à la retraite (cass. soc. 14 mai 2008, n° 06-43.564, BC V n° 104; 10 mai 2012, n° 11-11.768, RJS 7/12 n° 625). Ainsi, le montant de l'indemnité de mise à la retraite est déterminé par les dispositions en vigueur au jour de la rupture du contrat résultant de la mise à la retraite, peu important que le salarié ait bénéficié avant sa mise à la retraite d'un dispositif de cessation d'activité emportant suspension du contrat de travail (cass. soc. 11 juin 2013, n° 11-27.359, RJS 8-9/13 n° 602; voir aussi cass. soc. 14 février 2018, n° 16-16.617, BC V n° 21; LSQ n° 17523 du 05.03.2018; RJS 4/18 n° 256 et avis Fr. Rémery, p. 294; JCP éd. S 2018, 1114, note M-N Rouspide-Katchadourian; JSL n° 452, 02.05.2018, p. 13, Ph. Pacotte et C. Margerin; Dr. Soc. 2018, p. 481, obs. J. Mouly).

• **Préavis.** L'inobservation par l'employeur d'un délai de préavis conventionnel n'a pas pour conséquence de transformer la mise à la retraite en un licenciement abusif; la mise à la retraite est seulement reportée dans le temps de manière que le délai de préavis soit respecté (cass. soc. 18 juillet 2000, n° 97-44.215, BC V n° 293; RJS 11/00 n° 1095).

Lorsque la convention collective ne fixe pas de préavis de mise à la retraite, le salarié doit bénéficier du préavis conventionnel de licenciement (cass. soc. 15 mai 2007, n° 05-45.234, BC V n° 77).

• **Circonstances de la mise à la retraite.** Lorsque sa mise à la retraite est intervenue dans des circonstances brutales et vexatoires, le salarié peut obtenir des dommages-intérêts, le bien-fondé d'une demande à ce titre étant indépendant du bien-fondé de la rupture (cass. soc. 10 juillet 2013, n° 12-19.740, BC V n° 193; JCP éd. S 2013, 1486, note A. Barège; 3 mars 2010, n° 08-44.996, RJS 5/10 n° 424).

Art. L. 1237-7. La mise à la retraite d'un salarié lui ouvre droit à une indemnité de mise à la retraite au moins égale à l'indemnité de licenciement prévue à l'article L. 1234-9.

Art. L. 1237-8. Si les conditions de mise à la retraite ne sont pas réunies, la rupture du contrat de travail par l'employeur constitue un licenciement.

Note • En cas de litige, c'est à l'employeur de prouver que les conditions de mise à la retraite du salarié étaient remplies (cass. soc. 17 septembre 2014, n° 13-14.944, LS Jurispr. n° 180 du 7.10.2014).

• Après avoir jugé que la mise à la retraite, lorsque les conditions de mise à la retraite n'étaient pas réunies, constituait un licenciement sans cause réelle et sérieuse (cass. soc. 16 juin 1998, n° 96-40.919, BC V n° 325; 28 février 2006, n° 04-40.303, BC V n° 90), la Cour de cassation juge maintenant que la mise à la retraite décidée alors que le salarié ne pouvait pas bénéficier d'une retraite à taux plein est un licenciement nul, car fondé exclusivement sur l'âge, motif prohibé par l'article L. 1132-1 (art. L. 122-45 ancien) CT (cass. soc. 21 décembre 2006, n° 05-12.816, BC V n° 412).

Sous-section 3. Départ volontaire à la retraite

Art. L. 1237-9. Tout salarié quittant volontairement l'entreprise pour bénéficier d'une pension de vieillesse a droit à une indemnité de départ à la retraite.

Le taux de cette indemnité varie en fonction de l'ancienneté du salarié dans l'entreprise. Ses modalités de calcul sont fonction de la rémunération brute dont il bénéficiait antérieurement. Ce taux et ces modalités de calcul sont déterminés par voie réglementaire.

Note • Le départ à la retraite est un acte unilatéral par lequel le salarié manifeste de façon *claire et non équivoque* sa volonté de mettre fin au contrat de travail; lorsque le salarié remet en cause son départ à la retraite en raison de faits ou manquements imputables à son employeur, le juge doit, s'il résulte de circonstances antérieures ou contemporaines de son départ qu'à la date à laquelle il a été décidé, celui-ci était équivoque, l'analyser en une prise d'acte de la rupture qui produit les effets d'un licenciement sans cause réelle et sérieuse si les faits invoqués la justifiaient ou, dans le cas contraire, d'un départ volontaire à la retraite (cass. soc. 15 mai 2013, n° 11-26.784, BC V n° 120; RJS 7/13 n° 531; 20 octobre 2015, n° 14-17.473, BC V n° 198; LS Jurispr. n° 206 du 17.11.2015; RJS 1/16 n° 24). Ainsi lorsque, préalablement à son départ en retraite, le salarié a saisi la juridiction prud'homale pour obtenir la résiliation judiciaire de son contrat de travail en invoquant divers manquements imputables à son employeur, il y a lieu de considérer qu'il existait un différend rendant le départ en retraite équivoque; les juges du fond doivent l'analyser en une prise d'acte et rechercher si les manquements de l'employeur étaient suffisamment graves pour empêcher la poursuite du contrat de travail (cass. soc. 20 octobre 2015, n° 14-17.473, précité).

Le salarié qui notifie à son employeur la rupture «ipso facto» de son contrat de travail à la date de son 65e anniversaire en se référant expressément à la clause couperet figurant dans son contrat de travail, nulle par application de l'article L. 1237-4 CT, ne manifeste pas une volonté claire et non équivoque de partir à la retraite (cass. soc. 17 avril 2019, n° 18-10.476, RJS 7/19 n° 418).

• Le départ volontaire à la retraite d'un salarié protégé ne nécessite pas l'autorisation de l'inspecteur du travail (cass. soc. 11 février 2009, n° 07-44.909, RJS 4/09 n° 378).

• Le salarié qui ne fait pas liquider sa pension de retraite ne peut pas demander l'indemnité de départ volontaire (cass. soc. 23 septembre 2009, n° 08-41.397, BC V n° 194; RJS 12/09 n° 922).

• L'indemnité de départ en retraite versée au salarié qui quitte volontairement l'entreprise pour bénéficier du droit à une pension vieillesse constitue une rémunération: elle est soumise aux règles de saisie prévues par le code du travail (cass. soc. 30 janvier 2008, n° 06-17.531, BC V n° 29; RJS 4/08 n° 417).

Le bénéfice de cette indemnité est cumulable avec l'application de l'usage dit du «coup de chapeau» pratiqué par l'établissement public employeur (qui permet à des salariés n'ayant pas atteint le dernier échelon indiciaire de bénéficier, six mois avant leur départ à la retraite, à la fois d'une augmentation de salaire et d'une majoration consécutive du montant de leur retraite), ces deux dispositifs n'ayant pas le même objet (cass. soc. 20 novembre 2019, n° 18-19.578, à paraître, LSQ n° 17949 du 29.11.2019; JCP éd. S 2019, 1375, note D. Asquinazi-Bailleux; RDT, janvier 2020, CH, 60, G. Pignarre; RJS 2/20 n° 86).

• Le départ à la retraite d'un salarié, acte unilatéral par lequel celui-ci manifeste de façon claire et non équivoque sa volonté de mettre fin au contrat de travail, rend impossible sa réintégration (cass. soc. 17 octobre 2018, n° 16-27.597, RJS 1/19 n° 13).

• Sur les dernières évolutions des conditions d'ouverture du droit à la retraite, voir la loi 2010-1330 du 9 novembre 2010 (JO 10) portant réforme des retraites (qui a notamment relevé l'âge légal de départ en retraite à 62 ans) et la loi 2014-40 du 20 janvier 2014 (JO 21) garantissant l'avenir et la justice du système de retraites.

Voir aussi RF Social, janvier 2021, Cahier juridique n° 214, «Départ et mise à la retraite»; RF octobre 2020, Cahier juridique n° 1118, §§ 1420 à 1436.

Art. D. 1237-1. Le taux de l'indemnité de départ en retraite prévue à l'article L. 1237-9 est au moins égal à:

1° Un demi-mois de salaire après dix ans d'ancienneté;
2° Un mois de salaire après quinze ans d'ancienneté;
3° Un mois et demi de salaire après vingt ans d'ancienneté;
4° Deux mois de salaire après trente ans d'ancienneté.

Note Les conventions collectives peuvent prévoir une indemnité supérieure à l'indemnité légale (le salarié doit évidemment remplir les conditions prévues par l'accord pour avoir droit à l'indemnité conventionnelle). Ainsi un salarié qui part à la retraite avant 65 ans ne peut pas percevoir l'indemnité conventionnelle de départ à la retraite dès lors que la convention collective subordonne ce droit à une condition d'âge supérieur (65 ans): cass. soc. 4 juillet 2007, n° 06-40.114, BC V n° 116.

Mais les acteurs sociaux ont décidé, par avenant à l'accord national interprofessionnel du 11 janvier 2008 rapporté dans *Textes non codifiés*, que l'indemnité de rupture unique interprofessionnelle (dont le montant ne peut être inférieur à 1/5e de mois par année de présence) ne s'applique pas au départ à la retraite (avenant n° 4 du 18 mai 2009).

Art. D. 1237-2. Le salaire à prendre en considération pour le calcul de l'indemnité de départ en retraite est, selon la formule la plus avantageuse pour l'intéressé, soit le douzième de la rémunération des douze derniers mois précédant le départ à la retraite, soit le tiers des trois derniers mois.

Dans ce cas, toute prime ou autre élément de salaire annuel ou exceptionnel qui aurait été versé au salarié pendant cette période est pris en compte à due proportion.

Note Un accord collectif peut valablement inclure dans l'assiette de calcul d'une indemnité de départ à la retraite les sommes versées au salarié au titre de la participation, de l'intéressement et de l'abondement. En l'état d'une convention collective prévoyant que l'indemnité de départ à la retraite est calculée sur la base de la rémunération totale servant de référence, à la seule exclusion des gratifications exceptionnelles, les sommes correspondant à la participation au chiffre d'affaires ou aux résultats, à l'intéressement et à l'abondement doivent être intégrées dans l'assiette de calcul de cette indemnité (cass. soc. 10 octobre 2007, n° 06-44.807, BC V n° 158; RJS 12/07 n° 1278, 2e espèce; JSL n° 223, 11.12.2007, p. 28, N. Rérolle; JCP éd. S 2008, 1168, note Th. Lahalle).

Mais en l'absence de précision de la convention collective, le salaire à prendre en considération pour le calcul de l'indemnité de départ en retraite doit être déterminé selon les dispositions de l'article D. 1237-2 CT; ainsi, en l'état d'une convention collective prévoyant que le montant de l'indemnité de départ en retraite d'un salarié comptant au moins 25 ans d'ancienneté dans une activité relevant de son champ d'application est fixé à 6 mois des derniers appointements, y compris les indemnités permanentes constituant des compléments de salaire, un conseil de prud'hommes ne peut pas retenir que le montant de l'indemnité doit être égal à l'addition des salaires des 6 derniers mois au motif que ce calcul est le plus favorable au salarié (cass. soc. 28 novembre 2018, n° 17-16.826).

Art. L. 1237-9-1. ***(L. 2020-840 du 3 juil. 2020, art. 3, JO 4)*** Les salariés bénéficient d'une sensibilisation à la lutte contre l'arrêt cardiaque et aux gestes qui sauvent préalablement à leur départ à la retraite.

Le contenu, le champ d'application et les modalités de mise en œuvre du présent article sont définis par décret.

Art. L. 1237-10. Le salarié demandant son départ à la retraite respecte un préavis dont la durée est déterminée conformément à l'article L. 1234-1.

Art. L. 1237-11

Note Lorsqu'un salarié a notifié à son employeur son intention de partir à la retraite en respectant un préavis dont il a fixé le terme, le préavis dont l'exécution a été suspendue pendant la durée de l'arrêt de travail consécutif à un accident du travail n'est susceptible d'aucun report (cass. soc. 25 mai 2016, n° 15-10.637, BC V n° 115; LSQ n° 17096 du 7.06.2016; RJS 8-9/16 n° 556; JSL n° 414, 25.07.2016, pp. 19 et s., Ph. Pacotte et S. Daguerre; JCP éd. S 2016, 1254, 1re espèce, note É. Jeansen).

SECTION 3. Rupture conventionnelle

Note • Cette section a été introduite par la loi 2008-596 du 25 juin 2008, JO 26. Ses dispositions reprennent pour l'essentiel celles de l'accord national interprofessionnel du 11 janvier 2008 sur la modernisation du marché du travail, rapporté dans *Textes non codifiés*, rubrique «Modernisation du marché du travail».

• Voir circ. DGT 2009-04 du 17 mars 2009 et 2008-11 du 22 juillet 2008; instruction DGT 2009-25 du 8 décembre 2009 relative au régime indemnitaire de la rupture conventionnelle d'un contrat à durée indéterminée; instruction DGT n° 2 du 23 mars 2010 relative à l'incidence d'un contexte économique difficile sur la rupture conventionnelle d'un contrat de travail à durée indéterminée.

• Voir G. Auzero, «La rupture conventionnelle du contrat de travail: l'illusion de la sécurisation», RDT, septembre 2008, 522; G. Couturier, «Les ruptures d'un commun accord», Dr. Soc. 2008, p. 923; J. Pélissier, «Modernisation de la rupture du contrat de travail», RJS 8-9/2008, p. 679; G. Loiseau, Dr. Soc. 2010, p. 297; Y. Leroy, «La rupture conventionnelle du contrat de travail. Regards sur le contentieux quatre ans après sa mise en place», RJS 4/12, p. 249; C. Taillandier, «La rupture conventionnelle sous l'œil du juge», SSL n° 1552 du 24 septembre 2012; JSL n° 375, 05.11.2014, p. 4, chron. Ph. Pacotte et S. Castano, «Rupture conventionnelle: une nouvelle consécration de la liberté du consentement du salarié»; JCP éd. G 2015, 1148, étude F. Ducloz et J-Fr. Cesaro; LS Dossiers pratiques n° 158 du 02.09.2019 («Dans quels cas peut-on recourir à une rupture conventionnelle individuelle ?»), n° 163 du 09.09.2019 («Comment négocier et faire homologuer une rupture conventionnelle individuelle ?») et n° 166 du 12.09.2019 («La rupture conventionnelle individuelle: conséquences et contestation»).

Voir aussi Guide RF, éd. 2019, «Ruptures conventionnelles, démission et prise d'acte»; RF octobre 2020, Cahier juridique n° 1118, §§ 1640 à 1715; RF Social, décembre 2020, Cahier juridique n° 213, «Ruptures conventionnelles et autres départs négociés».

• *Covid-19.* Voir F. Millot et C. Lefebvre, «La rupture conventionnelle du contrat de travail en période de confinement et de déconfinement», JCP éd. S 2020, act. 237, aperçu rapide.

Art. L. 1237-11. L'employeur et le salarié peuvent convenir en commun des conditions de la rupture du contrat de travail qui les lie.

La rupture conventionnelle, exclusive du licenciement ou de la démission, ne peut être imposée par l'une ou l'autre des parties.

Elle résulte d'une convention signée par les parties au contrat. Elle est soumise aux dispositions de la présente section destinées à garantir la liberté du consentement des parties.

Note **Entrée en vigueur.** Le dispositif de la rupture conventionnelle est applicable depuis le 20 juillet 2008, date d'entrée en vigueur du décret 2008-715 du 18 juillet 2008 portant diverses mesures relatives à la modernisation du marché du travail et créant l'article R. 1237-3 déterminant l'autorité administrative compétente pour statuer sur les demandes d'homologation des ruptures conventionnelles (cass. soc. 5 juillet 2017, n° 16-10.841, BC V n° 115; LS Jurispr. n° 130 du 18.07.2017).

Champ d'application. Les dispositions de cet article relatives à la rupture conventionnelle entre un salarié et son employeur ne sont pas applicables à une convention tripartite conclue entre un salarié et deux employeurs successifs ayant pour objet d'organiser, non pas la rupture, mais la poursuite du contrat de travail (cass. soc. 8 juin 2016, n° 15-17.555, BC V n° 129; RJS 8-9/16 n° 555 et pp. 571 et s., rapp. F. Ducloz: «Mutations intragroupe: faut-il appliquer les règles sur la rupture conventionnelle ?»; JSL n° 414, 25.07.2016, p. 12, C. Mo; JCP éd. S 2016, 1265, note G. Loiseau).

Salariés concernés

• La rupture conventionnelle concerne uniquement les contrats de travail à durée indéterminée. Elle ne peut être envisagée pour rompre un contrat à durée déterminée ou un contrat d'apprentissage (circ. DGT 2009-4 du 17 mars 2009).

• *Salariés absents pour maladie.* Une rupture conventionnelle peut être négociée avec un salarié dont le contrat de travail est suspendu et qui ne bénéficie d'aucune protection particulière à ce titre (par exemple, avec un salarié en congé parental d'éducation, CA Nîmes 12 juin 2012, n° 11/00120, RJS 11/12 n° 875, 1re espèce). Mais le consentement du salarié ne doit pas être vicié. Ainsi, la convention intervenue durant la suspension du contrat de travail pour maladie est valable à condition que le salarié y ait consenti de manière libre et éclairée (cass. soc. 30 septembre 2013, n° 12-19.711, LS Jurispr. n° 194 du 22.10.2013). Mais une rupture conventionnelle signée le jour du retour d'un arrêt de maladie de plusieurs mois, lors d'un seul entretien alors que la salariée n'avait pas été informée de l'objet de l'entretien et mise en mesure de se faire assister, n'est pas valable (CA Amiens, 5e ch. soc., 11 janvier 2012, n° 11/00555).

• *Salariés victimes d'un accident du travail ou d'une maladie professionnelle.* Contrairement à l'administration qui avait considéré qu'aucune rupture conventionnelle ne pouvait être signée lorsque la rupture du contrat de travail est encadrée pendant la période de suspension, notamment durant un congé de maternité ou arrêt de travail consécutif à un accident du travail ou une maladie professionnelle (circ. DGT 2009-4, précitée), la Cour de cassation admet la validité des ruptures conventionnelles conclues alors que le contrat de travail est suspendu du fait d'un accident du travail ou d'une maladie professionnelle, sauf fraude ou vice du consentement (cass. soc. 30 septembre 2014, n° 13-16.297, BC V n° 219; RJS 12/14 n° 855; dans le même sens, voir aussi cass. soc. 16 décembre 2015, n° 13-27.212, BC V n° 262; LSQ n° 16991 du 06.01.2016; RJS 3/16 n° 170).

Il a également été jugé qu'un salarié victime d'un accident du travail déclaré apte avec réserves peut valablement signer une convention de rupture conventionnelle. Cette rupture pourrait toutefois être invalidée si le salarié apportait la preuve que son consentement n'était pas libre ou que l'employeur a contourné son obligation de le réintégrer dans le même emploi ou dans un emploi similaire (cass. soc. 28 mai 2014, n° 12-28.082, BC V n° 129; RJS 8-9/14 n° 627).

De même, sauf cas de fraude ou de vice du consentement, une convention de rupture peut être valablement conclue par un salarié déclaré inapte à son poste à la suite d'un accident du travail (cass. soc. 9 mai 2019, n° 17-28.767, à paraître, LSQ n° 17816 du 15.05.2019; RJS 7/19 n° 417; JSL n° 478, 21.06.2019, p. 4, S. Mayoux).

• *Salariées en congé maternité ou revenant de congé.* Sauf en cas de fraude ou de vice du consentement, une rupture conventionnelle peut être valablement conclue au cours des périodes de suspension du contrat de travail auxquelles la salariée a droit au titre de son congé de maternité, ainsi que pendant les quatre semaines suivant l'expiration de ces périodes (cass. soc. 25 mars 2015, n° 14-10.149, BC V n° 58; LSQ n° 16806 du 01.04.2015; RJS 6/15 n° 407).

• La rupture conventionnelle [telle que prévue par le code du travail] n'est pas applicable aux agents non titulaires de la fonction publique (rép. QE 721, JO AN 13 novembre 2012, p. 6491). Sur le dispositif spécifique de rupture conventionnelle applicable, depuis le 1er janvier 2020, aux agents contractuels de la fonction publique sous contrat à durée indéterminée, aux ouvriers de l'État, aux praticiens en contrat à durée indéterminée des établissements publics de santé et, à titre expérimental du 1er janvier 2020 au 31 décembre 2025, aux fonctionnaires titulaires, voir loi 2019-828 du 6 août 2019, art. 72, JO 7; décrets 2019-1593 et 2019-1596 du 31 décembre 2019, JO 1er janv. 2020, entrée en vigueur le 01.01.2020; arrêté du 6 février 2020, JO 12.

• S'agissant des *salariés protégés*, voir article L. 1237-15.

Conclusion de la convention

• ***Contexte.*** La rupture conventionnelle est une forme de rupture amiable du contrat de travail et la convention de rupture ne peut être valablement conclue que si elle manifeste le consentement libre et non équivoque du salarié pour mettre fin au contrat de travail et si elle respecte les droits auxquels il peut prétendre (CA Riom 18 janvier 2011, n° 10/00658); elle ne peut être imposée par l'une ou l'autre des parties (cass. soc. 23 mai 2013, n° 12-13.865, BC V n° 128; RJS 7/13 n° 534; LS Jurispr. n° 103 du 04.06.2013; 12 février 2014, n° 12-29.208, RJS 5/14 n° 399; 8 juillet 2020, n° 19-15.441, LS Jurispr. n° 171 du 22.09.2020; RJS 10/20 n° 459; JSL n° 505, 12.10.2020, p. 4, D. Fallik). Ainsi, un employeur ne peut pas conclure une rupture conventionnelle avec un salarié à qui il a indiqué dès le premier entretien qu'il entendait, en tout état de cause, rompre le contrat et alors que la procédure s'est déroulée à sa seule initiative sans que le point de vue du salarié ne soit pris en compte (CA Riom, 18 janvier 2011, n° 10/00658, précité; voir aussi CA Riom, 3 janvier 2012, n° 10/02152, s'agissant d'une rupture conventionnelle signée par le salarié sous la menace d'une procédure de licenciement), ni avec un salarié qu'il a menacé de voir ternir la poursuite de son parcours professionnel en raison des erreurs et manquements de sa part justifiant un licenciement et qu'il a incité, par une pression, à choisir la voie de la rupture conventionnelle (cass. soc. 23 mai 2013, n° 12-13.865, précité), ou encore après avoir exercé sur la salariée des pressions en lui délivrant deux avertissements successifs et injustifiés, en la dévalorisant et en dégradant ses conditions de travail alors que sa compétence n'avait jamais été mise en cause auparavant (cass. soc. 8 juillet 2020, n° 19-15.441, précité: à noter que l'argument de l'employeur tenant à l'absence d'action judiciaire de la salariée en contestation de ces avertissements sur le fondement de l'article L. 1333-1 CT n'a pas été retenu par les juges). Mais l'existence, au moment de sa conclusion, d'un différend entre les parties au contrat de travail n'affecte pas par elle-même la validité de la convention (cass. soc. 23 mai 2013, n° 12-13.865, précité; 30 septembre 2013, n° 12-19.711, LS Jurispr. n° 194 du 22.10.2013; 15 janvier 2014, n° 12-23.942, BC V n° 19; RJS 3/14 n° 216; 19 novembre 2014, n° 13-21.979, LSQ n° 16722 du 28.11.2014; RJS 2/15 n° 94; 16 décembre 2015, n° 13-27.212, précité; 8 juillet 2020, n° 19-15.441, précité). De même, le fait que le salarié se trouve en arrêt maladie lors de la signature de la convention de rupture n'affecte pas la validité de cette convention, dès lors que son consentement est libre et éclairé (cass. soc. 30 septembre 2013, n° 12-19.711, précité); à l'inverse, même en l'absence d'arrêt maladie, la constatation de l'existence d'une altération des facultés mentales du salarié, liée à son état de santé (en l'espèce une tumeur au cerveau à évolution lente), lors de la signature de la convention de rupture, de nature à vicier son consentement, affecte la validité de la rupture qui s'analyse en un licenciement sans cause réelle et sérieuse (cass. soc. 16 mai 2018, n° 16-25.852, LS Jurispr. n° 96 du 29.05.2018; RJS 7/18 n° 476; JSL n° 457, 12.07.2018, pp. 25 et s., S. Mayoux). En l'absence de vice du consentement, l'existence de faits de harcèlement moral n'affecte pas non plus, en elle-même, la validité de la convention de rupture (cass. soc. 23 janvier 2019, n° 17-21.550, à paraître, LSQ n° 17746 du 01.02.2019; JCP éd. S 2019, 1057, note G. Loiseau; JSL n° 471, 11.03.2019, pp. 4 et s., J-Ph. Lhernould; Dr. Soc. 2019, p. 268, act. J. Mouly; RJS 4/19 n° 208; LS Jurispr. n° 159 du 03.09.2019, avis C. Courcol-Bouchard; sur l'annulation de la convention de rupture signée par une salariée se trouvant dans une situation de violence morale du fait de l'existence d'un harcèlement moral et des troubles psychologiques qui en résultaient, excluant un consentement valable de sa part, voir cass. soc. 30 janvier 2013, n° 11-22.332, BC V n° 24; RJS 4/13 n° 279; LS Jurispr. n° 103 du 04.06.2013; 29 janvier 2020, n° 18-24.296, LS Jurispr. n° 47 du 10.03.2020; RJS 4/20 n° 175; JCP éd. S 2020, 1099, note J-Y Frouin).

Le défaut d'information du salarié sur la possibilité qui lui est ouverte de prendre contact avec le service public de l'emploi en vue d'envisager la suite de son parcours professionnel n'est susceptible d'entraîner l'annulation de la convention de rupture que lorsqu'il est établi que la liberté de consentement du salarié en a été affectée (cass. soc. 29 janvier 2014, n° 12-25.951, BC V n° 38; RJS 4/14 n° 316, 2e espèce).

À noter que l'employeur peut également obtenir l'annulation d'une rupture conventionnelle lorsque son consentement a été vicié en raison du comportement déloyal du salarié (voir CA Metz 6 mai 2013, n° 11/01105, s'agissant de la dissimulation par le salarié d'un vol commis au préjudice de l'employeur).

Contexte disciplinaire. La signature par les parties au contrat de travail d'une rupture conventionnelle, après l'engagement d'une procédure disciplinaire de licenciement, n'emporte pas renonciation par l'employeur à l'exercice de son pouvoir disciplinaire; il s'ensuit que si le salarié exerce son droit de rétractation de la rupture conventionnelle, l'employeur est fondé à reprendre la procédure disciplinaire par la convocation du salarié à un nouvel entretien préalable dans le respect des dispositions de l'article L. 1332-4 CT et à prononcer une sanction, y compris un licenciement pour faute grave (cass. soc. 3 mars 2015, n° 13-15.551, BC V n° 36; LSQ n° 16789 du 9.03.2015; RJS 5/15 n° 337, 1re espèce; JCP éd. S 2015, 1132, 2e espèce, étude G. Loiseau). Mais la signature par les parties d'une rupture conventionnelle ne constitue pas un acte interruptif de la prescription prévue par l'article L. 1332-4 CT (cass. soc. 3 mars 2015, n° 13-23.348, BC V n° 34; RJS 5/15 n° 337, 2e espèce; JCP éd. S 2015, 1132, 1re espèce, étude G. Loiseau).

Appréciation de l'existence d'un vice du consentement. Les juges du fond disposent d'un pouvoir souverain pour apprécier l'existence ou non d'un vice du consentement (cass. soc. 16 septembre 2015, n° 14-13.830, BC V n° 162; LSQ n° 16921 du 25.09.2015; RJS 12/15 n° 771).

Voir aussi L. de Montvalon, «Rupture conventionnelle et réticence dolosive, quelle protection du consentement face à l'asymétrie d'information ?», JCP éd. S 2020, 1028.

• ***Conclusion d'une convention de rupture conventionnelle après un licenciement ou une démission.*** Lorsque le contrat de travail a été rompu par l'exercice par l'une ou l'autre des parties de son droit de résiliation unilatérale, la signature postérieure d'une rupture conventionnelle vaut renonciation commune à la rupture précédemment intervenue (cass. soc. 3 mars 2015, n° 13-20.549, BC V n° 35; LSQ n° 16789 du 9.03.2015; RJS 5/15 n° 329). Mais encore faut-il que la convention de rupture conventionnelle soit effectivement signée: une simple convocation du salarié à un entretien en vue d'une rupture conventionnelle ne suffit pas (cass. soc. 16 septembre 2015, n° 14-10.291, BC V n° 160; LSQ n° 16921 du 25.09.2015; RJS 12/15 n° 756).

• ***Formalisme.*** Aucun document autre que les imprimés officiels n'est exigé pour formaliser la rupture (CA Aix-en-Provence, 17e ch., 28 juin 2011, n° 10/10365).

La convention doit, à peine de nullité, être établie en deux exemplaires, dont l'un est remis au salarié; la remise d'un exemplaire de la convention au salarié est en effet nécessaire à la fois pour que chacune des parties puisse demander l'homologation de la convention, et pour garantir le libre consentement du salarié, en lui permettant d'exercer ensuite son droit de rétractation en connaissance de cause (cass. soc. 6 février 2013, n° 11-27.000, BC V n° 29; RJS 4/13 n° 280; LS Jurispr. n° 103 du 04.06.2013; 7 mars 2018, n° 17-10.963, LS Jurispr. n° 58 du 27.03.2018; RJS 5/18 n° 321; JSL n° 452, 02.05.2018, p. 29; 23 septembre 2020, n° 18-25.770, à paraître, LSQ n° 18156 du 07.10.2020; RJS 11/20 n° 529; JCP éd. S 2020, 3055, note E. Jeansen; JSL n° 508, 23.11.2020, pp. 22 et s., Ph. Pacotte et R. Leroy). L'exemplaire remis au salarié doit être signé par les deux parties: seule la remise au salarié d'un exemplaire de la convention signé des deux parties lui permet de demander l'homologation de la convention et d'exercer son droit de rétractation en toute connaissance de cause (cass. soc. 3 juillet 2019, n° 17-14.232, à paraître, LSQ n° 17853 du 10.07.2019; JCP éd. S 2019, 1268, note J-Ph. Tricoit; RJS 10/19 n° 561,

2e espèce; Dr. Soc. 2019, p. 964, 1re espèce, act. J. Mouly). Dans l'hypothèse où une première convention, signée par les deux parties, a fait l'objet d'un refus d'homologation par l'autorité administrative, la nouvelle convention rectifiée et envoyée par l'employeur au Direccte [Dreets] pour homologation doit également, à peine de nullité, être signée par le salarié (cass. soc. 24 juin 2020, n° 18-17.262, LS Jurispr. n° 131 du 21.07.2020; RJS 10/20 n° 458).

En cas de contestation, il appartient à celui qui invoque la remise d'un exemplaire de la convention de rupture au salarié d'en rapporter la preuve; ainsi, lorsqu'aucune mention de la remise d'un exemplaire de la convention n'a été portée sur le formulaire et que l'employeur n'apporte aucun élément de preuve tendant à démontrer l'existence de cette remise, la convention de rupture est nulle (cass. soc. 23 septembre 2020, n° 18-25.770, précité). La mention selon laquelle la convention a été établie en deux exemplaires ne fait pas présumer sa remise au salarié (cass. soc. 3 juillet 2019, n° 18-14.414, à paraître, LSQ n° 17853 du 10.07.2019; JSL n° 481, 16.09.2019, p. 11, J-P. Lhernould; JCP éd. S 2019, 1267, note J-Ph. Tricoit; RJS 10/19 n° 561, 1re espèce; Dr. Soc. 2019, p. 964, 2e espèce, act. J. Mouly).

Art. L. 1237-12. Les parties au contrat conviennent du principe d'une rupture conventionnelle lors d'un ou plusieurs entretiens au cours desquels le salarié peut se faire assister:

1° Soit par une personne de son choix appartenant au personnel de l'entreprise, qu'il s'agisse d'un salarié titulaire d'un mandat syndical ou d'un salarié membre d'une institution représentative du personnel ou tout autre salarié;

2° Soit, en l'absence d'institution représentative du personnel dans l'entreprise, par un conseiller du salarié choisi sur une liste dressée par l'autorité administrative.

Lors du ou des entretiens, l'employeur a la faculté de se faire assister quand le salarié en fait lui-même usage. Le salarié en informe l'employeur auparavant; si l'employeur souhaite également se faire assister, il en informe à son tour le salarié.

L'employeur peut se faire assister par une personne de son choix appartenant au personnel de l'entreprise ou, dans les entreprises de moins de cinquante salariés, par une personne appartenant à son organisation syndicale d'employeurs ou par un autre employeur relevant de la même branche.

Note • Aucune disposition ne prévoyant l'obligation de convoquer par écrit le salarié aux entretiens préalables à la signature de la convention, le salarié n'est pas fondé à réclamer une indemnité pour irrégularité de la procédure en raison de l'absence de convocation (CA Lyon, ch. soc., 23 septembre 2011, n° 10/09122).

• Cet article n'instaure aucun délai entre, d'une part, l'entretien au cours duquel les parties conviennent de la rupture conventionnelle et, d'autre part, la signature de la convention de rupture; une convention de rupture ne peut donc être déclarée nulle du seul fait qu'elle a été signée le jour même de l'entretien (cass. soc. 3 juillet 2013, n° 12-19.268, BC V n° 178; RJS 10/13 n° 674; voir aussi cass. soc. 19 novembre 2014, n° 13-21.979, LSQ n° 16722 du 28.11.2014; RJS 2/15 n° 94, s'agissant d'une rupture conventionnelle conclue le lendemain de l'entretien préalable au licenciement).

• Le défaut d'information du salarié d'une entreprise ne disposant pas d'institution représentative du personnel sur la possibilité de se faire assister par un conseiller extérieur, lors de l'entretien au cours duquel les parties conviennent de la rupture du contrat, n'a pas pour effet d'entraîner la nullité de la convention de rupture en dehors des conditions de droit commun; le salarié ne pourra donc obtenir l'annulation de la convention de rupture que si des pressions ou des manœuvres ont été exercées sur lui pour l'inciter à accepter une rupture conventionnelle (cass. soc. 29 janvier 2014, n° 12-27.594, BC V n° 39; RJS 4/14 n° 316, 1re espèce; dans le même sens, voir aussi cass. soc. 19 novembre 2014, n° 13-21.207, LSQ n° 16722 du 28.11.2014).

De même, l'assistance de l'employeur lors de l'entretien préalable à la signature de la convention de rupture ne peut entraîner la nullité de la rupture conventionnelle que si elle a engendré une contrainte ou une pression pour le salarié qui s'est présenté seul à l'entretien (cass. soc. 5 juin 2019, n° 18-10.901, à paraître, LSQ n° 17834 du 13.06.2019; JSL n° 480, 22.07.2019, p. 4, J-Ph. Lhernould; RJS 8-9/19 n° 482).

• Si le défaut du ou des entretiens prévus par cet article entraîne la nullité de la convention de rupture conventionnelle, c'est à celui qui invoque cette cause de nullité d'en établir l'existence (cass. soc. 1er décembre 2016, n° 15-21.609, BC V n° 227; LSQ n° 17215 du 6.12.2016; Dr. Soc. 2017, p. 82, act. J. Mouly; JCP éd. S 2017, 1005, note G. Loiseau; RDT, février 2017, CH, 124, S. Tournaux; JSL n° 423, 2.01.2017, pp. 11 et s., Fr. Taquet; RJS 2/17 n° 98).

Art. L. 1237-13. La convention de rupture définit les conditions de celle-ci, notamment le montant de l'indemnité spécifique de rupture conventionnelle qui ne peut pas être inférieur à celui de l'indemnité prévue à l'article L. 1234-9.

Elle fixe la date de rupture du contrat de travail, qui ne peut intervenir avant le lendemain du jour de l'homologation.

À compter de la date de sa signature par les deux parties, chacune d'entre elles dispose d'un délai de quinze jours calendaires pour exercer son droit de rétractation. Ce droit est exercé sous la forme d'une lettre adressée par tout moyen attestant de sa date de réception par l'autre partie.

Note **Contenu de la convention**

• La convention peut contenir une clause de non-concurrence (CA Bordeaux, ch. soc., 6 mars 2012, n° 11/01545).

• Une clause de renonciation à tout recours contenue dans une convention de rupture doit être réputée non écrite comme contraire à l'article L. 1237-14, sans qu'en soit affectée la validité de la convention elle-même (cass. soc. 26 juin 2013, n° 12-15.208, BC V n° 167; LSQ n° 16377 du 2.07.2013; JSL n° 349, 04.09.2013, p. 10, J-Ph. Lhernould).

Indemnités de rupture

• ***Indemnité spécifique.*** L'indemnité spécifique de rupture conventionnelle est l'un des éléments substantiels de la rupture conventionnelle légale, et, conformément à L. 1231-4 CT qui s'applique en la matière, l'employeur et le salarié ne peuvent renoncer par avance au droit de se prévaloir des règles applicables à la rupture du contrat de travail à durée indéterminée (CA Angers, ch. soc., 5 janvier 2010, n° 09/01048).

Montant. Voir instruction DGT 2009-25 du 8 décembre 2009. Par application de l'article 12 a de l'ANI du 11 janvier 2008 sur la modernisation du marché du travail, modifié par un avenant n° 4 du 18 mai 2009 (lui-même applicable depuis le 17 juin 2009), l'indemnité de rupture conventionnelle ne peut être inférieure ni à l'indemnité légale de licenciement ni à l'indemnité conventionnelle de licenciement prévue par la convention collective applicable; la Cour de cassation a toutefois précisé que cet avenant ne s'applique pas aux entreprises qui ne sont pas membres d'une des organisations signataires de l'ANI du 11 janvier 2008 et dont l'activité ne relève pas du champ d'application d'une convention collective de branche signée par une fédération patronale adhérente du MEDEF, de l'UPA ou de la CGPME, les salariés de ces entreprises ne pouvant donc prétendre qu'à une indemnité de rupture d'un montant minimal égal à celui de l'indemnité de licenciement prévue à l'article L. 1234-9 CT (cass. soc. 27 juin 2018, n° 17-15.948, LS Jurispr. n° 130 du 17.07.2018; RJS 10/18 n° 592).

Lorsque le salarié n'atteint pas la durée d'ancienneté minimale requise par la loi (art. L. 1234-9), il n'a pas droit, sauf disposition conventionnelle plus favorable, à une indemnité de licenciement. La cour d'appel de Montpellier en déduit que le montant de l'indemnité spécifique de rupture peut être égale à zéro (CA Montpellier 1er juin 2011, n° 10-6114, RJS 8-9/11 n° 683). La direction générale du travail est d'un avis différent (circ. DGT 2009-5 du 17 mars 2009); elle préconise une proratisation de l'indemnité en fonction du nombre de mois de présence (par exemple, après 7 mois d'ancienneté, on appliquera la formule: salaire brut mensuel × 1/5 × 7/12).

La jurisprudence a également apporté les précisions suivantes:

– la rupture conventionnelle ne peut être homologuée que si le montant de l'indemnité spécifique est conforme aux textes applicables au jour de la signature de la convention (Cons. prud'h. Valence 14 octobre 2008, n° 08/00501);

– pour un salarié occupé successivement à temps plein et à temps partiel, la rupture conventionnelle ne peut être homologuée que si le montant de l'indemnité spécifique prévu est calculé en fonction des deux périodes de travail, conformément aux modalités de calcul de l'indemnité légale de licenciement (Cons. prud'h. Valence 6 novembre 2008, n° 08/00642);

– pour le calcul de l'indemnité spécifique, l'ancienneté du salarié s'apprécie à la date envisagée de la rupture du contrat et les années incomplètes doivent être prises en compte pour évaluer l'ancienneté (Cons. prud'h. Bobigny 6 avril 2010, n° 08/04910);

– l'absence de demande en annulation de la rupture conventionnelle et, partant, d'invocation de moyens au soutien d'une telle demande n'interdit pas à un salarié d'exiger le respect par l'employeur des dispositions de l'article L. 1237-13 relatives au montant minimal de l'indemnité spécifique (cass. soc. 10 décembre 2014, n° 13-22.134, BC V n° 286; LSQ n° 16735 du 17.12.2014; RJS 2/15 n° 95);

– si la stipulation par les deux parties d'une indemnité dont le montant est inférieur à celle prévue par l'article L. 1237-13 n'entraîne pas, en elle-même, la nullité de la convention de rupture, il appartient aux juges du fond, saisis d'une demande en paiement d'un complément d'indemnité, non pas de procéder à un donné acte dépourvu de portée, mais, par application de ce texte, de procéder, en cas de montant insuffisant de l'indemnité de rupture conventionnelle, à une condamnation pécuniaire (cass. soc. 8 juillet 2015, n° 14-10.139, BC V n° 144; RJS 10/15 n° 639). Sur l'absence de nullité de la convention de rupture en cas de stipulation d'une indemnité inférieure à celle prévue par l'article L. 1237-13 CT, voir cass. soc. 4 novembre 2015, n° 13-27.873, LS Jurispr. n° 206 du 17.11.2015;

– pour les journalistes, dans la mesure où l'article L. 1237-13 se réfère aux seules dispositions de l'article L. 1234-9, le montant minimum de l'indemnité de rupture conventionnelle est celui de l'indemnité de licenciement de droit commun fixé par les articles R. 1234-1 et 2 et non celui de l'indemnité légale de licenciement des journalistes prévue par l'article L. 7112-3 (cass. soc. 3 juin 2015, n° 13-26.799, BC V n° 109; LSQ n° 16850 du 10.06.2015; RJS 8-9/15 n° 564);
– de même, les salariés des offices publics de l'habitat ne peuvent pas se prévaloir des dispositions de l'article 45 du décret 2011-636 du 8 juin 2011, qui institue à leur profit un taux et des modalités de calcul de l'indemnité de licenciement dérogatoires à ceux prévus aux articles R. 1234-1 et R. 1234-2 CT, pour déterminer le montant de l'indemnité spécifique de rupture conventionnelle (cass. soc. 30 septembre 2020, n° 19-15.675, à paraître, LS Jurispr. n° 190 du 20.10.2020);
– en cas d'expatriation et lorsque la convention collective applicable aligne le montant de l'indemnité spécifique sur celui de l'indemnité conventionnelle, la prise en charge par l'employeur des impôts dus par l'intéressé sur ses revenus salariaux perçus dans le pays d'accueil constitue un avantage contractuel devant être pris en compte dans l'assiette de calcul de l'indemnité spécifique (cass. soc. 1er décembre 2016, n° 15-15.100, BC V n° 226; RJS 2/17 n° 153).

• ***Indemnité compensatrice de congés payés.*** Le manquement de l'employeur à son obligation de paiement de l'indemnité compensatrice de congés payés n'est pas de nature à mettre en cause la validité de la rupture conventionnelle (CA Rennes, 8e ch., 6 janvier 2012, n° 10/01589). De même, le retard apporté au règlement de l'indemnité ou la circonstance que son montant ne soit pas conforme aux dispositions de la convention collective ne sont pas de nature à remettre en cause la validité de la rupture conventionnelle (CA Reims 16 mai 2012, n° 11/00624 et Bordeaux 22 mai 2012, n° 11/05856, RJS 10/12 n° 792).

Date de la rupture. Aux termes du 2e alinéa de cet article, la convention de rupture fixe la date de rupture du contrat de travail, qui ne peut intervenir avant le lendemain du jour de l'homologation par l'autorité administrative; il en résulte que c'est à compter de cette date que commence à courir le délai ouvert à l'employeur pour renoncer à faire jouer la clause de non-concurrence éventuellement prévue (cass. soc. 29 janvier 2014, n° 12-22.116, BC V n° 35; RJS 4/14 n° 318); dans le même sens, voir aussi cass. soc. 3 mars 2015, n° 13-20.549, BC V n° 35; LSQ n° 16789 du 9.03.2015; RJS 5/15 n° 329: en cas de rupture conventionnelle postérieure à un licenciement, la date à prendre en compte pour vérifier si l'employeur a renoncé dans les temps à la clause de non-concurrence est celle de la rupture conventionnelle inscrite dans la convention de rupture.

A violé l'article L. 1237-13 le conseil de prud'hommes qui a ordonné la délivrance par l'employeur de l'attestation Pôle emploi et du certificat de travail rectifiés, mentionnant comme date de fin de contrat celle de l'homologation de la rupture le 2 janvier 2012, à la place de celle du 15 janvier 2012, alors que cette dernière date était celle prévue par la convention de rupture (cass. soc. 18 février 2015, n° 13-23.880, LS Jurispr. n° 45 du 10.03.2015; RJS 5/15 n° 331).

À noter que l'erreur commune de date fixée par les parties antérieurement au lendemain de l'homologation n'entraîne pas, en elle-même, la nullité de la convention de rupture, et il appartient aux juges du fond, saisis d'une demande en annulation de la convention, de rectifier la date de la rupture (cass. soc. 8 juillet 2015, n° 14-10.139, précité).

Droit de rétractation. Le délai de 15 jours débute le lendemain de la date de signature de la convention et se termine le quinzième jour suivant à minuit (circ. DGT 2008-11 du 22 juillet 2008). C'est seulement le lendemain que les parties peuvent adresser leur convention à l'administration pour homologation. Dès lors que le salarié a bien bénéficié d'un délai de 15 jours pour exercer son droit de rétractation, peu importe que la date d'expiration du délai mentionnée dans son formulaire de rupture conventionnelle ne corresponde pas à celle indiquée sur l'exemplaire adressé à l'administration (CA Paris 22 février 2012, n° 10/04217, RJS 5/12 n° 478).

En application de cet article, une partie à une convention de rupture peut valablement exercer son droit de rétractation dès lors qu'elle adresse à l'autre partie, dans le délai de 15 jours calendaires, une lettre de rétractation; c'est donc à la date d'envoi de cette lettre – et non à la date de sa réception par l'autre partie – qu'il convient de se placer pour apprécier si le droit de rétractation a été exercé dans le délai imparti par la loi (cass. soc. 14 février 2018, n° 17-10.035, BC V n° 22; LSQ n° 17516 du 22.02.2018; RJS 4/18 n° 254; JSL n° 452, 02.05.2018, pp. 10 et s., H. Nasom-Tissandier; JCP éd. S 2018, 1153, note L. Cailloux-Meurice; voir aussi cass. soc. 19 juin 2019, n° 18-22.897, LSQ n° 17845 du 28.06.2019; JSL n° 482, 26.09.2019, p. 4, Ph. Pacotte et R. Leroy; RJS 8-9/19 n° 483, s'agissant de l'exercice du droit de rétraction par l'employeur).

Lorsque la date de signature de la convention de rupture, non mentionnée sur la convention, est incertaine et qu'il n'est pas possible de déterminer le point de départ du délai de rétractation, la convention est nulle (cass. soc. 27 mars 2019, n° 17-23.586, LS Jurispr. n° 80 du 30.04.2019; RJS 6/19 n° 347; JSL n° 477, 11.06.2019, pp. 27 et s., J-Ph. Lhernould). Mais une erreur commise dans la convention de rupture sur la date d'expiration du délai de 15 jours prévu par cet article ne peut entraîner la nullité de cette convention que si elle a eu pour effet de vicier le consentement de l'une des parties ou de la priver de la possibilité d'exercer son droit à rétractation (cass. soc. 29 janvier 2014, n° 12-24.539, BC V n° 40; RJS 4/14 n° 316, 3e espèce).

Art. L. 1237-14

La lettre de rétractation doit nécessairement être envoyée à l'autre partie signataire de la rupture conventionnelle; la rétractation n'est donc pas valable si la lettre est adressée à l'administration (cass. soc. 6 octobre 2015, n° 14-17.539, BC V n° 188; LSQ n° 16934 du 14.10.2015; RJS 12/15 n° 772). Le droit de rétractation peut s'exercer par courrier électronique à condition que la partie qui exerce ce droit puisse justifier de la date de réception de la missive par l'autre partie (CA Bourges, ch. soc., 16 septembre 2011, n° 10/01735).

Sur la nécessité de respecter le délai de rétractation avant de demander l'homologation de la convention, voir note sous L. 1237-14.

Sur l'articulation entre une rupture conventionnelle pour laquelle le salarié a fait jouer son droit de rétractation et un licenciement disciplinaire, voir note sous article L. 1332-4.

Art. L. 1237-14. À l'issue du délai de rétractation, la partie la plus diligente adresse une demande d'homologation à l'autorité administrative, avec un exemplaire de la convention de rupture. Un arrêté du ministre chargé du travail fixe le modèle de cette demande.

L'autorité administrative dispose d'un délai d'instruction de quinze jours ouvrables, à compter de la réception de la demande, pour s'assurer du respect des conditions prévues à la présente section et de la liberté de consentement des parties. À défaut de notification dans ce délai, l'homologation est réputée acquise et l'autorité administrative est dessaisie.

La validité de la convention est subordonnée à son homologation.

L'homologation ne peut faire l'objet d'un litige distinct de celui relatif à la convention. Tout litige concernant la convention, l'homologation ou le refus d'homologation relève de la compétence du conseil des prud'hommes, à l'exclusion de tout autre recours contentieux ou administratif. Le recours juridictionnel doit être formé, à peine d'irrecevabilité, avant l'expiration d'un délai de douze mois à compter de la date d'homologation de la convention.

Note • Voir arrêté du 8 février 2012 (JO 17) fixant les modèles des formulaires de rupture conventionnelle d'un contrat de travail à durée indéterminée et de demande d'homologation et du formulaire de rupture conventionnelle d'un contrat de travail à durée indéterminée d'un salarié protégé.

Ces formulaires sont accessibles pour impression sur les sites: *www.service-public.fr* et *https://travail-emploi.gouv.fr*. Depuis le 1er février 2013, sauf pour les salariés protégés, le formulaire de demande d'homologation peut être rempli en ligne sur le site: *www.telerc.travail.gouv.fr* (voir arrêté du 24 janvier 2013 et délibération CNIL 2013-027 du 17 janvier 2013, JO 14 mars).

• *Covid-19.* Voir RF 30 avril 2020, FH 3840, 5-1 à 5-5.

• Une partie à une convention de rupture ne peut valablement demander l'homologation de cette convention à l'autorité administrative avant l'expiration du délai de rétractation de quinze jours prévu par l'article L. 1237-13 (cass. soc. 14 janvier 2016, n° 14-26.220, BC V n° 10; RJS 3/16 n° 171; 6 décembre 2017, n° 16-16.851, LS Jurispr. n° 1 du 02.01.2017; RJS 3/18 n° 180); en effet, le non-respect de ce délai de réflexion, laissé au salarié comme à l'employeur, vicie substantiellement la procédure et justifie à lui seul le refus de la rupture (cass. soc. 14 janvier 2016, n° 14-26.220, précité). Dans l'hypothèse où une première convention a fait l'objet d'un refus d'homologation par l'autorité administrative et qu'une nouvelle convention a été signée, le salarié doit bénéficier d'un nouveau délai de rétractation; à défaut, la seconde convention de rupture est nulle (cass. soc. 13 juin 2018, n° 16-24.830, à paraître, LSQ n° 17597 du 25.06.2018; JSL n° 458, 31.07.2018, p. 4, J.-Ph. Lhernould; Dr. Soc. 2018, p. 759, act. J. Mouly; RJS 8-9/18 n° 527).

• Tant que la convention n'est pas homologuée, le contrat de travail produit tous ses effets, le salarié devant, en échange du versement de son salaire, se trouver à son poste (CA Rouen, ch. soc., 27 avril 2010, n° 09/04792).

• Il résulte du 2e alinéa de cet article que doit être regardée comme implicitement homologuée toute convention de rupture pour laquelle une décision administrative expresse n'est pas parvenue aux parties à la convention dans les 15 jours ouvrables à compter de la réception de la demande d'homologation (cass. soc. 16 décembre 2015, n° 13-27.212, BC V n° 262; LSQ n° 16991 du 06.01.2016; RJS 3/16 n° 170).

• Une décision de refus d'homologation d'une convention de rupture ne créant de droits acquis ni au profit des parties à la convention ni au profit des tiers, une telle décision peut être légalement retirée par son auteur; un Direccte [Dreets] peut donc refuser d'homologuer une convention de rupture puis prendre une décision d'homologation au vu de pièces complémentaires transmises par l'employeur (cass. soc. 12 mai 2017, n° 15-24.220, BC V n° 81; LSQ n° 17328 du 17.05.2017; JCP éd. S 2017, 1290, note L. Flament; RJS 7/17 n° 472).

• L'irrégularité commise par l'employeur qui entraîne un refus d'homologation ne peut pas justifier une prise d'acte de la rupture du contrat à ses torts (CA Orléans, ch. soc. 8, 8 février 2011, n° 10/02280).

• En l'absence d'homologation de la convention, le salarié ne peut pas prétendre aux allocations chômage (CA Paris, ch. 2-2, 6 avril 2012, n° 11/06828).

• **Possibilité de prendre acte de la rupture du contrat de travail entre le terme du délai de rétractation et la date d'effet de la rupture conventionnelle. Conditions.** Il résulte des articles L. 1237-13 et 14 qu'en l'absence de rétractation de la convention de rupture, un salarié ne peut prendre acte de la rupture du contrat de travail, entre la date d'expiration du délai de rétractation et la date d'effet prévue de la rupture conventionnelle, que pour des manquements survenus ou dont il a eu connaissance au cours de cette période. Ainsi, une fois la rupture conventionnelle acquise faute de rétractation, les manquements antérieurs ne peuvent plus être invoqués par le salarié à l'appui de sa prise d'acte sauf s'il n'en a pas encore eu connaissance (cass. soc. 6 octobre 2015, n° 14-17.539, BC V n° 188; LSQ n° 16934 du 14.10.2015; RJS 12/15 n° 772).

• **Recours juridictionnel.** Si, aux termes du 4e alinéa de cet article, l'homologation ne peut faire l'objet d'un litige distinct de celui relatif à la convention, le législateur n'a pas pour autant entendu modifier les principes généraux applicables à la décision administrative que constitue l'homologation; ainsi, l'annulation d'un refus d'homologation a pour effet de ressaisir, dans les conditions du droit commun, l'autorité compétente à qui il appartient de statuer en tenant compte de l'autorité de la chose jugée. En aucun cas le conseil des prud'hommes n'est compétent pour accorder, en lieu et place de l'autorité administrative, l'homologation d'une convention de rupture conventionnelle (circ. DGT 2009-04 du 17 mars 2009; cass. soc. 14 janvier 2016, n° 14-26.220, précité).

L'annulation de la convention de rupture conventionnelle doit être demandée dans les 12 mois de son homologation; passé ce délai, la convention devient définitive et toute demande au titre de la rupture du contrat de travail est irrecevable. Ainsi, lorsque l'annulation de la rupture conventionnelle n'a pas été demandée dans le délai légal, les juges du fond n'ont plus à statuer sur une demande en résiliation judiciaire du contrat de travail devenue sans objet, peu important qu'elle soit antérieure à la rupture conventionnelle (cass. soc. 10 avril 2013, n° 11-15.651, BC V n° 98; RJS 6/13 n° 445; LS Jurispr. n° 103 du 04.06.2013). Ce délai s'applique également à l'action en paiement de l'indemnité spécifique de rupture conventionnelle (cass. soc. 20 novembre 2019, n° 18-10.499, LS Jurispr. n° 9 du 14.01.2020; RJS 2/20 n° 85).

En cas de décision d'homologation implicite, il a été jugé qu'à partir du moment où la convention de rupture a été exécutée (en l'espèce, signature d'un reçu pour solde de tout compte mentionnant le versement d'une indemnité conventionnelle de rupture et réception des documents de fin de contrat) et où le salarié a disposé du temps nécessaire pour introduire un recours contre la convention de rupture avant l'expiration du délai de 12 mois prévu à cet article, le salarié est irrecevable à demander la nullité de la convention postérieurement à ce délai (cass. soc. 6 décembre 2017, n° 16-10.220, BC V n° 205; JCP éd. S 2018, 1005, note G. François; RJS 2/18 n° 106; JSL n° 448, 01.03.2018, pp. 14 et s., C. Arandel et V. Rustarazo; Dr. Soc. 2018, pp. 302 et s., act. J. Mouly; RDT, mai 2018, CH, 392, J. Morin). À noter également que la Cour de cassation a proposé, dans son rapport annuel 2017, qu'il soit fait obligation à l'administration, par voie réglementaire, d'adresser un récépissé à chacune des parties de toute demande d'homologation, de telle manière que l'une et l'autre partie aient la possibilité en toute circonstance de connaître la date exacte de la demande d'homologation, afin de pouvoir en déduire, le cas échéant, la date de la décision implicite d'homologation, point de départ du délai de recours (*https://www.courdecassation.fr/publications_26/rapport_annuel_36/rapport_2017_8791/suggestions_modifications_8800/reforme_matiere_8803/b._suggestions_nouvelles_39475.html*).

Si la fraude peut écarter la prescription de 12 mois prévue au 4e alinéa de cet article, c'est à la condition qu'elle ait eu pour finalité d'empêcher la contestation dans le délai requis; tel n'est pas le cas, par exemple, de la fraude de l'employeur ayant consisté à avoir eu recours à une rupture conventionnelle afin de se soustraire à la mise en place d'un plan de sauvegarde de l'emploi (cass. soc. 22 juin 2016, n° 15-16.994, BC V n° 133; LSQ n° 17117 du 06.07.2016; RJS 10/16 n° 620).

Dans l'hypothèse où une fraude permettant d'écarter le délai de prescription d'un an est reconnue, elle a pour effet d'en reporter le point de départ au jour où celui qui l'invoque en a eu connaissance (cass. soc. 22 juin 2016, n° 15-16.994, précité).

• **Conséquences de l'annulation de la convention de rupture.** Lorsque la convention de rupture est annulée, la rupture produit les effets d'un licenciement sans cause réelle et sérieuse et les sommes perçues par le salarié en exécution de cette convention doivent être restituées (cass. soc. 30 mai 2018, n° 16-15.273, à paraître, LS Jurispr. n° 111 du 19.06.2018; RJS 8-9/18 n° 528; Dr. Soc. 2018, p. 756, act. J. Mouly; JCP éd. S 2018, 1218, note G. Loiseau; JSL n° 457, 12.07.2018, p. 19; RDT, septembre 2018, CH, 594, L. Bento de Carvalho). Voir aussi L. Bento de Carvalho, «Indemnisation de la rupture conventionnelle viciée: quelles stratégies contentieuses face au " barème Macron " ?», JCP éd. S 2020, 3028.

À noter par ailleurs que le salarié déclaré apte avec restriction à la suite d'un accident du travail et ayant signé une rupture conventionnelle ne peut pas prétendre au bénéfice de l'indemnité pour inobservation de la procédure de licenciement prévue à l'article L. 1226-15 (cass. soc. 9 juillet 2014, n° 13-18.696, BC V n° 185; RJS 10/14 n° 677).

Art. R. 1237-3. ***(D. 2008-715 du 18 juil. 2008, JO 19)*** L'autorité administrative compétente pour l'homologation de la convention de rupture prévue à l'article L. 1237-14 est le ***(D. 2020-1545 du 9 déc. 2020, JO 10, entrée en vigueur le 01.04.2021)*** « directeur régional de l'économie, de l'emploi, du travail et des solidarités » du lieu où est établi l'employeur.

Art. L. 1237-15. Les salariés bénéficiant d'une protection mentionnés aux articles L. 2411-1 et L. 2411-2 peuvent bénéficier des dispositions de la présente section. Par dérogation aux dispositions de l'article L. 1237-14, la rupture conventionnelle est soumise à l'autorisation de l'inspecteur du travail dans les conditions prévues au chapitre Ier du titre Ier du livre IV, à la section 1 du chapitre Ier et au chapitre II du titre II du livre IV de la deuxième partie. Dans ce cas, et par dérogation aux dispositions de l'article L. 1237-13, la rupture du contrat de travail ne peut intervenir que le lendemain du jour de l'autorisation.

(L. 2011-867 du 20 juil. 2011, art. 6, JO 24) « Pour les médecins du travail, la rupture conventionnelle est soumise à l'autorisation de l'inspecteur du travail, après avis du médecin inspecteur du travail. »

Note • À noter que si la cour d'appel de Paris a jugé que, dans la mesure où les candidats aux élections des délégués du personnel n'étaient pas compris dans la liste limitative figurant aux articles L. 2411-1 et 2 CT, la convention de rupture signée avec un salarié protégé à ce titre n'était pas subordonnée à l'autorisation de l'inspecteur du travail (CA Paris 22 février 2012, n° 10/04217, RJS 5/12 n° 478), l'administration considère que cette procédure d'autorisation administrative ne peut être regardée comme limitée aux seuls salariés détenteurs de mandats en cours et qu'elle s'applique à la rupture conventionnelle du contrat de tout salarié bénéficiant d'une protection contre le licenciement, y compris le représentant de la section syndicale bénéficiant d'un régime de protection équivalent à celui du délégué syndical, par renvoi général de l'article L. 2142-1-2 CT aux dispositions du livre IV de la deuxième partie du code sur les salariés protégés (circ. DGT 07/2012 du 30 juillet 2012 relative aux décisions administratives en matière de rupture ou de transfert du contrat de travail des salariés protégés, fiche 14, 1.1.2). De même, la rupture conventionnelle du contrat de travail des maires et adjoints au maire des communes d'au moins 10 000 habitants qui n'ont pas cessé leur activité professionnelle doit être autorisée préalablement par l'inspecteur du travail, ceux-ci étant considérés, en application de l'article L. 2123-9, alinéa 4 CGCT, comme des salariés protégés au sens du livre IV de la deuxième partie du code du travail (cass. soc. 4 novembre 2020, n° 19-11.865, à paraître, SSL 2020 n° 1929, p. 15 ; JCP éd. S 2020, 3099, note M. Pellissier et K. Pagani).

• Sur la rupture conventionnelle du contrat de travail des salariés protégés, voir aussi note introductive du chapitre Ier du titre Ier du livre IV de la deuxième partie du code, au-dessus de l'article L. 2411-1.

Art. L. 1237-16. La présente section n'est pas applicable aux ruptures de contrats de travail résultant :

(Ord. 2017-1387 du 22 sept. 2017, art. 12, JO 23) « 1° Des accords issus de la négociation mentionnée ***(Ord. 2017-1718 du 20 déc. 2017, art. 1er, I, 22°, JO 21)*** « aux articles L. 2242-20 et L. 2242-21 » ; »

2° Des plans de sauvegarde de l'emploi dans les conditions définies par l'article L. 1233-61 ;

(Ord. 2017-1387 du 22 sept. 2017, art. 12, JO 23) « 3° Des accords collectifs ***(L. 2018-217 du 29 mars 2018, art. 11, I, 11°, JO 31)*** « mentionnés à l'article L. 1237-17. »

Note • Ce texte ne prohibe pas les ruptures conventionnelles pour motif économique. L'article L. 1233-3 CT prévoit que les dispositions relatives au licenciement économique sont applicables à toute rupture du contrat de travail, à l'exclusion de la rupture conventionnelle visée aux articles L. 1237-11 et s., ce qui laisse entendre qu'il y a place pour des ruptures conventionnelles ayant une cause économique.

Dans ce sens, voir instruction DGT n° 2 du 23 mars 2010 relative à l'incidence d'un contexte économique difficile sur la rupture conventionnelle d'un contrat de travail à durée indéterminée. Voir également cass. soc. 29 octobre 2014, n° 13-11.542, JSL n° 379, 08.01.2015, p. 22, Fr. Taquet.

• Pour le ministre du Travail, la possibilité de signer une rupture conventionnelle dans une entreprise rencontrant des difficultés économiques est maintenue dans le cadre posé par la loi du 14 juin 2013 de sécurisation de l'emploi (rép. QE 29982, JO AN 3 septembre 2013, p. 9339).

• Lorsqu'elles ont une cause économique et s'inscrivent dans un processus de réduction des effectifs dont elles constituent la ou l'une des modalités, les ruptures conventionnelles doivent être prises en compte pour déterminer la procédure d'information et de consultation des représentants du personnel applicable ainsi que les obligations de l'employeur en matière de plan de sauvegarde de l'emploi (cass. soc. 9 mars 2011, n° 10-11.581, BC V n° 70; J. Pélissier, «Ruptures conventionnelles assujetties au droit du licenciement économique», SSL 2011 n° 1484, p. 7; G. Couturier «Ruptures conventionnelles et licenciements collectifs», RJS 5/11, p. 347; RDT 2011, p. 226, rapp. J-M Béraud). Cependant, seules comptent les ruptures conventionnelles homologuées par l'administration, puisque, en l'absence d'homologation, le contrat de travail n'est pas rompu (cass. soc. 29 octobre 2013, n° 12-15.382, BC V n° 253; LSQ n° 16461 du 6.11.2013; RJS 1/14 n° 25).

SECTION 4. Rupture d'un commun accord dans le cadre d'un accord collectif

Note • Cette section est issue de l'ordonnance 2017-1387 du 22 septembre 2017, art. 10, I, JO 23, entrée en vigueur au plus tard le 01.01.2018.

• Voir J-M Mir et F. Aknin, «Les nouvelles ruptures amiables prévues par accord collectif», JCP éd. S 2017, 1317.

Voir aussi Guide RF, éd. 2019, «Ruptures conventionnelles, démission et prise d'acte»; RF octobre 2020, Cahier juridique n° 1118, §§ 1730 à 1755 («Rupture conventionnelle collective») et §§ 1770 à 1779 («Rupture d'un commun accord dans le cadre d'un congé de mobilité»); RF Social, décembre 2020, Cahier juridique n° 213, «Ruptures conventionnelles et autres départs négociés».

Art. L. 1237-17. Un accord collectif portant gestion prévisionnelle des emplois et des compétences ou rupture conventionnelle collective peut définir les conditions et modalités de la rupture d'un commun accord du contrat de travail qui lie l'employeur et le salarié.

Ces ruptures, exclusives du licenciement ou de la démission, ne peuvent être imposées par l'une ou l'autre des parties. Elles sont soumises aux dispositions de la présente section.

Sous-section 1. Congés de mobilité

Note Les congés de mobilité conclus en application d'un accord collectif relatif à la gestion prévisionnelle des emplois et des compétences et acceptés par les salariés avant l'entrée en vigueur de l'ordonnance 2017-1387 du 22 septembre 2017, JO 23, continuent à produire leurs effets jusqu'à leur terme dans les conditions applicables antérieurement à cette date (ordonnance précitée, art. 40, IV).

Art. L. 1237-18. ***(L. 2018-217 du 29 mars 2018, art. 11, I, 12°, JO 31)*** «Un congé de mobilité peut être proposé par l'employeur soit dans le cadre d'un accord portant rupture conventionnelle collective conclu dans les conditions prévues aux articles L. 1237-19 à L. 1237-19-8, soit dans les entreprises ayant conclu un accord collectif portant sur la gestion des emplois et des compétences.»

Le congé de mobilité a pour objet de favoriser le retour à un emploi stable par des mesures d'accompagnement, des actions de formation et des périodes de travail.

Art. L. 1237-18-1. Les périodes de travail du congé de mobilité peuvent être accomplies au sein ou en dehors de l'entreprise qui a proposé le congé.

Elles peuvent prendre soit la forme d'un contrat de travail à durée indéterminée, soit celle d'un contrat de travail à durée déterminée conclu en application du 1° de l'article L. 1242-3 dans une limite fixée par l'accord collectif. Dans ce dernier cas, le congé de mobilité est suspendu et reprend à l'issue du contrat pour la durée du congé restant à courir.

Art. L. 1237-18-2. L'accord collectif détermine:

1° La durée du congé de mobilité;

2° Les conditions que doit remplir le salarié pour en bénéficier;

3° Les modalités d'adhésion du salarié à la proposition de l'employeur, comprenant les conditions d'expression de son consentement écrit, et les engagements des parties;

4° L'organisation des périodes de travail, les conditions auxquelles il est mis fin au congé et les modalités d'accompagnement des actions de formation envisagées;

5° Le niveau de la rémunération versée pendant la période du congé de mobilité;

6° Les conditions d'information des institutions représentatives du personnel;

7° Les indemnités de rupture garanties au salarié, qui ne peuvent être inférieures aux indemnités légales dues en cas de licenciement pour motif économique.

Art. L. 1237-18-3. Le montant de la rémunération versée pendant la période du congé de mobilité est au moins égal au montant de l'allocation prévue au 3° de l'article L. 5123-2.

Art. L. 1237-18-4

(L. 2020-1576 du 14 déc. 2020, art. 8, III, 3°, JO 15) «Cette rémunération est soumise, dans la limite des douze premiers mois du congé pouvant être portés à vingt-quatre mois en cas de formation de reconversion professionnelle, au même régime social que celui de l'allocation versée au bénéficiaire du congé de reclassement prévue au dernier alinéa de l'article L. 1233-72.»

Note Les dispositions de cet article, dans sa rédaction issue de la loi 2020-1576 précitée, s'appliquent aux avantages dus à compter du 01.01.2021 (loi précitée, art. 8, VII).

Art. L. 1237-18-4. L'acceptation par le salarié de la proposition de congé de mobilité emporte rupture du contrat de travail d'un commun accord des parties à l'issue du congé.

Les salariés bénéficiant d'une protection mentionnée au chapitre Ier du titre Ier du livre IV de la deuxième partie peuvent bénéficier du congé de mobilité. Par dérogation au premier alinéa du présent article, la rupture amiable dans le cadre du congé de mobilité est soumise à l'autorisation de l'inspecteur du travail dans les conditions prévues au chapitre Ier du titre II du livre IV de la deuxième partie. Dans ce cas la rupture du contrat de travail ne peut intervenir que le lendemain du jour de l'autorisation.

Pour les médecins du travail, la rupture du contrat est soumise à l'autorisation de l'inspecteur du travail, après avis du médecin inspecteur du travail.

Art. L. 1237-18-5. L'autorité administrative du lieu où l'entreprise concernée par l'accord de gestion prévisionnelle des emplois et des compétences est établie est informée par l'employeur des ruptures prononcées dans le cadre du congé de mobilité dans des conditions prévues par décret.

Art. D. 1237-4. ***(D. 2017-1724 du 20 déc. 2017, JO 22)*** L'autorité administrative mentionnée à l'article L. 1237-18-5 est le ***(D. 2020-1545 du 9 déc. 2020, JO 10, entrée en vigueur le 01.04.2021)*** «directeur régional de l'économie, de l'emploi, du travail et des solidarités» du lieu où se situe le siège social de l'entreprise concernée par l'accord de gestion prévisionnelle des emplois et des compétences.

Art. D. 1237-5. ***(D. 2017-1724 du 20 déc. 2017, JO 22)*** Pour l'application de l'article L. 1237-18-5, l'employeur transmet à l'autorité administrative un document d'information sur les ruptures prononcées dans le cadre du congé de mobilité fixé par arrêté du ministre chargé de l'emploi tous les six mois à compter du dépôt de l'accord.

Ce document précise notamment :

1° Le nombre de ruptures de contrat de travail intervenues à la suite d'un congé de mobilité ;

2° Les mesures de reclassement mises en place dans le cadre de ce congé telles que les actions de formation, les périodes de travail en entreprise et les mesures d'accompagnement ;

3° La situation des salariés au regard de l'emploi à l'issue du congé de mobilité.

Note • Les informations et demandes mentionnées aux articles D. 1237-5, D. 1237-7, D. 1237-8, D. 1237-11 et D. 1237-12 CT sont transmises par voie dématérialisée sur le système d'information RUPCO, dont l'adresse internet est *https://ruptures-collectives.emploi.gouv.fr*, ou, en cas de dysfonctionnement de ce système, par tout autre moyen permettant de conférer une date certaine (arrêté du 21 octobre 2019, JO 25, entrée en vigueur le 02.12.2019, relatif à la dématérialisation des procédures de licenciement collectif pour motif économique et de rupture conventionnelle collective).

À noter que, pour les informations et demandes mentionnées aux articles D. 1237-7, D. 1237-8, D. 1237-11 et D. 1237-12 CT, ce nouveau portail internet remplace le portail «Si-PSE-RCC» *(https://www.portail-pse-rcc.emploi.gouv.fr)*, qui était ouvert depuis le 04.01.2018 (voir arrêté du 29 décembre 2017, JO 5 janv. 2018, modifié par arrêté du 9 janvier 2018, JO 12 ; voir aussi note sous article D. 1237-7).

• Sur le contenu de la fiche descriptive relative au bilan des ruptures de contrat de travail intervenues suite à l'acceptation d'un congé de mobilité, voir arrêté du 8 octobre 2018 (JO 13).

Sous-section 2. Rupture d'un commun accord dans le cadre d'un accord collectif portant rupture conventionnelle collective

Note • Les règles de validité des accords visées à l'article L. 2232-12 CT sont applicables aux accords collectifs portant rupture conventionnelle collective prévus à cette sous-section. Dans l'attente de la mise en place du comité social et économique, les attributions de cette instance prévues à cette sous-section sont exercées par le comité d'entreprise ou, le cas échéant, les délégués du personnel (ordonnance 2017-1387 du 22 septembre 2017, art. 40, III, JO 23).

• Voir le «Questions - Réponses» sur la rupture conventionnelle collective du 13 avril 2018 (mis à jour en novembre 2019), accessible sur le site du ministère du Travail à l'adresse suivante : *https://travail-emploi.gouv.fr/IMG/pdf/book_rcc_maj_nov2019.pdf*.

• Voir aussi R. Dalmasso, «La " rupture conventionnelle collective ": une chimère ?», Dr. Ouvr. 2017, p. 649; J. Grangé, «La rupture conventionnelle collective, mode d'emploi»: JCP éd. S 2018, act. 178 (aperçu rapide); D. Baugard, «L'impact de la rupture conventionnelle collective sur les plans de départs volontaires dits autonomes: quelques observations», RJS 10/18, p. 687; LS Dossier convention collective n° 217 du 30.11.2018, «Négocier sur la rupture conventionnelle collective»; M. Gadrat, «De l'avantage du recours à la rupture conventionnelle collective», Dr. Soc. 2019, p. 239; Ph. Rozec, «La rupture conventionnelle collective: un dispositif en quête de place», JCP éd. S 2020, 2088; I. Meftah, «Les départs provoqués: les plans de départs volontaires et ruptures conventionnelles collectives», RJS 6/20, chron. p. 399; N. Léger, A. Stocki et Y. Tarasewicz, «Du bon usage de la rupture conventionnelle collective», LS Dossier pratique n° 203 du 09.11.2020.

• Sur l'application des dispositions de cette sous-section dans la fonction publique, voir loi 2019-828 du 6 août 2019, art. 73, JO 7.

Art. L. 1237-19. Un accord collectif peut déterminer le contenu d'une rupture conventionnelle collective excluant tout licenciement pour atteindre les objectifs qui lui sont assignés en termes de suppression d'emplois.

L'administration est informée sans délai de l'ouverture d'une négociation en vue de l'accord précité.

Art. L. 1237-19-1. L'accord portant rupture conventionnelle collective détermine:

1° Les modalités et conditions d'information du comité social et économique ***(L. 2018-217 du 29 mars 2018, art. 11, I, 13°, JO 31)*** «, s'il existe»;

2° Le nombre maximal de départs envisagés, de suppressions d'emplois associées, et la durée ***(L. 2018-217 du 29 mars 2018, art. 11, I, 13°, JO 31)*** «pendant laquelle des ruptures de contrat de travail peuvent être engagées sur le fondement de l'accord;»

3° Les conditions que doit remplir le salarié pour en bénéficier;

4° Les modalités de présentation et d'examen des candidatures au départ des salariés, comprenant les conditions de transmission de l'accord écrit du salarié au dispositif prévu par l'accord collectif;

(L. 2018-217 du 29 mars 2018, art. 11, I, 13°, JO 31) «4° *bis* Les modalités de conclusion d'une convention individuelle de rupture entre l'employeur et le salarié et d'exercice du droit de rétractation des parties;»

5° Les modalités de calcul des indemnités de rupture garanties au salarié, qui ne peuvent être inférieures aux indemnités légales dues en cas de licenciement;

6° Les critères de départage entre les potentiels candidats au départ;

7° Des mesures visant à faciliter ***(L. 2018-217 du 29 mars 2018, art. 11, I, 13°, JO 31)*** «l'accompagnement et» le reclassement externe des salariés sur des emplois équivalents, telles que ***(L. 2018-217 du 29 mars 2018, art. 11, I, 13°, JO 31)*** «le congé de mobilité dans les conditions prévues aux articles L. 1237-18-1 à L. 1237-18-5,» des actions de formation, de validation des acquis de l'expérience ou de reconversion ou des actions de soutien à la création d'activités nouvelles ou à la reprise d'activités existantes par les salariés;

8° Les modalités de suivi de la mise en œuvre effective de l'accord portant rupture conventionnelle collective.

Note • Cet article a été modifié par l'ordonnance 2017-1718 du 20 décembre 2017, art. 1er, I, 26°, JO 21.

• Pour un modèle d'accord portant rupture conventionnelle collective, voir JCP éd. S 2020, 2089, formule L. Thiébaut et V. Manigot.

Art. L. 1237-19-2. L'acceptation par l'employeur de la candidature du salarié dans le cadre de la rupture conventionnelle collective emporte rupture du contrat de travail d'un commun accord des parties ***(L. 2018-217 du 29 mars 2018, art. 11, I, 14°, JO 31)*** «, le cas échéant dans les conditions prévues à l'article L. 1237-18-4».

Les salariés bénéficiant d'une protection mentionnée au chapitre Ier du titre Ier du livre IV de la deuxième partie peuvent bénéficier des dispositions de l'accord portant rupture conventionnelle collective. Par dérogation au premier alinéa du présent article, la rupture d'un commun accord dans le cadre de la rupture conventionnelle collective est soumise à l'autorisation de l'inspecteur du travail dans les conditions prévues au chapitre Ier du titre II du livre IV de la deuxième partie. Dans ce cas la rupture du contrat de travail ne peut intervenir que le lendemain du jour de l'autorisation.

Pour les médecins du travail, la rupture du contrat est soumise à l'autorisation de l'inspecteur du travail, après avis du médecin inspecteur du travail.

Art. L. 1237-19-3

Art. L. 1237-19-3. L'accord collectif mentionné à l'article L. 1237-19 est transmis à l'autorité administrative pour validation.

(L. 2018-217 du 29 mars 2018, art. 11, I, 15°, JO 31) «L'autorité administrative valide l'accord collectif dès lors qu'elle s'est assurée:

1° De sa conformité au même article L. 1237-19;

2° De la présence des clauses prévues à l'article L. 1237-19-1;

3° Du caractère précis et concret des mesures prévues au 7° du même article L. 1237-19-1;

4° Le cas échéant, de la régularité de la procédure d'information du comité social et économique.»

Note • Sur les premières précisions apportées par le juge administratif concernant les modalités d'application de cette nouvelle procédure de validation des accords collectifs portant rupture conventionnelle collective, à l'occasion de l'appréciation de la légalité du contrôle opéré par le Direccte [Dreets] sur un accord portant rupture conventionnelle collective, voir TA Cergy-Pontoise 16 octobre 2018, n° 1807099, LSQ n° 17679 du 24.10.2018; RDT, novembre 2018, CH, 762, F. Géa; JSL n° 465-466, 28.12.2018, p. 36, J-M. Albiol et J. Verneret; F. Champeaux, «La RCC cheval de Troie du PSE», SSL 26 novembre 2018 n° 1838, p. 5. Confirmant ce jugement, la cour administrative d'appel de Versailles (CAA Versailles 14 mars 2019, n° 18VE04158, LSQ n° 17784 du 27.03.2019; JSL n° 475, 07.05.2019, p. 4 , J-M. Albiol et J. Verneret), première à se prononcer sur la validité d'un accord collectif portant rupture conventionnelle collective, a notamment retenu qu'un contexte de suppressions de postes pour motif économique n'interdit pas, en soi, de recourir à la rupture conventionnelle collective et que l'absence de consultation des représentants du personnel (CSE ou, à défaut, CE et CHSCT) au titre de leurs compétences générales n'est pas de nature à entraîner l'annulation de la décision de validation du Direccte [Dreets], lequel n'est tenu que de s'assurer, le cas échéant, de la régularité de la procédure d'information de ces représentants au regard des modalités fixées par l'accord portant rupture conventionnelle collective lui-même, en application de l'article L. 1237-19-1 CT.

• Voir aussi SSL n° 1838, 26.11.2018, p. 3, «L'expérience des PSE nourrit l'approche de l'administration de la RCC», entretien avec C. Cherubini.

Art. L. 1237-19-4. L'autorité administrative notifie à l'employeur la décision de validation dans un délai de quinze jours à compter de la réception de l'accord collectif mentionné à l'article L. 1237-19.

Elle la notifie, dans les mêmes délais, au comité social et économique ***(L. 2018-217 du 29 mars 2018, art. 11, I, 16°, JO 31)*** «, s'il existe,» et aux ***(Ord. 2017-1718 du 20 déc. 2017, art. 1er, I, 27°, JO 21)*** «signataires de l'accord». La décision prise par l'autorité administrative est motivée.

Le silence gardé par l'autorité administrative ***(Ord. 2017-1718 du 20 déc. 2017, art. 1er, I, 27°, JO 21)*** «à l'issue du délai» prévu au premier alinéa vaut décision d'acceptation de validation. Dans ce cas, l'employeur transmet une copie de la demande de validation, accompagnée de son accusé de réception par l'administration, au comité social et économique ***(L. 2018-217 du 29 mars 2018, art. 11, I, 16°, JO 31)*** «, s'il existe,» et aux ***(Ord. 2017-1718 du 20 déc. 2017, art. 1er, I, 27°, JO 21)*** «signataires de l'accord».

La décision de validation ou, à défaut, les documents mentionnés au ***(Ord. 2017-1718 du 20 déc. 2017, art. 1er, I, 27°, JO 21)*** «troisième» alinéa et les voies et délais de recours sont portés à la connaissance des salariés par voie d'affichage sur leurs lieux de travail ou par tout autre moyen permettant de conférer date certaine à cette information.

Note *Covid-19*. Voir RF 30 avril 2020, FH 3840, 5-1 à 5-5.

Art. L. 1237-19-5. L'autorité administrative compétente pour prendre la décision de validation est celle du lieu où l'entreprise ou l'établissement concerné par le projet ***(Ord. 2017-1718 du 20 déc. 2017, art. 1er, I, 28°, JO 21)*** «d'accord portant rupture conventionnelle collective» est établi. Si le projet d'accord portant rupture conventionnelle collective porte sur des établissements relevant de la compétence d'autorités différentes, ***(D. 2020-88 du 5 févr. 2020, art. 1er, 2°, JO 6)*** «l'autorité administrative compétente est désignée dans les conditions prévues par décret en Conseil d'État».

Art. L. 1237-19-6. ***(L. 2018-217 du 29 mars 2018, art. 11, I, 17°, JO 31)*** En cas de refus de validation, un nouvel accord peut être négocié, qui tient compte des éléments de motivation accompagnant la décision de l'administration. Le comité social et économique, s'il existe, est informé de la reprise de la négociation. Le nouvel accord conclu est transmis à l'autorité administrative, qui se prononce dans les conditions prévues aux articles L. 1237-19-3 et L. 1237-19-4.

Art. L. 1237-19-7. Le suivi de la mise en œuvre de l'accord portant rupture conventionnelle collective fait l'objet ***(L. 2018-217 du 29 mars 2018, art. 11, I, 18°, JO 31)*** «, s'il existe,» d'une consultation régulière et détaillée du comité social et économique dont les avis sont transmis à l'autorité administrative.

L'autorité administrative est associée au suivi de ces mesures et reçoit un bilan, établi par l'employeur, de la mise en œuvre de l'accord portant rupture conventionnelle collective.

Art. L. 1237-19-8. L'accord collectif mentionné à l'article L. 1237-19, le contenu de l'accord portant rupture conventionnelle collective, et la régularité de la procédure précédant la décision de l'autorité administrative ne peuvent faire l'objet d'un litige distinct de celui relatif à la décision de validation mentionnée à l'article L. 1237-19-3.

Les recours contre la décision de validation sont formés, instruits et jugés dans les conditions définies à l'article L. 1235-7-1.

Toute autre contestation portant sur la rupture du contrat doit être formée, à peine d'irrecevabilité, avant l'expiration d'un délai de douze mois à compter de la date de la rupture du contrat.

Art. L. 1237-19-9. Lorsque les suppressions d'emplois résultant de l'accord collectif prévu à l'article L. 1237-19 affectent, par leur ampleur, l'équilibre du ou des bassins d'emploi dans lesquels ***(Ord. 2017-1718 du 20 déc. 2017, art. 1er, I, 30°, JO 21)*** «ils sont implantés», les entreprises ou les établissements d'au moins mille salariés ainsi que les entreprises mentionnées à l'article L. 2331-1 et celles répondant aux conditions mentionnées aux articles L. 2341-1 et L. 2341-2, dès lors qu'elles emploient au total au moins mille salariés, sont ***(Ord. 2017-1718 du 20 déc. 2017, art. 1er, I, 30°, JO 21)*** «tenus» de contribuer à la création d'activités et au développement des emplois et d'atténuer les effets de l'accord portant rupture conventionnelle collective envisagé sur les autres entreprises dans le ou les bassins d'emploi.

Ces dispositions ne sont pas applicables dans les entreprises en redressement ou en liquidation judiciaire.

Art. L. 1237-19-10. Une convention entre l'entreprise et l'autorité administrative, conclue dans un délai de six mois à compter de la validation prévue à l'article L. 1237-19-3, détermine, le cas échéant sur la base d'une étude d'impact social et territorial prescrite par l'autorité administrative, la nature ainsi que les modalités de financement et de mise en œuvre des actions prévues à l'article L. 1237-19-9.

La convention tient compte des actions de même nature éventuellement mises en œuvre par anticipation dans le cadre d'un accord collectif relatif à la gestion prévisionnelle des emplois et des compétences ou prévues dans le cadre d'un accord collectif portant rupture conventionnelle collective établi par l'entreprise ou prévues dans le cadre d'une démarche volontaire de l'entreprise faisant l'objet d'un document-cadre conclu entre l'État et l'entreprise. Le contenu et les modalités d'adoption de ce document sont définis par décret. Lorsqu'un accord collectif de groupe, d'entreprise ou d'établissement prévoit des actions de telle nature, assorties d'engagements financiers de l'entreprise au moins égaux au montant de la contribution prévue à l'article L. 1237-19-11, cet accord tient lieu, à la demande de l'entreprise, de la convention prévue au présent article entre l'entreprise et l'autorité administrative, sauf opposition de cette dernière motivée et exprimée dans les deux mois suivant la demande.

Art. L. 1237-19-11. Le montant de la contribution versée par l'entreprise ne peut être inférieur à deux fois la valeur mensuelle du salaire minimum de croissance par emploi supprimé. Toutefois, l'autorité administrative peut fixer un montant inférieur lorsque l'entreprise est dans l'incapacité d'assurer la charge financière de cette contribution.

En l'absence de convention signée ou d'accord collectif en tenant lieu, les entreprises versent au Trésor public une contribution égale au double du montant prévu au premier alinéa.

Art. L. 1237-19-12. Les actions prévues à l'article L. 1237-19-9 sont déterminées après consultation des collectivités territoriales intéressées, des organismes consulaires et des partenaires sociaux membres de la commission paritaire interprofessionnelle régionale.

Leur exécution fait l'objet d'un suivi et d'une évaluation, sous le contrôle de l'autorité administrative, selon des modalités définies par décret. Ce décret détermine également les conditions dans lesquelles les entreprises dont le siège n'est pas implanté dans le bassin d'emploi affecté par l'accord portant rupture conventionnelle collective contribuent aux actions prévues.

Art. L. 1237-19-13. Les maisons de l'emploi peuvent participer, dans des conditions fixées par voie de convention avec les entreprises intéressées, à la mise en œuvre des mesures relatives à la revitalisation des bassins d'emploi.

Art. L. 1237-19-14. Une convention-cadre nationale de revitalisation est conclue entre le ministre chargé de l'emploi et l'entreprise lorsque les suppressions d'emplois concernent au moins trois départements.

Il est tenu compte, pour la détermination du montant de la contribution mentionnée à l'article L. 1237-19-11, du nombre total des emplois supprimés.

La convention-cadre est signée dans un délai de six mois à compter de la ***(Ord. 2017-1718 du 20 déc. 2017, art. 1er, I, 31°, JO 21)*** «décision de» validation prévue à l'article L. 1237-19-3.

Elle donne lieu, dans un délai de quatre mois à compter de sa signature, à une ou plusieurs conventions locales conclues entre le représentant de l'État et l'entreprise. Ces conventions se conforment au contenu de la convention-cadre nationale.

Art. R. *1237-6. ***(D. 2017-1723 du 20 déc. 2017, JO 22)*** L'autorité administrative mentionnée aux articles L. 1237-19-3 à L. 1237-19-5, L. 1237-19-7 et L. 1237-19-8 est le ***(D. 2020-1545 du 9 déc. 2020, JO 10, entrée en vigueur le 01.04.2021)*** «directeur régional de l'économie, de l'emploi, du travail et des solidarités» dont relève l'établissement en cause.

Art. R. 1237-6-1. ***(D. 2017-1723 du 20 déc. 2017, JO 22)*** Lorsque le projet d'accord collectif portant rupture conventionnelle collective inclut des établissements relevant de la compétence de plusieurs ***(D. 2020-1545 du 9 déc. 2020, JO 10, entrée en vigueur le 01.04.2021)*** «directeurs régionaux de l'économie, de l'emploi, du travail et des solidarités», l'employeur informe le directeur régional du siège de l'entreprise de son intention d'ouvrir une négociation en application de l'article L. 1237-19.

(D. 2020-88 du 5 févr. 2020, art. 1er, 4°, JO 6) «Le ***(D. 2020-1545 du 9 déc. 2020, JO 10, entrée en vigueur le 01.04.2021)*** «directeur régional de l'économie, de l'emploi, du travail et des solidarités» compétent est celui dans le ressort duquel se situe:

1° Le siège de l'entreprise;

2° Le siège de l'entreprise principale en cas d'unité économique et sociale;

3° Le siège de l'entreprise dominante en cas d'accord de groupe;

4° La succursale dont le nombre d'emplois concernés est le plus élevé en cas d'entreprise internationale dont le siège est situé à l'étranger.

Le directeur régional concerné informe l'employeur de sa compétence par tout moyen permettant de conférer une date certaine. L'employeur en informe, sans délai et par tout moyen, le comité social et économique ainsi que les organisations syndicales représentatives.»

Art. D. 1237-7. ***(D. 2017-1724 du 20 déc. 2017, JO 22)*** L'employeur informe par la voie dématérialisée le ***(D. 2020-1545 du 9 déc. 2020, JO 10, entrée en vigueur le 01.04.2021)*** «directeur régional de l'économie, de l'emploi, du travail et des solidarités» de son intention d'ouvrir une négociation en application de l'article L. 1237-19.

Note • Les informations et les demandes mentionnées à cet article ainsi qu'aux articles D. 1237-8, D. 1237-11 et D. 1237-12 sont transmises par voie dématérialisée depuis le 4 janvier 2018 (arrêté du 29 décembre 2017, JO 5 janv. 2018, modifié par arrêté du 9 janvier 2018, JO 12).

Sur la procédure de transmission dématérialisée, voir note sous article D. 1237-5.

• À Mayotte, jusqu'au 31 décembre 2024, les envois des informations et demandes mentionnées à cet article ainsi qu'aux articles D. 1237-8, D. 1237-11 et D. 1237-12 sont effectués par tout moyen permettant de conférer une date certaine (décret 2018-1337 du 28 décembre 2018, art. 10, JO 30).

Art. D. 1237-8. ***(D. 2017-1724 du 20 déc. 2017, JO 22)*** La transmission de l'accord au ***(D. 2020-1545 du 9 déc. 2020, JO 10, entrée en vigueur le 01.04.2021)*** «directeur régional de l'économie, de l'emploi, du travail et des solidarités» prévue à l'article L. 1237-19-3 est faite par la voie dématérialisée.

Note Voir notes sous articles D. 1237-5 et D. 1237-7.

Art. D. 1237-9. ***(D. 2017-1724 du 20 déc. 2017, JO 22)*** Le délai prévu à l'article L. 1237-19-4 court à compter de la réception du dossier complet par le ***(D. 2020-1545 du 9 déc. 2020, JO 10, entrée en vigueur le 01.04.2021)*** « directeur régional de l'économie, de l'emploi, du travail et des solidarités ».

Le dossier est complet lorsqu'il comprend l'accord prévu à l'article L. 1237-19, ainsi que les informations permettant de vérifier la régularité des conditions dans lesquelles il a été conclu et, le cas échéant, la mise en œuvre effective de l'information du comité social et économique prévue au 1° de l'article L. 1237-19-1.

En cas d'absence de comité social et économique par suite d'une carence constatée dans les conditions prévues à l'article L. 2314-9, l'employeur joint à la demande de validation le procès-verbal constatant cette carence.

Le ***(D. 2020-1545 du 9 déc. 2020, JO 10, entrée en vigueur le 01.04.2021)*** « directeur régional de l'économie, de l'emploi, du travail et des solidarités » informe sans délai et par tout moyen permettant de conférer une date certaine l'employeur, les signataires de l'accord et, le cas échéant, le comité social et économique que le dossier est complet.

Dans le délai prévu à l'article L. 1237-19-4, l'autorité administrative peut demander, le cas échéant, tout élément justificatif complémentaire à l'employeur afin de lui permettre d'opérer le contrôle prévu à l'article L. 1237-19-3.

Art. D. 1237-10. ***(D. 2017-1724 du 20 déc. 2017, JO 22)*** La décision de validation du ***(D. 2020-1545 du 9 déc. 2020, JO 10, entrée en vigueur le 01.04.2021)*** « directeur régional de l'économie, de l'emploi, du travail et des solidarités » prévue à l'article L. 1237-19-4 est adressée dans le délai mentionné à ce même article par tout moyen permettant de conférer une date certaine à l'employeur, aux signataires de l'accord, ainsi qu'au comité social et économique le cas échéant.

Art. D. 1237-11. ***(D. 2017-1724 du 20 déc. 2017, JO 22)*** La nouvelle demande mentionnée à l'article L. 1237-19-6 est transmise par la voie dématérialisée prévue à l'article D. 1237-8.

Note Voir notes sous articles D. 1237-5 et D. 1237-7.

Art. D. 1237-12. ***(D. 2017-1724 du 20 déc. 2017, JO 22)*** Le bilan de la mise en œuvre de l'accord portant rupture conventionnelle collective mentionné à l'article L. 1237-19-7, dont le contenu est fixé par arrêté du ministre chargé de l'emploi, est transmis au ***(D. 2020-1545 du 9 déc. 2020, JO 10, entrée en vigueur le 01.04.2021)*** « directeur régional de l'économie, de l'emploi, du travail et des solidarités » compétent par voie dématérialisée au plus tard un mois après la fin de la mise en œuvre des mesures prévues au 7° de l'article L. 1237-19-1.

Note
- Sur le contenu de la fiche descriptive relative au bilan de la mise en œuvre effective de la rupture conventionnelle collective, voir arrêté du 8 octobre 2018 (JO 13).
- Voir aussi notes sous articles D. 1237-5 et D. 1237-7.

CHAPITRE VIII Dispositions pénales

Art. L. 1238-1. Le fait de porter ou de tenter de porter atteinte à l'exercice régulier des fonctions de conseiller du salarié, notamment par la méconnaissance des articles L. 1232-8 à L. 1232-12 et L. 1232-14, est puni d'un emprisonnement d'un an et d'une amende de 3750 €.

Art. L. 1238-2. Le fait de procéder à un licenciement sans accomplir les consultations du ***(Ord. 2017-1386 du 22 sept. 2017, art. 4, 20°, JO 23, entrée en vigueur au plus tard le 01.01.2018)*** « comité social et économique » prévues aux articles ***(Ord. 2017-1386 du 22 sept. 2017, art. 4, 60°, JO 23, entrée en vigueur au plus tard le 01.01.2018)*** « L. 1233-29 », L. 1233-30, L. 1233-34 et L. 1233-35, est puni d'une amende de 3 750 €, prononcée autant de fois qu'il y a de salariés concernés par l'infraction.

Art. L. 1238-3. Le fait de ne pas respecter le délai d'envoi des lettres de licenciement prévu à l'article L. 1233-39 est puni d'une amende de 3750 €, prononcée autant de fois qu'il y a de salariés concernés par l'infraction.

Art. L. 1238-4. Le fait de procéder à un licenciement sans le notifier à l'autorité administrative dans les conditions prévues à l'article L. 1233-46 est puni d'une amende de 3750 €, prononcée autant de fois qu'il y a de salariés concernés par l'infraction.

Art. L. 1238-5. En cas de redressement ou de liquidation judiciaire, le fait pour l'employeur, l'administrateur ou le liquidateur de ne pas respecter les dispositions des articles L. 1233-58 et L. 1233-60 est puni d'une amende de 3750 €, prononcée autant de fois qu'il y a de salariés concernés par l'infraction.

Art. R. 1238-1. Le fait de méconnaître les dispositions des articles L. 1233-5 à L. 1233-7, relatives aux critères d'ordre des licenciements, est puni de l'amende prévue pour les contraventions de la quatrième classe.

Note Aucun texte ne prévoit que la responsabilité des personnes morales peut être engagée à l'occasion de cette contravention (cass. crim. 18 avril 2000, n° 99-85.183, B. crim. n° 153; Dr. Soc. 2000, p. 794).

Art. R. 1238-2. Le fait de procéder à un licenciement collectif pour motif économique de moins de dix salariés dans une même période de trente jours sans informer l'autorité administrative du ou des licenciements prononcés, en méconnaissance des dispositions de l'article L. 1233-19 ***(D. 2009-289 du 13 mars 2009, JO 15)*** «ou sans mentionner dans son information les renseignements prévus à l'article D. 1233-3», est puni de l'amende prévue pour les contraventions de la quatrième classe.

Note Voir note sous article R. 1238-1.

Art. R. 1238-3. Le fait de ne pas délivrer au salarié un certificat de travail, en méconnaissance des dispositions de l'article L. 1234-19, est puni de l'amende prévue pour les contraventions de la quatrième classe.

Art. R. 1238-5. Le fait de méconnaître les dispositions des articles D. 1233-4 à D. 1233-10, relatives à l'information de l'autorité administrative lors d'un licenciement pour motif économique de dix salariés et plus dans une même période de trente jours, est puni de l'amende prévue pour les contraventions de la quatrième classe.

Art. R. 1238-6. Le fait de méconnaître les dispositions des articles R. 1233-15 et R. 1233-16, relatives au licenciement économique dans le cadre d'un redressement ou d'une liquidation judiciaire, est puni de l'amende prévue pour les contraventions de la quatrième classe.

Art. R. 1238-7. Le fait de méconnaître les dispositions des articles R. 1234-9 à R. 1234-12, relatives à l'attestation d'assurance chômage, est puni de l'amende prévue pour les contraventions de la cinquième classe.

TITRE IV CONTRAT DE TRAVAIL À DURÉE DÉTERMINÉE

Note Voir notamment LS Les Thématiques n° 62, octobre 2018, «Le contrat à durée déterminée - Des possibilités de recours au CDD à la cessation du contrat»; G. Cette et F. Petit, «Les contrats de travail courts: définition, diversité, usages abusifs et modalités de réduction», Dr. Soc. 2018, p. 816; RF Social, juin 2020, Cahier juridique n° 208, «Le contrat à durée déterminée».

Voir aussi «Le recours aux contrats courts - Enquête qualitative auprès des employeurs menée en 2017-2018», Crédoc et Unédic, Éclairages, octobre 2018 (*https://www.unedic.org/sites/default/files/2018-10/Enque%CC%82te%20sur%20le%20recours%20aux%20contrats%20courts-Une%CC%81dic-octobre%202018.pdf*); D. Baugard, E. Heyer et B. Coquet, «Quels instruments juridiques pour limiter le recours aux contrats courts ?», RDT, juillet/août 2019, CO, 452.

CHAPITRE Ier Champ d'application

Art. L. 1241-1. Les dispositions du présent titre ne s'appliquent ni au contrat d'apprentissage ni au contrat de mission conclu avec une entreprise de travail temporaire.

CHAPITRE II Conclusion et exécution du contrat

SECTION 1. Conditions de recours

Sous-section 1. Cas de recours

Art. L. 1242-1. Un contrat de travail à durée déterminée, quel que soit son motif, ne peut avoir ni pour objet ni pour effet de pourvoir durablement un emploi lié à l'activité normale et permanente de l'entreprise.

Note La règle posée par cet article est générale. Son inobservation peut entraîner la requalification en contrat à durée indéterminée alors même que le contrat a été conclu, dans un des cas prévus par la loi, pour une durée déterminée (voir aussi article L. 1245-1).

• **Contrats saisonniers.** Les contrats saisonniers sont des contrats à durée indéterminée lorsque la durée d'emploi coïncide avec la durée de l'ouverture de l'entreprise; le contrat saisonnier est utilisé pour pourvoir durablement un emploi lié à l'activité normale et permanente de l'entreprise lorsqu'il est conclu pendant plusieurs saisons consécutives et il est requalifié par les juges en contrat à durée indéterminée (cass. soc. 22 janvier 1991, n° 87-45.139, BC V n° 30; RJS 3/91 n° 316: la conclusion de deux contrats «saisonniers» correspondant à toute la durée d'ouverture de l'établissement – cinq mois par an – établit une relation de travail à durée indéterminée; 6 juin 1991, n° 87-45.308, BC V n° 288; RJS 7/91 n° 817: contrat d'un chef de rang pour la saison correspondant à la période d'activité de l'établissement, le contrat est qualifié de contrat à durée indéterminée; 2 février 1994, n° 89-44.219, Dr. Soc. 1994, p. 372: le salarié employé pendant plus de vingt ans pendant toutes les périodes d'activité de l'entreprise – remontées mécaniques dans une station de ski – est lié à l'employeur par une relation de travail d'une durée globale indéterminée; dans le même sens, cass. soc. 13 décembre 1995, n° 92-42.713, RJS 2/96 n° 101; 7 avril 1998, n° 95-43.091, BC V n° 199; Dr. Soc. 1998, p. 802: succession de contrats d'hôtesses et de stewards qui ont permis à un transporteur aérien d'employer des salariés tout au long de l'année, dans des emplois liés à l'activité normale et permanente de l'entreprise; 18 décembre 2019, n° 18-21.870: le salarié employé par quatre contrats «saisonniers» sur la période du 10 juillet 2012 au 6 mai 2013, à l'exception de 17 jours du 21 juillet au 6 août 2012 et de 4 jours du 1er juillet au 4 décembre 2012, n'a pas été affecté à l'accomplissement de tâches à caractère strictement saisonnier et non durables et est lié à l'employeur par un contrat à durée indéterminée).

Mais les contrats saisonniers successifs ne peuvent pas être requalifiés en contrat à durée indéterminée si le salarié saisonnier n'est pas employé pendant toute la période d'ouverture ou de fonctionnement de l'entreprise (cass. soc. 15 octobre 2002, n° 00-41.759, BC V n° 306; RJS 12/02 n° 1362; 16 novembre 2004, n° 02-46.777, BC V n° 285; Dr. Soc. 2005, p. 98, obs. Cl. Roy-Loustaunau).

Voir LS Dossier pratique n° 116 du 25.06.2020, «Contrats saisonniers: comment sécuriser leur utilisation ?».

Voir aussi, sur les clauses de reconduction des contrats saisonniers, articles L. 1244-2 et s.

• **Contrats d'usage.** La requalification par application de l'ancien article L. 122-1 [L. 1242-1] concernait également les contrats conclus dans certains secteurs d'activité où il est d'usage constant de ne pas recourir au contrat à durée indéterminée: cass. soc. 20 juillet 1994, n° 91-41.055; 8 mars 1994, n° 90-42.506 (contrats conclus dans l'hôtellerie avec un salarié en qualité d'extra pendant onze mois pour un nombre important d'heures chaque mois; l'emploi est permanent et le contrat doit être requalifié contrat à durée indéterminée); 26 mai 1994, n° 90-43.840, RJS 7/94 n° 846 (contrats d'animateurs de centre de loisirs, conclus pendant plusieurs années avec les mêmes salariés; ils sont requalifiés en contrat à durée indéterminée, car l'emploi est lié à l'activité normale et permanente du centre de loisirs); 18 janvier 1995, n° 91-41.771, RJS 3/95 n° 210 (contrat entre un centre d'expression corporelle et un professeur de danse pour la durée de l'année scolaire, renouvelé pendant six ans: requalification en contrat à durée indéterminée); 23 mai 1995, n° 92-43.085, BC V n° 166; RJS 7/95 n° 758 (le contrat d'une danseuse pour paraître dans un corps de ballet est lié non à un spectacle déterminé mais à l'activité normale et permanente de l'entreprise; la salariée occupée sans interruption pendant sept ans obtient la requalification du contrat en contrat à durée indéterminée); 25 mars 1998, n° 95-41.466, BC V n° 172; RJS 5/98 n° 575 (doit être requalifié en contrat à durée indéterminée le contrat à durée déterminée d'un maître auxiliaire renouvelé d'année scolaire en année scolaire pendant huit ans sans interruption autre que celle correspondant à la durée des vacances scolaires, l'emploi occupé ne présentant plus un caractère temporaire).

La Cour de cassation a ensuite opéré un revirement de jurisprudence. Dans quatre arrêts rendus le 26 novembre 2003, elle décide que les juges du fond doivent seulement rechercher, en ce qui concerne l'emploi des intéressés, s'il était ou non d'usage constant de ne pas recourir au contrat à durée indéterminée dans le secteur d'activité dont relevait l'employeur. Ils n'ont pas à tenir compte du nombre de renouvellements et du fait que le salarié occupait un emploi lié à l'activité normale et permanente (cass. soc. 26 novembre 2003, 4 arrêts, nos 01-44.263, 01-44.381, 01-42.977 et 01-47.035, BC V n° 298; RJS 1/04 n° 9; dans le même sens, cass. soc. 4 février 2004, n° 01-45.010, RJS 6/04 n° 657; 25 mai 2005, n° 04-40.169, BC V n° 178; RJS 8-9/05 n° 847).

Nouveau revirement. Tenant compte de la position adoptée par la CJCE dans un arrêt du 4 juillet 2006 (aff. C-212/04, rec. p. I-6057; S. Laulom, SSL suppl. n° 1288, p. 1), la Cour de cassation impose désormais aux juges du fond «de vérifier que le recours à l'utilisation de contrats successifs est justifié par des raisons objectives qui s'entendent de l'existence d'éléments concrets établissant le caractère par nature temporaire de l'emploi (cass. soc. 23 janvier 2008, n° 06-44.197, BC V n° 16, arrêt n° 2; RJS 3/08 n° 256, 1re espèce: requalification en CDI de CDD successifs durant quatorze années scolaires d'un professeur d'éducation artistique; 23 janvier 2008, n° 06-43.040, BC V n° 16, arrêt n° 1; RJS 3/08 n° 256, 2e espèce: requalification en CDI de CDD successifs d'un journaliste pigiste s'étalant sur dix-neuf ans; 24 septembre 2008, n° 06-43.529, BC V n° 174; RJS 11/08 n° 1077; 26 mai 2010, n° 08-43.050, BC V n° 110; RJS 8-9/10 n° 644; 20 novembre 2019, n° 18-15.696, JCP éd. S 2019, 1371, note Fr. Bousez; RJS 2/20 n° 77, 2e espèce: requalification en CDI de CDD conclus pendant 4 années consécutives avec un institut de sondages en qualité de télé-enquêteur puis de superviseur; 14 octobre 2020, n° 18-26.830: requalification en CDI de 500 CDD d'extras conclus avec une salariée pour des vacations d'une à quatre journées en moyenne sur une période de près de 6 ans, sur des emplois d'hôtesse de table puis de maître d'hôtel, indispensables à l'activité normale et permanente de l'employeur). La vérification opérée par le juge du fond sur le caractère, par nature temporaire, de l'emploi doit se faire *in concreto*. Pour une illustration dans le secteur du sport professionnel, dans le cadre législatif antérieur à la loi 2015-1541 du 27 novembre 2015 (voir *infra* «Sportifs professionnels»), voir cass. soc. 17 décembre 2014, n° 13-23.176, BC V n° 295; RJS 3/15 n° 175: l'aléa sportif et le résultat des compétitions ne dispensent pas les juges de vérifier si, compte tenu des diverses tâches occupées successivement par un salarié pendant 17 ans en qualité d'entraîneur, l'utilisation de CDD successifs était justifiée par l'existence d'éléments concrets et précis établissant le caractère par nature temporaire de son emploi; voir aussi cass. soc. 4 décembre 2019, n° 18-11.989, à paraître, JCP éd. S 2020, 1021, note Fr. Bousez; RJS 2/20 n° 77, 1re espèce (sur la nécessité de motiver le recours à un tel contrat, voir aussi note sous article L. 1242-12). Le pouvoir d'appréciation du juge du fond est souverain (cass. soc. 26 mai 2010, n° 08-43.050, précité). La chambre criminelle de la Cour de cassation fait la même lecture des dispositions légales que la chambre sociale (cass. crim. 6 mai 2008, n° 06-82.366, B. crim. n° 105; RJS 8-9/08 n° 870: CDD dans le secteur du déménagement; la cour d'appel aurait dû préciser en quoi les emplois concernés présentaient par nature un caractère temporaire). Voir aussi notes sous articles L. 1242-2 et D. 1242-1.

Cette nouvelle jurisprudence ne fait pas obstacle à la régularité du contrat à durée déterminée d'une très longue durée (19 ans) dans le secteur de l'édition phonographique (cass. soc. 4 février 2009, n° 08-40.184, BC V n° 31; RJS 4/09 n° 320).

La Cour de cassation considère également que la création par accord collectif d'un contrat d'intervention à durée déterminée d'optimisation linéaire est assortie de garanties adéquates contre le recours à des contrats de travail à durée déterminée visant à éluder la protection contre le licenciement instituée par l'article 2 § 3 de la convention 158 de l'OIT, dans la mesure où cet accord comporte un renvoi aux dispositions du code du travail régissant les contrats à durée déterminée, lesquelles visent à prévenir le recours abusif à ces contrats en sanctionnant par la requalification en contrat à durée indéterminée la conclusion de tout contrat à durée déterminée ayant pour objet ou pour effet de pourvoir durablement un emploi lié à l'activité normale et permanente de l'entreprise (cass. soc. 20 février 2019, n° 17-16.450, à paraître, LS Jurispr. n° 43 du 05.03.2019; RJS 5/19 n° 277; JSL n° 474, 23.04.2019, p. 26, D. J.-P).

• **Contrats de remplacement.** La possibilité donnée à l'employeur de conclure avec le même salarié des CDD successifs pour remplacer un ou des salariés absents ou dont le contrat de travail est suspendu ne peut avoir pour objet ni pour effet de pourvoir durablement un emploi lié à l'activité normale et permanente de l'entreprise; il en résulte que l'employeur ne peut recourir de façon systématique aux contrats à durée déterminée de remplacement pour faire face à un besoin structurel de main-d'œuvre (cass. soc. 11 octobre 2006, n° 05-42.632, BC V n° 299).

Toutefois, le seul fait pour l'employeur, qui est tenu de garantir aux salariés le bénéfice des droits à congés maladie ou maternité, à congés payés ou repos que leur accorde la loi, de recourir à des contrats à durée déterminée de remplacement de manière récurrente, voire permanente, ne saurait suffire à caractériser un recours systématique aux contrats à durée déterminée pour faire face à un besoin structurel de main-d'œuvre et pourvoir ainsi durablement un emploi durable lié à l'activité normale et permanente de l'entreprise; lorsqu'ils sont saisis d'une demande de requalification de contrats à durée déterminée de remplacement successifs, les juges du fond ne doivent donc pas s'en tenir au seul nombre de CDD de remplacement successifs mais prendre en compte d'autres éléments, notamment la nature des emplois successifs occupés par le salarié et la structure des effectifs de l'entreprise (cass. soc. 14 février 2018, n° 16-17.966, BC V n° 19; JCP éd. S 2018, 1096, note G. Duchange; RJS 4/18 n° 240 et 5/18, chron. pp. 371 et s.: «CDD: revirement sur les modalités de détermination d'un besoin structurel de main-d'œuvre», J-J Perrin; Dr. Soc. 2018, pp. 364 et s., étude J. Mouly: «Les suites de CDD de remplacement: simple aggiornamento européen ou recul de la protection des salariés»; RDT, avril 2018, CH, 286, D. Baugard).

Cette décision est conforme à la jurisprudence européenne, qui considère que «le seul fait qu'un employeur soit obligé de recourir à des remplacements temporaires de manière récurrente, voire permanente, et que ces remplacements puissent également être couverts par l'embauche de salariés en vertu de contrat à durée indéterminée n'implique pas l'absence d'une raison objective [justifiant la succession de contrats à durée déterminée], ni l'existence d'un abus». Pour la CJUE, en effet, lorsque l'effectif est important, il est inévitable que des remplacements temporaires soient fréquemment nécessaires en raison, notamment, de l'indisponibilité d'employés bénéficiant de congés de maladie, de congés de maternité ou de congés parentaux ou autres et le «remplacement temporaire de salariés dans ces circonstances est susceptible de constituer une raison objective [...] justifiant tant le caractère déterminé de la durée des contrats conclus avec le personnel de remplacement que le renouvellement de ces contrats en fonction de la survenance des besoins» (CJUE 26 janvier 2012, aff. C-586/10, JCP éd. S 2012, 1394, note Fr. Bousez; RDT, novembre 2012, DR, 645, S. Robin-Olivier).

La Cour de cassation a toutefois jugé, dans un arrêt du 23 janvier 2019, qu'une cour d'appel ayant relevé que le salarié avait été lié à l'établissement par 60 contrats à durée déterminée, séparés de courtes périodes d'interruption, pendant trois années, pour occuper, moyennant une rémunération identique, le poste d'infirmier et occasionnellement celui d'aide-soignant, que lui avaient été proposés des remplacements au dernier moment (certains la veille pour le lendemain), ce qui l'obligeait à rester à la disposition de l'employeur, qu'il n'avait pas travaillé pour un autre employeur au cours de la période du 12 décembre 2011 au 16 janvier 2015, et que la lecture du registre du personnel faisait apparaître que le recours aux contrats à durée déterminée était un mode habituel de gestion du personnel au sein de la clinique, avait pu en déduire que le recours à ces contrats avait eu pour objet de pourvoir durablement un emploi lié à l'activité normale et permanente de l'entreprise (cass. soc. 23 janvier 2019, n° 17-21.796, RJS 4/19 n° 201; JSL n° 472, 25.03.2019, p. 25, M. H. ; voir aussi cass. soc. 29 janvier 2020, n° 18-23.469, LS Jurispr. n° 88 du 12.05.2020, s'agissant d'une salariée ayant occupé pendant plus de 6 ans et de manière quasiment continue les fonctions d'aide-soignante ou d'aide médico-psychologique au sein du même établissement, dans le cadre de 301 CDD, la plupart ayant été conclus pour assurer le remplacement de salariés absents).

• **Contrat initiative-emploi.** Le contrat initiative-emploi conclu pour une durée de 24 mois n'est pas requalifié en contrat à durée indéterminée, même s'il a pour effet de pourvoir durablement un emploi lié à l'activité normale et permanente de l'entreprise (cass. soc. 18 novembre 2003, n° 01-46.408, BC V n° 284; RJS 2/04 n° 245: emploi de caissière; cass. soc. 26 janvier 2005, n° 02-46.639, BC V n° 22; Dr. Soc. 2005, p. 467, obs. Cl. Roy-Loustaunau).

• **Associations intermédiaires.** Les contrats de travail conclus par les associations intermédiaires ne sont pas soumis aux dispositions des articles L. 1242-1 et s. régissant les contrats à durée déterminée. Ce sont des contrats à durée déterminée *sui generis* (cass. soc. 14 juin 2006, n° 05-40.995, BC V n° 213; RJS 8-9/06 n° 997).

• **Sportifs professionnels.** La loi 2015-1541 du 27 novembre 2015 (JO 28) a créé un CDD spécifique applicable à tout contrat de travail conclu depuis le 28 novembre 2015 et à tout renouvellement de contrat d'usage ayant lieu après cette date: voir art. L. 222-2 à L. 222-2-9 c. sport. Auparavant, les contrats conclus par les sportifs professionnels pour la durée d'une ou plusieurs saisons relevaient en effet des dispositions du code du travail relatives aux CDD d'usage (voir *supra* «Contrats d'usage»).

• **Joueurs professionnels salariés de jeu vidéo compétitif.** La loi 2016-1321 du 7 octobre 2016 (JO 8) pour une République numérique a, dans son article 102 (modifié par art. 3, III de l'ordonnance 2017-1718 du 20 décembre 2017, JO 21) dont nous rapportons les dispositions ci-après, créé un CDD spécifique aux joueurs professionnels de jeux vidéo:

« I. – Le joueur professionnel salarié de jeu vidéo compétitif est défini comme toute personne ayant pour activité rémunérée la participation à des compétitions de jeu vidéo dans un lien de subordination juridique avec une association ou une société bénéficiant d'un agrément du ministre chargé du numérique, précisé par voie réglementaire.

II. – Le code du travail est applicable au joueur professionnel salarié de jeu vidéo compétitif, à l'exception des articles L. 1221-2, L. 1242-1 à L. 1242-3, L. 1242-5, L. 1242-7, L. 1242-8, L. 1242-8-1, L. 1242-12, L. 1242-17, L. 1243-8 à L. 1243-10, L. 1243-13, L. 1243-13-1, L. 1244-3 à L. 1245-1, L. 1246-1 et L. 1248-1 à L. 1248-11 relatifs au contrat de travail à durée déterminée.

III. – Tout contrat par lequel une association ou une société bénéficiant de l'agrément prévu au I du présent article s'assure, moyennant rémunération, le concours d'un joueur mentionné au même I est un contrat de travail à durée déterminée.

IV. – La durée du contrat de travail mentionné au III ne peut être inférieure à la durée d'une saison de jeu vidéo compétitif de douze mois.

Toutefois, un contrat conclu en cours de saison de compétition de jeu vidéo peut avoir une durée inférieure à douze mois, dans des conditions précisées par voie réglementaire:

1° Dès lors qu'il court au minimum jusqu'au terme de la saison de jeu vidéo;

2° S'il est conclu pour assurer le remplacement d'un joueur professionnel de jeu vidéo en cas d'absence du joueur professionnel ou de suspension de son contrat de travail.

Les modalités de détermination des dates de début et de fin des saisons de jeu vidéo sont précisées par voie réglementaire.

La durée du contrat de travail mentionné au III ne peut être supérieure à cinq ans.

La durée maximale mentionnée à l'avant-dernier alinéa du présent IV n'exclut pas le renouvellement du contrat ou la conclusion d'un nouveau contrat avec le même employeur.

V. – Le contrat de travail à durée déterminée est établi par écrit en au moins trois exemplaires et mentionne les droits et obligations prévues aux I à VIII du présent article.

Il comporte également:

1° L'identité et l'adresse des parties;

2° La date d'embauche et la durée pour laquelle il est conclu;

3° La désignation de l'emploi occupé et les activités auxquelles participe le salarié;

4° Le montant de la rémunération et de ses différentes composantes, y compris les primes et accessoires de salaire s'il en existe;

5° Les noms et adresses des caisses de retraite complémentaire et de prévoyance et de l'organisme assurant la couverture maladie complémentaire;

6° L'intitulé des conventions ou accords collectifs applicables.

Le contrat de travail à durée déterminée est transmis par l'employeur au joueur professionnel de jeu vidéo compétitif au plus tard deux jours ouvrables après l'embauche.

VI. – Les clauses de rupture unilatérale pure et simple du contrat de travail à durée déterminée du joueur professionnel de jeu vidéo compétitif salarié sont nulles et de nul effet.

VII. – Est réputé à durée indéterminée tout contrat conclu en méconnaissance des règles de fond et de forme prévues aux II à V du présent article. Le fait de méconnaître les règles de fond et de forme prévues aux III, IV et au premier alinéa du V est puni d'une amende de 3 750 €. En cas de récidive, la peine est portée à six mois d'emprisonnement et 7 500 € d'amende.

VIII. – Tout au long de l'exécution du contrat de travail à durée déterminée d'un joueur professionnel de jeu vidéo compétitif, l'association ou la société bénéficiant de l'agrément prévu au I du présent article qui l'emploie offre au joueur professionnel salarié des conditions de préparation et d'entraînement équivalentes à celles des autres joueurs professionnels salariés de l'association ou de la société.»

Voir aussi articles R. 7124-1, 2 et 5 CT et, sur la durée du contrat de travail, voir arrêté du 17 avril 2018 (JO 25) fixant la liste des dates de début et de fin de saison de compétitions de jeux vidéo.

• Sur la question de la conformité au droit de l'Union des CDD spécifiques à certains secteurs d'activité (sport professionnel, jeu vidéo compétitif), voir A. Gardin, «La Charte au secours des inégalités statutaires et sectorielles en matière de CDD: un message envoyé en direction du législateur français», RJS 05/20, chron. p. 330 (I. B.), à propos de CJUE 22 janvier 2020, aff. C-177/18.

Art. L. 1242-2. Sous réserve des dispositions de l'article L. 1242-3, un contrat de travail à durée déterminée ne peut être conclu que pour l'exécution d'une tâche précise et temporaire, et seulement dans les cas suivants:

1° Remplacement d'un salarié en cas:

a) D'absence;

b) De passage provisoire à temps partiel, conclu par avenant à son contrat de travail ou par échange écrit entre ce salarié et son employeur;

c) De suspension de son contrat de travail;

d) De départ définitif précédant la suppression de son poste de travail après consultation du ***(Ord. 2017-1386 du 22 sept. 2017, art. 4, 24°, JO 23, entrée en vigueur au plus tard le 01.01.2018)*** «comité social et économique, s'il existe»;

e) D'attente de l'entrée en service effective du salarié recruté par contrat à durée indéterminée appelé à le remplacer;

2° Accroissement temporaire de l'activité de l'entreprise;

3° Emplois à caractère ***(L. 2016-1088 du 8 août 2016, art. 86, I, JO 9)*** «saisonnier, dont les tâches sont appelées à se répéter chaque année selon une périodicité à peu près fixe, en fonction du rythme des saisons ou des modes de vie collectifs ou emplois» pour lesquels, dans certains secteurs d'activité définis par décret ou par convention ou accord collectif de travail étendu, il est d'usage constant de ne pas recourir au contrat de travail à durée indéterminée en raison de la nature de l'activité exercée et du caractère par nature temporaire de ces emplois. ***(L. 2018-727 du 10 août 2018, art. 18, II, JO 11)*** «Lorsque la durée du contrat de travail est inférieure à un mois, un seul bulletin de paie est émis par l'employeur;»

4° Remplacement d'un chef d'entreprise artisanale, industrielle ou commerciale, d'une personne exerçant une profession libérale, de son conjoint participant effectivement à l'activité de l'entreprise à titre professionnel et habituel ou d'un associé non salarié d'une société civile professionnelle, d'une société civile de moyens ***(L. 2015-990 du 6 août 2015, art. 63, VIII, JO 7)*** «d'une société d'exercice libéral ou de toute autre personne morale exerçant une profession libérale;»

5° Remplacement du chef d'une exploitation agricole ou d'une entreprise mentionnée aux 1° à 4° de l'article L. 722-1 du code rural ***(Ord. 2010-462 du 6 mai 2010, JO 7)*** «et de la pêche maritime», d'un aide familial, d'un associé d'exploitation, ou de leur conjoint mentionné à l'article L. 722-10 du même code dès lors qu'il participe effectivement à l'activité de l'exploitation agricole ou de l'entreprise;

(L. 2014-1545 du 20 déc. 2014, art. 6, JO 21) «6° Recrutement d'ingénieurs et de cadres, au sens des conventions collectives, en vue de la réalisation d'un objet défini lorsqu'un accord de branche étendu ou, à défaut, un accord d'entreprise le prévoit et qu'il définit:

a) Les nécessités économiques auxquelles ces contrats sont susceptibles d'apporter une réponse adaptée;

b) Les conditions dans lesquelles les salariés sous contrat à durée déterminée à objet défini bénéficient de garanties relatives à l'aide au reclassement, à la validation des acquis de l'expérience, à la priorité de réembauche et à l'accès à la formation professionnelle continue et peuvent, au cours du délai de prévenance, mobiliser les moyens disponibles pour organiser la suite de leur parcours professionnel;

c) Les conditions dans lesquelles les salariés sous contrat à durée déterminée à objet défini ont priorité d'accès aux emplois en contrat à durée indéterminée dans l'entreprise.»

Note • Sur l'expérimentation de la possibilité de conclure, par dérogation au 1° de cet article, un seul contrat à durée déterminée pour remplacer plusieurs salariés dans certains secteurs définis par décret, sur la période du 1er janvier 2019 au 31 décembre 2020, voir loi 2018-771 du 5 septembre 2018, art. 53, JO 6, et décret 2019-1388 du 18 décembre 2019, JO 19, définissant les secteurs d'activité autorisés à mettre en œuvre cette expérimentation. Voir aussi RDT, octobre 2018, CH, 671, S. Tournaux.

• Le 3° de cet article a été déclaré conforme à la Constitution (C. constit. 13 juin 2014, n° 2014-402 QPC, JO 15).

• La loi 2014-1545 du 20 décembre 2014 a pérennisé le CDD à objet défini qui avait été institué à titre expérimental pour une durée de 5 ans par la loi 2008-596 du 25 juin 2008 et prorogé jusqu'au 26 juin 2014 par la loi 2013-660 du 22 juillet 2013.

• Sur la majoration de la cotisation patronale d'assurance chômage pour certains CDD courts, visant à lutter contre la précarité, voir en dernier lieu règlement d'assurance chômage annexé au décret 2019-797 du 26 juillet 2019, JO 28, modifié, art. 50-1; voir aussi circulaires Unédic 2019-11 du 14 octobre 2019 et 2019-05 du 28 mars 2019; min. trav., «questions - réponses» du 12 décembre 2019. Sur le dispositif de «bonus-malus» qui devait s'appliquer aux entreprises de 11 salariés et plus dans certains secteurs d'activité à compter de 2021 (règl. ass. chôm. précité, art. 50-2 à 51, annulés par CE 25 novembre 2020, n° 434920, LSQ n° 18192 du 27.11.2020), voir note sous article L. 5422-12.

• À noter que la taxe forfaitaire de 10 € instituée sur certains CDD d'usage conclus depuis le 1er janvier 2020 (loi 2019-1479 du 28 décembre 2019, art. 145, JO 29; voir aussi arrêté du 30 décembre 2019, JO 3, modifié par arrêté du 27 janvier 2020, JO 30, entrée en vigueur le 01.02.2020, et circulaire Unédic 2020-04 du 12 février 2020) a été abrogée au 1er juillet 2020 (loi 2020-935 du 30 juillet 2020, art. 54, JO 31; voir aussi circulaire Unédic 2020-11 du 1er septembre 2020).

• **Caractère d'ordre public des conditions de recours au CDD.** Les dispositions légales relatives aux conditions de recours et de forme du contrat à durée déterminée sont d'ordre public (cass. soc. 2 avril 2014, n° 11-25.442, BC V n° 96; RJS 6/14 n° 468; RDT, juin 2014, CH, 416, D. Jacotot; 16 février 2011, n° 09-43.072, RJS 5/11 n° 399). Une convention collective ne peut y déroger de façon défavorable pour le salarié (cass. soc. 2 avril 2014, n° 11-25.442, précité).

Sur les effets de l'utilisation du chèque emploi-service universel, voir note sous article L. 1271-5.

• **Preuve du motif de recours.** En cas de litige sur le motif de recours, il incombe à l'employeur de rapporter la preuve de la réalité du motif énoncé dans le contrat à durée déterminée (cass. soc. 15 septembre 2010, n° 09-40.473, BC V n° 179; RJS 11/10 n° 834: lorsque le salarié conteste l'exactitude des motifs de recours figurant sur le contrat à durée déterminée, il appartient à l'employeur d'en rapporter la preuve; voir aussi cass. soc. 21 novembre 2018, n° 17-21.803).

• **Remplacement d'un salarié.** Le contrat à durée déterminée peut être utilisé pour remplacer un salarié dans trois hypothèses très différentes:

- *Dans la première, il s'agit de* ***remplacer un salarié provisoirement absent*** *(maladie, congés payés, maternité, congé parental...).* Le salarié doit être recruté pour remplacer un salarié nommément désigné; le contrat par lequel un travailleur est embauché pour remplacer tout membre du personnel absent en raison des congés annuels ou d'une maladie doit être requalifié en contrat à durée indéterminée (cass. soc. 24 février 1998, n° 95-41.420, BC V n° 98; RJS 4/98 n° 421). Le contrat est également requalifié lorsqu'il est conclu pour remplacer plusieurs salariés absents, simultanément ou successivement, alors même qu'il mentionne le nom et la qualification des différents salariés qui sont remplacés (cass. soc. 28 juin 2006, 2 arrêts, nos 04-43.053 et 04-40.455, BC V n° 228; RDT, octobre 2006, CH, 237, G. Auzero: le contrat de travail à durée déterminée ne peut être conclu que pour le remplacement d'un seul salarié en cas d'absence; Dr. Soc. 2007 p. 641, obs. Cl. Roy-Loustaunau; cass. soc. 16 décembre 2010, n° 09-41.627, RJS 3/11 n° 212; 18 janvier 2012, n° 10-16.926, BC V n° 17; LS Jurispr. n° 23 du 31.01.2012; 11 juillet 2012, n° 11-12.243, BC V n° 216; RJS 10/12 n° 776: requalification du contrat d'un salarié embauché pour un remplacement de janvier 2006 à juillet 2007 mais ayant remplacé un autre salarié en congés payés en novembre 2006).

En revanche, l'employeur n'est pas obligé d'affecter le salarié, recruté en remplacement, au poste qui était occupé par la personne absente; le remplacement en cascade est autorisé (cass. soc. 22 novembre 1995, n° 91-44.480, BC V n° 308; RJS 1/96 n° 7; 25 mars 1997, n° 94-40.515, RJS 6/97 n° 663; 16 juillet 1997, n° 94-42.398, BC V n° 270; RJS 10/97 n° 1073; 15 octobre 2002, n° 00-40.623, BC V n° 305; RJS 12/02 n° 1361). L'employeur a également la possibilité de conclure un contrat à durée déterminée pour effectuer un remplacement partiel du salarié absent (cass. soc. 15 octobre 2002, n° 00-40.623, précité).

Par ailleurs, la Cour de cassation décide que la succession de contrats à durée déterminée pour remplacer divers salariés absents, nommément désignés, n'a pas pour effet d'établir une relation de travail indéterminée entre le salarié et l'employeur, alors même que la succession de contrats se prolonge pendant plusieurs années (cass. soc. 13 décembre 1995, n° 92-41.743, RJS 3/96 n° 253). Cependant, elle juge que le salarié, qui conserve la même qualification et le même salaire pendant quatre ans en remplaçant des salariés absents, occupe un emploi permanent de l'entreprise; les contrats doivent être requalifiés en contrat à durée indéterminée (cass. soc. 4 décembre 1996, n° 93-41.891, BC V n° 414; RJS 1/97 n° 13; dans le même sens, cass. soc. 16 juillet 1997, n° 94-42.398, précité). De façon plus générale, la Cour de cassation décide que l'employeur ne peut recourir de façon systématique aux contrats à durée déterminée de remplacement pour faire face à un besoin structurel de main-d'œuvre (cass. soc. 26 janvier 2005, n° 02-45.342, BC V n° 21; RJS 4/05 n° 350); voir aussi note sous article L. 1242-1.

- *Dans la deuxième hypothèse, le contrat à durée déterminée permet de* ***remplacer un salarié qui a quitté définitivement l'entreprise*** *(à la suite, par exemple, d'une démission ou d'un licenciement).* Dans cette dernière éventualité, le recours au contrat à durée déterminée n'est possible que dans deux situations particulières précisément définies: soit le poste de travail qui était occupé par le salarié ayant quitté définitivement l'entreprise est un poste qui doit être prochainement supprimé, soit l'embauche à durée déterminée est faite dans l'attente de l'entrée en service effective d'un salarié qui a déjà été embauché par contrat à durée indéterminée pour remplacer l'ancien salarié, mais qui n'est pas immédiatement disponible. La formulation du texte est nette; elle n'autorise pas le recours au contrat à durée déterminée pour rechercher un salarié qui pourrait être engagé par un contrat à durée indéterminée (cass. soc. 9 mars 2005, n° 03-40.386, BC V n° 80; RJS 5/05 n° 485; 22 septembre 2016, n° 15-17.654, LS Jurispr. n° 183 du 11.10.2016; RJS 12/16 n° 750. Voir aussi, s'agissant d'un CDD conclu dans l'attente du recrutement statutaire d'un salarié en CDI sur concours, cass. soc. 15 janvier 2020, n° 18-16.399, à paraître, LSQ n° 17985 du 24.01.2020; JCP éd. S 2020, 1035, note Th. Lahalle; RJS 3/20 n° 124; JSL n° 493, 09.03.2020, p. 9, J-Ph. Lhernould).

- *Enfin, troisième hypothèse, le contrat à durée déterminée peut être utilisé pour* ***compléter le travail fourni par un salarié habituellement à temps plein passant provisoirement à temps partiel*** *(loi du 1er août 2003).* Auparavant, la Cour de cassation prohibait de façon générale l'utilisation du contrat à durée déterminée afin de compléter le travail d'un salarié à temps partiel (cass. soc. 12 juillet 1999, n° 96-45.473, BC V n° 343; RJS 10/99 n° 1232).

• **Accroissement temporaire de l'activité de l'entreprise.** La formule légale est très générale. Il ne s'agit plus de surcroît «exceptionnel» d'activité. Tout surcroît d'activité, régulier ou irrégulier, habituel, occasionnel ou exceptionnel, ouvre l'accès aux contrats à durée déterminée. Cependant, l'ouverture d'un magasin procède de l'activité normale et permanente de l'entreprise. Elle ne peut justifier l'embauche en contrat à durée déterminée d'une caissière au motif d'un surcroît d'activité (cass. soc. 5 juillet 2005, n° 04-40.299; dans le même sens, à propos d'un responsable de magasin, cass. soc. 13 janvier 2009, n° 07-43.388, BC V n° 2; RJS 3/09 n° 231). De même, lorsqu'un salarié est recruté, non pour faire face à des commandes supplémentaires, mais pour les besoins de l'exécution par l'employeur de son courant normal de commandes, il n'y a pas accroissement temporaire de l'activité de l'entreprise justifiant le recours au contrat à durée déterminée (cass. soc. 1er février 2012, n° 10-26.647, BC V n° 48; RJS 4/12 n° 309; JCP éd. S 2012, 1256, note Fr. Bousez).

Les juges du fond apprécient au cas par cas le caractère occasionnel ou habituel des variations cycliques d'activité. Ainsi, des expositions temporaires présentées par la Réunion des musées nationaux, intervenant régulièrement à la même fréquence chaque année, sur les mêmes périodes annuelles, sur un même site et suivant un mode d'organisation identique, constituent une activité permanente, même si elle est intermittente; elles ne peuvent pas être analysées, en elles-mêmes, comme un surcroît d'activité (cass. soc. 10 décembre 2008, n° 06-46.349, BC V n° 244; SSL 2008 n° 1380, p. 7). Mais un surcroît d'activité auquel devait faire face chaque année une entreprise de manutention de pneumatiques a pu justifier le recours à des contrats à durée déterminée pour la période considérée (cass. soc. 25 mars 2015, n° 13-27.695, BC V n° 57; RJS 6/15 n° 392; JCP éd. S 2015, 1406, note Fr. Bousez).

Si l'existence du cas de recours du contrat à durée déterminée doit être appréciée à la date de conclusion de celui-ci (cass. soc. 11 avril 1991, n° 87-41.349, BC V n° 184; RJS 6/91 n° 686), elle doit, en cas de renouvellement du contrat, être appréciée à la date de ce renouvellement (cass. soc. 1er février 2000, n° 97-44.952, BC V n° 46; RJS 3/00 n° 255).

L'employeur n'est pas obligé d'affecter le salarié, recruté avec un contrat à durée déterminée, à des tâches directement liées à ce surcroît d'activité (cass. soc. 18 février 2003, n° 01-40.470, BC V n° 57; RJS 5/03 n° 576).

• **Notion d'emplois saisonniers.** La distinction entre l'emploi saisonnier et l'accroissement temporaire d'activité présente un intérêt pratique: le contrat saisonnier, à la différence du contrat pour accroissement d'activité, n'ouvre pas droit à l'indemnité de fin de contrat. Désormais défini par la loi, l'emploi saisonnier a d'abord été caractérisé par la jurisprudence: pour la Cour de cassation, «le caractère saisonnier d'un emploi concerne des tâches normalement appelées à se répéter chaque année à des dates à peu près fixes, en fonction du rythme des saisons ou des modes de vie collectifs» (cass. soc. 17 septembre 2008, n° 07-42.463, BC V n° 163; RJS 12/08 n° 1168; 5 décembre 2007, n° 06-41.313, BC V n° 206; RJS 2/08 n° 145; 12 octobre 1999, n° 97-40.915, BC V n° 373; RJS 11/99 n° 1352; 18 décembre 2019, n° 18-21.870). Voir aussi cass. soc. 19 septembre 2013, n° 12-18.001, RJS 12/13 n° 787, reconnaissant le caractère saisonnier de contrats à durée déterminée conclus entre une entreprise de bateaux bus ouverte toute l'année et un capitaine dès lors l'activité touristique de cette dernière était caractérisée par un accroissement significatif du nombre de passagers, chaque année, à des dates à peu près fixes, et que les contrats conclus avec le salarié couvraient les trois mois de l'année pendant lesquels elle transportait le plus grand nombre de passagers.

Qualification en «contrat à durée déterminée». Les contrats conclus pour la saison ou pour une partie de la saison sont des contrats à durée déterminée sous réserve:
– qu'ils aient un terme précis ou imprécis convenu lors de la conclusion du contrat (cass. soc. 2 mai 1967, BC IV n° 348);
– qu'ils ne soient pas conclus habituellement pour occuper les emplois pendant toute la période d'ouverture de l'entreprise (voir note sous art. L. 1242-1).

La faculté pour un employeur de conclure des contrats à durée déterminée successifs avec le même salarié afin de pourvoir un emploi saisonnier n'est assortie d'aucune limite, au-delà de laquelle s'instaurerait entre les parties une relation de travail globale à durée indéterminée (cass. soc. 26 octobre 2011, n° 09-43.205, BC V n° 239; RJS 1/12 n° 12; 15 octobre 2002, n° 00-41.759, BC V n° 306; RJS 12/02 n° 1362).

Contrats vendanges. Le «contrat vendanges» prévu par les articles L. 718-4 à 6 c. rur. est un contrat saisonnier conclu en application de l'article L. 1242-2, 3° CT; il doit, en application de l'article L. 1242-7, comporter un terme fixé avec précision dès sa conclusion ou, à défaut, une période minimale. En l'absence de ces indications, le contrat est requalifié en contrat à durée indéterminée (cass. soc. 6 octobre 2010, n° 09-65.346, BC V n° 213; RJS 12/10 n° 906).

• **Emplois dans les secteurs d'activité définis par décret ou par voie de convention ou d'accord collectif étendu**

Notion d'«usage constant». La circulaire ministérielle DRT 18-90 du 30 octobre 1990 précise qu'il doit s'agir d'un usage ancien, bien établi et, par conséquent, admis comme tel dans la profession. L'usage invoqué ne pourrait résulter d'une simple décision ou d'une simple pratique d'un employeur.

Secteurs d'activité. C'est l'activité de l'entreprise et non celle du salarié qui peut permettre d'invoquer l'article L. 1242-2; un salarié engagé en qualité de formateur par une banque ne peut pas être engagé par un contrat à durée déterminée sur la base de cet article, car le secteur bancaire ne fait pas partie des secteurs énumérés (cass. soc. 25 février 1998, n° 95-44.048, BC V n° 99; RJS 4/98 n° 420). Il faut que l'activité principale de l'entreprise se situe dans un des secteurs visés pour qu'un contrat à durée déterminée puisse être conclu en raison de la nature de l'activité (même arrêt); également cass. soc. 27 septembre 2006, n° 04-47.663, BC V n° 289; RDT, janvier 2007, CH, 47, S. Nadal.

Caractère par nature temporaire de l'emploi. «Seuls les emplois par nature temporaires peuvent donner lieu à la conclusion de contrats à durée déterminée et non des enseignements dispensés de façon permanente dans un établissement sans autre interruption que celle des vacances scolaires» (cass. soc. 17 mars 1993, n° 89-43.328, RJS 5/93 n° 489; 10 juin 1992, n° 88-44.433, BC V n° 374; RJS 8-9/92 n° 965; 25 octobre 1995, n° 91-45.016, RJS 12/95 n° 1229; 23 janvier 2008, n° 06-44.197, BC V n° 16; RJS 3/08 n° 256, 1re espèce: le juge doit vérifier que le recours à l'utilisation de contrats à durée déterminée successifs est justifié par des raisons objectives qui s'entendent d'éléments concrets établissant le caractère par nature temporaire de l'emploi).

Les juges du fond doivent rechercher, par une appréciation souveraine, si, pour l'emploi concerné - et sauf si une convention collective prévoit, en ce cas, le recours à un contrat à durée indéterminée -, il est effectivement d'usage constant de ne pas recourir à un tel contrat. En cas de contestation, c'est à l'employeur de rapporter la preuve qu'il est d'usage constant dans le secteur d'activité concerné de ne pas recourir à un contrat à durée indéterminée pour un tel emploi (cass. soc. 20 septembre 2006, n° 05-41.883, BC V n° 269; RJS 11/06 n° 1155; 2 décembre 2009, n° 08-40.901, JCP éd. S 2010, 1100, note Fr. Bousez: l'usage des contrats à durée déterminée dans la restauration ne concerne pas l'emploi de maître d'hôtel; voir aussi cass. soc. 20 février 2019, n° 17-16.450, à paraître, LS Jurispr. n° 43 du 05.03.2019; RJS

5/19 n° 277; JSL n° 474, 23.04.2019, p. 26, D. J.-P, reconnaissant l'existence d'un usage constant de ne pas recourir au contrat à durée indéterminée dans le secteur de l'optimisation linéaire et la nature temporaire des emplois pourvus par les contrats d'intervention à durée déterminée d'optimisation linéaire créés dans ce secteur par accord collectif étendu).

Cependant, un enseignant peut être embauché sous contrat à durée déterminée, alors même que la matière qu'il enseigne est dispensée chaque année, dans la mesure où l'embauche est faite pour une année scolaire en raison de la création d'une classe supplémentaire liée à un surcroît passager d'effectif (cass. soc. 9 avril 1996, n° 92-43.458, BC V n° 143; RJS 5/96 n° 517: l'emploi a, dans ces conditions, un caractère temporaire).

Les emplois liés à l'organisation des enseignements ne peuvent être assimilés à des emplois par nature temporaires (cass. soc. 13 novembre 1990, n° 87-44.964, BC V n° 541).

• **Remplacement d'un chef d'entreprise.** Le remplacement partiel est autorisé selon la Cour de cassation (cass. soc. 26 novembre 2008, n° 07-41.751, BC V n° 229; SSL n° 1378, p. 15; RDT mars 2008, CH, 97, G. Auzero). Mais l'assistance du nouveau chef d'entreprise (après une cession) par l'ancien chef d'entreprise ne peut pas être assimilée à un remplacement partiel. Les conditions de recours au contrat de travail à durée déterminée sont limitativement énumérées par la loi et sont d'ordre public (cass. soc. 16 février 2011, n° 09-43.072, RJS 5/11 n° 399; 20 octobre 2010, n° 08-42.524).

Art. D. 1242-1. En application du 3° de l'article L. 1242-2, les secteurs d'activité dans lesquels des contrats à durée déterminée peuvent être conclus pour les emplois pour lesquels il est d'usage constant de ne pas recourir au contrat à durée indéterminée en raison de la nature de l'activité exercée et du caractère par nature temporaire de ces emplois sont les suivants:

1° Les exploitations forestières;

2° La réparation navale;

3° Le déménagement;

4° L'hôtellerie et la restauration, les centres de loisirs et de vacances;

5° Le sport professionnel;

6° Les spectacles, l'action culturelle, l'audiovisuel, la production cinématographique, l'édition phonographique;

7° L'enseignement;

8° L'information, les activités d'enquête et de sondage;

9° L'entreposage et le stockage de la viande;

10° Le bâtiment et les travaux publics pour les chantiers à l'étranger;

11° Les activités de coopération, d'assistance technique, d'ingénierie et de recherche à l'étranger;

12° Les activités d'insertion par l'activité économique exercées par les associations intermédiaires prévues à l'article L. 5132-7;

13° Le recrutement de travailleurs pour les mettre, à titre onéreux, à la disposition de personnes physiques, dans le cadre du 2° de l'article L. 7232-6;

14° La recherche scientifique réalisée dans le cadre d'une convention internationale, d'un arrangement administratif international pris en application d'une telle convention, ou par des chercheurs étrangers résidant temporairement en France;

(D. 2009-1443 du 24 nov. 2009, JO 26) « 15° Les activités foraines. »

Note • Si la liste figurant à cet article peut être complétée par convention ou accord collectif de travail étendu, l'énumération des secteurs d'activité dans lesquels il est possible de recourir au CDD d'usage doit être interprétée strictement; les présentations d'articles de mode ne peuvent pas être assimilées à un spectacle (cass. soc. 7 décembre 1994, n° 90-41.887, BC V n° 329; RJS 1/95 n° 3). De même, l'article D. 1242-1 ne mentionnant pas le secteur d'activité du tourisme et la convention collective nationale de travail des guides accompagnateurs et accompagnateurs au service des agences de voyages et de tourisme du 10 mars 1966 n'étant pas étendue, un employeur ne peut pas conclure de CDD d'usage pour pourvoir un poste d'accompagnateur (cass. soc. 15 octobre 2014, n° 13-19.993, BC V n° 239; RJS 12/14 n° 834).

• Le contrat de travail conclu par un salarié avec une entreprise de travaux publics pour un chantier à l'étranger (10°) est, en principe, un contrat à durée indéterminée; il n'en est autrement que si le contrat est expressément conclu pour une durée déterminée dans l'un des cas énumérés par l'article L. 1242-2 CT (cass. soc. 2 juin 2010, n° 09-41.416, BC V n° 126; RJS 8-9/10 n° 645).

• Dans les secteurs visés à l'article D. 1242-1, les contrats ne peuvent être à durée déterminée que si le recours à l'utilisation de contrats à durée déterminée successifs est justifié par des raisons objectives qui s'entendent de l'existence d'éléments concrets établissant le caractère par nature temporaire de l'emploi (cass. soc. 26 mai 2010, n° 08-43.050, BC V n° 110; RJS 8-9/10 n° 644: l'énumération dans un accord collectif des emplois ayant un caractère par nature temporaire ne dispense pas le juge de son obligation de vérifier que, dans le litige qui lui est soumis, le recours à l'utilisation de contrats à durée déterminée successifs est justifié par des raisons objectives; cass. soc. 30 novembre 2010, n° 09-68.609, BC V n° 269; RJS 2/11 n° 103; 20 février 2019, n° 17-16.450, à paraître, LS Jurispr. n° 43 du 05.03.2019; RJS 5/19 n° 277; JSL n° 474, 23.04.2019, p. 26, D. J.-P). Pour une illustration du 8° de cet article (activités d'enquête), voir cass. soc. 18 janvier 2018, n° 16-11.504, BC V n° 8; JCP éd. S 2018, 1105, note Fr. Bousez; RJS 3/18 n° 162.

• **Sportifs professionnels.** Sur le contrat à durée déterminée spécifique applicable aux sportifs professionnels depuis le 28 novembre 2015, voir note sous article L. 1242-1.

Art. L. 1242-3. Outre les cas prévus à l'article L. 1242-2, un contrat de travail à durée déterminée peut être conclu:

1° Au titre de dispositions légales destinées à favoriser le recrutement de certaines catégories de personnes sans emploi;

2° Lorsque l'employeur s'engage, pour une durée et dans des conditions déterminées par décret, à assurer un complément de formation professionnelle au salarié;

(L. 2020-1674 du 24 déc. 2020, art. 6, I, JO 26) «3° Lorsque l'employeur confie des activités de recherche au salarié et participe à sa formation à la recherche et par la recherche dans les conditions fixées à l'article L. 412-3 du code de la recherche;»

(L. 2020-1674 du 24 déc. 2020, art. 7, I, JO 26) «4° Lorsque l'employeur confie au salarié, dans les conditions fixées à l'article L. 431-5 du même code, des activités de recherche en vue de la réalisation d'un objet défini et qu'il s'engage à fournir au salarié une expérience professionnelle complémentaire au diplôme de doctorat prévu à l'article L. 612-7 du code de l'éducation.»

Note • **Sur le 1°.** Les contrats à durée déterminée conclus en application de dispositions particulières destinées à favoriser l'embauche de certaines catégories de demandeurs d'emploi échappent, au moins en partie, aux règles régissant normalement les contrats à durée déterminée. Ainsi, les contrats emploi-solidarité peuvent-ils, par exception au régime de droit commun des contrats à durée déterminée, être contractés pour des emplois liés à l'activité normale et permanente de l'employeur (cass. soc. 16 mars 1999, 2 arrêts, n°s 97-40.271 et 97-40.768, BC V n° 113; Dr. Soc. 1999, p. 560 et 561). Voir Cl. Roy-Loustaunau, «Tempête sur la requalification du contrat emploi-solidarité», Dr. Soc. 1999, p. 553. La même solution a été adoptée par le Conseil d'État (CE 23 juin 2004, n° 260945, RJS 11/04 n° 1179).

Sur un nouveau cas de CDD destiné à favoriser l'embauche de certaines catégories de personnes sans emploi: «À propos du CDD senior», RDT, septembre 2006, CH, 168; M-C Amauger-Lattes; décret 2006-1070 du 28 août 2006, JO 29; décret 2009-560 du 20 mai 2009 relatif au contenu et à la validation des accords et des plans d'action en faveur de l'emploi des salariés âgés; décret 2010-1086 du 14 septembre 2010 aménageant les dispositions relatives au contrat à durée déterminée afin de favoriser le retour à l'emploi des salariés âgés des professions agricoles: validité du contrat à durée déterminée avec un demandeur d'emploi à qui il manque au maximum huit trimestres de cotisations, tous régimes confondus, pour bénéficier d'une retraite à taux plein. Ce contrat peut être conclu pour une durée maximale de 24 mois; il ne peut pas être renouvelé (art. D. 718-4 et 5 c. rur. et pêche mar.).

Voir aussi note sous article L. 1245-1.

• **Sur le 2°.** Une distinction doit être établie en matière de rupture des contrats de travail à durée déterminée, entre les contrats conclus dans les cas mentionnés à l'article L. 1242-2 et les contrats destinés à assurer un complément de formation professionnelle (art. L. 1242-3) (voir rép. QE 2866, JO Sén. 16 décembre 1993, p. 2420).

Art. D. 1242-2. Tout employeur, à l'exception des professions agricoles, peut conclure un contrat de travail à durée déterminée, en application du 1° de l'article L. 1242-3, avec une personne âgée de plus de 57 ans inscrite depuis plus de trois mois comme demandeur d'emploi ou bénéficiant d'une convention de reclassement personnalisé afin de faciliter son retour à l'emploi et de lui permettre d'acquérir des droits supplémentaires en vue de la liquidation de sa retraite à taux plein.

Note Sur la durée de ce contrat, voir article D. 1242-7 rapporté sous article L. 1242-9.

Art. D. 1242-3. En application du 2° de l'article L. 1242-3, un contrat de travail à durée déterminée peut être conclu lorsque l'employeur s'engage à assurer un complément de formation professionnelle aux:

1° Candidats effectuant un stage en vue d'accéder à un établissement d'enseignement;

2° Élèves ou anciens élèves d'un établissement d'enseignement effectuant un stage d'application;

3° Étrangers venant en France en vue d'acquérir un complément de formation professionnelle;

4° Bénéficiaires d'une aide financière individuelle à la formation par la recherche;

5° Salariés liés par un contrat de rééducation professionnelle au sens des dispositions de l'article L. 5213-3 ou des textes relatifs à la rééducation professionnelle des victimes d'accidents du travail et des assurés sociaux.

Note Sur la durée de ce contrat, voir article D. 1242-6 rapporté sous article L. 1242-9.

Art. L. 1242-4. À l'issue d'un contrat d'apprentissage, un contrat de travail à durée déterminée peut être conclu dans les cas mentionnés aux articles L. 1242-2 et L. 1242-3 et, en outre, lorsque l'apprenti doit satisfaire aux obligations du service national dans un délai de moins d'un an après l'expiration du contrat d'apprentissage.

Sous-section 2. Interdictions

Art. L. 1242-5. Dans les six mois suivant un licenciement pour motif économique, il est interdit de conclure un contrat de travail à durée déterminée au titre d'un accroissement temporaire de l'activité, y compris pour l'exécution d'une tâche occasionnelle, précisément définie et non durable, ne relevant pas de l'activité normale de l'entreprise.

Cette interdiction porte sur les postes concernés par le licenciement dans l'établissement.

L'interdiction ne s'applique pas:

1° Lorsque la durée du contrat de travail n'est pas susceptible de renouvellement et n'excède pas trois mois;

2° Lorsque le contrat est lié à la survenance dans l'entreprise, qu'il s'agisse de celle de l'entrepreneur principal ou de celle d'un sous-traitant, d'une commande exceptionnelle à l'exportation dont l'importance nécessite la mise en œuvre de moyens quantitativement ou qualitativement exorbitants de ceux que l'entreprise utilise ordinairement. Cette possibilité de recrutement est subordonnée à l'information et à la consultation préalables du ***(Ord. 2017-1386 du 22 sept. 2017, art. 4, 27°, JO 23, entrée en vigueur au plus tard le 01.01.2018)*** «comité social et économique, s'il existe».

Les dérogations prévues aux 1° et 2° n'exonèrent pas l'employeur de respecter la priorité de réembauche prévue à l'article L. 1233-45.

Note À la différence de l'article L. 122-2-1 qu'il remplace, l'article L. 1242-5 précise que les dérogations prévues n'exonèrent pas l'employeur de respecter la priorité de réembauche prévue (désormais) à l'article L. 1233-45.

Art. L. 1242-6. Outre les cas prévus à l'article L. 1242-5, il est interdit de conclure un contrat de travail à durée déterminée:

1° Pour remplacer un salarié dont le contrat de travail est suspendu à la suite d'un conflit collectif de travail;

2° Pour effectuer certains travaux particulièrement dangereux figurant sur une liste établie par voie réglementaire, dans les conditions prévues à l'article L. 4154-1.

L'autorité administrative peut exceptionnellement autoriser une dérogation à cette interdiction dans des conditions déterminées par voie réglementaire.

Note
- La Poste ne peut pas recourir à du personnel sous contrat de travail à durée déterminée pour faire obstacle à l'exercice du droit de grève de ses agents (cass. civ., 1re ch., 19 mai 1998, n° 97-13.916, BC I n° 182; RJS 8-9/98 n° 1081 : l'article 31 de la loi du 2 juillet 1990, qui autorise le recours à des agents contractuels de droit privé lorsque les exigences particulières de l'organisation de certains services le justifient, ne peut pas être invoqué pour faire échec au droit de grève reconnu aux agents publics comme aux salariés).
- En dehors de ces interdictions expressément visées à l'article L. 1242-6, il faut mentionner l'interdiction faite aux parties signataires d'un contrat de travail à durée indéterminée de conclure, en cours de contrat, un contrat à durée déterminée (cass. soc. 25 mars 2009, n° 06-46.330, BC V n° 87; RJS 6/09 n° 497).

Art. D. 1242-4. La liste des travaux particulièrement dangereux interdits au salarié titulaire d'un contrat de travail à durée déterminée, prévue aux articles L. 1242-6 et L. 4154-1, figure à l'article D. 4154-1.

Art. D. 1242-5. Les dérogations mentionnées au quatrième alinéa de l'article L. 1242-6 sont accordées par le ***(D. 2020-1545 du 9 déc. 2020, JO 10, entrée en vigueur le 01.04.2021)*** «directeur régional de l'économie, de l'emploi, du travail et des solidarités» dans les conditions prévues aux articles D. 4154-2 à D. 4154-6.

SECTION 2. Fixation du terme et durée du contrat

Art. L. 1242-7. Le contrat de travail à durée déterminée comporte un terme fixé avec précision dès sa conclusion.

Toutefois, le contrat peut ne pas comporter de terme précis lorsqu'il est conclu dans l'un des cas suivants:

1° Remplacement d'un salarié absent;

2° Remplacement d'un salarié dont le contrat de travail est suspendu;

3° Dans l'attente de l'entrée en service effective d'un salarié recruté par contrat à durée indéterminée;

4° Emplois à caractère saisonnier ***(L. 2016-1088 du 8 août 2016, art. 86, II, JO 9)*** «définis au 3° de l'article L. 1242-2» ou pour lesquels, dans certains secteurs d'activité définis par décret ou par voie de convention ou d'accord collectif étendu, il est d'usage constant de ne pas recourir au contrat de travail à durée indéterminée en raison de la nature de l'activité exercée et du caractère par nature temporaire de ces emplois;

5° Remplacement de l'une des personnes mentionnées aux 4° et 5° de l'article L. 1242-2;

(L. 2014-1545 du 20 déc. 2014, art. 6, JO 21) «6° Recrutement d'ingénieurs et de cadres en vue de la réalisation d'un objet défini, prévu au 6° de l'article L. 1242-2.»

Le contrat de travail à durée déterminée est alors conclu pour une durée minimale. Il a pour terme la fin de l'absence de la personne remplacée ou la réalisation de l'objet pour lequel il a été conclu.

Note • **Terme fixé avec précision.** La Cour de cassation donne une interprétation rigoureuse de la notion de «terme fixé avec précision dès sa conclusion». Ainsi, ne répond pas aux exigences légales le contrat de travail prévoyant son expiration à l'automatisation de la tâche confiée à un salarié (mise en place dans un parking de caisses à péage automatique) (cass. soc. 19 juin 1987, n° 84-45.379, BC V n° 400). De même, la fin de la commercialisation d'un programme immobilier, sans indication de date précise, ne constitue pas un «terme fixé avec précision»; le contrat est requalifié en contrat de travail à durée indéterminée (cass. soc. 22 janvier 1992, n° 88-42.842, BC V n° 20; RJS 2/92 n° 123).

L'indication d'une durée maximale dans un contrat de travail saisonnier ne peut pas constituer un terme précis. Dès lors, des contrats saisonniers se bornant à indiquer qu'ils se termineront «à la fin» de certains travaux et «au plus tard» à une certaine date, ne comportent ni terme précis, ni durée minimale et doivent donc être requalifiés en un contrat à durée indéterminée (cass. soc. 30 septembre 2014, n° 13-13.522, BC V n° 218; RJS 1/15 n° 7).

• **Terme imprécis.** Le contrat de travail peut être conclu avec un terme imprécis dans quatre cas: contrat de remplacement d'un absent (le plus souvent, il s'agit du remplacement d'un salarié, mais il peut aussi s'agir du remplacement d'autres personnes: chef d'entreprise, d'exploitation agricole, d'une personne exerçant une profession libérale…, cas prévus aux 4° et 5° de l'article L. 1242-2); contrat dans l'attente de l'entrée en service effective d'un salarié embauché par un contrat de travail à durée indéterminée; contrat saisonnier; contrat dans un secteur d'activité défini par décret ou accord collectif étendu.

Ne constitue pas un terme même imprécis la publication intégrale des œuvres d'un auteur qui doit s'échelonner sur au moins neuf ans (cass. soc. 22 juin 1993, n° 90-43.398, D. 1993, p. 592, note Cl. Roy-Loustaunau: le contrat est, dans ces conditions, un contrat à durée indéterminée).

Dans les cas où les parties peuvent insérer un terme imprécis, elles peuvent, si elles le préfèrent, conclure le contrat en fixant un terme précis (cass. soc. 26 février 1991, n° 87-40.410, BC V n° 96, contrat de remplacement avec une date antérieure à celle prévue pour le retour du salarié absent).

CDD de remplacement. Le contrat conclu pour remplacer un salarié pendant la durée de son absence prend fin non pas quand l'invalidité du salarié remplacé est constatée, mais lorsque le contrat de celui-ci est rompu (cass. soc. 17 décembre 1991, n° 88-42.342, BC V n° 586). Le contrat à durée déterminée conclu pour assurer le remplacement provisoire d'un salarié en mi-temps thérapeutique prend fin avec le mi-temps thérapeutique, peu important que le salarié remplacé ait, à l'issue de son mi-temps thérapeutique, conclu un avenant à son contrat de travail pour travailler définitivement à temps partiel (cass. soc. 23 novembre 2016, n° 14-10.652, BC V n° 220; LS Jurispr. n° 223 du 13.12.2016; JCP éd. S 2017, 1012, note Fr. Bousez; RJS 2/17 n° 84). Lorsqu'un contrat à durée déterminée a pour terme le retour d'une salariée en congé parental, il doit se poursuivre durant la prolongation de l'absence de cette salariée, fût-ce à un autre titre, en l'espèce en raison d'un congé sabbatique (cass. soc. 10 avril 2013, n° 12-13.282, LS Jurispr. n° 78 du 23.04.2012; RJS 7/13 n° 513; dans le même sens, voir précédemment cass. soc. 24 mars 2004, n° 02-42.793, RJS 8-9/04 n° 890); il en est de même d'un contrat à durée déterminée ayant pour terme le retour d'une salariée en congé de maternité dont l'absence s'est prolongée en congé parental (cass. soc. 6 novembre 2019, n° 18-10.799, LS Jurispr. n° 210 du 19.11.2019; RJS 2/20 n° 79). Le contrat de remplacement prend normalement fin au jour du décès du salarié remplacé; cependant, si le salarié remplaçant est lui-même absent au jour du décès, la notification de la cessation du contrat «dans un délai raisonnable» après le décès met valablement fin au contrat à durée déterminée (cass. soc. 4 février 2009, n° 07-42.954, BC V n° 30; RJS 4/09 n° 321: en l'espèce, notification quatre jours après le décès du salarié remplacé).

Lorsqu'un contrat à durée déterminée est conclu sans terme précis pour assurer, par glissement de poste, le remplacement d'un salarié absent, l'employeur ne peut y mettre fin qu'au retour du salarié dont l'absence motive le contrat, peu important qu'entretemps la personne en CDI mutée temporairement au poste du salarié absent ait réintégré son emploi initial (cass. soc. 24 juin 2015, n° 14-12.610, BC V n° 125; RJS 10/15 n° 621).

Si, en application de cet article, le CDD conclu pour remplacer un salarié absent a pour terme la fin de l'absence de ce salarié, il n'est pas exigé que l'employeur y mette fin par écrit; un appel téléphonique passé le jour du licenciement pour inaptitude du salarié remplacé, mettant définitivement fin à son absence, suffit pour notifier au salarié remplaçant la fin de son CDD de remplacement (cass. soc. 18 septembre 2019, n° 18-12.446, à paraître, LSQ n° 17926 du 25.10.2019; JCP éd. S 2019, 1308, note Fr. Bousez; RDT, octobre 2019, CH, 635, G. Auzero; RJS 11/19 n° 618; JSL n° 485, 12.11.2019, p. 18, M. H. ; Dr. Soc. 2019, p. 1091, obs. J. Mouly).

CDD saisonnier. Le CDD saisonnier conclu sans terme précis ne prend fin qu'avec la réalisation de son objet, c'est-à-dire lorsque la saison est terminée; l'employeur ne peut donc pas y mettre fin à l'expiration de la durée minimale, alors que la saison n'est pas encore achevée (cass. soc. 15 octobre 2014, n° 13-18.582, BC V n° 238; RJS 1/15 n° 9).

CDD à objet défini (6°). Dans un arrêt rendu sous l'empire des dispositions issues de la loi 2008-596 du 25 juin 2008 dans sa rédaction antérieure à la loi 2013-660 du 22 juillet 2013, la Cour de cassation précise que le CDD sans terme précis conclu avec un ingénieur ou cadre en vue de la réalisation d'un objet défini (désormais prévu au 6° de l'article L. 1242-2 CT) a pour terme la réalisation de l'objet pour lequel il a été conclu: en dehors des cas de rupture anticipée pour un motif réel et sérieux dans les conditions prévues par l'article 6 de la loi du 25 juin 2008 précitée ou pour l'une des autres causes prévues par l'article L. 1243-1 CT, la rupture du CDD à objet défini est abusive lorsqu'elle intervient avant la réalisation de l'objet pour lequel il a été conclu; tel est le cas de la rupture intervenue au motif que les opérations pour l'exécution desquelles le contrat avait été conclu «étaient sur le point de prendre fin» (cass. soc. 4 mars 2020, n° 19-10.130, à paraître, RJS 5/20 n° 230; LSQ n° 18056 du 06.05.2020; JSL n° 498 du 18.05.2020, p. 10, D. Julien-Paturle).

• **Durée minimale.** Le contrat conclu avec un terme imprécis doit avoir une durée minimale. Si le contrat à terme imprécis ne comporte pas une durée minimale, il est réputé conclu pour une durée indéterminée (cass. soc. 28 septembre 2005, n° 03-44.757, RJS 12/05 n° 1179). Ainsi, le contrat conclu pour la durée d'un congé parental d'éducation doit-il être requalifié en contrat à durée indéterminée s'il ne mentionne pas de durée minimale (cass. soc. 29 octobre 1996, n° 92-44.837, BC V n° 356; RJS 12/96 n° 1239). De même, le contrat saisonnier qui se borne à faire état d'un engagement " pour le début de la campagne pommes précoces, qui s'étalera jusqu'à courant août/début septembre, en fonction du rythme de conditionnement ", ne comporte ni terme précis, ni durée minimale, et doit être requalifié en un contrat à durée indéterminée (cass. soc. 7 mars 2018, n° 16-23.710). En revanche, le contrat en remplacement d'une salariée pour la durée du congé maternité ne sera pas requalifié en contrat à durée indéterminée par défaut d'une mention de durée minimale, la loi fixant elle-même une durée minimale de ce congé (cass. soc. 16 juillet 1997, n° 94-42.398, BC V n° 270; RJS 10/97 n° 1073; dans le même sens, s'agissant d'un avenant de renouvellement sans terme précis d'un contrat à durée déterminée faisant état d'un remplacement pour la durée d'un congé de maternité, voir cass. soc. 25 juin 2013, n° 11-27.390, BC V n° 163; RJS 10/13 n° 656).

• Voir aussi J. Mouly, «Les contrats à durée déterminée ou de mission: contrats à terme ? (Réflexions sur le terme dans les contrats de travail à durée limitée)», Dr. Ouvr. 2019, p. 591.

Art. L. 1242-8. ***(Ord. 2017-1387 du 22 sept. 2017, art. 22, 1°, JO 23)*** Une convention ou un accord de branche étendu peut fixer la durée totale du contrat de travail à durée déterminée. Cette durée ne peut avoir ni pour objet ni pour effet de pourvoir durablement un emploi lié à l'activité normale et permanente de l'entreprise.

Les dispositions du présent article ne sont pas applicables au contrat de travail à durée déterminée conclu en application du 6° de l'article L. 1242-2 et de l'article L. 1242-3.

Note • Les articles L. 1242-8 à 8-2 sont applicables aux contrats de travail conclus après le 23 septembre 2017 (ordonnance 2017-1387 précitée, art. 40, VIII).

• Sur le champ de la négociation de branche en matière de CDD et ses limites, voir le «Questions - Réponses» sur la négociation collective, publié sur le site internet du ministère du Travail le 15 juillet 2020 (questions 37 et 39 à 43).

Art. L. 1242-8-1. ***(Ord. 2017-1387 du 22 sept. 2017, art. 22, 2°, JO 23)*** À défaut de stipulation dans la convention ou l'accord de branche conclu en application de l'article

L. 1242-8, la durée totale du contrat de travail à durée déterminée ne peut excéder dix-huit mois compte tenu, le cas échéant, du ou des renouvellements intervenant dans les conditions prévues à l'article L. 1243-13 ou, lorsqu'il s'applique, à l'article L. 1243-13-1.

Cette durée est réduite à neuf mois lorsque le contrat est conclu dans l'attente de l'entrée en service effective d'un salarié recruté par contrat à durée indéterminée ou lorsque son objet consiste en la réalisation des travaux urgents nécessités par des mesures de sécurité.

Elle est également de vingt-quatre mois:

1° Lorsque le contrat est exécuté à l'étranger;

2° Lorsque le contrat est conclu dans le cadre du départ définitif d'un salarié précédant la suppression de son poste de travail;

3° Lorsque survient dans l'entreprise, qu'il s'agisse de celle de l'entrepreneur principal ou de celle d'un sous-traitant, une commande exceptionnelle à l'exportation dont l'importance nécessite la mise en œuvre de moyens quantitativement ou qualitativement exorbitants de ceux que l'entreprise utilise ordinairement. Dans ce cas, la durée initiale du contrat ne peut être inférieure à six mois et l'employeur doit procéder, préalablement aux recrutements envisagés, à la consultation du comité social et économique, s'il existe.

Les dispositions du présent article ne sont pas applicables au contrat de travail à durée déterminée conclu en application du 6° de l'article L. 1242-2 et de l'article L. 1242-3.

Note Depuis l'ordonnance 2017-1387 précitée, les dispositions légales fixant la durée maximale des contrats à durée déterminée (inchangées) sont supplétives; elles ne s'appliquent qu'en l'absence de stipulations sur ce point dans une convention ou un accord de branche étendu applicable à l'entreprise.

Nous rapportons ci-après la jurisprudence rendue dans le cadre des dispositions antérieures à cette ordonnance, qui conserve son intérêt non seulement pour les litiges en cours mais aussi, à défaut de stipulation conventionnelle de branche étendue, dans le cadre des dispositions issues de cette ordonnance.

• **Durée maximale de 18 mois du contrat à terme précis.** La durée maximale de 18 mois ne peut pas être prolongée en raison de la fermeture annuelle de l'entreprise, même si une clause du contrat prévoit expressément que celui-ci sera suspendu pendant la période de fermeture de l'entreprise (cass. soc. 25 février 2004, n° 01-43.072, BC V n° 61; RJS 5/04 n° 511).

• **Dérogations à la durée maximale de 18 mois.** La durée maximale est de 24 mois dans les trois cas visés à cet article.

La durée maximale ne s'applique pas aux contrats conclus au titre du 3° de l'article L. 1242-2 (contrats conclus par des animateurs de radio, des enseignants…) (cass. soc. 28 octobre 1997, n° 95-43.101, BC V n° 336; D. 1998, 126, note J. Mouly). La Cour de cassation procède ici par affirmation, sans apporter la moindre justification à la solution adoptée.

Elle ne s'applique pas en cas de recours à des contrats à durée déterminée de date à date successifs, avec le même salarié, pour couvrir une même absence (cass. soc. 8 février 2006, n° 04-41.279, BC V n° 63; RJS 4/06 n° 402, 1re espèce).

Des textes spéciaux fixent des durées maximales supérieures à 18 ou 24 mois. Le code de la santé publique (art. L. 6161-7) prévoit que les établissements de santé privés à but non lucratif admis à participer à l'exécution du service public hospitalier peuvent faire appel à des médecins en concluant avec eux des contrats pour une période égale au plus à quatre ans (cass. soc. 13 janvier 2004, n° 01-46.407, BC V n° 1; RJS 3/04 n° 290; 29 novembre 2006, n° 04-46.842, BC V n° 359; RJS 2/07 n° 199: la règle est applicable à tous les praticiens médecins, peu important qu'ils n'aient pas la qualité de praticien hospitalier). Par ailleurs, sur les CDD spécifiques aux sportifs professionnels et aux joueurs professionnels de jeux vidéo compétitifs, dont la durée maximale est fixée à cinq ans, voir note sous article L. 1242-1.

Art. L. 1242-8-2. ***(Ord. 2017-1387 du 22 sept. 2017, art. 22, 3°, JO 23)*** Le contrat de travail à durée déterminée mentionné au 6° de l'article L. 1242-2 est conclu pour une durée minimale de dix-huit mois et une durée maximale de trente-six mois. Il ne peut pas être renouvelé.

Art. L. 1242-9. Lorsque le contrat de travail à durée déterminée est conclu pour remplacer un salarié temporairement absent ou dont le contrat de travail est suspendu ou pour un remplacement effectué au titre des 4° et 5° de l'article L. 1242-2, il peut prendre effet avant l'absence de la personne à remplacer.

Note **Délai entre la prise d'effet du contrat de remplacement et l'absence du salarié remplacé.** La loi ne précise pas la durée de ce délai. Il a été jugé que ce délai ne devait pas être supérieur au temps nécessaire pour la transmission des informations permettant de tenir le poste (CA Toulouse, 4e ch., 7 mai 2009, n° 08-1780).

Art. D. 1242-6. Pour les salariés mentionnés aux 1° à 3° de l'article D. 1242-3, la durée maximale du contrat de travail à durée déterminée ne peut être supérieure à vingt-quatre mois.

Dans le cas mentionné au 2°, le contrat peut être conclu pour la durée du stage lorsque cette durée est fixée par voie réglementaire.

Pour les étrangers soumis au régime de l'autorisation de travail prévue à l'article R. 5221-1, la durée maximale du contrat est celle pour laquelle l'autorisation provisoire est accordée. Si l'autorisation est renouvelée, la durée maximale est prolongée d'autant et le terme du contrat peut être reporté autant de fois que l'autorisation est renouvelée.

Pour les salariés mentionnés au 4° de l'article D. 1242-3, la durée du contrat ne peut être supérieure à celle de la période donnant lieu au bénéfice de l'aide financière.

Art. D. 1242-7. Le contrat de travail à durée déterminée conclu pour le retour à l'emploi des salariés âgés, prévu à l'article D. 1242-2, peut être conclu pour une durée maximale de dix-huit mois.

Il peut être renouvelé une fois pour une durée déterminée qui, ajoutée à la durée du contrat initial, ne peut excéder trente-six mois.

SECTION 3. Période d'essai

Art. L. 1242-10. Le contrat de travail à durée déterminée peut comporter une période d'essai.

Sauf si des usages ou des stipulations conventionnelles prévoient des durées moindres, cette période d'essai ne peut excéder une durée calculée à raison d'un jour par semaine, dans la limite de deux semaines lorsque la durée initialement prévue au contrat est au plus égale à six mois et d'un mois dans les autres cas.

Lorsque le contrat ne comporte pas de terme précis, la période d'essai est calculée par rapport à la durée minimale du contrat.

Note • Pour la détermination de la durée de la période d'essai, il est fait référence par priorité aux usages ou aux dispositions conventionnelles éventuellement applicables mais avec la restriction importante que ces usages ou dispositions conventionnelles ne peuvent recevoir application que s'ils prévoient des durées de période d'essai moindres que celles que fixe cet article.

Aucune circonstance exceptionnelle, due par exemple à la formation insuffisante du salarié, ne peut autoriser un employeur, en renouvelant la période d'essai, à lui donner une durée supérieure à la durée légale (cass. soc. 11 juin 1987, n° 84-41.299, BC V n° 377).

• La durée de la période d'essai exprimée en jours doit s'entendre comme étant déterminée en jours calendaires (cass. soc. 29 juin 2005, n° 02-45.701, BC V n° 220; RJS 10/05 n° 944). Lorsque la période d'essai est fixée en semaines ou en mois, elle se décompte en semaines civiles ou en mois calendaires, peu important le nombre de jours ouvrés; par «semaine civile», il faut entendre toute période de sept jours consécutifs. Pour un contrat prenant effet le 28 décembre, l'essai de deux semaines s'achève le 10 janvier à minuit. La rupture intervenant le 11 janvier se situe après la période d'essai (cass. soc. 6 juillet 1994, n° 90-43.877, RJS 10/94 n° 1122).

• La durée de la période d'essai est fixée en fonction de la durée initiale du contrat, peu important l'existence d'une clause prévoyant une faculté de renouvellement du contrat (cass. soc. 28 mai 1991, n° 88-44.357, BC V n° 266; RJS 7/91 n° 818).

En cas de conclusion avec un même salarié de contrats à durée déterminée successifs pour le même emploi, la durée des contrats antérieurs doit être déduite de la période d'essai prévue dans le nouveau contrat (cass. soc. 13 juin 2012, n° 10-28.286, RJS 8-9/12 n° 687).

• L'employeur qui souhaite mettre fin à la période d'essai d'un CDD doit respecter un délai de prévenance; ce délai est de 24 heures lorsque le salarié a été présent moins de 8 jours dans l'entreprise et de 48 heures lorsque le salarié a été présent entre 8 jours et un mois (art. L. 1221-25 CT). Le salarié qui rompt l'essai doit également respecter un délai de prévenance de 24 ou de 48 heures (art. L. 1221-26 CT).

Art. L. 1242-11. Ne sont pas applicables pendant la période d'essai les dispositions relatives:

1° À la prise d'effet du contrat prévue à l'article L. 1242-9;
2° À la rupture anticipée du contrat prévue aux articles L. 1243-1 à L. 1243-4;
3° Au report du terme du contrat prévu à l'article L. 1243-7;
4° À l'indemnité de fin de contrat prévue à l'article L. 1243-8.

Note Pour une application du 2° de cet article, voir cass. soc. 13 mars 2013, n° 11-25.604, LS Jurispr. n° 93 du 21.05.2013.

La Cour de cassation décide cependant que la rupture du contrat à durée déterminée par l'employeur avant la prise de fonction du salarié ouvre droit, pour le salarié, aux dommages et intérêts prévus à l'article L. 1243-3 alors même que le contrat de travail prévoit une période d'essai et que celle-ci n'est pas achevée (cass. soc. 26 septembre 2002, n° 00-42.581, BC V n° 281; RJS 12/02 n° 1363: la période d'essai n'ayant pas commencé à courir, faute de début d'exécution du contrat, les juges ne font pas application de l'article L. 122-3-9, actuel L. 1242-11).

SECTION 4. Forme, contenu et transmission du contrat

Art. L. 1242-12. Le contrat de travail à durée déterminée est établi par écrit et comporte la définition précise de son motif. À défaut, il est réputé conclu pour une durée indéterminée.

Il comporte notamment:

1° Le nom et la qualification professionnelle de la personne remplacée lorsqu'il est conclu au titre des 1°, 4° et 5° de l'article L. 1242-2;

2° La date du terme et, le cas échéant, une clause de renouvellement lorsqu'il comporte un terme précis;

3° La durée minimale pour laquelle il est conclu lorsqu'il ne comporte pas de terme précis;

4° La désignation du poste de travail en précisant, le cas échéant, si celui-ci figure sur la liste des postes de travail présentant des risques particuliers pour la santé ou la sécurité des salariés prévue à l'article L. 4154-2, la désignation de l'emploi occupé ou, lorsque le contrat est conclu pour assurer un complément de formation professionnelle au salarié au titre du 2° de l'article L. 1242-3, la désignation de la nature des activités auxquelles participe le salarié dans l'entreprise;

5° L'intitulé de la convention collective applicable;

6° La durée de la période d'essai éventuellement prévue;

7° Le montant de la rémunération et de ses différentes composantes, y compris les primes et accessoires de salaire s'il en existe;

8° Le nom et l'adresse de la caisse de retraite complémentaire ainsi que, le cas échéant, ceux de l'organisme de prévoyance.

Note • Les dispositions de cet article ne sont pas applicables à une promesse d'embauche (cass. soc. 6 juillet 2016, n° 15-11.138, BC V n° 144; RJS 10/16 n° 613; JCP éd. S 2016, 1359, note Fr. Bousez; RDT, octobre 2016, CH, 616, G. Auzero).

• La violation des dispositions du premier alinéa de cet article constitue une infraction pénale (art. L. 1248-6).

• **Écrit et indication du motif.** Aux termes de cet article, le contrat de travail à durée déterminée doit être établi par écrit et comporter la définition précise de son motif, à défaut de quoi, il est réputé conclu pour une durée indéterminée. En l'absence de contrat écrit, l'employeur ne peut écarter la présomption légale ainsi instituée en apportant la preuve de l'existence d'un contrat verbal conclu pour une durée déterminée (cass. soc. 18 février 1997, n° 93-44.121; 3 juin 1998, n° 95-45.134; 16 mai 2000, n° 97-45.758). Mais, cette requalification ayant été édictée dans un souci de protection du salarié, ce dernier peut rapporter la preuve que le contrat conclu verbalement est à durée déterminée (cass. soc. 10 juillet 2002, n° 00-44.534, BC V n° 235; voir aussi cass. soc. 12 décembre 2012, n° 11-14.823, BC V n° 335; RJS 3/13 n° 221: en l'absence d'écrit, le salarié a la faculté de prouver, au soutien d'une demande en requalification en contrat à durée indéterminée, que les parties avaient entendu conclure un contrat à durée déterminée).

La Cour de cassation a précisé que:

– le recours au contrat de travail à durée déterminée d'usage ne dispense pas l'employeur d'établir un contrat écrit comportant la définition précise de son motif (cass. soc. 28 novembre 2006, n° 05-40.775, BC V n° 352: requalification des contrats d'une réalisatrice d'une émission de télévision; 16 décembre 2009, n° 08-43634; 7 mars 2012, n° 10-19.073, BC V n° 86; RJS 5/12 n° 424; 29 janvier 2020, n° 18-16.695; voir aussi cass. soc. 19 décembre 2018, n° 17-21.767, à propos d'un CDD d'usage conclu par un sportif professionnel dans le cadre législatif antérieur à la loi 2015-1541 du 27 novembre 2015); toutefois, l'absence ou le caractère erroné, dans le contrat de travail à durée déterminée d'usage, de la désignation du poste de travail n'entraîne pas la requalification en contrat à durée indéterminée lorsque l'emploi réellement occupé est par nature temporaire (cass. soc. 21 septembre 2017, n° 16-17.241, BC V n° 145; LS Jurispr. n° 177 du 3.10.2017; JCP éd. S 2017, 1346, note Th. Lahalle; RJS 12/17 n° 783);

– un ordre de mission de l'employeur ne comportant pas la signature du salarié ne peut être assimilé à un contrat de travail écrit (cass. soc. 31 mai 2006, n° 04-47.656, BC V n° 195);

– faute de comporter la signature du salarié, le contrat à durée déterminée ne peut être considéré comme ayant été établi par écrit et est, par suite, réputé conclu pour une durée indéterminée (cass. soc. 26 octobre 1999, n° 97-41.992, BC V n° 401; 13 novembre 2008, n° 07-41.779; 27 mars 2019, n° 17-26.273). Il n'en va autrement que lorsque le salarié a délibérément refusé de signer le contrat de travail de mauvaise foi ou dans une intention frauduleuse (cass. soc. 7 mars 2012, n° 10-12.091, BC V n° 85; RJS 5/12 n° 426; JSL n° 321, 3.05.2012, p. 12, J-Ph. Lhernould; RDT, mai 2012, CH, 284, B. Reynès; JCP éd. S 2012, 1257, note Fr. Bousez; 10 avril 2019, n° 18-10.614, RJS 7/19 n° 406; JSL n° 478, 21.06.2019, p. 24, M. H.);
– de la même manière, un contrat à durée déterminée non signé par l'employeur encourt la requalification en contrat à durée indéterminée (cass. soc. 14 novembre 2018, n° 16-19.038, à paraître, LS Jurispr. n° 214 du 27.11.2018; JCP éd. S 2018, 1415, note Fr. Bousez; RJS 1/19 n° 6; JSL n° 467, 09.01.2019, p. 17, D. J.-P. : faute de comporter la signature de l'une des parties, un contrat à durée déterminée ne peut être considéré comme ayant été établi par écrit et est, par suite, réputé conclu pour une durée indéterminée).

La présomption légale selon laquelle le contrat non écrit est un contrat à durée indéterminée s'applique aussi bien au contrat renouvelé qu'au contrat initial (cass. soc. 24 novembre 1998, n° 96-41.742, BC V n° 511; Dr. Soc. 1999, p. 84).

C'est le contrat initial qui doit mentionner le motif précis du contrat; l'indication du motif de recours au contrat à durée déterminée dans la lettre de prolongation du contrat ne fait pas échec à la requalification (cass. soc. 31 mai 2000, n° 98-41.812, RJS 9-10/00 n° 909).

La mention selon laquelle le contrat est conclu pour faire face à un accroissement temporaire d'activité constitue le motif précis exigé par la loi (cass. soc. 28 septembre 2005, n° 04-44.823, BC V n° 271; Dr. Soc. 2006, p. 448). Il en est de même de la mention «surcroît d'activité lié aux opérations du client» (cass. soc. 10 mai 2012, n° 10-14.039, RJS 7/12 n° 619).

Lorsque le contrat est intitulé «contrat initiative-emploi», cette seule mention, qui fait référence aux dispositions de l'article L. 122-2 CT, suffit à satisfaire à l'exigence de définition précise du motif du contrat à durée déterminée (cass. soc. 17 octobre 2000, n° 97-45.439, BC V n° 326; RJS 12/00 n° 1272). En revanche, un contrat aidé qui ne fait pas mention de sa spécificité et qui ne précise pas le motif de sa conclusion sera requalifié en contrat à durée indéterminée, alors même qu'une convention a été passée entre l'employeur et les pouvoirs publics (cass. soc. 4 janvier 2000, n° 97-44.100, BC V n° 47; RJS 2/00 n° 154: en l'espèce, il s'agissait d'un contrat de retour à l'emploi; 23 octobre 2001, n° 99-44.574, BC V n° 329; RJS 1/02 n° 17: contrat initiative-emploi; 11 février 2004, n° 02-40.744, BC V n° 46; RJS 4/04 n° 385; 13 juin 2012, n° 11-10.198, BC V n° 180; LS Jurispr. n° 27 du 3.07.2012; RJS 8-9/12 n° 731: requalification d'un contrat ne mentionnant pas qu'il s'agissait d'un contrat «adultes relais» et ne faisant pas référence aux dispositions légales relatives à ce type de contrat).

L'énonciation précise du motif fixe les limites du litige au cas où la qualification du contrat se trouve contestée (cass. soc. 4 décembre 1996, n° 94-42.987, BC V n° 415; RJS 2/97 n° 124): le contrat à durée déterminée doit être requalifié en contrat à durée indéterminée lorsque le motif indiqué dans le contrat (en l'espèce, un surcroît exceptionnel d'activité) est inexact, alors même qu'un autre cas de recours au contrat à durée déterminée aurait valablement pu être invoqué (dans le même sens, cass. soc. 27 février 2002, n° 00-40.735, RJS 5/02 n° 539).

• **Autres mentions.** La rédaction de l'article L. 1242-12 n'attache aucune conséquence à l'omission des autres mentions que doit également comporter le contrat écrit, au regard de la qualification du contrat. L'article L. 1245-1, qui prévoit la requalification du contrat à durée déterminée en contrat à durée indéterminée en cas de violation de certaines règles relatives aux contrats à durée déterminée, prévoit cependant que le contrat est réputé à durée indéterminée lorsqu'il est conclu en méconnaissance des dispositions de l'article L. 1242-12. Cette rédaction peut engendrer des discussions d'interprétation dans la mesure où elle n'établit aucune distinction entre le premier alinéa et les autres dispositions de l'article L. 1242-12. La jurisprudence est d'ailleurs nuancée.

Il a été jugé que l'omission d'une mention relative à la rémunération n'entraîne pas la requalification (cass. soc. 16 février 2011, n° 09-67.607, RJS 5/11 n° 398). De même, la date de conclusion du contrat ne figurant pas au titre des mentions obligatoires prévues à cet article, le défaut de mention de la date de conclusion des contrats à durée déterminée ne saurait entraîner leur requalification en contrat de travail à durée indéterminée (cass. soc. 20 décembre 2017, n° 16-25.251, BC V n° 220; LS Jurispr. n° 11 du 16.01.2018; JCP éd. S 2018, 1068, note Fr. Bousez; RDT, février 2018, CH, 125, S. Tournaux).

La requalification est également écartée lorsque la mention omise concerne l'essai; l'absence de mention relative à l'essai signifie que le contrat ne contient pas de clause d'essai, alors même que le contrat renvoie à une convention collective qui prévoit expressément un essai d'un mois, mais le contrat reste qualifié de «contrat à durée déterminée» (cass. soc. 11 janvier 1994, n° 89-44.642, RJS 2/94 n° 130). De même, l'omission de la mention de la convention collective applicable ne peut entraîner la requalification du contrat à durée déterminée en contrat à durée indéterminée (cass. soc. 26 octobre 1999, n° 97-42.255, BC V n° 399; RJS 12/99 n° 1144).

En revanche, en l'absence d'une mention indiquant le nom et la qualification du salarié remplacé, le contrat est réputé conclu pour une durée indéterminée et l'employeur ne peut écarter la présomption légale ainsi instituée (cass. soc. 1er juin 1999, n° 96-43.617, BC V n° 249; RJS 7/99 n° 898; 26 octobre 1999, n° 97-40.894, BC V n° 402; RJS 12/99 n° 1444; 16 février 2012, n° 10-20.113, RJS 5/12 n° 425; 18 mars 2020, n° 19-10.631). Si la simple mention de l'emploi du salarié remplacé ne permet pas de connaître sa qualification précise et ne satisfait donc pas aux exigences légales (cass. soc. 23 octobre 2013, n° 12-15.482, LS Jurispr. n° 211 du 19.11.2013), la seule mention des fonctions du salarié remplacé peut suffire lorsqu'elle renvoie à une qualification professionnelle issue de la grille de classification des emplois annexée à la convention d'entreprise (cass. soc. 3 mai 2018, n° 16-20.636, à paraître, LS Jurispr. n° 91 du 22.05.2018; JCP éd. S 2018, 1195, note Fr. Bousez; RJS 7/18 n° 470; JSL n° 456, 29.06.2018, p. 20). Cette interprétation jurisprudentielle constante, qui consiste à considérer que la mention de la qualification professionnelle de la personne remplacée requise par l'article L. 1242-12, 1° CT participe de la définition précise du motif de recours à ce type de contrat, permet de s'assurer que la conclusion d'un contrat dérogatoire au contrat à durée indéterminée l'a été dans l'un des cas limitativement énumérés par le législateur et contribue à assurer la sanction effective du principe d'égalité de traitement entre les salariés en contrat à durée déterminée et les salariés en contrat à durée indéterminée tel qu'instauré par les dispositions précises et inconditionnelles de la clause 4 de l'accord cadre sur le travail à durée déterminée repris par la directive 1999/70/CE du 28 juin 1999; les dispositions des articles L. 1242-12 et L. 1245-1 CT ainsi interprétées sont donc justifiées par un motif d'intérêt général de lutte contre la précarité pouvant résulter du recours abusif à l'emploi à durée déterminée, de sorte qu'elles ne portent pas une atteinte disproportionnée à la liberté contractuelle (cass. soc., QPC, 18 mars 2020, n° 19-21.535, à paraître, RJS 05/20 n° 279; LS Jurispr. n° 88 du 12.05.2020).

• **Prescription de l'action en requalification fondée sur l'absence d'une mention obligatoire.** Voir note sous article L. 1245-2.

Art. L. 1242-12-1. ***(L. 2014-1545 du 20 déc. 2014, art. 6, JO 21)*** Lorsque le contrat de travail à durée déterminée est conclu en application du 6° de l'article L. 1242-2, il comporte également:

1° La mention «contrat à durée déterminée à objet défini «;

2° L'intitulé et les références de l'accord collectif qui institue ce contrat;

3° Une clause descriptive du projet et la mention de sa durée prévisible;

4° La définition des tâches pour lesquelles le contrat est conclu;

5° L'évènement ou le résultat objectif déterminant la fin de la relation contractuelle;

6° Le délai de prévenance de l'arrivée au terme du contrat et, le cas échéant, de la proposition de poursuite de la relation de travail en contrat à durée indéterminée;

7° Une clause mentionnant la possibilité de rupture à la date anniversaire de la conclusion du contrat, par l'une ou l'autre partie, pour un motif réel et sérieux et le droit pour le salarié, lorsque cette rupture est à l'initiative de l'employeur, à une indemnité égale à 10 % de la rémunération totale brute du salarié.

Art. L. 1242-13. Le contrat de travail est transmis au salarié, au plus tard, dans les deux jours ouvrables suivant l'embauche.

Note • Depuis l'intervention de l'ordonnance 2017-1387 du 22 septembre 2017, l'article L. 1245-1, al. 2 prévoit que la méconnaissance de l'obligation de transmission dans le délai fixé par cet article n'entraîne plus, à elle seule, la requalification en contrat à durée indéterminée, mais ouvre droit, pour le salarié, à une indemnité qui ne peut être supérieure à un mois de salaire. Cette disposition, applicable aux contrats conclus après le 23 septembre 2017, met fin à la jurisprudence rapportée ci-dessous qui considérait que la transmission tardive du contrat entraînait automatiquement sa requalification en contrat à durée indéterminée.

Toutefois, la violation de cet article constitue, comme auparavant, une infraction pénale (art. L. 1248-7).

• ***Jurisprudence rendue dans le cadre législatif antérieur à l'ordonnance du 22 septembre 2017***

Lorsque le contrat de travail n'est pas rédigé ou transmis au salarié dans les deux jours suivant l'embauche, il est requalifié en contrat à durée indéterminée (cass. soc. 17 juin 2005, n° 03-42.596, BC V n° 203; RJS 8-9/05 n° 810; 13 mars 2002, n° 00-42.014, RJS 7/02 n° 791; 29 octobre 2008, n° 07-41.842, BC V n° 204; RJS 1/09 n° 17: l'employeur dispose de deux jours pleins pour accomplir cette formalité; le jour de l'embauche ne compte pas dans ce délai, non plus que le dimanche qui n'est pas un jour ouvrable). La transmission tardive pour signature équivaut à une absence d'écrit, entraînant requalification (cass. soc. 17 juin 2005, n° 03-42.596, précité) et les dispositions illicites d'une convention collective, qui imposent le recrutement des salariés par voie de contrat de travail à durée déterminée dans la limite de 5 saisons, ne peuvent faire obstacle à la requalification d'un contrat de travail à durée déterminée remis au salarié après l'expiration du délai de 2 jours prévu à cet article (cass. soc. 2 avril 2014, n° 11-25.442, BC V n° 96; RJS 6/14 n° 468; voir aussi cass. soc. 8 juin 2016, n° 15-14.001, LS Jurispr. n° 118 du 28.06.2016, précisant que la déclaration préalable d'embauche ne peut pas non plus suppléer l'obligation de remise du contrat dans les deux jours).

Recours à un titre simplifié. Selon l'article L. 712-1 c. rur. et pêche mar., l'employeur qui, au moment de l'embauche d'un salarié par contrat à durée déterminée, à l'exclusion des contrats visés à l'article L. 1242-3 CT, remet au salarié et adresse à la caisse de mutualité sociale agricole les parties qui leur sont respectivement destinées du document appelé «titre emploi simplifié agricole» (TESA) est réputé satisfaire aux obligations prévues par les articles L. 1242-12 et 13 CT.

L'employeur qui recourt au TESA pour embaucher un salarié sous contrat à durée déterminée doit donc lui remettre le volet correspondant au contrat de travail dans les deux jours suivant l'embauche, faute de quoi le salarié pourrait obtenir la requalification de son contrat en contrat à durée indéterminée (cass. soc. 13 mars 2013, n° 11-28.687, BC V n° 69; RJS 5/13 n° 353).

Cette solution est transposable au titre emploi-service entreprise (TESE), l'article L. 1273-5 CT prévoyant également que, par la remise au salarié et l'envoi à l'organisme habilité des éléments du titre emploi qui leur sont respectivement destinés, l'employeur est réputé satisfaire aux obligations prévues par les articles L. 1242-12 et 13 CT. Pour une application, voir cass. soc. 3 mai 2016, n° 14-29.317, BC V n° 80; RJS 7/16 n° 538; 6 novembre 2019, n° 18-15.701: la transmission tardive au salarié du volet d'identification prévu à l'article D. 1273-3 [devenu D. 1272-1] CT équivaut à une absence d'écrit qui entraîne la requalification de la relation de travail en contrat à durée indéterminée.

SECTION 5. Conditions d'exécution du contrat

Art. L. 1242-14. Les dispositions légales et conventionnelles ainsi que celles résultant des usages applicables aux salariés titulaires d'un contrat de travail à durée indéterminée s'appliquent également aux salariés titulaires d'un contrat à durée déterminée, à l'exception des dispositions concernant la rupture du contrat de travail.

Note La Cour de cassation a précisé que «les dispositions de cet article sont d'une portée générale et ne sauraient être mises en échec par une convention collective plus restrictive» (cass. crim. 14 mai 1985, JS 1986, F 4). Ainsi, une convention collective ne peut-elle exclure de son champ d'application ou de celui de certaines dispositions qu'elle contient les salariés liés par un contrat à durée déterminée. Toute clause d'exclusion est nulle.

Art. L. 1242-15. La rémunération, au sens de l'article L. 3221-3, perçue par le salarié titulaire d'un contrat de travail à durée déterminée ne peut être inférieure au montant de la rémunération que percevrait dans la même entreprise, après période d'essai, un salarié bénéficiant d'un contrat de travail à durée indéterminée de qualification professionnelle équivalente et occupant les mêmes fonctions.

Note • La règle de l'égalité de rémunération s'applique à tous les salariés engagés par contrat à durée déterminée, qu'ils soient ou non soumis à une période d'essai; il en résulte qu'elle s'applique dès le premier jour de leur engagement; un salarié en période d'essai a donc droit à la rémunération due à un salarié sous contrat de travail à durée indéterminée de qualification équivalente et occupant les mêmes fonctions, après période d'essai (cass. soc. 17 décembre 1996, n° 94-41.460, BC V n° 444; RJS 1/97 n° 11). Mais l'égalité de rémunération suppose une qualification équivalente et l'occupation des mêmes fonctions. Le salarié qui ne remplace pas le salarié absent dans toutes ses fonctions ne peut pas prétendre à la même rémunération que le salarié remplacé (cass. soc. 15 octobre 2002, n° 00-40.623, BC V n° 305; RJS 12/02 n° 1361).

• En application de la règle de l'égalité de rémunération, les juges doivent étendre aux titulaires de contrat à durée déterminée les avantages que les dispositions conventionnelles réservent aux salariés permanents de l'entreprise (cass. soc. 25 mars 1998, n° 96-45.688, D. act. soc. juin 1998, p. 4).

• Pour s'assurer du respect du principe de l'égalité de rémunération entre un salarié sous CDD et un salarié sous CDI, l'indemnité de fin de contrat, qui compense la situation de précarité dans laquelle se trouve le salarié en CDD, doit être écartée du champ de la comparaison à effectuer (cass. soc. 10 octobre 2012, n° 10-18.672, BC V n° 257; RJS 1/13 n° 10; voir précédemment circulaire DRT 18-90 du 30 octobre 1990, 4.2.2).

• La violation de la règle d'égalité de rémunération est sanctionnée pénalement (art. L. 1248-8).

Art. L. 1242-16. Le salarié titulaire d'un contrat de travail à durée déterminée a droit à une indemnité compensatrice de congés payés au titre du travail effectivement accompli durant ce contrat, quelle qu'ait été sa durée, dès lors que le régime des congés applicable dans l'entreprise ne lui permet pas de les prendre effectivement.

Le montant de l'indemnité, calculé en fonction de cette durée, ne peut être inférieur au dixième de la rémunération totale brute perçue par le salarié pendant la durée de son contrat.

L'indemnité est versée à la fin du contrat, sauf si le contrat à durée déterminée se poursuit par un contrat de travail à durée indéterminée.

SECTION 6. Information sur les postes à pourvoir

Art. L. 1242-17. L'employeur porte à la connaissance des salariés titulaires d'un contrat de travail à durée déterminée la liste des postes à pourvoir dans l'entreprise par des contrats de travail à durée indéterminée lorsqu'un tel dispositif d'information existe déjà pour les salariés bénéficiant d'un contrat à durée indéterminée.

CHAPITRE III Rupture anticipée, échéance du terme et renouvellement du contrat

SECTION 1. Rupture anticipée du contrat

Art. L. 1243-1. Sauf accord des parties, le contrat de travail à durée déterminée ne peut être rompu avant l'échéance du terme qu'en cas de faute grave, ***(L. 2011-525 du 17 mai 2011, art. 49, JO 18)*** «de force majeure ou d'inaptitude constatée par le médecin du travail.»

(L. 2014-1545 du 20 déc. 2014, art. 6, JO 21) «Lorsqu'il est conclu en application du 6° de l'article L. 1242-2, le contrat de travail à durée déterminée peut, en outre, être rompu par l'une ou l'autre partie, pour un motif réel et sérieux, dix-huit mois après sa conclusion puis à la date anniversaire de sa conclusion.»

Note • **Nullité des clauses résolutoires.** Il résulte de ces dispositions d'ordre public que le salarié ne peut, par avance, accepter la rupture du contrat par l'employeur pour d'autres causes que celles qu'elles prévoient. Ayant relevé qu'un contrat avait été conclu pour une durée de deux ans, une cour d'appel a pu décider que la clause permettant à l'employeur de dénoncer le contrat avant son terme était nulle et que la rupture anticipée intervenue en application de cette clause était abusive (cass. soc. 16 décembre 1998, n° 95-45.341, BC V n° 552; voir aussi cass. soc. 4 février 2015, n° 13-26.172, LS Jurispr. n° 31 du 17.02.2015; RJS 4/15 n° 239).

De même, une clause résolutoire de plein droit en raison de la survenance d'un événement objectif et déterminé est considérée comme nulle, car n'entrant pas dans les prévisions de l'article L. 122-3-8 [L. 1243-1] CT (cass. soc. 11 mai 1988, n° 86-42.012, BC V n° 283).

• **Impossibilité de prévoir une clause d'indivisibilité.** Un salarié et son employeur ne peuvent pas déroger aux dispositions d'ordre public de cet article qui limitent les cas de rupture anticipée du contrat de travail à durée déterminée en introduisant dans le contrat une clause d'indivisibilité avec celui du conjoint du salarié (cass. soc. 5 juillet 2017, n° 16-17.690, BC V n° 112; JCP éd. S 2017, 1287, note Fr. Bousez; Dr. Soc. 2017, p. 885, note J. Mouly; JSL n° 437, 13.09.2017, pp. 10 et s., J-Ph. Lhernould; RJS 10/17 n° 654; RDT, septembre 2017, CH, 540, G. Auzero).

• **Validité des conditions suspensives.** Aux termes de cet article, l'employeur ne peut pas mettre fin à un contrat à durée déterminée avant le terme prévu en dehors des cas de rupture anticipée autorisés. Il en est ainsi même si le contrat n'a pas encore commencé à s'exécuter (cass. soc. 12 mars 2002, n° 99-44.222, BC V n° 86; 26 septembre 2002, n° 00-42.581, BC V n° 281; 30 novembre 2011, n° 10-11.639, JCP éd. S 2012, 1207, note Fr. Bousez). Il en va toutefois différemment si le contrat était assorti d'une condition suspensive. En effet, la Cour de cassation a précisé que les règles relatives à la rupture du CDD ne prohibent pas la stipulation de conditions suspensives; par conséquent, si une condition suspensive a fait obstacle à la prise d'effet du contrat, le salarié ne pourra se prévaloir de la violation des dispositions de cet article (cass. soc. 15 mars 2017, n° 15-24.028, BC V n° 49; LS Jurispr. n° 60 du 28.03.2017; JCP éd. S 2017, 1150, note D. Jacotot; JSL n° 430, 25.04.2017, pp. 14 et s., J-P Lhernould; RJS 5/17 n° 318).

• **Accord des parties.** L'accord des parties, qui peut entraîner la rupture du contrat à durée déterminée avant l'échéance, ne peut être réalisé qu'en cours de contrat. Les clauses insérées dans le contrat à durée déterminée pour mettre fin à celui-ci avant l'arrivée du terme sont nulles (cass. soc. 24 octobre 2000, n° 98-40.447, RJS 1/01 n° 18; 5 juillet 1995, n° 92-40.095, D. 1996 J. 280, note J. Mouly; 27 mai 1992, n° 89-41.704, BC V n° 342).

L'accord conclu par les parties en cours de contrat pour mettre fin à celui-ci n'entraînera la cessation des relations contractuelles que si la volonté des cocontractants de les faire cesser est «claire et non équivoque» (cass. soc. 21 mars 1996, n° 93-40.192, RJS 5/96 n° 522; 8 juillet 2020, n° 18-22.068). La signature d'un reçu pour solde de tout compte ou l'acceptation d'un certificat de travail ne peuvent caractériser une rupture de commun accord (cass. soc. 11 juillet 2000, n° 98-45.046, RJS 9-10/00 n° 913). Mais celle-ci peut résulter d'un avenant au contrat (circ. DRT 92-14 du 29 août 1992, Q/R 25 et cass. soc. 16 décembre 2015, n° 14-21.360, LS Jurispr. n° 12 du 19.01.2016; JSL n° 404, 17.02.2016, pp. 25 et s., Fr. Taquet).

La rupture d'un commun accord a pour seul objet de mettre fin aux relations des parties; elle ne constitue pas une transaction destinée à mettre fin à toute contestation née ou à naître résultant de la rupture définitive du contrat de travail (cass. soc. 16 mai 2000, n° 98-40.238, BC V n° 179; 6 octobre 2015, n° 14-19.126, LS Jurispr. n° 188 du 20.10.2015; RJS 12/15 n° 755, précisant que la rupture d'un commun accord ne peut avoir pour effet, peu important les termes de l'accord, de priver le salarié des droits nés de l'exécution du contrat de travail). L'accord de rupture qui a pour objet de mettre fin à une situation conflictuelle entre les parties doit être requalifié en transaction; celle-ci est nulle du fait qu'elle a été conclue avant la rupture du contrat (cass. soc. 25 mars 2009, n° 07-44.657, RJS 6/09 n° 504).

Cette rupture d'un commun accord n'obéit pas au régime de la rupture conventionnelle propre aux ruptures de contrats à durée indéterminée.

• **Force majeure.** Ne constituent des cas de force majeure ni la chute brutale de commandes résultant de la cessation d'activité d'un client (cass. soc. 30 juin 1988, n° 85-43.791), ni le manque de financement nécessaire à l'organisation d'un spectacle théâtral (cass. soc. 30 janvier 1996, n° 93-40.429, Dr. Soc. 1996, p. 422, obs. P-H Antonmattei), ni la suppression du poste du salarié remplacé (cass. soc. 26 mars 2002, n° 00-40.652, BC V n° 103; RJS 6/02 n° 658). Il en est de même du ralentissement ou même de la cessation d'activité d'une association pendant un certain temps (cass. soc. 10 janvier 1990, n° 87-43.366), de la mise en redressement judiciaire d'un club professionnel (cass. soc. 6 mai 1998, n° 96-40.867, BC V n° 235; RJS 6/98 n° 709: la charte du football professionnel ne peut déroger aux dispositions d'ordre public de l'article L. 122-3-8 [L. 1243-1] CT que dans ses dispositions plus favorables aux salariés).

De même, ni l'insuffisance professionnelle du salarié (cass. soc. 10 juin 1992, n° 88-44.025, BC V n° 375; RJS 8-9/92 n° 966, 1re espèce), ni la maladie de celui-ci (cass. soc. 15 février 1995, n° 91-44.366, RJS 4/95 n° 357), ni son inaptitude physique (cass. soc. 20 mai 2009, n° 07-44.505, RJS 8-9/09 n° 709; 12 février 2003, n° 00-46.660, BC V n° 50; RJS 5/03 n° 597; 12 juillet 1999, n° 97-41.131, BC V n° 344; Dr. Soc. 1999, p. 952, obs. J. Savatier) ne sauraient être assimilées à des cas de force majeure. Mais l'inaptitude du salarié, constatée par le médecin du travail, qu'elle ait ou non une origine professionnelle, peut justifier la rupture anticipée du contrat à durée déterminée (loi 2011-525 du 17 mai 2011, art. 49; voir *infra*).

Enfin, le retour anticipé du salarié remplacé ne constitue pas un cas de force majeure (cass. soc. 8 novembre 1995, n° 92-40.399, BC V n° 293).

Covid-19. Voir Ch. Radé, «Covid-19 et force majeure», Dr. Soc. 2020, p. 598.

• **Faute grave du salarié**

Procédure. La rupture anticipée pour faute grave d'un contrat de travail à durée déterminée est soumise aux dispositions de l'article L. 1332-1 applicables en matière disciplinaire (cass. soc. 10 juillet 2002, n° 00-40.530, RJS 11/02 n° 1209). L'employeur qui souhaite mettre fin à un tel contrat pour un tel motif doit donc convoquer le salarié à un entretien préalable (cass. soc. 11 avril 1996, n° 93-42.632, BC V n° 151; 27 juin 2001, n° 99-42.216, BC V n° 236; RJS 10/01 n° 1140; 13 novembre 2008, n° 07-40.784, BC V n° 213). De même, la lettre de rupture ne peut être adressée au salarié qu'un jour franc après l'entretien préalable (cass. soc. 30 juin 1993, n° 92-40.008, BC V n° 189; Dr. Soc. 1993, p. 770).

Enfin, la lettre de rupture doit comporter le motif de celle-ci (cass. soc. 23 janvier 1997, n° 95-40.526, BC V n° 32; Dr. Soc. 1997, p. 314, obs. Cl. Roy-Loustaunau: à défaut, l'employeur est condamné pour rupture anticipée injustifiée alors même que le salarié aurait commis une faute lourde).

À noter que:

– lorsque des dispositions conventionnelles imposent la saisine d'une commission de conciliation avant toute rupture anticipée pour faute grave, l'intervention de cette commission constitue une garantie de fond pour le salarié; lorsqu'il en est privé, la rupture du contrat est considérée comme ne reposant sur aucune faute grave et n'est donc pas justifiée (cass. soc. 26 septembre 2012, n° 11-18.783, BC V n° 246; RJS 12/12 n° 940);

– aucun formalisme n'est exigé pour la convocation à l'entretien préalable en cas de rupture anticipée pour faute grave, celle-ci n'étant soumise qu'aux dispositions des articles L. 1332-1 à 3 [et non à celles des articles L. 1232-2 et L. 1235-5 CT] (cass. soc. 20 novembre 2013, n° 12-30.100, BC V n° 274; LS Jurispr. n° 225 du 10.12.2013; RJS 2/14 n° 104, 1re espèce);

– l'absence de convocation à l'entretien préalable à une rupture anticipée d'un contrat de travail à durée déterminée pour faute grave constitue une irrégularité de procédure mais n'affecte pas le bien-fondé de cette mesure (cass. soc. 14 mai 2014, n° 13-12.071, BC V n° 118; RJS 7/14 n° 546; JCP éd. S 2014, 1397, 2e espèce, note C. Varin). Il en va de même en cas d'inobservation du délai d'un jour franc prévu à l'article L. 1332-2 entre la date fixée pour l'entretien et celle du prononcé de la sanction (cass. soc. 12 novembre 2003, n° 01-42.130, BC V n° 278).

Notion de faute grave. La Cour de cassation pose un principe: l'employeur qui donne un préavis au salarié à l'occasion d'une rupture anticipée du contrat à durée déterminée ne peut pas ensuite invoquer la faute grave de celui-ci (cass. soc. 10 novembre 1998, n° 97-43.911, RJS 2/99 n° 164). La jurisprudence fournit des exemples de fautes graves justifiant la rupture anticipée du contrat:
- attitude hystérique d'une salariée devant des enfants et comportement agressif et irrespectueux répété dans le temps à l'égard de l'employeur et des usagers de l'association (cass. soc. 23 janvier 2013, n° 11-26.372, JSL n° 338, 26.02.2013, p. 29);
- abandon de son poste par un agent de prévention et de surveillance, sans attendre la relève (cass. soc. 16 mars 2005, n° 03-41.649);
- le fait pour une aide-soignante d'une maison de retraite d'avoir giflé une résidente (cass. soc. 28 novembre 2012, n° 11-15.545);
- comportement d'une salariée qui, après avoir reçu plusieurs avertissements à ce propos, avait désorganisé gravement la chaîne sur laquelle elle travaillait, ce qui avait eu pour effet d'affecter les résultats de l'entreprise (cass. soc. 19 juillet 1988, n° 85-46.121, BC V n° 463);
- le fait pour un salarié en contrat de professionnalisation de s'être absenté une journée sans motif valable de son établissement de formation et de ne pas s'être présenté à 3 réunions commerciales (cass. soc. 25 juin 2013, n° 11-30.298, JSL n° 352, 24.10.2013, p. 7, J-Ph. Lhernould; RJS 11/13 n° 753).

Exemples de fautes ne justifiant pas la rupture anticipée du contrat:
- refus par un salarié d'un accroissement de l'amplitude de l'horaire de nuit (cass. soc. 7 septembre 2004, n° 02-42.657, BC V n° 223; RJS 11/04 n° 1125);
- inaptitude du salarié à suivre une formation théorique (cass. soc. 2 mars 1994, n° 89-42.778, BC V n° 38; Dr. Soc. 1994, p. 512);
- absence injustifiée d'un joueur de football aux entraînements, la Charte du football professionnel qui a valeur de convention collective ne prévoyant pas la rupture du contrat de travail parmi les sanctions applicables en cas d'absence du joueur aux entraînements (cass. soc. 5 novembre 2014, n° 12-23.135, BC V n° 257; RJS 1/15 n° 8; Dr. Soc. 2015, p. 88, act. J. Mouly);
- refus d'effectuer une course pour des motifs tirés d'un dépassement de la durée du travail (cass. soc. 24 octobre 1990, n° 87-42.683, BC V n° 493);
- refus d'un simple changement des conditions de travail (cass. soc. 20 novembre 2013, n° 12-30.100, BC V n° 274; LS Jurispr. n° 225 du 10.12.2013; RJS 2/14 n° 104, 1re espèce).

De façon générale, une faute ne sera pas considérée comme grave lorsque l'employeur laisse le salarié exécuter sa prestation de travail pendant plusieurs jours après avoir eu connaissance de la faute commise (cass. soc. 19 novembre 1992, n° 92-40.578, BC V n° 561; RJS 1/93 n° 12; 30 juin 1993, n° 91-45.011, BC V n° 184).

• **Faute grave de l'employeur.** Le salarié peut, de sa propre autorité, rompre le contrat de travail à durée déterminée lorsque l'employeur a commis une faute grave (cass. soc. 29 novembre 2006, n° 04-48.655, BC V n° 360; RDT, mars 2007, CH, 169, D. Jacotot; 23 janvier 2008, n° 05-41.070, BC V n° 18; JCP éd. S 2008, 1302, note F. Bousez; 9 avril 2008, n° 06-46.003, RDT, juillet/août 2008, CH, 448, D. Jacotot; voir aussi cass. soc. 3 juin 2020, n° 18-13.628, à paraître, LS Jurispr. n° 114 du 23.06.2020 et n° 156 du 01.09.2020, avis A-M Grivel; JCP éd. S 2020, 2078, note L. Drai; JSL n° 503 du 14.09.2020, pp. 8 et s., M. Hautefort; RDT, juillet/août 2020, CH, 467, D. Baugard; RJS 7/20 n° 331, précisant que cette rupture anticipée ne peut être qualifiée de prise d'acte).

Lorsque le salarié rompt de manière anticipée le contrat de travail à durée déterminée après avoir saisi la juridiction prud'homale d'une demande de résiliation de ce contrat en raison des manquements qu'il imputait à l'employeur, cette demande devient sans objet; toutefois, les manquements invoqués par le salarié tant à l'appui de la demande de résiliation judiciaire devenue sans objet qu'à l'appui de la rupture anticipée du contrat sont pris en considération par les juges du fond pour apprécier l'existence d'une faute grave de l'employeur (cass. soc. 3 juin 2020, n° 18-13.628, précité).

La modification unilatérale du CDD par l'employeur constitue, par nature, une faute grave (cass. soc. 12 janvier 2010, n° 08-43.128, RJS 3/10 n° 242).

La rupture anticipée du CDD qui intervient à l'initiative du salarié en l'absence de faute grave commise par l'employeur ouvre droit, pour ce dernier, à des dommages-intérêts correspondant au préjudice subi.

• **Résiliation judiciaire.** La résiliation judiciaire d'un contrat à durée déterminée était expressément prévue par l'article L. 1226-20 (ancien article L. 122-32-9) CT en cas d'inaptitude d'un salarié victime d'un accident du travail ou d'une maladie professionnelle (cass. soc. 23 mars 1999, n° 96-40.181, BC V n° 136; RJS 5/99 n° 703). La Cour de cassation avait refusé d'étendre cette solution au cas d'inaptitude résultant d'une maladie non professionnelle ou d'un accident de droit commun (cass. avis 29 avril 2002, n° 02-00.001, BC n° 3; RJS 8-9/02 n° 955 et p. 707, rapp. S. Bourgeot). Depuis la réforme introduite par la loi du 17 mai 2011, la résiliation judiciaire à la suite d'une inaptitude d'origine professionnelle a été supprimée et remplacée par la rupture unilatérale de l'employeur (voir ci-après «Inaptitude du salarié»).

De même, après avoir admis la résiliation judiciaire en cas de faute grave commise par l'un des cocontractants (cass. soc. 20 mars 1990, n° 87-41.418, BC V n° 121), la Cour de cassation considère désormais que l'employeur, qui a la possibilité de rompre unilatéralement le contrat de travail à durée déterminée en cas de faute grave du salarié ou de force majeure, n'est pas recevable à demander la résiliation judiciaire d'un tel contrat (cass. soc. 4 décembre 2001, n° 99-46.364, BC V n° 369; RJS 2/02 n° 149). Elle a également jugé que, lorsqu'il n'existe ni faute grave ni force majeure, l'action en résiliation judiciaire introduite par l'employeur est irrecevable et son exercice s'analyse en une rupture anticipée du contrat de travail à durée déterminée (cass. soc. 15 juin 1999, n° 98-44.295, BC V n° 277; Dr. Soc. 1999, p. 837, obs. Cl. Roy-Loustaunau).

L'employeur ne peut donc plus demander la résiliation judiciaire d'un contrat à durée déterminée.

En revanche, le salarié peut demander la résiliation judiciaire du contrat (cass. soc. 14 janvier 2004, n° 01-40.489, BC V n° 8).

• **Inaptitude du salarié.** Depuis l'intervention de la loi de simplification du droit du 17 mai 2011, un contrat de travail à durée déterminée peut être unilatéralement rompu par l'employeur en raison de l'inaptitude du salarié, constatée par le médecin du travail, quelle que soit l'origine de l'inaptitude (art. L. 1243-1), mais l'employeur doit préalablement tenter de reclasser le salarié (art. L. 1226-4-2 et L. 1226-20). Un mois après la déclaration d'inaptitude, l'employeur doit reprendre le versement du salaire s'il n'a ni reclassé le salarié ni rompu le contrat de travail (art. L. 1226-4-2 et L. 1226-20). En cas de rupture, le salarié a droit à une indemnité qui ne peut être inférieure à l'indemnité légale de licenciement lorsque l'origine de l'inaptitude n'est pas professionnelle (art. L. 1226-4-3) ou au double de cette indemnité lorsque l'inaptitude a une origine professionnelle (art. L. 1226-20). La Cour de cassation a précisé que la procédure de rupture du contrat de travail à durée déterminée pour inaptitude du salarié constatée par le médecin du travail ne doit pas donner lieu à une convocation à un entretien préalable (cass. avis 21 octobre 2013, n° 13-70.006, BC n° 11).

Sur ce point, voir «Rupture anticipée du CDD pour inaptitude physique: une nouvelle immixtion des règles du CDI», J. Mouly, JCP éd. S 2011, 1497.

• Sur la possibilité pour le juge des référés d'ordonner la poursuite des relations contractuelles en cas de rupture anticipée du contrat à durée déterminée en dehors des cas prévus par cet article et en rétorsion de l'exercice, par le salarié, de son droit d'agir en justice contre son employeur, voir note sous article R. 1455-6.

• Voir aussi LS Dossier pratique n° 138 du 31.07.2020, «Rupture anticipée du CDD: les précautions à prendre (Cas autorisés, formalités, procédure et indemnités à verser)».

Art. L. 1243-2. Par dérogation aux dispositions de l'article L. 1243-1, le contrat de travail à durée déterminée peut être rompu avant l'échéance du terme à l'initiative du salarié, lorsque celui-ci justifie de la conclusion d'un contrat à durée indéterminée.

Sauf accord des parties, le salarié est alors tenu de respecter un préavis dont la durée est calculée à raison d'un jour par semaine compte tenu:

1° De la durée totale du contrat ***(L. 2015-994 du 17 août 2015, art. 55, I, 2°, JO 18)*** «incluant, le cas échéant, son ou ses deux renouvellements», lorsque celui-ci comporte un terme précis;

2° De la durée effectuée lorsque le contrat ne comporte pas un terme précis.

Le préavis ne peut excéder deux semaines.

Note Les dispositions de cet article, dans sa rédaction issue de la loi 2015-994 précitée, sont applicables aux contrats en cours (loi précitée, art. 55, II).

Art. L. 1243-3. La rupture anticipée du contrat de travail à durée déterminée qui intervient à l'initiative du salarié en dehors des cas prévus aux articles L. 1243-1 et L. 1243-2 ouvre droit pour l'employeur à des dommages et intérêts correspondant au préjudice subi.

Note Pour une illustration, voir cass. soc. 9 février 2011, n° 09-42.485, JSL n° 296, 24.03.2011, p. 26. Cet article concerne la rupture anticipée du contrat à durée déterminée à l'initiative du salarié; un salarié dont le contrat a été rompu de façon anticipée pour faute grave par l'employeur ne peut donc être condamné à payer à ce dernier des dommages-intérêts sur le fondement de cet article (cass. soc. 26 avril 2017, n° 15-21.196, BC V n° 69; LS Jurispr. n° 91 du 16.05.2017; JCP éd. S 2017, 1190, note P-Y Verkindt; Dr. Soc. 2017, p. 682, act. J. Mouly; RJS 7/17 n° 461).

Art. L. 1243-4. La rupture anticipée du contrat de travail à durée déterminée qui intervient à l'initiative de l'employeur, en dehors des cas de faute grave, ***(L. 2011-525***

du 17 mai 2011, art. 49, JO 18) «de force majeure ou d'inaptitude constatée par le médecin du travail», ouvre droit pour le salarié à des dommages et intérêts d'un montant au moins égal aux rémunérations qu'il aurait perçues jusqu'au terme du contrat, sans préjudice de l'indemnité de fin de contrat prévue à l'article L. 1243-8.

Toutefois, lorsque le contrat de travail est rompu avant l'échéance du terme en raison d'un sinistre relevant d'un cas de force majeure, le salarié a également droit à une indemnité compensatrice dont le montant est égal aux rémunérations qu'il aurait perçues jusqu'au terme du contrat. Cette indemnité est à la charge de l'employeur.

Note • Cet article fixe une réparation minimale forfaitaire: celle-ci ne peut subir aucune réduction au motif que le préjudice subi par le salarié serait peu important (cass. soc. 31 mars 1993, n° 89-43.708, BC V n° 103; RJS 5/93 n° 492). Cette indemnité minimale est due par l'employeur alors même qu'il a rompu le contrat de travail avant tout commencement d'exécution (cass. soc. 12 mars 2002, n° 99-44.222, BC V n° 86; RJS 6/02 n° 659; 26 septembre 2002, n° 00-42.581, BC V n° 281; RJS 12/02 n° 1363).

Le juge peut également allouer au salarié une indemnisation supérieure: ce texte ne fixe que le minimum des dommages-intérêts que doit percevoir le salarié dont le contrat à durée déterminée a été rompu de façon illicite et l'attribution d'une indemnisation complémentaire, fût-ce au titre d'un préjudice moral, relève de l'appréciation souveraine des juges du fond (cass. soc. 12 mars 2002, n° 99-44.222, précité. Voir aussi, s'agissant de l'attribution d'une indemnisation complémentaire au titre du préjudice résultant de la perte d'une chance de percevoir les gains liés à la vente et à l'exploitation des œuvres dont la réalisation a été empêchée par la rupture illicite du contrat, cass. soc. 3 juillet 2019, n° 18-12.306, à paraître, LS Jurispr. n° 134 du 23.07.2019; JSL n° 483, 14.10.2019, p. 21, D. J.-P. ; JCP éd. S 2019, 1284, note Fr. Bousez; RJS 10/19 n° 554).

• Les sommes allouées au salarié en application de l'article L. 1243-4 CT ont la nature de dommages-intérêts fixés par le juge; les intérêts légaux courent donc à compter de la date du jugement (cass. soc. 1er juillet 1998, n° 96-40.398, BC V n° 355; RJS 8-9/98 n° 961).

• Les dommages-intérêts pour rupture anticipée d'un contrat de travail à durée déterminée ne peuvent se cumuler avec les indemnités de chômage servies par les Assédic [Pôle emploi] au cours de la période courant de la rupture du contrat à l'échéance du terme de celui-ci (cass. soc. 14 janvier 1997, n° 95-13.044, BC V n° 15; RJS 2/97 n° 188; 5 mars 1998, n° 96-11.315, RJS 4/98 n° 509).

• Est considéré comme rupture anticipée ouvrant droit à dommages-intérêts le fait pour un employeur, qui avait embauché une salariée pour la durée de l'absence d'une employée victime d'un accident et jusqu'à la reprise définitive de celle-ci, d'avoir mis fin au contrat à la date à laquelle la salariée absente devait reprendre son activité mais ne l'avait pas effectivement reprise (cass. soc. 26 novembre 1987, n° 85-40.803, BC V n° 681).

En présence d'un contrat prévoyant que, dans le cas où un salarié ne donnerait pas satisfaction, ce contrat pourrait être annulé, c'est à bon droit, n'étant pas possible de déroger aux dispositions de l'article L. 122-3-8 [L. 1243-1], qu'une cour d'appel a condamné l'employeur qui avait mis fin, de manière anticipée, au contrat sans qu'une faute grave ait été alléguée à l'encontre du salarié (cass. soc. 11 mai 1988, n° 86-42.012, BC V n° 283).

Le refus d'une modification substantielle d'un contrat à durée déterminée s'analyse en une rupture du fait de l'employeur qui, en l'absence de faute grave du salarié, revêt un caractère irrégulier (cass. soc. 18 juillet 1988, n° 85-44.230; 31 octobre 1996, n° 93-46.365, BC V n° 368; Dr. Soc. 1997, p. 92, obs. H. Blaise).

• La formulation de l'article L. 1243-4 diffère de celle de l'ancien article L. 122-3-4-1. Ce dernier renvoyait à l'article L. 122-3-8 pour fixer le montant de l'indemnité compensatrice. Or, cet article prévoyait deux indemnités différentes selon que la rupture était le fait de l'employeur ou le fait du salarié. Le cas de force majeure ne pouvant être assimilé ni à une décision de l'employeur ni à une décision du salarié, l'interprétation du texte pouvait prêter à discussion. Le nouveau texte prévoit que l'indemnité a un montant égal aux rémunérations que le salarié aurait perçues jusqu'au terme du contrat. Il prévoit également que cette indemnité est à la charge de l'employeur et non plus à celle de l'AGS.

• *Covid-19.* Voir Ch. Radé, «Covid-19 et force majeure», Dr. Soc. 2020, p. 598.

SECTION 2. Échéance du terme du contrat et poursuite après échéance

Art. L. 1243-5. Le contrat de travail à durée déterminée cesse de plein droit à l'échéance du terme. ***(L. 2014-1545 du 20 déc. 2014, art. 6, JO 21)*** «Lorsqu'il est conclu en application du 6° de l'article L. 1242-2, il prend fin avec la réalisation de l'objet pour lequel il a été conclu après un délai de prévenance au moins égal à deux mois.»

Toutefois, ce principe ne fait pas obstacle à l'application des dispositions relatives à la rupture du contrat de travail à durée déterminée :

1° Des salariés victimes d'un accident du travail ou d'une maladie professionnelle, prévues à l'article L. 1226-19 ;

2° Des salariés titulaires d'un mandat de représentation mentionnés à l'article L. 2412-1.

Note • En l'absence de rupture du contrat de travail pour un motif illicite, il appartient au salarié de démontrer que la fin de la relation de travail intervenue par le seul effet du terme stipulé dans le contrat à durée déterminée résulte de la volonté de l'employeur de porter atteinte au droit du salarié d'obtenir en justice la requalification du contrat de travail en contrat à durée indéterminée ; c'est donc à tort que, pour dire que l'interruption de la relation de travail du fait de l'employeur s'analysait en un licenciement nul, une cour d'appel a retenu que l'employeur ne démontrait pas que son refus d'embaucher à nouveau la salariée, qui bénéficiait depuis plus de neuf ans, régulièrement et chaque année, de contrats à durée déterminée et qui avait saisi la juridiction prud'homale d'une demande en requalification de la relation de travail en contrat à durée indéterminée avant le terme du dernier contrat de travail à durée déterminée en cours, était étranger à toute violation de la liberté fondamentale de la salariée d'ester en justice (cass. soc. 21 septembre 2017, n° 16-20.460, BC V n° 146 ; JCP éd. S 2017, 1335, note Th. Lahalle ; RJS 12/17 n° 784).

• Sur l'obligation pour l'employeur de saisir l'inspection du travail avant l'arrivée du terme du contrat d'un salarié protégé mentionné à l'article L. 2412-1, voir article L. 2421-8 et sa note.

Art. L. 1243-6. La suspension du contrat de travail à durée déterminée ne fait pas obstacle à l'échéance du terme.

Art. L. 1243-7. Lorsque le contrat de travail à durée déterminée est conclu pour remplacer un salarié temporairement absent ou dont le contrat de travail est suspendu ou pour un remplacement effectué au titre des 4° et 5° de l'article L. 1242-2, le terme du contrat initialement fixé peut être reporté jusqu'au surlendemain du jour où la personne remplacée reprend son emploi.

Art. L. 1243-8. Lorsque, à l'issue d'un contrat de travail à durée déterminée, les relations contractuelles de travail ne se poursuivent pas par un contrat à durée indéterminée, le salarié a droit, à titre de complément de salaire, à une indemnité de fin de contrat destinée à compenser la précarité de sa situation.

Cette indemnité est égale à 10 % de la rémunération totale brute versée au salarié.

Elle s'ajoute à la rémunération totale brute due au salarié. Elle est versée à l'issue du contrat en même temps que le dernier salaire et figure sur le bulletin de salaire correspondant.

Note • L'indemnité de précarité qui compense, pour le salarié, la situation dans laquelle il est placé du fait de son contrat à durée déterminée, n'est pas due lorsque la relation contractuelle se poursuit en contrat à durée indéterminée, notamment en cas de requalification d'un contrat de travail à durée déterminée (cass. soc. 7 juillet 2015, n° 13-17.195, BC V n° 141 ; RJS 10/15 n° 623 ; JCP éd. S 2015, 1361, note M. Morand ; 25 novembre 2020, n° 19-20.949). Toutefois, en cas de requalification ultérieure du contrat en contrat à durée indéterminée, cette indemnité reste acquise au salarié (cass. soc. 9 mai 2001, n° 98-44.090, BC V n° 153 ; 30 mars 2005, n° 03-42.667, BC V n° 106 ; 25 juin 2014, n° 13-12.144 ; voir également en ce sens rép. QE 9599, JO AN 5 mars 2013, p. 2621).

• L'indemnité de fin de contrat étant destinée à compenser la précarité du salarié sous contrat à durée déterminée, elle ne doit pas être intégrée dans le calcul des salaires moyens versés en raison de l'emploi de l'intéressé (cass. soc. 18 décembre 2013, n° 12-15.454, BC V n° 309 ; RJS 3/14 n° 201).

• À noter que la CJUE, revenant sur sa jurisprudence antérieure (voir CJUE 14 septembre 2016, aff. C-596/14, RJS 12/16 p. 821 (I. D.), chron. E. Lafuma), a jugé justifiée par des raisons objectives la différence de traitement entre travailleurs à durée déterminée et travailleurs à durée indéterminée opérée par une réglementation nationale prévoyant une indemnisation différente à l'occasion de la fin de la relation de travail (CJUE 5 juin 2018, aff. C-677/16 et aff. C-574/16, 2 arrêts, rendus à propos de la législation espagnole, RJS 10/18 n° 647 et p. 701 (I. A.), chron. A. Gardin ; voir aussi CJUE 21 novembre 2018, aff. C-619/17, RJS 4/19, n° 265 et p. 255 (I. D.), chron. E. Lafuma).

Art. D. 1243-1. Lorsque le salarié rompt son contrat de travail à durée déterminée avant l'échéance du terme, en application de l'article L. 1243-2, l'indemnité de fin de contrat prévue par l'article L. 1243-8 est calculée sur la base de la rémunération déjà perçue et de celle qu'il aurait perçue jusqu'au terme du contrat.

Note Les dispositions de cet article, qui prévoient le versement de l'indemnité de fin de contrat au salarié qui rompt son contrat à durée déterminée avant l'échéance du terme lorsqu'il justifie de la conclusion d'un contrat à durée indéterminée, sont, à notre sens, erronées. En effet, elles résultent de la recodification de l'ancien article D. 121-3 qui prévoyait: «En cas d'application du 2° alinéa de l'article L. 122-3-8, l'indemnité prévue par l'article L. 122-3-4 CT est calculée sur la base de la rémunération déjà perçue et de celle qu'il aurait perçue jusqu'au terme du contrat.» Or, la référence au 2e alinéa de l'article L. 122-3-8 qui, à l'origine, visait à préciser qu'en cas de rupture anticipée par l'employeur du contrat à durée déterminée, en l'absence de faute grave ou de force majeure, l'indemnité de fin de contrat se calcule sur la rémunération perçue par le salarié y compris celle qu'il aurait perçue jusqu'au terme du contrat, n'était plus adaptée depuis l'intervention de la loi 2002-73 du 17 janvier 2002. En effet, cette loi (art. 129) avait modifié l'enchaînement des alinéas de cet article en insérant, après le 1er alinéa, un nouvel alinéa relatif à la rupture anticipée du contrat à durée déterminée par le salarié justifiant d'une embauche sous contrat à durée indéterminée, sans que l'article D. 121-3 soit modifié en conséquence. Ainsi, selon nous, l'employeur n'est pas redevable de l'indemnité de fin de contrat en cas de rupture anticipée du contrat à durée déterminée par un salarié justifiant d'une embauche en contrat à durée indéterminée (circ. DRT 2002-8 du 2 mai 2002, § 3.1.3, BO TR 2002-11 du 20 juin 2002).

Art. L. 1243-9. En vue d'améliorer la formation professionnelle des salariés titulaires de contrat de travail à durée déterminée, une convention ou un accord collectif de branche étendu ou une convention ou un accord d'entreprise ou d'établissement peut également prévoir de limiter le montant de l'indemnité de fin de contrat à hauteur de 6 %, dès lors que des contreparties sont offertes à ces salariés, notamment sous la forme d'un accès privilégié à la formation professionnelle. Dans ce cas, la convention ou l'accord peut prévoir les conditions dans lesquelles ces salariés peuvent suivre, en dehors du temps de travail effectif, un bilan de compétences. Ce bilan de compétences est réalisé dans le cadre du plan de formation.

Note • Cet article a été modifié par la loi 2018-771 du 5 septembre 2018, art. 45, I, 3°, JO 6; cette modification est applicable depuis le 1er janvier 2019 (loi précitée, art. 46, I).

• Pour pouvoir bénéficier du taux réduit de 6 %, l'employeur ne doit pas seulement y être autorisé par un accord collectif prévoyant des contreparties en matière de formation des salariés en CDD. Il lui faut impérativement avoir fait une *proposition individuelle et effective* d'accès à une formation (cass. soc. 11 juillet 2007, n° 06-41.765, BC V n° 118; 23 janvier 2008, n° 06-44.190, BC V n° 21). À cet égard, la Cour de cassation a précisé que le rappel dans le contrat de travail des dispositions de l'accord relatives au droit à la formation ne constitue pas une offre de formation effective; il ne s'agit en effet que d'une simple information et non pas d'une réelle proposition individuelle pour une formation déterminée adressée au salarié (cass. soc. 3 juillet 2012, n° 11-16.269, BC V n° 203; RJS 10/12 n° 777).

Art. L. 1243-10. L'indemnité de fin de contrat n'est pas due:

1° Lorsque le contrat est conclu au titre du 3° de l'article L. 1242-2 ou de l'article L. 1242-3, sauf dispositions conventionnelles plus favorables;

2° Lorsque le contrat est conclu avec un jeune pour une période comprise dans ses vacances scolaires ou universitaires;

3° Lorsque le salarié refuse d'accepter la conclusion d'un contrat de travail à durée indéterminée pour occuper le même emploi ou un emploi similaire, assorti d'une rémunération au moins équivalente;

4° En cas de rupture anticipée du contrat due à l'initiative du salarié, à sa faute grave ou à un cas de force majeure.

Note • Les 1° et 2° de cet article ont été déclarés conformes à la Constitution car ils n'instituent pas de différence de traitement injustifiée (C. constit. 13 juin 2014, nos 2014-401 et 402 QPC, JO 15).

De son côté, statuant sur la conformité de l'article L. 1243-10, 2° avec le droit européen par arrêt du 1er octobre 2015 (aff. C-432/14, LSQ n° 16928 du 6.10.2015; JSL n° 397, 9.11.2015, p. 19, Fr. Taquet), la CJUE a jugé que le principe de non-discrimination en fonction de l'âge, consacré à l'article 21 de la charte des droits fondamentaux de l'Union européenne et concrétisé par la directive 2000/78/CE du 27 novembre 2000 ne s'oppose pas à une législation nationale en vertu de laquelle une indemnité de fin de contrat, versée à titre de complément de salaire à l'issue d'un contrat de travail à durée déterminée lorsque les relations contractuelles de travail ne se poursuivent pas par un contrat à durée indéterminée, n'est pas due dans le cas où le contrat est conclu avec un jeune pour une période comprise dans ses vacances scolaires ou universitaires.

La CJUE a également précisé, dans un arrêt rendu à propos de la législation espagnole, que si la juridiction nationale constate qu'une mesure prévoyant le versement obligatoire d'une indemnité aux travailleurs employés au moyen de certains contrats de travail à durée déterminée à l'échéance du terme pour lequel ces contrats ont été conclus constitue une mesure adéquate pour prévenir et, le cas échéant, sanctionner les abus résultant de l'utilisation de contrats à durée déterminée successifs, la clause 5 de l'accord-cadre sur le travail à durée déterminée du 18 mars 1999 (qui figure à l'annexe de la directive 1999/70) ne s'oppose pas à ce que la réglementation nationale exclue du bénéfice de cette indemnité les travailleurs employés au moyen de contrats de travail à durée déterminée appartenant à d'autres catégories, sauf s'il n'existe aucune autre mesure efficace dans l'ordre juridique national pour éviter et sanctionner les abus résultant de l'utilisation de contrats à durée déterminée successifs à l'égard de ces derniers travailleurs, ce qu'il incombe à la juridiction nationale de vérifier (CJUE 21 novembre 2018, aff. C-619/17, RJS 4/19 n° 265 et p. 255 (I. D.), chron. E. Lafuma; voir aussi CJUE 22 janvier 2020, aff. C-177/18, RJS 05/20, p. 330 (I. B.), chron. A. Gardin).

• Si l'indemnité de précarité n'est pas due à l'expiration d'un contrat d'usage (1°), le contrat qui n'est pas écrit ne peut pas être considéré comme contrat d'usage; en conséquence, le salarié aura droit à l'indemnité de précarité (cass. soc. 28 septembre 2011, n° 09-43.385, BC V n° 195; RJS 12/11 n° 945; 21 septembre 2017, n° 16-17.241, BC V n° 145; JCP éd. S 2017, 1346, note Th. Lahalle; LS Jurispr. n° 177 du 3.10.2017; RJS 12/17 n° 783).

• *Covid-19.* Voir Ch. Radé, «Covid-19 et force majeure», Dr. Soc. 2020, p. 598.

Art. L. 1243-11. Lorsque la relation contractuelle de travail se poursuit après l'échéance du terme du contrat à durée déterminée, celui-ci devient un contrat à durée indéterminée.

Le salarié conserve l'ancienneté qu'il avait acquise au terme du contrat de travail à durée déterminée.

La durée du contrat de travail à durée déterminée est déduite de la période d'essai éventuellement prévue dans le nouveau contrat de travail.

Note • ***Alinéa 1er.*** La société qui laisse se poursuivre au-delà du terme le contrat d'un salarié suspendu en raison d'un accident du travail ne peut plus, après l'échéance du terme, mettre fin au contrat au cours de la période de suspension (cass. soc. 17 juin 1997, n° 95-42.718). Mais le simple fait, pour un employeur, de reverser au salarié les indemnités journalières de sécurité sociale au-delà du terme du contrat n'implique pas la volonté des parties de proroger le contrat (cass. soc. 17 octobre 2000, n° 98-44.407, RJS 12/00 n° 1232).

La transformation en contrat à durée indéterminée de la relation contractuelle qui se poursuit au-delà du terme opère, même si, ultérieurement, un nouveau contrat à durée déterminée est signé (cass. soc. 30 mars 2005, n° 03-42.667, BC V n° 106; RJS 6/05 n° 606; 20 septembre 2006, n° 04-43.068, BC V n° 270; RJS 11/06 n° 1157).

En revanche, les dispositions de l'article L. 1243-11 ne sont pas applicables lorsque l'activité du salarié se poursuit, après le terme du contrat à durée déterminée, aux conditions d'un contrat à durée indéterminée conclu entre les parties (cass. soc. 21 novembre 2012, n° 10-27.429, BC V n° 298; RJS 2/13 n° 97). En l'espèce, la Cour de cassation a approuvé une cour d'appel ayant rejeté la demande de requalification d'un contrat à durée déterminée en contrat à durée indéterminée de droit commun après avoir constaté qu'à l'issue d'un contrat à durée déterminée pour accroissement temporaire d'activité sur un chantier un contrat de chantier à durée indéterminée avait été conclu entre les parties.

De même, la requalification n'opère pas lorsque le contrat à durée déterminée s'est poursuivi au-delà du terme en raison de l'obligation faite à l'employeur de respecter la procédure d'autorisation administrative de rupture du contrat de travail d'un salarié protégé (cass. soc. 20 juin 2000, n° 97-41.363, BC V n° 235; RJS 9-10/00 n° 972). Dans le cas où l'autorisation est refusée, le contrat à durée déterminée devient un contrat à durée indéterminée par application de l'ancien article L. 122-3-10 CT (même arrêt). Après la transformation du contrat en contrat à durée indéterminée, les parties ne peuvent pas utilement conclure un contrat à durée indéterminée avec clause d'essai; la conclusion d'un tel contrat a pour seul objet d'éluder les conséquences légales de la situation née de la poursuite du contrat de travail; la rupture qui intervient au cours du soi-disant essai est un licenciement (cass. soc. 12 avril 1995, n° 92-42.120, RJS 5/95 n° 495).

La CJUE a précisé qu'un État membre, qui prévoit dans sa réglementation nationale la transformation des contrats de travail à durée déterminée en un contrat de travail à durée indéterminée lorsque les contrats de travail à durée déterminée ont atteint une certaine durée, n'est pas tenu d'imposer, dans le contrat de travail à durée indéterminée, la reprise à l'identique des clauses principales figurant dans le contrat précédent. Toutefois, afin de ne pas porter atteinte aux objectifs poursuivis par la directive 1999/70/CE et à son effet utile, cet État membre doit veiller à ce que la transformation des contrats de travail à durée déterminée en un contrat de travail à durée indéterminée ne s'accompagne pas de modifications substantielles des clauses du contrat précédent dans un sens globalement défavorable à la personne intéressée lorsque l'objet de la mission de celui-ci et la nature de ses fonctions demeurent les mêmes (CJUE 8 mars 2012, aff. C-251/11, LSQ n° 16061 du 14.03.2012; RJS 7/12 n° 666 et p. 522, chron. A. Gardin).

• ***Alinéa 2.*** Pour une illustration, voir cass. soc. 9 novembre 2011, n° 10-14.348.

• ***Alinéa 3.*** Lorsque le salarié est, après l'échéance du terme de son contrat à durée déterminée, engagé par contrat à durée indéterminée, la durée du ou des contrats à durée déterminée est déduite de la période d'essai éventuellement prévue dans le nouveau contrat de travail; il importe peu que le salarié ait occupé le même emploi, en exécution de différents contrats (cass. soc. 9 octobre 2013, n° 12-12.113, BC V n° 228; RJS 12/13 n° 789).

L'employeur ne peut pas éluder la règle selon laquelle la durée du contrat à terme doit être déduite de la période d'essai prévue dans un nouveau contrat, en laissant s'écouler deux jours entre la fin du contrat à durée déterminée et la conclusion d'un contrat à durée indéterminée; la période d'essai d'un mois renouvelable ne peut pas être opposée à un salarié qui vient d'exécuter un contrat de travail à durée déterminée de deux mois (cass. soc. 2 décembre 1997, n° 95-41.374, BC V n° 413).

Art. L. 1243-12. Par dérogation aux dispositions ***(Ord. 2017-1387 du 22 sept. 2017, art. 25, I, JO 23)*** «des articles L. 1242-8 et L. 1242-8-1» relatives à la durée du contrat, lorsqu'un salarié titulaire d'un contrat de travail à durée déterminée est exposé à des rayonnements ionisants et qu'au terme de son contrat cette exposition excède la valeur limite annuelle rapportée à la durée du contrat, l'employeur lui propose une prorogation du contrat pour une durée telle que l'exposition constatée à l'expiration de la prorogation soit au plus égale à la valeur limite annuelle rapportée à la durée totale du contrat.

Cette prorogation est sans effet sur la qualification du contrat à durée déterminée.

Note • Les dispositions de cet article, dans sa rédaction issue de l'ordonnance 2017-1387 précitée, sont applicables aux contrats de travail conclus après le 23 septembre 2017 (ordonnance précitée, art. 40, VIII).

• Cet article a été modifié par l'ordonnance 2016-128 du 10 février 2016, art. 42, V, 1°, JO 11, entrée en vigueur au plus tard le 01.07.2017.

• Cet article a été introduit par l'ordonnance 2001-270 du 28 mars 2001 (JO 31) relative à la transposition de directives communautaires dans le domaine de la protection contre les rayonnements ionisants. Ses dispositions s'appliquent aux contrats conclus après son entrée en vigueur.

SECTION 3. Renouvellement du contrat

Art. L. 1243-13. ***(Ord. 2017-1387 du 22 sept. 2017, art. 23, 1°, JO 23)*** Une convention ou un accord de branche étendu peut fixer le nombre maximal de renouvellements possibles pour un contrat de travail à durée déterminée. Ce nombre ne peut avoir ni pour objet ni pour effet de pourvoir durablement un emploi lié à l'activité normale et permanente de l'entreprise.

Les conditions de renouvellement sont stipulées dans le contrat ou font l'objet d'un avenant soumis au salarié avant le terme initialement prévu.

Ces dispositions ne sont pas applicables au contrat de travail à durée déterminée conclu en application de l'article L. 1242-3.

Note • Les articles L. 1243-13 et 13-1 sont applicables aux contrats de travail conclus après le 23 septembre 2017 (ordonnance 2017-1387 précitée, art. 40, VIII).

• Sur le champ de la négociation de branche en matière de CDD et ses limites, voir le «Questions - Réponses» sur la négociation collective, publié sur le site internet du ministère du Travail le 15 juillet 2020 (questions 37 et 39 à 43).

• *Covid-19.* Sur l'ouverture, à titre dérogatoire et temporaire, de la possibilité de fixer le nombre maximal de renouvellements possibles par accord d'entreprise afin de faire face aux conséquences économiques, financières et sociales de l'épidémie de Covid-19, voir loi 2020-734 du 17 juin 2020, art. 41, I, III et IV, JO 18, modifié. Voir aussi LSQ n° 18085 du 22.06.2020, p. 2, M. Morand; RDT, septembre 2020, CH, 536, A. Fabre et D. Baugard.

Art. L. 1243-13-1. ***(Ord. 2017-1387 du 22 sept. 2017, art. 23, 2°, JO 23)*** À défaut de stipulation dans la convention ou l'accord de branche conclu en application de l'article L. 1243-13, le contrat de travail à durée déterminée est renouvelable deux fois pour une durée déterminée.

La durée du ou, le cas échéant, des deux renouvellements, ajoutée à la durée du contrat initial, ne peut excéder la durée maximale prévue par les stipulations de la convention ou de l'accord de branche conclu en application de l'article L. 1242-8 ou, à défaut, par les dispositions de l'article L. 1242-8-1.

Art. L. 1244-1

Les conditions de renouvellement sont stipulées dans le contrat ou font l'objet d'un avenant soumis au salarié avant le terme initialement prévu.

Ces dispositions ne sont pas applicables au contrat de travail à durée déterminée conclu en application de l'article L. 1242-3.

Note • Depuis l'ordonnance 2017-1387 précitée, les dispositions légales fixant le nombre maximal de renouvellements des contrats à durée déterminée (inchangées) sont supplétives; elles ne s'appliquent qu'en l'absence de stipulations sur ce point dans une convention ou un accord de branche étendu applicable à l'entreprise.

• Le renouvellement du contrat a pour seul objet d'aménager le terme initial de la relation contractuelle; il ne se confond pas avec la conclusion d'un nouveau contrat et n'autorise pas l'employeur à modifier unilatéralement le contrat (cass. soc. 1er février 2000, n° 97-44.100, BC V n° 47; RJS 5/00 n° 508).

• Le renouvellement ne doit pas être confondu avec le report de terme des contrats de remplacement ou avec la conclusion de contrats successifs.

• Faute de prévoir les conditions de son renouvellement, le contrat à durée déterminée ne peut être renouvelé que par la signature d'un avenant avant le terme initialement prévu; à défaut, il devient un contrat à durée indéterminée, dès lors que la relation de travail s'est poursuivie après l'échéance du terme; la seule circonstance que la salariée continue à travailler après le terme du contrat à durée déterminée ne permet pas de déduire son accord, antérieurement à ce terme, pour le renouvellement du contrat initial (cass. soc. 5 octobre 2016, n° 15-17.458, BC V n° 184; JCP éd. S 2016, 1403, note L. Drai; RJS 12/16 n° 751).

• Le défaut de renouvellement du contrat d'une salariée enceinte ne tombe pas sous le coup de l'article 10 de la directive 92/85/CEE interdisant le licenciement d'une femme enceinte (CJCE 4 octobre 2001, aff. C-438/99, rec. p. I-6915; RJS 12/01 n° 1474), mais s'il est motivé par l'état de grossesse de la travailleuse, il constitue une discrimination directe fondée sur le sexe contraire aux articles 2, § 1, et 3, § 1 de la directive 76/207/CEE (même décision).

CHAPITRE IV Succession de contrats

SECTION 1. Contrats successifs avec le même salarié

Art. L. 1244-1. Les dispositions de l'article L. 1243-11 ne font pas obstacle à la conclusion de contrats de travail à durée déterminée successifs avec le même salarié lorsque le contrat est conclu dans l'un des cas suivants:

1° Remplacement d'un salarié absent;

2° Remplacement d'un salarié dont le contrat de travail est suspendu;

3° Emplois à caractère saisonnier ***(L. 2016-1088 du 8 août 2016, art. 86, II, JO 9)*** «définis au 3° de l'article L. 1242-2» ou pour lesquels, dans certains secteurs d'activité définis par décret ou par voie de convention ou d'accord collectif étendu, il est d'usage constant de ne pas recourir au contrat de travail à durée indéterminée en raison de la nature de l'activité exercée et du caractère par nature temporaire de ces emplois;

4° Remplacement de l'une des personnes mentionnées aux 4° et 5° de l'article L. 1242-2.

Note Trois contrats distincts, conclus successivement pour le remplacement de salariés temporairement absents et nommément désignés, constituent des contrats autonomes, dont la succession ne crée pas une relation de travail à durée indéterminée (cass. soc. 12 mars 1987, n° 85-43.256, BC V n° 142; D. 1988 somm. 97, obs. J. Pélissier). Mais la succession de contrats de remplacement peut entraîner une requalification en contrat à durée indéterminée: voir note sous art. L. 1242-1.

Art. L. 1244-2. Les contrats de travail à caractère saisonnier ***(L. 2016-1088 du 8 août 2016, art. 86, II, JO 9)*** «définis au 3° de l'article L. 1242-2» peuvent comporter une clause de reconduction pour la saison suivante.

Une convention ou un accord collectif de travail peut prévoir que tout employeur ayant occupé un salarié dans un emploi à caractère saisonnier lui propose, sauf motif réel et sérieux, un emploi de même nature, pour la même saison de l'année suivante. La convention ou l'accord en définit les conditions, notamment la période d'essai, et prévoit en particulier dans quel délai cette proposition est faite au salarié avant le début de la saison ainsi que le montant minimum de l'indemnité perçue par le salarié s'il n'a pas reçu de proposition de réemploi.

Pour calculer l'ancienneté du salarié, les durées des contrats de travail à caractère saisonnier successifs dans une même entreprise sont cumulées.

Note • ***Alinéa 2.*** Si, aux termes du second alinéa de cet article, une convention ou un accord collectif peut prévoir que tout employeur ayant occupé un salarié dans un emploi à caractère saisonnier doit lui proposer, sauf motif réel et sérieux, un emploi de même nature, pour la même saison de l'année suivante, une telle clause, qui a seulement pour effet d'imposer à l'employeur une priorité d'emploi en faveur du salarié, ne peut être assimilée à la clause contractuelle prévoyant la reconduction automatique du contrat de travail pour la saison suivante et n'a pas, en toute hypothèse, pour effet de transformer la relation de travail à durée déterminée en une relation à durée indéterminée (cass. soc. 8 juillet 2015, n° 14-16.330, BC V n° 142; RJS 10/15 n° 620, 1re espèce; 20 novembre 2019, n° 18-14.118, à paraître, LS Jurispr. n° 219 du 03.12.2019; JCP éd. S 2019, 1371, note Fr. Bousez; RDT, décembre 2019, CH, 780, L. Malfettes; RJS 2/20 n° 78). Il en résulte qu'en cas de non-reconduction du dernier contrat saisonnier sans motif réel et sérieux, seuls des dommages-intérêts réparant le préjudice subi par le salarié peuvent être octroyés par le juge (cass. soc. 20 novembre 2019, n° 18-14.118, précité).

Lorsque l'employeur ne respecte pas les modalités prévues par les dispositions conventionnelles applicables pour la reconduction du contrat l'année suivante (en l'espèce, proposition faite tardivement au salarié), l'absence de renouvellement du contrat lui est imputable (cass. soc. 14 février 2018, n° 16-19.656, BC V n° 26; LS Jurispr. n° 39 du 27.02.2018; JCP éd. S 2018, 1144, note Fr. Bousez; RDT, mai 2018, CH, 376, S. Tournaux).

Si le salarié peut solliciter des dommages-intérêts pour violation d'une disposition conventionnelle visée par cet article, il ne saurait, comme dans l'hypothèse d'un licenciement, invoquer la violation d'une garantie de fond dans le cas d'une absence de proposition d'un nouveau contrat saisonnier (cass. soc. 3 mai 2016, n° 14-30.085, BC V n° 79; RJS 7/16 n° 478).

• ***Alinéa 3.*** Les durées des contrats de travail à caractère saisonnier successifs dans la même entreprise sont cumulées pour calculer l'ancienneté du salarié; ce principe s'applique même si les contrats ne comportent pas de clause de reconduction pour la saison suivante (cass. soc. 30 septembre 2014, n° 13-21.115, BC V n° 222; LS Jurispr. n° 190 du 21.10.2014; RJS 12/14 n° 835).

Art. L. 1244-2-1. ***(Ord. 2017-647 du 27 avril 2017, JO 28)*** Dans les branches où l'emploi saisonnier est particulièrement développé définies par un arrêté du ministre chargé du travail, à défaut de stipulations conventionnelles au niveau de la branche ou de l'entreprise, les contrats de travail à caractère saisonnier dans une même entreprise sont considérés comme successifs, pour l'application de l'article L. 1244-2, lorsqu'ils sont conclus sur une ou plusieurs saisons, y compris lorsqu'ils ont été interrompus par des périodes sans activité dans cette entreprise.

Note • Voir arrêté du 5 mai 2017 (JO 6) listant les branches où l'emploi saisonnier est particulièrement développé.

• À noter qu'un projet de loi ratifiant et modifiant l'ordonnance 2017-647 du 27 avril 2017, relative à la prise en compte de l'ancienneté dans les contrats de travail à caractère saisonnier et à leur reconduction, a été déposé devant l'Assemblée nationale le 25 octobre 2017 (projet de loi n° 336), soit dans le délai de 6 mois à compter de sa publication imparti par l'article 86 de la loi 2016-1088 du 8 août 2016.

Art. L. 1244-2-2. ***(Ord. 2017-647 du 27 avril 2017, JO 28)*** I. – Dans les branches mentionnées à l'article L. 1244-2-1, à défaut de stipulations conventionnelles au niveau de la branche ou de l'entreprise, l'employeur informe le salarié sous contrat de travail à caractère saisonnier, par tout moyen permettant de conférer date certaine à cette information, des conditions de reconduction de son contrat avant l'échéance de ce dernier.

II. – ***(L. 2018-217 du 29 mars 2018, art. 22, I, JO 31)*** «Dans les branches mentionnées à l'article L. 1244-2-1, à défaut de stipulations conventionnelles au niveau de la branche ou de l'entreprise,» tout salarié ayant été embauché sous contrat de travail à caractère saisonnier dans la même entreprise bénéficie d'un droit à la reconduction de son contrat dès lors que:

1° Le salarié a effectué au moins deux mêmes saisons dans cette entreprise sur deux années consécutives;

2° L'employeur dispose d'un emploi saisonnier, tel que défini au 3° de l'article L. 1242-2, à pourvoir, compatible avec la qualification du salarié.

L'employeur informe le salarié de son droit à la reconduction de son contrat, par tout moyen permettant de conférer date certaine à cette information, dès lors que les conditions prévues aux 1° et 2° sont réunies, sauf motif dûment fondé.

SECTION 2. Contrats successifs sur le même poste

Art. L. 1244-3. ***(Ord. 2017-1387 du 22 sept. 2017, art. 24, 1°, JO 23)*** À l'expiration d'un contrat de travail à durée déterminée, il ne peut être recouru, pour pourvoir le poste du salarié dont le contrat a pris fin, ni à un contrat à durée déterminée ni à un contrat de travail temporaire, avant l'expiration d'un délai de carence calculé en fonction de la durée du contrat incluant, le cas échéant, son ou ses renouvellements. Les jours pris en compte pour apprécier le délai devant séparer les deux contrats sont les jours d'ouverture de l'entreprise ou de l'établissement concerné.

Sans préjudice des dispositions de l'article L. 1242-1, une convention ou un accord de branche étendu peut fixer les modalités de calcul de ce délai de carence.

Note • Les articles L. 1244-3 à 4-1 sont applicables aux contrats de travail conclus après le 23 septembre 2017 (ordonnance 2017-1387 précitée, art. 40, VIII).

• Sur le champ de la négociation de branche en matière de CDD et ses limites, voir le «Questions - Réponses» sur la négociation collective, publié sur le site internet du ministère du Travail le 15 juillet 2020 (questions 37 et 39 à 43).

• *Covid-19.* Sur l'ouverture, à titre dérogatoire et temporaire, de la possibilité de fixer les modalités de calcul du délai de carence par accord d'entreprise afin de faire face aux conséquences économiques, financières et sociales de l'épidémie de Covid-19, voir loi 2020-734 du 17 juin 2020, art. 41, I, III et IV, JO 18, modifié. Voir aussi LSQ n° 18085 du 22.06.2020, p. 2, comm. M. Morand; RDT, septembre 2020, CH, 536, A. Fabre et D. Baugard.

• Voir circulaire ministérielle DRT 2002-8 du 2 mai 2002 (BO TR 2002/11, p. 101).

• L'expression «jours d'ouverture» s'entend des jours d'activité de l'entreprise et ne se confond pas avec les jours d'ouverture aux clients ou aux fournisseurs (circ. min. du 2 mai 2002 précitée).

Art. L. 1244-3-1. ***(Ord. 2017-1387 du 22 sept. 2017, art. 24, 2°, JO 23)*** À défaut de stipulation dans la convention ou l'accord de branche conclu en application de l'article L. 1244-3, ce délai de carence est égal :

1° Au tiers de la durée du contrat venu à expiration si la durée du contrat incluant, le cas échéant, son ou ses renouvellements, est de quatorze jours ou plus;

2° À la moitié de la durée du contrat venu à expiration si la durée du contrat incluant, le cas échéant, son ou ses renouvellements, est inférieure à quatorze jours.

Les jours pris en compte pour apprécier le délai devant séparer les deux contrats sont les jours d'ouverture de l'entreprise ou de l'établissement concerné.

Art. L. 1244-4. ***(Ord. 2017-1387 du 22 sept. 2017, art. 24, 3°, JO 23)*** Sans préjudice des dispositions de l'article L. 1242-1, une convention ou un accord de branche étendu peut prévoir les cas dans lesquels le délai de carence prévu à l'article L. 1244-3 n'est pas applicable.

Note • Sur le champ de la négociation de branche en matière de CDD et ses limites, voir le «Questions - Réponses» sur la négociation collective, publié sur le site internet du ministère du Travail le 15 juillet 2020 (questions 37 et 39 à 43).

• *Covid-19.* Sur l'ouverture, à titre dérogatoire et temporaire, de la possibilité de prévoir les cas dans lesquels le délai de carence n'est pas applicable par accord d'entreprise afin de faire face aux conséquences économiques, financières et sociales de l'épidémie de Covid-19, voir loi 2020-734 du 17 juin 2020, art. 41, I, III et IV, JO 18, modifié. Voir aussi LSQ n° 18085 du 22.06.2020, p. 2, M. Morand; RDT, septembre 2020, CH, 536, A. Fabre et D. Baugard.

Art. L. 1244-4-1. ***(Ord. 2017-1387 du 22 sept. 2017, art. 24, 4°, JO 23)*** À défaut de stipulation dans la convention ou l'accord de branche conclu en application de l'article L. 1244-4, le délai de carence n'est pas applicable :

1° Lorsque le contrat de travail à durée déterminée est conclu pour assurer le remplacement d'un salarié temporairement absent ou dont le contrat de travail est suspendu, en cas de nouvelle absence du salarié remplacé;

2° Lorsque le contrat de travail à durée déterminée est conclu pour l'exécution de travaux urgents nécessités par des mesures de sécurité;

3° Lorsque le contrat de travail à durée déterminée est conclu pour pourvoir un emploi à caractère saisonnier défini au 3° de l'article L. 1242-2 ou pour lequel, dans certains secteurs d'activité définis par décret ou par voie de convention ou d'accord collectif étendu, il est d'usage constant de ne pas recourir au contrat de travail à durée indéterminée en raison de la nature de l'activité exercée et du caractère par nature temporaire de cet emploi;

4° Lorsque le contrat est conclu pour assurer le remplacement de l'une des personnes mentionnées aux 4° et 5° de l'article L. 1242-2;

5° Lorsque le contrat est conclu en application de l'article L. 1242-3;
6° Lorsque le salarié est à l'initiative d'une rupture anticipée du contrat;
7° Lorsque le salarié refuse le renouvellement de son contrat, pour la durée du contrat non renouvelé.

Note Depuis l'ordonnance 2017-1387 précitée, les dispositions légales fixant les cas dans lesquels le délai de carence n'est pas applicable (inchangées) sont supplétives (comme celles relatives à la durée et aux modalités de calcul de ce délai, voir article L. 1244-3-1); elles ne s'appliquent qu'en l'absence de stipulations sur ce point contenues dans une convention ou un accord de branche étendu applicable à l'entreprise.

Nous rapportons ci-après la jurisprudence rendue dans le cadre des dispositions antérieures à cette ordonnance, qui conserve son intérêt non seulement pour les litiges en cours mais aussi, à défaut de stipulation conventionnelle de branche étendue, dans le cadre des dispositions issues de cette ordonnance.

• La Cour de cassation a donné une interprétation très libre à cet article en décidant que les dispositions de l'article L. 1244-3 ne s'opposaient pas à ce que le remplacement d'un salarié temporairement absent soit assuré par un même salarié engagé par contrats de date à date se succédant immédiatement les uns aux autres, alors que l'absence du salarié est ininterrompue (cass. soc. 26 février 1991, n° 87-40.410, BC V n° 96). L'alinéa 2 de cet article n'écarte pourtant les dispositions de l'alinéa 1er de l'article L. 1244-3 qu'en cas «de nouvelle absence» du salarié remplacé.

• Il n'existe pas de délai de carence entre deux contrats saisonniers mais un tel délai doit être respecté lorsque le contrat saisonnier succède à un contrat à durée déterminée pour surcroît d'activité (cass. soc. 10 mai 2006, n° 04-42.076, BC V n° 167; RJS 7/06 n° 814).

• Une succession de contrats de travail à durée déterminée, sans délai de carence, n'est licite, pour un même salarié et un même poste, que si chacun des contrats a été conclu pour l'un des motifs prévus limitativement par l'article L. 1244-4 [L. 1244-4-1]. Ainsi, le respect d'un délai de carence s'impose entre le terme d'un premier contrat motivé par un accroissement temporaire d'activité, lequel ne rentre pas dans le champ d'application de l'article L. 1244-1 ni dans celui de l'article L. 1244-4 [L. 1244-4-1], et la conclusion d'un deuxième contrat conclu avec le même salarié pour le remplacement d'un salarié absent (cass. soc. 30 septembre 2014, n° 13-18.162, BC V n° 217; RJS 12/14 n° 836; 10 octobre 2018, n° 17-18.294, à paraître, LS Jurispr. n° 192 du 23.10.2018; RJS 12/18 n° 717; JCP éd. S 2018, 1366, note Fr. Bousez; JSL n° 464, 29.11.2018, pp. 6 et s., M. Hautefort).

• Lorsque l'employeur avance qu'il peut conclure des contrats à durée déterminée successifs sans interruption sur un même poste, les juges ne peuvent pas le débouter sans examiner si son activité entre dans le domaine de l'action culturelle (cass. soc. 12 mars 1996, n° 92-41.966, BC V n° 89; RJS 4/96 n° 386): l'article L. 1244-4 [L. 1244-4-1] prévoit expressément que des contrats à durée déterminée peuvent être conclus sans interruption pour occuper le même poste dans les cas où il est d'usage constant, dans certains secteurs d'activité définis par décret, ou par voie de convention ou accord collectif étendu, de ne pas recourir au contrat de travail à durée indéterminée en raison de la nature de l'activité et de l'emploi exercé.

• Présente un caractère frauduleux le contrat à durée déterminée conclu, avant l'expiration d'une période égale au tiers de la durée du contrat précédent, avec une autre société du même groupe, le salarié effectuant le même travail, dans les mêmes locaux, sous les ordres du même chef de service (cass. soc. 7 avril 1998, n° 95-45.223, BC V n° 198; RJS 5/98 n° 576: le contrat doit être qualifié «contrat à durée indéterminée»).

CHAPITRE V Requalification du contrat

Art. L. 1245-1. Est réputé à durée indéterminée tout contrat de travail conclu en méconnaissance des dispositions des articles L. 1242-1 à L. 1242-4, L. 1242-6 ***(Ord. 2017-1387 du 22 sept. 2017, art. 25, II, JO 23)*** «, L. 1242-7, L. 1242-8-1, L. 1242-12, alinéa premier, L. 1243-11, alinéa premier, L. 1243-13-1, L. 1244-3-1 et L. 1244-4-1, et des stipulations des conventions ou accords de branche conclus en application des articles L. 1242-8, L. 1243-13, L. 1244-3 et L. 1244-4».

(Ord. 2017-1387 du 22 sept. 2017, art. 4, V, JO 23) «La méconnaissance de l'obligation de transmission ***(Ord. 2017-1718 du 20 déc. 2017, art. 1er, I, 33°, JO 21)*** «du contrat de mission au salarié» dans le délai fixé par l'article L. 1242-13 ne saurait, à elle seule, entraîner la requalification en contrat à durée indéterminée. Elle ouvre droit, pour le salarié, à une indemnité, à la charge de l'employeur, qui ne peut être supérieure à un mois de salaire.»

Note • Les dispositions de cet article, dans sa rédaction issue de l'ordonnance 2017-1387 précitée, sont applicables aux licenciements prononcés et aux contrats de travail conclus après le 23 septembre 2017 (ordonnance précitée, art. 40, I et VIII).

• La requalification en contrat à durée indéterminée a été imposée par la Cour de cassation à propos des contrats emploi-solidarité et des contrats emploi consolidé lorsque les conditions imposées par les anciens articles L. 322-4-8 et L. 322-4-8-1 n'ont pas été respectées (cass. soc. 30 novembre 2004, n° 01-45.613, BC V n° 305), bien que ces articles ne renvoient pas à l'article L. 122-3-13 (actuel art. L. 1245-1). Elle a été également opérée à propos des anciens contrats de qualification lorsque l'employeur n'a pas rempli son obligation de formation. Voir aussi cass. soc. 28 mai 2014, n° 13-16.235, BC V n° 126; RJS 8-9/14 n° 647, par lequel la Cour de cassation a admis la possibilité pour un salarié, employé par une personne morale de droit public dans le cadre de plusieurs contrats d'avenir, d'obtenir la requalification de ces contrats en contrat à durée indéterminée et une indemnisation en raison de la méconnaissance par l'employeur de son obligation de formation. La requalification en contrat à durée indéterminée a également été décidée en cas de carence partielle de l'employeur dans son obligation de formation à l'égard d'une salariée employée successivement sous trois contrats d'accompagnement dans l'emploi et un contrat unique d'insertion (cass. soc. 9 avril 2015, n° 14-14.745, LS Jurispr. n° 78 du 28.04.2015).

• Les dispositions prévues par les articles L. 1242-1 et s. relatives aux conditions de conclusion des contrats de travail à durée déterminée ayant été édictées dans un souci de protection du salarié, seul celui-ci peut se prévaloir de leur inobservation. L'employeur ne peut pas se prévaloir de l'inobservation des dispositions des articles L. 1242-1 et s. (cass. soc. 16 juillet 1987, n° 85-45.258, BC V n° 481; 13 février 1991, n° 87-44.303, BC V n° 70; Dr. Soc. 1991, p. 418, obs. J. Savatier; 17 janvier 1996, n° 94-42.103, RJS 3/96 n° 252). Le juge ne peut pas d'office requalifier un contrat à durée déterminée irrégulier en contrat à durée indéterminée (cass. soc. 7 mai 1996, n° 93-42.061, RJS 6/96 n° 658; 19 mai 2010, n° 08-42.303, RJS 8-9/10 n° 647; 20 février 2013, n° 11-12.262, BC V n° 45; RJS 5/13 n° 354; 30 septembre 2020, n° 18-24.337).

• L'employeur peut cependant solliciter et obtenir la requalification du contrat à durée déterminée en contrat à durée indéterminée lorsque le contrat ne contient pas, malgré les apparences, de terme (cass. soc. 20 octobre 2010, n° 08-42.527, RJS 1/11 n° 18: contrat de chantier à durée déterminée requalifié en contrat à durée indéterminée à la demande de l'employeur; cass. soc. 24 février 1998, n° 95-41.420, BC V n° 98; RJS 4/98 n° 421; 19 mai 1998, n° 95-45.575, BC V n° 267; RJS 7/98 n° 829; 27 mars 1991, n° 87-41.535, BC V n° 154). De la même façon, le juge peut d'office requalifier le contrat lorsque la nature juridique du contrat est indécise (cass. soc. 19 mai 1998, n° 95-45.575, précité).

La Cour de cassation limite la portée de cette solution. Lorsque le contrat a fixé un terme précis, l'insertion d'une clause de résiliation unilatérale n'entraîne plus la requalification du contrat en contrat à durée indéterminée; la clause de résiliation est déclarée nulle (cass. soc. 16 décembre 1998, n° 95-45.341, BC V n° 552; Dr. Soc. 1999, p. 285, obs. Cl. Roy-Loustaunau: l'auteur fait une distinction entre la clause de libération anticipée du contrat qui serait nulle et la clause de résiliation unilatérale qui entraînerait la requalification du contrat en contrat à durée indéterminée; or cette distinction n'est pas évidente car, dans les deux situations, la rupture du contrat dépend de la seule volonté d'une des parties au contrat et la rédaction du motif de l'arrêt ne fait pas une telle distinction).

• L'AGS n'est pas recevable, sauf fraude qu'il lui appartient de démontrer, à demander la requalification d'un contrat de travail à durée déterminée en contrat à durée indéterminée (cass. soc. 4 décembre 2002, n° 00-43.750, BC V n° 367; Dr. Soc. 2003, p. 287; 11 décembre 2002, n°s 01-40.126 et 01-40.425, RJS 2/03 n° 161; 7 avril 2004, n° 02-40.231, BC V n° 106; RJS 6/04 n° 659).

• Si seul le salarié a qualité pour demander la requalification d'un contrat de travail à durée déterminée en contrat à durée indéterminée, un syndicat peut obtenir la condamnation de l'employeur à lui verser des dommages-intérêts en réparation de l'atteinte portée à l'intérêt collectif de la profession par la méconnaissance des dispositions légales relatives au contrat à durée déterminée (cass. soc. 23 mars 2016, n° 14-22.250, BC V n° 54; LS Jurispr. n° 68 du 12.04.2016; JCP éd. S 2016, 1243, 3e espèce, note B. Gauriau; 24 octobre 2018, n° 16-15.898) ou des dispositions conventionnelles limitant la durée du recours à ce type de contrat (cass. soc. 10 février 2016, n° 14-26.304, BC V n° 29; LS Jurispr. n° 36 du 23.02.2016; RJS 4/16 n° 265, 2e espèce).

• L'existence de dispositions statutaires exigeant un recrutement en contrat à durée indéterminée sur concours ne prive pas le salarié embauché en contrat à durée déterminée de la possibilité de se prévaloir de l'irrégularité du contrat conclu pour obtenir sa requalification en contrat à durée indéterminée; elles le privent seulement de la possibilité d'obtenir sa réintégration et la poursuite du contrat de travail (cass. soc. 15 janvier 2020, n° 18-16.399, à paraître, LSQ n° 17985 du 24.01.2020; JCP éd. S 2020, 1035, note Th. Lahalle; RJS 3/20 n° 124; JSL n° 493, 09.03.2020, p. 9, J-Ph. Lhernould).

• Le non-respect par l'employeur des dispositions conventionnelles lui imposant de respecter un ordre de priorité, dont bénéficient notamment les salariés et anciens salariés sous contrat à durée déterminée, dans l'envoi des appels à candidature et dans l'examen des candidatures pour pourvoir les postes de travail disponibles ne peut donner lieu qu'au paiement de dommages-intérêts en réparation du préjudice éventuellement subi, et non à la requalification du contrat à durée déterminée en contrat à durée indéterminée (cass. soc. 16 décembre 2020, n° 19-14.682, à paraître).

• Lorsqu'un contrat de travail à durée déterminée est requalifié en contrat à durée indéterminée, les juges, qui relèvent que l'employeur n'a justifié la rupture du contrat que par la seule échéance de son terme prétendu, décident à bon droit que celle-ci est abusive et évaluent souverainement le préjudice du salarié (cass. soc. 13 novembre 1986, n° 83-44.744, BC V n° 518). Il en va toutefois différemment lorsque l'employeur a informé le salarié des motifs l'ayant conduit à rompre la relation contractuelle: le juge doit alors rechercher si la lettre de rupture des relations contractuelles vaut lettre de licenciement et si les motifs de rupture énoncés constituent des griefs matériellement vérifiables permettant de décider si le licenciement a une cause réelle et sérieuse (cass. soc. 20 octobre 2015, n° 14-23.712, BC V n° 197; LS Jurispr. n° 202 du 10.11.2015; RJS 1/16 n° 8).

• Lorsque les juges requalifient des contrats à durée déterminée successifs en contrat à durée indéterminée et déclarent les salariés titularisés, ceux-ci ont droit au paiement des salaires pour la période postérieure à la requalification tant que l'employeur n'a pas rompu le contrat ou que le salarié n'a pas obtenu la résiliation judiciaire de celui-ci (cass. soc. 19 mai 2004, n° 02-42.892, RJS 10/04 n° 1003). Le cas échéant, les sommes versées par l'employeur au salarié en sa qualité d'intermittent, destinées à compenser la situation dans laquelle il était placé du fait de son contrat à durée déterminée, lui restent acquises (cass. soc. 8 juillet 2020, n° 18-21.942).

• Le salarié engagé par plusieurs CDD non successifs et dont le contrat de travail est requalifié en CDI ne peut prétendre à un rappel de salaire au titre des périodes non travaillées séparant chaque contrat que s'il s'est tenu à la disposition de l'employeur pendant ces périodes pour effectuer un travail (cass. soc. 22 septembre 2010, n° 09-42.344; 18 mars 2020, n° 18-14.233), ce qu'il lui appartient de démontrer (cass. soc. 16 septembre 2015, n° 14-16.277, BC V n° 156; LSQ n° 16925 du 01.10.2015; RJS 12/15 n° 754; 8 juillet 2020, n° 19-11.378). À cet égard, la Cour de cassation a précisé que le seul fait pour le salarié d'avoir perçu des indemnités de chômage ne suffit pas à démontrer qu'il ne s'est pas tenu à la disposition de l'employeur (cass. soc. 25 juin 2013, n° 11-22.646, BC V n° 164; RJS 10/13 n° 657), ni, à l'inverse, qu'il s'est tenu à la disposition de ce dernier (cass. soc. 21 septembre 2017, n° 16-20.460, BC V n° 146; RJS 12/17 n° 784); s'agissant du calcul des rappels de salaires correspondant à ces périodes non travaillées, la Cour de cassation a également précisé qu'il n'y avait pas lieu d'en déduire les sommes perçues par le salarié au titre de l'assurance chômage (cass. soc. 16 mars 2016, n° 15-11.396, BC V n° 48; JCP éd. S 2016, 1162, note K. Pagani). Sur le délai de prescription d'une telle demande, voir note sous article L. 1245-2.

• Le salarié dont la relation contractuelle est requalifiée en contrat à durée indéterminée est réputé avoir occupé un emploi à durée indéterminée depuis le jour de sa première embauche, peu important que la succession de contrats à durée déterminée n'ait pas été parfaitement continue (cass. soc. 6 novembre 2013, n° 12-15.953, BC V n° 259; RJS 1/14 n° 15; dans le même sens, voir aussi cass. soc. 3 mai 2016, n° 15-12.256, BC V n° 81; RJS 7/16 n° 480).

Les effets de la requalification de contrats à durée déterminée en contrat à durée indéterminée remontant à la date de la conclusion du premier contrat à durée déterminée irrégulier, un salarié qui a obtenu la requalification de ses contrats à durée déterminée en un contrat à durée indéterminée peut prétendre à des dommages et intérêts en réparation du préjudice lié à ses droits à la retraite depuis le premier contrat irrégulier (cass. soc. 23 mars 2016, n° 14-22.250, précité). Il est également en droit de se prévaloir d'une ancienneté remontant à cette date (cass. soc. 29 janvier 2020, n° 18-15.539, à paraître, LSQ n° 17991 du 03.02.2020; RJS 4/20 n° 170; RDT, février 2020, CH, 114, D. Baugard; JSL n° 494, 23.03.2020, p. 21, J-Ph. Lhernould).

• Mais la requalification d'un CDD en CDI ne porte que sur le terme du contrat et laisse inchangées les stipulations contractuelles relatives à la durée du travail; ainsi, des CDD à temps partiel répondant aux exigences de l'article L. 3123-14 (devenu L. 3123-6) ne peuvent, du seul fait de leur requalification par le juge, devenir à temps plein; le CDI sera donc à temps partiel (cass. soc. 9 octobre 2013, n° 12-17.882, BC V n° 226; RJS 12/13 n° 788; dans le même sens, voir aussi cass. soc. 10 décembre 2014, n° 13-22.422, BC V n° 284; RJS 2/15 n° 82; 7 septembre 2017, n° 16-16.643, BC V n° 126; RJS 11/17 n° 748; 3 juin 2020, n° 18-20.333).

De la même façon, l'intégralité du CDD n'étant pas affectée par la requalification en CDI, c'est à tort qu'une cour d'appel a jugé sans effet les clauses relatives à la rémunération contenues dans des CDD successifs en raison de leur requalification ultérieure en CDI (cass. soc. 5 octobre 2017, n° 16-13.581, BC V n° 172; RJS 12/17 n° 785; JCP éd. S 2017, 1418, note G. de Raincourt et S. Rioche; LS Jurispr. n° 67 du 10.04.2018).

• Lorsque plusieurs contrats à durée déterminée sont requalifiés en contrat à durée indéterminée, la rupture du contrat s'analyse en un licenciement et le salarié ne peut prétendre qu'aux indemnités de rupture lui revenant à ce titre (cass. soc. 25 mai 2005, n° 03-43.146, BC V n° 175; RJS 8-9/05 n° 813).

• L'employeur qui, à l'expiration d'un contrat de travail à durée déterminée ultérieurement requalifié en contrat à durée indéterminée, ne fournit plus de travail et ne paie plus les salaires, est responsable de la rupture qui s'analyse en un licenciement et qui ouvre droit, le cas échéant, à des indemnités de rupture sans que le salarié puisse exiger, en l'absence de disposition le prévoyant et à défaut de violation d'une liberté fondamentale, sa réintégration dans l'entreprise (cass. soc. 21 septembre 2017, n° 16-20.460, BC V n° 146; JCP éd. S 2017, 1335, note Th. Lahalle; RJS 12/17 n° 784; 23 janvier 2019, n° 17-14.327).

La Cour de cassation a précisé que si, en vertu de l'article L. 1226-19 CT, la période de suspension du contrat de travail consécutive à un accident du travail ne fait pas obstacle à l'échéance du contrat à durée déterminée, la rupture par la seule survenance du terme d'un contrat qui est requalifié postérieurement en contrat à durée indéterminée constitue, en application des articles L. 1226-9 et L. 1226-13 CT, un licenciement nul, et non un licenciement sans cause réelle et sérieuse; le salarié peut donc exiger sa réintégration dans l'entreprise (cass. soc. 14 novembre 2018, n° 17-18.891, à paraître, LSQ n° 17701 du 27.11.2018; JCP éd. S 2018, 1397, note D. Chenu; RJS 1/19 n° 9; JSL n° 467, 09.01.2019, pp. 7 et s., J-Ph. Lhernould).

• Sur le délai de prescription de l'action en requalification, voir note sous article L. 1245-2.

• Sur la prise d'acte de la rupture à la suite d'une requalification, voir note sous article L. 1237-1.

• ***Alinéa 2.*** Voir note sous article L. 1242-13.

À noter également que si l'ordonnance 2017-1718 du 20 décembre 2017 précitée fait référence à la transmission du «contrat de mission» au salarié, il convient de lire «contrat de travail».

• Voir aussi LS Dossier pratique n° 196 du 29.10.2020, «Requalification du CDD en CDI: les points de vigilance».

Art. L. 1245-2. Lorsque le conseil de prud'hommes est saisi d'une demande de requalification d'un contrat de travail à durée déterminée en contrat à durée indéterminée, l'affaire est directement portée devant le bureau de jugement qui statue au fond dans un délai d'un mois suivant sa saisine.

Lorsque le conseil de prud'hommes fait droit à la demande du salarié, il lui accorde une indemnité, à la charge de l'employeur, ne pouvant être inférieure à un mois de salaire. Cette disposition s'applique sans préjudice de l'application des dispositions du titre III du présent livre relatives aux règles de rupture du contrat de travail à durée indéterminée.

Note • La saisine directe du bureau de jugement s'étend non seulement à la demande en paiement de l'indemnité qui est la conséquence de cette requalification, mais également à la demande en paiement des indemnités qui résultent de la rupture du contrat de travail (cass. soc. 7 avril 1998, n° 95-43.091, BC V n° 199; Dr. Soc. 1998, p. 802; 2 mai 2000, n° 98-41.557, RJS 7-8/00 n° 776).

À noter que le salarié qui porte sa demande de requalification du contrat à durée déterminée en contrat à durée indéterminée directement devant le bureau de jugement, en application de l'article L. 1245-2 CT, peut présenter devant cette formation toute autre demande qui dérive du contrat de travail, même si cette demande (en l'espèce, un rappel de salaires) est dépourvue de tout lien avec la requalification demandée (cass. soc. 4 décembre 2002, n° 00-40.255, BC V n° 369; RJS 2/03 n° 163 et p. 107, avis P. Lyon-Caen; 10 mai 2005, n° 02-45.674; voir aussi cass. soc. 22 septembre 2010, n° 09-42.650, BC V n° 187; RJS 12/10 n° 977, à propos d'une demande d'indemnités liées à la rupture du contrat de travail pour faute grave). Voir également cass. soc. 28 avril 2011, n° 09-43.226, BC V n° 95; RJS 7/11 n° 584, décidant que la demande tendant à voir reconnaître l'existence d'un contrat de travail peut être portée directement devant le bureau de jugement dès lors que la juridiction prud'homale est saisie également d'une demande de requalification de contrats à durée déterminée en un contrat à durée indéterminée.

• Le droit à l'indemnité de requalification naît dès la conclusion du contrat à durée déterminée en méconnaissance des exigences légales et pèse ainsi sur l'employeur l'ayant conclu (cass. soc. 7 novembre 2006, n° 05-41.723, BC V n° 324; Dr. Soc. 200, p. 246, obs. A. Mazeaud); peu importe qu'un contrat à durée indéterminée ait été ultérieurement conclu entre les parties (cass. soc. 18 mai 2011, n° 09-68.236).

• L'indemnité spécifique de requalification est due au salarié alors même que la demande en requalification d'un contrat initial irrégulier est intervenue à un moment où le contrat était devenu un contrat à durée indéterminée en raison de son exécution après l'échéance du terme (cass. soc. 3 mai 2000, n° 98-42.179, RJS 6/00 n° 637; 9 mars 1999, n° 96-41.586, BC V n° 102; Dr. Soc. 1999, p. 518, obs. Cl. Roy-Loustaunau; 18 mai 2004, n° 01-45.622, RJS 7/04 n° 795).

• L'indemnité spécifique de requalification peut se cumuler avec les sommes dues au titre de salaires impayés (cass. soc. 24 juin 2003, n° 02-44.849, RJS 10/03 n° 1124). Elle ne peut être inférieure au dernier salaire mensuel perçu avant la saisine de la juridiction (cass. soc. 17 juin 2005, n° 03-44.900, BC V n° 204; RJS 8-9/05 n° 812) ou, en cas de rémunération variable, à la moyenne des salaires mensuels perçus lors du dernier CDD (cass. soc. 20 novembre 2013, n° 12-25.459, LS Jurispr. n° 225 du 10.12.2013; RJS 3/14 n° 200). En cas de transfert d'entreprise, l'indemnité de requalification ne peut être inférieure au dernier salaire mensuel perçu, avant la saisine de la juridiction, au sein de l'entreprise ayant conclu le contrat à durée déterminée (cass. soc. 26 avril 2017, n° 15-26.817, BC V n° 66; LS Jurispr n° 91 du 16.05.2017; JCP éd. S 2017, 1171, note F. Bousez; RJS 7/17 n° 462, 1re espèce).

Lorsque le juge requalifie une succession de contrats de travail à durée déterminée conclus avec le même salarié en contrat de travail à durée indéterminée, il ne doit accorder qu'une seule indemnité de requalification (cass. soc. 25 mai 2005, n° 03-43.214, BC V n° 176; RJS 8-9/05 n° 813; 28 avril 2011, n° 09-42.790).

• L'octroi de cette indemnité n'est pas subordonné à la mise en œuvre préalable de la procédure de saisine directe du bureau de jugement (cass. soc. 4 février 2003, n° 00-43.558, BC V n° 36; RJS 4/03 n° 422).

• L'indemnité de requalification n'est pas due en cas de transformation d'un CDD régulier en CDI du fait de la poursuite de la relation contractuelle après l'échéance du terme (cass. soc. 22 mars 2006, 2 arrêts, n°s 04-48.264 et 04-45.411, BC V n° 118; D. 2006, «Panorama droit du travail», p. 2002, obs. B. Reynès; Dr. Soc. 2006, p. 796, obs. Cl. Roy-Loustaunau; 2 mars 2017, n° 15-28.136, RJS 6/17 n° 394) ou de l'absence de saisine de l'inspecteur du travail avant le terme du contrat conclu avec un salarié investi d'un mandat représentatif (cass. soc. 5 juin 2019, n° 17-24.193, à paraître, LS Jurispr. n° 114 du 25.06.2019; JSL n° 480, 22.07.2019, p. 25, D. J.-P. ; Dr. Soc. 2019, p. 786, obs. J. Mouly; RJS 8-9/19 n° 511). Mais le fait que le contrat se soit poursuivi après l'arrivée de son terme ne fait pas échec à l'attribution d'une indemnité de requalification lorsque la demande en requalification s'appuie sur une irrégularité du contrat à durée déterminée initial ou de ceux qui lui ont fait suite (cass. soc. 5 décembre 2007, n° 06-41.313, BC V n° 206; RJS 2/08 n° 145; 29 juin 2011, n° 10-12.884, RJS 10/11 n° 797; 2 mars 2017, n° 15-28.136 précité).

Par ailleurs, la signature d'un contrat à durée déterminée étant sans effet lorsqu'un contrat à durée indéterminée est toujours en cours d'exécution entre les parties, les parties demeurent liées par le contrat à durée indéterminée (cass. soc. 25 mars 2009, n° 06-46.330, BC V n° 87; RJS 6/09 n° 497) et le salarié n'est pas fondé en sa demande de requalification et ne peut donc pas prétendre à l'indemnité de requalification prévue à l'article L. 1245-2 (cass. soc. 27 juin 2018, n° 17-17.342, LS Jurispr. n° 130 du 17.07.2018).

• À noter que lorsque le juge prononce une requalification du contrat, le salarié ne peut être tenu de rembourser à l'employeur l'indemnité de précarité qu'il a perçue (rép. QE 9599, JO AN 5 mars 2013, p. 2621).

• Lorsqu'une décision, exécutoire par provision, ordonne la requalification d'un contrat à durée déterminée en contrat à durée indéterminée, la rupture du contrat de travail intervenue après la notification de cette décision, au motif de l'arrivée du terme stipulé dans ledit contrat à durée déterminée, est nulle (cass. soc. 18 décembre 2013, n° 12-27.383, BC V n° 311; RJS 3/14 n° 199). Sur l'impossibilité pour le juge, en cas de requalification de contrats de mission successifs en contrat à durée indéterminée, d'ordonner la poursuite d'un contrat ayant déjà pris fin en raison de l'arrivée du terme sur le fondement du droit à l'emploi, voir cass. soc. 21 septembre 2017, n° 16-20.270, BC V n° 163, cité dans la note figurant sous l'article L. 1251-40.

• ***Délai de prescription.*** L'action en requalification d'un ou plusieurs contrats à durée déterminée en contrat à durée indéterminée s'analyse en une action portant sur l'exécution du contrat de travail, soumise au délai de prescription de 2 ans prévu par l'article L. 1471-1 CT (cass. soc. 29 janvier 2020, n° 18-15.359, à paraître, LSQ n° 17991 du 03.02.2020; RJS 4/20 n° 170; RDT, février 2020, CH, 114, D. Baugard; JSL n° 494, 23.03.2020, p. 21, J-Ph. Lhernould). Ce délai court à compter:
– de la date de conclusion du contrat à durée déterminée lorsque l'action en requalification est fondée sur l'absence d'une mention au contrat (cass. soc. 3 mai 2018, n° 16-26.437, à paraître, LS Jurispr. n° 91 du 22.05.2018; JCP éd. S 2018, 1196, note H. Guyot; JSL n° 456, 29.06.2018, p. 15, Ph. Pacotte et S. Daguerre; RJS 7/18 n° 472; Dr. Soc. 2018, p. 765, obs. J. Mouly);
– du terme du contrat ou, en cas de succession de contrats à durée déterminée, du terme du dernier contrat lorsque l'action est fondée sur le motif du recours au contrat à durée déterminée énoncé au contrat (cass. soc. 29 janvier 2020, n° 18-15.359, précité).

À noter que la Cour de cassation, alors qu'elle considérait auparavant que l'action en requalification était soumise à la prescription quinquennale prévue à l'article 2224 c. civ., dans sa rédaction issue de la loi du 17 juin 2008 (cass. soc. 8 novembre 2017, n° 16-17.499, RJS 1/18 n° 11), avait également jugé que la durée de cette prescription pouvait être aménagée par une clause contractuelle en application de l'article 2254 c. civ. (cass. soc. 22 novembre 2017, n° 16-16.561, BC V n° 199; JCP éd. S 2018, 1036, note Fr. Bousez; RJS 2/18 n° 96; LS Jurispr. n° 67 du 10.04.2018).

En revanche, la demande de rappel de salaire au titre des périodes non travaillées entre deux contrats à durée déterminée, auquel peut prétendre le salarié dont la relation de travail a été requalifiée en contrat à durée indéterminée s'il s'est tenu à la disposition de l'employeur (voir note sous article L. 1245-1), est soumise à la prescription triennale prévue par l'article L. 3245-1 CT (cass. soc. 29 janvier 2020, n° 18-15.359, précité).

Art. R. 1245-1. Lorsqu'un conseil de prud'hommes est saisi d'une demande de requalification d'un contrat de travail à durée déterminée en contrat à durée indéterminée, en application de l'article L. 1245-2, sa décision est exécutoire de droit à titre provisoire.

CHAPITRE VI Règles particulières de contrôle

Art. L. 1246-1. Dans les secteurs des spectacles, de l'action culturelle, de l'audiovisuel, de la production cinématographique et de l'édition phonographique, les agents de contrôle mentionnés à l'article L. 8112-1 ainsi que les agents du ***(Ord. 2009-901 du 24 juil. 2009, JO 25)*** «Centre national du cinéma et de l'image animée», des directions régionales des affaires culturelles, de l'***(L. 2008-126 du 13 févr. 2008, JO 14)*** «institution mentionnée à l'article L. 5312-1» et de l'***(L. 2008-126 du 13 févr. 2008, JO 14)*** «organisme gestionnaire du régime d'assurance chômage» se communiquent réciproquement, sur demande écrite, tous renseignements et documents nécessaires à la recherche et à la constatation des infractions aux dispositions du 3° de l'article L. 1242-2 et, le cas échéant, ***(Ord. 2009-901 du 24 juil. 2009, JO 25)*** «des manquements aux dispositions mentionnées au 11° et des infractions aux dispositions mentionnées au 12° de l'article L. 421-1 du code du cinéma et de l'image animée».

CHAPITRE VII Actions en justice

Art. L. 1247-1. Les organisations syndicales représentatives dans l'entreprise peuvent exercer en justice toutes les actions qui résultent du présent titre en faveur d'un salarié, sans avoir à justifier d'un mandat de l'intéressé.

Le salarié en est averti dans des conditions déterminées par voie réglementaire et ne doit pas s'y être opposé dans un délai de quinze jours à compter de la date à laquelle l'organisation syndicale lui a notifié son intention.

Le salarié peut toujours intervenir à l'instance engagée par le syndicat et y mettre un terme à tout moment.

Note L'action syndicale est recevable alors même qu'elle est introduite avant que le salarié ait été averti. Si le salarié est averti le jour de l'introduction de l'instance et si un délai de plus de quinze jours s'est écoulé depuis la notification au salarié lorsque le conseil de prud'hommes s'est prononcé, la demande est recevable (cass. soc. 1er février 2000, n° 98-41.624, BC V n° 52; Dr. Soc. 2000, p. 519, obs. Cl. Roy-Loustaunau).

L'opposition d'un salarié à ce qu'une organisation syndicale exerce une action de substitution ne vaut pas renonciation du salarié au droit d'intenter l'action personnelle dont il est titulaire pour obtenir la requalification de ses contrats à durée déterminée en contrat à durée indéterminée (cass. soc. 12 février 2008, n° 06-45.397, BC V n° 36; RJS 4/08 n° 374). Dans le cadre de l'instance engagée par le salarié, le syndicat, qui avait dû se désister de son action de substitution, peut demander réparation du préjudice causé à l'intérêt collectif de la profession en application de l'article L. 2132-3 (ancien art. L. 411-11) CT (même arrêt).

Art. D. 1247-1. L'organisation syndicale qui exerce une action en justice en faveur d'un salarié, en application de l'article L. 1247-1, avertit ce dernier par lettre recommandée avec avis de réception.

La lettre indique la nature et l'objet de l'action envisagée par l'organisation syndicale représentative.

Elle mentionne en outre:

1° Que l'action est conduite par l'organisation syndicale qui peut exercer elle-même les voies de recours contre le jugement;

2° Que le salarié peut, à tout moment, intervenir dans l'instance engagée par l'organisation syndicale ou mettre un terme à cette action;

3° Que le salarié peut faire connaître à l'organisation syndicale son opposition à l'action envisagée dans un délai de quinze jours à compter de la date de réception.

Note L'action syndicale est recevable alors même qu'elle est introduite avant que le salarié ait été averti. Si le salarié est averti le jour de l'introduction de l'instance et si un délai de plus de quinze jours s'est écoulé depuis la notification au salarié lorsque le conseil de prud'hommes s'est prononcé, la demande est recevable (cass. soc. 1er février 2000, n° 98-41.624, BC V n° 52; Dr. Soc. 2000, p. 519, obs. Cl. Roy-Loustaunau).

Art. D. 1247-2. Passé le délai de quinze jours prévu au 3° de l'article D. 1247-1, l'acceptation tacite du salarié est réputée acquise.

CHAPITRE VIII Dispositions pénales

Art. L. 1248-1. Le fait de conclure un contrat de travail à durée déterminée qui a pour objet ou pour effet de pourvoir durablement un emploi lié à l'activité normale et permanente de l'entreprise, en méconnaissance de l'article L. 1242-1, est puni d'une amende de 3 750 €.

La récidive est punie d'une amende de 7 500 € et d'un emprisonnement de six mois.

Art. L. 1248-2. Le fait de conclure un contrat de travail à durée déterminée pour un objet autre que celui prévu au premier alinéa de l'article L. 1242-2 ou en dehors des cas prévus à ce même article et à l'article L. 1242-3 est puni d'une amende de 3750 €.

La récidive est punie d'une amende de 7500 € et d'un emprisonnement de six mois.

Art. L. 1248-3. Le fait de méconnaître les dispositions des articles L. 1242-5 et L. 1242-6, relatives aux interdictions en matière de conclusion de contrat de travail à durée déterminée, est puni d'une amende de 3 750 €.

La récidive est punie d'une amende de 7 500 € et d'un emprisonnement de six mois.

Art. L. 1248-4. Le fait de conclure un contrat de travail à durée déterminée ne comportant pas un terme fixé avec précision dès sa conclusion, en méconnaissance de l'article L. 1242-7, est puni d'une amende de 3 750 €.

Le fait pour l'employeur de conclure un tel contrat sans fixer de durée minimale, lorsqu'il ne comporte pas de terme précis, est puni de la même peine.

La récidive est punie d'une amende de 7 500 € et d'un emprisonnement de six mois.

Art. L. 1248-5. Le fait de méconnaître ***(Ord. 2017-1387 du 22 sept. 2017, art. 25, III, 1°, JO 23)*** «les stipulations d'une convention ou d'un accord de branche prises en application de l'article L. 1242-8 ou, lorsqu'elles s'appliquent, les dispositions des articles L. 1242-8-1 et L. 1242-8-2», relatives à la durée du contrat de travail à durée déterminée, est puni d'une amende de 3 750 €.

La récidive est punie d'une amende de 7 500 € et d'un emprisonnement de six mois.

Note Les dispositions de cet article, dans sa rédaction issue de l'ordonnance 2017-1387 précitée, sont applicables aux contrats de travail conclus après le 23 septembre 2017 (ordonnance précitée, art. 40, VIII).

Art. L. 1248-6. Le fait de ne pas établir par écrit le contrat de travail à durée déterminée et de ne pas y faire figurer la définition précise de son motif, en méconnaissance du premier alinéa de l'article L. 1242-12, est puni d'une amende de 3 750 €.

La récidive est punie d'une amende de 7 500 € et d'un emprisonnement de six mois.

Art. L. 1248-7. Le fait de ne pas transmettre au salarié le contrat de travail à durée déterminée au plus tard dans les deux jours suivant l'embauche en méconnaissance de l'article L. 1242-13 est puni d'une amende de 3 750 €.

La récidive est punie d'une amende de 7 500 € et d'un emprisonnement de six mois.

Art. L. 1248-8. Le fait de verser au salarié titulaire d'un contrat de travail à durée déterminée une rémunération inférieure au montant de la rémunération que percevrait dans la même entreprise, après période d'essai, un salarié bénéficiant d'un contrat de travail à durée indéterminée de qualification professionnelle équivalente et occupant les mêmes fonctions en méconnaissance de l'article L. 1242-15 est puni d'une amende de 3 750 €.

La récidive est punie d'une amende de 7 500 € et d'un emprisonnement de six mois.

Art. L. 1248-9. Le fait de méconnaître les dispositions de l'article L. 1243-12, relatives à la prorogation du contrat de travail à durée déterminée d'un salarié exposé à des rayonnements ionisants, est puni d'une amende de 3 750 €.

La récidive est punie d'une amende de 7 500 € et d'un emprisonnement de six mois.

Art. L. 1248-10. Le fait de renouveler le contrat de travail à durée déterminée en méconnaissance ***(Ord. 2017-1387 du 22 sept. 2017, art. 25, III, 2°, JO 23)*** «des stipulations d'une convention ou d'un accord de branche prises en application de l'article L. 1243-13 ou, lorsqu'elles s'appliquent, des dispositions de l'article L. 1243-13-1» est puni d'une amende de 3 750 €.

La récidive est punie d'une amende de 7 500 € et d'un emprisonnement de six mois.

Note Les dispositions des articles L. 1248-10 et 11, dans leur rédaction issue de l'ordonnance 2017-1387 précitée, sont applicables aux contrats de travail conclus après le 23 septembre 2017 (ordonnance précitée, art. 40, VIII).

Art. L. 1248-11

Art. L. 1248-11. Le fait de méconnaître ***(Ord. 2017-1387 du 22 sept. 2017, art. 25, III, 3°, JO 23)*** « les stipulations d'une convention ou d'un accord de branche prises en application de l'article L. 1244-3 ou, lorsqu'elles sont applicables, les dispositions de l'article L. 1244-3-1 », relatives à la succession de contrats sur un même poste, est puni d'une amende de 3 750 €.

La récidive est punie d'une amende de 7 500 € et d'un emprisonnement de six mois.

TITRE V CONTRAT DE TRAVAIL TEMPORAIRE, AUTRES CONTRATS DE MISE À DISPOSITION ET PORTAGE SALARIAL

Note Voir RF juillet 2019, cahier juridique n° 1106, Embauche et contrat de travail, §§ 200 à 259 (« Recrutement du salarié - Recourir à l'intérim »), § 300 et @ §§ 301 à 313 (« Recrutement du salarié - Travail à temps partagé ») et @ §§ 320 à 382 (« Recrutement du salarié - Prêt de main-d'œuvre »); LS Les Thématiques n° 62, octobre 2018, « Recourir à du personnel extérieur ».

Voir aussi J.-Y. Kerbourc'h et E. Prouet, « Les tiers dans la relation de travail : entre fragmentation et sécurisation de l'emploi », France Stratégie, note d'analyse n° 65, mars 2018 (*https://www.strategie.gouv.fr/sites/strategie.gouv.fr/files/atoms/files/fs-na65-tiers-12mars2018.pdf*) ; « Le recours aux contrats courts - Enquête qualitative auprès des employeurs menée en 2017-2018 », Crédoc et Unédic, Éclairages, octobre 2018 (*https://www.unedic.org*; voir note introductive du titre IV de ce livre).

CHAPITRE Ier Contrat de travail conclu avec une entreprise de travail temporaire

Note La méconnaissance des dispositions de ce chapitre est passible de sanctions pénales ; voir ci-après articles L. 1255-1 à 12 et R. 1255-1 à 7.

SECTION 1. Définitions

Art. L. 1251-1. Le recours au travail temporaire a pour objet la mise à disposition temporaire d'un salarié par une entreprise de travail temporaire au bénéfice d'un client utilisateur pour l'exécution d'une mission.

Chaque mission donne lieu à la conclusion :

1° D'un contrat de mise à disposition entre l'entreprise de travail temporaire et le client utilisateur, dit " entreprise utilisatrice " ;

2° D'un contrat de travail, dit " contrat de mission ", entre le salarié temporaire et son employeur, l'entreprise de travail temporaire.

(L. 2009-972 du 3 août 2009, art. 21, JO 6) « Lorsque l'utilisateur est une personne morale de droit public, le présent chapitre s'applique, sous réserve des dispositions prévues à la section 6. »

Art. L. 1251-2. Est un entrepreneur de travail temporaire, toute personne physique ou morale dont l'activité exclusive est de mettre à la disposition temporaire d'entreprises utilisatrices des salariés qu'en fonction d'une qualification convenue elle recrute et rémunère à cet effet.

Note • **Notion d'activité exclusive.** La chambre criminelle de la Cour de cassation a été amenée à de nombreuses reprises à condamner certaines pratiques (filialisation, faux contrats de sous-traitance...) des ETT pour diversifier leurs activités ou échapper à d'autres contraintes de la réglementation sur le travail temporaire. C'est ainsi, par exemple, qu'elle a condamné :
– une personne ayant la maîtrise de deux sociétés, dont une ETT, et qui, sous couvert de ces deux personnes morales juridiquement distinctes, avait organisé une double activité de location de main-d'œuvre et de prestation de services (cass. crim. 15 février 1983, n° 82-91.077, B. crim. n° 56) ;
– le directeur régional d'une ETT qui avait recruté des travailleurs temporaires pour les mettre à la disposition de l'agence dont il était responsable « par le jeu de contrats divisant artificiellement sa personnalité juridique » (cass. crim. 11 juillet 1983, JS 1983 SJ 142) ;
– quatre dirigeants de société, dont une ETT, formant un ensemble économique unique, qui se livraient simultanément à des opérations de prêt de main-d'œuvre et de prestation de services. Si l'article L. 1251-2 (ancien article L. 124-1) n'interdit pas au représentant légal d'une ETT d'avoir d'autres occupations, ce texte trouve application lorsque la constitution de plusieurs sociétés n'a

été, comme en l'espèce, qu'un artifice pour faire échec à ses prescriptions (cass. crim. 7 juin 1983, n° 82-93.194, B. crim. n° 173; dans le même sens, cass. crim. 12 décembre 1989, n° 89-80.494).

Mais ne constitue pas une activité secondaire prohibée par l'article L. 1251-2 (ancien article L. 124-1) la fourniture par une ETT, à des travailleurs temporaires mis à la disposition d'utilisateurs, des outils nécessaires à l'exécution de leur mission dès lors qu'il n'en résulte pour elle aucune source de profit distincte de son activité professionnelle (cass. crim. 15 décembre 1981, n° 79-93.008, B. crim. n° 333). Est par ailleurs fondé l'arrêt de cour d'appel relaxant les dirigeants communs à deux sociétés, poursuivis pour infraction à la législation sur le travail temporaire. Les juges d'appel ont en effet notamment relevé que les deux sociétés (ETT et entreprise de déménagement) avaient des activités complémentaires, que la preuve n'était pas rapportée que les deux sociétés formaient un ensemble économique et social, ni que la constitution de sociétés juridiquement distinctes avait eu pour but de tourner la loi (cass. crim. 27 mars 1984, JS 1984 F 67).

• **Responsabilité de l'entrepreneur de travail temporaire.** Est fondé l'arrêt mettant hors de cause le directeur d'une ETT, prévenu d'homicide involontaire, après avoir constaté que le travailleur temporaire victime d'un accident mortel avait, en signant son contrat de travail, volontairement adhéré aux conditions de travail correspondantes, et que la cause directe du décès résidait dans la violation par l'utilisateur de règles d'hygiène et de sécurité du travail. En effet, «s'il est exact que l'entrepreneur de travail temporaire a une obligation générale de prudence dans le choix du travailleur intérimaire et doit s'assurer qu'il est apte au travail faisant l'objet de la mission, l'inobservation de ces devoirs, même si elle était établie en l'espèce, ne pourrait avoir un lien de causalité avec l'accident que s'il était démontré que celui-ci a trouvé son origine dans l'inexpérience ou l'imprudence de la victime, ce qui n'est nullement allégué» (cass. crim. 17 décembre 1985, JS 1986 SJ 68). Mais est fondé l'arrêt déclarant une ETT entièrement responsable des dommages causés par un intérimaire au camion d'une société à la disposition de laquelle il avait été mis. En effet, les juges d'appel ont pris en considération la nature de l'emploi (chauffeur poids lourds), ont constaté que l'avarie du moteur avait été, à dire d'expert, causée par une faute grave de conduite «que n'aurait pas commise un professionnel digne de ce nom», ont relevé que, bien qu'ayant à l'esprit les lourdes responsabilités que comportait l'emploi de l'intérimaire, l'ETT ne s'était pas suffisamment renseignée sur la personnalité de l'intéressé «connu pour s'adonner à la boisson» et ont estimé que la faute de conduite du travailleur temporaire se rattachait directement à son comportement anormal et en ont déduit que l'ETT avait commis un manquement à son obligation contractuelle dans le choix du chauffeur, manquement qui était à l'origine du dommage et engageait sa responsabilité à l'égard de l'utilisateur (cass. soc. 18 mars 1986, JS 1986 SJ 106).

En l'absence de clause contractuelle concernant la responsabilité de l'entreprise de travail temporaire, les juges du fond appliqueront le principe affirmé par la Cour de cassation: «Toute entreprise de travail temporaire est tenue d'une obligation de prudence dans le recrutement du personnel qu'elle fournit. Si cette obligation est plus rigoureuse à l'égard du personnel appelé à exercer des fonctions de confiance ou de particulières responsabilités, elle n'en existe pas moins dans tous les cas» (cass. civ., 1re ch., 26 février 1991, n° 88-15.333, BC I n° 77).

Sur la responsabilité de l'entreprise de travail temporaire en cas d'accident du travail survenu dans l'entreprise, voir cass. soc. 11 décembre 1997, n° 96-11.454, BC V n° 437.

• **Conséquences de l'exclusivité.** Une entreprise de travail temporaire étant soumise à la règle d'exclusivité, elle ne peut avoir recours aux services de travailleurs indépendants; les traducteurs travaillant pour le compte d'une entreprise de travail temporaire dans d'autres entreprises doivent donc être considérés comme des salariés et être assujettis au régime général des travailleurs salariés (cass. soc. 17 décembre 1992, n° 87-11.302, RJS 2/93 n° 210).

Art. L. 1251-3. Toute activité de travail temporaire s'exerçant en dehors d'une telle entreprise est interdite, sous réserve des dispositions relatives aux opérations de prêt de main-d'œuvre à but non lucratif autorisées par l'article L. 8241-2.

Note • Sur la caractérisation du délit de travail dissimulé par dissimulation de l'activité d'entreprise de travail temporaire, voir cass. crim. 23 janvier 2018, n° 16-87.712, RJS 4/18, n° 274.

• Sur l'absence de trouble manifestement illicite causé par l'exercice, par une société, d'une activité d'exploitation de plateforme numérique ayant pour objet de mettre en relation des travailleurs indépendants avec des entreprises ayant publié une annonce correspondant à leurs besoins de services occasionnels d'un professionnel, voir cass. soc. 12 novembre 2020, n° 19-10.606, à paraître, cité en note sous l'article L. 7341-1.

Art. L. 1251-4. Par dérogation au principe d'exclusivité prévu à l'article L. 1251-2, les entreprises de travail temporaire peuvent exercer:

1° Des activités de placement privé prévues à l'article ***(L. 2010-853 du 23 juil. 2010, art. 29, JO 24)*** « L. 5321-1 »;

2° L'activité d'entreprise de travail à temps partagé.

SECTION 2. Conditions de recours

Sous-section 1. Cas de recours

Art. L. 1251-5. Le contrat de mission, quel que soit son motif, ne peut avoir ni pour objet ni pour effet de pourvoir durablement un emploi lié à l'activité normale et permanente de l'entreprise utilisatrice.

Note • Selon les articles L. 1251-5 et 6, la possibilité donnée à l'entreprise utilisatrice de recourir à des contrats de missions successifs avec le même salarié intérimaire pour remplacer un ou des salariés absents ou pour faire face à un accroissement temporaire d'activité ne peut avoir pour objet ni pour effet de pourvoir durablement un emploi lié à son activité normale et permanente; il en résulte que l'entreprise utilisatrice ne peut recourir de façon systématique aux missions d'intérim pour faire face à un besoin structurel de main-d'œuvre.

Après avoir relevé que durant près de quatre années consécutives, et quel que soit le motif du contrat de mission, un salarié d'une entreprise de travail temporaire avait occupé le même emploi de manutentionnaire ou d'agent de propreté, ce dont il résultait que l'emploi qu'il occupait était lié durablement à l'activité normale et permanente de l'entreprise utilisatrice, une cour d'appel a par ce seul motif légalement justifié sa décision de requalifier la relation de travail en un contrat de travail à durée indéterminée (cass. soc. 13 juin 2012, n° 10-26.387, BC V n° 189; RJS 8-9/12 n° 749; dans le même sens, voir aussi cass. soc. 3 juin 2015, n° 14-17.705, BC V n° 114; RJS 8-9/15 n° 603, s'agissant d'un salarié ayant effectué 200 missions d'intérim en 7 ans et demi dans la même entreprise utilisatrice, avec cependant une interruption de 27 mois en raison d'un congé maternité et d'un congé parental).

Même si les contrats de mission successifs mentionnent un motif de recours qui est exact, le salarié peut obtenir la requalification de ces contrats en contrat à durée indéterminée lorsqu'il ressort de l'analyse des faits que ces missions d'intérim avaient eu pour effet de pourvoir durablement un emploi lié à l'activité normale et permanente de l'entreprise utilisatrice (cass. soc. 25 mars 2010, n° 08-45.358: trente missions comprenant des interruptions pendant quatre ans).

Il résulte en effet des articles L. 1251-5 et 6 CT que le recours à l'utilisation de contrats de missions successifs impose de vérifier qu'il est justifié par des raisons objectives qui s'entendent de l'existence d'éléments concrets établissant le caractère par nature temporaire de l'emploi, y compris dans le cas de contrats d'usage; si l'entreprise utilisatrice ne produit aucun élément permettant au juge de contrôler de l'existence d'éléments concrets établissant le caractère par nature temporaire de l'emploi, la relation de travail doit être requalifiée en contrat à durée indéterminée à compter du premier contrat de mission irrégulier (cass. soc. 12 novembre 2020, n° 19-11.402, à paraître, LS Jurispr. n° 213 du 24.11.2020; JCP éd. S 2020, 3117, note Fr. Bousez: ne permet pas au juge d'exercer ce contrôle l'entreprise utilisatrice ayant conclu plusieurs contrats de mission d'usage avec un salarié, suivis de CDD d'usage successifs, qui se contente d'affirmer que, compte tenu du caractère fluctuant et imprévisible de l'activité de la manutention portuaire, le recours aux ouvriers dockers occasionnels se justifie nécessairement par une tâche précise et temporaire indissociablement liée au secteur d'activité de la manutention portuaire).

• Voir aussi note sous article L. 1251-40.

Art. L. 1251-6. Sous réserve des dispositions de l'article L. 1251-7, il ne peut être fait appel à un salarié temporaire que pour l'exécution d'une tâche précise et temporaire dénommée " mission " et seulement dans les cas suivants:

1° Remplacement d'un salarié, en cas:

a) D'absence;

b) De passage provisoire à temps partiel, conclu par avenant à son contrat de travail ou par échange écrit entre ce salarié et son employeur;

c) De suspension de son contrat de travail;

d) De départ définitif précédant la suppression de son poste de travail après consultation du ***(Ord. 2017-1386 du 22 sept. 2017, art. 4, 24°, JO 23, entrée en vigueur au plus tard le 01.01.2018)*** «comité social et économique, s'il existe»;

e) D'attente de l'entrée en service effective d'un salarié recruté par contrat à durée indéterminée appelé à le remplacer;

2° Accroissement temporaire de l'activité de l'entreprise;

3° Emplois à caractère saisonnier ***(L. 2016-1088 du 8 août 2016, art. 86, II, JO 9)*** «définis au 3° de l'article L. 1242-2» ou pour lesquels, dans certains secteurs définis par décret ou par voie de convention ou d'accord collectif étendu, il est d'usage constant de ne pas recourir au contrat de travail à durée indéterminée en raison de la nature de l'activité exercée et du caractère par nature temporaire de ces emplois;

4° Remplacement d'un chef d'entreprise artisanale, industrielle ou commerciale, d'une personne exerçant une profession libérale, de son conjoint participant effectivement à l'activité de l'entreprise à titre professionnel et habituel ou d'un associé non salarié d'une société civile professionnelle, d'une société civile de moyens ***(L. 2015-990 du 6 août 2015, art. 63, VIII, JO 7)*** «d'une société d'exercice libéral ou de toute autre personne morale exerçant une profession libérale;»

5° Remplacement du chef d'une exploitation agricole ou d'une entreprise mentionnée aux 1° à 4° de l'article L. 722-1 du code rural ***(Ord. 2010-462 du 6 mai 2010, JO 7)*** «et de la pêche maritime», d'un aide familial, d'un associé d'exploitation, ou de leur conjoint, mentionné à l'article L. 722-10 du même code dès lors qu'il participe effectivement à l'activité de l'exploitation agricole ou de l'entreprise.

Note • *Covid-19.* Sur l'ouverture, à titre dérogatoire et temporaire, de la possibilité d'autoriser le recours à des salariés temporaires dans des cas non prévus à cet article par accord d'entreprise conclu au sein de l'entreprise utilisatrice afin de faire face aux conséquences économiques, financières et sociales de l'épidémie de Covid-19, voir loi 2020-734 du 17 juin 2020, art. 41, II à IV, JO 18, modifié; voir aussi RDT, septembre 2020, CH, 536, A. Fabre et D. Baugard. Voir également accord du 10 juillet 2020 relatif aux mesures urgentes et structurelles permettant la reprise de l'emploi intérimaire et la sécurisation des parcours pour faire face aux conséquences économiques et sociales de l'épidémie de «Covid-19», conclu dans la branche du travail temporaire, not. art. 6 et 9.1 (voir LSQ n° 18112 du 31.07.2020).

• Sur l'expérimentation de la possibilité de conclure, par dérogation au 1° de cet article, un seul contrat de travail temporaire pour remplacer plusieurs salariés dans certains secteurs définis par décret, sur la période du 1er janvier 2019 au 31 décembre 2020, voir loi 2018-771 du 5 septembre 2018, art. 53, JO 6, et décret 2019-1388 du 18 décembre 2019, JO 19, définissant les secteurs d'activité autorisés à mettre en œuvre cette expérimentation. Voir aussi RDT, octobre 2018, CH, 671, S. Tournaux.

• Les modalités d'application de cet article ont été précisées par deux circulaires du 30 octobre 1990 (circ. min. DRT 90-15, BO MT 90/25, p. 95) et du 29 août 1992 (circ. min. DRT 92-14, BO MT 92/21, p. 55).

• **Remplacement d'un salarié.** L'absence d'un salarié qui autorise le recours à un contrat de travail temporaire s'entend aussi bien de l'absence du salarié de son poste habituel de travail que de l'absence de l'entreprise (cass. soc. 25 février 2009, n° 07-43.513, BC V n° 53; RJS 5/09 n° 482: remplacement d'un salarié qui était détaché de son poste habituel pour être affecté comme formateur pendant un temps limité).

• **Accroissement temporaire d'activité.** La Cour de cassation a précisé, de façon assez souple, la notion d'accroissement temporaire d'activité. Dans ce cas, comme en matière de contrat à durée déterminée (voir note sous article L. 1242-2), le recours à des salariés intérimaires ne peut être autorisé que pour les besoins d'une ou plusieurs tâches résultant du seul accroissement temporaire de l'activité de l'entreprise, notamment en cas de variations cycliques de production, sans qu'il soit nécessaire ni que cet accroissement présente un caractère exceptionnel ni que le salarié recruté soit affecté à la réalisation même de ces tâches (cass. soc. 21 janvier 2004, n° 03-42.769, BC V n° 27).

• **Contrats d'usage.** La liste des secteurs dans lesquels il peut être recouru à des travailleurs temporaires pour pourvoir des emplois pour lesquels il est d'usage constant de ne pas conclure de contrats de travail à durée indéterminée, en application du 3° de cet article, est fixée par l'article D. 1251-1. Elle est identique à celle concernant les contrats à durée déterminée (exception faite du secteur des activités des associations intermédiaires, qui n'y figure pas). Mais, ainsi que le précise la circulaire du 30 octobre 1990 précitée, ce n'est pas le fait qu'un secteur d'activité soit mentionné dans la liste qui fonde à lui seul le droit de recourir au contrat de travail temporaire. Il est nécessaire qu'il y ait un usage constant, c'est-à-dire ancien, bien établi et par conséquent admis comme tel dans la profession. Cette liste peut être complétée par voie de convention ou d'accord collectif de travail étendu.

Sur la nécessité de justifier le recours à des contrats de missions «d'usage» successifs par des éléments concrets établissant le caractère par nature temporaire de l'emploi, voir note sous article L. 1251-5.

Art. D. 1251-1. En application du 3° de l'article L. 1251-6, les secteurs d'activité dans lesquels des contrats de mission peuvent être conclus pour les emplois pour lesquels il est d'usage constant de ne pas recourir au contrat de travail à durée indéterminée, en raison de la nature de l'activité exercée et du caractère par nature temporaire de ces emplois, sont les suivants:

1° Les exploitations forestières;
2° La réparation navale;
3° Le déménagement;
4° L'hôtellerie et la restauration;
5° Les centres de loisirs et de vacances;
6° Le sport professionnel;

7° Les spectacles, l'action culturelle, l'audiovisuel, la production cinématographique, l'édition phonographique ;
8° L'enseignement ;
9° L'information, les activités d'enquête et de sondage ;
10° L'entreposage et le stockage de la viande ;
11° Le bâtiment et les travaux publics pour les chantiers à l'étranger ;
12° Les activités de coopération, d'assistance technique, d'ingénierie et de recherche à l'étranger ;
13° La recherche scientifique réalisée dans le cadre d'une convention internationale, d'un arrangement administratif international pris en application d'une telle convention, ou par des chercheurs étrangers résidant temporairement en France ;
(D. 2008-1069 du 17 oct. 2008, JO 19) « 14° Les activités d'assistance technique ou logistique au sein d'institutions internationales ou de l'Union européenne pour la tenue de sessions, d'une durée limitée, prévues par les règlements de ces institutions ou par des traités. »

Note Les secteurs d'activité visés dans cet article sont des secteurs correspondant à l'activité principale de l'entreprise et non à celle du salarié (cass. soc. 25 février 1998, n° 95-44.048, BC V n° 99; RJS 4/98 n° 420).

L'activité d'architecte exercée par un employeur n'entre pas dans l'énumération visée par cet article ; il s'ensuit qu'un salarié dessinateur, employé par un architecte dans le cadre de missions de restauration de monuments historiques, l'a été en violation des dispositions de l'ancien article L. 124-2-1, 3° (cass. soc. 2 juin 2004, n° 01-45.906, RJS 8-9/04 n° 889).

Art. L. 1251-7. Outre les cas prévus à l'article L. 1251-6, la mise à disposition d'un salarié temporaire auprès d'une entreprise utilisatrice peut intervenir :

1° Lorsque la mission de travail temporaire vise, en application de dispositions légales ou d'un accord de branche étendu, à favoriser le recrutement de personnes sans emploi rencontrant des difficultés sociales et professionnelles particulières ;

2° Lorsque l'entreprise de travail temporaire et l'entreprise utilisatrice s'engagent, pour une durée et dans des conditions fixées par décret ou par accord de branche étendu, à assurer un complément de formation professionnelle au salarié ;

(L. 2011-893 du 28 juil. 2011, art. 7, JO 29) « 3° Lorsque l'entreprise de travail temporaire et l'entreprise utilisatrice s'engagent à assurer une formation professionnelle au salarié par la voie de l'apprentissage, en vue de l'obtention d'une qualification professionnelle sanctionnée par un diplôme ou un titre à finalité professionnelle enregistré au répertoire national des certifications professionnelles. Cette formation est dispensée pour partie dans l'entreprise utilisatrice et pour partie en centre de formation d'apprentis ou section d'apprentissage en application de l'article L. 6221-1. »

Note • Sur l'expérimentation de la possibilité de recourir, outre les cas prévus aux articles L. 1251-6 et 7 CT, à la mise à disposition d'un salarié temporaire auprès d'une entreprise utilisatrice lorsque ce salarié temporaire est un bénéficiaire de l'obligation d'emploi des travailleurs handicapés et assimilés (voir article L. 5212-13 CT), sur la période du 1er janvier 2019 au 31 décembre 2021, voir loi 2018-771 du 5 septembre 2018, art. 67, VI, JO 6.

• Cet article, issu de la loi 2005-32 du 18 janvier 2005 (JO 19), s'inscrit dans une série de mesures en faveur du retour à l'emploi des demandeurs d'emploi de longue durée et des bénéficiaires de minima sociaux. Voir arrêté du 28 novembre 2005 (modifié par arrêté du 21 décembre 2005, JO 29) portant extension de l'accord du 7 septembre 2005 relatif aux modalités de mise en œuvre des dispositions de l'ancien article L. 124-2-1-1 (actuel art. L. 1251-7) CT.

• Voir accord national professionnel du 13 juin 2012 relatif à la mise en œuvre du tutorat intérimaire, étendu par arrêté du 28 février 2013 (JO 8 mars).

Art. L. 1251-8. Lorsque la mission porte sur l'exercice d'une profession médicale ou paramédicale réglementée, l'entreprise de travail temporaire vérifie que ce salarié est régulièrement autorisé à exercer.

Sous-section 2. Interdictions

Art. L. 1251-9. Dans les six mois suivant un licenciement pour motif économique, il est interdit de faire appel à un salarié temporaire au titre d'un accroissement temporaire de l'activité, y compris pour l'exécution d'une tâche occasionnelle, précisément définie et non durable, ne relevant pas de l'activité normale de l'entreprise utilisatrice.

Cette interdiction porte sur les postes concernés par le licenciement dans l'établissement.

L'interdiction ne s'applique pas :

1° Lorsque la durée du contrat de mission n'est pas susceptible de renouvellement et n'excède pas trois mois ;

2° Lorsque le contrat est lié à la survenance dans l'entreprise, qu'il s'agisse de celle de l'entrepreneur principal ou de celle d'un sous-traitant, d'une commande exceptionnelle à l'exportation dont l'importance nécessite la mise en œuvre de moyens quantitativement ou qualitativement exorbitants de ceux que l'entreprise utilise ordinairement. Cette possibilité de recrutement est subordonnée à l'information et à la consultation préalables du ***(Ord. 2017-1386 du 22 sept. 2017, art. 4, 27°, JO 23, entrée en vigueur au plus tard le 01.01.2018)*** « comité social et économique, s'il existe ».

Les dérogations prévues aux 1° et 2° n'exonèrent pas l'employeur de respecter la priorité de réembauche prévue à l'article L. 1233-45.

Note Le dernier alinéa du nouvel article L. 1251-9 ne figurait pas dans l'article L. 124-2-7 qu'il remplace.

Art. L. 1251-10. Outre les cas prévus à l'article L. 1251-9, il est interdit de recourir au travail temporaire :

1° Pour remplacer un salarié dont le contrat de travail est suspendu à la suite d'un conflit collectif de travail ;

2° Pour effectuer certains travaux particulièrement dangereux figurant sur une liste établie par voie réglementaire, dans les conditions prévues à l'article L. 4154-1. L'autorité administrative peut exceptionnellement autoriser une dérogation à cette interdiction, dans des conditions déterminées par voie réglementaire ;

3° Pour remplacer un médecin du travail.

Note • **Conflit collectif.** L'interdiction du recours au travail temporaire en cas de grève existe depuis 1972 (loi d'origine) et a été reprise avec des formulations différentes par l'ordonnance de 1982 et la loi du 25 juillet 1985. La loi du 12 juillet 1990 a supprimé les mots « dans l'établissement utilisateur » qui suivaient les mots « par suite d'un conflit collectif du travail ».

Depuis la loi du 25 juillet 1985, compte tenu notamment de la rédaction utilisée à l'article L. 124-2 (actuel art. L. 1251-6), les incertitudes concernant les « glissements » de poste et les transferts d'activité ont été définitivement levées : il est illicite de recourir à des travailleurs temporaires pour remplacer des travailleurs permanents eux-mêmes appelés à remplacer d'autres travailleurs permanents en grève, ainsi que d'utiliser des intérimaires déjà présents dans l'entreprise pour faire accomplir par des travailleurs temporaires des tâches qui sont normalement celles des travailleurs permanents en grève (voir notamment cass. soc. 2 mars 2011, n° 10-13.634, BC V n° 54 ; JSL n° 297, 13.04.2011, p. 9, J.-E. Tourreil ; RJS 5/11 n° 482 ; Dr. Soc. 2011, p. 736, obs. B. Gauriau ; JCP éd. S 2011, 1315, note Fr. Bousez ; voir aussi à ce sujet, J. Deprez, « L'appel à des salariés de remplacement en cas de grève », BS Lefebvre, février 1986).

Toutefois, s'agissant des *services publics*, on rappellera l'arrêt du 18 janvier 1980 du Conseil d'État (n° 07636, D. 1980 IR 302, obs. P. Delvolvé) précisant qu'ayant obligation d'assurer, notamment en cas de grève, la continuité du service public et devant prendre toute mesure nécessaire à cet effet, une autorité administrative qui se trouve dans l'impossibilité d'opérer un recrutement temporaire immédiat d'agents publics est autorisée à recourir à du personnel fourni par une entreprise de travail temporaire. En revanche, le tribunal de grande instance de Caen a jugé que le recours par La Poste à des contrats à durée déterminée est illicite dès lors qu'il est précisé que ces contrats sont destinés à assurer le remplacement de fonctionnaires en grève (TGI Caen 5 février 1997, Dr. Ouvr. 1997, p. 143, note M. Miné) ; l'interdiction du recours au contrat à durée déterminée et au contrat de travail temporaire étant formulée dans les mêmes termes, la solution adoptée pour les contrats à durée déterminée vaut également pour les contrats de travail temporaire. La Cour de cassation a adopté la même solution (cass. civ., 1re ch., 19 mai 1998, n° 97-13.916, BC I n° 182 ; RJS 8-9/98 n° 1081 ; voir note sous art. L. 1242-6 CT).

Plus récemment, elle a approuvé une cour d'appel d'avoir condamné le directeur d'un site d'une entreprise à une amende délictuelle de 3 000 € avec sursis pour avoir eu recours au travail temporaire malgré l'interdiction mentionnée à cet article, dès lors que la cour d'appel avait constaté que l'ordre de faire appel à des travailleurs intérimaires avait été donné deux jours après le dépôt du préavis de grève, que leur nombre était identique à celui des salariés grévistes, et qu'ils avaient été, pour partie, affectés à des tâches délaissées par ces derniers (cass. crim. 1er mars 2016, n° 14-86.601, LS Jurispr. n° 55 du 22.03.2016 ; JCP éd. S 2016, 1200, note Fr. Duquesne).

À noter également que les travailleurs temporaires mis à la disposition d'une entreprise utilisatrice avant que les travailleurs de celle-ci soient en grève ont droit à une rémunération s'ils se tiennent à la disposition de l'entreprise utilisatrice, même si, en raison de l'occupation des locaux, ils ne peuvent pas fournir leur prestation de travail (cass. soc. 27 mai 1998, n° 96-42.303, BC V n° 280 ; RJS 7/98 n° 937).

Art. L. 1251-11

• **Travaux particulièrement dangereux.** La dérogation exceptionnelle accordée par l'autorité administrative à l'interdiction de recourir au travail temporaire pour effectuer certains travaux particulièrement dangereux doit être préalable à l'affectation du salarié temporaire à l'un des travaux dont la liste est fixée à l'article D. 4154-1 CT (cass. soc. 30 novembre 2010, n° 08-70.390, BC V n° 270; RJS 2/11 n° 185).

Art. D. 1251-2. La dérogation prévue au 2° de l'article L. 1251-10 est accordée par le ***(D. 2020-1545 du 9 déc. 2020, JO 10, entrée en vigueur le 01.04.2021)*** «directeur régional de l'économie, de l'emploi, du travail et des solidarités».

SECTION 3. Contrat de mission

Sous-section 1. Formation et exécution du contrat

§ 1. Fixation du terme et durée du contrat

Art. L. 1251-11. Le contrat de mission comporte un terme fixé avec précision dès la conclusion du contrat de mise à disposition.

Toutefois, le contrat peut ne pas comporter de terme précis lorsqu'il est conclu dans l'un des cas suivants:

1° Remplacement d'un salarié absent;

2° Remplacement d'un salarié dont le contrat de travail est suspendu;

3° Dans l'attente de l'entrée en service effective d'un salarié recruté par contrat à durée indéterminée;

4° Emplois à caractère saisonnier ***(L. 2016-1088 du 8 août 2016, art. 86, II, JO 9)*** «définis au 3° de l'article L. 1242-2» ou pour lesquels, dans certains secteurs d'activité définis par décret ou par voie de convention ou d'accord collectif étendu, il est d'usage constant de ne pas recourir au contrat de travail à durée indéterminée en raison de la nature de l'activité exercée et du caractère par nature temporaire de ces emplois;

5° Remplacement de l'une des personnes mentionnées aux 4° et 5° de l'article L. 1251-6.

Le contrat de mission est alors conclu pour une durée minimale. Il a pour terme la fin de l'absence de la personne remplacée ou la réalisation de l'objet pour lequel il a été conclu.

Note • Voir J. Mouly, «Les contrats à durée déterminée ou de mission: contrats à terme ? (Réflexions sur le terme dans les contrats de travail à durée limitée)», Dr. Ouvr. 2019, p. 591.

Art. L. 1251-12. ***(Ord. 2017-1387 du 22 sept. 2017, art. 26, 1°, JO 23)*** La convention ou l'accord de branche étendu de l'entreprise utilisatrice peut fixer la durée totale du contrat de mission. Cette durée ne peut avoir ni pour objet ni pour effet de pourvoir durablement un emploi lié à l'activité normale et permanente de l'entreprise.

Note • Les articles L. 1251-12 et 12-1 sont applicables aux contrats de travail conclus après le 23 septembre 2017 (ordonnance 2017-1387 précitée, art. 40, VIII).

• Sur le champ de la négociation de branche en matière de contrat de mission et ses limites, voir le «Questions - Réponses» sur la négociation collective, publié sur le site internet du ministère du Travail le 15 juillet 2020 (questions 38 à 43).

Art. L. 1251-12-1. ***(Ord. 2017-1387 du 22 sept. 2017, art. 26, 2°, JO 23)*** À défaut de stipulation dans la convention ou l'accord de branche conclu en application de l'article L. 1251-12, la durée totale du contrat de mission ne peut excéder dix-huit mois compte tenu, le cas échéant, du ou des renouvellements intervenant dans les conditions prévues à l'article L. 1251-35 ou, lorsqu'il s'applique, à l'article L. 1251-35-1.

Cette durée est réduite à neuf mois lorsque le contrat est conclu dans l'attente de l'entrée en service effective d'un salarié recruté par contrat à durée indéterminée ou lorsque son objet consiste en la réalisation de travaux urgents nécessités par des mesures de sécurité.

Elle est également de vingt-quatre mois:

1° Lorsque la mission est exécutée à l'étranger;

2° Lorsque le contrat est conclu dans le cas du départ définitif d'un salarié précédant la suppression de son poste de travail;

3° Lorsque survient dans l'entreprise, qu'il s'agisse de celle de l'entrepreneur principal ou de celle d'un sous-traitant, une commande exceptionnelle à l'exportation dont l'importance nécessite la mise en œuvre de moyens quantitativement ou qualitativement exorbitants de ceux que l'entreprise utilise ordinairement. Dans ce cas, la durée initiale du contrat ne peut être inférieure à six mois.

Elle est portée à trente-six mois afin d'être égale à celle du cycle de formation effectué en apprentissage conformément à l'article L. 6222-7-1.

Note • Depuis l'ordonnance 2017-1387 précitée, les dispositions légales fixant la durée maximale des contrats de mission (inchangées) sont supplétives; elles ne s'appliquent qu'en l'absence de stipulations sur ce point dans une convention ou un accord de branche étendu applicable à l'entreprise.

• La durée maximale s'apprécie mission par mission. Le dépassement de cette durée résultant de la succession de contrats de mission n'entraîne pas la requalification en contrat à durée indéterminée (cass. soc. 28 novembre 2007, n° 06-43.025).

Art. L. 1251-13. Lorsque le contrat de mission est conclu pour remplacer un salarié temporairement absent ou dont le contrat de travail est suspendu ou pour un remplacement effectué au titre des 4° et 5° de l'article L. 1251-6, il peut prendre effet avant l'absence de la personne à remplacer.

§ 2. Période d'essai

Art. L. 1251-14. Le contrat de mission peut comporter une période d'essai dont la durée est fixée par convention ou accord professionnel de branche étendu ou par convention ou accord d'entreprise ou d'établissement.

À défaut de convention ou d'accord, cette durée ne peut excéder:

1° Deux jours si le contrat est conclu pour une durée inférieure ou égale à un mois;

2° Trois jours si le contrat est conclu pour une durée supérieure à un mois et inférieure ou égale à deux mois;

3° Cinq jours si le contrat est conclu pour une durée supérieure à deux mois.

Note • Lorsqu'un contrat de travail temporaire est conclu sans terme précis, la période d'essai doit être calculée sur la durée minimale fixée dans le contrat (circ. DRT 90-15, 30 octobre 1990, BO MT 90/25, p. 95).

• Lorsque le contrat à durée déterminée conclu de date à date contient une clause de renouvellement, l'existence de cette clause est sans incidence sur la durée de la période d'essai, calculée uniquement en fonction de la durée initialement prévue au contrat (cass. soc. 28 mai 1991, n° 88-44.357, BC V n° 266).

• **Décompte.** Comme toute période d'essai exprimée en jours, la période d'essai du salarié intérimaire doit, à notre sens, se décompter en jours calendaires, sauf disposition conventionnelle ou contractuelle contraire (voir cass. soc. 29 juin 2005, n° 02-45.701, BC V n° 220; Dr. Soc. 2005, p. 1036, obs. J. Savatier et 28 avril 2011, n° 09-40.464, BC V n° 101, arrêt n° 1; RJS 7/11 n° 582, 1re espèce, rendu à propos de l'article L. 1242-10 fixant la durée de la période d'essai du contrat à durée déterminée).

Art. L. 1251-15. La rémunération correspondant à la période d'essai ne peut être différente de celle qui est prévue par le contrat de mission.

§ 3. Contenu et transmission du contrat

Art. L. 1251-16. Le contrat de mission est établi par écrit.

Il comporte notamment:

1° La reproduction des clauses et mentions du contrat de mise à disposition énumérées à l'article L. 1251-43;

2° La qualification professionnelle du salarié;

3° Les modalités de la rémunération due au salarié, y compris celles de l'indemnité de fin de mission prévue à l'article L. 1251-32;

4° La durée de la période d'essai éventuellement prévue;

5° Une clause de rapatriement du salarié à la charge de l'entrepreneur de travail temporaire lorsque la mission s'effectue hors du territoire métropolitain. Cette clause devient caduque en cas de rupture du contrat à l'initiative du salarié;

6° Le nom et l'adresse de la caisse de retraite complémentaire et de l'organisme de prévoyance dont relève l'entreprise de travail temporaire;

7° La mention selon laquelle l'embauche du salarié par l'entreprise utilisatrice à l'issue de la mission n'est pas interdite.

Note

• **Caractéristiques du contrat.** Il s'agit d'un contrat obligatoirement écrit, conclu pour une période fixée avec précision (celle prévue dans le contrat de mise à disposition) qui prend normalement fin à l'échéance de son terme et sans que lui soient applicables les dispositions relatives à l'expiration des contrats à durée indéterminée.

• **Embauche par l'utilisateur.** Sauf stipulations contraires qui pourraient figurer dans l'un ou l'autre des deux contrats qui lient l'ETT, d'une part, au travailleur temporaire et, d'autre part, à l'utilisateur, ce dernier ne peut embaucher un travailleur mis à sa disposition qu'à l'expiration de la mission de l'intéressé; en cas d'embauche en cours de mission, la responsabilité du travailleur temporaire et de l'utilisateur vis-à-vis de l'ETT pourrait être engagée sur la base des dispositions de l'article L. 1237-3.

Un salarié, victime d'une rechute d'un accident du travail survenu au sein de la société auprès de laquelle il avait été mis à disposition en qualité de travailleur temporaire avant d'être engagé par elle, ne peut pas invoquer les dispositions protectrices des articles L. 1226-7 et s. CT; l'accident initial s'est, en effet, produit à un moment où son employeur était l'entreprise de travail temporaire et non l'entreprise utilisatrice (cass. soc. 27 octobre 1993, n° 89-44.348, BC V n° 254; RJS 12/93 n° 1249).

• **Absence de contrat écrit.** La signature d'un contrat écrit, imposée par cet article dans les rapports entre l'entreprise de travail temporaire et le salarié afin de garantir qu'ont été observées les conditions à défaut desquelles toute opération de prêt de main-d'œuvre est interdite, a le caractère d'une prescription d'ordre public dont l'omission entraîne, à la demande du salarié, la requalification en contrat de droit commun à durée indéterminée. Il n'en va autrement que lorsque le salarié a délibérément refusé de signer le contrat de mission dans une intention frauduleuse (cass. soc. 13 juin 2012, n° 10-26.387, BC V n° 189; RJS 8-9/12 n° 749; voir précédemment cass. soc. 13 décembre 2006, n° 05-44.956, BC V n° 385; Dr. Soc. 2007, p. 770, obs. Cl. Roy-Loustaunau; 15 novembre 2007, n° 06-43.096, RJS 2/08 n° 236; 24 mars 2010, n° 08-45.552, BC V n° 74; RJS 6/10 n° 572).

• **Omission d'une mention.** Sous réserve d'une intention frauduleuse du salarié, le non-respect par l'entreprise de travail temporaire de l'une des prescriptions des dispositions de l'article L. 1251-16 – lesquelles ont pour objet de garantir qu'ont été observées les conditions à défaut desquelles toute opération de prêt de main-d'œuvre est interdite – implique la requalification de son contrat en contrat à durée indéterminée; ainsi, en l'absence de mention de l'indemnité de fin de mission sur ses contrats de mission, une salariée peut obtenir la requalification de ses contrats en un contrat à durée indéterminée et la condamnation de la société de travail temporaire au paiement des indemnités subséquentes (cass. soc. 11 mars 2015, n° 12-27.855, BC V n° 48; RJS 5/15 n° 377; JCP éd. S 2015, 1342, note Fr. Bousez). De même, le défaut de mention de la qualification du salarié intérimaire et de celle du salarié remplacé entraîne la requalification du contrat de mission de remplacement en contrat à durée indéterminée (cass. soc. 21 mars 2007, n° 06-40.370, BC V n° 55; JCP éd. S 2007, 1409, note Fr. Bousez; RJS 6/07 n° 789; 19 décembre 2018, n° 17-26.757).

La requalification entraînant la reconnaissance d'un contrat à durée indéterminée entre le travailleur temporaire et l'entreprise utilisatrice ne fait pas obstacle à une demande de requalification en contrat à durée indéterminée avec l'entreprise de travail temporaire; en l'espèce, le contrat de mission ne comportait pas la mention du terme de la mission (cass. soc. 19 avril 2000, n° 97-45.508, BC V n° 146; 19 juin 2002, n° 00-41.354, BC V n° 208; RJS 11/02 n° 1311: requalification en contrat à durée indéterminée avec l'entreprise de travail temporaire, le contrat de mission n'ayant pas été adressé au salarié dans les deux jours ouvrables suivant sa mise à disposition et ne mentionnant pas la qualification du salarié). De la même façon, la requalification du contrat de mission en contrat à durée indéterminée avec l'entreprise de travail temporaire n'interdit pas au salarié de demander ultérieurement la requalification de ce même contrat de mission en contrat à durée indéterminée avec l'entreprise utilisatrice; en effet, les deux actions en requalification exercées, l'une contre l'entreprise de travail temporaire sur le fondement des articles L. 1251-5, L. 1251-6, L. 1251-16 et L. 1251-17 CT, l'autre contre l'entreprise utilisatrice sur le fondement de l'article L. 1251-40 du même code, ont des fondements différents et peuvent être exercées concurremment (cass. soc. 20 mai 2009, n° 07-44.755, BC V n° 134; RJS 8-9/09 n° 751; JCP éd. S 2009, 1370, note Fr. Bousez: en l'espèce, le contrat de mission ne portait pas mention de la qualification du salarié; voir aussi cass. soc. 13 juin 2012, n° 10-26.387, BC V n° 189; RJS 8-9/12 n° 749; JCP éd. S 2012, 1368, note D. Chenu).

• **Paiement de la prestation de services à l'ETT par un tiers.** Doit faire l'objet d'une compensation la créance des salaires dus au titre d'une mission et réglés par l'utilisateur, en raison de la défaillance de l'ETT, et dans laquelle ledit utilisateur était subrogé et les factures de mise à disposition du personnel payées à l'ETT par une société de recouvrement de créances contre quittance subrogative (cass. soc. 7 mai 1987, n° 85-13.266, BC V n° 294).

Doit être cassé le jugement d'un conseil de prud'hommes qui condamne une entreprise de travail temporaire à verser une «indemnité de préavis pour rupture de contrat» à un intérimaire au motif qu'après avoir été en dernier lieu lié par un contrat écrit du 3 au 11 janvier 1983, l'intéressé avait été ensuite maintenu à son poste jusqu'en mars 1983, «sans aucun additif à son contrat», devenu, de ce fait, à durée indéterminée. En se fondant, pour prononcer cette condamnation, sur l'ancien article L. 124-7 CT, lequel ne crée d'obligation qu'à l'égard de l'utilisateur, la juridiction prud'homale a faussement appliqué et donc violé ledit article (cass. soc. 12 mars 1987, n° 84-44.423).

Art. L. 1251-17. **Le contrat de mission est transmis au salarié au plus tard dans les deux jours ouvrables suivant sa mise à disposition.**

Note Depuis l'intervention de l'ordonnance 2017-1387 du 22 septembre 2017, l'article L. 1251-40, al. 2 prévoit que la méconnaissance de l'obligation de transmission dans le délai fixé par cet article n'entraîne plus, à elle seule, la requalification en contrat à durée indéterminée, mais ouvre droit, pour le salarié, à une indemnité qui ne peut être supérieure à un mois de salaire. Cette disposition applicable aux contrats conclus après le 23 septembre 2017, met fin à la jurisprudence qui considérait que la transmission tardive du contrat entraînait automatiquement sa requalification en contrat à durée indéterminée (on rappelle que cette requalification s'opérait à l'égard de l'entreprise de travail temporaire et non de l'entreprise utilisatrice, voir cass. soc. 18 octobre 2006, n° 05-40.339, RJS 1/07 n° 126).

Toutefois, la violation de cet article constitue, comme auparavant, une infraction pénale (art. L. 1255-2).

§ 4. Rémunération

Art. L. 1251-18. **La rémunération, au sens de l'article L. 3221-3, perçue par le salarié temporaire ne peut être inférieure à celle prévue au contrat de mise à disposition, telle que définie au 6° de l'article L. 1251-43.**

Le paiement des jours fériés est dû au salarié temporaire indépendamment de son ancienneté dès lors que les salariés de l'entreprise utilisatrice en bénéficient.

Note • *Covid-19.* Sur l'ouverture aux salariés des entreprises de travail temporaire de la possibilité de bénéficier de l'allocation complémentaire mentionnée au 1er alinéa de l'article L. 3232-5 CT pour faire face à l'épidémie de Covid-19, voir ordonnance 2020-346 du 27 mars 2020, JO 28, modifiée (art. 8 *ter*).

• L'obligation de verser au travailleur temporaire mis à la disposition d'une entreprise des salaires conformes aux dispositions légales ou conventionnelles ou aux stipulations contractuelles qui lui sont applicables pèse sur l'entreprise de travail temporaire, laquelle demeure l'employeur, à charge pour elle, en cas de manquement à cette obligation, de se retourner contre l'entreprise utilisatrice dès lors qu'une faute a été commise par cette dernière (cass. soc. 31 octobre 2012, n° 11-21.293, BC V n° 286; LS Jurispr. n° 217 du 20.11.2012; RJS 1/13 n° 82).

L'entreprise de travail temporaire qui a dû verser un solde de salaires à des travailleurs temporaires en raison des dispositions d'un accord d'entreprise applicable dans l'entreprise utilisatrice ne peut se retourner contre cette dernière qu'en établissant une faute à la charge de celle-ci; en particulier, l'ETT doit justifier avoir mis l'entreprise utilisatrice en demeure de lui fournir des indications sur les primes auxquelles donnaient droit les accords d'entreprise (cass. soc. 4 décembre 1996, n° 94-18.701, BC V n° 422; RJS 1/97 n° 107). Si l'entreprise utilisatrice a fourni des renseignements tronqués, elle sera condamnée à rembourser à l'entreprise de travail temporaire le complément de salaires que celle-ci a dû verser (cass. soc. 30 mars 2005, n° 02-20.406, BC V n° 117; RJS 6/05 n° 687; Dr. Soc. 2005, p. 1044, obs. Cl. Roy-Loustaunau).

• Lorsque des missions successives se sont déroulées dans le cadre de 13 contrats sur 5 périodes séparées de périodes d'inactivité, le travailleur temporaire, qui a obtenu la requalification de ses contrats en contrat à durée indéterminée avec l'entreprise utilisatrice, peut obtenir des rappels de salaires au titre des périodes non travaillées dès lors qu'il n'a pas été établi qu'il avait travaillé pour d'autres employeurs durant les périodes intermédiaires et qu'il ne connaissait ses dates de début de mission qu'au fur et à mesure qu'il les effectuait de sorte qu'il avait dû se tenir à la disposition de l'entreprise utilisatrice (cass. soc. 10 novembre 2009, n° 08-40.088, BC V n° 254; RJS 1/10 n° 101; JSL nos 267/268, 15.12.2009, p. 11, J-E Tourreil).

• La circulaire DRT 90-15 du 30 octobre 1990 précise qu'il convient, au sens de cet article, d'entendre le terme «rémunération» comme excluant l'indemnité de fin de mission bien qu'elle soit qualifiée de «complément de salaire» et doive être prise en compte pour le calcul de l'indemnité compensatrice de congés payés.

• En payant une dette de salaire qui lui incombe en sa qualité d'employeur, une ETT n'agit pas en l'acquit de l'utilisateur dont elle n'est créancière que de prestations de services; elle ne peut donc invoquer la subrogation légale pour la partie de sa créance correspondant aux salaires versés par elle et ne peut donc, en cas de liquidation des biens de l'utilisateur, être admise qu'à titre chirographaire pour la totalité de sa créance (cass. soc. 11 octobre 1979, n° 78-10.471, BC V n° 730).

Art. L. 1251-19. **Le salarié temporaire a droit à une indemnité compensatrice de congé payé pour chaque mission qu'il effectue, quelle qu'en ait été la durée.**

Art. L. 1251-20

Le montant de l'indemnité est calculé en fonction de la durée de la mission et ne peut être inférieur au dixième de la rémunération totale brute perçue par le salarié pendant la mission. L'indemnité est versée à la fin de la mission.

Pour l'appréciation des droits du salarié, sont assimilées à un temps de mission :
1° Les périodes de congé légal de maternité et d'adoption ;
2° Les périodes, limitées à une durée ininterrompue d'un an, de suspension du contrat de mission pour cause d'accident du travail ou de maladie professionnelle ;
3° Les périodes pendant lesquelles un salarié est rappelé sous les drapeaux, à condition que le point de départ de ces périodes se place au cours d'une mission.

Note • **Périodes assimilées à une mission.** Bien que cette condition n'ait été prévue que pour les périodes de rappel sous les drapeaux (3°), il est nécessaire que le point de départ des périodes d'arrêt de travail consécutives à une grossesse ou à une adoption (1°) ou à un accident de travail (2°) se situe au cours d'une mission.

• **Modalités de paiement de l'indemnité compensatrice.** Quelle que soit, par ailleurs, la période de paiement des salaires, l'indemnité compensatrice de congé payé doit être versée à la date à laquelle la mission prend effectivement fin. La rémunération totale, base du calcul de l'indemnité compensatrice, comprend l'indemnité de fin de mission. Elle comprend également les primes et majorations diverses (majorations d'heures de nuit, majoration pour le travail du dimanche, prime d'équipe…) (circ. 92-14 du 29 août 1992, question n° 61). De son côté, la Cour de cassation, saisie d'une question prioritaire de constitutionnalité, a décidé qu'il résulte des termes mêmes de cet article que tous les éléments de rémunération perçus par les salariés temporaires pendant leur mission entrent dans l'assiette de calcul de l'indemnité compensatrice de congé payé à laquelle ils ont droit (cass. soc., QPC, 19 octobre 2016, n° 16-40.236, BC V n° 195 ; LS Jurispr. n° 193 du 25.10.2016). Doivent cependant en être exclues, comme pour les salariés permanents de l'entreprise, les primes allouées par l'entreprise utilisatrice pour l'année entière, qui ont pour objet de rémunérer des périodes de travail et de congés réunis (cass. soc. 1er mars 2017, n° 15-16.988, BC V n° 37 ; JCP éd. S 2017, 1098, note Fr. Duquesne ; RJS 5/17 n° 320).

Art. L. 1251-20. Le salarié temporaire mis à la disposition d'une entreprise du bâtiment ou des travaux publics mentionnée à l'article L. 5424-6 a droit à une indemnité en cas d'arrêt de travail occasionné par les intempéries dès lors que les salariés de l'entreprise utilisatrice, employés sur le même chantier, en bénéficient.

Cette indemnité, calculée selon les modalités prévues aux articles L. 5424-6 à L. 5424-19, est versée par l'entreprise de travail temporaire et n'est soumise à aucune condition d'ancienneté du salarié.

Note Les indemnités accordées aux travailleurs du bâtiment et des travaux publics en cas d'intempéries n'ont pas le caractère de salaire ; elles ne doivent donc pas être prises en compte pour le calcul de l'indemnité de fin de mission (circ. 92-14 du 29 août 1992, BO MT 92/21, p. 55).

§ 5. Conditions de travail

Art. L. 1251-21. Pendant la durée de la mission, l'entreprise utilisatrice est responsable des conditions d'exécution du travail, telles qu'elles sont déterminées par les dispositions légales et conventionnelles applicables au lieu de travail.

Pour l'application de ces dispositions, les conditions d'exécution du travail comprennent limitativement ce qui a trait :
1° À la durée du travail ;
2° Au travail de nuit ;
3° Au repos hebdomadaire et aux jours fériés ;
4° À la santé et la sécurité au travail ;
5° Au travail des femmes, des enfants et des jeunes travailleurs.

Note • Les travailleurs temporaires ne peuvent – sauf stipulation contraire dans la convention – bénéficier que des seules dispositions de la convention collective applicable au personnel permanent de l'utilisateur qui régissent les domaines limitativement énumérés dans cet article (durée du travail, travail de nuit…).

• Il résulte des dispositions combinées de cet article et de l'article L. 4121-1 que l'entreprise de travail temporaire et l'entreprise utilisatrice sont tenues, à l'égard des salariés mis à disposition, d'une obligation de sécurité de résultat dont elles doivent assurer l'effectivité, chacune au regard des obligations que les textes mettent à leur charge en matière de prévention des risques (cass. soc. 30 novembre 2010, n° 08-70.390, BC V n° 270 ; RJS 2/11 n° 185). Ainsi, la responsabilité pénale de l'entreprise utilisatrice peut être engagée lorsque, au cours de sa mission, un travailleur intérimaire est victime d'un accident du travail en raison d'un manquement aux règles de sécurité dont la mise en œuvre incombait à cette entreprise (cass. crim. 2 octobre 2012, n° 11-85.032, B. crim. n° 206; RJS 1/13 n° 81).

Art. L. 1251-22. Les obligations relatives à la médecine du travail sont à la charge de l'entreprise de travail temporaire.

Sauf lorsque cette dernière relève du régime agricole, le suivi médical des salariés est assuré par des services de santé au travail faisant l'objet d'un agrément spécifique.

Lorsque l'activité exercée par le salarié temporaire nécessite une surveillance médicale renforcée au sens de la réglementation relative à la santé au travail, les obligations correspondantes sont à la charge de l'entreprise utilisatrice.

Note • **Surveillance médicale «normale».** Elle incombe à l'ETT et celle-ci commet une infraction aux dispositions de l'ancien article L. 241-10 faisant obligation à tout employeur de prendre en considération les avis du médecin du travail en omettant de signaler à un utilisateur l'avis d'inaptitude à tel ou tel emploi d'un salarié qu'elle met à sa disposition provisoire (cass. crim. 23 janvier 1979, n° 77-91.278, B. crim. n° 31).

• **Surveillance médicale «renforcée».** Elle incombe à l'utilisateur. Voir, à ce sujet, cass. crim. 23 janvier 1979, n° 77-91.278, précité.

• Sur les modalités particulières de suivi individuel de l'état de santé des travailleurs temporaires, voir articles R. 4625-2 à 20.

Art. L. 1251-23. Les équipements de protection individuelle sont fournis par l'entreprise utilisatrice.

Toutefois, certains équipements de protection individuelle personnalisés, définis par convention ou accord collectif de travail, peuvent être fournis par l'entreprise de travail temporaire.

Les salariés temporaires ne doivent pas supporter la charge financière des équipements de protection individuelle.

Note • **Équipements de protection individuelle.** Un accord d'interprétation conclu le 10 avril 1996 précise les modalités d'application de l'ancien article L. 124-4-6, 5e al. (BOCC 96-21 du 12 juillet 1996).

• **Responsabilité en cas d'accident du travail.** L'entreprise de travail temporaire est responsable vis-à-vis du salarié de la faute inexcusable commise par l'entreprise utilisatrice (cass. soc. 15 mai 1997, n° 95-18.160, RJS 10/97 n° 1177). La faute inexcusable de l'entreprise utilisatrice peut être retenue alors que le travailleur temporaire a commis une imprudence; tel est le cas lorsque l'entreprise utilisatrice confie la conduite d'un engin à un salarié qui n'a pas la qualification appropriée, sans lui donner les consignes de conduite et de sécurité préconisées par le constructeur et sans le placer sous la surveillance d'un responsable de chantier (même arrêt).

Lorsqu'aucune faute n'est établie à l'encontre de l'employeur dans la survenance de l'accident imputable entièrement à la faute inexcusable de l'entreprise utilisatrice qui avait affecté le salarié intérimaire à une tâche autre que celle pour laquelle il avait été mis à sa disposition, l'entreprise utilisatrice doit relever et garantir l'employeur des conséquences financières résultant de la faute inexcusable tant en ce qui concerne la réparation complémentaire versée à la victime que le coût de l'accident du travail (cass. civ., 2e ch., 12 mars 2009, n° 08-11.735, BC II n° 73; RJS 6/09 n° 589).

Art. L. 1251-24. Les salariés temporaires ont accès, dans l'entreprise utilisatrice, dans les mêmes conditions que les salariés de cette entreprise, aux moyens de transport collectifs et aux installations collectives, notamment de restauration, dont peuvent bénéficier ces salariés.

Lorsque des dépenses supplémentaires incombent au ***(Ord. 2017-1386 du 22 sept. 2017, art. 4, 20°, JO 23, entrée en vigueur au plus tard le 01.01.2018)*** «comité social et économique», celles-ci lui sont remboursées suivant des modalités définies au contrat de mise à disposition.

Note Par application de l'alinéa 2 de cet article, la Cour de cassation juge que la rémunération versée aux travailleurs temporaires n'a pas à être incluse dans la masse salariale brute de l'entreprise utilisatrice servant de base de calcul de la subvention de fonctionnement et de la contribution patronale aux activités sociales et culturelles (cass. soc. 10 mars 2010, n° 08-21.529, BC V n° 57; RJS 5/10 n° 477).

§ 6. Information sur les postes à pourvoir

Art. L. 1251-25. L'entreprise utilisatrice porte à la connaissance des salariés temporaires la liste des postes à pourvoir dans l'entreprise par des contrats à durée indéterminée lorsqu'un tel dispositif d'information existe déjà pour les salariés bénéficiant d'un contrat à durée indéterminée.

Sous-section 2. Rupture anticipée, échéance du terme et renouvellement du contrat

§ 1. Rupture anticipée du contrat

Art. L. 1251-26. L'entreprise de travail temporaire qui rompt le contrat de mission du salarié avant le terme prévu au contrat lui propose, sauf faute grave de ce dernier ou cas de force majeure, un nouveau contrat de mission prenant effet dans un délai maximum de trois jours ouvrables.

Le nouveau contrat de mission ne peut comporter de modifications d'un élément essentiel en matière de qualification professionnelle, de rémunération, d'horaire de travail et de temps de transport.

À défaut, ou si le nouveau contrat de mission est d'une durée inférieure à celle restant à courir du contrat précédent, l'entrepreneur de travail temporaire assure au salarié une rémunération équivalente à celle qu'il aurait perçue jusqu'au terme du contrat, y compris l'indemnité de fin de mission.

Lorsque la durée restant à courir du contrat de mission rompu est supérieure à quatre semaines, les obligations du présent article peuvent être satisfaites au moyen de trois contrats successifs au plus.

Note

- La décision de l'entreprise utilisatrice de rompre le contrat de mise à disposition avant le terme de la mission du salarié intérimaire n'entraîne pas la rupture de plein droit du contrat de travail liant le salarié à l'entreprise de travail temporaire. Il en résulte qu'en l'absence de rupture anticipée du contrat de travail par l'entreprise de travail temporaire, celle-ci n'est pas tenue de proposer au salarié un nouveau contrat dans les conditions prévues par l'ancien article L. 124-5 CT (cass. soc. 9 juillet 2003, n° 01-41.326, BC V n° 230; RJS 11/03 n° 1328).
- Les deux actions exercées, l'une contre une entreprise de travail temporaire sur le fondement de l'article L. 124-5 CT (devenu L. 1251-26), l'autre contre l'entreprise utilisatrice sur le fondement de l'article L. 124-7 CT (devenu L. 1251-40), ayant des fondements différents, rien n'interdit qu'elles puissent être exercées concurremment. Ainsi, un salarié intérimaire, victime d'un accident du travail au cours d'une mission et s'étant vu signifier par l'entreprise de travail temporaire la fin anticipée de son contrat de travail est recevable à agir, d'une part, à l'encontre de la société de travail temporaire, pour obtenir la condamnation de celle-ci au paiement de dommages-intérêts pour rupture anticipée du dernier contrat de mission et, d'autre part, à l'encontre de la société utilisatrice, pour obtenir la requalification des contrats de travail temporaire en un contrat de travail à durée indéterminée ainsi que le paiement, notamment, d'une indemnité de requalification et d'une indemnité pour licenciement sans cause réelle et sérieuse (cass. soc. 27 juin 2007, n° 06-41.345, BC V n° 114; RJS 10/07 n° 1139; JSL n° 219, 04.10.2007, p. 16, J-E Tourreil; JCP éd. S 2007, 1935, note Fr. Bousez).
- *Covid-19.* Voir Ch. Radé, «Covid-19 et force majeure», Dr. Soc. 2020, p. 598.

Art. L. 1251-27. La rupture du contrat de mise à disposition ne constitue pas un cas de force majeure.

Art. L. 1251-28. La rupture anticipée du contrat de mission qui intervient à l'initiative du salarié ouvre droit pour l'entreprise de travail temporaire à des dommages et intérêts correspondant au préjudice subi.

Ces dispositions ne s'appliquent pas lorsque le salarié justifie de la conclusion d'un contrat de travail à durée indéterminée.

Sauf accord des parties, le salarié est alors tenu de respecter un préavis dont la durée est calculée à raison d'un jour par semaine, compte tenu:

1° De la durée totale du contrat ***(L. 2015-994 du 17 août 2015, art. 55, I, 2°, JO 18)*** «incluant, le cas échéant, son ou ses deux renouvellements», lorsque celui-ci comporte un terme précis;

2° De la durée accomplie lorsque le contrat ne comporte pas un terme précis.

Dans les deux cas, la durée totale du préavis ne peut être inférieure à un jour ni supérieure à deux semaines.

Note Les dispositions de cet article, dans sa rédaction issue de la loi 2015-994 précitée, sont applicables aux contrats en cours (loi précitée, art. 55, II).

§ 2. Échéance du terme du contrat

Art. L. 1251-29. La suspension du contrat de mission du salarié ne fait pas obstacle à l'échéance de ce contrat.

Art. L. 1251-30. Le terme de la mission prévu au contrat de mise à disposition ou fixé par avenant à ce dernier peut être avancé ou reporté à raison d'un jour pour cinq jours de travail. Pour les missions inférieures à dix jours de travail, ce terme peut être avancé ou reporté de deux jours.

L'aménagement du terme de la mission ne peut avoir pour effet ni de réduire la durée de la mission initialement prévue de plus de dix jours de travail ni de conduire à un dépassement de la durée maximale du contrat de mission fixée par ***(Ord. 2017-1387 du 22 sept. 2017, art. 29, I, 1°, JO 23)*** «les articles L. 1251-12 et L. 1251-12-1».

Note Les dispositions de cet article, dans sa rédaction issue de l'ordonnance 2017-1387 précitée, sont applicables aux contrats de travail conclus après le 23 septembre 2017 (ordonnance précitée, art. 40, VIII).

Art. L. 1251-31. Lorsque le contrat de mission est conclu pour remplacer un salarié temporairement absent ou dont le contrat de travail est suspendu ou pour un remplacement effectué au titre des 4° et 5° de l'article L. 1251-6, le terme de la mission initialement fixé peut être reporté jusqu'au surlendemain du jour où la personne remplacée reprend son emploi.

Art. L. 1251-32. Lorsque, à l'issue d'une mission, le salarié ne bénéficie pas immédiatement d'un contrat de travail à durée indéterminée avec l'entreprise utilisatrice, il a droit, à titre de complément de salaire, à une indemnité de fin de mission destinée à compenser la précarité de sa situation.

Cette indemnité est égale à 10 % de la rémunération totale brute due au salarié.

L'indemnité s'ajoute à la rémunération totale brute due au salarié. Elle est versée par l'entreprise de travail temporaire à l'issue de chaque mission effectivement accomplie, en même temps que le dernier salaire dû au titre de celle-ci, et figure sur le bulletin de salaire correspondant.

Note • **Compensation de la précarité.** Le principe ici posé est que si le salarié, à l'issue d'une mission de travail temporaire, ne bénéficie pas immédiatement d'un contrat à durée indéterminée avec l'utilisateur, il a droit, à titre de complément de salaire, à une indemnité destinée à compenser la précarité de sa situation. Cette indemnité n'est pas due lorsqu'un contrat de travail a été conclu immédiatement avec l'entreprise utilisatrice. Lorsque la prise d'effet du contrat n'est pas concomitante avec sa signature, cette prise d'effet doit intervenir dans un délai raisonnable (cass. soc. 8 décembre 2004, n° 01-46.877, BC V n° 330; RJS 2/05 n° 239). En revanche, l'indemnité de fin de mission est due à un intérimaire ayant signé son contrat de travail à durée indéterminée neuf jours après la fin de sa mission d'intérim et cela malgré l'existence d'une promesse d'embauche de la part de l'entreprise utilisatrice avant la fin de sa mission; en effet, dans une telle situation, le salarié ne peut être considéré comme ayant bénéficié immédiatement d'un contrat à durée indéterminée avec l'entreprise utilisatrice (cass. soc. 5 octobre 2016, n° 15-28.672, BC V n° 186; RDT, novembre 2016, CH, 700, S. Tournaux; JCP éd. S 2016, 1391, note Fr. Bousez; RJS 12/16 n° 753).

• **Non-restitution de l'indemnité de précarité.** La requalification du contrat de travail temporaire en contrat de travail à durée indéterminée avec l'entreprise utilisatrice n'entraîne aucun effet vis-à-vis de l'entreprise de travail temporaire qui n'était pas partie au litige. Celle-ci ne peut donc pas obtenir la restitution de l'indemnité de précarité qu'elle a versée alors même que le salarié a reçu de l'entreprise utilisatrice une indemnité compensatrice de préavis (cass. soc. 19 janvier 1999, n° 96-45.583, BC V n° 36; RJS 4/99 n° 605). De façon plus générale, dans une espèce où l'entreprise de travail temporaire avait été partie au litige, la Cour de cassation décide que l'indemnité de précarité, qui est destinée à compenser la précarité de la situation du salarié intérimaire, lui reste acquise nonobstant la requalification du contrat de travail temporaire en contrat de travail à durée indéterminée (cass. soc. 13 avril 2005, n° 03-41.967, BC V n° 139; Dr. Soc. p. 1038, obs. Cl. Roy-Loustaunau).

Art. L. 1251-33. L'indemnité de fin de mission n'est pas due :

1° Lorsque le contrat de mission est conclu au titre du 3° de l'article L. 1251-6 si un accord collectif étendu entre les organisations professionnelles d'employeurs et de salariés de la branche du travail temporaire, ou si une convention ou un accord conclu au sein d'entreprises ou d'établissements de cette branche le prévoit;

2° Lorsque le contrat de mission est conclu dans le cadre de l'article L. 1251-57;

3° (Abrogé);

4° En cas de rupture anticipée du contrat à l'initiative du salarié, à sa faute grave ou en cas de force majeure.

Note • **Notion de faute grave.** Les critères dégagés en matière de licenciement pour déterminer la faute grave du salarié doivent, semble-t-il, être retenus en la matière.

• **Notion de force majeure.** On notera, à cet égard, que la rupture du contrat de mise à disposition, qui ne constitue pas un cas de force majeure au sens de l'article L. 1251-26, doit également être sans incidence sur le paiement de l'indemnité de fin de mission.

Covid-19. Voir Ch. Radé, «Covid-19 et force majeure», Dr. Soc. 2020, p. 598.

Art. L. 1251-34. Par dérogation aux dispositions ***(Ord. 2017-1387 du 22 sept. 2017, art. 29, I, 2°, JO 23)*** «des articles L. 1251-12 et L. 1251-12-1» relatives à la durée maximale du contrat de mission, lorsqu'un salarié temporaire est exposé à des rayonnements ionisants et qu'au terme de son contrat de mission cette exposition excède la valeur limite annuelle rapportée à la durée du contrat, l'entreprise de travail temporaire lui propose, dans les conditions prévues au deuxième alinéa de l'article L. 1251-26, un ou plusieurs contrats prenant effet dans un délai maximum de trois jours ouvrables après l'expiration du contrat précédent, pour une durée telle que l'exposition constatée à l'expiration du ou des nouveaux contrats soit au plus égale à la valeur limite annuelle rapportée à la durée totale des contrats.

Note • Les dispositions de cet article, dans sa rédaction issue de l'ordonnance 2017-1387 précitée, sont applicables aux contrats de travail conclus après le 23 septembre 2017 (ordonnance précitée, art. 40, VIII).

• Cet article a été modifié par l'ordonnance 2016-128 du 10 février 2016, art. 42, V, 2°, JO 11, entrée en vigueur au plus tard le 01.07.2017.

§ 3. Renouvellement du contrat

Art. L. 1251-35. ***(Ord. 2017-1387 du 22 sept. 2017, art. 27, 1°, JO 23)*** La convention ou l'accord de branche étendu de l'entreprise utilisatrice peut fixer le nombre maximal de renouvellements possibles pour un contrat de mission. Ce nombre ne peut avoir ni pour objet ni pour effet de pourvoir durablement un emploi lié à l'activité normale et permanente de l'entreprise.

Les conditions de renouvellement sont stipulées dans le contrat ou font l'objet d'un avenant soumis au salarié avant le terme initialement prévu.

Note • Les articles L. 1251-35 et 35-1 sont applicables aux contrats de travail conclus après le 23 septembre 2017 (ordonnance 2017-1387 précitée, art. 40, VIII).

• Sur le champ de la négociation de branche en matière de contrat de mission et ses limites, voir le «Questions - Réponses» sur la négociation collective, publié sur le site internet du ministère du Travail le 15 juillet 2020 (questions 38 à 43).

• *Covid-19.* Sur l'ouverture, à titre dérogatoire et temporaire, de la possibilité de fixer le nombre maximal de renouvellements possibles par accord d'entreprise conclu au sein de l'entreprise utilisatrice afin de faire face aux conséquences économiques, financières et sociales de l'épidémie de Covid-19, voir loi 2020-734 du 17 juin 2020, art. 41, II à IV, JO 18, modifié. Voir aussi LSQ n° 18085 du 22.06.2020, p. 2, M. Morand; RDT, septembre 2020, CH, 536, A. Fabre et D. Baugard.

Voir également l'accord du 10 juillet 2020 relatif aux mesures urgentes et structurelles permettant la reprise de l'emploi intérimaire et la sécurisation des parcours pour faire face aux conséquences économiques et sociales de l'épidémie de «Covid-19», conclu dans la branche du travail temporaire, not. art. 6 et 9.1 (voir LSQ n° 18112 du 31.07.2020).

Art. L. 1251-35-1. ***(Ord. 2017-1387 du 22 sept. 2017, art. 27, 2°, JO 23)*** À défaut de stipulation dans la convention ou l'accord de branche conclu en application de l'article L. 1251-35, le contrat de mission est renouvelable deux fois pour une durée déterminée qui, ajoutée à la durée du contrat initial, ne peut excéder la durée maximale prévue en application de l'article L. 1251-12 ou, le cas échéant, de l'article L. 1251-12-1.

Les conditions de renouvellement sont stipulées dans le contrat ou font l'objet d'un avenant soumis au salarié avant le terme initialement prévu.

Sous-section 3. Succession de contrats

Art. L. 1251-36. ***(Ord. 2017-1387 du 22 sept. 2017, art. 28, 1°, JO 23)*** À l'expiration d'un contrat de mission, il ne peut être recouru, pour pourvoir le poste du salarié dont le contrat a pris fin, ni à un contrat à durée déterminée ni à un contrat de mission, avant l'expiration d'un délai de carence calculé en fonction de la durée du contrat de mission incluant, le cas échéant, son ou ses renouvellements. Les jours pris en compte sont les jours d'ouverture de l'entreprise ou de l'établissement utilisateurs.

Sans préjudice des dispositions de l'article L. 1251-5, la convention ou l'accord de branche étendu de l'entreprise utilisatrice peut fixer les modalités de calcul de ce délai de carence.

Note • Les articles L. 1251-36 à 37-1 sont applicables aux contrats de travail conclus après le 23 septembre 2017 (ordonnance 2017-1387 précitée, art. 40, VIII).

• Sur le champ de la négociation de branche en matière de contrat de mission et ses limites, voir le « Questions - Réponses » sur la négociation collective, publié sur le site internet du ministère du Travail le 15 juillet 2020 (questions 38 à 43).

• *Covid-19.* Sur l'ouverture, à titre dérogatoire et temporaire, de la possibilité de fixer les modalités de calcul du délai de carence par accord d'entreprise conclu au sein de l'entreprise utilisatrice afin de faire face aux conséquences économiques, financières et sociales de l'épidémie de Covid-19, voir loi 2020-734 du 17 juin 2020, art. 41, II à IV, JO 18, modifié. Voir aussi LSQ n° 18085 du 22.06.2020, p. 2, M. Morand; RDT, septembre 2020, CH, 536, A. Fabre et D. Baugard.

Voir également l'accord du 10 juillet 2020 conclu dans la branche du travail temporaire, cité en note sous l'article L. 1251-35.

• L'absence d'action du salarié à l'encontre de l'entreprise de travail temporaire n'exclut pas l'engagement de sa responsabilité contractuelle à l'égard de l'entreprise utilisatrice en cas de non-respect des obligations relatives au délai de carence, qui lui sont propres (cass. soc. 14 février 2018, n° 16-21.940, BC V n° 29; RJS 4/18 n° 243, 2e espèce; JCP éd. S 2018, 1161, note Fr. Bousez).

Art. L. 1251-36-1. ***(Ord. 2017-1387 du 22 sept. 2017, art. 28, 2°, JO 23)*** À défaut de stipulation dans la convention ou l'accord de branche conclu en application de l'article L. 1251-36, ce délai de carence est égal :

1° Au tiers de la durée du contrat de mission venu à expiration si la durée du contrat incluant, le cas échéant, son ou ses renouvellements, est de quatorze jours ou plus;

2° À la moitié de la durée du contrat de mission venu à expiration si la durée du contrat incluant, le cas échéant, son ou ses renouvellements, est inférieure à quatorze jours.

Les jours pris en compte pour apprécier le délai devant séparer les deux contrats sont les jours d'ouverture de l'entreprise ou de l'établissement utilisateurs.

Art. L. 1251-37. ***(Ord. 2017-1387 du 22 sept. 2017, art. 28, 3°, JO 23)*** Sans préjudice des dispositions de l'article L. 1251-5, la convention ou l'accord de branche étendu de l'entreprise utilisatrice peut prévoir les cas dans lesquels le délai de carence prévu à l'article L. 1251-36 n'est pas applicable.

Note • Sur le champ de la négociation de branche en matière de contrat de mission et ses limites, voir le « Questions - Réponses » sur la négociation collective, publié sur le site internet du ministère du Travail le 15 juillet 2020 (questions 38 à 43).

• *Covid-19.* Sur l'ouverture, à titre dérogatoire et temporaire, de la possibilité de prévoir les cas dans lesquels le délai de carence n'est pas applicable par accord d'entreprise conclu au sein de l'entreprise utilisatrice afin de faire face aux conséquences économiques, financières et sociales de l'épidémie de Covid-19, voir loi 2020-734 du 17 juin 2020, art. 41, II à IV, JO 18, modifié. Voir aussi LSQ n° 18085 du 22.06.2020, p. 2, M. Morand; RDT, septembre 2020, CH, 536, A. Fabre et D. Baugard.

Voir également l'accord du 10 juillet 2020 conclu dans la branche du travail temporaire, cité en note sous l'article L. 1251-35.

Art. L. 1251-37-1. ***(Ord. 2017-1387 du 22 sept. 2017, art. 28, 4°, JO 23)*** À défaut de stipulation dans la convention ou l'accord de branche conclu en application de l'article L. 1251-37, le délai de carence n'est pas applicable :

1° Lorsque le contrat de mission est conclu pour assurer le remplacement d'un salarié temporairement absent ou dont le contrat de travail est suspendu, en cas de nouvelle absence du salarié remplacé;

2° Lorsque le contrat de mission est conclu pour l'exécution de travaux urgents nécessités par des mesures de sécurité ;

3° Lorsque le contrat de travail à durée déterminée est conclu pour pourvoir un emploi à caractère saisonnier défini au 3° de l'article L. 1242-2 ou pour lequel, dans certains secteurs d'activité définis par décret ou par voie de convention ou d'accord collectif étendu, il est d'usage constant de ne pas recourir au contrat de travail à durée indéterminée en raison de la nature de l'activité exercée et du caractère par nature temporaire de cet emploi ;

4° Lorsque le contrat est conclu pour assurer le remplacement de l'une des personnes mentionnées aux 4° et 5° de l'article L. 1251-6 ;

5° Lorsque le salarié est à l'initiative d'une rupture anticipée du contrat ;

6° Lorsque le salarié refuse le renouvellement de son contrat de mission, pour la durée du contrat non renouvelé.

Note • Depuis l'ordonnance 2017-1387 précitée, les dispositions légales fixant les cas dans lesquels le délai de carence n'est pas applicable (inchangées) sont supplétives (comme celles relatives à la durée et aux modalités de calcul de ce délai, voir article L. 1251-36-1) ; elles ne s'appliquent qu'en l'absence de stipulations sur ce point contenues dans une convention ou un accord de branche étendu applicable à l'entreprise.

Nous rapportons ci-après la jurisprudence rendue dans le cadre des dispositions antérieures à cette ordonnance, qui conserve son intérêt non seulement pour les litiges en cours mais aussi, à défaut de stipulation conventionnelle de branche étendue, dans le cadre des dispositions issues de cette ordonnance.

• Il ne peut être recouru, pour pourvoir un même poste au sein de l'entreprise utilisatrice, à des contrats de mission successifs qu'à la condition que chaque contrat en cause soit conclu pour l'un des motifs limitativement énumérés par la loi, au nombre desquels ne figure pas l'accroissement temporaire d'activité (cass. soc. 12 novembre 2020, n° 18-18.294, à paraître, LS Jurispr. n° 213 du 24.11.2020 ; JCP éd. S 2020, 3116, note G. François) ; un contrat de mission conclu pour le remplacement d'un salarié absent ne peut donc être immédiatement suivi d'un contrat de mission conclu pour un accroissement temporaire d'activité (cass. soc. 24 avril 2013, n° 12-11.793, BC V n° 119 ; RJS 7/13 n° 571 ; 12 juin 2014, n° 13-16.362, BC V n° 145 ; RJS 8-9/14 n° 659) ; l'entreprise de travail temporaire ne peut pas non plus conclure avec un même salarié, sur le même poste de travail, plusieurs contrats de mission au motif d'un accroissement temporaire d'activité sans respect du délai de carence (cass. soc. 12 novembre 2020, n° 18-18.294, précité).

Sous-section 4. Embauche par l'entreprise utilisatrice à l'issue d'une mission

Art. L. 1251-38. Lorsque l'entreprise utilisatrice embauche, après une mission, un salarié mis à sa disposition par une entreprise de travail temporaire, la durée des missions accomplies au sein de cette entreprise au cours des trois mois précédant le recrutement est prise en compte pour le calcul de l'ancienneté du salarié.

Cette durée est déduite de la période d'essai éventuellement prévue dans le nouveau contrat de travail.

Note Les dispositions de cet article impliquent que les fonctions exercées au cours de la mission et du contrat de travail ne soient pas différentes (cass. soc. 10 novembre 1993, n° 89-45.303, BC V n° 265 ; RJS 12/93 n° 1248 : un travailleur temporaire effectue une mission en qualité de chef d'équipe de 1er échelon (catégorie ouvriers) ; il est engagé à l'issue de la mission pour remplir des fonctions plus importantes (catégorie ETAM) ; le contrat de travail prévoit valablement une période d'essai sans tenir compte du travail en intérim).

Sous-section 5. Requalification du contrat

Art. L. 1251-39. Lorsque l'entreprise utilisatrice continue de faire travailler un salarié temporaire après la fin de sa mission sans avoir conclu avec lui un contrat de travail ou sans nouveau contrat de mise à disposition, ce salarié est réputé lié à l'entreprise utilisatrice par un contrat de travail à durée indéterminée.

Dans ce cas, l'ancienneté du salarié est appréciée en tenant compte du premier jour de sa mission au sein de cette entreprise. Elle est déduite de la période d'essai éventuellement prévue.

Note • Un salarié peut demander la requalification du contrat de travail temporaire en contrat de travail à durée indéterminée alors que la mission est terminée (cass. soc. 25 mars 1997, n° 95-42.788, RJS 5/97 n° 628 ; 7 octobre 1998, n° 97-43.336, BC V n° 410 ; RJS 11/98 n° 1423).

• La demande en requalification ne peut être dirigée qu'à l'encontre de l'entreprise utilisatrice lorsque le travailleur temporaire a continué à travailler dans l'entreprise utilisatrice au-delà de la durée de la mission; elle ne peut pas l'être, dans ce cas, contre l'entreprise de travail temporaire (cass. soc. 17 juin 1998, n° 96-41.165, RJS 11/98 n° 1422). En revanche, les dispositions de l'ancien article L. 124-7 (actuel art. L. 1251-39) n'excluent pas la possibilité, pour le salarié, d'agir contre l'entreprise de travail temporaire lorsque les conditions à défaut desquelles toute opération de prêt de main-d'œuvre est interdite n'ont pas été respectées (cass. soc. 19 avril 2000, n° 97-45.508, BC V n° 146; RJS 6/00 n° 754); si le contrat de mission ne porte pas la mention du terme de la mission, le contrat qui lie l'entreprise de travail temporaire au salarié est soumis au droit commun (même arrêt).

• Lorsqu'un salarié a été mis à la disposition d'un ministère et qu'il demande la requalification de son contrat au motif que le travail s'est poursuivi au-delà du terme de sa mission et que l'emploi occupé correspondait à l'activité normale et permanente de cette administration, le litige relève de la compétence du juge administratif (Trib. confl. 2 mars 2009, n° 3674, RJS 5/09 n° 483).

Art. L. 1251-40. Lorsqu'une entreprise utilisatrice a recours à un salarié d'une entreprise de travail temporaire en méconnaissance des dispositions des articles L. 1251-5 à L. 1251-7, L. 1251-10 ***(Ord. 2017-1387 du 22 sept. 2017, art. 29, II, JO 23)*** «, L. 1251-11, L. 1251-12-1, L. 1251-30 et L. 1251-35-1, et des stipulations des conventions ou des accords de branche conclus en application des articles L. 1251-12 et L. 1251-35», ce salarié peut faire valoir auprès de l'entreprise utilisatrice les droits correspondant à un contrat de travail à durée indéterminée prenant effet au premier jour de sa mission.

(Ord. 2017-1387 du 22 sept. 2017, art. 4, VI, JO 23) «La méconnaissance de l'obligation de transmission ***(Ord. 2017-1718 du 20 déc. 2017, art. 1er, I, 33°, JO 21)*** «du contrat de mission au salarié» dans le délai fixé par l'article L. 1251-17 ne saurait, à elle seule, entraîner la requalification en contrat à durée indéterminée. Elle ouvre droit, pour le salarié, à une indemnité, à la charge de l'employeur, qui ne peut être supérieure à un mois de salaire.»

Note • Les dispositions de cet article, dans sa rédaction issue de l'ordonnance 2017-1387 précitée, sont applicables aux licenciements prononcés et aux contrats de travail conclus après le 23 septembre 2017 (ordonnance précitée, art. 40, I et VIII).

• Un travailleur temporaire ne peut faire valoir auprès de l'utilisateur les droits afférents à un contrat à durée indéterminée que s'il y a violation des dispositions énumérées par la loi; en particulier, il ne peut pas obtenir cette requalification en soutenant que le contrat ne mentionnait pas la qualification du salarié remplacé (cass. soc. 19 juin 2002, n° 00-41.354, BC V n° 208; RJS 11/02 n° 1311), ou en invoquant le non-respect du délai de carence entre deux missions (cass. soc. 23 février 2005, n° 02-44.098, BC V n° 72; Dr. Soc. 2005, p. 685, obs. Cl. Roy-Loustaunau; RJS 5/05 n° 586). Toutefois lorsque la succession sans interruption de contrats de mission avec le même salarié pour pourvoir le même poste afin d'assurer le remplacement de salariés absents puis faire face à un accroissement temporaire d'activité (alors que ce dernier motif ne rentre pas dans le champ d'application de l'article L. 1251-37, dans sa rédaction antérieure à l'ordonnance 2017-1387 du 22 septembre 2017) fait apparaître que le recours au travail temporaire a eu pour objet ou pour effet de pourvoir durablement un emploi lié à l'activité normale et permanente de l'entreprise utilisatrice, les juges peuvent ordonner la requalification des contrats d'intérim en un contrat à durée indéterminée (cass. soc. 24 avril 2013, n° 12-11.793, BC V n° 119; LS Jurispr. n° 93 du 21.05.2013; RJS 7/13 n° 571; voir aussi cass. soc. 4 décembre 2013, n° 11-28.314, BC V n° 298; JCP éd. S 2014, 1135, note Fr. Bousez).

• Lorsqu'un utilisateur a recours à un intérimaire en violation des dispositions des anciens articles L. 124-2 à L. 124-2-4 [L. 1251-5 à 7, L. 1251-10 à 12, L. 1251-30 et 35], ce salarié peut faire valoir auprès de l'utilisateur les droits afférents à un contrat à durée indéterminée prenant effet au premier jour de sa première mission irrégulière. C'est à bon droit qu'une cour d'appel, qui a fait ressortir que les effets de la requalification remontaient au premier jour de la première mission irrégulière effectuée par le salarié auprès de l'entreprise utilisatrice, a décidé que la requalification du contrat devait intervenir à compter du point de départ de la première mission effectuée chez l'utilisateur (cass. soc. 21 janvier 2004, n° 03-42.754, BC V n° 27; RJS 3/04 n° 352, 1re espèce; 21 octobre 2020, n° 19-11.955).

• Lorsque le salarié demande la requalification du contrat de travail en contrat à durée indéterminée avec l'entreprise utilisatrice, il n'a pas à rapporter la preuve qu'il exerce au sein de celle-ci des tâches participant à son activité normale et permanente; c'est à l'entreprise utilisatrice qu'il incombe de rapporter la preuve de la réalité du motif énoncé dans le contrat (cass. soc. 28 novembre 2007, n° 06-44.843, BC V n° 202; RJS 2/08 n° 235; 10 octobre 2018, n° 16-26.535; 12 novembre 2020, n° 19-11.402, à paraître, cité en note sous article L. 1251-5).

• **Point de départ du délai de prescription de l'action en requalification.** L'action en requalification intentée par le salarié intérimaire en application de cet article est soumise à la prescription quinquennale prévue par l'article 2224 c. civ. La Cour de cassation décide que cette prescription ne court qu'à compter du terme du dernier contrat de mission ; peu importe par conséquent que le premier contrat de mission visé par la demande remonte à plus de cinq ans, la demande de dommages-intérêts fondée sur l'irrégularité de contrats de mission est intégralement recevable dès lors que la dernière mission du salarié s'est achevée depuis moins de 5 ans (cass. soc. 13 juin 2012, n° 10-26.387, BC V n° 189 ; RJS 8-9/12 n° 749).

• **Conséquences de la requalification.** Lorsque des contrats de mission successifs sont requalifiés en contrat à durée indéterminée avec l'entreprise utilisatrice, celle-ci doit payer les salaires correspondant à des périodes d'inactivité entre les contrats de mission lorsque le salarié n'a pas travaillé pour d'autres employeurs durant les périodes intermédiaires et qu'il s'est tenu à la disposition de l'entreprise utilisatrice au cours de ces périodes (cass. soc. 10 novembre 2009, n° 08-40.088, BC V n° 254 ; RJS 1/10 n° 101 ; 9 décembre 2009, n° 08-41.737, BC V n° 282 ; RJS 2/10 n° 226 ; dans ce litige, la Cour de cassation casse l'arrêt rendu en appel au motif que les juges du fond avaient condamné l'employeur à payer les périodes non travaillées entre deux missions sans rechercher si la salariée s'était tenue à la disposition de l'entreprise en vue d'effectuer un travail).

La requalification de contrats de travail temporaire en contrats à durée indéterminée avec l'entreprise utilisatrice fait de ces salariés des licenciés pour motif économique lorsque l'entreprise utilisatrice a procédé à un licenciement collectif et a mis un terme aux contrats de travail temporaire. La procédure de licenciement collectif étant le plus souvent achevée depuis plusieurs mois lorsque les travailleurs acquièrent en justice la qualité de salariés licenciés pour motif économique, ils n'obtiennent que l'indemnisation de la perte d'une chance d'avoir pu bénéficier du plan de sauvegarde de l'emploi établi par l'entreprise utilisatrice (cass. soc. 23 mars 2011, n° 09-69.418, RJS 6/11 n° 514).

Le droit à l'emploi ne constitue pas une liberté fondamentale qui justifierait la poursuite du contrat de travail au terme de la mission de travail temporaire en cas d'action en requalification en contrat à durée indéterminée. Par conséquent, lorsque la relation de travail a pris fin en raison de l'arrivée du terme de la dernière mission au moment où le juge requalifie cette relation en contrat de travail à durée indéterminée, il ne peut ordonner la poursuite du contrat sur le fondement du droit à l'emploi (cass. soc. 21 septembre 2017, n° 16-20.270, BC V n° 163 ; LSQ n° 17417 du 3.10.2017 ; JSL n° 441, 8.11.2017, pp. 7 et s., P. Lajeunesse ; JCP éd. S 2017, 1409, note Fr. Bousez ; RDT, novembre 2017, CH, 717, M. Galy ; RJS 12/17 n° 786).

• **Condamnation solidaire de l'entreprise utilisatrice et de l'ETT.** Cet article prévoit que l'action en requalification est exercée à l'encontre de l'entreprise utilisatrice. Mais il n'exclut pas la possibilité, pour le salarié, d'agir contre l'ETT lorsque les conditions, à défaut desquelles toute opération de prêt de main-d'œuvre est interdite, n'ont pas été respectées ; il en est ainsi en cas d'absence de contrat de mission ou de motif de recours, ces manquements de l'ETT causant nécessairement au salarié intérimaire un préjudice qui doit être réparé (cass. soc. 4 décembre 2013, n° 11-28.314, précité), ou encore en cas de non-respect du délai de carence, lequel caractérise un manquement par l'ETT aux obligations qui lui sont propres dans l'établissement des contrats de mission (cass. soc. 12 novembre 2020, n° 18-18.294, à paraître, LS Jurispr. n° 213 du 24.11.2020 ; JCP éd. S 2020, 3116, note G. François). Dans ce dernier cas, l'ETT doit être condamnée *in solidum* avec l'entreprise utilisatrice à supporter les conséquences de la requalification de la relation de travail en contrat à durée indéterminée, à l'exception de l'indemnité de requalification dont l'entreprise utilisatrice est seule débitrice (cass. soc. 12 novembre 2020, n° 18-18.294, précité). En outre, dans une affaire où une entreprise de travail temporaire avait réservé pendant près de deux ans un intérimaire à l'usage exclusif et régulier de l'entreprise utilisatrice, les juges ont pu considérer qu'elle avait agi de concert avec l'entreprise utilisatrice pour contourner l'interdiction faite à cette dernière de recourir au travail temporaire pour pourvoir durablement un emploi lié à son activité normale et permanente et décider que l'entreprise de travail temporaire devait également supporter les conséquences de la requalification des contrats de mission en contrat à durée indéterminée (cass. soc. 24 avril 2013, n° 12-11.793, BC V n° 119 ; RJS 7/13 n° 571 ; voir aussi, dans le même sens, cass. soc. 12 juin 2014, n° 13-16.362, BC V n° 145 ; RJS 8-9/14 n° 659 ; 10 avril 2019, n° 18-16.665).

À noter que la détermination de la part de responsabilité incombant à chacune des co-obligées relève de l'appréciation souveraine des juges du fond qui, après avoir constaté les manquements imputables tant à l'entreprise utilisatrice qu'à l'ETT, les ont condamnées *in solidum* à réparer le préjudice subi par le salarié (cass. soc. 12 novembre 2020, n° 18-18.294, précité).

Par ailleurs, sur la possibilité pour le salarié dont le contrat de mission a été requalifié en contrat à durée indéterminée avec l'ETT de demander ultérieurement la requalification de ce même contrat de mission en contrat à durée indéterminée avec l'entreprise utilisatrice sur le fondement de l'article L. 1251-40 CT, voir note sous article L. 1251-16.

Sur la possibilité pour le travailleur intérimaire d'agir à la fois contre l'ETT en réparation de la rupture anticipée du contrat de mission et contre l'entreprise utilisatrice en vue d'obtenir la requalification du contrat de mission en contrat à durée indéterminée sur le fondement de l'article L. 1251-40 CT, voir note sous article L. 1251-26.

• La violation des dispositions relatives au travail temporaire, en diminuant la possibilité d'embauche de travailleurs permanents, est de nature à porter préjudice à l'intérêt collectif de la profession; un syndicat représentant cette profession peut donc intervenir à l'instance engagée par le salarié concerné pour obtenir des dommages et intérêts à ce titre (cass. soc. 23 mars 2016, n° 14-23.276, BC V n° 55; JCP éd. S 2016, 1243, 1re espèce, note B. Gauriau; LS Jurispr. n° 68 du 12.04.2016).

• *Alinéa 2.* Voir note sous article L. 1251-17.

Art. L. 1251-41. Lorsque le conseil de prud'hommes est saisi d'une demande de requalification d'un contrat de mission en contrat de travail à durée indéterminée, l'affaire est directement portée devant le bureau de jugement qui statue au fond dans le délai d'un mois suivant sa saisine.

Si le conseil de prud'hommes fait droit à la demande du salarié, il lui accorde une indemnité, à la charge de l'entreprise utilisatrice, ne pouvant être inférieure à un mois de salaire. Cette disposition s'applique sans préjudice de l'application des dispositions du titre III du présent livre relatives aux règles de rupture du contrat de travail à durée indéterminée.

Note • Le bénéfice de cet article n'est pas réservé aux seuls salariés dont la mission est en cours d'exécution (cass. soc. 7 octobre 1998, n° 97-43.336, BC V n° 410; RJS 11/98 n° 1423).

• L'indemnité de requalification prévue par cet article doit être calculée, non seulement sur le salaire de base, mais également sur les accessoires du salaire (cass. soc. 3 mai 2016, n° 14-29.739, BC V n° 88; RJS 7/16 n° 482; JCP éd. S 2016, 1274, note Fr. Bousez).

• Il résulte des dispositions de cet article que le salarié ne peut prétendre au paiement, par l'entreprise de travail temporaire, d'une indemnité de requalification (cass. soc. 20 décembre 2017, n° 15-29.519, BC V n° 228; LS Jurispr. n° 16 du 23.01.2018; RJS 4/18 n° 243, 1re espèce; voir aussi cass. soc. 12 novembre 2020, n° 18-18.294, à paraître, cité en note sous article L. 1251-40).

• En cas de requalification par le juge d'un contrat de mission en contrat à durée indéterminée, la circonstance que la relation de travail ait été poursuivie après la fin de la mission ou que les parties aient conclu un contrat à durée indéterminée, ne prive pas le salarié de l'indemnité spéciale de requalification prévue par cet article (cass. soc. 19 février 2014, n° 12-24.929, BC V n° 64; LS Jurispr. n° 47 du 11.03.2014; RJS 5/14 n° 443).

• Le salarié intérimaire qui a obtenu la requalification de la relation de travail en contrat de travail à durée indéterminée peut prétendre à une indemnité de préavis qui s'ajoute à l'indemnité de précarité (cass. soc. 15 mars 2006, n° 04-48.548, BC V n° 113; RJS 6/06 n° 784; 30 mars 2005, n° 02-45.410, BC V n° 116; RJS 6/05 n° 689, 1re espèce avec avis de l'avocat général J. Duplat, p. 427).

Art. D. 1251-3. La décision du conseil de prud'hommes saisi d'une demande de requalification d'un contrat de mission en contrat de travail à durée indéterminée, en application de l'article L. 1251-41, est exécutoire de droit à titre provisoire.

SECTION 4. Contrat de mise à disposition et entreprise de travail temporaire

Sous-section 1. Contrat de mise à disposition

Art. L. 1251-42. Lorsqu'une entreprise de travail temporaire met un salarié à la disposition d'une entreprise utilisatrice, ces entreprises concluent par écrit un contrat de mise à disposition, au plus tard dans les deux jours ouvrables suivant la mise à disposition.

Note La prescription légale d'un contrat écrit – destinée à garantir qu'ont été observées les diverses conditions à défaut desquelles toute opération de prêt de main-d'œuvre est interdite – est d'ordre public et son omission entraîne la nullité absolue du contrat (cass. soc. 17 avril 1980, n° 78-14.349, BC V n° 318). L'entreprise de travail temporaire n'est donc pas en droit d'exiger le paiement des factures de fourniture de main-d'œuvre (cass. soc. 17 avril 1980, n° 78-14.349, précité). Elle peut, en revanche, obtenir le remboursement des rémunérations des salariés mis à disposition (cass. soc. 5 février 1992, n° 89-16.274, BC V n° 77; RJS 3/92 n° 372; 7 novembre 1995, n° 93-18.620, BC V n° 292; Dr. Soc. 1996, p. 195, obs. J. Savatier) et celui des charges sociales afférentes à ces rémunérations (cass. soc. 6 mai 1996, n° 94-12.705, Dr. Soc. 1996, p. 969); la fraude de l'entreprise de travail temporaire priverait cependant celle-ci de son droit à indemnisation (cass. soc. 6 mai 1996, n° 94-12.705, précité).

Art. L. 1251-43. Le contrat de mise à disposition établi pour chaque salarié comporte:

1° Le motif pour lequel il est fait appel au salarié temporaire. Cette mention est assortie de justifications précises dont, notamment, dans les cas de remplacement prévus aux 1°, 4° et 5° de l'article L. 1251-6, le nom et la qualification de la personne remplacée ou à remplacer ;

2° Le terme de la mission ;

3° Le cas échéant, la clause prévoyant la possibilité de modifier le terme de la mission dans les conditions prévues aux articles L. 1251-30 et L. 1251-31. Cette disposition s'applique également à l'avenant prévoyant le renouvellement du contrat de mise à disposition ;

4° Les caractéristiques particulières du poste de travail à pourvoir et, notamment si celui-ci figure sur la liste des postes présentant des risques particuliers pour la santé ou la sécurité des salariés prévue à l'article L. 4154-2, la qualification professionnelle exigée, le lieu de la mission et l'horaire ;

5° La nature des équipements de protection individuelle que le salarié utilise. Il précise, le cas échéant, si ceux-ci sont fournis par l'entreprise de travail temporaire ;

6° Le montant de la rémunération avec ses différentes composantes, y compris, s'il en existe, les primes et accessoires de salaire que percevrait dans l'entreprise utilisatrice, après période d'essai, un salarié de qualification professionnelle équivalente occupant le même poste de travail.

Note • **Remplacement en cascade.** Lorsqu'un intérimaire remplace, par glissement interne d'emploi, un salarié autre que celui effectivement absent, le contrat doit préciser les modalités de ce remplacement et mentionner le nom et la qualification du salarié absent (cass. crim. 9 octobre 1995, n° 94-81.715, B. crim. n° 298 ; RJS 1/96 n° 7).

• **Terme de la mission.** Lorsque la date d'achèvement de travaux pour la durée desquels a été engagé un salarié temporaire n'est pas précisée, le contrat conclu pour la durée du chantier est à bon droit considéré comme contrat à durée indéterminée (cass. soc. 19 juin 1990, n° 86-44.920).

• **Caractéristiques particulières du poste à pourvoir.** Le contrat de mise à disposition doit indiquer à quels facteurs de risques professionnels le salarié est exposé. Ces facteurs sont évalués au vu des conditions habituelles de travail appréciées en moyenne sur l'année par l'entreprise utilisatrice et caractérisant le poste occupé. Si nécessaire et à l'initiative de l'entreprise utilisatrice, ces informations peuvent être rectifiées par avenant au contrat de mise à disposition (voir art. R. 4163-7).

• **Rémunération des travailleurs temporaires.** La circulaire ministérielle DRT 90-15 du 30 octobre 1990 précise que lorsqu'une réévaluation des salaires a lieu dans l'entreprise utilisatrice, celle-ci doit être répercutée dans la rémunération du salarié en cours de mission.

Lorsqu'une partie de la rémunération est versée eu égard à l'ancienneté du salarié, le salarié intérimaire n'en bénéficie qu'à la condition de remplir lui-même cette condition d'ancienneté (cass. soc. 20 avril 1989, n° 87-42.547, BC V n° 306 ; D. 1990 somm. 176, obs. A. Lyon-Caen).

Les travailleurs temporaires ont droit aux tickets-restaurant accordés aux salariés de l'entreprise utilisatrice (cass. soc. 14 février 2007, n° 05-42.037).

• **Responsabilité de l'ETT.** Le non-respect des obligations résultant du contrat de mise à disposition engage la responsabilité de l'ETT ; il en est notamment ainsi lorsqu'elle met à la disposition d'une entreprise utilisatrice un salarié sans avoir vérifié sa qualification (cass. soc. 21 octobre 1982, n° 81-14.868, BC V n° 575) ou lorsqu'elle ne s'assure pas de la disponibilité du salarié (cass. soc., 11 décembre 1990, n° 89-12.402, BC V n° 647). En ce qui concerne la responsabilité de l'ETT du fait des intérimaires et les clauses exonératoires de responsabilité, voir notamment cass. soc. 29 janvier 1981, n° 79-10.621, BC V n° 98 ; 21 octobre 1982, précité ; cass. civ., 1re ch., 26 février 1991, n° 88-15.333, BC I n° 77 ; CA Paris 11 janvier 1994, RJS 3/94 n° 334. Mais un travailleur temporaire ne peut pas invoquer les clauses du contrat de mise à disposition liant l'ETT et l'entreprise utilisatrice, auquel il n'est pas partie, sauf à établir l'existence d'un préjudice résultant d'une faute quasi délictuelle de l'employeur (cass. soc. 5 juin 1996, n° 92-42.461, BC V n° 230).

• **Effet des irrégularités dans les rapports ETT - salarié.** Lorsqu'un entrepreneur de travail temporaire conclut avec un utilisateur un contrat qui méconnaît les exigences essentielles de la réglementation propre au travail temporaire, il se place en dehors du champ d'application de celle-ci ; il en résulte que le contrat le liant au salarié est soumis au droit commun, sans cependant qu'il puisse y avoir de cumul entre les indemnités de rupture et l'indemnité de précarité d'emploi (cass. soc. 31 octobre 1989, n° 86-44.198, BC V n° 640).

• **Requalification et rupture abusive du contrat.** S'agissant d'un comptable mis à la disposition d'une entreprise utilisatrice pendant quatre ans, est fondé l'arrêt décidant que l'intéressé avait bénéficié d'un contrat à durée indéterminée au sein de l'entreprise utilisatrice et, retenant que la fausse apparence créée par l'ETT et l'utilisateur avait permis à cette dernière d'éluder les règles légales d'embauche et de licenciement du salarié, en ce qu'il en a exactement déduit que la rupture, intervenue au seul motif que le contrat de travail temporaire avait pris fin, revêtait un caractère fautif de nature à la rendre abusive (cass. soc. 25 janvier 1989, n° 86-40.708, BC V n° 75). Voir aussi, s'agissant d'une ETT et d'une entreprise utilisatrice condamnées pour délit de marchandage, cass. soc. 9 juin 1988, n° 85-41.810, BC V n° 357.

• **Délit de discrimination d'une société utilisatrice par refus d'embauche d'un intérimaire.** S'agissant d'une société utilisatrice qui avait refusé de renouveler la mission d'un intérimaire, par ailleurs délégué syndical, invoquant ses absences trop fréquentes et la désorganisation qui en résultait, la cour d'appel, pour retenir sa culpabilité, a retenu que son refus de confier une mission au salarié équivalait à un refus d'embauche au sens de l'article 225-2, 3° c. pén. et que ce refus avait été inspiré par des motifs discriminatoires, les absences étant liées à des activités syndicales. En l'état de ces motifs, la cour d'appel a légalement justifié sa décision. En effet, le refus par une société recourant aux services d'une entreprise de travail temporaire de conclure le contrat de mise à disposition prévu par l'ancien article L. 124-3 CT constitue un refus d'embauche au sens de l'article 225-2, 3° c. pén. dès lors qu'il fait obstacle à l'embauche, par l'entreprise de travail temporaire, du salarié visé dans le contrat (cass. crim. 2 septembre 2003, n° 02-86.048, B. crim. n° 148; JSL n° 133, 4.11.2003, p. 9, M. Hautefort).

Art. L. 1251-44. Toute clause tendant à interdire l'embauche par l'entreprise utilisatrice du salarié temporaire à l'issue de sa mission est réputée non écrite.

Sous-section 2. Entreprise de travail temporaire

§ 1. Règles de contrôle

Art. L. 1251-45. L'activité d'entrepreneur de travail temporaire ne peut être exercée qu'après déclaration faite à l'autorité administrative et obtention d'une garantie financière conformément à l'article L. 1251-49.

Une déclaration préalable est également exigée lorsqu'un entrepreneur de travail temporaire déplace le siège de son entreprise ou ouvre des succursales, agences ou bureaux annexes.

Toute entreprise de travail temporaire cessant ses activités en fait la déclaration à l'autorité administrative.

Art. L. 1251-46. L'entreprise de travail temporaire fournit le relevé des contrats de mission ***(L. 2008-126 du 13 févr. 2008, art. 16, JO 14)*** «à l'institution mentionnée à l'article L. 5312-1», notamment pour la vérification des droits des salariés au revenu de remplacement prévu à l'article L. 5421-2.

(L. 2008-126 du 13 févr. 2008, art. 16, JO 14) «Cette institution communique» les informations à l'autorité administrative pour l'exercice de ses missions de contrôle.

Art. L. 1251-47. Lorsqu'un entrepreneur de travail temporaire exerce son activité sans avoir accompli les déclarations prévues à l'article L. 1251-45 ou sans avoir obtenu la garantie financière prévue à l'article L. 1251-49 et qu'il en résulte un risque sérieux de préjudice pour le salarié temporaire, le juge judiciaire peut ordonner la fermeture de l'entreprise pour une durée qui ne peut excéder deux mois. Il est saisi par l'inspecteur du travail ***(L. 2019-1446 du 24 déc. 2019, art. 22, III, JO 14)*** «ou par l'agent de contrôle de l'organisme de recouvrement mentionné aux articles L. 213-1 ou L. 752-1 du code de la sécurité sociale ou à l'article L. 723-3 du code rural et de la pêche maritime» après que celui-ci a adressé à l'entrepreneur de travail temporaire une mise en demeure restée infructueuse.

Lorsque ces mesures entraînent le licenciement du personnel permanent, celui-ci a droit, en dehors de l'indemnité de préavis et de l'indemnité de licenciement, aux indemnités prévues aux articles L. 1235-2, L. 1235-3 ou L. 1235-5.

Art. L. 1251-48. Un décret en Conseil d'État détermine:

1° Le contenu et les modalités des déclarations prévues à l'article L. 1251-45 ainsi que le délai de leur présentation à l'autorité administrative;

2° La nature des informations que doit comporter le relevé des contrats de mission prévu à l'article L. 1251-46 ainsi que la périodicité et les modalités de présentation de celui-ci.

Art. R. 1251-4. La déclaration préalable d'entreprise de travail temporaire prévue à l'article L. 1251-45 comporte les mentions suivantes:

1° L'indication de l'opération envisagée: création d'une entreprise de travail temporaire, ouverture d'une succursale, d'une agence ou d'un bureau annexe, déplacement du siège ou cessation d'activité;

2° Le nom, le siège et le caractère juridique de l'entreprise ainsi que, le cas échéant, la localisation de la succursale, de l'agence ou du bureau annexe;

3° La date d'effet de l'opération envisagée;

4° Les nom, prénoms, domicile et nationalité des dirigeants de l'entreprise ou de la succursale ou de l'agence ou du bureau annexe intéressés;

5° La désignation de l'organisme auquel l'entrepreneur de travail temporaire verse les cotisations de sécurité sociale ainsi que son numéro d'employeur;

6° Les domaines géographiques et professionnel dans lesquels l'entreprise entend mettre des travailleurs temporaires à la disposition d'entreprises utilisatrices;

7° Le nombre de salariés permanents que l'entreprise emploie ou envisage d'employer pour assurer le fonctionnement de ses propres services.

Art. R. 1251-5. La déclaration préalable est datée et signée par l'entrepreneur de travail temporaire.

Elle est adressée en deux exemplaires, sous pli recommandé, à l'inspection du travail dont relève le siège de l'entreprise. Elle est adressée dans les mêmes conditions à l'inspection du travail dont relève la succursale, l'agence ou le bureau annexe dont l'ouverture est prévue.

Art. R. 1251-6. L'inspecteur du travail, après s'être assuré de la conformité de la déclaration préalable avec les obligations prévues aux articles R. 1251-4 et R. 1251-5, en retourne un exemplaire visé à l'expéditeur dans un délai de quinze jours à compter de la réception.

L'entrée en activité de l'entreprise, de la succursale, de l'agence ou du bureau annexe ne peut précéder la réception du document mentionné au premier alinéa ou l'expiration du délai prévu par cet alinéa.

Art. R. 1251-7. Pour l'application de l'article L. 1251-46, l'entrepreneur de travail temporaire adresse, avant le 20 de chaque mois, à ***(D. 2014-524 du 22 mai 2014, art. 16, JO 24)*** «Pôle emploi», le relevé des contrats de mission conclus durant le ou les mois précédents et ayant pris fin ou en cours d'exécution durant le mois précédent.

Un relevé distinct est établi pour chaque établissement accueillant un ou des salariés mis à la disposition de l'entreprise.

(D. 2014-524 du 22 mai 2014, art. 16, JO 24) «Pôle emploi» fournit aux ***(D. 2020-1545 du 9 déc. 2020, JO 10, entrée en vigueur le 01.04.2021)*** «directions régionales de l'économie, de l'emploi, du travail et des solidarités», dans les meilleurs délais, le relevé des contrats de mission.

Note À noter que depuis les payes de janvier 2017, les entreprises de travail temporaire ont l'obligation de déclarer les relevés mensuels des contrats de mission (RMM) via la déclaration sociale nominative (DSN). Pour plus de précisions sur ce point, voir Dictionnaire Paye, Groupe Revue Fiduciaire, éd. 2021, «Déclaration sociale nominative»; voir aussi le site Internet *http://dsn-info.fr* (service du GIP «Modernisation des déclarations sociales»).

Art. R. 1251-8. Le relevé des contrats de mission est conforme à un modèle fixé par arrêté du ministre chargé du travail.

Le relevé comporte pour chaque entreprise utilisatrice:

1° La raison sociale de l'entreprise, l'adresse et l'activité principale de l'établissement pour lequel travaille le salarié, l'adresse du lieu d'exécution de la mission si celle-ci diffère de l'adresse de l'établissement ainsi que, à titre facultatif, le numéro Siret ou, à défaut, le numéro Siren;

2° Pour chaque salarié mis à la disposition de l'entreprise, les nom, prénom, numéro d'inscription au répertoire national d'identification des personnes physiques, code postal de la commune de résidence, nationalité, qualification professionnelle prévue dans le contrat de mission et, pour chaque mission accomplie par le salarié au cours du mois considéré, la date de début et la date de fin de cette mission si celle-ci s'est achevée au cours de ce mois ou pour chaque mission en cours d'exécution au cours du mois considéré, la date du début de cette mission.

Ce relevé comporte également, pour chaque salarié et aux fins de contrôle du droit au revenu de remplacement, le montant de la rémunération brute mensuelle figurant sur le bulletin de paie ou versée pour chaque mission.

Art. R. 1251-9. ***(D. 2016-1417 du 20 oct. 2016, art. 1er, JO 22)*** L'entreprise de travail temporaire informe, par tout moyen, les salariés temporaires de chaque établissement:

1° De la communication d'informations nominatives contenues dans les relevés de contrats de mission à Pôle emploi et au ***(D. 2020-1545 du 9 déc. 2020, JO 10, entrée en vigueur le 01.04.2021)*** «directeur régional de l'économie, de l'emploi, du travail et des solidarités» territorialement compétent;

2° Des droits d'accès et de rectification prévus aux articles 39 et 40 de la loi du 6 janvier 1978 susvisée que peuvent exercer les intéressés auprès de Pôle emploi et du directeur régional mentionné au 1°.

Art. R. 1251-10. La fermeture de l'entreprise en application de l'article L. 1251-47 est ordonnée par le président du ***(D. 2019-966 du 18 sept. 2019, art. 8, JO 19, entrée en vigueur le 01.01.2020)*** «tribunal judiciaire».

§ 2. Garantie financière et défaillance de l'entreprise de travail temporaire

Art. L. 1251-49. L'entrepreneur de travail temporaire justifie, à tout moment, d'une garantie financière assurant, en cas de défaillance de sa part, le paiement :

1° Des salaires et de leurs accessoires ;

2° Des indemnités résultant du présent chapitre ;

3° Des cotisations obligatoires dues à des organismes de sécurité sociale ou à des institutions sociales ;

4° Des remboursements qui peuvent, le cas échéant, incomber aux employeurs à l'égard des organismes de sécurité sociale et institutions sociales dans les conditions prévues à l'article L. 244-8 du code de la sécurité sociale.

Note • **Notion de «défaillance».** Une ETT doit être regardée comme défaillante dès lors qu'elle fait l'objet d'une liquidation de biens (cass. soc. 7 mai 1987, n° 85-13.266, BC V n° 294).

• **Cotisations de sécurité sociale.** Le versement de transport, recouvré par l'Urssaf pour le compte du syndicat des transports parisiens et non pour celui d'un organisme de sécurité sociale, ne constitue pas une cotisation de sécurité sociale. La société cautionnant l'entreprise de travail temporaire ne peut donc pas être condamnée au paiement du versement de transport (cass. soc. 10 décembre 1998, n° 97-13.628, BC V n° 547 ; RJS 2/99 n° 314).

• **Conséquences du défaut de garantie.** La garantie financière étant une condition légale d'aptitude à l'exercice de l'activité d'entrepreneur de travail temporaire, celui-ci, en l'absence de cette garantie, ne peut prétendre à sa rémunération ; une cour d'appel a, par ce seul motif, légalement justifié sa décision de déclarer nuls les contrats de mise à disposition conclus après la disparition de la garantie financière et de résilier ceux conclus antérieurement (cass. soc. 22 février 2000, n° 96-16.544).

Art. L. 1251-50. La garantie financière ne peut résulter que d'un engagement de caution pris par une société de caution mutuelle, un organisme de garantie collective, une compagnie d'assurance, une banque ou un établissement financier habilité à donner caution.

Elle est calculée en pourcentage du chiffre d'affaires annuel de l'entreprise intéressée.

Elle ne peut être inférieure à un minimum fixé annuellement par décret, compte tenu de l'évolution moyenne des salaires.

Art. L. 1251-51. L'entreprise de travail temporaire fournit à l'entreprise utilisatrice, sur sa demande, une attestation des organismes de sécurité sociale précisant sa situation au regard du recouvrement des cotisations dues à ces organismes.

Note L'Urssaf est tenue, pour permettre l'information des entreprises utilisatrices, de faire état du montant et de l'objet des redressements, fussent-ils contestés (cass. soc. 5 janvier 1995, n° 92-19.823, BC V n° 3 ; RJS 2/95 n° 167).

Mais cette attestation ne libère pas définitivement l'entreprise utilisatrice. La Cour de cassation considère en effet que si l'utilisateur est en droit de demander à l'entrepreneur de travail temporaire une attestation des organismes de sécurité sociale précisant sa situation à leur égard, la délivrance de ce document, que ceux-ci sont ainsi amenés à établir à bref délai sur la base des déclarations fournies par l'employeur, ne peut ni les priver du droit qu'ils tiennent du code de la sécurité sociale de vérifier l'exactitude de ces déclarations par des contrôles ultérieurs dont l'imprimé utilisé réserve d'ailleurs l'éventualité, ni faire obstacle à une substitution que les textes leur accordent sans restriction pour le recouvrement des cotisations dont ces contrôles, qui peuvent entraîner des investigations longues et complexes, auraient révélé l'exigibilité (cass. soc. 7 mars 1984, n° 83-10.382, BC V n° 90).

Art. L. 1251-52. En cas de défaillance de l'entreprise de travail temporaire et d'insuffisance de la caution, l'entreprise utilisatrice est substituée à l'entreprise de travail temporaire pour le paiement des sommes qui restent dues aux salariés temporaires et aux organismes de sécurité sociale ou aux institutions sociales dont relèvent ces salariés, pour la durée de la mission accomplie dans l'entreprise.

Note Sur la portée de l'attestation des organismes de sécurité sociale remise à l'entreprise utilisatrice, voir note sous article L. 1251-51.

Art. L. 1251-53. Les conditions d'application du présent paragraphe sont déterminées par décret en Conseil d'État.

Sous-§ 1 (réglementaire). Dispositions générales

Art. R. 1251-11. La garantie financière ne peut résulter, en application de l'article L. 1251-50, que d'un engagement de caution unique.

Art. L. 1251-53

L'engagement ne peut être pris par un organisme de garantie collective que si celui-ci est agréé par les ministres chargés du travail et de l'économie.

Art. R. 1251-12. Le montant de la garantie financière est calculé, pour chaque entreprise de travail temporaire, en pourcentage du chiffre d'affaires hors taxes réalisé au cours du dernier exercice social, certifié par un expert-comptable dans les six mois de la clôture de l'exercice. Le chiffre d'affaires retenu pour le calcul de la garantie financière concerne exclusivement l'activité de travail temporaire.

Lorsque le dernier exercice social n'a pas une durée de douze mois, le chiffre d'affaires enregistré au cours de l'exercice est proportionnellement augmenté ou réduit pour être évalué sur douze mois.

Le montant de la garantie est réexaminé chaque année et peut être révisé à tout moment. Il ne doit pas être inférieur à 8 % du chiffre d'affaires, ni à un minimum fixé chaque année par décret, compte tenu de l'évolution moyenne des salaires.

Note Le montant minimum de la garantie financière exigée des ETT a été fixé, pour l'année 2021, à 131 178 € (décret 2020-1784 du 30 décembre 2020, JO 31, entrée en vigueur le 01.01.2021).

Art. R. 1251-13. En cas d'absorption ou de fusion d'entreprises de travail temporaire, le montant de la garantie de l'entreprise ainsi formée ne peut être inférieur au montant des garanties cumulées de ces entreprises. En cas d'apport partiel d'actif, la garantie de l'entreprise bénéficiaire de l'apport est augmentée en fonction de l'augmentation du chiffre d'affaires résultant de cet apport.

En cas de scission d'une entreprise de travail temporaire, le montant de sa garantie est ventilé entre les entreprises issues de la scission, proportionnellement à leur chiffre d'affaires.

Art. R. 1251-14. L'entreprise de travail temporaire est en possession, pour chacun de ses établissements, d'une attestation de garantie délivrée par le garant.

L'attestation indique notamment le nom et l'adresse du garant, le montant, la date de prise d'effet et la date d'expiration de la garantie accordée.

L'attestation est tenue à la disposition de l'inspection du travail et des agents de contrôle des organismes de sécurité sociale et institutions sociales mentionnés à l'article L. 1251-49.

L'entreprise de travail temporaire adresse, dans un délai de dix jours à compter de l'obtention ou du renouvellement de la garantie financière, une copie de cette attestation à la ***(D. 2020-1545 du 9 déc. 2020, JO 10, entrée en vigueur le 01.04.2021)*** «direction régionale de l'économie, de l'emploi, du travail et des solidarités» ainsi qu'aux organismes de sécurité sociale et institutions sociales compétents pour chacun des établissements concernés.

Note Cet article (dern. al.) a été modifié par le décret 2008-1503 du 30 décembre 2008, JO 31.

Art. R. 1251-15. Tous les documents concernant l'entreprise de travail temporaire, notamment les contrats de mise à disposition et les contrats de mission, mentionnent le nom et l'adresse de son garant ainsi que la référence à l'article L. 1251-49.

Ces indications, ainsi que les dates de prise d'effet et d'échéance de la garantie, sont affichées de manière visible dans chaque établissement.

Art. R. 1251-16. Un arrêté conjoint des ministres chargés du travail, de la sécurité sociale et de l'agriculture fixe les modèles des attestations prévues aux articles L. 1251-51 et R. 1251-14.

Sous-§ 2 (réglementaire). Dispositions particulières aux différents modes de garantie

Art. R. 1251-17. La garantie financière ne peut être accordée par des sociétés de caution mutuelle que si celles-ci ont pour objet unique de garantir les créances définies à l'article L. 1251-49.

Art. R. 1251-18. L'engagement de caution prévu à l'article R. 1251-11 ne peut être pris par un organisme de garantie collective agréé, une entreprise d'assurances, une banque ou un établissement financier habilité à donner caution que si l'organisme, l'entreprise, la banque ou l'établissement financier peut légalement exercer son activité en France.

Art. R. 1251-19. L'engagement de caution fait l'objet d'un contrat écrit précisant les conditions et le montant de la garantie accordée ainsi que les modalités du contrôle comptable que le garant peut exercer sur l'entreprise de travail temporaire.

Ce contrat prévoit la renonciation du garant, en cas de défaillance de l'entreprise de travail temporaire, au bénéfice de discussion prévu aux articles 2298 à 2301 du code civil.

Le contrat est tenu, au siège de l'entreprise de travail temporaire, à la disposition de l'inspecteur du travail et des agents de contrôle des organismes de sécurité sociale et des institutions sociales.

Sous-§ 3 (réglementaire). Mise en œuvre de la garantie

Art. R. 1251-20. L'entrepreneur de travail temporaire est considéré comme défaillant au sens de l'article L. 1251-52 lorsqu'à l'expiration d'un délai de quinze jours suivant la réception d'une mise en demeure, il n'a pas payé tout ou partie des dettes énumérées à l'article L. 1251-49.

La mise en demeure peut émaner soit d'un salarié, soit d'un organisme de sécurité sociale ou d'une institution sociale, dès lors que leurs créances sont certaines, liquides et exigibles. Elle est adressée par lettre recommandée avec avis de réception. Le garant est informé par le créancier, soit par lettre recommandée avec avis de réception, soit par lettre remise contre récépissé, de l'envoi de la mise en demeure.

L'entrepreneur de travail temporaire est également considéré comme défaillant lorsqu'il fait l'objet d'une procédure de sauvegarde, de redressement ou de liquidation judiciaire. Dans ce cas, le gérant est informé du jugement, dans les mêmes formes, par le mandataire judiciaire ou par le liquidateur.

Art. R. 1251-21. Dès la constatation de la défaillance de l'entrepreneur de travail temporaire, le titulaire de l'une des créances définies à l'article L. 1251-49 peut adresser au garant une demande de paiement par lettre recommandée avec avis de réception ou remise contre récépissé.

Lorsqu'une entreprise de travail temporaire fait l'objet d'une procédure de sauvegarde, de redressement ou de liquidation judiciaire, le mandataire judiciaire ou le liquidateur adresse au garant, dans un délai de dix jours à compter du prononcé du jugement et dans les formes prévues au premier alinéa, un relevé, visé par le juge commissaire, des salaires et cotisations impayés, précisant les droits de chacun des créanciers et éventuellement les sommes versées par ses soins.

Note À la possibilité de demander le paiement de leurs créances au garant de l'ETT s'ajoutent les garanties dont bénéficient, en application des articles L. 3253-1 et s. (anciens art. L. 143-7 et s.), les travailleurs temporaires pour le recouvrement de leurs créances de salaires sur le patrimoine de l'ETT.

La responsabilité du garant peut être mise en jeu dès l'instant où la défaillance de l'ETT est constatée alors que le régime d'assurances relatif à la garantie de créances des salariés (AGS) ne fonctionne qu'en cas de règlement judiciaire ou de liquidation de biens de l'ETT.

Art. R. 1251-22. Le garant paie les sommes dues dans les dix jours suivant la réception de la demande de paiement.

Lorsque le reliquat des paiements demandés excède le montant de la garantie financière, les créances de même nature sont réglées à due proportion de chacune des créances.

Art. R. 1251-23. Si le garant conteste l'existence, l'exigibilité ou le montant de la créance, le salarié ou l'organisme social peut l'assigner directement devant les juridictions compétentes.

Art. R. 1251-24. Le garant qui a payé les sommes définies à l'article L. 1251-49 est subrogé, à due concurrence, dans tous les droits des salariés, des organismes de sécurité sociale et des institutions sociales contre l'entrepreneur de travail temporaire.

Sous-§ 4 (réglementaire). Substitution de l'entreprise utilisatrice en cas de défaillance de l'entreprise de travail temporaire

Art. R. 1251-25. La substitution de l'entreprise utilisatrice à l'entreprise de travail temporaire, prévue à l'article L. 1251-52, s'applique malgré toute convention contraire et en dépit des obligations d'assurance contre le risque de non-paiement qui résultent des dispositions des articles L. 3253-6 à L. 3253-21.

Note • La substitution de l'utilisateur à l'ETT n'est que subsidiaire et ne joue qu'en cas d'insuffisance de la caution, mais elle s'opère de plein droit dès qu'a pu être constatée l'insuffisance de la caution, peu important que l'utilisateur ait versé tout ou partie des sommes dont il était redevable envers l'ETT défaillante.

• La demande faite à l'utilisateur pour obtenir le paiement des sommes restant dues ne peut être adressée au plus tôt qu'à l'expiration du délai de dix jours laissé au garant pour payer les sommes dues par l'ETT défaillante.

Art. R. 1251-26. Dans le cas prévu à l'article L. 1251-52, le salarié ou l'organisme de sécurité sociale ou l'institution sociale, ou, en cas de procédures de sauvegarde, de redressement ou de liquidation judiciaire, le mandataire judiciaire ou le liquidateur informe l'entreprise utilisatrice de l'insuffisance de la caution en lui adressant une demande de paiement des sommes restant dues par lettre recommandée avec avis de réception ou remise contre récépissé.

L'entreprise utilisatrice paie les sommes dues dans un délai de dix jours à compter de la réception de la demande.

Art. R. 1251-27. Les salariés, les organismes de sécurité sociale et les institutions sociales ont une action directe contre l'entreprise utilisatrice substituée, même lorsque celle-ci s'est acquittée en tout ou en partie des sommes qu'elle devait à l'entrepreneur de travail temporaire pour la mise à disposition des salariés.

Note L'action en justice du salarié doit être portée devant le conseil de prud'hommes, juge du contrat de travail.

Art. R. 1251-28. L'entreprise utilisatrice qui a payé les sommes définies à l'article L. 1251-49 qui restaient dues est subrogée, à due concurrence, dans tous les droits des salariés, des organismes de sécurité sociale ou des institutions sociales contre l'entrepreneur de travail temporaire.

Note Si un utilisateur est mis en règlement judiciaire ou en liquidation de biens avant d'avoir versé les sommes qu'il devait à une ETT pour la prestation de services qu'elle lui a fournie, il ne semble pas que cette dernière puisse se prévaloir, à l'égard de l'utilisateur, des privilèges des salariés (rép. QE 5995, JO AN 12 janvier 1974, p. 140).

Art. R. 1251-29. Lorsqu'un organisme de sécurité sociale poursuit à l'encontre de l'entreprise utilisatrice, substituée à un entrepreneur de travail temporaire en raison de l'insuffisance de la caution, le remboursement de prestations sociales pour défaut de versement des cotisations dues, la somme réclamée ne peut être supérieure au montant des cotisations dues pour les salariés mis à la disposition de l'entreprise utilisatrice par l'entrepreneur de travail temporaire.

Art. R. 1251-30. Lorsque l'engagement de caution dont bénéficie une entreprise de travail temporaire prend fin, pour quelque cause que ce soit, l'activité de cette entreprise ne peut être poursuivie que si elle a obtenu, dans les conditions prévues par le présent paragraphe, un autre engagement de caution, afin que le paiement des dettes définies à l'article L. 1251-49 soit garanti sans interruption.

Art. R. 1251-31. En cas de cessation de la garantie, le garant en informe dans un délai de trois jours à compter de la date à laquelle il en est informé, par lettre recommandée avec avis de réception, les ***(D. 2020-1545 du 9 déc. 2020, JO 10, entrée en vigueur le 01.04.2021)*** « directions régionales de l'économie, de l'emploi, du travail et des solidarités » ainsi que les organismes chargés du recouvrement des cotisations de sécurité sociale, dans la circonscription desquels sont situés le siège de l'entreprise de travail temporaire et chacun de ses établissements.

Note Cet article a été modifié par le décret 2008-1503 du 30 décembre 2008, JO 31.

§ 3. Statut des salariés permanents et temporaires de l'entreprise de travail temporaire

Art. L. 1251-54. Pour calculer les effectifs d'une entreprise de travail temporaire, il est tenu compte :

1° Des salariés permanents de cette entreprise, déterminés conformément à l'article L. 1111-2 ;

2° Des salariés temporaires qui ont été liés à cette entreprise par des contrats de mission pendant une durée totale d'au moins trois mois au cours de la dernière année civile.

Art. L. 1251-55. Pour l'application aux salariés temporaires des dispositions légales qui se réfèrent à une condition d'ancienneté dans l'entreprise de travail temporaire, l'ancienneté s'apprécie en totalisant les périodes pendant lesquelles ces salariés ont été liés à l'entreprise de travail temporaire par des contrats de mission.

Art. L. 1251-56. Pour l'application des dispositions prévues au 1° de l'article L. 6322-63, la durée minimum de présence dans l'entreprise de travail temporaire des salariés temporaires s'apprécie en totalisant les périodes pendant lesquelles ces salariés ont été liés à leur employeur par des contrats de mission.

Art. L. 1251-57. Sans préjudice du principe d'exclusivité prévu par l'article L. 1251-2, sont assimilées à des missions les périodes consacrées par les salariés temporaires :

1° À des stages de formation, bilans de compétences ou actions de validation d'acquis de l'expérience. Ces périodes sont accomplies soit à l'initiative de l'employeur dans le cadre du plan de formation de l'entreprise, ***(L. 2011-893 du 28 juil. 2011, art. 7, JO 29)*** « du contrat d'apprentissage » ou du contrat de professionnalisation, soit à l'initiative du salarié dans le cadre d'un ***(Ord. 2019-861 du 21 août 2019, art. 1er, 4°, JO 22)*** « congé spécifique mentionné à l'article L. 6323-17-1 » ou d'un congé de bilan de compétences ;

2° À des actions de formation en lien avec leur activité professionnelle dans les conditions prévues par convention ou accord collectif étendu ou par convention ou accord d'entreprise ou d'établissement.

Art. L. 1251-58. Les règles particulières au travail temporaire relatives à la représentation du personnel figurent au livre III de la deuxième partie.

Les règles particulières au travail temporaire relatives à la participation des salariés aux fruits de l'expansion des entreprises figurent au livre III de la troisième partie.

SECTION 4 *BIS*. Contrat de travail à durée indéterminée intérimaire

Note • Cette section a été introduite par la loi 2018-771 du 5 septembre 2018, art. 116, I, JO 6.

La loi 2018-771 a précisé que les contrats de travail à durée indéterminée intérimaires conclus entre le 6 mars 2014 et le 19 août 2015 sur le fondement du chapitre Ier de l'accord du 10 juillet 2013 portant sur la sécurisation des parcours professionnels des salariés intérimaires sont présumés conformes à l'article 56 de la loi 2015-994 du 17 août 2015 relative au dialogue social et à l'emploi, sans préjudice des contrats ayant fait l'objet de décisions de justice passées en force de chose jugée (loi précitée, art. 116, II). Cette précision est intervenue après que la Cour de cassation a jugé que les partenaires sociaux n'étaient pas compétents pour créer ce nouveau type de contrat (cass. soc. 12 juillet 2018, n° 16-26.844, à paraître, LSQ n° 17615 du 19.07.2018; JCP éd. S 2018, 1306, note Fr. Bousez; JSL n° 460, 28.09.2018, pp. 4 et s., Ph. Pacotte et J. Layat-Le Bourhis; RDT, octobre 2018, CH, 689, Y. Ferkane; RJS 11/18 n° 663).

• La branche du travail temporaire s'est engagée, dans deux accords du 25 janvier 2019, l'un relatif à l'emploi durable et l'autre au fonds de sécurisation des parcours intérimaires (FSPI), à développer le CDI intérimaire et à lutter contre la «permittence» (voir LSQ n° 17756 du 15.02.2019).

• Sur les matières sur lesquelles les partenaires sociaux peuvent négocier en matière de CDI intérimaire et les règles applicables à défaut d'accord de branche, voir le «Questions - Réponses» sur la négociation collective, publié sur le site internet du ministère du Travail le 15 juillet 2020 (questions 44 et 45).

• Voir aussi G. Bargain et M. Ferraci, «Le CDI intérimaire: outil de sécurisation ou de flexibilité ?», RDT, septembre 2014, CO, 522; S. Tournaux, «Le CDI intérimaire: histoire d'un hors-la-loi protégé par… la loi», Dr. Soc. 2018, p. 810.

• *Covid-19*. Voir accord du 10 juillet 2020 relatif aux mesures urgentes et structurelles permettant la reprise de l'emploi intérimaire et la sécurisation des parcours pour faire face aux conséquences économiques et sociales de l'épidémie de «Covid-19», conclu dans la branche du travail temporaire, not. art. 7, 8.2 et 9.2 (voir LSQ n° 18112 du 31.07.2020).

Art. L. 1251-58-1. Une entreprise de travail temporaire peut conclure avec le salarié un contrat à durée indéterminée pour l'exécution de missions successives. Chaque mission donne lieu à:

1° La conclusion d'un contrat de mise à disposition entre l'entreprise de travail temporaire et le client utilisateur, dit " entreprise utilisatrice ";

2° L'établissement, par l'entreprise de travail temporaire, d'une lettre de mission.

Art. L. 1251-58-2. Le contrat de travail mentionné à l'article L. 1251-58-1 est régi par les dispositions du code du travail relatives au contrat à durée indéterminée, sous réserve des dispositions de la présente section.

Il peut prévoir des périodes sans exécution de mission. Ces périodes sont assimilées à du temps de travail effectif pour la détermination des droits à congés payés et pour l'ancienneté.

Il est établi par écrit et comporte notamment les mentions suivantes:

1° L'identité des parties;

2° Le cas échéant, les conditions relatives à la durée du travail, notamment le travail de nuit;

3° Les horaires pendant lesquels le salarié doit être joignable pendant les périodes sans exécution de mission;

4° Le périmètre de mobilité dans lequel s'effectuent les missions, qui tient compte de la spécificité des emplois et de la nature des tâches à accomplir, dans le respect de la vie personnelle et familiale du salarié;

5° La description des emplois correspondant aux qualifications du salarié;

6° Le cas échéant, la durée de la période d'essai;

7° Le montant de la rémunération mensuelle minimale garantie;

8° L'obligation de remise au salarié d'une lettre de mission pour chacune des missions qu'il effectue.

Art. L. 1251-58-3. Le contrat mentionné à l'article L. 1251-58-1 liant l'entreprise de travail temporaire au salarié prévoit le versement d'une rémunération mensuelle minimale garantie au moins égale au produit du montant du salaire minimum de croissance fixé en application des articles L. 3231-2 à L. 3231-12 par le nombre d'heures correspondant à la durée légale hebdomadaire pour le mois considéré, compte tenu, le cas échéant, des rémunérations des missions versées au cours de cette période.

Art. L. 1251-58-4

Note *Covid-19.* Sur l'ouverture aux salariés des entreprises de travail temporaire de la possibilité de bénéficier de l'allocation complémentaire mentionnée au 1er alinéa de l'article L. 3232-5 CT pour faire face à l'épidémie de Covid-19, voir ordonnance 2020-346 du 27 mars 2020, JO 28, modifiée (art. 8 *ter*).

Art. L. 1251-58-4. Les missions effectuées par le salarié lié par un contrat de travail à durée indéterminée avec l'entreprise de travail temporaire sont régies par les articles L. 1251-5 à L. 1251-63, sous réserve des adaptations prévues à la présente section et à l'exception des articles L. 1251-14, L. 1251-15, L. 1251-19, L. 1251-26 à L. 1251-28, L. 1251-32, L. 1251-33 et L. 1251-36.

Art. L. 1251-58-5. Pour l'application des articles L. 1251-5, L. 1251-9, L. 1251-11, L. 1251-13, L. 1251-16, L. 1251-17, L. 1251-29, L. 1251-30, L. 1251-31, L. 1251-34, L. 1251-35, L. 1251-41 et L. 1251-60 au contrat à durée indéterminée conclu par une entreprise de travail temporaire avec un salarié, les mots: « contrat de mission » sont remplacés par les mots: « lettre de mission ».

Art. L. 1251-58-6. Par dérogation à l'article L. 1251-12-1, la durée totale de la mission du salarié lié par un contrat à durée indéterminée avec l'entreprise de travail temporaire ne peut excéder trente-six mois.

Art. L. 1251-58-7. Pour l'application du 1° de l'article L. 6322-63, la durée minimale de présence dans l'entreprise s'apprécie en totalisant les périodes durant lesquelles le salarié exécute ou non une mission lorsque ce dernier est lié à l'entreprise de travail temporaire par un contrat à durée indéterminée.

Art. L. 1251-58-8. Pour l'application de l'article L. 2314-20, la durée passée dans l'entreprise est calculée en totalisant les périodes durant lesquelles le salarié exécute ou non une mission lorsque ce dernier est lié à l'entreprise de travail temporaire par un contrat à durée indéterminée.

SECTION 5. Actions en justice

Art. L. 1251-59. Les organisations syndicales représentatives peuvent exercer en justice toutes les actions résultant de l'application du présent chapitre en faveur d'un salarié sans avoir à justifier d'un mandat de l'intéressé.

Le salarié est averti dans des conditions déterminées par voie réglementaire et ne doit pas s'y être opposé dans un délai de quinze jours à compter de la date à laquelle l'organisation syndicale lui a notifié son intention.

Le salarié peut toujours intervenir à l'instance engagée par le syndicat et y mettre un terme à tout moment.

Art. D. 1251-32. L'organisation syndicale qui exerce une action en justice en faveur d'un salarié, en application du deuxième alinéa de l'article L. 1251-59, avertit ce dernier par lettre recommandée avec avis de réception.

La lettre indique la nature et l'objet de l'action envisagée par l'organisation syndicale représentative.

Elle mentionne en outre:

1° Que l'action est conduite par l'organisation syndicale qui peut exercer elle-même les voies de recours contre le jugement;

2° Que le salarié peut, à tout moment, intervenir dans l'instance engagée par l'organisation syndicale ou mettre un terme à cette action;

3° Que le salarié peut faire connaître à l'organisation syndicale son opposition à l'action envisagée dans un délai de quinze jours à compter de la date de réception.

Art. D. 1251-33. Passé le délai de quinze jours prévu au 3° de l'article D. 1251-33, l'acceptation tacite du salarié est réputée acquise.

SECTION 6. Dispositions applicables aux employeurs publics

Note Cette section a été introduite par la loi 2009-972 du 3 août 2009, art. 21, JO 6.

Art. L. 1251-60. Les personnes morales de droit public peuvent faire appel aux salariés de ces entreprises pour des tâches non durables, dénommées missions, dans les seuls cas suivants:

1° Remplacement momentané d'un agent en raison d'un congé de maladie, d'un congé de maternité, d'un congé parental ou d'un congé de présence parentale, d'un passage provisoire en temps partiel, de sa participation à des activités dans le cadre d'une réserve opérationnelle, sanitaire, civile ou autre, ou de l'accomplissement du service civil ou national, du rappel ou du maintien sous les drapeaux;

2° Vacance temporaire d'un emploi qui ne peut être immédiatement pourvu dans les conditions prévues par la loi n° 84-16 du 11 janvier 1984 portant dispositions statutaires relatives à la fonction publique de l'État, la loi n° 84-53 du 26 janvier 1984 portant dispositions statutaires relatives à la fonction publique territoriale et la loi n° 86-33 du 9 janvier 1986 portant dispositions statutaires relatives à la fonction publique hospitalière ***(L. 2016-41 du 26 janv. 2016, art. 136, II, JO 27)*** «et par le chapitre II du titre V du livre Ier de la sixième partie du code de la santé publique»;

3° Accroissement temporaire d'activité;

4° Besoin occasionnel ou saisonnier ***(L. 2016-1088 du 8 août 2016, art. 86, III, JO 9)*** «défini au 3° de l'article L. 1242-2».

Lorsque le contrat est conclu au titre des 1°, 3° et 4°, la durée totale du contrat de mission ne peut excéder dix-huit mois. Elle est réduite à neuf mois lorsque l'objet du contrat consiste en la réalisation de travaux urgents nécessités par des mesures de sécurité. Elle est portée à vingt-quatre mois lorsque la mission est exécutée à l'étranger.

Lorsque le contrat est conclu au titre du 2°, la durée totale du contrat de mission ne peut excéder douze mois. Elle est réduite à neuf mois si le contrat est conclu dans l'attente de la prise de fonctions d'un agent.

Le contrat de mission peut être renouvelé une fois pour une durée déterminée qui, ajoutée à la durée du contrat initial, ne peut excéder les durées prévues à l'alinéa précédent.

Art. L. 1251-61. Les salariés mis à disposition par une entreprise de travail temporaire auprès d'une personne morale de droit public sont soumis aux règles d'organisation et de fonctionnement du service où ils servent et aux obligations s'imposant à tout agent public. Ils bénéficient de la protection prévue par l'article 11 de la loi n° 83-634 du 13 juillet 1983 portant droits et obligations des fonctionnaires.

Il ne peut leur être confié de fonctions susceptibles de les exposer aux sanctions prévues aux articles 432-12 et 432-13 du code pénal.

Art. L. 1251-62. Si la personne morale de droit public continue à employer un salarié d'une entreprise de travail temporaire après la fin de sa mission sans avoir conclu avec lui un contrat ou sans nouveau contrat de mise à disposition, ce salarié est réputé lié à la personne morale de droit public par un contrat à durée déterminée de trois ans. Dans ce cas, l'ancienneté du salarié est appréciée à compter du premier jour de sa mission. Elle est déduite de la période d'essai éventuellement prévue.

Art. L. 1251-63. Les litiges relatifs à une mission d'intérim opposant le salarié et la personne publique utilisatrice gérant un service public administratif sont portés devant la juridiction administrative.

CHAPITRE II Contrat conclu avec une entreprise de travail à temps partagé

Note Voir P-Y Verkindt, «Groupements d'employeurs et travail à temps partagé après la loi du 2 août 2005 en faveur des petites et moyennes entreprises», Dr. Soc. 2005, p. 1333.

SECTION 1. Définitions

Art. L. 1252-1. Le recours au travail à temps partagé a pour objet la mise à disposition d'un salarié par une entreprise de travail à temps partagé au bénéfice d'un client utilisateur pour l'exécution d'une mission.

Chaque mission donne lieu à la conclusion:

1° D'un contrat de mise à disposition entre l'entreprise de travail à temps partagé et le client utilisateur dit " entreprise utilisatrice ";

2° D'un contrat de travail, dit " contrat de travail à temps partagé ", entre le salarié et son employeur, l'entreprise de travail à temps partagé.

Note • Sur l'expérimentation, jusqu'au 31 décembre 2023 et par dérogation aux articles L. 1252-1 à 13 CT, de la possibilité pour un entrepreneur de travail à temps partagé de proposer un contrat de travail à temps partagé aux fins d'employabilité aux personnes rencontrant des difficultés particulières d'insertion professionnelle, qui sont inscrites à Pôle emploi depuis au moins six mois, bénéficiaires de minima sociaux, handicapées, âgées de plus de cinquante ans ou de niveaux de formation V, V *bis* ou VI, voir loi 2018-771 du 5 septembre 2018, art. 115, JO 6, modifié par loi 2020-1577 du 14 décembre 2020, art. 15, JO 15. Voir aussi RDT, octobre 2018, CH, 671, S. Tournaux.

• P. Fadeuilhe, «Regard critique sur " l'entreprise de travail à temps partagé "», SSL 21 novembre 2005, p. 6.

Art. L. 1252-2. Est un entrepreneur de travail à temps partagé toute personne physique ou morale dont l'activité exclusive, nonobstant les dispositions de l'article L. 8241-1, est de mettre à disposition d'entreprises utilisatrices du personnel qualifié qu'elles ne peuvent recruter elles-mêmes en raison de leur taille ou de leurs moyens.

Les salariés mis à disposition le sont pour des missions qui peuvent être à temps plein ou à temps partiel.

Note À la différence de ce qui existe pour les entreprises de travail temporaire et pour les groupements d'employeurs, la loi n'institue aucun contrôle préalable à l'exercice de cette activité par l'administration du travail.

Art. L. 1252-3. Les entreprises de travail temporaire peuvent exercer l'activité d'entreprise de travail à temps partagé.

SECTION 2. Contrat de travail à temps partagé

Art. L. 1252-4. Le contrat de travail à temps partagé est réputé être à durée indéterminée.

Art. L. 1252-5. Lorsque la mise à disposition du salarié s'effectue hors du territoire métropolitain, le contrat de travail à temps partagé contient une clause de rapatriement du salarié à la charge de l'entreprise de travail à temps partagé.

Cette clause devient caduque en cas de rupture du contrat de travail à l'initiative du salarié.

Art. L. 1252-6. La rémunération versée au salarié mis à disposition ne peut être inférieure à celle d'un salarié de niveau de qualification professionnelle identique ou équivalent occupant le même poste ou les mêmes fonctions dans l'entreprise utilisatrice.

Art. L. 1252-7. Pendant la durée de la mise à disposition, l'entreprise utilisatrice est responsable des conditions d'exécution du travail telles qu'elles sont déterminées par les dispositions légales et conventionnelles applicables au lieu de travail.

Art. L. 1252-8. Le salarié mis à disposition a accès dans l'entreprise utilisatrice aux moyens de transport collectifs et aux installations collectives, notamment de restauration, dont peuvent bénéficier les salariés de cette entreprise, dans les mêmes conditions que ces derniers.

Lorsque des dépenses supplémentaires incombent au ***(Ord. 2017-1386 du 22 sept. 2017, art. 4, 20°, JO 23, entrée en vigueur au plus tard le 01.01.2018)*** «comité social et économique», celles-ci lui sont remboursées suivant des modalités définies au contrat de mise à disposition.

Art. L. 1252-9. La rupture du contrat de travail à temps partagé est réalisée selon les dispositions prévues au titre III, relative aux règles de rupture du contrat de travail à durée indéterminée.

SECTION 3. Contrat de mise à disposition et entreprise de travail à temps partagé

Art. L. 1252-10. Le contrat de mise à disposition établi pour chaque salarié comporte :

1° Le contenu de la mission ;
2° La durée estimée de la mission ;
3° La qualification professionnelle du salarié ;
4° Les caractéristiques particulières du poste de travail ou des fonctions occupées ;
5° Le montant de la rémunération et ses différentes composantes.

Art. L. 1252-11. Toute clause tendant à interdire le recrutement du salarié mis à disposition par l'entreprise utilisatrice à l'issue de sa mission est réputée non écrite.

Art. L. 1252-12. L'entreprise de travail à temps partagé peut apporter à ses seules entreprises utilisatrices des conseils en matière de gestion des compétences et de la formation.

Art. L. 1252-13. L'entrepreneur de travail à temps partagé justifie, à tout moment, d'une garantie financière assurant, en cas de défaillance de sa part, le paiement:

1° Des salaires et de leurs accessoires;

2° Des cotisations obligatoires dues à des organismes de sécurité sociale ou à des institutions sociales.

CHAPITRE III Contrats conclus avec un groupement d'employeurs

Note • Les dispositions relatives aux groupements d'employeurs ont été introduites dans le code par la loi 85-772 du 25 juillet 1985 portant diverses dispositions d'ordre social (JO 26) et le décret 86-523 du 13 mars 1986 portant application des articles L. 127-1 à L. 127-7 [L. 1253-1 et s.] CT et relatif aux groupements d'employeurs (JO 16). Elles ont fait l'objet de plusieurs modifications, notamment par les lois 87-588 du 30 juillet 1987 (JO 31), 93-1313 du 20 décembre 1993 (JO 21) commentée par la circulaire ministérielle DRT 94-6 du 20 mai 1994 (BO MT 94/13, p. 71), 2000-37 du 19 janvier 2000 (JO 20), 2005-157 du 23 février 2005 (JO 24), 2005-882 du 2 août 2005 (JO 3), 2006-11 du 5 janvier 2006 (JO 6), 2009-1437 du 24 novembre 2009 (JO 25), l'ordonnance 2010-462 du 6 mai 2010 (JO 7), la loi 2011-893 du 28 juillet 2011 (JO 29) ouvrant notamment à toutes les entreprises, quel que soit leur effectif, la possibilité d'adhérer ou de devenir membre d'un groupement d'employeurs (art. L. 1253-5 abrogé), puis les lois 2014-288 du 5 mars 2014 (JO 6) et 2016-1088 du 8 août 2016 (JO 9).

• À noter que si les dispositions de la loi 93-1313 du 20 décembre 1993 créant les «groupements locaux d'employeurs» (art. 13, IV) ont été abrogées par la loi 2000-37 du 19 janvier 2000, les groupements locaux d'employeurs constitués avant le 20.01.2000 peuvent recevoir de nouvelles adhésions dans des conditions définies aux sixième et septième alinéas de l'article L. 127-1 [L. 1253-5 (abrogé par loi 2011-893 précitée, art. 33) et L. 1253-7] CT (loi 2000-37 précitée, art. 27, VII, modifié par loi 2005-882 précitée, art. 20).

• Voir notamment J. Dalichoux et P. Fadeuilhe, «Les groupements d'employeurs», éd. Liaisons 2008; Dr. Soc. 2012, p. 870, dossier «Redécouvrir les groupements d'employeurs», L. Casaux-Labrunée; C. André, «De la mise à disposition des salariés par un groupement d'employeurs: approche pratique», Dr. Soc. 2019, p. 130.

Voir aussi l'avis du Conseil économique, social et environnemental (CESE) sur les groupements d'employeurs, adopté le 13 novembre 2018, en particulier ses préconisations en vue de renforcer l'attractivité de ces groupements, dont l'objet est de «répondre à des besoins d'emplois et de compétences des entreprises adhérentes en mutualisant ces besoins pour consolider des emplois trop partiels qui n'auraient pu être créés à temps plein sans mutualisation», et leur capacité à se structurer (*https://www.lecese.fr*, rubrique «Travaux adoptés»; LSQ n° 17693 du 15.11.2018).

• Sur les *sanctions pénales* encourues, voir ci-après articles L. 1255-13 et R. 1255-8 et 9.

SECTION 1. Groupement d'employeurs entrant dans le champ d'application d'une même convention collective

Sous-section 1. Objet

Art. L. 1253-1. Des groupements de personnes entrant dans le champ d'application d'une même convention collective peuvent être constitués dans le but de mettre à la disposition de leurs membres des salariés liés à ces groupements par un contrat de travail. ***(L. 2009-1437 du 24 nov. 2009, art. 17, JO 25)*** «Cette mise à disposition peut avoir pour objet de permettre le remplacement de salariés suivant une action de formation prévue par le présent code.»

Ils peuvent également apporter à leurs membres leur aide ou leur conseil en matière d'emploi ou de gestion des ressources humaines.

(L. 2014-288 du 5 mars 2014, art. 20, IV, 1°, JO 6) «Les groupements qui organisent des parcours d'insertion et de qualification pour les salariés rencontrant des difficultés d'insertion qu'ils mettent à la disposition de leurs membres peuvent être reconnus comme des groupements d'employeurs pour l'insertion et la qualification dans des conditions fixées par décret.»

(L. 2014-288 du 5 mars 2014, art. 20, IV, 1°, JO 6) «Les groupements mentionnés au présent article ne» peuvent se livrer qu'à des opérations à but non lucratif.

Art. L. 1253-2

Note • La circulaire DRT 94-6 du 20 mai 1994 insiste sur le fait qu'un groupement d'employeurs ne peut en aucun cas mettre ses salariés à la disposition d'entreprises non membres du groupement. Elle rappelle également que les groupements d'employeurs ne peuvent effectuer que des opérations de prêt de main-d'œuvre à but non lucratif, ce qui les distingue nettement des entreprises de travail temporaire.

• L'article L. 127-1 [L. 1253-1] permet à des employeurs de se grouper en association pour mettre à la disposition de ses membres des salariés liés au groupement par un contrat de travail, à condition, toutefois, que l'activité du groupement ne porte pas atteinte aux dispositions législatives relatives à l'exercice de certaines professions (cass. crim. 19 mai 2004, n° 03-83.647, B. crim. n° 128; RJS 11/04 n° 1211: en l'espèce, il s'agissait de la profession d'expert-comptable protégée par l'ordonnance du 19 septembre 1945).

• Sur les modalités de reconnaissance de la qualité de groupement d'employeur pour l'insertion et la qualification (GEIQ), voir ci-après articles D. 1253-45 à 49.

Sous-section 2. Constitution et adhésion

Art. L. 1253-2. Les groupements d'employeurs sont constitués sous l'une des formes suivantes:

1° Association régie par la loi du 1er juillet 1901 relative au contrat d'association;

2° Société coopérative au sens de la loi n° 47-1775 du 10 septembre 1947 portant statut de la coopération et de la loi n° 83-657 du 20 juillet 1983 relative au développement de certaines activités d'économie sociale;

3° Association régie par le code civil local ou coopérative artisanale dans les départements de la Moselle, du Bas-Rhin et du Haut-Rhin.

Note Si l'association qui gère le groupement d'employeurs est admise au bénéfice d'une procédure de redressement ou de liquidation judiciaires, les salaires des salariés de ce groupement sont, en dernier ressort, garantis par l'AGS, étant précisé que la solidarité financière instituée au sein d'un groupement d'employeurs concerne les seules dettes contractées par le groupement d'employeurs à l'égard de ses seuls salariés et des organismes créanciers de cotisations sociales. La responsabilité des membres ne pourra être engagée que dans le cas où le groupement lui-même serait défaillant. En revanche, le code du travail n'a pas entendu créer une solidarité financière entre les membres d'un groupement d'employeurs pour les dettes que ces membres pourraient contracter à raison des contrats de travail conclus avec leurs propres salariés. En effet, en cas de défaillance de l'un des membres du groupement d'employeurs, les autres membres ne sont pas solidairement responsables des dettes de ce membre concernant ses propres salariés. Dans une telle situation, c'est le dispositif de droit commun de l'assurance garantie des salaires qui trouvera à s'appliquer (rép. QE 4219, JO Sén. 24 avril 2003, p. 1396).

Art. L. 1253-3. ***(L. 2016-1088 du 8 août 2016, art. 89, I, JO 9)*** Sont également considérées comme des groupements d'employeurs les sociétés coopératives existantes qui développent, au bénéfice exclusif de leurs membres, les activités mentionnées à l'article L. 1253-1. Le présent chapitre leur est applicable dans des conditions déterminées par décret en Conseil d'État.

Art. L. 1253-6. Lorsqu'un groupement d'employeurs se constitue, il en informe l'inspection du travail.

La liste des membres du groupement est tenue en permanence à la disposition de l'***(L. 2016-1088 du 8 août 2016, art. 113, III, 1°, JO 9)*** «agent de contrôle de l'inspection du travail mentionné à l'article L. 8112-1» au siège du groupement.

Art. D. 1253-1. Pour l'application de l'article L. 1253-6, le groupement d'employeurs adresse à l'inspection du travail dont relève son siège social, dans le mois suivant sa constitution, les informations et documents suivants:

1° Le nom, le siège social et la forme juridique du groupement;

2° Les noms, prénoms et domicile des dirigeants du groupement;

3° Les statuts;

4° Une copie de l'extrait de déclaration d'association publiée au *Journal officiel* de la République française ou, dans les départements du Haut-Rhin, du Bas-Rhin et de la Moselle, une copie de l'inscription au registre des associations ou le numéro d'immatriculation de la coopérative artisanale au registre du commerce et des sociétés;

5° Une liste des membres du groupement comportant pour chacun d'eux:

a) Lorsqu'il s'agit d'une personne morale, son siège et l'adresse de ses établissements, ainsi que la nature de sa ou de ses activités;

b) Lorsqu'il s'agit d'une personne physique, son adresse et, le cas échéant, le siège de l'entreprise au titre de laquelle elle adhère au groupement ainsi que la nature de la ou des activités et l'adresse des établissements;

c) Le nombre de salariés qu'il occupe ;
6° La convention collective dans le champ d'application de laquelle entre le groupement.

Art. D. 1253-2. La note d'information, datée et signée par la personne habilitée à cet effet par le groupement d'employeurs, est adressée par lette recommandée avec avis de réception.

Art. D. 1253-3. Le groupement d'employeurs informe l'inspecteur du travail de toute modification apportée aux informations mentionnées aux 1° à 3°, aux *a* et *b* du 5° et au 6° de l'article D. 1253-1, dans un délai d'un mois suivant la modification.

Art. L. 1253-7. Les employeurs qui adhèrent à un groupement d'employeurs informent les institutions représentatives du personnel existant dans leur entreprise de la constitution et de la nature du groupement d'employeurs.

Art. L. 1253-8. Les membres du groupement sont solidairement responsables de ses dettes à l'égard des salariés et des organismes créanciers de cotisations obligatoires. ***(L. 2011-893 du 28 juil. 2011, art. 35 et 36, JO 29, entrée en vigueur le 01.11.2011)*** «Par dérogation, les statuts des groupements d'employeurs peuvent prévoir, sur la base de critères objectifs, des règles de répartition de ces dettes entre les membres du groupement, opposables aux créanciers. Ils peuvent également prévoir des modalités de responsabilité spécifiques pour les collectivités territoriales membres du groupement.»

Note Le groupement d'employeurs, auquel les salariés sont liés par des contrats de travail, est débiteur des sommes qui leur sont dues à ce titre. Mais, en cas de liquidation judiciaire de l'employeur, l'AGS doit faire l'avance des sommes nécessaires au règlement des créances résultant de la rupture des contrats de travail, peu important que les associés du groupement soient solidairement responsables du passif salarial, dès lors que le représentant des créanciers ne dispose pas des fonds nécessaires (cass. soc. 9 mars 2004, n° 02-41.851, BC V n° 74; RJS 5/04 n° 542).

Art. L. 1253-8-1. ***(L. 2016-1088 du 8 août 2016, art. 89, II, JO 9)*** Pour l'application du présent code, à l'exception de sa deuxième partie, les salariés mis à la disposition, en tout ou partie, d'un ou de plusieurs de ses membres par un groupement d'employeurs ne sont pas pris en compte dans l'effectif de ce groupement d'employeurs.

Sous-section 3. Conditions d'emploi et de travail

Art. L. 1253-9. Les contrats de travail conclus par le groupement sont établis par écrit. Ils comportent notamment :
1° Les conditions d'emploi et de rémunération ;
2° La qualification professionnelle du salarié ;
3° La liste des utilisateurs potentiels ;
4° Les lieux d'exécution du travail.

(L. 2011-893 du 28 juil. 2011, art. 31, JO 29, entrée en vigueur le 01.11.2011) «Ils garantissent l'égalité de traitement en matière de rémunération, d'intéressement, de participation et d'épargne salariale entre le salarié du groupement et les salariés des entreprises auprès desquelles il est mis à disposition.»

Art. L. 1253-10. Les salariés du groupement bénéficient de la convention collective dans le champ d'application de laquelle le groupement a été constitué.

Art. L. 1253-11. Sans préjudice des conventions de branche ou des accords professionnels applicables aux groupements d'employeurs, les organisations professionnelles représentant les groupements d'employeurs et les organisations syndicales de salariés représentatives peuvent conclure des accords collectifs de travail .

Note Cet article a été modifié par la loi 2011-893 du 28 juillet 2011, art. 34, JO 29, entrée en vigueur le 01.11.2011.

Art. L. 1253-12. Pendant la durée de la mise à disposition, l'utilisateur est responsable des conditions d'exécution du travail telles qu'elles sont déterminées par les dispositions légales et conventionnelles applicables au lieu de travail.

Pour l'application de ces dispositions, les conditions d'exécution du travail comprennent limitativement ce qui a trait à :
1° La durée du travail ;
2° Le travail de nuit ;
3° Le repos hebdomadaire et les jours fériés ;

4° La santé et la sécurité au travail;
5° Le travail des femmes, des enfants et des jeunes travailleurs;
(L. 2011-893 du 28 juil. 2011, art. 37, JO 29, entrée en vigueur le 01.11.2011) «6° L'exercice de la fonction de maître d'apprentissage définie à la section 3 du chapitre III du titre II du livre II de la sixième partie.»

Art. L. 1253-13. Les obligations relatives à la médecine du travail sont à la charge du groupement.

Lorsque l'activité exercée par le salarié mis à disposition nécessite une surveillance médicale renforcée au sens de la réglementation relative à la médecine du travail, les obligations correspondantes sont à la charge de l'utilisateur.

Art. L. 1253-14. Les salariés du groupement ont accès dans l'entreprise utilisatrice aux moyens collectifs de transport et aux installations collectives, notamment de restauration, dont peuvent bénéficier les salariés de l'entreprise utilisatrice, dans les mêmes conditions que ces derniers.

Art. L. 1253-15. Un salarié mis à disposition par un groupement d'employeurs peut bénéficier d'une délégation de pouvoir du chef d'entreprise de l'entreprise utilisatrice dans les mêmes conditions qu'un salarié de cette entreprise.

Sous-section 4. Actions en justice

Art. L. 1253-16. Les organisations syndicales représentatives dans l'entreprise utilisatrice ou dans le groupement peuvent exercer en justice les actions civiles nées en vertu des dispositions du présent chapitre en faveur des salariés du groupement.

Elles peuvent exercer ces actions sans avoir à justifier d'un mandat de l'intéressé pourvu que celui-ci ait été averti et n'ait pas déclaré s'y opposer.

Le salarié peut toujours intervenir à l'instance engagée par le syndicat.

SECTION 2. Groupement d'employeurs n'entrant pas dans le champ d'application d'une même convention collective

Art. L. 1253-17. Des personnes n'entrant pas dans le champ d'application de la même convention collective peuvent constituer un groupement d'employeurs à condition de déterminer la convention collective applicable à ce groupement.

Le groupement ainsi constitué ne peut exercer son activité qu'après déclaration auprès de l'autorité administrative qui peut s'opposer à l'exercice de cette activité dans des conditions déterminées par voie réglementaire.

Note Voir P. Fadeuilhe, «Groupement d'employeurs multisectoriel: détermination de la convention collective applicable», BS Lefebvre 06/04, p. 307.

Art. L. 1253-18. Sous réserve des dispositions particulières applicables aux groupements d'employeurs mentionnés à l'article L. 1253-17, les dispositions de la section 1 s'appliquent aux groupements d'employeurs n'entrant pas dans le champ d'application d'une même convention collective.

Note Sous l'effet conjugué de rapports parlementaires, notamment celui rédigé en avril 2001 par le sénateur R. Piras, d'expériences réussies et de prises en compte des avantages potentiels, le législateur, dans la loi 2005-157 du 23 février 2005 sur le développement des territoires ruraux (JO 24), a autorisé l'ouverture encadrée des groupements d'employeurs aux collectivités territoriales.

La loi d'orientation agricole 2006-11 du 5 janvier 2006 (JO 6) s'est également inscrite dans cette perspective. La portée de cette réforme va au-delà du domaine des groupements d'employeurs. Elle vise en effet à établir des passerelles sur un même territoire entre le secteur public et le secteur privé autour des questions ayant trait à l'emploi.

Voir P. Fadeuilhe, «L'ouverture des groupements d'employeurs aux collectivités territoriales et à leurs établissements publics», BS Lefebvre 12/06, p. 673.

Sous-section 1 (réglementaire). Déclaration

Art. D. 1253-4. La déclaration d'activité prévue à l'article L. 1253-17 est adressée au ***(D. 2020-1545 du 9 déc. 2020, JO 10, entrée en vigueur le 01.04.2021)*** «directeur régional de l'économie, de l'emploi, du travail et des solidarités» du département dans lequel le groupement d'employeurs a son siège social.

Lorsque le contrôle du respect de la législation du travail par les différents membres du groupement relève de plusieurs autorités administratives, la déclaration est adressée au ***(D. 2020-1545 du 9 déc. 2020, JO 10, entrée en vigueur le 01.04.2021)*** « directeur régional de l'économie, de l'emploi, du travail et des solidarités ».

Cette déclaration, datée et signée par la personne habilitée à cet effet par le groupement, est adressée par lette recommandée avec avis de réception.

Note Cet article a été modifié par le décret 2008-1510 du 30 décembre 2008, JO 31.

Art. D. 1253-5. La déclaration d'activité du groupement d'employeurs comporte :
1° Les informations mentionnées aux articles D. 1253-1 ;
2° L'intitulé de la convention collective dans le champ d'application de laquelle entre chacun de ses membres ;
3° La convention collective qu'il souhaite appliquer ;
4° Le nombre et la qualification des salariés qu'il envisage d'employer.

Art. D. 1253-6. Le groupement d'employeurs informe le ***(D. 2020-1545 du 9 déc. 2020, JO 10, entrée en vigueur le 01.04.2021)*** « directeur régional de l'économie, de l'emploi, du travail et des solidarités » de toute modification apportée aux informations mentionnées aux articles D. 1253-1, dans un délai d'un mois à compter de la modification.

Le groupement adresse une nouvelle déclaration lorsqu'il envisage de changer de convention collective.

Sous-section 2 (réglementaire). Opposition

Art. D. 1253-7. Lorsque la convention collective choisie par le groupement d'employeurs n'apparaît pas adaptée aux classifications professionnelles, aux niveaux d'emploi des salariés ou à l'activité des différents membres du groupement, ou lorsque les dispositions légales relatives aux groupements d'employeurs ne sont pas respectées au moment de la déclaration, l'autorité administrative dispose d'un délai d'un mois à compter de la réception de la déclaration pour notifier au groupement qu'elle s'oppose à l'exercice de son activité.

La notification est adressée par lettre recommandée avec avis de réception.

À défaut d'opposition notifiée dans le délai prévu au premier alinéa, le groupement peut exercer son activité.

Art. D. 1253-8. À tout moment, l'autorité administrative peut, par décision motivée, notifier son opposition à l'exercice de l'activité du groupement d'employeurs :
1° Lorsque cet exercice ne respecte pas les dispositions légales relatives aux groupements d'employeurs ;
2° Lorsque les stipulations de la convention collective choisie ne sont pas respectées ou lorsque celle-ci a été dénoncée ;
3° Lorsqu'il n'est plus satisfait aux conditions prévues au premier alinéa de l'article D. 1253-7.

Art. D. 1253-9. Lorsque le contrôle de l'application de la législation du travail par les différents membres du groupement d'employeurs relève de plusieurs autorités administratives, le ***(D. 2020-1545 du 9 déc. 2020, JO 10, entrée en vigueur le 01.04.2021)*** « directeur régional de l'économie, de l'emploi, du travail et des solidarités » ne peut s'opposer à l'exercice de l'activité du groupement qu'après avoir recueilli l'accord des autres autorités administratives compétentes.

Art. D. 1253-10. Le groupement d'employeurs est informé au préalable des motifs de l'opposition envisagée à la poursuite de son activité et invité à présenter ses observations dans un délai d'un mois suivant la réception de cet avis.

Art. D. 1253-11. La décision d'opposition fixe le délai dans lequel il cesse son activité. Ce délai ne peut être supérieur à trois mois.

La décision lui est notifiée par lettre recommandée avec avis de réception.

Sous-section 3 (réglementaire). Recours administratif

Art. R. 1253-12. La décision d'opposition peut faire l'objet d'un recours auprès du ***(D. 2020-1545 du 9 déc. 2020, JO 10, entrée en vigueur le 01.04.2021)*** « directeur régional de l'économie, de l'emploi, du travail et des solidarités ».

Lorsque le contrôle du respect de la réglementation du travail par les membres du groupement relève de plusieurs autorités administratives, le recours est exercé auprès du ***(D. 2020-1545 du 9 déc. 2020, JO 10, entrée en vigueur le 01.04.2021)*** « directeur régional de l'économie, de l'emploi, du travail et des solidarités », qui prend sa décision après accord de ces autorités.

Note Cet article a été modifié par le décret 2008-1503 du 30 décembre 2008, JO 31.

Art. R. 1253-13. Le recours prévu à l'article R. 1253-12 est formé dans un délai d'un mois à compter de la notification de la décision contestée.

La décision est notifiée au demandeur par lettre recommandée avec avis de réception dans un délai d'un mois à compter de la réception du recours.

À défaut de notification dans ce délai, le recours est réputé rejeté.

SECTION 3 (réglementaire). Groupement d'employeurs pour le remplacement de chefs d'exploitation agricole ou d'entreprises artisanales, industrielles ou commerciales ou de personnes physiques exerçant une profession libérale

Sous-section 1. Objet et adhésion

Art. R. 1253-14. Un groupement d'employeurs peut être constitué pour mettre des remplaçants à la disposition :

1° De chefs d'exploitations ou d'entreprises mentionnées aux 1° à 4° de l'article L. 722-1 du code rural ***(Ord. 2010-462 du 6 mai 2010, JO 7)*** « et de la pêche maritime » ;

2° Des chefs d'entreprises artisanales, industrielles ou commerciales ;

3° Des personnes physiques exerçant une profession libérale et des membres non salariés de leur famille travaillant sur l'exploitation ou dans l'entreprise et de leurs salariés.

Art. R. 1253-15. Le groupement d'employeurs mentionné à l'article R. 1253-14 a pour activité principale le remplacement des personnes mentionnées à cet article en cas :

1° Soit d'empêchement temporaire résultant de maladie, d'accident, de maternité ou de décès ;

2° Soit d'absences temporaires liées aux congés de toute nature, au suivi d'une action de formation professionnelle ou à l'exercice d'un mandat professionnel, syndical ou électif.

Art. R. 1253-16. L'activité principale du groupement d'employeurs représente au moins 80 % des heures de travail accomplies dans l'année civile par les salariés du groupement.

Art. R. 1253-17. Les personnes mentionnées à l'article R. 1253-14 dont l'exploitation, l'entreprise ou le local professionnel est situé dans le ressort géographique du groupement d'employeurs, tel que précisé dans les statuts, ont seules vocation à y adhérer.

Art. R. 1253-18. Seules les personnes mentionnées à l'article R. 1253-14 ayant adhéré au groupement peuvent bénéficier de la mise à disposition d'un salarié par ce dernier.

Sous-section 2. Agrément

§ 1. Demande d'agrément

Art. R. 1253-19. Le groupement d'employeurs adresse une demande d'agrément au ***(D. 2020-1545 du 9 déc. 2020, JO 10, entrée en vigueur le 01.04.2021)*** « directeur régional de l'économie, de l'emploi, du travail et des solidarités » du département dans lequel le groupement d'employeurs a son siège social.

Lorsque le contrôle du respect de la législation du travail par les différents membres du groupement relève de plusieurs autorités administratives, la déclaration est adressée au ***(D. 2020-1545 du 9 déc. 2020, JO 10, entrée en vigueur le 01.04.2021)*** « directeur régional de l'économie, de l'emploi, du travail et des solidarités ».

Note Cet article a été modifié par le décret 2008-1503 du 30 décembre 2008, JO 31.

Art. R. 1253-20. Sont joints à la demande d'agrément, les renseignements et les documents énumérés aux 1° à 5° de l'article D. 1253-1 ainsi que la convention collective que le groupement d'employeurs envisage d'appliquer.

La demande d'agrément est datée et signée par la personne habilitée à cet effet par le groupement.

Elle est adressée dans le mois suivant sa constitution, par lettre recommandée avec avis de réception.

§ 2. Délivrance de l'agrément

Art. R. 1253-21. Pour être agréé, le groupement d'employeurs doit répondre aux conditions suivantes :

1° La convention collective qu'il entend appliquer doit être la mieux adaptée à l'activité de ses différents membres et aux emplois exercés par ses salariés ;

2° Ses statuts doivent définir la zone géographique d'exécution des contrats de travail des salariés qu'il envisage d'employer et prévoir que ces contrats contiendront des clauses prenant en compte les sujétions liées aux changements de lieux d'emploi et à la durée des missions de ces salariés.

Art. R. 1253-22. L'autorité administrative dispose d'un délai d'un mois suivant la réception de la demande d'agrément pour notifier sa décision au groupement d'employeurs. En cas de refus, la décision est motivée.

Cette notification est adressée par lettre recommandée avec avis de réception.

À défaut de notification dans le délai d'un mois suivant la réception de la demande, l'agrément est réputé refusé.

Art. R. 1253-23. Les organisations d'employeurs et de salariés représentatives dans le champ de la convention collective choisie sont informées par l'autorité administrative des agréments délivrés.

Art. R. 1253-24. Le groupement d'employeurs fait connaître ultérieurement à l'autorité administrative toute modification des informations mentionnées aux 1° à 3° de l'article D. 1253-1 dans un délai d'un mois suivant la modification.

Art. R. 1253-25. Le groupement d'employeurs tient en permanence à la disposition de l'autorité administrative tous les documents permettant à celle-ci de vérifier, pour chaque adhérent du groupement, les indications mentionnées au 5° de l'article D. 1253-1 et de connaître le motif, le lieu et la durée des interventions de chacun des salariés du groupement.

Ces justificatifs sont conservés pendant une durée minimale de cinq ans suivant l'année civile au cours de laquelle ils ont été établis, sous réserve des dispositions légales plus contraignantes.

Art. R. 1253-26. L'autorité administrative peut demander au groupement d'employeurs de choisir une autre convention collective lorsque celle qui est appliquée n'apparaît plus adaptée à l'activité des différents membres du groupement ou aux emplois exercés par les salariés, ou lorsque cette convention a cessé de produire effet.

§ 3. Retrait d'agrément

Art. R. 1253-27. L'autorité administrative peut mettre fin à l'agrément du groupement, par décision motivée :

1° Lorsque ne sont pas respectées les dispositions légales relatives aux groupements d'employeurs ;

2° Lorsque les stipulations de la convention collective choisie ne sont pas respectées ;

3° Lorsque le groupement ne donne pas suite à la demande de l'autorité administrative de choisir une nouvelle convention collective en application de l'article R. 1253-26.

Art. R. 1253-28. Le groupement d'employeurs est informé au préalable des motifs du projet de retrait de l'agrément et invité à présenter ses observations dans un délai d'un mois suivant la réception de l'avis.

Art. R. 1253-29. La décision de retrait d'agrément est notifiée au groupement d'employeurs par lettre recommandée avec avis de réception.

Le groupement cesse son activité dans un délai fixé par la décision de retrait. Ce délai ne peut dépasser trois mois.

§ 4. Recours hiérarchique

Art. R. 1253-30. Les décisions de délivrance d'agrément, de changement de convention collective et de retrait d'agrément du groupement d'employeurs peuvent faire l'objet d'un recours auprès de l'autorité mentionnée à l'article R. 1253-12 dans un délai d'un mois à compter de la notification de la décision contestée.

Art. R. 1253-31. L'autorité administrative saisie d'un recours dispose d'un délai de quinze jours pour prendre sa décision à compter de sa saisine.

Art. R. 1253-32. Lorsque le contrôle du respect de la réglementation du travail par les membres du groupement relève de plusieurs autorités administratives, la décision est prise par le ***(D. 2020-1545 du 9 déc. 2020, JO 10, entrée en vigueur le 01.04.2021)*** « directeur régional de l'économie, de l'emploi, du travail et des solidarités » après accord de ces autorités.

Art. R. 1253-33. La décision est notifiée au requérant par lettre recommandée avec avis de réception dans un délai d'un mois à compter de la réception du recours.

À défaut de notification dans ce délai, le recours est réputé rejeté.

Sous-section 3. **Contrats de travail**

Art. R. 1253-34. Dans les contrats de travail conclus par le groupement d'employeurs mentionnés à l'article R. 1253-14, la zone géographique d'exécution du contrat de travail vaut mention de la liste des utilisateurs potentiels.

Les contrats de travail prévoient des déplacements limités.

SECTION 4 (réglementaire). Groupements d'employeurs constitués au sein d'une société coopérative existante

Sous-section 1. Constitution

Art. R. 1253-35. La société coopérative qui entend développer l'activité de groupement d'employeurs prévue à l'article L. 1253-1 mentionne dans ses statuts, préalablement à son exercice effectif, cette activité ainsi que la responsabilité solidaire des associés pour les dettes qui en résulte à l'égard des salariés et des organismes créanciers de cotisations obligatoires.

Art. R. 1253-36. Les moyens de toute nature affectés au groupement d'employeurs constitué au sein d'une coopérative sont identifiés à l'intérieur de la société coopérative et la comptabilité afférente à ses opérations est séparée.

Art. R. 1253-37. La société coopérative déclare l'exercice d'une activité de groupement d'employeurs selon les modalités prévues aux articles D. 1253-1 à D. 1253-3.

Elle précise l'organisation qu'elle entend mettre en œuvre pour respecter les obligations de la présente section.

Sous-section 2. Conditions d'emploi et de travail

Art. R. 1253-38. La société coopérative peut recruter des salariés soit pour les affecter exclusivement à l'activité de groupement d'employeurs, soit pour les affecter à la fois à cette activité et à ses autres activités.

Art. R. 1253-39. Les dispositions des articles L. 1253-9 et L. 1253-10 s'appliquent au contrat de travail des salariés de la société coopérative dès lors qu'ils sont affectés, même partiellement, à l'activité de groupement d'employeurs.

Art. R. 1253-40. La société coopérative peut :

1° Mettre à la disposition de l'un des membres du groupement d'employeurs un des salariés qu'elle emploie qui n'est pas affecté à cette activité ;

2° Utiliser pour ses besoins propres un salarié affecté à l'activité de groupement d'employeurs.

Art. R. 1253-41. Dans les cas prévus à l'article R. 1253-40, l'employeur remet au salarié, par lettre recommandée ou par lettre remise contre récépissé, une proposition écrite d'avenant à son contrat de travail mentionnant la durée du changement d'affectation mentionnant la durée du changement d'affectation.

Cette lettre précise que le salarié dispose d'un délai de quinze jours à compter de sa réception pour faire connaître sa décision.

L'absence de réponse du salarié dans ce délai vaut refus de cette proposition.

L'employeur ne peut tirer aucune conséquence de ce refus sur la situation du salarié.

Art. R. 1253-42. Dans le cas d'une mise à disposition du salarié, prévue au 1° de l'article R. 1253-40, l'avenant comporte également les clauses prévues à l'article L. 1253-9.

SECTION 3. Groupement d'employeurs composé d'adhérents de droit privé et de collectivités territoriales

Art. L. 1253-19. Dans le but de favoriser le développement de l'emploi sur un territoire, des personnes de droit privé peuvent créer, avec des collectivités territoriales et leurs établissements publics ***(L. 2016-1088 du 8 août 2016, art. 90, JO 9)*** «ou avec des établissements publics de l'État», des groupements d'employeurs ***(L. 2016-1088 du 8 août 2016, art. 90, JO 9)*** «sous l'une des formes mentionnées à l'article L. 1253-2.»

Les collectivités territoriales et leurs établissements publics ne peuvent constituer plus de la moitié des membres des groupements créés en application du présent article.

Art. L. 1253-20. ***(L. 2011-893 du 28 juil. 2011, art. 38, JO 29, entrée en vigueur le 01.11.2011)*** Les tâches confiées aux salariés du groupement mis à disposition d'une collectivité territoriale ne peuvent constituer l'activité principale du groupement. Le temps consacré par chaque salarié aux tâches effectuées pour le compte des collectivités territoriales adhérentes ne peut excéder, sur l'année civile, ***(L. 2016-1888 du 28 déc. 2016, art. 49, JO 29)*** «les trois quarts» de la durée du travail contractuelle ou conventionnelle ou, à défaut, légale, calculée annuellement.

Art. L. 1253-21. Dans les conditions prévues au 8° de l'article 214 du code général des impôts, le groupement organise la garantie de ses dettes à l'égard des salariés et des organismes créanciers de cotisations obligatoires.

Art. L. 1253-22. Sous réserve des dispositions de la présente section, les dispositions des sections 1 et 2 s'appliquent aux groupements d'employeurs composés d'adhérents de droit privé et de collectivités territoriales.

Art. L. 1253-23. Un décret en Conseil d'État détermine les modalités de choix de la convention collective applicable au groupement ainsi que les conditions d'information de l'autorité administrative de la création du groupement.

Art. R. 1253-43. Lorsque les adhérents de droit privé du groupement d'employeurs comprenant des collectivités territoriales entrent dans le champ de la même convention collective, celle-ci s'applique au groupement constitué en application de l'article L. 1253-19.

Dans le cas contraire, tous les adhérents choisissent la convention collective qu'ils souhaitent voir appliquée par le groupement, sous réserve des dispositions de l'article D. 1253-7.

Art. R. 1253-44. La compétence de l'autorité administrative pour l'information prévue à l'article D. 1253-1 et la déclaration prévue aux articles D. 1253-4 et D. 1253-6 est appréciée en fonction des activités des seuls adhérents de droit privé.

SECTION 6 (réglementaire). Groupements d'employeurs pour l'insertion et la qualification

Art. D. 1253-45. ***(D. 2015-998 du 17 août 2015, JO 18, entrée en vigueur le 01.01.2016)*** Pour bénéficier de la reconnaissance de la qualité de groupement d'employeurs pour l'insertion et la qualification mentionnée à l'article L. 1253-1, le groupement d'employeurs doit répondre aux conditions fixées dans un cahier des charges établi par la Fédération française des groupements d'employeurs pour l'insertion et la qualification et approuvé par le ministre chargé de l'emploi.

Note
- Voir arrêté du 17 août 2015 (JO 18), modifié par arrêté du 21 septembre 2020 (JO 1er oct.), relatif aux modalités de reconnaissance des groupements d'employeurs pour l'insertion et la qualification.
- Voir aussi instruction DGEFP 2016-214 du 29 juin 2016 (BO MT 2016/8 du 30 août 2016) relative aux groupements d'employeurs pour l'insertion et la qualification (GEIQ).

Art. D. 1253-46. ***(D. 2015-998 du 17 août 2015, JO 18, entrée en vigueur le 01.01.2016)*** Les demandes de reconnaissance de la qualité de groupement d'employeurs pour l'insertion et la qualification sont adressées à la Fédération française des groupements d'employeurs pour l'insertion et la qualification selon un calendrier qu'elle diffuse.

Art. D. 1253-47. ***(D. 2015-998 du 17 août 2015, JO 18, entrée en vigueur le 01.01.2016)*** La reconnaissance de la qualité de groupement d'employeurs pour l'insertion et la qualification est attribuée pour une durée d'un an par la Fédération française des groupements d'employeurs pour l'insertion et la qualification, sur avis conforme d'une commission mixte nationale. Toutefois, la durée de la reconnaissance initiale est, le cas échéant, prolongée afin que la demande de renouvellement puisse être examinée après au moins une année d'activité en tant que groupement d'employeurs pour l'insertion et la qualification.

Art. D. 1253-48. ***(D. 2015-998 du 17 août 2015, JO 18, entrée en vigueur le 01.01.2016)*** La commission mixte nationale mentionnée à l'article D. 1253-47 se réunit sur convocation de la Fédération française des groupements d'employeurs pour l'insertion et la qualification, qui en assure le secrétariat. Elle comprend :

1° Trois représentants de l'État nommés par le ministre chargé de l'emploi ;

2° Trois représentants de la Fédération française des groupements d'employeurs pour l'insertion et la qualification nommés par le président de cette fédération.

Elle est présidée par une personnalité qualifiée désignée par la Fédération française des groupements d'employeurs pour l'insertion et la qualification, après avis favorable du ministre chargé de l'emploi.

Le président et les membres de la commission mixte nationale sont nommés pour une durée de quatre ans renouvelable.

Art. D. 1253-49. ***(D. 2015-998 du 17 août 2015, JO 18, entrée en vigueur le 01.01.2016)*** La Fédération française des groupements d'employeurs pour l'insertion et la qualification dispose d'un délai de quinze jours à compter de l'avis de la commission pour notifier sa décision au groupement d'employeurs par lettre recommandée avec demande d'avis de réception. La décision est motivée.

La décision de refus de reconnaissance de la qualité de groupement d'employeurs pour l'insertion et la qualification peut faire l'objet d'une demande de réexamen, dans un délai d'un mois à compter de sa notification, auprès de la Fédération française des groupements d'employeurs pour l'insertion et la qualification.

Art. L. 1253-24

La Fédération dispose d'un délai de quinze jours à compter de la réception de la demande de réexamen pour prendre une décision motivée sur avis conforme de la commission mentionnée à l'article D. 1253-47 et la notifier au demandeur par lettre recommandée avec demande d'avis de réception.

SECTION 4. Dispositions applicables à l'ensemble des groupements d'employeurs

Note Cette section a été introduite par la loi 2016-1088 du 8 août 2016, art. 88, JO 9.

Art. L. 1253-24. Un groupement d'employeurs est éligible aux aides publiques en matière d'emploi et de formation professionnelle dont auraient bénéficié ses entreprises adhérentes si elles avaient embauché directement les personnes mises à leur disposition.

Un décret fixe la nature des aides concernées et détermine les conditions d'application du présent article.

SECTION 7 (réglementaire). Accès des groupements d'employeurs aux aides publiques en matière d'emploi et de formation professionnelle au titre des entreprises adhérentes

Note Cette section a été introduite par le décret 2016-1763 du 16 décembre 2016, JO 18.

Art. D. 1253-50. Les aides mentionnées à l'article L. 1253-24 pouvant être accordées au groupement d'employeurs au titre des entreprises adhérentes du groupement d'employeurs sont les aides financières directes et les réductions et exonérations de cotisations et contributions sociales à la charge de l'employeur qui satisfont l'ensemble des conditions suivantes :

1° Elles ont pour objectif direct de créer des emplois ou d'améliorer l'adéquation entre l'offre et la demande de travail par des actions de formation professionnelle ;

2° Elles sont liées à un seuil d'effectif ou à l'embauche d'un premier salarié au sein d'une ou plusieurs entreprises adhérentes et auraient bénéficié à ce titre à l'entreprise adhérant au groupement si elle avait embauché directement les personnes mises à sa disposition ;

3° Elles ne peuvent bénéficier au groupement d'employeurs en tant qu'employeur direct.

Un arrêté des ministres chargés de l'emploi et du budget précise la liste de ces aides.

Note Voir arrêté du 16 décembre 2016 (JO 18) relatif à l'accès des groupements d'employeurs aux aides publiques en matière d'emploi et de formation professionnelle au titre de leurs entreprises adhérentes.

Art. D. 1253-51. Le groupement d'employeurs justifie auprès de l'organisme qui délivre l'aide que l'entreprise adhérente du groupement au titre de laquelle l'aide est accordée satisfait les conditions définies à l'article D. 1253-50.

Le montant de l'aide est celui dont aurait bénéficié l'entreprise adhérente si elle avait embauché directement le salarié mis à sa disposition.

Art. D. 1253-52. Le groupement d'employeurs informe les entreprises adhérentes de la nature, du nombre et du montant des aides perçues en application des dispositions de l'article L. 1253-24.

CHAPITRE IV Portage salarial

Note • Ce chapitre a été introduit par l'ordonnance 2015-380 du 2 avril 2015, JO 3, ratifiée par la loi 2016-1088 du 8 août 2016, art. 85, JO 9. Les dispositions de ce chapitre sont applicables à Mayotte à compter du 01.01.2022 (ordonnance 2017-1491 du 25 octobre 2017, art. 33, 3°, JO 26 et décret 2018-953 du 31 octobre 2018, art. 58, III, *a*, JO 6 nov.).

La loi 2008-596 du 25 juin 2008 de modernisation du marché du travail avait confié aux partenaires sociaux la mission d'organiser le portage salarial par accord de branche étendu. Un accord de branche sur le portage salarial avait donc été signé le 24 juin 2010 afin de préciser les modalités d'exercice et de recours au portage salarial. Étendu par arrêté du 24 mai 2013 (JO 8 juin), à l'exception d'une de ses dispositions (art. 2), cet accord était applicable depuis le 8 juin 2013 à toutes les entreprises de portage sous réserve de dispositions transitoires, ainsi qu'à toutes les entreprises clientes.

Cependant, saisi dans le cadre d'une QPC, le Conseil constitutionnel a, par décision du 11 avril 2014 (n° 2014-388, JO 13) déclaré inconstitutionnelles les dispositions du paragraphe III de l'article 8 de la loi de du 25 juin 2008 qui avaient confié l'organisation du portage salarial à la seule négociation collective.

Pour le Conseil constitutionnel, il appartenait au législateur – et non aux partenaires sociaux – d'organiser le portage salarial, en déterminant les conditions essentielles de l'exercice de cette activité économique et les principes applicables au salarié porté. Toutefois, pour permettre au législateur de tirer les conséquences de cette déclaration d'inconstitutionnalité, l'abrogation de la disposition était reportée au 1er janvier 2015. Prenant acte de cette décision, la loi 2014-1545 du 20 décembre 2014 (JO 21), dans son article 4, a autorisé le Gouvernement à prendre par ordonnance, dans un délai de 9 mois à compter de sa promulgation, toute mesure législative visant à déterminer les conditions essentielles de l'exercice du portage salarial et les principes applicables à la personne portée, à l'entreprise de portage et à l'entreprise cliente.

C'est dans ce contexte que l'ordonnance 2015-380 du 2 avril 2015, entrée en vigueur le 4 avril 2015, a redéfini le cadre juridique du portage salarial. Tirant à son tour les conséquences de la décision du Conseil constitutionnel, le Conseil d'État a, par un arrêt du 7 mai 2015, (n° 370986, RJS 8-9/15 n° 602) annulé l'arrêté d'extension du 24 mai 2013 de l'accord national relatif au portage salarial signé le 24 juin 2010. Toutefois, estimant que l'annulation rétroactive de cet arrêté serait à l'origine de graves incertitudes quant au statut et aux droits des salariés exerçant leur activité dans le cadre du portage salarial, le Conseil d'État a refusé de faire rétroagir cette nullité jusqu'au 24 mai 2013: sous réserve des actions contentieuses déjà engagées à la date de sa décision, les effets de l'arrêté du 24 mai 2013 antérieurs au 1er janvier 2015 doivent être regardés comme définitifs et les contrats de portage conclus avant le 1er janvier 2015 sur la base de l'accord étendu doivent être considérés comme valables.

• *Assurance chômage.* Voir circ. Unédic 2015-10 du 11 juin 2015 précisant les effets de l'ordonnance 2015-380 du 2 avril 2015.

• *Statut conventionnel.* La convention collective nationale des salariés en portage salarial (IDCC 3219) a été signée le 22 mars 2017 et étendue avec réserves par arrêté du 28 avril 2017 (JO 30); elle a pris effet au 1er juillet 2017 (sur le rejet de la demande d'annulation de l'arrêté d'extension du 28 avril 2017 précité, voir CE 6 novembre 2019, n° 412051, RJS 1/20 n° 56 et p. 15, concl. R. Chambon). Ces dispositions ont été complétées par deux avenants du 23 avril 2018 (avenants n° 1 et 2 relatifs, respectivement, au financement de la formation professionnelle et aux prélèvements sociaux, fiscaux et autres charges financées par le salarié porté) et sécurisées par un avenant n° 3 du 2 juillet 2018 relatif au traitement des réserves émises lors de l'extension de la convention collective (voir LS Dossier convention collective n° 202 du 08.11.2018, «Le portage salarial précise sa convention collective - Définition du portage, contrat de travail, obligations réciproques»); l'avenant n° 4 du 17 septembre 2018 relatif au compte-rendu d'activité a ensuite apporté des précisions sur les règles de déclaration des différents «temps d'activité» du salarié porté et de décompte de son activité, la durée du travail et le temps de repos, le suivi de la charge de travail et le droit à la déconnexion (voir LSQ n° 17721 du 27.12.2018). Les avenants n° 1 et 4 ont été étendus par arrêté du 16 octobre 2019 (JO 23). Trois nouveaux avenants ont enfin été conclus le 18 février 2020: avenants n° 6, 7 et 8 relatifs, respectivement, à la contribution conventionnelle à la formation professionnelle, à l'entretien professionnel et au dialogue social (voir LS Dossier convention collective n° 170 du 21.09.2020).

• *Sanctions pénales.* Voir ci-après articles L. 1255-14 à 18.

SECTION 1. **Définition et champ d'application**

Art. L. 1254-1. Le portage salarial désigne l'ensemble organisé constitué par:

1° D'une part, la relation entre une entreprise dénommée " entreprise de portage salarial " effectuant une prestation ***(L. 2016-1088 du 8 août 2016, art. 85, JO 9)*** «et» une entreprise cliente ***(L. 2016-1088 du 8 août 2016, art. 85, JO 9)*** «bénéficiant de cette prestation», qui donne lieu à la conclusion d'un contrat commercial de prestation de portage salarial;

2° D'autre part, le contrat de travail conclu entre l'entreprise de portage salarial et un salarié désigné comme étant le " salarié porté ", lequel est rémunéré par cette entreprise.

Art. L. 1254-2. I. – Le salarié porté justifie d'une expertise, d'une qualification et d'une autonomie qui lui ***(L. 2016-1088 du 8 août 2016, art. 85, JO 9)*** «permettent» de rechercher lui-même ses clients et de convenir avec eux des conditions d'exécution de sa prestation et de son prix.

II. – Le salarié porté bénéficie d'une rémunération minimale définie par accord de branche étendu. À défaut d'accord de branche étendu, le montant de la rémunération mensuelle minimale est fixé à 75 % de la valeur mensuelle du plafond de la sécurité sociale prévu à l'article L. 241-3 du code de la sécurité sociale pour une activité équivalant à un temps plein.

III. – L'entreprise de portage n'est pas tenue de fournir du travail au salarié porté.

SECTION 2. **Conditions et interdictions de recours au portage salarial**

Art. L. 1254-3. L'entreprise cliente ne peut avoir recours à un salarié porté que pour l'exécution d'une tâche occasionnelle ne relevant pas de son activité normale et permanente ou pour une prestation ponctuelle nécessitant une expertise dont elle ne dispose pas.

Art. L. 1254-4. I. – La prestation dans l'entreprise cliente ne peut avoir pour objet:

1° De remplacer un salarié dont le contrat de travail est suspendu à la suite d'un conflit collectif de travail;

2° D'effectuer certains travaux particulièrement dangereux figurant sur la liste prévue à l'article L. 4154-1 sauf dérogation prévue au même article.

II. – La durée de cette prestation ne peut excéder la durée de trente-six mois.

Art. L. 1254-5. Les activités de services à la personne mentionnées à l'article L. 7231-1 ne peuvent faire l'objet d'un contrat de travail en portage salarial.

Art. L. 1254-6. Les dispositions des titres III et IV du livre II de la huitième partie ne sont pas applicables au portage salarial exercé dans les conditions définies au présent chapitre.

SECTION 3. Contrat de travail

Sous-section 1. Dispositions communes

Art. L. 1254-7. Le contrat de travail est conclu entre l'entreprise de portage salarial et le salarié porté pour une durée déterminée ou indéterminée.

Art. L. 1254-8. La seule rupture du contrat commercial de prestation de portage salarial n'entraîne pas la rupture du contrat de travail du salarié. L'entreprise de portage salarial est redevable de la rémunération due au salarié porté correspondant à la prestation réalisée dans les conditions prévues aux articles L. 1254-15 et L. 1254-21.

Art. L. 1254-9. Le montant de l'indemnité d'apport d'affaire mentionnée aux articles L. 1254-15, L. 1254-21 et L. 1254-25 est défini par accord de branche étendu. À défaut d'accord de branche étendu, il est fixé à 5 % de la rémunération due au salarié porté.

Note Cet article a été modifié par la loi 2016-1088 du 8 août 2016, art. 85, IV, JO 9.

Sous-section 2. Le contrat de travail à durée déterminée

Art. L. 1254-10. Le contrat de travail à durée déterminée est conclu entre l'entreprise de portage salarial et le salarié porté pour la réalisation d'une prestation dans une entreprise cliente.

Note Sur la possibilité ouverte aux entreprises de portage salarial, à titre expérimental pour une durée de trois ans à compter du 1er janvier 2021, de conclure des contrats de professionnalisation à durée déterminée en application de l'article L. 1242-3 CT, voir loi 2020-1577 du 14 décembre 2020, art. 16, JO 15.

§ 1. Fixation du terme et durée du contrat

Art. L. 1254-11. Le contrat de travail comporte un terme fixé avec précision dès sa conclusion.

Toutefois, il peut ne pas comporter de terme précis lorsque le terme de l'objet pour lequel il a été conclu n'est pas connu. Il est alors conclu pour une durée minimale. Il a pour terme la réalisation de l'objet pour lequel il a été conclu.

Art. L. 1254-12. La durée totale du contrat à durée déterminée ne peut excéder dix-huit mois compte tenu, le cas échéant, ***(L. 2015-994 du 17 août 2015, art. 55, I, 7°, JO 18)*** «du ou des renouvellements» dans les conditions prévues à l'article L. 1254-17.

Note Les dispositions de cet article, dans sa rédaction issue de la loi 2015-994 précitée, sont applicables aux contrats en cours (loi précitée, art. 55, II).

Art. L. 1254-13. Par dérogation à l'article L. 1254-12, pour permettre au salarié porté de prospecter de nouveaux clients, le terme du contrat peut être reporté par accord entre l'entreprise de portage salarial et le salarié porté pour une durée maximale de trois mois.

§ 2. Forme, contenu et transmission du contrat

Art. L. 1254-14. Le contrat de travail est établi par écrit avec la mention: " contrat de travail en portage salarial à durée déterminée ".

Art. L. 1254-15. Le contrat de travail comporte notamment les clauses et mentions suivantes :

1° Clauses et mentions relatives à la relation entre l'entreprise de portage salarial et le salarié porté :

a) La date du terme et, le cas échéant, une clause de renouvellement lorsqu'il comporte un terme précis ;

b) Les modalités de calcul et de versement de la rémunération, de l'indemnité d'apport d'affaire, des charges sociales et fiscales, des frais de gestion et, le cas échéant, des frais professionnels ;

c) S'il y a lieu, les modalités de déduction des frais professionnels ;

d) Le descriptif des compétences, des qualifications et des domaines d'expertise du salarié porté ;

e) La durée de la période d'essai éventuellement prévue ;

f) Les modalités d'acquisition, de prise et de paiement des congés payés conformément aux dispositions des articles L. 3141-1 et suivants ;

g) Les nom et adresse de la caisse de retraite complémentaire ainsi que, le cas échéant, ceux de l'organisme de prévoyance dont relève l'entreprise de portage salarial ;

h) La périodicité de l'établissement par le salarié porté de comptes rendus d'activité ;

i) L'identité du garant financier de l'entreprise de portage salarial ;

2° Clauses et mentions relatives à la réalisation de la prestation de service de portage salarial :

a) L'identité et l'adresse de l'entreprise cliente ;

b) Le descriptif de l'objet de la prestation et ses conditions d'exécution par le salarié porté ;

c) La durée de la prestation ;

d) Le cas échéant, la durée minimale de la prestation et la nature de l'événement ou du résultat objectif déterminant la fin de la relation contractuelle, lorsque le terme est incertain et lié à la réalisation de la prestation ;

e) Le prix de la prestation convenu entre le salarié porté et l'entreprise cliente comprenant notamment le montant de la rémunération, de l'indemnité d'apport d'affaire, des prélèvements sociaux et fiscaux, des frais de gestion et le cas échéant des frais professionnels ;

f) La responsabilité de l'entreprise cliente relative aux conditions d'exécution du travail du salarié porté, en particulier les questions liées à sa santé, à sa sécurité et à la durée du travail, pendant l'exécution de sa prestation dans ses locaux ou sur son site de travail ;

g) S'il y a lieu, la nature des équipements de protection individuelle mis à disposition par l'entreprise cliente ;

h) L'identité de l'assureur et le numéro d'assurance garantissant la responsabilité civile souscrite pour le compte du salarié porté pour les dommages provoqués dans l'entreprise cliente pendant l'exécution de la prestation.

Art. L. 1254-16. Le contrat est transmis au salarié porté au plus tard dans les deux jours ouvrables suivant sa conclusion.

§ 3. Renouvellement du contrat

Art. L. 1254-17. Le contrat de travail à durée déterminée est renouvelable ***(L. 2015-994 du 17 août 2015, art. 55, I, 8°, JO 18)*** « deux » fois pour une durée déterminée qui, ajoutée à la durée du contrat initial, ne peut excéder la durée maximale prévue à l'article L. 1254-12, sous réserve de la dérogation prévue à l'article L. 1254-13.

Les conditions de renouvellement sont stipulées dans le contrat ou font l'objet d'un avenant soumis au salarié avant le terme initialement prévu.

Note Les dispositions de cet article, dans sa rédaction issue de la loi 2015-994 précitée, sont applicables aux contrats en cours (loi précitée, art. 55, II).

§ 4. Dispositions finales

Art. L. 1254-18. Les dispositions du titre IV du livre II de la première partie du présent code ne sont pas applicables, à l'exception des articles L. 1242-10, L. 1242-16, L. 1243-1 à L. 1243-6 et L. 1243-8.

Sous-section 3. **Le contrat de travail à durée indéterminée**

Art. L. 1254-19. Le contrat de travail à durée indéterminée est conclu entre l'entreprise de portage salarial et le salarié porté pour la réalisation de prestations dans une ou plusieurs entreprises clientes.

Les dispositions des titres Ier, II et III du livre II de la première partie du présent code sont applicables à ce contrat, sous réserve des dispositions de la présente sous-section.

Note Avant l'intervention de l'ordonnance 2015-380 du 2 avril 2015, il avait été jugé que:
– les parties au contrat de portage ne peuvent pas s'affranchir des règles légales régissant le travail à temps partiel (cass. soc. 17 février 2010, n° 08-40.671, BC V n° 41, arrêt n° 2; RJS 4/10 n° 391, 2e espèce);
– la conclusion d'un contrat de travail emporte pour l'employeur l'obligation de fourniture du travail. C'est donc à l'entreprise de portage de fournir du travail au salarié porté, de sorte que le contrat de portage ne peut pas mettre à la charge du salarié porté l'obligation de trouver lui-même le travail qu'il aura à fournir (cass. soc. 17 février 2010, n° 08-45.298, BC V n° 41, arrêt n° 1; RJS 4/10 n° 391, 1re espèce; 4 février 2015, n° 13-25.627, BC V n° 19; LS Jurispr. n° 31 du 17.02.2015; RJS 4/15 n° 297; JCP éd. S 2015, 1179, note H. Guyot). L'article L. 1254-2, III, issu de l'ordonnance du 2 avril 2015 précitée, fait désormais échec à cette jurisprudence.

Art. L. 1254-20. Le contrat de travail est établi par écrit avec la mention: " contrat de travail en portage salarial à durée indéterminée ".

Art. L. 1254-21. I. – Le contrat de travail comporte les clauses et mentions relatives à la relation entre l'entreprise de portage salarial et le salarié porté:

1° Les modalités de calcul et de versement de la rémunération due au salarié porté pour la réalisation de la prestation, de l'indemnité d'apport d'affaire, des prélèvements sociaux et fiscaux, des frais de gestion et, le cas échéant, des frais professionnels; ces modalités sont appliquées au prix de chaque prestation convenu entre le salarié porté et l'entreprise cliente mentionné au 5° de l'article L. 1254-23;

2° S'il y a lieu, les modalités de déduction des frais professionnels;

3° Le descriptif des compétences, des qualifications et des domaines d'expertise du salarié porté;

4° Les modalités d'acquisition, de prise et de paiement des congés payés déterminés en fonction de la prestation réalisée conformément aux dispositions des articles L. 3141-1 et suivants;

5° La durée de la période d'essai éventuellement prévue;

6° Les nom et adresse de la caisse de retraite complémentaire ainsi que, le cas échéant, ceux de l'organisme de prévoyance dont relève l'entreprise de portage salarial;

7° La périodicité de l'établissement par le salarié porté de comptes rendus d'activité;

8° L'identité du garant financier de l'entreprise de portage salarial.

II. – Les périodes sans prestation à une entreprise cliente ne sont pas rémunérées.

Note *Covid-19.* Sur l'ouverture aux salariés portés titulaires d'un contrat à durée indéterminée de la possibilité d'être placés en activité partielle au cours des périodes sans prestation à une entreprise cliente, par dérogation au II de cet article, pour faire face à l'épidémie de Covid-19, voir ordonnance 2020-346 du 27 mars 2020, JO 28, modifiée (art. 8 *bis*); sur les modalités de calcul de l'indemnité et de l'allocation d'activité partielle, voir décret 2020-435 du 16 avril 2020, JO 17, entrée en vigueur le 17.04.2020, modifié et décret 2020-1786 du 30 décembre 2020, JO 31, entrée en vigueur le 01.01.2021. Sur les mesures prises en matière d'activité partielle pour aider les entreprises, voir aussi note introductive du chapitre II du titre II du livre Ier de la cinquième partie.

SECTION 4. Le contrat commercial de prestation de portage salarial

Art. L. 1254-22. L'entreprise de portage salarial conclut avec l'entreprise cliente du salarié porté un contrat commercial de prestation de portage salarial au plus tard dans les deux jours ouvrables suivant le début de la prestation. Ce contrat reprend les éléments essentiels de la négociation de la prestation entre le salarié porté et l'entreprise cliente.

L'entreprise de portage adresse au salarié porté par tout moyen une copie de ce contrat dans le même délai.

Art. L. 1254-23. Le contrat conclu par écrit comporte les clauses et mentions suivantes:

1° L'identité du salarié porté;

2° Le descriptif des compétences, des qualifications et des domaines d'expertise du salarié porté;

3° Le descriptif de la prestation et ses conditions d'exécution par le salarié porté ;

4° La date du terme de la prestation et, le cas échéant, la durée minimale de la prestation lorsque le terme est incertain et lié à la réalisation de la prestation ;

5° Le prix de la prestation convenu entre le salarié porté et l'entreprise cliente ;

6° La responsabilité de l'entreprise cliente relative aux conditions d'exécution du travail du salarié porté, en particulier les questions liées à sa santé, à sa sécurité et à la durée du travail, pendant l'exécution de sa prestation dans ses locaux ou sur son site de travail ;

7° S'il y a lieu, la nature des équipements de protection individuelle mis à disposition par l'entreprise cliente ;

8° L'identité du garant financier de l'entreprise de portage salarial ;

9° L'identité de l'assureur et le numéro d'assurance garantissant la responsabilité civile souscrite pour le compte du salarié porté pour les dommages provoqués dans l'entreprise cliente pendant l'exécution de la prestation.

SECTION 5. L'entreprise de portage salarial

Art. L. 1254-24. L'entreprise de portage salarial exerce à titre exclusif l'activité de portage salarial.

Seule une entreprise de portage salarial peut conclure des contrats de travail en portage salarial.

Art. L. 1254-25. L'entreprise de portage salarial met en place et gère pour chaque salarié porté un compte d'activité.

Le salarié porté est informé une fois par mois des éléments imputés sur ce compte, et notamment :

1° De tout versement effectué par l'entreprise cliente à l'entreprise de portage au titre de la réalisation de sa prestation ;

2° Du détail des frais de gestion ;

3° Des frais professionnels ;

4° Des prélèvements sociaux et fiscaux ;

5° De la rémunération nette ;

6° Du montant de l'indemnité d'apport d'affaire.

Art. L. 1254-26. I. – L'entreprise de portage salarial justifie, à tout moment, d'une garantie financière assurant, en cas de défaillance de sa part, le paiement :

1° Des salaires et de leurs accessoires ;

2° Des indemnités résultant du présent chapitre ;

3° Des cotisations obligatoires dues à des organismes de sécurité sociale ou à des institutions sociales ;

4° Des remboursements qui peuvent, le cas échéant, incomber aux employeurs à l'égard des organismes de sécurité sociale et institutions sociales dans les conditions prévues à l'article L. 244-8 du code de la sécurité sociale.

II. – La garantie financière ne peut résulter que d'un engagement de caution pris par une société de caution mutuelle, un organisme de garantie collective, une compagnie d'assurance, une banque ou un établissement financier habilité à donner caution.

Elle est calculée en pourcentage de la masse salariale annuelle de l'entreprise intéressée, sans pouvoir être inférieure à un minimum fixé annuellement par décret, compte tenu de l'évolution moyenne des salaires.

III. – L'entreprise de portage salarial fournit à l'entreprise cliente du salarié porté, sur sa demande, une attestation des organismes de sécurité sociale précisant sa situation au regard du recouvrement des prélèvements dus à ces organismes.

Art. D. 1254-1. *(D. 2015-1886 du 30 déc. 2015, JO 31)* Le montant de la garantie financière prévue à l'article L. 1254-26 dont doit justifier l'entreprise de portage salarial au titre d'une année donnée est au minimum égal à 10 % de la masse salariale de l'année précédente, sans pouvoir être inférieur à 2 fois la valeur du plafond annuel de la sécurité sociale de l'année considérée fixé en application de l'article D. 242-17 du code de la sécurité sociale.

Note • Conformément à l'article 3 du décret 2015-1886 précité :

I. – Les entreprises de portage salarial mentionnées à l'article L. 1254-2 CT existantes au 1er janvier 2016 devaient transmettre à l'autorité administrative la déclaration préalable et le justificatif de garantie financière prévus par l'article L. 1254-27, avant le 1er mars 2016.

II. – À titre transitoire et jusqu'au 1er janvier 2018, la garantie prévue à cet article était fixée aux montants suivants:

1° Du 1er janvier au 31 décembre 2016: 8 % de la masse salariale de l'année 2015 et sans pouvoir être inférieure à 1,5 fois la valeur du plafond annuel de la sécurité sociale pour l'année 2016;

2° Du 1er janvier au 31 décembre 2017: 9 % de la masse salariale de l'année 2016, sans pouvoir être inférieure à 1,8 fois la valeur du plafond annuel de la sécurité sociale pour l'année 2017.

• Saisi d'une requête invoquant une atteinte au principe d'égalité par rapport aux entreprises de travail temporaire, le Conseil d'État a décidé que la spécificité du portage salarial justifie une garantie financière plus élevée que dans l'intérim: en effet, si les entreprises de portage salarial s'apparentent aux entreprises de travail temporaire en ce que les salariés portés exercent leur activité au profit d'entreprises clientes, elles s'en distinguent toutefois en raison notamment de l'autonomie des salariés portés, de la nature des tâches qu'ils peuvent exécuter et des obligations respectives de l'entreprise employeur et de son salarié. Les deux catégories d'entreprises se trouvent, par conséquent, dans une situation différente. En fixant, à compter du 1er janvier 2018, à 10 % de la masse salariale de l'année précédente ou, au moins, à deux fois le plafond annuel de la sécurité sociale de l'année considérée, le montant minimum de la garantie financière que doivent souscrire les entreprises de portage salarial en application de l'article L. 1254-26 CT, et en fixant ce taux et ce facteur, respectivement, à 8 % et 1,5 pour 2016 et à 9 % et 1,8, pour 2017, alors que le montant minimum de la garantie financière exigée des entreprises de travail temporaire en vertu de l'article L. 1251-49 CT est fixé à 8 % de leur chiffre d'affaires ou à une valeur minimale s'élevant, à la date de son adoption, à 122 128 €, le décret 2015-1886 du 30 décembre 2015 n'a pas fait peser sur les entreprises de portage salarial des exigences manifestement disproportionnées par rapport à celles pesant sur les entreprises de travail temporaire, au regard de la différence de situation existant entre ces deux catégories d'entreprises et de l'objectif poursuivi, qui est d'organiser la couverture des risques inhérents à chacune de ces activités (CE 31 mars 2017, n° 400747, LSQ n° 17315 du 26.04.2017).

Art. R. 1254-2. ***(D. 2015-1886 du 30 déc. 2015, JO 31)*** À l'exception des articles R. 1251-12, R. 1251-18 et R. 1251-25 à R. 1251-29, les modalités de constitution et de mise en œuvre de la garantie financière prévues au paragraphe 2 de la sous-section unique de la section 3 du chapitre Ier du titre V du livre II de la première partie du code du travail (partie réglementaire) sont applicables aux entreprises de portage salarial avec les adaptations suivantes:

1° Les mots: " entrepreneur de travail temporaire " et " entreprise de travail temporaire " sont remplacés par les mots: " entreprise de portage salarial ";

2° Les mots: " les contrats de mise à disposition et les contrats de mission " sont remplacés par les mots: " les contrats de travail de portage salarial et contrats commerciaux de prestation de portage salarial ";

3° À l'article R. 1251-13, les mots: " du chiffre d'affaires " et " leur chiffre d'affaires " sont remplacés par les mots " de la masse salariale " et " leur masse salariale ";

4° Les références aux articles L. 1251-49, L. 1251-50, L. 1251-51, L. 1251-52 sont remplacés respectivement par les références au I de l'article L. 1254-26, au II de l'article L. 1254-26, au III de l'article L. 1254-26 et au I de l'article L. 1254-26.

Art. L. 1254-27. L'activité d'entrepreneur de portage salarial ne peut être exercée qu'après déclaration faite à l'autorité administrative et obtention de la garantie financière.

Un décret en Conseil d'État détermine le contenu et les modalités de la déclaration prévue au présent article.

Art. R. 1254-3. ***(D. 2015-1886 du 30 déc. 2015, JO 31)*** La déclaration préalable d'entreprise de portage salarial prévue à l'article L. 1254-27 comporte les mentions suivantes:

1° L'indication de l'opération envisagée: création d'une entreprise de portage salarial, ouverture d'une succursale, d'une agence ou d'un bureau annexe, déplacement du siège ou cessation d'activité;

2° Le nom, le siège et le caractère juridique de l'entreprise ainsi que, le cas échéant, la localisation de la succursale, de l'agence ou du bureau annexe;

3° La date d'effet de l'opération envisagée;

4° Les nom, prénoms, domicile et nationalité des dirigeants de l'entreprise ou de la succursale ou de l'agence ou du bureau annexe intéressés;

5° La désignation de l'organisme auquel l'entreprise de portage salarial verse les cotisations de sécurité sociale ainsi que son numéro d'employeur;

6° Les domaines géographiques et professionnels dans lesquels l'entreprise entend porter ses salariés;

7° Le nombre de salariés permanents que l'entreprise emploie ou envisage d'employer pour assurer le fonctionnement de ses propres services.

Art. R. 1254-4. ***(D. 2015-1886 du 30 déc. 2015, JO 31)*** La déclaration préalable est datée et signée par le représentant légal de l'entreprise de portage salarial.

Elle est adressée en deux exemplaires, sous pli recommandé avec accusé de réception, à l'inspection du travail dont relève le siège de l'entreprise. Elle est adressée dans les mêmes conditions à l'inspection du travail dont relève la succursale, l'agence ou le bureau annexe dont l'ouverture est prévue.

L'entreprise de portage salarial informe l'inspection du travail des modifications de sa situation.

Art. R. 1254-5. ***(D. 2015-1886 du 30 déc. 2015, JO 31)*** L'inspecteur du travail, après s'être assuré de la conformité de la déclaration préalable avec les obligations prévues aux articles R. 1254-2 et R. 1254-3, en retourne un exemplaire visé à l'expéditeur dans un délai de quinze jours à compter de la réception.

L'entrée en activité de l'entreprise, de la succursale, de l'agence ou du bureau annexe ne peut précéder la réception du document mentionné au premier alinéa ou l'expiration du délai prévu par cet alinéa.

Art. L. 1254-28. Les obligations relatives à la médecine du travail sont à la charge de l'entreprise de portage salarial.

Art. L. 1254-29. Pour calculer les effectifs d'une entreprise de portage salarial, il est tenu compte :

1° Des salariés permanents fonctionnels de cette entreprise déterminés conformément à l'article L. 1111-2 ;

2° Des salariés portés qui ont effectué des prestations de portage salarial dans le cadre de contrats de travail conclus avec cette entreprise pendant une durée d'au moins trois mois au cours de la dernière année civile.

Art. L. 1254-30. Pour l'application aux salariés portés des dispositions légales qui se réfèrent à une condition d'ancienneté dans l'entreprise de portage salarial, l'ancienneté s'apprécie en totalisant les périodes pendant lesquelles ces salariés ont effectué des prestations de portage salarial dans le cadre de contrats de travail conclus avec cette entreprise.

Art. L. 1254-31. Pour l'application des dispositions prévues au 1° de l'article L. 6322-63, la durée minimum de présence dans l'entreprise de portage salarial des salariés portés s'apprécie en totalisant les périodes pendant lesquelles ces salariés ont effectué des prestations de portage salarial dans le cadre de contrats de travail conclus avec cette entreprise.

CHAPITRE V Dispositions pénales

Note Les articles L. 1255-1 à 13 sont les anciens articles L. 1254-1 à 13 (ordonnance 2015-380 du 2 avril 2015, art. 1er, JO 3).

SECTION 1. Travail temporaire

Art. L. 1255-1. Le fait de méconnaître les dispositions relatives aux conditions d'exercice de l'activité de travail temporaire, prévues à l'article L. 1251-2, est puni d'une amende de 3 750 €.

La récidive est punie d'un emprisonnement de six mois et d'une amende de 7 500 €.

La juridiction peut prononcer, en outre, l'interdiction d'exercer l'activité d'entrepreneur de travail temporaire pour une durée de deux à dix ans. Lorsque cette mesure entraîne le licenciement du personnel permanent, celui-ci a droit, en dehors de l'indemnité de préavis et de l'indemnité de licenciement, aux indemnités prévues aux articles L. 1235-2, L. 1235-3 ou L. 1235-5.

Art. L. 1255-2. Est puni d'une amende de 3750 €, le fait pour l'entrepreneur de travail temporaire :

1° De recruter un salarié temporaire en ayant conclu un contrat ne comportant pas les mentions prévues aux 1° et 3° de l'article L. 1251-16 ou comportant ces mentions de manière volontairement inexacte ou sans lui avoir transmis dans le délai prévu à l'article L. 1251-17 un contrat de mission écrit ;

2° De méconnaître les dispositions relatives à la rémunération minimale prévues au premier alinéa de l'article L. 1251-18 ;

3° De méconnaître l'obligation de proposer au salarié temporaire un ou des contrats dans les conditions prévues à l'article L. 1251-34 ;

4° De mettre un salarié temporaire à la disposition d'une entreprise utilisatrice sans avoir conclu avec celle-ci un contrat écrit de mise à disposition dans le délai prévu à l'article L. 1251-42;

5° D'exercer son activité sans avoir fait les déclarations prévues à l'article L. 1251-45;

6° D'exercer son activité sans avoir obtenu la garantie financière prévue à l'article L. 1251-49.

La récidive est punie d'un emprisonnement de six mois et d'une amende de 7500 €.

La juridiction peut prononcer en outre l'interdiction d'exercer l'activité d'entrepreneur de travail temporaire pour une durée de deux à dix ans. Les dispositions du deuxième alinéa de l'article L. 1251-47 sont applicables.

Art. L. 1255-3. Le fait pour l'utilisateur de conclure un contrat de mise à disposition ayant pour objet ou pour effet de pourvoir durablement un emploi lié à l'activité normale et permanente de l'entreprise, en méconnaissance de l'article L. 1251-5, est puni d'une amende de 3750 €.

La récidive est punie d'un emprisonnement de six mois et d'une amende de 7500 €.

Art. L. 1255-4. Le fait pour l'utilisateur de recourir à un salarié temporaire pour un objet autre que celui prévu au premier alinéa de l'article L. 1251-6 ou en dehors des cas mentionnés à ce même article est puni d'une amende de 3 750 €.

La récidive est punie d'un emprisonnement de six mois et d'une amende de 7 500 €.

Art. L. 1255-5. Le fait pour l'utilisateur de méconnaître les interdictions de recourir au travail temporaire, prévues aux articles L. 1251-9 et L. 1251-10, est puni d'une amende de 3 750 €.

La récidive est punie d'un emprisonnement de six mois et d'une amende de 7 500 €.

Art. L. 1255-6. Le fait pour l'utilisateur de méconnaître les dispositions relatives au terme du contrat, prévues à l'article L. 1251-11, est puni d'une amende de 3 750 €.

La récidive est punie d'un emprisonnement de six mois et d'une amende de 7 500 €.

Art. L. 1255-7. Le fait pour l'utilisateur de méconnaître les dispositions relatives à la durée de la mission, prévues ***(Ord. 2017-1387 du 22 sept. 2017, art. 29, III, 1°, JO 23)*** «par les stipulations de la convention ou de l'accord de branche conclu en application de l'article L. 1251-12 ou, le cas échéant, aux dispositions de l'article L. 1251-12-1», est puni d'une amende de 3 750 €.

La récidive est punie d'un emprisonnement de six mois et d'une amende de 7 500 €.

Note Les dispositions des articles L. 1255-7 à 9, dans leur rédaction issue de l'ordonnance 2017-1387 précitée, sont applicables aux contrats de travail conclus après le 23 septembre 2017 (ordonnance précitée, art. 40, VIII).

Art. L. 1255-8. Le fait pour l'utilisateur de méconnaître les dispositions relatives aux conditions de renouvellement du contrat, prévues ***(Ord. 2017-1387 du 22 sept. 2017, art. 29, III, 2°, JO 23)*** «par les stipulations de la convention ou de l'accord de branche conclu en application de l'article L. 1251-35 ou, le cas échéant, aux dispositions de l'article L. 1251-35-1», est puni d'une amende de 3 750 €.

La récidive est punie d'un emprisonnement de six mois et d'une amende de 7 500 €.

Art. L. 1255-9. Le fait pour l'utilisateur de méconnaître les dispositions relatives à la succession de contrats sur un même poste, prévues ***(Ord. 2017-1387 du 22 sept. 2017, art. 29, III, 3°, JO 23)*** «par les stipulations de la convention ou de l'accord de branche conclu en application de l'article L. 1251-36 ou, le cas échéant, aux dispositions de l'article L. 1251-36-1», est puni d'une amende de 3 750 €.

La récidive est punie d'un emprisonnement de six mois et d'une amende de 7 500 €.

Art. L. 1255-10. Est puni d'une amende de 3 750 €, le fait pour l'utilisateur de recourir à un salarié temporaire:

1° Soit sans avoir conclu avec un entrepreneur de travail temporaire un contrat écrit de mise à disposition, dans le délai prévu à l'article L. 1251-42;

2° Soit en ayant omis de communiquer, dans le contrat de mise à disposition, l'ensemble des éléments de rémunération conformément au 6° de l'article L. 1251-43.

La récidive est punie d'un emprisonnement de six mois et d'une amende de 7 500 €.

Art. L. 1255-11. Le fait de méconnaître, directement ou par personne interposée, l'interdiction d'exercer l'activité d'entrepreneur de travail temporaire prononcée par la juridiction en application du dernier alinéa ***(Ord. 2016-413 du 7 avril 2016, art. 10, JO 8, entrée en vigueur le 01.07.2016)*** «de l'article L. 1255-1 ou L. 1255-2» est puni d'un emprisonnement de six mois et d'une amende de 6 000 €.

Art. L. 1255-12. Dans tous les cas prévus à la présente section, la juridiction peut ordonner, à titre de peine complémentaire, l'affichage du jugement aux frais de l'entrepreneur de travail temporaire ou de l'utilisateur condamné, dans les conditions prévues à l'article 131-35 du code pénal, et son insertion, intégrale ou par extraits, dans les journaux qu'elle désigne. Ces frais ne peuvent excéder le montant maximum de l'amende encourue.

Art. R. 1255-1. ***(D. 2015-1886 du 30 déc. 2015, JO 31)*** Le fait de conclure un contrat de mission ne comportant pas les mentions prévues aux 2°, 4° et 5° de l'article L. 1251-16 est puni de l'amende prévue pour les contraventions de la troisième classe.

Art. R. 1255-2. ***(D. 2015-1886 du 30 déc. 2015, JO 31)*** Le fait, pour la personne responsable de la gestion des installations ou des moyens de transports collectifs dans l'entreprise utilisatrice, d'empêcher un salarié temporaire d'avoir accès, dans les mêmes conditions que les salariés de cette entreprise, à ces équipements collectifs, en méconnaissance des dispositions de l'article L. 1251-24, est puni de l'amende prévue pour les contraventions de la cinquième classe.

La récidive de la contravention prévue au présent article est réprimée conformément aux articles 132-11 et 132-15 du code pénal.

Art. R. 1255-3. ***(D. 2015-1886 du 30 déc. 2015, JO 31)*** Le fait de ne pas fournir à Pôle emploi, dans le délai prévu à l'article R. 1251-7, le relevé des contrats de mission, en méconnaissance des dispositions de l'article L. 1251-46, est puni de l'amende prévue pour les contraventions de la troisième classe.

Art. R. 1255-4. ***(D. 2015-1886 du 30 déc. 2015, JO 31)*** Le fait d'adresser à Pôle emploi un relevé des contrats de mission non conforme aux prescriptions de l'article R. 1251-8 est puni de l'amende prévue pour les contraventions de la deuxième classe.

Art. R. 1255-5. ***(D. 2015-1886 du 30 déc. 2015, JO 31)*** Le fait de méconnaître les dispositions relatives à la possession, au contenu, à l'envoi et à la mise à disposition de l'attestation de garantie financière prévues par l'article R. 1251-14 est puni de l'amende prévue pour les contraventions de la deuxième classe.

Art. R. 1255-6. ***(D. 2015-1886 du 30 déc. 2015, JO 31)*** Le fait de ne pas faire figurer sur les documents concernant l'entreprise de travail temporaire, notamment sur les contrats de mise à disposition et les contrats de mission, le nom et l'adresse du garant ainsi que la référence à l'article L. 1251-49, en méconnaissance des dispositions du premier alinéa de l'article R. 1251-15 est puni de l'amende prévue pour les contraventions de la deuxième classe.

Le fait de méconnaître les dispositions relatives à l'affichage des informations sur la garantie financière prévu au second alinéa de l'article R. 1251-15, est puni de la même peine.

Art. R. 1255-7. ***(D. 2015-1886 du 30 déc. 2015, JO 31)*** Le fait de ne pas informer de la cessation de la garantie les ***(D. 2020-1545 du 9 déc. 2020, JO 10, entrée en vigueur le 01.04.2021)*** «directions régionales de l'économie, de l'emploi, du travail et des solidarités» ainsi que les organismes chargés du recouvrement des cotisations de sécurité sociale, en méconnaissance des dispositions de l'article R. 1251-31, est puni de l'amende prévue pour les contraventions de la deuxième classe.

SECTION 2. Groupements d'employeurs

Art. L. 1255-13. Le fait de méconnaître les dispositions des articles L. 1253-1 à L. 1253-10 et L. 1253-17, est puni d'une amende de 3 750 €.

La récidive est punie d'un emprisonnement de six mois et d'une amende de 7 500 €.

La juridiction peut également ordonner, à titre de peine complémentaire, l'affichage du jugement aux frais de la personne condamnée, à la porte du siège du groupement et aux portes des entreprises utilisatrices, dans les conditions prévues à l'article 131-35 du code pénal, et son insertion, intégrale ou par extraits, dans les journaux qu'elle désigne. Ces frais ne peuvent excéder le montant maximum de l'amende encourue.

Art. R. 1255-8. ***(D. 2015-1886 du 30 déc. 2015, JO 31)*** Le fait, pour la personne responsable de la gestion des installations ou des moyens de transports collectifs dans l'entreprise utilisatrice, d'empêcher un salarié temporaire d'avoir accès, dans les mêmes conditions que les salariés de cette entreprise, à ces équipements collectifs, en méconnaissance des dispositions de l'article L. 1253-14, est puni de l'amende prévue pour les contraventions de la cinquième classe.

La récidive de la contravention prévue au présent article est réprimée conformément aux articles 132-11 et 132-15 du code pénal.

Art. R. 1255-9. ***(D. 2015-1886 du 30 déc. 2015, JO 31)*** Le fait, pour la personne mentionnée à l'article D. 1253-2 et au dernier alinéa de l'article D. 1253-4, de transmettre des informations inexactes ou de ne pas faire connaître leur modification dans le délai fixé à ces articles, est puni de l'amende prévue pour les contraventions de la deuxième classe.

SECTION 3. Portage salarial

Note Cette section a été introduite par la loi 2016-1088 du 8 août 2016, art. 85, V, JO 9.

Art. L. 1255-14. Est puni de 3 750 € d'amende le fait pour un entrepreneur de portage salarial :

1° De conclure un contrat de travail en portage salarial pour une activité de services, en méconnaissance de l'article L. 1254-5 ;

2° De conclure un contrat de travail en portage salarial sans respecter les dispositions prévues à l'article L. 1254-7 ;

3° De conclure un contrat de travail en portage salarial à durée déterminée ne comportant pas un terme précis ou ne fixant pas de durée minimale lorsque le contrat ne comporte pas un terme précis, en méconnaissance de l'article L. 1254-11 ;

4° De méconnaître les durées maximales du contrat de travail en portage salarial à durée déterminée prévues aux articles L. 1254-12, L. 1254-13 et L. 1254-17 ;

5° De conclure un contrat de travail en portage salarial ne comportant pas la mention obligatoire prévue aux articles L. 1254-14 ou L. 1254-20 ;

6° De conclure un contrat de travail en portage salarial ne comportant pas l'ensemble des clauses et mentions prévues aux articles L. 1254-15 ou L. 1254-21 ;

7° De ne pas transmettre au salarié porté le contrat de travail en portage salarial dans le délai prévu à l'article L. 1254-16 ;

8° De ne pas conclure avec une entreprise cliente d'une personne portée le contrat commercial de prestation de portage salarial dans le délai prévu à l'article L. 1254-22 ou de ne pas avoir délivré dans le même délai au salarié porté une copie de ce contrat ;

9° De conclure avec une entreprise cliente d'une personne portée un contrat commercial de prestation de portage salarial ne comportant pas les mentions prévues à l'article L. 1254-23 ;

10° De méconnaître les dispositions relatives aux conditions d'exercice de l'activité de portage salarial prévues à l'article L. 1254-24 ;

11° De méconnaître l'obligation de mettre en place et de gérer pour chaque salarié porté un compte d'activité, conformément à l'article L. 1254-25 ;

12° D'exercer son activité sans avoir souscrit de garantie financière, en méconnaissance de l'article L. 1254-26 ;

13° D'exercer son activité sans avoir effectué la déclaration préalable prévue à l'article L. 1254-27 ;

14° De ne pas respecter, en méconnaissance de l'article L. 1254-28, les obligations relatives à la médecine du travail définies aux articles L. 4121-1 à L. 4121-5.

La récidive est punie de six mois d'emprisonnement et de 7 500 € d'amende.

La juridiction peut prononcer en outre l'interdiction d'exercer l'activité d'entreprise de portage salarial pour une durée de deux à dix ans.

Art. L. 1255-15. Est puni de 3 750 € d'amende le fait pour une entreprise autre que celle mentionnée à l'article L. 1255-14 de conclure un contrat de travail en portage salarial sans remplir les conditions requises pour exercer cette activité en application des articles L. 1254-24 à L. 1254-27.

Art. L. 1255-16. Est puni de 3 750 € d'amende le fait pour une entreprise cliente :

1° De recourir à un salarié porté en dehors des cas prévus à l'article L. 1254-3 ;

2° De méconnaître les interdictions de recourir à un salarié porté prévues aux articles L. 1254-4 et L. 1254-5 ;

3° De ne pas conclure avec l'entreprise de portage salarial le contrat commercial de prestation de portage salarial dans le délai prévu à l'article L. 1254-22 ;

4° De conclure avec l'entreprise de portage salarial un contrat commercial de prestation de portage salarial ne comportant pas les mentions prévues à l'article L. 1254-23.

La récidive est punie de six mois d'emprisonnement et de 7 500 € d'amende.

Art. L. 1255-17. Le fait de méconnaître, directement ou par personne interposée, l'interdiction d'exercer l'activité de portage salarial prononcée par la juridiction en application du dernier alinéa de l'article L. 1255-14 est puni de six mois d'emprisonnement et de 6 000 € d'amende.

Art. L. 1255-18. Dans tous les cas prévus à la présente section, la juridiction peut ordonner, à titre de peine complémentaire, l'affichage ou la diffusion de l'intégralité ou d'une partie de la décision, ou d'un communiqué informant le public des motifs et du dispositif de celle-ci, aux frais de l'entrepreneur de portage salarial ou de l'entreprise cliente condamnée, dans les conditions prévues à l'article 131-35 du code pénal, et son insertion, intégrale ou par extraits, dans les publications qu'elle désigne. Elle détermine, le cas échéant, les extraits de la décision et les termes du communiqué qui devront être affichés ou diffusés.

TITRE VI SALARIÉS DÉTACHÉS TEMPORAIREMENT PAR UNE ENTREPRISE NON ÉTABLIE EN FRANCE

CHAPITRE Ier Dispositions générales

Note • Voir directive 96/71/CE du 16 décembre 1996 sur le détachement des travailleurs effectué dans le cadre d'une prestation de services. Cette directive a été modifiée par la directive (UE) 2018/957 du 28 juin 2018 (JOUE L 173 du 09.07.2018) rectifiée (voir JOUE L 91 du 29 mars 2019), transposée en droit français par l'ordonnance 2019-116 du 20 février 2019 (JO 21) entrée en vigueur le 30 juillet 2020 (voir RF 7 mars 2019, FH 3782, 3-1 et s.; LSQ n° 17766 du 01.03.2019), suite à l'habilitation donnée au Gouvernement par la loi pour la liberté de choisir son avenir professionnel (loi 2018-771 du 5 septembre 2018, art. 93, JO 6; sur les apports de cette loi relatifs aux travailleurs détachés en France, voir RF 13 septembre 2018, FH 3756, 6-5 et s.; sur les apports du décret 2019-555 du 4 juin 2019, JO 5, pris pour l'application des dispositions de la loi 2018-771 précitée, voir Ph. Coursier, «Vers plus de contraintes pour les travailleurs détachés sur le sol français ?», JCP éd. S 2019, act. 234, aperçu rapide). Sur les apports de cette ordonnance ainsi que du décret 2020-916 et de l'arrêté du 28 juillet 2020, JO 29, pris pour son application, voir aussi LS Dossier juridique n° 177 du 01.10.2020.

Voir aussi directive 2014/67/UE du Parlement européen et du Conseil du 15 mai 2014 relative à l'exécution de la directive 96/71/CE (JOUE L 159 du 28.05.2014) et loi 2014-790 du 10 juillet 2014 transposant cette directive en droit interne. Sur les apports de cette loi, voir RF 31 juillet 2014, FH 3556. Sur l'application et la mise en œuvre de la directive 2014/67/UE, voir rapport de la Commission européenne du 25 septembre 2019, COM(2019) 426 final (voir LS Europe n° 481 du 03.10.2019).

• Voir É. Pataut «Détachement et fraude à la loi», RDT, janvier 2014, pp. 23 et s.; M-A Moreau, «Le détachement des travailleurs en France et dans l'Union européenne», Dr. Soc. 2016, pp. 584 et s.; A. Defossez, «Révision de la directive Détachement: coup d'épée dans l'eau ou nouveau départ ?», RDT, décembre 2018, DR, 874; RJS 12/20, chron. J-Ph. Lhernould, «Le (nouveau) droit français du détachement - Focus sur les espaces de souplesse».

Voir aussi RF décembre 2019, Cahier juridique n° 1109, §§ 3700 à 3774, «Statuts particuliers de certains salariés - Travailleurs détachés transnationaux»; LS Les Thématiques n° 73, novembre 2019, «Le détachement transnational de salariés en France».

• On notera également la création de l'Autorité européenne du travail (AET), ayant notamment pour mission d'améliorer l'accès des citoyens et entreprises aux informations relatives à la mobilité transfrontalière de la main-d'œuvre, de faciliter la coopération entre les autorités nationales et l'organisation d'inspections concertées ou communes sur le territoire des États membres et d'exercer un rôle de médiation en cas de différends entre États membres en matière de mobilité transfrontalière (règlement 2019/1149/UE du 20 juin 2019, JOUE L 186 du 11.07.2019); voir K. Chatzilaou, «La création d'une autorité européenne du travail: à quoi bon ?», RDT, septembre 2019, ET, 537.

• *Entreprises de transport.* Les dispositions de ce titre ne sont pas applicables aux salariés employés sur des navires (art. L. 5541-3 c. transp.).

Elles ont par ailleurs été adaptées aux entreprises de transport terrestre détachant des salariés roulants ou navigants sur le territoire national par le décret 2016-418 du 7 avril 2016 (JO 9, entrée en vigueur le 01.07.2016) pris en application de l'article L. 1331-3 c. transp., qui introduit dans ce code les articles R. 1331-1 à 11. Sur l'inapplicabilité des dispositions de l'ordonnance 2019-116 et de certaines dispositions du décret 2020-916 précités aux salariés roulants des entreprises de transport routier mentionnées à l'article L. 1321-1 c. transp., qui restent régis par les dispositions du code du travail dans leur rédaction antérieure, voir ordonnance 2019-116 précitée, art. 7, II et décret 2020-916 précité, art. 6. Voir aussi directive (UE) 2020/1057 du 15 juillet 2020 établissant des règles spécifiques en ce qui concerne la directive 96/71/CE et la directive 2014/67/UE pour le détachement de conducteurs dans le secteur du transport routier (JOUE L 249 du 31.07.2020).

Art. L. 1261-1. Les dispositions du présent titre sont applicables sous réserve, le cas échéant, de celles des traités, conventions ou accords régulièrement ratifiés ou approuvés et publiés, et notamment des traités instituant les communautés européennes ainsi que de celles des actes des autorités de ces communautés pris pour l'application de ces traités.

Art. L. 1261-2. Les obligations et interdictions qui s'imposent aux entreprises françaises lorsqu'elles font appel à des prestataires de services, notamment celles relatives au travail illégal mentionnées à l'article L. 8211-1, s'appliquent dans les mêmes conditions lorsque les prestations de services sont réalisées par des entreprises établies hors de France détachant du personnel sur le territoire national, selon des modalités définies par décret en Conseil d'État.

Art. L. 1261-3. Est un salarié détaché au sens du présent titre tout salarié d'un employeur régulièrement établi et exerçant son activité hors de France et qui, travaillant habituellement pour le compte de celui-ci ***(L. 2018-771 du 5 sept. 2018, art. 94, JO 6)*** «hors du territoire national», exécute son travail à la demande de cet employeur pendant une durée limitée sur le territoire national dans les conditions définies aux articles L. 1262-1 et L. 1262-2.

Note Considérant qu'un travailleur ne saurait, au regard de la directive 96/71, être considéré comme étant détaché sur le territoire d'un État membre que si l'exécution de son travail présente un lien suffisant avec ce territoire, la CJUE a jugé que les *salariés affectés à la fourniture de services de bord, de nettoyage ou de restauration pour les passagers à bord de trains internationaux* qui exécutent une partie importante de leur travail dans l'État membre dans lequel est établie l'entreprise prestataire qui les emploie et qui commencent ou terminent leur service dans cet État membre, n'entretiennent pas avec le territoire du ou des États membres que ces trains traversent un lien suffisant pour y être considérés comme étant «détachés», au sens de la directive 96/71 (CJUE 19 décembre 2019, aff. C-16/18, RJS 05/20, p. 329 (I. A.), chron. J-Ph. Lhernould; voir aussi CJUE 1er décembre 2020, aff. C-815/18, LSQ n° 18216 du 06.01.2021, sur les conditions d'application de la directive détachement aux *chauffeurs routiers internationaux*).

Art. R. 1261-1. Les employeurs mentionnés aux articles L. 1262-1 et L. 1262-2 sont soumis, pour leurs salariés détachés, y compris les mannequins et les personnels artistiques et techniques des entreprises de spectacle, aux dispositions légales et aux stipulations conventionnelles dans les matières énumérées à l'article L. 1262-4, sous réserve des conditions ou modalités particulières d'application définies au chapitre II.

Art. R. 1261-2. Les conventions et accords de travail collectifs français étendus dont bénéficient les salariés employés par les entreprises établies en France exerçant une activité principale identique au travail accompli par les travailleurs détachés sur le territoire français s'appliquent à ces salariés.

CHAPITRE II Conditions de détachement et réglementation applicable

Note • Voir RF décembre 2019, cahier juridique n° 1109, §§ 3700 à 3774, «Statuts particuliers de certains salariés - Travailleurs détachés transnationaux»; LS Les Thématiques n° 73, novembre 2019, «Le détachement transnational de salariés en France»; LS Dossier juridique n° 177 du 01.10.2020, «La nouvelle directive sur le détachement est transposée - Ordonnance du 20 février 2019, décret et arrêté du 28 juillet 2020».

• *Covid-19.* Voir instruction du Premier ministre n° 6171/SG du 20 mai 2020 (NOR: PRMX2012805C).

SECTION 1. Conditions de détachement

Art. L. 1262-1. Un employeur établi hors de France peut détacher temporairement des salariés sur le territoire national, à condition qu'il existe un contrat de travail entre cet employeur et le salarié et que leur relation de travail subsiste pendant la période de détachement.

Le détachement est réalisé :

1° Soit pour le compte de l'employeur et sous sa direction, dans le cadre d'un contrat conclu entre celui-ci et le destinataire de la prestation établi ou exerçant en France ;

2° Soit entre établissements d'une même entreprise ou entre entreprises d'un même groupe ;

3° Soit pour le compte de l'employeur sans qu'il existe un contrat entre celui-ci et un destinataire.

Note Le non-respect par l'employeur étranger des règles relatives au détachement d'un de ses salariés sur le territoire national n'a pas pour effet de conférer la qualité d'employeur à l'entreprise établie sur le territoire national et bénéficiaire dudit détachement (cass. soc. 9 janvier 2013, n° 11-11.521, LS Jurispr. n° 15 du 22.01.2013).

Art. L. 1262-2. ***(Ord. 2019-116 du 20 févr. 2019, JO 21, entrée en vigueur le 30.07.2020)*** « À la condition qu'il existe un contrat de travail entre l'entreprise de travail temporaire et le salarié et que leur relation de travail subsiste pendant la période de détachement, une entreprise exerçant une activité de travail temporaire établie hors du territoire national peut détacher temporairement des salariés :

1° Auprès d'une entreprise utilisatrice établie sur le territoire national ;

2° Auprès d'une entreprise utilisatrice établie hors du territoire national et exerçant temporairement une activité sur le territoire national. »

(L. 2016-1088 du 8 août 2016, art. 112, I, JO 9) « Les dispositions du chapitre Ier du titre V du présent livre relatives au travail temporaire sont applicables aux salariés détachés dans le cadre d'une mise à disposition au titre du travail temporaire, à l'exception des articles L. 1251-32 et L. 1251-33 pour les salariés titulaires d'un contrat de travail à durée indéterminée dans leur pays d'origine. »

Art. L. 1262-2-1. ***(L. 2014-790 du 10 juil. 2014, art. 1er, JO 11)*** I. – L'employeur qui détache un ou plusieurs salariés, dans les conditions prévues aux ***(L. 2018-771 du 5 sept. 2018, art. 91, I, JO 6)*** « 1° et 2° de l'article L. 1262-1 et à l'article L. 1262-2 », adresse une déclaration, préalablement au détachement, à l'inspection du travail du lieu où débute la prestation.

II. – L'employeur mentionné au I du présent article désigne un représentant de l'entreprise sur le territoire national, chargé d'assurer la liaison avec les agents mentionnés à l'article L. 8271-1-2 pendant la durée de la prestation.

(L. 2016-1088 du 8 août 2016, art. 105, I, 1° et 112, II, JO 9) « III. – L'accomplissement des obligations mentionnées aux I et II du présent article ne présume pas du caractère régulier du détachement. »

(Ord. 2019-116 du 20 févr. 2019, JO 21, entrée en vigueur le 30.07.2020) « IV. – L'entreprise utilisatrice établie hors du territoire national mentionnée au 2° de l'article L. 1262-2 qui, pour exercer son activité sur le territoire national, a recours à des salariés détachés mis à disposition par une entreprise de travail temporaire également établie hors du territoire national, informe préalablement au détachement l'entreprise de travail temporaire qui emploie le ou les salariés détachés du détachement de ces salariés sur le territoire national et des règles applicables à ces salariés, dont la liste est arrêtée par le ministre chargé du travail.

En cas de contrôle, l'entreprise utilisatrice justifie par tout moyen aux services de l'inspection du travail du respect des dispositions prévues au premier alinéa.

V. – L'entreprise utilisatrice établie sur le territoire national mentionnée au 1° de l'article L. 1262-2 qui a recours à des salariés détachés mis à disposition par une entreprise exerçant une activité de travail temporaire dans les conditions prévues à l'article L. 1262-2 informe l'employeur de ces salariés des règles applicables à ces salariés en matière de rémunération pendant leur mise à disposition sur le territoire national. »

Note Voir arrêté du 28 juillet 2020 (JO 29) établissant la liste des informations mentionnées au IV de cet article.

Art. L. 1262-2-2. ***(L. 2015-990 du 6 août 2015, art. 283, JO 7)*** Les conditions dans lesquelles les employeurs mentionnés aux articles L. 1262-1 et L. 1262-2 sont tenus de transmettre, par voie dématérialisée, la déclaration mentionnée au I de l'article L. 1262-2-1 du présent code ou l'attestation mentionnée à l'article L. 1331-1 du code des transports sont fixées par décret en Conseil d'État pris après avis de la Commission nationale de l'informatique et des libertés.

Note Voir *infra* articles R. 1263-3 et s.

Art. L. 1262-3. ***(L. 2015-990 du 6 août 2015, art. 280, II, 1°, JO 7)*** «Un employeur ne peut se prévaloir des dispositions applicables au détachement de salariés lorsqu'il exerce, dans l'État dans lequel il est établi, des activités relevant uniquement de la gestion interne ou administrative, ou lorsque son activité est réalisée sur le territoire national de façon habituelle, stable et continue.» Il ne peut notamment se prévaloir de ces dispositions lorsque son activité comporte la recherche et la prospection d'une clientèle ou le recrutement de salariés sur ce territoire.

Dans ces situations, l'employeur est assujetti aux dispositions du code du travail applicables aux entreprises établies sur le territoire national.

Note • «L'article L. 342-4 du code du travail (actuel art. L. 1262-3) est applicable aux entreprises de transport aérien au titre de leurs bases d'exploitation situées sur le territoire français. Une base d'exploitation est un ensemble de locaux ou d'infrastructures à partir desquels une entreprise exerce de façon stable, habituelle et continue une activité de transport aérien avec des salariés qui y ont le centre effectif de leur activité professionnelle. Au sens des dispositions qui précèdent, le centre de l'activité professionnelle d'un salarié est le lieu où, de façon habituelle, il travaille ou celui où il prend son service et retourne après l'accomplissement de sa mission» (c. aviation civ., art. R. 330-2-1, créé par décret 2006-1425 du 21 novembre 2006, JO 23).

Sur la valeur probante des certificats E 101 (devenus A1), voir note sous article L. 8221-3.

• Le salarié détaché par une entreprise établie au Royaume-Uni pour être mis temporairement à la disposition d'une société exerçant son activité en France n'accomplit pas habituellement son travail dans ce pays et l'article 6, § 2 a) de la Convention de Rome du 19 juin 1980 ne conduit pas à appliquer à la rupture du contrat de travail la loi française (cass. soc. 18 janvier 2011, n° 09-43.190, BC V n° 22; RJS 4/11 n° 376; Dr. Soc. 2011, p. 336, obs. J-Ph. Lhernould; JCP éd. S 2011, 1309, note J-Ph. Tricoit).

SECTION 2. Réglementation applicable

Art. L. 1262-4. ***(Ord. 2019-116 du 20 févr. 2019, JO 21, entrée en vigueur le 30.07.2020)*** I. – L'employeur détachant temporairement un salarié sur le territoire national lui garantit l'égalité de traitement avec les salariés employés par les entreprises de la même branche d'activité établies sur le territoire national, en assurant le respect des dispositions légales et des stipulations conventionnelles applicables aux salariés employés par les entreprises de la même branche d'activité établies sur le territoire national, en matière de législation du travail, pour ce qui concerne les matières suivantes:

1° Libertés individuelles et collectives dans la relation de travail;

2° Discriminations et égalité professionnelle entre les femmes et les hommes;

3° Protection de la maternité, congés de maternité et de paternité et d'accueil de l'enfant, congés pour événements familiaux;

4° Conditions de mise à disposition et garanties dues aux salariés par les entreprises exerçant une activité de travail temporaire;

5° Exercice du droit de grève;

6° Durée du travail, repos compensateurs, jours fériés, congés annuels payés, durée du travail et travail de nuit des jeunes travailleurs;

7° Conditions d'assujettissement aux caisses de congés et intempéries;

8° Rémunération au sens de l'article L. 3221-3, paiement du salaire, y compris les majorations pour les heures supplémentaires;

9° Règles relatives à la santé et sécurité au travail, âge d'admission au travail, emploi des enfants;

10° Travail illégal;

11° Remboursements effectués au titre de frais professionnels correspondants à des charges de caractère spécial inhérentes à sa fonction ou à son emploi supportés par le salarié détaché, lors de l'accomplissement de sa mission, en matière de transport, de repas et d'hébergement.

II. – L'employeur détachant temporairement un salarié sur le territoire national pendant une période excédant une durée de douze mois est soumis, à compter du treizième mois, aux dispositions du code du travail applicables aux entreprises établies sur le territoire national, à l'exception des dispositions du chapitre I, des sections 1, 2 et 5 du chapitre II, des chapitres III et IV du titre II, des titres III, IV et VII du livre II de la première partie du code du travail.

En cas de remplacement d'un salarié détaché par un autre salarié détaché sur le même poste de travail, la durée de détachement de douze mois mentionnée à l'alinéa précédent est atteinte lorsque la durée cumulée du détachement des salariés se succédant sur le même poste est égale à douze mois.

Lorsque l'exécution de la prestation le justifie, l'employeur mentionné au premier alinéa du II bénéficie, sur déclaration motivée adressée à l'autorité administrative préalablement à l'expiration du délai de douze mois, dans les conditions fixées par décret en Conseil d'État, de la prorogation de l'application des règles relevant des matières énumérées au I pour une durée d'au plus six mois supplémentaires.

Note Pour l'application du II de cet article aux détachements en cours au 30 juillet 2020, la durée de douze mois s'apprécie en tenant compte des périodes de détachement déjà accomplies à cette date (ordonnance 2019-116 précitée, art. 7, I).

Art. L. 1262-4-1. ***(L. 2014-790 du 10 juil. 2014, art. 1er, JO 11) (L. 2016-1088 du 8 août 2016, art. 105, 2°, JO 9)*** « I. – » Le donneur d'ordre ou le maître d'ouvrage qui contracte avec un prestataire de services qui détache des salariés, dans les conditions mentionnées aux articles L. 1262-1 et L. 1262-2, vérifie auprès de ce dernier, avant le début du détachement, qu'il s'est acquitté des obligations mentionnées aux I et II de l'article L. 1262-2-1.

(L. 2015-990 du 6 août 2015, art. 280, II, 3°, JO 7) «À défaut de s'être fait remettre par son cocontractant une copie de la déclaration mentionnée au I de l'article L. 1262-2-1, le maître d'ouvrage ou le donneur d'ordre adresse, dans les quarante-huit heures suivant le début du détachement, une déclaration à l'inspection du travail du lieu où débute la prestation. Un décret détermine les informations que comporte cette déclaration.»

(L. 2016-1088 du 8 août 2016, art. 105, I, 2°, JO 9) «Les conditions dans lesquelles le maître d'ouvrage ou le donneur d'ordre est tenu de transmettre, par voie dématérialisée, la déclaration mentionnée au deuxième alinéa du présent I sont fixées par décret en Conseil d'État pris après avis de la Commission nationale de l'informatique et des libertés.

II. – Le maître d'ouvrage vérifie avant le début du détachement que chacun des sous-traitants directs ou indirects de ses cocontractants, qu'il accepte en application de l'article 3 de la loi n° 75-1334 du 31 décembre 1975 relative à la sous-traitance, et que chacune des entreprises exerçant une activité de travail temporaire avec laquelle un de ces sous-traitants ou un de ces cocontractants a contracté qui détachent des salariés dans les conditions mentionnées aux articles L. 1262-1 et L. 1262-2 se sont acquittés de l'obligation mentionnée au I de l'article L. 1262-2-1».

(L. 2018-771 du 5 sept. 2018, art. 96, I, JO 6) «III. – Le donneur d'ordre ou le maître d'ouvrage qui contracte avec un prestataire de services qui détache des salariés, dans les conditions mentionnées aux articles L. 1262-1 et L. 1262-2, vérifie lors de la conclusion du contrat que son cocontractant s'est acquitté, le cas échéant, du paiement des sommes dues au titre des amendes prévues aux articles L. 1263-6, L. 1264-1, L. 1264-2 et L. 8115-1.»

Note Voir *infra* articles R. 1263-12 à 14.

Art. L. 1262-4-2. ***(L. 2014-790 du 10 juil. 2014, art. 1er, JO 11)*** L'article L. 1262-4-1 ne s'applique pas au particulier qui contracte avec un prestataire de services établi hors de France pour son usage personnel, celui de son conjoint, de son partenaire lié par un pacte civil de solidarité, de son concubin ou de ses ascendants ou descendants.

Art. L. 1262-4-3. ***(L. 2015-990 du 6 août 2015, art. 280, II, 4°, JO 7)*** Le maître d'ouvrage ou le donneur d'ordre, informé par écrit par l'un des agents de contrôle mentionnés à l'article L. 8271-1-2 du non-paiement partiel ou total du salaire minimum légal ou conventionnel dû au salarié, détaché au sens de l'article L. 1261-3, par son cocontractant, par un sous-traitant direct ou indirect ou par un cocontractant d'un sous-traitant, enjoint aussitôt, par écrit, à ce sous-traitant ou à ce cocontractant, ainsi qu'au donneur d'ordre immédiat de ce dernier, de faire cesser sans délai cette situation.

À défaut de régularisation de la situation signalée dans un délai fixé par décret, le maître d'ouvrage ou le donneur d'ordre, s'il ne dénonce pas le contrat de prestation de service, est tenu solidairement avec l'employeur du salarié au paiement des rémunérations, indemnités et charges dues, dans des conditions fixées par décret en Conseil d'État.

Le présent article ne s'applique pas au particulier qui contracte avec une entreprise pour son usage personnel, celui de son conjoint, de son partenaire auquel il est lié par un pacte civil de solidarité, de son concubin ou de ses ascendants ou descendants.

Art. L. 1262-4-4. ***(L. 2016-1088 du 8 août 2016, art. 105, I, 3°, JO 9)*** Lorsqu'un salarié détaché est victime d'un accident du travail, une déclaration est envoyée à l'inspection du travail du lieu où s'est produit l'accident.

Cette déclaration est effectuée, dans un délai et selon des modalités fixés par décret en Conseil d'État, par :

1° L'employeur, lorsque le salarié est détaché selon les modalités mentionnées au 3° de l'article L. 1262-1 ;

2° Le donneur d'ordre ou le maître d'ouvrage cocontractant d'un prestataire de services qui détache des salariés dans les conditions mentionnées aux 1° et 2° de l'article L. 1262-1 ou à l'article L. 1262-2.

Note • Le 1° de cet article a été modifié par la loi 2018-771 du 5 septembre 2018, art. 91, II, JO 6.
• Voir *infra* article R. 1262-2.

Art. L. 1262-4-5. ***(L. 2016-1088 du 8 août 2016, art. 105, I, 3°, JO 9)*** Sur les chantiers de bâtiment ou de génie civil relevant de l'article L. 4532-10, le maître d'ouvrage porte à la connaissance des salariés détachés, par voie d'affichage sur les lieux de travail, les informations sur la réglementation qui leur est applicable en application de l'article L. 1262-4. L'affiche est facilement accessible et traduite dans l'une des langues officielles parlées dans chacun des États d'appartenance des salariés détachés.

Un décret détermine les conditions de mise en œuvre de cette obligation, notamment le contenu des informations mentionnées au premier alinéa.

Art. L. 1262-5. Un décret en Conseil d'État détermine :

1° Les conditions et modalités d'application des dispositions relevant des matières énumérées à l'article L. 1262-4 ;

2° Les conditions dans lesquelles des formalités déclaratives sont exigées des prestataires étrangers ;

3° Les dispenses de formalités dont ils bénéficient ;

(L. 2014-790 du 10 juil. 2014, art. 1er, JO 11) « 4° Les modalités de désignation et les attributions du représentant mentionné au II de l'article L. 1262-2-1 ;

5° Les modalités selon lesquelles ***(L. 2015-990 du 6 août 2015, art. 280, II, 5°, JO 7)*** « sont satisfaites les obligations » prévues à l'article L. 1262-4-1 ;

6° Les modalités de mise en œuvre de l'article L. 1264-3 ; »

(L. 2015-990 du 6 août 2015, art. 280, II, 5°, JO 7) « 7° Les conditions d'application de l'article L. 1263-7, notamment la nature des documents devant être traduits en langue française et leurs modalités de conservation sur le territoire national. »

SECTION 3. Conditions particulières de détachement

Note • Cette section a été introduite par la loi 2018-771 du 5 septembre 2018, art. 89, JO 6.
• Voir RF 13 septembre 2018, FH 3756, 6-8.

Art. L. 1262-6. Sans préjudice de l'article L. 1262-3 et de la section 2 du présent chapitre, les employeurs détachant un ou plusieurs salariés dans les conditions prévues aux 1° et 2° de l'article L. 1262-1 pour des prestations et opérations de courte durée ou dans le cadre d'évènements ponctuels et dont les salariés détachés exercent l'une des activités dont la liste est fixée par arrêté du ministre chargé du travail sont dispensés des obligations prévues aux I et II de l'article L. 1262-2-1.

L'arrêté mentionné au premier alinéa du présent article précise, pour chaque activité identifiée, la durée maximale d'activité en France sur une période de référence.

Un décret en Conseil d'État détermine, le cas échéant, les adaptations dont bénéficient les employeurs mentionnés au même premier alinéa pour l'application de l'article L. 1263-7, notamment la nature des documents devant être traduits en langue française et leurs modalités de conservation sur le territoire national.

Note Voir arrêté du 4 juin 2019 (JO 5) établissant la liste des activités visées par cet article.

Art. L. 1262-7. Les dispositions de la présente section ne sont pas applicables aux entreprises de travail temporaire définies à l'article L. 1251-2 et aux agences de mannequins définies à l'article L. 7123-12.

SECTION 1 (réglementaire). Maladie et accident

Art. R. 1262-1. Lorsque la durée du détachement en France est supérieure à un mois, les dispositions relatives aux absences pour maladie ou accident, prévues à l'article L. 1226-1, sont applicables aux salariés détachés.

Art. R. 1262-2. *(D. 2017-825 du 5 mai 2017, JO 7, entrée en vigueur le 01.07.2017)* La déclaration mentionnée à l'article L. 1262-4-4 est envoyée dans un délai de deux jours ouvrables suivant la survenance de l'accident du travail, par tout moyen permettant de conférer date certaine à cet envoi.

La déclaration comporte les éléments suivants:

1° Le nom ou la raison sociale ainsi que les adresses postale et électronique, les coordonnées téléphoniques de l'entreprise ou de l'établissement qui emploie habituellement le salarié ainsi que les références de son immatriculation à un registre professionnel ou toutes autres références équivalentes;

2° Les noms, prénoms, date et lieu de naissance, adresse de résidence habituelle, nationalité et qualification professionnelle de la victime;

3° Les date, heure, lieu et circonstances détaillées de l'accident, la nature et le siège des lésions ainsi que, le cas échéant, la durée de l'arrêt de travail;

4° L'identité et les coordonnées des témoins le cas échéant.

Lorsque la déclaration de l'accident du travail est effectuée par le donneur d'ordre ou le maître d'ouvrage, celle-ci comporte également son nom ou sa raison sociale, ses adresses postale et électronique, ses coordonnées téléphoniques ainsi que, le cas échéant, le numéro d'identification SIRET de l'établissement.

En outre, l'entreprise utilisatrice d'un salarié détaché dans les conditions prévues par l'article L. 1262-2 non affilié à un régime français de sécurité sociale informe l'entreprise exerçant une activité de travail temporaire de tout accident mettant en cause ce salarié détaché.

Lorsque le salarié détaché dans les conditions prévues par l'article L. 1262-2 est affilié à un régime français de sécurité sociale, la déclaration est effectuée selon les modalités prévues par l'article R. 412-2 du code de la sécurité sociale ou par le deuxième alinéa de l'article D. 751-93 du code rural et de la pêche maritime.

SECTION 2 (réglementaire). Droit d'expression

Art. R. 1262-3. Les dispositions relatives au droit d'expression, prévues par les articles L. 2281-1 à L. 2281-4, sont applicables aux salariés détachés dans les conditions prévues au 2° de l'article L. 1262-1.

SECTION 3 (réglementaire). Durée du travail, repos et congés

Art. R. 1262-4. Lorsque la durée du détachement en France est supérieure à un mois, les dispositions relatives au chômage des jours fériés, prévues à l'article L. 3133-3, sont applicables aux salariés détachés.

Art. R. 1262-6. Les dispositions spécifiques relatives à la durée du travail et au repos qui figurent aux chapitres III et IV du titre premier du livre VII du code rural et de la pêche maritime sont applicables aux salariés détachés dans les entreprises qui exercent une activité mentionnée à l'article L. 713-1 de ce code.

SECTION 4 (réglementaire). Salaire

Art. R. 1262-7. Lorsque la durée du détachement en France est supérieure à un mois, les dispositions relatives à la mensualisation, prévues aux articles L. 3242-1 et L. 3242-2, sont applicables aux salariés détachés.

Art. R. 1262-8. *(D. 2020-916 du 28 juil. 2020, JO 29, entrée en vigueur le 30.07.2020)* Les allocations propres au détachement sont regardées comme faisant partie de la rémunération. Toutefois, les sommes versées à titre de remboursement des dépenses effectivement encourues du fait du détachement mentionnées au 11° de l'article L. 1262-4 en sont exclues et sont prises en charge par l'employeur lorsque les conditions suivantes sont cumulativement remplies:

1° Leur prise en charge est prévue par des dispositions légales ou des stipulations conventionnelles;

2° Lorsque le salarié détaché doit se déplacer vers ou depuis son lieu de travail habituel sur le territoire national ou lorsqu'il est temporairement envoyé par son employeur de ce lieu de travail habituel vers un autre lieu de travail.

Art. L. 1262-7

Lorsque l'employeur ne justifie pas du versement de tout ou partie de l'allocation propre au détachement au titre de la rémunération ou des dépenses effectivement encourues du fait du détachement en application du contrat de travail ou de la loi qui régit celui-ci, l'intégralité de l'allocation est alors regardée comme payée à titre de remboursement des dépenses et est exclue de la rémunération.

Note Pour une application de cet article dans sa rédaction antérieure au décret 2020-916 précité, voir cass. soc. 13 novembre 2014, n° 13-19.095, BC V n° 265; RJS 1/15 n° 71 et p. 9, avis H. Liffran; Dr. Soc. 2015, p. 91, obs. J-Ph. Lhernould.

SECTION 5 (réglementaire). Santé au travail

Art. R. 1262-9. Sont applicables, sous réserve des dispositions des articles R. 1262-10 à R. 1262-15, les dispositions relatives:

1° À la prise en charge des dépenses afférentes aux services de santé au travail, prévue par l'article L. 4622-6;

(D. 2016-1908 du 27 déc. 2016, art. 4, 1°, JO 29, entrée en vigueur le 01.01.2017) «2° Aux missions du médecin du travail prévues par l'article R. 4623-1 et à celles des autres membres de l'équipe pluridisciplinaire de santé au travail mentionnée à l'article L. 4622-8;

3° Aux actions des membres de l'équipe pluridisciplinaire de santé au travail sur le milieu de travail prévues aux articles R. 4624-1 à R. 4624-9;

4° Au suivi individuel de l'état de santé prévu aux articles R. 4624-10 à R. 4624-45;

5° Aux mesures proposées par le médecin du travail, prévues à l'article L. 4624-3, à l'avis d'inaptitude rendu par le médecin du travail, prévu par l'article L. 4624-4 et à la contestation prévue par l'article L. 4624-7;

6° Au dossier médical en santé au travail prévu à l'article L. 4624-8.»

Dans les services de santé au travail, les établissements de santé, sociaux et médico-sociaux, les dispositions prévues par les articles R. 4623-1 à R. 4626-19, R. 4626-21, R. 4626-25 à D. 4626-32 sont applicables.

Dans les professions agricoles, les dispositions des articles R. 717-3 à R. 717-12, R. 717-15 à R. 717-30 du code rural ***(Ord. 2010-462 du 6 mai 2010, JO 7)*** «et de la pêche maritime» sont applicables.

Art. R. 1262-10. Le salarié détaché bénéficie des prestations d'un service de santé au travail, sauf si l'employeur, établi dans un État membre de l'Union européenne, partie à l'accord sur l'Espace économique européen ou dans la Confédération helvétique, prouve que ce salarié est soumis à une surveillance équivalente dans son pays d'origine.

Art. R. 1262-11. Dans les cas prévus aux 1° et 2° de l'article L. 1262-1 et à l'article L. 1262-2, l'entreprise utilisatrice ou le donneur d'ordre prend en charge l'organisation matérielle des obligations relatives à la santé au travail du salarié dans le cadre de son service de santé au travail.

Art. R. 1262-12. Dans le cas prévu au 3° de l'article L. 1262-1 et lorsque l'entreprise étrangère intervient pour le compte d'un particulier, celle-ci adhère au service de santé au travail interentreprises territorialement et professionnellement compétent.

Art. R. 1262-13. ***(D. 2016-1908 du 27 déc. 2016, art. 4, 2°, JO 29, entrée en vigueur le 01.01.2017)*** À défaut d'un suivi de l'état de santé équivalent dans leur État d'origine:

1° Pour les travailleurs bénéficiant de l'examen médical d'aptitude à l'embauche prévu à l'article R. 4624-24 du présent code, celui-ci est réalisé avant l'affectation sur le poste;

2° Pour les travailleurs bénéficiant d'une visite d'information et de prévention prévue à l'article R. 4624-10 du présent code, celle-ci est réalisée dans un délai qui n'excède pas trois mois après l'arrivée dans l'entreprise.

Art. R. 1262-14. ***(D. 2016-1908 du 27 déc. 2016, art. 4, 3°, JO 29, entrée en vigueur le 01.01.2017)*** «L'entreprise étrangère bénéficie de l'action du médecin du travail et des autres membres de l'équipe pluridisciplinaire de santé au travail sur le milieu de travail ainsi que des dispositions relatives à la fiche d'entreprise prévue aux articles R. 4624-46 à R. 4624-50.»

Dans le cas prévu au 3° de l'article L. 1262-1 et lorsque l'entreprise intervient pour le compte d'un particulier, cette action n'a lieu que sur demande de l'entreprise étrangère.

Art. R. 1262-15. Dans les cas prévus aux 1° et 2° de l'article L. 1262-1 et à l'article L. 1262-2, les documents et informations transmis à l'employeur le sont également à l'entreprise utilisatrice ou au donneur d'ordre.

SECTION 6 (réglementaire). Travail temporaire

Art. R. 1262-16. ***(D. 2020-916 du 28 juil. 2020, JO 29, entrée en vigueur le 30.07.2020)*** Les salariés détachés mis à disposition d'une entreprise utilisatrice établie en France bénéficient des stipulations des conventions et accords applicables au lieu de travail et aux salariés employés par cette entreprise utilisatrice dans les matières mentionnées à l'article L. 1251-21, et en matière de rémunération conformément à l'article L. 1251-18.

Art. R. 1262-17. Pour l'application de l'obligation de garantie financière prévue aux articles L. 1251-49 et L. 1251-50, ***(D. 2009-289 du 13 mars 2009, JO 15)*** «alinéas 2 et 3» à L. 1251-53 aux entreprises de travail temporaire qui détachent un salarié en France, la garantie assure le paiement aux salariés détachés, pendant toute la période de leur travail sur le territoire français, des salaires et de leurs accessoires, ainsi que des indemnités résultant du chapitre premier du titre V.

Art. R. 1262-18. Les garanties souscrites dans leur pays d'origine par les entreprises établies dans un État membre de l'Union européenne, partie à l'accord sur l'Espace économique européen ou dans la Confédération helvétique peuvent être regardées comme équivalentes à la garantie financière prévue à l'article R. 1262-17 si elles assurent la même protection aux salariés concernés.

SECTION 7 (réglementaire). Détachement de plus de douze mois

Note Cette section a été introduite par le décret 2020-916 du 28 juillet 2020, JO 29, entrée en vigueur le 30.07.2020.

Art. R. 1262-18-1. Pour l'application du dernier alinéa du II de l'article L. 1262-4, l'employeur complète, pour chaque salarié détaché concerné, la déclaration de détachement prévue au I de l'article L. 1262-2-1, en utilisant le télé-service " SIPSI ", avec les éléments suivants:

1° La durée de la prorogation de l'application des règles relevant des matières énumérées au I de l'article L. 1262-4 pour une durée d'au plus six mois supplémentaires;

2° Le motif de la prorogation.

Note Lorsque la durée du détachement a atteint douze mois avant le 30.07.2020 ou atteint cette durée dans les quinze jours suivant cette date, la déclaration motivée mentionnée au dernier alinéa du II de l'article L. 1262-4 CT est transmise dans un délai d'un mois à compter de cette même date. Pendant ce délai, l'employeur est réputé bénéficier d'une prorogation (décret 2020-916 du 28 juillet 2020, art. 7, II, JO 29, entrée en vigueur le 30.07.2020).

SECTION 8 (réglementaire). Dispositions diverses

Note Cette section a été introduite par le décret 2015-364 du 30 mars 2015, art. 12, JO 31, entrée en vigueur le 01.05.2015. Sur l'entrée en vigueur de ce décret, voir CE 8 juillet 2016, n° 389745, RJS 11/16 n° 735.

Art. R. 1262-19. Les dispositions des articles R. 4231-1 à R. 4231-4, R. 8281-1 à R. 8281-4 et R. 8282-1 sont applicables aux salariés détachés en France.

CHAPITRE III Contrôle

Note Voir RF décembre 2019, cahier juridique n° 1109, §§ 3750 à 3774, «Statuts particuliers de certains salariés - Travailleurs détachés transnationaux»; LS Les Thématiques n° 73, novembre 2019, «Le détachement transnational de salariés en France»; LS Dossier juridique n° 177 du 01.10.2020, «La nouvelle directive sur le détachement est transposée - Ordonnance du 20 février 2019, décret et arrêté du 28 juillet 2020».

Art. L. 1263-1. Les agents de contrôle mentionnés à l'article L. 8112-1 et les autorités chargées de la coordination de leurs actions sont habilités à se communiquer réciproquement tous les renseignements et documents nécessaires pour faire appliquer les dispositions du présent titre.

Ils peuvent également communiquer ces renseignements et documents aux agents investis de pouvoirs analogues dans les États étrangers et aux autorités chargées de la coordination de leurs actions dans ces États.

(L. 2016-1088 du 8 août 2016, art. 109, I, JO 9) «Les agents de contrôle mentionnés à l'article L. 8271-1-2 disposent d'un droit d'accès aux données issues des déclarations de détachement transmises à l'inspection du travail en application des articles L. 1262-2-1 et L. 1262- 4-1 qui sont nécessaires à l'accomplissement de leur mission de lutte contre le travail illégal.»

Art. L. 1263-2. La nature des informations communicables et les conditions dans lesquelles est assurée la protection des données à caractère personnel sont précisées par décret en Conseil d'État.

Note Voir CJUE 7 octobre 2010, aff. C-515/08, rec. I-9133; JOUE C 328/4 du 4.12.2010; RJS 1/11, p. 12 (F.), chron. J-Ph. Lhernould.

Art. L. 1263-3. ***(L. 2015-990 du 6 août 2015, art. 280, I, JO 7)*** Lorsqu'un agent de contrôle de l'inspection du travail mentionné ***(L. 2016-1088 du 8 août 2016, art. 113, III, 10°, JO 9)*** «à l'article L. 8112-1» constate un manquement grave, commis par un employeur établi hors de France qui détache des salariés sur le territoire national, à l'article L. 3131-1 relatif au repos quotidien, à l'article L. 3132-2 relatif au repos hebdomadaire, à l'article ***(L. 2016-1088 du 8 août 2016, art. 8, XI, 2°, JO 9)*** « L. 3121-18» relatif à la durée quotidienne maximale de travail ou à l'article ***(L. 2016-1088 du 8 août 2016, art. 8, XI, 2°, JO 9)*** « L. 3121-20» relatif à la durée hebdomadaire maximale de travail, ***(L. 2016-1088 du 8 août 2016, art. 105, I, 4°, JO 9)*** «constate le non-paiement total ou partiel du salaire minimum légal ou conventionnel,» constate un manquement de l'employeur ou de son représentant à l'obligation mentionnée à l'article L. 1263-7 en vue du contrôle du respect des dispositions des articles L. 3231-2, L. 3131-1, L. 3132-2, ***(L. 2016-1088 du 8 août 2016, art. 8, XI, 2°, JO 9)*** « L. 3121-18 et L. 3121-20» du présent code, constate des conditions de travail ou d'hébergement incompatibles avec la dignité humaine sanctionnées à l'article 225-14 du code pénal ***(L. 2018-771 du 5 sept. 2018, art. 96, II, 3°, JO 6)*** «ou constate que l'employeur qui s'est vu notifier l'une des amendes administratives prévues aux articles L. 1263-6, L. 1264-1, L. 1264-2 ou L. 8115-1 du présent code ne s'est pas acquitté du paiement des sommes dues», il enjoint par écrit à cet employeur de faire cesser la situation dans un délai fixé par décret en Conseil d'État.

Il en informe, dans les plus brefs délais, le maître d'ouvrage ou le donneur d'ordre de l'employeur concerné.

Le fait pour l'employeur d'avoir communiqué à l'agent de contrôle des informations délibérément erronées constitue un manquement grave au sens du premier alinéa.

(L. 2016-1088 du 8 août 2016, art. 111, I, JO 9) «Pour l'application du présent article, lorsque l'employeur établi hors de France détache sur le territoire national des salariés exerçant des activités relevant du code rural et de la pêche maritime, la référence à l'article L. 3132-2 du présent code est remplacée par la référence à l'article L. 714-1 du code rural et de la pêche maritime.»

Art. L. 1263-4. ***(L. 2015-990 du 6 août 2015, art. 280, I, JO 7)*** À défaut de régularisation par l'employeur de la situation constatée dans le délai mentionné à l'article L. 1263-3, l'autorité administrative compétente peut, dès lors qu'elle a connaissance d'un rapport d'un agent de contrôle de l'inspection du travail constatant le manquement et eu égard à la répétition ou à la gravité des faits constatés, ordonner, par décision motivée, la suspension par l'employeur de la réalisation de la prestation de services concernée pour une durée ne pouvant excéder un mois.

L'autorité administrative met fin à la mesure dès que l'employeur justifie de la cessation du manquement constaté.

Art. L. 1263-4-1. ***(L. 2016-1088 du 8 août 2016, art. 107, JO 9)*** L'agent de contrôle de l'inspection du travail ou l'agent de contrôle assimilé mentionné au dernier alinéa de l'article L. 8112-1 qui n'a pas reçu, à l'issue du délai de quarante-huit heures à compter du début du détachement d'un salarié, la déclaration de détachement mentionnée au deuxième alinéa du I de l'article L. 1262-4-1 peut saisir d'un rapport motivé l'autorité administrative compétente. Celle-ci peut ordonner, au regard de la gravité du manquement, par décision motivée, la suspension de la réalisation de la prestation de services, pour une durée ne pouvant excéder un mois.

L'autorité administrative met fin à la suspension dès la réception de la déclaration de détachement transmise par l'employeur, le donneur d'ordre ou le maître d'ouvrage, pour les salariés concernés.

La sanction prévue au premier alinéa du présent article peut être cumulée avec l'amende administrative prévue aux articles L. 1264-1 et L. 1264-2.

Un décret en Conseil d'État détermine les modalités d'application du présent article.

Art. L. 1263-4-2. ***(L. 2018-771 du 5 sept. 2018, art. 96, III, JO 6)*** L'agent de contrôle de l'inspection du travail ou l'agent de contrôle assimilé mentionné au dernier alinéa de l'article L. 8112-1 qui constate, le cas échéant à réception de la déclaration mentionnée à l'article L. 1262-2-1, l'absence de paiement des sommes dues au titre de l'une des amendes prévues aux articles L. 1263-6, L. 1264-1, L. 1264-2 ou L. 8115-1 qui a été notifiée à un employeur établi à l'étranger détachant un ou plusieurs salariés dans les conditions prévues aux articles L. 1262-1 ou L. 1262-2 saisit par rapport motivé l'autorité administrative compétente. Celle-ci informe sans délai l'entreprise concernée avant le début de la prestation du manquement constaté et lui enjoint de faire cesser ce manquement en procédant au paiement des sommes dues.

En l'absence de régularisation avant le début de la prestation, l'autorité administrative peut ordonner au regard de la gravité du manquement, par décision motivée, l'interdiction de la prestation de services pour une durée de deux mois renouvelable. La prestation ne peut débuter en l'absence de régularisation du manquement.

L'autorité administrative autorise la prestation dès le paiement des sommes mentionnées au premier alinéa du présent article.

Art. L. 1263-5. ***(L. 2015-990 du 6 août 2015, art. 280, I, JO 7)*** La décision de suspension de la prestation de services prononcée par l'autorité administrative ***(L. 2016-1088 du 8 août 2016, art. 107, JO 9)*** «en application des articles L. 1263-4 ***(L. 2018-771 du 5 sept. 2018, art. 96, IV, JO 6)*** «, L. 1263-4-1 ou L. 1263-4-2» n'entraîne ni rupture, ni suspension du contrat de travail, ni aucun préjudice pécuniaire pour les salariés concernés.

Art. L. 1263-6. ***(L. 2015-990 du 6 août 2015, art. 280, I, JO 7)*** Le fait pour l'employeur de ne pas respecter la décision administrative mentionnée à l'article L. 1263-4 ***(L. 2018-771 du 5 sept. 2018, art. 96, V, JO 6)*** «, à l'article L. 1263-4-1 ou à l'article L. 1263-4-2» est passible d'une amende administrative, qui est prononcée par l'autorité administrative compétente, sur le rapport motivé d'un agent de contrôle de l'inspection du travail mentionné ***(L. 2016-1088 du 8 août 2016, art. 113, III, 10°, JO 9)*** «à l'article L. 8112-1».

Pour fixer le montant de l'amende, l'autorité administrative prend en compte les circonstances et la gravité du manquement, le comportement de son auteur ainsi que ses ressources et ses charges. L'amende est inférieure ou égale à 10 000 € par salarié concerné par le manquement.

Le délai de prescription de l'action de l'administration pour la sanction du manquement par une amende administrative est de deux années révolues à compter du jour où le manquement a été commis.

(Ord. 2016-413 du 7 avril 2016, art. 9, JO 8, entrée en vigueur le 01.07.2016) «L'employeur peut contester la décision de l'administration devant le tribunal administratif, à l'exclusion de tout recours hiérarchique.»

L'amende est recouvrée comme les créances de l'État étrangères à l'impôt et au domaine. ***(L. 2018-771 du 5 sept. 2018, art. 97, I, JO 6)*** «L'opposition à l'exécution ou l'opposition aux poursuites n'a pas pour effet de suspendre l'action en recouvrement de la créance.»

Art. L. 1263-7. ***(L. 2015-990 du 6 août 2015, art. 280, I, JO 7)*** L'employeur détachant temporairement des salariés sur le territoire national, ou son représentant mentionné au II de l'article L. 1262-2-1, présente sur le lieu de réalisation de la prestation à l'inspection du travail des documents traduits en langue française permettant de vérifier le respect des dispositions du présent titre.

Art. L. 1263-8. ***(L. 2018-771 du 5 sept. 2018, art. 90, JO 6)*** L'autorité administrative, saisie par un ou plusieurs employeurs détachant de manière récurrente des salariés dans les conditions prévues aux 1° et 2° de l'article L. 1262-1 ou par un organisme ayant mandat, peut aménager les modalités selon lesquelles les obligations prévues aux I et II de l'article L. 1262-2-1 et à l'article L. 1263-7 sont satisfaites lorsque sont apportées à l'appui de leur demande les informations attestant du respect des dispositions légales et des stipulations conventionnelles dans les matières énumérées à l'article L. 1262-4.

Les aménagements consentis pour une durée ne dépassant pas un an sont notifiés au demandeur.

Pendant la durée ainsi fixée, l'autorité administrative peut demander communication des documents prévus à l'article L. 1263-7.

L'autorité administrative met fin aux aménagements accordés en application du premier alinéa du présent article soit lorsque les modalités définies sur le fondement du même premier alinéa n'ont pas été respectées, soit en cas de constat d'un manquement aux règles applicables dans les matières énumérées à l'article L. 1262-4.

Art. L. 1263-8

La demande de renouvellement des aménagements est assortie de tout élément attestant du respect des dispositions légales et des stipulations conventionnelles dans les matières énumérées au même article L. 1262-4 pour la période écoulée.

Un décret en Conseil d'État détermine la nature des aménagements pouvant être accordés en application du présent article.

SECTION 1 (réglementaire). **Dispositions communes**

Art. R. 1263-1. ***(D. 2015-364 du 30 mars 2015, art. 1er, JO 31, entrée en vigueur le 01.05.2015)*** I. – L'employeur établi hors de France conserve sur le lieu de travail du salarié détaché sur le territoire national ou, en cas d'impossibilité matérielle, dans tout autre lieu accessible à son représentant désigné en application de l'article L. 1262-2-1 et présente ***(D. 2015-1327 du 21 oct. 2015, JO 23)*** «sans délai», à la demande de l'inspection du travail du lieu où est accomplie la prestation, les documents mentionnés au présent article.

II. – Les documents requis aux fins de vérifier les informations relatives aux salariés détachés sont les suivants:

1° Le cas échéant, l'autorisation de travail permettant au ressortissant d'un État tiers d'exercer une activité salariée;

2° Le cas échéant, le document attestant d'un examen médical dans le pays d'origine équivalent à celui prévu à l'article R. 1262-13;

3° Lorsque la durée du détachement est supérieure ou égale à un mois, les bulletins de paie de chaque salarié détaché ou tout document équivalent attestant de la rémunération et comportant les mentions suivantes:

(D. 2020-916 du 28 juil. 2020, JO 29, entrée en vigueur le 30.07.2020) «*a)* Rémunération brute;»

b) Période et horaires de travail auxquels se rapporte le salaire en distinguant les heures payées au taux normal et celles comportant une majoration;

c) Congés et jours fériés, et éléments de rémunération s'y rapportant;

d) Conditions d'assujettissement aux caisses de congés et intempéries, le cas échéant;

e) S'il y a lieu, l'intitulé de la convention collective de branche applicable au salarié;

4° Lorsque la durée du détachement est inférieure à un mois, tout document apportant la preuve du respect de la rémunération minimale;

5° Tout document attestant du paiement effectif ***(D. 2020-916 du 28 juil. 2020, JO 29, entrée en vigueur le 30.07.2020)*** «de la rémunération»;

6° Un relevé d'heures indiquant le début, la fin et la durée du temps de travail journalier de chaque salarié.

III. – Les documents requis aux fins de s'assurer de l'exercice d'une activité réelle et substantielle de cet employeur dans son pays d'établissement sont les suivants:

1° Dans le cas où son entreprise est établie en dehors de l'Union européenne, le document attestant la régularité de sa situation sociale au regard d'une convention internationale de sécurité sociale ou, à défaut, l'attestation de fourniture de déclaration sociale émanant de l'organisme français de protection sociale chargé du recouvrement des cotisations sociales lui incombant et datant de moins de six mois;

2° Lorsqu'il fait l'objet d'un écrit, le contrat de travail ou tout document équivalent attestant notamment du lieu de recrutement du salarié;

3° Tout document attestant du droit applicable au contrat liant l'employeur et le cocontractant établi ***(D. 2020-916 du 28 juil. 2020, JO 29, entrée en vigueur le 30.07.2020)*** «ou exerçant» sur le territoire national;

4° Tout document attestant du nombre de contrats exécutés et du montant du chiffre d'affaires réalisé par l'employeur dans son pays d'établissement et sur le territoire national.

Note • Le 7° du II de cet article a été abrogé par le décret 2019-555 du 4 juin 2019, art. 1er, 1°, JO 5, entrée en vigueur le 01.07.2019.

• Sur l'entrée en vigueur du décret 2015-364 précité, voir CE 8 juillet 2016, n° 389745, RJS 11/16 n° 735.

Art. R. 1263-1-1. ***(D. 2019-555 du 4 juin 2019, art. 1er, 2°, JO 5)*** I. – Par dérogation aux dispositions du I de l'article R. 1263-1, l'employeur établi hors de France et qui détache un ou plusieurs salariés dans les conditions et pour les activités prévues à l'article L. 1262-6 dispose d'un délai, qui ne peut être supérieur à quinze jours, pour présenter les documents énumérés à l'article R. 1263-1.

II. – L'employeur établi hors de France et qui détache un ou plusieurs salariés dans les conditions prévues au 3° de l'article L. 1262-1 conserve sur le lieu de travail du salarié détaché sur le territoire national et présente sans délai les documents énumérés à l'article R. 1263-1, à l'exception de ceux mentionnés au 2° du II et au III, pour lesquels il dispose d'un délai, qui ne peut être supérieur à quinze jours.

Art. R. 1263-2. Les documents mentionnés à l'article R. 1263-1 sont traduits en langue française.

Pour les entreprises qui ne sont pas établies dans un État membre de l'Union européenne dont la monnaie est l'euro, les sommes sont converties en euros.

Art. R. 1263-2-1. ***(D. 2015-364 du 30 mars 2015, art. 1er, JO 31, entrée en vigueur le 01.05.2015)*** Le représentant de l'entreprise sur le territoire national mentionné au II de l'article L. 1262-2-1 accomplit au nom de l'employeur les obligations qui lui incombent en application de l'article R. 1263-1.

(D. 2019-555 du 4 juin 2019, art. 1er, 3°, JO 5, entrée en vigueur le 01.07.2019) « La désignation de ce représentant est effectuée dans la déclaration de détachement prévue au I de l'article L. 1262-2-1. Elle couvre l'intégralité de la période pendant laquelle les salariés sont détachés en France. »

Note Sur l'entrée en vigueur du décret 2015-364 précité, voir CE 8 juillet 2016, n° 389745, RJS 11/16 n° 735.

SECTION 2 (réglementaire). Déclaration de détachement

Art. R. 1263-3. L'employeur qui détache un ou plusieurs salariés, dans les conditions prévues au 1° de l'article L. 1262-1, adresse une déclaration comportant les éléments suivants :

(D. 2015-364 du 30 mars 2015, art. 2, JO 31, entrée en vigueur le 01.05.2015) « 1° Le nom ou la raison sociale ainsi que les adresses postale et électronique, les coordonnées téléphoniques de l'entreprise ou de l'établissement qui emploie habituellement le ou les salariés, la forme juridique de l'entreprise, ***(D. 2017-825 du 5 mai 2017, JO 7, entrée en vigueur le 01.07.2017)*** « son numéro individuel d'identification fiscale au titre de l'assujettissement à la taxe sur la valeur ajoutée ou, à défaut de détenir un tel numéro, » les références de son immatriculation à un registre professionnel ou toutes autres références équivalentes, les nom, prénoms, date et lieu de naissance du ou des dirigeants ;

2° L'adresse du ou des lieux successifs où doit s'accomplir la prestation, la date du début de la prestation et sa date de fin prévisible, l'activité principale exercée dans le cadre de la prestation, la nature du matériel ou des procédés de travail dangereux utilisés, ***(D. 2019-555 du 4 juin 2019, art. 1er, 4°, JO 5, entrée en vigueur le 01.07.2019)*** « le nom et l'adresse du donneur d'ordre ainsi que, le cas échéant, son numéro individuel d'identification fiscale au titre de l'assujettissement à la taxe sur la valeur ajoutée » ;

3° Les nom, prénoms, ***(D. 2019-555 du 4 juin 2019, art. 1er, 4°, JO 5, entrée en vigueur le 01.07.2019)*** « sexe, » date et lieu de naissance, adresse de résidence habituelle et nationalité de chacun des salariés détachés, la date de signature de son contrat de travail, sa qualification professionnelle, l'emploi qu'il occupe durant le détachement ainsi que ***(D. 2019-555 du 4 juin 2019, art. 1er, 4°, JO 5, entrée en vigueur le 01.07.2019)*** « le taux horaire de rémunération appliqué pendant la durée du détachement en France », converti le cas échéant en euros, la date du début du détachement et sa date de fin prévisible ; »

4° Les heures auxquelles commence et finit le travail ainsi que les heures et la durée des repos des salariés détachés conformément aux dispositions des articles L. 3171-1, premier et deuxième alinéas, et L. 3171-2 ;

(D. 2015-364 du 30 mars 2015, art. 2, JO 31, entrée en vigueur le 01.05.2015) « 5° Le cas échéant, l'adresse du ou des lieux d'hébergement collectif successifs des salariés ;

6° Les modalités de prise en charge par l'employeur des frais de voyage, de nourriture et, le cas échéant, d'hébergement ; »

(D. 2017-825 du 5 mai 2017, JO 7, entrée en vigueur le 01.07.2017) « 7° L'État auquel est attachée la législation de sécurité sociale dont relève chacun des salariés détachés au titre de l'activité qu'il réalise en France et, s'il s'agit d'un État autre que la France, la mention de la demande d'un formulaire concernant la législation de sécurité sociale applicable à l'institution compétente ; »

(D. 2019-555 du 4 juin 2019, art. 1er, 4°, JO 5, entrée en vigueur le 01.07.2019) « 8° La désignation de son représentant pendant la durée de la prestation en France, les coordonnées électroniques et téléphoniques de ce représentant, le lieu de conservation des documents mentionnés à l'article R. 1263-1 sur le territoire national ou les modalités permettant d'y avoir accès et de les consulter depuis le territoire national, ***(D. 2020-916 du 28 juil. 2020, JO 29, entrée en vigueur le 30.07.2020)*** « ainsi que le numéro de SIRET lorsque le représentant désigné n'est ni le dirigeant présent pendant la prestation, ni l'un des salariés détachés, ni le client de la prestation ». »

Note
- Sur l'entrée en vigueur du décret 2015-364 précité, voir CE 8 juillet 2016, n° 389745, RJS 11/16 n° 735.
- La déclaration de détachement mentionnée à cet article et à l'article R. 1263-6 est établie conformément à l'un des modèles accessibles sur le site SIPSI (*www.sipsi.travail.gouv.fr*) ; elle est transmise de manière dématérialisée par ce même télé-service (arrêté du 20 novembre 2017, JO 17 déc., entrée en vigueur le 01.01.2018).

Voir aussi note sous article R. 1263-4-1.

Art. R. 1263-4. Les employeurs qui détachent un ou plusieurs salariés, dans les conditions prévues au 2° de l'article L. 1262-1, adressent une déclaration comportant les éléments suivants :

(D. 2015-364 du 30 mars 2015, art. 2, JO 31, entrée en vigueur le 01.05.2015) « 1° Le nom ou la raison sociale ainsi que les adresses postale et électronique, les coordonnées téléphoniques de l'entreprise ou de l'établissement qui emploie habituellement le ou les salariés, la forme juridique de l'entreprise, ***(D. 2017-825 du 5 mai 2017, JO 7, entrée en vigueur le 01.07.2017)*** « son numéro individuel d'identification fiscale au titre de l'assujettissement à la taxe sur la valeur ajoutée ou, à défaut de détenir un tel numéro,» les références de son immatriculation à un registre professionnel ou toutes autres références équivalentes, les nom, prénoms, date et lieu de naissance du ou des dirigeants;

2° L'adresse du ou des lieux successifs où doit s'accomplir la prestation, la date du début de la prestation et sa date de fin prévisible, la nature des services accomplis pendant le détachement et la nature du matériel ou des procédés de travail dangereux utilisés ainsi que ***(D. 2019-555 du 4 juin 2019, art. 1er, 5°, JO 5, entrée en vigueur le 01.07.2019)*** «, le cas échéant, le numéro individuel d'identification fiscale au titre de l'assujettissement à la taxe sur la valeur ajoutée» de l'entreprise ou de l'établissement d'accueil;

3° Les nom, prénom, ***(D. 2019-555 du 4 juin 2019, art. 1er, 5°, JO 5, entrée en vigueur le 01.07.2019)*** «sexe,» date et lieu de naissance, adresse de résidence habituelle et nationalité du salarié détaché, la date de signature de son contrat de travail, sa qualification professionnelle, l'emploi qu'il occupe durant le détachement ainsi que ***(D. 2019-555 du 4 juin 2019, art. 1er, 5°, JO 5, entrée en vigueur le 01.07.2019)*** «le taux horaire de rémunération appliqué pendant la durée du détachement en France», converti le cas échéant en euros, la date du début du détachement et sa date de fin prévisible;

4° Les heures auxquelles commence et finit le travail ainsi que les heures et la durée des repos des salariés détachés conformément aux dispositions des premier et deuxième alinéas de l'article L. 3171-1 et de l'article L. 3171-2;

5° Le cas échéant, l'adresse du ou des lieux d'hébergement collectif successifs des salariés;

6° Les modalités de prise en charge par l'employeur des frais de voyage, de nourriture et, le cas échéant, d'hébergement;»

(D. 2017-825 du 5 mai 2017, JO 7, entrée en vigueur le 01.07.2017) «7° L'État auquel est attachée la législation de sécurité sociale dont relève chacun des salariés détachés au titre de l'activité qu'il réalise en France et, s'il s'agit d'un État autre que la France, la mention de la demande d'un formulaire concernant la législation de sécurité sociale applicable à l'institution compétente;»

(D. 2019-555 du 4 juin 2019, art. 1er, 5°, JO 5, entrée en vigueur le 01.07.2019) «8° La désignation de leur représentant pendant la durée de la prestation en France, les coordonnées électroniques et téléphoniques de ce représentant, le lieu de conservation des documents mentionnés à l'article R. 1263-1 sur le territoire national ou les modalités permettant d'y avoir accès et de les consulter depuis le territoire national, ***(D. 2020-916 du 28 juil. 2020, JO 29, entrée en vigueur le 30.07.2020)*** «ainsi que le numéro de SIRET lorsque le représentant désigné n'est ni le dirigeant présent pendant la prestation, ni l'un des salariés détachés, ni le client de la prestation».»

Art. R. 1263-4-1. ***(D. 2015-364 du 30 mars 2015, art. 2, JO 31, entrée en vigueur le 01.05.2015)*** La déclaration de détachement prévue aux articles R. 1263-3 et R. 1263-4 est adressée ***(D. 2016-1044 du 29 juil. 2016, art. 7, JO 31, entrée en vigueur le 01.10.2016)*** «, en utilisant le télé-service " SIPSI ",» à l'***(D. 2015-1689 du 17 déc. 2015, JO 18, entrée en vigueur le 01.01.2016)*** «unité départementale» mentionnée à l'article R. 8122-2 dans le ressort de laquelle s'effectue la prestation. Lorsque la prestation est exécutée dans d'autres lieux, la déclaration de détachement est adressée ***(D. 2016-1044 du 29 juil. 2016, art. 7, JO 31, entrée en vigueur le 01.10.2016)*** «, en utilisant le télé-service " SIPSI ",» à l'***(D. 2015-1689 du 17 déc. 2015, JO 18, entrée en vigueur le 01.01.2016)*** «unité départementale» dans le ressort de laquelle se situe le premier lieu d'exécution de la prestation.

Note • Sur l'entrée en vigueur du décret 2015-364 précité, voir CE 8 juillet 2016, n° 389745, RJS 11/16 n° 735.

• Le décret 2016-1044 du 29 juillet 2016 a rendu obligatoire la transmission dématérialisée des déclarations de détachement de salariés en France depuis le 1er octobre 2016. Les déclarations relatives aux prestations en cours à cette date, effectuées sous l'empire des dispositions antérieures, demeurent valables. Toutefois, tout changement relatif aux modalités de la prestation ou aux conditions du détachement donne lieu à une nouvelle déclaration ou à une nouvelle attestation, effectuée par la voie du télé-service «SIPSI» (décret précité, art. 9, III), accessible à l'adresse *https://www.sipsi.travail.gouv.fr/*.

Art. R. 1263-5. ***(D. 2015-364 du 30 mars 2015, art. 2, JO 31, entrée en vigueur le 01.05.2015)*** «La déclaration de détachement prévue aux articles R. 1263-3 et R. 1263-4, dont le modèle est fixé par arrêté du ministre chargé du travail, est accomplie en langue française avant le début du détachement, ***(D. 2016-1044 du 29 juil. 2016, art. 7, JO 31, entrée en vigueur le 01.10.2016)*** «en utilisant le télé-service " SIPSI " du ministère chargé du travail (sipsi.travail.gouv.fr)».»

Elle se substitue à l'ensemble des obligations de déclaration prévues par le présent code, hormis celles prévues au présent chapitre.

(D. 2020-916 du 28 juil. 2020, JO 29, entrée en vigueur le 30.07.2020) «En utilisant le téléservice " SIPSI ", l'employeur annule la déclaration de détachement mentionnée au premier alinéa en cas d'annulation du détachement et il la modifie en cas de changement des dates de détachement initialement prévues.»

Note Voir note sous article R. 1263-4-1.

SECTION 3 (réglementaire). Déclaration spécifique aux entreprises de travail temporaire

Art. R. 1263-6. Les entreprises de travail temporaire qui détachent un salarié sur le territoire français, dans les conditions prévues à l'article L. 1262-2, adressent une déclaration comportant les mentions suivantes :

(D. 2017-825 du 5 mai 2017, JO 7, entrée en vigueur le 01.07.2017) « 1° Le nom ou la raison sociale et les adresses postale et électronique, les coordonnées téléphoniques de l'entreprise de travail temporaire, la forme juridique de l'entreprise, son numéro individuel d'identification fiscale au titre de l'assujettissement à la taxe sur la valeur ajoutée ou, à défaut de détenir un tel numéro, les références de son immatriculation à un registre professionnel ou toutes autres références équivalentes, l'identité du ou des dirigeants ; »

2° L'identité de l'organisme auprès duquel a été obtenue une garantie financière ou une garantie équivalente dans le pays d'origine ;

(D. 2019-555 du 4 juin 2019, art. 1er, 6°, JO 5, entrée en vigueur le 01.07.2019) « 3° La désignation de leur représentant par l'employeur pendant la durée de la prestation en France, les coordonnées électroniques et téléphoniques de ce représentant, le lieu de conservation des documents mentionnés à l'article R. 1263-1 sur le territoire national ou les modalités permettant d'y avoir accès et de les consulter depuis le territoire national, ***(D. 2020-916 du 28 juil. 2020, JO 29, entrée en vigueur le 30.07.2020)*** « ainsi que le numéro de SIRET lorsque le représentant désigné n'est ni le dirigeant présent pendant la prestation, ni l'un des salariés détachés, ni le client de la prestation » ; »

(D. 2015-364 du 30 mars 2015, art. 3, JO 31, entrée en vigueur le 01.05.2015) « 4° Les nom, prénoms, ***(D. 2019-555 du 4 juin 2019, art. 1er, 6°, JO 5, entrée en vigueur le 01.07.2019)*** « sexe, » date et lieu de naissance, adresse de résidence habituelle et nationalité de chacun des salariés mis à disposition, les dates prévisibles du début et de la fin de sa mission, sa qualification professionnelle, l'emploi qu'il occupe durant le détachement, ***(D. 2019-555 du 4 juin 2019, art. 1er, 6°, JO 5, entrée en vigueur le 01.07.2019)*** « le taux horaire de rémunération appliqué pendant la durée du détachement en France », converti le cas échéant en euros, l'adresse du ou des lieux successifs où s'effectue sa mission, la nature du matériel ou des procédés de travail dangereux utilisés ;

(D. 2017-825 du 5 mai 2017, JO 7, entrée en vigueur le 01.07.2017) « 5° Le nom ou la raison sociale et les adresses postale et électronique, les coordonnées téléphoniques ainsi que ***(D. 2019-555 du 4 juin 2019, art. 1er, 6°, JO 5, entrée en vigueur le 01.07.2019)*** « , le cas échéant, le » numéro individuel d'identification fiscale au titre de l'assujettissement à la taxe sur la valeur ajoutée ***(D. 2019-555 du 4 juin 2019, art. 1er, 6°, JO 5, entrée en vigueur le 01.07.2019)*** « de l'entreprise utilisatrice ; »

6° Les heures auxquelles commence et finit le travail ainsi que les heures et la durée des repos des salariés détachés conformément aux dispositions des articles L. 3171-1, premier et deuxième alinéas, et L. 3171-2 ;

7° Le cas échéant, l'adresse du ou des lieux d'hébergement collectif successifs des salariés ;

8° Les modalités de prise en charge par l'employeur des frais de voyage, de nourriture et, le cas échéant, d'hébergement ; »

(D. 2017-825 du 5 mai 2017, JO 7, entrée en vigueur le 01.07.2017) « 9° L'État auquel est attachée la législation de sécurité sociale dont relève chacun des salariés mis à disposition au titre de l'activité qu'il réalise en France et, s'il s'agit d'un État autre que la France, la mention de la demande d'un formulaire concernant la législation de sécurité sociale applicable à l'institution compétente. »

Note Voir note sous article R. 1263-3.

Art. R. 1263-6-1. ***(D. 2015-364 du 30 mars 2015, art. 3, JO 31, entrée en vigueur le 01.05.2015)*** La déclaration de détachement prévue à l'article R. 1263-6, dont le modèle est fixé par arrêté du ministre chargé du travail, est adressée ***(D. 2016-1044 du 29 juil. 2016, art. 7, JO 31, entrée en vigueur le 01.10.2016)*** « , en utilisant le télé-service " SIPSI ", » à l'***(D. 2015-1689 du 17 déc. 2015, JO 18, entrée en vigueur le 01.01.2016)*** « unité départementale » mentionnée à l'article R. 8122-2 dans le ressort de laquelle s'effectue la prestation. Lorsque la prestation est exécutée dans d'autres lieux, la déclaration de détachement est adressée ***(D. 2016-1044 du 29 juil. 2016, art. 7, JO 31, entrée en vigueur le 01.10.2016)*** « , en utilisant le télé-service " SIPSI ", » à l'***(D. 2015-1689 du 17 déc. 2015, JO 18, entrée en vigueur le 01.01.2016)*** « unité départementale » dans le ressort de laquelle se situe le premier lieu d'exécution de la prestation.

Note Voir note sous article R. 1263-4-1.

Art. R. 1263-7. ***(D. 2015-364 du 30 mars 2015, art. 3, JO 31, entrée en vigueur le 01.05.2015)*** « La déclaration prévue à l'article R. 1263-6, dont le modèle est fixé par arrêté du ministre chargé du travail, est accomplie en langue française avant la mise à disposition du salarié, ***(D. 2016-1044 du 29 juil. 2016, art. 7, JO 31, entrée en vigueur le 01.10.2016)*** « en utilisant le télé-service " SIPSI " du ministère chargé du travail (sipsi.travail.gouv.fr) ». »

Elle se substitue aux obligations résultant des articles L. 1251-45 et L. 1251-46 ainsi qu'à l'ensemble des obligations de déclaration prévues par le code du travail hormis celles prévues au présent chapitre.

(D. 2020-916 du 28 juil. 2020, JO 29, entrée en vigueur le 30.07.2020) « En utilisant le téléservice “ SIPSI ”, l'employeur annule la déclaration de détachement mentionnée au premier alinéa en cas d'annulation du détachement et il la modifie en cas de changement des dates de détachement initialement prévues. »

Note Voir note sous article R. 1263-4-1.

Art. R. 1263-8. Outre les documents mentionnés aux articles R. 1263-1 et R. 1263-2, les entreprises de travail temporaire présentent à la demande de l'inspection du travail, un document attestant de l'obtention d'une garantie financière ou la preuve du respect des dispositions de garantie équivalente dans le pays d'origine ainsi que les documents comportant les mentions figurant aux articles L. 1251-16 et L. 1251-43.

Art. R. 1263-8-1. *(D. 2017-825 du 5 mai 2017, JO 7, entrée en vigueur le 01.07.2017)* La déclaration mentionnée au IV de l'article L. 1262-2-1 précise le nom, la raison sociale, l'adresse postale et électronique, les coordonnées téléphoniques du siège social, ainsi que l'identité du représentant légal de l'entreprise de travail temporaire.

Elle précise également le nom, prénom, et qualification professionnelle des travailleurs intérimaires.

La déclaration datée et signée par l'entreprise utilisatrice des salariés intérimaires est transmise par tout moyen permettant de conférer date certaine à cet envoi, avant le début du détachement, à l'unité départementale mentionnée à l'article R. 8122-2 dans le ressort de laquelle s'effectue la prestation. Elle précise également le nom, la raison sociale ainsi que l'adresse postale et électronique et les coordonnées téléphoniques de l'entreprise utilisatrice. Lorsque la prestation est exécutée en partie dans d'autres lieux, cette déclaration est adressée à l'unité départementale dans le ressort de laquelle se situe le premier lieu d'exécution de la prestation.

Art. R. 1263-9. Les documents *(D. 2015-364 du 30 mars 2015, art. 4, JO 31, entrée en vigueur le 01.05.2015)* « mentionnés à l'article R. 1263-8 » sont traduits en langue française.

Pour les entreprises qui ne sont pas établies dans un État membre de l'Union européenne dont la monnaie est l'euro, les sommes sont converties en euros.

Note Sur l'entrée en vigueur du décret 2015-364 précité, voir CE 8 juillet 2016, n° 389745, RJS 11/16 n° 735.

SECTION 4 (réglementaire). Surveillance et contrôle du travail détaché

Art. R. 1263-10. La surveillance et le contrôle des conditions de travail et d'emploi définies au présent titre et la coopération avec les administrations des autres États membres sont assurés par *(D. 2015-364 du 30 mars 2015, art. 5, JO 31, entrée en vigueur le 01.05.2015)* « le bureau de liaison de la direction générale du travail mentionnée à l'article R. 8121-14. »

Ce bureau de liaison répond aux demandes d'information des administrations étrangères et leur communique les informations lorsqu'il a connaissance de faits relatifs à d'éventuels manquements de l'entreprise aux obligations résultant du présent titre.

Note Sur l'entrée en vigueur du décret 2015-364 précité, voir CE 8 juillet 2016, n° 389745, RJS 11/16 n° 735.

Art. R. 1263-11. Les agents de contrôle mentionnés au livre premier de la partie VIII peuvent communiquer à leurs homologues étrangers, directement ou par l'intermédiaire du bureau de liaison, tout renseignement et document nécessaires à la surveillance et au contrôle des conditions de travail et d'emploi des salariés détachés.

Art. R. 1263-11-1. *(D. 2015-1579 du 3 déc. 2015, JO 4)* L'agent de contrôle de l'inspection du travail mentionné aux articles L. 8112-1 ou L. 8112-5 qui constate l'un des manquements mentionnés à l'article L. 1263-3 enjoint par écrit à l'employeur établi hors de France qui détache des salariés sur le territoire national de faire cesser ce manquement dans un délai de trois jours, à compter de la réception de l'injonction. Ce délai peut être réduit en cas de circonstances exceptionnelles, sans qu'il puisse être inférieur à un jour.

L'injonction est adressée *(D. 2019-555 du 4 juin 2019, art. 1er, 7°, JO 5)* « à l'employeur ou, le cas échéant, » au représentant de l'employeur mentionné au II de l'article L. 1262-2-1.

Note Cet article a été modifié par le décret 2020-916 du 28 juillet 2020, JO 29, entrée en vigueur le 30.07.2020.

Art. R. 1263-11-2. *(D. 2015-1579 du 3 déc. 2015, JO 4) (D. 2017-825 du 5 mai 2017, JO 7, entrée en vigueur le 01.07.2017)* « À défaut de régularisation de l'un des manquements mentionnés *(D. 2020-916 du 28 juil. 2020, JO 29, entrée en vigueur le 30.07.2020)* « à l'article L. 1263-3 » dans le délai fixé en application des dispositions de l'article R. 1263-11-1, ou en cas de défaut de réception de la déclaration de détachement mentionné à l'article L. 1263-4-1 », l'agent de contrôle de l'inspection du travail transmet au *(D. 2020-1545 du 9 déc. 2020, JO 10, entrée en vigueur le 01.04.2021)* « directeur régional de l'économie, de l'emploi, du travail et des solidarités » un rapport relatif au manquement constaté.

Art. R. 1263-11-3. ***(D. 2015-1579 du 3 déc. 2015, JO 4)*** Avant de prononcer une suspension temporaire de la prestation de services ***(D. 2017-825 du 5 mai 2017, JO 7, entrée en vigueur le 01.07.2017)*** « en application de l'article L. 1263-4 ou de l'article L. 1263-4-1 », le ***(D. 2020-1545 du 9 déc. 2020, JO 10, entrée en vigueur le 01.04.2021)*** « directeur régional de l'économie, de l'emploi, du travail et des solidarités » invite ***(D. 2019-555 du 4 juin 2019, art. 1er, 9°, JO 5)*** « l'employeur ou son représentant » à présenter ses observations dans un délai de trois jours à compter de la réception de cette invitation. Ce délai peut être réduit dans les cas de circonstances exceptionnelles, sans qu'il puisse être inférieur à un jour.

À l'expiration du délai fixé et au vu des observations éventuelles de l'intéressé, il peut, eu égard à la répétition ou à la gravité des faits constatés, lui notifier une décision motivée de suspension temporaire. Cette décision indique la durée de la suspension temporaire de la prestation de services, qui ne peut excéder un mois, ainsi que les voies et délais de recours.

Note Cet article a été modifié par le décret 2020-916 du 28 juillet 2020, JO 29, entrée en vigueur le 30.07.2020.

Art. R. 1263-11-3-1. ***(D. 2020-916 du 28 juil. 2020, JO 29, entrée en vigueur le 30.07.2020)*** I. – Lorsque l'agent de contrôle de l'inspection du travail, ou l'agent de contrôle assimilé mentionné au dernier alinéa de l'article L. 8112-1, constate le manquement mentionné à l'article L. 1263-4-2, il transmet un rapport motivé au ***(D. 2020-1545 du 9 déc. 2020, JO 10, entrée en vigueur le 01.04.2021)*** « directeur régional de l'économie, de l'emploi, du travail et des solidarités ».

II. – Ce dernier enjoint par écrit à l'employeur de faire cesser immédiatement le manquement en procédant au paiement des sommes dues, dès réception de l'injonction, et l'invite directement, ou par son représentant, à présenter ses observations dans un délai de trois jours à compter de la réception de cette invitation. Ce délai peut être réduit dans les cas de circonstances exceptionnelles, sans qu'il puisse être inférieur à un jour.

III. – À l'expiration du délai fixé au II et au vu des observations éventuelles de l'intéressé, le ***(D. 2020-1545 du 9 déc. 2020, JO 10, entrée en vigueur le 01.04.2021)*** « directeur régional de l'économie, de l'emploi, du travail et des solidarités » peut lui notifier une décision motivée d'interdiction temporaire de la prestation de services. Cette décision indique la durée de l'interdiction temporaire de la prestation qui ne peut excéder deux mois, ainsi que les voies et délais de recours. Elle informe du renouvellement de cette décision, par décision expresse, à défaut de transmission par l'employeur de l'attestation du paiement de l'amende avant la fin du délai de l'interdiction.

Art. R. 1263-11-4. ***(D. 2015-1579 du 3 déc. 2015, JO 4)*** Le ***(D. 2020-1545 du 9 déc. 2020, JO 10, entrée en vigueur le 01.04.2021)*** « directeur régional de l'économie, de l'emploi, du travail et des solidarités » informe sans délai le préfet du département dans lequel est situé l'établissement, ou, à Paris le préfet de police, de sa décision de suspension temporaire ***(D. 2019-555 du 4 juin 2019, art. 1er, 10°, JO 5)*** « ou d'interdiction temporaire » de la réalisation de la prestation de services.

Il en informe sans délai le maître d'ouvrage ou le donneur d'ordre cocontractant du prestataire.

Art. R. 1263-11-5. ***(D. 2015-1579 du 3 déc. 2015, JO 4)*** Lorsque la prestation de services porte sur des travaux réalisés sur un chantier de bâtiment ou de travaux publics, la décision du ***(D. 2020-1545 du 9 déc. 2020, JO 10, entrée en vigueur le 01.04.2021)*** « directeur régional de l'économie, de l'emploi, du travail et des solidarités » est notifiée simultanément au maître d'ouvrage ainsi qu'au responsable du chantier. Le maître d'ouvrage prend les mesures permettant de prévenir tout risque pour la santé ou la sécurité des travailleurs présents sur le site concerné ainsi que des usagers ou des tiers, qui résulterait de la suspension temporaire ***(D. 2019-555 du 4 juin 2019, art. 1er, 11°, JO 5)*** « ou de l'interdiction temporaire » de la prestation de services.

La décision du ***(D. 2020-1545 du 9 déc. 2020, JO 10, entrée en vigueur le 01.04.2021)*** « directeur régional de l'économie, de l'emploi, du travail et des solidarités » est portée à la connaissance du public par voie d'affichage sur les lieux du chantier.

Art. R. 1263-11-6. ***(D. 2015-1579 du 3 déc. 2015, JO 4)*** Le ***(D. 2020-1545 du 9 déc. 2020, JO 10, entrée en vigueur le 01.04.2021)*** « directeur régional de l'économie, de l'emploi, du travail et des solidarités » met fin à la mesure de suspension temporaire ***(D. 2019-555 du 4 juin 2019, art. 1er, 12°, JO 5)*** « ou d'interdiction temporaire » de la réalisation d'une prestation de services au vu des justificatifs de régularisation fournis par le représentant de l'employeur ***(D. 2019-555 du 4 juin 2019, art. 1er, 12°, JO 5)*** « ou, à défaut, dans les cas prévus au 3° de l'article L. 1262-1 et pour les activités mentionnées à l'article L. 1262-6, par l'employeur »***(D. 2017-825 du 5 mai 2017, JO 7, entrée en vigueur le 01.07.2017)*** « , ou par le maître d'ouvrage ou le donneur d'ordre cocontractant du prestataire ».

Il informe sans délai de sa décision ***(D. 2019-555 du 4 juin 2019, art. 1er, 12°, JO 5)*** « l'employeur ou son représentant », le maître d'ouvrage ou le donneur d'ordre cocontractant du prestataire ainsi que le préfet compétent.

Art. R. 1263-11-7. ***(D. 2015-1579 du 3 déc. 2015, JO 4)*** Les injonctions, les informations, les invitations et les notifications mentionnées aux articles R. 1263-11-1 à R. 1263-11-6 sont effectuées par tout moyen permettant de leur conférer date certaine.

SECTION 5 (réglementaire). Obligation de vigilance des maîtres d'ouvrage et des donneurs d'ordre

Note Cette section a été introduite par le décret 2015-364 du 30 mars 2015, art. 6, JO 31, entrée en vigueur le 01.05.2015. Sur l'entrée en vigueur de ce décret, voir CE 8 juillet 2016, n° 389745, RJS 11/16 n° 735.

Art. R. 1263-12. Le maître d'ouvrage ou le donneur d'ordre qui contracte avec un employeur établi hors de France demande à son cocontractant, avant le début de chaque détachement d'un ou de plusieurs salariés, les documents suivants:

(D. 2016-1044 du 29 juil. 2016, art. 7, JO 31, entrée en vigueur le 01.10.2016) «*a)****(D. 2019-555 du 4 juin 2019, art. 1er, 13°, JO 5, entrée en vigueur le 01.07.2019)*** «L'accusé de réception de» la déclaration de détachement effectuée sur le télé-service " SIPSI " du ministère chargé du travail, conformément aux articles R. 1263-5 et R. 1263-7;»

(D. 2019-555 du 4 juin 2019, art. 1er, 13°, JO 5, entrée en vigueur le 01.07.2019) «*b)* Une attestation sur l'honneur certifiant que le cocontractant s'est, le cas échéant, acquitté du paiement des sommes dues au titre des amendes prévues aux articles L. 1263-6, L. 1264-1, L. 1264-2 et L. 8115-1. Cette attestation comporte les nom, prénom, raison sociale du cocontractant et la signature de son représentant légal.»

Le maître d'ouvrage ou le donneur d'ordre est réputé avoir procédé aux vérifications mentionnées à l'article L. 1262-4-1 dès lors qu'il s'est fait remettre ces documents.

Art. R. 1263-12-1. ***(D. 2017-825 du 5 mai 2017, JO 7, entrée en vigueur le 01.07.2017)*** Pour l'application du II de l'article L. 1262-4-1, le maître d'ouvrage demande au sous-traitant établi hors de France, avant le début de chaque détachement d'un ou de plusieurs salariés sur le territoire national, ***(D. 2020-916 du 28 juil. 2020, JO 29, entrée en vigueur le 30.07.2020)*** «l'accusé de réception de la déclaration de détachement transmis» à l'unité départementale mentionnée à l'article R. 1263-4-1, conformément aux dispositions de l'article R. 1263-6-1.

Le maître d'ouvrage demande à l'entreprise exerçant une activité de travail temporaire établie hors de France avec laquelle son cocontractant ou un sous-traitant a contracté, et avant le début de chaque détachement d'un ou de plusieurs salariés sur le territoire national, ***(D. 2020-916 du 28 juil. 2020, JO 29, entrée en vigueur le 30.07.2020)*** «l'accusé de réception de la déclaration de détachement transmis» à l'unité départementale mentionnée à l'article R. 1263-4-1, conformément aux dispositions de l'article R. 1263-6-1.

Le maître d'ouvrage est réputé avoir procédé à la vérification mentionnée au II de l'article L. 1262-4-1 dès lors qu'il s'est fait remettre ces documents.

Art. R. 1263-13. ***(D. 2016-27 du 19 janv. 2016, JO 20)*** La déclaration que doit faire le maître d'ouvrage ou le donneur d'ordre, en application du deuxième alinéa de l'article L. 1262-4-1, lorsque son cocontractant ne lui a pas remis ***(D. 2020-916 du 28 juil. 2020, JO 29, entrée en vigueur le 30.07.2020)*** «l'accusé de réception» de la déclaration de détachement lui incombant en vertu du premier alinéa de l'article L. 1262-2-1, est adressée à l'unité territoriale compétente mentionnée aux articles R. 1263-4-1 et R. 1263-6-1 ***(D. 2016-1748 du 15 déc. 2016, art. 1er, JO 17, entrée en vigueur le 01.04.2017)*** «en utilisant le téléservice " SIPSI " du ministère chargé du travail».

La déclaration est rédigée en langue française et justifie par tout moyen lui conférant date certaine qu'elle a été faite dans le délai prévu à l'article L. 1262-4-1.

Art. R. 1263-14. ***(D. 2016-27 du 19 janv. 2016, JO 20)*** La déclaration du maître d'ouvrage ou du donneur d'ordre mentionnée à l'article R. 1263-13, dont le modèle est fixé par arrêté du ministre chargé du travail, comporte les informations suivantes:

1° Le nom ou la raison sociale, les adresses postale et électronique, les coordonnées téléphoniques, l'activité principale du maître d'ouvrage ou du donneur d'ordre déclarant ainsi que ***(D. 2017-825 du 5 mai 2017, JO 7, entrée en vigueur le 01.07.2017)*** «son numéro individuel d'identification fiscale au titre de l'assujettissement à la taxe sur la valeur ajoutée ou, à défaut de détenir un tel numéro,» les références de son immatriculation à un registre professionnel ou toutes autres références équivalentes;

2° Le nom ou la raison sociale ainsi que les adresses postale et électronique, les coordonnées téléphoniques de l'entreprise ou de l'établissement qui emploie habituellement le ou les salariés, la forme juridique de l'entreprise, ***(D. 2017-825 du 5 mai 2017, JO 7, entrée en vigueur le 01.07.2017)*** «son numéro individuel d'identification fiscale au titre de l'assujettissement à la taxe sur la valeur ajoutée ou, à défaut de détenir un tel numéro,» les références de son immatriculation à un registre professionnel ou toutes autres références équivalentes et les États sur le territoire desquels sont situés les organismes auxquels il verse les cotisations de sécurité sociale afférentes au détachement des salariés concernés;

3° L'adresse des lieux successifs où doit s'accomplir la prestation, la date du début de la prestation et sa date de fin prévisible, l'activité principale exercée dans le cadre de la prestation;

4° Les nom, prénoms, date et lieu de naissance, adresse de résidence habituelle et nationalité de chacun des salariés détachés.

Note • Cet article a été modifié par le décret 2020-916 du 28 juillet 2020, JO 29, entrée en vigueur le 30.07.2020.

• Cet article a été modifié par le décret 2019-555 du 4 juin 2019, art. 1er, 14°, JO 5, entrée en vigueur le 01.07.2019.

• Voir arrêté du 8 novembre 2016 (JO 3 déc.) fixant le modèle de déclaration subsidiaire de détachement du donneur d'ordre ou du maître d'ouvrage.

SECTION 6 (réglementaire). Obligations et responsabilité financière des maîtres d'ouvrage et des donneurs d'ordre

Note Cette section a été introduite par le décret 2016-27 du 19 janvier 2016, JO 20.

Art. R. 1263-15. Par dérogation aux articles R. 3245-1 à R. 3245-4, les obligations et la responsabilité financière des maîtres d'ouvrage et donneurs d'ordre au regard des salariés détachés sont régies par les dispositions de la présente section.

Art. R. 1263-16. À compter du jour de la réception de l'injonction mentionnée à l'article L. 1262-4-3, l'employeur détachant des salariés et, le cas échéant, le donneur d'ordre cocontractant de ce dernier informent dans un délai de sept jours le maître d'ouvrage ou le donneur d'ordre des mesures prises pour faire cesser la situation.

Le maître d'ouvrage ou le donneur d'ordre transmet aussitôt cette information à l'agent de contrôle auteur du signalement ou informe celui-ci, dès l'expiration du délai imparti, de l'absence de réponse.

Art. R. 1263-17. En cas d'absence de régularisation effective de la situation par l'employeur, le maître d'ouvrage ou le donneur d'ordre, s'il ne dénonce pas le contrat de prestation de service, est tenu solidairement avec celui-ci au paiement des rémunérations et indemnités dues à chaque salarié détaché ainsi que, lorsque ce salarié relève d'un régime français de sécurité sociale, des cotisations et contributions sociales afférentes dues aux organismes chargés de leur recouvrement.

Art. R. 1263-18. L'agent de contrôle auteur du signalement informe par écrit les salariés concernés qu'à défaut de paiement de leurs rémunérations par l'employeur, le maître d'ouvrage ou le donneur d'ordre, ils peuvent saisir le conseil de prud'hommes afin de recouvrer les sommes dues.

Art. R. 1263-19. Les injonctions et les informations mentionnées aux articles R. 1263-16 à R. 1263-18 sont effectuées par tout moyen permettant de leur conférer date certaine.

Art. D. 1263-21. ***(D. 2017-825 du 5 mai 2017, JO 7, entrée en vigueur le 01.07.2017)*** L'affiche mentionnée à l'article L. 1262-4-5 présente les informations sur la réglementation française de droit du travail applicable aux salariés détachés en France en matière de durée du travail, de salaire minimum, d'hébergement, de prévention des chutes de hauteur, d'équipements individuels obligatoires et d'existence d'un droit de retrait. L'affiche précise les modalités selon lesquelles le salarié peut faire valoir ses droits.

Ces informations, traduites dans l'une des langues officielles parlées dans chacun des États d'appartenance des salariés détachés sur le chantier, sont affichées dans le local vestiaire prévu par l'article R. 4534-139 et sont tenues dans un bon état de lisibilité.

CHAPITRE IV Amendes administratives

Note • Ce chapitre a été introduit par la loi 2014-790 du 10 juillet 2014, art. 1er, JO 11.

• Voir RF décembre 2019, cahier juridique n° 1109, §§ 3750 à 3774, «Statuts particuliers de certains salariés - Travailleurs détachés transnationaux»; LS Les Thématiques n° 73, novembre 2019, «Le détachement transnational de salariés en France»; LS Dossier juridique n° 177 du 01.10.2020, «La nouvelle directive sur le détachement est transposée - Ordonnance du 20 février 2019, décret et arrêté du 28 juillet 2020».

• Sur la nécessaire adéquation des sanctions prévues par une législation nationale avec la gravité de l'infraction aux règles applicables en matière de détachement de travailleurs commise, voir CJUE 12 septembre 2019, aff. C-64/18, LS Europe n° 481 du 03.10.2019; RJS 1/20, p. 8 (I. D.), chron. B. Palli, et n° 61.

Art. L. 1264-1. La méconnaissance par l'employeur qui détache un ou plusieurs salariés d'une des obligations mentionnées à l'article L. 1262-2-1 ***(Ord. 2019-116 du 20 févr. 2019, JO 21, entrée en vigueur le 30.07.2020)*** «, au troisième alinéa du II de l'article L. 1262-4» ***(L. 2016-1088 du 8 août 2016, art. 105, I, 5°, JO 9)*** «, à l'article L. 1262-4-4» ***(L. 2015-990 du 6 août 2015, art. 280, III, 1°, JO 7)*** «ou à l'article L. 1263-7» est passible d'une amende administrative, dans les conditions prévues à l'article L. 1264-3.

Art. L. 1264-2. ***(L. 2016-1088 du 8 août 2016, art. 105, I, 6° et 112, III, JO 9)*** I. – Le maître d'ouvrage ***(Ord. 2019-116 du 20 févr. 2019, JO 21, entrée en vigueur le 30.07.2020)*** «, le donneur d'ordre ou l'entreprise utilisatrice» est passible d'une amende administrative, dans les conditions prévues à l'article L. 1264-3:

1° En cas de méconnaissance d'une des obligations mentionnées au I de l'article L. 1262-4-1, lorsque son cocontractant n'a pas rempli au moins l'une des obligations lui incombant en application de l'article L. 1262-2-1;

2° En cas de méconnaissance de l'obligation mentionnée à l'article L. 1262-4-4;

3° En cas de méconnaissance de l'obligation mentionnée à l'article L. 1262-4-5.

(Ord. 2019-116 du 20 févr. 2019, JO 21, entrée en vigueur le 30.07.2020) «4° En cas de manquement à l'obligation d'information prévue au V de l'article L. 1262-2-1 et en cas de manquement de l'employeur tel que prévu au 4° de l'article L. 8115-1.»

II. – La méconnaissance par le maître d'ouvrage de l'obligation mentionnée au II de l'article L. 1262-4-1 est passible d'une amende administrative, dans les conditions prévues à l'article L. 1264-3, lorsque l'un des sous-traitants directs ou indirects de ses cocontractants ou l'une des entreprises exerçant une activité de travail temporaire ne s'est pas acquitté de l'obligation mentionnée au I de l'article L. 1262-2-1. La méconnaissance par l'entreprise utilisatrice de l'obligation mentionnée au IV de l'article L. 1262-2-1 est passible d'une amende administrative dans les conditions prévues à l'article L. 1264-3.

Art. L. 1264-3. L'amende administrative mentionnée aux articles L. 1264-1 et L. 1264-2 est prononcée par l'autorité administrative compétente, après constatation par un des agents de contrôle de l'inspection du travail mentionnés aux articles L. 8112-1 et L. 8112-5.

Le montant de l'amende est d'au plus ***(L. 2018-771 du 5 sept. 2018, art. 95, I, 1°, JO 6)*** «4 000 €» par salarié détaché et d'au plus ***(L. 2018-771 du 5 sept. 2018, art. 95, I, 2°, JO 6)*** «8 000 €» en cas de réitération dans un délai ***(L. 2018-771 du 5 sept. 2018, art. 95, I, 3°, JO 6)*** «de deux ans» à compter du jour de la notification de la première amende. Le montant total de l'amende ne peut être supérieur à ***(L. 2015-990 du 6 août 2015, art. 279, JO 7)*** «500 000 €».

Pour fixer le montant de l'amende, l'autorité administrative prend en compte les circonstances et la gravité du manquement, le comportement de son auteur ***(Ord. 2019-116 du 20 févr. 2019, JO 21, entrée en vigueur le 30.07.2020)*** «, notamment sa bonne foi,» ainsi que ses ressources et ses charges.

Le délai de prescription de l'action de l'administration pour la sanction du manquement par une amende administrative est de deux années révolues à compter du jour où le manquement a été commis.

(Ord. 2016-413 du 7 avril 2016, art. 9, JO 8, entrée en vigueur le 01.07.2016) «L'employeur, le maître d'ouvrage ou le donneur d'ordre peut contester la décision de l'administration devant le tribunal administratif, à l'exclusion de tout recours hiérarchique.»

L'amende est recouvrée comme les créances de l'État étrangères à l'impôt et au domaine. ***(L. 2018-771 du 5 sept. 2018, art. 97, II, JO 6)*** «L'opposition à l'exécution ou l'opposition aux poursuites n'a pas pour effet de suspendre l'action en recouvrement de la créance.»

Note La loi 2018-771 précitée a doublé le montant maximal de l'amende administrative et le délai de réitération prévus par cet article.

Art. L. 1264-4. ***(L. 2016-1088 du 8 août 2016, art. 108, JO 9)*** La sanction ou l'amende administrative pécuniaire notifiée par l'autorité compétente d'un État membre de l'Union européenne autre que la France et infligée à un prestataire de services établi en France à l'occasion d'un détachement de salariés, dans les conditions mentionnées par la directive 96/71/CE du Parlement européen et du Conseil du 16 décembre 1996 concernant le détachement de travailleurs effectué dans le cadre d'une prestation de services, est constatée par l'État en application de l'article 15 de la directive 2014/67/UE du Parlement européen et du Conseil du 15 mai 2014 relative à l'exécution de la directive 96/71/CE concernant le détachement de travailleurs effectué dans le cadre d'une prestation de services et modifiant le règlement (UE) n° 1024/2012 concernant la coopération administrative par l'intermédiaire du système d'information du marché intérieur (" règlement IMI ").

La sanction ou l'amende est recouvrée selon les règles applicables en matière de créances étrangères à l'impôt et au domaine. ***(L. 2018-771 du 5 sept. 2018, art. 97, III, JO 6)*** «L'opposition à l'exécution ou l'opposition aux poursuites n'a pas pour effet de suspendre l'action en recouvrement de la créance.»

Les titres de perception sont émis par le ministre chargé du travail.

L'action en recouvrement du comptable public se prescrit par cinq ans à compter de l'émission du titre de perception.

Le produit de ces sanctions ou amendes est versé au budget général de l'État.

Note *__À compter du 01.01.2022,__ après le mot: «prescrit», la fin de l'avant-dernier alinéa est ainsi rédigée: «conformément aux dispositions de l'article L. 274 du livre des procédures fiscales.» (loi 2020-1721 du 29 décembre 2020, art. 160, VII et XI, JO 30, entrée en vigueur le 01.01.2022).*

Les dispositions de cet article, dans sa rédaction issue de la loi 2020-1721 précitée, s'appliquent à l'action en recouvrement dont le délai de prescription commence à courir ou dont une cause interruptive de prescription intervient à compter du 01.01.2022 (loi précitée, art. 160, XI).

CHAPITRE IV (réglementaire) Dispositions pénales

Art. R. 1264-3. ***(D. 2016-27 du 19 janv. 2016, JO 20)*** Le fait pour un employeur de ne pas présenter à l'inspection du travail les documents mentionnés à l'article R. 1263-8 dans les conditions déterminées à cet article est puni de l'amende prévue pour les contraventions de troisième classe.

CHAPITRE V Actions en justice

Note Ce chapitre a été introduit par la loi 2014-790 du 10 juillet 2014, art. 9, JO 11.

Art. L. 1265-1. Les organisations syndicales représentatives peuvent exercer en justice toutes les actions résultant de l'application du présent titre en faveur d'un salarié, sans avoir à justifier d'un mandat de l'intéressé.

Il suffit que celui-ci ait été averti, dans des conditions déterminées par voie réglementaire, et ne s'y soit pas opposé dans un délai de quinze jours à compter de la date à laquelle l'organisation syndicale lui a notifié son intention.

L'intéressé peut toujours intervenir à l'instance engagée par le syndicat et y mettre un terme à tout moment.

Art. D. 1265-1. ***(D. 2015-364 du 30 mars 2015, art. 8, JO 31, entrée en vigueur le 01.05.2015)*** Le salarié est informé de l'action en justice envisagée par l'organisation syndicale représentative en application de l'article L. 1265-1 par tout moyen permettant de conférer date certaine. ***(D. 2015-1327 du 21 oct. 2015, JO 23)*** «Cette information» précise la nature et l'objet de l'action envisagée par l'organisation syndicale et indique que:

1° Le salarié peut faire connaître à l'organisation syndicale son opposition à l'action envisagée dans un délai de quinze jours à compter de la date de réception de la lettre;

2° L'organisation syndicale peut exercer elle-même les voies de recours;

3° Le salarié peut, à tout moment, intervenir dans l'instance engagée par l'organisation syndicale.

Note Sur l'entrée en vigueur du décret 2015-364 précité, voir CE 8 juillet 2016, n° 389745, RJS 11/16 n° 735.

TITRE VII CHÈQUES ET TITRES SIMPLIFIÉS DE TRAVAIL

Note Voir S. Tournaux, «La maturité des chèques et titres emploi simplifiés de travail», RDT, septembre 2014, ET, 537.

CHAPITRE Ier Chèque emploi-service universel

Note Les dispositions des chapitres Ier et II sont applicables à Mayotte depuis le 01.01.2020 (ordonnance 2017-1491 du 25 octobre 2017, art. 33, 2°, JO 26 et décret 2018-953 du 31 octobre 2018, art. 58, II, *a*, JO 6 nov.).

SECTION 1. Objet et modalités de mise en œuvre

Art. L. 1271-1. ***(Ord. 2015-682 du 18 juin 2015, art. 2, JO 19, entrée en vigueur le 01.07.2015)*** Le chèque emploi-service universel est un titre emploi ou un titre spécial de paiement.

A. – Le titre emploi permet:

1° De déclarer ***(L. 2017-1836 du 30 déc. 2017, art. 14, III, JO 31, entrée en vigueur le 01.01.2019)*** «les salariés mentionnés au 3° de l'article L. 133-5-6 du code de la sécurité sociale;»

2° De déclarer les stagiaires aides familiaux placés au pair mentionnés au 6° de l'article L. 133-5-6 ***(L. 2017-1836 du 30 déc. 2017, art. 14, III, JO 31, entrée en vigueur le 01.01.2019)*** «du même code»;

(L. 2015-1776 du 28 déc. 2015, art. 56, II, 1°, JO 29) «3° De déclarer les accueillants familiaux mentionnés à l'article L. 441-1 du code de l'action sociale et des familles.»

B. – Le titre spécial de paiement permet d'acquitter tout ou partie du montant:

1° De la rémunération ***(L. 2016-1827 du 23 déc. 2016, art. 42, II, JO 24)*** «et des cotisations et contributions sociales afférentes» des salariés occupant des emplois entrant dans le champ des services à la personne mentionnés à l'article L. 7231-1, des assistants maternels agréés en application de l'article L. 421-1 du code de l'action sociale et des familles;

2° Des prestations de services fournies par les organismes agréés ou déclarés au titre des articles L. 7232-1 et L. 7232-1-1;

3° Dans les conditions et limites fixées par décret, des prestations de services fournies par les organismes et établissements spécialisés mentionnés à l'article L. 1271-10;

4° Des prestations de services fournies par les organismes ou personnes mentionnés aux deux premiers alinéas de l'article L. 2324-1 du code de la santé publique;

5° Des prestations de services fournies par les organismes ou les personnes organisant un accueil sans hébergement prévu au même article L. 2324-1;

6° Des prestations de services fournies par les personnes organisant un accueil des enfants scolarisés en école maternelle ou élémentaire limité aux heures qui précèdent ou suivent la classe;

7° Des prestations d'aide à domicile délivrées à ses ascendants bénéficiaires de l'allocation personnalisée d'autonomie par des salariés ou des organismes de services à la personne;

8° Des prestations de transport de voyageurs par taxi financées par les prestations sociales destinées spécifiquement aux personnes âgées ou à mobilité réduite;

(L. 2015-1776 du 28 déc. 2015, art. 56, II, 1°, JO 29) «9° Des contreparties financières définies à l'article L. 442-1 du code de l'action sociale et des familles.»

Note • Les dispositions de cet article, dans sa rédaction issue de la loi 2016-1827 précitée, s'appliquent aux rémunérations dues au titre des périodes courant depuis le 01.01.2018 (loi précitée, art. 42, III).

• Voir circ. ANSP 1-2007 du 15 mai 2007, lettre-circ. ACOSS 2007-108 du 6 août 2007 (LS Législ. soc. n° 14942 du 03.09.2007 et plan 2 du développement des services à la personne, mars 2009, LS n° 15368 du 25.05.2009).

• Sur les conditions d'ouverture du droit aux prestations maladie, maternité-invalidité et décès, voir art. R. 313-7 c. séc. soc. (décret 2008-1084 du 22 octobre 2008, JO 24).

• Les éléments de la prestation de compensation finançant des charges mentionnées à cet article peuvent être versés sous forme de chèque emploi-service universel, si le bénéficiaire ou son représentant légal en est d'accord (art. R. 245-68 c. act. soc. et fam.).

• Voir notamment arrêté du 3 juin 2014 (JO 14) fixant le modèle de convention d'adhésion au dispositif de tiers payant des cotisations et contributions des bénéficiaires de l'allocation personnalisée pour l'autonomie (APA) ou de la prestation de compensation du handicap (PCH) utilisant le chèque emploi-service universel (CESU).

• Voir décret 2014-1535 du 17 décembre 2014 (JO 19) relatif à l'utilisation à titre expérimental des droits affectés sur un compte épargne-temps pour financer des prestations de service à la personne (ouverte du 20 décembre 2014 au 1er octobre 2016).

Art. L. 1271-4. ***(L. 2013-1203 du 23 déc. 2013, art. 27, III, D, JO 24)*** «Pour les salariés dont le nombre d'heures de travail effectuées n'excède pas un seuil fixé par décret,» la rémunération portée sur le chèque emploi-service universel inclut une indemnité ***(L. 2013-1203 du 23 déc. 2013, art. 27, III, D, JO 24)*** «compensatrice» de congés payés dont le montant est égal à un dixième de la rémunération brute. Pour l'appréciation des conditions d'ouverture de droits aux prestations sociales, le temps d'emploi effectif indiqué sur la déclaration est majoré à due proportion. ***(L. 2013-1203 du 23 déc. 2013, art. 27, III, D, JO 24)*** «Le présent alinéa est applicable également au-delà du seuil précité en cas d'accord entre l'employeur et le salarié.»

Le chèque emploi-service universel ne peut être utilisé pour la rémunération directe ou le paiement de prestations réalisées par des salariés qui consacrent tout ou partie de leur temps de travail à une activité contribuant à l'exercice de la profession de leur employeur ou de l'acheteur des prestations, et pour le compte de celui-ci.

Art. L. 1271-5. Pour les emplois dont la durée de travail n'excède pas huit heures par semaine ou ne dépasse pas quatre semaines consécutives dans l'année, l'employeur et le salarié qui utilisent le chèque emploi-service universel sont réputés satisfaire aux obligations mises à la charge de l'un ou de l'autre par les articles L. 1242-12 et L. 1242-13, pour un contrat de travail à durée déterminée, et ***(L. 2016-1088 du 8 août 2016, art. 8, XI, 3°, JO 9)*** « L. 3123-6», pour un contrat de travail à temps partiel, ou par les articles L. 741-2 et L. 741-9 du code rural ***(Ord. 2010-462 du 6 mai 2010, JO 7)*** «et de la pêche maritime».

Pour les emplois de durée supérieure, un contrat de travail est établi par écrit.

Note • En l'absence de contrat écrit, l'employeur qui occupait la salariée plus de huit heures par semaine doit justifier la durée exacte du travail convenue, hebdomadaire ou mensuelle (cass. soc. 9 avril 2008, n° 06-41.596, BC V n° 84; RJS 6/08 n° 729). Voir aussi cass. soc. 17 octobre 2012, n° 10-14.248, BC V n° 268; RJS 1/13 n° 77 et note sous art. L. 7221-2.

• Si l'utilisation du chèque emploi-service universel pour les emplois n'excédant pas huit heures hebdomadaires dispense l'employeur d'établir un contrat de travail écrit, elle ne lui permet pas de déroger aux dispositions d'ordre public du code du travail régissant les cas de recours au contrat à durée déterminée et ses conditions de renouvellement (cass. soc. 27 mars 2019, n° 18-10.903, à paraître, JCP éd. S 2019, 1149, note Fr. Bousez; RJS 6/19 n° 389; LS Jurispr. n° 67 du 09.04.2019; JSL n° 477, 11.06.2019, p. 25, D. J.-P.).

Art. L. 1271-6. Un autre moyen de paiement peut être utilisé en remplacement du titre spécial de paiement, dans la limite des interdictions de paiement en espèces fixées par les articles L. 112-6 à L. 112-8 du code monétaire et financier.

Art. L. 1271-7. Les prestations sociales obligatoires ou facultatives ayant le caractère de prestations en nature destinées à couvrir tout ou partie du coût des services mentionnés au ***(L. 2015-1776 du 28 déc. 2015, art. 56, II, 3°, JO 29)*** «B» de l'article L. 1271-1 peuvent être versées sous la forme ***(Ord. 2015-682 du 18 juin 2015, art. 2, JO 19, entrée en vigueur le 01.07.2015)*** «de titre spécial de paiement».

Art. L. 1271-8. Les personnes morales de droit public peuvent acquérir des ***(Ord. 2015-682 du 18 juin 2015, art. 2, JO 19, entrée en vigueur le 01.07.2015)*** «titres spéciaux de paiement» préfinancés, dans les conditions prévues à l'article L. 1271-12, à un prix égal à leur valeur libératoire augmentée, le cas échéant, d'une commission.

Art. D. 1271-1. Le ***(D. 2019-198 du 15 mars 2019, JO 17)*** «titre spécial de paiement mentionné au B de l'article L. 1271-1» mentionne le ***(D. 2019-198 du 15 mars 2019, JO 17)*** «nom du bénéficiaire du titre qui rémunère un service au moyen de ce titre.»

Art. D. 1271-2. Les personnes publiques ainsi que les personnes privées chargées d'une mission de service public qui financent des ***(D. 2019-198 du 15 mars 2019, JO 17)*** «titres spéciaux de paiement mentionnés au B de l'article L. 1271-1» pour les usagers du service peuvent, avec l'accord du bénéficiaire ou, si celui-ci ne peut être recueilli, avec l'accord de son représentant légal, décider que le ***(D. 2019-198 du 15 mars 2019, JO 17)*** «titre spécial de paiement» est payable à une association ou entreprise de service dénommée, dès lors que l'incapacité du bénéficiaire à faire le choix d'un intervenant à son domicile est établie.

Note L'intervenant est défini comme la personne physique ou la structure assurant le service au profit du bénéficiaire.

Le bénéficiaire est défini comme étant la personne qui bénéficie du service et le rémunère au moyen du chèque emploi-service universel.

L'émetteur est défini comme étant la structure, soit établissement bancaire ou de crédit, soit une structure habilitée par l'État, autorisée à fabriquer et distribuer des chèques emploi-service universel.

Le financeur est la structure qui va financer totalement ou partiellement le CESU au profit de bénéficiaires (décret 2005-1360 du 3 novembre 2005, art. 2).

Art. D. 1271-3. En cas de nécessité urgente d'attribuer des prestations sociales ou de mettre en œuvre un service à la personne, l'organisme qui finance en tout ou partie le ***(D. 2019-198 du 15 mars 2019, JO 17)*** «titre spécial de paiement mentionné au B de l'article L. 1271-1» peut, à titre exceptionnel, utiliser un ***(D. 2019-198 du 15 mars 2019, JO 17)*** «titre» non nominatif jusqu'à son attribution à son bénéficiaire.

Art. D. 1271-4. Un autre moyen de paiement peut être émis par les établissements de crédit, institutions ou services mentionnés à l'article L. 1271-9 en remplacement du titre spécial de paiement.

Art. L. 1271-10

Les organismes spécialisés habilités à émettre des titres spéciaux de paiement peuvent émettre un autre instrument de paiement prépayé et dématérialisé en remplacement du titre spécial de paiement.

Note Cet article a été modifié par le décret 2019-198 du 15 mars 2019, JO 17.

Art. D. 1271-5-1. ***(D. 2015-326 du 23 mars 2015, JO 25, entrée en vigueur le 01.06.2015)*** Pour les salariés déclarés ***(D. 2019-198 du 15 mars 2019, JO 17)*** «par un particulier mentionné au 3° de l'article L. 133-5-6 du code de la sécurité sociale auprès de l'organisme mentionné à l'article L. 133-5-10 du même code et» dont le nombre d'heures de travail inscrites au contrat de travail n'excède pas, pour un contrat donné, trente-deux heures par mois, la rémunération portée sur le chèque emploi-service universel inclut une indemnité compensatrice de congés payés dont le montant est égal à un dixième de la rémunération brute.

Le seuil de trente-deux heures est apprécié au premier jour du premier mois de la période annuelle de congés telle que définie par la convention collective applicable ou à la date d'effet du contrat de travail si elle est postérieure.

Le régime indemnitaire de congés prévu au présent article est applicable aux rémunérations versées pendant l'ensemble de la période mentionnée à l'alinéa précédent.

SECTION 2. Dispositions financières

Art. L. 1271-10. Le chèque emploi-service universel, lorsqu'il a la nature d'un titre spécial de paiement, est émis par des organismes et établissements spécialisés ou les établissements, mentionnés à l'article L. 1271-9, qui ont été habilités dans des conditions déterminées par décret et qui en assurent le remboursement aux personnes mentionnées à l'article L. 1271-1.

Art. L. 1271-11. Tout émetteur de chèque emploi-service universel ayant la nature d'un titre spécial de paiement, qui n'est pas soumis aux dispositions des articles L. 312-4 à L. 312-18 du code monétaire et financier, se fait ouvrir un compte bancaire ou postal sur lequel sont obligatoirement versés, jusqu'à leur remboursement, les fonds perçus en contrepartie de la cession de ce titre, à l'exclusion de tout autre fonds.

Art. L. 1271-12. Le chèque emploi-service universel, lorsqu'il a la nature d'un titre spécial de paiement, peut être préfinancé en tout ou partie par une personne au bénéfice de ses salariés, agents, ayants droit, retraités, administrés, sociétaires ***(L. 2009-526 du 12 mai 2009, JO 13)*** «, adhérents ou assurés, ainsi que du chef d'entreprise ou, si l'entreprise est une personne morale, de son président, de son directeur général, de son ou ses directeurs généraux délégués, de ses gérants ou des membres de son directoire, dès lors que ce titre peut bénéficier également à l'ensemble des salariés de l'entreprise selon les mêmes règles d'attribution.»

Dans ce cas, le titre de paiement comporte lors de son émission une valeur faciale qui ne peut excéder un montant déterminé par arrêté conjoint des ministres chargés du travail, de la sécurité sociale et de l'économie.

La personne qui assure le préfinancement de ces chèques peut choisir d'en réserver l'utilisation à certaines catégories de services au sein des activités mentionnées à l'article L. 1271-1.

Note
- Voir arrêté du 19 décembre 2007 (JO 27) fixant les caractéristiques et la valeur faciale maximale du chèque emploi-service universel ayant la nature d'un titre spécial de paiement et arrêté du 7 avril 2011 (JO 8) modifiant l'annexe de l'arrêté du 19 décembre 2007 précité.
- Voir décret 2014-1535 du 17 décembre 2014 (JO 19) précité sous l'article L. 1271-1.

Art. L. 1271-13. Le titre spécial de paiement est nominatif. Il mentionne le nom de la personne bénéficiaire.

Un décret peut prévoir les cas dans lesquels:

1° Le titre spécial de paiement est stipulé payable à une personne dénommée, notamment lorsqu'il est préfinancé par une personne publique ou une personne privée chargée d'une mission de service public;

2° Le titre spécial de paiement n'est pas nominatif jusqu'à son attribution à son bénéficiaire, en cas d'urgence.

Art. L. 1271-14. Les caractéristiques du chèque emploi-service universel, en tant que titre spécial de paiement, sont déterminées par arrêté conjoint des ministres chargés du travail, de la sécurité sociale et de l'économie.

Art. L. 1271-15. Le chèque emploi-service universel est:

1° Soit encaissable auprès des établissements, institutions et services mentionnés à l'article L. 1271-9;

2° Soit remboursable auprès des organismes et établissements habilités mentionnés à l'article L. 1271-10.

Art. L. 1271-15-1. *(L. 2010-853 du 23 juil. 2010, art. 31, JO 24)* Dans des conditions fixées par décret, les émetteurs perçoivent de la part des personnes morales ou des entrepreneurs individuels rémunérés par chèque emploi-service universel une rémunération relative au remboursement de ces titres.

Par dérogation au premier alinéa, les émetteurs ne perçoivent aucune rémunération pour les prestations visées aux *(L. 2015-1776 du 28 déc. 2015, art. 56, II, 4°, JO 29)* «4°, 5° et 6° du B» de l'article L. 1271-1.

SECTION 3. Contrôle

Art. L. 1271-16. Les informations relatives aux personnes mentionnées au 1° *(L. 2015-1776 du 28 déc. 2015, art. 56, II, 5°, JO 29)* «et au 3° du A» de l'article L. 1271-1 rémunérées par les chèques emploi-service universels préfinancés dans les conditions définies à l'article L. 1271-12 sont communiquées à l'organisme ou à l'établissement chargé de leur remboursement à seule fin de contrôle du bon usage de ces titres.

Ces communications s'opèrent selon des modalités propres à garantir la confidentialité des données. Les personnes concernées sont informées de l'existence de ce dispositif de contrôle.

SECTION 4. Dispositions d'application

Art. L. 1271-17. Des décrets déterminent les modalités d'utilisation et de fonctionnement du chèque emploi-service universel, notamment:

1° Celles relatives à l'encaissement et au remboursement des chèques emploi-service universels et aux obligations de contrôle, de vérification et de vigilance des organismes et établissements émettant ceux qui ont la nature de titre spécial de paiement;

2° Celles relatives aux chèques emploi-service universels préfinancés pour la rémunération de personnes ou le paiement de services mentionnés à l'article L. 421-1 du code de l'action sociale et des familles et aux deux premiers alinéas de l'article L. 2324-1 du code de la santé publique;

3° Celles relatives aux chèques emploi-service universels préfinancés pour la rémunération de personnes mentionnées au 2° de l'article L. 722-20 du code rural *(Ord. 2010-462 du 6 mai 2010, JO 7)* «et de la pêche maritime» employées par des particuliers pour la mise en état et l'entretien de jardins;

4° Celles relatives aux échanges d'information entre l'organisme de recouvrement habilité et les organismes ou établissements mentionnés à l'article L. 1271-10;

5° Celles relatives aux modalités de fonctionnement du compte prévu par l'article L. 1271-11.

SECTION 2 (réglementaire). Titre spécial de paiement

Sous-section 1. Émission

Art. D. 1271-6. Le chèque emploi-service universel qui a la nature d'un titre spécial de paiement est dénommé «chèque emploi-service universel préfinancé».

Art. D. 1271-7. Le *(D. 2019-198 du 15 mars 2019, JO 17)* «titre spécial de paiement mentionné au B de l'article L. 1271-1» est émis sur support papier ou sous forme dématérialisée, conformément aux dispositions de l'article D. 1271-4.

Sous-section 2. Habilitation

Art. R. 1271-8. Pour émettre des *(D. 2019-613 du 19 juin 2019, JO 21)* «titres spéciaux de paiement mentionnés au B de l'article L. 1271-1 du présent code», les organismes et établissements spécialisés ou les établissements mentionnés à l'article L. 1271-9 sont habilités par *(D. 2014-753 du 2 juil. 2014, JO 3)* «le ministre chargé des services à la personne».

Note Les articles D. 1271-8 à 27 et D. 1271-32 sont devenus respectivement les articles R. 1271-8 à 27 et R. 1271-32 (décret 2014-753 du 2 juillet 2014, art. 3, JO 3).

Art. R. 1271-9. L'habilitation des organismes et établissements porte sur:

1° L'émission des [titres spéciaux de paiement mentionnés au B de l'article L. 1271-1];

2° Le remboursement ***(D. 2019-613 du 19 juin 2019, JO 21)*** «de ces titres spéciaux de paiement», dans les conditions prévues aux ***(D. 2019-613 du 19 juin 2019, JO 21)*** «articles L. 1271-15, R. 1271-13 à R. 1271-18,» ***(D. 2011-1133 du 20 sept. 2011, JO 22)*** « D. 1271-28 et D. 1271-29» du présent code ainsi qu'à l'article D. 133-26 du code de la sécurité sociale:

a) Aux salariés occupant des emplois entrant dans le champ des services mentionnés à l'article L. 7231-1 du présent code;

b) Aux organismes et personnes mentionnés ***(D. 2019-613 du 19 juin 2019, JO 21)*** «au B de l'article L. 1271-1» du présent code;

c) Aux assistants maternels agréés en application de l'article L. 421-1 du code de l'action sociale et des familles.

Art. R. 1271-10. L'habilitation nationale est délivrée, après avis de la Banque de France et de l'Agence centrale des organismes de sécurité sociale.

La décision d'habilitation ou de refus d'habilitation fait l'objet d'une notification écrite.

La liste des organismes et établissements habilités à émettre le ***(D. 2019-613 du 19 juin 2019, JO 21)*** «titre spécial de paiement mentionné au B de l'article L. 1271-1» est publiée ***(D. 2011-415 du 15 avril 2011, JO 19)*** «au *Bulletin officiel* du ministère chargé des services» ainsi que sur le site internet ***(D. 2014-753 du 2 juil. 2014, JO 3)*** «du ministre chargé des services à la personne».

Art. R. 1271-11. L'émetteur du ***(D. 2019-613 du 19 juin 2019, JO 21)*** «titre spécial de paiement mentionné au B de l'article L. 1271-1» fait figurer de façon visible son numéro d'habilitation dans tout contrat ou accord conclu avec les personnes qui en assurent le préfinancement.

Art. R. 1271-12. L'émetteur du ***(D. 2019-613 du 19 juin 2019, JO 21)*** «titre spécial de paiement mentionné au B de l'article L. 1271-1» habilité notifie ***(D. 2014-753 du 2 juil. 2014, JO 3)*** «au ministre chargé des services à la personne», par lettre recommandée avec avis de réception, toute modification substantielle qu'il souhaite apporter aux modalités et processus décrits dans son dossier de demande d'habilitation.

(D. 2014-753 du 2 juil. 2014, JO 3) «Le ministre chargé des services à la personne» notifie à l'émetteur, par lettre recommandée avec avis de réception, sa décision d'acceptation ou de refus des modifications qui lui ont été communiquées. Sa décision est prise après avis de la Banque de France et de l'Agence centrale des organismes de sécurité sociale. La décision d'acceptation est publiée ***(D. 2011-415 du 15 avril 2011, JO 19)*** «au *Bulletin officiel* du ministère chargé des services» ainsi que sur le site internet ***(D. 2014-753 du 2 juil. 2014, JO 3)*** «du ministre chargé des services à la personne».

En cas d'urgence motivée, l'émetteur habilité peut mettre en œuvre les modifications qu'il estime nécessaires, sans attendre la décision d'acceptation ou de refus ***(D. 2014-753 du 2 juil. 2014, JO 3)*** «du ministre chargé des services à la personne».

Art. R. 1271-13. Pour être habilité, l'émetteur se fait ouvrir un compte spécifique bancaire ou postal, conformément à l'article L. 1271-11, sur lequel sont versés, à l'exclusion de tous autres, les fonds perçus en contrepartie de la cession des titres. Le montant de ce compte, égal à la contre-valeur des titres spéciaux de paiement en circulation, garantit le remboursement aux intervenants des titres spéciaux de paiement valablement émis et utilisés. L'encours de cette contrepartie est de 30 000 € au moins. Le compte fait l'objet d'une dotation initiale à hauteur de ce montant au moins.

Un émetteur habilité est autorisé à ouvrir plusieurs de ces comptes dans un ou plusieurs établissements bancaires ou centres de chèques postaux, sous réserve que leur solde cumulé soit à tout moment supérieur au montant minimum. Il peut opérer des virements d'un compte spécifique à l'autre. Sous la responsabilité de l'émetteur, les sommes portées au crédit des comptes spécifiques ***(D. 2019-613 du 19 juin 2019, JO 21)*** «du titre spécial de paiement mentionné au B de l'article L. 1271-1» peuvent faire l'objet de placements temporaires sous réserve que leur montant demeure à tout moment immédiatement réalisable à leur valeur nominale initiale.

En cas de falsification, d'altération, de destruction ou de vol lors de l'expédition de ***(D. 2019-613 du 19 juin 2019, JO 21)*** «titres spéciaux de paiement mentionnés au B de l'article L. 1271-1», ce compte spécifique de réserve peut être utilisé sous condition de restauration de son montant, au plus tard sept jours francs après mobilisation de tout ou partie de celui-ci.

Art. R. 1271-14. Pour être habilité, l'émetteur tient une comptabilité appropriée permettant:

1° La vérification permanente de la liquidité de la contre-valeur des ***(D. 2019-613 du 19 juin 2019, JO 21)*** «titres spéciaux de paiement mentionnés au B de l'article L. 1271-1» en circulation;

2° Le contrôle permanent et la justification comptable de tous les flux financiers, à partir de l'émission jusqu'au remboursement.

Art. R. 1271-15. L'émetteur de ***(D. 2019-613 du 19 juin 2019, JO 21)*** «titres spéciaux de paiement mentionnés au B de l'article L. 1271-1 du présent code» s'engage à:

1° Constituer un réseau d'associations et d'entreprises affiliées recevant ***(D. 2019-613 du 19 juin 2019, JO 21)*** «ces titres spéciaux de paiement» en paiement de leurs prestations, couvrant l'ensemble du territoire national;

2° Assurer la sécurité à toutes les étapes du processus prenant en compte les objectifs de sécurité définis par la Banque de France dans le cadre de sa mission de surveillance;

3° Garantir la contre-valeur des titres valablement émis et utilisés à la personne assurant le service rémunéré par le ***(D. 2019-613 du 19 juin 2019, JO 21)*** «titre spécial de paiement»;

4° Vérifier que les assistants maternels sont agréés en application de l'article L. 421-3 du code de l'action sociale et des familles, que les associations ou les entreprises de services sont agréées en application de l'article L. 7232-1 ***(D. 2011-1133 du 20 sept. 2011, JO 22)*** «ou déclarées en application de l'article L. 7232-1-1», que les organismes et personnes relevant des catégories mentionnées aux deux premiers alinéas de l'article L. 2324-1 du code de la santé publique ou de l'article L. 227-6 du code de l'action sociale et des familles, ont été créés et exercent régulièrement;

5° Recueillir auprès des bénéficiaires particuliers employeurs l'attestation de la déclaration de leurs salariés;

6° Conserver les informations relatives aux ***(D. 2019-613 du 19 juin 2019, JO 21)*** «titres spéciaux de paiement», y compris des fichiers de commande nominative, pendant une période de dix ans au-delà de l'année en cours. Passé ce délai, il peut être procédé à la destruction de celles-ci;

7° Restituer les informations synthétiques, le cas échéant, à la demande des financeurs en vue notamment d'une information et du contrôle de l'administration fiscale et sociale;

8° Mettre en place toutes dispositions propres à assurer la sécurité physique et financière des titres prépayés;

9° Mettre en place un dispositif de contrôle interne visant à s'assurer de la maîtrise des risques.

Art. R. 1271-16. Pour être habilité, l'émetteur justifie de sa capacité à remplir les obligations prévues à l'article D. 1271-15.

Art. R. 1271-17. Le manquement à l'une des obligations prévues aux articles D. 1271-13 à D. 1271-15 peut donner lieu à une suspension ou un retrait d'habilitation par ***(D. 2014-753 du 2 juil. 2014, JO 3)*** «le ministre chargé des services à la personne».

Art. R. 1271-18. Les organismes et établissements habilités à émettre le ***(D. 2019-613 du 19 juin 2019, JO 21)*** «titre spécial de paiement mentionné au B de l'article L. 1271-1», sur support papier ou sous forme dématérialisée, perçoivent une rémunération de la part des personnes physiques ou morales qui en assurent le préfinancement.

Art. R. 1271-19. L'émetteur habilité notifie sans délai ***(D. 2014-753 du 2 juil. 2014, JO 3)*** «au ministre chargé des services à la personne», par lettre recommandée avec avis de réception:

1° Tout rachat, reprise ou prise de contrôle par une ou plusieurs personnes tierces, la cession ou cessation de l'entreprise ou de l'activité au titre de laquelle l'organisme ou l'établissement est habilité ainsi que l'ouverture d'une procédure de sauvegarde, de redressement ou de liquidation judiciaire prévue au livre VI du code de commerce relatif aux difficultés des entreprises;

2° Toute défaillance dans la mise en œuvre des engagements prévus à l'article D. 1271-15 dont la validation a permis la délivrance de l'habilitation;

3° Les dispositions qu'il a prises pour garantir la continuité du remboursement des ***(D. 2019-613 du 19 juin 2019, JO 21)*** «titres spéciaux de paiement mentionnés au B de l'article L. 1271-1 du présent code» émis par lui, en cas de suspension ou de retrait de l'habilitation, ou en cas d'arrêt de l'activité d'émission du ***(D. 2019-613 du 19 juin 2019, JO 21)*** «titre spécial de paiement» pour laquelle il est habilité.

Art. R. 1271-20. Afin d'apprécier les conditions de maintien de l'habilitation, ***(D. 2014-753 du 2 juil. 2014, JO 3)*** «le ministre chargé des services à la personne» peut, à tout moment, demander à l'émetteur habilité l'actualisation des pièces de son dossier de demande d'habilitation.

Art. R. 1271-21. Dans les cas prévus à l'article D. 1271-19, ***(D. 2014-753 du 2 juil. 2014, JO 3)*** «le ministre chargé des services à la personne» saisit pour avis la Banque de France et l'Agence centrale des organismes de sécurité sociale.

Avant de suspendre ou retirer l'habilitation, ***(D. 2014-753 du 2 juil. 2014, JO 3)*** «le ministre chargé des services à la personne» notifie son intention à l'émetteur habilité, par lettre recommandée avec avis de réception, et l'invite à faire connaître ses observations. Celui-ci dispose à cet effet d'un délai de quinze jours à compter de la date de réception de cette notification.

Les décisions de suspension ou de retrait de l'habilitation d'un émetteur sont publiées ***(D. 2011-415 du 15 avril 2011, JO 19)*** «au *Bulletin officiel* du ministère chargé des services» ainsi que sur le site internet ***(D. 2014-753 du 2 juil. 2014, JO 3)*** «du ministre chargé des services à la personne».

Art. R. 1271-22. Le suivi et le contrôle de l'activité d'émission du ***(D. 2019-613 du 19 juin 2019, JO 21)*** «titre spécial de paiement mentionné au B de l'article L. 1271-1», au titre de laquelle les émetteurs sont habilités par ***(D. 2014-753 du 2 juil. 2014, JO 3)*** «le ministre chargé des services à la personne», sont accomplis par ***(D. 2019-613 du 19 juin 2019, JO 21)*** «celui-ci» avec l'appui de la Banque de France et de l'Agence centrale des organismes de sécurité ***(D. 2019-613 du 19 juin 2019, JO 21)*** «sociale».

Art. R. 1271-23. Avant le 30 avril de chaque année, l'émetteur habilité du ***(D. 2019-613 du 19 juin 2019, JO 21)*** «titre spécial de paiement mentionné au B de l'article L. 1271-1» transmet ***(D. 2014-753 du 2 juil. 2014, JO 3)*** «au ministre chargé des services à la personne» ainsi qu'à la Banque de France, par lettre recommandée avec avis de réception:

1° Un rapport d'activité portant sur l'année civile d'émission écoulée. Ce rapport expose par ailleurs les perspectives d'activité de l'émetteur pour l'année en cours;

2° Un rapport relatif à la sécurité des différents processus de traitement du ***(D. 2019-613 du 19 juin 2019, JO 21)*** «titre spécial de paiement mentionné au B de l'article L. 1271-1» émis par lui, portant sur l'année civile d'émission écoulée. Ce rapport prend la forme d'une réponse à un questionnaire, fourni par la Banque de France aux émetteurs habilités au plus tard soixante jours avant la date limite de réponse.

Art. R. 1271-24. Avant le 30 juin de chaque année, l'émetteur habilité, autre qu'un établissement de crédit, transmet ***(D. 2014-753 du 2 juil. 2014, JO 3)*** «au ministre chargé des services à la personne», par lettre recommandée avec avis de réception, un rapport sur la gestion au cours de l'année civile d'émission écoulée des comptes bancaires spécifiques de garantie prévus par l'article L. 1271-11.

Art. R. 1271-25. S'il est constaté que l'émetteur habilité ne respecte pas les dispositions prévues au 1° de l'article D. 1271-13, l'habilitation peut être suspendue ou retirée sur décision ***(D. 2014-753 du 2 juil. 2014, JO 3)*** «du ministre chargé des services à la personne», après avis de la Banque de France.

Avant de suspendre ou retirer l'habilitation, ***(D. 2014-753 du 2 juil. 2014, JO 3)*** «le ministre chargé des services à la personne» notifie son intention à l'émetteur habilité, par lettre recommandée avec avis de réception, et l'invite à faire connaître ses observations. Celui-ci dispose à cet effet d'un délai de quinze jours à compter de la date de réception de cette notification.

La décision de suspension ou de retrait de l'habilitation d'un émetteur est publiée ***(D. 2011-415 du 15 avril 2011, JO 19)*** «au *Bulletin officiel* du ministère chargé des services» ainsi que sur le site internet ***(D. 2014-753 du 2 juil. 2014, JO 3)*** «du ministre chargé des services à la personne».

Art. R. 1271-26. En cas de retrait de son habilitation à émettre le ***(D. 2019-613 du 19 juin 2019, JO 21)*** «titre spécial de paiement mentionné au B de l'article L. 1271-1», l'organisme ou l'établissement concerné cesse sans délai d'émettre le titre spécial de paiement et de faire état de son habilitation, dans tous contacts, toute documentation financière ou commerciale et sur tous les supports de communication.

Il informe sans délai ***(D. 2014-753 du 2 juil. 2014, JO 3)*** «le ministre chargé des services à la personne» des mesures prises.

Art. R. 1271-27. ***(D. 2014-753 du 2 juil. 2014, JO 3)*** «Le ministre chargé des services à la personne» et la Banque de France peuvent échanger toutes informations relatives au ***(D. 2019-613 du 19 juin 2019, JO 21)*** «titre spécial de paiement mentionné au B de l'article L. 1271-1», nécessaires à l'accomplissement de leurs missions respectives.

SECTION 3 (réglementaire). **Autres dispositions financières**

Art. D. 1271-28. Les émetteurs peuvent recourir à une structure commune pour procéder au traitement des ***(D. 2019-198 du 15 mars 2019, JO 17)*** «titres spéciaux de paiement mentionnés au B de l'article L. 1271-1» en vue de leur remboursement. Par délégation des émetteurs, celle-ci est soumise aux mêmes obligations relatives au remboursement des intervenants affiliés.

Art. D. 1271-29. L'émetteur adresse ***(D. 2011-1133 du 20 sept. 2011, JO 22)*** «à la personne morale ou à l'entrepreneur individuel qui finance» en tout ou partie des ***(D. 2019-198 du 15 mars 2019, JO 17)*** «titres spéciaux de paiement mentionnés au B de l'article L. 1271-1» une information à transmettre au bénéficiaire du ***(D. 2019-198 du 15 mars 2019, JO 17)*** «titre» relative à la déclaration de cotisations sociales et à l'obligation préalable de se déclarer comme employeur avant toute embauche d'un salarié à domicile, le modèle d'attestation fiscale que l'entreprise doit adresser chaque année aux bénéficiaires de celle-ci et le modèle du bordereau leur permettant la tenue d'une comptabilité chèque à chèque.

Il adresse ***(D. 2011-1133 du 20 sept. 2011, JO 22)*** «à la personne morale ou à l'entrepreneur individuel» le modèle d'attestation de dépenses ***(D. 2011-1133 du 20 sept. 2011, JO 22)*** «qu'il doit» fournir chaque fin d'année à leurs clients.

(D. 2013-47 du 14 janv. 2013, JO 16) «La rémunération mentionnée à l'article L. 1271-15-1 est perçue par les émetteurs mentionnés au même article à condition que:

1° Le montant et les modalités de calcul de cette rémunération soient mentionnés dans le contrat ou les conditions générales et particulières conclus lors de l'affiliation entre ce dernier et l'émetteur ou la structure commune mentionnée à l'article D. 1271-28;

2° Toute modification du montant et des modalités de calcul de cette rémunération ait été portée à la connaissance du cocontractant au moins trente jours avant son entrée en vigueur par tout moyen accepté contractuellement par celui-ci.

Le montant et les modalités de calcul de la rémunération peuvent varier notamment en fonction du montant des ***(D. 2019-198 du 15 mars 2019, JO 17)*** «titres» portés au remboursement, de leur mode de transmission ou du délai de remboursement pratiqué ou des services annexes fournis par l'émetteur et acceptés contractuellement par la personne morale ou l'entrepreneur individuel assurant les prestations payées par ***(D. 2019-198 du 15 mars 2019, JO 17)*** «titres spéciaux de paiement» et demandant leur remboursement.»

(D. 2011-1133 du 20 sept. 2011, JO 22) «Une partie de la rémunération peut être versée à la structure commune mentionnée à l'article D. 1271-28.»

Art. D. 1271-30. L'organisme qui finance en tout ou partie des ***(D. 2019-198 du 15 mars 2019, JO 17)*** «titres spéciaux de paiement mentionnés au B de l'article L. 1271-1» délivre chaque année au bénéficiaire des services rémunérés par ***(D. 2019-198 du 15 mars 2019, JO 17)*** «ces titres» une attestation fiscale comprenant une information relative aux régimes fiscaux applicables.

Art. D. 1271-31. À la commande ou au plus tard à la livraison, l'organisme qui finance en tout ou partie un ***(D. 2019-198 du 15 mars 2019, JO 17)*** «titre spécial de paiement mentionné au B de l'article L. 1271-1» règle à l'émetteur la contre-valeur des titres commandés, afin que celui-ci constitue dans le compte spécifique mentionné à l'article D. 1271-28 les provisions nécessaires pour en garantir le remboursement. L'émetteur est réputé disposer d'un mandat de gestion de ces fonds, dont il n'est pas propriétaire. Cependant, les intérêts de trésorerie produits par le compte spécial lui restent dus.

Le service de l'émetteur est réputé rendu à la remise des ***(D. 2019-198 du 15 mars 2019, JO 17)*** «titres spéciaux de paiement» au financeur mentionné au premier alinéa ou à toute personne indiquée par ce dernier.

Dès lors que la remise des ***(D. 2019-198 du 15 mars 2019, JO 17)*** «titres spéciaux de paiement» au financeur ou à toute autre personne indiquée par ce dernier est constatée, ni celui-ci, ni les bénéficiaires des services rémunérés par les ***(D. 2019-198 du 15 mars 2019, JO 17)*** «titres spéciaux de paiement» ne peuvent faire jouer la responsabilité de l'émetteur en cas de vol ou de perte des chèques.

Art. R. 1271-32. Le réseau des intervenants est constitué des personnes mentionnées aux articles L. 1271-1, L. 7232-1, ***(D. 2011-1133 du 20 sept. 2011, JO 22)*** « L. 7232-1-1 et L. 7232-1-2».

Pour être affiliés au réseau, les intervenants ***(D. 2011-1133 du 20 sept. 2011, JO 22)*** «autorisés, agréés ou déclarés» adressent à l'émetteur ou à l'organisme chargé du remboursement, au plus tard lors de la première demande de remboursement, une attestation d'agrément ou d'autorisation ***(D. 2011-1133 du 20 sept. 2011, JO 22)*** «ou le récépissé de déclaration».

Les retraits ou suspensions d'agrément ***(D. 2011-1133 du 20 sept. 2011, JO 22)*** «, d'enregistrement, de déclaration» ou d'autorisation sont notifiés par ***(D. 2014-753 du 2 juil. 2014, JO 3)*** «le ministre chargé des services à la personne» à tous les émetteurs de [titres spéciaux de paiement mentionnés au B de l'article L. 1271-1] habilités. La responsabilité des émetteurs en cas de remboursement de ***(D. 2019-613 du 19 juin 2019, JO 21)*** «titre spécial de paiement mentionné au B de l'article L. 1271-1 du code du travail» à de tels intervenants ne saurait être mise en cause tant que cette notification n'a pas été faite.

Une convention peut être conclue, le cas échéant, entre ***(D. 2014-753 du 2 juil. 2014, JO 3)*** «le ministre chargé des services à la personne» et les émetteurs en vue de dresser une liste unifiée des intervenants accessibles à tous.

(D. 2011-1133 du 20 sept. 2011, JO 22) «Les personnes morales et les entrepreneurs individuels» mentionnées aux articles L. 7232-1, ***(D. 2011-1133 du 20 sept. 2011, JO 22)*** « L. 7232-1-1 et L. 7232-1-2» délivrent, à la fin de chaque année, une attestation de dépenses aux utilisateurs ***(D. 2019-613 du 19 juin 2019, JO 21)*** «du titre spécial de paiement mentionné au B de l'article L. 1271-1 du code du travail».

Art. D. 1271-33. ***(D. 2011-1133 du 20 sept. 2011, JO 22)*** Les prestations de services mentionnées au ***(D. 2019-198 du 15 mars 2019, JO 17)*** «3° du B» de l'article L. 1271-1 proposées aux bénéficiaires de ***(D. 2019-198 du 15 mars 2019, JO 17)*** «titres spéciaux de paiement» par les organismes et établissements spécialisés mentionnés à l'article L. 1271-10 ont pour objet de faciliter la gestion et le fonctionnement des ***(D. 2019-198 du 15 mars 2019, JO 17)*** «titres spéciaux de paiement» préfinancés. Ces prestations permettent notamment d'accéder à des services en ligne pour la gestion des ***(D. 2019-198 du 15 mars 2019, JO 17)*** «titres» dématérialisés et de faciliter la mise en relation des particuliers avec leurs salariés ou leurs prestataires. Plus généralement, elles permettent d'améliorer les services rendus par les organismes et établissements mentionnés à l'article L. 1271-10.

Le montant de ces prestations est plafonné à 500 euros par an et par bénéficiaire. Il est revalorisé chaque année en fonction de la variation de l'indice des prix à la consommation.

CHAPITRE II Chèque-emploi associatif

Note • Voir note introductive du chapitre I.

• Voir aussi le site *www.cea.urssaf.fr*.

• À noter également que les petites associations (comptant au plus 9 équivalents temps plein) relevant du régime général peuvent bénéficier du dispositif «Impact emploi», offre de service payante du réseau des Urssaf, qui permet une prise en charge globale des formalités de gestion d'un salarié par l'intermédiaire d'une association «tiers de confiance» réalisant, pour le compte de l'association employeur, les formalités liées à l'embauche, les bulletins de salaire et l'ensemble des déclarations sociales et fiscales (art. L. 133-5-1 c. séc. soc.; pour plus de précisions, voir *https://www.urssaf.fr*, parcours employeur, rubrique «Créer», «Quelle Urssaf pour votre entreprise ?», «Les offres de simplification»).

Art. L. 1272-4. Les associations ***(L. 2014-856 du 31 juil. 2014, art. 80, JO 1er août)*** «et les fondations» utilisant le chèque-emploi associatif sont réputées satisfaire à l'ensemble des formalités liées à l'embauche et à l'emploi de leurs salariés. Il en va ainsi notamment des formalités suivantes:

1° La déclaration préalable à l'embauche, prévue par l'article L. 1221-10;

2° L'inscription sur le registre unique du personnel, prévue par l'article L. 1221-13;

3° L'établissement d'un contrat de travail écrit, l'inscription des mentions obligatoires et la transmission du contrat au salarié, prévues aux articles L. 1242-12 et L. 1242-13 pour les contrats de travail à durée déterminée;

4° L'établissement d'un contrat de travail écrit et l'inscription des mentions obligatoires, prévues à l'article ***(L. 2016-1088 du 8 août 2016, art. 8, XI, 3°, JO 9)*** « L. 3123-6», pour les contrats de travail à temps partiel;

5° Les déclarations au titre de la médecine du travail et du régime des prestations du revenu de remplacement mentionnées à l'article L. 5421-2.

Note • Cet article ne dérogeant pas aux dispositions spéciales de l'article L. 3123-33 (devenu L. 3123-34) relatives au contrat de travail intermittent, le recours au chèque-emploi associatif ne dispense pas les parties d'établir un contrat écrit (cass. soc. 20 mai 2015, n° 14-13.127, BC V n° 102; LS Jurispr. n° 97 du 2.06.2015; RDT, juillet/août 2015, CH, 461, S. Tournaux; JCP éd. S 2015, 1362, note A. Thurillet-Bersolle).

• En revanche, dès lors qu'il résulte de cet article que les associations utilisant le chèque-emploi associatif sont réputées satisfaire, notamment, aux formalités relatives à l'établissement d'un contrat de travail écrit et à l'inscription des mentions obligatoires prévues à l'article L. 3123-14 CT pour les contrats de travail à temps partiel, ni une convention ni un accord collectif ne peut imposer à l'employeur de fournir un contrat de travail écrit, conforme à ses stipulations, au personnel rémunéré par chèque-emploi associatif (cass. soc. 4 mars 2020, n° 18-22.778, à paraître, RJS 5/20 n° 273; JSL n° 496-497 du 05.05.2020, p. 35, D. J.-P. ; LS Jurispr. n° 93 du 19.05.2020).

CHAPITRE III Titre Emploi-Service Entreprise

Note • Ce chapitre a été introduit par la loi 2008-776 du 4 août 2008, art. 55, JO 5, entrée en vigueur le 01.04.2009.

• Voir circ. Acoss 2009-45 du 16 avril 2009, LS n° 15438 du 11.09.2009; voir aussi le site Internet *www.letese.urssaf.fr*.

• Sur le «titre emploi simplifié agricole», voir art. L. 712-1 et R. 712-1 à 13 c. rur. et pêche mar. Sur le titre emploi service agricole, voir art. L. 712-2 à 8 et D. 712-14 à 21 c. rur. et pêche mar.

Art. L. 1273-3. Le recours au service " Titre Emploi-Service Entreprise " permet notamment à l'entreprise:

1° D'obtenir le calcul des rémunérations dues aux salariés en application du présent code et des stipulations des conventions collectives ainsi que de l'ensemble des cotisations et contributions créées par la loi et des cotisations et contributions conventionnelles rendues obligatoires par celle-ci;

2° De souscrire, dans les conditions mentionnées à l'article L. 133-5 du code de la sécurité sociale, les déclarations obligatoires relatives aux cotisations et contributions sociales qui doivent être adressées aux organismes gérant les régimes mentionnés au même code, à l'institution mentionnée à l'article L. 5312-1 du présent code et, le cas échéant, aux caisses de congés payés mentionnées à l'article ***(L. 2016-1088 du 8 août 2016, art. 8, XI, 7°, JO 9)*** « L. 3141-32» du même code.

(L. 2016-1088 du 8 août 2016, art. 66, JO 9) «Est nulle de plein droit toute demande de données ou d'informations déjà produites par une entreprise au titre des informations mentionnées au premier alinéa de l'article L. 133-5-8 du code de la sécurité sociale, effectuée auprès de cette entreprise par les organismes auxquels sont reversées des cotisations et contributions sociales en application du 1° de l'article L. 133-5-7 du même code.»

Art. L. 1273-5. L'employeur qui utilise le " Titre Emploi-Service Entreprise " est réputé satisfaire, par la remise au salarié et l'envoi à l'organisme habilité des éléments du titre emploi qui leur sont respectivement destinés, aux formalités suivantes :

1° Les règles d'établissement du contrat de travail, dans les conditions prévues par l'article L. 1221-1 ;

2° La déclaration préalable à l'embauche prévue par l'article L. 1221-10 ;

3° La délivrance d'un certificat de travail prévue à l'article L. 1234-19 ;

4° L'établissement d'un contrat de travail écrit, l'inscription des mentions obligatoires et la transmission du contrat au salarié, prévus aux articles L. 1242-12 et L. 1242-13 pour les contrats de travail à durée déterminée ;

5° L'établissement d'un contrat de travail écrit et l'inscription des mentions obligatoires, prévus à l'article ***(L. 2016-1088 du 8 août 2016, art. 8, XI, 3°, JO 9)*** « L. 3123-6 », pour les contrats de travail à temps partiel.

Note • Statuant dans un litige né dans le cadre du chèque emploi pour les très petites entreprises – que le titre emploi-service entreprise remplace aujourd'hui – la Cour de cassation a précisé que l'utilisation de ce dispositif dispense seulement l'employeur d'établir un bulletin de paye, un contrat de travail et un certificat de travail mais pas de respecter les dispositions du code du travail sur la rupture du contrat de travail (cass. soc. 6 novembre 2013, n° 12-24.053, BC V n° 260 ; RJS 1/14 n° 17).

• Sur l'utilisation du titre emploi-service entreprise (TESE) pour l'embauche d'un salarié en contrat à durée déterminée, voir note sous article L. 1243-13.

Art. L. 1273-6. L'employeur ayant recours au " Titre Emploi-Service Entreprise " peut donner mandat à un tiers en vue d'accomplir les formalités correspondantes.

CHAPITRE II (réglementaire) Chèque-emploi associatif et titre emploi-service entreprise

Art. D. 1272-1. ***(D. 2019-198 du 15 mars 2019, JO 17)*** « La déclaration d'identification du salarié mentionnée à l'article D. 133-13-1 du code de la sécurité sociale » comporte les mentions suivantes :

1° Mentions relatives au salarié prévues aux 2° et 3° de l'article R. 1221-1, relatif à la déclaration préalable à l'embauche ;

2° Mentions relatives à l'emploi :

a) La nature du contrat de travail : contrat à durée indéterminée ou à durée déterminée, avec, dans ce cas, indication du motif de recours et de la date de fin de contrat ;

b) La durée du travail ;

c) La durée de la période d'essai ;

d) La catégorie d'emploi, la nature de l'emploi et, le cas échéant, le niveau d'emploi (niveau hiérarchique et coefficient) ;

e) L'intitulé de la convention collective applicable, le cas échéant ;

f) Le montant de la rémunération et de ses différentes composantes, y compris, s'il en existe, les primes et accessoires de salaire ;

g) Les particularités du contrat de travail s'il y a lieu ;

h) Le taux de la cotisation due au titre des accidents du travail et des maladies professionnelles si plusieurs taux sont applicables dans l'établissement ;

i) La pratique éventuelle d'un abattement sur l'assiette ou le taux des cotisations ;

j) Le taux de cotisation pour la prévoyance, s'il est spécifique au salarié ;

k) L'assujettissement au versement de transport s'il y a lieu ;

l) L'indication, le cas échéant, d'une première embauche dans l'établissement ;

3° Signature de l'employeur et du salarié.

(D. 2019-198 du 15 mars 2019, JO 17) « Une copie du volet d'identification du salarié est transmise par l'employeur au salarié dans les délais prévus par le présent code. »

Note Cet article est l'ancien article D. 1273-3 (décret 2019-198 précité).

Art. D. 1272-2. Le recours ***(D. 2019-198 du 15 mars 2019, JO 17)*** « à un dispositif simplifié par les employeurs mentionnés au 1° et 2° de l'article L. 133-5-6 du code de la sécurité sociale » vaut, à l'égard des salariés ***(D. 2019-198 du 15 mars 2019, JO 17)*** « déclarés au moyen de ce dispositif », respect des obligations qui incombent à l'employeur en matière de :

1° Formalités prévues par les articles D. 4622-1 à D. 4622-4, relatifs aux services de santé au travail, et R. 4624-10 à R. 4624-14, relatifs à l'examen d'embauche ;

2° Déclarations auprès de l'ensemble des administrations ou organismes intéressés au titre des articles ***(D. 2019-198 du 15 mars 2019, JO 17)*** « R. 1234-9 à R. 1234-12, relatifs à l'attestation d'emploi, et » R. 5422-5 à R. 5422-8, relatifs aux obligations d'assurance contre le risque de privation d'emploi et de déclaration des rémunérations ;

3° Déclaration auprès des administrations ou organismes intéressés au titre de l'article L. 3141-32, relatif aux caisses de congés payés;

4° Déclarations auprès des administrations ou organismes intéressés mentionnés aux articles R. 243-10, R. 243-13, R. 243-14 et R. 312-4 du code de la sécurité sociale et ***(D. 2019-198 du 15 mars 2019, JO 17)*** «aux articles 87 A et 87-0 A» du code général des impôts;

5° Déclarations prescrites par les institutions mentionnées au livre IX du code de la sécurité sociale.

Note Cet article est l'ancien article D. 1273-7 (décret 2019-198 précité).

Art. D. 1272-3. Le chèque-emploi associatif ***(D. 2019-198 du 15 mars 2019, JO 17)*** «et le titre emploi-service entreprise ne peuvent être utilisés» par une association ***(D. 2019-198 du 15 mars 2019, JO 17)*** «ou une entreprise» pour l'emploi d'un salarié qui relève du guichet unique du spectacle vivant prévu par les dispositions de l'article L. 7122-22.

Art. D. 1272-4. Si, lors de l'embauche, un contrat de travail a été signé dans les formes prévues aux articles L. 1221-1 à L. 1221-5 ainsi qu'aux articles L. 1242-12 ***(D. 2019-198 du 15 mars 2019, JO 17)*** «à» L. 1242-13, s'il s'agit d'un contrat de travail à durée déterminée, ou à l'article L. 3123-6, s'il s'agit d'un contrat de travail à temps partiel, les clauses contenues dans ce contrat s'appliquent en lieu et place des mentions ***(D. 2019-198 du 15 mars 2019, JO 17)*** «de la déclaration d'identification du salarié mentionnée à l'article D. 133-13-1 du code de la sécurité sociale».

Note Cet article est l'ancien article D. 1273-5 (décret 2019-198 précité).

Art. D. 1272-5. Les tiers mentionnés à l'article L. 1273-6 ou les organismes qui les représentent peuvent conclure avec l'Agence centrale des organismes de sécurité sociale et le ministre chargé de la sécurité sociale une convention qui précise le rôle de ces tiers et fixe les obligations réciproques des parties.

Note Cet article est l'ancien article D. 1273-8 (décret 2019-198 du 15 mars 2019, JO 17)

CHAPITRE IV (réglementaire) Employeurs non établis en France

Note Ce chapitre a été introduit par le décret 2011-1220 du 29 septembre 2011, JO 1er oct.

Art. D. 1273-9. Les dispositions des articles ***(D. 2019-198 du 15 mars 2019, JO 17)*** « D. 1272-1 à D. 1272-5» sont applicables aux entreprises mentionnées au II de l'article L. 243-1-2 du code de la sécurité sociale, qui ont opté pour l'utilisation d'un titre-emploi. Les dispositions de l'article D. 1271-5 sont applicables aux autres employeurs mentionnés au II de l'article L. 243-1-2 précité, qui ont opté pour l'utilisation d'un titre-emploi.

Note Sur le «titre firmes étrangères» (TFE), voir *www.tfe.urssaf.fr*.

LIVRE III

LE RÈGLEMENT INTÉRIEUR ET LE DROIT DISCIPLINAIRE

Note • Les dispositions relatives au règlement intérieur et au droit disciplinaire résultent de la loi 82-689 du 4 août 1982 concernant les libertés des salariés dans l'entreprise. L'objectif était de limiter les contraintes «imposables aux salariés par le règlement intérieur» et de poser «les principes de base d'un droit disciplinaire général». Ces textes ont fait l'objet d'une circulaire ministérielle DRT 5-83 du 15 mars 1983 et d'une circulaire DGT 2009-09 du 17 avril 2009.

• Voir notamment RF Social, avril 2018, Cahier juridique n° 184, «Adopter et rédiger le règlement intérieur».

TITRE Ier CHAMP D'APPLICATION

CHAPITRE UNIQUE

Art. L. 1311-1. Les dispositions du présent livre sont applicables dans les établissements des employeurs de droit privé.

Elles s'appliquent également dans les établissements publics à caractère industriel et commercial.

Note ***Entreprises assujetties.*** Une note ministérielle du 16 mai 1983 avait précisé dans quelles conditions les dispositions relatives au règlement intérieur doivent s'appliquer en ce qui concerne les groupements d'intérêt économique, les établissements d'enseignement privé et lorsqu'il existe une unité économique et sociale entre plusieurs entreprises.

Les établissements publics du culte (départements du Haut-Rhin, du Bas-Rhin et de la Moselle) ne sont pas soumis à l'obligation d'établir un règlement intérieur (CE 11 mars 1988, n° 76280).

Personnes assujetties. Si les dispositions d'un règlement intérieur concernant les sanctions et la procédure disciplinaire ne peuvent s'appliquer qu'aux salariés de l'entreprise, celles qui sont relatives à l'hygiène, la sécurité et la discipline générale peuvent concerner toute personne travaillant dans l'entreprise, qu'elle soit ou non liée par un contrat de travail avec l'employeur qui a établi le règlement intérieur. Le personnel intérimaire et le personnel des entreprises extérieures sont ainsi concernés (CE 1er juillet 1988, n° 81445; 12 novembre 1990, nos 95823, 95856, RJS 2/91 n° 174).

Art. L. 1311-2. ***(L. 2019-486 du 22 mai 2019, art. 11, VI, 3°, JO 23, entrée en vigueur le 01.01.2020)*** «L'établissement d'un règlement intérieur est obligatoire dans les entreprises ou établissements employant au moins cinquante salariés.

L'obligation prévue au premier alinéa s'applique au terme d'un délai de douze mois à compter de la date à laquelle le seuil de cinquante salariés a été atteint, conformément à l'article L. 2312-2.»

Des dispositions spéciales peuvent être établies pour une catégorie de personnel ou une division de l'entreprise ou de l'établissement.

Note ***Avant la loi 2019-486 du 22 mai 2019:***

• **Seuil d'effectifs.** Le seuil d'effectifs minimum, fixé à vingt salariés, s'apprécie au niveau de l'entreprise lorsque celle-ci comporte plusieurs établissements.

Notion d'occupation habituelle. S'agissant d'une question de fait et à défaut de dispositions légales précises, pour l'appréciation des effectifs, «le délai à retenir peut être généralement de six mois» (circ. min. DRT 5-83 du 15 mars 1983).

Décompte des salariés. Doivent être comptés pour une unité «tous les salariés liés par un contrat à durée déterminée ou indéterminée, même suspendu, y compris les travailleurs à domicile» (circ. min. du 15 mars 1983 précitée). Les travailleurs temporaires et les travailleurs à temps partiel sont décomptés au *prorata* de leur temps de travail (circ. min. du 15 mars 1983 précitée).

Voir notes sous articles L. 1111-2 et L. 1111-3.

• **Cadre d'établissement.** Un règlement intérieur unique peut être établi dans une entreprise comportant plusieurs établissements occupant chacun au moins 20 salariés, sauf si l'un d'eux ou plusieurs d'entre eux présentent des particularités nécessitant l'élaboration de dispositions propres à ce ou ces établissements (CE 5 juin 1987, n° 74480, Dr. Soc. 1987, p. 653; 5 mai 1993, nos 96676, 97011, RJS 7/93 n° 741).

• **Règlement intérieur facultatif.** Les règlements intérieurs mis en place dans les entreprises de moins de 20 salariés doivent respecter toutes les dispositions légales et réglementaires concernant le règlement intérieur (circ. min. du 15 mars 1983, précitée).

Art. R. 1321-5. ***(D. 2019-1586 du 31 déc. 2019, JO 1er janv. 2020, entrée en vigueur le 01.01.2020)*** L'obligation prévue au premier alinéa de l'article L. 1311-2 s'applique au terme d'un délai de douze mois à compter de la date à laquelle le seuil de cinquante salariés a été atteint pendant douze mois consécutifs suivant la création de l'entreprise.

Note • Cet article s'applique aux entreprises créées depuis le 1er janvier 2020 (décret 2019-1586 précité, art. 4, III).

• Dans une affaire de scission d'entreprise avec création de nouvelles sociétés, la Cour de cassation a précisé que le transfert de droit des contrats de travail des salariés affectés à une des nouvelles entreprises ne s'accompagne pas du transfert du règlement intérieur d'origine, de sorte que l'employeur ne peut pas s'appuyer dessus pour sanctionner des salariés; il revient à la nouvelle entreprise de mettre en place son propre règlement intérieur en application de l'article R. 1321-5 dans sa version antérieure au décret 2019-1586 (cass. soc. 17 octobre 2018, n° 17-16.465, à paraître, LSQ n° 17681 du 26.10.2018; JCP éd. S 2018, 1389, note P. Morvan; JSL nos 465-466, 28.12.2018, p. 13, J-Ph. Lhernould; RJS 1/19 n° 70).

TITRE II RÈGLEMENT INTÉRIEUR

CHAPITRE Ier Contenu et conditions de validité

Art. L. 1321-1. Le règlement intérieur est un document écrit par lequel l'employeur fixe exclusivement:

1° Les mesures d'application de la réglementation en matière de santé et de sécurité dans l'entreprise ou l'établissement, notamment les instructions prévues à l'article L. 4122-1;

2° Les conditions dans lesquelles les salariés peuvent être appelés à participer, à la demande de l'employeur, au rétablissement de conditions de travail protectrices de la santé et de la sécurité des salariés, dès lors qu'elles apparaîtraient compromises;

3° Les règles générales et permanentes relatives à la discipline, notamment la nature et l'échelle des sanctions que peut prendre l'employeur.

Note • **Nature juridique du règlement intérieur.** Le règlement intérieur s'impose à tous les membres du personnel comme au chef d'entreprise, dès lors qu'il est régulièrement pris; il constitue un acte réglementaire de droit privé (cass. soc. 25 septembre 1991, n° 87-42.396, BC V n° 381; Dr. Soc. 1992, p. 27). Dans un arrêt du 16 décembre 1992, la chambre sociale a réaffirmé que le règlement intérieur est un acte de droit privé et que le contrôle de légalité dévolu à l'inspecteur du travail ne saurait lui ôter sa nature pour le transformer en un acte administratif. Elle en déduit que la juridiction de droit commun de l'ordre judiciaire peut connaître d'une action principale en annulation d'une ou plusieurs clauses du règlement intérieur. Elle établit cependant une distinction entre les clauses modifiées à la suite d'une décision de l'inspecteur du travail et celles au sujet desquelles l'autorité administrative ne s'est pas prononcée; seules ces dernières pourraient faire l'objet d'un recours en annulation devant le juge judiciaire (cass. soc. 16 décembre 1992, n° 90-14.337, BC V n° 602; Dr. Soc. 1993, pp. 267 et 271, chron. A. Jeammaud).

• **Contenu du règlement intérieur.** Le législateur de 1982 a impérativement limité le contenu du règlement intérieur à trois domaines précis. La circulaire ministérielle DRT 5-83 du 15 mars 1983, tout en rappelant que le législateur a entendu «limiter» le contenu du règlement intérieur, se montre, semble-t-il, plus «limitative» encore que le législateur pour en définir le contenu.

Aucune autre matière que celles qui sont limitativement visées par l'article L. 1321-1 ne peut figurer dans le règlement intérieur (s'agissant, par exemple, d'une clause prévoyant l'obligation pour les salariés d'effectuer des grands déplacements, cass. soc. 12 décembre 1990, n° 87-45.799, BC V n° 670; RJS 2/91 n° 176). Les dispositions du règlement intérieur qui consacrent des droits au profit du salarié sont la manifestation d'un engagement unilatéral de l'employeur qui lie juridiquement celui-ci tant qu'il n'a pas été dénoncé (cass. soc. 10 mars 2004, n° 03-40.505, BC V n° 76; RJS 5/04 n° 534; 26 mai 1999, n° 96-43.614, BC V n° 236; RJS 7/99 n° 916).

L'exclusion de ces clauses du règlement intérieur renvoie à leur éventuelle insertion dans une convention ou un accord collectif, ou encore dans un contrat de travail. Le fait d'apposer sa signature sur le règlement intérieur lors de son embauche ne manifeste pas, de la part du salarié, la volonté claire et non équivoque d'accepter l'intégration à son contrat de travail de la disposition du règlement intérieur relative au changement de lieu de travail (cass. soc. 2 octobre 1997, n° 95-43.086, RJS 11/97 n° 1236; 19 novembre 1997, n° 95-41.260, BC V n° 383; RJS 1/98 n° 35). De même, le fait que le contrat de travail se réfère à des dispositions du règlement intérieur prévoyant certains avantages pécuniaires n'a pas pour effet de contractualiser ces avantages (cass. soc. 10 mars 2004, n° 03-40.505, précité).

Un employeur n'a pas à dénoncer les règles relatives à l'ordre des licenciements figurant dans le règlement intérieur, celles-ci étant devenues caduques par l'effet de l'entrée en vigueur de la loi (cass. soc. 30 juin 1993, n° 90-42.920, BC V n° 187; RJS 10/93 n° 982). En revanche, il doit dénoncer l'engagement unilatéral consacré par un précédent règlement intérieur s'il entend être libéré de cet engagement (par exemple, celui de verser une indemnité de licenciement plus élevée que l'indemnité légale); l'adoption d'un nouveau règlement intérieur ne fait pas disparaître par elle-même l'engagement unilatéral contenu dans le règlement antérieur (cass. soc. 7 juillet 1998, n° 96-42.521, BC V n° 364; RJS 10/98 n° 1197; 10 janvier 1995, n° 93-42.020, BC V n° 21; Dr. Soc. 1995, p. 196; 23 mai 1995, n° 93-46.142, RJS 7/95 n° 765).

Santé et sécurité. Il s'agit essentiellement des consignes de sécurité (qui peuvent figurer en annexe au règlement), des règles fixant les conditions d'application de textes réglementaires (par exemple, utilisation d'une cantine), des obligations liées à la médecine du travail.

Les consignes de sécurité doivent être générales; l'insertion d'une consigne d'incendie, dans le règlement intérieur, ne serait pas licite (CE 3 juin 1988, n°s 84401 et a.).

Des mesures de sécurité prévues dans des usines spécialisées dans le traitement et la fabrication de produits réputés dangereux peuvent même comporter certaines restrictions à l'exercice du droit de grève par les salariés (CE 12 novembre 1990, n°s 95823, 95856, RJS 2/91 n° 174; 29 décembre 1995, n° 159167, RJS 3/96 n° 282). Mais des dispositions d'un règlement intérieur réputant fautes graves ou lourdes l'occupation des locaux, l'installation de piquets de grève et la séquestration des personnes en cas de conflit collectif sont étrangères au champ d'application défini par cet article (CE 12 octobre 1992, n° 94398, Dr. Soc. 1993, p. 162, concl. G. Le Chatelier; 21 octobre 1994, n° 137639, RJS 1/95 n° 25). Du rapprochement de ces deux décisions du Conseil d'État, il semble se dégager un principe (le règlement intérieur ne peut pas réglementer le droit de grève) et une exception (le règlement intérieur peut, en posant des règles de sécurité applicables à tout moment, édicter des obligations qui peuvent occasionnellement et indirectement limiter l'exercice du droit de grève).

Aux termes du règlement intérieur d'une société: «Le vestiaire ou l'armoire individuelle mis à la disposition des salariés pour leurs vêtements doit être conservé dans un constant état de propreté; ceux-ci ne doivent l'utiliser que pour l'usage auquel il est destiné, un contrôle du respect de ces obligations pourra être effectué en présence de l'intéressé». Eu égard au fait que les établissements en cause utilisent pour leurs fabrications des matériels dangereux et des substances explosives, et compte tenu de ces risques, qui rendent nécessaires des mesures particulières en matière de sécurité, il a été jugé que ce règlement intérieur n'apportait pas de restrictions excessives au droit des personnes (CE 12 novembre 1990, n° 94778).

Une disposition qui se borne à formuler une recommandation invitant les salariés à la vigilance ne présente pas le caractère d'une mesure d'application de la réglementation en matière d'hygiène et de sécurité; elle ne saurait donc figurer dans le règlement intérieur (CE 11 juillet 1990, n° 85416, RJS 10/90 n° 767: en l'espèce, la clause litigieuse prévoyait que chaque salarié devait, par son comportement, préserver la sécurité des autres).

Les mesures d'application dans l'entreprise de la législation contre le tabagisme peuvent légalement figurer dans les clauses du règlement intérieur (CE 18 mars 1998, n° 162055, RJS 6/98 n° 733).

De même, la clause imposant le port obligatoire d'une tenue de chantier est justifiée, car elle concerne la sécurité des salariés (CE 16 décembre 1994, n° 112855, RJS 2/95 n° 128). Le port d'un badge d'identification peut être rendu obligatoire par un règlement intérieur lorsqu'il est justifié par la nécessité d'assurer la sécurité des personnes et des installations (CE 29 décembre 1995, n° 129747, RJS 3/96 n° 283).

Mais les modalités de prise en charge du coût d'entretien des tenues de travail ne présentant le caractère ni d'une mesure d'application de la réglementation en matière d'hygiène et de sécurité, ni d'une règle générale et permanente relative à la discipline, l'inspecteur du travail ne peut légalement imposer à une société de les préciser dans son règlement intérieur (CE 23 octobre 2013, n° 356037, LS Jurispr. n° 225 du 10.12.2013).

Droits de la défense. Les garanties de procédure prévues en faveur des salariés par les articles L. 1332-1 à L. 1332-3 doivent figurer dans le règlement intérieur.

Établissements d'enseignement privé. Le règlement intérieur d'un établissement d'enseignement catholique peut exiger du personnel qu'il s'engage à respecter le caractère propre à l'établissement, à condition de préciser qu'il «ne saurait permettre qu'il soit porté atteinte à la liberté de conscience» et que les obligations en résultant doivent s'apprécier eu égard à la nature des fonctions de chacun (CE 20 juillet 1990, n° 85429, Dr. Soc. 1990, p. 862, concl. M. Pochard et 23 juillet 1993, n° 99391, Dr. Soc. 1993, p. 842, concl. M. Pochard).

Discipline. Le règlement intérieur doit comporter un ensemble de prescriptions (obligations, interdictions) nécessaire au fonctionnement normal de l'entreprise. Voir aussi, ci-après, article L. 1321-2-1 et note sous cet article.

Sanctions. Dès lors que le règlement intérieur fixe les règles générales et permanentes relatives à la discipline, notamment la nature et l'échelle des sanctions que peut prendre l'employeur, une sanction ne peut être prononcée contre un salarié que si elle est prévue par ce règlement intérieur (cass. soc. 26 octobre 2010, n° 09-42.740, BC V n° 243; RJS 1/11 n° 39; RDT, décembre 2010, CH, 719, A. Fabre). Ainsi, dans les entreprises d'au moins vingt salariés, où l'établissement d'un règlement intérieur est obligatoire, une sanction disciplinaire autre que le licenciement prononcée par l'employeur en l'absence de règlement intérieur constitue un trouble manifestement illicite justifiant l'intervention du juge des référés (cass. soc. 23 mars 2017, n° 15-23.090, BC V n° 55; Dr. Soc. 2017, p. 573, act. J. Mouly; JCP éd. S 2017, 1151, note Fr. Dumont; RJS 6/17 n° 389; 2 décembre 2020, n° 19-21.292). L'employeur n'est pas tenu de définir chaque sanction ni d'établir une corrélation entre les fautes et les sanctions; si une telle corrélation figure dans le règlement intérieur, elle ne lie pas le juge en cas de litige (cass. soc. 2 mai 2000, n° 97-44.091, BC V n° 159; RJS 6/00 n° 669). Lorsqu'une sanction ne peut être infligée que si elle figure dans le règlement intérieur, une sanction prévue par le règlement pourra s'appliquer à tel ou tel fait fautif non prévu dans celui-ci. L'employeur est tenu de se conformer aux prescriptions qui figurent dans le règlement intérieur dès lors qu'elles améliorent les garanties disciplinaires des salariés (cass. soc. 13 octobre 1993, n° 92-40.474, BC V n° 231; RJS 11/93 n° 1102).

Lorsque le règlement intérieur précise que le fait de laisser sans surveillance les personnes accueillies dans l'établissement peut donner lieu à un avertissement et que la répétition de cette faute ayant entraîné au moins deux sanctions peut entraîner un licenciement, un employeur ne peut pas licencier pour faute grave un éducateur qui n'a pas fait l'objet de sanctions antérieures et qui a laissé sans surveillance une personne accueillie. Le règlement intérieur limite, dans des situations de ce genre, le pouvoir disciplinaire de l'employeur (cass. soc. 17 décembre 1997, n° 94-43.237, BC V n° 453; RJS 2/98 n° 173).

Si la mise à pied, qui est une mesure de suspension temporaire du contrat de travail, peut figurer dans l'échelle des sanctions prévues par le règlement intérieur, celui-ci doit en préciser la durée maximale (CE 21 septembre 1990, n°s 105247, 105317, RJS 12/90 n° 966). La Cour de cassation a adopté la même solution: une mise à pied prévue par le règlement intérieur n'est licite que si ce règlement en précise la durée maximale (cass. soc. 26 octobre 2010, n° 09-42.740, précité; 11 décembre 2015, n° 14-19.954, RJS 2/16 n° 93). Peu importe à cet égard que la convention collective applicable fixe cette durée maximale (cass. soc. 7 janvier 2015, n° 13-15.630, LSQ n° 16754 du 19.01.2015; RJS 3/15 n° 186).

Lutte contre la corruption. Sur l'obligation pour les sociétés d'au moins 500 salariés et dont le chiffre d'affaires est supérieur à 100 millions d'euros d'intégrer dans le règlement intérieur de l'entreprise un code de conduite définissant et illustrant les différents types de comportements à proscrire comme étant susceptibles de caractériser des faits de corruption ou de trafic d'influence, voir loi 2016-1691 du 9 décembre 2016, art. 17, JO 10.

Art. R. 1321-1. ***(D. 2016-1417 du 20 oct. 2016, art. 2, JO 22)*** Le règlement intérieur est porté, par tout moyen, à la connaissance des personnes ayant accès aux lieux de travail ou aux locaux où se fait l'embauche.

Art. L. 1321-2. Le règlement intérieur rappelle:

1° Les dispositions relatives aux droits de la défense des salariés définis aux articles L. 1332-1 à L. 1332-3 ou par la convention collective applicable;

2° Les dispositions relatives aux harcèlements moral et sexuel ***(L. 2016-1088 du 8 août 2016, art. 4, JO 9)*** «et aux agissements sexistes» prévues par le présent code.

Note Sur la définition des agissements sexistes, voir article L. 1142-2-1.

Art. L. 1321-2-1. ***(L. 2016-1088 du 8 août 2016, art. 2, JO 9)*** Le règlement intérieur peut contenir des dispositions inscrivant le principe de neutralité et restreignant la manifestation des convictions des salariés si ces restrictions sont justifiées par l'exercice d'autres libertés et droits fondamentaux ou par les nécessités du bon fonctionnement de l'entreprise et si elles sont proportionnées au but recherché.

Note Cet article donne la faculté à l'employeur d'insérer dans le règlement intérieur de l'entreprise une clause relative au principe de neutralité et restreignant la manifestation des convictions des salariés, notamment religieuses.

Dans un document de travail intitulé «guide pratique du fait religieux dans les entreprises privées», le ministère du Travail rappelle les règles fixées par le droit en la matière et apporte des réponses concrètes aux questions que peut susciter le fait religieux en entreprise. Il rappelle tout d'abord que la neutralité religieuse qui s'impose aux agents publics, ne s'applique pas aux salariés des entreprises privées qui ne gèrent pas un service public.

Dans une entreprise privée, un employeur peut tout de même, comme l'y autorise cet article, introduire dans le règlement intérieur des restrictions à la liberté religieuse pouvant aller jusqu'à la neutralité, sous réserve de respecter les conditions légales. Concrètement, il est précisé que la mise en place de la neutralité pourra être justifiée par les nécessités de l'activité de l'entreprise tant au regard du personnel (respect des règles sanitaires, d'hygiène ou de sécurité) que des tiers intéressés (le contact permanent avec de jeunes enfants, par exemple), ou lorsqu'une pratique religieuse individuelle ou collective porte atteinte au respect des libertés et droits de chacun; cela peut concerner par exemple les atteintes au droit de croire ou de ne pas croire (dans le cas de pratiques prosélytes ou de comportements qui exercent une pression sur d'autres salariés) ou encore à l'égalité entre les femmes et les hommes.

Enfin, lorsque la nécessité apparaît d'adopter une clause de neutralité, le ministère du Travail invite les employeurs à aller au-delà de leurs obligations légales de consultation des représentants du personnel en organisant une démarche de concertation avec ces derniers et plus largement, la communauté de travail sous la forme la plus appropriée (consultation, groupe de travail, réunion d'échange).

De son côté, la CJUE a apporté des précisions sur les conditions que doivent respecter les clauses de neutralité insérées dans un règlement intérieur en application de cet article. Selon la Cour, une règle interne d'une entreprise privée interdisant le port visible de tout signe politique, philosophique ou religieux sur le lieu de travail ne constitue pas une discrimination directe fondée sur la religion ou sur les convictions au sens de la directive 2000/78/CE du 27 novembre 2000; en revanche, une telle règle est susceptible de constituer une discrimination indirecte au sens de cette directive s'il est établi que l'obligation en apparence neutre qu'elle prévoit entraîne, en fait, un désavantage particulier pour les personnes adhérant à une religion ou à des convictions données, à moins qu'elle ne soit objectivement justifiée par un objectif légitime, tel que la poursuite par l'employeur, dans ses relations avec ses clients, d'une politique de neutralité politique, philosophique ainsi que religieuse, et que les moyens de réaliser cet objectif ne soient appropriés et nécessaires, ce qu'il appartient à la juridiction de renvoi de vérifier. À cet égard, la Cour de justice a précisé, dans les motifs de cette décision (§ 43), s'agissant du refus d'une salariée de renoncer au port du foulard islamique dans l'exercice de ses activités professionnelles auprès de clients de l'employeur, qu'il appartient à la juridiction nationale de vérifier si, tout en tenant compte des contraintes inhérentes à l'entreprise, et sans que celle-ci ait à subir une charge supplémentaire, il eût été possible à l'employeur, face à un tel refus, de lui proposer un poste de travail n'impliquant pas de contact visuel avec ces clients, plutôt que de procéder à son licenciement (CJUE 14 mars 2017, aff. C-157/15, LSQ n° 17287 du 16.03.2017 ; RDT, juin 2017, CH, 422, P. Adam ; JCP éd. S 2017, 1105, note B. Bossu ; JSL n° 430, 25.04.2017, p. 3, H. Tissandier ; RJS 5/17 n° 384, 1re espèce).

Tirant les conséquences de cette décision la Cour de cassation a décidé que l'employeur, investi de la mission de faire respecter au sein de la communauté de travail l'ensemble des libertés et droits fondamentaux de chaque salarié, peut prévoir dans le règlement intérieur de l'entreprise ou dans une note de service soumise aux mêmes dispositions que le règlement intérieur en application de l'article L. 1321-5 CT une clause de neutralité interdisant le port visible de tout signe politique, philosophique ou religieux sur le lieu de travail, dès lors que cette clause générale et indifférenciée n'est appliquée qu'aux salariés se trouvant en contact avec les clients ; en présence du refus d'une salariée de se conformer à une telle clause dans l'exercice de ses activités professionnelles auprès des clients de l'entreprise, il appartient à l'employeur de rechercher si, tout en tenant compte des contraintes inhérentes à l'entreprise et sans que celle-ci ait à subir une charge supplémentaire, il lui est possible de proposer à la salariée un poste de travail n'impliquant pas de contact visuel avec ces clients, plutôt que de procéder à son licenciement (cass. soc. 22 novembre 2017, n° 13-19.855, BC V n° 200 ; LSQ n° 17454 du 24.11.2017 ; JCP éd. S 2017, 1399, note C. Courcol-Bouchard et 1400, note Fr. Pinatel ; RJS 1/18 pp. 14 et s., avis C. Courcol-Bouchard ; RDT, décembre 2017, CH, 797, M. Miné ; Dr. Soc. 2018, p. 348 : « Neutralité religieuse dans l'entreprise : le droit français au prisme du droit européen «, H. Nasom-Tissandier).

Rappelant le principe énoncé dans l'arrêt rendu en 2017, la Cour a jugé qu'en l'absence de clause de neutralité, l'interdiction faite à un salarié de porter la barbe, en tant qu'elle manifesterait des convictions religieuses et politiques, et l'injonction faite par l'employeur de revenir à une apparence considérée par ce dernier comme plus neutre, constituent une discrimination prohibée fondée sur les convictions religieuses et politiques du salarié (cass. soc. 8 juillet 2020, n° 18-23.743, à paraître, LS n° 18099 du 10.07.2020 ; JCP éd. S 2020, 2092, note B. Bossu ; RJS 10/20 n° 452 ; JSL n° 504, 28.09.2020, p. 4, J-O Marre et M-L Boulanger).

Voir aussi article L. 1121-1 et note sous cet article.

Art. L. 1321-3. Le règlement intérieur ne peut contenir :

1° Des dispositions contraires aux lois et règlements ainsi qu'aux stipulations des conventions et accords collectifs de travail applicables dans l'entreprise ou l'établissement ;

2° Des dispositions apportant aux droits des personnes et aux libertés individuelles et collectives des restrictions qui ne seraient pas justifiées par la nature de la tâche à accomplir ni proportionnées au but recherché ;

3° Des dispositions discriminant les salariés dans leur emploi ou leur travail, à capacité professionnelle égale, en raison de leur origine, de leur sexe, de leurs mœurs, de leur orientation ***(L. 2017-86 du 27 janv. 2017, art. 207, III, JO 28)*** « sexuelle ou identité de genre », de leur âge, de leur situation de famille ou de leur grossesse, de leurs caractéristiques génétiques, de leur appartenance ou de leur non-appartenance, vraie ou supposée, à une ethnie, une nation ou une race, de leurs opinions politiques, de leurs activités syndicales ou mutualistes, de leurs convictions religieuses, de leur apparence physique, de leur nom de famille ou en raison de leur état de santé ou de leur handicap.

Note • Une importante circulaire DGT 2008/22 du 19 novembre 2008 relative aux chartes éthiques, dispositifs d'alerte et au règlement intérieur a proposé des éléments d'appréciation des clauses présentes notamment dans « ces nouveaux instruments de gestion ». Voir notamment R. de Quénaudon et M-J Gomez-Mustel, « bref commentaire » de cette circulaire, RDT, janvier 2009, CH, 38.

• **Place du règlement intérieur dans la hiérarchie des sources du droit.** Le règlement intérieur ne peut contenir de clauses contraires aux lois et règlements en vigueur et aux conventions et accords collectifs. Le juge doit écarter les clauses d'un règlement intérieur contraires à celles d'une convention collective applicable dans l'entreprise (cass. soc. 7 novembre 2006, n° 04-41.390, BC V n° 330 ; Dr. Soc. 2007, p. 364, obs. J. Savatier). L'inspecteur du travail tient de l'article L. 1322-1 le pouvoir d'exiger le retrait ou la modification de dispositions qui seraient contraires à une convention collective non étendue. Demeure la question de savoir quelle est la place des usages par rapport au règlement intérieur. La doctrine tend à considérer qu'il y a prééminence de l'usage sur le règlement intérieur.

La mise à pied ne figurant pas dans la convention collective applicable, l'introduction de cette sanction dans le règlement intérieur ne constitue pas une disposition nécessairement plus favorable aux salariés de l'entreprise; par suite, en tant qu'elles mentionnent la mise à pied, les dispositions litigieuses sont contraires aux stipulations de la convention collective de travail et, de ce fait, aux prescriptions de l'article L. 122-35 [L. 1321-3] (CE 28 janvier 1991, n° 84586, RJS 3/91 n° 329).

Le règlement intérieur, régulièrement établi et déposé, s'impose à tout salarié, sans qu'il y ait à rechercher si, au moment de son embauche, le document a été ou non porté à sa connaissance (cass. soc. 24 février 1971, n° 70-40.113, BC V n° 146; 4 mai 1977, n° 76-40.251, BC V n° 285). Mais un salarié n'est pas tenu d'observer une clause illicite, même s'il en a eu connaissance lors de son engagement (cass. soc. 10 juin 1982, n° 80-40.929, BC V n° 392).

• **Dispositions concernant le droit des personnes.** Les dispositions du 2° de cet article s'inspirent de la jurisprudence Corona du Conseil d'État (CE 1er février 1980, n° 06361, Dr. Soc. 1980, p. 310, concl. A. Bacquet): sont illégales les dispositions d'un règlement intérieur portant atteinte aux droits de la personne lorsqu'elles excèdent par leur généralité l'étendue des sujétions que l'employeur peut légalement imposer en vue d'assurer la sécurité dans son entreprise. La circulaire ministérielle DRT 5-83 du 15 mars 1983 donne une liste importante mais non exhaustive de clauses illégales.

Pour le Conseil d'État, la soumission des salariés à l'*alcootest* peut être prévue dans un règlement intérieur si elle n'a pour objet que de faire cesser une situation dangereuse, et non de permettre à l'employeur de faire constater par ce moyen une éventuelle faute disciplinaire (CE 12 novembre 1990, n° 96721, RJS 2/91 n° 178). La Cour de cassation admet plus largement la licéité de la clause prévoyant le recours à l'alcootest: les dispositions du règlement intérieur autorisant un contrôle de l'alcoolémie des salariés sont licites à la double condition que, d'une part, les modalités du contrôle en permettent la contestation et que, d'autre part, eu égard à la nature du travail confié, l'état d'ébriété soit de nature à exposer les personnes ou les biens à un danger (cass. soc. 22 mai 2002, n° 99-45.878, BC V n° 176; RJS 11/02 n° 1233; 31 mars 2015, n° 13-25.436, BC V n° 69; RJS 6/15 n° 384; JCP éd. S 2015, 1277, note B. Bossu). Lorsque ces conditions sont respectées, l'employeur peut recourir à l'alcootest à la fin d'une journée de travail pour constater une faute disciplinaire (cass. soc. 24 février 2004, n° 01-47.000, BC V n° 60; RJS 5/04 n° 535).

De même, sont licites les dispositions d'un règlement intérieur autorisant l'employeur (ou un supérieur hiérarchique) à effectuer lui-même un *test salivaire de détection de produits stupéfiants*, dès lors d'une part que seuls les salariés affectés à des postes à risques sont concernés par ce test et d'autre part que le règlement intérieur garantit au salarié dont le test se révélerait positif le droit à une contre-expertise médicale et impose à l'employeur (ou au supérieur hiérarchique) le secret professionnel sur les résultats du test (CE 5 décembre 2016, n° 394178, Rec. Lebon, p. 538; LSQ n° 17218 du 09.12.2016; RJS 2/17 n° 80; JCP éd. S 2017, 1022 note T. Noël).

En revanche, l'interdiction faite à des caissières d'accepter le passage des clients membres de leur famille porte atteinte aux droits des personnes (CE 9 décembre 1994, n° 119233, RJS 2/95 n° 129).

L'obligation faite par l'employeur à ceux de ses salariés ayant des contacts avec le public de porter l'indication de leurs nom et prénom sur leurs vêtements ne se justifie que si l'employeur démontre qu'elle est liée à l'intérêt de la clientèle, à l'exercice de certaines fonctions ou à des nécessités en matière de sécurité (rép. QE 40574, JO AN 29 juillet 1991, p. 3041). De la même façon, l'obligation imposée aux salariés de porter une blouse blanche n'est admissible que si elle est justifiée par la nature de la tâche à accomplir et proportionnée au but recherché (cass. soc. 18 février 1998, n° 95-43.491, BC V n° 90; RJS 4/98 n° 461).

Une sujétion professionnelle peut figurer dans le règlement intérieur dès lors que cette restriction à la liberté du salarié est justifiée par la nature de la tâche à accomplir et proportionnée au but recherché (cass. soc. 13 janvier 2009, n° 07-43.282, BC V n° 3; SSL 2009 n° 1386, p. 12, note J-E Ray; RJS 3/09 n° 225: en l'espèce, interdiction était faite aux membres du personnel éducatif de recevoir à leur domicile des mineurs placés dans l'établissement spécialisé dans l'accueil de ce public).

• **Jurisprudence.** De très nombreux arrêts ont été rendus par les juridictions administratives.

Exemples de clauses licites. Les clauses rappelant les obligations des salariés en matière de médecine du travail, l'obligation de respecter les horaires de travail et les dates de congés annuels; clause limitant l'épreuve de l'alcootest aux salariés manipulant des produits dangereux ou celle prévoyant qu'un alcootest est mis à la disposition du personnel qui souhaiterait l'utiliser; clauses prescrivant le respect de l'horaire du travail jusqu'au remplacement effectif lorsqu'une présence continue est nécessaire et la présence au poste de travail aux heures fixées pour le début et la fin de celui-ci. Elles constituent des règles générales et permanentes de discipline au sens de l'article L. 122-34 [L. 1321-1] CT et peuvent, dès lors, figurer dans le règlement intérieur (CE 9 octobre 1987, n° 72220); est licite la clause d'un règlement intérieur faisant obligation à tout salarié d'avertir le chef d'entreprise de tout accident du travail, même bénin, survenu à lui-même ou à un autre salarié lorsqu'il en a été le témoin (CE 4 mai 1988, nos 68032 et 68113); clause précisant que toute absence non justifiée dans les 48 heures pourra être considérée comme une faute si, après mise en demeure, la justification n'est pas fournie ou le travail repris (CE 4 mai 1988, n° 85178); clause prévoyant que les salariés doivent adopter, dans l'exercice de leurs fonctions, une tenue, un comportement et des attitudes qui respectent la liberté, la dignité de chacun; clause concernant l'utilisation des véhicules de l'entreprise et fixant des règles de circulation à l'intérieur de l'entreprise (CE 9 octobre 1987, n° 72220, précité); clause rappelant la responsabilité du chauffeur en cas d'accident pouvant entraîner des sanctions (CE 8 juin 1988, n° 86061); clause rappelant l'obligation du secret professionnel dans la banque (CE 3 juin 1988, n° 90846); clause soumettant à l'autorisation de la direction les quêtes et l'introduction d'appareils photographiques, caméras, magnétophones, ainsi que l'organisation dans l'enceinte de l'entreprise de paris et jeux (CE 9 octobre 1987, n° 72670).

Eu égard aux restrictions qu'elle apporte aux droits des personnes et aux libertés individuelles, la vérification par la direction de l'entreprise des objets éventuellement emportés par les salariés ne peut être légalement prévue par le règlement intérieur que si celui-ci précise, d'une part, qu'il ne sera procédé à une telle vérification qu'en cas de nécessité, notamment à la suite de disparitions de matériel, ou s'il existe des risques particuliers de vol dans l'entreprise, d'autre part, que le salarié sera averti de son droit de s'opposer à un tel contrôle et d'exiger la présence d'un témoin, enfin, que ce contrôle sera effectué dans des conditions préservant la dignité et l'intimité de la personne (CE 11 juillet 1990, n° 86022, RJS 10/90 n° 769).

Par ailleurs, en cas de danger particulièrement élevé pour les salariés ou les tiers, le règlement intérieur peut prévoir une clause «tolérance zéro alcool» à condition que cette mesure soit justifiée par la nature des tâches à accomplir et proportionnée au but recherché; pour ce faire, l'employeur peut lister en annexe au règlement les postes visés par cette mesure et en justifier le caractère proportionné grâce à un document externe au règlement (en l'espèce le document unique d'évaluation des risques professionnels) (CE 8 juillet 2019, n° 420434, LS n° 17857 du 16.07.2019; RJS 10/19 n° 612; JCP éd. S 2019, 1278, note Ph. Rozec; RDT, décembre 2019, CH, 787, P. Adam).

Exemples de clauses illicites. Clause prévoyant que des conjoints ne peuvent être employés simultanément dans une entreprise, en raison de l'atteinte sérieuse qu'elle apporte au droit au mariage (cass. soc. 10 juin 1982, n° 80-40.929, BC V n° 392); clause prévoyant que la «prime exceptionnelle et révocable, versée aux salariés en début d'année pour récompenser leurs efforts, peut être réduite ou supprimée, en cas de retard ou d'absence (y compris les absences pour grève), en cas d'accident de la circulation, en cas de casse de matériel de la société, pour les fautes qui leur sont éventuellement imputables»; une telle clause constituant la sanction de fautes professionnelles est contraire aux dispositions de l'article L. 1331-2 CT prohibant les amendes et autres sanctions pécuniaires, et contrevient aux dispositions de l'article L. 2511-1, al. 2 CT selon lesquelles l'exercice du droit de grève «... ne saurait donner lieu de la part de l'employeur à des discriminations en matière de rémunération et d'avantages sociaux» (CE 12 juin 1987, n° 81252); clause imposant au salarié de faire une déclaration écrite avant de se retirer d'une situation de travail qu'il juge dangereuse, une telle sujétion n'étant pas imposée par les textes (CE 12 juin 1987, n° 72388, Dr. Soc. 1987, p. 651); clause permettant à l'employeur de se faire ouvrir à tout moment vestiaires et armoires personnelles des salariés (CE 12 juin 1987, n° 72388, précité); clause interdisant «la consommation de boissons alcoolisées dans l'entreprise, y compris dans les cafétérias, au moment des repas et pendant toute autre manifestation organisée en dehors des repas» en l'absence d'éléments caractérisant l'existence d'une situation particulière de danger ou de risque, une telle clause excédant, par son caractère général et absolu, les sujétions que l'employeur peut légalement imposer (CE 12 novembre 2012, n° 349365, RJS 2/13 n° 118); clause prescrivant au salarié de prévenir la direction de tout changement dans sa situation individuelle et familiale, clause ne relevant pas de la discipline générale (TA Paris 12 février 1985); clause prévoyant l'obligation d'effectuer des heures supplémentaires et/ou de récupération, clause relevant de la convention collective ou du contrat de travail mais non du règlement intérieur (CE 9 octobre 1987, n° 72220, précité); clause interdisant toute sortie pendant le travail, sauf autorisation qui doit obligatoirement être demandée (TA Paris 2 février 1987, Dr. Soc. 1987, p. 649); clause soumettant, dans les entreprises soumises à la loi de démocratisation du secteur public, la diffusion ou l'affichage de journaux, tracts, imprimés, brochures, etc. à l'autorisation de la direction (CE 9 octobre 1987, n° 72220, précité); clause concernant le contrôle médical patronal des arrêts de travail pour maladie, clause qui ne relève pas des règles d'hygiène et de sécurité du travail (TA Montpellier 5 janvier 1987); clause imposant au salarié de signaler tout symptôme pouvant laisser croire que lui-même ou un copréposé est atteint d'une maladie professionnelle (CE 4 mai 1988, n°s 68032, 68113, précité); clause prévoyant la responsabilité, en cas d'accident, du salarié qui a omis de prévenir ses supérieurs des défaillances ou anomalies du matériel dont il a la charge (CE 4 mai 1988, n°s 68032, 68113, précité); clause réputant fautes graves ou lourdes suivant leur gravité... et sous réserve de l'appréciation souveraine des tribunaux... «l'occupation des locaux de travail, l'installation de piquets de grève et la séquestration de personnes en cas de conflit collectif»: ces dispositions, qui visent des agissements susceptibles d'être perpétrés lors de l'exercice du droit de grève, sont étrangères au champ d'application du règlement intérieur (CE 12 octobre 1992, n° 94398, Dr. Soc. 1993, p. 162, concl. G. Le Chatelier); clause interdisant au personnel d'un hôtel d'utiliser les emplacements de stationnement appartenant au domaine public voisin de l'hôtel (cass. soc. 1er juin 1994, n° 91-40.695, RJS 7/94 n° 860); clause imposant à des employés de banque d'informer l'employeur des comptes bancaires qu'ils détiennent dans d'autres établissements bancaires (CE 3 octobre 1997, n° 144006, RJS 12/97 n° 1371).

Art. L. 1321-4. Le règlement intérieur ne peut être introduit qu'après avoir été soumis à l'avis du ***(Ord. 2017-1386 du 22 sept. 2017, art. 4, 23°, JO 23, entrée en vigueur au plus tard le 01.01.2018)*** «comité social et économique».

Le règlement intérieur indique la date de son entrée en vigueur. Cette date doit être postérieure d'un mois à l'accomplissement des formalités de dépôt et de publicité.

En même temps qu'il fait l'objet des mesures de publicité, le règlement intérieur, accompagné de l'avis du ***(Ord. 2017-1386 du 22 sept. 2017, art. 4, 23°, JO 23, entrée en vigueur au plus tard le 01.01.2018)*** «comité social et économique», est communiqué à l'inspecteur du travail.

Ces dispositions s'appliquent également en cas de modification ou de retrait des clauses du règlement intérieur.

Note • Le règlement intérieur et les notes de service qui le complètent ne peuvent produire effet que si l'employeur a accompli les diligences prévues par cet article; l'employeur qui ne justifie pas avoir préalablement consulté les représentants du personnel et communiqué le règlement à l'inspecteur du travail, ne peut reprocher à un salarié un manquement aux obligations édictées par ce règlement et par une note de service (cass. soc. 9 mai 2012, n° 11-13.687, BC V n° 134; RJS 7/12 n° 633). De même, faute pour un employeur d'avoir démontré l'accomplissement des formalités d'affichage et de dépôt, les dispositions du règlement intérieur permettant d'établir, sous certaines conditions, l'état d'ébriété d'un salarié en recourant à un contrôle d'alcoolémie, ne sont pas opposables au salarié, de sorte que le licenciement reposant exclusivement sur un tel contrôle est nécessairement sans cause réelle et sérieuse (cass. soc. 4 novembre 2015, n° 14-18.573, LS Jurispr. n° 206 du 17.11.2015; RJS 1/16 n° 27, 1re espèce; JSL n° 402, 25.01.2016, p. 28, D. Julien-Paturle).

• **Consultation des organismes de représentation du personnel.** Il a été jugé que, faute d'avoir été soumis aux représentants du personnel d'un établissement que l'entreprise venait d'absorber et qui avait été ultérieurement reconnu comme étant un établissement distinct, un règlement intérieur était inopposable aux salariés de cet établissement (CE 20 mars 2017, n° 391226, LS Jurispr. n° 78 du 25.04.2017; Dr. Soc. 2017, p. 571, act. J. Mouly; JCP éd. S 2017, 1172, note J-Y Kerbourc'h; RJS 6/17 n° 450).

L'employeur qui souhaite modifier une clause du règlement intérieur concernant le port des vêtements de travail doit soumettre son projet à l'avis du CHSCT; à défaut, la clause modifiée serait inopposable aux salariés (cass. soc. 11 février 2015, n° 13-16.457, BC V n° 30; LSQ n° 16778 du 20.02.2015; RJS 4/15 n° 255; JSL n° 385, 10.04.2015, p. 16, Ph. Pacotte et M. Bernardeschi; JCP éd. S 2015, 1148, note J-B Cottin; RDT, avril 2015, CH, 262, Fr. Duquesne).

En revanche, l'employeur n'a pas à soumettre aux représentants du personnel une modification du règlement intérieur résultant d'une injonction de l'inspection du travail (cass. soc. 26 juin 2019, n° 18-11.230, à paraître, LS n° 17852 du 09.07.2019; JSL n° 482, 26.09.2019, p. 7, M. Hautefort; RJS 10/19 n° 610; RDT, décembre 2019, CH, 787, P. Adam).

Par ailleurs, le refus, par le comité d'entreprise, d'approuver le règlement intérieur ne constitue pas, à lui seul, un motif suffisant pour entraîner la nullité de ses dispositions (rép. QE 9219, JO AN 18 janvier 1958, p. 139). Un règlement intérieur peut être appliqué sans l'accord du comité d'entreprise (cass. soc. 16 octobre 1980, n° 79-13.894, BC V n° 752).

• **Communication à l'inspecteur du travail.** La carence de l'employeur dans l'accomplissement de la formalité de communication du règlement intérieur à l'inspecteur du travail ne prive pas le salarié de la possibilité de se prévaloir de ce règlement (cass. soc. 28 mars 2000, n° 97-43.411, BC V n° 136; RJS 5/00 n° 530).

La décision de l'inspecteur du travail peut intervenir à tout moment (art. L. 1322-1).

Art. R. 1321-2. Le règlement intérieur est déposé, en application du deuxième alinéa de l'article L. 1321-4, au greffe du conseil de prud'hommes du ressort de l'entreprise ou de l'établissement.

Note Lorsqu'une entreprise dépose son règlement intérieur applicable dans tous ses établissements au greffe du conseil de prud'hommes dans le ressort duquel elle a son siège social, le règlement est opposable aux salariés de tous les établissements (cass. soc. 26 juin 2019, n° 17-31.328, LS Jurispr. n° 124 du 09.07.2019; RJS 10/19 n° 611; RDT, décembre 2019, CH, 787, P. Adam).

Art. R. 1321-3. Le délai prévu au deuxième alinéa de l'article L. 1321-4 court à compter de la dernière en date des formalités de publicité et de dépôt définies aux articles R. 1321-1 et R. 1321-2.

Art. R. 1321-4. Le texte du règlement intérieur est transmis à l'inspecteur du travail en deux exemplaires.

Art. L. 1321-5. Les notes de service ou tout autre document comportant des obligations générales et permanentes dans les matières mentionnées aux articles L. 1321-1 et L. 1321-2 sont, lorsqu'il existe un règlement intérieur, considérées comme des adjonctions à celui-ci. Ils sont, en toute hypothèse, soumis aux dispositions du présent titre.

Toutefois, lorsque l'urgence le justifie, les obligations relatives à la santé et à la sécurité peuvent recevoir application immédiate. Dans ce cas, ces prescriptions sont immédiatement et simultanément communiquées ***(Ord. 2017-1386 du 22 sept. 2017, art. 4, 45°, JO 23, entrée en vigueur au plus tard le 01.01.2018)*** «au secrétaire du comité social et économique» ainsi qu'à l'inspection du travail.

Note Les notes de service relatives à la santé, à la sécurité et à la discipline générale sont soumises aux mêmes dispositions que le règlement intérieur (voir note sous art. L. 1311-2).

Des informations relatives aux communications téléphoniques personnelles des salariés avec l'extérieur touchant au fonctionnement d'un service général de l'entreprise ne comportent pas de règle générale et permanente de discipline; dans ces conditions, la note de service ne peut être considérée comme une adjonction au règlement intérieur (CE 12 novembre 1990, n° 96721, RJS 2/91 n° 178).

Pour la chambre criminelle, une note de service imposant aux caissiers d'une entreprise de nettoyer leurs caisses ainsi qu'une partie de l'établissement constitue une adjonction au règlement intérieur et doit donc, avant sa mise en application, être soumise pour avis au comité d'entreprise et au comité d'hygiène, de sécurité et des conditions de travail (cass. crim. 26 juin 1990, n° 88-84.251, B. crim. n° 261).

Une note de service se présentant comme une simple modalité d'application du règlement intérieur n'a pas à être soumise à l'avis du comité d'établissement (cass. soc. 7 octobre 1992, n° 89-45.283, BC V n° 506; RJS 11/92 n° 1257).

Le code de déontologie, imposant certaines obligations à une catégorie de personnel d'une banque, ne constitue pas une adjonction au règlement intérieur, mais une simple modalité d'application de celui-ci (ces obligations y figurant déjà) (cass. soc. 28 mai 2008, n° 07-15.744, BC V n° 120; JCP éd. S 2008, 1506, note A. Barège et B. Bossu; RJS 8-9/08 n° 894).

Art. L. 1321-6. Le règlement intérieur est rédigé en français. Il peut être accompagné de traductions en une ou plusieurs langues étrangères.

Il en va de même pour tout document comportant des obligations pour le salarié ou des dispositions dont la connaissance est nécessaire pour l'exécution de son travail.

Ces dispositions ne sont pas applicables aux documents reçus de l'étranger ou destinés à des étrangers.

Note • Selon cet article, tout document comportant des dispositions dont la connaissance est nécessaire au salarié pour l'exécution de son travail doit, en principe, être rédigé en français; ainsi, lorsque les documents fixant les objectifs nécessaires à la détermination de la rémunération variable contractuelle sont rédigés en anglais, ils sont inopposables au salarié (cass. soc. 29 juin 2011, n° 09-67.492, BC V n° 167; RJS 10/11 n° 798; voir aussi cass. soc. 21 septembre 2017, n° 16-20.426, BC V n° 147; LS Jurispr. n° 177 du 3.10.2017; JCP éd. S 2017, 1357, note J. Martinez; RJS 12/17 n° 795, précisant que sont opposables au salarié, ressortissant français, les objectifs qui lui ont été communiqués en anglais, dès lors qu'un document fixant les objectifs permettant la détermination de la rémunération variable avait été rédigé en français et diffusé sur le site intranet de l'entreprise). Toutefois, sont soustraits à cette obligation les documents liés à l'activité d'une entreprise de transport aérien dont le caractère international implique l'utilisation d'une langue commune et, dès lors que, pour garantir la sécurité des vols, il est exigé des utilisateurs, comme condition d'exercice de leurs fonctions, qu'ils soient aptes à lire et comprendre des documents techniques rédigés en langue anglaise (cass. soc. 12 juin 2012, n° 10-25.822, BC V n° 175; RJS 8-9/12 n° 757). De même, des documents fixant les objectifs nécessaires à la détermination de la rémunération variable contractuelle rédigés exclusivement en langue anglaise sont opposables à un salarié de nationalité américaine (cass. soc. 24 juin 2015, n° 14-13.829, BC V n° 128; RJS 10/15 n° 642).

• Le non-respect de ces dispositions est puni d'une peine d'amende prévue pour les contraventions de la 4e classe. Les personnes morales peuvent être déclarées responsables pénalement de cette infraction (décret 95-240 du 3 mars 1995, art. 3 et 4, JO 5).

CHAPITRE II Contrôle administratif et juridictionnel

SECTION 1. Contrôle administratif

Art. L. 1322-1. L'inspecteur du travail peut à tout moment exiger le retrait ou la modification des dispositions contraires aux articles L. 1321-1 à L. 1321-3 et L. 1321-6.

Art. L. 1322-1-1

Note • **Contrôle de l'inspecteur du travail.** L'inspecteur du travail peut à tout moment exiger le retrait ou la modification des dispositions qui seraient contraires aux dispositions légales, réglementaires ou conventionnelles applicables ou qui déborderaient du contenu limitatif du règlement intérieur (sur la notion de «contrôle à tout moment», voir circ. min. DRT 5-83 du 15 mars 1983). Les pouvoirs conférés à l'inspecteur du travail ne sont pas exclusifs de la compétence des juges de l'ordre judiciaire saisis à l'occasion d'un litige individuel.

La circulaire DGT 2009-09 du 17 avril 2009 précise que l'inspecteur du travail du siège social est seul compétent pour apprécier la validité du règlement intérieur.

• Dans le cas où un règlement intérieur unique peut être établi, seul l'inspecteur du travail dans le ressort duquel se trouve le siège social de l'entreprise est compétent pour exercer le contrôle prévu par cet article (CE 5 mai 1993, n°s 96676, 97011, RJS 7/93 n° 741).

Doit être rejetée la requête formée contre la décision d'un inspecteur du travail ayant demandé la modification de la clause d'un règlement intérieur concernant les sièges mis à la disposition de caissières. Il lui appartenait, en effet, de vérifier si la clause litigieuse était conforme à la règle d'hygiène fixée par le code du travail et, par suite, d'apprécier, sous le contrôle du juge de l'excès de pouvoir, si l'exécution du travail du personnel de caisse était ou non incompatible avec la station assise continue (CE 11 juillet 1990, n° 95476, RJS 10/90 n° 768).

Art. L. 1322-1-1. ***(L. 2018-727 du 10 août 2018, art. 21, V, 1°, JO 11)*** L'inspecteur du travail se prononce de manière explicite sur toute demande d'appréciation de la conformité de tout ou partie d'un règlement intérieur aux dispositions des articles L. 1321-1 à L. 1321-3 et L. 1321-6 formulée par un employeur.

La demande mentionnée au premier alinéa n'est pas recevable dès lors que l'autorité administrative s'est déjà prononcée par une décision expresse en application de l'article L. 1322-2.

La décision prend effet dans le périmètre d'application du règlement intérieur concerné et est opposable pour l'avenir à l'autorité administrative tant que la situation de fait exposée dans la demande ou la législation au regard de laquelle la situation a été appréciée n'ont pas été modifiées ou jusqu'à ce que l'inspecteur du travail notifie au demandeur une modification de son appréciation.

La décision de l'inspecteur du travail est motivée. Elle est notifiée à l'employeur et communiquée, pour information, aux membres du comité social et économique.

La décision de l'inspecteur du travail peut faire l'objet d'un recours hiérarchique, dans des conditions définies par voie réglementaire.

La décision prise sur ce recours est notifiée à l'employeur et communiquée, pour information, aux membres du comité social et économique.

Art. R. 1321-6. ***(D. 2018-1227 du 24 déc. 2018, art. 6, I, 1°, JO 26)*** La demande prévue à l'article L. 1322-1-1 mentionne la ou les dispositions sur lesquelles est demandée l'appréciation de l'inspecteur du travail. Elle est accompagnée du texte du règlement intérieur ainsi que, le cas échéant, des références des articles de la convention collective nationale ou de l'accord collectif et des dispositions du ou des accords d'entreprise en rapport avec les dispositions faisant l'objet de la demande.

Elle est présentée à l'inspecteur du travail dans le ressort duquel est établie l'entreprise ou l'établissement concerné, par tout moyen conférant date certaine à sa réception. Lorsqu'un règlement intérieur unique est établi ou modifié pour l'ensemble des établissements de l'entreprise, la demande est adressée à l'inspecteur du travail territorialement compétent pour son siège.

L'inspecteur du travail statue dans un délai de deux mois à compter de la réception de la demande.

Il peut conclure à la conformité ou à la non-conformité de tout ou partie des dispositions mentionnées dans la demande. Lorsque la décision conclut à la non-conformité d'une ou de plusieurs dispositions, elle précise pour chacune d'elles si la disposition doit être retirée ou modifiée.

Art. L. 1322-2. La décision de l'inspecteur du travail est motivée.

Elle est notifiée à l'employeur et communiquée, pour information, aux membres du ***(Ord. 2017-1386 du 22 sept. 2017, art. 4, 35°, JO 23, entrée en vigueur au plus tard le 01.01.2018)*** «comité social et économique».

Note Les décisions de l'inspecteur du travail (demandant une adjonction, un retrait ou une modification) doivent être motivées et communiquées aux instances qui ont été consultées (circ. min. DRT 5-83 du 15 mars 1983, précisée par la circ. DGT 2009-09 du 17 avril 2009). L'obligation de motivation s'étend à la décision du directeur régional et à celle du ministre saisi d'un recours hiérarchique contre la décision du directeur régional (CE 23 juillet 1993, n° 99391, Dr. Soc. 1993, p. 842, concl. M. Pochard).

Se rend coupable de deux contraventions à l'article L. 1322-2 l'employeur qui laisse affichés, non modifiés, deux exemplaires du règlement intérieur de l'entreprise comprenant, l'un, une clause dont la suppression avait été demandée par l'inspecteur du travail, et l'autre, une clause n'ayant pas été modifiée dans le sens indiqué par l'inspecteur (cass. crim. 1er décembre 1987, n° 84-94.455).

Art. L. 1322-3. La décision de l'inspecteur du travail peut faire l'objet d'un recours hiérarchique, dans des conditions déterminées par voie réglementaire.

La décision prise sur ce recours est notifiée à l'employeur et communiquée, pour information, aux membres du ***(Ord. 2017-1386 du 22 sept. 2017, art. 4, 35°, JO 23, entrée en vigueur au plus tard le 01.01.2018)*** «comité social et économique».

Note • Le recours peut émaner de l'employeur, des salariés ou de leurs représentants.

• La décision du directeur régional peut elle-même faire l'objet d'un recours hiérarchique devant le ministre du Travail et de l'Emploi (CE 18 mars 1998, n° 157607, RJS 6/98 n° 734 : la compétence du ministre est une application des principes généraux du droit) ; elle peut aussi faire l'objet d'un recours pour excès de pouvoir devant le tribunal administratif (circ. min. DRT 5-83 du 15 mars 1983).

• En cas de recours hiérarchique, la décision du directeur régional du travail et de l'emploi se substitue à celle de l'inspecteur du travail (TA Paris 6 octobre 1987, Sté Crédit Lyonnais). L'autorité saisie d'un recours hiérarchique (directeur régional ou ministre chargé du travail) peut demander que des modifications soient apportées au règlement intérieur sur des points qui n'ont pas été examinés par l'autorité inférieure (inspecteur du travail ou directeur régional) (CE 18 mars 1998, n° 157607, précité).

Art. R. 1322-1. ***(D. 2018-1227 du 24 déc. 2018, art. 6, I, 2°, JO 26)*** «Les recours hiérarchiques prévus aux articles L. 1322-1-1 et L. 1322-3 sont formés» devant le ***(D. 2020-1545 du 9 déc. 2020, JO 10, entrée en vigueur le 01.04.2021)*** «directeur régional de l'économie, de l'emploi, du travail et des solidarités», dans les deux mois suivant la notification de la décision de l'inspecteur du travail.

Note Le 2e alinéa de cet article a été abrogé par le décret 2008-1503 du 30 décembre 2008, JO 31.

SECTION 2. Contrôle juridictionnel

Art. L. 1322-4. Lorsque, à l'occasion d'un litige individuel, le conseil de prud'hommes écarte l'application d'une disposition contraire aux articles L. 1321-1 à L. 1321-3 et L. 1321-6, une copie du jugement est adressée à l'inspecteur du travail et aux membres du ***(Ord. 2017-1386 du 22 sept. 2017, art. 4, 35°, JO 23, entrée en vigueur au plus tard le 01.01.2018)*** «comité social et économique».

Note **Compétence juridictionnelle.** Le Conseil d'État a précisé que «lorsqu'il est saisi de conclusions tendant à l'annulation de décisions prises par les autorités administratives chargées de contrôler la conformité d'un règlement intérieur aux articles L. 122-34 et L. 122-35 CT, le juge administratif est compétent pour apprécier cette conformité, alors même que le règlement intérieur a été établi par un employeur qui n'est pas chargé de la gestion d'un service public et ne dispose d'aucune prérogative de puissance publique» (CE 12 juin 1987, n° 72388, Dr. Soc. 1987, p. 651). Le recours dirigé contre la décision de l'inspecteur du travail est un recours pour excès de pouvoir et ne peut aboutir qu'à l'annulation de la décision attaquée ou au rejet de la demande. Le juge administratif ne peut donc apprécier la légalité d'une nouvelle rédaction proposée (CE 8 juillet 1988, nos 71484, 71542, Rec. Lebon, p. 1403).

Le règlement intérieur d'entreprise est un acte juridique de droit privé. Le contrôle de légalité dévolu à l'inspecteur du travail par l'article L. 1322-1 CT ne saurait lui ôter sa nature pour le transformer en un acte administratif. Il appartient aux juges de l'ordre judiciaire de connaître de la contestation qui s'élève sur la validité de ses dispositions ; l'article L. 1322-4 de ce code, qui reconnaît au conseil de prud'hommes la faculté, à l'occasion d'un litige individuel de travail, d'écarter une clause illicite du règlement intérieur, n'interdit pas à la juridiction de droit commun de l'ordre judiciaire (tribunal de grande instance) de connaître d'une action principale en annulation d'une ou de plusieurs clauses dudit règlement (cass. soc. 16 décembre 1992, n° 90-14.337, BC V n° 602 ; Dr. Soc. 1993, p. 267 et 271, chron. A. Jeammaud). Le juge judiciaire peut ainsi écarter l'application de clauses d'un règlement intérieur contraires aux dispositions d'une convention collective ou d'un accord collectif applicable dans l'entreprise ou l'établissement (cass. soc. 7 novembre 2006, n° 04-41.390, cité sous l'article L. 1321-3 CT ; en l'espèce, les clauses relatives à la saisine d'un conseil de discipline étaient contraires à un article de la convention collective nationale de la banque applicable).

Le tribunal compétent pour connaître des litiges relatifs à un règlement intérieur unique est celui dans le ressort duquel se trouve le siège de l'entreprise. La société ayant son siège social à Paris et ayant élaboré un règlement intérieur unique pour l'ensemble de ses établissements, le tribunal administratif compétent est celui de Paris (CE 5 mai 1993, nos 96676, 97011, RJS 7/93 n° 741).

CHAPITRE III (réglementaire) Dispositions pénales

Art. R. 1323-1. Le fait de méconnaître les dispositions des articles L. 1311-2 à L. 1322-4 et R. 1321-1 à R. 1321-5 relatives au règlement intérieur, est puni de l'amende prévue pour les contraventions de la quatrième classe. ***(D. 2018-1227 du 24 déc. 2018, art. 6, I, 3°, JO 26)*** « Est punie de la même peine la méconnaissance des dispositions du quatrième alinéa de l'article R. 1321-6. »

TITRE III DROIT DISCIPLINAIRE

Note Voir notamment RF Social, avril 2020, Cahier juridique n° 206, « Prononcer une sanction disciplinaire ».

CHAPITRE Ier Sanction disciplinaire

Art. L. 1331-1. Constitue une sanction toute mesure, autre que les observations verbales, prise par l'employeur à la suite d'un agissement du salarié considéré par l'employeur comme fautif, que cette mesure soit de nature à affecter immédiatement ou non la présence du salarié dans l'entreprise, sa fonction, sa carrière ou sa rémunération.

Note • *Dispositif de réserve de sécurité nationale.* Aucun licenciement ou déclassement professionnel, aucune sanction disciplinaire ne peut être prononcé à l'encontre d'un réserviste en raison des absences résultant de l'application du dispositif de réserve de sécurité nationale.

Aucun établissement ou organisme de formation public ou privé ne peut prendre de mesure préjudiciable à l'accomplissement normal du cursus de formation entrepris par un étudiant ou un stagiaire en raison des absences résultant de l'application du même dispositif (code de la défense, art. L. 2171-5).

• **La sanction disciplinaire doit être prévue par le règlement intérieur.** Une sanction disciplinaire prononcée à l'encontre d'un salarié est manifestement illicite lorsqu'elle ne figure pas parmi celles prévues par le règlement intérieur (cass. soc. 26 octobre 2010, n° 09-42.740, BC V n° 243; RJS 1/11 n° 39; RDT, décembre 2010, CH, 719, A. Fabre). Ainsi, une mise à pied disciplinaire ne peut être valablement prononcée que si le règlement intérieur prévoit cette sanction et en précise la durée maximale (cass. soc. 7 janvier 2015, n° 13-15.630, LSQ n° 16754 du 19.01.2015; RJS 3/15 n° 186). Le juge des référés ne dispose pas du pouvoir d'annuler la sanction illicite mais il peut ordonner les mesures qui s'imposent pour faire cesser le trouble manifestement illicite consécutif à cette mesure (même arrêt; en l'espèce, réintégration sous astreinte dans les fonctions antérieures).

Voir aussi note sous article L. 1321-1, rubrique « Sanctions ».

• **La sanction disciplinaire suppose l'existence d'une faute du salarié.** La mesure uniquement destinée à assurer la sécurité n'est pas une sanction disciplinaire. Ne constitue pas une sanction disciplinaire le changement d'affectation d'un salarié consécutif au retrait de son habilitation à la conduite de certains véhicules dès lors qu'il a pour seul objet, conformément au règlement de sécurité de l'exploitation d'un système de transport public guidé, d'assurer la sécurité des usagers, du personnel d'exploitation et des tiers. En l'espèce, les juges avaient relevé que si le retrait de l'habilitation du salarié à la conduite des tramways et son affectation sur une ligne d'autobus étaient intervenus après qu'il eut conduit une rame à contresens de la circulation, aucune réprimande ne lui avait été adressée en raison de cet incident (cass. ass. plén. 6 janvier 2012, n° 10-14.688, BC n° 1; RJS 3/12 n° 245). Voir aussi cass. soc. 8 octobre 2014, n° 13-13.673, BC V n° 226; RJS 12/14 n° 859: ne constitue pas une sanction disciplinaire le changement d'affectation provisoire d'un salarié décidé dans l'attente de l'engagement d'une procédure disciplinaire dès lors qu'il a pour seul objet d'assurer la sécurité des usagers, du personnel d'exploitation et des tiers et qu'il n'emporte pas modification durable du contrat de travail.

Pluralité de faits fautifs. L'employeur, informé de l'ensemble des faits reprochés au salarié et qui choisit de ne sanctionner que certains d'entre eux a ainsi épuisé son pouvoir disciplinaire. Il ne peut plus dès lors prononcer un licenciement pour des faits antérieurs à cette date (cass. soc. 16 mars 2010, n° 08-43.057, BC V n° 65; RJS 6/10 n° 513; RDT, juillet/août 2010, CH, 443, Y. Leroy; 25 septembre 2013, n° 12-12.976, BC V n° 203; RJS 12/13 n° 816; 23 octobre 2019, n° 18-21.543). À noter cependant que dans une affaire où un employeur avait découvert successivement des griefs différents impliquant, en application des règles statutaires, la conduite de procédures disciplinaires distinctes, la Cour de cassation a approuvé une cour d'appel ayant décidé que l'employeur n'avait pas renoncé à sanctionner la seconde faute pour avoir sanctionné la première à une date où la seconde procédure n'était pas achevée (cass. soc. 10 juin 2015, n° 14-10.778, BC V n° 122; RJS 8-9/15 n° 569).

La faute du salarié doit être distinguée de l'insuffisance professionnelle. La Cour de cassation juge que le licenciement pour insuffisance professionnelle d'une employée de banque en cours de stage n'est pas un licenciement pour faute (cass. soc. 11 décembre 1986, n° 84-42.757, BC V n° 594), pas plus que celui d'un salarié, ayant trois mois d'ancienneté, en raison de la mauvaise qualité de son travail fourni par l'intéressé (cass. soc. 4 décembre 1986, n° 85-40.085, BC V n° 579). Voir aussi cass. soc. 25 octobre 1990, n° 88-42.563, BC V n° 506; 20 mars 1990, n° 88-41.769, BC V n° 122; RJS 5/90 n° 377 (le refus par un employeur de faire bénéficier un salarié d'un avancement au choix n'est pas une sanction disciplinaire). Lorsqu'un salarié est licencié pour un motif non disciplinaire, les dispositions d'une convention collective prévoyant des garanties particulières en cas de procédure disciplinaire ne s'appliqueront pas (cass. soc. 22 juin 2011, n° 09-42.697, BC V n° 164; JCP éd. S 2011, 1483, note M. d'Allende; RJS 11/11 n° 860).

Quelquefois, cependant, l'insuffisance professionnelle s'accompagne d'un comportement fautif: la mesure prise alors à l'encontre du salarié est une sanction (cass. soc. 29 octobre 1998, n° 96-42.598, RJS 12/98 n° 1481 : efforts insuffisants dans l'accomplissement du travail; la lettre de mise en garde est assimilée à une sanction dans la mesure où l'insuffisance des résultats est liée à un comportement fautif; CA Paris 26 septembre 1984: le retrait d'un tableau d'avancement est une sanction disciplinaire lorsqu'il résulte non seulement d'une insuffisance professionnelle mais aussi de fautes reprochées au salarié).

Les manquements reprochés au salarié ne doivent pas être la conséquence d'un état pathologique ou d'un handicap de l'intéressé; un licenciement disciplinaire constituerait alors une discrimination en raison de l'état de santé prohibée par l'article L. 1132-1 (cass. soc. 28 janvier 1998, n° 95-41.491, BC V n° 43; CE 3 juillet 2013, n° 349496, RJS 10/13 n° 700).

Ne constituent pas une faute le fait pour un salarié de refuser d'exécuter un travail n'entrant pas dans ses attributions, même s'il ne s'agit que d'un travail ponctuel de quelques minutes (cass. soc. 28 mars 1995, n° 91-43.680, Dr. Soc. 1995, p. 505; 1er mars 2006, n° 04-43.687), le refus par le salarié d'une modification d'un élément essentiel du contrat, hormis le cas où il s'agit d'une sanction disciplinaire justifiée (cass. soc. 14 février 1995, n° 91-40.361, Dr. Soc. 1995, p. 268). La proposition d'un salarié de négocier financièrement son éventuel licenciement, hors l'utilisation de termes polémiques ou injurieux, ne constitue pas en soi un comportement fautif (cass. soc. 19 juin 2008, n° 07-40.939, BC V n° 137; Dr. Soc. 2009, p. 114, obs. G. Couturier).

Les agissements commis par un représentant du personnel dans l'exercice de son mandat ne peuvent pas être sanctionnés (cass. soc. 30 juin 2010, n° 09-66.792, BC V n° 152; RJS 10/10 n° 792; JCP éd. S 2010, 1444, note B. Bossu; 22 novembre 2017, n° 16-12.109, RJS 2/18 n° 124) sauf s'il y a abus (cass. soc. 2 juillet 2015, n° 14-15.829, RJS 11/15 n° 711; 23 octobre 2019, n° 17-28.429, LS Jurispr. n° 201 du 05.11.2019; RJS 1/20 n° 33).

Un fait de la vie personnelle ne peut justifier un licenciement disciplinaire (cass. soc. 23 juin 2009, n° 07-45.256, BC V n° 160; RJS 10/09 n° 796), sauf s'il constitue un manquement du salarié à une obligation découlant de son contrat de travail (cass. soc. 3 mai 2011, n° 09-67.464, BC V n° 105; RJS 7/11 n° 588; voir aussi cass. soc. 27 mars 2012, n° 10-19.915, BC V n° 106; RJS 6/12 n° 529, s'agissant d'un salarié appartenant «au personnel critique pour la sécurité» d'une compagnie aérienne ayant consommé des drogues dures pendant des escales entre deux vols et s'étant trouvé sous l'influence de ces produits pendant l'exercice de ses fonctions). En principe, seules les fautes professionnelles peuvent justifier le prononcé d'une sanction disciplinaire: cass. soc. 26 septembre 2001, n° 99-43.636, RJS 12/01 n° 1413; 16 décembre 1997, n° 95-41.326, BC V n° 441; RJS 2/98 n° 141 (l'aide à séjour irrégulier d'un étranger ne peut constituer une faute disciplinaire); 14 mai 1997, n° 94-45.473, BC V n° 175; RJS 6/97 n° 758; 20 novembre 1991, n° 89-44.605, BC V n° 512; RJS 1/92 n° 3: «Si, en principe, il ne peut être procédé au licenciement d'un salarié pour une cause tirée de sa vie privée, il en est autrement lorsque le comportement de l'intéressé, compte tenu de ses fonctions et de la finalité propre de l'entreprise, a créé un trouble caractérisé au sein de cette dernière» (licenciement d'un agent de surveillance justifié par le vol commis par ce dernier en dehors de son temps de travail dans un centre commercial, client de l'entreprise de gardiennage pour le compte de laquelle le salarié travaillait).

Un important arrêt rendu en chambre mixte par la Cour de cassation avait marqué un revirement en décidant qu'«un trouble objectif dans le fonctionnement de l'entreprise ne permet pas en lui-même de prononcer une sanction disciplinaire à l'encontre de celui par lequel il est survenu» (cass. ch. mixte 18 mai 2007 n° 05-40.803, BC n° 3; RJS 7/07 n° 810 et p. 607, avis Cl. Mathon, avocat général). Il ne suffit plus, désormais, d'invoquer un trouble objectif dans le fonctionnement de l'entreprise pour pouvoir prononcer une sanction disciplinaire; il faut apporter la preuve d'un manquement du salarié aux obligations résultant de son contrat. Cet arrêt marque une protection renforcée de la vie privée du salarié. La chambre sociale de la Cour de cassation, dans un arrêt de mai 2007 (cass. soc. 23 mai 2007, n° 05-41.374, BC V n° 82; JCP éd. S 2007, 1510, note R. Vatinet, 1re espèce), énonce que le trouble créé dans l'entreprise (participation d'un salarié à une manifestation publique) ne suffit pas à caractériser une faute; il appartiendra aux juges du fond de caractériser en quoi la seule relation de travail pouvait justifier l'interdiction par l'employeur d'exercer une liberté collective en dehors du temps de travail.

La Cour de cassation retient désormais que l'employeur ne peut sanctionner que des faits commis par le salarié traduisant une méconnaissance de ses obligations découlant de son contrat de travail. Dès lors, le licenciement pour motif disciplinaire d'un salarié qui s'est vu retirer son permis de conduire à la suite d'infractions au code de la route commises en dehors de l'exécution de son contrat de travail est dépourvu de cause réelle et sérieuse. L'arrêt du 3 mai 2011 (cass. soc. 3 mai 2011, n° 09-67.464, précité) reprend la solution déjà retenue par le Conseil d'État dans un arrêt de décembre 2010 (CE 15 décembre 2010, n° 316856, Rec. Lebon p. 508; RDT, février 2011, ET, 99, concl. G. Dumortier; RJS 2/11 n° 158) et marque un revirement par rapport à la jurisprudence antérieure (cass. soc. 2 décembre 2003, n° 01-43.227, BC V n° 304; RJS 2/04 n° 181; le fait pour un chauffeur routier de conduire en état d'ivresse en dehors de son temps de travail se rattache à sa vie professionnelle). À noter toutefois que dans un arrêt de septembre 2014 (cass. soc. 29 septembre 2014, n° 13-13.661, BC V n° 209; RJS 12/14 n° 838, 1re espèce), la Cour de cassation a décidé que la dissimulation par un salarié d'un fait en rapport avec ses activités professionnelles peut constituer un manquement à la loyauté à laquelle il est tenu envers son employeur, dès lors qu'il est de nature à avoir une incidence sur l'exercice des fonctions; elle a ainsi approuvé une cour d'appel ayant décidé qu'un employeur avait pu licencier pour faute une salariée lui ayant dissimulé sa mise en examen pour des faits en rapport avec ses activités professionnelles et de nature à en affecter le bon exercice.

La distinction entre les faits de la vie professionnelle et ceux relevant de la vie personnelle n'est pas toujours aisée. Lorsque les faits ne sont pas commis pendant le temps de travail mais dans des locaux appartenant à l'entreprise, les juges décident le plus souvent que ces faits relèvent de la vie professionnelle et constituent une faute disciplinaire (cass. soc. 27 juin 2001, n° 99-45.121, RJS 11/01 n° 1251; 28 mars 2000, n° 97-43.823, BC V n° 127; RJS 5/00 n° 511; 12 janvier 1999, n° 96-43.705; RJS 2/99 n° 150). De même, se rattachent à la vie de l'entreprise et peuvent être sanctionnés des faits de menaces, insultes et comportements agressifs commis par un salarié à l'encontre de collègues et de supérieurs hiérarchiques à l'occasion d'un séjour organisé par l'employeur dans le but de récompenser les salariés lauréats d'un «challenge» interne à l'entreprise (cass. soc. 8 octobre 2014, n° 13-16.793, BC V n° 227; LSQ n° 16693 du 17.10.2014; RJS 12/14 n° 837). Se rattache également à la vie professionnelle le vol commis par un steward, pendant le temps d'une escale, dans un hôtel partenaire commercial de la compagnie aérienne, dans lequel il séjournait en tant que membre d'équipage de cette compagnie, qui y avait réservé à ses frais les chambres (cass. soc. 8 juillet 2020, n° 18-18.317, à paraître, LS n° 18121 du 17.08.2020; JCP éd. S 2020, 3011, note Gr. Loiseau; RJS 10/20 n° 450; JSL n° 504, 28.09.2020, p. 16, J-Ph. Lhernould; RDT, octobre 2020, CH, 611, B. Dabosville).

Sur cette question, voir aussi note sous article L. 1232-1.

La faute «contractuelle» peut, comme la faute «disciplinaire», justifier une sanction disciplinaire (cass. soc. 20 février 1991, n° 90-41.119, BC V n° 83; Dr. Soc. 1991, p. 474). Mais la faute commise par un mandataire social ne peut être retenue comme faute professionnelle justifiant une sanction disciplinaire contre la même personne, en sa qualité de salarié, que si elle se rattache à l'exécution du contrat de travail (cass. soc. 4 février 1993, n° 91-41.913, RJS 5/93 n° 559). N'est pas fautif le refus du salarié de reprendre le travail tant qu'il ne serait pas payé des salaires dont il a été privé durant une mise à pied disciplinaire injustifiée (cass. soc. 23 juin 2009, n° 07-44.844, BC V n° 158; RJS 10/09 n° 798).

Voir Ch. Varin, «La situation de l'employeur face à la faute grave commise par le salarié», RDT 2009, p. 639.

Le salarié dont le contrat de travail est suspendu pour maladie et qui reprend son travail avant d'avoir fait l'objet de la visite médicale de reprise est soumis au pouvoir disciplinaire de l'employeur (cass. soc. 16 novembre 2005, n° 03-45.000, BC V n° 323; RJS 2/06 n° 194).

• **La sanction disciplinaire suppose que la mesure prise par l'employeur affecte la présence du salarié dans l'entreprise, sa fonction, sa carrière ou sa rémunération** (cass. soc. 27 février 1985, n° 83-44.955, BC V n° 122). Le fait de demander à des salariés ayant commis une faute de rester chez eux, en maintenant leur rémunération, ne constitue pas une sanction disciplinaire, car cette mesure n'affecte pas la fonction des salariés, leur carrière et leur rémunération. Il est, en l'espèce, curieux que les juges n'aient pas relevé que cette mesure affectait la «présence» des salariés dans l'entreprise.

Constitue une sanction disciplinaire une procédure de demande d'explications écrites en vigueur au sein d'une entreprise mise en œuvre à la suite de faits qualifiés de refus d'obéissance dès lors que les demandes formulées par l'employeur et les réponses écrites du salarié sont conservées dans le dossier individuel de celui-ci (cass. soc. 30 janvier 2013, n° 11-23.891, BC V n° 22; RJS 4/13 n° 283; 19 mai 2015, n° 13-26.916, BC V n° 96; LSQ n° 16841 du 28.05.2015; RJS 8-9/15 n° 568; JCP éd. S 2015, 1299, note D. Chenu; JSL n° 391, 13.07.2015, p. 14, Ph. Pacotte et J. Layat-Le-Bourhis).

Mais les remarques faites par un agent de maîtrise, dépourvu de toute qualification pour exercer un pouvoir disciplinaire, constituent une simple constatation des faits et non une sanction disciplinaire (cass. soc. 4 mai 1995, n° 93-46.125, RJS 6/95 n° 648). De même, ne s'analyse pas en une mesure disciplinaire et n'a donc pas pour effet d'épuiser le pouvoir disciplinaire de l'employeur le document rédigé par celui-ci qui n'est qu'un compte rendu d'un entretien au cours duquel il a énuméré divers griefs et insuffisances qu'il impute à un salarié, sans traduire une volonté de sa part de les sanctionner (cass. soc. 12 novembre 2015, n° 14-17.615, BC V n° 225; LS Jurispr. n° 211 du 24.11.2015; RJS 1/16 n° 28; JCP éd. S 2016, 1002, note G. François; voir aussi cass. soc. 3 octobre 2018, n° 16-27.565, s'agissant d'un document rédigé par l'employeur énumérant des dysfonctionnements centrés sur l'organisation du travail et rappelant au salarié ses obligations professionnelles). C'est également le cas d'un rappel à l'ordre qui ne constitue pas une sanction disciplinaire (cass. soc. 19 septembre 2018, n° 17-20.193).

• **La sanction disciplinaire peut revêtir des formes très différentes.** Constitue une sanction disciplinaire, au sens de l'article L. 122-40 [L. 1331-1] CT, la décision prise par un employeur qui, après avoir accordé un détachement à une salariée, rétracte l'autorisation qu'il avait donnée en raison d'agissements considérés par lui comme fautifs (cass. soc. 10 avril 1991, n° 87-42.633, BC V n° 174; RJS 6/91 n° 704).

Les reproches adressés par voie de courrier ou de courriel par un employeur à une salariée pour des faits qu'il estimait fautifs constituent des sanctions (cass. soc. 26 mai 2010, n° 08-42.893, RJS 11/10 n° 846). Les mises en garde contenues dans de tels documents constituant des sanctions, il s'ensuit que les mêmes faits ne peuvent être sanctionnés une seconde fois (cass. soc. 6 mars 2007, n° 05-43.698, RJS 7/07 n° 842).

Dès lors que le changement d'affectation d'une salariée, qui avait eu pour effet de priver celle-ci d'une prime, a été décidé par l'employeur en raison de faits considérés par lui comme fautifs, il en résulte que la mutation, même si elle est par ailleurs justifiée par la nécessité d'un perfectionnement des connaissances de l'intéressée avant sa réaffectation dans l'emploi initial, constitue une sanction disciplinaire (cass. soc. 19 juin 1991, n° 87-45.597, BC V n° 308; RJS 8-9/91 n° 963, 2e espèce). Une mutation d'office peut être parfois décidée par l'employeur dans l'intérêt du service; une telle mutation prévue par un statut réglementaire ne saurait, à elle seule, priver le juge de son pouvoir de la qualifier de sanction disciplinaire au regard du contexte dans lequel cette mutation a été décidée (cass. soc. 30 mai 2007, n° 06-40.599, RJS 8-9/07 n° 1001).

La rupture anticipée pour faute grave d'un contrat à durée déterminée est une sanction disciplinaire; l'employeur doit donc suivre la procédure disciplinaire, en convoquant le salarié à un entretien préalable (cass. soc. 20 novembre 1991, n° 88-41.265, BC V n° 509; RJS 1/92 n° 10; 11 avril 1996, n° 93-42.632, BC V n° 151; Dr. Soc. 1996, p. 736) et en lui notifiant par écrit les motifs de la rupture (cass. soc. 26 février 1992, 2 arrêts, nos 89-44.090 et 90-43.143, BC V n° 127; RJS 4/92 n° 413: l'employeur ne peut invoquer devant le juge d'autres motifs que ceux mentionnés dans la lettre notifiant la rupture; 23 janvier 1997, n° 95-40.526, BC V n° 32; RJS 3/97 n° 281; 4 juin 2008, n° 07-40.126, BC V n° 121; JCP éd. S 2008, 1518, note Fr. Bousez; RJS 8-9/08 n° 872). L'inobservation des règles de procédure cause nécessairement au salarié un préjudice qu'il appartient aux juges de réparer (cass. soc. 13 novembre 2008, n° 07-40.784, BC V n° 213; RJS 2/09 n° 146).

Art. L. 1331-2. Les amendes ou autres sanctions pécuniaires sont interdites.

Toute disposition ou stipulation contraire est réputée non écrite.

Note • **Champ d'application.** Le principe général du droit du travail d'interdiction des sanctions pécuniaires est applicable aux entreprises publiques dont le personnel est doté d'un statut réglementaire (cass. soc. 26 octobre 2016, n° 14-28.055, BC V n° 198; JCP éd. S 2016, 1412, note K. Pagani et M. Pellissier; RJS 1/17 n° 2).

• **Position de l'administration** (circ. min. DRT 5-83 du 15 mars 1983). La retenue sur salaires effectuée à l'encontre d'un salarié qui a normalement effectué sa prestation de travail constitue une sanction pécuniaire; la mise à pied disciplinaire ne constitue pas une telle sanction puisque, n'ayant pas effectué de travail, le salarié ne peut prétendre à un salaire. Les réductions de primes en raison des temps non travaillés et en fonction de leur durée sont licites dans la mesure où les mêmes règles sont appliquées, quel que soit le motif de l'absence.

Dans une note complémentaire, le ministre du Travail avait précisé que le temps mal travaillé pouvait aussi entraîner des réductions licites (réductions ou suppressions de primes en cas d'accidents de la circulation pour les chauffeurs, erreurs de caisse pour les caissiers, etc.), ne s'agissant pas à proprement parler de sanctions mais de la conséquence, en termes de complément de rémunération, de la non-réalisation de certains objectifs fixés par le contrat de travail.

• **Jurisprudence.** La jurisprudence établit une distinction selon que la diminution de la rémunération du salarié résulte ou non d'une modification du travail fourni.

Le principe est que la responsabilité pécuniaire d'un salarié à l'égard de son employeur ne peut résulter que d'une faute lourde (cass. soc. 11 avril 1996, n° 92-42.847, BC V n° 152; 6 mai 2009, n° 07-44.485, BC V n° 126; Dr. Soc. 2009, p. 865, obs. Ch. Radé; 25 janvier 2017, n° 14-26.071, BC V n° 15; RJS 4/17 n° 245; JCP éd. S 2017, 1089, 2e espèce, note D. Chenu; Dr. Soc. 2017, p. 269, act. J. Mouly; JSL n° 427, 13.03.2017, p. 12, J-Ph. Lhernould). Pour rechercher la responsabilité pécuniaire du salarié, l'employeur doit donc invoquer et établir qu'il a commis une faute lourde, c'est-à-dire qu'il a agi avec l'intention de nuire, laquelle implique la volonté du salarié de lui porter préjudice dans la commission du fait fautif et ne résulte pas de la seule commission d'un acte préjudiciable à l'entreprise (cass. soc. 8 février 2017, n° 15-21.064, BC V n° 22; LSQ n° 17266 du 15.02.2017; JCP éd. S 2017, 1089, 1re espèce, note D. Chenu; RJS 4/17 n° 261; RDT, avril 2017, CH, 264, P. Adam). Ainsi, procède d'une intention de nuire caractérisant une faute lourde le fait pour un salarié d'avoir, au cours d'un entretien disciplinaire, volontairement et de manière préméditée, agressé le gérant de la société lui occasionnant un traumatisme crânien avec une incapacité totale temporaire de travail de quinze jours (cass. soc. 28 mars 2018, n° 16-26.013, BC V n° 45; LSQ n° 17558 du 24.04.2018; JSL n° 454, 29.05.2018, p. 9, J-Ph. Lhernould; RJS 6/18 n° 409).

La perte de rémunération correspond à un changement d'activité du salarié. Même si cette perte de rémunération survient à la suite d'une faute commise par le salarié, les juges considèrent que la sanction proprement dite est le changement apporté dans l'exécution du contrat de travail (mise à pied, déclassement, rétrogradation) et que la diminution du salaire n'est qu'une conséquence de la modification du contrat. Elle n'est pas, elle-même, une sanction et ne peut donc, *a fortiori*, être considérée comme une sanction pécuniaire. La Cour de cassation et le Conseil d'État ont adopté la même solution.

Pour la Cour de cassation: cass. soc. 24 mars 1988, n° 86-41.600, BC V n° 203 (la rétrogradation disciplinaire assortie d'une diminution de salaire n'est pas une sanction pécuniaire); 20 avril 1989, n° 86-42.234, BC V n° 299; 22 janvier 1992, n° 88-43.050, BC V n° 27; RJS 3/92 n° 282 (dès lors que les attributions du salarié, après une rétrogradation, ont été modifiées avec une baisse des responsabilités entraînant un déclassement professionnel, la diminution de la rémunération du salarié se trouve justifiée); 17 février 1993, n° 88-45.539, BC V n° 55; RJS 4/93 n° 394; 7 juillet 2004, n° 02-44.476, BC V n° 193; RJS 10/04 n° 1038.

Pour le Conseil d'État. Une sanction de rétrogradation entraînant une diminution de la rémunération du salarié ne constitue pas une sanction pécuniaire interdite dès lors qu'elle consiste à affecter le salarié à une fonction ou à un poste différent et de niveau inférieur à celui qu'il occupait (CE 10 juillet 1987, n° 71338).

La réduction du salaire ou la suppression de primes ou d'avantages. Le Conseil d'État considère que la réduction ou la suppression d'une prime exceptionnelle, en cas de retard ou d'absence, d'accident de la circulation, ou encore en cas de casse de matériel de la société, pour les fautes qui leur sont éventuellement imputables, constitue une sanction pécuniaire et ne peut être insérée dans un règlement intérieur (CE 12 juin 1987, n° 81252).

La Cour de cassation a d'abord considéré que les réductions de rémunération à la suite d'une mauvaise exécution du contrat de travail étaient licites (cass. soc. 14 mai 1987, n° 84-44.004, BC V n° 315), avant d'adopter la même solution que le Conseil d'État (cass. soc. 20 février 1991, n° 90-41.119, BC V n° 83; RJS 4/91 n° 461: la retenue sur le salaire d'un contrôleur en raison de la mauvaise exécution de ses obligations est une sanction pécuniaire).

Constituent des sanctions pécuniaires prohibées: la réduction de son salaire pour un salarié non rémunéré au rendement en raison d'une baisse de la production (cass. soc. 12 avril 1995, n° 91-40.593, BC V n° 133), l'abaissement du coefficient d'une prime, dû au fait que le salarié a fait l'objet d'observations pour abandon du poste de travail (cass. soc. 22 novembre 1995, n° 91-43.809, BC V n° 309); la retenue sur salaire pour le remboursement des contraventions afférentes à un véhicule professionnel mis au service du salarié (cass. soc. 11 janvier 2006, n° 03-43.587, BC V n° 7; RJS 3/06 n° 347); la suppression d'une prime de non-accident uniquement dans le cas où le salarié était reconnu responsable au moins pour la moitié d'un accident de la circulation (cass. soc. 3 mars 2015, n° 13-23.857, RJS 5/15 n° 335); la retenue d'une somme au seul motif du dépassement du forfait téléphonique attaché au téléphone professionnel du salarié (cass. soc. 15 mai 2014, n° 12-30.148, LS Jurispr. n° 97 du 27.05.2014; RJS 10/14 n° 683); le prélèvement d'une somme fixe sur la rémunération du salarié en cas de non-réalisation d'un certain chiffre d'affaires (cass. soc. 20 octobre 2010, n° 09-42.896, BC V n° 238; RJS 1/11 n° 38); la privation d'une prime de fin d'année, en cas de faute grave, constitue une sanction pécuniaire prohibée qui ne peut faire l'objet d'une disposition conventionnelle (cass. soc. 11 février 2009, n° 07-42.584, BC V n° 42; RJS 4/09 n° 344); la même solution s'applique concernant la privation du droit de lever les options ouvertes au salarié, en cas de faute grave (cass. soc. 21 octobre 2009, n° 08-42.026, BC V n° 227; RJS 1/10 n° 79).

Le bénéfice de billets à tarif réduit présente pour les salariés un intérêt économique indiscutable et constitue un avantage de rémunération; la suspension de cet avantage constitue une sanction pécuniaire prohibée (cass. soc. 22 octobre 1996, n° 93-42.390, RJS 12/96 n° 1269); cette solution s'applique même si le salarié avait fait un usage commercial de ces billets, ce qui était formellement interdit par le règlement du personnel (cass. soc. 7 juillet 2010, n° 09-41.281, RJS 10/10 n° 756, 2e espèce). Il en va de même pour le retrait d'un véhicule de société en cas de non-réalisation d'un objectif de résultat (cass. soc. 12 décembre 2000, n° 98-44.760, BC V n° 416).

Constitue une sanction pécuniaire illicite la clause de *malus* prévue en annexe du contrat de travail et ayant pour effet de priver les salariés d'une partie des commissions qui leur étaient dues sur des contrats de vente effectivement réalisés (cass. soc. 4 juillet 2007, n° 06-40.160, RJS 10/07 n° 1062).

La suppression d'une prime en raison d'un licenciement constitue une sanction pécuniaire illicite; en l'espèce, l'employeur a été condamné à verser au salarié la prime d'objectifs qui lui était due en exécution du contrat de travail alors qu'un document interne à l'entreprise prévoyait la suppression de celle-ci en cas de faute grave ou lourde du salarié et la laissait à l'appréciation de la hiérarchie en cas de licenciement pour motif réel et sérieux (cass. soc. 20 décembre 2006, n° 04-47.742, RJS 3/07 n° 335). Une clause privant les salariés licenciés pour faute grave du droit de lever les options est réputée non écrite (cass. soc. 21 octobre 2009, n° 08-42.026, précité).

En revanche, la retenue opérée par l'employeur sur le salaire en raison de l'absence du salarié et à proportion de la durée de celle-ci ne constitue pas une sanction disciplinaire (cass. soc. 21 mars 2012, n° 10-21.097, RJS 6/12 n° 552). De même, la suppression du complément des indemnités journalières versées par la sécurité sociale en cas de maladie lorsque le salarié refuse la contre-visite médicale n'est pas une sanction pécuniaire (cass. soc. 9 décembre 1992, n° 89-42.547, RJS 3/93 n° 276). De la même façon, la suppression ou la réduction d'une prime en raison de l'absence d'un salarié, quelle que soit la cause de l'absence, n'est pas une sanction pécuniaire; la mise à pied entraînant l'absence du salarié provoque la suppression de la prime (cass. soc. 19 juillet 1994, n° 90-43.785, BC V n° 241; RJS 8-9/94 n° 984). La retenue sur salaire effectuée à l'encontre de salariés ayant exercé leur droit de retrait individuel, alors que les conditions d'exercice de ce droit n'étaient pas réunies, ne peut être assimilée à une sanction pécuniaire interdite (cass. crim. 25 novembre 2008, n° 07-87.650, B. crim. n° 239; Dr. Soc. 2009, p. 369, obs. P. Chaumette). Il a également été jugé que ne constitue pas une sanction pécuniaire prohibée la clause d'un pacte d'actionnaires passé entre un salarié, détenant des actions de la société qui l'emploie, dont partie lui a été remise à titre gratuit, et la société-mère de son employeur, prévoyant que le salarié promet irrévocablement de céder la totalité de ses actions en cas de perte de sa qualité de salarié, pour quelque raison que ce soit, et qu'en cas de cessation des fonctions pour cause de licenciement autre que pour faute grave ou lourde, le prix de cession des titres serait le montant évalué à dire d'expert dégradé du coefficient 0,5. En effet, cette clause ne vise pas à sanctionner un agissement du salarié considéré par l'employeur comme fautif, dès lors qu'elle s'applique également dans toutes les hypothèses de licenciement autre que disciplinaire (cass. com. 7 juin 2016, n° 14-17.978, BC IV n° 82; LS Jurispr. n° 114 du 21.06.2016; RJS 8-9/16 n° 539; JCP éd. S 2016, 1329, note Y. Pagnerre).

L'exclusion d'une augmentation générale des salaires. L'exclusion de certains salariés du bénéfice d'une augmentation générale des salaires applicable à l'ensemble du personnel est une sanction pécuniaire lorsqu'elle est fondée sur un comportement jugé fautif (cass. soc. 19 juillet 1995, n° 91-45.401, RJS 10/95 n° 1021). Mais des salariés ne peuvent pas se plaindre d'avoir subi une sanction pécuniaire aux motifs que d'autres salariés ont bénéficié à titre individuel d'une augmentation de salaire pour récompenser leurs qualités professionnelles (cass. soc. 19 juillet 1995, n° 91-45.401, précité; 29 mai 1990, n° 87-40.512, BC V n° 243; RJS 7/90 n° 575; cass. crim. 26 avril 1988, n° 87-83.867, B. crim. n° 180).

CHAPITRE II Procédure disciplinaire

SECTION 1. Garanties de procédure

Art. L. 1332-1. Aucune sanction ne peut être prise à l'encontre du salarié sans que celui-ci soit informé, dans le même temps et par écrit, des griefs retenus contre lui.

Note *Indication des griefs.* Elle doit être suffisamment précise pour que le salarié ne puisse pas se tromper sur les motifs ayant entraîné la sanction. Est suffisamment précis le motif: «non-respect des horaires fixés par le chef d'établissement» (cass. soc. 5 mars 1987, n° 85-41.607, BC V n° 110).

Art. L. 1332-2. Lorsque l'employeur envisage de prendre une sanction, il convoque le salarié en lui précisant l'objet de la convocation, sauf si la sanction envisagée est un avertissement ou une sanction de même nature n'ayant pas d'incidence, immédiate ou non, sur la présence dans l'entreprise, la fonction, la carrière ou la rémunération du salarié.

Lors de son audition, le salarié peut se faire assister par une personne de son choix appartenant au personnel de l'entreprise.

Au cours de l'entretien, l'employeur indique le motif de la sanction envisagée et recueille les explications du salarié.

La sanction ne peut intervenir moins ***(L. 2012-387 du 22 mars 2012, art. 48, JO 23)*** «de deux jours ouvrables», ni plus d'un mois après le jour fixé pour l'entretien. Elle est motivée et notifiée à l'intéressé.

Note Dès lors que l'employeur a choisi de convoquer le salarié à un entretien, selon les modalités prévues par cet article, il est tenu d'en respecter tous les termes, quelle que soit la sanction finalement infligée (cass. soc. 16 avril 2008, n° 06-41.999, BC V n° 86; RJS 6/08 n° 672: en l'espèce, l'employeur pouvait certes décider de prononcer un avertissement, à condition de le faire dans le délai d'un mois; voir aussi cass. soc. 9 octobre 2019, n° 18-15.029, à paraître, LS Jurispr. n° 193 du 22.10.2019; RJS 12/19 n° 673; JCP éd. S 2019, 1353, note E. Jeansen; JSL n° 491, 10.02.2020, p. 19, Fr. et Th. Vaccaro).

• **Procédure «simplifiée»**

Avertissement. La question de savoir si la procédure simplifiée s'applique aux avertissements s'est posée à la suite, notamment, de la circulaire ministérielle DRT 5-83 du 15 mars 1983 qui opérait une distinction entre le premier avertissement adressé à un salarié et les suivants. Selon le ministre chargé du travail, l'avertissement écrit, en général la première des sanctions prévues par le règlement intérieur, de même que toute autre sanction de même niveau, ne devait pas être soumis à la procédure de l'entretien préalable; il n'en irait autrement qu'en cas de récidive (dans le délai de prescription de 3 ans prévu à l'article L. 122-44 [L. 1332-5] CT), sanction qui, étant préalable à une sanction plus importante (mise à pied, licenciement), perd son caractère de sanction mineure.

La Cour de cassation a, dans un premier temps, pris nettement position: «Quelle que soit la mesure disciplinaire qu'il précède dans l'échelle des sanctions susceptibles d'avoir une incidence, immédiate ou non, sur la présence dans l'entreprise, la fonction, la carrière ou la rémunération du salarié, l'avertissement n'a pas par lui-même une telle incidence et l'employeur n'est donc pas tenu de convoquer le salarié à un entretien préliminaire» (cass. soc. 19 janvier 1989, 3 arrêts, n°s 86-45.505, 85-46.575 et 86-40.615, BC V n°s 49 et 50; RJS 2/89, p. 73). Peu importe que l'avertissement ait été accompagné de la menace, en cas de récidive, d'une sanction susceptible d'avoir une telle incidence, et qu'il ne s'agisse pas du premier avertissement (cass. soc. 13 novembre 1990, n° 87-42.812, BC V n° 545).

Cependant, la Cour de cassation a modifié cette analyse (cass. soc. 3 mai 2011, n° 10-14.104, BC V n° 104; RJS 7/11 n° 609): lorsque l'avertissement peut avoir une influence sur le maintien du salarié dans l'entreprise, l'employeur doit convoquer le salarié à un entretien (tel est le cas lorsque le règlement intérieur subordonne le licenciement d'un salarié à l'existence de deux sanctions antérieures pouvant être constituées notamment par un avertissement).

Blâme. Un blâme avec inscription au dossier est une sanction susceptible d'avoir une influence sur la carrière du salarié; il doit faire l'objet d'un entretien préalable (cass. soc. 7 décembre 1999, n° 97-43.059, BC V n° 476; RJS 1/00 n° 88).

• **Procédure normale.** Une procédure d'entretien préalable, calquée sur celle de l'article L. 1232-2 CT, est requise.

Entretien préalable. La présence du chef de service du salarié aux côtés du directeur général n'est pas de nature à entacher de vice la procédure disciplinaire, même s'il a empêché l'intéressé de s'adresser directement à l'employeur sans autres témoins (cass. soc. 5 mars 1987, n° 85-41.607, BC V n° 110).

Le recours à la procédure légale d'entretien préalable est exigé, même si une convention collective impose une procédure voisine: «Ni la convocation, ni la comparution du salarié devant un conseil de discipline ne dispensent l'employeur du respect des prescriptions de l'article L. 122-41 [L. 1332-2] CT» (cass. soc. 20 octobre 1988, n° 85-44.501, BC V n° 533).

Le droit reconnu au salarié par cet article de se faire assister lors de l'entretien préalable par un autre salarié de l'entreprise implique que ce dernier ne doit, du fait de l'assistance qu'il prête, subir aucune perte de rémunération; une cour d'appel qui constate que les accords d'entreprise ne réglementent que la prise en charge des frais de déplacement exposés par un délégué syndical pour une réunion avec l'employeur en déduit exactement que les frais de transports exposés par un salarié afin d'assister des salariés de l'entreprise convoqués à un entretien préalable à une sanction disciplinaire doivent lui être remboursés (cass. soc. 26 mars 2013, n° 11-22.148, RJS 6/13 n° 451).

L'entretien est irrégulier lorsque l'employeur ne donne, au cours de celui-ci, aucune explication au salarié (cass. soc. 5 février 1992, n° 88-43.248, BC V n° 67; RJS 3/92 n° 285).

La tentative d'enregistrement occulte de l'entretien est un «acte objectif illégal et irrespectueux que ne saurait justifier l'exercice des droits de la défense»; cet acte constitue une cause réelle et sérieuse de licenciement (CA Paris 19 février 1993, RJS 4/93 n° 396).

À noter que la mise à pied conservatoire (voir *infra*), ne constituant pas une sanction au sens de l'article L. 122-41 [L. 1332-2] CT, n'a pas à être assortie d'un entretien préalable (cass. soc. 26 novembre 1987, n° 85-40.367, BC V n° 686).

Notification écrite de la sanction. Toute sanction, mineure ou non, doit faire l'objet d'une notification écrite et motivée. À défaut d'énonciation de motif dans la lettre notifiant une rupture anticipée du contrat de travail à durée déterminée, sanctionnant une faute du salarié, la rupture est injustifiée, peu important que l'employeur ait indiqué au salarié, au cours de l'entretien préalable, les griefs formulés contre lui (cass. soc. 23 janvier 1997, n° 95-40.526, BC V n° 32; RJS 3/97 n° 281).

Lorsqu'il y a eu entretien préalable, un délai minimal (deux jours ouvrables après la date prévue pour l'entretien) et un délai maximal (pas plus d'un mois après cette même date) ont été prévus pour la prise de sanction.

L'inobservation du délai d'un jour franc [deux jours ouvrables, actuellement] constitue une irrégularité de forme devant être réparée par l'allocation d'une indemnité fixée en fonction du préjudice subi par le salarié (cass. soc. 27 novembre 2001, n° 99-44.889, BC V n° 361; RJS 2/02 n° 162).

Délai d'un mois. Lorsque l'employeur est tenu de recueillir l'avis d'une instance disciplinaire, le délai d'un mois pour notifier la sanction ne court qu'à compter de l'avis rendu par cette instance (cass. soc. 13 février 2001, n° 98-45.912, BC V n° 52; RJS 4/01 n° 447; 3 avril 1997, n° 94-44.575, BC V n° 138; RJS 7/97 n° 816; 8 juillet 1997, n° 94-44.513, RJS 10/97 n° 1094 : l'avis du conseil de discipline étant intervenu tardivement, la sanction fut prononcée plus de sept mois après la convocation à l'entretien). Mais le délai d'un mois ne peut être dépassé que si, avant l'expiration de ce délai, l'employeur a informé le salarié de sa décision de saisir l'instance disciplinaire en application des règles conventionnelles (cass. soc. 10 mai 2006, n° 05-43.843, BC V n° 171; Dr. Soc. 2006, p. 798, obs. J. Savatier; 13 février 2001, n° 98-45.912, précité; 30 octobre 1991, n° 88-40.168, BC V n° 451; RJS 12/91 n° 1316). La sanction doit être prononcée dans le mois qui suit l'avis donné par l'instance disciplinaire (cass. soc. 10 mai 2001, n° 99-42.668). Il s'agit d'un mois calendaire.

Lorsque l'employeur est tenu de recueillir l'autorisation de l'inspection du travail pour licencier un salarié protégé, le délai d'un mois pour notifier le licenciement court à compter du jour où l'employeur a reçu notification de cette autorisation (cass. soc. 28 octobre 2003, n° 01-42.404, BC V n° 262; RJS 1/04 n° 78; en cas de dépassement de ce délai, le licenciement est sans cause réelle et sérieuse).

La Cour de cassation admet deux autres causes de prorogation du délai d'un mois: lorsque l'employeur accède à une demande expresse du salarié de reporter l'entretien ou lorsque, informé par le salarié du fait que celui-ci est dans l'impossibilité de s'y rendre, il décide de le reporter (cass. soc. 23 janvier 2013, n° 11-22.724, RJS 4/13 n° 285; 7 juin 2006, n° 04-43.819, BC V n° 210; RJS 8-9/06 n° 945; 16 mars 2004, n° 01-43.111). Le délai d'un mois court alors à compter de la date de cette nouvelle convocation (cass. soc. 7 juin 2006, n° 04-43.819, précité; 3 février 2004, n° 01-46.318, RJS 4/04 n° 395).

Mais le report qui résulte de la seule initiative de l'employeur ne fait pas courir un nouveau délai légal ou conventionnel pour notifier le licenciement (cass. soc. 23 janvier 2013, n° 11-22.724, précité: voir aussi cass. soc. 20 mai 2014, 2 arrêts, n°s 12-28.463 et 12-28.046, RJS 8-9/14 n° 628: lorsque le salarié n'a pas retiré la lettre de convocation à l'entretien préalable, une nouvelle convocation résultant de la seule initiative de l'employeur ne fait pas courir un nouveau délai). De même, l'engagement par l'employeur d'une action en contestation de la désignation d'un salarié en qualité de délégué syndical ne suspend pas le délai d'un mois (cass. soc. 23 septembre 2008, n° 07-42.786, BC V n° 169; RJS 12/08 n° 1212).

Le délai maximal d'un mois doit être respecté lorsque la sanction est un licenciement disciplinaire (cass. soc. 1er décembre 1999, n° 97-44.131, RJS 1/00 n° 29; 7 juillet 1998, n° 96-40.487, BC V n° 368; RJS 10/98 n° 1218; 3 avril 1997, n° 94-44.575, précité; 4 mai 1995, n° 93-41.440, RJS 6/95 n° 630; 16 mars 1995, n° 90-41.213, BC V n° 90; RJS 5/95 n° 513). La méconnaissance de cette exigence de délai prive le licenciement de cause réelle et sérieuse (cass. soc. 7 juillet 1998, n° 96-40.487, précité; 23 janvier 2013, n° 11-22.724, précité). Le délai maximal d'un mois n'est ni suspendu ni interrompu pendant la période de suspension du contrat de travail provoquée par un accident du travail, une maladie professionnelle ou une maladie non professionnelle (cass. soc. 27 février 2013, n° 11-27.130, BC V n° 58; LS Jurispr. n° 55 du 19.03.2013; RJS 5/13 n° 364; voir précédemment cass. soc. 19 janvier 2005, n° 02-40.085, BC V n° 13; RJS 3/05 n° 301: si le licenciement est notifié durant une période de suspension du contrat consécutive à un accident du travail ou une maladie professionnelle, il doit être fondé sur une faute grave, conformément à l'article L. 1226-9).

La sanction doit non seulement être notifiée dans le délai maximal d'un mois, mais encore, bien que la loi ne le prévoie pas, être appliquée dans un délai raisonnable après la notification; sinon elle sera considérée comme caduque par les juges (cass. soc. 10 juillet 2002, n° 00-40.917, RJS 10/02 n° 1121: mise à pied non appliquée 20 mois après sa notification).

Impossibilité de substituer une procédure de résiliation judiciaire à une procédure disciplinaire. Lorsque l'employeur estime que le salarié ne respecte pas ses obligations, il doit user de son pouvoir disciplinaire et prononcer le licenciement de l'intéressé; il ne peut pas obtenir, par le biais d'une demande reconventionnelle, la résiliation judiciaire du contrat (cass. soc. 9 mars 1999, n° 96-41.734, BC V n° 108; RJS 4/99 n° 505). La portée exacte de cet arrêt reste incertaine.

• **Procédure conventionnelle ou statutaire.** Assez fréquemment, la convention collective ou les statuts imposent à l'employeur des règles procédurales plus contraignantes que celles prévues par la loi, comme la saisine d'une commission de discipline.

La violation de ces règles procédurales peut entraîner l'annulation de la sanction disciplinaire lorsque celle-ci n'est pas un licenciement (cass. soc. 7 mai 1996, n° 92-40.931, BC V n° 179; Dr. Soc. 1996, p. 738, obs. A. Jeammaud).

Lorsque la sanction est un licenciement, celui-ci ne peut pas être annulé (voir art. L. 1333-3) en dehors de situations exceptionnelles prévues par la loi ou par une disposition conventionnelle (sur l'annulation conventionnelle du licenciement, voir B. Gauriau, Dr. Soc. 1999, p. 789).

Avant l'intervention de l'ordonnance 2017-1387 du 22 septembre 2017 (JO 23) qui a modifié l'article L. 1235-2 et rangé au rang de simple irrégularité de procédure le non-respect d'une procédure conventionnelle ou statutaire de consultation, la Cour de cassation opérait une distinction entre les dispositions constituant des *garanties de fond*, dont la méconnaissance privait le licenciement de cause réelle et sérieuse, et celles ne constituant que des *garanties de forme, sans effet sur la validité du licenciement*. L'ordonnance précitée n'étant à notre sens applicable qu'aux licenciements prononcés depuis le 24 septembre 2017, nous rapportons ci-après les solutions dégagées par la jurisprudence qui conservent leur intérêt pour les litiges en cours.

Jurisprudence rendue dans le cadre législatif antérieur à l'ordonnance 2017-1387 précitée

Lorsque la convention collective prévoit que l'employeur doit, avant l'entretien préalable au licenciement disciplinaire, notifier au salarié par écrit les motifs de la mesure qu'il envisage, le non-respect de cette obligation – qui institue une protection des droits de la défense supérieure à celle prévue par la loi et constitue une garantie de fond – prive le licenciement de cause réelle et sérieuse (cass. soc. 9 janvier 2013, n° 11-25.646, BC V n° 1; LSQ n° 16264 du 16.01.2013; RJS 3/13 n° 201). Constitue également une garantie de fond la disposition d'une convention collective imposant l'information des délégués du personnel avant le prononcé d'un licenciement disciplinaire (cass. soc. 17 mars 2015, n° 13-23.983, BC V n° 49, arrêt n° 2; RDT, mai 2015, CH, 333, Ch. Varin; 15 mars 2017, n° 15-18.772, LS Jurispr. n° 78 du 25.04.2017), ou celle imposant de notifier un licenciement pour motif personnel dans un délai maximum de dix jours; notifié après ce délai, le licenciement est sans cause réelle et sérieuse (cass. soc. 27 mars 2013, n° 11-20.737, BC V n° 86; RJS 6/13 n° 439). De même, la consultation d'un organisme chargé, en vertu d'une disposition conventionnelle, de donner son avis sur la mesure disciplinaire envisagée par l'employeur constitue pour le salarié une garantie de fond (cass. soc. 16 septembre 2008, n° 07-41.532, BC V n° 159; RJS 11/08 n° 1078; voir aussi cass. soc. 2 décembre 2015, n° 14-18.534, BC V n° 243; RJS 2/16 n° 111, s'agissant de l'obligation de saisir une commission conventionnelle de suivi du handicap chargée d'examiner tout projet de licenciement d'un salarié ayant le statut de travailleur handicapé; cass. soc. 17 décembre 2014, n° 13-10.444, BC V n° 297; RJS 3/15 n° 181, précisant qu'est sans cause réelle et sérieuse le licenciement d'un salarié intervenu alors que la composition irrégulière du conseil de discipline privait celui-ci de son caractère impartial; voir aussi dans le même sens, cass. soc. 12 septembre 2018, n° 16-26.853, à paraître, JCP éd. S 2018, 1335, note S. Carré). Le licenciement prononcé sans que le salarié ait été avisé qu'il pouvait saisir cet organisme ne peut avoir de cause réelle et sérieuse (cass. soc. 21 octobre 2008, n° 07-42.170, BC V n° 196 et 22 octobre 2008, n° 06-46.215, BC V n° 198; Dr. Soc. 2009, p. 119, obs. J. Savatier; voir aussi cass. soc. 1er février 2012, n° 10-10.012, BC V n° 51; RJS 4/12 n° 318, précisant que le salarié doit être averti de la faculté qui lui est conférée de consulter un organisme conventionnel lors de la convocation à l'entretien préalable et non lorsque le licenciement lui est notifié et cass. soc. 27 juin 2012, n° 11-14.036, BC V n° 198; JCP éd. S 2012, 1464, note S. Brissy, précisant que, lorsqu'une disposition conventionnelle prévoit qu'en cas de partage de voix devant la commission de conciliation de l'entreprise le litige peut être porté devant la commission paritaire nationale, le salarié doit en être informé).

À noter enfin que lorsque la convention collective prévoit la possibilité pour le salarié dont le licenciement est envisagé de saisir une commission composée de représentants du personnel, l'employeur qui produit un procès-verbal de carence aux élections professionnelles ne peut se voir reprocher d'avoir prononcé le licenciement en l'absence de réunion de cette commission (cass. soc. 10 décembre 2015, n° 14-16.214, BC V n° 253; LSQ n° 16986 du 29.12.2015; RJS 2/16 n° 110; voir aussi dans le même sens, cass. soc. 26 janvier 2016, n° 14-17.996, BC V n° 14; JCP éd. S 2016, 1108, note D. Everaert-Dumont; RJS 4/16 n° 247, s'agissant d'un licenciement prononcé après avis d'un conseil de discipline dont la composition n'était plus paritaire en raison d'un incident non imputable à l'employeur).

L'employeur sera condamné à verser une indemnité au salarié licencié irrégulièrement, mais cette indemnité ne sera pas seulement une indemnité pour irrégularité de procédure lorsque l'employeur a omis de saisir «une commission d'interprétation et de conciliation» (cass. soc. 16 novembre 2005, n° 03-41.457, RJS 3/06 n° 350, 2e espèce; 29 juin 2005, n° 03-44.376, BC V n° 221; RJS 10/05 n° 962; 8 janvier 2002, n° 99-46.070, RJS 3/02 n° 281; 16 janvier 2001, n° 98-43.189, BC V n° 9; RJS 4/01 n° 431; 28 mars 2000, n° 97-43.411, BC V n° 136; RJS 5/00 n° 530; 23 mars 1999, n° 97-40.412, BC V n° 134; Dr. Soc. 1999, p. 634, obs. J. Savatier).

Mais le non-respect d'un délai conventionnel de saisine d'un organisme consultatif ne constitue pas la violation d'une garantie de fond, sauf si cette irrégularité a eu pour effet de priver le salarié de la possibilité d'assurer utilement sa défense (cass. soc. 3 juin 2009, n° 07-42.432, BC V n° 142; RJS 8-9/09 n° 716; 18 mai 2011, n° 09-72.787, BC V n° 115; RJS 8-9/11 n° 687).

De même, lorsque le défaut de signature du procès-verbal par l'ensemble des membres d'une commission de conciliation et de transmission de celui-ci au salarié à l'issue de la réunion, qui ne constituent pas des garanties de fond, ne porte pas atteinte aux droits de la défense du salarié, il ne prive pas son licenciement de cause réelle et sérieuse (cass. soc. 8 juillet 2020, n° 18-15.603, à paraître, RJS 10/20 n° 464). Par ailleurs, il convient de préciser que le respect des droits de la défense et du principe de la contradiction n'impose pas que l'avis du conseil de discipline soit communiqué au salarié avant la notification de son licenciement (cass. soc. 18 février 2014, n° 12-17.557, BC V n° 52; RJS 5/14 n° 387).

L'absence d'avis d'un conseil de discipline régulièrement saisi n'a pas pour effet de rendre irrégulière la procédure de licenciement (cass. soc. 20 décembre 2006, n° 04-46.051, BC V n° 391; RJS 3/07 n° 336; en l'espèce, les membres du conseil de discipline n'avaient pu se départager).

À noter que la saisine d'une commission paritaire ayant pour mission d'arbitrer les litiges entre salariés et employeurs dans le cadre d'une procédure de conciliation engagée à la demande d'une des parties - et non de donner un avis sur une mesure disciplinaire - ne constitue pas une garantie de fond et n'est donc pas obligatoire pour l'employeur (cass. soc. 11 mars 2015, n° 13-11.400, BC V n° 46; RJS 5/15 n° 326, 2e espèce; JCP éd. S 2015, 1216, 1re espèce, note D. Jacotot).

Art. R. 1332-1. La lettre de convocation prévue à l'article L. 1332-2 indique l'objet de l'entretien entre le salarié et l'employeur.

Elle précise la date, l'heure et le lieu de cet entretien.

Elle rappelle que le salarié peut se faire assister par une personne de son choix appartenant au personnel de l'entreprise.

Elle est soit remise contre récépissé, soit adressée par lettre recommandée, dans le délai de deux mois fixé à l'article L. 1332-4.

Art. R. 1332-2. La sanction prévue à l'article L. 1332-2 fait l'objet d'une décision écrite et motivée.

La décision est notifiée au salarié soit par lettre remise contre récépissé, soit par lettre recommandée, dans le délai d'un mois prévu par l'article L. 1332-2.

Art. R. 1332-3. Le délai d'un mois prévu à l'article L. 1332-2 expire à vingt-quatre heures le jour du mois suivant qui porte le même quantième que le jour fixé pour l'entretien.

À défaut d'un quantième identique, le délai expire le dernier jour du mois suivant à vingt-quatre heures.

Lorsque le dernier jour de ce délai est un samedi, un dimanche ou un jour férié ou chômé, le délai est prorogé jusqu'au premier jour ouvrable suivant.

Art. L. 1332-3. Lorsque les faits reprochés au salarié ont rendu indispensable une mesure conservatoire de mise à pied à effet immédiat, aucune sanction définitive relative à ces faits ne peut être prise sans que la procédure prévue à l'article L. 1332-2 ait été respectée.

Note **Mise à pied conservatoire**

Distinction entre mise à pied conservatoire et mise à pied disciplinaire. La mise à pied conservatoire, qui n'est pas une sanction, peut être prononcée en l'absence de toute procédure préalable (cass. soc. 26 novembre 1987, n° 85-40.367, BC V n° 686). Le prononcé d'une mise à pied conservatoire est assimilé, par la Cour de cassation, à un engagement des poursuites disciplinaires (cass. soc. 13 janvier 1993, n° 90-45.046, RJS 3/93 n° 277).

La Cour de cassation a précisé les éléments de distinction entre mise à pied conservatoire et mise à pied «disciplinaire» qui, elle, ne peut être prononcée qu'après observation de la procédure normale.

À la différence de la mise à pied disciplinaire, qui est à durée déterminée, la mise à pied conservatoire est nécessairement à durée indéterminée (cass. soc. 22 février 2006, n° 04-43.037, Dr. Soc. 2006, p. 931, obs. Ph. Waquet; 12 février 2003, n° 00-46.433, RJS 4/03 n° 456; 6 novembre 2001, n° 99-43.012, BC V n° 338; RJS 2/02 n° 176).

En outre, pour avoir un caractère conservatoire, la mise à pied doit en principe être concomitante du déclenchement de la procédure de licenciement et faire référence à l'éventualité d'un licenciement (cass. soc. 30 septembre 2004, n° 02-43.638, BC V n° 240; RJS 12/04 n° 1264; 13 juin 2018, n° 16-27.617, LS Jurispr. n° 143 des 6-7.08.2018). La mise à pied prononcée par l'employeur dans l'attente de sa décision dans la procédure de licenciement engagée dans le même temps a un caractère conservatoire (cass. soc. 18 mars 2009, n° 07-44.185, BC V n° 81; RJS 6/09 n° 534); de même, a un caractère conservatoire une mise à pied de treize jours avant l'envoi de la convocation à l'entretien préalable au licenciement, dès lors que ce délai était, dans l'intérêt même du salarié, indispensable compte tenu de la nécessité pour l'employeur de mener à bien les investigations sur les faits reprochés au salarié et de se déterminer sur la nécessité d'engager une procédure de licenciement pour faute grave (cass. soc. 13 septembre 2012, n° 11-16.434, LS Jurispr. n° 195 du 16.10.2012; JCP éd. S 2012, 1496, note Ch. Varin).

Mais encore faut-il, pour que la mise à pied puisse être qualifiée de conservatoire, lorsque son prononcé et l'engagement de la procédure de licenciement ne sont pas concomitants, que le délai soit justifié par l'employeur: le fait pour ce dernier de notifier à un salarié une mise à pied qu'il qualifie de conservatoire et d'attendre 6 jours avant d'engager la procédure de licenciement sans justifier d'aucun motif à ce délai donne à la mise à pied un caractère disciplinaire (cass. soc. 30 octobre 2013, n° 12-22.962, BC V n° 256; RJS 1/14 n° 35; voir aussi cass. soc. 15 mai 2019, n° 18-11.669).

La mise à pied conservatoire doit être justifiée par l'existence d'une faute grave du salarié rendant impossible son maintien dans l'entreprise; cette faute grave doit être antérieure au prononcé de la mise à pied conservatoire et ne peut pas être constituée par le refus d'exécuter celle-ci (cass. soc. 20 mars 1996, n° 93-40.553, BC V n° 102). Elle ne doit pas être suivie d'une reprise de travail avant le licenciement (cass. soc. 14 janvier 1992, n° 90-44.546, RJS 3/92 n° 281). En revanche, l'absence de versement du salaire pendant la durée de la mise à pied ne sert pas de critère pour différencier les deux mises à pied, car elle peut accompagner l'une et l'autre (cass. soc. 11 octobre 1990, n° 87-40.964). Une mise à pied qualifiée par l'employeur de mise à pied conservatoire sera requalifiée en mise à pied disciplinaire si elle excède la durée nécessaire au déroulement de la procédure disciplinaire (cass. soc. 19 septembre 2007, n° 06-40.155; en l'espèce, le licenciement avait été notifié deux mois après la mise à pied).

En raison de la différence de nature entre les deux mises à pied, la limitation de la durée d'une mise à pied disciplinaire fixée par le règlement intérieur ne s'applique pas à la mise à pied conservatoire (cass. soc. 24 novembre 1988, n° 85-45.612, CSB 1989 A. 4).

Il faut noter que la mise à pied conservatoire peut aboutir à un licenciement non disciplinaire (cass. soc. 3 février 2010, n° 07-44.491, BC V n° 32; RJS 4/10 n° 320; RDT, mai 2010, CH, 299, P. Adam).

Existence de poursuites pénales. Lorsque les faits reprochés au salarié donnent lieu à l'exercice de poursuites pénales, l'employeur peut prendre une mesure de mise à pied conservatoire pour la durée de la procédure pénale, si les faits le justifient, sans engager immédiatement une procédure de licenciement (cass. soc. 4 décembre 2012, n° 11-27.508, BC V n° 313; LSQ n° 16243 du 13.12.2012; RJS 2/13 n° 119). Ainsi, s'agissant d'un salarié suspecté d'avoir commis diverses manipulations frauduleuses de contrats et de factures, il a été jugé qu'une mise à pied conservatoire de 7 semaines était nécessaire à la protection des intérêts légitimes de l'entreprise et n'était pas excessive au regard de la complexité des investigations diligentées dans le cadre de l'enquête pénale (cass. soc. 6 octobre 2016, n° 15-15.465, LS Jurispr. n° 193 du 17.10.2016; RJS 12/16 n° 745, 2e espèce). Voir aussi E. Daoud et G. Martine, «En questions: l'articulation entre la procédure disciplinaire et la procédure pénale», JCP éd. S 2019, act. 379.

Compatibilité avec une sanction disciplinaire. N'étant pas une sanction disciplinaire, le prononcé d'une mise à pied conservatoire ne fait pas obstacle au prononcé d'un licenciement pour la même faute (cass. soc. 3 décembre 1987, n° 85-41.211, BC V n° 699) ou d'une mise à pied disciplinaire. À condition que la sanction soit justifiée, rien n'interdit à un employeur qui a mis à pied un salarié à titre conservatoire pendant la durée de la procédure disciplinaire de prononcer contre lui une mise à pied disciplinaire couvrant la période de mise à pied conservatoire (cass. soc. 29 mars 1995, n° 93-41.863, BC V n° 111; RJS 5/95 n° 553).

Mais si la mise à pied disciplinaire est d'une durée plus courte que la mise à pied conservatoire, l'employeur ne peut pas maintenir la privation de rémunération pendant la mise à pied conservatoire (cass. soc. 5 novembre 1987, n° 84-44.971, BC V n° 617). De même, si les juges décident que le licenciement a une cause réelle et sérieuse mais n'est pas justifié par une faute grave du salarié, l'employeur doit à celui-ci la rémunération correspondant aux journées de mise à pied, seule la faute grave autorisant le recours à la mise à pied conservatoire (cass. soc. 8 novembre 1989, n° 87-42.788). Enfin, lorsque, au cours de la procédure disciplinaire, l'employeur décide de suspendre la mise à pied conservatoire qu'il avait décidée, celle-ci ne peut plus être considérée comme nécessaire et doit donc être rémunérée, peu important qu'un licenciement pour faute grave soit finalement prononcé (cass. soc. 9 juillet 2014, n° 13-18.177, RJS 11/14 n° 776).

Le changement d'affectation décidé par l'employeur dans l'attente d'une décision pénale définitive et de l'avis du conseil de discipline en raison de la gravité des faits reprochés au salarié s'analyse comme une mesure conservatoire n'interdisant pas la sanction ultérieure de licenciement (cass. soc. 20 décembre 2006, n° 04-46.051, BC V n° 391; RJS 3/07 n° 336). À la différence de la mise à pied conservatoire, un changement d'affectation ne prive pas le salarié de sa rémunération durant l'accomplissement de cette mesure.

SECTION 2. Prescription des faits fautifs

Art. L. 1332-4. Aucun fait fautif ne peut donner lieu à lui seul à l'engagement de poursuites disciplinaires au-delà d'un délai de deux mois à compter du jour où l'employeur en a eu connaissance, à moins que ce fait ait donné lieu dans le même délai à l'exercice de poursuites pénales.

Note • **Notion d'engagement de poursuites disciplinaires.** L'acte interruptif de la prescription de deux mois est l'engagement de poursuites disciplinaires et non pas l'intervention de la sanction disciplinaire (cass. soc. 17 décembre 1987, n° 86-42.040, BC V n° 741).

Par engagement de poursuites disciplinaires, il faut entendre normalement la convocation à l'entretien préalable lorsque celui-ci est obligatoire. La lettre retirant à un salarié ses pouvoirs dans l'attente d'une décision du chef d'entreprise ne constitue pas un engagement des poursuites au sens de cet article (cass. soc. 7 janvier 1992, n° 87-44.014, BC V n° 3; RJS 2/92 n° 148). En revanche, le prononcé d'une mise à pied conservatoire constitue l'engagement des poursuites disciplinaires (cass. soc. 13 janvier 1993, n° 90-45.046, RJS 3/93 n° 277 – solution discutable dans la mesure où elle dispense l'employeur de convoquer le salarié dans les deux mois qui suivent le jour où il a eu connaissance des faits fautifs. Mais, combien de temps peut durer une mise à pied conservatoire ?). La Cour de cassation décide également que:
– la suspension du contrat avec maintien de la rémunération constitue l'engagement de poursuites disciplinaires qui interrompt la prescription prévue par l'article L. 122-44, al. 1er [L. 1332-4] CT (cass. soc. 15 avril 1996, n° 93-40.113, RJS 7/96 n° 792);
– une tentative de conciliation recherchée par la direction n'est pas de nature à interrompre le délai de prescription prévu par cet article (cass. soc. 8 novembre 2006, n° 05-42.879, RJS 1/07 n° 54).

Articulation entre une rupture conventionnelle pour laquelle le salarié a fait jouer son droit de rétractation et un licenciement disciplinaire. La signature par les parties au contrat de travail d'une rupture conventionnelle, après l'engagement d'une procédure disciplinaire de licenciement, n'emporte pas renonciation par l'employeur à l'exercice de son pouvoir disciplinaire; il s'ensuit que si le salarié exerce son droit de rétractation de la rupture conventionnelle, l'employeur est fondé à reprendre la procédure disciplinaire par la convocation du salarié à un nouvel entretien préalable dans le respect des dispositions de l'article L. 1332-4 CT [imposant le délai de prescription de 2 mois] et à prononcer une sanction, y compris un licenciement pour faute grave (cass. soc. 3 mars 2015, n° 13-15.551, BC V n° 36; RJS 5/15 n° 337, 1re espèce; JCP éd. S 2015, 1132, 2e espèce, étude G. Loiseau). À cet égard, la Cour de cassation précise que la signature par les parties d'une rupture conventionnelle ne constitue pas un acte interruptif de la prescription prévue par l'article L. 1332-4 CT (cass. soc. 3 mars 2015, n° 13-23.348, BC V n° 34; RJS 5/15 n° 337, 2e espèce; JCP éd. S 2015, 1132, 1re espèce, étude G. Loiseau).

• **Refus d'une sanction.** Lorsque la sanction disciplinaire entraîne une modification du contrat de travail, l'employeur ne peut pas l'imposer directement. La Cour de cassation applique les règles générales relatives à la modification du contrat de travail; une modification du contrat suppose l'accord des parties (cass. soc. 7 juillet 2004, n° 02-44.476, BC V n° 193; RJS 10/04 n° 1038; 15 juin 2000, n° 98-43.400, BC V n° 233; RJS 9-10/00 n° 948; 16 juin 1998, n° 95-45.033, BC V n° 320; RJS 7/98 n° 858). Ainsi, lorsque l'employeur notifie au salarié une sanction emportant modification du contrat de travail, il doit informer l'intéressé de sa faculté d'accepter ou de refuser cette modification (cass. soc. 28 avril 2011, n° 09-70.619, BC V n° 97; RJS 7/11 n° 610, 1re espèce). Une rétrogradation, mise à exécution par l'employeur sans que celui-ci ait informé le salarié de sa faculté d'accepter ou de refuser cette sanction, est frappée d'irrégularité (cass. soc. 22 juin 2011, n° 09-43.321, RJS 10/11 n° 794: en l'espèce, la prise d'acte du salarié a été considérée comme justifiée; voir aussi cass. soc. 9 mai 2019, n° 17-20.706). Et l'acceptation du salarié doit être expresse et ne peut résulter de la seule poursuite du contrat de travail aux conditions nouvelles (cass. soc. 1er avril 2003, n° 01-40.389, Dr. Soc. 2003, p. 666, obs. A. Mazeaud).

Voir J. Mouly, «Les suites de la jurisprudence Hôtel Le Berry. À propos d'un dixième anniversaire», Dr. Soc. 2008, p. 537.

Mais le refus du salarié ne peut pas priver l'employeur de son pouvoir disciplinaire: ce dernier peut prononcer une autre sanction, y compris un licenciement, aux lieu et place de la sanction refusée (cass. soc. 7 juillet 2004, n° 02-44.476, précité; 5 novembre 2014, n° 13-22.249). Voir aussi cass. soc. 11 février 2009, n° 06-45.987, BC V n° 41: l'employeur peut substituer à la sanction refusée un licenciement pour faute grave.

L'employeur qui envisage de prononcer un licenciement au lieu de la sanction refusée doit convoquer le salarié à un nouvel entretien dans le délai de deux mois prévu à l'article L. 1332-4 CT. Le refus du salarié interrompt ce délai (cass. soc. 28 avril 2011, n° 10-13.979, BC V n° 98; RJS 7/11 n° 610, 2e espèce); la convocation du salarié à un entretien préalable en vue d'une autre sanction doit donc intervenir dans les deux mois de ce refus (cass. soc. 15 janvier 2013, n° 11-28.109, BC V n° 7; RJS 3/13 n° 203). Le délai d'un mois prévu par l'article L. 1332-2, al. 3 CT court à compter de la date fixée pour ce nouvel entretien (cass. soc. 27 mars 2007, n° 05-41.921, BC V n° 57; SSL n° 1303). Il n'y a pas violation de l'interdiction de sanctionner deux fois la même faute puisque la première sanction n'a pu produire effet en raison de la volonté du salarié.

En revanche, l'employeur qui substitue à la sanction refusée une sanction disciplinaire autre qu'un licenciement n'est pas tenu de convoquer le salarié à un nouvel entretien préalable (cass. soc. 25 mars 2020, n° 18-11.433, à paraître, RJS 6/20 n° 284; RDT, mai 2020, CH, 337, P. Adam; LS n° 18100 du 15.07.2020 : en l'espèce, l'employeur a substitué une mise à pied à une rétrogradation).

• **Connaissance par l'employeur.** Il s'agit de l'employeur ou de son représentant, le terme de représentant étant entendu ici dans un sens très général; le responsable hiérarchique du salarié représente l'employeur au regard de la connaissance des fautes disciplinaires (cass. soc. 30 avril 1997, n° 94-41.320, BC V n° 148; RJS 6/97 n° 693; 12 janvier 2012, n° 10-16.793, RJS 3/12 n° 246). Le délai de deux mois est applicable en cas de modification dans la situation juridique de l'employeur (cass. soc. 27 mai 2009, n° 06-46.293, BC V n° 137; RJS 8-9/09 n° 689).

• **Preuve de la date de connaissance des faits.** Lorsqu'un fait fautif a eu lieu plus de deux mois avant le déclenchement des poursuites disciplinaires, il appartient à l'employeur de rapporter lui-même la preuve qu'il n'a eu connaissance de ceux-ci que dans les deux mois ayant précédé l'engagement de la procédure disciplinaire (cass. soc. 19 mars 1998, n° 96-40.079, BC V n° 159; Dr. Soc. 1998, p. 717, obs. A. Jeammaud; 24 mars 1988, n° 86-41.600, BC V n° 203; 9 février 2012, n° 10-22.909; 10 avril 2019, n° 17-24.093).

• **L'impossibilité d'engager des poursuites disciplinaires doit être soulevée devant les juges du fond.** Les juges ne peuvent suppléer d'office le moyen résultant de la prescription; ce moyen n'est pas dans le débat s'il n'a pas été soulevé par le salarié devant le juge du fond; il ne peut donc pas être présenté pour la première fois devant la Cour de cassation (cass. soc. 31 mai 2005, n° 03-40.439, RJS 8-9/05 n° 816; 21 juin 2000, n° 98-41.485, RJS 9-10/00 n° 949).

• **Rôle des poursuites pénales.** Lorsqu'un fait fautif a donné lieu à des poursuites pénales avant l'expiration du délai de deux mois, l'employeur peut engager des poursuites disciplinaires malgré l'expiration de ce délai (CE 8 juin 1990, n° 76102, CSB 1990 A. 47). Cette possibilité est ouverte même si les poursuites pénales l'ont été à l'initiative d'un tiers et non à celle de l'employeur; l'article L. 1332-4 CT n'établissant aucune distinction, le délai de deux mois pour engager les poursuites disciplinaires est interrompu par la mise en mouvement de l'action publique, qu'elle ait été déclenchée à l'initiative du ministère public, sur plainte avec constitution de partie civile ou citation directe de la victime, quelle que soit celle-ci (cass. soc. 12 janvier 1999, n° 98-40.020, BC V n° 8; RJS 2/99 n° 200; 6 décembre 2000, n° 98-45.772, BC V n° 411; RJS 2/01 n° 206). À noter cependant que le déclenchement d'une enquête préliminaire par le procureur de la République ne constitue pas l'exercice de poursuites pénales au sens de l'article L. 1332-4 et n'interrompt donc pas le délai de deux mois prévu par cet article (CE 5 décembre 2011, n° 328380, LS Jurispr. n° 23 du 31.01.2012; cass. soc. 13 octobre 2016, n° 15-14.006, BC V n° 190; Dr. Soc. 2017, p. 85, act. J. Mouly; RJS 12/16 n° 745).

La loi n'indique pas si les poursuites disciplinaires doivent être exercées, dans ce cas, dans une limite de temps. Il est certain que l'employeur peut engager ces poursuites tant que les poursuites pénales ne sont pas arrivées à leur terme; la loi n'interdit pas à l'employeur de prononcer une sanction disciplinaire sans attendre la décision du juge répressif (dans ce sens, voir cass. soc. 26 janvier 2012, n° 11-10.479, RJS 4/12 n° 324; 13 décembre 2017, n° 16-17.193, BC V n° 216; RJS 2/18 n° 86, 2e espèce et p. 113, avis R. Weissmann; JSL n° 447, 9.02.2018, p. 15, N. Farzam-Rochon et L. Genty; JCP éd. S 2018, 1060, note Fr. Duquesne; voir aussi C. Mathieu, «La place de la présomption d'innocence en droit disciplinaire», RDT, avril 2018, ET, 278; Fr. Deprez et V. Orif, «Comment concilier le pouvoir disciplinaire de l'employeur avec la présomption d'innocence ?», RDT, juin 2018, CO, 416). On ne peut cependant obliger l'employeur à prendre une mesure disciplinaire avant de connaître la sentence pénale, puisque cette dernière sera prise en compte par le juge judiciaire dans le cas où le salarié contesterait la mesure disciplinaire prise à son encontre (autorité de la chose jugée au pénal: cass. soc. 12 mars 1991, n° 88-43.153, BC V n° 122; Dr. Soc. 1991, p. 632; 20 mars 1997, n° 94-41.918, BC V n° 120; RJS 5/97 n° 530). La Cour de cassation juge que l'employeur dispose d'un délai de deux mois à compter du jour où la décision pénale est devenue définitive pour engager une procédure disciplinaire (cass. soc. 6 décembre 2000, n° 98-45.772, précité: le procureur général ayant deux mois pour interjeter appel d'un jugement correctionnel, l'employeur dispose d'un délai de deux mois après l'expiration de ce délai d'appel pour engager les poursuites disciplinaires). Celles-ci ne peuvent être engagées plus de deux mois après que le salarié a fait l'objet d'une décision définitive de déclaration de culpabilité, peu important l'issue du litige sur les intérêts civils (cass. soc. 30 janvier 2008, n° 05-45.612, RJS 7/08 n° 780). Une distinction est établie selon que l'employeur était ou non partie au procès pénal. Ainsi, le délai de deux mois prévu par l'article L. 1332-4 ne court qu'à compter du jour où l'employeur a eu connaissance de l'issue définitive de la procédure pénale s'il n'était pas lui-même partie au procès (cass. soc. 15 juin 2010, n° 08-45.243, BC V n° 132; RJS 10/10 n° 758; RDT, octobre 2010, CH, 585, Fr. Duquesne).

Voir aussi E. Daoud et G. Martine, «En questions: l'articulation entre la procédure disciplinaire et la procédure pénale», JCP éd. S 2019, act. 379.

• **Cas où l'employeur peut tenir compte d'un fait fautif qu'il connaît depuis plus de deux mois.** En dehors même des cas où il y a interruption de la «prescription» de deux mois en raison de l'existence de poursuites pénales, l'employeur peut, dans certaines circonstances, tenir compte de fautes commises par le salarié et qu'il connaît depuis assez longtemps.

L'employeur peut sanctionner un fait fautif qu'il connaît depuis plus de deux mois dans la mesure où le comportement du salarié s'est poursuivi ou s'est réitéré dans ce délai et s'il s'agit de faits de même nature (cass. soc. 4 juillet 2012, n° 11-19.540; 22 septembre 2011, n° 09-72.876, RJS 11/11 n° 873; 30 septembre 2005, n° 04-40.625, BC V n° 278; Dr. Soc. 2006, p. 102, obs. J. Savatier; 13 janvier 2004, n° 01-46.592, BC V n° 6; RJS 3/04 n° 308: licenciement pour absence injustifiée se prolongeant pendant plus de deux mois; cass. soc. 10 novembre 1999, n° 97-43.514, RJS 1/00 n° 26; 7 mai 1991, n° 87-43.737, BC V n° 218). Selon le Conseil d'État, un employeur peut invoquer, à l'appui d'une demande d'autorisation de licenciement d'un salarié protégé, des faits prescrits lorsque ceux-ci relèvent d'un comportement fautif de même nature (CE 14 octobre 2009, n° 309344: en l'espèce, le comportement violent d'un chauffeur de car scolaire envers certains élèves).

Il le peut également lorsqu'il n'a pas eu, au moment où il a pris connaissance des faits, une connaissance «exacte de la réalité, de la nature et de l'ampleur des faits reprochés» (cass. soc. 7 novembre 2006, n° 04-47.683, BC V n° 325; Dr. Soc. 2007, p. 104, obs. J. Savatier: lorsque la faute du salarié dentiste est appréciée par le conseil de l'ordre des chirurgiens-dentistes, le délai de deux mois court à compter de la décision de l'instance ordinale. La saisine de la juridiction professionnelle ne doit cependant pas être assimilée à des poursuites pénales; elle n'entraîne pas systématiquement suspension du délai de deux mois; le point de départ du délai de deux mois est ici reporté au motif qu'avant la décision de la juridiction ordinale, l'employeur n'avait pu avoir une connaissance exacte de la réalité, de la nature et de l'ampleur des faits reprochés au salarié; cass. soc. 17 février 1993, n° 88-45.539, BC V n° 55; RJS 4/93 n° 394: la date de connaissance des faits est reportée au jour où un rapport établi par un service d'inspection est déposé; CA Limoges 4 mai 1998, Dr. Soc. 1998, p. 1009, chron. J. Mouly). Mais, si aucune vérification n'est nécessaire, la Cour de cassation rappelle que l'employeur doit engager la procédure disciplinaire dans un court délai (cass. soc. 6 octobre 2010, n° 09-41.294, BC V n° 214; RJS 12/10 n° 909).

L'existence de nouveaux griefs autorise l'employeur à tenir compte de griefs antérieurs (l'article L. 1332-4 précise bien qu'aucun fait fautif ne peut à lui seul donner lieu à une poursuite disciplinaire), qu'ils aient ou non déjà été sanctionnés (cass. soc. 7 mai 1991, n° 87-43.737, précité; 12 janvier 1993, n° 87-42.164, RJS 2/93 n° 150).

La maladie du salarié et l'absence qui en résulte ne suspendent pas le délai de deux mois (cass. soc. 13 juillet 1993, n° 91-42.964, BC V n° 202; 20 novembre 2014, n° 13-16.546), même s'il s'agit d'une maladie professionnelle ou d'un accident du travail (cass. soc. 17 janvier 1996, n° 92-42.031, BC V n° 14).

Art. R. 1332-4. Les dispositions de l'article R. 1332-3 sont applicables au délai de deux mois prévu à l'article L. 1332-4.

Art. L. 1332-5. Aucune sanction antérieure de plus de trois ans à l'engagement des poursuites disciplinaires ne peut être invoquée à l'appui d'une nouvelle sanction.

Note Dans une affaire où les dispositions conventionnelles applicables interdisaient à l'employeur de conserver trace d'une sanction au-delà de 2 ans, la Cour de cassation a décidé que le fait pour l'employeur d'avoir fait état dans la lettre de licenciement d'une salariée d'un avertissement prononcé à son encontre 3 ans auparavant causait nécessairement un préjudice à l'intéressée (cass. soc. 4 décembre 2013, n° 12-23.930, BC V n° 295; RJS 2/14 n° 128).

CHAPITRE III Contrôle juridictionnel

Art. L. 1333-1. En cas de litige, le conseil de prud'hommes apprécie la régularité de la procédure suivie et si les faits reprochés au salarié sont de nature à justifier une sanction.

L'employeur fournit au conseil de prud'hommes les éléments retenus pour prendre la sanction.

Au vu de ces éléments et de ceux qui sont fournis par le salarié à l'appui de ses allégations, le conseil de prud'hommes forme sa conviction après avoir ordonné, en cas de besoin, toutes les mesures d'instruction qu'il estime utiles. Si un doute subsiste, il profite au salarié.

Note **Règle du doute.** En raison d'une incertitude sur la portée de l'autorisation donnée à un salarié (visiteur médical) de ne pas participer à un séminaire de formation corroborée par l'absence de réaction du directeur général lorsque le salarié lui avait fait part de son refus, par écrit, une cour d'appel a pu considérer qu'un doute subsistait et en déduire que la mise à pied litigieuse devait être annulée (cass. soc. 23 janvier 1991, n° 89-45.083).

Art. L. 1333-2. Le conseil de prud'hommes peut annuler une sanction irrégulière en la forme ou injustifiée ou disproportionnée à la faute commise.

Note • **Pouvoir d'annulation.** La loi donne au juge le pouvoir d'annuler une sanction irrégulière. S'agissant d'un pouvoir et non d'une obligation, le juge peut ne pas prononcer l'annulation de la sanction alors que l'irrégularité de celle-ci est établie (cass. soc. 7 janvier 1988, n° 85-42.761, BC V n° 12). L'inobservation des règles de forme cause nécessairement un préjudice au salarié, que l'employeur sera condamné à réparer (cass. soc. 27 juin 2001, n° 99-42.216, BC V n° 236; RJS 10/01 n° 1140).

L'acceptation par le salarié d'une mutation disciplinaire ne vaut pas renonciation à se prévaloir de la nullité de cette sanction (cass. soc. 11 décembre 1996, n° 93-44.056, Dr. Soc. 1997, p. 198).

Le juge des référés ne peut trancher le fond du litige en prononçant l'annulation d'une sanction disciplinaire (cass. soc. 5 mars 1987, n° 85-41.607, BC V n° 110; 4 novembre 1988, n° 85-46.110, BC V n° 568; Dr. Soc. 1989, p. 510). La contestation de la possibilité d'annulation de la décision disciplinaire par le juge des référés porte sur les pouvoirs de la juridiction des référés (et non sur sa compétence); elle ne doit donc pas être soulevée obligatoirement *in limine litis*; elle peut être présentée pour la première fois devant la cour d'appel (cass. soc. 23 mars 1989, n° 86-40.053, BC V n° 253; Dr. Soc. 1989, p. 510). Cependant, lorsque la nullité de la sanction disciplinaire est une nullité de plein droit (sanctions discriminatoires interdites par l'article L. 1132-1 ou sanctions pécuniaires), le juge des référés peut constater cette irrégularité et faire cesser le trouble illicite qui en résulte en ordonnant, par exemple, le paiement des sommes à tort retenues par l'employeur (cass. soc. 20 février 1991, n° 90-41.119, BC V n° 83; Dr. Soc. 1991, p. 474).

• **Motifs d'annulation.** *Les juges peuvent annuler:*

Une sanction irrégulière en la forme. L'irrégularité formelle peut s'entendre comme une irrégularité de la procédure disciplinaire; ont ainsi été annulés une rétrogradation notifiée en l'absence d'entretien préalable (cass. soc. 18 janvier 1995, n° 90-42.087, BC V n° 28; RJS 3/95 n° 234), un déclassement dont la notification ne mentionne pas expressément les motifs (cass. soc. 17 janvier 1995, n° 91-43.815, BC V n° 25; Dr. Soc. 1995, p. 192).

La violation des règles procédurales prévues par une convention collective ou par un statut peut entraîner, comme la violation des règles édictées par les articles L. 1332-1, 2 et 3, la nullité de la sanction (cass. soc. 7 mai 1996, n° 92-40.931, BC V n° 179; Dr. Soc. 1996, p. 738, obs. A. Jeammaud).

L'irrégularité formelle peut également concerner le prononcé d'une sanction disciplinaire non mentionnée dans le règlement intérieur. La Cour de cassation s'est prononcée sur cette question en adoptant une solution identique à celle qu'avait retenue le Conseil d'État (CE 21 septembre 1990, n°s 105247, 105317, RJS 12/90 n° 966). Elle a jugé qu'une sanction disciplinaire ne peut être prononcée que si elle a été prévue par le règlement intérieur (cass. soc. 26 octobre 2010, n° 09-42.740, BC V n° 243; RJS 1/11 n° 39; RDT, décembre 2010, CH, 719, A. Fabre. Voir notes sous les articles L. 1321-1 et L. 1331-1).

Au regard de l'obligation pour l'employeur d'informer le salarié de sa faculté d'accepter ou de refuser une sanction emportant modification de son contrat de travail, pourra être jugée irrégulière la sanction prononcée au mépris de cette obligation (cass. soc. 28 avril 2011, n° 09-70.619, BC V n° 97; RJS 7/11 n° 610, 1re espèce).

Une sanction injustifiée. Une sanction est injustifiée:

– soit parce qu'aucune faute professionnelle ne peut être reprochée au salarié (si la relaxe du salarié délinquant pour absence d'élément matériel de l'infraction interdit au juge prud'homal de retenir l'existence d'une faute civile lorsque la faute invoquée est identique au délit reproché, la condamnation civile prononcée par la cour d'appel sur l'appel de la partie civile permet au juge prud'homal de retenir la faute disciplinaire: cass. soc. 6 juillet 1999, n° 96-40.882, BC V n° 325; RJS 8-9/99 n° 1033). L'insuffisance de résultats reprochée à un salarié ne peut justifier une sanction dès lors que le médecin du travail avait émis des réserves de nature à expliquer cette insuffisance de résultats et que l'employeur n'avait pas cherché à fournir au salarié un poste compatible avec les recommandations de ce médecin (cass. soc. 19 décembre 2007, n° 06-43.918, BC V n° 216; SSL n° 1340, p. 12),

– soit parce que les conditions exigées par le règlement intérieur pour qu'une sanction d'un type déterminé puisse être prononcée ne sont pas satisfaites (cass. soc. 13 octobre 1993, n° 92-40.474, BC V n° 231; RJS 11/93 n° 1102 : licenciement injustifié, faute d'avertissements préalables, le règlement intérieur prévoyant que le licenciement ne peut être prononcé, en cas d'absences répétées, qu'après le quatrième avertissement),

– soit parce qu'elle procède d'un détournement du pouvoir disciplinaire et d'un parti pris constitutif d'une discrimination (cass. soc. 13 février 1996, n° 92-45.042, Dr. Soc. 1996, p. 532, obs. A. Jeammaud: annulation d'une sanction pour refus d'exécuter des travaux imposés de façon discriminatoire),

– soit parce qu'elle constitue un moyen de pression de l'employeur sur le salarié pour imposer à ce dernier les conditions de règlement du procès qui les oppose au mépris du principe de l'égalité des armes et de l'article 6-1 de la convention EDH (cass. soc. 9 octobre 2013, n° 12-17.882, BC V n° 226; RJS 12/13 n° 788),

– soit parce que la faute professionnelle, invoquée comme justification par l'employeur, a déjà été sanctionnée. La Cour de cassation prohibe fermement le cumul de sanctions disciplinaires pour une même faute. L'employeur épuise son pouvoir disciplinaire en infligeant une sanction; est dépourvu de cause réelle et sérieuse le licenciement prononcé en raison d'une faute qui a déjà donné lieu à une rétrogradation déjà décidée et appliquée (cass. soc. 17 juin 2009, n° 07-44.570, BC V n° 152; RJS 8-9/09 n° 714), à un avertissement (cass. soc. 13 octobre 1993, n° 92-40.474, précité) ou à une mise à pied disciplinaire (cass. soc. 25 juin 1986, n° 84-41.606, BC V n° 333; 14 novembre 2013, n° 12-21.495, RJS 2/14 n° 129: l'employeur ne peut restaurer son pouvoir disciplinaire en décidant unilatéralement d'annuler la première sanction notifiée au salarié afin d'en prononcer une plus lourde). Cette règle est appliquée par les juges alors même que l'avertissement, constituant la première sanction, a été annulé (cass. soc. 27 juin 2001, n° 99-43.509, BC V n° 235; RJS 11/01 n° 1285). Des mises en garde formulées par courrier ou courriel constituant des sanctions, il en résulte que les mêmes faits ne peuvent être une seconde fois sanctionnés (cass. soc. 6 mars 2007, n° 05-43.698, RJS 7/07 n° 842).

À noter que dès lors que la durée maximale de la mise à pied est respectée, l'employeur peut imposer au salarié de l'exécuter de manière fractionnée sans que cela remette en cause le caractère unique de la sanction (cass. soc. 12 avril 2012, n° 11-13.768, RJS 6/12 n° 551).

Dans certaines situations, on peut hésiter sur l'existence de deux fautes distinctes et sur la possibilité de prononcer deux sanctions. Il a été jugé que le détournement de documents et le refus persistant de les restituer étaient deux faits indissociables et ne pouvaient justifier deux sanctions successives (cass. soc. 8 octobre 1992, n° 91-42.550, RJS 11/92 n° 1258 : le licenciement prononcé après une mise à pied de trois jours n'est justifié ni par une faute grave ni par une cause réelle et sérieuse). En revanche, l'existence de nouveaux griefs autorise l'employeur à faire revivre des griefs antérieurs, quelle qu'en soit la nature, même s'ils ont été déjà sanctionnés par un avertissement (cass. soc. 9 mars 1999, n° 96-44.643, RJS 4/99 n° 509; 23 mars 1989, n° 86-42.646, RJS 5/89 n° 426). Mais, la connaissance par l'employeur de plusieurs faits fautifs n'autorise pas l'employeur à prononcer une sanction pour certains d'entre eux et une autre sanction pour d'autres faits dont il avait connaissance au moment où il avait pris cette sanction (cass. soc. 16 mars 2010, n° 08-43.057, BC V n° 65; RJS 6/10 n° 513; RDT, juillet/août 2010, CH, 443, Y. Leroy. Voir note sous l'article L. 1331-1). De même, la persistance du fait fautif postérieurement à la sanction prononcée justifie une nouvelle sanction (cass. soc. 27 octobre 1998, n° 96-44.144, RJS 12/98 n° 1482). La poursuite par le salarié d'un fait fautif autorise l'employeur à se prévaloir de faits similaires, y compris de ceux déjà sanctionnés, pour caractériser une faute grave (cass. soc. 30 septembre 2004, n° 02-44.030, BC V n° 243; RJS 1/05 n° 37; voir aussi cass. soc. 12 février 2013, n° 12-15.330, BC V n° 35; RJS 4/13 n° 284; JCP éd. S 2013, 1171, note L. Cailloux-Meurice, précisant que l'employeur peut prononcer un licenciement au titre de la persistance ou de la réitération d'un comportement fautif lorsque le salarié commet une nouvelle faute après l'envoi de la lettre lui notifiant une première sanction, peu important qu'il ne l'ait pas encore reçue).

La révocation d'un mandat social ne constitue pas une sanction disciplinaire au sens de l'article L. 1331-1 CT et n'interdit donc pas le licenciement de l'intéressé pour faute grave (cass. soc. 7 avril 1993, n° 91-42.914, RJS 6/93 n° 673).

Une sanction disproportionnée. Depuis la loi du 4 août 1982, l'article L. 1333-2 CT donne au juge le pouvoir de juger et d'annuler des sanctions disproportionnées (cass. soc. 14 novembre 2000, n° 98-45.309, BC V n° 375; RJS 1/01 n° 123; 3 avril 2001, n° 98-45.818, BC V n° 115); le juge doit préciser en quoi la sanction est disproportionnée (cass. soc. 23 avril 1986, n° 83-45.637, BC V n° 160). Toutefois, le juge ne peut pas modifier la sanction (cass. soc. 24 janvier 2018, n° 16-22.594, LS Jurispr. n° 30 du 13.02.2018).

• **Effets de l'annulation.** Si le juge estime que les faits incriminés n'existent pas ou ne constituent pas une faute, l'employeur ne peut prendre une autre sanction. Si la sanction a été annulée parce que disproportionnée, l'annulation de la sanction laisse subsister la procédure antérieure. L'employeur peut, dans le mois qui suit la notification de la décision d'annulation, notifier une nouvelle sanction moins sévère (cass. soc. 4 février 1993, n° 88-42.599, BC V n° 42; Dr. Soc. 1993, p. 432, obs. J. Savatier). Si l'annulation de la sanction est prononcée pour défaut d'entretien préalable, les juges doivent considérer qu'aucun acte d'engagement des poursuites n'a interrompu le délai de deux mois; l'employeur ne peut pas, après le jugement d'annulation, engager de nouvelles poursuites (cass. soc. 18 janvier 1995, n° 90-42.087, BC V n° 28; RJS 3/95 n° 234).

La demande en annulation d'une mise à pied présente un caractère indéterminé; le jugement d'un conseil de prud'hommes, rendu en premier ressort, est susceptible d'appel (cass. soc. 1er octobre 1996, n° 93-43.959, BC V n° 309).

L'annulation d'une rétrogradation entraîne l'obligation pour l'employeur de réintégrer le salarié dans ses anciennes fonctions (cass. soc. 18 janvier 1995, n° 90-44.955, RJS 3/95 n° 232).

Art. L. 1333-3. Lorsque la sanction contestée est un licenciement les dispositions du présent chapitre ne sont pas applicables.

Dans ce cas, le conseil de prud'hommes applique les dispositions relatives à la contestation des irrégularités de licenciement prévues par le chapitre V du titre III du livre II.

Note Le pouvoir d'annuler un licenciement est expressément écarté par cet article. Les contestations et sanctions des irrégularités du licenciement relèvent des dispositions prévues par les articles L. 1235-10 et s. CT. Seuls les licenciements discriminatoires peuvent être annulés par le juge, ou encore les licenciements disciplinaires de salariés grévistes dès lors qu'aucune faute lourde ne peut être retenue contre eux.

Le pouvoir d'annulation est également écarté par les juges lorsque la sanction est une rupture anticipée pour faute grave (cass. soc. 12 novembre 2003, n° 01-42.130, BC V n° 278; RJS 1/04 n° 36; en l'espèce, l'employeur n'avait pas respecté le délai minimal entre l'entretien préalable et la notification de la sanction).

CHAPITRE IV Dispositions pénales

Art. L. 1334-1. Le fait d'infliger une amende ou une sanction pécuniaire en méconnaissance des dispositions de l'article L. 1331-2 est puni d'une amende de 3 750 €.

LIVRE IV

LA RÉSOLUTION DES LITIGES - LE CONSEIL DE PRUD'HOMMES

TITRE Ier ATTRIBUTIONS DU CONSEIL DE PRUD'HOMMES

Note Les dispositions de ce titre sont applicables à Mayotte à compter du 01.01.2022 (ordonnance 2017-1491 du 25 octobre 2017, art. 33, 3°, JO 26 et décret 2018-953 du 31 octobre 2018, art. 58, III, *b*, JO 6 nov.).

CHAPITRE Ier Compétence en raison de la matière

Art. L. 1411-1. Le conseil de prud'hommes règle par voie de conciliation les différends qui peuvent s'élever à l'occasion de tout contrat de travail soumis aux dispositions du présent code entre les employeurs, ou leurs représentants, et les salariés qu'ils emploient.

Il juge les litiges lorsque la conciliation n'a pas abouti.

Note LITIGES INDIVIDUELS ENTRE EMPLOYEUR ET SALARIÉ

La compétence du conseil de prud'hommes (CPH) est subordonnée à l'existence:

• **D'un contrat de travail,** soumis aux dispositions du code du travail, c'est-à-dire d'un contrat impliquant l'existence d'un lien de subordination entre employeur et salarié. Il peut s'agir d'un contrat de travail, mais aussi d'un contrat d'apprentissage (cass. soc. 9 juillet 1976, n° 75-40.644, BC V n° 454). L'existence d'un contrat de travail dépendant des conditions dans lesquelles est exercée l'activité des travailleurs, quelle que soit la dénomination retenue par les parties, il appartient au juge de restituer au contrat sa véritable qualification: la juridiction prud'homale a ainsi été reconnue compétente pour trancher le litige concernant un contrat de location de taxi, dès lors que l'accomplissement effectif du travail dans les conditions prévues par ce contrat plaçait le «locataire» dans un état de subordination à l'égard du «loueur» caractéristique du contrat de travail (cass. soc. 19 décembre 2000, n° 98-40.572, BC V n° 437; RJS 3/01 n° 275). La compétence du CPH a été également retenue alors même que l'existence d'un contrat de travail était contestée par l'Assédic; en effet, un tel litige ayant pour objet un différend relatif à l'existence d'un contrat de travail opposant le salarié à son employeur prétendu, peu important l'absence de contestation expresse de ce dernier, le CPH avait seul compétence pour statuer sur la réalité et la validité de ce contrat par une décision opposable à l'Assédic et aux organismes de sécurité sociale qui refusaient de reconnaître au demandeur la qualité de salarié (cass. soc. 9 avril 2002, n° 00-42.657, RJS 6/02 n° 710).

Le CPH, saisi d'une demande portant sur l'existence d'un contrat de travail, est également compétent pour statuer sur la détermination de la qualité d'employeur (cass. soc. 7 décembre 2005, n° 04-46.625, BC V n° 359).

Voir aussi note sous L. 8221-6 CP s'agissant notamment des travailleurs utilisant une plateforme de mise en relation par voie électronique.

Le caractère exclusif et d'ordre public de la compétence d'attribution du CPH en matière de contestation de la réalité du contrat de travail interdit d'y faire échec pour cause de connexité (cass. soc. 11 mars 2003, n° 00-45.855, BC V n° 91; Dr. Soc. 2003, p. 669, obs. D. Boulmier; 17 décembre 2013, n° 12-26.938, BC V n° 306; JCP éd. S 2014, 1101, note I. Pétel-Teyssié; 28 janvier 2015, n° 13-20.685).

La juridiction prud'homale est incompétente pour trancher le litige entre:
– une caisse d'épargne et un directeur général unique, non lié à la caisse par un contrat de travail (cass. soc. 23 janvier 1996, n° 92-43.093, BC V n° 24);
– un ancien détenu et une maison d'arrêt, les relations de travail des personnes incarcérées ne faisant pas l'objet, selon l'article 717-3, al. 3 c. proc. pén., d'un contrat de travail (cass. soc. 17 décembre 1996, n° 92-44.203); à noter que cet article ayant été déclaré conforme à la Constitution (C. constit. 14 juin 2013, n° 2013-320/321 QPC, JO 16), le Tribunal des conflits a décidé que le juge administratif est compétent pour trancher les litiges relatifs au travail exécuté par un détenu dans le cadre d'un contrat de concession de main-d'œuvre pénale (Trib. confl. 14 octobre 2013, n° 13-03.918, BC n° 16);
– un centre d'aide par le travail (désormais Établissement et service d'aide par le travail: ESAT) et un travailleur handicapé, non lié au centre par un contrat de travail (cass. soc. 18 mars 1997, n° 94-41.716, BC V n° 112; 6 février 2013, n° 11-14.424, RJS 4/13 n° 330);
– un stagiaire de la formation professionnelle et l'organisme chargé de le rémunérer, les parties n'étant pas liées par un contrat de travail (cass. soc. 29 juin 1999, n° 96-45.703, BC V n° 313; 24 avril 2001, n° 99-45.843);
– une association cultuelle dépendant de la Fédération protestante de France et un pasteur, les pasteurs des églises et œuvres cultuelles relevant de la Fédération protestante de France ne concluant pas, relativement à l'exercice de leur ministère, un contrat de travail avec les associations cultuelles légalement établies (cass. soc. 12 juillet 2005, n° 03-43.354, BC V n° 243; JCP éd. S 2005, 1232, note J-Fr. Cesaro; voir aussi cass. soc. 28 avril 2011, n° 09-72.721).

Il a également été jugé que le CPH n'est pas compétent pour:
– connaître d'une action en responsabilité extra-contractuelle intentée par des salariés licenciés pour motif économique à l'encontre d'une société contrôlant la société mère du groupe, dont les fautes auraient conduit à la déconfiture de la filiale qui les employait, dès lors qu'il n'existait pas de contrat de travail entre eux et la société poursuivie et que l'existence d'une situation de co-emploi n'était pas soutenue (cass. soc. 13 juin 2018, n° 16-25.873, à paraître, LS Jurispr. n° 115 du 26.06.2018; RJS 8-9/18 n° 562; JCP éd. S 2018, 1291, note A. Bugada);
– statuer, à l'occasion de la procédure engagée par des salariés, sur l'action en garantie formée par le liquidateur judiciaire de la société employeur à l'encontre de la société mère, à l'égard de laquelle l'existence d'un contrat de travail n'était pas soutenue (cass. soc. 22 janvier 2020, n° 17-31.266, à paraître, JCP éd. S 2020, 1058, note S. Brissy; RJS 4/20 n° 204). En l'espèce, l'action indemnitaire était exercée par le liquidateur judiciaire, ès qualités, par la voie d'un appel en garantie dans une instance prud'homale entreprise par les salariés à l'encontre de leur employeur pour contester la cause de leur licenciement, afin que la société mère garantisse celui-ci des condamnations qui pourraient être prononcées à son encontre au bénéfice des salariés. L'action en garantie mettant en cause la responsabilité extracontractuelle de la société tierce et opposant deux sociétés commerciales, la cour d'appel a, à bon droit, écarté la compétence du CPH et retenu la compétence du tribunal de commerce pour connaître de l'action du liquidateur judiciaire (voir c. proc. civ. art. 51, al. 2). L'action indemnitaire des salariés, dirigée contre le liquidateur judiciaire, pouvait être jugée par le CPH, mais l'appel en garantie de ce défendeur relevait du tribunal de commerce.

Fonctionnaires détachés auprès d'une personne morale de droit privé. Le juge prud'homal est compétent pour connaître des demandes d'un fonctionnaire détaché travaillant pour le compte et sous l'autorité d'une personne morale de droit privé et dirigées contre celle-ci car il est lié à cet organisme par un contrat de travail de droit privé (cass. soc. 27 mai 2003, n° 01-42.291). Dans le même sens, voir aussi cass. soc. 19 juin 2007, n° 06-44.436, s'agissant d'un praticien hospitalier détaché auprès d'une association.

Gérants des coopératives de production. L'article 17 de la loi 78-763 du 19 juillet 1978, portant statut des sociétés coopératives ouvrières de production, prévoit que, lorsque les gérants notamment perçoivent une rémunération de la société au titre de leurs fonctions, ils sont, au regard de la législation du travail, considérés comme employés de l'entreprise, s'ils ne le sont déjà à un autre titre. Relève de la compétence prud'homale le litige opposant un gérant à la société coopérative ouvrière de production qui l'emploie dès lors que l'intéressé perçoit une rémunération pour ses fonctions de gérant et que ce litige porte sur l'application de la législation du travail (cass. soc. 13 janvier 1998, n° 95-40.958, BC V n° 5).

Gérants non salariés. Voir note sous art. L. 7322-5.

Salariés des services diplomatiques étrangers. Les États étrangers et les organismes qui en constituent l'émanation ne bénéficient de l'immunité de juridiction qu'autant que l'acte qui donne lieu au litige participe, par sa nature ou sa finalité, à l'exercice de la souveraineté de l'État et n'est donc pas un acte de gestion. Le CPH est compétent pour connaître des litiges concernant ces salariés lorsqu'ils n'ont pas de responsabilité particulière dans l'exercice du service public diplomatique. Si un État est en droit de revendiquer l'immunité de juridiction quant à l'appréciation des motifs de la décision de fermeture d'une délégation consulaire, qui constitue un acte de souveraineté, le juge français garde le pouvoir de vérifier la réalité de la fermeture invoquée et les conséquences du licenciement d'un salarié motivé par cette décision, dès lors que celui-ci n'occupe pas des fonctions lui conférant une responsabilité particulière dans l'exercice du service public consulaire, le licenciement d'un tel salarié s'analysant comme un simple acte de gestion (cass. soc. 31 mars 2009, n° 07-45.618, BC V n° 92; RJS 6/09 n° 569; 8 juillet 2009, n° 07-44.931, LS Jurispr. n° 168 des 17-18.09.2009; 13 octobre 2010, n° 09-71.591, RJS 12/10 n° 973; 23 mars 2017, n° 15-22.890, BC V n° 57; RJS 6/17 n° 423; JCP éd. S 2017, 1284, note A. Bugada).

Un État et les organismes qui en constituent l'émanation peuvent invoquer, devant la juridiction d'un autre État, dans une procédure se rapportant à un contrat de travail entre le premier État et une personne physique pour un travail accompli ou devant être accompli, en totalité ou en partie, sur le territoire de cet autre État, l'immunité de juridiction si l'employé a été engagé pour s'acquitter de fonctions particulières dans l'exercice de la puissance publique. Si les fonctions du salarié ne lui confèrent pas une responsabilité particulière dans l'exercice de prérogatives de puissance publique, de sorte que les actes litigieux relatifs aux conditions de travail et à l'exécution du contrat constituent des actes de gestion, l'application du principe d'immunité de juridiction et exclue (cass. soc. 1er juillet 2020, n° 18-24.643, à paraître, JSL n° 503 du 14.09.2020, p. 16, D. J.-P. ; RDT, septembre 2020, CH, 563, D. Mardon).

Le CPH est compétent pour connaître d'un litige relatif à la déclaration par un État étranger d'un salarié à un régime français de protection sociale en vue de son affiliation, une telle déclaration ne constituant pas un acte de souveraineté mais un acte de gestion administrative (cass. soc. 28 février 2012, n° 11-18.952, BC V n° 77; RJS 5/12 n° 495; JCP éd. S 2012, 1303, note J-Ph. Tricoit).

• **D'un litige d'ordre individuel,** c'est-à-dire opposant un employeur à l'un de ses salariés ou à plusieurs d'entre eux considérés individuellement. Le litige est individuel lorsque, nonobstant l'existence de plusieurs demandeurs, chaque salarié agit en son nom personnel pour réclamer un avantage individuel (cass. soc. 13 février 1996, n° 93-42.309, BC V n° 53). Peu importe que la décision à intervenir soit susceptible d'avoir une répercussion pratique étendue en raison des sommes demandées individuellement en compensation des salaires correspondant au chômage dû à un lock-out (cass. soc. 11 juin 1975, n° 74-40.749, BC V n° 321).

Peu importe également que les avantages individuels réclamés par les salariés résultent d'un usage (cass. soc. 13 février 1996, précité) ou d'une convention collective (cass. soc. 20 octobre 1988, n° 85-45.164, BC V n° 548). Dès lors que la demande du salarié tend à la réparation du préjudice résultant pour lui de la non-application au sein de l'entreprise d'une convention collective, son action constitue une action individuelle relevant de la compétence du CPH. Voir cass. soc. 12 juillet 2006, n° 04-47.550, BC V n° 263; RJS 10/06 n° 1108, rendu sous le visa de l'article L. 511-1 (ancien) CT mais aussi de l'article L. 135-6 (ancien) CT selon lequel chaque salarié est recevable à agir individuellement pour obtenir l'exécution des engagements énoncés dans le cadre d'une convention ou d'un accord ou des dommages et intérêts contre les personnes liées par cet accord qui violeraient à leur égard ces engagements.

Ainsi, la juridiction prud'homale est compétente pour connaître de l'action de salariés, chacun d'entre eux présentant une demande individuelle relative à un différend né de l'exécution du contrat de travail, peu important que cette demande soit fondée sur un accord de fin de grève, lequel s'analyse soit en un accord collectif d'entreprise lorsqu'il est signé après négociation avec les délégués syndicaux par l'un d'entre eux, soit en un engagement unilatéral de l'employeur (cass. soc. 15 janvier 1997, n° 94-44.914, BC V n° 20; RJS 2/97 n° 191).

S'agissant de l'interprétation d'une convention collective, la Cour de cassation décide qu'un litige, dont la solution implique l'interprétation d'une convention collective, conservant un caractère individuel s'il est soulevé par un salarié à son seul profit, le CPH est compétent pour interpréter la convention collective, même si le problème soulevé est susceptible d'intéresser tous les salariés relevant du champ d'application de la convention collective (cass. soc. 20 octobre 1988, n° 85-45.164, BC V n° 548). Le juge prud'homal est également compétent pour statuer sur une question préjudicielle relative à l'interprétation d'un accord collectif posée par le juge administratif dans le cadre d'un litige individuel opposant le salarié à son employeur. Doit dès lors être approuvé l'arrêt ayant dit qu'un CPH, saisi par un salarié protégé contestant la régularité de sa mise à la retraite prononcée sur le fondement d'un accord collectif et autorisée par l'administration du travail, était compétent pour interpréter cet accord sur question préjudicielle posée par le juge administratif, lui-même saisi par le salarié de la légalité de la décision administrative ayant autorisé cette mise à la retraite (cass. soc. 18 mars 2008, n° 07-41.813, BC V n° 66).

En revanche, lorsque des salariés ne présentent aucune demande personnelle et que le litige porte exclusivement sur l'interprétation ou la portée d'une convention collective, le litige présente un caractère collectif et échappe en conséquence à la compétence du juge prud'homal (cass. soc. 30 avril 1997, n° 95-43.227, BC V n° 153; RJS 6/97 n° 725; 6 mai 1998, n° 96-41.712, BC V n° 234; RJS 6/98 n° 768). De même, le litige entre un employeur et des syndicats portant sur l'interprétation d'un accord collectif relève de la compétence du tribunal de grande instance (tribunal judiciaire depuis le 01.01.2020), exclusive de celle du CPH, et cela même si ce problème d'interprétation s'est posé à l'occasion de litiges individuels survenus entre l'employeur et des salariés et dont est saisi par ailleurs un CPH (cass. soc. 21 novembre 2012, n° 11-15.057, BC V n° 297; RJS 2/13 n° 151).

Depuis le 7 août 2015, les juridictions de l'ordre judiciaire peuvent, par une décision non susceptible de recours, solliciter l'avis de la Cour de cassation (ou l'avis de la commission paritaire mentionnée à l'article L. 2232-9 CT) avant de statuer sur l'interprétation d'une convention ou d'un accord collectif présentant une difficulté sérieuse et se posant dans de nombreux litiges (art. 258, V et 259, I de la loi 2015-990 du 6 août 2015; art. L. 441-1 c. org. judiciaire).

Licenciement économique

Le salarié qui souhaite agir en justice à la suite de son licenciement économique doit saisir le CPH. Par exception, pour les litiges relatifs à la décision de validation ou d'homologation d'un plan de sauvegarde de l'emploi (PSE), le salarié doit saisir le tribunal administratif (voir art. L. 1235-7-1 CT et note sous cet article).

• **D'un litige né à l'occasion du contrat de travail.** Sont considérés comme nés à l'occasion du contrat de travail les litiges relatifs à:
– ***la nature, la validité ou l'interprétation du contrat de travail*** (cass. soc. 20 mai 1992, n° 90-44.061, BC V n° 323);
– ***la formation du contrat de travail*** (ex.: cass. soc. 20 décembre 2006, n° 06-40.864, BC V n° 404: compétence du juge prud'homal pour statuer sur une demande de dommages et intérêts pour discrimination raciale lors d'une procédure de recrutement);
– ***la rupture du contrat de travail.*** Relève de la compétence de la juridiction prud'homale le litige relatif à la date de cessation du contrat de travail, lorsque le salarié réclame l'anticipation de son départ en retraite (cass. soc. 21 janvier 2004, n° 01-44.410, BC V n° 23). Peu importe que le litige soit survenu après la cessation du contrat dès lors que sa cause est antérieure à celle-ci (cass. soc. 23 février 1994, n° 92-43.927, BC V n° 69: litige opposant des salariés à leur ancien employeur relatif aux engagements qu'il aurait pris dans le cadre du plan social). Peu importe également la durée écoulée depuis la rupture du contrat (cass. soc. 10 mai 2012, n° 11-11.916). Voir aussi cass. soc. 22 février 2000, n° 98-16.492, BC V n° 73, retenant la compétence prud'homale en cas de contestation sérieuse sur le montant du salaire figurant dans l'attestation Assédic et précisant que le tribunal d'instance ou de grande instance (tribunal judiciaire depuis le 01.01.2020) doit surseoir à statuer en renvoyant le salarié à attraire l'employeur devant le CPH; cass. soc. 28 février 2007, n° 06-42.005, BC V n° 35, retenant la compétence du CPH pour connaître de l'action tendant à faire prononcer la nullité d'une transaction conclue, à l'occasion de la rupture d'un contrat à durée déterminée, devant le bureau de conciliation et, par voie de conséquence, à faire déclarer recevables les demandes du salarié en requalification de contrats à durée déterminée en contrat à durée indéterminée, le différend étant la suite directe de la cessation du contrat; cass. com. 15 novembre 2011, n° 10-26.028, BC IV n° 187: compétence exclusive du CPH pour connaître du litige opposant l'employeur à un ancien salarié au sujet de l'inexécution d'une obligation figurant dans l'accord transactionnel réglant les conséquences de la rupture du contrat;
– ***une discrimination*** (cass. soc. 20 décembre 2006, n° 06-40.662, BC V n° 404; 28 novembre 2007, n° 07-40.787, RJS 2/08 n° 138);
– ***l'application de l'article L. 122-49 (ancien) CT prohibant les agissements répétés de harcèlement moral*** (voir, s'agissant d'un litige portant sur l'existence et le quantum d'un préjudice corporel invoqué du fait d'un harcèlement moral, cass. soc. 16 mars 2005, n° 03-40.251, BC V n° 94; RJS 5/05 n° 534);
– ***la violation d'une obligation pesant sur l'employeur*** invoquée par un salarié ou un ancien salarié (cass. soc. 28 juin 2006, n° 04-43.969: compétence de la juridiction prud'homale pour ordonner la réparation du préjudice résultant pour un salarié de la faute de l'employeur ayant omis de le déclarer aux organismes sociaux; cass. soc. 16 janvier 1992, n° 87-42.292, BC V n° 14: demande de réparation du préjudice subi par un salarié ultérieurement licencié dont l'employeur avait omis de déclarer l'accident du travail). La juridiction prud'homale est également compétente pour statuer sur les demandes en réparation du préjudice d'anxiété formées par d'anciens salariés en préretraite amiante, ces demandes résultant du manquement de l'employeur à son obligation légale de sécurité (cass. soc. 25 septembre 2013, n° 12-12.883, BC V n° 208; RJS 12/13 n° 843, 2e espèce; voir aussi cass. soc. 25 septembre 2013, n° 12-20.157, BC V n° 209; JCP éd. S 2013, 1459, 3e espèce, note M. Ledoux et Fr. Quinquis; 2 avril 2014, n° 12-29.825, BC V n° 95, arrêt n° 1; RJS 6/14 n° 512, 2e espèce, précisant que la déclaration de la maladie professionnelle et le contentieux auquel elle a donné lieu devant la juridiction de sécurité sociale ne privent pas le salarié du droit de demander à la juridiction prud'homale la réparation des conséquences du trouble psychologique, compris dans le préjudice d'anxiété, subi avant la déclaration de la maladie; voir aussi cass. soc. 8 juillet 2020, n° 19-14.167, JCP éd. S 2020, 3025, note D. Asquinazi-Bailleux).

La juridiction prud'homale est seule compétente pour statuer sur le bien-fondé de la rupture du contrat de travail, et cela même lorsque le litige concerne un salarié victime d'un accident du travail ou d'une maladie professionnelle ultérieurement licencié pour inaptitude professionnelle et impossibilité de reclassement; l'indemnisation allouée le cas échéant par le juge prud'homal se limite donc aux conséquences de la rupture abusive ou illicite du contrat de travail (cass. soc. 3 mai 2018, 2 arrêts, n°s 16-26.850 et 17-10.306, à paraître, LSQ n° 17566 du 7.05.2018; JSL n° 455, 12.06.2018, p. 4, Ph. Pacotte et R. Leroy; JCP éd. S 2018, 1213, note A. Bugada; RJS 7/18 n° 475).

Si le juge judiciaire ne peut, sans violer le principe de la séparation des pouvoirs, en l'état d'une autorisation administrative de licenciement pour inaptitude d'un salarié protégé, apprécier la régularité de la procédure d'inaptitude, le respect par l'employeur de son obligation de reclassement et le caractère réel et sérieux du licenciement, il demeure compétent, sans porter atteinte à ce principe, pour rechercher si l'inaptitude du salarié avait ou non une origine professionnelle et accorder, dans l'affirmative, les indemnités spéciales prévues à l'article L. 1226-14 CT (cass. soc. 11 septembre 2019, n° 17-31.321, à paraître, JCP éd. S 2019, 1293, note J-Y Kerbourc'h; RJS 11/19 n° 644).

En revanche, l'indemnisation des dommages résultant d'un accident du travail ou d'une maladie professionnelle, qu'ils soient ou non la conséquence d'un manquement de l'employeur à son obligation de sécurité, relève de la compétence exclusive du tribunal des affaires de sécurité sociale (cass. soc. 3 mai 2018, n° 16-26.850 et 17-10.306, précités). Ainsi, la juridiction prud'homale doit se déclarer incompétente lorsque, sous couvert d'une action en responsabilité à l'encontre de son employeur pour mauvaise exécution du contrat de travail (manquement à l'obligation de sécurité, par exemple), un salarié demande en réalité la réparation du préjudice résultant de l'accident du travail dont il a été victime (cass. soc. 30 septembre 2010, n° 09-41.451, BC V n° 209; RJS 2/11 n° 178; 29 mai 2013, n° 11-20.074, BC V n° 139; RJS 8-9/13 n° 637; 9 juillet 2014, n° 13-18.696, BC V n° 185; RJS 10/14 n° 677; 10 octobre 2018, n° 17-11.019, à paraître, JCP éd. S 2018, 1375, note M. Babin; RJS 12/18 n° 774).

– ***une convention accessoire au contrat de travail*** (cass. soc. 8 mars 1995, n° 91-45.445: litige opposant des salariés à leur employeur relatif à l'exécution des contrats d'assurance décès-invalidité souscrits par la société à leur profit pour la couverture des risques professionnels, ces contrats d'assurance constituant un avantage social complémentaire accessoire au contrat de travail; cass. soc. 19 janvier 1999, n° 96-44.688, BC V n° 34: litige né de l'exécution d'un contrat d'assurance groupe souscrit par l'employeur au profit de l'ensemble du personnel; cass. soc. 21 juin 2005, n° 02-45.479, BC V n° 207: litige relatif aux stock-options, l'octroi par l'employeur à un salarié d'une option donnant droit à une souscription d'actions constituant un accessoire du contrat de travail; cass. soc. 11 septembre 2012, n° 11-26.045, BC V n° 225; RJS 11/12 n° 891: litige relatif à la réparation du préjudice causé par l'inégalité de traitement dans l'octroi d'actions par une société à certains de ses salariés; cass. soc. 28 février 2018, n° 16-13.682, BC V n° 32; LS Jurispr. n° 54 du 20.03.2018; JCP éd. S 2018, 1131, note S. Brissy; RJS 5/18 n° 354: litiges individuels opposant un ou plusieurs salariés à leur employeur en matière de participation ou d'intéressement). Mais, le CPH n'est pas compétent pour statuer sur les conditions de mise en œuvre d'un pacte d'actionnaire qui ne constitue pas un accessoire au contrat de travail (cass. soc. 18 octobre 2007, n° 06-45.331, BC V n° 165; RJS 12/07 n° 1328) ou pour trancher les différends pouvant ensuite s'élever dans les relations entre la société et le salarié devenu actionnaire, indépendamment des conditions d'acquisition de ses actions (cass. soc. 16 septembre 2008, n° 07-20.444, BC V n° 161; RJS 11/08 n° 1115).

À noter, par ailleurs, que la demande formée par un salarié contre un organisme gestionnaire d'un régime de retraite complémentaire relevant de la compétence du tribunal de grande instance (tribunal judiciaire depuis le 01.01.2020), il en est de même de la demande formée dans la même instance contre l'ancien employeur, eu égard à l'indivisibilité des deux demandes (cass. soc. 5 décembre 2006, n° 06-40.163, BC V n° 369; RJS 2/07 n° 281).

Droits d'auteur. A été considéré comme né à l'occasion du contrat de travail le litige relatif à des droits d'auteur dès lors que c'était en raison de sa qualité de conseiller littéraire salariée d'une société d'édition que l'intéressée prétendait avoir fait œuvre de création intellectuelle dans l'élaboration d'ouvrages édités par son employeur (cass. soc. 2 juin 2004, n° 02-17.516, BC V n° 155; RJS 8-9/04 n° 948). De même, après avoir constaté que la contestation portant sur les droits de propriété intellectuelle opposant un photographe à son employeur était née à l'occasion du contrat de travail, c'est à bon droit qu'une cour d'appel a décidé que le CPH était compétent pour en connaître, fût-elle fondée sur le code de la propriété intellectuelle (cass. soc. 21 mai 2008, n° 07-15.462, BC V n° 112; JCP éd. S 2008, 1428, note G. Blanc-Jouvan; RJS 7/08 n° 816; RDT, juillet/août 2008, CH, 472, T. Grumbach et É. Serverin).

Concierge et employés d'immeuble. Voir L. 7215-1 CT.

Actions des ayants droit. La demande formulée, en son nom personnel, par le fils d'un salarié défunt en indemnisation du préjudice matériel et moral subi du fait du licenciement de son père et des procédures que ce dernier avait été contraint d'engager avant son décès ne relève pas de la compétence du CPH; une telle action ne peut pas être engagée dans le cadre de la procédure prud'homale opposant l'intéressé, en sa qualité d'ayant droit de son père, à l'employeur (cass. soc. 8 octobre 2003, n° 01-41.297, BC V n° 254).

CARACTÈRE PERSONNEL DE L'ACTION PRUD'HOMALE INTENTÉE PAR LE SALARIÉ

Il résulte des dispositions combinées des articles 1166 [1341-1] c. civ., L. 511-1 [L. 1411-1] CT et L. 622-9 c. com. que l'instance introduite par le salarié devant la juridiction prud'homale à l'encontre de son employeur ou de ses représentants à l'occasion de son contrat de travail est exclusivement attachée à la personne de l'intéressé, même en cas de liquidation judiciaire, et ne peut être exercée ni par ses créanciers ni par ses représentants légaux. Tel est le cas de l'action en reconnaissance de l'existence d'un contrat de travail (cass. soc. 13 juillet 2004, n° 02-43.444, BC V n° 217; RJS 11/04 n° 1184. Dans le même sens, voir aussi cass. soc. 18 janvier 2005, n° 02-46.097, RJS 3/05 n° 306).

De même, la demande du salarié tendant à la constatation de la nullité de la clause de non-concurrence insérée à son contrat de travail est une action strictement personnelle qui échappe au dessaisissement, en sorte que sa condamnation au paiement d'une astreinte ne peut être mise à la charge de la liquidation judiciaire (cass. soc. 31 janvier 2001, n° 98-44.877, BC V n° 29; RJS 4/01 n° 483).

ORGANISMES CONVENTIONNELS DE CONCILIATION

Certaines conventions collectives instituent des commissions paritaires afin de résoudre les litiges. De même, un contrat de travail peut comporter une clause instituant une procédure de conciliation préalable en cas de litige survenant à l'occasion de ce contrat. Toutefois, en raison de l'existence en matière prud'homale d'une procédure de conciliation préliminaire et obligatoire, une telle clause n'empêche pas les parties de saisir directement le juge prud'homal de leur différend (cass. soc. 5 décembre 2012, n° 11-20.004, BC V n° 326; RJS 2/13 n° 162; voir aussi cass. soc. 19 mars 2014, n° 13-10.021, BC V n° 82; RJS 6/14 n° 506: l'absence de contestation par un salarié de sa classification dans les formes et délais prévus par la convention collective et de saisine de la commission paritaire de conciliation ne peut valoir renonciation de l'intéressé à contester judiciairement sa nouvelle classification professionnelle et le priver du droit de soumettre cette contestation à une juridiction).

Les décisions de ces commissions n'ont pas autorité de chose jugée et ne s'imposent ni aux parties (cass. soc. 15 octobre 1998, n° 96-42.427, BC V n° 425; RJS 11/98 n° 1386, 2e espèce) ni au juge (cass. soc. 12 décembre 2000, n° 98-43.818).

Art. L. 1411-2. Le conseil de prud'hommes règle les différends et litiges des personnels des services publics, lorsqu'ils sont employés dans les conditions du droit privé.

Note ***Personnels des administrations, services et établissements publics à caractère administratif***

• Les personnels non statutaires travaillant pour le compte d'un service public à caractère administratif sont des agents contractuels de droit public, quel que soit leur emploi. Le litige opposant un tel agent à son employeur relève de la compétence de la juridiction administrative et non de celle du conseil de prud'hommes (Trib. confl. 25 mars 1996, n° 3000, RJS 7/96 n° 851; 26 mai 2003, n° 03-03.364, BC n° 17; voir notamment cass. soc. 18 juin 1996, n° 95-40.491, BC V n° 249; 9 juillet 1996, n° 93-44.699, BC V n° 275; 28 octobre 1996, n° 90-44.957, BC V n° 355; 15 janvier 1997, n° 95-84.204, BC V n° 21; 16 juin 2004, n° 01-43.804, BC V n° 168; RJS 10/04 n° 1081; 20 juin 2006, n° 03-43.772, BC V n° 220, précisant qu'il importe peu qu'une violation des règles de l'intérim soit alléguée; voir aussi cass. soc. 6 avril 2016, n° 14-26.019, BC V n° 68; RJS 6/16 n° 444; JCP éd. S 2016, 1203, note S. Brissy, retenant la compétence des juridictions administratives pour statuer sur l'action engagée par le salarié d'un organisme de droit privé à l'encontre d'une personne publique gérant un service public administratif afin de voir reconnaître sa qualité de coemployeur).

Il appartient au juge, saisi d'un litige opposant un service public à l'un de ses agents contractuels, de rechercher s'il s'agit d'un service public administratif ou d'un service public à caractère industriel et commercial (cass. soc. 2 février 2005, n° 02-43.364, BC V n° 45), ce caractère s'appréciant au regard de son objet, de l'origine de ses ressources et de ses modalités de fonctionnement (cass. soc. 24 juin 2014, n° 13-11.142, BC V n° 157; RJS 10/14 n° 727; JCP éd. S 2014, 1440, note Th. Lahalle).

La compétence des juridictions administratives a été retenue pour:
– trancher les litiges nés du refus de renouvellement des contrats à durée déterminée conclus entre un GRETA et des formateurs contractuels, les GRETA constitués entre les établissements scolaires publics d'enseignement relevant de l'Éducation nationale pour exercer leur mission de formation continue dans le cadre de l'éducation permanente, n'ayant pas de personnalité juridique distincte et dépendant de l'Éducation nationale pour l'ensemble de leurs activités et de leur gestion administrative, financière et comptable (Trib. confl. 7 octobre 1996, n° 96-03.034, BC n° 15).
– connaître de la demande d'une salariée, employée comme gardienne par une association syndicale forcée, ces associations, constituées d'office par l'autorité administrative, étant des établissements publics à caractère administratif et les personnels non statutaires qu'ils emploient étant donc des agents contractuels de droit public (cass. soc. 16 mai 2000, n° 98-42.266, BC V n° 186).

Le juge judiciaire n'est pas compétent pour ordonner la réintégration d'un fonctionnaire au sein de l'organisme de droit privé auprès duquel il avait été mis à disposition, quand bien même la décision de ne pas solliciter le renouvellement de la mise à disposition est le fait de cet organisme et qu'aucune autorisation administrative de non-renouvellement de la mise à disposition du fonctionnaire exerçant au sein de l'organisme de droit privé un mandat de représentant syndical n'a été sollicitée (cass. soc. 8 juillet 2020, n° 18-11.977, à paraître, RJS 10/20 n° 506; JCP éd. S 2020, 3024, note M. Pellissier et Kr. Pagani; JSL n° 506, 16.10.2020, p. 21, D. J.-P.).

Une cour d'appel a justement décidé qu'eu égard à son objet, l'origine de ses ressources et les modalités de son fonctionnement, une régie constituait un service public à caractère industriel et commercial et déclaré la juridiction prud'homale compétente pour connaître des demandes présentées par l'une de ses salariées (cass. soc. 2 février 2005, n° 02-43.364, précité).

La compétence judiciaire doit être retenue pour les litiges concernant des agents dont la loi elle-même prévoit qu'ils sont soumis à un statut de droit privé et régis par le code du travail (ex.: praticiens-conseils du service de contrôle médical dépendant de la caisse nationale de l'assurance maladie des travailleurs salariés) (cass. soc. 31 janvier 2007, n° 06-40.362, BC V n° 16).

• Si le moyen tiré de l'incompétence du juge judiciaire pour statuer sur le litige opposant un agent contractuel de droit public au service public administratif qui l'emploie ne peut être soulevé par une partie pour la première fois devant la Cour de cassation, cette dernière peut relever d'office ce moyen par application de l'article 76 c. proc. civ., le litige relevant de la compétence de la juridiction administrative (cass. soc. 12 octobre 1999, n° 97-42.159, CSB n° 115 12/99 p. 368).

Un employeur est recevable à décliner la compétence du conseil de prud'hommes, même s'il s'est abstenu de le faire lors d'une précédente instance opposant les mêmes parties (cass. soc. 16 mai 2000, n° 98-42.266, BC V n° 186).

Lorsqu'une juridiction de l'ordre judiciaire ou de l'ordre administratif est saisie, sur renvoi après cassation, du fond du litige, elle ne peut plus décliner sa compétence, qui était définitivement acquise au moment de sa saisine (cass. soc. 10 février 2004, n° 01-45.337, BC V n° 42).

Salariés des personnes morales de droit privé et des établissements publics, industriels et commerciaux

Ces salariés sont justiciables des conseils de prud'hommes pour les litiges les opposant à leur employeur (Trib. confl. 4 mai 1987, n° 2463; voir aussi Trib. confl. 12 février 2007, n° 3592, RJS 5/07 n° 648; cass. soc. 28 avril 2006, n° 05-41.865, BC V n° 154; JSL n° 190, 30.05.2006, p. 23). Seuls les litiges portant sur les actes relatifs à l'organisation du service public relèvent de la compétence du juge administratif (cass. civ., 1re ch., 30 mars 1999, n° 97-13.412, BC I n° 116).

Même chargée d'une mission de service public et bénéficiant pour son exécution de financements publics, une association régie par la loi de 1901 est une personne morale de droit privé. Par suite, le contrat de travail conclu entre cette association et un salarié est un contrat de droit privé et il appartient à la juridiction judiciaire de connaître du litige né de l'exécution et de la rupture de ce contrat (Trib. confl. 24 mars 2003, n° 3337; voir aussi cass. soc. 26 mai 2004, n° 02-41.434 et 15 juin 1999, n° 96-42.791, BC V n° 276).

Relèvent également de la compétence prud'homale les litiges survenus entre:
– les mères de famille de villages d'enfants qui élèvent les enfants qui leur sont confiés et l'association dont relèvent les villages (cass. soc. 28 octobre 1980, n° 79-60.650, BC V n° 781);
– le personnel des caisses de sécurité sociale et lesdites caisses, s'agissant de différends portant sur l'application des dispositions légales et conventionnelles régissant leur contrat de travail (cass. soc. 7 mars 1990, n° 96-43.407, BC V n° 108);
– une femme de service d'un établissement consulaire d'enseignement et ledit établissement (cass. soc. 3 juillet 1990, n° 86-45.627, BC V n° 341);
– une société d'ambulances chargée du transport des malades d'un service hospitalier et son personnel (cass. soc. 25 juin 2002, n° 01-41.848, BC V n° 216; RJS 10/02 n° 1079);
– la SNCF et l'un de ses agents demandant l'application d'une disposition de droit commun qu'il considérait plus favorable que la disposition correspondante du règlement élaboré par la SNCF (cass. soc. 22 mai 1995, n° 94-40.775, BC V n° 165), étant précisé que le règlement du personnel de la SNCF a la nature d'un acte administratif réglementaire et que l'appréciation de la légalité d'une de ses dispositions échappe à la compétence du juge judiciaire qui doit inviter les parties à saisir le Conseil d'État de cette question préjudicielle (cass. soc. 2 mai 2000, n° 97-45.323, BC V n° 162).

Salariés d'un service public administratif géré par une personne morale de droit privé transféré à une personne morale de droit public

Si les dispositions de l'article L. 122-12, al. 2 [L. 1224-1] CT imposent le maintien des contrats de travail en cours y compris dans le cas où l'entité économique transférée constitue un service public administratif dont la gestion, jusqu'ici assurée par une personne privée, est reprise par une personne morale de droit public normalement liée à son personnel par des rapports de droit public, elles n'ont pas pour effet de transformer la nature juridique des contrats de travail en cause, qui demeurent des contrats de droit privé tant que le nouvel employeur public n'a pas placé les salariés dans un régime de droit public. Le juge judiciaire est donc seul compétent pour statuer sur les litiges nés de la rupture des contrats de travail prononcée par la personne morale de droit public - dès lors que les salariés n'ont jamais été liés à celle-ci par un rapport de droit public - qui ne mettent en cause que des relations de droit privé (cass. soc. 23 novembre 2005, n° 03-45.439, BC V n° 339; RJS 1/06 n° 12; JSL n° 180, 27.12.2005, p. 18, J-E Tourreil; 12 juin 2007, n° 05-44.337, BC V n° 96; Dr. Soc. 2007, p. 1056, obs. A. Mazeaud; JCP éd. S 2007, 1878, note B. Bossu; 16 décembre 2008, n° 07-44.093, RJS 2/09 n° 137).

Mais le juge judiciaire ne peut faire injonction à la personne publique de proposer aux salariés un contrat de droit public reprenant les clauses substantielles de leur contrat de droit privé; lorsque les salariés se prévalent de la poursuite de leur emploi au service de la personne de droit public, le juge judiciaire, après avoir constaté la réunion des conditions requises, doit renvoyer les salariés à mieux se pourvoir afin que soit faite injonction à la personne publique de faire les offres de contrat auxquelles elle est tenue (cass. soc. 22 septembre 2015, n° 13-26.032, BC V n° 174; Dr. Soc. 2015, p. 1025, act. J. Mouly; RJS 12/15 n° 752; 28 mars 2018, n° 16-19.508). De même, le litige mettant en cause la validité du contrat de droit public appliqué au salarié d'une association repris par une personne publique gérant un service public administratif, à la suite du transfert d'une entité économique autonome, relève de la compétence des juridictions de l'ordre administratif (cass. soc. 24 juin 2009, n° 07-45.305, RJS 10/09 n° 767).

Maîtres des établissements d'enseignement privé sous contrat d'association avec l'État

Selon l'article L. 442-5 c. éduc. (modifié en dernier lieu par ord. 2008-1304 du 11 décembre 2008), les maîtres contractuels des établissements d'enseignement privé ne sont pas, en leur qualité d'agent public, liés par un contrat de travail à l'établissement au sein duquel ils enseignent. Les litiges individuels les concernant relèvent donc des juridictions administratives (cass. soc. 4 février 2014, n° 12-20.303, BC V n° 45; JCP éd. S 2014, 1459, note Fr. Bousez).

Cependant, ce même article prévoit que ces enseignants sont, pour l'application des dispositions du code du travail relatives aux institutions représentatives du personnel pris en compte dans le calcul des effectifs de l'établissement, qu'ils sont électeurs et éligibles pour les élections des représentants du personnel, qu'ils bénéficient des institutions représentatives dans les conditions prévues par le code du travail, que les rémunérations qui leur sont versées par l'État sont prises en compte pour le calcul de la masse salariale brute et la détermination du rapport entre la contribution aux institutions sociales et le montant global des salaires (à noter: l'article L. 442-5 c. éduc. n'a pas été actualisé à la suite de l'institution du comité social et économique ayant les délégués du personnel, le comité d'entreprise et le CHSCT, au plus tard le 01.01.2020).

Tirant les conséquences de ces dispositions, la Cour de cassation a décidé que la juridiction prud'homale est compétente pour statuer sur la demande d'un enseignant, représentant du personnel et syndical, tendant à obtenir la condamnation de l'établissement d'enseignement privé au paiement des heures de délégation accomplies en dehors de son temps de travail, pour l'exercice de ses mandats dans l'intérêt de la communauté de travail constituée par l'ensemble du personnel de l'établissement (cass. soc. 18 novembre 2008, n° 07-42.921, BC V n° 228; 18 mai 2011, n° 10-14.121, BC V n° 118; RJS 10/11 n° 841).

Art. L. 1411-3. Le conseil de prud'hommes règle les différends et litiges nés entre salariés à l'occasion du travail.

Note En application de cet article, la juridiction prud'homale est compétente pour connaître du litige opposant deux musiciens au sujet de la redistribution des cachets versés à l'occasion du travail qu'ils exécutaient en commun pour les mêmes employeurs, dans le cadre des contrats de travail individuels conclus avec les organisateurs de spectacle, peu important l'absence de lien de subordination entre les intéressés (cass. soc. 18 mars 2008, n° 07-40.835, BC V n° 67; RJS 5/08 n° 607; JCP éd. S 2008, 1327, note Th. Lahalle).

La compétence prud'homale est limitée aux litiges nés à l'occasion du travail entre salariés liés à un même employeur et exécutant pour ce dernier un travail en commun: le juge prud'homal n'est donc pas compétent pour statuer sur la demande en dommages-intérêts formulée, sur le fondement de l'article 1382 c. civ. (1240 c. civ.: nouvelle référence depuis ordonnance 2016-131 du 10 février 2016), par un salarié contre trois autres salariés de la même entreprise, en raison du caractère prétendument diffamatoire d'attestations délivrées par ceux-ci au cours d'une instance prud'homale antérieure l'ayant opposé à son ancien employeur, ce différend n'étant pas né à l'occasion du contrat de travail (cass. soc. 15 juin 1995, n° 94-40.748).

Art. L. 1411-4. Le conseil de prud'hommes est seul compétent, quel que soit le montant de la demande, pour connaître des différends mentionnés au présent chapitre. Toute convention contraire est réputée non écrite.

Le conseil de prud'hommes n'est pas compétent pour connaître des litiges attribués à une autre juridiction par la loi, notamment par le code de la sécurité sociale en matière d'accidents du travail et maladies professionnelles.

Note ***Jugement déclarant l'incompétence.*** Lorsque, en l'absence de contrat de travail entre les parties, la juridiction prud'homale se déclare incompétente, elle doit désigner la juridiction qu'elle estime compétente pour connaître de la demande (c. proc. civ. art. 81; cass. soc. 14 avril 1999, n° 97-40.697, BC V n° 178; 4 décembre 2002, n° 00-44.342, RJS 2/03 n° 232). S'agissant d'une personne qui prétendait avoir été liée par un contrat de travail à une société, laquelle, de son côté, soutenait que ce contrat était nul, l'autorité de la chose jugée quant à l'inexistence de toute relation de travail entre les parties ne saurait être accordée au jugement du conseil de prud'hommes qui s'est borné, dans son dispositif, à se déclarer incompétent (cass. soc. 16 octobre 1991, n° 89-11.473, BC V n° 407).

Exception d'incompétence. Un employeur est recevable à décliner la compétence du conseil de prud'hommes, même s'il s'est abstenu de le faire lors d'une précédente instance opposant les mêmes parties (cass. soc. 16 mai 2000, n° 98-42.266, BC V n° 186).

La partie qui soulève l'incompétence du tribunal saisi doit, dans tous les cas et sous peine d'irrecevabilité, désigner la juridiction qu'elle estime compétente et préciser en particulier la nature et le lieu de la juridiction revendiquée (cass. soc. 22 janvier 1992, n° 90-41.599, BC V n° 18).

Lorsqu'un conseil de prud'hommes n'est saisi d'aucune exception d'incompétence, il n'est pas tenu de se prononcer sur sa compétence, en recherchant notamment si le litige relève de la compétence des juridictions administratives, et peut statuer au fond (c. proc. civ. art. 81; cass. soc. 16 mars 1995, n° 91-44.755).

Contredit. Par décret 2017-891 du 6 mai 2017 (JO 10), la procédure dite «du contredit» instaurée par les articles 80 et s. c. proc. civ. a été supprimée. Les règles relatives à l'appel du jugement statuant exclusivement sur la compétence sont définies aux articles 83 à 89 c. proc. civ., lesquelles s'appliquent aux décisions rendues depuis le 1er septembre 2017. Celles relatives à l'appel du jugement statuant sur la compétence et le fond du litige, aux articles 90 et 91 du même code.

Compétence territoriale: voir note sous art. R. 1412-1.

Inapplicabilité d'une clause compromissoire. Les conseils de prud'hommes étant seuls compétents pour connaître des différents qui peuvent s'élever à l'occasion du contrat de travail, toute clause compromissoire inscrite dans un contrat de travail ou dans un document ayant valeur d'avenant au contrat de travail est réputée non écrite (cass. soc. 30 novembre 2011, n° 11-12.905, BC V n° 277; RJS 2/12 n° 181).

Art. L. 1411-5. Le conseil de prud'hommes donne son avis sur les questions que lui pose l'autorité administrative.

Art. L. 1411-6. Lorsqu'un organisme se substitue habituellement aux obligations légales de l'employeur, il peut être mis en cause aux côtés de celui-ci en cas de litige entre l'employeur et les salariés qu'il emploie.

Note Cette disposition s'applique aux seuls organismes se substituant habituellement aux obligations légales de l'employeur (c'est le cas des caisses de congés payés) et ne concerne pas ceux qui se substituent à des obligations conventionnelles ou contractuelles.

Ainsi, l'organisme gestionnaire d'un régime de retraite complémentaire instauré par la convention collective applicable à l'entreprise ne peut être mis en cause devant le conseil de prud'hommes aux côtés de l'employeur dans un litige opposant ce dernier à un salarié concernant le versement d'indemnités de prévoyance complémentaire (cass. soc. 16 novembre 2010, n° 10-12.156, BC V n° 259; RJS 3/11 n° 272).

En outre, le seul fait pour une association d'aide aux personnes âgées d'avoir établi des contrats de travail de gardes-malades pour le compte de ses membres ne suffit pas à établir qu'elle se substitue habituellement aux obligations légales de l'employeur au sens de ce texte; elle ne peut donc être mise en cause aux côtés de ses membres dans les litiges les opposant aux gardes-malades (cass. soc. 2 juin 1993, n° 90-40.275, BC V n° 156). En revanche, l'association de services aux personnes qui s'est régulièrement substituée à l'employeur pour l'établissement des fiches de paie peut être appelée en garantie devant la juridiction saisie du litige opposant l'employeur à un salarié au sujet de sa rémunération (cass. soc. 28 février 2006, n° 03-44.781, BC V n° 91; JSL, 28.03.2006, p. 12, M-Ch. Haller; Dr. Soc. 2006, p. 680, obs. J. Savatier; RJS 5/06 n° 640). Voir aussi cass. soc. 5 janvier 2011, n° 09-72.264, RJS 6/11 n° 557, précisant qu'une association chargée, en application d'une convention de mandat et sous le contrôle de l'employeur, du recrutement, de l'établissement des bulletins de paie et de l'accomplissement des diverses formalités administratives inhérentes à l'emploi d'un salarié au domicile, doit vérifier la conformité des bulletins de paie aux dispositions légales et réglementaires sur la base des informations qu'elle doit recueillir pour les établir.

CHAPITRE II (réglementaire) Compétence territoriale

Art. R. 1412-1. L'employeur et le salarié portent les différends et litiges devant le conseil de prud'hommes territorialement compétent.

Ce conseil est:

1° Soit celui dans le ressort duquel est situé l'établissement où est accompli le travail;

2° Soit, lorsque le travail est accompli à domicile ou en dehors de toute entreprise ou établissement, celui dans le ressort duquel est situé le domicile du salarié.

Le salarié peut également saisir les conseils de prud'hommes du lieu où l'engagement a été contracté ou celui du lieu où l'employeur est établi.

Note • **Notion d'établissement**

La compétence territoriale de la juridiction prud'homale est déterminée selon les modalités réelles d'exécution du travail (cass. soc. 18 mars 1986, JS 1986 SJ 98).

• **Travail dans un établissement**

Il faut entendre notamment par établissement toute usine, toute manufacture, tout atelier, tout chantier où sont réunis des ouvriers ou des employés travaillant sous la direction du chef d'entreprise ou de ses représentants (cass. soc. 13 novembre 1963, BC IV n° 774), tout magasin, bureau, agence (cass. soc. 16 juillet 1963, BC V n° 607). Cette règle de compétence s'applique même si un travailleur a été occupé successivement dans plusieurs établissements (cass. soc. 22 avril 1971, n° 70-40.126, BC V n° 299) mais à condition que les parties au contrat aient stipulé que le travail s'exécuterait dans un ou plusieurs établissements déterminés (cass. soc. 9 mai 1963, BC V n° 399).

Le salarié travaillant dans un établissement peut, à son choix, porter sa demande:
– devant le CPH du lieu de l'établissement où il travaille;
– devant le CPH du lieu où l'engagement a été contracté (voir cass. soc. 12 mars 1997, n° 94-41.245, BC V n° 107, précisant que le salarié, qui a toujours accompli sa prestation de travail dans le cadre d'un groupe de sociétés étroitement liées, peut valablement saisir le conseil de prud'hommes du lieu de conclusion du contrat initial);
– devant le CPH du lieu où l'employeur est établi (cass. soc. 9 décembre 1992, n° 88-42.595, BC V n° 588; 12 juin 2001, n° 99-43.329, BC V n° 218; RJS 8-9/01 n° 1054; 14 décembre 2004, n° 03-40.401, BC V n° 333; RJS 2/05 n° 192).

Le salarié qui conteste la régularité du transfert de son contrat de travail et du licenciement dont il a fait l'objet dans le cadre d'une cession d'activité et qui demande la condamnation *in solidum* des deux employeurs peut se prévaloir de la prorogation de compétence de l'article 42, al. 2 c. proc. civ. et choisir de saisir le CPH du lieu du siège social de la société cédante (cass. soc. 16 février 2011, n° 10-16.423, BC V n° 48; JCP éd. S 2011, 1191, note S. Brissy; RJS 5/11 n° 449).

• **Travail en dehors de tout établissement**

C'est notamment le cas du travail à domicile ou du contrat de représentation (voir, s'agissant d'un VRP, cass. soc. 24 janvier 2001, n° 98-45.910, TPS n° 198, mai 2001, p. 34). La demande est portée:

– si le demandeur est le salarié, au choix de celui-ci, car l'article R. 1412-1 n'édicte pas de compétence exclusive au profit du conseil du domicile du salarié, soit devant le CPH du:
– domicile du salarié,
– lieu où l'engagement a été contracté,
– lieu où l'employeur est établi;

– si le demandeur est l'employeur, devant le CPH dans le ressort duquel le salarié est domicilié.

C'est aux modalités réelles d'exécution du travail qu'il convient de s'attacher pour déterminer le CPH territorialement compétent: si elles font apparaître que le salarié accomplit en fait sa tâche en dehors de tout établissement, la demande est portée devant le CPH de son domicile, peu important que l'intéressé soit administrativement rattaché à un établissement (cass. soc. 27 janvier 1999, n° 97-40.298; voir aussi cass. soc. 8 février 2000, n° 97-44.890). Peu importe également qu'il exerce quelques fonctions techniques dans l'entreprise (cass. soc. 24 janvier 2001, n° 98-45.910, précité).

La salariée qui, lors de son licenciement, travaille en dehors de tout établissement peut saisir le CPH de son domicile, peu important qu'il s'agisse d'un détachement temporaire et de courte durée auprès d'un autre employeur en exécution d'une convention de prêt de main-d'œuvre (cass. soc. 7 décembre 1994, n° 91-42.507).

Dès lors qu'il devait exercer son activité en dehors de tout établissement, un salarié a pu saisir le CPH du lieu de son domicile pour obtenir le paiement de son salaire même pour une courte période et peu important qu'il n'ait travaillé que sur un seul chantier (cass. soc. 12 février 1992, n° 91-41.541).

Domicile du salarié. Le domicile du salarié est le lieu où il a son principal établissement. Il ne peut pas s'agir d'une chambre d'hôtel occupée par le salarié (cass. soc. 25 octobre 2000, n° 98-42.998). Le domicile est celui du salarié lors de la saisine de la juridiction – et non celui que l'intéressé occupait au jour de son licenciement – (cass. soc. 10 avril 1991, n° 87-45.701, BC V n° 182).

Lieu de l'engagement. Si le contrat est conclu par correspondance, le lieu de l'engagement est celui où l'intéressé a reçu le projet de contrat et d'où il l'a renvoyé après signature. Lorsqu'une proposition de mutation a été adressée au domicile du salarié et que c'est à cette adresse que l'intéressé a donné son accord à la mutation, le lieu de l'engagement est celui du domicile du salarié (cass. soc. 15 juin 1993, n° 89-43.668). De même, lorsque l'engagement est contracté par téléphone au domicile du salarié, ce dernier peut saisir le CPH du lieu de son domicile (cass. soc. 11 juillet 2002, n° 00-44.197, BC V n° 254; RJS 11/02 n° 1275).

Si la demande fondée sur l'article 47 c. proc. civ. peut être présentée à tout moment de la procédure, même en cause d'appel, et que le renvoi de l'affaire est de droit lorsque les conditions prévues par ce texte sont réunies, les juges du fond gardent la possibilité de condamner à des dommages-intérêts ceux qui se seraient abstenus, dans une intention dilatoire, de la soulever plus tôt: commet un abus de droit la partie qui sollicite le bénéfice des dispositions de l'article 47 c. proc. civ. près de cinq ans après le jugement du CPH, sans avertir personne, plus d'une heure après l'appel du rôle et après que l'avocat de la partie adverse a pris la peine, à la demande du président, de le questionner sur ses intentions (cass. soc. 11 juillet 2002, n° 00-44.407, BC V n° 255).

• **Saisine d'une juridiction limitrophe**

L'article 47 c. proc. civ. s'applique aux conseillers prud'hommes qui sont des magistrats: lorsqu'un conseiller prud'homme est partie à un litige relevant de la compétence d'une juridiction dans le ressort de laquelle il exerce ses fonctions, l'affaire doit, si l'autre partie le demande, être renvoyée devant une juridiction située dans un ressort limitrophe (cass. soc. 12 janvier 1993, n° 88-44.488). Le ressort dans lequel un conseiller prud'homme exerce ses fonctions est celui de la cour d'appel dont dépend sa juridiction (cass. soc. 26 novembre 2013, n° 12-11.740, BC V n° 282; JCP éd. S 2014, 1208, note Th. Lahalle). L'article 47 c. proc. civ. s'applique que le magistrat en cause soit partie au procès en son nom personnel ou en sa qualité de représentant légal d'une partie (cass. soc. 5 décembre 1990, n° 87-42.544, BC V n° 620). À noter que les dispositions de l'article 47 c. proc. civ. ne doivent pas être interprétées de façon extensive: le fait que le magistrat, membre employeur du CPH territorialement compétent, exerce, en sa qualité de directeur financier, une fonction de responsabilité au sein de la société employeur ne suffit pas à autoriser le salarié à se prévaloir des dispositions de ce texte pour saisir une juridiction limitrophe, le directeur financier n'étant pas le représentant légal d'une société anonyme (cass. soc. 19 juillet 1994, n° 90-46.074, BC V n° 246).

De même, le directeur des ressources humaines n'étant pas le représentant légal d'une société anonyme, le fait que le directeur des ressources humaines ayant procédé au licenciement du salarié demandeur soit conseiller prud'homme au CPH territorialement compétent pour examiner le litige ne peut justifier qu'il soit fait application de l'article 47 c. proc. civ. (cass. soc. 20 mars 1997, n° 95-42.755, BC V n° 121; RJS 8-9/97 n° 1007). Toutefois, «l'exigence d'impartialité s'impose aux juridictions à l'encontre desquelles le grief peut être invoqué indépendamment des cas visés par l'article 47» c. proc. civ. Dès lors, une cour d'appel a pu, sans excéder ses pouvoirs, écarter les dispositions de l'article 47 c. proc. civ. au motif que le responsable des ressources humaines de la société n'était pas partie à la procédure au sens de ce texte et décidé, sur le fondement de l'article 6 § 1 de la Convention de sauvegarde des droits de l'homme et des libertés fondamentales, qu'il convenait cependant de renvoyer l'affaire devant une juridiction limitrophe de celle territorialement compétente (cass. soc. 19 décembre 2018, n° 17-26.376, à paraître, JCP éd. S 2019, 1044, note S. Brissy; RJS 3/19 n° 177).

Voir aussi cass. soc. 17 juin 2009, n° 08-41.975, RJS 10/09 n° 822: l'article 47 c. proc. civ. ne s'applique pas lorsque l'employeur est représenté par son conjoint, par ailleurs membre du CPH saisi, ce dernier n'étant ni partie au litige ni représentant légal de l'employeur.

Un salarié magistrat peut exercer la faculté de saisir une juridiction limitrophe en application de l'article 47 c. proc. civ. sans être tenu d'exercer préalablement une autre option de compétence. Doit donc être rejeté le pourvoi soutenant qu'un salarié magistrat ne peut saisir une juridiction limitrophe que si les différentes options que lui offre l'article R. 517-1 [R. 1412-1] CT ne permettent pas de voir le litige auquel il est partie relever de la compétence d'une juridiction en dehors du ressort de laquelle il exerce ses fonctions (cass. soc. 27 mai 1998, n° 96-41.311, BC V n° 285).

Lorsque l'instance est renvoyée devant une juridiction limitrophe en vertu de l'article 47 c. proc. civ., la procédure suit son cours en l'état où elle se trouvait sans qu'il y ait lieu de reprendre les actes de procédure déjà accomplis (art. 97 c. proc. civ. transféré à l'art. 82 du même code par décret 2017-891 du 6 mai 2017). C'est donc à bon droit qu'une cour d'appel rejette la contestation d'un employeur tirée de l'absence de préliminaire de conciliation dans une instance prud'homale (cass. soc. 7 novembre 1995, n° 93-43.806, BC V n° 291; RJS 12/95 n° 1272).

e salarié qui a saisi un CPH d'une demande dont il s'est désisté conserve la possibilité de saisir un CPH limitrophe, en application de l'article 47, al. 1er c. proc. civ. (cass. soc. 21 juin 1995, n° 91-40.301, BC V n° 208).

• **Droit international privé**

Si l'une des parties au contrat est de nationalité étrangère ou si le contrat a été conclu ou exécuté à l'étranger, les principes suivants doivent être observés.

Il existe une convention internationale liant la France et déterminant la juridiction compétente, cette convention l'emporte sur la loi française conformément à l'article 55 de la Constitution.

Union européenne. Dans les pays membres de l'Union européenne les règles relatives à la compétence judiciaire sont celles fixées par le règlement (UE) 1215/2012 du 12 décembre 2012 qui remplace, pour les actions en justice intentées depuis le 10 janvier 2015 au règlement (CE) 44/2001 du 22 décembre 2000, dont il conserve l'essentiel des dispositions. Le règlement (CE) 44/2001 avait remplacé la Convention de Bruxelles de 1968 depuis le 1er mars 2002.

Pour déterminer la compétence internationale du juge saisi d'un litige d'ordre international intracommunautaire, il convient donc de se référer aux dispositions du règlement (CE) 44/2001 (aujourd'hui le règlement (UE) 1215/2012 du 12 décembre 2012) et d'écarter les règles procédurales internes, et notamment l'article R. 1412-1 CT (dans ce sens, voir CJCE 13 novembre 1979, aff. 25/79, rec. p. 3423; cass. ch. mixte 11 mars 2005, n° 02-41.371, BC n° 2; cass. soc. 20 septembre 2006, n° 04-45.717, BC V n° 268).

Ainsi, il résulte de l'article 19, § 2, a) du règlement (CE) 44/2001 du 22 décembre 2000 (art. 21 du règlement (UE) 1215/2012 du 12 décembre 2012) qu'un employeur ayant son domicile sur le territoire d'un État membre peut être attrait dans un autre État membre devant le tribunal du lieu où le travailleur accomplit habituellement son travail ou devant le tribunal du dernier lieu où il a accompli habituellement son travail (cass. soc. 27 novembre 2013, n° 12-20.426, BC V n° 293; RJS 2/14 n° 158). À cet égard, la Cour de cassation a précisé que le lieu de travail habituel est l'endroit où le travailleur accomplit la majeure partie de son temps de travail pour le compte de son employeur en tenant compte de l'intégralité de la période d'activité du travailleur; lorsque le salarié a effectué une succession de contrats à durée déterminée, il y a lieu en premier lieu de rechercher si ces contrats doivent être considérés dans leur ensemble pour déterminer une compétence juridictionnelle unique (cass. soc. 28 septembre 2016, n° 15-17.288, BC V n° 182; JCP éd. S 2016, 1408, note Ph. Coursier; RJS 1/17 n° 53). En cas de périodes stables de travail dans des lieux successifs différents, le dernier lieu d'activité devrait être retenu dès lors que, selon la volonté claire des parties, il a été décidé que le travailleur y exercerait de façon stable et durable ses activités (cass. soc. 31 mars 2009, n° 08-40.367, BC V n° 93; Dr. Soc. 2009, p. 733, obs. P. Chaumette; RJS 6/09 n° 568; 27 novembre 2013, n° 12-24.880, BC V n° 294; RJS 2/14 n° 159).

Concernant des salariés affectés à une activité de transport aérien, la CJUE a jugé que, pour déterminer le lieu où le travailleur accomplit habituellement son travail, il convient d'établir dans quel État membre se situe le lieu à partir duquel le travailleur effectue ses missions de transport, celui où il rentre après ses missions, reçoit les instructions sur ses missions et organise son travail, ainsi que le lieu où sont stationnés les avions à bord desquels le travail est habituellement accompli. À cet égard, la Cour a précisé que si la notion de lieu où le travailleur accomplit habituellement son travail n'est pas assimilable à celle de «base d'affectation», la notion de «base d'affectation» constitue néanmoins un indice significatif et que ce ne serait que dans l'hypothèse où, compte tenu des éléments de fait de chaque cas d'espèce, des demandes présenteraient des liens de rattachement plus étroits avec un endroit autre que celui de la «base d'affectation» que se trouverait mise en échec la pertinence de cette dernière pour identifier le «lieu à partir duquel des travailleurs accomplissent habituellement leur travail» (CJUE 14 septembre 2017, aff. C-168/16, RJS 1/18, p. 10 (I. A.), chron. J-Ph. Lhernould; pour des illustrations, voir aussi cass. soc. 28 février 2018, 2 arrêts, n°s 16-12.754 et 16-17.505, BC V n°s 38 et 39; RJS 5/18 n° 379).

Sur la notion de lieu de travail habituel en application de la convention de Lugano, voir aussi cass. soc. 25 janvier 2012, n° 10-28.155, BC V n° 24; RJS 4/12 n° 379.

À noter que l'affiliation du salarié au régime de sécurité sociale de l'État dans lequel l'employeur a son siège est sans incidence sur l'application des règles de compétences résultant de l'article 19 du règlement (CE) 44/2001 du 22 décembre 2000 (cass. soc. 29 septembre 2014, n° 13-15.802, BC V n° 216; RJS 12/14 n° 888; 10 juin 2015, n° 13-27.799, BC V n° 123; RJS 10/15 n° 658).

Il n'existe pas de convention internationale liant la France et déterminant la juridiction compétente.

Privilège de juridiction. En application de l'article 14 c. civ. et en l'absence de clause attributive de juridiction, les tribunaux français sont compétents lorsque seul le demandeur est de nationalité française: un salarié français peut donc toujours saisir les tribunaux français, même si son employeur est de nationalité étrangère.

Le désistement par un demandeur français de l'instance qu'il avait introduite devant une juridiction étrangère lui permet de recouvrer la faculté d'invoquer le privilège de juridiction édicté par l'article 14 c. civ. et de porter la même action devant les tribunaux français (cass. civ., 1re ch., 27 janvier 1993, n° 90-21.219, BC I n° 33). De même, en cas de décision d'incompétence et de dessaisissement corrélatif de la juridiction étrangère saisie par un salarié français, ce dernier recouvre la faculté d'invoquer le privilège de juridiction en vue d'exercer la même action devant la juridiction française (cass. soc. 9 juillet 1996, n° 93-41.549, BC V n° 266; RJS 10/96 n° 1075).

Art. L. 1411-6

Détermination du conseil de prud'hommes compétent

• *1er cas.* Le contrat est exécuté dans un établissement situé en France par un salarié (français ou étranger) domicilié hors de France: les règles normales de compétence sont applicables. Voir cass. soc. 26 janvier 1989, n° 86-40.766, BC V n° 76; Dr. Soc. 1989, p. 729, A. Jeammaud, concluant à la compétence du conseil de prud'hommes de Paris pour connaître de la demande d'un salarié de nationalité algérienne employé par la Cie Air Algérie dans un établissement parisien.

• *2e cas.* Le contrat est exécuté en France mais en dehors de tout établissement par un salarié (français ou étranger) domicilié hors de France:
– si le salarié est le demandeur: les règles normales de compétence s'appliquent, mais, si elles ne conduisent pas à saisir un tribunal français, le salarié de nationalité française peut, par application de l'article 14 c. civ., porter sa demande devant un tribunal français;
– si l'employeur est le demandeur: le CPH compétent est, par application de l'article 14 c. civ., celui choisi par l'employeur, à condition que ce choix réponde aux exigences d'une bonne administration de la justice (cass. soc. 18 octobre 1967, Revue critique DIP, 1968, note H. Gaudemet-Tallon).

• *3e cas.* Le contrat est exécuté par un salarié français pour un employeur français, mais dans un établissement situé à l'étranger: en application de l'article 42 c. proc. civ., et en l'absence d'exercice par le salarié de la faculté offerte par l'article R. 517-1, al. 3 [R. 1412-1] CT de saisir le CPH du lieu où l'engagement a été contracté ou celui du lieu où l'employeur est établi, l'employeur peut revendiquer la compétence du CPH de son siège social (cass. soc. 3 décembre 1987, n° 84-45.403, BC V n° 710; 16 mars 1989, n° 86-43.548, BC V n° 227).

• *4e cas.* Le contrat est exécuté par un salarié français à l'étranger et en dehors de tout établissement: en application de l'article R. 517-1, al. 2 [R. 1412-1, 2°], le CPH compétent est celui du domicile du salarié (cass. soc. 19 mai 1988, n° 87-42.286, BC V n° 305).

Exception d'incompétence au profit d'une juridiction étrangère. Il résulte de l'article 75 c. proc. civ. que lorsque, à l'occasion d'une exception d'incompétence, il est prétendu qu'une juridiction étrangère est compétente, il suffit au défendeur de préciser l'État dans lequel se trouve la juridiction compétente, sans avoir à préciser ni sa nature ni sa localisation exacte (cass. soc. 17 mars 1998, n° 93-40.442, BC V n° 151).

Clauses attributives de juridiction: voir note sous article L. 1221-5.

Clauses compromissoires. La clause compromissoire insérée dans un contrat de travail international et qui prévoit l'arbitrage d'une chambre de commerce étrangère est inopposable au salarié qui a régulièrement saisi la juridiction française compétente en vertu des règles applicables, peu important la loi régissant le contrat de travail (voir, s'agissant d'un contrat international exécuté en France, cass. soc. 16 février 1999, n° 95-40.643, BC V n° 78; RJS 5/99 n° 720, et, s'agissant d'un contrat de travail international exécuté à l'étranger, cass. soc. 9 octobre 2001, n° 99-43.288, BC V n° 312; RJS 12/01 n° 1452; voir aussi cass. soc. 28 juin 2005, n° 03-45.042, BC V n° 216).

Art. R. 1412-2. En cas de création d'un conseil de prud'hommes, la cour d'appel, saisie sur requête du procureur général, constate que la nouvelle juridiction est en mesure de fonctionner.

Elle fixe la date de l'installation du conseil à compter de laquelle le ou les conseils de prud'hommes dont le ressort est réduit cessent d'être compétents pour connaître des affaires entrant dans leur compétence.

Art. R. 1412-3. Lorsqu'à la suite d'une nouvelle délimitation de circonscriptions judiciaires, le ressort d'un conseil de prud'hommes est modifié, le conseil de prud'hommes initialement saisi demeure compétent pour statuer sur les procédures introduites antérieurement à la modification.

Art. R. 1412-4. Toute clause d'un contrat qui déroge directement ou indirectement aux dispositions de l'article R. 1412-1, relatives aux règles de compétence territoriale des conseils de prud'hommes, est réputée non écrite.

Art. R. 1412-5. Lorsqu'un salarié est temporairement détaché sur le territoire national par une entreprise établie dans un autre État membre de ***(D. 2016-660 du 20 mai 2016, art. 43, I, JO 25)*** «l'Union» européenne, les contestations relatives aux droits reconnus dans les matières énumérées à l'article L. 1262-4 peuvent être portées devant le conseil de prud'hommes dans le ressort duquel la prestation est ou a été exécutée.

Lorsque la prestation est ou a été exécutée dans le ressort de plusieurs conseils de prud'hommes, ces contestations sont portées devant l'une quelconque de ces juridictions.

Note Cet article a été introduit par le décret 2000-462 du 29 mai 2000 (JO 31) pris pour la transcription de l'article 6 de la directive 96/71/CE du 16 décembre 1996 concernant le détachement de travailleurs effectué dans le cadre d'une prestation de services.

TITRE II INSTITUTION, ORGANISATION ET FONCTIONNEMENT

Note • Les dispositions de ce titre sont applicables à Mayotte à compter du 01.01.2022, à l'exception des articles R. 1423-1 et R. 1423-5 qui sont applicables à compter du 01.01.2021 (ordonnance 2017-1491 du 25 octobre 2017, art. 33, 3°, JO 26 et décret 2018-953 du 31 octobre 2018, art. 58, III, *b*, JO 6 nov., modifié par décret 2020-1549 du 9 décembre 2020, art. 2, JO 10).

• Voir «L'avenir des juridictions du travail: vers un tribunal prud'homal du XXIe siècle», rapport A. Lacabarats à Madame la Garde des Sceaux, Ministre de la Justice, juillet 2014.

Voir aussi SSL n° 1653 du 24.11.2014, Forum Dossier, P. Henriot «Du rapport Lacabarats au projet de loi Macron: comment neutraliser la prud'homie» JCP éd. S 2015, 1324, étude Th. Lahalle: «La justice prud'homale à l'aune des lois du 18 décembre 2014 et du 6 août 2015».

CHAPITRE Ier Dispositions générales

Art. L. 1421-1. Le conseil de prud'hommes est une juridiction paritaire.

Il est composé, ainsi que ses différentes formations, d'un nombre égal de salariés et d'employeurs.

Note Cet article a été modifié par l'ordonnance 2016-388 du 31 mars 2016, art. 1er, 2°, JO 1er avril, entrée en vigueur le 01.01.2018.

Art. L. 1421-2. ***(L. 2015-990 du 6 août 2015, art. 258, I, 1°, JO 7)*** Les conseillers prud'hommes exercent leurs fonctions en toute indépendance, impartialité, dignité et probité et se comportent de façon à exclure tout doute légitime à cet égard. Ils s'abstiennent, notamment, de tout acte ou comportement public incompatible avec leurs fonctions.

Ils sont tenus au secret des délibérations.

Leur est interdite toute action concertée de nature à arrêter ou à entraver le fonctionnement des juridictions lorsque le renvoi de l'examen d'un dossier risquerait d'entraîner des conséquences irrémédiables ou manifestement excessives pour les droits d'une partie.

Note Sur l'exigence d'impartialité, voir note sous L. 1457-1 CT.

CHAPITRE II Institution

Art. L. 1422-1. Il est créé au moins un conseil de prud'hommes dans le ressort de chaque ***(Ord. 2019-964 du 18 sept. 2019, art. 35, JO 19, entrée en vigueur le 01.01.2020)*** «tribunal judiciaire». Le ressort du conseil, s'il est unique, s'étend à l'ensemble de celui du ***(Ord. 2019-964 du 18 sept. 2019, art. 35, JO 19, entrée en vigueur le 01.01.2020)*** «tribunal judiciaire».

Pour des raisons d'ordre géographique, économique ou social, plusieurs conseils de prud'hommes peuvent être créés dans le ressort d'un ***(Ord. 2019-964 du 18 sept. 2019, art. 35, JO 19, entrée en vigueur le 01.01.2020)*** «tribunal judiciaire».

Art. L. 1422-2. Les aérodromes dont l'emprise s'étend sur le ressort de plusieurs conseils de prud'hommes peuvent être rattachés par décret au ressort de l'un d'eux pour l'application des dispositions concernant la compétence territoriale en matière prud'homale.

Art. L. 1422-3. Des décrets en Conseil d'État portent création ou suppression des conseils de prud'hommes et fixation, modification ou transfert de leur ressort et de leur siège.

Art. R. 1422-1. Lorsqu'est envisagé la création ou la suppression d'un conseil de prud'hommes, la modification du ressort ou le transfert du siège d'un conseil, le ministre chargé du travail publie préalablement au *Journal officiel* de la République française un avis indiquant:

1° Le siège du conseil à créer ou à supprimer ou, en cas de transfert, le nouveau siège du conseil;

2° L'étendue de la compétence territoriale du conseil à créer et du ou des conseils dont le ressort est affecté par la création, la suppression ou la modification envisagée;

3° L'effectif des conseillers des différentes sections du conseil à créer ou dont l'organisation est modifiée.

L'avis invite les organismes et autorités mentionnés à l'article R. 1422-2 à faire connaître au ministre chargé du travail, dans le délai de trois mois, leurs observations et avis.

Art. R. 1422-2. Les décrets d'institution du conseil de prud'hommes prévus à l'article L. 1422-3 fixent le siège et le ressort du conseil ainsi que la date de ***(D. 2016-1359 du 11 oct. 2016, JO 13, entrée en vigueur le 01.01.2018)*** «la désignation» des conseillers.

Ils sont pris après consultation ou avis:
1° Du ***(D. 2013-938 du 18 oct. 2013, art. 1er, JO 20)*** «conseil départemental» et du conseil municipal;
2° Du ou des conseils de prud'hommes intéressés;
3° Du premier président de la cour d'appel;
4° Des organisations d'employeurs et de salariés représentatives au niveau national;
5° Des chambres consulaires.

Art. R. 1422-3. Chacun des organismes ou autorités mentionnés à l'article R. 1422-2 est réputé avoir donné un avis favorable s'il ne s'est pas prononcé dans les trois mois suivant sa saisine.

Art. R. 1422-4. Les siège et ressort des conseils de prud'hommes sont fixés conformément à l'annexe figurant à la fin du présent livre.

CHAPITRE III Organisation et fonctionnement

SECTION 1. Sections

Art. L. 1423-1. Le conseil de prud'hommes est divisé en sections autonomes.

Il comporte une formation commune de référé.

Art. L. 1423-1-1. ***(Ord. 2016-388 du 31 mars 2016, art. 1er, 3°, JO 1er avril, entrée en vigueur le 01.01.2018)*** Sous réserve des dispositions relatives à la section de l'encadrement définies à l'article L. 1423-1-2, les affaires sont réparties entre les sections du conseil des prud'hommes au regard du champ d'application de la convention ou de l'accord collectif de travail dont le salarié partie au litige relève et d'un tableau de répartition, dans des conditions définies par décret.

Note Voir article R. 1423-4 et la note sous cet article.

Art. L. 1423-1-2. ***(Ord. 2016-388 du 31 mars 2016, art. 1er, 3°, JO 1er avril, entrée en vigueur le 01.01.2018)*** Relèvent de la section de l'encadrement les affaires dont le salarié partie au litige relève des catégories suivantes:

1° Les ingénieurs ainsi que les salariés qui, même s'ils n'exercent pas de commandement, ont une formation équivalente constatée ou non par un diplôme;

2° Les salariés qui, ayant acquis une formation technique, administrative, juridique, commerciale ou financière, exercent un commandement par délégation de l'employeur;

3° Les agents de maîtrise qui ont une délégation écrite de commandement;

4° Les voyageurs, représentants ou placiers.

Art. L. 1423-2. Un décret fixe, pour chaque conseil de prud'hommes, le nombre de conseillers à ***(Ord. 2016-388 du 31 mars 2016, art. 1er, 4°, JO 1er avril, entrée en vigueur le 01.02.2017)*** «nommer» par collège dans les différentes sections.

Note La composition et le nombre de conseillers ont été fixés pour chaque conseil de prud'hommes par le tableau annexé au décret 2008-515 du 29 mai 2008, JO 1er juin (entrée en vigueur 3 décembre 2008).

Sous-section 1 (réglementaire). Composition

Art. R. 1423-1. I. – Le conseil de prud'hommes est divisé en cinq sections autonomes:
1° La section de l'encadrement;
2° La section de l'industrie;
3° La section du commerce et des services commerciaux;
4° La section de l'agriculture;
5° La section des activités diverses.

Chaque section comprend au moins trois conseillers prud'hommes employeurs et trois conseillers prud'hommes salariés.

Art. R. 1423-2. Lorsque le ressort d'un ***(D. 2019-966 du 18 sept. 2019, art. 8, JO 19, entrée en vigueur le 01.01.2020)*** «tribunal judiciaire» comprend plusieurs conseils de prud'hommes, une section de l'agriculture unique est constituée pour l'ensemble du ressort de ce tribunal.

Cette section est rattachée au conseil de prud'hommes dont le siège est celui de ce tribunal. ***(D. 2020-1214 du 2 oct. 2020, JO 4)*** « Toutefois, la section de l'agriculture unique constituée pour l'ensemble du ressort du tribunal judiciaire de Privas est rattachée au conseil de prud'hommes d'Aubenas. »

Art. R. 1423-3. Lorsqu'un département comprend plusieurs conseils de prud'hommes comportant une section de l'agriculture, il est possible de réduire le nombre de sections de l'agriculture dans le département. Cette réduction tient compte du nombre et de la variété des affaires traitées. Cette section est rattachée à l'un de ces conseils par décret en Conseil d'État.

Sous-section 2 (réglementaire). **Répartition entre les sections**

Art. R. 1423-4. ***(D. 2016-1359 du 11 oct. 2016, JO 13, entrée en vigueur le 01.02.2017)*** Le garde des sceaux, ministre de la justice, et le ministre chargé du travail fixent par arrêté, pour chaque désignation générale des conseillers prud'hommes, le tableau de répartition mentionné à l'article L. 1423-1-1.

Sous réserve des dispositions relatives à la section de l'encadrement, ce tableau rattache aux sections de l'industrie, du commerce et des services commerciaux, de l'agriculture ou des activités diverses chaque convention collective ou accord collectif de branche en fonction du champ d'application de ceux-ci. En l'absence de convention ou d'accord collectif applicable, la section de rattachement est celle des activités diverses.

Ce tableau demeure applicable nonobstant toute dénonciation ou mise en cause d'une convention ou d'un accord qui y figure.

Note Voir arrêté du 1er mars 2017 (JO 22) fixant le tableau de répartition entre les sections du conseil de prud'hommes pour le mandat prud'homal 2018-2021.

Les différends et litiges attribués aux sections avant le 1er janvier 2018 demeurent de leur compétence. Avant cette date, les avis et les convocations donnés aux parties pour les affaires non encore attribuées à une section peuvent être délivrés pour une comparution à une date postérieure à cette date devant la section à laquelle les procédures seront transférées en vertu des articles L. 1423-1-1 et L. 1423-1-4 (ord. 2016-388 du 31 mars 2016, art. 4, II, JO du 1er avril).

Art. R. 1423-5. ***(D. 2016-1359 du 11 oct. 2016, JO 13, entrée en vigueur le 01.01.2018)*** Chaque section est composée des conseillers prud'hommes affectés selon la répartition opérée par l'arrêté mentionné à l'article R. 1441-1.

Art. R. 1423-6. ***(D. 2016-1359 du 11 oct. 2016, JO 13, entrée en vigueur le 01.01.2018)*** Les affaires sont réparties entre les sections du conseil de prud'hommes en application :
1° Pour la section de l'encadrement, de l'article L. 1423-1-2 ;
2° Pour les autres sections, du tableau de répartition prévu à l'article R. 1423-4.

Pour l'application du 2° du présent article, les modifications du tableau opérées en application de l'article R. 1423-4 ne sont prises en compte qu'à compter de la nomination des conseillers prud'hommes qui suit la publication de l'arrêté.

Art. R. 1423-7. En cas de difficulté de répartition d'une affaire ou de contestation sur la connaissance d'une affaire par une section, le dossier est transmis au président du conseil de prud'hommes, qui, après avis du vice-président, renvoie l'affaire à la section qu'il désigne par ordonnance.

Cette ordonnance constitue une mesure d'administration judiciaire non susceptible de recours.

(D. 2016-660 du 20 mai 2016, art. 2, JO 25) « Les contestations sont formées devant le bureau de conciliation et d'orientation ou, dans les cas où l'affaire est directement portée devant le bureau de jugement, avant toute défense au fond. »

Note • Les dispositions de cet article, dans sa rédaction issue du décret 2016-660 précité, s'appliquent aux instances introduites depuis le 25 mai 2016 (décret précité, art. 44).

• Depuis le 1er janvier 2018, cet article, inchangé, est inséré dans la sous-section 2 (décret 2016-1359 du 11 octobre 2016, art. 2, II, JO 13).

SECTION 2 (réglementaire). **Chambres**

Art. R. 1423-8. Plusieurs chambres peuvent être constituées au sein d'une section d'un conseil de prud'hommes. Chaque chambre comprend au moins quatre conseillers employeurs et quatre conseillers salariés.

Art. R. 1423-9. Lorsqu'une section comprend plusieurs chambres, l'une d'elles est compétente pour connaître des différends et litiges relatifs aux licenciements pour motif économique.

Art. R. 1423-10. La constitution des chambres est décidée par le premier président de la cour d'appel, sur proposition de l'assemblée générale du conseil de prud'hommes.

SECTION 2. **Président et vice-président**

Art. L. 1423-3. Les conseillers prud'hommes réunis en assemblée générale, en assemblée de section, en assemblée de chambre, sous la présidence du doyen d'âge, élisent parmi eux un président et un vice-président.

(L. 2015-990 du 6 août 2015, art. 258, I, 5°, JO 7) «À sa demande et au moins une fois par an, le juge départiteur mentionné à l'article L. 1454-2 assiste à l'assemblée générale du conseil de prud'hommes.»

Note Le règlement intérieur du conseil de prud'hommes qui ne concerne que le fonctionnement de la juridiction ne peut prévoir l'élection d'un président et d'un vice-président suppléants (cass. soc. 10 avril 1991, n° 88-42.235, BC V n° 181).

Art. L. 1423-4. Le président du conseil de prud'hommes est alternativement un salarié ou un employeur. Le sort détermine la qualité de celui qui est élu la première fois.

Lorsque le président est choisi parmi les conseillers prud'hommes salariés, le vice-président ne peut l'être que parmi les conseillers prud'hommes employeurs, et réciproquement.

Art. L. 1423-5. Les conseillers prud'hommes salariés élisent un président ou un vice-président ayant la qualité de salarié.

Les conseillers prud'hommes employeurs élisent un président ou un vice-président ayant la qualité d'employeur.

Le vote par mandat est possible. Toutefois, un conseiller ne peut détenir qu'un seul mandat.

Note *Covid-19.* Sur la possibilité pour les conseillers prud'hommes, par dérogation à cet article et durant la période de l'état d'urgence sanitaire, de détenir deux mandats pour élire un président et un vice-président, voir loi 2020-1379 du 14 novembre 2020, art. 11, JO 15, entrée en vigueur le 15.11.2020.

Art. L. 1423-6. Le président et le vice-président sont élus pour une année. Ils sont rééligibles sous la condition d'alternance prévue à l'article L. 1423-4.

(L. 2009-526 du 12 mai 2009, JO 13) «Ils restent en fonction jusqu'à l'installation de leurs successeurs.»

Art. L. 1423-7. Les dispositions des articles L. 1423-4 et L. 1423-6 sont applicables aux présidents et vice-présidents de section et de chambre.

Note Cet article relatif aux présidents et vice-présidents de section renvoyant à l'article L. 1423-4 qui précise que le sort détermine la qualité (employeur ou salarié) du président du conseil de prud'hommes élu pour la première fois, il doit y avoir autant de tirages au sort qu'il y a de sections pour désigner la qualité des premières personnes qui seront élues présidents de ces formations (cass. soc. 22 juillet 1980, n° 80-60.139, BC V n° 674).

Art. R. 1423-11. L'élection des présidents et vice-présidents a lieu au scrutin secret, par assemblée et à la majorité absolue des membres présents.

Elle a lieu soit lorsque les trois-quarts au moins des membres de chaque assemblée sont installés, soit en cas d'application dans une section des dispositions de l'article R. 1423-1, lorsque les deux tiers au moins des membres de chaque assemblée sont installés.

Note Est considéré comme installé au sens de ce texte le conseiller prud'homme ayant prêté serment conformément aux dispositions du premier alinéa de l'article R. 513-116 [D. 1442-11 à 13] CT (cass. civ., 2e ch., 6 janvier 2000, n° 98-60.292, BC II n° 2).

L'exigence de l'installation d'un nombre de conseillers au moins égal aux trois quarts des membres attribués est une condition de fond pour que l'élection ait lieu valablement et non une règle de quorum (cass. civ., 2e ch., 6 janvier 2000, n° 98-60.292, précité).

Art. R. 1423-12. Après deux tours de scrutin sans qu'aucun des candidats n'ait obtenu la majorité absolue des membres présents, le président ou le vice-président est, au troisième tour, élu à la majorité relative.

Lorsqu'il existe un partage égal des voix au troisième tour, le conseiller le plus ancien en fonction est élu. Lorsque les deux candidats ont un temps de service égal, le plus âgé est élu. Il en est de même dans le cas de création d'un conseil de prud'hommes.

Note Pour déterminer, en cas de partage égal des voix, au troisième tour de scrutin de l'élection des présidents et vice-présidents du conseil de prud'hommes, quel conseiller a la plus grande ancienneté et doit donc être proclamé élu, il convient de ne tenir compte que des années d'exercice de la fonction ne présentant pas de solution de continuité avec le nouveau mandat (cass. soc. 10 juillet 1980, n° 80-60.120, BC V n° 654).

Art. R. 1423-13. La réunion des conseillers prud'hommes en assemblée générale, en assemblée de section et, le cas échéant, en assemblée de chambre, a lieu chaque année pendant le mois de janvier dans l'ordre suivant :

1° L'assemblée générale du conseil de prud'hommes élit, conformément aux articles L. 1423-3 à L. 1423-6, le président et le vice-président du conseil de prud'hommes. L'élection du président et du vice-président précède l'audience solennelle tenue au conseil de prud'hommes en application de l'article ***(D. 2016-1359 du 11 oct. 2016, JO 13, entrée en vigueur le 01.01.2018)*** « R. 111-2 » du code de l'organisation judiciaire ;

2° L'assemblée de chaque section élit le président et le vice-président de section ;

3° Lorsque plusieurs chambres ont été constituées au sein d'une même section en application de l'article R. 1423-8, l'assemblée de chambre élit le président et le vice-président de la chambre.

Le procès-verbal de ces assemblées est adressé dans les quarante-huit heures au premier président de la cour d'appel et au procureur général près la cour d'appel.

Art. R. 1423-14. En cas de création de chambre, l'assemblée de chambre procède à l'élection du président et du vice-président de chambre, sans attendre le mois de janvier.

Art. R. 1423-15. Le conseil de prud'hommes se réunit en assemblée générale dans les conditions prévues à l'article R. 1423-23 pour élire un nouveau président ou un nouveau vice-président lorsque la vacance d'une de ces fonctions survient pour l'une des causes suivantes :

1° Refus du président ou du vice-président de se faire installer ;

2° Démission ;

3° Déclaration de démission en application des articles L. 1442-12 et D. 1442-18 ;

4° Décès ;

5° Déchéance à titre disciplinaire prononcée par décret en application de l'article L. 1442-14 ;

6° Déchéance de plein droit en application de l'article L. 1442-15.

Note Le 6° de cet article a été modifié par le décret 2016-1359 du 11 octobre 2016, art. 5, II, JO 13, entrée en vigueur le 01.01.2018.

Art. R. 1423-16. En cas de vacance des fonctions de président ou de vice-président de section ou de chambre pour l'une des causes énumérées à l'article R. 1423-15, les conseillers prud'hommes de la section ou de la chambre se réunissent en assemblée de section ou de chambre pour élire un nouveau président ou un nouveau vice-président.

Art. R. 1423-17. Lorsque l'un des cas énoncés aux articles R. 1423-15 et R. 1423-16 se reproduit au cours de la même année, il n'est pourvu à la seconde vacance que lors du renouvellement annuel prévu à l'article R. 1423-13.

Art. R. 1423-18. Les procès-verbaux des assemblées mentionnées aux articles R. 1423-15 et R. 1423-16 sont établis et transmis dans les conditions fixées à l'article R. 1423-24.

Art. R. 1423-19. Dans un délai de quinze jours à compter de l'élection des présidents et des vice-présidents prévue aux articles R. 1423-13 et R. 1423-14, tout membre de la formation qui en conteste la régularité peut exercer un recours auprès de la cour d'appel dans le ressort de laquelle l'élection a eu lieu.

Ce recours est ouvert au procureur général qui peut l'exercer dans un délai de quinze jours à compter de la réception du procès-verbal.

Art. R. 1423-20. À peine d'irrecevabilité, les requérants notifient les recours mentionnés à l'article R. 1423-19 aux candidats dont l'élection est contestée. Cette notification est faite par lettre recommandée avec avis de réception.

Les candidats peuvent présenter leurs observations en défense dans les cinq jours de la notification.

Art. R. 1423-21. Les recours mentionnés à l'article R. 1423-19 sont jugés sans frais ni forme dans le délai d'un mois à compter du jour où ils sont enregistrés.

L'arrêt est notifié par le greffier aux intéressés. Le procureur de la République est informé de l'arrêt. Il en informe le préfet. L'opposition n'est pas admise contre l'arrêt rendu par défaut.

L'arrêt est susceptible d'un pourvoi en cassation dans les dix jours de sa notification. Le pourvoi est dispensé du ministère d'avocat.

Art. R. 1423-22. Les dispositions des articles R. 1423-19 à R. 1423-21 sont applicables à la désignation par l'assemblée générale du conseil de prud'hommes des conseillers prud'hommes appelés à tenir les audiences de référé.

SECTION 4 (réglementaire). Organisation et fonctionnement

Sous-section 1. Réunions de l'assemblée générale

Art. R. 1423-23. Le conseil de prud'hommes se réunit en assemblée générale à la demande :

1° Soit du premier président de la cour d'appel ;

2° Soit de la majorité des membres en exercice ;

3° Soit du président ou du vice-président.

Art. R. 1423-24. Le procès-verbal de l'assemblée générale est établi, sous la responsabilité du président, par le directeur de greffe. Le président le transmet au premier président de la cour d'appel et au procureur général près la cour d'appel dans un délai de quinze jours.

Note Cet article a été modifié par le décret 2016-1359 du 11 octobre 2016, art. 5, III, JO 13.

Sous-section 2. Règlement intérieur

Art. R. 1423-25. L'assemblée générale du conseil de prud'hommes nouvellement créé propose, dans un délai de trois mois à compter de l'installation du conseil, un règlement intérieur qui fixe notamment les jours et heures des audiences.

Les calendriers et horaires de ces audiences sont déterminés par analogie avec celles des juridictions de droit commun ayant leur siège dans le ressort de la cour d'appel dont relève ce conseil. Toutefois, le règlement intérieur peut, pour tenir compte des contingences locales, déroger à cette règle.

Art. R. 1423-26. Le règlement intérieur n'est exécutoire qu'après avoir été approuvé par le premier président de la cour d'appel et le procureur général près la cour d'appel. Au cas où ceux-ci ne se sont pas prononcés dans un délai de trois mois à compter de la réception du règlement intérieur, les dispositions de ce règlement deviennent exécutoires.

Art. R. 1423-27. Si l'assemblée générale n'a pas établi le règlement intérieur dans le délai de trois mois prévu à l'article R. 1423-25, le règlement intérieur est préparé par une formation restreinte constituée par le président du conseil.

Cette formation est composée :

1° Du président ;

2° Du vice-président ;

3° Des présidents et vice-présidents de chaque section et, s'il y a lieu, de chaque chambre.

Le règlement établi par cette formation est exécutoire après avoir été approuvé dans les conditions prévues à l'article R. 1423-26.

Si, à l'expiration d'un délai d'un mois à compter du jour de sa constitution, la formation n'a pas établi le règlement intérieur, le président du conseil arrête, en accord avec le vice-président, les dispositions de ce règlement.

Ce dernier détermine le calendrier et les horaires des audiences. Ses dispositions ne sont exécutoires qu'après avoir été approuvées dans les conditions prévues à l'article R. 1423-26.

Art. R. 1423-28. Le règlement intérieur est affiché dans les locaux du conseil de prud'hommes.

Il peut être modifié par l'assemblée générale réunie en application de l'article R. 1423-23 et, le cas échéant, par la formation restreinte ou les personnes mentionnées à l'article R. 1423-27. Dans ce cas, le délai prévu au premier alinéa de l'article R. 1423-25 et celui prévu au septième alinéa de l'article R. 1423-27 sont respectivement réduits à un mois et à quinze jours.

Art. R. 1423-29. Lorsque les dispositions du règlement intérieur relatives au calendrier et aux horaires n'ont pas été régulièrement approuvées par le premier président de la cour d'appel et le procureur général près la cour d'appel, ces dispositions sont déterminées par analogie avec les calendrier et horaires des juridictions de droit commun ayant leur siège dans le ressort de la cour d'appel dont relève le conseil.

Sous-section 3. Administration de la juridiction et inspection

Art. R. 1423-30. Le premier président de la cour d'appel et le procureur général procèdent à l'inspection des conseils de prud'hommes de leur ressort.

Ils s'assurent, chacun en ce qui le concerne, de la bonne administration des services judiciaires et de l'expédition normale des affaires. Ils peuvent respectivement déléguer ces pouvoirs pour des actes déterminés à des magistrats du siège ou du parquet placés sous leur autorité.

Ils rendent compte chaque année au garde des sceaux, ministre de la justice, des constatations qu'ils ont faites.

Art. R. 1423-31. Le président du conseil de prud'hommes assure l'administration et la discipline intérieure de la juridiction.

SECTION 3. Difficultés de constitution et de fonctionnement

Art. L. 1423-8. Lorsqu'un conseil de prud'hommes ne peut se constituer, le premier président de la cour d'appel, saisi sur requête du procureur général, désigne un autre conseil de prud'hommes ou, à défaut, ***(L. 2015-990 du 6 août 2015, art. 258, I, 6°, JO 7)*** «un ou plusieurs juges du ressort de la cour d'appel» pour connaître des affaires inscrites au rôle du conseil de prud'hommes ou dont ce conseil aurait dû être ultérieurement saisi.

Art. R. 1423-33. Lorsqu'une des sections d'un conseil de prud'hommes ne peut se constituer ou ne peut fonctionner, le premier président de la cour d'appel, saisi sur requête du procureur général, désigne la section correspondante d'un autre conseil de prud'hommes ou, à défaut, ***(D. 2016-660 du 20 mai 2016, art. 3, JO 25)*** «un ou plusieurs juges mentionnés à l'article L. 1454-2», pour connaître des affaires inscrites au rôle de la section ou dont cette dernière aurait dû être ultérieurement saisie.

(D. 2016-660 du 20 mai 2016, art. 3, JO 25) «Il fixe la date à compter de laquelle les affaires sont provisoirement soumises à cette section ou à ces juges.»

Lorsque la section du conseil de prud'hommes est de nouveau en mesure de fonctionner, le premier président de la cour d'appel, saisi dans les mêmes conditions, constate cet état de fait et fixe la date à compter de laquelle les affaires sont à nouveau portées devant cette section. ***(D. 2016-660 du 20 mai 2016, art. 3, JO 25)*** «La section du conseil de prud'hommes ou les juges mentionnés au premier alinéa désignés par le premier président demeurent cependant saisis des affaires qui leur ont été soumises en application du premier alinéa.»

Art. L. 1423-9. Lorsqu'il a été fait application de l'article L. 1423-8 et que le conseil de prud'hommes normalement compétent est de nouveau en mesure de fonctionner, le premier président de la cour d'appel, saisi dans les mêmes conditions, constate cet état de fait et fixe la date à compter de laquelle les affaires seront à nouveau portées devant ce conseil.

(L. 2009-526 du 12 mai 2009, JO 13) «Le premier président précise également la date à compter de laquelle les affaires qui ont été provisoirement transférées à un autre conseil de prud'hommes ou à ***(L. 2015-990 du 6 août 2015, art. 258, I, 7°, JO 7)*** «un ou plusieurs juges du ressort de la cour d'appel» seront soumises au conseil de prud'hommes compétent pour en connaître.»

Art. L. 1423-10. Lorsque le président du conseil de prud'hommes constate une difficulté provisoire de fonctionnement d'une section, il peut, après avis conforme du vice-président, sous réserve de l'accord des intéressés, affecter temporairement les conseillers prud'hommes d'une section à une autre section pour connaître des litiges relevant de cette dernière. Ces affectations sont prononcées pour une durée de six mois renouvelable deux fois dans les mêmes conditions.

À défaut de décision du président du conseil de prud'hommes ou lorsque le vice-président a émis un avis négatif, le premier président de la cour d'appel, saisi sur requête du procureur général, peut constater la difficulté de fonctionnement et procéder lui-même, après accord des intéressés, aux affectations temporaires mentionnées au premier alinéa.

Les décisions d'affectation temporaire en cas de difficultés de fonctionnement sont prises par ordonnance non susceptible de recours.

Art. L. 1423-10-1. ***(L. 2015-990 du 6 août 2015, art. 258, I, 8°, JO 7)*** En cas d'interruption du fonctionnement du conseil de prud'hommes ou de difficultés graves rendant ce fonctionnement impossible dans des conditions normales, le premier président de la cour d'appel désigne un ou plusieurs juges du ressort de la cour d'appel pour connaître des affaires inscrites au rôle du conseil de prud'hommes. Il fixe la date à compter de laquelle les affaires sont provisoirement soumises à ces juges.

Lorsque le premier président de la cour d'appel constate que le conseil est de nouveau en mesure de fonctionner, il fixe la date à laquelle les affaires seront portées devant ce conseil.

Art. L. 1423-11. En cas d'interruption durable de son fonctionnement ou de difficultés graves rendant ce fonctionnement impossible dans des conditions normales, le conseil de prud'hommes peut être dissous par décret motivé.

Dans ce cas, les nouvelles ***(Ord. 2016-388 du 31 mars 2016, art. 1er, 5°, JO 1er avril, entrée en vigueur le 01.01.2018)*** «nominations» ont lieu dans un délai ***(Ord. 2016-388***

du 31 mars 2016, art. 1er, 5°, JO 1er avril, entrée en vigueur le 01.01.2018) «maximum de quatre mois» à partir de la parution du décret de dissolution. Les fonctions des membres ainsi ***(Ord. 2016-388 du 31 mars 2016, art. 1er, 5°, JO 1er avril, entrée en vigueur le 01.01.2018)*** «nommés» prennent fin en même temps que celles des membres des autres conseils de prud'hommes.

Jusqu'à l'installation du nouveau conseil, les litiges sont portés devant le conseil de prud'hommes le plus proche du domicile du demandeur dans le même ressort de cour d'appel ou, à défaut, devant le ***(Ord. 2019-964 du 18 sept. 2019, art. 35, JO 19, entrée en vigueur le 01.01.2020)*** «tribunal judiciaire».

Art. R. 1423-32. Le décret portant dissolution des conseils de prud'hommes, prévue à l'article L. 1423-11, est pris sur proposition du garde des sceaux, ministre de la justice.

SECTION 4. **Bureau de conciliation et d'orientation, bureau de jugement et formation de référé**

Art. L. 1423-12. Le bureau de jugement se compose ***(L. 2015-990 du 6 août 2015, art. 258, I, 9°, JO 7)*** «de deux conseillers prud'hommes employeurs et de deux conseillers prud'hommes salariés», incluant le président ou le vice-président siégeant alternativement.

Note Doit être cassée la décision rendue par le bureau de jugement d'un conseil de prud'hommes composé, lors des débats et du délibéré, de deux conseillers employeurs, dont le président, et d'un conseiller salarié (cass. soc. 28 février 1996, n° 93-41.750, BC V n° 78).

Art. L. 1423-13. ***(L. 2015-990 du 6 août 2015, art. 258, I, 10°, JO 7)*** Le bureau de conciliation et d'orientation, la formation de référé et le bureau de jugement dans sa composition restreinte se composent d'un conseiller prud'homme employeur et d'un conseiller prud'homme salarié.

Note **Formation de référé.** Voir art. R. 1455-1 à 11.

Art. R. 1423-34. Chaque section de conseil de prud'hommes ou, lorsqu'elle est divisée en chambres, chaque chambre comprend au moins:

1° Un bureau de conciliation ***(D. 2016-660 du 20 mai 2016, art. 43, II, JO 25)*** «et d'orientation»;

2° Un bureau de jugement.

Art. R. 1423-35. ***(D. 2016-660 du 20 mai 2016, art. 4, JO 25)*** Le bureau de jugement comprend selon les cas:

1° Dans sa composition de droit commun visée à l'article L. 1423-12, deux conseillers prud'hommes employeurs et deux conseillers prud'hommes salariés;

2° Dans sa composition restreinte visée à l'article L. 1423-13, un conseiller prud'homme employeur et un conseiller prud'homme salarié;

3° Dans sa composition visée au 2° de l'article L. 1454-1-1, deux conseillers prud'hommes employeurs, deux conseillers prud'hommes salariés et le juge mentionné à l'article L. 1454-2;

(D. 2017-1698 du 15 déc. 2017, JO 17) «4° Aux fins de départage:

a) La formation du bureau de jugement mentionnée au 1° ou au 2° qui s'est mise en partage de voix, présidée par le juge départiteur;

b) La formation du bureau de conciliation et d'orientation qui s'est mise en partage de voix, complétée par un conseiller prud'homme employeur et un conseiller prud'homme salarié et présidée par le juge départiteur.»

Note Les dispositions de cet article, dans sa rédaction issue du décret 2017-1698 précité, s'appliquent aux instances en cours dans lesquelles la décision de partage de voix intervient à compter du 01.01.2018 (décret précité, art. 4, I).

SECTION 7 (réglementaire). **Greffe**

Sous-section 1. **Organisation et fonctionnement**

Art. R. 1423-36. ***(D. 2019-913 du 30 août 2019, art. 2, 1°, JO 1er sept., entrée en vigueur le 01.01.2020)*** «Sous réserve des dispositions du deuxième alinéa de l'article L. 123-1 du code de l'organisation judiciaire, chaque conseil de prud'hommes comporte un greffe dont le service est assuré par des fonctionnaires de l'État.

Dans les conseils de prud'hommes mentionnés au deuxième alinéa de l'article L. 123-1 du code de l'organisation judiciaire, la direction du service de greffe du conseil de prud'hommes est assurée par le directeur de greffe du tribunal judiciaire.

Dans le cas prévu à l'alinéa précédent, outre celles prévues par les dispositions du code de l'organisation judiciaire, le directeur de greffe du tribunal judiciaire exerce, sauf disposition contraire, les attributions confiées au directeur de greffe du conseil de prud'hommes prévues par les dispositions du présent code. »

Le premier président de la cour d'appel fixe, après avis du président du conseil de prud'hommes, les jours et heures d'ouverture au public du greffe.

Art. R. 1423-37. Sous le contrôle du président du conseil de prud'hommes, le directeur de greffe dirige les services administratifs de la juridiction et assume la responsabilité de leur fonctionnement. Le directeur de greffe est un ***(D. 2016-1359 du 11 oct. 2016, art. 5, IV, JO 13)*** « directeur des services de greffe judiciaires ».

Lorsqu'il est chargé de la direction de greffes de plusieurs conseils de prud'hommes, le directeur de greffe exerce ses fonctions sous le contrôle respectif de chacun des présidents de ces conseils.

(D. 2019-913 du 30 août 2019, art. 2, 2°, JO 1er sept., entrée en vigueur le 01.01.2020) « Dans les conseils de prud'hommes mentionnés au deuxième alinéa de l'article L. 123-1 du code de l'organisation judiciaire, le contrôle mentionné au premier alinéa du présent article est exercé par le président du tribunal judiciaire. Dans l'exercice de ses attributions, le directeur de greffe consulte le président du conseil de prud'hommes. »

Art. R. 1423-38. Le directeur de greffe gère le personnel du greffe. Il le répartit et l'affecte dans les services du conseil.

(D. 2019-913 du 30 août 2019, art. 2, 3°, JO 1er sept., entrée en vigueur le 01.01.2020) « Dans les conseils de prud'hommes mentionnés au deuxième alinéa de l'article L. 123-1 du code de l'organisation judiciaire, la répartition et l'affectation du personnel sont réalisées conformément aux dispositions de l'article R. 123-16 de ce même code. »

Art. R. 1423-39. Le directeur de greffe prépare annuellement le projet de budget de la juridiction. Il le soumet au président et au vice-président

Il gère les crédits alloués à la juridiction et assure notamment l'acquisition, la conservation et le renouvellement du matériel, du mobilier, des revues et ouvrages de la bibliothèque. Il surveille l'entretien des locaux.

Art. R. 1423-40. Le directeur de greffe organise l'accueil du public.

Art. R. 1423-41. Le directeur de greffe tient à jour les dossiers, les répertoires et les registres. Il dresse les actes, notes et procès-verbaux prévus par les codes. Il assiste les conseillers prud'hommes à l'audience. Il met en forme les décisions.

Il est le dépositaire des dossiers des affaires, des minutes et des archives et en assure la conservation. Il délivre les expéditions et les copies.

L'établissement et la délivrance des reproductions de toute pièce conservée dans les services du conseil de prud'hommes ne peuvent être assurés que par lui.

(D. 2008-560 du 16 juin 2008, JO 17) « Lorsque la rédaction d'une décision prud'homale est effectuée à l'extérieur du conseil de prud'hommes, le conseiller peut sortir le dossier des locaux de la juridiction, après information du directeur de greffe. »

Note Cet article a été modifié par le décret 2016-1359 du 11 octobre 2016, art. 5, III, JO 13.

Art. R. 1423-42. Le directeur de greffe établit l'état de l'activité de la juridiction selon la périodicité et le modèle fixés par le garde des Sceaux, ministre de la Justice. Cet état et les éventuelles observations du président et du vice-président sont adressés, sous le couvert des chefs de la cour d'appel, au ministre de la Justice.

Art. R. 1423-43. Selon les besoins du service, le directeur de greffe peut désigner sous sa responsabilité un ou plusieurs agents du greffe pour exercer une partie des fonctions qui lui sont attribuées aux articles R. 1423-37 à R. 1423-42.

Art. R. 1423-44. ***(D. 2016-1359 du 11 oct. 2016, art. 5, V, JO 13)*** Lorsque l'emploi de directeur de greffe est vacant ou lorsque le directeur de greffe est empêché ou absent, la suppléance ou l'intérim est assuré par son adjoint.

Lorsqu'il existe plusieurs adjoints, le directeur de greffe, ou s'il ne peut le faire le président de la juridiction, désigne l'un des adjoints pour assurer la suppléance ou l'intérim.

À défaut d'adjoint, un chef de service ou un autre agent du greffe est désigné dans les mêmes conditions.

(D. 2019-913 du 30 août 2019, art. 2, 4°, JO 1er sept., entrée en vigueur le 01.01.2020) « Dans les conseils de prud'hommes mentionnés au deuxième alinéa de l'article L. 123-1 du code de l'organisation judiciaire, la suppléance est assurée conformément aux dispositions de l'article R. 123-8 de ce même code. »

Art. R. 1423-45. ***(D. 2016-1359 du 11 oct. 2016, art. 5, VI, JO 13)*** Dans les tâches prévues aux articles R. 1423-37 à R. 1423-42, le directeur de greffe peut être assisté par un ou plusieurs adjoints.

Ces derniers peuvent diriger plusieurs services du greffe ou contrôler l'activité de tout ou partie du personnel.

Art. R. 1423-46. Les chefs de service de greffe sont placés à la tête d'un ou de plusieurs services. Ils assistent le directeur de greffe, en l'absence ***(D. 2016-1359 du 11 oct. 2016, art. 5, VII, JO 13)*** « d'adjoint du directeur de greffe ».

Art. R. 1423-47. Un greffier peut être placé à la tête d'un service lorsque l'importance de celui-ci ne justifie pas que ces fonctions soient confiées à un fonctionnaire appartenant au corps des ***(D. 2016-1359 du 11 oct. 2016, art. 5, VIII, JO 13)*** « directeurs des services de greffe judiciaires ».

Un greffier peut être chargé des fonctions de directeur de greffe.

Note Le second alinéa de cet article a été modifié par le décret 2016-1359 du 11 octobre 2016, art. 5, VIII, JO 13.

Art. R. 1423-48. Les ***(D. 2016-1359 du 11 oct. 2016, art. 5, IX, JO 13)*** « adjoints du directeur de greffe », les chefs de service de greffe et les fonctionnaires du corps des greffiers exercent, dans l'affectation qui leur est donnée par le directeur de greffe, les attributions confiées à celui-ci par l'article R. 1423-41.

Art. R. 1423-49. ***(D. 2016-1359 du 11 oct. 2016, art. 5, X, JO 13)*** Des personnels appartenant à la catégorie C de la fonction publique, et, le cas échéant, des auxiliaires et des vacataires concourent au fonctionnement des différents services du greffe.

Ces personnels peuvent, à titre exceptionnel et temporaire, et après avoir prêté le serment prévu à l'article 24 du décret n° 2015-1275 du 13 octobre 2015 portant statut particulier des greffiers des services judiciaires, être chargés des fonctions mentionnées à l'article R. 1423-41.

Au-delà d'un délai de quatre mois, ils sont, sur leur demande, déchargés de ces fonctions.

Art. R. 1423-50. Selon les besoins du service, les agents des greffes peuvent être délégués dans les services d'un autre conseil de prud'hommes du ressort de la même cour d'appel.

(D. 2017-501 du 6 avril 2017, JO 8) « Cette délégation est prononcée par décision des chefs de cour après consultation du président du conseil, du vice-président et du directeur de greffe. Elle ne peut excéder une durée de quatre mois.

Lorsque l'agent est délégué dans les services d'un autre conseil ayant son siège dans le ressort du même ***(D. 2019-966 du 18 sept. 2019, art. 8, JO 19, entrée en vigueur le 01.01.2020)*** « tribunal judiciaire », les chefs de cour peuvent renouveler la délégation pour des durées qui ne peuvent excéder quatre mois, sans que la durée totale de la délégation n'excède douze mois.

Lorsque l'agent est délégué dans les services d'un conseil ayant son siège dans le ressort d'un autre ***(D. 2019-966 du 18 sept. 2019, art. 8, JO 19, entrée en vigueur le 01.01.2020)*** « tribunal judiciaire », les chefs de cour peuvent renouveler la délégation pour une durée qui ne peut excéder deux mois. La délégation peut être de nouveau renouvelée, pour des durées qui ne peuvent excéder deux mois, par décision du garde des sceaux, ministre de la justice, sans que la durée totale de la délégation n'excède douze mois.

Un bilan annuel écrit des délégations prononcées au sein du ressort de la cour d'appel est présenté au comité technique de service déconcentré placé auprès du premier président de cette cour. »

Les agents délégués dans une autre juridiction perçoivent des indemnités dans les conditions prévues pour les fonctionnaires de l'État.

Sous-section 2. Service d'accueil unique du justiciable

Note Cette sous-section est issue du décret 2017-897 du 9 mai 2017, JO 10. Ses dispositions sont applicables à Wallis-et-Futuna ; elles ne sont applicables ni à Mayotte, ni en Nouvelle-Calédonie, ni en Polynésie française.

Art. R. 1423-50-1. Aux fins prévues par les articles L. 123-3 et R. 123-28 du code de l'organisation judiciaire, il est institué un service d'accueil unique du justiciable auprès des conseils de prud'hommes dont la liste est fixée par arrêté du garde des sceaux, ministre de la justice.

Les agents de greffe affectés dans ce service sont désignés par le directeur de greffe conformément aux dispositions de l'article R. 1423-38 du présent code.

Note Un arrêté du 13 juillet 2017 (JO 22), modifié par arrêté du 29 août 2017 (JO 30), a fixé la liste des juridictions dans lesquelles est implanté un service d'accueil unique du justiciable.

SECTION 5. Dépenses du conseil de prud'hommes

Art. L. 1423-14. Le local nécessaire au conseil de prud'hommes est fourni par le département dans lequel il est établi.

Toutefois, lorsqu'une commune a mis un local à la disposition du conseil de prud'hommes, elle ne peut le reprendre, sauf à la demande expresse du département dans lequel le conseil est établi.

Art. L. 1423-15. Les dépenses de personnel et de fonctionnement du conseil de prud'hommes sont à la charge de l'État.

Sous-section 1 (réglementaire). **Dépenses de personnel et de fonctionnement**

Art. R. 1423-51. Les dépenses de personnel et de fonctionnement des conseils de prud'hommes comprennent notamment :

1° Les frais d'entretien des locaux, de chauffage, d'éclairage, de sanitaires et de gardiennage ;

(D. 2016-1359 du 11 oct. 2016, art. 5, XIII, JO 13, entrée en vigueur le 01.01.2018) « 2° » L'indemnisation des activités prud'homales ***(D. 2008-560 du 16 juin 2008, JO 17)*** « énumérées à l'article R. 1423-55 » dans les limites et conditions fixées par décret. La demande de remboursement aux employeurs des salaires maintenus aux conseillers prud'hommes du collège salarié, ainsi que des avantages et des charges sociales correspondants, est adressée au greffe du conseil de prud'hommes au plus tard dans l'année civile qui suit l'année de l'absence du salarié de l'entreprise. À défaut, la demande de remboursement est prescrite ;

(D. 2016-1359 du 11 oct. 2016, art. 5, XIII, JO 13, entrée en vigueur le 01.01.2018) « 3° » L'achat des médailles ;

(D. 2016-1359 du 11 oct. 2016, art. 5, XIII, JO 13, entrée en vigueur le 01.01.2018) « 4° » Les frais de matériel, de documentation, de fournitures de bureau, d'installation, d'entretien et d'abonnement téléphonique ;

(D. 2016-1359 du 11 oct. 2016, art. 5, XIII, JO 13, entrée en vigueur le 01.01.2018) « 5° » Les frais de déplacement des conseillers prud'hommes pour l'exercice des activités prud'homales ***(D. 2008-560 du 16 juin 2008, JO 17)*** « énumérées à l'article R. 1423-55 », dans les limites de distance fixées par décret ;

(D. 2016-1359 du 11 oct. 2016, art. 5, XIII, JO 13, entrée en vigueur le 01.01.2018) « 6° » Les frais de déplacement du juge agissant en application de l'article L. 1454-2 lorsque le siège du conseil de prud'hommes est situé à plus de cinq kilomètres du siège du tribunal.

Note • Le 7° [devenu 6°] de cet article a été modifié par le décret 2016-660 du 20 mai 2016, art. 5, JO 25.
• *Conditions de remboursement des frais de déplacement.* Voir D. 1423-64 CT.

Art. R. 1423-52. Les directeurs de greffe tiennent la comptabilité administrative des dépenses de fonctionnement énoncées à l'article R. 1423-51.

Un fonctionnaire de greffe autre que le directeur de greffe est habilité à recevoir les sommes déposées par les parties à l'instance à titre de provision. Ces sommes sont versées dans un compte de dépôt au Trésor. Toutefois, les fonctions de régisseurs susmentionnées peuvent être confiées au directeur de greffe par arrêté du garde des Sceaux, ministre de la Justice.

Dans les conditions prévues pour les régies d'avances et de recettes des organismes publics, une régie de recettes et une régie d'avances peuvent être créées dans chaque juridiction auprès de l'ordonnateur secondaire des dépenses relevant de la mission portant sur la justice en vue de l'encaissement ou du paiement des recettes ou des dépenses.

Sous-section 2 (réglementaire). **Huissiers de justice**

Art. R. 1423-53. Pour leur ministère accompli en matière prud'homale, il est alloué aux huissiers de justice des honoraires égaux à la moitié de ceux prévus par leur tarif pour des actes de même nature en matière civile et commerciale.

Sous-section 3 (réglementaire). **Témoins**

Art. R. 1423-54. Il est alloué aux témoins entendus en matière prud'homale une indemnité de comparution et, éventuellement, une indemnité de voyage et de séjour égales à celles attribuées aux témoins appelés à déposer en matière civile. L'allocation de cette indemnité se fait sur demande.

Sous-section 4 (réglementaire). **Conseillers prud'hommes**

Note Les sous-sections 4 et 5 ont été introduites par le décret 2008-560 du 16 juin 2008, JO 17.

Art. R. 1423-55. Les activités prud'homales mentionnées à l'article L. 1442-5 sont :

1° Les activités suivantes, liées à la fonction prud'homale :

a) La prestation de serment ;

b) L'installation du conseil de prud'hommes ;

c) La participation aux assemblées générales du conseil, aux assemblées de section ou de chambre et à la formation restreinte prévue à l'article R. 1423-27 ;

d) La participation aux réunions préparatoires ***(D. 2014-331 du 13 mars 2014, JO 15)*** «aux» assemblées prévues ***(D. 2014-331 du 13 mars 2014, JO 15)*** «au *c*»;

e) La participation aux commissions prévues par des dispositions législatives ou réglementaires ou instituées par le règlement intérieur;

(D. 2009-1010 du 25 août 2009, JO 27, entrée en vigueur le 01.09.2009) «*f)* La participation à l'audience de rentrée solennelle;»

(D. 2018-625 du 17 juil. 2018, JO 19) «*g)* Le rappel par le premier président des obligations prévu à l'article L. 1442-13-1;

h) Les entretiens, auditions préalables et la comparution devant la Commission nationale de discipline des conseillers prud'hommes mentionnée à l'article L. 1442-13-2;

i) L'assistance ou la représentation d'un conseiller lors des entretiens, auditions et comparution prévus à l'alinéa précédent;

j) Le suivi de la formation initiale obligatoire prévue aux articles L. 1442-1 et L. 1442-2».

2° Les activités juridictionnelles suivantes:

a) L'étude préparatoire d'un dossier, préalable à l'audience de la formation de référé, ***(D. 2009-1010 du 25 août 2009, JO 27, entrée en vigueur le 01.09.2009)*** «du bureau de conciliation»***(D. 2016-660 du 20 mai 2016, art. 5, JO 25)*** «et d'orientation» ou du bureau de jugement, par le président de la formation ou du bureau ou par un conseiller désigné par lui;

b) Les mesures d'instruction prévues à la section 1 du chapitre IV du titre V du présent livre, diligentées par le conseiller rapporteur, ainsi que la rédaction de son rapport;

(D. 2016-660 du 20 mai 2016, art. 5, JO 25) «*c)* La participation à l'audience de la formation de référé, du bureau de conciliation et d'orientation ou du bureau de jugement, ainsi qu'à l'audience de départage et à l'audience prévue au 2° de l'article L. 1454-1-1;»

(D. 2014-331 du 13 mars 2014, JO 15) «*d)* L'étude d'un dossier postérieure à l'audience à laquelle l'affaire est examinée et préalable au délibéré par deux membres, l'un employeur, l'autre salarié, de la formation de référé ou du bureau de jugement, qui sont désignés, dans ce cas, par le président du bureau;»

e) La participation au délibéré;

f) La rédaction des décisions et des procès-verbaux, effectuée au siège du conseil de prud'hommes ou à l'extérieur de celui-ci;

(D. 2009-1010 du 25 août 2009, JO 27, entrée en vigueur le 01.09.2009) «*g)* La relecture et la signature par le président de la formation de référé ou du bureau de jugement des décisions dont la rédaction a été confiée à un autre membre de l'une de ces formations;»

3° Les activités administratives du président et du vice-président du conseil prévues aux articles R. 1423-7 et R. 1423-31;

4° Les activités administratives des présidents et vice-présidents de section.

(D. 2009-1010 du 25 août 2009, JO 27, entrée en vigueur le 01.09.2009) «5° Les activités administratives des présidents et vice-présidents de chambre.»

Les modalités d'indemnisation des activités mentionnées au présent article sont fixées par le décret ***(D. 2018-625 du 17 juil. 2018, JO 19)*** «prévu au 2°» de l'article R. 1423-51.

Note • Les formations initiales mentionnées au *j* de cet article, dans sa rédaction résultant du décret 2018-625 précité, engagées depuis le 1er février 2018, entrent dans le champ des activités indemnisables (décret précité, art. 3).

• Une circulaire du 31 juillet 2014 relative à l'indemnisation des conseillers prud'hommes (NOR: JUSB1418984C) (BO MJ du 14 août 2014) détaille la liste des activités indemnisables et apporte des précisions sur les modalités de leur indemnisation.

Art. D. 1423-56. Le conseiller prud'homme salarié qui exerce l'une des activités énumérées à l'article R. 1423-55 perçoit une allocation pour ses vacations dont le taux horaire est fixé à ***(D. 2017-1779 du 27 déc. 2017, JO 29, entrée en vigueur le 01.01.2018)*** «8,40 euros» dans les cas suivants:

1° Lorsqu'il exerce cette activité en dehors des heures de travail;

2° Lorsqu'il a cessé leur activité professionnelle;

3° Lorsqu'il est demandeur d'emploi.

Art. D. 1423-57. Le conseiller prud'homme employeur qui exerce l'une des activités énumérées à l'article R. 1423-55 avant 8 heures et après 18 heures ou qui a cessé son activité professionnelle perçoit une allocation pour ses vacations dont le taux horaire est égal au taux fixé par l'article D. 1423-56.

Lorsqu'il exerce l'une de ces activités entre 8 heures et 18 heures, il perçoit des vacations dont le taux horaire est égal à deux fois ce taux.

Art. D. 1423-58. Les allocations prévues aux articles D. 1423-56 et D. 1423-57 sont versées mensuellement après établissement par le directeur de greffe, responsable du recueil des informations, de la vérification et de la certification des demandes de versement des vacations, d'un état horaire visé par le président du conseil de prud'hommes ou, à défaut, par le vice-président. Toute demi-heure commencée est due. Elle donne lieu à l'attribution d'une demi-vacation horaire.

Note Cet article a été modifié par le décret 2016-1359 du 11 octobre 2016, art. 5, III, JO 13.

Art. D. 1423-59. L'employeur est remboursé mensuellement par l'État des salaires maintenus au salarié, membre d'un conseil de prud'hommes, qui s'absente pour l'exercice de ses activités prud'homales, ainsi que de l'ensemble des avantages et des charges sociales correspondantes lui incombant.

Lorsque l'horaire de travail est supérieur à la durée légale, la charge des majorations pour heures supplémentaires est répartie entre l'État et les employeurs. Cette répartition est réalisée proportionnellement au temps respectivement passé par le conseiller prud'homme auprès de l'entreprise et auprès du conseil.

Ce remboursement est réalisé au vu d'une copie du bulletin de paie et d'un état établi par l'employeur, contresigné par le salarié. Cet état, accompagné de la copie du bulletin de paie, est adressé au directeur de greffe, responsable du recueil des informations, de la vérification et de la certification des demandes de remboursement. Il est visé par le président du conseil de prud'hommes ou, à défaut, par le vice-président.

En cas d'employeurs multiples, il sera produit autant d'états qu'il y a d'employeurs ayant maintenu des salaires.

Note Cet article a été modifié par le décret 2016-1359 du 11 octobre 2016, art. 5, III, JO 13.

Art. D. 1423-60. Par dérogation aux dispositions de l'article D. 1423-59, le conseiller prud'homme rémunéré uniquement à la commission est indemnisé directement dans les conditions prévues par le présent article.

Pour chaque heure passée entre 8 heures et 18 heures dans l'exercice de fonctions prud'homales, le conseiller prud'homme rémunéré uniquement à la commission perçoit une indemnité horaire égale à 1 / 1 607 des revenus professionnels déclarés à l'administration fiscale l'année précédente.

À cet effet, l'intéressé produit copie de son avis d'imposition.

Art. D. 1423-61. Le salarié, membre d'un conseil de prud'hommes, qui accomplit un travail continu de jour nécessitant un remplacement à la demi-journée au sein de l'entreprise bénéficie du maintien de son salaire pour la demi-journée, quelle que soit la durée de son absence pendant cette période pour l'exercice de ses activités prud'homales. Le maintien du salaire est effectué sur la base de la journée entière dès lors que le remplacement du salarié ne peut être assuré que sur une telle durée.

Art. D. 1423-62. Sur sa demande, le salarié, membre d'un conseil de prud'hommes, fonctionnant en service continu ou discontinu posté accompli en totalité ou en partie entre 22 heures et 5 heures, est indemnisé des heures consacrées à son activité prud'homale dans les conditions suivantes :

1° Sous réserve de renoncer au versement des allocations prévues à l'article D. 1423-56, le conseiller obtient que tout ou partie du temps consacré à ses activités prud'homales ouvre droit à un temps de repos correspondant dans son emploi ;

2° Ce temps de repos, qui est pris au plus tard dans le courant du mois suivant, s'impute sur la durée hebdomadaire de travail accomplie dans le poste. Il donne lieu au maintien par l'employeur de l'intégralité de la rémunération et des avantages correspondants.

L'employeur est remboursé intégralement dans les conditions prévues à l'article D. 1423-59.

Art. D. 1423-63. Sur sa demande, le salarié, membre d'un conseil de prud'hommes, qui exerce son activité professionnelle en dehors de tout établissement, à l'exception des salariés mentionnés à l'article D. 1423-60, a droit à ce que les heures passées à l'exercice des activités prud'homales, entre 8 heures et 18 heures, soient considérées, en tout ou partie, comme des heures de travail et payées comme telles par l'employeur.

Ce dernier est remboursé intégralement dans les conditions prévues à l'article D. 1423-59.

Art. D. 1423-63-1. ***(D. 2009-1011 du 25 août 2009, JO 27, entrée en vigueur le 01.09.2009)*** Le salarié ayant conclu une convention de forfait en jours sur l'année, membre d'un conseil de prud'hommes, bénéficie du maintien de l'intégralité de sa rémunération et des avantages correspondants, au titre de l'exercice de ses activités prud'homales. L'employeur est remboursé dans les conditions prévues à l'article D. 1423-59 du montant de la rémunération qu'il aura dû maintenir à ce titre.

Art. D. 1423-64. Les conseillers prud'hommes sont remboursés des frais de déplacement qu'ils engagent pour l'exercice des activités énumérées à l'article R. 1423-55 dans les conditions prévues par le décret n° 2006-781 du 3 juillet 2006 fixant les conditions et les modalités de règlement des frais occasionnés par les déplacements temporaires des personnels civils de l'État. Le siège du conseil de prud'hommes est assimilé à la résidence administrative.

À titre dérogatoire, les frais de transport des conseillers prud'hommes, ***(D. 2018-625 du 17 juil. 2018, JO 19)*** « mentionnés au 5° » de l'article R. 1423-51, ***(D. 2018-625 du 17 juil. 2018, JO 19)*** « à l'exception des *g*, *h*, *i* et *j* de l'article R. 1423-55, » entre le siège du conseil de prud'hommes et leur domicile ou leur lieu de travail habituel, sont remboursés dès lors qu'ils couvrent une distance supérieure à cinq kilomètres et n'excèdent pas la distance séparant le siège du conseil de prud'hommes de la commune la plus éloignée du ressort du ou des conseils de prud'hommes limitrophes.

Art. D. 1423-65. ***(D. 2009-1011 du 25 août 2009, JO 27, entrée en vigueur le 01.09.2009)*** Le nombre d'heures indemnisables qu'un conseiller prud'homme peut déclarer avoir consacré aux études de dossiers mentionnées au 2° de l'article R. 1423-55 ne peut dépasser les durées fixées au tableau ci-après:

ACTIVITÉ	NOMBRE D'HEURES INDEMNISABLES
Étude préparatoire des dossiers préalable à l'audience.	Bureau de conciliation ***(D. 2016-660 du 20 mai 2016, art. 43, II, JO 25)*** «et d'orientation»: 30 minutes par audience.
	Bureau de jugement: 1 heure par audience.
	Formation de référé: 30 minutes par audience.
Étude d'un dossier postérieure à l'audience et préalable au délibéré.	Bureau de jugement: ***(D. 2014-332 du 13 mars 2014, JO 15)*** «45 minutes» par dossier.
	Formation de référé: ***(D. 2014-332 du 13 mars 2014, JO 15)*** «15 minutes» par dossier.

(D. 2014-332 du 13 mars 2014, JO 15) «Toutefois, les durées maximales fixées pour l'étude préparatoire des dossiers préalable à l'audience de la formation de référé, du bureau de conciliation ***(D. 2016-660 du 20 mai 2016, art. 43, II, JO 25)*** «et d'orientation» et du bureau de jugement mentionnées au *a* du 2° de l'article R. 1423-55 peuvent être dépassées en raison du nombre de dossiers inscrits au rôle, sur autorisation expresse du président du conseil de prud'hommes qui détermine le nombre d'heures indemnisables.»

Les durées maximales fixées pour l'étude d'un dossier postérieure à l'audience mentionnée au *d* du 2° de l'article R. 1423-55 peuvent être dépassées en raison de la complexité du dossier et des recherches nécessaires, sur autorisation expresse du président de la formation de référé ou du bureau de jugement, qui détermine le nombre d'heures indemnisables.

Art. D. 1423-66. ***(D. 2011-809 du 5 juil. 2011, JO 7)*** Le nombre d'heures indemnisables qu'un conseiller prud'homme peut déclarer avoir consacré à la rédaction des décisions et des procès-verbaux mentionnés au f du 2° de l'article R. 1423-55 ne peut dépasser les durées fixées au tableau ci-après:

OBJET DE LA RÉDACTION	NOMBRE D'HEURES INDEMNISABLES
Procès-verbal de conciliation	30 minutes
Jugement	5 heures
Ordonnance	1 heure

(D. 2014-332 du 13 mars 2014, JO 15) «Lorsque le conseiller consacre à la rédaction d'un jugement, d'un procès-verbal de conciliation ou d'une ordonnance un temps supérieur à ces durées, il saisit sans délai le président du conseil de prud'hommes.»

Le président du conseil décide de la durée de rédaction dans les huit jours de sa saisine, au vu du dossier et de la copie de la minute après avis du vice-président du conseil. Le temps fixé ne peut être inférieur aux durées fixées au tableau ci-dessus.

La décision du président du conseil de prud'hommes est une mesure d'administration judiciaire.

Art. D. 1423-66-1. ***(D. 2009-1011 du 25 août 2009, JO 27, entrée en vigueur le 01.09.2009)*** Le temps que le président d'audience de la formation de référé ou du bureau de jugement peut avoir consacré à la relecture et à la signature des décisions mentionnées au g du 2° de l'article R. 1423-55 est fixé à quinze minutes par dossier.

Art. D. 1423-67. Le nombre d'heures indemnisables qu'un conseiller prud'hommes peut déclarer avoir consacré à la rédaction de décisions qui présentent entre elles un lien caractérisé, notamment du fait de l'identité d'une partie, de l'objet ou de la cause, et qui n'auraient pas fait l'objet d'une jonction, ne peut dépasser les durées fixées au tableau ci-après:

NOMBRE DE DÉCISIONS À RÉDIGER	NOMBRE MAXIMUM D'HEURES INDEMNISABLES
2 à 25	3 heures
(D. 2014-332 du 13 mars 2014, JO 15) «26 à 50»	5 heures
(D. 2014-332 du 13 mars 2014, JO 15) «51 à 100»	7 heures
Au-delà de 100	Durée de 9 heures augmentée de 3 heures par tranche de 100 décisions.

Les durées fixées au tableau ci-dessus s'ajoutent au nombre d'heures indemnisables de la décision initiale, qui reste soumis aux dispositions de l'article D. 1423-66.

Art. D. 1423-68. La participation des conseillers prud'hommes aux réunions préparatoires aux assemblées générales du conseil, aux assemblées de section ou de chambre mentionnées au d du 1° de l'article R. 1423-55 est indemnisée dans la limite de trois réunions par an et d'une durée totale ne pouvant excéder six heures.

Art. D. 1423-69. Un relevé des temps d'activités indemnisables mentionnées à l'article R. 1423-55 est tenu au greffe pour chaque conseiller prud'homme.

L'identification ainsi que les heures de début et de fin de chaque activité sont déclarées par le conseiller prud'homme. Pour les activités mentionnées au c, au d et au e du 2° de l'article R. 1423-55, ces heures sont précisées à l'issue de l'audience et du délibéré par l'ensemble des membres de la formation.

Art. D. 1423-70. Toute difficulté rencontrée par le ***(D. 2016-1359 du 11 oct. 2016, art. 5, XI, JO 13)*** «directeur de greffe» ou par le président du conseil de prud'hommes dans la certification ou le contrôle de l'état mentionné aux articles D. 1423-58 et D. 1423-59, après qu'ils se sont informés, est portée à la connaissance du premier président et du procureur général de la cour d'appel ou de la personne à laquelle ils ont conjointement délégué leur signature en leur qualité d'ordonnateurs secondaires. Ces derniers, ou leur délégataire, déterminent le montant des sommes dues au conseiller prud'homme concerné.

Sous-section 5 (réglementaire). Présidents et vice-présidents

Art. D. 1423-71. ***(D. 2009-1011 du 25 août 2009, JO 27, entrée en vigueur le 01.09.2009)*** Les présidents et vice-présidents de conseils de prud'hommes, ainsi que les présidents et vice-présidents de section des conseils de prud'hommes sont indemnisés pour le temps qu'ils consacrent à leurs activités administratives dans les mêmes conditions que celles prévues pour l'indemnisation des activités juridictionnelles.

Les présidents et vice-présidents de chambre du conseil de prud'hommes de Paris sont également indemnisés pour le temps qu'ils consacrent à leurs activités administratives dans les mêmes conditions que celles prévues pour l'indemnisation des activités juridictionnelles.

Art. D. 1423-72. ***(D. 2009-1011 du 25 août 2009, JO 27, entrée en vigueur le 01.09.2009)*** Le nombre d'heures indemnisées chaque mois pour le temps que consacrent à leurs activités administratives les présidents et vice-présidents de conseils de prud'hommes ne peut dépasser les durées fixées au tableau ci-après:

DÉSIGNATION DES CONSEILS DE PRUD'HOMMES	NOMBRE MAXIMUM D'HEURES INDEMNISABLES
Conseils comportant 40 conseillers ou moins	17 heures par mois
Conseils comportant plus de 40 conseillers et moins de 60 conseillers	26 heures par mois
Conseils comportant 60 conseillers et plus	39 heures par mois
Conseils de Bobigny, Lyon, Marseille et Nanterre	60 heures par mois
Conseil de Paris	***(D. 2014-332 du 13 mars 2014, JO 15)*** «100» heures par mois

Art. D. 1423-73. ***(D. 2009-1011 du 25 août 2009, JO 27, entrée en vigueur le 01.09.2009)*** Le nombre d'heures indemnisées pour le temps que consacrent à leurs activités administratives les présidents et vice-présidents des sections des activités diverses, du commerce et des services commerciaux, de l'encadrement et de l'industrie ne peut dépasser les durées fixées au tableau ci-après:

DÉSIGNATION DES CONSEILS DE PRUD'HOMMES	NOMBRE MAXIMUM D'HEURES INDEMNISABLES
Conseil de Paris	52 heures par mois
Conseils de Bobigny, Lyon, Marseille, Nanterre	60 heures par an
Conseils d'Aix-en-Provence, Bordeaux, Boulogne-Billancourt, Créteil, Grenoble, Lille, Meaux, Montpellier, Nice, Rouen, Toulouse	20 heures par an

Les présidents et vice-présidents de la section agriculture des conseils de prud'hommes mentionnés au tableau ci-dessus peuvent être indemnisés pour le temps consacré à leurs activités administratives dans la limite de cinq heures par an.

Art. D. 1423-74. ***(D. 2009-1011 du 25 août 2009, JO 27, entrée en vigueur le 01.09.2009)*** Les présidents et vice-présidents de section des conseils de prud'hommes autres que ceux mentionnés à l'article D. 1423-73 sont indemnisés pour le temps consacré à leurs activités administratives dans la limite de cinq heures par an.

Art. D. 1423-75. ***(D. 2009-1011 du 25 août 2009, JO 27, entrée en vigueur le 01.09.2009)*** Les présidents et vice-présidents de chambre du conseil de prud'hommes de Paris sont indemnisés pour le temps consacré à leurs activités administratives dans la limite de trois heures par an.

SECTION 6. Dispositions d'application

Art. L. 1423-16. Un décret en Conseil d'État détermine les conditions d'application du présent chapitre.

TITRE III CONSEIL SUPÉRIEUR DE LA PRUD'HOMIE

Note Les dispositions législatives de ce titre sont applicables à Mayotte à compter du 01.01.2022 (ordonnance 2017-1491 du 25 octobre 2017, art. 33, 3°, JO 26).

CHAPITRE UNIQUE

Art. L. 1431-1. Le Conseil supérieur de la prud'homie, organisme consultatif, siège auprès du garde des sceaux, ministre de la justice, et du ministre chargé du travail.

En font partie, outre les représentants des ministères intéressés, des représentants, en nombre égal, des organisations syndicales et des organisations professionnelles représentatives au plan national.

Un décret en Conseil d'État détermine la composition, les attributions ainsi que les règles d'organisation et de fonctionnement du Conseil supérieur de la prud'homie.

Note Les procès-verbaux de réunion de ce conseil ont le caractère de documents administratifs et sont donc communicables (CE 13 avril 1988, n° 82236).

Art. L. 1431-2. L'employeur laisse aux salariés de son entreprise, membres du Conseil supérieur de la prud'homie, le temps nécessaire pour remplir leurs fonctions. Ce temps est assimilé à une durée de travail effectif au sens de l'article L. 1442-6.

L'exercice des fonctions de membre du Conseil supérieur de la prud'homie par un salarié ne peut être la cause d'une sanction ou d'une rupture du contrat de travail par l'employeur.

SECTION 1 (réglementaire). Missions

Art. R. 1431-1. Le Conseil supérieur de la prud'homie formule des avis et suggestions. Il réalise des études sur l'organisation et le fonctionnement des conseils de prud'hommes.

Art. R. 1431-2. Le Conseil supérieur de la prud'homie propose au garde des Sceaux, ministre de la Justice, et au ministre chargé du travail toutes mesures qu'il juge utiles.

Il peut être saisi pour avis, par ces ministres, de toutes questions entrant dans sa compétence.

Art. R. 1431-3. Le Conseil supérieur de la prud'homie est consulté sur les projets de loi et de règlement relatifs :

1° À l'institution, la compétence, l'organisation et le fonctionnement des conseils de prud'hommes ;

2° ***(D. 2016-1359 du 11 oct. 2016, art. 5, XIV, JO 13, entrée en vigueur le 01.01.2018)*** « À la désignation », au statut et à la formation des conseillers prud'hommes ;

3° À la procédure suivie devant les conseils de prud'hommes ;

4° Aux décrets pris en application de l'article L. 1422-3.

Art. R. 1431-3-1. ***(D. 2016-1948 du 28 déc. 2016, art. 1er, JO 30)*** Le Conseil supérieur de la prud'homie élabore un recueil de déontologie des conseillers prud'hommes qui est rendu public.

SECTION 2 (réglementaire). Composition

Art. R. 1431-4. Le Conseil supérieur de la prud'homie comprend, outre le président :

1° Cinq membres représentant l'État, à raison de :

a) Deux représentants du ministre de la justice ;

b) Deux représentants du ministre chargé du travail ;

c) Un représentant du ministre de l'agriculture ;

2° ***(D. 2016-1223 du 14 sept. 2016, JO 16)*** « Onze membres » représentant les salariés, désignés sur proposition des organisations syndicales représentatives au plan national ;

3° ***(D. 2016-1223 du 14 sept. 2016, JO 16)*** « Onze membres » représentant les employeurs, désignés sur proposition des organisations représentatives au plan national.

Art. R. 1431-5. Les représentants des salariés au Conseil supérieur de la prud'homie sont :

1° ***(D. 2017-1267 du 9 août 2017, JO 11)*** « Quatre membres sur proposition de la Confédération française démocratique du travail (CFDT) » ;

2° ***(D. 2017-1267 du 9 août 2017, JO 11)*** « Trois membres sur proposition de la Confédération générale du travail (CGT) » ;

3° Deux membres sur proposition de la Confédération générale du travail-Force ouvrière (CGT-FO) ;

4° Un membre sur proposition de la Confédération française des travailleurs chrétiens (CFTC) ;

5° Un membre sur proposition de la Confédération française de l'encadrement-Confédération générale des cadres (CFE-CGC).

Note Les modifications issues du décret 2017-1267 précité sont applicables à compter du premier renouvellement des membres du Conseil supérieur de la prud'homie suivant la publication du décret (décret précité, art. 2).

Art. R. 1431-6. Les représentants des employeurs au Conseil supérieur de la prud'homie sont :

1° Cinq membres sur proposition du Mouvement des entreprises de France (MEDEF), parmi lesquels un représentant au moins au titre des entreprises moyennes et petites ;

2° Un membre, représentant les entreprises publiques, désigné après consultation du Mouvement des entreprises de France ;

3° ***(D. 2017-1267 du 9 août 2017, JO 11)*** « Deux membres sur proposition de la Confédération des petites et moyennes entreprises (CPME) » ;

4° Un membre, représentant les professions agricoles, sur proposition conjointe de la Fédération nationale des syndicats d'exploitants agricoles (FNSEA) et de la Confédération nationale de la mutualité, de la coopération et du crédit agricoles (CNMCCA) ;

5° ***(D. 2017-1267 du 9 août 2017, JO 11)*** « Un membre, sur proposition de l'Union des entreprises de proximité (U2P) » ;

(D. 2016-1223 du 14 sept. 2016, JO 16) « 6° Un membre, représentant les employeurs de l'économie sociale, sur proposition de l'Union des employeurs de l'économie sociale et solidaire (UDES). »

Note Voir note sous art. R. 1431-5.

Art. R. 1431-7. Des membres employeurs et salariés suppléants à celui des titulaires sont désignés en nombre égal dans les mêmes conditions que ces derniers. Ils ne siègent qu'en l'absence des titulaires.

En cas d'empêchement du président, celui-ci est suppléé par l'un des représentants du garde des sceaux, ministre de la justice.

Art. R. 1431-8. Le président ainsi que les représentants titulaires et suppléants des employeurs et des salariés sont nommés par arrêté conjoint du garde des sceaux, ministre de la justice, et du ministre chargé du travail ***(D. 2017-1267 du 9 août 2017, JO 11)*** « , pour une durée de quatre ans renouvelable ».

En cas de décès, démission ou perte de leur mandat, les membres sont remplacés. Le successeur reste en fonction jusqu'à expiration de la durée normale des fonctions du membre remplacé.

Note Voir note sous art. R. 1431-5.

SECTION 3 (réglementaire). **Organisation et fonctionnement**

Art. R. 1431-9. Les fonctions de membre du Conseil supérieur de la prud'homie ne sont pas rémunérées.

Les dépenses de déplacement et de séjour que les membres du conseil ainsi que les personnes mentionnées à l'article R. 1431-16 sont appelées à réaliser peuvent donner lieu à un remboursement. Ce remboursement est réalisé dans les conditions fixées par arrêté conjoint du garde des sceaux, ministre de la justice, du ministre chargé du travail et du ministre chargé du budget.

Art. R. 1431-10. Le Conseil supérieur de la prud'homie constitue en son sein une commission permanente.

Cette commission prépare les travaux du conseil et peut être consultée en cas d'urgence.

Elle est présidée par le président du conseil et, en cas d'empêchement de celui-ci, par le représentant du garde des Sceaux, ministre de la Justice.

Art. R. 1431-11. La commission permanente comprend :

1° Trois représentants de l'État choisis parmi les membres du Conseil supérieur de la prud'homie ;

2° ***(D. 2017-1267 du 9 août 2017, JO 11)*** « Six membres » du Conseil supérieur, titulaires ou suppléants, représentant les salariés ;

3° ***(D. 2017-1267 du 9 août 2017, JO 11)*** « Six membres » du Conseil supérieur, titulaires ou suppléants, représentant les employeurs.

Les membres de la commission permanente représentant les employeurs et les salariés sont nommés sur proposition des organisations professionnelles et syndicales par arrêté conjoint du garde des sceaux, ministre de la justice, et du ministre chargé du travail.

Note Voir note sous art. R. 1431-5.

Art. R. 1431-12. Le secrétariat du Conseil supérieur de la prud'homie est assuré par les services du ministre chargé du travail.

Art. R. 1431-13. Le Conseil supérieur de la prud'homie se réunit au moins une fois par an sur convocation du président.

Art. R. 1431-14. L'ordre du jour du Conseil supérieur de la prud'homie et celui de la commission permanente sont fixés par le président.

Sauf en cas d'urgence, l'ordre du jour est adressé aux intéressés quinze jours au moins avant la date de la réunion.

Art. R. 1431-15. Le Conseil supérieur de la prud'homie peut constituer en son sein des groupes de travail chargés de procéder à des études sur des questions particulières relevant de sa compétence.

Art. R. 1431-16. Le Conseil supérieur de la prud'homie ou sa commission permanente peuvent faire appel à des représentants des ministres ou à des experts.

TITRE IV CONSEILLERS PRUD'HOMMES

Note • Les dispositions de ce titre sont applicables à Mayotte à compter du 01.01.2022, à l'exception des articles L. 1441-1 à L. 1441-24, R. 1441-1 à D. 1441-24-3 et L. 1443-1 qui sont applicables à compter du 01.01.2021 (ordonnance 2017-1491 du 25 octobre 2017, art. 33, 3°, JO 26, modifié par loi 2020-734 du 17 juin 2020, art. 44, I, JO 18 et décret 2018-953 du 31 octobre 2018, art. 58, III, *b*, JO 6 nov., modifié par décret 2020-1549 du 9 décembre 2020, art. 2, JO 10).

• Conformément aux II, IV et V de l'article 44 de la loi 2020-734 précitée:

II. - La première désignation des conseillers prud'hommes de Mayotte est organisée selon les dispositions prévues par le code du travail, sous réserve des adaptations suivantes:

1° Par dérogation à l'article L. 1441-1 CT, les conseillers prud'hommes sont nommés au plus tard le 31 décembre 2021 pour la durée fixée au 2° du présent II conjointement par le garde des sceaux, ministre de la justice, et le ministre chargé du travail par collège et section, sur proposition des organisations syndicales et professionnelles;

2° Le mandat des conseillers prud'hommes de Mayotte nommés en application du 1° s'achève à la date du renouvellement général des conseillers prud'hommes prévu au I de l'article 2 de l'ordonnance 2020-388 du 1er avril 2020 relative au report du scrutin de mesure de l'audience syndicale auprès des salariés des entreprises de moins de onze salariés et à la prorogation des mandats des conseillers prud'hommes et membres des commissions paritaires régionales interprofessionnelles;

3° L'article L. 1441-2 CT n'est pas applicable;

4° Pour l'application de l'article L. 1441-4 du même code, les mesures de l'audience prises en compte sont celles qui ont été effectuées en 2017.

IV. - Par dérogation au 2° de l'article L. 1442-2 CT, les employeurs accordent aux salariés de leur entreprise désignés membres du conseil de prud'hommes de Mayotte en application du II du présent article, au titre de la formation continue, dans la limite de six jours, des autorisations d'absence qui peuvent être fractionnées.

V. - L'article 16 de l'ordonnance 2011-337 du 29 mars 2011 modifiant l'organisation judiciaire dans le Département de Mayotte est complété par un III ainsi rédigé:

«III. - Les procédures en cours devant le tribunal du travail et des prud'hommes de Mamoudzou à la date mentionnée au II du présent article sont transférées en l'état devant la formation de jugement du conseil de prud'hommes mentionnée à l'article L. 1423-13 CT présidée par le juge mentionné à l'article L. 1454-2 du même code dans des conditions déterminées par décret en Conseil d'État.»

• Conformément aux articles 1er et 3 du décret 2020-1656 du 22 décembre 2020, JO 24, entrée en vigueur le 01.01.2021 :

Art. 1er. – La composition du conseil de prud'hommes de Mamoudzou et le nombre de conseillers à nommer par collège dans les différentes sections sont fixés conformément au tableau annexé au présent décret.

Art. 3. – La formation initiale des conseillers prud'hommes de Mamoudzou nommés dans le cadre de la première désignation prévue au II de l'article 44 de la loi du 17 juin 2020 susvisée est organisée selon les dispositions prévues par le code du travail, sous réserve des adaptations suivantes:

1° Par dérogation au troisième alinéa de l'article D. 1442-10-1 CT, le conseiller prud'homme de Mamoudzou qui n'a pas suivi la formation initiale dans un délai de douze mois à compter de sa nomination est réputé démissionnaire;

2° Le suivi de l'intégralité de la formation organisée par l'État au profit des candidats aux fonctions de conseiller prud'homme entre la date de fin du dépôt des candidatures et la date de nomination vaut satisfaction à l'obligation de formation initiale prévue au même article. Dans ce cas, les autorisations d'absence prévues à l'article L. 1442-2 de ce code peuvent être utilisées au cours de l'année 2022 pour réaliser un stage au sein d'un autre conseil de prud'hommes;

3° Par dérogation aux dispositions du premier alinéa de l'article D. 1442-10-3 du même code, la période de quinze mois est réduite à douze mois.

• Voir aussi arrêté du 6 janvier 2021 (JO 14) portant attribution des sièges de conseillers prud'hommes au conseil de prud'hommes de Mamoudzou pour le mandat prud'homal 2022.

CHAPITRE Ier Désignation des conseillers prud'hommes

Note Ce chapitre est issu de l'ordonnance 2016-388 du 31 mars 2016, JO 1er avril, relative à la désignation des conseillers prud'hommes, ratifiée par la loi 2016-1088 du 8 août 2016, art. 35, JO 9.

Cette ordonnance a été prise en application de l'article 1er de la loi 2014-1528 du 18 décembre 2014 (JO 19) qui avait habilité le Gouvernement à prendre par ordonnance les dispositions permettant de mettre en place de nouvelles modalités de désignation des juges prud'homaux en fonction de l'audience des organisations syndicales de salariés définie au 5° de l'article L. 2121-1 CT et de celle des organisations professionnelles d'employeurs définie au 6° de l'article L. 2151-1 du même code. Le décret 2016-1359 du 11 octobre 2016 (JO 13) a précisé les règles de désignation des conseillers prud'hommes.

Les dispositions législatives et réglementaires de ce chapitre sont entrées en vigueur le 01.02.2017, à l'exception de celles relatives aux désignations complémentaires dont l'entrée en vigueur a été fixée au 01.01.2018.

SECTION 1. Dispositions générales

Art. L. 1441-1. Les conseillers prud'hommes sont nommés conjointement par le garde des sceaux, ministre de la justice, et le ministre chargé du travail tous les quatre ans par conseil de prud'hommes, collège et section, sur proposition des organisations syndicales et professionnelles selon les modalités fixées au présent chapitre.

Note *Covid-19.* Sur la prorogation des mandats des conseillers prud'hommes pour faire face à l'épidémie de Covid-19, voir ordonnance 2020-388 du 1er avril 2020, art. 2, JO 2, modifié.

Art. R. 1441-1. ***(D. 2016-1359 du 11 oct. 2016, JO 13, entrée en vigueur le 01.02.2017)*** Les conseillers prud'hommes sont nommés, en application de l'article L. 1441-1, par arrêté conjoint du garde des sceaux, ministre de la justice, et du ministre chargé du travail, publié au *Journal officiel* de la République française.

Cet arrêté ne peut faire l'objet d'un recours administratif.

Note Voir arrêtés du 14 décembre 2017 modifié (JO 19), du 12 avril 2018 (JO 19), du 14 décembre 2018 (JO 22), du 30 octobre 2019 (JO 9 nov.) et du 11 mai 2020 (JO 17), modifié par arrêté du 2 juillet 2020 (JO 24), portant nomination des conseillers prud'hommes pour le mandat prud'homal 2018-2021. Sur les désignations complémentaires voir note sous R. 1441-26 CT.

Art. L. 1441-2. Les conseillers prud'hommes sont nommés durant l'année suivant chaque cycle de mesure de l'audience syndicale définie au 5° de l'article L. 2121-1 pour le collège des salariés et de l'audience patronale définie au 6° de l'article L. 2151-1 pour le collège des employeurs.

Art. L. 1441-3. Un décret en Conseil d'État détermine les conditions d'application du présent chapitre.

SECTION 2. Détermination des sièges attribués aux organisations

Art. L. 1441-4. Le garde des sceaux, ministre de la justice, et le ministre chargé du travail arrêtent le nombre de sièges attribués pour la durée du mandat aux organisations syndicales et professionnelles par conseil de prud'hommes, collège et section, en fonction du nombre de conseillers défini à l'article L. 1423-2 et ***(L. 2016-1088 du 8 août 2016, art. 35, II, JO 9)*** «, pour les organisations syndicales de salariés, des suffrages obtenus au niveau départemental par chaque organisation dans le cadre de la mesure de l'audience définie au 5° de l'article L. 2121-1; pour les organisations professionnelles d'employeurs, l'audience patronale prévue au 6° de l'article L. 2151-1 déterminée au niveau national.

Art. L. 1441-5

Pour l'appréciation de l'audience patronale, sont pris en compte, chacun à hauteur de 50 %, le nombre des entreprises qui emploient au moins un salarié adhérentes à des organisations professionnelles d'employeurs et le nombre de salariés employés par ces mêmes entreprises.»

Les sièges sont attribués à la représentation proportionnelle suivant la règle de la plus forte moyenne.

Art. L. 1441-5. À peine d'irrecevabilité, les contestations relatives à la répartition du nombre des sièges, opérée en application de l'article L. 1441-4, sont formées devant le Conseil d'État par une organisation syndicale ou professionnelle dans un délai de quinze jours à compter de sa publication.

Sous-section 1 (réglementaire). Dispositions communes

Note Les sous-sections 1 à 3 ont été introduites par le décret 2016-1359 du 11 octobre 2016, JO 13, entrée en vigueur le 01.02.2017.

Art. R. 1441-2. En application de l'article L. 1441-4, les sièges sont attribués aux organisations syndicales et professionnelles par arrêté conjoint du garde des sceaux, ministre de la justice, et du ministre chargé du travail publié au *Journal officiel* de la République française.

Cet arrêté ne peut faire l'objet d'un recours administratif.

Note Voir arrêté du 5 mai 2017 (JO 10), modifié par arrêtés des 2 août 2017 (JO 12) et 8 septembre 2017 (JO 12), portant attribution des sièges de conseillers prud'hommes et calendrier de dépôt des candidatures à la fonction de conseiller prud'homme pour le mandat prud'homal 2018-2021. Voir aussi arrêtés du 12 février 2018 (JO 15), du 7 juin 2019 (JO 15) et du 16 janvier 2020 (JO 18), modifié par arrêté du 13 février 2020 (JO 15), fixant le calendrier de dépôt des candidatures et la liste des sièges à pourvoir dans le cadre de désignations complémentaires de conseillers prud'hommes pour le mandat prud'homal 2018-2021; arrêté du 13 octobre 2020 (JO 17) fixant le calendrier de dépôt des candidatures et la liste des sièges à pourvoir dans le cadre de désignations complémentaires de conseillers prud'hommes pour le mandat prud'homal 2018-2022.

À noter que le 2° de l'article 1er et les articles 2 et 3 de l'arrêté du 5 mai 2017 précité, ainsi que le tableau annexé à cet arrêté en tant qu'il porte sur les sièges attribués aux organisations professionnelles pour le collège des employeurs, ont été annulés par le Conseil d'État (CE 24 avril 2019, n° 405793, JO 2 mai). Néanmoins, l'arrêté modificatif du 2 août 2017 (précité) remplace (en son art. 2) le tableau publié en annexe de l'arrêté du 5 mai 2017 par un nouveau tableau de répartition des sièges. Aussi, la décision du Conseil d'État n'emporte pas de conséquences pratiques.

Sous-section 2 (réglementaire). Collège des salariés

Art. R. 1441-3. Pour le collège des salariés, la détermination du nombre des sièges de chaque section de chacun des conseils de prud'hommes du département mentionnée à l'article L. 1441-4 prend en compte les suffrages retenus pour la mesure de l'audience au niveau national et interprofessionnel présentée en Haut Conseil du dialogue social en application de l'article R. 2122-3, par département et par section pour chaque organisation syndicale.

Art. R. 1441-4. Pour les sections de l'industrie, du commerce et des services commerciaux, de l'agriculture et des activités diverses, sont pris en compte les suffrages exprimés en fonction du tableau de répartition défini à l'article R. 1423-4, à l'exception des suffrages exprimés pris en compte pour la section de l'encadrement et des suffrages exprimés aux élections des membres représentant les salariés de la production agricole aux chambres d'agriculture prévus à l'article L. 2122-6.

Pour la section de l'agriculture, outre les suffrages exprimés en fonction du tableau de répartition défini à l'article R. 1423-4, sont pris en compte les suffrages exprimés aux élections des membres représentant les salariés de la production agricole aux chambres d'agriculture prévus à l'article L. 2122-6.

Pour la section des activités diverses, sont pris en compte, outre les suffrages mentionnés au premier alinéa du présent article, les suffrages exprimés obtenus en application de l'article R. 1441-3, dont la convention collective ou l'accord collectif ne sont pas mentionnés dans le tableau de répartition prévu à l'article R. 1423-4.

Pour la section de l'encadrement, sont pris en compte les suffrages exprimés aux élections professionnelles mentionnées à l'article L. 2122-9 dans les collèges dans lesquels seuls des personnels relevant de la section de l'encadrement définie à l'article L. 1423-1-2 sont amenés à s'exprimer, ainsi que les suffrages exprimés dans le collège " cadres " mentionné à l'article L. 2122-10-4.

Art. R. 1441-5. Les sièges sont attribués proportionnellement aux suffrages obtenus en application des articles R. 1441-3 et R. 1441-4 suivant la règle de la plus forte moyenne entre organisations syndicales au sein de chaque section de chaque conseil de prud'hommes.

Art. R. 1441-6. En cas d'égalité entre deux ou plusieurs organisations en application de l'article R. 1441-5, le siège est attribué à l'organisation syndicale qui a obtenu le plus de suffrages exprimés pour cette section.

En cas d'égalité en application de l'alinéa précédent, le siège est attribué à l'organisation syndicale qui a obtenu le plus de suffrages exprimés au niveau départemental pour l'ensemble des sections.

En cas d'égalité en application de l'alinéa précédent, le siège est attribué à l'organisation syndicale qui a obtenu le plus de suffrages exprimés au niveau régional pour la section concernée.

En cas d'égalité en application de l'alinéa précédent, le siège est attribué à l'organisation syndicale qui a obtenu le plus de suffrages exprimés au niveau national pour la section concernée.

Art. R. 1441-7. En l'absence de suffrage permettant de déterminer la répartition des sièges entre les organisations syndicales pour une section donnée, sont pris en compte les suffrages exprimés au niveau départemental pour l'ensemble des sections.

En l'absence de suffrage en application de l'alinéa précédent, sont pris en compte les suffrages exprimés au niveau régional pour la section concernée.

En cas d'absence de suffrage en application de l'alinéa précédent, sont pris en compte les suffrages exprimés au niveau national pour la section concernée.

Sous-section 3 (réglementaire). Collège des employeurs

Art. R. 1441-8. Pour le collège des employeurs, la détermination du nombre des sièges de chaque section de chacun des conseils de prud'hommes, définie à l'article L. 1441-4, prend en compte le nombre d'entreprises adhérentes retenues pour le calcul des résultats présentés en Haut Conseil du dialogue social en application de l'article R. 2152-18 dès lors que celles-ci emploient au moins un salarié, et le nombre de salariés employés par ces mêmes entreprises, chacun à hauteur de 50 %, additionnés au niveau national et par section pour chaque organisation professionnelle d'employeurs.

Lorsqu'une organisation professionnelle d'employeurs candidate à la représentativité au niveau d'une branche professionnelle adhère à une ou plusieurs organisations professionnelles d'employeurs candidates au niveau national et interprofessionnel ou multiprofessionnel, les entreprises qui lui sont adhérentes et les salariés qu'elles emploient ne sont pris en compte qu'au seul bénéfice de ces dernières.

Art. R. 1441-9. I. – Pour les sections de l'industrie, du commerce et des services commerciaux, de l'agriculture et des activités diverses, sont prises en compte par section, en fonction du tableau de répartition défini à l'article R. 1423-4 :

1° Les entreprises directement adhérentes à une organisation professionnelle d'employeurs candidate au niveau d'une branche professionnelle ou à une structure territoriale de cette organisation ;

2° Les entreprises adhérentes à une organisation professionnelle d'employeurs non candidate ou à une structure territoriale de cette organisation, lorsqu'elle adhère à une organisation professionnelle d'employeurs candidate au niveau d'une branche professionnelle.

II. – Pour la section de l'agriculture, sont également prises en compte les entreprises adhérentes des secteurs d'activité mentionnés au quatrième alinéa de l'article L. 2152-1.

III. – Pour les sections de l'industrie, du commerce et des services commerciaux, de l'agriculture et des activités diverses, sont également prises en compte :

1° Les entreprises directement adhérentes à une organisation professionnelle d'employeurs candidate au niveau national et interprofessionnel ou à une structure territoriale de cette organisation ;

2° Les entreprises adhérentes à une organisation professionnelle d'employeurs non candidate ou à une structure territoriale de cette organisation, lorsqu'elle adhère à une organisation professionnelle d'employeurs candidate au niveau national et interprofessionnel.

Ces entreprises adhérentes et les salariés qu'elles emploient sont pris en compte en fonction de la répartition entre les sections résultant du nombre d'entreprises adhérentes et du nombre de salariés employés par ces mêmes entreprises, pour cette organisation professionnelle candidate au niveau national et interprofessionnel en application des I et II du présent article.

IV. – Pour la section de l'encadrement, sont prises en compte l'ensemble des entreprises adhérentes obtenues en application des I, II et III du présent article.

Art. R. 1441-10. Pour l'application du deuxième alinéa de l'article L. 1441-4, les sièges sont attribués proportionnellement aux nombres d'entreprises adhérentes et de salariés obtenus en application des articles R. 1441-8 et R. 1441-9 suivant la règle de la plus forte moyenne entre organisations professionnelles au sein de chaque section de chaque conseil de prud'hommes.

Art. R. 1441-11. En cas d'égalité entre deux ou plusieurs organisations en application de l'article R. 1441-10, le siège est attribué à l'organisation professionnelle dont le nombre d'entreprises adhérentes et de salariés, chacun à hauteur de 50 %, calculé en application de l'article R. 1441-8, est le plus élevé.

Art. L. 1441-6

En cas d'égalité en application de l'alinéa précédent, le siège est attribué à l'organisation professionnelle dont le nombre d'entreprises adhérentes et de salariés, chacun à hauteur de 50 %, calculé en application de l'article R. 1441-8, est le plus élevé pour l'ensemble des sections.

Art. R. 1441-12. En l'absence d'entreprises adhérentes pour déterminer la répartition des sièges entre les organisations professionnelles pour une section donnée, sont pris en compte les entreprises adhérentes et les salariés qu'elles emploient pour l'ensemble des sections.

SECTION 3. Candidatures

Sous-section 1. Candidats

§ 1. Conditions de candidature

Art. L. 1441-6. Peuvent être candidats, sous réserve des dispositions de l'article L. 1441-7 :

1° Les salariés et les employeurs ;

2° Les personnes à la recherche d'un emploi inscrites sur la liste des demandeurs d'emploi ;

3° Les personnes ayant cessé d'exercer toute activité professionnelle.

Art. L. 1441-7. Les conditions requises des candidats sont les suivantes :

1° Être de nationalité française ;

2° Ne pas avoir au bulletin n° 2 du casier judiciaire de mentions incompatibles avec l'exercice des fonctions prud'homales et n'être l'objet d'aucune interdiction, déchéance ou incapacité relative à leurs droits civiques ;

3° Être âgés de vingt et un ans au moins ;

4° Avoir exercé une activité professionnelle de deux ans ou justifier d'un mandat prud'homal dans les dix ans précédant la candidature.

Art. L. 1441-8. Les conditions de candidature définies aux 1° et 2° de l'article L. 1441-7 s'apprécient à la date de nomination.

Les conditions de candidature définies aux 3° et 4° de l'article ***(Ord. 2017-1718 du 20 déc. 2017, art. 1er, I, 34°, JO 21)*** « L. 1441-7 » et celles relatives au conseil des prud'hommes, au collège et à la section de candidature s'apprécient à la date d'ouverture du dépôt des candidatures, fixée par voie réglementaire.

Art. L. 1441-9. Nul ne peut être candidat :

1° Sur plus d'une liste mentionnée à l'article L. 1441-18 ;

2° Dans plus d'une section ;

3° Dans un conseil de prud'hommes, un collège ou une section autres que ceux au titre desquels il remplit les conditions pour être candidat.

Art. L. 1441-10. Ne peut être candidat le conseiller prud'homme déclaré déchu en application de l'article L. 1442-14.

Le conseiller prud'homme nommé, qui refuse de se faire installer, qui est déclaré démissionnaire ou qui est réputé démissionnaire en application de l'article L. 1442-1, ne peut être candidat pendant un délai de quatre ans à compter de son refus, de la décision du tribunal qui le déclare démissionnaire ou de l'expiration du délai prévu au troisième alinéa de l'article L. 1442-1.

§ 2. Conseil de prud'hommes de candidature

Art. L. 1441-11. Les personnes relevant du 1° de l'article L. 1441-6, à l'exception des employés de maison et de leurs employeurs, sont candidates dans la section du conseil de prud'hommes dans le ressort duquel elles exercent leur activité principale, ou dans la section de même nature de l'un des conseils de prud'hommes limitrophes. Les voyageurs, représentants ou placiers peuvent en outre être candidats dans le conseil de prud'hommes dans le ressort duquel est situé leur domicile.

Les personnes relevant des 2° et 3° de l'article L. 1441-6 sont candidates dans la section du conseil de prud'hommes dans le ressort duquel elles exerçaient leur dernière activité professionnelle, dans la section de même nature de l'un des conseils de prud'hommes limitrophes ou dans celle du conseil de prud'hommes dans le ressort duquel est situé leur domicile.

Les employés de maison et leurs employeurs sont candidats dans la section du conseil de prud'hommes dans le ressort duquel est situé leur domicile, ou dans la section de même nature de l'un des conseils de prud'hommes limitrophes.

Pour les personnes qui sont candidates dans la section de l'agriculture, les ressorts du conseil de prud'hommes ou du conseil de prud'hommes limitrophe sont déterminés en fonction du ressort de cette section.

§ 3. Collège de candidature

Art. L. 1441-12. Peuvent être candidats dans le collège des employeurs :

1° Les personnes employant pour leur compte ou pour le compte d'autrui un ou plusieurs salariés ;

2° Le cas échéant, sur mandat exprès de ces personnes et si elles ne sont pas elles-mêmes candidates, les conjoints collaborateurs mentionnés à l'article L. 121-4 du code de commerce pour les artisans, commerçants et professionnels libéraux et à l'article L. 321-5 du code rural et de la pêche maritime pour les agriculteurs ;

3° Les associés en nom collectif, les présidents des conseils d'administration, les directeurs généraux et directeurs, ainsi que les cadres détenant sur un service, un département ou un établissement de l'entreprise une délégation particulière d'autorité, établie par écrit, permettant de les assimiler à un employeur ;

4° Les personnes ayant cessé d'exercer toute activité et dont la dernière activité professionnelle relevait des catégories mentionnées au 1° ou au 3°.

Pour les personnes mentionnées au 2°, les conditions prévues à l'article L. 1441-7 doivent être remplies en la personne de l'artisan, du commerçant, du professionnel libéral ou du chef d'exploitation ou de l'entreprise agricole mandant, et en celle de son conjoint collaborateur mandataire. Pour ce dernier, il est toutefois substitué à la condition d'exercice d'une activité professionnelle de deux ans dans les dix ans précédant la candidature, mentionnée audit article, une durée équivalente d'appartenance au statut de conjoint collaborateur, appréciée à la date d'ouverture du dépôt des candidatures, fixée par voie réglementaire.

Art. L. 1441-13. Peuvent être candidats dans le collège des salariés :

1° Les salariés non cadres ;

2° Les cadres ne détenant pas la délégation particulière d'autorité mentionnée au 3° de l'article L. 1441-12 ;

3° Les salariés titulaires d'un contrat d'apprentissage ou de formation en alternance ;

4° Les personnes à la recherche d'un emploi inscrites sur la liste des demandeurs d'emploi ;

5° Les personnes mentionnées aux 1°, 2°, 3° et 4° ayant cessé d'exercer toute activité professionnelle.

§ 4. Section de candidature

Art. L. 1441-14. Relèvent de la section de l'encadrement du collège des salariés, à l'exception de celles qui ont une délégation particulière d'autorité, les personnes relevant des catégories mentionnées aux 1°, 2°, 3° et 4° de l'article L. 1423-1-2.

Art. L. 1441-15. Relèvent de la section de l'encadrement du collège des employeurs les employeurs et assimilés, comprenant les cadres qui ont une délégation particulière d'autorité, tels que définis à l'article L. 1441-12, qui n'emploient que des salariés relevant des catégories définies à l'article L. 1423-1-2.

Peuvent relever de la section de l'encadrement du collège des employeurs, les employeurs et assimilés, comprenant les cadres qui ont une délégation particulière d'autorité, tels que définis à l'article L. 1441-12, qui emploient au moins un des salariés relevant des catégories définies à l'article L. 1423-1-2.

Art. L. 1441-16. L'appartenance des salariés candidats aux sections est déterminée au regard du champ d'application de la convention ou de l'accord collectif de travail dont ils relèvent, selon le tableau de répartition mentionné à l'article L. 1423-1-1, à l'exception des personnes mentionnées à l'article L. 1441-14 et des cadres mentionnés au 3° de l'article L. 1441-12.

Art. L. 1441-17

Art. L. 1441-17. Sous réserve des dispositions relatives à la section de l'encadrement définies à l'article L. 1441-15, pour le collège des employeurs, les employeurs et assimilés, tels que définis à l'article L. 1441-12, relèvent de la section de leur choix dont relève au moins un de leurs salariés.

Sous-section 2. Liste de candidats

Art. L. 1441-18. La déclaration des candidatures résulte du dépôt d'une liste de candidats pour chaque conseil de prud'hommes par les mandataires des organisations auxquelles ont été attribués des sièges en application de l'article L. 1441-4.

Cette liste est déposée par voie dématérialisée dans des conditions déterminées par décret.

Art. L. 1441-19. La liste de candidats est composée alternativement d'un candidat de chaque sexe.

Art. L. 1441-20. Aucune liste ne peut comporter un nombre de candidats supérieur au nombre de postes attribués par section et conseil de prud'hommes.

Art. L. 1441-21. Ne peuvent être enregistrées par l'autorité administrative les déclarations de candidatures qui ne respectent pas les conditions fixées par les articles L. 1441-18 à L. 1441-20 à la date de clôture du dépôt des candidatures.

Art. L. 1441-22. Le mandataire de la liste notifie à l'employeur de chacun des salariés candidats le nom du salarié de son entreprise qu'il entend présenter sur sa liste de candidats. Cette notification intervient à compter de la date d'ouverture du dépôt des candidatures.

Art. L. 1441-23. L'employeur laisse au salarié de son entreprise désigné, dans le cadre du renouvellement prud'homal, en tant que mandataire de liste, le temps nécessaire pour remplir ses fonctions. Ce temps est assimilé à une durée de travail effectif conformément aux dispositions de l'article L. 1442-6.

L'exercice des fonctions de mandataire de liste par un salarié ne peut être la cause d'une sanction ou d'une rupture du contrat de travail par l'employeur. Les délégués syndicaux appelés à exercer ces fonctions sont autorisés à utiliser à cet effet le crédit d'heures dont ils disposent au titre de leur mandat.

Sous-section 1 (réglementaire). Dispositions générales

Note Les sous-sections 1 à 4 ont été introduites par le décret 2016-1359 du 11 octobre 2016, JO 13, entrée en vigueur le 01.02.2017.

Art. R. 1441-13. ***(D. 2018-813 du 26 sept. 2018, JO 28)*** I. – Le garde des sceaux, ministre de la justice, et le ministre chargé du travail fixent le calendrier du renouvellement général des conseillers prud'hommes par un arrêté publié au *Journal officiel* de la République française.

Cet arrêté détermine les dates d'ouverture et de clôture du dépôt des candidatures.

II. – Le garde des sceaux, ministre de la justice, fixe le calendrier de la désignation complémentaire des conseillers prud'hommes par un arrêté publié au *Journal officiel* de la République française.

Cet arrêté détermine les dates d'ouverture et de clôture du dépôt des candidatures.

Note Voir arrêté du 5 mai 2017 (JO 10), modifié par arrêtés des 2 août 2017 (JO 12) et 8 septembre 2017 (JO 12), portant attribution des sièges de conseillers prud'hommes et calendrier de dépôt des candidatures à la fonction de conseiller prud'homme pour le mandat prud'homal 2018-2021. Voir aussi arrêtés du 12 février 2018 (JO 15), du 7 juin 2019 (JO 15) et du 16 janvier 2020 (JO 18), modifié par arrêté du 13 février 2020 (JO 15), fixant le calendrier de dépôt des candidatures et la liste des sièges à pourvoir dans le cadre de désignations complémentaires de conseillers prud'hommes pour le mandat prud'homal 2018-2021; arrêté du 13 octobre 2020 (JO 17) fixant le calendrier de dépôt des candidatures et la liste des sièges à pourvoir dans le cadre de désignations complémentaires de conseillers prud'hommes pour le mandat prud'homal 2018-2022.

À noter que le 2° de l'article 1er et les articles 2 et 3 de l'arrêté du 5 mai 2017 précité, ainsi que le tableau annexé à cet arrêté en tant qu'il porte sur les sièges attribués aux organisations professionnelles pour le collège des employeurs, ont été annulés par le Conseil d'État (CE 24 avril 2019, n° 405793, JO 2 mai). Néanmoins, l'arrêté modificatif du 2 août 2017 (précité) remplace (en son art. 2) le tableau publié en annexe de l'arrêté du 5 mai 2017 par un nouveau tableau de répartition des sièges. Aussi, la décision du Conseil d'État n'emporte pas de conséquences pratiques.

Sous-section 2 (réglementaire). **Conditions de candidature**

Art. R. 1441-14. La condition de deux ans d'exercice d'une activité professionnelle mentionnée au 4° de l'article L. 1441-7 s'apprécie dans les dix ans précédant la candidature.

Art. R. 1441-15. Toutes les candidatures déposées pour une même personne en méconnaissance des 1° et 2° de l'article L. 1441-9 sont irrecevables.

Art. R. 1441-16. La délégation particulière d'autorité mentionnée au 3° de l'article L. 1441-12 et au 2° de l'article L. 1441-13, permettant aux cadres d'être inscrits dans le collège des employeurs, peut prendre la forme d'un document spécifique ou figurer dans le contrat de travail. À défaut d'une telle délégation, les cadres ne peuvent être candidats que dans la section de l'encadrement du collège des salariés.

Art. R. 1441-17. En application de l'article L. 1422-2, les salariés et employeurs exerçant leur activité professionnelle sur l'emprise d'un aérodrome rattaché au ressort d'un conseil de prud'hommes sont candidats dans ce conseil.

Sous-section 3 (réglementaire). **Listes de candidats et candidatures individuelles**

Art. R. 1441-18. Le mandataire prévu à l'article L. 1441-18 dépose la ou les listes de l'organisation pour chaque conseil de prud'hommes du département au titre duquel il est mandaté.

Art. R. 1441-19. La notification prévue à l'article L. 1441-22 à un employeur de la qualité de candidat de son salarié est faite par tout moyen lui conférant date certaine.

Les informations contenues dans cette notification sont simultanément communiquées par le mandataire à l'inspection du travail.

Art. R. 1441-20. Chaque liste de candidats précise le nom de l'organisation, ainsi que le conseil de prud'hommes, le collège et la section au titre desquels les candidats de la liste sont présentés.

Art. R. 1441-21. Le mandataire d'une liste contrôle et atteste que cette liste remplit les conditions fixées par les articles L. 1441-18 à L. 1441-20.

À la liste de candidats mentionnée à l'article R. 1441-20, sont jointes les déclarations individuelles de candidature de chacun des candidats de la liste. Ces déclarations font état des informations permettant de justifier qu'il satisfait aux conditions mentionnées aux articles L. 1441-6 à L. 1441-17.

Art. R. 1441-22. Chaque candidat donne mandat pour être présenté par l'organisation qui le présente. Il déclare sur l'honneur n'être l'objet d'aucune interdiction, déchéance ou incapacité relative à ses droits civiques et ne pas exercer de fonction incompatible avec l'exercice de la fonction de conseiller prud'homme. Il fournit les documents justifiant qu'il satisfait aux conditions mentionnées aux articles L. 1441-6 à L. 1441-17, à l'exception du bulletin n° 2 du casier judiciaire.

Art. D. 1441-22-1. ***(D. 2018-859 du 8 oct. 2018, JO 9)*** La direction des services judiciaires met en œuvre un traitement automatisé de données à caractère personnel dénommé " SI-Candidatures " ayant pour finalité d'assurer le dépôt et la gestion des candidatures à la fonction prud'homale.

Art. D. 1441-22-2. ***(D. 2017-266 du 28 févr. 2017, JO 2 mars)*** Les catégories de données à caractère personnel relatives au représentant de l'organisation syndicale ou professionnelle, ayant obtenu des sièges en application de l'article R. 1441-2, pouvant être enregistrées dans le traitement automatisé sont les suivantes:

1° Ses noms, prénoms et civilité;

2° Son adresse électronique professionnelle ou personnelle;

3° Son ou ses numéros de téléphone fixe ou mobile, professionnel ou personnel;

4° La dénomination sociale de l'organisation qu'il représente;

5° Sa qualité de représentant dûment mandaté par son organisation pour la désignation des conseillers prud'hommes.

Art. D. 1441-22-3. ***(D. 2017-266 du 28 févr. 2017, JO 2 mars)*** Les catégories de données à caractère personnel relatives au mandataire départemental de l'organisation syndicale ou professionnelle pouvant être enregistrées dans le traitement automatisé sont les suivantes:

1° Ses noms, prénoms et civilité;

2° Ses adresses postale et électronique personnelles ou professionnelles;

3° Son numéro de téléphone mobile personnel ou professionnel;

4° La dénomination sociale de l'organisation qu'il représente;

5° Sa qualité de mandataire dûment mandaté par son organisation pour la désignation des conseillers prud'hommes.

Art. D. 1441-22-4. ***(D. 2017-266 du 28 févr. 2017, JO 2 mars)*** I. – Les données à caractère personnel enregistrées relatives au candidat présenté par l'organisation syndicale ou professionnelle sont les suivantes:

1° Ses noms de naissance et d'usage, prénoms, sexe;

2° Ses date, commune et pays de naissance;
3° Sa nationalité;
4° Sa qualité d'actuel ou d'ancien conseiller prud'homme;
5° Ses adresses postale et électronique, personnelles ou professionnelles;
6° Son ou ses numéros de téléphone fixe ou mobile, professionnel ou personnel;
7° L'activité exercée ou la dernière activité exercée à la date d'ouverture du dépôt des candidatures;
8° La ou les activités exercées pendant deux ans dans les dix ans précédant la candidature, ou l'exercice des fonctions de conseiller prud'homme dans les dix ans précédant la candidature, ou, lorsque le candidat est présenté en tant que conjoint collaborateur en application du 2° de l'article L. 1441-12, son appartenance pendant deux ans au statut de conjoint collaborateur;
9° Le conseil de prud'hommes, le collège et la section au titre desquels il est présenté;
10° Les qualités du candidat qui justifient du conseil de prud'hommes, du collège et de la section au titre desquels il est présenté;
11° L'attestation de n'être l'objet d'aucune interdiction, déchéance ou incapacité relative à ses droits civiques et de ne pas exercer d'activité incompatible avec les fonctions de conseiller prud'homme;
12° Sa qualité de candidat et le mandat qu'il confère à ce titre au mandataire pour la désignation des conseillers prud'hommes;
13° La dénomination sociale de l'organisation qui le présente.

II. – Lorsque le candidat se présente en tant que conjoint collaborateur, sont en outre enregistrées les données à caractère personnel suivantes relatives à son mandant:
1° Les noms de naissance et d'usage, prénoms, sexe du mandant;
2° Les date, commune et pays de naissance du mandant;
3° La nationalité du mandant.

III. – Sont également enregistrés:
1° Son titre d'identité dématérialisé; si ce titre ne comporte pas la mention de la nationalité, un autre titre dématérialisé justifiant de sa nationalité;
2° Le ou les justificatifs dématérialisés de l'exercice, dans les dix ans précédant la candidature, d'un mandat prud'homal, d'une ou d'activités professionnelles pendant une durée de deux ans ou de l'appartenance au statut de conjoint collaborateur pour une durée équivalente;
3° Le ou les justificatifs dématérialisés de sa candidature dans le conseil de prud'hommes, le collège et la section au titre desquels il est présenté;
4° En cas de dépôt du dossier de candidature par le mandataire, le mandat dématérialisé que le candidat confère à celui-ci pour la désignation des conseillers prud'hommes, ainsi que l'attestation que le candidat n'est l'objet d'aucune interdiction, déchéance ou incapacité relative à ses droits civiques et qu'il n'exerce pas d'activité incompatible avec les fonctions de conseiller prud'homme;
5° Le fichier de réponse à la demande de consultation du casier judiciaire national, avec la mention de l'information " 0 " pour le candidat dont le bulletin n° 2 porte la mention " néant " et de l'information " 1 " pour le candidat dont le bulletin n° 2 porte la mention d'une condamnation, ou l'indication " Aucune identité applicable " ou " Identité non vérifiable par le service " en application des articles R. 77 et R. 80-1 du code de procédure pénale;
6° Les statuts du dossier du candidat et les commentaires portés dans le cadre des contrôles de recevabilité de la candidature.

IV. – Lorsque le candidat se présente en tant que conjoint collaborateur, sont en outre enregistrés les documents suivants:
1° Le titre d'identité dématérialisé du mandant; si ce titre ne comporte pas la mention de la nationalité, un autre titre dématérialisé justifiant de sa nationalité;
2° Le fichier de réponse concernant le mandant à la demande de consultation du casier judiciaire national, avec la mention de l'information " 0 " pour le candidat dont le bulletin n° 2 porte la mention " néant " et de l'information " 1 " pour le candidat dont le bulletin n° 2 porte la mention d'une condamnation, ou l'indication " Aucune identité applicable " ou " Identité non vérifiable par le service " en application des articles R. 77 et R. 80-1 du code de procédure pénale;
3° Le mandat que le mandant confère à son conjoint collaborateur;
4° L'attestation que le mandant n'est l'objet d'aucune interdiction, déchéance ou incapacité relative à ses droits civiques, qu'il n'exerce pas d'activité incompatible avec les fonctions de conseiller prud'homme et qu'il n'est pas lui-même candidat.

Sous-section 4 (réglementaire). **Recevabilité des listes de candidats et des candidatures individuelles**

Art. R. 1441-23. ***(D. 2018-813 du 26 sept. 2018, JO 28)*** «Le garde des sceaux, ministre de la justice» contrôle la recevabilité des listes de candidats au regard des dispositions des articles L. 1441-18 à L. 1441-21.

Art. R. 1441-24. Le garde des sceaux, ministre de la justice ***(D. 2018-813 du 26 sept. 2018, JO 28)*** «contrôle» le respect des conditions mentionnées aux articles L. 1441-6 à L. 1441-17 relatives aux candidatures individuelles.

Ce contrôle s'applique également à la personne mentionnée à l'article L. 1441-12 qui donne mandat à son conjoint collaborateur.

Art. D. 1441-24-1. ***(D. 2017-266 du 28 févr. 2017, JO 2 mars)*** Les données à caractère personnel enregistrées relatives à l'utilisateur du traitement automatisé sont les suivantes:

1° Ses noms, prénoms et civilité;

2° L'habilitation qui lui est conférée pour la désignation des conseillers prud'hommes, précisant ses droits d'accès et de consultations, de créations, de modifications et de suppression des données du traitement.

Art. D. 1441-24-2. ***(D. 2017-266 du 28 févr. 2017, JO 2 mars)*** Les destinataires des données à caractère personnel mentionnées aux articles D. 1441-22-2, D. 1441-22-3 et D. 1441-22-4 sont les suivants:

I. – Pour la désignation des conseillers prud'hommes:

(D. 2018-859 du 8 oct. 2018, JO 9) « 1° Les agents de la direction des services judiciaires du ministère de la justice;

2° Les agents de la direction générale du travail du ministère du travail; »

3° Les agents du casier judiciaire national dans le cadre de la consultation du casier judiciaire.

II. – Pour la formation initiale prud'homale définie à l'article L. 1442-1: les agents de la direction des services judiciaires du ministère de la justice et de l'École nationale de la magistrature.

Art. D. 1441-24-3. ***(D. 2017-266 du 28 févr. 2017, JO 2 mars)*** I. – Les données à caractère personnel mentionnées aux articles D. 1441-22-2, D. 1441-22-3 et D. 1441-22-4 sont conservées comme suit:

1° Jusqu'à la fin du mandat:

a) Pour le représentant de l'organisation syndicale ou professionnelle en ce qui le concerne: lorsque le mandat confié à celui-ci par l'organisation prend fin avant cette date, ses données sont supprimées à la date de fin du mandat confié par l'organisation;

b) Pour le mandataire en ce qui le concerne; lorsque le mandat confié au mandataire par l'organisation prend fin avant cette date, ses données sont supprimées à la date de fin du mandat confié par l'organisation;

c) Pour le candidat nommé conseiller prud'homme en ce qui le concerne pour les données mentionnées aux 1°, 2°, 9° et 13° du I de l'article D. 1441-22-4;

2° Jusqu'à épuisement des voies de recours:

a) Pour le candidat qui ne serait pas nommé conseiller prud'homme en ce qui le concerne;

b) Pour le candidat nommé conseiller prud'homme en ce qui le concerne pour les données non mentionnées au 1° du présent article;

c) Pour le mandant du conjoint collaborateur en ce qui le concerne.

II. – Les données à caractère personnel mentionnées à l'article D. 1441-24-1 relatives à l'utilisateur du traitement automatisé sont conservées jusqu'à la fin de l'habilitation qui leur a été conférée pour la désignation des conseillers prud'hommes.

III. – Les données relatives à la traçabilité des accès et des consultations, des créations et des modifications des données du traitement sont conservées dans le traitement selon les mêmes conditions qu'au I du présent article.

IV. – Les droits d'accès et de rectification prévus par les articles 39 et 40 de la loi n° 78-17 du 6 janvier 1978 relative à l'informatique, aux fichiers et aux libertés s'exercent auprès de la ***(D. 2018-859 du 8 oct. 2018, JO 9)*** « direction des services judiciaires ».

V. – Le droit d'opposition prévu à l'article 38 de la loi mentionnée au IV ne s'applique pas à ce traitement.

SECTION 4. Contestations relatives à la nomination

Art. L. 1441-24. À peine d'irrecevabilité, les contestations relatives à la nomination dans les conditions fixées à l'article L. 1441-1 sont portées par tout candidat ou mandataire de liste dans un délai de dix jours à compter de cette nomination, devant le tribunal administratif qui statue en premier et dernier ressort.

SECTION 5. Désignations complémentaires

Note Les dispositions législatives et réglementaires de cette section dans leur rédaction résultant respectivement de l'ordonnance 2016-388 du 31 mars 2016 (JO 1er avril) et du décret 2016-1359 du 11 octobre 2016 (JO 13) sont entrées en vigueur le 01.01.2018.

Art. L. 1441-25. Durant le mandat, en cas de vacance de sièges, il peut être procédé à des désignations complémentaires, dans les conditions fixées par les articles L. 1441-26 à L. 1441-31.

Art. R. 1441-25. ***(D. 2018-813 du 26 sept. 2018, JO 28)*** Le garde des sceaux, ministre de la justice, organise en tant que de besoin et au moins une fois par an, des opérations pour les désignations complémentaires prévues à l'article L. 1441-25.

Note Voir note sous article R. 1441-13.

Art. L. 1441-26. Dans le cas prévu à l'article L. 1441-25, les conseillers prud'hommes sont nommés conjointement par le garde des sceaux, ministre de la justice, et le ministre chargé du travail, par conseil de prud'hommes, collège et section, pour la durée du mandat restant à courir, sur proposition des organisations syndicales et professionnelles selon les modalités fixées à la présente section.

Art. R. 1441-26. Les conseillers prud'hommes sont nommés en application de l'article L. 1441-26, par arrêté conjoint du garde des sceaux, ministre de la justice, et du ministre chargé du travail publié au *Journal officiel* de la République française. Les dispositions de la section 3 du présent chapitre s'appliquent aux désignations complémentaires.

L'arrêté portant désignation complémentaire de conseillers prud'hommes ne peut faire l'objet d'un recours administratif.

Note Voir arrêtés du 14 décembre 2017 modifié (JO 19), du 12 avril (JO 19), du 14 décembre 2018 (JO 22), du 30 octobre 2019 (JO 9 nov.) et du 11 mai 2020 (JO 17), modifié par arrêté du 2 juillet 2020 (JO 24), portant nomination des conseillers prud'hommes pour le mandat prud'homal 2018-2021. Voir aussi arrêté du 13 octobre 2020 fixant le calendrier de dépôt des candidatures et la liste des sièges à pourvoir dans le cadre de la désignation complémentaire de conseillers prud'hommes pour le mandat 2018-2022 (JO 17).

Art. L. 1441-27. Les dispositions des sections 3 et 4 relatives à la candidature et à la contestation de la nomination s'appliquent aux désignations complémentaires, à l'exception des dispositions des articles L. 1441-19, L. 1441-20 et L. 1441-21.

Art. L. 1441-28. La déclaration de candidature résulte du dépôt par voie dématérialisée d'une liste de candidats par conseil de prud'hommes par les mandataires des organisations auxquelles ont été attribués des sièges en application de l'article L. 1441-4 et dont la totalité des sièges n'est pas pourvue.

Art. L. 1441-29. Cette liste de candidats est composée, pour chaque organisation, de manière à ce que l'écart entre le nombre de femmes et d'hommes parmi le nombre de conseillers désignés dans chaque conseil ne soit pas supérieur à un ou, lorsque la liste comprend un nombre de candidats inférieur au nombre de sièges restant à pourvoir, de manière à diminuer l'écart entre le nombre de conseillers de chaque sexe.

Art. L. 1441-30. Aucune liste ne peut comporter un nombre de candidats supérieur au nombre de postes restant à pourvoir par section et conseil de prud'hommes.

Art. L. 1441-31. Ne peuvent être enregistrées par l'autorité administrative les déclarations de candidature qui ne respectent pas les conditions fixées par les articles L. 1441-28 à L. 1441-30 à la date de clôture du dépôt des candidatures.

CHAPITRE II Statut des conseillers prud'hommes

SECTION 1. Formation

Art. L. 1442-1. L'État organise, dans des conditions déterminées par décret, la formation des conseillers prud'hommes et en assure le financement.

(L. 2015-990 du 6 août 2015, art. 258, I, 11°, JO 7) «Les conseillers prud'hommes suivent une formation initiale à l'exercice de leur fonction juridictionnelle et une formation continue. La formation initiale est commune aux conseillers prud'hommes employeurs et salariés. Elle est organisée par l'État.

Tout conseiller prud'homme qui n'a pas satisfait à l'obligation de formation initiale dans un délai fixé par décret est réputé démissionnaire.»

Note Les deux derniers alinéas de cet article entrent en vigueur à compter du premier renouvellement des conseillers prud'hommes qui suit la promulgation de la loi 2015-990 du 6 août 2015. Une opération de désignation générale des conseillers prud'hommes a été organisée en 2017 permettant de nommer des conseillers prud'hommes pour le mandat 2018-2021 (*www.designation-prudhommes.gouv.fr*).

Art. L. 1442-2. ***(L. 2015-990 du 6 août 2015, art. 258, I, 12°, JO 7)*** «Pour les besoins de leur formation prévue à l'article L. 1442-1, les employeurs accordent aux salariés de leur entreprise membres d'un conseil de prud'hommes des autorisations d'absence, qui peuvent être fractionnées, dans la limite de:

1° Cinq jours par mandat, au titre de la formation initiale. ***(L. 2018-771 du 5 sept. 2018, art. 45, I, 1°, JO 6)*** «Ces absences sont rémunérées par l'employeur au titre des activités prud'homales indemnisables prévues à l'article L. 1442-5;»

2° Six semaines par mandat, au titre de la formation continue.»

Les dispositions de l'article ***(L. 2016-1088 du 8 août 2016, art. 33, VII, JO 9)*** « L. 2145-10» sont applicables à ces autorisations.

Ces absences sont rémunérées par l'employeur.

Note • Les dispositions de cet article, dans sa rédaction issue de la loi 2018-771 précitée, sont applicables depuis le 1er janvier 2019 (loi précitée, art. 46, I).

• *Covid-19.* Sur les autorisations d'absence accordées, par dérogation au 2° de cet article, aux conseillers prud'hommes au titre de la prorogation de leur mandat pour faire face à l'épidémie de Covid-19, voir ordonnance 2020-388 du 1er avril 2020, art. 2, JO 2, modifié.

• Le législateur, en accordant aux conseillers prud'hommes des autorisations d'absence dans la limite de six semaines par mandat pouvant être fractionnées, a entendu leur accorder, le repos hebdomadaire étant nécessairement exclu, une durée de six jours de formation pendant six semaines, soit trente-six jours au total et ceci, quel que soit l'horaire habituel de l'entreprise où ils travaillent (cass. soc. 19 novembre 1996, n° 94-43.012, BC V n° 393; RJS 12/96 n° 1311).

• Du fait du renvoi exprès de cet article aux dispositions de l'article [L. 2145-10], le temps de formation des conseillers prud'hommes est assimilé à une durée de travail effectif pour l'ensemble des droits résultant pour l'intéressé de son contrat de travail; le conseiller peut donc légitimement prétendre au bénéfice des titres-restaurant dès lors que son temps de formation englobe un temps de repas (cass. soc. 20 février 2013, n° 10-30.028, BC V n° 54; LS Jurispr. n° 50 du 12.03.2013; JCP éd. S 2013, 1184, note Th. Lahalle; RJS 5/13 n° 383).

Sous-section 1 (réglementaire). **Formation continue**

Note Les dispositions de cette sous-section issues du décret 2017-684 du 28 avril 2017, JO 30, sont entrées en vigueur depuis le premier renouvellement des conseillers prud'hommes, résultant de l'application de l'article L. 1441-1, qui a suivi la publication de ce décret (décret 2017-684 précité, art. 2), soit le renouvellement correspondant au mandat 2018-2021 (arrêté du 14 décembre 2017, JO 19; voir aussi note sous R. 1441-1).

Art. D. 1442-1. La formation ***(D. 2017-684 du 28 avril 2017, JO 30)*** «continue» des conseillers prud'hommes peut être assurée:

1° Par des établissements publics ou instituts de formation des personnels de l'État;

2° Par des établissements publics d'enseignement supérieur;

3° Par des organismes privés à but non lucratif qui:

a) Sont rattachés aux organisations professionnelles et syndicales ayant obtenu, au niveau national, cent cinquante sièges ***(D. 2016-1359 du 11 oct. 2016, art. 5, XV, JO 13, entrée en vigueur le 01.01.2018)*** «à la dernière désignation prud'homale» répartis dans au moins cinquante départements;

b) Se consacrent exclusivement à cette formation.

Note Un arrêté du 17 février 2005 (JO 11 mars) a autorisé les organismes visés au 3° de cet article à déléguer une partie de l'aide financière versée par l'État au titre de cette formation.

Art. R. 1442-2. Pour les établissements et organismes mentionnés aux 2° et 3° de l'article D. 1442-1, le bénéfice des dispositions des articles D. 1442-3 et D. 1442-4 ainsi que l'accès pour les conseillers prud'hommes salariés aux droits prévus au second alinéa de l'article L. 1442-6 sont subordonnés à l'agrément du ministre chargé du travail.

L'agrément, obtenu par voie d'arrêté, est donné pour une période de ***(D. 2016-1359 du 11 oct. 2016, art. 5, XV, JO 13, entrée en vigueur le 01.01.2018)*** «quatre» ans. Il peut être retiré à la fin de chaque année civile en fonction des résultats des contrôles réalisés. Ces dispositions ne font pas obstacle à la dénonciation éventuelle des conventions prévues à l'article D. 1442-3.

L'établissement ou l'organisme présente un dossier de demande d'agrément établi conformément à un modèle fixé par arrêté du garde des sceaux, ministre de la justice, et du ministre chargé du travail.

Note Un arrêté du 30 mars 2018 (JO 4 avril) a fixé la liste des organismes et établissements publics d'enseignement supérieur agréés au titre de l'article R. 1442-2 pour les années 2018 à 2021 pour assurer la formation des conseillers prud'hommes.

Art. D. 1442-3. Des conventions sont conclues, dans la limite des crédits prévus à cet effet, entre les établissements et organismes mentionnés à l'article D. 1442-1 et le ministre chargé du travail. La durée de la convention est de ***(D. 2016-1359 du 11 oct. 2016, art. 5, XV, JO 13, entrée en vigueur le 01.01.2018)*** «quatre» ans.

Art. L. 1442-2

Chaque convention fixe à titre prévisionnel, notamment :

1° Le programme organisé sur la durée de la convention. Ce programme est défini conformément aux dispositions d'un arrêté du ministre de la justice et du ministre chargé du travail ;

2° Le nombre de journées de formation par stagiaire sur la durée de la convention ;

3° Le nombre de journées de formation par stagiaire par an ;

4° La durée de chaque stage ;

5° Les moyens pédagogiques et techniques mis en œuvre ;

6° L'estimation de l'aide financière globale de l'État et sa répartition sur la durée de la convention ;

7° L'organisation de la délégation de l'aide financière de l'État à des structures locales.

Art. D. 1442-4. L'aide financière de l'État comprend pour les organismes mentionnés aux 2° et 3° de l'article D. 1442-1 :

1° Un fonds destiné à financer les frais de structure de l'organisme. Ces frais comprennent :

a) Les frais de formation suivants dans le cadre des sessions :
- matériel et documentation ;
- locaux ;
- fournitures diverses ;

b) Les frais de formation suivants hors sessions :
- frais de formation des formateurs ;
- frais liés à l'utilisation des nouvelles technologies ;

c) Les dépenses administratives suivantes :
- frais de personnel ;
- frais de fonctionnement ;

2° Une participation calculée sur la base d'un montant forfaitaire par jour de formation et par stagiaire. Cette participation couvre les dépenses d'enseignement ainsi que les frais de déplacement et de séjour des stagiaires. Ce forfait est fixé annuellement dans la convention.

Art. D. 1442-5. Les conventions mentionnées à l'article D. 1442-3 précisent les modalités du contrôle, notamment administratif et financier, des stages de formation donnant lieu au versement de l'aide financière de l'État ainsi que les modalités d'évaluation du dispositif.

Art. D. 1442-6. L'État soutient financièrement les actions innovantes relatives à la formation des conseillers prud'hommes engagées par les organismes agréés.

Art. D. 1442-7. ***(D. 2017-684 du 28 avril 2017, JO 30)*** La durée totale d'absence d'un conseiller prud'homme salarié pour sa participation à un ou plusieurs stages de formation dans les établissements et organismes mentionnés à l'article D. 1442-1 ne peut dépasser deux semaines au cours d'une même année civile.

Les autorisations d'absence mentionnées au 2° de l'article L. 1442-2 sont accordées aux salariés à leur demande dès leur nomination.

Le conseiller prud'homme informe son employeur de son absence pour la formation prévue au 2° de l'article L. 1442-2 par tout moyen conférant date certaine :

1° Au moins trente jours à l'avance, en cas de durée d'absence égale ou supérieure à trois journées de travail consécutives ;

2° Au moins quinze jours à l'avance dans les autres cas.

Cette information précise la date, la durée et les horaires du stage ainsi que le nom de l'établissement ou de l'organisme responsable.

Art. D. 1442-8. L'organisme chargé du stage délivre au salarié une attestation constatant sa présence au stage.

Cette attestation est remise à l'employeur au moment de la reprise du travail.

Art. D. 1442-9. Les conseillers prud'hommes salariés bénéficiant des congés prévus à l'article D. 1442-7 ne sont pas pris en compte :

1° Pour la fixation du nombre des bénéficiaires du congé de formation, tel qu'il résulte des articles L. 6322-7 à L. 6322-9 ;

2° Pour la fixation du congé de formation économique, sociale et syndicale, tel qu'il résulte de l'article ***(D. 2016-1555 du 18 nov. 2016, art. 4, JO 19, entrée en vigueur le 01.01.2017)*** « L. 2145-5 ».

Art. D. 1442-10. Les conseillers prud'hommes salariés rétribués uniquement à la commission, lorsqu'ils bénéficient des congés prévus à l'article D. 1442-7, sont rémunérés par chacun de leurs employeurs sur la base d'une indemnité horaire de stage égale au 1 / 1 900 des rémunérations versées l'année précédente et déclarées à l'administration fiscale en application de l'article 87 du code général des impôts.

L'imputation de cette rémunération au titre de la participation des employeurs au développement de la formation professionnelle continue est réalisée conformément aux dispositions du premier alinéa de l'article R. 6331-22.

Pour les autres conseillers prud'hommes salariés, les dispositions de l'article R. 6331-22 s'appliquent dans leur ensemble.

Sous-section 2 (réglementaire). **Formation initiale**

Note Cette sous-section est issue du décret 2017-684 du 28 avril 2017, JO 30. Ses dispositions, à l'exception des dispositions du 2e alinéa de l'article D. 1442-10-1, sont entrées en vigueur depuis le premier renouvellement des conseillers prud'hommes, résultant de l'application de l'article L. 1441-1, qui a suivi la publication de ce décret (décret 2017-684 précité, art. 2), soit le renouvellement correspondant au mandat 2018-2021 (arrêté du 14 décembre 2017, JO 19; voir aussi note sous R. 1441-1).

Art. D. 1442-10-1. Sont soumis à l'obligation de formation initiale prévue à l'article L. 1442-1 les conseillers prud'hommes nouvellement désignés n'ayant jamais exercé de mandat prud'homal.

Le conseiller prud'homme doit avoir commencé à suivre la formation initiale pour suivre la formation continue.

Le conseiller prud'homme qui n'a pas suivi la formation initiale dans un délai de quinze mois à compter du premier jour du deuxième mois suivant sa nomination est réputé démissionnaire.

L'inexécution de l'obligation de formation prévue à l'article L. 1442-1 et la date de cessation des fonctions sont constatées par le Premier président de la cour d'appel.

Le premier président de la cour d'appel informe sans délai le procureur général près la cour d'appel, le conseiller prud'homme réputé démissionnaire, le président du conseil de prud'hommes concerné et le directeur de greffe du même conseil de prud'hommes.

Dans les huit jours à compter de la réception de l'information, le directeur de greffe adresse à l'employeur du conseiller prud'homme salarié un courrier l'informant de la date de cessation des fonctions de ce conseiller.

Note • Les dispositions du 2e alinéa de cet article sont entrées en vigueur depuis la première désignation complémentaire des conseillers prud'hommes, résultant de l'application de l'article L. 1441-25 CT dans sa rédaction issue de l'article 1er de l'ordonnance 2016-388 du 31 mars 2016, qui a suivi la publication du décret 2017-684 du 28 avril 2017 (art. 2, JO 30), soit la désignation complémentaire organisée au cours du premier semestre 2018 (arrêté du 12 avril 2018, JO 19).

• *Covid-19.* Sur la prorogation exceptionnelle du délai imparti aux conseillers prud'hommes pour satisfaire à l'obligation de formation, compte tenu des mesures prises pour faire face à l'épidémie de Covid-19, voir décret 2020-482 du 27 avril 2020, art. 4 à 7, JO 29.

Art. D. 1442-10-2. Cette formation initiale est organisée par l'École nationale de la magistrature.

Le contenu de la formation initiale est fixé par arrêté conjoint du garde des sceaux, ministre de la justice, et du ministre chargé du travail publié au *Journal officiel* de la République française.

Note Voir arrêté du 28 avril 2017 (JO 30) fixant le contenu du programme de la formation initiale obligatoire des conseillers prud'hommes.

Art. D. 1442-10-3. Les autorisations d'absence mentionnées au 1° de l'article L. 1442-2 sont accordées aux salariés à leur demande dès leur nomination et jusqu'au terme de la période de quinze mois mentionnée au deuxième alinéa de l'article D. 1442-10-1.

Le conseiller prud'homme informe son employeur de son absence pour la formation prévue au 1° de l'article L. 1442-2 par tout moyen conférant date certaine:

1° Au moins trente jours à l'avance, en cas de durée d'absence égale ou supérieure à trois journées de travail consécutives;

2° Au moins quinze jours à l'avance dans les autres cas.

Cette information précise la date, la durée et les horaires du stage ainsi que le nom de l'organisme responsable.

Art. D. 1442-10-4. À l'issue de la formation, l'École nationale de la magistrature remet au conseiller prud'homme une attestation individuelle de formation, sous réserve d'assiduité.

Cette attestation est remise par le conseiller prud'homme au président du conseil de prud'hommes et, le cas échéant, à l'employeur.

Art. D. 1442-10-5. Les conseillers prud'hommes salariés rétribués uniquement à la commission, lorsqu'ils suivent la formation initiale, sont rémunérés par chacun de leurs employeurs sur la base d'une indemnité horaire de stage égale au 1 / 1 607 des rémunérations versées l'année précédente et déclarées à l'administration fiscale en application de l'article 87 du code général des impôts.

Art. D. 1442-10-6. Les frais de déplacement et de séjour hors de leur résidence supportés par les conseillers prud'hommes pour le suivi de la formation initiale leur sont remboursés selon la réglementation en vigueur applicable aux agents de l'État.

SECTION 2. Exercice du mandat

Art. L. 1442-3. Les conseillers prud'hommes ***(Ord. 2016-388 du 31 mars 2016, art. 1er, 7°, JO 1er avril, entrée en vigueur le 01.01.2018)*** «sont nommés pour quatre ans. Leur mandat prend fin de plein droit en cas de perte de la nationalité française, pour quelque cause que ce soit.»

Lorsque le mandat des prud'hommes sortants vient à expiration avant la période fixée pour l'installation de leurs successeurs, ils restent en fonctions jusqu'à cette installation.

Note Il résulte des dispositions de ce texte que le mandat des conseillers prud'hommes sortants vient à expiration à la date de l'installation du conseil de prud'hommes (cass. soc. 12 novembre 1997, n° 93-41.685, BC V n° 373; RJS 12/97 n° 1415).

Art. L. 1442-5. Les employeurs laissent aux salariés de leur entreprise, membres d'un conseil de prud'hommes, le temps nécessaire pour se rendre et participer aux activités prud'homales déterminées par décret en Conseil d'État.

Note • Voir art. R. 1423-55 CT.

• Commet le délit d'entrave à l'exercice régulier des fonctions de conseiller prud'homme l'employeur qui refuse à l'une de ses salariées, conseiller prud'homme, l'autorisation d'absence que celle-ci lui avait demandée pour siéger à une audience, quand bien même les textes légaux n'exigent pas la présentation d'une telle demande dont la salariée aurait pu se dispenser (cass. crim. 4 octobre 1988, n° 86-96.874).

Art. L. 1442-6. Le temps passé hors de l'entreprise pendant les heures de travail par les conseillers prud'hommes du collège salarié pour l'exercice de leurs fonctions est assimilé à un temps de travail effectif pour la détermination des droits que le salarié tient de son contrat de travail, des dispositions légales et des stipulations conventionnelles.

Les absences de l'entreprise des conseillers prud'hommes du collège salarié, justifiées par l'exercice de leurs fonctions, n'entraînent aucune diminution de leurs rémunérations et des avantages correspondants.

(L. 2009-526 du 12 mai 2009, JO 13) «La demande de remboursement aux employeurs des salaires maintenus aux conseillers prud'hommes du collège salarié, ainsi que des avantages et des charges sociales y afférents, est adressée au greffe du conseil de prud'hommes au plus tard dans l'année civile qui suit l'année de l'absence du salarié de l'entreprise. À défaut, la demande de remboursement est prescrite.»

Note • *Premier alinéa.* Le temps passé hors de l'entreprise pendant les heures de travail par un conseiller prud'homme du collège salarié pour l'exercice de ses fonctions doit être pris en compte comme temps de travail effectif et une disposition conventionnelle ne peut déroger à cette règle que dans un sens plus favorable (cass. soc. 8 janvier 2002, n° 99-45.953, BC V n° 7; Dr. Soc. 2002, p. 472, obs. J. Savatier).

• *Deuxième alinéa.* Le salarié qui, en tant que travailleur posté, a droit à une demi-heure d'arrêt de travail payée peut prétendre à ce temps de pause pour le temps passé hors de l'entreprise pour l'exercice de ses fonctions de conseiller prud'homme pendant les heures de travail posté (cass. soc. 7 avril 1994, n° 92-42.458, BC V n° 140). De même, les heures passées à l'exercice du mandat de conseiller prud'homme doivent être prises en compte comme temps de travail effectif pour le paiement d'heures supplémentaires (cass. soc. 25 mai 2005, n° 03-43.373, BC V n° 183; RJS 10/05 n° 1020). Voir aussi, pour l'attribution d'une prime conventionnelle d'habillage à un conseiller prud'homme absent à temps plein de son poste en raison de ses fonctions prud'homales, cass. soc. 13 octobre 2004, n° 02-47.725, BC V n° 259; RJS 1/05 n° 68. Encore faut-il, pour que les dispositions de cet alinéa s'appliquent, que les indemnités réclamées aient la nature d'un complément de rémunération et non pas celle d'un remboursement de frais; ainsi, des indemnités de déplacement et de nuit qui sont liées au déplacement et au service de nuit effectivement réalisés par le salarié ne sont pas dues (cass. soc. 13 juillet 2004, n° 02-44.342, RJS 10/04 n° 1082).

La participation au service de la justice en qualité de magistrat confère aux salariés membres d'un conseil de prud'hommes les mêmes droits en matière de rémunération et d'avantages y afférents, qu'ils appartiennent au collège salarié ou au collège employeur (cass. soc. 12 octobre 2005, n° 03-47.749, BC V n° 286; RJS 1/06 n° 79).

• *Troisième alinéa.* Sur les modalités de remboursement des salaires maintenus, voir art. D. 1423-59.

Art. L. 1442-7. Le salarié membre d'un conseil de prud'hommes, travaillant en service continu ou discontinu posté, a droit à un aménagement d'horaires de son travail de façon à lui garantir un temps de repos minimum.

Note Le temps nécessaire à un salarié affecté à une équipe de nuit pour se rendre de son domicile au conseil de prud'hommes dont il est membre ne peut pas être imputé sur la durée de son repos quotidien (cass. soc. 8 avril 2009, n° 08-40.278, BC V n° 108; RJS 6/09 n° 570; JCP éd. S 2009, 1398, note Th. Lahalle).

Art. L. 1442-8. Les fonctions de conseiller prud'homme sont gratuites vis-à-vis des parties.

Art. L. 1442-9. Les articles 4 et 5 du code civil et 434-7-1 du code pénal sont applicables aux conseils de prud'hommes et à leurs membres pris individuellement.

Art. L. 1442-10. Un décret détermine les modalités d'indemnisation des salariés qui exercent leur activité professionnelle en dehors de tout établissement ou dépendent de plusieurs employeurs.

Sous-section 1 (réglementaire). Installation

Art. D. 1442-11. ***(D. 2016-1359 du 11 oct. 2016, JO 13, entrée en vigueur le 01.02.2017)*** Lorsqu'ils n'ont jamais exercé de fonctions judiciaires dans un conseil de prud'hommes, sont invités à prêter serment :

1° Le conseiller prud'homme nommé à l'issue du renouvellement général;

2° Le conseiller nommé en cours de mandat pour occuper un siège devenu vacant;

(D. 2020-1656 du 22 déc. 2020, JO 24, entrée en vigueur le 01.01.2021) « 3° Le conseiller nommé lors de la création d'un conseil de prud'hommes. »

Note **Jusqu'au 31.12.2017,** le 2° de cet article demeurait ainsi rédigé : « Le conseiller appelé à occuper le siège devenu vacant d'un élu qui le précédait immédiatement sur la liste soumise aux suffrages lors de la précédente élection. » (décret 2016-1359 précité, art. 8, 3°).

Art. D. 1442-12. ***(D. 2016-1359 du 11 oct. 2016, JO 13, entrée en vigueur le 01.02.2017)*** La convocation pour la prestation de serment à l'audience du tribunal est faite par le procureur de la République près le ***(D. 2019-966 du 18 sept. 2019, art. 8, JO 19, entrée en vigueur le 01.01.2020)*** « tribunal judiciaire » dans le ressort duquel se trouve le siège du conseil de prud'hommes dans un délai d'un mois au plus tard à compter de la publication de l'arrêté de nomination mentionné aux articles L. 1441-1 et L. 1441-26.

Note **Jusqu'au 31.12.2017,** était maintenu en vigueur le 2° de cet article dans sa rédaction antérieure au décret 2016-1359, ainsi rédigé : « Pour les conseillers mentionnés aux 2° et 3° de l'article D. 1442-11, à compter de la constatation de la vacance ou de la réception du procès-verbal de dépouillement mentionné à l'article D. 1441-163 » (décret 2016-1359 précité, art. 8, 3°).

Art. D. 1442-13. Les conseillers prêtent individuellement le serment suivant :

« Je jure de remplir mes devoirs avec zèle et intégrité et de garder le secret des délibérations. »

Un procès-verbal de la réception du serment est établi.

Art. D. 1442-14. ***(D. 2016-1359 du 11 oct. 2016, JO 13, entrée en vigueur le 01.02.2017)*** Le jour de l'installation publique du conseil de prud'hommes, à l'occasion de l'audience solennelle mentionnée au 1° de l'article R. 1423-13, une lecture du procès-verbal de réception du serment est faite. L'installation vaut entrée en fonctions des conseillers mentionnés au 1° de l'article D. 1442-11.

L'installation des conseillers mentionnés au 2° de l'article D. 1442-11 a lieu lors de l'audience du bureau de jugement de la section concernée qui suit la publication de l'arrêté de nomination visé à l'article L. 1441-26 ou la réception du serment.

Dans les huit jours de l'installation d'un salarié comme conseiller prud'homme, le directeur de greffe adresse à son employeur un courrier l'informant de la date d'entrée en fonctions de ce conseiller.

Note • **Jusqu'au 31.12.2017,** le 2e alinéa de cet article demeurait ainsi rédigé : « L'installation des conseillers mentionnés aux 2° et 3° de l'article D. 1442-11 a lieu lors de l'audience de la section concernée qui suit la constatation de la vacance, la réception du procès-verbal de dépouillement ou la réception du serment » (décret 2016-1359 précité, art. 8, 3°).

• Un conseiller prud'homme ne peut être considéré comme étant en fonctions qu'après avoir prêté serment et avoir été installé dans ses fonctions (cass. soc. 16 juin 1988, n° 85-41.743, BC V n° 369).

• Voir aussi note sous art. R. 1423-11.

Sous-section 2 (réglementaire). Fin du mandat

Art. D. 1442-16. Le conseiller prud'homme désigné comme conseiller rapporteur et dont le mandat n'a pas été renouvelé dépose son rapport au plus tard dans le délai de deux mois à compter de la date d'installation du nouveau conseiller prud'homme.

Art. D. 1442-17. Le conseiller qui renonce à son mandat adresse sa démission au président du conseil de prud'hommes et en informe le procureur ***(D. 2016-1359 du 11 oct. 2016, JO 13, entrée en vigueur le 01.02.2017)*** «général près la cour d'appel» par lettre recommandée avec avis de réception.

La démission devient définitive à compter d'un mois après l'expédition de cette lettre.

Art. D. 1442-18. ***(D. 2016-1359 du 11 oct. 2016, JO 13, entrée en vigueur le 01.02.2017)*** Le conseiller prud'homme qui, en cours de mandat, devient employeur alors qu'il siégeait en tant que salarié, ou devient salarié alors qu'il siégeait en tant qu'employeur, doit le déclarer au procureur général près la cour d'appel et au président du conseil de prud'hommes. Cette déclaration entraîne sa démission de plein droit.

À défaut d'une telle déclaration, le procureur général près la cour d'appel saisit la chambre sociale de la cour d'appel laquelle, après avoir invité le membre du conseil en cause à justifier de sa qualité actuelle, prononce, s'il y a lieu, sa démission d'office.

Art. D. 1442-19. ***(D. 2016-1359 du 11 oct. 2016, JO 13, entrée en vigueur le 01.02.2017)*** Lorsqu'un siège de conseiller prud'homme devient vacant pour quelque cause que ce soit, le président ou le vice-président de ce conseil constate la vacance et en informe, dans un délai de huit jours, le procureur général près la cour d'appel.

Le procureur général en informe sans délai le garde des sceaux, ministre de la justice.

SECTION 3. Discipline et protection

Sous-section 1. Discipline

Note Une circulaire du ministère de la Justice du 7 août 2018 (NOR JUSB1821882C) relative à la déontologie et la discipline des conseillers prud'hommes présente les dispositions de la loi 2015-990 du 6 août 2015 et des décrets 2016-1948 du 28 décembre 2016 et 2017-1603 du 23 novembre 2017 (BO MJ 2018-08 du 31 août 2018). Cette circulaire rappelle les obligations déontologiques des conseillers prud'hommes, ainsi que la procédure disciplinaire qui leur est applicable; elle propose également en annexe des modèles de convocation préalable à la saisine de la Commission nationale de discipline et de procès-verbal.

Art. L. 1442-11. ***(L. 2015-990 du 6 août 2015, art. 258, I, 13°, JO 7, entrée en vigueur le 01.02.2017)*** L'acceptation par un conseiller prud'homme d'un mandat impératif, avant ou après son entrée en fonction et sous quelque forme que ce soit, constitue un manquement grave à ses devoirs.

(Ord. 2016-388 du 31 mars 2016, art. 1er, 9°, JO 1er avril, entrée en vigueur le 01.02.2017) «Ce» fait entraîne la déchéance du mandat de l'intéressé dans les conditions prévues aux articles L. 1442-13-2 à L. 1442-14, L. 1442-16-1 et L. 1442-16-2.

Art. L. 1442-12. Tout conseiller prud'homme qui, sans motif légitime et après mise en demeure, refuse de remplir le service auquel il est appelé peut être déclaré démissionnaire.

Art. L. 1442-13. ***(L. 2015-990 du 6 août 2015, art. 258, I, 14°, JO 7, entrée en vigueur le 01.02.2017)*** Tout manquement à ses devoirs dans l'exercice de ses fonctions par un conseiller prud'homme est susceptible de constituer une faute disciplinaire.

Art. L. 1442-13-1. ***(L. 2015-990 du 6 août 2015, art. 258, I, 15° et 259, IV, JO 7, entrée en vigueur au plus tard le 01.02.2017)*** En dehors de toute action disciplinaire, les premiers présidents de cour d'appel peuvent rappeler à leurs obligations les conseillers prud'hommes des conseils de prud'hommes situés dans le ressort de leur cour.

Art. L. 1442-13-2. ***(L. 2015-990 du 6 août 2015, art. 258, I, 15°, IV, JO 7, entrée en vigueur au plus tard le 01.02.2017)*** Le pouvoir disciplinaire est exercé par une Commission nationale de discipline qui est présidée par un président de chambre à la Cour de cassation, désigné par le premier président de la Cour de cassation, et qui comprend:

1° Un membre du Conseil d'État, désigné par le vice-président du Conseil d'État;

2° Un magistrat et une magistrate du siège des cours d'appel, désignés par le premier président de la Cour de cassation sur une liste établie par les premiers présidents des cours d'appel, chacun d'eux arrêtant le nom d'un magistrat et d'une magistrate du siège de sa cour d'appel après avis de l'assemblée générale des magistrats du siège de la cour d'appel;

3° Un représentant et une représentante des salariés, conseillers prud'hommes ou ayant exercé les fonctions de conseiller prud'homme, désignés par les représentants des salariés au Conseil supérieur de la prud'homie en son sein;

4° Un représentant et une représentante des employeurs, conseillers prud'hommes ou ayant exercé les fonctions de conseiller prud'homme, désignés par les représentants des employeurs au Conseil supérieur de la prud'homie en son sein.

Des suppléants en nombre égal sont désignés dans les mêmes conditions.

(L. 2018-217 du 29 mars 2018, art. 11, I, 19°, JO 31) «Les membres de la Commission nationale de discipline sont désignés pour quatre ans, dans des conditions précisées par décret en Conseil d'État.»

Art. L. 1442-13-3. ***(L. 2015-990 du 6 août 2015, art. 258, I, 15° et 259, IV, JO 7, entrée en vigueur au plus tard le 01.02.2017)*** La Commission nationale de discipline peut être saisie par le ministre de la justice ou par le premier président de la cour d'appel dans le ressort de laquelle le conseiller prud'homme siège, après audition de celui-ci par le premier président.

Art. L. 1442-14. ***(L. 2015-990 du 6 août 2015, art. 258, I, 16°, JO 7, entrée en vigueur le 01.02.2017)*** Les sanctions disciplinaires applicables aux conseillers prud'hommes sont:

1° Le blâme;

2° La suspension pour une durée ne pouvant excéder six mois;

3° La déchéance assortie d'une interdiction d'exercer les fonctions de conseiller prud'homme pour une durée maximale de dix ans;

4° La déchéance assortie d'une interdiction définitive d'exercer les fonctions de conseiller prud'homme.

Art. L. 1442-15. Le conseiller prud'homme ayant fait l'objet d'une interdiction, déchéance ou incapacité relative à ses droits civiques est déchu de plein droit de ses fonctions à la date de la condamnation devenue définitive.

Art. L. 1442-16. ***(L. 2015-990 du 6 août 2015, art. 258, I, 17°, JO 7, entrée en vigueur le 01.02.2017)*** Sur proposition du ministre de la justice ou du premier président de la cour d'appel dans le ressort de laquelle le conseiller prud'homme mis en cause siège, le président de la Commission nationale de discipline peut suspendre un conseiller prud'homme, pour une durée qui ne peut excéder six mois, lorsqu'il existe contre l'intéressé, qui a été préalablement entendu par le premier président, des faits de nature à entraîner une sanction disciplinaire. La suspension peut être renouvelée une fois par la commission nationale pour une durée qui ne peut excéder six mois. Si le conseiller prud'homme fait l'objet de poursuites pénales, la suspension peut être ordonnée par le président de la commission nationale jusqu'à l'intervention de la décision pénale définitive.

Art. L. 1442-16-1. ***(L. 2015-990 du 6 août 2015, art. 258, I, 18° et 259, IV, JO 7, entrée en vigueur au plus tard le 01.02.2017)*** La Commission nationale de discipline ne peut délibérer que si quatre de ses membres au moins, y compris le président, sont présents. En cas de partage égal des voix, celle du président est prépondérante.

Art. L. 1442-16-2. ***(L. 2015-990 du 6 août 2015, art. 258, I, 18° et 259, IV, JO 7, entrée en vigueur au plus tard le 01.02.2017)*** Les décisions de la Commission nationale de discipline et celles de son président sont motivées.

Art. L. 1442-17. ***(L. 2018-217 du 29 mars 2018, art. 11, I, 21°, JO 31)*** Le conseiller prud'homme qui refuse de se faire installer ou qui a été déclaré démissionnaire peut d'office ou à sa demande être relevé de l'incapacité prévue à l'article L. 1441-10.

Art. L. 1442-18. Les demandes en relèvement d'incapacité sont adressées au ministre de la justice. Elles ne sont recevables que s'il s'est écoulé un délai d'un an depuis le refus d'installation ou la démission.

Toute demande rejetée après un examen au fond ne peut être renouvelée qu'après un nouveau délai d'un an.

Le relèvement est prononcé par décret.

Note Cet article a été modifié par la loi 2018-217 du 29 mars 2018, art. 11, I, 22°, JO 31.

Sous-section 1 (réglementaire). **La démission pour refus de service**

Note Les sous-sections 1 à 4 ont été introduites par le décret 2016-1948 du 28 décembre 2016, JO 30.

Art. D. 1442-20. Le président du Conseil de prud'hommes, après avis du vice-président, constate le refus de service d'un conseiller prud'homme de sa juridiction prévu à l'article L. 1442-12 par un procès-verbal contenant l'avis motivé de la section ou de la chambre. Le conseiller prud'homme est préalablement entendu ou dûment appelé.

Si la section ou la chambre n'émet pas son avis dans le délai d'un mois à dater de sa convocation, le président mentionne cette abstention dans le procès-verbal qu'il transmet au procureur général près la cour d'appel, lequel en saisit cette dernière.

La cour d'appel statue sur la démission du conseiller prud'homme refusant de remplir le service auquel il est appelé en chambre du conseil au vu du procès-verbal susmentionné. L'intéressé est appelé devant la cour d'appel.

Sous-section 2 (réglementaire). La Commission nationale de discipline

Art. R. 1442-21. La Commission nationale de discipline prévue à l'article L. 1442-13-2 siège à la Cour de cassation. Elle est dénommée Commission nationale de discipline des conseillers prud'hommes.

Art. R. 1442-22. ***(D. 2017-1603 du 23 nov. 2017, JO 25)*** Les membres titulaires et suppléants de la commission sont désignés pour quatre ans.

Cette désignation a lieu dans les trois mois suivant le renouvellement du Conseil supérieur de la prud'homie prévu par l'article R. 1431-8.

Le cas échéant, et dans la limite maximum d'un an, leur mandat est prolongé jusqu'à l'installation de la commission qui suit le renouvellement du Conseil supérieur de la prud'homie.

Art. R. 1442-22-1. L'année où il est procédé au renouvellement des membres de la commission, les premiers présidents des cours d'appel font connaître, ***(D. 2017-1603 du 23 nov. 2017, JO 25)*** « deux mois au plus tard après le renouvellement du Conseil supérieur de la prud'homie prévu à l'article R. 1431-8 », au premier président de la Cour de cassation le nom du magistrat et de la magistrate du siège de leur cour qu'ils proposent de désigner en application du 2° de l'article L. 1442-13-2.

Art. R. 1442-22-2. Les membres de la commission mentionnés aux 3° et 4° de l'article L. 1442-13-2 sont désignés en leur sein par les membres titulaires et suppléants du Conseil supérieur de la prud'homie représentant respectivement les salariés et les employeurs.

Par dérogation à l'article R. 1431-7, les titulaires et les suppléants participent à la désignation et peuvent être désignés comme membres de cette commission.

Art. R. 1442-22-3. La liste des membres de la Commission nationale de discipline des conseillers prud'hommes est transmise au garde des sceaux, ministre de la justice et publiée au Journal officiel de la République française à la diligence du premier président de la Cour de cassation.

Les membres de la commission sont installés dans leurs fonctions par le premier président de la Cour de cassation ***(D. 2017-1603 du 23 nov. 2017, JO 25)*** « dans les quinze jours suivant la publication de la liste des membres au *Journal officiel* ».

Art. R. 1442-22-4. Le membre de la commission qui désire renoncer à son mandat adresse sa démission au garde des sceaux, ministre de la justice. La démission n'est définitive qu'après acceptation par le ministre.

Art. R. 1442-22-5. Lorsqu'une vacance se produit avant la date d'expiration des mandats, le membre de la commission est remplacé et installé dans les trois mois selon les modalités prévues pour la désignation initiale. Le membre ainsi désigné achève le mandat de celui qu'il remplace.

Art. R. 1442-22-6. Le secrétariat de la commission est assuré par le secrétaire général de la première présidence de la Cour de cassation. En cas d'empêchement du secrétaire général, le secrétariat est assuré par un magistrat du siège délégué à cette fin par le Premier président.

Art. R. 1442-22-7. La date et l'ordre du jour des séances de la commission sont fixés par ordonnance du président de la commission. Une copie de l'ordonnance est adressée au garde des sceaux, ministre de la justice, et est jointe à la convocation adressée par le secrétaire de la commission.

Le procès-verbal des séances est signé du président et du secrétaire de la commission.

Sous-section 3 (réglementaire). La procédure disciplinaire

Art. R. 1442-22-8. Lorsqu'il saisit la commission ou son président en application des articles L. 1442-13-3 ou L. 1442-16, le garde des sceaux, ministre de la justice ou le premier président de la cour d'appel dans le ressort de laquelle siège le conseiller prud'homme mis en cause transmet au président de la commission toutes les pièces afférentes à la poursuite.

Art. R. 1442-22-9. Dès la saisine de la commission, le conseiller prud'homme mis en cause est informé de cette saisine par tout moyen conférant date certaine par le secrétaire de la commission, qui lui précise qu'il peut prendre connaissance, au secrétariat de la commission, des pièces afférentes à la poursuite, ou qu'elles peuvent lui être communiquées par voie électronique.

Le président de la commission désigne parmi les membres de la commission un rapporteur, qui procède à toutes investigations utiles. Le rapporteur entend l'intéressé et, s'il y a lieu, les témoins. Il peut les faire entendre par un magistrat du siège auquel il donne délégation.

Art. R. 1442-22-10. Le conseiller prud'homme mis en cause peut se faire assister par l'un de ses pairs, par un avocat au Conseil d'État et à la Cour de cassation ou par un avocat inscrit à un barreau.

Le dossier de la procédure est mis à la disposition de l'intéressé et de son conseil quarante-huit heures au moins avant chaque séance de la commission ou chaque audition par le rapporteur ou son délégué. Le conseiller prud'homme mis en cause peut à tout moment de la procédure verser aux débats les pièces qu'il estime utiles et déposer des mémoires en défense.

Art. R. 1442-22-11. Le conseiller prud'homme mis en cause est cité à comparaître devant la commission par son secrétaire par tout moyen conférant date certaine à cette citation.

Art. R. 1442-22-12. Le conseiller prud'homme mis en cause est tenu de comparaître en personne.

Art. R. 1442-22-13. Après lecture du rapport et après audition du représentant du garde des sceaux, ministre de la justice, le conseiller prud'homme mis en cause est invité à fournir ses explications et moyens de défense sur les faits qui lui sont reprochés.

Art. R. 1442-22-14. L'audience de la Commission nationale de discipline est publique. Toutefois, si la protection de l'ordre public ou de la vie privée l'exige ou qu'il existe des circonstances spéciales de nature à porter atteinte aux intérêts de la justice, l'accès à la salle d'audience peut être interdit pendant la totalité ou une partie de l'audience, au besoin d'office, par le président.

La commission délibère à huis clos. La décision, qui est motivée, est rendue publiquement.

Art. R. 1442-22-15. Lorsqu'il est saisi en application de l'article L. 1442-16, le président de la commission statue par ordonnance rendue dans les dix jours de sa saisine. La décision du président est immédiatement exécutoire.

Art. R. 1442-22-16. Les décisions de la commission et les ordonnances de son président sont notifiées par tout moyen conférant date certaine à cette notification au conseiller prud'homme mis en cause. Elles sont portées à la connaissance du garde des sceaux, ministre de la justice, du premier président de la cour d'appel et du président du conseil des prud'hommes.

Le délai de pourvoi est de dix jours à compter de la date de réception de la notification. Le pourvoi est formé et instruit conformément aux dispositions des articles 974 à 982 du code de procédure civile.

Art. R. 1442-22-17. Les délais mentionnés à la présente section sont comptés dans les conditions fixées aux articles 641 à 647-1 du code de procédure civile.

Sous-section 4 (réglementaire). **La prise à partie**

Art. D. 1442-23. Les articles L. 141-2 et L. 141-3 du code de l'organisation judiciaire et les articles L. 366-1 à L. 366-9 du code de procédure civile sont applicables aux conseils de prud'hommes et à leurs membres pris individuellement.

Note Le second alinéa de cet article a été supprimé par le décret 2016-1948 du 28 décembre 2016, art. 4, II, JO 30.

Art. D. 1442-24. La prise à partie est portée devant la cour d'appel.

Sous-section 2. **Protection**

Art. L. 1442-19. L'exercice des fonctions de conseiller prud'homme et la participation aux activités mentionnées aux articles L. 1442-2 et L. 1442-5 ne peuvent être une cause de sanction ou de rupture du contrat de travail.

Le licenciement du conseiller prud'homme est soumis à la procédure d'autorisation administrative prévue par le livre IV de la deuxième partie.

Note Voir note générale figurant au début du livre IV de la deuxième partie du code et note sous article L. 2411-22.

SECTION 4 (réglementaire). **Médailles et honorariat**

Art. D. 1442-25. Les membres du conseil de prud'hommes portent, soit à l'audience, soit dans les cérémonies publiques, suspendue à un ruban, en sautoir, une médaille signe de leurs fonctions. Cette médaille est en bronze doré pour le président du conseil de prud'hommes et, à l'audience, pour le président du bureau de jugement. Elle est en bronze argenté pour les autres conseillers. D'un module de 65 mm, elle porte à l'avers la mention République française et une tête symbolisant la République, placée de profil, tournée à droite.

La médaille est suspendue à un ruban d'une largeur de 75 mm au moyen d'une attache d'une largeur de 75 mm portant un rameau d'olivier. Ce ruban est divisé dans le sens vertical en deux parties égales, rouge et bleue.

Art. D. 1442-26. L'honorariat peut être conféré par arrêté du garde des sceaux, ministre de la justice, aux anciens présidents et aux anciens membres des conseils de prud'hommes ayant exercé leurs fonctions pendant douze ans.

Cet arrêté est pris sur proposition du président du ***(D. 2019-966 du 18 sept. 2019, art. 8, JO 19, entrée en vigueur le 01.01.2020)*** «tribunal judiciaire» dans le ressort duquel est situé le siège du conseil, après avis de l'assemblée générale du conseil de prud'hommes.

L'honorariat peut être retiré suivant la même procédure.

Art. D. 1442-27. Les membres honoraires d'un conseil de prud'hommes peuvent assister, aux côtés des membres de la juridiction, aux audiences d'installation et à l'audience solennelle prévue à l'article ***(D. 2016-1359 du 11 oct. 2016, JO 13, entrée en vigueur le 01.02.2017)*** « R. 111-2 » du code de l'organisation judiciaire.

Ils peuvent porter à ces audiences et dans les cérémonies publiques l'insigne prévu à l'article D. 1442-25.

Art. D. 1442-28. Les anciens conseillers prud'hommes admis à l'honorariat ne peuvent en faire mention ni dans la publicité ou la correspondance commerciale, ni dans les actes de procédure ou les actes extra-judiciaires.

En toute autre circonstance ils ne peuvent faire état de cette distinction sans préciser le conseil de prud'hommes au titre duquel elle leur a été conférée.

CHAPITRE III Dispositions pénales

Art. L. 1443-1. Le fait de porter atteinte ou de tenter de porter atteinte soit à la libre désignation des candidats à ***(Ord. 2016-388 du 31 mars 2016, art. 1er, 13°, JO 1er avril, entrée en vigueur le 01.02.2017)*** «la nomination» des conseillers prud'hommes, soit à l'indépendance ou à l'exercice régulier des fonctions de conseiller prud'homme, notamment par la méconnaissance des articles L. 1442-2, L. 1442-5 à L. 1442-7 et L. 1442-10, est puni d'un emprisonnement d'un an et d'une amende de 3 750 euros.

TITRE V PROCÉDURE DEVANT LE CONSEIL DE PRUD'HOMMES

Note • Les dispositions de ce titre sont applicables à Mayotte à compter du 01.01.2022 (ordonnance 2017-1491 du 25 octobre 2017, art. 33, 3°, JO 26 et décret 2018-953 du 31 octobre 2018, art. 58, III, *b*, JO 6 nov.).

• La loi 2015-990 du 6 août 2015 (JO 7) a réformé la procédure prud'homale

Le décret 2016-660 du 20 mai 2016 (JO 25) a adapté les dispositions réglementaires du code du travail afin de permettre la mise en œuvre de cette réforme.

Voir circulaire du 27 mai 2016 de présentation du décret 2016-660 du 20 mai 2016 relatif à la procédure prud'homale et au traitement judiciaire du contentieux du travail (NOR: JUSC1614424C; BO MJ 2016-06 du 30 juin 2016).

L'ordonnance 2017-1387 du 22 septembre 2017 (JO 23) a notamment modifié l'article L. 1454-2 CT.

Le décret 2019-1333 du 11 décembre 2019 a réformé la procédure civile et en particulier la saisine du conseil de prud'hommes (voir art. R. 1452-1 CT).

• Le Conseil d'État a été saisi d'un recours pour excès de pouvoir à l'encontre du décret 2016-660 du 20 mai 2016 réformant la justice prud'homale. Il a annulé la deuxième phrase de l'article R. 1454-23 CT, «laquelle a très peu d'incidence sur le sens de la réforme entreprise, et à la correction de l'article R. 1454-17 qui ne visait pas les bons articles… à un tiret près, correction qui avait déjà été faite quelque temps avant sa décision» (CE 30 janvier 2019, n° 401681; décret 2016-660 du 20 mai 2016, JO 25; «La réforme des prud'hommes vue par le Conseil d'État», V. Bardin-Fournairon et O. Barraut Avocats associés, Barthélémy Avocats, FH 3785).

Voir aussi Groupe Revue Fiduciaire, 5e éd., «Pratiques d'experts, Procès aux prud'hommes, de la saisine au jugement», V. Bardin Fournairon et O. Barraut.

• *Covid-19.* Sur l'adaptation des règles de procédure devant le conseil de prud'hommes pendant la période d'urgence sanitaire, voir ordonnance 2020-304 du 25 mars 2020, JO 26, modifiée, notamment ses articles 5, 11-3 et 11-4.

CHAPITRE Ier Dispositions générales

Art. L. 1451-1. ***(L. 2014-743 du 1er juil. 2014, JO 2)*** Lorsque le conseil de prud'hommes est saisi d'une demande de qualification de la rupture du contrat de travail à l'initiative du salarié en raison de faits que celui-ci reproche à son employeur, l'affaire est directement portée devant le bureau de jugement, qui statue au fond dans un délai d'un mois suivant sa saisine.

Note • Voir M. Grévy, «La procédure prud'homale applicable à la prise d'acte en quête de célérité», RDT, novembre 2014, CH, 704.

• L'article L. 1451-1 CT ne fait pas de distinction entre une rupture du contrat de travail par prise d'acte du salarié aux torts de l'employeur et une rupture résultant d'une démission dont il est demandé la requalification. En conséquence de quoi, un salarié qui avait démissionné sans réserve de son emploi et de son mandat de représentant du personnel a pu saisir directement le bureau de jugement du conseil de prud'hommes afin de voir sa démission requalifiée en une prise d'acte aux torts de l'employeur (en l'espèce, produisant les effets d'un licenciement nul s'agissant d'un salarié protégé). À la date de la saisine directe du bureau de jugement, l'action n'était pas prescrite (voir art. L. 1471-1 CT) (cass. soc. 18 septembre 2019, n° 18-15.765, à paraître, LS Jurispr. n° 178 du 01.10.2019; JSL n° 485, 12.11.2019, pp. 11 et s., J-Ph. Lhernould; Dr. Soc. 2019, pp. 1093 et s., obs. J. Mouly).

Art. R. 1451-1. Sous réserve des dispositions du présent code, la procédure devant les juridictions prud'homales est régie par les dispositions du livre premier du code de procédure civile.

Note Sur la jurisprudence rendue dans le cadre des dispositions antérieures à la loi 2015-990 du 6 août 2015 et au décret 2016-660 du 20 mai 2016, voir Code du Travail Annoté, éd. 2018.

Art. R. 1451-2. Les exceptions de procédure sont, à peine d'irrecevabilité, soulevées avant toute défense au fond ou fin de non-recevoir. Elles peuvent, sous cette réserve, être soulevées devant le bureau de jugement.

Note • Voir article 73 c. proc. civ.

• Même si des défenses au fond ont été proposées au cours du préliminaire de conciliation, les exceptions d'incompétence demeurent recevables lors du débat ouvert devant le bureau de jugement, pourvu qu'elles soient présentées avant toute défense au fond (cass. soc. 10 mai 1995, n° 92-40.352).

• La litispendance suppose que chacune des juridictions saisies soit compétente pour connaître du litige; l'exception de litispendance présentée devant la juridiction prud'homale au profit du tribunal de grande instance (tribunal judiciaire depuis le 01.01.2020) saisi en premier ne peut être accueillie dès lors que ce tribunal n'est pas compétent pour statuer sur une demande d'indemnisation du préjudice subi par l'employeur du fait des agissements commis par un salarié pendant l'exécution de son contrat de travail, qui relève de la compétence exclusive de la juridiction prud'homale (cass. soc. 17 décembre 2013, n° 12-26.938, BC V n° 306; JCP éd. S 2014, 1101, note I. Pétel-Teyssié).

• Selon l'article 101 c. proc. civ., la juridiction à laquelle est présentée une demande de renvoi pour connexité, a le devoir de rechercher si l'instance portée devant elle présente, avec une instance portée devant une autre juridiction, un lien tel qu'il soit de l'intérêt d'une bonne administration de la justice de les faire instruire et juger ensemble. Dès lors, la cour d'appel qui déclare mal fondé le contredit formé contre un jugement de conseil de prud'hommes ayant rejeté des exceptions de litispendance et de connexité avec un litige porté devant un autre conseil de prud'hommes, en raison de l'existence d'un lien de connexité entre deux instances, et juge néanmoins que la seconde juridiction saisie doit conserver la connaissance du litige porté devant elle, ne tire pas les conséquences légales de ses constatations (cass. soc. 21 février 1996, n° 92-43.104, BC V n° 61).

• La fin de non-recevoir tirée de la prescription peut être soulevée en tout état de cause avant la clôture des débats (cass. soc. 20 octobre 1988, n° 85-45.664).

Art. R. 1451-3. Lorsqu'un ***(D. 2019-966 du 18 sept. 2019, art. 8, JO 19, entrée en vigueur le 01.01.2020)*** «tribunal judiciaire» est appelé à statuer en matière prud'homale, les demandes sont formées, instruites et jugées conformément aux dispositions du présent titre.

En cas de recours, il est procédé comme en matière prud'homale.

CHAPITRE II (réglementaire) Saisine du conseil de prud'hommes

Note Ce chapitre est issu du décret 2016-660 du 20 mai 2016, art. 8, JO 25, qui a supprimé les règles spécifiques de l'unicité et de la péremption d'instance. Il est applicable aux instances introduites devant les conseils de prud'hommes depuis le 1er août 2016.

Il résulte des articles 8 et 45 du décret précité que les dispositions de l'article R. 1452-7 CT, aux termes desquelles les demandes nouvelles dérivant du même contrat de travail sont recevables même en appel, demeurent applicables aux instances introduites devant les conseils de prud'hommes antérieurement au 1er août 2016. Pour déclarer irrecevables les demandes de la salariée au titre de la rupture de son contrat de travail, une cour d'appel a retenu que ces demandes n'ont pas été présentées devant les premiers juges et sont donc nouvelles en cause d'appel. Il ajoute que l'article R. 1452-7 CT a été abrogé par le décret du 20 mai 2016 et que, s'agissant d'une règle de procédure, elle est d'application immédiate pour les instances postérieures à son entrée en vigueur. Dès lors, il en déduit que la salariée, ayant interjeté appel le 11 mai 2017, n'est pas fondée à invoquer ce principe, même s'il était applicable devant les premiers juges. En statuant ainsi, la cour d'appel a violé l'article R. 1452-7 CT alors applicable, les articles 8 et 45 du décret précité (cass. soc. 1er juillet 2020, n° 18-24.180, à paraître, RJS 10/20 n° 493; JSL n° 503 du 14.09.2020, p. 15, D. J.-P.).

Art. R. 1452-1. ***(D. 2019-1333 du 11 déc. 2019, art. 36, JO 12, entrée en vigueur le 01.01.2020)*** « La demande en justice est formée par requête. »

La saisine du conseil de prud'hommes, même incompétent, interrompt la prescription.

Note • Les dispositions des articles R. 1452-1 et 2, dans leur rédaction issue du décret 2019-1333 précité, sont applicables aux instances en cours au 1er janvier 2020 (décret précité, art. 55, I).

Voir aussi décret 2016-660 du 20 mai 2016 (JO 25) et circulaire du 27 mai 2016 (NOR: JUSC1614424C; BO MJ 2016-06 du 30 juin 2016).

• L'impossibilité d'agir en justice suspend le délai de prescription (art. 2234 c. civ.). La suspension du délai de prescription n'a pas été admise pour un gérant de station-service qui n'était pas privé du droit de saisir le juge prud'homal du fait « de son exclusion apparente » de son droit à bénéficier des dispositions du code du travail compte tenu du contrat de gérance (cass. soc. 17 novembre 2010, n° 09-65081, BC V n° 262).

L'interruption du délai est également consacrée lorsque le débiteur reconnaît la créance de son cocontractant, la reconnaissance devant être dénuée de toute ambiguïté (cass. soc. 8 avril 2010, n° 08-43599, BC V n° 94).

Voir aussi c. civ. art. 2231, 2238 et 2239.

Art. R. 1452-2. La requête est faite, remise ou adressée au greffe du conseil de prud'hommes.

(D. 2017-1008 du 10 mai 2017, JO 11) « Elle » comporte les mentions prescrites ***(D. 2017-1008 du 10 mai 2017, JO 11)*** « à peine de nullité » à l'article ***(D. 2019-1333 du 11 déc. 2019, art. 36, JO 12, entrée en vigueur le 01.01.2020)*** « 57 » du code de procédure civile. En outre, elle contient un exposé sommaire des motifs de la demande et mentionne chacun des chefs de celle-ci. Elle est accompagnée des pièces que le demandeur souhaite invoquer à l'appui de ses prétentions. Ces pièces sont énumérées sur un bordereau qui lui est annexé.

La requête et le bordereau sont établis en autant d'exemplaires qu'il existe de défendeurs, outre l'exemplaire destiné à la juridiction.

Note La légalité de l'article 8 du décret 2016-660 du 20 mai 2016 (JO 25; art. R. 1452-2 CT) a été contestée devant le Conseil d'État. Selon les requérants, le fait d'imposer la rédaction d'une requête pour saisir le juge prud'homal, et la communication des pièces entre les parties dès le bureau de conciliation et d'orientation (BCO), en raison des formalités contraignantes que cela suppose, porterait atteinte au principe d'égalité entre les justiciables. « Il n'en est rien pour le Conseil d'État qui considère que dans la mesure où les justiciables peuvent être assistés ou représentés, notamment par des professionnels (avocat ou défenseur syndical), de telles modalités ne sont pas des obstacles insurmontables limitant l'accès au droit ». En outre, si le demandeur se voit imposer, dès le début de la procédure, la communication de ses pièces alors que le défendeur est seulement invité à faire de même, cette disparité (...) est destinée à faciliter la mise en état du dossier et le traitement des affaires ». Elle ne contrevient pas au principe d'égalité (CE 30 janvier 2019, n° 401681; « La réforme des prud'hommes vue par le Conseil d'État », V. Bardin-Fournairon et O. Barraut Avocats associés, Barthélémy Avocats, FH 3785).

Art. R. 1452-3. Le greffe avise par tous moyens le demandeur des lieu, jour et heure de la séance du bureau de conciliation et d'orientation ou de l'audience lorsque le préalable de conciliation ne s'applique pas.

Cet avis par tous moyens invite le demandeur à adresser ses pièces au défendeur avant la séance ou l'audience précitée et indique qu'en cas de non-comparution sans motif légitime il pourra être statué en l'état des pièces et moyens contradictoirement communiqués par l'autre partie.

Art. R. 1452-4. ***(D. 2017-1008 du 10 mai 2017, JO 11)*** «À réception des exemplaires de la requête et du bordereau mentionnés au deuxième alinéa de l'article R. 1452-2, le» greffe convoque le défendeur par lettre recommandée avec demande d'avis de réception. La convocation indique:

1° Les nom, profession et domicile du demandeur;

2° Selon le cas, les lieu, jour et heure de la séance du bureau de conciliation et d'orientation ou de l'audience à laquelle l'affaire sera appelée;

3° Le fait que des décisions exécutoires à titre provisoire pourront, même en son absence, être prises contre lui et qu'en cas de non-comparution sans motif légitime il pourra être statué en l'état des pièces et moyens contradictoirement communiqués par l'autre partie.

La convocation invite le défendeur à déposer ou adresser au greffe les pièces qu'il entend produire et à les communiquer au demandeur.

Cette convocation reproduit les dispositions des articles R. 1453-1 et R. 1453-2 et, lorsque l'affaire relève du bureau de conciliation et d'orientation, celles des articles R. 1454-10 et R. 1454-12 à R. 1454-18.

Est joint à la convocation un exemplaire de la requête et du bordereau énumérant les pièces adressées par le demandeur.

(D. 2017-1008 du 10 mai 2017, JO 11) «Lorsque le défendeur est attrait par plusieurs demandeurs, le greffe peut, avec son accord, lui notifier les requêtes et bordereaux par remise contre émargement ou récépissé, le cas échéant en plusieurs fois.»

Art. R. 1452-5. Sous réserve des dispositions du second alinéa de l'article R. 1452-1, la convocation du défendeur devant le bureau de conciliation et d'orientation et, lorsqu'il est directement saisi, devant le bureau de jugement vaut citation en justice.

Art. R. 1452-6. ***(D. 2017-1008 du 10 mai 2017, JO 11)*** La reprise de l'instance, après une suspension, a lieu sur l'avis qui en est donné aux parties par le greffier, par tout moyen.

CHAPITRE III Assistance et représentation des parties

Art. L. 1453-1 A. ***(L. 2019-222 du 23 mars 2019, art. 5, II, JO 24)*** Par dérogation au premier alinéa de l'article 4 de la loi n° 71-1130 du 31 décembre 1971 portant réforme de certaines professions judiciaires et juridiques, les parties peuvent se défendre elles-mêmes ou se faire assister ou représenter devant le conseil de prud'hommes, outre par un avocat, par:

1° Les salariés ou les employeurs appartenant à la même branche d'activité;

2° Les défenseurs syndicaux;

3° Leur conjoint, leur partenaire lié par un pacte civil de solidarité ou leur concubin.

L'employeur peut également se faire assister ou représenter par un membre de l'entreprise ou de l'établissement fondé de pouvoir ou habilité à cet effet.

Le représentant, s'il n'est pas avocat, doit justifier d'un pouvoir spécial. Devant le bureau de conciliation et d'orientation, cet écrit doit l'autoriser à concilier au nom et pour le compte du mandant, et à prendre part aux mesures d'orientation.

Note Cet article s'applique aux instances introduites depuis le 25 mars 2019 (loi 2019-222 précitée, art. 109, II).

Art. L. 1453-1. Les mineurs qui ne peuvent être assistés de leur père, mère ou tuteur peuvent être autorisés par le conseil de prud'hommes à agir devant lui.

Art. L. 1453-2. Les personnes habilitées à assister ou à représenter les parties en matière prud'homale, si elles sont par ailleurs conseillers prud'hommes, ne peuvent pas exercer une mission d'assistance ou un mandat de représentation devant ***(L. 2015-990 du 6 août 2015, art. 258, I, 20°, JO 7, entrée en vigueur au plus tard le 01.08.2016)*** «le conseil de prud'hommes auquel» elles appartiennent.

Note • En vertu de l'article 6.1 de la Convention européenne de sauvegarde des droits de l'homme et des libertés fondamentales, toute personne a droit à ce que sa cause soit entendue par un tribunal indépendant et impartial; cette exigence implique qu'un conseiller prud'homme n'exerce pas de mission d'assistance ou de mandat de représentation devant le conseil de prud'hommes dont il est membre (cass. soc. 2 février 2005, n° 03-40.271, BC V n° 44; voir aussi précédemment cass. soc. 3 juillet 2001, n° 99-42.735, BC V n° 247; RJS 10/01 n° 1181). Ayant constaté qu'une juridiction prud'homale appelée à statuer sur un litige avait été saisie par l'un de ses membres agissant en qualité de mandataire d'une partie au litige, une cour d'appel a exactement décidé que la procédure était entachée de nullité et qu'aucune régularisation n'était possible (cass. soc. 16 septembre 2008, n° 06-45.334, BC V n° 160; RJS 11/08 n° 1118; JCP éd. S 2009, 1024, B. Boubli).

En revanche, le fait qu'une partie soit assistée ou représentée devant la cour d'appel par un délégué syndical, membre d'un conseil de prud'hommes du ressort de la cour d'appel, n'est pas de nature à faire douter de l'impartialité de cette juridiction (cass. soc. 10 janvier 2012, n° 10-28.027, RJS 3/12 n° 282).

• Sur les cas de récusation des conseillers prud'hommes, voir art. L. 1457-1 et sa note.

Art. L. 1453-3. Le président et le vice-président du conseil de prud'hommes ne peuvent pas assister ou représenter les parties devant les formations de ce conseil.

Art. L. 1453-4. ***(L. 2015-990 du 6 août 2015, art. 258, I, 19°, JO 7, entrée en vigueur au plus tard le 01.08.2016)*** Un défenseur syndical exerce des fonctions d'assistance ou de représentation devant les conseils de prud'hommes et les cours d'appel en matière prud'homale.

Il est inscrit sur une liste arrêtée par l'autorité administrative sur proposition des organisations d'employeurs et de salariés représentatives au niveau national et interprofessionnel, national et multiprofessionnel ou dans au moins une branche, dans des conditions définies par décret.

(Ord. 2017-1718 du 20 déc. 2017, art. 1er, I, 35°, JO 21) «Le défenseur syndical intervient sur le périmètre d'une région administrative.»

Note Le Conseil constitutionnel, saisi d'une QPC par la Cour de cassation au sujet du périmètre géographique des défenseurs syndicaux (L. 1453-4, al. 3; cass. soc. 18 décembre 2019, n° 19-40.032), considère qu'en limitant la compétence du défenseur syndical au territoire d'une seule région, la loi ne porte ni atteinte au principe d'égalité devant la justice, ni à la liberté syndicale. Néanmoins, il admet que cette restriction puisse avoir pour effet que, dans le cas où une cour d'appel n'est pas située dans la même région que le conseil de prud'hommes, le justiciable représenté par un défenseur syndical soit contraint d'en changer en cas d'appel, y compris en cas de renvoi après cassation, à la différence d'un justiciable représenté par un avocat. Or, pour le Conseil, la loi ne peut pas priver un justiciable ayant choisi de se faire assister par un défenseur syndical devant le conseil de prud'hommes de continuer à être représenté, dans tous les cas, par ce même défenseur devant la cour d'appel compétente, sans porter atteinte au principe d'égalité devant la justice. Sous cette réserve «d'interprétation», le Conseil constitutionnel valide l'article L. 1453-4 du code du travail. La réserve d'interprétation implique d'interpréter ou d'appliquer cet article de la façon indiquée par le Conseil constitutionnel (C. constit. 12 mars 2020, n° 2019-831 QPC, JO 13).

Art. L. 1453-5. ***(L. 2015-990 du 6 août 2015, art. 258, I, 21° et 259, V, JO 7, entrée en vigueur au plus tard le 01.08.2016)*** Dans les établissements d'au moins onze salariés, le défenseur syndical dispose du temps nécessaire à l'exercice de ses fonctions, dans la limite de dix heures par mois.

Art. L. 1453-6. ***(L. 2015-990 du 6 août 2015, art. 258, I, 21° et 259, V, JO 7, entrée en vigueur au plus tard le 01.08.2016)*** Le temps passé par le défenseur syndical hors de l'entreprise pendant les heures de travail pour l'exercice de sa mission est assimilé à une durée de travail effectif pour la détermination de la durée des congés payés et du droit aux prestations d'assurances sociales et aux prestations familiales ainsi qu'au regard de tous les droits que le salarié tient du fait de son ancienneté dans l'entreprise.

Ces absences sont rémunérées par l'employeur et n'entraînent aucune diminution des rémunérations et avantages correspondants.

Les employeurs sont remboursés par l'État des salaires maintenus pendant les absences du défenseur syndical pour l'exercice de sa mission ainsi que des avantages et des charges sociales correspondants.

Un décret détermine les modalités d'indemnisation du défenseur syndical qui exerce son activité professionnelle en dehors de tout établissement ou qui dépend de plusieurs employeurs.

Note Voir articles D. 1453-2-10 et s.

Art. L. 1453-7. ***(L. 2015-990 du 6 août 2015, art. 258, I, 21° et 259, V, JO 7, entrée en vigueur au plus tard le 01.08.2016)*** L'employeur accorde au défenseur syndical, à la demande de ce dernier, des autorisations d'absence pour les besoins de sa formation. Ces autorisations sont délivrées dans la limite de deux semaines par période de quatre ans suivant la publication de la liste des défenseurs syndicaux sur laquelle il est inscrit.

L'article L. 3142-12 est applicable à ces autorisations. Ces absences sont rémunérées par l'employeur.

Note Le second alinéa de cet article a été modifié par la loi 2018-771 du 5 septembre 2018, art. 45, I, 2°, JO 6 ; cette modification est applicable depuis le 1er janvier 2019 (loi précitée, art. 46, I).

Art. L. 1453-8. ***(L. 2015-990 du 6 août 2015, art. 258, I, 21° et 259, V, JO 7, entrée en vigueur au plus tard le 01.08.2016)*** Le défenseur syndical est tenu au secret professionnel pour toutes les questions relatives aux procédés de fabrication.

Il est tenu à une obligation de discrétion à l'égard des informations présentant un caractère confidentiel et données comme telles par la personne qu'il assiste ou représente ou par la partie adverse dans le cadre d'une négociation.

Toute méconnaissance de ces obligations peut entraîner la radiation de l'intéressé de la liste des défenseurs syndicaux par l'autorité administrative.

Note Les deux premiers alinéas de cet article ont été déclarés conformes à la Constitution (C. constit. 7 avril 2017, n° 2017-623 QPC, JO 9).

Art. L. 1453-9. ***(L. 2015-990 du 6 août 2015, art. 258, I, 21° et 259, V, JO 7, entrée en vigueur au plus tard le 01.08.2016)*** L'exercice de la mission de défenseur syndical ne peut être une cause de sanction disciplinaire ou de rupture du contrat de travail.

Le licenciement du défenseur syndical est soumis à la procédure d'autorisation administrative prévue au livre IV de la deuxième partie.

Art. R. 1453-1. ***(D. 2016-660 du 20 mai 2016, art. 9, JO 25)*** Les parties se défendent elles-mêmes.

Elles ont la faculté de se faire assister ou représenter.

Note • Le décret 2016-660 du 20 mai 2016 a supprimé l'obligation de comparution personnelle des parties.

• Le Conseil d'État a été saisi d'un recours pour excès de pouvoir à l'encontre du décret 2016-660 du 20 mai 2016. Pour les requérants, la suppression de l'obligation pour les parties d'être présentes devant le bureau de conciliation et d'orientation (BCO) constituait une atteinte au principe de conciliation édicté par la loi. Pour le Conseil d'État, le principe de conciliation énoncé par l'article L. 1411-1 CT n'est pas remis en cause par cette modification dès lors que l'article L. 1454-1-3 prévoit que le BCO peut juger l'affaire en l'état des pièces et moyens que la partie comparante a contradictoirement communiqués à la partie défaillante dont l'absence n'est pas légitime. « En d'autres termes l'absence non justifiée induit la volonté de ne pas concilier et permet au juge de poursuivre la procédure engagée sans remettre en cause les droits de la partie absente » (CE 30 janvier 2019, n° 401681 ; « La réforme des prud'hommes vue par le Conseil d'État », V. Bardin-Fournairon et O. Barraut, Avocats associés, Barthélémy Avocats, FH 3785).

• Voir circ. min. Justice du 27 mai 2016 (NOR : JUSC1614424C ; BO MJ 2016-06 du 30 juin 2016), Fiche technique « La procédure prud'homale : L'assistance et la représentation des parties ».

Art. R. 1453-2. Les personnes habilitées à assister ou à représenter les parties sont :

1° Les salariés ou les employeurs appartenant à la même branche d'activité ;

2° Les ***(D. 2016-660 du 20 mai 2016, art. 10, 1°, JO 25)*** « défenseurs syndicaux » ;

3° Le conjoint, le partenaire lié par un pacte civil de solidarité ou le concubin ;

4° Les avocats.

L'employeur peut également se faire assister ou représenter par un membre de l'entreprise ou de l'établissement ***(D. 2017-1698 du 15 déc. 2017, JO 17)*** « fondé de pouvoir ou habilité à cet effet ».

(D. 2016-660 du 20 mai 2016, art. 10, 2°, JO 25) « Le représentant, s'il n'est pas avocat, doit justifier d'un pouvoir spécial. Devant le bureau de conciliation et d'orientation, cet écrit doit l'autoriser à concilier au nom et pour le compte du mandant, et à prendre part aux mesures d'orientation. »

Note • Conformément aux dispositions de l'article 258 de la loi 2015-990 du 6 août 2015, le décret 2016-660 du 20 mai 2016 a modifié le 2° de cet article en substituant les défenseurs syndicaux aux délégués permanents ou non permanents des organisations d'employeurs et de salariés. L'article 46 de ce décret précisant que cette substitution s'applique aux instances et appels introduits depuis le 1er août 2016, la partie qui, avant cette date, était défendue devant le conseil de prud'hommes ou la cour d'appel par un délégué permanent ou non permanent, pourra continuer à l'être jusqu'à l'issue de l'instance. Pour les instances devant le conseil de prud'hommes et appels introduits depuis le 1er août 2016, les parties doivent, si elles souhaitent continuer à être défendues dans un cadre syndical, faire appel à une personne inscrite sur la liste arrêtée par l'autorité administrative.

• On doit considérer comme limitative l'énumération des personnes admises à assister et à représenter les parties devant le bureau de conciliation et le bureau de jugement (cass. soc. 1er août 1950 ; cass. soc. 11 mai 1993, n° 88-44.230).

• Le représentant autre qu'avocat doit justifier, conformément à l'article 416 c. proc. civ., qu'il en a reçu le mandat ou la mission. Ayant constaté que la personne qui s'était présentée devant le bureau de conciliation n'avait pas remis de pouvoir écrit émanant du représentant légal de la société et que la correspondance ultérieure de la société avait confirmé l'absence de tout pouvoir, une cour d'appel a pu décider qu'il s'agissait d'une irrégularité de fond affectant la validité des actes et qu'il y avait lieu d'annuler les procès-verbaux de conciliation signés par cette personne (cass. soc. 5 mars 1992, n° 88-45.188, BC V n° 161). À noter cependant que l'irrégularité de fond résultant du défaut de pouvoir spécial du représentant d'une partie peut être couverte jusqu'au moment où le juge statue ; ainsi, le fait qu'un représentant syndical ne dispose d'aucun pouvoir spécial de son organisation lors de la saisine du conseil de prud'hommes ne rend pas irrecevable la demande du syndicat dès lors que cette irrégularité a été couverte en cause d'appel par la production d'un mandat de représentation (cass. soc. 26 janvier 2016, n° 14-11.992, BC V n° 15 ; RJS 4/16 n° 287 ; JCP éd. S 2016, 1133, note A. Bugada).

• N'a pas la qualité de membre de l'entreprise, au sens de cet article, et n'est donc pas habilitée à assister ou à représenter l'employeur en matière prud'homale, la personne qui, sous couvert de contrats de travail épisodiques, n'intervient que pour représenter l'entreprise en justice (cass. soc. 12 avril 1995, n° 94-40.127, BC V n° 135).

• Le directeur général d'une société anonyme peut ester en justice au nom de la société, au même titre que le président du conseil d'administration. Il n'a donc pas à justifier d'une délégation spéciale du conseil d'administration ou d'une clause particulière des statuts (cass. ass. plén. 18 novembre 1994, n° 90-44.754, BC n° 6).

Art. D. 1453-2-1. ***(D. 2016-975 du 18 juil. 2016, JO 20)*** La liste des défenseurs syndicaux mentionnée à l'article L. 1453-4 est établie par le ***(D. 2020-1545 du 9 déc. 2020, JO 10, entrée en vigueur le 01.04.2021)*** « directeur régional de l'économie, de l'emploi, du travail et des solidarités », sur proposition des organisations d'employeurs et de salariés mentionnées au même article. Ces dernières désignent des défenseurs syndicaux au niveau régional en fonction de leur expérience des relations professionnelles et de leurs connaissances du droit social.

Les défenseurs syndicaux exercent leurs fonctions à titre gratuit.

Ils sont inscrits sur la liste de la région de leur domicile ou du lieu d'exercice de leur activité professionnelle.

Art. D. 1453-2-2. ***(D. 2016-975 du 18 juil. 2016, JO 20)*** Les conditions générales d'exercice des fonctions de défenseur syndical sont précisées par l'organisation qui propose l'inscription et portées à la connaissance de l'autorité administrative.

Art. D. 1453-2-3. ***(D. 2016-975 du 18 juil. 2016, JO 20)*** La liste des défenseurs syndicaux mentionnée à l'article L. 1453-4 est arrêtée dans chaque région par le préfet de région et publiée au recueil des actes administratifs de la préfecture de région.

La liste comporte notamment les nom, prénom, profession du défenseur, le nom de l'organisation syndicale ou professionnelle qui le propose et, au choix de cette organisation, les coordonnées de l'organisation ou celles des intéressés.

Elle est tenue à la disposition du public à la ***(D. 2020-1545 du 9 déc. 2020, JO 10, entrée en vigueur le 01.04.2021)*** « direction régionale de l'économie, de l'emploi, du travail et des solidarités », dans chaque conseil de prud'hommes et dans les cours d'appel de la région.

Art. D. 1453-2-4. ***(D. 2016-975 du 18 juil. 2016, JO 20)*** L'inscription sur cette liste permet l'exercice de la fonction de défenseur syndical [dans le ressort des cours d'appel de la région].

[Toutefois, lorsqu'il a assisté ou représenté la partie appelante ou intimée en première instance, le défenseur syndical peut continuer à assister ou représenter celle-ci devant une cour d'appel qui a son siège dans une autre région.]

Note Les mots « dans le ressort des cours d'appel de la région » du premier alinéa et le second alinéa de cet article ont été annulés par le Conseil d'État (CE 17 novembre 2017, n° 403535, RDT, février 2018, CH, 145, Fr. Guiomard).

Art. D. 1453-2-5. ***(D. 2016-975 du 18 juil. 2016, JO 20)*** La liste des défenseurs syndicaux est révisée tous les quatre ans. Elle peut être modifiée à tout moment si nécessaire, par ajout ou retrait.

Le retrait d'une personne de la liste des défenseurs syndicaux est opéré à la demande des organisations ayant proposé son inscription ou à l'initiative de l'autorité administrative.

Sauf à justifier d'un motif légitime, l'absence d'exercice de la mission pendant une durée d'un an entraîne le retrait d'office de la liste des défenseurs syndicaux.

Art. D. 1453-2-6. ***(D. 2016-975 du 18 juil. 2016, JO 20)*** Le défenseur syndical peut être radié de la liste par le préfet de région, dans les conditions prévues à l'article L. 1453-8. Il est radié d'office par le préfet de région en cas de défaut d'exercice de sa fonction à titre gratuit.

Art. D. 1453-2-7. ***(D. 2016-975 du 18 juil. 2016, JO 20)*** Le ***(D. 2020-1545 du 9 déc. 2020, JO 10, entrée en vigueur le 01.04.2021)*** « directeur régional de l'économie, de l'emploi, du travail et des solidarités » informe l'employeur du salarié inscrit, de l'acquisition et du retrait de la qualité de défenseur syndical.

Art. D. 1453-2-8. ***(D. 2016-975 du 18 juil. 2016, JO 20)*** Le défenseur syndical informe son employeur de son absence pour la formation prévue à l'article L. 1453-7 par tout moyen conférant date certaine :

1° Au moins trente jours à l'avance, en cas de durée d'absence égale ou supérieure à trois journées de travail consécutives ;

2° Au moins quinze jours à l'avance dans les autres cas.

La lettre précise la date, la durée et les horaires du stage ainsi que le nom de l'établissement ou de l'organisme responsable.

Art. D. 1453-2-9. ***(D. 2016-975 du 18 juil. 2016, JO 20)*** L'organisme chargé du stage délivre au salarié une attestation constatant sa présence au stage. Cette attestation est remise à l'employeur au moment de la reprise du travail.

Art. D. 1453-2-10. ***(D. 2017-1020 du 10 mai 2017, JO 11)*** L'employeur est remboursé mensuellement par l'État des salaires maintenus en application de l'article L. 1453-6 ainsi que de l'ensemble des avantages et des charges sociales correspondant qui lui incombent.

Lorsque l'horaire de travail est supérieur à la durée légale, la charge des majorations pour heures supplémentaires est répartie entre l'État et l'employeur. Cette répartition est réalisée proportionnellement au temps passé par le défenseur syndical respectivement au sein de son entreprise et dans l'exercice de sa fonction d'assistance.

Art. D. 1453-2-11. ***(D. 2017-1020 du 10 mai 2017, JO 11)*** Le remboursement prévu à l'article D. 1453-2-10 est réalisé au vu d'une demande établie par l'employeur auprès de l'agence mentionnée à l'article D. 1453-2-15. Cette demande mentionne le nombre d'heures passées par le défenseur syndical pendant les heures de travail pour exercer sa mission, ainsi que les autres éléments nécessaires au calcul des sommes dues en application des dispositions de l'article L. 1453-6. Cette demande est accompagnée des justificatifs dont la liste est fixée par arrêté conjoint des ministres chargés du budget et du travail.

En cas d'employeurs multiples, il est produit autant de demandes de remboursement qu'il y a d'employeurs ayant maintenu des salaires. Le nombre total d'heures ainsi cumulé ne peut excéder la limite de dix heures par mois prévue à l'article L. 1453-5.

Note Voir arrêté du 25 octobre 2017 (JO 29) relatif aux modalités de remboursement et d'indemnisation liées à l'activité de défenseur syndical. Voir aussi formulaires Cerfa disponibles sur le site *www.service-public.fr* (15856*02, 15855*02 et 15854*02).

Art. D. 1453-2-12. ***(D. 2017-1020 du 10 mai 2017, JO 11)*** Par dérogation aux dispositions de l'article D. 1453-2-10, le défenseur syndical rémunéré uniquement à la commission perçoit, dans la limite de dix heures par mois mentionnée à l'article L. 1453-5, une indemnité horaire égale à 1/1 900 des revenus professionnels déclarés à l'administration fiscale.

À cet effet, l'intéressé produit copie de sa déclaration d'impôts ainsi qu'une attestation de revenus délivrée par le ou les employeurs. La demande de remboursement est accompagnée des pièces justificatives dont la liste est fixée par arrêté conjoint des ministres chargés du budget et du travail.

Note Voir note sous art. D. 1453-2-11.

Art. D. 1453-2-13. ***(D. 2017-1020 du 10 mai 2017, JO 11)*** Les heures passées par le salarié qui exerce son activité professionnelle en dehors de tout établissement, à l'exception des salariés mentionnés à l'article D. 1453-2-11, à exercer des fonctions de défenseur syndical sont considérées, dans la limite de dix heures par mois mentionnée à l'article L. 1453-5, comme des heures de travail et sont payées comme telles par l'employeur.

Ce dernier est remboursé intégralement dans les conditions prévues à l'article D. 1453-2-10.

Art. D. 1453-2-14. ***(D. 2017-1020 du 10 mai 2017, JO 11)*** Le défenseur syndical bénéficie d'une indemnité de déplacement à l'audience dont le montant est fixé par arrêté conjoint des ministres chargés du budget et du travail. À cette fin, le greffe lui délivre une attestation de présence à l'audience. Le défenseur syndical formule sa demande auprès de l'agence mentionnée à l'article D. 1453-2-15 et y joint cette attestation.

Note Voir note sous art. D. 1453-2-11.

Art. D. 1453-2-15. ***(D. 2017-1020 du 10 mai 2017, JO 11)*** Les demandes de remboursement ou d'indemnisation sont gérées par l'Agence de services et de paiement, avec laquelle le ministère en charge du travail conclut une convention.

Leur bénéfice est conditionné par la réception à l'Agence de services et de paiement du formulaire et des pièces permettant son instruction et sa mise en paiement dont la liste est fixée par arrêté conjoint des ministres chargés du budget et du travail.

L'ordonnateur et le comptable assignataire de la dépense sont respectivement le président-directeur général et l'agent comptable de l'Agence de services et de paiement.

Note Voir note sous art. D. 1453-2-11.

Art. R. 1453-3. La procédure prud'homale est orale.

Note Le décret 2016-660 du 20 mai 2016 n'a pas remis en cause le principe de l'oralité de la procédure prud'homale. Voir cependant R. 1453-5 qui prévoit une règle de structuration et de consolidation des écritures lorsque toutes les parties comparantes formulent leurs prétentions par écrit et qu'elles sont assistées ou représentées par un avocat.

La jurisprudence rapportée ci-après a été rendue dans le cadre de la réglementation antérieure au décret du 20 mai 2016.

• En matière de procédure orale, une demande en justice présentée dans un écrit n'est valablement formée que lorsqu'elle est oralement soutenue à l'audience des débats. Dès lors, une cour d'appel qui constate que l'employeur, appelant, qui sollicitait, dans ses conclusions écrites, le rejet des demandes du salarié, n'est ni présent ni représenté à l'audience, ne peut que constater qu'elle n'est saisie d'aucun moyen de recours et ne peut en conséquence que confirmer le jugement (cass. soc. 13 septembre 2017, n° 16-13.578, BC V n° 136; voir précédemment cass. soc. 28 avril 1994, n° 90-44.756, BC V n° 153). L'existence de conclusions écrites, même notifiées en temps utile à la partie adverse, ne peut suppléer au défaut de comparution (cass. soc. 8 novembre 1994, n° 91-41.134, BC V n° 297; 14 mars 2007, n° 05-45.414, BC V n° 50; RJS 5/07 n° 649). Peu importe également que l'appelant non comparant ait comparu à une audience antérieure (cass. soc. 19 juillet 1994, n° 90-45.908, BC V n° 247). Cependant, la cour d'appel doit vérifier au préalable que l'appelant a été régulièrement convoqué (cass. soc. 17 décembre 1992, n° 90-44.790, BC V n° 605).

• Le principe de l'oralité de la procédure est respecté dès lors que la partie a comparu à l'audience. Par conséquent, c'est à tort que, pour débouter une société de ses demandes, un conseil de prud'hommes énonce que dans la procédure sans représentation obligatoire, le dépôt de conclusions n'est pas satisfactoire et que l'affaire doit être plaidée, alors que la société s'était fait représenter à l'audience par son avocat, lequel n'était pas tenu de développer ses conclusions déposées à la barre (cass. soc. 17 juillet 1997, n° 96-44.672, BC V n° 281; RJS 10/97 n° 1125).

Lorsque les parties représentées aux débats n'expriment oralement aucune prétention et se bornent à déposer leur dossier avec une note de plaidoirie, il appartient au juge de provoquer un débat contradictoire sur les demandes exposées dans ces notes de plaidoiries déposées avant la clôture des débats (cass. soc. 5 mai 2004, n° 02-40.859, TPS août-septembre 2004, comm. 280, note B. Boubli).

• En matière de procédure orale, un moyen n'est pas irrecevable comme nouveau lorsqu'il a été invoqué dans des écritures régulièrement déposées et qu'il n'est pas mentionné dans la décision qu'il a été renoncé à ce moyen (cass. soc. 30 mai 2000, n° 98-40.085, BC V n° 210). De même, une demande ne peut être considérée comme nouvelle en appel lorsque, formée initialement devant la juridiction de première instance, il n'a pas été mentionné dans le jugement que le demandeur y a expressément renoncé. C'est donc à tort que, pour considérer comme nouvelle la demande de résiliation judiciaire formée par un salarié et refuser de se prononcer sur cette demande, une cour d'appel a relevé qu'elle n'était pas reprise dans le dernier état des demandes mentionnées dans le jugement, sans constater que le salarié y avait expressément renoncé (cass. soc. 13 janvier 2009, n° 07-42.465, BC V n° 6; RJS 3/09 n° 273).

Par ailleurs, et toujours en raison de l'oralité de la procédure, les moyens retenus par le juge sont présumés, sauf preuve contraire, avoir été débattus contradictoirement à l'audience (cass. soc. 15 juin 2000, n° 98-43.497) et la transmission tardive (moins de deux jours avant l'audience) de conclusions ne peut être reprochée à une partie présente ou représentée à l'audience (cass. soc. 12 avril 1995, n° 90-44.024, RJS 5/95 n° 551).

Art. R. 1453-4. ***(D. 2016-660 du 20 mai 2016, art. 11, JO 25)*** Les parties peuvent se référer aux prétentions et aux moyens qu'elles auraient formulés par écrit. Les observations des parties et leurs prétentions lorsqu'elles ne sont pas tenues de les formuler par écrit sont notées au dossier ou consignées au procès-verbal.

Note Voir note sous article R. 1453-3.

Art. R. 1453-5. ***(D. 2016-660 du 20 mai 2016, art. 12, JO 25)*** Lorsque toutes les parties comparantes formulent leurs prétentions par écrit et sont assistées ou représentées par un avocat, elles sont tenues, dans leurs conclusions, de formuler expressément les prétentions ainsi que les moyens en fait et en droit sur lesquels chacune de ces prétentions est fondée avec indication pour chaque prétention des pièces invoquées. Un bordereau énumérant les pièces justifiant ces prétentions est annexé aux conclusions. Les prétentions sont récapitulées sous forme de dispositif. Le bureau de jugement ou la formation de référé ne statue que sur les prétentions énoncées au dispositif. Les parties doivent reprendre dans leurs dernières conclusions les prétentions et moyens présentés ou invoqués dans leurs conclusions antérieures. À défaut, elles sont réputées les avoir abandonnés et il n'est statué que sur les dernières conclusions communiquées.

Note • Cette règle de structuration et de consolidation des écritures, issue du décret 2016-660 du 20 mai 2016 (JO 25), s'applique aux instances introduites depuis le 1er août 2016. Elle ne s'applique pas aux instances introduites devant les conseils de prud'hommes avant cette date et qui n'ont pas donné lieu à jugement.

• L'obligation de structuration et de consolidation des écritures ne s'applique pas lorsque l'une des parties comparaît en personne ou est représentée par une personne qui n'est pas avocat (ex: défenseur syndical) et cela, quand bien même les autres parties comparantes seraient toutes représentées par un avocat. Si une partie prend un avocat en cours de procédure, il revient à la juridiction de veiller au respect d'un délai raisonnable afin que les parties puissent se mettre en conformité avec la règle de structuration et de consolidation des écritures si elle devient applicable (circ. min. Justice du 27 mai 2016, NOR: JUSC1614424C; BO MJ 2016-06 du 30 juin 2016, fiche technique "La procédure prud'homale: L'assistance et la représentation des parties").

• Le Conseil d'État a été saisi dans le cadre d'un recours pour excès de pouvoir à l'encontre du décret 2016-660 du 20 mai 2016. «Les requérants ont vu dans l'exigence procédurale posée par l'article R. 1453-5 une atteinte à l'oralité des débats (...). Le Conseil d'État (...) réaffirme qu'aucun principe général du droit ne prescrit que les débats doivent se dérouler oralement devant les conseils de prud'hommes. À ce titre, et dès lors que l'oralité des débats n'est prévue que par un décret (voir R. 1453-3 CT), le Conseil d'État a estimé que le moyen tiré de la violation d'un texte de même valeur, en l'occurrence un autre décret, était totalement inopérant. Il était donc possible d'imaginer des obligations procédurales supplémentaires pour les seules parties représentées par un avocat; celles-ci ne s'appliquant pas en effet lorsqu'une des parties comparait en personne, ou est représentée par un défenseur syndical. Au surplus, cette exigence procédurale, qui favorise une meilleure identification des litiges se justifie par la volonté d'assurer une bonne administration de la justice (...). Enfin, le Conseil d'État a considéré que si le justiciable qui se défend seul, ou assisté d'un défenseur syndical, est placé dans une situation différente de celui qui a recours à un avocat, pour autant cela ne saurait constituer une atteinte à l'égalité ou au libre choix du défenseur, dès lors que l'article 12 soumet les justiciables se trouvant dans la même situation à la même procédure» (CE 30 janvier 2019, n° 401681; «La réforme des prud'hommes vue par le Conseil d'État», V. Bardin-Fournairon et O. Barraut, avocats, FH 3785).

CHAPITRE IV Conciliation et jugement

SECTION 1. Conciliation, orientation et mise en état de l'affaire

Note La loi 2015-990 du 6 août 2015 a réformé la phase de conciliation du procès prud'homal en dotant le bureau de conciliation, devenu le bureau de conciliation et d'orientation, de pouvoirs accrus lui permettant d'orienter l'affaire devant une des formations du bureau de jugement.

Les dispositions de cette section, dans leur rédaction issue de cette loi, sont applicables aux instances introduites devant les conseils de prud'hommes depuis le 7 août 2015.

Voir D. Baugard, «La nouvelle conciliation», Dr. Soc. 2017 p. 599.

Art. L. 1454-1. ***(L. 2015-990 du 6 août 2015, art. 258, I, 22°, JO 7)*** Le bureau de conciliation et d'orientation est chargé de concilier les parties.

Dans le cadre de cette mission, le bureau de conciliation et d'orientation peut entendre chacune des parties séparément et dans la confidentialité.

Art. L. 1454-1-1. ***(L. 2015-990 du 6 août 2015, art. 258, I, 22°, JO 7)*** En cas d'échec de la conciliation, le bureau de conciliation et d'orientation peut, par simple mesure d'administration judiciaire:

1° Si le litige porte sur un licenciement ou une demande de résiliation judiciaire du contrat de travail, renvoyer les parties, avec leur accord, devant le bureau de jugement dans sa composition restreinte mentionnée à l'article L. 1423-13. La formation restreinte doit statuer dans un délai de trois mois;

2° Renvoyer les parties, si elles le demandent ou si la nature du litige le justifie, devant le bureau de jugement mentionné à l'article L. 1423-12 présidé par le juge mentionné à l'article L. 1454-2. L'article L. 1454-4 n'est pas applicable.

À défaut, l'affaire est renvoyée devant le bureau de jugement mentionné à l'article L. 1423-12.

La formation saisie connaît de l'ensemble des demandes des parties, y compris des demandes additionnelles ou reconventionnelles.

Art. L. 1454-1-2. ***(L. 2015-990 du 6 août 2015, art. 258, I, 22°, JO 7)*** Le bureau de conciliation et d'orientation assure la mise en état des affaires.

Lorsque l'affaire n'est pas en état d'être jugée devant le bureau de jugement, celui-ci peut assurer sa mise en état.

Art. L. 1454-1-3

Un ou deux conseillers rapporteurs peuvent être désignés pour que l'affaire soit mise en état d'être jugée. Ils prescrivent toutes mesures nécessaires à cet effet.

Les agents de contrôle mentionnés à l'article L. 8271-1-2 communiquent aux conseillers rapporteurs, à la demande de ceux-ci et sans pouvoir opposer le secret professionnel, les renseignements et documents relatifs au travail dissimulé, au marchandage ou au prêt illicite de main-d'œuvre dont ils disposent.

(L. 2016-1088 du 8 août 2016, art. 68, JO 9) **«Le bureau de conciliation et d'orientation, les conseillers rapporteurs désignés par le bureau de conciliation et d'orientation ou le bureau de jugement peuvent fixer la clôture de l'instruction par ordonnance, dont copie est remise aux parties ou à leur conseil. Cette ordonnance constitue une mesure d'administration judiciaire.»**

Note Voir *infra* Section 1 (réglementaire), articles R. 1454-1 à 6 et circulaire du 27 mai 2016 de présentation du décret 2016-660 du 20 mai 2016 relatif à la procédure prud'homale et au traitement judiciaire du contentieux du travail (NOR: JUSC1614424C; BO MJ 2016-06 du 30 juin 2016), fiche technique " La procédure prud'homale: La mise en état par le bureau de conciliation et d'orientation ".

Art. L. 1454-1-3. ***(L. 2015-990 du 6 août 2015, art. 258, I, 22°, JO 7)*** Si, sauf motif légitime, une partie ne comparaît pas, personnellement ou représentée ***(Ord. 2017-1387 du 22 sept. 2017, art. 35, I, JO 23)*** «selon des modalités prévues par décret en Conseil d'État», le bureau de conciliation et d'orientation peut juger l'affaire, en l'état des pièces et moyens que la partie comparante a contradictoirement communiqués.

Dans ce cas, le bureau de conciliation et d'orientation statue en tant que bureau de jugement dans sa composition restreinte mentionnée à l'article L. 1423-13.

SECTION 2. Départage

Art. L. 1454-2. En cas de partage, l'affaire est renvoyée devant le même bureau de jugement ou la même formation de référé, présidé par un juge du ***(Ord. 2019-964 du 18 sept. 2019, art. 35, JO 19, entrée en vigueur le 01.01.2020)*** «tribunal judiciaire» dans le ressort duquel est situé le siège du conseil de prud'hommes. L'affaire est reprise dans le délai d'un mois.

(Ord. 2017-1387 du 22 sept. 2017, art. 35, II, JO 23) «En cas de partage devant le bureau de conciliation et d'orientation, ce dernier renvoie l'affaire devant le bureau de jugement présidé par le juge du ***(Ord. 2019-964 du 18 sept. 2019, art. 35, JO 19, entrée en vigueur le 01.01.2020)*** «tribunal judiciaire» dans le ressort duquel est situé le siège du conseil de prud'hommes.»

(L. 2015-990 du 6 août 2015, art. 258, I, 23°, JO 7) «Les juges chargés de ces fonctions sont désignés chaque année, notamment en fonction de leurs aptitudes et connaissances particulières, par le président du ***(Ord. 2019-964 du 18 sept. 2019, art. 35, JO 19, entrée en vigueur le 01.01.2020)*** «tribunal judiciaire».»

Note Les dispositions de cet article, dans sa rédaction issue de la loi 2015-990 du 6 août 2015, sont applicables aux instances qui font l'objet d'une procédure de départage depuis le 7 août 2015 (loi précitée, art. 259).

Voir Ph. Florès et L. Pécaut-Rivolier, «Les nouveaux juges départiteurs», Dr. Soc. 2017, p. 605.

Art. L. 1454-3. Lorsqu'un conseiller prud'homme est empêché de siéger à l'audience de départage, il est remplacé dans les limites et selon les modalités déterminées par décret.

Art. L. 1454-4. Si, lors de l'audience de départage, le bureau de jugement ou la formation de référé ne peut se réunir au complet, le juge départiteur statue dans des conditions déterminées par décret en Conseil d'État.

Note Cet article a été modifié par l'ordonnance 2017-1387 du 22 septembre 2017, art. 35, III, JO 23.

SECTION 3. Demande de requalification en contrat de travail d'une convention de stage

Note Cette section a été introduite par la loi 2014-788 du 10 juillet 2014, art. 1er, V, JO 11.

Art. L. 1454-5. Lorsque le conseil de prud'hommes est saisi d'une demande de requalification en contrat de travail d'une convention de stage mentionnée à l'article

L. 124-1 du code de l'éducation, l'affaire est directement portée devant le bureau de jugement, qui statue au fond dans un délai d'un mois suivant sa saisine.

SECTION 1 (réglementaire). Mise en état de l'affaire

Art. R. 1454-1. ***(D. 2016-660 du 20 mai 2016, art. 13, JO 25)*** En cas d'échec de la conciliation, le bureau de conciliation et d'orientation assure la mise en état de l'affaire jusqu'à la date qu'il fixe pour l'audience de jugement. Des séances peuvent être spécialement tenues à cette fin.

Après avis des parties, il fixe les délais et les conditions de communication des prétentions, moyens et pièces.

Il peut dispenser une partie qui en fait la demande de se présenter à une séance ultérieure du bureau de conciliation et d'orientation. Dans ce cas, la communication entre les parties est faite par lettre recommandée avec demande d'avis de réception ou par notification entre avocats et il en est justifié auprès du bureau de conciliation et d'orientation dans les délais impartis.

Il peut entendre les parties en personne, les inviter à fournir les explications nécessaires à la solution du litige ainsi que les mettre en demeure de produire dans le délai qu'il détermine tous documents ou justifications propres à éclairer le conseil de prud'hommes.

Art. R. 1454-2. ***(D. 2016-660 du 20 mai 2016, art. 13, JO 25)*** À défaut pour les parties de respecter les modalités de communication fixées, le bureau de conciliation et d'orientation peut radier l'affaire ou la renvoyer à la première date utile devant le bureau de jugement.

En cas de non-production des documents et justifications demandés, il peut renvoyer l'affaire à la première date utile devant le bureau de jugement. Ce bureau tire toute conséquence de l'abstention de la partie ou de son refus.

Art. R. 1454-3. ***(D. 2016-660 du 20 mai 2016, art. 13, JO 25)*** Le bureau de conciliation et d'orientation peut, par une décision non susceptible de recours, désigner un ou deux conseillers rapporteurs pour procéder à la mise en état de l'affaire.

La décision fixe un délai pour l'exécution de leur mission.

Note Le Conseil d'État a été saisi dans le cadre d'un recours pour excès de pouvoir à l'encontre du décret 2016-660 du 20 mai 2016, et en particulier de la faculté donnée au bureau de conciliation et d'orientation de désigner «un ou deux» conseillers rapporteurs lesquels peuvent prescrire, au demandeur comme au défendeur, toutes mesures nécessaires pour que l'affaire soit mise en état d'être jugée. Un tel dispositif existait déjà avant l'entrée en vigueur du décret précité. Pour le Conseil d'État, il n'y a là aucune atteinte au caractère paritaire de la juridiction prud'homale dans la mesure où le texte trouve sa raison d'être dans un texte législatif (voir art. L. 1454-1-2). Le bureau de jugement, en application de l'article R. 1454-19-1 CT, peut également désigner «un ou deux» conseillers rapporteurs qui disposent des pouvoirs mentionnés à l'article R. 1454-4 (CE 30 janvier 2019, n° 401681; «La réforme des prud'hommes vue par le Conseil d'État», V. Bardin-Fournairon et O. Barraut; Avocats associés, Barthélémy Avocats, FH 3785).

Art. R. 1454-4. ***(D. 2016-660 du 20 mai 2016, art. 13, JO 25)*** Le conseiller rapporteur est un conseiller prud'homme. Il peut faire partie de la formation de jugement.

Lorsque deux conseillers rapporteurs sont désignés dans la même affaire, l'un est employeur, l'autre est salarié. Ils procèdent ensemble à leur mission.

Le conseiller rapporteur dispose des pouvoirs de mise en état conférés au bureau de conciliation et d'orientation. Il peut, pour la manifestation de la vérité, auditionner toute personne et faire procéder à toutes mesures d'instruction. Il peut ordonner toutes mesures nécessaires à la conservation des preuves ou des objets litigieux.

Note • Les dispositions de cet article (ancien art. R. 1454-2) n'imposent pas, lorsque deux conseillers rapporteurs sont désignés dans la même affaire, que ceux-ci fassent partie tous deux de la formation de jugement appelée à statuer au fond après dépôt de leur rapport (cass. soc. 16 juillet 1987, n° 85-40.014).

• L'opinion exprimée par des conseillers rapporteurs, membres de la formation de jugement, à l'occasion de leur mission précédant le délibéré, sur le caractère mal fondé de la demande du salarié fait naître un doute légitime sur leur impartialité et sur celle de la juridiction à laquelle ils appartiennent, et justifie le renvoi de l'affaire devant une autre juridiction pour cause de suspicion légitime (cass. soc. 3 mars 2009, n° 07-15.581, BC V n° 54; RJS 5/09 n° 460; JCP éd. S 2009, 1429, A. Bugada).

• Si, lorsque deux conseillers rapporteurs sont désignés dans la même affaire, ils doivent procéder ensemble à leur mission, aucune disposition légale ou réglementaire ne leur impose de déposer un rapport unique (cass. soc. 11 décembre 1990, n° 87-43.946, BC V n° 640).

• Le ou les conseillers rapporteurs, sont notamment habilités à procéder ou à faire procéder à toutes mesures d'instruction, c'est-à-dire à se livrer à de véritables enquêtes ou à désigner des experts. Au cours de la mission d'information qui leur est confiée, mission qui ne constitue pas une enquête soumise aux articles 204 et s. c. proc. civ., les conseillers rapporteurs peuvent mettre en demeure les parties de produire, dans le délai qu'ils déterminent, tous documents ou justifications propres à éclairer le conseil de prud'hommes et entendre les parties, sans en avoir l'obligation (cass. soc. 9 avril 1987, n° 84-43.551, BC V n° 222).

• S'il est autorisé à mettre les parties en demeure de produire dans le délai qu'il détermine tous documents propres à éclairer le conseil de prud'hommes, le conseiller rapporteur n'a pas reçu pouvoir de se faire remettre ces documents contre le gré de leur détenteur (cass. soc. 17 octobre 1990, n° 87-45.853, BC V n° 482). Conformément à l'article 812, al. 2 c. proc. civ., c'est le tribunal de grande instance (le tribunal judiciaire depuis le 01.01.2020) qui est compétent pour ordonner la production de pièces destinées à une instance prud'homale (cass. soc. 12 avril 1995, n° 93-10.982, BC V n° 134).

• La mission du conseiller rapporteur ne saurait être comparable à celle d'un juge d'instruction, les domaines respectifs d'intervention étant différents et les règles de procédure pénale ne pouvant être transposées en matière civile (rép. QE 13300, JO AN 22 juin 1987, p. 3639).

• Si le conseiller rapporteur peut se faire communiquer par les services administratifs compétents les éléments d'information nécessaires, les inspecteurs du travail peuvent, sous le contrôle de la juridiction sociale, se prévaloir d'un motif légitime, au sens de l'article 206 c. proc. civ., pour ne pas révéler des faits confidentiels par nature ou qui leur auraient été confiés avec la conviction qu'ils ne seraient pas dévoilés (rép. QE 13300, précitée).

• Outre le pouvoir de procéder ou de faire procéder à des mesures d'instruction, le conseiller rapporteur est investi d'une mission spécifique d'information qui lui permet de recueillir directement auprès des parties ou des tiers, et sans être tenu d'observer les prescriptions du nouveau code de procédure civile en matière de comparution personnelle ou d'enquête, des éléments utiles à la solution du litige. Mais il ne peut pas, pour autant, s'affranchir du respect du principe de la contradiction et doit procéder à ses investigations, les parties présentes ou du moins convoquées (rép. QE 32121, JO Sén. 25 mars 1980, p. 923).

Art. R. 1454-5. Si les parties se concilient, même partiellement, le conseiller rapporteur constate dans un procès-verbal l'accord intervenu.

Art. R. 1454-6. Les décisions prises par le conseiller rapporteur sont provisoires et n'ont pas autorité de chose jugée au principal.

Elles sont exécutoires. Elles ne peuvent faire l'objet d'un recours qu'avec le jugement sur le fond, sous réserve des règles particulières à l'expertise.

SECTION 2 (réglementaire). **Conciliation et orientation**

Art. R. 1454-7. ***(D. 2016-660 du 20 mai 2016, art. 14, JO 25)*** « Le règlement intérieur établit un roulement au sein du bureau de conciliation et d'orientation entre tous les conseillers prud'hommes salariés et employeurs. Il peut prévoir l'affectation de certains conseillers prud'hommes par priorité à ce bureau. »

La présidence appartient alternativement au salarié et à l'employeur, suivant un roulement établi par ce règlement. Celui des deux qui préside le bureau le premier est désigné par le sort.

Art. R. 1454-8. Les séances du bureau de conciliation ***(D. 2016-660 du 20 mai 2016, art. 43, II, JO 25)*** « et d'orientation » ont lieu au moins une fois par semaine, ***(D. 2008-560 du 16 juin 2008, JO 18)*** « sauf si aucune affaire n'est inscrite au rôle ». Elles ne sont pas publiques.

Art. R. 1454-9. ***(D. 2009-289 du 13 mars 2009, JO 15)*** « En l'absence » du président, ou du vice-président appelé à présider la séance du bureau de conciliation ***(D. 2016-660 du 20 mai 2016, art. 43, II, JO 25)*** « et d'orientation », la présidence peut être exercée par un conseiller faisant partie de l'assemblée à laquelle appartient le président ou le vice-président défaillant et désigné comme suppléant dans les formes prévues aux articles L. 1423-3 à L. 1423-8 et R. 1423-13.

(D. 2009-289 du 13 mars 2009, JO 15) « À défaut » de cette désignation, la présidence revient au conseiller le plus ancien en fonctions dans la même assemblée. S'il y a égalité dans la durée des fonctions, la présidence revient au conseiller le plus âgé.

Note Cet article ne limite pas le nombre de suppléants pouvant être élus aux fins de remplacer le président ou le vice-président de section défaillant (cass. soc. 2 juin 2004, n° 01-46.437, BC V n° 156; RJS 8-9/04 n° 952).

Art. R. 1454-10. Le bureau de conciliation ***(D. 2016-660 du 20 mai 2016, art. 43, II, JO 25)*** « et d'orientation » entend les explications des parties et s'efforce de les concilier. Un procès-verbal est établi.

En cas de conciliation totale ou partielle, le procès-verbal mentionne la teneur de l'accord intervenu. Il précise, s'il y a lieu, que l'accord a fait l'objet en tout ou partie d'une exécution immédiate devant le bureau de conciliation ***(D. 2016-660 du 20 mai 2016, art. 43, II, JO 25)*** « et d'orientation ».

À défaut de conciliation totale, les prétentions qui restent contestées et les déclarations faites par les parties sur ces prétentions sont notées au dossier ou au procès-verbal par le greffier sous le contrôle du président.

Note • Le préliminaire de conciliation constitue une formalité substantielle dans l'institution prud'homale dont l'omission entraîne la nullité d'ordre public du jugement (cass. soc. 6 juillet 1978, n° 76-40.728, BC V n° 577). Toutefois, le jugement n'encourt pas la nullité lorsque l'omission du préliminaire de conciliation a été réparée avant toute forclusion et qu'après l'échec de la tentative de conciliation, les parties ont été invitées à s'expliquer sur le fond, la régularisation n'ayant laissé subsister aucun grief (cass. soc. 18 novembre 1998, n° 96-41.005, BC V n° 507; RJS 1/99 n° 97). Voir aussi cass. soc. 12 décembre 2000, n° 98-46-100, BC V n° 422, censurant une cour d'appel qui avait annulé un jugement prud'homal prononcé sans qu'ait eu lieu le préliminaire de conciliation dès lors que l'irrégularité résultant de l'omission de cette formalité est susceptible d'être couverte en cause d'appel, de sorte qu'il appartenait à la cour d'appel de procéder à la tentative de conciliation.

• Il n'est en principe pas possible de revenir sur un accord intervenu (cass. soc. 21 juin 1973, n° 72-40.386, BC V n° 402).

Cependant, la conciliation, préliminaire obligatoire de l'instance prud'homale, est un acte judiciaire qui implique une participation active du bureau de conciliation à la recherche d'un accord des parties préservant les droits de chacune d'elles. Cet acte ne peut donc être valable que si le bureau a rempli son office en ayant, notamment, vérifié que les parties étaient informées de leurs droits respectifs et que la transaction comportait des concessions réciproques (cass. soc. 5 décembre 2007, n° 06-40.634, RDT, février 2008, CH, 119, E. Serverin). Si ces conditions de validité du procès-verbal de conciliation ne sont pas remplies, la juridiction prud'homale peut être valablement saisie. En constatant qu'un salarié n'avait obtenu en contrepartie de son désistement que des sommes qui lui étaient dues, une cour d'appel a fait ressortir que les juges conciliateurs n'avaient pas rempli leur office, en sorte que l'accord constaté par le procès-verbal de conciliation était nul (cass. soc. 28 mars 2000, n° 97-42.419, BC V n° 135; JSL n° 58, 18.05.2000, p. 18, C. Goasguen). Sur la possibilité de saisir la juridiction prud'homale d'une action en contestation d'une transaction, quand bien même elle aurait été constatée dans un procès-verbal dressé par le bureau de conciliation, voir aussi cass. soc. 29 septembre 2010, n° 09-42.084, BC V n° 207; RJS 12/10 n° 976, 1re espèce; JCP éd. S 2010, 1504, note L. Sébille.

• Sur l'indemnité forfaitaire de conciliation, voir art. L. 1235-1 et D. 1235-21 CT.

Art. R. 1454-11. En cas de conciliation, un extrait du procès-verbal, qui mentionne s'il y a lieu l'exécution immédiate totale ou partielle de l'accord intervenu, peut être délivré.

Il vaut titre exécutoire.

Art. R. 1454-12. ***(D. 2016-660 du 20 mai 2016, art. 14, JO 25)*** Lorsque au jour fixé pour la tentative de conciliation le demandeur ne comparaît pas sans avoir justifié en temps utile d'un motif légitime, il est fait application de l'article L. 1454-1-3, sauf la faculté du bureau de conciliation et d'orientation de renvoyer l'affaire à une audience ultérieure du bureau de jugement. Le bureau de conciliation et d'orientation peut aussi déclarer la requête et la citation caduques si le défendeur ne sollicite pas un jugement sur le fond.

La déclaration de caducité peut être rapportée dans les conditions de l'article 468 du code de procédure civile. Dans ce cas, le demandeur est avisé par tous moyens de la date de la séance du bureau de conciliation et d'orientation, à laquelle le défendeur est convoqué par lettre recommandée avec demande d'accusé de réception.

Art. R. 1454-13. ***(D. 2016-660 du 20 mai 2016, art. 14, JO 25)*** Lorsque au jour fixé pour la tentative de conciliation, le défendeur ne comparaît pas sans avoir justifié en temps utile d'un motif légitime, il est fait application de l'article L. 1454-1-3. [Le bureau de conciliation et d'orientation ne peut renvoyer l'affaire à une audience ultérieure du bureau de jugement que pour s'assurer de la communication des pièces et moyens au défendeur.]

Note La seconde phrase de cet article est annulée (CE 30 janvier 2019, n° 401681, JO 14 févr.; JCP éd. S 2019, 1161, étude A. Budaga).

Art. R. 1454-14. Le bureau de conciliation ***(D. 2016-660 du 20 mai 2016, art. 14, JO 25)*** « et d'orientation » peut, en dépit de toute exception de procédure et même si le défendeur ne ***(D. 2016-660 du 20 mai 2016, art. 14, JO 25)*** « comparaît » pas, ordonner :

1° La délivrance, le cas échéant, sous peine d'astreinte, de certificats de travail, de bulletins de paie et de toute pièce que l'employeur est tenu légalement de délivrer;

2° Lorsque l'existence de l'obligation n'est pas sérieusement contestable :

a) Le versement de provisions sur les salaires et accessoires du salaire ainsi que les commissions;

b) Le versement de provisions sur les indemnités de congés payés, de préavis et de licenciement;

c) Le versement de l'indemnité compensatrice et de l'indemnité spéciale de licenciement en cas d'inaptitude médicale consécutives à un accident du travail ou à une maladie professionnelle mentionnées à l'article L. 1226-14;

e) Le versement de l'indemnité de fin de contrat prévue à l'article L. 1243-8 et de l'indemnité de fin de mission mentionnée à l'article L. 1251-32 ;
3° Toutes mesures d'instruction, même d'office ;
4° Toutes mesures nécessaires à la conservation des preuves ou des objets litigieux.

(D. 2016-660 du 20 mai 2016, art. 14, JO 25) « Au vu des pièces fournies par le salarié, il peut prendre une décision provisoire palliant l'absence de délivrance par l'employeur de l'attestation prévue à l'article R. 1234-9. Cette décision récapitule les éléments du modèle d'attestation prévu à l'article R. 1234-10, permettant au salarié d'exercer ses droits aux prestations mentionnées à l'article L. 5421-2.

Cette décision ne libère pas l'employeur de ses obligations résultant des dispositions des articles R. 1234-9 à R. 1234-12 relatives à l'attestation d'assurance chômage.

Elle est notifiée au Pôle emploi du lieu de domicile du salarié. Tierce opposition peut être formée par Pôle emploi dans le délai de deux mois. »

Note • En dépit de l'absence de mention du «*d)*», l'énumération figurant dans cet article est complète.

• Les mesures que le bureau de conciliation peut ordonner sur le plan financier ne s'étendent pas aux dommages-intérêts pour licenciement irrégulier ou sans cause réelle et sérieuse. Le différend opposant les parties devant le bureau de conciliation quant à la réalité de la faute lourde du salarié constitue une contestation sérieuse sur l'existence de l'obligation de l'employeur à l'indemnisation de la mise à pied et du licenciement, impliquant l'absence des conditions d'application de cet article (cass. soc. 15 juin 1995, n° 94-40.524).

• Cet article permettant au bureau de conciliation d'ordonner des provisions n'est applicable qu'à des sommes dues par l'employeur au salarié : un conseil de prud'hommes commet un excès de pouvoir en étendant ce texte à des sommes dues à l'employeur par le salarié (cass. soc. 6 mai 1997, n° 94-43.085, BC V n° 166; RJS 6/97 n° 727).

• *Certificat de travail.* Le bureau de conciliation du conseil de prud'hommes peut, dans tous les cas, ordonner la délivrance de certificats de travail et les décisions qu'il prend à cet effet ne peuvent être frappées d'appel qu'en même temps que le jugement sur le fond de l'affaire (cass. soc. 10 octobre 1985, n° 83-45.693, BC V n° 456).

• *Lettre de licenciement.* Il résulte de la combinaison des articles L. 122-14-1 et R. 516-18 [R. 1454-14] CT que la lettre de licenciement fait partie des pièces que l'employeur est tenu de délivrer; dès lors, une cour d'appel a pu décider que le bureau de conciliation du conseil de prud'hommes n'avait pas commis d'excès de pouvoir en ordonnant la remise de cette lettre au salarié (cass. soc. 4 décembre 1990, n° 87-44.824, BC V n° 612).

• Cet article lui donnant pouvoir d'ordonner toute mesure d'instruction, même d'office, le bureau de conciliation peut ordonner la remise par l'employeur de tout document autre que ceux qu'il est légalement tenu de remettre au salarié (cass. soc. 7 juin 1995, n° 91-42.604, BC V n° 187).

Art. R. 1454-15. Le montant total des provisions allouées en application du 2° de l'article R. 1454-14 est chiffré par le bureau de conciliation ***(D. 2016-660 du 20 mai 2016, art. 43, II, JO 25)*** « et d'orientation ». Il ne peut excéder six mois de salaire calculés sur la moyenne des trois derniers mois de salaire.

Le bureau de conciliation ***(D. 2016-660 du 20 mai 2016, art. 43, II, JO 25)*** « et d'orientation » peut liquider, à titre provisoire, les astreintes qu'il a ordonnées.

Lorsqu'il est fait application de l'article mentionné au premier alinéa, les séances du bureau de conciliation ***(D. 2016-660 du 20 mai 2016, art. 43, II, JO 25)*** « et d'orientation » sont publiques.

Art. R. 1454-16. Les décisions prises en application des articles R. 1454-14 et R. 1454-15 sont provisoires. Elles n'ont pas autorité de chose jugée au principal. Elles sont exécutoires par provision le cas échéant au vu de la minute.

Elles ne sont pas susceptibles d'opposition. Elles ne peuvent être frappées d'appel ou de pourvoi en cassation qu'en même temps que le jugement sur le fond, sous réserve des règles particulières à l'expertise.

Note La jurisprudence admet la possibilité de faire appel immédiatement lorsque le bureau de conciliation a commis un excès de pouvoir par exemple en ordonnant une mesure non prévue par l'article R. 516-18 [R. 1454-14] (cass. soc. 29 janvier 1981, n° 79-40.818, BC V n° 91); en accordant au salarié une provision sur salaire dépassant la limite prévue à l'article R. 516-18 [R. 1454-15] (cass. soc. 3 octobre 1985, n° 83-41.084, BC V n° 439); en statuant sur une demande de renvoi formée par application de l'article 47 c. proc. civ. en dehors des prévisions de l'article R. 516-18 [R. 1454-14] (cass. soc. 16 décembre 1998, n° 97-44.596, BC V n° 567); ou encore, lorsque la décision est rendue alors que l'employeur n'a pas été régulièrement convoqué (cass. soc. 3 octobre 1985, n° 83-40.960, BC V n° 440). Mais dès lors que le bureau de conciliation n'a commis aucun excès de pouvoir, l'appel immédiat formé contre la décision du conseil de prud'hommes n'est pas recevable (cass. soc. 12 décembre 1991, n° 87-45.857, BC V n° 583; 29 janvier 1998, n° 96-40.333, TPS juin 1998, n° 226; 2 mai 2001, n° 98-45.541, RJS 7/01 n° 906).

À noter que, si elle constitue un vice de forme, l'absence de motivation de l'ordonnance du bureau de conciliation, prise en application de l'article R. 516-18 [R. 1454-14] CT, ne caractérise pas, à elle seule, un excès de pouvoir justifiant, par dérogation aux dispositions de l'article R. 516-19 [R. 1454-16] dudit code, un appel immédiat (cass. soc. 21 novembre 1990, n° 87-44.047, BC V n° 579; 7 juin 1995, n° 91-42.604, BC V n° 187).

De même, en se prononçant sur le caractère sérieusement contestable ou non de l'obligation de l'employeur à l'égard du salarié en ce qui concerne le paiement d'une indemnité compensatrice de congés payés, le bureau de conciliation statue dans l'exercice des pouvoirs qui lui sont reconnus par l'article R. 516-18 [R. 1454-14] et l'appel immédiat contre sa décision est donc irrecevable (cass. soc. 6 juillet 1993, n° 90-40.318, BC V n° 193).

Art. R. 1454-17. ***(D. 2016-660 du 20 mai 2016, art. 14, JO 25)*** Dans les cas visés aux articles ***(D. 2017-1008 du 10 mai 2017, JO 11)*** « R. 1454-12 et R. 1454-13 », l'affaire est renvoyée à une audience ultérieure du bureau de jugement dans sa composition restreinte.

Le greffier avise par tous moyens la partie qui ne l'aura pas été verbalement de la date d'audience.

Art. R. 1454-18. ***(D. 2016-660 du 20 mai 2016, art. 14, JO 25)*** En l'absence de conciliation ou en cas de conciliation partielle, l'affaire est orientée vers le bureau de jugement approprié au règlement de l'affaire, désigné dans les conditions prévues à l'article L. 1454-1-1, à une date que le président indique aux parties présentes.

Le greffier avise par tous moyens les parties qui ne l'auraient pas été verbalement de la date d'audience.

Lorsque l'affaire est en état d'être immédiatement jugée et si l'organisation des audiences le permet, l'audience du bureau de jugement peut avoir lieu sur-le-champ.

SECTION 3 (réglementaire). **Jugement**

Art. R. 1454-19. ***(D. 2016-660 du 20 mai 2016, art. 15, JO 25)*** Dans les cas où l'affaire est directement portée devant lui ou lorsqu'il s'avère que l'affaire transmise par le bureau de conciliation et d'orientation n'est pas prête à être jugée, le bureau de jugement peut prendre toutes mesures nécessaires à sa mise en état mentionnées à l'article R. 1454-1.

À défaut pour les parties de respecter les modalités de communication fixées, le bureau de jugement peut rappeler l'affaire à l'audience, en vue de la juger ou de la radier.

Sont écartés des débats les prétentions, moyens et pièces communiqués sans motif légitime après la date fixée pour les échanges et dont la tardiveté porte atteinte aux droits de la défense.

Art. R. 1454-19-1. ***(D. 2016-660 du 20 mai 2016, art. 16, JO 25)*** Le bureau de jugement peut désigner au sein de la formation un ou deux conseillers rapporteurs qui disposent des pouvoirs mentionnés à l'article R. 1454-4.

Il peut ordonner toutes mesures nécessaires à la conservation des preuves ou des objets litigieux.

Art. R. 1454-19-2. ***(D. 2020-1452 du 27 nov. 2020, art. 4, JO 28, entrée en vigueur le 01.01.2021)*** Le bureau de jugement peut, conformément au second alinéa de l'article 446-1 du code de procédure civile, dispenser une partie qui en fait la demande de se présenter à une audience ultérieure. Dans ce cas, le bureau de jugement organise les échanges entre les parties. La communication entre elles est faite par lettre recommandée avec demande d'avis de réception ou par notification entre avocats et il en est justifié auprès du bureau de jugement dans les délais qu'il impartit. À l'issue de la dernière audience, le greffe informe les parties de la date à laquelle le jugement sera rendu.

Note Cet article s'applique aux instances en cours au 01.01.2021 (décret 2020-1452 précité, art. 12).

Art. R. 1454-19-3. ***(D. 2017-1008 du 10 mai 2017, JO 11)*** Après l'ordonnance de clôture, aucune conclusion ne peut être déposée ni aucune pièce produite aux débats, à peine d'irrecevabilité prononcée d'office.

Sont cependant recevables les demandes en intervention volontaire, les conclusions relatives aux rémunérations échues postérieurement à l'ordonnance de clôture, si leur décompte ne peut faire l'objet d'aucune contestation sérieuse, ainsi que les demandes de révocation de l'ordonnance de clôture.

Sont également recevables les conclusions qui tendent à la reprise de l'instance en l'état où celle-ci se trouvait au moment de son interruption.

Art. R. 1454-19-4. ***(D. 2017-1008 du 10 mai 2017, JO 11)*** L'ordonnance de clôture ne peut être révoquée par le bureau de jugement, d'office ou à la demande des parties et après l'ouverture des débats, que s'il se révèle une cause grave depuis qu'elle a été rendue; le choix par la partie d'une personne pour l'assister ou la représenter postérieurement à la clôture ne constitue pas, en soi, une cause de révocation.

Si une demande en intervention volontaire est formée après la clôture de l'instruction, l'ordonnance de clôture n'est révoquée que si le bureau de jugement ne peut immédiatement statuer sur le tout.

Art. R. 1454-20. ***(D. 2016-660 du 20 mai 2016, art. 17, JO 25)*** Lorsque le défendeur ne comparaît pas le jour de l'audience du bureau de jugement, il est statué sur le fond. Toutefois, si le défendeur a justifié en temps utile d'un motif légitime, il est avisé par tous moyens de la prochaine audience du bureau de jugement.

Note Les articles R. 1454-20 et R. 1454-21 s'appliquent aux instances introduites depuis le 25 mai 2016 (décret 2016-660 précité, art. 44).

Art. R. 1454-21. ***(D. 2016-660 du 20 mai 2016, art. 18, JO 25)*** Dans le cas où, sans motif légitime, le demandeur ne comparaît pas devant le bureau de jugement, il est fait application de l'article 468 du code de procédure civile. Si, après avoir été prononcée, la déclaration de caducité est rapportée, le demandeur est avisé par tous moyens de la date d'audience devant le bureau de jugement, à laquelle le défendeur est convoqué par lettre recommandée avec demande d'accusé de réception.

Art. R. 1454-22. Lorsque les parties se concilient, même partiellement, le bureau de jugement constate dans un procès-verbal la teneur de l'accord intervenu.

S'il y a lieu, le procès-verbal précise que l'accord a fait l'objet en tout ou partie d'une exécution immédiate devant le bureau de jugement.

Art. R. 1454-23. Les décisions du bureau de jugement sont prises à la majorité absolue des voix.

Si cette majorité ne peut se former, il est procédé comme en cas de partage des voix. Les débats sont repris.

Note Est entaché d'irrégularité et doit être annulé le jugement rendu par un conseil de prud'hommes dès lors qu'il est établi que le juge qui le prononce n'en avait pas délibéré (cass. soc. 3 juillet 1991, n° 88-43.872, BC V n° 344).

Art. R. 1454-24. ***(D. 2009-289 du 13 mars 2009, JO 15)*** En l'absence du président ou du vice-président appelé à présider la séance du bureau de jugement, la présidence peut être exercée par un conseiller faisant partie de l'assemblée à laquelle appartient le président ou le vice-président défaillant et désigné comme suppléant dans les formes prévues aux articles L. 1423-3 à L. 1423-8 et R. 1423-13.

À défaut de cette désignation, la présidence revient au conseiller le plus ancien en fonctions dans la même assemblée. S'il y a égalité dans la durée des fonctions, la présidence revient au conseiller le plus âgé.

Art. R. 1454-25. ***(D. 2016-660 du 20 mai 2016, art. 19, JO 25)*** À l'issue des débats et si la décision n'est pas immédiatement rendue, le président indique aux parties la date à laquelle le jugement sera prononcé, le cas échéant par sa mise à disposition au greffe de la juridiction.

S'il décide de renvoyer le prononcé du jugement à une date ultérieure, le président en avise les parties par tous moyens. Cet avis comporte les motifs de la prorogation ainsi que la nouvelle date à laquelle la décision sera rendue.

Art. R. 1454-26. Les décisions du conseil de prud'hommes sont notifiées aux parties par le greffe de ce conseil au lieu de leur domicile. La notification est faite par lettre recommandée avec avis de réception sans préjudice du droit des parties de les faire signifier par acte d'huissier de justice.

Les parties sont informées des mesures d'administration judiciaire ***(D. 2016-660 du 20 mai 2016, art. 20, JO 25)*** «par tous moyens».

(D. 2017-1008 du 10 mai 2017, JO 11) «Lorsque le bureau de conciliation et d'orientation a pris une décision provisoire palliant l'absence de délivrance par l'employeur de l'attestation prévue à l'article R. 1234-9, la décision rendue au fond par le bureau de jugement est notifiée à l'agence de Pôle emploi dans le ressort de laquelle est domicilié le salarié. Pôle emploi peut former tierce opposition dans le délai de deux mois.»

Note • Constitue une notification régulière l'envoi à l'employeur d'une copie du jugement certifiée conforme par le greffier du conseil de prud'hommes, lequel atteste que la minute comporte les signatures exigées par la loi (cass. soc. 27 juin 1990, n° 87-42.133, BC V n° 323). Dès lors qu'il apparaît que la lettre de notification d'un jugement est bien parvenue au lieu de l'établissement de la société, au sens de l'article 690 c. proc. civ., et que l'avis de réception, renvoyé par les PTT au greffe, a été signé par un préposé de cette société, quelle que soit la qualité de celui-ci, ladite lettre fait courir le délai d'appel (cass. soc. 10 mars 1988, n° 86-42.018, BC V n° 176; 25 avril 1990, n° 87-40.635, BC V n° 193). Mais lorsque le jugement est notifié à une personne physique, la notification ne fait courir le délai d'appel que lorsque l'accusé de réception est signé par le destinataire (cass. soc. 4 mai 1993, n° 88-45.634, BC V n° 124). Si l'acte de notification du jugement n'a pu être remis à son destinataire, le délai d'appel ne court pas: tel est le cas lorsque la lettre de notification, bien que présentée au domicile du salarié, est revenue au secrétariat du conseil de prud'hommes avec la mention «non réclamée» (cass. soc. 7 juillet 1993, n° 90-41.346, BC V n° 199). De même, un accusé de réception signé, non par le destinataire, mais par ses parents, ne fait pas courir le délai d'appel (cass. soc. 16 mai 2000, n° 98-41.836).

• Il résulte de la combinaison des articles 536, 680 et 693 c. proc. civ. que l'acte de notification d'un jugement à une partie doit, à peine de nullité, indiquer de manière très apparente les délais d'opposition, d'appel ou de pourvoi en cassation dans le cas où l'une de ces voies de recours est ouverte, sans que la qualification inexacte du jugement par les juges qui l'ont rendu ait un effet sur l'existence de ces voies de recours. Doit donc être cassé l'arrêt déclarant irrecevable comme tardif l'appel d'un jugement, sans préciser si l'acte de notification, dont une partie invoquait la nullité, omettait de mentionner le délai et les modalités d'exercice de l'appel, en sorte qu'aucun délai de recours n'aurait pu courir (cass. soc. 13 juillet 1999, n° 97-42.323, BC V n° 352).

Voir aussi note sous art. R. 1461-1.

• La signification par acte d'huissier est également possible, ainsi que le prévoit l'article 651 c. proc. civ. Mais la signification faite après l'expiration du délai pour former un pourvoi ouvert par une première notification de la décision ne peut faire courir un nouveau délai, peu important que le demandeur au pourvoi ait été admis au bénéfice de l'aide juridictionnelle sur la base de cette signification (cass. soc. 11 octobre 2006, n° 05-45.623, BC V n° 303; JCP éd. S 2006, 1933, note B. Boubli).

Art. R. 1454-27. Les conseils de prud'hommes ne connaissent pas de l'exécution forcée de leurs jugements.

Art. R. 1454-28. ***(D. 2019-1333 du 11 déc. 2019, art. 36, JO 12, entrée en vigueur le 01.01.2020, modifié par D. 2019-1419 du 20 déc. 2019, art. 22, JO 22)*** «À moins que la loi ou le règlement n'en dispose autrement, les décisions du conseil de prud'hommes ne sont pas exécutoires de droit à titre provisoire. Le conseil de prud'hommes peut ordonner l'exécution provisoire de ses décisions.»

Sont de droit exécutoires à titre provisoire ***(D. 2019-1333 du 11 déc. 2019, art. 36, JO 12, entrée en vigueur le 01.01.2020)*** «, notamment»:

1° Le jugement qui n'est susceptible d'appel que par suite d'une demande reconventionnelle;

2° Le jugement qui ordonne la remise d'un certificat de travail, de bulletins de paie ou de toute pièce que l'employeur est tenu de délivrer;

3° Le jugement qui ordonne le paiement de sommes au titre des rémunérations et indemnités mentionnées au 2° de l'article R. 1454-14, dans la limite maximum de neuf mois de salaire calculés sur la moyenne des trois derniers mois de salaire. Cette moyenne est mentionnée dans le jugement.

Note • Les dispositions de cet article, dans sa rédaction issue du décret 2019-1333 précité, sont applicables aux instances en cours au 1er janvier 2020 (décret précité, art. 55, I).

• Les jugements mentionnés à cet article bénéficient de plein droit de l'exécution provisoire; le premier président d'une cour d'appel ne peut donc, conformément aux articles 514 et 524 c. proc. civ., en arrêter l'exécution en cas d'appel (cass. soc. 28 juin 2001, n° 99-43.831, BC V n° 237; RJS 10/01 n° 1182).

• Les jugements qui ordonnent la remise de bulletins de paie sont de droit exécutoires par provision. Un juge des référés ne peut donc, pour rejeter la demande d'astreinte dont il est saisi, se fonder sur le fait que le jugement ayant condamné l'employeur au paiement de rappel de salaires et à la remise de bulletins de paie correspondants fait l'objet d'un appel, suspensif de toutes les demandes (cass. soc. 7 décembre 2005, n° 04-42.111, RJS 2/06 n° 260).

• *Dernier alinéa.* L'absence de mention de la moyenne des trois derniers mois dans le jugement n'a pas pour effet de priver celui-ci de son caractère exécutoire de droit, à concurrence de la limite maximum fixée par l'article R. 516-37 [R. 1454-28] (cass. soc. 2 avril 1996, n° 94-43.503, BC V n° 134; 7 janvier 1998, n° 97-40.266, BC V n° 3; RJS 2/98 n° 198; voir aussi cass. soc. 13 janvier 1999, n° 97-14.573, TPS n° 219, mai 1999). Elle constitue une simple omission matérielle que le conseil de prud'hommes peut réparer par décision rectificative, conformément aux dispositions de l'article 462 c. proc. civ. (cass. soc. 24 janvier 1996, n° 92-43.473, BC V n° 28; 28 juin 2001, n° 99-43.831, BC V n° 237).

• **Suspension à exécution provisoire.** La suspension de l'exécution provisoire d'une décision du bureau de conciliation ne peut être ordonnée que s'il est établi que l'exécution provisoire risquait d'entraîner des conséquences manifestement excessives (cass. soc. 13 septembre 2012, n° 11-20.348, BC V n° 227; JCP éd. S 2012, 1492, note S. Brissy). Est fondée l'ordonnance du premier président d'une cour d'appel rejetant la demande formulée par une société, en suspension de l'exécution provisoire avec consignation, des condamnations prononcées à son encontre (paiement de diverses indemnités au directeur général d'une agence de la société). En effet, «en estimant, d'une part, que l'exécution provisoire ne risquait pas d'entraîner de conséquences manifestement excessives, d'autre part, que l'exécution en nature était en l'espèce plus utile au créancier qu'une consignation, le premier président n'a fait qu'user du pouvoir souverain d'appréciation qui lui appartenait en la matière» (cass. soc. 2 juillet 1985, n° 83-40.234, BC V n° 388; voir, dans le même sens, cass. soc. 11 décembre 1990, n° 86-45.377, BC V n° 641; 25 mai 1993, n° 90-40.578).

SECTION 4 (réglementaire). Départage

Art. R. 1454-29. *(D. 2017-1698 du 15 déc. 2017, JO 17)* « En cas de partage des voix devant le bureau de jugement ou le bureau de conciliation et d'orientation, l'affaire est renvoyée à une audience ultérieure du bureau de jugement. » Cette audience, présidée par le juge départiteur, est tenue dans le mois du renvoi.

En cas de partage des voix au sein de la formation de référé, l'affaire est renvoyée à une audience présidée par le juge départiteur. Cette audience est tenue sans délai et au plus tard dans les quinze jours du renvoi.

Note • Les dispositions de cet article, dans sa rédaction issue du décret 2017-1698 précité, s'appliquent aux instances en cours dans lesquelles la décision de partage de voix intervient à compter du 01.01.2018 (décret précité, art. 4, I).

• Lorsqu'une affaire est mise en départage par le conseil de prud'hommes, statuant en formation paritaire, les débats doivent être repris en formation de départage sur les seules questions sur lesquelles aucune majorité n'a pu se former (cass. soc. 10 juillet 1986, n° 83-44.697, BC V n° 379; 22 décembre 1988, n° 85-44.233, BC V n° 702). À noter que la présentation d'un moyen de défense devant la formation de départage implique de la part du défendeur la réquisition d'un jugement sur le fond (cass. soc. 23 mars 1999, n° 98-40.571, TPS n° 293, juillet 1999).

Art. R. 1454-30. Lorsqu'un conseiller prud'homme ne peut siéger à l'audience de départage, il pourvoit lui-même à son remplacement par un conseiller prud'homme de la même assemblée et appartenant, selon le cas, à sa section, à sa chambre ou à la formation de référé.

Lorsqu'il ne pourvoit pas lui-même à son remplacement, le président ou le vice-président relevant de sa section ou de sa chambre et de son assemblée pourvoit à ce remplacement dans les mêmes conditions.

Le conseiller prud'homme, le président ou le vice-président informe immédiatement le greffe de ce remplacement.

Devant le bureau de jugement, les remplacements ne peuvent avoir lieu que dans la limite d'un conseiller prud'homme de chaque assemblée.

Note Si cet article prévoit que le président ou le vice-président de section ou de chambre pourvoit au remplacement des conseillers absents, il n'exige pas que mention expresse soit faite au jugement d'une demande de remplacement adressée à ce magistrat (cass. soc. 12 avril 1995, n° 91-40.593, BC V n° 133).

Art. R. 1454-31. Quel que soit le nombre des conseillers prud'hommes présents et même en l'absence de tout conseiller prud'homme, lorsque lors de l'audience de départage la formation n'est pas réunie au complet, le juge départiteur statue seul à l'issue des débats. Il recueille préalablement l'avis des conseillers présents.

(D. 2016-660 du 20 mai 2016, art. 21, JO 25) « À l'issue des débats et si la décision n'est pas immédiatement rendue, le juge départiteur indique aux parties la date à laquelle le jugement sera prononcé, le cas échéant par sa mise à disposition au greffe de la juridiction.

S'il décide de renvoyer le prononcé du jugement à une date ultérieure, le président en avise les parties par tous moyens. Cet avis comporte les motifs de la prorogation ainsi que la nouvelle date à laquelle la décision sera rendue. »

Art. R. 1454-32. Lorsqu'un renouvellement général des conseils de prud'hommes rend impossible le renvoi d'une affaire ayant fait l'objet d'un partage de voix antérieur à ce renouvellement, cette affaire est reprise, suivant le cas, devant le bureau de jugement ou la formation de référé.

Ces bureaux et formation reprennent l'affaire dans leur composition nouvelle sous la présidence du juge départiteur.

(D. 2017-1698 du 15 déc. 2017, JO 17) « Lorsque le partage des voix a eu lieu à l'issue d'une audience du bureau de conciliation et d'orientation, l'affaire est reprise devant le bureau de jugement. »

Note Les dispositions de cet article, dans sa rédaction issue du décret 2017-1698 précité, s'appliquent aux instances en cours dans lesquelles la décision de partage de voix intervient à compter du 01.01.2018 (décret précité, art. 4, I).

CHAPITRE V (réglementaire) Référé

SECTION 1. Composition et organisation de la formation de référé

Art. R. 1455-1. Chaque conseil de prud'hommes comprend une formation de référé commune à l'ensemble des sections de ce conseil. Cette formation est composée d'un conseiller prud'homme salarié et d'un conseiller prud'homme employeur.

Art. R. 1455-2. L'Assemblée générale du conseil de prud'hommes désigne chaque année, selon les dispositions des articles L. 1423-3, L. 1423-5, R. 1423-11 et R. 1423-12, les conseillers prud'hommes employeurs et les conseillers prud'hommes salariés appelés à tenir les audiences de référé.

Le nombre des conseillers ainsi désignés doit être suffisant pour assurer, selon un roulement établi par le règlement intérieur du conseil de prud'hommes, le service des audiences de référé.

En cas de création d'un conseil de prud'hommes, les désignations mentionnées au premier alinéa interviennent dans un délai de trois mois à compter de l'installation du conseil. Jusqu'à ces désignations, la formation de référé du conseil de prud'hommes est composée du président et du vice-président ainsi que du conseiller que ceux-ci désignent au sein de leur collège respectif.

Art. R. 1455-3. La présidence des audiences de référé est assurée alternativement par un conseiller prud'homme employeur et par un conseiller prud'homme salarié dans les conditions fixées par le règlement intérieur.

Art. R. 1455-4. Le règlement intérieur du conseil de prud'hommes fixe les jour et heure habituels des audiences de référé. Une audience est prévue au moins une fois par semaine.

Lorsque les circonstances l'exigent, le président du conseil de prud'hommes, après avis du vice-président, peut fixer une ou plusieurs audiences supplémentaires ou déplacer les jour et heure de la ou des audiences de la semaine.

SECTION 2. Compétence de la formation de référé

Art. R. 1455-5. Dans tous les cas d'urgence, la formation de référé peut, dans la limite de la compétence des conseils de prud'hommes, ordonner toutes les mesures qui ne se heurtent à aucune contestation sérieuse ou que justifie l'existence d'un différend.

Note **Compétence de la formation de référé.** Le juge des référés peut être saisi dès lors qu'il n'a pas été statué au fond. La saisine du bureau de jugement n'interdit pas de porter devant la formation de référé des demandes en paiement de provision, fussent-elles relatives à des obligations (indemnité de congés payés et indemnité de préavis) dont le salarié connaissait l'existence avant de former une demande au fond (cass. soc. 14 juin 1989, n° 87-43.817, BC V n° 447).

Lorsqu'un salarié refuse d'exécuter son préavis de démission, l'employeur ne peut compenser les salaires restant dus avec l'indemnité de préavis due par le salarié. S'il passe outre cette interdiction légale, la formation de référé du conseil de prud'hommes peut condamner l'employeur à payer le solde des salaires indûment retenu, l'obligation de l'employeur n'étant pas sérieusement contestable (cass. soc. 28 avril 1994, n° 90-46.044, BC V n° 155).

Le juge des référés peut, sans excéder ses pouvoirs, assortir d'intérêts moratoires les condamnations (en l'espèce, paiement d'un solde de préavis et de congés payés) qu'il prononce (cass. soc. 21 février 1990, n° 88-40.471, BC V n° 84).

À noter qu'il appartient au juge des référés de se prononcer sur la fin de non-recevoir tirée d'un prétendu défaut de qualité du demandeur en référé, que la contestation de cette qualité par la partie adverse soit ou non sérieuse (cass. soc. 22 juin 1993, n° 91-40.736, BC V n° 177).

Sur la compétence de la formation de référé en cas de recours contre l'avis du médecin du travail en matière d'inaptitude, voir article L. 4624-7.

Incompétence de la formation de référé. Est fondé l'arrêt confirmatif d'une cour d'appel se déclarant incompétente, après avoir constaté qu'à la date de décision du premier juge statuant en référé, le trouble allégué avait disparu, et qui décide qu'il n'y avait pas lieu à référé (cass. soc. 26 juin 1991, n° 88-17.936, BC V n° 331).

La juridiction prud'homale ne peut, lorsqu'elle statue en référé, trancher sur le fond du litige :
- en ordonnant la modification des mentions portées sur l'attestation Pôle Emploi, lorsqu'il y a litige sur la qualification de la rupture du contrat de travail (cass. soc. 18 novembre 1987, n° 86-43.696);
- en prononçant l'annulation d'une sanction (cass. soc. 21 avril 1988, n° 87-42.045), même si l'annulation est demandée pour irrégularité de procédure (absence de convocation à un entretien préalable); en ce sens, cass. soc. 4 novembre 1988, n° 85-46.110, BC V n° 568;
- en accordant une provision sur salaire à des salariés prétendant avoir subi une retenue injustifiée, alors que l'employeur prétendait qu'une convention collective nouvelle s'était substituée aux dispositions antérieures et que les intéressés ne pouvaient se prévaloir d'avantages acquis à titre individuel (cass. soc. 5 décembre 1989, n° 88-40.905).

Art. R. 1455-6. La formation de référé peut toujours, même en présence d'une contestation sérieuse, prescrire les mesures conservatoires ou de remise en état qui s'imposent pour prévenir un dommage imminent ou pour faire cesser un trouble manifestement illicite.

Note Le principe de compétence posé par cet article étant général, la formation de référé d'un conseil de prud'hommes demeure compétente pour statuer sur une demande de provision dans les conditions qui y sont prévues, alors même que le juge du principal a été saisi et que les parties ont été convoquées devant le bureau de conciliation (cass. soc. 11 octobre 1990, n° 89-44.687, BC V n° 467; 14 mai 1992, n° 88-42.965, BC V n° 312; dans le même sens, s'agissant de la compétence du juge des référés pour faire cesser un trouble manifestement illicite, alors même qu'une instance au fond est pendante devant la juridiction d'appel, voir cass. soc. 12 janvier 1999, n° 97-45.209, BC V n° 16; RJS 2/99 n° 237).

L'autonomie de compétence du juge des référés implique également que le désistement devant le juge du fond est sans influence sur le pouvoir du juge des référés de statuer (cass. soc. 17 mars 1999, n° 96-43.328, BC V n° 129; RJS 5/99 n° 721).

La compétence du juge des référés pour faire cesser le trouble manifestement illicite que constitue le licenciement d'un salarié gréviste en l'absence de faute lourde implique qu'il apprécie si les agissements fautifs reprochés au salarié constituent ou non une faute lourde (cass. soc. 12 janvier 1999, n° 98-40.020, BC V n° 8). Il en est de même en cas de licenciement d'un salarié ayant dénoncé des faits de harcèlement, le juge des référés étant alors compétent pour apprécier la bonne ou mauvaise foi de l'intéressé lors de la relation des faits et déterminer si le licenciement constituait ou non un trouble manifestement illicite (cass. soc. 25 novembre 2015, n° 14-17.551, BC V n° 235; RJS 2/16 n° 96, 1re espèce).

De même, lorsqu'il est saisi d'une demande de réintégration consécutive à une sanction disciplinaire ou à un licenciement, le juge des référés doit vérifier si cette sanction – ou ce licenciement – constitue un trouble manifestement illicite qu'il lui appartient de faire cesser, même en présence d'une difficulté sérieuse (cass. soc. 23 novembre 1999, 2 arrêts, nos 98-41.376 et 97-43.787, BC V nos 450 et 452).

En revanche, le juge ne pouvant, en l'absence de disposition le prévoyant et à défaut de violation d'une liberté fondamentale, annuler un licenciement, il n'entre pas dans les pouvoirs du juge des référés d'ordonner l'arrêt d'une procédure de licenciement et la poursuite du contrat de travail lorsque la nullité du licenciement n'est pas encourue (cass. soc. 31 mars 2004, n° 01-46.960, BC V n° 101; RJS 6/04 n° 680).

Par ailleurs, il n'entre pas dans les pouvoirs du juge des référés de prononcer l'annulation d'une transaction en l'absence de dispositions expresses l'y autorisant (cass. soc. 14 mars 2006, n° 04-48.322, BC V n° 100; RJS 5/06 n° 568).

Notion de trouble manifestement illicite. Le licenciement d'une salariée protégée, intervenu malgré une décision administrative de refus d'autorisation, constitue un trouble manifestement illicite (cass. soc. 3 février 1993, n° 89-40.042, BC V n° 41). De même, la décision de mutation d'office d'un représentant du personnel, qui a eu pour effet de mettre fin immédiatement à ses mandats, constitue un trouble manifestement illicite auquel il appartient au juge des référés judiciaires de mettre fin, nonobstant la contestation de la régularité de la mutation engagée devant le juge administratif (cass. soc. 5 mars 2008, n° 07-11.123, BC V n° 53; RJS 5/08 n° 603; RDT, mai 2008, CH, 306, Fl. Debord; JCP éd. S 2008, 1309, note J-Y Kerbourc'h).

Il a par ailleurs été jugé que le refus d'un employeur de payer l'indemnité compensatrice de non-concurrence, alors qu'il ne pouvait reprocher au salarié aucun acte de concurrence postérieur au licenciement, constituait une inexécution flagrante de la clause contractuelle et caractérisait un trouble manifestement illicite autorisant le juge des référés à libérer le salarié de la clause de non-concurrence (cass. soc. 22 février 2000, n° 98-43.005, RJS 4/00 n° 406).

Constituent également un trouble manifestement illicite:

– l'embauche d'un salarié licencié dont le contrat de travail comportait une clause de non-concurrence (cass. soc. 25 octobre 1990, n° 88-18.624, BC V n° 495); mais si le juge des référés peut enjoindre au salarié de cesser son activité, il n'a pas le pouvoir d'ordonner la résiliation du contrat de travail (cass. soc. 13 mai 2003, n° 01-17.452, BC V n° 161; JSL n° 126, 24.06.2003, p. 12, M-Ch. Haller);

– le licenciement d'un représentant du personnel prononcé sans l'autorisation de l'inspecteur du travail (cass. soc. 8 juillet 1997, n° 96-44.337, BC V n° 257; RJS 8-9/97 n° 997);

– l'impossibilité pour un salarié protégé dont l'autorisation administrative de licenciement est annulée d'obtenir sa réintégration (cass. soc. 20 avril 2017, n° 15-25.401, RJS 7/17 n° 505);

– les licenciements prononcés en application d'un plan social entaché de nullité (cass. soc. 13 février 1997, n° 96-41.874, BC V n° 64);

– la décision d'une société d'ouvrir son magasin plusieurs dimanches en violation de l'article L. 221-17 (ancien) CT et de l'interdiction préfectorale (cass. soc. 19 février 1997, n° 94-22.205, BC V n° 73);

– la décision d'un employeur imposant aux salariés de prendre tous leurs jours de repos acquis au titre de la réduction du temps de travail et de congés payés sans pouvoir alimenter leur compte épargne-temps, en violation des stipulations d'un accord d'entreprise (cass. soc. 8 juin 2011, n° 10-11.979, RJS 8-9/11 n° 700);

– le non-paiement d'une prime de treizième mois à certains salariés, contrairement à d'autres, dès lors que l'employeur ne donnait aucune justification concernant cette différence de traitement (cass. soc. 28 juin 2000, n° 99-43.997);

– le refus par un employeur de reprendre les salariés entrant dans la catégorie du personnel visée par une convention collective qui prévoit que l'entreprise qui se voit confier un marché

précédemment attribué à une autre entreprise est tenue de poursuivre les contrats de travail (cass. soc. 17 mars 1998, n° 95-44.213, BC V n° 153);
– le licenciement d'un salarié gréviste auquel aucune faute lourde ne peut être reprochée (cass. soc. 19 novembre 2008, n° 07-44.077).

En revanche, les sanctions prononcées contre des salariés grévistes qui ont commis des voies de fait et entravé la liberté du travail ne constituent pas un trouble manifestement illicite et l'obligation de l'employeur au paiement des salaires est sérieusement contestable (cass. soc. 1er juillet 1998, n° 96-41.385, BC V n° 354; Dr. Soc. 1998, p. 850).

L'occupation des locaux intervenue en réaction à la fermeture brutale d'une unité de production sans information ni consultation préalables des représentants du personnel et alors qu'il ne pouvait être reproché aux salariés aucune dégradation de matériel, aucune violence, séquestration ou autre comportement dangereux à l'égard des personnels se trouvant sur le site, ne caractérise pas un trouble manifestement illicite permettant d'obtenir l'expulsion des salariés (cass. soc. 9 mars 2011 n° 10-11.588, BC V n° 68; RJS 5/11 n° 454; Dr. Soc. 2011, p. 734, obs. B. Gauriau; JCP éd. S 2011, 1330, note L. Sébille).

Violation d'une liberté fondamentale. Il résulte de l'article R. 1455-6 CT que le juge des référés peut, même en l'absence de disposition l'y autorisant, ordonner la poursuite des relations contractuelles en cas de violation d'une liberté fondamentale par l'employeur (cass. soc. 6 février 2013, n° 11-11.740, BC V n° 27; RJS 4/13 n° 265).

Le seul fait qu'une action en justice exercée par le salarié soit contemporaine d'une mesure de licenciement ne fait pas présumer que celle-ci procède d'une atteinte à la liberté fondamentale d'agir en justice. S'il s'avère que le licenciement ne constitue pas une telle atteinte, il ne présente pas de caractère manifestement illicite (cass. soc. 4 novembre 2020, n° 19-12.367, à paraître, JCP éd. S 2020, 3107, note A. Bugada; JSL n° 509-510 du 22.12.2020, pp. 19 et s., M. Hautefort).

Art. R. 1455-7. Dans le cas où l'existence de l'obligation n'est pas sérieusement contestable, la formation de référé peut accorder une provision au créancier ou ordonner l'exécution de l'obligation même s'il s'agit d'une obligation de faire.

Note L'octroi d'une provision n'est pas subordonné à la constatation de l'urgence (cass. soc. 26 octobre 1993, n° 91-44.990).

Avant d'allouer une provision, il appartient à la formation de référé de vérifier si la créance est ou non sérieusement contestable:
– ayant relevé qu'un employeur n'apportait pas la preuve des actes de concurrence déloyale invoqués à l'appui d'un licenciement pour faute grave, le juge des référés a pu accorder au salarié une provision sur salaire de mise à pied conservatoire (cass. soc. 30 mars 1994, n° 92-40.730);
– après avoir constaté que le dossier personnel d'un salarié et les documents fondant son licenciement constituaient les pièces sur lesquelles les juges du fond seraient appelés à se prononcer, le juge des référés a pu décider que l'obligation de l'employeur de communiquer ces pièces n'était pas sérieusement contestable (cass. soc. 28 juin 1995, n° 93-43.893, BC V n° 222);
– après avoir relevé que le CHSCT (remplacé par le comité social et économique depuis le 01.01.2020) avait constaté un danger grave et imminent d'exposition des travailleurs à l'amiante et qu'un recours de l'employeur sur la validité de la procédure initiée par ce comité n'avait toujours pas abouti, le juge des référés n'a pas excédé ses pouvoirs tirés de l'article R. 1455-7 en allouant à des salariés qui avaient exercé leur droit de retrait une provision sur le salaire qui leur avait été retenu par l'employeur (cass. soc. 31 mars 2016, n° 14-25.237, BC V n° 63; RJS 6/16 n° 425; JCP éd. S 2016, 1214, note A. Bugada). Voir aussi cass. soc. 3 mars 2015, n° 13-26.258, BC V n° 39; RJS 5/15 n° 347; JCP éd. S 2015, 1149, note J-B Cottin; JSL n° 386, 27.04.2015, pp. 19 et s., H. K. Gaba: condamnation de l'employeur à payer au CHSCT par provision une réparation de 5000 € pour ne pas l'avoir consulté sur un projet d'introduction d'une nouvelle technologie.
– dans le cadre d'un litige électoral, des salariés ont estimé que l'employeur avait porté atteinte à leur vie privée, car il avait communiqué aux syndicats parties à l'instance leurs bulletins de paie sans masquer leurs données personnelles. Ils ont obtenu du juge des référés la condamnation de l'employeur à leur verser une provision sur dommages-intérêts en réparation de l'atteinte à leur vie privée. Le «trouble manifestement illicite» était effectivement caractérisé car la violation de la vie privée était établie. Or, celle-ci entraîne nécessairement un préjudice. L'allocation d'une provision était donc bien justifiée (cass. soc. 7 novembre 2018, n° 17-16.799; RJS 1/19 n° 5);
– ne méconnaît pas les pouvoirs que lui confère cet article la cour d'appel qui, après avoir exactement rappelé que l'adoption d'un plan de départ volontaire oblige l'employeur, et retenu que la priorité d'une salariée pour bénéficier d'un départ volontaire en application des critères d'ordre prévus dans le plan ne pouvait être sérieusement discutée, ordonne sous astreinte à l'employeur d'exécuter son engagement à l'égard de cette salariée, volontaire au départ (cass. soc. 28 octobre 2015, n° 14-15.682, LS Jurispr. n° 206 du 17.11.2015);
– l'obligation de l'employeur au paiement de la part d'indemnité correspondant à une partie du préavis dont il a dispensé le salarié n'est pas sérieusement contestable et le juge des référés peut allouer à ce titre une provision au salarié (cass. soc. 7 décembre 2005, n° 03-47.890, BC V n° 360; RJS 2/06 n° 202).

– la cour d'appel, qui a constaté que l'inspecteur du travail avait refusé d'examiner la demande d'autorisation de licenciement aux motifs que dès l'instant où il a été notifié, le licenciement ne peut être annulé unilatéralement, sans l'accord du salarié, et qui a retenu à bon droit que ces décisions s'imposaient au juge judiciaire en vertu du principe de la séparation des pouvoirs, peu important l'existence d'un recours devant le tribunal administratif dépourvu d'effet suspensif, de sorte que le licenciement de la salariée était effectif et avait été prononcé en violation du statut protecteur de représentant du personnel a pu en déduire que l'obligation de l'employeur au paiement des provisions sollicitées n'était pas sérieusement contestable (cass. soc. 18 novembre 2020, n° 19-10.286, à paraître, LS Jurispr. n° 222 du 08.12.2020).

La formation de référé du conseil de prud'hommes est compétente pour interpréter une convention ou un accord collectif: ayant relevé qu'un accord collectif ne mentionnait aucun jour de carence dans l'indemnisation des absences pour maladie, le juge des référés a pu décider que l'obligation de l'employeur au paiement d'une provision au titre d'un rappel de salaire correspondant au délai de carence qu'il avait appliqué lors d'arrêts de travail pour maladie n'était pas sérieusement contestable (cass. soc. 15 janvier 2002, n° 00-41.117, BC V n° 14; sur la compétence du juge des référés pour statuer sur l'interprétation d'une convention ou d'un accord collectif, voir aussi cass. soc. 15 juin 2016, n° 14-19.257, LS Jurispr. n° 118 du 28.06.2016).

À noter que le juge des référés est compétent pour statuer sur la demande de salariés en paiement de la fraction non garantie par l'AGS des sommes dues aux titres de la poursuite et de la rupture de leur contrat de travail postérieurement au prononcé du redressement judiciaire de l'employeur dès lors qu'il n'existe aucune contestation quant au montant de leurs créances (cass. soc. 7 octobre 1998, 2 arrêts, n°s 97-45.769 et 97-44.552, BC V n°s 411 et 412; RJS 11/98 n° 1366).

Le juge des référés n'a pas le pouvoir de se prononcer sur l'imputabilité de la rupture d'un contrat de travail (cass. soc. 13 avril 2010, n° 08-45.112). Excède ses pouvoirs la cour d'appel qui, statuant en matière de référé provision, dit dans son dispositif que la rupture du contrat de travail d'un salarié est imputable à l'employeur (cass. soc. 11 mai 2005, n° 03-45.228, BC V n° 158; JCP éd. S 2005, 1021, note B. Boubli; RJS 11/05 n° 1079; 25 octobre 2007, n° 06-43.590, RJS 2/08 n° 150).

Lorsque les indemnités de déplacement correspondent à des remboursements de frais non engagés pendant l'exercice d'un mandat de représentant du personnel, elles n'ont pas à être incluses dans la rémunération des heures de délégation. Un employeur ne pouvait donc pas être condamné à verser au représentant du personnel des provisions sur indemnités de déplacement, sans rechercher si ces indemnités n'avaient pas pour objet, malgré leur caractère forfaitaire, d'indemniser les salariés des frais supplémentaires de repas induits par une situation de déplacement et si leur paiement n'était pas exclu en l'absence d'un tel déplacement (cass. soc. 19 septembre 2018, n° 17-11.514, à paraître, JCP éd. S 2018, 1340, 1re espèce, note Y. Pagnerre).

Un salarié qui prend ses heures de délégation durant ses prises de contrepartie obligatoire en repos conserve son droit à la contrepartie en repos. Cependant, il ne peut pas obtenir en référé le paiement de ce repos dans la mesure où il est toujours en poste (cass. soc. 23 mai 2017, n° 15-25.250, BC V n° 92; JSL n° 435, 11.07.2017, pp. 19 et s., S. Daguerre; JCP éd. S 2017, 1244, note J-Y Kerbourc'h; RJS 8-9/17 n° 591).

Art. R. 1455-8. S'il lui apparaît que la demande formée devant elle excède ses pouvoirs, et lorsque cette demande présente une particulière urgence, la formation de référé peut, dans les conditions suivantes, renvoyer l'affaire devant le bureau de jugement:

1° L'accord de toutes les parties est nécessaire;

2° La formation de référé doit avoir procédé à une tentative de conciliation en audience non publique et selon les règles fixées par l'article R. 1454-10.

La notification aux parties de l'ordonnance de référé mentionnant la date de l'audience du bureau de jugement vaut citation en justice.

Note Doit être cassé l'arrêt qui, pour déclarer la formation de référé incompétente et renvoyer l'affaire directement devant le bureau de jugement du conseil de prud'hommes, énonce que les parties «étaient d'accord sur la compétence de ce bureau». En effet, s'étant borné à exciper de l'incompétence de la formation de référé, le défendeur ne pouvait être considéré comme ayant donné son accord, au sens de cet article (cass. soc. 12 janvier 1989, n° 86-41.202, BC V n° 23).

SECTION 3. Procédure de référé

Art. R. 1455-9. La demande en référé est formée par le demandeur soit par acte d'huissier de justice, soit dans les conditions prévues à l'article R. 1452-1.

Lorsque la demande est formée par acte d'huissier de justice, ***(D. 2019-1333 du 11 déc. 2019, art. 36, JO 12, entrée en vigueur le 01.01.2020)*** «les dispositions du 1° de l'article 56 du code de procédure civile ne sont pas applicables. Une copie» de l'assignation est remise au greffe, au plus tard la veille de l'audience.

Lorsque la demande est formée dans les conditions prévues à l'article R. 1452-1, les dispositions des articles R. 1452-2 à R. 1452-4 sont applicables.

Note • Les dispositions de cet article, dans sa rédaction issue du décret 2019-1333 précité, sont applicables aux instances en cours au 1er janvier 2020 (décret précité, art. 55, I).

• Du fait du renvoi à l'article R. 1452-4, le défendeur doit être convoqué à l'audience de référé par LRAR (cass. soc. 16 juin 1993, n° 91-45.243).

• Sauf pour le juge à vérifier que le défendeur a bénéficié d'un délai raisonnable pour assurer sa défense (application de l'article 486 c. proc. civ.), les dispositions relatives au référé prud'homal ne fixent pas de délai entre la convocation et l'audience du jugement (cass. soc. 14 novembre 1990, n° 89-44.131, BC V n° 556).

Art. R. 1455-10. Les ***(D. 2020-1452 du 27 nov. 2020, art. 4, JO 28, entrée en vigueur le 01.01.2021)*** « articles 484, 486, 488 à 492 et 514 » du code de procédure civile sont applicables au référé prud'homal.

Note • Les dispositions de cet article, dans sa rédaction issue du décret 2020-1452 précité, s'appliquent aux instances en cours au 01.01.2021 (décret précité, art. 12).

• Du fait du renvoi aux articles 488 à 492 c. proc. civ., les ordonnances de référé :
– sont toujours provisoires ;
– n'ont pas autorité de chose jugée au principal (cass. soc. 30 mai 2000, n° 98-40.552) ;
– ne peuvent être modifiées ou rapportées en référé qu'en cas de circonstances nouvelles ;
– sont exécutoires à titre provisoire sans caution, à moins que la formation de référé n'ait ordonné qu'il en serait fourni une ;
– sont exécutoires au seul vu de la minute si, en cas de nécessité, la formation de référé l'a ordonné ;
– ne sont pas susceptibles d'opposition ;
– peuvent prononcer des astreintes ;
– peuvent statuer sur les dépens ;
– ne sont pas susceptibles d'appel lorsqu'elles ont été rendues en dernier ressort en raison du montant ou de l'objet de la demande (cass. soc. 9 juin 1993, n° 90-44.721).

À noter que les ordonnances de référé bénéficient de plein droit de l'exécution provisoire. Celle-ci ne peut donc être arrêtée, en cas d'appel, par le premier président de la cour d'appel (cass. soc. 12 novembre 1997, n° 95-43.263, BC V n° 374 ; 17 février 2004, n° 02-40.409, RJS 5/04 n° 592).

Art. R. 1455-11. Le délai d'appel est de quinze jours.

L'appel est formé, instruit et jugé conformément aux articles R. 1461-1 et R. 1461-2.

Note • Lorsque l'acte de notification d'une ordonnance de référé mentionne de manière erronée le délai d'appel d'un mois fixé par l'article R. 517-7 [R. 1461-1] CT au lieu du délai de quinze jours prévu par cet article, le délai d'appel ne court pas et l'appel formé dans le délai d'un mois ne peut être déclaré irrecevable comme tardif (cass. soc. 26 avril 2006, n° 04-41.420, BC V n° 149 ; RJS 7/06 n° 880 ; 17 juin 2009, n° 08-40.274, BC V n° 153 ; RJS 8-9/09, n° 743).

• Le délai de quinze jours applicable en matière de référé est également applicable en cas d'appel contre une décision du bureau de jugement du conseil de prud'hommes statuant selon les formes applicables au référé (cass. soc. 17 juin 2009, n° 08-40.274, BC V n° 153 ; RJS 8-9/09 n° 743 ; JCP éd. S 2009, 1362, note E. Jeansen).

• L'article 490 c. proc. civ. modifié par décret 86-585 du 14 mars 1986 dispose que « l'ordonnance de référé peut être frappée d'appel à moins qu'elle n'émane du premier président de la cour d'appel ou qu'elle n'ait été rendue en dernier ressort en raison du montant ou de l'objet de la demande… ». Cet article prohibe donc l'appel des ordonnances de référé prud'homal rendues en dernier ressort en raison du montant de la provision sollicitée ou de l'objet de la demande ; voir, en ce sens, cass. soc. 6 mars 1991, n° 87-44.935 : les ordonnances de la formation de référé prud'homal ne sont pas susceptibles d'appel lorsqu'elles ont été rendues sur des demandes pour lesquelles ce recours est exclu par l'article R. 517-3 [R. 1462-1].

Est susceptible d'appel l'ordonnance de référé déboutant un salarié de ses demandes tendant à voir déclarer nul son licenciement et ordonner sous astreinte la poursuite de son contrat de travail (cass. soc. 28 septembre 2004, n° 03-42.127).

• Lorsqu'il est possible, l'appel est formé devant la chambre sociale de la cour d'appel.

CHAPITRE V *BIS* (réglementaire) Procédure accélérée au fond

Note Ce chapitre a été introduit par le décret 2019-1419 du 20 décembre 2019, art. 10, 2°, JO 22 ; l'article R. 1455-12 s'applique aux demandes introduites depuis le 01.01.2020 (décret précité, art. 24, II). Voir RDT, octobre 2019, CH, 635, « La mutation du référé en la forme : bienvenue à la procédure accélérée au fond », S. Mraouahi.

Art. L. 1456-1

Au 01.01.2020, la notion «en la forme des référés» a été remplacée par l'expression «selon la procédure accélérée au fond». «En fait, il s'agit d'un simple changement de terminologie et non d'une réforme de fond de la procédure (...)» (ordonnance 2019-738 du 17 juillet 2019, art. 15, JO 18; «La contestation des avis du médecin du travail et la réforme du référé en la forme», V. Bardin-Fournairon et O. Barraut, Avocats, FH 3807).

Art. R. 1455-12. À moins qu'il en soit disposé autrement, lorsqu'il est prévu que le conseil de prud'hommes statue selon la procédure accélérée au fond, la demande est portée à une audience tenue aux jour et heures à cet effet, dans les conditions prévues à l'article R. 1455-9.

Elle est formée, instruite et jugée dans les conditions suivantes:

1° Il est fait application des 3° et 7° de l'article 481-1 du code de procédure civile;

2° Le jugement est exécutoire à titre provisoire, à moins que le conseil de prud'hommes en décide autrement, sous réserve des dispositions du deuxième alinéa de l'article R. 1454-28.

Lorsque le conseil de prud'hommes statuant selon la procédure accélérée au fond est saisi à tort, l'affaire peut être renvoyée devant le bureau de jugement dans les conditions prévues à l'article R. 1455-8.

La formation du conseil de prud'hommes amenée à statuer selon la procédure accélérée au fond est, sauf disposition contraire, composée et organisée dans les conditions définies aux articles R. 1455-1 à R. 1455-4.

CHAPITRE VI Litiges en matière de licenciements pour motif économique

Art. L. 1456-1. En cas de litige portant sur les licenciements pour motif économique, la section ou la chambre statue en urgence selon des modalités et dans des délais déterminés par décret en Conseil d'État.

Art. R. 1456-1. ***(D. 2016-660 du 20 mai 2016, art. 23, JO 25)*** En cas de recours portant sur un licenciement pour motif économique, et dans un délai de huit jours à compter de la date à laquelle il reçoit la convocation devant le bureau de conciliation et d'orientation, l'employeur dépose ou adresse au greffe par lettre recommandée avec demande d'avis de réception les éléments mentionnés à l'article L. 1235-9 pour qu'ils soient versés au dossier.

Dans le même délai, il adresse ces éléments au demandeur par lettre recommandée avec demande d'avis de réception.

La convocation destinée à l'employeur rappelle cette obligation.

Note • Cet article est applicable aux instances introduites devant les conseils de prud'hommes depuis le 01.08.2016 (décret 2016-660 précité, art. 45).

• Ces dispositions ne sont pas applicables en cas de recours du salarié portant sur un licenciement individuel pour motif économique (cass. soc. 10 octobre 2000, n° 99-40.040, BC V n° 318).

Le salarié qui ne justifie pas avoir subi un préjudice résultant de l'inobservation par l'employeur des dispositions du 1er alinéa de cet article ne peut prétendre à une indemnité (cass. soc. 26 janvier 1994, n° 91-43.551, BC V n° 29; 12 juillet 2004, n° 02-40.312, RJS 10/04 n° 1010, 2e espèce).

Art. R. 1456-2. La séance de conciliation ***(D. 2016-660 du 20 mai 2016, art. 24, JO 25)*** «et d'orientation» a lieu dans le mois de la saisine du conseil de prud'hommes.

Art. R. 1456-3. ***(D. 2016-660 du 20 mai 2016, art. 25, JO 25)*** «Les mesures de mise en état» sont exécutées dans un délai n'excédant pas trois mois. Ce délai ne peut être prorogé par le bureau de jugement que sur la demande motivée du technicien ou du conseiller rapporteur commis.

Art. R. 1456-4. ***(D. 2016-660 du 20 mai 2016, art. 26, JO 25)*** Le bureau de conciliation et d'orientation fixe la date d'audience du bureau de jugement qui statue dans un délai ne pouvant excéder six mois à compter de la date à laquelle l'affaire lui a été renvoyée, ou trois mois lorsqu'est saisie la formation restreinte.

Art. R. 1456-5. Lorsque, lors de la séance ***(D. 2016-660 du 20 mai 2016, art. 27, JO 25)*** «prévue à l'article R. 1456-2», une section du conseil de prud'hommes est saisie par plusieurs demandeurs de procédures contestant le motif économique d'un licenciement collectif, le bureau de conciliation ***(D. 2016-660 du 20 mai 2016, art. 27, JO 25)*** «et d'orientation» en ordonne la jonction.

CHAPITRE VII Récusation

Art. L. 1457-1. Le conseiller prud'homme peut être récusé:

1° Lorsqu'il a un intérêt personnel à la contestation, le seul fait d'être affilié à une organisation syndicale ne constituant pas cet intérêt personnel;

2° Lorsqu'il est conjoint, partenaire lié par un pacte civil de solidarité, concubin, parent ou allié jusqu'au degré de cousin germain inclusivement d'une des parties ;

3° Si, dans l'année qui a précédé la récusation, il y a eu action judiciaire, criminelle ou civile entre lui et une des parties ou son conjoint, partenaire lié par un pacte civil de solidarité, concubin ou ses parents ou alliés en ligne directe ;

4° S'il a donné un avis écrit dans l'affaire ;

5° S'il est employeur ou salarié de l'une des parties en cause.

Note • La Convention européenne de sauvegarde des droits de l'homme et des libertés fondamentales prévoit en son article 6-1 que toute personne a droit à ce que sa cause soit entendue équitablement par un tribunal indépendant et impartial.

Cette exigence d'impartialité s'impose aux juridictions à l'encontre desquelles le grief peut être invoqué indépendamment de la mise en œuvre des procédures de récusation ou de renvoi, dès lors qu'il ne relève pas d'un des cas visés par l'article L. 1457-1 CT (cass. soc. 27 janvier 2009, n° 07-42.967, RJS 4/09 n° 393; JCP éd. S 2009, 1169, note B. Boubli). Ainsi, c'est à tort que, pour rejeter la demande d'une société en récusation d'un conseiller prud'homme, une cour d'appel, après avoir relevé l'absence de l'un des motifs de récusation prévus par l'article L. 518-1 (ancien) CT, s'est bornée à énoncer que les manquements éventuels à l'obligation d'impartialité résultant de l'article 6-1 de la Convention précitée ne peuvent être sanctionnés qu'a posteriori par la nullité de la décision rendue, alors qu'il appartenait à la cour d'appel d'examiner si les circonstances invoquées par la société, tirées de ce que le salarié demandeur devant la juridiction prud'homale vivait maritalement avec la nièce du conseiller prud'homme qui avait refusé de s'abstenir de siéger à l'audience, constituaient une violation du principe d'impartialité édicté par l'article 6-1 de la Convention (cass. soc. 18 novembre 1998, n° 94-43.840, BC V n° 506; RJS 2/99 n° 249).

Par ailleurs, et toujours afin de garantir le droit du justiciable à l'impartialité, la cour suprême a décidé que :
– l'exigence d'impartialité doit s'apprécier objectivement ; par suite, le juge ayant statué en référé sur une demande de provision en constatant le caractère non contestable d'une obligation ne peut ensuite statuer sur le fond du litige afférent à cette obligation (cass. ass. plén. 6 novembre 1998, n° 94-17.709, BC n° 5) ;
– l'exigence d'impartialité implique qu'un conseiller prud'homme n'exerce pas de mission d'assistance ou de mandat de représentation devant le conseil de prud'hommes dont il est membre (cass. soc. 2 février 2005, n° 03-40.271, BC V n° 44; 16 septembre 2008, n° 06-45.334, BC V n° 160; voir aussi cass. soc. 19 novembre 2014, n° 13-19.937, SSL n° 1655, 8.12.2014, p. 15, précisant qu'il importe peu que le conseiller prud'homme ne siège pas au sein de la section saisie du litige) ;
– ne peut faire partie de la formation de jugement le conseiller prud'homme, un ancien directeur des ressources humaines, qui a été sous un lien de subordination avec l'une des parties et le supérieur hiérarchique de l'autre, éléments de nature à faire naître dans leur esprit un doute légitime sur son impartialité, quelle qu'ait été la qualité de ses relations avec l'une et l'autre des parties (cass. soc. 27 janvier 2009, n° 07-42.967, précité) ;
– la participation antérieure de conseillers prud'hommes aux formations de jugement ayant statué sur des litiges concernant certains salariés d'une entreprise n'est pas de nature à faire naître un doute légitime sur leur impartialité pour statuer sur un litige analogue concernant d'autres salariés de cette entreprise (cass. soc. 18 février 2003, n° 01-11.170, JSL n° 122, 24.04.2003, p. 28) ;
– la circonstance qu'un ou plusieurs membres d'un conseil de prud'hommes appartiennent à la même organisation syndicale que l'une des parties au procès n'est pas de nature à affecter l'équilibre d'intérêts inhérent au fonctionnement de la juridiction prud'homale ou à mettre en cause l'impartialité de ses membres (cass. soc. 19 décembre 2003, n° 02-41.429, BC V n° 321; RJS 3/04 n° 338; 16 mai 2013, n° 11-23.246, RJS 8-9/13 n° 631) ;
– la circonstance qu'un membre du conseil de prud'hommes, ne figurant pas dans la composition de la section appelée à statuer sur l'affaire, ait donné publiquement son opinion sur le litige n'est pas de nature à mettre en cause l'impartialité de l'ensemble de ses membres (cass. soc. 26 janvier 2005, n° 03-18.004, BC V n° 30; Dr. Soc. 2006, p. 52, M. Keller et T. Grumbach; RJS 4/05 n° 430) ;
– le fait qu'une partie exerce habituellement les fonctions de défenseur syndical devant une juridiction est de nature à créer un doute sur l'impartialité objective de cette juridiction (cass. soc. 24 juin 2014, n° 13-13.609, BC V n° 154; RJS 10/14 n° 728).

En outre, un jugement ne doit pas se borner, au titre de sa motivation, à reproduire sur tous les points en litige, à l'exception de quelques aménagements de style, les conclusions de l'employeur. Si tel est le cas, le conseil de prud'hommes, par une apparence de motivation pouvant faire peser un doute sur l'impartialité de la juridiction, viole la Convention européenne de sauvegarde des droits de l'homme et des libertés fondamentales en son article 6-1 (précitée ; cass. soc. 3 juillet 2019, n° 17-28.770, JSL n° 485, 12.11.2019, p. 19).

Sur l'application en matière prud'homale de l'article 6-1 de la Convention européenne des droits de l'homme, voir G-P Quétant «L'impartialité du juge du travail : la Convention européenne des droits de l'homme et le conseil de prud'hommes», JSL n° 36, 18.05.1999, p. 4. Voir aussi Forum «Conseil de prud'hommes: l'impartialité en débat», SSL n° 1142, 3 novembre 2003 et «Du risque de partialité devant le Conseil de prud'hommes», étude C. Tétard-Blanquart, JCP éd. S 2011, 1447.

• Sur l'incompatibilité entre les fonctions de conseiller prud'homme ou de président ou de vice-président d'un conseil et une mission d'assistance ou un mandat de représentation en matière prud'homale, voir l'article L. 1453-2 et la note.

Art. R. 1457-1. La procédure de récusation des conseillers prud'hommes est régie par les articles 341 à 355 du code de procédure civile.

Note • Le moyen qui tend à la récusation de l'un des juges du fond doit être présenté avant la clôture des débats, conformément aux dispositions de l'article 342 c. proc. civ. (cass. soc. 7 mars 2001, n° 99-40.438, TPS n° 278, juillet 2001, p. 34).

• Un conseiller prud'homme, dont la récusation est demandée, ne devient pas partie à l'instance devant la juridiction appelée à statuer sur cette requête. Dès lors, son pourvoi contre l'arrêt ayant accueilli la demande qui tendait à obtenir sa récusation est irrecevable (cass. soc. 19 décembre 2003, n° 03-10.014, BC V n° 320; RJS 3/04 n° 337).

• Il résulte de la combinaison des articles R. 518-1 et 2, devenus R. 1457-1 et 2 CT, 346 c. proc. civ. et 6 § 1 de la Convention de sauvegarde des droits de l'homme et des libertés fondamentales, que le conseil de prud'homme doit, dès qu'il a connaissance de la demande de récusation, suspendre l'instance jusqu'à ce qu'elle ait été définitivement tranchée et qu'il ne peut statuer sur cette demande ni examiner l'affaire au fond, en présence du conseiller prud'homme dont la récusation a été sollicitée (cass. soc. 3 juin 2009, n° 07-44.212, BC V n° 143; RJS 8-9/09 n° 742; LS Jurispr. n° 164 du 10-11.08.2009; JCP éd. S 2009, 1379, note Th. Lahalle).

Art. R. 1457-2. Lorsque la demande de récusation est portée devant la cour d'appel, elle est jugée par la chambre sociale.

TITRE VI VOIES DE RECOURS

Note Les dispositions de ce titre sont applicables à Mayotte à compter du 01.01.2022 (ordonnance 2017-1491 du 25 octobre 2017, art. 33, 3°, JO 26 et décret 2018-953 du 31 octobre 2018, art. 58, III, *b*, JO 6 nov.).

CHAPITRE Ier (réglementaire) Appel

Note Décisions susceptibles d'appel: voir note sous art. L. 1462-1.

Art. R. 1461-1. Le délai d'appel est d'un mois.

(D. 2016-660 du 20 mai 2016, art. 28, JO 25) «À défaut d'être représentées par la personne mentionnée au 2° de l'article R. 1453-2, les parties sont tenues de constituer avocat.»

(D. 2016-660 du 20 mai 2016, art. 28, JO 25) «Les actes de cette procédure d'appel qui sont mis à la charge de l'avocat sont valablement accomplis par la personne mentionnée au 2° de l'article R. 1453-2. De même, ceux destinés à l'avocat sont valablement accomplis auprès de la personne précitée.»

Note • Les dispositions des articles R. 1461-1 et R. 1461-2, dans leur rédaction issue du décret 2016-660 précité, sont applicables aux instances et appels introduits depuis le 01.08.2016 (décret précité, art. 46).

Voir art. 542 et s. c. proc. civ.

• **Délai d'appel.** *Appel principal.* Le délai d'un mois pour faire appel court à compter de la notification du jugement. Lorsque la notification est effectuée par voie postale, la date de notification est, à l'égard de celui qui y procède, celle de l'expédition, et, à l'égard de celui à qui elle est faite, la date de la réception de la lettre (art. 668 c. proc. civ.; cass. soc. 28 septembre 2005, n° 04-43.787).

En l'absence d'une notification du jugement à l'une des parties, ne peut faire courir le délai d'appel à son égard ni la notification du jugement par le greffe à l'autre partie ni la délivrance de la grosse de la décision obtenue par l'autre partie (cass. soc. 29 avril 1981, n° 79-41.699, BC V n° 351, arrêt n° 2). Une signification par acte d'huissier faite ultérieurement par une partie n'a pas pour effet de reporter le point de départ du délai qui court de la notification faite par le greffe (cass. soc. 5 juin 1980, n° 79-40.330, BC V n° 501 et 29 avril 1981, n° 79-40.775, BC V n° 351, arrêt n° 1). Dans le cas où un jugement est notifié à deux reprises, le délai d'appel court dès la première notification dès lors qu'elle est régulière (cass. soc. 30 mai 2012, n° 11-10.247, RJS 8-9/12 n° 733).

En cas de retour à la juridiction d'une lettre de notification qui n'a pu être remise à son destinataire, la juridiction doit inviter l'autre partie à procéder par voie de signification. Le délai d'appel ne commence à courir qu'à compter de cette signification (cass. soc. 7 novembre 2007, n° 06-41.883, RJS 1/08 n° 64). Faute de signification, le délai d'appel ne court pas (cass. soc. 5 mars 1992, n° 89-42.408, BC V n° 159; 7 juillet 1993, n° 90-41.346, BC V n° 199). Par ailleurs, le délai d'appel ne court pas lorsque l'acte de notification de la décision comporte une mention erronée sur la voie de recours qui était ouverte (cass. soc. 5 juin 2001, n° 99-41.289, BC V n° 205; RJS 8-9/01 n° 1051; dans le même sens, voir cass. soc. 29 mai 2013, n° 12-13.357, BC V n° 140; RJS 8-9/13 n° 632: le délai d'appel ne court pas lorsque l'acte de notification du jugement ne mentionne pas la juridiction territorialement compétente pour connaître du recours).

La date d'appel formé par lettre recommandée est celle de l'expédition de la lettre figurant sur le cachet du bureau d'émission (cass. soc. 5 novembre 1984, n° 82-41.741, BC V n° 406; 14 mai 1992, n° 89-42.821, BC V n° 311).

Le délai d'un mois n'est pas un délai franc (art. 640 à 642 c. proc. civ.), il doit être augmenté s'il y a lieu en raison de la distance (art. 643 et 644 c. proc. civ.); si le dernier jour du délai d'appel coïncide avec un samedi, un jour férié ou un dimanche, le délai est prorogé jusqu'au premier jour ouvrable suivant (art. 642 c. proc. civ.). Voir, sur la computation du délai d'appel, cass. soc. 5 novembre 1984, n° 82-41.741, précité.

Appel incident. Voir art. 550 c. proc. civ.

• **Règles de représentation devant la cour d'appel.** Depuis l'intervention du décret 2016-660 du 20 mai 2016, l'appel est régi par la procédure avec représentation obligatoire (art. 900 à 930-2 c. proc. civ.); les parties sont donc tenues de recourir à un avocat ou à un défenseur syndical.

La Cour de cassation a précisé que l'application des dispositions du code de procédure civile relatives à la représentation obligatoire devant la cour d'appel statuant en matière prud'homale résultant de la loi 2015-990 du 6 août 2015 et du décret 2016-660 du 20 mai 2016, n'implique pas la mise en œuvre des règles de la postulation devant les cours d'appel découlant des articles 5 et 5-1 de la loi 71-1130 du 31 décembre 1971 modifiée portant réforme de certaines professions judiciaires et juridiques, les parties pouvant être représentées par tout avocat, si elles ne font pas le choix d'un défenseur syndical (cass. avis 5 mai 2017, n° 17-70.005, BC n° 5; RJS 7/17 n° 518). Le Conseil d'État a adopté la même position: «(...) Les articles 28, 29 et 30 du décret attaqué n'ont ni pour objet ni pour effet d'étendre (...) les règles de postulation (...) aux procédures d'appel devant la chambre sociale de la cour d'appel d'un jugement d'un conseil de prud'hommes. Les parties devant les conseils de prud'hommes peuvent, par suite, être assistées et représentées devant la cour d'appel par l'avocat de leur choix, quelle que soit sa résidence professionnelle» (CE 30 janvier 2019, n° 401681; «La réforme des prud'hommes vue par le Conseil d'État», V. Bardin-Fournairon et O. Barraut, avocats, FH 3785).

Le Conseil d'État a également estimé que le législateur avait pu valablement déroger au monopole des avocats devant la cour d'appel, et ce, au profit des défenseurs syndicaux sans que cela ne soit contraire au principe de l'égalité des armes. Les défenseurs syndicaux bénéficient d'un statut tel qu'il permet de présenter, pour les justiciables, des garanties équivalentes à celles des avocats (CE 30 janvier 2019, n° 401681; FH 3785 précité).

• **Déclaration d'appel.** Voir art. 901 c. proc. civ.

• Sur la jurisprudence rendue dans le cadre de la réglementation antérieure au décret du 20 mai 2016, voir Code du Travail Annoté, éd. 2018.

Art. R. 1461-2. L'appel est porté devant la chambre sociale de la cour d'appel.

Il est formé, instruit et jugé suivant la procédure ***(D. 2016-660 du 20 mai 2016, art. 29, JO 25)*** «avec représentation obligatoire».

Note Voir note sous article R. 1461-1, «Règles de représentation devant la cour d'appel».

Bien que, depuis le 1er août 2016, l'appel en matière prud'homale soit régi par les règles de procédure avec représentation obligatoire, une dépêche du ministère de la Justice du 5 juillet 2016 (C3/12.2016 G/1.5.4.4) a précisé que le droit de 225 € à acquitter en cas d'appel avec constitution d'avocat obligatoire (art. 1635 *bis* P CGI) n'est pas applicable aux appels formés en matière prud'homale, le justiciable ayant le choix entre un défenseur syndical ou un avocat.

CHAPITRE II Pourvoi en cassation

Art. L. 1462-1. Les jugements des conseils de prud'hommes sont susceptibles d'appel.

Toutefois, ils statuent en dernier ressort en dessous d'un taux fixé par décret.

Note • Les jugements susceptibles d'appel sont ceux rendus en premier ressort, c'est-à-dire:

1. Les jugements rendus sur des demandes dont le chiffre excède le taux de compétence en dernier ressort du conseil de prud'hommes (voir art. D. 1462-3).

La demande est caractérisée exclusivement par son objet (en l'espèce: rappels de salaire) et non par les moyens (en l'espèce: application d'une convention collective de travail) invoqués à son appui ou opposés à son encontre (cass. soc. 12 novembre 1987, n° 85-42.064, BC V n° 642; 3 février 1999, n° 97-40.293, TPS n° 221, mai 1999). N'est donc pas indéterminée, quel que soit son fondement allégué, une demande tendant à l'allocation d'une somme d'argent dont le montant est précisé et inférieur au taux du dernier ressort (cass. soc. 13 juillet 2004, n° 02-46.230, BC V n° 216; RJS 10/04 n° 1077; 4 juillet 2006, n° 04-46.404, RJS 11/06 n° 1215; 16 mai 2012, n° 10-26.317; 15 janvier 2014, n° 12-25.404, BC V n° 13). Ayant constaté que la demande d'un salarié portait sur une somme inférieure au taux de compétence en dernier ressort du conseil de prud'hommes, une cour d'appel a décidé à bon droit que, pour l'appréciation de la recevabilité de l'appel, il n'y avait lieu de ne prendre en considération que le montant de cette demande (cass. soc. 23 mai 2006, n° 03-45.447, BC V n° 183, arrêt n° 2; RJS 8-9/06 n° 985).

Le fait que cette demande conduise à trancher des questions de principe portant sur l'interprétation d'un texte ou que la solution du litige puisse servir de base à de nouvelles réclamations ne suffit pas à lui donner un caractère indéterminé (cass. soc. 26 octobre 1993, n° 90-42.338, BC V n° 249; 30 mai 1996, n° 93-43.280; 2 octobre 1997, n° 94-44.070, SSL 1997, p. 12).

Les juges doivent relever d'office les fins de non-recevoir d'ordre public lorsqu'elles résultent de l'absence d'ouverture d'une voie de recours (cass. soc. 15 janvier 2014, n° 12-25.404, précité).

S'agissant du taux de la demande, les intérêts échus postérieurement à la demande ne doivent pas être pris en compte pour déterminer ce taux (cass. soc. 10 novembre 1992, n° 91-42.742, BC V n° 543).

La réduction de la demande à un montant inférieur au taux du dernier ressort, effectuée en l'absence du défendeur et qui ne lui a pas été notifiée, ne peut avoir pour effet de modifier son taux (cass. soc. 21 juin 1989, n° 86-40.102, BC V n° 458). La même solution doit être retenue lorsqu'une demande initiale non chiffrée est modifiée sans que la partie adverse non comparante en ait été avisée (cass. soc. 6 février 1997, n° 93-44.085, BC V n° 55).

Indemnité prévue à l'article 700 c. proc. civ. La demande fondée sur cet article ne constitue pas une prétention dont la valeur (excédant, en l'espèce, le taux de compétence en dernier ressort applicable) doit être prise en compte pour la détermination du taux du ressort (cass. soc. 24 novembre 1988, n° 85-44.807).

Pluralité de demandeurs. Lorsque le conseil de prud'hommes est saisi de demandes individuelles concernant des créances distinctes, le taux de ressort s'apprécie séparément pour chaque demande, peu important la jonction des procédures (cass. soc. 2 mars 1993, n° 90-40.574).

Mais, lorsque des prétentions sont émises par plusieurs demandeurs dans une même instance et en vertu d'un titre commun, le taux de ressort est déterminé, pour l'ensemble des prétentions, par la plus élevée d'entre elles. Ainsi, s'agissant de deux époux, engagés par «contrat de couple», qui avaient saisi la juridiction prud'homale de diverses demandes consécutives à la rupture de ce contrat, c'est à tort que, pour déclarer l'appel de l'époux irrecevable, une cour d'appel a retenu qu'aucune des demandes formulées par celui-ci ne dépassait le taux de compétence en dernier ressort, peu important, selon la cour, que dans la même décision il ait été statué en premier ressort à l'égard de l'épouse, compte tenu du montant de ses demandes, l'appel étant recevable en ce qui la concerne, alors que les époux ayant été engagés par contrat de couple, ils agissaient en vertu d'un titre commun (cass. soc. 22 novembre 1995, n° 91-45.803).

2. Les jugements rendus sur une demande indéterminée. Présentent un caractère indéterminé:

– la demande d'application d'une convention collective par l'employeur (cass. soc. 4 novembre 1976, n° 76-40.113, BC V n° 557);
– la demande d'annulation d'une clause de non-concurrence (cass. soc. 15 mars 1978, n° 77-40.334, BC V n° 186);
– la demande de résiliation d'un contrat d'apprentissage (cass. soc. 20 juillet 1978, n° 77-40.650, BC V n° 608);
– la demande tendant à l'attribution d'un jour de repos supplémentaire (cass. soc. 4 mai 2012, n° 10-18.616; 26 mai 2010, n° 09-65.948, JSL n° 284, 29.09.2010, p. 27);
– la demande de salariés tendant à obtenir la condamnation de l'AGS à leur garantir les sommes dues au titre de leur participation aux résultats de l'entreprise pour deux années (cass. soc. 10 février 1999, n° 96-44.199, BC V n° 67; RJS 3/99 n° 410);
– les demandes de salariés tendant à décliner l'application de l'article L. 122-12, al. 2 (ancien) CT, l'objet du litige étant de faire juger que la reprise en gestion directe par une commune de l'exploitation d'abattoirs n'avait pas entraîné le transfert d'une entité économique autonome (cass. soc. 10 mai 1999, n° 97-40.458, BC V n° 205; JSL n° 38, 17.06.1999, p. 25);
– la demande tendant à rendre une précédente décision opposable à l'AGS (cass. soc. 14 décembre 1993, n° 91-41.430, BC V n° 312);
– la demande d'un salarié tendant à constater que la rupture de son contrat de travail est imputable à l'employeur (cass. soc. 24 novembre 2004, n° 03-44.295);

– la demande d'un employeur tendant à obtenir l'indication par une salariée de l'utilisation des heures de délégation, cette demande étant préalable et distincte de toute demande de remboursement (cass. soc. 19 octobre 1994, n° 91-41.097, Dr. Soc. 1995, p. 72);
– la demande de requalification d'un contrat à durée déterminée en contrat à durée indéterminée (cass. soc. 12 mars 1996, n° 92-43.129, BC V n° 93; 30 janvier 2001, n° 98-45.032, TPS n° 202, mai 2001, p. 35; 2 juillet 2008, n° 07-40.366); voir aussi, pour une demande de requalification d'un contrat à durée indéterminée en contrat à durée déterminée, cass. soc. 28 janvier 1998, n° 95-43.660, BC V n° 48;
– la demande d'annulation d'une sanction disciplinaire (cass. soc. 7 mai 1981, n° 79-40.571, BC V n° 397; 28 avril 1994, n° 88-44.515, BC V n° 154). Voir aussi cass. soc. 1er octobre 1996, n° 93-43.959, BC V n° 309, précisant que la demande d'annulation d'une mise à pied présente un caractère indéterminé, quel que soit le montant de la restitution réclamée par le salarié au titre du retrait de la sanction litigieuse;
– la demande dont l'un des chefs tend à faire porter sur les bulletins de paie le nombre exact de jours de congés payés pris par un salarié, cette demande ne pouvant être assimilée à la demande de remise de bulletin de paie visée à l'article R. 517-3, 2° [R. 1462-1, 2°] CT (cass. soc. 28 novembre 2006, n° 05-41.001, BC V n° 357). À noter toutefois que lorsqu'elle constitue la conséquence nécessaire d'une demande en paiement chiffrée, la demande tendant à la rectification de bulletins de salaire est sans incidence sur l'ouverture des voies de recours (cass. soc. 23 mars 2011, n° 09-70.827, BC V n° 78; RJS 6/11 n° 546);
– la demande d'un salarié tendant à ce que son employeur soit condamné à lui établir de nouveaux bulletins de paie ne faisant plus état de son activité de représentation des salariés, cette demande ne pouvant s'assimiler à la simple remise de bulletins de paie (cass. soc. 9 octobre 1996, n° 93-42.848, BC V n° 320; dans le même sens, voir aussi cass. soc. 1er juin 1999, n° 98-41.852, BC V n° 255);
– la demande d'un salarié en paiement d'une prime mensuelle à compter d'une certaine date et «jusqu'au jour du jugement» (cass. soc. 3 octobre 1991, n° 88-43.288);
– la demande tendant à voir déclarer illégale la décision de lock-out prise par un employeur (cass. soc. 9 novembre 1999, n° 96-45.392, RJS 12/99 n° 1499);
– la demande d'un syndicat tendant à la publication de la condamnation à intervenir (cass. soc. 23 mars 2011, n° 09-70.827, précité).

À noter que n'est pas indéterminée la demande d'un salarié tendant à faire admettre au passif de l'employeur une créance dont le montant est précisé (cass. soc. 29 septembre 2010, n° 09-42.086, BC V n° 203; RJS 12/10 n° 975; JCP éd. S 2010, 1519, note S. Brissy).

Lorsque l'un des chefs de la demande est indéterminé, le conseil de prud'hommes statue en premier ressort (cass. soc. 28 octobre 1998, n° 96-43.862; cass. soc. 16 mai 2001, n° 99-45.707).

Demande non chiffrée. Le fait que certaines demandes ne soient pas chiffrées ne suffit pas à leur conférer un caractère indéterminé, dès lors que le montant des demandes est aisément déterminable (cass. soc. 22 mars 1995, n° 93-41.534). N'est pas indéterminée la demande tendant à l'allocation de dommages et intérêts dont le montant doit, s'il n'est pas indiqué, être précisé par la partie demanderesse sur invitation du juge (cass. soc. 10 janvier 2006, n° 03-40.646, BC V n° 1; RJS 3/06 n° 374). De même ne constitue pas une demande indéterminée la demande qui a pour objet la remise de deux bleus de travail, dont la valeur n'est pas précisée, dès lors que les éléments que comporte cette demande permettent de déterminer son montant (cass. soc. 14 mai 1987, n° 82-41.989, BC V n° 333). Il appartient, en effet, au conseil de prud'hommes d'inviter le demandeur à évaluer les postes de sa demande (cass. soc. 7 octobre 1997, n° 95-44.162, BC V n° 302).

• En application de l'article 553 c. proc. civ., en cas d'indivisibilité à l'égard de plusieurs parties, l'appel formé contre l'une n'est recevable que si toutes sont appelées à l'instance (cass. soc. 8 janvier 2020, n° 18-17.708, à paraître, RJS 3/20 n° 143; JCP éd. S 2020, 1073, note J. Daniel; RDT, mars 2020, CH, 191, I. Meftah).

Art. R. 1462-1. Le conseil de prud'hommes statue en dernier ressort:

1° Lorsque la valeur totale des prétentions d'aucune des parties ne dépasse le taux de compétence fixé par décret;

2° Lorsque la demande tend à la remise, même sous astreinte, de certificats de travail, de bulletins de paie ou de toute pièce que l'employeur est tenu de délivrer, à moins que le jugement ne soit en premier ressort en raison du montant des autres demandes.

Note ***Pourvoi en cassation***

• Depuis l'intervention du décret 2004-836 du 20 août 2004 (JO 22), les parties sont tenues, pour introduire un pourvoi devant la chambre sociale de la Cour de cassation, de constituer un avocat au Conseil d'État et à la Cour de cassation (art. 973 c. proc. civ.). Ce décret, entré en vigueur le 1er janvier 2005, est applicable aux procédures en cours. Toutefois, son article 39 (abrogeant l'article R. 517-10 ancien CT) est applicable uniquement aux recours dirigés à l'encontre des décisions rendues depuis le 1er janvier 2005.

Saisi aux fins d'annulation de cette disposition du décret du 20 août 2004, le Conseil d'État a décidé qu'eu égard à l'institution de l'aide juridictionnelle, l'obligation du ministère d'avocat ne porte pas atteinte au droit constitutionnel des justiciables d'exercer un recours effectif devant une juridiction et n'est pas davantage contraire à un principe de libre choix du mode de défense en matière prud'homale qui ne ressort d'aucun des principes généraux du droit ni des règles de valeur constitutionnelle ni des engagements internationaux introduits dans l'ordre juridique interne (CE 6 avril 2006, n° 273311, RJS 8-9/06 n° 988; RDT, novembre 2006, CH, 331, T. Grumbach et É. Serverin).

• Les jugements rendus en dernier ressort peuvent seuls faire l'objet d'un pourvoi en cassation (cass. soc. 3 octobre 1990, n° 89-44.201, BC V n° 410). La qualification «en dernier ressort» du jugement d'un conseil de prud'hommes est, en vertu de l'article 536 c. proc. civ., sans effet sur le droit d'exercer un recours contre ce jugement (cass. soc. 20 octobre 1994, n° 93-42.800, RJS 12/94 n° 1371).

• Les décisions de radiation, qui constituent de simples mesures d'administration judiciaire, ne peuvent faire l'objet d'un pourvoi en cassation (cass. soc. 8 juillet 1992, n° 91-60.252).

• Ne sont pas susceptibles d'être déférées à la Cour de cassation indépendamment de la décision sur le fond les décisions qui ne tranchent pas le principal ou qui statuent sur une exception de procédure, une fin de non-recevoir ou tout autre incident sans mettre fin à l'instance. Tel est le cas d'une décision ordonnant une expertise ou une mesure d'instruction ne préjugeant pas le fond, en raison de son caractère préparatoire (cass. soc. 17 février 1993, n° 89-40.860, BC V n° 61), de l'arrêt qui se borne dans son dispositif, sans mettre fin à l'instance, à ordonner avant dire droit la réouverture des débats sans se prononcer sur le fond du litige (cass. soc. 16 janvier 2008, n° 05-41.313, BC V n° 2) ou de l'arrêt rendu sur contredit, peu important que dans son dispositif la cour d'appel ait tranché une question de fond dont dépendait sa compétence (cass. soc. 16 décembre 2008, n° 07-43.346, BC V n° 247).

De même, est irrecevable le pourvoi dirigé contre l'arrêt qui, dans son dispositif, dit qu'une salariée établit des faits laissant présumer l'existence d'une «discrimination salariale» et ordonne la production de pièces, sans se prononcer sur la demande de l'intéressée fondée sur la violation du principe «à travail égal, salaire égal» (cass. soc. 7 avril 2010, n° 08-44.629, BC V n° 90; JCP éd. S 2010, 1265, note S. Brissy).

• La décision qui statue sur la rectification d'une prétendue erreur matérielle ne peut être frappée de pourvoi en cassation dès lors que la décision rectifiée n'est pas elle-même susceptible d'un tel recours (cass. soc. 16 décembre 1998, n° 97-44.596, BC V n° 567).

• *Second alinéa.* Lorsque la demande tend à la remise, même sous astreinte, de bulletins de paie, de certificats de travail ou des autres pièces que l'employeur est tenu de remettre et que, suivant l'article R. 516-18 (ancien) CT, le bureau de conciliation peut lui ordonner de remettre, le jugement est réputé rendu en dernier ressort, quel que soit le fondement de la demande (cass. soc. 19 avril 1989, n° 86-43.315, BC V n° 286; dans le même sens, concernant la remise d'une lettre de licenciement, cass. soc. 27 mai 1992, n° 89-44.216, Cah. prud'h. 1995, Jurispr. 84). Mais les demandes de liquidation de ces astreintes restent, en l'absence de dispositions spéciales, soumises aux dispositions de l'article R. 517-3, 1° [R. 1462-1, 1°]: elles sont donc susceptibles d'appel lorsque leur montant est supérieur au taux du dernier ressort (cass. soc. 25 juin 1992, n° 89-43.200, BC V n° 421).

Art. R. 1462-2. Le jugement n'est pas susceptible d'appel si la seule demande reconventionnelle en dommages-intérêts, fondée exclusivement sur la demande initiale, dépasse le taux de la compétence en dernier ressort.

Note Si seule la demande reconventionnelle excède le taux de compétence (la demande principale étant inférieure à ce taux) mais qu'elle a pour objet des dommages-intérêts et qu'elle est fondée exclusivement sur la demande principale, le jugement est rendu en dernier ressort. Ainsi, la demande reconventionnelle de publication d'un jugement, fondée exclusivement sur la demande initiale et faite à titre de dommages-intérêts en cas de rejet de celle-ci, n'est pas de nature à rendre susceptible d'appel un jugement prud'homal rendu en dernier ressort en raison du fait que l'objet de la demande était d'un montant inférieur au taux de compétence en dernier ressort du conseil de prud'hommes (cass. soc. 20 mars 1991, n° 87-44.887).

Mais la demande reconventionnelle tendant à voir dire inapplicable à une entreprise une convention collective au profit d'une autre rend le jugement susceptible d'appel (cass. soc. 15 avril 1992, n° 89-40.845). Il en est de même de la demande reconventionnelle d'un employeur en paiement de dommages-intérêts en réparation du préjudice moral et commercial que le comportement fautif d'une salariée lui aurait occasionné dès lors que cette demande n'est pas exclusivement fondée sur la demande initiale (contestation par la salariée de la faute grave invoquée au soutien de son licenciement) (cass. soc. 9 avril 1998, n° 97-41.235).

Art. D. 1462-3. Le taux de compétence en dernier ressort du conseil de prud'hommes est de ***(D. 2020-1066 du 17 août 2020, JO 19)*** «5 000 €».

Note • Ce taux de compétence est applicable aux instances introduites depuis le 01.09.2020 (décret 2020-1066 précité, art. 2).

Le taux de compétence fixé par cet article dans sa rédaction antérieure au décret 2020-1066 précité (4 000 €) était applicable aux instances introduites depuis le 01.10.2005, la loi 2004-1343 de simplification du droit du 9 décembre 2004 (JO 10) ayant supprimé la révision annuelle du taux de compétence.

• C'est la date d'introduction de la demande qui détermine le taux du ressort. Il résulte des dispositions des articles 382 et 383 c. proc. civ. que la demande de rétablissement d'une affaire présentée après radiation s'analyse non comme l'introduction d'une nouvelle instance soumise à la règle fixant à ce moment le taux de compétence en dernier ressort de la juridiction, mais comme une demande de reprise de l'instance initiale qui demeure régie, quant au taux de compétence en dernier ressort, par les dispositions en vigueur lors de son introduction (cass. soc. 27 mars 1991, n° 88-41.526, BC V n° 157).

CHAPITRE III (réglementaire) Opposition et tierce opposition

Art. R. 1463-1. L'opposition est portée directement devant le bureau de jugement.

Les dispositions des articles R. 1452-1 à R. 1452-4 sont applicables.

L'opposition est caduque si la partie qui l'a faite ne se présente pas. Elle ne peut être réitérée.

(D. 2017-1008 du 10 mai 2017, JO 11) « Ces dispositions sont applicables à la tierce opposition. »

Note • **Opposition.** Voir c. proc. civ. art. 571 et s. applicables au jugement prud'homal.

L'opposition tend à faire rétracter par une juridiction un jugement rendu par défaut et remet en question les points jugés par défaut pour qu'il soit de nouveau statué en fait et en droit (cass. soc. 25 mai 1994, n° 90-43.338). Elle doit être faite dans le délai d'un mois (art. 538 c. proc. civ.). Mais ce délai ne court pas tant que la décision n'a pas été notifiée à la partie défaillante (cass. soc. 30 septembre 1992, n° 88-43.027, BC V n° 489). Il en est de même lorsque l'acte de signification de l'arrêt n'indique ni que la décision est susceptible d'opposition ni le délai imparti pour exercer cette voie de recours (cass. soc. 13 juillet 2005, n° 03-45.505, BC V n° 247 ; JCP éd. S 2005, 1216, note B. Boubli).

• **Tierce opposition.** Voir c. proc. civ. art. 582 et s.

TITRE VII PRESCRIPTION DES ACTIONS EN JUSTICE

Note Ce titre a été introduit par la loi 2013-504 du 14 juin 2013, art. 21, III, JO 16.

CHAPITRE UNIQUE

Art. L. 1471-1. Toute action portant sur l'exécution ***(Ord. 2017-1718 du 20 déc. 2017, art. 1er, I, 36°, JO 21)*** « du contrat de travail » se prescrit par deux ans à compter du jour où celui qui l'exerce a connu ou aurait dû connaître les faits lui permettant d'exercer son droit.

(Ord. 2017-1387 du 22 sept. 2017, art. 6, JO 23) « Toute action portant sur la rupture du contrat de travail se prescrit par douze mois à compter de la notification de la rupture. »

(Ord. 2017-1718 du 20 déc. 2017, art. 1er, I, 36°, JO 21) « Les deux premiers alinéas ne sont toutefois pas applicables » aux actions en réparation d'un dommage corporel causé à l'occasion de l'exécution du contrat de travail, aux actions en paiement ou en répétition du salaire et aux actions exercées en application des articles L. 1132-1, L. 1152-1 et L. 1153-1. Elles ne font obstacle ni aux délais de prescription plus courts prévus par le présent code et notamment ceux prévus aux articles L. 1233-67, L. 1234-20, L. 1235-7 ***(Ord. 2017-1387 du 22 sept. 2017, art. 10, II, JO 23)*** « , L. 1237-14 et ***(L. 2018-217 du 29 mars 2018, art. 11, I, 20°, JO 31)*** « L. 1237-19-8 », » ni à l'application du dernier alinéa de l'article L. 1134-5.

Note • Les dispositions de cet article, dans sa rédaction issue de l'article 6 de l'ordonnance 2017-1387 précitée qui a unifié les délais de prescription des actions en justice en matière de *rupture du contrat de travail,* s'appliquent aux prescriptions en cours depuis le 23 septembre 2017, sans que la durée totale de la prescription puisse excéder la durée prévue par la loi antérieure. Lorsqu'une instance a été introduite avant le 23 septembre 2017, l'action est poursuivie et jugée conformément à la loi ancienne y compris en appel et en cassation (ordonnance précitée, art. 40, II).

Auparavant, cet article, dans sa rédaction issue de la loi 2013-504 du 14 juin 2013, prévoyait un délai de prescription spécifique de 2 ans pour les actions relatives à *l'exécution ou la rupture du contrat de travail.*

Il s'appliquait aux prescriptions en cours à compter de la date de promulgation de cette loi, sans que la durée totale de la prescription puisse excéder la durée prévue par la loi antérieure. Lorsqu'une instance avait été introduite avant la promulgation de la loi, l'action était poursuivie et jugée conformément à la loi ancienne, y compris en appel et en cassation (loi précitée, art. 21, V).

• En cas de prise d'acte par le salarié de la rupture de son contrat de travail, l'action visant à imputer cette rupture à l'employeur se prescrit à compter de la date de cette prise d'acte, peu important l'ancienneté des manquements de l'employeur, invoqués à son soutien, que le juge doit examiner (cass. soc. 27 novembre 2019, n° 17-31.258; JCP éd. S 2020, 1004, note N. Collet-Thiry; RJS 2/20 n° 83; JSL n° 492, 24.02.2020, pp. 27 et s., J-Ph. Lhernould).

• L'action par laquelle un salarié, ayant travaillé dans un des établissements mentionnés à l'article 41 de la loi 98-1194 du 23 décembre 1998 et figurant sur une liste établie par arrêté ministériel pendant une période où y étaient fabriqués ou traités l'amiante ou des matériaux contenant de l'amiante, demande réparation du préjudice d'anxiété, au motif qu'il se trouve, du fait de l'employeur, dans un état d'inquiétude permanente généré par le risque de déclaration à tout moment d'une maladie liée à l'amiante, se rattache à l'exécution du contrat de travail (cass. soc. 12 novembre 2020, n° 19-18.490, à paraître, LS n° 18198 du 07.12.2020; voir aussi cass. soc. 8 juillet 2020, n° 18-26.585, à paraître, RJS 10/20 n° 472; JCP éd. S 2020, 3026, note D. Asquinazi-Bailleux).

• Sur le régime de prescription de l'action en requalification du CDD en CDI, voir note sous L. 1245-2.

• Voir aussi SSL n° 1598 du 8.07.2013, p. 91, H. Masse-Dessen, «Quelques paradoxes sur la réduction des délais de prescription»; Dr. Soc. 2013, p. 833, B. Gauriau, «La diminution des délais de prescriptions».

TITRE VII (réglementaire) RÉSOLUTION AMIABLE DES DIFFÉRENDS

Note • Afin de limiter le nombre d'affaires portées devant les conseils de prud'hommes, la loi 2015-990 du 6 août 2015, art. 258 et 259 (JO 7) a étendu aux contentieux individuels du travail deux procédures de règlement amiable des conflits, la médiation conventionnelle et la convention de procédure participative, jusqu'alors applicables uniquement en matière civile. Les dispositions de ce titre, issues du décret 2016-660 du 20 mai 2016 (JO 25), permettent la mise en œuvre de ces modes amiables de règlement des conflits en appliquant aux différends qui s'élèvent à l'occasion d'un contrat de travail les dispositions du code de procédure civile consacrées à la résolution amiable des différends.

Ainsi, un employeur et un salarié peuvent recourir à un médiateur, choisi par elles ou désigné, avec leur accord, par le juge saisi du litige pour régler à l'amiable un différend s'élevant à l'occasion du contrat de travail qui les lie ou qui les liait. Est également ouverte aux conflits nés d'un contrat de travail la procédure participative. Ce dispositif permet aux parties à un différend qui n'a pas encore donné lieu à la saisine du juge de conclure une convention par laquelle elles s'engagent pour une durée déterminée à œuvrer conjointement et de bonne foi à la résolution amiable de ce différend. Tant qu'elle est en cours, cette convention rend irrecevable tout recours au juge pour qu'il statue sur le litige, sauf inexécution de la convention par l'une des parties.

Le cas échéant, l'accord auquel parviennent les parties est consigné par écrit et détaille les éléments ayant permis la conclusion de cet accord. Il peut être soumis à l'homologation du juge afin de le rendre exécutoire.

• Voir Dr. Soc. 2019, p. 617: «La confiance dans le règlement amiable des différends», L. Casaux-Labrunée.

• Les dispositions de ce titre sont applicables à Mayotte à compter du 01.01.2022 (décret 2018-953 du 31 octobre 2018, art. 58, III, *b*, JO 6 nov.).

Art. R. 1471-1. ***(D. 2016-660 du 20 mai 2016, art. 31, JO 25)*** Les dispositions du livre V du code de procédure civile sont applicables aux différends qui s'élèvent à l'occasion d'un contrat de travail.

Le bureau de conciliation et d'orientation homologue l'accord issu d'un mode de résolution amiable des différends, dans les conditions prévues par les dispositions précitées.

(D. 2017-1008 du 10 mai 2017, JO 11) «Ces dispositions sont applicables à la transaction conclue sans qu'il ait été recouru à une médiation, une conciliation ou une procédure participative. Le bureau de conciliation est alors saisi par la partie la plus diligente ou l'ensemble des parties à la transaction.»

Art. R. 1471-2. ***(D. 2016-660 du 20 mai 2016, art. 31, JO 25)*** Le bureau de conciliation et d'orientation ou le bureau de jugement peut, quel que soit le stade de la procédure :

1° Après avoir recueilli l'accord des parties, désigner un médiateur afin de les entendre et de confronter leurs points de vue pour permettre de trouver une solution au litige qui les oppose ;

2° Enjoindre aux parties de rencontrer un médiateur qui les informe sur l'objet et le déroulement de la mesure.

L'accord est homologué, selon le cas, par le bureau de conciliation et d'orientation ou le bureau de jugement.

ANNEXE

SIÈGE ET RESSORT DES CONSEILS DE PRUD'HOMMES

(ANNEXE DE L'ARTICLE R. 1422-4, EN VIGUEUR AU 1er JANVIER 2020)

DÉPARTEMENT	TRIBUNAL JUDICIAIRE	SIÈGE ET RESSORT DES CONSEILS DE PRUD'HOMMES	
		Siège du conseil de prud'hommes	Ressort du conseil de prud'hommes
Cour d'appel d'Agen			
Gers	Auch	Auch	Ressort du tribunal judiciaire d'Auch.
Lot	Cahors	Cahors	Ressort du tribunal judiciaire de Cahors.
Lot-et-Garonne	Agen	Agen	Ressort du tribunal judiciaire d'Agen, à l'exception du ressort de la chambre de proximité de Marmande.
		Marmande	Ressort de la chambre de proximité de Marmande.
Cour d'appel d'Aix-en-Provence			
Alpes-de-Haute-Provence	Digne-les-Bains	Digne-les-Bains	Ressort du tribunal judiciaire de Digne-les-Bains
Alpes-Maritimes	Grasse	Cannes	Ressort de la chambre de proximité de Cannes.
		Grasse	Ressort du tribunal judiciaire de Grasse, à l'exception du ressort de la chambre de proximité de Cannes.
	Nice	Nice	Ressort du tribunal judiciaire de Nice.
Bouches-du-Rhône	Aix-en-Provence	Aix-en-Provence	Ressort du tribunal judiciaire d'Aix-en-Provence, à l'exception du ressort de la chambre de proximité de Martigues.
		Martigues	Ressort de la chambre de proximité de Martigues.
	Marseille	Marseille	Ressort du tribunal judiciaire de Marseille.
	Tarascon	Arles	Ressort du tribunal judiciaire de Tarascon.
Var	Draguignan	Draguignan	Ressort du tribunal judiciaire de Draguignan, à l'exception du ressort de la chambre de proximité de Fréjus.
		Fréjus	Ressort de la chambre de proximité de Fréjus.
	Toulon	Toulon	Ressort du tribunal judiciaire de Toulon.
Cour d'appel d'Amiens			
Aisne	Laon	Laon	Ressort du tribunal judiciaire de Laon.
	Saint-Quentin	Saint-Quentin	Ressort du tribunal judiciaire de Saint-Quentin.
	Soissons	Soissons	Ressort du tribunal judiciaire de Soissons.
Oise	Beauvais	Beauvais	Ressort du tribunal judiciaire de Beauvais.
	Compiègne	Compiègne	Ressort du tribunal judiciaire de Compiègne.
	Senlis	Creil	Ressort du tribunal judiciaire de Senlis.
Somme	Amiens	Abbeville	Ressort de la chambre de proximité d'Abbeville.
		Amiens	Ressort du tribunal judiciaire d'Amiens, à l'exception des ressorts des chambres de proximité d'Abbeville et Péronne.
		Péronne	Ressort de la chambre de proximité de Péronne.

DÉPARTEMENT	TRIBUNAL JUDICIAIRE	SIÈGE ET RESSORT DES CONSEILS DE PRUD'HOMMES	
		Siège du conseil de prud'hommes	Ressort du conseil de prud'hommes
Cour d'appel d'Angers			
Maine-et-Loire	Angers	Angers	Ressort du tribunal judiciaire d'Angers.
	Saumur	Saumur	Ressort du tribunal judiciaire de Saumur.
Mayenne	Laval	Laval	Ressort du tribunal judiciaire de Laval.
Sarthe	Le Mans	Le Mans	Ressort du tribunal judiciaire du Mans.
Cour d'appel de Bastia			
Corse-du-Sud	Ajaccio	Ajaccio	Ressort du tribunal judiciaire d'Ajaccio.
Haute-Corse	Bastia	Bastia	Ressort du tribunal judiciaire de Bastia.
Cour d'appel de Besançon			
Territoire de Belfort	Belfort	Belfort	Ressort du tribunal judiciaire de Belfort.
Doubs	Besançon	Besançon	Ressort du tribunal judiciaire de Besançon.
	Montbéliard	Montbéliard	Ressort du tribunal judiciaire de Montbéliard.
Jura	Lons-le-Saunier	Dole	Ressort de la chambre de proximité de Dole.
		Lons-le-Saunier	Ressort du tribunal judiciaire de Lons-le-Saunier, à l'exception du ressort de la chambre de proximité de Dole.
Haute-Saône	Vesoul	Lure	Ressort de la chambre de proximité de Lure.
		Vesoul	Ressort du tribunal judiciaire de Vesoul, à l'exception du ressort de la chambre de proximité de Lure.
Cour d'appel de Bordeaux			
Charente	Angoulême	Angoulême	Ressort du tribunal judiciaire d'Angoulême.
Dordogne	Bergerac	Bergerac	Ressort du tribunal judiciaire de Bergerac.
	Périgueux	Périgueux	Ressort du tribunal judiciaire de Périgueux.
Gironde	Bordeaux	Bordeaux	Ressort du tribunal judiciaire de Bordeaux.
	Libourne	Libourne	Ressort du tribunal judiciaire de Libourne.
Cour d'appel de Bourges			
Cher	Bourges	Bourges	Ressort du tribunal judiciaire de Bourges.
Indre	Châteauroux	Châteauroux	Ressort du tribunal judiciaire de Châteauroux.
Nièvre	Nevers	Nevers	Ressort du tribunal judiciaire de Nevers.
Cour d'appel de Caen			
Calvados	Caen	Caen	Ressort du tribunal judiciaire de Caen.
	Lisieux	Lisieux	Ressort du tribunal judiciaire de Lisieux.
Manche	Cherbourg-en-Cotentin	Cherbourg-en-Cotentin	Ressort du tribunal judiciaire de Cherbourg-en-Cotentin.
	Coutances	Coutances	Ressort du tribunal judiciaire de Coutances, à l'exception du ressort de la chambre de proximité d'Avranches.
		Avranches	Ressort de la chambre de proximité d'Avranches.
Orne	Alençon	Alençon	Ressort du tribunal judiciaire d'Alençon.
	Argentan	Argentan	Ressort du tribunal judiciaire d'Argentan.
Cour d'appel de Chambéry			
Savoie	Albertville	Albertville	Ressort du tribunal judiciaire d'Albertville.
	Chambéry	Aix-les-Bains	Cantons d'Aix-les-Bains-Centre, Aix-les-Bains-Nord-Grésy, Aix-les-Bains-Sud, Albens, Le Châtelard, Ruffieux et Yenne.
		Chambéry	Ressort du tribunal judiciaire de Chambéry, à l'exception des cantons d'Aix-les-Bains-Centre, Aix-les-Bains-Nord-Grésy, Aix-les-Bains-Sud, Albens, Le Châtelard, Ruffieux et Yenne.

DÉPARTEMENT	TRIBUNAL JUDICIAIRE	SIÈGE ET RESSORT DES CONSEILS DE PRUD'HOMMES	
		Siège du conseil de prud'hommes	Ressort du conseil de prud'hommes
Haute-Savoie	Annecy	Annecy	Ressort du tribunal judiciaire d'Annecy.
	Bonneville	Bonneville	Ressort du tribunal judiciaire de Bonneville.
	Thonon-les-Bains	Annemasse	Ressort du tribunal judiciaire de Thonon-les-Bains.
Cour d'appel de Colmar			
Bas-Rhin	Saverne	Saverne	Ressort du tribunal judiciaire de Saverne.
	Strasbourg	Haguenau	Ressort de la chambre de proximité de Haguenau, à l'exception des cantons de Brumath, Hochfelden (à l'exception de la partie de la commune de Val-de-Moder correspondant à l'ancienne commune de Ringeldorf) et Truchtersheim.
		Schiltigheim	Ressort de la chambre de proximité de Schiltigheim et cantons de Brumath, Hochfelden (à l'exception de la partie de la commune de Val-de-Moder correspondant à l'ancienne commune de Ringeldorf) et Truchtersheim.
		Strasbourg	Ressort du tribunal judiciaire de Strasbourg, à l'exception des ressorts des chambres de proximité de Haguenau et Schiltigheim.
Haut-Rhin	Colmar	Colmar	Ressort du tribunal judiciaire de Colmar.
	Mulhouse	Mulhouse	Ressort du tribunal judiciaire de Mulhouse.
Cour d'appel de Dijon			
Côte-d'Or	Dijon	Dijon	Ressort du tribunal judiciaire de Dijon.
Haute-Marne	Chaumont	Chaumont	Ressort du tribunal judiciaire de Chaumont.
Saône-et-Loire	Chalon-sur-Saône	Chalon-sur-Saône	Ressort du tribunal judiciaire de Chalon-sur-Saône.
	Mâcon	Mâcon	Ressort du tribunal judiciaire de Mâcon.
Cour d'appel de Douai			
Nord	Avesnes-sur-Helpe	Avesnes-sur-Helpe	Ressort du tribunal judiciaire d'Avesnes-sur-Helpe.
	Cambrai	Cambrai	Ressort du tribunal judiciaire de Cambrai.
	Douai	Douai	Ressort du tribunal judiciaire de Douai.
	Dunkerque	Dunkerque	Ressort du tribunal judiciaire de Dunkerque, à l'exception du ressort de la chambre de proximité de Hazebrouck.
		Hazebrouck	Ressort de la chambre de proximité de Hazebrouck.
	Lille	Lannoy	Cantons de Lannoy, Villeneuve-d'Ascq-Nord et Villeneuve-d'Ascq-Sud.
		Lille	Ressort du tribunal judiciaire de Lille, à l'exception des ressorts des chambres de proximité de Roubaix et Tourcoing, et des cantons de Lannoy, Villeneuve-d'Ascq-Nord et Villeneuve-d'Ascq-Sud et des communes de Comines et Wervicq-Sud.
		Roubaix	Ressort de la chambre de proximité de Roubaix.
		Tourcoing	Ressort de la chambre de proximité de Tourcoing et des communes de Comines et Wervicq-Sud.
	Valenciennes	Valenciennes	Ressort du tribunal judiciaire de Valenciennes.
Pas-de-Calais	Arras	Arras	Ressort du tribunal judiciaire d'Arras.
	Béthune	Béthune	Ressort du tribunal judiciaire de Béthune, à l'exception de la chambre de proximité de Lens.
		Lens	Ressort de la chambre de proximité de Lens.
	Boulogne-sur-Mer	Boulogne-sur-Mer	Ressort du tribunal judiciaire de Boulogne-sur-Mer, à l'exception du ressort de la chambre de proximité de Calais.
		Calais	Ressort de la chambre de proximité de Calais.
	Saint-Omer	Saint-Omer	Ressort du tribunal judiciaire de Saint-Omer.

DÉPARTEMENT	TRIBUNAL JUDICIAIRE	SIÈGE ET RESSORT DES CONSEILS DE PRUD'HOMMES	
		Siège du conseil de prud'hommes	Ressort du conseil de prud'hommes
Cour d'appel de Grenoble			
Hautes-Alpes	Gap	Gap	Ressort du tribunal judiciaire de Gap.
Drôme	Valence	Montélimar	Ressort de la chambre de proximité de Montélimar.
		Valence	Ressort du tribunal judiciaire de Valence, à l'exception du ressort de la chambre de proximité de Montélimar.
Isère	Bourgoin-Jallieu	Bourgoin-Jallieu	Ressort du tribunal judiciaire de Bourgoin-Jallieu.
	Grenoble	Grenoble	Ressort du tribunal judiciaire de Grenoble.
	Vienne	Vienne	Ressort du tribunal judiciaire de Vienne.
Cour d'appel de Limoges			
Corrèze	Brive-la-Gaillarde	Brive-la-Gaillarde	Ressort du tribunal judiciaire de Brive-la-Gaillarde.
	Tulle	Tulle	Ressort du tribunal judiciaire de Tulle.
Creuse	Guéret	Guéret	Ressort du tribunal judiciaire de Guéret.
Haute-Vienne	Limoges	Limoges	Ressort du tribunal judiciaire de Limoges.
Cour d'appel de Lyon			
Ain	Bourg-en-Bresse	Belley	Ressort de la chambre de proximité de Belley.
		Bourg-en-Bresse	Ressort du tribunal judiciaire de Bourg-en-Bresse, à l'exception des ressorts des chambres de proximité de Belley et Nantua.
		Oyonnax	Ressort de la chambre de proximité de Nantua.
Loire	Roanne	Roanne	Ressort du tribunal judiciaire de Roanne.
	Saint-Étienne	Montbrison	Ressort de la chambre de proximité de Montbrison.
		Saint-Étienne	Ressort du tribunal judiciaire de Saint-Étienne, à l'exception du ressort de la chambre de proximité de Montbrison.
Rhône	Lyon	Lyon	Ressort du tribunal judiciaire de Lyon.
	Villefranche-sur-Saône	Villefranche-sur-Saône	Ressort du tribunal judiciaire de Villefranche-sur-Saône.
Cour d'appel de Metz			
Moselle	Metz	Metz	Ressort du tribunal judiciaire de Metz.
	Sarreguemines	Forbach	Ressort du tribunal judiciaire de Sarreguemines.
	Thionville	Thionville	Ressort du tribunal judiciaire de Thionville.
Cour d'appel de Montpellier			
Aude	Carcassonne	Carcassonne	Ressort du tribunal judiciaire de Carcassonne.
	Narbonne	Narbonne	Ressort du tribunal judiciaire de Narbonne.
Aveyron	Rodez	Millau	Ressort de la chambre de proximité de Millau.
		Rodez	Ressort du tribunal judiciaire de Rodez, à l'exception du ressort de la chambre de proximité de Millau.
Hérault	Béziers	Béziers	Ressort du tribunal judiciaire de Béziers.
	Montpellier	Montpellier	Ressort du tribunal judiciaire de Montpellier, à l'exception du ressort de la chambre de proximité de Sète.
		Sète	Ressort de la chambre de proximité de Sète.
Pyrénées-Orientales	Perpignan	Perpignan	Ressort du tribunal judiciaire de Perpignan.
Cour d'appel de Nancy			
Meurthe-et-Moselle	Val-de-Briey	Longwy	Ressort du tribunal judiciaire de Val-de-Briey.
	Nancy	Nancy	Ressort du tribunal judiciaire de Nancy.

DÉPARTEMENT	TRIBUNAL JUDICIAIRE	SIÈGE ET RESSORT DES CONSEILS DE PRUD'HOMMES	
		Siège du conseil de prud'hommes	Ressort du conseil de prud'hommes
Meuse	Bar-le-Duc	Bar-le-Duc	Ressort du tribunal judiciaire de Bar-le-Duc.
	Verdun	Verdun	Ressort du tribunal judiciaire de Verdun.
Vosges	Épinal	Épinal	Ressort du tribunal judiciaire d'Épinal, à l'exception du ressort de la chambre de proximité de Saint-Dié-des-Vosges.
		Saint-Dié-des-Vosges	Ressort de la chambre de proximité de Saint-Dié-des-Vosges.
Cour d'appel de Nîmes			
Ardèche	Privas	Annonay	Ressort de la chambre de proximité d'Annonay.
		Aubenas	Ressort du tribunal judiciaire de Privas, à l'exception du ressort de la chambre de proximité d'Annonay.
Gard	Alès	Alès	Ressort du tribunal judiciaire d'Alès.
	Nîmes	Nîmes	Ressort du tribunal judiciaire de Nîmes.
Lozère	Mende	Mende	Ressort du tribunal judiciaire de Mende.
Vaucluse	Avignon	Avignon	Ressort du tribunal judiciaire d'Avignon.
	Carpentras	Orange	Ressort du tribunal judiciaire de Carpentras.
Cour d'appel d'Orléans			
Indre-et-Loire	Tours	Tours	Ressort du tribunal judiciaire de Tours.
Loir-et-Cher	Blois	Blois	Ressort du tribunal judiciaire de Blois.
Loiret	Montargis	Montargis	Ressort du tribunal judiciaire de Montargis.
	Orléans	Orléans	Ressort du tribunal judiciaire d'Orléans.
Cour d'appel de Paris			
Essonne	Évry-Courcouronnes	Évry-Courcouronnes	Ressort du tribunal judiciaire d'Évry-Courcouronnes, à l'exception des ressorts des chambres de proximité de Longjumeau et Palaiseau.
		Longjumeau	Ressort des chambres de proximité de Longjumeau et Palaiseau.
Seine-et-Marne	Fontainebleau	Fontainebleau	Ressort du tribunal judiciaire de Fontainebleau.
	Meaux	Meaux	Ressort du tribunal judiciaire de Meaux.
	Melun	Melun	Ressort du tribunal judiciaire de Melun.
Seine-Saint-Denis	Bobigny	Bobigny	Ressort du tribunal judiciaire de Bobigny.
Val-de-Marne	Créteil	Créteil	Ressort des chambres de proximité de Charenton-le-Pont, Ivry-sur-Seine, Nogent-sur-Marne, Saint-Maur-des-Fossés et Villejuif, à l'exception des cantons de Choisy-le-Roi et Orly, et de l'emprise de l'aérodrome de Paris-Orly.
		Villeneuve-Saint-Georges	Ressort de la chambre de proximité de Sucy-en-Brie, cantons de Choisy-le-Roi et Orly, emprise de l'aérodrome de Paris-Orly.
Yonne	Auxerre	Auxerre	Ressort du tribunal judiciaire d'Auxerre.
	Sens	Sens	Ressort du tribunal judiciaire de Sens.
Paris	Paris	Paris	Ressort du tribunal judiciaire de Paris.
Cour d'appel de Pau			
Landes	Dax	Dax	Ressort du tribunal judiciaire de Dax.
	Mont-de-Marsan	Mont-de-Marsan	Ressort du tribunal judiciaire de Mont-de-Marsan.
Pyrénées-Atlantiques	Bayonne	Bayonne	Ressort du tribunal judiciaire de Bayonne.
	Pau	Pau	Ressort du tribunal judiciaire de Pau.
Hautes-Pyrénées	Tarbes	Tarbes	Ressort du tribunal judiciaire de Tarbes.

DÉPARTEMENT	TRIBUNAL JUDICIAIRE	SIÈGE ET RESSORT DES CONSEILS DE PRUD'HOMMES	
		Siège du conseil de prud'hommes	Ressort du conseil de prud'hommes
Cour d'appel de Poitiers			
Charente-Maritime	La Rochelle	La Rochelle	Ressort du tribunal judiciaire de La Rochelle, à l'exception du ressort de la chambre de proximité de Rochefort.
		Rochefort	Ressort de la chambre de proximité de Rochefort.
	Saintes	Saintes	Ressort du tribunal judiciaire de Saintes.
Deux-Sèvres	Niort	Thouars	Ressort de la chambre de proximité de Bressuire.
		Niort	Ressort du tribunal judiciaire de Niort, à l'exception du ressort de la chambre de proximité de Bressuire.
Vendée	La Roche-sur-Yon	La Roche-sur-Yon	Ressort du tribunal judiciaire de La Roche-sur-Yon.
	Les Sables-d'Olonne	Les Sables-d'Olonne	Ressort du tribunal judiciaire des Sables-d'Olonne.
Vienne	Poitiers	Poitiers	Ressort du tribunal judiciaire de Poitiers.
Cour d'appel de Reims			
Ardennes	Charleville-Mézières	Charleville-Mézières	Ressort du tribunal judiciaire de Charleville-Mézières.
Aube	Troyes	Troyes	Ressort du tribunal judiciaire de Troyes.
Marne	Châlons-en-Champagne	Châlons-en-Champagne	Ressort du tribunal judiciaire de Châlons-en-Champagne, à l'exception des cantons d'Anglure, Avize, Dormans, Épernay 1er canton, Épernay 2e canton, Esternay, Fère-Champenoise, Montmirail, Montmort-Lucy et Sézanne et à l'exception de la partie de la commune de Blancs-Coteaux correspondant aux anciennes communes de Vertus et de Voipreux.
		Épernay	Cantons d'Anglure, Avize, Dormans, Épernay 1er canton, Épernay 2e canton, Esternay, Fère-Champenoise, Montmirail, Montmort-Lucy et Sézanne et commune de Blancs-Coteaux.
	Reims	Reims	Ressort du tribunal judiciaire de Reims.
Cour d'appel de Rennes			
Côtes-d'Armor	Saint-Brieuc	Guingamp	Ressort de la chambre de proximité de Guingamp.
		Saint-Brieuc	Ressort du tribunal judiciaire de Saint-Brieuc, à l'exception du ressort de la chambre de proximité de Guingamp.
Finistère	Brest	Brest	Ressort du tribunal judiciaire de Brest, à l'exception du ressort de la chambre de proximité de Morlaix.
		Morlaix	Ressort de la chambre de proximité de Morlaix.
	Quimper	Quimper	Ressort du tribunal judiciaire de Quimper.
Ille-et-Vilaine	Rennes	Rennes	Ressort du tribunal judiciaire de Rennes.
	Saint-Malo	Dinan (Côtes-d'Armor)	Ressort de la chambre de proximité de Dinan.
		Saint-Malo	Ressort du tribunal judiciaire de Saint-Malo, à l'exception du ressort de la chambre de proximité de Dinan.
Loire-Atlantique	Nantes	Nantes	Ressort du tribunal judiciaire de Nantes.
	Saint-Nazaire	Saint-Nazaire	Ressort du tribunal judiciaire de Saint-Nazaire.
Morbihan	Lorient	Lorient	Ressort du tribunal judiciaire de Lorient.
	Vannes	Vannes	Ressort du tribunal judiciaire de Vannes.
Cour d'appel de Riom			
Allier	Cusset	Vichy	Ressort du tribunal judiciaire de Cusset.
	Montluçon	Montluçon	Ressort du tribunal judiciaire de Montluçon.
	Moulins	Moulins	Ressort du tribunal judiciaire de Moulins.
Cantal	Aurillac	Aurillac	Ressort du tribunal judiciaire d'Aurillac.
Haute-Loire	Le Puy-en-Velay	Le Puy-en-Velay	Ressort du tribunal judiciaire du Puy-en-Velay.

DÉPARTEMENT	TRIBUNAL JUDICIAIRE	SIÈGE ET RESSORT DES CONSEILS DE PRUD'HOMMES	
		Siège du conseil de prud'hommes	Ressort du conseil de prud'hommes
Puy-de-Dôme	Clermont-Ferrand	Clermont-Ferrand	Ressort du tribunal judiciaire de Clermont-Ferrand, à l'exception du ressort de la chambre de proximité de Riom.
		Riom	Ressort de la chambre de proximité de Riom.
Cour d'appel de Rouen			
Eure	Évreux	Bernay	Ressort de la chambre de proximité de Bernay et commune des Monts du Roumois.
		Évreux	Ressort du tribunal judiciaire d'Évreux, à l'exception des ressorts de la chambre de proximité de Bernay, des Andelys et des cantons d'Amfreville-la-Campagne, Gaillon, Gaillon-Campagne, Le Neubourg, Louviers-Nord, Louviers-Sud, Pont-de-l'Arche et Val-de-Reuil.
		Louviers	Ressort de la chambre de proximité des Andelys et cantons d'Amfreville-la-Campagne (à l'exception de la partie de la commune des Monts du Roumois correspondant à l'ancienne commune de Houlbec-près-le-Gros-Theil), Gaillon, Gaillon-Campagne, Le Neubourg, Louviers-Nord, Louviers-Sud, Pont-de-l'Arche et Val-de-Reuil.
Seine-Maritime	Dieppe	Dieppe	Ressort du tribunal judiciaire de Dieppe.
	Le Havre	Le Havre	Ressort du tribunal judiciaire du Havre.
	Rouen	Rouen	Ressort du tribunal judiciaire de Rouen.
Cour d'appel de Toulouse			
Ariège	Foix	Foix	Ressort du tribunal judiciaire de Foix.
Haute-Garonne	Saint-Gaudens	Saint-Gaudens	Ressort du tribunal judiciaire de Saint-Gaudens.
	Toulouse	Toulouse	Ressort du tribunal judiciaire de Toulouse.
Tarn	Albi	Albi	Ressort du tribunal judiciaire d'Albi.
	Castres	Castres	Ressort du tribunal judiciaire de Castres.
Tarn-et-Garonne	Montauban	Montauban	Ressort du tribunal judiciaire de Montauban.
Cour d'appel de Versailles			
Eure-et-Loir	Chartres	Chartres	Ressort du tribunal judiciaire de Chartres, à l'exception du ressort de la chambre de proximité de Dreux et des cantons de Bonneval, Brou, Châteaudun, Cloyes-sur-le-Loir et Orgères-en-Beauce.
		Châteaudun	Cantons de Bonneval, Brou, Châteaudun, Cloyes-sur-le-Loir et Orgères-en-Beauce.
		Dreux	Ressort de la chambre de proximité de Dreux.
Hauts-de-Seine	Nanterre	Boulogne-Billancourt	Ressort des chambres de proximité d'Antony, Boulogne-Billancourt et Vanves.
		Nanterre	Ressort des chambres de proximité d'Asnières-sur-Seine, Colombes, Courbevoie et Puteaux.
Val-d'Oise	Pontoise	Argenteuil	Ressort de la chambre de proximité de Sannois.
		Montmorency	Ressort des chambres de proximité de Gonesse et Montmorency.
		Pontoise	Ressort du tribunal judiciaire de Pontoise, à l'exception des ressorts des chambres de proximité de Sannois, Gonesse et Montmorency.
Yvelines	Versailles	Mantes-la-Jolie	Ressort de la chambre de proximité de Mantes-la-Jolie.
		Poissy	Ressort de la chambre de proximité de Poissy.
		Rambouillet	Ressort de la chambre de proximité de Rambouillet.
		Saint-Germain-en-Laye	Ressort de la chambre de proximité de Saint-Germain-en-Laye.
		Versailles	Ressort du tribunal judiciaire de Versailles, à l'exception des ressorts des chambres de proximité de Mantes-la-Jolie, Poissy, Rambouillet et Saint-Germain-en-Laye.

DÉPARTEMENT	TRIBUNAL JUDICIAIRE	SIÈGE ET RESSORT DES CONSEILS DE PRUD'HOMMES	
		Siège du conseil de prud'hommes	Ressort du conseil de prud'hommes
Cour d'appel de Basse-Terre			
Guadeloupe	Basse-Terre	Basse-Terre	Ressort du tribunal judiciaire de Basse-Terre.
	Pointe-à-Pitre	Pointe-à-Pitre	Ressort du tribunal judiciaire de Pointe-à-Pitre.
Cour d'appel de Cayenne			
Guyane	Cayenne	Cayenne	Ressort du tribunal judiciaire de Cayenne.
Cour d'appel de Fort-de-France			
Martinique	Fort-de-France	Fort-de-France	Ressort du tribunal judiciaire de Fort-de-France.
Cour d'appel de Saint-Denis de la Réunion			
Mayotte	Mamoudzou	Mamoudzou	Ressort du tribunal judiciaire de Mamoudzou.
Réunion	Saint-Denis	Saint-Denis	Ressort du tribunal judiciaire de Saint-Denis.
	Saint-Pierre	Saint-Pierre	Ressort du tribunal judiciaire de Saint-Pierre.
Tribunal supérieur de Saint-Pierre			
Saint-Pierre-et-Miquelon	Saint-Pierre	Saint-Pierre	Ressort du tribunal supérieur d'appel de Saint-Pierre.

(*) Siège provisoire dans l'attente de la future localisation du tribunal judiciaire.

LIVRE V

DISPOSITIONS RELATIVES À L'OUTRE-MER

TITRE Ier DISPOSITIONS GÉNÉRALES

CHAPITRE UNIQUE

Art. L. 1511-1. Dans la présente partie et sous réserve, le cas échéant, des dispositions du présent livre, les mots : " national ", " nationales ", " nationaux ", " France ", " territoire français ", " sol français ", " ensemble du territoire " ou " ensemble du territoire national " visent les départements de métropole, ***(Ord. 2017-1491 du 25 oct. 2017, art. 2, 3°, JO 26, entrée en vigueur le 01.01.2018)*** « la Guadeloupe, la Guyane, la Martinique, Mayotte, La Réunion, Saint-Barthélemy, Saint-Martin et Saint-Pierre-et-Miquelon ».

Lorsque les dispositions de la présente partie prévoient une sanction pénale d'interdiction du territoire français, cette interdiction s'applique sur l'ensemble du territoire de la République française.

Note • Quelle que soit la terminologie qu'il emploie, le code du travail ne trouve effet, sauf exception expresse, que dans les départements métropolitains ou d'outre-mer, à Saint-Barthélemy, à Saint-Martin et à Saint-Pierre-et-Miquelon.

• La loi organique 2007-223 du 21 février 2007 a créé deux nouvelles collectivités d'outre-mer : Saint-Barthélemy et Saint-Martin qui étaient, jusqu'à cette date, des communes du département de la Guadeloupe. Ces deux nouvelles collectivités sont régies par le régime de l'assimilation législative et, sauf dispositions contraires à leur nouveau statut, les textes antérieurement applicables continuent à y trouver effet. Ainsi, toutes les dispositions de l'ancien code du travail applicables en Guadeloupe avant la création des collectivités d'outre-mer de Saint-Barthélemy et de Saint-Martin continuent à s'y appliquer, y compris celles spécifiques aux départements d'outre-mer figurant à son livre VIII. L'ordonnance 2008-205 du 27 février 2008 (JO 1er mars) se fonde sur l'habilitation du gouvernement à adapter la législation pour tirer les conséquences, en matière de droit du travail, de la création de Saint-Barthélemy et de Saint-Martin, prévue par la loi 2007-224 du 21 février 2007 (art. 19), et maintenir l'application à Saint-Barthélemy et à Saint-Martin, dans le nouveau code du travail, au-delà du 1er mai 2008, de l'ensemble des dispositions spécifiques aux départements d'outre-mer (rapport au président de la République relatif à l'ordonnance 2008-205 précitée).

TITRE II GUADELOUPE, GUYANE, MARTINIQUE, MAYOTTE, LA RÉUNION, SAINT-BARTHÉLEMY, SAINT-MARTIN ET SAINT-PIERRE-ET-MIQUELON

CHAPITRE Ier Dispositions générales

Art. L. 1521-1. Les dispositions de la présente partie s'appliquent ***(Ord. 2017-1491 du 25 oct. 2017, art. 2, 5°, JO 26, entrée en vigueur le 01.01.2018)*** «en Guadeloupe, en Guyane, en Martinique, à Mayotte et à La Réunion» ***(Ord. 2008-205 du 27 févr. 2008, JO 1er mars)*** «, à Saint-Barthélemy, à Saint-Martin» et à Saint-Pierre-et-Miquelon, sous réserve des adaptations prévues par le présent titre.

Note • L'archipel de Saint-Pierre-et-Miquelon a connu de fréquents changements statutaires. Colonie, puis territoire d'outre-mer de 1946 à 1976, il devient un département d'outre-mer par l'effet de la loi 76-664 du 19 juillet 1976, puis une collectivité territoriale par celui de la loi 85-595 du 11 juin 1985. L'article 72-3 de la Constitution issu de la loi constitutionnelle 2003-276 du 28 mars 2003 en fait une collectivité d'outre-mer. L'archipel ne fait pas partie de la Communauté européenne mais y est associé en tant que «pays et territoire d'outre-mer» par une décision d'association (rapport au président de la République relatif à l'ordonnance 2005-57 du 26 janvier 2005, JO 28).

• Les dispositions législatives des livres Ier à IX du code du travail (ancien) ont été notamment étendues à Saint-Pierre-et-Miquelon par l'ordonnance 77-1102 du 26 septembre 1977, modifiée en dernier lieu par la loi 2020-1576 du 14 décembre 2020, art. 63, IV, JO 15.

La loi 2000-1207 du 13 décembre 2000 d'orientation pour l'outre-mer (JO 14) modifiée est applicable dans la collectivité territoriale de Saint-Pierre-et-Miquelon sous certaines réserves prévues à l'article 63, modifié par l'ordonnance 2005-57 du 26 janvier 2005, art. 7 (JO 28). La loi 2003-660 du 21 juillet 2003 de programme pour l'outre-mer (JO 22) modifiée est revenue sur plusieurs des dispositions issues de la loi 2000-1207 du 13 décembre 2000.

• Des lois 98-145 du 6 mars 1998 (JO 10), 99-899 du 25 octobre 1999 (JO 26), 2001-503 du 12 juin 2001 (JO 13) et 2007-224 du 21 février 2007, art. 19 (JO 22) ont porté habilitation du gouvernement à prendre, par ordonnances, les mesures législatives nécessaires à l'actualisation et à l'adaptation du droit applicable outre-mer (dans le domaine du droit du travail notamment): voir notamment ordonnance 98-522 du 24 juin 1998 (JO 27) ratifiée (et modifiée) par loi 99-1123 du 28 décembre 1999 (JO 29); ordonnance 2000-285 du 30 mars 2000 portant actualisation et adaptation du droit du travail de l'outre-mer (JO 1er avril) et ordonnance 2000-373 du 26 avril 2000 relative aux conditions d'entrée et de séjour des étrangers à Mayotte (JO 30) ratifiées par loi 2003-660 du 21 juillet 2003, art. 65 (JO 22); ordonnance 2002-242 du 21 février 2002 (JO 23); ordonnance 2005-57 du 26 janvier 2005 portant actualisation et adaptation du droit du travail, de l'emploi et de la formation professionnelle outre-mer (JO 28). Voir aussi ordonnance 2008-697 du 11 juillet 2008 relative à l'application à Saint-Pierre-et-Miquelon de la loi 2005-882 du 2 août 2005 en faveur des petites et moyennes entreprises et réformant la chambre interprofessionnelle de Saint-Pierre-et-Miquelon (JO 16).

Art. L. 1521-2. Pour l'application de la présente partie ***(Ord. 2017-1491 du 25 oct. 2017, art. 2, 6°, JO 26, entrée en vigueur le 01.01.2018)*** «en Guadeloupe, en Guyane, en Martinique et à La Réunion» et en l'absence de mention particulière spécifique à ces collectivités, les références à la caisse régionale d'assurance maladie sont remplacées par celles de la caisse générale de sécurité sociale dans les départements d'outre-mer.

Art. L. 1521-2-1. ***(Ord. 2015-1578 du 3 déc. 2015, JO 4)*** Pour l'application de la présente partie en Guyane et en Martinique, et en l'absence de mention particulière spécifique à ces collectivités:

1° Les attributions dévolues au préfet, dans la région ou dans le département, sont exercées par le représentant de l'État dans la collectivité territoriale;

2° Les attributions dévolues au conseil départemental, au conseil régional où à leur président sont exercées par l'assemblée de Guyane ou par son président et par l'assemblée de Martinique ou par le président du conseil exécutif de Martinique ou, dans le cas prévu à l'article L. 7223-5 du code général des collectivités territoriales, par le président de l'assemblée de Martinique;

3° Les références faites au département, au département d'outre-mer, à la région ou à la région d'outre-mer, au conseil départemental et au conseil régional sont remplacées par les références à la Guyane et à la Martinique.

Note Cet article entre en vigueur à la date de la première réunion suivant la première élection de l'assemblée de Guyane et de l'assemblée de Martinique créées en application des dispositions de la loi 2011-884 du 27 juillet 2011 relative aux collectivités territoriales de Guyane et de Martinique (ordonnance 2015-1578 précitée, art. 4, III).

Art. L. 1521-2-2. ***(Ord. 2017-1491 du 25 oct. 2017, art. 2, 7°, JO 26, entrée en vigueur le 01.01.2018)*** Pour l'application de la présente partie à Mayotte et en l'absence de mention particulière spécifique à cette collectivité :

1° Les attributions dévolues au préfet dans la région ou dans le département sont exercées par le préfet de Mayotte ;

2° Les attributions dévolues au conseil régional ou à son président sont exercées par le conseil départemental de Mayotte ou par son président ;

3° Les attributions dévolues à la [direction régionale de l'économie, de l'emploi, du travail et des solidarités] ou respectivement à son directeur sont exercées par la [direction de l'économie, de l'emploi, du travail et des solidarités] de Mayotte ou son directeur ;

4° Les attributions dévolues à une direction régionale ou à son directeur sont exercées par la direction compétente à Mayotte ou son directeur ;

5° Les références au département ou à la région sont remplacées, selon le cas, par des références à Mayotte ou au Département de Mayotte ;

6° Les références à la chambre départementale d'agriculture sont remplacées par des références à la chambre de l'agriculture, de la pêche et de l'aquaculture de Mayotte ;

7° Les références à la caisse régionale d'assurance maladie ou à la caisse d'assurance retraite et de la santé au travail et aux unions de recouvrement des cotisations de sécurité sociale et d'allocations familiales sont remplacées par des références à la caisse de sécurité sociale de Mayotte ;

8° Les références au recouvrement dans les conditions prévues au chapitre VII du titre III du livre Ier du code de la sécurité sociale, ou à sa section 1, sont remplacées par des références au recouvrement par la caisse de sécurité sociale en matière de cotisations de sécurité sociale à la charge des employeurs assises sur les gains et rémunérations de leurs salariés ;

9° Les références au plafond de la sécurité sociale, ou au plafond de la sécurité sociale prévu à l'article L. 241-3 du code de la sécurité sociale, sont remplacées par des références au plafond de la sécurité sociale applicable à Mayotte ;

10° Les références au régime général de sécurité sociale sont remplacées par des références au régime de sécurité sociale prévu par l'ordonnance n° 96-1122 du 20 décembre 1996 relative à l'amélioration de la santé publique, à l'assurance maladie, maternité, invalidité et décès, au financement de la sécurité sociale à Mayotte et à la caisse de sécurité sociale de Mayotte, l'ordonnance n° 2002-149 du 7 février 2002 relative à l'extension et à la généralisation des prestations familiales et à la protection sociale dans la collectivité départementale de Mayotte, l'ordonnance n° 2002-411 du 27 mars 2002 relative à la protection sanitaire et sociale à Mayotte et l'ordonnance n° 2006-1588 du 13 décembre 2006 relative au régime de prévention de réparation et de tarification des accidents du travail et des maladies professionnelles à Mayotte ;

11° Les références aux exonérations de cotisations sociales mentionnées à l'article L. 241-13 du code de la sécurité sociale sont remplacées par des références aux exonérations de cotisations sociales mentionnées à l'article 28-7 de l'ordonnance n° 96-1122 du 20 décembre 1996 relative à l'amélioration de la santé publique, à l'assurance maladie, maternité, invalidité et décès, au financement de la sécurité sociale à Mayotte et à la caisse de sécurité sociale de Mayotte ;

12° Les références au code de la sécurité sociale sont remplacées par des références à la législation applicable à Mayotte en matière de sécurité sociale ;

13° Les documents dont le présent code prévoit la transmission par lettre recommandée peuvent toujours être remis en main propre contre décharge ou par tout autre moyen donnant date certaine à sa réception ;

14° Les dispositions du présent code qui prévoient la transmission ou la réception de documents, l'organisation de réunions et de scrutins, ou l'accomplissement de toute autre formalité par voie électronique par le public ou les salariés, sont remplacées par des dispositions permettant la transmission ou la réception de ces documents, l'organisation de ces réunions et de ces scrutins, ou l'accomplissement de ces formalités par toute voie utile ;

15° Les références au conseil de prud'hommes sont remplacées par des références au tribunal du travail et des prud'hommes ;

16° Les références au bureau de jugement sont remplacées par des références à la formation de jugement compétente du tribunal du travail et des prud'hommes ;

17° Les références aux conseillers prud'hommes sont remplacées par des références aux assesseurs du tribunal du travail et des prud'hommes;

18° Les références aux candidats à la fonction de conseiller prud'homme, ou à leur candidature, sont supprimées.

Note • Le 19° de cet article a été abrogé par la loi 2019-791 du 26 juillet 2019, art. 36, III, JO 28, entrée en vigueur le 01.01.2020.

• **À compter du 01.01.2022,** les 15° à 18° de cet article sont abrogés (ordonnance 2017-1491 précitée, art. 32, modifié par ordonnance 2017-1718 du 20 décembre 2017, art. 3, VIII, 2°, JO 21).

Art. R. 1521-1. ***(D. 2018-953 du 31 oct. 2018, art. 2, 2°, JO 6 nov.)*** Pour l'application du présent code à Mayotte et en l'absence de mention particulière spécifique à cette collectivité:

1° Les attributions dévolues au préfet dans la région ou dans le département sont exercées par le préfet de Mayotte;

2° Les attributions dévolues au conseil régional ou à son président sont exercées par le conseil départemental de Mayotte ou par son président;

3° Les attributions dévolues à la ***(D. 2020-1545 du 9 déc. 2020, JO 10, entrée en vigueur le 01.04.2021)*** «direction régionale de l'économie, de l'emploi, du travail et des solidarités» ou respectivement à son directeur sont exercées par la ***(D. 2020-1545 du 9 déc. 2020, JO 10, entrée en vigueur le 01.04.2021)*** «direction de l'économie, de l'emploi, du travail et des solidarités» de Mayotte ou son directeur;

4° Les attributions dévolues à une direction régionale ou à son directeur sont exercées par la direction compétente à Mayotte ou son directeur;

5° Les références au département ou à la région sont remplacées, selon le cas, par des références à Mayotte ou au Département de Mayotte;

6° Les références à la chambre départementale d'agriculture sont remplacées par des références à la chambre de l'agriculture, de la pêche et de l'aquaculture de Mayotte;

7° Les références à la caisse régionale d'assurance maladie ou à la caisse d'assurance retraite et de la santé au travail et aux unions de recouvrement des cotisations de sécurité sociale et d'allocations familiales sont remplacées par des références à la caisse de sécurité sociale de Mayotte;

8° Les références au recouvrement dans les conditions prévues au chapitre 7 du titre 3 du livre 1 du code de la sécurité sociale, ou à sa section 1, sont remplacées par des références au recouvrement par la caisse de sécurité sociale en matière de cotisations de sécurité sociale à la charge des employeurs assises sur les gains et rémunérations de leurs salariés;

9° Les références au plafond de la sécurité sociale, ou au plafond de la sécurité sociale prévu à l'article L. 241-3 du code de la sécurité sociale, sont remplacées par des références au plafond de la sécurité sociale applicable à Mayotte;

10° Les références au régime général de sécurité sociale sont remplacées par des références au régime de sécurité sociale prévu par l'ordonnance n° 96-1122 du 20 décembre 1996 relative à l'amélioration de la santé publique, à l'assurance maladie, maternité, invalidité et décès, au financement de la sécurité sociale à Mayotte et à la caisse de sécurité sociale de Mayotte, l'ordonnance n° 2002-149 du 7 février 2002 relative à l'extension et à la généralisation des prestations familiales et à la protection sociale dans la collectivité départementale de Mayotte, l'ordonnance n° 2002-411 du 27 mars 2002 relative à la protection sanitaire et sociale à Mayotte et l'ordonnance n° 2006-1588 du 13 décembre 2006 relative au régime de prévention de réparation et de tarification des accidents du travail et des maladies professionnelles à Mayotte et les dispositions réglementaires prises pour leur application;

11° Les références au code de la sécurité sociale sont remplacées par des références à la législation applicable à Mayotte en matière de sécurité sociale;

12° Les documents dont le présent code prévoit la transmission par lettre recommandée peuvent toujours être remis en main propre contre décharge ou par tout autre moyen donnant date certaine à sa réception;

13° Les dispositions du présent code qui prévoient la transmission ou la réception de documents, l'organisation de réunions et de scrutins, ou l'accomplissement de toute autre formalité par voie électronique par le public ou les salariés, sont remplacées par des dispositions permettant la transmission ou la réception de ces documents, l'organisation de ces réunions et de ces scrutins, ou l'accomplissement de ces formalités par toute voie utile;

14° (Abrogé);

15° Les références au conseil des prud'hommes sont remplacées par des références au tribunal du travail et des prud'hommes;

16° Les références au bureau de jugement sont remplacées par des références à la formation de jugement compétente du tribunal du travail et des prud'hommes;

17° Les références aux conseillers prud'hommes sont remplacées par des références aux assesseurs du tribunal du travail et des prud'hommes;

18° Les références aux candidats à la fonction de conseiller prud'homme, ou à leur candidature, sont supprimées.

Art. L. 1521-3

Note Le 14° de cet article a été abrogé par le décret 2019-1553 du 30 décembre 2019, art. 3, JO 31, entrée en vigueur le 01.01.2020.

À compter du 01.01.2022, les 15° à 18° de cet article sont abrogés (décret 2018-953 précité, art. 57, IV).

À compter du 01.01.2025, le 13° de cet article est abrogé (décret 2018-953 précité, art. 57, V).

Art. L. 1521-3. Pour l'application de la présente partie à Saint-Pierre-et-Miquelon et en l'absence de mention particulière spécifique à cette collectivité :

1° Les attributions dévolues au préfet, dans la région ou dans le département, sont exercées par le représentant de l'État ;

2° Les attributions dévolues au conseil régional ou à son président sont exercées par le conseil général de Saint-Pierre-et-Miquelon ou par son président ;

3° Les attributions dévolues au ***(Ord. 2019-964 du 18 sept. 2019, art. 23, JO 19, entrée en vigueur le 01.01.2020)*** «tribunal judiciaire, à son président ou à son greffe» sont attribuées au tribunal de première instance, à son président ou à son greffe ;

4° Les attributions dévolues au ***(L. 2011-525 du 17 mai 2011, art. 170, JO 18)*** «[directeur régional de l'économie, de l'emploi, du travail et des solidarités]» ou au directeur du travail, de l'emploi et de la formation professionnelle des départements d'outre-mer sont exercées par le chef du service du travail, de l'emploi et de la formation professionnelle de Saint-Pierre-et-Miquelon ;

5° Les références au code général des impôts sont remplacées par les références équivalentes du code des impôts de Saint-Pierre-et-Miquelon ;

6° Les références au département ou à la région sont remplacées par celles de Saint-Pierre-et-Miquelon ;

7° Les références à la caisse régionale d'assurance maladie sont remplacées par celles de la caisse de prévoyance sociale.

Art. L. 1521-4. ***(Ord. 2008-205 du 27 févr. 2008, JO 1er mars)*** Pour l'application de la présente partie à Saint-Barthélemy et à Saint-Martin et en l'absence de mention particulière spécifique à l'une ou l'autre de ces collectivités :

1° Les attributions dévolues au préfet, dans la région ou dans le département, sont exercées par le représentant de l'État dans chacune de ces collectivités ;

2° Les attributions dévolues au conseil régional ou à son président et au conseil général ou à son président sont exercées par le conseil territorial ou par son président ;

3° Les références au département ou à la région sont remplacées par des références à Saint-Barthélemy et à Saint-Martin ;

4° Les références à la caisse régionale d'assurance maladie sont remplacées par des références à la caisse générale de sécurité sociale.

CHAPITRE II Dispositifs simplifiés de déclaration et de recouvrement de cotisations et de contributions sociales

Art. L. 1522-1. Les dispositions des articles L. 1271-1 à L. 1271-16 ***(Ord. 2015-682 du 18 juin 2015, art. 3, I, 3°, JO 19, entrée en vigueur le 01.01.2017)*** «et de la sous-section 2 de la section 1 du chapitre III *bis* du livre Ier du code de la sécurité sociale» relatives au chèque emploi-service universel s'appliquent ***(Ord. 2015-682 du 18 juin 2015, art. 3, I, 3°, JO 19, entrée en vigueur le 01.01.2017)*** «en Guadeloupe, en Guyane, en Martinique, ***(Ord. 2017-1491 du 25 oct. 2017, art. 34, I, 1°, JO 26, entrée en vigueur le 01.01.2020)*** «à Mayotte,» à La Réunion» ***(Ord. 2008-205 du 27 févr. 2008, JO 1er mars)*** «, à Saint-Barthélemy, à Saint-Martin» et à Saint-Pierre-et-Miquelon.

Art. L. 1522-2. ***(Ord. 2015-682 du 18 juin 2015, art. 3, I, 4°, JO 19, entrée en vigueur le 01.01.2017)*** Les dispositions de la sous-section 2 de la section 1 du chapitre III *bis* du livre Ier du code de la sécurité sociale relatives au chèque emploi associatif et du chapitre II du titre VII du livre II de la première partie du présent code s'appliquent en Guadeloupe, en Guyane, en Martinique, ***(Ord. 2017-1491 du 25 oct. 2017, art. 34, I, 1°, JO 26, entrée en vigueur le 01.01.2020)*** «à Mayotte,» à La Réunion, à Saint-Barthélemy, à Saint-Martin et à Saint-Pierre-et-Miquelon.

Art. L. 1522-3. ***(Ord. 2015-682 du 18 juin 2015, art. 3, I, 5°, JO 19, entrée en vigueur le 01.01.2017) (Ord. 2017-1491 du 25 oct. 2017, art. 2, 8°, JO 26, entrée en vigueur le 01.01.2018)***

« I. –» Les dispositions de la sous-section 2 de la section 1 du chapitre III *bis* du livre Ier du code de la sécurité sociale relatives au titre emploi-service entreprise et du chapitre III du titre VII du livre II de la première partie du présent code s'appliquent en Guadeloupe, en Guyane, en Martinique, à La Réunion, à Saint-Barthélemy, à Saint-Martin et à Saint-Pierre-et-Miquelon.

(Ord. 2017-1491 du 25 oct. 2017, art. 2, 8°, JO 26, entrée en vigueur le 01.01.2018) «II. – Les dispositions de la sous-section 2 de la section 1 du chapitre III *bis* du livre Ier du code de la sécurité sociale relatives au titre emploi-service entreprises sont applicables à Mayotte dans les conditions définies à l'article 28-11 de l'ordonnance n° 96-1122 du 20 décembre 1996 relative à l'amélioration de la santé publique, à l'assurance maladie, maternité, invalidité et décès, au financement de la sécurité sociale à Mayotte et à la caisse de sécurité sociale de Mayotte.»

Note En Guadeloupe, en Guyane, en Martinique, à La Réunion, à Saint-Barthélemy, à Saint-Martin et à Saint-Pierre-et-Miquelon, le titre emploi-service entreprise (TESE), applicable depuis le 1er janvier 2017, remplace le titre de travail simplifié (TTS), seul applicable dans ces territoires jusqu'à cette date. On notera que, selon le site internet de l'URSSAF, le TTS a, en pratique, été supprimé le 31 décembre 2018 (communiqué URSSAF du 24 octobre 2018).

Art. L. 1522-4. ***(Ord. 2015-682 du 18 juin 2015, art. 3, I, 5°, JO 19, entrée en vigueur le 01.01.2017)*** Les dispositions de la sous-section 2 de la section 1 du chapitre III *bis* du livre Ier du code de la sécurité sociale relatives aux particuliers qui emploient des salariés exerçant une activité de garde d'enfants mentionnés au 4° de l'article L. 133-5-6 du même code et du chapitre Ier du titre III du livre cinquième du même code s'appliquent en Guadeloupe, en Guyane, en Martinique, ***(Ord. 2017-1491 du 25 oct. 2017, art. 34, I, 2°, JO 26, entrée en vigueur le 01.01.2022)*** «à Mayotte,» à La Réunion, à Saint-Barthélemy et à Saint-Martin.

CHAPITRE III Le conseil de prud'hommes

Art. L. 1523-1. ***(Ord. 2016-388 du 31 mars 2016, art. 1er, 14°, JO 1er avril, entrée en vigueur le 01.02.2017)*** Pour l'application de l'article L. 1441-4 aux conseils de prud'hommes de Guadeloupe, les mots: " au niveau départemental " sont remplacés par les mots: " en Guadeloupe, à Saint-Barthélemy et à Saint-Martin ".

Art. R. 1523-1. ***(D. 2016-1359 du 11 oct. 2016, art. 6, JO 13, entrée en vigueur le 01.02.2017)*** Pour l'application des articles R. 1441-3, R. 1441-6 à R. 1441-7, et R. 1441-18 aux conseils de prud'hommes de Guadeloupe, les références au département, au niveau départemental et au niveau régional sont remplacées par la référence à la Guadeloupe, à Saint-Barthélemy et à Saint-Martin.

Art. R. 1523-2. À Saint-Pierre-et-Miquelon, le conseil territorial peut proposer de réduire à deux conseillers employeurs et deux conseillers salariés le nombre de conseillers de chaque section du conseil de prud'hommes.

Art. R. 1523-3. À Saint-Pierre-et-Miquelon, le " tribunal supérieur d'appel " se substitue à la " cour d'appel ". Le " tribunal de première instance " se substitue au ***(D. 2019-913 du 30 août 2019, art. 25, II, 1°, JO 1er sept., entrée en vigueur le 01.01.2020)*** «" tribunal judiciaire "».

Art. R. 1523-4. À Saint-Pierre-et-Miquelon, les personnes habilitées à représenter les parties en matière prud'homale sont, outre celles mentionnées à l'article R. 1453-2, les agréés.

Art. R. 1523-5. Les dispositions des deuxième et troisième alinéas de l'article R. 1461-1 et de l'article R. 1461-2, de l'article R. 1457-2 ne sont pas applicables à Saint-Pierre-et-Miquelon.

Dans cette collectivité, l'appel est formé, instruit et jugé suivant les règles de la procédure ordinaire applicable devant le tribunal supérieur d'appel.

Art. R. 1523-6. ***(D. 2015-1761 du 24 déc. 2015, JO 27)*** Les conseillers prud'hommes résidant à Saint-Martin ou à Saint-Barthélemy, lorsqu'ils sont appelés à siéger au conseil des prud'hommes de Basse-Terre sont remboursés, à l'occasion de leurs déplacements entre le siège du conseil de prud'hommes et leur domicile ou leur lieu de travail habituel, de leurs frais de repas et d'hébergement selon les modalités prévues au 1° et au 2° de l'article 3 du décret n° 2006-781 du 3 juillet 2006 modifié fixant les conditions et les modalités de règlement des frais occasionnés par les déplacements temporaires des personnels civils de l'État.

Note Cet article est applicable aux frais d'hébergement et de repas engagés depuis le 1er janvier 2015 (décret 2015-1761 précité, art. 2).

CHAPITRE IV Dispositions relatives à Mayotte

Note Les dispositions législatives de ce chapitre sont issues de l'ordonnance 2017-1491 du 25 octobre 2017, art. 2, 9°, JO 26, entrée en vigueur le 01.01.2018; les dispositions réglementaires de ce chapitre sont issues du décret 2018-953 du 31 octobre 2018, art. 2, 3°, JO 6 nov.

Art. L. 1524-1. Pour l'application à Mayotte de l'article L. 1221-22, le deuxième alinéa est remplacé par un alinéa ainsi rédigé:

" - de durées plus longues fixées par les accords collectifs de branche conclus avant le 1er janvier 2018, dans la limite d'une durée de cinq ans; ".

Art. L. 1524-2. Pour l'application à Mayotte des articles L. 1225-10 et L. 1225-14, les mots: " l'allocation journalière prévue à l'article L. 333-1 du code de la sécurité sociale " sont remplacés par les mots: " l'indemnité journalière prévue en cas de maternité visée à l'article 20-6 de l'ordonnance n° 96-1122 du 20 décembre 1996 relative à l'amélioration de la santé publique, à l'assurance maladie, maternité, invalidité et décès, au financement de la sécurité sociale à Mayotte et à la caisse de sécurité sociale de Mayotte ".

Art. L. 1524-3. Pour l'application à Mayotte du dernier alinéa de l'article L. 1225-26 et du dernier alinéa de l'article L. 1225-44, les mots: " à l'entrée en vigueur de la loi n° 2006-340 du 23 mars 2006 relative à l'égalité salariale entre les femmes et les hommes " sont remplacés par les mots: " au 1er janvier 2018 ".

Art. L. 1524-4. Pour l'application à Mayotte de l'article L. 1225-28, les mots: " définie au premier alinéa de l'article L. 331-6 du code de la sécurité sociale " sont remplacés par les mots: " soit entre la naissance de l'enfant et la fin de l'indemnisation au titre du régime d'assurance maternité, soit entre la naissance de l'enfant et la fin du maintien de traitement lié à la maternité " et les mots: " définie au même premier alinéa, le cas échéant reportée en application du deuxième alinéa du même article " sont supprimés.

Art. L. 1524-5. Pour l'application à Mayotte du premier alinéa de l'article L. 1225-61, les mots: " au sens de l'article L. 513-1 du code de la sécurité sociale " sont remplacés par les mots: " au sens du premier alinéa de l'article 6 de l'ordonnance n° 2002-149 du 7 février 2002 relative à l'extension et à la généralisation des prestations familiales et à la protection sociale dans la collectivité départementale de Mayotte ".

Art. L. 1524-6. Pour l'application à Mayotte de l'article L. 1225-62:

a) Les mots: " au sens de l'article L. 513-1 du code de la sécurité sociale " sont remplacés par les mots: " au sens du premier alinéa de l'article 6 de l'ordonnance n° 2002-149 du 7 février 2002 relative à l'extension et à la généralisation des prestations familiales et à la protection sociale dans la collectivité départementale de Mayotte ";

b) Les mots: " et remplissant l'une des conditions prévues par l'article L. 512-3 du même code " sont remplacés par les mots: " et remplissant les conditions prévues au premier alinéa de l'article 5 de la même ordonnance ";

c) Les mots: " celle définie dans le certificat médical mentionné à l'article L. 544-2 du code de la sécurité sociale " sont remplacés par les mots: " définie dans un certificat médical, établi selon des modalités fixées par décret en Conseil d'État ".

Art. L. 1524-7. Pour l'application à Mayotte de l'article L. 1226-1, les mots: " prévue à l'article L. 321-1 du code de la sécurité sociale " sont remplacés par les mots: " prévue au 7° de l'article 20-1 de l'ordonnance n° 96-1122 du 20 décembre 1996 relative à l'amélioration de la santé publique, à l'assurance maladie, maternité, invalidité et décès, au financement de la sécurité sociale à Mayotte et à la caisse de sécurité sociale de Mayotte ".

Art. L. 1524-8. Pour l'application à Mayotte de l'article L. 1226-7, les mots: " en application du quatrième alinéa de l'article L. 433-1 du même code " sont supprimés.

Art. L. 1524-9. Pour l'application à Mayotte de l'article L. 1237-5:

a) Les mots: " au 1° de l'article L. 351-8 du code de la sécurité sociale " sont remplacés à trois reprises par les mots: " au deuxième alinéa de l'article 6 de l'ordonnance n° 2002-411 du 27 mars 2002 relative à la protection sanitaire et sociale à Mayotte ";

b) Les mots: " au premier alinéa de l'article L. 351-1 du code de la sécurité sociale " sont remplacés par les mots: " au premier alinéa de l'article 6 de la même ordonnance ".

Art. L. 1524-10. Pour son application à Mayotte, l'article L. 1237-5-1 est ainsi rédigé :

" Art. L. 1237-5-1. – À compter de la date de publication de l'ordonnance n° 2017-1491 du 25 octobre 2017, aucune convention ou accord collectif prévoyant la possibilité d'une mise à la retraite d'office d'un salarié à un âge inférieur à celui fixé au deuxième alinéa de l'article 6 de l'ordonnance n° 2002-411 du 27 mars 2002 relative à la protection sanitaire et sociale à Mayotte ne peut être signé ou étendu.

Les accords conclus et étendus avant le 1er janvier 2018, déterminant des contreparties en termes d'emploi ou de formation professionnelle et fixant un âge inférieur à celui mentionné au même alinéa, dès lors que le salarié peut bénéficier d'une pension de vieillesse à taux plein et que cet âge n'est pas inférieur à celui fixé au premier alinéa de l'article 6 de la même ordonnance, cessent de produire leurs effets au 31 décembre 2021. "

Art. L. 1524-11. Le montant minimum de la garantie financière minimale des entrepreneurs de travail temporaire à Mayotte est fixé annuellement par décret.

Note Le montant prévu à cet article a été fixé, pour l'année 2020, à 97 541 € (décret 2020-111 du 11 février 2020, JO 12).

Art. L. 1524-12. ***(L. 2020-734 du 17 juin 2020, art. 44, III, JO 18)*** Pour son application à Mayotte, l'article L. 1423-1-1 est ainsi rédigé :

" Art. L. 1423-1-1. - Sous réserve des dispositions relatives à la section encadrement, les affaires sont réparties entre les sections du conseil des prud'hommes dans des conditions définies par décret en Conseil d'État. "

Art. L. 1524-13. ***(L. 2020-734 du 17 juin 2020, art. 44, III, JO 18)*** Pour son application à Mayotte, l'article L. 1441-16 est ainsi rédigé :

" Art. L. 1441-16. - L'appartenance des salariés candidats à une section autre que celle mentionnée aux articles L. 1441-14 et L. 1441-15 est déterminée par décret en Conseil d'État. "

Art. R. 1524-1. Le 5° de l'article R. 1221-1 n'est pas applicable à Mayotte.

Art. R. 1524-2. Pour l'application à Mayotte de l'article R. 1221-2 :

1° Les mots : " à l'article R. 243-2 du code de la sécurité sociale " sont remplacés par les mots : " à l'article 1er du décret n° 98-1162 du 16 décembre 1998 fixant les règles applicables pour le recouvrement des ressources des régimes de sécurité sociale en vigueur dans la collectivité territoriale de Mayotte et pour le placement des disponibilités de la caisse de prévoyance sociale de Mayotte " ;

2° Au 2°, les mots : " ou s'il s'agit d'un salarié agricole, à la caisse de mutualité sociale agricole prévue à l'article R. 722-34 du code rural et de la pêche maritime " ne sont pas applicables ;

3° Au 5°, les mots : " ou, s'il s'agit d'un salarié agricole, aux articles R. 717-13 et R. 717-16 du code rural et de la pêche maritime " ne sont pas applicables.

Art. R. 1524-3. Le 6° de l'article R. 1221-2 n'est pas applicable à Mayotte.

Art. R. 1524-4. Pour l'application à Mayotte de l'article R. 1221-13 :

1° Le premier alinéa est complété par les dispositions suivantes : " à l'article R. 243-19 du code de la sécurité sociale " ;

2° Les 1° et 2° sont abrogés.

Art. R. 1524-5. Pour l'application à Mayotte de l'article R. 1225-12, les mots : " à l'article L. 541-1 du code de la sécurité sociale " sont remplacés par les mots : " à l'article 10-1 de l'ordonnance n° 2002-149 du 7 février 2002 relative à l'extension et la généralisation des prestations familiales et à la protection sociale dans la collectivité départementale de Mayotte ".

Art. R. 1524-6. Pour l'application à Mayotte de l'article R. 1233-32, les mots : " de l'article 32 de la loi n° 2000-37 du 19 janvier 2000 relative à la réduction négociée du temps de travail " sont remplacés par les mots : " de l'article 35, II de l'ordonnance n° 2017-1491 du 25 octobre 2017 portant extension et adaptation de la partie législative du code du travail, et de diverses dispositions relatives au travail, à l'emploi et à la formation professionnelle à Mayotte ".

Art. R. 1524-7. Pour l'application à Mayotte de l'article R. 1263-4-1, les mots : " l'unité départementale mentionnée à l'article R. 8122-2 dans le ressort de laquelle s'effectue la prestation " sont remplacés par les mots : " la ***(D. 2020-1545 du 9 déc. 2020, JO 10, entrée en vigueur le 01.04.2021)*** « direction de l'économie, de l'emploi, du travail et des solidarités » de Mayotte ".

Art. R. 1524-8. Pour l'application à Mayotte de l'article R. 1263-6-1, les mots : " l'unité départementale mentionnée à l'article R. 8122-2 dans le ressort de laquelle s'effectue la prestation " sont remplacés par les mots : " la ***(D. 2020-1545 du 9 déc. 2020, JO 10, entrée en vigueur le 01.04.2021)*** «direction de l'économie, de l'emploi, du travail et des solidarités» de Mayotte ".

Art. R. 1524-9. ***(D. 2020-1549 du 9 déc. 2020, JO 10, entrée en vigueur le 01.01.2021)*** Pour l'application à Mayotte, l'article R. 1423-1 est ainsi rédigé :

" Art. R. 1423-1. - Le conseil de prud'hommes est divisé en deux sections autonomes :
1° La section de l'encadrement ;
2° La section interprofessionnelle. "

Art. R. 1524-10. ***(D. 2020-1549 du 9 déc. 2020, JO 10, entrée en vigueur le 01.01.2021)*** L'article R. 1423-4 n'est pas applicable à Mayotte.

Art. R. 1524-11. ***(D. 2020-1549 du 9 déc. 2020, JO 10, entrée en vigueur le 01.01.2021)*** Pour l'application à Mayotte, l'article R. 1423-5 est ainsi rédigé :

" Art. R. 1423-5. - 1° Chaque section est composée des conseillers prud'hommes affectés selon la répartition opérée par l'arrêté mentionné à l'article R. 1441-1 ;

2° Pour l'application du 1°, les conseillers qui ne relèvent pas de la section de l'encadrement en vertu des articles L. 1441-14 et L. 1441-15 sont affectés à la section interprofessionnelle. "

Art. R. 1524-12. ***(D. 2020-1549 du 9 déc. 2020, JO 10, entrée en vigueur le 01.01.2022)*** Pour l'application à Mayotte, l'article R. 1423-6 est ainsi rédigé :

" Art. R. 1423-6. - Les affaires qui ne sont pas attribuées à la section de l'encadrement en application de l'article L. 1423-1-2 sont attribuées à la section interprofessionnelle. "

Art. R. 1524-13. ***(D. 2020-1549 du 9 déc. 2020, JO 10, entrée en vigueur le 01.01.2021)*** Pour l'application à Mayotte, les trois premiers alinéas de l'article R. 1441-4 sont remplacés par un alinéa ainsi rédigé :

" Pour la section interprofessionnelle, sont pris en compte tous les suffrages exprimés à l'exception des suffrages exprimés pris en compte pour la section de l'encadrement. "

Art. R. 1524-14. ***(D. 2020-1549 du 9 déc. 2020, JO 10, entrée en vigueur le 01.01.2021)*** Pour l'application à Mayotte, l'article R. 1441-9 est ainsi rédigé :

" Art. R. 1441-9. - Pour les sections interprofessionnelles et de l'encadrement, sont prises en compte :

1° Les entreprises directement adhérentes à une organisation professionnelle d'employeurs candidate, selon le cas, au niveau d'une branche professionnelle ou au niveau national et interprofessionnel, ou à une structure territoriale de cette organisation ;

2° Les entreprises adhérentes à une organisation professionnelle d'employeurs non candidate ou à une structure territoriale de cette organisation, lorsqu'elle adhère à une organisation professionnelle d'employeurs candidate, selon le cas, au niveau d'une branche professionnelle ou au niveau national et interprofessionnel ;

3° Les entreprises adhérentes des secteurs d'activité mentionnés au quatrième alinéa de l'article L. 2152-1. "

TITRE III MESURES DE COORDINATION AVEC LES AUTRES COLLECTIVITÉS ULTRAMARINES

CHAPITRE Ier Formation et exécution du contrat de travail

Art. L. 1531-1. Le contrat de travail des salariés des entreprises établies dans un département de métropole, ***(Ord. 2017-1491 du 25 oct. 2017, art. 2, 11°, JO 26, entrée en vigueur le 01.01.2018)*** «en Guadeloupe, en Guyane, en Martinique, à Mayotte, à La Réunion» ***(Ord. 2008-205 du 27 févr. 2008, JO 1er mars)*** «, à Saint-Barthélemy, à Saint-Martin» ou à Saint-Pierre-et-Miquelon et exerçant leur activité à Wallis et Futuna est régi par les dispositions légales ou conventionnelles applicables à l'entreprise qui les emploie pendant une durée maximum de vingt-quatre mois.

Art. L. 1531-2. Le contrat de travail des salariés mentionnés à l'article L. 1531-1 est écrit.

Il prévoit les modalités selon lesquelles le salarié est indemnisé des dépenses auxquelles l'exposent sa venue, son séjour dans le pays ou lieu de son emploi et son retour à sa résidence habituelle. Il prévoit également la prise en charge par l'employeur des frais occasionnés au salarié et, le cas échéant, à sa famille par sa prise de congé dès lors que l'intéressé a exercé son activité pendant au moins douze mois.

Le contrat de travail est remis au salarié, sauf impossibilité majeure, au plus tard huit jours avant la date de son départ vers son lieu de travail.

Art. L. 1531-3. L'article L. 1226-1 est applicable aux salariés d'une entreprise ou d'un établissement situé en métropole ou ***(Ord. 2017-1491 du 25 oct. 2017, art. 2, 12°, JO 26, entrée en vigueur le 01.01.2018)*** «en Guadeloupe, en Guyane, en Martinique, à Mayotte, à La Réunion» ***(Ord. 2008-205 du 27 févr. 2008, JO 1er mars)*** «, à Saint-Barthélemy, à Saint-Martin» ou à Saint-Pierre-et-Miquelon qui ont été soignés en Nouvelle-Calédonie, en Polynésie française, à Wallis et Futuna ou dans les Terres australes et antarctiques françaises.

CHAPITRE II Rupture du contrat de travail à durée indéterminée

Art. L. 1532-1. Lorsque les salariés et les entreprises interviennent dans les collectivités de la République française exclues du champ d'application géographique défini à l'article L. 1511-1, les dispositions de l'article L. 1231-5 sont applicables au salarié mis, par la société mère au service de laquelle il était précédemment engagé et dont le siège social est situé dans un département métropolitain, ***(Ord. 2017-1491 du 25 oct. 2017, art. 2, 13°, JO 26, entrée en vigueur le 01.01.2018)*** «en Guadeloupe, en Guyane, en Martinique, à Mayotte, à La Réunion» ***(Ord. 2008-205 du 27 févr. 2008, JO 1er mars)*** «, à Saint-Barthélemy, à Saint-Martin» ou à Saint-Pierre-et-Miquelon, à la disposition d'une filiale établie à Wallis et Futuna ou dans les Terres australes et antarctiques françaises et à laquelle il est lié par un contrat de travail.

DEUXIÈME PARTIE

LES RELATIONS COLLECTIVES DE TRAVAIL

LIVRE Ier

LES SYNDICATS PROFESSIONNELS

TITRE Ier CHAMP D'APPLICATION

CHAPITRE UNIQUE

Art. L. 2111-1. Les dispositions du présent livre sont applicables aux employeurs de droit privé ainsi qu'à leurs salariés.

Elles sont également applicables au personnel des personnes publiques employé dans les conditions du droit privé, sous réserve des dispositions particulières ayant le même objet résultant du statut qui régit ce personnel.

Note • France Télécom, immatriculée au registre du commerce, et dotée de l'autonomie administrative et financière, est un établissement public industriel et commercial qui emploie du personnel dans les conditions du droit privé ; il entre dès lors dans le champ d'application des textes relatifs à l'exercice du droit syndical (cass. soc. 22 février 1995, n° 94-60.011, BC V n° 69 ; Dr. Soc. 1995, p. 394 ; cass. avis 2 juillet 2012, n° 12-00.009, BC n° 6 ; RJS 10/12 n° 816 ; RFDA 2012, p. 991, « La représentation des organisations syndicales dans les entreprises employant des fonctionnaires et des salariés de droit privé : le cas de France Télécom », rapport Y. Struillou). Les dispositions du code du travail relatives à l'exercice du droit syndical sont applicables aux fonctionnaires de France Télécom (loi 2003-1365 du 31 décembre 2003, art. 4). Dès lors qu'a été constitué au sein de France Télécom un collège électoral unique incluant des salariés de droit privé et des fonctionnaires, la représentativité des organisations syndicales doit être appréciée au regard de la totalité des suffrages exprimés par l'ensemble des électeurs composant ce collège (cass. soc. 26 juin 2013, n° 12-26.308, BC V n° 174 ; JCP éd. S 2014, 1204, obs. V. Constantin).

• Les dispositions du code du travail relatives à l'exercice du droit syndical dans les entreprises sont applicables aux fonctionnaires et agents non titulaires des offices publics de l'habitat (loi 84-53 du 26 janvier 1984, art. 120 modifié par ordonnance 2007-137 du 1er février 2007, art. 3).

• En revanche, le statut de la Caisse des dépôts et consignations, plaçant cette dernière « sous la surveillance et la garantie de l'autorité législative », exclut l'emploi de personnel dans des conditions de droit privé et, partant, l'application des textes du code du travail relatifs à l'exercice du droit syndical dans les entreprises (cass. soc. 28 novembre 1995, n° 94-60.278, BC V n° 322 ; RJS 1/96 n° 35).

• Le principe de la souveraineté des États fait obstacle à ce qu'il soit fait application au sein de la représentation officielle d'un État étranger des règles du code du travail français relatives à la représentation du personnel et à celle des syndicats (cass. soc. 4 novembre 2009, n° 08-60.593, BC V n° 242 ; LS Jurispr. n° 238 du 23.11.2009 ; JCP éd. S 2009, 1565, note B. Gauriau).

• *Fonction publique.* À la suite de la conclusion des accords dits de Bercy le 2 juin 2008, la loi 2010-751 du 5 juillet 2010 (JO 6) relative à la rénovation du dialogue social et comportant diverses dispositions relatives à la Fonction publique a modifié les conditions de représentativité et d'accès aux élections des organisations syndicales dans la Fonction publique, comme la loi 2008-789 du 20 août 2008 l'a fait dans le secteur privé. En application des nouvelles dispositions législatives, les dispositions réglementaires ont été modifiées (décret 2011-183 du 15 février 2011 modifiant le décret 82-451 du 28 mai 1982 relatif aux commissions administratives paritaires ; décret 2011-184 du 15 février 2011 relatif aux comités techniques dans les administrations et les établissements publics de l'État ; voir E. Marc et Y. Struillou, La réforme des institutions participatives dans la fonction publique de l'État, AJDA n° 18/2011 p. 1015).

Voir aussi décret 2013-451 du 31 mai 2013 (JO 2 juin) modifiant le décret 82-447 du 28 mai 1982 relatif à l'exercice du droit syndical dans la fonction publique et circulaire SE1 2014-2 du 3 juillet 2014 applicable au 01.01.2015; décret 2014-1624 du 24 décembre 2014 (JO 27) relatif à l'exercice du droit syndical dans la fonction publique territoriale.

Art. L. 2111-2. Les dispositions du présent livre s'appliquent sans préjudice d'autres droits accordés aux syndicats par des lois particulières.

TITRE II REPRÉSENTATIVITÉ SYNDICALE

Note • Voir arrêté du 22 juin 2017 (JO 30) fixant la liste des organisations syndicales reconnues représentatives au niveau national et interprofessionnel.

• Voir aussi G. Loiseau, P. Lokiec, L. Pécaut-Rivolier et P-Y Verkindt, «Droit de la représentation du personnel», Dalloz, 1re éd. 2019-2020; Ch. Radé, «L'exercice du droit syndical après la loi du 20 août 2008: liberté, égalité, représentativité, ou la nouvelle devise de la démocratie», Dr. Soc. 2011, p. 1234; Fl. Laronze, «Droit syndical: remarques sur une éventuelle réforme de la réforme à la lumière des arrêts du 18 mai 2011», JCP éd. S 2011, 1518; circulaire DGT n° 20 du 13 novembre 2008 relative à la loi du 20 août 2008 (fiche n° 1: Les syndicats représentatifs dans l'entreprise ou l'établissement).

CHAPITRE Ier Critères de représentativité

Art. L. 2121-1. ***(L. 2008-789 du 20 août 2008, art. 1er, JO 21)*** La représentativité des organisations syndicales est déterminée d'après les critères cumulatifs suivants:

1° Le respect des valeurs républicaines;
2° L'indépendance;
3° La transparence financière;
4° Une ancienneté minimale de deux ans dans le champ professionnel et géographique couvrant le niveau de négociation. Cette ancienneté s'apprécie à compter de la date de dépôt légal des statuts;
5° L'audience établie selon les niveaux de négociation conformément aux articles L. 2122-1, L. 2122-5, L. 2122-6 et L. 2122-9;
6° L'influence, prioritairement caractérisée par l'activité et l'expérience;
7° Les effectifs d'adhérents et les cotisations.

Note • Par décision 2020-835 QPC du 30 avril 2020 (JO 2 mai), le Conseil constitutionnel a jugé le 3° de l'article L. 2121-1 conforme à la Constitution.

• **Critères.** La loi 2008-789 du 20 août 2008 portant rénovation de la démocratie sociale et réforme du temps de travail a rénové les critères de représentativité, qui sont désormais cumulatifs. Pour autant, si pour prouver sa représentativité, tout syndicat doit réunir les sept critères visés par l'article L. 2121-1, ces derniers doivent être appréciés de manière globale, avec des pondérations pouvant varier, selon les situations et les niveaux, en fonction de leur importance relative (exposé des motifs du projet de loi). Les juges conservent donc une marge d'appréciation, d'autant que la loi ne donne pas de définition de ces critères.

Voir Dr. Soc. n° spécial janvier 2011, p. 62: «Les nouveaux critères de la représentativité syndicale dans l'entreprise», M-L Morin.

Modalités d'appréciation des critères. Si les critères posés par l'article L. 2121-1 CT doivent être tous réunis pour établir la représentativité d'un syndicat et si ceux tenant au respect des valeurs républicaines, à l'indépendance et à la transparence financière doivent être satisfaits de manière autonome, ceux relatifs à l'influence prioritairement caractérisée par l'activité et l'expérience, aux effectifs d'adhérents et aux cotisations, à l'ancienneté dès lors qu'elle est au moins égale à deux ans et à l'audience électorale dès lors qu'elle est au moins égale à 10 % des suffrages exprimés, doivent faire l'objet d'une appréciation globale (cass. soc. 29 février 2012, n° 11-13.748, BC V n° 83; JCP éd. S 2012, 1168, note B. Gauriau; RDT, mai 2012, CH, 299, I. Odoul Asorey; Dr. Soc. 2012, p. 529, obs. L. Pécaut-Rivolier; RJS 5/12 n° 471).

Respect des valeurs républicaines. Ce critère remplace celui de «l'attitude patriotique pendant l'Occupation», devenu obsolète. Défini au point 1-6 de la Position commune du 9 avril 2008 comme impliquant «le respect de la liberté d'opinion, politique, philosophique ou religieuse, ainsi que le refus de toute discrimination, tout intégrisme et toute intolérance», ce critère vise principalement à prévenir les cas où, sous couvert de syndicalisme, une association serait créée avec d'autres buts que ceux poursuivis par l'article L. 2131-1 CT relatif aux missions des organisations syndicales de salariés et surtout sur des valeurs totalement incompatibles avec celles fondant notre République (rapport AN n° 992). Cette notion n'est pas sans lien avec la jurisprudence antérieure qui avait clairement énoncé qu'un syndicat professionnel ne peut pas être fondé sur une cause ou en vue d'un objet illicite et ne peut donc poursuivre des objectifs essentiellement politiques ni agir contrairement aux principes de non-discrimination contenus dans le code du travail, la Constitution, les textes à valeur constitutionnelle et les engagements internationaux auxquels la France est partie (cass. ch. mixte, 10 avril 1998, n° 97-17.870, BC n° 2). Ainsi, méconnaîtrait les valeurs républicaines un syndicat qui prônerait des discriminations directes ou indirectes en raison de l'origine du salarié (cass. soc. 12 décembre 2016, n° 16-25.793, BC V n° 247; RJS 2/17 n° 128; Dr. Soc. 2017, p. 180, act. J. Mouly; JCP éd. S 2017, 1034, note Y. Pagnerre).

En cas de litige, il incombe à la partie qui soutient qu'un syndicat ne satisfait pas au critère du respect des valeurs républicaines de le démontrer (cass. soc. 8 juillet 2009, n° 08-60.599, BC V n° 181; JCP éd. S 2009, 1364, note Y. Pagnerre; Dr. Soc. 2009, p. 950: «La loi 2008-789 du 20 août 2008: premières décisions de la Cour de cassation sur le droit syndical», de M-L Morin et rapport de L. Pécaut-Rivolier; RJS 10/09 n° 810, 2e espèce; voir dans le même sens cass. soc. 13 octobre 2010, n° 10-60.130, BC V n° 235; LS Bref n° 15715 du 21.10.2010; Dr. Soc. 2011, p. 112, obs. Ch. Radé, approuvant un tribunal d'instance d'avoir validé la désignation d'un représentant syndical, dès lors que la preuve n'était pas rapportée que ce syndicat, en dépit des mentions figurant dans ses statuts, datant de 1946, poursuivait dans son action un objectif illicite. Dans le même sens, cass. soc. 9 septembre 2016, n° 16-20.605, BC V n° 160; RJS 12/16 n° 707, 2e espèce; LSQ n° 17159 du 14.09.2016). Jugé que la référence à la lutte des classes et à la suppression de l'exploitation capitaliste dans les statuts d'un syndicat ne méconnaît aucune valeur républicaine (cass. soc. 25 janvier 2016, n° 14-29.308, LS Jurispr. n° 36 du 23.02.2016; JCP éd. S 2016, 1104, étude B. Gauriau; RJS 4/16 n° 266).

Indépendance. Il s'agit notamment, comme auparavant, de l'indépendance à l'égard de l'employeur ou d'un groupement d'employeurs. L'indépendance du syndicat vis-à-vis de l'employeur est en effet une condition fondamentale de l'aptitude d'un syndicat à représenter la collectivité des travailleurs (cass. soc. 3 décembre 2002, n° 01-60.729, BC V n° 364). Parmi les indices pouvant révéler l'absence d'indépendance d'un syndicat, les juges relèvent l'attitude complaisante de l'employeur (cass. soc. 10 octobre 1990, n° 89-61.346, BC V n° 455) ou l'absence de cotisations alors que le syndicat est seul à bénéficier d'une subvention de la direction (cass. soc. 31 janvier 1973, n° 72-60.076, BC V n° 50). De même, un syndicat soutenant l'employeur pendant une grève (cass. soc. 11 janvier 1979, n° 78-60.672, BC V n° 31) ou dont la quasi-totalité des adhérents appartient au seul service du chef du personnel (cass. soc. 26 février 1975, n° 74-60.129, BC V n° 102) ne peut être considéré comme indépendant.

Le critère d'indépendance posé par ce texte comme condition de représentativité des syndicats s'entend d'une indépendance vis-à-vis de l'employeur et d'une indépendance financière. Ni le fait pour un syndicat de faire l'objet d'une procédure de redressement judiciaire, ni celui de disposer de l'appui financier de la confédération à laquelle il est affilié ne lui font perdre son indépendance financière. Par ailleurs, dans son pouvoir souverain d'appréciation, le tribunal d'instance ayant constaté, au regard des bilans comptables produits, que l'organisation syndicale avait perçu des cotisations fixées à 19,80 € par adhésion pour un montant total de 950,40 € en 2016, 1 029,60 € en 2017 et 1 148,40 € en 2018, ce qui constituait des ressources suffisantes pour assurer son indépendance financière, il a pu en déduire que la contestation de la représentativité du syndicat, au motif du non-respect du critère d'indépendance, n'était pas fondée (cass. soc. 26 février 2020, n° 19-19.397, à paraître, LS n° 18013 du 04.03.2020; JSL n° 495, 06.04.2020, p. 26; JCP éd. S 2020, 2000, note Y. Pagnerre; RJS 5/20 n° 244).

L'absence d'indépendance judiciairement établie d'un syndicat lors de l'exercice d'une prérogative syndicale ne le prive pas de la possibilité d'exercer ultérieurement les prérogatives liées à la qualité d'organisation syndicale dès lors qu'il réunit, au moment de l'exercice de ces prérogatives, tous les critères requis (cass. soc. 27 septembre 2017, n° 16-60.238, BC V n° 167, arrêt n° 1; JCP éd. S 2017, 1371, 1re espèce, note Y. Pagnerre; LSQ n° 17426 du 16.10.2017; RJS 12/17 n° 807, 1re espèce; JSL n° 443-444, 15.12.2017, pp. 19 et s., M. Patin).

Transparence financière. Ce critère, entièrement nouveau, a été introduit par la loi du 20 août 2008. Selon les termes du point 1-5 de la Position commune du 9 avril 2008, «elle est assurée, pour les confédérations, les fédérations et les unions régionales, par des comptes certifiés annuels, établis suivant des modalités adaptées aux différents niveaux des organisations syndicales et conformes aux normes applicables aux organisations syndicales telles qu'elles seront fixées par la loi en préparation sur la certification et la publication des comptes de ces dernières». Les règles de certification et publicité des comptes des organisations syndicales et professionnelles sont définies aux articles L. 2135-1 à L. 2135-6 CT. Mais aux termes de la jurisprudence (en tout cas relative aux syndicats de base), les documents comptables dont la loi impose aux organisations syndicales la confection et la publication ne constituent que des éléments de preuve du critère de transparence financière, leur défaut pouvant dès lors être suppléé par d'autres documents produits par ces organisations et que le juge doit examiner (cass. soc. 29 février 2012, n° 11-13.748, précité). Par ailleurs, cette jurisprudence laisse au juge du fond un très large pouvoir d'appréciation des éléments apportés par le syndicat pour établir sa transparence financière (cass. soc. 17 octobre 2018, 2 arrêts, n°s 18-60.030 et n° 17-19.732, à paraître, RJS 1/19 n° 35, rejetant le pourvoi formé contre un jugement considérant qu'un syndicat justifiait de sa transparence financière au 3 janvier 2017, jour de la désignation d'un représentant de section syndicale, pour avoir, après leur approbation, fait publier ses comptes 2013 et 2014 le 22 juin 2016 et constaté que ses comptes 2015 avaient été approuvés et publiés en mars et avril 2017). À l'inverse, il a été jugé qu'un tribunal d'instance, qui, après avoir examiné les comptes publiés par le syndicat pour les années 2015 à 2017, a constaté qu'ils n'avaient pas été approuvés par l'organe statutaire compétent pour le faire, a pu en déduire que ces comptes ne correspondaient pas aux obligations prévues par les articles L. 2135-1 et L. 2135-4 CT de sorte que le syndicat ne remplissait pas la condition de transparence financière (cass. soc. 13 juin 2019, n° 18-24.814, RJS 8-9/19 n° 506; RDT, octobre 2019, CH, 647, V. Ilieva; voir aussi cass. soc. 2 décembre 2020, n° 19-14.470, aux termes duquel la transparence financière suppose non seulement la publicité mais aussi l'approbation des comptes, rendu à propos d'un syndicat qui produisait des comptes dont l'ensemble des chiffres étaient dissimulés et ne produisait aucun document justifiant de leur approbation).

Point important. Le code du travail fait de la transparence financière une condition de la représentativité syndicale, mais on pouvait penser que cette exigence avait une portée plus générale: pourquoi un syndicat dont les ressources seraient opaques et qui, faute d'être représentatif, ne pourrait donc pas désigner un délégué syndical dans une entreprise, pourrait néanmoins y déployer son action en créant une section syndicale et en désignant un représentant de cette section syndicale ? La Cour de cassation a donc jugé que «pour pouvoir exercer des prérogatives dans l'entreprise, tout syndicat doit respecter le critère de transparence financière» (cass. soc. 22 février 2017, n° 16-60.123, BC V n° 29; LSQ n° 17279 du 6.03.2017; Dr. Soc. 2017, p. 575, act. Fr. Petit; RDT, juin 2017, CH, 433, I. Odoul-Asorey; JCP éd. S 2017, 1108, note Y. Pagnerre; RJS 5/17 n° 347, 1re espèce). Les termes de cet arrêt sont sans ambiguïté, l'exigence a une portée générale (voir aussi cass. soc. QPC 24 juin 2020, n° 20-10.544, à paraître, RJS 8-9/20 n° 426). La condition de transparence financière doit en outre être remplie de manière permanente (cass. soc. 14 novembre 2013, n° 12-29.984, BC V n° 268; RJS 2/14 n° 147; 27 septembre 2017, n° 16-60.264, BC V n° 167, arrêt n° 2; RDT, décembre 2017, CH, 807, Y. Ferkane; LS Jurispr. n° 106 du 12.06.2018) et spécialement au jour de l'exercice de la prérogative contestée, par exemple au jour de la désignation d'un représentant de section syndicale (cass. soc. 17 octobre 2018, n° 17-19.732, précité).

Par décision 2020-835 QPC du 30 avril 2020 (JO 2 mai), le Conseil constitutionnel a jugé le 3° de l'article L. 2121-1 CT, dans sa rédaction résultant de la loi 2008-789 du 20 août 2008, tel qu'interprété par la jurisprudence de la Cour de cassation, conforme à la Constitution, considérant notamment qu'en imposant à l'ensemble des syndicats, y compris non représentatifs, de satisfaire à l'exigence de transparence financière, cette disposition ne méconnaissait ni la liberté syndicale, ni le principe de participation des travailleurs.

Ancienneté. Alors qu'auparavant, le défaut d'ancienneté ne permettait pas à lui seul de conclure à la non-représentativité d'un syndicat (cass. soc. 5 novembre 1986, n° 86-60.143, BC V n° 513), la loi a adapté ce critère ancien en prévoyant que désormais tout syndicat, pour pouvoir être représentatif, doit avoir une ancienneté minimale de 2 ans dans le champ professionnel et géographique couvrant le niveau de négociation, ancienneté à apprécier à partir de la date de dépôt légal des statuts.

À cet égard, la Cour de cassation a précisé qu'un changement d'affiliation, qui n'affecte pas l'objet même du syndicat, n'entraîne pas la perte de la personnalité juridique de ce syndicat. Par conséquent, dès lors qu'il a toujours pour objet l'étude et la défense des droits ainsi que des intérêts matériels et moraux, tant collectifs qu'individuels de ses membres, le syndicat qui modifie ses statuts pour s'affilier à une nouvelle fédération ou confédération conserve l'ancienneté déjà acquise et peut donc, si celle-ci est d'au moins 2 ans, présenter des candidats au premier tour des élections professionnelles (cass. soc. 3 mars 2010, n° 09-60.283, BC V n° 54; RJS 5/10 n° 445; JCP éd. S 2010, 1190, note B. Gauriau; Dr. Soc. 2010, p. 722, obs. Fr. Petit). Il en est de même en cas de modification la dénomination du syndicat (cass. soc. 10 décembre 2014, n° 14-15.271, LSQ n° 16741 du 29.12.2014) ou de son champ géographique (cass. soc. 23 septembre 2015, n° 14-60.725). De même, la modification de l'objet statutaire ou du caractère intercatégoriel ou catégoriel d'une organisation syndicale décidée conformément à ses statuts ne fait pas perdre à cette organisation sa personnalité juridique. Dès lors, un syndicat qui décide, lors d'un congrès extraordinaire, de se concentrer sur la représentation d'une catégorie de personnel et de changer de nom, quelle que soit la finalité de cette modification, conserve l'ancienneté acquise antérieurement à la modification de ses statuts (cass. soc. 14 mars 2018, n° 17-21.434, BC V n° 41; LSQ n° 17536 du 22.03.2018; RJS 5/18 n° 343; JSL n° 453, 14.05.2018, pp. 15 et s., H. Nasom-Tissandier; JCP éd. S 2018, 1155, note B. Gauriau; RDT, mai 2018, CH, 389, Cl. Couëdel).

Audience. Avant l'intervention de la loi du 20 août 2008 qui a fait de l'audience électorale un critère à part entière, les résultats obtenus aux élections professionnelles étaient largement pris en compte par les juges dans l'appréciation de la représentativité des syndicats (voir notamment CE 5 novembre 2004, n° 257878, RJS 1/05 n° 65; cass. soc. 12 février 1985, n° 84-60.857, BC V n° 92).

Désormais, la loi fixe elle-même les modalités d'appréciation de l'audience aux différents niveaux de négociation (établissement ou entreprise, groupe, branche, niveau national ou interprofessionnel) en imposant une évaluation périodique à partir des suffrages obtenus par chaque syndicat aux élections professionnelles ainsi qu'un seuil minimal de 10 % en deçà duquel un syndicat ne peut être considéré comme représentatif (voir ci-après art. L. 2122-1, 5, 6 et 9 et notes sous ces articles).

Ces dispositions ont été jugées conformes aux normes internationales (art. 11 de la Convention européenne des droits de l'homme, art. 5 et 6 de la Charte sociale européenne, art. 28 de la Charte des droits fondamentaux de l'Union européenne et Conventions 98 et 135 de l'OIT), le fait pour les salariés, à l'occasion des élections professionnelles, de participer à la détermination des syndicats aptes à les représenter dans les négociations collectives n'ayant pas pour effet d'affaiblir les représentants syndicaux au profit des représentants élus, chacun conservant les attributions qui lui sont propres (cass. soc. 14 avril 2010, n° 09-60.426, BC V n° 100; Dr. Soc. 2010, p. 647, obs. L. Pécaut-Rivolier; RJS 6/10 n° 529; RDT, juin 2010, CH, 374, J-Fr. Akandji-Kombé). En outre, par décision 2010-63/64/65 QPC du 12 novembre 2010 (JO 13), le Conseil constitutionnel a jugé que l'article L. 2121-1, ainsi que les articles L. 2122-1 et L. 2143-3 étaient conformes à la Constitution.

Enfin, ce critère d'audience tel qu'il résulte de la loi du 20 août 2008 est d'ordre public absolu, de sorte que ni un accord collectif ni l'employeur ne peuvent reconnaître la qualité d'organisation syndicale représentative à une organisation n'ayant pas obtenu au moins 10 % de suffrages exprimés lors du premier tour de l'élection des membres titulaires du comité d'entreprise (cass. soc. 18 mai 2011, n° 10-60.406, BC V n° 116; RJS 7/11 n° 624).

Influence. En intégrant ce critère issu de la jurisprudence et en précisant que l'influence est prioritairement caractérisée par l'activité et l'expérience du syndicat, la loi consacre l'appréciation faite par la Cour de cassation de l'influence des syndicats. Pour cette dernière, en effet, l'influence d'un syndicat s'entend des résultats objectifs d'une activité authentiquement tournée vers la défense des intérêts des travailleurs, et pas seulement de l'aptitude à faire connaître le syndicat (rapport de la Cour de cassation 2002 concernant l'arrêt rendu par la chambre sociale le 3 décembre 2002 sur le pourvoi n° 01-60.729). La notion d'expérience du syndicat est elle aussi largement jurisprudentielle puisque, par exemple, l'existence d'une autorité, et donc d'une expérience suffisante dans l'entreprise, est présumée lorsque l'on constate un accroissement rapide en adhésions et en ressources du syndicat (cass. soc. 25 février 1971, n° 70-60.077, BC V n° 161).

Pour apprécier l'influence d'un syndicat, le juge doit prendre en considération l'ensemble de ses actions, y compris celles qu'il a menées alors qu'il était affilié à une confédération syndicale dont il s'est par la suite désaffilié (cass. soc. 28 septembre 2011, n° 10-26.545, BC V n° 213; JCP éd. S 2011, 1537, note B. Gauriau; RJS 12/11 n° 994).

Effectifs d'adhérents et cotisations. La loi regroupe les anciens critères d'effectif et de cotisations. Ce lien était déjà établi par la jurisprudence qui reconnaît la représentativité au syndicat ayant un nombre suffisant d'adhérents dont les cotisations lui permettent d'assurer son indépendance vis-à-vis de l'employeur (cass. soc. 8 janvier 1997, n° 95-60.995, BC V n° 13).

S'agissant des effectifs, tant la Cour de cassation que le Conseil d'État estiment que les effectifs doivent être suffisamment nombreux pour permettre de penser que le syndicat représente réellement les intérêts de l'ensemble des salariés. Toutefois, la jurisprudence se montre assez libérale dans son appréciation du nombre de membres nécessaire pour établir la représentativité: elle prend notamment en compte l'activité du syndicat (CE 17 janvier 1997, n° 169691, Rec. Lebon p. 23; cass. soc. 13 juin 2001, n° 00-60.118), le taux de syndicalisation dans l'entreprise, et l'éventuelle difficulté du contexte pour son implantation (cass. soc. 3 mai 2001, n° 00-60.135), et apprécie le nombre d'adhérents par comparaison aux autres syndicats de l'entreprise (cass. soc. 23 juin 1999, n° 98-60.355).

En ce qui concerne les cotisations, la perception effective d'un niveau suffisant de cotisations est un indice de l'adhésion des salariés à l'organisation syndicale et un moyen d'établir son indépendance. Le montant des cotisations doit être suffisant pour permettre au syndicat d'avoir une activité, d'assurer son indépendance à l'égard de l'employeur et de faire état d'un nombre réel d'adhérents (cass. soc. 4 novembre 1971, n° 71-60.153, BC V n° 614). Il doit donc être apprécié au regard des besoins du syndicat (cass. soc. 22 juillet 1981, n° 81-60.695, BC V n° 748).

• **Charge de la preuve.** Le syndicat qui se prétend représentatif doit démontrer qu'il remplit les critères légaux (cass. soc. 4 mai 1994, n°s 92-60.369 et 92-60.396, BC V n° 163); toutefois, l'indépendance étant présumée, le défaut d'indépendance doit être établi par la partie qui l'allègue (cass. soc. 22 juillet 1981, n° 81-60.695, précité). Il en est de même pour le respect des valeurs républicaines (cf. *supra*).

• **Fonction publique.** La loi 2010-751 du 5 juillet 2010 (JO 6) relative à la rénovation du dialogue social et comportant diverses dispositions relatives à la fonction publique a modifié les conditions de représentativité et d'accès aux élections des organisations syndicales dans les différentes fonctions publiques, en permettant notamment à tous les syndicats de fonctionnaires constitués depuis au moins deux ans et satisfaisant aux conditions de respect des valeurs républicaines et d'indépendance de présenter des candidats aux élections professionnelles.

• **Outre-mer.** Sur les modalités d'appréciation de la représentativité des organisations syndicales de salariés ultramarines, voir loi 2017-256 du 28 février 2017, art. 18, JO 1er mars.

Art. L. 2121-2. S'il y a lieu de déterminer la représentativité d'un syndicat ou d'une organisation professionnelle autre que ceux affiliés à l'une des organisations représentatives au niveau national, l'autorité administrative diligente une enquête.

L'organisation intéressée fournit les éléments d'appréciation dont elle dispose.

Art. R. 2121-1. Les enquêtes relatives à la détermination de la représentativité sont diligentées par le ministre chargé du travail.

Pour les professions agricoles, ces attributions sont exercées en accord avec celui-ci par le ministre chargé de l'agriculture.

Art. R. 2121-2. Le silence gardé pendant plus de six mois par le ministre chargé du travail saisi d'une demande d'enquête vaut décision de rejet.

CHAPITRE II Syndicats représentatifs

Note • Ce chapitre a été introduit par la loi 2008-789 du 20 août 2008, art. 2, JO 21.

• La loi 2008-789 du 20 août 2008 portant rénovation de la démocratie sociale a réformé en profondeur les règles de la représentativité syndicale et a organisé une représentativité «ascendante» des organisations syndicales, mesurable périodiquement à chaque niveau, en partant des résultats électoraux au sein de l'établissement ou, à défaut, de l'entreprise, pour remonter successivement vers la branche, le niveau national et interprofessionnel.

Cette représentativité prouvée, qui n'emporte d'effets qu'aux niveaux où elle est reconnue (Position commune du 9 avril 2008, point 3-1) s'accompagne de la disparition de la présomption irréfragable de représentativité dont bénéficiait tout syndicat affilié à l'une des cinq grandes confédérations considérées comme représentatives au niveau national interprofessionnel (CFDT, CFE-CGC, CFTC, CGT et CGT-FO). Désormais, tous les syndicats sont tenus d'établir leur représentativité au niveau où ils entendent exercer leurs prérogatives: entreprise ou établissement, groupe, branche professionnelle, niveau national ou interprofessionnel.

• Voir circulaires DGT n° 20 du 13 novembre 2008 relative à la loi du 20 août 2008 portant rénovation de la démocratie sociale et réforme du temps de travail et DGT 6 du 27 juillet 2011 répondant aux questions posées dans le cadre de la mise en œuvre de cette loi.

• La loi 2010-1215 du 15 octobre 2010 (JO 16), complétant la loi 2008-789 du 20 août 2008, a prévu l'organisation d'un scrutin régional tous les 4 ans afin de prendre en compte les choix des salariés des entreprises de moins de onze salariés dans la détermination de l'audience des organisations syndicales au niveau des branches et au plan interprofessionnel. Voir articles L. 2122-10-1 à 10-11 et R. 2122-8 à 98.

• Sur la jurisprudence concernant la présomption de représentativité des organisations syndicales dans le cadre du régime antérieur à la loi du 20 août 2008, voir Nouveau Code du Travail Annoté, éd. 2008.

SECTION 1. Représentativité syndicale au niveau de l'entreprise et de l'établissement

Art. L. 2122-1. Dans l'entreprise ou l'établissement, sont représentatives les organisations syndicales qui satisfont aux critères de l'article L. 2121-1 et qui ont recueilli au moins 10 % des suffrages exprimés au premier tour des dernières élections des titulaires au ***(Ord. 2017-1386 du 22 sept. 2017, art. 4, 16°, JO 23, entrée en vigueur au plus tard le 01.01.2018)*** «comité social et économique», quel que soit le nombre de votants.

Note • L'ordonnance 2017-1386 du 22 septembre 2017 ayant fusionné les trois institutions élues (délégués du personnel, comité d'entreprise et CHSCT) dans une seule institution nouvelle qui est le comité social et économique, la jurisprudence antérieure rendue à propos des élections au comité d'entreprise doit être lue, s'agissant du critère d'audience, comme visant désormais l'élection des membres du comité social et économique.

• Cet article reconnaît comme représentatif dans l'entreprise ou l'établissement tout syndicat satisfaisant aux critères légaux et atteignant le seuil des 10 % de suffrages exprimés au premier tour des dernières élections des représentants du personnel. Il a été jugé conforme à la Constitution (C. constit. 12 novembre 2010, n° 2010-63/64/65 QPC, JO 13). Sur les critères de représentativité, voir article L. 2121-1 et note sous cet article.

En ce qu'elle soumet la représentativité des organisations syndicales à la condition d'avoir obtenu au moins 10 % des suffrages exprimés lors du premier tour de l'élection des membres titulaires du comité d'entreprise, la loi 2008-789 du 20 août 2008 est d'ordre public absolu, ce qui interdit, par suite, à un accord collectif comme à un employeur de reconnaître la qualité d'organisation syndicale représentative à une organisation qui n'a pas satisfait à cette condition (cass. soc. 18 mai 2011, n° 10-60.406, BC V n° 116; RJS 7/11 n° 624).

Règles générales de calcul de la représentativité:

– l'exigence d'un seuil minimal de suffrages exprimés aux dernières élections professionnelles implique que la représentativité des syndicats au niveau de l'entreprise soit appréciée à chaque élection, c'est-à-dire en principe tous les 4 ans, sauf accord collectif fixant des durées de mandat comprises entre 2 et 4 ans (art. L. 2314-33 et 34 CT; art. L. 2314-26 et 27 et L. 2324-24 et 25 anciens CT);

– la représentativité se mesure en priorité au niveau du comité d'entreprise ou du comité d'établissement, s'il existe. Ainsi, les résultats des élections au comité d'entreprise ou bien de la délégation unique du personnel, si elle est mise en place, sont pris en compte. À défaut de comité d'entreprise, les résultats des élections des délégués du personnel servent de base à la détermination de la représentativité. Cette solution a été confirmée par la Cour de cassation dans un arrêt rendu en juillet 2010 (cass. soc. 13 juillet 2010, n° 10-60.148, BC V n° 176; RJS 11/10 n° 860): l'audience recueillie par les organisations syndicales aux élections des délégués du personnel ne peut être prise en compte, pour apprécier leur représentativité, que s'il ne s'est pas tenu dans l'entreprise d'élections au comité d'entreprise ou à la délégation unique du personnel permettant de mesurer cette audience. Ce principe s'applique même dans le cas où l'entreprise constitue un seul établissement pour l'élection des membres du comité d'entreprise mais est divisée en plusieurs établissements pour l'élection des délégués du personnel. Ainsi, un syndicat qui n'a pas obtenu un score de 10 % des suffrages exprimés aux élections du comité d'entreprise ne remplit pas les conditions pour désigner un délégué syndical d'établissement, peu important qu'il ait atteint ce score aux élections des délégués du personnel dans l'établissement où il entendait désigner le délégué syndical (cass. soc. 14 décembre 2010, n° 10-60.221, BC V n° 292; LS Bref n° 15755 du 21.12.2010; RJS 2/11 n° 152). Dans le même sens, voir aussi cass. soc. 10 novembre 2010, n° 09-72.856, BC V n° 257; LS Jurispr. n° 226 du 23.11.2010; RJS 1/11 n° 55, s'agissant d'une entreprise divisée en établissements (dotés de comités d'établissement), eux-mêmes découpés en «sous-établissements», au sein desquels étaient élus des délégués du personnel et précisant que, pour déterminer la représentativité d'un syndicat en vue de la désignation des délégués syndicaux au niveau des sous-établissements, il convenait de se référer au score obtenu à l'élection des membres du comité d'établissement et non à celui enregistré aux élections des délégués du personnel;

– sauf pour certains syndicats catégoriels faisant l'objet de dispositions légales particulières (voir note sous article L. 2122-2), le seuil d'audience de 10 % s'apprécie tous collèges confondus: satisfait donc à ce critère le syndicat qui a obtenu 10 % des voix au premier tour des élections tous collèges confondus, peu important qu'il n'ait pas présenté de candidat dans chacun des collèges (cass. soc. 22 septembre 2010, n° 10-10.678, BC V n° 195; RJS 11/10 n° 861);

– pour calculer la représentativité d'un syndicat en cas de carence au premier tour dans un ou plusieurs collèges d'un établissement ou d'une entreprise, on additionne les suffrages qu'il a recueillis dans tous les collèges où un premier tour a été organisé et on rapporte ces suffrages aux suffrages exprimés dans ces mêmes collèges (circ. DGT 6 du 27 juillet 2011, Question - Réponse n° 7);

– l'audience étant évaluée sur les résultats du premier tour quel que soit le nombre de votants, le décompte des votes en faveur de chaque liste syndicale doit être effectué, même si le quorum n'est pas atteint (rapport Sénat n° 470);

– un suffrage exprimé est un vote correspondant à un choix précis et autorisé, ce qui exclut la prise en compte des suffrages blancs (n'exprimant aucun choix) ou nuls (contraires à la réglementation électorale) et de l'abstention (rapport AN n° 992);

– le nombre de voix recueillies par les organisations syndicales à prendre en considération pour le décompte des suffrages exprimés en leur faveur est le nombre de suffrages exprimés au profit de chaque liste, sans qu'il y ait lieu, s'agissant de la mesure de la représentativité de ces organisations, de tenir compte d'éventuelles ratures de noms de candidats. Pour vérifier si le score obtenu par un syndicat est ou non au moins égal à 10 % des suffrages exprimés, il convient donc de prendre en compte chaque voix obtenue par la liste qu'il a présentée pour une unité, même si le nom de certains de ses candidats a été rayé (cass. soc. 6 janvier 2011, n° 10-60.168, BC V n° 11; Dr. Soc. 2011, p. 340, obs. Fr. Petit; RJS 3/11 n° 247);

– lorsqu'un accord d'entreprise autorise des syndicats affiliés à une même confédération à désigner chacun son propre délégué syndical, chacun de ces syndicats doit obtenir un score électoral minimum de 10 % pour être reconnu représentatif et ainsi être en droit de désigner son propre délégué syndical (cass. soc. 28 septembre 2011, n° 10-25.279, BC V n° 214; RJS 12/11 n° 991). Voir aussi cass. soc. 26 octobre 2011, n° 11-10.290, BC V n° 245; RJS 1/12 n° 56, précisant que lorsque deux syndicats, bien qu'affiliés à une même confédération, ont présenté chacun leur propre liste au premier tour des élections des membres titulaires du comité d'entreprise et que ces élections n'ont pas été contestées, il n'y a pas lieu de totaliser les suffrages recueillis en propre par chacun de ces syndicats pour déterminer si l'un ou l'autre a atteint le seuil de représentativité de 10 %.

S'agissant des entreprises composées de plusieurs établissements, la circulaire du 13 novembre 2008, puis la Cour de cassation, ont apporté les précisions suivantes :
– dans une entreprise avec un seul comité d'entreprise, mais composée de plusieurs établissements distincts dans lesquels se déroulent des élections de délégués du personnel, ce sont les élections au comité d'entreprise qui sont prises en compte pour déterminer les syndicats représentatifs dans l'entreprise et l'ensemble des établissements ;
– dans une entreprise composée de plusieurs établissements distincts dans lesquels se déroulent des élections au comité d'établissement, la représentativité au niveau des établissements se fonde sur les résultats des élections des comités d'établissements. Ainsi, pour la désignation d'un délégué syndical d'établissement, le score électoral déterminant de la représentativité d'un syndicat est celui obtenu au premier tour des élections des membres titulaires du comité de l'établissement concerné (cass. soc. 14 décembre 2010, n° 10-14.751, BC V n° 291 ; RJS 2/11 n° 153). Ni un accord collectif ni un engagement unilatéral de l'employeur ne peuvent avoir pour effet de modifier ce périmètre légal d'appréciation de la représentativité syndicale (cass. soc. 6 janvier 2011, n° 10-18.205, BC V n° 9 ; RJS 3/11 n° 248). En outre, le fait qu'un syndicat ait obtenu 10 % des voix au niveau global de l'entreprise, en cumulant les résultats obtenus au sein des différents comités, ne l'autorise pas à se considérer d'office comme représentatif dans tous les établissements et à désigner dans chacun d'eux un délégué syndical (cass. soc. 14 décembre 2010, n° 10-14.751, précité). Cette solution reste applicable après la loi 2014-288 du 5 mars 2014 qui a modifié l'article L. 2143-3 CT en prévoyant désormais que la désignation des délégués syndicaux peut s'effectuer dans un périmètre plus petit que celui d'un comité d'établissement (cass. soc. 18 janvier 2017, n° 16-12.475, LS Jurispr. n° 64 du 4.04.2017).

La représentativité d'un syndicat au niveau de l'entreprise (pour la désignation d'un délégué syndical central, par exemple, ou la négociation d'un accord au niveau central de l'entreprise) se calcule par l'addition de l'ensemble des suffrages obtenus par le syndicat dans l'ensemble des établissements, quel que soit le pourcentage qu'il a obtenu par établissement.

Lorsque les élections des différents établissements d'une entreprise sont échelonnées dans le temps, sont comptabilisés les suffrages des dernières élections de chaque établissement.

Le point de départ est celui de l'établissement qui organise les élections en premier (pour la première mesure, à compter de la première réunion du protocole d'accord préélectoral postérieure à la publication de la loi). Le point d'arrivée est constitué par la dernière élection d'établissement permettant de connaître l'ensemble des suffrages pour la détermination de la représentativité sur l'ensemble de l'entreprise.

Par la suite, s'ouvre un nouveau cycle d'élections dans les établissements permettant la mesure de la représentativité au sein de l'entreprise.

Unité économique et sociale. Pour apprécier la représentativité d'un syndicat au niveau d'une unité économique et sociale, le seuil de 10 % fixé par l'article L. 2121-1 se calcule en additionnant la totalité des suffrages obtenus lors des élections au sein des différentes entités composant cette unité économique et sociale (cass. soc. 22 septembre 2010, n° 09-60.435, BC V n° 188 ; RJS 11/10 n° 862).

Lorsque le calcul de l'audience est effectué en vue de la désignation d'un délégué syndical au niveau de l'unité économique et sociale et que sont en présence des syndicats affiliés à la même confédération nationale, il convient d'additionner tous les suffrages ainsi obtenus par ces syndicats, ces derniers ne pouvant désigner ensemble dans la même entreprise un nombre de délégués et représentants syndicaux supérieur à celui fixé par la loi (cass. soc. 22 septembre 2010, n° 09-60.435, précité).

Mention de l'affiliation. L'affiliation confédérale sous laquelle un syndicat a présenté des candidats au premier tour des élections des membres titulaires du comité d'entreprise constitue un élément essentiel du vote des électeurs. Il s'ensuit qu'une organisation syndicale ne peut revendiquer à son profit, au sein d'une entreprise :
– le score électoral obtenu par un syndicat qui lui est affilié qu'à la condition que cette affiliation ait été mentionnée sur les bulletins de vote au moyen desquels les électeurs ont exprimé leur choix ou ait été portée à leur connaissance certaine par le syndicat. Viole les articles L. 2121-1, L. 2122-1 et L. 2122-2 CT le tribunal d'instance qui, pour rejeter la demande tendant à ce que les suffrages obtenus par deux syndicats ayant la même affiliation confédérale ne soient pas additionnés, retient que, si l'un des syndicats a présenté ses listes et fait campagne sans mentionner son affiliation confédérale, pour autant cette affiliation était connue comme rappelée dans les tracts de campagne d'autres organisations syndicales et régulièrement mentionnée dans les accords collectifs négociés par lui au sein de l'entreprise, et certaine, comme résultant expressément de l'article 1er de ses statuts modifiés du 13 avril 2005 régulièrement déposés en mairie, de tels motifs étant inopérants (cass. soc. 12 avril 2012, n° 11-22.290, BC V n° 127 ; JCP éd. S 2012, 1234, Fr. Favennec-Héry ; RJS 6/12 n° 576 ; Dr. Soc. 2012, p. 641, obs. Fr. Petit ; RDT, juin 2012, CH, 375, I. Odoul Asorey ; 23 septembre 2015, n° 14-10.738) ;
– le score électoral obtenu par un syndicat qui lui est affilié qu'à la condition que cette affiliation ait été mentionnée sur les bulletins de vote au moyen desquels les électeurs ont exprimé

leur choix ou ait été portée à leur connaissance certaine par le syndicat. Ayant constaté qu'un syndicat justifie qu'il est adhérent depuis l'année 2009 d'une fédération, elle-même affiliée à une confédération syndicale, qu'il a régulièrement déposé en mairie ses statuts modifiés le 11 janvier 2011, un tribunal d'instance, devant lequel il n'était pas contesté que les bulletins de vote mentionnaient l'affiliation confédérale du syndicat et qui n'avait pas à rechercher s'il existait une idéologie commune entre le syndicat et la confédération à laquelle il avait décidé de s'affilier, a légalement justifié sa décision (cass. soc. 12 avril 2012, n° 11-22.291, BC V n° 126; JCP éd. S 2012, 1234, Fr. Favennec-Héry; RJS 6/12 n° 576; Dr. Soc. 2012, p. 641, obs. Fr. Petit; RDT, juin 2012, CH, 375, I. Odoul Asorey).

Changement d'affiliation ou affiliation après les élections. L'affiliation confédérale sous laquelle un syndicat a présenté des candidats au premier tour des élections des membres titulaires des comités d'entreprise constitue un élément essentiel du vote des électeurs. Dès lors, en cas de désaffiliation après ces élections, le syndicat ne peut plus continuer à se prévaloir des suffrages qu'il a obtenus car ces votes ont d'abord été exprimés en faveur de la confédération. Il perd donc sa représentativité et la possibilité de désigner un délégué syndical (cass. soc. 18 mai 2011, 2 arrêts, n°s 10-21.705 et 10-60.069, BC V n°s 124 et 125; RJS 7/11 n° 625). Il en est également ainsi si la désaffiliation émane de la confédération (cass. soc. 28 novembre 2012, n° 12-14.528, BC V n° 311; JCP éd. S 2013, 1061, note E. Jeansen).

En revanche, la confédération – ou l'une de ses fédérations ou unions – reste titulaire des suffrages obtenus par le syndicat et peut, si elle justifie de l'existence dans l'entreprise, au jour de la désignation, d'une section syndicale constituée sous son sigle, désigner un délégué syndical afin d'y maintenir la présence du mouvement syndical auquel les électeurs ont accordé au moins 10 % de leurs suffrages (cass. soc. 18 mai 2011, n° 10-60.300, BC V n° 121; RJS 7/11 n° 625). Cette désignation met fin au mandat du salarié désigné par le syndicat avant sa désaffiliation (cass. soc. 6 mars 2019, n° 18-15.238, à paraître, LSQ n° 17774 du 13.03.2019; JCP éd. S 2019, 1125, note M. Patin; JSL n° 474, 23.04.2019, pp. 17 et s., H. Nasom-Tissandier; RJS 5/19 n° 303).

En dehors de ce cas, l'acquisition de la représentativité par un syndicat suppose la participation de ce dernier aux élections. Un syndicat qui n'a pas participé aux élections ne peut donc pas se prévaloir des votes obtenus sous le sigle d'une confédération à laquelle il s'est affilié après les élections (cass. soc. 4 juillet 2018, n° 17-20.710, à paraître, JCP éd. S 2018, 1296, note B. Gauriau; JSL n° 460, 28.09.2018, pp. 14 et s., H. Nasom-Tissandier; RJS 10/18 n° 616; RDT, novembre 2018, CH, 774, I. Odoul-Asorey).

Représentativité et cycle électoral. La représentativité des organisations syndicales, dans un périmètre donné, est établie pour toute la durée du cycle électoral (cass. soc. 13 février 2013, n° 12-18.098, BC V n° 42; LSQ n° 16286 du 15.02.2013; JCP éd. S 2013, 1164, note É. Jeansen et Y. Pagnerre; RDT, juin 2013, CH, 418, I. Odoul-Asorey; RJS 4/13 n° 295; Dr. Soc. 2013, p. 374, act. Fr. Petit). En l'espèce, un syndicat, qui n'avait pas atteint le seuil de 10 % au niveau de l'entreprise, avait désigné un délégué à ce niveau à l'issue des élections partielles organisées dans l'un de ses établissements au sein du collège cadre. Le tribunal d'instance avait validé cette désignation. Son jugement est censuré par la Cour de cassation dès lors qu'il n'y a pas lieu de prendre en compte les élections intermédiaires organisées pendant le cycle électoral dont les résultats sont donc sans incidence sur la représentativité des organisations syndicales établie à l'issue de la fin du cycle précédent. De même, le mandat du représentant syndical au comité d'entreprise d'une entreprise absorbante ne prend pas fin lors des élections complémentaires organisées pour la représentation des salariés dont le contrat de travail y a été transféré (cass. soc. 13 juin 2019, n° 18-14.981, à paraître, RJS 8-9/19 n° 505; JCP éd. S 2019, 1248, note E. Jeansen). La solution retenue par la Cour de cassation entend privilégier la stabilité et la sécurité des négociations collectives (voir également cass. soc. 7 décembre 2016, n° 15-26.855, LS Jurispr. n° 228 du 20.12.2016; RJS 2/17 n° 127).

S'agissant de la situation d'un syndicat représentatif qui avait en cours de cycle électoral perdu 80 % de ses adhérents, la chambre sociale a jugé que si les critères posés par l'article L. 2121-1 CT doivent être tous réunis pour établir la représentativité d'un syndicat et si ceux tenant au respect des valeurs républicaines, à l'indépendance et à la transparence financière doivent être satisfaits de manière autonome et permanente, ceux relatifs à l'influence prioritairement caractérisée par l'activité et l'expérience, aux effectifs d'adhérents et aux cotisations, à l'ancienneté dès lors qu'elle est au moins égale à 2 ans et à l'audience électorale dès lors qu'elle est au moins égale à 10 % des suffrages exprimés, font l'objet, dans un périmètre donné, d'une appréciation globale pour toute la durée du cycle électoral (cass. soc. 14 novembre 2013, n° 12-29.984, BC V n° 268; Dr. Soc. 2014, p. 84, act. Ch. Radé; RJS 2/14 n° 147).

Effets d'une restructuration sur l'appréciation de la représentativité:

Dans l'entreprise d'origine. Dès lors que la représentativité syndicale est figée au cours du même cycle électoral, la cession de l'un des établissements ne peut remettre en cause la représentativité d'une organisation reconnue à l'issue des opérations électorales comme représentative dans l'entreprise d'origine (cass. soc. 19 février 2014, 2 arrêts, n°s 13-20.069 et 12-29.354, BC V n°s 61 et 58; RJS 5/14 n° 412).

Dans l'entreprise d'accueil. La représentativité étant établie pour la durée du cycle électoral, les opérations de restructuration ou de transfert n'ont pas pour effet de modifier la représentativité des organisations syndicales acquise lors des dernières élections organisées dans l'entreprise d'accueil, y compris lorsque l'entité économique autonome conserve son autonomie (cass. soc. 19 février 2014, 2 arrêts, n°s 13-17.445 et 13-16.750, BC V n°s 60 et 59; RJS 5/14 n° 412). Il s'ensuit qu'en toute hypothèse, l'employeur n'est pas tenu de procéder à un nouveau calcul pour apprécier la représentativité des organisations syndicales au niveau de l'entreprise. Si l'entité économique transférée conserve son autonomie, les mandats des représentants syndicaux se poursuivent et l'organisation syndicale reconnue représentative dans cette entité avant le transfert conserve postérieurement à celui-ci sa représentativité au niveau de cette entité. De même, le mandat du représentant syndical au comité d'entreprise demeure malgré la tenue d'élections complémentaires suite à un transfert d'entreprise (cass. soc. 13 juin 2019, n° 18-14.981, précité). Voir également ci-dessus «*Représentativité et cycle électoral*».

• *Entreprises employant des agents publics et des salariés de droit privé.* En principe, la représentativité des organisations syndicales au sein des sociétés composant une unité économique et sociale où a été institué, pour l'élection des représentants du personnel, un collège électoral unique incluant des salariés de droit privé et des fonctionnaires doit être appréciée au regard de la totalité des suffrages exprimés par l'ensemble des électeurs composant ce collège, sauf dispositions légales particulières (cass. avis 2 juillet 2012, n° 12-00.009, BC n° 6; RJS 10/12 n° 816; RFDA 2012, p. 991, «La représentation des organisations syndicales dans les entreprises employant des fonctionnaires et des salariés de droit privé: le cas de France Télécom», rapport Y. Struillou; cass. soc. 26 juin 2013, n° 12-26.308, BC V n° 174; JCP éd. S 2014, 1204, obs. V. Constantin).

• L'absence de contestation, à l'occasion des élections professionnelles, de la capacité d'un syndicat à présenter des candidats au premier tour du scrutin n'empêche pas que soit contestée, postérieurement aux élections, la représentativité de ce syndicat dans le champ géographique et professionnel que couvre l'entreprise, peu important que le litige porte sur les critères également imposés pour la présentation de candidats (cass. soc. 26 juin 2013, n° 12-21.766, BC V n° 173; RJS 10/13 n° 698; Dr. Soc. 2013, p. 862, act. Fr. Petit, à propos de la contestation de la désignation d'un délégué syndical).

• Sur l'appréciation de la représentativité des *organisations syndicales catégorielles*, voir article L. 2122-2 (et, s'agissant des journalistes, article L. 7111-8).

• Il n'existe pas de mode déterminé de proclamation de la qualité de syndicat représentatif dans l'entreprise qui ouvrirait un délai de contestation devant une juridiction déterminée. Aussi, la représentativité d'une organisation syndicale ne peut être contestée indépendamment de l'exercice, par cette organisation, d'une prérogative subordonnée à la qualité de syndicat représentatif (cass. soc. 15 avril 2015, n° 14-19.496. Une solution identique avait été adoptée avant la loi du 20 août 2008: cass. soc. 7 décembre 1995, n° 94-10.882, BC V n° 341).

• Sur l'appréciation de la représentativité de chaque organisation syndicale en cas de liste commune, voir article L. 2122-3.

Art. L. 2122-2. Dans l'entreprise ou l'établissement, sont représentatives à l'égard des personnels relevant des collèges électoraux dans lesquels leurs règles statutaires leur donnent vocation à présenter des candidats les organisations syndicales catégorielles affiliées à une confédération syndicale catégorielle interprofessionnelle nationale qui satisfont aux critères de l'article L. 2121-1 et qui ont recueilli au moins 10 % des suffrages exprimés au premier tour des dernières élections des titulaires au ***(Ord. 2017-1386 du 22 sept. 2017, art. 4, 16°, JO 23, entrée en vigueur au plus tard le 01.01.2018)*** «comité social et économique» dans ces collèges, quel que soit le nombre de votants.

Note • Ces dispositions ont été jugées conformes à la Constitution. En effet, d'une part, en fixant le seuil de l'audience à 10 % afin d'éviter la dispersion de la représentation syndicale, le législateur n'a pas méconnu la liberté syndicale ni le Préambule de la Constitution de 1946. D'autre part, les organisations syndicales qui, selon leurs statuts, ont vocation à représenter certaines catégories de travailleurs et qui sont affiliées à une confédération syndicale catégorielle interprofessionnelle nationale ne se trouvent pas dans la même situation que les autres organisations syndicales. Par conséquent, en prévoyant que, pour ces organisations syndicales catégorielles, le seuil de 10 % est calculé dans les seuls collèges dans lesquels elles ont vocation à présenter des candidats, le législateur a institué une différence de traitement en lien direct avec l'objet de la loi et n'a pas méconnu le principe d'égalité (C. constit. 7 octobre 2010, n° 2010-42 QPC, JO 8). Sur la conformité de ces dispositions aux normes européennes et internationales, voir cass. soc. 28 septembre 2011, n° 10-19.113, BC V n° 216; RJS 12/11 n° 992.

À noter toutefois que:

– ne peut invoquer l'application de ces dispositions l'organisation syndicale qui n'est pas statutairement catégorielle (cass. soc. 27 mars 2013, n° 12-22.733, BC V n° 93; RJS 6/13 n° 463; JCP éd. S 2013, 1241, note B. Gauriau; Dr. Soc. 2013, p. 463, obs. Fr. Petit; 25 janvier 2016, n° 15-12.997, RJS 4/16 n° 260);

– l'audience électorale d'un syndicat de cadres, affilié à la CFE-CGC, dont les statuts prévoient qu'il regroupe les cadres, cadres supérieurs ou administratifs, les agents de maîtrise, les techniciens ou assimilés, les représentants, les commerciaux, les chômeurs ainsi que les retraités, mais aussi «sous certaines conditions, les employés» et qui, lors du second tour des élections des membres titulaires du comité d'entreprise, présente une liste de candidats dans le premier collège, doit être appréciée compte tenu des suffrages exprimés lors du premier tour de l'élection tous collèges confondus (cass. soc. 31 janvier 2012, n° 11-60.135, BC V n° 42; RJS 4/12 n° 364; Fr. Petit «Pleins feux sur les désignations syndicales», Dr. Soc. 2012, p. 373);
– lorsqu'un syndicat affilié à une confédération catégorielle interprofessionnelle nationale présente, en conformité avec son champ statutaire, des candidats dans plusieurs collèges, sa représentativité est établie en fonction des suffrages recueillis dans l'ensemble de ces collèges (cass. soc. 28 septembre 2011, n° 10-26.693, BC V n° 215; JCP éd. S 2011, 1535, note B. Gauriau; RJS 12/11 n° 1002);
– un syndicat affilié à la CFE-CGC peut valablement présenter des candidats lorsque les élections se déroulent au sein d'un collège unique réunissant toutes les catégories professionnelles et dans le cas où l'entreprise est divisée en établissements distincts, la représentativité de ce syndicat dans l'entreprise tout entière doit être appréciée sur l'ensemble des suffrages exprimés dans les collèges où il pouvait présenter des candidats, peu important qu'il n'ait pas fait usage de cette faculté dans les établissements comportant un collège unique et n'ait présenté de candidats que dans ceux en comportant plusieurs (cass. soc. 4 juillet 2012, n° 11-60.239, BC V n° 213; JCP éd. S 2012, 1400, note L. Pécaut-Rivolier; RJS 10/12 n° 828).

• *Transport aérien*. Sur la représentativité syndicale spécifique aux pilotes de ligne, voir article L. 423-9 c. aviat. civ.

Voir aussi cass. soc. 14 décembre 2011, n° 10-18.699, BC V n° 301; RJS 2/12 n° 196: le syndicat national du personnel commercial navigant ayant vocation à présenter des candidats dans tous les collèges électoraux ne peut pas bénéficier des conditions d'appréciation de représentativité réservées aux syndicats catégoriels nationaux des pilotes de ligne.

Les dispositions dérogatoires prévues pour assurer la représentation syndicale du personnel navigant technique n'ont pas pour effet de faire échec à l'application des dispositions légales prévoyant la mesure de la représentativité des organisations syndicales affiliées à une confédération nationale interprofessionnelle en fonction des suffrages recueillis dans l'ensemble des collèges électoraux, sans exclusion du collège spécifique au personnel navigant technique, et que la recommandation n° 20 de la fédération nationale de l'aviation marchande est sans effet à cet égard (cass. soc. 12 avril 2012, n° 11-22.289, BC V n° 125; JCP éd. S 2012, 1277, note L. Pécaut-Rivolier; Dr. Soc. 2012, p. 639, obs. Fr. Petit).

L'acquisition de la qualité d'organisation syndicale représentative par un syndicat représentant le personnel navigant technique résultant de l'application des dispositions combinées des articles L. 6524-2 et L. 6524-3 c. transp. emporte nécessairement le droit à une représentation propre de ce syndicat qui ne se confond pas avec celle dont peut disposer un syndicat inter-catégoriel affilié à la même confédération; il en résulte qu'un syndicat représentant le personnel navigant technique, dès lors qu'il est représentatif, peut désigner un nombre de délégués syndicaux au moins égal à un et correspondant à l'effectif de la catégorie de personnel qu'il représente, sans que cette ou ces désignations ne s'imputent sur le nombre de délégués syndicaux dont peut disposer, en fonction de l'effectif total de l'entreprise, un syndicat intercatégoriel affilié à la même confédération (cass. soc. 28 novembre 2012, n° 11-61.192, BC V n° 310; RJS 2/13 n° 174) et ceci peu important que ce syndicat représentant le personnel navigant technique soit ou non affilié à une confédération syndicale intercatégorielle (cass. soc. 29 mai 2019, n° 18-19.675, à paraître, RJS 8-9/19 n° 533, 2e espèce; JCP éd. S 2019, 1259, note S. Carré; LS Jurispr. n° 224 du 10.12.2019).

• Un syndicat représentant les praticiens conseils du régime d'assurance maladie ne peut pas se prévaloir des dispositions de l'article L. 2122-2 CT dès lors que, rattaché d'une part à l'union confédérale des médecins salariés de France (UCMSF), qui n'est pas interprofessionnelle et, d'autre part, à l'union nationale des syndicats autonomes (UNSA), qui n'est pas catégorielle, il n'est pas affilié à une confédération syndicale catégorielle interprofessionnelle nationale (cass. soc. 24 septembre 2013, n° 12-60.556, RJS 12/13 n° 832).

Art. L. 2122-3. Lorsqu'une liste commune a été établie par des organisations syndicales, la répartition entre elles des suffrages exprimés se fait sur la base indiquée par les organisations syndicales concernées lors du dépôt de leur liste. À défaut d'indication, la répartition des suffrages se fait à part égale entre les organisations concernées.

Note La répartition des suffrages, lorsque les syndicats formant une liste commune ont choisi qu'elle ne soit pas à parts égales, doit être portée tant à la connaissance de l'employeur qu'à celle des électeurs de l'entreprise ou de l'établissement concerné avant le déroulement des élections; à défaut, la répartition s'opère à parts égales (cass. soc. 13 janvier 2010, n° 09-60.208, BC V n° 6; RJS 3/10 n° 279; 24 octobre 2012, n° 11-61.166, BC V n° 275; JCP éd. S 2012, 1499, note E. Jeansen; RJS 1/13 n° 60). Il appartient au juge saisi d'une contestation de rétablir les résultats sur cette base égalitaire (cass. soc. 2 mars 2011, n° 10-17.603, BC V n° 59; LS Jurispr. n° 55 du 15.03.2011; JCP éd. S 2011, 1202, note S. Béal; RJS 5/11 n° 436; Dr. Soc. 2011, p. 600, obs. Fr. Petit). Bien entendu, la clé de répartition des suffrages telle qu'indiquée lors du dépôt de la liste et dont les électeurs ont été informés ne peut pas être modifiée *a posteriori* en fonction des résultats de l'élection (cass. soc. 10 mars 2016, n° 15-16.807, LSQ n° 17041 du 16.03.2016).

Les syndicats colistiers peuvent convenir que l'ensemble des suffrages recueillis par la liste commune seront attribués à un seul (cass. soc. 5 novembre 2014, n° 14-11.634, BC V n° 259; RJS 1/15 n° 48; RDT, janvier 2015, CH, 56, I. Odoul-Asorey; JCP éd. S 2015, 1037, note Y. Pagnerre).

Une liste de candidats présentée par deux syndicats affiliés à la même confédération ne constitue pas une liste commune au sens de l'article L. 2122-3 CT et ne peut, par suite, donner lieu à une répartition entre eux des suffrages qu'elle a recueillis en vue de les faire bénéficier, chacun, d'une représentativité propre. Il s'ensuit que dès lors qu'une confédération syndicale et les organisations qui lui sont affiliées ne peuvent désigner ensemble un nombre de délégués syndicaux supérieur à celui prévu par la loi ou par un accord collectif plus favorable, le tribunal, qui a constaté que les deux organisations syndicales qui avaient présenté ensemble une liste de candidats sous l'appellation «liste commune» étaient toutes deux affiliées à la même confédération, et qu'aucun accord collectif ne modifiait le nombre des délégués syndicaux susceptibles d'être désignés, a, à bon droit, décidé qu'elles ne pouvaient procéder à des désignations excédentaires (cass. soc. 10 mai 2012, n° 11-21.356, BC V n° 145; JCP éd. S 2012, 1237, J-Fr. Cesaro et 1302, note Fr. Petit; RJS 7/12 n° 640; Dr. Soc. 2012, p. 750, obs. L. Pécaut-Rivolier).

Un syndicat intercatégoriel et un syndicat catégoriel peuvent présenter une liste commune dès lors qu'elle concerne un collège où l'un et l'autre peuvent présenter des candidats (cass. soc. 5 novembre 2014, n° 14-11.634, précité).

Art. L. 2122-3-1. ***(L. 2014-288 du 5 mars 2014, art. 30, XVI, JO 6, entrée en vigueur le 01.01.2015)*** Lors du dépôt de la liste, le syndicat indique, le cas échéant, son affiliation à une organisation syndicale. À défaut d'indication, l'organisation syndicale ne recueille pas les suffrages exprimés en faveur du syndicat qui lui est affilié pour la mesure de l'audience prévue au 5° de l'article L. 2121-1.

Note Cette disposition a pour objet d'éviter tout litige lors du recensement des votes obtenus par une organisation syndicale en vue de la détermination de sa représentativité au niveau de la branche ou au niveau national et interprofessionnel.

Sur les effets de cette exigence s'agissant des prérogatives dont dispose l'organisation dans l'entreprise, voir note sous article L. 2122-1.

SECTION 2. Représentativité syndicale au niveau du groupe

Art. L. 2122-4. La représentativité des organisations syndicales au niveau de tout ou partie du groupe est appréciée conformément aux règles définies aux articles L. 2122-1 à L. 2122-3 relatifs à la représentativité syndicale au niveau de l'entreprise, par addition de l'ensemble des suffrages obtenus dans les entreprises ou établissements concernés.

(L. 2016-1088 du 8 août 2016, art. 23, 1°, JO 9) «Si le périmètre des entreprises ou établissements compris dans le champ d'un accord de groupe est identique à celui d'un accord conclu au cours du cycle électoral précédant l'engagement des négociations, la représentativité des organisations syndicales est appréciée par addition de l'ensemble des suffrages obtenus dans ces entreprises ou établissements soit pour le cycle en cours, lorsque les élections se sont tenues à la même date, soit lors des dernières élections intervenues au cours du cycle précédant le cycle en cours, lorsque les élections se sont tenues à des dates différentes.

Dans le cas contraire, la représentativité est appréciée par addition de l'ensemble des suffrages obtenus lors des dernières élections organisées dans les entreprises ou établissements compris dans le périmètre de l'accord.»

Note Cet article étend au groupe les modalités de détermination de la représentativité prévue pour les entreprises. Selon le rapport au Sénat n° 470, on entend par «groupe» celui défini par l'article L. 2331-1 CT, c'est-à-dire une entité formée par une entreprise appelée entreprise dominante, dont le siège est situé sur le territoire français, et les entreprises qu'elle contrôle ou sur lesquelles elle exerce une influence dominante dans les conditions prévues respectivement par le code de commerce et le code du travail.

La première mesure de la représentativité au niveau du groupe s'effectue sur un cycle électoral complet (de 2 à 4 ans). Le point de départ de ce cycle est constitué par les résultats des élections professionnelles de la première entreprise du groupe pour laquelle la première réunion de la négociation du protocole d'accord préélectoral est postérieure à la publication de la loi.

Par la suite, la mesure de la représentativité au niveau du groupe s'effectue par addition des suffrages obtenus lors des dernières élections professionnelles de l'ensemble des entreprises du groupe, pour un cycle d'élections donné dans la même logique que la mesure de la représentativité dans les entreprises à établissements multiples (voir note sous art. L. 2122-1).

SECTION 3. Représentativité syndicale au niveau de la branche professionnelle

Art. L. 2122-5. Dans les branches professionnelles, sont représentatives les organisations syndicales qui:

1° Satisfont aux critères de l'article L. 2121-1;

2° Disposent d'une implantation territoriale équilibrée au sein de la branche;

3° Ont recueilli au moins 8 % des suffrages exprimés ***(L. 2010-1215 du 15 oct. 2010, JO 16)*** «résultant de l'addition au niveau de la branche, d'une part, des suffrages exprimés» au premier tour des dernières élections des titulaires aux ***(Ord. 2017-1386 du 22 sept. 2017, art. 4, 56°, JO 23, entrée en vigueur au plus tard le 01.01.2018)*** «comités sociaux et économiques», quel que soit le nombre de votants, ***(L. 2010-1215 du 15 oct. 2010, JO 16)*** «et, d'autre part, des suffrages exprimés au scrutin concernant les entreprises de moins de onze salariés dans les conditions prévues aux articles L. 2122-10-1 et suivants». La mesure de l'audience s'effectue tous les quatre ans.

Note ***Appréciation de la représentativité dans le cadre de la loi du 20 août 2008***

• La première mesure de l'audience au niveau des branches professionnelles est intervenue en 2013 et la deuxième en 2017, le Haut Conseil du dialogue social étant chargé de recueillir et de consolider les résultats obtenus par les syndicats aux élections des titulaires aux institutions représentatives du personnel, organisées dans les entreprises relevant d'une même branche afin de déterminer l'audience des syndicats au niveau de cette branche (voir art. L. 2122-12 et D. 2122-6).

• Voir notamment les arrêtés ministériels des 11 et 22 juin 2017 (JO 15 et 30), 20 et 21 juillet 2017 (JO 1er, 2, 3, 11 et 14 août et 8 sept.), 5 octobre 2017 (JO 12, 13, 14 et 18), 10 novembre 2017 (JO 16, 17 et 18) et 22 décembre 2017 (JO 28, 29 et 30 déc. et 6 janv. 2018) fixant les listes des organisations syndicales reconnues représentatives dans différentes branches professionnelles. Les résultats de la représentativité syndicale par branche professionnelle ayant donné lieu à la publication d'un arrêté sont par ailleurs diffusés dans leur intégralité sur le site *www.elections-professionnelles.travail.gouv.fr*.

• La notion d'implantation territoriale équilibrée au sein de la branche, visée au 2° de cet article, requiert qu'un syndicat, pour être représentatif, ait des adhérents répartis de manière équilibrée sur l'ensemble du champ géographique couvert par la branche (rapport AN n° 992 du 25 juin 2008).

• Lorsque le ministre chargé du travail fixe, en application des dispositions de l'article L. 2122-11 CT, les audiences respectives des différentes organisations syndicales reconnues représentatives dans une même branche professionnelle en vue d'établir la validité de futurs accords de branche intercatégoriels, il lui appartient de rapporter le nombre des suffrages exprimés en faveur de chacune des organisations reconnues représentatives au nombre total des suffrages exprimés en faveur de l'ensemble des organisations reconnues représentatives dans cette branche (CE 8 novembre 2017, n° 390059, JCP éd. S 2017, 1425, note L. Dauxerre; RDT, décembre 2017, ET, 777, concl. Fr. Dieu; RJS 5/18 n° 351).

Art. L. 2122-6. ***(L. 2010-1215 du 15 oct. 2010, JO 16)*** Dans les branches concernant exclusivement les activités agricoles mentionnées aux 1° à 4° de l'article L. 722-1 et au 2° de l'article L. 722-20 du code rural et de la pêche maritime, le seuil fixé au 3° de l'article L. 2122-5 du présent code est apprécié au regard des suffrages exprimés aux élections des membres représentant les salariés de la production agricole aux chambres départementales d'agriculture mentionnées à l'article L. 511-7 du code rural et de la pêche maritime.

Art. L. 2122-6-1. ***(L. 2015-994 du 17 août 2015, art. 24, JO 18)*** Pour les personnels mentionnés à l'article L. 123-2 du code de la sécurité sociale ***(Ord. 2017-1491 du 25 oct. 2017, art. 3, 1°, JO 26, entrée en vigueur le 01.01.2018)*** «et, à Mayotte, à l'article 25-1 de l'ordonnance n° 96-1122 du 20 décembre 1996 relative à l'amélioration de la santé publique, à l'assurance maladie, maternité, invalidité et décès, au financement de la sécurité sociale à Mayotte et à la Caisse de sécurité sociale à Mayotte» qui ne disposent pas de modalités de représentation applicables à leurs spécificités, le seuil fixé au 3° de l'article L. 2122-5 du présent code est apprécié au regard des suffrages exprimés lors de l'élection des membres représentant les salariés aux commissions paritaires nationales instituées par leur convention collective nationale spécifique.

Un décret en Conseil d'État définit les modalités d'application du présent article.

Art. L. 2122-7

Note • L'article L. 123-2 c. séc. soc. vise les agents de direction et le directeur comptable et financier.

• Voir décret 2019-1275 du 2 décembre 2019 (JO 4) fixant les modalités d'organisation de l'élection des représentants des salariés aux commissions paritaires instituées par les conventions collectives nationales des agents de direction des caisses de sécurité sociale prévue à cet article.

Art. L. 2122-7. Sont représentatives au niveau de la branche à l'égard des personnels relevant des collèges électoraux dans lesquels leurs règles statutaires leur donnent vocation à présenter des candidats les organisations syndicales catégorielles qui sont affiliées à une confédération syndicale catégorielle interprofessionnelle nationale et qui remplissent les conditions de l'article L. 2122-5 dans ces collèges.

Note • Cet article a été modifié par la loi 2010-1215 du 15 octobre 2010, JO 16.

• Il prévoit que les règles de calcul de l'audience applicables aux syndicats dits «généralistes» pour mesurer leur représentativité au niveau de la branche le sont également à l'égard des organisations syndicales catégorielles affiliées à une confédération syndicale catégorielle interprofessionnelle nationale. Elles sont donc considérées comme représentatives au niveau de la branche, à l'égard des personnels relevant de leurs collèges si, dans ces collèges:
– comme les syndicats généralistes, elles satisfont aux critères de l'article L. 2121-1;
– elles disposent d'une implantation territoriale équilibrée au sein de la branche;
– elles recueillent au moins 8 % des suffrages exprimés résultant de l'addition au niveau de la branche, d'une part, des suffrages exprimés au premier tour des dernières élections des titulaires aux institutions représentatives du personnel et d'autre part, des suffrages exprimés au scrutin concernant les entreprises de moins de 11 salariés dans les conditions prévues aux articles L. 2122-10-1 et s.

Art. L. 2122-8. Lorsque la représentativité des organisations syndicales est établie, celles-ci fixent, en lien avec les organisations d'employeurs, la liste des sujets qui font l'objet de la négociation collective de branche ainsi que les modalités de son organisation.

SECTION 4. Représentativité syndicale au niveau national et interprofessionnel

Art. L. 2122-9. Sont représentatives au niveau national et interprofessionnel les organisations syndicales qui:

1° Satisfont aux critères de l'article L. 2121-1;

2° Sont représentatives à la fois dans des branches de l'industrie, de la construction, du commerce et des services;

3° Ont recueilli au moins 8 % des suffrages exprimés ***(L. 2010-1215 du 15 oct. 2010, JO 16)*** «résultant de l'addition au niveau national et interprofessionnel des suffrages exprimés» au premier tour des dernières élections des titulaires aux ***(Ord. 2017-1386 du 22 sept. 2017, art. 4, 56°, JO 23, entrée en vigueur au plus tard le 01.01.2018)*** «comités sociaux et économiques», quel que soit le nombre de votants, ***(L. 2010-1215 du 15 oct. 2010, JO 16)*** «des suffrages exprimés au scrutin concernant les entreprises de moins de onze salariés dans les conditions prévues aux articles L. 2122-10-1 et suivants ainsi que des suffrages exprimés aux élections des membres représentant les salariés aux chambres départementales d'agriculture dans les conditions prévues à l'article L. 2122-6». La mesure de l'audience s'effectue tous les quatre ans.

Note Voir arrêté du 22 juin 2017 (JO 30) fixant la liste des organisations syndicales reconnues représentatives au niveau national et interprofessionnel. Ont été reconnues représentatives au niveau national et interprofessionnel: la Confédération française démocratique du travail (CFDT); la Confédération générale du travail (CGT); la Confédération générale du travail - Force ouvrière (CGT-FO); la Confédération française de l'encadrement - Confédération générale des cadres (CFE-CGC); la Confédération française des travailleurs chrétiens (CFTC).

Art. L. 2122-10. Une confédération syndicale catégorielle interprofessionnelle nationale est représentative à l'égard des personnels relevant des collèges électoraux dans lesquels ses règles statutaires lui donnent vocation à présenter des candidats à condition:

1° De satisfaire aux critères de l'article L. 2121-1 et du 2° de l'article L. 2122-9;

2° D'avoir recueilli au moins 8 % des suffrages exprimés au sein de ces collèges, à l'issue de l'addition des résultats mentionnés au 3° de l'article L. 2122-9.

Note Cet article prévoit que les règles de calcul de l'audience applicables aux syndicats «généralistes» pour mesurer leur représentativité au niveau national et interprofessionnel le sont également à l'égard des confédérations syndicales catégorielles interprofessionnelles nationales. Elles sont donc considérées comme représentatives au niveau national et interprofessionnel, à l'égard des personnels relevant de leurs collèges si, dans ces collèges:

– comme les syndicats généralistes, elles satisfont aux critères de l'article L. 2121-1 et disposent d'une présence représentative dans les branches de l'industrie, de la construction, du commerce et des services;
– elles recueillent au moins 8 % des suffrages exprimés résultant de l'addition, au niveau national et interprofessionnel, des suffrages exprimés au premier tour des dernières élections des titulaires aux institutions représentatives du personnel, des suffrages exprimés au scrutin concernant les entreprises de moins de onze salariés dans les conditions prévues aux articles L. 2122-10-1 et s., ainsi que des suffrages exprimés aux élections des membres représentant les salariés aux chambres départementales d'agriculture dans les conditions prévues à l'article L. 2122-6.

SECTION 4 *BIS*. Mesure de l'audience des organisations syndicales concernant les entreprises de moins de onze salariés

Note • Cette section a été introduite par la loi 2010-1215 du 15 octobre 2010, JO 16.

• Les dispositions de cette section, qui complètent celles de la loi du 20 août 2008 relatives à la démocratie sociale, organisent les modalités d'un scrutin spécifique destiné à prendre en compte les choix des salariés des entreprises de moins de onze salariés dans la détermination de l'audience des organisations syndicales au niveau des branches comme au plan interprofessionnel (voir Fr. Petit, «Les scrutins sur sigle dans les très petites entreprises», Dr. Soc. 2012, p. 48).

L'organisation de cette mesure de l'audience est imposée par le respect du principe d'égalité: «Dès lors que le législateur a retenu le critère de l'audience pour apprécier la représentativité des organisations syndicales de salariés, il ne [peut] sans méconnaître le principe de participation, faire application de ce critère ainsi que des règles de validité des accords en excluant de la mesure de cette audience, les salariés des entreprises, qui à raison de leur effectif, ne sont pas tenues d'organiser des élections de délégués du personnel. Aux termes de l'article 6 de la déclaration des droits de l'homme et du citoyen de 1789 : " la loi est la même pour tous, soit qu'elle protège, soit qu'elle punisse ". Le Conseil constitutionnel en déduit – notamment dans sa décision 2009-578 DC du 18 mars 2009 – que le principe d'égalité ne s'oppose ni à ce que le législateur règle de façon différente des situations différentes, ni à ce qu'il déroge à l'égalité pour des motifs d'intérêt général, pourvu que, dans l'un et l'autre cas, la différence de traitement soit en rapport direct avec l'objet de la loi qui l'établit. En l'espèce alors même que les entreprises de onze salariés ne sont pas tenues d'organiser des élections professionnelles, l'exclusion de principe des salariés de ces entreprises de la mesure de l'audience syndicale serait sans rapport direct avec l'objet de cette mesure qui est de déterminer la représentativité des organisations syndicales à même de conclure des conventions et accords collectifs, notamment dans les branches professionnelles dans lesquelles plus de la moitié des salariés sont employés dans de très petites entreprises [...]. Compte tenu des termes de la loi, c'est d'ici le 21 août 2013 que la mesure de l'audience dans les très petites entreprises devra avoir été organisée. Un manquement à cette obligation fragiliserait l'ensemble du dispositif prévu par la loi du 20 août 2008 susvisée.» (CE avis 29 avril 2010, n° 384020).

La mesure de l'audience syndicale (à l'exception des branches exclusivement agricoles où sont pris en compte les résultats aux élections des représentants des salariés aux chambres départementales d'agriculture) sur un scrutin spécifique prenant la forme d'un vote sur sigle organisé au plan régional, par voie électronique, à distance ou par correspondance. Le décret 2016-1594 du 24 novembre 2016 (JO 26) précise les modalités de ce scrutin et notamment les conditions de l'inscription des salariés sur les listes électorales et celles du dépôt des candidatures des organisations syndicales, les modalités du vote et du dépouillement, ainsi que les conditions dans lesquelles les opérations en cause pourront faire l'objet de recours gracieux et contentieux.

Scrutin 2016. Un arrêté du 4 mai 2016 (JO 5), modifié par arrêté du 25 novembre 2016 (JO 3 déc.), a précisé les modalités d'organisation de la mesure de l'audience (calendrier relatif aux recours gracieux et contentieux et à l'organisation du vote, liste des pièces justificatives à présenter à l'appui d'un recours gracieux sur les listes électorales, modèle de formulaire de candidature et de déclaration sur l'honneur des salariés figurant sur la propagande électorale). Voir aussi circulaire DGT/RT2/2016/162 du 23 mai 2016 (NOR: ETST1613772J) relative à l'organisation du scrutin 2016 pour la mesure d'audience des organisations syndicales concernant les entreprises de moins de onze salariés.

Scrutin 2020. Un arrêté du 21 février 2020 (JO 25), modifié par arrêté du 24 avril 2020 (JO 2 mai), a précisé les modalités de candidature à la mesure, en 2020, de l'audience des organisations syndicales auprès des salariés des entreprises de moins de onze salariés (modalités d'inscription sur le site internet dédié, calendrier relatif au dépôt et à l'instruction des candidatures, liste des pièces justificatives à télétransmettre, modèles de formulaires électroniques d'inscription et de déclaration de candidature).

Art. L. 2122-10-1. En vue de mesurer l'audience des organisations syndicales auprès des salariés des entreprises de moins de onze salariés, à l'exception de ceux relevant des branches mentionnées à l'article L. 2122-6, un scrutin est organisé au niveau régional tous les quatre ans. Ce scrutin a lieu au cours d'une période fixée par décret.

Art. L. 2122-10-2

Note • Le dernier scrutin de ce type s'est déroulé du 30 décembre 2016 au 13 janvier 2017.

• *Covid-19*. Sur le report du scrutin de mesure de l'audience syndicale auprès des salariés des entreprises de moins de onze salariés pour faire face à l'épidémie de Covid-19 et les règles dérogatoires de détermination de l'électorat applicables, voir ordonnance 2020-388 du 1er avril 2020, art. 1er, JO 2, modifié. Voir aussi décret 2020-927 du 29 juillet 2020, art. 2, JO 30, fixant la période d'ouverture de ce scrutin.

Art. L. 2122-10-2. Sont électeurs les salariés des entreprises qui emploient moins de onze salariés au 31 décembre de l'année précédant le scrutin, titulaires d'un contrat de travail au cours de ce mois de décembre, âgés de seize ans révolus et ne faisant l'objet d'aucune interdiction, déchéance ou incapacité relative à leurs droits civiques.

Note *Covid-19*. Voir note sous article L. 2122-10-1.

Art. L. 2122-10-3. Par dérogation à leurs obligations relatives au secret professionnel, les caisses de sécurité sociale communiquent aux services du ministre chargé du travail les données relatives aux entreprises employant un ou plusieurs salariés ainsi que les données relatives à ces salariés portées sur les déclarations sociales et nécessaires à la constitution de la liste électorale.

Art. L. 2122-10-4. La liste électorale est établie par l'autorité compétente de l'État. Les électeurs sont inscrits dans deux collèges, d'une part un collège " cadres ", d'autre part un collège " non cadres ", en fonction des informations relatives à l'affiliation à une institution de retraite complémentaire portées sur les déclarations sociales des entreprises, dans des conditions fixées par décret en Conseil d'État.

Art. L. 2122-10-5. Tout électeur ou un représentant qu'il aura désigné peut saisir le juge judiciaire d'une contestation relative à une inscription sur la liste électorale, dans des conditions fixées par décret en Conseil d'État.

Le juge saisi d'une contestation vérifie que les électeurs concernés remplissent les conditions fixées aux articles L. 2122-10-2 et L. 2122-10-4.

Art. L. 2122-10-6. Les organisations syndicales de salariés qui satisfont aux critères de respect des valeurs républicaines, ***(L. 2014-288 du 5 mars 2014, art. 30, XXI, JO 6)*** «d'indépendance et de transparence financière», légalement constituées depuis au moins deux ans et auxquelles les statuts donnent vocation à être présentes dans le champ géographique concerné, ainsi que les syndicats affiliés à une organisation syndicale représentative au niveau national et interprofessionnel se déclarent candidats auprès des services du ministre chargé du travail dans des conditions déterminées par décret en Conseil d'État.

Note A vocation à être dans le champ géographique d'une région au sens de ce texte l'organisation syndicale dont les statuts couvrent une partie de son ressort géographique (cass. soc. 30 septembre 2016, n° 16-60.288, BC V n° 183; JCP éd. S 2017, 1006, note Y. Pagnerre; RJS 12/16 n° 790).

Art. L. 2122-10-7. Le scrutin a lieu par voie électronique et par correspondance. Lorsqu'il n'en dispose pas, l'employeur n'a pas l'obligation de mettre à la disposition des salariés le matériel informatique permettant le vote par voie électronique.

Les conditions de déroulement du scrutin et de confidentialité du vote sont déterminées par décret en Conseil d'État. Ledit décret précise également les modalités de l'information délivrée aux salariés.

Art. L. 2122-10-8. Les règles établies par les articles L. 10 et L. 67 du code électoral s'appliquent aux opérations électorales.

Art. L. 2122-10-9. L'employeur laisse aux salariés le temps nécessaire pour voter depuis leur lieu de travail, tout en garantissant la confidentialité de leur vote. Lorsque le vote a lieu pendant les horaires de travail, ce temps est considéré comme temps de travail et payé à l'échéance normale.

Art. L. 2122-10-10. L'employeur laisse aux salariés de son entreprise désignés dans le cadre de ce scrutin en tant qu'assesseur, délégué et mandataire des organisations syndicales candidates le temps nécessaire pour remplir leurs fonctions. Le temps effectivement passé pour l'exercice de ces fonctions, y compris hors de l'entreprise, pendant les horaires de travail est considéré comme temps de travail et payé à l'échéance normale.

L'exercice par un salarié des fonctions d'assesseur, délégué et mandataire des organisations syndicales candidates ne peut être la cause d'une sanction ou d'une rupture du contrat de travail par l'employeur.

Art. L. 2122-10-11. Les contestations relatives au déroulement des opérations électorales sont de la compétence du juge judiciaire dans des conditions fixées par décret en Conseil d'État.

Sous-section 1 (réglementaire). Électorat

Note Les sous-sections 1 à 8 ont été introduites par le décret 2011-771 du 28 juin 2011, JO 30.

Art. R. 2122-8. Le vote est ouvert aux salariés mentionnés à l'article L. 2122-10-2, inscrits sur la liste électorale prévue à l'article L. 2122-10-4, à l'exception de ceux relevant des branches mentionnées à l'article L. 2122-6.

Art. R. 2122-9. L'électeur est inscrit sur la liste électorale de la région dans laquelle est situé l'entreprise ou l'établissement au sein duquel il exerce son activité principale. L'activité principale du salarié est celle pour laquelle il a accompli le plus grand nombre d'heures au cours du mois de décembre de l'année précédant l'année de l'élection.

Note *Covid-19.* Par dérogation à cet article, pour le scrutin visant à mesurer l'audience syndicale auprès des salariés des entreprises de moins de onze salariés organisé au cours du 1er semestre 2021, l'activité principale du salarié est celle pour laquelle il a accompli le plus grand nombre d'heures au cours du mois de décembre 2019 (décret 2020-825 du 29 juin 2020, art. 2, JO 1er juil.).

Art. R. 2122-10. Sont inscrits dans le collège cadre les salariés affiliés à une institution de retraite complémentaire relevant de l'Association générale des institutions de retraite des cadres. Pour les salariés affiliés à une institution de retraite complémentaire ne relevant ni de cette association, ni de l'Association pour le régime de retraite complémentaire des salariés, l'inscription dans le collège cadre s'effectue en fonction de la catégorie socioprofessionnelle telle qu'elle figure dans les déclarations sociales mentionnées à l'article L. 2122-10-3.

Art. R. 2122-11. L'électeur est inscrit au titre de la branche dont il relève conformément aux données portées sur la déclaration sociale mentionnée à l'article L. 2122-10-3 de l'entreprise ou de l'établissement mentionné à l'article R. 2122-9.

Sous-section 2 (réglementaire). Établissement de la liste électorale

§ 1. Traitement des données

Art. R. 2122-12. Un système de traitement automatisé de données à caractère personnel en vue de l'établissement de la liste électorale pour la mesure de l'audience mentionnée à l'article L. 2122-10-1, dénommé " fichiers des listes électorales pour la mesure de l'audience des organisations syndicales concernant les entreprises de moins de onze salariés ", est créé par les services du ministre chargé du travail pour collecter les catégories de données suivantes :

1° Les informations relatives au salarié :

a) Nom et prénoms ;

b) Date de naissance, département et commune de naissance ou, pour les personnes nées à l'étranger, pays de naissance ;

c) Adresse du domicile ;

d) Numéro d'inscription au répertoire national d'identification des personnes physiques ;

e) Affiliation à une institution de retraite complémentaire relevant de l'Association générale des institutions de retraite des cadres ;

f) Période d'emploi, indication de temps complet ou de temps partiel, nombre d'heures travaillées ou nombre de cachets pour les artistes ;

g) Emploi occupé, catégorie socio-professionnelle ;

h) Identifiant ou intitulé de la convention collective relative à l'emploi occupé ;

(D. 2020-825 du 29 juin 2020, JO 1er juil.) « *i)* Nature du contrat ; »

2° Les informations relatives à l'employeur si celui-ci est une entreprise ou un établissement :

a) Raison sociale ;

b) Adresse ;

c) Numéro d'identification SIRET ou numéro d'inscription à la Mutualité sociale agricole pour les entreprises ou établissements ne relevant pas des branches mentionnées à l'article L. 2122-6 ;

d) Code APE ;

e) Effectif des salariés au 31 décembre de l'année précédant l'élection ;

(D. 2020-825 du 29 juin 2020, JO 1er juil.) « *f)* Catégorie juridique de l'établissement ; »

3° Les informations relatives à l'employeur si l'employeur est un particulier :

a) Nom et prénoms ;

b) Date de naissance, département et commune de naissance ou, pour les personnes nées à l'étranger, pays de naissance ;

c) Adresse du domicile;

d) Numéro d'inscription au répertoire national d'identification des personnes physiques;

e) Numéro d'inscription à l'Union pour le recouvrement des cotisations de sécurité sociale et des allocations familiales.

Art. R. 2122-13. Les informations dont la liste est fixée à l'article R. 2122-12 sont issues des déclarations mentionnées à l'article L. 2122-10-3.

Art. R. 2122-14. Les destinataires des données à caractère personnel collectées sont:

1° Pour l'ensemble des informations mentionnées à l'article R. 2122-12 y compris le numéro d'inscription au répertoire national d'identification des personnes physiques aux fins de détection d'inscriptions multiples: les agents ***(D. 2020-825 du 29 juin 2020, JO 1er juil.)*** «des prestataires» en charge de l'élaboration de la liste électorale agissant pour le compte du ministre chargé du travail;

2° Pour toutes les informations mentionnées à l'article R. 2122-12 à l'exclusion du numéro d'inscription au répertoire national d'identification des personnes physiques: les agents des services des ***(D. 2020-1545 du 9 déc. 2020, JO 10, entrée en vigueur le 01.04.2021)*** «directions régionales de l'économie, de l'emploi, du travail et des solidarités» ***(D. 2020-825 du 29 juin 2020, JO 1er juil.)*** «et des services centraux du ministère chargé du travail» et les agents du prestataire agissant pour le compte du ministre chargé du travail pour la mise en place du vote par correspondance et du vote électronique à distance;

(D. 2016-548 du 4 mai 2016, JO 5) «3° Pour les informations portant sur les noms, prénoms, collèges, adresses du domicile des électeurs ainsi que l'identifiant ou l'intitulé de la convention collective relative à l'emploi occupé: le mandataire de chacune des organisations syndicales candidates.»

Art. R. 2122-15. Le droit d'accès et de rectification des données mentionnées à l'article R. 2122-12, prévu aux articles ***(D. 2020-825 du 29 juin 2020, JO 1er juil.)*** «15 et 16 du règlement (UE) 2016/679 du 27 avril 2016 relatif à la protection des personnes physiques à l'égard des traitements des données à caractère personnel et à la libre circulation de ces données, et abrogeant la directive 95/46/CE», s'exerce auprès des services du ministre chargé du travail ***(D. 2020-825 du 29 juin 2020, JO 1er juil.)*** «dans les conditions prévues à l'article 12 du même règlement».

Le droit d'opposition mentionné à l'article ***(D. 2020-825 du 29 juin 2020, JO 1er juil.)*** «21 du même règlement» ne s'applique pas aux traitements mentionnés à l'article R. 2122-12.

Art. R. 2122-15-1. ***(D. 2016-548 du 4 mai 2016, JO 5)*** Lorsqu'il est fait application de l'article R. 2122-48-4, tout électeur dispose du droit de s'opposer à la communication de son adresse aux organisations syndicales. ***(D. 2020-825 du 29 juin 2020, JO 1er juil.)*** «L'électeur est informé de l'existence de ce droit par le document mentionné au dernier alinéa de l'article R. 2122-19 et sur le site internet dédié aux élections mentionné au même article. S'il souhaite l'exercer, il adresse une demande en ce sens au directeur général du travail par courrier ou par voie dématérialisée dans un délai de quinze jours à compter de la date mentionnée au 1° de l'article R. 2122-19. S'il exerce ce droit par voie dématérialisée, il adresse sa demande via le téléservice mis en place à cet effet sur le site internet mentionné à l'article R. 2122-19.»

Art. R. 2122-16. Les fichiers constitués à partir des données mentionnées à l'article R. 2122-12 sont conservés par les services du ministre chargé du travail pendant une durée d'un an après la clôture du scrutin en vue duquel ces fichiers ont été réalisés. Passé ce délai, les fichiers sont versés aux archives nationales.

Ces services peuvent toutefois conserver une copie d'extraits des fichiers rendus anonymes en vue de réaliser des expérimentations pour les scrutins suivants.

Art. R. 2122-16-1. ***(D. 2016-548 du 4 mai 2016, JO 5)*** Les organisations syndicales destinataires des fichiers constitués à partir des données mentionnées au 3° de l'article R. 2122-14 détruisent ces fichiers à l'issue d'un délai d'un mois après la clôture du scrutin. Elles informent le ministre chargé du travail des conditions dans lesquelles elles ont procédé à cette destruction.

Art. R. 2122-17. ***(D. 2020-825 du 29 juin 2020, JO 1er juil.)*** «Les prestataires mentionnés au 1° de l'article R. 2122-14 procèdent» au traitement de l'ensemble des données en vue de l'élaboration de la liste électorale, conformément aux articles R. 2122-12 à R. 2122-16.

Il transmet le fichier permettant de constituer la liste électorale à chaque ***(D. 2020-1545 du 9 déc. 2020, JO 10, entrée en vigueur le 01.04.2021)*** «direction régionale de l'économie, de l'emploi, du travail et des solidarités».

§ 2. Inscription sur la liste

Art. R. 2122-18. La liste électorale est établie pour chaque région par le ministre chargé du travail.

Art. R. 2122-19. Un extrait de la liste électorale peut être consulté dans les ***(D. 2020-1545 du 9 déc. 2020, JO 10, entrée en vigueur le 01.04.2021)*** «directions régionales de l'économie, de l'emploi, du travail et des solidarités» et leurs ***(D. 2015-1689 du 17 déc. 2015, JO 18, entrée en vigueur le 01.01.2016)*** «unités départementales» ainsi que sur un site internet dédié créé par les services du ministre chargé du travail. Y sont mentionnées les informations relatives aux nom, prénoms, région, ***(D. 2016-548 du 4 mai 2016, JO 5)*** «département,» collège, branche et numéro d'ordre sur la liste électorale.

Un arrêté du ministre chargé du travail détermine:
1° La date à partir de laquelle la liste électorale peut être consultée;
2° Les modalités de cette consultation, et notamment les informations qui la permettent;
3° La date à partir de laquelle les recours relatifs à l'inscription sont possibles.

(D. 2020-825 du 29 juin 2020, JO 1er juil.) «Les services du ministre chargé du travail envoient au plus tard trois jours avant cette publication à chaque électeur un document qui l'informe de son inscription sur la liste électorale, précise les informations le concernant mentionnées au premier alinéa et lui indique les dates du scrutin et les modalités pour y participer».

Note Voir arrêté du 29 juillet 2020 (JO 2 août) relatif à la liste électorale et aux opérations électorales pour la mesure en 2021 de l'audience syndicale dans les entreprises de moins de onze salariés, modifié par arrêté du 22 octobre 2020 (JO 27) portant report du scrutin organisé en 2021 pour la mesure de l'audience des organisations syndicales dans les entreprises de moins de onze salariés.

Art. R. 2122-20. À l'expiration d'un délai de huit jours suivant l'affichage des résultats du scrutin, la liste électorale ne peut plus être consultée.

Note Cet article a été modifié par le décret 2020-825 du 29 juin 2020, JO 1er juil.

Sous-section 3 (réglementaire). Contestations relatives à l'inscription sur les listes électorales

§ 1. Recours gracieux

Art. R. 2122-21. ***(D. 2020-825 du 29 juin 2020, JO 1er juil.)*** Préalablement à la contestation prévue à l'article L. 2122-10-5, l'électeur ou un représentant qu'il aura désigné saisit le directeur général du travail d'un recours relatif à l'inscription sur la liste électorale. À peine d'irrecevabilité, ce recours est formé dans un délai de vingt et un jours à compter de la date mentionnée au 1° de l'article R. 2122-19 soit par voie postale, soit par voie dématérialisée. Si ce recours est exercé par voie dématérialisée, il est adressé via le téléservice mis en place à cet effet sur le site internet mentionné à l'article R. 2122-19. Un accusé de réception est adressé au requérant.

Art. R. 2122-22. ***(D. 2020-825 du 29 juin 2020, JO 1er juil.)*** Un arrêté du ministre chargé du travail précise les informations et les pièces justificatives que comporte le recours mentionné à l'article R. 2122-21 pour être recevable. Ces informations et pièces justificatives ont pour objet d'attester l'identité du requérant et de permettre d'établir le bien-fondé de sa demande.

Art. R. 2122-23. La décision du directeur ***(D. 2020-825 du 29 juin 2020, JO 1er juil.)*** «général du travail» est notifiée dans un délai de dix jours à compter de la date de réception du recours au requérant et, le cas échéant, ***(D. 2020-825 du 29 juin 2020, JO 1er juil.)*** «à la personne concernée».

Le silence gardé par le directeur ***(D. 2020-825 du 29 juin 2020, JO 1er juil.)*** «général du travail» à l'expiration du délai de dix jours mentionné au premier alinéa vaut décision de rejet.

Art. R. 2122-24. Les électeurs mineurs peuvent, sans autorisation de leur représentant légal, être demandeurs ou défendeurs à une contestation au titre d'un recours gracieux ou concernés par un tel recours.

Art. R. 2122-25. Les délais fixés par les articles R. 2122-21 et R. 2122-23 sont calculés et prorogés conformément aux dispositions des articles 640 à 642 du code de procédure civile.

§ 2. Recours contentieux

Art. R. 2122-26. La contestation de la décision du ***(D. 2020-825 du 29 juin 2020, JO 1er juil.)*** «directeur général du travail» mentionnée à l'article R. 2122-23 peut être formée par l'électeur ou par un représentant qu'il aura désigné. Elle est portée devant le ***(D. 2019-966 du 18 sept. 2019, art. 8, JO 19, entrée en vigueur le 01.01.2020)*** «tribunal judiciaire» dans le ressort duquel son auteur a son domicile ou sa résidence.

À peine d'irrecevabilité, elle est formée dans un délai de dix jours à compter de la notification de la décision du ***(D. 2020-825 du 29 juin 2020, JO 1er juil.)*** «directeur général du travail» ou de la date à laquelle est née une décision implicite de rejet.

Art. R. 2122-27. ***(D. 2020-825 du 29 juin 2020, JO 1er juil.)*** «La contestation est formée par requête remise ou adressée au greffe du tribunal judiciaire par lettre recommandée avec demande d'avis de réception. Elle contient les mentions prescrites par les articles 54 et 57 du code de procédure civile.»

À peine de nullité, la ***(D. 2019-1333 du 11 déc. 2019, art. 36, JO 12, entrée en vigueur le 01.01.2020)*** «requête» est accompagnée soit d'une copie de la décision du ***(D. 2020-825 du 29 juin 2020, JO 1er juil.)*** «directeur général du travail», soit, en cas de décision implicite de rejet, du recours prévu à l'article R. 2122-21 et de l'***(D. 2016-548 du 4 mai 2016, JO 5)*** «accusé» de réception ou du récépissé. Lorsque la contestation concerne ***(D. 2020-825 du 29 juin 2020, JO 1er juil.)*** «la situation d'une autre personne » que le requérant, ***(D. 2020-825 du 29 juin 2020, JO 1er juil.)*** « la requête mentionne, à peine de nullité, les nom et prénoms de la personne concernée ainsi que la dénomination et l'adresse de son employeur ».

Le ***(D. 2020-825 du 29 juin 2020, JO 1er juil.)*** « directeur général du travail », informé par tout moyen par le greffe de cette contestation, transmet sans délai au tribunal l'adresse ***(D. 2020-825 du 29 juin 2020, JO 1er juil.)*** « de la personne concernée lorsque celle-ci n'est pas l'auteur » du recours. Selon les mêmes modalités, en cas de décision implicite de rejet, il transmet à la demande du tribunal toute information utile permettant d'apprécier le bien-fondé de la contestation.

Note Les dispositions de cet article, dans sa rédaction issue du décret 2019-1333 précité, sont applicables aux instances en cours au 1er janvier 2020 (décret précité, art. 55, I).

Art. R. 2122-28. Le ***(D. 2019-966 du 18 sept. 2019, art. 8, JO 19, entrée en vigueur le 01.01.2020)*** « tribunal judiciaire » statue dans les dix jours suivant la date du recours sans forme et sans frais et sur simple avertissement donné cinq jours à l'avance aux parties intéressées.

Art. R. 2122-29. La décision du ***(D. 2019-966 du 18 sept. 2019, art. 8, JO 19, entrée en vigueur le 01.01.2020)*** « tribunal judiciaire » est notifiée sans délai et au plus tard dans les trois jours par le greffe au requérant et aux parties intéressées par lettre recommandée avec demande d'avis de réception.

Simultanément, le greffe la transmet au prestataire mentionné à l'article R. 2122-14.

Art. R. 2122-30. Les électeurs mineurs peuvent, sans autorisation de leur représentant légal, être demandeur ou défendeur à une contestation au titre d'un recours contentieux.

Art. R. 2122-31. ***(D. 2020-927 du 29 juil. 2020, JO 30)*** « Le pourvoi est formé, instruit et jugé dans les conditions prévues par le code de procédure civile en matière d'élections professionnelles. »

Les parties sont dispensées du ministère d'avocat au Conseil d'État et à la Cour de cassation.

Art. R. 2122-32. Les délais fixés par les articles R. 2122-26, R. 2122-28, ***(D. 2016-548 du 4 mai 2016, JO 5)*** « R. 2122-29 » et R. 2122-31 sont calculés et prorogés conformément aux dispositions des articles 640 à 642 du code de procédure civile.

Sous-section 4 (réglementaire). Candidatures des organisations syndicales de salariés

Art. R. 2122-33. ***(D. 2020-713 du 11 juin 2020, JO 13)*** « Les candidatures des organisations syndicales sont déposées par voie électronique sur un site internet dédié relevant du ministre chargé du travail. »

(D. 2016-548 du 4 mai 2016, JO 5) Les candidatures des organisations syndicales ayant statutairement vocation à être présentes dans le champ géographique d'une ou de plusieurs régions ou collectivités comprises dans le ressort territorial d'une seule ***(D. 2020-1545 du 9 déc. 2020, JO 10, entrée en vigueur le 01.04.2021)*** « direction régionale de l'économie, de l'emploi, du travail et des solidarités » sont ***(D. 2020-713 du 11 juin 2020, JO 13)*** « instruites par » cette direction.

Les candidatures des organisations syndicales ayant statutairement vocation à être présentes sur un champ géographique excédant le ressort territorial d'une seule ***(D. 2020-1545 du 9 déc. 2020, JO 10, entrée en vigueur le 01.04.2021)*** « direction régionale de l'économie, de l'emploi, du travail et des solidarités » sont ***(D. 2020-713 du 11 juin 2020, JO 13)*** « instruites par » la direction générale du travail.

Art. R. 2122-34. Un arrêté du ministre chargé du travail fixe la période de dépôt des candidatures ***(D. 2016-548 du 4 mai 2016, JO 5)*** « et des documents de propagande électorale des organisations syndicales » ainsi que le modèle des documents requis pour ***(D. 2016-548 du 4 mai 2016, JO 5)*** « le dépôt des candidatures. »

Note Pour le scrutin 2020, reporté au premier semestre 2021 (voir note sous article L. 2122-10-1), voir arrêté du 21 février 2020 (JO 25) relatif aux modalités de candidature, modifié par arrêté du 24 avril 2020 (JO 2 mai), et arrêté du 25 mai 2020 (JO 4 juin) relatif aux modalités de dépôt et de validation des propagandes électorales, modifié par arrêté du 22 octobre 2020 (JO 27) portant report du scrutin organisé en 2021 pour la mesure de l'audience des organisations syndicales dans les entreprises de moins de onze salariés.

Art. R. 2122-35. Les syndicats affiliés à une même organisation syndicale au niveau interprofessionnel se déclarent candidats sous le seul nom de cette organisation.

Les organisations syndicales autres que celles auxquelles leurs statuts donnent vocation à être présentes au niveau interprofessionnel indiquent la ou les branches dans lesquelles elles se portent candidates compte tenu des salariés qu'elles ont statutairement vocation à représenter.

Art. R. 2122-36. Les pièces suivantes sont jointes à la déclaration de candidature d'une organisation syndicale :

1° Une déclaration sur l'honneur du mandataire de cette organisation attestant que sa candidature satisfait aux exigences prévues à l'article L. 2122-10-6 ;

2° Une copie de ses statuts ;

3° Une copie du récépissé de dépôt de ses statuts;

(D. 2016-548 du 4 mai 2016, JO 5) «4° Les éléments et documents permettant de justifier de l'indépendance et de la transparence financière de l'organisation syndicale;»

(D. 2020-927 du 29 juil. 2020, JO 30) «5° Une copie de la décision ayant donné pouvoir au mandataire pour effectuer les démarches nécessaires à la déclaration de candidature ou des dispositions statutaires fondant ce mandat;

6° Une copie d'un document permettant d'attester l'identité du mandataire.»

Art. R. 2122-37. *(D. 2016-548 du 4 mai 2016, JO 5)* «L'autorité administrative *(D. 2020-713 du 11 juin 2020, JO 13)* «chargée de l'instruction de» la déclaration de candidature délivre *(D. 2020-713 du 11 juin 2020, JO 13)* «par voie électronique» un récépissé au mandataire de l'organisation syndicale dès lors que cette déclaration satisfait aux conditions et aux délais prévus aux articles R. 2122-34 et R. 2122-36.

Si la candidature ne remplit pas les conditions prévues à l'article L. 2122-10-6, elle notifie son refus *(D. 2020-713 du 11 juin 2020, JO 13)* «de validation» au mandataire de l'organisation syndicale.»

(D. 2020-713 du 11 juin 2020, JO 13) «La validation de la candidature est notifiée» au mandataire d'une organisation syndicale dont la candidature est recevable.

Art. R. 2122-38. Dans chaque région, le *(D. 2020-1545 du 9 déc. 2020, JO 10, entrée en vigueur le 01.04.2021)* «directeur régional de l'économie, de l'emploi, du travail et des solidarités» publie la liste des candidatures recevables au recueil des actes administratifs quinze jours après l'expiration de la période de dépôt mentionnée à l'article R. 2122-34. Les candidatures sont également publiées sur le site internet *(D. 2016-548 du 4 mai 2016, JO 5)* «du ministère» chargé du travail.

Art. R. 2122-39. La contestation des décisions relatives à *(D. 2020-713 du 11 juin 2020, JO 13)* «la validation» d'une ou plusieurs candidatures est formée *(D. 2020-927 du 29 juil. 2020, JO 30)* «par requête», à peine d'irrecevabilité, dans un délai de *(D. 2016-548 du 4 mai 2016, JO 5)* «quinze» jours à compter de la publication mentionnée à l'article R. 2122-38, devant le *(D. 2019-966 du 18 sept. 2019, art. 8, JO 19, entrée en vigueur le 01.01.2020)* «tribunal judiciaire» dans le ressort duquel l'autorité administrative mentionnée à l'article R. 2122-37 a son siège. Elle peut être formée par tout électeur ou tout mandataire d'une organisation candidate *(D. 2020-713 du 11 juin 2020, JO 13)* «dans les conditions prévues aux articles 54 et 57 du code de procédure civile». Le *(D. 2017-1643 du 30 nov. 2017, JO 2 déc., entrée en vigueur le 14.05.2018)* «*(D. 2019-966 du 18 sept. 2019, art. 8, JO 19, entrée en vigueur le 01.01.2020)* «tribunal judiciaire» de Paris» est compétent pour statuer sur les recours formés contre les décisions *(D. 2016-548 du 4 mai 2016, JO 5)* «du directeur général du travail».

Note
- Voir note en tête de la Section 4 *bis*.
- Sur l'entrée en vigueur du décret 2017-1643, voir art. 5 de ce décret.

Art. R. 2122-40. Le *(D. 2019-966 du 18 sept. 2019, art. 8, JO 19, entrée en vigueur le 01.01.2020)* «tribunal judiciaire» statue sans frais ni forme de procédure dans les dix jours à compter de la date de saisine

La décision est notifiée aux parties au plus tard dans les trois jours par le greffe qui en adresse une copie dans le même délai au *(D. 2020-1545 du 9 déc. 2020, JO 10, entrée en vigueur le 01.04.2021)* «directeur régional de l'économie, de l'emploi, du travail et des solidarités» concerné ou, le cas échéant, au ministre chargé du travail.

Art. R. 2122-41. La décision du *(D. 2019-966 du 18 sept. 2019, art. 8, JO 19, entrée en vigueur le 01.01.2020)* «tribunal judiciaire» peut faire l'objet d'un pourvoi en cassation dans un délai de dix jours suivant sa notification. *(D. 2020-713 du 11 juin 2020, JO 13)* «Lorsqu'elle casse une décision du tribunal judiciaire rendue en application de l'article R. 2122-39, la Cour de cassation peut statuer au fond dans les conditions mentionnées à l'article L. 411-3 du code de l'organisation judiciaire.» Le pourvoi est jugé dans les conditions prévues aux articles 999 à *(D. 2020-713 du 11 juin 2020, JO 13)* «1009» du code de procédure civile. Les parties sont dispensées du ministère d'avocat au Conseil d'État et à la Cour de cassation.

Art. R. 2122-42. Les délais fixés par les articles R. 2122-39 à R. 2122-41 sont calculés et prorogés conformément aux dispositions des articles 640, 641 et 642 du code de procédure civile.

Sous-section 5 (réglementaire). Scrutin

§ 1. Commission des opérations de vote

Note Ce paragraphe a été divisé en trois sous-paragraphes par le décret 2016-548 du 4 mai 2016, JO 5, qui a également introduit les articles R. 2122-48-1 à 48-5 figurant sous le sous-paragraphe 3.

Sous-§ 1. Commission nationale des opérations de votes

Art. R. 2122-43. Une commission nationale des opérations de vote est créée auprès du ministre chargé du travail.

Art. R. 2122-44. ***(D. 2011-548 du 4 mai 2016, JO 5)*** La Commission nationale des opérations de vote est chargée :

1° De donner un avis sur la conformité des documents de propagande électorale des organisations syndicales ***(D. 2020-713 du 11 juin 2020, JO 13)*** « dont la candidature est publiée en application des dispositions de l'article R. 2122-38 sur le site internet du ministère du travail » aux ***(D. 2020-927 du 29 juil. 2020, JO 30)*** « conditions de présentation prévues au dernier alinéa de l'article R. 2122-52, » lorsque ces documents de propagande sont communs à plus d'une région ;

(D. 2020-713 du 11 juin 2020, JO 13) « 2° De s'assurer de la mise à disposition auprès des électeurs, sur le site internet mentionné à l'article R. 2122-19, des documents de propagande électorale de l'ensemble des candidatures mentionnées à l'article R. 2122-38 ;

3° De s'assurer de l'impression des bulletins et du matériel de vote et de leur envoi à chaque électeur ; »

4° De s'assurer de la réception des votes ;

5° D'assister au dépouillement et au recensement des votes dans les conditions fixées par les articles R. 2122-78 à R. 2122-92 ;

6° De proclamer les résultats au niveau national.

Art. R. 2122-45. La Commission nationale des opérations de vote comprend :

1° Deux fonctionnaires désignés par le ministre chargé du travail, dont l'un assure la fonction de ***(D. 2016-548 du 4 mai 2016, JO 5)*** « président et l'autre celle de » secrétaire ;

2° Les mandataires de chaque organisation syndicale candidate au niveau national et interprofessionnel ***(D. 2016-548 du 4 mai 2016, JO 5)*** « et des autres organisations syndicales candidates mentionnées au ***(D. 2020-713 du 11 juin 2020, JO 13)*** « troisième » alinéa de l'article R. 2122-33. »

Sous-§ 2. Commission régionale des opérations de votes

Art. R. 2122-46. Une commission régionale des opérations de vote siège auprès du ***(D. 2020-1545 du 9 déc. 2020, JO 10, entrée en vigueur le 01.04.2021)*** « directeur régional de l'économie, de l'emploi, du travail et des solidarités ».

Art. R. 2122-47. La commission régionale des opérations de vote est chargée :

(D. 2016-548 du 4 mai 2016, JO 5) « 1° De donner un avis sur la conformité aux ***(D. 2020-927 du 29 juil. 2020, JO 30)*** « conditions de présentation prévues au dernier alinéa de l'article R. 2122-52 et à l'article R. 2122-52-1 », des documents de propagande électorale des organisations syndicales mentionnées au ***(D. 2020-713 du 11 juin 2020, JO 13)*** « deuxième » alinéa de l'article R. 2122-33 qui présentent leur candidature dans la ou les régions ou collectivités comprises dans le ressort territorial de la ***(D. 2020-1545 du 9 déc. 2020, JO 10, entrée en vigueur le 01.04.2021)*** « direction régionale de l'économie, de l'emploi, du travail et des solidarités » à laquelle elle est rattachée et des organisations syndicales mentionnées au ***(D. 2020-713 du 11 juin 2020, JO 13)*** « troisième » alinéa de l'article R. 2122-33 dont la propagande est différenciée pour cette ou ces régions ou collectivités ; »

2° De proclamer les résultats ***(D. 2020-927 du 29 juil. 2020, JO 30)*** « au niveau régional ».

Art. R. 2122-48. La commission régionale des opérations de vote comprend :

1° Deux fonctionnaires désignés par le ***(D. 2020-1545 du 9 déc. 2020, JO 10, entrée en vigueur le 01.04.2021)*** « directeur régional de l'économie, de l'emploi, du travail et des solidarités » ***(D. 2016-548 du 4 mai 2016, JO 5)*** « dont l'un assure la fonction de président et l'autre celle de secrétaire » ;

(D. 2016-548 du 4 mai 2016, JO 5) « 2° Les mandataires des organisations syndicales candidates au niveau national et interprofessionnel, des organisations mentionnées au ***(D. 2020-713 du 11 juin 2020, JO 13)*** « troisième » alinéa de l'article R. 2122-33 qui ont différencié leur document de propagande dans la ou les régions ou collectivités comprises dans le ressort territorial de la ***(D. 2020-1545 du 9 déc. 2020, JO 10, entrée en vigueur le 01.04.2021)*** « direction régionale de l'économie, de l'emploi, du travail et des solidarités » à laquelle elle est rattachée, et des autres organisations syndicales candidates uniquement dans cette ou ces régions ou collectivités. »

Les mandataires des autres organisations syndicales candidates dans la région peuvent participer avec voix consultative aux travaux de la commission.

Sous-§ 3. Dispositions communes à la Commission nationale des opérations de vote et aux commissions régionales des opérations de vote

Art. R. 2122-48-1. L'autorité administrative consulte la commission des opérations de vote compétente sur la conformité des ***(D. 2020-713 du 11 juin 2020, JO 13)*** « documents » de propagande aux ***(D. 2020-927 du 29 juil. 2020, JO 30)*** « conditions de présentation prévues au dernier alinéa de l'article R. 2122-52 et à l'article R. 2122-52-1 ». Elle notifie aux organisations syndicales candidates dont elle a examiné les documents de propagande sa décision de ***(D. 2020-713 du 11 juin 2020, JO 13)*** « valider » ou de refuser les ***(D. 2020-713 du 11 juin 2020, JO 13)*** « documents » dans un délai fixé par arrêté du ministre chargé du travail. Pour les documents de propagande mentionnés au 1° de l'article R. 2122-44, la décision est prise par le directeur général du travail. Pour les autres documents de propagande, elle est prise par le ***(D. 2020-1545 du 9 déc. 2020, JO 10, entrée en vigueur le 01.04.2021)*** « directeur régional de l'économie, de l'emploi, du travail et des solidarités » auprès duquel siège la commission régionale des opérations de vote concernée.

Art. R. 2122-48-2. La contestation des décisions relatives à la conformité des documents de propagande électorale est formée ***(D. 2020-927 du 29 juil. 2020, JO 30)*** «par requête» devant le ***(D. 2019-966 du 18 sept. 2019, art. 8, JO 19, entrée en vigueur le 01.01.2020)*** «tribunal judiciaire», sous peine d'irrecevabilité, dans un délai de dix jours à compter de la notification mentionnée à l'article R. 2122-48-1. ***(D. 2020-713 du 11 juin 2020, JO 13)*** «Elle est formée dans les conditions prévues par les articles 54 et 57 du code de procédure civile.» Le ***(D. 2019-966 du 18 sept. 2019, art. 8, JO 19, entrée en vigueur le 01.01.2020)*** «tribunal judiciaire» de Paris est compétent pour statuer sur les contestations formées contre les décisions portant sur les documents de propagande des organisations syndicales mentionnées au ***(D. 2020-713 du 11 juin 2020, JO 13)*** «troisième» alinéa de l'article R. 2122-33. Lorsque la contestation concerne un document de propagande d'une organisation syndicale mentionnée au ***(D. 2020-713 du 11 juin 2020, JO 13)*** «deuxième» alinéa de l'article R. 2122-33, le ***(D. 2019-966 du 18 sept. 2019, art. 8, JO 19, entrée en vigueur le 01.01.2020)*** «tribunal judiciaire» compétent est le tribunal dans le ressort duquel le ***(D. 2020-1545 du 9 déc. 2020, JO 10, entrée en vigueur le 01.04.2021)*** «directeur régional de l'économie, de l'emploi, du travail et des solidarités» qui a rendu la décision a son siège.

Note Cet article a été modifié par le décret 2017-1643 du 30 novembre 2017, JO 2 déc., entrée en vigueur le 14.05.2018. Sur cette entrée en vigueur, voir art. 5 du décret.

Art. R. 2122-48-3. Les modalités de saisine du ***(D. 2019-966 du 18 sept. 2019, art. 8, JO 19, entrée en vigueur le 01.01.2020)*** «tribunal judiciaire» et les règles de procédure prévues aux articles R. 2122-39 à R. 2122-42 s'appliquent à la contestation des décisions relatives aux documents de propagande électorale des organisations syndicales.

Art. R. 2122-48-4. Il est mis à la disposition des mandataires des organisations syndicales membres de la commission des opérations de vote, sur support électronique, un extrait de la liste des électeurs de la ou des régions, ainsi que de la ou des branches dans lesquelles ces organisations sont candidates. Cet extrait mentionne les ***(D. 2020-713 du 11 juin 2020, JO 13)*** «nom, prénoms», collège, adresse du domicile de chaque électeur ainsi que l'identifiant ou l'intitulé de la convention collective relative à l'emploi occupé.

Les organisations syndicales et leur mandataire s'engagent à ne pas faire un usage de ce fichier qui ne soit strictement lié à l'élection.

L'utilisation par les organisations syndicales de ce fichier à des fins autres que des fins électorales est punie de l'amende prévue pour les contraventions de la quatrième classe. L'amende est appliquée autant de fois qu'il y a de personnes concernées.

Le non-respect de l'obligation de destruction mentionnée à l'article R. 2122-16-1 est puni de l'amende prévue pour les contraventions de la quatrième classe.

Art. R. 2122-48-5. La commission se réunit sur convocation de son président, qui fixe l'ordre du jour.

Cette convocation peut être envoyée par tout moyen, y compris par télécopie ou par courrier électronique. Il en est de même des pièces ou documents nécessaires à la préparation de la réunion ou établis à l'issue de celle-ci.

Sauf urgence, les membres de la commission reçoivent, cinq jours au moins avant la date de la réunion, une convocation comportant l'ordre du jour et, le cas échéant, les documents nécessaires à l'examen des affaires qui y sont inscrites.

§ 2. Documents électoraux

Art. R. 2122-49. Un document d'identification de l'électeur est délivré pour chaque scrutin à tout électeur inscrit sur la liste électorale. Les frais de fabrication et d'expédition des documents électoraux sont à la charge de l'État.

Art. R. 2122-50. Le document d'identification est établi et envoyé par le prestataire mentionné ***(D. 2020-825 du 29 juin 2020, JO 1er juil.)*** «au 2° de» l'article R. 2122-14. Il mentionne:
1° Les nom, prénoms et domicile de l'électeur;
2° Le collège et la branche dont il relève;
3° La région ***(D. 2016-548 du 4 mai 2016, JO 5)*** «et le département» d'inscription;
4° Le numéro d'ordre qui lui est attribué sur la liste d'émargement;
5° Les périodes de vote;
6° Les informations nécessaires au vote par correspondance;
7° Les éléments permettant à l'électeur de voter électroniquement à distance selon des modalités assurant notamment le respect des exigences de sécurité et de confidentialité du vote.

Art. R. 2122-51. Le document d'identification de l'électeur est envoyé au domicile de chaque électeur par voie postale.

Art. R. 2122-52. ***(D. 2020-713 du 11 juin 2020, JO 13)*** Les organisations syndicales candidates dont la candidature est publiée sur le site internet du ministère du travail mentionné à l'article R. 2122-38 déposent leurs documents de propagande électorale sur le site internet mentionné à l'article R. 2122-33 afin de permettre à l'autorité administrative compétente de s'assurer de la conformité de ces documents aux prescriptions de l'article ***(D. 2020-927 du 29 juil. 2020, JO 30)*** «R. 2122-52-1.

Art. L. 2122-10-11

Outre leurs documents de propagande interprofessionnelle, les organisations syndicales dont la vocation statutaire revêt un caractère interprofessionnel peuvent déposer des documents de propagande électorale différenciés pour des branches et des regroupements de branches professionnelles fixés par arrêté du ministre chargé du travail.

Les organisations syndicales candidates mentionnées au troisième alinéa de l'article R. 2122-33 peuvent déposer des documents de propagande différenciés par région ou collectivité.

Un arrêté du ministre chargé du travail fixe les modalités selon lesquelles les divers documents de propagande électorale sont présentés ainsi que la date avant laquelle ils sont déposés.»

Art. R. 2122-52-1. ***(D. 2016-548 du 4 mai 2016, JO 5)*** Pour l'application du premier alinéa de l'article L. 23-112-2, les organisations syndicales de salariés mentionnées au 1° de l'article L. 23-112-1 peuvent faire figurer sur ***(D. 2020-713 du 11 juin 2020, JO 13)*** «leurs documents» de propagande électorale les nom, prénom et profession ***(D. 2020-713 du 11 juin 2020, JO 13)*** «de chacun» des salariés qu'elles envisagent de désigner dans les commissions paritaires régionales interprofessionnelles, ainsi que les photographies de ces derniers. Les modalités de présentation de ces salariés sur les documents de propagande ***(D. 2020-927 du 29 juil. 2020, JO 30)*** «ainsi que la liste des pièces justificatives à produire afin de permettre à l'autorité administrative de s'assurer qu'ils satisfont aux conditions posées par les dispositions de l'article L. 23-112-1 sont fixées par arrêté du ministre chargé du travail».

Art. R. 2122-52-2. ***(D. 2016-548 du 4 mai 2016, JO 5)*** Postérieurement à la notification de la décision de l'autorité administrative mentionnée à l'article R. 2122-48-1, les organisations syndicales notifient aux employeurs concernés par tout moyen permettant de ***(D. 2020-713 du 11 juin 2020, JO 13)*** «donner» date certaine ***(D. 2020-713 du 11 juin 2020, JO 13)*** «à la réception de cette notification» l'identité des salariés qui figurent sur leurs documents de propagande électorale. Elles précisent les ***(D. 2020-713 du 11 juin 2020, JO 13)*** «nom, prénoms» date et lieu de naissance du salarié et les nom, prénom de l'employeur ou dénomination de l'entreprise.

Ces informations sont simultanément communiquées à l'inspection du travail.

Art. R. 2122-52-3. ***(D. 2020-713 du 11 juin 2020, JO 13)*** Le ministre chargé du travail publie sur le site internet mentionné à l'article R. 2122-19 à une date qu'il fixe par arrêté les documents de propagande électorale ayant fait l'objet d'une décision de validation dans les conditions prévues à l'article R. 2122-48-1.

Art. R. 2122-52-4. Sous le contrôle de la Commission nationale des opérations de vote, le prestataire mentionné ***(D. 2020-713 du 11 juin 2020, JO 13)*** «au 2° de l'article» R. 2122-14 procède à l'impression des bulletins de vote ***(D. 2020-713 du 11 juin 2020, JO 13)*** «pour» l'ensemble des candidatures mentionnées à l'article ***(D. 2020-713 du 11 juin 2020, JO 13)*** «R. 2122-38». Il expédie à chacun des électeurs concernés, quatre jours au plus tard avant la date d'ouverture du scrutin les instruments nécessaires au vote.

Note Cet article est l'ancien article R. 2122-52-3 (décret 2020-713 précité).

Sous-section 6 (réglementaire). Modalités de vote

§ 1. Dispositions communes

Art. R. 2122-53. Le prestataire agissant pour le compte du ministre chargé du travail mentionné au 2° de l'article R. 2122-14 met en place un centre de traitement situé sur le territoire français pour le vote par correspondance et le vote électronique à distance prévus à l'article L. 2122-10-7.

Art. R. 2122-54. Les systèmes de vote électronique à distance et de vote par correspondance sont soumis, préalablement à leur mise en place, à une expertise indépendante. L'expert est désigné par les services du ministre chargé du travail. Le rapport de l'expert est tenu à la disposition de la Commission nationale de l'informatique et des libertés et communiqué aux membres du bureau du vote, aux membres du comité technique, aux délégués mentionnés à l'article R. 2122-59 et aux membres de la Commission nationale des opérations de vote.

Art. R. 2122-55. L'électeur ayant exercé son droit de vote par voie électronique à distance n'est plus admis à voter par correspondance.

§ 2. Bureau de vote

Art. R. 2122-56. Il est créé un bureau de vote chargé du contrôle de l'ensemble des opérations électorales et du dépouillement du scrutin. Il s'assure notamment:

1° De la mise en œuvre des dispositifs de sécurité prévus pour garantir le secret du vote et son intégrité;

2° De la confidentialité des fichiers des électeurs comportant les éléments permettant leur identification, du chiffrement des urnes électroniques et de la séparation des urnes électroniques et des fichiers des électeurs;

3° De la conservation des différents supports d'information et des conditions de sécurité et de confidentialité des données pendant et après le scrutin.

Le bureau de vote vérifie la qualité des personnes autorisées à accéder à chacun des traitements automatisés. Les membres du bureau de vote peuvent accéder à tout moment aux locaux hébergeant les traitements automatisés ainsi que les espaces de stockage des plis de vote par correspondance.

En cas de force majeure, de dysfonctionnement informatique, de défaillance technique ou d'altération des données, le bureau de vote est compétent pour prendre, après consultation du comité technique mentionné à l'article R. 2122-58, toute mesure d'information et de sauvegarde, y compris l'arrêt temporaire ou définitif du processus électoral. Toute intervention sur le système de vote fait l'objet d'une consignation au procès-verbal des opérations de vote et d'une information des délégués mentionnés à l'article R. 2122-59. À la clôture du vote, le procès-verbal des opérations de vote est rédigé par le secrétaire du bureau de vote. Il est établi en deux exemplaires, signés de tous les membres du bureau de vote.

Art. R. 2122-57. Le bureau de vote est présidé par un magistrat en activité ou honoraire de l'ordre judiciaire, désigné par le président de la chambre sociale de la Cour de cassation.

Il comprend en outre :

1° Deux assesseurs ayant la qualité de magistrat de l'ordre administratif, en activité à Paris ou honoraires, désignés par le président de la cour administrative d'appel de Paris ;

2° Deux assesseurs désignés par le premier président de la cour d'appel de Paris parmi les magistrats de l'ordre judiciaire ou les auxiliaires de justice, en activité à Paris ou honoraires ;

3° Un secrétaire désigné par le ministre chargé du travail.

En cas d'absence, le président du bureau de vote est remplacé par le plus âgé des assesseurs présents.

En cas d'absence, le secrétaire du bureau de vote est remplacé par le plus jeune des assesseurs présents.

Lorsque le bureau est appelé à statuer sur une contestation, le président du bureau a voix prépondérante en cas de partage égal des voix.

Le secrétaire assiste aux réunions du bureau mais ne participe pas avec voix délibérative à ses décisions.

Art. R. 2122-58. Le bureau de vote est assisté par un comité technique comprenant l'expert indépendant prévu à l'article R. 2122-54 et deux membres nommés par arrêté du ministre chargé du travail.

Art. R. 2122-59. Chaque organisation syndicale candidate au niveau national et interprofessionnel peut désigner cinq délégués habilités à contrôler l'ensemble des opérations du vote et à faire mentionner au procès-verbal toute observation.

L'accès au bureau de vote est assuré à ces délégués, dans la limite de deux délégués à la fois par organisation.

Art. R. 2122-60. Le bureau de vote constate la présence du scellement des systèmes de vote, leur bon fonctionnement, la remise à zéro du compteur des suffrages et le fait que les urnes électroniques soient vides.

§ 3. Vote électronique à distance

Art. R. 2122-61. Tout électeur pour lequel sont connues toutes les informations mentionnées à l'article R. 2122-12 peut voter par voie électronique à distance.

Art. R. 2122-62. Il est créé, selon des modalités fixées par arrêté du ministre chargé du travail, deux traitements automatisés distincts, dédiés et isolés, respectivement dénommés " fichier des électeurs " et " urne électronique ".

Aucun lien n'est établi entre ces deux traitements.

Note Voir arrêté du 29 juillet 2020 (JO 2 août) relatif à la liste électorale et aux opérations électorales pour la mesure en 2021 de l'audience syndicale dans les entreprises de moins de onze salariés, modifié par arrêté du 22 octobre 2020 (JO 27) portant report du scrutin organisé en 2021 pour la mesure de l'audience des organisations syndicales dans les entreprises de moins de onze salariés.

Art. R. 2122-63. Le fichier des électeurs contient les données relatives à la liste électorale établie en application de l'article L. 2122-10-4.

Ce fichier permet d'adresser aux électeurs remplissant les conditions pour voter par voie électronique à distance les éléments permettant leur identification lors des opérations de vote. Il permet également de recenser les électeurs ayant pris part au scrutin par voie électronique à distance et d'éditer la liste d'émargement.

Art. R. 2122-64. L'urne électronique contient les données relatives aux votes exprimés par voie électronique à distance.

Art. R. 2122-65. Pour voter par voie électronique à distance, l'électeur, après s'être identifié et avoir attesté sur l'honneur qu'il ne faisait l'objet d'aucune interdiction, déchéance ou incapacité relative à ses droits civiques, exprime puis valide son vote. Le vote est anonyme. Il fait l'objet d'un chiffrement par le système dès son émission sur le terminal utilisé par l'électeur, avant sa transmission au fichier " urne électronique " et demeure chiffré jusqu'au dépouillement. La liaison entre le terminal de vote et le serveur hébergeant le fichier " urne électronique " fait également l'objet d'un chiffrement. ***(D. 2016-548 du 4 mai 2016, JO 5)*** « La transmission du vote et l'émargement de l'électeur ont une date certaine de réception. Il est immédiatement mis à la disposition de l'électeur un accusé de réception électronique mentionnant son identifiant ainsi que la date et l'heure du vote. »

Art. R. 2122-66. Au cours de la période de vote par voie électronique à distance, la liste d'émargement est mise à jour à chaque vote.

Le système de vote garantit qu'aucun résultat partiel n'est accessible pendant le déroulement du scrutin.

Tout dysfonctionnement ou toute intervention du prestataire sur le serveur est automatiquement consigné dans un journal. Le bureau de vote en est immédiatement informé.

Art. R. 2122-67. À la clôture du vote par voie électronique à distance, le président et les assesseurs du bureau du vote, après avoir déclaré le scrutin clos, procèdent au scellement de l'urne électronique et de la liste d'émargement.

Art. R. 2122-68. Une fois le scellement opéré, le président et les assesseurs du bureau de vote vérifient l'intégrité du système de vote par voie électronique à distance.

Ils vérifient en particulier que le nombre de votes exprimés dans l'urne électronique correspond au nombre de votants figurant sur la liste d'émargement et que les votes enregistrés ont été exprimés pendant la période de vote. Ces constatations sont incluses dans le journal qui recense les opérations de vote électronique à distance. Ce journal est automatiquement édité et communiqué au comité technique mentionné à l'article R. 2122-58 et aux délégués mentionnés à l'article R. 2122-59. Il est annexé au procès-verbal des opérations de vote mentionné à l'article R. 2122-56.

Art. R. 2122-69. Après le scellement de l'urne électronique, le président du bureau de vote et deux des assesseurs tirés au sort se voient chacun remettre une clé de dépouillement distincte, selon des modalités qui en garantissent la confidentialité.

Deux autres clés sont conservées par deux tiers indépendants choisis par les services du ministre chargé du travail.

Art. R. 2122-70. Jusqu'à l'expiration du délai de recours contentieux ou, lorsqu'une action contentieuse a été engagée, jusqu'à la décision juridictionnelle devenue définitive, les fichiers supports comprenant la copie des programmes sources et des programmes exécutables, les matériels de vote, les fichiers d'émargement, de résultats et de sauvegarde sont conservés sous scellés, sous le contrôle du ministre chargé du travail et de la commission des opérations de vote. Si nécessaire, la procédure de décompte des votes peut être exécutée à nouveau.

À l'expiration du délai de recours ou, lorsqu'une action contentieuse a été engagée, après l'intervention d'une décision juridictionnelle devenue définitive, il est procédé à la destruction des fichiers supports, sous le contrôle du ministre chargé du travail et de la commission des opérations de vote.

Art. R. 2122-71. Le document d'identification de l'électeur ainsi que le système de vote électronique à distance mentionnent les modalités de confidentialité du vote.

§ 4. Vote par correspondance

Art. R. 2122-72. Tout électeur ayant reçu le document d'identification mentionné à l'article R. 2122-49 peut voter par correspondance selon les modalités prévues à l'article ***(D. 2016-548 du 4 mai 2016, JO 5)*** « R. 2122-74 ».

Art. R. 2122-73. ***(D. 2016-548 du 4 mai 2016, JO 5)*** Pour le vote par correspondance, il est fait usage :

1° D'une enveloppe de retour adressée au centre de traitement ;

2° D'un bulletin de vote permettant à la fois l'émargement de l'électeur et l'expression de son vote. Les informations du bulletin relatives à l'identification de l'électeur font l'objet d'un encodage avec identifiant aléatoire de sorte qu'il soit impossible d'établir un lien entre le sens du vote et l'identité de l'électeur.

Art. R. 2122-74. ***(D. 2016-548 du 4 mai 2016, JO 5)*** L'électeur souhaitant voter par correspondance adresse au centre de traitement mentionné à l'article R. 2122-53 son bulletin de vote après l'avoir glissé dans l'enveloppe de retour. Par cet envoi, il atteste sur l'honneur qu'il ne fait l'objet d'aucune interdiction, déchéance ou incapacité relative à ses droits civiques.

Un arrêté du ministre chargé du travail fixe la date limite de réception des votes par correspondance.

Note Voir arrêté du 29 juillet 2020 (JO 2 août) relatif à la liste électorale et aux opérations électorales pour la mesure en 2021 de l'audience syndicale dans les entreprises de moins de onze salariés, modifié par arrêté du 22 octobre 2020 (JO 27) portant report du scrutin organisé en 2021 pour la mesure de l'audience des organisations syndicales dans les entreprises de moins de onze salariés.

Art. R. 2122-75. Les plis de vote par correspondance sont, dès leur arrivée, remis par le prestataire en charge de l'acheminement postal agissant pour le compte du ministre chargé du travail au centre de traitement mentionné à l'article R. 2122-53.

Art. R. 2122-76. Le centre de traitement ne peut accepter comme vote émis par correspondance aucun pli autre que les plis officiels portant la mention “ Vote par correspondance ” remis par le prestataire en charge de l'acheminement postal, agissant pour le compte du ministre chargé du travail. Les plis d'une autre nature sont conservés sans être ouverts par le centre de traitement en vue de leur annexion au procès-verbal de dépouillement du scrutin.

Art. R. 2122-77. Jusqu'à l'expiration du délai de recours contentieux, ou lorsqu'une action contentieuse a été engagée, jusqu'à la décision juridictionnelle devenue définitive, les fichiers supports comprenant la copie des programmes sources et des programmes exécutables, les matériels de vote, les fichiers d'émargement, de résultats et de sauvegarde sont conservés sous scellés, sous le contrôle du ministre chargé du travail. Si nécessaire la procédure de décompte des votes peut être exécutée à nouveau.

À l'expiration du délai de recours ou, lorsqu'une action contentieuse a été engagée, après l'intervention d'une décision juridictionnelle devenue définitive, il est procédé à la destruction des fichiers supports sous le contrôle du ministre chargé du travail et de la commission des opérations de vote.

Sous-section 7 (réglementaire). Dépouillement

§ 1. Dépouillement du vote électronique à distance

Art. R. 2122-78. Le dernier jour du dépouillement du vote par correspondance, le président et les assesseurs du bureau de vote procèdent, en public, au dépouillement des votes électroniques à distance. À cette fin, ils activent deux des trois clés de dépouillement mentionnées à l'article R. 2122-69. Le décompte des suffrages fait l'objet d'une édition sécurisée afin d'être porté au procès-verbal. Les résultats sont présentés par région, par branche et par collège.

Art. R. 2122-79. Dans le cas où l'électeur a utilisé les deux modes de vote, seul le vote électronique est retenu.

§ 2. Dépouillement du vote par correspondance

Art. R. 2122-80. Les opérations de dépouillement du vote par correspondance font l'objet de traitements automatisés.

Art. R. 2122-81. Il est créé, selon des modalités fixées par arrêté du ministre chargé du travail, deux traitements automatisés distincts, dédiés et isolés, respectivement dénommés “ fichier des électeurs ” et “ urne électronique ”.

Aucun lien n'est établi entre ces deux traitements.

Note Voir arrêté du 29 juillet 2020 (JO 2 août) relatif à la liste électorale et aux opérations électorales pour la mesure en 2021 de l'audience syndicale dans les entreprises de moins de onze salariés, modifié par arrêté du 22 octobre 2020 (JO 27) portant report du scrutin organisé en 2021 pour la mesure de l'audience des organisations syndicales dans les entreprises de moins de onze salariés.

Art. R. 2122-82. Le fichier des électeurs contient les données relatives à la liste électorale établie en application de l'article L. 2122-10-4. Ce fichier permet de recenser les électeurs ayant pris part au scrutin.

Art. R. 2122-83. L'urne électronique contient les données relatives aux votes exprimés par correspondance. Les données de ce fichier font l'objet d'un chiffrement.

Art. R. 2122-84. Après la fin du vote, le bureau de vote procède au dépouillement des votes par correspondance en séance publique, en présence de la Commission nationale des opérations de vote. Le bureau de vote et la Commission nationale des opérations de vote peuvent faire inscrire leurs observations au procès-verbal.

Art. R. 2122-85. Avant le début du dépouillement du vote par correspondance, le bureau de vote constate la présence du scellement du système de dépouillement des votes, son bon fonctionnement, la remise à zéro du compteur des suffrages et le fait que l'urne électronique est vide.

Aucun résultat partiel n'est accessible pendant le déroulement du dépouillement.

Art. R. 2122-86. Le processus d'enregistrement du vote fait l'objet des deux traitements suivants :

1° D'une part, la mise à jour de la liste d'émargement. Lorsque, au moment de ce traitement, il est constaté que l'électeur ayant envoyé un vote par correspondance a déjà voté électroniquement à distance, son vote par correspondance est immédiatement détruit. Cette opération est mentionnée au procès-verbal ;

2° D'autre part, le vote fait l'objet d'un contrôle de recevabilité telle que définie à l'article R. 2122-88 puis le vote est comptabilisé.

Art. R. 2122-87. Ne font pas l'objet d'un dépouillement et sont annexés au procès-verbal des opérations de vote :

1° Les plis remis par une personne ne travaillant pas pour le prestataire en charge de l'acheminement postal ;

2° Les plis des électeurs ayant déjà voté par vote électronique ;

3° Les plis arrivés non cachetés ou décachetés.

Note Le 1° de cet article a été abrogé par le décret 2016-548 du 4 mai 2016, JO 5, et les 2° à 4° sont devenus respectivement les 1° à 3°.

Art. R. 2122-88. N'entrent pas en compte dans le résultat des votes par correspondance :

1° Les enveloppes sans bulletin ;

2° Les bulletins blancs ;

3° Les bulletins multiples trouvés dans la même enveloppe et en faveur de candidatures différentes ;

4° Les bulletins désignant une candidature qui n'a pas été régulièrement publiée ou dont l'irrecevabilité a été constatée par le juge ;

(D. 2016-548 du 4 mai 2016, JO 5) « 5° Les bulletins d'un modèle différent de ceux qui ont été adressés aux électeurs ou qui comportent une mention manuscrite rendant incertaine l'expression du vote » ;

6° Les bulletins portant des signes intérieurs ou extérieurs de reconnaissance ;

7° Les bulletins portant des mentions injurieuses ;

8° Les ***(D. 2016-548 du 4 mai 2016, JO 5)*** « documents de propagande utilisés » comme bulletin.

Art. R. 2122-89. Les matériels de vote qui n'ont pas été pris en compte conformément à l'article R. 2122-88 sont annexés au procès-verbal.

Chacun de ces matériels annexés porte mention des causes de l'annexion.

Art. R. 2122-90. ***(D. 2016-548 du 4 mai 2016, JO 5)*** « Les enveloppes de vote par correspondance sont jointes à la liste d'émargement. »

Ces documents sont conservés pendant quatre mois après l'expiration des délais fixés pour la formation des recours contre l'élection.

§ 3. Centralisation et proclamation des résultats

Art. R. 2122-91. Après la clôture du dépouillement du vote par correspondance, les résultats du vote électronique à distance sont ajoutés aux résultats des votes exprimés par correspondance.

Art. R. 2122-92. Immédiatement après la fin du dépouillement, le procès-verbal de dépouillement est rédigé par le secrétaire de la Commission nationale des opérations de vote.

Il est établi en deux exemplaires, signés de tous les membres de la Commission nationale des opérations de vote.

Dès l'établissement du procès-verbal de dépouillement, les résultats sont transmis par le président de la Commission nationale des opérations de vote aux commissions régionales des opérations de vote pour proclamation et affichage dans les ***(D. 2020-1545 du 9 déc. 2020, JO 10, entrée en vigueur le 01.04.2021)*** « directions régionales de l'économie, de l'emploi, du travail et des solidarités ».

Les résultats sont également ***(D. 2016-548 du 4 mai 2016, JO 5)*** « proclamés par le président de la Commission nationale des opérations de vote » publiés sur le site internet mentionné à l'article R. 2122-19.

Un exemplaire est aussitôt transmis au ministre chargé du travail et au Haut Conseil du dialogue social.

Sous-section 8 (réglementaire). Contestations relatives au déroulement des opérations électorales

Art. R. 2122-93. Les contestations prévues à l'article L. 2122-10-11 sont formées postérieurement au scrutin, dans un délai de quinze jours à compter de l'affichage des résultats mentionné à l'article R. 2122-92 par tout électeur ou tout mandataire d'une organisation candidate relevant de la région pour laquelle la contestation est formée, à peine d'irrecevabilité.

Le recours est porté devant le ***(D. 2019-966 du 18 sept. 2019, art. 8, JO 19, entrée en vigueur le 01.01.2020)*** « tribunal judiciaire » dans le ressort duquel siège la commission régionale des opérations de vote ayant proclamé les résultats faisant l'objet du recours.

Art. R. 2122-94. Les électeurs mineurs peuvent présenter un recours relatif au déroulement des opérations électorales sans autorisation de leur représentant légal.

Art. R. 2122-95. ***(D. 2020-927 du 29 juil. 2020, JO 30)*** La contestation est formée par requête dans les conditions prévues aux articles 54 et 57 du code de procédure civile.

Art. R. 2122-96. Le tribunal statue dans un délai d'un mois à compter de sa saisine, après avoir averti toutes les parties intéressées quinze jours à l'avance par remise contre récépissé ou par lettre recommandée avec demande d'avis de réception. À défaut de retour au greffe de l'avis de réception signé, la notification est réputée faite à domicile au jour de sa première présentation.

Le ***(D. 2019-966 du 18 sept. 2019, art. 8, JO 19, entrée en vigueur le 01.01.2020)*** « tribunal judiciaire » statue sans frais ni forme de procédure. La décision est notifiée aux parties au plus tard dans les trois jours par le greffe, qui en adresse une copie dans le même délai au ministre chargé du travail qui en transmet lui-même une copie au Haut Conseil du dialogue social.

La décision du ***(D. 2019-966 du 18 sept. 2019, art. 8, JO 19, entrée en vigueur le 01.01.2020)*** « tribunal judiciaire » n'est pas susceptible d'opposition.

Art. R. 2122-97. ***(D. 2020-927 du 29 juil. 2020, JO 30)*** La décision du tribunal judiciaire peut faire l'objet d'un pourvoi en cassation formé, instruit et jugé dans les conditions prévues par le code de procédure civile en matière d'élections professionnelles.

Les parties sont dispensées du ministère d'avocat au Conseil d'État et à la Cour de cassation.

Art. R. 2122-98. Les délais fixés par les articles R. 2122-93, R. 2122-96 et R. 2122-97 sont calculés et prorogés conformément aux dispositions des articles 640, 641 et 642 du code de procédure civile.

SECTION 4 (réglementaire). Voies de recours

Note Cette section a été introduite par le décret 2012-1130 du 5 octobre 2012, JO 7.

Art. R. 2122-99. Les recours dirigés contre les arrêtés pris en application de l'article L. 2122-11 sont portés devant la juridiction désignée par l'article R. 311-2 du code de justice administrative.

Note L'article R. 311-2 c. justice adm. attribue compétence pour connaître des recours dirigés contre les arrêtés fixant la liste des organisations reconnues représentatives par branche professionnelle et au niveau national et interprofessionnel à la cour administrative d'appel de Paris qui statue en premier et dernier ressort, seule étant ouverte la voie du recours en cassation contre les arrêts de la cour.

SECTION 5. Dispositions d'application

Art. L. 2122-11. Après avis du Haut Conseil du dialogue social, le ministre chargé du travail arrête la liste des organisations syndicales reconnues représentatives par branche professionnelle et des organisations syndicales reconnues représentatives au niveau national et interprofessionnel en application des articles L. 2122-5 à L. 2122-10.

Le Haut Conseil du dialogue social comprend des représentants d'organisations représentatives d'employeurs au niveau national et d'organisations syndicales de salariés nationales et interprofessionnelles, des représentants du ministre chargé du travail et des personnalités qualifiées.

Un décret en Conseil d'État détermine ses modalités d'organisation et de fonctionnement.

Note Voir les arrêtés fixant les listes des organisations syndicales reconnues représentatives cités en note sous les articles L. 2122-5 et L. 2122-9.

Art. R. *2122-1. ***(D. 2008-1163 du 13 nov. 2008, JO 14)*** Le Haut Conseil du dialogue social mentionné à l'article L. 2122-11 du code du travail comprend :

1° Cinq représentants des organisations syndicales de salariés nationales et interprofessionnelles et, en nombre égal, des représentants des organisations représentatives d'employeurs au niveau national désignés par ces organisations. Des représentants suppléants en nombre égal à celui des titulaires sont désignés dans les mêmes conditions. Ils ne siègent qu'en l'absence des titulaires ;

2° Trois représentants du ministre chargé du travail ;

3° Trois personnes qualifiées proposées par le ministre chargé du travail.

Art. R. *2122-2. ***(D. 2008-1163 du 13 nov. 2008, JO 14)*** Les membres du Haut Conseil du dialogue social sont nommés par le Premier ministre pour une durée de cinq ans.

Le Premier ministre désigne une des personnes qualifiées mentionnées au 3° de l'article R.* 2122-1 pour présider les séances du Haut Conseil.

Art. R. *2122-3. ***(D. 2008-1163 du 13 nov. 2008, JO 14)*** À l'issue du cycle électoral de quatre ans prévu aux articles L. 2122-5 et L. 2122-9, le ministre chargé du travail présente au Haut Conseil du dialogue social les résultats enregistrés et le consulte sur la liste des organisations syndicales représentatives par branche et au niveau national et interprofessionnel.

Cette consultation intervient au plus tard dans les huit mois suivant la fin de ce cycle.

Art. R. *2122-4. ***(D. 2008-1163 du 13 nov. 2008, JO 14)*** Le Haut Conseil du dialogue social se réunit sur convocation du ministre chargé du travail, de sa propre initiative ou sur demande de la moitié, au moins, des représentants des organisations syndicales de salariés et d'employeurs mentionnées au 1° de l'article R.* 2122-1.

Il auditionne toute organisation syndicale nationale interprofessionnelle de salariés qui en fait la demande.

Le secrétariat du Haut Conseil du dialogue social est assuré par les services du ministre chargé du travail.

Art. R. *2122-5. ***(D. 2008-1163 du 13 nov. 2008, JO 14)*** Les avis du Haut Conseil du dialogue social, requis en application de la loi, sont retracés dans le compte rendu des séances.

Art. L. 2122-12. Un décret détermine les modalités de recueil et de consolidation des résultats aux élections professionnelles pour l'application du présent chapitre.

Art. D. 2122-6. ***(D. 2008-1133 du 4 nov. 2008, JO 5)*** Le système de centralisation des résultats des élections professionnelles mentionnées aux articles L. 2122-5 à L. 2122-10 afin de mesurer l'audience des organisations syndicales doit :

a) Garantir la confidentialité et l'intégrité des données recueillies et traitées ;

b) Permettre de s'assurer, par des contrôles réguliers, de la fiabilité et de l'exhaustivité des données recueillies et consolidées ;

c) Permettre une consultation par toute personne des données recueillies.

Les résultats complets de chaque cycle électoral sont portés à la connaissance du Haut Conseil du dialogue social afin qu'il puisse rendre au ministre chargé du travail l'avis prévu à l'article L. 2122-11. Les résultats du premier cycle électoral sont transmis au plus tard le 31 mars 2013.

Note Sur les modalités de transmission des procès-verbaux des élections au comité social et économique par les employeurs au prestataire agissant pour le compte du ministre chargé du travail, voir article R. 2314-22.

Art. L. 2122-13. ***(L. 2010-1215 du 15 oct. 2010, JO 16)*** Avant l'ouverture du scrutin prévu à l'article L. 2122-10-1, le ministre chargé du travail présente au Haut Conseil du dialogue social les modalités retenues pour son organisation.

TITRE III STATUT JURIDIQUE, RESSOURCES ET MOYENS

CHAPITRE Ier Objet et constitution

Art. L. 2131-1. Les syndicats professionnels ont exclusivement pour objet l'étude et la défense des droits ainsi que des intérêts matériels et moraux, tant collectifs qu'individuels, des personnes mentionnées dans leurs statuts.

Note • Selon la circulaire DRT 1984/13 du 30 novembre 1984, cette définition de l'objet des syndicats professionnels ne remet pas en cause la spécificité de l'action syndicale qui doit se différencier de toute action associative ou politique, la formule retenue ne laissant aucun doute quant à la nature exclusivement syndicale des actions que peuvent mener les organisations de ce type. (…) Cette interprétation n'aboutit pas cependant à une négation de tout aspect politique de l'activité des syndicats ; ainsi, il ne saurait être reproché à une organisation syndicale de se livrer à une analyse des conséquences des choix politiques sur les intérêts économiques et sociaux de ses membres.

• «… La généralité actuelle des termes de cet article, si elle permet au syndicat de procéder à des analyses politiques, c'est seulement, parmi d'autres critères, au soutien de l'étude et de la défense des droits et des intérêts matériels et moraux des personnes visées à ses statuts ; ainsi, s'il est loisible à un syndicat d'utiliser les moyens de l'analyse politique pour la poursuite de ses buts professionnels, il n'est pas licite pour lui de se servir de l'action syndicale à des fins politiques » : le TGI de Nanterre a ainsi fait interdiction au syndicat Front national de la RATP de se prévaloir de la qualité de syndicat professionnel (TGI Nanterre, Actualité Juridique CFDT septembre 1996, p. 23). Le TGI d'Évry et le TGI de Montpellier ont dénié également la qualité de syndicat professionnel à des organisations constituées par un parti politique, le Front national.

La cour d'appel de Paris a confirmé le jugement rendu par le TGI d'Évry : «sous couvert d'un objet formellement conforme à celui qu'exige l'article L. 411-1 [L. 2131-1] CT, le Front national de police tend en réalité à promouvoir la doctrine politique du Front national sous la dépendance duquel il se trouve» (CA Paris, 17 juin 1997, Dr. Soc. 1997, p. 986, obs. A. Jeammaud).

La cour d'appel de Montpellier ayant admis la possibilité pour les travailleurs de formuler leur programme d'action au sein de leur organisation et après avoir relevé que la convention 87 de l'OIT ne mentionne aucune définition précise du principe de spécialité a, quant à elle, infirmé le jugement du TGI de Montpellier, précité (CA Montpellier, 9 juillet 1997, D. 1997, p. 469; voir aussi A. Jeammaud, D. 1997 chron. 19 «Fraus omnia corrumpit»).

La chambre mixte de la Cour de cassation a rejeté le pourvoi formé contre l'arrêt de la cour d'appel de Paris et a cassé l'arrêt de la cour d'appel de Montpellier. Un syndicat professionnel ne peut être fondé sur une cause ou en vue d'un objet illicite. Ainsi, «un syndicat ne peut poursuivre des objectifs essentiellement politiques ni agir contrairement aux dispositions de l'article L. 122-45 (ancien) CT et aux principes de non-discrimination contenus dans la Constitution, les textes à valeur constitutionnelle et les engagements internationaux auxquels la France est partie» (cass. ch. mixte 10 avril 1998, n°s 97-13.137 et 97-17.870, BC n°s 1 et 2; Dr. Soc. 1998, p. 565, rapp. J. Merlin).

• N'est pas conforme aux dispositions de l'article L. 2131-1 l'objet d'une organisation dont l'activité consiste exclusivement à proposer des services rémunérés d'assistance et de conseil juridique et le juge du fond est dès lors fondé à annuler la candidature de cette organisation au scrutin organisé pour mesurer l'audience des organisations syndicales dans les entreprises de moins de onze salariés (cass. soc. 15 novembre 2012, n° 12-27.315, BC V n° 296; JCP éd. S 2012, 1533, rapport L. Pécaut-Rivolier).

• Lorsqu'un groupement ne satisfait pas aux exigences des articles L. 411-1 et L. 411-2 [L. 2131-1 et 2] CT, toute personne justifiant d'un intérêt à agir est recevable à contester sa qualité de syndicat professionnel et à en demander la nullité, indépendamment du droit pour le procureur de la République d'en requérir la dissolution dans les conditions prévues par l'article L. 481-1 [L. 2135-1] du même code (cass. ch. mixte 10 avril 1998, arrêts précités).

• Il résulte des dispositions de cet article que seule une instance syndicale habilitée à modifier les statuts a le pouvoir d'étendre l'activité du syndicat à des personnes ne relevant pas de l'activité professionnelle qu'ils déterminent (cass. soc. 28 février 2007, n° 05-44.927, BC V n° 38; JCP éd. S 2007, 1380, note Th. Lahalle).

Art. L. 2131-2. Les syndicats ou associations professionnels de personnes exerçant la même profession, des métiers similaires ou des métiers connexes concourant à l'établissement de produits déterminés ou la même profession libérale peuvent se constituer librement.

Par dérogation à ces dispositions, les particuliers occupant des employés de maison peuvent se grouper en syndicat pour la défense des intérêts qu'ils ont en commun en tant qu'employeur de ces salariés.

Note • Aux termes du Préambule de la Constitution: «Tout homme peut défendre ses droits et intérêts par l'action syndicale et adhérer au syndicat de son choix.» Ce principe qui constitue le fondement du pluralisme syndical implique, sur le plan du droit syndical individuel, la liberté totale d'adhérer ou de ne pas adhérer à un syndicat (C. constit. 19 et 20 juillet 1983, n° 83-162 DC, consid. 84 et 85), de se retirer d'un syndicat ainsi que d'adhérer, sauf clause contraire dans les statuts, à plusieurs organisations syndicales.

• Malgré les termes du Préambule de la Constitution reconnaissant aux personnes physiques le droit à l'action syndicale, compte tenu de ceux figurant dans cet article, il semble qu'il faille considérer comme licite l'adhésion de personnes morales aux organisations syndicales. La liberté d'adhésion aux organisations syndicales et de constitution de ces organisations n'étant, par ailleurs, soumise à aucune clause de nationalité, la question peut être posée de savoir si, dans le cadre de la liberté dont ils jouissent pour établir leurs statuts, les syndicats patronaux sont fondés à n'admettre les sociétés étrangères qu'en qualité de membre non actif (refus du droit de vote).

• Le droit syndical est en principe reconnu aux membres de toutes les professions à l'exclusion, toutefois, en ce qui concerne les syndicats patronaux, de certaines professions réglementées (notaires…). En outre, la loi du 13 juillet 1972 portant statut général des militaires prohibe expressément la constitution de groupements professionnels militaires à caractère syndical et l'adhésion des militaires en activité de service à des syndicats (le maintien dans un syndicat des jeunes gens effectuant le service national est cependant possible à condition toutefois que les intéressés s'abstiennent de toute activité syndicale pendant leur présence sous les drapeaux). À noter que la convention 87 de l'Organisation internationale du travail laisse aux États qui l'ont ratifiée le droit de décider dans quelle mesure le bénéfice des droits et garanties qu'elle comporte s'appliquera aux membres des forces armées et de la police. En revanche, la Cour européenne des droits de l'homme, dans un arrêt non encore définitif, a jugé que si la liberté d'association des militaires peut faire l'objet de restrictions légitimes, l'interdiction pure et simple de constituer un syndicat ou d'y adhérer porte à l'essence même de cette liberté une atteinte prohibée par la Convention (CEDH 2 octobre 2014, n° 10609/10). À la suite de cette décision, la loi 2015-917 du 28 juillet 2015 a modifié l'article L. 4121-4 du code de la défense qui autorise désormais la création d'une association professionnelle nationale de militaires, mais prohibe toujours la constitution de «groupements de professionnels militaires à caractère syndical».

• Il a été jugé que «le code du travail distingue les syndicats dits primaires qui, aux termes de l'article L. 2131-2 CT regroupent des personnes exerçant la même profession, des métiers similaires ou des métiers connexes concourant à l'établissement de produits déterminés ou la même profession libérale, et les unions de syndicats, au sein desquelles, selon l'article L. 2133-1 CT, les syndicats professionnels régulièrement constitués peuvent se concerter pour la défense de leurs intérêts matériels et moraux. Il résulte de cette distinction que si les unions de syndicats peuvent être intercatégorielles, les syndicats professionnels primaires doivent respecter dans leurs statuts les prescriptions de l'article L. 2131-2 et ne peuvent dès lors prétendre représenter tous les salariés et tous les secteurs d'activité» (cass. soc. 21 octobre 2020, n° 20-18.669, à paraître, LS n° 18173 du 30.10.2020; LS Jurispr. n° 233 du 29.12.2020, avis A. Berriat; JCP éd. S 2020, 3083, note B. Gauriau; RJS 1/21 n° 24). On observera à ce propos que, dans le système français et pour des raisons historiques (les premiers syndicats à se constituer ont été des syndicats d'employeurs afin de combler le vide laissé par l'interdiction antérieure des corporations), la notion de profession se réfère à l'activité de l'employeur et non pas à celle du salarié. Par exemple, dans une entreprise automobile, les salariés qu'ils soient fondeurs, tourneurs, comptables ou employés de bureau, seront représentés par des syndicats de la métallurgie (voir note sous l'article L. 2132-3 lui aussi ambigu sur ce point). On observera encore que, considéré isolément, l'article L. 2131-2 n'est pas conforme à la Convention n° 87 de l'OIT sur la liberté syndicale et ne le devient que par la possibilité pour les syndicats de base (ou primaires selon la terminologie de cet arrêt) relevant de branches d'activité différentes de constituer entre eux des groupements que l'arrêt qualifie d'intercatégoriels (peut-être aurait-il été préférable de les dire interprofessionnels).

• Malgré sa dénomination, un syndicat qui ne comprend pas des personnes exerçant la même profession, des métiers similaires ou des métiers connexes, concourant à l'établissement de produits déterminés ou la même profession libérale, au sens de l'article L. 411-2 [L. 2131-2] CT, ne constitue pas un syndicat ou une association professionnelle au sens de ce texte. En l'absence d'habilitation légale et faute de justifier d'une atteinte directement portée par l'infraction aux intérêts collectifs de l'ensemble de ses membres, il n'est pas recevable à se constituer partie civile dans les poursuites engagées contre un commerçant pour infraction à la règle du repos dominical (cass. crim. 14 juin 2000, n° 99-86.810, B. crim. n° 220).

• L'article L. 2131-2 CT, qui suppose l'existence d'activités rémunérées à l'exclusion des activités désintéressées ou philanthropiques, ne distingue pas selon que ces activités sont exercées à titre exclusif, accessoire ou occasionnel, ni selon que les revenus qui en sont tirés constituent un revenu principal ou accessoire (cass. soc. 13 janvier 2009, n° 07-17.692, BC V n° 11; RJS 3/09 n° 256; JCP éd. S 2009, 1343, note A. Martinon).

Art. L. 2131-3. Les fondateurs de tout syndicat professionnel déposent les statuts et les noms de ceux qui, à un titre quelconque, sont chargés de l'administration ou de la direction.

Ce dépôt est renouvelé en cas de changement de la direction ou des statuts.

Note • L'obligation de dépôt implique une rédaction écrite des statuts, qui peut intervenir sous forme d'acte sous seing privé.

• L'obligation de communication des statuts au procureur de la République nécessite que les statuts soient déposés en deux exemplaires.

• Aucun délai n'est fixé pour l'accomplissement de la formalité de dépôt.

• **Absence de dépôt des statuts.** Un syndicat n'a d'existence légale qu'au jour du dépôt de ses statuts en mairie (cass. soc. 7 mai 1987, n° 86-60.366, BC V n° 293; 17 avril 1996, n° 95-60.660).

Le syndicat qui n'a pas déposé ses statuts ne jouit pas des droits reconnus aux syndicats. Ainsi, il n'a pas la personnalité civile et ne peut ester en justice (cass. soc. 21 janvier 1988, n° 86-16.191, BC V n° 69; 19 mai 2004, n° 03-60.131; 13 octobre 2010, n° 09-14.418, BC V n° 223; RJS 1/11 n° 56; JCP éd. S 2011, 1010, note B. Gauriau), il ne peut valablement désigner un délégué syndical (cass. soc. 28 septembre 2005, n° 04-60.426) et les obstacles opposés à son action ne sont pas de nature à constituer le délit d'entrave à l'exercice du droit syndical défini par la loi (cass. crim. 28 juin 1988, n° 86-92.752, B. crim. n° 295). Ce défaut d'existence légale empêche une fédération de se prévaloir de l'adhésion d'un tel syndicat (cass. soc. 26 juin 2019, n° 18-23.275). Enfin, un syndicat ne peut exercer les droits réservés à la partie civile relativement aux faits portant un préjudice direct ou indirect à l'intérêt collectif de la profession qu'il représente qu'à la condition d'avoir une existence légale au moment où ces faits ont été commis (cass. crim. 22 mai 2007, n° 06-84.748, B. crim. n° 132).

• **Dépôt irrégulier. Régularisation.** L'irrégularité commise par les fondateurs d'un syndicat lors du dépôt de ses statuts peut être régularisée par un dépôt régulier effectué à l'occasion d'une modification des statuts. Mais cette régularisation ne vaut que pour l'avenir et c'est donc seulement à compter de la date d'accomplissement de cette nouvelle formalité – et non à compter du dépôt des statuts d'origine – que le groupement disposera de la personnalité juridique et des prérogatives reconnues par la loi aux syndicats professionnels (cass. soc. 7 juillet 2010, n° 08-21.805, BC V n° 162; RJS 10/10 n° 785).

• **Renouvellement du dépôt en cas de changement de direction ou de statuts.** Si un syndicat n'a d'existence légale que du jour du dépôt en mairie de ses statuts et du nom des personnes chargées de sa direction et de son administration, le renouvellement de ce dépôt en cas de changement de la direction ou des statuts ne constitue qu'une formalité dont l'absence ne prive pas, à elle seule, le syndicat d'une des conditions essentielles de son existence (cass. soc. 7 mai 2002, n° 00-60.487, BC V n° 144; Dr. Soc. 2002, p. 790, obs. Fr. Duquesne; 11 mai 2004, n° 03-60.158, BC V n° 131; RJS 7/04 n° 825). Est donc recevable l'action en justice exercée au nom d'un syndicat par un de ses nouveaux dirigeants en vertu d'un mandat spécial délivré conformément aux statuts de ce syndicat (cass. soc. 11 mai 2004, précité).

• **Siège social du syndicat.** Un syndicat ne peut pas fixer son siège social dans une entreprise sans l'accord de l'employeur (cass. soc. 14 janvier 2014, n° 13-13.625, RJS 3/14 n° 242). Ce dernier peut dès lors dénoncer l'usage les y autorisant sous réserve de ne pas porter une atteinte injustifiée et disproportionnée à l'exercice du droit syndical (cass. soc. 6 juin 2018, n° 16-25.527, à paraître, JCP éd. S 2018, 1297, note Y. Pagnerre; LSQ n° 17603 du 03.07.2018; RJS 8-9/18 n° 548).

Art. R. 2131-1. Les statuts du syndicat sont déposés à la mairie de la localité où le syndicat est établi.

Le maire communique ces statuts au procureur de la République.

Note • Un syndicat n'a d'existence légale que du jour du dépôt de ses statuts en mairie (cass. soc. 7 mai 1987, n° 86-60.366, BC V n° 293).

• Le refus opposé par les dirigeants d'un syndicat professionnel de fournir les fiches d'état civil demandées par le procureur de la République ne saurait constituer un obstacle à la réception des statuts dudit syndicat et à la délivrance d'un récépissé constatant que les formalités de dépôt ont été régulièrement accomplies (rép. QE 3961, JO Sén. 28 avril 1988, p. 563).

Art. L. 2131-4. Tout adhérent d'un syndicat professionnel peut, s'il remplit les conditions fixées par l'article L. 2131-5, accéder aux fonctions d'administration ou de direction de ce syndicat.

Art. L. 2131-5. Tout membre français d'un syndicat professionnel chargé de l'administration ou de la direction de ce syndicat doit jouir de ses droits civiques et n'être l'objet d'aucune interdiction, déchéance ou incapacité relative à ses droits civiques.

Sous les mêmes conditions, tout ressortissant étranger âgé de dix-huit ans accomplis adhérent à un syndicat peut accéder aux fonctions d'administration ou de direction de ce syndicat.

Art. L. 2131-6. En cas de dissolution volontaire, statutaire ou prononcée par décision de justice, les biens du syndicat sont dévolus conformément aux statuts ou, à défaut de dispositions statutaires, suivant les règles déterminées par l'assemblée générale.

En aucun cas les biens du syndicat ne peuvent être répartis entre les membres adhérents.

Note Les règles prévues en matière de dévolution des biens des syndicats dissous ne sont pas applicables aux unions de syndicats.

L'acte par lequel les syndicats regroupés au sein d'une union décident de «confondre les statuts» de celle-ci avec ceux d'un seul syndicat membre et désignent ce dernier à cette même date comme «l'unique gestionnaire et propriétaire» de son actif et de son passif, emporte, par dissolution, la cessation de l'existence de l'union (cass. soc. 26 septembre 2012, n° 11-20.281, RJS 12/12 n° 962).

CHAPITRE II Capacité civile

Art. L. 2132-1. Les syndicats professionnels sont dotés de la personnalité civile.

Art. L. 2132-2. Les organisations de salariés constituées en syndicats professionnels sont seules admises à négocier les conventions et accords collectifs de travail.

Tout accord ou convention visant les conditions collectives du travail est conclu dans les conditions déterminées par le livre II.

Art. L. 2132-3. Les syndicats professionnels ont le droit d'agir en justice.

Ils peuvent, devant toutes les juridictions, exercer tous les droits réservés à la partie civile concernant les faits portant un préjudice direct ou indirect à l'intérêt collectif de la profession qu'ils représentent.

Note Les syndicats ou associations professionnels qui regroupent des personnes exerçant la même profession, des métiers similaires ou connexes, et qui ont pour objet exclusif l'étude et la défense des droits ainsi que des intérêts matériels et moraux tant collectifs qu'individuels des personnes mentionnées dans leurs statuts, ont la capacité d'ester en justice, dès lors qu'ils ont satisfait à l'obligation de dépôt de leurs statuts en mairie (cass. soc. 13 octobre 2010, n° 09-14.418, BC V n° 223; RJS 1/11 n° 56; JCP éd. S 2011, 1010, note B. Gauriau).

Les dispositions de l'article L. 2132-3 découlent de la liberté syndicale consacrée par l'article 6 du Préambule de la Constitution du 27 octobre 1946, l'article 11 de la Déclaration européenne des droits de l'homme et du citoyen et l'article 2 de la Convention internationale du travail n° 87 et ne constituent pas une atteinte à la liberté personnelle des salariés ni à leur droit d'agir en justice (cass. soc., QPC, 5 juin 2013, n° 12-27.478, BC V n° 147; RJS 8-9/13 n° 613).

Nous avons précédemment relevé l'ambiguïté qui affecte le rapport entre la notion de syndicat et celle de profession envisagée du point de vue des salariés (voir note sous article L. 2131-2). Le présent article ne manque pas non plus d'ambiguïté. Si l'on demande en effet à un informaticien quelle est sa profession, il est peu probable qu'il réponde métallurgiste ou transporteur routier ! Et, pourtant, selon l'activité exercée par l'entreprise au sein de laquelle il est employé, il relèvera «syndicalement» de ces secteurs. Mais la rédaction de l'article L. 2132-3 s'éclaire pleinement si l'on rappelle que ce texte est la consécration, par une loi du 12 mars 1920, d'une jurisprudence rendue par les chambres réunies de la Cour de cassation le 5 avril 1913 dans un litige opposant le Syndicat national de défense de la viticulture française à un viticulteur poursuivi pour appellation frauduleuse de vin de Champagne. La loi reste empreinte de cette jurisprudence dégagée dans une affaire opposant un syndicat patronal à un patron ayant méconnu les règles de la profession. Les syndicats de salariés sauront l'utiliser à leur profit mais toujours avec cette acception, pour eux particulière, du terme profession.

• **Actions syndicales exercées dans l'intérêt collectif de la profession.** En application des dispositions de cet article, les syndicats peuvent agir en justice pour défendre les intérêts de la profession qu'ils représentent.

Intérêt collectif de la profession. Il ne se confond ni avec l'intérêt général ni avec les intérêts individuels des salariés (cass. crim. 15 février 1994, n° 92-85.568). La Cour de cassation considère que dès lors que l'objet de la demande d'un syndicat tend à la défense de l'emploi des salariés de l'entreprise, son action est recevable sur le fondement de l'article L. 2132-3 (cass. soc. 10 janvier 2012, n° 09-16.691, BC V n° 5; RJS 3/12 n° 263). Elle juge également que la régularité des élections professionnelles met en jeu l'intérêt collectif de la profession et que tout syndicat, même non représentatif dans l'entreprise, qui y a des adhérents peut en demander la nullité (cass. soc. 12 juillet 2006, n° 05-60.353, BC V n° 252; RJS 11/06 n° 1208; 31 mars 2009, n° 08-60.482, BC V n° 97; RJS 6/09 n° 550). De même, les conditions de négociation du protocole préélectoral mettant en jeu l'intérêt collectif de la profession, tout syndicat non signataire du protocole, invité ou non à participer à cette négociation, a intérêt à agir pour en contester le déroulement (cass. soc. 23 septembre 2009, n° 08-60.535, BC V n° 195; JCP éd. S 2009, 1467, note J-Y Kerbourc'h).

Un même comportement irrégulier de l'employeur peut causer un préjudice à l'intérêt collectif de la profession et aux intérêts particuliers des salariés. Dans un tel cas, le syndicat peut agir au titre du premier préjudice mais pas au titre des seconds. Ainsi, l'action en justice des syndicats tendant à l'application de dispositions de la loi 2007-1233 du 21 août 2007 relatives à l'exonération des cotisations sociales aux salariés soumis au forfait horaire de 38h30 et à la définition du seuil de déclenchement des heures supplémentaires au regard des dispositions conventionnelles applicables vise bien à réparer un préjudice porté à l'intérêt collectif de la profession et est donc recevable, mais en revanche, celle tendant à enjoindre à l'employeur de remettre aux salariés concernés qui le demanderaient un décompte individuel précis des heures supplémentaires, avec le montant des sommes dues au titre des cotisations indûment prélevées ne l'est pas car elle tend à satisfaire des intérêts (cass. soc. 7 septembre 2017, n° 16-11.495, BC V n° 131; RJS 11/17 n° 742).

S'agissant d'actions syndicales déclarées irrecevables, voir notamment cass. crim. 11 mai 1999, n° 97-82.169, B. crim. n° 89 et 19 juin 2002, n° 01-88.306 (le préjudice indirect qui serait porté, par un délit d'abus de biens sociaux, à l'intérêt collectif de la profession, ne se distinguant pas du préjudice, lui-même indirect, qu'auraient pu subir individuellement les salariés de l'entreprise); cass. soc. 23 janvier 2008, n° 05-16.492, BC V n° 22; RJS 3/08 n° 304 (un syndicat, agissant seul sur le fondement de cet article, est irrecevable à demander la reconnaissance de la qualité de coemployeur d'une société appartenant à une unité économique et sociale, la reconnaissance d'un contrat de travail étant un droit exclusivement attaché à la personne de celui qui se prétend salarié); cass. soc. 18 novembre 2009, n° 08-44.175, BC V n° 261 (le manquement de l'employeur à son obligation de reclassement individuel d'un salarié licencié pour motif économique ne porte pas atteinte aux intérêts collectifs de la profession).

Ont, par exemple, été considérés comme portant atteinte à l'intérêt collectif de la profession:
– la violation des dispositions de l'article L. 1224-1 CT ayant pour objet le maintien des droits des travailleurs en cas de transfert de leur contrat de travail, de sorte que l'intervention d'un syndicat au côté des salariés à l'occasion d'un litige portant sur l'applicabilité de ce texte est recevable (cass. soc. 23 septembre 2009, n° 08-42.109, BC V n° 198; RJS 12/09 n° 957);
– le licenciement d'un salarié en raison de son appartenance à un syndicat et de l'exercice d'une activité syndicale (cass. crim. 29 octobre 1996, n° 94-85.028, B. crim. n° 379);
– le licenciement d'un médecin du travail sans accord du comité d'entreprise ou décision conforme de l'inspecteur du travail (cass. soc. 7 mai 1987, n° 84-41.005, BC V n° 274);
– la méconnaissance des règles régissant la désignation ou le remplacement du représentant des salariés dans le cadre d'une procédure de redressement ou de liquidation judiciaire (cass. soc. 15 juin 2011 n° 10-60.392, BC V n° 156; RJS 8-9/11 n° 715);
– le délit d'atteinte à l'exercice régulier des fonctions de délégué du personnel (cass. crim. 26 mai 2009, n° 08-82.979, RJS 10/09 n° 809);
– la violation par un employeur de l'engagement qu'il avait pris d'accorder certains avantages (primes de gestion) à une partie de son personnel (cass. soc. 25 juin 1987, n° 83-45.592, BC V n° 432);
– le défaut de réunion et de consultation du comité d'entreprise, lorsqu'il existe un projet de licenciement collectif pour motif économique (cass. crim. 3 décembre 1996, n° 95-84.647, B. crim. n° 441; RJS 5/97 n° 563);
– le délit de violation du secret médical, lorsqu'il est commis à l'occasion de l'exercice par l'employeur du contrôle des arrêts de maladie (cass. crim. 27 mai 1999, n° 98-82.978, B. crim. n° 109; RJS 7/99 n° 938);
– la violation des règles légales ou conventionnelles encadrant le recours aux contrats à durée déterminée ou le recours aux travailleurs temporaires (cass. soc. 10 février 2016, n° 14-26.304, BC V n° 29; JCP éd. S 2016, 1110, note Fr. Bousez; LS Jurispr. n° 36 du 23.02.2016; RJS 4/16 n° 265, 2e espèce; JSL n° 408, 27.04.2016, pp. 15 et s., H. Tissandier; 23 mars 2016, n° 14-23.276, BC V n° 55; JCP éd. S 2016, 1243, 1re espèce, note B. Gauriau), ou encore les règles relatives au temps partiel (cass. soc. 21 septembre 2017, n° 16-14.282, BC V n° 158; JCP éd. S 2017, 1370, note Fr. Petit; JSL n° 442, 29.11.2017, p. 13, J-M Buisson et E. Frantz; RJS 12/17 n° 806);
– la violation de dispositions d'un accord de branche relatives à la rémunération d'une catégorie de salariés (cass. soc. 14 décembre 2016, n° 15-20.812, BC V n° 255; LS Jurispr. n° 45 du 7.03.2017; JCP éd. S 2017, 1045, note B. Gauriau);
– l'absence de déclaration à la CNIL d'un système de vidéosurveillance ayant permis l'enregistrement d'images de salariés, leur traitement et leur conservation (cass. crim. 9 février 2016, n° 14-87.753, B. crim. n° 29; RJS 4/16 n° 265, 1re espèce; JCP éd. S 2016, 1166, note B. Bossu);
– l'application dans l'ensemble des établissements d'une société d'un règlement intérieur illicite, peu important que le syndicat intervienne dans une instance aux côtés d'un salarié travaillant au sein d'un établissement non couvert géographiquement par ses statuts (cass. soc. 4 mai 2017, n° 15-24.400; 20 juin 2018, n° 16-20.794).

À noter également que:
– il résulte de l'article L. 2132-3 que les syndicats professionnels peuvent demander en référé les mesures de remise en état destinées à mettre fin à un trouble manifestement illicite affectant l'intérêt collectif de la profession qu'ils représentent. C'est dès lors à bon droit qu'une cour d'appel a retenu que le défaut de réunion, d'information et de consultation des institutions représentatives du personnel lorsqu'elles sont légalement obligatoires, portait atteinte à l'intérêt collectif d'une profession et a déclaré recevable l'action de fédérations syndicales tendant à la suspension de la mise en place des mesures prises par l'employeur tant qu'il n'aura pas été procédé aux consultations de ces institutions (cass. soc. 24 juin 2008, n° 07-11.411, BC V n° 140; RJS 10/08 n° 1008); en revanche, les syndicats ne sont pas recevables à agir pour demander communication à leur profit de documents qui, selon eux, auraient dû être transmis au comité d'entreprise (cass. soc. 11 septembre 2012, n° 11-22.014, BC V n° 226; JCP éd. S 2012, 1521, note G. Loiseau; RJS 11/12 n° 882; Dr. Soc. 2012, p. 1065, note A. Mazeaud; RDT, novembre 2012, CO, 605, A. Ferrer; L. Pécaut-Rivolier et Y. Struillou, chron. des jurisprudences sur la représentation du personnel, SSL, 19 novembre 2012, n° 1560);
– l'article L. 411-11 [L. 2132-3] ne donne pas aux syndicats professionnels le droit de mettre en mouvement l'action publique concernant les délits de provocation à la discrimination, à la haine ou à la violence raciale et d'injures raciales dont la poursuite est réservée exclusivement au ministère public ou à l'une des associations habilitées par la loi à cet effet, ou encore aux seules personnes qui ont été directement victimes de l'infraction. Mais «la possibilité pour certaines associations d'exercer les droits de la partie civile n'exclut pas le droit pour un syndicat de se porter partie civile en cas d'atteinte à l'intérêt collectif de la profession» (cass. crim. 25 mai 1993, n° 92-81.603, BC V n° 188; RJS 10/93 n° 1000);
– un syndicat professionnel peut se constituer partie civile devant la juridiction pénale si les faits incriminés sont de nature à porter atteinte à l'intérêt collectif des salariés; ainsi, en cas d'exercice d'un travail dissimulé, de nature à causer à la profession un préjudice distinct de celui subi personnellement par les salariés concernés (cass. crim. 6 décembre 2011,

n° 10-86.829, B. crim. n° 244; RJS 3/12 n° 263, 1re espèce). De même, s'agissant de blessures ou d'homicide involontaires, des syndicats sont recevables à se constituer partie civile dès lors que les manquements constitutifs des infractions poursuivies ont pu compromettre la sécurité des travailleurs et causer ainsi un préjudice aux intérêts collectifs des professions représentées par ces syndicats sans qu'il soit nécessaire qu'un des salariés représentés par ces syndicats ait subi un préjudice direct et personnel (cass. crim. 11 octobre 2005, n° 05-82.414, B. crim. n° 254; RJS 1/06 n° 56);

– la méconnaissance de la règle du repos hebdomadaire par certains employeurs crée un préjudice à ceux qui respectent cette règle en rompant l'égalité entre les intéressés; l'atteinte ainsi portée à l'intérêt collectif de la profession représentée par un syndicat d'employeurs lui donne qualité pour agir en justice devant la juridiction des référés (cass. ass. plén. 7 mai 1993, n° 91-12.611, BC n° 10; RJS 6/93 n° 620). Seules sont recevables à agir les organisations syndicales patronales représentant la profession exercée par des sociétés contrevenant à des arrêtés préfectoraux ordonnant la fermeture le dimanche d'établissements exerçant diverses catégories d'activités commerciales (cass. soc. 2 février 1994, n° 90-14.771, BC V n° 40; RJS 3/94 n° 259; cass. crim. 29 octobre 1996, n° 95-82.355, B. crim. n° 375; RJS 2/97 n° 50: un syndicat patronal est apte à exercer l'action civile née de l'infraction à l'article L. 221-5 [L. 3132-3] CT);

– le défaut de respect des règles relatives au repos quotidien de onze heures caractérise une atteinte aux intérêts collectifs de la profession (cass. soc. 23 mai 2013, n° 12-13.015, RJS 8-9/13 n° 619). Il en est de même pour le non-respect du droit au repos dominical quand bien même les salariés de l'entreprise ou de l'établissement consentent à travailler le dimanche (cass. soc. 22 janvier 2014, n° 12-27.478, BC V n° 31; RJS 4/14 n° 328; RDT, juillet/août 2014, CH, 484, M. Grévy; JCP éd. S 2014, 1350, note B. Bossu).

De façon plus générale, les syndicats n'ont évidemment pas qualité pour agir au lieu et place d'une institution représentative du personnel, par exemple, pour demander à l'employeur le versement du budget de fonctionnement du comité d'entreprise [aujourd'hui du CSE] (cass. soc. 26 septembre 2012, n° 11-13.091, RJS 12/12 n° 959) ou faire annuler une consultation et un avis du CHSCT au titre d'une irrégularité dans la consultation dès lors que cette institution ne l'invoque pas (cass. soc. 25 mars 2020, n° 18-22.465).

Indemnisation du syndicat. Pour indemniser un syndicat du préjudice causé à l'intérêt collectif de la profession qu'il représente, les juges du fond doivent évaluer le préjudice réel subi par le syndicat et ne peuvent se borner à lui allouer une somme à titre symbolique (cass. soc. 18 novembre 2009, n° 08-43.523, BC V n° 260).

Actions en exécution ou en annulation d'une convention collective. Indépendamment des actions réservées aux syndicats par les articles L. 135-4 et 5 [L. 2262-9 à 11] CT (voir note sous ces articles) en cas d'extension d'une convention ou d'un accord collectif qui a pour effet de rendre les dispositions étendues applicables à tous les salariés et employeurs compris dans leur champ d'application, les syndicats professionnels, même non signataires, sont recevables à demander l'exécution d'une convention ou d'un accord collectif de travail sur le fondement de l'article L. 411-11 [L. 2132-3] CT, leur non-respect étant de nature à causer nécessairement un préjudice à l'intérêt collectif de l'ensemble de la profession, et cela qu'il s'agisse d'un accord collectif étendu (cass. soc. 12 juin 2001, n° 00-14.435, BC V n° 221; Dr. Soc. 2001, p. 1019, obs. P-H Antonmattei; 18 février 2003, n° 01-02.079, BC V n° 60; RJS 5/03 n° 645) ou non étendu (cass. soc. 16 janvier 2008, n° 07-10.095, BC V n° 10; 30 novembre 2010, n° 09-42.990, BC V n° 276; JCP éd. S 2011, 1066, note Y. Pagnerre).

Qu'ils soient ou non signataires, les syndicats sont recevables à demander sur le fondement de l'article L. 2132-3 de ce code l'exécution d'une convention ou d'un accord collectif de travail, même non étendu, son inapplication causant nécessairement un préjudice à l'intérêt collectif de la profession (cass. soc. 11 juin 2013, n° 12-12.818, BC V n° 151; RJS 8-9/13 n° 618).

Toujours sur le fondement de l'article L. 411-11 [L. 2132-3], la Cour de cassation décide qu'un syndicat d'entreprise peut, dans l'intérêt collectif de la profession qu'il représente, joindre son action à celle de la fédération à laquelle il a adhéré pour demander la nullité d'un accord collectif d'entreprise (cass. soc. 26 mai 2004, n° 02-18.756, BC V n° 143; RJS 8-9/04 n° 924).

Voir aussi cass. soc. 2 décembre 2008, n° 07-44.132, BC V n° 243; RJS 2/09 n° 200; Dr. Soc. 2009, p. 240, obs. Ch. Radé; RDT, février 2009, CH, 116, H. Tissandier; JCP éd. S 2009, 1098, note L. Dauxerre, décidant qu'un syndicat est recevable sur le fondement de l'article L. 411-11, devenu l'article L. 2132-3 CT, à demander en justice que soit déterminée l'étendue des droits acquis par les salariés à la suite de la dénonciation d'un accord collectif.

Dès lors que l'annexe VI à la convention collective nationale du personnel au sol des entreprises de transport aérien oblige le nouveau titulaire du marché à soumettre un avenant aux salariés concernés sans que ces derniers soient tenus de l'accepter, l'action d'un syndicat ayant pour objet d'obtenir l'exécution de cet accord collectif est recevable en ce qu'elle ne tend pas à imposer aux salariés la conclusion d'un contrat de travail avec l'entreprise entrante (cass. soc. 25 septembre 2013, n° 12-13.697, BC V n° 218; RJS 12/13 n° 786; SSL n° 1606, 18 novembre 2013, L. Pécaut-Rivolier et Y. Struillou, chron. des jurisprudences sur la représentation du personnel).

• **Défense des intérêts individuels des salariés dans les cas expressément prévus par la loi**

Travail à domicile: les syndicats professionnels ont la possibilité d'agir en justice en faveur des travailleurs à domicile (art. L. 7423-2).

Travailleurs temporaires: l'ordonnance 82-131 du 5 février 1982 et la loi du 12 juillet 1990 ont reconnu aux organisations syndicales représentatives la possibilité d'agir en justice en faveur des salariés sous contrat à durée déterminée ou sous contrat de travail temporaire et des travailleurs faisant l'objet de prêt de main-d'œuvre à but lucratif (art. L. 1247-1, L. 1251-59, L. 8233-1 et L. 8242-1).

Travailleurs étrangers: la loi 81-941 du 17 octobre 1981 a reconnu aux organisations syndicales représentatives la possibilité d'agir en justice en faveur des travailleurs étrangers en situation irrégulière (art. L. 8255-1).

La loi 2001-1066 du 16 novembre 2001 a reconnu aux organisations syndicales représentatives la possibilité d'exercer en justice toutes actions qui naissent de l'application du principe de non-discrimination (art. L. 1134-2).

S'agissant de l'égalité professionnelle entre les femmes et les hommes et du harcèlement moral ou sexuel dans les relations de travail, les lois 83-635 du 13 juillet 1983, 92-1179 du 2 novembre 1992 et 2002-73 du 17 janvier 2002 (JO 18) ont reconnu aux organisations syndicales représentatives dans l'entreprise la possibilité d'exercer en justice toutes actions qui naissent des articles L. 1152-1 à 3, L. 1153-1 à 4 et L. 3221-2 à 7 en faveur d'un salarié de l'entreprise (art. L. 1154-2 et L. 1144-2).

S'agissant des groupements d'employeurs, la loi 85-772 du 25 juillet 1985 a reconnu aux organisations syndicales représentatives dans l'entreprise utilisatrice ou dans le groupement la possibilité d'agir en justice en faveur des salariés du groupement (art. L. 1253-16).

La loi 89-549 du 2 août 1989 a reconnu aux organisations syndicales représentatives la possibilité d'exercer en justice toutes actions relatives à l'application des dispositions légales, réglementaires ou conventionnelles régissant le licenciement pour motif économique en faveur d'un salarié (art. L. 1235-8).

• **Actions en exécution d'une convention ou d'un accord collectif de travail sur le fondement des articles L. 2262-9, 10 et 11,** voir notes sous ces articles.

• **Représentation et/ou assistance des salariés devant les conseils de prud'hommes,** voir note sous art. R. 1453-2.

• **Représentation en justice.** Le représentant d'un syndicat en justice doit, s'il n'est pas avocat, justifier d'un pouvoir spécial ou d'une disposition des statuts l'habilitant à agir en justice et le défaut de pouvoir d'une personne figurant au procès comme représentant du syndicat est une irrégularité de fond affectant la validité de l'acte (cass. soc. 20 décembre 2006, n° 06-60.017, BC V n° 400).

Art. L. 2132-4. Les meubles et immeubles nécessaires aux syndicats professionnels pour leurs réunions, bibliothèques et formations sont insaisissables.

Art. L. 2132-5. Les syndicats professionnels peuvent:

1° Créer et administrer des centres d'informations sur les offres et les demandes d'emploi;

2° Créer, administrer et subventionner des institutions professionnelles de prévoyance, des organismes d'éducation, de formation, de vulgarisation ou de recherche dans les domaines intéressant la profession;

3° Subventionner des sociétés coopératives de production ou de consommation, financer la création d'habitations à loyer modéré ou l'acquisition de terrains destinés à la réalisation de jardins ouvriers ou d'activités physiques et sportives.

Art. L. 2132-6. Les syndicats professionnels peuvent constituer entre leurs membres des caisses spéciales de secours mutuels et de retraites.

Les fonds de ces caisses sont insaisissables dans les limites déterminées par le code de la mutualité.

Toute personne qui se retire d'un syndicat conserve le droit d'être membre des sociétés de secours mutuels et de retraite pour la vieillesse à l'actif desquelles elle a contribué par des cotisations ou versement de fonds.

CHAPITRE III Unions de syndicats

Art. L. 2133-1. Les syndicats professionnels régulièrement constitués peuvent se concerter pour l'étude et la défense de leurs intérêts matériels et moraux.

Art. L. 2133-2. Les unions de syndicats sont soumises aux dispositions des articles L. 2131-1, L. 2131-3 à L. 2131-5, L. 2141-1 et L. 2141-2.

Elles font connaître le nom et le siège social des syndicats qui les composent.

Leurs statuts déterminent les règles selon lesquelles les syndicats adhérents à l'union sont représentés dans le conseil d'administration et dans les assemblées générales.

Note Le dépôt de la liste du nom et du siège social des syndicats qui composent une union ne constitue pas une formalité dont l'absence prive, à elle seule, la fédération de l'une de ses conditions d'existence (cass. soc. 28 février 2007, n° 06-60.099, BC V n° 39, arrêt n° 1; RJS 5/07 n° 623, 2e espèce; JCP éd. S 2007, 1573, note B. Gauriau).

L'acte par lequel les syndicats regroupés au sein d'une union décident de «confondre les statuts» de celle-ci avec ceux d'un seul syndicat membre et désignent ce dernier à cette même date comme «l'unique gestionnaire et propriétaire» de son actif et de son passif, emporte, par dissolution, la cessation de l'existence de l'union (cass. soc. 26 septembre 2012, n° 11-20.281, RJS 12/12 n° 962).

Art. L. 2133-3. Les unions de syndicats jouissent de tous les droits conférés aux syndicats professionnels par le présent titre.

Note • La loi reconnaît aux unions de syndicats la même capacité civile qu'aux syndicats eux-mêmes; une union de syndicats peut donc exercer les droits conférés aux syndicats et, notamment, celui de désigner un représentant au comité d'entreprise (cass. ass. plén. 30 juin 1995, n° 93-60.026, BC n° 5; RJS 8-9/95 n° 908, concl. M. Jéol) ou d'introduire une action en justice en cas d'atteinte aux intérêts collectifs de l'un des groupes professionnels qu'elle représente (cass. soc. 18 décembre 2000, n° 98-17.739, BC V n° 434; RJS 3/01 n° 315). Une union de syndicats peut également désigner un représentant de section syndicale dans une entreprise dès lors qu'elle y a plusieurs adhérents, que son champ de compétence national et interprofessionnel couvre cette entreprise et que ses statuts ne lui interdisent pas d'y intervenir directement en l'absence d'une organisation adhérente compétente dans le champ géographique et professionnel couvrant l'entreprise (cass. soc. 8 juillet 2009, n° 09-60.012, BC V n° 182; JCP éd. S 2009, 1416, 4e espèce, doctrine B. Gauriau; 18 mars 2015, n° 14-60.538). Une union de syndicats a nécessairement compétence dans le champ géographique et professionnel des syndicats qui en sont membres, sans préjudice d'un objet plus étendu défini par ses statuts (cass. soc. 15 octobre 2015, n° 14-25.440).

Enfin, l'affiliation d'un syndicat à une union permet à cette dernière de se prévaloir des adhérents du syndicat pour constituer une section syndicale et en désigner un représentant (cass. soc. 13 janvier 2010, n° 09-60.155, BC V n° 13; RJS 3/10 n° 273), quand bien même le syndicat dont elle se prévaut des adhérents ne serait pas constitué depuis deux années au moins, dès lors que l'union elle-même satisfait à cette condition (cass. soc. 25 juin 2014, n° 13-25.502).

• Dès lors que l'objet de la CGT est conforme aux prescriptions de l'article L. 2131-1 CT, cette organisation peut revendiquer l'application des règles spécifiques aux organisations syndicales, même si certains de ses adhérents n'ont pas eux-mêmes la qualité de syndicats. N'est pas conforme aux dispositions de l'article L. 2131-1 l'objet d'une organisation dont l'activité consiste exclusivement à proposer des services rémunérés d'assistance et de conseil juridique et le juge du fond est dès lors fondé à annuler la candidature de cette organisation au scrutin organisé pour mesurer l'audience des organisations syndicales dans les entreprises de moins de onze salariés (cass. soc. 15 novembre 2012, n° 12-27.315, BC V n° 296; JCP éd. S 2012, 1533, rapport L. Pécaut-Rivolier).

CHAPITRE IV Marques syndicales

Art. L. 2134-1. Les syndicats professionnels peuvent déposer leurs marques ou labels en remplissant les formalités prévues par les articles L. 712-1 et suivants du code de la propriété intellectuelle. Ils peuvent, dès lors, en revendiquer la propriété exclusive dans les conditions prévues par ce code.

Les marques ou labels peuvent être apposés sur tout produit ou objet de commerce pour en certifier les conditions de fabrication. Ils peuvent être utilisés par tout individu ou entreprise commercialisant ces produits.

Art. L. 2134-2. L'utilisation des marques syndicales ou des labels ne peut avoir pour effet de porter atteinte aux dispositions des articles L. 2141-5 à L. 2141-8.

Tout accord ou disposition tendant à obliger l'employeur à n'embaucher ou à ne conserver à son service que les adhérents du syndicat propriétaire de la marque ou du label est nul.

CHAPITRE V Ressources et moyens

Note Ce chapitre a été introduit par la loi du 20 août 2008, art. 10, JO 21.

SECTION 1. Certification et publicité des comptes des organisations syndicales et professionnelles

Note Sur l'absence de lien nécessaire entre les obligations prévues ci-dessous et l'exigence de transparence financière, voir note sous l'article L. 2121-1.

Art. L. 2135-1. Les syndicats professionnels et leurs unions mentionnés aux articles L. 2131-2, L. 2133-1 et L. 2133-2 relatifs à la création de syndicats professionnels et les associations de salariés ou d'employeurs régies par la loi du 1er juillet 1901 relative au contrat d'association ou, dans les départements de la Moselle, du Bas-Rhin et du Haut-Rhin, par le droit local ***(L. 2011-525 du 17 mai 2011, art. 44, JO 18)*** «sont soumis aux obligations comptables définies à l'article L. 123-12 du code de commerce. Lorsque leurs ressources annuelles n'excèdent pas un seuil fixé par décret, ils peuvent adopter une présentation simplifiée de leurs comptes avec la possibilité de n'enregistrer leurs créances et leurs dettes qu'à la clôture de l'exercice. Si leurs ressources annuelles n'excèdent pas un second seuil fixé par décret, ils peuvent tenir un livre enregistrant chronologiquement l'ensemble des mouvements de leur patrimoine. Les conditions d'application du présent article sont fixées par décret.»

Note
- Un décret en Conseil d'État prévoit les adaptations aux obligations définies par les articles L. 2135-1 à 6 CT que justifient les conditions particulières d'exercice du droit syndical dans la fonction publique (loi 2012-347 du 12 mars 2012, art. 97, JO 13).
- Les obligations fixées aux articles L. 2135-1 à L. 2135-3 CT s'appliquent depuis l'exercice comptable 2009 (loi 2008-789 du 20 août 2008, art. 15, JO 21).

Art. D. 2135-1. ***(D. 2009-1665 du 28 déc. 2009, JO 30)*** Les comptes annuels des syndicats professionnels de salariés ou d'employeurs et de leurs unions, et des associations de salariés ou d'employeurs mentionnés à l'article L. 2135-1 sont établis dans les conditions prévues au présent chapitre.

Art. D. 2135-2. ***(D. 2009-1665 du 28 déc. 2009, JO 30)*** Les comptes annuels des syndicats professionnels de salariés ou d'employeurs et de leurs unions, et des associations de salariés ou d'employeurs mentionnés à l'article L. 2135-1 dont les ressources au sens de l'article D. 2135-9 sont supérieures à 230 000 euros à la clôture d'un exercice comprennent un bilan, un compte de résultat et une annexe selon des modalités définies par règlement de l'Autorité des normes comptables.

Les prescriptions comptables applicables à ces organisations sont fixées par règlement de l'Autorité des normes comptables.

Note Voir arrêté du 31 décembre 2009 (JO 7 janv. 2010) portant homologation du règlement du comité de la réglementation comptable 2009-10 du 3 décembre 2009 afférent aux règles comptables des organisations syndicales.

Art. D. 2135-3. ***(D. 2009-1665 du 28 déc. 2009, JO 30)*** Les comptes annuels des syndicats professionnels de salariés ou d'employeurs et de leurs unions, et des associations de salariés ou d'employeurs mentionnés à l'article L. 2135-1 dont les ressources au sens de l'article D. 2135-9 sont inférieures ou égales à 230 000 euros à la clôture de l'exercice peuvent être établis sous la forme d'un bilan, d'un compte de résultat et d'une annexe simplifiés, selon des modalités fixées par règlement de l'Autorité des normes comptables. Ils peuvent n'enregistrer leurs créances et leurs dettes qu'à la clôture de l'exercice.

Les dispositions du présent article ne sont plus applicables lorsque la condition de ressources mentionnée à l'alinéa précédent n'est pas remplie pendant deux exercices consécutifs.

Art. D. 2135-4. ***(D. 2009-1665 du 28 déc. 2009, JO 30)*** Les comptes annuels des syndicats professionnels de salariés ou d'employeurs et de leurs unions, et des associations de salariés ou d'employeurs mentionnés à l'article L. 2135-1 dont les ressources au sens de l'article D. 2135-9 sont inférieures à 2 000 euros à la clôture d'un exercice peuvent être établis sous la forme d'un livre mentionnant chronologiquement le montant et l'origine des ressources qu'ils perçoivent et des dépenses qu'ils effectuent, ainsi que les références aux pièces justificatives. Pour les ressources, il distingue les règlements en espèces des autres règlements. Une fois par année civile, un total des ressources et des dépenses est établi.

Art. D. 2135-7. ***(D. 2009-1665 du 28 déc. 2009, JO 30)*** Les syndicats professionnels de salariés ou d'employeurs et leurs unions, et les associations de salariés ou d'employeurs mentionnés à l'article L. 2135-1 dont les ressources au sens de l'article D. 2135-9 sont égales ou supérieures à 230 000 euros à la clôture d'un exercice assurent la publicité de leurs comptes et du rapport du commissaire aux comptes sur le site internet de la ***(D. 2010-31 du 11 janv. 2010, JO 12)*** «direction de l'information légale et administrative». À cette fin, ils transmettent par voie électronique à la ***(D. 2010-31 du 11 janv. 2010, JO 12)*** «direction de l'information légale et administrative», dans un délai de trois mois à compter de l'approbation des comptes par l'organe délibérant statutaire, le bilan, le compte de résultat, l'annexe ainsi que le rapport du commissaire aux comptes. Un arrêté du Premier ministre fixe les modalités de cette transmission.

Ces documents sont publiés sous forme électronique par la ***(D. 2010-31 du 11 janv. 2010, JO 12)*** «direction de l'information légale et administrative», dans des conditions de nature à garantir leur authenticité et leur accessibilité gratuite.

Cette prestation donne lieu à rémunération pour service rendu dans les conditions prévues par le décret n° 2005-1073 du 31 août 2005 relatif à la rémunération des services rendus par la ***(D. 2010-31 du 11 janv. 2010, JO 12)*** «direction de l'information légale et administrative».

Note Les informations publiées en application de cet article sont déposées, dans un format exclusivement PDF, via un formulaire d'enregistrement en ligne disponible sur le site *www.journal-officiel.gouv.fr* (arrêté du 4 avril 2011, JO 6).

Art. D. 2135-8. ***(D. 2009-1665 du 28 déc. 2009, JO 30)*** Les syndicats professionnels de salariés ou d'employeurs et leurs unions, et les associations de salariés ou d'employeurs mentionnés à l'article L. 2135-1 dont les ressources au sens de l'article D. 2135-9 sont inférieures à 230 000 euros à la clôture d'un exercice assurent la publicité de leurs comptes ***(D. 2015-1525 du 24 nov. 2015, JO 26)*** «et, s'agissant des syndicats professionnels d'employeurs, de leurs unions et des associations d'employeurs qui souhaitent établir leur représentativité sur le fondement du titre V du livre Ier de la deuxième partie du présent code, du rapport du commissaire aux comptes» dans un délai de trois mois à compter de leur approbation par l'organe délibérant statutaire soit dans les conditions prévues à l'article D. 2135-7, soit par publication sur leur site internet ou, à défaut de site, en ***(D. 2020-1545 du 9 déc. 2020, JO 10, entrée en vigueur le 01.04.2021)*** «direction régionale de l'économie, de l'emploi, du travail et des solidarités». À cette fin, ils transmettent, le cas échéant par voie électronique, leurs comptes ***(D. 2015-1525 du 24 nov. 2015, JO 26)*** «accompagnés, s'agissant des syndicats professionnels d'employeurs, de leurs unions et des associations d'employeurs qui souhaitent établir leur représentativité sur le fondement du titre V du livre Ier de la deuxième partie du présent code, du rapport du commissaire aux comptes» ou le livre mentionné à l'article D. 2135-4 à la ***(D. 2020-1545 du 9 déc. 2020, JO 10, entrée en vigueur le 01.04.2021)*** «direction régionale de l'économie, de l'emploi, du travail et des solidarités» ***(D. 2015-1525 du 24 nov. 2015, JO 26)*** «dans le ressort de laquelle est situé leur siège social».

Ces comptes annuels sont librement consultables.

Toutefois, les comptes annuels des syndicats professionnels de salariés ou d'employeurs et de leurs unions, et des associations de salariés ou d'employeurs mentionnés à l'article L. 2135-1 dont les ressources, au sens de l'article D. 2135-9, sont inférieures à 23 000 euros à la clôture d'un exercice, ne le sont qu'à la condition que cette consultation ne soit pas susceptible de porter atteinte à la vie privée de leurs membres.

Le ***(D. 2020-1545 du 9 déc. 2020, JO 10, entrée en vigueur le 01.04.2021)*** «directeur régional de l'économie, de l'emploi, du travail et des solidarités» rend anonymes les mentions permettant l'identification des membres avant communication des documents mentionnés au premier alinéa.

Note Les dispositions des articles D. 2135-8 et 9, dans leur rédaction issue du décret 2015-1525 précité, s'appliquent aux exercices ouverts depuis le 01.01.2015 (décret précité, art. 2).

Art. D. 2135-9. ***(D. 2015-1525 du 24 nov. 2015, JO 26)*** «Le seuil prévu à l'article L. 2135-6 est fixé à 230 000 euros à la clôture d'un exercice.»

Est pris en compte pour le calcul des ressources mentionnées au premier alinéa le montant des subventions, des produits de toute nature liés à l'activité courante, des produits financiers ainsi que des cotisations. Sont toutefois déduites de ce dernier montant les cotisations reversées, en vertu de conventions ou des statuts, à des syndicats professionnels de salariés ou d'employeurs et à leurs unions ou à des associations de salariés ou d'employeurs mentionnés à l'article L. 2135-1.

Note Voir note sous article D. 2135-8.

Art. L. 2135-2. Les syndicats professionnels et leurs unions et les associations de salariés ou d'employeurs mentionnés à l'article L. 2135-1 qui contrôlent une ou plusieurs personnes morales au sens de l'article L. 233-16 du code de commerce, sans entretenir avec elles de lien d'adhésion ou d'affiliation, sont tenus, dans des conditions déterminées par décret pris après avis ***(Ord. 2009-79 du 22 janv. 2009, JO 23)*** «de l'Autorité des normes comptables»:

a) Soit d'établir des comptes consolidés. ***(L. 2012-387 du 22 mars 2012, art. 57, JO 23)*** «L'article L. 823-2 du code de commerce n'est pas applicable lorsque les ressources de l'ensemble constitué par les syndicats professionnels et leurs unions et les associations de salariés ou d'employeurs et les personnes morales qu'ils contrôlent ne dépassent pas, à la clôture d'un exercice, le seuil mentionné à l'article L. 2135-6 du présent code ;»

b) Soit de fournir, en annexe à leurs propres comptes, les comptes de ces personnes morales, ainsi qu'une information sur la nature du lien de contrôle. Dans ce cas, les comptes de ces personnes morales doivent avoir fait l'objet d'un contrôle légal, ***(L. 2012-387 du 22 mars 2012, art. 57, JO 23)*** «sauf lorsque les ressources de l'ensemble constitué par les syndicats professionnels et leurs unions et les associations de salariés ou d'employeurs et les personnes morales qu'ils contrôlent ne dépassent pas, à la clôture d'un exercice, le seuil mentionné au même article L. 2135-6».

Art. D. 2135-5. ***(D. 2009-1665 du 28 déc. 2009, JO 30)*** Les comptes des syndicats professionnels et de leurs unions, et des associations de salariés ou d'employeurs mentionnés à l'article L. 2135-2 comprennent un bilan, un compte de résultat et une annexe établis selon des modalités définies par règlement de l'Autorité des normes comptables.

Les prescriptions comptables relatives aux comptes consolidés sont fixées par règlement de l'Autorité des normes comptables.

Art. L. 2135-3. Les syndicats professionnels de salariés ou d'employeurs, leurs unions et les associations de salariés ou d'employeurs mentionnés à l'article L. 2135-1 peuvent, lorsque leurs statuts le prévoient, établir des comptes combinés intégrant la comptabilité des personnes morales et entités avec lesquelles ils ont des liens d'adhésion ou d'affiliation, dans des conditions déterminées par décret pris après avis ***(Ord. 2009-79 du 22 janv. 2009, JO 23)*** «de l'Autorité des normes comptables».

Art. D. 2135-6. ***(D. 2009-1665 du 28 déc. 2009, JO 30)*** Les comptes combinés des syndicats professionnels et de leurs unions, et des associations de salariés ou d'employeurs mentionnés à l'article L. 2135-3 comprennent un bilan, un compte de résultat et une annexe établis selon des modalités définies par règlement de l'Autorité des normes comptables.

Les prescriptions comptables relatives aux comptes combinés sont fixées par règlement de l'Autorité des normes comptables.

Art. L. 2135-4. Les comptes sont arrêtés par l'organe chargé de la direction et approuvés par l'assemblée générale des adhérents ou par un organe collégial de contrôle désigné par les statuts.

Art. L. 2135-5. Les syndicats professionnels de salariés ou d'employeurs, leurs unions et les associations de salariés ou d'employeurs mentionnés à l'article L. 2135-1 tenus d'établir des comptes assurent la publicité de leurs comptes dans des conditions déterminées par décret pris après avis ***(Ord. 2009-79 du 22 janv. 2009, JO 23)*** «de l'Autorité des normes comptables».

Le premier alinéa est applicable au syndicat ou à l'association qui combine les comptes des organisations mentionnées à l'article L. 2135-3. Ces organisations sont alors dispensées de l'obligation de publicité.

Art. L. 2135-6. ***(L. 2014-288 du 5 mars 2014, art. 29, II, JO 6, entrée en vigueur le 01.01.2015)*** Les syndicats professionnels d'employeurs, leurs unions et les associations d'employeurs mentionnés à l'article L. 2135-1 qui souhaitent établir leur représentativité sur le fondement du titre V du présent livre Ier sont tenus de nommer au moins un commissaire aux comptes et ***(L. 2019-486 du 22 mai 2019, art. 27, IV, JO 23)*** «, lorsque les conditions définies au deuxième alinéa du I de l'article L. 823-1 sont réunies,» un suppléant.

L'obligation prévue au premier alinéa du présent article est applicable aux syndicats professionnels de salariés, à leurs unions, aux associations de salariés mentionnés au même article L. 2135-1 et aux syndicats professionnels, à leurs unions et aux associations d'employeurs autres que ceux mentionnés au premier alinéa du présent article dont les ressources dépassent un seuil fixé par décret.

Note Cet article est applicable à compter de l'exercice comptable ouvert à partir du 01.01.2015 (loi 2014-288 précitée, art. 29, V).

Voir *supra* article D. 2135-9.

SECTION 2. Mise à disposition des salariés auprès des organisations syndicales

Art. L. 2135-7. Avec son accord exprès et dans les conditions prévues à l'article L. 2135-8, un salarié peut être mis à disposition d'une organisation syndicale ou d'une association d'employeurs mentionnée à l'article L. 2231-1.

Art. L. 2135-8

Pendant cette mise à disposition, les obligations de l'employeur à l'égard du salarié sont maintenues. ***(Ord. 2017-1386 du 22 sept. 2017, art. 5, II, JO 23, entrée en vigueur au plus tard le 01.01.2018)*** «La convention ou l'accord prévu à l'article L. 2135-8 prévoit notamment des aménagements de nature à permettre à l'employeur de respecter l'obligation de formation d'adaptation définie à l'article L. 6321-1.»

(L. 2015-994 du 17 août 2015, art. 25, I, JO 18) «Les éventuelles indemnités de fonction payées par l'organisation syndicale sont assimilées à des salaires. Les cotisations et charges afférentes sont acquittées par l'organisation syndicale.»

Le salarié, à l'expiration de sa mise à disposition, retrouve son précédent emploi ou un emploi similaire assorti d'une rémunération au moins équivalente.

Note Les articles L. 2135-7 et 8 sont issus de la loi 2008-789 du 20 août 2008 qui a encadré les conditions dans lesquelles un salarié peut être mis à la disposition d'une organisation syndicale ou d'une association d'employeurs.

Cette loi a également introduit l'article L. 2242-9-1 (devenu L. 2242-6 avec la loi 2015-994 du 17 août 2015, puis L. 2242-16 avec l'ordonnance 2017-1385 du 22 septembre 2017) qui prévoit que cette mise à disposition donne lieu à une information par l'employeur à l'occasion de la négociation annuelle obligatoire et que, dans les entreprises non soumises à cette obligation de négocier, l'employeur doit communiquer cette information aux salariés qui en font la demande.

Enfin, la loi a complété les dispositions de l'article L. 8241-1 afin de préciser que les entreprises ne peuvent pas être pénalement sanctionnées pour prêt illicite de main-d'œuvre pour avoir mis un salarié à la disposition organisation syndicale ou d'une association d'employeurs.

Art. L. 2135-8. Une convention collective ou un accord collectif de branche étendus ou un accord d'entreprise détermine les conditions dans lesquelles il peut être procédé à une mise à disposition de salariés auprès d'organisations syndicales ou d'associations d'employeurs.

SECTION 3. Financement mutualisé des organisations syndicales de salariés et des organisations professionnelles d'employeurs

Note • Cette section a été introduite par la loi 2014-288 du 5 mars 2014, art. 31, I, JO 16.

• Voir notamment «Questions - réponses... sur le financement du paritarisme», Medef, février 2015.

Art. L. 2135-9. Un fonds paritaire, chargé d'une mission de service public, apportant une contribution au financement des organisations syndicales de salariés et des organisations professionnelles d'employeurs, au titre de leur participation à la conception, à la mise en œuvre, à l'évaluation ou au suivi d'activités concourant au développement et à l'exercice des missions définies à l'article L. 2135-11, est créé par un accord conclu entre les organisations représentatives des salariés et des employeurs au niveau national et interprofessionnel. Cet accord détermine l'organisation et le fonctionnement du fonds conformément à la présente section.

L'accord portant création du fonds paritaire est soumis à l'agrément du ministre chargé du travail. À défaut d'accord ou d'agrément de celui-ci, les modalités de création du fonds et ses conditions d'organisation et de fonctionnement sont définies par voie réglementaire.

Le fonds paritaire est habilité à recevoir les ressources mentionnées à l'article L. 2135-10 et à les attribuer aux organisations syndicales de salariés et aux organisations professionnelles d'employeurs dans les conditions prévues aux articles L. 2135-11 à L. 2135-17.

Note Le fonds paritaire de financement des organisations syndicales de salariés et des organisations professionnelles d'employeurs défini à l'article L. 2135-9 commence à exercer sa mission à compter de la publication au *Journal officiel* de l'extrait du formulaire de déclaration de création de l'association mentionnée à l'article L. 2135-15 (décret 2015-87 du 28 janvier 2015, art. 3, JO 31).

Art. L. 2135-10. I. – Les ressources du fonds paritaire sont constituées par:

1° Une contribution des employeurs mentionnés à l'article L. 2111-1 du présent code, assise sur les rémunérations versées aux salariés mentionnés au même article et comprises dans l'assiette des cotisations de sécurité sociale définie à l'article L. 242-1 du code de la sécurité sociale et à l'article L. 741-10 du code rural et de la pêche maritime, dont le taux est fixé par un accord conclu entre les organisations représentatives des salariés et des employeurs au niveau national et interprofessionnel et agréé par le ministre chargé du travail ou, à défaut d'un tel accord ou de son agrément, par décret. Ce taux ne peut être ni supérieur à 0,02 % ni inférieur à 0,014 %;

2° Le cas échéant, une participation volontaire d'organismes à vocation nationale dont le champ d'intervention dépasse le cadre d'une ou de plusieurs branches professionnelles, gérés majoritairement par les organisations syndicales de salariés et les organisations professionnelles d'employeurs. La liste des organismes pouvant verser une participation au fonds est fixée par l'accord mentionné au 1° ou, à défaut d'accord ou de son agrément, par décret;

3° Une subvention de l'État;

4° Le cas échéant, toute autre ressource prévue par des dispositions législatives ou réglementaires, par accord conclu entre les organisations syndicales de salariés et les organisations professionnelles d'employeurs représentatives au niveau national et interprofessionnel ou par accord de branche étendu.

II. – La contribution mentionnée au 1° du I du présent article est recouvrée et contrôlée, selon les règles et sous les mêmes garanties et sanctions applicables au recouvrement des cotisations du régime général de sécurité sociale assises sur les rémunérations, par les organismes mentionnés aux articles L. 213-1 et L. 752-4 du code de la sécurité sociale et à l'article L. 723-1 du code rural et de la pêche maritime, selon des modalités précisées par voie réglementaire.

Note Cet article est entré en vigueur le 01.01.2015, sur la base, s'agissant de la contribution mentionnée au 1° du I, des rémunérations versées depuis le 01.01.2015 (loi 2014-288 du 5 mars 2014, art. 31, VI, JO 16).

Art. D. 2135-34. ***(D. 2014-1718 du 30 déc. 2014, JO 31)*** Le taux de la contribution prévue au II de l'article L. 2135-10 est fixé à 0,016 %.

Note Les dates de reversement de la contribution au fonds de financement des organisations professionnelles d'employeurs et des organisations syndicales de salariés ainsi que le taux des frais de gestion du recouvrement sont déterminés par conventions entre le fonds de financement et l'Agence centrale des organismes de sécurité sociale et la Caisse centrale de la mutualité sociale agricole.

La contribution prévue à l'article L. 2135-10 CT est due à compter des paies effectuées à partir du 01.01.2015 (décret 2014-1718 précité, art. 2 et 3).

Art. L. 2135-11. Le fonds paritaire contribue à financer les activités suivantes, qui constituent des missions d'intérêt général pour les organisations syndicales de salariés et les organisations professionnelles d'employeurs concernées:

1° La conception, la gestion, l'animation et l'évaluation des politiques menées paritairement au moyen de la contribution mentionnée au 1° du I de l'article L. 2135-10 et, le cas échéant, des participations volontaires versées en application du 2° du même I;

2° La participation des organisations syndicales de salariés et des organisations professionnelles d'employeurs à la conception, à la mise en œuvre et au suivi des politiques publiques relevant de la compétence de l'État, notamment par ***(L. 2015-994 du 17 août 2015, art. 25, II, JO 18)*** «l'animation et la gestion d'organismes de recherche,» la négociation, la consultation et la concertation, au moyen de la subvention mentionnée au 3° dudit I;

3° La formation économique, sociale et syndicale des salariés appelés à exercer des fonctions syndicales ou des adhérents à une organisation syndicale de salariés amenés à intervenir en faveur des salariés, définie aux articles L. 2145-1 et L. 2145-2, notamment l'indemnisation des salariés bénéficiant de congés de formation, l'animation des activités des salariés exerçant des fonctions syndicales, leur information au titre des politiques mentionnées aux 1° et 2° du présent article ***(L. 2016-1088 du 8 août 2016, art. 33, III, JO 9)*** «ainsi que les formations communes mentionnées à l'article L. 2212-1», au moyen ***(L. 2018-217 du 29 mars 2018, art. 4, III, JO 31)*** «de la contribution prévue au 1° du I de l'article L. 2135-10 et» de la subvention prévue au 3° du même I;

4° Toute autre mission d'intérêt général à l'appui de laquelle sont prévues d'autres ressources sur le fondement du 4° dudit I.

Note Le 1° de cet article a été modifié par l'ordonnance 2017-1388 du 22 septembre 2017, art. 4, JO 23 et le 3° de cet article par l'ordonnance 2017-1718 du 20 décembre 2017, art. 1er, I, 37°, JO 21.

Art. L. 2135-12. Bénéficient des crédits du fonds paritaire au titre de l'exercice des missions mentionnées à l'article L. 2135-11:

1° Les organisations de salariés et d'employeurs représentatives au niveau national et interprofessionnel, leurs organisations territoriales, les organisations professionnelles d'employeurs représentatives au niveau national et multi-professionnel ainsi que celles qui sont représentatives au niveau de la branche ***(L. 2016-1088 du 8 août 2016, art. 36, JO 9)*** «ou, dans le secteur de la production cinématographique, de l'audiovisuel et du spectacle, les organisations professionnelles d'employeurs représentatives de l'ensemble des professions de ce secteur dont les statuts prévoient qu'elles ont vocation à percevoir ces crédits», ***(Ord. 2017-1718 du 20 déc. 2017, art. 1er, I, 38°, JO 21)*** «ainsi que les employeurs ayant maintenu la rémunération, avec les cotisations et contributions sociales afférentes, des salariés d'entreprise participant aux négociations conformément à l'article L. 2232-8,» au titre de l'exercice de la mission mentionnée au 1° du même article L. 2135-11;

2° Les organisations de salariés et d'employeurs représentatives au niveau national et interprofessionnel, les organisations syndicales de salariés dont la vocation statutaire revêt un caractère national et interprofessionnel qui recueillent plus de 3 % des suffrages exprimés lors des élections prévues au 3° de l'article L. 2122-9 et les organisations professionnelles d'employeurs représentatives au niveau national et multi-professionnel mentionnées à l'article L. 2152-2, au titre de l'exercice de la mission mentionnée au 2° de l'article L. 2135-11;

3° Les organisations syndicales de salariés représentatives au niveau national et interprofessionnel et celles dont la vocation statutaire revêt un caractère national et interprofessionnel et qui recueillent plus de 3 % des suffrages exprimés lors des élections prévues au 3° de l'article L. 2122-9, au titre de l'exercice de la mission mentionnée au 3° de l'article L. 2135-11.

Art. L. 2135-13. ***(Ord. 2017-1388 du 22 sept. 2017, JO 23)*** «I. –» Le fonds paritaire répartit ses crédits:

1° À parité entre les organisations syndicales de salariés, d'une part, et les organisations professionnelles d'employeurs, d'autre part, au titre de la mission mentionnée au 1° de l'article L. 2135-11, au niveau national et au niveau de la branche. Les modalités de répartition des crédits entre organisations syndicales de salariés, d'une part, et entre organisations professionnelles d'employeurs, d'autre part, sont déterminées, par voie réglementaire, de façon uniforme pour les organisations syndicales de salariés et en fonction de l'audience pour les organisations professionnelles d'employeurs. ***(L. 2016-1088 du 8 août 2016, art. 35, III, JO 9)*** «Pour l'appréciation de cette audience, sont pris en compte, chacun à hauteur de 50 %, d'une part, le nombre des entreprises adhérentes à des organisations professionnelles d'employeurs représentatives qui emploient au moins un salarié et, d'autre part, le nombre de salariés employés par ces mêmes entreprises»;

2° Sur une base forfaitaire identique, fixée par décret, pour chacune des organisations syndicales de salariés et des organisations professionnelles d'employeurs représentatives au niveau national et interprofessionnel, et sur une base forfaitaire identique d'un montant inférieur, fixée par décret, pour chacune des organisations syndicales de salariés dont la vocation statutaire revêt un caractère national et interprofessionnel et qui ont recueilli plus de 3 % des suffrages exprimés lors des élections prévues au 3° de l'article L. 2122-9 et pour chacune des organisations professionnelles d'employeurs représentatives au niveau national et multi-professionnel mentionnées à l'article L. 2152-2, au titre de la mission mentionnée au 2° de l'article L. 2135-11;

3° Sur la base d'une répartition, définie par décret, en fonction de l'audience de chacune des organisations syndicales de salariés dont la vocation statutaire revêt un caractère national et interprofessionnel et qui ont recueilli plus de 3 % des suffrages exprimés lors des élections prévues au 3° de l'article L. 2122-9, au titre de la mission mentionnée au 3° de l'article L. 2135-11.

(Ord. 2017-1388 du 22 sept. 2017, JO 23) «II. – Pour l'attribution des crédits du fonds aux organisations mentionnées à l'article L. 2135-12 est prise en compte l'année suivant celle au cours de laquelle:

1° Est déterminée leur représentativité et mesurée leur audience en application des dispositions des articles L. 2122-5 et L. 2122-9 s'agissant des organisations syndicales de salariés et des articles L. 2152-1, L. 2152-2 et L. 2152-4 s'agissant des organisations professionnelles d'employeurs;

2° A été publié l'arrêté de fusion des champs conventionnels pris en application des dispositions de l'article L. 2261-32 ou l'arrêté d'extension de l'accord de fusion desdits champs et est appréciée la représentativité et mesurée l'audience des organisations syndicales de salariés et des organisations professionnelles d'employeurs concernées conformément aux dispositions des 1° et 3° du présent article.»

Note • Les dispositions de cet article, dans sa rédaction issue de la loi 2016-1088 précitée, sont applicables aux organismes paritaires institués avant sa promulgation à compter de leur premier renouvellement suivant cette promulgation (loi précitée, art. 35, IV).

• Les dispositions du 1° de cet article qui prévoit une répartition des crédits de façon égalitaire entre les organisations syndicales de salariés et en fonction de l'audience ou du nombre de mandats paritaires exercés pour les organisations professionnelles d'employeurs ont été jugées conforme à la Constitution (C. constit. 27 novembre 2015, n° 2015-502 QPC, JO 29 nov.).

Art. L. 2135-14. Les organisations syndicales de salariés représentatives au niveau national et interprofessionnel et celles dont la vocation statutaire revêt un caractère national et interprofessionnel et qui ont recueilli plus de 3 % des suffrages exprimés lors des élections prévues au 3° de l'article L. 2122-9 perçoivent les sommes dues aux organisations territoriales et organisations syndicales représentatives au niveau de la branche qui leur sont affiliées. Elles contribuent au financement de ces dernières au titre des missions mentionnées aux 1° et 2° de l'article L. 2135-11.

Art. L. 2135-15. I. – Le fonds mentionné à l'article L. 2135-9 est géré par une association paritaire, administrée par un conseil d'administration composé de représentants des organisations syndicales de salariés et des organisations professionnelles d'employeurs représentatives au niveau national et interprofessionnel. ***(L. 2016-1088 du 8 août 2016, art. 35, III, JO 9)*** «Au sein de ce conseil, chaque organisation professionnelle d'employeurs dispose d'un nombre de voix proportionnel à son audience au niveau national et interprofessionnel. Pour l'appréciation de cette audience, sont pris en compte à hauteur, respectivement, de 30 % et de 70 %, le nombre des entreprises adhérentes à des organisations professionnelles d'employeurs représentatives au niveau national et interprofessionnel et le nombre de salariés employés par ces mêmes entreprises.»

La présidence de l'association est assurée alternativement par un représentant des organisations syndicales de salariés et un représentant des organisations professionnelles d'employeurs représentatives au niveau national et interprofessionnel.

Les organisations syndicales de salariés, dont la vocation statutaire revêt un caractère national et interprofessionnel et qui ont recueilli plus de 3 % des suffrages exprimés lors des élections prévues au 3° de l'article L. 2122-9, et les organisations professionnelles d'employeurs représentatives au niveau national et multi-professionnel sont destinataires des projets de délibération et de décision du conseil d'administration relatifs à la répartition des crédits mentionnée à l'article L. 2135-13 et elles peuvent faire connaître leurs observations.

L'association adopte un règlement intérieur, agréé par le ministre chargé du travail.

II. – Le ministre chargé du travail désigne un commissaire du Gouvernement auprès de l'association paritaire mentionnée au I.

Le commissaire du Gouvernement assiste de droit aux séances de toutes les instances de délibération et d'administration de l'association. Il est destinataire de toute délibération du conseil d'administration. Il a communication de tous les documents relatifs à la gestion du fonds.

Lorsque le commissaire du Gouvernement estime qu'une délibération du conseil d'administration ou qu'une décision prise par une autre instance ou autorité interne de l'association gestionnaire du fonds n'est pas conforme aux dispositions de la présente section, à des stipulations de l'accord national et interprofessionnel agréé ou à des dispositions réglementaires, il saisit le président du conseil d'administration, qui lui adresse une réponse motivée.

Lorsque le commissaire du Gouvernement estime qu'une délibération ou une décision mentionnée au troisième alinéa du présent II et concernant l'utilisation de la subvention de l'État prévue au 3° du I de l'article L. 2135-10 n'est pas conforme à la destination de cette contribution, définie aux articles L. 2135-11 et L. 2135-12, il peut s'opposer, par décision motivée, à sa mise en œuvre.

Les modalités d'application du présent article sont déterminées par voie réglementaire.

Note Les dispositions de cet article, dans sa rédaction issue de la loi 2016-1088 précitée, sont applicables aux organismes paritaires institués avant sa promulgation à compter de leur premier renouvellement suivant cette promulgation.

Art. L. 2135-16

En l'absence de règles spécifiques prévues par un accord conclu entre les organisations d'employeurs représentatives au niveau considéré ou par une disposition législative ou réglementaire, chacune de ces organisations dispose, au sein des institutions ou organismes paritaires dont elle est membre, d'un nombre de voix délibératives proportionnel à son audience calculée selon la règle prévue au I de cet article (loi précitée, art. 35, IV).

Art. L. 2135-16. Les organisations syndicales de salariés et les organisations professionnelles d'employeurs bénéficiant de financements du fonds paritaire établissent un rapport annuel écrit détaillant l'utilisation qui a été faite des crédits perçus.

Elles rendent public ce rapport et le transmettent au fonds dans les six mois suivant la fin de l'exercice sur lequel porte le rapport.

En l'absence de transmission du rapport dans le délai prévu au deuxième alinéa ou lorsque les justifications des dépenses engagées sont insuffisantes, le fonds peut, après mise en demeure de l'organisation concernée de se conformer à ses obligations, non suivie d'effet dans le délai que la mise en demeure impartit et qui ne peut être inférieur à quinze jours, suspendre l'attribution du financement à l'organisation en cause ou en réduire le montant.

Avant le 1er octobre de chaque année, le fonds remet au Gouvernement et au Parlement un rapport sur l'utilisation de ses crédits. Ce rapport est publié selon des modalités fixées par voie réglementaire.

Art. L. 2135-17. Les organismes gérés majoritairement par les organisations syndicales de salariés et les organisations professionnelles d'employeurs qui figurent sur la liste mentionnée au 2° du I de l'article L. 2135-10 et dont le conseil d'administration a décidé le versement d'une participation au fonds paritaire n'assurent aucun financement direct ou indirect des organisations syndicales de salariés et des organisations professionnelles d'employeurs, à l'exception de la contribution mentionnée à ce même 2°. Le présent article s'applique sous la seule réserve de la possibilité de rembourser, sur présentation de justificatifs, les frais de déplacement, de séjour et de restauration engagés par les personnes qui siègent au sein des organes de direction de tels organismes.

Art. L. 2135-18. Sauf dispositions contraires, les conditions d'application de la présente section sont déterminées par décret en Conseil d'État.

Sous-section 1 (réglementaire). Organisation et fonctionnement du fonds paritaire

Note Les sous-sections 1 et 2 ont été introduites par le décret 2015-87 du 28 janvier 2015, JO 31.

§ 1. Composition du conseil d'administration de l'association paritaire

Art. R. 2135-10. Le conseil d'administration est composé de représentants des organisations syndicales de salariés et de représentants des organisations professionnelles d'employeurs représentatives au niveau national et interprofessionnel.

Art. R. 2135-11. Chaque organisation membre du conseil d'administration de l'association désigne deux représentants titulaires et deux représentants suppléants.

Ces représentants sont renouvelés au plus tard au 1er janvier de l'année suivant celle de la publication des arrêtés prévus aux articles L. 2122-11 et L. 2152-6.

Art. R. 2135-12. Le président de l'association est désigné par le conseil d'administration, pour un mandat de deux ans, alternativement parmi les représentants des organisations syndicales de salariés et parmi les représentants des organisations professionnelles d'employeurs qui en sont membres.

Note Par dérogation aux dispositions des articles R. 2135-12 et 13 CT, la durée du mandat de chacun des deux premiers présidents et vice-présidents de l'association est de dix-huit mois (décret 2015-87 du 28 janvier 2015, art. 4, I, JO 31).

Art. R. 2135-13. Un vice-président de l'association est désigné dans les conditions et pour la durée de mandat mentionnées à l'article R. 2135-12. Au cours d'un même mandat, le président et le vice-président relèvent, l'un, des organisations syndicales de salariés et, l'autre, des organisations professionnelles d'employeurs.

§ 2. Compétences du conseil d'administration de l'association paritaire

Art. R. 2135-14. Le conseil d'administration délibère dans les conditions prévues par l'article R. 2135-15 en vue notamment :

1° D'adopter le règlement intérieur de l'association paritaire de gestion ou toutes ses modifications ultérieures ;

2° De désigner le président et le vice-président de l'association en application des articles R. 2135-12 et R. 2135-13 ;

3° D'adopter son budget annuel de fonctionnement et d'approuver son compte financier annuel ;

4° De répartir chaque année les crédits du fonds paritaire conformément aux dispositions de la présente section ;

5° D'adopter chaque année le rapport sur l'utilisation par le fonds de ses crédits mentionné au dernier alinéa de l'article L. 2135-16 ;

6° De définir la liste des documents que doivent fournir les organisations bénéficiaires des crédits du fonds pour justifier l'engagement de leurs dépenses ;

7° De mettre en œuvre, le cas échéant, le dispositif défini aux articles R. 2135-23 à R. 2135-25 ;

8° De se prononcer sur les projets de conventions conclues par l'association paritaire pour l'application des dispositions de l'article L. 2135-10 ;

9° De fixer les modalités de report des crédits non engagés au cours d'un exercice sur l'exercice suivant, dans les conditions prévues par l'article R. 2135-26.

Le conseil d'administration peut déléguer ses compétences au titre d'actes d'administration autres que ceux mentionnés aux 1° à 9° du présent article, dans des conditions définies par les statuts de l'association.

Art. R. 2135-15. Chaque organisation syndicale de salariés dispose de deux voix. Chaque organisation professionnelle d'employeurs dispose d'un nombre de voix proportionnel à son audience au niveau national et interprofessionnel déterminée ***(D. 2018-920 du 26 oct. 2018, art. 1er, JO 28)*** « dans les conditions prévues au premier alinéa du I de l'article L. 2135-15 ». Le total des voix des organisations professionnelles d'employeurs est égal au nombre total de voix des organisations syndicales de salariés.

Les délibérations du conseil d'administration sont réputées adoptées en l'absence d'opposition d'au moins une organisation membre. En cas d'opposition, les délibérations sont adoptées à la majorité des voix des membres présents ou représentés.

Par dérogation aux dispositions du précédent alinéa, les délibérations portant sur l'objet défini au 7° de l'article R. 2135-14 sont adoptées à la majorité des deux tiers des voix des membres présents ou représentés.

Note Par dérogation aux dispositions du premier alinéa de l'article R. 2135-15 CT, jusqu'au 1er janvier de l'année suivant la publication de l'arrêté prévu à l'article L. 2152-6 (soit jusqu'au 1er janvier 2018), chacune des organisations professionnelles d'employeurs disposait d'un nombre de voix égal au nombre de ses représentants au comité paritaire interprofessionnel national pour l'emploi et la formation en application des dispositions de l'article 2 du décret 2014-966 du 22 août 2014 (décret 2015-87 du 28 janvier 2015, art. 4, II, JO 31).

Art. R. 2135-16. Les projets de délibérations relatives à la répartition des crédits mentionnée à l'article L. 2135-13 sont transmis, au moins quinze jours avant la date à laquelle ils sont débattus par le conseil d'administration, aux organisations syndicales de salariés dont la vocation statutaire revêt un caractère national et interprofessionnel et qui ont recueilli entre 3 % et 8 % des suffrages exprimés lors des élections prévues au 3° de l'article L. 2122-9 et aux organisations professionnelles d'employeurs représentatives au niveau national et multiprofessionnel. Cette transmission, comportant la mention de la date d'examen par le conseil d'administration, est effectuée par tout moyen propre à lui conférer date certaine.

Les organisations mentionnées au premier alinéa transmettent leurs observations par écrit au plus tard trois jours avant la date d'examen indiquée.

Sont annexées aux délibérations du conseil d'administration prévues au premier alinéa des éléments de réponse aux observations écrites transmises par les organisations que cet alinéa mentionne.

§ 3. Biens et moyens

Art. R. 2135-17. L'association de gestion du fonds paritaire ne peut posséder d'autres biens que ceux nécessaires à son fonctionnement.

Art. R. 2135-18. Les ressources perçues par l'association de gestion du fonds paritaire sont soit conservées en numéraire, soit déposées à vue, soit placées à court terme. Les intérêts produits par les sommes déposées ou placées à court terme ont le même caractère que les sommes dont ils sont issus. Ils sont soumis aux mêmes conditions d'utilisation et de contrôle.

§ 4. Rôle du commissaire du Gouvernement

Art. R. 2135-19. Pour l'application des dispositions du troisième alinéa du II de l'article L. 2135-15, le commissaire du Gouvernement saisit le président de l'association, par tout moyen propre à conférer date certaine à cette saisine, dans un délai de sept jours à compter de la date de réception de la délibération ou de la décision prise par une autre instance ou autorité interne. Il en informe les membres du conseil d'administration.

Dans un délai de sept jours à compter de la date de réception de cette saisine, le président de l'association transmet par tout moyen propre à conférer date certaine à cette transmission une réponse motivée par écrit.

Art. R. 2135-20. Pour l'application des dispositions du quatrième alinéa du II de l'article L. 2135-15, le commissaire du Gouvernement dispose, pour s'y opposer, d'un délai de vingt et un jours à compter de la date de réception de la délibération du conseil d'administration ou de la décision prise par une autre instance ou autorité interne qui lui est transmise par tout moyen propre à conférer date certaine à sa réception.

La mise en œuvre de la procédure de transmission prévue au premier alinéa a pour effet de suspendre l'exécution de la délibération ou décision concernée, jusqu'à l'expiration du délai de vingt et un jours défini à l'alinéa précédent, ou jusqu'à la date, si elle est antérieure, à laquelle le commissaire du Gouvernement fait connaître qu'il n'entend pas exercer son droit d'opposition.

L'exercice par le commissaire du Gouvernement de son droit d'opposition dans le délai mentionné au premier alinéa fait obstacle à la mise en œuvre de la délibération ou de la décision qui en fait l'objet.

§ 5. Rapport annuel du fonds paritaire

Art. R. 2135-21. Le rapport annuel du fonds prévu au quatrième alinéa de l'article L. 2135-16 est publié sur le site internet de l'association.

Art. R. 2135-22. Le rapport annuel mentionné au quatrième alinéa de l'article L. 2135-16 indique l'utilisation des crédits par chacune des organisations bénéficiaires mentionnées à l'article L. 2135-12, pour chaque mission mentionnée à l'article L. 2135-11 et pour chacune des ressources définies à l'article L. 2135-10.

§ 6. Droit de sanction du conseil d'administration - Suspension ou réduction du financement

Art. R. 2135-23. Dans les cas prévus au troisième alinéa de l'article L. 2135-16, le conseil d'administration peut, par une délibération adoptée selon les modalités définies au troisième alinéa de l'article R. 2135-15, mettre en demeure, par tout moyen propre à donner date certaine à la réception de cet acte, l'organisation visée de présenter ses observations sur les manquements constatés et de se conformer à ses obligations dans un délai qu'il fixe et qui ne peut être inférieur à quinze jours. Cette délibération est adoptée au regard de la liste des documents établie en application des dispositions du 6° de l'article R. 2135-14.

Lorsque l'organisation intéressée ne s'est pas conformée à ses obligations à l'issue de ce délai, le conseil d'administration peut, par une délibération prise selon les mêmes modalités et notifiée à l'organisation en cause, suspendre l'attribution du financement ou en réduire le montant.

Art. R. 2135-24. La suspension totale ou partielle de l'attribution du financement d'une organisation ou la réduction de son montant prend fin sans délai lorsque le conseil d'administration constate que l'organisation s'est conformée à ses obligations, et le montant total des sommes qui lui sont dues lui est alors versé.

Art. R. 2135-25. Dans le cas contraire, le montant de la réduction du financement, qui prend en compte la portée des manquements et, le cas échéant, l'existence de justifications pour certaines des dépenses engagées ne peut excéder le montant des sommes en cause au titre de l'année pour laquelle le rapport d'utilisation des crédits ou la justification des dépenses engagées faisait défaut.

§ 7. Utilisation des crédits par les organisations

Art. R. 2135-26. Les crédits qui n'ont pas été engagés par une organisation bénéficiaire au cours de l'exercice sont restitués au fonds et viennent en abondement du montant global des crédits de même nature susceptibles d'être attribués au titre de l'année suivante.

Par dérogation à l'alinéa précédent, les crédits versés à une organisation bénéficiaire qui n'ont pas été engagés au cours d'un exercice peuvent être reportés à son bénéfice sur l'exercice suivant, dans la limite de 20 % du montant de ces crédits, dans des conditions fixées par délibération du conseil d'administration, prévue au 9° de l'article R. 2135-14.

Sous-section 2 (réglementaire). **Répartition des crédits du fonds paritaire**

Art. R. 2135-27. Le conseil d'administration de l'association gestionnaire du fonds détermine le montant destiné au financement des activités mentionnées au 1° de l'article L. 2135-11, qui ne peut être inférieur à 73 millions d'euros.

En l'absence de délibération du conseil d'administration, le montant destiné aux dotations prévues aux 1° et 2° du I de l'article R. 2135-28 est fixé à 73 millions d'euros.

Art. R. 2135-28. I. – Pour l'application du 1° ***(D. 2018-920 du 26 oct. 2018, art. 1er, JO 28)*** «du I» de l'article L. 2135-13, le fonds répartit ses crédits à parité entre les organisations syndicales de salariés et les organisations professionnelles d'employeurs selon les modalités qui suivent:

1° Une dotation est répartie entre les organisations syndicales de salariés, d'une part, et les organisations professionnelles d'employeurs, d'autre part, représentatives au niveau national et interprofessionnel.

Les crédits attribués aux organisations syndicales de salariés sont répartis de manière uniforme entre chacune d'entre elles.

Les crédits attribués aux organisations professionnelles d'employeurs sont répartis proportionnellement à leur audience au niveau national et interprofessionnel déterminée ***(D. 2018-920 du 26 oct. 2018, art. 1er, JO 28)*** «dans les conditions prévues au 1° du I de l'article L. 2135-13».

Les organisations professionnelles d'employeurs et les organisations syndicales de salariés représentatives au niveau national et interprofessionnel perçoivent les sommes dues à leurs organisations territoriales. Elles contribuent au financement de ces dernières au titre de la mission mentionnée au 1° de l'article L. 2135-11;

2° Une dotation est répartie entre les organisations professionnelles d'employeurs et les organisations syndicales de salariés, représentatives dans les branches, au niveau national et multiprofessionnel ainsi qu'au niveau national et interprofessionnel.

Les crédits attribués aux organisations syndicales de salariés sont répartis de manière uniforme entre chacune d'entre elles, en tenant compte du rapport entre le montant de la contribution mentionnée au 1° du I de l'article L. 2135-10 acquittée par les entreprises relevant de la ou des branches dans lesquelles elles sont représentatives et le montant total de cette contribution, dans les conditions prévues à l'article L. 2135-14.

Les crédits attribués aux organisations professionnelles d'employeurs sont répartis en fonction de leur audience déterminée ***(D. 2018-920 du 26 oct. 2018, art. 1er, JO 28)*** «dans les conditions prévues au 1° du I de l'article L. 2135-13» dans la ou les branches dans lesquelles elles sont représentatives, en tenant compte du rapport entre le montant de la contribution mentionnée au 1° du I de l'article L. 2135-10 acquittée par les entreprises de cette ou ces branches et le montant total de cette contribution.

La part de la contribution mentionnée au 1° du I de l'article L. 2135-10, acquittée par les entreprises n'appartenant pas à une branche ***(D. 2018-920 du 26 oct. 2018, art. 1er, JO 28)*** «est attribuée aux organisations syndicales de salariés et aux organisations professionnelles d'employeurs représentatives au niveau national et interprofessionnel et la part de la contribution mentionnée au 1° du I de l'article L. 2135-10 acquittée par les entreprises relevant d'une convention collective catégorielle ou territoriale dans laquelle aucune organisation n'est reconnue représentative, est attribuée aux organisations représentatives du secteur d'activité dont ladite convention relève».

Les crédits attribués aux organisations professionnelles d'employeurs en application de l'alinéa précédent sont répartis entre les organisations ***(D. 2018-920 du 26 oct. 2018, art. 1er, JO 28)*** «représentatives au niveau national et interprofessionnel ou au niveau de la branche à proportion des sommes concernées en fonction de leur audience déterminée dans les conditions prévues au 1° du I de l'article L. 2135-13». Les crédits attribués aux organisations syndicales de salariés sont répartis de manière uniforme entre chacune d'entre elles;

(D. 2016-305 du 16 mars 2016, JO 17) «Dans le secteur de la production cinématographique, de l'audiovisuel et du spectacle:

a) Par dérogation aux premier et troisième alinéas du 2°, la dotation due aux organisations professionnelles d'employeurs est attribuée aux organisations professionnelles d'employeurs représentatives de l'ensemble des professions de ce secteur. Ces crédits sont répartis en fonction de leur audience déterminée dans ce secteur, en tenant compte du rapport entre le montant de la contribution mentionnée au 1° de l'article L. 2135-10 versé par l'ensemble des entreprises et des établissements relevant de ce secteur, y compris ceux qui ne relèvent pas du champ d'une convention collective, et le montant total de cette contribution;

b) Par dérogation au deuxième alinéa du 2°, les crédits attribués aux organisations syndicales de salariés sont répartis de manière uniforme entre chacune d'entre elles, en tenant compte du rapport entre le montant de la contribution mentionnée au 1° de l'article L. 2135-10 versé par l'ensemble des entreprises et des établissements relevant de ce secteur, y compris ceux qui ne relèvent pas du champ d'une convention collective, et le montant total de cette contribution.»

3° Le cas échéant, les autres dotations provenant de la participation volontaire d'organismes à vocation nationale définie au 2° du I de l'article L. 2135-10 sont réparties à parité entre les organisations syndicales de salariés et les organisations professionnelles d'employeurs participant à leur gestion.

Les crédits attribués aux organisations syndicales de salariés sont répartis de manière uniforme entre chacune d'entre elles et, sauf stipulation contraire de la convention conclue par l'organisme à vocation nationale avec le fonds, les crédits attribués aux organisations professionnelles d'employeurs sont répartis proportionnellement à leur audience au niveau national et interprofessionnel déterminée ***(D. 2018-920 du 26 oct. 2018, art. 1er, JO 28)*** «dans les conditions prévues au 1° de l'article L. 2135-13».

II. – Le conseil d'administration de l'association gestionnaire du fonds détermine la répartition des crédits entre les dotations prévues au 1° et au 2° du I, sans que la dotation prévue au 2° puisse être inférieure à 36 millions d'euros.

Art. L. 2135-18

En l'absence de délibération du conseil d'administration sur la répartition des crédits entre les dotations prévues au 1° et au 2° du I, la dotation prévue au 2° est fixée à un montant de 36 millions d'euros.

Note • Conformément à l'article 5 du décret 2015-87 du 28 janvier 2015, art. 5, JO 31, modifié par le décret 2016-1306 du 3 octobre 2016, JO 5 :

I. – Par dérogation aux dispositions du 1° du I de l'article R. 2135-28, jusqu'au 31 décembre 2017, les crédits attribués aux organisations professionnelles d'employeurs au sein de la dotation définie au même 1° sont répartis entre elles proportionnellement au nombre de sièges dont elles disposent au comité paritaire interprofessionnel national pour l'emploi et la formation en application de l'article 2 du décret [2014-966] du 22 août 2014 (…).

II. – Par dérogation aux dispositions du 2° du I de l'article R. 2135-28, jusqu'au 31 décembre 2017, les crédits attribués aux organisations professionnelles d'employeurs au sein de la dotation mentionnée à ce même 2° sont répartis entre elles proportionnellement au nombre de sièges dont elles disposent au sein des instances paritaires des organismes paritaires collecteurs agréés prévues au 1° ou au 3° de l'article R. 6332-16 du même code, en tenant compte, d'une part, du rapport entre le montant de la contribution mentionnée à l'article L. 2135-10 acquittée par les entreprises de la ou des branches dans lesquelles elles sont représentatives et le montant total de cette contribution et, d'autre part, des crédits attribués à ces organisations en application des dispositions de l'article R. 6332-43, dans sa version en vigueur au 14 mars 2014.

Pour l'application des dispositions du présent II relatif à l'attribution des crédits au titre d'une année, sont pris en compte le montant de la contribution dans la branche considérée et le montant total de la contribution acquittée par les entreprises au cours de l'avant-dernière année civile.

III. – Par dérogation aux dispositions du 3° du I de l'article R. 2135-28, jusqu'au 31 décembre 2017, les crédits attribués aux organisations professionnelles d'employeurs au sein de la dotation mentionnée à ce même 3° sont répartis en fonction du nombre de mandats exercés par chacune d'entre elles dans le ou les organes de direction du ou des organismes concernés.

IV. – Par dérogation à l'article R. 2135-26, la totalité des crédits versés par le fonds en 2015 à une organisation bénéficiaire qui n'ont pas été engagés avant la fin de l'année 2015 peut l'être par leur bénéficiaire jusqu'au 31 décembre 2016.

V. – Le conseil d'administration du fonds établit à la fin du premier semestre 2015 puis à la fin de l'année 2015 un bilan d'étape de la mise en œuvre des dispositions du présent décret, qui est transmis au ministre chargé du travail. Il peut à tout moment adopter une délibération sollicitant du Gouvernement l'évolution du taux de la contribution mentionnée au 1° de l'article L. 2135-10.

• *Secteur de la production cinématographique, de l'audiovisuel et du spectacle [I, 2°, a) et b)].* Par dérogation aux dispositions de l'article 1er du décret 2016-305 du 16 mars 2016 et du II de l'article 5 du décret 2015-87 du 28 janvier 2015 (rapporté ci-dessus), jusqu'au 31 décembre 2017, les crédits attribués aux organisations professionnelles d'employeurs représentatives de l'ensemble des professions du secteur de la production cinématographique, de l'audiovisuel et du spectacle sont répartis entre elles proportionnellement au nombre de sièges dont elles disposent au sein des instances paritaires des organismes paritaires collecteurs agréés prévues au 1° ou au 3° de l'article R. 6332-16, en tenant compte du rapport entre le montant de la contribution mentionnée à l'article L. 2135-10 acquittée par les entreprises de ce secteur et le montant total de cette contribution (décret 2016-305, art. 2).

Les dispositions du décret 2016-305 sont applicables aux crédits attribués et aux contributions acquittées à compter de l'année 2015 (décret précité, art. 3).

Art. R. 2135-29. Les organismes mentionnés au II de l'article L. 2135-10 communiquent chaque année au fonds paritaire le montant des rémunérations versées aux salariés mentionnés au même article et comprises dans l'assiette des cotisations de sécurité sociale définie à l'article L. 242-1 du code de la sécurité sociale et à l'article L. 741-10 du code rural et de la pêche maritime de chaque branche professionnelle au titre de l'année considérée.

Art. D. 2135-30. En application du 2° de l'article L. 2135-13, le fonds attribue les crédits versés par l'État selon les modalités suivantes :

1° 80 % de ses crédits, à parts égales, entre chacune des organisations syndicales de salariés représentatives au niveau national et interprofessionnel et des organisations professionnelles d'employeurs représentatives au niveau national et interprofessionnel ;

2° 20 % de ses crédits, à parts égales, entre chacune des organisations syndicales de salariés dont la vocation statutaire revêt un caractère national et interprofessionnel et qui ont recueilli entre 3 % et 8 % des suffrages exprimés lors des élections prévues au 3° de l'article L. 2122-9 et aux organisations professionnelles d'employeurs représentatives au niveau national et multiprofessionnel mentionnées à l'article L. 2152-2.

Art. D. 2135-31. En application des dispositions du 3° de l'article L. 2135-13, le fonds attribue les crédits entre chacune des organisations mentionnées au 3° de l'article L. 2135-12 en fonction de leur audience selon les modalités suivantes :

1° Une part est attribuée proportionnellement à l'audience obtenue par chacune d'entre elles lors des élections prévues au 3° de l'article L. 2122-9;

2° Une part des crédits, qui ne peut être inférieure à 7,9 millions d'euros ni supérieure au quart de la part prévue au 1°, est répartie à parts égales entre chacune des organisations.

CHAPITRE VI Dispositions pénales

Art. L. 2136-1. Le fait pour un directeur ou un administrateur d'un syndicat professionnel ou d'une union de syndicats de méconnaître les dispositions de l'article L. 2131-1, relatives à l'objet des syndicats, est puni d'une amende de 3 750 €.

La dissolution du syndicat ou de l'union de syndicats peut en outre être prononcée à la diligence du procureur de la République.

Toute fausse déclaration relative aux statuts et aux noms et qualités des directeurs ou administrateurs est punie d'une amende de 3 750 €.

Note • La violation des règles de constitution d'un syndicat professionnel peut être sanctionnée par la dissolution. La dissolution judiciaire ne peut être prononcée que pour infraction aux dispositions de l'article L. 411-1 [L. 2131-1] et sur requête du procureur de la République (cass. soc. 6 avril 1994, n° 91-20.764, BC V n° 137; Dr. Soc. 1994, p. 567).

• Indépendamment du droit pour le procureur de la République de requérir la dissolution d'un syndicat, toute personne justifiant d'un intérêt à agir est recevable à contester la qualité de syndicat professionnel à un groupement qui ne satisfait pas aux exigences posées par les articles L. 411-1 et L. 411-2 [L. 2131-1 et L. 2132-2] CT (cass. ch. mixte 10 avril 1998, 3 arrêts, n°s 97-13.137 et 97-16.970, BC n° 1, n° 97-17.870, BC n° 2).

Art. L. 2136-2. Le fait pour un employeur d'enfreindre les dispositions de l'article L. 2134-2, relatives à l'utilisation des marques syndicales ou des labels, est puni d'une amende de 3750 €.

La récidive est punie d'un emprisonnement d'un an et d'une amende de 7500 €.

TITRE IV EXERCICE DU DROIT SYNDICAL

CHAPITRE Ier Principes

Art. L. 2141-1. ***(L. 2008-496 du 27 mai 2008, art. 6, JO 28)*** Tout salarié peut librement adhérer au syndicat professionnel de son choix et ne peut être écarté pour l'un des motifs visés à l'article L. 1132-1.

Art. L. 2141-2. Les personnes qui ont cessé d'exercer leur activité professionnelle peuvent adhérer ou continuer à adhérer à un syndicat professionnel de leur choix.

Note • La loi d'orientation 98-657 du 29 juillet 1998, art. 78 (JO 31), relative à la lutte contre les exclusions, a supprimé toute condition relative à une durée minimale d'exercice professionnel pour pouvoir faire partie d'un syndicat et a ainsi ouvert le droit aux personnes privées d'emploi de pouvoir bénéficier d'une représentation et d'une participation au sein de syndicats professionnels.

• Doit être rejeté le pourvoi formé par une association de cadres retraités qui, pour reprocher à une cour d'appel d'avoir jugé que les syndicats de salariés ont qualité pour représenter les retraités, soutenait notamment que les syndicats professionnels de salariés n'ont pas qualité pour souscrire, au nom d'anciens salariés retraités, des conventions ou accords collectifs ayant pour effet soit de mettre à leur charge des obligations, soit de revenir rétroactivement sur les droits qu'ils avaient acquis, fût-ce en leur qualité antérieure de salariés. En effet, ayant exactement rappelé que, selon l'article L. 411-7 [L. 2141-2] CT, les personnes qui ont cessé l'exercice de leurs fonctions peuvent adhérer à un syndicat professionnel, et retenu à bon droit, d'une part, qu'en vertu des dispositions combinées des articles L. 131-1 et L. 132-1 [L. 2221-1 et 2] du même code, la convention collective a vocation à traiter de l'ensemble des conditions d'emploi et de travail des salariés et de leurs garanties sociales, ce qui inclut leurs retraites, d'autre part, qu'en application de l'article L. 731-1 c. séc. soc. alors applicable, les régimes complémentaires de retraite ou de prévoyance sont créés et modifiés par voie d'accord collectif interprofessionnel, professionnel ou d'entreprise, la cour d'appel en a justement déduit que les syndicats professionnels, qui ont qualité pour représenter les retraités, ont, dans la limite des pouvoirs qu'ils tiennent des textes précités, valablement conclu les accords litigieux (cass. soc. 23 novembre 1999, n° 97-18.980, BC V n° 453; Dr. Soc. 2000, p. 333; voir aussi cass. soc. 31 mai 2001, n° 98-22.510, BC V n° 200; RJS 11/01, n° 1348).

Art. L. 2141-3. Tout membre d'un syndicat professionnel peut s'en retirer à tout instant, même en présence d'une clause contraire.

Le syndicat peut réclamer la cotisation correspondant aux six mois qui suivent le retrait d'adhésion.

Note La liberté de retrait d'un adhérent d'un syndicat ne peut être limitée par une clause conventionnelle (en l'espèce, clause de non-concurrence insérée dans les statuts d'un syndicat) (cass. soc. 23 juin 1988, n° 87-11.695, BC V n° 394).

Art. L. 2141-4. L'exercice du droit syndical est reconnu dans toutes les entreprises dans le respect des droits et libertés garantis par la Constitution de la République, en particulier de la liberté individuelle du travail.

Les syndicats professionnels peuvent s'organiser librement dans toutes les entreprises conformément aux dispositions du présent titre.

Note Le droit syndical doit s'exercer dans le respect de la liberté individuelle du travail; des revendications professionnelles de salariés métropolitains (appuyées par des arrêts de travail) tendant à obtenir une discrimination au préjudice des travailleurs français d'outre-mer sont susceptibles d'être illicites comme portant atteinte à la liberté du travail (cass. soc. 25 octobre 1979, n° 78-13.528, BC V n° 786).

Art. L. 2141-5. Il est interdit à l'employeur de prendre en considération l'appartenance à un syndicat ou l'exercice d'une activité syndicale pour arrêter ses décisions en matière notamment de recrutement, de conduite et de répartition du travail, de formation professionnelle, d'avancement, de rémunération et d'octroi d'avantages sociaux, de mesures de discipline et de rupture du contrat de travail.

(L. 2015-994 du 17 août 2015, art. 4, JO 18) «Un accord détermine les mesures à mettre en œuvre pour concilier la vie personnelle, la vie professionnelle et les fonctions syndicales et électives, en veillant à favoriser l'égal accès des femmes et des hommes. Cet accord prend en compte l'expérience acquise, dans le cadre de l'exercice de mandats, par les représentants du personnel désignés ou élus dans leur évolution professionnelle.»

(L. 2015-994 du 17 août 2015, art. 4, JO 18) «Au début de son mandat, le représentant du personnel titulaire, le délégué syndical ou le titulaire d'un mandat syndical bénéficie, à sa demande, d'un entretien individuel avec son employeur portant sur les modalités pratiques d'exercice de son mandat au sein de l'entreprise au regard de son emploi. Il peut se faire accompagner par une personne de son choix appartenant au personnel de l'entreprise. Cet entretien ne se substitue pas à l'entretien professionnel mentionné à l'article L. 6315-1.

Lorsque l'entretien professionnel est réalisé au terme d'un mandat de représentant du personnel titulaire ou d'un mandat syndical ***(Ord. 2017-1386 du 22 sept. 2017, art. 5, I, 1°, JO 23, entrée en vigueur le 01.01.2020)*** «, celui-ci» permet de procéder au recensement des compétences acquises au cours du mandat et de préciser les modalités de valorisation de l'expérience acquise.» ***(Ord. 2017-1386 du 22 sept. 2017, art. 5, I, 2°, JO 23, entrée en vigueur le 01.01.2020)*** «Pour les entreprises dont l'effectif est inférieur à deux mille salariés, ce recensement est réservé au titulaire de mandat disposant d'heures de délégation sur l'année représentant au moins 30 % de la durée de travail fixée dans son contrat de travail ou, à défaut, de la durée applicable dans l'établissement.»

Note • Les dispositions de cet article, dans sa rédaction issue de l'ordonnance 2017-1386 précitée, sont applicables aux mandats prenant effet après le 31 décembre 2019 (ordonnance précitée, art. 12, I).

• En ce qui concerne l'embauchage, voir note sous art. L. 5321-2. Les questionnaires d'embauchage ne peuvent notamment pas comporter de questions concernant l'affiliation syndicale (cass. soc. 13 mai 1969, n° 68-12.206, BC V n° 314).

Le refus par une société recourant aux services d'une entreprise de travail temporaire de conclure le contrat de mise à disposition en raison des absences répétées du salarié intérimaire liées à ses activités syndicales et de la désorganisation du service qui en résultait constitue un refus d'embauche au sens de l'article 225-2, 3° c. pén., dès lors qu'il fait obstacle à l'embauche du salarié par l'entreprise de travail temporaire (cass. crim. 2 septembre 2003, n° 02-86.048, B. crim. n° 148; RJS 1/04 n° 132).

• Sauf application d'un accord collectif visant à en assurer la neutralité ou à le valoriser, l'exercice d'activités syndicales ne peut être pris en considération dans l'évaluation professionnelle d'un salarié (cass. soc. 23 mars 2011, n° 09-72.733, RJS 6/11 n° 536). La mention dans ses fiches d'évaluation d'une disponibilité réduite du fait des fonctions syndicales laisse présumer l'existence d'une discrimination (cass. soc. 11 janvier 2012, n° 10-16.655, BC V n° 8; RJS 3/12 n° 266; JCP éd. S 2012, 1163, note A. Barège).

• Au sujet de refus d'avantages salariaux, de mesures disciplinaires, mutations, licenciements motivés par des activités syndicales, voir notamment cass. soc. 17 octobre 2006, n° 05-40.393, BC V n° 306; Dr. Soc. 2006, p. 1186, obs. Ch. Radé; RJS 1/07 n° 56; cass. crim. 27 mars 1990, n° 88-85.155, RJS 7/90 n° 594 (concomitance entre la chute des coefficients de prime et les engagements syndicaux); cass. crim. 4 janvier 1991, n° 88-83.766, B. crim. n° 10; RJS 3/91 n° 346 (sujétions ayant eu pour finalité de modifier l'exercice des fonctions syndicales et d'isoler le salarié de ses collègues); cass. soc. 28 juin 1994, n° 91-42.290, RJS 11/94 n° 1283 (salarié privé d'une augmentation salariale au mérite en raison de son activité syndicale); 8 avril 1992, n° 89-41.642, BC V n° 269; RJS 5/92 n° 635 (refus d'une majoration de salaire conventionnelle); 11 octobre 2000, n° 98-43.472, RJS 12/00 n° 1263 (salariée syndiquée étant la seule de sa qualification à ne pas avoir progressé dans les échelons); 4 juillet 2000, n° 97-44.846, BC V n° 263 (disparité de rémunération et non-application de l'accord d'entreprise prévoyant notamment un bilan professionnel périodique). Le refus d'attribution d'une prime à un délégué syndical, devenu permanent syndical, en raison du non-exercice de ses fonctions et de l'exercice d'une activité syndicale est constitutif d'une discrimination (cass. soc. 24 février 1993, n° 89-44.826, RJS 4/93 n° 418); commet le délit d'entrave à l'exercice du droit syndical l'employeur qui refuse de payer leurs chèques-déjeuner au délégué syndical et au trésorier d'une section syndicale (cass. crim. 30 avril 1996, n° 95-82.687, B. crim. n° 184; RJS 10/96 n° 1059). Se rend coupable de discrimination syndicale l'employeur qui prend en considération l'activité syndicale d'un salarié pour arrêter sa décision de le licencier (cass. crim. 29 octobre 1996, n° 94-85.028, B. crim. n° 379). Dès lors que l'inspecteur du travail a rejeté la demande d'autorisation de licenciement pour faute grave présentée par l'employeur en raison du lien avec les mandats du salarié protégé, ce motif, soutien nécessaire de la décision administrative, s'impose au juge judiciaire qui doit alors retenir l'existence d'éléments laissant supposer une discrimination en raison des activités syndicales du salarié (cass. soc. 13 décembre 2017, n° 16-10.373, RJS 2/18 n° 125).

À noter que si l'absence d'évolution du coefficient de carrière d'un salarié depuis sa désignation comme délégué syndical constitue un élément laissant supposer une discrimination à son encontre (cass. soc. 30 avril 2009, n° 06-45.939, BC V n° 119), la Cour de cassation a précisé que, sauf accord collectif ou stipulation particulière du contrat de travail prévoyant une progression de carrière, l'employeur n'est pas tenu d'assurer cette progression par des changements d'emploi ou de qualification. En effet, le salarié pouvant s'opposer à la modification de son contrat de travail, l'absence d'évolution de son emploi ou de sa qualification ne peut être imputée à l'employeur lorsque le salarié a bénéficié des mêmes possibilités de formation que ses collègues et que, face aux opportunités de carrière dont il a été informé dans les mêmes conditions que les autres, il a manifesté sa volonté de demeurer dans son emploi (cass. soc. 6 juillet 2010, n° 09-41.354, BC V n° 157; JSL n° 285, 13.10.2010, p. 19, D. Julien-Paturle).

À noter également que si la discrimination syndicale se manifeste le plus souvent par une différence de traitement entre les salariés exerçant des fonctions syndicales et ceux n'en exerçant pas, elle peut également résulter d'une disparité de situation entre les délégués permanents d'un syndicat et les autres délégués de ce syndicat (cass. soc. 25 juin 2002, n° 99-42.909, BC V n° 218; RJS 1/03 n° 54).

• S'agissant de savoir si la participation à une grève constitue une activité syndicale dont la prise en considération par l'employeur peut être sanctionnée civilement et pénalement sur la base de cet article, voir arrêts cités sous l'article L. 2511-1 CT.

• Sur le calcul d'une prime variable subordonnée à la réalisation d'objectifs quantitatifs, voir cass. soc. 6 juillet 2010, n° 09-41.354, précité, LS Bref n° 15652 du 15.07.2010, précisant que, pour la partie de cette prime correspondant au temps consacré par un représentant du personnel à son activité professionnelle, l'employeur doit, pour tenir compte de la réduction de ce temps du fait de l'exercice des mandats, réduire les objectifs en proportion du seul temps de production.

• Voir aussi notamment Ch. Radé, «Rémunération et discrimination syndicale», Dr. Soc. 1999, p. 773.

• ***Prise en compte de l'expérience liée à l'exercice de responsabilités syndicales.*** Un accord collectif peut prévoir un dispositif, facultatif pour l'intéressé, permettant une appréciation par l'employeur, en association avec l'organisation syndicale, des compétences mises en œuvre dans l'exercice du mandat, susceptible de donner lieu à une offre de formation et dont l'analyse est destinée à être intégrée dans l'évolution de carrière du salarié. L'accord qui prévoit l'élaboration par l'employeur, après négociation avec les organisations syndicales représentatives dans l'entreprise, d'un référentiel dont l'objet est d'identifier ces compétences ainsi que leur degré d'acquisition dans le but de les intégrer au parcours professionnel du salarié et dont le juge a vérifié le caractère objectif et pertinent, ne porte pas atteinte au principe de la liberté syndicale, l'employeur étant tenu en tout état de cause dans la mise en œuvre de l'accord au respect des prescriptions des articles L. 1132-1 et L. 2141-5, al. 1er CT. Une cour d'appel qui, constatant qu'après constitution d'un groupe de travail, la négociation, qui comprenait une phase d'expérimentation, sur la mise en place pour les représentants du personnel d'un entretien d'appréciation des compétences et d'évaluation professionnelle avait permis la prise en compte de plusieurs suggestions des organisations syndicales, que l'appréciation des compétences était menée selon un processus en plusieurs étapes sous le regard croisé de l'organisation syndicale du salarié et d'un représentant de l'employeur devant avoir participé aux instances dans lesquelles le salarié exerce son mandat, que les critères d'appréciation étaient objectifs et vérifiables et constatant le caractère transversal entre les métiers et le mandat des compétences contenues dans le référentiel, a retenu que l'appréciation des compétences mises en œuvre dans le cadre du mandat du représentant du personnel reposait sur des éléments précis et objectifs qui font l'objet d'une méthodologie excluant toute discrimination ou atteinte à la liberté syndicale, a fait une exacte application des textes et principe précités (cass. soc. 10 octobre 2019, n° 18-13.529, à paraître, LS n° 17918 du 15.10.2019; JCP éd. S 2019, 1321, note J-Y Kerbourc'h; RJS 12/19 n° 708; JSL n° 487-488, 17.12.2019, pp. 29 et s., D. Julien-Paturle et n° 489, 09.01.2020, pp. 18 et s., M. Hautefort; RDT, décembre 2019, CH, 797, L. Jubert).

Voir également article L. 2242-20 prévoyant que la négociation triennale sur la gestion des emplois et des parcours professionnels, obligatoire dans les entreprises de 300 salariés et plus, doit aussi porter sur le déroulement de carrière des salariés dotés de responsabilités syndicales et sur l'exercice de leurs fonctions et article L. 6111-1 permettant la validation des acquis de l'expérience liée à l'exercice de responsabilités syndicales.

• Ne tire pas les conséquences légales de ses constatations et viole les articles L. 1132-1, L. 2141-5 et L. 1134-1 CT la cour d'appel qui décide que le licenciement est fondé par une cause réelle et sérieuse, alors qu'elle avait constaté que la lettre de licenciement reprochait au salarié la création d'un syndicat à laquelle il avait participé ainsi qu'un défaut de loyauté pour avoir tardé à informer la direction de la création de ce syndicat et de sa participation à son bureau exécutif, ce dont il résultait que le salarié apportait des éléments de fait laissant supposer l'existence d'une discrimination syndicale (cass. soc. 3 juillet 2012, n° 11-10.793, BC V n° 202; JCP éd. S 2012, 1435, note J. Mouly; RJS 10/12 n° 819).

• Le juge du fond peut décider que le salarié n'a pas été victime d'une discrimination dans l'évolution de sa carrière en raison de ses activités syndicales dès lors qu'il a constaté qu'ayant été informé, comme l'ensemble de ses collègues, des opportunités d'emploi qui auraient pu permettre une évolution de sa carrière, l'intéressé avait refusé plusieurs changements de postes, manifestant ainsi sa volonté de rester dans son emploi, tandis qu'il n'établissait aucune différence de traitement en matière de formation professionnelle ni un refus de formation, en sorte que, dans ce cadre, l'employeur avait assuré au salarié une progression conforme à ses obligations conventionnelles et analogue à celle des autres salariés (cass. soc. 25 septembre 2013, n° 12-22.707, RJS 12/13 n° 833).

• Sur la tendance de certaines juridictions du fond à ne pas reconnaître l'existence d'une discrimination syndicale en s'en tenant, à tort, aux répercussions objectives que peut avoir l'exercice de fonctions syndicales sur le travail du salarié ou sur l'organisation du service, voir cass. soc. 25 novembre 2015, n° 14-14.422.

• ***Rôle du juge des référés.*** Il lui appartient, même en présence d'une contestation sérieuse, de mettre fin au trouble manifestement illicite que constitue le licenciement d'un salarié en raison de ses activités syndicales; à ce titre, il doit apprécier si les éléments qui lui sont soumis, laissent supposer l'existence d'une discrimination et notamment le prononcé d'un licenciement pour des motifs qui ne sont pas sérieux et dans l'affirmative, rechercher si l'employeur apporte des éléments objectifs de nature à justifier que ses décisions sont étrangères à toute discrimination (cass. soc. 19 décembre 2012, n° 11-25.830).

• Sur la charge de la preuve de la discrimination syndicale, voir note sous article L. 2141-8.

• Voir aussi L. Dauxerre, «La carrière des représentants du personnel», JCP éd. S 2020, 3035; S. Rioche, «La carrière des représentants du personnel - Modèle de clause conventionnelle», JCP éd. S 2020, 3036.

Art. L. 2141-5-1. ***(L. 2015-994 du 17 août 2015, art. 6, JO 18)*** En l'absence d'accord collectif de branche ou d'entreprise déterminant des garanties d'évolution de la rémunération des salariés mentionnés aux 1° à 7° de l'article L. 2411-1 et aux articles L. 2142-1-1 et L. 2411-2 au moins aussi favorables que celles mentionnées au présent article, ces salariés, lorsque le nombre d'heures de délégation dont ils disposent sur l'année dépasse 30 % de la durée de travail fixée dans leur contrat de travail ou, à défaut, de la durée applicable dans l'établissement, bénéficient d'une évolution de rémunération, au sens de l'article L. 3221-3, au moins égale, sur l'ensemble de la durée de leur mandat, aux augmentations générales et à la moyenne des augmentations individuelles perçues pendant cette période par les salariés relevant de la même catégorie professionnelle et dont l'ancienneté est comparable ou, à défaut de tels salariés, aux augmentations générales et à la moyenne des augmentations individuelles perçues dans l'entreprise.

Art. L. 2141-6. Il est interdit à l'employeur de prélever les cotisations syndicales sur les salaires de son personnel et de les payer au lieu et place de celui-ci.

Art. L. 2141-7. Il est interdit à l'employeur ou à ses représentants d'employer un moyen quelconque de pression en faveur ou à l'encontre d'une organisation syndicale.

Note ***Égalité entre les organisations syndicales.*** Le principe d'égalité, de valeur constitutionnelle, ne permet pas à un employeur de subventionner un syndicat représentatif et non un autre, selon qu'il a signé ou non une convention ou un accord collectif (cass. soc. 29 mai 2001, n° 98-23.078, BC V n° 185; RJS 8-9/01 n° 1042). En revanche, ne méconnaît pas le principe constitutionnel d'égalité la disposition d'un accord collectif, plus favorable que la loi, qui subordonne l'octroi d'avantages à des syndicats à une condition de représentativité (cass. soc. 22 septembre 2010, n° 09-60.410, BC V n° 194; RJS 11/10 n° 871).

Toutefois, il est important de distinguer entre les prérogatives conférées aux organisations syndicales en tant que telles et celles qui sont reconnues aux sections syndicales (ou plus exactement aux membres de ces sections). Dans la mesure où les syndicats non représentatifs peuvent désormais constituer des sections syndicales (art. L. 2142-1), le principe d'égalité joue également en leur faveur quand sont en cause des prérogatives de la section syndicale. De même, tous les syndicats pouvant désormais présenter des candidats au premier tour des élections professionnelles, ils doivent tous bénéficier des mêmes moyens de propagande électorale. Sur ces points, voir notes sous articles L. 2142-6 et L. 2314-28.

Au sujet de moyens de pression utilisés par l'employeur en faveur ou à l'encontre d'une organisation syndicale, voir notamment cass. soc. 16 mars 1977, n° 75-10.041, BC V n° 199; cass. crim. 8 mars 1994, n° 93-81.115, RJS 7/94 n° 877; 25 octobre 1994, n° 93-85.802, RJS 3/95 n° 250. Voir aussi cass. crim. 2 septembre 2008, n° 07-81.661, B. crim. n° 174; JCP éd. S 2009, 1019, note J-Fr. Cesaro: commet le délit de discrimination syndicale le directeur d'une société qui met en œuvre, par l'intermédiaire d'une société de prestation de services, des moyens de pression à l'encontre d'un syndicat afin de réduire son influence, peu important qu'il ne s'agisse pas du motif exclusif des mesures prises; le dirigeant de la société prestataire ayant fourni les moyens de mettre en œuvre ces mesures dont ils étaient préalablement convenus est complice du délit.

Ce principe d'égalité interdit également à l'employeur de refuser la désignation d'un délégué syndical par un syndicat représentatif au motif que les conditions légales de désignation ne sont pas réunies, dès lors qu'il a accepté la désignation dans les mêmes conditions d'un délégué syndical par un autre syndicat représentatif. A violé ce principe la cour d'appel qui a annulé la désignation d'un salarié en qualité de délégué syndical, après avoir notamment énoncé que le défaut de contestation d'une autre désignation ne suffisait pas à écarter la demande de l'employeur, alors qu'il n'était pas contesté que ce dernier venait d'accepter la désignation de deux délégués syndicaux qui n'étaient pas délégués du personnel, malgré un effectif inférieur à cinquante salariés (cass. soc. 5 mai 2004, n° 03-60.175, BC V n° 119; RJS 7/04 n° 829). Dans le même sens, s'agissant de la désignation d'un délégué syndical de région, voir cass. soc. 19 mai 2004, n° 03-60.348, RJS 7/04 n° 829, 2e espèce.

S'agissant de la contribution patronale au financement du dialogue social, la Cour de cassation a admis que ni l'article 6 de la Déclaration des droits de l'homme et du citoyen, ni l'article 6 du préambule de la Constitution, ni l'article L. 120-2 [L. 1121-1] CT ne font obstacle à ce qu'un accord collectif établisse des règles de répartition inégalitaire entre les organisations syndicales représentatives, dès lors que, d'une part, cette répartition n'a ni pour objet ni pour effet d'imposer à quiconque l'adhésion ou le maintien de l'adhésion à une organisation syndicale, aucune organisation syndicale représentative n'en étant exclue, et que, d'autre part, la différence de traitement est justifiée par des raisons objectives matériellement vérifiables liées à l'influence de chaque syndicat dans le champ de l'accord (cass. soc. 10 octobre 2007, n° 05-45.347, BC V n° 154; JSL n° 221, 13.11.2007, p. 27, N. Rérolle; RJS 12/07 n° 1305).

Art. L. 2141-7-1. ***(Ord. 2017-1385 du 22 sept. 2017, art. 13, JO 23, modifié par L. 2018-217 du 29 mars 2018, art. 2, II, 1°, JO 31)*** L'employeur informe chaque année les salariés, par tout moyen, de la disponibilité des adresses des organisations syndicales de salariés représentatives dans la branche dont relève l'entreprise sur le site du ministère du travail.

Art. L. 2141-8. Les dispositions des articles L. 2141-5 à L. 2141-7 sont d'ordre public.

Toute mesure prise par l'employeur contrairement à ces dispositions est considérée comme abusive et donne lieu à dommages et intérêts.

Note • Aux termes de l'article L. 1134-5 CT, dans sa rédaction issue de la loi 2008-561 du 17 juin 2008 (JO 18), l'action en réparation du préjudice résultant d'une discrimination se prescrit par cinq ans (au lieu de trente) à compter de la révélation de la discrimination. Ce délai n'est pas susceptible d'aménagement conventionnel. À noter toutefois que cette limite de cinq ans ne vaut pas pour l'évaluation des dommages et intérêts, ces derniers devant, selon ce même article, réparer l'entier préjudice résultant de la discrimination pendant toute sa durée.

• ***Annulation de la mesure discriminatoire.*** Tout syndicat victime d'une mesure prise contrairement aux dispositions des alinéas 1 à 3 de l'article L. 412-2 [L. 2141-5] CT peut en demander l'annulation (cass. soc. 10 juillet 2001, n° 99-21.884, BC V n° 261). De même, toute mesure, disciplinaire ou non, prise par l'employeur à l'encontre d'un salarié en considération de son appartenance ou de son activité syndicale est nulle (cass. soc. 4 décembre 2001, n° 99-43.231, RJS 2/02 n° 197). La condamnation de l'employeur au paiement de dommages-intérêts, expressément prévue par cet article, n'exclut pas une réparation en nature; ainsi, une cour d'appel qui a constaté qu'un salarié avait fait l'objet d'une discrimination dans l'organisation de ses conditions de travail (en l'espèce, privation d'un camion) en raison de ses activités syndicales a pu décider qu'il convenait de le rétablir dans ses conditions de travail antérieures en ordonnant à l'employeur de lui attribuer un véhicule de 15 tonnes sous astreinte (cass. soc. 23 juin 2004, n° 02-41.011, BC V n° 181; RJS 11/04 n° 1163). Dans le même sens, voir aussi cass. soc. 23 novembre 2005, n° 03-40.826, BC V n° 332 et 18 mars 2009, n° 07-45.201, RJS 6/09 n° 553, précisant que les dispositions de l'article L. 412-2 [L. 2141-8] CT ne font pas obstacle à ce que le juge ordonne le reclassement d'un salarié ayant subi un retard d'avancement lorsqu'il constate qu'il a été victime d'une discrimination prohibée.

• ***Charge de la preuve de la discrimination.*** Avant même l'intervention de la loi du 16 novembre 2001 relative à la lutte contre les discriminations, la chambre sociale de la Cour de cassation avait déjà décidé que, s'il appartient au salarié syndicaliste qui se prétend lésé par une mesure discriminatoire de soumettre au juge les éléments de fait susceptibles de caractériser une atteinte au principe d'égalité de traitement, il n'incombe pas à celui-ci de rapporter la preuve de la discrimination syndicale, mais à l'employeur d'établir que cette disparité est justifiée par des éléments objectifs étrangers à toute discrimination fondée sur l'appartenance syndicale. C'est donc à tort qu'un conseil de prud'hommes a débouté des salariés de leur demande de dommages-intérêts, après avoir constaté la disparité d'avancement dont ils étaient l'objet, laquelle résultait du refus par l'employeur de leur accorder la promotion obtenue par d'autres salariés placés dans la même situation (cass. soc. 26 avril 2000, n° 98-42.643, BC V n° 151; voir aussi cass. soc. 28 mars 2000, n° 97-45.258, BC V n° 126; 4 juillet 2000, n° 98-43.285, BC V n° 264; 31 janvier 2006, n° 04-42.525).

Parmi les éléments laissant supposer l'existence d'une discrimination syndicale, les juges ont notamment retenu l'absence de promotion individuelle depuis l'élection d'un salarié en tant que représentant du personnel et la mention répétée, sur ses fiches d'évaluation, au vu desquelles la direction arrêtait ses choix de promotions, des activités prud'homales et syndicales et des perturbations qu'elles engendraient dans la gestion de son emploi du temps (cass. soc. 1er juillet 2009, n° 08-40.988, BC V n° 166), l'absence d'évolution du coefficient de carrière d'un salarié depuis sa désignation comme délégué syndical ainsi que l'existence de mesures prises à son encontre par l'employeur en raison de son activité syndicale «considérée trop insistante et incisive» (cass. soc. 30 avril 2009, n° 06-45.939, BC V n° 119; JSL n° 257, 10.06.2009, p. 8, M. Hautefort; RJS 7/09 n° 640; JCP éd. S 2009, 1403, note D. Everaert-Dumont) ou encore l'absence de fourniture de travail à un salarié pendant de longues périodes (cass. soc. 29 juin 2011, n° 10-14.067, BC V n° 166, arrêt n° 1; RJS 10/11 n° 746). À noter que dans cette affaire, la Cour de cassation a précisé que l'existence d'une discrimination n'implique pas nécessairement une comparaison avec la situation d'autres salariés. Elle a donc cassé l'arrêt d'une cour d'appel qui, pour débouter un salarié s'estimant victime d'une discrimination syndicale de sa demande de dommages-intérêts, avait retenu que l'intéressé ne produisant aucun élément de comparaison avec la situation d'autres salariés s'agissant des périodes au cours desquelles il s'était trouvé sans travail comme de sa faible augmentation de rémunération, les éléments de fait qu'il présentait sur ces points ne caractérisaient aucune discrimination, alors que le fait pour l'employeur de ne pas avoir fourni de travail au salarié pendant de longues périodes était de nature à laisser supposer l'existence d'une discrimination.

La seule circonstance que des salariés exerçant des mandats syndicaux aient pu bénéficier de mesures favorables n'est pas de nature à exclure en soi l'existence de toute discrimination à l'égard d'autres salariés. Encourt par suite la cassation l'arrêt qui, pour rejeter la demande de dommages-intérêts pour discrimination syndicale présentée par un salarié, retient que si l'intéressé a bien fait l'objet d'un traitement désavantageux en matière de formation et de rémunération, aucune raison objective n'étant présentée par l'employeur pour justifier le rejet de ses demandes dans ces domaines, la disparité ainsi constatée n'est pas fondée sur son appartenance syndicale dès lors que des responsables syndicaux figurent parmi les salariés ayant bénéficié de formation et de promotion (cass. soc. 12 juin 2013, n° 12-14.153, BC V n° 152; RJS 8-9/13 n° 616).

Les éléments objectifs, étrangers à l'exercice d'un mandat syndical dont doit justifier l'employeur, ne sauraient résulter du seul exercice d'un pouvoir discrétionnaire; ainsi, un employeur ne peut se borner à invoquer le caractère discrétionnaire d'une augmentation au mérite pour justifier une disparité de traitement non contestée au détriment d'un salarié investi de mandats représentatifs et syndicaux (cass. soc. 28 septembre 2004, n° 03-42.624, BC V n° 227; RJS 1/05 n° 55). De même, le manque de disponibilité d'un salarié en raison de ses fonctions syndicales ne peut être admis, cette justification n'étant pas étrangère à la discrimination subie par l'intéressé (cass. soc. 26 janvier 2010, n° 08-44.397). Mais, dès lors qu'aucune différence de traitement n'est établie, un salarié ne peut prétendre avoir été victime d'une discrimination en raison de ses fonctions syndicales au seul motif que son salaire n'a pas été revalorisé depuis cinq ans (cass. soc. 23 octobre 2001, n° 99-43.153, BC V n° 330 ; Dr. Soc. 2002, p. 112, obs. Ch. Radé).

La chambre criminelle de la Cour de cassation, après avoir exigé dans un premier temps (cass. crim. 6 janvier 2004, n° 02-88.240, B. crim. n° 4) que l'employeur apporte la pleine justification des mesures contestées ainsi que de leur absence de tout lien avec la qualité de délégué syndical, considère désormais que les dispositions des articles 225-2 c. pén. et L. 412-2 [L. 2141-5 à 8] CT concernant les délits de discrimination et d'entrave à l'exercice du droit syndical n'instituent aucune dérogation à la charge de la preuve en matière pénale, qui incombe à l'accusation. Elle en déduit qu'il ne saurait être reproché aux juges du fond qui, pour statuer sur une poursuite exercée contre un employeur en application des textes précités, de pas s'être déterminés par référence à l'article L. 122-45 [L. 1134-1] CT, selon lequel lorsque le salarié présente des éléments de fait laissant supposer l'existence d'une discrimination directe ou indirecte, il incombe à la partie défenderesse de prouver que sa décision est justifiée par des éléments objectifs étrangers à toute discrimination (cass. crim. 3 avril 2007, n° 06-81.784, B. crim. n° 105 ; Dr. Soc. 2007, p. 902, obs. Fr. Duquesne ; RJS 7/07 n° 870 ; JCP éd. S 2007, 1493, note J-Fr. Cesaro ; 11 avril 2012, n° 11-83.816, B. crim. n° 95 ; RJS 10/12 n° 818).

Au nombre des éléments de fait que le salarié peut présenter peut figurer un rapport établi par un inspecteur ou un contrôleur du travail eu égard aux compétences reconnues aux corps de l'inspection du travail, notamment par les articles L. 8112-1 et 2 CT, aux prérogatives qui leur sont reconnues par l'article L. 8113-5 du même code et aux garanties d'indépendance dont bénéficient leurs membres dans l'exercice de leurs fonctions, peu important que l'agent de contrôle soit intervenu à la demande de l'une des parties et n'ait pas relevé par un procès-verbal les infractions éventuellement constatées. Justifie sa décision la cour d'appel, qui, après avoir examiné contradictoirement l'ensemble des éléments de fait relevés par l'inspecteur du travail dans son rapport produit à l'appui de leurs demandes par les salariés, constate que ces éléments, dont elle a vérifié la pertinence, laissaient présumer l'existence d'une discrimination puis relevé que l'employeur n'établissait pas que les différences de traitement dont les intéressés avaient fait l'objet étaient justifiées par des éléments objectifs étrangers à toute discrimination (cass. soc. 15 janvier 2014, n° 12-27.261, BC V n° 14 ; LS Jurispr. n° 19 du 28.01.2014 ; RDT, mars 2014, CH, 188, M. Miné ; RJS 4/14 n° 295).

• ***Rôle du juge.*** Il résulte de l'article L. 1134-1, al. 3 CT que le juge du fond apprécie souverainement l'opportunité de recourir à des mesures d'instruction portant aussi bien sur les éléments présentés par le salarié et laissant supposer l'existence d'une discrimination que sur ceux apportés par l'employeur pour prouver que sa décision est justifiée par des éléments objectifs étrangers à toute discrimination (cass. soc. 4 février 2009, n° 07-42.697, BC V n° 33 ; RJS 4/09 n° 314 ; JCP éd. S 2009, 1173, note A. Bugada ; Dr. Soc. 2009, p. 612, obs. Ch. Radé). Pour apprécier la réalité de la discrimination alléguée par le salarié (en l'espèce, brusque retrait de responsabilités et absence de toute évolution professionnelle durant 26 ans), les juges peuvent procéder à des comparaisons avec d'autres salariés engagés dans des conditions identiques de diplôme et de qualification et à une date voisine, peu important que certains d'entre eux aient bénéficié d'une promotion avant le début de la période de discrimination invoquée (cass. soc. 28 janvier 2010, n° 08-41.959, BC V n° 28 ; RJS 4/10 n° 309). S'agissant de salariés, représentants du personnel et syndicaux, dont l'inspecteur du travail avait constaté qu'ils subissaient une évolution de carrière défavorable par rapport à celle des autres salariés recrutés à la même période dans la même catégorie professionnelle, une cour d'appel ne pouvait, pour décider qu'ils n'avaient pas été victimes de discrimination, se borner à retenir qu'au cours d'une période de trois ans, ils avaient bénéficié d'une promotion se situant dans la moyenne du tableau de comparaison de l'inspecteur du travail (cass. crim. 9 novembre 2004, n° 04-81.397, B. crim. n° 279 ; RJS 4/05 n° 405).

À noter que l'existence d'une discrimination n'implique pas nécessairement une comparaison avec la situation d'autres salariés, voir cass. soc. 29 juin 2011, n° 10-14.067, cité dans le paragraphe ci-dessus ***Charge de la preuve de la discrimination***.

Art. L. 2141-9. Les syndicats représentatifs dans l'entreprise bénéficient des dispositions applicables à la section syndicale et au délégué syndical prévues par les chapitres III et IV.

Note • Il semble qu'il faille lire «… les chapitres II et III» plutôt que «… les chapitres III et IV».

• L'exercice du droit syndical a été ouvert, par la loi du 28 octobre 1982, aux syndicats représentatifs dans toutes les entreprises, et quels que soient leurs effectifs. Mais la désignation d'un ou de plusieurs délégués syndicaux par un syndicat représentatif qui constitue une section syndicale n'étant possible que dans les entreprises d'au moins 50 salariés, les syndicats représentatifs dans l'entreprise bénéficient de l'ensemble des dispositions du chapitre III relatif aux délégués syndicaux si l'entreprise occupe au moins 50 salariés. Si l'entreprise occupe moins de 50 salariés, sont applicables les dispositions de l'article L. 2143-6 permettant la désignation comme délégué syndical d'un élu au comité social et économique. S'agissant des entreprises où l'institution de délégués syndicaux n'est pas légalement obligatoire, voir article L. 2141-10.

• La loi du 20 août 2008 a reconnu aux syndicats non représentatifs, sous certaines conditions, de créer une section syndicale et de désigner un représentant de celle-ci (voir notes sous articles L. 2142-1 et L. 2142-1-1).

• Sur la notion d'entreprise et celle d'établissement distinct, voir note sous article L. 2143-3.

• Sur la représentativité des syndicats, voir *supra* «Chapitre II - Syndicats représentatifs» et ses notes.

Art. L. 2141-10. Les dispositions du présent titre ne font pas obstacle aux conventions ou accords collectifs de travail comportant des clauses plus favorables, notamment celles qui sont relatives à l'institution de délégués syndicaux ou de délégués syndicaux centraux dans tous les cas où les dispositions légales n'ont pas rendu obligatoire cette institution.

Aucune limitation ne peut être apportée aux dispositions relatives à l'exercice du droit syndical par note de service ou décision unilatérale de l'employeur.

Note • Si le nombre des délégués, tel qu'il est fixé par la loi, peut être augmenté à la suite d'une négociation avec les syndicats représentatifs par un accord collectif, ni un usage ni un engagement unilatéral de l'employeur ne peuvent modifier les dispositions légales sur les délégués syndicaux (cass. soc. 10 octobre 2000, n° 98-60.484, BC V n° 319; 10 juillet 2002, n° 01-60.641, RJS 11/02 n° 1254). Ainsi, notamment dans une entreprise de moins de 50 salariés, ni un usage de l'entreprise ni un engagement unilatéral de l'employeur ne permettent à un syndicat présent dans l'entreprise de désigner comme délégué syndical un salarié dépourvu de la qualité de délégué du personnel (cass. soc. 20 mars 2001, n° 99-60.496, BC V n° 101; RJS 6/01 n° 762).

Seul un accord collectif pouvant augmenter le nombre de délégués syndicaux, l'employeur qui décide unilatéralement d'une telle augmentation peut unilatéralement décider de revenir à l'application des textes légaux qui n'ont pas cessé d'être applicables, sous réserve de ne pas méconnaître le principe d'égalité entre tous les syndicats concernés et, pour répondre à l'exigence de loyauté qui s'impose en la matière, de les en informer préalablement (cass. soc. 4 mars 2009, n° 08-60.436, BC V n° 62, arrêt n° 3; RJS 5/09 n° 449, 1re espèce; JCP éd. S 2009, 1272, note J-Y Kerbourc'h; voir aussi cass. soc. 5 mars 2008, n° 07-60.305, BC V n° 52 et 25 janvier 2012, n° 11-14.151, BC V n° 30; JCP éd. S 2012, 1112, note G. François, s'agissant de la décision d'un employeur d'autoriser la désignation de délégués syndicaux alors que la condition d'effectif n'était pas remplie puis de revenir à l'application des textes légaux).

• Lorsqu'une convention collective prévoit la désignation de délégués syndicaux dans les entreprises n'atteignant pas le seuil fixé par la loi, accroît leur nombre ou prévoit l'institution de délégués suppléants, l'ensemble des règles relatives aux délégués syndicaux s'applique, et notamment la protection spéciale en matière de licenciement (cass. soc. 9 juillet 1976, n° 76-60.056, BC V n° 453 et 20 décembre 1977, n° 76-40.975, BC V n° 722).

Encore faut-il cependant que l'institution créée par voie conventionnelle soit de même nature que celles prévues par le code du travail. Ainsi, le salarié désigné par une organisation syndicale pour exercer un mandat syndical dans une institution représentative du personnel instituée par voie conventionnelle mais ne relevant pas d'une catégorie de même nature que celle prévue par la loi ne bénéficie d'heures de délégation que si celles-ci sont prévues par l'accord ou la convention (cass. soc. 15 mars 2006, n° 04-45.247, BC V n° 111; RJS 6/06 n° 746; Dr. Soc. 2006, p. 646, obs. Fr. Duquesne).

• Un accord prévoyant des modalités de rémunération des temps de délégation pour des salariés ne remplissant pas les conditions légales pour être désignés comme délégués syndicaux ou pour être élus délégués du personnel ou membres du comité d'entreprise a été jugé plus favorable que les dispositions légales pour ces salariés, alors même que la rémunération des crédits d'heures était inférieure à celle des autres représentants légalement élus ou désignés (cass. soc. 5 mai 1993, n° 90-12.996, BC V n° 129; Dr. Soc. 1993, p. 657).

Les dispositions d'une convention ou d'un accord collectif qui tendent à améliorer l'exercice du droit syndical dans les entreprises ou les institutions représentatives du personnel sont applicables de plein droit à tous et en particulier aux syndicats représentatifs, sans qu'il y ait lieu de distinguer entre ceux qui ont signé ou adhéré à la convention ou à l'accord collectif et ceux qui n'ont pas signé la convention ou l'accord collectif et ceux qui n'y ont pas adhéré. Doit être cassé l'arrêt qui, pour décider que l'article d'un accord collectif prévoyant que les dispositions de l'accord étaient applicables aux seules organisations syndicales signataires ou à celles y ayant adhéré expressément n'était pas nul, a retenu que cet accord se bornait à aménager les modalités de l'exercice du droit syndical et des conditions de la participation des institutions représentatives du personnel au sein de l'entreprise, sans engendrer de dispositions à caractère normatif, alors que l'accord prévoyait la possibilité de désigner, en plus du délégué syndical central d'entreprise, un délégué syndical central adjoint, des crédits d'heures supplémentaires pour les délégués syndicaux, l'adjonction à la délégation syndicale chargée de la négociation collective d'un délégué syndical d'établissement ou d'un représentant syndical au comité d'établissement (cass. soc. 29 mai 2001, n° 98-23.078, BC V n° 185; RJS 8-9/01 n° 1042).

Art. L. 2141-11. Pour l'application du présent titre, les modalités de calcul des effectifs sont celles prévues aux articles L. 1111-2 et L. 1251-54.

Note Voir notes sous articles L. 1111-2 et L. 2311-2.

Art. L. 2141-12. Des décrets en Conseil d'État déterminent les modalités d'application du présent titre aux activités, qui par nature conduisent à une dispersion ou à une mobilité permanente du personnel, liées à l'exercice normal de la profession.

Art. L. 2141-13. ***(L. 2015-994 du 17 août 2015, art. 2, JO 18)*** Le ministre chargé du travail publie un rapport sur les salariés de très petites entreprises non couverts par une convention collective, un accord de branche, un ensemble d'accords ou un statut spécial, et met en place un plan d'action destiné à améliorer la couverture conventionnelle.

CHAPITRE II Section syndicale

Note Voir notamment «La section syndicale après la loi du 20 août 2008», JCP éd. S, 7 avril 2009, n° 15.

SECTION 1. Constitution

Art. L. 2142-1. ***(L. 2008-789 du 20 août 2008, art. 6, JO 21)*** Dès lors qu'ils ont plusieurs adhérents dans l'entreprise ou dans l'établissement, chaque syndicat qui y est représentatif, chaque syndicat affilié à une organisation syndicale représentative au niveau national et interprofessionnel ou chaque organisation syndicale qui satisfait aux critères de respect des valeurs républicaines et d'indépendance et est légalement constituée depuis au moins deux ans et dont le champ professionnel et géographique couvre l'entreprise concernée peut constituer au sein de l'entreprise ou de l'établissement une section syndicale qui assure la représentation des intérêts matériels et moraux de ses membres conformément à l'article L. 2131-1.

Note • Alors qu'auparavant, la possibilité de constituer une section syndicale était réservée aux seuls syndicats représentatifs, la loi 2008-789 du 22 août 2008 portant rénovation de la démocratie sociale a élargi le champ des syndicats habilités à constituer une section syndicale. Ainsi, un syndicat non représentatif dans l'entreprise ou dans l'établissement peut désormais y constituer une section syndicale s'il:
– est affilié à une organisation syndicale représentative au niveau national et interprofessionnel;
– satisfait aux critères cumulatifs de respect des valeurs républicaines et d'indépendance, est légalement constitué depuis au moins 2 ans, et si son champ professionnel et géographique couvre l'entreprise ou l'établissement concerné.

Aux termes de l'article L. 2142-1, ces deux hypothèses sont alternatives: un syndicat affilié à une organisation représentative au plan national interprofessionnel pourrait donc constituer une section syndicale sans avoir à établir d'autre élément que son affiliation. Mais on peut s'interroger sur cette absence de toute autre exigence (par exemple, celle tenant à ses statuts devant couvrir l'entreprise ou l'établissement concerné).

L'exigence d'une ancienneté minimale de deux ans subordonnant la constitution par une organisation syndicale d'une section syndicale au sein de l'entreprise, laquelle ouvre un certain nombre de droits, est conforme à la Constitution: elle constitue en effet une condition raisonnable et proportionnée pour garantir la mise en œuvre du droit de participation des travailleurs par l'intermédiaire de leurs représentants et l'exercice par le syndicat de prérogatives au sein de l'entreprise, sans priver le salarié de la liberté d'adhérer au syndicat de son choix (cass. soc., QPC, 30 novembre 2011, n° 11-40.072, BC V n° 278; RJS 03/12 n° 268; Dr. Soc. 2012, p. 258, Actualité des questions prioritaires de constitutionnalité, G. Dumortier, C. Landais, M. Vialettes et Y. Struillou).

Un syndicat qui n'est pas représentatif doit justifier qu'il est légalement constitué depuis au moins deux ans dans le champ professionnel et géographique couvrant l'entreprise. D'une façon générale, la modification par le syndicat de son champ statutaire n'a pas pour effet de remettre en cause l'ancienneté acquise par le syndicat à compter du dépôt initial de ses statuts (cass. soc. 14 novembre 2012, 2 arrêts, n°s 12-14.780 et 11-20.391, BC V n°s 294 et 293; RJS 1/13 n° 55; 14 mars 2018, n° 17-21.434, BC V n° 41; LSQ n° 17536 du 22.03.2018; RJS 5/18 n° 343; JSL n° 453, 14.05.2018, pp. 15 et s., H. Nasom-Tissandier; JCP éd. S 2018, 1155, note B. Gauriau; RDT, mai 2018, CH, 389, Cl. Couëdel, pour une modification de l'objet statutaire ou du caractère intercatégoriel ou catégoriel du syndicat et un changement de sa dénomination).

• Il faut, toutefois, que le syndicat – qu'il soit représentatif ou non – ait plusieurs adhérents dans l'entreprise ou l'établissement pour pouvoir constituer une section syndicale.

Si, dans le cadre de la législation antérieure à la loi du 20 août 2008, l'existence d'une section syndicale était établie par la seule désignation d'un délégué syndical (cass. soc. 27 mai 1997, n° 96-60.239, BC V n° 194), cette jurisprudence est devenue obsolète depuis le 22 août 2008, l'article L. 2142-1 CT exigeant désormais, pour la constitution d'une section syndicale, la présence de plusieurs, donc d'au moins deux adhérents dans l'entreprise (cass. soc. 8 juillet 2009, n° 08-60.599, BC V n° 181; JCP éd. S 2009, 1364, note Y. Pagnerre; Dr. Soc. 2009, p. 950, obs. M-L Morin et rapport de L. Pécaut-Rivolier; RJS 10/09 n° 810, 2e espèce) et cela, quel que soit l'effectif de celle-ci (cass. soc. 4 novembre 2009, n° 09-60.075, BC V n° 244; LSQ n° 15483 du 13.11.2009). L'un de ces deux adhérents peut être désigné en qualité de représentant de la section syndicale (cass. soc. 26 mai 2010, n° 09-60.278, BC V n° 117; RJS 8-9/10 n° 687).

Sauf clause contraire de ses statuts, un syndicat peut revendiquer un salarié comme adhérent dès lors que ce dernier a manifesté sa volonté d'adhérer au syndicat (cass. soc. 22 novembre 2017, n° 16-22.184, JCP éd. S 2018, 1015, note S. Poncet; RJS 2/18 n° 122; LS Jurispr. n° 106 du 12.06.2018). Il est souvent affirmé que cet adhérent doit en outre être à jour de ses cotisations. Si certains arrêts de la Cour de cassation relèvent cet élément parmi les données de fait telles que constatées par le juge du fond, il ne paraît en exister aucun qui fasse du paiement des cotisations une condition de la qualité d'adhérent. C'est bien en effet la qualité d'adhérent qui oblige au paiement des cotisations de sorte que, juridiquement, cette qualité est préalable et indépendante de ce paiement (de nombreux statuts syndicaux organisent d'ailleurs une procédure d'exclusion des adhérents qui n'ont pas payé leurs cotisations pendant un certain temps). La justification du paiement des cotisations paraît en revanche pouvoir être exigée lorsque l'adhésion est ancienne. Elle témoigne alors du caractère toujours actuel de la volonté du salarié d'être membre du syndicat.

• En cas de contestation sur l'existence d'une section syndicale, le syndicat doit apporter les éléments de preuve utiles à établir la présence d'au moins deux adhérents dans l'entreprise, dans le respect du contradictoire, à l'exclusion des éléments susceptibles de permettre l'identification des adhérents du syndicat, dont seul le juge peut prendre connaissance. En effet, l'adhésion du salarié à un syndicat relève de sa vie personnelle et ne peut être divulguée sans son accord; à défaut d'un tel accord, le syndicat qui entend créer ou démontrer l'existence d'une section syndicale dans une entreprise, alors que sa présence y est contestée ne peut produire, ou être contraint de produire, une liste nominative de ses adhérents (cass. soc. 8 juillet 2009, n° 09-60.011, BC V n° 180; Dr. Soc. 2009, p. 950, obs. M-L Morin et rapport de L. Pécaut-Rivolier; JSL n° 262, 16.09.2009, p. 13, J-E Tourreil; RJS 10/09, p. 676, avis J. Duplat). Par conséquent, lorsqu'un syndicat fait valoir que des salariés s'opposent à la révélation de leur adhésion, il appartient au juge d'aménager la règle du contradictoire, en autorisant le syndicat à lui fournir non contradictoirement les éléments nominatifs de preuve dont il dispose (cass. soc. 14 décembre 2010, n° 10-60.137, BC V n° 290; RJS 2/11 n° 154). Mais l'atteinte au principe de la contradiction doit être limitée aux seuls éléments d'identification des adhérents; méconnaît cette exigence le tribunal d'instance qui, pour débouter la société de sa demande, retient que le syndicat a remis au juge des documents constitués par des copies de fichiers d'adhérents et de cartes d'adhérents mentionnant la date d'adhésion et l'acquis de cotisations, lesquels justifient qu'à la date de désignation l'organisation syndicale pouvait se prévaloir d'au moins deux adhérents et que l'employeur ne saurait faire grief au syndicat de ne pas avoir organisé cette communication en la cause dès lors qu'elle se bornerait à la simple et inutile production d'imprimés vierges (cass. soc. 14 novembre 2012, n° 11-20.391, précité).

• Le respect de la condition tenant à ce que le champ professionnel statutaire du syndicat couvre l'entreprise au sein de la laquelle est créée une section syndicale peut être contesté devant le juge lors de la désignation du représentant de la section syndicale (cass. soc. 8 février 2012, n° 11-15.342, BC V n° 68; JCP éd. S 2012, 1211, note Y. Pagnerre). La chambre sociale a décidé d'exercer un contrôle sur l'appréciation portée par le juge du fond quant au périmètre du champ statutaire (cass. soc. 30 octobre 2013, n° 12-35.276).

• La création d'une section syndicale n'est soumise à aucune condition d'effectif de l'entreprise (cass. soc. 24 février 1993, n° 91-60.237, BC V n° 70); en outre, elle n'est soumise à aucune forme légale (cass. soc. 2 juillet 1981, n° 81-60.554, BC V n° 639).

• Sauf à saisir le juge s'il estime qu'un syndicat ne remplit pas les conditions requises pour constituer une section syndicale, l'employeur ne peut pas s'opposer à la création d'une section syndicale. Constitue un délit d'entrave le fait pour un employeur d'exercer des pressions sur le personnel pour le dissuader de constituer une section syndicale (cass. crim. 11 mai 1995, n° 94-83.574. Voir aussi cass. crim. 25 juin 2002, n° 01-85.441, s'agissant de dirigeants ayant joué un rôle actif dans l'élaboration d'une pétition s'opposant à la mise en place d'une section syndicale).

• Ni la loi du 27 décembre 1968 relative à l'exercice du droit syndical dans les entreprises, ni aucune autre disposition législative n'ont conféré à une section syndicale, simple émanation sans personnalité morale du syndicat, qualité pour ester en justice (CE 26 avril 1989, n° 16172,

D. 1990 somm. 139; cass. soc. 22 mars 1979, n° 78-60.706, BC V n° 267; Dr. Soc. 1980, p. 44, note J. Savatier). La section syndicale n'ayant pas «d'organe d'expression propre ni de volonté collective distincte du syndicat dont elle émane» ne jouit pas de la personnalité civile (cass. soc. 19 décembre 1990, n° 89-14.576, BC V n° 698).

SECTION 2. Représentant de la section syndicale

Note Cette section a été introduite par la loi 2008-789 du 20 août 2008, art. 6, JO 21.

Art. L. 2142-1-1. Chaque syndicat qui constitue, conformément à l'article L. 2142-1, une section syndicale au sein de l'entreprise ou de l'établissement ***(L. 2012-387 du 22 mars 2012, art. 43, 6°, JO 23)*** «d'au moins cinquante salariés» peut, s'il n'est pas représentatif dans l'entreprise ou l'établissement, désigner un représentant de la section pour le représenter au sein de l'entreprise ou de l'établissement.

Le représentant de la section syndicale exerce ses fonctions dans le cadre des dispositions du présent chapitre. Il bénéficie des mêmes prérogatives que le délégué syndical, à l'exception du pouvoir de négocier des accords collectifs.

Le mandat du représentant de la section syndicale prend fin, à l'issue des premières élections professionnelles suivant sa désignation, dès lors que le syndicat qui l'a désigné n'est pas reconnu représentatif dans l'entreprise. Le salarié qui perd ainsi son mandat de représentant syndical ne peut pas être désigné à nouveau comme représentant syndical au titre d'une section jusqu'aux six mois précédant la date des élections professionnelles suivantes dans l'entreprise.

Note • Jusqu'à l'intervention de la loi du 20 août 2008, aucun texte ne prévoyait de disposition spécifique concernant la représentation d'une section syndicale. La création du représentant de la section syndicale correspond au souci des partenaires sociaux, puis du législateur, de donner aux syndicats non encore représentatifs dans l'entreprise ou l'établissement les moyens d'obtenir les résultats électoraux qui leur permettront d'établir leur représentativité au sein de l'entreprise ou de l'établissement (Position commune du 9 avril 2008 et rapport AN n° 992).

• La Cour de cassation a précisé les conditions requises du syndicat à l'origine de la désignation d'un représentant de la section syndicale:

– il résulte de la combinaison des articles L. 2142-1 et L. 2142-1-1 CT issus de la loi 2008-789 du 20 août 2008 que chaque syndicat qui satisfait aux critères de respect des valeurs républicaines et d'indépendance, qui est légalement constitué depuis au moins deux ans, dont le champ professionnel et géographique couvre l'entreprise concernée et qui constitue une section syndicale d'entreprise peut, s'il n'est pas représentatif dans l'entreprise, désigner un représentant de cette section (cass. soc. 8 juillet 2009, n° 09-60.012, BC V n° 182);

– il n'est ainsi pas exigé du syndicat qu'il remplisse les critères fixés par les articles L. 2121-1 et L. 2122-1 CT relatifs à la représentativité. Il suffit qu'à la date de la désignation, il réunisse les conditions fixées par les articles L. 2142-1 et L. 2142-1-1 CT. Il doit notamment compter au moins deux adhérents dans l'entreprise, l'article L. 2142-1 CT exigeant, pour la constitution d'une section syndicale, la présence de plusieurs, donc d'au moins deux adhérents dans l'entreprise (cass. soc. 8 juillet 2009, n° 08-60.599, BC V n° 181). L'un de ces deux adhérents peut être désigné en qualité de représentant de la section syndicale (cass. soc. 26 mai 2010, n° 09-60.278, BC V n° 117; RJS 8-9/10 n° 687). Voir note sous art. L. 2142-1;

– pour pouvoir désigner un représentant de la section syndicale dans un établissement, un syndicat n'a pas à rapporter la preuve de son implantation dans l'ensemble des sites composant cet établissement (cass. soc. 8 juillet 2009, n° 09-60.048, BC V n° 178);

– une union de syndicats, à laquelle la loi reconnaît la même capacité civile qu'aux syndicats eux-mêmes, peut désigner un représentant de section syndicale dans une entreprise dès lors qu'elle y a plusieurs adhérents, que son champ de compétence national et interprofessionnel couvre cette entreprise et que ses statuts ne lui interdisent pas d'y intervenir directement en l'absence d'organisation adhérente compétente dans le champ géographique et professionnel couvrant l'entreprise (cass. soc. 8 juillet 2009, n° 09-60.012, BC V n° 182); toutefois, les conditions statutaires auxquelles l'adhésion est soumise doivent être remplies (cass. soc. 5 décembre 2012, n° 12-14.366, BC V n° 322; LSQ n° 16249 du 21.12.2012; RJS 2/13 n° 139) et la personne ayant procédé à la désignation doit être l'organe interne de l'organisation habilité à désigner des représentants syndicaux dans les entreprises (cass. soc. 20 juin 2012, n° 11-18.018, RJS 10/12 n° 821);

– un syndicat qui n'est pas représentatif doit justifier qu'il est légalement constitué depuis au moins deux ans dans le champ professionnel et géographique couvrant l'entreprise, la modification par le syndicat de son champ statutaire n'a pas pour effet de remettre en cause l'ancienneté acquise par le syndicat à compter du dépôt initial de ses statuts (cass. soc. 14 novembre 2012, 2 arrêts, n°s 12-14.780 et 11-20.391, BC V n°s 294 et 293; RJS 1/13 n° 55);

– l'affiliation d'un syndicat à une union permet à cette dernière de se prévaloir des adhérents du syndicat pour constituer une section syndicale et en désigner un représentant (cass. soc. 13 janvier 2010, n° 09-60.155, BC V n° 13 ; RJS 3/10 n° 273) ;
– en cas de litige, il incombe à l'employeur qui soutient que le syndicat ayant désigné un représentant de section syndicale ne satisfait pas au critère du respect des valeurs républicaines de le démontrer (cass. soc. 8 juillet 2009, n° 08-60.599, BC V n° 181).

Sur les arrêts rendus le 8 juillet 2009, voir notamment JCP éd. S 2009, 1416, 3e et 4e espèces, doctrine B. Gauriau ; JCP éd. S 2009, 1364, note Y. Pagnerre ; Dr. Soc. 2009, pp. 950 et s. : « La loi 2008-789 du 20 août 2008 : premières décisions de la Cour de cassation sur le droit syndical », de M-L Morin et rapport de L. Pécaut-Rivolier ; RJS 10/09 n° 810, 2e espèce ; JSL n° 262, 16.09.2009, p. 19, J-E Tourreil ; RJS 10/09 n° 815.

• Un syndicat peut désigner comme représentant de la section syndicale un salarié le représentant au sein du comité d'entreprise et dont le mandat a pris fin à la suite de la perte de représentativité de son organisation (cass. soc. 4 novembre 2009, n° 09-60.039, BC V n° 243 ; LSQ n° 15483 du 13.11.2009).

• Les dispositions légales n'autorisent la désignation par une organisation syndicale que d'un seul représentant de la section syndicale, quel que soit l'effectif de l'entreprise ou de l'établissement (cass. soc. 14 décembre 2010, n° 10-60.263, BC V n° 293 ; RJS 2/11 n° 156). L'interdiction faite à deux syndicats affiliés au même groupement syndical de désigner chacun un délégué syndical (voir note sous art. R. 2143-1) s'applique aussi en matière de désignation des représentants de section. De même, si l'un des deux syndicats est représentatif et l'autre ne l'est pas, l'un ne peut pas désigner un délégué syndical et l'autre un représentant de section.

• ***Cadre de désignation.*** L'existence d'une section syndicale permettant la désignation, soit d'un représentant de la section syndicale, lorsque le syndicat n'est pas représentatif, soit d'un délégué syndical, s'il l'est, le cadre de désignation de ces représentants syndicaux est nécessairement le même (cass. soc. 14 décembre 2010, n° 10-60.221, BC V n° 292 ; LS Bref n° 15755 du 21.12.2010 ; RJS 2/11 n° 152). Par conséquent, lorsque la désignation des délégués syndicaux s'effectue au niveau de l'entreprise, il en est de même pour le représentant de section syndicale. Lorsque l'entreprise est composée d'établissements distincts d'au moins 50 salariés chacun, un représentant de section syndicale pourra être désigné au niveau de chaque établissement dans lequel le syndicat n'aura pas obtenu les suffrages suffisants pour être représentatif. Sur la possibilité pour un syndicat non représentatif de créer une section syndicale et de désigner un représentant de cette section soit au niveau de l'entreprise soit au niveau de chacun des établissements distincts, voir aussi cass. soc. 31 mai 2011, n° 10-25.688, BC V n° 135 ; RJS 8-9/11 n° 707, 3e espèce et 20 juin 2012, n° 11-60.202, BC V n° 195 ; JCP éd. S 2012, 1374, note B. Gauriau ; Dr. Soc. 2012, p. 855, obs. Fr. Petit.

Sur le périmètre de désignation des délégués syndicaux qui, depuis la loi 2014-288 du 5 mars 2014, peut être plus étroit que celui du comité d'entreprise (et désormais du comité social et économique), voir article L. 2143-3.

Par ailleurs, aucune disposition légale n'institue un représentant de section syndicale central. Il n'est donc pas possible pour un syndicat de désigner un représentant de la section syndicale sur le périmètre d'une entreprise lorsqu'il existe déjà des représentants de section au niveau des établissements distincts (cass. soc. 29 octobre 2010, n° 09-60.484, BC V n° 251 ; LS Bref n° 15729 du 15.11.2010 ; RJS 1/11 n° 57).

• **Droit pour une organisation syndicale représentative au niveau de l'entreprise de désigner un représentant de la section syndicale dans un établissement où elle n'a pas été reconnue comme représentative.** Une organisation syndicale représentative dans l'entreprise peut désigner un représentant de section syndicale dans un établissement où elle n'a pas atteint le seuil d'audience pour y être reconnue représentative (cass. soc. 13 février 2013, n° 12-19.662, BC V n° 43 ; RJS 4/13 n° 299. Cet arrêt constitue un revirement par rapport à cass. soc. 10 mai 2012, n° 11-21.144, BC V n° 146 ; RJS 7/12 n° 641 ; JCP éd. S 2012, 1289, note E. Jeansen ; Dr. Soc. 2012, p. 753, obs. Fr. Petit, qui avait suscité des critiques).

• ***Désignation par un syndicat représentatif dans toute l'entreprise.*** Lorsque l'établissement distinct au sens des délégués syndicaux dans une entreprise est plus petit que celui du comité d'entreprise ou d'établissement, et est aligné sur celui retenu pour les délégués du personnel tout en ayant un effectif d'au moins cinquante salariés, un syndicat reconnu représentatif dans toute l'entreprise ne peut pas y désigner un délégué syndical s'il n'a pas présenté des candidats aux élections des délégués du personnel dans cet établissement et si aucun des salariés candidat à l'élection du comité n'y travaille. Il ne dispose en effet dans cet établissement d'aucun candidat ayant obtenu au moins 10 % des voix aux élections professionnelles, et ne peut pas se prévaloir des dispositions de l'article L. 2143-3, al. 2. Dans une telle configuration, il peut néanmoins y désigner un représentant de section syndicale dès lors qu'un syndicat représentatif dans une entreprise ne saurait, dans un établissement de cette dernière, bénéficier de moins que prérogatives que celles reconnues aux syndicats non représentatifs (cass. soc. 14 décembre 2015, n° 14-26.517, BC V n° 258 ; JCP éd. S 2016, 1049, note B. Gauriau).

• ***Désignation d'un salarié mis à disposition.*** Les travailleurs mis à disposition d'une entreprise, qui, intégrés de façon étroite et permanente à la communauté de travail, remplissent les conditions pour être inclus dans le calcul des effectifs en application de l'article L. 1111-2, 2° CT, peuvent, à ce même titre, en l'absence de dispositions légales y faisant obstacle, être désignés représentants de la section syndicale au sein de cette entreprise (cass. soc. 29 février 2012, n° 11-10.904, BC V n° 84; RJS 5/12 n° 473; JCP éd. S 2012, 1180, note L. Dauxerre; Dr. Soc. 2012, p. 534, obs. Fr. Petit).

• Sous réserve de conventions ou accords collectifs comportant des clauses plus favorables, dans les entreprises de moins de cinquante salariés, seul un délégué du personnel titulaire disposant d'un crédit d'heures à ce titre peut être désigné comme représentant de section syndicale (cass. soc. 27 mars 2013, n° 12-20.369, BC V n° 94; RJS 6/13 n° 464; JCP éd. S 2013, 1231, note B. Gauriau; Dr. Soc. 2013, p. 466, obs. Fr. Petit).

• ***Deuxième alinéa.*** Si, aux termes de ces dispositions, le représentant de la section syndicale bénéficie des mêmes prérogatives que le délégué syndical, il n'est pas – comme le délégué syndical – de droit représentant syndical au comité d'entreprise ou d'établissement. En effet, la désignation d'un représentant syndical au comité d'entreprise est une prérogative que la loi réserve aux syndicats qui ont obtenu une légitimité électorale, soit en étant reconnus représentatifs dans les entreprises de moins de trois cents salariés, soit en ayant des élus au comité d'entreprise dans les autres entreprises (cass. soc. 14 décembre 2011, n° 11-14.642, BC V n° 302; LS Bref n° 16001 du 21.12.2011; RJS 1/12 n° 157; Dr. Soc. 2012, pp. 216 et s., obs. Fr. Petit).

Sur la possibilité pour le représentant de la section syndicale de négocier et conclure un accord d'entreprise ou d'établissement entre deux élections, dans les entreprises dépourvues de délégué syndical et n'ayant pas la possibilité de négocier avec des élus du personnel ou des salariés mandatés, voir article L. 2143-23.

• ***Dernier alinéa.*** Ces dispositions interdisent au représentant de section désigné par un syndicat qui échouerait à faire reconnaître sa représentativité aux élections professionnelles d'être à nouveau désigné comme représentant syndical au titre d'une section jusqu'aux six mois précédant la date des élections professionnelles suivantes dans l'entreprise. Selon les travaux parlementaires (rapport Sénat n° 470), il s'agit d'empêcher qu'un salarié, ne parvenant pas à faire établir la représentativité de son organisation aux élections, continue de bénéficier de tous les droits et protections liés au statut de représentant de section, alors même que les salariés refusent de lui accorder la représentativité.

Ces dispositions ne heurtent aucune prérogative inhérente à la liberté syndicale et, tendant à assurer la détermination par les salariés eux-mêmes des personnes les plus aptes à défendre leurs intérêts dans l'entreprise, ne constituent pas une ingérence arbitraire dans le fonctionnement syndical et, par suite, ne méconnaissent pas les exigences découlant de l'article 3 de la convention n° 87 de l'Organisation internationale du travail (cass. soc. 14 novembre 2013, n° 13-11.316, BC V n° 267; RJS 1/14 n° 57). Le mandat de représentant de la section syndicale prend donc fin lors du renouvellement des institutions représentatives du personnel, et si le syndicat n'est pas reconnu représentatif dans l'entreprise à l'issue de ces élections, le salarié ne peut être de nouveau désigné représentant de section syndicale au niveau de l'entreprise ou de l'un de ses établissements avant l'expiration du délai de six mois précédant les élections suivantes (cass. soc. 4 juin 2014, n° 13-60.205, BC V n° 136; RJS 8-9/14 n° 642; JCP éd. S 2014, 1389, note B. Gauriau).

Ces dispositions ne sont pas opposables au syndicat dès lors que le périmètre de ces élections est différent de celui retenu lors des élections précédentes et au sein duquel le représentant de la section avait été désigné. Doit dès lors être cassé le jugement qui, après avoir constaté que, par suite d'une modification de l'entreprise, les élections s'étaient déroulées dans un périmètre différent des précédentes, annule la désignation d'un salarié en qualité de représentant de la section syndicale au motif qu'exerçant ce même mandat au moment des élections, il ne pouvait être de nouveau désigné en cette même qualité jusqu'aux six mois précédant la date des élections professionnelles suivantes (cass. soc. 25 septembre 2013, n° 12-26.612, BC V n° 219; RJS 12/13 n° 834; 6 janvier 2016, n° 15-60.138, BC V n° 3; LSQ n° 16997 du 14.01.2016; JCP éd. S 2016, 1089, 1re espèce, note Z. Villalard et C. Fouquoire; RJS 3/16 n° 189, 3e espèce). La désignation dans le cadre d'une UES intervient dans un périmètre différent de la précédente effectuée dans le cadre d'une société (cass. soc. 9 septembre 2020, n° 19-13.926, RJS 12/20 n° 603).

Elles ne sont pas non plus opposables au syndicat dès lors que la nouvelle désignation intervient à la suite des élections professionnelles organisées en exécution d'un jugement ayant procédé à l'annulation des élections professionnelles à l'issue desquelles le salarié avait précédemment été désigné en qualité de représentant de section syndicale (cass. soc. 4 novembre 2020, n° 19-13.151, à paraître, LS n° 18213 du 31.12.2020).

• ***Conditions tenant à l'existence d'une section syndicale dans les entreprises de travail temporaire.*** Voir la note sous l'article L. 2143-2.

• ***Contestation.*** La désignation d'un représentant de section syndicale est valable dès lors qu'elle a été portée à sa connaissance dans les formes prescrites par les articles L. 2142-1-2,

L. 2143-7 et D. 2143-4 CT, le défaut d'affichage de cette désignation sur les panneaux réservés aux communications syndicales permettant seulement aux salariés de l'entreprise et aux autres organisations syndicales de la contester dans le délai de quinze jours à compter du jour où ils auront été informés de la désignation (cass. soc. 20 juin 2012, n° 11-60.228, RJS 10/12 n° 820).

Voir aussi circulaire DGT 20 du 13 novembre 2008 (fiche n° 4); Fr. Duquesne: «Un délégué syndical en devenir: le nouveau représentant de la section syndicale», Dr. Soc. 2008, pp. 1084 et s.; Fr. Petit «Pleins feux sur les désignations syndicales», Dr. Soc. 2012, pp. 373 et s.

Art. L. 2142-1-2. Les dispositions des articles L. 2143-1 et L. 2143-2 relatives aux conditions de désignation du délégué syndical, celles des articles L. 2143-7 à L. 2143-10 et des deuxième et troisième alinéas de l'article L. 2143-11 relatives à la publicité, à la contestation, à l'exercice et à la suppression de son mandat et celles du livre IV de la présente partie relatives à la protection des délégués syndicaux sont applicables au représentant de la section syndicale.

Note • ***Conditions de désignation.*** Du fait du renvoi aux articles L. 2143-1 et 2, le salarié doit, pour être désigné en qualité de représentant de la section syndicale, avoir 18 ans révolus, travailler dans l'entreprise depuis un an au moins (six mois pour les salariés temporaires dans les entreprises de travail temporaire et quatre mois en cas de création d'entreprise ou d'ouverture d'établissement) et n'avoir fait l'objet d'aucune interdiction, déchéance ou incapacité relative à ses droits civiques. Voir note sous article L. 2143-1.

• ***Auteur de la désignation.*** La loi du 20 août 2008 ayant conféré aux organisations syndicales non représentatives dans une entreprise la faculté d'y créer une section syndicale et d'y désigner un représentant de la section, l'organe interne de l'organisation habilité à désigner des représentants syndicaux dans les entreprises est, tant que les statuts ne l'ont pas expressément exclu, habilité à désigner un représentant de la section syndicale. Après avoir constaté que les statuts d'un syndicat, antérieurs à la loi précitée, habilitaient le secrétaire général de cette organisation à procéder à la désignation de délégués syndicaux et de représentants syndicaux au comité d'entreprise, c'est à bon droit qu'un tribunal d'instance a retenu qu'il pouvait également procéder à la désignation d'un représentant d'une section syndicale (cass. soc. 18 novembre 2009, n° 09-65.639, BC V n° 263).

• ***Formalités de désignation.*** Les formalités sont identiques à celles prévues pour la désignation d'un délégué syndical: information de l'employeur par LRAR ou par lettre remise contre récépissé, affichage sur les panneaux réservés aux communications syndicales, envoi à l'inspecteur du travail de la copie de la communication adressée à l'employeur. Ces mêmes formalités s'appliquent à la fin du mandat. Voir articles L. 2143-7 et D. 2143-4 et notes sous ces articles.

Comme pour le délégué syndical, la lettre de désignation du représentant de la section syndicale doit préciser, à peine de nullité, soit l'entreprise, soit l'établissement lieu de la désignation. En effet, cette lettre fixe le cadre de cette désignation et, par conséquent, les limites d'un éventuel litige, et le juge ne peut apprécier la validité de la désignation en dehors du cadre défini par cette lettre (cass. soc. 8 juillet 2009, n° 09-60.048, précité; 18 novembre 2009, n° 09-60.033, LS Jurispr. n° 257 du 21.12.2009).

• ***Contestation de la désignation.*** Cet article alignant les règles relatives à la contestation de la désignation du représentant de la section syndicale sur celles prévues pour la contestation de la désignation du délégué syndical, voir articles L. 2143-8 et R. 2143-5 et notes sous ces articles.

• ***Suppression du mandat en raison de la réduction de l'effectif.*** Du fait du renvoi à l'article L. 2143-11, al. 2 et 3, le mandat de représentant de la section syndicale est supprimé en cas de réduction importante et durable de l'effectif en dessous de 50 salariés; la suppression du mandat est subordonnée à un accord entre l'employeur et l'ensemble des organisations syndicales représentatives ou, à défaut, à une décision du Direccte [Dreets]. Voir article L. 2143-11 et note sous cet article.

• ***Protection.*** Cet article étend au représentant de la section syndicale la protection accordée au délégué syndical en matière de licenciement; l'autorisation préalable de l'inspecteur du travail est donc requise. À noter cependant que le représentant de la section syndicale ne figure pas sur la liste des salariés protégés figurant à l'article L. 2411-1.

Art. L. 2142-1-3. Chaque représentant de la section syndicale dispose d'un temps nécessaire à l'exercice de ses fonctions. Ce temps est au moins égal à quatre heures par mois. Les heures de délégation sont de plein droit considérées comme temps de travail et payées à l'échéance normale.

L'employeur qui entend contester l'utilisation faite des heures de délégation saisit le juge judiciaire.

(L. 2016-1088 du 8 août 2016, art. 28, JO 9) «Sauf accord collectif contraire, lorsque le représentant du personnel élu ou désigné est un salarié mentionné à l'article L. 3121-

58, le crédit d'heures est regroupé en demi-journées qui viennent en déduction du nombre annuel de jours travaillés fixé dans la convention individuelle du salarié. Une demi-journée correspond à quatre heures de mandat. Lorsque le crédit d'heures ou la fraction du crédit d'heures restant est inférieur à quatre heures, le représentant du personnel en bénéficie dans des conditions définies par un décret en Conseil d'État.»

Note Les dispositions de cet article ne sont applicables que dans les entreprises ou établissements de 50 salariés ou plus. Dans les entreprises de moins de 50 salariés, si un délégué du personnel a été désigné comme représentant de la section syndicale, l'intéressé ne dispose pas de crédit d'heures spécifique, sauf disposition conventionnelle contraire. Voir ci-dessous article L. 2142-1-4.

Art. R. 2142-1. ***(D. 2019-1548 du 30 déc. 2019, JO 31)*** Lorsque le crédit d'heures ou la fraction du crédit d'heures restant est inférieur à quatre heures, le représentant de la section syndicale qui en bénéficie au titre des heures additionnées sur l'année prévues à l'article L. 2142-1-3 dispose d'une demi-journée qui vient en déduction du nombre annuel de jours travaillés fixé dans la convention individuelle du salarié.

Art. L. 2142-1-4. Dans les entreprises qui emploient moins de cinquante salariés, les syndicats non représentatifs dans l'entreprise qui constituent une section syndicale peuvent désigner, pour la durée de son mandat, un ***(Ord. 2017-1386 du 22 sept. 2017, art. 4, 59°, JO 23, entrée en vigueur au plus tard le 01.01.2018)*** «membre de la délégation du personnel au comité social et économique» comme représentant de la section syndicale. Par disposition conventionnelle, ce mandat de représentant peut ouvrir droit à un crédit d'heures. Le temps dont dispose le ***(Ord. 2017-1386 du 22 sept. 2017, art. 4, 59°, JO 23, entrée en vigueur au plus tard le 01.01.2018)*** «membre de la délégation du personnel au comité social et économique» pour l'exercice de son mandat peut être utilisé dans les mêmes conditions pour l'exercice de ses fonctions de représentant de la section syndicale.

Note Dans les entreprises de moins de 50 salariés, le représentant de la section syndicale doit être choisi parmi les délégués du personnel même si la convention collective applicable abaisse le seuil d'effectif minimum de 50 salariés prévu par la loi pour la désignation des délégués syndicaux (cass. soc. 26 mai 2010, n° 09-60.243, BC V n° 115; LS Bref n° 15624 du 4.06.10; RJS 8-9/10 n° 686).

Sous réserve de conventions ou accords collectifs comportant des clauses plus favorables, dans les entreprises de moins de 50 salariés, seul un délégué du personnel titulaire disposant d'un crédit d'heures à ce titre peut être désigné comme représentant de section syndicale (cass. soc. 27 mars 2013, n° 12-20.369, BC V n° 94; JCP éd. S 2013, 1231, note B. Gauriau; RJS 6/13 n° 464; Dr. Soc. 2013, p. 466, act. Fr. Petit).

SECTION 3. Cotisations syndicales

Art. L. 2142-2. La collecte des cotisations syndicales peut être réalisée à l'intérieur de l'entreprise.

Note Cet article autorise la collecte des cotisations pendant le temps et sur les lieux de travail selon des modalités acceptées par les parties (circ. DRT 1984/13 du 30 novembre 1984).

SECTION 4. Affichage et diffusion des communications syndicales

Art. L. 2142-3. L'affichage des communications syndicales s'effectue librement sur des panneaux réservés à cet usage, distincts de ceux affectés aux communications ***(Ord. 2017-1386 du 22 sept. 2017, art. 4, 13°, JO 23, entrée en vigueur au plus tard le 01.01.2018)*** «du comité social et économique».

Un exemplaire des communications syndicales est transmis à l'employeur, simultanément à l'affichage.

Les panneaux sont mis à la disposition de chaque section syndicale suivant des modalités fixées par accord avec l'employeur.

Note Si l'interdiction faite à un délégué syndical d'afficher des informations de son syndicat sur les panneaux prévus à cet effet était licite par suite de l'annulation de la désignation de ce délégué, une cour d'appel ne pouvait, sans contradiction, considérer que n'était pas constitutive du délit d'entrave l'interdiction de l'employeur antérieure à cette annulation (cass. crim. 27 février 1990, n° 88-83.594, RJS 4/90 n° 317).

Art. L. 2142-4. Les publications et tracts de nature syndicale peuvent être librement diffusés aux travailleurs de l'entreprise dans l'enceinte de celle-ci aux heures d'entrée et de sortie du travail.

Note Constitue un tract un document remis sous enveloppe qui concerne les conditions de travail et contient une invitation à une réunion syndicale (cass. soc. 31 mars 1998, n° 96-41.876, BC V n° 192). S'appuyant sur une interprétation littérale de la loi, la Cour de cassation a jugé que la distribution de tracts syndicaux n'était pas licite alors que les employés n'étaient pas présents dans l'entreprise (dépôts sur le bureau de personnels absents) ou bien lorsqu'elle était faite à des moments ne pouvant être considérés comme des heures d'entrée et de sortie du personnel (une demi-heure après le début du travail) (cass. soc. 27 mai 1997, n° 95-14.850, BC V n° 193; RJS 7/97 n° 832, concl. Y. Chauvy, p. 507). La Cour de cassation rappelle qu'en l'espèce, la preuve d'un usage de l'entreprise autorisant la distribution de tracts selon les modalités en cause n'avait pas été rapportée. Voir l'appréciation critique de J. Savatier, Dr. Soc. 1997, p. 760.

Les pauses accordées sur les lieux du travail, dans l'enceinte de l'entreprise, sous l'autorité et la surveillance de l'employeur ne sauraient être, même si elles ne sont pas comptées dans la durée du travail, assimilées à des heures d'entrée et de sortie du travail durant lesquelles la libre diffusion des tracts de nature syndicale est autorisée (cass. crim. 12 février 1979, n° 77-93.799, B. crim. n° 62; cass. soc. 8 juillet 1982, n° 81-14.176, BC V n° 478). La preuve d'un usage autorisant une distribution de tracts à l'intérieur de la cafétéria n'étant pas rapportée, une cour d'appel en a justement déduit que des salariés ayant procédé à cette distribution pendant le temps du repas, en dépit des observations qui avaient été faites par l'employeur, avaient commis une faute disciplinaire (cass. soc. 20 octobre 1988, n° 85-46.050). Sur les modalités de la diffusion, voir aussi cass. crim. 27 novembre 1973, n° 73-90.495, B. crim. n° 437; 21 février 1979, n° 77-92.618, B. crim. n° 81.

L'affichage syndical et la distribution de publications syndicales ne doivent pas apporter de trouble injustifié à l'exécution normale du travail; des adaptations nécessaires peuvent et doivent être recherchées par voie conventionnelle. Tel est le sens de plusieurs réponses ministérielles à des questions concernant les difficultés d'application de cet article (rép. QE 11029, JO AN 18 mai 1998, p. 2791; 10942 et 23236, JO AN 15 novembre 1999, pp. 6577 et 6582).

Les dispositions de cet article, qui se bornent à organiser la diffusion des tracts par les syndicats professionnels aux travailleurs à l'intérieur de l'entreprise, ne sont pas applicables à une diffusion de tracts à l'extérieur de l'entreprise (cass. soc. 28 février 2007, n° 05-15.228, BC V n° 37; JSL n° 209, 11.04.2007, p. 9, M. Hautefort; RJS 5/07 n° 628; JCP éd. S 2007, 1445, note B. Gauriau; RDT, Juillet/Août 2007, CH, 466, E. Pelskine). Dans le même sens, voir aussi cass. soc. 18 janvier 2011, n° 09-12.240, RJS 4/11 n° 345; RDT, mars 2011, CH, 190, M. Grévy, précisant que ne sont inclus dans l'enceinte de l'entreprise ni la voie publique, ni les parties communes de l'immeuble où l'entreprise occupe des locaux ni l'établissement d'un client au sein duquel des salariés de l'entreprise effectuent des missions.

Art. L. 2142-5. Le contenu des affiches, publications et tracts est librement déterminé par l'organisation syndicale, sous réserve de l'application des dispositions relatives à la presse.

Note • La limite, fixée par les dispositions relatives à la presse, concerne essentiellement les cas de diffamation, d'injures, de provocations et de fausses nouvelles. Un texte publié dans une revue syndicale et contenant des attaques personnelles excède les limites admissibles d'une polémique née d'un conflit social; la chambre criminelle a retenu le délit de diffamation (cass. crim. 23 novembre 1993, n° 90-86.396, B. crim. n° 351; RJS 2/94 n° 161).

• Sauf abus, le salarié jouit, dans l'entreprise et en dehors de celle-ci, de sa liberté d'expression, à laquelle seules des restrictions justifiées par la nature de la tâche à accomplir et proportionnées au but recherché peuvent être apportées. Viole l'article L. 1121-1 CT la cour d'appel qui, pour déclarer le licenciement fondé par une cause réelle et sérieuse, retient qu'un tract rédigé à l'en-tête d'un syndicat mentionne: «l'angoisse, le stress, la méfiance et les incertitudes des uns et des autres et ce, face aux rumeurs et autres restructurations tant sournoises qu'hasardeuses, nous ont conduit à la création d'un syndicat autonome d'entreprise» et que les adjectifs utilisés pour qualifier la restructuration, «hasardeux» et surtout «sournois», sont clairement péjoratifs et injurieux envers la direction qui l'a décidée, alors que l'affichage de ce tract syndical, qui ne contenait aucun propos injurieux, diffamatoire ou excessif, ne caractérisait pas un abus de la liberté d'expression du salarié (cass. soc. 3 juillet 2012, n° 11-10.793, BC V n° 202; JCP éd. S 2012, 1435, note J. Mouly; RJS 10/12 n° 819).

• Ont à bon droit décidé que la mesure de licenciement prise par l'employeur était justifiée les juges qui ont estimé que les termes d'une affiche apposée sur le panneau réservé aux communications syndicales démontraient, de la part de son auteur, une intention malveillante à caractère nettement diffamatoire et qui ont constaté que le salarié avait personnellement commis une faute, peu important que le syndicat ait pu engager également sa responsabilité en donnant l'ordre de procéder à l'affichage (cass. soc. 16 octobre 1985, n° 82-42.984, BC V n° 461).

• L'employeur ne dispose pas d'un droit de contrôle sur la teneur des communications affichées par les syndicats sur les panneaux réservés à cet usage et il lui appartient, s'il conteste la finalité de ces communications, de saisir la justice pour obtenir la suppression de l'affichage prétendument irrégulier (cass. crim. 19 février 1979, n° 78-91.400, B. crim. n° 73; pour les délégués du personnel, cass. crim. 8 mai 1968, n° 67-92.659, B. crim. n° 145).

• Les décisions rendues en la matière ont fait apparaître que les juges du fond ont considéré que si la nouvelle formulation de l'objet des syndicats a réalisé un élargissement de celui-ci, elle «ne les autorise cependant pas à se substituer aux partis politiques en accomplissant des actions essentiellement politiques» (consignes de vote pour des élections municipales: CA Pau, 23 février 1984, Dr. Ouvr. 1984, p. 479; s'agissant de tracts à caractère jugé diffamatoire, voir notamment cass. crim. 18 juin 1985, n° 84-90.045, B. crim. n° 234).

• Lorsque des tracts sont distribués au seul personnel de l'entreprise, le délit de diffamation par voie de presse n'est pas constitué, dans la mesure où fait défaut l'élément de publicité requis par la loi de 1881 (voir notamment TI Lorient 25 avril 1985, Dr. Ouvr. 1985, p. 366).

• *Communication des syndicats sur Internet.* Il résulte de l'article 10 § 2 de la Convention européenne de sauvegarde des droits de l'homme et des libertés fondamentales et de l'article 1er de la loi 2004-575 du 21 juin 2004 que si un syndicat a le droit de communiquer librement des informations au public sur un site Internet, cette liberté peut être limitée dans la mesure de ce qui est nécessaire pour éviter que la divulgation d'informations confidentielles porte atteinte aux droits des tiers. C'est donc à tort qu'une cour d'appel a rejeté la demande d'une société tendant à voir ordonner la suppression de certaines rubriques figurant sur le site Internet créé par un syndicat qui contenaient des informations sur la société, sans rechercher si ces informations avaient un caractère confidentiel ni si ce caractère était de nature à justifier l'interdiction de leur divulgation au regard des intérêts légitimes de l'entreprise (cass. soc. 5 mars 2008, n° 06-18.907, BC V n° 55; RJS 5/08 n° 563; JCP éd. S 2008, 1600, note B. Gauriau).

Art. L. 2142-6. ***(L. 2016-1088 du 8 août 2016, art. 58, I, JO 9, entrée en vigueur le 01.01.2017)*** Un accord d'entreprise peut définir les conditions et les modalités de diffusion des informations syndicales au moyen des outils numériques disponibles dans l'entreprise.

À défaut d'accord, les organisations syndicales présentes dans l'entreprise et satisfaisant aux critères de respect des valeurs républicaines et d'indépendance, légalement constituées depuis au moins deux ans peuvent mettre à disposition des publications et tracts sur un site syndical accessible à partir de l'intranet de l'entreprise, lorsqu'il existe.

L'utilisation par les organisations syndicales des outils numériques mis à leur disposition doit satisfaire l'ensemble des conditions suivantes:

1° Être compatible avec les exigences de bon fonctionnement et de sécurité du réseau informatique de l'entreprise;

2° Ne pas avoir des conséquences préjudiciables à la bonne marche de l'entreprise;

3° Préserver la liberté de choix des salariés d'accepter ou de refuser un message.

Note Dans le cadre législatif antérieur à la loi du 8 août 2016, la Cour de cassation avait précisé que:

– la diffusion de tracts et de publications syndicaux sur la messagerie électronique que l'entreprise met à la disposition des salariés n'est possible qu'à la condition soit d'être autorisée par l'employeur, soit d'être organisée par voie d'accord d'entreprise (cass. soc. 25 janvier 2005, n° 02-30.946, BC V n° 19; RJS 4/05 n° 404; Dr. Soc. 2005, p. 705, obs. L. Saintel et G. Tangy);

– un message syndical envoyé dans les seules boîtes électroniques des responsables d'agence ne caractérise pas une diffusion de tracts au sens de cet article. L'accord collectif qu'il impose afin d'autoriser l'usage de la messagerie professionnelle n'est donc pas nécessaire (cass. soc. 10 janvier 2012, n° 10-18.558, BC V n° 6; RDT, mars 2012, CH, 167, I. Odoul Asorey; RJS 3/12 n° 265; Dr. Soc. 2012, p. 217, obs. L. Pécaut-Rivolier);

– la convention ou l'accord collectif visant à faciliter la communication des organisations syndicales, notamment par l'intermédiaire d'un réseau intranet ne peut, sans porter atteinte au principe d'égalité, être limité aux seuls syndicats représentatifs et doit bénéficier à tous les syndicats ayant constitué une section syndicale; en effet, en vertu des articles L. 2142-3 à 7, l'affichage et la diffusion des communications syndicales à l'intérieur de l'entreprise sont liés à la constitution d'une section syndicale, laquelle n'est pas subordonnée à une condition de représentativité (cass. soc. 21 septembre 2011, n° 10-19.017, BC V n° 193; RJS 11/11 n° 885; 11 janvier 2012, n° 11-14.292, BC V n° 16; RJS 3/12 n° 274; LS Jurispr. n° 17 du 24.01.2012; Dr. Soc. 2012, p. 320, obs. Fr. Petit);

– les facilités prévues par une convention ou un accord collectif permettant de rendre mutuellement accessibles, sous forme de «lien», les sites syndicaux mis en place sur l'intranet de l'entreprise ne peuvent, sans porter atteinte au principe d'égalité, être réservées aux seuls syndicats représentatifs au niveau de l'entreprise dès lors que l'affichage et la diffusion des communications syndicales à l'intérieur de l'entreprise sont liés, en vertu des articles L. 2142-3 à L. 2142-7 CT, à la constitution par les organisations syndicales d'une section syndicale, laquelle n'est pas subordonnée à une condition de représentativité (cass. soc. 23 mai 2012, n° 11-14.930, BC V n° 159; JCP éd. S 2012, 1298, note Fr. Petit; RJS 8-9/12 n° 723);

– le syndicat, constitué en syndicat d'établissement, qui se voit affecté un site internet ne peut faire apparaître sur celui-ci, en méconnaissance des accords collectifs applicables dans l'entreprise, une dénomination distincte de celle fixée par ses statuts et de nature à faire naître chez les salariés une croyance erronée dans son champ d'application et dans sa représentativité. Doit dès lors être rejeté le pourvoi formé contre un arrêt de cour d'appel qui rejette la demande présentée par un syndicat tendant à ce qu'il soit ordonné à l'employeur de rendre accessible son site intranet en se fondant sur le seul motif tiré de ce que le syndicat, représentatif dans l'établissement, avait fait figurer sur son site une dénomination distincte de celle fixée par ses statuts et de nature à faire naître chez les salariés une croyance erronée dans son champ d'application et dans sa représentativité (cass. soc. 23 mai 2012, n° 11-14.930, précité);
– l'accord d'entreprise mettant à la disposition des organisations syndicales la messagerie électronique interne pour la publication d'informations syndicales peut subordonner cette faculté à l'existence d'un lien entre le contenu des communications et la situation sociale existant dans l'entreprise (cass. soc. 22 janvier 2008, n° 06-40.514, BC V n° 14; JCP éd. S 2008, 1254, note B. Gaurin; Dr. Soc. 2008, p. 505, obs. P-Y Verkindt; JSL n° 228, 25.02.2008, p. 8, M. Hautefort).

Dans une lettre du 25 mai 2004, la CNIL a rappelé les règles à respecter:
– l'accès par les syndicats à l'intranet et à la messagerie électronique de l'entreprise n'est légitime que si sa mise en œuvre résulte d'une négociation, désormais obligatoire;
– les adresses de messagerie électronique des salariés ne peuvent pas être utilisées pour d'autres raisons que la mise à disposition de publications et tracts de nature syndicale;
– les salariés doivent être clairement et préalablement informés de cette utilisation afin de pouvoir manifester leur accord ou leur opposition à l'envoi de tout message syndical sur leur messagerie professionnelle. L'accord conclu doit donc préciser les modalités d'exercice de ce droit d'opposition;
– il est en outre recommandé que le caractère syndical du message soit systématiquement mentionné en objet du message électronique, de façon à informer les salariés quant à l'origine et à la nature du message;
– l'accord conclu devrait rappeler l'obligation de confidentialité à laquelle employeurs et syndicats sont tenus et organiser les mesures de sécurité pour assurer, le cas échéant, la confidentialité des échanges électroniques entre salariés et syndicats; afin d'éviter toute possibilité d'utilisation détournée, l'employeur ne devrait pas pouvoir exercer de contrôle sur les listes de diffusion des syndicats. En effet, celles-ci sont susceptibles de révéler l'opinion favorable d'un salarié à l'égard d'une organisation, voire son appartenance à un syndicat déterminé, sur la base du choix opéré par ce salarié quant à son acceptation ou son refus de recevoir des messages à caractère syndical;
– les dispositions légales ne concernent pas l'accès par les instances représentatives du personnel (CE, CHSCT, DP) aux moyens informatiques de l'entreprise. La CNIL considère néanmoins qu'un tel accès devrait être reconnu et organisé selon les mêmes modalités.

Le Conseil d'État reprend cette jurisprudence dans son contrôle des arrêtés d'extension des conventions et accords collectifs (CE 1er juin 2015, n° 369914, Rec. Lebon, p. 181; RJS 10/15 n° 651).

Art. L. 2142-7. Dans les entreprises de travail temporaire, les communications syndicales portées sur le panneau d'affichage sont remises aux salariés temporaires en mission ou adressées par voie postale, aux frais de l'entrepreneur de travail temporaire, au moins une fois par mois.

Note La remise des informations prévues à cet article est insuffisamment assurée par l'intermédiaire d'un présentoir et une ETT doit informer ses salariés temporaires en mission des communications syndicales portées sur le panneau d'affichage soit par voie postale, soit par tout moyen de transmission individualisé de son choix (TGI Paris, 1re ch., 2 avril 1990, RJS 11/90 n° 938).

SECTION 5. Local syndical

Art. L. 2142-8. Dans les entreprises ou établissements ***(L. 2012-387 du 22 mars 2012, art. 43, 13°, JO 23)*** «d'au moins» deux cents salariés, l'employeur met à la disposition des sections syndicales un local commun convenant à l'exercice de la mission de leurs délégués.

(L. 2008-789 du 20 août 2008, art. 6, JO 21) «Dans les entreprises ou établissements d'au moins mille salariés, l'employeur met en outre à la disposition de chaque section syndicale constituée par une organisation syndicale représentative dans l'entreprise ou l'établissement un local convenable, aménagé et doté du matériel nécessaire à son fonctionnement.»

Note • La loi 2012-387 du 22 mars 2012 a abaissé le seuil visé au 1er alinéa de cet article qui était de «plus de 200 salariés» à «au moins 200 salariés».

• Le local syndical ne saurait se confondre avec celui des délégués du personnel, et le chef d'entreprise qui ne réserve qu'un local à l'usage commun des délégués du personnel et des sections syndicales commet un délit d'entrave à l'exercice du droit syndical (cass. crim. 23 janvier

1979, n° 78-92.407, B. crim. n° 33). Des accords peuvent cependant prévoir l'utilisation par les sections syndicales des locaux du comité d'entreprise ou des délégués du personnel (cass. crim. 9 novembre 1971, n° 70-92.884, B. crim. n° 305; D. 1972, p. 334, 2e espèce, note J-M Verdier).

• Porte atteinte à la liberté syndicale l'employeur qui déplace d'office, sans autorisation judiciaire préalable le local syndical malgré l'opposition d'un syndicat (cass. soc. 13 janvier 2010, n° 08-19.917, BC V n° 11; RJS 3/10 n° 272; RDT, mars 2010, CH, 178, M. Grévy). Dans cette affaire, l'employeur avait transféré les locaux syndicaux dans une annexe située dans l'enceinte de l'entreprise, nécessitant pour les personnes souhaitant s'y rendre de passer sous un portique électronique, de présenter un badge et de subir éventuellement une fouille, sans que de telles mesures soient justifiées par des impératifs de sécurité et proportionnées au but recherché. Voir aussi précédemment cass. soc. 26 septembre 2007, n° 06-13.810, BC V n° 143, rendu dans la même affaire, ayant jugé qu'une telle mesure constituait un trouble manifestement illicite.

• ***Second alinéa.*** Dans les entreprises de mille salariés et plus, seules les organisations syndicales représentatives ont droit à un local particulier. Lors des travaux parlementaires (rapport Sénat n° 470), il a été précisé que les organisations syndicales dont la représentativité n'a pas encore été prouvée bénéficieront quant à elles d'un local commun. Il s'agit d'éviter que les grandes entreprises se voient submerger de demandes de local par des organisations qui, du moins au départ, ne représenteraient qu'elles-mêmes.

Art. L. 2142-9. Les modalités d'aménagement et d'utilisation par les sections syndicales des locaux mis à leur disposition sont fixées par accord avec l'employeur.

Note • Lorsque l'entreprise est fermée, l'employeur, en l'absence d'accord préalable conclu avec les organisations syndicales, peut, sans commettre d'entrave à l'exercice du droit syndical, interdire l'accès de l'entreprise, et notamment du local syndical, aux membres d'une section syndicale (cass. soc. 16 mars 1993, n° 91-84.767, B. crim. n° 118; RJS 6/93 n° 630).

• L'employeur qui a autorisé une section syndicale à faire usage d'une ligne téléphonique privative directe ne peut s'opposer à la mise sur cette ligne d'un répondeur automatique (cass. soc. 27 octobre 1981, n° 80-12.637, BC V n° 832).

• Pour l'accomplissement de leur mission légale et la préservation de la confidentialité qui s'y attache, les salariés protégés doivent pouvoir disposer sur leur lieu de travail d'un matériel ou procédé excluant l'interception de leurs communications téléphoniques et l'identification de leurs correspondants (cass. soc. 4 avril 2012, n° 10-20.845, BC V n° 117; JCP éd. S 2012, 1263, note P-H d'Ornano; RJS 6/12 n° 572; Dr. Soc. 2012, p. 469, obs. L. Pécaut-Rivolier).

SECTION 6. Réunions syndicales

Art. L. 2142-10. Les adhérents de chaque section syndicale peuvent se réunir une fois par mois dans l'enceinte de l'entreprise en dehors des locaux de travail suivant des modalités fixées par accord avec l'employeur.

Les sections syndicales peuvent inviter des personnalités syndicales extérieures à l'entreprise à participer à des réunions organisées par elles dans les locaux syndicaux mis à leur disposition en application de l'article L. 2142-8, ou, avec l'accord du chef d'entreprise, dans d'autres locaux mis à leur disposition.

Des personnalités extérieures autres que syndicales peuvent être invitées par les sections syndicales à participer à une réunion, avec l'accord de l'employeur.

Note • Seuls les adhérents des sections syndicales constituées dans l'entreprise jouissent, en principe, de ce droit de réunion, mais on doit considérer qu'en fait, des «sympathisants» peuvent assister aux réunions mensuelles.

• Sur la distinction entre les réunions syndicales mensuelles (en dehors des heures de travail) et les réunions de grévistes qui peuvent se tenir pendant le temps de travail, voir cass. crim. 9 novembre 1971, n° 70-92.884, B. crim. n° 305; D. 1972, p. 334, 2e espèce, note J-M Verdier; cass. soc. 4 juillet 1972, n° 71-40.592, BC V n° 482; 16 mai 1973, n° 72-40.541, BC V n° 301; 11 janvier 1979, n° 77-41.763, BC V n° 26; voir aussi 8 novembre 1988, n° 85-45.100, BC V n° 575.

• C'est à tort qu'une cour d'appel a annulé la sanction prononcée contre un délégué du personnel et un délégué syndical ayant organisé, dans le local syndical pendant les heures de travail, une réunion à laquelle assistaient les représentants du personnel affiliés à la CGT ainsi que deux dirigeants de ce syndicat qu'ils avaient fait pénétrer dans l'entreprise malgré l'interdiction de l'employeur au motif qu'il s'agissait d'une rencontre privée des élus de la CGT avec des dirigeants de ce syndicat dans le cadre du libre exercice du droit syndical dans l'entreprise, alors que s'il s'était agi d'une réunion syndicale elle n'aurait pu se tenir pendant les heures de travail et que si elle était considérée comme réunion privée, l'employeur tenait de son pouvoir de direction le droit d'interdire l'entrée de l'entreprise à des personnes qui lui étaient étrangères (cass. soc. 8 janvier 1981, n° 79-41.236, BC V n° 23).

• L'objet des réunions n'est pas précisé mais il ne peut s'écarter de celui assigné aux syndicats eux-mêmes (art. L. 2131-1 et L. 2142-1).

La loi du 28 octobre 1982 a ouvert aux sections syndicales la possibilité d'organiser des réunions avec des personnalités extérieures, réunions qui doivent également se tenir en dehors du temps de travail des participants. Elle a établi à cet égard les distinctions suivantes:
– si les personnalités extérieures invitées sont des personnalités syndicales, l'accord du chef d'entreprise n'est pas requis si la réunion se tient dans les locaux affectés aux sections syndicales; il est requis, par contre, si la réunion doit se tenir dans un local qui serait mis à la disposition de la section syndicale à cet effet (cass. soc. 12 avril 2016, n° 15-60.190, LS Jurispr. n° 78 du 26.04.2016; RJS 6/16 n° 436). Dès lors, dans les entreprises comptant moins de 201 salariés, qui ne disposent pas obligatoirement d'un local, l'accord du chef d'entreprise sera requis pour que puisse se tenir, à l'initiative de la section syndicale, une réunion faisant appel à une ou des personnalités syndicales extérieures, sauf si un local a été mis à la disposition des sections syndicales;
– si les personnalités extérieures invitées ne sont pas des personnalités syndicales, l'accord du chef d'entreprise est requis dans tous les cas.

Que faut-il entendre par «personnalité syndicale extérieure» ? Quoique des amendements tendant à substituer l'expression de «dirigeants syndicaux» à celle de «personnalités syndicales» aient été repoussés lors des débats parlementaires, on doit penser qu'il s'agira dans la pratique de militants, de dirigeants d'unions interprofessionnelles, de secrétaires fédéraux ou confédéraux. Le simple militant syndical ou même le délégué syndical d'une entreprise extérieure peut participer aux réunions visées au 2e alinéa de l'article L. 412-10 [L. 2142-10] (rép. QE 14834, JO Sén. 16 février 1984, p. 221).

Quant aux personnalités non syndicales, il peut s'agir de personnalités politiques ou de personnalités du monde universitaire, administratif, voire industriel.

Voir aussi cass. crim. 11 mai 1989, n° 87-84.544, B. crim. n° 197; RJS 7/89 n° 600.

Art. L. 2142-11. Les réunions syndicales ont lieu en dehors du temps de travail des participants à l'exception des représentants du personnel qui peuvent se réunir sur leur temps de délégation.

CHAPITRE III Délégué syndical

SECTION 1. Conditions de désignation

Note La loi 2008-789 du 20 août 2008 (JO 21) a modifié substantiellement les règles de désignation des délégués syndicaux.

Voir note sous article L. 2143-3.

Sous-section 1. Conditions d'âge et d'ancienneté

Art. L. 2143-1. Le délégué syndical doit être âgé de dix-huit ans révolus, travailler dans l'entreprise depuis un an au moins et n'avoir fait l'objet d'aucune interdiction, déchéance ou incapacité relative à ses droits civiques.

Ce délai d'un an est réduit à quatre mois en cas de création d'entreprise ou d'ouverture d'établissement.

Note • **Travail dans l'entreprise.** Un salarié ne peut être désigné en qualité de délégué syndical si, à la date de la désignation, il ne travaillait plus dans l'entreprise (cass. soc. 18 juillet 2000, n° 98-60.600). Un délégué syndical ne peut être désigné pour un établissement autre que celui dans lequel il travaille (cass. soc. 14 février 1980, n° 79-60.317, BC V n° 156; cass. ch. mixte 28 février 1986, n° 84-60.724, BC n° 4).

Il n'est pas exigé que le travail ait été exercé uniquement de façon sédentaire dans l'entreprise et non à l'extérieur de celle-ci (cass. soc. 17 mars 1976, n° 75-60.180, BC V n° 187).

Peut aussi être désigné un salarié en cours de préavis, sans toutefois que cette désignation puisse modifier la date d'expiration du contrat de travail (cass. soc. 1er juin 1976, n° 75-60.205, BC V n° 342). Peu importe que le salarié ait été dispensé d'effectuer son préavis. Statuant sur la contestation de la désignation d'un salarié en qualité de représentant syndical au comité d'établissement, la Cour de cassation a en effet décidé que la désignation pouvait intervenir après le licenciement pendant toute la période du préavis et pour sa durée, le contrat de travail ne prenant fin qu'à l'expiration de celui-ci (cass. soc. 29 octobre 2003, n° 02-60.638, BC V n° 269; RJS 2/04 n° 221).

Salariés mis à disposition. La Cour de cassation avait déjà reconnu qu'un fonctionnaire détaché auprès d'un organisme de droit privé pouvait y être désigné comme délégué syndical s'il travaillait pour le compte de cet organisme dans un rapport de subordination (cass. soc. 5 mars

1997, n° 96-60.041, BC V n° 99; RJS 5/97 n° 564). Elle considère maintenant que la mise à disposition d'un salarié a pour effet de l'intégrer à la communauté des travailleurs de l'entreprise d'accueil et de lui permettre de participer à l'exercice du droit syndical; dès l'instant qu'il remplit les conditions nécessaires, un salarié détaché peut donc être désigné comme délégué syndical dans l'entreprise d'accueil (cass. soc. 30 mai 2001, n° 99-60.466, BC V n° 194; RJS 10/01 n° 1157). L'exigence d'un rapport de subordination est ainsi remplacée par celle de l'intégration du salarié mis à disposition dans la communauté des travailleurs de l'entreprise d'accueil.

À noter qu'un salarié mis à disposition conserve la possibilité d'être désigné en qualité de délégué syndical dans son entreprise d'origine, dès lors qu'il en demeure le salarié: il n'appartient en effet qu'aux organisations syndicales qui utilisent les facultés de désignation offertes par la loi d'apprécier si un salarié, détaché au sein d'une autre structure, est en mesure d'accomplir sa mission syndicale au sein de son entreprise d'origine. Est donc valide la désignation d'un salarié en qualité de délégué syndical au sein de son entreprise d'origine effectuée 3 ans après son détachement au sein d'un groupement d'intérêt économique dès lors qu'à la date de cette désignation, il était toujours salarié de l'entreprise (cass. soc. 27 mai 2009, n° 08-60.569, BC V n° 140; JSL n° 259, 13.07.2009, p. 22; RJS 8-9/09 n° 732; RDT, septembre 2009, CH, 530, E. Peskine).

Maîtres de l'enseignement privé. Intégrés de façon étroite et permanente dans la collectivité de travail de leur établissement, les maîtres de l'enseignement privé, dont le statut est défini par les articles L. 442-5 du code de l'éducation et L. 813-8 du code rural dans leur rédaction issue de la loi 2005-5 du 5 janvier 2005, entrent dans le champ d'application des dispositions de l'article L. 412-14 [L. 2143-1] CT relatives à la désignation des délégués syndicaux (cass. avis 15 janvier 2007, n° 07-00.002, BC n° 1; RJS 3/07 n° 391; JSL, 13.03.2007, p. 9, M-Ch. Haller).

• **Ancienneté.** Il n'est pas exigé que le travail ait été effectué en vertu d'un seul contrat; il peut l'avoir été par des contrats successifs et distincts. Peut être désignée toute personne qui travaille effectivement dans l'entreprise depuis au moins 1 an, peu important qu'elle ait travaillé en vertu de contrats successifs et distincts, séparés par une ou plusieurs périodes d'interruption, ou qu'elle travaille à temps partiel (cass. soc. 17 mars 1976, n° 75-60.180, précité; 23 mars 1982, n° 81-60.932, BC V n° 215; 9 novembre 1982, n° 82-60.107, BC V n° 620; 15 mai 1991, n° 90-60.310, BC V n° 244; RJS 6/91 n° 723). Cependant, seules comptent les périodes effectuées dans le cadre d'un emploi salarié; les périodes de stage ne sont pas prises en compte (cass. soc. 26 novembre 2003, n° 02-60.624, BC V n° 303; RJS 2/04 n° 226).

La suspension du contrat de travail ne fait pas perdre l'ancienneté. Ainsi, il a été jugé qu'un salarié, en invalidité et dont le contrat de travail était suspendu depuis plus d'un an, avait pu être valablement désigné en qualité de délégué syndical dès lors qu'à la date de sa désignation il travaillait dans l'entreprise depuis plus d'un an (cass. soc. 3 mars 2004, n° 03-60.152).

Le salarié protégé qui est réintégré dans son emploi après annulation d'une autorisation administrative de licenciement retrouve ses fonctions et son ancienneté (cass. soc. 23 juin 1999, n° 98-60.383, BC V n° 294).

L'ancienneté acquise par un salarié dans une société d'un groupe doit être prise en compte pour le calcul de l'ancienneté requise pour être désigné délégué syndical dans une autre société du groupe (cass. soc. 7 mars 2001, n° 99-60.442, BC V n° 75; Dr. Soc. 2001, p. 569, obs. J. Savatier). Pour le calcul de l'ancienneté du salarié mis à la disposition d'une entreprise utilisatrice par une entreprise de travail temporaire et qui est, par la suite, embauché par l'entreprise utilisatrice, il faut prendre en compte la durée des missions effectuées dans celle-ci au cours des 3 mois précédant l'embauche (cass. soc. 12 février 1991, n° 90-60.354, BC V n° 65; RJS 3/91 n° 348).

Lorsque le salarié est passé au service de la société au sein de laquelle il a été désigné comme délégué syndical par l'effet de l'article L. 122-12 (ancien) CT, il convient de tenir compte de l'ancienneté acquise au service du précédent employeur pour vérifier que la condition d'ancienneté exigée par la loi est remplie (cass. soc. 28 novembre 2001, n° 00-60.320, RJS 3/02 n° 303). En revanche, lorsque le transfert d'une entité économique ne donne pas lieu à application de l'article L. 122-12, al. 2 (ancien) CT, l'ancienneté du salarié acquise au service du premier employeur ne peut être prise en compte pour déterminer les droits à être désigné comme délégué syndical au sein de la seconde entreprise (cass. soc. 30 mai 1996, n° 95-60.784, RJS 8-9/96 n° 902), sauf disposition conventionnelle prévoyant que le salarié conserve le bénéfice de son ancienneté en matière de représentation syndicale (cass. soc. 19 septembre 2007, n° 06-60.153, BC V n° 134; RJS 11/07 n° 1165).

Salarié déjà détenteur d'un mandat de représentant du personnel. Un salarié élu représentant du personnel, ou régulièrement candidat à ces fonctions, remplit par là même les conditions d'ancienneté et de présence dans l'entreprise pour être désigné délégué syndical ou représentant syndical au comité d'entreprise (cass. soc. 4 février 2004, n°s 02-60.028 et 02-60.066, BC V n°s 37 et 39; RJS 5/04 n° 626).

Lorsque la condition d'ancienneté n'est pas remplie le jour de la désignation, le juge ne peut, en cas de contestation, reporter la prise d'effet de la désignation au jour où cette condition se trouve réalisée (cass. soc. 29 mai 1991, n° 90-60.260).

La condition d'ancienneté et de travail dans l'entreprise, égale à un an au moins, est ramenée à quatre mois dans le cas de création d'entreprise ou d'ouverture d'établissement. Mais après l'expiration d'un délai d'un an, une entreprise cesse d'être nouvellement créée et le délégué syndical doit alors remplir la condition d'ancienneté d'un an (cass. soc. 25 janvier 1995, n° 94-60.049, RJS 3/95 n° 259).

• **Incapacité électorale.** Les salariés d'une entreprise sont présumés jouir de leurs droits civiques, sauf preuve contraire. Par suite, l'employeur ne peut exiger d'un délégué syndical la production d'un extrait du casier judiciaire en vue de contester sa désignation (cass. soc. 25 octobre 1978, n° 78-60.693, BC V n° 712). À noter que l'exclusion de la mention d'une condamnation au bulletin n° 2 du casier judiciaire comporte relèvement de toutes les interdictions, déchéances ou incapacités, de quelque nature qu'elles soient, résultant de cette condamnation (cass. soc. 4 février 1988, n° 87-60.217).

• **Fonctions incompatibles avec le mandat de délégué syndical.** Voir note sous article L. 2143-9.

• **Libre choix de la désignation (sous réserve des dispositions de l'article L. 2143-3).** Il n'appartient qu'aux organisations syndicales qui désignent un délégué syndical d'apprécier si un salarié ne travaillant pas en permanence dans l'entreprise sera en mesure d'y remplir sa mission syndicale (cass. soc. 5 novembre 1982, n° 82-60.171, BC V n° 604; 9 janvier 1985, n° 84-60.550, BC V n° 19; 9 avril 1987, n° 86-60.190, BC V n° 225; 4 décembre 1991, n° 90-60.533, BC V n° 555; RJS 2/92 n° 169; 17 juillet 1996, n° 95-60.896, BC V n° 295; RJS 8-9/96 n° 942; voir aussi cass. soc. 27 mai 2009, n° 08-60.569, BC V n° 140, s'agissant de la désignation dans son entreprise d'origine d'un salarié détaché auprès d'un GIE). La Cour de cassation rappelle que dans les cas où la loi permet la désignation d'un délégué syndical, elle ne l'impose pas. Un syndicat peut donc valablement désigner un délégué syndical qui ne travaille pas en permanence dans l'entreprise (ayant obtenu, en l'espèce, un congé de formation professionnelle entraînant son absence de l'établissement pendant une année scolaire, cass. soc. 5 mars 1997, n° 96-60.041, BC V n° 99; RJS 5/97 n° 564).

Un salarié ayant sollicité sa réintégration, bien que ne l'ayant pas encore obtenue, fait toujours partie du personnel de l'entreprise et peut être désigné comme délégué syndical (cass. soc. 17 juillet 1996, n° 95-60.896, BC V n° 295; RJS 8-9/96 n° 942; 10 décembre 1996, n° 95-60.958, RJS 1/97 n° 58). De même, c'est à bon droit qu'un tribunal d'instance a considéré qu'un délégué du personnel – dont le licenciement avait été prononcé à la suite d'une décision ministérielle d'autorisation annulée par un jugement du tribunal administratif déféré au Conseil d'État et en cours d'instruction et qui avait été réintégré provisoirement dans son emploi – pouvait être désigné comme délégué syndical jusqu'à nouvel ordre, sous réserve de l'effet rétroactif de l'arrêt à intervenir du Conseil d'État rendant inopérants, ou au contraire effectifs, l'autorisation ministérielle et le licenciement lui-même (cass. soc. 11 mars 1982, n° 81-60.906, BC V n° 173).

À noter que le salarié d'une entreprise de travail temporaire, dont le contrat conclu en vue de sa mise à disposition d'un utilisateur a pris fin, ne peut être désigné comme délégué syndical (cass. soc. 12 décembre 1979, n° 79-60.231, BC V n° 974).

Art. L. 2143-2. Dans les entreprises de travail temporaire, la condition d'ancienneté pour être désigné délégué syndical est fixée à six mois pour les salariés temporaires. Elle est appréciée en totalisant les périodes pendant lesquelles ces salariés ont été liés à ces entreprises par des contrats de mission au cours des dix-huit mois précédant la désignation du délégué syndical. Ce délai est réduit à six mois en cas de création d'entreprise ou d'ouverture d'établissement.

Note Comme dans toute entreprise ou établissement, la désignation d'un délégué syndical dans une entreprise de travail temporaire suppose l'existence d'une section syndicale caractérisée par la présence d'au moins deux adhérents (l'un d'eux pouvant être nommé délégué syndical s'il remplit les autres conditions). Par application des dispositions de l'article L. 1251-54, 2° CT sont considérés comme adhérents les salariés intérimaires (affiliés au syndicat) liés à l'entreprise de travail temporaire par des contrats de mission pendant une durée totale d'au moins trois mois au cours de la dernière année civile, peu important qu'ils ne soient pas titulaires d'un contrat de mission lors de la désignation du représentant de section syndicale (ou du délégué syndical) dès lors qu'ils n'ont pas fait connaître à l'entrepreneur de travail temporaire qu'ils n'entendent plus bénéficier d'un nouveau contrat et que ce dernier ne leur a pas notifié sa décision de ne plus faire appel à eux pour de nouveaux contrats (cass. soc. 11 mai 2016, n° 15-17.200, BC V n° 94; LS Jurispr. n° 94 du 24.05.2016; JCP éd. S 2016, 1281, note J-Y Kerbourc'h).

Sous-section 2. Conditions d'effectifs

§ 1. Entreprises de cinquante salariés et plus

Art. L. 2143-3. ***(L. 2018-217 du 29 mars 2018, art. 6, 1°, JO 31)*** Chaque organisation syndicale représentative dans l'entreprise ou l'établissement d'au moins cinquante salariés, qui constitue une section syndicale, désigne parmi les candidats aux élections professionnelles qui ont recueilli à titre personnel et dans leur collège au moins 10 % des suffrages exprimés au premier tour des dernières élections au comité social et économique, quel que soit le nombre de votants, dans les limites fixées à l'article L. 2143-12, un ou plusieurs délégués syndicaux pour la représenter auprès de l'employeur.

Si aucun des candidats présentés par l'organisation syndicale aux élections professionnelles ne remplit les conditions mentionnées au premier alinéa du présent article ou s'il ne reste, dans l'entreprise ou l'établissement, plus aucun candidat aux élections professionnelles qui remplit les conditions mentionnées au même premier alinéa, ou si l'ensemble des élus qui remplissent les conditions mentionnées audit premier alinéa renoncent par écrit à leur droit d'être désigné délégué syndical, une organisation syndicale représentative peut désigner un délégué syndical parmi les autres candidats, ou, à défaut, parmi ses adhérents au sein de l'entreprise ou de l'établissement ou parmi ses anciens élus ayant atteint la limite de durée d'exercice du mandat au comité social et économique fixée au deuxième alinéa de l'article L. 2314-33.

La désignation d'un délégué syndical peut intervenir lorsque l'effectif d'au moins cinquante salariés a été atteint pendant douze mois consécutifs.

Elle peut intervenir au sein de l'établissement regroupant des salariés placés sous la direction d'un représentant de l'employeur et constituant une communauté de travail ayant des intérêts propres, susceptibles de générer des revendications communes et spécifiques.

Note **Charge de la preuve.** Il appartient à l'employeur de faire la preuve des effectifs de l'entreprise qu'il allègue pour opposer à une organisation syndicale un seuil d'effectif inférieur à celui permettant la désignation d'un représentant syndical (cass. soc. 25 septembre 2019, n° 18-60.206, à paraître, LS Jurispr. n° 188 du 15.10.2019; JSL n° 485, 12.11.2019, pp. 16 et s., H. Nasom-Tissandier; RJS 12/19 n° 707).

Sur la détermination des effectifs, voir aussi note sous article L. 2311-2.

Conditions de franchissement des seuils d'effectifs

Les règles applicables sont communes aux trois anciennes institutions représentatives du personnel (voir art. L. 2312-2 ancien s'agissant des délégués du personnel, L. 2322-2 ancien s'agissant des membres du comité d'entreprise, L. 4611-1 s'agissant des membres du CHSCT) et au comité social et économique (voir art. L. 2311-2).

Si des sections syndicales peuvent être constituées dans des entreprises de moins de 50 salariés, des délégués syndicaux ne peuvent être désignés, sauf disposition conventionnelle plus favorable (voir notamment cass. soc. 26 janvier 2000, n° 98-60.597), que dans des entreprises (ou établissements) d'au moins 50 salariés. Voir aussi note sous art. L. 2141-10.

Entreprises ou établissements qui ont atteint le seuil requis. La possibilité de désigner un délégué syndical ou l'obligation de mettre en place des délégués du personnel et/ou un comité d'entreprise et/ou d'hygiène, de sécurité et des conditions de travail n'intervient que si cette situation a existé pendant douze mois au moins, consécutifs ou non, au cours des trois années précédentes (cass. soc. 15 décembre 1983, n° 81-40.580, BC V n° 628). La désignation est régulière même si, à la date à laquelle elle est opérée, l'effectif est inférieur à 50 salariés (CE 14 mars 1990, n° 84261, Rec. Lebon p. 69; voir aussi rép. QE 22650, JO AN 4 février 1991, p. 433). Le calcul des effectifs doit être effectué mois par mois au cours des trois années précédentes et non pas en calculant une «moyenne» de chacune de ces trois années (cass. soc. 17 décembre 1984, n° 84-60.491, BC V n° 503).

Pour déterminer le seuil d'effectif à partir duquel un délégué syndical peut être désigné pour la première fois dans un établissement constitué à la suite d'une modification dans la situation juridique de l'employeur, les salariés compris dans l'effectif de l'établissement sont pris en compte avec l'ancienneté acquise par l'effet de l'article L. 122-12, al. 2 (ancien) CT (cass. soc. 6 juin 2000, n° 98-60.529, BC V n° 222; RJS 11/90 n° 1102).

De même, pour déterminer le seuil d'effectif à partir duquel un délégué syndical peut être désigné dans un établissement nouvellement créé, il convient de prendre en compte l'ancienneté que les salariés affectés à cet établissement ont acquise dans l'entreprise. Il appartient donc au tribunal d'instance [tribunal judiciaire] de rechercher si, compte tenu de l'ancienneté acquise par les salariés au sein de l'entreprise, la condition d'un effectif de cinquante salariés au moins pendant douze mois consécutifs est ou non remplie (cass. soc. 29 mars 2005, n° 04-60.139, BC V n° 102; RJS 7/05 n° 758). Les dispositions de l'article L. 2143-3 relatives à la durée et à la période pendant lesquelles ce seuil doit être atteint s'appliquent pour la désignation d'un représentant de section syndicale (cass. soc. 8 juillet 2015, n° 14-60.691, BC V n° 149; RJS 10/15 n° 652; JCP éd. S 2015, 1313, note G. François).

Entreprises ou établissements qui atteindront ce seuil. La possibilité ou l'obligation n'interviendra:
– qu'au bout de douze mois pendant lesquels cette situation aura existé si celle-ci ne s'était encore jamais présentée (notamment, en cas de création d'entreprise); voir cass. soc. 7 novembre 1990, n° 89-61.529, BC V n° 530 et 29 mai 1991, n° 90-60.361;
– qu'à partir du moment où cette condition aura été remplie pendant douze mois, consécutifs ou non, si l'entreprise ou l'établissement avait déjà, à un moment, dépassé ce seuil.

La Cour de cassation, à l'occasion d'un litige portant sur la désignation d'un représentant syndical dans une association, a décidé de soumettre à la Cour de justice de l'Union européenne les questions préjudicielles suivantes:
1° le droit fondamental relatif à l'information et à la consultation des travailleurs, reconnu par l'article 27 de la Charte des droits fondamentaux de l'Union européenne, tel que précisé par les dispositions de la directive 2002/14/CE du Parlement européen et du Conseil du 11 mars 2002 établissant un cadre général relatif à l'information et à la consultation des travailleurs dans la Communauté européenne, peut-il être invoqué dans un litige entre particuliers aux fins de vérifier la conformité d'une mesure nationale de transposition de la directive ?
2° dans l'affirmative, ces mêmes dispositions doivent-elles être interprétées en ce sens qu'elles s'opposent à une disposition législative nationale [art. L. 1111-2] excluant du calcul des effectifs de l'entreprise, notamment pour déterminer les seuils légaux de mise en place des institutions représentatives du personnel, les travailleurs titulaires des contrats suivants: apprentissage, contrat initiative-emploi, contrat d'accompagnement dans l'emploi, contrat de professionnalisation ? (cass. soc. 24 avril 2012, n° 11-21.609, BC V n° 122; JCP éd. S 2012, 1301, note J-Ph. Tricoit; RJS 6/12 n° 601).

En réponse à cette question, par son arrêt du 15 janvier 2014 (aff. C-176/12, JOUE C 85/3 du 22.03.2014), la CJUE (grande chambre) a jugé que:
– l'article 3, § 1, de la directive 2002/14/CE du Parlement européen et du Conseil du 11 mars 2002, établissant un cadre général relatif à l'information et la consultation des travailleurs dans la Communauté européenne doit être interprété en ce sens qu'il s'oppose à une disposition nationale, telle que l'article L. 1111-3 CT, qui exclut les travailleurs titulaires de contrats aidés du calcul des effectifs de l'entreprise dans le cadre de la détermination des seuils légaux de mise en place des institutions représentatives du personnel;
– l'article 27 de la Charte des droits fondamentaux de l'Union européenne, seul ou en combinaison avec les dispositions de la directive 2002/14/CE du 11 mars 2002, doit être interprété en ce sens que, lorsqu'une disposition nationale de transposition de cette directive, telle que l'article L. 1111-3 CT français, est incompatible avec le droit de l'Union, cet article de la Charte ne peut pas être invoqué dans un litige entre particuliers afin de laisser inappliquée ladite disposition nationale.

Unité économique et sociale (UES)

Il ne peut être procédé à la désignation d'un délégué syndical au sein d'une UES que lorsque des élections permettant de déterminer la représentativité des syndicats et l'audience des candidats ont été organisées dans ce périmètre. Doit dès lors être cassée la décision validant la désignation d'un délégué syndical au sein d'une UES au motif qu'un autre jugement a reconnu l'existence d'une telle unité alors que, non assorti de l'exécution provisoire, ce jugement faisait l'objet d'un appel pendant au jour de la désignation litigieuse et qu'aucune élection n'avait été organisée au sein du périmètre considéré (cass. soc. 29 mai 2013, n° 12-60.262, BC V n° 141; Dr. Soc. 2013, p. 653, act. Fr. Petit).

Le champ professionnel tel que déterminé par les statuts d'un syndicat et lui donnant vocation à représenter les salariés d'une UES doit s'apprécier par référence à l'activité principale de cette UES (cass. soc. 26 septembre 2012, n° 11-60.147, BC V n° 244; JCP éd. S 2012, 1534, note B. Gauriau; RJS 12/12 n° 957).

Conditions requises du syndicat

Représentativité du syndicat. Si la possibilité de désigner un ou plusieurs délégués syndicaux demeure réservée aux syndicats représentatifs, leur représentativité doit désormais être appréciée «dans l'entreprise ou dans les établissements de cinquante salariés ou plus» en vertu du principe de représentativité prouvée au niveau concerné. Sur ce point, voir, *supra* Chapitre II «Syndicats représentatifs», art. L. 2122-1 et s. et notes sous ces articles.

Constitution d'une section syndicale. Pour désigner un délégué syndical dans une entreprise ou un établissement, un syndicat représentatif doit y avoir constitué une section syndicale comportant au moins deux adhérents (voir note sous article L. 2142-1). Lorsque la désignation est effectuée dans le cadre d'un établissement distinct, le syndicat doit avoir constitué, dans cet établissement, une section syndicale comportant au moins deux adhérents (cass. soc. 23 juin 2010, n° 09-60.438, BC V n° 150; RJS 10/10 n° 789).

Auteur de la désignation. Ce doit être le syndicat et non la section syndicale d'entreprise (cass. soc. 6 juillet 1977, n° 77-60.512, BC V n° 472 et 8 juillet 1977, n° 77-60.518, BC V n° 489), sauf lorsque celle-ci est elle-même constituée en syndicat distinct.

Champ statutaire. Un syndicat ne peut désigner un délégué syndical que dans le champ d'application géographique et professionnel déterminé par ses statuts, peu important son adhésion à une organisation reconnue représentative au plan national et interprofessionnel (cass. soc. 11 février 2009, n° 08-60.440, BC V n° 46; RJS 4/09 n° 374; JCP éd. S 2009, 1242, note J-Y Kerbourc'h). Le champ professionnel statutaire du syndicat doit être examiné au regard de l'activité principale de l'entreprise (cass. soc. 23 septembre 2015, n° 14-24.761).

L'absence de contestation, à l'occasion des élections professionnelles, de la capacité d'un syndicat à présenter des candidats au premier tour du scrutin n'empêche pas que soit contestée, postérieurement aux élections, la représentativité de ce syndicat dans le champ géographique et professionnel que couvre l'entreprise, peu important que le litige porte sur les critères également imposés pour la présentation de candidats (cass. soc. 26 juin 2013, n° 12-21.766, BC V n° 173; RJS 10/13 n° 698; Dr. Soc. 2013, p. 862, act. Fr. Petit).

Affiliation. L'affiliation confédérale sous laquelle un syndicat a présenté des candidats au premier tour des élections des membres titulaires du comité d'entreprise constitue un élément essentiel du vote des électeurs; il s'ensuit qu'en cas de désaffiliation intervenant après ces élections, le syndicat ne peut plus se prévaloir des suffrages ainsi obtenus pour se prétendre représentatif, quand bien même la décision de désaffiliation émane de la confédération, et désigner un délégué syndical (cass. soc. 28 novembre 2012, n° 12-14.528, BC V n° 311; JCP éd. S 2013, 1072, note Y. Pagnerre).

Périmètre de désignation du délégué syndical

La loi 2008-789 du 20 août 2008 portant rénovation de la démocratie sociale avait substantiellement modifié le périmètre de désignation du délégué syndical. Il résultait en effet d'une combinaison de diverses de ses dispositions que ce périmètre, sauf accord collectif en disposant autrement, devait être le même que celui retenu, lors des dernières élections, pour la mise en place du comité d'entreprise ou d'établissement.

Voir Code du Travail Annoté, éd. 2014, note sous art. L. 2143-3.

Mais il ne semble pas que l'intention des négociateurs de la position commune du 15 avril 2008 ayant conduit à l'adoption de cette loi ait été d'aboutir à un tel alignement. Aussi la loi 2014-288 du 5 mars 2014 relative à la formation professionnelle, à l'emploi et à la démocratie sociale rompt le lien entre le périmètre au sein duquel est mis en place un comité d'entreprise ou d'établissement et celui au sein duquel peuvent être désignés les délégués syndicaux. Désormais, le périmètre légal d'implantation des délégués syndicaux peut être plus étroit que celui du comité d'entreprise ou d'établissement, et, aujourd'hui, que celui du comité social et économique. Pour constituer un établissement distinct permettant la désignation de délégués syndicaux (ou de représentants de sections syndicales), il suffit en effet que soit constatée l'existence d'un regroupement (d'au moins 50 salariés) sous la direction d'un représentant de l'employeur d'une communauté de travail ayant des intérêts propres susceptibles de générer des revendications communes et spécifiques. La formule est reprise de décisions de la Cour de cassation rendues avant la loi de 2008 (cass. soc. 24 avril 2003, n° 01-60.876, BC V n° 141; RJS 7/03 n° 908), ou après dans une espèce où la convention collective applicable supprimait toute condition d'effectif pour la désignation des délégués syndicaux mais ne définissait pas autrement ce qu'il fallait entendre par établissement distinct (cass. soc. 14 novembre 2012, n° 11-25.433, BC V n° 290; JCP éd. S 2012, 1541, note E. Jeansen; RJS 1/13 n° 50, 3e espèce). On peut penser que, sous réserve de la condition d'effectif, les critères permettant de définir l'établissement distinct au sens de la représentation syndicale seront assez proches de ceux retenus pour caractériser un tel établissement au sens des délégués du personnel.

Ceci étant, si le périmètre de désignation est contesté, il ne suffit pas de constater que ce même périmètre a été retenu pour l'élection de délégués du personnel. Les conditions tenant à l'existence d'une communauté de travail, placée sous la direction d'un représentant de l'employeur, ayant des intérêts propres susceptibles de générer des revendications communes et spécifiques doivent être établies par le syndicat dont la désignation est contestée (cass. soc. 24 mai 2016, n° 15-20.168, BC V n° 113; RJS 8-9/16 n° 573, 2e espèce; JCP éd. S 2016, 1280, 1re espèce, note Y. Pagnerre). Pour un tel constat, voir par exemple cass. soc. 14 décembre 2015, n° 15-14.112. Il a été jugé que les intérêts propres susceptibles de générer des revendications communes et spécifiques doivent concerner l'ensemble des salariés d'un établissement. Un tribunal ne peut donc pas retenir l'existence d'un établissement distinct lorsque ces intérêts ne sont propres qu'à certains salariés seulement (cass. soc. 10 juillet 2019, n° 18-23.873, LS Jurispr. n° 138 du 30.07.2019). Bien entendu, une convention ou un accord collectif peut prévoir pour la désignation du délégué syndical un périmètre différent de celui défini par les dispositions légales (cass. soc. 14 octobre 2020, n° 19-23.326).

En revanche, la mise en place conventionnelle de comités d'établissement dans des établissements employant moins de cinquante salariés autorise la désignation de délégués syndicaux dans ces mêmes périmètres (cass. soc. 12 avril 2016, n° 15-21.233).

Les accords conclus avant la modification résultant de la loi du 5 mars 2014 et qui alignent le périmètre de désignation des délégués syndicaux sur ceux des comités d'entreprise ou d'établissements ne peuvent pas faire échec au droit des syndicats de se prévaloir des nouvelles dispositions légales qui, si elles n'ouvrent qu'une simple faculté aux organisations syndicales, sont d'ordre public (cass. soc. 31 mai 2016, n° 15-21.175, BC V n° 121; RJS 8-9/16 n° 573, 1re espèce; JCP éd. S 2016, 1280, 2e espèce, note Y. Pagnerre; RDT, septembre 2016, CH, 575, I. Odoul-Asorey). Bien entendu, il doit en être de même des accords postérieurs à cette loi.

Conditions requises du délégué syndical

La loi 2008-789 du 20 août 2008 a ajouté de nouvelles conditions pour la désignation des délégués syndicaux. Désormais, outre les conditions d'âge, de travail dans l'entreprise, d'ancienneté et de capacité électorale fixées par les articles L. 2143-1 et 2, le délégué syndical doit:

– être choisi parmi les candidats aux dernières élections professionnelles (comité d'entreprise, délégation unique du personnel ou délégués du personnel);

– avoir recueilli au moins 10 % des suffrages exprimés au premier tour, quel que soit le nombre de votants, ce score étant calculé sur le seul collège au sein duquel sa candidature a été présentée (cass. soc. 29 juin 2011, n° 10-19.921, BC V n° 179; RJS 10/11 n° 818). La loi du 5 mars 2014 a repris cette précision jurisprudentielle au premier alinéa de l'article.

Pour calculer ce pourcentage, il convient de rapporter le nombre de voix obtenues sur son nom par le candidat au nombre de bulletins valables recueillis pour l'ensemble des listes dans son collège (circ. DGT 6 du 27 juillet 2011, Question - Réponse n° 5).

S'agissant de l'obligation faite aux syndicats représentatifs de choisir en priorité le délégué syndical parmi les candidats ayant obtenu au moins 10 % des voix, la Cour de cassation a jugé qu'elle ne heurtait aucune prérogative inhérente à la liberté syndicale et que, tendant à assurer la détermination par les salariés eux-mêmes des personnes les plus aptes à défendre leurs intérêts dans l'entreprise et à conduire les négociations pour leur compte, elle ne constituait pas une ingérence arbitraire dans le fonctionnement syndical (cass. soc. 14 avril 2010, n° 09-60.426, BC V n° 100; RJS 6/10 n° 529). De son côté, le Conseil constitutionnel a jugé que ces dispositions étaient conformes à la Constitution (C. constit. 12 novembre 2010, n° 2010-63/64/65 QPC, JO 13).

Le score exigé d'un candidat pour sa désignation en qualité de délégué syndical est un score personnel: une fois les élections passées, le salarié conserve ses voix et peut être désigné comme délégué syndical par un syndicat représentatif autre que celui l'ayant présenté aux élections (cass. soc. 28 septembre 2011, n° 10-26.762, BC V n° 212; LS Bref n° 15949 du 5.10.2011; RJS 12/11 n° 997; 17 avril 2013, n° 12-22.699, BC V n° 104; RJS 7/13 n° 550). De même, est indifférent le fait que le salarié désigné a appartenu successivement à plusieurs syndicats (cass. soc. 13 janvier 2010, n° 09-60.108, BC V n° 12; RJS 3/10 n° 275).

De même, un salarié élu avec au moins 10 % des suffrages exprimés au premier tour des dernières élections au comité social et économique et dont l'élection est annulée en application de l'article L. 2314-32 relatif à la représentation équilibrée des femmes et des hommes conserve le bénéfice de son score électoral personnel exigé au titre de sa désignation en qualité de délégué syndical (cass. soc. 11 décembre 2019, n° 18-19.379, à paraître).

Ni un accord collectif, ni un engagement unilatéral de l'employeur ne peuvent avoir pour effet de modifier l'obligation légale faite aux organisations syndicales représentatives de choisir en priorité le délégué syndical parmi les candidats ayant obtenu au moins 10 % des voix au premier tour des dernières élections professionnelles. Il en résulte qu'un syndicat, qui est en droit de contester l'avantage accordé par l'employeur à un autre syndicat en violation d'une règle d'ordre public, ne peut pas en revanche revendiquer à son profit le bénéfice de cet avantage illégal (cass. soc. 29 mai 2013, n° 12-26.457, BC V n° 143; RJS 8-9/13 n° 620).

Les élections à prendre en compte sont indifféremment celles concernant les membres du comité d'entreprise, la délégation unique du personnel ou les délégués du personnel, l'article L. 2143-3 n'opérant aucune priorité entre les scrutins, à la différence de l'article L. 2122-1 relatif à la représentativité des syndicats qui se réfère à la quantité de suffrages exprimés au 1er tour des dernières élections des titulaires au comité d'entreprise ou de la délégation unique du personnel ou, à défaut, des délégués du personnel, quel que soit le nombre des votants. Un salarié ayant été candidat à la fois à l'élection des délégués du personnel et à celle du comité d'entreprise et ayant obtenu 10 % des voix à l'élection des délégués du personnel remplit donc les conditions pour être désigné délégué syndical (cass. soc. 28 septembre 2011, n° 11-10.601, BC V n° 211; JCP éd. S 2011, 1509, note E. Jeansen; RJS 12/11 n° 996).

Il n'est pas exigé que le scrutin couvre l'intégralité du périmètre au sein duquel doit s'exercer le mandat qu'elle confère au salarié; il en résulte que dès lors que le salarié a obtenu au moins 10 % des suffrages aux élections des délégués du personnel organisées au sein d'un établissement, il peut être désigné délégué syndical d'entreprise (cass. soc. 28 novembre 2012, n° 12-13.628, BC V n° 309; JCP éd. S 2013, 1061, note E. Jeansen).

En cas de transfert partiel d'entreprise, c'est-à-dire de transfert d'une entité économique autonome conservant son identité, emportant le maintien des mandats en cours - et non en cas de transfert de certains contrats de travail seulement -, le salarié peut se prévaloir du score de 10 % des suffrages exprimés qu'il a obtenu dans l'ancienne entreprise pour être désigné comme délégué syndical (cass. soc. 14 décembre 2011, n° 10-27.441, BC V n° 300; RJS 3/12 n° 269; LS Jurispr. n° 253 du 27.12.2011; Dr. Soc. 2012, p. 211, obs. L. Pécaut-Rivolier).

Lorsqu'un délégué syndical, licencié après autorisation, n'a pu être candidat aux élections professionnelles organisées dans l'entreprise postérieurement à son licenciement, le syndicat est en droit, si l'intéressé demande sa réintégration à la suite de l'annulation de la décision de l'autorité administrative, de le désigner de nouveau en qualité de délégué syndical sans que puissent y faire obstacle les dispositions du premier alinéa de l'article L. 2143-3 CT imposant aux syndicats représentatifs de choisir le délégué syndical en priorité parmi les candidats ayant recueilli au moins 10 % des suffrages exprimés au premier tour des dernières élections (cass. soc. 14 novembre 2013, n° 13-11.301, BC V n° 263; RJS 1/14 n° 58).

Portée des dispositions du deuxième alinéa. À partir du moment où un syndicat dispose de candidats ayant obtenu au moins 10 % des suffrages exprimés au premier tour des dernières élections, il a l'obligation de désigner un délégué syndical parmi ceux-ci. Doit être cassé le jugement d'un tribunal d'instance qui, pour valider la désignation par un syndicat d'un délégué syndical n'ayant pas été candidat lors des dernières élections de la délégation unique du personnel organisées au sein d'une société, avait retenu que les élus de ce syndicat avaient adressé au directeur général une lettre faisant état de leur souhait de ne pas exercer le mandat de délégué syndical et avaient unanimement décidé de confier ce mandat au salarié désigné (cass. soc. 29 juin 2011, n° 10-60.394, BC V n° 180; Dr. Soc. 2011, p. 1130, obs. Fr. Petit; 26 octobre 2011, n° 10-60.437; 3 novembre 2016, n° 15-60.203, BC V n° 207; LSQ n° 17197 du 9.11.2016; JCP éd. S 2016, 1425, note A. Cormier Le Goff; JSL n° 421-422, 21.12.2016, pp. 11 et s., M. Patin; RDT, février 2017, CH, 141, I. Odoul-Asorey; RJS 1/17 n° 39, qui rappelle également qu'un salarié transféré d'un établissement à un autre d'une même entreprise ne conserve pas le score électoral obtenu dans son établissement d'origine).

Le syndicat qui n'a présenté dans le périmètre de désignation lors des élections professionnelles aucun candidat susceptible d'être désigné délégué syndical ne peut invoquer les dispositions de l'article L. 2143-3, al. 2 CT. Doit en conséquence être approuvé le tribunal qui, constatant qu'un syndicat n'avait présenté aux élections des membres du comité d'entreprise aucun candidat travaillant au sein de l'agence sur le périmètre de laquelle pouvait s'effectuer la désignation d'un délégué syndical, et n'ayant pas présenté de liste aux élections des délégués du personnel au sein de cette agence, sans faire état d'une situation particulière de nature à justifier cette carence, a dit nulle la désignation au sein de l'agence d'un salarié simple adhérent du syndicat (cass. soc. 12 avril 2012, n° 11-60.219, BC V n° 124; JCP éd. S 2012, 1234, note Fr. Favennec-Héry; RJS 6/12 n° 577; 7 novembre 2012, n° 11-61.212).

L'obligation de choisir ce délégué en priorité parmi les candidats qui ont recueilli au moins 10 % des suffrages exprimés au premier tour des dernières élections professionnelles n'a pas pour objet ou pour effet de priver cette organisation syndicale du droit de disposer d'un représentant dès lors qu'elle a présenté des candidats à ces élections dans le périmètre de désignation (cass. soc. 27 février 2013, 2 arrêts, n°s 12-15.807 et 12-17.221, BC V n°s 65 et 66; JCP éd. S 2013, 1199, note C. Arandel et C. Franco; RJS 5/13 n° 395: en l'espèce, était en cause le droit pour un syndicat de désigner comme délégués syndicaux conventionnels, dont le nombre était supérieur à celui fixé par le code du travail, des salariés candidats aux élections qui n'avaient pas atteint le seuil de 10 %; voir Y. Struillou, Désignation d'un délégué syndical, RJS 5/13, p. 283). L'article L. 2143-3 CT n'exige pas alors de l'organisation syndicale qu'elle propose, préalablement à la désignation en qualité de délégué syndical d'un salarié candidat sur sa liste mais n'ayant pas obtenu au moins 10 % des suffrages, à l'ensemble des candidats ayant obtenu au moins 10 %, toutes listes syndicales confondues, d'être désigné délégué syndical (cass. soc. 27 février 2013, précités; 8 juillet 2020, n° 19-14.605, à paraître, LS n° 18126 du 25.08.2020; JCP éd. S 2020, 3012, note G. François; RJS 10/20 n° 482; JSL n° 504 du 28.09.2020, p. 25, D. J.-P.). Par ailleurs, le 2e alinéa de l'article L. 2314-33 doit être interprété en ce sens que lorsque tous les élus ou tous les candidats qu'elle a présentés aux dernières élections professionnelles ont renoncé à être désignés délégué syndical, l'organisation syndicale peut désigner comme délégué syndical l'un de ses adhérents au sein de l'entreprise ou de l'établissement ou l'un de ses anciens élus ayant atteint la limite de trois mandats successifs au CSE (cass. soc. 8 juillet 2020, n° 19-14.605, précité).

A été approuvé le tribunal d'instance, qui, ayant constaté que suite au départ de l'entreprise de trois candidats présents sur les listes d'un syndicat lors des dernières élections, et à la démission de ses fonctions de délégué syndical de même appartenance du quatrième candidat qui avait rejoint une autre organisation syndicale, le syndicat ne disposait plus de candidats en mesure d'exercer un mandat de délégué syndical à son profit, a jugé que la désignation par le syndicat d'un adhérent qui n'avait pas été candidat aux dernières élections professionnelles était valide (cass. soc. 27 février 2013, n° 12-18.828, BC V n° 67; JCP éd. S 2013, 1199, 1re espèce, note C. Arandel et C. Franco; RJS 5/13 n° 395, 3e espèce; voir Y. Struillou, Désignation d'un délégué syndical, RJS 5/13, p. 283).

Portée des dispositions du deuxième alinéa en cas de transfert. La Chambre sociale a jugé qu'un syndicat, reconnu représentatif dans l'une des régions de la société, avait pu valablement désigner comme délégué syndical sur le fondement d'un accord d'entreprises des salariés qui

venaient d'être transférés postérieurement à l'organisation des élections professionnelles au sein de cette région. Le tribunal d'instance avait fait droit à la contestation de l'employeur en se fondant sur un arrêt rendu en décembre 2011 (cass. soc. 14 décembre 2011, n° 10-27.441, BC V n° 300; RJS 3/12 n° 269): dès lors que l'entité transférée ne maintient pas son autonomie, en l'absence de maintien des mandats représentatifs en cours, le score général obtenu par un salarié dans son entreprise d'origine ne permet pas sa désignation en qualité de délégué syndical au sein de sa nouvelle entreprise. Plusieurs considérations ont cependant conduit à admettre, en l'espèce, la validité des désignations:
– tout d'abord, le syndicat avait présenté des candidats aux élections professionnelles organisées au sein de la région considérée et pouvait donc, par suite, se prévaloir de la jurisprudence du 27 février 2013 (2 arrêts, n°s 12-15.807 et 12-17.221, *supra*) selon lesquels l'obligation de choisir un délégué syndical en priorité parmi les candidats qui ont recueilli au moins 10 % des suffrages exprimés n'a pas pour objet ou pour effet de priver cette organisation syndicale du droit de disposer du nombre de représentants syndicaux prévus par le code du travail ou les accords collectifs dès lors qu'elle a présenté des candidats à ces élections dans le périmètre de désignation;
– ensuite, les exigences découlant de l'article 6 de la directive 2001/23/CE du Conseil du 12 mars 2001 concernant le rapprochement des législations des États membres relatives au maintien des droits des travailleurs en cas de transfert d'entreprises, d'établissements ou de parties d'entreprises ou d'établissements (JOCE L 82 du 22.03.2001) imposent que les salariés ayant été transférés soient «convenablement représentés» si l'entreprise, l'établissement ou la partie d'entreprise ou d'établissement ne conserve pas son autonomie. Cette exigence est satisfaite dès lors que le syndicat représentatif a la faculté de choisir ses représentants parmi les salariés transférés.

Voir également cass. soc. 15 avril 2015, n° 14-18.653, BC V n° 90; RJS 7/15 n° 499: viole l'article L. 2143-3 CT, interprété à la lumière des dispositions de l'article 6 de la directive 2001/23/CE du Conseil du 12 mars 2001, concernant le rapprochement des législations des États membres relatives au maintien des droits des travailleurs en cas de transfert d'entreprises, d'établissements ou de parties d'entreprises ou d'établissements, le tribunal d'instance qui annule la désignation en qualité de délégués syndicaux de salariés ayant obtenu plus de 10 % des suffrages lors des dernières élections professionnelles au sein de sociétés absorbées, alors qu'il n'était pas contesté que le syndicat avait présenté des candidats lors des dernières élections au sein de l'entreprise d'accueil et, par suite, était fondé, pour désigner des représentants syndicaux, à se prévaloir des dispositions du deuxième alinéa de l'article L. 2143-3 CT, interprété à la lumière des dispositions de l'article 6 de la directive précitée, peu important l'existence au sein de l'entreprise d'accueil de candidats présentés par le syndicat ayant recueilli au moins 10 % des suffrages exprimés au premier tour des dernières élections professionnelles.

Le législateur, par la loi du 5 mars 2014, a décidé de compléter le deuxième alinéa de l'article afin de permettre à l'organisation syndicale, dont aucun des candidats n'a franchi le seuil de 10 %, de désigner un délégué syndical. Ce cas de figure peut se présenter lorsque le nombre de ratures est tel que l'organisation syndicale, bien que reconnue comme représentative, ne dispose d'aucun candidat ayant obtenu au moins 10 % des suffrages. Mais en dehors de cas très particulier et sans doute rare, la jurisprudence de la chambre sociale présentée ci-dessus est maintenue.

Incompatibilité de l'exercice d'un mandat syndical avec une délégation écrite d'autorité

Il appartient au tribunal, saisi d'une contestation relative à la possibilité pour un salarié d'exercer un mandat de représentation d'apprécier si, à la date de sa désignation, l'intéressé dispose d'une délégation écrite particulière d'autorité lui permettant d'être assimilé à l'employeur ou de représenter effectivement ce dernier devant les institutions représentatives du personnel (cass. soc. 7 novembre 2012, n° 11-25.653). Ainsi, un salarié bénéficiant d'une délégation de pouvoirs l'assimilant sans ambiguïté au chef d'entreprise vis-à-vis des autres salariés, et qui convoque les réunions des délégués du personnel, accompagne le directeur général pour répondre aux attentes des salariés et prépare pour la direction les réponses aux questions des délégués du personnel ne peut être désigné en qualité de délégué syndical (cass. soc. 15 avril 2015, n° 13-24.253, BC V n° 83; RJS 6/15 n° 419). Il importe peu que la délégation d'autorité dont dispose le salarié porte sur un périmètre plus restreint que celui de sa désignation (cass. soc. 15 octobre 2015, n° 14-25.680, LS Jurispr. n° 193 du 27.10.2015; RJS 1/16 n° 42).

Remplacement du délégué syndical

Hors le cas de fraude, une organisation syndicale a la faculté de remplacer un délégué syndical temporairement éloigné de l'entreprise, selon les formes prescrites par l'article L. 412-16 [L. 2143-7] CT (cass. soc. 16 mai 1990, n° 89-60.690, BC V n° 233; RJS 6/90 n° 504). Toutefois, un système de suppléance habituelle des délégués syndicaux pendant leurs congés hebdomadaires ne peut, en l'absence de disposition légale le prévoyant, être mis en place que par accord collectif. Doit donc être annulée la désignation d'un salarié en remplacement d'un délégué syndical en congé hebdomadaire, conformément à une pratique mise en place à l'initiative d'un syndicat et consistant à désigner systématiquement des salariés pour remplacer les délégués syndicaux en fin de semaine (cass. soc. 14 janvier 2004, n° 02-60.316, BC V n° 19; RJS 3/04 n° 327).

Dès lors que la lettre du syndicat précise que le salarié est désigné en remplacement du précédent délégué syndical, dont le périmètre de désignation n'était pas contesté, cette indication est suffisante (cass. soc. 5 décembre 2012, n° 11-60.209).

La loi n'a pas prévu de délégués syndicaux suppléants appelés à remplacer les «titulaires» en cas d'empêchement de ces derniers. Certains accords collectifs instaurent toutefois de tels délégués. Pour la Cour de cassation, les dispositions légales relatives au choix du délégué syndical tendant à assurer la détermination par les salariés eux-mêmes des personnes les plus aptes à défendre leurs intérêts dans l'entreprise et à conduire les négociations pour leur compte sont d'ordre public et s'appliquent nécessairement également au délégué syndical suppléant conventionnel dont le mandat est de même nature que celui du délégué syndical (cass. soc. 25 mars 2020, n° 19-11.581, à paraître, RJS 6/20 n° 303; JSL n° 499, 08.06.2020, p. 27, D. J.-P. ; LS n° 18104 du 21.07.2020 et LS Jurispr. n° 227 du 15.12.2020).

Art. R. 2143-1. Le nombre des délégués syndicaux dont dispose chaque section syndicale au titre du premier alinéa de l'article L. 2143-3 est fixé soit par entreprise, soit par établissement distinct.

Note • **Nombre des délégués.** Sur les notions d'entreprise et d'établissement distinct, voir notes sous articles L. 2143-12 et L. 2143-3 («Périmètre de désignation du délégué syndical»).

Sur la possibilité de modifier le nombre de délégués syndicaux, voir aussi notes sous articles L. 2141-10 et R. 2143-2.

Le nombre des délégués syndicaux dont dispose chaque section syndicale d'entreprise est fixé soit par entreprise, soit par établissement distinct; il en résulte que le syndicat qui a désigné des délégués syndicaux au niveau de l'entreprise ne peut procéder à la désignation de délégués syndicaux dans le cadre d'un établissement distinct de cette entreprise qu'après avoir transformé le mandat des délégués syndicaux d'entreprise et fait de ces derniers des délégués syndicaux d'établissement. Après avoir constaté que les mandats des délégués syndicaux d'entreprise étaient maintenus, un tribunal d'instance a donc pu annuler la désignation d'une salariée en qualité de déléguée syndicale d'un établissement d'une société (cass. soc. 12 juin 2002, n° 01-60.624, BC V n° 205; RJS 1/03 n° 55; 16 avril 2008, n° 07-60.414, BC V n° 94; dans le même sens, s'agissant d'une entreprise de moins de 2000 salariés, voir cass. soc. 6 février 1996, n° 95-60.114, RJS 3/96 n° 296). De même, c'est à tort qu'un tribunal d'instance a validé la désignation d'un délégué syndical pour un établissement, revendiqué comme distinct, après avoir constaté que le syndicat avait, antérieurement à cette désignation, déjà désigné, dans le cadre de l'entreprise, un délégué syndical dont le périmètre de désignation n'avait pas été modifié (cass. soc. 17 septembre 2003, n° 01-60.874, BC V n° 237; RJS 2/04 n° 227).

Une organisation syndicale ayant antérieurement désigné un délégué syndical dans le cadre de l'entreprise ne peut désigner un autre salarié en qualité de délégué syndical d'établissement dans une entreprise comptant moins de 1 000 salariés (cass. soc. 10 juillet 1997, n° 96-60.424, BC V n° 266; RJS 12/97 n° 1396; voir aussi cass. soc. 20 octobre 1999, n° 98-60.398, BC V n° 391).

Une confédération syndicale et les organisations syndicales qui lui sont affiliées ne peuvent désigner ensemble un nombre de délégués syndicaux supérieur à celui prévu par la loi. Seule une convention ou un accord collectif exprès peut prévoir, par des dispositions plus favorables, la désignation sur un même périmètre de délégués syndicaux par chacun des syndicats affiliés à une même confédération (cass. soc. 15 juin 2011, n° 10-20.761, BC V n° 158; RJS 8-9/11 n° 708). Lorsque, en l'absence d'accord exprès plus favorable, plusieurs syndicats affiliés à une même confédération désignent un délégué syndical surnuméraire, il leur appartient de justifier des dispositions statutaires déterminant le syndicat ayant qualité pour procéder aux désignations des délégués syndicaux ou à leur remplacement, ou de la décision prise par l'organisation syndicale d'affiliation pour régler le conflit conformément aux dispositions statutaires prévues à cet effet; à défaut, par application de la règle chronologique, seule la désignation notifiée en premier lieu doit être validée (cass. soc. 29 octobre 2010, n° 09-67.969, BC V n° 250; LS Bref n° 15730 du 16.11.2010; RJS 1/11 n° 60; Dr. Soc. 2011, p. 117, obs. Fr. Petit). Mais lorsque les désignations surnuméraires résultent d'un dysfonctionnement interne du syndicat, plusieurs organes s'estimant compétents et désignant chacun un délégué, le litige doit être réglé au vu des seuls statuts du syndicat, peu important son affiliation à des organisations fédérales ou confédérales (cass. soc. 1er avril 2015, n° 14-60.682).

Ce critère chronologique est également appliqué en cas de concurrence dans une même entreprise ou un même établissement entre deux syndicats qui, sans être tous deux affiliés à l'organisation syndicale interprofessionnelle nationale utilisant ce sigle, se présentent sous le même sigle confédéral national sans opposition fondée sur une utilisation illicite de celui-ci; dans ce cas, seule la désignation notifiée en premier lieu doit être validée (cass. soc. 17 février 2016, n° 14-23.854, BC V n° 38). Cette décision est relative aux syndicats utilisant le sigle SUD qui tous ne sont pas adhérents à cette organisation, sans compter certains qui sont bien adhérents, mais ne font pas apparaître ce sigle lors des élections…

La révocation du mandat d'un délégué syndical ne peut être implicite et doit émaner du syndicat qui l'a désigné. Il en résulte que:
– lorsqu'un premier syndicat représentatif a désigné un délégué, la désignation d'un autre délégué syndical par un deuxième syndicat affilié à la même confédération n'emporte pas caducité du premier mandat que seul le syndicat désignataire peut révoquer (cass. soc. 22 juin 2005, n° 04-60.391, BC V n° 214; JCP éd. S 2005, 1157, note J-Y Kerbourc'h; Dr. Soc. 2005, p. 1062, obs. P-Y Verkindt);
– lorsqu'une union syndicale départementale a désigné des délégués syndicaux au sein d'une unité économique et sociale et que ces désignations, non contestées, sont devenues définitives, la confédération du même syndicat ne peut procéder au remplacement de ces délégués sans qu'au préalable leurs mandats aient été révoqués par l'union syndicale départementale; c'est donc à tort qu'un tribunal d'instance a refusé d'annuler les désignations émanant d'une confédération au motif que cette dernière avait, à la différence de l'union départementale, vocation à désigner des délégués syndicaux dont le mandat s'exerce sur le territoire national (cass. soc. 8 décembre 2004, n° 03-60.445, BC V n° 327; RJS 2/05 n° 171).

• **Entreprises groupées en une unité économique et sociale.** Il ne peut, en principe, être désigné pour l'ensemble qu'un nombre de délégués syndicaux en fonction de l'effectif global (cass. soc. 17 mai 1978, n° 78-60.001, BC V n° 365).

La reconnaissance d'une unité économique et sociale impose la mise en place des institutions représentatives du personnel qui lui sont appropriées et il appartient aux syndicats représentatifs de désigner des délégués syndicaux dans le cadre de cette unité économique et sociale et de mettre fin aux mandats antérieurs. À défaut, le juge peut constater que ces derniers sont devenus caducs (cass. soc. 29 avril 2009, n° 07-19.880, BC V n° 117; JSL n° 257, 10.06.2009, p. 21, J-E Tourreil; RJS 7/09 n° 644; JCP éd. S 2009, 1365, note A-B Voloir).

• **Entreprises comportant plusieurs établissements dont certains n'atteignent pas le seuil des cinquante salariés.** Lorsque certains établissements d'une entreprise n'atteignent pas, pris isolément, l'effectif minimal de cinquante salariés, il y a lieu soit de les regrouper, soit de les rattacher à l'un des établissements plus importants afin de ne pas priver leurs salariés de la possibilité d'avoir leurs intérêts défendus par un délégué (cass. soc. 8 juillet 1976, n° 76-60.092, BC V n° 446). Dans le même sens, cass. soc. 20 février 1974, n°s 73-60.004 et 73-60.151, BC V n°s 125 et 127. Voir aussi cass. soc. 28 février 1989, n° 88-60.478, BC V n° 147; RJS 4/89, n° 348; 5 décembre 2000, n° 99-60.327.

Un juge du fond a décidé, à bon droit, qu'il y avait lieu, dans une entreprise comportant deux établissements dont l'un avait au moins cinquante salariés, de désigner un délégué syndical d'entreprise (cass. soc. 12 mars 1991, n° 89-61.554, BC V n° 130; Dr. Soc. 1991, p. 701; 25 octobre 1995, n° 95-60.027, RJS 1/96 n° 39, précisant qu'en cas de rattachement d'établissements entre eux, le délégué syndical peut être choisi dans l'un ou l'autre de ces établissements).

Le regroupement de plusieurs établissements de moins de cinquante salariés peut être opéré par accord collectif ou par décision du juge, si celui-ci constate que l'ensemble constitué par les établissements regroupés remplit les conditions de l'établissement distinct (cass. soc. 30 mai 2001, n° 00-60.006, BC V n° 193; RJS 8-9/01 n° 1035). Lorsqu'il a été précédemment reconnu par une décision de justice, le périmètre de désignation des délégués syndicaux ne peut être remis en cause qu'au vu d'éléments nouveaux (cass. soc. 21 janvier 2009, n° 08-60.452, BC V n° 19; RJS 4/09 n° 373; JCP éd. S 2009, 1344, note A. Martinon).

À noter que, dès lors que l'existence d'un établissement distinct est reconnue au sein d'une entreprise, celle-ci en comporte au moins deux. Il appartient donc au juge, saisi de la contestation de la désignation d'un délégué syndical au sein de l'établissement constitué par le regroupement des autres implantations de l'entreprise, et dès lors qu'elles emploient ensemble plus de cinquante salariés, de rechercher si ces implantations constituent entre elles un ou plusieurs établissements distincts (cass. soc. 15 janvier 2002, n° 00-60.326, BC V n° 15; RJS 4/02 n° 455).

Art. R. 2143-2. Dans les entreprises, le nombre des délégués syndicaux est fixé comme suit:
1° De 50 à 999 salariés: 1 délégué;
2° De 1 000 à 1 999 salariés: 2 délégués;
3° De 2 000 à 3 999 salariés: 3 délégués;
4° De 4 000 à 9 999 salariés: 4 délégués;
5° Au-delà de 9 999 salariés: 5 délégués.

Note • Si le nombre de délégués syndicaux tel qu'il est fixé par la loi peut être augmenté par accord collectif, ni un usage de l'entreprise ni un engagement unilatéral de l'employeur ne peuvent modifier les dispositions légales correspondantes (cass. soc. 30 mai 2001, n° 00-60.150, BC V n° 199). Il s'ensuit que l'employeur qui décide unilatéralement d'une telle augmentation peut unilatéralement décider de revenir à l'application des textes légaux qui n'ont pas cessé d'être applicables, sous réserve de ne pas méconnaître le principe d'égalité entre tous les syndicats concernés (cass. soc. 5 mars 2008, n° 07-60.305, BC V n° 52; RJS 5/08 n° 565; JCP éd. S 2008, 1454, 2e espèce, note B. Gauriau) et, pour répondre à l'exigence de loyauté qui s'impose en la matière, de les en informer préalablement (cass. soc. 4 mars 2009, n° 08-60.436, BC V n° 62, arrêt n° 3).

Voir aussi note sous art. L. 2141-10.

• À défaut d'une disposition expresse de la convention collective prévoyant un dépassement du nombre des délégués syndicaux tel que fixé par la loi, l'octroi par voie conventionnelle d'un quota d'heures de délégation plus favorable que celui résultant de la loi n'a pas pour effet de permettre des désignations en nombre supérieur à celui prévu par cet article (cass. soc. 26 mai 2004, n° 02-60.843).

Art. R. 2143-3. Dans les entreprises comportant des établissements distincts de cinquante salariés ou plus, le nombre des délégués syndicaux est fixé par établissement conformément à l'article R. 2143-2.

Pour apprécier le seuil de cinquante salariés, l'effectif est calculé conformément au deuxième alinéa de l'article L. 2143-3.

Art. L. 2143-4. Dans les entreprises ***(L. 2012-387 du 22 mars 2012, art. 43, 22, JO 23)*** «d'au moins cinq cents salariés», tout syndicat représentatif ***(L. 2008-789 du 20 août 2008, art. 5, JO 21)*** «dans l'entreprise» peut désigner un délégué syndical supplémentaire s'il a obtenu un ou plusieurs élus dans le collège des ouvriers et employés lors de l'élection du ***(Ord. 2017-1386 du 22 sept. 2017, art. 4, 20°, JO 23, entrée en vigueur au plus tard le 01.01.2018)*** «comité social et économique» et s'il compte au moins un élu dans l'un des deux autres collèges.

(L. 2008-789 du 20 août 2008, art. 5, JO 21) «Ce délégué supplémentaire est désigné parmi les candidats aux élections professionnelles qui ont recueilli au moins 10 % des suffrages exprimés au premier tour des dernières élections au ***(Ord. 2017-1386 du 22 sept. 2017, art. 4, 4°, JO 23, entrée en vigueur au plus tard le 01.01.2018)*** «comité social et économique», quel que soit le nombre de votants.»

Note Ce texte n'accorde à un syndicat le droit de désigner un délégué syndical supplémentaire qu'à la condition que l'établissement dans lequel l'élection des membres du comité a eu lieu emploie au moins cinq cents salariés (cass. soc. 30 janvier 1985, n° 84-60.437, BC V n° 73; 10 juillet 1984, n° 83-63.155, BC V n° 314). La désignation d'un délégué syndical supplémentaire ne peut intervenir que dans le cadre de l'établissement qui a été défini pour les élections des membres du comité d'établissement et à raison d'un seul délégué par syndicat représentatif remplissant les conditions légales (cass. soc. 9 février 1984, n° 83-60.962, BC V n° 54; Dr. Soc. 1985, p. 477). Le délégué syndical supplémentaire doit appartenir à tout autre collège que le premier (voir cass. soc. 21 octobre 1998, n° 97-60.457, BC V n° 446: désignation annulée en raison de l'appartenance de l'intéressé au premier collège). Le mandat du délégué syndical supplémentaire désigné par un syndicat compte tenu des résultats qu'il a obtenus à une élection cesse lors de l'élection suivante (cass. soc. 18 novembre 2008, n° 08-60.397, BC V n° 227).

Un tribunal d'instance a exactement décidé que, pour savoir si une union locale avait le droit de désigner un délégué syndical supplémentaire, il convenait, en application des dispositions des alinéas 2 et 3 de l'article L. 412-11 (ancien) CT, de rechercher si cette société avait ou non atteint un effectif d'au moins cinq cents salariés pendant 12 mois, consécutifs ou non, au cours des trois années précédentes (cass. soc. 26 janvier 1984, n° 83-60.926, BC V n° 38).

Lorsque plusieurs syndicats ont constitué une liste commune aux élections du comité d'entreprise, chacun d'eux peut procéder à la désignation d'un délégué syndical supplémentaire dès lors qu'il remplit à lui seul l'ensemble des conditions posées pour cette désignation, sans préjudice de la possibilité pour les syndicats ayant constitué une liste commune de désigner ensemble un délégué syndical supplémentaire (cass. soc. 22 février 2017, n° 15-28.775, BC V n° 28; LSQ n° 17276 du 01.03.2017; RJS 5/17 n° 348. Les termes «sans préjudice» employés par l'arrêt doivent être compris comme ouvrant une alternative: ou bien chaque syndicat désigne son délégué supplémentaire, ou bien les syndicats décident de la désignation d'un délégué commun). Cette solution modifie une jurisprudence antérieure (cass. soc. 18 novembre 2008, n° 08-60.397, BC V n° 227 et 1er mars 1984, n° 83-61.062, BC V n° 87).

Deux organisations syndicales, affiliées à la même confédération interprofessionnelle nationale, dès lors qu'elles ont présenté des listes distinctes dans des collèges différents, peuvent faire valoir qu'elles remplissent, ensemble, les conditions exigées par l'article L. 2143-4 CT pour la désignation d'un délégué syndical supplémentaire en raison de la présence d'élus dans au moins deux collèges (cass. soc. 29 mai 2019, n° 18-60.129, à paraître, LS n° 17832 du 11.06.2019; JCP éd. S 2019, 1302, note Y. Pagnerre; RJS 8-9/19 n° 509).

Sur les effets d'un accord collectif créant un quatrième collège au regard des dispositions concernant le délégué syndical «cadre» supplémentaire, voir cass. soc. 21 novembre 1984, n° 83-61.181, BC V n° 458 et 18 juin 2003, n° 01-60.911, BC V n° 202; RJS 10/03 n° 1189.

Art. L. 2143-5

La possibilité offerte aux organisations syndicales, par une convention ou un accord collectif de travail plus favorable, de désigner un délégué supplémentaire en sus du nombre de délégués syndicaux résultant de la loi ne saurait les priver, lorsqu'elles réunissent les conditions posées par le troisième alinéa de l'article L. 412-11 [L. 2143-4] CT, de désigner un délégué syndical supplémentaire appartenant au personnel de l'encadrement (cass. soc. 1er février 2006, n° 05-60.191, BC V n° 51; RJS 5/06 n° 599; 16 septembre 2020, n° 19-15.366. Voir aussi précédemment cass. soc. 10 décembre 1986, n° 86-60.301, BC V n° 592).

Il a été précisé que dans la mesure où le législateur a entendu soumettre le droit pour les organisations syndicales de désigner un délégué syndical «cadre» à la condition que ces mêmes organisations aient obtenu un élu dans le premier et le deuxième ou troisième collège, la possibilité d'une telle désignation disparaît lorsque cette condition n'est pas remplie. En conséquence, la désignation d'un délégué supplémentaire par une organisation syndicale qui, lors du renouvellement du comité d'entreprise, ne compterait plus aucun élu dans le deuxième ou troisième collège, devient caduque. Les différends susceptibles de naître à ce propos entre employeurs et organisations syndicales sont de la compétence des tribunaux d'instance qui s'attacheront à vérifier si les conditions fixées par la loi sont ou non réunies (rép. QE 26126, JO AN 16 mai 1983, p. 2180).

Entreprise divisée en établissements distincts. Lorsqu'une entreprise est divisée en établissements distincts pour l'élection des comités d'établissements, la désignation d'un délégué syndical supplémentaire prévue par l'article L. 2143-4 étant subordonnée aux résultats des élections, la condition d'effectif prévue par ce texte s'apprécie par établissement. Par conséquent, un syndicat ne peut désigner un délégué syndical supplémentaire dans une entreprise qui, si elle emploie plus de 500 salariés, ne comporte aucun établissement atteignant ce seuil d'effectif (cass. soc. 14 janvier 2009, n° 08-60.449, BC V n° 13; RDT, avril 2009, CH, 247, G. Borenfreund).

Art. L. 2143-5. Dans les entreprises ***(L. 2012-387 du 22 mars 2012, art. 43, 21°, JO 23)*** «d'au moins deux mille salariés» comportant au moins deux établissements ***(L. 2012-387 du 22 mars 2012, art. 43, 7°, JO 23)*** «d'au moins cinquante salariés chacun», chaque syndicat représentatif ***(L. 2008-789 du 20 août 2008, art. 5, JO 21)*** «dans l'entreprise» peut désigner un délégué syndical central d'entreprise, distinct des délégués syndicaux d'établissement.

(L. 2008-789 du 20 août 2008, art. 5, JO 21) «Ce délégué syndical central est désigné par un syndicat qui a recueilli au moins 10 % des suffrages exprimés au premier tour des dernières élections des titulaires au ***(Ord. 2017-1386 du 22 sept. 2017, art. 4, 16°, JO 23, entrée en vigueur au plus tard le 01.01.2018)*** «comité social et économique», quel que soit le nombre de votants, en additionnant les suffrages de l'ensemble des établissements compris dans ces entreprises.»

L'ensemble des dispositions relatives au délégué syndical d'entreprise est applicable au délégué syndical central.

Dans les entreprises de moins de deux mille salariés comportant au moins deux établissements ***(L. 2012-387 du 22 mars 2012, art. 43, 7°, JO 23)*** «d'au moins cinquante salariés chacun», chaque syndicat représentatif peut désigner l'un de ses délégués syndicaux d'établissement en vue d'exercer également les fonctions de délégué syndical central d'entreprise.

Note • Cet article permet la désignation d'un délégué syndical central d'entreprise lorsque des personnes morales juridiquement distinctes constituent une unité économique et sociale qui comporte au moins deux établissements distincts de cinquante salariés ou plus (cass. soc. 2 octobre 1985, Dr. Ouvr. 1986, p. 169). Voir aussi cass. soc. 20 juillet 1983, n° 83-60.041, BC V n° 464; Dr. Soc. 1984, p. 81. Mais dès lors qu'il ne peut être procédé à la désignation d'un délégué syndical central qu'au niveau de l'entreprise à laquelle est assimilée l'unité économique et sociale reconnue entre plusieurs personnes juridiques, il ne peut y avoir, sauf accord plus favorable, en sus de la désignation d'un délégué syndical central au niveau de l'UES, désignation à la fois de délégués syndicaux d'établissement au niveau des entreprises composant l'UES et de délégués syndicaux d'établissement dans un périmètre plus restreint que les entreprises faisant partie de l'UES (cass. soc. 7 février 2018, n° 17-18.956, LS Jurispr. n° 106 du 12.06.2018).

• L'absence de comité central d'entreprise est sans incidence sur le droit pour un syndicat représentatif de désigner un délégué central d'entreprise (cass. soc. 5 avril 2011, n° 10-60.225, JSL n° 300, 31.05.2011, p. 26).

• Pour désigner un délégué syndical central, un syndicat doit être représentatif dans l'entreprise tout entière et pas dans certains établissements seulement (cass. soc. 14 février 1989, n° 88-60.246, BC V n° 125; 31 mars 1999, n° 98-60.205, BC V n° 148; RJS 5/99 n° 696; 25 janvier 2006, n° 04-60.437, BC V n° 35, arrêt n° 1; RJS 5/06 n° 598, 3e espèce; 28 septembre 2011, n° 10-26.545, BC V n° 213; RJS 12/11 n° 994).

• Un accord collectif peut autoriser la désignation par les syndicats représentatifs dans l'entreprise de délégués syndicaux centraux supplémentaires dont le nombre est fonction du nombre d'établissements dans lequel les syndicats étaient représentatifs, cette stipulation, qui n'est pas contraire aux dispositions d'ordre public de l'article L. 2143-5, étant proportionnée à la représentativité acquise par chaque organisation syndicale au sein des différents établissements de l'entreprise et en lien direct avec la mission de négociation et de représentation du délégué syndical (cass. soc. 29 mai 2013, n° 12-26.955, BC V n° 142; RJS 8-9/13 n° 621).

• Cet article ne subordonne pas la désignation d'un délégué syndical central à l'obtention par ce dernier d'un score électoral (cass. soc. 16 novembre 2011, n° 10-28.201, BC V n° 270; LS Bref n° 15981 du 23.11.2011; RJS 2/12 n° 165).

• Le jugement statuant sur la représentativité d'un syndicat, à l'occasion d'une contestation de la désignation par lui de délégués syndicaux centraux, ne constitue pas un fait nouveau susceptible de remettre en cause la désignation par ce même syndicat d'un autre salarié en qualité de représentant syndical au comité central d'entreprise (cass. soc. 26 juin 2013, n° 11-25.456, BC V n° 170; RJS 10/13 n° 697).

• En cas de contestation sur le seuil d'effectifs, il appartient à l'employeur de rapporter la preuve que l'effectif de l'entreprise ne permet pas à un syndicat de désigner un second délégué syndical (cass. soc. 27 mai 1998, n° 97-60.048, RJS 7/98 n° 880).

• Les lois relatives à la représentation des salariés et à la défense de leurs droits et intérêts sont des lois de police s'imposant à toutes les entreprises et organismes assimilés qui exercent leur activité en France et qui sont dès lors tenus de mettre en place les institutions qu'elles prévoient à tous les niveaux des secteurs de production situés sur le territoire national. Ces institutions remplissent l'ensemble des attributions définies par la loi, à la seule exception de celles qui seraient incompatibles avec la présence à l'étranger du siège social, mais rien ne s'oppose à ce que le délégué syndical central d'une entreprise étrangère possédant en France des agences ait pour interlocuteur le chef d'entreprise ou son représentant (cass. soc. 3 mars 1988, n° 86-60.507, BC V n° 164).

• Une centrale syndicale et les organisations syndicales qui lui sont affiliées (notamment celles qui sont catégorielles), ces dernières justifieraient-elles de leur propre représentativité, ne peuvent désigner ensemble, sauf accord collectif contraire, qu'un seul délégué syndical central d'entreprise (cass. soc. 20 octobre 1988, n° 88-60.014, BC V n° 551; 22 novembre 2000, n° 99-60.424).

§ 2. Entreprises de moins de cinquante salariés

Art. L. 2143-6. Dans les établissements qui emploient moins de cinquante salariés, les syndicats représentatifs ***(L. 2008-789 du 20 août 2008, art. 5, JO 21)*** «dans l'établissement» peuvent désigner, pour la durée de son mandat, un ***(Ord. 2017-1386 du 22 sept. 2017, art. 4, 59°, JO 23, entrée en vigueur au plus tard le 01.01.2018)*** «membre de la délégation du personnel au comité social et économique» comme délégué syndical.

Sauf disposition conventionnelle, ce mandat n'ouvre pas droit à un crédit d'heures. Le temps dont dispose le ***(Ord. 2017-1386 du 22 sept. 2017, art. 4, 59°, JO 23, entrée en vigueur au plus tard le 01.01.2018)*** «membre de la délégation du personnel au comité social et économique» pour l'exercice de son mandat peut être utilisé dans les mêmes conditions pour l'exercice de ses fonctions de délégué syndical.

Note • Sur la constitutionnalité de ces dispositions, dans leur rédaction antérieure à l'ordonnance 2017-1386 du 22 septembre 2017, voir cass. soc., QPC, 25 janvier 2012 n° 11-40.088, BC V n° 29; RJS 4/12 n° 366; Dr. Soc. 2012, p. 924, Actualité des questions prioritaires de constitutionnalité, G. Dumortier, Cl. Landais, P. Flores et Y. Struillou.

• Avant les ordonnances relatives au comité social et économique, cet article ouvrait aux syndicats la possibilité de désigner un délégué du personnel en qualité de délégué syndical étant entendu que cette désignation, tout comme dans le nouveau texte, n'ouvrait pas doit à des heures de délégation. Sauf accord collectif instaurant de telles heures, la jurisprudence en avait déduit que seul un délégué du personnel titulaire pouvait être désigné délégué syndical afin de pouvoir exercer de telles fonctions puisque la loi ne prévoyait pas d'heures de délégations au profit des élus suppléants (voir cass. soc. 24 septembre 2008, n° 06-42.269, BC V n° 184; un suppléant pouvait cependant être désigné pour la période pendant laquelle il remplaçait un titulaire, cass. soc. 20 juin 2012, n° 11-61.176, BC V n° 193). Dans le cadre du comité social et économique, les élus suppléants n'ayant toujours pas légalement droit à des heures de délégation, cette jurisprudence antérieure sera-t-elle maintenue, sauf protocole préélectoral instaurant des heures de délégation au profit des élus suppléants au comité social et économique (sur ce point, voir article L. 2314-7 CT) ou accord collectif instaurant de telles heures au profit des délégués syndicaux dans ces entreprises de moins de cinquante salariés ? Les dispositions de l'article L. 2315-9 CT ouvrant la possibilité d'un partage des heures de délégation entre titulaires et suppléants seront-elles de nature à modifier la jurisprudence ?

On peut également s'interroger sur le maintien ou non de la jurisprudence selon laquelle si un syndicat peut désigner comme délégué syndical un délégué du personnel élu en tant que candidat libre (cass. soc. 6 juillet 1999, n° 98-60.329, BC V n° 336; Dr. Soc. 1999, p. 1052; 14 mars 2000, n° 99-60.180, BC V n° 107), il ne peut en revanche désigner un délégué du personnel présenté à l'élection par un autre syndicat (cass. soc. 2 novembre 1994, n° 94-60.008, RJS 12/94 n° 1400).

En revanche, on peut penser que sera maintenue la jurisprudence selon laquelle, en dépit du texte qui emploie le terme d'«établissement» de moins de cinquante salariés, il doit être lu comme visant les «entreprises» de moins de cinquante salariés, ce qui est d'ailleurs l'intitulé du paragraphe dans lequel il se situe (cass. ass. plén. 14 juin 1985, n° 84-60.528, BC n° 3; cass. soc. 4 février 1988, n° 87-60.232, BC V n° 102; 28 mai 1997, n° 96-60.225, RJS 7/97 n° 833; 31 janvier 2001, n° 99-60.432, BC V n° 33). La solution a été reprise plus récemment par la Cour de cassation (cass. soc. 29 avril 2009, n° 08-60.484, BC V n° 115; voir notamment «Le principe d'interprétation constante du (nouveau) code du travail: première application par la Cour de cassation», Ch. Radé, Dr. Soc. 2009, p. 776; RDT, septembre 2009, CH, 529, M. Grévy).

Voir aussi note sous article L. 2141-10.

• **Abaissement conventionnel du seuil de 50 salariés.** On peut enfin s'interroger sur le maintien de la jurisprudence antérieure à la création du comité social et économique selon laquelle une convention ou un accord collectif pouvait abaisser le seuil légal de 50 salariés, ceci entraînant alors l'application des dispositions intéressant les entreprises d'au moins 50 salariés, à moins que cet accord collectif écarte expressément cette dérogation conventionnelle pour les représentants syndicaux (cass. soc. 9 avril 2014, n° 13-16.774, BC V n° 105; JCP éd. S 2014, 1323, note B. Gauriau; RJS 6/14 n° 492).

En dépit des termes de l'arrêt, on relèvera que ce litige concernait bien la désignation d'un délégué syndical et non pas d'un représentant syndical au comité d'entreprise. Dès lors qu'existe un comité au sein d'une entreprise employant moins de 50 salariés, les organisations syndicales représentatives devraient donc pouvoir y désigner un représentant syndical. On ne saurait guère, en effet, concevoir un comité social et économique amputé d'une partie de sa composante syndicale. Quant à l'exclusion des délégués syndicaux proprement dite, elle peut interroger notamment au regard de l'esprit de la Convention n° 135 de l'OIT qui, en son article 5, prévoit que lorsqu'une entreprise compte à la fois des représentants syndicaux et des représentants élus, des mesures appropriées devront être prises, chaque fois qu'il y a lieu, pour garantir que la présence de représentants élus ne puisse servir à affaiblir la situation des syndicats intéressés ou de leurs représentants. L'exclusion des effets, pour les seuls délégués syndicaux, d'un abaissement conventionnel du seuil d'effectif est-elle compatible avec cette norme internationale ?

• **Contentieux de la désignation.** Lorsqu'un délégué du personnel est désigné comme délégué syndical dans les entreprises de moins de cinquante salariés, un contentieux distinct peut éventuellement s'ouvrir à propos de sa désignation comme délégué syndical, dans les conditions fixées à l'article L. 412-15 [L. 2143-8] (circ. DRT 13 du 25 octobre 1983).

Sous-section 3. Formalités

Art. L. 2143-7. Les noms du ou des délégués syndicaux sont portés à la connaissance de l'employeur dans des conditions déterminées par décret. Ils sont affichés sur des panneaux réservés aux communications syndicales.

La copie de la communication adressée à l'employeur est adressée simultanément à l'***(L. 2016-1088 du 8 août 2016, art. 113, III, 1°, JO 9)*** «agent de contrôle de l'inspection du travail mentionné à l'article L. 8112-1».

La même procédure est appliquée en cas de remplacement ou de cessation de fonctions du délégué.

Note • **À l'égard de l'employeur,** la désignation d'un délégué syndical d'entreprise doit être notifiée au chef d'entreprise. Cette désignation n'ayant été portée qu'à la connaissance des responsables des deux établissements de la société (dont un seul comportait plus de cinquante salariés) sans être notifiée au chef d'entreprise, c'est à tort qu'un tribunal d'instance a refusé d'annuler ladite désignation (cass. soc. 12 mars 1991, n° 89-61.554, BC V n° 130; Dr. Soc. 1991, p. 701). La désignation d'un délégué syndical a été valablement notifiée à un chef d'établissement ayant reçu une délégation de pouvoirs permettant de l'assimiler au chef d'entreprise (cass. soc. 9 juin 1999, n° 98-60.365, BC V n° 274). Dans le cas toujours d'un délégué d'établissement, une décision plus récente juge que la désignation doit être portée à la connaissance de l'employeur ou de la personne habilitée par ce dernier pour le représenter au sein de la structure dans laquelle le délégué doit exercer sa mission et que cette formalité constitue le point de départ du délai de quinze jours de contestation; qu'il en résulte qu'un tribunal ne peut déclarer l'employeur forclos dans sa demande d'annulation de la désignation sans rechercher, comme il y était invité, si le chef d'établissement à laquelle cette désignation a été notifiée était pourvu d'une délégation de pouvoir permettant de l'assimiler au chef d'entreprise (cass. soc. 18 janvier 2017, n° 16-13.306, LS Jurispr. n° 21 du 31.01.2017; RJS 3/17 n° 207). La question posée en l'espèce était bien relative au point de départ du délai au-delà duquel la désignation ne peut plus être contestée, mais on peut se demander si, en restant sur ce seul terrain, la Cour de cassation ne suggère pas que la sanction appropriée à un manquement dans la notification d'une désignation ne serait pas cette absence de délai opposable à l'employeur plutôt que la nullité de la désignation dont rien ne dit qu'elle ne satisfait pas intrinsèquement à toutes les conditions légales requises. De même, il a été jugé qu'un protocole d'accord unanime relatif au droit syndical et à la qualité du dialogue social dans l'entreprise s'impose à tous les salariés et syndicats de sorte que, s'il prévoit que la désignation d'un délégué syndical ou d'un représentant de section syndicale doit être notifiée au directeur de l'unité opérationnelle ou de département concerné, la notification d'une telle désignation au président directeur général de l'entreprise ne fait pas courir le délai de forclusion pour la contester (cass. soc. 20 avril 2017, n° 16-60.119, BC V n° 65; JCP éd. S 2017, 1195, note K. Pagani; RJS 7/17 n° 500, 3e espèce).

La désignation doit être considérée comme valablement effectuée à partir du moment où elle a été portée à sa connaissance dans les formes prescrites et sans s'attacher à la considération que l'affichage aurait ou n'aurait pas été effectué (cass. soc. 28 mai 1975, n° 74-60.146, BC V n° 285; 8 juillet 1976, n° 76-60.125, BC V n° 449), la date à prendre en considération étant celle de l'accusé de réception (cass. soc. 16 mars 1977), l'omission de la date sur la lettre ne rendant pas pour autant celle-ci irrégulière (cass. soc. 2 mai 1973, n° 72-60.132, BC V n° 272). Si la désignation d'un délégué syndical a été notifiée à l'employeur par simple lettre remise en main propre, il est nécessaire que l'organisation syndicale, à qui incombe la preuve de la notification de la désignation, puisse présenter le récépissé de cette communication (cass. soc. 11 juillet 1975, n° 75-60.022, BC V n° 406). Voir, dans le même sens, cass. soc. 23 mars 1977, n° 76-40.495, BC V n° 225. Une lettre transmise par télécopie ne permet pas à elle seule d'établir que l'employeur a eu connaissance de la désignation du délégué syndical (cass. soc. 25 janvier 1995, n° 94-60.049, RJS 3/95 n° 259).

Dès lors que l'employé signataire de l'accusé de réception de la lettre recommandée portant désignation du délégué syndical a agi dans le cadre habituel de ses fonctions au sein de la société, c'est à la date de cette signature qu'ont été accomplies les formalités légales (cass. soc. 20 décembre 1988, n° 88-60.194, RJS 2/89 n° 162).

Par ailleurs, le défaut de signature de la lettre de désignation n'a pas d'incidence sur la validité de la désignation du délégué syndical (cass. soc. 5 mars 2008, n° 06-60.305, BC V n° 52).

Désignation d'un délégué syndical au sein d'une unité économique et sociale (UES)

Il ne peut être procédé à la désignation d'un délégué syndical au sein d'une UES que lorsque des élections, permettant de déterminer la représentativité des syndicats et l'audience des candidats, ont été organisées dans ce périmètre. Doit dès lors être cassée la décision validant la désignation d'un délégué syndical au sein d'une UES au motif qu'un autre jugement a reconnu l'existence d'une telle unité alors que, non assorti de l'exécution provisoire, ce jugement faisait l'objet d'un appel qui était pendant au jour de la désignation litigieuse et qu'aucune élection n'avait été organisée au sein du périmètre considéré (cass. soc. 29 mai 2013, n° 12-60.262, BC V n° 141; Dr. Soc. 2013, p. 653, act. Fr. Petit).

Les formalités sont plus ou moins importantes selon que l'UES préexiste ou non à la désignation.

1er cas: le syndicat désigne un délégué syndical auprès de plusieurs personnes juridiquement distinctes et constituant, selon lui, une UES. Il doit notifier cette désignation aux représentants légaux de chacune d'elles (cass. soc. 21 juillet 1986, n° 85-60.460, BC V n° 453; 16 décembre 1992, n° 91-60.218, RJS 2/93 n° 164), peu important que les différentes sociétés soient dirigées par une même personne (cass. soc. 16 avril 2008, n° 07-60.045, RJS 7/08 n° 804). Le syndicat doit indiquer, à peine de nullité de la désignation, l'existence et la composition de l'unité économique et sociale dans la désignation qu'il notifie aux représentants légaux de chacune des entreprises concernées (cass. soc. 26 avril 2000, n° 99-60.030, BC V n° 155). À cet égard, la Cour de cassation a précisé que le syndicat doit faire état explicitement de la revendication de la reconnaissance de l'existence d'une unité économique et sociale, de sorte qu'est elliptique, voire lacunaire, la lettre de désignation qui se borne à énumérer trois sociétés, sans faire état de cette revendication (cass. soc. 6 février 2002, n° 00-60.440, BC V n° 56; RJS 4/02 n° 456).

À défaut de ces notifications et de ces mentions, la désignation est nulle et le délai de forclusion ne commence pas à courir (cass. soc. 16 avril 2008, précité).

2e cas: l'unité économique et sociale résulte d'un accord collectif et préexiste donc à la désignation du délégué. La désignation peut n'être notifiée qu'à celui qui remplit la fonction de chef d'établissement (cass. soc. 30 mai 2001, n° 99-60.535, BC V n° 196; RJS 8-9/01 n° 1036).

• La loi n'ayant pas institué de délégué suppléant et ayant prévu la même procédure en cas de désignation et de remplacement d'un délégué syndical, la lettre informant l'employeur du retour à ses fonctions d'un délégué syndical temporairement remplacé par un autre salarié constitue une nouvelle désignation susceptible de contestation (cass. soc. 12 février 1992, n° 91-60.191, RJS 3/92 n° 314; 16 avril 1996, n° 95-60.707, RJS 5/96 n° 566).

Art. L. 2143-7

La division d'une entreprise en établissements distincts ne met pas fin au mandat d'un délégué syndical; les organisations syndicales invitées à procéder à une nouvelle distribution de leurs représentants en raison de la division d'une entreprise en établissements distincts ne sont pas tenues de notifier à l'employeur le nom des délégués syndicaux maintenus dans leurs fonctions, ceux-ci exerçant alors leur mandat dans l'établissement où ils sont affectés. Le maintien d'un délégué syndical dans ses fonctions n'a pas à être notifié au chef d'entreprise qui doit donc respecter la procédure de licenciement prévue par l'article L. 412-18 [L. 2411-3] (cass. crim. 17 décembre 1996, n° 94-85.783, B. crim. n° 471; RJS 4/97 n° 436).

• **À l'égard des salariés de l'entreprise,** le délai de quinze jours pour contester la désignation d'un délégué syndical ne court qu'à compter du jour où le nom du délégué a été porté à leur connaissance par affichage sur les panneaux réservés aux communications syndicales ou par tout autre moyen (cass. soc. 4 février 1997, n° 95-60.982, BC V n° 51; 18 juin 2003, n° 01-60.790, RJS 11/03 n° 1287).

La preuve de la date de l'affichage à partir de laquelle court le délai de forclusion pèse sur la partie qui se prévaut de celle-ci (cass. soc. 17 septembre 2003, n° 01-60.895, RJS 1/04 n° 75).

• **À l'égard de l'inspecteur du travail,** la copie de la communication adressée au chef d'entreprise n'est prévue qu'à titre d'information et non pour sa validité (cass. soc. 2 avril 1996, n° 95-60.624, RJS 5/96 n° 565).

• **Cessation des fonctions.** Un délégué syndical ne peut renoncer à son mandat qu'à condition d'en informer l'organisation l'ayant désigné. Une cour d'appel ne peut dès lors le débouter de sa demande d'annulation de son licenciement pour non-respect de son statut protecteur sans constater que l'intéressé avait informé cette organisation de sa décision de mettre fin à son mandat de façon anticipée (cass. soc. 6 avril 2016, n° 14-23.198, BC V n° 69; JCP éd. S 2016, 1209, note B. Gauriau; RJS 6/16 n° 437).

Art. D. 2143-4. Les nom et prénoms du ou des délégués syndicaux, du délégué syndical central et du représentant syndical au ***(D. 2017-1819 du 29 déc. 2017, art. 3, 4°, JO 30, entrée en vigueur le 01.01.2018)*** « comité social et économique » sont portés à la connaissance de l'employeur soit par lettre recommandée avec avis de réception, soit par lettre remise contre récépissé.

Note • **Mention du périmètre de la désignation.** Le syndicat qui désigne un délégué syndical doit indiquer, à peine de nullité, soit l'entreprise, soit l'établissement, lieu de la désignation, dans la lettre qu'il notifie au chef d'entreprise. Cette désignation fixe les limites du litige; en cas de contestation, le juge ne peut donc apprécier la validité de la désignation en dehors du cadre défini par la lettre de désignation (cass. soc. 18 juillet 2000, n° 99-60.431, BC V n° 303; dans le même sens, voir aussi cass. soc. 29 mars 2005, n° 04-60.166, BC V n° 103).

• **Remplacement d'un délégué syndical.** S'agissant de la désignation d'un représentant syndical au comité d'entreprise, il a été jugé que lorsqu'un syndicat procède à une telle désignation en remplacement d'une précédente, il lui appartient de le préciser dans la désignation notifiée à l'employeur et que, si la lettre ne mentionne ni ne fait apparaître qu'il s'agit d'une désignation en remplacement d'une précédente, l'employeur est fondé à se prévaloir du caractère surnuméraire de cette seconde désignation et, partant, à en demander l'annulation (cass. soc. 14 mars 2018, n° 17-16.110, LS Jurispr. n° 58 du 27.03.2018; RJS 5/18 n° 338). Cette solution doit être considérée comme transposable au cas du remplacement d'un délégué syndical.

Sauf indication contraire dans la lettre de notification, la désignation d'un nouveau délégué en remplacement d'un précédent est réputée faite dans un périmètre identique à celui au sein duquel avait été effectuée la désignation de la personne remplacée; la mention du remplacement suffit à rendre la seconde désignation précise dès lors que le périmètre de la désignation du premier délégué n'est pas contesté (cass. soc. 11 février 2009, n° 08-60.490, BC V n° 44; RJS 4/09 n° 375; JCP éd. S 2009, 1203, note J-Y Kerbourc'h).

• Si l'article D. 412-1 [D. 2143-4] CT précise que les nom et prénoms du ou des délégués syndicaux désignés par un syndicat sont portés à la connaissance du chef d'entreprise soit par lettre recommandée avec demande d'avis de réception, soit par lettre remise au chef d'entreprise contre récépissé, ces formalités ne sont prévues que pour faciliter la preuve de la désignation et non pour sa validité (cass. soc. 9 juillet 1996, n° 95-60.777, BC V n° 274; RJS 10/96 n° 1060). Dès lors, après avoir relevé qu'une société reconnaissait avoir reçu la lettre (simple) portant désignation du délégué syndical à une certaine date, un tribunal d'instance a pu décider que le recours introduit plus de quinze jours après cette date était irrecevable (cass. soc. 25 septembre 2001, n° 00-60.255, RJS 12/01 n° 1445; voir aussi cass. soc. 6 décembre 1978, n° 78-60.739, BC V n° 840). Par ailleurs, la date lisible sur le cachet du service courrier de l'entreprise figurant sur l'avis de réception de la lettre recommandée fait courir le délai de contestation de la désignation (cass. soc. 29 octobre 2008, n° 08-60.016, BC V n° 208).

• Le directeur général d'une société anonyme tient des dispositions combinées des articles 113, al. 1er et 2, et 117, al. 2, de la loi du 24 juillet 1966 le pouvoir d'ester en justice au nom de la société, au même titre que le président du conseil d'administration; dès lors, ayant la qualité de représentant légal de la société, le nom du ou des délégués syndicaux désignés par un syndicat est valablement porté à sa connaissance au sens de l'article D. 412-1 [D. 2143-4] CT (cass. soc. 2 décembre 1998, n° 97-60.369, BC V n° 537; RJS 1/99 n° 67).

Sous-section 4. Contestations

Art. L. 2143-8. Les contestations relatives aux conditions de désignation des délégués syndicaux légaux ou conventionnels sont de la seule compétence du juge judiciaire. Le recours n'est recevable que s'il est introduit dans les quinze jours suivants l'accomplissement des formalités prévues au premier alinéa de l'article L. 2143-7.

Passé ce délai, la désignation est purgée de tout vice sans que l'employeur puisse soulever ultérieurement une irrégularité pour priver le délégué désigné du bénéfice des dispositions du présent chapitre.

Lorsqu'une contestation rend indispensable le recours à une mesure d'instruction, les dépenses afférentes à cette mesure sont à la charge de l'État.

Note La prise en charge des dépenses qu'entraîne le recours à une mesure d'instruction est également prévue dans les mêmes termes s'agissant des contestations relatives à la délégation des représentants du personnel au CHSCT (art. L. 4613-3), aux élections des délégués du personnel (art. L. 2314-25 ancien), des membres des comités d'entreprise (art. L. 2324-3 ancien), à la désignation des représentants syndicaux au comité d'entreprise (art. L. 2327-8 ancien), aux élections des représentants salariés aux conseils d'administration des entreprises entrant dans le champ d'application de la loi relative à la démocratisation du secteur public (art. 19).

• **Qui a qualité pour contester ?** Toute personne justifiant d'un intérêt à l'action peut contester la désignation d'un délégué syndical, qu'elle soit ou non elle-même membre d'une organisation syndicale présente dans l'entreprise (cass. soc. 30 mai 2001, n° 00-60.196, BC V n° 195). Il peut s'agir aussi bien de l'employeur que d'autres organisations syndicales ou de salariés non syndiqués (cass. soc. 22 juillet 1975, n° 75-60.118, BC V n° 426; 20 janvier 1977, n° 76-60.239, BC V n° 57; 18 juin 1981, n° 80-60.440, BC V n° 584). L'employeur est recevable à intervenir dans une instance engagée par un salarié de l'entreprise pour contester la désignation d'un délégué syndical, même s'il se trouvait forclos à engager lui-même l'instance (cass. soc. 2 juillet 1975, n° 75-60.079, BC V n° 369).

La fin du contrat de travail ne prive pas en soi l'employeur de son intérêt à agir en annulation de la désignation syndicale du salarié dès lors que le salarié a le droit de saisir le juge pour faire constater que son licenciement est intervenu en violation du statut protecteur (cass. soc. 10 juillet 2013, n° 12-28.765, RJS 10/13 n° 699).

• **Juge compétent.** Depuis le 1er janvier 2020, les tribunaux judiciaires se sont substitués aux tribunaux d'instance et aux tribunaux de grande instance et se sont vus transférer leurs compétences (art. L. 121-1 et D. 211-1 c. org. jud.; loi 2019-222 du 23 mars 2019, JO 24; décrets 2019-912, 2019-913 et 2019-914 du 30 août 2019, JO 1er sept.; ord. 2019-964 du 18 septembre 2019, JO 19). La jurisprudence rapportée ci-dessous, rendue dans le cadre de la législation antérieure, conserve ainsi son intérêt en ce qu'elle s'applique également au tribunal judiciaire.

Le tribunal d'instance [tribunal judiciaire] a compétence pour apprécier la régularité de la désignation quant aux conditions requises du délégué lui-même (âge, ancienneté dans l'entreprise, concomitance éventuelle d'une mesure de licenciement prise à l'égard d'un travailleur et de sa désignation comme délégué) [sur les désignations concomitantes à un licenciement, voir ci-après], quant à la représentativité syndicale et quant à la procédure de désignation (notification de la désignation, affichage). Le tribunal d'instance [tribunal judiciaire] doit également être appelé à statuer sur des questions de portées plus larges, telles que les effectifs de l'entreprise, l'existence d'établissements distincts, la notion d'unité économique et sociale. Ainsi, un tribunal d'instance [tribunal judiciaire], devant lequel la validité des désignations de délégués syndicaux effectuées par un syndicat est contestée, est compétent pour apprécier la validité du protocole d'accord relatif au nombre de délégués syndicaux par organisation syndicale représentative conclu au sein de la société et sur le fondement duquel il a été procédé à ces désignations (cass. soc. 23 novembre 2005, n° 05-60.060, BC V n° 342; RJS 2/06 n° 237). Le tribunal d'instance [tribunal judiciaire] n'est, par contre, pas compétent pour connaître des litiges qui ne se rattachent pas, directement ou indirectement, à la désignation du délégué syndical (par exemple, sur le droit d'assistance d'un délégué syndical à une réunion du comité d'entreprise, en l'absence de représentant syndical: cass. soc. 2 mai 1973, n° 72-60.117, BC V n° 268).

Compétence territoriale. Les contestations relatives aux conditions de désignation des délégués syndicaux sont de la compétence du tribunal d'instance [tribunal judiciaire] du lieu où la désignation est destinée à prendre effet (cass. soc. 7 octobre 1998, n° 97-60.303, BC V n° 414; RJS 11/98 n° 1382). À noter qu'est recevable la demande d'annulation de la désignation d'un délégué syndical formée par un employeur devant un tribunal d'instance [tribunal judiciaire] postérieurement au délai légal de quinze jours, dès lors qu'il est établi que cette contestation avait été introduite dans le délai devant un tribunal s'étant déclaré territorialement incompétent et que, après renvoi, l'instance engagée s'était poursuivie devant la juridiction désignée (cass. soc. 2 mars 2004, n° 02-60.828, BC V n° 72; RJS 5/04 n° 568).

Délai pour statuer. Le délai de dix jours imparti au tribunal pour statuer n'est pas prescrit à peine de nullité (cass. soc. 28 février 1990, n° 89-61.392).

Voies de recours contre la décision du juge. La décision du tribunal d'instance [tribunal judiciaire] est rendue en dernier ressort en ce qui concerne les contestations relatives aux conditions de désignation; elle peut être déférée à la Cour de cassation. La décision d'un tribunal d'instance [tribunal judiciaire] qui se déclare incompétent pour connaître de la demande en annulation de la désignation d'un délégué syndical ne peut être attaquée que par la voie du contredit (cass. soc. 17 juin 1992, n° 91-60.315, BC V n° 400; RJS 10/92 n° 1126; voir aussi cass. soc. 19 mars 1997, n° 96-60.049, RJS 5/97 n° 565). Les décisions du tribunal d'instance [tribunal judiciaire] ne peuvent faire l'objet d'une tierce opposition (cass. soc. 28 novembre 1995, n° 94-60.545, BC V n° 319; RJS 1/96 n° 40; 26 novembre 2003, n° 02-60.689, BC V n° 301; RJS 2/04 n° 231).

L'article L. 412-15, al. 1er ancien [R. 2143-5] prévoyant que le tribunal d'instance [tribunal judiciaire] ne statue en dernier ressort que sur les contestations relatives aux conditions de désignation des délégués syndicaux, le tribunal statue en premier ressort sur les litiges qui concernent la suppression de leur mandat en raison de la baisse des effectifs (cass. soc. 15 février 2006, n° 05-60.138, BC V n° 75; RJS 6/06 n° 750).

De même, le jugement est rendu en premier ressort lorsque le juge d'instance [tribunal judiciaire] est appelé à statuer sur une demande de révocation d'un mandat de délégué syndical (cass. soc. 24 janvier 1996, n° 95-60.072, BC V n° 30; RJS 3/96 n° 297; 17 mars 2004, n° 03-60.116, BC V n° 91; RJS 6/04 n° 719).

Le tribunal d'instance [tribunal judiciaire] doit avertir toutes les parties intéressées des contestations relatives à la désignation des délégués syndicaux, y compris le syndicat auteur de la désignation du délégué syndical (cass. soc. 12 novembre 1996, n° 95-60.951, BC V n° 376; 3 mars 1999, n° 98-60.146, RJS 4/99 n° 548).

• **Point de départ du délai de contestation.** Une fraude dans la désignation d'un représentant de section syndicale ou d'un délégué syndical a pour effet de reporter le point de départ du délai de forclusion prévu à l'article L. 2143-8 CT au jour où le demandeur à l'annulation a eu connaissance des éléments qu'il invoque au titre du caractère frauduleux de la désignation (cass. soc. 27 février 2013, n° 11-28.084, BC V n° 64; RJS 5/13 n° 393).

À l'égard des organisations syndicales et des salariés de l'entreprise, le délai de contestation court à compter du jour où le nom du délégué syndical a été porté à leur connaissance par affichage sur les panneaux réservés aux communications syndicales ou par tout autre moyen (cass. soc. 4 février 1997, n° 95-60.982, BC V n° 51; Dr. Soc. 1997, p. 322; voir aussi cass. soc. 17 mars 1999, n° 98-60.196). Le délai de quinze jours court à compter de la date de l'affichage, peu important la connaissance indirecte qu'ils ont pu avoir de la désignation (cass. soc. 6 octobre 1971, n° 71-60.115, BC V n° 552). Le défaut d'affichage a pour seul effet de permettre aux salariés de l'entreprise et aux autres organisations syndicales de contester la désignation dans le délai de quinze jours à compter du jour où ils auront pu en avoir officiellement connaissance (cass. soc. 28 mai 1975, n° 74-60.146, BC V n° 285; 19 juillet 1979, n° 79-60.184, BC V n° 654) et il est permis aux intéressés qui ont appris la désignation, avant l'affichage, de quelque manière que ce soit, de la contester aussitôt (cass. soc. 2 juillet 1975, n° 75-60.078, BC V n° 368).

En ce qui concerne la désignation d'un délégué syndical central, l'affichage sur des panneaux destinés aux communications syndicales situés au siège de l'entreprise fixe le point de départ du délai de contestation pour les organisations syndicales représentées dans l'entreprise et les salariés qui y sont employés (cass. soc. 23 septembre 2009, n° 08-60.520, BC V n° 199; JCP éd. S 2009, 1525, note L. Dauxerre). L'affichage de la désignation d'un délégué syndical central et d'un représentant syndical au comité d'entreprise, qui n'a été effectué que dans un établissement, et non pas au siège de l'entreprise également siège du comité central d'entreprise où la désignation était destinée à prendre en premier titre effet, équivaut à un défaut d'affichage; le délai de contestation ne court donc pas (cass. soc. 15 février 2006, n° 05-60.178, BC V n° 71; RJS 6/06 n° 749).

En ce qui concerne l'employeur, le délai de quinze jours court à compter de l'avis de réception ou du récépissé prévu par l'article D. 412-1 [D. 2143-4] CT, même dans le cas où la prise d'effet de la désignation est fixée à une date postérieure à sa notification (cass. soc. 4 décembre 1991, n° 90-60.523, RJS 2/92 n° 170). Ce délai étant exprimé en jours, le jour de la notification de la désignation du délégué syndical n'est pas compris dans le délai de quinze jours imparti à l'employeur pour contester cette désignation (cass. soc. 5 mars 1981, n° 80-60.304, BC V n° 198; 29 octobre 2003, n° 02-60.702, BC V n° 273; RJS 2/04 n° 230; 16 février 2011, n° 10-60.270). Dès lors que la désignation a été portée à a connaissance de l'employeur par lettre recommandée avec avis de réception, le délai de contestation part le lendemain du jour de la signature de cet avis, peu important que l'employeur ait eu connaissance de cette désignation à une date postérieure à son retour de congés (cass. soc. 7 novembre 2012, n° 11-61.189, RJS 1/13 n° 56). Voir également note sous art. L. 2143-7.

Confirmation d'un délégué syndical dans ses fonctions à l'occasion de nouvelles élections dans l'entreprise. Le mandat de délégué syndical prenant fin lors du renouvellement des institutions représentatives dans l'entreprise, la désignation, à l'issue de ces nouvelles élections, d'un délégué syndical, fait courir à compter de la date de cette désignation le délai de contestation de quinze jours même si le salarié désigné exerçait déjà cette mission avant le nouveau scrutin (cass. soc. 22 septembre 2010, n° 09-60.435, BC V n° 188; RJS 11/10 n° 862).

• **Expiration du délai de contestation.** Lorsqu'il est formé par déclaration écrite adressée au greffe du tribunal d'instance [tribunal judiciaire], le recours prévu à l'article L. 2143-8 CT a pour date celle de l'envoi, la date de réception de la lettre de recours au greffe étant sans effet sur la recevabilité de ce recours (cass. soc. 26 septembre 2012, n° 11-60.147, BC V n° 244; RJS 12/12 n° 957; JSL n° 332, 26.11.2012, p. 15, J-E Tourreil).

Portée de l'alinéa 2 relatif au délai de forclusion. Le délai de quinze jours prévu, à peine de forclusion, par cet article concerne toutes les contestations relatives aux conditions de désignation des délégués syndicaux, quels que soient les motifs allégués à l'appui du recours (cass. soc. 21 juillet 1986, n° 85-60.500, BC V n° 452; 20 mars 1990, n° 89-61.330, BC V n° 130; RJS 4/90 n° 321: qualité d'employeur du délégué contestée). Il ne souffre, hors le cas de fraude, ni suspension ni interruption (cass. soc. 17 janvier 1989, n° 87-60.311, BC V n° 31; RJS 1989 n° 248; 12 décembre 1990, n° 89-61.103, RJS 1/91 n° 54).

La connaissance de faits par l'employeur, qu'il ignorait au moment de la désignation, peut fonder une contestation malgré l'expiration du délai de forclusion (voir déjà, en ce sens, cass. soc. 28 janvier 1976, n° 76-60.169, BC V n° 55; 7 décembre 1977, n° 77-60.585, BC V n° 681; 29 octobre 1986, n° 86-60.041, BC V n° 498; 10 mai 1994, n° 93-60.366, RJS 6/94 n° 722). Des faits considérés par les juges du fond comme constitutifs de fraude, mais connus de l'employeur avant ou dès la désignation litigieuse, ne peuvent donc être invoqués par ce dernier après l'expiration du délai impératif institué par la loi (cass. crim. 22 octobre 1991, n° 89-84.552, B. crim. n° 368; RJS 2/92 n° 171; cass. soc. 27 janvier 1999, n° 97-60.441, BC V n° 45). Le délai court donc à compter du jour où le demandeur à l'annulation a eu connaissance des éléments qu'il invoque au titre du caractère frauduleux de la désignation (cass. soc. 27 février 2013, n° 11-28.084, précité).

L'expiration du délai prévu à cet article interdit la remise en cause, même par voie d'exception, de la validité de la désignation d'un délégué syndical (cass. soc. 10 octobre 1990, n° 88-44.268, BC V n° 451; 3 mai 2007, n° 05-43.863, BC V n° 67; RJS 7/07 n° 876).

Ne constituent pas des faits nouveaux susceptibles de remettre en cause une désignation:
– le jugement constatant l'absence de représentativité d'un syndicat à l'occasion d'élections du personnel (cass. soc. 11 octobre 1994, n° 93-60.380, BC V n° 274; RJS 11/94 n° 1284);
– le jugement statuant sur la représentativité d'un syndicat, à l'occasion d'une contestation de la désignation par lui de délégués syndicaux centraux (cass. soc. 26 juin 2013, n° 11-25.456, BC V n° 170; RJS 10/13 n° 697).

La désignation d'un salarié en qualité de délégué syndical non contestée dans le délai de quinze jours par l'employeur est «purgée de tout vice» et l'intéressé peut se prévaloir du bénéfice de la protection spéciale contre le licenciement (CE 26 novembre 1990, n° 99113), même s'il a été désigné dans une entreprise de moins de cinquante salariés (CE 13 mai 1987, n° 60711, Rec. Lebon p. 979). Une cour d'appel ne pouvait ainsi refuser au licenciement de l'intéressée (salariée désignée comme déléguée syndicale dans une entreprise de moins de cinquante salariés, sans être élue déléguée du personnel) intervenu en méconnaissance d'un refus d'autorisation administrative le caractère d'un trouble manifestement illicite (cass. soc. 10 octobre 1990, n° 88-44.268, BC V n° 451; RJS 11/90 n° 881). Mais le défaut de contestation dans le délai imparti interdit aussi à l'employeur de contester la représentativité de l'organisation syndicale désignataire à l'occasion de l'exercice ultérieur par cette dernière de prérogatives réservées aux organisations représentatives (cass. soc. 12 juillet 2016, n° 14-25.794, RJS 10/16 n° 638).

Réduction d'effectif. Dès lors qu'elle est fondée sur la réduction des effectifs d'un établissement, de nature à entraîner la réduction du nombre des délégués syndicaux, la contestation de la désignation d'un délégué syndical n'est pas soumise au délai de forclusion. Ainsi, lorsque les conditions du maintien du délégué syndical affectées par des circonstances nouvelles ne sont plus remplies (disparition de l'unité économique et sociale qui avait existé entre deux sociétés juridiquement distinctes et qui avait ainsi comporté deux établissements de cinquante salariés chacun ou plus, cass. soc. 10 janvier 1989, n° 87-60.209, BC V n° 7; perte d'autonomie de la société à la suite d'une fusion-absorption, 28 mars 1989, n° 88-60.548, BC V n° 268; RJS 5/89 n° 441; réorganisation interne de l'entreprise, 13 juin 1989, n° 88-60.500, BC V n° 438), le délai de forclusion ne peut s'appliquer aux contestations en cause.

Désignation d'un délégué syndical surnuméraire. Lorsqu'une organisation syndicale désigne un délégué syndical surnuméraire, cette désignation ouvre, à compter de la dernière désignation litigieuse ou de la décision prise par l'organisation syndicale pour mettre fin à cette situation, un nouveau délai de contestation de l'ensemble des désignations en cause (cass. soc. 29 octobre 2010, n° 09-67.969, BC V n° 250; RJS 1/11 n° 60; Dr. Soc. 2011, p. 117, obs. Fr. Petit). Il peut exister des hypothèses dans lesquelles l'employeur ne dispose pas, au jour où une désignation lui est notifiée, des éléments lui permettant de déceler son caractère surnuméraire; dans ce cas, le délai de forclusion ne court qu'à partir du jour où il dispose de ces éléments (cass. soc. 22 novembre 2017, n° 16-25.821, RJS 2/18 n° 123; LS Jurispr. n° 106 du 12.06.2018).

La forclusion doit être relevée d'office par le juge d'instance [tribunal judiciaire] (cass. soc. 10 juillet 1979, n° 79-60.142, BC V n° 642).

Inopposabilité du délai de forclusion. Si le remplacement d'un délégué syndical par une confédération syndicale, à la suite de la désaffiliation de l'organisation syndicale ayant procédé à cette désignation, peut être contesté par tout intéressé dans le délai de quinze jours, ce délai n'est pas opposable à la demande de l'employeur visant uniquement à ce que soit constaté ce remplacement (cass. soc. 8 février 2012, n° 11-13.259, BC V n° 67; Dr. Soc. 2012, p. 373, «Pleins feux sur les désignations syndicales» Fr. Petit).

• **Autorité de la chose jugée d'un jugement d'annulation.** La contestation qui porte sur une nouvelle désignation syndicale a nécessairement un objet différent de celle annulée par une décision antérieure. L'employeur qui conteste la nouvelle désignation ne peut donc pas se prévaloir de l'autorité de la chose jugée (cass. soc. 30 avril 2003, n° 01-60.886).

• **Désignation concomitante à un licenciement décidé ou projeté.** Des circonstances, fortuites ou non, aboutissent souvent à ce que la désignation d'un délégué syndical (ou son remplacement, qui n'est soumis à aucune autre formalité que de publicité) intervienne immédiatement avant, en même temps ou immédiatement après que le licenciement ou le projet de licenciement de l'intéressé eut été décidé. S'agit-il d'un licenciement décidé pour faire échec à l'installation d'un délégué syndical dont l'employeur ne pourrait ultérieurement plus se séparer qu'en faisant appel à la protection syndicale ? S'agit-il d'une désignation intervenue pour faire échec à un projet de licenciement ? La Cour de cassation a été amenée à dégager une jurisprudence basée sur l'examen des circonstances de la désignation et du licenciement et sans, finalement, s'arrêter au seul point de savoir si la désignation avait, chronologiquement, précédé ou non la décision ou le projet de licenciement:

– s'il apparaît clairement que l'intention de l'organisation syndicale de désigner un salarié comme délégué syndical était arrêtée avant la convocation de celui-ci par l'employeur en vue de son licenciement et que ce n'était pas dans le seul but de faire échec au licenciement envisagé que la désignation avait été faite, mais dans celui de l'intérêt des salariés de l'entreprise, la désignation doit être validée (cass. soc. 8 juillet 1976, n° 76-60.042, BC V n° 447). Le critère fondamental de l'examen par le juge des circonstances est l'activité syndicale du salarié concerné (cass. soc. 17 décembre 1975, n° 75-60.150, BC V n° 615; 4 mars 1976, n° 75-60.154, BC V n° 142; 27 avril 1978, n° 78-60.010, BC V n° 302; 22 juillet 1980, n° 80-60.230, BC V n° 660; 3 juin 1981, n° 80-60.436, BC V n° 519; 4 février 1981, n° 80-60.266, BC V n° 102; désignation faite en raison de l'activité de l'intéressé en faveur de la communauté des travailleurs en sa qualité de membre élu du comité d'entreprise alors que l'employeur avait décidé de procéder à des licenciements économiques: cass. soc. 9 décembre 1997, n° 97-60.078, BC V n° 427; RJS 1/98 n° 65, 2e espèce);

– s'il apparaît, au contraire, que la désignation avait été faite dans le seul but de faire échec à une mesure de licenciement envisagée, la désignation doit être annulée (cass. soc. 12 mars 1975, n° 74-60.140, BC V n° 138; 19 novembre 1975, n° 75-60.129, BC V n° 546; 1er juin 1976, n° 75-60.207, BC V n° 343; 26 octobre 1976, n° 76-60.107, BC V n° 526; 15 juin 1977, n° 77-60.122, BC V n° 403; 15 juin 1978, n° 78-60.420, BC V n° 488; 3 juin 1981, n° 80-60.447, BC V n° 518). La fraude pouvant entacher la désignation d'un délégué syndical n'implique pas nécessairement l'existence d'une collusion entre le salarié et son syndicat (cass. soc. 7 juillet 1983, n° 83-60.857, BC V n° 438). Le juge d'instance [tribunal judiciaire] apprécie souverainement si la désignation est ou non frauduleuse (cass. soc. 9 décembre 1997, n° 96-60.233, BC V n° 428; 7 mai 2002, n° 00-60.407, BC V n° 155; RJS 7/02 n° 845; 13 juillet 2004, n° 03-60.432, BC V n° 220; RJS 11/04 n° 1166).

À noter qu'un tribunal d'instance [tribunal judiciaire] méconnaît les règles de la preuve en retenant l'existence a priori d'un soupçon de fraude alors qu'il appartient au demandeur à l'action d'établir la fraude qui ne peut être présumée (cass. soc. 16 novembre 1999, n° 98-60.347, BC V n° 442; 13 octobre 2004, n° 03-60.406, BC V n° 261).

La désignation d'un délégué syndical ne prend effet qu'à compter de la réception par l'employeur de la notification qui lui en est faite; ainsi, même non frauduleuse, la désignation d'un délégué, postérieure à la convocation à l'entretien préalable au licenciement, ne peut avoir effet que jusqu'au terme du contrat s'il y est mis fin par la procédure engagée dont elle ne peut entraver le cours (cass. soc. 22 juillet 1980, n° 80-60.116, BC V n° 677; 6 janvier 1983, n° 82-60.321, BC V n° 10). Voir aussi cass. soc. 19 juin 1985, n° 83-45.227, BC V n° 353, résumant clairement les effets d'une désignation de délégué syndical concomitante à la décision de le licencier dans la mesure où la preuve n'a pas été apportée que l'employeur ait eu connaissance de la désignation avant l'envoi, le même jour, de la convocation à l'entretien préalable.

Art. R. 2143-5. Le ***(D. 2019-966 du 18 sept. 2019, art. 8, JO 19, entrée en vigueur le 01.01.2020)*** «tribunal judiciaire» statue en dernier ressort sur les contestations relatives aux conditions de désignation des délégués syndicaux légaux ou conventionnels.

Il est saisi par voie de ***(D. 2019-1333 du 11 déc. 2019, art. 36, JO 12, entrée en vigueur le 01.01.2020)*** «requête».

Il statue dans les dix jours sans frais, ni forme de procédure et sur avertissement donné trois jours à l'avance à toutes les parties intéressées.

La décision du tribunal est notifiée par le greffe dans un délai de trois jours par lettre recommandée avec avis de réception.

La décision est susceptible d'un pourvoi en cassation dans un délai de dix jours. Le pourvoi est formé, instruit et jugé dans les conditions fixées par les articles 999 à 1008 du code de procédure civile.

Note • Les dispositions de cet article, dans sa rédaction issue du décret 2019-1333 précité, sont applicables aux instances en cours au 1er janvier 2020 (décret précité, art. 55, I).

• Les dispositions de cet article écartent tant l'appel que l'opposition (cass. soc. 11 décembre 2019, n° 19-60.094, à paraître, LS Jurispr. n° 04 du 07.01.2020; JCP éd. S 2020, 1025, note B. Gauriau; RJS 2/20 n° 98; JSL n° 491, 10.02.2020, p. 25). La Cour de cassation revient ainsi sur sa jurisprudence antérieure qui considérait qu'à défaut d'interdiction expresse, le jugement rendu par défaut annulant la désignation d'un délégué syndical était susceptible d'opposition, le pourvoi formé avant l'expiration du délai d'opposition étant donc irrecevable (cass. soc. 18 novembre 2008, n° 08-60.006, BC V n° 226; voir aussi cass. soc. 29 avril 2009, n° 08-60.463, BC V n° 116).

• Les formalités prévues à cet article ne s'imposent pas à peine de nullité. Dès lors, un tribunal d'instance [tribunal judiciaire] ne saurait déclarer irrecevable la demande d'annulation de la désignation d'un délégué syndical au motif que la contestation formée par lettre recommandée ne saisit pas régulièrement le tribunal (cass. soc. 9 juin 1999, n° 98-60.339, RJS 8-9/99 n° 1087).

• Ni la télécopie ni un envoi par courriel ne répondent aux exigences de l'article R. 2143-5 CT, selon lequel la contestation est formée par voie d'une simple déclaration faite au greffe dans les quinze jours suivant la désignation.

Après avoir relevé qu'une société n'avait pas justifié, ni allégué s'être présentée en vain après l'heure de fermeture du greffe le jour où le délai expirait, pour former son recours, un tribunal d'instance a exactement décidé qu'elle ne démontrait pas avoir été privée d'une partie du délai accordé par la loi pour former la contestation et que la requête présentée après l'expiration du délai de forclusion prévu par l'article L. 2143-3 CT était irrecevable comme tardive (cass. soc. 18 novembre 2009, n° 09-60.047, BC V n° 262).

SECTION 2. Mandat

Art. L. 2143-9. Les fonctions de délégué syndical sont compatibles avec celles de ***(Ord. 2017-1386 du 22 sept. 2017, art. 4, 46°, JO 23, entrée en vigueur au plus tard le 01.01.2018)*** «membre de la délégation du personnel au comité social et économique ou de représentant syndical à ce comité».

Note • **Cumul de fonctions.** Le cumul entre les mandats de membre du comité d'entreprise et de délégué syndical n'est pas sans poser de problème. En effet, dans cette hypothèse, le délégué syndical à la fois membre élu du comité d'entreprise est, de droit, représentant syndical au comité d'entreprise dans les entreprises de moins de trois cents salariés, cumulant ainsi deux mandats. La Cour de cassation a tranché: la représentation d'un syndicat au comité d'entreprise est une faculté à l'exercice de laquelle il peut renoncer, même dans le cas où, s'agissant d'une entreprise de moins de trois cents salariés, ce mandat ne peut être rempli que par le salarié qui a été désigné comme délégué syndical (cass. soc. 14 février 1984, n° 83-60.943, BC V n° 69).

Le cumul autorisé implique la possibilité d'un cumul des «crédits d'heures» accordés pour l'exercice de chacune des fonctions.

En ce qui concerne la répartition des différentes missions en cas de cumul de fonctions, voir notes sous les anciens articles L. 2312-5 et L. 2315-7.

• **Fonctions incompatibles avec le mandat de délégué syndical.** Le salarié titulaire d'une délégation particulière d'autorité établie par écrit permettant de l'assimiler au chef d'entreprise ne peut être désigné délégué syndical ni représentant syndical au comité d'entreprise (cass. soc. 29 juin 2005, n° 04-60.093, BC V n° 228; JCP éd. S 2005, 1240, note J-Fr. Cesaro; RJS 10/05 n° 1002; 1er février 2006, n° 05-60.163, BC V n° 50). Peu importe que cette délégation n'ait pas fait l'objet d'une acceptation expresse de l'intéressé (cass. soc. 4 avril 2007, n° 06-60.124, BC V n° 63; JCP éd. S 2007, 1574, note A. Martinon; JSL n° 212, 29.05.2007, p. 16, M-Ch. Haller; RJS 6/07 n° 759; RDT, octobre 2007, CH, 600, M. Grévy), et peu important que la délégation d'autorité dont dispose le salarié porte sur un périmètre plus restreint que celui de sa désignation (cass. soc. 15 octobre 2015, n° 14-25.680, LS Jurispr. n° 193 du 27.10.2015; RJS 1/16 n° 42). Faisant application de ce principe à une désignation effectuée dans le cadre d'une unité économique et sociale, la Cour de cassation a décidé que le salarié qui ne remplit pas les conditions pour exercer un mandat de représentation du personnel ou syndical au sein de l'entreprise qui l'emploie en raison de son assimilation au chef d'entreprise ne peut exercer un tel mandat au sein de l'unité économique et sociale dont fait partie cette entreprise (cass. soc. 16 avril 2008, n° 07-60.382, BC V n° 92; JCP éd. S 2008, 1369, avis D. Allix et note J-Y Kerbourc'h; RJS 6/08 n° 693). Mais la délégation d'autorité doit être effective (voir par ex. cass. soc. 15 mai 2019, n° 18-19.862, RJS 7/19 n° 446).

Mais, en l'absence d'une délégation particulière d'autorité établie par écrit permettant de l'assimiler au chef d'entreprise, un salarié ne peut être exclu du droit d'être désigné comme délégué syndical. Un tribunal d'instance [tribunal judiciaire] ne peut donc, pour annuler la désignation d'un salarié comme délégué syndical, se fonder sur le fait que l'intéressé, directeur d'agence, avait la responsabilité de représenter l'entreprise sur le territoire de l'agence, de diriger, d'organiser et d'animer les unités placées sous sa responsabilité, d'imposer le respect de la réglementation et du droit du travail et de représenter le chef d'établissement de la région dans l'agence (cass. soc. 21 mai 2003, n° 02-60.100, BC V n° 169; RJS 8-9/03 n° 1036, 2e espèce). De même, le tribunal d'instance [tribunal judiciaire] qui a fait ressortir qu'une salariée n'avait aucune délégation particulière d'autorité établie par écrit, permettant de l'assimiler au chef d'entreprise, a exactement décidé que l'intéressée, quelle que soit sa fonction (responsable des ressources humaines), ne pouvait être exclue du droit d'exercer les fonctions de délégué syndical (cass. soc. 21 mai 2003, n° 01-60.882, BC V n° 171; RJS 8-9/03 n° 1036, 1re espèce). Voir aussi cass. soc. 8 juillet 2009, n° 08-60.595, BC V n° 176; LS Jurispr. n° 156 du 27-28.07.2009; JCP éd. S 2009, 1407, note C. Puigelier, précisant que le contrat, confiant à un salarié promu chef d'établissement des attributions exercées sous l'autorité étroite de sa direction, sans pouvoir disciplinaire et avec une responsabilité limitée en cas d'infraction à la réglementation du travail, se borne à déterminer les attributions que le salarié tient de sa position hiérarchique et n'emporte pas de délégation écrite particulière d'autorité permettant de l'assimiler au chef d'entreprise.

En outre, même en l'absence de délégation écrite particulière d'autorité, les salariés qui représentent effectivement l'employeur devant les institutions représentatives du personnel ne peuvent exercer un mandat de représentation. Ainsi, le salarié mandataire de l'employeur qui préside le comité d'établissement ne peut être désigné délégué syndical et représentant syndical au comité d'entreprise (cass. soc. 27 octobre 2004, n° 03-60.359, BC V n° 274; RJS 4/05 n° 406; 25 janvier 2006, n° 05-60.158, BC V n° 39; RJS 4/06 n° 469, 2e espèce). Il en est de même du salarié mandataire de l'employeur qui préside habituellement le CHSCT (cass. soc. 25 janvier 2006, n° 04-60.515, BC V n° 38; RJS 4/06 n° 469, 3e espèce) ou les réunions des délégués du personnel (cass. soc. 12 juillet 2006, n° 05-60.300, BC V n° 260; RJS 11/06 n° 1200).

En l'état de ces principes, un tribunal d'instance a exactement décidé que, faute d'une délégation écrite particulière d'autorité, un salarié, directeur de secteur au sein d'une association, dont il n'était pas soutenu qu'il ait représenté l'employeur en qualité de président du CHSCT ou du CE ni exercé au niveau de l'entreprise à l'égard des représentants du personnel les obligations relevant exclusivement du chef d'entreprise ne pouvait être exclu du droit d'être désigné représentant syndical (cass. soc. 24 mai 2006, n° 05-60.231, BC V n° 190; RJS 8-9/06 n° 968).

Selon l'article L. 225-30 c. com., le mandat d'administrateur élu par les salariés est incompatible avec le mandat de délégué syndical. Cette incompatibilité s'applique également à tout mandat syndical exercé dans l'entreprise susceptible de créer des conflits d'intérêts avec les fonctions de membre du conseil d'administration, et notamment aux permanents syndicaux désignés en sus des délégués syndicaux en application d'un accord collectif (cass. soc. 30 septembre 2005, n° 04-10.490, BC V n° 281; JCP éd. S 2005, 1356, note R. Vatinet; RJS 12/05 n° 1238).

Art. L. 2143-10. En cas de modification dans la situation juridique de l'employeur telle que mentionnée à l'article L. 1224-1, le mandat du délégué syndical ou du délégué syndical central subsiste lorsque l'entreprise qui fait l'objet de la modification conserve son autonomie juridique.

Il en est de même lorsque la modification porte sur un établissement au sens de l'article L. 2143-3.

Note Selon cet article, en cas de modification dans la situation juridique de l'employeur telle que mentionnée au second alinéa de l'article L. 122-12 (ancien) CT, le mandat du délégué syndical ou du délégué syndical central subsiste lorsque l'entreprise qui a fait l'objet de la modification conserve son autonomie, peu important qu'elle ait perdu son autonomie juridique (cass. soc. 18 décembre 2000, n° 99-60.381, BC V n° 433; Dr. Soc. 2001, p. 326, obs. J. Savatier; 31 mars 2004, n° 03-60.048, BC V n° 102; RJS 6/04 n° 711). Il en est de même lorsque la modification porte sur un établissement au sens de l'article L. 412-13 (ancien) CT (cass. soc. 10 octobre 2000, n° 99-60.235, BC V n° 320; RJS 1/01 n° 63; 24 mai 2006, n° 05-60.244, BC V n° 191; RJS 11/06 n° 1193).

En cas de fusion de plusieurs établissements, les juges doivent rechercher si cette opération n'a pas eu pour conséquence de mettre un terme au mandat de délégué syndical en raison, notamment, du changement de fonctions de son titulaire ou d'une possible disparition de l'autonomie de l'entreprise (cass. crim. 7 juillet 1998, n° 96-85.947, B. crim. n° 215: le nouvel employeur peut donc éventuellement remettre en cause l'existence du mandat d'un délégué syndical).

Art. L. 2143-11. ***(L. 2008-789 du 20 août 2008, art. 5, JO 21)*** «Le mandat de délégué syndical prend fin ***(L. 2014-288 du 5 mars 2014, art. 30, XVIII, JO 6)*** «au plus tard lors du premier tour des élections de l'institution représentative du personnel renouvelant l'institution dont l'élection avait permis de reconnaître la représentativité de l'organisation syndicale l'ayant désigné».»

En cas de réduction importante et durable de l'effectif en dessous de cinquante salariés, la suppression du mandat de délégué syndical est subordonnée à un accord entre l'employeur et l'ensemble des organisations syndicales représentatives.

À défaut d'accord, l'autorité administrative peut décider que le mandat de délégué syndical prend fin.

Note • Antérieurement à la loi 2008-789 du 20 août 2008, le mandat de délégué syndical cessait uniquement lorsque le salarié ne souhaitait plus exercer ses fonctions, lorsque l'organisation syndicale le décidait ou, sous certaines conditions, lorsque la condition d'effectifs n'était plus respectée.

Sous l'empire des dispositions de la loi du 20 août 2008, dans leur rédaction d'origine, il avait été jugé que le mandat prend également fin lorsque, à l'issue des élections, le syndicat ayant désigné le salarié n'est plus représentatif ou lorsque le délégué n'a pas réuni 10 % des suffrages valablement exprimés au premier tour des élections suivantes. Aucune condition de forme n'est alors requise pour constater la perte du mandat. La loi du 5 mars 2014 est venue préciser que le mandat prend fin au plus tard lors du premier tour des élections de l'institution représentative du personnel renouvelant l'institution dont l'élection avait permis de reconnaître la représentativité de l'organisation syndicale l'ayant désigné.

La circulaire DGT 6 du 27 juillet 2011 précise que le mandat de délégué syndical prenant fin lors du renouvellement des institutions représentatives dans l'entreprise (cass. soc. 22 septembre 2010, n° 09-60.435, BC V n° 188; RJS 11/10 n° 862), il doit dans tous les cas donner lieu à renouvellement exprès après chaque échéance électorale.

Le délégué syndical ne peut être de nouveau désigné lorsque dans une entreprise ou un établissement de 50 salariés et plus, le syndicat n'est plus représentatif ou que le salarié, en tant que candidat, ne totalise plus 10 % des suffrages sur son nom, ou lorsque dans une entreprise de moins de 50 salariés, le délégué du personnel désigné comme délégué syndical perd son mandat de délégué du personnel.

En toute hypothèse, le seul fait que malgré la perte automatique de son mandat, un ancien délégué syndical poursuive ses missions dans l'entreprise ne peut être considéré comme une nouvelle désignation susceptible d'être purgée de tout vice en l'absence de contestation dans les 15 jours (circ. DGT 6 du 27 juillet 2011).

• *Démission.* La démission du salarié de son mandat de délégué syndical prend effet, à l'égard de l'employeur, à la date à laquelle cette démission est portée à sa connaissance (cass. soc. 9 juillet 2014, n° 12-29.438, BC V n° 190; RJS 11/14 n° 792).

• *Révocations.* En cas de désaffiliation de l'organisation syndicale ayant procédé à la désignation d'un délégué syndical, le mandat de ce délégué peut être révoqué par la confédération syndicale, la fédération ou l'union à laquelle le syndicat désignataire était affilié (cass. soc. 16 octobre 2013, n° 12-60.281, BC V n° 241; RJS 12/13 n° 835).

• *Baisse des effectifs.* Le mandat de délégué syndical ne cesse pas de plein droit par la seule baisse des effectifs de l'entreprise (cass. soc. 23 juin 1998, n° 96-42.548, BC V n° 333; RJS 8-9/98 n° 1004 : en l'absence d'accord, le salarié garde la qualité de salarié protégé). La baisse des effectifs doit être constatée pendant au moins 24 mois sur les trois années de référence (circ. DGT 6 du 27 juillet 2011).

La procédure prévue par l'article L. 412-15 [L. 2143-11] CT (accord entre le chef d'entreprise et l'ensemble des syndicats représentatifs) n'est applicable que lorsque l'effectif des salariés est réduit en dessous de cinquante, c'est-à-dire en cas de suppression du mandat de délégué syndical et non en cas de réduction de leur nombre (cass. soc. 21 juillet 1986, n° 84-60.607, BC V n° 450; 10 octobre 2000, n° 98-60.484, BC V n° 319).

Lorsque l'effectif de l'entreprise est tombé en dessous du seuil de mille salariés, l'employeur est fondé à s'opposer à la désignation par les syndicats d'un second délégué syndical dès lors que, pour respecter le principe d'égalité qui est de valeur constitutionnelle, il a invité préalablement toutes les organisations représentatives concernées à ramener le nombre des mandats à celui qui est prévu par la loi. Ainsi, le tribunal d'instance, qui a relevé qu'un employeur avait demandé aux syndicats de ramener le nombre de leurs délégués dans les limites prévues par la loi après diminution de l'effectif de son entreprise, passé en dessous du seuil de mille salariés depuis trois ans, a pu annuler la désignation par un syndicat d'un second délégué syndical (cass. soc. 4 mars 2009, n° 08-60.411, BC V n° 62, arrêt n° 1; RJS 5/09 n° 449, 3e espèce; JCP éd. S 2009, 1323; RDT, juillet/août 2009, CH, 459, H. Tissandier).

Art. R. 2143-6. En l'absence d'accord, la décision de suppression du mandat de délégué syndical prévue au deuxième alinéa de l'article L. 2143-11 est prise par le ***(D. 2020-1545 du 9 déc. 2020, JO 10, entrée en vigueur le 01.04.2021)*** «directeur régional de l'économie, de l'emploi, du travail et des solidarités».

Le silence gardé pendant plus de quatre mois par le ministre saisi d'un recours hiérarchique contre cette décision vaut décision de rejet.

Art. L. 2143-12. Le nombre des délégués syndicaux de chaque section syndicale dans chaque entreprise ou établissement est calculé dans des conditions déterminées par décret en Conseil d'État compte tenu de l'effectif des salariés.

Le nombre ainsi fixé peut être dépassé en application des dispositions de l'article L. 2143-4 et du premier alinéa de l'article L. 2143-5.

Note • **Notion d'entreprise.** Pour la détermination des effectifs, il y a lieu de se référer à la notion d'entreprise et non à celle d'établissement. Toutefois, si l'entreprise comporte des établissements distincts occupant habituellement au moins cinquante salariés, le nombre des délégués syndicaux est fixé par établissement (art. R. 2143-3). Voir aussi note sous art. L. 2311-2.

• **Unité économique et sociale.** Voir note sous art. L. 2313-8 et L. 2143-3.

• **Notion d'établissement distinct.** Voir sous art. L. 2143-3 («Périmètre de désignation du délégué syndical»).

SECTION 3. Exercice des fonctions

Sous-section 1. Heures de délégation

Art. L. 2143-13. Chaque délégué syndical dispose d'un temps nécessaire à l'exercice de ses fonctions.

Ce temps est au moins égal à :

1° ***(L. 2016-1088 du 8 août 2016, art. 28, JO 9)*** «Douze» heures par mois dans les entreprises ou établissements de cinquante à cent cinquante salariés;

2° ***(L. 2016-1088 du 8 août 2016, art. 28, JO 9)*** «Dix-huit» heures par mois dans les entreprises ou établissements de cent cinquante et un à ***(L. 2012-387 du 22 mars 2012, art. 43, 23°, JO 23)*** «quatre cent quatre-vingt-dix-neuf salariés»;

3° ***(L. 2016-1088 du 8 août 2016, art. 28, JO 9)*** «Vingt-quatre» heures par mois dans les entreprises ou établissements ***(L. 2012-387 du 22 mars 2012, art. 43, 24°, JO 23)*** «d'au moins cinq cents salariés».

Ce temps peut être dépassé en cas de circonstances exceptionnelles.

(L. 2016-1088 du 8 août 2016, art. 28, JO 9) «Sauf accord collectif contraire, lorsque le représentant du personnel élu ou désigné est un salarié mentionné à l'article L. 3121-58, le crédit d'heures est regroupé en demi-journées qui viennent en déduction du nombre annuel de jours travaillés fixé dans la convention individuelle du salarié. Une demi-journée correspond à quatre heures de mandat. Lorsque le crédit d'heures ou la fraction du crédit d'heures restant est inférieur à quatre heures, le représentant du personnel en bénéficie dans des conditions définies par un décret en Conseil d'État».

Note **Rôle des délégués syndicaux**

• Le délégué syndical a pour mission de représenter auprès du chef d'entreprise le syndicat l'ayant désigné. Il peut, en tant que membre d'une section syndicale, exercer les activités conférées par la loi aux sections syndicales (collecte des cotisations, affichage, organisation des réunions…), mais il n'a pas, en droit, le monopole de ces activités qui peuvent être exercées par tout autre membre de la section.

• Si la mission des délégués du personnel et des membres du comité d'entreprise ne peut concerner que les problèmes intéressant directement les salariés qui les ont élus, celle des délégués syndicaux, qui consiste à représenter leur syndicat dans l'entreprise, peut être exercée en tout lieu dans l'intérêt des salariés de l'entreprise ou de l'établissement au titre desquels ils ont été désignés, dès lors qu'elle entre dans le cadre de l'objet défini par l'article L. 411-1 [L. 2131-1] dudit code (cass. soc. 10 juillet 1990, n° 86-42.819, BC V n° 361; RJS 8-9/90 n° 693; 23 janvier 1990, n° 86-43.817, BC V n° 21; RJS 2/90 n° 136; 1er avril 1992, n° 88-45.752, BC V n° 233; RJS 5/92 n° 636; 9 février 2000, n° 97-45.460).

La participation à une réunion syndicale dont l'ordre du jour comportait l'étude de la convention collective applicable au personnel de l'établissement dans lequel le salarié a été désigné délégué syndical entre dans le cadre de ses missions. Dès lors, l'accident de circulation dont est victime un délégué syndical se rendant à cette réunion doit être pris en charge au titre de la législation relative aux accidents du travail, «peu important la nécessaire indépendance» dont le salarié bénéficiait pendant l'exécution de sa mission de délégué syndical (cass. soc. 12 juillet 1995, n° 92-19122, RJS 11/95 n° 1145).

N'entrent pas dans le cadre de leur mission la participation à une manifestation de soutien à des salariés d'une autre entreprise, dans leurs différends avec la justice pénale dans une autre région (cass. soc. 13 juin 1996, n° 95-41.460, BC V n° 238; RJS 11/96 n° 1186), l'assistance aux opérations d'un scrutin à caractère national – élections prud'homales – (cass. soc. 13 janvier 1999, n° 96-43.678, RJS 2/99 n° 233). Voir aussi cass. crim. 7 décembre 1982, n° 82-90.370, B. crim. n° 278: les délégués syndicaux ont qualité pour veiller à l'hygiène et à la sécurité des travailleurs, même lorsqu'il existe un CHS dans l'entreprise, et cass. crim. 4 novembre 1981 cité sous l'article L. 2143-20.

Activités entrant dans le cadre du crédit d'heures. La mission des délégués syndicaux consistant à représenter leur organisation syndicale auprès du chef d'entreprise, l'assistance aux opérations d'un scrutin à caractère national (élection des administrateurs des caisses de sécurité sociale, élections prud'homales) n'entre pas dans cette mission limitée au cadre de l'entreprise, ce dont il suit que les heures utilisées à cette fin ne peuvent être rémunérées au titre des heures de délégation (cass. soc. 19 mars 1987, n° 84-43.038, BC V n° 174; 13 janvier 1999, n° 96-43.678, RJS 2/99 n° 233). De même, le temps consacré par les délégués syndicaux (et les représentants du personnel) à leur information personnelle ne peut être inclus dans les heures de délégation payées par l'employeur que si l'information se rattache directement à une difficulté particulière à leur entreprise (cass. soc. 21 janvier 1987, n° 85-41.127, BC V n° 51).

Le temps passé à une manifestation lors d'une visite du chef de l'État doit être rémunéré comme temps de délégation, cette démarche ayant trait à la défense de l'emploi dans l'entreprise (cass. soc. 23 janvier 1990, n° 86-43.817, précité). Il en va de même du temps passé à assister à des audiences judiciaires, la démarche des délégués syndicaux ayant pour objet de s'informer sur un litige mettant en cause d'autres représentants du personnel de l'entreprise à l'occasion d'un conflit collectif (cass. soc. 1er avril 1992, n° 88-45.752, BC V n° 233; RJS 5/92 n° 636).

Des élus du personnel et des représentants syndicaux s'étant rendus dans un atelier pour informer les salariés postés quant «au problème de la prise de café», un conseil de prud'hommes a pu débouter l'employeur de sa demande de remboursement des heures de délégation, après avoir constaté que l'activité litigieuse des représentants avait trait à l'information des salariés à leur poste de travail, conformément à l'objet de leurs mandats respectifs, et n'avait pas apporté de gêne importante à l'accomplissement du travail des salariés (cass. soc. 23 septembre 1992, n° 89-40.664, BC V n° 478).

Liberté d'utilisation du crédit d'heures. Le délégué syndical peut librement exercer son mandat pendant son temps de travail. Toutefois, il ne peut, sans faute de sa part, unilatéralement modifier ses horaires de travail pour l'exercice de ses fonctions sans l'accord de son employeur (cass. soc. 19 mai 2010, n° 08-42.506, RJS 8-9/10 n° 681).

Circonstances exceptionnelles. Les termes mêmes de l'article L. 412-20 [L. 2143-13] ainsi que l'interprétation donnée par la jurisprudence ne permettent pas de rattacher le temps passé par les représentants à l'exercice des fonctions détenues au sein de leur syndicat à la notion juridique de circonstances exceptionnelles (rép. QE 38850, JO AN 19 mars 1984, p. 1244).

Un projet de restructuration régionale de l'entreprise nécessitant un accroissement inhabituel de l'activité des représentants du personnel relève de la notion de circonstances exceptionnelles (cass. soc. 6 juillet 1994, n° 93-41.705, BC V n° 228; RJS 8-9/94 n° 1003). Il en est de même du licenciement imprévu de trois salariés ayant entraîné pour un délégué syndical un surcroît de démarches et d'activité et donc un dépassement exceptionnel de son crédit d'heures (cass. soc. 28 octobre 2003, n° 02-42.067, BC V n° 265; RJS 1/04 n° 68).

Un conseil de prud'hommes ne peut déduire l'existence de circonstances exceptionnelles justifiant le dépassement du crédit d'heures légal du caractère exceptionnel de l'accord d'entreprise auquel avaient abouti les diligences des délégués syndicaux (cass. soc. 5 novembre 1987, n° 85-45.857, BC V n° 627) ou du temps passé par une déléguée syndicale pour assister aux audiences devant le tribunal d'instance [tribunal judiciaire] dans le cadre d'une action introduite en sa qualité de déléguée en contestation d'un protocole d'accord préélectoral (cass. soc. 10 octobre 1990, n° 87-40.432, BC V n° 452).

L'obligation pesant sur l'employeur de payer à l'échéance normale comme temps de travail le temps nécessaire au représentant du personnel pour l'exercice de ses fonctions est limitée aux heures dont le nombre est fixé par la loi ou par accord collectif plus favorable, et ne s'étend pas à celles qui sont prises en fonction de circonstances exceptionnelles dont il appartient au salarié d'établir l'existence préalablement à tout paiement par l'employeur, de même que la conformité de l'utilisation desdites heures eu égard au mandat représentatif dont il est investi (cass. soc. 17 décembre 1986, n° 85-41.167, BC V n° 606; 9 mai 1989, n° 86-40.375, BC V n° 342; 29 janvier 1992, n° 88-44.227, BC V n° 56; RJS 3/92 n° 303; 10 mai 1994, n° 93-40.886, BC V n° 174; RJS 6/94 n° 712; 6 avril 2005, n° 03-42.103). Voir aussi notamment rép. QE 68329, JO AN 12 août 1985, p. 3842.

Art. R. 2143-3-1. ***(D. 2019-1548 du 30 déc. 2019, JO 31)*** Lorsque le crédit d'heures ou la fraction du crédit d'heures restant est inférieur à quatre heures, le délégué syndical et le délégué syndical central qui en bénéficient au titre des heures additionnées sur l'année prévues aux articles L. 2143-13 et L. 2143-15 disposent d'une demi-journée qui vient en déduction du nombre annuel de jours travaillés fixé dans la convention individuelle du salarié.

Art. L. 2143-14. Dans les entreprises ou établissements où, en application des articles L. 2143-3 et L. 2143-4, sont désignés pour chaque section syndicale plusieurs délégués, ceux-ci peuvent répartir entre eux le temps dont ils disposent au titre de leur mandat de délégué syndical. Ils en informent l'employeur.

Note La possibilité ouverte par cette disposition aux délégués syndicaux désignés pour chaque section syndicale de répartir entre eux le crédit d'heures qui leur est individuellement alloué n'est applicable qu'aux délégués syndicaux d'établissement et non aux délégués syndicaux centraux (cass. soc. 3 mars 1993, n° 89-43.497, BC V n° 78; RJS 4/93 n° 420).

Art. L. 2143-15. Le délégué syndical central prévu au premier alinéa de l'article L. 2143-5 dispose de ***(L. 2016-1088 du 8 août 2016, art. 28, JO 9)*** «vingt-quatre» heures par mois pour l'exercice de ses fonctions.

Ces heures s'ajoutent à celles dont il peut disposer à un titre autre que celui de délégué syndical d'établissement.

(L. 2016-1088 du 8 août 2016, art. 28, JO 9) «Sauf accord collectif contraire, lorsque le représentant du personnel élu ou désigné est un salarié mentionné à l'article L. 3121-58, le crédit d'heures est regroupé en demi-journées qui viennent en déduction du nombre annuel de jours travaillés fixé dans la convention individuelle du salarié. Une demi-journée correspond à quatre heures de mandat. Lorsque le crédit d'heures ou la fraction du crédit d'heures restant est inférieur à quatre heures, le représentant du personnel en bénéficie dans des conditions définies par un décret en Conseil d'État.»

Note • Voir art. R. 2143-3-1.

• Le délégué syndical central bénéficie d'un crédit d'heures dans les conditions suivantes:
– entreprises de moins de deux mille salariés: un délégué syndical d'établissement désigné comme délégué central d'entreprise ne bénéficie pas d'un crédit d'heures distinct ni même majoré pour l'exercice de ses fonctions;
– entreprises d'au moins deux mille salariés: s'il est désigné un délégué syndical central distinct, c'est-à-dire ne cumulant pas ses fonctions avec celles de délégué d'établissement, ce délégué bénéficie d'un crédit de vingt-quatre heures rémunérées par mois; si c'est un délégué syndical d'établissement qui est désigné comme délégué central et s'il cumule donc les deux fonctions, le crédit d'heures rémunérées dont il dispose au titre de ces deux mandats est de vingt-quatre heures (cass. soc. 18 novembre 1992, n° 90-42.688). Si le crédit dont il disposait, compte tenu de la taille de l'établissement dont il est le délégué, est déjà de vingt-quatre heures, il n'y a pas majoration de crédit; si par contre ce crédit était de douze ou de dix-huit heures, il se trouve porté à vingt-quatre heures.

Art. L. 2143-16. Chaque section syndicale dispose, au profit de son ou ses délégués syndicaux et des salariés de l'entreprise appelés à négocier la convention ou l'accord d'entreprise, en vue de la préparation de la négociation de cette convention ou de cet accord, d'un crédit global supplémentaire dans la limite d'une durée qui ne peut excéder:

1° ***(L. 2016-1088 du 8 août 2016, art. 28, JO 9)*** «Douze» heures par an dans les entreprises ***(L. 2012-387 du 22 mars 2012, art. 43, 22°, JO 23)*** «d'au moins cinq cents salariés»;

2° ***(L. 2016-1088 du 8 août 2016, art. 28, JO 9)*** «Dix-huit» heures par an dans celles ***(L. 2012-387 du 22 mars 2012, art. 43, 18°, JO 23)*** «d'au moins mille salariés».

Note Ce crédit d'heures est attaché à la préparation de la négociation de la convention ou de l'accord d'entreprise, et non aux réunions qui la concrétisent (payées comme temps de travail). En outre, il est alloué globalement et annuellement, quel que soit le nombre d'accords conclus dans l'entreprise au cours de la même année (cass. soc. 2 juin 2004, n° 01-44.474, BC V n° 160).

Art. L. 2143-16-1. ***(L. 2015-994 du 17 août 2015, art. 9, JO 18)*** Chaque délégué syndical peut utiliser des heures de délégation, hormis celles mentionnées à l'article L. 2143-16, pour participer, au titre de son organisation, à des négociations ou à des concertations à un autre niveau que celui de l'entreprise ou aux réunions d'instances organisées dans l'intérêt des salariés de l'entreprise ou de la branche.

Art. L. 2143-17. Les heures de délégation sont de plein droit considérées comme temps de travail et payées à l'échéance normale.

L'employeur qui entend contester l'utilisation faite des heures de délégation saisit le juge judiciaire.

Note **Paiement préalable.** Il résulte des dispositions de l'article L. 2143-17 CT, que les heures de délégation considérées de plein droit comme temps de travail, qu'elles soient prises pendant ou hors les heures habituelles de travail, doivent être payées à l'échéance normale, et que l'employeur ne peut saisir la juridiction prud'homale pour contester l'usage fait du temps alloué aux représentants du personnel pour l'exercice de leur mandat qu'après l'avoir payé (cass. soc. 19 mai 2016, n° 14-26.967, BC V n° 106; RJS 8-9/16 n° 570; JCP éd. S 2016, 1256, note L. Flament). Cette règle du paiement préalable s'applique aux heures de délégation prises pendant un mouvement de grève auquel le représentant du personnel et d'un syndicat s'est associé (cass. soc. 13 décembre 2017, n° 16-19.042, LS Jurispr. n° 1 du 2.01.2018; RJS 2/18 n° 119).

Prise en compte des heures de délégation comme temps de travail. Les heures de délégation étant considérées de plein droit comme temps de travail, elles doivent être prises en compte pour déterminer les conditions de désignation d'un représentant syndical au comité d'entreprise (cass. soc. 18 novembre 1992, n° 90-60.562, BC V n° 559; RJS 1/93 n° 49) et pour le calcul de l'ancienneté dans l'entreprise nécessaire à l'électorat et l'éligibilité (cass. soc. 20 novembre 1991, n° 90-60.397, BC V n° 521; RJS 1/92 n° 55; 6 avril 1994, n° 93-60.295, Dr. Soc. 1994, p. 565).

Le temps consacré par un délégué syndical à ses fonctions est payé comme temps de travail et permet donc au délégué de recevoir un titre-restaurant comme s'il avait accompli «l'horaire de travail journalier» auquel se réfère le décret du 22 décembre 1967 pour l'attribution d'un tel titre (cass. soc. 3 juillet 1980, n° 79-40.469, BC V n° 605).

L'article 18 *bis* de la convention collective étendue des casinos du 29 mars 2002, seul applicable, aménage au bénéfice des représentants du personnel un droit de choisir entre deux modes de compensation des heures de délégation prises hors du temps de travail, soit un repos compensateur correspondant au temps de l'absence rémunérée, soit un paiement des heures conformément aux dispositions légales. Doit donc être condamné pour délit d'entrave l'employeur qui, en choisissant systématiquement d'imposer des dates de repos compensateur à un représentant du personnel malgré l'opposition de celui-ci et l'avertissement de l'inspection du travail, a éloigné l'intéressé de l'entreprise dans laquelle il travaillait principalement la nuit, entravant ainsi sciemment ses fonctions de délégué du personnel et de délégué syndical (cass. crim. 26 janvier 2016, n° 13-85.770, B. crim. n° 20; RJS 4/16 n° 257).

Rémunération des heures de délégation

• Les heures de délégation sont payées comme temps de travail. Lorsqu'elles sont prises en dehors de l'horaire de travail en raison des nécessités du mandat, ces heures doivent être payées comme heures supplémentaires (cass. soc. 12 février 1991, n° 88-42.353, BC V n° 67; RJS 3/91 n° 342; 18 mai 1993, n° 96-43.453, RJS 7/93 n° 758; 21 novembre 2000, n° 98-40.730, RJS 3/01 n° 309). L'existence d'un horaire variable ne peut faire obstacle à cette règle (cass. soc. 20 janvier 1993, n° 89-41.560, Dr. Soc. 1993, p. 305).

Les heures de délégation effectivement utilisées devant être payées comme temps de travail, l'employeur ne peut déduire de la rémunération de ces heures les temps de pause non rémunérés rendus obligatoires par un accord d'entreprise ayant mis en place des horaires individualisés, mais qui n'ont pas été pris par le représentant du personnel du fait de l'exercice de sa mission (cass. soc. 28 novembre 2001, n° 00-45.613, RJS 3/02 n° 297). Mais le fait que le temps normal de travail inclut des pauses rémunérées n'a pas pour effet d'accroître le nombre d'heures de délégation dont dispose le délégué (cass. soc. 9 décembre 2014, n° 13-18.005, BC V n° 282; RJS 2/15 n° 111, 1re espèce; JCP éd. S 2015, 1081, note Y. Pagnerre).

• *Rémunération des heures de délégation prises en dehors du temps de travail par un représentant du personnel à temps partiel.* Selon l'article L. 212-4-10 [L. 3123-29 devenu L. 3123-14] CT, le nombre d'heures de délégation qu'un salarié à temps partiel peut prendre sur son temps de travail mensuel est limité au tiers de ce temps. Si le crédit d'heures dépasse cette durée, les heures de délégation prises en dehors du temps de travail sont considérées de plein droit comme temps de travail et payées comme tel. Peu importe que l'intéressé reçoive en outre une allocation de préretraite progressive, le temps de délégation étant un accessoire nécessaire du contrat de travail en cours et impliquant des contraintes qui doivent être spécialement rémunérées, lorsque les heures de délégation ne s'imputent pas sur le temps de travail effectif (cass. soc. 20 mars 2002, n° 99-45.516, BC V n° 98; RJS 6/02 n° 750).

• Le représentant du personnel utilisant des heures de délégation sur le temps de repos dont il bénéficie en contrepartie d'heures supplémentaires ne peut pas prétendre au paiement de ces heures de délégation, mais seulement à un report de son temps de repos (cass. soc. 23 mai 2017, n° 15-25.250, BC V n° 92; LSQ n° 17345 du 14.06.2017; JSL n° 435, 11.07.2017, pp. 19 et s., S. Daguerre; JCP éd. S 2017, 1244, note J-Y Kerbourc'h; RJS 8-9/17 n° 591).

• *Majorations et primes.* Le délégué syndical ne devant subir aucune perte de rémunération du fait de l'exercice de sa mission, il en résulte qu'un délégué syndical qui a pris des heures de délégation pendant la journée tandis qu'il travaillait habituellement la nuit a droit au paiement de la majoration afférente au travail de nuit (cass. soc. 14 mars 1989, n° 86-41.648, BC V n° 212). De même, un représentant du personnel qui, en raison de la nature de son travail, bénéficie de jours de repos compensateur conventionnel et utilise ses heures de délégation pendant ce repos est en droit de bénéficier de la quote-part de repos correspondant au temps de délégation (cass. soc. 20 mai 1992, n° 89-43.103, BC V n° 329; RJS 7/92 n° 882).

S'agissant des primes, celles compensant une sujétion particulière de l'emploi et constituant un complément de salaire doivent être prises en compte pour le paiement des heures de délégation; voir cass. crim. 4 mai 1979, n° 78-91.710, B. crim. n° 162: le non-paiement, pendant le temps de délégation d'un délégué syndical, de la prime horaire d'insalubrité accordée en raison des conditions spécifiques du travail et que les juges ont pu considérer comme un élément du salaire constitue une discrimination injustifiée à l'égard du représentant syndical; cass. soc. 2 juin 1992, n° 88-45.662, BC V n° 365; RJS 7/92 n° 883: prime de douche devant être incluse dans l'assiette servant au paiement des heures de délégation; cass. soc. 1er avril 1992, n° 88-40.108, BC V n° 235; RJS 5/92 n° 628 et 17 mai 2006, n° 04-41.600, RJS 8-9/06 n° 961: indemnité de repas et prime de panier allouées, non à titre de remboursement de frais réellement exposés mais compensant une sujétion particulière, devant être prises en compte pour le paiement des heures de délégation, même effectuées en dehors de l'entreprise; cass. soc. 26 juin 2001, n° 98-46.387, BC V n° 232: droit au temps de pause rémunéré en application des dispositions conventionnelles pour le représentant du personnel ayant effectué 8 heures de délégation consécutives; cass. soc. 11 mars 2009, n° 08-40.132, JCP éd. S 2009, 1363, note J-Y Kerbourc'h: droit au paiement d'une indemnité de déplacement compensant une sujétion particulière de l'emploi et constituant un complément de salaire; cass. soc. 3 mars 2010, n° 08-44.859, BC V n° 52; RJS 5/10 n° 473: paiement des primes conventionnelles de repas et de «voiture courrier» à un membre du personnel navigant pour les heures consacrées à son mandat de délégué syndical, ces indemnités étant versées au personnel navigant maintenu au sol et constituant un complément de salaire; cass. soc. 17 janvier 2013, n° 11-17.745, BC V n° 13; RJS 3/13 n° 214; JCP éd. S 2013, 1126, note Th. Passerone: droit au paiement d'une indemnité de grand déplacement et d'une indemnité d'éloignement forfaitaire prévue par la convention collective des travaux publics au profit du salarié qui ne peut rejoindre son domicile en fin de journée, dès lors que le représentant du personnel est amené à effectuer un tel déplacement dans le cadre de l'exercice d'un de ses mandats, sans avoir à justifier d'une demande en ce sens de son employeur, mais seulement de la matérialité de ses déplacements.

En revanche, il a été jugé que n'ont pas le caractère de complément de salaire mais de remboursement de frais qui n'ont donc pas à être pris en charge dès lors qu'ils n'ont pas été exposés, les indemnités de repas, de «voiture courrier» et de «découcher» prévues par le règlement du personnel commercial de la compagnie Air France (cass. soc. 3 février 2016, n° 14-18.777, BC V n° 22; LS Jurispr. n° 40 du 01.03.2016; RJS 4/16 n° 256). Il en est de même, malgré leur caractère forfaitaire, des allocations de déplacement prévues par les articles 111 à 124 de la directive RH 0131 de la SNCF (cass. soc. 1er juin 2016, n° 15-15.202, BC V n° 127; RJS 8-9/16 n° 569; JCP éd. S 2016, 1323, note G. François) ou des indemnités prévues par une convention collective et ayant pour objet de compenser les frais correspondant au logement ou à la nourriture exposés par le salarié en déplacement (cass. soc. 5 juillet 2017, n° 15-28.702).

Au titre des primes variables, subordonnées à la réalisation d'objectifs quantitatifs, leur montant doit être fixé en tenant compte, pour la partie de l'activité du salarié correspondant à ses mandats, du montant moyen de cette prime versée, pour un temps équivalent, aux autres salariés (cass. soc. 6 juillet 2010, n° 09-41.354, BC V n° 157; LS Bref n° 15652 du 15.07.2010). Lorsque la rémunération du salarié est constituée dans son intégralité de commissions, le taux horaire applicable aux heures de délégation est égal à la totalité des rémunérations générées annuellement divisée par le nombre d'heures travaillées (cass. soc. 27 novembre 2013, n° 12-23.589, RJS 3/14 n° 235). Une cour d'appel se fonde à bon droit sur les commissions réellement générées annuellement par l'activité commerciale d'un salarié, rapportées au nombre d'heures travaillées pour déterminer la part variable de la rémunération due au titre des heures de délégation (cass. soc. 23 mars 2016, n° 14-26.885, RJS 6/16 n° 428).

• Si le salarié utilise ses heures de délégation pendant les congés payés, il ne peut pas cumuler l'indemnité de congés payés avec les sommes dues au titre des heures de délégation (cass. soc. 19 octobre 1994, n° 91-41.097, Dr. Soc. 1995, p. 72).

• Lorsque le représentant du personnel est payé en tout ou en partie par des commissions, la somme qui lui est allouée pendant une période où il ne peut travailler du fait de ses fonctions représentatives doit être calculée d'après son salaire réel. En présence d'un accord de branche prévoyant la rémunération des heures de délégation sur la base d'un forfait, les juges doivent rechercher si ce mode de calcul ne lèse pas le salarié (cass. soc. 29 mai 2001, n° 98-45.758, BC V n° 187; RJS 8-9/01 n° 1030).

Les heures de délégation prises en dehors du temps de travail en raison des nécessités du mandat devant également être rémunérées comme du temps de travail effectif, le salarié a droit à ce titre, outre sa part de commissions, à la part fixe de son salaire calculée au prorata des heures de délégation accomplies (cass. soc. 21 janvier 2004, n° 01-43.229, BC V n° 25; RJS 3/04 n° 322).

Dépassement du crédit d'heures légal ou conventionnel. Ni la présomption de bonne utilisation des heures de délégation ni le paiement de plein droit de ces heures ne sont applicables aux heures prises au-delà du contingent fixé par la loi ou l'accord collectif (cass. soc. 26 juin 2001, n° 98-46.387, BC V n° 232; RJS 11/01 n° 1302).

Rémunération du temps de déplacement pour l'exercice de la mission. La rémunération du temps de déplacement du représentant du personnel pour l'exercice de sa mission est à la charge de l'employeur lorsqu'il excède la durée normale du trajet entre le domicile du salarié et le lieu de travail (cass. soc. 10 décembre 2003, n° 01-41.658, BC V n° 315; RJS 4/04 n° 429). Voir aussi cass. soc. 5 novembre 2003, n° 01-43.109, BC V n° 275.

Présomption de bonne utilisation du crédit d'heures par les représentants du personnel. Les heures de délégation sont de plein droit considérées comme temps de travail et payées à l'échéance normale. La résistance opposée par l'employeur à la réclamation faite par le salarié de lui rémunérer ses heures de délégation, et obligeant ce dernier à saisir le juge, est constitutive d'une faute (cass. soc. 18 juin 1997, n° 94-43.415, BC V n° 231; RJS 8-9/97 n° 989). Si l'employeur entend contester l'usage qui en a été fait, il lui appartient, après avoir payé les heures de délégation, de saisir le conseil de prud'hommes. «Conformément à un principe général d'action en justice, il aura à apporter la preuve que le représentant du personnel n'a pas utilisé tout ou partie de son crédit d'heures conformément aux missions qui sont imparties à l'institution». Ce principe, rappelé par la circulaire ministérielle DRT 13 du 25 octobre 1983, a une portée générale (art. L. 2315-3 ancien pour les délégués du personnel et art. L. 2325-7 ancien pour les membres élus au comité d'entreprise et les représentants syndicaux). Il doit s'appliquer aux heures légales de délégation, mais aussi aux heures conventionnelles. Il vaut pour les crédits de caractère individuel et pour la fraction individualisée des crédits collectifs.

En cas de contestation par l'employeur de l'usage fait des crédits d'heures, la Cour de cassation considère que la loi, qui impose à l'employeur l'obligation de payer à l'échéance normale le temps alloué, pour l'exercice de leurs fonctions, aux délégués syndicaux et aux représentants élus du personnel, ne dispense pas les bénéficiaires de ce versement de préciser, à la demande de l'employeur, les activités exercées pendant leur temps de délégation. Le salarié ne peut se borner à répondre à la demande de l'employeur qu'il a utilisé ses heures de délégation dans le cadre de son mandat, sans apporter de précision sur les activités exercées par lui dans un tel cadre (cass. soc. 16 mars 1994, n° 92-42.234, BC V n° 100; RJS 5/94, n° 562). De même, le salarié qui ne fournit pour chaque mois que des imprimés portant, outre les indications manuscrites de dates et de nombre d'heures de délégation, des mentions rédigées à l'avance, sans précision sur la nature des activités exercées permettant à l'employeur de s'assurer que celles-ci ont été utilisées pour leur exercice, peut être condamné au remboursement de ces heures de délégation (cass. soc. 30 novembre 2004, n° 03-40.434, BC V n° 313; JSL n° 159, 13.01.2005, p. 9, M. Hautefort). L'employeur a la charge d'établir devant les juges du fond, à l'appui de sa contestation, la non-conformité de l'utilisation de ce temps avec l'objet du mandat représentatif (cass. soc. 4 décembre 1991, n° 88-44.977, BC V n° 556; voir aussi cass. soc. 2 mai 1989, n° 86-42.760, BC V n° 320; 23 février 1994, n° 92-44.145, Dr. Soc. 1994, p. 519). L'employeur ne peut donc saisir les juges du fond d'une action en remboursement d'heures de délégation prétendument mal utilisées qu'après avoir préalablement demandé à l'intéressé, fût-ce, en cas de refus, par voie judiciaire, l'indication des activités pour lesquelles elles ont été utilisées (cass. soc. 15 décembre 1993, n° 91-44.481, BC V n° 315; Dr. Soc. 1994, p. 217).

Si l'employeur peut saisir le juge des référés pour obtenir des indications sur l'utilisation des heures de délégation avant contestation, il ne peut exiger devant cette juridiction la justification de cette utilisation (cass. soc. 25 mai 1993, n° 89-45.542, BC V n° 147; RJS 7/93 n° 757). Doit être cassé l'arrêt de cour d'appel, statuant en référé, qui a ordonné au salarié de fournir à son employeur la justification des heures litigieuses, au motif que l'article L. 424-1 [L. 2315-3 ancien] ne dispense pas les bénéficiaires du crédit d'heures de justifier de l'utilisation du temps pour lequel ils ont été payés, alors que le salarié n'était tenu que d'indiquer les activités au titre desquelles avaient été prises les heures de délégation et non de justifier de leur utilisation (cass. soc. 22 avril 1992, n° 89-41.253, BC V n° 298; RJS 6/92 n° 751).

L'employeur ayant saisi le juge en reconnaissant n'avoir aucun grief particulier quant à l'utilisation des heures de délégation litigieuses, le conseil de prud'hommes a pu en déduire qu'en agissant ainsi, il avait abusé de son droit d'ester en justice et allouer à l'intéressée des dommages-intérêts pour les préjudices moral et matériel subis par celle-ci du fait de cette action (cass. soc. 21 novembre 1990, n° 87-40.699, BC V n° 585); voir aussi cass. soc. 21 octobre 1992, n° 89-41.272, RJS 12/92 n° 1396, s'agissant du préjudice moral subi par un représentant du personnel suite à la contestation du bon usage d'heures de délégation (affirmations dont la réalité n'avait pu être établie).

La chambre criminelle considère, pour sa part, s'agissant de la contestation d'un employeur portant sur une longue période et relative à l'usage fait par des représentants de leurs heures de délégation, sans qu'il puisse l'étayer de simples soupçons, qu'a justifié sa décision la cour d'appel qui, n'ayant pas constaté en l'espèce un abus de l'employeur de son droit d'agir en justice, l'a relaxé des chefs d'entraves à l'exercice des fonctions de délégué du personnel et du droit syndical, une telle contestation n'étant pas en elle-même susceptible d'une incrimination pénale (cass. crim. 16 octobre 1990, n° 88-83.543, B. crim. n° 343).

Si la loi ne dispense pas le salarié de justifier, en cas de contestation soulevée après le paiement des heures de délégation, de l'utilisation faite du temps pour lequel il a été payé, elle n'autorise pas l'employeur à exiger, avant tout paiement, que le délégué lui rende compte de l'emploi de son temps; une telle exigence constitue le délit d'entrave, même si l'employeur paie à l'échéance normale les heures de délégation (cass. crim. 22 novembre 1988, n° 87-84.669).

Congés exceptionnels. Il résulte des articles 12 et 39 de la convention collective nationale des personnels des organismes de sécurité sociale qu'il ne doit pas être fait obstacle à l'exercice du mandat des délégués syndicaux et que les congés exceptionnels pris pour l'exercice de ce mandat doivent être payés par l'employeur. Ce paiement est préalable à toute contestation et, en l'absence de paiement préalable, la contestation de l'employeur ne peut être accueillie (cass. soc. 9 mai 2000, n° 97-45.813, BC V n° 173).

Bons de délégation

• L'usage par les délégués du personnel du crédit d'heures, destiné à l'exercice de leurs fonctions, ne saurait faire l'objet d'un contrôle préalable; s'il est vrai qu'il peut être soumis à l'emploi de bons de délégation et précédé d'un délai de prévenance, de telles modalités (imposant d'ailleurs simplement au délégué de prévenir de son absence au titre de ses fonctions et non d'en faire connaître le motif précis), qui ne sauraient exister de plein droit, ne peuvent être mises en place qu'à l'issue d'une procédure de concertation (cass. crim. 12 avril 1988, n° 87-84.148, B. crim. n° 155).

À noter que la délivrance d'un bon de délégation n'implique pas la reconnaissance par l'employeur de l'utilisation des heures de délégation conformément à leur objet (cass. soc. 13 janvier 1999, n° 96-43.678, RJS 2/99 n° 233).

Sur la licéité de bons de délégation utilisés comme titres de circulation dans l'entreprise, voir cass. crim. 10 janvier 1989, n° 87-80.048, B. crim. n° 10.

• S'agissant d'un représentant du personnel qui avait remis à son employeur deux bons de délégation précisant la nature des démarches effectuées dans l'exercice de sa double fonction représentative pendant les heures de délégation indiquées, avait ainsi obtenu de la société le paiement du salaire correspondant et avait reconnu avoir consacré à d'autres tâches la majeure partie du temps prétendument destiné à l'accomplissement de sa mission, a donné une base légale à sa décision la cour d'appel qui, pour déclarer l'intéressé coupable d'escroquerie au préjudice de la société, a notamment relevé qu'il n'ignorait pas, en se prétendant employé pour l'accomplissement de tâches entrant dans le cadre strict de ses attributions, qu'il faisait usage d'une fausse qualité et commettait par ce seul fait le délit d'escroquerie, sans même que cet usage ait été accompagné de manœuvres frauduleuses, dès lors que ledit usage a été la cause déterminante de la remise des sommes indûment payées par l'employeur (cass. crim. 8 juillet 1986, n° 85-90.088, B. crim. n° 232).

• La pratique des bons de délégation visant à avertir le chef de service ou le supérieur de l'intention du représentant syndical de se mettre en délégation ne peut être détournée de son seul objet d'information préalable d'un déplacement pour l'exercice du mandat dans ou en dehors de l'entreprise. L'employeur, fût-il approuvé en comité d'entreprise, ne peut étendre la pratique des bons de délégation prévue par l'accord d'entreprise pour la circulation des mandatés à un cas qui n'y est pas prévu, et notamment aux échanges téléphoniques entre représentants du personnel (cass. soc. 10 mai 2006, n° 05-40.802, BC V n° 174; JSL n° 191, 13.06.2006, p. 17, M-Ch. Haller).

Difficultés particulières à certaines professions. Il est des professions dans lesquelles les séquences de travail débutent à heures fixes et forment un tout indissociable. Ainsi, en est-il, par exemple, pour un mécanicien navigant sur un navire effectuant des liaisons maritimes. Si un tel salarié est appelé à utiliser, à terre, des heures de délégation au moment de l'embarquement, il devra attendre la prochaine liaison maritime pour reprendre son travail quand bien même il aurait terminé sa mission plus tôt. Quel régime juridique retenir alors pour ce temps d'attente ? Une cour d'appel avait jugé qu'un employeur pouvait imputer ce temps d'attente sur les congés payés de l'intéressé. Sa décision est cassée: «Attendu que l'utilisation des heures de délégation ne doit entraîner aucune perte de salaire ou d'avantage dont le salarié aurait bénéficié s'il avait travaillé; Qu'en statuant comme elle l'a fait, alors même qu'elle constatait que l'employeur, en dehors de tout accord collectif de travail, avait imposé la prise de congés suivant les heures de délégation dans l'attente du prochain embarquement, ce qui affectait les droits du salarié en matière de fractionnement des congés payés, la cour d'appel a violé les articles L. 2325-6 [ancien], L. 2325-7 [ancien], L. 2143-13 et L. 2143-17 du code du travail» (cass. soc. 10 décembre 2015, n° 14-24.794, BC V n° 254, LS Jurispr. n° 230 du 22.12.2015; RJS 2/16 n° 130; JCP éd. S 2016, 1113, note S. Brissy). Cet arrêt invite donc très directement à régler de telles difficultés par la voie de la négociation collective.

Cas des maîtres contractuels des établissements d'enseignement privés sous contrat d'association. Les heures de délégation doivent être rémunérées en supplément si elles se situent en dehors du temps de travail calculé sur 39 heures [aujourd'hui 35] (en tenant compte des heures de cours et du temps de préparation et de correction qui en est le complément nécessaire) (cass. soc. 27 octobre 1998, n° 96-40.545, BC V n° 461; Dr. Soc. 1999, p. 106). Leur paiement incombe à l'établissement d'enseignement privé (cass. soc. 31 mars 2009, n° 08-40.408, BC V n° 101; RJS 6/09 n° 578; JCP éd. S 2009, 1321, note J-Y Kerbourc'h; voir aussi cass. soc. 13 octobre 2010, n° 09-67.198, BC V n° 229; RJS 12/10 n° 990 et 18 mai 2011, n° 10-14.121, BC V n° 118; Dr. Soc. 2011, p. 789, rapp. L. Pécaut-Rivolier, précisant que les heures de délégation peuvent se cumuler avec les décharges d'activité de service accordées aux représentants syndicaux en application de l'article 16 du décret 82-447 du 28 mai 1982 relatif à l'exercice du droit syndical dans la fonction publique modifié par le décret 2013-451 du 31 mai 2013, JO 2 juin). Prises en dehors du temps de travail, ces heures de délégation ouvrent droit au paiement du salaire correspondant, à des majorations pour heures supplémentaires, repos compensateurs et congés payés (cass. soc. 8 décembre 2016, n° 13-27.913, BC V n° 243; JCP éd. S 2017, 1015, 3e espèce, note L. Dauxerre; RJS 2/17 n° 122, 1re espèce). Sauf circonstances exceptionnelles ou réunions organisées à l'initiative de l'établissement, le maître contractuel ne peut cumuler le traitement maintenu en l'absence d'obligations hebdomadaires de service pendant les vacances scolaires avec les sommes dues au titre des heures de délégation utilisées pendant cette période; le supplément familial de traitement et l'indemnité de résidence n'étant pas destinés à compenser une sujétion particulière de l'emploi des maîtres contractuels, il n'y a pas lieu de les prendre en considération dans le calcul de la rémunération due au titre des heures de délégation (cass. soc. 8 décembre 2016, n° 15-10.165, BC V n° 245; RJS 2/17 n° 122, 2e espèce). Ces heures de délégation ayant la nature juridique de rémunérations, c'est à bon droit qu'une cour d'appel condamne l'établissement d'enseignement privé à payer ces sommes en brut à charge pour l'établissement d'enseignement privé de déduire les cotisations de sécurité sociale de ces sommes et de les verser aux unions de recouvrement (cass. soc. 8 décembre 2016, n° 13-28.002, BC V n° 244; RJS 2/17 n° 122, 3e espèce).

Art. L. 2143-18. Les heures utilisées pour participer à des réunions qui ont lieu à l'initiative de l'employeur ne sont pas imputables sur les temps de délégation.

Note L'audience d'une juridiction ne saurait être assimilée à une réunion organisée dans le cadre de l'entreprise à l'initiative de l'employeur, ouvrant droit, pour les représentants du personnel, à indemnisation du temps passé sans imputation sur les heures de délégation, même si cette audience se situait dans le cadre d'une instance introduite par l'employeur (cass. soc. 9 avril 1987, n° 83-41.673, BC V n° 226).

Art. L. 2143-19. Dans les entreprises de travail temporaire, les heures de délégation utilisées entre deux missions, conformément à des dispositions conventionnelles, par un délégué syndical salarié temporaire pour l'exercice de son mandat sont considérées comme des heures de travail.

Ces heures sont réputées être rattachées, pour ce qui concerne leur rémunération et les charges sociales y afférentes, au dernier contrat de travail avec l'entreprise de travail temporaire au titre de laquelle il avait été désigné comme délégué syndical.

Sous-section 2. Déplacements et circulation

Art. L. 2143-20. Pour l'exercice de leurs fonctions, les délégués syndicaux peuvent, durant les heures de délégation, se déplacer hors de l'entreprise.

Ils peuvent également, tant durant les heures de délégation qu'en dehors de leurs heures habituelles de travail, circuler librement dans l'entreprise et y prendre tous contacts nécessaires à l'accomplissement de leur mission, notamment auprès d'un salarié à son poste de travail, sous réserve de ne pas apporter de gêne importante à l'accomplissement du travail des salariés.

Note **Liberté de déplacement.** La loi consacre la liberté de déplacement des représentants du personnel hors de l'entreprise et à l'intérieur de celle-ci. La même formulation est utilisée pour les différentes institutions: voir art. L. 2315-5 ancien (délégués du personnel), L. 2325-11 ancien (membres élus du comité d'entreprise et représentants syndicaux), L. 2315-14 (membres élus de la délégation du personnel du comité social et économique et représentants syndicaux au comité).

• Les représentants du personnel peuvent se déplacer hors de l'entreprise durant les heures de délégation et dans l'entreprise «d'une part, durant leurs heures de délégation, qui peuvent être prises pendant et en dehors de leur temps de travail, d'autre part, en dehors de leurs heures de délégation mais, dans ce cas, en dehors de leur temps de travail» (circ. min. DRT 13 du 25 octobre 1983).

La mission des délégués syndicaux, qui consiste à représenter leur syndicat dans l'entreprise, peut être exercée en tout lieu dans l'intérêt des salariés de l'entreprise ou de l'établissement au titre desquels ils ont été désignés dès lors qu'elle entre dans le cadre de l'objet défini par l'article L. 2131-1 CT (heures de délégation prises pour assister à des audiences judiciaires concernant d'autres salariés de l'entreprise, cass. soc. 1er avril 1992, n° 88-45.752, BC V n° 233; RJS 5/92 n° 636; défense du statut des forestiers-sapeurs, salariés de l'entreprise, entrant dans la mission du délégué syndical, cass. soc. 9 février 2000, n° 97-45.460).

La liberté de déplacement des délégués syndicaux est d'ordre public et elle ne peut être limitée par un règlement intérieur et subordonnée à une autorisation de l'employeur (cass. crim. 4 février 1986, n° 84-95.402, B. crim. n° 46). Ceci n'exclut pas la possibilité pour des raisons de confidentialité de certaines zones de l'entreprise de soumettre l'accès des délégués à ces zones à un contrôle dont le seul objet est de s'assurer de leur appartenance à l'entreprise et de leur qualité (cass. soc. 9 juillet 2014, n° 13-16.151, RJS 11/14 n° 788, rendu à propos des membres d'un CHSCT).

La loi ne prévoit un crédit d'heures de délégation pour l'exercice des fonctions de délégué syndical que dans les entreprises occupant au moins cinquante salariés et, sauf circonstances exceptionnelles, c'est seulement pendant leurs heures de délégation ou en dehors de leurs heures habituelles de travail que les délégués syndicaux peuvent se déplacer librement dans l'entreprise ou en dehors de celle-ci (cass. crim. 8 octobre 1991, n° 90-86.628, B. crim. n° 335; RJS 1/92 n° 51).

«Compte tenu des termes adoptés par le législateur et du débat qui a précédé leur adoption, il est clair que les représentants du personnel doivent pouvoir s'entretenir avec tous les salariés à leur poste de travail: la nature du poste tenu ne saurait être invoquée pour interdire toute espèce d'entretien, si bref soit-il. En l'absence de définition précise de la notion de gêne importante, il semble possible de prendre en considération deux éléments: d'une part, la nature du travail effectué et, d'autre part, la durée de l'entretien. Il est certain que la durée de l'entretien devra être plus réduite lorsque, par exemple, le salarié est en contact avec la clientèle ou le public à une heure d'affluence.» (circ. min. précitée).

Les dispositions de la loi ne réglementent ni la durée des contacts ni le nombre des salariés contactés en même temps et la présence de six personnes dans un atelier pendant quarante minutes ne peut être automatiquement assimilée à une réunion. La seule présence des déléguées ou encore moins leur action n'ayant pas perturbé le cours normal des opérations de contrôle et n'ayant occasionné qu'une gêne non importante au fonctionnement de l'atelier, il n'est en définitive pas établi que les faits reprochés aux salariées (responsabilité de la tenue d'une réunion non autorisée dans le local des contrôleuses, arrêtant le cours normal des opérations de contrôle) étaient de nature à justifier une sanction (CA Chambéry, 7 avril 1987, Dr. Ouvr. 1987, p. 323).

• Le droit de se déplacer et de visiter les locaux ne saurait être mis en cause par la circonstance que le délégué syndical est en grève - son mandat ne se trouvant pas suspendu du fait de la grève - mais il s'exerce cependant dans certaines limites. Dans le cadre législatif antérieur, les juges du fond ont ainsi pu déduire des circonstances particulières de la cause qu'une déléguée syndicale, en cherchant à s'introduire à la tête d'un groupe de grévistes dans les bureaux où le travail se poursuivait, n'avait pas, en l'espèce, agi dans les limites des prérogatives qui lui sont spécialement reconnues par la loi. En s'opposant à ce qu'elle pénètre dans les bureaux, l'employeur n'avait pas commis le délit d'entrave à l'exercice du droit syndical (cass. crim. 26 février 1979, JS 1979 SJ 7). En revanche, doit être cassé l'arrêt relaxant des préventions d'entrave à l'exercice du droit syndical et d'atteinte à l'exercice régulier des fonctions de délégués du personnel l'employeur qui, au cours d'une grève, a refusé l'entrée dans les lieux de travail à trois délégués du personnel et un délégué syndical qui désiraient vérifier si les mesures de sécurité avaient été prises. Il entre, en effet, dans la mission tant des délégués syndicaux que des délégués du personnel, de s'assurer, dans l'intérêt des travailleurs qu'ils représentent, du respect des consignes de sécurité et le fait que la responsabilité de la sécurité des travailleurs incombe à l'employeur n'est pas de nature à exclure toute possibilité de contrôle de la part des représentants du personnel (cass. crim. 4 novembre 1981, JS 1982 F 4).

• Voir aussi note sous articles L. 2142-8 et L. 2143-13.

Confidentialité des conversations téléphoniques. Pour l'accomplissement de leur mission légale et la préservation de la confidentialité qui s'y attache, les salariés investis d'un mandat électif ou syndical dans l'entreprise doivent pouvoir y disposer d'un matériel ou procédé excluant l'interception de leurs communications téléphoniques et l'identification de leurs correspondants. Lorsqu'un autocommutateur téléphonique a été mis en place dans l'entreprise, l'employeur est donc tenu de mettre à leur disposition une ligne téléphonique non connectée à cet autocommutateur (cass. soc. 6 avril 2004, n° 02-40.498, BC V n° 104; RJS 6/04 n° 713).

Sous-section 3. **Secret professionnel**

Art. L. 2143-21. Les délégués syndicaux sont tenus au secret professionnel pour toutes les questions relatives aux procédés de fabrication.

SECTION 4. Attributions complémentaires dans les entreprises de moins de trois cents salariés

Art. L. 2143-22. Dans les entreprises de moins de trois cents salariés et dans les établissements appartenant à ces entreprises, le délégué syndical est, de droit, représentant syndical au ***(Ord. 2017-1386 du 22 sept. 2017, art. 4, 21°, JO 23, entrée en vigueur au plus tard le 01.01.2018)*** «comité social et économique».

Le délégué syndical est, à ce titre, destinataire des informations fournies au ***(Ord. 2017-1386 du 22 sept. 2017, art. 4, 21°, JO 23, entrée en vigueur au plus tard le 01.01.2018)*** «comité social et économique».

Note Il résulte des articles L. 2143-22 et L. 2324-2 [ancien] que le délégué syndical n'est de droit représentant syndical au comité d'entreprise ou d'établissement que dans les entreprises de moins de trois cents salariés et dans les établissements appartenant à ces entreprises.

Dans les entreprises de moins de trois cents salariés et dans les établissements appartenant à ces entreprises, les conditions de désignation d'un représentant syndical au comité d'entreprise sont fixées par l'article L. 2143-22 CT qui prévoit que le délégué syndical est, de droit, représentant syndical au comité d'entreprise ou d'établissement. Il en résulte qu'il n'est pas nécessaire que le syndicat désignataire ait eu plusieurs élus aux élections des membres du comité d'entreprise (cass. soc. 20 juin 2012, n° 11-15.558, BC V n° 192; RJS 10/12 n° 813; Dr. Soc. 2012, p. 857, obs. Fr. Petit; L. Pécaut-Rivolier et Y. Struillou, chron. des jurisprudences sur la représentation du personnel, SSL, 12 novembre 2012, n° 1559).

Dans une unité économique et sociale, le seuil de trois cents salariés s'apprécie au niveau de l'unité économique et sociale et non au niveau des établissements (cass. soc. 29 juin 2011, n° 10-18.689, RJS 11/11 n° 884).

Dans les entreprises (ou UES) d'au moins trois cents salariés, les organisations syndicales peuvent librement désigner un représentant syndical qui n'est pas nécessairement un délégué syndical et cela même dans des établissements de l'entreprise qui ont un effectif inférieur à trois cents salariés. Voir note sous art. L. 2314-2 CT.

À noter que si la désignation d'un délégué syndical concerne un membre élu du comité d'entreprise, le syndicat peut renoncer à désigner un représentant au comité d'entreprise (cass. soc. 14 février 1984, n° 83-60.943, BC V n° 69).

La contestation de la qualité de représentant syndical de droit au comité d'entreprise d'un délégué syndical constitue une contestation de la désignation d'un représentant syndical au sens de l'article R. 2324-24 [ancien] CT et se trouve en conséquence soumise au délai de quinze jours prévu par ce texte (cass. soc. 25 janvier 2012, n° 11-10.978, BC V n° 34; RJS 4/12 n° 362; Dr. Soc. 2012, p. 373: «Pleins feux sur les désignations syndicales», Fr. Petit).

SECTION 5. Conditions de désignation dérogatoire

Note Cette section a été introduite par la loi 2008-789 du 20 août 2008, art. 6, JO 21.

Art. L. 2143-23. Par dérogation à l'article L. 2142-1-1 et lorsqu'en raison d'une carence au premier tour des élections professionnelles, un délégué syndical n'a pu être désigné au sein de l'entreprise ou de l'établissement ou lorsqu'il n'existe pas de délégué syndical dans l'entreprise ou l'établissement, le représentant de la section syndicale visé aux articles L. 2142-1-1 et L. 2142-1-4 désigné par une organisation syndicale de salariés affiliée à une organisation syndicale représentative au niveau national et interprofessionnel peut disposer, sur mandatement par son organisation syndicale, du pouvoir de négocier et conclure un accord d'entreprise ou d'établissement.

Si, à l'issue des élections professionnelles suivant le mandatement du représentant de la section syndicale, l'organisation syndicale à laquelle il est adhérent n'est pas reconnue représentative et nomme un autre représentant de la section syndicale, celui-ci ne peut pas être mandaté jusqu'aux six mois précédant les dates des élections professionnelles dans l'entreprise.

Note Cet article n'est pas applicable dans les entreprises qui entrent dans le champ des articles L. 2232-21 à L. 2232-29 CT et de l'article 14 de la loi 2008-789 du 20 août 2008, JO 21, ni dans les entreprises qui entrent dans le champ des conventions de branche ou accords professionnels conclus en application des articles L. 2232-21 à L. 2232-29 CT dans leur rédaction antérieure à la publication de la loi précitée (loi précitée, art. 6, III).

Sont donc concernées par cet article les entreprises de plus de 200 salariés disposant de représentants du personnel mais pas de délégué syndical et qui ne sont pas couvertes par un accord de branche antérieur au 1er janvier 2010 autorisant des représentants élus du personnel ou des salariés mandatés à négocier un accord collectif.

CHAPITRE IV Dispositions complémentaires relatives aux entreprises du secteur public

Art. L. 2144-1. Le présent chapitre s'applique, à titre complémentaire, aux établissements et entreprises mentionnés à l'article 1er de la loi n° 83-675 du 26 juillet 1983 relative à la démocratisation du secteur public.

Art. L. 2144-2. L'employeur engage avec les organisations syndicales représentatives dans l'entreprise une négociation sur les modalités complémentaires d'exercice du droit syndical.

Cette négociation porte notamment sur les points suivants :

1° Le temps dont chaque salarié dispose, sans perte de rémunération, pour participer aux réunions organisées par les sections syndicales dans l'enceinte de l'entreprise et pendant le temps de travail ;

2° Les conditions dans lesquelles des salariés, membres d'organisations syndicales représentatives dans l'entreprise, peuvent obtenir, dans la limite d'un quota déterminé par rapport aux effectifs de l'entreprise, une suspension de leur contrat de travail en vue d'exercer, pendant une durée déterminée, des fonctions de permanent au service de l'organisation syndicale à laquelle ils appartiennent, avec garantie de réintégration dans leur emploi ou un emploi équivalent au terme de cette période ;

3° Les conditions et les limites dans lesquelles les membres des sections syndicales représentatives dans l'entreprise, chargés de responsabilités au sein de leurs sections syndicales, peuvent s'absenter, sans perte de rémunération, pour participer aux réunions statutaires de leurs organes dirigeants et pour exercer leurs responsabilités ;

4° Les conditions et les limites dans lesquelles les membres des sections syndicales, chargés de responsabilités au sein de leurs organisations syndicales, peuvent s'absenter, sans perte de rémunération, pour participer à des réunions syndicales tenues en dehors de l'entreprise ;

5° Les conditions dans lesquelles la collecte des cotisations syndicales peut être facilitée.

La ou les organisations syndicales non signataires de l'accord mentionné au présent article sont réputées adhérer à cet accord, sauf refus manifesté dans le délai d'un mois à compter de sa signature.

CHAPITRE V Congés et formation économique, sociale et syndicale des salariés appelés à exercer des fonctions syndicales

SECTION 1. Formation économique, sociale et syndicale

Note Cette section a été introduite par la loi 2016-1088 du 8 août 2016, art. 33, IV, JO 9, et comprend les articles L. 2145-1 à L. 2145-4.

Art. L. 2145-1. Les salariés appelés à exercer des fonctions syndicales bénéficient du congé de formation économique, sociale et syndicale prévu à l'article ***(L. 2016-1088 du 8 août 2016, art. 33, VI, JO 9)*** « L. 2145-5 ».

La durée totale des congés pris à ce titre dans l'année par un salarié ne peut excéder dix-huit jours.

Art. L. 2145-2. La formation des salariés appelés à exercer des responsabilités syndicales, notamment au sein d'organismes de caractère économique et social, ***(L. 2014-288 du 5 mars 2014, art. 31, II, 1°, JO 6)*** « et des adhérents à une organisation syndicale amenés à intervenir en faveur des salariés » peut être assurée :

1° Soit par des centres spécialisés, directement rattachés aux organisations syndicales représentatives ;

2° Soit par des instituts internes aux universités.

Toutefois, des organismes dont la spécialisation totale ou partielle serait assurée en accord avec des organisations syndicales peuvent participer à la formation des salariés appelés à exercer des responsabilités syndicales ***(L. 2014-288 du 5 mars 2014, art. 31, II, 2°, JO 6)*** «et des adhérents à une organisation syndicale amenés à intervenir en faveur des salariés». Pour bénéficier des dispositions de l'article L. 2145-3, ces organismes doivent avoir reçu l'agrément du ministre chargé du travail.

Note Voir arrêté du 25 janvier 2021 (JO 30) cité sous l'article L. 2145-5.

Art. R. 2145-1. Pour bénéficier de l'aide financière de l'État, les organismes dispensant la formation économique, sociale et syndicale, agréés dans les conditions prévues à l'article ***(D. 2016-1552 du 18 nov. 2016, art. 7, I, 7°, JO 19, entrée en vigueur le 01.01.2017)*** «R. 2145-3», établissent des programmes préalables de stages ou de sessions précisant, notamment, les matières enseignées et la durée de formation.

Des conventions conclues entre, d'une part, les centres spécialisés mentionnés au 1° de l'article L. 2145-2 et les organismes mentionnés au quatrième alinéa de ce même article et, d'autre part, les ministères intéressés ou les universités ou instituts d'université, prévoient les conditions dans lesquelles cette aide est utilisée, notamment pour la rémunération du corps enseignant et l'octroi de bourses d'études.

Art. L. 2145-3. ***(L. 2014-288 du 5 mars 2014, art. 31, III, JO 6, entrée en vigueur le 01.01.2015)*** L'État apporte une aide financière à la formation des salariés mentionnés à l'article L. 2145-1 et des adhérents à une organisation syndicale amenés à intervenir en faveur des salariés par la subvention mentionnée au 3° du I de l'article L. 2135-10 et par une subvention aux instituts mentionnés au 2° de l'article L. 2145-2.

Art. R. 2145-2. Pour l'application de l'article L. 2145-3, des crédits sont inscrits dans le cadre de la loi de finances au titre de la mission portant sur l'emploi et le travail.

Des crédits destinés à contribuer au fonctionnement des instituts internes aux universités sont également inscrits au titre de la mission portant sur la recherche et l'enseignement supérieur.

Art. L. 2145-4. Un décret en Conseil d'État détermine les modalités d'application du présent chapitre.

SECTION 2. Congés de formation économique, sociale et syndicale

Note Cette section a été introduite par la loi 2016-1088 du 8 août 2016, art. 33, IV, JO 9, et comprend les articles L. 2145-5 à L. 2145-13 (anciennement L. 3142-7 à L. 3142-15).

Art. L. 2145-5. Tout salarié qui souhaite participer à des stages ou sessions de formation économique et sociale ou de formation syndicale organisés soit par des centres rattachés aux organisations syndicales mentionnées au 3° de l'article L. 2135-12, soit par des instituts spécialisés, a droit, sur sa demande, à un ou plusieurs congés.

Note • Voir arrêté du 25 janvier 2021 (JO 30) fixant la liste des centres, instituts et organismes spécialisés agréés dont les stages ou sessions ouvrent droit aux congés de formation économique, sociale et syndicale.

• Par dérogation au 7° de l'article 34 de la loi 84-16 du 11 janvier 1984, les fonctionnaires de France Télécom ont droit à un congé de formation économique, sociale et syndicale dans les conditions fixées par les chapitres Ier et II du titre V du livre IV du code du travail (loi 90-568 du 2 juillet 1990, art. 29-1, JO 8, modifié par loi 2003-1365 du 31 décembre 2003, art. 4, JO 1er janv. 2004).

• Voir aussi «Le congé de formation économique, social et syndical», T. Cicerchia et V. Roche, JCP éd. S 2014, 1442.

Art. L. 2145-6. ***(Ord. 2017-1386 du 22 sept 2017, art. 6, I, JO 23, entrée en vigueur au plus tard le 01.01.2018)*** Le salarié bénéficiant du congé de formation économique, sociale et syndicale a droit au maintien total par l'employeur de sa rémunération.

L'employeur verse les cotisations et contributions sociales afférentes à la rémunération maintenue.

Note • La seconde phrase du second alinéa de cet article a été supprimée par l'ordonnance 2017-1718 du 20 décembre 2017, art. 1er, 40°, JO 21.

• Cet article s'applique aux rémunérations correspondant à un congé de formation économique, sociale et syndicale effectué après le 1er janvier 2018.

Lorsque le salarié a bénéficié, sur le fondement de cet article dans sa rédaction issue de l'ordonnance 2017-1386 précitée, du maintien de sa rémunération pour suivre entre le 22 septembre

2017 et le 31 décembre 2017, un congé de formation économique, sociale et syndicale, son employeur est en droit de demander à son organisation syndicale le remboursement du montant versé dans les conditions et selon les modalités prévues par cet article dans sa rédaction antérieure à l'ordonnance 2017-1386 précitée (ordonnance précitée, art. 6, II, modifié par ordonnance 2017-1718 précitée, art. 4, III).

Art. L. 2145-7. La durée totale des congés de formation économique et sociale et de formation syndicale pris dans l'année par un salarié ne peut excéder douze jours. Elle ne peut excéder dix-huit jours pour les animateurs des stages et sessions.

La durée de chaque congé ne peut être inférieure à une demi-journée.

Art. L. 2145-8. Le nombre total de jours de congés susceptibles d'être pris chaque année par l'ensemble des salariés de l'établissement au titre des formations prévues à la présente sous-section ainsi qu'aux articles L. 2325-44 et L. 4614-14 relatifs ***(Ord. 2017-1386 du 22 sept. 2017, art. 4, 36°, JO 23, entrée en vigueur au plus tard le 01.01.2018)*** «à la formation des membres de la délégation du comité social et économique», ne peut dépasser un maximum fixé par voie réglementaire compte tenu de l'effectif de l'établissement.

Cet arrêté fixe également, compte tenu de l'effectif de l'établissement, le nombre maximum de jours de congés pouvant être utilisés par les animateurs et par les salariés appelés à exercer des responsabilités syndicales, ainsi que le pourcentage maximum de salariés pouvant être simultanément absents au titre des congés mentionnés au premier alinéa.

Note Voir arrêté du 7 mars 1986 rapporté dans les *Textes non codifiés*. Afin d'éviter que l'absence simultanée de plusieurs salariés ne soit préjudiciable à la bonne marche des entreprises, il a été fixé un pourcentage maximal de salariés pouvant s'absenter simultanément (2 %).

Art. L. 2145-9. Les demandeurs d'emploi peuvent participer aux stages de formation économique et sociale et de formation syndicale dans la limite des durées de douze et dix-huit jours par période annuelle prévues pour les salariés.

Les travailleurs privés d'emploi continuent de bénéficier du revenu de remplacement auquel ils ont droit pendant la durée des stages considérés.

Note Le 2d alinéa de cet article a été modifié par la loi 2018-771 du 5 septembre 2018, art. 49, III, JO 6, entrée en vigueur le 01.01.2019.

Art. L. 2145-10. La durée du ou des congés de formation économique et sociale et de formation syndicale ne peut être imputée sur celle du congé payé annuel.

Elle est assimilée à une durée de travail effectif pour la détermination de la durée des congés payés, du droit aux prestations d'assurances sociales et aux prestations familiales ainsi que pour l'ensemble des autres droits résultant pour l'intéressé de son contrat de travail.

Note L'employeur accorde au salarié de son entreprise, assesseur maritime, sur sa demande dès sa désignation et pour les besoins de sa formation, des autorisations d'absence, dans la limite d'une semaine pouvant être fractionnée pendant la durée de son inscription sur la liste ; les dispositions de l'article L. 3142-12 [L. 2145-10] CT sont applicables à ces autorisations (ordonnance 2012-1218 du 2 novembre 2012, art. 2, JO 3, entrée en vigueur au plus tard le 01.01.2015).

Art. L. 2145-11. Le congé de formation économique et sociale et de formation syndicale est de droit, sauf dans le cas où l'employeur estime, après avis conforme du ***(Ord. 2017-1386 du 22 sept. 2017, art. 4, 28°, JO 23, entrée en vigueur au plus tard le 01.01.2018)*** «comité social et économique», que cette absence pourrait avoir des conséquences préjudiciables à la production et à la bonne marche de l'entreprise.

Le refus du congé par l'employeur est motivé.

En cas de différend, le refus de l'employeur peut être directement contesté devant le bureau de jugement du conseil de prud'hommes dans des conditions fixées par décret en Conseil d'État.

Note
- L'arbitrage de l'inspecteur du travail, en cas de différend entre les parties, a été supprimé, même s'il ressortait des débats qu'«il doit pouvoir continuer à intervenir comme médiateur» (JO AN 14 décembre 1985, p. 6187). C'est le bureau de jugement du conseil de prud'hommes qui doit être saisi. Il statue en dernier ressort (sur le fond) selon les formes applicables au référé.
- Le congé de formation étant de droit, aux termes de cet article, l'employeur n'a l'obligation de le rémunérer que dans la limite fixée par l'article L. 451-1 [R. 3142-1 ancien] CT (cass. soc. 4 décembre 1991, n° 88-44.889, BC V n° 558 ; RJS 1/92 n° 44).

Art. L. 2145-12. Les conventions ou accords collectifs de travail peuvent:

1° Contenir des dispositions plus favorables que celles prévues par la présente sous-section, notamment en matière de rémunération;

2° Préciser les périodes de congé les mieux adaptées aux nécessités de chaque profession;

3° Fixer les modalités du financement de la formation, destiné à couvrir les frais pédagogiques ainsi que les dépenses d'indemnisation des frais de déplacement et d'hébergement des stagiaires et animateurs;

4° Définir les procédures amiables permettant de régler les difficultés qui peuvent survenir pour l'application des dispositions qui précèdent;

5° Prévoir la création de fonds mutualisés en vue d'assurer la rémunération des congés et le financement de la formation.

Des accords d'établissement peuvent fixer la répartition des congés par service ou par catégorie professionnelle.

Art. L. 2145-13. Les conditions d'application des dispositions relatives au congé de formation économique et sociale et de formation syndicale, ainsi qu'au personnel des entreprises publiques énumérées par le décret prévu par l'article L. 2233-1 sont déterminées par décret en Conseil d'État.

Art. R. 2145-3. La liste des centres et instituts dont les stages et sessions ouvrent droit aux ***(D. 2016-1552 du 18 nov. 2016, art. 1er, II, 3°, JO 19, entrée en vigueur le 01.01.2017)*** «congés de formation économique, sociale et syndicale» est établie par arrêté du ministre chargé du travail pris après avis des organisations syndicales de salariés mentionnées au 3° de l'article L. 2135-12.

Note • Les articles R. 2145-3 à 8 sont les anciens articles R. 3142-2 à 5-2 (décret 2016-1552 du 18 novembre 2016, art. 1er, II, 2°, JO 19, entrée en vigueur le 01.01.2017).

• Voir note sous art. L. 2145-5.

Art. R. 2145-4. Le salarié adresse à l'employeur, au moins trente jours avant le début du ***(D. 2016-1552 du 18 nov. 2016, art. 1er, II, 4°, JO 19, entrée en vigueur le 01.01.2017)*** «congé de formation économique, sociale et syndicale», une demande l'informant de sa volonté de bénéficier de ce congé.

Il précise la date et la durée de l'absence sollicitée ainsi que le nom de l'organisme responsable du stage ou de la session.

Art. R. 2145-5. Le refus du ***(D. 2016-1552 du 18 nov. 2016, art. 1er, II, 4°, JO 19, entrée en vigueur le 01.01.2017)*** «congé de formation économique, sociale et syndicale» par l'employeur est notifié à l'intéressé dans un délai de huit jours à compter de la réception de sa demande.

En cas de différend, le bureau de jugement du conseil de prud'hommes saisi en application de l'article ***(D. 2016-1552 du 18 nov. 2016, art. 1er, II, 5°, JO 19, entrée en vigueur le 01.01.2017)*** «L. 2145-11» statue en dernier ressort, ***(D. 2019-1419 du 20 déc. 2019, art. 10, 3°, JO 22)*** «selon la procédure accélérée au fond».

Note Les dispositions de cet article, dans sa rédaction issue du décret 2019-1419 précité, s'appliquent aux demandes introduites depuis le 01.01.2020 (décret précité, art. 24, II).

Art. R. 2145-6. L'organisme chargé des stages ou sessions délivre au salarié une attestation constatant la fréquentation effective de celui-ci.

Cette attestation est remise à l'employeur au moment de la reprise du travail.

CHAPITRE VI Dispositions pénales

Art. L. 2146-1. Le fait d'apporter une entrave à l'exercice du droit syndical, défini par les articles L. 2141-4, L. 2141-9 et L. 2141-11 à L. 2143-22, est puni d'un emprisonnement d'un an et d'une amende de 3 750 €.

Note • Voir note sous article L. 2143-20.

• Les syndicats professionnels pouvant, aux termes de l'article L. 412-1 [L. 2141-4] CT, s'organiser librement dans toutes les entreprises, une cour d'appel a pu juger que l'initiative prise par un chef d'entreprise d'adresser au personnel une note dont l'objet, même s'il n'était pas unique, était non pas seulement d'exprimer la libre opinion d'un citoyen, mais d'inciter ses lecteurs à résister à une implantation syndicale, caractérisait l'infraction d'entrave à l'exercice du droit syndical dans tous ses éléments dès la diffusion de ladite note (cass. crim. 23 juin 1981, JS 1981 SJ 178).

• La conclusion d'accords entre l'employeur et des institutions représentatives du personnel distinctes des organisations syndicales constitue un délit d'entrave à l'exercice du droit syndical lorsqu'elle a eu pour objet ou pour effet de porter atteinte au monopole que la loi confère aux organisations syndicales pour représenter les intérêts des salariés dans la négociation collective (cass. crim. 18 novembre 1997, n° 96-80.002, B. crim. n° 390; RJS 1/98 n° 76).

• Seuls caractérisent le délit d'entrave à l'exercice du droit syndical les manquements aux dispositions légales définissant les droits reconnus aux syndicats dans les entreprises, ainsi qu'aux conventions ou accords étendant les droits ainsi définis. Doit donc être cassé l'arrêt condamnant un employeur du chef d'entrave à l'exercice du droit syndical en raison de la violation de dispositions conventionnelles qui ne résultent pas d'une extension ou d'une dérogation apportée à une disposition législative expresse dans une matière déterminée, dont l'inobservation est, seule, pénalement sanctionnée (cass. crim. 24 février 1987, n° 84-92.156, B. crim. n° 97).

• S'il est vrai que toute mutation de poste ou de fonctions, imposée contre son gré à un représentant du personnel, caractérise à la charge de l'employeur l'élément matériel d'une atteinte portée à ses prérogatives statutaires, il en est autrement lorsque l'employeur a apporté la pleine justification de la mesure critiquée (voir, en ce sens, cass. crim. 28 octobre 1980, n° 80-90.277, B. crim. n° 282; voir aussi cass. crim. 27 février 1990, n° 88-83.594, RJS 4/90 n° 317; 25 juin 1991, n° 90-84.070, RJS 10/91 n° 1111; 17 novembre 1992, n° 91-85.924).

• Les faits d'entrave à l'exercice du droit syndical, consistant, pour les dirigeants d'une entreprise, après mise à pied conservatoire d'un délégué syndical, à ne pas l'avoir convoqué à une réunion de concertation et à avoir demandé au syndicat de lui désigner un suppléant, portent atteinte aux intérêts du syndicat mais sont également de nature à causer un préjudice personnel et direct au délégué syndical en le privant de la possibilité de circuler dans l'entreprise et d'exercer ses fonctions de représentation (cass. crim. 30 octobre 2006, n° 05-86.380, B. crim. n° 260; RJS 2/07 n° 247; Dr. Soc. 2007, p. 310, obs. Fr. Duquesne; JCP éd. S 2007, 1175, note J-Fr. Cesaro).

Art. L. 2146-2. Le fait pour l'employeur de méconnaître les dispositions des articles L. 2141-5 à L. 2141-8, relatives à la discrimination syndicale, est puni d'une amende de 3 750 €.

La récidive est punie d'un emprisonnement d'un an et d'une amende de 7 500 €.

Note • Il importe peu qu'un directeur technique n'ait pas reçu en droit de délégation de pouvoirs dès lors qu'il a été en fait le véritable auteur des faits constitutifs de l'infraction (discrimination syndicale) (cass. crim. 17 juillet 1987, n° 86-93.691).

• La diffusion aux membres du comité de direction et aux cadres de l'entreprise d'une note rédigée en faveur d'un syndicat et à l'encontre d'un autre constitue une infraction à l'article L. 412-2, al. 3 [L. 2141-7] CT interdisant aux chefs d'entreprise ou à leurs représentants d'employer des moyens de pression, que ce soit en faveur ou à l'encontre d'un syndicat (cass. crim. 8 mars 1994, n° 93-81.115, RJS 7/94 n° 877). Le délit visé par cet article peut être constitué, même si la discrimination antisyndicale n'a pas été le motif exclusif des mesures prises (cass. crim. 16 janvier 1990, n° 88-81.285, RJS 3/90 n° 228).

• Voir notamment P. Morvan, «Le droit pénal des institutions représentatives du personnel», Dr. Soc. 2000, p. 987.

Art. R. 2146-1. Le fait pour un directeur ou un administrateur d'un syndicat ou d'une union de syndicats de s'opposer à la libre constitution d'un syndicat ou d'une association professionnelle de personnes exerçant la même profession, des métiers similaires ou des métiers connexes, concourant à l'établissement de produits déterminés ou la même profession libérale, en méconnaissance des dispositions du premier alinéa de l'article L. 2131-2, est puni de l'amende prévue pour les contraventions de la cinquième classe.

Art. R. 2146-2. Le fait pour un directeur ou un administrateur d'un syndicat ou d'une union de syndicats de ne pas déposer les statuts dans les conditions prévues ***(D. 2009-289 du 13 mars 2009, JO 15)*** « à l'article L. 2131-3 », est puni de l'amende prévue pour les contraventions de la cinquième classe.

Note Le 2e alinéa de cet article a été supprimé par le décret 2009-289 du 13 mars 2009, JO 15.

Art. R. 2146-3. Le fait pour un directeur ou un administrateur d'un syndicat ou d'une union de syndicats de s'opposer à l'accès d'un adhérent d'un syndicat professionnel, qui remplit les conditions fixées par l'article L. 2131-5, aux fonctions d'administration ou de direction de ce syndicat, en méconnaissance des dispositions de l'article L. 2131-4, est puni de l'amende prévue pour les contraventions de la cinquième classe.

Art. R. 2146-4. Le fait pour une personne qui est privée de ses droits civiques ou qui est l'objet d'une interdiction, déchéance ou incapacité relative à ses droits civiques, d'exercer les fonctions de directeur ou d'administrateur d'un syndicat ou d'une union de syndicats, en méconnaissance des dispositions du premier alinéa de l'article L. 2131-5, est puni de l'amende prévue pour les contraventions de la cinquième classe.

Art. R. 2146-5. Le fait pour un directeur ou un administrateur d'un syndicat ou d'une union de syndicats de s'opposer à la libre adhésion d'un salarié pour un motif lié à son sexe, son âge, sa nationalité, sa religion ou ses convictions, son handicap, son orientation sexuelle, son appartenance, vraie ou supposée à une ethnie ou une race, en méconnaissance des dispositions de l'article L. 2141-1, est puni de l'amende prévue pour les contraventions de la cinquième classe.

Est puni de la même peine le fait de s'opposer à l'adhésion ou à la poursuite de l'adhésion d'une personne ayant cessé d'exercer son activité professionnelle, en méconnaissance des dispositions de l'article L. 2141-2.

Art. R. 2146-6. Le fait de méconnaître les dispositions des articles ***(D. 2016-1552 du 18 nov. 2016, art. 6, I, 2°, JO 19, entrée en vigueur le 01.01.2017)*** «L. 2145-11 et R. 2145-5», relatives au refus d'accorder les ***(D. 2016-1552 du 18 nov. 2016, art. 6, I, 1°, JO 19, entrée en vigueur le 01.01.2017)*** «congés de formation économique, sociale et syndicale», est puni de l'amende prévue pour les contraventions de la troisième classe.

Note Cet article est l'ancien article R. 3143-2 (décret 2016-1552 du 18 novembre 2016, art. 6, I, JO 19, entrée en vigueur le 01.01.2017).

TITRE V REPRÉSENTATIVITÉ PATRONALE

Note • Ce titre a été introduit par la loi 2014-288 du 5 mars 2014, art. 29, I, JO 6.

• Le 19 juin 2013, les organisations patronales (CGPME, MEDEF et UPA) ont arrêté une position commune sur la représentativité patronale aux termes de laquelle *«Au niveau national interprofessionnel, la représentativité des organisations nationales interprofessionnelles doit donc s'apprécier dans le champ d'activité économique couvert par leurs adhérents, à savoir l'industrie, le commerce, la construction et les services. Elle doit prendre en compte l'adhésion des entreprises au travers d'organisations de branches ou de secteurs professionnels relevant de l'industrie, de la construction, du commerce et des services, ainsi que celle d'entreprises sur l'ensemble du territoire national.»*

Les dispositions de la loi du 5 mars 2014 reprennent les propositions faites par le Directeur général du travail dans son «rapport sur la représentativité patronale» remis au mois d'octobre 2013 au ministre chargé du travail.

• La première mesure de l'audience des organisations professionnelles d'employeur au niveau des branches professionnelles et au niveau national et interprofessionnel a été réalisée en 2017 (conformément à la loi 2014-288 précitée, art. 29, VI).

Voir arrêté du 22 juin 2017 (JO 30) fixant la liste des organisations professionnelles d'employeurs reconnues représentatives au niveau national et interprofessionnel.

Les résultats de la représentativité patronale par branche professionnelle ayant donné lieu à la publication d'un arrêté sont par ailleurs diffusés dans leur intégralité sur le site *www.representativite-patronale.travail.gouv.fr.*

CHAPITRE Ier Critères de représentativité

Art. L. 2151-1. ***(L. 2015-994 du 17 août 2015, art. 23, JO 18)*** «I. –» La représentativité des organisations professionnelles d'employeurs est déterminée d'après les critères cumulatifs suivants:

1° Le respect des valeurs républicaines;

2° L'indépendance;

3° La transparence financière;

4° Une ancienneté minimale de deux ans dans le champ professionnel et géographique couvrant le niveau de négociation. Cette ancienneté s'apprécie à compter de la date de dépôt légal des statuts;

5° L'influence, prioritairement caractérisée par l'activité et l'expérience;

6° L'audience, qui se mesure en fonction du nombre d'entreprises ***(L. 2015-994 du 17 août 2015, art. 23, JO 18)*** «volontairement» adhérentes ***(L. 2016-1088 du 8 août 2016, art. 35, III, 2°, JO 9)*** «ou de leurs salariés soumis au régime français de sécurité sociale» et, selon les niveaux de négociation, en application du 3° des articles L. 2152-1 ou L. 2152-4.

(L. 2015-994 du 17 août 2015, art. 23, JO 18) «II. – Pour l'application du présent titre, sont considérés comme des organisations professionnelles d'employeurs les syndicats professionnels d'employeurs mentionnés à l'article L. 2131-1 et les associations d'employeurs mentionnées à l'article L. 2231-1.»

Note • Les critères de représentativité des organisations professionnelles d'employeurs reprennent les critères énumérés à l'article L. 2121-1 s'agissant des organisations syndicales de salariés en ce qui concerne le respect des valeurs républicaines, l'indépendance, la transparence financière, l'ancienneté minimale de deux ans et l'influence. En revanche, s'agissant du critère de l'audience a été retenu comme paramètre d'appréciation le nombre d'entreprises d'adhérentes reprenant la préconisation du rapport du Directeur général du travail.

• L'indépendance s'apprécie également par rapport aux pouvoirs publics: CE 2 mars 2011, n° 313189, Rec. Lebon p. 77; RJS 6/11 n° 537 et p. 453, concl. Cl. Landais: *«Considérant qu'il ressort des pièces du dossier, notamment de la convention conclue entre le Groupement hippique national (GHN) et la Fédération française d'équitation (FFE), en vigueur à la date de la décision litigieuse, que la FFE offrait à chaque établissement équestre l'adhésion au GHN, que la cotisation au GHN était perçue par la FFE qui la reversait au GHN, que le montant de cette cotisation était soumis chaque année à la FFE, et que les représentants du GHN au sein des différentes instances professionnelles étaient désignés pour moitié en concertation avec la FFE; que, par suite, si le GHN comporte un nombre très important d'adhérents et dispose d'une audience réelle, il ne peut être regardé comme indépendant à l'égard de la FFE qui, ainsi qu'il a été dit, était alors chargée d'une mission de service public comportant notamment l'élaboration de la réglementation pour la filière équestre; qu'ainsi, en reconnaissant au GHN la qualité d'organisation syndicale représentative, le ministre chargé de l'agriculture a méconnu les dispositions de l'article L. 133-2 du code du travail».*

• Suite au recours d'organisations patronales critiquant les critères légaux en ce qu'ils fondent la mesure de l'audience des organisations professionnelles d'employeurs sur le nombre d'entreprises qui y sont adhérentes, qu'elles aient ou non des salariés et sans tenir compte du nombre de ces derniers, les dispositions relatives à la mesure de l'audience des organisations patronales (art. L. 2151-1, 6°, L. 2152-1, 3° et L. 2152-4, 3° CT) ont été jugées conformes à la Constitution (C. constit. 3 février 2016, n° 2015-519 QPC, JO 7).

• **Outre-mer.** Sur les modalités d'appréciation de la représentativité des organisations professionnelles d'employeurs ultramarines, voir loi 2017-256 du 28 février 2017, art. 18, JO 1er mars.

Art. R. 2151-1. ***(D. 2016-1419 du 20 oct. 2016, art. 1er, 1°, JO 22)*** Pour l'application du 4° au 6° de l'article L. 2151-1, une organisation professionnelle d'employeurs issue du regroupement d'organisations professionnelles d'employeurs préexistantes peut se prévaloir de l'ensemble des éléments démontrant l'audience et l'influence de ces dernières, ainsi que de l'ancienneté acquise antérieurement au regroupement par la plus ancienne de ces dernières dans le champ professionnel et géographique correspondant au niveau pour lequel la représentativité est demandée.

CHAPITRE II Organisations professionnelles d'employeurs représentatives

SECTION 1. Représentativité patronale au niveau de la branche professionnelle

Art. L. 2152-1. Dans les branches professionnelles, sont représentatives les organisations professionnelles d'employeurs:

1° Qui satisfont aux critères mentionnés aux 1° à 5° de l'article L. 2151-1;

2° Qui disposent d'une implantation territoriale équilibrée au sein de la branche;

3° Dont les entreprises ***(L. 2015-994 du 17 août 2015, art. 23, II, 1°, JO 18)*** «et les organisations» adhérentes à jour de leur cotisation représentent ***(L. 2016-1088 du 8 août 2016, art. 35, III, 3°, JO 9)*** «soit» au moins 8 % de l'ensemble des entreprises adhérant à des organisations professionnelles d'employeurs de la branche satisfaisant aux critères mentionnés aux 1° à 4° de l'article L. 2151-1 et ayant fait la déclaration de candidature prévue à l'article L. 2152-5 ***(L. 2016-1088 du 8 août 2016, art. 35, III, 3°, JO 9)*** «, soit au moins 8 % des salariés de ces mêmes entreprises». Le nombre d'entreprises adhérant à ces organisations ***(L. 2016-1088 du 8 août 2016, art. 35, III, 3°, JO 9)*** «ainsi que le nombre de leurs salariés sont attestés», pour chacune d'elles, par un commissaire aux comptes, qui peut être celui de l'organisation, dans des conditions déterminées par voie réglementaire. La mesure de l'audience s'effectue tous les quatre ans.

Dans les branches couvrant exclusivement les activités agricoles mentionnées aux 1° à 4° de l'article L. 722-1 du code rural et de la pêche maritime ***(L. 2014-1545 du 20 déc. 2014, art. 7, JO 21)*** «ainsi que celles des coopératives d'utilisation de matériel agricole», ***(L. 2016-1088 du 8 août 2016, art. 35, III, 3°, JO 9)*** «les seuils fixés au 3° du présent article sont appréciés» au niveau national dans les secteurs d'activités concernés, et les entreprises et exploitations adhérentes sont celles relevant, l'année précédant la mesure de l'audience, du a du 3° de l'article L. 723-15 du code rural et de la pêche maritime ***(L. 2016-1088 du 8 août 2016, art. 35, III, 3°, JO 9)*** «, quel que soit le nombre d'heures effectuées par les salariés concernés». ***(L. 2015-994 du 17 août 2015, art. 23, II, 1°, JO 18)*** «Dans ces branches, les associations d'employeurs constituées conformément à la loi du 1er juillet 1901 relative au contrat d'association et dont l'objet statutaire est la défense d'intérêts professionnels sont également assimilées aux organisations professionnelles d'employeurs mentionnées au II de l'article L. 2151-1 du présent code.»

Note • Les critères de représentativité des organisations professionnelles d'employeur au niveau de la branche reprennent les critères énumérés à l'article L. 2122-5 s'agissant des organisations syndicales de salariés. Si le seuil retenu est identique à celui fixé pour déterminer la représentativité des organisations syndicales au niveau de la branche, soit 8 %, en revanche ce seuil s'apprécie au regard du nombre d'entreprises adhérentes à l'organisation professionnelle comme le proposait dans son rapport le Directeur général du travail.

• Le 3° de cet article a été jugé conforme à la Constitution (C. constit. 3 février 2016, n° 2015-519 QPC, JO 7; voir note sous article L. 2151-1).

SECTION 2. Représentativité au niveau national et multi-professionnel

Art. L. 2152-2. Sont représentatives au niveau national et multi-professionnel les organisations professionnelles d'employeurs:

1° Qui satisfont aux critères mentionnés aux 1° à 5° de l'article L. 2151-1;

2° ***(L. 2015-994 du 17 août 2015, art. 23, II, 2°, JO 18)*** «Qui sont représentatives ou» dont les organisations adhérentes sont représentatives sur le fondement de l'article L. 2152-1 du présent code dans au moins dix ***(L. 2015-994 du 17 août 2015, art. 23, II, 2°, JO 18)*** «conventions collectives» relevant soit des activités agricoles mentionnées aux 1° à 4° de l'article L. 722-1 et au 2° de l'article L. 722-20 du code rural et de la pêche maritime, soit de l'économie sociale et solidaire, ***(L. 2016-925 du 7 juil. 2016, art. 42, JO 8)*** «soit du secteur du spectacle vivant et enregistré,» et ne relevant pas du champ couvert par les organisations professionnelles d'employeurs représentatives au niveau national et interprofessionnel;

3° Auxquelles adhèrent au moins quinze organisations relevant de l'un des trois champs d'activités mentionnés au 2° du présent article;

4° Qui justifient d'une implantation territoriale couvrant au moins un tiers du territoire national soit au niveau départemental, soit au niveau régional.

Note Le 3e alinéa de cet article a été modifié par l'ordonnance 2017-1388 du 22 septembre 2017, art. 3, JO 23.

Art. L. 2152-3. Préalablement à l'ouverture d'une négociation nationale et interprofessionnelle, puis préalablement à sa conclusion, les organisations professionnelles d'employeurs représentatives à ce niveau informent les organisations représentatives au niveau national et multi-professionnel des objectifs poursuivis par cette négociation et recueillent leurs observations.

SECTION 3. Représentativité patronale au niveau national et interprofessionnel

Art. L. 2152-4. Sont représentatives au niveau national et interprofessionnel les organisations professionnelles d'employeurs:

1° Qui satisfont aux critères mentionnés aux 1° à 5° de l'article L. 2151-1;

2° Dont les organisations adhérentes sont représentatives à la fois dans des branches de l'industrie, de la construction, du commerce et des services;

3° Dont les entreprises et les organisations adhérentes à jour de leur cotisation représentent ***(L. 2016-1088 du 8 août 2016, art. 35, III, 4°, JO 9)*** «soit» au moins 8 % de l'ensemble des entreprises adhérant à des organisations professionnelles d'employeurs satisfaisant aux critères mentionnés aux 1° à 4° de l'article L. 2151-1 et ayant fait la déclaration de candidature prévue à l'article L. 2152-5 ***(L. 2016-1088 du 8 août 2016, art. 35, III, 4°, JO 9)*** «, soit au moins 8 % des salariés de ces mêmes entreprises». Le nombre d'entreprises adhérant à ces organisations ***(L. 2016-1088 du 8 août 2016, art. 35, III, 4°, JO 9)*** «, ainsi que le nombre de leurs salariés, sont attestés», pour chacune d'elles, par un commissaire aux comptes, qui peut être celui de l'organisation, dans des conditions déterminées par voie réglementaire. La mesure de l'audience s'effectue tous les quatre ans.

Lorsqu'une organisation professionnelle d'employeurs adhère à plusieurs organisations professionnelles d'employeurs ayant statutairement vocation à être présentes au niveau national et interprofessionnel, elle répartit entre ces organisations, pour permettre la mesure de l'audience prévue au présent article, ses entreprises adhérentes. Elle ne peut affecter à chacune de ces organisations une part d'entreprises inférieure à un pourcentage fixé par décret, compris entre 10 % et 20 %. ***(L. 2016-1088 du 8 août 2016, art. 35, III, 4°, JO 9)*** «La clé de répartition retenue s'applique au nombre de salariés de ces entreprises.» L'organisation professionnelle d'employeurs indique la répartition retenue dans la déclaration de candidature prévue à l'article L. 2152-5. Les entreprises adhérentes sont informées de cette répartition.

Note • Voir arrêté du 22 juin 2017 (JO 30) fixant la liste des organisations professionnelles d'employeurs reconnues représentatives au niveau national et interprofessionnel. Ont été reconnues représentatives au niveau national et interprofessionnel: le Mouvement des entreprises de France (MEDEF); la Confédération des petites et moyennes entreprises (CPME); l'Union des entreprises de proximité (U2P).

• Les critères de représentativité des organisations professionnelles d'employeurs au niveau national et interprofessionnel reprennent les critères énumérés à l'article L. 2122-9 s'agissant des organisations syndicales de salariés. Si le seuil retenu est identique à celui fixé pour déterminer la représentativité des organisations syndicales au même niveau, soit 8 %, en revanche ce seuil s'apprécie au regard du nombre d'entreprises adhérentes à l'organisation professionnelle comme le proposait dans son rapport le Directeur général du travail.

• Le 3° de cet article a été jugé conforme à la Constitution (C. constit. 3 février 2016, n° 2015-519 QPC, JO 7; voir note sous article L. 2151-1).

SECTION 4. Déclaration de candidature

Art. L. 2152-5. Pour l'établissement de leur représentativité en application du présent chapitre, les organisations professionnelles d'employeurs se déclarent candidates, dans des conditions déterminées par voie réglementaire.

Elles indiquent à cette occasion le nombre de leurs entreprises adhérentes et le nombre des salariés qu'elles emploient.

(L. 2016-1088 du 8 août 2016, art. 35, III, 5°, JO 9) «Pour l'application de l'article L. 2135-13, elles indiquent également, à cette même occasion, le nombre de leurs entreprises adhérentes employant au moins un salarié.»

SECTION 5. Dispositions d'application

Art. L. 2152-6. Après avis du Haut Conseil du dialogue social, le ministre chargé du travail arrête la liste des organisations professionnelles d'employeurs reconnues représentatives par branche professionnelle et des organisations professionnelles d'employeurs reconnues représentatives au niveau national et interprofessionnel ou multi-professionnel. ***(L. 2015-994 du 17 août 2015, art. 23, II, 3°, JO 18)*** «À cette fin, il vérifie que les critères définis au présent chapitre sont respectés et s'assure notamment que le montant des cotisations versées par les entreprises et, le cas échéant, les organisations professionnelles adhérentes est de nature à établir la réalité de leur adhésion.»

Note Voir les arrêtés fixant les listes des organisations professionnelles d'employeurs reconnues représentatives cités en note introductive du titre V relatif à la représentativité patronale et sous l'article L. 2152-4.

Art. L. 2152-7. Sauf dispositions contraires, les conditions d'application du présent chapitre sont déterminées par décret en Conseil d'État.

SECTION 1 (réglementaire). Dispositions communes à la mesure de l'audience des organisations professionnelles d'employeurs au niveau de la branche professionnelle et au niveau national et interprofessionnel

Note Les sections 1 à 6 ont été introduites par le décret 2015-654 du 10 juin 2015, JO 13.

Art. R. 2152-1. Pour l'application des articles L. 2152-1 et L. 2152-4, sont considérées comme adhérentes les entreprises, qu'elles emploient ou non du personnel salarié, dès lors qu'elles versent une cotisation, conformément aux règles fixées par une délibération de l'organe compétent de l'organisation professionnelle d'employeurs à laquelle elles adhèrent ou d'une structure territoriale statutaire de cette organisation, et selon des modalités assurant leur information quant à l'organisation destinataire de la cotisation.

(D. 2016-1419 du 20 oct. 2016, art. 1er, 2°, JO 22) «Le cas échéant, l'adhésion d'une entreprise peut être effectuée par l'intermédiaire de ses établissements, dès lors que le chef d'établissement dispose d'une délégation de pouvoir du chef d'entreprise permettant notamment l'adhésion à une organisation professionnelle d'employeurs et qu'il verse une cotisation dans les conditions prévues à l'alinéa précédent. Dans ce cas, seuls sont pris en compte les effectifs de l'établissement considéré.

Lorsqu'en application de l'alinéa précédent plusieurs établissements d'une entreprise adhèrent à une même organisation professionnelle d'employeurs ou à une même structure territoriale statutaire d'une organisation professionnelle d'employeurs, n'est prise en compte qu'une seule adhésion à cette organisation ou à cette structure au titre de cette entreprise. »

Ces dispositions s'appliquent sous réserve du dernier alinéa de l'article L. 2152-1.

Pour les professions libérales définies à l'article 29 de la loi n° 2012-387 du 22 mars 2012 relative à la formation professionnelle, à l'emploi et à la démocratie sociale, dans le cas d'une association entre des professionnels, chaque associé ***(D. 2016-1419 du 20 oct. 2016, art. 1er, 2°, JO 22)*** « qui participe à l'exercice de l'activité libérale et » qui adhère à une organisation professionnelle d'employeurs dans les conditions de la présente section est pris en compte comme une entreprise adhérente.

(D. 2016-1419 du 20 oct. 2016, art. 1er, 2°, JO 22) « Pour les entreprises et exploitations mentionnées au cinquième alinéa de l'article L. 2152-1, constituées sous la forme d'un groupement d'employeurs ou d'une société, chaque membre du groupement ou associé qui participe à l'activité de l'entreprise ou de l'exploitation et qui adhère à une organisation professionnelle d'employeurs dans les conditions de la présente section est pris en compte comme une entreprise adhérente. »

Art. R. 2152-2. Sont également prises en compte comme entreprises adhérentes celles qui, selon les modalités fixées par une délibération de l'organe compétent de l'organisation ou de la structure territoriale statutaire de cette organisation, s'acquittent d'une cotisation dont le montant est réduit, pour tenir compte d'une adhésion en cours d'année ou de tout autre motif prévu par la délibération précitée, sous réserve que cette réduction n'excède pas de moitié la cotisation due en application des règles mentionnées à l'article R. 2152-1.

Art. R. 2152-3. Le nombre d'entreprises adhérentes est apprécié au 31 décembre de l'année précédant l'année de la déclaration de candidature prévue à l'article L. 2152-5.

Note *Covid-19.* Sur les règles dérogatoires applicables à la mesure de l'audience des organisations d'employeurs effectuée en 2021 pour tenir compte de l'impact de la crise sanitaire, voir décret 2020-927 du 29 juillet 2020, art. 1er, JO 30.

Art. R. 2152-4. Lorsque l'adhésion de plusieurs entreprises est effectuée par l'une d'entre elles pour le compte des autres avec l'accord écrit de celles-ci, chaque entreprise est prise en compte pour la mesure de l'audience comme adhérente dès lors que sa cotisation est versée conformément aux règles définies aux articles R. 2152-1 et R. 2152-2.

Art. R. 2152-5. Pour être pris en compte, l'adhérent doit avoir payé au 31 mars de l'année de la déclaration de candidature prévue à l'article L. 2152-5 l'intégralité des cotisations dues au titre de l'année précédente.

Note *Covid-19.* Voir note sous article R. 2152-3.

Art. R. 2152-6. ***(D. 2020-184 du 28 févr. 2020, JO 1er mars)*** « Le commissaire aux comptes compétent en application, selon le cas, du 3° de l'article L. 2152-1 ou du 3° de l'article L. 2152-4 atteste conformément aux dispositions de la présente section et des sections 2 et 3 du présent chapitre :

1° Le nombre par département d'entreprises adhérentes de l'organisation professionnelle d'employeurs candidate à l'établissement de sa représentativité ;

2° Le nombre de salariés employés par ces mêmes entreprises ;

3° Le nombre par département de ces mêmes entreprises employant au moins un salarié ;

4° Le nombre par département de ces mêmes entreprises employant au total moins de onze salariés.

Il dispose à cet effet d'un accès accordé par le ministre chargé du travail à des données agrégées non nominatives issues des déclarations sociales des entreprises mentionnées à l'article L. 2122-10-3. »

Les règles prises en compte en matière de cotisations et définies conformément aux dispositions des articles ***(D. 2016-1419 du 20 oct. 2016, art. 1er, 3°, JO 22)*** « R. 2152-1 et R. 2152-2 » sont jointes à ces attestations.

L'attestation du commissaire aux comptes est accompagnée d'une fiche de synthèse dont le modèle est arrêté par le ministre chargé du travail.

Note Sur le modèle de fiche de synthèse, voir arrêté du 29 juillet 2020 (JO 6 août) relatif aux modalités de candidature des organisations professionnelles d'employeurs dans le cadre de l'établissement de leur représentativité en 2021 (art. 4).

Art. R. 2152-6-1. ***(D. 2016-1419 du 20 oct. 2016, art. 1er, 4°, JO 22)*** Pour l'application des dispositions du premier alinéa de l'article R. 2152-6, sont pris en compte les salariés des entreprises adhérentes titulaires d'un contrat de travail au cours du mois de décembre de l'année précédant l'année de prise en compte des entreprises adhérentes et figurant sur les déclarations sociales des entreprises, mentionnées à l'article L. 2122-10-3.

Dans les entreprises mentionnées au cinquième alinéa de l'article R. 2152-1 et constituées sous la forme des sociétés civiles de moyens définies aux articles 1832 et suivants du code civil, les associés peuvent se prévaloir des salariés employés par ces sociétés au bénéfice, le cas échéant, de l'organisation professionnelle d'employeurs à laquelle ils adhèrent. Chaque associé peut se prévaloir du nombre de salariés employés par la société civile de moyens, divisé par le nombre d'associés dans cette société.

Dans les entreprises mentionnées au cinquième alinéa de l'article R. 2152-1 au sein desquelles des associés se regroupent pour l'exercice-même de la profession libérale concernée, la répartition des salariés est effectuée en application de stipulations conventionnelles liant les associés. À défaut, chaque associé exerçant l'activité professionnelle concernée peut se prévaloir du nombre de salariés de l'entreprise, divisé par le nombre de ces associés qui exercent au sein de l'entreprise.

Dans les entreprises et exploitations mentionnées au sixième alinéa de l'article R. 2152-1 constituées sous la forme d'un groupement d'employeurs ou d'une société, les membres du groupement ou les associés qui participent à l'activité de l'entreprise ou de l'exploitation peuvent se prévaloir des salariés employés par le groupement ou la société au bénéfice, le cas échéant, de l'organisation professionnelle d'employeurs à laquelle ils adhèrent. Chaque associé peut se prévaloir du nombre de salariés employés par le groupement d'employeurs ou la société, divisé par le nombre d'associés qui participent à l'activité de l'entreprise ou de l'exploitation.

Art. R. 2152-7. Le respect du critère de l'audience défini au 6° de l'article L. 2151-1 est apprécié par le ministre chargé du travail qui s'assure que le montant de la cotisation versée ***(D. 2016-1419 du 20 oct. 2016, art. 1er, 5°, JO 22)*** « est de nature à établir la réalité de leur adhésion ».

SECTION 2 (réglementaire). Représentativité patronale au niveau de la branche professionnelle

Art. R. 2152-8. I. – Pour la mesure de l'audience d'une organisation professionnelle d'employeurs prévue au 3° de l'article L. 2152-1, sont prises en compte les entreprises relevant de la branche professionnelle concernée et adhérentes à cette organisation professionnelle à ce niveau ou à une structure territoriale statutaire de cette organisation.

II. – Sont également considérées comme adhérentes à une organisation professionnelle d'employeurs candidate à la représentativité dans une branche professionnelle les entreprises relevant de cette branche professionnelle et adhérant à une ou plusieurs organisations professionnelles d'employeurs ou à l'une de leurs structures territoriales statutaires dès lors que cette organisation :

1° A rendu publique son adhésion à l'organisation candidate par tout moyen avant le 31 décembre de l'année précédant l'année de la déclaration de candidature prévue à l'article L. 2152-5 ;

2° Atteste ne pas être candidate à la représentativité dans la branche concernée ;

3° ***(D. 2016-1419 du 20 oct. 2016, art. 1er, 6°, JO 22)*** « Verse une cotisation conformément aux règles fixées par l'organe compétent de l'organisation à laquelle elle adhère », et selon des modalités assurant l'information des entreprises adhérentes quant à l'organisation destinataire de la cotisation. Cette condition est également regardée comme satisfaite lorsque l'organisation concernée produit des comptes combinés avec l'organisation à laquelle elle adhère.

À l'exception des branches couvrant exclusivement les activités agricoles mentionnées aux 1° à 4° de l'article L. 722-1 du code rural et de la pêche maritime ainsi que celles des coopératives d'utilisation de matériel agricole, ne sont pas prises en compte au titre du 3° les adhésions des organisations professionnelles d'employeurs ou de leurs structures territoriales statutaires aux structures territoriales statutaires de l'organisation candidate à l'établissement de sa représentativité.

III. – Sont également prises en compte comme adhérentes les organisations qui, selon les modalités fixées par une délibération de l'organe compétent de l'organisation candidate, s'acquittent d'une cotisation dont le montant est réduit, pour tenir compte d'une adhésion en cours d'année ou de tout autre motif prévu par la délibération précitée, sous réserve que cette réduction n'excède pas de moitié la cotisation due en application des règles mentionnées à l'alinéa précédent.

IV. – Les adhésions des entreprises aux structures territoriales statutaires définies au I et aux organisations ***(D. 2016-1419 du 20 oct. 2016, art. 1er, 6°, JO 22)*** « professionnelles d'employeurs ou à l'une de leurs structures territoriales statutaires » définies au II sont prises en compte dès lors que des attestations telles que définies ***(D. 2016-1419 du 20 oct. 2016, art. 1er, 6°, JO 22)*** « à l'article R. 2152-6 » ont été établies ***(D. 2016-1419 du 20 oct. 2016, art. 1er, 6°, JO 22)*** « au titre de chacune de ces organisations professionnelles d'employeurs et au titre de chacune ou de l'ensemble de ces structures territoriales statutaires, accompagnées de la fiche de synthèse mentionnée à l'article R. 2152-6 » :

1° Soit par le commissaire aux comptes de l'organisation candidate ;

2° Soit dans le cadre d'une mission de vérification de ces éléments par un commissaire aux comptes désigné par les structures ou organisations mentionnées au premier alinéa ***(D. 2016-1419 du 20 oct. 2016, art. 1er, 6°, JO 22)*** « du présent IV ».

Les règles prises en compte en matière de cotisations et définies conformément aux dispositions des articles R. 2152-1 et R. 2152-2 sont jointes à ces attestations.

(D. 2016-1419 du 20 oct. 2016, art. 1er, 6°, JO 22) « V. – Lorsqu'une structure territoriale statutaire ou une organisation professionnelle d'employeurs ne dispose pas d'entreprises qui lui sont directement adhérentes, le respect des dispositions du I et du 1° au 3° du II du présent article est attesté par un commissaire aux comptes. »

Note *Covid-19.* Voir note sous article R. 2152-3.

SECTION 3 (réglementaire). Représentativité patronale au niveau national et interprofessionnel

Art. R. 2152-9. I. – Pour la mesure de l'audience des organisations professionnelles d'employeurs prévus au 3° de l'article L. 2152-4, sont prises en compte les entreprises qui adhèrent directement à l'organisation professionnelle d'employeurs candidate à l'établissement de sa représentativité ou à l'une de ses structures territoriales statutaires.

II. – Sont également considérées comme adhérentes à une organisation professionnelle d'employeurs candidate à la représentativité les entreprises adhérant à une ou plusieurs organisations professionnelles d'employeurs ou à l'une de leurs structures territoriales statutaires dès lors que cette organisation :

1° A rendu publique son adhésion par tout moyen avant le 31 décembre précédant l'année de déclaration de candidature prévue à l'article L. 2152-5 ;

2° Verse une cotisation conformément aux règles fixées par l'organe compétent de l'organisation à laquelle elle adhère, selon des modalités assurant l'information des entreprises adhérentes quant à l'organisation destinataire de la cotisation. Cette condition est également regardée comme satisfaite lorsque l'organisation concernée produit des comptes combinés avec l'organisation à laquelle elle adhère.

Ne sont pas prises en compte au titre du 2° les adhésions des organisations professionnelles d'employeurs ou de leurs structures territoriales statutaires aux structures territoriales statutaires de l'organisation candidate à l'établissement de sa représentativité.

III. – Sont également prises en compte comme adhérentes les organisations qui, selon les modalités fixées par une délibération de l'organe compétent de l'organisation candidate, s'acquittent d'une cotisation dont le montant est réduit, pour tenir compte d'une adhésion en cours d'année ou de tout autre motif prévu par la délibération précitée, sous réserve que cette réduction n'excède pas de moitié la cotisation due en application des règles mentionnées à l'alinéa précédent.

IV. – Les adhésions ***(D. 2016-1419 du 20 oct. 2016, art. 1er, 7°, JO 22)*** « aux structures territoriales statutaires définies au I et aux organisations professionnelles d'employeurs ou à l'une de leurs structures territoriales statutaires définies au II » sont prises en compte dès lors que des attestations telles que définies ***(D. 2016-1419 du 20 oct. 2016, art. 1er, 7°, JO 22)*** « à l'article R. 2152-6 » ont été établies ***(D. 2016-1419 du 20 oct. 2016, art. 1er, 7°, JO 22)*** « au titre de chacune de ces organisations professionnelles d'employeurs et au titre de chacune ou de l'ensemble de ces structures territoriales statutaires, accompagnées de la fiche de synthèse mentionnée à l'article R. 2152-6 » :

1° Soit par le commissaire aux comptes de l'organisation candidate ;

2° Soit dans le cadre d'une mission de vérification de ces éléments par un commissaire aux comptes désigné par ***(D. 2016-1419 du 20 oct. 2016, art. 1er, 7°, JO 22)*** « les structures ou organisations mentionnées au premier alinéa du présent IV ».

Les règles prises en compte en matière de cotisations et définies conformément aux dispositions des articles R. 2152-1 et R. 2152-2 sont jointes à ces attestations.

(D. 2016-1419 du 20 oct. 2016, art. 1er, 7°, JO 22) « V. – Lorsqu'une structure territoriale statutaire ou une organisation professionnelle d'employeurs ne dispose pas d'entreprises qui lui sont directement adhérentes, le respect des dispositions du I et du 1° et du 2° du II du présent article est attesté par un commissaire aux comptes. »

Note *Covid-19.* Voir note sous article R. 2152-3.

Art. D. 2152-9-1. ***(D. 2016-1474 du 28 oct. 2016, JO 3 nov.)*** Le seuil prévu au dernier alinéa de l'article L. 2152-4 est fixé à 10 %.

SECTION 4 (réglementaire). Représentativité patronale au niveau national et multiprofessionnel

Art. R. 2152-10. Pour l'appréciation des critères définis aux 2° et 3° de l'article L. 2152-2, sont prises en compte les organisations professionnelles d'employeurs dès lors qu'elles versent une cotisation à une organisation professionnelle d'employeurs candidate à l'établissement de sa représentativité, conformément aux règles fixées par l'organe compétent de l'organisation candidate, et selon des modalités assurant l'information des organisations adhérentes quant à l'organisation destinataire de la cotisation.

Art. L. 2152-7

Sont également prises en compte comme adhérentes les organisations qui, selon les modalités fixées par une délibération de l'organe compétent de l'organisation candidate, s'acquittent d'une cotisation dont le montant est réduit, pour tenir compte d'une adhésion en cours d'année ou de tout autre motif prévu par la délibération précitée, sous réserve que cette réduction n'excède pas de moitié la cotisation due en application des règles mentionnées à l'alinéa précédent.

Art. R. 2152-11. ***(D. 2016-1419 du 20 oct. 2016, art. 1er, 8°, JO 22)*** Le respect des critères définis aux 2° et 3° de l'article L. 2152-2 est apprécié par le ministre chargé du travail qui s'assure que le montant de la cotisation versée est de nature à établir la réalité de l'adhésion.

SECTION 5 (réglementaire). Candidatures des organisations professionnelles d'employeurs

Art. R. 2152-12. Les candidatures des organisations professionnelles d'employeurs sont déposées auprès des services centraux du ministère chargé du travail dans les conditions fixées par arrêté du ministre chargé du travail.

Cet arrêté fixe notamment la période de dépôt des candidatures.

Note Voir arrêté du 29 juillet 2020 (JO 6 août) relatif aux modalités de candidature des organisations professionnelles d'employeurs dans le cadre de l'établissement de leur représentativité en 2021.

Art. R. 2152-13. L'organisation professionnelle d'employeurs qui souhaite voir établie sa représentativité en application de l'article L. 2152-1 dans plusieurs branches professionnelles dépose une déclaration de candidature au titre de chacune des branches dans laquelle elle est candidate.

Par dérogation à l'alinéa précédent, dans les branches couvrant exclusivement les activités agricoles mentionnées aux 1° à 4° de l'article L. 722-1 du code rural et de la pêche maritime ainsi que celles des coopératives d'utilisation de matériel agricole, les candidatures sont présentées pour chaque secteur d'activité.

Art. R. 2152-14. Sont joints à la déclaration de candidature d'une organisation professionnelle d'employeurs souhaitant voir établie sa représentativité au niveau de la branche professionnelle en application de l'article L. 2152-1 :

(D. 2016-1419 du 20 oct. 2016, art. 1er, 9°, JO 22) « 1° Les attestations du ou des commissaires aux comptes définies à l'article R. 2152-6 et au IV de l'article R. 2152-8. Ces attestations sont accompagnées de la fiche de synthèse mentionnée à l'article R. 2152-6 ; »

2° Une copie des statuts de l'organisation ainsi que du récépissé de dépôt de ceux-ci ;

3° Les éléments et documents permettant de justifier que l'organisation satisfait aux critères mentionnés aux 2°, 3° et 5° de l'article L. 2151-1 ;

4° Les règles en matière de cotisations fixées par délibération de l'organe compétent des structures territoriales statutaires et organisations en application de l'article R. 2152-8 ;

(D. 2016-1419 du 20 oct. 2016, art. 1er, 9°, JO 22) « 5° Les déclarations, signées par le ou les commissaires aux comptes et établies :

a) Par l'organisation professionnelle d'employeurs candidate, du nombre par département d'entreprises adhérentes ***(D. 2020-184 du 28 févr. 2020, JO 1er mars)*** « , du nombre de salariés employés par ces entreprises, du nombre par département de ces entreprises employant au moins un salarié et du nombre par département de ces entreprises employant au total moins de onze salariés » ;

b) Par l'organisation professionnelle d'employeurs candidate, du nombre par département d'entreprises directement adhérentes ***(D. 2020-184 du 28 févr. 2020, JO 1er mars)*** « , du nombre de salariés employés par ces entreprises, du nombre par département de ces entreprises employant au moins un salarié et du nombre par département de ces entreprises employant au total moins de onze salariés » ;

c) Par les structures territoriales statutaires définies au I de l'article R. 2152-8 et les organisations et leurs structures territoriales définies au II de l'article R. 2152-8, du nombre par département d'entreprises directement adhérentes ***(D. 2020-184 du 28 févr. 2020, JO 1er mars)*** « , du nombre de salariés employés par ces entreprises, du nombre par département de ces entreprises employant au moins un salarié et du nombre par département de ces entreprises employant au total moins de onze salariés ».

Ces déclarations sont établies conformément à un modèle arrêté par le ministre chargé du travail. »

(D. 2016-1419 du 20 oct. 2016, art. 1er, 9°, JO 22) « 6° » La liste des organisations et structures territoriales statutaires dont elle demande la prise en compte pour la mesure de son audience.

Note **5°.** Sur les modèles de déclarations, voir arrêté du 29 juillet 2020 (JO 6 août) relatif aux modalités de candidature des organisations professionnelles d'employeurs dans le cadre de l'établissement de leur représentativité en 2021 (art. 5).

Art. R. 2152-15. Sont joints à la déclaration de candidature d'une organisation professionnelle d'employeurs souhaitant voir établie sa représentativité au niveau national et multi-professionnel en application de l'article L. 2152-2 :

1° Une copie de ses statuts ainsi que du récépissé de dépôt de ceux-ci ;

2° Les éléments et documents permettant de justifier qu'elle satisfait aux critères mentionnés aux 2°, 3° et 5° de l'article L. 2151-1 ainsi qu'au 4° de l'article L. 2152-2;

3° La liste de ses organisations adhérentes;

4° Les règles en matière de cotisations fixées par son organe compétent et, le cas échéant, par l'organe compétent de ses structures territoriales statutaires.

Art. R. 2152-16. Sont joints à la déclaration de candidature d'une organisation professionnelle d'employeurs souhaitant voir établie sa représentativité au niveau national et interprofessionnel en application de l'article L. 2152-4:

(D. 2016-1419 du 20 oct. 2016, art. 1er, 10°, JO 22) «1° Les attestations du ou des commissaires aux comptes définies à l'article R. 2152-6 et au IV de l'article R. 2152-9 dès lors que la ou les organisations mentionnées au II de l'article R. 2152-9 ne sont pas candidates à la représentativité. Ces attestations sont accompagnées de la fiche de synthèse mentionnée à l'article R. 2152-6;»

2° Une copie de ses statuts ainsi que du récépissé de dépôt de ceux-ci;

3° Les éléments et documents permettant de justifier qu'elle satisfait aux critères mentionnés aux 2°, 3° et 5° de l'article L. 2151-1;

4° Les règles en matière de cotisations fixées par délibération de l'organe compétent des structures territoriales statutaires et organisations en application de l'article R. 2152-9;

(D. 2016-1419 du 20 oct. 2016, art. 1er, 10°, JO 22) «5° Les déclarations, signées par le ou les commissaires aux comptes et établies:

a) Par l'organisation professionnelle d'employeurs candidate du nombre par département d'entreprises adhérentes ***(D. 2020-184 du 28 févr. 2020, JO 1er mars)*** «, du nombre de salariés employés par ces entreprises, du nombre par département de ces entreprises employant au moins un salarié et du nombre par département de ces entreprises employant au total moins de onze salariés»;

b) Par l'organisation professionnelle d'employeurs candidate du nombre par département d'entreprises directement adhérentes ***(D. 2020-184 du 28 févr. 2020, JO 1er mars)*** «, du nombre de salariés employés par ces entreprises, du nombre par département de ces entreprises employant au moins un salarié et du nombre par département de ces entreprises employant au total moins de onze salariés»;

c) Par les structures territoriales statutaires définies au I de l'article R. 2152-9 et les organisations et leurs structures territoriales définies au II de l'article R. 2152-9 dès lors qu'elles ne sont pas candidates à la représentativité, du nombre par département d'entreprises directement adhérentes ***(D. 2020-184 du 28 févr. 2020, JO 1er mars)*** «, du nombre de salariés employés par ces entreprises, du nombre par département de ces entreprises employant au moins un salarié et du nombre par département de ces entreprises employant au total moins de onze salariés».

Ces déclarations sont établies conformément à un modèle arrêté par le ministre chargé du travail.»

(D. 2016-1419 du 20 oct. 2016, art. 1er, 10°, JO 22) «6°» La liste des organisations et structures territoriales statutaires dont elle demande la prise en compte pour la mesure de son audience.

Note **5°.** Voir note sous article R. 2152-14.

Art. R. 2152-17. L'organisation professionnelle d'employeurs indique dans la déclaration de candidature, le cas échéant, la ou les organisations professionnelles d'employeurs auxquelles elle adhère elle-même.

Lorsqu'une organisation professionnelle d'employeurs adhère à plusieurs organisations professionnelles d'employeurs ayant statutairement vocation à être présentes au niveau national et interprofessionnel, elle indique la répartition retenue en application du dernier alinéa de l'article L. 2152-4.

SECTION 6 (réglementaire). Consultation du Haut Conseil du dialogue social

Art. R. 2152-18. Le ministre chargé du travail présente au Haut Conseil du dialogue social les résultats enregistrés et le consulte sur la liste des organisations professionnelles d'employeurs représentatives par branche et au niveau national et interprofessionnel ou multi-professionnel.

SECTION 7 (réglementaire). Voies de recours

Note Cette section est issue du décret 2017-383 du 22 mars 2017, JO 24.

Art. R. 2152-19. Les recours dirigés contre les arrêtés pris en application de l'article L. 2152-6 sont portés devant la juridiction désignée par l'article R. 311-2 du code de justice administrative.

LIVRE II

LA NÉGOCIATION COLLECTIVE - LES CONVENTIONS ET ACCORDS COLLECTIFS DE TRAVAIL

Note • L'ensemble des dispositions concernant ce titre a été refondu par la loi 82-957 du 13 novembre 1982 (JO 14) relative à la négociation collective et au règlement des conflits du travail. Certains compléments et ajustements ont été ensuite apportés par les lois 83-635 du 13 juillet 1983 (JO 14), 85-10 du 3 janvier 1985 (JO 4) et 85-772 du 25 juillet 1985 (JO 26) portant diverses dispositions d'ordre social, par la loi 89-549 du 2 août 1989 (JO 8) relative à la prévention du licenciement économique, par la loi 92-1446 du 31 décembre 1992 (JO 1er janv. 1993) apportant des innovations importantes dans le droit de la révision des conventions collectives, par la loi 96-985 du 12 novembre 1996 (JO 13), par la loi 99-641 du 27 juillet 1999 (JO 28) portant création d'une couverture maladie universelle, par la loi 2001-397 du 9 mai 2001 (JO 10) et par la loi 2001-1066 du 16 novembre 2001 (JO 17).

• La loi 2004-391 relative à la formation professionnelle tout au long de la vie et au dialogue social du 4 mai 2004 (JO 5) a réformé en profondeur le droit de la négociation et de la convention collective.

Elle a introduit le principe majoritaire selon lequel la convention ou l'accord collectif doit être approuvé par les organisations syndicales représentant la majorité des salariés concernés (majorité d'adhésion ou majorité d'opposition), reconnu des modes alternatifs de négociation collective dans les entreprises dépourvues de représentation syndicale, consacré de nouveaux niveaux de négociation (accords de groupe et accords territoriaux), renforcé l'autonomie des conventions ou des accords par rapport à des conventions ou accords ayant un champ d'application plus large, et a permis que, dans certains cas, les accords d'entreprise puissent déroger à des dispositions légales. Cette loi a été commentée dans la circulaire ministérielle DRT 9 du 22 septembre 2004 (BO TR 2004/20 du 5 novembre 2004).

• La loi 2008-789 du 20 août 2008 relative à la «démocratie sociale» a modifié profondément les règles de la représentativité syndicale et de la négociation des conventions et des accords collectifs. Cette loi a été commentée dans les circulaires DGT 20 du 13 novembre 2008 et 6 du 27 juillet 2011. Voir G. Bélier, H-J Legrand, «La négociation collective en entreprise», Groupe Liaisons, 3e éd. mars 2011; C. Nicod, «La réforme du droit de la négociation collective par la loi du 20 août 2008», Dr. Ouvr. 2009, p. 219; M-A Souriac, «Les réformes de la négociation collective», RDT 2009, p. 14.

• La loi 2010-751 du 5 juillet 2010 (JO 6) relative à la rénovation du dialogue social et comportant diverses dispositions relatives à la fonction publique a fixé de nouvelles règles de validité des accords collectifs et a renforcé la place de la négociation collective dans la fonction publique en étendant les thèmes ouverts à la négociation. Voir E. Marc et Y. Struillou, «La loi du 5 juillet 2010 relative à la rénovation du dialogue social dans la fonction publique: une mutation inachevée du système de relations professionnelles», Droit administratif, 2010, n° 11.

• La loi 2015-994 du 17 août 2015 (JO 17) relative au dialogue social et à l'emploi a réorganisé la négociation obligatoire dans l'entreprise en regroupant les différents thèmes de discussion et en étendant les possibilités de conclure des accords collectifs en l'absence de délégué syndical.

• La loi 2016-1088 du 8 août 2016 (JO 9) relative au travail, à la modernisation du dialogue social et à la sécurisation des parcours professionnels modifie ce livre II sur de nombreux points, notamment les modalités de la négociation elle-même, le régime des conventions en résultant, l'articulation entre les conventions de niveaux différents, etc.

• L'ordonnance 2017-1385 du 22 septembre 2017 accroît de façon générale le rôle de la négociation collective en tant que source normative des relations de travail. Elle redéfinit par ailleurs les règles gouvernant l'articulation entre conventions de branche et conventions d'entreprise, ces dernières se voyant désormais investies d'une primauté de principe, sauf pour certaines matières qui, en raison de leur objet, restent dévolues à la négociation de branche laquelle prime alors sur les conventions d'entreprise.

Voir aussi le «Questions - Réponses» sur la négociation collective, publié sur le site internet du ministère du Travail le 15 juillet 2020.

• Voir A. Fabre, «Les dynamiques de l'accord collectif de travail – Retour sur dix ans de réforme (Première partie)», Dr. Soc. 2020, p. 539; A. Fabre, «Les dynamiques de l'accord collectif de travail – Retour sur dix ans de réforme (Seconde partie)», Dr. Soc. 2020, p. 641.

• Sur la place de la négociation collective comme source de droit et ses rapports avec la Constitution et les principes de valeur constitutionnelle: O. Dutheillet de Lamothe, «L'accord collectif, une source constitutionnelle du droit du travail», SSL n° 1533, 10 avril 2012; Y. Struillou, «Accord collectif: un nouvel environnement normatif», SSL n° 1555, 15 octobre 2012. Sur le nouveau visage de la négociation collective après l'ordonnance 2017-1385 du

22 septembre 2017: P-H Antonmattei, D. Chenu, J-J Jarry, M. Morand et Ch. Neau-Leduc, «Réforme du code du travail: analyse des nouvelles règles de la négociation collective», RJS 12/17, chron. pp. 867 et s. Voir aussi B. Gomes, «Vers une reconnaissance constitutionnelle de la liberté de négociation collective», Dr. Soc. 2020, p. 366.

TITRE Ier DISPOSITIONS PRÉLIMINAIRES

CHAPITRE Ier Champ d'application

Art. L. 2211-1. Les dispositions du présent livre sont applicables aux employeurs de droit privé ainsi qu'à leurs salariés.

Elles sont également applicables:

1° Aux établissements publics à caractère industriel et commercial;

2° Aux établissements publics à caractère administratif lorsqu'ils emploient du personnel dans les conditions du droit privé.

CHAPITRE II Formation des acteurs de la négociation collective

Note Ce chapitre a été introduit par la loi 2016-1088 du 8 août 2016, art. 33, II, JO 9.

Art. L. 2212-1. Les salariés et les employeurs ou leurs représentants peuvent bénéficier de formations communes visant à améliorer les pratiques du dialogue social dans les entreprises, dispensées par les centres, instituts ou organismes de formation. L'Institut national du travail, de l'emploi et de la formation professionnelle apporte son concours à la création et à la mise en œuvre de ces formations. Ces formations peuvent être suivies par des magistrats judiciaires ou administratifs et par d'autres agents de la fonction publique.

Ces formations peuvent être en tout ou partie financées par les crédits du fonds prévu à l'article L. 2135-9.

Les conditions d'application du présent article sont prévues par décret en Conseil d'État.

Art. L. 2212-2. Des conventions ou des accords collectifs d'entreprise ou de branche peuvent définir:

1° Le contenu des formations communes prévues à l'article L. 2212-1 et les conditions dans lesquelles elles sont dispensées;

2° Les modalités de leur financement, pour couvrir les frais pédagogiques, les dépenses d'indemnisation et les frais de déplacement et d'hébergement des stagiaires et animateurs.

Art. R. 2212-1. ***(D. 2017-714 du 2 mai 2017, JO 4)*** Les formations communes mentionnées à l'article L. 2212-1, qui ont pour objet d'améliorer les pratiques du dialogue social dans les entreprises, sont suivies par des salariés et des employeurs ou leurs représentants respectifs conjointement sur un même site. Des magistrats judiciaires, des magistrats administratifs et des agents de la fonction publique peuvent, le cas échéant, y participer.

Art. R. 2212-2. ***(D. 2017-714 du 2 mai 2017, JO 4)*** I. – L'Institut national du travail, de l'emploi et de la formation professionnelle définit un cahier des charges général auquel doivent répondre les formations communes mentionnées à l'article L. 2212-1. Ce cahier des charges détermine:

1° Les thématiques traitées par les formations communes, qui portent notamment sur les questions économiques et sociales, la dynamique de la négociation et son environnement juridique;

2° Les principes que doivent respecter les formations communes, notamment le respect de la neutralité dans l'analyse et la présentation du rôle des parties à la négociation;

3° Les critères destinés à garantir la qualité des formations communes, notamment la mise en œuvre d'une pédagogie centrée sur les relations entre acteurs.

Des cahiers des charges particuliers applicables à certaines formations communes peuvent être définis par les conventions et accords collectifs d'entreprise et de branche mentionnés à l'article L. 2212-2, au besoin avec le concours de l'Institut national du travail, de l'emploi et de la formation professionnelle.

II. – L'Institut national du travail de l'emploi et de la formation professionnelle conçoit et dispense des formations communes, directement ou par l'intermédiaire d'un réseau de partenaires qu'il anime.

III. – Le rapport annuel d'activité de l'Institut mentionné à l'article 8 du décret n° 2005-1555 du 13 décembre 2005 modifié relatif à l'Institut national du travail, de l'emploi et de la formation professionnelle dresse le bilan des formations communes dispensées et propose des évolutions.

Art. R. 2212-3. ***(D. 2017-714 du 2 mai 2017, JO 4)*** Le suivi d'une formation commune mentionnée à l'article L. 2212-1 s'effectue dans le cadre :

1° Pour les salariés, soit du congé de formation économique, sociale et syndicale prévu à l'article L. 2145-5, soit du plan de formation mentionné à l'article L. 6312-1 pour les actions de formation mentionnées aux 2° et 8° de l'article L. 6313-1 ;

2° Pour les employeurs :

a) Des formations prises en charge par les fonds d'assurance formation de non-salariés prévus à l'article L. 6332-9 lorsqu'ils sont travailleurs indépendants, membres des professions libérales et des professions non-salariées ;

b) Des formations prises en charge par les ***(L. 2018-771 du 5 sept. 2018, art. 45, II, JO 6)*** « opérateurs de compétences » mentionnés à l'article L. 6331-53 lorsqu'ils sont travailleurs indépendants ou employeurs de moins de onze salariés de la pêche maritime ou lorsqu'ils sont travailleurs indépendants ou employeurs de cultures marines de moins de onze salariés affiliés au régime social des marins ;

c) Des formations prises en charges par l'***(L. 2018-771 du 5 sept. 2018, art. 45, II, JO 6)*** « opérateur de compétences » mentionné à l'article L. 6331-68 lorsqu'ils sont artistes auteurs ;

3° Pour les agents de la fonction publique :

a) Des plans annuels de formation des administrations prévus à l'article 6 du décret n° 2007-1470 du 15 octobre 2007 modifié relatif à la formation professionnelle tout au long de la vie des fonctionnaires de l'État lorsqu'ils sont fonctionnaires de l'État et des actions de formation mentionnées aux articles 2 et 3 du décret n° 2007-1942 du 26 décembre 2007 relatif à la formation professionnelle des agents non titulaires de l'État et de ses établissements publics et des ouvriers affiliés au régime des pensions résultant du décret n° 2004-1056 du 5 octobre 2004 modifié lorsqu'ils sont agents non titulaires de l'État ;

b) Des plans de formation des régions, départements, communes et établissements publics mentionnés à l'article 2 de la loi n° 84-53 du 26 janvier 1984 modifiée portant dispositions statutaires relatives à la fonction publique territoriale, prévus à l'article 7 de la loi n° 84-594 du 12 juillet 1984 modifiée relative à la formation des agents de la fonction publique territoriale et complétant la loi n° 84-53 du 26 janvier 1984 modifiée portant dispositions statutaires relatives à la fonction publique territoriale, lorsqu'ils sont agents de la fonction publique territoriale ;

c) Des plans de formation des établissements prévus à l'article 6 du décret n° 2008-824 du 21 août 2008 relatif à la formation professionnelle tout au long de la vie des agents de la fonction publique hospitalière lorsqu'ils sont agents de la fonction publique hospitalière ;

4° Pour les magistrats judiciaires, de la formation continue prévue par les articles 14 de l'ordonnance n° 58-1270 du 22 décembre 1958 modifiée portant loi organique relative au statut de la magistrature et 50 du décret n° 72-355 du 4 mai 1972 modifié relatif à l'École nationale de la magistrature ;

5° Pour les magistrats administratifs, de la formation continue prévue par les articles L. 233-10 et R. 233-17 du code de justice administrative ;

6° Pour les membres du Conseil d'État, de la formation professionnelle prévue par l'article L. 131-11 du code de justice administrative.

Note Le 5° de cet article entre en vigueur selon les modalités prévues à l'article 5 de l'ordonnance 2016-1366 du 13 octobre 2016 portant dispositions statutaires concernant les magistrats des tribunaux administratifs et cours administratives d'appel et à l'article 10 du décret 2017-451 du 30 mars 2017 portant dispositions statutaires concernant les magistrats des tribunaux administratifs et des cours administratives d'appel (décret 2017-714 précité, art. 2).

TITRE II OBJET ET CONTENU DES CONVENTIONS ET ACCORDS COLLECTIFS DE TRAVAIL

CHAPITRE Ier Objet des conventions et accords

Art. L. 2221-1. Le présent livre est relatif à la détermination des relations collectives entre employeurs et salariés. Il définit les règles suivant lesquelles s'exerce le droit des salariés à la négociation collective de l'ensemble de leurs conditions d'emploi, de formation professionnelle et de travail ainsi que de leurs garanties sociales.

Art. L. 2221-2. La convention collective a vocation à traiter de l'ensemble des matières mentionnées à l'article L. 2221-1, pour toutes les catégories professionnelles intéressées.

L'accord collectif traite un ou plusieurs sujets déterminés dans cet ensemble.

Note En vertu des dispositions combinées des articles L. 131-2 [L. 2211-1] et L. 132-1 [L. 2221-2] CT, la convention collective a vocation à traiter de l'ensemble des conditions d'emploi et de travail des salariés et de leurs garanties sociales, ce qui inclut leurs retraites (cass. soc. 7 juillet 2009, n° 08-16.592).

La Charte du football professionnel a valeur de convention collective (cass. soc. 26 septembre 2012, n° 11-18.783, BC V n° 246; RJS 12/12 n° 940; 12 décembre 2012, n° 11-14.823, BC V n° 335; RJS 3/13 n° 221; 15 décembre 2015, n° 14-16.059, BC V n° 267; JCP éd. S 2016, 1066, note D. Jacotot; RJS 3/16 n° 196).

Art. L. 2221-3. Les dispositions concernant la détermination des garanties collectives dont bénéficient les salariés en complément de celles résultant de l'organisation de la sécurité sociale sont fixées par le titre Ier du livre IX du code de la sécurité sociale.

CHAPITRE II Contenu et durée des conventions et accords

SECTION 1. Détermination du champ d'application des conventions et accords

Art. L. 2222-1. Les conventions et accords collectifs de travail, ci-après désignés " conventions " et " accords " dans le présent livre, déterminent leur champ d'application territorial et professionnel. Le champ d'application professionnel est défini en termes d'activités économiques.

Pour ce qui concerne les professions agricoles mentionnées aux 1° à 3°, 6° et 7° de l'article L. 722-20 du code rural ***(Ord. 2010-462 du 6 mai 2010, JO 7)*** «et de la pêche maritime», le champ d'application des conventions et accords peut, en outre, tenir compte du statut juridique des entreprises concernées ou du régime de protection sociale d'affiliation de leurs salariés.

(L. 2016-1088 du 8 août 2016, art. 26, I, 1°, JO 9) «Les conventions et accords collectifs de travail dont le champ d'application est national s'appliquent, sauf stipulations contraires, en Guadeloupe, en Guyane, en Martinique, à Mayotte, à La Réunion, à Saint-Barthélemy, à Saint-Martin et à Saint-Pierre-et-Miquelon, dans un délai de six mois à compter de leur date d'entrée en vigueur. Ce délai est imparti aux organisations syndicales de salariés et d'employeurs habilitées à négocier dans ces collectivités pour conclure des accords dans le même champ si elles le souhaitent.»

Note • Le dernier alinéa de cet article, dans sa rédaction issue de la loi 2016-1088 précitée, est applicable depuis le 1er avril 2017, pour les conventions et accords conclus après cette date en Guadeloupe, en Guyane, en Martinique, à La Réunion, à Saint-Barthélemy, à Saint-Martin et à Saint-Pierre-et-Miquelon. Le même alinéa est applicable depuis le 1er janvier 2018 à Mayotte (loi précitée, art. 26, II).

L'application en Guadeloupe, en Guyane, en Martinique, à Mayotte, à La Réunion, à Saint-Barthélemy, à Saint-Martin et à Saint-Pierre-et-Miquelon des conventions et accords conclus avant la date mentionnée au II est réexaminée à l'occasion de la négociation de leurs avenants, qui peuvent décider de leur application pour tout ou partie à ces collectivités (loi précitée, art. 26, III).

S'agissant de Mayotte, sans préjudice de l'application des dispositions des articles L. 1524-1 et L. 1524-3 CT et sous réserve de ne pas être moins favorables que celles du code du travail et de l'ordonnance 2017-1491 du 25 octobre 2017 (JO 26), les dispositions des accords et conventions collectifs de travail conclus avant le 1er janvier 2018 continuent à produire leurs effets dans les conditions applicables avant cette date et jusqu'à leur résiliation par arrivée du terme, ou à l'expiration de la procédure de révision ou de dénonciation (ordonnance précitée, art. 31).

• Le champ d'application professionnel d'une convention collective doit être défini en termes d'activités économiques et non uniquement par référence à la dénomination des organisations patronales signataires ou par simple référence à la nomenclature d'activités (cass. soc. 19 juillet 1995, n° 91-44.963, BC V n° 251; RJS 10/95 n° 1034; 17 mars 1994, n° 90-44.846, RJS 5/94 n° 580: seule l'activité réelle de l'entreprise est à prendre en considération; 16 novembre 1993, n° 91-45.573, BC V n° 277; Dr. Soc. 1994, p. 52; 4 décembre 2001, n° 99-43.676, BC V n° 372; RJS 2/02 n° 204).

Si une convention collective ne s'applique qu'aux employeurs et salariés inclus dans le secteur géographique défini lors de sa conclusion, il n'en résulte pas qu'une maladie survenant à l'étranger est hors du champ d'application de la convention collective régionale (cass. soc. 5 juillet 1995, n° 92-40.235, BC V n° 235; RJS 11/95 n° 1109).

En cas de fraude aux règles régissant les conventions collectives (cas de sociétés écran), les juges du fond doivent ordonner la mise en cause des sociétés concernées par l'activité du salarié réclamant le bénéfice d'une convention collective qu'il estime applicable à l'entreprise (cass. soc. 30 mai 2000, n° 98-40.727, BC V n° 208; Dr. Soc. 2000, p. 803, obs. G. Couturier).

Art. L. 2222-2. Lorsque le champ d'application d'un avenant ou d'une annexe diffère de celui de la convention ou de l'accord qu'il modifie ou complète, il doit être précisé conformément aux dispositions de l'article L. 2222-1.

SECTION 2. Détermination des thèmes, du calendrier et de la méthode de négociation

Note Les dispositions de cette section, dans leur rédaction issue de la loi 2016-1088 du 8 août 2016 (JO 9), s'appliquent aux accords conclus après la publication de cette loi (loi précitée, art. 16, IV).

Art. L. 2222-3. ***(Ord. 2017-1385 du 22 sept. 2017, art. 5, II, JO 23)*** Dans les conditions prévues au titre IV du livre II de la deuxième partie du présent code, la convention ou l'accord collectif de travail définit:

1° Le calendrier des négociations;

2° Les modalités de prise en compte, dans la branche ou l'entreprise, des demandes relatives aux thèmes de négociation émanant d'une ou des organisations syndicales de salariés représentatives.

Note Une convention collective de branche ou un accord professionnel qui ne prévoirait pas les modalités de prise en compte des demandes syndicales relatives aux thèmes de négociation ne peut pas faire l'objet d'une extension (art. L. 2261-22, 16°).

Art. L. 2222-3-1. ***(L. 2016-1088 du 8 août 2016, art. 16, I, 1°, JO 9)*** Une convention ou un accord collectif peut définir la méthode permettant à la négociation de s'accomplir dans des conditions de loyauté et de confiance mutuelle entre les parties.

Cette convention ou cet accord précise la nature des informations partagées entre les négociateurs, notamment, au niveau de l'entreprise, en s'appuyant sur la base de données définie à l'article L. 2323-8. Cette convention ou cet accord définit les principales étapes du déroulement des négociations et peut prévoir des moyens supplémentaires ou spécifiques, notamment s'agissant du volume de crédits d'heures des représentants syndicaux ou des modalités de recours à l'expertise, afin d'assurer le bon déroulement de l'une ou de plusieurs des négociations prévues.

Sauf si la convention ou l'accord en stipule autrement, la méconnaissance de ses stipulations n'est pas de nature à entraîner la nullité des accords conclus dès lors qu'est respecté le principe de loyauté entre les parties.

Art. L. 2222-3-2. ***(L. 2016-1088 du 8 août 2016, art. 16, I, 1°, JO 9)*** Un accord conclu au niveau de la branche définit la méthode applicable à la négociation au niveau de l'entreprise. Cet accord s'impose aux entreprises n'ayant pas conclu de convention ou d'accord en application de l'article L. 2222-3-1. Si un accord mentionné au même article L. 2222-3-1 est conclu, ses stipulations se substituent aux stipulations de cet accord de branche.

Sauf si l'accord prévu au premier alinéa du présent article en stipule autrement, la méconnaissance de ses stipulations n'est pas de nature à entraîner la nullité des accords conclus dans l'entreprise dès lors qu'est respecté le principe de loyauté entre les parties.

SECTION 2 *BIS*. Préambule des conventions et accords

Note Cette section est issue de la loi 2016-1088 du 8 août 2016, art. 16, I, 2°, JO 9, et s'applique aux accords conclus après la publication de cette loi (loi précitée, art. 16, IV).

Art. L. 2222-3-3. La convention ou l'accord contient un préambule présentant de manière succincte ses objectifs et son contenu.

L'absence de préambule n'est pas de nature à entraîner la nullité de la convention ou de l'accord.

SECTION 3. Détermination de la durée des conventions et accords

Art. L. 2222-4. La convention ou l'accord est conclu pour une durée déterminée ou indéterminée.

(L. 2016-1088 du 8 août 2016, art. 16, I, 3°, JO 9) «À défaut de stipulation de la convention ou de l'accord sur sa durée, celle-ci est fixée à cinq ans.

Lorsque la convention ou l'accord arrive à expiration, la convention ou l'accord cesse de produire ses effets.»

Note *Jurisprudence relative aux accords conclus avant l'application de la loi du 8 août 2016.* Pour qu'une convention ou un accord collectif conclu pour une durée déterminée cesse de produire effet, il ne suffit pas que l'arrivée du terme se réalise, encore faut-il qu'il ait été prévu expressément que, faute d'accord, il cesserait de s'appliquer (cass. soc. 26 mai 1983, n° 81-15.262, BC V n° 282; 25 janvier 1994, n° 90-44.204: un accord de salaires conclu pour l'année 1979 peut être invoqué par un salarié en 1990 dans la mesure où, à défaut de clauses contraires, il s'est transformé en accord à durée indéterminée à l'expiration du terme; faute de dénonciation dans les années qui ont suivi, il demeure applicable).

La clause prévoyant que l'accord conclu pour une durée de deux ans ferait l'objet d'une nouvelle négociation à l'expiration du terme n'est pas «une stipulation contraire» faisant échec à la transformation de l'accord à durée déterminée en accord à durée indéterminée; à défaut d'une nouvelle négociation, l'accord collectif continue à produire ses effets comme accord collectif à durée indéterminée (cass. soc. 26 juin 1991, n° 88-45.537, RJS 8-9/91 n° 983). Dans le même sens, voir aussi cass. soc. 28 septembre 2010, n° 09-13.708, BC V n° 199; RJS 12/10 n° 963. La stipulation d'une tacite reconduction n'ayant pas la nature d'une stipulation contraire au sens des dispositions du deuxième alinéa de cet article, l'accord continue à produire ses effets comme un accord à durée indéterminée (cass. soc. 10 mai 2012, n° 11-17.403, RJS 7/12 n° 648).

SECTION 4. Détermination des modalités de suivi, renouvellement, révision et dénonciation

Art. L. 2222-5. La convention ou l'accord prévoit les formes selon lesquelles et le délai au terme duquel il pourra être renouvelé ou révisé.

Note Les règles de révision et de dénonciation sont prévues par les articles L. 2261-7 et s.

Art. L. 2222-5-1. *(L. 2016-1088 du 8 août 2016, art. 16, I, 4°, JO 9)* La convention ou l'accord définit ses conditions de suivi et comporte des clauses de rendez-vous.

L'absence ou la méconnaissance des conditions ou des clauses mentionnées au premier alinéa n'est pas de nature à entraîner la nullité de la convention ou de l'accord.

Art. L. 2222-6. La convention ou l'accord prévoit les conditions dans lesquelles il peut être dénoncé, et notamment la durée du préavis qui doit précéder la dénonciation.

TITRE III CONDITIONS DE NÉGOCIATION ET DE CONCLUSION DES CONVENTIONS ET ACCORDS COLLECTIFS DE TRAVAIL

CHAPITRE Ier Conditions de validité

SECTION 1. Capacité à négocier

Art. L. 2231-1. La convention ou l'accord est conclu entre:

(L. 2008-789 du 20 août 2008, art. 8, JO 21) «- d'une part, une ou plusieurs organisations syndicales de salariés représentatives dans le champ d'application de la convention ou de l'accord;»

- d'autre part, une ou plusieurs organisations syndicales d'employeurs, ou toute autre association d'employeurs, ou un ou plusieurs employeurs pris individuellement.

Les associations d'employeurs constituées conformément aux dispositions de la loi du 1er juillet 1901 relative au contrat d'association, qui ont compétence pour négocier des conventions et accords, sont assimilées aux organisations syndicales pour les attributions conférées à celles-ci par le présent titre.

Note Un accord relatif à la «représentation syndicale de groupe» conclu par des employeurs et plusieurs organisations syndicales représentatives au niveau national est un accord collectif au sens de cet article (CA Paris, 31 janvier 2001, 1re ch. S, RJS 6/01 n° 771; voir aussi cass. soc. 30 avril 2003, n° 01-10.027, BC V n° 155).

Signataires représentant les salariés

Principe: les syndicats représentatifs. Il est exigé, depuis la loi 71-561 du 13 juillet 1971 (JO 14), que, du côté des travailleurs, la ou les organisations syndicales signataires soient représentatives. Il faut qu'elles aient fait la preuve de leur représentativité dans le champ d'application professionnel ou territorial de la convention collective.

Sur la notion de représentativité, voir notes sous les articles L. 2121-1 et L. 2122-1.

S'agissant des syndicats catégoriels, voir article L. 2232-13 et note sous cet article.

Exception: les représentants élus du personnel et les salariés mandatés. Pour permettre le développement de la négociation collective dans les entreprises dépourvues de délégués syndicaux, la loi 96-985 du 12 novembre 1996 (JO 13, art. 6) avait introduit à titre expérimental la possibilité d'une négociation d'accord d'entreprise avec les représentants élus du personnel ou éventuellement avec des salariés mandatés. La loi 2004-391 du 4 mai 2004 précisait les conditions dans lesquelles les représentants élus du personnel ou les salariés mandatés pouvaient conclure une convention ou un accord collectif d'entreprise.

La loi 2008-789 du 20 août 2008 a prévu que, dans les entreprises de moins de deux cents salariés ne comportant aucun délégué syndical, la négociation a lieu avec les représentants élus du personnel. L'ordonnance 2017-1385 du 22 septembre 2017 et la loi 2018-217 du 29 mars 2018 ont renforcé les possibilités de négociation dans les entreprises dépourvues de délégués syndicaux ou de conseil d'entreprise (art. L. 2232-21 et s. CT).

La négociation d'entreprise peut aussi avoir lieu avec des salariés mandatés dans les entreprises dépourvues de délégué syndical et dans lesquelles un procès-verbal de carence a établi l'absence de représentants élus du personnel (art. L. 2232-23-1 et 25 CT). Dans les très petites entreprises de moins de 11 salariés dépourvues de délégué syndical, l'employeur peut par ailleurs consulter directement les salariés sur un projet d'accord, sans qu'un mandatement syndical soit nécessaire (art. L. 2232-21).

Voir aussi le «Questions - Réponses» sur la négociation collective, publié sur le site internet du ministère du Travail le 15 juillet 2020 (question 14).

Signataires représentant les employeurs

Du côté employeur, tout groupement est habilité à conclure des conventions collectives. Aucune condition de majorité n'est exigée pour les organisations d'employeurs. Les associations d'employeurs constituées conformément à la loi de 1901 peuvent, comme les organisations syndicales patronales, conclure des conventions collectives.

Art. L. 2231-2. Les représentants des organisations mentionnées à l'article L. 2231-1 sont habilités à contracter, au nom de l'organisation qu'ils représentent, en vertu:

1° Soit d'une stipulation statutaire de cette organisation;

2° Soit d'une délibération spéciale de cette organisation;

3° Soit de mandats spéciaux écrits qui leur sont donnés individuellement par tous les adhérents de cette organisation.

Les associations d'employeurs déterminent elles-mêmes leur mode de délibération.

Note Des modalités d'habilitation que prévoit cet article, la Cour de cassation a déduit la possibilité pour un groupement patronal de décider, lors d'une assemblée générale spéciale, d'autoriser la conclusion d'une convention collective en en réservant expressément l'opposabilité à ceux de ses adhérents qui lui auraient donné mandat spécial écrit (cass. soc. 29 avril 1985, n° 82-41.638, BC V n° 262).

Le mandat spécial écrit exigé par cet article ne concerne que les représentants des organisations syndicales, et non l'employeur qui est partie à un accord d'entreprise (cass. soc. 23 mars 1994, n° 91-45.705, RJS 5/94 n° 583).

SECTION 2. Conditions de forme

Art. L. 2231-3. La convention ou l'accord est, à peine de nullité, un acte écrit.

Note Pour être valable, l'accord collectif doit comporter la signature des parties qui l'ont conclu. La preuve de la signature d'un tel accord ne peut donc pas être rapportée par tous moyens (cass. soc. 8 janvier 2002, n° 00-10.886, BC V n° 5; RJS 3/02 n° 310).

Art. L. 2231-4. Les conventions et accords ainsi que les conventions d'entreprise ou d'établissement sont rédigés en français.

Toute clause rédigée en langue étrangère est inopposable au salarié à qui elle ferait grief.

SECTION 3. Notification, publicité et dépôt

Art. L. 2231-5. La partie la plus diligente des organisations signataires d'une convention ou d'un accord en notifie le texte à l'ensemble des organisations représentatives à l'issue de la procédure de signature.

Note La notification d'un accord aux organisations syndicales est sans incidence sur la validité de celui-ci ni sur son applicabilité aux salariés. Elle a seulement pour effet de faire courir le délai d'opposition des organisations syndicales qui n'en sont pas signataires, si elles remplissent les conditions pour l'exercer et seules celles disposant du droit d'opposition sont recevables à se prévaloir d'une absence de notification de l'accord (cass. soc. 13 octobre 2010, n° 09-68.151, BC V n° 232; RJS 1/11 n° 64).

Art. L. 2231-5-1. ***(L. 2016-1088 du 8 août 2016, art. 16, II, 1°, JO 9, entrée en vigueur le 01.09.2017)*** Les conventions et accords de branche, de groupe, interentreprises, d'entreprise et d'établissement sont rendus publics et versés dans une base de données nationale, dont le contenu est publié en ligne dans un standard ouvert aisément réutilisable. ***(L. 2018-217 du 29 mars 2018, art. 8, JO 31)*** «Ils sont publiés dans une version ne comportant pas les noms et prénoms des négociateurs et des signataires.»

Après la conclusion de la convention ou de l'accord ***(L. 2018-217 du 29 mars 2018, art. 8, JO 31)*** «de groupe, interentreprises, d'entreprise ou d'établissement», les parties peuvent acter qu'une partie de la convention ou de l'accord ne doit pas faire l'objet de la publication prévue au premier alinéa. Cet acte, ainsi que la version intégrale de la convention ou de l'accord et la version de la convention ou de l'accord destinée à la publication, sont joints au dépôt prévu à l'article L. 2231-6. ***(L. 2018-217 du 29 mars 2018, art. 8, JO 31)*** «L'employeur peut occulter les éléments portant atteinte aux intérêts stratégiques de l'entreprise.»

Les conditions d'application du présent article sont définies par décret en Conseil d'État.

(L. 2018-217 du 29 mars 2018, art. 8, JO 31) «Les accords d'intéressement, de participation, les plans d'épargne d'entreprise, interentreprises ***(Ord. 2019-766 du 24 juil. 2019, art. 7, IV, 1°, JO 25, entrée en vigueur le 01.10.2019)*** «, les plans d'épargne pour la retraite collectifs ou les plans d'épargne retraite d'entreprise collectifs» ainsi que les accords mentionnés aux articles L. 1233-24-1 et L. 2254-2 ne font pas l'objet de la publication prévue au présent article.»

Note • Les conditions de publicité mentionnées à cet article s'appliquent aux accords conclus depuis le 1er septembre 2017 (loi 2016-1088 précitée, art. 16, IV).

• Voir chron. E. Jeansen et G. Thulleau: «La publicité des accords collectifs, entre transparence et secret», RJS 11/18, p. 783.

Art. L. 2231-6. Les conventions et accords font l'objet d'un dépôt dans des conditions déterminées par voie réglementaire.

Art. R. 2231-1. Pour les professions agricoles, les attributions conférées au ministre chargé du travail par les dispositions du présent livre sont exercées en accord avec celui-ci par le ministre chargé de l'agriculture.

Art. R. 2231-1-1. ***(D. 2017-752 du 3 mai 2017, JO 5, entrée en vigueur le 01.09.2017)*** I. – L'acte prévu au deuxième alinéa de l'article L. 2231-5-1 par lequel les parties peuvent convenir qu'une partie de la convention ou de l'accord ne doit pas faire l'objet de la publication prévue au premier alinéa de ce même article est signé par la majorité des organisations syndicales signataires de la convention ou de l'accord et:

1° Pour les accords de groupe, d'entreprise et d'établissement, par le représentant légal du groupe, de l'entreprise ou de l'établissement ou pour un accord interentreprises par les représentants légaux de celles-ci;

2° Pour les accords de branche, par une ou plusieurs organisations professionnelles d'employeurs signataires.

Cet acte indique les raisons pour lesquelles la convention ou l'accord ne doit pas faire l'objet d'une publication intégrale. Cette motivation est sans incidence sur la légalité de la convention ou de l'accord.

Les conventions ou accords étendus sont publiés dans une version intégrale. Les autres conventions ou accords sont publiés avec l'indication, le cas échéant, que cette publication est partielle.

II. – À défaut d'un tel acte, les conventions et accords sont publiés dans une version intégrale, sauf demande de l'employeur ou d'une organisation signataire de suppression des noms et prénoms des négociateurs et des signataires. Cette demande est transmise au moment du dépôt de l'accord par la partie la plus diligente.

Les autres signataires peuvent, dans un délai d'un mois suivant le dépôt de l'accord, formuler la même demande.

Cette demande comporte l'indication par le représentant légal du groupe, de l'entreprise ou de l'établissement ou par les représentants légaux dans le cas d'un accord interentreprises ou par l'organisation syndicale signataire du nom, prénom et qualité de son représentant dûment mandaté à cet effet, l'intitulé de la convention ou de l'accord et la date et le lieu de sa signature.

Art. L. 2231-6

Note Les conventions et accords de branche, de groupe, interentreprises, d'entreprise et d'établissement conclus depuis le 1er septembre 2017 sont publiés, à titre transitoire et jusqu'au 1er octobre 2018, dans une version ne comportant pas les noms et prénoms des négociateurs et des signataires. La version ainsi rendue anonyme de l'accord est déposée par la partie la plus diligente, en même temps que l'accord et les pièces mentionnées aux articles D. 2231-2 et s. CT (décret 2017-752 précité, art. 2).

Art. D. 2231-2. ***(D. 2018-362 du 15 mai 2018, JO 17)*** «I. –» Les conventions et accords ***(D. 2018-362 du 15 mai 2018, JO 17)*** «de branche et les accords professionnels ou interprofessionnels», ainsi que leurs avenants et annexes, sont déposés par la partie la plus diligente auprès des services du ministre chargé du travail.

Le dépôt est opéré en deux exemplaires, dont une version sur support papier signée des parties et une version sur support électronique.

(D. 2018-362 du 15 mai 2018, JO 17) «II. – Les accords de groupe, d'entreprise, d'établissement et interentreprises ainsi que les pièces accompagnant le dépôt prévues aux articles D. 2231-6 et D. 2231-7 sont déposés par le représentant légal du groupe, de l'entreprise ou de l'établissement ou, pour un accord interentreprises, par les représentants légaux de celles-ci.

III. – Le déposant» remet également un exemplaire de chaque convention ou accord au greffe du conseil de prud'hommes du lieu de conclusion.

Note • Les dispositions de cet article, dans sa rédaction issue du décret 2018-362 précité, sont applicables aux conventions et accords conclus depuis le 1er septembre 2017 (décret précité, art. 2).

• À Mayotte, le troisième alinéa de cet article est applicable à compter du 1er janvier 2022 (décret 2018-1337 du 28 décembre 2018, art. 18, JO 30).

• Les articles D. 2231-2, 3 et 4 ont été modifiés par le décret 2008-1510 du 30 décembre 2008, JO 31.

• Depuis le 28 mars 2018, le dépôt des accords d'entreprise auprès de l'administration s'effectue exclusivement sous forme dématérialisée, sur la plate-forme *https://www.teleaccords.travail-emploi.gouv.fr* (communiqué de la Direccte Île-de-France du 29 mars 2018).

Art. D. 2231-3. Les conventions de branche et les accords professionnels ou interprofessionnels sont déposés auprès des services centraux du ministre chargé du travail.

Lorsque les textes concernent des professions agricoles, ils sont déposés ***(D. 2008-1510 du 30 déc. 2008, JO 31)*** «auprès de la ***(D. 2020-1545 du 9 déc. 2020, JO 10, entrée en vigueur le 01.04.2021)*** «direction régionale de l'économie, de l'emploi, du travail et des solidarités».

Art. D. 2231-4. ***(D. 2018-362 du 15 mai 2018, JO 17)*** Les accords de groupe, d'entreprise, d'établissement et interentreprises ainsi que les pièces accompagnant le dépôt prévues aux articles D. 2231-6 et D. 2231-7 sont déposés sur la plateforme de téléprocédure du ministère du travail.

Note • Cet article est applicable aux conventions et accords conclus depuis le 1er septembre 2017 (décret 2018-362 précité, art. 2).

• Un accord est réputé valable dès lors qu'il a fait l'objet d'un dépôt auprès de la direction départementale du travail [DDETS] qui l'a accepté après en avoir contrôlé la régularité formelle (cass. soc. 21 février 2007, n° 04-43.003, RJS 6/07 n° 764).

Voir note sous article L. 2261-1.

Art. D. 2231-5. Le service départemental dépositaire des conventions et accords collectifs de travail est celui dans le ressort duquel ils ont été conclus.

Art. D. 2231-6. Lorsqu'une convention ou un accord collectif d'entreprise s'applique à des établissements ayant des implantations distinctes, le texte déposé est assorti de la liste de ces établissements et de leurs adresses respectives.

Note • Cet article a été modifié par le décret 2018-362 du 15 mai 2018, JO 17.

• Les articles D. 2231-6, 7 et 8, dans leur rédaction issue du décret 2018-362 précité, sont applicables aux conventions et accords conclus depuis le 1er septembre 2017 (décret précité, art. 2).

Art. D. 2231-7. ***(D. 2018-362 du 15 mai 2018, JO 17)*** Le dépôt des conventions et accords est accompagné des pièces suivantes:

1° Dans tous les cas,

a) De la version signée des parties;

b) D'une copie du courrier, du courrier électronique ou du récépissé ou d'un avis de réception daté de notification du texte à l'ensemble des organisations représentatives à l'issue de la procédure de signature;

2° Pour les accords de branche, de groupe, d'entreprise, d'établissement et interentreprises,

a) D'une version publiable mentionnée à l'article L. 2231-5-1, qui tient compte, le cas échéant, des modifications actées conformément au I de l'article R. 2231-1-1;

b) De l'acte mentionné au I de l'article R. 2231-1-1, s'il y a lieu;

3° Dans le cas des accords de groupe, d'entreprise, d'établissement et interentreprises: du procès-verbal mentionné au 2° de l'article D. 2232-2, s'il y a lieu;

4° Dans le cas des accords d'entreprise,

c) De la liste mentionnée à l'article D. 2231-6, s'il y a lieu.

Un récépissé est délivré au déposant.

Le format de ces documents est précisé par arrêté.

Note Voir note sous art. D. 2231-6.

Art. D. 2231-8. Les déclarations d'adhésion ou de dénonciation, intervenues en application des articles L. 2261-3 et L. 2261-9, sont déposées, selon les modalités ***(D. 2018-362 du 15 mai 2018, JO 17)*** «prévues à l'article D. 2231-4 et au 1° de l'article D. 2231-7», par la partie qui en est signataire au service dépositaire de la convention ou de l'accord qu'elles concernent.

Un récépissé est délivré au déposant.

Note Voir note sous art. D. 2231-6.

Art. R. 2231-9. Toute personne intéressée peut prendre connaissance gratuitement des textes déposés auprès de la ***(D. 2020-1545 du 9 déc. 2020, JO 10, entrée en vigueur le 01.04.2021)*** «direction régionale de l'économie, de l'emploi, du travail et des solidarités».

Elle peut en obtenir copie, à ses frais, suivant les modalités fixées à l'article ***(D. 2016-308 du 17 mars 2016, art. 2, JO 18)*** «L. 311-9 du code des relations entre le public et l'administration».

Toutefois, lorsqu'une instance juridictionnelle est engagée, copie de tout ou partie de la convention ou de l'accord en cause est délivrée gratuitement à chacune des parties à l'instance qui le demande.

SECTION 4. Opposition

Art. L. 2231-8. L'opposition à l'entrée en vigueur d'une convention ou d'un accord est exprimée par écrit et motivée. Elle précise les points de désaccord.

Cette opposition est notifiée aux signataires.

Note Si l'opposition a été notifiée à chaque délégué syndical des syndicats signataires, il appartient au juge du fond, saisi d'une demande en ce sens, de vérifier si les syndicats signataires disposaient d'un bureau, d'un local ou d'une boîte à lettres au siège social de l'employeur ainsi que de l'identité de la personne ayant réceptionné les lettres d'opposition envoyées à cette adresse (cass. soc. 26 janv. 2012, n° 10-25.415, RJS 4/12 n° 373).

L'opposition est régulière dès lors qu'elle est adressée soit à l'un des délégués syndicaux ayant représenté le syndicat signataire à la négociation de l'accord, soit directement à l'organisation syndicale représentative l'ayant désigné (cass. soc. 8 juillet 2014, n° 13-18.390, BC V n° 182; RJS 10/14 n° 715; JCP éd. S 2014, 1378, note E. Jeansen; RDT, décembre 2014, CH, 766, I. Odoul-Asorey).

Pour être recevable, l'opposition des organisations syndicales ayant recueilli la majorité des suffrages exprimés lors des dernières élections professionnelles doit être reçue par l'organisation signataire avant l'expiration des délais prévus, selon le type d'accord, par les articles L. 2232-2, L. 2232-6 et L. 2232-12 (cass. soc. 10 janvier 2017, n° 15-20.335, BC V n° 3; JCP éd. S 2017, 1061, note J-Y Kerbourc'h; RDT, mai 2017, CH, 345, I. Odoul-Asorey; JSL n° 426, 24.02.2017, pp. 13 et s., M. Hautefort; RJS 3/17 n° 215, relatif au délai de huit jours prévu pour les accords d'entreprises visés par l'article L. 2232-12, mais dont la solution est transposable au délai de quinze jours prévu pour les accords interprofessionnels et les accords de branche).

L'opposition doit être formée par des personnes mandatées par le ou les syndicats n'ayant pas signé l'accord et être notifiée aux signataires de l'accord; satisfait aux exigences de ce texte la notification de l'opposition par la voie électronique (cass. soc. 23 mars 2017, n° 16-13.159, BC V n° 59; LSQ n° 17298 du 31.03.2017; JCP éd. S 2017, 1279, note A. Bugada; JSL n° 431, 16.05.2017, pp. 14 et s., J-P Lhernould; RJS 6/17 n° 419).

Art. L. 2231-9. Les conventions et accords frappés d'opposition majoritaire ainsi que ceux qui n'ont pas obtenu l'approbation de la majorité des salariés, en application des dispositions du chapitre II, sont réputés non écrits.

CHAPITRE II Règles applicables à chaque niveau de négociation

SECTION 1. Accords interprofessionnels

Note Voir J. Barthélemy, «Les accords nationaux interprofessionnels», Dr. Soc. 2008, p. 566.

Art. L. 2232-1. Le champ d'application territorial des accords interprofessionnels peut être national, régional ou local.

Art. L. 2232-2. ***(L. 2008-789 du 20 août 2008, art. 8, JO 21)*** La validité d'un accord interprofessionnel est subordonnée à sa signature par une ou plusieurs organisations syndicales de salariés représentatives ayant recueilli, aux élections prises en compte pour la mesure de l'audience prévue au 3° de l'article L. 2122-9, au moins 30 % des suffrages exprimés en faveur d'organisations reconnues représentatives à ce niveau, quel que soit le nombre de votants, et à l'absence d'opposition d'une ou plusieurs organisations syndicales de salariés représentatives ayant recueilli la majorité des suffrages exprimés en faveur des mêmes organisations à ces mêmes élections, quel que soit le nombre de votants.

L'opposition est exprimée dans un délai de quinze jours à compter de la date de notification de cet accord, dans les conditions prévues à l'article L. 2231-8.

Note • Voir arrêté du 22 juin 2017 (JO 30) fixant la liste des organisations syndicales reconnues représentatives au niveau national et interprofessionnel.

• S'agissant des accords d'entreprise, et alors que ces accords pouvaient faire l'objet d'une opposition similaire à celle prévue par l'article L. 2232-2, il avait été jugé que ni la validité d'un accord, ni son applicabilité aux salariés ne sont subordonnées à sa notification aux organisations syndicales, laquelle a seulement pour effet de faire courir le délai d'opposition de celles qui n'en sont pas signataires, si elles remplissent les conditions pour l'exercer. Un salarié ne peut donc pas se prévaloir de l'absence de notification aux syndicats d'un accord d'entreprise pour remettre en cause l'application de cet accord par l'employeur (cass. soc. 13 octobre 2010, n° 09-68.151, BC V n° 232; LS Jurispr. n° 209 du 26.10.2010; JCP éd. S 2010, 1516, note S. Brissy; RJS 1/11 n° 64; Dr. Soc. 2011, p. 219, obs. L. Pécaut-Rivolier). Cette jurisprudence paraît applicable aux accords interprofessionnels et aux accords de branche susceptibles d'opposition prévue par l'article L. 2232-6.

Art. L. 2232-2-1. ***(L. 2008-789 du 20 août 2008, art. 8, JO 21)*** La représentativité reconnue à une organisation syndicale catégorielle affiliée à une confédération syndicale catégorielle au titre des salariés qu'elle a statutairement vocation à représenter lui confère le droit de négocier toute disposition applicable à cette catégorie de salariés.

Lorsque l'accord interprofessionnel ne concerne qu'une catégorie professionnelle déterminée relevant d'un collège électoral, sa validité est subordonnée à sa signature par une ou plusieurs organisations syndicales de salariés représentatives ayant recueilli, aux élections prises en compte pour la mesure de l'audience prévue au 3° de l'article L. 2122-9, au moins 30 % des suffrages exprimés dans ce collège en faveur d'organisations reconnues représentatives à ce niveau, quel que soit le nombre de votants, et à l'absence d'opposition d'une ou plusieurs organisations syndicales de salariés représentatives ayant recueilli dans ce collège la majorité des suffrages exprimés en faveur des mêmes organisations à ces mêmes élections, quel que soit le nombre de votants.

Art. L. 2232-3. Les accords interprofessionnels comportent, en faveur des salariés d'entreprises participant aux négociations, de même qu'aux réunions des instances paritaires qu'ils instituent, des stipulations relatives aux modalités d'exercice du droit de s'absenter, à la compensation des pertes de salaires ou au maintien de ceux-ci, ainsi qu'à l'indemnisation des frais de déplacement.

Art. L. 2232-4. Les accords interprofessionnels instituent des commissions paritaires d'interprétation.

Note L'avis d'une commission d'interprétation instituée par un accord collectif ne s'impose au juge que si l'accord lui donne la valeur d'un avenant (cass. soc. 2 décembre 2008, n° 07-44.132, BC V n° 243; RJS 2/09 n° 200; 11 octobre 1994, n° 90-41.818, BC V n° 272; RJS 11/94 n° 1285; 15 mai 2001, n° 99-42.109, BC V n° 169; 11 juillet 2007, n° 06-42.508, BC V n° 120; RJS 10/07 n° 1089; voir également, dans le même sens, cass. soc. 9 juillet 2014, n° 13-17.669, BC V n° 191; RJS 10/14 n° 713; JCP éd. S 2014, 1398, note L. Drai, s'agissant d'une commission paritaire nationale de classification).

L'avenant interprétatif d'un accord collectif signé par l'ensemble des parties à l'accord initial s'impose avec effet rétroactif à la date d'entrée en vigueur de ce dernier accord tant à l'employeur et aux salariés qu'au juge, qui ne peut en écarter l'application (cass. soc. 1er décembre 1998, n° 98-40.104, BC V n° 527; RJS 2/99 n° 244). Un avenant modifiant le mode de calcul d'une indemnité de retraite n'a pas un caractère interprétatif et ne peut donc pas faire l'objet d'une application rétroactive au bénéfice des salariés partis en retraite avant son entrée en vigueur (cass. soc. 12 juin 2014, n° 13-15.416, BC V n° 143; RJS 8-9/14 n° 624; JSL n° 371, 8.09.2014, p. 31, D. Julien-Paturle). Un accord ne peut être considéré comme interprétatif qu'autant qu'il se borne à reconnaître, sans rien innover, un état de droit préexistant qu'une définition imparfaite a rendu susceptible de controverse. Viole l'accord du 18 juin 2002, l'avenant du 1er mars 2012, ensemble les articles L. 2261-7 et L. 2261-8 CT, la cour d'appel qui retient que l'avenant qui prévoit que l'indemnité bonifiée de fin de carrière avait pour objet d'indemniser les salariés pour l'ensemble des préjudices de toute nature éventuellement subis par les salariés du fait d'une exposition potentielle à l'amiante et de réparer forfaitairement «ce préjudice» a un caractère interprétatif, alors qu'il a ajouté au droit préexistant résultant de l'accord initial (cass. soc. 4 février 2015, n° 14-13.646, BC V n° 22; JCP éd. S 2015, 1138, note D. Asquinazi-Bailleux; RJS 4/15 n° 270).

Voir notamment J-Y Frouin, «L'interprétation des conventions et accords collectifs de travail», RJS 3/96, p. 137; Fr. Géa, «L'interprétation des conventions et accords collectifs - Une question à reconsidérer», RJS 11/20, chron.

Voir aussi note sous article L. 2262-9, «Actions en interprétation».

SECTION 2. Conventions de branche et accords professionnels

Art. L. 2232-5. Le champ d'application territorial des conventions de branches et des accords professionnels peut être national, régional ou local.

(Ord. 2017-1385 du 22 sept. 2017, art. 1er, 1°, JO 23) «Sauf disposition contraire, les termes " convention de branche " désignent la convention collective et les accords de branche, les accords professionnels et les accords interbranches.»

Note Une négociation engagée par plusieurs employeurs d'une même branche pris individuellement, peu important que leurs entreprises aient ou non constitué un groupe, et non par une organisation d'employeurs est une négociation d'entreprise qui n'a pour objet que de conclure un accord au niveau de chacune des entreprises en cause et non pas au niveau de la branche professionnelle (cass. soc. 29 juin 1994, n° 91-18.640, BC V n° 219).

Sur la notion d'accord de branche, voir P. Rodière: «Sur quelques distorsions de la négociation de branche» (SSL 2006 n° 1273, p. 6).

Art. L. 2232-5-1. ***(Ord. 2017-1385 du 22 sept. 2017, art. 1er, 2°, JO 23)*** «La branche a pour missions:

1° De définir les conditions d'emploi et de travail des salariés ainsi que les garanties qui leur sont applicables dans les matières mentionnées aux articles L. 2253-1 et L. 2253-2 dans les conditions prévues par lesdits articles.

2°» De réguler la concurrence entre les entreprises relevant de son champ d'application.

Art. L. 2232-5-2. ***(L. 2016-1088 du 8 août 2016, art. 24, I, JO 9)*** Les branches ont un champ d'application national. Toutefois, certaines des stipulations de leurs conventions et accords peuvent être définies, adaptées ou complétées au niveau local.

Les organisations d'employeurs constituées conformément à l'article L. 2131-2 affiliées ou adhérentes aux organisations d'employeurs reconnues représentatives dans la branche sont habilitées à négocier, dans le périmètre de la branche, des accords collectifs dont le champ d'application est régional, départemental ou local, et à demander l'extension de ces accords.

Art. L. 2232-6. ***(L. 2008-789 du 20 août 2008, art. 8, JO 21)*** La validité d'une convention de branche ou d'un accord professionnel est subordonnée à sa signature par une ou plusieurs organisations syndicales de salariés représentatives ayant recueilli, aux élections prises en compte pour la mesure de l'audience prévue au 3° de l'article L. 2122-5 ou, le cas échéant ***(L. 2010-1215 du 15 oct. 2010, JO 16)*** «aux élections visées» à l'article L. 2122-6, au moins 30 % des suffrages exprimés en faveur d'organisations reconnues représentatives à ce niveau, quel que soit le nombre de votants, et à l'absence d'opposition d'une ou plusieurs organisations syndicales de salariés représentatives ayant recueilli la majorité des suffrages exprimés en faveur des mêmes organisations à ces mêmes élections, quel que soit le nombre de votants.

L'opposition est exprimée dans un délai de quinze jours à compter de la date de notification de cet accord ou de cette convention, dans les conditions prévues à l'article L. 2231-8.

Note *Covid-19.* Sur la réduction temporaire des délais de négociation et de conclusion des accords collectifs ayant pour seul objet de faire face aux conséquences économiques, financières et sociales de l'épidémie de Covid-19 et des mesures prises pour limiter sa propagation, voir ordonnance 2020-306 du 25 mars 2020, JO 26, modifiée (art. 11 *bis*).

Art. R. 2232-1. Le juge judiciaire mentionné à l'article L. 2232-6 est le juge du ***(D. 2019-966 du 18 sept. 2019, art. 8, JO 19, entrée en vigueur le 01.01.2020)*** «tribunal judiciaire».

Art. L. 2232-7. ***(L. 2008-789 du 20 août 2008, art. 8, JO 21)*** La représentativité reconnue à une organisation syndicale catégorielle affiliée à une confédération syndicale catégorielle au titre des salariés qu'elle a statutairement vocation à représenter lui confère le droit de négocier toute disposition applicable à cette catégorie de salariés.

Lorsque la convention de branche ou l'accord professionnel ne concerne qu'une catégorie professionnelle déterminée relevant d'un collège électoral, sa validité est subordonnée à sa signature par une ou plusieurs organisations syndicales de salariés représentatives ayant recueilli, aux élections prises en compte pour la mesure de l'audience prévue au 3° de l'article L. 2122-5 ou, le cas échéant ***(L. 2010-1215 du 15 oct. 2010, JO 16)*** «aux élections visées» à l'article L. 2122-6, au moins 30 % des suffrages exprimés dans ce collège en faveur d'organisations reconnues représentatives à ce niveau, quel que soit le nombre de votants, et à l'absence d'opposition d'une ou plusieurs organisations syndicales de salariés représentatives ayant recueilli dans ce collège la majorité des suffrages exprimés en faveur des mêmes organisations à ces mêmes élections, quel que soit le nombre de votants.

Art. L. 2232-8. Les conventions de branche et les accords professionnels comportent, en faveur des salariés d'entreprises participant aux négociations, de même qu'aux réunions des instances paritaires qu'ils instituent, des dispositions relatives aux modalités d'exercice du droit de s'absenter, à la compensation des pertes de salaires ou au maintien de ceux-ci, ainsi qu'à l'indemnisation des frais de déplacement.

(Ord. 2017-1386 du 22 sept. 2017, art. 5, III, JO 23, entrée en vigueur au plus tard le 01.01.2018) «Pour les entreprises dont l'effectif est inférieur à un seuil défini par décret en Conseil d'État, la rémunération ainsi que les cotisations et contributions sociales afférentes à la rémunération des salariés d'entreprise participant aux négociations sont prises en charge par le fonds paritaire mentionné à l'article L. 2135-9» ***(L. 2018-217 du 29 mars 2018, art. 4, I, JO 31*** «sur la base d'un montant forfaitaire fixé par arrêté pris par le ministre chargé du travail».

Note • Les dispositions de cet article, dans sa rédaction issue de la loi 2018-217 précitée, sont applicables au maintien de rémunération et de cotisations et contributions sociales afférentes à la rémunération des salariés ayant participé aux négociations engagées après le 31 décembre 2017 (loi précitée, art. 4, II).

• Voir arrêté du 23 mai 2019 (JO 12 juin) relatif aux modalités de prise en charge de la rémunération des salariés des entreprises de moins de 50 salariés participant aux négociations de branches, fixant le montant forfaitaire mentionné au 2e alinéa de cet article à 69 euros par demi-journée et 138 euros par journée de négociation.

Art. R. 2232-1-3. ***(D. 2017-1818 du 28 déc. 2017, JO 30)*** Le seuil prévu à l'article L. 2232-8 est fixé à cinquante salariés. Il est déterminé pour chaque année civile au cours de laquelle le salarié a participé à une négociation de branche en fonction de l'effectif de l'année précédente. L'effectif de l'année précédente est égal à la moyenne mensuelle de l'effectif de l'entreprise calculé, pour chaque mois civil, selon les modalités prévues aux articles L. 1111-2 et L. 1251-54.

Note Les articles R. 2232-1-3 à 1-5 sont entrés en vigueur le 01.01.2018 pour les réunions de négociation s'étant tenues depuis cette date (décret 2017-1818 précité, art. 2).

Art. R. 2232-1-4. ***(D. 2017-1818 du 28 déc. 2017, JO 30)*** Le montant pris en charge par le fonds en application du deuxième alinéa de l'article L. 2232-8, pour l'exercice de sa mission mentionnée au 1° de l'article L. 2135-11, est imputé sur le montant des crédits dus à l'organisation syndicale de salariés au titre de l'année au cours de laquelle la demande complète mentionnée à l'article R. 2232-1-5 a été reçue par l'association de gestion du fonds paritaire national.

Note Voir note sous article R. 2232-1-3.

Art. R. 2232-1-5. ***(D. 2017-1818 du 28 déc. 2017, JO 30)*** La prise en charge par le fonds prévue à l'article L. 2232-8 est effectuée sur la base d'un montant forfaitaire par journée ou demi-journée de participation du salarié.

Aux fins de la prise en charge par le fonds, l'employeur adresse une demande à l'association mentionnée à l'article L. 2135-15 comportant les éléments justificatifs de l'identité du salarié, de l'objet et de la date des réunions de négociation et l'attestation de participation nominative établie par l'organisation syndicale de salariés concernée.

La rémunération correspondante du salarié est versée par l'employeur dans le mois suivant la réception de l'attestation transmise par l'organisation syndicale de salariés concernée.

La demande de prise en charge est adressée par l'employeur dans les six mois suivant la réception de l'attestation de l'organisation syndicale de salariés.

Le fonds rembourse l'employeur du montant total des sommes à sa charge pour l'ensemble de ses salariés ayant participé aux négociations dans les branches, dans un délai ne pouvant excéder quatre-vingt-dix jours à compter de la réception de la demande complète.

Le modèle de demande de prise en charge par l'employeur est établi par arrêté du ministre chargé du travail.

Note • Voir note sous article R. 2232-1-3.

• Voir arrêté du 23 mai 2019 (JO 12 juin) relatif aux modalités de prise en charge de la rémunération des salariés des entreprises de moins de 50 salariés participant aux négociations de branches, fixant notamment le modèle de demande de prise en charge par l'employeur des salaires maintenus.

Art. L. 2232-9. ***(L. 2016-1088 du 8 août 2016, art. 24, II, JO 9)*** I. – Une commission paritaire permanente de négociation et d'interprétation est mise en place par accord ou convention dans chaque branche.

II. – La commission paritaire exerce les missions d'intérêt général suivantes:

1° Elle représente la branche, notamment dans l'appui aux entreprises et vis-à-vis des pouvoirs publics;

2° Elle exerce un rôle de veille sur les conditions de travail et l'emploi;

3° Elle établit un rapport annuel d'activité qu'elle verse dans la base de données nationale mentionnée à l'article L. 2231-5-1. Ce rapport comprend un bilan des accords collectifs d'entreprise conclus dans le cadre du titre II, des chapitres Ier et III du titre III et des titres IV et V du livre Ier de la troisième partie, en particulier de l'impact de ces accords sur les conditions de travail des salariés et sur la concurrence entre les entreprises de la branche, et formule, le cas échéant, des recommandations destinées à répondre aux difficultés identifiées. ***(L. 2018-771 du 5 sept. 2018, art. 104, II, JO 6, entrée en vigueur au plus tard le 01.01.2019)*** «Il comprend également un bilan de l'action de la branche en faveur de l'égalité professionnelle entre les femmes et les hommes, notamment en matière de classifications, de promotion de la mixité des emplois et d'établissement des certificats de qualification professionnelle, des données chiffrées sur la répartition et la nature des postes entre les femmes et les hommes ainsi qu'un bilan des outils mis à disposition des entreprises pour prévenir et agir contre le harcèlement sexuel et les agissements sexistes.»

Elle peut rendre un avis à la demande d'une juridiction sur l'interprétation d'une convention ou d'un accord collectif dans les conditions mentionnées à l'article L. 441-1 du code de l'organisation judiciaire.

Elle peut également exercer les missions de l'observatoire paritaire mentionné à l'article L. 2232-10 du présent code.

Un décret définit les conditions dans lesquelles les conventions et accords d'entreprise conclus dans le cadre du titre II, des chapitres Ier et III du titre III et des titres IV et V du livre Ier de la troisième partie du présent code sont transmis aux commissions mentionnées au I du présent article.

III. – La commission paritaire est réunie au moins trois fois par an en vue des négociations mentionnées au chapitre Ier du titre IV du présent livre. Elle définit son calendrier de négociations dans les conditions prévues à l'article L. 2222-3.

Note Voir note sous L. 2232-4.

Art. D. 2232-1-1. ***(D. 2016-1556 du 18 nov. 2016, JO 19)*** L'accord ou la convention mettant en place la commission paritaire permanente de négociation et d'interprétation définie au I de l'article L. 2232-9 comporte l'adresse numérique ou postale de cette commission, afin de permettre la transmission prévue au septième alinéa du II du même article.

À défaut de stipulations relatives à l'adresse de la commission, l'organisation la plus diligente parmi les organisations professionnelles d'employeurs et les organisations syndicales de salariés représentatives dans la branche transmet cette adresse au ministère chargé du travail.

Le ministère chargé du travail publie sur son site internet la liste des adresses mentionnées dans les accords et conventions en application du premier alinéa ou communiquées en application du deuxième alinéa. La commission paritaire lui notifie tout éventuel changement d'adresse en vue d'une actualisation de cette liste.

Note Jusqu'à la mise en place de la commission mentionnée au premier alinéa de cet article, l'adresse numérique ou postale de la commission paritaire existant dans la branche est transmise au ministère chargé du travail, dans un délai d'un mois à compter du 19 novembre 2016, par l'organisation professionnelle d'employeurs ou l'organisation syndicale de salariés représentative dans la branche la plus diligente. La liste de ces adresses est publiée sur le site internet du ministère chargé du travail avec la liste prévue au troisième alinéa de cet article (décret 2016-1556 précité, art. 2).

Art. D. 2232-1-2. ***(D. 2016-1556 du 18 nov. 2016, JO 19)*** Pour l'application du septième alinéa du II de l'article L. 2232-9, la partie la plus diligente transmet à la commission paritaire permanente de négociation et d'interprétation les conventions et accords d'entreprise comportant des stipulations conclues dans le cadre du titre II, des chapitres Ier et III du titre III et des titres IV et V du livre Ier de la troisième partie du présent code. Elle informe les autres signataires de ces conventions et accords de cette transmission.

Ces conventions et accords sont transmis à l'adresse de la commission paritaire mentionnée au troisième alinéa de l'article D. 2232-1-1 après suppression par la partie la plus diligente des noms et prénoms des négociateurs et des signataires.

La commission paritaire accuse réception des conventions et accords transmis.

Art. L. 2232-10. Les conventions de branche ou les accords professionnels instituent des observatoires paritaires de la négociation collective.

Ils fixent les modalités suivant lesquelles, en l'absence de stipulation conventionnelle portant sur le même objet, ces observatoires sont destinataires des accords d'entreprise ou d'établissement conclus pour la mise en œuvre d'une disposition législative.

Art. L. 2232-10-1. ***(L. 2016-1088 du 8 août 2016, art. 63, JO 9)*** Un accord de branche peut comporter, le cas échéant sous forme d'accord type indiquant les différents choix laissés à l'employeur, des stipulations spécifiques pour les entreprises de moins de cinquante salariés.

Ces stipulations spécifiques peuvent porter sur l'ensemble des négociations prévues par le présent code.

L'employeur peut appliquer cet accord type au moyen d'un document unilatéral indiquant les choix qu'il a retenus après en avoir informé ***(Ord. 2017-1386 du 22 sept. 2017, art. 4, 71°, JO 23, entrée en vigueur au plus tard le 01.01.2018)*** «le comité social et économique», s'il en existe dans l'entreprise, ainsi que les salariés, par tous moyens.

Note Le 1er alinéa de cet article a été modifié par l'ordonnance 2017-1385 du 22 septembre 2017, art. 2, I, JO 23.

SECTION 3. Conventions et accords d'entreprise ou d'établissement

Note • Les articles L. 2232-12 et s. ne sont pas applicables aux accords préélectoraux (cass. soc. 6 mai 1985, n° 84-60.879, BC V n° 276). Voir note sous les articles L. 2314-13 et s. CT.

• Voir aussi G. Jolivet, Ph. Langlois, A. D'Hauteville, S. Magnan et Ph. Mauduit, «Les aménagements conventionnels dans l'entreprise - Utopie législative ou réalité sociale ?», JCP éd. S 2020, 3000.

Sous-section 1. Champ d'application

Art. L. 2232-11. La présente section détermine les conditions dans lesquelles s'exerce le droit des salariés à la négociation dans l'entreprise et dans le groupe.

(Ord. 2017-1385 du 22 sept. 2017, art. 1er, 3°, JO 23) «Sauf disposition contraire, les termes " convention d'entreprise " désignent toute convention ou accord conclu ***(L. 2018-217 du 29 mars 2018, art. 2, I, 1°, JO 31)*** «soit au niveau du groupe,» soit au niveau de l'entreprise, soit au niveau de l'établissement.»

Sous-section 2. Entreprises pourvues d'un ou plusieurs délégués syndicaux

§ 1. Conditions de validité

Art. L. 2232-12. ***(L. 2008-789 du 20 août 2008, art. 8, JO 21)*** La validité d'un accord d'entreprise ou d'établissement est subordonnée à sa signature par ***(L. 2016-1088 du 8 août 2016, art. 21, I, 1°, JO 9)*** «, d'une part, l'employeur ou son représentant et, d'autre part,» une ou plusieurs organisations syndicales de salariés représentatives ayant recueilli ***(L. 2016-1088 du 8 août 2016, art. 21, I, 1°, JO 9)*** «plus de 50 %» des suffrages exprimés ***(L. 2016-1088 du 8 août 2016, art. 21, I, 1°, JO 9)*** «en faveur d'organisations représentatives» au premier tour des dernières élections des titulaires au ***(Ord. 2017-1386 du 22 sept. 2017, art. 4, 16°, JO 23, entrée en vigueur au plus tard le 01.01.2018)*** «comité social et économique», quel que soit le nombre de votants.

(L. 2016-1088 du 8 août 2016, art. 21, I, 1°, JO 9) «Si cette condition n'est pas remplie et si l'accord a été signé à la fois par l'employeur et par des organisations syndicales représentatives ayant recueilli plus de 30 % des suffrages exprimés en faveur d'organisations représentatives au premier tour des élections mentionnées au premier alinéa, quel que soit le nombre de votants, une ou plusieurs de ces organisations ayant recueilli plus de 30 % des suffrages disposent d'un délai d'un mois à compter de la signature de l'accord pour indiquer qu'elles souhaitent une consultation des salariés visant à valider l'accord. ***(Ord. 2017-1385 du 22 sept. 2017, art. 10, I, JO 23)*** «Au terme de ce délai, l'employeur peut demander l'organisation de cette consultation, en l'absence d'opposition de l'ensemble de ces organisations.»

Si, à l'issue d'un délai de huit jours à compter de cette demande ***(Ord. 2017-1385 du 22 sept. 2017, art. 10, I, JO 23)*** «ou de l'initiative de l'employeur», les éventuelles signatures d'autres organisations syndicales représentatives n'ont pas permis d'atteindre le taux de 50 % mentionné au premier alinéa et si les conditions mentionnées au deuxième alinéa sont toujours remplies, cette consultation est organisée dans un délai de deux mois.

La consultation des salariés, qui peut être organisée par voie électronique, se déroule dans le respect des principes généraux du droit électoral et selon les modalités prévues par un protocole spécifique conclu entre l'employeur et ***(Ord. 2017-1385 du 22 sept. 2017, art. 10, I, JO 23)*** «une ou plusieurs organisations syndicales représentatives ayant recueilli plus de 30 % des suffrages exprimés en faveur d'organisations représentatives au premier tour des élections mentionnées au premier alinéa, quel que soit le nombre de votants».

Participent à la consultation les salariés des établissements couverts par l'accord et électeurs au sens des articles L. 2314-15 et L. 2314-17 à L. 2314-18-1.

L'accord est valide s'il est approuvé par les salariés à la majorité des suffrages exprimés.

Faute d'approbation, l'accord est réputé non écrit.

Un décret définit les conditions de la consultation des salariés organisée en application du présent article.»

Note • Les dispositions de cet article, dans sa rédaction issue de l'ordonnance 2017-1385 précitée, s'appliquent, depuis le 23 septembre 2017, aux accords collectifs qui portent sur la durée du travail, les repos et les congés et aux accords mentionnés à l'article L. 2254-2 CT. Ces dispositions s'appliquent depuis le 1er mai 2018 aux autres accords collectifs (ordonnance précitée, art. 17, modifié par ordonnance 2017-1718 du 20 décembre 2017, art. 3, IV, JO 21).

• Les dispositions de cet article, dans sa rédaction issue de la loi 2016-1088 précitée, s'appliquent depuis le 1er janvier 2017 aux accords collectifs qui portent sur la durée du travail, les repos et les congés et, depuis le 9 août 2016, aux accords mentionnés à l'article L. 2254-2 CT. Elles s'appliquent depuis le 1er mai 2018 aux autres accords collectifs (loi précitée, art. 21, IX, modifié par ordonnance 2017-1385 précitée, art. 11).

• *Covid-19.* Sur la réduction temporaire des délais de négociation et de conclusion des accords collectifs ayant pour seul objet de faire face aux conséquences économiques, financières et sociales de l'épidémie de Covid-19 et des mesures prises pour limiter sa propagation, voir ordonnance 2020-306 du 25 mars 2020, JO 26, modifiée (art. 11 *bis*).

• Les règles de validité des accords d'entreprise prévues à l'article L. 2232-12 CT dans sa rédaction issue de la loi du 20 août 2008 s'appliquent depuis le 1er janvier 2009 même si les nouvelles règles de représentativité n'ont pu encore être appliquées en l'absence de renouvellement des institutions représentatives du personnel (circ. DGT 20 du 13 novembre 2008, fiche n° 5).

Les règles de validité d'un accord collectif sont d'ordre public (cass. soc. 4 février 2014, n° 12-35.333, BC V n° 47; RJS 4/14 n° 336; JCP éd. S 2014, 1218, note E. Jeansen; RDT, mai 2014, CH, 350, H. Tissandier). Il s'ensuit que dès lors que l'accord répond à ces règles, la clause qui conditionnait la validité de certaines de ses dispositions relatives aux salaires à l'accord unanime des organisations syndicales représentatives dans l'entreprise ne pouvait être invoquée par l'employeur pour se soustraire à l'application de l'accord.

Signature des accords. Il a été jugé sous l'empire de la loi du 20 août 2008 que la validité des accords d'entreprise est désormais subordonnée à une condition de minorité qualifiée concernant la signature de l'accord. Celui-ci doit être signé par une ou plusieurs organisations syndicales représentatives ayant recueilli au moins 30 % des suffrages exprimés au premier tour des dernières élections des titulaires au comité d'entreprise (ou de la délégation unique du personnel ou, à défaut, des délégués du personnel) quel que soit le nombre de votants. Le nouvel article L. 2232-12 met ainsi un terme à la jurisprudence antérieure (cass. soc. 20 décembre 2006, n° 05-60.345, BC V n° 399) selon laquelle il n'y avait pas lieu de compter les suffrages exprimés lorsque le quorum n'était pas atteint au premier tour. La solution reste bien entendu d'actualité après la loi du 8 août 2016.

Art. L. 2232-13

Sur les conditions de validité des accords dans les entreprises à établissements multiples lorsque les élections sont échelonnées dans le temps et organisées pour certaines avant la loi du 20 août 2008 et pour d'autres après la loi, voir circ. DGT 6 du 27 juillet 2011, Question - Réponse n° 9.

Dans un communiqué relatif aux arrêts n°s 10-17.653 et 10-60.168 du 6 janvier 2011, la chambre sociale de la Cour de cassation a précisé que pour le décompte des suffrages exprimés en faveur des organisations syndicales, il convient de prendre en compte pour une unité le nombre de voix obtenu par chacune des listes présentées, quand bien même le nom de certains candidats aurait été rayé (cass. soc. 6 janvier 2011, 2 arrêts, n°s 10-17.653 et 10-60.168, BC V n°s 10 et 11; Dr. Soc. 2011, p. 340, obs. Fr. Petit; RJS 3/11 n° 247). La solution reste d'actualité.

Absence d'opposition. Il a été jugé sous l'empire de la loi du 2008 que le terme de «majorité» des suffrages exprimés dont fait usage l'article L. 2232-12 CT implique au moins la moitié des voix plus une (cass. soc. 10 juillet 2013, n° 12-16.210, BC V n° 188; RJS 10/13 n° 703; JCP éd. S 2013, 1468, note Y. Pagnerre; RDT, octobre 2013, CH, 641, I. Odoul-Asorey). La solution reste d'actualité pour déterminer la majorité s'agissant du référendum d'initiative syndicale.

Consultation des salariés. La régularité de la demande visée par l'alinéa 2 de cet article n'est pas subordonnée à sa notification aux autres organisations syndicales représentatives laquelle a seulement pour effet de faire courir les délais prévus à l'alinéa 3. En l'absence de notification par le syndicat à l'origine de la demande, l'information donnée par l'employeur de cette demande aux autres organisations syndicales représentatives ne constitue pas un manquement à l'obligation de neutralité de l'employeur. Dans les établissements pourvus d'un ou plusieurs délégués syndicaux, participent à la consultation les salariés des établissements couverts par l'accord et ayant la qualité d'électeurs aux élections professionnelles; il en résulte que doivent être consultés l'ensemble des salariés de l'établissement qui remplissent les conditions pour être électeurs dans l'entreprise sans préjudice de l'application, le cas échéant, des dispositions de l'article L. 2232-13 CT relatives aux accords catégoriels (cass. soc. 9 octobre 2019 n° 19-10.816, à paraître, LS n° 17920 du 17.10.2019; RJS 12/19 n° 713; JCP éd. S 2019, 1362, note J-Y Kerbourc'h; JSL n° 487-488, 17.12.2019, pp. 16 et s., J-Ph. Lhernould; Dr. Soc. 2020, p. 96, act. Fr. Petit).

Art. L. 2232-13. ***(L. 2008-789 du 20 août 2008, art. 8, JO 21)*** La représentativité reconnue à une organisation syndicale catégorielle affiliée à une confédération syndicale catégorielle au titre des salariés qu'elle a statutairement vocation à représenter lui confère le droit de négocier toute disposition applicable à cette catégorie de salariés.

Lorsque la convention ou l'accord ne concerne qu'une catégorie professionnelle déterminée relevant d'un collège électoral, sa validité est subordonnée à sa signature par ***(L. 2016-1088 du 8 août 2016, art. 21, I, 2°, JO 9)*** «, d'une part, l'employeur ou son représentant et, d'autre part,» une ou plusieurs organisations syndicales de salariés représentatives ayant recueilli ***(L. 2016-1088 du 8 août 2016, art. 21, I, 2°, JO 9)*** «plus de 50 %» des suffrages exprimés ***(L. 2016-1088 du 8 août 2016, art. 21, I, 2°, JO 9)*** «en faveur d'organisations représentatives» dans ce collège au premier tour des dernières élections des titulaires au ***(Ord. 2017-1386 du 22 sept. 2017, art. 4, 16°, JO 23, entrée en vigueur au plus tard le 01.01.2018)*** «comité social et économique», quel que soit le nombre de votants.

(L. 2016-1088 du 8 août 2016, art. 21, I, 2°, JO 9) «Les règles de validité de la convention ou de l'accord sont celles prévues à l'article L. 2232-12. Les taux de 30 % et de 50 % mentionnés au même article sont appréciés à l'échelle du collège électoral. La consultation des salariés, le cas échéant, est également organisée à cette échelle.»

Note • Les dispositions de cet article, dans sa rédaction issue de la loi 2016-1088 précitée, s'appliquent depuis le 1er janvier 2017 aux accords collectifs qui portent sur la durée du travail, les repos et les congés et, depuis le 9 août 2016, aux accords mentionnés à l'article L. 2254-2 CT. Elles s'appliquent depuis le 1er mai 2018 aux autres accords collectifs (loi précitée, art. 21, IX, modifié par ordonnance 2017-1385 du 22 septembre 2017, art. 11, JO 23).

• Les dispositions du 2e alinéa ne sont pas applicables aux catégories professionnelles relevant d'un collège électoral spécifique créé, non pas par la loi, mais par un accord préélectoral; dans un tel cas, ce sont les dispositions de l'article L. 2232-12 qui s'appliquent (cass. soc. 27 septembre 2017, n° 15-28.216, BC V n° 166; JCP éd. S 2017, 1350, note E. Jeansen; JSL n° 442, 29.11.2017, pp. 16 et s., H. Nasom-Tissandier; RJS 12/17 n° 816, à propos d'un collège personnel navigant technique créé dans une compagnie aérienne par accord préélectoral alors que, légalement, ce collège n'existe pas – légalement, un tel personnel relève d'ailleurs du premier collège pour les hôtesses et stewards et du deuxième pour les chefs de cabine).

• Un syndicat représentatif catégoriel peut, avec des syndicats représentatifs intercatégoriels, et sans avoir à établir sa représentativité au sein de toutes les catégories de personnel, négocier et signer un accord d'entreprise intéressant l'ensemble du personnel, son audience électorale, rapportée à l'ensemble des collèges électoraux, devant alors être prise en compte pour apprécier les conditions de validité de cet accord (cass. soc. 31 mai 2011, n° 10-14.391, BC V n° 134; LS Bref n° 15873 du 08.06.2011; RJS 8-9/11 n° 716).

Voir Dr. Soc. n° spécial janvier 2011, p. 89: «Négociation collective et syndicats catégoriels: le début des ennuis», P-H Antonmattéi.

Art. L. 2232-14. ***(L. 2008-789 du 20 août 2008, art. 8, JO 21)*** En cas de carence au premier tour des élections professionnelles, lorsque les dispositions prévues au premier alinéa de l'article L. 2143-23 sont appliquées, la validité de l'accord d'entreprise ou d'établissement négocié et conclu avec le représentant de la section syndicale est subordonnée à son approbation par les salariés à la majorité des suffrages exprimés dans des conditions déterminées par décret et dans le respect des principes généraux du droit électoral. Faute d'approbation, l'accord est réputé non écrit.

Note Jusqu'au 31 décembre 2009, un accord pouvait être conclu avec un représentant de section syndicale dans une entreprise dépourvue de délégué syndical et non couverte par un accord de branche étendu permettant la négociation avec des élus du personnel ou des salariés mandatés.

Depuis le 1er janvier 2010, la conclusion d'un accord d'entreprise avec un représentant de section syndicale est possible dans une entreprise de plus de 200 salariés, dépourvue de délégué syndical, dotée de représentants élus du personnel et non couverte par un accord de branche étendu permettant la négociation avec des élus du personnel ou des salariés mandatés (fiche 5 jointe à la circulaire DGT 20 du 13 novembre 2008).

À noter que l'absence de délégué syndical doit nécessairement résulter d'une carence au premier tour des élections (fiche 5 précitée).

§ 2. Modalités de négociation

Art. L. 2232-16. La convention ou les accords d'entreprise sont négociés entre l'employeur et les organisations syndicales de salariés représentatives dans l'entreprise.

Une convention ou des accords peuvent être conclus au niveau d'un établissement ou d'un groupe d'établissements dans les mêmes conditions.

(L. 2018-217 du 29 mars 2018, art. 2, I, 2°, JO 31) «Le présent article est applicable à la révision et à la dénonciation de la convention ou de l'accord qu'elles qu'aient été ses modalités de négociation et de ratification.»

Note • Un accord collectif d'entreprise n'est valablement conclu que lorsque toutes les organisations syndicales représentatives dans l'entreprise ont été invitées à participer à sa négociation (cass. soc. 26 mars 2002, n° 00-17.231, BC V n° 107; RJS 6/02 n° 704). À cet égard, peu importe qu'un syndicat représentatif n'ait pas de délégué syndical: il doit malgré tout être invité à la négociation (cass. soc. 8 juillet 2009, n° 08-41.507, BC V n° 177; RJS 10/09 n° 817; JCP éd. S 2009, 1468, note J-Y Kerbourc'h; RDT, novembre 2009, CH, 664, H. Tissandier). De même, la présence de toutes les organisations syndicales représentatives dans l'entreprise est nécessaire, même si l'accord d'entreprise a pour objet de mettre en œuvre un accord de branche qui n'a été signé que par un syndicat représentatif (cass. soc. 2 décembre 1998, n° 97-11.677, BC V n° 532; RJS 1/99 n° 78). Toutefois, l'employeur n'est pas tenu d'inviter l'intégralité des organisations syndicales se prévalant d'une affiliation à une même confédération représentative au plan national (cass. soc. 16 janvier 2008, n° 07-60.163, BC V n° 9; RJS 4/08 n° 448; RDT, avril 2008, CH, 250, M. Grévy; JCP éd. S 2008, 1256, note J-Y Kerbourc'h).

La nullité est encourue lorsque toutes les organisations syndicales n'ont pas été invitées à la négociation (cass. soc. 12 octobre 2006, n° 05-15.069, BC V n° 305; RJS 12/06 n° 1298; 10 octobre 2007, n° 06-42.721, BC V n° 156; RJS 12/07 n° 315; JSL n° 222, 27.11.2007, p. 20, J-E Tourreil), si l'existence de négociations séparées est établie ou si les organisations syndicales n'ont pas été mises à même de discuter les termes du projet soumis à la signature en demandant le cas échéant la poursuite des négociations jusqu'à la procédure prévue pour celle-ci (cass. soc. 10 octobre 2007, précité).

Sur le plan pénal, le manquement à cette obligation est constitutif d'un délit d'entrave (cass. crim. 28 octobre 2008, n° 07-82.799, Dr. Soc. 2009, p. 504, obs. Fr. Duquesne). Sur cette question, voir J. Pélissier «La loyauté dans la négociation collective», Dr. Ouvr. 1997, p. 496.

Le principe de la nullité s'applique également à la négociation des accords de révision. Ainsi, est nul l'accord de révision conclu avec les seuls syndicats signataires de l'accord collectif sans que les autres syndicats représentatifs aient été convoqués en vue de la négociation (cass. soc. 17 septembre 2003, n° 01-10.706, BC V n° 240; RJS 11/03 n° 1297).

À noter que selon la Cour de cassation, une partie à la négociation ne peut pas critiquer les modifications apportées au projet d'accord soumis à la signature après la dernière séance de négociation lorsque l'existence de négociations séparées n'est pas établie et lorsque ni cette partie ni aucune autre partie n'en ont sollicité la réouverture en raison de ces modifications avant l'expiration du délai de signature (cass. soc. 12 octobre 2006, n° 05-15.069, BC V n° 305; RJS 12/06 n° 1298). Conception curieuse de la négociation d'un projet d'accord puisque, après la fin des négociations, la partie patronale est habilitée (certes, sous certaines réserves) à modifier unilatéralement le projet d'accord avant de le soumettre à la signature.

• **Négociation collective et égalité de traitement.** S'il a été admis que la négociation collective au sein d'un établissement distinct puisse établir, par voie d'accord collectif, des différences de traitement entre les salariés de la même entreprise (voir notamment cass. soc. 18 janvier 2006, n° 03-45.422, BC V n° 17), c'est à la condition que ces différences de traitement ne soient pas justifiées par la seule appartenance à des établissements différents. En effet, dans un arrêt rendu en janvier 2009 (cass. soc. 21 janvier 2009, n° 07-43.452, BC V n° 15; RDT, mai 2009, CH, 321, Th. Aubert-Monpeyssen), la Cour de cassation a affirmé très clairement «qu'il ne peut y avoir de différences de traitement entre salariés d'établissements différents d'une même entreprise exerçant un travail égal ou de valeur égale que si elles reposent sur des raisons objectives dont le juge doit contrôler concrètement la réalité et la pertinence». Voir aussi cass. soc. 28 octobre 2009, n° 08-40.457, BC V n° 239; RJS 1/10 n° 41; 8 juin 2011, n° 10-30.162, BC V n° 154; RJS 8-9/11 n° 689; Dr. Soc. 2011, p. 991, obs. Ch. Radé; JCP éd. S 2011, 1579, 1re espèce, note J. Daniel.

La jurisprudence récente juge cependant que les différences de traitement entre catégories professionnelles opérées par voie de conventions ou d'accords collectifs, négociés et signés par des organisations syndicales représentatives, investies de la défense des droits et intérêts des salariés et à l'habilitation desquelles ces derniers participent directement par leur vote, sont présumées justifiées de sorte qu'il appartient à celui qui les conteste de démontrer qu'elles sont étrangères à toute considération de nature professionnelle (cass. soc. 27 janvier 2015, n° 13-22.179, BC V n° 9; RJS 3/15 n° 172, 1re espèce). Cette même présomption de licéité est également appliquée aux différences de traitement opérées, au sein d'une même catégorie professionnelle, entre des salariés occupant des fonctions distinctes (cass. soc. 8 juin 2016, n° 15-11.324, BC V n° 130; RJS 8-9/16 n° 542 et pp. 575 et s., rapport F. Ducloz; JCP éd. S 2016, 1321, note B. Bossu). Elle est encore appliquée aux différences de traitement entre des salariés d'une même entreprise mais travaillant dans des établissements différents, que cette différence soit instituée par un accord d'établissement (cass. soc. 3 novembre 2016, n° 15-18.444, BC V n° 206; LSQ n° 17195 du 7.11.2016; JCP éd. S 2016, 1392, note J-Fr. Cesaro; JSL n° 421-422, 21.12.2016, pp. 4 et s., H. Tissandier; Dr. Soc. 2017, p. 87, act. P-H Antonmattei; RJS 1/17 n° 7; RDT, février 2017, CH, 140, I. Odoul-Asorey) ou par un accord d'entreprise (cass. soc. 4 octobre 2017, n° 16-17.517, BC V n° 170; JCP éd. S 2017, 1391, note J-Fr. Cesaro; LSQ n° 17420 du 6.10.2017; JSL n° 442, 29.11.2017, pp. 8 et s., J-Ph. Lhernould; RJS 12/17 n° 780). Sur ces points, on relèvera également que, s'agissant de décisions unilatérales de l'employeur, il a été jugé que la disparité du coût de la vie entre régions peut constituer un critère objectif et pertinent propre à justifier une différence de rémunération entre salariés d'établissements distincts d'une même entreprise (cass. soc. 14 septembre 2016, n° 15-11.386, BC V n° 168; LSQ n° 17161 du 16.09.2016; RJS 11/16 n° 676; JCP éd. S 2016, 1362, note Fr. Dumont).

Toutefois, la reconnaissance d'une présomption générale de justification de toutes différences de traitement entre les salariés opérées par voie de conventions ou d'accords collectifs, de sorte qu'il appartient à celui qui les conteste de démontrer que celles-ci sont étrangères à toute considération de nature professionnelle, serait, dans les domaines où est mis en œuvre le droit de l'Union, contraire à celui-ci en ce qu'elle ferait reposer sur le seul salarié la charge de la preuve de l'atteinte au principe d'égalité et en ce qu'un accord collectif n'est pas en soi de nature à justifier une différence de traitement. En outre, dans ces domaines, une telle présomption se trouverait privée d'effet dans la mesure où les règles de preuve propres au droit de l'Union viendraient à s'appliquer. Partant, la généralisation d'une présomption de justification de toutes différences de traitement ne peut qu'être écartée. Il en résulte qu'ayant retenu qu'un accord collectif opérait, entre les salariés, une différence de traitement en raison uniquement de la date de présence sur un site désigné, que les salariés étaient placés dans une situation exactement identique au regard des avantages de cet accord dont l'objet était de prendre en compte les impacts professionnels, économiques et familiaux de la mobilité géographique impliqués par le transfert des services sur un autre site et d'accompagner les salariés pour préserver leurs conditions d'emploi et de vie familiale, la cour d'appel en a déduit à bon droit que, s'agissant d'une différence de traitement fondée sur la date de présence sur un site, celle-ci ne saurait être présumée justifiée (cass. soc. 3 avril 2019, n° 17-11.970, à paraître, LS n° 17792 du 08.04.2019; JCP éd. S 2019, 1134, note G. Loiseau et 1135, note J. Cavallini; Dr. Soc. 2019, p. 447, étude Ch. Radé; JSL n° 476, 23.05.2019, pp. 4 et s., M. Hautefort; RJS 6/19 n° 338 et pp. 431 et s., avis A. Berriat; Dr. Soc. 2019, pp. 559 et s., étude J-E Ray; RDT, Juillet/Août 2019, CH, 498, P-E Berthier; LS Europe n° 471 du 18.04.2019; RDT, septembre 2019, CH, 578, F. Rosa).

Voir aussi E. Jeansen, «La négociation collective aux prises avec le principe d'égalité de traitement, suggestions *de lege ferenda*», JCP éd. S 2020, 1079.

• Exceptionnellement, une convention ou un accord collectif d'entreprise peut être conclu avec des représentants élus du personnel (voir art. L. 2232-21 CT et la note).

Art. L. 2232-17. La délégation de chacune des organisations représentatives parties à des négociations dans l'entreprise comprend le délégué syndical de l'organisation dans l'entreprise ou, en cas de pluralité de délégués, au moins deux délégués syndicaux.

Chaque organisation peut compléter sa délégation par des salariés de l'entreprise, dont le nombre est fixé par accord entre l'employeur et l'ensemble des organisations mentionnées au premier alinéa. À défaut d'accord, le nombre de salariés qui complète la délégation est au plus égal, par délégation, à celui des délégués syndicaux de la délégation. Toutefois, dans les entreprises pourvues d'un seul délégué syndical, ce nombre peut être porté à deux.

Note • Il résulte des dispositions de cet article qu'en cas de pluralité de délégués syndicaux, et sauf accord plus favorable conclu entre l'employeur et l'ensemble des organisations participant à la négociation, la délégation de chaque organisation est légalement composée de deux d'entre eux, et éventuellement complétée par un nombre égal de salariés (cass. soc. 5 janvier 2011, n° 09-69.732, BC V n° 6; RJS 3/11 n° 259).

• La circulaire DRT 15 du 25 octobre 1983 (JO 10 janv. 1984) a précisé que le délégué syndical central peut être désigné pour faire partie de la délégation comme délégué syndical, mais la loi n'en fait pas obligation.

Elle a également précisé qu'un accord unanime entre l'employeur et l'ensemble des organisations syndicales parties à la négociation peut toujours fixer un nombre supérieur de salariés complétant la délégation syndicale quand les circonstances le justifient.

• Si cet article ne prévoit pas la participation à la délégation syndicale chargée de négocier d'un représentant syndical non salarié de l'entreprise, ce texte n'interdit pas la présence dans la délégation d'un tel représentant en vertu d'un accord ou d'un usage plus favorable (cass. soc. 19 octobre 1994, n° 91-20.292, BC V n° 281).

• Pour aller plus loin, voir JCP éd. S 2011, 1253, E. Labrousse «Négociations et accords d'entreprise: composition de la délégation syndicale».

Art. L. 2232-18. Le temps passé à la négociation est rémunéré comme temps de travail à échéance normale.

Art. L. 2232-19. Lorsqu'une entreprise emploie soit dans ses locaux, soit dans un chantier dont elle assume la direction en tant qu'entreprise générale, des travailleurs appartenant à une ou plusieurs entreprises extérieures, les délégués syndicaux des organisations représentatives dans ces entreprises sont, à leur demande, entendus lors des négociations.

Art. L. 2232-20. L'objet et la périodicité des négociations ainsi que les informations nécessaires à remettre préalablement aux délégués syndicaux de l'entreprise ou de l'établissement sont fixés par accord entre l'employeur et les organisations syndicales représentatives dans l'entreprise, ***(L. 2016-1088 du 8 août 2016, art. 16, II, 2°, JO 9)*** «dans les conditions prévues aux articles L. 2222-3 et L. 2222-3-1 et» sans préjudice des dispositions prévues aux articles L. 2242-1 et suivants relatives à la négociation annuelle obligatoire en entreprise.

Sous-section 3. Modalités de négociation dans les entreprises dépourvues de délégué syndical ou de conseil d'entreprise

Note Cette sous-section est issue de l'ordonnance 2017-1385 du 22 septembre 2017, art. 8, JO 23.

§ 1. Modalités de ratification des accords dans les entreprises dont l'effectif habituel est inférieur à onze salariés

Art. L. 2232-21. ***(L. 2018-217 du 29 mars 2018, art. 2, I, 3°, JO 31)*** Dans les entreprises dépourvues de délégué syndical et dont l'effectif habituel est inférieur à onze salariés, l'employeur peut proposer un projet d'accord ou un avenant de révision aux salariés, qui porte sur l'ensemble des thèmes ouverts à la négociation collective d'entreprise prévus par le présent code. La consultation du personnel est organisée à l'issue d'un délai minimum de quinze jours courant à compter de la communication à chaque salarié du projet d'accord. Les conditions d'application de ces dispositions, en particulier les modalités d'organisation de la consultation du personnel, sont fixées par décret en Conseil d'État.

Note • *Covid-19.* Voir note sous article L. 2232-12.

• Le fait de négocier directement avec les représentants élus du personnel alors qu'un délégué syndical a été désigné constitue un délit d'entrave (cass. crim. 18 novembre 1997, n° 96-80.002, B. crim. n° 390; RJS 1/98 n° 76).

• Voir aussi note sous article L. 2231-1.

Art. L. 2232-22. ***(L. 2018-217 du 29 mars 2018, art. 2, I, 5°, JO 31)*** Lorsque le projet d'accord ou d'avenant de révision mentionné à l'article L. 2232-21 est approuvé à la majorité des deux tiers du personnel, il est considéré comme un accord d'entreprise valide.

L'accord ou l'avenant de révision ainsi conclu peut être dénoncé à l'initiative de l'employeur dans les conditions prévues par l'accord ou à défaut de stipulation expresse par les articles L. 2261-9 à L. 2261-13.

L'accord ou l'avenant de révision peut également être dénoncé à l'initiative des salariés dans les conditions prévues par l'accord ou à défaut de stipulation expresse par les mêmes articles L. 2261-9 à L. 2261-13, sous réserve des dispositions suivantes:

– les salariés représentant les deux tiers du personnel notifient collectivement et par écrit la dénonciation à l'employeur;

– la dénonciation à l'initiative des salariés ne peut avoir lieu que pendant un délai d'un mois avant chaque date anniversaire de la conclusion de l'accord.

Art. L. 2232-22-1. ***(L. 2018-217 du 29 mars 2018, art. 2, I, 6°, JO 31)*** Les modalités de révision et de dénonciation prévues à l'article L. 2232-22 sont applicables aux accords collectifs quelles qu'aient été les modalités de leur conclusion lorsque l'entreprise vient à remplir postérieurement les conditions prévues aux articles L. 2232-21 et L. 2232-23.

§ 2. Modalités de négociation dans les entreprises dont l'effectif habituel est compris entre onze et cinquante salariés

Art. L. 2232-23. ***(L. 2018-217 du 29 mars 2018, art. 2, I, 7°, JO 31)*** Dans les entreprises dont l'effectif habituel est compris entre onze et vingt salariés, en l'absence de membre élu de la délégation du personnel du comité social et économique, les articles L. 2232-21, L. 2232-22 et L. 2232-22-1 s'appliquent.

Art. L. 2232-23-1. I. – Dans les entreprises dont l'effectif habituel est compris entre onze et moins de cinquante salariés, en l'absence de délégué syndical dans l'entreprise ou l'établissement, les accords d'entreprise ou d'établissement peuvent être négociés, conclus ***(L. 2018-217 du 29 mars 2018, art. 2, I, 8°, JO 31)*** «, révisés ou dénoncés»:

1° Soit par un ou plusieurs salariés expressément mandatés par une ou plusieurs organisations syndicales représentatives dans la branche ou, à défaut, par une ou plusieurs organisations syndicales représentatives au niveau national et interprofessionnel, étant membre ou non de la délégation du personnel du comité social et économique. À cet effet, une même organisation ne peut mandater qu'un seul salarié;

2° Soit par un ou des membres ***(Ord. 2017-1718 du 20 déc. 2017, art. 1er, I, 42°, JO 21)*** «titulaires» de la délégation du personnel du comité social et économique.

Les accords ainsi négociés, conclus ***(L. 2018-217 du 29 mars 2018, art. 2, I, 8°, JO 31)*** «, révisés ou dénoncés» peuvent porter sur toutes les mesures qui peuvent être négociées par accord d'entreprise ou d'établissement sur le fondement du présent code.

II. – La validité des accords ou des avenants de révision conclus avec un ou des membres de la délégation du personnel du comité social et économique, mandaté ou non, est subordonnée à leur signature par des membres du comité social et économique représentant la majorité des suffrages exprimés ***(L. 2018-217 du 29 mars 2018, art. 2, I, 4°, JO 31)*** «en faveur des membres du comité social et économique» lors des dernières élections professionnelles.

(L. 2018-217 du 29 mars 2018, art. 2, I, 4°, JO 31) «Pour l'appréciation de la condition de majorité prévue au premier alinéa du présent II, lorsqu'un accord est conclu par un ou des membres titulaires de la délégation du personnel du comité social et économique central, il est tenu compte, pour chacun des membres titulaires de la délégation, d'un poids égal au rapport entre le nombre de suffrages exprimés dans l'établissement en faveur de ce membre et du nombre total des suffrages exprimés dans chaque établissement en faveur des membres titulaires composant ladite délégation.»

La validité des accords ou des avenants de révision conclus avec un ou plusieurs salariés mandatés, s'ils ne sont pas membres de la délégation du personnel du comité social et économique, est subordonnée à leur approbation par les salariés à la majorité des suffrages exprimés, dans des conditions déterminées par décret et dans le respect des principes généraux du droit électoral.

§ 3. Modalités de négociation dans les entreprises dont l'effectif habituel est au moins égal à cinquante salariés

Art. L. 2232-24. Dans les entreprises dont l'effectif habituel est au moins égal à cinquante salariés, en l'absence de délégués syndicaux dans l'entreprise ou l'établissement, les membres ***(Ord. 2017-1718 du 20 déc. 2017, art. 1er, I, 44°, JO 21)*** «titulaires» de la délégation du personnel du comité social et économique peuvent négocier, conclure ***(L. 2018-217 du 29 mars 2018, art. 2, I, 9°, JO 31)*** «, réviser ou dénoncer» des accords collectifs de travail s'ils sont expressément mandatés à cet effet par une ou plusieurs organisations syndicales représentatives dans la branche dont relève l'entreprise ou, à défaut, par une ou plusieurs organisations syndicales de salariés représentatives au niveau national et interprofessionnel. Une même organisation ne peut mandater qu'un seul salarié.

Les organisations syndicales représentatives dans la branche dont relève l'entreprise ou, à défaut, les organisations syndicales représentatives au niveau national et interprofessionnel sont informées par l'employeur de sa décision d'engager des négociations.

La validité des accords ou des avenants de révision conclus en application du présent article est subordonnée à leur approbation par les salariés à la majorité des suffrages exprimés, dans des conditions déterminées par décret et dans le respect des principes généraux du droit électoral.

Art. L. 2232-25. Dans les entreprises dont l'effectif habituel est au moins égal à cinquante salariés, en l'absence de membre de la délégation du personnel du comité social et économique mandaté en application de l'article L. 2232-24, les membres ***(Ord. 2017-1718 du 20 déc. 2017, art. 1er, I, 45°, JO 21)*** «titulaires» de la délégation du personnel du comité social et économique qui n'ont pas été expressément mandatés par une organisation mentionnée à l'article L. 2232-24 peuvent négocier, conclure ***(L. 2018-217 du 29 mars 2018, art. 2, I, 9°, JO 31)*** «, réviser ou dénoncer» des accords collectifs de travail.

Cette négociation ne porte que sur les accords collectifs de travail relatifs à des mesures dont la mise en œuvre est subordonnée par la loi à un accord collectif, à l'exception des accords collectifs mentionnés à l'article L. 1233-21.

La validité des accords ou des avenants de révision conclus en application du présent article est subordonnée à leur signature par des membres de la délégation du personnel du comité social et économique représentant la majorité des suffrages exprimés ***(L. 2018-217 du 29 mars 2018, art. 2, I, 10°, JO 31)*** «en faveur des membres du comité social et économique» lors des dernières élections professionnelles.

(L. 2018-217 du 29 mars 2018, art. 2, I, 10°, JO 31) «Pour l'appréciation de la condition de majorité prévue au troisième alinéa, lorsqu'un accord est conclu par un ou des membres titulaires de la délégation du personnel du comité social et économique central, il est tenu compte, pour chacun des membres titulaires de la délégation, d'un poids égal au rapport entre le nombre de suffrages exprimés dans l'établissement en faveur de ce membre et du nombre total des suffrages exprimés dans chaque établissement en faveur des membres titulaires composant ladite délégation.»

Art. L. 2232-25-1. Pour l'application des articles L. 2232-24 et L. 2232-25, l'employeur fait connaître son intention de négocier aux membres de la délégation du personnel du comité social et économique par tout moyen permettant de lui conférer une date certaine.

Les élus qui souhaitent négocier le font savoir dans un délai d'un mois et indiquent, le cas échéant, s'ils sont mandatés par une organisation mentionnée à l'article L. 2232-24.

À l'issue de ce délai, la négociation s'engage avec les salariés qui ont indiqué être mandatés par une organisation mentionnée au même article L. 2232-24 ou, à défaut, avec des salariés élus non mandatés, conformément à l'article L. 2232-25.

Note *Covid-19.* Voir note sous article L. 2232-12.

Art. L. 2232-26. Dans les entreprises dont l'effectif habituel est ***(Ord. 2017-1718 du 20 déc. 2017, art. 1er, I, 46°, JO 21)*** «au moins égal à cinquante salariés» dépourvues de délégué syndical lorsque, à l'issue de la procédure définie à l'article L. 2232-25-1, aucun membre de la délégation du personnel du comité social et économique n'a manifesté son souhait de négocier, les accords d'entreprise ou d'établissement peuvent être négociés, conclus *(L. 2018-217 du 29 mars 2018, art. 2, I, 8°, JO 31)* «, révisés ou dénoncés» par un ou plusieurs salariés expressément mandatés par une ou plusieurs organisations syndicales représentatives dans la branche ou, à défaut, par une ou plusieurs organisations syndicales représentatives au niveau national et interprofessionnel. À cet effet, une même organisation syndicale ne peut mandater qu'un seul salarié.

Les organisations syndicales représentatives dans la branche de laquelle relève l'entreprise ou, à défaut, les organisations syndicales représentatives au niveau national et interprofessionnel sont informées par l'employeur de sa décision d'engager des négociations.

Le présent article s'applique de droit dans les entreprises dépourvues de délégué syndical dans lesquelles un procès-verbal de carence a établi l'absence de représentants élus du personnel.

Les accords négociés et conclus par un ou plusieurs salariés mandatés sur le fondement du présent article peuvent porter sur toutes les mesures qui peuvent être négociées par accord d'entreprise ou d'établissement sur le fondement du présent code.

L'accord signé par un salarié mandaté doit avoir été approuvé par les salariés à la majorité des suffrages exprimés, dans des conditions déterminées par décret et dans le respect des principes généraux du droit électoral.

§ 4. Conditions de négociation des accords conclus dans les entreprises dépourvues de délégué syndical ou de conseil d'entreprise

Art. L. 2232-27. Pour l'application des articles *(Ord. 2017-1718 du 20 déc. 2017, art. 1er, I, 47°, JO 21)* «L. 2232-23-1» et L. 2232-26, chaque salarié mandaté dispose du temps nécessaire à l'exercice de ses fonctions dans les limites d'une durée qui, sauf circonstances exceptionnelles, ne peut excéder dix heures par mois. Les heures de délégation sont de plein droit considérées comme temps de travail et payées à l'échéance normale. L'employeur qui entend contester l'utilisation faite des heures de délégation saisit le juge judiciaire.

Le temps passé aux négociations prévues aux articles *(Ord. 2017-1718 du 20 déc. 2017, art. 1er, I, 47°, JO 21)* «L. 2232-23-1», L. 2232-24 et L. 2232-25 n'est pas imputable sur les heures de délégation prévues à l'article L. 2315-7. Chaque membre de la délégation du personnel du comité social et économique appelé à participer à une négociation en application des articles *(Ord. 2017-1718 du 20 déc. 2017, art. 1er, I, 47°, JO 21)* «L. 2232-23-1», L. 2232-24 et L. 2232-25 dispose du temps nécessaire à l'exercice de ses fonctions dans les limites d'une durée qui, sauf circonstances exceptionnelles, ne peut excéder dix heures par mois. Les heures de délégation sont de plein droit considérées comme temps de travail et payées à l'échéance normale. L'employeur qui entend contester l'utilisation faite des heures de délégation saisit le juge judiciaire.

Art. L. 2232-28. Ne peuvent être mandatés les salariés qui, en raison des pouvoirs qu'ils détiennent, peuvent être assimilés à l'employeur, ainsi que les salariés apparentés à l'employeur mentionnés au premier alinéa de l'article L. 2314-19.

Art. L. 2232-29. La négociation entre l'employeur et les membres de la délégation du personnel du comité social et économique, mandatés ou non, ou les salariés de l'entreprise mandatés se déroule dans le respect des règles suivantes:

1° Indépendance des négociateurs vis-à-vis de l'employeur;
2° Élaboration conjointe du projet d'accord par les négociateurs;
3° Concertation avec les salariés;
4° Faculté de prendre l'attache des organisations syndicales représentatives de la branche.

Par ailleurs, les informations à remettre aux membres de la délégation du personnel du comité social et économique, mandatés ou non, ou aux salariés mandatés préalablement à la négociation sont déterminées par accord entre ceux-ci et l'employeur.

Art. L. 2232-29-1. Les accords d'entreprise ou d'établissement conclus selon les modalités définies aux paragraphes *(Ord. 2017-1718 du 20 déc. 2017, art. 1er, I, 48°, JO 21)* «1 à 3 de la présente sous-section» ne peuvent entrer en application qu'après leur dépôt auprès de l'autorité administrative dans des conditions prévues par voie réglementaire.

Art. L. 2232-29-2. Pour l'application de la présente sous-section, le calcul de l'effectif se fait selon les modalités définies ***(Ord. 2017-1718 du 20 déc. 2017, art. 1er, I, 49°, JO 21)*** «aux articles L. 1111-2 et L. 1251-54».

Sous-section 1 (réglementaire). **Dispositions communes relatives à l'approbation par les salariés des accords négociés par des salariés mandatés ou en application de l'article L. 2232-12**

Art. D. 2232-2. ***(D. 2016-1797 du 20 déc. 2016, JO 22)*** Les conditions dans lesquelles l'employeur recueille l'approbation des salariés en application des articles L. 2232-12, ***(D. 2017-1551 du 10 nov. 2017, JO 11)*** «L. 2232-23-1, L. 2232-24 et L. 2232-26» sont les suivantes:

1° La consultation a lieu pendant le temps de travail, au scrutin secret sous enveloppe ou par voie électronique dans les conditions prévues aux articles R. 2324-5 à R. 2324-17. Son organisation matérielle incombe à l'employeur. [Lorsque la consultation est organisée en application de l'article L. 2232-12, le protocole conclu avec les organisations syndicales détermine la liste des salariés couverts par l'accord au sens du cinquième alinéa de cet article et qui, à ce titre, doivent être consultés];

2° Le résultat du vote fait l'objet d'un procès-verbal dont la publicité est assurée dans l'entreprise par tout moyen. Ce procès-verbal est annexé à l'accord approuvé lors du dépôt de ce dernier. En cas d'accord conclu avec un représentant élu du personnel mandaté ou un salarié mandaté, le procès-verbal est également adressé à l'organisation mandante.

Note • Le décret 2016-1797 du 20 décembre 2016 est annulé en tant qu'il introduit dans le code du travail la 3e phrase du 1° de l'article D. 2232-2 (CE 7 décembre 2017, n° 406760, LSQ n° 17465 du 11.12.2017).

• Les dispositions des articles D. 2232-2, D. 2232-3 et D. 2232-8 telles que modifiées par le décret 2017-1551 du 10 novembre 2017 n'ont pas été jugées contraires à l'article 3 de la convention n° 87 de l'OIT relative à la liberté syndicale et la protection du droit syndical (CE 18 février 2019, n° 417209, RJS 5/19 n° 309).

• Les articles D. 2232-2, D. 2232-3, D. 2232-6, D. 2232-7, D. 2232-8 et D. 2232-9 s'appliquent:
1° aux accords portant sur la durée du travail, les repos et les congés signés depuis le 1er janvier 2017;
2° aux accords prévus à l'article L. 2254-2 CT signés depuis le 9 août 2016. Pour ceux d'entre eux conclus antérieurement au 22 décembre 2016, le délai d'un mois mentionné au I de l'article D. 2232-6 CT court à compter de cette date.
Lorsque la consultation prévue aux articles L. 2232-21-1 et L. 2232-27 CT porte sur un accord signé préalablement au 22 décembre 2016, le délai de deux mois mentionné à l'article D. 2232-8 CT court à compter du 1er janvier 2017 (décret 2016-1797 précité, art. 2).

Art. D. 2232-3. Les modalités d'organisation de la consultation prévoient:
1° Les modalités d'information des salariés sur le texte de la convention ou de l'accord;
2° Le lieu, la date et l'heure du scrutin;
3° Les modalités d'organisation et de déroulement du vote;
4° Le texte de la question soumise au vote des salariés.

Note • Le décret 2016-1797 du 20 décembre 2016 a été annulé en tant qu'il introduisait dans le code du travail l'article D. 2232-3 ainsi rédigé en dernier lieu (CE 7 décembre 2017, n° 406760, LSQ n° 17465 du 11.12.2017):

Art. D. 2232-3. ***(D. 2016-1797 du 20 déc. 2016, JO 22)*** Sauf dans les cas prévus aux articles ***(D. 2017-1551 du 10 nov. 2017, JO 11)*** «L. 2232-23-1, L. 2232-24 et L. 2232-26» pour lesquels cette compétence relève de l'employeur, les modalités d'organisation de la consultation sont fixées par le protocole conclu avec les organisations syndicales signataires. Elles portent sur:
1° Les modalités de transmission aux salariés du texte de l'accord;
2° Le lieu, la date et l'heure du scrutin;
3° L'organisation et le déroulement du vote;
4° Le texte de la question soumise au vote des salariés.

• Voir aussi note sous D. 2232-2.

Art. D. 2232-4. Les salariés sont informés, quinze jours au moins avant la date prévue du scrutin, de l'heure et de la date de celui-ci, du contenu de l'accord et du texte de la question soumise à leur vote.

Art. R. 2232-5. Les contestations relatives à l'électorat et à la régularité de la consultation sont de la compétence du ***(D. 2019-966 du 18 sept. 2019, art. 8, JO 19, entrée en vigueur le 01.01.2020)*** «tribunal judiciaire» qui statue en dernier ressort. Elles sont introduites dans les délais prévus à l'article R. 2324-24. La décision est susceptible d'un pourvoi en cassation.

Sous-section 2 (réglementaire). **Dispositions relatives à l'approbation par les salariés des accords négociés en application de l'article L. 2232-12**

Art. D. 2232-6. ***(D. 2016-1797 du 20 déc. 2016, JO 22)*** I. – La ou les organisations syndicales sollicitant l'organisation de la consultation notifient par écrit leur demande à l'employeur et aux autres organisations syndicales représentatives dans un délai d'un mois à compter de la date de signature de l'accord.

[II. – Les modalités d'organisation de la consultation sont fixées par un protocole conclu entre l'employeur et une ou plusieurs organisations signataires recueillant plus de 30 % des suffrages exprimés en faveur d'organisations représentatives au premier tour des dernières élections des titulaires au comité d'entreprise ou de la délégation unique du personnel ou, à défaut, des délégués du personnel, quel que soit le nombre de votants.

III. – Le protocole est porté à la connaissance des salariés par tout moyen au plus tard quinze jours avant la consultation.]

Note • Le décret 2016-1797 du 20 décembre 2016 est annulé en tant qu'il introduit dans le code du travail les II et III de l'article D. 2232-6 (CE 7 décembre 2017, n° 406760, LSQ n° 17465 du 11.12.2017).

• Voir aussi note sous article D. 2232-2.

Art. D. 2232-7. En cas de désaccord sur les modalités d'organisation de la consultation retenues par l'employeur, le ***(D. 2019-1419 du 20 déc. 2019, art. 10, 4°, JO 22)*** «président du» ***(D. 2019-966 du 18 sept. 2019, art. 8, JO 19, entrée en vigueur le 01.01.2020)*** «tribunal judiciaire», s'il est saisi par les organisations syndicales représentatives dans l'entreprise ou l'établissement, statue ***(D. 2019-1419 du 20 déc. 2019, art. 10, 4°, JO 22)*** «selon la procédure accélérée au fond» et en dernier ressort.

Si le ***(D. 2019-1419 du 20 déc. 2019, art. 10, 4°, JO 22)*** «président du» ***(D. 2019-966 du 18 sept. 2019, art. 8, JO 19, entrée en vigueur le 01.01.2020)*** «tribunal judiciaire» n'est pas saisi dans un délai de huit jours à compter de la notification des modalités d'organisation de la consultation, celles arrêtées par l'employeur s'appliquent.

Note • Les dispositions de cet article, dans sa rédaction issue du décret 2019-1419 précité, s'appliquent aux demandes introduites depuis le 01.01.2020 (décret précité, art. 24, II).

• Le décret 2016-1797 du 20 décembre 2016 a été annulé en tant qu'il introduisait dans le code du travail l'article D. 2232-7 ainsi rédigé (CE 7 décembre 2017, n° 406760, LSQ n° 17465 du 11.12.2017):

Art. D. 2232-7. ***(D. 2016-1797 du 20 déc. 2016, JO 22)*** En cas de désaccord sur les modalités d'organisation de la consultation fixées par le protocole, le tribunal d'instance peut être saisi dans un délai de huit jours à compter de l'information prévue au III de l'article D. 2232-6 par les organisations syndicales représentatives dans l'entreprise ou l'établissement et statue en la forme des référés et en dernier ressort.

• Voir aussi note sous article D. 2232-2.

Sous-section 3 (réglementaire). Dérogations dans les entreprises dépourvues de délégué syndical - Dispositions relatives à l'approbation par les salariés des accords négociés par des salariés mandatés

Art. D. 2232-8. ***(D. 2016-1797 du 20 déc. 2016, JO 22)*** La consultation prévue aux articles ***(D. 2017-1551 du 10 nov. 2017, JO 11)*** «L. 2232-23-1, L. 2232-24 et L. 2232-26» est organisée dans un délai de deux mois à compter de la conclusion de l'accord. L'employeur consulte au préalable le ou les représentants élus du personnel mandatés ou le ou les salariés mandatés sur ses modalités. Il informe les salariés de ces modalités par tout moyen au plus tard quinze jours avant la consultation.

Note Voir note sous article D. 2232-2.

Art. D. 2232-9. ***(D. 2016-1797 du 20 déc. 2016, JO 22)*** En cas de désaccord sur les modalités d'organisation de la consultation retenues par l'employeur, le ***(D. 2019-1419 du 20 déc. 2019, art. 10, 5°, JO 22)*** «président du» ***(D. 2019-966 du 18 sept. 2019, art. 8, JO 19, entrée en vigueur le 01.01.2020)*** «tribunal judiciaire» peut être saisi dans un délai de huit jours à compter de l'information prévue à l'article D. 2232-8 [par le ou les représentants élus du personnel mandatés ou le ou les salariés mandatés] et statue ***(D. 2019-1419 du 20 déc. 2019, art. 10, 5°, JO 22)*** «selon la procédure accélérée au fond» et en dernier ressort.

Note • Les dispositions de cet article, dans sa rédaction issue du décret 2019-1419 précité, s'appliquent aux demandes introduites depuis le 01.01.2020 (décret précité, art. 24, II).

• Le décret 2016-1797 du 20 décembre 2016 est annulé en tant qu'il introduit dans le code du travail, à l'article D. 2232-9, les mots: " par le ou les représentants élus du personnel mandatés ou le ou les salariés mandatés " (CE 7 décembre 2017, n° 406760, LSQ n° 17465 du 11.12.2017).

• Voir aussi note sous article D. 2232-2.

Sous-section 4 (réglementaire). Dispositions relatives à l'approbation des accords par les salariés pour les entreprises dont l'effectif habituel est inférieur à onze salariés et dans les entreprises de onze à vingt salariés dépourvues de représentant élu au comité social et économique

Note Cette sous-section a été introduite par le décret 2017-1767 du 26 décembre 2017, JO 28.

Art. R. 2232-10. Les conditions dans lesquelles l'employeur recueille l'approbation des salariés en application des articles L. 2232-21 à L. 2232-23 sont les suivantes :

1° La consultation a lieu par tout moyen pendant le temps de travail. Son organisation matérielle incombe à l'employeur ;

2° Le caractère personnel et secret de la consultation est garanti ;

3° Le résultat de la consultation est porté à la connaissance de l'employeur à l'issue de la consultation, qui se déroule en son absence ;

4° Le résultat de la consultation fait l'objet d'un procès-verbal dont la publicité est assurée dans l'entreprise par tout moyen. Ce procès-verbal est annexé à l'accord approuvé lors du dépôt de ce dernier.

Art. R. 2232-11. L'employeur définit les modalités d'organisation de la consultation, qui incluent :

1° Les modalités de transmission aux salariés du texte de l'accord ;

2° Le lieu, la date et l'heure de la consultation ;

3° L'organisation et le déroulement de la consultation ;

4° Le texte de la question relative à l'approbation de l'accord soumise à la consultation des salariés.

Art. R. 2232-12. Quinze jours au moins avant la date de la consultation, l'employeur communique aux salariés le projet d'accord et les modalités d'organisation définies en application de l'article R. 2232-11.

Art. R. 2232-13. Les contestations relatives à la liste des salariés devant être consultés et à la régularité de la consultation sont de la compétence du ***(D. 2019-966 du 18 sept. 2019, art. 8, JO 19, entrée en vigueur le 01.01.2020)*** « tribunal judiciaire » qui statue en dernier ressort. Elles sont introduites dans les délais prévus à l'article R. 2324-24. La décision est susceptible d'un pourvoi en cassation.

SECTION 4. Conventions ou accords de groupe

Art. L. 2232-30. La convention ou l'accord de groupe fixe son champ d'application constitué de tout ou partie des entreprises constitutives du groupe.

Note • La loi du 4 mai 2004 a consacré la validité des accords de groupe, antérieurement admise par la Cour de cassation (cass. soc. 30 avril 2003, n° 01-10.027, BC V n° 155 ; RJS 7/03 n° 916). Les conditions de validité et les effets de l'accord de groupe sont en principe ceux de l'accord d'entreprise. La loi 2016-1088 du 8 août 2016 et l'ordonnance 2017-1385 du 22 septembre 2017 ont renforcé la place des accords de groupe en modifiant notamment les règles d'articulation avec les autres conventions et accords collectifs.

• Voir B. Teyssié « Variations sur les conventions et accords collectifs de groupe », Dr. Soc. 2005, p. 643 ; P-H Antonmattei, « L'accord de groupe », Dr. Soc. 2008, p. 57 ; H-J Legrand, « Accords collectifs de groupe et d'unité économique et sociale : une clarification inachevée », Dr. Soc. 2008, p. 60 ; chron. Fr. Favennec-Héry « L'accord de groupe, instrument privilégié des relations de travail ? », RJS 3/19, pp. 155 et s.

• Un accord collectif ne peut être considéré comme un accord de groupe que s'il fixe expressément un champ d'application constitué de tout ou partie des entreprises constitutives du groupe (cass. soc. 21 mars 2018, n° 16-21.741, BC V n° 43 ; JCP éd. S 2018, 1186, note L. Cailloux-Meurice ; RJS 6/18 n° 435, pour une espèce dans laquelle un accord avait été conclu par le DRH du groupe pour le compte de la société mère mais dont les juges du fond avaient néanmoins estimé qu'il devait être appliqué dans toutes les sociétés du groupe).

Art. L. 2232-31. La convention ou l'accord de groupe est négocié et conclu entre :

- d'une part, l'employeur de l'entreprise dominante ou un ou plusieurs représentants, mandatés à cet effet, des employeurs des entreprises concernées par le champ de la convention ou de l'accord ;
- d'autre part, les organisations syndicales de salariés représentatives dans le groupe ou dans l'ensemble des entreprises concernées par le champ de la convention ou de l'accord.

Note • Sur l'appréciation de la représentativité des organisations syndicales au niveau du groupe, voir article L. 2122-4 et note sous cet article.

• La Cour de cassation opère une distinction entre les règles relatives aux accords conclus au sein d'un groupe (art. L. 2232-30 et s.) pour lesquels les signataires doivent être représentatifs dans l'ensemble du groupe ou des entreprises concernées et les règles concernant les accords relatifs au comité de groupe (art. L. 2331-1 et s.) pour lesquels une représentativité dans l'ensemble du groupe ou des entreprises concernées n'est pas nécessaire (cass. soc. 30 mars 2010, n° 08-21.199, BC V n° 82 ; JCP éd. S 2010, 1206, note E. Jeansen ; RJS 6/10 n° 528 ; Dr. Soc. 2010, p. 865, obs. Fr. Petit).

Art. L. 2232-32. *(L. 2016-1088 du 8 août 2016, art. 23, 2°, JO 9)* «Les organisations syndicales de salariés représentatives dans chacune des entreprises ou chacun des établissements compris dans le périmètre de l'accord sont informées préalablement de l'ouverture d'une négociation dans ce périmètre.»

Pour la négociation en cause, les organisations syndicales de salariés représentatives *(L. 2016-1088 du 8 août 2016, art. 23, 2°, JO 9)* «à l'échelle de l'ensemble des entreprises comprises dans le périmètre de cet accord» peuvent désigner un ou des coordonnateurs syndicaux de groupe choisis parmi les délégués syndicaux du groupe et habilités à négocier et signer la convention ou l'accord de groupe.

Art. L. 2232-33. *(L. 2016-1088 du 8 août 2016, art. 23, 3°, JO 9)* L'ensemble des négociations prévues par le présent code au niveau de l'entreprise peuvent être engagées et conclues au niveau du groupe dans les mêmes conditions, sous réserve des adaptations prévues à la présente section.

Lorsqu'un accord sur la méthode prévu à l'article L. 2222-3-1 conclu au niveau du groupe le prévoit, l'engagement à ce niveau de l'une des négociations obligatoires prévues au chapitre II du titre IV du présent livre dispense les entreprises appartenant à ce groupe d'engager elles-mêmes cette négociation. L'accord sur la méthode définit les thèmes pour lesquels le présent article est applicable.

Les entreprises sont également dispensées d'engager une négociation obligatoire prévue au chapitre II du titre IV du présent livre lorsqu'un accord portant sur le même thème a été conclu au niveau du groupe et remplit les conditions prévues par la loi.

Art. L. 2232-34. *(L. 2016-1088 du 8 août 2016, art. 23, 4°, JO 9)* La validité d'un accord conclu au sein de tout ou partie d'un groupe est appréciée selon les conditions prévues aux articles L. 2232-12 et L. 2232-13. Les taux de 30 % et de 50 % mentionnés aux mêmes articles sont appréciés à l'échelle de l'ensemble des entreprises ou établissements compris dans le périmètre de cet accord. La consultation des salariés, le cas échéant, est également effectuée dans ce périmètre.

Note Sur le calcul des suffrages pour la validité des accords lorsque les élections dans les entreprises du groupe sont échelonnées dans le temps et organisées pour certaines avant la loi du 20 août 2008 et pour d'autres après la loi, voir circ. DGT 6 du 27 juillet 2011, Question - Réponse 9.

Art. L. 2232-35. *(L. 2016-1088 du 8 août 2016, art. 23, 5°, JO 9)* Les accords conclus en application de la présente section sont soumis aux conditions de forme, de notification et de dépôt prévues aux sections 2 et 3 du chapitre Ier du présent titre.

SECTION 5. Accords interentreprises

Note Cette section a été introduite par la loi 2016-1088 du 8 août 2016, art. 23, 6°, JO 9.

Art. L. 2232-36. Un accord peut être négocié et conclu au niveau de plusieurs entreprises entre, d'une part, les employeurs et, d'autre part, les organisations syndicales représentatives à l'échelle de l'ensemble des entreprises concernées.

Art. L. 2232-37. La représentativité des organisations syndicales dans le périmètre de cet accord est appréciée conformément aux règles définies aux articles L. 2122-1 à L. 2122-3 relatives à la représentativité syndicale au niveau de l'entreprise, par addition de l'ensemble des suffrages obtenus dans les entreprises ou établissements concernés lors des dernières élections précédant l'ouverture de la première réunion de négociation.

Art. L. 2232-38. La validité d'un accord interentreprises est appréciée conformément aux articles L. 2232-12 et L. 2232-13. Les taux de 30 % et de 50 % mentionnés aux mêmes articles sont appréciés à l'échelle de l'ensemble des entreprises comprises dans le périmètre de cet accord. La consultation des salariés, le cas échéant, est également effectuée dans ce périmètre.

CHAPITRE III Conventions et accords de travail conclus dans le secteur public

Art. L. 2233-1. Dans les entreprises publiques et les établissements publics à caractère industriel ou commercial et les établissements publics déterminés par décret assurant à la fois une mission de service public à caractère administratif et à caractère industriel et commercial, lorsqu'ils emploient du personnel dans les conditions du droit privé, les conditions d'emploi et de travail ainsi que les garanties sociales peuvent être déterminées, en ce qui concerne les catégories de personnel qui ne sont pas soumises à un statut particulier, par des conventions et accords conclus conformément aux dispositions du présent titre.

Ces dispositions s'appliquent aux entreprises privées lorsque certaines catégories de personnel sont régies par le même statut particulier que celles d'entreprises ou d'établissements publics.

Note Une salariée recrutée, selon un contrat de travail «emploi-jeune», par un établissement public dont l'activité n'entrait pas dans le champ de la convention collective nationale des réseaux des transports publics urbains de voyageurs ne peut se prévaloir de cette convention lors de son licenciement (cass. soc. 18 octobre 2007, n° 06-41.840, BC V n° 167; RJS 12/07 n° 1316).

Toute contestation portant sur la légalité ou l'application et la dénonciation d'un accord d'entreprise conclu en application de cet article et de l'article suivant relève, sauf loi contraire, de la compétence judiciaire, hormis le cas où la contestation concerne des dispositions qui n'ont pas pour objet la détermination des conditions d'emploi, de formation professionnelle et de travail ainsi que des garanties sociales des personnels des entreprises et établissements publics mais qui régissent l'organisation du service public (Trib. confl. 15 décembre 2008, n° 08-03652, RJS 3/09 n° 266).

Art. L. 2233-2. Dans les entreprises et établissements mentionnés à l'article L. 2233-1, des conventions ou accords d'entreprises peuvent compléter les dispositions statutaires ou en déterminer les modalités d'application dans les limites fixées par le statut.

Note Les conventions ou accords collectifs de travail négociés dans ces entreprises peuvent seulement compléter les dispositions statutaires ou en déterminer les modalités d'application dans les limites fixées par le statut, sans pouvoir modifier ces dispositions ni y déroger. Un accord collectif qui ne se contente pas de compléter le statut mais qui s'analyse comme la détermination d'un nouveau statut doit être annulé. En effet, les dispositions du statut ne peuvent être contredites par un accord collectif (cass. soc. 12 juillet 1999, n° 98-20.837, BC V n° 349; RJS 8-9/99 n° 1161 : en l'espèce, l'accord EDF-GDF organisait pour une durée de trois ans un régime de travail à temps réduit pour 75 % des recrutements alors que le statut prévoit que les agents travaillent à temps plein).

Art. L. 2233-3. Les dispositions d'une convention de branche ou d'un accord professionnel ou interprofessionnel ayant fait l'objet d'un arrêté d'extension ou d'élargissement sont applicables aux entreprises et établissements mentionnés à l'article L. 2233-1 qui, en raison de l'activité exercée, se trouvent dans le champ d'application mentionné par l'arrêté, en ce qui concerne les catégories de personnel ne relevant pas d'un statut particulier.

CHAPITRE IV Commissions paritaires locales

Art. L. 2234-1. Des commissions paritaires professionnelles ou interprofessionnelles peuvent être instituées au niveau local, départemental ou régional, par accord conclu dans les conditions prévues à l'article L. 2231-1.

(L. 2010-1215 du 15 oct. 2010, JO 16) «Les accords passés en application du premier alinéa peuvent prévoir que la composition de ces commissions tient compte des résultats de la mesure de l'audience prévue au chapitre II du titre II du livre Ier de la présente partie. Ils peuvent également prévoir que ces commissions n'exercent qu'une partie des missions définies à l'article L. 2234-2.»

Art. L. 2234-2. Les commissions paritaires:

1° Concourent à l'élaboration et à l'application de conventions et accords collectifs de travail, négocient et concluent des accords d'intérêt local, notamment en matière d'emploi et de formation continue;

2° Examinent les réclamations individuelles et collectives;

3° Examinent toute autre question relative aux conditions d'emploi et de travail des salariés intéressés.

Art. L. 2234-3. Les accords instituant des commissions paritaires professionnelles ou interprofessionnelles fixent, en faveur des salariés participant aux négociations, de même qu'aux réunions des commissions paritaires, les modalités d'exercice du droit de s'absenter, de la compensation des pertes de salaires ou du maintien de ceux-ci, ainsi que de l'indemnisation des frais de déplacement.

Art. L. 2234-4

Ces accords déterminent également les modalités de protection contre le licenciement des salariés membres de ces commissions et les conditions dans lesquelles ils bénéficient de la protection prévue par les dispositions du livre IV relatif aux salariés protégés.

Note C'est à bon droit qu'aux termes de l'article L. 132-30 [L. 2234-1, 2 et 3] CT, dans sa rédaction alors en vigueur, et des dispositions de la convention collective applicable, un tribunal a ordonné le paiement comme temps de travail effectif par l'employeur du temps que le salarié a consacré aux réunions de la commission paritaire, peu important que les réunions aient été fixées en dehors de ses horaires habituels de travail (cass. soc. 13 février 2013, n° 11-23.880, BC V n° 41; RJS 4/13 n° 307).

CHAPITRE IV *BIS* Observatoire d'analyse et d'appui au dialogue social et à la négociation

Note Les dispositions législatives de ce chapitre sont issues de l'ordonnance 2017-1385 du 22 septembre 2017, art. 9, JO 23.

Art. L. 2234-4. ***(Ord. 2017-1718 du 20 déc. 2017, art. 1er, I, 50°, JO 21)*** «Un observatoire d'analyse et d'appui au dialogue social et à la négociation» est institué au niveau départemental par décision de l'autorité administrative compétente. Il favorise et encourage le développement du dialogue social et la négociation collective au sein des entreprises de moins de cinquante salariés du département.

Art. L. 2234-5. L'***(Ord. 2017-1718 du 20 déc. 2017, art. 1er, I, 51°, JO 21)*** «observatoire d'analyse et d'appui au dialogue social et à la négociation» est composé:

1° De membres, salariés et employeurs ayant leur activité dans la région, désignés par les organisations syndicales de salariés ***(Ord. 2017-1718 du 20 déc. 2017, art. 1er, I, 51°, JO 21)*** «représentatives au niveau interprofessionnel et du département» et par les organisations professionnelles d'employeurs représentatives au niveau national interprofessionnel et multiprofessionnel. Chaque organisation répondant à ces critères dispose d'un siège au sein de l'observatoire;

2° De représentants de l'autorité administrative compétente dans le département.

(Ord. 2017-1718 du 20 déc. 2017, art. 1er, I, 51°, JO 21) «Il est présidé successivement par un représentant désigné par une organisation syndicale de salariés et par un représentant désigné par une organisation professionnelle d'employeurs remplissant chacun la condition d'activité réelle.»

Le secrétariat est assuré par l'autorité administrative compétente dans le département.

Art. L. 2234-6. L'observatoire exerce les missions suivantes:

1° Il établit un bilan annuel du dialogue social dans le département;

2° Il est saisi par les ***(Ord. 2017-1718 du 20 déc. 2017, art. 1er, I, 52°, JO 21)*** «organisations syndicales de salariés et les organisations professionnelles d'employeurs» de toutes difficultés rencontrées dans le cadre d'une négociation;

3° Il apporte son concours et son expertise juridique aux entreprises de son ressort dans le domaine du droit social.

Art. L. 2234-7. Un décret précise les conditions d'application de la présente partie et notamment les conditions de désignation des membres.

Note Cet article a été modifié par l'ordonnance 2017-1718 du 20 décembre 2017, art. 1er, I, 53°, JO 21.

Art. R. 2234-1. ***(D. 2017-1612 du 28 nov. 2017, JO 29)*** L'observatoire d'analyse et d'appui au dialogue social et à la négociation est composé au plus de treize membres:
- jusqu'à six membres représentants des salariés;
- jusqu'à six membres représentants des employeurs.

Le responsable de l'unité départementale ou son suppléant, désigné par le ***(D. 2020-1545 du 9 déc. 2020, JO 10, entrée en vigueur le 01.04.2021)*** «directeur régional de l'économie, de l'emploi, du travail et des solidarités», siège en tant que représentant de l'autorité administrative compétente au sein de l'observatoire. Le secrétariat de l'observatoire est assuré par la ***(D. 2020-1545 du 9 déc. 2020, JO 10, entrée en vigueur le 01.04.2021)*** «direction régionale de l'économie, de l'emploi, du travail et des solidarités».

Les membres de l'observatoire arrêtent le règlement intérieur qui prévoit notamment la durée des mandats des membres, leur caractère éventuellement renouvelable, les conditions de désignation et de mandat du président ainsi que celles de mise en œuvre de l'alternance prévue au 2° de l'article L. 2234-5.

L'ordre du jour des réunions de l'observatoire est arrêté conjointement par le président et le responsable de l'unité départementale.

Art. R. 2234-2. ***(D. 2017-1612 du 28 nov. 2017, JO 29)*** Le ***(D. 2020-1545 du 9 déc. 2020, JO 10, entrée en vigueur le 01.04.2021)*** «directeur régional de l'économie, de l'emploi, du travail et des solidarités», sur proposition du responsable de l'unité départementale, publie tous les quatre ans la liste des organisations syndicales de salariés représentatives au niveau départemental et interprofessionnel.

Art. R. 2234-3. ***(D. 2017-1612 du 28 nov. 2017, JO 29)*** Les organisations professionnelles d'employeurs et les organisations syndicales de salariés représentatives notifient au responsable de l'unité départementale, dans les deux mois qui suivent la saisine par ce dernier, les noms de leurs représentants respectifs, employeurs ou salariés ayant leur activité dans la région, qu'elles désignent comme membres de l'observatoire prévu à l'article L. 2234-4.

Art. R. 2234-4. ***(D. 2017-1612 du 28 nov. 2017, JO 29)*** Le responsable de l'unité départementale publie au recueil départemental des actes administratifs et sur le site internet de la ***(D. 2020-1545 du 9 déc. 2020, JO 10, entrée en vigueur le 01.04.2021)*** «direction régionale de l'économie, de l'emploi, du travail et des solidarités» la liste actualisée des personnes désignées par les organisations mentionnées à l'article R. 2234-1 comme membres de l'observatoire prévu à l'article L. 2234-4.

TITRE IV DOMAINES ET PÉRIODICITÉ DE LA NÉGOCIATION OBLIGATOIRE

CHAPITRE Ier Négociation de branche et professionnelle

Note Les dispositions législatives de ce chapitre sont issues de l'ordonnance 2017-1385 du 22 septembre 2017, art. 6, JO 23.

SECTION 1. Ordre public

Art. L. 2241-1. Les organisations liées par une convention de branche ou, à défaut, par des accords professionnels se réunissent, au moins une fois tous les quatre ans pour les thèmes mentionnés aux 1° à 5° et au moins une fois tous les cinq ans pour les thèmes mentionnés aux 6° et 7°, pour négocier:

1° Sur les salaires;

2° Sur les mesures tendant à assurer l'égalité professionnelle entre les femmes et les hommes et sur les mesures de rattrapage tendant à remédier aux inégalités constatées ***(L. 2018-771 du 5 sept. 2018, art. 106, JO 6)*** «ainsi que sur la mise à disposition d'outils aux entreprises pour prévenir et agir contre le harcèlement sexuel et les agissements sexistes»;

(L. 2019-485 du 22 mai 2019, JO 23) «2° *bis* Sur les mesures destinées à faciliter la conciliation entre la vie professionnelle et la vie personnelle des salariés proches aidants;»

3° Sur les conditions de travail, la gestion prévisionnelle des emplois et des compétences, et sur la prise en compte des effets de l'exposition aux facteurs de risques professionnels énumérés à l'article L. 4161-1;

4° Sur les mesures tendant à l'insertion professionnelle et au maintien dans l'emploi des travailleurs handicapés;

5° Sur les priorités, les objectifs et les moyens de la formation professionnelle des salariés;

6° Sur l'examen de la nécessité de réviser les classifications ***(Ord. 2017-1718 du 20 déc. 2017, art. 1er, I, 54°, JO 21)*** «, en prenant en compte l'objectif d'égalité professionnelle entre les femmes et les hommes et de mixité des emplois»;

7° Sur l'institution d'un ou plusieurs plans d'épargne interentreprises ou plans d'épargne pour la retraite ***(Ord. 2019-766 du 24 juil. 2019, art. 7, IV, 2°, JO 25, entrée en vigueur le 01.10.2019)*** «d'entreprise» collectifs interentreprises lorsqu'il n'existe aucun accord conclu à ce niveau en la matière.

Note La circulaire DRT 15 du 25 octobre 1983 (JO NC 10 janv. 1984) précise que par «organisations liées», il convient d'entendre, s'il s'agit d'un texte non étendu, les signataires et les organisations adhérentes, à condition qu'elles soient représentatives, et, s'il s'agit d'un texte étendu, toutes les organisations représentatives, donc y compris celles qui n'auraient pas signé la convention ou n'y auraient pas adhéré.

Art. L. 2241-2

Ce texte vise les organisations liées par une convention de branche ou des accords professionnels; la Cour de cassation juge cependant qu'une organisation qui n'est pas liée par la convention collective de branche peut néanmoins demander à participer à la négociation dès lors qu'elle est représentative dans la branche en question (cass. soc. 12 septembre 2007, n° 06-41.841, BC V n° 128; RJS 11/07 n° 1196).

Art. L. 2241-2. Les organisations liées par une convention de branche ou, à défaut, par des accords professionnels ouvrent une négociation sur les modalités d'organisation du temps partiel dès lors qu'au moins un tiers de l'effectif de la branche professionnelle occupe un emploi à temps partiel. Cette négociation porte notamment sur la durée minimale d'activité hebdomadaire ou mensuelle, le nombre et la durée des périodes d'interruption d'activité, le délai de prévenance préalable à la modification des horaires et la rémunération des heures complémentaires.

Art. L. 2241-3. Une commission mixte est réunie dans les conditions prévues à l'article L. 2261-20 si la négociation n'a pas été engagée sérieusement et loyalement.

L'engagement sérieux et loyal des négociations implique que la partie patronale ait communiqué aux organisations syndicales les informations nécessaires pour leur permettre de négocier en toute connaissance de cause et ait répondu de manière motivée aux éventuelles propositions des organisations syndicales.

SECTION 2. Champ de la négociation collective

Art. L. 2241-4. Les organisations ***(Ord. 2017-1718 du 20 déc. 2017, art. 1er, I, 55°, JO 21)*** «liées par une convention de branche ou, à défaut, par des accords professionnels» peuvent engager, à la demande de l'une d'entre elles, une négociation précisant le calendrier, la périodicité, les thèmes et les modalités de négociation dans la branche ou le secteur professionnel considéré.

Art. L. 2241-5. L'accord conclu à l'issue de la négociation mentionnée à l'article L. 2241-4 précise:

1° Les thèmes des négociations ***(L. 2018-217 du 29 mars 2018, art. 2, I, 11°, JO 31)*** «et leur périodicité,» de telle sorte que soient négociés:

a) Au moins tous les quatre ans les thèmes mentionnés aux 1° à 5° de l'article L. 2241-1;

b) Au moins tous les cinq ans les thèmes mentionnés aux 6° et 7° de l'article L. 2241-1;

c) Le thème mentionné à l'article L. 2241-2 lorsque les conditions mentionnées à cet article sont réunies;

2° Le contenu de chacun des thèmes;

3° Le calendrier et les lieux des réunions;

4° Les informations que les organisations professionnelles d'employeurs remettent aux négociateurs sur les thèmes prévus par la négociation qui s'engage et la date de cette remise;

5° Les modalités selon lesquelles sont suivis les engagements souscrits par les parties.

La durée de l'accord ne peut excéder ***(L. 2018-217 du 29 mars 2018, art. 2, I, 11°, JO 31)*** «cinq» ans.

Art. L. 2241-6. Un accord conclu dans l'un des domaines énumérés à l'article L. 2241-1 peut fixer la périodicité de sa renégociation, dans la limite de quatre ans pour les domaines énumérés aux 1° à 5° et dans la limite de cinq ans pour les domaines énumérés aux 6° et 7°.

SECTION 3. Dispositions supplétives

Sous-section 1. Modalités de la négociation

Art. L. 2241-7. À défaut d'accord prévu à l'article L. 2241-5 ou en cas de non-respect de ses stipulations, les organisations liées par une convention de branche ou, à défaut, par des accords professionnels engagent les négociations mentionnées aux articles L. 2241-1 et L. 2241-2 dans les conditions précisées par les sous-sections 2 à 6 de la présente section.

Sous-section 2. **Négociation annuelle**

Art. L. 2241-8. Les organisations liées par une convention de branche ou, à défaut, par des accords professionnels se réunissent, au moins une fois par an, pour négocier sur les salaires.

Ces négociations prennent en compte l'objectif d'égalité professionnelle entre les femmes et les hommes, ainsi que les mesures permettant de l'atteindre.

Art. D. 2241-1. Pour la négociation sur les salaires prévue à l'article ***(D. 2017-1703 du 15 déc. 2017, art. 1er, 2°, JO 17)*** « L. 2241-8 », un rapport est remis par les organisations d'employeurs aux organisations syndicales de salariés au moins quinze jours avant la date d'ouverture de la négociation.

Au cours de l'examen de ce rapport, les organisations d'employeurs fournissent aux organisations syndicales de salariés, les informations nécessaires pour permettre de négocier en toute connaissance de cause.

Art. L. 2241-9. La négociation sur les salaires est l'occasion, pour les parties, d'examiner au moins une fois par an au niveau de la branche les données suivantes :

1° L'évolution économique, la situation de l'emploi dans la branche, son évolution et les prévisions annuelles ou pluriannuelles établies, notamment pour ce qui concerne les contrats de travail à durée déterminée et les missions de travail temporaire ;

2° Les actions éventuelles de prévention envisagées compte tenu de ces prévisions ;

3° L'évolution des salaires effectifs moyens par catégories professionnelles et par sexe, au regard, le cas échéant, des salaires minima hiérarchiques.

Les informations nécessaires à la négociation sont déterminées par voie réglementaire.

Art. L. 2241-10. Lorsque le salaire minimum national professionnel des salariés sans qualification au sens du 4° du II de l'article L. 2261-22 est inférieur au salaire minimum interprofessionnel de croissance, les organisations liées par une convention de branche ou, à défaut, par des accords professionnels se réunissent pour négocier sur les salaires.

À défaut d'initiative de la partie patronale dans les trois mois, la négociation s'engage dans les quinze jours suivant la demande d'une organisation syndicale de salariés représentative au sens de l'article L. 2231-1.

Sous-section 3. **Négociation triennale**

§ 1. Égalité professionnelle entre les femmes et les hommes

Art. L. 2241-11. Les organisations liées par une convention de branche ou, à défaut, par des accords professionnels se réunissent pour négocier tous les trois ans sur les mesures tendant à assurer l'égalité professionnelle entre les femmes et les hommes et sur les mesures de rattrapage tendant à remédier aux inégalités constatées. La mise en œuvre de ces mesures de rattrapage, lorsqu'elles portent sur des mesures salariales, est suivie dans le cadre de la négociation annuelle obligatoire sur les salaires prévue à l'article L. 2241-8.

La négociation porte notamment sur :

1° Les conditions d'accès à l'emploi, à la formation et à la promotion professionnelle ;

2° Les conditions de travail et d'emploi et notamment celles des salariés à temps partiel.

Les informations nécessaires à la négociation sont déterminées par voie réglementaire.

Art. D. 2241-2. La négociation triennale sur l'égalité professionnelle se déroule à partir d'un rapport présentant la situation comparée des femmes et des hommes dans les domaines mentionnés aux 1° et 2° de l'article ***(D. 2017-1703 du 15 déc. 2017, art. 1er, 3°, JO 17)*** « L. 2241-11 ». Elle s'appuie également sur des indicateurs pertinents, reposant sur des éléments chiffrés, pour chaque secteur d'activité.

Un diagnostic des écarts éventuels de rémunération est établi sur la base de ce rapport.

Note Cet article est l'ancien article D. 2241-7 (décret 2017-1703 du 15 décembre 2017, art. 1er, 3°, JO 17).

§ 2. Conditions de travail et gestion prévisionnelle des emplois et des compétences

Art. L. 2241-12. Les organisations liées par une convention de branche ou, à défaut, par des accords professionnels se réunissent, au moins une fois tous les trois ans, pour négocier sur les conditions de travail, la gestion prévisionnelle des emplois et des compétences, et sur la prise en compte des effets de l'exposition aux facteurs de risques professionnels énumérés à l'article L. 4161-1.

La négociation sur la gestion prévisionnelle des emplois et des compétences peut se décliner à l'échelle du territoire et s'appuie sur les travaux de l'observatoire prospectif des métiers et des qualifications mis en place par la commission paritaire nationale de l'emploi au niveau de chaque branche, tout en veillant à l'objectif de mixité des métiers. Cet observatoire porte une attention particulière aux mutations professionnelles liées aux filières et aux métiers de la transition écologique et énergétique.

Par ailleurs, les organisations mentionnées au premier alinéa se réunissent tous les trois ans pour négocier sur les matières définies aux articles L. 2242-15 et L. 2242-16.

§ 3. Travailleurs handicapés

Art. L. 2241-13. Les organisations liées par une convention de branche ou, à défaut, par des accords professionnels se réunissent pour négocier, tous les trois ans, sur les mesures tendant à l'insertion professionnelle et au maintien dans l'emploi des travailleurs handicapés.

La négociation porte notamment sur les conditions d'accès à l'emploi, à la formation et à la promotion professionnelle ainsi que sur les conditions de travail, d'emploi et de maintien dans l'emploi.

Les informations nécessaires à la négociation sont déterminées par voie réglementaire.

Art. D. 2241-3. La négociation triennale sur l'insertion professionnelle et le maintien dans l'emploi des travailleurs handicapés se déroule à partir d'un rapport établi par l'employeur présentant, pour chaque secteur d'activité, la situation par rapport à l'obligation d'emploi des travailleurs handicapés prévue aux articles L. 5212-1 et suivants.

Note Cet article est l'ancien article D. 2241-8 (décret 2017-1703 du 15 décembre 2017, art. 1er, 3°, JO 17).

§ 4. Formation professionnelle et apprentissage

Art. L. 2241-14. Les organisations liées par une convention de branche ou, à défaut, par un accord professionnel se réunissent au moins tous les trois ans pour négocier sur les priorités, les objectifs et les moyens de la formation professionnelle des salariés.

Cette négociation porte notamment sur l'égal accès à la formation des salariés selon leur catégorie professionnelle et la taille de leur entreprise, les abondements supplémentaires du compte personnel de formation, la validation des acquis de l'expérience, l'accès aux certifications, le développement du tutorat et la valorisation de la fonction de tuteur ou de maître d'apprentissage, en particulier les actions aidant à l'exercer et les conditions de son exercice par des salariés âgés de plus de cinquante-cinq ans.

La négociation sur la validation des acquis de l'expérience visée à l'alinéa précédent porte sur :

1° Les modalités d'information des entreprises et des salariés sur les actions de validation des acquis de l'expérience mises en œuvre en vue de l'obtention d'une qualification mentionnée à l'article L. 6314-1 ;

2° Les conditions propres à favoriser l'accès des salariés, dans un cadre collectif ou individuel, à la validation des acquis de l'expérience ;

3° Les modalités de prise en charge par les ***(L. 2018-771 du 5 sept. 2018, art. 45, II, JO 6)*** « opérateurs de compétences » des dépenses afférentes à la participation d'un salarié à un jury d'examen ou de validation des acquis de l'expérience.

Note Les dispositions de cet article, dans sa rédaction issue de la loi 2018-771 précitée, sont applicables depuis le 1er janvier 2019 (loi précitée, art. 46, I).

Art. R. 2241-4. La négociation triennale en matière de formation professionnelle et d'apprentissage porte notamment sur :

1° La nature des actions de formation et leur ordre de priorité ;

2° La reconnaissance des qualifications acquises du fait d'actions de formation ou de la validation des acquis de l'expérience ;

3° Les moyens reconnus aux délégués syndicaux et aux membres des ***(D. 2017-1819 du 29 déc. 2017, art. 3, 32°, JO 30, entrée en vigueur le 01.01.2018)*** « comités sociaux et économiques » pour l'accomplissement de leur mission dans le domaine de la formation ;

4° Les conditions d'accueil et d'insertion des jeunes et des adultes dans les entreprises, notamment dans le cadre des contrats ou des périodes de professionnalisation;

5° Les objectifs en matière d'apprentissage, les priorités à retenir en termes de secteurs, de niveaux et d'effectifs formés ainsi que les conditions de mise en œuvre des contrats d'apprentissage;

6° Les actions de formation à mettre en œuvre en faveur des salariés ayant les niveaux de qualification les moins élevés et, en particulier, ceux qui ne maîtrisent pas les compétences de base, notamment pour faciliter leur évolution professionnelle;

7° La définition et les conditions de mise en œuvre des actions de formation en vue d'assurer l'égalité d'accès des femmes et des hommes à la formation professionnelle, notamment par la détermination d'un objectif de progression du taux d'accès des femmes aux différents dispositifs de formation et des modalités d'atteinte de cet objectif;

8° Les conditions d'application, dans les entreprises qui consacrent à la formation de leurs salariés un montant au moins égal à l'obligation minimale légale ou celle fixée par convention ou accord collectif de branche relative à la participation des employeurs au financement de la formation professionnelle continue, d'éventuelles clauses financières convenues entre l'employeur et le salarié avant l'engagement de certaines actions de formation et applicables en cas de démission, les versements réalisés au titre de ces clauses étant affectés par l'entreprise au financement d'actions dans le cadre du plan de formation;

9° La recherche de réponses adaptées aux problèmes spécifiques de formation dans les petites et moyennes entreprises et, en particulier, dans celles ayant moins de dix salariés;

10° Les conséquences éventuelles des aménagements apportés au contenu et à l'organisation du travail ainsi qu'au temps de travail sur les besoins de formation;

11° Les conséquences de la construction européenne sur les besoins et les actions de formation;

12° Les conséquences sur les besoins et les actions de formation du développement des activités économiques et commerciales des entreprises françaises à l'étranger;

13° Les modalités d'application par les entreprises des dispositions de l'éventuel accord de branche résultant de cette négociation;

14° Les conditions de mise en place d'un observatoire prospectif des métiers et des qualifications et d'examen par la Commission paritaire nationale de l'emploi de l'évolution quantitative et qualitative des emplois et des qualifications professionnelles;

15° La définition des objectifs et priorités de formation que prennent en compte les entreprises dans le cadre du plan de formation et du ***(D. 2017-1703 du 15 déc. 2017, art. 1er, 3°, JO 17)*** «compte personnel de formation»;

16° La définition et les conditions de mise en œuvre des actions de formation, de leur suivi et de leur évaluation, en vue d'assurer l'égalité professionnelle, le maintien dans l'emploi et le développement des compétences des travailleurs handicapés, notamment par la détermination d'un objectif de progression du taux d'accès des travailleurs handicapés aux différents dispositifs de formation et des modalités d'atteinte de cet objectif;

17° La définition et les conditions de mise en œuvre à titre facultatif d'actions de formation économique en vue de mieux comprendre la gestion et les objectifs de l'entreprise dans le cadre de la concurrence internationale;

18° Les actions de formation mises en œuvre pour assurer l'adaptation des salariés à l'évolution de leurs emplois, le développement de leurs compétences ainsi que la gestion prévisionnelle des emplois des entreprises de la branche compte tenu de l'évolution prévisible de ses métiers;

19° Les conditions dans lesquelles les salariés ***(D. 2017-1703 du 15 déc. 2017, art. 1er, 3°, JO 17)*** «bénéficient de l'entretien professionnel consacré à leurs perspectives d'évolution professionnelle prévu par l'article L. 6315-1,» ainsi que les suites données à celui-ci.

Note • Cet article est l'ancien article R. 2241-9 (décret 2017-1703 du 15 décembre 2017, art. 1er, 3°, JO 17).

• **Clause de dédit-formation.** Les clauses de dédit-formation sont licites dans la mesure où elles constituent la contrepartie d'un engagement pris par l'employeur d'assurer une formation entraînant des frais réels au-delà des dépenses imposées par la loi ou la convention collective, à condition que le montant de l'indemnité de dédit soit proportionné aux frais de formation engagés et qu'elles n'aient pas pour effet de priver le salarié de la faculté de démissionner (cass. soc. 5 juin 2002, n° 00-44.327, BC V n° 196; RJS 8-9/02 n° 1013; voir aussi cass. soc. 17 juillet 1991, n° 88-40.201, BC V n° 373). C'est donc à bon droit qu'un conseil de prud'hommes a fixé le montant du dédit dû par un salarié en tenant compte du coût de la formation, la circonstance que la démission du salarié soit intervenue en cours de période d'essai ne privant pas l'employeur de son droit au dédit-formation contractuellement prévu (cass. soc. 5 juin 2002, précité).

Sur la conformité au droit communautaire de conditions imposant à un footballeur d'indemniser, au terme de sa formation, le club formateur s'il ne signe pas de contrat avec lui et signe avec le club d'un autre État membre, voir CJUE 16 mars 2010, aff. C-325/08, Rec. I-02177; JOUE C 134/4 du 22.05.2010; JCP éd. S 2010, 1216, note Fr. Mandin; D. 2010, EC 1917, note Fr. Buy; RDT, janvier 2011, DR, I. Omarjee.

La circonstance que le contrat de formation ait été signé le jour même de l'embauche et l'interdiction faite au salarié d'exploiter la qualification payée par l'employeur auprès d'une autre société pendant la période d'amortissement du coût de cette qualification ne rendent pas illicite la clause de dédit-formation contenue dans ce contrat, laquelle est conforme tant aux stipulations du contrat de travail qu'à l'accord d'entreprise (cass. soc. 21 mai 2002, n° 00-42.909, BC V n° 169; RJS 11/02, n° 1270).

L'engagement du salarié de suivre une formation à l'initiative de son employeur et, en cas de démission, d'indemniser celui-ci des frais qu'il a assumés doit, pour être valable, faire l'objet d'une convention particulière conclue avant le début de la formation précisant la date, la nature, la durée de la formation et son coût réel pour l'employeur, ainsi que le montant et les modalités du remboursement à la charge du salarié (cass. soc. 4 février 2004, n° 01-43.651, BC V n° 40; RJS 4/04 n° 438; voir aussi cass. soc. 9 février 2010, n° 08-44.477). Une cour d'appel, qui a constaté que la clause de dédit-formation ne contenait aucune information sur le coût réel de la formation pour l'employeur, en a exactement déduit que les conditions de validité de cette clause n'étaient pas réunies et qu'elle était nulle (cass. soc. 16 mai 2007, n° 05-16.647, RDT, Juil./Août 2007, CH, 450, G. Auzero; JCP éd. S 2007, 1585, note L. Drai; RJS 11/07 n° 1199).

Lorsque la clause de dédit-formation a été signée après la formation suivie par le salarié, l'employeur doit être débouté de sa demande d'application de cette clause (cass. soc. 16 mars 2005, n° 02-47.007).

Sous-section 4. Négociation quinquennale

§ 1. Classifications

Art. L. 2241-15. Les organisations liées par une convention de branche ou, à défaut, par des accords professionnels se réunissent, au moins une fois tous les cinq ans, pour examiner la nécessité de réviser les classifications.

Ces négociations prennent en compte l'objectif d'égalité professionnelle entre les femmes et les hommes et de mixité des emplois.

Lorsqu'un écart moyen de rémunération entre les femmes et les hommes est constaté, les organisations liées par une convention de branche ou, à défaut, par des accords professionnels font de sa réduction une priorité.

À l'occasion de l'examen mentionné au premier alinéa, les critères d'évaluation retenus dans la définition des différents postes de travail sont analysés afin d'identifier et de corriger ceux d'entre eux susceptibles d'induire des discriminations entre les femmes et les hommes et afin de garantir la prise en compte de l'ensemble des compétences des salariés.

§ 2. Épargne salariale

Art. L. 2241-16. Les organisations liées par une convention de branche ou, à défaut, par des accords professionnels se réunissent, une fois tous les cinq ans, pour engager une négociation sur l'institution d'un ou plusieurs plans d'épargne interentreprises ou plans d'épargne pour la retraite ***(Ord. 2019-766 du 24 juil. 2019, art. 7, IV, 3°, JO 25, entrée en vigueur le 01.10.2019)*** «d'entreprise» collectifs interentreprises lorsqu'il n'existe aucun accord conclu à ce niveau en la matière.

Sous-section 5. Dispositions communes à la négociation annuelle et à la négociation quinquennale

Art. L. 2241-17. Les négociations annuelle et quinquennale prévues aux articles L. 2241-8 et L. 2241-15 visent également à définir et à programmer les mesures permettant de supprimer les écarts de rémunération entre les femmes et les hommes.

Art. L. 2241-18. L'accord visant à supprimer les écarts de rémunération conclu à la suite des négociations annuelle et quinquennale fait l'objet d'un dépôt auprès de l'autorité administrative dans les conditions définies à l'article L. 2231-6.

En l'absence de dépôt d'un accord ou de transmission d'un procès-verbal de désaccord auprès de cette autorité, contenant les propositions des parties en leur dernier état, la commission mixte mentionnée à l'article L. 2261-20 est réunie à l'initiative du ministre chargé du travail afin que s'engagent ou se poursuivent les négociations prévues à l'article L. 2241-17.

CHAPITRE II Négociation obligatoire en entreprise

Note • Les dispositions législatives de ce chapitre sont issues de l'ordonnance 2017-1385 du 22 septembre 2017, art. 7, JO 23.

• L'article 19, XII de la loi 2015-994 du 17 août 2015, JO 18, avait prévu que les entreprises qui, au 1er janvier 2016, étaient couvertes par un accord relatif à la conciliation de la vie personnelle et de la vie professionnelle, à l'égalité professionnelle entre les femmes et les hommes, aux mesures de lutte contre les discriminations ou à l'emploi des travailleurs handicapés ne seraient soumises aux obligations de négocier sur ces thèmes dans les conditions prévues par cette loi qu'à l'expiration de cet accord, et au plus tard à compter du 31 décembre 2018.

SECTION 1. Ordre public

Art. L. 2242-1. Dans les entreprises où sont constituées une ou plusieurs sections syndicales d'organisations représentatives, l'employeur engage au moins une fois tous les quatre ans:

1° Une négociation sur la rémunération, notamment les salaires effectifs, le temps de travail et le partage de la valeur ajoutée dans l'entreprise;

2° Une négociation sur l'égalité professionnelle entre les femmes et les hommes, portant notamment sur les mesures visant à supprimer les écarts de rémunération, et la qualité de vie au travail.

Note *Niveau de la négociation.* Dans les entreprises comportant des établissements ou groupes d'établissements distincts, la négociation peut avoir lieu au niveau de ces établissements ou groupes d'établissements.

Pour que la négociation soit décentralisée, il est nécessaire:
– qu'aucune des organisations syndicales représentatives dans l'établissement ou le groupe d'établissements où la négociation doit s'ouvrir ne s'y oppose (cass. soc. 21 mars 1990, n° 88-14.794, BC V n° 139; RJS 5/90 n° 400; 12 juillet 2016, n° 14-25.794, RJS 10/16 n° 638);
– que la faculté de négocier par établissement ou par groupe d'établissements soit exercée dans tous les établissements ou groupes d'établissements avec les seuls représentants des organisations représentatives (cass. crim. 4 décembre 1990, n° 89-83.283, B. crim. n° 416; RJS 2/91 n° 225). Il doit donc y avoir une ou des sections syndicales et un ou des délégués syndicaux dans chaque établissement ou groupe d'établissements.

Art. L. 2242-2. Dans les entreprises et les groupes d'entreprises au sens de l'article L. 2331-1 d'au moins trois cents salariés, ainsi que dans les entreprises et groupes d'entreprises de dimension communautaire au sens des articles L. 2341-1 et L. 2341-2 comportant au moins ***(Ord. 2017-1718 du 20 déc. 2017, art. 1er, I, 57°, JO 21)*** «un établissement ou une entreprise d'au moins cent cinquante» salariés en France l'employeur engage, au moins une fois tous les quatre ans, en plus des négociations mentionnées à l'article L. 2242-1, une négociation sur la gestion des emplois et des parcours professionnels.

Art. L. 2242-3. En l'absence d'accord relatif à l'égalité professionnelle entre les femmes et les hommes à l'issue de la négociation mentionnée au 2° de l'article L. 2242-1, l'employeur établit un plan d'action annuel destiné à assurer l'égalité professionnelle entre les femmes et les hommes. Après avoir évalué les objectifs fixés et les mesures prises au cours de l'année écoulée, ce plan d'action, fondé sur des critères clairs, précis et opérationnels, détermine les objectifs de progression prévus pour l'année à venir, définit les actions qualitatives et quantitatives permettant de les atteindre et évalue leur coût. Ce plan d'action est déposé auprès de l'autorité administrative.

En l'absence d'accord prévoyant les mesures visant à supprimer les écarts de rémunération entre les femmes et les hommes, la négociation sur les salaires effectifs prévue au 1° de l'article L. 2242-1 porte également sur la programmation de mesures permettant de supprimer les écarts de rémunération et les différences de déroulement de carrière entre les femmes et les hommes.

Note Le 1er alinéa de cet article a été modifié par la loi 2018-771 du 5 septembre 2018, art. 104, IV, JO 6.

Le 2e alinéa de cet article a été modifié par la loi 2018-217 du 29 mars 2018, art. 2, I, 12°, JO 31.

Art. L. 2242-4. Tant que la négociation mentionnée ***(Ord. 2017-1718 du 20 déc. 2017, art. 1er, I, 58°, JO 21)*** «aux articles L. 2242-1 et L. 2242-2» est en cours, l'employeur ne peut, dans les matières traitées, arrêter de décisions unilatérales concernant la collectivité des salariés, sauf si l'urgence le justifie.

Art. L. 2242-5

Note La dénonciation d'une convention collective constituant une décision unilatérale de l'employeur, elle ne peut pas intervenir au cours d'une négociation annuelle d'entreprise. La négociation est en cours à partir du jour prévu pour la première réunion, même si celle-ci est reportée. La dénonciation qui intervient entre la date prévue pour la première réunion et la date effective est donc nulle (cass. soc. 29 juin 1994, n° 91-18.640, BC V n° 219).

Art. L. 2242-5. Si, au terme de la négociation, aucun accord n'a été conclu, il est établi un procès-verbal de désaccord dans lequel sont consignées, en leur dernier état, les propositions respectives des parties et les mesures que l'employeur entend appliquer unilatéralement.

Ce procès-verbal donne lieu à dépôt, à l'initiative de la partie la plus diligente, dans des conditions prévues par voie réglementaire.

Art. L. 2242-6. Les accords collectifs d'entreprise sur les salaires effectifs ne peuvent être déposés auprès de l'autorité administrative, dans les conditions prévues à l'article L. 2231-6, qu'accompagnés d'un procès-verbal d'ouverture des négociations portant sur les écarts de rémunération entre les femmes et les hommes, consignant les propositions respectives des parties. Le procès-verbal atteste que l'employeur a engagé sérieusement et loyalement les négociations. L'engagement sérieux et loyal des négociations implique que, dans les entreprises où sont constituées une ou plusieurs sections syndicales d'organisations représentatives, l'employeur ait convoqué à la négociation les organisations syndicales représentatives dans l'entreprise et fixé le lieu et le calendrier des réunions. L'employeur doit également leur avoir communiqué les informations nécessaires pour leur permettre de négocier en toute connaissance de cause et avoir répondu de manière motivée aux éventuelles propositions des organisations syndicales.

Art. L. 2242-7. Dans les entreprises où sont constituées une ou plusieurs sections syndicales d'organisations représentatives, l'employeur qui n'a pas rempli l'obligation de négociation sur les salaires effectifs mentionnée au 1° de l'article L. 2242-1 est soumis à une pénalité. Si aucun manquement relatif à cette obligation n'a été constaté lors d'un précédent contrôle au cours des six années civiles précédentes, la pénalité est plafonnée à un montant équivalent à 10 % des exonérations de cotisations sociales mentionnées à l'article L. 241-13 du code de la sécurité sociale au titre des rémunérations versées chaque année où le manquement est constaté, sur une période ne pouvant excéder trois années consécutives à compter de l'année précédant le contrôle. Si au moins un manquement relatif à cette obligation a été constaté lors d'un précédent contrôle au cours des six années civiles précédentes, la pénalité est plafonnée à un montant équivalent à 100 % des exonérations de cotisations sociales mentionnées au même article L. 241-13 au titre des rémunérations versées chaque année où le manquement est constaté, sur une période ne pouvant excéder trois années consécutives comprenant l'année du contrôle.

Dans le cas où la périodicité de la négociation sur les salaires effectifs a été portée à une durée supérieure à un an en application de l'article L. 2242-11 du présent code, le premier alinéa n'est pas applicable pendant la durée fixée par l'accord. Au terme de cette durée, il est fait application du premier alinéa du présent article.

Lorsque l'autorité administrative compétente constate le manquement mentionné au premier alinéa, elle fixe le montant de la pénalité en tenant compte notamment des efforts constatés pour ouvrir les négociations, de la situation économique et financière de l'entreprise, de la gravité du manquement et des circonstances ayant conduit au manquement, dans des conditions fixées par décret.

La pénalité est recouvrée dans les conditions prévues à la section 1 du chapitre VII du titre III du livre Ier du code de la sécurité sociale.

Le produit de la pénalité est affecté au régime général de sécurité sociale, selon les mêmes modalités que celles retenues pour l'imputation de la réduction mentionnée à l'article L. 241-13 du même code.

Note Voir note sous article L. 2242-13.

Art. L. 2242-8. Les entreprises d'au moins cinquante salariés sont soumises à une pénalité à la charge de l'employeur en l'absence d'accord relatif à l'égalité professionnelle entre les femmes et les hommes à l'issue de la négociation mentionnée au 2° de l'article L. 2242-1 ou, à défaut d'accord, par un plan d'action mentionné à l'article

L. 2242-3. Les modalités de suivi de la réalisation des objectifs et des mesures de l'accord et du plan d'action sont fixées par décret. Dans les entreprises d'au moins 300 salariés, ce défaut d'accord est attesté par un procès-verbal de désaccord.

(L. 2018-771 du 5 sept. 2018, art. 104, III, 1°, JO 6) «La pénalité prévue au premier alinéa du présent article peut également être appliquée, dans des conditions déterminées par décret, en l'absence de publication des informations prévues à l'article L. 1142-8 ou en l'absence de mesures définies dans les conditions prévues à l'article L. 1142-9.»

Le montant de la pénalité prévue au premier alinéa du présent article est fixé au maximum à 1 % des rémunérations et gains au sens du premier alinéa de l'article L. 242-1 du code de la sécurité sociale et du premier alinéa de l'article L. 741-10 du code rural et de la pêche maritime versés aux travailleurs salariés ou assimilés au cours des périodes au titre desquelles l'entreprise ***(L. 2018-771 du 5 sept. 2018, art. 104, III, 2°, JO 6)*** «ne respecte pas l'une des obligations mentionnées aux premier et deuxième alinéas» du présent article. Le montant est fixé par l'autorité administrative, dans des conditions prévues par décret en Conseil d'État, en fonction des efforts constatés dans l'entreprise en matière d'égalité professionnelle ***(L. 2018-771 du 5 sept. 2018, art. 104, III, 2°, JO 6)*** «et salariale» entre les femmes et les hommes ainsi que des motifs de sa défaillance quant au respect des obligations fixées ***(L. 2018-771 du 5 sept. 2018, art. 104, III, 2°, JO 6)*** «aux mêmes premier et deuxième alinéas».

Le produit de cette pénalité est affecté au fonds mentionné à l'article L. 135-1 du code de la sécurité sociale.

Note Sur le champ et les conditions d'application de la pénalité financière prévue par cet article, voir circulaire ETST1129731C du 28 octobre 2011 et circulaire DGT ETST1302066C du 18 janvier 2013.

Art. L. 2242-9. L'autorité administrative se prononce sur toute demande d'appréciation de la conformité d'un accord ou d'un plan d'action aux dispositions de l'article L. 2242-8 formulée par un employeur.

Le silence gardé par l'autorité administrative, à l'issue d'un délai fixé par décret en Conseil d'État, vaut rejet de cette demande.

La demande mentionnée au premier alinéa n'est pas recevable dès lors que les services chargés de l'application de la législation du travail ont engagé un contrôle sur le respect des dispositions de l'article L. 2242-8. Ces services informent l'employeur par tout moyen lorsque ce contrôle est engagé.

Lorsque l'entreprise est couverte par l'accord relatif à l'égalité professionnelle à l'issue de la négociation mentionnée au 2° de l'article L. 2242-1, la réponse établissant la conformité lie l'autorité administrative pour l'application de la pénalité prévue à l'article L. 2242-8 pendant la période comprise entre la date de réception de la réponse par l'employeur et le terme de la périodicité de renégociation sur le thème de l'égalité professionnelle résultant de l'application de l'article L. 2242-11 ou de l'article L. 2242-12 ou, à défaut, du 2° de l'article L. 2242-13.

Lorsque l'entreprise est couverte par un plan d'action en application des dispositions de l'article L. 2242-3, la réponse établissant la conformité lie l'autorité administrative pour l'application de la pénalité prévue à l'article L. 2242-8 pendant la période comprise entre la date de réception de la réponse par l'employeur et le terme de la première année suivant le dépôt du plan d'action.

Note Ces dispositions reprennent à l'identique celles de l'ancien article L. 2242-9-1 issu de l'ordonnance 2015-1628 du 10 décembre 2015, JO 11, applicables aux accords et plans d'action mentionnés au premier alinéa de cet article déposés auprès de l'autorité administrative depuis le 1er janvier 2016.

Sous-section 1 (réglementaire). Dispositions communes

Art. R. 2242-1. Lorsqu'aucun accord n'a été conclu au terme de la négociation obligatoire en entreprise, le procès-verbal de désaccord établi est déposé dans les conditions prévues à l'article D. 2231-2.

Sous-section 2 (réglementaire). Égalité professionnelle entre les femmes et les hommes

Art. R. 2242-2. ***(D. 2017-1703 du 15 déc. 2017, art. 2, 3°, JO 17)*** «L'accord relatif à l'égalité professionnelle entre les femmes et les hommes conclu à l'issue de la négociation mentionnée au 2° de l'article L. 2242-1 ou, à défaut, le plan d'action prévu à l'article L. 2242-3 fixe les objectifs de progression et les actions permettant de les atteindre portant sur au moins trois des domaines d'action mentionnés au 2° de l'article L. 2312-36 pour les entreprises de moins de 300 salariés et sur au moins quatre de ces domaines pour les entreprises de 300 salariés et plus. Ces domaines d'actions sont les suivants : embauche, formation, promotion professionnelle, qualification, classification, conditions de travail, sécurité et santé au travail, rémunération effective et articulation entre l'activité professionnelle et la vie personnelle et familiale.

Les objectifs et les actions sont accompagnés d'indicateurs chiffrés. »

(D. 2012-1408 du 18 déc. 2012, JO 19) « La rémunération effective est obligatoirement comprise dans les domaines d'action retenus par l'accord collectif ou, à défaut, le plan d'action mentionnés au premier alinéa. » ***(D. 2019-382 du 29 avril 2019, JO 30)*** « Dans les entreprises d'au moins cinquante salariés, les objectifs de progression, les actions et les indicateurs chiffrés fixés dans ce domaine tiennent compte des indicateurs mentionnés à l'article L. 1142-8, ainsi, le cas échéant, que des mesures de correction définies dans les conditions prévues à l'article L. 1142-9. »

Art. R. 2242-2-1. Le plan d'action mentionné ***(D. 2017-1703 du 15 déc. 2017, art. 2, 3°, JO 17)*** « à l'article L. 2242-3 » est déposé par l'employeur dans les conditions prévues ***(D. 2019-382 du 29 avril 2019, JO 30)*** « à l'article » D. 2231-4.

Note Cet article est l'ancien article D. 2323-9-2 (décret 2016-868 du 29 juin 2016, art. 5, V, 6°, JO 30).

Art. R. 2242-3. ***(D. 2019-382 du 29 avril 2019, JO 30)*** L'agent de contrôle de l'inspection du travail, mentionné à l'article L. 8112-1, met en demeure l'employeur de remédier à la situation dans un délai d'exécution fixé en fonction de la nature du manquement et de la situation relevée dans l'entreprise et qui ne peut être inférieur à un mois, lorsqu'il constate :

1° Soit que l'entreprise n'est pas couverte par l'accord relatif à l'égalité professionnelle entre les femmes et les hommes conclu à l'issue de la négociation mentionnée au 2° de l'article L. 2242-1 ou, à défaut, par le plan d'action prévu à l'article L. 2242-3 ;

2° Soit qu'elle n'a pas publié les informations prévues à l'article L. 1142-8 pendant une ou plusieurs années consécutives ;

3° Soit qu'elle n'a pas défini de mesures de correction dans les conditions prévues à l'article L. 1142-9.

Cette mise en demeure est transmise à l'employeur par tout moyen permettant de donner date certaine à sa réception.

Note Cet article ne s'applique qu'aux pénalités notifiées à l'employeur par le Direccte [Dreets] à la suite d'une mise en demeure prévue à l'article R. 2242-3 et intervenue postérieurement au 1er mai 2019 (décret 2019-382 précité, art. 3).

Art. R. 2242-4. ***(D. 2011-822 du 7 juil. 2011, JO 9, entrée en vigueur le 01.01.2012) (D. 2019-382 du 29 avril 2019, JO 30)*** « Dans le délai prévu à l'article R. 2242-3, l'employeur lui communique, par tout moyen permettant de donner date certaine à leur réception, les éléments apportant la preuve qu'il respecte bien la ou les obligations mentionnées dans la mise en demeure.

Ces éléments sont :

1° Soit l'accord conclu à l'issue de la négociation mentionnée au 2° de l'article L. 2242-1 ou, à défaut, le plan d'action prévu à l'article L. 2242-3, mis en place ou modifié ;

2° Soit la preuve de la publication des indicateurs mentionnés à l'article L. 1142-8 les années considérées ;

3° Soit l'accord ou, à défaut, la décision de l'employeur mentionnés à l'article L. 1142-9. »

S'il n'est pas en mesure de communiquer ***(D. 2019-382 du 29 avril 2019, JO 30)*** « ces éléments », il justifie des motifs de la défaillance de l'entreprise au regard de ***(D. 2019-382 du 29 avril 2019, JO 30)*** « ces obligations ».

À sa demande, il peut être entendu.

Art. R. 2242-5. ***(D. 2011-822 du 7 juil. 2011, JO 9, entrée en vigueur le 01.01.2012)*** À l'issue du délai prévu à l'article R. 2242-3, le ***(D. 2020-1545 du 9 déc. 2020, JO 10, entrée en vigueur le 01.04.2021)*** « directeur régional de l'économie, de l'emploi, du travail et des solidarités » décide s'il y a lieu d'appliquer la pénalité mentionnée au premier alinéa de l'article ***(D. 2017-1703 du 15 déc. 2017, art. 2, 3°, JO 17)*** « L. 2242-8 » et en fixe le taux.

Art. R. 2242-6. ***(D. 2011-822 du 7 juil. 2011, JO 9, entrée en vigueur le 01.01.2012)*** Il est tenu compte, pour fixer le taux de la pénalité, des motifs de défaillance dont l'employeur a justifié, des mesures prises par l'entreprise en matière d'égalité professionnelle entre les femmes et les hommes et de la bonne foi de l'employeur.

Au titre des motifs de défaillance, sont pris en compte pour diminuer le taux tous motifs indépendants de la volonté de l'employeur susceptibles de justifier le non-respect ***(D. 2019-382 du 29 avril 2019, JO 30)*** « des obligations mentionnées aux deux premiers alinéas de » l'article ***(D. 2017-1703 du 15 déc. 2017, art. 2, 3°, JO 17)*** « L. 2242-8 », et notamment :

1° La survenance de difficultés économiques de l'entreprise ;

2° Les restructurations ou fusions en cours ;

3° L'existence d'une procédure collective en cours ;

4° Le franchissement du seuil d'effectifs prévu ***(D. 2019-382 du 29 avril 2019, JO 30)*** « aux articles L. 1142-8, L. 1142-9 et » ***(D. 2017-1703 du 15 déc. 2017, art. 2, 3°, JO 17)*** « L. 2242-8 » au cours des douze mois précédant celui de l'envoi de la mise en demeure mentionnée à l'article R. 2242-3.

Art. R. 2242-7. ***(D. 2019-382 du 29 avril 2019, JO 30)*** Les revenus d'activité qui constituent la base du calcul de la pénalité mentionnée à l'article L. 2242-8 sont ceux du mois entier qui suit le terme de la mise en demeure mentionnée à l'article R. 2242-3. La pénalité est due pour chaque mois entier à compter du terme de la mise en demeure mentionnée à l'article R. 2242-3 et jusqu'à la réception par l'inspection du travail, selon le cas, de l'accord relatif à l'égalité professionnelle conclu à l'issue de la négociation mentionnée au 2° de l'article L. 2242-1, du plan d'action prévu à l'article L. 2242-3, de l'accord ou de la décision de l'employeur mentionné à l'article L. 1142-9 ou de la preuve de la publication des indicateurs mentionnés à l'article L. 1142-8.

Note Cet article ne s'applique qu'aux pénalités notifiées à l'employeur par le Direccte [Dreets] à la suite d'une mise en demeure prévue à l'article R. 2242-3 et intervenue postérieurement au 1er mai 2019 (décret 2019-382 précité, art. 3).

Art. R. 2242-8. ***(D. 2011-822 du 7 juil. 2011, JO 9, entrée en vigueur le 01.01.2012)*** Le ***(D. 2020-1545 du 9 déc. 2020, JO 10, entrée en vigueur le 01.04.2021)*** « directeur régional de l'économie, de l'emploi, du travail et des solidarités » adresse à l'employeur qui n'a pas rempli les obligations en matière d'égalité professionnelle et salariale entre les femmes et les hommes définies ***(D. 2019-382 du 29 avril 2019, JO 30)*** « aux deux premiers alinéas de l'article L. 2242-8 », par ***(D. 2017-1703 du 15 déc. 2017, art. 2, 3°, JO 17)*** « tout moyen permettant de conférer date certaine à leur réception », une notification motivée du taux de la pénalité qui lui est appliqué, ***(D. 2017-1703 du 15 déc. 2017, art. 2, 3°, JO 17)*** « dans le délai de deux mois » à compter de la date d'expiration de la mise en demeure prévue à l'article R. 2242-3, et lui demande de communiquer en retour le montant des gains et rémunérations servant de base au calcul de la pénalité conformément à l'article R. 2242-7 ***(D. 2017-1703 du 15 déc. 2017, art. 2, 3°, JO 17)*** « dans le délai de deux mois ». À défaut, la pénalité est calculée sur la base de deux fois la valeur du plafond mensuel de la sécurité sociale par mois compris dans la période mentionnée à l'article R. 2242-7.

(D. 2019-382 du 29 avril 2019, JO 30) « Le ***(D. 2020-1545 du 9 déc. 2020, JO 10, entrée en vigueur le 01.04.2021)*** « directeur régional de l'économie, de l'emploi, du travail et des solidarités » émet un titre de perception pris en charge par le directeur départemental ou régional des finances publiques qui en assure le recouvrement comme en matière de créance étrangère à l'impôt et au domaine. »

Art. R. 2242-9. ***(D. 2016-868 du 29 juin 2016, art. 6, JO 30)*** La demande de l'employeur mentionnée au premier alinéa de l'article ***(D. 2017-1703 du 15 déc. 2017, art. 2, 3°, JO 17)*** « L. 2242-9 » est adressée par tout moyen permettant d'apporter la preuve de sa réception par le ***(D. 2020-1545 du 9 déc. 2020, JO 10, entrée en vigueur le 01.04.2021)*** « directeur régional de l'économie, de l'emploi, du travail et des solidarités ».

La demande doit comporter :

1° La raison sociale de l'établissement, ses adresses postale et électronique le cas échéant ;

2° Son numéro de SIRET ;

3° Les références aux dispositions législatives ou réglementaires au regard desquelles la demande est à apprécier ;

4° L'accord ou le plan d'action mentionnés à l'article L. 2242-8. Le plan d'action est accompagné, le cas échéant, du procès-verbal de désaccord mentionné à ***(D. 2017-1703 du 15 déc. 2017, art. 2, 3°, JO 17)*** « ce même article ».

Art. R. 2242-10. ***(D. 2016-868 du 29 juin 2016, art. 6, JO 30)*** La demande est réputée complète si, dans un délai de quinze jours à compter de sa réception, le ***(D. 2020-1545 du 9 déc. 2020, JO 10, entrée en vigueur le 01.04.2021)*** « directeur régional de l'économie, de l'emploi, du travail et des solidarités » n'a pas fait connaître à l'employeur la liste des pièces ou des informations manquantes.

À réception de ces pièces ou informations, le ***(D. 2020-1545 du 9 déc. 2020, JO 10, entrée en vigueur le 01.04.2021)*** « directeur régional de l'économie, de l'emploi, du travail et des solidarités » notifie au demandeur que la demande est complète. En l'absence de réception des pièces et informations manquantes dans un délai d'un mois, la demande est réputée caduque.

Le ***(D. 2020-1545 du 9 déc. 2020, JO 10, entrée en vigueur le 01.04.2021)*** « directeur régional de l'économie, de l'emploi, du travail et des solidarités » dispose d'un délai de deux mois à compter de la date de réception de la demande complète pour notifier à l'employeur sa réponse établissant la conformité mentionnée ***(D. 2017-1703 du 15 déc. 2017, art. 2, 3°, JO 17)*** « aux quatrième et cinquième alinéas de l'article L. 2242-9 ».

Art. R. 2242-11. ***(D. 2016-868 du 29 juin 2016, art. 6, JO 30)*** Les notifications mentionnées à l'article R. 2242-10 sont effectuées par tout moyen permettant de ***(D. 2017-1703 du 15 déc. 2017, art. 2, 3°, JO 17)*** « conférer date certaine à leur réception ».

Sous-section 3 (réglementaire). Rémunération

Note Cette sous-section est issue du décret 2017-1703 du 15 décembre 2017, art. 2, 4°, JO 17.

Les dispositions de cette sous-section sont applicables aux manquements à l'obligation de négociation sur les salaires effectifs définie au 1° de l'article L. 2242-1, constatés au titre de l'année 2016 et des années suivantes.

À titre transitoire, pour calculer le plafond des pénalités prononcées sur la base des constats réalisés au titre des années 2016 à 2021, sont pris en compte le cas échéant les contrôles réalisés entre 2010 et 2016 par les organismes de recouvrement des cotisations de sécurité sociale au titre des dispositions de l'article 26 de la loi 2008-1258 du 3 décembre 2008. À cette fin, le Direccte [Dreets] recueille auprès de l'organisme de recouvrement compétent les éléments nécessaires (décret 2017-1703 précité, art. 4).

Art. D. 2242-12. Pour l'application de l'article L. 2242-7, lorsqu'un agent de contrôle de l'inspection du travail mentionné à l'article L. 8112-1 constate un manquement à l'obligation définie au 1° de l'article L. 2242-1, il transmet au ***(D. 2020-1545 du 9 déc. 2020, JO 10, entrée en vigueur le 01.04.2021)*** « directeur régional de l'économie, de l'emploi, du travail et des solidarités » un rapport sur ce manquement.

Art. D. 2242-13. Lorsque le ***(D. 2020-1545 du 9 déc. 2020, JO 10, entrée en vigueur le 01.04.2021)*** « directeur régional de l'économie, de l'emploi, du travail et des solidarités » envisage de prononcer la pénalité mentionnée à l'article L. 2242-7, il en informe l'employeur, par tout moyen permettant de conférer date certaine de sa réception par le destinataire, dans un délai de quatre mois à compter de la date du constat du manquement mentionné à l'article D. 2242-12. Il informe l'employeur du taux maximal de pénalité encouru pour chaque année où un manquement est constaté, dans la limite des trois années consécutives prévues à la deuxième phrase premier alinéa de l'article L. 2242-7. Il l'invite à lui présenter, dans un délai de deux mois, ses observations et à justifier, le cas échéant, des motifs de sa défaillance. L'employeur peut à sa demande être entendu.

Le ***(D. 2020-1545 du 9 déc. 2020, JO 10, entrée en vigueur le 01.04.2021)*** « directeur régional de l'économie, de l'emploi, du travail et des solidarités » demande communication à l'organisme de recouvrement dont dépend l'employeur du montant des exonérations de cotisations sociales mentionnées à l'article L. 241-13 du code de la sécurité sociale au titre des rémunérations versées chaque année où le manquement est constaté. L'organisme de recouvrement lui communique ces éléments dans un délai de deux mois.

Art. D. 2242-14. Pour déterminer le montant de la pénalité, le ***(D. 2020-1545 du 9 déc. 2020, JO 10, entrée en vigueur le 01.04.2021)*** « directeur régional de l'économie, de l'emploi, du travail et des solidarités » tient compte des efforts réalisés par l'employeur pour engager des négociations sur les salaires effectifs dans les conditions prévues aux articles L. 2242-1 et L. 2242-4 à L. 2242-6, de sa bonne foi, ainsi que des motifs de défaillance que l'employeur a justifiés.

Au titre des motifs de défaillance, sont notamment pris en compte :

1° La survenance de difficultés économiques de l'entreprise ;

2° Les restructurations ou fusions en cours ;

3° L'existence d'une procédure collective en cours.

Art. D. 2242-15. Le ***(D. 2020-1545 du 9 déc. 2020, JO 10, entrée en vigueur le 01.04.2021)*** « directeur régional de l'économie, de l'emploi, du travail et des solidarités » adresse à l'employeur, par tout moyen permettant de conférer date certaine de sa réception par le destinataire, une notification du montant de la pénalité qui lui est appliquée, dans un délai de deux mois à compter de l'expiration du délai laissé à l'employeur pour présenter ses observations et justifier des motifs de sa défaillance, prévu à l'article D. 2242-13.

Une copie de cette notification est adressée à l'organisme chargé du recouvrement des cotisations de sécurité sociale dont dépend l'employeur.

Art. D. 2242-16. La pénalité est déclarée et versée par l'employeur à l'organisme chargé du recouvrement des cotisations de sécurité sociale du régime dont il dépend à la première date d'échéance des cotisations et contributions sociales dont il est redevable auprès de cet organisme intervenant à l'issue d'un délai de deux mois suivant la notification.

SECTION 2. Champ de la négociation collective

Art. L. 2242-10. Dans les entreprises mentionnées à l'article L. 2242-1, peut être engagée, à l'initiative de l'employeur ou à la demande d'une organisation syndicale de salariés représentative, une négociation précisant le calendrier, la périodicité, les thèmes et les modalités de négociation dans le groupe, l'entreprise ou l'établissement.

Art. L. 2242-11. L'accord conclu à l'issue de la négociation mentionnée à l'article L. 2242-10 précise :

1° Les thèmes des négociations ***(L. 2018-217 du 29 mars 2018, art. 2, I, 13°, JO 31)*** «et leur périodicité,» de telle sorte qu'au moins tous les quatre ans soient négociés les thèmes mentionnés aux 1° et 2° de l'article L. 2242-1 ***(Ord. 2017-1718 du 20 déc. 2017, art. 1er, I, 59°, JO 21)*** «et à l'article L. 2242-2»;

2° Le contenu de chacun des thèmes;

3° Le calendrier et les lieux des réunions;

4° Les informations que l'employeur remet aux négociateurs sur les thèmes prévus par la négociation qui s'engage et la date de cette remise;

5° Les modalités selon lesquelles sont suivis les engagements souscrits par les parties.

La durée de l'accord ne peut excéder quatre ans.

Art. L. 2242-12. Un accord conclu dans l'un des domaines énumérés aux 1° et 2° de l'article L. 2242-1 ***(Ord. 2017-1718 du 20 déc. 2017, art. 1er, I, 59°, JO 21)*** «et à l'article L. 2242-2» peut fixer la périodicité de sa renégociation, dans la limite de quatre ans.

SECTION 3. Dispositions supplétives

Sous-section 1. Modalités de la négociation obligatoire

Art. L. 2242-13. À défaut d'accord prévu à l'article L. 2242-11 ou en cas de non-respect de ses stipulations, l'employeur engage, dans les entreprises mentionnées à ce même article:

1° Chaque année, une négociation sur la rémunération, le temps de travail et le partage de la valeur ajoutée dans l'entreprise, dans les conditions prévues à la sous-section 2 de la présente section;

2° Chaque année, une négociation sur l'égalité professionnelle entre les femmes et les hommes et la qualité de vie au travail, dans les conditions prévues à la sous-section 3 de la présente section;

3° Tous les trois ans, dans les entreprises d'au moins trois cents salariés mentionnées à l'article L. 2242-2, une négociation sur la gestion des emplois et des parcours professionnels, dans les conditions prévues à la sous-section 4 de la présente section.

À défaut d'une initiative de l'employeur depuis plus de douze mois, pour chacune des deux négociations annuelles, et depuis plus de trente-six mois, pour la négociation triennale, suivant la précédente négociation, cette négociation s'engage obligatoirement à la demande d'une organisation syndicale représentative.

La demande de négociation formulée par l'organisation syndicale est transmise dans les huit jours par l'employeur aux autres organisations représentatives.

Dans les quinze jours qui suivent la demande formulée par une organisation syndicale, l'employeur convoque les parties à la négociation.

Note Rappelons qu'une obligation de négocier n'est évidemment pas une obligation de conclure (cass. civ., 2e ch., 7 novembre 2019, n° 18-21.499, à paraître, RJS 1/20 n° 37).

Art. L. 2242-14. Lors de la première réunion sont précisés:

1° Le lieu et le calendrier de la ou des réunions;

2° Les informations que l'employeur remettra aux délégués syndicaux et aux salariés composant la délégation sur les thèmes prévus par la négociation qui s'engage et la date de cette remise.

Sous-section 2. Négociation sur la rémunération, le temps de travail et le partage de la valeur ajoutée

Art. L. 2242-15. La négociation annuelle sur la rémunération, le temps de travail et le partage de la valeur ajoutée dans l'entreprise porte sur:

1° Les salaires effectifs;

2° La durée effective et l'organisation du temps de travail, notamment la mise en place du travail à temps partiel. Dans ce cadre, la négociation peut également porter sur la réduction du temps de travail;

3° L'intéressement, la participation et l'épargne salariale, à défaut d'accord d'intéressement, d'accord de participation, de plan d'épargne d'entreprise, de plan d'épargne pour la mise à la retraite collectif ou d'accord de branche comportant un ou plusieurs de ces dispositifs. S'il y a lieu, la négociation porte également sur l'affectation d'une partie des sommes collectées dans le cadre du plan d'épargne pour la retraite collectif mentionné à l'article L. 3334-1 ***(Ord. 2019-766 du 24 juil. 2019, art. 7, IV, 4°, JO 25, entrée en vigueur le 01.10.2019)*** «du présent code ou du plan d'épargne retraite d'entreprise collectif mentionné à l'article L. 224-14 du code monétaire et financier» et sur l'acquisition de parts de fonds investis dans les entreprises solidaires mentionnés à l'article L. 3334-13 ***(Ord. 2019-766 du 24 juil. 2019, art. 7, IV, 4°, JO 25, entrée en vigueur le 01.10.2019)*** «du présent code ou à l'article L. 224-3 du code monétaire et financier.» La même obligation incombe aux groupements d'employeurs;

4° Le suivi de la mise en œuvre des mesures visant à supprimer les écarts de rémunération et les différences de déroulement de carrière entre les femmes et les hommes.

Note • La loi 2008-1258 du 3 décembre 2008 en faveur des revenus du travail (art. 26) a mis en place un système visant à pénaliser les entreprises qui ne respectent pas leur obligation d'engager la négociation annuelle sur les salaires effectifs. Sur la mise en œuvre et le contrôle du mécanisme de conditionnalité des allégements de cotisations sociales prévu par ce texte, voir circulaire DSS/5C/DGT/2011/92 du 7 mars 2011 et lettre-circulaire ACOSS 2011-53 du 9 mai 2011.

La Cour de cassation a jugé que l'absence de négociation annuelle obligatoire peut causer un préjudice ouvrant droit à des dommages-intérêts lorsque les salariés ont perdu une chance d'obtenir le versement d'une prime conventionnelle, dont le montant était fixé dans le cadre de cette négociation (cass. soc. 13 novembre 2008, n° 07-44.874).

• La négociation obligatoire sur les salaires effectifs doit concerner la situation de l'ensemble des salariés; un employeur ne peut donc refuser d'inclure dans la négociation les modifications du calcul de la paie concernant le secteur des chauffeurs de grand tourisme (cass. crim. 28 mars 1995, n° 92-80.694, B. crim. n° 130; RJS 10/95 n° 1033). Un contrat collectif d'assurance ayant pour effet de fixer le montant des salaires effectifs d'une catégorie du personnel, cette question relève de la négociation obligatoire. L'employeur n'ayant pas inclus cette question dans la négociation annuelle a manqué à son obligation. Pour permettre le respect de l'obligation de négocier et de consulter préalablement le comité d'entreprise, les juges ont décidé de suspendre la mise à exécution de la décision de l'employeur (cass. soc. 28 novembre 2000, n° 98-19.594, BC V n° 398).

• La négociation sur la durée effective du temps de travail dans l'entreprise n'est pas indissociable en soi de la négociation sur l'aménagement du temps de travail. Ces deux sujets peuvent être négociés et conclus séparément (cass. soc. 7 novembre 1990, n° 89-10.483, BC V n° 525).

Art. L. 2242-16. La négociation prévue à l'article L. 2242-15 donne lieu à une information par l'employeur sur les mises à disposition de salariés auprès des organisations syndicales ou des associations d'employeurs mentionnées à l'article L. 2231-1.

Dans les entreprises qui ne sont pas soumises à cette obligation annuelle de négocier, l'employeur communique aux salariés qui en font la demande une information sur les mises à disposition de salariés auprès des organisations syndicales ou des associations d'employeurs mentionnées à l'article L. 2231-1.

Sous-section 3. Égalité professionnelle entre les femmes et les hommes et qualité de vie au travail

Art. L. 2242-17. La négociation annuelle sur l'égalité professionnelle entre les femmes et les hommes et la qualité de vie au travail porte sur:

1° L'articulation entre la vie personnelle et la vie professionnelle pour les salariés;

2° Les objectifs et les mesures permettant d'atteindre l'égalité professionnelle entre les femmes et les hommes, notamment en matière de suppression des écarts de rémunération, d'accès à l'emploi, de formation professionnelle, de déroulement de carrière et de promotion professionnelle, de conditions de travail et d'emploi, en particulier pour les salariés à temps partiel, et de mixité des emplois. Cette négociation s'appuie sur les données mentionnées au 2° de l'article L. 2312-36.

Cette négociation porte également sur l'application de l'article L. 241-3-1 du code de la sécurité sociale et sur les conditions dans lesquelles l'employeur peut prendre en charge tout ou partie du supplément de cotisations;

(L. 2018-771 du 5 sept. 2018, art. 107, JO 6) «3° Les mesures permettant de lutter contre toute discrimination en matière de recrutement, d'emploi et d'accès à la formation professionnelle, en favorisant notamment les conditions d'accès aux critères définis aux II et III de l'article L. 6315-1;»

4° Les mesures relatives à l'insertion professionnelle et au maintien dans l'emploi des travailleurs handicapés, notamment les conditions d'accès à l'emploi, à la formation et à la promotion professionnelles, les conditions de travail et d'emploi et les actions de sensibilisation de l'ensemble du personnel au handicap;

5° Les modalités de définition d'un régime de prévoyance et, dans des conditions au moins aussi favorables que celles prévues à l'article L. 911-7 du code de la sécurité sociale, d'un régime de remboursements complémentaires de frais occasionnés par une maladie, une maternité ou un accident, à défaut de couverture par un accord de branche ou un accord d'entreprise.

Dans les entreprises de travaux forestiers mentionnées au 3° de l'article L. 722-1 du code rural et de la pêche maritime, la négociation définie au premier alinéa du présent 5° porte sur l'accès aux garanties collectives mentionnées à l'article L. 911-2 du code de la sécurité sociale;

6° L'exercice du droit d'expression directe et collective des salariés prévu au chapitre Ier du titre VIII du présent livre, notamment au moyen des outils numériques disponibles dans l'entreprise;

7° Les modalités du plein exercice par le salarié de son droit à la déconnexion et la mise en place par l'entreprise de dispositifs de régulation de l'utilisation des outils numériques, en vue d'assurer le respect des temps de repos et de congé ainsi que de la vie personnelle et familiale. À défaut d'accord, l'employeur élabore une charte, après avis du comité social et économique. Cette charte définit ces modalités de l'exercice du droit à la déconnexion et prévoit en outre la mise en œuvre, à destination des salariés et du personnel d'encadrement et de direction, d'actions de formation et de sensibilisation à un usage raisonnable des outils numériques;

(L. 2019-1428 du 24 déc. 2019, art. 82, II, JO 26, entrée en vigueur le 01.01.2020) «8° Dans les entreprises mentionnées à l'article L. 2143-3 du présent code et dont cinquante salariés au moins sont employés sur un même site, les mesures visant à améliorer la mobilité des salariés entre leur lieu de résidence habituelle et leur lieu de travail, notamment en réduisant le coût de la mobilité, en incitant à l'usage des modes de transport vertueux ainsi que par la prise en charge des frais mentionnés aux articles L. 3261-3 et L. 3261-3-1.»

Art. L. 2242-18. La négociation sur l'insertion professionnelle et le maintien dans l'emploi des travailleurs handicapés se déroule sur la base d'un rapport établi par l'employeur présentant la situation par rapport à l'obligation d'emploi des travailleurs handicapés prévue par les articles L. 5212-1 et suivants.

Art. L. 2242-19. La négociation prévue à l'article L. 2242-17 peut également porter sur la prévention des effets de l'exposition aux facteurs de risques professionnels prévue à l'article L. 4161-1. L'accord conclu sur ce thème dans le cadre du présent article vaut conclusion de l'accord mentionné à l'article L. 4163-3, sous réserve du respect des autres dispositions prévues au ***(Ord. 2017-1718 du 20 déc. 2017, art. 1er, I, 60°, JO 21)*** «chapitre III du titre VI du livre Ier de la quatrième partie du présent code».

Note Cet article est applicable à Mayotte à compter du 01.01.2022 (ordonnance 2017-1491 du 25 octobre 2017, art. 33, 3°, JO 26).

Sous-section 4. Gestion des emplois et des parcours professionnels

Art. L. 2242-20. Dans les entreprises et les groupes d'entreprises au sens de l'article L. 2331-1 d'au moins trois cents salariés, ainsi que dans les entreprises et groupes d'entreprises de dimension communautaire au sens des articles L. 2341-1 et L. 2341-2 comportant au moins ***(Ord. 2017-1718 du 20 déc. 2017, art. 1er, I, 57°, JO 21)*** «un établissement ou une entreprise d'au moins cent cinquante» salariés en France, l'employeur engage tous les trois ans, notamment sur le fondement des orientations stratégiques de l'entreprise et de leurs conséquences mentionnées à l'article L. 2323-10, une négociation sur la gestion des emplois et des parcours professionnels et sur la mixité des métiers portant sur:

1° La mise en place d'un dispositif de gestion prévisionnelle des emplois et des compétences, ainsi que sur les mesures d'accompagnement susceptibles de lui être associées, en particulier en matière de formation, d'abondement du compte personnel de formation, de validation des acquis de l'expérience, de bilan de compétences ainsi que d'accompagnement de la mobilité professionnelle et géographique des salariés autres que celles prévues dans le cadre de l'article L. 2254-2;

2° Le cas échéant, les conditions de la mobilité professionnelle ou géographique interne à l'entreprise prévue à l'article L. 2254-2, qui doivent, en cas d'accord, faire l'objet d'un chapitre spécifique;

3° Les grandes orientations à trois ans de la formation professionnelle dans l'entreprise et les objectifs du ***(L. 2018-771 du 5 sept. 2018, art. 8, IV, JO 6)*** «plan de développement des compétences», en particulier les catégories de salariés et d'emplois auxquels ce dernier est consacré en priorité, les compétences et qualifications à acquérir pendant la période de validité de l'accord ainsi que les critères et modalités d'abondement par l'employeur du compte personnel de formation;
4° Les perspectives de recours par l'employeur aux différents contrats de travail, au travail à temps partiel et aux stages, ainsi que les moyens mis en œuvre pour diminuer le recours aux emplois précaires dans l'entreprise au profit des contrats à durée indéterminée;
5° Les conditions dans lesquelles les entreprises sous-traitantes sont informées des orientations stratégiques de l'entreprise ayant un effet sur leurs métiers, l'emploi et les compétences;
6° Le déroulement de carrière des salariés exerçant des responsabilités syndicales et l'exercice de leurs fonctions.

Un bilan est réalisé à l'échéance de l'accord.

Note • Les dispositions de cet article, dans sa rédaction issue de la loi 2018-771 précitée, sont applicables depuis le 1er janvier 2019 (loi précitée, art. 46, I).

• **Portée de l'accord.** Lorsque l'accord comporte l'engagement de l'employeur de maintenir les effectifs de l'entreprise, la décision de transférer une partie de l'activité à une entreprise extérieure, emportant transfert des contrats de travail affectés à cette activité, méconnaît l'engagement spécifiquement pris dans le cadre de l'accord et prive les salariés d'une chance de conserver un emploi au sein de l'entreprise (cass. soc. 18 juin 2014, n° 12-18.589, RJS 11/14 n° 800).

Art. L. 2242-21. La négociation prévue à l'article L. 2242-20 peut également porter:
1° Sur les matières mentionnées aux articles L. 1233-21 et L. 1233-22 selon les modalités prévues à ***(Ord. 2017-1718 du 20 déc. 2017, art. 1er, I, 61°, JO 21)*** «ces mêmes articles»;
2° Sur la qualification des catégories d'emplois menacés par les évolutions économiques ou technologiques;
3° Sur les modalités de l'association des entreprises sous-traitantes au dispositif de gestion prévisionnelle des emplois et des compétences de l'entreprise;
4° Sur les conditions dans lesquelles l'entreprise participe aux actions de gestion prévisionnelle des emplois et des compétences mises en œuvre à l'échelle des territoires où elle est implantée;
5° Sur la mise en place de congés de mobilités dans les conditions prévues par les articles L. 1237-18 et suivants;
6° Sur la formation et l'insertion durable des jeunes dans l'emploi, l'emploi des salariés âgés et la transmission des savoirs et des compétences, les perspectives de développement de l'alternance, ainsi que les modalités d'accueil des alternants et des stagiaires et l'amélioration des conditions de travail des salariés âgés.

CHAPITRE III Dispositions pénales

Art. L. 2243-1. Le fait de se soustraire aux obligations prévues à l'article L. 2242-1, relatives à la convocation des parties à la négociation et à l'obligation périodique de négocier, est puni d'un emprisonnement d'un an et d'une amende de 3750 €.

Note Cet article a été modifié par la loi 2015-994 du 17 août 2015, art. 19, VI et XII, JO 18, entrée en vigueur le 01.01.2016.

Art. L. 2243-2. Le fait de se soustraire aux obligations prévues aux articles ***(L. 2015-994 du 17 août 2015, art. 19, VI, JO 18, entrée en vigueur le 01.01.2016)*** «L. 2242-1 et L. 2242-20» est puni d'un emprisonnement d'un an et d'une amende de 3 750 €.

Note Les articles L. 2243-1 et 2 sanctionnent pénalement le fait, pour l'employeur, de se soustraire aux obligations prévues aux articles L. 2242-1 et 20. Mais la loi pénale est, en application du principe général, interprétée strictement; le comportement entièrement négatif de l'employeur en cours de négociation n'est donc pas pénalement répréhensible (cass. crim. 4 octobre 1989, n° 88-86.163, B. crim. n° 341; Dr. Soc. 1990, p. 154, note J. Savatier).

TITRE V ARTICULATION DES CONVENTIONS ET ACCORDS

CHAPITRE Ier Rapports entre conventions ou accords et lois et règlements

Art. L. 2251-1. Une convention ou un accord peut comporter des stipulations plus favorables aux salariés que les dispositions légales en vigueur. Ils ne peuvent déroger aux dispositions qui revêtent un caractère d'ordre public.

Note **Dispositions d'ordre public.** Les dispositions législatives ou réglementaires prises dans le domaine du droit du travail présentent un caractère d'ordre public en tant qu'elles garantissent aux travailleurs des avantages minimaux, lesquels ne peuvent être supprimés ou réduits, mais ne font pas obstacle à ce que ces garanties ou avantages soient accrus ni à ce que des avantages ou garanties non prévus par les dispositions législatives ou réglementaires soient institués par voie conventionnelle. En revanche, une convention collective ne saurait légalement déroger ni aux dispositions qui, par leurs termes mêmes, présentent un caractère impératif, ni aux principes fondamentaux énoncés dans la Constitution ou aux règles du droit interne - ou, le cas échéant, international - lorsque ces principes ou règles débordent le domaine du droit du travail ou intéressent des avantages ou garanties échappant, par leur nature, aux rapports conventionnels (CE avis 22 mars 1973).

L'interdiction de déroger aux dispositions d'ordre public des lois et règlements concerne aussi bien les dérogations indirectes que les dérogations directes (cass. soc. 25 octobre 1994, n° 90-40.565, BC V n° 290; Dr. Soc. 1995, p. 74: la clause conventionnelle qualifiant de démission une rupture décidée par l'employeur est nulle puisqu'elle prive le salarié des droits et indemnités prévus par la loi en cas de licenciement).

Les dispositions d'un accord collectif ne peuvent restreindre les droits syndicaux que les représentants des salariés tiennent des lois et règlements en vigueur (cass. soc. 27 mai 2008, n° 06-46.403, BC V n° 113; RDT, octobre 2008, CH, 612, S. Nadal).

On observera qu'en matière de représentation du personnel, la loi 82-915 du 28 octobre 1982 a accru les possibilités de dérogations conventionnelles à des dispositions qui pouvaient jusque-là être considérées comme d'ordre public.

Voir aussi: «Le contrôle de la légalité interne des conventions et accords collectifs», M-A Souriac-Rotschild, Dr. Soc. 1996, p. 395; «Les rapports de la loi et de la convention collective: une mise en perspective», G. Borenfreund et M-A Souriac, Dr. Soc. 2002, p. 72.

Dérogations aux dispositions légales et réglementaires («L'ordre public dérogatoire», chron. Fr. Petit, RJS 5/07, p. 391; O. Dutheillet de Lamothe, «L'accord collectif, une source constitutionnelle du droit du travail», SSL, 10 avril 2012, n° 1533; Y. Struillou, «La place de la négociation dans la hiérarchie des normes de droit», SSL, 15 octobre 2012, n° 1555). Un certain nombre de dispositions législatives nouvelles, notamment en matière de durée du travail, permettent aux conventions et accords, sous certaines conditions, de déroger aux dispositions légales. En matière de dérogation aux dispositions légales et réglementaires, une distinction s'opère entre ordre public social et ordre public absolu.

L'ordre public social est un minimum social protecteur pour le salarié que la convention ou le contrat de travail peuvent toujours améliorer.

L'ordre public absolu ne supporte, quant à lui, aucune dérogation conventionnelle, peu important alors qu'elle soit plus ou moins favorable aux salariés. Tel est le cas par exemple de l'ensemble des dispositions légales et réglementaires relatives à la participation obligatoire des salariés aux résultats de l'entreprise (cass. soc. 23 mai 2007, n° 04-20.157, BC V n° 83; JCP éd. S 2007, 1748, note G. Bordier).

La charte du football professionnel, qui a valeur de convention collective, ne peut déroger aux dispositions d'ordre public de la loi (art. L. 1242-7) que dans ses dispositions plus favorables au salarié (cass. soc. 1er février 2000, n° 97-44.100, BC V n° 47; RJS 5/00 n° 508). Une convention collective ne peut déroger à la loi pour interdire, en cas de faute grave, à un salarié soumis à une clause de non-concurrence de bénéficier d'une contrepartie financière (cass. soc. 4 juin 2008, n° 04-40.609, BC V n° 123; RJS 8-9/08 n° 892; JCP éd. S 2008, 1565, note E. Letombe; Dr. Soc. 2008, p. 1147, obs. J. Mouly).

Les dispositions légales relatives à la résiliation par l'employeur du contrat de travail n'interdisent pas aux partenaires sociaux de limiter à des causes qu'ils énumèrent le pouvoir de licencier de l'employeur (cass. soc. 29 septembre 2009, n° 07-43.431, BC V n° 208; RJS 12/09 n° 907).

Mais la Cour de cassation refuse que des conventions collectives puissent qualifier de faute grave tel ou tel comportement, alors qu'il appartient aux juges seuls de se prononcer en la matière (cass. soc. 18 décembre 1975, D. 1976, 210, note J. Pélissier).

Un accord collectif, même dérogatoire, ne peut priver un salarié des droits qu'il tient de la loi pour la période antérieure à la signature de l'accord (cass. soc. 11 juillet 2000, n° 98-40.696,

BC V n° 274; Dr. Soc. 2000, p. 1042, obs. J. Mouly; cass. soc. 24 janvier 2007, n° 04-45.585, BC V n° 14; RJS 4/07 n° 442, pour une application relative à la définition du travail de nuit).

Un salarié est en droit de se prévaloir des dispositions légales lorsque celles-ci lui sont plus favorables que les dispositions conventionnelles (cass. soc. 6 février 1991, n° 88-44.291), du moins lorsqu'il ne s'agit pas de clauses contenues dans un accord collectif dérogatoire.

Mise en œuvre. La mise en œuvre d'un accord collectif dont les salariés tiennent leurs droits ne peut être subordonnée à la conclusion de contrats individuels de transaction (cass. soc. 5 avril 2005, n° 04-44.626, BC V n° 124; Dr. Soc. 2005, p. 701, obs. G. Couturier; 2 mars 2010, n° 08-45.553). Il en résulte que ni la nullité d'une transaction à laquelle un accord collectif subordonne l'attribution d'une indemnité, ni l'inexécution de cette transaction par l'une des parties ne peuvent avoir pour effet de priver le salarié du bénéfice de l'avantage qu'il tient de l'accord (cass. soc. 12 juillet 2010, n° 08-40.740, BC V n° 169).

CHAPITRE II Rapports entre accords de branche ou professionnels et accords couvrant un champ territorial ou professionnel plus large

Art. L. 2252-1. Une convention de branche ou un accord professionnel ou interprofessionnel peut comporter des stipulations moins favorables aux salariés que celles qui leur sont applicables en vertu d'une convention ou d'un accord couvrant un champ territorial ou professionnel plus large, sauf si cette convention ou cet accord stipule expressément qu'on ne peut y déroger en tout ou partie.

Lorsqu'une convention ou un accord de niveau supérieur à la convention ou à l'accord intervenu est conclu, les parties adaptent les stipulations de la convention ou accord antérieur moins favorables aux salariés si une stipulation de la convention ou de l'accord de niveau supérieur le prévoit expressément.

Note La loi 2004-391 du 4 mai 2004 a modifié profondément les rapports entre les accords de branche et les accords interprofessionnels. La possibilité de déroger aux accords de niveau supérieur de façon défavorable aux salariés ne vaut que pour les accords conclus ou révisés postérieurement à l'entrée en vigueur de la loi du 4 mai 2004 (circulaire DRT 9 du 22 septembre 2004, fiche n° 2). Ces dispositions ne s'appliquent pas aux accords conclus antérieurement en vertu de l'article 45 de la loi du 4 mai 2004 (cass. soc. 7 février 2012, n° 09-70.130, BC V n° 59; RJS 5/12 n° 484: l'article 14 de l'accord national du 10 juillet 1970 sur la mensualisation du personnel conclu dans la branche de la métallurgie, prévoyant que les organisations signataires de chaque convention territoriale négocieront les conditions dans lesquelles sera assurée au 1er janvier 1976 l'unicité du statut social du personnel, ne dispose pas que les clauses des conventions départementales se substitueront à celles de l'accord national. Doit être censuré l'arrêt qui, pour condamner les salariés ayant démissionné à une indemnité de préavis correspondant à une durée de deux mois pour l'un des salariés et de trois mois pour le second, se fonde sur les dispositions de la convention collective des industries métallurgiques, mécaniques et connexes du département de la Marne du 26 juillet 1976, alors qu'il devait être fait application des dispositions de l'accord national, plus favorables que celles de la convention collective départementale).

Concours de conventions collectives *(jurisprudence concernant des conventions conclues antérieurement à l'application des nouvelles règles légales gouvernant l'articulation des conventions de niveaux différents).* On parle de concours de conventions collectives lorsque, dans une entreprise exerçant une activité donnée, plusieurs conventions de même champ professionnel mais de champs géographiques différents (par exemple une convention départementale et une convention nationale, ou un accord d'entreprise et un accord de branche) ont vocation à s'appliquer. Très vite, la jurisprudence a été conduite à poser des règles dont certaines sont toujours en application.

La première de ces règles est que, sauf stipulations contraires, les avantages ayant la même cause ou le même objet ne se cumulent pas. Un salarié ne peut donc pas prétendre au bénéfice de tel type d'indemnité instauré par une convention nationale et au même type d'indemnité instauré par une convention départementale. Une seule indemnité est due: celle qui est la plus favorable (cass. ass. plén. 18 mars 1988, n° 84-40.083, BC n° 3; D. 1989, 221, note J-P Chauchard; 24 octobre 2008, n° 07-42.799, BC n° 4; RJS 12/08 n° 1200). Les conditions d'attribution de l'indemnité étant susceptibles de différer d'une convention à l'autre, à son origine la jurisprudence appréciait le plus favorable en fonction de la situation de chaque salarié.

Cette appréciation individualisée du plus favorable a ensuite été abandonnée: la détermination du régime le plus favorable doit résulter d'une appréciation tenant compte des intérêts de l'ensemble des salariés et non de tel ou tel d'entre eux (cass. soc. 19 février 1997, n° 94-45.286, BC V n° 70; RJS 4/97 n° 444; 18 janvier 2000, n° 96-44.578, BC V n° 27; RJS 3/00 n° 307). Ainsi, en matière d'indemnité de départ à la retraite, un dispositif ouvert à un plus grand nombre de salariés peut être considéré plus favorable qu'un autre plus généreux, mais ouvert à des salariés moins nombreux (cass. soc. 5 avril 2018, n° 16-26.740, RJS 6/18 n° 434. Formellement, cet arrêt ne fait que rejeter un pourvoi qui invoquait, à tort, un défaut de recherche mais, au-delà des limites d'un tel rejet, c'est bien la solution retenue par la juridiction du fond qui est implicitement admise).

Un arrêt récent relatif à un accord de groupe pourrait-il ouvrir la voie à une appréciation encore plus globale du caractère plus ou moins favorable des conventions et accords dits donnant-donnant dans lesquels la diminution d'avantages antérieurs ou l'instauration de suggestions nouvelles sont compensées par des engagements patronaux, notamment en matière d'emploi (voir *infra* note sous article L. 2253-5) ?

CHAPITRE III Rapports entre accords d'entreprise ou d'établissement et accords couvrant un champ territorial ou professionnel plus large

Note Quoique le mouvement ait été amorcé par la loi 2004-391 du 4 mai 2004 dont la portée a été plusieurs fois élargie, l'ordonnance 2017-1385 du 22 septembre 2017 a modifié en profondeur les rapports entre les conventions d'entreprise ou d'établissement et les conventions de branche. Le principe énoncé à l'article L. 2253-3 est désormais celui de la primauté de l'accord d'entreprise sur la convention de branche. Mais deux exceptions sont prévues. La première résulte de l'article L. 2253-1 qui dispose que, dans certaines matières, la convention de branche prévaut sur l'accord d'entreprise. La seconde résulte de l'article L. 2253-2 qui, pour un second bloc de matières, dispose que la convention de branche prime sur la convention d'entreprise si les négociateurs de la convention de branche l'ont prévu.

Sur le concours de conventions collectives, voir note sous article L. 2252-1.

Art. L. 2253-1. ***(Ord. 2017-1385 du 22 sept. 2017, art. 1er, 4°, JO 23)*** La convention de branche définit les conditions d'emploi et de travail des salariés. Elle peut en particulier définir les garanties qui leur sont applicables dans les matières suivantes :

1° Les salaires minima hiérarchiques ;

2° Les classifications ;

3° La mutualisation des fonds de financement du paritarisme ;

4° La mutualisation des fonds de la formation professionnelle ;

5° Les garanties collectives complémentaires mentionnées à l'article L. 912-1 du code de la sécurité sociale ;

6° Les mesures énoncées à l'article L. 3121-14, au 1° de l'article L. 3121-44, à l'article L. 3122-16, au premier alinéa de l'article L. 3123-19 et aux articles L. 3123-21 et L. 3123-22 du présent code et relatives à la durée du travail, à la répartition et à l'aménagement des horaires ;

7° Les mesures relatives aux contrats de travail à durée déterminée et aux contrats de travail temporaire énoncées aux articles L. 1242-8, ***(Ord. 2017-1718 du 20 déc. 2017, art. 1er, I, 62°, JO 21)*** « L. 1243-13 », L. 1244-3, ***(Ord. 2017-1718 du 20 déc. 2017, art. 1er, I, 62°, JO 21)*** « L. 1244-4, » L. 1251-12, L. 1251-35 ***(Ord. 2017-1718 du 20 déc. 2017, art. 1er, I, 62°, JO 21)*** « , L. 1251-36 et L. 1251-37 » du présent code ;

8° Les mesures relatives au contrat à durée indéterminée de chantier ***(Ord. 2017-1718 du 20 déc. 2017, art. 1er, I, 62°, JO 21)*** « ou d'opération » énoncées aux articles L. 1223-8 ***(Ord. 2017-1718 du 20 déc. 2017, art. 1er, I, 62°, JO 21)*** « et L. 1223-9 » du présent code ;

9° L'égalité professionnelle entre les femmes et les hommes ;

10° Les conditions et les durées de renouvellement de la période d'essai mentionnées à l'article L. 1221-21 du code du travail ;

11° Les modalités selon lesquelles la poursuite des contrats de travail est organisée entre deux entreprises lorsque les conditions d'application de l'article L. 1224-1 ne sont pas réunies ;

12° Les cas de mise à disposition d'un salarié temporaire auprès d'une entreprise utilisatrice mentionnés aux 1° et 2° de l'article L. 1251-7 du présent code ;

13° La rémunération minimale du salarié porté, ainsi que le montant de l'indemnité d'apport d'affaire, mentionnée aux articles L. 1254-2 et L. 1254-9 du présent code.

Dans les matières énumérées au 1° à 13°, les stipulations de la convention de branche ***(Ord. 2017-1718 du 20 déc. 2017, art. 1er, I, 62°, JO 21)*** « ou de l'accord couvrant un champ territorial ou professionnel plus large » prévalent sur la convention d'entreprise conclue antérieurement ou postérieurement à la date ***(L. 2018-217 du 29 mars 2018, art. 2, I, 14°, JO 31)*** « de leur entrée en vigueur », sauf lorsque la convention d'entreprise assure des garanties au moins équivalentes. ***(L. 2018-217 du 29 mars 2018, art. 2, I, 14°, JO 31)*** « Cette équivalence des garanties s'apprécie par ensemble de garanties se rapportant à la même matière. »

Art. L. 2253-2. ***(Ord. 2017-1385 du 22 sept. 2017, art. 1er, 4°, JO 23)*** Dans les matières suivantes, lorsque la convention de branche ***(Ord. 2017-1718 du 20 déc. 2017, art. 1er, I, 63°, JO 21)*** «ou l'accord couvrant un champ territorial ou professionnel plus large» le stipule expressément, la convention d'entreprise conclue postérieurement à cette convention ***(L. 2018-217 du 29 mars 2018, art. 2, I, 15°, JO 31)*** «ou à cet accord» ne peut comporter des stipulations différentes de celles qui lui sont applicables en vertu de cette convention ***(L. 2018-217 du 29 mars 2018, art. 2, I, 15°, JO 31)*** «ou de cet accord» sauf lorsque la convention d'entreprise assure des garanties au moins équivalentes:

1° La prévention des effets de l'exposition aux facteurs de risques professionnels énumérés à l'article L. 4161-1;

2° L'insertion professionnelle et le maintien dans l'emploi des travailleurs handicapés;

3° L'effectif à partir duquel les délégués syndicaux peuvent être désignés, leur nombre et la valorisation de leur parcours syndical;

4° Les primes pour travaux dangereux ou insalubres.

(L. 2018-217 du 29 mars 2018, art. 2, I, 15°, JO 31) «L'équivalence des garanties mentionnée au premier alinéa du présent article s'apprécie par ensemble de garanties se rapportant à la même matière.»

Note Dans les matières mentionnées à cet article dans sa rédaction issue de l'ordonnance 2017-1385 précitée, les clauses des conventions et accords de branche et des accords couvrant un champ territorial ou professionnel plus large conclues sur le fondement du deuxième alinéa de l'article L. 2253-3 dans sa rédaction antérieure à cette ordonnance faisant obstacle à des clauses dérogatoires de conventions ou accords d'entreprise ou d'établissement continuent de produire effet si un avenant a confirmé, avant le 1er janvier 2019, la portée de ces clauses au regard de la convention ou de l'accord d'entreprise ou d'établissement. Les stipulations confirmant ces clauses s'appliquent aux accords étendus.

Dans les matières mentionnées à cet article, les clauses des conventions et accords de branche et des accords couvrant un champ territorial ou professionnel plus large mentionnées par l'article 45 de la loi 2004-391 du 4 mai 2004, abrogé par l'ordonnance, continuent de produire effet si un avenant a confirmé, avant le 1er janvier 2019, la portée de ces clauses au regard de la convention ou de l'accord d'entreprise ou d'établissement. Les stipulations confirmant ces clauses s'appliquent aux accords étendus (ordonnance précitée, art. 16, I à III, modifié par loi 2018-217 précitée, art. 2, II, 2°).

Art. L. 2253-3. ***(Ord. 2017-1385 du 22 sept. 2017, art. 1er, 4°, JO 23)*** Dans les matières autres que celles mentionnées aux articles L. 2253-1 et L. 2253-2, les stipulations de la convention d'entreprise conclue antérieurement ou postérieurement à la date d'entrée en vigueur de la convention de branche ***(Ord. 2017-1718 du 20 déc. 2017, art. 1er, I, 64°, JO 21)*** «ou de l'accord couvrant un champ territorial ou professionnel plus large» prévalent sur celles ayant le même objet prévues par la convention de branche ***(Ord. 2017-1718 du 20 déc. 2017, art. 1er, I, 64°, JO 21)*** «ou l'accord couvrant un champ territorial ou professionnel plus large». En l'absence d'accord d'entreprise, la convention de branche ***(Ord. 2017-1718 du 20 déc. 2017, art. 1er, I, 64°, JO 21)*** «ou l'accord couvrant un champ territorial ou professionnel plus large» s'applique.

Note Pour l'application de cet article dans sa rédaction issue de l'ordonnance 2017-1385 précitée, les clauses des accords de branche et des accords couvrant un champ territorial ou professionnel plus large, quelle que soit leur date de conclusion, cessent de produire leurs effets vis-à-vis des accords d'entreprise à compter du 1er janvier 2018 (ordonnance précitée, art. 16, IV, modifié par loi 2018-217 du 29 mars 2018, art. 2, II, 2°, JO 31).

Art. L. 2253-4. Sans préjudice des dispositions de l'article L. 2253-3, les clauses salariales d'une convention ou d'un accord d'entreprise ou d'établissement peuvent prévoir des modalités particulières d'application des majorations de salaires décidées par les conventions de branche ou les accords professionnels ou interprofessionnels applicables dans l'entreprise.

Toutefois, d'une part, l'augmentation de la masse salariale totale doit être au moins égale à l'augmentation qui résulterait de l'application des majorations accordées par les conventions ou accords précités pour les salariés concernés, d'autre part, les salaires minima hiérarchiques doivent être respectés.

CHAPITRE III *BIS* Rapports entre les accords de groupe, les accords interentreprises, les accords d'entreprise et les accords d'établissement

Note Ce chapitre a été introduit par la loi 2016-1088 du 8 août 2016, art. 23, 7°, JO 9.

Art. L. 2253-5. Lorsqu'un accord conclu dans tout ou partie d'un groupe le prévoit expressément, ses stipulations se substituent aux stipulations ayant le même objet des conventions ou accords conclus antérieurement ou postérieurement dans les entreprises ou les établissements compris dans le périmètre de cet accord.

Note **Jurisprudence relative à un accord de groupe conclu antérieurement aux prévisions de l'article L. 2253-5.** Ayant retenu, après avoir comparé les dispositions de l'accord de groupe du 13 mars 2013 avec celles des accords d'entreprise des 9 mai 1994 et 30 juin 1999 et de leurs avenants par ensemble d'avantages ayant le même objet ou la même cause, que la renonciation des salariés à certains avantages, dont le retour à une durée de travail hebdomadaire de 35 heures sans augmentation de salaire, la perte de la possibilité d'utiliser les jours de congé de formation capitalisés pour bénéficier d'un congé de fin de carrière et la perte du choix d'utiliser librement les heures supplémentaires capitalisées au lieu de les faire rémunérer, avait eu une contrepartie réelle et effective de la part de l'entreprise par ses engagements en ce qui concerne le niveau d'activité global de production en France et le maintien d'un certain niveau d'emploi, engagements qui avaient été respectés, et ainsi caractérisé que les dispositions de l'accord de groupe étaient globalement plus favorables à l'ensemble des salariés du groupe que celles des accords d'entreprise, la cour d'appel a pu en déduire qu'en vertu du principe de faveur il convenait d'appliquer l'accord de groupe du 13 mars 2013 (cass. soc. 8 janvier 2020, n° 18-17.708, à paraître, LS Jurispr. n° 18 du 28.01.2020; RJS 3/20 n° 143; JSL n° 493, 09.03.2020, pp. 13 et s., M. Hautefort; JCP éd. S 2020, 1073, note J. Daniel; RDT, mars 2020, CH, 191, I. Meftah).

Art. L. 2253-6. Lorsqu'un accord conclu au niveau de l'entreprise le prévoit expressément, ses stipulations se substituent aux stipulations ayant le même objet des conventions ou accords conclus antérieurement ou postérieurement dans les établissements compris dans le périmètre de cet accord.

Art. L. 2253-7. Lorsqu'un accord conclu au niveau de plusieurs entreprises le prévoit expressément, ses stipulations se substituent aux stipulations ayant le même objet des conventions ou accords conclus antérieurement ou postérieurement dans les entreprises ou les établissements compris dans le périmètre de cet accord.

CHAPITRE IV Rapports entre conventions et accords collectifs de travail et contrat de travail

Art. L. 2254-1. Lorsqu'un employeur est lié par les clauses d'une convention ou d'un accord, ces clauses s'appliquent aux contrats de travail conclus avec lui, sauf stipulations plus favorables.

Note Un accord collectif ne peut modifier le contrat de travail d'un salarié (cass. soc. 25 février 2003, n° 01-40.588, BC V n° 64; RJS 5/03 n° 567). Sauf disposition légale contraire, une convention collective ne peut pas permettre à l'employeur de procéder à la modification du contrat de travail sans recueillir l'accord exprès du salarié (cass. soc. 10 février 2016, n° 14-26.147, BC V n° 25; LSQ n° 17024 du 22.02.2016; RJS 4/16 n° 277).

Application volontaire d'une convention collective. L'application volontaire d'une convention collective doit résulter d'une manifestation de volonté claire et non équivoque de la part de l'employeur (cass. soc. 5 octobre 1993, n° 89-43.869, BC V n° 222; 7 avril 2004, n° 02-40.761, BC V n° 117; RJS 6/04 n° 724: la volonté claire et non équivoque de l'employeur d'appliquer la convention collective et ses avenants résultait, outre de la mention de la convention collective au contrat de travail, d'une note de service ultérieure et de l'application effective de ces avenants).

L'application volontaire d'une convention collective n'a que la valeur d'un usage que l'employeur peut dénoncer (cass. soc. 4 décembre 1991, n° 88-40.454, BC V n° 553; Dr. Soc. 1992, p. 197). La dénonciation d'un tel usage n'est pas opposable au salarié vis-à-vis duquel le chef d'entreprise s'est engagé contractuellement à appliquer la convention collective (cass. soc. 3 février 1993, n° 89-45.433, RJS 3/93 n° 294: le droit à l'application de la convention collective est devenu un droit contractuel qui ne peut disparaître par l'effet de la dénonciation d'un usage).

Lorsqu'un employeur et un salarié conviennent de l'application au contrat de travail d'une convention collective autre que celle applicable de droit, l'indemnité de licenciement prévue par cette convention collective revêt la nature d'une indemnité conventionnelle qui n'est pas susceptible d'être réduite par le juge (cass. soc. 9 novembre 2011, n° 09-43.528, BC V n° 253; RJS 1/12 n° 35).

L'application volontaire d'une convention collective n'implique pas nécessairement l'engagement d'appliquer également à l'avenir les dispositions de ses avenants éventuels ou d'un accord de substitution (cass. soc. 20 juillet 1981, n° 79-42.208, BC V n° 706; 21 octobre 1998, n° 97-44.337, BC V n° 445; RJS 12/98 n° 1517). Il en est ainsi même lorsque l'application volontaire résulte de la mention dans un contrat de travail et que cette mention est reproduite sur les bulletins de salaire ultérieurs (cass. soc. 2 avril 2003, n° 00-43.601, BC V n° 135; RJS 6/03 n° 777).

De même, «l'application volontaire d'une convention collective nationale n'emporte pas contractualisation des accords collectifs territoriaux qui la complètent» (cass. soc. 4 mars 2020, n° 18-11.585, à paraître, LS Jurispr. n° 80 du 28.04.2020; JSL n° 498 du 18.05.2020, pp. 13 et s., J-Ph. Lhernould; RJS 5/20 n° 246, 2e espèce). Cet arrêt qui juxtapose application volontaire (terme généralement utilisé en présence d'un usage instauré par l'employeur et susceptible d'être dénoncé par lui) et contractualisation (application qui trouve sa source dans le contrat, lequel ne peut pas être modifié unilatéralement) pourrait être source de confusion. Il est vrai que la terminologie n'est pas nettement fixée et que la jurisprudence a parfois utilisé le terme d'application volontaire pour désigner une application trouvant sa source dans le contrat (voir par ex. arrêt ci-dessus). En l'espèce en tout cas, cet arrêt doit être compris ainsi: l'obligation d'appliquer une convention collective nationale résultant soit d'un engagement unilatéral de l'employeur, soit d'une stipulation du contrat de travail, n'emporte pas obligation d'appliquer les accords collectifs territoriaux qui complètent cette convention nationale. Il convient de ne pas aller au-delà de ce qui a été convenu ou accordé unilatéralement.

Un employeur dont l'activité n'entre pas dans le champ d'application d'une convention collective peut limiter à certaines catégories de salariés l'application volontaire de cette convention collective (cass. soc. 5 octobre 1993, n° 89-43.869, BC V n° 222; RJS 11/93 n° 1122). L'employeur n'est pas non plus tenu par le principe d'indivisibilité des conventions collectives et peut limiter à certaines dispositions l'application volontaire d'une convention collective (cass. soc. 7 février 2018, n° 16-21.417).

Lorsque le contrat de travail prévoit l'application volontaire de certaines clauses d'une convention collective, la seule mention de cette convention sur les bulletins de paie ne confère pas au salarié le droit de bénéficier de l'application des autres dispositions de cette convention (cass. soc. 10 juin 2003, n° 01-41.328, BC V n° 193; RJS 8-9/03 n° 1040; 7 novembre 1973, n° 72-40.732, BC V n° 551). Mais lorsque le contrat de travail stipule qu'il est soumis à un accord national de branche sans mentionner de réserves, toutes les clauses de cet accord sont applicables (cass. soc. 21 mai 1996, n° 92-45.097, RJS 10/96 n° 1064).

Lorsque le chef d'entreprise mentionne dans le bulletin de paie la convention collective qu'il applique dans l'entreprise, cette mention vaut reconnaissance de l'application de la convention dans l'entreprise (cass. soc. 18 novembre 1998, n° 96-42.991, BC V n° 499; RJS 1/99 n° 74; 18 juillet 2000, n° 97-44.897, BC V n° 295; RJS 11/00 n° 1118, 1re espèce). Cette solution ne s'applique qu'aux relations individuelles de travail et non aux relations collectives (cass. soc. 18 juillet 2000, n° 99-60.440, BC V n° 296; RJS 11/00 n° 1118, 2e espèce, concl. J. Duplat, p. 712). Toutefois, la Cour de cassation a décidé que la mention de la convention collective sur le bulletin de paie vaut seulement présomption d'applicabilité de ladite convention au salarié; l'employeur est admis à apporter la preuve qu'une autre convention collective est applicable dans l'entreprise (cass. soc. 15 novembre 2007, n° 06-44.008, BC V n° 191; RJS 1/08 n° 54; 2 juillet 2008, n° 07-41.473, RJS 10/08 n° 1012: lorsque l'employeur apporte la preuve que la seule convention collective applicable au regard de l'activité principale de l'entreprise était celle du commerce de détail non alimentaire et que la mention portée sur les bulletins de paie procédait d'une erreur manifeste, la cour d'appel peut décider que le salarié ne peut pas prétendre à l'application de la convention collective mentionnée dans le bulletin de paie; cass. soc. 15 novembre 2007, n° 06-43.383, RJS 1/08 n° 54, 2e espèce; D. 2008, 325, note B. Reynès; RDT, janvier 2008, CH, 44, H. Tissandier). La Cour de cassation rejoint ainsi l'interprétation donnée par la CJCE de la directive européenne 91/533/CEE du 14 octobre 1991 (aff. C-253/96 à C-258/96, rec. p. I-06907; RJS 2/98 n° 241). Il ne reste donc qu'une présomption simple.

De même, l'indication de la convention collective dans le contrat de travail n'interdit pas au salarié d'exiger l'application de la convention à laquelle l'employeur est assujetti, compte tenu de son activité principale (cass. soc. 18 juillet 2000, n° 98-42.949, BC V n° 297; RJS 11/00 n° 1117; 7 mai 2002, n° 99-44.161, BC V n° 154; RJS 7/02 n° 860).

Recommandations patronales. Constitue une recommandation patronale une décision unilatérale d'un groupement ou d'un syndicat d'employeurs qui s'impose à tous ses adhérents (cass. soc. 29 juin 1999, n° 98-44.348, BC V n° 308 et n° 97-45.877, RJS 8-9/99 n° 1063, 2e et 3e espèces; voir aussi cass. soc. 4 juillet 2000, n° 98-41.757). Elle ne s'impose qu'aux entreprises adhérentes de l'organisation patronale qui l'a diffusée (cass. soc. 31 mars 1981, n° 79-41.106, BC V n° 287; 29 juin 1999, précité; 13 juillet 2004, n° 02-44.160). Une recommandation diffusée à l'ensemble des entreprises adhérentes et rédigée en termes clairs et précis a un caractère obligatoire (cass. soc. 29 juin 1999 et 4 juillet 2000 précités, concernant une déclaration commune intervenue dans le cadre de mesures destinées à mettre fin à une grève des chauffeurs routiers. Voir aussi cass. soc. 6 janvier 2011, n° 09-69.560, RDT, juin 2011, CH, 388, H. Tissandier: caractère obligatoire d'une recommandation patronale diffusée à l'ensemble des entreprises adhérentes dont les termes étaient clairs et précis en ce qui concerne le montant d'une prime et les modalités de son versement). Les «recommandations» facultatives s'imposent aux entreprises qui, en les appliquant à tout le personnel (ou à une catégorie de personnel) de façon constante, créent de ce fait un usage (cass. soc. 3 juin 1981, n° 79-41.876, BC V n° 503; 31 mai 1978, n° 77-40.113, BC V n° 417).

Renonciation du salarié à l'application d'une convention collective. Tant que son contrat de travail est en cours, un salarié ne peut valablement renoncer aux avantages qu'il tire d'un accord collectif (cass. soc. 30 mai 2000, n° 98-40.085, BC V n° 210; RJS 7-8/00 n° 844; 13 novembre 2001, n° 99-42.709, BC V n° 344; RJS 1/02 n° 60; 8 décembre 2010, n° 09-42.161, LS Jurispr. n° 252 du 28.12.2010). Un engagement comportant renonciation au bénéfice de l'application d'une convention collective a un caractère illicite et un employeur ne peut se prévaloir d'une prétendue tacite acceptation (cass. soc. 14 mai 1987, JS 1987 SJ 142), ni même d'une acceptation expresse (cass. soc. 4 décembre 1990, n° 87-42.499, BC V n° 608; 6 juillet 1994, n° 90-45.206, BC V n° 226; 23 avril 1997, n° 94-42.629, BC V n° 144; RJS 6/97 n° 713; 15 juillet 1998, n° 96-41.118, BC V n° 378; RJS 10/98 n° 1254; 1er juin 1999, n° 96-44.955, BC V n° 254; RJS 8-9/99 n° 1078). La nullité d'une convention résultant de la violation de l'interdiction pour un salarié de renoncer, tant que son contrat de travail est en cours, aux avantages qu'il tire d'une convention collective ou de dispositions statutaires d'ordre public, est une nullité relative qui se prescrit par 5 ans. Dès lors que le salarié a eu une parfaite connaissance de l'étendue de son engagement lors de la signature de la convention, l'irrégularité entachant cette convention doit être appréciée au jour de sa conclusion (cass. soc. 23 janvier 2019, n° 17-21.867, à paraître, RJS 4/19 n° 262).

Substitution des dispositions plus favorables. Les dispositions plus favorables d'une convention ou d'un accord collectif se substituent de plein droit à celles du contrat de travail (cass. soc. 13 novembre 2001, n° 99-42.978, BC V n° 340; RJS 1/02 n° 12, 2e espèce; 17 juillet 2001, n° 98-42.310, BC V n° 273; RJS 11/01 n° 1282).

Ainsi, doit s'appliquer une disposition conventionnelle prévoyant que toute modification apportée à un des éléments du contrat de travail, notamment au cadre géographique de travail, doit faire l'objet d'une notification écrite préalable explicitant la nature de la modification et que la rupture du contrat consécutive au refus d'un salarié d'accepter une telle modification sera considérée comme étant du fait de l'employeur et réglée comme telle, cette disposition étant plus favorable au salarié que la clause de mobilité prévue dans son contrat individuel de travail (cass. soc. 4 février 2003, n° 01-40.384, BC V n° 40; RJS 4/03 n° 410, 2e espèce; dans le même sens, concernant une convention collective prévoyant une contrepartie financière à la clause de non-concurrence, voir cass. soc. 5 mai 2010, n° 09-40.710, RJS 7/10 n° 599).

Les conditions de versement d'un 13e mois ne peuvent être modifiées par un avenant au contrat de travail dans un sens moins favorable que celles prévues par un accord collectif ou par un accord valant engagement unilatéral de l'employeur tant que cet accord demeure en vigueur; il appartient alors au juge de rechercher, au regard de la nature juridique de l'accord, si sa dénonciation est régulière et opposable aux salariés concernés à la date de signature des avenants (cass. soc. 4 février 2003, n° 01-40.066, BC V n° 38; RJS 4/03 n° 497).

En cas de concours de stipulations contractuelles et de dispositions conventionnelles, les avantages ayant le même objet ou la même cause ne peuvent se cumuler (cass. soc. 15 février 2012, n° 10-27.397, RJS 5/12 n° 483; 13 juin 2012 n° 10-27.395, BC V n° 184; JCP éd. S 2012, 1397, note B. Bossu; RJS 8-9/12 n° 726; Dr. Soc. 2012, p. 850, obs. Ch. Radé).

L'absence de réclamation dans sa lettre de démission ne prive pas un salarié du droit de former ultérieurement, dans les limites de la prescription quinquennale, une demande fondée sur l'application de dispositions conventionnelles plus favorables que les stipulations contractuelles (cass. soc. 4 novembre 2003, n° 01-44.884; 24 mars 2010, n° 08-41.969).

Les dispositions conventionnelles moins favorables aux salariés que les dispositions contractuelles ne sont pas, en principe, applicables. Il faut cependant faire une distinction. Les dispositions conventionnelles moins favorables ne sont pas applicables lorsqu'elles sont en concours avec des dispositions contractuelles déjà en cours. Ainsi, une convention collective ne peut imposer une clause de mobilité à un salarié alors qu'une telle disposition n'y figurait pas à l'époque où le salarié avait été recruté (cass. soc. 27 juin 2002, n° 00-42.646, BC V n° 222; RJS 10/02 n° 1074; sur cette question, voir la controverse publiée à la RDT 2007, p. 144: «Faut-il renforcer la puissance de l'accord collectif face au contrat de travail», M. Morand et E. Dockès). En revanche, la Cour de cassation juge que les obligations mises à la charge des salariés par une convention collective, applicable dans l'entreprise au moment où le salarié est embauché, lui sont opposables, dès lors que le salarié a été informé de l'existence de cette convention collective et mis en mesure d'en prendre connaissance (cass. soc. 8 janvier 1997, n° 93-44.009, BC V n° 8; 27 juin 2002, n° 00-42.646, BC V n° 222; RJS 10/02 n° 1074).

Art. L. 2254-2

La convention collective peut mettre fin à un usage antérieur plus favorable (cass. soc. 9 juillet 1996, n° 94-42.773, BC V n° 276; RJS 8-9/96 n° 954; 25 janvier 1995, n° 90-45.796, BC V n° 40; RJS 3/95 n° 279; 19 décembre 1990, n° 87-43.568, BC V n° 688; RJS 2/91 n° 224; 14 novembre 1984, n° 84-60.276, BC V n° 431). L'accord collectif qui a le même objet que l'usage a pour effet de le mettre en cause, que celui-ci ait été ou non préalablement dénoncé (cass. soc. 8 janvier 2002, n° 00-12.252, BC V n° 4; RJS 5/02 n° 586; 26 janvier 2005, n° 02-47.507, BC V n° 31; RJS 4/05 n° 419; 20 mai 2014, n° 12-26.322, BC V n° 124; LSQ n° 16605 du 6.06.2014; RJS 7/14 n° 581; JCP éd. S 2014, 1367, note B. Bossu; JSL n° 370, 21.07.2014, p. 17, J-Ph. Lhernould, à propos de la suppression, par voie de négociation collective, d'un usage au profit des salariés retraités prévoyant la prise en charge par l'employeur d'une partie des cotisations à une mutuelle). Lorsque l'application dans l'entreprise d'une convention collective à laquelle l'employeur n'est pas soumis résulte d'un usage ou d'un engagement unilatéral de ce dernier, la conclusion d'un accord d'entreprise ayant le même objet met fin à cet usage ou à cet engagement, en sorte qu'il n'y a pas lieu de rechercher en ce cas si les clauses de l'accord sont ou non plus favorables que celles de la convention jusqu'alors appliquée volontairement; encourt dès lors la cassation l'arrêt qui retient, pour un salarié, le bénéfice d'un calcul de prime d'ancienneté résultant d'une convention collective appliquée volontairement par l'employeur alors que des accords d'entreprise avaient décidé d'un autre mode de calcul de cette prime (cass. soc. 26 septembre 2012, n° 10-24.529, BC V n° 247; RJS 12/12 n° 976).

Convention collective et engagement unilatéral. Si l'employeur peut, par un engagement unilatéral, accorder des avantages supplémentaires à ceux résultant d'une convention ou d'un accord collectif de travail, il ne peut substituer à ces avantages conventionnels des avantages différents. Constituent de tels avantages différents, les titres-restaurants, qui permettent à un salarié d'acquitter en tout ou partie le prix d'un repas consommé ou acheté auprès d'une personne ou d'un organisme mentionné au deuxième alinéa de l'article L. 3262-3 CT, qui ne sauraient être assimilés à l'indemnité de repas prévue par l'article 3 du protocole du 30 avril 1974 relatif aux frais de déplacement des ouvriers annexé à la convention collective nationale des transports routiers et des activités auxiliaires de transport du 21 décembre 1950, laquelle a pour objet, par l'octroi d'une somme forfaitaire, de compenser le surcoût du repas consécutif à un déplacement (cass. soc. 4 février 2015, n° 13-28.034, BC V n° 21; JCP éd. S 2015, 1146, note Th. Lahalle; RJS 4/15 n° 298).

Art. L. 2254-2. ***(Ord. 2017-1385 du 22 sept. 2017, art. 3, I, JO 23)*** I. – Afin de répondre aux nécessités liées au fonctionnement de l'entreprise ou en vue de préserver, ou de développer l'emploi, un accord ***(L. 2018-217 du 29 mars 2018, art. 2, I, 16°, JO 31)*** «de performance collective» peut:

- aménager la durée du travail, ses modalités d'organisation et de répartition;
- aménager la rémunération au sens de l'article L. 3221-3 dans le respect ***(L. 2018-217 du 29 mars 2018, art. 2, I, 16°, JO 31)*** «des salaires minima hiérarchiques» mentionnés au 1° du I de l'article L. 2253-1;
- déterminer les conditions de la mobilité professionnelle ou géographique interne à l'entreprise.

II. – L'accord définit dans son préambule ses objectifs et peut préciser:

1° Les modalités d'information des salariés sur son application et son suivi pendant toute sa durée, ainsi que, le cas échéant, l'examen de la situation des salariés au terme de l'accord;

2° Les conditions dans lesquelles fournissent des efforts proportionnés à ceux demandés aux salariés pendant toute sa durée:

- les dirigeants salariés exerçant dans le périmètre de l'accord;
- les mandataires sociaux et les actionnaires, dans le respect des compétences des organes d'administration et de surveillance;

3° Les modalités selon lesquelles sont conciliées la vie professionnelle et la vie personnelle et familiale des salariés.

(L. 2018-217 du 29 mars 2018, art. 2, I, 16°, JO 31) «4° Les modalités d'accompagnement des salariés ainsi que l'abondement du compte personnel de formation au-delà du montant minimal défini au décret mentionné au VI du présent article.»

Les dispositions des articles L. 3121-41, L. 3121-42, L. 3121-44 et L. 3121-47 s'appliquent si l'accord met en place ***(L. 2018-217 du 29 mars 2018, art. 2, I, 16°, JO 31)*** «ou modifie» un dispositif d'aménagement du temps de travail sur une période de référence supérieure à la semaine.

(L. 2018-217 du 29 mars 2018, art. 2, I, 16°, JO 31) «Les articles L. 3121-53 à L. 3121-66 s'appliquent si l'accord met en place ou modifie un dispositif de forfait annuel, à l'exception de l'article L. 3121-55 et du 5° du I de l'article L. 3121-64 en cas de simple modification.

Lorsque l'accord modifie un dispositif de forfait annuel, l'acceptation de l'application de l'accord par le salarié conformément aux III et IV du présent article entraîne de plein droit l'application des stipulations de l'accord relatives au dispositif de forfait annuel.»

III. – Les stipulations de l'accord se substituent de plein droit aux clauses contraires et incompatibles du contrat de travail, y compris en matière de rémunération, de durée du travail et de mobilité professionnelle ou géographique interne à l'entreprise.

Le salarié peut refuser la modification de son contrat de travail résultant de l'application de l'accord.

IV. – Le salarié dispose d'un délai d'un mois pour faire connaître son refus par écrit à l'employeur à compter de la date à laquelle ce dernier ***(L. 2018-217 du 29 mars 2018, art. 2, I, 16°, JO 31)*** «a informé les salariés, par tout moyen conférant date certaine et précise, de l'existence et du contenu de l'accord, ainsi que du droit de chacun d'eux d'accepter ou de refuser l'application à son contrat de travail de cet accord.»

V. – ***(L. 2018-217 du 29 mars 2018, art. 2, I, 16°, JO 31)*** «L'employeur dispose d'un délai de deux mois à compter de la notification du refus du salarié pour engager une procédure de licenciement. Ce licenciement repose» sur un motif spécifique qui constitue une cause réelle et sérieuse. Ce licenciement est soumis aux seules modalités et conditions définies aux articles L. 1232-2 à L. 1232-14 ainsi qu'aux articles L. 1234-1 à L. 1234-11, L. 1234-14, L. 1234-18, L. 1234-19 et L. 1234-20.

VI. – Le salarié peut s'inscrire et être accompagné comme demandeur d'emploi à l'issue du licenciement et être indemnisé dans les conditions prévues par les accords mentionnés à l'article L. 5422-20. ***(L. 2018-217 du 29 mars 2018, art. 2, I, 16°, JO 31)*** «En l'absence des stipulations mentionnées au 4° du II du présent article,» l'employeur abonde le compte personnel de formation du salarié dans des conditions et limites définies par décret. Cet abondement n'entre pas en compte dans les modes de calcul des ***(L. 2018-771 du 5 sept. 2018, art. 1er, IV, 1°, JO 6, entrée en vigueur le 01.01.2019)*** «droits crédités» chaque année sur le compte et du plafond mentionné à l'article L. 6323-11.

Note • Les dispositions de cet article, dans sa rédaction issue de la loi 2018-771 précitée, sont applicables depuis le 1er janvier 2019 (loi précitée, art. 46, I).

• Voir A. Teissier, «L'accord de performance collective: quelques points de repère», JCP éd. S 2020, 3029; I. Meftah, «L'accord de performance collective», RJS 10/20, chron.; H. Cavat, «Les accords de performance collective», RDT, mars 2020, ET, 165; Y. Tarasewicz et H. Cavat, «L'accord de performance collective: un instrument adéquat pour gérer une crise conjoncturelle ?», RDT, octobre 2020, CO, 584; P. Lopes, «L'accord de performance collective aux prises avec le refus du salarié», JCP éd. S 2020, 3051.

TITRE VI APPLICATION DES CONVENTIONS ET ACCORDS COLLECTIFS

CHAPITRE Ier Conditions d'applicabilité des conventions et accords

SECTION 1. Date d'entrée en vigueur

Art. L. 2261-1. Les conventions et accords sont applicables, sauf stipulations contraires, à partir du jour qui suit leur dépôt auprès du service compétent, dans des conditions déterminées par voie réglementaire.

Note • La formalité de dépôt est une mesure de publicité édictée dans l'intérêt des tiers; l'absence de dépôt d'un accord collectif ne s'oppose pas à l'application de celui-ci qui conserve son caractère d'accord collectif et sa force obligatoire (cass. soc. 18 octobre 2006, n° 04-40.493, BC V n° 315; RJS 1/07 n° 125). Il n'en va autrement que si les parties à l'accord ont décidé de subordonner l'entrée en vigueur de l'accord à son dépôt (cass. soc. 18 octobre 2006, précité; 22 avril 1985, n° 84-11.024, BC V n° 249).

• L'accord collectif peut subordonner son entrée en vigueur à la seule parution de l'arrêté d'extension. Cette clause est particulièrement utile pour certains types d'accord, notamment ceux qui, dans des secteurs déterminés, organisent la reprise de personnels en cas de perte d'un marché. Un tel système ne peut en effet atteindre son objectif, sans pour autant fausser la concurrence, que si toutes les entreprises du secteur sont assujetties à cette obligation de reprise.

• Lorsque l'arrêté n'opère qu'une extension partielle de l'accord, l'accord est applicable dans son intégralité aux signataires ou membres de groupements signataires dès la parution de l'arrêté d'extension (cass. soc. 31 octobre 2006, n° 05-10.051, BC V n° 322; RJS 1/07 n° 63).

SECTION 2. Détermination de la convention collective applicable

Art. L. 2261-2. La convention collective applicable est celle dont relève l'activité principale exercée par l'employeur.

En cas de pluralité d'activités rendant incertaine l'application de ce critère pour le rattachement d'une entreprise à un champ conventionnel, les conventions collectives et les accords professionnels peuvent, par des clauses réciproques et de nature identique, prévoir les conditions dans lesquelles l'entreprise détermine les conventions et accords qui lui sont applicables.

Note • **Détermination du champ d'application.** *Champ d'application géographique.* Les conventions et accords collectifs s'appliquent à tout établissement autonome compris dans leur champ d'application territorial. Par conséquent, lorsqu'une convention collective n'a qu'un champ d'application géographique limité (par exemple un département), seuls les établissements situés dans ce champ d'application relèvent de cette convention (cass. soc. 20 novembre 1991, n° 88-43.281, BC V n° 516; RJS 1/92 n° 59: la convention collective de la librairie de détail de la région parisienne ne s'applique pas aux salariés travaillant à Toulouse bien que l'entreprise ait son siège à Paris et que l'établissement de Toulouse ne soit qu'un établissement secondaire; dans le même sens, cass. soc. 11 décembre 1986, n° 85-41.568, BC V n° 600).

Champ d'application professionnel. Le rattachement d'une entreprise à une convention collective s'opère en fonction de son activité économique principale (cass. soc. 3 juin 1964, Dr. Soc. 1964, p. 638; 18 décembre 1972, n° 72-40.043, BC V n° 700; 8 novembre 2006, n° 04-46.466, RJS 1/07 n° 83; 19 mai 2010, n° 07-45.033, BC V n° 108; JCP éd. S 2010, 1301, note G. Vachet). L'application d'une convention collective s'apprécie par rapport à l'activité réelle de l'entreprise (cass. soc. 16 novembre 1993, n° 90-44.807, BC V n° 274; 7 décembre 2005, n° 04-15.662, BC V n° 361) et non par rapport à l'objet social défini dans ses statuts (cass. soc. 13 janvier 2010, n° 08-43.505).

La quasi-totalité des conventions collectives actuellement en vigueur se réfèrent, pour la détermination de leur champ d'application professionnel, à la nomenclature d'activités françaises (NAF) de l'INSEE. Un numéro de code APE (activité principale exercée) est attribué à chaque entreprise, lors de sa création, en fonction de son activité principale. Il est donc d'usage de comparer ce numéro à ceux figurant dans la convention collective pour déterminer si celle-ci est applicable à l'entreprise.

Présomption simple. L'attribution d'un tel code, effectuée à des fins statistiques, ne saurait suffire à créer des droits et obligations en faveur ou à la charge des unités concernées (décret 2002-1622 du 31 décembre 2002, art. 4, JO 1er janv. 2003). Dès lors, l'application d'une convention collective ne peut être déduite du seul indice tiré du code APE de l'employeur (cass. soc. 23 septembre 2009, n° 08-41.970; 19 décembre 2007, n° 06-44.850; 30 janvier 2002, n° 00-40.567). En cas de litige, le juge doit vérifier la nature véritable de l'activité principale et apprécier les éléments de preuve apportés par l'employeur (cass. soc. 14 novembre 1973, n° 72-40.298, BC V n° 566; 3 juin 1981, n° 79-41.793, BC V n° 500; 19 janvier 1984, n° 83-61.056, BC V n° 29).

• **Entreprise à activités multiples.** La convention collective applicable étant celle dont relève l'activité principale exercée par l'employeur, les autres activités de l'entreprise ne sont pas prises en considération, pas plus que les fonctions assumées par les salariés. Lorsque l'entreprise exerce des activités commerciales, l'activité principale est en principe celle qui représente le chiffre d'affaires le plus élevé (cass. soc. 25 février 1998, n° 96-40.206). Lorsqu'il s'agit d'une activité industrielle, l'activité principale est celle qui occupe le plus grand nombre de salariés (cass. soc. 23 avril 2003, n° 01-41.196, BC V n° 140; RJS 7/03 n° 919). Ces critères sont ceux retenus par l'INSEE pour opérer la classification des entreprises. Or, cette même classification est très généralement reprise par les négociateurs dans la définition, par eux, du champ professionnel de leur convention. Ces critères d'origine purement administrative se trouvent ainsi «contractualisés» par les négociateurs et, en cela, vont acquérir une force obligatoire pour le juge. En revanche le code NAF ne fournit qu'une présomption; l'administration peut en effet s'être trompée dans son attribution ou l'activité de l'entreprise peut avoir évolué depuis cette attribution. D'autres critères peuvent être pris en compte, mais ils doivent rester pertinents. Ainsi, le juge ne peut pas décider de l'activité principale exercée par l'entreprise au vu des mentions portées sur une carte publicitaire (cass. soc. 17 décembre 2008, n° 07-40.906). Dans tous les cas, il s'agit de s'attacher à la réalité de l'activité (voir par exemple: cass. soc. 9 avril 2015, n° 13-18.923, BC V n° 73; JCP éd. S 2015, 1227, note S. Carré; 24 juin 2015, n° 13-26.631, BC V n° 130).

• **Centre d'activité autonome.** Dans l'hypothèse où les salariés exercent une activité nettement différenciée dans un centre d'activité autonome, une convention collective différente de celle applicable en vertu de l'activité principale peut s'appliquer aux salariés affectés dans ce centre d'activité autonome (cass. soc. 6 décembre 1995, n° 92-41.230, BC V n° 333; RJS 1/96 n° 48; 5 octobre 1999, n° 97-16.995, BC V n° 369; RJS 11/99 n° 1390; 18 octobre 2006, n° 05-42.284, RJS 1/07 n° 83, 2e espèce).

Pour que soit reconnue l'existence d'un centre d'activité autonome, il est notamment exigé que la gestion du personnel du centre d'activité autonome soit distincte de celle du reste de l'entreprise (cass. soc. 23 avril 2003, n° 01-41.196, BC V n° 140; RJS 7/03 n° 919). Par ailleurs, il ne suffit pas de constater que la société exerce deux activités différentes sur un même site (cass. soc. 26 mai 2004, n° 02-41.635).

• **Clauses d'attribution.** La Cour de cassation avait affirmé l'interdiction des clauses d'attribution (cass. soc. 26 novembre 2002, n° 00-46.873, BC V n° 359; RJS 2/03 n° 220). Celles-ci sont désormais licites à condition qu'elles figurent dans chacune des conventions collectives concernées.

Un accord collectif d'entreprise peut prévoir qu'outre la convention collective à laquelle l'entreprise est soumise, une autre convention collective peut s'appliquer à tout ou partie du personnel (cass. soc. 23 avril 2003, n° 01-41.196, BC V n° 140; RJS 7/03 n° 919).

La Cour de cassation vérifie que les juges du fond ont tenu compte des conditions déterminées par la clause d'attribution (cass. soc. 18 février 2009, n° 07-45.306).

• **Rôle du juge.** Il n'appartient pas au juge de rechercher s'il existe une convention collective applicable au contrat de travail qui lui est soumis (cass. soc. 5 octobre 1993, n° 89-41.644, BC V n° 224; 3 mai 2007, n° 05-43.863, BC V n° 67; RJS 7/07 n° 876). En revanche, si une partie au procès invoque une convention collective précise, le juge doit se procurer par tous moyens ce texte, en invitant, au besoin, les parties à lui en fournir un exemplaire (mêmes arrêts; cass. soc. 7 novembre 2006, n° 05-42.323, BC V n° 327; RJS 2/07 n° 217).

• Voir aussi article R. 3243-1 relatif aux mentions devant figurer sur le bulletin de paie et note sous cet article.

SECTION 3. Adhésion

Art. L. 2261-3. Peuvent adhérer à une convention ou à un accord toute organisation syndicale représentative de salariés ainsi que toute organisation syndicale ou association d'employeurs ou des employeurs pris individuellement.

Toutefois, si l'activité qu'ils exercent ou qu'exercent leurs adhérents n'entre pas dans le champ d'application de la convention ou de l'accord, leur adhésion est soumise aux dispositions des articles L. 2261-5 ou L. 2261-6, selon le cas.

L'adhésion est notifiée aux signataires de la convention ou de l'accord et fait l'objet d'un dépôt dans des conditions prévues par voie réglementaire, à la diligence de son ou de ses auteurs.

Note • L'adhésion à un avenant n'implique pas l'adhésion à l'ensemble de la convention collective (cass. soc. 5 mars 1986, JS 1986 SJ 85).

• La mise en application d'une convention collective, rendue obligatoire par adhésion de l'employeur à un organisme signataire, ne peut être différée par des conventions particulières, moins favorables aux salariés (cass. soc. 4 mars 1987, n° 84-41.847).

• L'adhésion d'un syndicat à une convention collective ne produit d'effet qu'à partir de cette date et par suite ne prive pas ce syndicat du droit de contester l'application de l'accord collectif pour la période antérieure à son adhésion (cass. soc. 7 avril 1993, n° 90-22.043, BC V n° 114; RJS 5/93 n° 528).

Art. L. 2261-4. Lorsqu'une organisation syndicale de salariés ou une organisation d'employeurs représentatives dans le champ d'application de la convention ou de l'accord adhère à la totalité des clauses d'une convention de branche ou d'un accord professionnel ou interprofessionnel, cette organisation a les mêmes droits et obligations que les parties signataires.

Elle peut notamment siéger dans les organismes paritaires et participer à la gestion des institutions créées par la convention de branche ou l'accord professionnel ou interprofessionnel, ainsi que prendre part aux négociations portant sur la modification ou la révision du texte en cause.

Note Pour que l'organisation adhérente ait les mêmes droits et obligations que les parties signataires, il est nécessaire, d'une part, que son adhésion soit «totale» et, d'autre part, que l'organisation soit représentative.

L'article L. 2261-4, conçu en termes généraux, n'introduit aucune distinction suivant que les organismes ou institutions créés par la convention collective ont ou non vocation à émettre des normes (cass. soc. 9 juillet 1997, n° 95-21.745, BC V n° 263; RJS 8-9/97 n° 1002 : la CGT, qui a refusé de signer l'accord national interprofessionnel du 3 juillet 1991 relatif à la formation, ne peut prétendre au droit de désigner des représentants au comité paritaire national pour la formation professionnelle [CPNFP], au motif que celui-ci est doté de pouvoirs normatifs et d'intervention dans la politique de formation professionnelle et de la promotion sociale).

Si la participation aux organismes paritaires créés par une convention ou un accord collectif est réservée aux syndicats signataires de la convention ou de l'accord collectif ou à ceux qui y adhèrent, les dispositions conventionnelles à caractère normatif, visant à améliorer les institutions représentatives du personnel, sont applicables de plein droit à tous les syndicats sans distinction : l'accord collectif prévoyant que les syndicats représentatifs peuvent désigner un représentant assistant aux réunions du CHSCT dans les entreprises de plus de trois cents personnes, un syndicat représentatif non signataire de l'accord et non adhérent à celui-ci a le droit de désigner un tel représentant (cass. soc. 20 novembre 1991, n° 88-20.039, BC V n° 522; RJS 1/92 n° 57). De même, si les dispositions de nature électorale ne s'imposent au juge et aux parties qu'en cas d'accord préélectoral unanime, l'accord collectif qui a pour objet d'améliorer le fonctionnement des institutions représentatives dans l'entreprise, signé par au moins une organisation syndicale représentative dans l'entreprise, a force obligatoire. Dès lors, un employeur ne pouvait refuser le bénéfice du protocole d'accord préélectoral, ayant pour objet d'allouer un supplément d'heures de délégation aux candidats élus, aux représentants d'une organisation syndicale ne l'ayant pas signé (cass. soc. 23 juin 1999, n° 96-44.717, BC V n° 302; RJS 8-9/99 n° 1098).

Art. L. 2261-5. Si l'adhésion a pour objet de rendre la convention de branche ou l'accord professionnel ou interprofessionnel applicable dans un secteur territorial ou professionnel non compris dans son champ d'application, elle doit prendre la forme d'un accord collectif entre les parties intéressées conformément aux dispositions de l'article L. 2231-1 et les parties signataires de cette convention ou de cet accord. Le champ d'application en est modifié en conséquence.

Art. L. 2261-6. Lorsque l'entreprise n'entre pas dans le champ d'application territorial ou professionnel soit d'une convention de branche, soit d'un accord professionnel ou interprofessionnel, l'adhésion de l'employeur à une telle convention ou à un tel accord est subordonnée à un agrément des organisations mentionnées à l'article L. 2232-16, après négociation à ce sujet.

SECTION 4. Révision

Art. L. 2261-7. *(L. 2016-1088 du 8 août 2016, art. 17, I, 1°, JO 9)* I. – Sont habilitées à engager la procédure de révision d'un accord interprofessionnel, d'une convention ou d'un accord de branche :

1° Jusqu'à la fin du cycle électoral au cours duquel la convention ou l'accord est conclu :

a) Une ou plusieurs organisations syndicales de salariés représentatives dans le champ d'application de la convention ou de l'accord et signataires ou adhérentes de la convention ou de l'accord ;

b) Une ou plusieurs organisations professionnelles d'employeurs signataires ou adhérentes. Si la convention ou l'accord est étendu, ces organisations doivent être en outre représentatives dans le champ d'application de la convention ou de l'accord ;

2° À l'issue de ce cycle :

a) Une ou plusieurs organisations syndicales de salariés représentatives dans le champ d'application de la convention ou de l'accord ;

b) Une ou plusieurs organisations professionnelles d'employeurs de la branche. Si la convention ou l'accord est étendu, ces organisations doivent être représentatives dans le champ d'application de la convention ou de l'accord.

II. – Les avenants de révision obéissent aux conditions de validité des accords prévues, selon le cas, aux sections 1 et 2 du chapitre II du titre III du présent livre II.

Lorsque l'avenant de révision a vocation à être étendu, sa validité est subordonnée à sa signature par une ou plusieurs organisations professionnelles d'employeurs représentatives dans son champ d'application, dans les conditions prévues au chapitre Ier du titre V du livre Ier de la présente deuxième partie.

Note C'est à la convention ou à l'accord qu'il revient de déterminer les conditions de sa révision. En cas de non-respect des dispositions de l'accord initial relatives à sa révision, l'accord de révision n'est pas valable (cass. soc. 27 octobre 2004, n° 03-14.264, BC V n° 277; RJS 1/05 n° 64). Quant aux accords qui ne prévoient pas de procédure de révision, ils peuvent quand même être révisés, sous réserve du consentement de l'ensemble des signataires (cass. soc. 13 novembre 2008, n° 07-42.481, BC V n° 224; RJS 2/09 n° 199; JCP éd. S 2009, 1116, note J-Y Kerbourc'h; 11 mai 2004, n° 02-14.844, BC V n° 130; RJS 7/04 n° 834).

Tous les syndicats représentatifs doivent être appelés à la négociation des accords de révision (cass. soc. 17 septembre 2003, n° 01-10.706, BC V n° 240; RJS 11/03 n° 1297; 26 mars 2002, n° 00-17.231, BC V n° 107; RJS 6/02 n° 704). À défaut, l'employeur s'expose à une action en délit d'entrave (cass. crim. 28 octobre 2008, n° 07-82.799, RJS 3/09 n° 264; Dr. Soc. 2009, p. 504, obs. Fr. Duquesne; RDT, avril 2009, CH, 245, I. Odoul Asorey). Mais seules les organisations syndicales de salariés signataires, ou adhérentes de la convention ou de l'accord, sont habilitées à le réviser. Si aucun de ces syndicats ne signe l'avenant de révision, celui-ci est nul (cass. soc. 8 avril 2009, n° 08-40.256, BC V n° 102; RJS 6/09 n° 560; Dr. Soc. 2009, p. 872, obs. J. Savatier; JCP éd. S 2009, 1458, note R. Vatinet). Par ailleurs, les organisations syndicales de salariés représentatives, signataires d'une convention ou d'un accord ou qui y ont adhéré conformément aux dispositions de l'article L. 2261-3, sont seules habilitées à signer, dans les conditions prévues au chapitre II du livre III, les avenants portant révision de cette convention ou de cet accord; il en résulte que l'organisation syndicale de salariés qui, signataire d'un accord d'entreprise, n'est plus représentative pour la durée du cycle électoral au cours duquel la révision d'un accord d'entreprise est proposée, ne peut s'opposer à la négociation d'un tel accord (cass. soc. 21 septembre 2017, n° 15-25.531, BC V n° 157; JCP éd. S 2017, 1392, note J-Fr. Cesaro; RJS 11/17 n° 757; LSQ n° 17411 du 25.09.2017; JSL n° 440, 26.10.2017, pp. 18 et s., M. Favier).

Voir L. Flament «À propos de l'impact de la loi du 20 août 2008 sur la révision des accords collectifs», RJS 4/11, chron. p. 257.

Dénonciation pendant la révision. Si, en raison du blocage des négociations d'un accord de révision, l'employeur décide de dénoncer l'accord, il doit convoquer l'ensemble des syndicats représentatifs pour engager de nouvelles négociations en vue de la conclusion d'un accord de substitution (cass. soc. 9 février 2000, n° 97-22.619, BC V n° 59; RJS 3/00 n° 306).

Art. L. 2261-7-1. ***(L. 2016-1088 du 8 août 2016, art. 17, I, 1°, JO 9)*** I. – Sont habilitées à engager la procédure de révision d'une convention ou d'un accord d'entreprise ou d'établissement:

1° Jusqu'à la fin du cycle électoral au cours duquel cette convention ou cet accord a été conclu, une ou plusieurs organisations syndicales de salariés représentatives dans le champ d'application de la convention ou de l'accord et signataires ou adhérentes de cette convention ou de cet accord;

2° À l'issue de cette période, une ou plusieurs organisations syndicales de salariés représentatives dans le champ d'application de la convention ou de l'accord.

II. – La validité d'un avenant de révision s'apprécie conformément à la section 3 du chapitre II du titre III du présent livre II.

Art. L. 2261-8. L'avenant portant révision de tout ou partie d'une convention ou d'un accord se substitue de plein droit aux stipulations de la convention ou de l'accord qu'il modifie.

Il est opposable, dans des conditions de dépôt prévues à l'article L. 2231-6, à l'ensemble des employeurs et des salariés liés par la convention ou l'accord.

Note Si l'avenant portant révision de tout ou partie de la convention ou de l'accord collectif, signé par une ou plusieurs organisations syndicales de salariés représentatives, se substitue de plein droit aux stipulations de la convention ou de l'accord qu'il modifie, cet avenant n'est opposable, parmi les employeurs liés par la convention ou l'accord modifié, qu'à ceux qui l'ont signé ou qui sont membres d'un groupement partie à l'accord (cass. soc. 10 juin 1998, n° 96-43.111, BC V n° 316).

SECTION 5. Dénonciation

Note • Voir notamment E. Dockès, «Les titulaires du droit de dénoncer efficacement une convention collective», Dr. Soc. décembre 2011, p. 1257.

• **Caducité des accords collectifs.** En dehors de la dénonciation, de la mise en cause (art. L. 2261-14 et s.) ou de l'arrivée du terme pour les conventions à durée déterminée (art. L. 2222-4), la jurisprudence admet que les accords collectifs peuvent prendre fin par caducité. Ainsi, un accord collectif conclu en application d'une loi du 11 juin 1996 (dite «de Robien») tendant à favoriser la création d'emplois n'a plus d'objet dès lors qu'un plan de cession arrêté par le tribunal de commerce prévoit des licenciements et entraîne en conséquence la disparition des aides publiques prévues dans le cadre du dispositif (cass. soc. 17 juin 2003, n° 01-15.710, BC V n° 198).

Mais l'abrogation d'un dispositif législatif prévoyant en faveur des salariés de certaines entreprises une prime obligatoire de participation, assortie de dispositifs d'exonération de charges, ne rend pas caduc de plein droit un accord collectif instaurant cette prime dans l'entreprise. Dès lors que l'accord d'entreprise est à durée indéterminée, qu'il spécifie les conditions d'attribution de la prime de partage de profits, sans la conditionner au maintien de la législation en vigueur ou à l'octroi d'exonérations particulières et qu'il précise les conditions de sa dénonciation, il demeure applicable (cass. soc. 26 juin 2019, n° 17-28.287, à paraître, LS n° 17847 du 02.07.2019; JCP éd. S 2019, 1246, note D. Chenu; JSL n° 481, 16.09.2019, pp. 8 et s., G. Chastagnol; RJS 10/19 n° 584. Voir également chron. J. Mouly, «La caducité des accords collectifs de travail», RJS 11/19, pp. 755 et s.). Cet arrêt rendu à propos d'un accord relatif à la prime de partage des profits instituée par l'article 1er de la loi de financement de la sécurité sociale rectificative pour 2011, abrogé par la loi de financement de la sécurité sociale pour 2015, marque nettement l'exigence d'une impossibilité d'exécution pour qu'un accord soit caduc. En l'espèce, si l'exécution de l'accord était devenue plus onéreuse pour l'employeur, elle n'était certainement pas impossible. L'accord était donc applicable tant qu'il n'avait pas été dénoncé.

Sous-section 1. Procédure

Art. L. 2261-9. La convention et l'accord à durée indéterminée peuvent être dénoncés par les parties signataires.

En l'absence de stipulation expresse, la durée du préavis qui doit précéder la dénonciation est de trois mois.

La dénonciation est notifiée par son auteur aux autres signataires de la convention ou de l'accord.

Elle est déposée dans des conditions prévues par voie réglementaire.

Note • Un employeur ne peut décider unilatéralement de ne plus appliquer une convention collective à laquelle son entreprise est soumise; celle-ci ne cesse de produire effet que par suite d'une dénonciation ou d'une mise en cause (cass. soc. 13 novembre 2001, n° 99-42.709, BC V n° 344; RJS 1/02 n° 60).

Modalités de la dénonciation

• La durée du préavis de dénonciation de trois mois fixée par cet article est supplétive, la convention ou l'accord collectif pouvant prévoir un délai plus long ou plus court.

• Pour prendre effet, la dénonciation d'une convention ou d'un accord collectif doit être notifiée par son auteur aux autres signataires de la convention ou de l'accord et doit donner lieu à dépôt (cass. soc. 10 février 1999, n° 97-13.015, BC V n° 63; Dr. Soc. 1999, p. 388, concl. D-N Commaret).

• La dénonciation par l'employeur d'une convention ou d'un accord collectif de travail qui intéresse l'organisation, la gestion ou la marche générale de l'entreprise doit être précédée de la consultation du comité d'entreprise prévue par les articles L. 431-5 et L. 432-1 [L. 2323-1 ancien]. À défaut, la dénonciation demeure sans effet jusqu'à l'accomplissement de cette formalité (cass. soc. 5 mars 2008, n° 07-40.273, BC V n° 49; RJS 5/08 n° 576; RDT, septembre 2008, CH, 540, G. Borenfreund).

• Sauf clause contraire de la convention collective, l'employeur n'a pas à justifier sa décision de dénoncer une convention collective (cass. soc. 20 octobre 1993, n° 89-18.949, BC V n° 243; RJS 12/93 n° 1217).

Mais une dénonciation qui repose sur des motifs illicites doit être annulée (TGI Nanterre 25 novembre 2005, n° 05-11.716, SSL 2006 n° 1249, p. 12).

• Une dénonciation qui n'est pas faite dans les formes requises (notification aux organisations syndicales signataires de l'accord dénoncé) est nulle et de nul effet. N'est donc pas valable une dénonciation notifiée aux représentants syndicaux au comité d'entreprise (cass. soc. 19 avril 1989, n° 87-45.530, BC V n° 289; RJS 6/89 n° 527) ou à une section syndicale (cass. soc. 24 février 1993, n° 90-44.912, Dr. Soc. 1993, p. 464) pas plus qu'une mention inscrite au procès-verbal d'une réunion du comité d'entreprise (cass. soc. 16 février 1989, n° 86-41.035, BC V n° 138; RJS 4/89 n° 372).

• Les formalités de dénonciation ne sont applicables ni à la dénonciation d'une convention collective appliquée volontairement par un employeur (cass. soc. 18 juin 1986, JS 1987 NB 82), ni à la dénonciation d'un engagement unilatéral par lequel l'employeur fait une application volontaire d'une convention collective (cass. soc. 11 février 2009, n° 07-17.863, RJS 4/09 n° 382), ni à la dénonciation des accords atypiques ou des usages (cass. soc. 22 janvier 1992, nos 89-42.840 et 89-42.841, BC V nos 24 et 25; RJS 3/92 n° 373; dans ces cas, l'employeur doit informer les représentants du personnel dans un délai permettant une négociation et chaque salarié individuellement lorsque la dénonciation entraîne la suppression d'un avantage individuel; dans le même sens, cass. soc. 23 septembre 1992, n° 89-45.656, BC V n° 479; RJS 11/92 n° 1318; 10 mai 1994, n° 91-42.293, RJS 6/94 n° 735; 18 mars 1997, n° 93-43.989, BC V n° 110; RJS 10/97 n° 1106 : dans cet arrêt, la Cour de cassation affirme très clairement que le protocole d'accord conclu avec un comité d'entreprise n'est pas un accord collectif de travail mais un engagement unilatéral de l'employeur). La dénonciation d'un engagement unilatéral de l'employeur à caractère collectif doit être faite dans les mêmes conditions que la dénonciation des usages (cass. soc. 16 décembre 1992, n° 88-43.834, BC V n° 594; RJS 2/93 n° 167; 18 mars 1997, précité).

• *Dénonciation partielle d'une convention.* Une convention collective forme entre les parties signataires un ensemble contractuel dont certaines dispositions ne peuvent être écartées partiellement que d'un commun accord ou dans les conditions fixées par les parties (cass. soc. 12 octobre 2005, n° 04-43.355, BC V n° 289; RJS 12/05 n° 1234: dénonciation déclarée irrégulière dans un cas où l'employeur avait contourné l'interdiction de dénonciation partielle en dénonçant totalement un accord tout en précisant que certaines clauses de celui-ci n'étaient pas renégociables; cass. soc. 16 octobre 1974, n° 73-11.562, BC V n° 478; Dr. Soc. 1975, p. 115; 30 mars 1977, n° 75-13.440, BC V n° 239; JS UIMM n° 376, p. 301).

Sous-section 2. **Dénonciation par la totalité des signataires employeurs ou salariés**

Art. L. 2261-10. Lorsque la dénonciation émane de la totalité des signataires employeurs ou des signataires salariés, la convention ou l'accord continue de produire effet jusqu'à l'entrée en vigueur de la convention ou de l'accord qui lui est substitué ou, à défaut, pendant une durée d'un an à compter de l'expiration du délai de préavis, sauf clause prévoyant une durée déterminée supérieure.

Une nouvelle négociation s'engage, à la demande d'une des parties intéressées, dans les trois mois qui suivent ***(L. 2016-1088 du 8 août 2016, art. 17, II, JO 9)*** «le début du préavis mentionné à l'article L. 2261-9. Elle peut donner lieu à un accord, y compris avant l'expiration du délai de préavis.»

Il en est de même, à la demande d'une des organisations syndicales représentatives de salariés intéressées, en cas de dénonciation de la convention ou de l'accord dans les conditions prévues à l'article L. 2261-12, s'agissant du secteur concerné par la dénonciation.

(L. 2008-789 du 20 août 2008, art. 8, JO 21) «Lorsqu'une des organisations syndicales de salariés signataires de la convention ou de l'accord perd la qualité d'organisation représentative dans le champ d'application de cette convention ou de cet accord, la dénonciation de ce texte n'emporte d'effets que si elle émane d'une ou plusieurs organisations syndicales de salariés représentatives dans son champ d'application ayant recueilli la majorité des suffrages exprimés dans les conditions prévues au chapitre II du titre III.»

Note • Les dispositions de cet article, dans sa rédaction issue de la loi 2016-1088 précitée, s'appliquent à compter de la date où les accords ou conventions dénoncés ou mis en cause cessent de produire leurs effets, y compris si la date de leur dénonciation ou de leur mise en cause est antérieure à la publication de la présente loi (loi précitée, art. 17, IV).

• **Effets de la convention dénoncée.** Lorsque la dénonciation émane de la totalité des signataires employeurs ou des signataires salariés, la convention ou l'accord continue de produire effet pendant un an à l'expiration du délai de préavis, sauf:
– si une clause conventionnelle prévoit une durée déterminée supérieure;
– ou si une convention ou un accord est substitué à la convention ou à l'accord dénoncé avant l'expiration de ce délai d'un an.

Une clause se bornant à stipuler que l'accord dénoncé restera en vigueur jusqu'à ce qu'un nouvel accord intervienne ne fixe pas de durée déterminée. Elle est donc sans effet; la convention cesse d'être en vigueur au-delà d'un an (cass. soc. 23 janvier 1985, n° 82-42.965, BC V n° 49; 12 février 1991, n° 89-45.314, BC V n° 62).

Une convention collective dénoncée peut faire l'objet, pendant la durée où elle reste en vigueur, d'une adhésion qui n'a pour effet ni de modifier son contenu ni de prolonger la durée de sa survie (cass. soc. 1er décembre 1983, n° 83-60.914, BC V n° 589).

Pendant la durée de survie de la convention après la dénonciation, le salarié ne peut pas valablement renoncer aux droits consacrés par la convention collective dénoncée (cass. soc. 26 mai 1998, n° 96-41.053, BC V n° 278; RJS 7/98 n° 886).

• **Accord de substitution.** Toutes les organisations syndicales de salariés représentatives doivent être invitées à la négociation de l'accord de substitution (cass. soc. 9 février 2000, n° 97-22.619, BC V n° 59; RJS 3/00 n° 306). Voir aussi V. Armillei et L. Aluome, «La négociation collective des accords de substitution en l'absence de délégué syndical», JCP éd. S 2020, 3114.

L'accord conclu après la dénonciation ayant le même objet que l'accord collectif dénoncé est un accord de substitution alors même que les parties à l'accord ont convenu de poursuivre la négociation (cass. soc. 30 novembre 1994, n° 91-43.509, BC V n° 319; RJS 1/95 n° 46: les salariés ne peuvent donc plus invoquer les droits acquis sous l'empire des dispositions antérieures).

• Il résultait d'une jurisprudence ancienne qu'un accord de substitution ne pouvait pas entrer en vigueur et remplacer l'accord dénoncé avant l'expiration du préavis de dénonciation de trois mois (cass. soc. 7 janvier 1997, n° 93-45.664, BC V n° 1; RJS 2/97 n° 186). Mais, compte tenu des textes aujourd'hui applicables qui prévoient que la convention dénoncée continue de produire effet jusqu'à l'entrée en vigueur de l'accord de substitution, la Cour de cassation considère désormais que les négociateurs de cet accord peuvent convenir qu'il entrera en vigueur avant l'expiration de ce délai de trois mois (cass. soc. 6 juin 2018, n° 16-22.361, à paraître, JCP éd. S 2018, 1278, note Fr. Dumont; RJS 8-9/18 n° 555; JSL n° 458, 31.07.2018, pp. 14 et s., M. Hautefort).

• Lorsque la convention de substitution exclut de son champ d'application les activités des services auxquels appartenaient certains salariés, ces derniers conservent le bénéfice de leurs avantages individuels acquis en vertu de la convention dénoncée, en l'absence de la signature d'un accord propre à cette activité dans le délai prévu par l'article L. 132-8 [L. 2261-10] CT (cass. soc. 7 juin 2005, n° 04-43.652, BC V n° 192; Dr. Soc. 2005, p. 937, obs. J. Savatier).

• Lorsque l'accord de substitution donne une option aux salariés entre un nouveau système de rémunération ou une rémunération prévue par l'ancien accord d'entreprise sous réserve de certaines modifications, le système de rémunération, quel que soit le salarié, est une application de l'accord substitué: le salarié ne peut pas invoquer le bénéfice du maintien d'un avantage individuel acquis (cass. soc. 28 février 2006, n° 04-14.202, BC V n° 93; RJS 5/06 n° 611).

• Les salariés engagés postérieurement à l'entrée en vigueur d'un accord de substitution ne peuvent pas revendiquer, au titre du principe d'égalité de traitement, le bénéfice des dispositions prévues par l'accord collectif antérieur (cass. soc. 28 juin 2018, n° 17-16.499, à paraître, LSQ n° 17606 du 06.07.2018; JCP éd. S 2018, 1323, note G. Vachet; JSL n° 459, 14.09.2018, pp. 4 et s., Ph. Pacotte et S. Daguerre; RJS 10/18 n° 582).

• **Nullité de l'accord de substitution.** L'annulation d'un accord conclu en vue de remplacer un accord dénoncé équivaut à une absence d'accord de substitution; lorsque l'accord dénoncé n'a pas été remplacé par un nouvel accord dans les délais précisés par cet article, les salariés des entreprises concernées conservent les avantages individuels qu'ils ont acquis en application de l'accord (cass. soc. 9 novembre 2005, n° 03-43.290, BC V n° 320; RJS 1/06 n° 69). Les salariés qui obtiennent l'annulation de l'accord de substitution peuvent être condamnés à rembourser à l'employeur les primes qu'ils ont reçues en application de l'accord de substitution annulé (cass. soc. 17 avril 2008, n° 07-41.401, RDT, octobre 2008, CH, 611, E. Peskine).

Sous-section 3. Dénonciation par une partie des signataires employeurs ou salariés

Art. L. 2261-11. Lorsque la dénonciation est le fait d'une partie seulement des signataires employeurs ou des signataires salariés, elle ne fait pas obstacle au maintien en vigueur de la convention ou de l'accord entre les autres parties signataires.

Dans ce cas, les dispositions de la convention ou de l'accord continuent de produire effet à l'égard des auteurs de la dénonciation jusqu'à l'entrée en vigueur de la convention ou de l'accord qui lui est substitué ou, à défaut, pendant une durée d'un an à compter de l'expiration du délai de préavis, sauf clause prévoyant une durée déterminée supérieure.

Art. L. 2261-12. Lorsque la dénonciation d'une convention de branche ou d'un accord professionnel ou interprofessionnel émane d'une organisation seule signataire, soit pour la partie employeurs, soit pour la partie salariés, concernant un secteur territorial ou professionnel inclus dans le champ d'application du texte dénoncé, ce champ d'application est modifié en conséquence.

Sous-section 4. Maintien de la rémunération perçue

Art. L. 2261-13. ***(L. 2016-1088 du 8 août 2016, art. 17, II, JO 9)*** Lorsque la convention ou l'accord qui a été dénoncé n'a pas été remplacé par une nouvelle convention ou un nouvel accord dans un délai d'un an à compter de l'expiration du préavis, les salariés des entreprises concernées ***(L. 2018-217 du 29 mars 2018, art. 21, I, A, 1°, JO 31)*** «bénéficient d'une garantie de» rémunération dont le montant annuel, pour une durée de travail équivalente à celle prévue par leur contrat de travail, ne peut être inférieur à la rémunération versée ***(L. 2018-217 du 29 mars 2018, art. 21, I, A, 1°, JO 31)*** «, en application de la convention ou de l'accord dénoncé et du contrat de travail,» lors des douze derniers mois. Cette ***(L. 2018-217 du 29 mars 2018, art. 21, I, A, 1°, JO 31)*** «garantie de» rémunération s'entend au sens de l'article L. 242-1 du code de la sécurité sociale, à l'exception de la première phrase du deuxième alinéa du même article L. 242-1.

(L. 2018-217 du 29 mars 2018, art. 21, I, A, 2°, JO 31) «Cette garantie de rémunération peut être assurée par le versement d'une indemnité différentielle entre le montant de la rémunération qui était dû au salarié en vertu de la convention ou de l'accord dénoncé et de son contrat de travail et le montant de la rémunération du salarié résultant de la nouvelle convention ou du nouvel accord, s'il existe, et de son contrat de travail.»

Lorsqu'une stipulation prévoit que la convention ou l'accord dénoncé continue à produire ses effets pendant un délai supérieur à un an, le premier alinéa du présent article s'applique à compter de l'expiration de ce délai si une nouvelle convention ou un nouvel accord n'a pas été conclu.

Note • Les dispositions de cet article, dans sa rédaction issue de la loi 2018-217 précitée, s'appliquent à tous les accords ou conventions dénoncés ou mis en cause ayant cessé de produire leurs effets depuis le 9 août 2016, y compris si la date de leur dénonciation ou de leur mise en cause est antérieure à cette date (loi précitée, art. 21, II).

• Les dispositions de cet article, dans sa rédaction issue de la loi 2016-1088 précitée, s'appliquent à compter de la date où les accords ou conventions dénoncés ou mis en cause cessent de produire leurs effets, y compris si la date de leur dénonciation ou de leur mise en cause est antérieure à la publication de cette loi (loi précitée, art. 17, IV).

• L'article L. 2261-13 tel qu'il résulte de la loi du 8 août 2016 substitue le maintien de la rémunération au «maintien des avantages individuels acquis» tel que le prévoyait le texte dans sa rédaction antérieure. Le texte nouveau étant d'application immédiate, la jurisprudence relative à la notion d'avantage individuel acquis est aujourd'hui obsolète. Sur cette jurisprudence, voir Code du Travail Annoté, éd. 2016.

• Sur le maintien de la rémunération, voir note sous l'article L. 2261-14, et, sur l'inégalité de traitement susceptible d'en résulter, voir aussi note sous l'article L. 2261-10.

SECTION 6. Mise en cause

Note Sur la **caducité des accords collectifs**, voir note introductive de la Section 5 (au-dessus de l'article L. 2261-9).

Voir aussi L. Aluome, «Caducité et mise en cause de l'accord collectif de travail: plaidoyer pour une nouvelle articulation», JCP éd. S 2020, 3097.

Art. L. 2261-14. Lorsque l'application d'une convention ou d'un accord est mise en cause dans une entreprise déterminée en raison notamment d'une fusion, d'une cession, d'une scission ou d'un changement d'activité, cette convention ou cet accord continue de produire effet jusqu'à l'entrée en vigueur de la convention ou de l'accord qui lui est substitué ou, à défaut, pendant une durée d'un an à compter de l'expiration du délai de préavis prévu à l'article L. 2261-9, sauf clause prévoyant une durée supérieure.

(L. 2016-1088 du 8 août 2016, art. 17, III, JO 9) «Lorsque la convention ou l'accord qui a été mis en cause n'a pas été remplacé par une nouvelle convention ou un nouvel accord dans le délai fixé au premier alinéa du présent article, les salariés des entreprises concernées ***(L. 2018-217 du 29 mars 2018, art. 21, I, B, 1°, JO 31)*** «bénéficient d'une garantie de» rémunération dont le montant annuel, pour une durée de travail équivalente à celle prévue par leur contrat de travail, ne peut être inférieur à la rémunération versée ***(L. 2018-217 du 29 mars 2018, art. 21, I, B, 1°, JO 31)*** «, en application de la convention ou de l'accord mis en cause,» lors des douze derniers mois. Cette ***(L. 2018-217 du 29 mars 2018, art. 21, I, B, 1°, JO 31)*** «garantie de» rémunération s'entend au sens de l'article L. 242-1 du code de la sécurité sociale, à l'exception de la première phrase du deuxième alinéa du même article L. 242-1.

(L. 2018-217 du 29 mars 2018, art. 21, I, B, 2°, JO 31) «Cette garantie de rémunération peut être assurée par le versement d'une indemnité différentielle entre le montant de la rémunération qui était dû au salarié en vertu de la convention ou de l'accord mis en cause et de son contrat de travail et le montant de la rémunération du salarié résultant de la nouvelle convention ou du nouvel accord, s'il existe, et de son contrat de travail.»

Lorsque la mise en cause concerne une convention ou un accord à durée déterminée, le deuxième alinéa du présent article:

1° S'applique jusqu'au terme qui aurait été celui de la convention ou de l'accord en l'absence de mise en cause si ce terme est postérieur à la date à laquelle la convention ou l'accord mis en cause cesse de produire ses effets en application du premier alinéa;

2° Ne s'applique pas si ce terme est antérieur à la date à laquelle cette convention ou cet accord cesse de produire ses effets en application du premier alinéa.»

Une nouvelle négociation doit s'engager dans l'entreprise concernée, à la demande d'une des parties intéressées, dans les trois mois suivant la mise en cause, soit pour l'adaptation aux dispositions conventionnelles nouvellement applicables, soit pour l'élaboration de nouvelles stipulations.

Note • Les dispositions de cet article, dans sa rédaction issue de la loi 2018-217 précitée, s'appliquent à tous les accords ou conventions dénoncés ou mis en cause ayant cessé de produire leurs effets depuis le 9 août 2016, y compris si la date de leur dénonciation ou de leur mise en cause est antérieure à cette date (loi précitée, art. 21, II).

• Les dispositions de cet article, dans sa rédaction issue de la loi 2016-1088 précitée, s'appliquent à compter de la date où les accords ou conventions dénoncés ou mis en cause cessent de produire leurs effets, y compris si la date de leur dénonciation ou de leur mise en cause est antérieure à la publication de cette loi (loi précitée, art. 17, IV).

Comme en cas de dénonciation, cet article modifié par la loi du 8 août 2016 substitue le maintien de la rémunération au «maintien des avantages individuels acquis» tel que le prévoyait le texte dans sa rédaction antérieure. Le texte nouveau étant d'application immédiate, la jurisprudence relative à la notion d'avantage individuel acquis est aujourd'hui obsolète. Sur cette jurisprudence, voir Code du Travail Annoté, éd. 2016.

• Voir H-J Legrand et M-L Morin, «La "mise en cause" d'une convention ou d'un accord collectif… en question», RDT 2008, controverse p. 10; A. Mazeaud, «Accords collectifs et restructurations», Dr. Soc. 2008, p. 66.

• Les termes du premier alinéa de l'article L. 2261-14 sont seulement énonciatifs; ainsi, le transfert d'une entité économique autonome peut s'opérer par voie de sous-traitance et entraîner la mise en cause du statut collectif en vigueur au sein de cette entité (cass. soc. 31 janvier 2001, n° 99-60.378, BC V n° 31; RJS 4/01 n° 478). En revanche, la cession des parts d'une société commerciale à un nouvel actionnaire, qui ne réalise à elle seule ni une fusion, ni une cession, ni une scission d'entreprise, ne met en cause l'application d'aucune convention ou accord collectif (cass. soc. 18 janvier 2006, n° 03-43.023, BC V n° 18; RJS 4/06 n° 479; RDT, septembre 2006, CH, 186, S. Nadal).

• **Mise en cause de la convention collective d'origine.** La convention collective régissant la situation de salariés n'est opposable à un nouvel employeur non soumis à cette convention, dans les conditions prévues par cet article, qu'au cas où, par l'effet de l'article L. 122-12 [L. 1224-1] CT, l'entité économique où travaillaient les salariés est transférée au nouvel employeur qui en poursuit l'exploitation (cass. soc. 20 janvier 1998, n° 95-41.942, BC V n° 22). Les salariés transférés relèvent alors immédiatement de la convention collective appliquée par le nouvel employeur (cass. soc. 10 février 2010, n° 08-44.454, BC V n° 36; RJS 4/10 n° 361; Dr. Soc. 2010, p. 476, obs. Ch. Radé; JCP éd. S 2010, 1171, note A. Martinon). La convention collective mise en cause par la modification de la situation juridique de l'employeur est cependant maintenue en vigueur jusqu'à son remplacement par une nouvelle convention ou, à défaut de conclusion d'une telle convention, pendant une durée d'un an. Durant ce délai, dit «de survie», les salariés transférés, bien que relevant de la convention collective du nouvel employeur, doivent bénéficier des clauses plus favorables prévues par leur convention collective initiale (cass. soc. 10 février 2010, n° 08-44.454, précité).

La mise en cause nécessite le respect d'un préavis de trois mois sauf clause conventionnelle contraire (cass. soc. 9 juillet 1996, n° 94-42.774). Dans l'hypothèse d'une mise en cause consécutive à une absorption, la date d'application effective de l'absorption de la société constitue le point de départ du délai de survie d'un an (cass. soc. 22 février 1995, n° 91-42.838, Dr. Soc. 1995, p. 395).

• **Survie de la convention collective mise en cause.** Il faut attendre que les acteurs sociaux aient négocié une nouvelle convention collective pour que l'ancienne convention collective cesse d'être applicable (cass. soc. 14 mai 1992, n° 88-45.316, BC V n° 310; RJS 6/92 n° 768: une entreprise soumise à la convention collective nationale des coopératives de consommateurs est rachetée par une entreprise soumise à la convention collective nationale des magasins de vente d'alimentation et d'approvisionnement général. La convention collective nationale des coopératives de consommateurs continue à s'appliquer au personnel de l'entreprise cédée «jusqu'à l'entrée en vigueur de la convention ou de l'accord qui lui est substitué…», «la convention ou l'accord substitué» étant celui qui résulte «de la négociation qui doit s'engager dans l'entreprise soit pour l'adaptation des dispositions conventionnelles antérieures à celles nouvellement applicables, soit pour l'élaboration de nouvelles dispositions selon le cas»; dans le même sens, cass. soc. 1er décembre 1993, n° 90-42.962, BC V n° 296; RJS 2/94 n° 168; 9 février 1994, n° 91-16.000, BC V n° 50; Dr. Soc. 1994, p. 384, obs. G. Bélier). Lorsque l'application d'une convention ou d'un accord collectif est mise en cause, les partenaires sociaux ont l'obligation de négocier pour la mise au point d'un accord de substitution. L'employeur ne peut s'abstenir de toute négociation et tenter de faire échec aux dispositions de la loi en proposant aux salariés une modification de leurs contrats de travail. L'ensemble des organisations syndicales représentatives doivent être invitées à la négociation (cass. soc. 10 mai 2012, n° 10-27.281, RJS 8-9/12 n° 727). En cas d'absorption, l'accord de substitution peut être valablement conclu sans que soit appelé à la négociation un syndicat qui était représentatif dans l'entreprise absorbée dès lors que l'accord de substitution est conclu par l'ensemble des syndicats représentatifs de la société absorbante et qu'il n'existait pas au sein de l'entreprise absorbée des organisations syndicales représentatives autres que celles ayant négocié l'accord (cass. soc. 28 octobre 2015, n° 14-16.043, BC V n° 212; JCP éd. S 2016, 1006, note Y. Pagnerre).

La Cour de cassation rappelle que les salariés ne peuvent valablement renoncer aux avantages qu'ils tirent d'une convention ou d'un accord collectif, même pendant la durée de survie de celui-ci après dénonciation ou mise en cause (cass. soc. 19 octobre 1999, n° 97-45.907, BC V n° 386; RJS 11/99 n° 1392).

Mais la survie de la convention collective de l'entreprise cédée n'interdit pas au salarié qui travaillait dans l'entreprise cédée d'obtenir à son profit l'application des clauses de la convention collective de l'entreprise absorbante. Lorsque la société absorbante fait une application volontaire d'une convention collective à l'ensemble de son personnel, le salarié dont le contrat de travail s'est poursuivi avec la société absorbante est fondé à invoquer les dispositions de cette convention collective même si la convention collective qui était en vigueur dans la société cédée continuait de produire effet dans les conditions prévues par l'article L. 132-8 [L. 2261-14] CT (cass. soc. 16 mars 1999, n° 96-45.353, BC V n° 117; RJS 5/99 n° 706).

À noter qu'il n'est pas interdit d'engager les négociations rendues nécessaires par la mise en cause d'un accord collectif avant que se réalise l'événement entraînant cette mise en cause, l'employeur n'étant tenu, dans une telle hypothèse, de reprendre la négociation après cet événement que lorsque les organisations syndicales représentatives ne sont plus les mêmes dans la nouvelle entreprise (cass. soc. 13 octobre 2010, n° 09-13.109, BC V n° 230; RDT, décembre 2010, CH, 715, Fr. Géa).

• **Maintien de la rémunération.** La jurisprudence citée ci-dessous a été rendue alors que les dispositions légales antérieures à loi 2016-1088 du 8 août 2016 prévoyaient plus généralement le maintien des «avantages individuels acquis» mais, s'agissant de la rémunération, rien ne permet de considérer que les solutions alors adoptées soient devenues périmées.

Le maintien de la rémunération en cas de mise en cause d'un accord collectif ne méconnaît pas le principe «à travail égal, salaire égal», que ce maintien résulte d'une absence d'accord de substitution ou d'un tel accord (cass. soc. 4 décembre 2007, n° 06-44.041, BC V n° 203; SSL 2007 n° 1334, avis J. Duplat; RDT, février 2008, CH, 115, H. Tissandier; voir aussi cass. soc. 27 octobre 2010, n° 09-41.292, LS Jurispr. n° 220 du 16.11.2010).

À défaut d'accord de substitution dans le délai prévu par la loi, le salaire antérieur doit être maintenu par intégration dans le contrat de travail (cass. soc. 20 octobre 1998, n° 95-44.290, BC V n° 435; RJS 12/98 n° 1448). Ainsi, une prime de 13e mois prévue par la convention collective mise en cause devient un avantage individuel acquis incorporé au contrat de travail (cass. soc. 27 octobre 1998, n° 96-40.880, RJS 12/98 n° 1520).

Le maintien des dispositions conventionnelles antérieurement applicables dans l'entreprise cédée ne peut être invoqué par un salarié embauché postérieurement au changement d'employeur (cass. soc. 26 février 1992, n° 88-44.441, BC V n° 132; RJS 4/92 n° 471).

Le principe d'égalité de traitement ne s'oppose pas à ce que l'employeur fasse bénéficier, par engagement unilatéral, les salariés engagés postérieurement à la dénonciation d'un accord collectif d'avantages identiques à ceux dont bénéficient, au titre des avantages individuels acquis, les salariés engagés antérieurement à la dénonciation de l'accord. Doit dès lors être approuvé l'arrêt qui, constatant que le salarié demandeur avait effectivement perçu la gratification de fin d'année prévue par l'accord dénoncé, et retenu, à bon droit, que l'engagement unilatéral pris par l'employeur de faire bénéficier les salariés engagés postérieurement à la dénonciation de l'accord collectif d'une prime de 13e mois identique dans ses conditions d'ouverture, de calcul et de règlement à la gratification payée en tant qu'avantage individuel acquis aux salariés engagés antérieurement à la dénonciation n'a pas pour effet de supprimer ledit avantage, a rejeté sa demande de bénéficier cumulativement de la gratification de fin d'année et de la prime de 13e mois (cass. soc. 24 avril 2013, n° 12-10.196, BC V n° 114; RJS 7/13 n° 540; JCP éd. S 2013, 1225, note G. Loiseau; Dr. Soc. 2013, p. 567, note Ch. Radé).

À noter que l'engagement de l'employeur de maintenir les avantages collectifs au bénéfice du personnel en fonction au jour du changement d'employeur caractérise une inégalité de traitement à l'égard des salariés engagés par la suite dans la même entité dans la mesure où cet engagement ne résultait pas de la loi et n'était pas destiné à compenser un préjudice spécifique à cette catégorie de salariés (cass. soc. 19 juin 2007, n° 06-44.047, BC V n° 104; RJS 8-9/07 n° 979; SSL 2007 n° 1314, p. 8, rapport P. Bailly).

• **Transfert du siège social.** Le transfert du siège social d'un département à un autre entraîne la mise en cause d'une convention collective départementale (cass. soc. 21 mai 1997, n° 93-46.617, BC V n° 182; RJS 7/97 n° 848: la mise en cause opère automatiquement; il n'est donc pas nécessaire que le chef d'entreprise dénonce la convention applicable au lieu où était antérieurement situé le siège social).

• **Disparition du seul syndicat signataire.** Une cour d'appel, ayant constaté que le syndicat signataire d'un accord collectif avait fait l'objet d'une fusion avec un autre syndicat non signataire, entraînant sa disparition et la création d'une nouvelle organisation syndicale, aurait dû en déduire que l'accord avait été mis en cause (cass. soc. 13 octobre 2016, n° 14-18.905, BC V n° 191; RJS 12/16 n° 798; JCP éd. S 2016, 1434, note B. Bossu; JSL n° 425, 10.02.2017, pp. 14 et s., S. Mayoux).

Art. L. 2261-14-1. ***(L. 2008-789 du 20 août 2008, art. 8, JO 21)*** La perte de la qualité d'organisation représentative de toutes les organisations syndicales signataires d'une convention ou d'un accord collectif n'entraîne pas la mise en cause de cette convention ou de cet accord.

Art. L. 2261-14-2. ***(L. 2016-1088 du 8 août 2016, art. 17, III, 2°, JO 9)*** Dès lors qu'est envisagée une fusion, une cession, une scission ou toute autre modification juridique qui aurait pour effet la mise en cause d'une convention ou d'un accord, les employeurs des entreprises concernées et les organisations syndicales de salariés représentatives dans l'entreprise qui emploie les salariés dont les contrats de travail sont susceptibles d'être transférés peuvent négocier et conclure la convention ou l'accord de substitution prévu au premier alinéa de l'article L. 2261-14.

La durée de cette convention ou de cet accord ne peut excéder trois ans. La convention ou l'accord entre en vigueur à la date de réalisation de l'événement ayant entraîné la mise en cause et s'applique à l'exclusion des stipulations portant sur le même objet des conventions et accords applicables dans l'entreprise ou l'établissement dans lequel les contrats de travail sont transférés.

À l'expiration de cette convention ou de cet accord, les conventions et accords applicables dans l'entreprise ou dans l'établissement dans lequel les contrats de travail des salariés ont été transférés s'appliquent à ces salariés.

Art. L. 2261-14-3. ***(L. 2016-1088 du 8 août 2016, art. 17, III, 2°, JO 9)*** Dès lors qu'est envisagée une fusion, une cession, une scission ou toute autre modification juridique qui aurait pour effet la mise en cause d'une convention ou d'un accord, les employeurs et les organisations syndicales de salariés représentatives dans les entreprises ou établissements concernés peuvent négocier et conclure une convention ou un accord se substituant aux conventions et accords mis en cause et révisant les conventions et accords applicables dans l'entreprise ou l'établissement dans lequel les contrats de travail sont transférés. Cette convention ou cet accord entre en vigueur à la date de réalisation de l'événement ayant entraîné la mise en cause.

Note Cette disposition consacre la jurisprudence antérieure admettant que les conséquences d'une mise en cause puissent être négociées avant la survenance de l'événement (cass. soc. 19 juin 2007, n° 06-44.047, BC V n° 104; RJS 8-9/07 n° 979; SSL 2007 n° 1314, p. 8, rapport P. Bailly).

Art. L. 2261-14-4. ***(L. 2016-1088 du 8 août 2016, art. 17, III, 2°, JO 9)*** La validité des conventions et des accords mentionnés aux articles L. 2261-14-2 et L. 2261-14-3 s'apprécie dans les conditions prévues aux articles L. 2232-12 et L. 2232-13.

Les taux mentionnés aux mêmes articles L. 2232-12 et L. 2232-13 sont appréciés :

1° Dans le périmètre de l'entreprise ou de l'établissement employant les salariés dont les contrats de travail sont transférés, dans le cas mentionné à l'article L. 2261-14-2;

2° Dans le périmètre de chaque entreprise ou établissement concerné, dans le cas mentionné à l'article L. 2261-14-3.

Le cas échéant, la consultation des salariés est effectuée dans ces mêmes périmètres.

SECTION 7. Extension et élargissement

Sous-section 1. Principes

Art. L. 2261-15. Les stipulations d'une convention de branche ou d'un accord professionnel ou interprofessionnel, répondant aux conditions particulières déterminées par la sous-section 2, peuvent être rendues obligatoires pour tous les salariés et employeurs compris dans le champ d'application de cette convention ou de cet accord, par arrêté du ministre chargé du travail, après avis motivé de la Commission nationale de la négociation collective ***(L. 2020-1525 du 7 déc. 2020, art. 19, I, 3°, JO 8, entrée en vigueur le 01.06.2021)*** «, de l'emploi et de la formation professionnelle».

L'extension des effets et des sanctions de la convention ou de l'accord se fait pour la durée et aux conditions prévues par la convention ou l'accord en cause.

Note • Le ministre chargé du travail n'est pas tenu de procéder à l'extension qui lui est demandée; il dispose d'un pouvoir d'appréciation lui permettant de refuser l'extension sous le contrôle du juge de l'excès de pouvoir pour des motifs d'intérêt général (CE 21 novembre 2008, n° 300135, Rec. Lebon p. 437; RJS 4/09 n° 386; concl. A. Courrèges, SSL 2009 n° 1384, p. 6; S. Nadal,

«Le droit à l'extension n'existe pas», SSL précitée, p. 12); les motifs d'intérêt général peuvent notamment tenir aux objectifs de la politique économique et sociale ou à la protection de la situation des tiers (même arrêt).

Ce pouvoir d'appréciation est susceptible de s'exercer à l'égard des accords dont l'entrée en vigueur est subordonnée par la loi à l'intervention d'un arrêté d'extension (CE 21 novembre 2008 précité).

• L'irrégularité qui affecte une des clauses de la convention collective n'est pas supprimée par l'arrêté d'extension (cass. civ., 2e ch., 20 juillet 1964, BC n° 572; Dr. Soc. 1965, p. 55, obs. J. Savatier).

• La légalité d'un arrêté ministériel prononçant l'extension d'une convention collective est subordonnée à la validité des clauses insérées dans cette convention; la convention collective étant un acte de droit privé, le juge administratif ne peut pas statuer lui-même sur la licéité des clauses d'une telle convention; il doit donc surseoir à statuer sur la licéité de l'acte administratif en attendant la solution donnée par le juge judiciaire quant à la validité des clauses de la convention collective (CE 7 mars 1986, n° 48455, D. 1988 somm. 78). Voir cependant la jurisprudence dite du Chéneau du Tribunal des conflits (17 octobre 2011, n° C3828) et une application par le Conseil d'État dans son contrôle des arrêtés d'extension (CE 28 novembre 2014, n° 362823; 7 mai 2015, n° 375882, Rec. Lebon, p. 164; RJS 8-9/15 n° 581; 1er juin 2015, n° 369914, Rec. Lebon, p. 181; RJS 10/15 n° 651).

• Le ministre ne saurait, sans méconnaître les pouvoirs qu'il tient de cet article, se fonder sur ces dernières dispositions pour n'étendre certaines clauses d'une convention ou d'un accord que sous réserve qu'elles soient complétées par un accord collectif ultérieur, dont il n'est pas en mesure d'apprécier, comme il lui appartient de le faire avant de signer l'arrêté d'extension, la conformité avec les textes législatifs et réglementaires en vigueur (CE 26 février 2003, nos 241949 et 243386, RJS 5/03, p. 380).

• Lorsqu'il procède à l'extension d'une convention ou d'un accord collectif, le ministre doit rechercher si le champ d'application professionnel défini en termes d'activités économiques pour lequel l'extension est envisagée n'est pas compris dans le champ professionnel d'une autre convention ou accord étendu par arrêté, compte tenu, le cas échéant, de l'objet respectif des stipulations étendues ou à étendre; lorsque les champs d'application professionnels se recoupent, le ministre doit, préalablement à l'extension projetée, soit exclure de l'extension envisagée les activités économiques déjà couvertes par la convention ou l'accord précédemment étendu, soit abroger l'arrêté d'extension de cette convention ou de cet accord, en tant qu'il s'applique à ces activités (CE 2 février 2005, n° 252654, RJS 7/05 n° 765; 2 juillet 2007, n° 290606, RJS 11/07 n° 1198). Mais le ministre n'est pas tenu d'effectuer cette recherche lorsque l'extension concerne une convention collective dont le seul objet est de définir le champ d'application professionnel de futures stipulations conventionnelles (CE 23 juillet 2010, n° 313776, Rec. Lebon p. 345; LS Bref n° 15683 du 7.09.2010; Dr. Soc. 2010, p. 1085: «Légalité de l'extension d'un simple accord de champ sans stipulation de fond», concl. A. Courrèges; RJS 11/10 n° 870).

• Si l'intitulé d'une convention ou d'un accord est dépourvu, par lui-même, d'effet juridique, une convention ou un accord est habituellement désigné par son titre; compte tenu de l'intérêt qui s'attache à ce que les employeurs et les salariés soient aisément en mesure de savoir de quelle convention collective ils relèvent, le ministre chargé du travail peut, lorsqu'il procède à l'extension d'une convention ou d'un accord, exclure de son intitulé les termes qui sont en contradiction ou qui créent une ambiguïté avec les stipulations de cette convention ou de cet accord qui en définissent le champ d'application et qui, le cas échéant, sont de nature à créer une confusion avec une autre convention ou un autre accord (CE 11 juillet 2014, n° 360227, LSQ n° 16672 du 18.09.2014; RJS 11/14 n° 801).

• L'extension d'une convention ou d'un accord collectif ne doit pas avoir pour effet d'empêcher, de restreindre ou de fausser le jeu de la libre concurrence sur un marché, notamment en limitant l'accès à ce marché ou le libre exercice de la concurrence par d'autres entreprises. À ce titre, le Conseil d'État a annulé partiellement l'arrêté d'extension de la CCN des services d'eau et d'assainissement du 12 avril 2000 (CE 30 avril 2003, n° 230804, Dr. Soc. 2003, p. 999, obs. P-H Antonmattei et S. Destours).

• Sur la suspension partielle d'un arrêté d'extension par le Conseil d'État statuant en référé, voir CE 21 février 2005, nos 277154 et 277156, RJS 6/05 n° 653.

• L'extension résultant d'un arrêté du ministre chargé du travail, c'est à ce dernier, sous le contrôle du juge administratif, qu'il appartient de vérifier si les conditions de négociation de l'accord permettent cette extension. Le juge judiciaire n'a dès lors pas compétence pour procéder à un tel contrôle qui relève de la légalité de l'arrêté d'extension. Ainsi, l'extension d'un accord professionnel suppose nécessairement, sous le contrôle du juge administratif, vérification par le ministre de la représentativité dans le champ défini par l'accord des organisations syndicales et patronales signataires ou invitées à la négociation. En présence d'un accord professionnel étendu, le juge judiciaire n'a donc pas compétence pour vérifier que l'employeur, compris dans le champ d'application professionnel et territorial de cet accord, en est signataire ou relève d'une organisation patronale représentative dans le champ professionnel de l'accord et signataire de celui-ci; il lui appartient seulement de vérifier si l'activité des employeurs concernés par le litige relève du secteur professionnel défini par l'accord (cass. soc. 27 novembre 2019, n° 17-31.442, à paraître, LSQ n° 17952 du 04.12.2019; JSL n° 490, 27.01.2020, pp. 4 et s., M. Hautefort; RJS 2/20 n° 103; voir aussi cass. civ., 2e ch., 13 mars 2020, n° 18-14.382, à paraître, RJS 5/20 n° 247).

Il appartient également au juge judiciaire de statuer sur les contestations pouvant être élevées par une ou plusieurs entreprises déterminées sur le champ d'application sectoriel d'un accord interprofessionnel étendu, dès lors que ce dernier ne précise pas ce champ, car il s'agit alors d'un problème d'interprétation de l'accord, certes examiné à travers l'étendue professionnelle de la représentativité de ses signataires patronaux (cass. soc. 16 mars 2005, n° 03-16.616, BC V n° 97; RJS 5/05 n° 547; voir également cass. soc. 21 novembre 2006, n° 05-13.601, BC V n° 351; RJS 2/07 n° 252 ou, encore, cass. soc. 6 avril 2016, n° 14-12.724, BC V n° 66; RJS 6/16 n° 438).

• Sur l'annulation d'un arrêté d'extension pour défaut de représentativité de l'organisation patronale signataire de la convention collective, voir CE 24 février 2015, n° 370629, RJS 5/15 n° 356.

Art. L. 2261-16. Le ministre chargé du travail peut également, conformément à la procédure d'extension prévue à la sous-section 3, rendre obligatoires, par arrêté, les avenants ou annexes à une convention ou à un accord étendu.

L'extension des avenants ou annexes à une convention ou à un accord étendu porte effet dans le champ d'application de la convention ou de l'accord de référence, sauf dispositions expresses déterminant un champ d'application différent.

Note Les avenants ou annexes à une convention collective ou à un accord professionnel étendu ne sont pas applicables aux entreprises non signataires et non adhérentes à une organisation patronale signataire s'ils n'ont pas eux-mêmes fait l'objet d'un arrêté d'extension (cass. ass. plén. 6 avril 1990, n° 89-41.674, BC n° 6).

L'arrêté d'extension de l'annexe d'une convention collective se borne à rendre obligatoires les dispositions de cette annexe pour tous les employeurs et tous les salariés compris dans son champ d'application; il ne modifie pas celui-ci (cass. soc. 29 juin 1994, n° 90-45.768, BC V n° 218; RJS 11/94 n° 1286 : l'annexe d'une convention collective nationale ne comprenant pas le département de l'Isère, l'arrêté d'extension de l'annexe ne rend pas celle-ci applicable dans ce département).

Les signataires d'un avenant à une convention collective peuvent donner à cet avenant un champ d'application plus étroit que celui de l'accord initial; l'extension de l'avenant n'a d'effet que dans le champ d'application expressément défini par l'avenant (cass. soc. 18 octobre 2006, n° 05-42.489, RJS 1/07 n° 88: champ d'application professionnel plus limité dans l'avenant; cass. soc. 29 juin 1994, n° 90-45.768, BC V n° 218: champ d'application territorial plus restreint dans l'avenant).

De même, si l'arrêté ministériel d'extension de l'avenant à une convention collective a rendu cet avenant applicable à tous les employeurs relevant du champ d'application de la convention, il n'a pas eu pour effet de modifier les termes de cet avenant qui donnait aux employeurs un délai pour adhérer à l'organisme chargé de gérer le régime de prévoyance. Dès lors il ne pouvait être reproché à l'employeur de n'avoir pas adhéré au régime de prévoyance à la date de l'accident survenu avant l'expiration du délai précité (cass. soc. 30 septembre 2003, n° 01-45.236, BC V n° 246; RJS 12/03 n° 1420).

L'extension d'une convention ou d'un accord collectif ne peut avoir légalement pour effet de placer une entreprise ou un groupe d'entreprises dans une situation d'abus de position dominante, pratique prohibée par l'article 8 de l'ordonnance du 1er décembre 1986 et par l'article L. 420-2 c. com. (CE 16 janvier 2002, n° 223859, RJS 4/02 n° 468; concl. P. Fombeur, RJS 4/02, p. 308).

Art. L. 2261-17. En cas d'absence ou de carence des organisations de salariés ou d'employeurs se traduisant par une impossibilité persistante de conclure une convention ou un accord dans une branche d'activité ou un secteur territorial déterminé, le ministre chargé du travail peut, à la demande d'une des organisations représentatives intéressées ou de sa propre initiative, sauf opposition écrite et motivée de la majorité des membres de la Commission nationale de la négociation collective ***(L. 2020-1525 du 7 déc. 2020, art. 19, I, 3°, JO 8, entrée en vigueur le 01.06.2021)*** «, de l'emploi et de la formation professionnelle»:

1° Rendre obligatoire dans le secteur territorial considéré une convention ou un accord de branche déjà étendu à un secteur territorial différent;

2° Rendre obligatoire dans le secteur professionnel considéré ***(Ord. 2017-1388 du 22 sept. 2017, JO 23)*** «tout ou partie d'une convention ou d'un accord» professionnel déjà étendu à un autre secteur professionnel;

3° Rendre obligatoire dans une ou plusieurs branches d'activité non comprises dans son champ d'application un accord interprofessionnel étendu ;

(Ord. 2017-1388 du 22 sept. 2017, JO 23) « Dans les cas prévus aux 1° et 2°, le secteur professionnel ou territorial faisant l'objet de l'arrêté d'élargissement doit présenter des conditions analogues à celles du secteur dans lequel l'extension est déjà intervenue, quant aux emplois exercés. »

Lorsque l'élargissement d'une convention ou d'un accord a été édicté conformément aux alinéas précédents, rendre obligatoires leurs avenants ou annexes ultérieurs eux-mêmes étendus dans le ou les secteurs visés par cet élargissement.

Art. L. 2261-18. Lorsqu'une convention de branche n'a pas fait l'objet d'avenant ou annexe pendant cinq ans au moins ou, qu'à défaut de convention, des accords n'ont pu y être conclus depuis cinq ans au moins, cette situation peut être assimilée au cas d'absence ou de carence des organisations au sens de l'article L. 2261-17 et donner lieu à l'application de la procédure prévue à cet article.

Art. D. 2261-3. Lorsqu'un arrêté d'extension ou d'élargissement est envisagé, il est précédé de la publication au *Journal officiel* de la République française d'un avis. Cet avis invite les organisations et personnes intéressées à faire connaître leurs observations. Il indique le lieu où la convention ou l'accord a été déposé et le service auprès duquel les observations sont présentées.

Les organisations et les personnes intéressées disposent d'un délai de quinze jours à compter de la publication de l'avis pour présenter leurs observations.

(D. 2016-1435 du 25 oct. 2016, art. 4, JO 27) « Lorsqu'une demande est formulée en application du quatrième alinéa du I de l'article L. 243-6-3 du code de la sécurité sociale, elle suspend la procédure d'extension engagée à la demande d'une des organisations d'employeurs ou de salariés représentatives mentionnées à l'article L. 2261-19 à compter de la réception de l'information mentionnée au quatrième alinéa du II de l'article R. 243-43-2 du code de la sécurité sociale.

Si l'organisation ayant présenté la demande est différente de celle ayant présenté la demande d'extension, le ministre compétent informe cette dernière de la suspension de la procédure d'extension. Il lui communique la réponse de l'Agence centrale des organismes de sécurité sociale ou de la caisse centrale de la Mutualité sociale agricole.

L'organisation ayant présenté la demande d'extension dispose d'un délai de quinze jours suivant la notification de la réponse de l'agence ou de la caisse centrale ou la date de réception de la communication faite par le ministre compétent pour faire connaître si elle maintient sa demande d'extension.

À défaut de réponse dans ce délai, la demande est réputée maintenue. »

Note • *Covid-19.* Sur la réduction temporaire du délai mentionné au 2e alinéa de cet article pour l'extension des accords de branche ayant pour seul objet de faire face aux conséquences économiques, financières et sociales de l'épidémie de Covid-19 et des mesures prises pour limiter sa propagation, voir décret 2020-441 du 17 avril 2020, JO 18, entrée en vigueur le 18.04.2020, modifié.

• Par arrêt n° 332562 du 29 juin 2011 (LS Jurispr. n° 180 du 13.09.2011), le Conseil d'État a précisé que :
– les réserves que le ministre se propose d'apporter à l'accord n'ont pas à figurer dans l'avis d'extension publié au *Journal officiel* ;
– les observations éventuellement produites à la suite de la publication de l'avis prévu à cet article n'ont pas à être communiquées aux membres de la sous-commission des conventions et accords avant la séance ;
– il ne résulte d'aucune disposition législative ou réglementaire que le ministre serait, le cas échéant, tenu de mentionner dans l'arrêté d'extension le contenu, le sens ou l'identité des auteurs de ces observations.

Art. D. 2261-4. L'arrêté d'extension ou d'élargissement est publié au *Journal officiel* de la République française.

Le texte des stipulations étendues fait l'objet d'une publication au Bulletin officiel des services du ministre chargé du travail.

Sous-section 2. Conditions d'extension des conventions et accords

Art. L. 2261-19. Pour pouvoir être étendus, la convention de branche ou l'accord professionnel ou interprofessionnel, leurs avenants ou annexes, doivent avoir été négociés et conclus ***(L. 2016-1088 du 8 août 2016, art. 24, III, JO 9)*** « au sein de la commission paritaire mentionnée à l'article L. 2232-9 ».

Cette commission est composée de représentants des organisations syndicales d'employeurs et de salariés représentatives dans le champ d'application considéré.

Art. L. 2261-20

(L. 2014-288 du 5 mars 2014, art. 29, III, JO 6) «Pour pouvoir être étendus, la convention de branche ou l'accord professionnel ou interprofessionnel, leurs avenants ou annexes, ne doivent pas avoir fait l'objet ***(Ord. 2017-1388 du 22 sept. 2017, JO 23)*** «dans un délai d'un mois à compter de la publication par l'autorité administrative d'un avis d'extension au *Journal officiel* de la République française, de l'opposition écrite et motivée» d'une ou de plusieurs organisations professionnelles d'employeurs reconnues représentatives au niveau considéré dont les entreprises adhérentes emploient plus de 50 % de l'ensemble des salariés des entreprises adhérant aux organisations professionnelles d'employeurs reconnues représentatives à ce niveau.» ***(Ord. 2017-1388 du 22 sept. 2017, JO 23)*** «Cette opposition est notifiée et déposée dans les conditions prévues par les articles L. 2231-5 et L. 2231-6.»

Note • Les conventions et accords conclus antérieurement au 1er janvier 2018 demeurent régis, pour leur extension, par les dispositions de cet article dans sa rédaction antérieure à l'ordonnance 2017-1388 précitée (ordonnance précitée, art. 5).

• Voir arrêté du 22 juin 2017 (JO 30) fixant la liste des organisations professionnelles d'employeurs reconnues représentatives au niveau national et interprofessionnel.

• Les trois derniers alinéas de cet article ont été supprimés par la loi 2016-1088 précitée, art. 35, III, 6°.

• *Covid-19.* Sur la réduction temporaire du délai d'opposition à l'extension des accords collectifs ayant pour seul objet de faire face aux conséquences économiques, financières et sociales de l'épidémie de Covid-19 et des mesures prises pour limiter sa propagation, voir ordonnance 2020-306 du 25 mars 2020, JO 26, modifiée (art. 11 *bis*).

• L'administration exige que la négociation de tout accord soumis à extension soit intervenue au sein d'une commission où toutes les organisations représentatives ont été, sinon présentes, du moins convoquées, peu important que la convention de base n'ait pas recueilli la signature de toutes. Ne peut être regardé comme ayant été «négocié et conclu en commission» ni, par suite, faire l'objet de la procédure d'extension un accord dont le texte définitif, modifié après avoir été débattu en commission, a été signé par l'une des organisations syndicales de salariés sans que la commission, prévue par l'article L. 2261-19, ait été de nouveau réunie pour l'examiner (CE 26 octobre 1988, n° 64675, Dr. Soc. 1989, p. 237, obs. D. Aufrère-Philbert). S'il est possible que soient conduites des consultations entre les participants aux négociations, en revanche la légalité de l'extension des accords est soumise à la condition que les étapes essentielles de la négociation de ceux-ci se soient déroulées en présence de toutes les organisations syndicales représentatives dans leur champ d'application (CE 4 juillet 2012, n° 337698, Rec. Lebon p. 271 ; RJS 11/12 n° 890 et p. 742, concl. Cl. Landais).

Le ministre chargé du travail est compétent pour, s'il y a lieu, arrêter, sous le contrôle du juge administratif, la liste des organisations syndicales et professionnelles d'employeurs représentatives et leurs audiences respectives dans un périmètre utile pour une négociation en cours ou à venir, y compris lorsque celui-ci ne correspond pas à une «branche professionnelle» au sens des articles L. 2122-11 et L. 2152-6 CT (CE 4 novembre 2020, nos 434518 et a., SSL n° 1931 du 30.11.2020, pp. 12 et s., Y. Treille).

Art. L. 2261-20. À la demande de l'une des organisations syndicales d'employeurs et de salariés représentatives, ou de sa propre initiative, l'autorité administrative peut provoquer la réunion d'une commission mixte paritaire.

Lorsque deux de ces organisations en font la demande, l'autorité administrative convoque la commission mixte paritaire.

Art. D. 2261-9. Le ministre chargé du travail peut, en application de l'article L. 2261-20, provoquer la réunion d'une commission mixte paritaire.

Art. R. 2261-10. En cas de litige portant sur l'importance des délégations composant la commission mixte, le ministre chargé du travail peut fixer, dans les convocations, le nombre maximum de représentants par organisation.

Art. D. 2261-11. Lorsqu'une organisation n'envoie pas de représentant habilité à la commission mixte paritaire convoquée en application de l'article L. 2261-20, une nouvelle convocation lui est adressée dans le délai d'un mois par lettre recommandée avec avis de réception ou par notification délivrée contre récépissé.

Art. D. 2261-12. Si, à la suite de la lettre recommandée ou de la notification mentionnée à l'article D. 2261-11, l'organisation s'abstient, sans motif légitime, de déférer à la nouvelle convocation qui lui a été adressée, le ministre chargé du travail ou son représentant, président de la commission mixte, établit un rapport qu'il transmet au procureur de la République.

Note Voir article R. 2263-5 (sanction pénale) rapporté Chapitre III.

Art. L. 2261-21. En cas de litige portant sur l'importance des délégations composant la commission mixte, celles-ci sont convoquées dans des conditions déterminées par décret en Conseil d'État.

Art. L. 2261-22. I. – Pour pouvoir être étendue, la convention de branche conclue au niveau national contient des clauses portant sur la détermination des règles de négociation et de conclusion, prévues aux articles :

1° L. 2222-1 et L. 2222-2, relatifs au champ d'application territorial et professionnel ;

2° L. 2222-5 et L. 2222-6, relatifs aux modalités de renouvellement, de révision et de dénonciation ;

3° L. 2232-3 et L. 2232-9, relatifs aux garanties accordées aux salariés participant à la négociation.

II. – Elle contient en outre des clauses portant sur :

1° L'exercice du droit syndical et la liberté d'opinion des salariés, le déroulement de carrière des salariés exerçant des responsabilités syndicales et l'exercice de leurs fonctions ;

2° Les ***(Ord. 2017-1386 du 22 sept. 2017, art. 4, 57°, JO 23, entrée en vigueur au plus tard le 01.01.2018)*** « comités sociaux et économiques et, le cas échéant, le financement des activités sociales et culturelles gérées par eux » ;

3° Les éléments essentiels servant à la détermination des classifications professionnelles et des niveaux de qualification ;

4° Le salaire minimum national professionnel des salariés sans qualification et l'ensemble des éléments affectant le calcul du salaire applicable par catégories professionnelles, ainsi que les procédures et la périodicité prévues pour sa révision ;

5° Les congés payés ;

6° Les conditions de recrutement des salariés ;

7° Les conditions de la rupture du contrat de travail ;

8° Les modalités d'organisation et de fonctionnement de la formation professionnelle tout au long de la vie ;

9° L'égalité professionnelle entre les femmes et les hommes, la suppression des écarts de rémunération et les mesures tendant à remédier aux inégalités constatées ;

10° L'égalité de traitement entre salariés et la prévention des discriminations ;

11° Les conditions propres à concrétiser le droit au travail des personnes handicapées ;

12° En tant que de besoin dans la branche :

a) Les conditions particulières de travail des femmes enceintes, venant d'accoucher ou allaitant et des jeunes travailleurs ;

b) Les conditions d'emploi et de rémunération du personnel à temps partiel ;

c) Les conditions d'emploi et de rémunération des travailleurs à domicile ;

d) Les garanties des salariés appelés à exercer leur activité à l'étranger ;

e) Les conditions d'emploi des salariés temporaires ou d'entreprises extérieures ;

f) Les conditions de rémunération des salariés, auteurs d'une invention dévolue à l'employeur en vertu des dispositions du troisième alinéa de l'article L. 611-7 du code de la propriété intellectuelle ;

g) Les garanties des salariés résidant dans un département métropolitain et appelés à travailler ***(Ord. 2017-1491 du 25 oct. 2017, art. 3, 2°, JO 26, entrée en vigueur le 01.01.2018)*** « en Guadeloupe, en Guyane, en Martinique, à Mayotte, à La Réunion » ***(Ord. 2008-205 du 27 févr. 2008, JO 1er mars)*** « , à Saint-Barthélemy, à Saint-Martin » ou à Saint-Pierre-et-Miquelon, Wallis-et-Futuna et dans les Terres australes et antarctiques françaises ;

13° Les procédures conventionnelles de conciliation suivant lesquelles seront réglés les conflits collectifs de travail susceptibles de survenir entre les employeurs et les salariés liés par la convention ;

14° Les modalités d'accès à un régime de prévoyance ***(L. 2013-504 du 14 juin 2013, art. 1er, IV, JO 16, entrée en vigueur le 01.07.2014)*** « ou à un régime de remboursements complémentaires de frais occasionnés par une maladie, une maternité ou un accident dans des conditions au moins aussi favorables que celles prévues au II de l'article L. 911-7 du code de la sécurité sociale ; »

15° Les modalités de mise en œuvre des dispositifs d'intéressement, de participation et d'épargne salariale ;

16° Les modalités de prise en compte dans la branche ou l'entreprise des demandes relatives aux thèmes de négociation émanant d'une ou des organisations syndicales de salariés représentatives.

Art. L. 2261-23

Note La nécessité qu'une convention collective comporte des dispositions relatives à certaines matières pour pouvoir être étendue n'oblige pas les parties signataires à introduire sur tous ces points des dispositions différentes de celles qui résultent de la loi. De fait, dans un certain nombre de matières, les dispositions contenues dans une convention collective ne sont que la reprise de dispositions légales. Simplement, ces points doivent avoir été abordés au cours des négociations.

Art. R. 2261-1. Pour l'application des 4°, 9° et 10° de l'article L. 2261-22, la convention comprend notamment des clauses relatives aux modalités d'application du principe " à travail égal, salaire égal " et les procédures de règlement des difficultés pouvant naître à ce sujet.

Art. D. 2261-2. La convention de branche susceptible d'extension peut contenir, sans que cette énumération soit limitative, des stipulations concernant:

1° Les conditions particulières de travail:

a) Heures supplémentaires;

b) Travail par roulement;

c) Travail de nuit;

d) Travail du dimanche;

e) Travail des jours fériés;

2° Les conditions générales de rémunération du travail au rendement pour les catégories intéressées, sauf s'il s'agit de travaux dangereux, pénibles ou insalubres;

3° Les primes d'ancienneté et d'assiduité;

4° Les indemnités pour frais professionnels ou assimilés, notamment les indemnités de déplacement;

5° Les garanties collectives complémentaires mentionnées à l'article L. 911-2 du code de la sécurité sociale;

6° Les procédures conventionnelles d'arbitrage des conflits collectifs de travail survenant entre les employeurs et les salariés liés par la convention;

7° Les conditions d'exercice des responsabilités mutualistes.

Art. L. 2261-23. À défaut de convention au niveau national, les conditions d'extension prévues à l'article L. 2261-22 sont applicables aux conventions de branche conclues à d'autres niveaux territoriaux, sous réserve des adaptations nécessitées par les conditions propres aux secteurs territoriaux considérés.

Art. L. 2261-23-1. ***(Ord. 2017-1385 du 22 sept. 2017, art. 2, II, JO 23)*** Pour pouvoir être étendus, la convention de branche ou l'accord professionnel doivent, sauf justifications, comporter, pour les entreprises de moins de cinquante salariés, les stipulations spécifiques mentionnées à l'article L. 2232-10-1.

Note Cet article s'applique aux conventions et accords conclus après le 23 septembre 2017 (ordonnance 2017-1718 du 20 décembre 2017, art. 4, I, JO 21).

Sous-section 3. Procédures d'extension et d'élargissement

Art. L. 2261-24. La procédure d'extension d'une convention de branche ou d'un accord professionnel ou interprofessionnel est engagée à la demande d'une des organisations d'employeurs ou de salariés représentatives mentionnées à l'article L. 2261-19 ou à l'initiative du ministre chargé du travail, après avis motivé de la Commission nationale de la négociation collective ***(L. 2020-1525 du 7 déc. 2020, art. 19, I, 3°, JO 8, entrée en vigueur le 01.06.2021)*** «, de l'emploi et de la formation professionnelle».

Saisi de cette demande, le ministre chargé du travail engage sans délai la procédure d'extension.

Art. L. 2261-25. Le ministre chargé du travail peut exclure de l'extension, après avis motivé de la Commission nationale de la négociation collective [, de l'emploi et de la formation professionnelle], les clauses qui seraient en contradiction avec des dispositions légales. ***(Ord. 2017-1388 du 22 sept. 2017, JO 23)*** «Il peut également refuser, pour des motifs d'intérêt général, notamment pour atteinte excessive à la libre concurrence ***(L. 2018-217 du 29 mars 2018, art. 16, JO 31)*** «ou au regard des objectifs de la politique de l'emploi», l'extension d'un accord collectif.»

Il peut également exclure les clauses pouvant être distraites de la convention ou de l'accord sans en modifier l'économie, mais ne répondant pas à la situation de la branche ou des branches dans le champ d'application considéré.

Il peut, dans les mêmes conditions, étendre, sous réserve de l'application des dispositions légales, les clauses incomplètes au regard de ces dispositions.

(Ord. 2017-1388 du 22 sept. 2017, JO 23) « Il peut, dans les mêmes conditions, étendre les clauses appelant des stipulations complémentaires de la convention ou de l'accord, en subordonnant, sauf dispositions législatives contraires, leur entrée en vigueur à l'existence d'une convention d'entreprise prévoyant ces stipulations. »

Note • Les dispositions du 1er alinéa de cet article, dans sa rédaction issue de l'ordonnance 2017-1388 précitée, s'appliquent aux conventions et accords conclus après le 1er janvier 2018 (ordonnance précitée, art. 5); les dispositions du dernier alinéa de cet article, dans sa rédaction issue de l'ordonnance 2017-1388 précitée, s'appliquent aux conventions et accords quelle que soit la date à laquelle ils ont été conclus (ordonnance 2017-1718 du 20 décembre 2017, art. 4, II, JO 21).

• Le ministre peut légalement subordonner l'extension d'un avenant à une convention collective à une réserve ayant pour effet de s'opposer à l'application de stipulations incomplètes ou contraires aux dispositions de textes législatifs ou réglementaires (CE 8 décembre 2000, n° 206575, RJS 4/01 n° 480).

Art. L. 2261-26. Lorsque les avenants à une convention étendue ne portent que sur les salaires, ils sont soumis à une procédure d'examen accéléré dont les modalités sont définies par voie réglementaire après consultation de la Commission nationale de la négociation collective [, de l'emploi et de la formation professionnelle]. Cette procédure doit être de nature à préserver les droits des tiers.

Dans les professions agricoles, les avenants salariaux à des conventions collectives régionales ou départementales étendues peuvent être étendus par arrêté.

Art. R. 2261-5. Les avenants salariaux mentionnés au premier alinéa de l'article L. 2261-26 dont l'extension est envisagée sont transmis aux membres de la sous-commission des conventions et accords de la Commission nationale de la négociation collective ***(D. 2018-1262 du 26 déc. 2018, art. 1er, III, JO 28, entrée en vigueur le 01.01.2019)*** « , de l'emploi et de la formation professionnelle ».

Ces membres disposent d'un délai de quinze jours à compter de la date d'envoi pour demander l'examen par cette sous-commission.

Sont examinés :

1° Les avenants pour lesquels au moins une demande d'examen a été faite ;

2° Les avenants pour lesquels des oppositions sont notifiées, sans demande d'examen, lorsque ces oppositions émanent soit de deux membres employeurs, soit de deux membres salariés.

Les avenants qui n'ont pas à être soumis à l'examen de la sous-commission sont réputés avoir recueilli l'avis motivé favorable de la Commission nationale de la négociation collective ***(D. 2018-1262 du 26 déc. 2018, art. 1er, III, JO 28, entrée en vigueur le 01.01.2019)*** « , de l'emploi et de la formation professionnelle ».

Art. R. 2261-8. Le silence gardé pendant plus de six mois par le ministre chargé du travail saisi d'une demande d'extension, en application des articles L. 2261-17 ou L. 2261-24, vaut décision de rejet.

Art. L. 2261-27. Quand l'avis motivé favorable de la Commission nationale de la négociation collective ***(L. 2020-1525 du 7 déc. 2020, art. 19, I, 4°, JO 8, entrée en vigueur le 01.06.2021)*** « , de l'emploi et de la formation professionnelle » a été émis sans opposition écrite et motivée soit de deux organisations d'employeurs, soit de deux organisations de salariés représentées à cette commission, le ministre chargé du travail peut étendre par arrêté une convention ou un accord ou leurs avenants ou annexes :

1° Lorsque le texte n'a pas été signé par la totalité des organisations les plus représentatives intéressées ;

2° Lorsque la convention ne comporte pas toutes les clauses obligatoires énumérées à l'article L. 2261-22 ;

3° Lorsque la convention ne couvre pas l'ensemble des catégories professionnelles de la branche, mais seulement une ou plusieurs d'entre elles.

En cas d'opposition dans les conditions prévues au premier alinéa, le ministre chargé du travail peut consulter à nouveau la commission sur la base d'un rapport précisant la portée des dispositions en cause ainsi que les conséquences d'une éventuelle extension.

Le ministre chargé du travail peut décider l'extension, au vu du nouvel avis émis par la commission. Cette décision est motivée.

Note Lorsque la sous-commission des conventions et accords de la Commission nationale de la négociation collective, saisie à nouveau après une première consultation, rend un avis se bornant à mentionner l'opposition de deux organisations patronales, sans apporter d'autres précisions, elle ne satisfait pas aux exigences de motivation prévues par les articles L. 133-8 [L. 2261-24] et L. 133-11 [L. 2261-27]. Dans ces conditions, un syndicat est fondé à demander l'annulation de l'arrêté d'extension d'un avenant pris par le ministre (CE 6 décembre 2006, n° 281031, RJS 5/07 n° 639).

Art. L. 2261-27-1. ***(Ord. 2017-1388 du 22 sept. 2017, JO 23)*** Le ministre chargé du travail, de sa propre initiative ou à la demande écrite et motivée d'une organisation d'employeurs ou d'une organisation de salariés représentative dans le champ d'application d'une convention, d'un accord ou de leurs avenants, saisit un groupe d'experts chargé d'apprécier les effets économiques et sociaux susceptibles de résulter de leur extension.

Un décret détermine les modalités d'application du présent article, notamment les conditions de désignation des experts mentionnés au premier alinéa garantissant leur indépendance.

Art. D. 2261-4-1. ***(D. 2017-1689 du 14 déc. 2017, JO 15)*** Le groupe d'experts chargé d'apprécier les effets économiques et sociaux susceptibles de résulter de l'extension d'une convention, d'un accord ou de leurs avenants prévu à l'article L. 2261-27-1 est composé de cinq personnalités choisies à raison de leur compétence et de leur expérience dans le domaine économique et social et nommées par arrêté du ministre chargé du travail.

Le ministre du travail désigne le président du groupe d'experts parmi ses membres.

Art. D. 2261-4-2. ***(D. 2017-1689 du 14 déc. 2017, JO 15)*** Le mandat des membres est d'une durée de quatre ans et n'est pas révocable. Ceux des membres dont le mandat est interrompu, pour quelque cause que ce soit, sont remplacés dans les mêmes conditions de désignation que leurs prédécesseurs, dans le délai de deux mois pour la durée du mandat restant à courir.

Art. D. 2261-4-3. ***(D. 2017-1689 du 14 déc. 2017, JO 15)*** Les organisations mentionnées à l'article L. 2261-27-1 disposent d'un délai d'un mois à compter de la publication de l'avis prévu à l'article L. 2261-19 pour demander au ministre la saisine du groupe d'experts.

Cette demande est déposée auprès des services centraux du ministère du travail. Le ministre chargé du travail saisit le président du groupe d'expert de la demande prévue à l'alinéa précédent.

Note *Covid-19.* Sur la réduction temporaire du délai mentionné au 1er alinéa de cet article pour l'extension des accords de branche ayant pour seul objet de faire face aux conséquences économiques, financières et sociales de l'épidémie de Covid-19 et des mesures prises pour limiter sa propagation, voir décret 2020-441 du 17 avril 2020, JO 18, entrée en vigueur le 18.04.2020, modifié.

Art. D. 2261-4-4. ***(D. 2017-1689 du 14 déc. 2017, JO 15)*** Le groupe d'experts remet au ministre chargé du travail, dans un délai de deux mois à compter de sa saisine, un rapport sur les effets économiques et sociaux susceptibles de résulter de l'extension de la convention ou de l'accord concerné ou d'un ou plusieurs de leurs avenants.

Cet avis est communiqué à la Commission nationale de la négociation collective ***(D. 2018-1262 du 26 déc. 2018, art. 1er, III, JO 28, entrée en vigueur le 01.01.2019)*** «, de l'emploi et de la formation professionnelle» préalablement à son rapport sur l'extension de la convention, de l'accord ou de l'avenant concerné donné en application du 3° de l'article L. 2271-1.

En l'absence de rapport à l'issue du délai prévu au premier alinéa, le groupe d'expert est réputé ne pas avoir d'observations quant à l'extension de l'accord.

Art. D. 2261-4-5. ***(D. 2017-1689 du 14 déc. 2017, JO 15)*** Dans l'exercice des activités du groupe d'experts, ses membres ne peuvent solliciter ni accepter d'instruction d'aucune autorité.

Ils sont tenus au secret sur les débats auxquels ils ont participé et sur les informations auxquelles ils ont eu accès dans le cadre de leurs travaux.

En cas de manquement aux obligations prévues au présent article, le mandat d'un membre peut être suspendu par le président du groupe d'experts.

Art. D. 2261-4-6. ***(D. 2017-1689 du 14 déc. 2017, JO 15)*** Les membres du groupe d'expert ne peuvent prendre part à l'élaboration du rapport lorsqu'ils ont un intérêt personnel à l'affaire qui en est l'objet.

Art. L. 2261-28. L'arrêté d'extension d'une convention ou d'un accord devient caduc à compter du jour où la convention ou l'accord en cause cesse de produire effet.

Art. L. 2261-29. L'arrêté d'élargissement devient caduc à compter du jour où l'arrêté d'extension du texte intéressé cesse de produire effet.

Art. L. 2261-30. Si une convention ou un accord est ultérieurement conclu dans un secteur territorial ou professionnel ayant fait l'objet d'un arrêté d'élargissement, celui-ci devient caduc à l'égard des employeurs liés par cette convention ou cet accord.

L'arrêté d'extension emporte abrogation de l'arrêté d'élargissement dans le champ d'application pour lequel l'extension est prononcée.

Note Une convention collective ayant été entièrement modifiée par une convention collective ultérieure qui s'y est substituée cesse d'avoir effet (en l'espèce, les dispositions prévues par le texte initial avaient fait l'objet de modifications successives importantes; l'addition d'avenants modificatifs non étendus avait eu pour conséquence de modifier intégralement la convention initiale qui avait fait l'objet d'un arrêté d'extension) (cass. soc. 29 mai 2001, n° 99-42.366, BC V n° 184; RJS 8-9/01 n° 1043).

Art. L. 2261-31. Les dispositions de la présente sous-section ne sont pas applicables:

1° Aux accords relatifs à l'assurance chômage prévus à l'article L. 5422-20;

2° Aux accords conclus dans le cadre d'une convention ou d'un accord de participation des salariés aux résultats de l'entreprise et qui tendent à fixer la nature et les modalités de gestion des droits reconnus aux salariés qui en bénéficient.

Art. D. 2261-13. Dans les formes prévues par les articles L. 2261-24 à L. 2261-31, le ministre chargé du travail peut, à la demande d'une des organisations représentatives intéressées ou de sa propre initiative:

1° Abroger l'arrêté d'extension en vue de mettre fin à l'extension de la convention ou d'un accord ou de certaines de leurs dispositions lorsqu'il apparaît que les textes en cause ne répondent plus à la situation de la branche ou des branches dans le champ d'application considéré;

2° Abroger l'arrêté d'élargissement d'une convention ou d'un accord, pour tout ou partie du champ professionnel ou territorial mentionné par cet arrêté.

SECTION 8. Restructuration des branches professionnelles

Note • Cette section a été introduite par la loi 2014-288 du 5 mars 2014, art. 29, IV, JO 6.

• Voir J. Barthélémy, G. Cette et G. Koudadje, «La restructuration des branches professionnelles: pertinence économique, régime juridique et difficultés de conception», Dr. Soc. 2020, p. 455; A. Sauret, M. Chagny, A. Bugada, P. Le Cohu, A. Gaertner et S. Arnaud-Micha, dossier consacré à la restructuration des branches, JCP éd. S 2020, 1087 à 1092.

Art. L. 2261-32. ***(L. 2016-1088 du 8 août 2016, art. 25, I, 1°, JO 9)*** I. – Le ministre chargé du travail peut, eu égard à l'intérêt général attaché à la restructuration des branches professionnelles, engager une procédure de fusion du champ d'application des conventions collectives d'une branche avec celui d'une branche de rattachement présentant des conditions sociales et économiques analogues:

1° Lorsque la branche ***(Ord. 2017-1385 du 22 sept. 2017, art. 12, I, JO 23)*** «compte moins de 5 000 salariés»;

2° Lorsque la branche a une activité conventionnelle caractérisée par la faiblesse du nombre des accords ou avenants signés et du nombre des thèmes de négociations couverts;

3° Lorsque le champ d'application géographique de la branche est uniquement régional ou local;

4° Lorsque moins de 5 % des entreprises de la branche adhèrent à une organisation professionnelle représentative des employeurs;

5° En l'absence de mise en place ou de réunion de la commission prévue à l'article L. 2232-9;

(L. 2018-771 du 5 sept. 2018, art. 34, I, JO 6) «6° En l'absence de capacité à assurer effectivement la plénitude de ses compétences en matière de formation professionnelle et d'apprentissage.»

Cette procédure peut également être engagée pour fusionner plusieurs branches afin de renforcer la cohérence du champ d'application des conventions collectives.

Un avis publié au *Journal officiel* invite les organisations et personnes intéressées à faire connaître, dans un délai déterminé par décret, leurs observations sur ce projet de fusion.

Le ministre chargé du travail procède à la fusion après avis motivé de la Commission nationale de la négociation collective [, de l'emploi et de la formation professionnelle].

Lorsque deux organisations professionnelles d'employeurs ou deux organisations syndicales de salariés représentées à cette commission proposent une autre branche de rattachement, par demande écrite et motivée, le ministre consulte à nouveau la commission dans un délai et selon des modalités fixés par décret.

Une fois le nouvel avis rendu par la commission, le ministre peut prononcer la fusion.

II. – Le ministre chargé du travail peut, après avis motivé de la Commission nationale de la négociation collective [, de l'emploi et de la formation professionnelle], prononcer l'élargissement du champ d'application géographique ou professionnel d'une convention collective, afin qu'il intègre un secteur territorial ou professionnel non couvert par une convention collective.

Un avis publié au *Journal officiel* invite les organisations et personnes intéressées à faire connaître, dans un délai déterminé par décret, leurs observations sur ce projet d'élargissement du champ d'application.

Lorsque deux organisations professionnelles d'employeurs ou deux organisations syndicales de salariés représentées à cette commission proposent un projet alternatif d'élargissement du champ d'application, par demande écrite et motivée, le ministre consulte à nouveau la commission dans un délai et selon des modalités fixés par décret.

Une fois le nouvel avis rendu par la commission, le ministre peut prononcer l'élargissement du champ de la convention collective concernée.

III. – Pour les branches mentionnées au I, le ministre chargé du travail peut, eu égard à l'intérêt général attaché à la restructuration des branches professionnelles, refuser d'étendre la convention collective, ses avenants ou ses annexes, après avis de la Commission nationale de la négociation collective [, de l'emploi et de la formation professionnelle].

IV. – Pour les branches mentionnées au I, le ministre chargé du travail peut, eu égard à l'intérêt général attaché à la restructuration des branches professionnelles, après avis de la Commission nationale de la négociation collective ***(L. 2020-1525 du 7 déc. 2020, art. 19, I, 5°, JO 8, entrée en vigueur le 01.06.2021)*** «, de l'emploi et de la formation professionnelle» et du Haut Conseil du dialogue social, décider de ne pas arrêter la liste des organisations professionnelles mentionnée à l'article L. 2152-6 ni la liste des organisations syndicales reconnues représentatives pour une branche professionnelle mentionnée à l'article L. 2122-11.

V. – Sauf dispositions contraires, un décret en Conseil d'État détermine les conditions d'application du présent article.

Note • Par décision 2019-816 QPC du 29 novembre 2019 (JO 30), le Conseil constitutionnel a jugé conformes à la Constitution:
– le premier alinéa, les 1°, 2°, 3° et 5° et le douzième alinéa du paragraphe I de l'article L. 2261-32 CT, dans sa rédaction résultant de la loi 2018-771 précitée;
– les mots «En cas de fusion des champs d'application de plusieurs conventions collectives en application du I de l'article L. 2261-32» figurant à la première phrase du premier alinéa de l'article L. 2261-33 CT, dans sa rédaction issue de la loi 2016-1088 précitée;
– les mots «de la fusion» figurant au troisième alinéa de l'article L. 2261-34 CT, dans sa rédaction issue de loi 2016-1088 précitée.

• Les dispositions de cet article, dans sa rédaction issue de la loi 2018-771 précitée, sont applicables depuis le 1er janvier 2019 (loi précitée, art. 46, I).

• Les II à V de l'article 25 de la loi 2016-1088 précitée, modifié par le II de l'article 12 de l'ordonnance 2017-1385 précitée, apportent les précisions suivantes:

II. – Dans un délai de trois mois à compter de la promulgation de la présente loi: 1° Les organisations professionnelles d'employeurs et les organisations syndicales de salariés représentatives au niveau national et interprofessionnel engagent une négociation sur la méthode permettant d'atteindre, dans un délai de trois ans à compter de la promulgation de la présente loi, l'objectif d'environ deux cents branches professionnelles. Les organisations professionnelles d'employeurs représentatives au niveau national et multi-professionnel sont associées à cette négociation; 2° Les organisations liées par une convention de branche engagent des négociations en vue d'opérer les rapprochements permettant d'atteindre cet objectif.

III. – Le ministre chargé du travail engage, au plus tard le 31 décembre 2016, la fusion des branches dont le champ d'application géographique est uniquement régional ou local et des branches n'ayant pas conclu d'accord ou d'avenant lors des quinze années précédant la promulgation de la présente loi.

IV. – À l'expiration d'un délai de vingt-quatre mois à compter de la promulgation de la présente loi, le ministre chargé du travail engage la fusion des branches n'ayant pas conclu d'accord ou d'avenant lors des sept années précédant la promulgation de la présente loi.

V. – Pendant les vingt-quatre mois suivant la promulgation de la présente loi, le ministre chargé du travail ne peut procéder à la fusion prévue au I de l'article L. 2261-32 CT, dans sa rédaction résultant du présent article, en cas d'opposition écrite et motivée de la majorité des membres de la Commission nationale de la négociation collective.

Le premier alinéa du présent V n'est pas applicable lorsque la fusion concerne des branches mentionnées au III du présent article.

• En 2016, on dénombrait 942 branches d'activité (255 dans le domaine agricole et 687 dans le reste du secteur privé). L'objectif serait d'aboutir à terme à une centaine de branches.

Art. D. 2261-14. ***(D. 2016-1399 du 19 oct. 2016, JO 20)*** Le délai mentionné au huitième alinéa du I et au deuxième alinéa du II de l'article L. 2261-32 est de quinze jours.

Art. D. 2261-15. ***(D. 2016-1399 du 19 oct. 2016, JO 20)*** La proposition mentionnée au dixième alinéa du I et au troisième alinéa du II de l'article L. 2261-32 est transmise au ministre chargé du travail dans un délai de quinze jours à compter de la date de la première consultation de la sous-commission de la restructuration des branches professionnelles mentionnée à l'article R. 2272-10.

À l'issue de ce délai, le ministre chargé du travail transmet l'ensemble des propositions reçues aux représentants des organisations siégeant à la sous-commission.

La sous-commission est à nouveau consultée dans un délai qui ne peut être inférieur à un mois à compter de la date de la première consultation.

Art. R. 2261-15. ***(D. 2016-1540 du 15 nov. 2016, art. 1er, JO 17)*** Pour l'application du I de l'article L. 2261-32 du code du travail, le ministre chargé du travail engage en priorité et selon l'un des critères suivants la fusion des branches:

1° Comptant moins de 5000 salariés;

2° N'ayant pas négocié au cours des trois dernières années sur plusieurs thèmes relevant de la négociation obligatoire mentionnés aux articles L. 2241-1 et suivants, L. 2241-3 et suivants, L. 2241-7 et suivants du code du travail;

3° Dont le champ d'application géographique est uniquement régional ou local;

4° Dans lesquelles moins de 5 % des entreprises adhèrent à une organisation professionnelle représentative des employeurs;

5° Dont la commission paritaire permanente de négociation et d'interprétation ne s'est pas réunie au cours de l'année précédente.

Note • Le 5° de cet article est entré en vigueur le 01.01.2019 (décret 2016-1540 précité, art. 2, II).

• Le ministre chargé du travail engage, dans un délai de 3 ans à compter du 17 novembre 2016, la fusion des branches qui remplissent le critère énoncé au 1° de cet article (décret 2016-1540 précité, art. 2, I).

Art. L. 2261-33. ***(L. 2016-1088 du 8 août 2016, art. 25, I, 2°, JO 9)*** En cas de fusion des champs d'application de plusieurs conventions collectives en application du I de l'article L. 2261-32 ou en cas de conclusion d'un accord collectif regroupant le champ de plusieurs conventions existantes, les stipulations conventionnelles applicables avant la fusion ou le regroupement, lorsqu'elles régissent des situations équivalentes, sont remplacées par des stipulations communes, dans un délai de cinq ans à compter de la date d'effet de la fusion ou du regroupement. Pendant ce délai, la branche issue du regroupement ou de la fusion peut maintenir plusieurs conventions collectives.

Eu égard à l'intérêt général attaché à la restructuration des branches professionnelles, les différences temporaires de traitement entre salariés résultant de la fusion ou du regroupement ne peuvent être utilement invoquées pendant le délai mentionné au premier alinéa du présent article.

À défaut d'accord conclu dans ce délai, les stipulations de la convention collective de la branche de rattachement s'appliquent.

Note S'agissant de la décision du Conseil constitutionnel n° 2019-816 QPC du 29 novembre 2019 (JO 30), voir note sous art. L. 2261-32.

Art. L. 2261-34. ***(L. 2016-1088 du 8 août 2016, art. 25, I, 2°, JO 9)*** Jusqu'à la mesure de la représentativité des organisations professionnelles d'employeurs qui suit la fusion de champs conventionnels prononcée en application du I de l'article L. 2261-32 ou de la conclusion d'un accord collectif regroupant le champ de plusieurs conventions préexistantes, sont admises à négocier les organisations professionnelles d'employeurs représentatives dans le champ d'au moins une branche préexistant à la fusion ou au regroupement.

La même règle s'applique aux organisations syndicales de salariés.

Les taux mentionnés au dernier alinéa de l'article L. 2261-19 et à l'article L. 2232-6 sont appréciés au niveau de la branche issue de la fusion ou du regroupement.

Note S'agissant de la décision du Conseil constitutionnel n° 2019-816 QPC du 29 novembre 2019 (JO 30), voir note sous art. L. 2261-32.

CHAPITRE II Effets de l'application des conventions et accords

SECTION 1. Obligations d'exécution

Art. L. 2262-1. Sans préjudice des effets attachés à l'extension ou à l'élargissement, l'application des conventions et accords est obligatoire pour tous les signataires ou membres des organisations ou groupements signataires.

Note Lorsque les salariés d'une entreprise revendiquent l'application d'un accord collectif et que celui-ci est susceptible de leur être applicable eu égard à son champ professionnel et géographique, il appartient aux juges de vérifier si l'employeur est affilié à l'une des organisations signataires de l'accord (cass. soc. 31 mai 2011, n° 08-44.856, BC V n° 133; JCP éd. S 2011, 1420, note L. Drai; RJS 10/11 n° 827).

Art. L. 2262-2. L'adhésion à une organisation ou à un groupement signataire emporte les conséquences de l'adhésion à la convention ou à l'accord collectif de travail lui-même, sous réserve que les conditions d'adhésion prévues à l'article L. 2261-3 soient réunies.

Note La convention collective du sport est applicable à la Fédération française de voile, membre du Conseil social du mouvement sportif, lui-même signataire de cette convention (cass. soc. 15 novembre 2006, n° 05-43.507, BC V n° 346; RJS 1/07 n° 82).

Une convention collective n'est pas applicable à une entreprise qui n'entre pas dans son champ d'application, quoique l'employeur en cause ait adhéré à la chambre syndicale signataire de la convention (cass. soc. 19 janvier 1984, n° 83-61.056, BC V n° 29).

Art. L. 2262-3. L'employeur qui démissionne de l'organisation ou du groupement signataire postérieurement à la signature de la convention ou de l'accord demeure lié par ces derniers.

Note L'employeur démissionnaire, s'il reste lié par la convention, ne l'est pas par les avenants modificatifs ultérieurs (cass. soc. 4 avril 1979, n° 76-15.266, BC V n° 329). Cependant, il demeure lié par des accords postérieurs à sa démission lorsque ceux-ci ne sont que l'application de la convention ou de l'accord (cass. soc. 10 février 1999, n° 96-40.851, BC V n° 65; RJS 3/99 n° 396; en l'espèce les accords portaient sur des questions relatives aux salaires. Obs. critiques de Ph. Langlois, Dr. Soc. 1999, p. 423).

Art. L. 2262-4. Les organisations de salariés et les organisations ou groupements d'employeurs, ou les employeurs pris individuellement, liés par une convention ou un accord, sont tenus de ne rien faire qui soit de nature à en compromettre l'exécution loyale. Ils ne sont garants de cette exécution que dans la mesure déterminée par la convention ou l'accord.

SECTION 2. Information et communication

Art. L. 2262-5. Les conditions d'information des salariés et des représentants du personnel sur le droit conventionnel applicable dans l'entreprise et l'établissement sont définies par convention de branche ou accord professionnel.

En l'absence de convention ou d'accord, les modalités d'information relatives aux textes conventionnels applicables sont définies par voie réglementaire.

Note Voir note sous article R. 2262-3.

Art. L. 2262-6. L'employeur fournit chaque année au ***(Ord. 2017-1386 du 22 sept. 2017, art. 4, 40°, JO 23, entrée en vigueur au plus tard le 01.01.2018)*** «comité social et économique, et aux délégués syndicaux», la liste des modifications apportées aux conventions ou accords applicables dans l'entreprise.

À défaut de délégués du personnel, cette information est communiquée aux salariés.

Art. L. 2262-7. Lorsqu'il démissionne d'une organisation signataire d'une convention ou d'un accord, l'employeur en informe sans délai le personnel dans les conditions définies à l'article L. 2262-6.

Art. L. 2262-8. Il peut être donné communication et délivré copie des textes conventionnels déposés auprès de l'autorité administrative, dans les conditions déterminées par décret en Conseil d'État.

Art. R. 2262-1. À défaut d'autres modalités prévues par une convention ou un accord conclu en application de l'article L. 2262-5, l'employeur :

1° Donne au salarié au moment de l'embauche une notice l'informant des textes conventionnels applicables dans l'entreprise ou l'établissement ;

2° Tient un exemplaire à jour de ces textes à la disposition des salariés sur le lieu de travail ;

3° Met sur l'intranet, dans les entreprises dotées de ce dernier, un exemplaire à jour des textes.

Art. R. 2262-2. L'employeur lié par une convention ou un accord collectif de travail fournit un exemplaire de ce texte au ***(D. 2017-1819 du 29 déc. 2017, art. 3, 14°, JO 30, entrée en vigueur le 01.01.2018)*** « comité social et économique et aux comités sociaux et économiques d'établissement ainsi qu'aux » délégués syndicaux ou aux salariés mandatés.

Art. R. 2262-3. Un avis ***(D. 2016-1417 du 20 oct. 2016, art. 3, JO 22)*** « est communiqué par tout moyen aux salariés ».

Cet avis comporte l'intitulé des conventions et des accords applicables dans l'établissement. La mention générique " Accords nationaux interprofessionnels " peut être substituée à l'intitulé des accords de cette catégorie.

L'avis précise où les textes sont tenus à la disposition des salariés sur le lieu de travail ainsi que les modalités leur permettant de les consulter pendant leur temps de présence.

Note Dans le cadre de la réglementation antérieure au décret 2016-1417 précité, il a été jugé que l'employeur qui n'affiche pas sur les lieux de travail l'avis indiquant qu'il tient à la disposition du personnel un exemplaire de la convention collective ne peut opposer aux salariés les dispositions de ladite convention (cass. soc. 28 février 1996, n° 93-42.058, BC V n° 75 ; RJS 4/96 n° 426 : pour un préavis en cas de démission ; 14 février 1996, n° 93-41.445, RJS 4/96 n° 426 : pour une clause d'essai ; 6 juillet 1994, n° 91-41.370, BC V n° 225 ; RJS 8-9/94 n° 1023).

Art. R. 2262-4. Pour les concierges ou gardiens d'immeubles, les employés de maison, les travailleurs isolés ou à domicile, la délivrance par l'employeur à chacun de ces salariés d'un document reprenant les informations qui figurent sur l'avis mentionné à l'article R. 2262-3 se substitue à l'obligation d'affichage prévue par ce même article.

Art. R. 2262-5. Les modifications ou compléments à apporter sur l'avis ou le document qui en tient lieu le sont dans un délai d'un mois à compter de leur date d'effet.

SECTION 3. Actions en justice

Art. L. 2262-9. Les organisations ou groupements ayant la capacité d'agir en justice, dont les membres sont liés par une convention ou un accord, peuvent exercer toutes les actions en justice qui en résultent en faveur de leurs membres, sans avoir à justifier d'un mandat de l'intéressé, pourvu que celui-ci ait été averti et n'ait pas déclaré s'y opposer.

L'intéressé peut toujours intervenir à l'instance engagée par l'organisation ou le groupement.

Note

• Il y a indépendance entre l'action initiale et l'action jointe menée par un groupement intervenant à raison de l'intérêt collectif. En cas de désistement des demandeurs de l'action principale initiale, le syndicat intervenant en second est autorisé à poursuivre l'instance jusqu'au jugement (cass. soc. 25 octobre 1961, D. 1962, note J-M Verdier).

• Cet article ne soumet à aucune forme particulière l'information des adhérents (cass. soc. 8 janvier 2020, n° 18-21.699).

• **Actions en nullité.** Les questions relatives à la validité d'une convention collective dite ordinaire, c'est-à-dire non étendue, relèvent évidemment de la seule compétence des tribunaux judiciaires. Des interrogations ont pu survenir s'agissant des conventions étendues. Le juge judiciaire s'est prononcé pour le maintien de sa propre compétence (cass. civ. 12 juillet 1963, JCP 1964.II.13495). De son côté, le juge administratif a admis la compétence des juridictions judiciaires pour ce qui est de la validité et de l'interprétation des conventions et accords collectifs, l'obligeant ainsi à surseoir à statuer lorsque, saisi d'un acte administratif, par exemple une décision d'un inspecteur du travail ou un arrêté d'extension du ministre, de telles questions se posaient (CE 4 mars 1960, Dr. Soc. 1960, p. 341). Cette compétence judiciaire a été réaffirmée récemment par une décision du Tribunal des conflits considérant que les arrêtés ministériels d'extension sont sans incidence sur la nature juridique des accords collectifs relevant du code du travail, qui sont des actes de droit privé, et que relève ainsi de la compétence du juge judiciaire l'appréciation de la validité d'accords adoptés en application des dispositions de l'article L. 911-1 c. séc. soc. et de celles de l'article L. 911-3 du même code, qui renvoient aux dispositions du code du travail relatives au droit des salariés à la négociation collective de l'ensemble de leurs conditions d'emploi, de formation professionnelle et de travail ainsi que de leurs garanties sociales, et conclus entre personnes privées, peu important qu'ils aient fait l'objet d'arrêtés d'extension (Trib. confl. 8 juin 2020, n° 4182, RJS 8-9/20 n° 428).

Le juge saisi d'un recours en nullité contre les conventions ou accords collectifs apprécie leur conformité au regard des dispositions légales et réglementaires en vigueur lors de la conclusion de ces conventions ou accords collectifs, peu important que les partenaires sociaux aient prévu que les dispositions de l'accord litigieux entreraient en application après parution de l'arrêté d'extension au Journal officiel et demandé au ministre une évolution de la réglementation applicable (cass. soc. 23 septembre 2020 n° 18-23.474, à paraître, RJS 12/20 n° 599; LS Jurispr. n° 227 du 15.12.2020).

• **Actions en interprétation** (voir aussi note sous art. L. 2232-4). Si elle manque de clarté, une convention collective doit être interprétée. Cette interprétation s'opère comme celle de la loi: d'abord en respectant la lettre du texte, ensuite en tenant compte d'un éventuel texte législatif ayant le même objet et, en dernier recours, en utilisant la méthode téléologique consistant à rechercher l'objectif social du texte (cass. soc. 25 mars 2020, n° 18-12.467, à paraître, RJS 6/20 n° 309 et RJS 11/20, chron. Fr. Géa; JSL n° 499, 08.06.2020, pp. 30 et s., D. Julien-Paturle; LS Jurispr. n° 123 du 07.07.2020; JCP éd. S 2020, 2079, note B. Gauriau; RDT, juillet/août 2020, CH, 476, Q. Urban).

Selon les litiges le juge compétent peut varier. Mais le litige entre un employeur et des syndicats quant à l'interprétation d'accords collectifs relève de la compétence du tribunal de grande instance [tribunal judiciaire], y compris lorsque la question de l'interprétation est posée à l'occasion de litiges individuels relatifs à des contrats de travail existants (cass. soc. 21 novembre 2012, n° 11-15.057, BC V n° 297; RJS 2/13 n° 151).

Les dispositions prévoyant l'institution de commissions mixtes d'interprétation des conventions collectives ne sauraient faire obstacle à la compétence des tribunaux judiciaires (cass. soc. 9 décembre 1981, n° 79-41.580, BC V n° 954) et les avis qu'elles peuvent rendre ne sauraient lier le juge (voir par ex. cass. soc. 11 juillet 2007, n° 06-42.508, BC V n° 120; RJS 10/07 n° 1089; 15 octobre 1998, n° 96-42.427, BC V n° 425; RJS 11/98 n° 1386; 11 octobre 1994, n° 90-41.818, BC V n° 272; RJS 11/94 n° 1285). Ceci n'empêche évidemment pas le juge, après analyse du texte, de faire sienne l'interprétation donnée par la commission (voir par ex. cass. soc. 27 mai 2020, n° 19-10.886, RJS 7/20 n° 363). Le juge est en revanche lié lorsque la convention collective prévoit que l'avis émis par la commission d'interprétation aura la valeur d'un avenant à la convention (cass. soc. 11 octobre 1994, précité; 2 décembre 2008, n° 07-44.132, BC V n° 243; Dr. Soc. 2009, p. 240, obs. Ch. Radé).

• **Actions en exécution.** L'intérêt à agir n'est pas subordonné à la démonstration préalable du bien-fondé de l'action née d'une contestation sur l'application d'un accord collectif de travail (cass. soc. 11 juillet 2000, n° 97-43.645, BC V n° 275; RJS 12/00 n° 1262). Est recevable en elle-même et hors de tout litige particulier, né et actuel, l'action d'une organisation syndicale signataire d'une convention collective tendant à voir reconnaître, à certaines catégories de salariés, des droits qui leur avaient été jusqu'alors refusés par leurs employeurs qui interprétaient restrictivement les dispositions de la convention collective qui les concernaient. Cette action doit être portée devant le tribunal de grande instance [tribunal judiciaire] (cass. soc. 6 décembre 1979, n° 78-11.562, BC V n° 957). L'action d'un syndicat ayant pour objet de faire déterminer la qualification de la rupture des contrats de travail a été jugée recevable (cass. soc. 25 juin 2002, n° 00-18.907, BC V n° 214; RJS 10/02 n° 1154: en l'espèce, les ruptures de contrat avaient été mises en œuvre par l'adhésion des salariés à une offre de départ volontaire en retraite faite par l'employeur dans le cadre d'un plan social).

L'article L. 2262-9 concerne les syndicats signataires ou non d'une convention ou d'un accord collectif qui lie leurs membres adhérents. Ils disposent ainsi soit du droit d'agir en exécution des droits que les salariés tirent de la convention collective ou de l'accord, soit du droit d'intervenir à une instance engagée, à raison de l'intérêt collectif que la solution du litige peut présenter pour leurs membres (cass. soc. 14 février 2001, n° 98-46.149, BC V n° 56; RJS 4/01 n° 479; 9 avril 2002, n° 99-45.963, BC V n° 124; RJS 7/02 n° 815). Est recevable l'action d'un syndicat au soutien des prétentions d'un salarié se fondant sur la violation d'une convention collective (cass. soc. 24 janvier 2007, n° 05-44.795, RJS 4/07 n° 457).

Une action en exécution d'une convention collective peut être portée devant le conseil de prud'hommes du moment qu'elle demeure une action individuelle, la nécessité d'une interprétation de la convention collective ne lui enlevant pas ce caractère individuel (cass. soc. 20 octobre 1988, n° 85-45.164, BC V n° 548). L'inexécution d'une obligation justifie l'action des salariés en réparation de leur préjudice (cass. soc. 10 octobre 2002, n° 00-42.906, BC V n° 304; RJS 12/02 n° 1420; en l'espèce, par accord collectif, l'employeur avait pris l'engagement de maintenir l'emploi des salariés en contrepartie d'une réduction de la durée du travail assortie d'une réduction d'une partie de leur rémunération).

Un syndicat peut demander l'application d'un accord collectif de travail dont il n'est pas signataire sur le fondement de l'article L. 2132-3 CT (ancien art. L. 411-11) (cass. soc. 16 janvier 2008, n° 07-10.095, BC V n° 10; RJS 4/08 n° 464). De même, un syndicat peut, sur le fondement de l'article L. 2132-3, demander que soit déterminée l'étendue des droits acquis par les salariés à la suite de la dénonciation d'un accord collectif (cass. soc. 2 décembre 2008, n° 07-44.132, précité: après la période de survie provisoire de quinze mois suivant la dénonciation de la convention collective, personne n'est lié par la convention collective, si bien qu'une action fondée sur l'article L. 2262-9 semble irrecevable).

Dès lors que l'annexe VI à la convention collective nationale du personnel au sol des entreprises de transport aérien oblige le nouveau titulaire du marché à soumettre un avenant aux salariés concernés sans que ces derniers soient tenus de l'accepter, l'action d'un syndicat ayant pour objet d'obtenir l'exécution de cet accord collectif est recevable en ce qu'elle ne tend pas à imposer aux salariés la conclusion d'un contrat de travail avec l'entreprise entrante (cass. soc. 25 septembre 2013, n° 12-13.697, BC V n° 218; RJS 12/13 n° 840; SSL n° 1606, 18 novembre 2013, L. Pécaut-Rivolier et Y. Struillou, chron. des jurisprudences sur la représentation du personnel).

• Le comité d'entreprise n'a pas qualité pour intenter une action visant à obtenir l'exécution d'engagements résultant d'une convention collective, cette action étant réservée aux organisations ou groupements définis à l'article L. 2231-1 CT qui ont le pouvoir de conclure une convention ou un accord collectif de travail (cass. soc. 19 novembre 2014, n° 13-23.899, BC V n° 271; LSQ n° 16726 du 4.12.2014; RJS 2/15 n° 129).

Art. L. 2262-10. Lorsqu'une action née de la convention ou de l'accord est intentée soit par une personne, soit par une organisation ou un groupement, toute organisation ou tout groupement ayant la capacité d'agir en justice, dont les membres sont liés par la convention ou l'accord, peut toujours intervenir à l'instance engagée, à raison de l'intérêt collectif que la solution du litige peut présenter pour ses membres.

Art. L. 2262-11. Les organisations ou groupements ayant la capacité d'agir en justice, liés par une convention ou un accord, peuvent intenter en leur nom propre toute action visant à obtenir l'exécution des engagements contractés et, le cas échéant, des dommages-intérêts contre les autres organisations ou groupements, leurs propres membres ou toute personne liée par la convention ou l'accord.

Note L'article L. 2262-11 ne vise que les syndicats liés par une convention ou un accord collectif de travail, c'est-à-dire ceux qui ont signé ladite convention ou ledit accord (cass. soc. 14 février 2001, n° 98-46.149, BC V n° 56; RJS 4/01 n° 479) ainsi que ceux qui ont adhéré à un groupement signataire (cass. soc. 20 septembre 2006, n° 04-10.765, BC V n° 278; RJS 12/06 n° 1300; 26 mai 2004, n° 02-18.756, BC V n° 143; RJS 8-9/04 n° 924), à la différence de l'article L. 2262-10 qui concerne les syndicats signataires ou non d'une convention ou d'un accord collectif qui lie leurs membres adhérents.

Une action d'un syndicat fondée sur cet article permet à celui qui l'exerce d'obtenir l'exécution des engagements contractés et, le cas échéant, des dommages-intérêts, mais pas la condamnation de l'employeur au paiement de sommes dues aux adhérents de ce syndicat en application d'une convention ou d'un accord collectif (cass. soc. 20 juin 1990, n° 88-12.516, BC V n° 308).

Si, en vertu de l'article L. 2132-3 CT, les syndicats professionnels peuvent de manière générale exercer devant toutes les juridictions tous les droits réservés à la partie civile relativement aux faits portant un préjudice direct ou indirect à l'intérêt collectif de la profession qu'ils représentent, l'action visant exclusivement à obtenir l'exécution d'une convention ou d'un accord collectif ou la réparation de son inexécution, prévue par l'article L. 135-5 [L. 2262-11] CT, est réservée par ce texte aux syndicats liés par les dispositions de ladite convention, qui seuls ont qualité pour agir (cass. soc. 10 mai 1994, n° 92-14.097, BC V n° 173; RJS 6/94 n° 736).

Indépendamment des actions réservées aux syndicats par les articles L. 2262-11 et 12, les syndicats professionnels sont recevables à en demander l'exécution sur le fondement de l'article L. 411-11 [L. 2132-3], même s'ils n'ont pas été signataires de ces textes, le non-respect des dispositions d'une convention collective étant de nature à causer nécessairement un préjudice à l'intérêt collectif de l'ensemble de la profession, qu'il s'agisse d'accord étendu (cass. soc. 12 juin 2001, n° 00-14.435, BC V n° 221; RJS 8-9/01 n° 1045) ou bien même de convention ou d'accord collectif non étendu (cass. soc. 3 mai 2007, n° 05-12.340, BC V n° 68; RDT, septembre 2007, CH, 536, G. Borenfreund; 16 janvier 2008, n° 07-10.095, BC V n° 10; RJS 4/08 n° 464; 11 juin 2013, n° 12-12.818, BC V n° 151; RJS 8-9/13 n° 628). Un syndicat est recevable, en application de l'article L. 411-11 [L. 2132-3] CT, à revendiquer l'application d'une convention collective dans une entreprise, peu important qu'un accord d'entreprise ait rendu applicables dans cette entreprise certaines dispositions de la convention collective (cass. soc. 18 février 2003, n° 01-02.079, BC V n° 60; RJS 5/03 n° 645).

Le comité d'entreprise n'a pas qualité pour introduire une demande en justice sur la base de l'article L. 135-5 [L. 2262-11] (cass. soc. 20 septembre 2006, précité).

Voir également note sous article L. 2132-3.

Art. L. 2262-12. Les personnes liées par une convention ou un accord peuvent intenter toute action visant à obtenir l'exécution des engagements contractés et, le cas échéant, des dommages-intérêts contre les autres personnes ou les organisations ou groupements, liés par la convention ou l'accord, qui violeraient à leur égard ces engagements.

Art. L. 2262-13

Note Le conseil de prud'hommes est compétent pour statuer sur la demande d'un salarié qui demande réparation pour non-exécution de l'accord collectif qui prévoyait une augmentation de 7 % des effectifs en contrepartie d'un retard dans le passage aux échelons supérieurs (cass. soc. 12 juillet 2006, n° 04-47.550, BC V n° 263; RDT, janvier 2007, CH, 48, H. Tissandier).

Art. L. 2262-13. ***(Ord. 2017-1385 du 22 sept. 2017, art. 4, JO 23)*** Il appartient à celui qui conteste la légalité d'une convention ou d'un accord collectif de démontrer qu'il n'est pas conforme aux conditions légales qui le régissent.

Art. L. 2262-14. ***(Ord. 2017-1385 du 22 sept. 2017, art. 4, JO 23)*** Toute action en nullité de tout ou partie d'une convention ou d'un accord collectif doit, à peine d'irrecevabilité, être engagée dans un délai de deux mois à compter:

1° De la notification de l'accord d'entreprise prévue à l'article L. 2231-5, pour les organisations disposant d'une section syndicale dans l'entreprise;

2° De la publication de l'accord prévue à l'article L. 2231-5-1 dans tous les autres cas.

Ce délai s'applique sans préjudice des articles L. 1233-24, L. 1235-7-1 et L. 1237-19-8 du code du travail.

Note • Cet article s'applique aux conventions ou accords conclus après le 23 septembre 2017.

Lorsqu'une instance a été introduite avant le 24 septembre 2017, l'action est poursuivie et jugée conformément à la loi ancienne. Cette loi s'applique également en appel et en cassation.

Pour les conventions ou accords conclus avant le 23 septembre 2017 et pour lesquels aucune instance n'a été introduite avant cette date, le délai de deux mois mentionné à cet article court à compter du 23 septembre 2017 (ordonnance 2017-1385 précitée, art. 15).

• Dans sa décision n° 2018-761 DC du 21 mars 2018, le Conseil constitutionnel a émis trois réserves d'interprétation sur cet article:

1) «le 1° de l'article L. 2262-14 du code du travail prévoit que, pour les organisations disposant d'une section syndicale dans l'entreprise, le délai de recours contre un accord d'entreprise court à compter de sa notification effectuée en vertu de l'article L. 2231-5 du même code. Ce dernier article prévoit que cette notification intervient à l'initiative de l'organisation signataire la plus diligente et s'adresse aux seules organisations représentatives. Il en résulte que le point de départ de ce délai de recours n'est pas opposable aux organisations syndicales non représentatives, même si elles disposent par ailleurs d'une section syndicale dans l'entreprise»;

2) «le 2° de l'article L. 2262-14 prévoit que, dans tous les autres cas, le délai ne commence à courir qu'à compter de la publication de l'accord collectif dans une base de données nationale. Toutefois, le deuxième alinéa de l'article L. 2231-5-1 du code du travail prévoit que les signataires de l'accord peuvent décider qu'une partie de cet accord ne fera pas l'objet de cette publication. Dans ce cas, le délai de recours contre ces parties d'accord non publiées ne saurait, sans méconnaître le droit à un recours juridictionnel effectif, courir à l'encontre des autres personnes qu'à compter du moment où elles en ont valablement eu connaissance»;

3) «l'article L. 2262-14 ne prive pas les salariés de la possibilité de contester, sans condition de délai, par la voie de l'exception, l'illégalité d'une clause de convention ou d'accord collectif, à l'occasion d'un litige individuel la mettant en œuvre».

Art. L. 2262-14-1. ***(L. 2018-217 du 29 mars 2018, art. 2, I, 17°, JO 31)*** Lorsque le juge est saisi d'une action en nullité mentionnée à l'article L. 2262-14, il rend sa décision dans un délai de six mois.

Art. L. 2262-15. ***(Ord. 2017-1385 du 22 sept. 2017, art. 4, JO 23)*** En cas d'annulation par le juge de tout ou partie d'un accord ou d'une convention collective, celui-ci peut décider, s'il lui apparaît que l'effet rétroactif de cette annulation est de nature à emporter des conséquences manifestement excessives en raison tant des effets que cet acte a produits et des situations qui ont pu se constituer lorsqu'il était en vigueur que de l'intérêt général pouvant s'attacher à un maintien temporaire de ses effets, que l'annulation ne produira ses effets que pour l'avenir ou de moduler les effets de sa décision dans le temps, sous réserve des actions contentieuses déjà engagées à la date de sa décision sur le même fondement.

CHAPITRE III Dispositions pénales

Art. L. 2263-1. Lorsqu'en application d'une disposition législative expresse dans une matière déterminée, une convention ou un accord collectif de travail étendu déroge à des dispositions légales, les infractions aux stipulations dérogatoires sont punies des sanctions qu'entraîne la violation des dispositions légales en cause.

Note Voir M-C Amauger-Lattes, «L'évolution paradoxale de la sanction pénale du droit conventionnel du travail», Dr. Soc. 2009, p. 568.

Depuis la recodification du code du travail, les infractions aux dispositions dérogatoires ne sont plus sanctionnées pénalement lorsque l'accord collectif déroge à des dispositions réglementaires; l'article L. 153-1 CT antérieur visait aussi bien les dérogations aux dispositions réglementaires que les dérogations aux dispositions légales. On relèvera également que l'article L. 2263-1 a actuellement une portée assez limitée dans la mesure où les dérogations aux dispositions légales peuvent désormais résulter de conventions collectives d'entreprise; les infractions à ces dispositions conventionnelles ne sont pas visées par cet article et ne sont donc pas pénalement sanctionnables.

Selon l'article L. 2263-1 CT, lorsqu'en application d'une disposition législative expresse dans une matière déterminée, une convention ou un accord collectif de travail étendu déroge à des dispositions légales, les infractions aux stipulations dérogatoires sont punies des sanctions qu'entraîne la violation des dispositions légales en cause. Par suite:
– encourt la censure l'arrêt d'une cour d'appel qui condamne un prévenu pour méconnaissance de la convention collective des grands magasins, étendue par arrêté ministériel, qui dispose qu'avant toute décision ayant pour objet de fixer au-delà de 20 heures l'heure de fermeture d'un magasin, la direction devra consulter le comité d'entreprise ou d'établissement ou, à défaut, les délégués du personnel et engager une négociation sur ses modalités avec les délégués syndicaux, alors que seule la violation des dispositions d'une convention ou d'un accord collectif de travail étendu dérogeant à des dispositions légales, en application d'une disposition législative expresse dans une matière déterminée, peut entrer dans la catégorie des agissements pénalement sanctionnés par l'article susvisé (cass. crim. 19 juin 2012, n° 11-84.884, B. crim. n° 154; Dr. Soc. 2012 p. 1067, obs. J. Mouly; RJS 1/13 n° 63);
– justifie sa décision la cour d'appel qui déclare coupables du délit d'entrave à la constitution d'un comité d'entreprise prévu à l'article L. 2328-1 [ancien] CT le président et le directeur d'une association gérant un centre social d'insertion et de réinsertion, en retenant que si, en raison d'un effectif inférieur à cinquante salariés, la mise en place d'un comité d'entreprise dans ce centre n'était pas obligatoire, les dispositions de l'article L. 2322-3 [ancien] du même code permettant, en pareil cas, de créer un tel organisme par convention ou accord collectif de travail et la convention collective nationale étendue des centres sociaux, à laquelle l'association était soumise, imposaient à celle-ci, conformément à cette convention collective, de créer un conseil d'établissement, cet organisme étant doté des mêmes attributions et exerçant le même rôle que le comité d'entreprise (cass. crim. 5 mars 2013, n° 11-83.984, B. crim. n° 59; RJS 6/13 n° 459; JCP éd. S 2013, 1197, note Fr. Duquesne).

Art. R. 2263-1. ***(D. 2017-932 du 10 mai 2017, JO 11)*** Le fait de ne pas mettre en œuvre l'obligation prévue à l'article R. 2262-3 ou de ne pas transmettre au salarié le document prévu à l'article R. 2262-4 est puni de l'amende prévue pour les contraventions de la quatrième classe.

Art. R. 2263-2. Le fait de ne pas porter, dans un délai d'un mois à compter de leur date d'effet, les modifications d'une convention ou d'un accord collectif de travail sur l'avis ou le document prévus aux articles R. 2262-3 et R. 2262-4, est puni de l'amende prévue pour les contraventions de la quatrième classe.

Art. R. 2263-3. Le fait pour l'employeur, lié par une convention ou un accord collectif de travail étendu, de payer des salaires inférieurs à ceux fixés dans cette convention ou cet accord, est puni de l'amende prévue pour les contraventions de la quatrième classe.

L'amende est prononcée autant de fois qu'il y a de salariés concernés.

Art. R. 2263-4. Le fait pour l'employeur de méconnaître les stipulations conventionnelles relatives aux accessoires du salaire prévus par une convention ou un accord collectif de travail étendu, est puni de l'amende prévue pour les contraventions de la quatrième classe.

L'amende est prononcée autant de fois qu'il y a de salariés concernés.

Art. R. 2263-5. Le fait, pour le responsable d'une organisation, de ne pas déférer, sans motif légitime, à la nouvelle convocation qui lui a été adressée en application de l'article D. 2261-12, est puni de l'amende prévue pour les contraventions de la cinquième classe.

TITRE VII COMMISSION NATIONALE DE LA NÉGOCIATION COLLECTIVE, DE L'EMPLOI ET DE LA FORMATION PROFESSIONNELLE

CHAPITRE Ier Missions

Art. L. 2271-1. La Commission nationale de la négociation collective ***(L. 2018-771 du 5 sept. 2018, art. 36, II, 1°, JO 6)*** «, de l'emploi et de la formation professionnelle» est chargée:

1° De proposer au ministre chargé du travail toutes mesures de nature à faciliter le développement de la négociation collective, en particulier en vue d'harmoniser les définitions conventionnelles des branches;

2° D'émettre un avis sur les projets de loi, d'ordonnance et de décret relatifs aux règles générales portant sur les relations individuelles et collectives du travail, notamment celles concernant la négociation collective ***(L. 2020-1525 du 7 déc. 2020, art. 19, I, 6°, JO 8, entrée en vigueur le 01.06.2021)*** «et les dispositifs d'intéressement, de participation et d'épargne salariale relevant du livre III de la troisième partie» ***(L. 2018-771 du 5 sept. 2018, art. 36, II, 2°, JO 6)*** «, ainsi que dans le domaine de la politique de l'emploi, de l'orientation et de la formation professionnelle initiale et continue»;

3° De donner un avis motivé au ministre ***(L. 2020-1525 du 7 déc. 2020, art. 19, I, 6°, JO 8, entrée en vigueur le 01.06.2021)*** «compétent» sur l'extension et l'élargissement des conventions et accords collectifs ainsi que sur l'abrogation des arrêtés d'extension ou d'élargissement;

4° De donner, à la demande d'au moins la moitié des membres de la commission d'interprétation compétente préalablement saisie, un avis sur l'interprétation de clauses d'une convention ou d'un accord collectif;

5° De donner, ***(L. 2008-1258 du 3 déc. 2008, art. 24, JO 4)*** «après avoir pris connaissance du rapport annuel établi par un groupe d'experts désigné à cet effet,» un avis motivé au ministre chargé du travail sur la fixation du salaire minimum de croissance dans les cas prévus par les articles L. 3231-6 et L. 3231-10;

6° De suivre l'évolution des salaires effectifs et des rémunérations minimales déterminées par les conventions et accords collectifs ainsi que l'évolution des rémunérations dans les entreprises publiques;

7° D'examiner le bilan annuel de la négociation collective;

8° De suivre annuellement l'application dans les conventions collectives du principe " à travail égal salaire égal ", du principe de l'égalité professionnelle entre les femmes et les hommes et du principe d'égalité de traitement entre les salariés sans considération d'appartenance ou de non-appartenance, vraie ou supposée, à une ethnie, une nation ou une race, ainsi que des mesures prises en faveur du droit au travail des personnes handicapées, de constater les inégalités éventuellement persistantes et d'en analyser les causes. La Commission nationale a qualité pour faire au ministre chargé du travail toute proposition pour promouvoir dans les faits et dans les textes ces principes d'égalité;

9° De suivre annuellement l'évolution du taux d'activité des personnes de plus de cinquante ans afin de faire au ministre chargé du travail toute proposition de nature à favoriser leur maintien ou leur retour dans l'emploi;

(L. 2018-771 du 5 sept. 2018, art. 36, II, 3°, JO 6) «10° D'émettre un avis sur:

a) Le projet de convention pluriannuelle définie à l'article L. 5312-3;

b) L'agrément des accords d'assurance chômage mentionnés à l'article L. 5422-20;

c) Les plans de formations organisés par l'État en application des I et II de l'article L. 6122-1.»

Note • Les dispositions de cet article, dans sa rédaction issue de la loi 2018-771 précitée, sont applicables depuis le 1er janvier 2019 (loi précitée, art. 46, I).

• Les demandes d'avis sur les projets de loi, d'ordonnance et de dispositions réglementaires dont a été saisi le Conseil national de l'emploi, de la formation et de l'orientation professionnelles avant le 1er janvier 2019 sont transmises à la Commission nationale de la négociation collective, de l'emploi et de la formation professionnelle (décret 2018-1262 du 26 décembre 2018, art. 2, JO 28, entrée en vigueur le 01.01.2019).

Art. R. 2271-1. Lors de l'examen annuel prévu au 8° de l'article L. 2271-1, la Commission nationale de la négociation collective ***(D. 2018-1262 du 26 déc. 2018, art. 1er, I, 2°, JO 28, entrée en vigueur le 01.01.2019)*** «, de l'emploi et de la formation professionnelle» établit le bilan de l'application des mesures tendant à supprimer les écarts de rémunération entre les femmes et les hommes prévues ***(D. 2017-1703 du 15 déc. 2017, art. 3, JO 17)*** «au 2° de l'article L. 2241-1 et à l'article L. 2241-17».

CHAPITRE II Organisation et fonctionnement

Art. L. 2272-1. La Commission nationale de la négociation collective ***(L. 2018-771 du 5 sept. 2018, art. 36, III, 1°, JO 6)*** «, de l'emploi et de la formation professionnelle» comprend des représentants de l'État, du Conseil d'État, ainsi que des représentants des organisations d'employeurs représentatives au niveau national et des organisations syndicales de salariés représentatives au niveau national.

(L. 2018-771 du 5 sept. 2018, art. 36, III, 2°, JO 6) «Lorsqu'elle est consultée dans le domaine de la politique de l'emploi, de l'orientation et de la formation professionnelle initiale et continue et sur les documents mentionnés au 10° de l'article L. 2271-1, elle comprend également des représentants des régions, des départements et des collectivités ultra-marines.»

(L. 2020-1525 du 7 déc. 2020, art. 19, I, 7°, JO 8, entrée en vigueur le 01.06.2021) «Lorsqu'elle est consultée sur les dispositifs d'intéressement, de participation et d'épargne salariale, elle comprend également des personnalités choisies en raison de leur compétence et de leur expérience.»

Note Les dispositions des articles L. 2272-1 et 2, dans leur rédaction issue de la loi 2018-771 précitée, sont applicables depuis le 1er janvier 2019 (loi précitée, art. 46, I).

Art. L. 2272-2. Un décret en Conseil d'État détermine les modalités d'organisation et de fonctionnement de la Commission nationale de la négociation collective ***(L. 2018-771 du 5 sept. 2018, art. 36, IV, JO 6)*** «, de l'emploi et de la formation professionnelle».

SECTION 1 (réglementaire). Commission nationale de la négociation collective, de l'emploi et de la formation professionnelle

Art. R. 2272-1. ***(D. 2018-1262 du 26 déc. 2018, art. 1er, I, 4°, JO 28, entrée en vigueur le 01.01.2019)*** I. – La Commission nationale de la négociation collective, de l'emploi et de la formation professionnelle comprend:

1° Le ministre chargé du travail ou son représentant, président;

2° Le ministre chargé de l'agriculture ou son représentant;

3° Le ministre chargé de l'économie ou son représentant;

4° Le président de la section sociale du Conseil d'État;

5° Six représentants des organisations d'employeurs et dix représentants titulaires des organisations syndicales de salariés, représentatives au niveau national interprofessionnel.

II. – Lorsque la commission mentionnée au I est consultée sur les projets de loi, d'ordonnance et de décret relatifs à l'emploi, l'orientation et la formation professionnelles, elle comprend également:

1° Le ministre chargé de l'emploi ou son représentant;

2° Le ministre chargé de la formation professionnelle, ou son représentant;

3° Le ministre chargé de l'éducation nationale, ou son représentant;

4° Le ministre chargé de l'enseignement supérieur, ou son représentant;

5° Huit représentants des régions et des collectivités ultramarines exerçant les compétences dévolues aux conseils régionaux en matière de formation professionnelle;

6° Deux représentants des départements.

Art. R. 2272-2. Les représentants titulaires des salariés sont nommés par le ministre chargé du travail comme suit:

1° ***(D. 2018-1262 du 26 déc. 2018, art. 1er, I, 5°, JO 28, entrée en vigueur le 01.01.2019)*** «Deux» représentants, sur proposition de la Confédération générale du travail (CGT);

2° ***(D. 2018-1262 du 26 déc. 2018, art. 1er, I, 5°, JO 28, entrée en vigueur le 01.01.2019)*** «Deux» représentants, sur proposition de la Confédération française démocratique du travail (CFDT);

3° ***(D. 2018-1262 du 26 déc. 2018, art. 1er, I, 5°, JO 28, entrée en vigueur le 01.01.2019)*** «Deux» représentants, sur proposition de la Confédération générale du travail – Force ouvrière (CGT – FO);

4° Deux représentants, sur proposition de la Confédération française des travailleurs chrétiens (CFTC);

5° Deux représentants, sur proposition de la Confédération française de l'encadrement Confédération générale des cadres (CFE – CGC).

Art. R. 2272-3. ***(D. 2018-1262 du 26 déc. 2018, art. 1er, I, 6°, JO 28, entrée en vigueur le 01.01.2019)*** Les représentants titulaires des employeurs sont nommés par le ministre chargé du travail comme suit:

1° Deux sur proposition du Mouvement des entreprises de France (MEDEF);

2° Deux sur proposition de la Confédération des petites et moyennes entreprises (CPME);

3° Deux sur proposition de l'Union des entreprises de proximité (U2P).

Art. R. 2272-4. ***(D. 2018-1262 du 26 déc. 2018, art. 1er, I, 7°, JO 28, entrée en vigueur le 01.01.2019)*** Les représentants titulaires des collectivités territoriales mentionnés aux 5° et 6° du II de l'article R. 2272-1 sont nommés par les ministres chargés de l'emploi et de la formation professionnelle comme suit:

1° Sur proposition de l'association Régions de France, pour les représentants des collectivités du 5° du II de l'article R. 2272-1;

2° Sur proposition de l'association des départements de France, pour les représentants des collectivités mentionnés au 6° du II de l'article R. 2272-1.

Art. R. 2272-5. ***(D. 2018-1262 du 26 déc. 2018, art. 1er, I, 8°, JO 28, entrée en vigueur le 01.01.2019)*** Un membre suppléant est nommé, dans les mêmes conditions que les titulaires, pour chaque organisation mentionnée aux articles R. 2272-2 et R. 2272-3, ainsi que pour les collectivités mentionnées au 6° du II de l'article R. 2272-1.

Pour les collectivités mentionnées au 5° du II de l'article R. 2272-1, quatre suppléants sont nommés dans les mêmes conditions que les titulaires.

Art. R. 2272-6. La Commission nationale peut créer, en son sein, des groupes de travail pour l'étude de questions particulières et faire appel à des experts.

Art. R. 2272-7. Les membres de la Commission nationale ne doivent avoir fait l'objet d'aucune interdiction, déchéance ou incapacité relative à leurs droits civiques.

Art. R. 2272-8. La Commission nationale est convoquée par ***(D. 2018-1262 du 26 déc. 2018, art. 1er, I, 9°, JO 28, entrée en vigueur le 01.01.2019)*** «les ministres chargés du travail, de l'emploi ou de la formation professionnelle de leur propre initiative» ou à la demande de la majorité de ses membres titulaires.

Elle se réunit au moins une fois par an.

Art. R. 2272-9. ***(D. 2018-1262 du 26 déc. 2018, art. 1er, I, 10°, JO 28, entrée en vigueur le 01.01.2019)*** I. – La Commission nationale peut s'adjoindre à titre consultatif des représentants des départements ministériels intéressés.

II. – Assistent à la Commission nationale, sans voix délibérative, des représentants d'employeurs nommés par arrêté du ministre chargé du travail comme suit:

1° Un représentant des professions agricoles, sur proposition de la Fédération nationale des syndicats d'exploitants agricoles (FNSEA);

2° Un représentant des employeurs de l'économie sociale et solidaire, sur proposition de l'Union des employeurs de l'économie sociale et solidaire (UDES);

3° Un représentant de la Fédération des entreprises du spectacle vivant, de la musique, de l'audiovisuel et du cinéma (FESAC).

III. – Assistent à la Commission nationale, lorsqu'elle est consultée sur les projets de loi, d'ordonnance et de décret relatifs à l'emploi, l'orientation et la formation professionnelles, sans voix délibérative, des représentants des organisations syndicales représentant les salariés intéressées par ces domaines, nommés par le ministre chargé de l'emploi et de la formation professionnelle comme suit:

1° Un représentant, sur proposition de l'Union nationale des syndicats autonomes (UNSA);

2° Un représentant, sur proposition de la Fédération syndicale unitaire (FSU).

SECTION 2 (réglementaire). Sous-commissions

Art. R. 2272-10. Les missions dévolues à la Commission nationale peuvent être exercées par ***(D. 2018-1262 du 26 déc. 2018, art. 1er, I, 11°, JO 28, entrée en vigueur le 01.01.2019)*** «quatre» sous-commissions:

1° La sous-commission des conventions et accords, ***(D. 2015-262 du 5 mars 2015, JO 7)*** «en ce qui concerne les 2° à 4° de l'article L. 2271-1». Lorsque les questions traitées concernent uniquement les professions agricoles, la sous-commission est réunie en formation spécifique;

2° La sous-commission des salaires en ce qui concerne, d'une part, les 6° et 8° de l'article L. 2271-1 pour la partie salariale, d'autre part, l'avis prévu à l'article R.* 3231-1.

La Commission nationale de la négociation collective ***(D. 2018-1262 du 26 déc. 2018, art. 1er, I, 11°, JO 28, entrée en vigueur le 01.01.2019)*** «, de l'emploi et de la formation professionnelle» est assistée d'un secrétariat général.

(D. 2015-262 du 5 mars 2015, JO 7) «3° La sous-commission de la restructuration des branches professionnelles en ce qui concerne le 1° de l'article L. 2271-1.

La sous-commission de la restructuration des branches professionnelles analyse la situation des branches en vue de susciter une réduction du nombre des branches par voie conventionnelle et, en tant que de besoin, sur le fondement des dispositions de l'article L. 2261-32.

Elle peut donner au nom de la Commission nationale de la négociation collective ***(D. 2018-1262 du 26 déc. 2018, art. 1er, I, 11°, JO 28, entrée en vigueur le 01.01.2019)*** «, de l'emploi et de la formation professionnelle» les avis prévus au second alinéa du I et au III de l'article L. 2261-32.»

(D. 2018-1262 du 26 déc. 2018, art. 1er, I, 11°, JO 28, entrée en vigueur le 01.01.2019) «4° La sous-commission de l'emploi, de l'orientation et de la formation professionnelles, en ce qui concerne le 2° de l'article L. 2271-1 dans le domaine de la politique de l'emploi, de l'orientation et de la formation professionnelles initiale et continue, et le 10° de ce même article.»

Art. R. 2272-11. Les sous-commissions peuvent créer, en leur sein, des groupes de travail pour l'étude de questions particulières et faire appel à des experts.

Art. R. 2272-12. Sous réserve des dispositions de l'article R. 2272-14, siègent dans ***(D. 2015-262 du 5 mars 2015, JO 7)*** «chacune des sous-commissions» ***(D. 2018-1262 du 26 déc. 2018, art. 1er, I, 12°, JO 28, entrée en vigueur le 01.01.2019)*** «mentionnées aux 1°, 2°, 3° de l'article R. 2272-10»:

1° Le ministre chargé du travail ou son représentant, président;

2° Le ministre chargé de l'agriculture ou son représentant;

3° Le ministre chargé de l'économie ou son représentant;

4° Cinq représentants des salariés, à raison d'un pour chacune des organisations syndicales représentées à la Commission nationale ;

(D. 2018-1262 du 26 déc. 2018, art. 1er, I, 12°, JO 28, entrée en vigueur le 01.01.2019) « 5° Trois représentants des employeurs, à raison d'un au titre du Mouvement des entreprises de France (MEDEF), d'un au titre de la Confédération des petites et moyennes entreprises (CPME) et d'un au titre de l'Union des entreprises de proximité (U2P). »

Art. R. 2272-13. Sous réserve des dispositions ***(D. 2018-1262 du 26 déc. 2018, art. 1er, I, 13°, JO 28, entrée en vigueur le 01.01.2019)*** « des articles R. 2272-14 et R. 2272-15 », les représentants des salariés et des employeurs de chaque sous-commission sont nommés par le ministre chargé du travail parmi les membres titulaires ou suppléants de la Commission nationale, sur proposition des organisations de salariés et d'employeurs mentionnées aux articles R. 2272-2 et R. 2272-3.

Des représentants suppléants, en nombre ***(D. 2018-1262 du 26 déc. 2018, art. 1er, I, 13°, JO 28, entrée en vigueur le 01.01.2019)*** « égal » des représentants titulaires, sont ***(D. 2018-1262 du 26 déc. 2018, art. 1er, I, 13°, JO 28, entrée en vigueur le 01.01.2019)*** « nommés par le ministre chargé du travail sur proposition des organisations de salariés et d'employeurs mentionnées aux articles R. 2272-2 et R. 2272-3 ».

La sous-commission des salaires constitue un comité chargé de faire un examen de la situation de la négociation salariale de branche et de préparer un rapport examiné par la sous-commission en vue de la réalisation du bilan annuel mentionné au 7° de l'article L. 2271-1.

Art. R. 2272-14. La sous-commission des conventions et accords, réunie en formation spécifique en application du 1° de l'article R. 2272-10, est composée comme suit :

1° Cinq membres titulaires représentant les salariés des professions agricoles, nommés par le ministre chargé de l'agriculture, à raison d'un par organisation syndicale ***(D. 2018-1262 du 26 déc. 2018, art. 1er, I, 14°, JO 28, entrée en vigueur le 01.01.2019)*** « représentée à la commission nationale, sur proposition de ces organisations » ;

2° Cinq membres titulaires représentant les employeurs, nommés par le ministre chargé de l'agriculture, ***(D. 2018-1262 du 26 déc. 2018, art. 1er, I, 14°, JO 28, entrée en vigueur le 01.01.2019)*** « sur proposition des organisations concernées, à raison d'un au titre de la Fédération nationale des syndicats d'exploitants agricoles (FNSEA), d'un au titre de la Fédération nationale du bois (FNB), d'un au titre de la Confédération nationale de la mutualité, de la coopération et du crédit agricole (CNMCCA), d'un au titre de la Fédération nationale des entrepreneurs des territoires (FNEDT) et d'un au titre de l'Union nationale des entreprises du paysage (UNEP). »

Des membres suppléants, en nombre ***(D. 2018-1262 du 26 déc. 2018, art. 1er, I, 14°, JO 28, entrée en vigueur le 01.01.2019)*** « égal » des membres titulaires, sont nommés par le ministre chargé de l'agriculture sur proposition des organisations représentant les salariés ou de celles représentant les employeurs.

La présidence est assurée par le ministre chargé de l'agriculture ou son représentant.

Art. R. 2272-15. ***(D. 2018-1262 du 26 déc. 2018, art. 1er, I, 15°, JO 28, entrée en vigueur le 01.01.2019)*** La sous-commission de l'emploi, de l'orientation et de la formation professionnelles mentionnée au 4° de l'article R. 2272-10 est composée comme suit :

1° Le ministre chargé de l'emploi ou son représentant, président ;

2° Le ministre chargé de la formation professionnelle ou son représentant ;

3° Le ministre chargé de l'éducation nationale ou son représentant ;

4° Le ministre chargé de l'enseignement supérieur ou son représentant ;

5° Cinq membres titulaires représentant les salariés, nommés par le ministre chargé de l'emploi et de la formation professionnelle parmi les représentants titulaires ou suppléants des salariés à la Commission nationale, à raison d'un par organisation syndicale représentative au niveau national interprofessionnel, sur proposition de ces organisations ;

6° Trois membres titulaires représentant les employeurs, nommés par le ministre chargé de la formation professionnelle parmi les représentants titulaires ou suppléants des employeurs à la Commission nationale, à raison d'un par organisation d'employeurs représentative au niveau national interprofessionnel, sur proposition de ces organisations ;

7° Quatre membres titulaires représentants les régions et des collectivités ultramarines exerçant les compétences dévolues aux conseils régionaux en matière de formation professionnelle, sur proposition de l'association Régions de France ;

8° Un membre titulaire représentant les départements, sur proposition de l'association des départements de France.

Des membres suppléants sont nommés par les ministres chargés de l'emploi et de la formation professionnelle sur proposition des organisations de salariés et d'employeurs mentionnées aux articles R. 2272-2 et R. 2272-3, ainsi que des associations représentant les régions, collectivités ultramarines et départements mentionnées à l'article R. 2272-4, à raison d'un membre suppléant par organisation ou association.

Art. R. 2272-16. ***(D. 2018-1262 du 26 déc. 2018, art. 1er, I, 15°, JO 28, entrée en vigueur le 01.01.2019)*** I. – Les représentants mentionnés au II de l'article R. 2272-9 assistent, sans voix délibérative, aux réunions des sous-commissions mentionnées à l'article R. 2272-10, à l'exception de la sous-commission des conventions et accords lorsqu'elle se réunit dans sa formation spécifique en application du 1° de l'article R. 2272-10. Ils ne peuvent pas exercer les prérogatives conférées aux organisations représentées à la Commission nationale par les articles L. 2261-27 et L. 2261-32.

II. – Les représentants mentionnés au III de l'article R. 2272-9 assistent, sans voix délibérative, aux réunions de la sous-commission mentionnée au 4° de l'article R. 2272-10.

TITRE VIII DROIT D'EXPRESSION DIRECTE ET COLLECTIVE DES SALARIÉS

CHAPITRE Ier Dispositions communes

Note Les dispositions de ce chapitre résultent de la loi 86-1 du 3 janvier 1986 relative au droit d'expression des salariés (JO 4). Voir circulaire du 4 mars 1986 (DRT 86-3), substituée à la circulaire du 18 novembre 1982, prise dans le cadre de la loi du 4 août 1982.

Art. L. 2281-1. Les salariés bénéficient d'un droit à l'expression directe et collective sur le contenu, les conditions d'exercice et l'organisation de leur travail.

(Ord. 2017-1386 du 22 sept. 2017, art. 7, I, JO 23, entrée en vigueur au plus tard le 01.01.2018) «L'accès de chacun au droit d'expression collective peut être assuré par le recours aux outils numériques sans que l'exercice de ce droit ne puisse méconnaître les droits et obligations des salariés dans l'entreprise.»

Note Tous les salariés sans exception sont concernés par le droit d'expression, y compris, notamment, les apprentis et les travailleurs temporaires. Sauf stipulations contraires dans les accords, les personnels d'encadrement ne disposent pas de prérogatives particulières en matière de droit d'expression (rép. QE 45395, JO AN 2 avril 1984, p. 1515).

Art. L. 2281-2. L'expression directe et collective des salariés a pour objet de définir les actions à mettre en œuvre pour améliorer leurs conditions de travail, l'organisation de l'activité et la qualité de la production dans l'unité de travail à laquelle ils appartiennent et dans l'entreprise.

Note • **Caractéristiques du droit d'expression.** Il résulte tant des débats préparatoires à l'adoption de la loi du 4 août 1982 que des termes mêmes de la loi et des précisions données par le ministre chargé du travail (circ. min. 4 mars 1986 précitée) que le droit conféré individuellement à chaque salarié est un droit à une expression:
– directe, s'ajoutant aux circuits «médiatisés» existants;
– collective, le salarié est considéré comme membre d'une collectivité de travail au sein de laquelle il peut s'exprimer en présence des membres de cette collectivité;
– permanente, les réunions consacrées au droit d'expression doivent être régulièrement tenues;
– libre, les opinions émises dans le cadre du droit d'expression ne peuvent motiver aucune sanction. Voir à ce sujet rép. QE 11416, JO Sén. 1er octobre 1983, p. 1959 et 50354, JO AN 5 novembre 1984, p. 4887, précisant qu'«une diminution de la note d'un salarié, voire son simple maintien, est prohibée lorsqu'une telle décision est motivée par la seule prise en considération des opinions émises dans le cadre du droit d'expression. Il y a bien effectivement une sanction puisque la note est de nature à affecter la carrière de l'intéressé»;
– et finalisée, le droit d'expression a pour corollaires nécessaires le droit pour les salariés de poser des questions, d'émettre des suggestions et l'obligation pour l'employeur de répondre et de faire connaître les suites réservées aux suggestions des salariés.

L'utilisation d'informations dans le cadre de l'exercice du droit d'expression ne peut être en principe soumise à une autorisation préalable. Sont donc illicites les dispositions du code de conduite élaboré par une société soumettant la divulgation d'informations à usage interne à une autorisation préalable, l'exercice du droit d'expression directe et collective des salariés pouvant impliquer l'utilisation de certaines de ces informations (cass. soc. 8 décembre 2009, n° 08-17.191, BC V n° 276).

• **Domaine du droit d'expression.** Dans le cadre de la loi du 4 août 1982 précitée, il avait été précisé (circ. min. du 18 novembre 1982) que le champ d'application du droit d'expression s'étendait à tout ce qui est directement lié au travail et aux conditions dans lesquelles il s'exerce, à l'exception de toute autre question (contrat de travail, rémunération, organisation technique de l'entreprise, politique commerciale, etc.).

La loi 86-1 du 3 janvier 1986 a élargi le domaine du droit d'expression qui s'étend depuis lors à la définition des actions à mettre en œuvre pour améliorer «l'organisation de l'activité et la qualité de la production» dans l'unité de travail à laquelle appartiennent les salariés, ce qui viserait notamment, selon les travaux parlementaires préparatoires, les processus de production, les relations entre services dans l'entreprise, les relations de l'entreprise avec ses «clients».

• *«Cercles de qualité»*. La création de tels cercles qui visent à promouvoir le dialogue au sein de l'entreprise en vue essentiellement d'améliorer la productivité ne peut dispenser l'employeur de mettre en place les groupes d'expression prévus par la loi du 4 août 1982 (rép. QE 33349, JO AN 17 octobre 1983, p. 4515). Le ministre chargé du travail a précisé que le fait d'étendre le droit d'expression à la «qualité de la production» n'était «pas du tout contradictoire avec l'existence des cercles de qualité» (Déb. Sén. 17 décembre 1985, p. 3987). La circulaire ministérielle du 4 mars 1986 précitée dispose à cet égard que les cercles de qualité ou les groupes de progrès que les entreprises peuvent mettre en place «ne peuvent remplacer les groupes d'expression ni se substituer à eux».

• **La liberté d'expression.** Dans «l'affaire Clavaud», qui concernait un salarié licencié après diffusion, par voie de presse à audience nationale, de propos critiques tenus par lui sur son travail, la Cour de cassation, pour rejeter le pourvoi de l'employeur, a énoncé notamment que «loin de faire application de l'article L. 461-1 [ancien] à une situation qu'il ne prévoit pas, la cour d'appel n'en a fait état que pour en déduire que l'exercice du droit d'expression dans l'entreprise étant, en principe, dépourvu de sanctions, il ne pouvait en être autrement hors de l'entreprise où il s'exerce, sauf abus, dans toute sa plénitude» (cass. soc. 28 avril 1988, n° 87-41.804, BC V n° 257; Dr. Soc. 1988, p. 428, concl. H. Ecoutin, obs. G. Couturier). Décision dont il résulte que s'il porte atteinte à une liberté publique fondamentale (en l'espèce: liberté d'expression reconnue par la Constitution), un licenciement peut être déclaré nul, même en l'absence d'un texte prévoyant expressément une telle nullité.

Depuis lors, la loi 92-1446 du 31 décembre 1992 (JO 1er janv. 1993) a introduit dans le code du travail l'article L. 120-2, devenu l'article L. 1121-1 CT, garantissant le respect des libertés individuelles dont fait partie la liberté d'expression.

Sauf abus, le salarié jouit, dans l'entreprise et en dehors de celle-ci, de sa liberté d'expression à laquelle seules des restrictions justifiées par la nature de la tâche à accomplir et proportionnées au but recherché peuvent être apportées. «Des restrictions peuvent être apportées à la liberté d'expression pour assurer la protection de la réputation et des droits d'autrui dès lors que ces restrictions sont proportionnées au but recherché» (cass. soc. 14 janvier 2014, n° 12-27.284, BC V n° 6; RJS 3/14 n° 222; JSL n° 361, 05.03.2014, p. 10, M. Hautefort; JCP éd. S 2014, 1226, note B. Bossu).

Il a ainsi été jugé que:
– sont illicites les dispositions du code de conduite élaboré par une société soumettant la divulgation d'informations à usage interne à une autorisation préalable, dès lors que, ces informations ne faisant pas l'objet d'une définition précise, il était impossible de vérifier que cette restriction à la liberté d'expression était justifiée par la nature de la tâche à accomplir et proportionnée au but recherché (cass. soc. 8 décembre 2009, n° 08-17.191, précité);
– la diffusion par un salarié d'une lettre ouverte répondant à celle que la direction avait précédemment adressée à l'ensemble du personnel pour dénoncer les dysfonctionnements ou insuffisances de l'entreprise et le mettant personnellement en cause ne constituait pas une faute grave, dès lors que ses critiques ne présentaient pas de caractère excessif et étaient à la mesure de l'émotion suscitée par la mise en cause publique de ses compétences et de sa conscience professionnelle, alors que son travail n'avait jusqu'alors donné lieu à aucun reproche (cass. soc. 22 juin 2004, n° 02-42.446, BC V n° 175; RJS 11/04 n° 1120);
– la signature d'une pétition portant sur une demande de personnel supplémentaire, qui ne contient aucun propos injurieux, diffamatoire ou excessif, ne caractérise pas un abus de la liberté d'expression du salarié (cass. soc. 3 mai 2011, n° 10-14.104, BC V n° 104; RJS 7/11 n° 609; LS Jurispr. n° 108 du 24.05.2011);
– la dénonciation à la direction du comportement d'un supérieur hiérarchique, sous la qualification erronée de harcèlement, émanant d'une salariée atteinte d'un syndrome dépressif qui n'avait pas agi de mauvaise foi, et les critiques formulées dans un courrier adressé à la direction sur la manière dont celle-ci avait diligenté l'enquête sur les faits dénoncés ne comportant pas de termes excessifs ou diffamatoires, la salariée n'avait commis aucun abus dans l'exercice de sa liberté d'expression et le licenciement était dépourvu de cause réelle et sérieuse (cass. soc. 2 avril 2008, n° 06-42.714);
– si la remise par un directeur administratif aux membres du comité de direction, auquel il appartenait, d'un document critiquant la nouvelle organisation mise en place par l'employeur ne pouvait se rattacher au droit d'expression des salariés sur le contenu, les conditions d'exercice et l'organisation de leur travail prévu à l'article L. 461-1 (ancien) CT, qui s'exerce seulement dans le cadre de réunions collectives organisées sur les lieux et pendant le temps de travail, elle ne constituait pas pour autant un abus de la liberté d'expression, dès lors que l'intéressé était chargé d'une mission administrative, comptable et financière de très haut niveau dans des circonstances difficiles, de sorte qu'il pouvait être amené à formuler, dans l'exercice de ses fonctions, et du cercle restreint du comité directeur dont il était membre, des critiques, même vives, concernant la nouvelle organisation proposée par la direction, et alors que le

document litigieux ne comportait pas de termes injurieux, diffamatoires ou excessifs (cass. soc. 14 décembre 1999, n° 97-41.995, BC V n° 488; RJS 2/00 n° 192);
– l'envoi, limité dans le temps, de plusieurs courriers par une salariée, dont seul l'employeur était destinataire, qui répondaient à un avertissement que l'intéressée estimait injustifié et qui ne contenaient aucun propos injurieux, diffamatoires ou excessifs ne caractérisait pas un abus de la liberté d'expression du salarié (cass. soc. 2 mai 2001, n° 98-45.532, BC V n° 142; RJS 7/01 n° 832);
– encourt la cassation l'arrêt qui, pour dire le licenciement d'un salarié fondé sur une cause réelle et sérieuse retient que les termes de la lettre écrite par un salarié sont violents et dénués de nuance, dépassent les standards habituels de communication au sein de l'entreprise, décrivent de façon tendancieuse des situations qui s'apparentent à des actes de malveillance, font une présentation volontairement alarmiste de la situation économique et sociale de l'entreprise, répandent des rumeurs sur le devenir de la société et la précarité de la situation des salariés, manifestent l'intention de mettre en cause et de déstabiliser le président, que ce comportement est d'autant plus fautif qu'il est le fait d'un cadre supérieur disposant d'une large autonomie et d'une autorité non négligeable dans l'entreprise, alors que cette lettre, adressée aux membres du conseil d'administration et aux dirigeants de la société mère, ne comportait pas de termes injurieux, diffamatoires ou excessifs (cass. soc. 27 mars 2013, n° 11-19.734, BC V n° 95; JSL n° 343, 14.05.2013, p. 12, M. Hautefort);
– le licenciement prononcé en raison du contenu d'une attestation délivrée par un salarié au bénéfice d'un autre et destinée à être produite en justice porte atteinte à la liberté fondamentale de témoigner. Il est en conséquence entaché de nullité sauf en cas de mauvaise foi du salarié licencié (cass. soc. 29 octobre 2013, n° 12-22.447, BC V n° 252; RJS 1/14 n° 9);
– encourt la cassation, la décision d'une cour d'appel jugeant fondé sur une faute grave le licenciement d'un salarié, délégué général d'une association œuvrant dans le domaine de la santé, qui avait dénoncé auprès des pouvoirs publics une des entreprises adhérentes dont l'association représentait les intérêts au motif qu'un tel comportement présente de graves contradictions avec les fonctions confiées à l'intéressé, alors que les juges du fond n'ont pas caractérisé l'existence, par l'emploi de termes injurieux, diffamatoires ou excessifs, d'un abus dans l'exercice de la liberté d'expression dont jouit tout salarié (cass. soc. 23 septembre 2015, n° 14-14.021, BC V n° 177; JCP éd. S 2015, 1429, note B. Bossu).

À noter qu'un employeur qui oblige un salarié à émettre une opinion ou à prendre une position publiquement porte atteinte à la liberté d'expression de l'intéressé, de sorte que le refus d'obtempérer n'est pas fautif. Dès lors, ne commet pas une faute grave le salarié qui, après avoir émis par voie de presse diverses critiques concernant un projet de la société, refuse d'établir un projet de communiqué de presse commun susceptible d'être diffusé (cass. soc. 26 octobre 2005, n° 03-41.796, RJS 2/06 n° 158).

• **Abus de la liberté d'expression.** La liberté d'expression des salariés en dehors de l'entreprise s'exerce pleinement, sauf abus (cass. soc. 5 mai 1993, n° 90-45.893, Dr. Soc. 1993, p. 600). Toutefois, la Cour de cassation rappelle que «les propos tenus par un salarié en dehors de l'entreprise ne constituent pas l'exercice du droit d'expression prévu par l'article L. 461-1 ancien», et le salarié qui avait proféré des accusations mensongères avec l'intention de nuire avait abusé ainsi de sa liberté d'expression (cass. soc. 16 novembre 1993, n° 91-45.904, BC V n° 278; Dr. Soc. 1994, p. 42). Un salarié qui émet des critiques excessives et malveillantes à l'égard de son employeur et de sa gestion a un comportement qui excède le droit d'expression reconnu aux salariés (cass. soc. 20 janvier 1993, n° 91-43.652, RJS 3/93 n° 296).

Des propos tenus par une salariée d'un cabinet médical à l'extérieur de l'entreprise et ayant pour but de ruiner la réputation d'un médecin employeur ne peuvent constituer l'exercice du droit d'expression prévu par l'article L. 461-1 (ancien) CT; de telles imputations caractérisent un abus de la liberté d'expression reconnue au salarié (cass. soc. 7 octobre 1997, n° 93-41.747, BC V n° 303; RJS 11/97 n° 1199).

Le droit d'expression des salariés s'exerce seulement dans le cadre des réunions organisées sur les lieux et pendant le temps de travail. Une lettre adressée par un salarié à son supérieur hiérarchique, et portant une appréciation injurieuse sur ce dernier, n'entre pas dans l'exercice normal de la liberté d'expression (cass. soc. 28 avril 1994, n° 92-43.917, BC V n° 159; RJS 6/94 n° 738).

En mettant en cause, en des termes injurieux, d'autres salariés de l'entreprise, un salarié a abusé de la liberté d'expression. De tels propos constituent une faute justifiant le licenciement de l'intéressé (cass. soc. 6 juillet 2005, n° 04-46.085).

De même a abusé de sa liberté d'expression:
– le salarié ayant affirmé en public, devant deux clients et l'ensemble du personnel, que l'entreprise ne payait pas ses fournisseurs et que son employeur, qui démentait ses allégations, était un «menteur», ces propos constituant l'imputation de faits contraires à l'honneur et à la considération (cass. soc. 12 juillet 2006, n° 04-45.906, SSL, n° 1272, 4 septembre 2006, p. 15);
– le salarié qui a tenu des propos calomnieux et malveillants à l'égard d'un membre de la direction mettant en cause la constitution de son patrimoine immobilier personnel et jetant la

suspicion sur lui en insinuant qu'il avait forcément abusé de sa fonction en confondant son intérêt personnel et celui de la société (cass. soc. 28 mars 2000, n° 97-42.943);
– la salariée qui, lors d'une réunion régionale, a, en public, qualifié son directeur d'agence de «nul et incompétent» et les chargés de gestion de «bœufs» (cass. soc. 9 novembre 2004, n° 02-45.830);
– le directeur qui a déclaré à des salariés que le plan de restructuration élaboré par la direction et qu'il était lui-même chargé d'appliquer ne serait jamais profitable, que le site serait fermé à court terme et que, s'ils ne voulaient pas mourir, il leur faudrait engager d'autres actions en justice (cass. soc. 21 février 2007, n° 05-44.198);
– le salarié qui, à l'occasion d'un différend avec son employeur sur ses horaires de travail, a porté tort à la réputation et à la crédibilité de l'entreprise en adressant aux organismes chargés de délivrer les agréments lui permettant de fonctionner et à des partenaires, étrangers au litige, la copie d'une lettre dans laquelle il reprochait à l'employeur des manquements à la réglementation du travail (cass. soc. 31 mars 2009, n° 07-44.918);
– le salarié qui, loin de se borner à critiquer la politique menée par la direction et la rudesse de ton du président, a adressé des messages par voie électronique à de nombreux collègues et aux dirigeants de la société mère à l'occasion d'un litige qui ne les concernait pas, caricaturant les méthodes de gestion du dirigeant de la société française dans des termes excessifs et mettant en cause son honnêteté et sa loyauté envers l'entreprise en procédant par insinuations et questions insolentes (cass. soc. 29 avril 2009, n° 07-44.798, RJS 7/09 n° 602).

• Voir notamment «L'expression des salariés: une liberté surveillée», A. Meyrieux, JSL n° 61, 4.07.2000, pp. 4 et s.

Art. L. 2281-3. Les opinions que les salariés, quelle que soit leur place dans la hiérarchie professionnelle, émettent dans l'exercice du droit d'expression ne peuvent motiver une sanction ou un licenciement.

Art. L. 2281-4. Le droit des salariés à l'expression directe et collective s'exerce sur les lieux et pendant le temps de travail.

Le temps consacré à l'expression est rémunéré comme temps de travail.

Art. L. 2281-5. ***(Ord. 2017-1386 du 22 sept. 2017, art. 7, II, JO 23, entrée en vigueur au plus tard le 01.01.2018)*** Les modalités d'exercice du droit d'expression sont définies dans le cadre de la négociation portant sur l'égalité professionnelle entre les femmes et les hommes et la qualité de vie au travail prévue à l'article L. 2242-1.

Art. L. 2281-6. Lorsqu'un accord sur le droit d'expression existe, l'employeur provoque une réunion, au moins une fois tous les trois ans, avec les organisations syndicales représentatives en vue d'examiner les résultats de cet accord et engage sa renégociation à la demande d'une organisation syndicale représentative.

Note L'ancien article L. 2281-6 ayant été abrogé, les articles L. 2281-6 à 11 sont les anciens articles L. 2281-7 à 12 (ordonnance 2017-1386 du 22 septembre 2017, art. 7, III et IV, JO 23, entrée en vigueur au plus tard le 01.01.2018).

Art. L. 2281-7. À défaut d'initiative de l'employeur dans le délai d'un an en cas d'accord, ou de trois ans en l'absence d'accord, la négociation s'engage obligatoirement à la demande d'une organisation syndicale représentative dans les quinze jours suivant la présentation de cette demande.

Cette demande est transmise aux autres organisations syndicales représentatives par l'employeur dans les huit jours.

Le point de départ du délai d'un an ou de trois ans est la date d'ouverture de la négociation précédente.

Art. L. 2281-8. L'accord ou le procès-verbal de désaccord, établi en application de l'article ***(Ord. 2017-1718 du 20 déc. 2017, art. 1er, I, 65°, JO 21)*** «L. 2242-5», est déposé auprès de l'autorité administrative dans des conditions prévues par voie réglementaire.

Art. L. 2281-9. Dans les entreprises comportant des établissements ou groupes d'établissements distincts, la négociation peut avoir lieu au niveau des établissements ou des groupes d'établissements à condition que l'ensemble des établissements et groupes d'établissements distincts soient couverts par la négociation.

Art. L. 2281-10. ***(Ord. 2017-1386 du 22 sept. 2017, art. 7, V, JO 23, entrée en vigueur au plus tard le 01.01.2018)*** À défaut d'accord prévu à l'article L. 2242-11 ou en cas de non-respect de ses stipulations, l'accord traitant du droit d'expression comporte des stipulations sur:

1° Le niveau, le mode d'organisation, la fréquence et la durée des réunions permettant l'expression des salariés;

2° Les outils numériques disponibles dans l'entreprise, permettant l'expression des salariés;

3° Les mesures destinées à assurer, d'une part, la liberté d'expression de chacun et, d'autre part, la transmission à l'employeur des demandes et propositions des salariés ainsi que celle des avis émis par les salariés dans les cas où ils sont consultés par l'employeur, sans préjudice des dispositions relatives aux institutions représentatives du personnel;

4° Les mesures destinées à permettre aux salariés intéressés, aux organisations syndicales représentatives, au comité social et économique de prendre connaissance des demandes, avis et propositions émanant des groupes ainsi que des suites qui leur sont réservées;

5° Les conditions spécifiques d'exercice du droit à l'expression dont bénéficie le personnel d'encadrement ayant des responsabilités hiérarchiques, outre leur participation dans les groupes auxquels ils sont rattachés du fait de ces responsabilités.

Art. L. 2281-11. ***(Ord. 2017-1386 du 22 sept. 2017, art. 7, VI, JO 23, entrée en vigueur au plus tard le 01.01.2018)*** Dans les entreprises où aucun délégué syndical n'a été désigné ou dans lesquelles un accord portant sur l'égalité professionnelle entre les femmes et les hommes et la qualité de vie au travail n'a pas été conclu, l'employeur consulte le comité social et économique sur les modalités d'exercice du droit d'expression des salariés.

Dans les entreprises où aucun délégué syndical n'a été désigné, cette consultation a lieu au moins une fois par an.

CHAPITRE II Entreprises et établissements du secteur public

Note

• Les dispositions figurant dans ce chapitre résultent de la loi 83-675 du 26 juillet 1983 relative à la démocratisation du secteur public. Elles sont qualifiées de «complémentaires», les dispositions du chapitre 1er, issues de la loi 86-1 du 3 janvier 1986 («droit commun»), devant trouver application dans les entreprises et établissements du secteur public dès lors qu'il n'existe aucune disposition qui leur soit spécifique.

• Les dispositions de la loi du 26 juillet 1983 ont fait l'objet d'un décret d'application 83-1160 du 26 décembre 1983 (JO 28) et d'une circulaire ministérielle du 17 janvier 1984 (JO 9 mars).

Art. L. 2282-1. Les dispositions du présent chapitre s'appliquent, à titre complémentaire, aux entreprises mentionnées à l'article 1er de la loi n° 83-675 du 26 juillet 1983 relative à la démocratisation du secteur public.

Art. L. 2282-2. L'ensemble des salariés, y compris le personnel d'encadrement direct, de chaque atelier ou bureau constituant une unité de travail bénéficient du droit de réunion en conseil d'atelier ou de bureau.

Les salariés se réunissent par atelier ou par bureau au moins une fois tous les deux mois et à raison d'au moins six heures par an pendant le temps de travail. Le temps consacré à ces réunions ne peut donner lieu à réduction de rémunération. Les salariés s'y expriment dans tous les domaines intéressant la vie de l'atelier ou du bureau.

Le personnel d'encadrement ayant la responsabilité directe de l'atelier ou du bureau est associé à l'organisation des réunions et aux suites à leur donner.

Art. L. 2282-3. Les stipulations comprises dans les accords sur le droit d'expression doivent être complétées par des dispositions portant sur:

1° La définition des unités de travail retenues comme cadre des réunions de conseils d'atelier ou de bureau. Ces unités doivent avoir une dimension réduite;

2° La fréquence et la durée de réunion;

3° Les modalités d'association du personnel d'encadrement à l'organisation des réunions et aux suites à leur donner;

4° Le cas échéant, les modalités de participation des salariés travaillant en équipes successives ou dans des conditions qui les isolent de l'ensemble des autres salariés;

5° Le domaine de compétence des conseils d'atelier ou de bureau qui doit comprendre les conditions et l'organisation du travail, l'application concrète des programmes d'activité et d'investissement de l'entreprise pour l'atelier ou le bureau, la recherche d'innovation technologique et de meilleure productivité dans l'atelier ou le bureau ;

6° Les modalités et la forme de l'intervention du conseil d'atelier ou de bureau ;

7° Les liaisons entre deux réunions avec la direction de l'entreprise ou de l'établissement et avec les institutions élues de représentants du personnel.

Les accords peuvent, en outre, prévoir la possibilité de donner aux conseils d'atelier ou de bureau des responsabilités portant sur un ou plusieurs des domaines de compétence mentionnés au 5°.

Art. R. 2282-1. L'activité des conseils d'atelier ou de bureau fait l'objet d'un rapport annuel établi par l'employeur et présenté au ***(D. 2017-1819 du 29 déc. 2017, art. 3, 15°, JO 30, entrée en vigueur le 01.01.2018)*** « comité social et économique ».

CHAPITRE III Dispositions pénales

Art. L. 2283-1. Le fait pour l'employeur de refuser d'engager la négociation en vue de la conclusion d'un accord définissant les modalités d'exercice du droit d'expression des salariés, prévue à l'article L. 2281-5, est puni d'un emprisonnement d'un an et d'une amende de 3750 €.

Art. L. 2283-2. Dans les entreprises et organismes où aucun délégué syndical n'a été désigné ou dans lesquelles l'accord définissant les modalités d'exercice du droit d'expression des salariés, prévu à l'article L. 2281-5, n'a pas été conclu, le fait de refuser de consulter ***(Ord. 2017-1386 du 22 sept. 2017, art. 4, 8°, JO 23, entrée en vigueur au plus tard le 01.01.2018)*** « le comité social et économique » est puni d'un emprisonnement d'un an et d'une amende de 3 750 €.

LIVRE III

LES INSTITUTIONS REPRÉSENTATIVES DU PERSONNEL

Note • Voir G. Loiseau, P. Lokiec, L. Pécaut-Rivolier et P-Y Verkindt, « Droit de la représentation du personnel », Dalloz, 1re éd. 2019-2020.

• Sur la fusion des institutions représentatives du personnel, voir G. Borenfreund, « La fusion des institutions représentatives du personnel », RDT, octobre 2017, ET, 608 ; J-Y Kerbourc'h, « La refonte des institutions représentatives du personnel », JCP éd. S 2017, 1313 ; chron. P-H Antonmattei, D. Chenu, G. François, M. Morand, Ch. Neau-Leduc, G. Vachet, P-Y Verkindt, « Réforme du Code du travail : le comité social et économique », RJS 4/18, p. 263.

• Le principe de la souveraineté des États fait obstacle à ce qu'il soit fait application au sein de la représentation officielle d'un État étranger des règles du code du travail français relatives à la représentation du personnel et à celle des syndicats (cass. soc. 4 novembre 2009, n° 08-60.593, BC V n° 242 ; LS Jurispr. n° 238 du 23.11.2009 ; JCP éd. S 2009, 1565, note B. Gauriau).

TITRE PRÉLIMINAIRE

Note Ce titre a été introduit par la loi 2018-771 du 5 septembre 2018, art. 82, I, JO 6.

CHAPITRE UNIQUE

Art. L. 2301-1. Pour l'application du présent livre et par dérogation à l'article L. 1111-3, les salariés mentionnés aux 2° et 4° du même article L. 1111-3 sont pris en compte dans le calcul des effectifs de l'entreprise.

Note Cet article s'applique pour le calcul des effectifs enregistrés dans les entreprises depuis le 01.01.2019 (loi 2018-771 du 5 septembre 2018, art. 82, II, JO 6).

TITRE Ier COMITÉ SOCIAL ET ÉCONOMIQUE

Note **Généralités**

Le comité social et économique créé par l'ordonnance 2017-1386 du 22 septembre 2017 remplace les trois instances représentatives du personnel jusque-là existant dans les entreprises, à savoir les délégués du personnel, le comité d'entreprise et le comité d'hygiène, de sécurité, et des conditions de travail (CHSCT). Cette nouvelle instance reprend, pour l'essentiel, les fonctions antérieurement exercées par ces institutions et ceci dans les conditions d'effectifs qui déterminaient leur mise en place. En dessous de cinquante salariés, la nouvelle institution est donc dotée des attributions qui étaient celles des délégués du personnel et, à partir de ce seuil, des attributions qui étaient celles des délégués du personnel, du comité d'entreprise et du CHSCT. Sous réserve de modifications pouvant toucher ces attributions, notamment d'attributions renforcées dans les grandes entreprises, ou toucher le fonctionnement des institutions, l'ordonnance du 22 septembre 2017 procède donc à une fusion des institutions élues en une seule.

Sur le comité social et économique, voir G. Loiseau, «Le comité social et économique», Dr. Soc. 2017, p. 1044; Guide RF, 2e éd., 2019, coll. Pratiques d'experts, «Le comité social et économique, de la mise en place au fonctionnement», en collaboration avec Barthélémy Avocats; RF Social, janvier 2019, cahier juridique n° 192, «Élection du comité social et économique»; RF Social, mars 2019, cahier juridique n° 194, «Fonctionnement et moyens du comité social et économique»; RF Social, mai 2019, cahier juridique n° 196, «Attributions du comité social et économique».

Voir aussi le «Questions - Réponses» du 19 avril 2018 sur le comité social et économique, actualisé le 16 janvier 2020, accessible sur le site du ministère du Travail à l'adresse suivante: *https://travail-emploi.gouv.fr/IMG/pdf/qr_cse_16_01_2020_ok.pdf.*

CHSCT. La législation concernant les comités d'hygiène, de sécurité et des conditions de travail résultait de la loi 82-1097 du 23 décembre 1982 (JO 26) modifiée. Elle avait fait l'objet de nombreuses modifications (pour un historique complet, voir Code du Travail Annoté, éd. 2019, note sous titre Ier du livre VI de la quatrième partie, relatif au CHSCT). Voir aussi Cahiers du DRH 246, «Que reste-t-il du CHSCT ?», p. 18; H. Lanouzière, «Du CHSCT au CSE», SSL n° 1793, 4.12.2017, p. 5; E. Jeansen, «Le CHSCT est mort, vive la CSSCT !», JCP éd. S 2018, 1122.

Entrée en vigueur et dispositions transitoires

• Conformément à l'article 9 de l'ordonnance 2017-1386 du 22 septembre 2017, JO 23, modifié par l'article 3, V, 1° de l'ordonnance 2017-1718 du 20 décembre 2017, JO 21 et par l'article 5 de la loi 2018-217 du 29 mars 2018, JO 31:

I. – Les **dispositions législatives** de ce titre, issues de l'article 1er, I de cette ordonnance, entrent en vigueur à la date d'entrée en vigueur des décrets pris pour leur application et au plus tard le 01.01.2018.

II. – Le comité social et économique est mis en place au terme du mandat des délégués du personnel ou des membres élus du comité d'entreprise, de la délégation unique du personnel, de l'instance regroupée mise en place par accord du comité d'hygiène, de sécurité et des conditions de travail, lors du renouvellement de l'une de ces institutions, et au plus tard le 31 décembre 2019 sous réserve des dispositions suivantes:
1° Lorsqu'a été conclu, avant le 23 septembre 2017, un protocole d'accord préélectoral en vue de la constitution ou du renouvellement des instances représentatives du personnel, il est procédé à l'élection de celles-ci conformément aux dispositions en vigueur avant cette date et le comité social et économique est mis en place à compter du 1er janvier 2020 ou à une date antérieure fixée, soit par accord collectif, soit par décision de l'employeur après consultation du comité d'entreprise ou, à défaut, des délégués du personnel ou, le cas échéant, de la délégation unique du personnel ou de l'instance regroupée;
2° Lorsque, en dehors du cas prévu au 1°, les mandats des délégués du personnel, des membres élus du comité d'entreprise, de la délégation unique du personnel, de l'instance regroupée mise en place par accord et du comité d'hygiène, de sécurité et des conditions de travail arrivent à échéance entre le 23 septembre 2017 et le 31 décembre 2017, ces mandats sont prorogés jusqu'à cette dernière date; leur durée peut être également prorogée au plus d'un an, soit par accord collectif, soit par décision de l'employeur après consultation du comité d'entreprise ou, à défaut, des délégués du personnel ou, le cas échéant, de la délégation unique du personnel ou de l'instance regroupée;
3° Lorsque, en dehors du cas prévu au 1°, les mandats des délégués du personnel, des membres élus du comité d'entreprise, de la délégation unique du personnel, de l'instance regroupée mise en place par accord et du comité d'hygiène, de sécurité et des conditions de travail arrivent à échéance entre le 1er janvier et le 31 décembre 2018, leur durée peut être réduite ou prorogée au plus d'un an, soit par accord collectif, soit par décision de l'employeur, après consultation du comité d'entreprise ou, à défaut, des délégués du personnel ou, le cas échéant, de la délégation unique du personnel ou de l'instance regroupée.
4° Lorsque, en dehors du cas prévu au 1°, les mandats des délégués du personnel, des membres élus du comité d'entreprise, de la délégation unique du personnel, de l'instance regroupée mise

en place par accord et du comité d'hygiène, de sécurité et des conditions de travail arrivent à échéance entre le 1er janvier et le 31 décembre 2019, leur durée peut être réduite d'une durée maximum d'un an soit par accord collectif, soit par décision de l'employeur, après consultation du comité d'entreprise ou, à défaut, des délégués du personnel ou, le cas échéant, de la délégation unique du personnel ou de l'instance regroupée.

III. – Pour assurer la mise en place du comité social et économique, la durée du mandat des délégués du personnel, des membres élus du comité d'entreprise, de la délégation unique du personnel, de l'instance regroupée mise en place par accord et du comité d'hygiène, de sécurité et des conditions de travail peut être, pour un établissement ou pour l'ensemble de l'entreprise, prorogée ou réduite, soit par accord collectif, soit par décision de l'employeur après consultation du comité d'entreprise ou, à défaut, des délégués du personnel ou, le cas échéant, de la délégation unique du personnel ou de l'instance regroupée, de manière à ce que leur échéance coïncide avec la date de la mise en place du comité social et économique et, le cas échéant, du comité social et économique d'établissement et du comité social et économique central.

L'accord collectif et la décision de l'employeur mentionnés au premier alinéa du présent III peuvent fixer, pour le premier cycle électoral suivant la mise en place du comité social et économique, des durées de mandat des représentants des comités d'établissement différentes pour chaque établissement, dans une limite comprise entre deux et quatre ans.

IV. – En cas de modification dans la situation juridique de l'employeur prévue à l'article L. 1224-1 et lorsque n'a pas été mis en place un comité social et économique au sein de l'entreprise absorbée, les dispositions suivantes sont applicables :

1° Si cette entreprise devient un établissement distinct, en l'absence d'un accord collectif en disposant autrement, il est procédé à des élections en son sein pour la mise en place du comité social et économique d'établissement, sauf si le renouvellement du comité social et économique central dans l'entreprise absorbante doit intervenir dans un délai de moins de douze mois suivant la modification dans la situation juridique ;

2° Si la modification porte sur un ou plusieurs établissements qui conservent ce caractère, en l'absence d'un accord collectif en disposant autrement, il est procédé à des élections au sein de chaque établissement concerné pour la mise en place du comité social et économique d'établissement, sauf si le renouvellement du comité social et économique central dans l'entreprise absorbante doit intervenir dans un délai de moins de douze mois suivant la modification dans la situation juridique.

3° Si la modification porte sur un ou plusieurs établissements qui conservent ce caractère, lorsque l'entreprise absorbante n'est pas pourvue d'instances représentatives du personnel, en l'absence d'un accord collectif en disposant autrement, il est procédé à des élections au sein de chaque établissement concerné pour la mise en place d'un comité social et économique d'établissement. Il est également procédé à des élections pour la mise en place d'un comité social et économique central.

V. – Lorsqu'il est fait application des dispositions prévues au I, ainsi que pendant la durée des mandats en cours, les dispositions des titres Ier et II du livre III de la deuxième partie du code du travail relatives aux délégués du personnel et au comité d'entreprise, les dispositions du titre VIII du livre III de la même partie du code du travail sur le comité d'hygiène, de sécurité et des conditions de travail, les dispositions du titre IX du livre III de la même partie du code du travail sur le regroupement par accord des institutions représentatives du personnel, les dispositions du titre X du livre III de la même partie du code du travail sur les réunions communes des institutions représentatives du personnel ainsi que les dispositions du titre Ier du livre VI de la quatrième partie, relatives au comité d'hygiène, de sécurité et des conditions de travail demeurent applicables dans leur rédaction en vigueur au 23 septembre 2017.

Pour l'application des dispositions du code du travail autres que celles citées au premier alinéa, modifiées par les ordonnances prises en application de la loi 2017-1340 du 15 septembre 2017, jusqu'au 31 décembre 2019, il convient de lire selon les cas « comité social et économique » ou « comité d'entreprise » ou « comité d'entreprise, ou à défaut, des délégués du personnel » ou « comité d'hygiène, de sécurité et des conditions de travail ».

VI. – L'ensemble des biens, droits et obligations, créances et dettes des comités d'entreprise, des comités d'établissement, des comités centraux entreprises, des délégations uniques du personnel, des comités d'hygiène, de sécurité et des conditions de travail et des instances prévues à l'article L. 2391-1 CT dans sa rédaction antérieure au 23 septembre 2017, existant à cette date sont transférés de plein droit et en pleine propriété aux comités sociaux et économiques prévus au titre Ier du livre III de la deuxième partie du code du travail mis en place au terme du mandat en cours des instances précitées et au plus tard au 31 décembre 2019.

Lors de leur dernière réunion, les instances mentionnées au premier alinéa décident de l'affectation des biens de toute nature dont elles disposent à destination du futur comité social et économique et, le cas échéant, les conditions de transfert des droits et obligations, créances et dettes relatifs aux activités transférées. Lors de sa première réunion, le comité social et économique décide, à la majorité de ses membres, soit d'accepter les affectations prévues par les instances mentionnées au premier alinéa lors de leur dernière réunion, soit de décider d'affectations différentes. Les transferts de biens meubles ou immeubles ainsi prévus ne donnent lieu ni à un versement de salaires ou honoraires au profit de l'État ni à perception de droits ou de taxes.

VII. – Les stipulations des accords d'entreprise, des accords de branche et des accords couvrant un champ territorial ou professionnel plus large prises en application des dispositions des titres Ier et II du livre III de la deuxième partie du code du travail relatives aux délégués du personnel et au comité d'entreprise, les dispositions du titre VIII du livre III de la même partie du code du travail sur le comité d'hygiène, de sécurité et des conditions de travail, les dispositions du titre IX du livre III de la même partie du code du travail sur le regroupement par accord des institutions représentatives du personnel, les dispositions du titre X du livre III de la même partie du code du travail sur les réunions communes des institutions représentatives du personnel ainsi que les dispositions du titre Ier du livre VI de la quatrième partie, relatives au comité d'hygiène, de sécurité et des conditions de travail, cessent de produire effet à compter de la date du premier tour des élections des membres de la délégation du personnel du comité social et économique.

• Conformément à l'article 10 de l'ordonnance 2017-1386 du 22 septembre 2017, JO 23, modifié par l'article 3, V, 2° de l'ordonnance 2017-1718 du 20 décembre 2017, JO 21, dans les établissements publics de santé, sociaux et médico-sociaux, les groupements de coopération sanitaire de droit public et les agences régionales de santé, les dispositions relatives au CHSCT demeurent applicables dans leur rédaction en vigueur à la date de publication de l'ordonnance 2017-1386 précitée.

• Les **dispositions réglementaires** de ce titre sont issues du décret 2017-1819 du 29 décembre 2017, art. 1er, I, JO 30, entrée en vigueur le 01.01.2018.

• **Mayotte.** Le code du travail applicable à Mayotte ayant été abrogé à compter du 1er janvier 2018, les mandats des délégués du personnel, membres de comités d'établissement ou d'entreprises, membres de comité d'hygiène, de sécurité et des conditions de travail arrivant à échéance à Mayotte entre le 26 octobre 2017 et le 31 décembre 2018 peuvent être prorogés pour une durée maximale d'un an soit par accord collectif, soit par décision de l'employeur, après consultation du comité d'entreprise et, à défaut, des délégués du personnel.
Pendant la période de prolongation des mandats les dispositions des titres I et II du livre III de la seconde partie du code du travail relatives aux délégués du personnel et au comité d'entreprise, ainsi que les dispositions du titre I du livre VI de la quatrième partie du code du travail, relatives au comité d'hygiène, de sécurité et des conditions de travail sont applicables dans leur rédaction en vigueur à la date de publication de l'ordonnance 2017-1386 du 22 septembre 2017 relative à la nouvelle organisation du dialogue social et économique dans l'entreprise et favorisant l'exercice et la valorisation des responsabilités syndicales (ordonnance 2017-1491 du 25 octobre 2017, art. 31, JO 26).

Aménagements conventionnels relatifs au CSE

De nombreuses dispositions légales relatives au CSE peuvent faire l'objet d'aménagements par voie d'accord collectif, voir sur ce point chron. Y. Pagnerre, «La négociation sur le CSE», RJS 4/19, pp. 235 et s.

Covid-19. Voir J-Y Kerbourc'h, «Le comité social et économique en période de crise sanitaire Covid-19 (Ord. n° 2020-389, 1er avr. 2020)», JCP éd. S 2020, 1096; S. Bernard et V. Roulet, «Le CSE et le droit à la participation des travailleurs: des victimes collatérales de la Covid-19 ?», RDT, juillet/août 2020, CO, 440.

CHAPITRE Ier Champ d'application

Art. L. 2311-1. Les dispositions du présent titre sont applicables aux employeurs de droit privé ainsi qu'à leurs salariés.

Elles sont également applicables:

1° Aux établissements publics à caractère industriel et commercial;

2° Aux établissements publics à caractère administratif lorsqu'ils emploient du personnel dans les conditions du droit privé.

Ces dispositions peuvent, compte tenu des caractères particuliers de certains des établissements mentionnés aux 1° et 2° et des instances de représentation du personnel éventuellement existantes, faire l'objet d'adaptations, par décrets en Conseil d'État, sous réserve d'assurer les mêmes garanties aux salariés de ces établissements.

Note • Le livre III de la deuxième partie du code du travail relatif aux institutions représentatives du personnel s'applique au groupe public ferroviaire constitué de la SNCF, de SNCF Réseau et de SNCF Mobilités, sous réserve des dispositions spécifiques prévues à la présente section [section 2 «Institutions représentatives du personnel» du Chapitre Ier «Groupe public ferroviaire» du Titre préliminaire «Système de transport ferroviaire national»] (art. L. 2101-4 c. transp.).

• Les fonctionnaires de France Télécom participent, avec les salariés de l'entreprise, à l'organisation et au fonctionnement de leur entreprise, ainsi qu'à la gestion de son action sociale, par l'intermédiaire des institutions représentatives prévues aux titres Ier à IV du livre III de la deuxième partie du code du travail, sous réserve des adaptations, précisées par décret en Conseil d'État, qui sont justifiées par la situation particulière des fonctionnaires de France Télécom (loi 90-568 du 2 juillet 1990, art. 29-1 modifié en dernier lieu par loi 2016-483 du 20 avril 2016, art. 49).

• S'agissant des agents de la Banque de France, voir article L. 142-9 c. mon. et fin.

• Les fonctionnaires et agents contractuels des offices publics de l'habitat participent avec les salariés de l'établissement à l'organisation et au fonctionnement de leur établissement ainsi qu'à la gestion de son action sociale par l'intermédiaire des institutions représentatives prévues aux titres II et III du livre IV [titres Ier et II du livre III de la deuxième partie] du code du travail pour lesquelles ils sont électeurs et éligibles par dérogation à l'article 9 de la loi 83-634 du 13 juillet 1983 et à la sous-section 2 de la section 3 du chapitre II de la loi 84-53 du 26 janvier 1984. Les institutions représentatives prévues au titre aux titres II et III du livre IV [titres Ier et II du livre III de la deuxième partie] du code du travail se substituent pour ces personnels aux comités techniques prévus par la loi 84-53 du 26 janvier 1984 (loi 84-53 précitée, art. 120, VI, modifié en dernier lieu par loi 2016-483 du 20 avril 2016, art. 46).

Nous rapportons ci-après les solutions dégagées par l'Administration et la jurisprudence à propos des délégués du personnel et du comité d'entreprise en ce qu'elles ont en principe vocation à s'appliquer au comité social et économique.

• Il résulte des dispositions de l'article L. 2311-1 CT entré en vigueur le 1er mai 2008, que ni l'absence d'intervention réglementaire pour organiser les modalités d'adaptation du code du travail à la situation particulière de ce type d'établissement public administratif, ni l'éventuelle carence de l'employeur dans la mise en place des institutions représentatives du personnel de droit privé, ne sauraient avoir pour effet d'étendre au mandat du représentant des salariés au conseil d'administration d'un établissement public administratif d'enseignement et de formation professionnelle, la protection prévue par l'article L. 2411-5 CT au bénéfice des délégués du personnel (cass. soc. 14 octobre 2015, n° 14-14.196, BC V n° 194; JCP éd. S 2015, 1453, note J-Y Kerbourc'h; RJS 12/15 n° 791).

• Une commune exploitant en régie un golf, service public industriel et commercial dont le personnel relève du droit privé, est tenue, en sa qualité d'employeur, de respecter les obligations résultant des dispositions légales et conventionnelles relatives à l'élection des délégués du personnel (cass. soc. 19 septembre 2007, n° 06-60.203, BC V n° 133; RJS 11/07 n° 1188; JCP éd. S 2007, 1860, note Fr. Dumont; 6 décembre 2011, n° 10-20.058, RJS 3/12 n° 261).

• Les entreprises étrangères qui ont des filiales ou des établissements en France doivent avoir pour ces filiales ou établissements des comités d'entreprise ou d'établissement et, éventuellement, un comité central (CE 29 juin 1973, n° 77982, Dr. Soc. 1974, p. 42, concl. N. Questiaux).

• Un groupement d'intérêt économique jouit de la personnalité civile et constitue une entité juridique distincte des différentes entreprises qui l'ont constitué. Il doit donc faire procéder aux élections des membres du comité d'entreprise dès lors que ses activités rentrent dans le champ d'application de la loi et que le personnel recruté pour assurer son fonctionnement atteint le seuil d'effectif fixé par celle-ci, soit au moins cinquante salariés travaillant effectivement sous la direction du responsable du groupement d'intérêt économique et sans qu'il y ait lieu, à cet égard, d'établir de distinction entre les salariés recrutés directement par ce responsable et ceux qui sont mis à sa disposition par les sociétés membres (rép. QE 17634 JO AN 11 février 1980, p. 534).

• Sur la possibilité de constituer un comité d'entreprise, s'agissant d'une union de syndicats de copropriétaires, voir cass. soc. 4 avril 1990, n° 88-11.746, BC V n° 164; Dr. Soc. 1990, p. 871, concl. J. Graziani.

• *Entreprise de droit privé gérant un service public.* Si le juge de l'ordre administratif est compétent pour trancher un litige relatif à une procédure de consultation préalable des institutions représentatives du personnel lorsqu'est en cause une décision relative à l'organisation du service public assuré par un établissement public à caractère industriel ou commercial ou par une société de droit privé, le juge judiciaire est, en revanche, compétent pour trancher un tel litige lorsque la décision de réorganisation ne tend pas à affecter directement le service public concerné (cass. soc. 10 juillet 2013, n° 12-17.196, BC V n° 187; RJS 10/13 n° 695). Il en est de même pour les établissements publics administratifs, tel Pôle emploi (Trib. confl. 17 octobre 2011, n° C3822).

Art. L. 2311-2. Un comité social et économique est mis en place dans les entreprises d'au moins onze salariés.

Sa mise en place n'est obligatoire que si l'effectif d'au moins onze salariés est atteint pendant douze mois consécutifs.

Art. L. 2311-2

Les modalités de calcul des effectifs sont celles prévues aux articles L. 1111-2 et L. 1251-54.

Note ***Nous rapportons ci-après les solutions dégagées par l'Administration et la jurisprudence à propos des délégués du personnel et du comité d'entreprise, voire des représentants syndicaux, en ce qu'elles ont en principe vocation à s'appliquer au comité social et économique, ainsi que les solutions concernant ce dernier (le cas étant alors signalé).***

• **Date d'appréciation des effectifs.** L'effectif de l'entreprise s'apprécie au 1er tour des élections (cass. soc. 5 février 2020, 2 arrêts *relatifs au CSE*, n° 19-13.444, LS n° 18005 du 21.02.2020; RJS 4/20 n° 196 et n° 19-13.550, reprenant la solution dégagée dans le cadre des anciennes institutions représentatives. Voir par ex. cass. soc. 21 juillet 1986, n° 85-60.475, BC V n° 409).

• **Charge de la preuve.** En cas de contestation, il appartient à l'employeur de faire la preuve des effectifs de l'entreprise qu'il allègue pour s'opposer à la mise en place d'une intuition représentative du personnel (cass. soc. 25 septembre 2019, n° 18-60.206, à paraître, LS Jurispr. n° 188 du 15.10.2019; JSL n° 485, 12.11.2019, pp. 16 et s., H. Nasom-Tissandier; RJS 12/9 n° 707). Cet arrêt a été rendu dans le cadre d'un contentieux relatif à la désignation d'un représentant syndical, mais il ne fait aucun doute qu'il a une portée générale et concerne aussi la mise en place des comités sociaux et économiques.

Sur la détermination des effectifs, voir aussi note sous l'article L. 2143-3.

• En matière de représentation du personnel, l'effectif de l'entreprise est calculé selon les règles prévues à l'article L. 1111-2; lorsque ce calcul aboutit à un nombre décimal, aucune disposition de ce texte ne prévoit de l'arrondir au nombre entier supérieur (cass. soc. 17 juin 2009, n° 08-60.594, LS Jurispr. n° 156 du 27-28.07.2009; RJS 8-9/09 n° 729).

• Des salariés dispensés de toute activité dans l'entreprise mais qui continuent à percevoir de celle-ci une garantie de ressources font partie des effectifs (cass. soc. 12 décembre 1990, n° 88-60.782, BC V n° 662; RJS 1/91 n° 40; 26 mai 2004, n° 03-60.125, BC V n° 140; RJS 8-9/04 n° 935).

• La prise en compte des travailleurs intérimaires dans l'effectif en vue des élections des délégués du personnel n'est pas subordonnée à la condition que les intéressés soient toujours en activité lors des élections, cette condition n'étant pas légalement exigée (cass. soc. 6 novembre 1991, n° 90-60.458, BC V n° 480; RJS 12/91 n° 1334).

• Si les salariés engagés à durée déterminée peuvent seuls agir devant le juge prud'homal en vue d'obtenir la requalification de leurs contrats en contrats à durée indéterminée, les syndicats ont qualité pour demander au juge d'instance [tribunal judiciaire; voir note sous article L. 2143-8], juge de l'élection, que les contrats de travail soient considérés comme tels s'agissant des intérêts que cette qualification peut avoir en matière d'institutions représentatives du personnel et des syndicats, notamment pour la détermination des effectifs de l'entreprise (cass. soc. 17 décembre 2014, n° 14-13.712, BC V n° 296; RJS 3/15 n° 199; JCP éd. S 2015, 1200, note Fr. Bousez).

• **Salariés mis à disposition.** Selon l'article L. 1111-2, dans sa rédaction issue de la loi 2008-789 du 20 août 2008, les salariés mis à la disposition de l'entreprise par une entreprise extérieure sont pris en compte dans l'effectif à due proportion de leur temps de présence au cours des douze mois précédents, à condition d'être présents dans les locaux de l'entreprise utilisatrice et d'y travailler depuis au moins un an.

En posant ainsi des critères objectifs pour l'intégration des salariés mis à disposition dans l'effectif de l'entreprise d'accueil, cette loi a mis fin à un certain nombre d'incertitudes qui avaient amené la Cour de cassation à décider que ces salariés devaient être comptabilisés dans l'effectif de l'entreprise d'accueil dès lors qu'ils sont intégrés de façon étroite et permanente à la communauté de travail qu'elle constitue (cass. soc. 28 février 2007, n° 06-60.171, BC V n° 34; 1er avril 2008, nos 07-60.283 et 07-60.287, BC V nos 76 et 77), peu important qu'ils ne travaillent pas sous sa subordination (cass. soc. 28 mars 2000, n° 98-60.440, BC V n° 133).

Dans trois arrêts rendus postérieurement à la loi du 20 août 2008, mais sur la base de la législation antérieure (cass. soc. 13 novembre 2008, nos 07-60.465, 07-60.434 et 08-60.331, BC V nos 218, 219 et 220), la Cour de cassation a précisé la notion de salariés intégrés de façon étroite et permanente à la communauté de travail en énonçant qu'il s'agit des salariés qui, «abstraction faite du lien de subordination qui subsiste avec leur employeur, sont présents dans les locaux de l'entreprise utilisatrice et y travaillent depuis une certaine durée, partageant ainsi des conditions de travail au moins en partie communes susceptibles de générer des intérêts communs». Des salariés travaillant indifféremment pour plusieurs entreprises et ne se rendant que ponctuellement dans les locaux de l'entreprise utilisatrice ne remplissent donc pas les conditions pour être décomptés dans l'effectif de cette dernière (cass. soc. 14 avril 2010, n° 09-60.367, BC V n° 99; Dr. Soc. 2010, p. 720, obs. L. Pécaut-Rivolier; RJS 6/10 n° 526). Mais il ne saurait être déduit de cette décision que, pour être pris en compte dans l'effectif d'une entreprise, les salariés doivent être mis à sa disposition exclusive et y travailler à temps plein.

La notion de locaux de l'entreprise englobe les chantiers sur lesquels l'entreprise (en l'occurrence du bâtiment et des travaux publics) intervient (cass. soc. 15 avril 2015, n° 14-20.200, RJS 7/15 n° 494; JCP éd. S 2015, 1292, note D. Chenu).

Sur ce point, voir étude A. Dupuy et P. Safar, «Travailleurs mis à disposition: les apports de la loi du 20 août 2008», JCP éd. S 2008, 1462.

À noter: le fait que des salariés mis à disposition aient choisi, en application des dispositions de l'article L. 2314-18-1 [ancien], d'exercer leur droit de vote dans leur entreprise d'origine n'exclut pas leur prise en compte dans l'effectif de l'entreprise utilisatrice pour la mise en place des délégués du personnel (cass. soc. 19 janvier 2011, n° 10-60.296, BC V n° 27; LS Bref n° 15783 du 28.01.2011; RJS 4/11 n° 337).

• **Travailleurs à temps partiel.** En application de l'article L. 1111-2, 3° CT, les salariés à temps partiel étant pris en compte en divisant la somme totale des horaires inscrits dans leurs contrats de travail par la durée légale ou la durée conventionnelle du travail, il appartient au juge en cas de contestation de vérifier que la prise en compte de ces heures correspond à la durée du travail mensuelle effectivement accomplie par ces salariés (cass. soc. 25 septembre 2019, n° 18-60.206, à paraître, RJS 12/19 n° 707).

• **Détachement.** Les démonstrateurs détachés par des fournisseurs auprès d'un grand magasin seront comptés dans les effectifs de celui-ci, l'article L. 421-2 [L. 2312-8 ancien] consacrant leur intégration dans la communauté de travail et dans l'entité du grand magasin (cass. ass. plén. 6 juillet 1990, n° 89-60581, BC n° 10; Dr. Soc. 1990, p. 867, concl. H. Dontenwille; cass. soc. 20 février 1991, n° 89-61.212, BC V n° 87; RJS 4/91 n° 487). La chambre criminelle confirme cette interprétation: les démonstrateurs des grands magasins sont intégrés dans cette entité et doivent être pris en compte dans l'effectif pour les élections des délégués du personnel (cass. crim. 26 mai 1994, n° 92-81.581, RJS 10/94 n° 1159).

Des salariés détachés à l'étranger doivent être intégrés dans les effectifs de leur établissement d'origine, lorsque leur contrat de détachement déterminant leurs conditions d'emploi dans les filiales ou succursales étrangères prévoit que l'employeur peut y mettre fin en cas de faute grave (cass. soc. 29 janvier 1992, n° 90-60.526, BC V n° 53; RJS 3/92 n° 320). Des salariés recrutés en France et rattachés, pour l'application des lois relatives à la représentation du personnel, à l'établissement français doivent être inclus dans les effectifs de l'entreprise située en France (cass. soc. 4 mai 1994, n° 91-60.008, BC V n° 162; RJS 6/94 n° 711).

• **Cadres.** Si les cadres détenant sur un service, un département ou un établissement de l'entreprise une délégation particulière d'autorité établie par écrit permettant de les assimiler à un chef d'entreprise sont exclus de l'électorat et de l'éligibilité aux fonctions de délégués du personnel et de membres du comité d'entreprise pour la durée d'exercice de cette délégation particulière, ils doivent néanmoins être comptabilisés dans les effectifs de l'entreprise ou de l'établissement, dès lors qu'ils ont la qualité de salarié. Ainsi, un responsable d'exploitation, inscrit sur les registres du personnel, doit être inclus dans l'effectif de l'entreprise en vue de l'organisation des élections professionnelles (cass. soc. 26 septembre 2002, n° 01-60.670, BC V n° 285; RJS 12/02 n° 1411).

• En raison du caractère spécifique du travail des enseignants (cass. soc. 20 mai 1992, n° 91-60.240, BC V n° 326), les conditions de leur prise en compte, en tant que travailleurs permanents ou salariés à temps partiel dans l'effectif de l'établissement en vue des élections des délégués du personnel, doivent être adaptées à leur situation particulière, laquelle permet de retenir, pour un temps de travail, un temps supérieur aux heures de cours proprement dites. Cette solution s'applique également aux établissements d'enseignement privé n'ayant pas passé de contrat avec l'État (cass. soc. 3 mars 1993, n° 92-60.031). Voir aussi circ. DRT 12 du 29 juillet 1988 (BO MT 88/19, p. 69) s'agissant de la détermination de l'effectif des enseignants dans les établissements d'enseignement privé.

• Les salariés à temps partiel, quelle que soit la nature de leur contrat de travail, sont pris en compte dans l'effectif en divisant la somme totale des horaires inscrits dans leur contrat de travail par la durée légale ou la durée conventionnelle du travail (art. L. 1111-2, 3°). Mais, si les règles conventionnelles applicables dans l'entreprise s'avèrent plus favorables, en prévoyant par exemple de prendre intégralement en compte les salariés à temps partiel, il convient d'en faire application et de comptabiliser ces derniers comme des salariés à temps plein (cass. soc. 25 janvier 2012, n° 11-60.092, BC V n° 35; LS Jurispr. n° 32 du 14.02.2012; Dr. Soc. 2012, p. 424, obs. Fr. Petit).

Un VRP engagé sous contrat à durée indéterminée sans contrat écrit et n'étant soumis à aucun horaire ne peut être considéré comme un salarié à temps partiel du seul fait qu'il a plusieurs cartes; ainsi, un VRP à cartes multiples d'une société et travaillant sans contrat écrit doit être pris en compte intégralement dans l'effectif de l'entreprise (cass. soc. 7 octobre 1998, n° 97-60.429, BC V n° 415; RJS 11/98 n° 1417).

• **Contrôle des effectifs par les syndicats.** Voir note relative à l'obligation de négocier de bonne foi le protocole préélectoral, sous l'article L. 2314-5.

Sur la jurisprudence relative à la mise en place du CHSCT, voir Code du Travail Annoté, éd. 2020.

CHAPITRE II Attributions

SECTION 1. Dispositions générales

Art. L. 2312-1. Les attributions du comité social et économique des entreprises de moins de cinquante salariés sont définies par la section 2 du présent chapitre.

Les attributions du comité social et économique des entreprises d'au moins cinquante salariés sont définies par la section 3 du présent chapitre.

(Ord. 2017-1718 du 20 déc. 2017, art. 1er, I, 66°, JO 21) «Les attributions du comité social et économique sont définies en fonction de l'effectif de l'entreprise.»

Art. L. 2312-2. Lorsque, postérieurement à la mise en place du comité social et économique, l'effectif de l'entreprise atteint au moins cinquante salariés pendant douze mois consécutifs, le comité exerce l'ensemble des attributions récurrentes d'information et de consultation définies par la section 3 à l'expiration d'un délai de douze mois à compter de la date à laquelle le seuil de 50 salariés a été atteint pendant douze mois consécutifs. Dans le cas où, à l'expiration de ce délai de douze mois, le mandat du comité restant à courir est inférieur à un an, ce délai court à compter de son renouvellement.

Lorsque l'entreprise n'est pas pourvue d'un comité social et économique, dans le cas où l'effectif de l'entreprise atteint au moins cinquante salariés pendant douze mois consécutifs, le comité exerce l'ensemble des attributions définies par la section 3 à l'expiration d'un délai d'un an à compter de sa mise en place.

Art. L. 2312-3. Lors de son renouvellement, le comité social et économique exerce exclusivement les attributions prévues à la section 2 et cesse d'exercer les attributions prévues à la section 3 lorsque l'effectif de cinquante salariés n'a pas été atteint pendant les douze mois précédant le renouvellement de l'instance.

Art. L. 2312-4. Les dispositions du présent chapitre ne font pas obstacle aux dispositions plus favorables relatives aux attributions du comité social et économique résultant d'accords collectifs de travail ou d'usages.

SECTION 2. Attributions du comité social et économique dans les entreprises d'au moins onze salariés et de moins de cinquante salariés

Art. L. 2312-5. La délégation du personnel au comité social et économique a pour mission de présenter à l'employeur les réclamations individuelles ou collectives relatives aux salaires, à l'application du code du travail et des autres dispositions légales concernant notamment la protection sociale, ainsi que des conventions et accords applicables dans l'entreprise.

Elle contribue à promouvoir la santé, la sécurité et ***(L. 2018-217 du 29 mars 2018, art. 6, 2°, JO 31)*** «l'amélioration des» conditions de travail dans l'entreprise et réalise des enquêtes en matière d'accidents du travail ou de maladies professionnelles ou à caractère professionnel.

(L. 2018-217 du 29 mars 2018, art. 6, 2°, JO 31) «Elle exerce le droit d'alerte dans les conditions prévues aux articles L. 2312-59 et L. 2312-60.»

Dans une entreprise en société anonyme, lorsque les membres de la délégation du personnel du comité social et économique présentent des réclamations auxquelles il ne pourrait être donné suite qu'après délibération du conseil d'administration, ils sont reçus par celui-ci, sur leur demande, en présence du directeur ou de son représentant ayant connaissance des réclamations présentées.

Les membres de la délégation du personnel du comité peuvent saisir l'inspection du travail de toutes les plaintes et observations relatives à l'application des dispositions légales dont elle est chargée d'assurer le contrôle.

Note • ***Nous rapportons ci-après les solutions dégagées par la jurisprudence à propos des délégués du personnel en ce qu'elles ont en principe vocation à s'appliquer au comité social et économique.***

Nature des attributions

La mission des délégués du personnel ne peut concerner que les problèmes intéressant directement les salariés qui les ont élus (cass. soc. 24 mars 1993, n° 88-42.887, BC V n° 98;

Dr. Soc. 1993, p. 753); la chambre sociale entend ainsi délimiter les attributions des délégués du personnel. La participation à une réunion organisée par leur syndicat n'entre pas dans les missions des délégués du personnel (J. Savatier, «Les attributions des délégués du personnel», Dr. Soc. 1993, p. 746).

La chambre criminelle retient une interprétation plus large des attributions des délégués du personnel, leur reconnaissant par exemple la possibilité de participer à une réunion intersyndicale et de s'intéresser à des questions concernant l'ensemble de l'entreprise (cass. crim. 9 décembre 1980, JS 1981 F 13). Selon la chambre criminelle de la Cour de cassation (cass. crim. 24 mai 1973, n° 71-93.051, B. crim. n° 239; D. 1973, 599, note J. Savatier), les attributions des délégués du personnel doivent s'articuler avec celles des délégués syndicaux, quand il en existe, sans empiéter sur elles. C'est notamment à propos de revendications en matière de salaires que la question peut se poser: il entre dans les attributions des délégués du personnel de connaître toutes les revendications présentées par le personnel affilié ou non à un syndicat et, quand il n'existe pas de section syndicale dans l'entreprise, de présenter à l'employeur lesdites revendications; mais, quand il a été créé une ou plusieurs sections syndicales, les délégués du personnel, qui demeurent compétents pour présenter à l'employeur les réclamations relatives à l'application des taux de salaires, n'ont plus qualité pour lui présenter les demandes de modification de ces mêmes taux. En présence de revendications des délégués du personnel portant sur l'augmentation de la rémunération et la réduction de la durée du travail, l'employeur est fondé à répondre qu'elles relèvent de la négociation collective avec les organisations syndicales représentatives dans les entreprises où sont constituées une ou plusieurs sections syndicales (cass. crim. 26 janvier 1993, n° 89-85.389, B. crim. n° 43; Dr. Soc. 1993, p. 751). A commis un délit d'entrave l'employeur qui a pris des mesures de mise à pied à l'encontre d'un délégué syndical et de délégués du personnel, pour s'être rendus dans les bureaux et ateliers de l'entreprise afin de se faire remettre par les salariés un «cahier - questionnaire» établi par le syndicat, distribué auxdits salariés et portant sur des questions intéressant leur vie professionnelle, telles que le pouvoir d'achat, l'âge de la retraite, l'emploi et le travail des femmes. Les juges du fond ont estimé, à juste titre, que l'intervention des délégués n'avait pas été effectuée hors des attributions que la loi donne, d'une part, aux délégués du personnel, pour les réclamations se rapportant à la mise en cause du statut collectif des salariés et, d'autre part, aux délégués syndicaux, pour les revendications concernant la modification d'un tel statut (cass. crim. 27 septembre 1988, n° 87-81.800).

La chambre sociale a jugé que les revendications présentées par les délégués du personnel, qui avaient pour objet d'obtenir non pas une adaptation des dispositions de la convention collective aux conditions particulières de l'entreprise, mais un réaménagement de cette convention, ne relevaient pas de leur compétence mais de celle des délégués syndicaux (cass. soc. 13 mai 1980, n° 78-15.782, BC V n° 424).

Présentation des réclamations

Selon la chambre criminelle de la Cour de cassation (cass. crim. 9 avril 1975, n° 74-91.981, B. crim. n° 88), les délégués du personnel sont autorisés à présenter les réclamations individuelles des salariés sans qu'il soit nécessaire que ces réclamations aient été préalablement soumises par les intéressés eux-mêmes à la direction ou à ses représentants. En exigeant des salariés d'adresser d'abord leurs réclamations à leurs chefs hiérarchiques avant de les soumettre par l'intermédiaire des délégués du personnel, la direction d'une entreprise porte atteinte à l'exercice régulier des fonctions de délégué du personnel.

N'a pas commis de délit d'entrave l'employeur qui a refusé la présence d'un délégué du personnel lors d'un entretien individuel où un salarié présentait une réclamation, dès lors que le salarié ayant présenté lui-même sa demande d'entretien, le délégué du personnel n'était pas dans l'exercice de sa mission de présentation d'une réclamation individuelle au sens de la loi et, d'autre part, que l'assistance par un délégué du personnel, lors d'un entretien avec l'employeur, n'est prévue que par les articles L. 122-14 [L. 1233-13] CT (relatif à l'entretien préalable au licenciement) et L. 122-41 [L. 1332-2] CT (relatif à l'entretien préalable à une sanction disciplinaire) (cass. crim. 11 février 2003, n° 01-88.014, B. crim. n° 32; RJS 6/03 n° 772).

À noter que l'assistance prêtée par une déléguée du personnel à une salariée, à l'occasion d'un entretien avec la directrice qui voulait lui demander des explications sur son comportement, entre dans le cadre de ses fonctions, s'agissant d'une question relative à la protection sociale. L'attitude de la directrice, qui a d'abord admis la présence de la déléguée puis, à la suite d'un incident, l'a forcée à quitter la pièce, est constitutive du délit d'atteinte auxdites fonctions (cass. crim. 21 mai 1985, JS 1985 SJ 223).

Interventions auprès de l'inspection du travail. Bien que cet article ne le précise pas expressément, il semble devoir permettre aux délégués du personnel de saisir l'inspection du travail de plaintes relatives à la non-observation de dispositions d'une convention collective dans la mesure où les inspecteurs du travail ont compétence pour veiller à l'application des dispositions des conventions et accords collectifs de travail (art. L. 8112-1).

• ***Enquêtes antérieurement dévolues au CHSCT.*** Voir note sous art. L. 2312-13 CT.

Art. L. 2312-6. Les attributions de la délégation du personnel au comité social et économique s'exercent au profit des salariés, ainsi que:

1° Aux travailleurs au sens de l'article L. 4111-5, en matière de santé, sécurité et conditions de travail;

2° Aux salariés d'entreprises extérieures qui, dans l'exercice de leur activité, ne se trouvent pas placés sous la subordination directe de l'entreprise utilisatrice, pour leurs réclamations individuelles et collectives, intéressant les conditions d'exécution du travail qui relèvent du chef d'établissement utilisateur;

3° Aux salariés temporaires pour leurs réclamations intéressant l'application des dispositions des articles:

a) L. 1251-18 en matière de rémunération;

b) L. 1251-21 à L. 1251-23 en matière de conditions de travail;

c) L. 1251-24 en matière d'accès aux moyens de transport collectifs et aux installations collectives.

Note ***Nous rapportons ci-après les solutions dégagées par la jurisprudence à propos du CHSCT.***

• En application notamment de l'article L. 4612-1 [ancien] CT, la Cour de cassation avait considéré que le CHSCT était compétent, pour exercer ses prérogatives, à l'égard de toute personne placée «à quelque titre que ce soit sous l'autorité de l'employeur», comme des salariés d'une entreprise extérieure mis à disposition sur le site de l'entreprise utilisatrice (cass. soc. 7 décembre 2016, n° 15-16.769, BC V n° 235; JCP éd. S 2017, 1044, note J-B Cottin; RJS 2/17 n° 125).

Il a été de nouveau jugé que ceux qui emploient des travailleurs ont l'obligation de veiller à ce que leur droit à la santé et à la sécurité soit assuré, sous la vigilance des institutions représentatives du personnel ayant pour mission la prévention et la protection de la santé physique ou mentale et de la sécurité des travailleurs. S'agissant des salariés des entreprises de travail temporaire, si la responsabilité de la protection de leur santé et de leur sécurité est commune à l'employeur et à l'entreprise utilisatrice, il incombe au premier chef à cette dernière de prendre toutes les dispositions nécessaires pour assurer cette protection. Par conséquent, c'est au CHSCT de l'entreprise utilisatrice qu'il appartient d'exercer une mission de vigilance à l'égard de l'ensemble des salariés de l'établissement placés sous l'autorité de l'employeur. Cependant, lorsque le CHSCT de l'entreprise de travail temporaire constate que les salariés mis à disposition de l'entreprise utilisatrice sont soumis à un risque grave et actuel sans que celle-ci ne prenne de mesures, et sans que son CHSCT ne fasse usage de ses droits, il peut, au titre de l'exigence constitutionnelle du droit à la santé des travailleurs, faire appel à un expert agréé afin d'étudier la réalité du risque et les moyens éventuels d'y remédier (cass. soc. 26 février 2020, n° 18-22.556, à paraître, LS Jurispr. n° 42 du 03.03.2020; JSL n° 495, 06.04.2020, pp. 14 et s., J-B Cottin et n° 496-497 du 05.05.2020, pp. 20 et s., B. Kantorowicz; JCP éd. S 2020, 2001, note B. Bossu; RJS 5/20 n° 241; Dr. Soc. 2020, pp. 464 et s., étude A. Berriat; RDT, mai 2020, CH, 346 et 415, H. Ciray; LS Jurispr. n° 144 du 11.08.2020, avis A. Berriat; RDT, septembre 2020, CH, 548, M. Miné).

• Le Conseil d'État avait en revanche jugé qu'en énonçant que «les CHSCT des entreprises extérieures [avaient] également une compétence générale pour les salariés présents sur le site et pour ce qui [relevait] des mesures de coordination, dans la mesure où leur entreprise [était] concernée», la circulaire 93-14 du 18 mars 1993 méconnaissait la portée des dispositions de l'article L. 236-2 [ancien] CT (CE 12 juin 1995, n°s 150584 et a., Rec. Lebon, p. 240; JCP éd. E 1995.II.713).

Art. L. 2312-7. Les travailleurs conservent le droit de présenter eux-mêmes leurs observations à l'employeur ou à ses représentants.

Art. R. 2312-1. Les membres de la délégation du personnel au comité social et économique sont informés de la réception par l'employeur des documents de vérification et de contrôle mentionnés à l'article L. 4711-1. Ils peuvent demander communication de ces documents.

Art. R. 2312-2. Les enquêtes du comité social et économique ou, le cas échéant, de la commission santé, sécurité et conditions de travail en cas d'accidents du travail ou de maladies professionnelles ou à caractère professionnel sont réalisées par une délégation comprenant au moins:

1° L'employeur ou un représentant désigné par lui;

2° Un représentant du personnel siégeant à ce comité.

(D. 2019-1548 du 30 déc. 2019, JO 31) «Un arrêté conjoint des ministres chargés du travail, de l'agriculture et des transports détermine la nature des renseignements que le comité social et économique fournit à l'administration.»

Art. R. 2312-3. Les membres du comité social et économique ou, le cas échéant, de la commission santé, sécurité et conditions de travail peuvent se faire présenter l'ensemble des livres, registres et documents non nominatifs rendus obligatoires par la quatrième partie du présent code.

SECTION 3. Attributions du comité social et économique dans les entreprises d'au moins cinquante salariés

Sous-section 1. Attributions générales

Art. L. 2312-8. Le comité social et économique a pour mission d'assurer une expression collective des salariés permettant la prise en compte permanente de leurs intérêts dans les décisions relatives à la gestion et à l'évolution économique et financière de l'entreprise, à l'organisation du travail, à la formation professionnelle et aux techniques de production.

Le comité est informé et consulté sur les questions intéressant l'organisation, la gestion et la marche générale de l'entreprise, notamment sur :

1° Les mesures de nature à affecter le volume ou la structure des effectifs ;

2° La modification de son organisation économique ou juridique ;

3° Les conditions d'emploi, de travail, notamment la durée du travail, et la formation professionnelle ;

4° L'introduction de nouvelles technologies, tout aménagement important modifiant les conditions de santé et de sécurité ou les conditions de travail ;

5° Les mesures prises en vue de faciliter la mise, la remise ou le maintien au travail des accidentés du travail, des invalides de guerre, des invalides civils, des personnes atteintes de maladies chroniques évolutives et des travailleurs handicapés, notamment sur l'aménagement des postes de travail.

Le comité social et économique mis en place dans les entreprises d'au moins cinquante salariés exerce également les attributions prévues à la section 2.

Note Sur la consultation du comité sur l'introduction de nouvelles technologies et le recours à un expert en technologies, voir note sous article L. 2315-94.

Nous rapportons ci-après les solutions dégagées par la jurisprudence à propos du comité d'entreprise en ce qu'elles ont en principe vocation à s'appliquer au comité social et économique.

• L'avis du comité ne peut être exprimé que par les membres du comité d'entreprise et non par les organisations syndicales auxquelles ils appartiennent. Ayant constaté qu'il était d'usage, au sein d'un comité central d'entreprise, que l'avis du comité soit recueilli sous forme d'une prise de position de chaque organisation syndicale, une cour d'appel a pu faire interdiction sous astreinte aux sociétés concernées de mettre en œuvre toute mesure en rapport avec un déménagement et l'implantation sur un nouveau site, tant que l'avis du comité central d'entreprise n'aura pas été régulièrement recueilli (cass. soc. 5 décembre 2006, n° 05-21.641, BC V n° 371).

• En l'absence d'atteinte aux intérêts des salariés, dont l'article L. 431-4 [L. 2323-1 ancien] CT lui a confié la charge, un comité d'entreprise n'est pas recevable à élever une contestation devant le juge (construction de parkings entraînant la suppression d'emplacements de stationnement utilisés par le personnel de l'entreprise : CE 1er décembre 1993, n° 111730, RJS 6/94 n° 715).

• La nullité de la procédure de licenciement prévue par l'article L. 1235-10 CT en cas de nullité du plan de sauvegarde de l'emploi n'affecte pas la procédure de consultation prévue aux articles L. 2323-1 et s. [anciens]. Statue en conséquence à bon droit la cour d'appel qui décide que la nullité du plan de sauvegarde de l'emploi n'entraîne pas celle de la procédure prévue aux articles L. 2323-1 et s. [anciens] après avoir retenu que la procédure d'information et de consultation du comité d'entreprise prévue par ces articles avait été régulièrement suivie (cass. soc. 25 septembre 2013, n° 12-20.986, BC V n° 204 ; RJS 12/13 n° 801).

• **Information et consultation sur l'organisation, la gestion et la marche générale de l'entreprise.** Quand elle porte sur l'une des questions ou mesures envisagées par [le 2e alinéa de] l'article L. 2323-1 [ancien] CT, la consultation du comité d'entreprise est obligatoire ; il n'y a pas lieu de distinguer selon que la décision en cause est une décision unilatérale ou qu'elle prend la forme de la négociation d'un accord collectif d'entreprise (cass. soc. 21 novembre 2012, n° 11-10.625, BC V n° 302 ; RJS 2/13 n° 137). La consultation du comité doit avoir lieu concomitamment à l'ouverture de la négociation et au plus tard avant la signature de l'accord (cass. soc. 5 mai 1998, n° 96-13.498, BC V n° 219 ; Dr. Soc. 1998, p. 579, rapp. J-Y Frouin). Mais la méconnaissance par l'employeur des attributions des institutions représentatives du personnel ne constitue pas en soi une discrimination syndicale au sens de l'article L. 1132-1 CT (cass. soc. 8 octobre 2014, n° 13-16.720, BC V n° 225 ; JCP éd. S 2015, 1018, note J-Y Kerbourc'h).

La juridiction des référés peut ordonner la suspension des effets d'une mesure prise par l'employeur sans consultation préalable du comité d'entreprise, lorsque celle-ci est obligatoire (cass. soc. 6 mai 2012, n° 10-30.815, RJS 5/12 n° 469).

Constitue un trouble manifestement illicite le défaut de consultation du comité central d'entreprise sur la mise en œuvre d'un accord de branche étendu ayant pour objet l'évaluation et le positionnement des différents emplois de la profession selon des règles communes, la nouvelle classification devenant le support des appointements minimaux alors qu'au sein de l'entreprise le nombre des intitulés d'emplois avait été réduit des deux tiers tant pour le siège que pour les magasins et que le regroupement de certains emplois sous un même intitulé était susceptible d'avoir une incidence sur les tâches exercées par les salariés et d'affecter la structure des effectifs (cass. soc. 21 novembre 2012, n° 11-10.625, précité).

Le comité d'entreprise doit également être consulté sur la dénonciation par le chef d'entreprise d'un accord d'entreprise qui intéresse l'organisation, la gestion ou la marche de l'entreprise; à défaut, la dénonciation demeure sans effet jusqu'à l'accomplissement de cette formalité. Après avoir constaté que des accords d'entreprise relatifs à la réduction et à l'aménagement du temps de travail avaient été dénoncés par deux sociétés sans consultation du comité d'entreprise de l'unité économique et sociale qu'elles formaient, celui-ci ayant seulement été consulté sur le projet de note de service portant sur l'instauration de nouvelles mesures d'aménagement du temps de travail, une cour d'appel, qui en a exactement déduit que ces dénonciations étaient demeurées sans effet et que les accords étaient de ce fait restés en vigueur, a pu juger que la décision unilatérale des chefs d'entreprise d'appliquer ces nouvelles mesures constituait un trouble manifestement illicite auquel il devait être mis fin (cass. soc. 5 mars 2008, n° 07-40.273, BC V n° 49; RJS 5/08 n° 576; JCP éd. S 2008, 1310, note D. Corrignan-Carsin; RDT, septembre 2008, CH, 540, G. Borenfreund).

Lorsque les mesures de nature à affecter le volume et la structure des effectifs, la durée du travail, les conditions d'emploi, de travail et de formation professionnelle s'inscrivent dans une procédure complexe comportant des décisions échelonnées, le comité d'entreprise doit être consulté à l'occasion de chacune d'entre elles (cass. soc. 7 février 1996, n° 93-18.756, BC V n° 47; RJS 4/96 n° 417). En outre, l'information fournie dès l'origine doit être suffisamment fournie pour que les représentants du personnel puissent se prononcer en ayant une vision satisfaisante des objectifs poursuivis, des moyens pour y parvenir et des conséquences en termes d'emploi (CA Paris, Pôle 1, ch. 1, 31 juillet 2009, n° 09/14577, JCP éd. S 2009, 1463, note S. Béal et M-N Katchadourian).

La consultation du comité d'entreprise sur les mesures de nature à affecter le volume ou la structure des effectifs et la consultation sur un projet de licenciement collectif pour motif économique constituent deux procédures distinctes. Ces deux procédures peuvent être conduites de manière concomitante, sous réserve du respect des délais les plus favorables (cass. soc. 9 février 2000, n° 98-12.143, BC V n° 62). Dès lors, la consultation simultanée d'un comité d'entreprise sur un projet de fermeture d'établissement et de licenciement collectif pour motif économique est nulle si la décision de fermeture d'un établissement avait été préalablement arrêtée par l'employeur (cass. soc. 17 juin 1997, n° 95-18.904, BC V n° 223; Dr. Soc. 1997, p. 742).

La consultation et l'information du comité d'entreprise doivent porter sur l'ensemble des salariés de l'entreprise; les mêmes règles s'appliquent lorsque le comité d'établissement est consulté (cass. soc. 3 décembre 1996, n° 94-22.163, BC V n° 410; Dr. Soc. 1997, p. 105).

Constituent une entrave au fonctionnement régulier du comité d'entreprise:
– l'absence de consultation sur des plans de rémunération en raison de l'incidence de plans successifs sur le volume et la structure des effectifs (cass. crim. 3 mars 1998, n° 96-85.098, B. crim. n° 81; RJS 6/98 n° 749: en l'espèce, taux considérable de «renouvellement» des cadres lié au non-respect de ces plans et licenciements pour défaut de réalisation des objectifs fixés);
– une politique de réduction des effectifs s'inscrivant dans une stratégie délibérée, sans que le comité ait été consulté (cass. crim. 4 novembre 1997, n° 96-84.594, B. crim. n° 370; RJS 4/98 n° 487); une telle réduction peut résulter de la décision de ne plus recourir au travail temporaire alors que l'employeur y recourait massivement pour pourvoir des emplois permanents (cass. crim. 10 mai 2016, n° 14-85.318, B. crim. n° 140; JCP éd. G 2016, 687, note Fr. Duquesne; RJS 8-9/16 n° 544);
– l'absence de consultation préalable du comité, s'agissant notamment de la réorganisation d'un important service ayant eu pour effet une nouvelle répartition des tâches et par suite une importante modification des conditions de travail du personnel intéressé (cass. crim. 25 octobre 1977, n° 76-90.534, B. crim. n° 321), du transfert partiel au siège de la société en province d'une antenne commerciale à Paris affectant plusieurs salariés de cette antenne (cass. crim. 6 décembre 1977, n° 76-93.044, B. crim. n° 386), de la décision de transférer les salariés affectés au nettoyage des locaux d'un organisme de crédit à une société spécialisée, la circonstance que le prévenu avait régularisé ultérieurement le transfert des salariés en cause ne pouvant constituer qu'une cause d'atténuation de la peine (cass. crim. 15 juin 1984, JS 1984, F 90), de la fermeture d'un établissement, même temporaire (cass. crim. 6 février 1979, n° 77-91.923, B. crim. n° 56), de la mise en place à titre expérimental d'un nouveau système d'organisation du travail, la loi ne faisant à cet égard aucune distinction entre les mesures présentées comme expérimentales et celles offrant un caractère définitif (cass. crim. 7 octobre 1980, JS 1980, SJ 172);
– l'absence d'information et de consultation du comité avant de placer un salarié en position de chômage technique, même si cette mesure n'avait pas un caractère définitif (cass. crim. 7 octobre 1980, JS 1981 F 1);

– le défaut d'information et de consultation avant toute déclaration de cessation des paiements (cass. crim. 15 octobre 1991, n° 89-83.950, RJS 3/92 n° 308) ou des mesures de reclassement tendant à modifier le volume et la structure de l'entreprise (cass. crim. 27 novembre 1990, n° 89-81.454, RJS 2/91 n° 205);
– l'absence d'information et de consultation du comité central d'entreprise préalablement à la mise en place, en remplacement des offres de garantie proposées à la clientèle par les vendeurs de l'entreprise et sur lesquelles ceux-ci percevaient des commissions, d'un nouveau service de garantie géré par une société extérieure et consistant à proposer aux clients, moyennant le paiement d'un complément de prix, le remplacement d'un produit défectueux par un produit neuf (cass. crim. 11 juin 2013, n° 12-83.081, RJS 11/13 n° 742).

Voir encore sur le défaut de consultation du comité d'entreprise constitutif d'entrave, cass. crim. 19 septembre 2006, n° 05-86.668, B. crim. n° 229; RJS 12/06 n° 1293: absence d'information et de consultation du comité d'établissement préalablement à l'avancement du calendrier du plan de restructuration d'un établissement et à la mise en place anticipée des mesures de réorganisation contenues dans ce plan; cass. crim. 15 mars 2016, n° 14-85.078, RJS 6/16 n° 432, 1re espèce: consultation sur un projet de déménagement alors que le bail actuel a été déjà résilié; cass. crim. 30 mars 2016, n° 15-80.117: décision de fermeture d'un établissement prise avant la fin de la procédure de consultation.

À noter que:
– la consultation préalable du comité d'établissement ne s'impose à l'employeur que lorsque les modifications dans les conditions de travail ou les mouvements de personnel envisagés sont importants et ne revêtent pas un caractère ponctuel ou individuel (cass. crim. 15 octobre 1991, n° 90-83.045, RJS 3/92 n° 307, 1re espèce). Parmi les mesures à caractère ponctuel et individuel, la proposition par l'employeur à deux salariés accidentés du travail d'un travail à domicile (cass. crim. 9 février 1988, n° 87-82.061, B. crim. n° 67), l'adaptation de l'horaire de travail à la spécificité de l'emploi ne concernant qu'un seul salarié et ne remettant pas en cause le principe et les modalités d'aménagement des horaires (cass. soc. 1er juillet 1997, n° 95-12.000, BC V n° 241). En revanche, doit être soumise préalablement au comité d'entreprise l'initiative prise par un employeur de proposer à neuf salariés, par avenant à leur contrat de travail, d'effectuer des astreintes, non pas pour l'exécution d'un marché particulier, mais afin de mettre en place une unité de maintenance capable de faire face à tout moment à une demande d'intervention, y compris la nuit et les fins de semaine (cass. crim. 19 novembre 2002, n° 02-80.105, JSL n° 119, 11.03.2003, p. 24);
– cet article ne donne pas au comité d'entreprise un droit de contrôle des licenciements pour faute qui relèvent du pouvoir disciplinaire de l'employeur. Il ne concerne que les mesures d'ordre économique (cass. soc. 4 avril 1995, n° 93-80.312, B. crim. n° 146; RJS 6/95 n° 666);
– les dispositions de cet article qui s'imposent au chef d'entreprise ne sauraient subordonner l'exercice du pouvoir réglementaire du Premier ministre à une consultation obligatoire des comités d'entreprise concernés (CE 23 mars 1990, n° 34797, RJS 5/90 n° 421);
– un syndicat n'a pas qualité à agir en justice pour demander que l'employeur soit condamné à remettre certaines informations au comité d'entreprise en application du code du travail, dès lors que le comité lui-même n'en sollicite pas la communication et ne s'est pas associé à la demande du syndicat (cass. soc. 16 décembre 2014, n° 13-22.308, BC V n° 293; LSQ n° 16750 du 13.01.2015; RJS 2/15 n° 116; RDT, mars 2015, CH, 200, I. Odoul-Asorey).

Sur la consultation du comité d'entreprise en matière de conditions de travail, voir aussi note sous article L. 2312-26.

• **Travailleurs handicapés.** Il a été jugé sur la base des anciennes dispositions (analogues) du code du travail que l'employeur n'a pas à consulter le comité d'entreprise, en liaison avec le CHSCT, sur le cas individuel de chaque travailleur handicapé (cass. soc. 5 juin 2019, n° 18-12.861, à paraître, LS Jurispr. n° 114 du 25.06.2019; RJS 8-9/19 n° 504; JCP éd. S 2019, 1237, note L. Dauxerre).

Nous rapportons ci-après les solutions dégagées par la jurisprudence à propos du CHSCT en ce qu'elles sont susceptibles d'intéresser le comité social et économique, notamment en sa commission santé, sécurité et conditions de travail.

• L'article L. 4612-8-1 ancien CT prévoyait que le CHSCT devait être consulté avant toute décision d'aménagement important modifiant les conditions de santé et de sécurité ou les conditions de travail et, notamment, avant toute transformation importante des postes de travail découlant de la modification de l'outillage, d'un changement de produit ou de l'organisation du travail, avant toute modification des cadences et des normes de productivité liées ou non à la rémunération du travail.

• **Information du CHSCT préalable à la consultation.** Les informations données par l'employeur au CHSCT étant sommaires et ne comportant pas d'indications relatives aux conséquences de la réorganisation du service sur les conditions de travail des salariés, le CHSCT ne pouvait donner un avis utile. La cour d'appel, qui n'avait pas tiré les conséquences légales de ses constatations caractérisant l'existence d'un trouble manifestement illicite, avait violé l'article

L. 4612-8 [ancien] CT (cass. soc. 25 septembre 2013, n° 12-21.747, BC V n° 211; JCP éd. S 2013, 1447, note G. Loiseau; RJS 12/13 n° 825).

À noter également que, dans le cadre d'une procédure d'information-consultation du comité d'entreprise (CE), le CHSCT appelé à donner préalablement son avis sur un projet de réorganisation pouvait, comme le CE, saisir le président du TGI statuant en la forme des référés quand il s'estimait insuffisamment informé (cass. soc. 3 octobre 2018, n° 17-20.301, à paraître, JCP éd. S 2018, 1371, note L. Dauxerre).

• **Décisions d'aménagement important nécessitant la consultation préalable du CHSCT**

Restructuration de l'entreprise. Constituait une décision d'aménagement important modifiant les conditions de travail un projet de regroupement sur un même site d'un service commun réparti sur plusieurs sites intéressant 80 salariés, dont la mise en œuvre devait entraîner le transfert hors de leur secteur géographique d'origine ou le changement des attributions de ces salariés (cass. soc. 30 juin 2010, n° 09-13.640, BC V n° 156; Dr. Soc. 2010, p. 1006, obs. L. Pécaut-Rivolier; RJS 10/10 n° 775; RDT, mai 2011, CH, 323, M. Véricel).

Il avait également été jugé que:
– le projet de transfert d'une partie de l'activité d'une société à l'une de ses filiales ayant pour conséquence le reclassement de 200 salariés au sein de la société, ceux-ci étant contraints de suivre des formations pour s'adapter à leurs nouveaux emplois et voyant leurs conditions de travail modifiées notamment quant à la mobilité géographique, une cour d'appel avait exactement décidé que la société n'avait pas respecté ses obligations légales en ne consultant pas le CHSCT avant de prendre une décision importante modifiant les conditions de travail du personnel (cass. soc. 12 juillet 2005, n° 03-10.633);
– si une opération de fusion d'établissements de santé devait faire l'objet d'une consultation du CHSCT lorsqu'elle modifiait par elle-même les conditions de travail, notamment en cas de transformation importante des postes de travail, le décret attaqué, qui se bornait à créer un nouveau centre hospitalier régional par fusion de trois centres hospitaliers universitaires, à fixer son siège et à transférer les droits et obligations des deux établissements au nouveau centre, ne modifiait pas par lui-même les conditions de travail des personnels concernés. Ainsi, les dispositions du code du travail n'imposaient pas de consulter les CHSCT des établissements appelés à fusionner sur le projet de décret (CE 17 juin 2014, n° 363216).

Restructuration, compression des effectifs et plan de sauvegarde de l'emploi. Une opération entraînant un plan de sauvegarde de l'emploi (PSE) nécessitait la consultation du CHSCT lorsqu'elle modifiait de manière importante les conditions de santé et de sécurité ou les conditions de travail des salariés de l'entreprise. Dès lors, lorsque l'administration était saisie d'une demande de validation d'un accord collectif fixant le contenu d'un PSE pour une opération qui requérait la consultation du ou des CHSCT concernés, elle ne pouvait légalement accorder la validation demandée que si cette consultation avait été régulière (CE 21 octobre 2015, n° 386123, JCP éd. S 2015, 1441, note J-B Cottin; LSQ n° 16946 du 30.10.2015; CE 7 septembre 2016, n° 394243, RJS 12/16 n° 772).

Il avait par ailleurs été jugé que:
– le CHSCT n'avait pas qualité pour agir contre une décision de validation ou d'homologation d'un PSE (CE 21 octobre 2015, n° 386123, précité);
– une irrégularité dans la consultation du CHSCT n'avait pas d'incidence sur la validation d'un PSE si cette consultation n'était pas obligatoire (CE 7 septembre 2016, n° 394243, précité);
– la procédure d'injonction permettant notamment au comité d'entreprise de demander au Direccte, avant que le PSE ne soit homologué ou validé, d'ordonner à l'employeur de fournir des éléments d'information relatifs à la procédure en cours ou de se conformer à une règle de procédure prévue par les textes législatifs ou les accords collectifs applicables (voir art. L. 1233-57-5 et D. 1233-12) pouvait être utilisée par le CHSCT même si les textes ne le visaient pas expressément (CE 29 juin 2016, n° 386581, Rec. Lebon, p. 265; RJS 10/16 n° 627).

Projets divers. Un accord de classification avait pour objectif de regrouper tous les postes de travail de même nature existant dans l'entreprise au sein d'emplois et de profils d'emplois, lesquels devaient être regroupés à leur tour en métiers. La société s'inscrivait dans une démarche de flexibilité des emplois et de définition de nouveaux métiers. Un salarié n'étant plus affecté à un poste de travail, mais plus largement à un emploi comportant plusieurs postes de travail, une cour d'appel avait pu en déduire que, s'agissant d'un projet important ayant des répercussions sur les conditions de travail des salariés, la demande de consultation des CHSCT était justifiée (cass. soc. 7 mai 2014, n° 12-35.009, RJS 7/14 n° 570; JSL n° 370, 21.07.2014, p. 19, J. Beckhard Cardoso et M. Patin).

Le projet de réorganisation soumis au CCE qu'avait mis en œuvre un employeur aboutissait à une transformation importante des postes de travail, découlant d'une réorganisation conséquente de certaines tâches, ce qui justifiait la consultation des CHSCT. Le CCE ne pouvait donc valablement se prononcer tant qu'il n'avait pas eu les avis des CHSCT. La Cour de cassation avait ainsi confirmé la décision du juge des référés de suspendre la réorganisation (cass. soc. 10 juillet 2013, n° 12-17.196, BC V n° 187; RJS 10/13 n° 695; JCP éd. S 2014, 1051, note C. Arandel).

Le projet d'un employeur d'évaluation du personnel au moyen d'entretiens annuels devait être soumis à la consultation du CHSCT chargé de contribuer à la protection de la santé des salariés (cass. soc. 28 novembre 2007, n° 06-21.964, BC V n° 201; RDT, février 2008, CH, 111, L. Lerouge; JSL n° 224, 26.12.2007, p. 9, M. Hautefort).

À noter également que:

– l'arrêt temporaire et ponctuel de l'activité d'une saline, affectant 32 salariés sur 249, prévu pour 10 jours, au cours desquels il devait être procédé, par une partie des salariés concernés par l'arrêt de l'exploitation, aux opérations de maintenance effectuées périodiquement sur les installations, ne constituait pas de manière évidente un aménagement temporaire modifiant de façon importante les conditions de santé et de sécurité ou les conditions de travail et justifiant la consultation du CHSCT préalable à celle du comité d'établissement (cass. soc. 18 juin 2014, n° 13-11.341, RJS 11/14 n° 783; RDT, décembre 2014, CH, 768, F. Signoretto);

– le lancement de la «4G» pour ses clients par une entreprise de téléphonie ayant un impact sur les conditions de travail des salariés, l'employeur devait donc informer et consulter le CHSCT dans le cadre de l'article L. 4612-8 [ancien, devenu L. 4612-8-1 ancien] CT sur le changement des conditions de travail et le consulter sur le plan d'adaptation prévu en cas de mutations technologiques importantes et rapides [art. L. 4612-10 ancien] (CA Versailles 5 août 2013, 24e ch., n° 13/05861).

• **Avis adopté par délibération du CHSCT.** L'avis du CHSCT ne pouvait résulter que d'une décision prise à l'issue d'une délibération collective et non de l'expression d'opinions individuelles de ses membres (cass. soc. 10 janvier 2012, n° 10-23.206, BC V n° 7; RJS 3/12 n° 260; Dr. Soc. 2012, p. 318, obs. Fr. Petit; JCP éd. S 2012, 1101, note J-B Cottin).

• **Sanctions du défaut de consultation du CHSCT.** Même lorsqu'il confiait à un représentant le soin de présider le CHSCT, il appartenait au chef d'établissement, avant de prendre une décision d'aménagement important modifiant les conditions d'hygiène et de sécurité ou les conditions de travail, de s'assurer que le CHSCT avait été consulté, sous peine d'entrave. Et une délégation de pouvoirs en matière d'hygiène et de sécurité à l'un de ses préposés ne l'exonérait pas de sa responsabilité pénale en cas de défaut de consultation du CHSCT (cass. crim. 28 novembre 1989, n° 89-82.015, B. crim. n° 452; 15 mars 1994, n° 93-82.109, B. crim. n° 100). La consultation tardive du CHSCT sur un projet qui relevait de sa compétence alors que la décision de réorganisation était en cours de mise en œuvre constituait un délit d'entrave (cass. crim. 30 mars 2016, n° 13-81.784).

L'irrégularité affectant le déroulement de la procédure d'information-consultation (mise en place du travail de nuit) permettait seulement aux institutions représentatives du personnel d'obtenir la suspension du projet de l'employeur, si la procédure de consultation était toujours en cours (voir par exemple, cass. soc. 26 mars 2002, n° 99-14.144 et 12 juillet 2005, n° 03-10.633) ou, sinon, la réparation du préjudice subi à ce titre par le comité (mais pas par un salarié) (cass. soc. 8 novembre 2017, n° 16-15.584, BC V n° 190; JCP éd. S 2017, 1419, note L. Cailloux-Meurice; RJS 1/18 n° 32).

On notera qu'il avait également été jugé que, dès lors que la consultation du CHSCT n'avait pas été effectuée en ce qui concernait les questions relatives à la sécurité et aux conditions de travail liées à la mise en œuvre d'un nouveau régime de sujétions de service défini par des notes pour l'ensemble d'une direction, ces notes avaient été édictées à l'issue d'une procédure irrégulière et étaient en conséquence entachées d'illégalité (CE 17 mars 1997, 2 arrêts, nos 125349 et 149547, RJS 6/97 n° 762).

• Sur les domaines de compétence du CHSCT, voir aussi circulaire DRT 93-15 du 25 mars 1993.

Art. L. 2312-9. Dans le champ de la santé, de la sécurité et des conditions de travail, le comité social et économique:

1° Procède à l'analyse des risques professionnels auxquels peuvent être exposés les travailleurs, notamment les femmes enceintes, ainsi que des effets de l'exposition aux facteurs de risques professionnels mentionnés à l'article L. 4161-1;

2° Contribue notamment à faciliter l'accès des femmes à tous les emplois, à la résolution des problèmes liés à la maternité, l'adaptation et à l'aménagement des postes de travail afin de faciliter l'accès et le maintien des personnes handicapées à tous les emplois au cours de leur vie professionnelle;

3° Peut susciter toute initiative qu'il estime utile et proposer notamment des actions de prévention du harcèlement moral, du harcèlement sexuel et des agissements sexistes définis à l'article L. 1142-2-1. Le refus de l'employeur est motivé.

Note Voir B. Teyssié, «Santé et sécurité dans le droit du comité social et économique», JCP éd. S 2018, 1001; RF Social, janvier 2018, n° 181, «Attributions santé, sécurité et conditions de travail du comité social et économique»; chron. A. Gardin, «Santé et sécurité au travail et fusion des IRP: quelles adaptations par la négociation ?», RJS 6/18, p. 467.

Art. L. 2312-10

Art. L. 2312-10. Lors des visites de l'agent de contrôle de l'inspection du travail mentionné à l'article L. 8112-1, les membres de la délégation du personnel au comité social et économique sont informés de sa présence par l'employeur et peuvent présenter leurs observations.

L'agent de contrôle se fait accompagner par un membre de la délégation du personnel du comité, si ce dernier le souhaite.

Sous-section 2. Modalité d'exercice des attributions générales

Art. L. 2312-11. Le comité exerce ses missions sans préjudice des dispositions relatives aux délégués syndicaux et à l'expression collective des salariés.

Art. L. 2312-12. Le comité social et économique formule, à son initiative, et examine, à la demande de l'employeur, toute proposition de nature à améliorer les conditions de travail, d'emploi et de formation professionnelle des salariés, leurs conditions de vie dans l'entreprise ainsi que les conditions dans lesquelles ils bénéficient de garanties collectives complémentaires mentionnées à l'article L. 911-2 du code de la sécurité sociale.

Art. L. 2312-13. Le comité social et économique procède, à intervalles réguliers, à des inspections en matière de santé, de sécurité et des conditions de travail. Il réalise des enquêtes en matière d'accidents du travail ou de maladies professionnelles ou à caractère professionnel. Le comité peut demander à entendre le chef d'une entreprise voisine dont l'activité expose les travailleurs de son ressort à des nuisances particulières. Il est informé des suites réservées à ses observations.

Le comité peut faire appel à titre consultatif et occasionnel au concours de toute personne de l'entreprise qui lui paraîtrait qualifiée.

Note ***Nous rapportons ci-après les solutions dégagées par l'Administration à propos du CHSCT en ce qu'elles sont susceptibles d'intéresser le comité social et économique, notamment en sa commission santé, sécurité et conditions de travail.***

«La loi du 23 décembre 1982 relative aux CHSCT a prévu que les comités pourront procéder à des enquêtes en matière d'accidents du travail et de maladies professionnelles ou à caractère professionnel. Aussi ceux-ci doivent-ils être informés de la survenance de tels accidents ou maladies. Néanmoins ni la loi, ni le décret d'application n'ont enfermé les modalités de cette information dans des conditions strictes de forme et de délai (…) [Le législateur] n'a pas imposé que le comité soit informé immédiatement de tous les accidents ou les maladies survenus dont la gravité peut être extrêmement variable. En revanche (…) il est clair que le chef d'établissement doit avertir le comité dans les plus brefs délais de la survenance de tout accident susceptible de donner lieu à une enquête, le défaut d'information ou son retard pouvant, le cas échéant, être constitutif du délit d'entrave (…)» (rép. QE 53621, JO AN 19 novembre 1983, p. 5056).

À noter: cette préconisation demeure à notre sens applicable au CSE.

Art. R. 2312-4. La fréquence des inspections en matière de santé, de sécurité et des conditions de travail est au moins égale à celle des réunions prévues au premier alinéa de l'article L. 2315-27.

Note ***Nous rapportons ci-après les solutions dégagées par la jurisprudence à propos du CHSCT en ce qu'elles sont susceptibles d'intéresser le comité social et économique, notamment en sa commission santé, sécurité et conditions de travail.***

• Le CHSCT procédait, à intervalles réguliers, à des inspections. La fréquence de ces inspections était au moins égale à celle des réunions ordinaires du comité (à savoir, au moins tous les trimestres) (art. L. 4612-4 et L. 4614-7 anciens CT).

Hors les cas de danger grave et imminent qui conféraient à un représentant du personnel au CHSCT un droit d'alerte, l'initiative des missions d'inspection n'était confiée qu'au comité lui-même. Un salarié, représentant du personnel au CHSCT, ne pouvait donc pas prendre seul l'initiative d'une inspection. Il devait être missionné par ce comité (cass. soc. 19 janvier 2010, n° 08-45.092; RJS 4/10 n° 307).

Le temps passé aux inspections s'imputait sur le crédit d'heures dont bénéficiaient les membres du CHSCT (cass. soc. 20 décembre 2006, n° 05-42.507, BC V n° 406; RJS 4/07 n° 445).

• Il avait également été jugé que:

– si la loi prévoyait que le CHSCT procédait librement aux inspections qu'il entendait mener, elle réservait les enquêtes à des hypothèses définies de façon limitative; dès lors, en énonçant que le comité pouvait effectuer d'autres enquêtes de son choix, la circulaire 93-15 du 25 mars 1993 posait une règle qui n'était pas contenue dans la loi et était, par suite, entachée d'incompétence (CE 12 juin 1995, nos 150584 et a., Rec. Lebon, p. 240; JCP éd. E 1995.II.713);

– les inspections effectuées à intervalles réguliers, conformément à l'article L. 236-2, al. 3 [devenu L. 4612-4 ancien] CT, n'entraient pas dans les prévisions de l'article L. 236-7, al. [6] [devenu L. 4614-6 ancien] CT, de sorte que le temps passé à une visite partielle d'atelier s'imputait sur le crédit d'heures (cass. crim. 17 février 1998, n° 96-82.118, B. crim. n° 63; RJS 6/98 n° 743).

• Ayant retenu que les restrictions d'accès mentionnées dans une note de la société, imposant aux représentants du personnel membres du CHSCT d'une part d'être accompagnés dans les zones confidentielles et dans les zones d'enclave, protégées ou non, par le responsable de site ou toute autre personne le remplaçant, d'autre part de mener les entretiens éventuels avec les salariés dans une salle de réunion sur le site en dehors de l'enclave, et enfin de mentionner sur un cahier de visite leurs heures d'entrée et de sortie, constituaient des atteintes à leurs prérogatives de libre circulation dans l'entreprise, qui n'étaient pas justifiées par des impératifs de sécurité et étaient disproportionnées par rapport à la protection des intérêts commerciaux de la société, la cour d'appel a légalement justifié sa décision d'en interdire l'application et de condamner l'employeur à verser des dommages et intérêts au CHSCT (cass. soc. 26 février 2020, n° 18-24.758, LS Jurispr. n° 52 du 17.03.2020).

Art. L. 2312-14. Les décisions de l'employeur sont précédées de la consultation du comité social et économique, sauf, en application de l'article L. 2312-49, avant le lancement d'une offre publique d'acquisition.

Les projets d'accord collectif, leur révision ou leur dénonciation ne sont pas soumis à la consultation du comité.

Les entreprises ayant conclu un accord ***(Ord. 2017-1718 du 20 déc. 2017, art. 1er, I, 67°, JO 21)*** «relatif à la gestion prévisionnelle des emplois et des compétences ne sont pas soumises, dans ce domaine,» à l'obligation de consultation du comité social et économique.

Note ***Nous rapportons ci-après les solutions dégagées par la jurisprudence à propos du comité d'entreprise en ce qu'elles ont en principe vocation à s'appliquer au comité social et économique.***

• Le fait qu'un projet de cession ait été étudié en son détail et qu'il fût accompagné d'un plan de licenciement et d'un plan social élaborés avant l'information et la consultation du comité d'entreprise n'implique pas que celui-ci n'ait pas été valablement consulté, une telle consultation devant seulement précéder la décision effective (cass. crim. 29 mai 1990, n° 89-84.747, B. crim. n° 218; RJS 7/90 n° 593).

• Un projet, même formulé en termes généraux, doit être soumis à consultation du comité d'entreprise, lorsque son objet est assez déterminé pour que son adoption ait une incidence sur l'organisation, la gestion et la marche générale de l'entreprise, peu important qu'il ne soit pas accompagné de mesures précises et concrètes dès lors que la discussion ultérieure de ces mesures n'est pas de nature à remettre en cause, dans son principe, le projet adopté. Une décision qui s'entend d'une manifestation de volonté d'un organe dirigeant qui oblige l'entreprise n'implique pas nécessairement des mesures concrètes et précises (cass. soc. 12 novembre 1997, n° 96-12.314, BC V n° 375; RJS 12/97 n° 1391 et p. 818, rapport J-Y Frouin).

• La décision de fermeture d'un établissement étant une mesure de nature à affecter le volume ou la structure des effectifs, distincte de celle afférente aux licenciements, doit faire l'objet de la consultation du comité d'entreprise (cass. soc. 16 avril 1996, n° 94-11.660, BC V n° 164; Dr. Soc. 1996, p. 489 et art. A. Lyon-Caen p. 484); le comité d'entreprise doit disposer d'un délai d'examen suffisant et le chef d'entreprise n'est pas fondé à lui opposer des délais applicables à la seule procédure de licenciement économique (cass. soc. 16 avril 1996, n° 93-15.417, BC V n° 163; RJS 5/96 n° 560).

• En se bornant à annoncer au comité d'entreprise l'extension du travail à temps partiel dans l'entreprise sans procéder à une véritable consultation du comité, un employeur commet le délit d'entrave au fonctionnement du comité. La régularisation ultérieurement effectuée par l'organisation d'une consultation effective ne fait pas disparaître l'infraction déjà consommée mais permet au juge de dispenser de peine le prévenu (cass. crim. 24 février 1987, n° 86-93.021).

Art. L. 2312-15. Le comité social et économique émet des avis et des vœux dans l'exercice de ses attributions consultatives.

Il dispose à cette fin d'un délai d'examen suffisant et d'informations précises et écrites transmises ou mises à disposition par l'employeur, et de la réponse motivée de l'employeur à ses propres observations.

Il a également accès à l'information utile détenue par les administrations publiques et les organismes agissant pour leur compte, conformément aux dispositions légales relatives à l'accès aux documents administratifs.

Art. L. 2312-15

Le comité peut, s'il estime ne pas disposer d'éléments suffisants, saisir le président du *(Ord. 2019-738 du 17 juil. 2019, art. 15, JO 18)* «tribunal judiciaire statuant selon la procédure accélérée au fond», pour qu'il ordonne la communication par l'employeur des éléments manquants.

Cette saisine n'a pas pour effet de prolonger le délai dont dispose le comité pour rendre son avis. Toutefois, en cas de difficultés particulières d'accès aux informations nécessaires à la formulation de l'avis motivé du comité, le juge peut décider la prolongation du délai prévu au deuxième alinéa.

L'employeur rend compte, en la motivant, de la suite donnée aux avis et vœux du comité.

Note Les dispositions de cet article, dans sa rédaction issue de l'ordonnance 2019-738 précitée, s'appliquent aux demandes introduites depuis le 1er janvier 2020 (ordonnance précitée, art. 30).

Nous rapportons ci-après les solutions dégagées par l'Administration et la jurisprudence à propos du comité d'entreprise en ce qu'elles ont en principe vocation à s'appliquer au comité social et économique.

• Par décision 2017-652 QPC du 4 août 2017 (JO 8), le Conseil constitutionnel a jugé le dernier alinéa de l'article L. 2323-4 [ancien] CT conforme à la Constitution.

• L'information du comité n'est limitée ni aux renseignements dont disposent ses membres à titre individuel ni aux observations et suggestions des délégués du personnel (cass. soc. 19 décembre 1990, n° 89-16.072, BC V n° 693; RJS 2/91 n° 203). Le comité peut s'informer auprès du personnel en organisant une consultation auprès de celui-ci. Le comité d'entreprise doit disposer d'informations précises et écrites transmises par le chef d'entreprise; ce dernier doit apporter une réponse motivée aux observations du comité. Le comité d'entreprise n'ayant pas été informé et consulté préalablement dans un délai lui permettant d'émettre un avis en connaissance de cause, le juge des référés peut ordonner une mesure de remise en état pour faire cesser le trouble manifestement illicite qui en résultait (cass. soc. 16 avril 1996, n° 93-15.417, BC V n° 163; RJS 5/96 n° 559). De même, les juges du fond peuvent ordonner la reprise de la procédure d'information et de consultation et la suspension à titre conservatoire de la mesure envisagée lorsqu'ils constatent que l'employeur n'a pas utilement consulté le comité d'entreprise en ne lui fournissant pas toutes les informations nécessaires à sa consultation (cass. soc. 25 juin 2002, n° 00-20.939, BC V n° 217; RJS 10/02 n° 1144).

Les juges du fond apprécient souverainement le caractère suffisant des informations transmises au comité d'entreprise avant la réunion et du délai dont celui-ci a disposé pour en prendre connaissance (cass. soc. 25 juin 2003, n° 01-02.990, BC V n° 210; RJS 12/03 n° 1411, 1re espèce).

• En matière de durée du travail, l'information du comité d'entreprise est nécessairement écrite, ainsi que l'exige la loi, et individualisée. En refusant de communiquer au comité d'entreprise, pour chaque salarié concerné, des informations précises et écrites relatives aux heures supplémentaires, au repos compensateur ainsi qu'au compteur d'heures d'annualisation, dans le cadre de l'annualisation du temps de travail mise en place dans l'entreprise par accord de modulation, un dirigeant de société a commis le délit d'entrave au fonctionnement du comité d'entreprise (cass. crim. 15 février 2005, n° 04-84.301, B. crim. n° 61; RJS 5/05 n° 537; JSL n° 170, 21.06.2005, p. 11, M-Ch. Haller).

• Les informations prévues par l'article L. 2323-4 [ancien] CT ne doivent pas nécessairement être jointes à l'ordre du jour et peuvent, sauf si la loi en décide autrement, n'être fournies que lors de la réunion du comité d'entreprise (cass. crim. 5 novembre 1991, n° 90-84.817, RJS 3/92 n° 307, 2e espèce). L'administration considère, pour sa part, qu'elles doivent être communiquées au comité d'entreprise au plus tard lors de la convocation (trois jours au moins avant la réunion) (circ. DRT n° 12 du 30 novembre 1984).

L'information donnée par l'employeur au comité d'entreprise doit être loyale et sincère; si l'employeur manque à cette obligation, la procédure subséquente de licenciements économiques peut être entachée de nullité (TGI Versailles 31 janvier 1997, Dr. Soc. 1997, p. 426).

L'article L. 431-5 [L. 2323-4 ancien] ne contient pas de dispositions permettant au comité d'entreprise de prendre connaissance des conventions passées par l'entreprise avec des tiers; un employeur a l'obligation de fournir au comité d'entreprise des informations précises et écrites, mais il n'est pas obligé de communiquer un projet de cession (en l'espèce un contrat de sous-traitance) (cass. crim. 6 avril 1993, n° 92-80.864, B. crim. n° 148; RJS 6/93 n° 627).

• Ne constitue pas un avis motivé du comité d'entreprise, au sens de l'article L. 2323-4 [ancien] CT, la simple mention, sur le procès-verbal de réunion, d'une appréciation et d'une objection formulées par les élus à la suite d'une communication de l'employeur inscrite à l'ordre du jour et relative à l'introduction de nouveaux outils informatiques qui requérait un tel avis (cass. crim. 27 mars 2012, n° 11-80.565, B. crim. n° 83; RJS 7/12 n° 638).

Art. L. 2312-16. Sauf dispositions législatives spéciales, l'accord défini à l'article L. 2312-19 et à l'article L. 2312-55 ou, en l'absence de délégué syndical, un accord entre l'employeur et le comité social et économique ou, le cas échéant, le comité social et économique central, adopté à la majorité des membres titulaires de la délégation du personnel du comité, ou, à défaut d'accord, un décret en Conseil d'État fixe les délais dans lesquels les avis du comité social et économique ou, le cas échéant, du comité social et économique central sont rendus dans le cadre des consultations prévues au présent code.

Ces délais permettent au comité social et économique ou, le cas échéant, au comité central d'exercer utilement sa compétence, en fonction de la nature et de l'importance des questions qui lui sont soumises.

À l'expiration de ces délais ou du délai mentionné au cinquième alinéa de l'article L. 2312-15, le comité ou, le cas échéant, le comité central, est réputé avoir été consulté et avoir rendu un avis négatif.

Note ***Nous rapportons ci-après les solutions dégagées par la jurisprudence à propos du comité d'entreprise en ce qu'elles ont en principe vocation à s'appliquer au comité social et économique.***

• Un accord collectif de droit commun ou un accord entre le comité d'entreprise et l'employeur peut fixer d'autres délais que ceux prévus à l'article R. 2323-1-1 CT alors applicable, les prolonger ou modifier leur point de départ. L'accord avec le comité d'entreprise peut résulter d'échanges informels. En l'espèce, il avait été constaté qu'à la suite d'échanges avec le comité d'entreprise et le cabinet d'expertise, l'employeur a abondé la base de données économiques et sociales le 23 janvier 2017, provoqué une réunion extraordinaire du comité d'entreprise le 16 février 2017 pour discuter du périmètre et du coût de l'expertise puis fixé, conjointement avec le secrétaire du comité d'entreprise, au 27 avril 2017 la date de restitution des travaux d'expertise et de remise des avis du comité d'entreprise (cass. soc. 8 juillet 2020, n° 19-10.987, à paraître, LS n° 18103 du 20.07.2020; RJS 10/20 n° 477; JSL n° 504 du 28.09.2020, pp. 9 et s., M. Hautefort).

• Le délai à l'expiration duquel le comité d'entreprise est réputé avoir rendu un avis court à compter de la date à laquelle il a reçu une information le mettant en mesure d'apprécier l'importance de l'opération envisagée et de saisir le président du tribunal de grande instance [tribunal judiciaire] s'il estime que l'information communiquée est insuffisante; si, en cas de difficultés particulières d'accès aux informations nécessaires à la formulation de l'avis motivé du comité d'entreprise, le juge peut décider la prolongation de ce délai, aucune disposition légale ne l'autorise à accorder un nouveau délai après l'expiration du délai initial. En l'absence d'accord conclu dans les conditions prévues par le code du travail, le comité d'entreprise ne peut se prévaloir de la tenue d'une réunion après expiration du délai de consultation pour établir que ce délai aurait été prolongé jusqu'à cette date (1re espèce). Une cour d'appel ne peut confirmer la suspension de la mise en œuvre d'un projet de l'employeur pour défaut de saisine des CHSCT sans rechercher si le délai de trois mois dont disposait le comité central d'entreprise pour donner son avis sur le projet, sur lequel il avait reçu communication par l'employeur d'informations précises et écrites et s'agissant d'un projet relatif à l'organisation du travail, souhaitait disposer de l'avis des CHSCT concernés, n'était pas expiré au moment où le premier juge a statué, de sorte que ce dernier ne pouvait plus statuer sur les demandes (2e espèce) (cass. soc. 21 septembre 2016, 2 arrêts, nos 15-19.003 et 15-13.363, BC V nos 176 et 177; RJS 12/16 n° 785).

• En application de l'article L. 2323-4 CT alors applicable, interprété conformément aux articles 4, § 3 et 8, § 1 et § 2 de la directive 2002/14/CE, la saisine du président du TGI [tribunal judiciaire] avant l'expiration des délais dont dispose le comité d'entreprise pour rendre son avis permet au juge, dès lors que celui-ci retient que les informations nécessaires à l'institution représentative du personnel et demandées par cette dernière pour formuler un avis motivé n'ont pas été transmises ou mises à disposition par l'employeur, d'ordonner la production des éléments d'information complémentaires et, en conséquence, de prolonger ou de fixer le délai de consultation tel que prévu par l'article R. 2323-1-1 CT [alors applicable] à compter de la communication de ces éléments complémentaires. En l'espèce, le comité central d'entreprise (CCE), dont le délai de consultation expirait le 2 juillet 2016, a saisi le président du TGI le 20 juin 2016. La cour d'appel a souverainement constaté que les documents fournis par l'employeur à l'appui de la consultation étaient, au regard de l'importance du projet, de l'existence de risques opérationnels et financiers certains, et de l'impact sur le nombre d'emplois en France et à l'international, insuffisants en ce que seule une synthèse du rapport confié par la société à un groupe d'experts de six personnes avait été remise au CCE et que cette synthèse laissait subsister des zones d'ombre et des angles morts que la production de l'entier rapport, réclamé vainement par le CCE, pouvait permettre de dissiper. C'est dès lors à bon droit, et peu important que l'employeur ait commencé à mettre en œuvre le projet, que la cour d'appel, après avoir ordonné à l'employeur la communication de documents complémentaires, a fixé un nouveau délai de consultation de deux mois au CCE pour émettre son avis (cass. soc. 26 février 2020, n° 18-22.759, à paraître, LS n° 18010 du 28.02.2020; JCP éd. S 2020, 1074, note P. Morvan; RJS 5/20 n° 240; JSL n° 496-497 du 05.05.2020, pp. 24 et s., M. Hugueville et n° 500, 19.06.2020, pp. 60 et s., G. Auzero; RDT, septembre 2020, CH, 559, F. Signoretto).

• La saisine du président du TGI [tribunal judiciaire] afin qu'il ordonne la production d'éléments d'information complémentaires et, en conséquence, prolonge ou fixe le délai de consultation du comité d'entreprise tel que prévu par le code du travail à compter de la communication de ces éléments complémentaires doit intervenir avant l'expiration des délais réglementaires (cass. soc. 27 mai 2020, n° 18-26.483, à paraître, LS Jurispr. n° 104 du 09.06.2020; RJS 7/20 n° 354; JSL n° 504 du 28.09.2020, p. 27).

• Ayant constaté qu'aux termes d'un accord conclu entre l'employeur et la majorité de leurs membres titulaires, le comité central et le comité d'établissement disposaient d'un délai jusqu'au 7 novembre 2013 pour le premier et jusqu'au 8 novembre 2013 pour le second, afin de donner leurs avis sur un projet de réorganisation une cour d'appel en a exactement déduit que le comité central et le comité d'établissement étaient irrecevables à solliciter, après l'expiration de ces délais, tant la caducité de l'accord, que la consultation du CHSCT (cass. soc. 3 novembre 2016, n° 15-16.082, BC V n° 203; LS Jurispr. n° 209 du 22.11.2016; RJS 1/17 n° 34).

• À noter également que, par décision 2017-652 QPC du 4 août 2017 (JO 8), le Conseil constitutionnel a jugé conforme à la Constitution le 4e alinéa de l'article L. 2323-3 [ancien] CT, selon lequel à l'expiration des délais fixés par cet article ou du délai mentionné au dernier alinéa de l'article L. 2323-4 [ancien], le comité d'entreprise est réputé avoir été consulté et avoir rendu un avis négatif.

§ 1 (réglementaire). Délais de consultation

Art. R. 2312-5. Pour l'ensemble des consultations mentionnées au présent code pour lesquelles la loi n'a pas fixé de délai spécifique, le délai de consultation du comité social et économique court à compter de la communication par l'employeur des informations prévues par le code du travail pour la consultation ou de l'information par l'employeur de leur mise à disposition dans la base de données économiques et sociales dans les conditions prévues aux articles R. 2312-7 et suivants.

Art. R. 2312-6. I. – Pour les consultations mentionnées à l'article R. 2312-5, à défaut d'accord, le comité social et économique est réputé avoir été consulté et avoir rendu un avis négatif à l'expiration d'un délai d'un mois à compter de la date prévue à cet article.

En cas d'intervention d'un expert, le délai mentionné au premier alinéa est porté à deux mois.

Ce délai est porté à trois mois en cas d'intervention d'une ou plusieurs expertises dans le cadre de consultation se déroulant à la fois au niveau du comité social et économique central et d'un ou plusieurs comités sociaux économiques d'établissement.

II. – Lorsqu'il y a lieu de consulter à la fois le comité social et économique central et un ou plusieurs comités d'établissement en application du second alinéa de l'article L. 2316-22, les délais prévus au I s'appliquent au comité social et économique central. Dans ce cas, l'avis de chaque comité d'établissement est rendu et transmis au comité social et économique central au plus tard sept jours avant la date à laquelle ce dernier est réputé avoir été consulté et avoir rendu un avis négatif en application du I. À défaut, l'avis du comité d'établissement est réputé négatif.

Note *Covid-19.* Voir décret 2020-508 du 2 mai 2020, JO 3, applicabilité aux délais commençant à courir entre le 3 mai et le 23 août 2020.

§ 2 (réglementaire). Base de données économiques et sociales

Art. R. 2312-7. La base de données prévue à l'article L. 2312-18 permet la mise à disposition des informations nécessaires aux trois consultations récurrentes prévues à l'article L. 2312-17. L'ensemble des informations de la base de données contribue à donner une vision claire et globale de la formation et de la répartition de la valeur créée par l'activité de l'entreprise.

(D. 2019-382 du 29 avril 2019, JO 30) « Elle comporte également les indicateurs relatifs aux écarts de rémunération entre les femmes et les hommes et aux actions mises en œuvre pour les supprimer mentionnés à l'article L. 1142-8. »

Sous-§ 1. Organisation et contenu supplétifs de la base de données économiques et sociales

Art. R. 2312-8. En l'absence d'accord prévu à l'article L. 2312-21, dans les entreprises de moins de trois cents salariés, la base de données prévue à l'article L. 2312-18 comporte les informations suivantes :

1° Investissements:	
A - Investissement social:	a) Évolution des effectifs par type de contrat, par âge, par ancienneté; - évolution des effectifs retracée mois par mois; - nombre de salariés titulaires d'un contrat de travail à durée indéterminée; - nombre de salariés titulaires d'un contrat de travail à durée déterminée; - nombre de salariés temporaires; - nombre de salariés appartenant à une entreprise extérieure; - nombre des journées de travail réalisées au cours des douze derniers mois par les salariés temporaires; - nombre de contrats d'insertion et de formation en alternance ouverts aux jeunes de moins de vingt-six ans; - motifs ayant conduit l'entreprise à recourir aux contrats de travail à durée déterminée, aux contrats de travail temporaire, aux contrats de travail à temps partiel, ainsi qu'à des salariés appartenant à une entreprise extérieure;
	b) Évolution des emplois par catégorie professionnelle; - répartition des effectifs par sexe et par qualification; - indication des actions de prévention et de formation que l'employeur envisage de mettre en œuvre, notamment au bénéfice des salariés âgés, peu qualifiés ou présentant des difficultés sociales particulières;
	c) Évolution de l'emploi des personnes handicapées et mesures prises pour le développer; i - Actions entreprises ou projetées en matière d'embauche, d'adaptation, de réadaptation ou de formation professionnelle; ii - La déclaration annuelle prévue à l'article L. 5212-5 à l'exclusion ***(D. 2019-521 du 27 mai 2019, JO 28, entrée en vigueur le 01.01.2020)*** «des informations mentionnées à l'article D. 5212-4 » est jointe au présent rapport;
	d) Évolution du nombre de stagiaires de plus de 16 ans;
	e) Formation professionnelle: investissements en formation, publics concernés; - les orientations de la formation professionnelle dans l'entreprise telles qu'elles résultent de la consultation prévue à l'article L. 2312-24; - le résultat éventuel des négociations prévues à l'article L. 2241-6; - les informations relatives aux modalités d'accès à la formation professionnelle des salariés transmises par l'employeur à l'autorité administrative en application de l'article L. 6331-32; - les conclusions éventuelles des services de contrôle faisant suite aux vérifications effectuées en application de l'article L. 6361-4; - le bilan des actions comprises dans le plan de formation de l'entreprise pour l'année antérieure et pour l'année en cours comportant la liste des actions de formation, des bilans de compétences et des validations des acquis de l'expérience réalisés, rapportés aux effectifs concernés répartis par catégorie socioprofessionnelle et par sexe; - les informations, pour l'année antérieure et l'année en cours, relatives aux congés individuels de formation, aux congés de bilan de compétences, aux congés de validation des acquis de l'expérience et aux congés pour enseignement accordés; notamment leur objet, leur durée et leur coût, aux conditions dans lesquelles ces congés ont été accordés ou reportés ainsi qu'aux résultats obtenus; - le nombre des salariés bénéficiaires de l'abondement mentionné au dernier alinéa du II de l'article L. 6315-1 ainsi que les sommes versées à ce titre; - le nombre des salariés bénéficiaires de l'entretien professionnel mentionné au I de l'article L. 6315-1. Le bilan, pour l'année antérieure et l'année en cours, des conditions de mise en œuvre des contrats d'alternance: - les emplois occupés pendant et à l'issue de leur action ou de leur période de professionnalisation; - les effectifs intéressés par âge, sexe et niveau initial de formation (D. 2323-6); - les résultats obtenus en fin d'action ou de période de professionnalisation ainsi que les conditions d'appréciation et de validation. Le bilan de la mise en œuvre du compte personnel de formation;
	f) Conditions de travail: durée du travail dont travail à temps partiel et aménagement du temps de travail; Données sur le travail à temps partiel: - nombre, sexe et qualification des salariés travaillant à temps partiel; - horaires de travail à temps partiel pratiqués dans l'entreprise; le programme annuel de prévention des risques professionnels et d'amélioration des conditions de travail prévu au 2° de l'article L. 2312-27 établi à partir des analyses mentionnées à l'article L. 4612-2 et fixant la liste détaillée des mesures devant être prises au cours de l'année à venir dans les mêmes domaines afin de satisfaire, notamment: i - Aux principes généraux de prévention prévus aux articles L. 4121-1 à L. 4121-5 et L. 4221-1; ii - À l'information et à la formation des travailleurs prévues aux articles L. 4141-1 à L. 4143-1; iii - À l'information et à la formation des salariés titulaires d'un contrat de travail à durée déterminée et des salariés temporaires prévues aux articles L. 4154-2 et L. 4154-4; iv - À la coordination de la prévention prévue aux articles L. 4522-1 et L. 4522-2;

1° Investissements *(suite)*:	
B - Investissement matériel et immatériel:	a) Évolution des actifs nets d'amortissement et de dépréciations éventuelles (immobilisations);
	b) Le cas échéant, dépenses de recherche et développement;
	c) Mesures envisagées en ce qui concerne l'amélioration, le renouvellement ou la transformation des méthodes de production et d'exploitation; et incidences de ces mesures sur les conditions de travail et l'emploi;
2° Égalité professionnelle entre les femmes et les hommes au sein de l'entreprise:	
A - Analyse des données chiffrées:	Analyse des données chiffrées par catégorie professionnelle de la situation respective des femmes et des hommes en matière d'embauche, de formation, de promotion professionnelle, de qualification, de classification, de conditions de travail, de santé et de sécurité au travail, de rémunération effective et d'articulation entre l'activité professionnelle et l'exercice de la responsabilité familiale analyse des écarts de salaires et de déroulement de carrière en fonction de leur âge, de leur qualification et de leur ancienneté; description de l'évolution des taux de promotion respectifs des femmes et des hommes par métiers dans l'entreprise;
B - Stratégie d'action:	À partir de l'analyse des données chiffrées mentionnées au A du 2°, la stratégie comprend les éléments suivants: - mesures prises au cours de l'année écoulée en vue d'assurer l'égalité professionnelle. Bilan des actions de l'année écoulée et, le cas échéant, de l'année précédente. Évaluation du niveau de réalisation des objectifs sur la base des indicateurs retenus. Explications sur les actions prévues non réalisées; - objectifs de progression pour l'année à venir et indicateurs associés. Définition qualitative et quantitative des mesures permettant de les atteindre conformément à l'article R. 2242-2. Évaluation de leur coût. Échéancier des mesures prévues;
3° Fonds propres, endettement et impôts:	
	a) Capitaux propres de l'entreprise;
	b) Emprunts et dettes financières dont échéances et charges financières;
	c) Impôts et taxes;
4° Rémunération des salariés et dirigeants, dans l'ensemble de leurs éléments:	
A - Évolution des rémunérations salariales:	a) Frais de personnel y compris cotisations sociales, évolutions salariales par catégorie et par sexe, salaire de base minimum, salaire moyen ou médian, par sexe et par catégorie professionnelle;
	b) Pour les entreprises soumises aux dispositions de l'article L. 225-115 du code de commerce, montant global des rémunérations visées au 4° de cet article;
	c) Épargne salariale: intéressement, participation;
5° Activités sociales et culturelles: montant de la contribution aux activités sociales et culturelles du comité d'entreprise, mécénat;	
6° Rémunération des financeurs, en dehors des éléments mentionnés au 4°:	
A - Rémunération des actionnaires (revenus distribués);	
B - Rémunération de l'actionnariat salarié (montant des actions détenues dans le cadre de l'épargne salariale, part dans le capital, dividendes reçus);	
7° Flux financiers à destination de l'entreprise:	
A - Aides publiques:	Aides ou avantages financiers consentis à l'entreprise par l'Union européenne, l'État, une collectivité territoriale, un de leurs établissements publics ou un organisme privé chargé d'une mission de service public, et leur utilisation. Pour chacune de ces aides, il est indiqué la nature de l'aide, son objet, son montant, les conditions de versement et d'emploi fixées, le cas échéant, par la personne publique qui l'attribue et son emploi;
B - Réductions d'impôts;	
C - Exonérations et réductions de cotisations sociales;	
D - Crédits d'impôts;	
E - Mécénat;	
F - Résultats financiers:	a) Chiffre d'affaires, bénéfices ou pertes constatés; b) Résultats d'activité en valeur et en volume; c) Affectation des bénéfices réalisés;
8° Partenariats:	
A - Partenariats conclus pour produire des services ou des produits pour une autre entreprise;	
B - Partenariats conclus pour bénéficier des services ou des produits d'une autre entreprise;	

9° Pour les entreprises appartenant à un groupe, transferts commerciaux et financiers entre les entités du groupe :
A - Transferts de capitaux tels qu'ils figurent dans les comptes individuels des sociétés du groupe lorsqu'ils présentent une importance significative, notamment transferts de capitaux importants entre la société mère et les filiales ;
B - Cessions, fusions, et acquisitions réalisées.

Note Les dispositions de cet article, dans sa rédaction issue du décret 2019-521 précité, s'appliquent aux obligations portant sur les périodes courant depuis le 01.01.2020 (décret précité, art. 3, I).

Art. R. 2312-9. En l'absence d'accord prévu à l'article L. 2312-21, dans les entreprises d'au moins trois cents salariés, la base de données économiques et sociales prévue à l'article L. 2312-18 comporte les informations prévues dans le tableau ci-dessous.

Elle comporte également les informations relatives à la formation professionnelle et aux conditions de travail prévues au 1° A e et f de l'article R. 2312-8.

1° Investissements :	
A - Investissement social :	a) Évolution des effectifs par type de contrat, par âge, par ancienneté ; i - Effectif : Effectif total au 31/12 (1) (I) ; Effectif permanent (2) (I) ; Nombre de salariés titulaires d'un contrat de travail à durée déterminée au 31/12 (I) ; Effectif mensuel moyen de l'année considérée (3) (I) ; Répartition par sexe de l'effectif total au 31/12 (I) ; Répartition par âge de l'effectif total au 31/12 (4) (I) ; Répartition de l'effectif total au 31/12 selon l'ancienneté (5) (I) ; Répartition de l'effectif total au 31/12 selon la nationalité (I) : français / étrangers ; Répartition de l'effectif total au 31/12 selon une structure de qualification détaillée (II) ; ii - Travailleurs extérieurs : Nombre de salariés appartenant à une entreprise extérieure (6) ; Nombre de stagiaires (écoles, universités ...) (7) ; Nombre moyen mensuel de salariés temporaires (8) ; Durée moyenne des contrats de travail temporaire ; Nombre de salariés de l'entreprise détachés ; Nombre de salariés détachés accueillis ;
	b) Évolution des emplois, notamment, par catégorie professionnelle ; i - Embauches : Nombre d'embauches par contrats de travail à durée indéterminée ; Nombre d'embauches par contrats de travail à durée déterminée (dont Nombre de contrats de travailleurs saisonniers) (I) ; Nombre d'embauches de salariés de moins de vingt-cinq ans ; ii - Départs : Total des départs (I) ; Nombre de démissions (I) ; Nombre de licenciements pour motif économique, dont départs en retraite et préretraite (I) ; Nombre de licenciements pour d'autres causes (I) ; Nombre de fins de contrats de travail à durée déterminée (I) ; Nombre de départs au cours de la période d'essai (9) (I) ; Nombre de mutations d'un établissement à un autre (I) ; Nombre de départs volontaires en retraite et préretraite (10) (I) ; Nombre de décès (I) ; iii - Promotions : Nombre de salariés promus dans l'année dans une catégorie supérieure (11) ; iv - Chômage : Nombre de salariés mis en chômage partiel pendant l'année considérée (I) ; Nombre total d'heures de chômage partiel pendant l'année considérée (12) (I) : - indemnisées ; - non indemnisées ; Nombre de salariés mis en chômage intempéries pendant l'année considérée (I) ; Nombre total d'heures de chômage intempéries pendant l'année considérée (I) : - indemnisées ; - non indemnisées ;
	c) Évolution de l'emploi des personnes handicapées et mesures prises pour le développer ; Nombre de travailleurs handicapés au 31 mars de l'année considérée (13) ; Nombre de travailleurs handicapés à la suite d'accidents du travail intervenus dans l'entreprise, employés au 31 mars de l'année considérée ;
	d) Évolution du nombre de stagiaires ;

	1° Investissements *(suite)* :
	e) Formation professionnelle : investissements en formation, publics concernés ; i - Formation professionnelle continue : Pourcentage de la masse salariale afférent à la formation continue ; Montant consacré à la formation continue : Formation interne ; formation effectuée en application de conventions ; versement à des fonds assurance formation ; versement auprès d'organismes agréés ; Trésor et autres ; total ; Nombre de stagiaires (II) ; Nombre d'heures de stage (II) : - rémunérées ; - non rémunérées. Décomposition par type de stages à titre d'exemple : adaptation, formation professionnelle, entretien ou perfectionnement des connaissances ; ii - Congés formation : Nombre de salariés ayant bénéficié d'un congé formation rémunéré ; Nombre de salariés ayant bénéficié d'un congé formation non rémunéré ; Nombre de salariés auxquels a été refusé un congé formation ; iii - Apprentissage : Nombre de contrats d'apprentissage conclus dans l'année ;
A - Investissement social *(suite)* :	f) Conditions de travail : durée du travail dont travail à temps partiel et aménagement du temps de travail, les données sur l'exposition aux risques et aux facteurs de pénibilité, (accidents du travail, maladies professionnelles, absentéisme, dépenses en matière de sécurité) i - Accidents du travail et de trajet : Taux de fréquence des accidents du travail (I) ; Nombre d'accidents avec arrêts de travail ; Nombre d'heures travaillées ; $\frac{\text{Nombre d'accidents de travail avec arrêt}}{\text{Nombre d'heures travaillées}} \times 10^6$ Taux de gravité des accidents du travail (I) ; Nombre des journées perdues ; Nombre d'heures travaillées ; $\frac{\text{Nombre des journées perdues}}{\text{Nombre d'heures travaillées}} \times 10^3$ Nombre d'incapacités permanentes (partielles et totales) notifiées à l'entreprise au cours de l'année considérée (distinguer français et étrangers) ; Nombre d'accidents mortels : de travail, de trajet ; Nombre d'accidents de trajet ayant entraîné un arrêt de travail ; Nombre d'accidents dont sont victimes les salariés temporaires ou de prestations de services dans l'entreprise ; Taux et montant de la cotisation sécurité sociale d'accidents de travail ; ii - Répartition des accidents par éléments matériels (28) : Nombre d'accidents liés à l'existence de risques graves - codes 32 à 40 ; Nombre d'accidents liés à des chutes avec dénivellation - code 02 ; Nombre d'accidents occasionnés par des machines (à l'exception de ceux liés aux risques ci-dessus) - codes 09 à 30 ; Nombre d'accidents de circulation - manutention - stockage - codes 01, 03, 04 et 06, 07, 08 ; Nombre d'accidents occasionnés par des objets, masses, particules en mouvement accidentel - code 05 ; Autres cas ; iii - Maladies professionnelles : Nombre et dénomination des maladies professionnelles déclarées à la sécurité sociale au cours de l'année ; Nombre de salariés atteints par des affections pathologiques à caractère professionnel et caractérisation de celles-ci ; Nombre de déclarations par l'employeur de procédés de travail susceptibles de provoquer des maladies professionnelles (29) ; iv - Dépenses en matière de sécurité : Effectif formé à la sécurité dans l'année ; Montant des dépenses de formation à la sécurité réalisées dans l'entreprise ; Taux de réalisation du programme de sécurité présenté l'année précédente ; Existence et nombre de plans spécifiques de sécurité ; v - Durée et aménagement du temps de travail : Horaire hebdomadaire moyen affiché des ouvriers et employés ou catégories assimilées (30) (I) ; Nombre de salariés ayant bénéficié d'un repos compensateur (I) : - au titre du présent code (31) ; - au titre d'un régime conventionne (I) ;

1° Investissements *(suite)* **:**	
A - Investissement social *(suite)* :	Nombre de salariés bénéficiant d'un système d'horaires individualisés (32) (I) ; Nombre de salariés employés à temps partiel (I) : - entre 20 et 30 heures (33) ; - autres formes de temps partiel ; Nombre de salariés ayant bénéficié tout au long de l'année considérée de deux jours de repos hebdomadaire consécutifs (I) ; Nombre moyen de jours de congés annuels (non compris le repos compensateur) (34) (I) ; Nombre de jours fériés payés (35) (I) ; vi - Absentéisme : Nombre de journées d'absence (15) (I) ; Nombre de journées théoriques travaillées ; Nombre de journées d'absence pour maladie (I) ; Répartition des absences pour maladie selon leur durée (16) (I) ; Nombre de journées d'absence pour accidents du travail et de trajet ou maladies professionnelles (I) ; Nombre de journées d'absence pour maternité (I) ; Nombre de journées d'absence pour congés autorisés (événements familiaux, congés spéciaux pour les femmes…) (I) ; Nombre de journées d'absence imputables à d'autres causes (I) ; vii - Organisation et contenu du travail : Nombre de personnes occupant des emplois à horaires alternant ou de nuit ; Nombre de personnes occupant des emplois à horaires alternant ou de nuit de plus de cinquante ans ; Salarié affecté à des tâches répétitives au sens de la définition du travail à la chaîne résultant du décret n° 76-404 du 10 mai 1976 (36) (distinguer femmes-hommes) ; viii - Conditions physiques de travail : Nombre de personnes exposées de façon habituelle et régulière à plus de 85 dbs à leur poste de travail ; Réaliser une carte du son par atelier (37) ; Nombre de salariés exposés à la chaleur au sens de la définition contenue dans le décret n° 76-404 du 10 mai 1976 (38) ; Nombre de salariés travaillant aux intempéries de façon habituelle et régulière, au sens de la définition contenue dans le décret n° 76-404 du 10 mai 1976 (39) ; Nombre de prélèvements, d'analyses de produits toxiques et mesures (40) ; ix - Transformation de l'organisation du travail : Expériences de transformation de l'organisation du travail en vue d'en améliorer le contenu (41) ; x - Dépenses d'amélioration de conditions de travail : Montant des dépenses consacrées à l'amélioration des conditions de travail dans l'entreprise (42) ; Taux de réalisation du programme d'amélioration des conditions de travail dans l'entreprise l'année précédente ; xi - Médecine du travail (43) : Nombre d'examens cliniques (distinguer les travailleurs soumis à surveillance médicale et les autres) ; Nombre d'examens complémentaires (distinguer les travailleurs soumis à surveillance et les autres) ; Part du temps consacré par le médecin du travail à l'analyse et à l'intervention en milieu de travail ; xii - Travailleurs inaptes : Nombre de salariés déclarés définitivement inaptes à leur emploi par le médecin du travail ; Nombre de salariés reclassés dans l'entreprise à la suite d'une inaptitude ;
B - Investissement matériel et immatériel :	a) Évolution des actifs nets d'amortissement et de dépréciations éventuelles (immobilisations) ;
	b) Le cas échéant, dépenses de recherche et développement ;
	c) L'évolution de la productivité et le taux d'utilisation des capacités de production, lorsque ces éléments sont mesurables dans l'entreprise ;
C - Pour les entreprises soumises aux dispositions du cinquième alinéa de l'article L. 225-102-1 du code de commerce, informations environnementales présentées en application de cet alinéa et mentionnées au 2° du I de l'article R. 225-105-1 de ce code ;	
2° Égalité professionnelle entre les femmes et les hommes au sein de l'entreprise :	
I. Indicateurs sur la situation comparée des femmes et des hommes dans l'entreprise :	
A - Conditions générales d'emploi :	a) Effectifs : Données chiffrées par sexe : - Répartition par catégorie professionnelle selon les différents contrats de travail (CDI ou CDD) ;

2° Égalité professionnelle entre les femmes et les hommes au sein de l'entreprise *(suite)* :	
A - Conditions générales d'emploi *(suite)* :	b) Durée et organisation du travail: Données chiffrées par sexe: - Répartition des effectifs selon la durée du travail: temps complet, temps partiel (compris entre 20 et 30 heures et autres formes de temps partiel); - Répartition des effectifs selon l'organisation du travail: travail posté, travail de nuit, horaires variables, travail atypique dont travail durant le week-end;
	c) Données sur les congés: Données chiffrées par sexe: - Répartition par catégorie professionnelle; - Selon le nombre et le type de congés dont la durée est supérieure à six mois: compte épargne-temps, congé parental, congé sabbatique;
	d) Données sur les embauches et les départs: Données chiffrées par sexe: - répartition des embauches par catégorie professionnelle et type de contrat de travail; - répartition des départs par catégorie professionnelle et motifs: retraite, démission, fin de contrat de travail à durée déterminée, licenciement;
	e) Positionnement dans l'entreprise: Données chiffrées par sexe: - répartition des effectifs par catégorie professionnelle; - répartition des effectifs par niveau ou coefficient hiérarchique;
B - Rémunérations et déroulement de carrière:	a) Promotion: Données chiffrées par sexe: - nombre et taux de promotions par catégorie professionnelle; - durée moyenne entre deux promotions;
	b) Ancienneté: Données chiffrées par sexe: - ancienneté moyenne par catégorie professionnelle; - ancienneté moyenne dans la catégorie professionnelle; - ancienneté moyenne par niveau ou coefficient hiérarchique; - ancienneté moyenne dans le niveau ou le coefficient hiérarchique;
	c) Âge: Données chiffrées par sexe: - âge moyen par catégorie professionnelle; - âge moyen par niveau ou coefficient hiérarchique;
	d) Rémunérations: Données chiffrées par sexe: - rémunération moyenne ou médiane mensuelle par catégorie professionnelle; - rémunération moyenne ou médiane mensuelle par niveau ou coefficient hiérarchique. Cet indicateur n'a pas à être renseigné lorsque sa mention est de nature à porter atteinte à la confidentialité des données correspondantes, compte tenu notamment du nombre réduit d'individus dans un niveau ou coefficient hiérarchique; - rémunération moyenne ou médiane mensuelle par tranche d'âge; - nombre de femmes dans les dix plus hautes rémunérations;
C - Formation:	Données chiffrées par sexe: Répartition par catégorie professionnelle selon: - le nombre moyen d'heures d'actions de formation par salarié et par an; - la répartition par type d'action: adaptation au poste, maintien dans l'emploi, développement des compétences;
D - Conditions de travail, santé et sécurité au travail:	Données générales par sexe: - répartition par poste de travail selon: - l'exposition à des risques professionnels; - la pénibilité, dont le caractère répétitif des tâches; Données chiffrées par sexe: - accidents de travail, accidents de trajet et maladies professionnelles: - nombre d'accidents de travail ayant entraîné un arrêt de travail; - nombre d'accidents de trajet ayant entraîné un arrêt de travail; - répartition des accidents par éléments matériels selon les modalités définies au 3.2 de l'article R. 2323-17; - nombre et dénomination des maladies professionnelles déclarées à la Sécurité sociale au cours de l'année; - nombre de journées d'absence pour accidents de travail, accidents de trajet ou maladies professionnelles; - maladies: - nombre d'arrêts de travail; - nombre de journées d'absence;

2° Égalité professionnelle entre les femmes et les hommes au sein de l'entreprise *(suite)* **:**	
D - Conditions de travail, santé et sécurité au travail *(suite)* :	- maladies ayant donné lieu à un examen de reprise du travail en application du 3° (e) l'article R. 4624-22 : - nombre d'arrêts de travail ; - nombre de journées d'absence ;
II. Indicateurs relatifs à l'articulation entre l'activité professionnelle et l'exercice de la responsabilité familiale :	
A - Congés :	a) Existence d'un complément de salaire versé par l'employeur pour le congé de paternité, le congé de maternité, le congé d'adoption ;
	b) Données chiffrées par catégorie professionnelle : - nombre de jours de congés de paternité pris par le salarié par rapport au nombre de jours de congés théoriques ;
B - Organisation du temps de travail dans l'entreprise.	a) Existence de formules d'organisation du travail facilitant l'articulation de la vie familiale et de la vie professionnelle ;
	b) Données chiffrées par sexe et par catégorie professionnelle : - nombre de salariés ayant accédé au temps partiel choisi ; - nombre de salariés à temps partiel choisi ayant repris un travail à temps plein ;
	c) Services de proximité : - participation de l'entreprise et du comité d'entreprise aux modes d'accueil de la petite enfance ; - évolution des dépenses éligibles au crédit d'impôt famille.
Concernant la notion de catégorie professionnelle, il peut s'agir de fournir des données distinguant : a) Les ouvriers, les employés, techniciens, agents de maîtrise et les cadres ; b) Ou les catégories d'emplois définies par la classification ; c) Ou toute catégorie pertinente au sein de l'entreprise. Toutefois, l'indicateur relatif à la rémunération moyenne ou médiane mensuelle comprend au moins deux niveaux de comparaison dont celui mentionné au a ci-dessus.	
III. Stratégie d'action :	À partir de l'analyse des indicateurs mentionnés aux I et II, la stratégie d'action comprend les éléments suivants : - mesures prises au cours de l'année écoulée en vue d'assurer l'égalité professionnelle. Bilan des actions de l'année écoulée et, le cas échéant, de l'année précédente. Évaluation du niveau de réalisation des objectifs sur la base des indicateurs retenus. Explications sur les actions prévues non réalisées ; - objectifs de progression pour l'année à venir et indicateurs associés. Définition qualitative et quantitative des mesures permettant de les atteindre conformément à l'article R. 2242-2. Évaluation de leur coût. Échéancier des mesures prévues ;
3° Fonds propres, endettement et impôts :	
	a) Capitaux propres de l'entreprise ;
	b) Emprunts et dettes financières dont échéances et charges financières ;
	c) Impôts et taxes ;
4° Rémunération des salariés et dirigeants, dans l'ensemble de leurs éléments :	
A - Évolution des rémunérations salariales :	a) Frais de personnel (24) y compris cotisations sociales, évolutions salariales par catégorie et par sexe, salaire de base minimum, salaire moyen ou médian, par sexe et par catégorie professionnelle ; i - Montant des rémunérations : Choix de deux indicateurs dans l'un des groupes suivants : - rapport entre la masse salariale annuelle (18) (II) et l'effectif mensuel moyen ; - rémunération moyenne du mois de décembre (effectif permanent) hors primes à périodicité non mensuelle – base 35 heures (II) ; OU - rémunération mensuelle moyenne (19) (II) ; - part des primes à périodicité non mensuelle dans la déclaration de salaire (II) ; - grille des rémunérations (20) ; ii - Hiérarchie des rémunérations : Choix d'un des deux indicateurs suivants : - rapport entre la moyenne des rémunérations des 10 % des salariés touchant les rémunérations les plus élevées et celle correspondant au 10 % des salariés touchant les rémunérations les moins élevées ; OU - rapport entre la moyenne des rémunérations des cadres ou assimilés (y compris cadres supérieurs et dirigeants) et la moyenne des rémunérations des ouvriers non qualifiés ou assimilés (21) ; - montant global des dix rémunérations les plus élevées. iii - Mode de calcul des rémunérations : Pourcentage des salariés dont le salaire dépend, en tout ou partie, du rendement (22). Pourcentage des ouvriers et employés payés au mois sur la base de l'horaire affiché. iv - Charge salariale globale

4° Rémunération des salariés et dirigeants, dans l'ensemble de leurs éléments *(suite)* **:**	
A - Évolution des rémunérations salariales *(suite)* :	b) Pour les entreprises soumises aux dispositions de l'article L. 225-115 du code de commerce, montant global des rémunérations visées au 4° de cet article ;
B - Épargne salariale : intéressement, participation :	Montant global de la réserve de participation (25) ; Montant moyen de la participation et / ou de l'intéressement par salarié bénéficiaire (26) (I) ; Part du capital détenu par les salariés (27) grâce à un système de participation (participation aux résultats, intéressement, actionnariat ...) ;
C - Rémunérations accessoires : primes par sexe et par catégorie professionnelle, avantages en nature, régimes de prévoyance et de retraite complémentaire ;	Avantages sociaux dans l'entreprise : pour chaque avantage préciser le niveau de garantie pour les catégories retenues pour les effectifs (I) ;
D - Rémunération des dirigeants mandataires sociaux telles que présentées dans le rapport de gestion en application des trois premiers alinéas de l'article L. 225-102-1 du code de commerce, pour les entreprises soumises à l'obligation de présenter le rapport visé à l'article L. 225-102 du même code ;	
5° Représentation du personnel et Activités sociales et culturelles : montant de la contribution aux activités sociales et culturelles du comité d'entreprise, mécénat :	
A - Représentation du personnel :	a) Représentants du personnel et délégués syndicaux : Composition des comités sociaux et économiques et / ou d'établissement avec indication, s'il y a lieu, de l'appartenance syndicale ; Participation aux élections (par collège) par catégories de représentants du personnel ; Volume global des crédits d'heures utilisés pendant l'année considérée ; Nombre de réunions avec les représentants du personnel et les délégués syndicaux pendant l'année considérée ; Dates et signatures et objet des accords conclus dans l'entreprise pendant l'année considérée ; Nombre de personnes bénéficiaires d'un congé d'éducation ouvrière (45) ; b) Information et communication : Nombre d'heures consacrées aux différentes formes de réunion du personnel (46) ; Éléments caractéristiques du système d'accueil ; Éléments caractéristiques du système d'information ascendante ou descendante et niveau d'application ; Éléments caractéristiques du système d'entretiens individuels (47) ; c) Différends concernant l'application du droit du travail (48) ;
B - Activités sociales et culturelles :	a) Activités sociales : Contributions au financement, le cas échéant, du comité social et économique et des comités d'établissement ; Autres dépenses directement supportées par l'entreprise : logement, transport, restauration, loisirs, vacances, divers, total (49) ; b) Autres charges sociales : Coût pour l'entreprise des prestations complémentaires (maladie, décès) (50) ; Coût pour l'entreprise des prestations complémentaires (vieillesse) (51) ; Équipements réalisés par l'entreprise et touchant aux conditions de vie des salariés à l'occasion de l'exécution du travail ;
6° Rémunération des financeurs, en dehors des éléments mentionnés au 4° :	
A - Rémunération des actionnaires (revenus distribués) ;	
B - Rémunération de l'actionnariat salarié (montant des actions détenues dans le cadre de l'épargne salariale, part dans le capital, dividendes reçus) ;	
7° Flux financiers à destination de l'entreprise :	
A - Aides publiques :	Les aides ou avantages financiers consentis à l'entreprise par l'Union européenne, l'État, une collectivité territoriale, un de leurs établissements publics ou un organisme privé chargé d'une mission de service public, et leur utilisation ; Pour chacune des aides mentionnées au 8° qui entre dans le champ d'application de la procédure décrite à l'article R. 2312-28, l'employeur indique la nature de l'aide, son objet, son montant, les conditions de versement et d'emploi fixées, le cas échéant, par la personne publique qui l'attribue et son utilisation ;
B - Réductions d'impôts ;	
C - Exonérations et réductions de cotisations sociales ;	

7° Flux financiers à destination de l'entreprise *(suite)* :	
D - Crédits d'impôts;	
E - Mécénat;	
F - Résultats financiers (création de rubrique pour intégrer infos du R. 2323-11):	a) Le chiffre d'affaires; b) Les bénéfices ou pertes constatés; c) Les résultats globaux de la production en valeur et en volume; d) L'affectation des bénéfices réalisés;
8° Partenariats:	
A - Partenariats conclus pour produire des services ou des produits pour une autre entreprise;	
B - Partenariats conclus pour bénéficier des services ou des produits d'une autre entreprise;	
9° Pour les entreprises appartenant à un groupe, transferts commerciaux et financiers entre les entités du groupe:	
A - Transferts de capitaux tels qu'ils figurent dans les comptes individuels des sociétés du groupe lorsqu'ils présentent une importance significative;	
B - Cessions, fusions, et acquisitions réalisées.	

Notes:

I. – Une structure de qualification détaillée, en trois ou quatre postes minimum, est requise. Il est souhaitable de faire référence à la classification de la convention collective, de l'accord d'entreprise et aux pratiques habituellement retenues dans l'entreprise. À titre d'exemple la répartition suivante peut être retenue: cadres; employés, techniciens et agents de maîtrise (ETAM); et ouvriers.

II. – Une structure de qualification détaillée en cinq ou six postes minimum est requise. Il est souhaitable de faire référence à la classification de la convention collective, de l'accord d'entreprise et aux pratiques habituellement retenues dans l'entreprise. À titre d'exemple, la répartition suivante des postes peut être retenue: cadres; techniciens; agents de maîtrise; employés qualifiés; employés non qualifiés; ouvriers qualifiés; ouvriers non qualifiés.

Doivent en outre être distinguées les catégories femmes et hommes.

(1) Effectif total: tout salarié inscrit à l'effectif au 31/12 quelle que soit la nature de son contrat de travail.

(2) Effectif permanent: les salariés à temps plein, inscrits à l'effectif pendant toute l'année considérée et titulaires d'un contrat de travail à durée indéterminée.

(3) Somme des effectifs totaux mensuels/12 (on entend par effectif total tout salarié inscrit à l'effectif au dernier jour du mois considéré).

(4) La répartition retenue est celle habituellement utilisée dans l'entreprise à condition de distinguer au moins quatre catégories, dont les jeunes de moins de vingt-cinq ans.

(5) La répartition selon l'ancienneté est celle habituellement retenue dans l'entreprise.

(6) Il s'agit des catégories de travailleurs extérieurs dont l'entreprise connaît le nombre, soit parce qu'il figure dans le contrat signé avec l'entreprise extérieure, soit parce que ces travailleurs sont inscrits aux effectifs. Exemple: démonstrateurs dans le commerce…

(7) Stages supérieurs à une semaine.

(8) Est considérée comme salarié temporaire toute personne mise à la disposition de l'entreprise, par une entreprise de travail temporaire.

(9) À ne remplir que si ces départs sont comptabilisés dans le total des départs.

(10) Distinguer les différents systèmes légaux et conventionnels de toute nature.

(11) Utiliser les catégories de la nomenclature détaillée II.

(12) Y compris les heures indemnisées au titre du chômage total en cas d'arrêt de plus de quatre semaines consécutives.

(13) Tel qu'il résulte de la déclaration obligatoire prévue à l'article ***(D. 2019-521 du 27 mai 2019, JO 28, entrée en vigueur le 01.01.2020)*** «L. 5212-5 ».

(14) Possibilités de comptabiliser tous les indicateurs de la rubrique absentéisme, au choix, en journées, 1/2 journées ou heures.

(15) Ne sont pas comptés parmi les absences: les diverses sortes de congés, les conflits et le service national.

(16) Les tranches choisies sont laissées au choix des entreprises.

(17) On entend par rémunération la somme des salaires effectivement perçus pendant l'année par le salarié (au sens de la déclaration annuelle des salaires).

(18) Masse salariale annuelle totale, au sens de la déclaration annuelle de salaire.

(19) Rémunération mensuelle moyenne: $\frac{1}{2}\sum\frac{\text{(masse salariale du mois } i\text{)}}{\text{(effectif du mois } i\text{)}}$

(20) Faire une grille des rémunérations en distinguant au moins six tranches.

(21) Pour être prises en compte, les catégories concernées doivent comporter au minimum dix salariés.

(22) Distinguer les primes individuelles et les primes collectives.

(23) Prestataires de services, régies…

(24) Frais de personnel: ensemble des rémunérations et des cotisations sociales mises légalement ou conventionnellement à la charge de l'entreprise.

(25) Le montant global de la réserve de participation est le montant de la réserve dégagée - ou de la provision constituée - au titre de la participation sur les résultats de l'exercice considéré.

(26) La participation est envisagée ici au sens du titre II du livre III de la partie III.

(27) Non compris les dirigeants.

(28) Faire référence aux codes de classification des éléments matériels des accidents (arrêté du 10 octobre 1974).

(29) En application de l'article L. 461-4 du code de la sécurité sociale.

(30) Il est possible de remplacer cet indicateur par la somme des heures travaillées durant l'année.

(31) Au sens des dispositions du présent code et du code rural et de la pêche maritime instituant un repos compensateur en matière d'heures supplémentaires.

(32) Au sens de l'article L. 3121-48.

(33) Au sens de l'article L. 3123-1.

(34) Cet indicateur peut être calculé sur la dernière période de référence.

(35) Préciser, le cas échéant, les conditions restrictives.

(36) Article 70-3 c du décret du 29 décembre 1945: «Sont considérés comme travaux à la chaîne:

«- les travaux effectués dans une organisation comportant un dispositif automatique d'avancement à cadence constante des pièces en cours de fabrication ou de montage en vue de la réalisation d'opérations élémentaires et successives aux différents postes de travail;

«- les travaux effectués sur des postes de travail indépendants consistant en la conduite ou l'approvisionnement de machines à cycle automatique et à cadence préréglée en vue de la réalisation d'opérations élémentaires et successives aux différents postes de travail;

«- les travaux effectués sur des postes indépendants sans dispositif automatique d'avancement des pièces où la cadence est imposée par le mode de rémunération ou le temps alloué pour chaque opération élémentaire.»

Notes *(suite)* :
(37) Cette carte n'est à réaliser que par les établissements qui ont une réponse non nulle à l'indicateur précédent.
(38) Article 70-3 d du décret du 29 décembre 1945 : « Sont considérés comme travaux au four, les travaux exposant de façon habituelle et régulière à une forte chaleur ambiante ou rayonnante résultant de l'utilisation d'un traitement thermique, d'un processus de cuisson, de la transformation de produits en état de fusion, d'ignition ou d'incandescence ou de la production d'énergie thermique. »
(39) Article 70-3 e du décret du 29 décembre 1945 : « Sont considérés comme travaux exposant aux intempéries sur les chantiers, les travaux soumis au régime d'indemnisation définie aux articles L. 5424-11 et suivants du code du travail ainsi que les travaux effectués de façon habituelle et régulière sur les chantiers souterrains ou subaquatiques, ou en plein air sur les constructions et ouvrages, les aires de stockage et de manutention. »
(40) Renseignements tirés du rapport annuel du médecin du travail (arrêté du 10 décembre 1971).
(41) Pour l'explication de ces expériences d'amélioration du contenu du travail, donner le nombre de salariés concernés.
(42) Non compris l'évaluation des dépenses en matière de santé et de sécurité.
(43) Renseignements tirés du rapport annuel du médecin du travail (arrêté du 10 décembre 1971).
(44) Conformément à la déclaration annuelle des employeurs 2483 relative au financement de la formation professionnelle continue.
(45) Au sens des articles L. 2145-5 et suivants.
(46) On entend par réunion du personnel, les réunions régulières de concertation, concernant les relations et conditions de travail organisées par l'entreprise.
(47) Préciser leur périodicité.
(48) Avec indication de la nature du différend et, le cas échéant, de la solution qui y a mis fin.
(49) Dépenses consolidées de l'entreprise. La répartition est indiquée ici à titre d'exemple.
(50) (51) Versements directs ou par l'intermédiaire d'assurances.

Note Les dispositions de cet article, dans sa rédaction issue du décret 2019-521 précité, s'appliquent aux obligations portant sur les périodes courant depuis le 01.01.2020 (décret précité, art. 3, I).

Art. R. 2312-10. En l'absence d'accord prévu à l'article L. 2312-21, les informations figurant dans la base de données portent sur l'année en cours, sur les deux années précédentes et, telles qu'elles peuvent être envisagées, sur les trois années suivantes.

Ces informations sont présentées sous forme de données chiffrées ou, à défaut, pour les années suivantes, sous forme de grandes tendances. L'employeur indique, pour ces années, les informations qui, eu égard à leur nature ou aux circonstances, ne peuvent pas faire l'objet de données chiffrées ou de grandes tendances, pour les raisons qu'il précise.

Sous-§ 2. Mise en place et fonctionnement supplétifs de la base de données économiques et sociales

Art. R. 2312-11. En l'absence d'accord prévu à l'article L. 2312-21, la base de données prévue à l'article L. 2312-18 est constituée au niveau de l'entreprise. Dans les entreprises dotées d'un comité social et économique central, la base de données comporte les informations que l'employeur met à disposition de ce comité et des comités d'établissement.

Les éléments d'information sont régulièrement mis à jour, au moins dans le respect des périodicités prévues par le présent code.

Art. R. 2312-12. En l'absence d'accord prévu à l'article L. 2312-21, la base de données est tenue à la disposition des personnes mentionnées au dernier alinéa de l'article L. 2312-36 sur un support informatique pour les entreprises d'au moins trois cents salariés, et sur un support informatique ou papier pour les entreprises de moins de trois cents salariés.

L'employeur informe ces personnes de l'actualisation de la base de données selon des modalités qu'il détermine et fixe les modalités d'accès, de consultation et d'utilisation de la base.

Ces modalités permettent aux personnes mentionnées au dernier alinéa de l'article L. 2312-36 d'exercer utilement leurs compétences respectives.

Art. R. 2312-13. Les informations figurant dans la base de données qui revêtent un caractère confidentiel doivent être présentées comme telles par l'employeur qui indique la durée du caractère confidentiel de ces informations que les personnes mentionnées au dernier alinéa de l'article L. 2312-36 sont tenues de respecter.

Art. R. 2312-14. En l'absence d'accord prévu à l'article L. 2312-21, la mise à disposition actualisée dans la base de données des éléments d'information contenus dans les rapports et des informations transmis de manière récurrente au comité social et économique vaut communication à celui-ci des rapports et informations lorsque les conditions cumulatives suivantes sont remplies :

1° La condition fixée au second alinéa de l'article R. 2312-11 est remplie ;

2° L'employeur met à disposition des membres du comité social et économique les éléments d'analyse ou d'explication lorsqu'ils sont prévus par le présent code.

Sous-§ 3. Base de données économiques et sociales au niveau du groupe

Art. R. 2312-15. Sans préjudice de l'obligation de mise en place d'une base de données au niveau de l'entreprise, une convention ou un accord de groupe peut prévoir la constitution d'une base de données au niveau du groupe.

La convention ou l'accord détermine notamment les personnes ayant accès à cette base ainsi que les modalités d'accès, de consultation et d'utilisation de cette base.

Sous-section 3. Consultations et informations récurrentes

§ 1. Ordre public

Art. L. 2312-17. Le comité social et économique est consulté dans les conditions définies à la présente section sur :

1° Les orientations stratégiques de l'entreprise ;

2° La situation économique et financière de l'entreprise ;

3° La politique sociale de l'entreprise, les conditions de travail et l'emploi.

Art. L. 2312-18. Une base de données économiques et sociales rassemble l'ensemble des informations nécessaires aux consultations et informations récurrentes que l'employeur met à disposition du comité social et économique. Ces informations comportent en particulier des indicateurs relatifs à l'égalité professionnelle entre les femmes et les hommes, notamment sur les écarts de rémunération ***(L. 2018-771 du 5 sept. 2018, art. 104, XII, JO 6)*** « et les informations sur la méthodologie et le contenu des indicateurs prévus à l'article L. 1142-8 ».

Les éléments d'information transmis de manière récurrente au comité sont mis à la disposition de leurs membres dans la base de données et cette mise à disposition actualisée vaut communication des rapports et informations au comité, dans les conditions et limites fixées par un décret en Conseil d'État.

Lorsque les dispositions du présent code prévoient également la transmission à l'autorité administrative des rapports et informations mentionnés au deuxième alinéa, les éléments d'information qu'ils contiennent sont mis à la disposition de l'autorité administrative à partir de la base de données et la mise à disposition actualisée vaut transmission à cette autorité.

§ 2. Champ de la négociation

Art. L. 2312-19. Un accord d'entreprise, conclu dans les conditions prévues au premier alinéa de l'article L. 2232-12 ou, en l'absence de délégué syndical, un accord entre l'employeur et le comité social et économique, adopté à la majorité des membres titulaires de la délégation du personnel du comité, peut définir :

1° Le contenu, la périodicité et les modalités des consultations récurrentes du comité social et économique mentionnées à l'article L. 2312-17 ainsi que la liste et le contenu des informations nécessaires à ces consultations ;

2° Le nombre de réunions annuelles du comité prévues à l'article L. 2315-27, qui ne peut être inférieur à six ;

3° Les niveaux auxquels les consultations sont conduites et, le cas échéant, leur articulation ;

4° Les délais mentionnés à l'article L. 2312-15 dans lesquels les avis du comité sont rendus.

Il peut également prévoir la possibilité pour le comité social et économique d'émettre un avis unique portant sur tout ou partie des thèmes de consultation prévus à l'article L. 2312-17.

La périodicité des consultations prévue par l'accord ne peut être supérieure à trois ans.

Note Les accords mentionnés aux articles L. 2312-19 et 21 peuvent être négociés à compter du 23 septembre 2017. Ils s'appliquent aux instances représentatives du personnel existantes à la date de leur conclusion (ordonnance 2017-1386 du 22 septembre 2017, art. 8, JO 23).

Art. L. 2312-20. Un accord de groupe peut prévoir que la consultation sur les orientations stratégiques est effectuée au niveau du comité de groupe. Il prévoit les modalités de transmission de l'avis du comité de groupe :

1° À chaque comité social et économique du groupe, qui reste consulté sur les conséquences de ces orientations stratégiques ;

2° À l'organe chargé de l'administration de l'entreprise dominante de ce groupe, définie à l'article L. 2331-1.

Art. L. 2312-21. Un accord d'entreprise conclu dans les conditions prévues au premier alinéa de l'article L. 2232-12 ou, en l'absence de délégué syndical, un accord entre l'employeur et le comité social et économique, adopté à la majorité des membres titulaires de la délégation du personnel du comité, définit :

1° L'organisation, l'architecture et le contenu de la base de données économiques et sociales;

2° Les modalités de fonctionnement de la base de données économiques et sociales, notamment les droits d'accès et le niveau de mise en place de la base dans les entreprises comportant des établissements distincts, son support, ses modalités de consultation et d'utilisation.

La base de données comporte au moins les thèmes suivants: l'investissement social, l'investissement matériel et immatériel, l'égalité professionnelle entre les femmes et les hommes au sein de l'entreprise, les fonds propres, l'endettement, l'ensemble des éléments de la rémunération des salariés et dirigeants, les activités sociales et culturelles, la rémunération des financeurs, les flux financiers à destination de l'entreprise.

L'accord peut également intégrer dans la base de données les informations nécessaires aux négociations obligatoires prévues à l'article L. 2242-1, au 1° de l'article L. 2242-11 ou à l'article L. 2242-13 et aux consultations ponctuelles du comité social et économique prévues à l'article L. 2312-8 et à la sous-section 4.

L'organisation, l'architecture, le contenu et les modalités de fonctionnement de la base de données sont tels qu'ils permettent au comité social et économique et, le cas échéant, aux délégués syndicaux d'exercer utilement leurs compétences.

À défaut d'accord prévu à l'alinéa premier, un accord de branche peut définir l'organisation, l'architecture, le contenu et les modalités de fonctionnement de la base de données économiques et sociales dans les entreprises de moins de trois cents salariés.

Note Voir note sous art. L. 2312-19.

§ 3. Dispositions supplétives

Art. L. 2312-22. En l'absence d'accord prévu à l'article L. 2312-19, le comité social et économique est consulté chaque année sur:

1° Les orientations stratégiques de l'entreprise dans les conditions définies au sous-paragraphe 1er;

2° La situation économique et financière de l'entreprise dans les conditions définies au sous-paragraphe 2;

3° La politique sociale de l'entreprise, les conditions de travail et l'emploi dans les conditions définies au sous-paragraphe 3.

Les consultations prévues aux 1° et 2° sont conduites au niveau de l'entreprise, sauf si l'employeur en décide autrement et sous réserve de l'accord de groupe prévu à l'article L. 2312-20. La consultation prévue au 3° est conduite à la fois au niveau central et au niveau des établissements lorsque sont prévues des mesures d'adaptation spécifiques à ces établissements.

Art. L. 2312-23. En l'absence d'accord prévu à l'article L. 2312-21, la base de données économiques et sociales est mise en place dans les conditions définies au sous-paragraphe 4.

Sous-§ 1. Consultation annuelle sur les orientations stratégiques de l'entreprise

Art. L. 2312-24. Le comité social et économique est consulté sur les orientations stratégiques de l'entreprise, définies par l'organe chargé de l'administration ou de la surveillance de l'entreprise, et sur leurs conséquences sur l'activité, l'emploi, l'évolution des métiers et des compétences, l'organisation du travail, le recours à la sous-traitance, à l'intérim, à des contrats temporaires et à des stages. Cette consultation porte, en outre, sur la gestion prévisionnelle des emplois et des compétences, sur les orientations de la formation professionnelle ***(L. 2018-771 du 5 sept. 2018, art. 8, V, JO 6)*** «et sur le plan de développement des compétences».

Le comité émet un avis sur les orientations stratégiques de l'entreprise et peut proposer des orientations alternatives. Cet avis est transmis à l'organe chargé de l'administration ou de la surveillance de l'entreprise, qui formule une réponse argumentée. Le comité en reçoit communication et peut y répondre.

Note • Les dispositions de cet article, dans sa rédaction issue de la loi 2018-771 précitée, sont applicables depuis le 1er janvier 2019 (loi précitée, art. 46, I).

• Le dernier alinéa de cet article a été supprimé par l'ordonnance 2017-1718 du 20 décembre 2017, art. 1er, I, 69°, JO 21.

Sous-§ 2. Consultation annuelle sur la situation économique et financière de l'entreprise

Art. L. 2312-25. I. – La consultation annuelle sur la situation économique et financière de l'entreprise porte également sur la politique de recherche et de développement technologique de l'entreprise, y compris sur l'utilisation du crédit d'impôt pour les dépenses de recherche.

(Supprimé par L. 2017-1837 du 30 déc. 2017, art. 86, II, JO 31) « La consultation sur l'utilisation du crédit d'impôt pour la compétitivité et l'emploi prévu à l'article 244 *quater* C du code général des impôts est intégrée dans la présente consultation. L'avis du comité social et économique est transmis à l'organe chargé de l'administration ou de la surveillance de l'entreprise. Lorsque le comité constate que tout ou partie du crédit d'impôt n'a pas été utilisé conformément au code général des impôts, il peut demander des explications selon les modalités prévues aux articles L. 2312-61 et L. 2312-62. »

II. – En vue de cette consultation, l'employeur met à la disposition du comité, dans les conditions prévues par l'accord mentionné à l'article L. 2312-21 ou à défaut d'accord au sous-paragraphe 4 :

1° Les informations sur l'activité et sur la situation économique et financière de l'entreprise ainsi que sur ses perspectives pour l'année à venir. Ces informations sont tenues à la disposition de l'autorité administrative ;

2° Pour toutes les sociétés commerciales, les documents obligatoirement transmis annuellement à l'assemblée générale des actionnaires ou à l'assemblée des associés, notamment le rapport de gestion prévu à l'article L. 225-102-1 du code de commerce qui comprend les informations relatives à la responsabilité sociale et environnementale des entreprises, les communications et les copies transmises aux actionnaires dans les conditions prévues aux articles L. 225-100 à L. 225-102-2, L. 225-108 et L. 225-115 à L. 225-118 du code de commerce, ainsi que le rapport des commissaires aux comptes. Le conseil peut convoquer les commissaires aux comptes pour recevoir leurs explications sur les différents postes des documents communiqués ainsi que sur la situation financière de l'entreprise ;

3° Pour les sociétés commerciales mentionnées à l'article L. 232-2 du code de commerce et les groupements d'intérêt économique mentionnés à l'article L. 251-13 du même code, les documents établis en application du même article L. 251-13 et des articles L. 232-3 et L. 232-4 dudit code. Ces documents sont réputés confidentiels, au sens de l'article L. 2315-3 du présent code ;

4° Pour les entreprises ne revêtant pas la forme de société commerciale, les documents comptables qu'elles établissent ;

5° Les informations relatives à la politique de recherche et de développement technologique de l'entreprise.

Note • La suppression du second alinéa du I de cet article s'applique aux rémunérations versées depuis le 01.01.2019 (loi 2017-1837 précitée, art. 86, V).

• ***Jurisprudence rendue à propos du comité d'entreprise et ayant en principe vocation à s'appliquer au comité social et économique.*** Sur le fondement de l'article L. 225-231 c. com., le comité d'entreprise d'une société peut solliciter en référé la désignation d'un expert chargé de présenter un rapport sur une ou plusieurs opérations de gestion de cette société. Dès lors que le juge du fond estime que toutes les conditions prévues par l'article L. 225-231 sont réunies, il n'a pas à rechercher, en outre, si la mesure d'expertise qu'elle a, en conséquence, décidé d'ordonner est de nature à porter atteinte à l'intérêt de la société (cass. com. 10 septembre 2013, n° 12-16.509, BC IV n° 130 ; RJS 12/13 n° 830).

Jugé dans le cadre des anciens articles L. 2323-8 et R. 2323-1-5 CT que l'employeur remplit son obligation de communiquer les pièces utiles à la consultation annuelle sur les comptes, dès lors qu'il met à disposition du comité d'entreprise, et par suite de l'expert désigné par ce dernier, le détail des éléments de rémunération ou des éléments concernant les fournisseurs relatifs à l'année qui fait l'objet du contrôle et aux deux années précédentes (cass. soc. 25 mars 2020, n° 18-22.509, à paraître, LS Jurispr. n° 80 du 28.04.2020 ; RJS 6/20 n° 302 ; JSL n° 499, 08.06.2020, p. 26 ; JCP éd. S 2020, 2057, note L. Dauxerre).

Art. R. 2312-16. En l'absence d'accord prévu à l'article L. 2312-19, dans les entreprises de moins de trois cents salariés, l'employeur met à la disposition du comité social et économique en vue de la consultation sur la situation économique et financière de l'entreprise les informations prévues aux rubriques 1° B, 7° A et 7° F, 8° et 9° de la base de données économiques et sociales prévues à l'article R. 2312-8.

Art. R. 2312-17. En l'absence d'accord prévu à l'article L. 2312-19, dans les entreprises d'au moins trois cents salariés, l'employeur met à la disposition du comité social et économique en vue de la consultation sur la situation économique et financière de l'entreprise les informations prévues aux rubriques 1° B, 1° C, 7° A, 7° F, 8° et 9° de la base de données prévue à l'article R. 2312-9.

Sous-§ 3. Consultation annuelle sur la politique sociale de l'entreprise, les conditions de travail et l'emploi

Art. L. 2312-26. I. – La consultation annuelle sur la politique sociale de l'entreprise, les conditions de travail et l'emploi porte sur l'évolution de l'emploi, les qualifications, le programme pluriannuel de formation, les actions de formation envisagées par l'employeur, l'apprentissage, les conditions d'accueil en stage, les actions de prévention en matière de santé et de sécurité, les conditions de travail, les congés et l'aménagement du temps de travail, la durée du travail, l'égalité professionnelle entre les femmes et les hommes et les modalités d'exercice du droit d'expression des salariés dans les entreprises non couvertes par un accord sur l'égalité professionnelle et la qualité de vie au travail contenant des dispositions sur ce droit.

Le comité peut se prononcer par un avis unique portant sur l'ensemble des thèmes énoncés au premier alinéa ou par des avis séparés organisés au cours de consultations propres à chacun de ces thèmes.

II. – À cette fin, l'employeur met à la disposition du comité, dans les conditions prévues par l'accord mentionné à l'article L. 2312-21 ou à défaut d'accord au sous-paragraphe 4:

1° Les informations sur l'évolution de l'emploi, des qualifications, de la formation et des salaires, sur les actions en faveur de l'emploi des travailleurs handicapés, sur le nombre et les conditions d'accueil des stagiaires, sur l'apprentissage et sur le recours aux contrats de travail à durée déterminée, aux contrats de mission conclus avec une entreprise de travail temporaire ou aux contrats conclus avec une entreprise de portage salarial;

2° Les informations et les indicateurs chiffrés sur la situation comparée des femmes et des hommes au sein de l'entreprise, mentionnés au 2° de l'article L. 2312-36, ainsi que l'accord relatif à l'égalité professionnelle entre les femmes et les hommes issu de la négociation mentionnée au 2° de l'article L. 2242-1 ou, à défaut, le plan d'action mentionné à l'article L. 2242-3;

3° Les informations sur le ***(Ord. 2019-861 du 21 août 2019, art. 1er, 5°, JO 22)*** «plan de développement des compétences» du personnel de l'entreprise;

4° Les informations sur la mise en œuvre des contrats de professionnalisation et du compte personnel de formation;

(L. 2018-771 du 5 sept. 2018, art. 8, II, JO 6) «4° *bis* Les informations sur la mise en œuvre des entretiens professionnels et de l'état des lieux récapitulatifs prévus à l'article L. 6315-1;»

5° Les informations sur la durée du travail portant sur:

a) Les heures supplémentaires accomplies dans la limite et au-delà du contingent annuel applicable dans l'entreprise;

b) À défaut de détermination du contingent annuel d'heures supplémentaires par voie conventionnelle, les modalités de son utilisation et de son éventuel dépassement dans les conditions prévues aux articles L. 3121-28 à L. 3121-39;

c) Le bilan du travail à temps partiel réalisé dans l'entreprise;

d) Le nombre de demandes individuelles formulées par les salariés à temps partiel pour déroger à la durée hebdomadaire minimale prévue au premier alinéa de l'article L. 3123-7 et aux articles L. 3123-19 et L. 3123-27;

e) La durée, l'aménagement du temps de travail, la période de prise des congés payés prévue aux articles L. 3141-13 à L. 3141-16, les conditions d'application des aménagements de la durée et des horaires prévus à l'article L. 3121-44 lorsqu'ils s'appliquent à des salariés à temps partiel, le recours aux conventions de forfait et les modalités de suivi de la charge de travail des salariés concernés;

6° Les informations sur les mesures prises en vue de faciliter l'emploi des accidentés du travail, des invalides de guerre et assimilés, des invalides civils et des travailleurs handicapés, notamment celles relatives à l'application de l'obligation d'emploi des travailleurs handicapés;

7° Les informations sur l'affectation de la contribution sur les salaires au titre de l'effort de construction ainsi que sur les conditions de logement des travailleurs étrangers que l'entreprise se propose de recruter;

8° Les informations sur les modalités d'exercice du droit d'expression des salariés prévues à l'article L. 2281-11 ;

9° Les informations relatives aux contrats de mise à disposition conclus avec les entreprises de travail temporaires, aux contrats d'accompagnement dans l'emploi, aux contrats initiative emploi et les éléments qui l'ont conduit à faire appel, au titre de l'année écoulée, et qui pourraient le conduire à faire appel pour l'année à venir, à des contrats de travail à durée déterminée, à des contrats de mission conclus avec une entreprise de travail temporaire ou à des contrats conclus avec une entreprise de portage salarial.

Note Les dispositions de cet article, dans sa rédaction issue de la loi 2018-771 précitée, sont applicables depuis le 1er janvier 2019 (loi précitée, art. 46, I).

Nous rapportons ci-après les solutions dégagées par la jurisprudence à propos du comité d'entreprise en ce qu'elles ont en principe vocation à s'appliquer au comité social et économique.

• **Formation professionnelle.** Les dispositions de l'article L. 2323-15 [ancien] CT, qui prescrivent que le comité d'entreprise donne son avis tous les ans sur le projet de plan pour l'année à venir, impliquent que cet avis soit, sous peine d'entrave, donné avant la fin de l'année précédant celle de l'exécution du plan. Est sans incidence, à cet égard, le fait que le centre de formation professionnelle n'exige pas des employeurs qu'ils lui adressent le programme annuel de l'utilisation des fonds avant la fin de l'année précédant celle où le programme doit être réalisé (cass. crim. 26 novembre 1991, n° 90-84.546, RJS 3/92 n° 305).

Sur la condamnation pour entrave au fonctionnement régulier du comité central d'entreprise du président et du directeur général d'une banque pour avoir transmis tardivement les documents nécessaires à l'information dudit comité relative à la formation professionnelle et refusé d'organiser la seconde réunion spécifique de consultation prévue par l'article L. 933-3, al. 1er [ancien] CT, voir cass. crim. 13 janvier 1998, n° 96-81.477, B. crim. n° 16.

Le comité d'entreprise est consulté sur le plan de formation au cours de deux réunions spécifiques. En l'absence de débats et d'avis émis par le comité, la consultation est irrégulière (CAA Marseille 28 février 2006, 4e ch., n° 03-313, RJS 10/06 n° 1104; JCP éd. S 2006, 1428).

Est coupable d'entrave au fonctionnement régulier du comité d'entreprise le gérant d'une société qui n'a pas transmis dans les délais utiles tous les documents nécessaires à l'information sur les orientations de la formation professionnelle dans l'entreprise (cass. crim. 20 février 1996, n° 94-85.863, B. crim. n° 81; RJS 5/96 n° 557).

• **Aménagement du temps de travail.** Commet le délit d'entrave au fonctionnement régulier du comité d'entreprise le directeur des ressources humaines auquel est confiée, par délégation du chef d'entreprise, la présidence du comité d'établissement, qui refuse sans motif légitime de consulter le comité d'établissement sur l'abandon de l'horaire collectif prévu par le règlement intérieur au profit de l'instauration d'horaires de travail individualisés (cass. crim. 16 septembre 2003, n° 02-86.661, B. crim. n° 164; RJS 1/04 n° 72).

• Il a également été jugé, à propos de la consultation du comité d'entreprise sur les conditions de travail, que :

– caractérise le délit d'entrave au fonctionnement du comité d'entreprise le fait pour un président de société d'avoir instauré une prime de productivité sans avoir informé et consulté préalablement cet organisme (cass. crim. 7 mars 2000, n° 99-83.398);

– constitue une modification importante de l'organisation du temps de travail des salariés au sein d'un établissement rendant nécessaire l'information et la consultation des institutions représentatives du personnel la mesure consistant à proposer à des salariés, précédemment sous contrats d'adaptation, la conclusion de contrats de travail à durée indéterminée prévoyant une alternance entre des périodes de travail posté et à la journée, dès lors que cette mesure, mise en œuvre pour un nombre croissant de salariés, est dénuée de caractère ponctuel et est appelée à être développée en fonction de ses résultats (cass. crim. 12 avril 2005, n° 04-83.101, B. crim. n° 129; JSL n° 171, 5.07.2005, p. 22; Dr. Soc. 2005, p. 856 et s., Fr. Duquesne; RJS 11/05 n° 1114);

– un comité central d'entreprise ayant à étudier les incidences sur les conditions de travail du nouveau mode de rémunération des salariés peut s'informer des préférences de ces derniers par une consultation du personnel dont les frais doivent s'imputer sur son budget de fonctionnement. L'information du comité n'est limitée ni aux renseignements dont disposent ses membres à titre individuel ni aux observations et suggestions des délégués du personnel (cass. soc. 19 décembre 1990, n° 89-16.072, BC V n° 693; Dr. Soc. 1991, p. 267);

– lorsqu'il est consulté sur les problèmes généraux intéressant les conditions de travail, le comité d'entreprise doit disposer de l'avis du comité d'hygiène, de sécurité et des conditions de travail; il s'ensuit que le comité d'entreprise est recevable à invoquer dans le cadre de sa propre consultation l'irrégularité de la procédure de consultation préalable du CHSCT (cass. soc. 4 juillet 2012, n° 11-19.678, BC V n° 215; JCP éd. S 2012, 1399, note L. Cailloux-Meurice; Gaz. Pal. 2012, nos 237-238, p. 38, note B. Boubli; RJS 10/12 n° 814; L. Pécaut-Rivolier et Y. Struillou,

chron. des jurisprudences sur la représentation du personnel, SSL n° 1560 du 19.11.2012; voir également cass. soc. 10 juillet 2013, n° 12-17.196, BC V n° 187; RJS 10/13 n° 695: constitue un trouble manifestement illicite le fait pour une société de mettre en œuvre une réorganisation conséquente de certaines tâches alors que le comité central d'entreprise n'avait pas eu communication des avis des comités d'hygiène, de sécurité et des conditions de travail existant dans les entités affectées par la réorganisation);
– c'est à bon droit qu'une cour d'appel a suspendu l'application de la décision relative à la commercialisation d'un contrat collectif d'assurance en ses dispositions emportant, pour les salariés qui en étaient chargés, réduction du taux de commissionnement précédemment alloué jusqu'à ce qu'il ait été procédé à l'information et à la consultation du comité d'entreprise. En effet, la cour, qui a constaté que les modalités de commercialisation du contrat collectif affectaient globalement le mode de rémunération et que les conditions de travail de ce personnel étaient concernées, a légalement justifié sa décision, peu important que la rémunération effective soit ou non plus avantageuse. La cour d'appel, saisie de demandes tendant à faire défense aux sociétés d'assurances de mettre en œuvre le mode de rémunération résultant du nouveau contrat collectif, a pu décider qu'il y avait lieu, pour permettre le respect de l'obligation de consultation du comité d'entreprise, de suspendre la mise à exécution de la décision de l'employeur (cass. soc. 28 novembre 2000, n° 98-19.594, BC V n° 398; Dr. Soc. 2001, p. 212, obs. Ch. Radé);
– lorsqu'un accord collectif dispose expressément qu'il constitue un accord cadre définissant les dispositions essentielles concernant l'ensemble du personnel et renvoie, pour l'application pratique de plusieurs d'entre elles, à une mise au point sur le plan régional après concertation avec le personnel, consultation des instances représentatives du personnel et éventuellement expérimentation, la mise en œuvre de cet accord, au plan local, est subordonnée à la consultation préalable des comités d'établissement. Dès lors, le défaut de consultation d'un comité d'établissement sur la décision unilatérale d'un chef d'établissement de mettre en œuvre cet accord au sein d'un centre régional constitue un trouble manifestement illicite auquel il ne peut être mis fin que par la suspension de la mise en application de l'accord (cass. soc. 13 novembre 2001, n° 99-10.891, BC V n° 343; RJS 1/02 n° 51).

Voir aussi note sous article L. 2312-8, à propos de l'information et de la consultation du comité d'entreprise sur les questions intéressant l'organisation, la gestion et la marche générale de l'entreprise, qui porte notamment sur les conditions de travail.

Art. L. 2312-27. Dans le cadre de la consultation sur la politique sociale, l'employeur présente également au comité social et économique:

1° Un rapport annuel écrit faisant le bilan de la situation générale de la santé, de la sécurité et des conditions de travail dans l'entreprise et des actions menées au cours de l'année écoulée dans ces domaines. Les questions du travail de nuit et de prévention des effets de l'exposition aux facteurs de risques professionnels mentionnés à l'article L. 4161-1 sont traitées spécifiquement;

2° Un programme annuel de prévention des risques professionnels et d'amélioration des conditions de travail. Ce programme fixe la liste détaillée des mesures devant être prises au cours de l'année à venir qui comprennent les mesures de prévention des effets de l'exposition aux facteurs de risques professionnels mentionnés à l'article L. 4161-1, ainsi que, pour chaque mesure, ses conditions d'exécution et l'estimation de son coût.

Lors de l'avis rendu sur le rapport et sur le programme annuels de prévention, le comité peut proposer un ordre de priorité et l'adoption de mesures supplémentaires.

Lorsque certaines des mesures prévues par l'employeur ou demandées par le comité n'ont pas été prises au cours de l'année concernée par le programme, l'employeur énonce les motifs de cette inexécution, en annexe au rapport annuel.

Le procès-verbal de la réunion du comité consacrée à l'examen du rapport et du programme est joint à toute demande présentée par l'employeur en vue d'obtenir des marchés publics, des participations publiques, des subventions, des primes de toute nature ou des avantages sociaux ou fiscaux.

Art. L. 2312-28. Dans les entreprises et organismes mentionnés au premier alinéa de l'article L. 2311-1 ainsi que dans les entreprises mentionnées à l'article L. 2312-35, la consultation sur la politique sociale de l'entreprise, les conditions de travail et l'emploi prévue au 3° de l'article L. 2312-17 porte, en outre, sur le bilan social de l'entreprise lorsque l'entreprise compte au moins trois cents salariés. À cette fin, l'employeur met à la disposition du comité social et économique, dans les conditions prévues par l'accord mentionné à l'article L. 2312-21 ou à défaut d'accord au sous-paragraphe 4, les données relatives à ce bilan social.

Dans les entreprises comportant des établissements distincts, le comité social et économique d'établissement est consulté sur le bilan social particulier à chaque établissement dont l'effectif est au moins de trois cents salariés.

Art. L. 2312-29. Lorsque l'effectif de l'entreprise ou de l'établissement atteint le seuil d'assujettissement de trois cents salariés conformément aux dispositions de l'article L. 2312-34, le premier bilan social de l'entreprise ou de l'établissement porte sur l'année suivant celle au cours de laquelle le seuil a été atteint.

Le premier bilan social peut ne concerner que l'année écoulée. Le deuxième bilan peut ne concerner que les deux dernières années écoulées.

Lorsque l'effectif de l'entreprise ou de l'établissement devient inférieur au seuil d'assujettissement de trois cents salariés, un bilan social est néanmoins présenté pour l'année en cours.

Art. L. 2312-30. Le bilan social récapitule les principales données chiffrées permettant d'apprécier la situation de l'entreprise dans le domaine social, d'enregistrer les réalisations effectuées et de mesurer les changements intervenus au cours de l'année écoulée et des deux années précédentes.

Le bilan social comporte des informations sur l'emploi, les rémunérations et charges accessoires, les conditions de santé et de sécurité, les autres conditions de travail, la formation, les relations professionnelles, le nombre de salariés détachés et le nombre de travailleurs détachés accueillis ainsi que sur les conditions de vie des salariés et de leurs familles dans la mesure où ces conditions dépendent de l'entreprise.

Art. L. 2312-31. Les informations du bilan social sont mises à la disposition de tout salarié qui en fait la demande.

Elles sont mises à la disposition de l'agent de contrôle de l'inspection du travail mentionné à l'article L. 8112-1 avec l'avis du comité social et économique dans un délai de quinze jours à compter de la réunion de ce dernier.

Art. L. 2312-32. Dans les sociétés par actions, le dernier bilan social accompagné de l'avis du comité social et économique prévu à l'article L. 2312-28 est adressé aux actionnaires ou mis à leur disposition dans les mêmes conditions que les documents prévus aux articles L. 225-108 et L. 225-115 du code de commerce.

Art. L. 2312-33. Le bilan social sert de base à l'application des dispositions de l'article L. 6331-12 ainsi que de celles qui prévoient l'établissement de programmes annuels de formation.

Art. L. 2312-34. Le seuil de trois cents salariés mentionné au présent chapitre est réputé franchi lorsque l'effectif de l'entreprise dépasse ce seuil pendant douze mois consécutifs.

L'employeur dispose d'un délai d'un an à compter du franchissement de ce seuil pour se conformer complètement aux obligations d'information et de consultation du comité social et économique qui en découlent.

Art. L. 2312-35. Un décret en Conseil d'État précise le contenu des informations prévues au présent paragraphe.

Des décrets en Conseil d'État déterminent les mesures d'adaptation nécessaires à l'application des dispositions des articles L. 2312-28 à L. 2312-33 dans les entreprises tenues de constituer un comité social et économique ou des organismes de représentation du personnel qui en tiennent lieu en vertu soit de dispositions légales autres que celles du code du travail, soit de stipulations conventionnelles.

Ces décrets sont pris après avis des organisations syndicales représentatives dans les entreprises intéressées.

Le nombre et la teneur de ces informations sont adaptés à la taille de l'entreprise et de l'établissement par arrêté du ou des ministres compétents.

Certaines branches d'activité peuvent être dotées, dans les mêmes formes, de bilans sociaux spécifiques.

Art. R. 2312-18. En l'absence d'accord prévu à l'article L. 2312-19, l'employeur communique aux membres du comité social et économique en vue de la consultation sur la politique sociale, les conditions de travail et l'emploi, les informations prévues aux rubriques 1° A *e* et 1° A *f* de la base de données prévues à l'article R. 2312-8.

Art. R. 2312-19. En l'absence d'accord prévu à l'article L. 2312-19, dans les entreprises de moins de trois cents salariés, l'employeur met à la disposition du comité social et économique en vue de la consultation sur la politique sociale, les conditions de travail et l'emploi les informations prévues aux rubriques 1° A, 2° et 4° de la base de données prévues à l'article R. 2312-8.

Art. R. 2312-20. En l'absence d'accord prévu à l'article L. 2312-19, dans les entreprises d'au moins trois cents salariés, l'employeur met à disposition du comité social et économique en vue de la consultation sur la politique sociale, les conditions de travail et l'emploi, les informations prévues aux rubriques 1° A, 2°, 4°, et 5° de la base de données prévues à l'article R. 2312-9.

Sous-§ 4. La base de données économiques et sociales

Art. L. 2312-36. En l'absence d'accord prévu à l'article L. 2312-21, une base de données économiques et sociales, mise régulièrement à jour, rassemble un ensemble d'informations que l'employeur met à disposition du comité social et économique.

La base de données est accessible en permanence aux membres de la délégation du personnel du comité social et économique ainsi qu'aux membres de la délégation du personnel du comité social et économique central d'entreprise, et aux délégués syndicaux.

Les informations contenues dans la base de données portent sur les thèmes suivants:

1° Investissements: investissement social (emploi, évolution et répartition des contrats précaires, des stages et des emplois à temps partiel, formation professionnelle ***(L. 2018-771 du 5 sept. 2018, art. 10, JO 6)*** «, évolution professionnelle» et conditions de travail), investissement matériel et immatériel et, pour ***(Ord. 2017-1718 du 20 déc. 2017, art. 1er, I, 70°, JO 21)*** «les sociétés mentionnées aux I et II de l'article L. 225-102-1 du code du commerce, les informations en matière environnementale présentées en application du III du même article»;

2° Égalité professionnelle entre les femmes et les hommes au sein de l'entreprise: diagnostic et analyse de la situation comparée des femmes et des hommes pour chacune des catégories professionnelles de l'entreprise en matière d'embauche, de formation, de promotion professionnelle, de qualification, de classification, de conditions de travail, de sécurité et de santé au travail, de rémunération effective et d'articulation entre l'activité professionnelle et la vie personnelle et familiale, analyse des écarts de salaires et de déroulement de carrière en fonction de l'âge, de la qualification et de l'ancienneté, évolution des taux de promotion respectifs des femmes et des hommes par métiers dans l'entreprise, part des femmes et des hommes dans le conseil d'administration;

3° Fonds propres et endettement;

4° Ensemble des éléments de la rémunération des salariés et dirigeants;

5° Activités sociales et culturelles;

6° Rémunération des financeurs;

7° Flux financiers à destination de l'entreprise, notamment aides publiques et crédits d'impôts;

8° Sous-traitance;

9° Le cas échéant, transferts commerciaux et financiers entre les entités du groupe.

Ces informations portent sur les deux années précédentes et l'année en cours et intègrent des perspectives sur les trois années suivantes.

Le contenu de ces informations ainsi que les modalités de fonctionnement de la base sont déterminés par un décret en Conseil d'État, le contenu pouvant varier selon que ***(Ord. 2017-1718 du 20 déc. 2017, art. 1er, I, 70°, JO 21)*** «l'effectif de l'entreprise est inférieur ou au moins égal à» trois cents salariés.

Les membres de la délégation du personnel du comité social et économique, du comité social et économique central d'entreprise et les délégués syndicaux sont tenus à une obligation de discrétion à l'égard des informations contenues dans la base de données revêtant un caractère confidentiel et présentées comme telles par l'employeur.

Note • Les dispositions de cet article, dans sa rédaction issue de la loi 2018-771 précitée, sont applicables depuis le 1er janvier 2019 (loi précitée, art. 46, I).

• ***Jurisprudence rendue à propos du comité d'entreprise et ayant en principe vocation à s'appliquer au comité social et économique.*** *Importance de la constitution de cette base de données.* Lorsque la loi ou l'accord collectif prévoit la communication ou la mise à disposition de certains documents, les délais de consultation du comité d'entreprise ne courent qu'à compter de cette communication. Lorsque la base de données économiques et sociales est le support de préparation de la consultation, l'absence de cette base fait que les délais de consultation ne courent pas (cass. soc. 28 mars 2018, n° 17-13.081, BC V n° 49; LSQ n° 17545 du 05.04.2018; JCP éd. S 2018, 1167, note S. Guedes da Costa et Ch. Michaud; RJS 6/18 n° 426; RDT, juin 2018, CH, 465, I. Odoul-Asorey).

Sous-section 4. Consultations et informations ponctuelles

§ 1. Ordre public

Art. L. 2312-37. Outre les thèmes prévus à l'article L. 2312-8, le comité social et économique est consulté dans les conditions définies à la présente section dans les cas suivants:

1° Mise en œuvre des moyens de contrôle de l'activité des salariés;
2° Restructuration et compression des effectifs;
3° Licenciement collectif pour motif économique;
(L. 2018-217 du 29 mars 2018, art. 6, 3°, JO 31) «3° *bis* Opération de concentration;»
4° Offre publique d'acquisition;
5° Procédures de sauvegarde, de redressement et de liquidation judiciaire.

Note ***Nous rapportons ci-après les solutions dégagées par la jurisprudence à propos du comité d'entreprise en ce qu'elles ont en principe vocation à s'appliquer au comité social et économique.***

• En l'absence de comité d'entreprise européen instauré par un accord précisant les modalités de l'articulation des consultations en application de l'article L. 2342-9, 4° [ancien] CT, l'institution représentative du personnel d'une société contrôlée par une société mère ayant son siège dans un autre État membre de l'Union européenne doit être consultée sur tout projet concernant l'organisation, la gestion et la marche générale de l'entreprise, notamment sur les mesures de nature à affecter le volume ou la structure des effectifs résultant des modifications de l'organisation économique ou juridique de l'entreprise, y compris lorsqu'une offre publique d'acquisition porte sur les titres de la société mère (cass. soc. 19 décembre 2018, n° 18-14.520, à paraître, LSQ n° 17728 du 08.01.2019; RJS 3/19 n° 167).

• Il a également été jugé, à propos de la consultation du comité d'entreprise sur les modifications de l'organisation économique ou juridique de l'entreprise prévue par l'ancien article L. 2323-33 CT, que:

– le comité doit être informé et consulté sur les modifications de l'organisation économique et juridique de l'entreprise, peu important que celles-ci soient la conséquence de dispositions légales; tel est le cas lorsque l'adoption d'une loi emporte des conséquences pour les salariés d'une société et est de nature à influer sur l'appréciation par le comité d'entreprise d'un projet de modernisation mis en place au sein de cette dernière (cass. soc. 26 octobre 2010, n° 09-67.760, BC V n° 247; RJS 1/11 n° 54);

– doit être approuvée une cour d'appel qui retient que le comité d'entreprise d'une société filiale n'a pas à être consulté préalablement à la conclusion par la société mère d'un protocole de cession d'une branche d'activité du groupe dont la seule décision de mise en œuvre de ce protocole au sein de la société filiale était relative à la cession de ses droits sur un crédit-bail concernant un ensemble immobilier (cass. soc. 15 avril 2015, n° 13-27.520, BC V n° 85; RJS 7/15 n° 473);

– en cas de prise de participation, alors que sont projetées des modifications de l'organisation économique ou juridique de la société, le chef d'entreprise doit indiquer les motifs des modifications projetées et consulter le comité d'entreprise lorsque des mesures sont envisagées à l'égard des salariés si ces modifications comportent des conséquences pour ceux-ci (cass. crim. 18 juin 1991, n° 89-82.729, RJS 10/91 n° 1106);

– la transmission négociée du capital social utilisée comme un moyen de placer la société qui exploite une entreprise sous la dépendance d'une autre société «équivaut, dans l'ordre économique, à la cession de l'entreprise elle-même, pour laquelle la consultation du comité d'entreprise est exigée» (cass. soc. 29 octobre 1991, n° 90-84.302, RJS 1/92 n° 47). La chambre criminelle avait déjà adopté cette solution (cass. crim. 2 mars 1978, n° 76-92.008, B. crim. n° 83; Dr. Soc. 1978, p. 375).

Sur une information et une consultation régulières des organes représentatifs du personnel avant cession, voir notamment cass. crim. 30 novembre 1999, n° 98-82.729, B. crim. n° 283; RJS 5/00 n° 550.

Sur l'information et la consultation d'un comité d'établissement d'une société membre d'un GIE, voir notamment cass. soc. 26 septembre 1990, n° 89-10.258, BC V n° 400.

Sous-§ 1. Méthodes de recrutement et moyens de contrôle de l'activité des salariés

Art. L. 2312-38. Le comité social et économique est informé, préalablement à leur utilisation, sur les méthodes ou techniques d'aide au recrutement des candidats à un emploi ainsi que sur toute modification de celles-ci.

Art. L. 2312-39

Il est aussi informé, préalablement à leur introduction dans l'entreprise, sur les traitements automatisés de gestion du personnel et sur toute modification de ceux-ci.

Le comité est informé et consulté, préalablement à la décision de mise en œuvre dans l'entreprise, sur les moyens ou les techniques permettant un contrôle de l'activité des salariés.

Note ***Nous rapportons ci-après les solutions dégagées par la jurisprudence à propos du comité d'entreprise en ce qu'elles ont en principe vocation à s'appliquer au comité social et économique.***

• Ayant constaté que l'outil de traçabilité, destiné au contrôle des opérations et procédures internes, à la surveillance et la maîtrise des risques au sein d'un établissement de crédit, permettait également de restituer l'ensemble des consultations effectuées par un employé et était utilisé par l'employeur afin de vérifier si le salarié procédait à des consultations autres que celles des clients de son portefeuille, la cour d'appel en a exactement déduit que l'employeur aurait dû informer et consulter le comité d'entreprise sur l'utilisation de ce dispositif à cette fin et qu'à défaut, il convenait d'écarter des débats les documents résultant de ce moyen de preuve illicite (cass. soc. 11 décembre 2019, n° 18-11.792, à paraître, LS Jurispr. n° 04 du 07.01.2020; JCP éd. S 2020, 1024, note Fr. Dumont; RJS 2/20 n° 71, 2e espèce; JSL n° 491, 10.02.2020, pp. 4 et s., Fl. Clouzeau et S. Bouchêne).

• Si les dispositions du 3e alinéa de l'article L. 2323-47 [ancien] CT interdisent à l'employeur de se servir de moyens de preuve obtenus à l'aide de procédés de surveillance qui n'auraient pas été portés préalablement à la connaissance des salariés, l'employeur est libre de mettre en place des procédés de surveillance des entrepôts ou autres locaux de rangement dans lesquels les salariés ne travaillent pas. Ainsi constitue un moyen de preuve admissible un système de vidéosurveillance installé par l'employeur dans un entrepôt de marchandises mais n'enregistrant pas l'activité de salariés affectés à un poste de travail déterminé (cass. soc. 31 janvier 2001, n° 98-44.290, BC V n° 28; RJS 4/01 n° 405). Il en est de même du système de vidéosurveillance installé pour assurer la sécurité du magasin et qui n'a pas été utilisé pour contrôler le salarié dans l'exercice de ses fonctions (cass. soc. 6 juin 2013, n° 12-16.564, RJS 10/13 n° 651).

• Si un système de contrôle et d'évaluation individuels des salariés ne peut être instauré qu'après information et consultation du comité d'entreprise, tel n'est pas le cas d'un audit occasionnel mis en œuvre pour apprécier, à un moment donné, l'organisation d'un service (cass. soc. 12 juillet 2010, n° 09-66.339, BC V n° 168; RJS 10/10 n° 719).

Sous-§ 2. Restructuration et compression des effectifs

Art. L. 2312-39. Le comité social et économique est saisi en temps utile des projets de restructuration et de compression des effectifs.

Il émet un avis sur l'opération projetée et ses modalités d'application dans les conditions et délais prévus à l'article L. 1233-30, lorsqu'elle est soumise à l'obligation d'établir un plan de sauvegarde de l'emploi.

Cet avis est transmis à l'autorité administrative.

Le présent article n'est pas applicable en cas d'accords collectifs visés aux articles L. 1237-17 et suivants.

Sous-§ 3. Licenciement collectif pour motif économique

Art. L. 2312-40. Lorsque l'employeur envisage de procéder à un licenciement collectif pour motif économique, le comité social et économique est consulté dans les conditions prévues par le titre III du livre II de la première partie du présent code.

Note ***Nous rapportons ci-après les solutions dégagées par la jurisprudence à propos du comité d'entreprise et des délégués du personnel en ce qu'elles ont en principe vocation à s'appliquer au comité social et économique.***

Un employeur peut être poursuivi et condamné pour entrave au fonctionnement régulier du comité d'entreprise s'il procède à des licenciements collectifs sans réunir et consulter le comité d'entreprise (cass. crim. 20 septembre 1994, n° 93-83.930, RJS 2/95 n° 117, 2e espèce).

Lorsqu'un comité d'entreprise existe dans l'entreprise, l'employeur qui envisage de procéder à un licenciement collectif pour motif économique de dix salariés ou plus dans une même période de trente jours doit réunir et consulter ce comité, peu important que l'effectif de l'entreprise soit passé en dessous du seuil de cinquante salariés. C'est donc à tort que, pour juger que, dans le cadre d'une procédure de licenciement collectif pour motif économique, un employeur était tenu de réunir et de consulter les délégués du personnel et non le comité d'entreprise, une cour d'appel a retenu que l'obligation de consulter le comité d'entreprise ne s'impose que dans les entreprises qui comptent plus de cinquante salariés (cass. soc. 12 juillet 2010, n° 09-14.192, BC V n° 165; RJS 10/10 n° 738).

Les dispositions du code du travail sur les institutions représentatives du personnel sont d'ordre public et ne sauraient être méconnues à raison de pratiques économiques transnationales (TGI Paris, 9 avril 2001, référé, n° 01-54.016, RJS 7/01 n° 883). Dans cette affaire, une mesure de restructuration, prise par une société mère étrangère, s'appliquait à une entreprise française faisant partie d'un groupe de dimension communautaire. Le comité central d'entreprise de la société française avait été prévenu de manière informelle par sa direction de l'intention du groupe de cesser toute activité en France. Les juges ont suspendu la décision de cesser l'activité au motif que la procédure suivie par la direction française était irrégulière. En effet, les articles L. 431-5 [L. 2323-2 ancien] et L. 432-1 [L. 2323-31 ancien] CT exigent que les institutions représentatives soient consultées alors que le projet de restructuration n'est pas encore définitivement arrêté.

La régularité de la consultation du comité d'entreprise sur un projet de licenciement économique n'est pas subordonnée au respect préalable par l'employeur de l'obligation de le consulter sur l'évolution annuelle des emplois et des qualifications prévue par l'article L. 2323-15 [ancien] ni de celle d'engager tous les trois ans une négociation portant sur la gestion prévisionnelle des emplois et des compétences imposée par l'article L. 2242-13 (cass. soc. 30 septembre 2009, n° 07-20.525, BC V n° 217; RJS 12/09 n° 915).

Sous-§ 4. Opération de concentration

Art. L. 2312-41. Lorsqu'une entreprise est partie à une opération de concentration, telle que définie à l'article L. 430-1 du code de commerce, l'employeur réunit le comité social et économique au plus tard dans un délai de trois jours à compter de la publication du communiqué relatif à la notification du projet de concentration, émanant soit de l'autorité administrative française en application de l'article L. 430-3 du même code, soit de la Commission européenne en application du règlement (CE) n° 139/2004 du Conseil du 20 janvier 2004 sur les concentrations.

Au cours de cette réunion, le comité social et économique ou, le cas échéant, la commission économique peut proposer ***(Ord. 2017-1718 du 20 déc. 2017, art. 1er, I, 72°, JO 21)*** «le recours à un expert-comptable dans les conditions prévues aux articles L. 2315-92 et L. 2315-93». Dans ce cas, le comité ou la commission économique tient une deuxième réunion afin d'entendre les résultats des travaux de l'expert.

Les dispositions du premier alinéa sont réputées satisfaites lorsque le comité social et économique se réunit suite au dépôt d'une offre publique d'acquisition en application des dispositions du sous-paragraphe 5.

Note ***Nous rapportons ci-après les solutions dégagées par la jurisprudence à propos du comité d'entreprise en ce qu'elles ont en principe vocation à s'appliquer au comité social et économique.***

- Il résulte des dispositions combinées du règlement (CE) 802/2004 du 7 avril 2004, concernant la mise en œuvre du règlement (CE) 139/2004 relatif au contrôle des concentrations entre entreprises, et des articles L. 2323-1 et L. 2323-20 [anciens] CT que, pour l'application de ces textes, sont parties à l'opération de concentration l'ensemble des entités économiques qui sont affectées, directement ou indirectement, par la prise de contrôle. Par conséquent, dès lors qu'une entreprise est affectée, même indirectement, par une opération de concentration, cette entreprise est partie à l'opération et son comité d'entreprise peut recourir à un expert-comptable chargé d'analyser le projet (cass. soc. 26 octobre 2010, n° 09-65.565, BC V n° 248; RJS 1/11 n° 53).
- Aux termes des articles L. 2323-8 et R. 2323-1-5 [anciens] CT, alors applicables [L. 2312-18 et R. 2312-10 actuels], les informations figurant dans la base de données économiques et sociales portent sur l'année en cours, sur les deux années précédentes et intègrent des perspectives sur les trois années suivantes. Il en résulte que dans le cas d'une opération de fusion, les informations fournies doivent porter, sauf impossibilité pour l'employeur de se les procurer, sur les entreprises parties à l'opération de fusion, pour les années visées aux articles précités (cass. soc. 27 novembre 2019, n° 18-22.532, à paraître, LS Jurispr. n° 229 du 17.12.2019; JSL n° 490, 27.01.2020, p. 20; JCP éd. S 2020, 1017, note J-Y Kerbourc'h; RJS 2/20 n° 96).

Sous-§ 5. Offre publique d'acquisition

Art. L. 2312-42. Lors du dépôt d'une offre publique d'acquisition, l'employeur de l'entreprise sur laquelle porte l'offre et l'employeur qui est l'auteur de cette offre réunissent immédiatement leur comité social et économique respectif pour les en informer.

L'employeur auteur de l'offre réunit le comité social et économique dans les conditions prévues à l'article L. 2312-49.

Au cours de la réunion du comité social et économique de l'entreprise qui fait l'objet de l'offre, l'employeur indique si l'offre a été sollicitée ou non. Le comité social et économique décide s'il souhaite procéder à l'audition de l'auteur de l'offre et désigner un expert-comptable dans les conditions prévues ***(Ord. 2017-1718 du 20 déc. 2017, art. 1er, I, 73°, JO 21)*** «aux articles L. 2315-92 et L. 2315-93». Il peut également se prononcer sur le caractère amical ou hostile de l'offre.

Art. L. 2312-43. L'audition de l'auteur de l'offre mentionnée au dernier alinéa de l'article L. 2312-42 se tient dans un délai d'une semaine à compter du dépôt du projet d'offre publique d'acquisition.

Lors de son audition, l'auteur de l'offre peut se faire assister des personnes de son choix. Il présente au comité social et économique sa politique industrielle et financière, ses plans stratégiques pour la société concernée et les répercussions de la mise en œuvre de l'offre sur l'ensemble des intérêts, l'emploi, les sites d'activité et la localisation des centres de décision de cette société.

Le comité social et économique peut se faire assister de l'expert-comptable désigné en application du dernier alinéa du même article L. 2312-42.

Art. L. 2312-44. L'auteur de l'offre adresse au comité social et économique qui en fait l'objet, dans les trois jours suivant sa publication, la note d'information mentionnée au ***(Ord. 2019-1067 du 21 oct. 2019, art. 24, JO 22)*** «III» de l'article L. 621-8 du code monétaire et financier.

Art. L. 2312-45. L'expert-comptable désigné en application du dernier alinéa de l'article L. 2312-42 établit un rapport qui évalue la politique industrielle et financière et les plans stratégiques que l'auteur de l'offre envisage d'appliquer à la société objet de l'offre, ainsi que les répercussions de leur mise en œuvre sur l'ensemble des intérêts, l'emploi, les sites d'activité et la localisation des centres de décision de cette dernière société. Il dispose d'un délai de trois semaines à compter du dépôt du projet d'offre publique d'acquisition.

Art. L. 2312-46. I. – Préalablement à l'avis motivé rendu par le conseil d'administration ou le conseil de surveillance sur l'intérêt de l'offre et sur les conséquences de celle-ci pour la société visée, ses actionnaires et ses salariés, le comité social et économique ***(Ord. 2017-1718 du 20 déc. 2017, art. 1er, I, 74°, JO 21)*** «de la société» faisant l'objet de l'offre est réuni et consulté sur le projet d'offre. Au cours de cette réunion, il examine le rapport établi par l'expert-comptable en application de l'article L. 2312-45 et peut demander la présence de l'auteur de l'offre.

Le comité social et économique émet son avis dans un délai d'un mois à compter du dépôt du projet d'offre publique d'acquisition. En l'absence d'avis dans ces délais, il est réputé avoir été consulté.

L'avis du comité social et économique ainsi que le rapport de l'expert-comptable sont reproduits dans la note en réponse établie par la société faisant l'objet de l'offre ou, s'il y a lieu, dans la note d'information commune établie par l'auteur de l'offre et la société faisant l'objet de l'offre.

II. – Les membres de la délégation du personnel du comité social et économique peuvent, s'ils estiment ne pas disposer d'éléments suffisants, saisir le président du ***(Ord. 2019-738 du 17 juil. 2019, art. 15, JO 18)*** «tribunal judiciaire statuant selon la procédure accélérée au fond» en dernier ressort pour qu'il ordonne la communication, par la société faisant l'objet de l'offre et par l'auteur de l'offre, des éléments manquants.

Cette saisine n'a pas pour effet de prolonger le délai dont dispose le comité social et économique pour rendre son avis. Toutefois, en cas de difficultés particulières d'accès aux informations nécessaires à la formulation de l'avis du comité social et économique, le juge peut décider la prolongation du délai prévu au deuxième alinéa du I, sauf lorsque ces difficultés résultent d'une volonté manifeste de retenir ces informations de la part de la société faisant l'objet de l'offre.

Note Les dispositions de cet article, dans sa rédaction issue de l'ordonnance 2019-738 précitée, s'appliquent aux demandes introduites depuis le 1er janvier 2020 (ordonnance précitée, art. 30).

Art. L. 2312-47. À la demande de l'employeur auteur de l'offre, l'employeur de l'entreprise sur laquelle porte l'offre peut réunir son comité social et économique dans les deux jours ouvrables suivant l'annonce de cette offre. Les articles L. 2312-42 à L. 2312-46 s'appliquent. Les délais prévus à ces mêmes articles courent à compter de l'annonce de l'offre.

En cas de modification significative des informations présentées au comité social et économique entre l'annonce et le dépôt de l'offre, l'avis rendu, le cas échéant, par le comité social et économique est caduc. Ce dernier est réuni dans les deux jours suivant le dépôt de l'offre et rend un avis dans les conditions prévues auxdits articles L. 2312-42 à L. 2312-46.

Art. L. 2312-48. La société ayant déposé une offre et dont l'employeur, ou le représentant qu'il désigne parmi les mandataires sociaux ou les salariés de l'entreprise, ne se rend pas à la réunion du comité social et économique à laquelle il a été invité dans les conditions prévues aux articles L. 2312-42 et L. 2312-46, ne peut exercer les droits de vote attachés aux titres de la société faisant l'objet de l'offre qu'elle détient ou viendrait à détenir. Cette interdiction s'étend aux sociétés qui la contrôlent ou qu'elle contrôle au sens de l'article L. 233-16 du code de commerce.

Une sanction identique s'applique à l'auteur de l'offre, personne physique, qui ne se rend pas à la réunion du comité social et économique à laquelle il a été invité dans les conditions prévues aux articles L. 2312-42 et L. 2312-46.

La sanction est levée le lendemain du jour où l'auteur de l'offre a été entendu par le comité social et économique de la société faisant l'objet de l'offre.

La sanction est également levée si l'auteur de l'offre n'est pas convoqué à une nouvelle réunion du comité social et économique dans les quinze jours qui suivent la réunion à laquelle il avait été préalablement convoqué.

Art. L. 2312-49. Par dérogation à l'article ***(Ord. 2017-1718 du 20 déc. 2017, art. 1er, I, 75°, JO 21)*** «L. 2312-14», l'employeur qui lance une offre publique d'acquisition portant sur le capital d'une entreprise n'est pas tenu de consulter le comité social et économique avant ce lancement.

En revanche, il réunit le comité social et économique dans les deux jours ouvrables suivant la publication de l'offre ou de l'annonce de l'offre dans le cas prévu à l'article L. 2312-47 en vue de lui transmettre des informations écrites et précises sur le contenu de l'offre et sur les conséquences en matière d'emploi qu'elle est susceptible d'entraîner.

Art. L. 2312-50. Si l'offre publique d'acquisition est déposée par une entreprise dépourvue de comité social et économique, l'employeur en informe directement les salariés. De même, à défaut de comité social et économique dans l'entreprise qui fait l'objet de l'offre, l'employeur de cette entreprise en informe directement les salariés. Dans ce cas et dans les trois jours suivant la publication de la note d'information mentionnée au ***(Ord. 2019-1067 du 21 oct. 2019, art. 24, JO 22)*** «III» de l'article L. 621-8 du code monétaire et financier, l'auteur de l'offre la transmet à l'employeur faisant l'objet de l'offre qui la transmet lui-même aux salariés sans délai.

Art. L. 2312-51. Si, à l'issue de l'offre publique, l'auteur de l'offre a acquis le contrôle de l'entreprise faisant l'objet de l'offre au sens des articles L. 233-1, L. 233-3 et L. 233-16 du code de commerce, il rend compte au comité social et économique de cette société, au cours du sixième, du douzième et du vingt-quatrième mois suivant la clôture de l'offre, de la manière dont il a mis en œuvre les déclarations d'intention et, le cas échéant, les engagements qu'il a pris auprès du comité social et économique, dans le cadre des auditions prévues aux articles L. 2312-43 et L. 2312-46 du présent code, en matière d'emploi, de maintien des sites d'activité et de localisation des centres de décision exprimés dans la note d'information mentionnée au ***(Ord. 2019-1067 du 21 oct. 2019, art. 24, JO 22)*** «III» de l'article L. 621-8 du code monétaire et financier.

Art. L. 2312-52. Les articles L. 2312-45 à L. 2312-51 du présent code ne s'appliquent pas aux offres mentionnées aux articles L. 225-207 et ***(Ord. 2020-1142 du 16 sept. 2020, art. 18, JO 17, entrée en vigueur le 01.01.2021)*** «L. 22-10-62» du code de commerce ou lorsque la société fait l'objet d'une offre publique engagée par des entités, agissant seules ou de concert au sens de l'article L. 233-10 du même code, détenant plus de la moitié du capital ou des droits de vote de la société faisant l'objet de l'offre.

Sous-§ 6. Procédures de sauvegarde, de redressement et de liquidation judiciaire

Art. L. 2312-53. Le comité social et économique est informé et consulté :

1° Avant le dépôt au greffe d'une demande d'ouverture d'une procédure de redressement judiciaire ou de liquidation judiciaire ;

2° Lors d'une procédure de sauvegarde, dans les situations prévues aux articles L. 623-3 et L. 626-8 du code de commerce;

3° Lors d'une procédure de redressement judiciaire, dans les situations et conditions prévues aux articles L. 631-17, L. 631-18, L. 631-19 et L. 631-22 du code de commerce;

4° Lors d'une procédure de liquidation judiciaire, dans les situations et conditions prévues au I de l'article L. 641-1, à l'article L. 641-4, au troisième alinéa de l'article L. 641-10, ***(Ord. 2017-1718 du 20 déc. 2017, art. 1er, I, 76°, JO 21)*** «aux premier et avant-dernier alinéas de l'article L. 642-5» et au deuxième alinéa de l'article L. 642-9 du code de commerce.

En cas de licenciements économiques prononcés dans les cas prévus aux 3° et 4°, le comité est réuni et consulté dans les conditions prévues à l'article L. 1233-58 du présent code.

Art. L. 2312-54. La ou les personnes désignées par le comité social et économique, selon les dispositions de l'article L. 661-10 du code de commerce, sont entendues par la juridiction compétente:

1° Lors d'une procédure de sauvegarde dans les situations prévues aux articles L. 621-1, L. 622-10, L. 626-9 et L. 626-26 du code de commerce;

2° Lors d'une procédure de redressement judiciaire dans les situations et conditions prévues à l'article L. 631-7, au II de l'article L. 631-15, au I de l'article L. 631-19 et à l'article L. 631-22 du code de commerce;

3° Lors d'une procédure de liquidation judiciaire dans les situations prévues au premier alinéa de l'article L. 642-5 et aux articles L. 642-6, L. 642-13 et L. 642-17 du code de commerce.

§ 2. Champ de la négociation

Art. L. 2312-55. Un accord d'entreprise, conclu dans les conditions prévues au premier alinéa de l'article L. 2232-12 ou, en l'absence de délégué syndical, un accord entre l'employeur et le comité social et économique, adopté à la majorité des membres titulaires de la délégation du personnel du comité peut définir:

1° Le contenu des consultations et informations ponctuelles du comité social et économique prévues aux articles L. 2312-8 et L. 2312-37 dans le respect des dispositions du paragraphe 1 de la présente sous-section;

2° Les modalités de ces consultations ponctuelles, notamment le nombre de réunions;

3° Les délais mentionnés à l'article L. 2312-15 dans lesquels les avis du comité sont rendus.

Note L'accord mentionné à cet article peut être négocié à compter du 23 septembre 2017. Il s'applique aux instances représentatives du personnel existantes à la date de sa conclusion (ordonnance 2017-1386 du 22 septembre 2017, art. 8, JO 23).

Art. L. 2312-56. Un accord de groupe peut prévoir que les consultations ***(L. 2018-217 du 29 mars 2018, art. 6, 4°, JO 31)*** «et informations» ponctuelles mentionnées aux articles L. 2312-8 et L. 2312-37 sont effectuées au niveau du comité de groupe. Il prévoit les modalités de transmission de l'avis du comité de groupe:

1° À chaque comité social et économique des entreprises du groupe, qui reste consulté sur les conséquences des projets sur l'entreprise;

2° À l'organe chargé de l'administration de l'entreprise dominante de ce groupe, définie à l'article L. 2331-1.

§ 3. Dispositions supplétives

Sous-§ 1. Information remise lors de la mise en place

Art. L. 2312-57. À défaut d'accord, un mois après chaque élection du comité social et économique, l'employeur lui communique une documentation économique et financière précisant:

1° La forme juridique de l'entreprise et son organisation;

2° Les perspectives économiques de l'entreprise telles qu'elles peuvent être envisagées;

3° Le cas échéant, la position de l'entreprise au sein du groupe;

4° Compte tenu des informations dont dispose l'employeur, la répartition du capital entre les actionnaires détenant plus de 10 % du capital et la position de l'entreprise dans la branche d'activité à laquelle elle appartient.

Sous-§ 2. Restructuration et compression des effectifs

Art. L. 2312-58. À défaut d'accord, lorsque le projet de restructuration et de compression des effectifs soumis au comité social et économique est de nature à affecter le volume d'activité ou d'emploi d'une entreprise sous-traitante, l'entreprise donneuse d'ordre en informe immédiatement l'entreprise sous-traitante.

Le comité social et économique de cette dernière, en est immédiatement informé et reçoit toute explication utile sur l'évolution probable de l'activité et de l'emploi.

§ 1 (réglementaire). Dispositions communes

Art. R. 2312-21. Dans les entreprises d'au moins trois cents salariés, les informations trimestrielles du comité social et économique prévues au 3° de l'article L. 2312-69 retracent mois par mois, l'évolution des effectifs et de la qualification des salariés par sexe en faisant apparaître :

1° Le nombre de salariés titulaires d'un contrat de travail à durée indéterminée ;
2° Le nombre de salariés titulaires d'un contrat de travail à durée déterminée ;
3° Le nombre de salariés à temps partiel ;
4° Le nombre de salariés temporaires ;
5° Le nombre de salariés appartenant à une entreprise extérieure ;
6° Le nombre des contrats de professionnalisation.

L'employeur présente au comité les motifs l'ayant conduit à recourir aux catégories de salariés mentionnées aux 2° à 5°.

Il communique au comité le nombre des journées de travail accomplies, au cours de chacun des trois derniers mois, par les salariés titulaires d'un contrat de travail à durée déterminée et les salariés temporaires.

Art. R. 2312-22. Le comité social et économique est informé et consulté préalablement à la mise en place d'une garantie collective mentionnée à l'article L. 911-2 du code de la sécurité sociale ou à la modification de celle-ci.

Art. R. 2312-23. Le comité social et économique est informé et consulté après notification à l'entreprise de l'attribution directe, par une personne publique, de subventions, prêts ou avances remboursables dont le montant excède un seuil fixé par arrêté pris par les ministres chargés du travail, de l'économie, du budget et des collectivités territoriales. Cette disposition s'applique dans les mêmes conditions aux subventions, prêts et avances remboursables attribués dans le cadre de programmes ou fonds communautaires.

L'information et la consultation portent sur la nature de l'aide, son objet, son montant et les conditions de versement et d'emploi fixées, le cas échéant, par la personne publique attributrice.

Ces dispositions ne sont applicables ni aux financements mentionnés au premier alinéa qui sont attribués par les collectivités publiques aux établissements publics qui leur sont rattachés, ni aux subventions pour charges de service public attribuées par une collectivité publique.

§ 2 (réglementaire). Consultations obligatoires dans les établissements comportant une ou plusieurs installations soumises à autorisation ou une installation nucléaire de base

Art. R. 2312-24. Les dispositions du présent paragraphe s'appliquent aux établissements comportant une ou plusieurs installations soumises à autorisation en application de l'article L. 512-1 du code de l'environnement ou mentionnées au livre II et à l'article L. 415-1 du code minier (nouveau).

Art. R. 2312-25. Les documents joints à la demande d'autorisation, prévue à l'article L. 512-1 du code de l'environnement, sont portés à la connaissance du comité social et économique préalablement à leur envoi au préfet.

Le dossier établi par l'employeur à l'appui de sa demande est transmis au comité dans un délai de quinze jours à compter du lancement de l'enquête publique prévue à l'article L. 181-9 du même code.

Il émet un avis motivé sur ce dossier dans un délai de quinze jours à compter de la réception par l'employeur du rapport de l'enquête publique.

Le président du comité transmet cet avis au préfet dans les trois jours suivant la remise de l'avis du comité.

Art. R. 2312-26. Le comité social et économique émet un avis :

1° Sur le plan d'opération interne prévu au cinquième alinéa de l'article R. 181-54 du code de l'environnement ;

2° Sur la teneur des informations transmises au préfet en application de l'article R. 181-13 ainsi que du I de l'article R. 181-47 du même code.

Le président du comité transmet ces avis au préfet dans un délai de trente jours à compter de la consultation.

Art. R. 2312-27. Dans les établissements comportant une installation nucléaire de base, le comité social et économique émet un avis sur tout projet d'élaboration ou de modification du plan d'urgence interne, après un délai de trente jours au moins et soixante jours au plus suivant la communication du dossier, sauf cas exceptionnel justifié par l'urgence.

Art. R. 2312-28. Le comité social et économique est informé par l'employeur des prescriptions imposées par les autorités publiques chargées de la protection de l'environnement.

Sous-section 5. Droits d'alerte

§ 1. Alerte en cas d'atteinte aux droits des personnes

Art. L. 2312-59. Si un membre de la délégation du personnel au comité social et économique constate, notamment par l'intermédiaire d'un travailleur, qu'il existe une atteinte aux droits des personnes, à leur santé physique et mentale ou aux libertés individuelles dans l'entreprise qui ne serait pas justifiée par la nature de la tâche à accomplir, ni proportionnée au but recherché, il en saisit immédiatement l'employeur. Cette atteinte peut notamment résulter de faits de harcèlement sexuel ou moral ou de toute mesure discriminatoire en matière d'embauche, de rémunération, de formation, de reclassement, d'affectation, de classification, de qualification, de promotion professionnelle, de mutation, de renouvellement de contrat, de sanction ou de licenciement.

L'employeur procède sans délai à une enquête avec le membre de la délégation du personnel du comité et prend les dispositions nécessaires pour remédier à cette situation.

En cas de carence de l'employeur ou de divergence sur la réalité de cette atteinte, et à défaut de solution trouvée avec l'employeur, le salarié, ou le membre de la délégation du personnel au comité social et économique si le salarié intéressé averti par écrit ne s'y oppose pas, saisit le bureau de jugement du conseil de prud'hommes qui statue selon ***(Ord. 2019-738 du 17 juil. 2019, art. 15, JO 18)*** «la procédure accélérée au fond».

Le juge peut ordonner toutes mesures propres à faire cesser cette atteinte et assortir sa décision d'une astreinte qui sera liquidée au profit du Trésor.

Note Les dispositions de cet article, dans sa rédaction issue de l'ordonnance 2019-738 précitée, s'appliquent aux demandes introduites depuis le 1er janvier 2020 (ordonnance précitée, art. 30).

Nous rapportons ci-après les solutions dégagées par la jurisprudence à propos des délégués du personnel en ce qu'elles ont en principe vocation à s'appliquer au comité social et économique.

• Les dispositions de l'article L. 2312-2 [ancien] CT ne concernent que les actions ayant pour objet de veiller à la protection des personnes et des libertés individuelles et collectives; elles ne permettent pas à un délégué du personnel de saisir le juge en cas de divergence avec l'employeur pour des demandes le concernant (cass. soc. 3 février 1998, n° 96-42.062, BC V n° 63; RJS 4/98 n° 489). Le droit d'alerte des délégués du personnel ne peut pas être fondé sur le mode de calcul des indemnités compensatrices de congés payés des salariés intérimaires (cass. soc. 14 octobre 2020, n° 19-11.508, à paraître, LS n° 18177 du 05.11.2020; JCP éd. S 2020, 3119, note A. Barège; RDT, décembre 2020, CH, 760, I. Odoul-Asorey; JSL n° 511 du 12.01.2021, pp. 26 et s., O. Philippot et A. Cosentino).

• Les dispositions de l'article L. 2312-2 [ancien] permettant au salarié ou au délégué du personnel de saisir, sans recourir au préalable de conciliation, le bureau de jugement du conseil de prud'hommes statuant selon les formes du référé, sont applicables, à défaut de solution trouvée avec l'employeur, lorsqu'il existe des divergences sur la réalité de l'atteinte aux droits des personnes dénoncée par le délégué ou lorsque l'employeur saisi d'une telle atteinte ne diligente pas d'enquête (cass. soc. 28 mars 2006, n° 04-41.016, BC V n° 126; RJS 6/06 n° 690).

• Est légalement justifié l'arrêt ayant ordonné à un employeur d'organiser une enquête avec les délégués du personnel sur les conditions dans lesquelles avaient été consultées les messageries de plusieurs salariés et notamment de rechercher si des messages qualifiés de personnels avaient été ouverts dans le seul cadre de la mission confiée à l'administrateur réseaux ou s'ils l'avaient été par l'employeur. En effet, la cour d'appel s'est bornée à permettre, tant à l'employeur qu'aux délégués du personnel, d'être éclairés sur la réalité de l'atteinte portée aux droits des personnes et aux libertés individuelles dans l'entreprise et d'envisager éventuellement les solutions pour y mettre fin (cass. soc. 17 juin 2009, n° 08-40.274, BC V n° 153; JSL n° 259, 13.07.2009, p. 7, M. Hautefort; RJS 8-9/09 n° 743; JCP éd. S 2009, 1362, note E. Jeansen).

• Si le délégué du personnel ne tient pas des dispositions de cet article le pouvoir d'agir en nullité des licenciements prononcés par l'employeur à la suite d'une atteinte aux droits des personnes ou aux libertés individuelles, ce texte lui confère le pouvoir d'agir à l'effet de réclamer le retrait d'éléments de preuves obtenues par l'employeur par des moyens frauduleux qui constituent une atteinte aux droits des personnes et aux libertés individuelles (en l'espèce, un enregistrement vidéo cinématographique; cass. soc. 10 décembre 1997, n° 95-42.661, BC V n° 434; Dr. Soc. 1998, p. 202).

• Ayant constaté qu'un délégué du personnel était dans l'exercice de la mission qui lui avait été confiée par article L. 422-1-1 [L. 2313-2 ancien] CT lorsqu'il est allé dénoncer devant le conseil de prud'hommes la discrimination dont il était l'objet (seul salarié de l'atelier à ne pas percevoir de prime de salissure en raison de ses fonctions de délégué du personnel), un conseil de prud'hommes a retenu à bon droit que les heures ainsi passées devaient s'imputer sur ses heures de délégation (cass. soc. 26 mai 1999, n° 97-40.966, BC V n° 238; RJS 7/99 n° 935).

§ 2. Alerte en cas de danger grave et imminent

Art. L. 2312-60. Un membre de la délégation du personnel au comité social et économique exerce les droits d'alerte en situation de danger grave et imminent ainsi qu'en matière de santé publique et d'environnement dans les conditions prévues, selon le cas, aux articles L. 4132-1 à L. 4132-5 et L. 4133-1 à L. 4133-4.

§ 3. Alerte en cas d'utilisation non conforme du crédit d'impôt pour la compétitivité et l'emploi

Note Ce paragraphe a été abrogé par la loi 2017-1837 du 30 décembre 2017, art. 86, II, JO 31; cette abrogation s'applique aux rémunérations versées depuis le 01.01.2019 (loi 2017-1837 précitée, art. 86, V).

§ 4. Droit d'alerte économique

Art. L. 2312-63. Lorsque le comité social et économique a connaissance de faits de nature à affecter de manière préoccupante la situation économique de l'entreprise, il peut demander à l'employeur de lui fournir des explications.

Cette demande est inscrite de droit à l'ordre du jour de la prochaine séance du comité.

Si le comité n'a pu obtenir de réponse suffisante de l'employeur ou si celle-ci confirme le caractère préoccupant de la situation, il établit un rapport. Dans les entreprises employant au moins mille salariés et en l'absence d'accord prévu à l'article L. 2315-45, ce rapport est établi par la commission économique prévue par l'article L. 2315-46.

Ce rapport, au titre du droit d'alerte économique, est transmis à l'employeur et au commissaire aux comptes.

Note ***Nous rapportons ci-après les solutions dégagées par la jurisprudence à propos du comité d'entreprise en ce qu'elles ont en principe vocation à s'appliquer au comité social et économique.***

• Des comités d'entreprise étant, aux termes de l'article L. 431-1 [ancien] CT, constitués dans les organismes de sécurité sociale et l'article L. 432-5 [ancien] CT n'excluant pas ces organismes de son champ d'application, une cour d'appel, après avoir justement retenu qu'un organisme de sécurité sociale pouvait obéir à des considérations de nature économique, a décidé à bon droit que le comité d'entreprise d'une caisse d'assurance maladie pouvait exercer les attributions dévolues au comité d'entreprise par l'article L. 432-5 [ancien] CT. Ayant ensuite relevé que l'exercice du droit d'alerte par le comité d'entreprise avait pour motif la fermeture d'un laboratoire, en tant qu'elle entraînait des suppressions d'emploi et remettait en cause les objectifs et missions traditionnels de la caisse, la cour, qui a ainsi constaté que le comité d'entreprise invoquait des faits qu'il estimait être de nature à affecter de manière préoccupante la situation économique de l'organisme, a légalement justifié sa décision de reconnaître que le comité d'entreprise de la caisse disposait du droit d'alerte de l'article L. 432-5 [ancien] CT et que son exercice était légitime (cass. soc. 19 février 2002, n° 00-14.776, BC V n° 70; RJS 5/02 n° 590).

• L'appréciation du caractère préoccupant de la situation dont se saisit le comité d'entreprise qui exerce le droit d'alerte relève du pouvoir souverain des juges du fond et échappe au contrôle de la Cour de cassation (cass. soc. 11 mars 2003, n° 01-13.434, BC V n° 92; RJS 5/03 n° 628; 27 novembre 2012, n° 11-21.566, RJS 2/13 n° 138).

• L'employeur doit fournir les explications que lui demande le comité d'entreprise lorsque ce dernier invoque des faits de nature à affecter de manière préoccupante la situation de l'entreprise; le caractère insatisfaisant des réponses apportées par l'employeur aux questions du comité d'entreprise se déduit nécessairement de la poursuite de la procédure d'alerte (cass. soc. 11 mars 2003, n° 01-13.434, précité). Le refus de l'employeur de répondre aux questions du comité d'entreprise d'une filiale sur la situation de la société mère peut justifier le déclenchement d'une procédure d'alerte économique (cass. soc. 21 septembre 2016, n° 15-17.658, BC V n° 175; JCP éd. S 2016, 1395, note J-B Cottin; RJS 12/16 n° 787).

• La procédure d'alerte engagée par le comité d'entreprise ne constitue pas un trouble manifestement illicite; le juge des référés ne peut considérer, dès lors, que l'engagement de cette procédure est infondé (cass. soc. 8 mars 1995, n° 91-16.002, BC V n° 81; Dr. Soc. 1995, p. 393).

• Le droit d'alerte ne se limite pas aux seuls cas où la survie de l'entreprise serait en cause; il peut être mis en œuvre lorsqu'un projet de restructuration peut affecter, à court ou moyen terme, les perspectives et résultats d'une branche d'activités (CA Versailles, 1re ch. A, 2 octobre 1997, RJS 1/98 n° 61). Ainsi un comité d'entreprise exerce légitimement son droit d'alerte lorsque la réorganisation de l'entreprise concerne une activité exercée au niveau mondial et est de nature à affecter sa situation économique et que les réponses de la direction aux questions du comité ont été contradictoires, insuffisantes ou incohérentes (cass. soc. 18 janvier 2011, n° 10-30.126, BC V n° 26; Dr. Soc. 2011, p. 342, obs. G. Couturier; RJS 4/11 n° 344).

• Si les comités d'établissement ont les mêmes attributions que les comités d'entreprise, l'exercice du droit d'alerte prévu à l'article L. 432-5 [L. 2323-50 ancien] CT étant subordonné à l'existence de faits de nature à affecter de manière préoccupante la situation économique de l'entreprise, les comités d'établissements ne sont pas investis de cette prérogative (cass. soc. 1er mars 2005, n° 03-20.429, BC V n° 77; RJS 5/05 n° 538; Dr. Soc. 2005, p. 587, obs. G. Couturier. Dans le même sens, voir aussi cass. soc. 6 avril 2005, n° 02-31.130, BC V n° 126; RJS 6/05 n° 644).

• Eu égard à de nouveaux éléments d'appréciation faisant apparaître un redressement de la société, le juge peut décider de suspendre l'exercice de la procédure d'alerte (CA Paris, 1re ch. A, 3 mai 1989, RJS 7/89 n° 598).

Art. L. 2312-64. Le comité social et économique ou, le cas échéant, la commission économique peut se faire assister, une fois par exercice comptable, de l'expert-comptable prévu à l'article L. 2315-92, convoquer le commissaire aux comptes et s'adjoindre avec voix consultative deux salariés de l'entreprise choisis pour leur compétence et en dehors du comité social et économique.

Ces salariés disposent de cinq heures chacun pour assister le comité ou la commission économique en vue de l'établissement du rapport prévu à l'article L. 2312-63. Ce temps est rémunéré comme temps de travail.

Note ***Nous rapportons ci-après les solutions dégagées par la jurisprudence à propos du comité d'entreprise en ce qu'elles ont en principe vocation à s'appliquer au comité social et économique.***

• La juridiction saisie par un comité d'entreprise d'une demande d'expertise de gestion n'est tenue de l'ordonner qu'en l'absence d'informations suffisantes ou si elle relève des présomptions d'irrégularités affectant une ou plusieurs opérations de gestion déterminées (CA Paris, 14e ch., 5 juillet 1989, RJS 10/89 n° 780).

• La procédure de nomination prévue par l'article L. 432-5 [L. 2323-51 ancien] est respectée lorsque la désignation d'un expert par le comité d'entreprise intervient en même temps que sa décision d'établir un rapport, peu important qu'elle ait été évoquée avant (cass. soc. 19 février 2002, n° 00-14.776, BC V n° 70; RJS 5/02 n° 590).

• Le président d'un comité central d'entreprise n'a pas le pouvoir de s'opposer à la décision du comité de désigner un expert pour faire un rapport sur la situation de l'entreprise considérée comme préoccupante (cass. soc. 12 mars 1991, n° 89-41.941, BC V n° 129; RJS 5/91 n° 602).

• La mission de l'expert-comptable désigné par un comité d'entreprise pour l'assister dans l'exercice de son droit d'alerte s'étend aux faits de nature à confirmer la situation économique préoccupante de l'entreprise qui sont la suite nécessaire de ceux qui ont motivé l'exercice de ce droit (cass. soc. 29 septembre 2009, n° 08-15.035, BC V n° 209; 28 octobre 1996, n° 95-10.274, BC V n° 353; RJS 2/97 n° 163). En outre, le comité d'entreprise conserve la faculté de préciser et de compléter la mission de l'expert lorsque des faits en relation avec ceux ayant motivé l'exercice de ce droit sont portés à sa connaissance pendant le cours de sa mission (cass. soc. 28 octobre 1996, précité; 11 mars 2003, n° 01-13.434, BC V n° 92; RJS 5/03 n° 628). L'expert-comptable a accès aux mêmes documents que le commissaire aux comptes et peut donc effectuer des investigations auprès des personnes ou des entités qui contrôlent l'entreprise. Ainsi, lorsqu'une société est contrôlée par une holding, elle-même contrôlée par une seule personne physique, l'expert-comptable peut obtenir communication de documents concernant d'autres sociétés du groupe intégrées dans ce même contrôle (cass. soc. 25 octobre 2017, n° 16-10.278, RJS 1/18 n° 42).

Art. L. 2312-65. Le rapport du comité social et économique ou, le cas échéant, de la commission économique conclut en émettant un avis sur l'opportunité de saisir de ses conclusions l'organe chargé de l'administration ou de la surveillance dans les sociétés ou personnes morales qui en sont dotées, ou d'en informer les associés dans les autres formes de sociétés ou les membres dans les groupements d'intérêt économique.

Au vu de ce rapport, le comité social et économique peut décider, à la majorité des membres présents de procéder à cette saisine ou de faire procéder à cette information. Dans ce cas, l'avis de l'expert-comptable est joint à la saisine ou à l'information.

Art. R. 2312-29. Lorsque le comité social et économique a saisi l'organe chargé de l'administration ou de la surveillance en application de l'article L. 2312-65 cet organe délibère dans le mois de la saisine.

L'extrait du procès-verbal des délibérations où figure la réponse motivée à la demande d'explication faite en application de l'article L. 2312-66 est adressé au comité social et économique dans le mois qui suit la réunion de cet organe.

Art. L. 2312-66. Dans les sociétés à conseil d'administration ou à conseil de surveillance, la demande d'explication sur le caractère préoccupant de la situation économique de l'entreprise est inscrite à l'ordre du jour de la prochaine séance du conseil d'administration ou du conseil de surveillance, à condition que celui-ci ait pu être saisi au moins quinze jours à l'avance. La réponse de l'employeur est motivée.

Dans les autres personnes morales, ces dispositions s'appliquent à l'organe chargé de l'administration ou de la surveillance, lorsqu'elles en sont dotées.

Dans les autres formes de sociétés ou dans les groupements d'intérêt économique, lorsque le comité social et économique a décidé d'informer les associés ou les membres de la situation de l'entreprise, le gérant ou les administrateurs leur communiquent le rapport de la commission économique ou du comité.

Art. R. 2312-30. Dans les sociétés autres que celles qui ont un conseil d'administration ou de surveillance ou dans les groupements d'intérêt économique, les administrateurs communiquent aux associés et aux membres du groupement le rapport du comité social et économique, ou le cas échéant de la commission économique, dans les huit jours de la délibération du comité social et économique demandant cette communication.

Art. L. 2312-67. Les informations concernant l'entreprise communiquées en application du présent paragraphe ont par nature un caractère confidentiel. Toute personne pouvant y accéder est tenue à leur égard à une obligation de discrétion.

Art. L. 2312-68. À défaut de la consultation prévue à l'article L. 2312-25, les aides publiques en faveur des activités de recherche et de développement technologique sont suspendues.

Art. L. 2312-69. Chaque trimestre, dans les entreprises d'au moins trois cents salariés, l'employeur met à la disposition du comité social et économique, dans les conditions prévues par l'accord mentionné à l'article L. 2312-21 ou à défaut d'accord au sous-paragraphe 4 du paragraphe 3 de la sous-section 3 de la présente section, des informations sur :

1° L'évolution générale des commandes et l'exécution des programmes de production ;
2° Les éventuels retards de paiement de cotisations sociales par l'entreprise ;
3° L'évolution des effectifs et de la qualification des salariés par sexe.

Un décret en Conseil d'État précise le contenu des informations prévues au 3° du présent article.

§ 5. Droit d'alerte sociale

Art. L. 2312-70. Lorsque le nombre des salariés titulaires d'un contrat de travail à durée déterminée et le nombre de salariés temporaires connaissent un accroissement important par rapport à la situation existant lors de la dernière réunion du comité social et économique ayant abordé ce sujet, l'examen de cette question est inscrit de plein droit à l'ordre du jour de la prochaine réunion ordinaire du comité si la majorité des membres du comité le demande.

Lors de cette réunion ordinaire, l'employeur communique au comité le nombre de salariés titulaires d'un contrat de travail à durée déterminée et de salariés temporaires, les motifs l'ayant amené à y recourir ainsi que le nombre des journées de travail accomplies par les intéressés depuis la dernière communication faite à ce sujet.

Art. L. 2312-71. Lorsque le comité social et économique a connaissance de faits susceptibles de caractériser un recours abusif aux contrats de travail à durée déterminée, aux contrats conclus avec une entreprise de portage salarial et au travail temporaire, ou lorsqu'il constate un accroissement important du nombre de salariés titulaires de contrats de travail à durée déterminée et de contrats de mission, il peut saisir l'agent de contrôle de l'inspection du travail mentionné à l'article L. 8112-1.

Sans préjudice des compétences qu'il détient en vertu des articles L. 8112-1 et suivants et de l'article L. 8113-7, l'agent de contrôle de l'inspection du travail mentionné à l'article L. 8112-1 adresse à l'employeur le rapport de ses constatations.

L'employeur communique ce rapport au comité en même temps que sa réponse motivée aux constatations de l'agent de contrôle de l'inspection du travail mentionné à l'article L. 8112-1. Dans sa réponse, l'employeur précise, en tant que de besoin, les moyens qu'il met en œuvre dans le cadre d'un plan de résorption de la précarité destiné à limiter le recours à ces formes de contrats de travail.

Sous-section 6. **Participation aux conseils d'administration ou de surveillance des sociétés**

Art. L. 2312-72. Dans les sociétés, deux membres de la délégation du personnel du comité social et économique et appartenant l'un à la catégorie des cadres techniciens et agents de maîtrise, l'autre à la catégorie des employés et ouvriers, assistent avec voix consultative à toutes les séances du conseil d'administration ou du conseil de surveillance, selon le cas.

Dans les sociétés où sont constitués trois collèges électoraux, en application de l'article L. 2314-11, la délégation du personnel au conseil d'administration ou au conseil de surveillance est portée à quatre membres. Deux de ces membres appartiennent à la catégorie des ouvriers et employés, le troisième à la catégorie de la maîtrise et le quatrième à la catégorie des ingénieurs, chefs de service et cadres administratifs, commerciaux ou techniques assimilés sur le plan de la classification.

Note ***Nous rapportons ci-après les solutions dégagées par la jurisprudence à propos du comité d'entreprise en ce qu'elles ont en principe vocation à s'appliquer au comité social et économique.***

- Il résulte de l'article L. 513-1 [L. 1441-3 ancien; voir art. L. 1441-13] CT que seuls les cadres détenant sur un service, un département ou un établissement de l'entreprise une délégation particulière d'autorité établie par écrit permettant de les assimiler à un chef d'entreprise sont exclus de l'électorat et de l'éligibilité aux fonctions de représentants du personnel pour la durée d'exercice de cette délégation particulière. Le responsable d'une succursale, n'ayant pas le pouvoir d'embaucher, de sanctionner ni de licencier, est donc électeur et éligible aux élections de la délégation du personnel au conseil d'administration d'une société anonyme (cass. soc. 6 février 2002, n° 00-60.488, BC V n° 58; RJS 4/02 n° 472). Voir aussi l'article de J. Savatier, «La représentation des salariés dans les organes de la société anonyme après la loi du 25 juillet 1994», Dr. Soc. 1995, p. 33.
- L'absence des salariés, délégués par le comité d'entreprise aux séances du conseil de surveillance avec voix consultative, hors toute fraude, n'entache pas de nullité une délibération dont le seul objet est l'exercice d'une action en justice (cass. soc. 26 mai 1998, n° 95-15.883, RJS 10/98 n° 1243).
- Voir aussi M. Koehl, «La participation des salariés dans les organes de direction: l'introuvable cogestion», RDT, avril 2020, ET, 237.

Art. L. 2312-73. Les membres de la délégation du personnel au conseil d'administration ou au conseil de surveillance ont droit aux mêmes documents que ceux adressés ou remis aux membres de ces instances à l'occasion de leurs réunions.

Ils peuvent soumettre les vœux du comité social et économique au conseil d'administration ou au conseil de surveillance, lequel donne un avis motivé sur ces vœux.

Art. L. 2312-74. Dans les entreprises mentionnées à l'article 1er de la loi n° 83-675 du 26 juillet 1983 relative à la démocratisation du secteur public, à l'exception de celles qui figurent à l'annexe III de cette loi et dans les sociétés relevant du I de l'article 7 de l'ordonnance n° 2014-948 du 20 août 2014 relative à la gouvernance et aux opérations sur le capital des sociétés à participation publique, la représentation du comité social et économique auprès du conseil d'administration ou de surveillance est assurée par le secrétaire du comité ou de l'organe qui en tient lieu.

Art. L. 2312-75. Dans les sociétés anonymes et les sociétés en commandite par actions dans lesquelles le conseil d'administration ou de surveillance comprend au moins un administrateur ou un membre élu ou désigné par les salariés au titre des articles L. 225-

27, L. 225-27-1, L. 225-79, L. 225-79-2 et L. 226-5-1 du code de commerce, la représentation du comité social et économique auprès de ces conseils est assurée par un membre titulaire du comité social et économique désigné par ce dernier.

Note ***Nous rapportons ci-après les solutions dégagées par la jurisprudence à propos du comité d'entreprise en ce qu'elles ont en principe vocation à s'appliquer au comité social et économique.***

Participation des salariés mis à disposition à l'élection du ou des représentants des salariés au conseil d'administration ou de surveillance. Par un arrêt du 30 mai 2013 (n° 13-40.010, BC V n° 145; RJS 8-9/13 n° 627), la chambre sociale avait renvoyé au Conseil constitutionnel la QPC portant sur la composition du corps électoral constitué en vue de la désignation des administrateurs salariés au conseil d'administration (CA) des sociétés. Était contestée l'exclusion de ce corps électoral des salariés mis à disposition, laquelle résulte des dispositions des articles L. 225-27 et L. 225-28 c. com. Le Conseil constitutionnel a estimé que les dispositions en cause ne méconnaissent pas les exigences constitutionnelles dès lors que «le huitième alinéa du Préambule de 1946 n'impose pas la présence de représentants des salariés au sein des organes de direction de l'entreprise» et que la participation des travailleurs peut donc être mise en œuvre selon des conditions différentes «selon qu'elle s'applique aux organes dirigeants de l'entreprise ou aux institutions représentatives du personnel» (C. constit. 26 juillet 2013, n° 2013-333, QPC, JO 28; RJS 11/13 n° 751).

Art. L. 2312-76. Dans les sociétés par actions simplifiées, les statuts précisent l'organe social auprès duquel les membres de la délégation du personnel du comité social et économique exercent les droits définis par la présente sous-section.

Art. L. 2312-77. Dans les sociétés, le comité social et économique peut demander en justice la désignation d'un mandataire chargé de convoquer l'assemblée générale des actionnaires en cas d'urgence.

Il peut également requérir l'inscription de projets de résolutions à l'ordre du jour des assemblées.

Deux membres du conseil, désignés par le comité social et économique et appartenant l'un à la catégorie des cadres techniciens et agents de maîtrise, l'autre à la catégorie des employés et ouvriers, ou les personnes mentionnées aux articles L. 2312-74 et L. 2312-75 peuvent assister aux assemblées générales. Ils sont entendus, à leur demande, lors de toutes les délibérations requérant l'unanimité des associés.

Art. R. 2312-31. Le comité social et économique représenté par un de ses membres peut, dans les conditions prévues au premier alinéa de l'article L. 2312-77, demander au président du tribunal de commerce statuant en référé la désignation d'un mandataire de justice chargé de convoquer l'assemblée des actionnaires.

L'ordonnance fixe l'ordre du jour.

Art. R. 2312-32. Les demandes d'inscription à l'ordre du jour des projets de résolution mentionnés au deuxième alinéa de l'article L. 2312-77 sont réalisées comme suit:

1° Lorsque toutes les actions de la société revêtent la forme nominative:

a) Les demandes sont adressées par le comité social et économique représenté par un de ses membres, au siège social de la société;

b) Elles sont formulées dans les mêmes formes que celles autorisées pour les actionnaires;

c) Elles sont adressées dans un délai de vingt-cinq jours avant la date de l'assemblée réunie sur première convocation;

2° Lorsque toutes les actions de la société ne revêtent pas la forme nominative:

a) Les demandes sont adressées au siège social selon les modalités décrites au a du 1°;

b) Elles sont adressées dans le délai de dix jours à compter de la publication de l'avis prévu à l'article R. 225-73 du code de commerce.

Les demandes sont accompagnées du texte des projets de résolution qui peuvent être assortis d'un bref exposé des motifs.

Art. R. 2312-33. Dans le délai de cinq jours à compter de la réception des projets de résolution, le président du conseil d'administration, le président ou le directeur général du directoire, ou le gérant de la société par actions accusent réception au représentant du comité social et économique des projets de résolution par lettre recommandée ou par voie électronique dans les conditions définies à l'article R. 225-63 du code de commerce.

Art. R. 2312-34. Par dérogation aux dispositions des articles R. 2312-32 et R. 2312-33, dans les sociétés par actions simplifiées, les statuts fixent les règles relatives aux modalités d'examen des demandes d'inscription des projets de résolution adressées par les comités sociaux et économiques.

Sous-section 7. Attributions en matière d'activités sociales et culturelles

§ 1. Attributions générales

Art. L. 2312-78. Le comité social et économique assure, contrôle ou participe à la gestion de toutes les activités sociales et culturelles établies dans l'entreprise prioritairement au bénéfice des salariés, de leur famille et des stagiaires, quel qu'en soit le mode de financement, dans des conditions déterminées par décret en Conseil d'État.

Ce décret détermine notamment les conditions dans lesquelles les pouvoirs du comité peuvent être délégués à des organismes créés par lui et soumis à son contrôle, ainsi que les règles d'octroi et d'étendue de la personnalité civile des comités sociaux et économiques et des organismes créés par eux. Il fixe les conditions de financement des activités sociales et culturelles.

Note Sur la notion d'«activités sociales et culturelles», voir aussi note sous article R. 2312-35.

Nous rapportons ci-après les solutions dégagées par la jurisprudence à propos du comité d'entreprise en ce qu'elles ont en principe vocation à s'appliquer au comité social et économique.

• Si cet article prévoit que les activités sociales et culturelles sont prioritairement attribuées aux salariés ou à leur famille, l'article L. 612-12 c. éduc., introduit par la loi 2011-893 du 28 juillet 2011, prévoit désormais que les stagiaires peuvent bénéficier des activités sociales et culturelles du comité d'entreprise dans les mêmes conditions que les salariés.

• Doit être considérée comme une œuvre [activité] sociale toute activité non obligatoire légalement, quels que soient sa dénomination, la date de sa création et son mode de financement, exercée principalement au bénéfice du personnel de l'entreprise sans discrimination, en vue d'améliorer les conditions collectives d'emploi, de travail et de vie du personnel au sein de l'entreprise (cass. soc. 13 novembre 1975, n° 73-14.848, BC V n° 533).

• Constitue une activité sociale dont le comité d'entreprise peut, à tout moment, revendiquer la gestion la prise en charge volontaire par l'employeur, en dehors de toute obligation, légale ou conventionnelle, pour chacun des salariés qui décide d'adhérer à une mutuelle, d'une partie de leur cotisation d'adhésion, peu important que cet avantage soit susceptible de donner lieu au versement de cotisations de sécurité sociale (cass. soc. 22 juin 1993, n° 91-17.686, BC V n° 178; Dr. Soc. 1993, p. 777). Un comité d'entreprise ne peut décider que l'adhésion à une mutuelle sera obligatoire pour l'ensemble du personnel; chaque salarié garde le droit d'adhérer à titre personnel ou de ne pas adhérer (cass. soc. 27 mars 1996, n° 92-44.933, BC V n° 123; RJS 5/96 n° 562).

• Est légalement justifié l'arrêt qui refuse d'annuler les délibérations du comité d'établissement d'une entreprise, regroupant en plusieurs associations créées à cet effet les œuvres sociales qu'il gérait, après avoir observé que ces associations remplissaient les conditions réglementaires et que le comité (qui y était représenté) n'avait pas excédé ses pouvoirs (cass. soc. 28 octobre 1975, n° 74-11.814, BC V n° 489).

• En interrompant le fonctionnement d'une cantine, sans nécessité l'y contraignant, le comité d'entreprise commet une faute de gestion justifiant l'indemnisation de l'employeur qui a engagé des dépenses pour pallier la carence du comité (cass. soc. 14 janvier 1981, n° 79-10.981, BC V n° 25).

• Est régulière la situation d'une cantine d'entreprise, gérée par le comité d'entreprise, ouverte aux personnels d'administrations publiques, dès lors qu'il est établi qu'aux termes de conventions passées avec ces administrations, ceux de leurs salariés fréquentant la cantine paient le «tarif normal» (cass. soc. 26 juillet 1984, n° 82-11.227, BC V n° 330).

• Si le comité d'entreprise assure ou contrôle la gestion de toutes les œuvres sociales établies dans l'entreprise au bénéfice des salariés ou de leurs familles, l'employeur n'a pas l'obligation de mettre gratuitement à la disposition du comité les locaux nécessaires au fonctionnement de ces œuvres; le comité d'établissement qui avait, depuis 1946, versé une redevance à l'employeur, locataire puis propriétaire du local où était installée la cantine, ne pouvait, de sa seule initiative, cesser d'effectuer ce versement (cass. soc. 23 juin 1983, n° 82-10.840, BC V n° 357).

• L'adhésion d'un comité d'entreprise à une association ayant pour but, selon ses statuts, de procurer aux comités d'entreprise des facilités dans la gestion de leurs œuvres sociales, moyennant une cotisation minime, entre dans les pouvoirs de gestion du comité, dès lors qu'il n'était ni allégué ni établi que l'appartenance syndicale du personnel fût prise en considération dans l'octroi des avantages sociaux procurés par cette affiliation, toujours susceptible d'être remise en cause par un comité autrement composé; l'adhésion critiquée ne suffisait pas à caractériser, en l'espèce, une atteinte à la neutralité que tout comité d'entreprise doit respecter dans la gestion des œuvres sociales (cass. soc. 15 mai 1984, n° 82-13.807, BC V n° 196). De même, l'adhésion d'un comité d'entreprise et le versement par celui-ci d'une cotisation à une association de formation et de conseil, dont la mission d'assistance est pratiquée dans l'intérêt des salariés ou des anciens salariés de l'entreprise sans aucune discrimination, correspondent au but des œuvres sociales qu'il est appelé à gérer, en assurant un avantage particulier aux salariés (cass. soc. 21 juillet 1986, n° 85-13.424, BC V n° 386).

• **Avantages accordés par les comités d'entreprise. Cotisations de sécurité sociale.** Sur le régime fiscal et social des prestations servies au titre des activités sociales et culturelles, voir RF mai 2019, cahier juridique n° 1105, «Les cotisations sociales de l'entreprise», §§ 1050 à 1120.

Art. L. 2312-79. Les salariés sont informés de la politique de l'entreprise concernant ses choix de mécénat et de soutien aux associations et aux fondations.

Art. L. 2312-80. Le comité social et économique assure ou contrôle la gestion des activités physiques ou sportives et peut décider de participer à leur financement.

Il émet également un avis sur la conclusion des conventions, prévues à l'article L. 221-8 du code du sport, destinées à faciliter l'emploi d'un sportif, arbitre ou juge de haut niveau et sa reconversion professionnelle.

§ 2. Financement

Art. L. 2312-81. La contribution versée chaque année par l'employeur pour financer des institutions sociales du comité social et économique est fixée par accord d'entreprise.

(L. 2018-217 du 29 mars 2018, art. 6, 5°, JO 31) «À défaut d'accord, le rapport de cette contribution à la masse salariale brute ne peut être inférieur au même rapport existant pour l'année précédente.»

Note • Sur la détermination de la masse salariale servant de base au calcul de la contribution patronale, voir note sous article L. 2312-83.

• Sur les règles applicables en cas de gestion des activités sociales et culturelles par les comités d'établissement ou les comités centraux, voir aussi note sous article L. 2316-23.

Nous rapportons ci-après les solutions dégagées par la jurisprudence à propos du comité d'entreprise en ce qu'elles ont en principe vocation à s'appliquer au comité social et économique.

Détermination de la contribution patronale

• L'obligation légale de subvention ne concerne pas les entreprises qui n'avaient pas d'œuvres sociales avant la constitution du comité d'entreprise (CA Reims 11 juin 1991, RJS 5/92 n° 631). Lorsqu'il n'est pas établi que des sommes ont été affectées aux dépenses sociales de l'entreprise avant la création des comités d'entreprise, les conditions d'application de l'article L. 432-9 [L. 2323-86 ancien] CT ne sont pas remplies (cass. soc. 9 juillet 1997, n° 95-21.462, BC V n° 265; RJS 10/97 n° 1108).

• Selon l'article L. 432-9 [L. 2323-86 ancien] CT, la contribution de l'employeur aux activités sociales et culturelles doit être calculée dans le cadre de l'entreprise, le taux légal de la contribution étant ensuite appliqué à chaque établissement, sauf usage ou accord collectif plus favorable (cass. soc. 17 septembre 2003, n° 01-11.532, BC V n° 236; RJS 11/03 n° 1282; voir aussi cass. soc. 26 septembre 1989, n° 88-11.796, BC V n° 537; Dr. Soc. 1990, p. 205; 9 juillet 1996, n° 94-17.688, RJS 10/96 n° 1057; 17 novembre 2011, n° 10-23.265, LS Jurispr. n° 233 du 29.11.2011).

• Le comité central d'entreprise d'une société n'a pas qualité pour modifier la répartition entre les comités d'établissement du montant de la subvention versée par l'employeur proportionnellement aux salaires et pour y substituer une répartition selon les effectifs, chacun des comités d'établissement ayant qualité pour gérer les œuvres sociales qui lui sont propres, et cela, surtout s'il n'existe dans l'entreprise aucune œuvre commune (cass. soc. 16 décembre 1971, n° 68-11.363, BC n° 746; Dr. Soc. 1972, p. 239, note J. Savatier). La loi n'interdit nullement, au sein d'une même entreprise, pour des comités d'établissement différents, l'existence de deux modes de répartition de la contribution patronale: répartition au prorata de la masse salariale ou au prorata des effectifs (cass. soc. 27 mai 1987, n° 85-12.637, BC V n° 344).

• Si la contribution de l'employeur doit être fixée annuellement, il ne s'ensuit pas nécessairement que le versement doive être fait en une seule fois et ne puisse être effectué selon le budget du comité, son programme de dépenses et ses besoins de trésorerie, sauf si d'autres modalités plus favorables de paiement avaient été suivies antérieurement à la prise en charge des œuvres sociales par le comité (cass. soc. 18 mars 1971, n° 69-11.020, BC V n° 228; 6 juillet 1976, n° 74-13.188, BC V n° 414).

• À la condition de respecter les règles et conditions prévues par l'article L. 132-8 [ancien] CT et par l'accord collectif lui-même, l'employeur peut dénoncer un accord d'entreprise ayant pour objet de fixer sa contribution aux activités sociales et culturelles; celle-ci ne devant pas être inférieure à celle résultant des sommes consacrées par l'employeur aux activités sociales et culturelles à la date où elles ont été prises en charge par le comité d'entreprise (cass. soc. 20 octobre 1993, n° 89-18.949, BC V n° 243; Dr. Soc. 1994, p. 33, note J. Savatier). La dénonciation d'un usage ou d'un accord ayant pour objet de fixer la contribution de l'employeur aux activités sociales et culturelles du comité ne peut avoir pour effet de réduire la subvention de l'entreprise au-dessous des minima fixés soit par une convention collective, soit par les articles L. 432-9 [L. 2323-86 ancien] et R. 432-11, 1°, al. 2 [R. 2323-35 ancien] CT (cass. soc. 1er avril 1997, n° 95-10.478, BC V n° 134; RJS 5/97 n° 559). Dans ce dernier cas (subvention fixée par référence aux articles L. 432-9 et R. 432-11, 1°, al. 2 CT), le chiffre le plus avantageux atteint au cours des trois années précédant la dénonciation n'est maintenu qu'autant que la masse salariale reste constante; si celle-ci diminue, la contribution suit la même variation (cass. soc. 9 juillet 1997, n° 95-21.462, BC V n° 265; RJS 10/97 n° 1108 et 1er avril 1997, précité; voir aussi cass. soc. 3 février 1999, n° 97-16.566, RJS 3/99 n° 385; 14 décembre 1999, n° 98-14.261, RJS 2/00 n° 182; 6 juin 2000, n° 98-22.159, BC V n° 221; 22 janvier 2002, n° 99-20.704, BC V n° 27 [chiffre le plus avantageux atteint au cours des trois dernières années précédant les exercices litigieux ne pouvant être maintenu en raison de la réduction de la masse salariale; contribution patronale devant subir la même variation]).

À noter: désormais, le minimum contributif étant fixé par rapport à l'année précédente, en résulte-t-il que la dénonciation d'un accord relatif à la contribution patronale restera sans effet tant qu'un nouvel accord n'est pas conclu, ou, plus vraisemblablement, faudra-t-il se référer à l'année précédant l'application de l'accord dénoncé ?

• *Transfert partiel d'entreprise.* En cas de modification dans la situation juridique de l'employeur au sens de l'article L. 1224-1 CT, le montant de la contribution de l'employeur aux activités sociales et culturelles du comité d'entreprise, s'il a été fixé dans l'entreprise d'origine par un usage ou un accord collectif à un montant supérieur à la contribution légale, n'est conservé que si l'institution se maintient dans la nouvelle entreprise. Ne conserve pas son autonomie l'entité faisant l'objet d'un transfert d'activité partiel et laissant subsister au sein de la société cédante les institutions représentatives du personnel existantes. Dès lors, après avoir relevé qu'une branche d'activité transférée à une société cessionnaire ne comportait pas d'institutions propres et que le comité d'entreprise de la société cédante n'avait pas été dissous, une cour d'appel a pu en déduire que l'entité économique n'avait pas conservé son autonomie et que le comité d'entreprise de la société cessionnaire ne pouvait bénéficier du maintien du montant de la contribution aux œuvres sociales et culturelles en usage au sein de la société cédante (cass. soc. 13 mai 2009, n° 08-12.514, BC V n° 132; RJS 7/09 n° 638; JCP éd. S 2009, 1376, note J-Y Kerbourc'h).

Calcul de la contribution patronale

• Le montant de la contribution de l'employeur au financement des activités sociales et culturelles doit être fixé en tenant compte de la totalité des dépenses sociales de la période de référence, quand bien même le comité d'entreprise aurait délégué à l'employeur la gestion d'une partie de celles-ci (cass. soc. 30 mars 2010, n° 09-12.074, BC V n° 81; LS Bref n° 15586 du 8.04.2010). Ces dépenses sociales à prendre en compte doivent s'entendre taxe sur la valeur ajoutée incluse (cass. soc. 21 septembre 2016, n° 14-25.847, BC V n° 174; JCP éd. S 2016, 1385, note H. Guyot; RJS 12/16 n° 783).

• La contribution au financement des activités sociales et culturelles doit être calculée dans le cadre de l'entreprise en se référant à la date de prise en charge des œuvres sociales dans les divers établissements (cass. soc. 26 septembre 1989, n° 88-11.796, précité). Lorsque le comité a délégué à l'employeur la gestion de certaines activités sociales et culturelles, les éventuelles économies réalisées sur cette gestion doivent être versées au comité afin de ne pas diminuer sa dotation minimale telle qu'antérieurement déterminée (cass. soc. 21 juin 2016, n° 15-12.525, LS Jurispr. n° 146 du 16.08.2016).

• Lors de la création d'un nouvel établissement, l'entreprise, après avoir calculé sa contribution au niveau de l'entreprise, est fondée à la répartir entre les différents établissements en fonction de leurs masses salariales respectives (CA Versailles 11 juin 1993, Dr. Soc. 1994, p. 685).

Lorsqu'une entreprise est divisée en établissements distincts dotés chacun d'un comité d'établissement, un accord collectif peut prévoir de répartir la contribution patronale aux activités sociales et culturelles selon les effectifs des établissements et non selon leur masse salariale, toutefois, cette répartition ne peut priver un comité d'établissement de la contribution calculée sur la masse salariale pour la fraction de la contribution correspondant au minimum calculé selon l'article L. 2323-86 [ancien] CT (cass. soc. 12 novembre 2015, n° 14-12.830, BC V n° 231; RJS 1/16 n° 37; JCP éd. S 2016, 1059, note B. Gauriau). En cas de disparition d'un établissement et dissolution de son comité, les dépenses afférentes à cet établissement, notamment de restauration et de mutuelle n'ont plus à être prises en compte pour la détermination de la contribution patronale (cass. soc. 18 novembre 2015, n° 14-15.061).

• Dès lors que des sociétés, rassemblées en une unité économique et sociale (UES), constituent une entreprise elle-même divisée en établissements distincts et que le montant global de la contribution est inchangé, la contribution au financement des institutions sociales doit être calculée dans le cadre de l'entreprise, c'est-à-dire de l'UES, et le taux légal de cette contribution ensuite appliqué à chaque établissement, en l'absence d'usage plus favorable (cass. soc.

25 septembre 2012, n° 10-26.224, BC V n° 234; JCP éd. S 2012, 1500, note H. Guyot; Dr. Soc. 2012, p. 1074, note D. Boulmier; RJS 12/12 n° 960).

• Sont à exclure notamment les frais de fonctionnement des œuvres sociales légalement à la charge de l'employeur [services médicaux et sociaux, voir art. R. 432-3, dernier al. (ancien) CT] et les dépenses de premier établissement des œuvres sociales (cass. soc. 31 janvier 1989, n° 87-17.858).

• Entrent en compte les dépenses relatives au fonctionnement d'une cantine dont l'entreprise avait la gestion (cass. soc. 28 janvier 1971, n° 69-13.861, BC V n° 60; 30 mars 2010, n° 09-12.074, précité) ainsi que les avantages en nature représentés par les fournitures de locaux et de matériels si l'employeur cesse de les fournir. À noter que:
– la subvention versée régulièrement par un employeur pour le fonctionnement d'une crèche créée à son instigation dans l'intérêt de son personnel doit être prise en compte pour déterminer le montant de la contribution qu'il doit verser au comité pour le financement des œuvres sociales dont celui-ci a repris la gestion. Est sans incidence, à cet égard, le fait que la crèche n'ait pas été directement gérée par l'employeur (cass. soc. 9 mai 1979, n° 77-11.416, BC V n° 389). Les subventions accordées à une association sportive d'intérêt général, étrangère à l'entreprise, dont le personnel n'est pas principalement bénéficiaire, ne constituent pas des dépenses sociales (cass. soc. 7 mai 1987, n° 84-10.914, BC V n° 269);
– la part contributive de l'entreprise au financement du chèque-transport ne constitue pas une dépense sociale au sens des articles L. 432-8 et L. 432-9 [L. 2323-83 et 86 anciens] CT (loi 2006-1770 du 30 décembre 2006, art. 69, JO 31). Elle n'est donc pas déductible de la contribution patronale aux œuvres sociales du comité d'entreprise;
– c'est seulement lors de la prise en charge des œuvres sociales par le comité d'entreprise et de la fixation de la contribution patronale que le montant des sommes affectées aux dépenses sociales au cours de l'année de référence, auquel cette contribution ne peut être inférieure, peut être diminué des dépenses temporaires si les besoins correspondants ont alors disparu; ultérieurement, sauf accord entre l'employeur et le comité, la contribution patronale ne peut varier qu'en fonction des variations de la masse salariale, même si les dépenses du comité se trouvent réduites du fait de la disparition de certains besoins (cass. soc. 4 juin 1982, n° 81-11.267, BC V n° 371);
– il peut être dérogé au mode légal de détermination de la contribution patronale et les accords intervenus sur ce point sont licites dès lors qu'ils aboutissent à la fixation d'une contribution plus avantageuse que celle qui résulterait de l'application des règles légales (cass. soc. 23 mars 1982, n° 81-10.305, BC V n° 207).

Versement de la contribution patronale

L'obligation légale et annuelle de versement de la contribution aux activités sociales et culturelles à la charge de l'employeur n'est pas suspendue par la carence du comité d'entreprise constatée dans les conditions prévues à l'article L. 433-13 [L. 2324-8 ancien] CT, et même si l'obligation conjointe des délégués du personnel et du chef d'entreprise de gestion des activités sociales du comité d'entreprise n'est pas assurée, celui-ci reste créancier, en principe, de cette somme (cass. soc. 13 septembre 2005, n° 04-10.961, BC V n° 256; JCP éd. S 2005, 1300, note J-M Olivier; RJS 11/05 n° 1112). Elle n'est pas non plus suspendue lorsque le comité a été empêché de fonctionner par suite de l'annulation des élections même si ses attributions n'ont pas pu être exercées par les délégués du personnel dès lors que l'élection de ces derniers a également été annulée (cass. soc. 22 novembre 2017, n° 16-12.952, arrêt rendu à propos de la subvention de fonctionnement, mais dont la portée s'étend au financement des activités sociales).

Prescription

La prescription de l'action en paiement de la contribution patronale aux activités sociales et culturelles et de la subvention de fonctionnement court à compter de la date à laquelle le comité d'entreprise a eu connaissance de la masse salariale leur ayant servi de base de calcul (cass. soc. 3 novembre 2016, n° 15-19.385, BC V n° 202; LS Jurispr. n° 204 du 15.11.2016; JCP éd. S 2016, 1436, note Fr. Broud et L. Cunha; RJS 1/17 n° 33).

Art. L. 2312-82. Dans les entreprises comportant plusieurs comités sociaux et économiques d'établissement, la détermination du montant global de la contribution patronale versée pour financer les activités sociales et culturelles du comité est effectuée au niveau de l'entreprise dans les conditions prévues à l'article L. 2312-81.

La répartition de la contribution entre les comités d'établissement est fixée par un accord d'entreprise au prorata des effectifs des établissements ou de leur masse salariale ou de ces deux critères combinés. À défaut d'accord, cette répartition est effectuée au prorata de la masse salariale de chaque établissement.

Art. L. 2312-83. Pour l'application du présent paragraphe, la masse salariale brute est constituée par l'ensemble des gains et rémunérations soumis à cotisations de sécurité sociale en application des dispositions de l'article L. 242-1 du code de la sécurité sociale ou de l'article L. 741-10 du code rural et de la pêche maritime, à l'exception des indemnités versées à l'occasion de la rupture du contrat de travail à durée indéterminée.

Note Le 2e alinéa de cet article a été supprimé par la loi 2018-217 du 29 mars 2018, art. 6, 6°, JO 31.

Nous rapportons ci-après les solutions dégagées par la jurisprudence à propos du comité d'entreprise en ce qu'elles ont en principe vocation à s'appliquer au comité social et économique.

• **Détermination de la masse salariale avant l'ordonnance 2017-1386 du 22 septembre 2017.** En l'absence de précision légale, la jurisprudence était la suivante: sauf engagement plus favorable, la masse salariale servant au calcul de la contribution patronale aux activités sociales et culturelles s'entend de la masse salariale brute comptable correspondant au compte 641 «Rémunérations du personnel» tel que défini par le plan comptable général (cass. soc. 30 mars 2011, n° 09-71.438, LS Jurispr. n° 80 du 19.04.2011; RJS 6/11 n° 534). Il s'agit de la totalité des salaires bruts, avant déduction des cotisations sociales, y compris les primes, indemnités et avantages en nature. Les primes de panier ne peuvent être exclues de la masse salariale brute pour le calcul de la contribution patronale que s'il est justifié que les conditions de travail imposent aux salariés des circonstances de fait entraînant pour ceux-ci des dépenses supplémentaires que lesdites indemnités ont pour objet de compenser (cass. soc. 7 juillet 1988, n° 87-11.102, BC V n° 430). Sur la question voir RJS 2/13, pp. 83 et s., P. Morvan: «Quelle “ masse salariale ” pour le budget du comité d'entreprise ? La “ malédiction du compte 641 ”». Les indemnités légales et conventionnelles de licenciement, de départ et de mise à la retraite et de préavis, les gratifications versées aux stagiaires et les provisions à valoir sur toutes sommes de nature salariale, doivent être incluses dans la masse salariale brute (cass. soc. 31 mai 2016, n° 14-25.042, BC V n° 120; LS Jurispr. n° 200 du 8.11.2016; RJS 8-9/16 n° 571). Il convient toutefois d'exclure de ce compte les sommes qui correspondent à des remboursements de frais, ainsi que celles qui, hormis les indemnités légales et conventionnelles de licenciement, de retraite et de préavis, sont dues au titre de la rupture du contrat de travail (cass. soc. 20 mai 2014, n° 12-29.142, BC V n° 123; JCP éd. S 2014, 1239, note Fr. Broud; RJS 7/14 n° 577; JSL n° 369, 07.07.2014, p. 17, D. Robine; 9 juillet 2014, n° 13-17.470, BC V n° 189; RJS 10/14 n° 702; JCP éd. S 2014, 1399, note J-Y Kerbourc'h). Il convient encore d'exclure non pas la rémunération des «dirigeants sociaux», expression employée dans des arrêts antérieurs, mais les sommes correspondant à la rémunération des «mandataires sociaux» (cass. soc. 3 novembre 2016, n° 15-19.385, BC V n° 202; LS Jurispr. n° 204 du 15.11.2016; JCP éd. S 2016, 1436, note Fr. Broud et L. Cunha; RJS 1/17 n° 33).

Il convient encore d'exclure, en principe, la rémunération des salariés qui sont mis à disposition d'une autre entreprise car ils sont présumés être intégrés de façon étroite et permanente à la communauté de travail de l'entreprise d'accueil. Toutefois le comité d'entreprise de l'employeur d'origine peut solliciter la prise en compte de leurs salaires dans la masse salariale brute servant au calcul de sa contribution aux activités sociales et culturelles et de sa subvention de fonctionnement, mais il lui appartient alors de rapporter la preuve que, malgré leur mise à disposition, ces salariés sont demeurés intégrés de façon étroite et permanente à leur entreprise d'origine (cass. soc. 3 novembre 2016, précité).

Corrélativement, les salariés mis à disposition ayant accès, dans l'entreprise utilisatrice, dans les mêmes conditions que les salariés de cette entreprise, aux moyens de transport collectif et aux installations collectives, notamment de restauration, dont peuvent bénéficier ces salariés et que, lorsque des dépenses supplémentaires incombent au comité d'entreprise de l'entreprise utilisatrice, celles-ci doivent lui être remboursées suivant des modalités définies au contrat de mise à disposition, il en résulte que la rémunération versée aux salariés mis à disposition par leur employeur n'a pas à être incluse dans la masse salariale brute de l'entreprise utilisatrice servant de base au calcul de la subvention de fonctionnement et de la contribution aux activités sociales et culturelles (cass. soc. 6 juin 2018, n° 17-11.497, à paraître, JSL n° 459, 14.09.2018, p. 26; RDT, septembre 2018, AC, 561).

La rémunération versée aux salariés temporaires n'a pas à être incluse dans la masse salariale brute de l'entreprise utilisatrice servant de base au calcul de la contribution patronale aux activités sociales et culturelles. En effet, aux termes de l'article L. 1251-24 CT, ces salariés ont accès, dans l'entreprise utilisatrice, dans les mêmes conditions que les salariés de cette entreprise, aux moyens de transport collectifs et aux installations collectives, notamment de restauration, et lorsque des dépenses supplémentaires incombent au comité d'entreprise, celles-ci lui sont remboursées suivant des modalités définies au contrat de mise à disposition (cass. soc. 10 mars 2010, n° 08-21.529, BC V n° 57; LS Bref n° 15570 du 17.03.2010; RJS 5/10 n° 477; Dr. Soc. 2010, p. 724, obs. L. Pécaut-Rivolier; JCP éd. S 2010, 1232, note J-Y Kerbourc'h).

• **Détermination de la masse salariale après l'ordonnance 2017-1386 du 22 septembre 2017.** L'article L. 2312-83 CT, tel qu'il résulte de cette ordonnance et applicable au 1er janvier 2018, dispose que la masse salariale servant d'assiette à la contribution patronale est constituée par l'ensemble des gains et rémunérations soumis à cotisations de sécurité sociale. Cet article vise évidemment la contribution due à la nouvelle instance représentative qu'est le comité social et économique. À la lettre, il n'est donc pas applicable aux comités d'entreprise qui subsistent pendant la période transitoire. Toutefois, compte tenu des difficultés posées par la référence au compte 641 qui marquait la jurisprudence antérieure, la Cour de cassation a décidé de faire application de ce texte aux comités d'entreprise et a ainsi jugé que, sauf engagement plus favorable, la masse salariale servant au calcul de la **subvention de fonctionnement du comité d'entreprise comme de la contribution aux activités sociales et culturelles**, s'entend de la masse salariale brute constituée par l'ensemble des gains et rémunérations soumis à cotisations de sécurité sociale en application de l'article L. 242-1 c. séc. soc.; c'est dès lors à bon droit que la cour d'appel a refusé d'intégrer dans la masse salariale brute les provisions sur congés payés, les indemnités légales et conventionnelles de licenciement et les indemnités de retraite, ainsi que les rémunérations versées aux salariés mis à disposition par une entreprise extérieure, toutes sommes qui ne figurent pas dans la déclaration annuelle des données sociales de l'entreprise (cass. soc. 7 février 2018, 2 arrêts, n°s 16-16.086 et 16-24.231, BC V n°s 17 et 18, LSQ n° 17507 du 9.02.2018; JCP éd. S 2018, 1089, note A. Teissier; RJS 4/18 n° 267; JSL n° 450, 03.04.2018, pp. 4 et s., J-Ph. Lhernould; RDT, avril 2018, CH, 316, A. Ottan et mai 2018, CH, 387, H. Ciray).

Les **indemnités de licenciement ou de départ volontaire** étant soumises à cotisations de sécurité sociale et d'allocations familiales pour leur part dépassant deux fois le plafond annuel de cotisations sociales et pour leur totalité lorsqu'elles dépassent dix fois ce plafond, ces indemnités doivent être comprises dans l'assiette de calcul de la subvention de fonctionnement et de la contribution aux activités sociales et culturelles du comité d'entreprise pour leur part assujettie aux cotisations de sécurité sociale (cass. soc. 19 décembre 2018, n° 17-22.583, à paraître, LS Jurispr. n° 15 du 22.01.2019; JCP éd. S 2019, 1041, note M. Lepoutre; RJS 3/19 n° 166).

Art. L. 2312-84. En cas de reliquat budgétaire les membres de la délégation du personnel du comité social et économique peuvent décider, par une délibération, de transférer tout ou partie du montant de l'excédent annuel du budget destiné aux activités sociales et culturelles au budget de fonctionnement ou à des associations dans des conditions et limites fixées par décret en Conseil d'État.

§ 1 (réglementaire). Nature des activités

Art. R. 2312-35. Les activités sociales et culturelles établies dans l'entreprise au bénéfice des salariés ou anciens salariés de l'entreprise et de leur famille comprennent:

1° Des institutions sociales de prévoyance et d'entraide, telles que les institutions de retraites et les sociétés de secours mutuels;

2° Les activités sociales et culturelles tendant à l'amélioration des conditions de bien-être, telles que les cantines, les coopératives de consommation, les logements, les jardins familiaux, les crèches, les colonies de vacances;

3° Les activités sociales et culturelles ayant pour objet l'utilisation des loisirs et l'organisation sportive;

4° Les institutions d'ordre professionnel ou éducatif attachées à l'entreprise ou dépendant d'elle, telles que les centres d'apprentissage et de formation professionnelle, les bibliothèques, les cercles d'études, les cours de culture générale;

5° Les services sociaux chargés:

a) De veiller au bien-être du salarié dans l'entreprise, de faciliter son adaptation à son travail et de collaborer avec le service de santé au travail de l'entreprise;

b) De coordonner et de promouvoir les réalisations sociales décidées par le comité social et économique et par l'employeur;

6° Le service de santé au travail institué dans l'entreprise.

Note ***Nous rapportons ci-après les solutions dégagées par la jurisprudence à propos du comité d'entreprise en ce qu'elles ont en principe vocation à s'appliquer au comité social et économique.***

• La liste mentionnée à l'article R. 2323-20 [ancien] CT [reprise à l'identique par l'actuel article R. 2312-35] n'est pas exhaustive et les comités d'entreprise peuvent créer des activités sociales et culturelles s'insérant dans le cadre ou s'inspirant en tout cas de l'esprit de celles énumérées à cet article, telle, par exemple, l'institution d'un régime d'indemnités destinées à faciliter l'éducation ouvrière des salariés de l'entreprise (cass. ch. réunies 20 mai 1965, BC n° 4; cass. soc. 6 octobre 1965, BC IV n° 611). Mais deux conditions doivent toujours être remplies: ces activités sociales et culturelles ne peuvent s'adresser qu'aux salariés (ou anciens salariés de l'entreprise ou à des ayants droit de salariés) et elles doivent s'adresser à tous, sans discrimination et selon des critères de répartition objectifs ne prenant en considération ni la personne ni la catégorie professionnelle ni l'affiliation syndicale du salarié; l'exclusion des salariés en longue maladie du bénéfice des activités sociales et culturelles du comité d'entreprise constitue une discrimination liée à l'état de santé du salarié, susceptible d'être sanctionnée par les tribunaux (rép. QE 84460, JO AN 13 décembre 2011, p. 13125). En revanche, l'attribution de secours différenciés à des salariés se trouvant individuellement dans un état de gêne constaté – qui peut résulter de leur participation à une grève – paraît licite (cass. soc. 8 juin 1977, n° 75-13.681, BC V n° 380; 11 juin 1996, n° 94-14.988, RJS 7/96 n° 804). De même, une aide exceptionnelle accordée à d'anciens salariés licenciés pour motif économique peut entrer dans le cadre des activités sociales (cass. soc. 26 janvier 1999, n° 97-10.522, BC V n° 41 : aide accordée pour une action en justice afin d'obtenir le respect des engagements pris par l'employeur dans un plan social dont le comité d'entreprise avait examiné les dispositions).

La nécessité pour le comité d'entreprise de décider hors de toute discrimination de l'affectation des fonds consacrés aux activités sociales et culturelles est constamment réaffirmée par la Cour de cassation : il a ainsi été jugé que le bénéfice de prestations servies aux salariés au titre des activités sociales et culturelles pour compenser les frais exposés par eux dans l'exercice du droit individuel à congé de formation économique, sociale et syndicale qu'ils tiennent du code du travail ne saurait dépendre de leur appartenance ou de leurs choix de nature syndicale. C'est donc à bon droit qu'après avoir relevé que le bénéfice de ces prestations dépendait de leur appartenance ou de leurs choix de nature syndicale, certains étant privés du remboursement de leurs frais lorsque le plafond de remboursement prévu pour le syndicat dont ils avaient suivi les formations était atteint, alors qu'il ne l'était pas pour les autres organisations, une cour d'appel en a déduit que la délibération du comité interentreprises et les décisions subséquentes s'y rattachant devaient être annulées (cass. soc. 16 avril 2008, n° 06-44.839, BC V n° 93; RJS 6/08 n° 691; JCP éd. S 2008, 1378, note J-Y Kerbourc'h; RDT, juillet/août 2008, CH, 467, F. Signoretto).

• Les activités sociales et culturelles, qui ont notamment pour objet l'amélioration des conditions de bien-être des salariés, anciens salariés et de leur famille, ainsi que l'utilisation par eux des loisirs, ne peuvent comprendre un avantage accordé par l'employeur à ses salariés en rémunération d'un travail particulier ou de l'obtention de résultats déterminés, peu important que cet avantage résulte d'une initiative à laquelle l'employeur n'est pas tenu. Ainsi, un voyage accordé par l'employeur à ses salariés pour récompenser l'obtention de résultats déterminés ne constitue pas une activité sociale et culturelle (cass. soc. 2 décembre 2008, n° 07-16.818, BC V n° 239).

• Une action syndicale ne se confond pas avec les œuvres sociales dont les comités d'entreprise ou d'établissement assurent la gestion au bénéfice des salariés ou anciens salariés de ces entreprises ou établissements et de leurs familles; ces comités ne sauraient donc subventionner les organisations syndicales à l'occasion d'une telle action (frais de déplacement des salariés qui s'étaient rendus à Paris, à l'appel de leurs syndicats, à une manifestation d'ouvriers sidérurgistes) (cass. soc. 7 mai 1980, n° 78-15.803, BC V n° 387; 18 mai 1983, n° 82-11.564, BC V n° 266).

• La défense de l'emploi dans l'entreprise relève des attributions du comité d'entreprise dans l'ordre économique. C'est donc à tort que, pour déclarer qu'un budget relatif à la «défense de l'emploi» voté par un comité d'établissement se rapportait à une activité sociale et culturelle et refuser d'annuler la délibération affectant ce budget au titre des activités sociales et culturelles, une cour d'appel a énoncé que dès lors que la défense de l'emploi est relative aux salariés d'une même entreprise sans considération d'appartenance syndicale ou autre discrimination, elle constitue par sa nature même une activité sociale au sens des articles L. 432-8 [L. 2323-83 ancien] et R. 432-2 [R. 2323-20 ancien] CT (cass. soc. 12 février 2003, n° 00-19.341, BC V n° 53; RJS 4/03 n° 478).

• S'agissant du «pot de fin d'année» et du «repas de retraités» servis dans l'entreprise, une cour d'appel a estimé que la preuve était rapportée que ces activités avaient pour objet soit d'améliorer le bien-être du personnel de l'entreprise, soit de permettre aux salariés retraités d'utiliser leurs loisirs et a défini ainsi le caractère social desdites activités devant désormais être gérées par le comité d'établissement (cass. soc. 13 octobre 1988, n° 87-11.505). Toutefois, le fait qu'une soirée annuelle offerte par l'employeur à ses collaborateurs se déroule dans un cadre festif ne lui confère pas la nature d'activité sociale et culturelle, mais constitue une mesure de gestion du personnel dès lors qu'elle a pour objet de présenter le bilan annuel et les perspectives de la société et d'assurer une cohésion au sein de l'entreprise (cass. soc. 9 juillet 2014, n° 13-18.577, BC V n° 188; RJS 10/14 n° 705; JCP éd. S 2014, 1420, note S. Miara).

• À noter que constitue une atteinte à la vie privée, au sens de l'article 9 c. civ., la demande par un comité d'entreprise de communication de la déclaration de revenus de personnes, dans le but de déterminer leurs droits à l'attribution d'une prime de vacances dès lors que la déclaration de revenus contient des renseignements, tels que la situation de famille légitime ou illégitime, la situation de fortune ou l'existence de dettes, qui ne sont pas tous indispensables au comité d'entreprise pour l'attribution de la prime (cass. civ., 1re ch., 29 mai 1984, n° 82-12.232, BC I n° 176).

• Sur le versement d'un pourcentage de la masse salariale à une caisse sociale par une société pour financer un complément d'allocations familiales directement servi par cette caisse au personnel : ce service, qui ne correspondait pas à une obligation légale ou conventionnelle incombant à l'employeur, entrait dans les prévisions de l'article R. 432-2 [R. 2323-20 ancien] CT, lequel définit les activités sociales et culturelles dont la gestion ou le contrôle appartient au comité d'entreprise ou d'établissement, peu important que lesdits avantages puissent présenter un caractère de complément de rémunération au regard de la législation de la sécurité sociale (cass. soc. 11 mai 1988, n° 84-10.617, BC V n° 282).

• Un comité central d'entreprise par l'intermédiaire duquel un voyage a été souscrit n'est tenu d'une obligation d'informer le voyageur de la possibilité de résilier le contrat ou d'accepter une modification de celui-ci que s'il est démontré qu'il en est le vendeur (cass. civ., 1re ch., 19 février 2013, n° 11-26.881, BC I n° 21; RJS 6/13 n° 462; Gaz. Pal. 2013, nos 90-94, pp. 5 à 7, note S. Prieur).

• Il résulte de l'article R. 211-26 c. tourisme, dans sa rédaction issue du décret 2009-1650 du 23 décembre 2009, applicable au litige, que la garantie financière spécialement affectée au remboursement en principal des fonds reçus par l'opérateur de voyages au titre des engagements qu'il a contractés à l'égard de sa clientèle, ne bénéficie qu'aux consommateurs finaux, de sorte qu'un comité d'entreprise qui intervient en qualité d'organisateur ou de revendeur de voyages, et non en seule qualité de mandataire des salariés auprès d'une agence de voyages, ne peut en bénéficier (cass. civ., 1re ch., 22 janvier 2020, n° 18-21.155, à paraître, RJS 4/20 n° 192).

§ 2 (réglementaire). Modalités de gestion

Sous-§ 1. Gestion par le comité social et économique

Art. R. 2312-36. Le comité social et économique assure la gestion des activités sociales et culturelles qui n'ont pas de personnalité civile, à l'exception des centres d'apprentissage et de formation professionnelle.

Quel que soit leur mode de financement, cette gestion est assurée:
1° Soit par le comité social et économique;
2° Soit par une commission spéciale du comité;
3° Soit par des personnes désignées par le comité;
4° Soit par des organismes créés par le comité et ayant reçu une délégation.

Ces personnes ou organismes agissent dans la limite des attributions qui leur ont été déléguées et sont responsables devant le comité.

Note ***Nous rapportons ci-après les solutions dégagées par la jurisprudence à propos du comité d'entreprise en ce qu'elles ont en principe vocation à s'appliquer au comité social et économique.***

• Le fait que la gestion d'une cantine, œuvre sociale, soit confiée au comité d'établissement n'interdit pas à l'employeur d'exercer son contrôle dans ce local placé sous son «aire d'autorité» (cass. soc. 9 juin 1983, n° 82-11.087, BC V n° 316).

• La responsabilité d'un comité d'entreprise organisateur de voyages ne peut être retenue que si les demandeurs apportent la preuve que le comité n'a pas accompli toutes les diligences nécessaires qu'ils étaient en droit d'attendre de lui (cass. civ., 1re ch., 16 mars 1994, n° 92-17.483, Dr. Soc. 1994, p. 792).

• Le fait par l'employeur d'assurer directement la gestion de certaines œuvres sociales n'ayant pas la personnalité civile constitue une entrave au fonctionnement régulier du comité d'entreprise (cass. crim. 19 décembre 1963, n° 62-92.573, Dr. Soc. 1964, p. 355). Le délit d'entrave est également constitué si la gestion des œuvres sociales est assumée en fait par une association déclarée fonctionnant sous le contrôle étroit de la direction de l'entreprise qui en assurait le financement (cass. crim. 22 novembre 1977, n° 76-93.162, B. crim. n° 362).

• Les activités de gestion à caractère social ou culturel d'un comité d'entreprise ou d'un comité d'établissement ne peuvent être exercées que par une personne ou un organisme ayant reçu une délégation expresse à cet effet (CE 31 mars 1995, n° 101461, RJS 6/95 n° 662). Mais lorsque c'est l'employeur qui décide de gérer ces activités pour le compte du comité d'entreprise, il accepte implicitement mais nécessairement un mandat tacite de ce dernier et demeure libre de cesser à tout moment d'assurer lui-même cette gestion pour le compte d'autrui (cass. soc. 29 octobre 2015, QPC, n° 15-12.525, BC V n° 214; LS Jurispr. n° 146 du 16.08.2016). De son côté, le comité peut à tout moment revendiquer le transfert de cette gestion et des moyens correspondant (voir par exemple, cass. soc. 22 juin 1993, n° 91-17.686, BC V n° 178).

• **Gestion informatique des activités sociales et culturelles.** Les fichiers concernant la gestion des activités sociales et culturelles par les comités d'entreprise ou d'établissement, ainsi que par les comités centraux d'entreprise, les comités de groupe, les comités interentreprises ou les délégués du personnel, sont dispensés de déclaration préalable dès lors qu'ils répondent aux conditions définies par la CNIL. Ces conditions sont énumérées dans la délibération du 17 octobre 2006 (JO 15 nov.) et accessible sur le site *www.cnil.fr*.

• **Salariés mis à disposition d'un comité d'entreprise.** Dans certaines entreprises, il est fréquent que des salariés soient mis à la disposition des comités d'entreprise ou d'établissement. Dans ce cas, le comité peut avoir la qualité d'employeur. Ainsi, un agent de la SNCF mis à la disposition d'un comité d'entreprise pour y accomplir un travail pour le compte de ce dernier et sous sa direction est lié par un contrat de travail à cet organisme, lequel a dès lors la qualité d'employeur. En cas de faute du salarié dans l'exécution de ce contrat, il appartient au comité d'exercer le pouvoir disciplinaire, y compris par l'engagement d'une procédure de licenciement (cass. soc. 23 mars 2016, n° 14-14.811, BC V n° 56; RJS 6/16 n° 430).

• **Gestion et protection des non-professionnels.** Lorsqu'il exerce sa mission légale de gestion des activités sociales et culturelles, le comité d'entreprise agit à des fins qui n'entrent pas dans le cadre d'une activité commerciale, industrielle, artisanale, libérale ou agricole, en sorte que, non-professionnel, il bénéficie des dispositions de l'article L. 136-1 c. consom. (cass. civ., 1re ch., 15 juin 2016, n° 15-17.369, BC I n° 136 faisant application, par anticipation, de la nouvelle définition du non-professionnel résultant de l'ordonnance 2016-301 du 14 mars 2016 relative à la partie législative du code de la consommation et entrant en vigueur au 1er juillet 2016).

Art. R. 2312-37. Le comité social et économique participe, dans les conditions prévues par l'article R. 2312-39, à la gestion des activités sociales et culturelles qui possèdent la personnalité civile.

Toutefois, il contrôle la gestion des sociétés de secours mutuels et des organismes de sécurité sociale établis dans l'entreprise, des activités sociales et culturelles ayant pour objet d'assurer aux salariés de l'entreprise des logements et des jardins familiaux, les centres d'apprentissage et de formation professionnelle dans la mesure et aux conditions définies à l'article R. 2312-42.

Art. R. 2312-38. Le service de santé au travail et le service social sont gérés dans les conditions fixées aux titres II et III du livre VI de la quatrième partie.

Art. R. 2312-39. Les conseils d'administration ou, à défaut, les organismes de direction des institutions sociales autres que celles mentionnées au second alinéa de l'article R. 2312-37 sont composés au moins par moitié de membres représentant le comité social et économique. Il en va de même des commissions de contrôle ou de surveillance de ces institutions. Ces membres peuvent être choisis en dehors du comité et désignés, de préférence, parmi les adhérents ou les bénéficiaires des institutions.

Les représentants du comité social et économique au conseil d'administration des sociétés coopératives et de consommation sont choisis parmi les adhérents à la société.

Les représentants du comité social et économique dans les conseils ou organismes mentionnés au premier alinéa siègent avec les mêmes droits et dans les mêmes conditions que les autres membres.

Note ***Jurisprudence rendue à propos du comité d'entreprise.*** Il ne saurait être exigé que les représentants du comité chargés de contrôler la gestion d'une œuvre sociale soient choisis parmi les actionnaires de cette œuvre (cass. crim. 19 décembre 1963, n° 62-92.573, Dr. Soc. 1964, p. 355).

Art. R. 2312-40. Le bureau nommé par les conseils d'administration des activités sociales et culturelles qui possèdent la personnalité civile comprend au moins un membre désigné par le comité social et économique.

Art. R. 2312-41. Le comité social et économique est représenté auprès:

1° Des conseils d'administration des organismes de sécurité sociale, des mutuelles établies dans l'entreprise ainsi qu'auprès des commissions de contrôle de ces institutions;

2° Des conseils d'administration des activités de logements et de jardins familiaux.

Cette représentation est assurée par deux délégués désignés par le comité, choisis de préférence parmi les participants de ces institutions.

Les délégués assistent aux réunions de ces conseils et commissions. L'un d'eux assiste aux réunions du bureau.

Le comité social et économique est consulté préalablement à toute délibération relative, soit à la modification des statuts de l'institution, soit à la création d'activités nouvelles, soit à la transformation ou à la suppression d'activités existantes.

Les délégués informent le comité de toutes décisions prises par les conseils ou bureaux ainsi que de la marche générale de l'institution.

Note ***Nous rapportons ci-après les solutions dégagées par la jurisprudence à propos du comité d'entreprise en ce qu'elles ont en principe vocation à s'appliquer au comité social et économique.***

• Les tiers lésés ont la faculté de se prévaloir des fautes quasi-délictuelles commises par le comité d'entreprise dans l'exercice de sa gestion et de son contrôle de gestion, dans la mesure où il en est résulté pour eux un préjudice (cass. soc. 11 février 1971, n° 69-12.463, BC V n° 110, à propos d'une société mutualiste; voir aussi 14 janvier 1981, n° 79-10.981, BC V n° 25, cité sous art. L. 2312-72). Il faut, à cet égard, souligner l'intérêt pour les comités de s'assurer contre les conséquences de leur responsabilité civile, l'employeur devant d'ailleurs obligatoirement rembourser au comité le montant des primes d'assurances dues à cet effet. À noter que cette obligation de remboursement ne s'étend pas aux assurances contractées garantissant les dommages causés aux biens du comité lui-même.

• Le comité d'entreprise ne dispose d'aucun pouvoir de gestion mais uniquement d'un pouvoir de contrôle sur une mutuelle d'entreprise, dès lors, les salariés retraités partis avant la mise en place du régime complémentaire obligatoire ne peuvent critiquer le choix du comité central d'entreprise d'approuver la mise en place d'une mutuelle obligatoire sans revendiquer le reversement de la participation versée par l'employeur à la mutuelle d'entreprise dès lors qu'ils ne sont pas les bénéficiaires de cette activité sociale et culturelle (cass. soc. 4 mai 2017, n° 15-28.162).

Art. R. 2312-42. Pour les organismes de sécurité sociale établis dans l'entreprise, les activités de logements et de jardins familiaux, lorsque des décisions sont soumises au contrôle ou à l'approbation de l'administration, l'avis du comité social et économique y est annexé.

Dans les cas énoncés à l'article R. 2312-41, le comité peut s'opposer à leur exécution, sauf recours auprès du ministre chargé du travail.

Dans les mutuelles d'entreprise, lorsque des décisions sont soumises à l'approbation de l'administration, l'avis du comité y est annexé. En outre, le comité social et économique peut faire connaître son avis à l'assemblée générale sur le fonctionnement de l'institution.

Sous-§ 2. Gestion par le comité des activités sociales et culturelles interentreprises

Art. R. 2312-43. Lorsque plusieurs entreprises possèdent ou envisagent de créer certaines institutions sociales communes, les comités sociaux et économiques intéressés constituent un comité des activités sociales et culturelles interentreprises investi des mêmes attributions que les comités dans la mesure nécessaire à l'organisation et au fonctionnement de ces institutions communes.

Ces comités signent avec le comité des activités sociales et culturelles interentreprises une convention conforme aux dispositions réglementaires prises pour l'application du quatrième alinéa de l'article L. 2316-23.

Art. R. 2312-44. Le comité des activités sociales et culturelles interentreprises comprend :

1° Un représentant des employeurs désigné par eux. Assisté d'un ou de deux suppléants, il préside le comité ;

2° Des représentants des salariés de chaque comité social et économique choisis autant que possible de façon à assurer la représentation des diverses catégories de salariés, à raison de deux délégués par comité et sans que leur nombre puisse dépasser douze, sauf accord collectif contraire avec les organisations syndicales ou, à défaut d'accord, sauf dérogation accordée expressément par l'inspecteur du travail.

Art. R. 2312-45. Lorsque le nombre des entreprises ne permet pas d'assurer aux salariés de chacune d'elles une représentation distincte, un seul délégué peut représenter les salariés de l'une ou de plusieurs d'entre elles. L'attribution des sièges est faite par les comités sociaux et économiques et les organisations syndicales intéressées.

Art. R. 2312-46. Dans les cas prévus aux articles R. 2312-44 et R. 2312-45, si l'accord est impossible, l'inspecteur du travail décide de la répartition des sièges entre les représentants des salariés des entreprises intéressées.

Le silence gardé pendant plus de quatre mois par le ministre saisi d'un recours hiérarchique sur une décision prise par l'inspecteur du travail vaut décision de rejet.

Art. R. 2312-47. Les membres du comité des activités sociales et culturelles interentreprises sont désignés pour une durée équivalente à celle qu'ils tiennent de leur mandat à leur comité social et économique.

Le comité interentreprises exerce ses fonctions dans les locaux et avec le matériel et le personnel de l'un ou de plusieurs des comités sociaux et économiques qui y sont représentés.

Les dispositions des articles L. 2314-10, L. 2314-33, L. 2314-36, L. 2314-37, L. 2315-23, L. 2315-7 à L. 2315-14 et L. 2315-28 à L. 2315-35 sont applicables au comité des activités sociales et culturelles interentreprises.

Art. R. 2312-48. En fonction de l'objet qui lui a été assigné, le comité des activités sociales et culturelles interentreprises exerce les attributions définies aux articles R. 2312-36 et R. 2312-38.

Il est doté de la personnalité civile et fonctionne dans les mêmes conditions qu'un comité social et économique. Il détermine, dans un règlement intérieur, les modalités de son fonctionnement et, dans le respect de la convention signée en application de l'article R. 2312-43, celles de ses rapports avec les comités sociaux et économiques et les salariés des entreprises intéressées.

§ 3 (réglementaire). Ressources et dépenses

Sous-§ 1. Ressources et dépenses du comité social et économique

Art. R. 2312-49. Les ressources du comité social et économique en matière d'activités sociales et culturelles sont constituées par :

1° Les sommes versées par l'employeur pour le fonctionnement des institutions sociales de l'entreprise qui ne sont pas légalement à sa charge, à l'exclusion des sommes affectées aux retraités ;

2° Les sommes précédemment versées par l'employeur aux caisses d'allocations familiales et organismes analogues, pour les institutions financées par ces caisses et qui fonctionnent au sein de l'entreprise;

3° Le remboursement obligatoire par l'employeur des primes d'assurances dues par le comité pour couvrir sa responsabilité civile;

4° Les cotisations facultatives des salariés de l'entreprise dont le comité fixe éventuellement les conditions de perception et les effets;

5° Les subventions accordées par les collectivités publiques ou les organisations syndicales;

6° Les dons et legs;

7° Les recettes procurées par les manifestations organisées par le comité;

8° Les revenus des biens meubles et immeubles du comité;

9° Tout ou partie du montant de l'excédent annuel du budget de fonctionnement versé par l'employeur, après délibération du comité, en application du cinquième alinéa de l'article L. 2315-61.

Note • Sur la contribution patronale, voir note sous article L. 2312-81.

• ***Jurisprudence rendue à propos du comité d'entreprise et ayant en principe vocation à s'appliquer au comité social et économique.*** *Primes d'assurances dues par le comité (art. R. 2323-34 [ancien], 3°, repris à l'identique à l'actuel art. R. 2312-49, 3°).* Le comité d'entreprise a le libre choix de son assureur. Le remboursement par l'employeur des primes d'assurances, dues par le comité pour couvrir sa responsabilité civile, n'est donc soumis à aucune condition et, en particulier, n'est pas subordonné à un contrôle du chef d'entreprise sur le choix et la nature de l'assurance (cass. soc. 20 février 2002, n° 99-21.194, BC V n° 73; RJS 5/02 n° 587).

Art. R. 2312-50. Sont exclues du calcul de la contribution mentionnée au 1° de l'article R. 2312-[49], les dépenses temporaires lorsque les besoins correspondants ont disparu.

Art. R. 2312-51. En cas de reliquat budgétaire, l'excédent annuel du budget destiné aux activités sociales et culturelles peut être transféré au budget de fonctionnement ou à des associations conformément à l'article L. 2312-84, dans la limite de 10 % de cet excédent.

Cette somme et ses modalités d'utilisation sont inscrites, d'une part, dans les comptes annuels du comité social et économique ou, le cas échéant, dans les documents mentionnés à l'article L. 2315-65 et, d'autre part, dans le rapport mentionné à l'article L. 2315-69.

Lorsque la partie de l'excédent est transférée à une ou plusieurs associations humanitaires reconnues d'utilité publique afin de favoriser les actions locales ou régionales de lutte contre l'exclusion ou des actions de réinsertion sociale, la délibération du comité social et économique précise les destinataires des sommes et, le cas échéant, la répartition des sommes transférées.

Art. R. 2312-52. En cas de cessation définitive de l'activité de l'entreprise, le comité social et économique décide de l'affectation des biens dont il dispose. La liquidation est opérée par ses soins, sous la surveillance du ***(D. 2020-1545 du 9 déc. 2020, JO 10, entrée en vigueur le 01.04.2021)*** « directeur régional de l'économie, de l'emploi, du travail et des solidarités ».

La dévolution du solde des biens est réalisée au crédit:

1° Soit d'un autre comité social ou économique ou d'un comité des activités sociales et culturelles interentreprises, notamment dans le cas où la majorité des salariés est destinée à être intégrée dans le cadre de ces entreprises;

2° Soit d'institutions sociales d'intérêt général dont la désignation est, autant que possible, conforme aux vœux exprimés par les salariés intéressés.

Les biens ne peuvent être répartis entre les salariés ou les membres du comité.

Note ***Nous rapportons ci-après les solutions dégagées par l'Administration et la jurisprudence à propos du comité d'entreprise en ce qu'elles ont en principe vocation à s'appliquer au comité social et économique.***

• S'agissant de l'utilisation des fonds d'un comité d'entreprise, à la suite de la fermeture d'un établissement, le ministre du Travail a précisé que le solde des biens du comité d'entreprise ne doit pas être utilisé pour acheter des parts sociales dans une société qui serait créée par des salariés licenciés (rép. QE 61238, JO AN 10 février 1986, p. 535).

• L'article R. 2323-39 [ancien] ne s'applique pas dans le cas d'une fermeture d'établissement s'accompagnant d'un transfert des salariés dans d'autres sociétés du même groupe (cass. soc. 23 janvier 1996, n° 93-16.799, BC V n° 25; RJS 3/96 n° 294; 10 juin 1998, n° 96-20.112, BC V n° 317; RJS 7/98 n° 877).

Sous-§ 2. Ressources et dépenses du comité des activités sociales et culturelles interentreprises

Art. R. 2312-53. Les dépenses nécessaires au fonctionnement du comité des activités sociales et culturelles interentreprises sont à la charge des entreprises proportionnellement au nombre de salariés qu'elles emploient.

Art. R. 2312-54. Les ressources du comité des activités sociales et culturelles interentreprises sont constituées, dans les conditions prévues à l'article L. 2312-78, par les sommes versées par les comités sociaux et économiques pour le fonctionnement des activités sociales et culturelles leur incombant.

Art. R. 2312-55. Le sous-paragraphe 5 du paragraphe 3 de la sous-section 6 et la sous-section 9 de la section 3 du chapitre V du titre II du livre III de la deuxième partie sont applicables au comité des activités sociales et culturelles interentreprises, dans les conditions prévues aux articles R. 2312-53 à R. 2312-54.

Art. R. 2312-56. Pour l'appréciation des seuils mentionnés à l'article L. 2315-37 et à la sous-section 9 de la section 3 du chapitre V du titre Ier du livre III de la deuxième partie du présent code, l'ensemble des ressources perçues au titre d'une année considérée par le comité des activités sociales et culturelles interentreprises sont prises en compte, y compris les ressources prévues aux articles R. 2312-53 et R. 2312-54.

Art. R. 2312-57. Sont pris en charge par le comité des activités sociales et culturelles interentreprises sur les sommes qui lui sont versées au titre de son fonctionnement :

1° Le coût de la certification des comptes annuels prévue à l'article L. 2315-73 ;

2° Le coût de la mission de présentation des comptes par l'expert-comptable prévue à l'article L. 2315-76.

Art. R. 2312-58. Le contenu du rapport présentant des informations qualitatives sur les activités sociales et culturelles du comité des activités sociales et culturelles interentreprises et sur sa gestion financière est conforme aux dispositions réglementaires prises pour l'application du troisième alinéa de l'article L. 2315-69, à l'exception de toute obligation relative à l'utilisation de la subvention de fonctionnement que l'employeur verse au comité social et économique en application de l'article L. 2315-61.

Sous-§ 3. Dispositions communes

Art. R. 2312-59. Les institutions sociales dotées de la personnalité civile peuvent être subventionnées par les comités sociaux et économiques ou les comités des activités sociales et culturelles interentreprises.

Sous réserve des articles R. 2312-47 et R. 2312-48, ces institutions sont organisées et fonctionnent selon les modalités propres à chacune d'elles, d'après leur nature et leur régime juridique.

Sous-section 8 (réglementaire). Compétence en matière de formation professionnelle et d'apprentissage en l'absence de comité social et économique

Art. R. 2312-60. Dans les entreprises ou organismes dans lesquels les attributions du comité social et économique sont dévolues à des instances de représentation du personnel prévues par d'autres dispositions que celles du présent code, celles-ci sont substituées au comité social et économique pour l'application des dispositions :

1° Des articles L. 6322-6 et R. 6322-3 à R. 6322-11, relatives au congé individuel de formation ;

2° De l'article L. 6331-12, relatives à la participation des employeurs de dix salariés et plus au développement de la formation professionnelle continue ;

3° Des articles R. 6322-66 à R. 6322-78, relatives au congé d'enseignement et de recherche ainsi qu'au congé de formation pour les salariés âgés de vingt-cinq ans et moins ;

4° Des articles D. 6321-1 et D. 6321-3, relatives au déroulement des actions de formation.

Art. R. 2312-61. Dans les entreprises de cinquante salariés et plus qui ne sont pas tenues d'avoir un comité social et économique ou un organisme de la nature de ceux mentionnés à l'article R. 2312-60, il est créé une commission spéciale consultée dans les conditions prévues à l'article L. 6331-12.

La commission spéciale comprend autant de membres qu'il y a d'organisations syndicales qui ont constitué légalement ou qui ont droit de constituer une section syndicale dans l'entreprise.

Chacune de ces organisations désigne un membre choisi parmi les salariés de cette entreprise. Ce membre remplit les conditions requises pour l'éligibilité en qualité de membre d'un comité social et économique.

CHAPITRE III Mise en place et suppression du comité social et économique

SECTION 1. Cadre de mise en place du comité social et économique

Sous-section 1. Mise en place au niveau de l'entreprise

§ 1. Mise en place du comité social et économique et des comités sociaux et économiques d'établissement

Art. L. 2313-1. Un comité social et économique est mis en place au niveau de l'entreprise.

Art. L. 2313-2

Des comités sociaux et économiques d'établissement et un comité social et économique central d'entreprise sont constitués dans les entreprises ***(L. 2018-217 du 29 mars 2018, art. 6, 7°, JO 31)*** «d'au moins cinquante salariés» comportant au moins deux établissements distincts.

Note ***Jurisprudence rendue à propos du comité central d'entreprise.*** Si l'article L. 2327-1 [ancien] CT prévoit la création d'un comité central d'entreprise dans les entreprises comprenant des établissements distincts, aucun texte ne fait expressément obligation au chef d'entreprise de prendre l'initiative de la constitution de cet organisme lorsque nulle démarche n'a été effectuée, à cet effet, auprès de lui (cass. crim. 14 janvier 1986, n° 85-91.285, B. crim. n° 24).

Art. L. 2313-2. Un accord d'entreprise, conclu dans les conditions prévues au premier alinéa de l'article L. 2232-12, détermine le nombre et le périmètre des établissements distincts.

Art. L. 2313-3. En l'absence d'accord conclu dans les conditions mentionnées à l'article L. 2313-2 et en l'absence de délégué syndical, un accord entre l'employeur et le comité social et économique, adopté à la majorité des membres titulaires élus de la délégation du personnel du comité, peut déterminer le nombre et le périmètre des établissements distincts.

Art. L. 2313-4. En l'absence d'accord conclu dans les conditions mentionnées aux articles L. 2313-2 et L. 2313-3, l'employeur fixe le nombre et le périmètre des établissements distincts, compte tenu de l'autonomie de gestion du responsable de l'établissement, notamment en matière de gestion du personnel.

Note Voir chron. A. Cœuret et Fr. Duquesne, «Un aspect de la représentation élue du personnel dans l'entreprise après l'ordonnance du 22 septembre 2017: l'hypothèse du fractionnement en établissements distincts», RJS 5/18, p. 363; Fr. Duquesne et J. Heintz, «La négociation du périmètre de l'instance décentralisée du CSE», JCP éd. S 2020, 1033.

Jurisprudence rendue sous l'empire de la législation actuelle

Ce n'est que lorsque, à l'issue d'une tentative loyale de négociation, un accord collectif n'a pu être conclu que l'employeur peut fixer par décision unilatérale le nombre et le périmètre des établissements distincts. À défaut, la décision unilatérale de l'employeur doit être annulée, sans que le Direccte [Dreets] ait à se prononcer sur le nombre et le périmètre des établissements distincts tant que des négociations n'ont pas été préalablement engagées (cass. soc. 17 avril 2019, n° 18-22.948, à paraître, LS n° 17802 du 23.04.2019; JCP éd. S 2019, 1172, note J-Y Kerbourc'h; RJS 6/19 n° 363; JSL n° 477, 11.06.2019, pp. 8 et s., M. Hautefort; Dr. Soc. 2019, p. 574, act. M. Gadrat; RDT, septembre 2019, CH, 589, C. Nicod).

Jurisprudence rendue sous l'empire de la législation antérieure et demeurant applicable au comité social et économique

• En aucun cas, le découpage d'une entreprise en établissements distincts ne peut avoir pour effet de laisser une partie des salariés en dehors de toute représentation (cass. soc. 8 juillet 1976, n° 76-60.092, BC V n° 446; 30 mai 2001, n° 00-60.006, BC V n° 193, rendus à propos de l'implantation de délégués syndicaux, mais la solution vaut quelle que soit l'institution en cause).

• Aucune disposition législative ne subordonne la reconnaissance d'un comité d'établissement à un effectif d'au moins cinquante salariés (CE 26 juillet 1996, n°s 152444 et 153952, RJS 10/96 n° 1056).

• **Notion d'établissement distinct.** S'agissant du comité d'entreprise, la jurisprudence administrative s'attachait déjà à l'autonomie, notamment en matière de gestion du personnel. L'éloignement géographique des diverses implantations de l'entreprise n'est en revanche pas un facteur essentiel. La notion d'établissement distinct n'est pas la même en matière de comités d'entreprise, de délégués du personnel et de délégués syndicaux et la jurisprudence considère qu'elle doit être interprétée par rapport à la finalité de l'institution concernée. La nécessité de la présence des délégués du personnel sur les lieux de travail est fondamentale; le facteur «autonomie de gestion» est prééminent en matière de comité d'établissement et l'existence d'une autonomie géographique n'est pas essentielle au fonctionnement efficace des comités d'établissement (voir concl. Ch. Maugüé, sous CE 27 mars 1996, n°s 155791 et 155804, Dr. Soc. 1996, p. 938; voir aussi CE 23 juillet 2003, n° 247577, RJS 12/03 n° 1409). Le Conseil d'État, dans un arrêt du 29 juin 1973 (n° 77982, Dr. Soc. 1974, p. 42, concl. N. Questiaux), a considéré que les critères essentiels de l'établissement distinct au regard de la législation sur les comités d'entreprise sont une implantation géographique distincte, un certain caractère de stabilité et une autonomie suffisante tant en ce qui concerne la gestion du personnel que l'exécution du service. Ainsi ne constituent pas des établissements distincts des directions régionales regroupant plusieurs magasins d'une société, dès lors que celle-ci a centralisé à son siège la gestion administrative, budgétaire, commerciale et sociale de ses magasins, les directeurs des régions, placés sous l'autorité d'un directeur des magasins à compétence nationale, ne disposant que d'un degré d'autonomie très réduit tant en ce qui concerne la gestion du personnel qu'en ce qui a trait à l'exécution du service (CE 25 juin 2003, n° 252280, RJS 12/03 n° 1408; 17 décembre 1999, n° 197694: établissements ne disposant pas de l'essentiel des outils de gestion permettant de caractériser une gestion autonome, en particulier sur les plans financier, comptable et commercial; CE 4 juin 2003, n° 252276, RJS 10/03 n° 1182: établissements ne disposant pas d'une autonomie suffisante, la gestion du personnel et des dépenses étant centralisée par la direction générale).

Mais dès lors que les centres de travaux et la réserve générale d'une société ont une implantation géographique distincte de celle du siège social et un caractère de stabilité, que leurs chefs disposent d'une large autonomie pour la gestion du personnel ouvrier qui y est affecté et des chantiers qui en dépendent, que les chefs des centres de travaux ont le pouvoir de passer des marchés d'un montant au plus égal à deux millions de francs dans la zone géographique de leur ressort et qu'ils ont reçu délégation en matière d'hygiène et de sécurité, le siège de la société, les centres de travaux et la réserve générale doivent être regardés comme réunissant les conditions nécessaires pour que les principales missions et le fonctionnement normal de comités d'établissement puissent être assurés à ce niveau (CE 3 juin 1983, Dr. Ouvr. 1986, p. 196; voir aussi CE 11 décembre 1991, n° 92935, RJS 4/92 n° 461; 27 juin 2001, n° 215970, RJS 11/01 n° 1307 et 4 juin 2003, n°s 234583 et 253724, RJS 10/03 n° 11821).

Si les quatre entités auxquelles a été reconnu le caractère d'établissement distinct sont, à l'exception d'un site, des directions fonctionnelles regroupant des agents travaillant dans des lieux différents, elles présentent une autonomie suffisante en ce qui concerne la marche des services, la gestion du personnel et l'organisation de leurs activités. Cette organisation, quoique récemment mise en place, présente un caractère de stabilité alors même que le personnel peut évoluer au cours de sa carrière entre les différentes directions fonctionnelles et que certaines activités, en nombre limité, peuvent être transférées d'un site à un autre. Une fédération n'est ainsi pas fondée à demander l'annulation de la décision du directeur départemental du travail [Direccte puis, désormais, Dreets] fixant à quatre le nombre d'établissements distincts de la société (CE 29 mars 2000, n° 211353).

Art. R. 2313-1. Lorsqu'il prend une décision sur la détermination du nombre et du périmètre des établissements distincts en application de l'article L. 2313-4, l'employeur la porte à la connaissance de chaque organisation syndicale représentative dans l'entreprise et de chaque organisation syndicale ayant constitué une section syndicale dans l'entreprise, par tout moyen permettant de conférer date certaine à cette information.

Lorsque les négociations se sont déroulées conformément à l'article L. 2313-3, l'employeur réunit le comité afin de l'informer de sa décision.

Les organisations syndicales représentatives dans l'entreprise et les organisations syndicales ayant constitué une section syndicale dans l'entreprise ou lorsque les négociations se sont déroulées conformément à l'article L. 2313-3, le comité social et économique, peuvent dans le délai de quinze jours à compter de la date à laquelle ils en ont été informés, contester la décision de l'employeur devant le ***(D. 2020-1545 du 9 déc. 2020, JO 10, entrée en vigueur le 01.04.2021)*** «directeur régional de l'économie, de l'emploi, du travail et des solidarités».

Note Il a été jugé, dans le cadre d'une UES (voir art. R. 2313-4), mais à l'évidence transposable en dehors de cette hypothèse, que les organisations syndicales représentatives dans l'entreprise et les organisations syndicales ayant constitué une section syndicale dans celle-ci ou, lorsque les négociations se sont déroulées conformément à l'article L. 2313-8, al. 4, le CSE, peuvent, dans le délai de 15 jours à compter de la date à laquelle ils en ont été informés, contester la décision de l'employeur devant le Direccte [Dreets]. En l'absence de contestation dans le délai précité suivant la notification de la décision unilatérale par laquelle l'employeur a déterminé le nombre et le périmètre des établissements distincts, l'organisation syndicale est irrecevable à demander à ce titre l'annulation des élections professionnelles (cass. soc. 25 mars 2020, n° 18-18.401, à paraître, RJS 6/20 n° 300; JSL n° 499, 08.06.2020, pp. 12 et s., S. Ranc; LS n° 18098 du 09.07.2020).

Art. L. 2313-5. En cas de litige portant sur la décision de l'employeur prévue à l'article L. 2313-4, le nombre et le périmètre des établissements distincts sont fixés par l'autorité administrative du siège de l'entreprise dans des conditions prévues par décret en Conseil d'État. ***(Ord. 2017-1718 du 20 déc. 2017, art. 1er, I, 77°, JO 21)*** «Lorsqu'elle intervient dans le cadre d'un processus électoral global, la saisine de l'autorité administrative suspend ce processus jusqu'à la décision administrative et entraîne la prorogation des mandats des élus en cours jusqu'à la proclamation des résultats du scrutin.»

La décision de l'autorité administrative peut faire l'objet d'un recours devant le juge judiciaire, à l'exclusion de tout autre recours administratif ou contentieux.

Note Voir note sous l'article L. 2313-4.

Jurisprudence rendue sous l'empire de la législation actuelle

• Lorsque l'application d'une législation ou d'une réglementation spécifique pourrait engendrer des contestations contentieuses diverses qui se répartiraient, selon les règles habituelles de compétence, entre la juridiction administrative et la juridiction judiciaire, il est loisible au législateur, dans l'intérêt d'une bonne administration de la justice, d'unifier les règles de compétence juridictionnelle au sein de l'ordre principalement intéressé. À cet égard, confier à l'ordre juridictionnel judiciaire la contestation de la décision du Direccte [Dreets] fixant le nombre et le périmètre des établissements distincts, dès lors que le contentieux des élections professionnelles organisées sur le fondement de cette décision relève de l'ordre juridictionnel judiciaire, principalement intéressé, ne méconnaît pas le principe constitutionnel de séparation des pouvoirs (cass. soc. QPC 24 juin 2020, n° 20-40.001, à paraître, RJS 8-9/20 n° 422).

• Saisi d'une décision de la Direccte [Dreets] portant sur le découpage d'une entreprise en établissements distincts, il appartient au tribunal d'instance [tribunal judiciaire] d'examiner l'ensemble des contestations, qu'elles portent sur la légalité externe ou sur la légalité interne de la décision administrative et, s'il les dit mal fondées, de confirmer la décision, s'il les accueille partiellement ou totalement, de statuer à nouveau, par une décision se substituant à celle de l'autorité administrative, sur les questions demeurant en litige (cass. soc. 19 décembre 2018, n° 18-23.655, à paraître, LSQ n° 17719 du 21.12.2018; JCP éd. S 2018, 1021, note Fr. Duquesne; JSL n° 469, 11.02.2019, pp. 16 et s., M. Hautefort et n° 470, 25.02.2019, pp. 17 et s., O. Thibaud et T. Dubé; JCP éd. G 2019, 79, note A. Coeuret et Fr. Duquesne; RDT, février 2019, CH, 119, C. Wolmark; RJS 3/19 n° 165).

• Saisi d'un recours contre la décision du Direccte [Dreets] relative au découpage de l'entreprise en établissements distincts, le juge se prononce en fonction des circonstances de fait existant au jour de la décision administrative et, en cas d'annulation de celle-ci, à la date où il statue (cass. soc. 8 juillet 2020, n° 19-11.918, à paraître, LS n° 18106 du 23.07.2020; RJS 10/20 n° 476; JSL n° 504 du 28.09.2020, pp. 20 et s., H. Nasom-Tissandier; JCP éd. S 2020, 3023, note Fr. Duquesne).

• Les élections organisées par l'employeur en dépit de la suspension légale du processus électoral et de la prorogation légale des mandats des élus en cours peuvent faire l'objet d'une demande d'annulation de la part des organisations syndicales ayant saisi le Direccte [Dreets] d'une demande de détermination des établissements distincts, dans le délai de contestation des élections courant à compter de la décision du Direccte [Dreets] procédant à la détermination du nombre et du périmètre des établissements distincts (cass. soc. 17 avril 2019, n° 18-22.948, à paraître, LS n° 17802 du 23.04.2019; JCP éd. S 2019, 1172, note J-Y Kerbourc'h; RJS 6/19 n° 363; JSL n° 477, 11.06.2019, pp. 8 et s., M. Hautefort; Dr. Soc. 2019, p. 574, act. M. Gadrat; RDT, septembre 2019, CH, 589, C. Nicod).

• La centralisation de fonctions support et l'existence de procédures de gestion définies au niveau du siège d'une entreprise ne sont pas de nature à exclure l'autonomie de gestion des responsables d'établissement. Dès lors qu'est constatée l'existence de délégations de pouvoirs dans des domaines de compétence variés et d'accords d'établissement, il appartient au tribunal d'instance [tribunal judiciaire] de rechercher, au regard de l'organisation de l'entreprise en filières et en sites, le niveau caractérisant un établissement distinct au regard de l'autonomie de gestion des responsables (cass. soc. 11 décembre 2019, n° 19-17.298, à paraître, LS n° 17963 du 19.12.2019; JCP éd. S 2020, 1015, note Fr. Duquesne et J. Heintz; RJS 2/20 n° 95; JSL n° 492, 24.02.2020, p. 23; RDT, février 2020, CH, 133, F. Signoretto). Ainsi, a été rejeté le pourvoi formé contre le jugement d'un tribunal d'instance qui a, par une appréciation souveraine des éléments de fait et de preuve fournis par les parties, constaté qu'il existait au sein de la société six stations avions disposant d'une implantation géographique distincte, et que s'agissant, d'une part, de l'autonomie budgétaire, chacune de ces stations disposait d'un budget spécifique décidé par le siège sur proposition du chef de station, lequel, au regard de sa fiche de poste, participait à «l'élaboration des budgets de fonctionnement et d'investissement de la station avec le siège», d'autre part, de l'autonomie en matière de gestion du personnel, que le chef de station disposait d'une compétence de «management du personnel social», était garant du respect du règlement intérieur, menait des entretiens individuels de carrière et des entretiens préalables à une éventuelle sanction, pouvait prononcer des avertissements, et qu'il présidait jusqu'à présent le CHSCT et animait les réunions des délégués du personnel, et a ainsi pu en déduire que, même si certaines compétences en matière budgétaire et de gestion du personnel étaient centralisées au niveau du siège, les six stations avions constituaient chacune un établissement distinct au sens de la mise en place d'un CSE (cass. soc. 22 janvier 2020, n° 19-12.011, à paraître, LS Jurispr. n° 23 du 04.02.2020; JCP éd. S 2020, 1045, note Fr. Duquesne; JSL n° 494, 23.03.2020, pp. 14 et s., S. Ranc et S. Parier; Dr. Soc. 2020, p. 281, act. Fr. Petit; RJS 4/20 n° 189; RDT, septembre 2020, CH, 555, F. Signoretto).

Jurisprudence rendue sous l'empire de la législation antérieure qui prévoyait que la détermination des établissements distincts faisait l'objet d'un accord préélectoral et, à défaut, d'une décision du Direccte.

• Saisi d'un litige sur la détermination des établissements distincts, le Direccte n'est tenu par aucune disposition législative ou réglementaire de faire application des stipulations d'une convention collective qui définiraient les caractéristiques d'un établissement distinct (CE 4 décembre 1987, n° 62863, Rec. Lebon, p. 395). Il doit se déterminer en fonction des critères fixés par la jurisprudence administrative (voir note sous article L. 2313-4).

• Les décisions administratives fixant le nombre des établissements distincts n'ont pas le caractère de décisions individuelles; dès lors, aucune motivation n'est exigée (CE 28 juillet 1993, nos 110705 à 110707, Rec. Lebon, p. 1066; RJS 11/93 n° 1112).

• Le Direccte saisi d'un différend portant sur un établissement n'est pas tenu de vérifier le caractère d'établissement distinct de l'ensemble des autres entités de celle-ci (CE 23 juillet 2003, n° 247577, RJS 12/03 n° 1409).

• Aucun texte législatif relatif aux comités d'entreprise ne subordonne la reconnaissance ou le maintien du caractère d'établissement distinct à la condition que l'établissement en cause ait un effectif d'au moins cinquante salariés; lorsqu'il doit se prononcer sur l'existence ou la perte de ce caractère, le Direccte peut tenir compte notamment de l'importance de l'effectif de l'établissement pour apprécier si celui-ci dispose d'une autonomie suffisante, mais il ne peut légalement se fonder, pour refuser de reconnaître ou de maintenir la qualité d'établissement distinct, sur le seul motif que l'établissement en cause a un effectif inférieur à cinquante salariés (CE 15 mai 1991, n° 84840, RJS 7/91 n° 850; 19 octobre 1992, n° 92630, RJS 12/92 n° 1397).

Art. R. 2313-2. Le ***(D. 2020-1545 du 9 déc. 2020, JO 10, entrée en vigueur le 01.04.2021)*** « directeur régional de l'économie, de l'emploi, du travail et des solidarités » prend sa décision dans un délai de deux mois à compter de la réception de la contestation. Cette décision est notifiée par lettre recommandée avec demande d'avis de réception portant mention des voies et délais de recours. Elle peut faire l'objet d'un recours devant le ***(D. 2019-966 du 18 sept. 2019, art. 8, JO 19, entrée en vigueur le 01.01.2020)*** « tribunal judiciaire » dans un délai de quinze jours suivant sa notification.

En cas de décision implicite de rejet du ***(D. 2020-1545 du 9 déc. 2020, JO 10, entrée en vigueur le 01.04.2021)*** « directeur régional de l'économie, de l'emploi, du travail et des solidarités », les organisations syndicales représentatives dans l'entreprise ***(D. 2018-920 du 26 oct. 2018, art. 2, JO 28)*** « et les organisations syndicales ayant constitué une section syndicale dans l'entreprise » ou, lorsque les négociations se sont déroulées conformément à l'article L. 2313-3, le comité social et économique peuvent saisir, dans un délai de quinze jours, le ***(D. 2019-966 du 18 sept. 2019, art. 8, JO 19, entrée en vigueur le 01.01.2020)*** « tribunal judiciaire » afin qu'il soit statué sur la contestation.

Art. R. 2313-3. Le ***(D. 2019-966 du 18 sept. 2019, art. 8, JO 19, entrée en vigueur le 01.01.2020)*** « tribunal judiciaire » est saisi des contestations par voie de ***(D. 2019-1333 du 11 déc. 2019, art. 36, JO 12, entrée en vigueur le 01.01.2020)*** « requête ».

Sur demande du greffe, le ***(D. 2020-1545 du 9 déc. 2020, JO 10, entrée en vigueur le 01.04.2021)*** « directeur régional de l'économie, de l'emploi, du travail et des solidarités » justifie de l'accomplissement de la notification de sa décision auprès de la juridiction saisie ou à défaut, de la réception de la contestation.

Si le juge le demande, il communique un rapport précisant les éléments de droit ou de fait ayant fondé sa décision.

Le ***(D. 2019-966 du 18 sept. 2019, art. 8, JO 19, entrée en vigueur le 01.01.2020)*** « tribunal judiciaire » statue dans les dix jours de sa saisine sans frais ni forme de procédure et sur avertissement qu'il donne trois jours à l'avance à toutes les parties intéressées.

La décision du tribunal est notifiée par le greffe dans les trois jours par lettre recommandée avec avis de réception.

La décision est susceptible d'un pourvoi en cassation dans un délai de dix jours. Le pourvoi est formé, instruit et jugé dans les conditions fixées par les articles 999 à 1008 du code de procédure civile.

Note Les dispositions de cet article, dans sa rédaction issue du décret 2019-1333 précité, sont applicables aux instances en cours au 1er janvier 2020 (décret précité, art. 55, I).

Art. L. 2313-6. La perte de la qualité d'établissement distinct dans les cas prévus aux articles L. 2313-2 à L. 2313-5 emporte la cessation des fonctions des membres de la délégation du personnel du comité social et économique de cet établissement, sauf si un accord contraire, conclu entre l'employeur et les organisations syndicales représentatives dans les conditions prévues au premier alinéa de l'article L. 2232-12, ou à défaut d'accord d'entreprise, un accord entre l'employeur et le comité social et économique concerné, permet aux membres de la délégation du personnel du comité d'achever leur mandat.

Note ***Jurisprudence rendue sous l'empire de la législation antérieure*** qui prévoyait que la détermination des établissements distincts faisait l'objet d'un accord préélectoral et, à défaut, d'une décision du Direccte.

• La perte de la qualité d'établissement distinct, reconnue par décision administrative, emporte suppression du comité de l'établissement considéré, sauf accord contraire conclu entre le chef d'entreprise et les organisations syndicales représentatives dans l'entreprise permettant aux membres du comité d'établissement d'achever leur mandat; si un tel accord est conclu, il ne peut intervenir qu'après la décision administrative rendue et connue et il produit nécessairement un effet remontant au jour de cette décision (cass. soc. 13 janvier 2009, n° 07-16.969, BC V n° 7; RDT, mai 2009, CH, 326, F. Signoretto).

La décision de l'autorité administrative consacrant la perte de la qualité d'établissement distinct d'un des deux établissements d'une entreprise a nécessairement pour conséquence la nécessité de mettre en place un comité d'entreprise unique pour représenter l'ensemble des salariés; un tribunal d'instance est donc fondé à ordonner à l'organisation des élections des membres de ce comité (cass. soc. 20 juin 2007, n° 07-60.027, BC V n° 110; RJS 10/07 n° 1080). Mais, en l'absence d'accord entre le chef d'entreprise et les organisations syndicales ou, à défaut d'accord, d'une décision administrative ayant pour effet de supprimer un comité d'établissement, la fermeture d'un établissement ne saurait par elle-même mettre fin aux mandats des membres du comité d'établissement (CE 18 janvier 1991, n° 95699, RJS 3/91 n° 343). La décision d'un Direccte de scinder en deux établissements distincts un établissement unique fait perdre à cet établissement sa qualité d'établissement distinct et, en l'absence d'accord conclu entre le chef d'entreprise et les organisations syndicales représentatives dans l'entreprise, ne permet pas aux membres du comité d'établissement d'achever leur mandat (cass. soc. 15 mai 1991, n° 90-60.392, BC V n° 242; RJS 6/91 n° 720).

À noter que la reconnaissance d'une unité économique et sociale n'entraîne pas automatiquement la disparition des comités d'établissement institués antérieurement; en effet, aux termes de l'article L. 433-2, al. 9 [L. 2322-5 ancien] CT, c'est la perte de la qualité d'établissement distinct, reconnue par une décision administrative, qui emporte, sauf accord contraire, suppression du comité de l'établissement considéré. C'est donc à bon droit qu'une cour d'appel a décidé qu'un établissement n'ayant disparu qu'à la suite de la décision ministérielle procédant à une division de l'entreprise en établissements distincts pour tenir compte de la reconnaissance d'une unité économique et sociale, un comité d'établissement pouvait agir en justice avant la date de cette décision (cass. soc. 25 juin 2003, n° 01-12.990, BC V n° 210; RJS 12/03 n° 1411, 1re espèce).

• Dès lors que par une décision devenue définitive a été reconnue la perte du caractère d'établissement distinct d'un site, le comité d'établissement a disparu par application de l'article L. 2322-5 [ancien] CT, de sorte qu'il n'y a pas lieu de statuer sur le pourvoi qu'il a formé contre l'arrêt le déboutant de ses demandes tendant à ce que soient constatées des irrégularités dans la procédure de licenciement pour motif économique engagée par l'employeur (cass. soc. 20 juin 2012, n° 10-28.000, RJS 10/12 n° 812).

§ 2. Les représentants de proximité

Art. L. 2313-7. L'accord d'entreprise défini à l'article L. 2313-2 peut mettre en place des représentants de proximité.

L'accord définit également:

1° Le nombre de représentants de proximité;

2° Les attributions des représentants de proximité, notamment en matière de santé, de sécurité et de conditions de travail;

3° Les modalités de leur désignation;

4° Leurs modalités de fonctionnement, notamment le nombre d'heures de délégation dont bénéficient les représentants de proximité pour l'exercice de leurs attributions.

Les représentants de proximité sont membres du comité social et économique ou désignés par lui pour une durée qui prend fin avec celle du mandat des membres élus du comité.

Note Cet article est à mettre en lien avec l'article L. 2313-4 qui modifie la notion d'établissement distinct laquelle va, dans certains cas, entraîner une élévation du niveau de mise en place de la nouvelle institution qu'est le comité social et économique. Les représentants de proximité susceptibles d'être instaurés par voie conventionnelle pourraient ainsi combler le vide laissé par la disparition des délégués du personnel dans des implantations géographiquement décentralisées de l'entreprise.

Sous-section 2. Mise en place du comité social et économique au niveau de l'unité économique et sociale

Art. L. 2313-8. Lorsqu'une unité économique et sociale regroupant au moins onze salariés est reconnue par accord collectif ou par décision de justice entre plusieurs entreprises juridiquement distinctes, un comité social et économique commun est mis en place.

Des comités sociaux et économiques d'établissement et un comité social et économique central d'entreprise sont constitués dans les unités économiques et sociales comportant au moins deux établissements.

Un accord d'entreprise conclu au niveau de l'unité économique et sociale dans les conditions prévues au premier alinéa de l'article L. 2232-12 détermine le nombre et le périmètre des établissements distincts.

En l'absence d'un tel accord ***(Ord. 2017-1718 du 20 déc. 2017, art. 1er, I, 78°, JO 21)*** «et en l'absence de délégué syndical désigné au niveau de l'unité économique et sociale», un accord entre les entreprises regroupées au sein de l'unité économique et sociale et le comité social et économique, adopté à la majorité des membres titulaires élus de la délégation du personnel du comité, peut déterminer le nombre et le périmètre des établissements distincts.

En l'absence d'accord d'entreprise ou d'accord conclu avec le comité social et économique, l'un des employeurs mandatés par les autres fixe le nombre et le périmètre des établissements distincts, compte tenu de l'autonomie de gestion du responsable de l'établissement, notamment en matière de gestion du personnel.

En cas de litige portant sur cette décision, le nombre et le périmètre des établissements distincts sont fixés par l'autorité administrative du siège de l'entreprise qui a pris la décision dans des conditions prévues par décret en Conseil d'État. ***(Ord. 2017-1718 du 20 déc. 2017, art. 1er, I, 78°, JO 21)*** «Lorsqu'elle intervient dans le cadre d'un processus électoral global, la saisine de l'autorité administrative suspend ce processus jusqu'à la décision administrative et entraîne la prorogation des mandats des élus en cours jusqu'à la proclamation des résultats du scrutin.»

La décision de l'autorité administrative peut faire l'objet d'un recours devant le juge judiciaire, à l'exclusion de tout autre recours administratif ou contentieux.

Note ***Jurisprudence rendue sous l'empire de la législation antérieure en ce qu'elle a en principe vocation à s'appliquer au comité social et économique, ainsi que celle concernant ce dernier (ce cas étant alors signalé).***

La notion d'unité économique et sociale permet de regrouper des entreprises juridiquement distinctes, mais présentant des liens étroits entre elles, en une entité unique pour la mise en place des institutions représentatives du personnel. Consacrée légalement pour le comité d'entreprise, l'unité économique et sociale constitue, lorsqu'elle est reconnue, le cadre des élections des délégués du personnel et de désignation des délégués syndicaux.

• **Conséquences de la pluralité des personnes morales.** Lorsqu'une action concerne l'exercice de sa mission par une institution représentative d'une UES, elle doit être, sous peine d'irrecevabilité, introduite par ou dirigée contre toutes les entités composant l'UES, ou par l'une d'entre elles ayant mandat pour représenter l'ensemble des sociétés de l'UES. Par conséquent, est irrecevable l'action en contestation des honoraires de l'expert mandaté par le CHSCT de l'UES qui n'est introduite, dans le délai de forclusion, que par l'une des entreprises composant l'UES, l'autre entreprise n'étant intervenue à l'instance que postérieurement à l'expiration de ce délai (cass. soc. 26 février 2020, n° 18-22.123, à paraître, LS Jurispr. n° 52 du 17.03.2020; RJS 5/20 n° 243; JSL n° 496-497 du 05.05.2020, p. 29).

• **Conditions de reconnaissance d'une unité économique et sociale.** L'unité économique et sociale ne peut exister qu'entre des personnes juridiquement distinctes prises dans l'ensemble de leurs établissements et de leurs personnels (cass. soc. 7 mai 2002, n° 00-60.424, BC V n° 150; RJS 7/02 n° 835). Ainsi, il ne peut y avoir d'unité économique et sociale entre deux établissements d'une même société (cass. soc. 17 décembre 1984, n° 84-60.909, BC V n° 494), entre une société et un établissement d'une autre société (cass. soc. 2 avril 1996, n° 95-60.665, RJS 5/96 n° 555) ou entre des établissements dépendant de sociétés distinctes (cass. soc. 13 janvier 1999, n° 97-60.782, BC V n° 20).

Par ailleurs, une unité économique et sociale ne peut être reconnue entre plusieurs sociétés à un niveau où existe déjà un comité de groupe (cass. soc. 20 octobre 1999, n° 98-60.398, BC V n° 391). Toutefois, la simple annonce de la constitution d'un groupe pouvant inclure diverses sociétés ne peut, à elle seule, faire obstacle à la reconnaissance d'une unité économique et sociale entre ces sociétés, antérieurement à la mise en place d'un comité de groupe (cass. soc. 17 décembre 2003, n° 02-60.445, BC V n° 319).

Enfin, une unité économique et sociale peut exister entre deux sociétés, même si l'activité de l'une, dans son ensemble, n'est complémentaire que de l'activité d'un secteur de production de l'autre, si tous les salariés des deux sociétés constituent une seule communauté de travailleurs (cass. soc. 12 janvier 2005, n° 03-60.477, BC V n° 5; RJS 3/05 n° 292; Dr. Soc. 2005, p. 479, obs. J. Savatier).

À noter que l'unité économique et sociale ayant pour finalité la défense des intérêts de la communauté de travailleurs dans un périmètre donné, la circonstance qu'une société n'ait pas de salariés ne fait pas obstacle à la reconnaissance d'une unité économique et sociale entre cette société et une autre. Ainsi, après avoir relevé que des salariés d'une société travaillaient de fait pour une seconde société, dont les moyens administratifs et commerciaux étaient partagés avec leur employeur, un tribunal d'instance, qui a fait ressortir qu'il existait une communauté de travailleurs intéressés par les activités complémentaires des deux sociétés dont la direction était commune, a pu décider que le fait que la seconde société n'avait pas de salariés ne faisait pas obstacle à la reconnaissance d'une unité économique et sociale entre les deux sociétés pour la désignation d'un délégué syndical (cass. soc. 24 novembre 2004, n° 03-60.329, BC V n° 297; RJS 2/05 n° 170). De même, dès lors qu'il constate que les éléments constitutifs d'une unité économique et sociale sont réunis entre des sociétés d'opérations, un tribunal d'instance justifie légalement sa décision d'y intégrer la société holding qui détient le pouvoir (cass. soc. 26 janvier 2005, n° 04-60.192, BC V n° 29; Dr. Soc. 2005, p. 480, obs. J. Savatier (2°); RJS 4/05 n° 398; TPS avril 2005, comm. 119, p. 21, note J-M Olivier).

De même encore, au sein d'un groupe, une UES peut être reconnue par convention ou par décision de justice entre des entités juridiquement distinctes qu'elles soient ou non dotées de la personnalité morale, dès lors qu'est caractérisée entre ces structures, d'une part, une concentration des pouvoirs de direction à l'intérieur du périmètre considéré ainsi qu'une similarité ou une complémentarité des activités déployées par ces différentes entités, d'autre part, une communauté de travailleurs résultant de leur statut social et de conditions de travail similaires pouvant se traduire en pratique par une certaine mutabilité des salariés (cass. soc. 21 novembre 2018, n° 16-27.690, à paraître, LSQ n° 17703 du 29.11.2018; JSL n° 467, 9.01.2019, pp. 4 et s., M. Hautefort; RJS 2/19 n° 110; RDT, janvier 2019, CH, 51, H. Nasom-Tissandier et février 2019, DR, 133, rapport du conseiller B. Joly; Dr. Soc. 2019, pp. 141 et s., étude Ch. Radé).

• **Critères de reconnaissance d'une unité économique et sociale.** Une unité économique et sociale entre plusieurs entités économiques juridiquement distinctes se caractérise, en premier lieu, par la concentration des pouvoirs de direction à l'intérieur du périmètre considéré ainsi que par la similarité ou la complémentarité des activités déployées par ces différentes entités, en second lieu, par une communauté de travailleurs résultant de leur statut social et de conditions de travail similaires pouvant se traduire, en pratique, par une certaine permutabilité des salariés (cass. soc. 18 juillet 2000, n° 99-60.353, BC V n° 299; RJS 11/00 n° 1107).

Unité économique. La reconnaissance d'une unité économique implique tout d'abord la concentration des pouvoirs de direction à l'intérieur du périmètre considéré. Tel est le cas, notamment, lorsque les mêmes personnes se trouvent aux postes de direction des différentes sociétés (cass. soc. 27 juin 1990, n° 89-60.033, BC V n° 322; 15 janvier 2002, n° 00-60.256, RJS 4/02 n° 452), l'entité juridique qui exerce le pouvoir de direction sur l'ensemble des salariés devant, en toute hypothèse, faire partie de l'unité économique et sociale (cass. soc. 23 mai 2000, n° 99-60.006, BC V n° 201; RJS 7-8/00 n° 823). En revanche, la dépendance administrative et financière à l'égard d'une autorité de tutelle et la participation de mêmes personnes ès qualités aux conseils d'administration ne caractérisent pas l'existence d'une unité économique (cass. soc. 24 novembre 1992, n° 91-60.368, BC V n° 569; RJS 1/93 n° 47).

L'identité ou la complémentarité d'activités entre les sociétés concernées constitue également une condition de l'existence d'une unité économique: si une politique commerciale commune ne suffit pas (cass. soc. 7 février 1990, n° 89-60.497, BC V n° 55), le fait que les sociétés aient des activités différentes ou relevant de domaines d'intervention spécifiques ne constitue pas un obstacle à la reconnaissance de l'unité économique, dès lors que ces activités sont complémentaires (cass. soc. 29 mai 2002, n° 01-60.627; 13 juillet 2004, n° 03-60.425, BC V n° 219; RJS 10/04 n° 1057).

Unité sociale. L'existence d'une unité sociale entre les différentes entités est indispensable à la reconnaissance d'une unité économique et sociale. Cependant, si l'unité économique n'est pas établie, les juges n'ont pas à rechercher s'il existe une unité sociale (cass. soc. 5 décembre 1985, n° 84-60.994, BC V n° 574).

L'unité sociale est notamment caractérisée en cas de similitude des conditions de travail, de rémunération et de statut social des salariés des entreprises en cause (cass. soc. 11 janvier 1995, n° 94-60.023). La permutabilité du personnel entre les différentes entités constitue également un critère – souvent retenu mais non indispensable – de l'unité sociale (cass. soc. 29 octobre 1996, n° 95-60.931; 13 juillet 2004, n° 03-60.425, BC V n° 219; RJS 10/04 n° 1057). D'autres éléments, tels que la proximité géographique, la disposition de services sociaux communs peuvent enfin constituer un facteur positif à la reconnaissance d'une unité sociale (cass. soc. 16 décembre 1992, n° 91-60.137).

En revanche, la simple conclusion d'un accord de méthode permettant d'harmoniser le régime social de l'ensemble des personnels de plusieurs sociétés ne suffit pas à établir l'existence d'une unité sociale (cass. soc. 5 mai 2004, n° 03-60.057, BC V n° 126; RJS 07/04 n° 824). De même, un accord dont l'objet est limité à la mise en œuvre d'un service médical commun entre deux sociétés ne vaut pas, à lui seul, reconnaissance conventionnelle d'une unité économique et sociale (cass. soc. 24 mai 2000, n° 99-60.165, RJS 11/00 n° 1104). De même encore, l'activité d'un groupement d'employeurs, qui consiste à procurer occasionnellement du personnel à ses membres, n'est pas complémentaire de l'activité économique de production agricole de ces derniers, ce qui exclut l'application de l'article L. 2322-4 CT à leur égard (cass. soc. 24 juin 2014, n° 13-11.593, BC V n° 153; JCP éd. S 2014, 1366, note J-Y Kerbourc'h; RJS 10/14 n° 746).

• **Modalités de reconnaissance d'une unité économique et sociale.** La reconnaissance d'une unité économique et sociale ne peut être implicite: l'absence de contestation dans les quinze jours de la désignation d'un délégué syndical dans le périmètre d'une unité économique et sociale non encore reconnue ne suffit pas à établir son existence mais constitue seulement un élément que le juge doit prendre en considération dans l'action ultérieure en reconnaissance de cette unité (cass. soc. 4 mars 2009 n° 08-60.497, BC V n° 61; RJS 5/09 n° 448; RDT, juin 2009, CH, 392, E. Peskine; JCP éd. S 2009, 1273, note J-Y Kerbourc'h). De même, le fait pour plusieurs entreprises appartenant à un même groupe d'avoir conclu un accord d'intéressement commun n'implique pas la reconnaissance conventionnelle d'une unité économique et sociale entre elles (cass. soc. 13 octobre 2010, n° 09-60.473, RJS 12/10 n° 948).

Reconnaissance par accord. Une unité économique et sociale ne pouvant être reconnue qu'entre des entités juridiques distinctes prises dans l'ensemble de leurs établissements et de leur personnel, toutes les organisations syndicales représentatives présentes dans ces entités doivent être invitées à la négociation portant sur la reconnaissance entre elles d'une unité économique et sociale (cass. soc. 10 novembre 2010, n° 10-60.104, RJS 1/11 n° 58).

La Chambre sociale avait jugé qu'un accord unanime entre les employeurs des différentes entités et toutes les organisations syndicales représentatives était nécessaire pour que l'unité économique et sociale soit reconnue (cass. soc. 23 juin 1988, n° 87-60.245, précité) et qu'il appartenait aux parties, lors de chaque scrutin, d'en définir la composition et le périmètre de façon unanime dans le protocole préélectoral (cass. soc. 31 mars 2009, n° 08-60.494, BC V n° 96). Elle a abandonné cette jurisprudence par un arrêt du 14 novembre 2013 en jugeant que la reconnaissance ou la modification conventionnelle d'une unité économique et sociale ne relève pas du protocole d'accord préélectoral mais de l'accord collectif signé, aux conditions de droit commun, par les syndicats représentatifs au sein des entités faisant partie de cette UES (cass. soc. 14 novembre 2013, n° 13-12.712, BC V n° 266; RJS 1/14 n° 54; voir également cass. soc. 11 juillet 2016, n° 14-50.036, RJS 10/16 n° 634).

Il résulte des dispositions de l'ordonnance 2017-1386 du 22 septembre 2017 relatives à son application dans le temps [voir note introductive du titre I consacré au CSE] que, si les accords collectifs portant reconnaissance d'une UES, qui n'entrent pas à cet égard dans les prévisions de ce texte, demeurent applicables, les stipulations de ces accords qui ont procédé à la détermination du nombre et du périmètre des établissements distincts pour les élections des membres élus des comités d'établissement, des délégués du personnel ou des membres des CHSCT au sein de l'UES cessent de produire effet à compter de la date du premier tour des élections des membres de la délégation du personnel du CSE. En l'absence d'accord, l'employeur peut alors fixer unilatéralement le nombre et le périmètre des établissements distincts (cass. soc. 25 mars 2020, n° 18-18.401, *relatif au CSE*, à paraître, RJS 6/20 n° 300; JSL n° 499, 08.06.2020, pp. 12 et s., S. Ranc; LS n° 18098 du 09.07.2020).

Reconnaissance par décision de justice. Le comité d'entreprise d'une société qui a, en particulier, pour objet d'assurer une expression collective des salariés permettant la prise en compte permanente de leurs intérêts dans les décisions relatives à la gestion et à l'évolution économique et financière de l'entreprise, a qualité pour demander en justice la reconnaissance d'une unité économique et sociale permettant la mise en place d'un comité d'entreprise commun à cette société et à d'autres (cass. soc. 29 janvier 2003, n° 01-60.848, BC V n° 33; RJS 4/03 n° 477; 27 juin 1990, n° 89-60.033, précité).

En outre, en sa seule qualité d'organisation syndicale représentative sur le plan national, un syndicat a intérêt à agir en reconnaissance d'une unité économique et sociale, peu important qu'il n'ait pas d'adhérent dans les entreprises de l'unité économique et sociale (cass. soc. 26 novembre 2003, n° 02-60.732).

La reconnaissance judiciaire d'une unité économique et sociale ne peut pas être demandée par une personne étrangère à la collectivité de travail dont il s'agit d'assurer la représentation (cass. soc. 16 novembre 2010, n° 09-40.555, BC V n° 261).

L'action en reconnaissance d'une unité économique et sociale relève de la compétence d'attribution du tribunal d'instance [tribunal judiciaire; voir note sous article L. 2143-8]. Il en est de même de l'action aux fins de modification, par voie d'élargissement ou de réduction, du périmètre d'une unité économique et sociale (cass. avis 19 mars 2007, n° 06-00.020, BC n° 3; RJS 6/07 n° 753; JCP éd. S 2007, 1458, note G. Blanc-Jouvan; JSL n° 211, 10.05.2007, p. 13, J-E Tourreil; RDT, septembre 2007, CH, 540, Ph. Waquet).

Le tribunal territorialement compétent est celui du siège social de l'une des sociétés et non celui du lieu de leurs établissements (cass. soc. 7 janvier 1982, n° 81-60.857, BC V n° 5).

La demande de reconnaissance d'une unité économique et sociale, qu'elle ait pour objet ou pour conséquence la mise en place d'institutions représentatives correspondantes, est indéterminée et le jugement est susceptible d'appel conformément à l'article 40 c. proc. civ. (cass. soc. 31 janvier 2012, n° 11-20.232, BC V n° 37; RJS 4/12 n° 359). En effet, il ne résulte ni de l'article L. 2322-4 [ancien] CT, ni d'aucun autre texte que la décision judiciaire qui tend à la reconnaissance d'une unité économique et sociale est rendue en dernier ressort; si, dans ses arrêts antérieurs (cass. soc. 12 septembre 2007, n° 06-60.275, BC V n° 129), la Cour de cassation jugeait que les décisions rendues sur une demande de reconnaissance d'une unité économique et sociale formées à l'occasion d'un litige électoral étaient en dernier ressort, l'entrée en vigueur de la loi du 20 août 2008 a conduit la cour suprême à revenir sur cette jurisprudence dès lors que la demande de reconnaissance ne peut plus désormais être formulée à l'occasion d'un contentieux en matière d'élection professionnelle ou de désignation de représentants syndicaux pour lesquels le tribunal d'instance [tribunal judiciaire] a compétence en dernier ressort (JCP éd. S 2012, 1131, note B. Boubli; RDT, mars 2012, CH, 168, T. Grumbach).

• **Portée de la reconnaissance d'une unité économique et sociale.** Si la reconnaissance d'une unité économique et sociale permet l'expression collective de l'intérêt des travailleurs appartenant à cette collectivité, elle ne se substitue pas aux entités juridiques qui la composent, de sorte qu'elle n'a pas la personnalité morale (cass. soc. 16 décembre 2008, n° 07-43.875, BC V n° 255; voir aussi cass. soc. 23 juin 2010, n° 09-60.341, BC V n° 148, sur l'impossibilité pour une UES d'agir en justice). Par ailleurs, la reconnaissance de l'existence d'un contrat de travail est un droit exclusivement attaché à la personne et sauf disposition législative expresse, il ne peut être imposé à un salarié, sans son accord, un changement d'employeur; il en résulte que si un accord collectif reconnaissant une unité économique et sociale peut étendre ses effets au delà des institutions représentatives du personnel et créer des obligations pour les différentes entités juridiques composant l'unité économique et sociale, il ne peut faire de cette dernière l'employeur des salariés (cass. soc. 16 décembre 2008, n° 07-43.875).

• **Sort des mandats en cours.** La reconnaissance judiciaire d'une unité économique et sociale impose la mise en place des institutions représentatives du personnel qui lui sont appropriées et les mandats en cours cessent au jour des élections organisées au sein de l'unité économique et sociale, quelle que soit l'échéance de leur terme (cass. soc. 26 mai 2004, n° 02-60.935, BC V n° 142; RJS 8-9/04 n° 936, 2e espèce).

• **Date d'appréciation de l'unité économique et sociale.** L'existence d'une unité économique et sociale doit être appréciée à la date de la requête introductive d'instance, peu important le moment où se sont déroulées les élections. Le jugement reconnaissant l'existence d'une unité économique et sociale a un caractère déclaratif à la date de la requête introductive d'instance (cass. soc. 20 février 2008, n° 06-40.949, BC V n° 41); les élections au comité d'établissement seront donc nulles si elles ont eu lieu après la saisine d'un tribunal d'instance [tribunal judiciaire] afin de voir reconnaître l'existence d'une unité économique et sociale mais avant la décision de reconnaissance elle-même. Le jugement déclaratif a alors un effet rétroactif (cass. soc. 21 janvier 1997, n° 95-60.992, BC V n° 29; Dr. Soc. 1997, p. 347 et 351, obs. J. Savatier; 7 octobre 1998, n° 97-60.517, BC V n° 409; Dr. Soc. 1998, p. 1051). Dès lors qu'il a constaté l'existence d'une unité économique et sociale, un tribunal d'instance [tribunal judiciaire] peut enjoindre aux parties d'engager des négociations en vue de mettre en place un comité d'entreprise commun (cass. soc. 27 juin 1990, n° 89-60.033, précité).

• **Organisation des élections durant la procédure en reconnaissance d'une unité économique et sociale.** Le tribunal d'instance [tribunal judiciaire], saisi d'une demande d'organisation des élections des délégués du personnel et des membres du comité d'entreprise au sein d'une société, qui constate que l'unité économique et sociale revendiquée n'est pas encore reconnue, ne fait qu'exercer son pouvoir en ordonnant l'organisation de ces élections sans être tenu de se référer aux articles R. 423-3 et 4 (anciens) CT, le litige ne concernant ni l'électorat ni la régularité des opérations électorales (cass. soc. 7 mai 2002, n° 00-60.286, BC V n° 149; RJS 8-9/02 n° 995, 1re espèce). Seul un accord unanime des partenaires sociaux peut prévoir la prorogation des mandats des représentants du personnel dans l'attente de la décision de justice concernant l'unité économique et sociale (cass. soc. 7 mai 2002, n° 1494 FSD, RJS 8-9/02 n° 995, 2e espèce).

• **Disparition d'une unité économique et sociale.** Il incombe à celui qui allègue la disparition d'une unité économique et sociale précédemment reconnue par une décision de justice de prouver les modifications intervenues d'où découle cette disparition sans que le juge soit tenu de remettre en discussion, au-delà de ces faits, tous les éléments constitutifs d'une telle unité (cass. soc. 3 octobre 2007, n° 06-60.284, RJS 12/07 n° 1301; JCP éd. S 2007, 1942, note G. Blanc-Jouvan).

• Pour aller plus loin, voir aussi J. Savatier, «Le dynamisme de l'unité économique et sociale pour l'organisation des rapports collectifs de travail», Dr. Soc. 2004, p. 944; J. Savatier, «Le contentieux de la reconnaissance d'une unité économique et sociale», Dr. Soc. 2007, p. 1248; L. Pécaut-Rivolier, «L'unité économique et sociale, quel avenir ?», Dr. Soc. 2012, p. 974; G. Auzero, «La division de l'unité économique et sociale en établissements distincts», RJS 8-9/20, chron.

Art. R. 2313-4. Lorsque l'un des employeurs mandaté par les autres prend une décision sur la détermination du nombre et du périmètre des établissements distincts en application de l'article L. 2313-8, il la porte à la connaissance de chaque organisation syndicale représentative dans l'unité économique et sociale et de chaque organisation syndicale ayant constitué une section syndicale dans l'unité économique et sociale, par tout moyen permettant de conférer date certaine à cette information.

Lorsque les négociations se sont déroulées conformément au quatrième alinéa de l'article L. 2313-8, l'employeur mandaté par les autres réunit le comité afin de l'informer de sa décision.

Les organisations syndicales représentatives dans l'unité économique et sociale et les organisations syndicales ayant constitué une section syndicale dans l'unité économique et sociale ou, lorsque les négociations se sont déroulées conformément au quatrième alinéa de l'article L. 2313-8 le comité social et économique peuvent, dans le délai de quinze jours à compter de la date à laquelle ils en ont été informés, contester la décision de l'employeur devant le ***(D. 2020-1545 du 9 déc. 2020, JO 10, entrée en vigueur le 01.04.2021)*** « directeur régional de l'économie, de l'emploi, du travail et des solidarités ».

Note Les organisations syndicales représentatives dans l'UES et les organisations syndicales ayant constitué une section syndicale dans celle-ci ou, lorsque les négociations se sont déroulées conformément à l'article L. 2313-8, al. 4, le CSE, peuvent, dans le délai de 15 jours à compter de la date à laquelle ils en ont été informés, contester la décision de l'employeur devant le Direccte [Dreets]. En l'absence de contestation dans le délai précité suivant la notification de la décision unilatérale par laquelle l'un des employeurs mandaté a déterminé le nombre et le périmètre des établissements distincts au sein de l'UES, l'organisation syndicale est irrecevable à demander à ce titre l'annulation des élections professionnelles (cass. soc. 25 mars 2020, n° 18-18.401, à paraître, LS n° 18098 du 09.07.2020; RJS 6/20 n° 300; JSL n° 499, 08.06.2020, pp. 12 et s., S. Ranc).

Art. R. 2313-5. Le ***(D. 2020-1545 du 9 déc. 2020, JO 10, entrée en vigueur le 01.04.202)*** « directeur régional de l'économie, de l'emploi, du travail et des solidarités » prend sa décision dans un délai deux mois à compter de la réception de la contestation. Cette décision est notifiée par lettre recommandée avec demande d'avis de réception portant mention des voies et délais de recours. Elle peut faire l'objet d'un recours devant le ***(D. 2019-966 du 18 sept. 2019, art. 8, JO 19, entrée en vigueur le 01.01.2020)*** « tribunal judiciaire » dans un délai de quinze jours suivant sa notification.

En cas de décision implicite de rejet du ***(D. 2020-1545 du 9 déc. 2020, JO 10, entrée en vigueur le 01.04.202)*** « directeur régional de l'économie, de l'emploi, du travail et des solidarités », les organisations syndicales représentatives dans l'unité économique et sociale ***(D. 2018-920 du 26 oct. 2018, art. 2, JO 28)*** « et les organisations syndicales ayant constitué une section syndicale dans l'entreprise » ou, lorsque les négociations se sont déroulées conformément au quatrième alinéa de l'article L. 2313-8, le comité social et économique peuvent saisir, dans un délai de quinze jours, le ***(D. 2019-966 du 18 sept. 2019, art. 8, JO 19, entrée en vigueur le 01.01.2020)*** « tribunal judiciaire » afin qu'il soit statué sur la contestation.

Art. R. 2313-6. Le ***(D. 2019-966 du 18 sept. 2019, art. 8, JO 19, entrée en vigueur le 01.01.2020)*** « tribunal judiciaire » est saisi des contestations par voie de ***(D. 2019-1333 du 11 déc. 2019, art. 36, JO 12, entrée en vigueur le 01.01.2020)*** « requête ».

Sur demande du greffe, le ***(D. 2020-1545 du 9 déc. 2020, JO 10, entrée en vigueur le 01.04.2021)*** « directeur régional de l'économie, de l'emploi, du travail et des solidarités » justifie de l'accomplissement de la notification de sa décision auprès de la juridiction saisie ou à défaut, de la réception de la contestation.

En cas de décision prise en application du premier alinéa de l'article L. 2313-5, si le juge le demande, il communique tous éléments de nature à éclairer la juridiction.

Le ***(D. 2019-966 du 18 sept. 2019, art. 8, JO 19, entrée en vigueur le 01.01.2020)*** « tribunal judiciaire » statue dans les dix jours de sa saisine sans frais ni forme de procédure et sur avertissement qu'il donne trois jours à l'avance à toutes les parties intéressées.

La décision du tribunal est notifiée par le greffe dans les trois jours par lettre recommandée avec avis de réception.

La décision est susceptible d'un pourvoi en cassation dans un délai de dix jours. Le pourvoi est formé, instruit et jugé dans les conditions fixées par les articles 999 à 1008 du code de procédure civile.

Note Les dispositions de cet article, dans sa rédaction issue du décret 2019-1333 précité, sont applicables aux instances en cours au 1er janvier 2020 (décret précité, art. 55, I).

Sous-section 3. Mise en place du comité social et économique interentreprises

Art. L. 2313-9. Lorsque la nature et l'importance de problèmes communs aux entreprises d'un même site ou d'une même zone le justifient, un accord collectif interentreprises conclu entre les employeurs des entreprises du site ou de la zone et les organisations syndicales représentatives au niveau interprofessionnel ou au niveau départemental peut mettre en place un comité social et économique interentreprises.

L'accord définit:

1° Le nombre de membres de la délégation du personnel du comité social et économique interentreprises;

2° Les modalités de leur élection ou désignation;

3° Les attributions du comité social et économique interentreprises;

4° Les modalités de fonctionnement du comité social et économique interentreprises.

L'accord collectif peut également décider que dans les entreprises d'au moins onze salariés du site ou de la zone ayant mis en place un comité social et économique, un membre de la délégation du personnel de chaque comité social et économique participe aux réunions mensuelles.

Note ***Jurisprudence rendue sous l'empire de la législation antérieure et demeurant applicable au comité social et économique***

Le comité interentreprises étant assimilé par la loi à un comité d'entreprise, les contestations relatives à la régularité des élections de ses membres relèvent de la compétence du tribunal d'instance [tribunal judiciaire; voir note sous article L. 2143-8] (cass. soc. 7 janvier 1982, n° 81-60.879, BC V n° 7).

La décision prise par un comité d'entreprise de se retirer d'un comité interentreprises doit être notifiée aux organisations syndicales signataires de l'accord ayant confié au comité interentreprises la gestion d'activités sociales communes (cass. soc. 25 janvier 1995, n° 92-16.778, BC V n° 38; Dr. Soc. 1995, p. 263, note J. Savatier).

SECTION 2. Suppression du comité social et économique

Art. L. 2313-10. À l'expiration du mandat des membres de la délégation du personnel du comité social et économique, l'instance n'est pas renouvelée si l'effectif de l'entreprise est resté en dessous de onze salariés pendant au moins douze mois consécutifs.

CHAPITRE IV Composition, élections et mandat

SECTION 1. Composition

Art. L. 2314-1. Le comité social et économique comprend l'employeur et une délégation du personnel comportant un nombre de membres déterminé par décret en Conseil d'État compte tenu du nombre des salariés.

La délégation du personnel comporte un nombre égal de titulaires et de suppléants. Le suppléant assiste aux réunions en l'absence du titulaire.

(Ord. 2017-1718 du 20 déc. 2017, art. 1er, I, 79°, JO 21) «Le nombre de membres et le nombre d'heures de délégation peuvent être modifiés par accord dans les conditions prévues par l'article L. 2314-7.»

(L. 2018-771 du 5 sept. 2018, art. 105, III, 1°, JO 6, entrée en vigueur au plus tard le 01.01.2019) «Un référent en matière de lutte contre le harcèlement sexuel et les agissements sexistes est désigné par le comité social et économique parmi ses membres, sous la forme d'une résolution adoptée selon les modalités définies à l'article L. 2315-32, pour une durée qui prend fin avec celle du mandat des membres élus du comité.»

Note • ***Nous rapportons ci-après les solutions dégagées par la jurisprudence à propos du comité d'entreprise et des délégués du personnel en ce qu'elles ont en principe vocation à s'appliquer au comité social et économique.***

Comité d'entreprise. Un tribunal d'instance [tribunal judiciaire] décide à bon droit que, nonobstant l'absence d'accord lors du protocole préélectoral, les dispositions plus favorables de la convention collective de la chimie prévoyant six élus dans chaque collège doivent recevoir application (cass. soc. 8 juin 1999, n° 97-60.831, BC V n° 270).

L'article L. 2324-1 [ancien] CT n'exige pas l'unanimité pour la conclusion d'une convention ou d'un accord collectif augmentant le nombre des membres du comité d'entreprise (cass. soc. 8 décembre 2004, n° 03-60.508, BC V n° 325; RJS 4/05 n° 399).

Voir aussi note sous article L. 2315-2.

Délégués du personnel. Les délégués suppléants du personnel n'ont vocation à remplir les fonctions des délégués titulaires dans leur plénitude que lorsqu'ils en assurent effectivement le remplacement; ils ont le droit d'assister aux réunions [en application de l'article L. 2315-10 ancien CT] mais sans pouvoir directement intervenir lorsque les délégués titulaires sont présents (cass. crim. 11 octobre 1983, n° 82-94.038, B. crim. n° 242).

• ***Sur la jurisprudence relative à la mise en place du CHSCT, voir Code du Travail Annoté, éd. 2020.***

• Voir L. Dauxerre, «Le référent CSE en matière de lutte contre le harcèlement sexuel et les agissements sexistes», JCP éd. S 2020, 1060; S. Rioche, «La mise en place du référent CSE en matière de lutte contre le harcèlement sexuel ou les agissements sexistes», JCP éd. S 2020, 1061.

Art. R. 2314-1. À défaut de stipulations dans l'accord prévu au troisième alinéa de l'article L. 2314-1, le nombre de membres de la délégation du personnel du comité social et économique prévu à l'article L. 2314-1 est défini dans le tableau ci-après.

À défaut de stipulations dans l'accord prévu à l'article L. 2314-7, le temps mensuel nécessaire à l'exercice de leurs fonctions par les représentants mentionnés au 1° de l'article L. 2315-7 est fixé dans les limites d'une durée définie dans le tableau ci-après. Ce nombre d'heures peut être augmenté en cas de circonstances exceptionnelles.

Lorsque les membres du comité social et économique sont également représentants de proximité, le temps nécessaire à l'exercice de leurs fonctions défini par l'accord prévu à l'article L. 2313-7 peut rester inchangé par rapport au temps dont ils disposent en vertu de l'accord prévu à l'article L. 2314-7 ou, à défaut du tableau ci-dessous.

Les effectifs s'apprécient dans le cadre de l'entreprise ou dans le cadre de chaque établissement distinct.

Effectif (nombre de salariés)	Nombre de titulaires	Nombre mensuel d'heures de délégation	Total heures de délégation	Effectif (nombre de salariés)	Nombre de titulaires	Nombre mensuel d'heures de délégation	Total heures de délégation
11 à 24	1	10	10	3500 à 3749	26	27	702
25 à 49	2	10	20	3750 à 3999	26	27	702
50 à 74	4	18	72	4000 à 4249	26	28	728
75 à 99	5	19	95	4250 à 4499	27	28	756
100 à 124	6	21	126	4500 à 4749	27	28	756
125 à 149	7	21	147	4750 à 4999	28	28	784
150 à 174	8	21	168	5000 à 5249	29	29	841
175 à 199	9	21	189	5250 à 5499	29	29	841
200 à 249	10	22	220	5500 à 5749	29	29	841
250 à 299	11	22	242	5750 à 5999	30	29	870
300 à 399	11	22	242	6000 à 6249	31	29	899
400 à 499	12	22	264	6250 à 6499	31	29	899
500 à 599	13	24	312	6500 à 6749	31	29	899
600 à 699	14	24	336	6750 à 6999	31	30	930
700 à 799	14	24	336	7000 à 7249	32	30	960
800 à 899	15	24	360	7250 à 7499	32	30	960
900 à 999	16	24	384	7500 à 7749	32	31	992
1000 à 1249	17	24	408	7750 à 7999	32	32	1024
1250 à 1499	18	24	432	8000 à 8249	32	32	1024
1500 à 1749	20	26	520	8250 à 8499	33	32	1056
1750 à 1999	21	26	546	8500 à 8749	33	32	1056
2000 à 2249	22	26	572	8750 à 8999	33	32	1056
2250 à 2499	23	26	598	9000 à 9249	34	32	1088
2500 à 2749	24	26	624	9250 à 9499	34	32	1088
2750 à 2999	24	26	624	9500 à 9749	34	32	1088
3000 à 3249	25	26	650	9750 à 9999	34	34	1156
3250 à 3499	25	26	650	10000	35	34	1190

Note ***Sur la jurisprudence relative à la composition de la délégation du personnel au CHSCT, voir Code du Travail Annoté, éd. 2020.***

Art. L. 2314-2. Sous réserve des dispositions applicables dans les entreprises de moins de trois cents salariés, prévues à l'article L. 2143-22, chaque organisation syndicale représentative dans l'entreprise ou l'établissement peut désigner un représentant syndical au comité. Il assiste aux séances avec voix consultative. Il est choisi parmi les membres du personnel de l'entreprise et doit remplir les conditions d'éligibilité au comité social et économique fixées à l'article L. 2314-19.

Note **Incompatibilité.** Un salarié ne peut siéger simultanément dans le même comité économique et social en qualité à la fois de membre élu, titulaire ou suppléant, et de représentant syndical auprès de celui-ci, dès lors qu'il ne peut, au sein d'une même instance et dans le même temps, exercer les fonctions délibératives qui sont les siennes en sa qualité d'élu et les fonctions consultatives liées à son mandat de représentant syndical lorsqu'il est désigné par une organisation syndicale. Il en résulte qu'en enjoignant à la salariée, élue membre suppléant du CSE, d'opter entre cette fonction et celle de représentant syndical à ce même comité et, à défaut, en déclarant nulle cette désignation, le tribunal d'instance a statué à bon droit (cass. soc. 11 septembre 2019, n° 18-23.764, à paraître, LS n° 17899 du 18.09.2019; JCP éd. S 2019, 1292, note G. François; RJS 11/19 n° 640). Cette incompatibilité est d'ordre public de sorte qu'aucun accord collectif ne peut y déroger (cass. soc. 22 janvier 2020, n° 19-13.269, à paraître, LS n° 17988 du 29.01.2020; JSL n° 493, 09.03.2020, pp. 17 et s., D. Julien-Paturle; JCP éd. S 2020, 1053, note J-Y Kerbourc'h; RJS 4/20 n° 193; Dr. Soc. 2020, p. 472, act. Fr. Petit).

Nous rapportons ci-après les solutions dégagées par l'Administration et la jurisprudence à propos du comité d'entreprise en ce qu'elles ont en principe vocation à s'appliquer au comité social et économique.

Règles relatives au syndicat désignataire. Seules peuvent désigner un représentant syndical au comité d'entreprise ou d'établissement les organisations syndicales qui ont recueilli, dans le périmètre de ce comité, au moins 10 % des suffrages exprimés lors des dernières élections professionnelles (cass. soc. 8 juillet 2015, n° 14-60.726, BC V n° 147; RJS 10/15 n° 650; JCP éd. S 2015, 1314, note G. François).

Règles relatives à la personne désignée comme représentant syndical dans les entreprises de moins de 300 salariés

• Dans les entreprises de moins de 300 salariés, le délégué syndical est de droit représentant syndical au comité d'entreprise. Mais dès lors que la loi du 5 mars 2014 autorise la désignation d'un délégué syndical dans un périmètre plus restreint que celui du comité, il faudra nécessairement, en cas de pluralité d'établissements distincts au sens des délégués syndicaux dans le périmètre d'un comité d'entreprise ou d'établissement, que le syndicat fasse connaître à l'employeur lequel de ces délégués sera représentant syndical au comité.

• Un accord collectif peut autoriser les syndicats à désigner, pour les représenter au comité d'entreprise, un salarié autre qu'un délégué syndical (cass. soc. 18 mars 2015, n° 14-60.696).

Règles relatives à la personne désignée comme représentant syndical dans les entreprises d'au moins 300 salariés

• Il n'y a pas d'obligation de choisir le représentant syndical au comité d'entreprise parmi les candidats aux élections professionnelles (circ. DGT 2008-20 du 13 novembre 2008, fiche n° 2).

• Le représentant syndical au comité d'entreprise est obligatoirement choisi parmi les membres du personnel de l'entreprise (cass. soc. 26 avril 2000, n° 98-60.493, BC V n° 154). Toutefois, les démonstrateurs, étant intégrés dans la communauté des travailleurs salariés d'un grand magasin et dans l'entité de ce grand magasin, y sont électeurs et éligibles et en cette qualité peuvent être désignés en qualité de représentants syndicaux au comité d'entreprise (cass. soc. 30 avril 2003, n° 01-60.841, BC V n° 153; RJS 7/03 n° 904, 2e espèce).

• À défaut de convention collective ou d'accord collectif contraire, deux syndicats affiliés à la même fédération ne peuvent désigner ensemble qu'un seul représentant syndical auprès du comité d'entreprise (cass. soc. 29 mai 1991, n° 89-61.563, BC V n° 280; RJS 7/91 n° 851; voir aussi cass. soc. 14 janvier 1976, n° 75-60.156, BC V n° 18; 9 décembre 1976, n° 76-60.083, BC V n° 654). Cependant, si le nombre des délégués ou des représentants syndicaux tel qu'il est fixé par la loi peut être augmenté à la suite d'une négociation avec les syndicats représentatifs par accord collectif, ni un usage de l'entreprise ni un engagement unilatéral de l'employeur ne peuvent modifier les dispositions légales correspondantes (cass. soc. 30 mai 2001, n° 00-60.150, BC V n° 199; RJS 10/01 n° 1154).

• Le représentant syndical auprès d'un comité d'établissement, qui est obligatoirement choisi parmi les membres du personnel de l'établissement et qui doit remplir les conditions d'éligibilité au comité d'établissement, ne peut pas être simultanément désigné auprès du comité d'un autre établissement (cass. soc. 9 décembre 1981, n° 80-12.776, BC V n° 951).

• Le même salarié ne peut siéger simultanément dans le même comité d'établissement en qualité à la fois de membre élu et de représentant syndical auprès de celui-ci, les pouvoirs attribués par la loi à l'une et à l'autre de ces fonctions étant différents; il appartient au tribunal d'inviter le salarié à opter pour l'un des deux mandats (cass. soc. 17 juillet 1990, n° 89-60.729, BC V n° 374; RJS 8-9/90 n° 689, 1re espèce). Cette incompatibilité entre les deux mandats a été confirmée par l'administration (circ. DGT 6 du 27 juillet 2011).

• Salarié déjà détenteur d'un mandat de représentant du personnel. Les salariés élus représentants du personnel, ou régulièrement candidats à ces fonctions, remplissent par là même les conditions d'ancienneté et de présence dans l'entreprise pour être désignés en qualité de représentant syndical au comité d'entreprise (cass. soc. 4 février 2004, n° 03-60.138, BC V n° 38).

Contestation de la désignation. L'employeur n'étant pas juge de la validité de la désignation d'un représentant syndical et le mandat n'étant pas judiciairement annulé, la méconnaissance par l'employeur des obligations lui incombant à l'égard des représentants syndicaux au comité d'entreprise est constitutive d'un trouble manifestement illicite qu'il appartient au juge des référés de faire cesser (cass. soc. 24 octobre 2012, n° 11-20.346, BC V n° 281; RJS 2/13 n° 135; JCP éd. G 2012, 1543, note B. Gauriau; Dr. Soc. 2013, p. 81, note Fr. Petit).

Attributions du représentant syndical au comité d'entreprise. Si les attributions d'un représentant syndical au sein du comité d'entreprise sont, par définition, inséparables de sa mission syndicale, il n'en résulte pas pour autant que son rôle doive se confondre avec celui du délégué syndical lorsqu'il n'est pas mandaté, à ce titre, par le syndicat qu'il représente (cass. crim. 25 mai 1982, n° 81-93.443).

Durée du mandat. Le mandat de représentant syndical au comité d'entreprise prend fin lors du renouvellement des membres de cette institution. Tout intéressé peut donc faire constater l'expiration du mandat sans que puisse lui être opposé le délai prévu par l'article R. 2324-24 [ancien] (cass. soc. 10 mars 2010, n° 09-60.347, BC V n° 58; RJS 5/10 n° 440; Dr. Soc. 2010, p. 600, obs. L. Pécaut-Rivolier; RDT, juillet/août 2010, CH, 453, F. Signoretto). Mais, sauf fraude, le syndicat désignataire dispose de la faculté de procéder au remplacement de son représentant en cours de mandat (cass. soc. 1er février 2017, n° 16-11.737, LS Jurispr. n° 64 du 4.04.2017; RJS 4/17 n° 271).

Art. L. 2314-3. I. – Assistent avec voix consultative aux réunions prévues aux premier et deuxième alinéas de l'article L. 2315-27 sur les points de l'ordre du jour relatifs aux questions relatives à la santé, ***(L. 2018-217 du 29 mars 2018, art. 6, 8°, JO 31)*** «à la sécurité et aux» conditions de travail et, le cas échéant, aux réunions de la commission santé, sécurité et conditions de travail:

1° Le médecin du travail, qui peut donner délégation à un membre de l'équipe pluridisciplinaire du service de santé au travail ayant compétence en matière de santé au travail ou de conditions de travail;

2° Le responsable interne du service de sécurité et des conditions de travail ou, à défaut, l'agent chargé de la sécurité et des conditions de travail.

II. – L'agent de contrôle de l'inspection du travail mentionné à l'article L. 8112-1 ainsi que les agents des services de prévention des organismes de sécurité sociale sont invités:

1° Aux réunions de la ou des commissions santé, sécurité et conditions de travail;

2° À l'initiative de l'employeur ou à la demande de la majorité de la délégation du personnel du comité social et économique, aux réunions de ce comité mentionnées aux premier et deuxième alinéas de l'article L. 2315-27;

3° Aux réunions du comité consécutives à un accident de travail ayant entraîné un arrêt de travail d'au moins huit jours ou à une maladie professionnelle ou à caractère professionnel.

SECTION 2. Élection

Sous-section 1. Organisation des élections

Art. L. 2314-4. Lorsque le seuil de onze salariés a été franchi dans les conditions prévues au deuxième alinéa de l'article L. 2311-2, l'employeur informe le personnel tous les quatre ans de l'organisation des élections par tout moyen permettant de conférer date certaine à cette information. Le document diffusé précise la date envisagée pour le premier tour. Celui-ci doit se tenir, au plus tard, le quatre-vingt-dixième jour suivant la diffusion.

Note • *Covid-19.* Sur la suspension immédiate de tous les processus électoraux en cours dans les entreprises au 3 avril 2020, au report de ceux qui auraient dû être engagés à compter de cette date et à la prorogation des mandats en cours à la date du 12 mars 2020 pour faire face à l'épidémie de Covid-19, voir ordonnance 2020-389 du 1er avril 2020, art. 1er à 3, JO 2, modifiés.

Nous rapportons ci-après les solutions dégagées par l'Administration et la jurisprudence à propos des délégués du personnel et du comité d'entreprise en ce qu'elles ont en principe vocation à s'appliquer au comité social et économique.

Comité d'entreprise

• Ni l'article L. 433-13 [L. 2324-3 ancien] CT ni aucune autre disposition légale ou réglementaire n'imposent à l'employeur de recourir à un autre procédé que l'affichage pour informer le personnel de l'organisation des élections. Un directeur des ressources humaines ne peut donc être déclaré coupable d'entrave pour ne pas avoir pris «les dispositions requises» pour informer de l'organisation des élections un salarié qui, du fait de la mise à pied dont il faisait l'objet, n'a pas pu prendre connaissance de l'affichage effectué en application de cet article et de la documentation tenue à la disposition des électeurs en application de l'accord préélectoral (cass. crim. 5 mars 2002, n° 01-81.049, B. crim. n° 56; RJS 6/02 n° 695).

• L'employeur doit informer le personnel par voie d'affichage de l'organisation des élections; l'inobservation de cette formalité entraîne la nullité des élections. S'agissant des salariés mis à disposition, l'employeur d'origine a l'obligation de les informer de la tenue des élections par voie d'affichage dans toutes les entreprises clientes où sont affectés les salariés (cass. soc. 30 novembre 2011, n° 11-11.852, LS Jurispr. n° 01 du 2.01.2012).

Délégués du personnel

• L'employeur a l'obligation de prendre l'initiative d'organiser les élections des délégués du personnel à partir du moment où les conditions d'effectif sont remplies. En outre, dans les cas où, en l'absence de délégués du personnel, l'employeur est invité à organiser des élections à la suite d'une demande émanant d'un salarié ou d'une organisation syndicale, il est tenu d'organiser les élections dans le mois suivant la réception de ladite demande (voir article L. 2314-4 ancien; s'agissant du comité social et économique, voir article L. 2314-8).

• L'employeur qui, bien qu'il y soit légalement tenu, n'accomplit pas les diligences nécessaires à la mise en place d'institutions représentatives du personnel, sans qu'un procès-verbal de carence ait été établi, commet une faute qui cause nécessairement un préjudice aux salariés, privés ainsi d'une possibilité de représentation et de défense de leurs intérêts. Tout salarié peut donc engager la responsabilité civile de l'employeur qui a omis de mettre en place des institutions représentatives du personnel dans l'entreprise alors que cela s'imposait (cass. soc. 17 mai 2011, n° 10-12.852, BC V n° 108; JSL n° 302, 30.06.2011, p. 16, J-E Tourreil; 4 novembre 2020, n° 19-12.775, à paraître, LS n° 18184 du 17.11.2020; SSL n° 1929, 16.11.2020, p. 15; JCP éd. S 2020, 3094, note J-Y Kerbourc'h). Il ne peut toutefois pas invoquer cette carence fautive pour demander la résiliation judiciaire de son contrat de travail aux torts de l'employeur (cass. soc. 30 novembre 2011, n° 09-67.798, BC V n° 281; LS Bref n° 15992 du 8.12.2011).

De même, le fait pour un chef d'entreprise de s'être opposé à la tenue des élections pour le renouvellement des institutions représentatives du personnel, en méconnaissance de ses obligations légales, caractérise une faute justifiant la condamnation de l'employeur à payer des dommages-intérêts à un syndicat qui avait demandé l'organisation des élections (cass. soc. 7 mai 2002, n° 00-60.286, BC V n° 149; RJS 8-9/02 n° 995, 1re espèce).

• Si l'employeur ne répond pas, ou use de moyens dilatoires, le délit d'entrave peut être considéré comme établi indépendamment du moyen employé, dès lors qu'il y a eu atteinte volontaire à la libre désignation (cass. crim. 29 janvier 1974, n° 73-90.695, B. crim. n° 43; 5 octobre 1982, n° 81-95.163, B. crim. n° 207).

À noter que ce n'est qu'en cas de manquement du chef d'entreprise à son obligation d'organiser les élections en vue de la désignation des représentants du personnel que le juge peut ordonner l'organisation de ces élections. Méconnaît l'étendue de ses pouvoirs le tribunal d'instance [tribunal judiciaire] qui condamne une société à organiser de nouvelles élections des délégués du personnel à la requête d'une salariée, sans constater que cette salariée avait demandé à l'employeur l'organisation des élections et s'était vu opposer un refus (cass. soc. 9 novembre 2005, n° 05-60.063, BC V n° 317; RJS 1/06 n° 66).

Sur la jurisprudence relative à la mise en place du CHSCT, voir Code du Travail Annoté, éd. 2020.

Sur la jurisprudence relative à la mise en place d'une délégation unique du personnel (DUP), rendue sous l'empire de la législation antérieure à la loi 2015-994 du 17 août 2015, voir Code du Travail Annoté, éd. 2019 (notes sous les anciens articles L. 2326-1 et L. 2326-2-1).

Art. L. 2314-5. Sont informées, par tout moyen, de l'organisation des élections et invitées à négocier le protocole d'accord préélectoral et à établir les listes de leurs candidats aux fonctions de membre de la délégation du personnel les organisations syndicales qui satisfont aux critères de respect des valeurs républicaines et d'indépendance, légalement constituées depuis au moins deux ans et dont le champ professionnel et géographique couvre l'entreprise ou l'établissement concernés.

Les organisations syndicales reconnues représentatives dans l'entreprise ou l'établissement, celles ayant constitué une section syndicale dans l'entreprise ou l'établissement, ainsi que les syndicats affiliés à une organisation syndicale représentative au niveau national et interprofessionnel y sont également invités par courrier.

Dans le cas d'un renouvellement de l'institution, cette invitation est effectuée deux mois avant l'expiration du mandat des délégués en exercice. Le premier tour des élections a lieu dans la quinzaine précédant l'expiration de ce mandat.

L'invitation à négocier mentionnée au présent article doit parvenir au plus tard quinze jours avant la date de la première réunion de négociation.

Par dérogation aux premier et deuxième alinéas, dans les entreprises dont l'effectif est compris entre onze et vingt salariés, l'employeur invite les organisations syndicales mentionnées aux mêmes alinéas à cette négociation à la condition qu'au moins un salarié se soit porté candidat aux élections dans un délai de trente jours à compter de l'information prévue à l'article L. 2314-4.

Le salarié bénéficie de la protection prévue aux articles L. 2411-7, L. 2412-3 et L. 2413-1 à compter de la date à laquelle l'employeur a eu connaissance de l'imminence de sa candidature.

Note ***Nous rapportons ci-après les solutions dégagées par l'Administration et la jurisprudence à propos des délégués du personnel et du comité d'entreprise, en ce qu'elles ont en principe vocation à s'appliquer au comité social et économique, ainsi que celles concernant ce dernier (ce cas étant alors signalé).***

Respect des principes constitutionnels. L'exigence d'une ancienneté minimale de deux ans posée par le premier alinéa de l'article L. 2314-3 [ancien] est conforme à la Constitution : elle constitue en effet une condition raisonnable et proportionnée pour garantir la mise en œuvre du droit de participation des travailleurs par l'intermédiaire de leurs représentants et l'exercice par le syndicat de prérogatives au sein de l'entreprise, sans priver le salarié de la liberté d'adhérer au syndicat de son choix (cass. soc. 30 novembre 2011, n° 11-40.072, QPC non-lieu à renvoi, BC V n° 278 ; Dr. Soc. 2012, p. 258, Actualité des questions prioritaires de constitutionnalité, G. Dumortier, Cl. Landais, M. Vialettes et Y. Struillou).

Information et invitation à négocier par voie d'affichage. Aux termes du 1er alinéa de l'article L. 2314-3 [ancien], l'employeur est tenu d'informer de l'organisation des élections, et d'inviter à négocier le protocole préélectoral et à établir leurs listes de candidats les syndicats légalement constitués depuis au moins deux ans, satisfaisant aux critères de respect des valeurs républicaines et d'indépendance et dont le champ professionnel et géographique couvre l'entreprise ou l'établissement concerné.

Le tribunal d'instance [tribunal judiciaire], saisi d'une demande de fixation d'une nouvelle date de négociation, ne peut rejeter cette dernière au motif que le syndicat demandeur n'a pas constitué de section syndicale dans l'établissement de l'entreprise alors qu'il lui appartenait de rechercher si le syndicat avait constitué une section syndicale au niveau l'entreprise (cass. soc. 31 janvier 2012, n° 11-19.106, RJS 4/12 n° 369).

Invitation à négocier par courrier. Le 2e alinéa de l'article L. 2314-3 [ancien] prévoit que doivent être invités par courrier à négocier le protocole d'accord préélectoral et à établir leurs listes de candidats aux élections professionnelles les syndicats :
– reconnus comme représentatifs dans l'entreprise ou l'établissement ;
– y ayant constitué une section syndicale ;
– affiliés à une organisation syndicale représentative au niveau national et interprofessionnel.

S'agissant du destinataire de l'invitation à négocier, la jurisprudence a été amenée à dégager les solutions suivantes :
– un syndicat affilié à une organisation syndicale représentative sur le plan national doit être invité à négocier le protocole d'accord préélectoral, peu important qu'il n'ait pas désigné de délégué syndical dans l'entreprise (cass. soc. 24 septembre 2003, n° 02-60.521) ou qu'il n'ait aucun adhérent dans l'entreprise (cass. soc. 4 juillet 1990, n° 89-60.035, BC V n° 351 ; RJS 10/90 n° 795 ; 4 février 1997, n° 95-60.994, BC V n° 50 ; 1er avril 1998, n° 96-60.433, BC V n° 195 ; Dr. Soc. 1998, p. 724) ;
– si les organisations syndicales qui ont désigné des délégués syndicaux dans l'entreprise doivent être convoquées à la négociation du protocole d'accord préélectoral, en l'absence d'une telle désignation, la convocation est valablement délivrée aux organisations syndicales représentatives, que ce soit au niveau des syndicats constitués dans les différentes branches ou à celui des unions syndicales auxquelles elles ont adhéré (cass. ass. plén. 5 juillet 2002, n° 00-60.275, BC n° 2 ; RJS 10/02 n° 1149 et chron. p. 807) ;
– si la convocation à négocier le protocole préélectoral est valablement adressée au syndicat pris en la personne du délégué syndical désigné, aucune irrégularité n'entache la négociation dès lors qu'il est établi que l'organisation syndicale représentative a été directement destinataire d'une convocation (cass. soc. 2 mars 2005, n° 04-60.019, BC V n° 78 ; RJS 5/05 n° 543) ;
– l'invitation à négocier le protocole d'accord préélectoral doit être également adressée aux syndicats catégoriels (cass. soc. 12 mars 1992, n° 91-60.147, BC V n° 178 ; RJS 5/92 n° 642) ;
– même lorsque les élections ne concernent qu'un seul établissement, tous les syndicats représentatifs dans l'entreprise doivent être invités à négocier le protocole préélectoral. Ainsi, le

syndicat représentatif présent dans l'entreprise où il a désigné un délégué syndical central doit être invité à la négociation de l'accord préélectoral, même s'il n'a pas de délégué syndical dans l'établissement concerné (cass. soc. 15 février 2006, n° 04-60.525, BC V n° 70; RJS 5/06 n° 607, 1re espèce; RDT, septembre 2006, CH, 189, G. Borenfreund);
– l'obligation d'inviter toutes les organisations syndicales représentatives dans l'entreprise s'applique quels que soient les termes du protocole préélectoral signé au niveau de l'entreprise, y compris lorsque celui-ci renvoie certaines modalités d'organisation des élections se déroulant dans le cadre des établissements à une décision négociée à ce niveau (cass. soc. 14 février 2007, n° 06-60.106, BC V n° 26; JCP éd. S 2007, 1446, note B. Gauriau; RJS 5/07 n° 637); en l'absence d'organisation syndicale reconnue représentative dans l'entreprise ou l'établissement ou d'organisation syndicale ayant constitué une section syndicale dans l'entreprise ou l'établissement, l'invitation d'une organisation syndicale représentative au niveau national et interprofessionnel à la négociation du protocole préélectoral en vue des élections de représentants du personnel est valablement adressée à la confédération syndicale représentative nationale et interprofessionnelle (cass. soc. 14 novembre 2017, n° 16-60.268, BC V n° 195; LSQ n° 17457 du 29.11.2017);
– constatant que l'invitation à négocier le protocole d'accord préélectoral, reçue par une organisation syndicale, comportait la mention de deux dates distinctes pour la réunion de négociation, un tribunal a pu déduire que cette organisation n'avait pas été régulièrement conviée à la négociation (cass. soc. 25 septembre 2019, n° 18-23.487, *relatif au CSE*, LS Jurispr. n° 193 du 22.10.2019; JSL n° 484, 28.10.2019, p. 27; RJS 12/19 n° 711);
– seules les organisations syndicales qui n'ont pas été convoquées par lettre à la négociation préélectorale en méconnaissance des dispositions du premier alinéa de l'article L. 2314-3 [ancien] peuvent se prévaloir de cette omission pour faire annuler le processus électoral (cass. soc. 24 octobre 2012, n° 11-60.199, BC V n° 276; RJS 1/13 n° 61; JCP éd. S 2013, 1363, note J-Y Kerbourc'h).

Délais à respecter. Antérieurement à la loi du 5 mars 2014, aucun délai n'était fixé entre l'invitation à négocier, quelle que soit sa forme, et la date de la première réunion de négociation. La jurisprudence avait posé la règle que les organisations devaient disposer d'un délai raisonnable (cass. soc. 25 janvier 2012, n° 11-60.093, BC V n° 25; RJS 4/12 n° 370: dispose d'un tel délai le délégué syndical qui reçoit le 12 janvier la lettre l'invitant à participer à la réunion prévue le 20 janvier suivant en vue de la négociation du protocole préélectoral).

Avant l'entrée en vigueur des dispositions issues de la loi du 5 mars 2014 au troisième alinéa de l'article L. 2314-3 [ancien], il avait été jugé que la méconnaissance par l'employeur du délai prévu à l'alinéa 4 en cas de renouvellement de l'institution ne peut être une cause d'annulation du protocole préélectoral (cass. soc. 25 janvier 2012, précité). Ce délai a été porté d'un mois à quarante-cinq jours par cette loi.

Délégation à la négociation. Aucune disposition légale n'oblige les organisations syndicales invitées à la négociation du protocole préélectoral à composer leur délégation de salariés de l'entreprise et à y faire figurer le délégué syndical ou le représentant de la section syndicale lorsqu'elles en disposent et il résulte des dispositions générales du code du travail régissant le nombre maximal de membres de la délégation syndicale appelée à une négociation, que chaque délégation peut comprendre, sauf accord avec l'employeur, jusqu'à trois ou quatre membres selon que l'effectif de l'entreprise permettrait la désignation d'un seul ou de plusieurs délégués syndicaux (cass. soc. 31 janvier 2012, n° 11-16.049, BC V n° 40; RJS 4/12 n° 371).

Sanction du défaut d'invitation. Le défaut de l'affichage de l'organisation des élections et de l'invitation à négocier le protocole d'accord préélectoral et à établir les listes de candidats constitue une irrégularité qui, par nature, affecte la validité des élections; toutefois, un syndicat qui, sans émettre expressément de réserves, a, soit participé à la signature du protocole préélectoral, soit présenté des candidats, ne peut se prévaloir de cette irrégularité (cass. soc. 2 mars 2011, n° 10-60.201, BC V n° 62; LS Bref n° 15812 du 10.03.2011; RJS 5/11 n° 437; Dr. Soc. 2011, p. 870, obs. Fr. Petit).

Obligation de négocier de bonne foi, effectif de l'entreprise. L'employeur est tenu de rechercher avec toutes les organisations syndicales intéressées un accord sur la répartition du personnel dans les collèges électoraux et des sièges entre les différentes catégories, ainsi que sur les modalités d'organisation et de déroulement des opérations électorales, son refus de négocier avec une de ces organisations syndicales entraîne en lui-même l'annulation des élections (cass. soc. 28 février 2018, n° 17-60.112, BC V n° 30; LSQ n° 17529 du 13.03.2018; JCP éd. S 2018, 1116, note E. Jeansen; RDT, avril 2018, CH, 310, Y. Ferkane; RJS 5/18 n° 348).

L'employeur, tenu dans le cadre de la négociation préélectorale à une obligation de loyauté, doit fournir aux syndicats participant à cette négociation, et sur leur demande, les éléments nécessaires au contrôle de l'effectif de l'entreprise et de la régularité des listes électorales; que pour satisfaire à cette obligation l'employeur peut, soit mettre à disposition des syndicats qui demandent à en prendre connaissance le registre unique du personnel et des déclarations annuelles des données sociales des années concernées dans des conditions permettant l'exercice effectif de leur consultation, soit communiquer à ces mêmes syndicats des copies ou extraits desdits documents, expurgés des éléments confidentiels, notamment relatifs à la rémunération des salariés (cass. soc. 6 janvier 2016, n° 15-10.975, BC V n° 2; LSQ n° 16996 du 13.01.2016; JCP éd. S 2016, 1069, note B. Gauriau; RDT, avril 2016, CH, 282, C. Nicod; RJS 3/16 n° 194). Lorsque, saisi d'un litige portant sur la **détermination de l'effectif** à retenir pour l'organisation des élections professionnelles, le juge du fond constate que l'employeur a loyalement satisfait à son obligation de fournir aux organisations syndicales les informations nécessaires au contrôle de l'effectif des salariés, il doit fixer cet effectif en fonction des éléments produits ou ordonner la production de nouvelles pièces ou une mesure d'instruction (cass. soc. 31 mai 2017, n° 16-16.492, BC V n° 95; LS Jurispr. n° 112 du 20.06.2017; JCP éd. S 2017, 1243, note B. Gauriau; RJS 8-9/17 n° 599 et 31 mai 2017, n° 16-16.493).

Voir également note sous l'article L. 2311-2 sur la charge de la preuve des effectifs.

• **Établissement des listes de candidats.** Voir note sous article L. 2314-29.

• **Date limite de dépôt des candidatures.** Si aucune disposition légale ne fixe un délai pour le dépôt des candidatures aux élections des délégués du personnel, ce dépôt doit être compatible avec l'organisation matérielle du scrutin (cass. soc. 13 janvier 1983, n° 82-60.333, BC V n° 17).

La fixation d'un délai limite pour le dépôt des candidatures qui concerne une modalité d'organisation des opérations électorales, non contraire aux principes généraux du droit électoral, peut être prévue par le protocole préélectoral (cass. soc. 7 novembre 1990, n° 89-61.333, BC V n° 528; RJS 12/90 n° 1001) ou par décision du juge d'instance [tribunal judiciaire] intervenue dans le cadre des dispositions de l'article L. 423-13 [L. 2314-23 ancien]; dans un tel cas, les juges ne peuvent écarter l'application dudit accord qui s'impose aux parties (cass. soc. 14 novembre 1984, n° 83-63.649, BC V n° 429; 19 juin 1987, n° 86-60.396, BC V n° 405; 9 novembre 2011, n° 10-28.838, BC V n° 256; RJS 1/12 n° 60; LS Bref n° 15976 du 16.11.2011). Ainsi, l'employeur est en droit de refuser la candidature d'un salarié, présentée vingt jours après la date limite de dépôt fixée par le protocole d'accord préélectoral, dès lors que l'intéressé aurait pu se porter candidat dans le délai prévu par le protocole (cass. soc. 16 mai 1990, n° 89-60.002, BC V n° 229). De même, en l'état d'un protocole préélectoral prévoyant que les listes de candidature devaient être déposées au plus tard à 17 heures, l'employeur peut refuser de tenir compte de la liste envoyée par un syndicat vers 22 heures (cass. soc. 9 novembre 2011, n° 10-28.838, précité). En l'absence d'accord préélectoral prévoyant une date limite de dépôt des candidatures, l'employeur peut lui-même en fixer une; mais il ne peut refuser une candidature déposée après cette date qu'en justifiant sa décision au regard des nécessités d'organisation du vote (cass. soc. 4 mars 2009, n° 08-60.476, BC V n° 59; RJS 5/09 n° 453; JCP éd. S 2009, 1274, note J-Y Kerbourc'h).

Ne commet pas le délit d'entrave à la libre désignation des membres du comité d'entreprise l'employeur qui s'oppose au dépôt fait hors délai d'une liste de candidats (cass. crim. 3 février 1987, n° 86-90.141, B. crim. n° 58). S'agissant d'une liste déposée prématurément, voir cass. soc. 17 décembre 1987, n° 86-60.450, BC V n° 760 et 27 octobre 2004, n° 02-60.631, RJS 1/05 n° 61.

Toutefois, le refus par l'employeur d'accepter une liste déposée après le délai fixé peut être abusif. Dans une espèce où la date limite de dépôt était fixée tel jour à 17 h, une liste avait été déposée ce jour-là à 16h45. L'employeur l'avait refusée au motif que les déposants ne justifiaient pas d'un mandat de leur syndicat. Du fait de ce refus, la liste, accompagnée du mandat, n'avait été déposée qu'à 17h02. L'employeur l'avait alors refusée définitivement motif pris de son caractère tardif et un tribunal avait validé ce refus. Le jugement est cassé au motif que le juge aurait dû, comme cela lui était demandé, rechercher si le refus par l'employeur d'accepter ce dépôt n'était pas abusif. Certes, la Cour de cassation ne pouvant elle-même procéder à une telle appréciation, le jugement n'est sanctionné que pour un défaut de recherche, mais il est difficile de ne pas y voir une invitation à retenir l'abus (cass. soc. 27 mai 2020, n° 18-60.038, LS Jurispr. n° 118 du 30.06.2020; RJS 8-9/20 n° 427).

L'employeur doit habiliter une personne de l'entreprise à recevoir en main propre les listes de candidatures pendant la période prévue par le protocole préélectoral. À défaut, et si un syndicat n'a pu, de ce fait, déposer sa liste dans les délais prévus et participer ainsi aux élections, ces dernières doivent être annulées (cass. soc. 23 septembre 2015, n° 14-24.845, LS Jurispr. n° 63 du 05.04.2016).

• **Modalités de dépôt des candidatures.** Un délégué syndical ne peut présenter de liste de candidats au nom de son syndicat que lorsqu'il a expressément reçu mandat à cette fin (cass. soc. 15 juin 2011, n° 10-25.282, BC V n° 157; Dr. Soc. 2011, p. 1137, obs. Fr. Petit; RJS 8-9/11 n° 713; JCP éd. S 2011, 1430, note J-Y Kerbourc'h; RDT, septembre 2011, CH, 515, I. Odoul Asorey). Toutefois, l'employeur qui, chargé de l'organisation des élections, n'a pas réclamé ce mandat lors du dépôt de la liste de candidatures, ni contesté le dépôt de cette liste, ne peut remettre en cause sur ce motif la validité de la liste après le déroulement du scrutin (cass. soc. 26 septembre 2012, n° 11-25.544, BC V n° 237; JCP éd. S 2012, 1532, note B. Gauriau; Dr. Soc. 2012, p. 1072, obs. Fr. Petit; RJS 12/12 n° 972). Par ailleurs, ce mandat exprès peut être un mandat verbal que le syndicat comparaissant à l'audience reconnaît avoir donné à son délégué (cass. soc. 10 décembre 2014, n° 14-60.447, BC V n° 287; LSQ n° 16742 du 30.12.2014; RJS

2/15 n° 125). Cette jurisprudence permet de régler au mieux les litiges quelque peu paradoxaux dans lesquels c'est l'employeur qui conteste la validité des élections, faute pour le délégué ayant déposé une liste de candidatures de justifier d'un mandat, alors même que le syndicat admet que son délégué a bien agi pour le compte de l'organisation syndicale.

Nul ne peut être candidat sur une liste sans son accord, la décision d'un salarié de ne pas figurer sur une liste donnée s'impose au syndicat ayant présenté cette liste, lequel doit retirer le salarié de sa liste de candidats dès qu'il en est informé (cass. soc. 25 juin 2014, n° 13-20.541, RJS 10/14 n° 710).

Art. L. 2314-6. Sauf dispositions législatives contraires, la validité du protocole d'accord préélectoral conclu entre l'employeur et les organisations syndicales intéressées est subordonnée à sa signature par la majorité des organisations syndicales ayant participé à sa négociation, dont les organisations syndicales représentatives ayant recueilli la majorité des suffrages exprimés lors des dernières élections professionnelles ou, lorsque ces résultats ne sont pas disponibles, la majorité des organisations représentatives dans l'entreprise.

Note ***Nous rapportons ci-après les solutions dégagées par l'Administration et la jurisprudence à propos des délégués du personnel et du comité d'entreprise en ce qu'elles ont en principe vocation à s'appliquer au comité social et économique.***

La Cour de cassation a précisé que le nombre de voix recueillies par les organisations syndicales à prendre en considération pour le décompte des suffrages exprimés en leur faveur est le nombre de suffrages exprimés au profit de chaque liste, sans qu'il y ait lieu, s'agissant de la mesure de la représentativité de ces organisations, de tenir compte d'éventuelles ratures de noms de candidats. Pour vérifier si les organisations syndicales représentatives remplissent ou non les conditions de majorité nécessaires à la validité du protocole préélectoral, il convient donc de prendre en compte pour une unité le nombre de voix obtenu par chacune des listes présentées, quand bien même le nom de certains candidats aurait été rayé (cass. soc. 6 janvier 2011, n° 10-17.653, BC V n° 10; Dr. Soc. 2011, p. 340, obs. Fr. Petit). Elle a également précisé que le terme de majorité se suffit à lui-même et exige au moins la moitié des voix plus une (cass. soc. 10 juillet 2013, n° 12-16.210, BC V n° 188). Elle a encore jugé que l'exigence de majorité en nombre de syndicats signataires, qui suppose la moitié des syndicats plus un, est incontournable et ne peut être écartée au motif que si, parmi les deux syndicats ayant participé à la négociation, un seul avait signé le protocole, il était le seul représentatif et avait obtenu la totalité des suffrages lors des précédentes élections (cass. soc. 15 novembre 2017, n° 16-21.903, BC V n° 196; LSQ n° 17457 du 29.11.2017).

De son côté, l'administration (circ. DGT 06 du 27 juillet 2011) a précisé que:
- lorsqu'il n'y a pas d'organisation syndicale représentative dans l'entreprise, seule la première condition de majorité est applicable et le protocole doit être signé par la majorité des syndicats ayant participé à sa négociation;
- à partir du moment où l'employeur a satisfait à ses obligations de convocation et de négociation, le protocole signé par un seul syndicat est valable si ce syndicat était le seul négociateur; mais lorsque deux syndicats négocient et qu'un seul signe, le protocole préélectoral n'est pas valable, la condition de majorité n'étant pas remplie;
- pour le calcul de la double majorité, le pourcentage attribué à la CFE-CGC est calculé à partir des suffrages exprimés en sa faveur rapportés à l'ensemble des suffrages exprimés au niveau de l'ensemble de l'entreprise. Pendant la période transitoire, lorsque les suffrages exprimés lors des élections professionnelles ne sont pas disponibles, la CFE-CGC compte pour un, comme les autres organisations syndicales représentatives.

• **Notion de «participation à la négociation».** Est considérée comme ayant participé à la négociation du PAP l'organisation syndicale qui est venue à au moins une réunion, même si elle a quitté la table de la négociation avant son issue. Le refus de l'organisation syndicale de poursuivre la négociation, qu'elle a pourtant entamée, doit en effet être regardé comme un refus de sa part soit de ses modalités, soit de son contenu et doit donc être pris en compte pour apprécier si les conditions de majorité sont respectées (cass. soc. 26 septembre 2012, n° 11-60.231, BC V n° 241; JCP éd. S 2012, 1420, concl. L. Pécaut-Rivolier et éd. G 2012, 1139, rapport L. Pécaut-Rivolier; RDT, novembre 2012, CH, 639, I. Odoul-Asorey; RJS 11/12 n° 889).

• Les délégués syndicaux désignés au sein de l'entreprise, qui représentent leur syndicat auprès du chef d'entreprise, sont parties à la négociation du protocole d'accord préélectoral et peuvent négocier et conclure un accord préélectoral sans avoir à justifier d'un mandat spécial de leur organisation syndicale (cass. soc. 12 février 2003, n° 01-60.904, BC V n° 52; RJS 4/03 n° 488).

À noter:
- que l'employeur est tenu, dans le cadre de la négociation préélectorale, de fournir aux syndicats participant à la négociation les éléments nécessaires au contrôle de l'effectif de l'entreprise et de la régularité de la liste électorale (cass. soc. 13 mai 2009, n° 08-60.530, BC V n° 130; RJS 7/09 n° 652; JCP éd. S 2009, 1406, note J-Y Kerbourc'h);

– qu'il ne résulte d'aucun texte que le protocole d'accord préélectoral doit être matérialisé par un seul et même accord global sur l'ensemble des matières relevant de la négociation (cass. soc. 28 septembre 2011, n° 10-27.370, BC V n° 202; RJS 12/11 n° 1005);
– qu'en l'absence de saisine du tribunal d'instance [tribunal judiciaire] d'une contestation préalable au déroulement des élections, le syndicat appelé régulièrement à la négociation qui présente des candidats est réputé avoir adhéré au protocole préélectoral qu'il n'a pas signé (cass. soc. 20 novembre 2002, n° 01-60.605, BC V n° 348).

• Les conditions de validité d'un protocole préélectoral, qui doivent être appréciées au jour de sa signature, ne sauraient dépendre du résultat d'élections postérieures (cass. soc. 5 avril 2011, n° 10-18.733, BC V n° 88; RJS 6/11 n° 538).

• **Champ matériel de la double majorité.** Les termes «sauf dispositions législatives contraires» renvoient à des textes exigeant des conditions de validité plus strictes. Il est en ainsi de l'exigence d'unanimité des organisations syndicales représentatives pour la modification du nombre ou de la composition des collèges électoraux (voir nouvel art. L. 2314-12) et de l'organisation du scrutin en dehors du temps de travail (voir nouvel art. L. 2314-27). Ils renvoient aussi à textes exigeant des accords de droit commun comme par exemple le recours au vote électronique (voir nouvel art. L. 2314-26 qui ouvre aussi la possibilité d'une décision unilatérale de l'employeur) ou la fixation de la durée des mandats entre deux et quatre ans (voir nouvel art. L. 2314-34).

Par ailleurs, il convient de rappeler qu'il s'agit là de conditions formelles de validité du protocole lesquelles n'empêchent que soit contestée la validité substantielle des clauses adoptées. Ainsi, un protocole préélectoral, même signé aux conditions de validité prévues par ce texte, ne peut exclure de l'éligibilité des salariés qui remplissent les conditions légales pour être éligibles (cass. soc. 20 mars 2013, n° 12-11.702, BC V n° 79; RJS 6/13 n° 476; Dr. Soc. 2013, p. 472, note Fr. Petit).

• **Modification du protocole préélectoral.** Si des modifications négociées entre le chef d'entreprise et les organisations syndicales intéressées peuvent être apportées à un protocole préélectoral, ces modifications, y compris lorsqu'elles portent sur le calendrier électoral, ne peuvent résulter que d'un avenant soumis aux mêmes conditions de validité que le protocole lui-même (cass. soc. 26 octobre 2011, n° 10-27.134, BC V n° 242; LS Jurispr. n° 222 du 15.11.2011; RJS 1/12 n° 63 et 3 octobre 2018, n° 17-21.836, à paraître, LSQ n° 17673 du 16.10.2018; RJS 12/18 n° 755; JCP éd. S 2018, 1368, note B. Bossu).

• **Durée de validité du protocole préélectoral.** En principe, le protocole préélectoral n'a d'effet que pour les élections pour lesquelles il a été conclu (cass. soc. 21 mai 2003, n° 01-60.742, BC V n° 170; RJS 11/03 n° 1293). Cependant, s'il n'est pas dénoncé, il peut rester valable pour les élections suivantes (cass. soc. 7 février 1989, n° 88-60.131, BC V n° 96; RJS 4/89 n° 369). Un protocole d'accord préélectoral dénoncé avant les élections ne leur est plus applicable (cass. soc. 9 décembre 1985, n° 85-60.370, BC V n° 582; voir également cass. soc. 10 juin 1997, n° 96-60.118, BC V n° 215; RJS 7/97 n° 843, 2e espèce).

La dénonciation d'un protocole d'accord n'est pas soumise aux dispositions prévues par l'article L. 132-8 [ancien] CT pour la dénonciation des accords collectifs (cass. soc. 22 février 1996, n° 95-60.566, BC V n° 64; RJS 4/96 n° 425).

Le tribunal d'instance [tribunal judiciaire; voir note sous article L. 2143-8], juge de l'élection, a le pouvoir de prendre toutes les mesures nécessaires au bon déroulement des opérations électorales. Saisi de demandes d'un syndicat tendant à déclarer caduc un protocole préélectoral conclu pour des élections qui n'ont pu se dérouler à la date prévue en raison d'une défaillance affectant le matériel de vote et tendant à obtenir communication de nouvelles informations ainsi que la tenue d'une nouvelle négociation préélectorale, le tribunal, après avoir constaté la validité du protocole, peut débouter le syndicat de ses demandes et ordonner l'organisation des élections sur la base de ce protocole (cass. soc. 19 décembre 2018, n° 17-27.442, à paraître, LS Jurispr. n° 19 du 29.01.2019; RJS 3/19 n° 172).

• **Nullité d'un accord collectif relatif à la mise en place d'institutions représentatives.** La nullité d'un accord collectif relatif à la mise en place d'institutions représentatives du personnel n'a pas d'effet rétroactif (cass. soc. 6 juin 2018, n° 17-21.068, à paraître, LSQ n° 17599 du 27.06.2018; RJS 8-9/18 n° 547; JCP éd. S 2018, 1277, note G. François; JSL n° 459, 14.09.2018, pp. 15 et s., M. Hautefort; RDT, octobre 2018, CH, 689, Y. Ferkane).

• **Contestation des clauses du protocole préélectoral.** Voir note sous article L. 2314-28.

Art. L. 2314-7. Le protocole préélectoral peut modifier le nombre de sièges ou le volume des heures individuelles de délégation dès lors que le volume global de ces heures, au sein de chaque collège, est au moins égal à celui résultant des dispositions légales au regard de l'effectif de l'entreprise.

Art. L. 2314-8. En l'absence de comité social et économique, l'employeur engage la procédure définie à l'article L. 2314-5 à la demande d'un salarié ou d'une organisation syndicale dans le mois suivant la réception de cette demande.

Art. L. 2314-9

Lorsque l'employeur a engagé le processus électoral et qu'un procès-verbal de carence a été établi, la demande ne peut intervenir ***(Ord. 2017-1718 du 20 déc. 2017, art. 1er, I, 80°, JO 21)*** «qu'à l'issue d'un délai» de six mois après l'établissement de ce procès-verbal.

Art. L. 2314-9. Lorsque le comité social et économique n'a pas été mis en place ou renouvelé, un procès-verbal de carence est établi par l'employeur. L'employeur porte à la connaissance des salariés par tout moyen permettant de donner date certaine à cette information, le procès-verbal dans l'entreprise et le transmet dans les quinze jours, par tout moyen permettant de conférer date certaine à l'agent de contrôle de l'inspection du travail mentionné à l'article L. 8112-1. Ce dernier communique une copie du procès-verbal de carence aux organisations syndicales de salariés du département concerné.

Note ***Nous rapportons ci-après les solutions dégagées par l'Administration et la jurisprudence à propos des délégués du personnel et du comité d'entreprise en ce qu'elles ont en principe vocation à s'appliquer au comité social et économique.***

L'obligation d'établir un procès-verbal de carence repose sur le seul chef d'entreprise. Cette obligation est limitée au cas où la carence a été constatée à la fois au premier et au second tour, et où aucun siège n'a donc pu être attribué (circ. min. du 25 octobre 1983).

Sur la définition du procès-verbal de carence, voir CE 28 juin 1989, nos 61572 et 62785, Dr. Soc. 1989, p. 715, concl. O. Fouquet.

Art. L. 2314-10. Des élections partielles sont organisées à l'initiative de l'employeur si un collège électoral n'est plus représenté ou si le nombre des membres titulaires de la délégation du personnel du comité social et économique est réduit de moitié ou plus, sauf si ces événements interviennent moins de six mois avant le terme du mandat des membres de la délégation du personnel du comité social et économique.

Les élections partielles se déroulent dans les conditions fixées à l'article L. 2314-29 pour pourvoir tous les sièges vacants dans les collèges intéressés, sur la base des dispositions en vigueur lors de l'élection précédente.

Les candidats sont élus pour la durée du mandat restant à courir.

Note • Par rapport au droit antérieur, la dispense d'élections partielles en cas d'annulation des mandats de certains élus pour méconnaissance des dispositions sur la représentation équilibrée des hommes et des femmes est supprimée. Des élections partielles doivent donc être organisées, même dans ce cas d'annulation, dès lors que les conditions prévues au premier alinéa sont réunies (voir C. constit. 13 juillet 2018, n° 2018-720/721/722/723/724/725/726 QPC, JO 14).

• *Covid-19.* Sur les dérogations applicables en matière d'élections partielles adoptées pour faire face à l'épidémie de Covid-19, voir ordonnance 2020-389 du 1er avril 2020, art. 4, JO 2.

Nous rapportons ci-après les solutions dégagées par la jurisprudence à propos des délégués du personnel et du comité d'entreprise en ce qu'elles ont en principe vocation à s'appliquer au comité social et économique.

• **Délégués du personnel.** L'employeur ne peut décider de l'organisation d'élections partielles lorsque les conditions légales ne sont pas réunies (cass. soc. 30 novembre 2011, n° 11-12.097, RJS 3/12 n° 273).

Si un collège électoral n'est plus représenté ou si le nombre des élus titulaires est réduit de moitié ou plus, les élections partielles doivent être organisées pour tous les sièges vacants, titulaires et suppléants, de ce collège y compris ceux qui seraient vacants dès l'origine (cass. soc. 24 mai 2016, n° 15-19.866, BC V n° 111 ; RJS 8-9/16 n° 578 ; JCP éd. S 2016, 1348, note J-Y Kerbourc'h).

L'employeur qui, bien qu'il y soit légalement tenu, n'accomplit pas les diligences nécessaires à la mise en place d'institutions représentatives du personnel, sans qu'un procès-verbal de carence ait été établi, commet une faute qui cause nécessairement un préjudice aux salariés, privés ainsi d'une possibilité de représentation et de défense de leurs intérêts. En revanche, il appartient au salarié de démontrer l'existence d'un préjudice lorsque, l'institution représentative du personnel ayant été mise en place, des élections partielles doivent être organisées du fait de la réduction du nombre des membres élus de l'institution représentative du personnel, les salariés n'étant pas dans cette situation privés d'une possibilité de représentation et de défense de leurs intérêts (cass. soc. 4 novembre 2020, n° 19-12.775, à paraître, LS n° 18184 du 17.11.2020 ; SSL n° 1929, 16.11.2020, p. 15 ; JCP éd. S 2020, 3094, note J-Y Kerbourc'h).

• **Comité d'entreprise.** Ces élections partielles ne peuvent être organisées et se dérouler selon les dispositions de l'accord préélectoral en vigueur lors de l'élection précédente que si cet accord n'est pas contesté. C'est donc à bon droit qu'un tribunal d'instance a prononcé l'annulation d'élections partielles, après avoir relevé que le protocole d'accord en vigueur lors de l'élection précédente faisait l'objet d'une contestation soumise, avant les élections, à l'inspecteur du travail en ses dispositions relatives à la répartition des personnels dans le collège et avoir constaté que l'employeur avait fait procéder à l'élection sans attendre la décision administrative (cass. soc. 15 décembre 2004, n° 04-60.058, BC V n° 337; RJS 3/05 n° 296).

Sous-section 2. Collèges électoraux

Art. L. 2314-11. Les membres de la délégation du personnel du comité social et économique sont élus sur des listes établies par les organisations syndicales pour chaque catégorie de personnel:
- d'une part, par le collège des ouvriers et employés;
- d'autre part, par le collège des ingénieurs, chefs de service, techniciens, agents de maîtrise et assimilés.

Dans les entreprises d'au moins cinq cent un salariés, les ingénieurs, les chefs de service et cadres administratifs, commerciaux ou techniques assimilés ont au moins un délégué titulaire au sein du second collège, élu dans les mêmes conditions.

En outre, dans les entreprises, quel que soit leur effectif, dont le nombre des ingénieurs, chefs de service et cadres administratifs, commerciaux ou techniques assimilés sur le plan de la classification est au moins égal à vingt-cinq au moment de la constitution ou du renouvellement de l'instance, ces catégories constituent un troisième collège.

(Ord. 2017-1718 du 20 déc. 2017, art. 1er, I, 81°, JO 21) «Par dérogation aux alinéas précédents, dans les établissements ou les entreprises n'élisant qu'un membre de la délégation du personnel titulaire et un membre de la délégation du personnel suppléant, il est mis en place pour chacune de ces élections, un collège électoral unique regroupant l'ensemble des catégories professionnelles.»

Note ***Nous rapportons ci-après les solutions dégagées par l'Administration et la jurisprudence à propos des délégués du personnel et du comité d'entreprise en ce qu'elles ont en principe vocation à s'appliquer au comité social et économique.***

Nombre de collèges électoraux. Les élections doivent être organisées sur la base de deux collèges lorsque l'effectif global de l'établissement est supérieur à vingt-cinq salariés et que deux cadres y sont employés, constituant ainsi une catégorie de personnel; la circonstance qu'il n'y ait qu'un seul cadre éligible ne fait pas obstacle à l'élection (cass. soc. 17 avril 1991, n° 90-60.537, BC V n° 202; RJS 6/91 n° 731).

Nombre de sièges par collège électoral. Le respect des dispositions légales relatives aux collèges électoraux impose que soit attribué à chaque collège au moins un siège afin qu'une catégorie de personnel ne soit pas exclue de toute participation aux élections des représentants du personnel et de toute représentation dans les instances élues (cass. soc. 4 juillet 2012, n° 11-60.229, BC V n° 214; RJS 10/12 n° 830).

Organisations syndicales représentatives. Voir articles L. 2121-1 et L. 2122-1 et note sous ces articles.

Cadre d'appréciation de la représentativité. Lorsqu'un syndicat affilié à une confédération catégorielle interprofessionnelle nationale présente, en conformité avec son champ statutaire, des candidats dans plusieurs collèges, sa représentativité est établie en fonction des suffrages recueillis dans l'ensemble de ces collèges (cass. soc. 28 septembre 2011, n° 10-26.693, BC V n° 2150; JCP éd. S 2011, 1535, note B. Gauriau; RJS 12/11 n° 1002; Dr. Soc. 2011, p. 1241, Fr. Petit).

Collège spécial cadres

• Il résulte de l'article L. 2324-11 [ancien] CT que la création du collège spécial est obligatoire dès l'instant qu'au moins vingt-cinq cadres sont dénombrés dans l'entreprise à la date des élections, peu important que certains d'entre eux soient exclus de l'électorat en raison des pouvoirs qu'ils exercent et qui permettent de les assimiler au chef d'entreprise. A violé ce texte le tribunal d'instance qui, pour décider qu'il n'y avait pas lieu à création du collège spécial en vue des élections au comité d'entreprise d'une société, a, après avoir relevé que la liste des cadres dans l'entreprise comprenait vingt-sept personnes, énoncé que trois d'entre elles, de par leur fonction de représentation du chef d'entreprise auprès du personnel, ne pouvaient être retenues dans l'effectif particulier des cadres pour l'appréciation du seuil entraînant la création d'un troisième collège (cass. soc. 30 mai 2001, n° 99-60.564, BC V n° 189; RJS 8-9/01 n° 1040).

• Il ne peut être dérogé par voie d'accord, même unanime, aux dispositions imposant la création d'un collège spécial pour les cadres lorsque leur nombre est au moins égal à vingt-cinq (cass. soc. 13 octobre 2004, n° 03-60.275, BC V n° 258; RJS 12/04 n° 1305).

• La constitution d'un troisième collège, regroupant, en vertu de l'article L. 342-2, al. 2 c. aviat. civ., les personnels navigants professionnels, ne peut faire échec au droit du personnel d'encadrement non navigant de revendiquer la mise en place du collège spécial des cadres lorsque les conditions légales sont remplies (cass. soc. 3 mai 2002, n° 01-60.072, BC V n° 141; RJS 7/02 n° 854).

Siège réservé

• Dans les entreprises d'au moins 501 salariés qui comptent moins de vingt-cinq cadres et où le collège spécial cadres n'est pas obligatoire un siège doit être réservé aux cadres du second collège.

• Les règles normales d'attribution des sièges ne peuvent être modifiées, afin de pourvoir un siège réservé, que si l'application de ces règles aboutissait à ce qu'aucun candidat appartenant à la catégorie bénéficiaire ne soit élu ou à ce que plusieurs soient élus (cass. soc. 8 juillet 1985, n° 84-60.961, BC V n° 409). Cependant, un siège réservé ne peut être attribué à un candidat n'ayant obtenu aucune voix (cass. soc. 12 novembre 1997, n° 96-60.337, BC V n° 372; RJS 12/97 n° 1407).

• L'attribution d'un siège réservé (légal ou conventionnel) à une catégorie n'entraîne pas l'attribution d'un siège supplémentaire à la liste qui a présenté le seul candidat de cette catégorie, mais s'impute sur le nombre des sièges qui reviennent à cette liste (voir notamment cass. soc. 20 juillet 1983, n° 82-60.0446, BC V n° 456).

L'alinéa 3 de l'article L. 433-2 [ancien], dont les dispositions sont impératives, interdit d'attribuer le siège légalement réservé à un candidat qui n'appartient pas à la catégorie de personnel définie par cet alinéa, et l'employeur a donc, à bon droit, organisé un second tour de scrutin afin de pourvoir à ce siège réservé, demeuré vacant au premier tour (cass. soc. 7 juillet 1983, n° 82-60.636, BC V n° 429; 9 octobre 1985, n° 85-60.175, BC V n° 444).

• L'accord préélectoral, qui se borne à réserver dans le premier collège un siège de membre titulaire à un employé, n'interdit pas l'élection de plusieurs employés dès lors que, comme en la cause, cette élection résulte de l'application des règles légales relatives à l'attribution des sièges aux différentes listes et à la désignation des élus au sein de chacune d'elles (cass. soc. 9 octobre 1985, n° 85-60.304, BC V n° 443).

• Il a été jugé dans le cadre de l'article R. 4613-1 [ancien] CT relatif au CHSCT, mais la règle paraît avoir une portée générale, que l'obligation de réserver un certain nombre de sièges à la catégorie agents de maîtrise et cadres n'interdit pas que des salariés appartenant à cette catégorie puissent être par ailleurs élus pour pourvoir les sièges auxquels le code du travail n'attribue aucune affectation catégorielle particulière (cass. soc. 14 janvier 2014, n° 13-13.607, BC V n° 8; RJS 3/14 n° 251).

Art. L. 2314-12. Un accord peut modifier le nombre et la composition des collèges électoraux à condition d'être signé par toutes les organisations syndicales représentatives dans l'entreprise.

L'accord conclu ne fait pas obstacle à la création du troisième collège dans les conditions prévues au ***(Ord. 2017-1718 du 20 déc. 2017, art. 1er, I, 82°, JO 21)*** «dernier» alinéa de l'article L. 2314-11.

L'accord est communiqué, à sa demande, à l'agent de contrôle de l'inspection du travail mentionné à l'article L. 8112-1.

Note ***Nous rapportons ci-après les solutions dégagées par l'Administration et la jurisprudence à propos des délégués du personnel et du comité d'entreprise en ce qu'elles ont en principe vocation à s'appliquer au comité social et économique.***

Délégués du personnel

• Lorsque les élections concernent un établissement distinct d'une entreprise, la modification du nombre et de la composition des collèges électoraux suppose l'accord unanime des organisations syndicales représentatives, non pas au niveau de l'entreprise, mais au sein de cet établissement distinct (cass. soc. 22 novembre 2017, n° 16-24.801, BC V n° 202; LSQ n° 17457 du 29.11.2017). Ainsi, le tribunal d'instance [tribunal judiciaire] qui constate qu'une organisation syndicale représentative dans l'établissement n'est pas signataire de la convention collective décide exactement que la disposition de cette convention fixant le nombre et la composition des collèges électoraux est sans effet et qu'ils doivent être fixés selon les règles légales (cass. soc. 26 janvier 1999, n° 98-60.256, BC V n° 40; RJS 3/99 n° 392).

• Lorsque le nombre et la composition des collèges électoraux résultent d'un accord collectif unanime, ils ne peuvent être remis en cause par un protocole préélectoral n'ayant recueilli la signature que d'un seul syndicat (cass. soc. 29 mai 2001, n° 00-60.024, BC V n° 186; RJS 10/01, n° 1160 et p. 755, concl. J. Duplat).

À noter que le fait qu'un syndicat catégoriel soit le seul syndicat représentatif présent dans une entreprise de plus de vingt-cinq salariés ne l'autorise pas à signer seul un accord préélectoral instaurant un collège unique sans avoir fait la preuve de sa représentativité pour les autres catégories de personnel (cass. soc. 19 septembre 2007, n° 06-60.134, BC V n° 131; RJS 11/07 n° 1194; JCP éd. S 2008, 1100, note B. Gauriau). Sur la représentativité des syndicats catégoriels, voir aussi note sous article L. 2314-11.

• À défaut de dérogations conventionnelles, les dispositions légales doivent être appliquées (cass. soc. 18 février 1988, n° 86-60.499, BC V n° 122); la modification du nombre et de la composition des collèges ne peut faire l'objet d'une décision administrative, ni du juge judiciaire (cass. soc. 26 juin 2013, n° 12-27.480, BC V n° 168; RJS 10/13 n° 702, p. 624; JCP éd. S 2013, 1400, note H. Guyot). En revanche, ce dernier est seul compétent pour trancher les litiges pouvant s'élever sur l'éventuelle modification de la composition des collèges (cass. soc. 19 juillet 1983, n° 83-60.821, BC V n° 443; 2 octobre 1991, n° 90-60.426, RJS 11/91 n° 1221; sur les pouvoirs exacts du juge d'instance [tribunal judiciaire] en cette matière, voir cass. soc. 22 juillet 1982, n° 82-60.170, BC V n° 509). Il s'ensuit qu'un syndicat est recevable à contester un protocole préélectoral dont il soutient qu'il modifie la composition des collèges électoraux alors même que l'autorité administrative a estimé que, le protocole préélectoral étant valide au sens de l'article L. 2314-3-1 [ancien] CT, elle n'avait pas compétence pour procéder, sur le fondement de l'article L. 2314-11 [ancien], à la répartition des sièges et du personnel entre les collèges (cass. soc. 13 février 2013, n° 11-25.468, BC V n° 39; RJS 4/13 n° 304).

Comité d'entreprise

• Les dispositions de l'article L. 2324-12 [ancien], qui conditionnent la création d'un collège électoral modifiant les prévisions légales à la signature d'un accord par toutes les organisations syndicales représentatives existant dans l'entreprise, ne sont pas applicables à la création du collège spécifique aux journalistes prévu par les articles L. 7111-7 et s. CT (cass. soc. 2 mars 2011, n° 09-60.419, BC V n° 60; RJS 5/11 n° 480, 1re espèce; JCP éd. S 2011, 1231, 2e espèce, note N. Dauxerre; Dr. Soc. 2011, p. 874, 1er arrêt, obs. Fr. Petit). Sur les modalités de création de ce collège, voir note sous article L. 7111-7.

• Si, en principe, le juge d'instance [tribunal judiciaire] ne peut modifier le nombre et la composition des collèges électoraux, lorsque le premier collège est composé exclusivement de salariés mis à disposition qui, en application de l'article L. 2324-17-1 [L. 2314-23], ne sont pas éligibles, il peut décider de répartir ce personnel en deux collèges, composés respectivement des cadres et des non-cadres, afin que cette catégorie de salariés ne soit pas privée de toute représentation en violation des droits électoraux qui leur sont reconnus pour assurer l'effectivité du principe de participation prévu par l'alinéa 8 du Préambule de la Constitution du 27 octobre 1946 (cass. soc. 16 octobre 2013, n° 13-11.324, BC V n° 237; RJS 1/14 n° 62).

Art. L. 2314-13. ***(Ord. 2017-1718 du 20 déc. 2017, art. 1er, I, 83°, JO 21)*** «La répartition des sièges entre les différentes catégories de personnel et la répartition du personnel dans les collèges électoraux» font l'objet d'un accord entre l'employeur et les organisations syndicales conclu selon les conditions de l'article L. 2314-6.

Cet accord mentionne la proportion de femmes et d'hommes composant chaque collège électoral.

Lorsque au moins une organisation syndicale a répondu à l'invitation à négocier de l'employeur et que l'accord mentionné au premier alinéa du présent article ne peut être obtenu, l'autorité administrative décide de cette répartition entre les collèges électoraux. Pour ce faire, elle se conforme soit aux modalités de répartition prévues par l'accord mentionné à l'article L. 2314-12, soit, à défaut d'accord, à celles prévues à l'article L. 2314-11.

La saisine de l'autorité administrative suspend le processus électoral jusqu'à la décision administrative et entraîne la prorogation des mandats des élus en cours jusqu'à la proclamation des résultats du scrutin.

La décision de l'autorité administrative peut faire l'objet d'un recours devant le juge judiciaire, à l'exclusion de tout autre recours administratif ou contentieux.

Note ***Nous rapportons ci-après les solutions dégagées par l'Administration et la jurisprudence à propos des délégués du personnel et du comité d'entreprise en ce qu'elles ont en principe vocation à s'appliquer au comité social et économique, ainsi que celles concernant ce dernier (ce cas étant alors signalé).***

RÉPARTITION DU PERSONNEL ET DES SIÈGES ENTRE COLLÈGES PAR VOIE D'ACCORD

• L'employeur ne peut s'abstenir de rechercher, avec toutes les organisations syndicales représentatives dans l'entreprise, un accord sur la répartition du personnel dans les collèges électoraux et des sièges entre les différentes catégories, ainsi que sur les modalités d'organisation et de déroulement des opérations électorales; son refus de satisfaire à la demande d'un syndicat, dont la représentativité ne peut être contestée, doit entraîner l'annulation des élections (cass. soc. 7 juillet 1983, n° 83-60.902, BC V n° 434016; voir aussi, après la loi du 20 août 2008, cass. soc. 9 novembre 2011, n° 11-60.029, BC V n° 255; LSQ n° 15977 du 17.11.2011; RJS 1/12 n° 61; Dr.

Soc. 2012, p. 202, obs. Fr. Petit). Dès lors qu'une organisation syndicale a manifesté son intention de participer à la négociation préélectorale, l'employeur, à défaut d'accord préélectoral valide, a l'obligation de saisir l'autorité administrative pour faire procéder à la répartition des sièges et des électeurs au sein des collèges électoraux (cass. soc. 9 mai 2018, n° 17-26.522, à paraître, LS Jurispr. n° 91 du 22.05.2018; JCP éd. S 2018, 1220, note J-Y Kerbourc'h; RJS 7/18 n° 492).

• Contrairement à l'accord modifiant le nombre et la composition des collèges électoraux, qui doit être signé par tous les syndicats représentatifs existant dans l'entreprise, l'accord portant sur la répartition des sièges entre les différentes catégories peut n'être signé que par une partie seulement de ces syndicats (cass. soc. 12 juin 2002, n° 01-60.617, BC V n° 203; RJS 11/02 n° 1259). La loi du 20 août 2008 a prévu que l'accord devait répondre à la condition de la double majorité.

RÉPARTITION DU PERSONNEL ET DES SIÈGES ENTRE COLLÈGES EN L'ABSENCE D'ACCORD

• **Incompétence du juge judiciaire en l'absence d'accord.** Il résulte des articles L. 2314-11 et L. 2324-13 [anciens] CT que lorsqu'un accord ne peut être obtenu sur la répartition des sièges entre les différentes catégories et la répartition du personnel entre les collèges électoraux, l'autorité administrative décide de cette répartition. Viole ces textes le tribunal d'instance qui, en l'absence de protocole préélectoral valide, a réparti le personnel dans les différents collèges (cass. soc. 20 juin 2012, n° 11-19.643, BC V n° 190; RJS 10/12 n° 829).

• **Compétence exclusive de l'autorité administrative.** Lorsqu'à l'issue de la négociation, aucun protocole d'accord préélectoral répondant à la double condition de majorité n'a pas été signé, l'employeur ne peut décider seul dans les domaines que la loi a définis comme relevant de la compétence de l'autorité administrative. Il doit impérativement saisir l'autorité administrative; à défaut, l'élection n'est pas valablement organisée (cass. soc. 9 novembre 2011, n° 11-60.029, BC V n° 255; LSQ n° 15977 du 17.11.2011; RJS 1/12 n° 61; Dr. Soc. 2012, p. 202, obs. Fr. Petit). La saisine de l'autorité administrative pour qu'elle statue, en l'absence d'accord de l'employeur et des syndicats, sur la répartition du personnel et des sièges entre les collèges électoraux en vue des élections des membres du CSE est recevable même si les mandats des élus en cours sont arrivés à échéance (cass. soc. 22 janvier 2020, n° 19-12.896, *relatif au CSE*, à paraître, LS n° 17997 du 11.02.2020; JCP éd. S 2020, 1054, note J-Y Kerbourc'h; JSL n° 494, 23.03.2020, pp. 18 et s., D. Fallik; RJS 4/20 n° 197; Dr. Soc. 2020, p. 474, act. Fr. Petit).

Mais l'intervention d'un accord après la décision de l'autorité administrative, appelée à se prononcer sur la répartition du personnel entre les collèges électoraux, a pour effet de rendre caduque la décision de l'autorité administrative (CE 29 décembre 1995, n° 104504, RJS 3/96 n° 311).

L'autorité administrative compétente pour procéder à la répartition du personnel dans les collèges électoraux et des sièges entre les différentes catégories en cas de désaccord entre le chef d'entreprise et les organisations syndicales est le Direccte [Dreets] du siège de l'établissement.

Pour fixer la répartition des sièges au sein des collèges électoraux, il appartient à la Direccte [Dreets] d'appliquer un critère de proportionnalité entre les effectifs de chaque collège tout en prenant en compte les circonstances particulières liées à la composition du corps électoral de l'entreprise et au nombre des collèges (cass. soc. 6 juin 2018, n° 17-27.175, à paraître, JCP éd. S 2018, 1267 et 1348, notes J-Y Kerbourc'h; RJS 8-9/18, n° 551).

• **Incidence d'un litige portant sur le respect de la condition de la double majorité.** Par sa décision du 31 mai 2012, le Conseil d'État a décidé pour éviter les conflits de compétence et les divergences de solution que l'autorité administrative ne peut valablement intervenir que dans deux cas:

– soit lorsqu'aucun protocole d'accord préélectoral n'a été conclu,

– soit lorsque «manifestement» le protocole d'accord préélectoral ne satisfait pas à la condition de la double majorité (CE 31 mai 2012, n° 354186, RJS 8-9/12 n° 722 et p. 586, concl. Cl. Landais). Il s'ensuit que, pour le Conseil d'État, la compétence de l'administration du travail doit reposer sur une évidence. Dès lors qu'un doute existe, l'autorité administrative devra renvoyer les parties à agir préalablement devant le tribunal d'instance [tribunal judiciaire] pour que le litige sur la validité du PAP soit tranché.

• **Incidence de la saisine de l'autorité administrative:**

– le processus électoral est suspendu afin que la décision à venir puisse être prise en compte, sans que nul ne puisse reprocher à l'employeur d'avoir pour ce motif repoussé l'organisation du scrutin (cass. soc. 26 septembre 2012, n° 11-60.231, BC V n° 241; JCP éd. S 2012, 1420, rapport L. Pécaut-Rivolier; RDT, novembre 2012, CH, 639, I. Odoul-Asorey; RJS 11/12 n° 889);

– dans l'attente de la décision du Direccte [Dreets], les mandats sont prorogés (cass. soc. 26 septembre 2012, n° 11-60.231, précité). Cette prorogation de droit, qui constitue une innovation majeure, est justifiée par la volonté de ne pas laisser les salariés sans représentation et de donner son plein effet au principe de participation de valeur constitutionnelle. La loi 2014-

288 du 5 mars 2014 a repris la jurisprudence en introduisant à l'ancien article L. 2314-11 un nouvel alinéa.

• **Incidence de l'organisation des élections avant l'intervention de la décision administrative:** si, nonobstant la saisine de l'autorité administrative, l'employeur poursuit malgré tout le processus électoral et si les élections sont organisées avant que le Direccte [Dreets] ne statue, ce dernier devra alors se déclarer incompétent (CE 31 mai 2012, n° 354186, précité). Mais le processus électoral sera en tout état de cause irrégulier, l'employeur ayant méconnu la compétence réservée par la loi à l'administration.

• **Pouvoirs de l'autorité administrative.** L'autorité administrative:
– est tenue de procéder à la répartition sur la base des deux collèges prévus à l'article L. 423-2 [L. 2314-11 ancien], sauf à rappeler, en cas de contestation sur l'existence d'un accord, que cette contestation ne peut être tranchée que par le tribunal d'instance [tribunal judiciaire; voir note sous article L. 2143-8], juge de l'élection (CE 22 novembre 1985, n° 65779, Rec. Lebon, p. 793);
– est fondée à classer des agents de maîtrise dans le premier collège en s'appuyant sur les dispositions du règlement intérieur type et sur un avenant portant sur la classification des emplois, est fondée à classer des agents de maîtrise dans le premier collège (CE 1er février 1993, n° 84106, RJS 5/93 n° 524, 1re espèce; concl. G. Le Chatelier, RJS 1993, p. 285);
– doit prendre en compte les fonctions exercées par les salariés pour déterminer leur classement dans tel ou tel collège. Elle peut légalement tenir compte de tous les éléments d'appréciation dont elle dispose, y compris d'éléments figurant dans des accords collectifs (CE 16 décembre 1994, n° 118416, Dr. Soc. 1995, p. 259, concl. Ch. Maugüé);
– doit attribuer à chacun des collèges un nombre égal de titulaires et de suppléants, ces derniers ayant vocation, en principe, à remplacer un membre titulaire appartenant au même collège en cas de cessation de fonction; c'est donc à tort qu'une cour administrative d'appel a jugé que les dispositions du code du travail n'imposaient pas d'assurer l'égalité entre titulaires et suppléants au sein de chaque collège (CE 17 novembre 2010, n° 335930, Rec. Lebon p. 443; LS Jurispr. n° 240 du 14.12.2010; JCP éd. S 2011, 1067, note E. Jeansen); la position de la Cour de cassation est identique: le respect des dispositions des articles L. 2314-8 et L. 2324-11 [anciens] relatives aux collèges électoraux imposent que soit attribué à chaque collège au moins un siège afin qu'une catégorie de personnel ne soit pas exclue de toute participation aux élections des représentants du personnel et de toute représentation dans les instances élues (cass. soc. 4 juillet 2012, n° 11-60.229, BC V n° 214; RJS 10/12 n° 830).

• **Incidence de l'absence de saisine de l'autorité administrative.** La saisine de l'administration est, à défaut d'accord, obligatoire et le défaut de décision administrative concernant ces répartitions peut vicier les élections (voir notamment cass. soc. 7 avril 1976, n° 75-60.187, BC V n° 191; 9 novembre 2011, n° 11-60.029, BC V n° 255; RJS 1/12 n° 61; Dr. Soc. 2012, p. 202, note Fr. Petit: annulation des élections organisées sur la base d'une répartition des sièges entre les collèges décidée par l'employeur seul, ce dernier ayant refusé d'organiser une réunion comme le réclamait un syndicat pour parvenir à un accord sur ce point et de saisir l'autorité administrative); il appartient au tribunal d'instance [tribunal judiciaire] d'annuler les élections qui se seraient déroulées sans que cette décision eût été demandée (cass. soc. 20 juillet 1981, n° 81-60.466, BC V n° 709; 8 novembre 2006, n° 06-60.007, BC V n° 332; RJS 1/07 n° 77, précisant que l'employeur doit saisir l'autorité administrative y compris lorsque les organisations syndicales ne se sont pas présentées lors de la négociation du protocole d'accord préélectoral).

Voir sur la question: Y. Struillou, «Les interventions de l'administration du travail et leurs incidences contentieuses», Dr. Soc. 2013, p. 509.

CONTENTIEUX INDIVIDUEL ET CONTENTIEUX COLLECTIF QUANT À LA RÉPARTITION DU PERSONNEL ENTRE LES COLLÈGES

Il a été jugé que:
– le litige qui, à l'occasion des élections des délégués du personnel, oppose une organisation syndicale à un employeur en ce qui concerne l'appartenance individuelle d'un salarié à la catégorie des agents de maîtrise ou à celle des ouvriers et employés en vue de son classement dans l'un des collèges électoraux relève de la compétence du tribunal d'instance [tribunal judiciaire] et non de celle de l'autorité administrative (cass. soc. 12 mars 1981, n° 80-60.268, BC V n° 218; voir, s'agissant de la position du Conseil d'État, CE 24 juin 1987, n° 71976); mais la contestation relative à la répartition d'une catégorie de personnel d'un magasin dans l'un ou l'autre collège porte sur la répartition du personnel de ce magasin entre les différents collèges et le tribunal d'instance n'est pas compétent pour en connaître (cass. soc. 17 décembre 1984, JS 1985 F 26; voir aussi 8 novembre 1988, n° 87-60.171, BC V n° 574, approuvant le tribunal d'instance qui, ayant constaté que le protocole d'accord conclu en vue de l'élection des délégués du personnel n'avait pas prévu le rattachement d'une nouvelle catégorie de personnel à l'un des collèges, a décidé que l'autorité administrative était seule compétente pour trancher le litige);
– le litige qui porte sur la répartition des sièges à l'intérieur de chacun des collèges, par secteur géographique, relève de la compétence administrative (cass. soc. 13 mai 1985, n° 84-60.500, BC V n° 290);

– lorsque le désaccord entre les syndicats et l'employeur porte, non sur la répartition des sièges entre les différentes catégories, mais sur la création d'un poste supplémentaire au profit du premier collège, l'absence d'accord entre les parties ou d'une décision du directeur départemental du travail [Direccte puis, désormais, Dreets] sur ce point, qui n'entre pas dans les prévisions des textes légaux, ne constitue pas une irrégularité des opérations électorales (cass. soc. 20 juillet 1981, n° 81-60.520, BC V n° 710);

– l'employeur, même s'il déclare quant à lui vouloir s'en tenir aux prescriptions légales, ne peut solliciter l'intervention de l'autorité administrative avant toute tentative d'accord avec les organisations syndicales représentatives (cass. soc. 8 décembre 1971, n° 71-60.240, BC V n° 720).

La promotion artificielle d'une salariée décidée pour éviter qu'elle ne soit candidate dans son collège électoral d'origine constitue une fraude destinée à fausser le résultat des élections et le tribunal d'instance [tribunal judiciaire] peut maintenir l'intéressée à bon droit dans ce collège (cass. soc. 12 mars 1981, n° 80-60.268, précité; voir aussi, s'agissant d'une promotion refusée par le salarié, cass. soc. 8 juillet 1981, n° 80-60.427, BC V n° 679).

Art. R. 2314-3. La répartition du personnel dans les collèges électoraux et la répartition des sièges entre les différentes catégories de personnel, dans le cas prévu au troisième alinéa de l'article L. 2314-13, est réalisée par le ***(D. 2020-1545 du 9 déc. 2020, JO 10, entrée en vigueur le 01.04.2021)*** «directeur régional de l'économie, de l'emploi, du travail et des solidarités» du siège de l'entreprise ou de l'établissement concerné.

Le ***(D. 2020-1545 du 9 déc. 2020, JO 10, entrée en vigueur le 01.04.2021)*** «directeur régional de l'économie, de l'emploi, du travail et des solidarités» et de l'emploi prend sa décision dans un délai deux mois à compter de la réception de la contestation. Cette décision est notifiée par lettre recommandée avec demande d'avis de réception portant mention des voies et délais de recours. Elle peut faire l'objet d'un recours devant le ***(D. 2019-966 du 18 sept. 2019, art. 8, JO 19, entrée en vigueur le 01.01.2020)*** «tribunal judiciaire» dans un délai de quinze jours suivant sa notification.

À défaut de décision du ***(D. 2020-1545 du 9 déc. 2020, JO 10, entrée en vigueur le 01.04.2021)*** «directeur régional de l'économie, de l'emploi, du travail et des solidarités» à l'expiration du délai de deux mois dont il dispose pour se prononcer, l'employeur ou les organisations syndicales intéressées peuvent saisir, dans le délai de quinze jours, le ***(D. 2019-966 du 18 sept. 2019, art. 8, JO 19, entrée en vigueur le 01.01.2020)*** «tribunal judiciaire» afin qu'il soit statué sur la répartition.

Art. L. 2314-14. Lorsque aucune organisation syndicale représentative dans l'entreprise n'a pris part à la négociation, l'employeur répartit le personnel et les sièges ***(Ord. 2017-1718 du 20 déc. 2017, art. 1er, I, 84°, JO 21)*** «entre les différents» collèges électoraux.

Note • Sur la notion de participation à la négociation, voir note sous l'article L. 2314-6.

• L'articulation entre les articles L. 2314-13 et L. 2314-14 n'est pas satisfaisante: lorsque seule une ou des organisations non représentatives auront répondu à l'invitation à négocier, qui décidera de la répartition entre les collèges ?

Art. L. 2314-15. Des dispositions sont prises par accord préélectoral, conclu conformément à l'article L. 2314-6, pour faciliter, s'il y a lieu, la représentation des salariés travaillant en équipes successives ou dans des conditions qui les isolent des autres salariés.

Art. L. 2314-16. Sans préjudice des dispositions des articles L. 2314-11 et L. 2314-12, dans les entreprises de travail temporaire, la répartition des sièges peut faire l'objet d'un accord préélectoral, conclu conformément à l'article L. 2314-6, en vue d'assurer une représentation équitable du personnel permanent et du personnel temporaire.

Art. L. 2314-17. Lorsque le juge judiciaire, saisi préalablement aux élections, décide de mettre en place un dispositif de contrôle de leur régularité, de la liberté, et de la sincérité du scrutin, les frais entraînés par ces mesures sont à la charge de l'employeur.

Note • ***Nous rapportons ci-après les solutions dégagées par la jurisprudence à propos des délégués du personnel et du comité d'entreprise en ce qu'elles ont en principe vocation à s'appliquer au comité social et économique.***

Le tribunal d'instance [tribunal judiciaire], saisi préalablement aux élections en vertu l'article L. 2314-14 [L. 2314-17], a le pouvoir de mettre en place un dispositif de contrôle de la régularité, de la liberté et de la sincérité du scrutin, même s'il existe un accord préélectoral comportant des mesures en ce sens. Sur la nécessité d'un tel dispositif en raison d'un climat particulièrement tendu entre l'employeur et le syndicat, voir cass. soc. 1er avril 1992, n° 90-60.543, BC V n° 232; RJS 5/92 n° 643. La mise en place d'un tel dispositif n'est qu'une faculté pour le juge, à qui il appartient d'apprécier son caractère indispensable ou non (cass. soc. 8 juin 1999, n° 97-60.831, BC V n° 270).

Validation par le juge du dispositif de contrôle mis en place par les parties. Lorsque le juge d'instance [tribunal judiciaire] estime nécessaire la mise en place du dispositif de contrôle convenu entre les parties, les frais de déplacement exposés par les délégués de liste désignés par les organisations syndicales pour effectuer le contrôle dans les bureaux de vote sont à la charge de l'employeur (cass. soc. 29 juin 2005, n° 04-60.488, BC V n° 225; RJS 10/05 n° 1011).

• Voir aussi articles R. 2314-24 et R. 2314-25.

Sous-section 3. **Électorat et éligibilité**

Art. L. 2314-18. Sont électeurs les salariés des deux sexes, âgés de seize ans révolus, travaillant depuis trois mois au moins dans l'entreprise et n'ayant fait l'objet d'aucune interdiction, déchéance ou incapacité relatives à leurs droits civiques.

Note ***Nous rapportons ci-après les solutions dégagées par l'Administration et la jurisprudence à propos des délégués du personnel et du comité d'entreprise en ce qu'elles ont en principe vocation à s'appliquer au comité social et économique, ainsi que celles concernant ce dernier (ce cas étant alors signalé).***

• Les salariés d'une entreprise sont présumés jouir de leurs droits civiques, sauf preuve contraire soumise, au besoin, à la vérification du juge (cass. soc. 15 juin 1995, n° 94-60.461, BC V n° 196; RJS 7/95 n° 798). Un employeur ne peut demander aux salariés leur carte d'électeur politique. Pour déterminer si les conditions de l'électorat sont remplies, l'employeur ne saurait exiger la production d'un extrait de casier judiciaire (cass. crim. 28 avril 1953, B. crim. n° 143; cass. soc. 25 octobre 1978, n° 78-60.693, BC V n° 712).

• **Listes électorales.** L'employeur étant tenu d'établir la liste électorale, il lui appartient, en cas de contestation, de fournir les éléments nécessaires au contrôle de sa régularité (cass. soc. 20 juin 2012, n° 11-19.643, BC V n° 190; RJS 10/12 n° 829).

Les seules mentions qui doivent figurer obligatoirement sur la liste électorale des salariés travaillant dans l'entreprise sont l'âge, l'appartenance à l'entreprise et l'ancienneté dans celle-ci qui déterminent la qualité d'électeur et permettent le contrôle de la régularité des listes électorales. Dès lors, l'indication de l'adresse du domicile des salariés n'a pas à figurer sur la liste électorale (cass. soc. 20 mars 2002, n° 00-60.315, BC V n° 95; RJS 6/02, p. 515: «Élections professionnelles. Publication et contenu des listes électorales», concl. J. Duplat; RJS 6/02 n° 702; Dr. Soc. 2002, p. 621: «Le domicile interdit de liste électorale: un revirement qui en cache un autre», D. Boulmier; voir aussi cass. soc. 17 décembre 2003, n° 02-60.394). Il n'appartient pas au tribunal d'instance [tribunal judiciaire] d'ordonner l'affichage sur les listes électorales des coefficients hiérarchiques, informations de nature personnelle, les organisations syndicales pouvant, dans le cadre de la vérification de la régularité des inscriptions sur les listes électorales et de la répartition des salariés dans les collèges, demander communication des coefficients hiérarchiques de ces salariés à l'employeur (cass. soc. 20 juin 2012, n° 11-19.643, précité).

Les conditions d'électorat et d'éligibilité devant être remplies à la date de l'élection, la liste électorale est établie pour les deux tours et ne peut être modifiée après le premier tour, le renouvellement de l'affichage en vue du second tour constituant un simple rappel et n'ouvrant pas de droits nouveaux (cass. soc. 6 juillet 1983, n° 82-60.613, BC V n° 399; 7 mars 1990, n° 89-60.283, BC V n° 105; 18 novembre 2008, n° 07-60.359, BC V n° 225). Toutefois, lorsque l'employeur enfreint cette règle en retirant par exemple de la liste un salarié ayant quitté l'entreprise entre les deux tours, cette irrégularité n'entraîne pas l'annulation des élections si elle n'a pas eu d'incidence sur le résultat du scrutin (cass. soc. 18 novembre 2008, précité).

À noter qu'il appartient à l'employeur d'actualiser la liste lorsque l'effectif se modifie après sa publication. La publication de la liste modifiée doit alors intervenir au plus tard le 4e jour avant la date du scrutin. L'employeur qui n'a pas procédé à la modification de la liste électorale n'est pas fondé à contester la candidature, au second tour des élections, de salariés qui ne figuraient pas sur la liste (cass. soc. 20 mars 2002, n° 01-60.482, BC V n° 96; RJS 7/02 n° 851).

Un syndicat est en droit de vérifier la régularité des inscriptions sur les listes électorales, ce qui n'est possible que par la connaissance des noms, dates et lieux de naissance des salariés et du nombre de jours de travail accomplis par eux pendant les périodes à prendre en considération. Doit être cassé le jugement ayant refusé la communication des listings d'emploi de tous les salariés sous contrat à durée déterminée sur les trois dernières années, au motif que cette communication n'est pas prévue par la loi et implique la diffusion d'informations confidentielles (cass. soc. 19 juin 1987, n° 86-60.339, BC V n° 411).

Les conditions d'électorat s'apprécient au jour du premier tour du scrutin et eu égard au principe de participation, le salarié, affecté auparavant dans un autre établissement distinct, dès lors qu'il est présent dans les effectifs au premier tour des élections est en droit de voter aux élections professionnelles dans son nouvel établissement d'affectation, peu important qu'il ait déjà exercé ce droit lors des précédentes élections au sein de son établissement d'origine (cass. soc. 20 septembre 2018, n° 17-60.306, à paraître, RJS 11/18 n° 683).

• **Lien de subordination.** Seuls les salariés de l'entreprise sont électeurs et éligibles; cette règle est d'ordre public absolu et un accord collectif ne peut y déroger (cass. soc. 24 juin 1998, n° 97-60.077, BC V n° 341; RJS 8-9/98 n° 1021; en l'espèce, un accord d'entreprise avait étendu la capacité électorale à des travailleurs handicapés de CAT, or ceux-ci ne sont pas liés à ces centres par un contrat de travail: cass. soc. 18 mars 1997, n° 94-41.716, BC V n° 112; RJS 6/97 n° 765). L'exercice à temps partiel d'une activité pour le compte d'une société par des personnes dont la profession principale a un caractère libéral (médecins, par exemple) n'est pas incompatible avec leur inscription sur la liste électorale s'il existe un lien de subordination prouvé (cass. soc. 12 mai 1971, n° 70-60.127, BC V n° 348; 17 mai 1978, n° 78-60.040, BC V n° 358). Sur l'activité habituelle de médecins vacataires justifiant d'une permanence suffisante pour fonder leur inscription sur les listes électorales d'une association, voir cass. soc. 4 juin 1986, n° 85-60.616, BC V n° 275.

Le fait que certains salariés appartiennent à une catégorie de personnel, à laquelle ne sont pas applicables les dispositions de la convention collective régissant la plupart des salariés de l'entreprise, est sans incidence pour leur inscription sur les listes électorales de l'entreprise (voir, notamment, cass. soc. 20 juillet 1977, n° 77-60.543, BC V n° 496; 6 juillet 1978, n° 78-60.592, BC V n° 574; 20 juillet 1981, n° 80-60.449, BC V n° 708).

• **Salariés sous contrat à durée déterminée.** Ils sont électeurs s'ils remplissent les conditions d'électorat légalement exigées. La qualité d'électeur leur est reconnue alors même qu'ils n'entrent pas dans le calcul des effectifs pour l'appréciation des seuils (cass. soc. 17 mai 1994, n° 93-60.329, RJS 8-9/94 n° 1020 : remplacement d'un salarié dont le contrat est suspendu).

• **Travailleurs handicapés.** Les personnes handicapées intégrées dans un centre d'aide par le travail [ESAT] ne peuvent participer à l'élection des représentants du personnel, car ils ne sont pas liés par un contrat de travail (cass. soc. 18 mars 1997 et 24 juin 1998, arrêts précités). Mais les travailleurs handicapés employés dans des entreprises, des ateliers protégés ou des centres de distribution de travail à domicile, qui sont pris intégralement en compte dans l'effectif de l'entreprise, participent en principe aux élections des délégués du personnel et des représentants du personnel au comité d'entreprise (cass. soc. 17 décembre 1984, n° 84-60.368, BC V n° 495).

• **Salariés dont le contrat de travail est suspendu.** Revenant sur sa jurisprudence antérieure considérant que les salariés dont le contrat de travail était suspendu ne pouvaient être électeurs lorsqu'ils ne percevaient aucune rémunération (cass. soc. 4 juillet 1990, n° 88-60.761, RJS 8-9/90 n° 703), la chambre sociale, dans un arrêt du 8 avril 1992 (n° 90-60.531, BC V n° 264; RJS 5/92 n° 641), a cassé un jugement qui avait dénié la qualité d'électeur à une salariée en congé parental d'éducation parce qu'elle se trouvait dans une période de suspension du contrat de travail, sans rémunération, alors que le «salarié dont le contrat de travail est suspendu est électeur».

Salariés placés conventionnellement en dispense d'activité. Les membres du personnel, placés conventionnellement en dispense d'activité, qui ne fournissent plus aucun travail et perçoivent non pas un salaire mais une rémunération mensuelle versée par l'État ne remplissent plus les conditions exigées par la loi pour être électeurs (cass. soc. 10 juillet 1980, n° 80-60.042, BC V n° 651). Mais les salariés mis en position de dispense d'activité jusqu'à l'âge où ils disposeront de 150 trimestres cotisés, continuant à percevoir de la société qui les employait une garantie de ressources calculée sur le salaire brut, peuvent être électeurs (comités d'établissement) (cass. soc. 12 décembre 1990, n° 88-60.782, BC V n° 662; 2 décembre 1992, n° 91-60.275, RJS 1/93 n° 58).

• **Salariés intérimaires.** Si, en application de l'article L. 620-10 [L. 1111-2] CT, les salariés d'entreprises de travail temporaires sont pris en compte dans le calcul des effectifs, les dispositions des articles L. 423-9 [L. 2314-17 ancien], L. 423-10 [L. 2314-18 ancien], L. 433-6 [L. 2324-16 ancien] et L. 433-7 [L. 2324-17 ancien] qui régissent leur participation aux élections au sein de l'entreprise de travail temporaire excluent qu'ils aient la qualité d'électeur dans l'entreprise utilisatrice (cass. soc. 28 février 2007, n° 06-60.171, BC V n° 34; JSL n° 209, 11.04.2007, p. 14, J-E Tourreil; JCP éd. S 2007, 1272, note P. Morvan; RDT, avril 2007, ET, 229, M-L Morin; RJS 5/07 n° 636; JCP éd. S 2007, 1578, étude A-M Dupuy et P. Safar).

• **Salariés mis à disposition.** L'option exercée par un salarié afin de voter dans le cadre des élections des délégués du personnel de l'entreprise d'accueil au sein de laquelle il est mis à disposition (voir l'ancien article L. 2314-18-1 CT) ne peut pas lui être opposée pour refuser son éligibilité au comité social et économique mis en place au sein de son entreprise d'origine dès lors que, ce droit d'option concernant les délégués du personnel ayant été abrogé par les textes relatifs à cette nouvelle institution, il n'est plus éligible dans son entreprise d'accueil (cass. soc. 13 février 2019, n° 18-60.149, *relatif au CSE*, à paraître, LSQ n° 17759 du 20.02.2019; JCP éd. S 2019, 1082, note G. François; RJS 4/19 n° 238; JSL n° 473, 08.04.2019, pp. 10 et s., H. Nasom-Tissandier).

• **Salariés détachés.** S'agissant de salariés d'une banque détachés dans des filiales ou des succursales à l'étranger et devant être intégrés aux effectifs et à la liste électorale de leur établissement d'origine, voir cass. soc. 29 janvier 1992, n° 90-60.526, BC V n° 53; RJS 3/92 n° 320.

Mais, dès lors que les rémunérations versées aux salariés cadres mis à disposition de sociétés filiales sont imputées sur la comptabilité d'un établissement et qu'ils bénéficiaient des activités sociales et culturelles mises en place par ce comité d'établissement, ces salariés doivent être rattachés à cet établissement pour le renouvellement des comités d'établissement de l'entreprise (cass. soc. 20 septembre 2018, n° 17-60.306, à paraître, RJS 11/18 n° 683).

• **Fonctionnaires mis à disposition.** Un agent public, mis à la disposition d'un organisme de droit privé pour accomplir un travail pour le compte de celui-ci et sous sa direction est, sauf dispositions législatives contraires, lié à cet organisme par un contrat de travail et ne relève donc pas des dispositions spécifiques relatives à l'électorat et à l'éligibilité des salariés mis à disposition. Encourt, par suite, la cassation le jugement qui, pour rejeter la demande présentée par un syndicat tendant à ce que soient organisées des élections dans un GIE exploitant un IRM dans les locaux d'un établissement public hospitalier et employant six salariés de droit privé et six fonctionnaires hospitaliers mis à disposition par cet établissement, retient que ceux-ci ne peuvent être intégrés dans les effectifs du GIE, les critères de l'existence d'une communauté de travail n'étant pas réunis dès lors qu'ils restent placés sous l'autorité du directeur du centre hospitalier et ne partagent pas les mêmes conditions de travail que les salariés de droit privé (cass. soc. 17 avril 2013, n° 12-21.581, BC V n° 101; Dr. Soc. 2013, p. 562, note Fr. Petit; Les Cahiers de la fonction publique 2013, n° 332, p. 81, note Y. Struillou; voir aussi cass. soc. 20 juin 2012, n° 11-20.145, BC V n° 191; JCP éd. G 2012, 1372, note D. Jacotot; RJS 8-9/12 n° 846).

• **Salariés protégés irrégulièrement licenciés.** L'annulation sur recours contentieux d'une décision administrative d'autorisation de licenciement permet au salarié d'être candidat aux élections professionnelles, peu important qu'il n'ait pas obtenu sa réintégration dès lors qu'il l'a sollicitée dans le délai légal (cass. soc. 13 juillet 1993, n° 92-60.034, BC V n° 209; RJS 8-9/93 n° 895). Par ailleurs, le retrait par son auteur de l'autorisation de licenciement produisant les mêmes effets que son annulation, le salarié protégé qui demande sa réintégration dans les deux mois suivant la notification de la décision de retrait de l'administration est électeur et éligible, et doit donc être inscrit sur les listes électorales (cass. soc. 30 avril 2002, n° 01-60.765, BC V n° 139; RJS 7/02 n° 848).

• **Cadres représentant l'employeur.** Auparavant, la Cour de cassation considérait que les cadres qui remplissaient en fait les fonctions de chef d'établissement ou qui détenaient des pouvoirs permettant de les assimiler au chef d'entreprise ne pouvaient être ni électeurs ni éligibles aux élections des représentants du personnel (cass. soc. 16 février 1977, n° 76-60.198, BC V n° 115; 25 mars 1980, n° 79-61.105, BC V n° 292; 20 décembre 1988, n° 88-60.337, BC V n° 672; 5 avril 1995, n° 94-60.292, RJS 5/95 n° 532). Désormais, se fondant sur les dispositions de l'article L. 513-1 [L. 1441-4] CT relatif aux élections prud'homales, qui prévoit que sont électeurs dans le collège employeur les cadres détenant sur un service, un département ou un établissement de l'entreprise une délégation particulière d'autorité établie par écrit permettant de les assimiler à un employeur, la Cour de cassation décide que seuls les cadres détenant sur un service, un département ou un établissement de l'entreprise une délégation particulière d'autorité établie par écrit permettant de les assimiler à un chef d'entreprise sont exclus de l'électorat et de l'éligibilité aux fonctions de délégué du personnel et de membre du comité d'entreprise pour la durée d'exercice de cette délégation particulière. Elle casse ainsi la décision d'un tribunal d'instance qui, pour déclarer irrégulière l'inscription d'un cadre sur les listes électorales établies en vue des élections des délégués du personnel, a retenu que l'intéressé embauchait le personnel, organisait l'exécution du travail des salariés, leur présentait des observations et intervenait dans les poursuites disciplinaires, sans relever l'existence d'une délégation particulière d'autorité permettant de l'assimiler à un chef d'entreprise (cass. soc. 6 mars 2001, n° 99-60.553, BC V n° 73; RJS 5/01 n° 620. Voir aussi cass. soc. 6 février 2002, n° 00-60.488, BC V n° 58; RJS 4/02 n° 472 et 24 septembre 2003, n° 02-60.569, BC V n° 244).

Voir aussi note sous art. L. 2143-1.

Un protocole préélectoral, même signé aux conditions de validité prévues par l'article L. 2314-3-1 [ancien] CT, ne peut exclure de l'éligibilité des salariés qui remplissent les conditions légales pour être éligibles (cass. soc. 20 mars 2013, n° 12-11.702, BC V n° 79; RJS 6/13 n° 476; Dr. Soc. 2013, p. 472, note Fr. Petit).

• **Gérants des succursales de commerce de détail alimentaire.** Les gérants des succursales de commerce de détail alimentaire ou de coopératives de consommation, qui remplissent les conditions requises pour avoir la qualité de «gérant non salarié» au sens de l'article L. 782-1 [L. 7321-2] CT, sont électeurs et éligibles aux instances de représentation du personnel (cass. soc. 9 janvier 1975, n° 74-60.131, BC V n° 6).

• **Détermination de l'ancienneté.** Pour la détermination de l'ancienneté, il doit être tenu compte de l'ensemble du temps passé dans plusieurs établissements successifs de l'entreprise (cass. soc. 6 janvier 1977, n° 76-60.216, BC V n° 5; 7 janvier 1985, n° 84-60.530, BC V n° 5). Le caractère habituel du travail est seul pris en compte, sans qu'il soit fait aucune distinction entre les périodes de travail à temps partiel, comme vacataire par exemple, et celles de travail à plein temps (cass. soc. 7 juillet 1977, n° 77-60.497, BC V n° 478).

• **Activité habituelle et non épisodique.** En considération de la variation des effectifs dans l'entreprise, et compte tenu du caractère et de la nature de l'emploi du personnel d'appoint, le juge du fond a pu déduire que 24 jours de travail au cours des six derniers mois constituaient une activité habituelle justifiant l'inscription de ce personnel sur les listes électorales (cass. soc. 18 juin 1981, n° 79-60.268, BC V n° 576). Voir aussi cass. soc. 31 mars 1982, n° 81-60.967, BC V n° 245.

Ne doivent pas être inscrits sur les listes électorales des analystes qui, ne se livrant qu'à des travaux épisodiques, ne se rattachaient pas à l'organisme en cause par un lien d'une permanence suffisante pour appartenir à son personnel et figurer sur les listes électorales (voir aussi cass. soc. 26 mai 1988). En revanche, les autres analystes, qui travaillaient chaque mois quoique dans des locaux personnels, selon des horaires propres, aux dates leur convenant et avec une simple rémunération d'appoint sans commune mesure avec celle qu'ils recevaient pour leur activité principale, devaient être inscrits sur les listes, les intéressés exerçant leur activité de manière régulière et selon les directives précises d'un directeur de service (cass. soc. 16 mai 1979, n° 78-60.754, BC V n° 418).

Par ailleurs, il a été jugé que pour qu'un salarié vacataire occupé par intermittence dans l'entreprise soit électeur, il suffit qu'il ait travaillé dans celle-ci au moins à deux reprises dans les trois mois précédant l'élection (cass. soc. 20 octobre 1999, n° 98-60.380, BC V n° 389).

• **Date d'appréciation des conditions d'électorat et d'éligibilité.** Les conditions d'électorat et d'éligibilité aux élections des délégués du personnel et de membres d'un comité d'établissement s'apprécient au jour du premier tour du scrutin sans qu'un protocole préélectoral puisse modifier cette date en privant les salariés des droits électoraux qu'ils tiennent de la loi (cass. soc. 1er décembre 2010, n° 10-60.163, LS Jurispr. n° 240 du 14.12.2010). Une personne qui n'est plus à cette date salariée de l'entreprise ne peut y être électrice (cass. soc. 21 juillet 1986, n° 85-60.701) ou éligible (cass. soc. 7 octobre 1998, n° 97-60.292).

Art. L. 2314-19. Sont éligibles les électeurs âgés de dix-huit ans révolus, et travaillant dans l'entreprise depuis un an au moins, à l'exception des conjoint, partenaire d'un pacte civil de solidarité, concubin, ascendants, descendants, frères, sœurs et alliés au même degré de l'employeur.

Les salariés travaillant à temps partiel simultanément dans plusieurs entreprises ne sont éligibles que dans l'une de ces entreprises. Ils choisissent celle dans laquelle ils font acte de candidature.

Note ***Nous rapportons ci-après les solutions dégagées par l'Administration et la jurisprudence à propos des délégués du personnel et du comité d'entreprise en ce qu'elles ont en principe vocation à s'appliquer au comité social et économique.***

• **Travail effectif dans l'entreprise.** Le salarié qui cesse de travailler effectivement dans une entreprise y est inéligible. Une salariée d'une société de transports détachée auprès d'une autre société qui, du fait de son détachement, avait cessé de travailler effectivement au sein de la société de transports n'est pas éligible comme déléguée du personnel aux élections ayant lieu dans cette société (cass. soc. 15 octobre 1987, n° 86-60.388, BC V n° 582).

Sur l'inéligibilité au sein de leur société de salariés détachés depuis plus d'un an au comité central ou au comité d'établissement, voir notamment cass. soc. 9 janvier 1985, n° 84-60.346, BC V n° 16. Mais un salarié mis à la disposition d'un GIE par l'une des sociétés membre de ce groupement demeure éligible au sein de cette dernière et peut y être désigné comme représentant syndical à un comité d'établissement (cass. soc. 4 avril 1990, n° 89-61.156, BC V n° 166).

Sur le cas particulier d'un salarié élu en qualité de secrétaire du comité d'entreprise et, par suite d'un usage, détaché dans ces fonctions et ne pouvant perdre son droit d'éligibilité, voir cass. soc. 3 décembre 1987, n° 86-60.519, BC V n° 702.

La qualité de fonctionnaire d'un instituteur mis à la disposition d'un institut médico-pédagogique ne fait pas obstacle à ce qu'il participe, non seulement comme électeur, mais aussi comme candidat, aux élections de délégués du personnel dont la mission principale est de présenter à l'employeur les réclamations relatives aux conditions de travail communes à l'ensemble du personnel (cass. soc. 15 décembre 1983, n° 83-60.959, BC V n° 627). Il en est de même pour les élections des membres du comité d'entreprise (cass. soc. 23 mai 2006, n° 05-60.119, BC V n° 182; JSL n° 192, 27.06.2006, p. 19, J-E Tourreil).

L'éloignement d'un salarié travaillant à l'étranger ne lui permettant pas de remplir son mandat dans l'établissement situé en France, le tribunal d'instance [tribunal judiciaire] est fondé à annuler son élection en tant que délégué du personnel (cass. soc. 4 mai 1994, n° 93-60.333, BC V n° 161, 2e espèce; RJS 6/94 n° 711). La mission et les fonctions permanentes de délégué du personnel ne peuvent être remplies par un travailleur n'ayant que des liens occasionnels par des contrats de travail différents avec l'entreprise (cass. soc. 18 juin 1981, n° 81-60.028, BC V n° 575).

Un salarié détaché pour trois ans dans des fonctions syndicales à l'échelon national, s'il cesse d'être éligible en raison de son éloignement prolongé, demeure électeur pour la désignation des membres du comité de l'entreprise à laquelle il reste lié par un contrat de travail actuellement suspendu (cass. soc. 27 novembre 1980, n° 80-60.208, BC V n° 861). Sur la non-éligibilité aux élections de délégués du personnel d'un salarié placé dans des conditions similaires, voir notamment cass. ass. plén. 18 décembre 1981, n° 80-60.395, BC n° 7; D. 1982, 237, concl. M. Cabannes.

Un salarié dont le contrat de travail est suspendu reste éligible (cass. soc. 1er décembre 1993, n° 92-60.278, BC V n° 300; Dr. Soc. 1994, p. 217).

• **Défaut d'inscription sur la liste électorale.** Le défaut d'inscription sur la liste électorale de l'établissement où se déroule l'élection prive le salarié concerné de la qualité d'électeur, qui est l'une des conditions de l'éligibilité. Dès lors, un salarié muté d'un établissement à un autre après la constitution des listes électorales ne peut, faute d'être inscrit sur la liste électorale de l'établissement d'accueil, y être candidat aux fonctions de délégué du personnel (cass. soc. 6 février 2002, n° 00-60.481, BC V n° 55; RJS 4/02 n° 461).

• **Cadres représentant l'employeur.** Voir note sous article L. 2314-18.

Le salarié qui ne remplit pas les conditions pour exercer un mandat de représentation du personnel au sein de l'entreprise qui l'emploie en raison de son assimilation au chef d'entreprise ne peut exercer un tel mandat au sein de l'unité économique et sociale dont fait partie cette entreprise (cass. soc. 16 avril 2008, n° 07-60.382, BC V n° 92; JCP éd. S 2008, 1369, avis D. Allix et note J-Y Kerbourc'h; RJS 6/08 n° 693).

• **Salariés licenciés dispensés de préavis.** Ils peuvent, pendant leur période de préavis, et même s'ils ont été dispensés de l'exécuter, figurer sur une liste de candidats aux fonctions de délégué du personnel et exercer celles-ci jusqu'à la date d'expiration du délai-congé, laquelle n'est pas modifiée de ce chef (cass. soc. 13 juin 1989, n° 88-60.536, BC V n° 436). Cette élection ne peut, cependant, faire échec au congédiement antérieur régulièrement intervenu (cass. soc. 13 février 1974, n° 73-60.142, BC V n° 109; 8 décembre 1976, n° 76-60.179, BC V n° 649). Toutefois, s'il apparaît qu'une candidature a été présentée de manière frauduleuse pour assurer la protection d'un salarié menacé de licenciement pour des fautes graves, un tribunal peut valablement la considérer comme irrégulière et abusive (cass. soc. 26 janvier 1977, n° 76-60.222, BC V n° 65).

• **Lien de parenté avec l'employeur.** Les inéligibilités prévues par cet article ne peuvent être étendues. Un salarié marié avec la belle-sœur de son employeur est éligible aux élections des délégués du personnel (cass. soc. 14 janvier 1987, n° 86-60.358, BC V n° 22). Le fils du directeur d'un établissement d'une entreprise est éligible (cass. soc. 10 octobre 1990, n° 89-61.356, BC V n° 445; RJS 11/90 n° 896). Il en est de même de la nièce de la femme du président de la société (cass. soc. 10 mars 2016, n° 15-15.184, LS Jurispr. n° 55 du 22.03.2016).

• **Calcul de l'ancienneté.** L'ordonnance 2005-1478 du 1er décembre 2005 de simplification du droit dans le domaine des élections des institutions représentatives du personnel a modifié les dispositions de l'article L. 423-8 [L. 2314-16 ancien] en supprimant l'exigence de continuité de l'ancienneté requise pour être éligible. Faisant application de ces dispositions, la Cour de cassation a décidé que l'éligibilité d'un salarié est subordonnée seulement à une condition d'ancienneté d'un an, peu important que cette ancienneté résulte de contrats distincts séparés par des périodes d'interruption (cass. soc. 3 octobre 2007, n° 06-60.063, BC V n° 149; RJS 12/07 n° 1313; JCP éd. S 2007, 1882, note Fr. Dumont). La condition d'ancienneté d'un an doit être appréciée en fonction de l'appartenance au groupe, dès lors que l'intéressé a travaillé pendant un an au moins au sein des filiales d'un même groupe (cass. soc. 8 juillet 1997, n° 96-60.295, BC V n° 253; RJS 8-9/97 n° 999).

À noter que:
– les heures de délégation étant considérées de plein droit comme temps de travail doivent être prises en compte pour le calcul de l'ancienneté (cass. soc. 20 novembre 1991, n° 90-60.397, BC V n° 521; RJS 1/92 n° 55);
– des accords collectifs peuvent valablement contenir des clauses plus favorables aux salariés en ce qui concerne la condition d'ancienneté (cass. soc. 14 décembre 1977);
– la condition d'éligibilité que la loi fait dépendre du temps de travail dans l'entreprise ne peut être affectée par la modification intervenue dans la situation juridique de l'employeur (cass. soc. 20 décembre 1988, n° 87-60.276, BC V n° 673).

• **Salariés travaillant simultanément dans plusieurs entreprises.** Le second alinéa de l'article L. 2314-16 [ancien] prévoit que les salariés travaillant à temps partiel simultanément dans plusieurs entreprises doivent choisir celle dans laquelle ils font acte de candidature. Par un arrêt du 16 novembre 2011 (n° 11-13.256, BC V n° 266; RJS 2/12 n° 175; JCP éd. S 2012, 1059, note Fr. Dumont), la Cour de cassation a étendu cette règle aux salariés en forfait jours, ces derniers devant également, lorsqu'ils travaillent simultanément dans plusieurs entreprises, choisir celle dans laquelle ils présentent leur candidature.

Art. L. 2314-20. **Dans les entreprises de travail temporaire, les conditions d'ancienneté sont, pour les salariés temporaires, de trois mois pour être électeur et de six mois pour être éligible.**

Ces conditions sont appréciées en totalisant les périodes pendant lesquelles ces salariés ont été liés à ces entreprises par des contrats de mission au cours des douze mois ou des dix-huit mois précédant l'élection, selon qu'il s'agit d'électorat ou d'éligibilité.

Ce délai est réduit à six mois en cas de création d'entreprise ou d'ouverture d'établissement.

Note ***Nous rapportons ci-après les solutions dégagées par l'Administration et la jurisprudence à propos des délégués du personnel et du comité d'entreprise en ce qu'elles ont en principe vocation à s'appliquer au comité social et économique.***

• **Comité d'entreprise.** Aux termes de l'accord national sur les institutions représentatives du personnel des entreprises de travail temporaire, la condition d'ancienneté de six mois prévue pour l'éligibilité est considérée comme remplie si le salarié temporaire a travaillé 1 014 heures au cours des dix-huit mois précédant la date arrêtée pour la confection des listes; un salarié ne peut être éligible s'il ne totalise pas ces heures au cours des dix-huit mois précédant la date de confection des listes (cass. soc. 8 février 1995, n° 94-60.061, BC V n° 53; RJS 3/95 n° 320).

• **Délégués du personnel.** Si un protocole préélectoral peut, par des dispositions plus favorables, déroger aux conditions d'ancienneté exigées par l'article L. 2314-17 [ancien] dans les entreprises de travail temporaire, il ne peut modifier la date d'appréciation de ces critères, les conditions d'ancienneté pour qu'un salarié soit électeur ou éligible devant s'apprécier au jour du premier tour de scrutin. Justifie dès lors légalement sa décision, un tribunal d'instance [tribunal judiciaire] qui annule des élections et le protocole préélectoral après avoir constaté que ce dernier prévoyait que la condition d'ancienneté subordonnant la participation au scrutin devait s'apprécier au jour où étaient arrêtées les listes électorales, et relevé que son application avait conduit à apprécier les critères d'ancienneté des travailleurs temporaires selon leur situation au 17 octobre 2010 pour un scrutin dont le premier tour s'était déroulé le 7 juin 2011 (cass. soc. 26 septembre 2012, n° 11-25.420, BC V n° 238; Dr. Soc. 2012, p. 1073, note Fr. Petit).

Art. L. 2314-21. Dans les entreprises de portage salarial, les conditions d'ancienneté sont, pour les salariés en portage salarial, de trois mois pour être électeur et de six mois pour être éligible.

Ces conditions sont appréciées en totalisant les périodes pendant lesquelles ces salariés ont effectué des prestations de portage salarial dans le cadre de contrats de travail conclus avec ces entreprises au cours des douze mois ou des dix-huit mois précédant l'élection, selon qu'il s'agit d'électorat ou d'éligibilité.

Ce délai est réduit à six mois en cas de création d'entreprise ou d'ouverture d'établissement.

Art. L. 2314-22. Dans les entreprises de travail temporaire, sont électeurs ou éligibles tous les salariés temporaires satisfaisant aux conditions définies à l'article L. 2314-20 et liés à l'entreprise de travail temporaire par un contrat de mission au moment de la confection des listes.

Toutefois, cessent de remplir ces conditions d'électorat et d'éligibilité:

1° Les salariés ayant fait connaître à l'entrepreneur de travail temporaire qu'ils ne souhaitaient plus bénéficier d'un nouveau contrat de mission;

2° Les salariés à qui l'entrepreneur de travail temporaire a notifié sa décision de ne plus faire appel à eux pour de nouveaux contrats de mission.

Note ***Jurisprudence rendue à propos des délégués du personnel et ayant en principe vocation à s'appliquer au comité social et économique.*** Il résulte de l'article L. 423-10 [article L. 2314-18 ancien] CT que ne peuvent être éligibles dans les entreprises de travail temporaire que les salariés qui ont un contrat de travail temporaire au moment de la confection des listes. C'est donc à tort que, pour valider l'élection en qualité de délégué du personnel d'un salarié intérimaire qui n'avait pas de mission en cours, un tribunal d'instance a retenu que la loi ne subordonne pas la prise en compte des travailleurs temporaires dans l'effectif de l'entreprise pour les élections des délégués du personnel à la condition que les intéressés soient en activité lors desdites élections (cass. soc. 4 février 2004, n° 03-60.163, BC V n° 41).

Art. L. 2314-23. Pour les salariés mis à disposition qui remplissent les conditions mentionnées au 2° de l'article L. 1111-2, la condition de présence dans l'entreprise utilisatrice est de douze mois continus pour y être électeur. Les salariés mis à disposition ne sont pas éligibles dans l'entreprise utilisatrice.

Les salariés mis à disposition qui remplissent les conditions mentionnées au premier alinéa choisissent s'ils exercent leur droit de vote dans l'entreprise qui les emploie ou l'entreprise utilisatrice.

Note • Aux termes de cet article, qui reprend ceux de l'ancien article L. 2324-17-1 relatif au comité d'entreprise, les salariés mis à disposition sont électeurs aux élections des membres du comité social et économique si :
– ils remplissent les conditions pour être décomptés dans les effectifs de l'entreprise utilisatrice (être présents dans les locaux de l'entreprise utilisatrice et y travailler depuis au moins un an) ;
– ils sont présents dans l'entreprise utilisatrice depuis douze mois continus.

• Sur la prise en compte des salariés mis à disposition dans l'effectif de l'entreprise utilisatrice, voir note sous article L. 2311-2.

Nous rapportons ci-après les solutions dégagées par l'Administration et la jurisprudence à propos du comité d'entreprise en ce qu'elles ont en principe vocation à s'appliquer au comité social et économique.

• L'alinéa 2 de cet article [ancien article L. 2324-17-1] prévoit que le salarié mis à disposition qui remplit les conditions d'électorat doit choisir l'entreprise dans laquelle il exerce son droit de vote. Les conditions d'expression de ce choix ne sont pas encadrées par la législation. Selon la circulaire DGT 2008-20 du 13 novembre 2008, il appartient aux entreprises employeurs de salariés mis à disposition de fournir la liste de ces salariés aux entreprises utilisatrices, afin que les élections puissent être organisées régulièrement. Une annexe à cette circulaire décrit les conditions dans lesquelles l'entreprise prestataire fournit à l'entreprise utilisatrice toutes les données nécessaires (liste des salariés remplissant les critères et ayant fait le libre choix).

• Les salariés mis à disposition ne sont jamais éligibles au comité d'entreprise dans l'entreprise utilisatrice. Par ailleurs, les salariés mis à disposition ne peuvent pas être désignés représentants syndicaux au comité d'entreprise de l'entreprise utilisatrice (circ. DGT 2008-20 du 13 novembre 2008, précitée).

• **Participation des salariés mis à disposition à l'élection du ou des représentants des salariés au conseil d'administration ou de surveillance.** L'exclusion du corps électoral élisant les représentants des salariés ne méconnaît pas les exigences constitutionnelles dès lors que « le huitième alinéa du Préambule de 1946 n'impose pas la présence de représentants des salariés au sein des organes de direction de l'entreprise » et que la participation des travailleurs peut donc être mise en œuvre selon des conditions différentes « selon qu'elle s'applique aux organes dirigeants de l'entreprise ou aux institutions représentatives du personnel » (C. constit. 26 juillet 2013, n° 2013-333, QPC, JO 28 ; RJS 11/13 n° 751).

Art. L. 2314-24. Dans les entreprises de portage salarial, sont électeurs ou éligibles tous les salariés en portage salarial satisfaisant aux conditions d'ancienneté définies par l'article L. 2314-21 et effectuant au moment de la confection des listes une prestation de portage dans le cadre d'un contrat de travail conclu avec l'entreprise.

Art. L. 2314-25. L'inspecteur du travail peut, après avoir consulté les organisations syndicales représentatives dans l'entreprise, autoriser des dérogations aux conditions d'ancienneté pour être électeur, notamment lorsque leur application aurait pour effet de réduire à moins des deux tiers de l'effectif le nombre de salariés remplissant ces conditions.

Il peut également, après avoir consulté les organisations syndicales représentatives dans l'entreprise, autoriser des dérogations aux conditions d'ancienneté pour l'éligibilité lorsque l'application de ces dispositions conduirait à une réduction du nombre des candidats qui ne permettrait pas l'organisation normale des opérations électorales.

La décision de l'autorité administrative peut faire l'objet d'un recours devant le juge judiciaire, à l'exclusion de tout autre recours administratif ou contentieux.

Art. R. 2314-4. La décision de l'inspecteur du travail mentionnée à l'article L. 2314-25 peut faire l'objet d'un recours devant le ***(D. 2019-966 du 18 sept. 2019, art. 8, JO 19, entrée en vigueur le 01.01.2020)*** « tribunal judiciaire » dans un délai de quinze jours suivant sa notification.

Sous-section 4. Mode de scrutin et résultat des élections

Art. L. 2314-26. L'élection a lieu au scrutin secret sous enveloppe.

Elle peut également avoir lieu par vote électronique, selon les modalités fixées par un décret en Conseil d'État pris après avis de la Commission nationale de l'informatique et des libertés, si un accord d'entreprise ou, à défaut, l'employeur le décide.

Il est procédé à des votes séparés pour les membres titulaires et les membres suppléants, dans chacune des catégories professionnelles formant des collèges distincts.

Note ***Nous rapportons ci-après les solutions dégagées par l'Administration et la jurisprudence à propos des délégués du personnel et du comité d'entreprise en ce qu'elles ont en principe vocation à s'appliquer au comité social et économique.***

• **Vote électronique.** Jusqu'à la loi du 8 août 2016, le recours au vote électronique ne pouvait résulter que d'un accord d'entreprise. Il peut désormais, à défaut d'accord (ce qui paraît devoir être interprété comme une obligation préalable de négocier), résulter d'une décision unilatérale de l'employeur, pour l'élection des délégués du personnel comme pour celle des membres du comité d'entreprise.

S'agissant de l'accord d'entreprise, à l'époque où il était seul visé, il a été jugé que lorsqu'un tel accord a été conclu, le protocole préélectoral doit, conformément à l'article R. 2314-16 [ancien] pour les délégués du personnel et R. 2324-12 [ancien] pour le comité d'entreprise, mentionner cet accord et, s'il est déjà arrêté, le nom du prestataire choisi pour le mettre en place. Le protocole préélectoral n'a pas, en revanche, à confirmer le recours au vote électronique qui résulte du seul accord d'entreprise, lequel peut exclure tout autre moyen de vote (cass. soc. 4 juin 2014, n° 13-18.914, BC V n° 134; RJS 8-9/14 n° 644; JCP éd. S 2014, 1344, note Fr. Petit); que dès lors qu'un accord d'entreprise prévoit le recours au vote électronique, les modalités de mise en œuvre de ce procédé peuvent, en l'absence de protocole préélectoral valide, être fixées par l'employeur ou, à défaut, par le tribunal d'instance [tribunal judiciaire], dans les conditions prévues par l'accord d'entreprise (même arrêt).

Dans une entreprise divisée en établissements distincts, un accord d'entreprise peut fixer le cadre général du recours au vote électronique et renvoyer les modalités de sa mise en œuvre à des accords d'établissement (cass. soc. 3 novembre 2016, n° 15-21.574, BC V n° 201; JCP éd. S 2016, 1423, note Fr. Petit; RJS 1/17 n° 44).

Les dispositions de l'article L. 2314-21 [ancien], en ce qu'elles imposent la conclusion préalable d'un accord collectif d'entreprise, sont applicables au vote électronique, et non au vote par correspondance avec dépouillement optique des bulletins de vote (cass. soc. 14 janvier 2014, n° 13-60.165, BC V n° 7; RJS 3/14 n° 249).

La Cour de cassation a précisé que l'accord autorisant le recours au vote électronique:
– est un accord collectif de droit commun, soumis aux seules conditions de validité prévues par l'article L. 2232-12 [signature par des syndicats ayant obtenu au moins 30 % des suffrages exprimés au premier tour des élections des membres titulaires du comité d'entreprise et absence d'opposition majoritaire] (cass. soc. 28 septembre 2011, n° 10-27.370, BC V n° 202; RJS 12/11 n° 1005; JCP éd. S 2011, 1549, 1re espèce, note Fr. Petit);
– doit être en vigueur, c'est-à-dire avoir été déposé auprès de la Direccte [Dreets] au jour de la signature du protocole préélectoral, à défaut de quoi celui-ci n'est pas valable et les élections susceptibles d'être annulées (cass. soc. 28 septembre 2011, n° 11-60.028, BC V n° 203; RJS 12/11 n° 1006; JCP éd. S 2011, 1549, 2e espèce, note Fr. Petit).

Dès lors que les dispositions du protocole préélectoral permettent d'assurer l'identité des électeurs ainsi que la sincérité et le secret du vote électronique, comme la publicité du scrutin, conformément aux principes généraux du droit électoral, les élections doivent être validées (cass. soc. 8 décembre 2004, n° 03-60.509, BC V n° 321; RJS 3/05 n° 298; 26 avril 2006, n° 05-60.298, RJS 7/06 n° 868). À ce titre, le système de vote électronique retenu doit assurer la confidentialité des données transmises, notamment de celles des fichiers constitués pour établir les listes électorales des collèges électoraux, ainsi que la sécurité de l'adressage des moyens d'authentification, de l'émargement, de l'enregistrement et du dépouillement des votes. Viole les principes généraux du droit électoral le tribunal d'instance [tribunal judiciaire] qui valide des élections, alors que l'envoi de leurs codes personnels d'authentification sur la messagerie professionnelle des salariés, sans autre précaution destinée notamment à éviter qu'une personne non autorisée puisse se substituer frauduleusement à l'électeur, n'était pas de nature à garantir la confidentialité des données ainsi transmises, ce dont il résultait que la conformité des modalités d'organisation du scrutin aux principes généraux du droit électoral n'était pas assurée (cass. soc. 27 février 2013, n° 12-14.415, BC V n° 60; JCP éd. S 2013, 1165, note Fr. Petit; RJS 5/13 n° 400). Ayant constaté que les codes et les identifiants étaient personnels, obtenus de manière aléatoire et à usage unique, que la société Election Europe avait mis en place une phase postérieure de validation du vote par l'électeur lui-même, que les documents internes à la société PCA mettent en évidence une restriction et une sécurisation non seulement de la messagerie avec des adresses électroniques uniques et des mots de passe strictement personnels à chaque salarié, mais aussi des accès à la messagerie professionnelle par des administrateurs réseau eux-mêmes avec la traçabilité des interventions et des engagements de confidentialité, que les codes ont été envoyés par la société Election Europe, que le vote se faisait exclusivement sur les serveurs de cette société dédiés à cette élection et sécurisés contre les intrusions, que le système informatique de PCA n'était pas impliqué dans le processus de vote, que le vote en lui-même faisait l'objet de trois chiffrements successifs sécurisant ainsi l'échange entre le terminal de l'utilisateur et la plate-forme Election Europe, de sorte que la direction ne pouvait avoir connaissance du vote crypté immédiatement stocké dans l'urne dédiée, qu'il y avait deux flux, l'un pour le vote et l'autre pour l'émargement, de sorte que pendant les opérations électorales les administrateurs (assesseurs et organisateurs) avaient accès au second et non au premier, le décryptage des votes ne pouvant se faire qu'à la clôture du scrutin avec l'introduction de deux clés d'accès simultanément; un tribunal d'instance [tribunal judiciaire] peut en déduire que des précautions suffisantes avaient été prises pour garantir la confidentialité des votes et des données transmises (cass. soc. 21 septembre 2016, n° 15-60.216, BC V n° 171; RJS 12/16 n° 795).

L'absence d'indication précise, lors de l'envoi du matériel de vote électronique, de l'heure de clôture du scrutin (ayant en l'espèce entraîné des confusions pour les électeurs des établissements d'Outre-mer) est de nature à affecter la sincérité des opérations électorales et, s'agissant d'un principe général du droit électoral, constitue une irrégularité justifiant à elle seule l'annulation des élections, le tribunal a violé les texte et principes susvisés (cass. soc. 18 mars 2015, n° 14-60.484).

• **Vote électronique pour le compte d'autrui.** Le recours au vote électronique pour les élections professionnelles, subordonné à la conclusion d'un accord collectif garantissant le secret du vote, ne permet pas de déroger aux principes généraux du droit électoral et notamment pas à l'exercice personnel du droit de vote qui constitue un principe général du droit électoral auquel seul le législateur peut déroger. Doit dès lors être cassé le jugement d'un tribunal d'instance [tribunal judiciaire] qui refuse d'annuler les élections après avoir constaté que deux salariées avaient en toute connaissance de cause confié leur clé de vote à une troisième pour qu'elle vote pour elles et retient que cette opération ne présentait aucun caractère frauduleux et n'était pas de nature à modifier les résultats des élections (cass. soc. 3 octobre 2018, n° 17-29.022, à paraître, LSQ n° 17676 du 19.10.2018; RJS 12/18 n° 756; JCP éd. S 2018, 1369, note Fr. Petit; JSL n° 464, 29.11.2018, pp. 9 et s., L. Urbani-Schwartz et L. Vincent-Carrière).

• Sur les règles à suivre et les **garanties demandées par la CNIL** lors de la mise en place d'un système de vote électronique, voir délibération 2019-053 du 25 avril 2019 (JO 21 juin, rectif. JO 29 juin) portant adoption d'une recommandation relative à la sécurité des systèmes de vote par correspondance électronique, notamment via Internet (disponible sur *www.cnil.fr*).

• **Sur l'organisation du scrutin,** notamment le vote par correspondance, voir note sous article L. 2314-28.

Art. R. 2314-5. L'élection des membres de la délégation du personnel du comité social et économique peut être réalisée par vote électronique sur le lieu de travail ou à distance.

Sans préjudice des dispositions relatives au protocole d'accord préélectoral prévues aux articles L. 2314-5 et suivants, la possibilité de recourir à un vote électronique est ouverte par un accord d'entreprise ou par un accord de groupe. À défaut d'accord, l'employeur peut décider de ce recours qui vaut aussi, le cas échéant, pour les élections partielles se déroulant en cours de mandat.

Un cahier des charges respectant les dispositions des articles R. 2314-6 et suivants est établi dans le cadre de l'accord mentionné au deuxième alinéa ou, à défaut, par l'employeur.

Le cahier des charges est tenu à la disposition des salariés sur le lieu de travail. Il est mis sur l'intranet de l'entreprise lorsqu'il en existe un.

La mise en place du vote électronique n'interdit pas le vote à bulletin secret sous enveloppe si l'accord ou l'employeur n'exclut pas cette modalité.

Note • Jusqu'au 31 décembre 2024, pour l'application à Mayotte de cet article: 1° Au [deuxième] alinéa, les mots: «À défaut d'accord, l'employeur peut décider de ce recours qui vaut aussi, le cas échéant, pour les élections partielles se déroulant en cours de mandat» sont supprimés; 2° Au [troisième] alinéa, les mots: «ou, à défaut, par l'employeur» sont supprimés (décret 2018-953 du 31 octobre 2018, art. 59, I, JO 6 nov.).

• ***Jurisprudence rendue à propos des délégués du personnel.*** Le cahier des charges visé par l'article R. 2314-9 [ancien] n'est soumis à aucune condition de forme (cass. soc. 3 novembre 2016, n° 15-21.574, BC V n° 201; JCP éd. S 2016, 1423, note Fr. Petit; RJS 1/17 n° 44).

Art. R. 2314-6. La conception et la mise en place du système de vote électronique peuvent être confiées à un prestataire choisi par l'employeur sur la base d'un cahier des charges respectant les dispositions du présent paragraphe.

Le système retenu assure la confidentialité des données transmises, notamment de celles des fichiers constitués pour établir les listes électorales des collèges électoraux, ainsi que la sécurité de l'adressage des moyens d'authentification, de l'émargement, de l'enregistrement et du dépouillement des votes.

Art. R. 2314-7. Lors de l'élection par vote électronique, les fichiers comportant les éléments d'authentification des électeurs, les clés de chiffrement et de déchiffrement et le contenu de l'urne sont uniquement accessibles aux personnes chargées de la gestion et de la maintenance du système.

Les données relatives aux électeurs inscrits sur les listes électorales ainsi que celles relatives à leur vote sont traitées par des systèmes informatiques distincts, dédiés et isolés, respectivement dénommés «fichier des électeurs» et «contenu de l'urne électronique».

Art. R. 2314-8. Le système de vote électronique doit pouvoir être scellé à l'ouverture et à la clôture du scrutin.

Art. R. 2314-9. Préalablement à sa mise en place ou à toute modification substantielle de sa conception, le système de vote électronique est soumis à une expertise indépendante destinée à vérifier le respect des articles R. 2314-5 à R. 2314-8. Le rapport de l'expert est tenu à la disposition de la Commission nationale de l'informatique et des libertés.

Les prescriptions de ces mêmes articles s'imposent également aux personnes chargées de la gestion et de la maintenance du système informatique.

Note ***Nous rapportons ci-après les solutions dégagées par la jurisprudence à propos des délégués du personnel et du comité d'entreprise en ce qu'elles ont en principe vocation à s'appliquer au comité social et économique.***

Selon une décision du Conseil d'État, il résulte des dispositions des articles R. 2314-9 à 12 [anciens] CT que l'utilisation d'un système de vote électronique est subordonnée à la réalisation d'une expertise indépendante lors de la conception initiale du système utilisé, à chaque fois qu'il est procédé à une modification de la conception de ce système ainsi que préalablement à chaque scrutin recourant au vote électronique (CE 11 mars 2015, n°s 368748 et 368819, RJS 5/15 n° 353). La Cour de cassation, en revanche, juge qu'il n'est pas nécessaire de procéder à une nouvelle expertise indépendante du système de vote électronique si celui-ci ne présente aucune modification substantielle depuis sa mise en place (cass. soc. 21 septembre 2016, n° 15-60.216, BC V n° 171 ; JCP éd. S 2016, 1371, note Fr. Petit ; RJS 12/16 n° 795). Cette position paraît plus conforme au texte et plus en phase avec la réalité des prestataires de services qui, à partir d'un même système, peuvent intervenir dans plusieurs centaines d'entreprises au cours d'une même année pour y assurer le déroulement d'élections par voie électronique.

Art. R. 2314-10. L'employeur met en place une cellule d'assistance technique chargée de veiller au bon fonctionnement et à la surveillance du système de vote électronique, comprenant, le cas échéant, les représentants du prestataire.

Art. R. 2314-11. L'employeur informe les organisations syndicales de salariés représentatives dans l'entreprise ou dans le ou les établissements concernés, de l'accomplissement des formalités déclaratives préalables auprès de la Commission nationale de l'informatique et des libertés.

Art. R. 2314-12. Chaque salarié dispose d'une notice d'information détaillée sur le déroulement des opérations électorales.

Les membres de la délégation du personnel et les membres du bureau de vote bénéficient d'une formation sur le système de vote électronique retenu.

Art. R. 2314-13. Le protocole d'accord préélectoral mentionne la conclusion de l'accord d'entreprise ou de l'accord de groupe autorisant le recours au vote électronique et, s'il est déjà arrêté, le nom du prestataire choisi pour le mettre en place.

Il comporte en annexe la description détaillée du fonctionnement du système retenu et du déroulement des opérations électorales.

Art. R. 2314-14. Le vote électronique se déroule, pour chaque tour de scrutin, pendant une période délimitée.

Art. R. 2314-15. En présence des représentants des listes de candidats, la cellule d'assistance technique :

1° Procède, avant que le vote ne soit ouvert, à un test du système de vote électronique et vérifie que l'urne électronique est vide, scellée et chiffrée par des clés délivrées à cet effet ;

2° Procède, avant que le vote ne soit ouvert, à un test spécifique du système de dépouillement à l'issue duquel le système est scellé ;

3° Contrôle, à l'issue des opérations de vote et avant les opérations de dépouillement, le scellement de ce système.

Art. R. 2314-16. La liste d'émargement n'est accessible qu'aux membres du bureau de vote et à des fins de contrôle de déroulement du scrutin.

Aucun résultat partiel n'est accessible pendant le déroulement du scrutin. Toutefois, le nombre de votants peut, si l'employeur ou l'accord prévu à l'article R. 2314-5 le prévoit, être révélé au cours du scrutin.

Lorsque le vote sous enveloppe n'a pas été exclu, l'ouverture du vote n'a lieu qu'après la clôture du vote électronique. Le président du bureau de vote dispose, avant cette ouverture, de la liste d'émargement des électeurs ayant voté par voie électronique.

Art. R. 2314-17. L'employeur ou le prestataire qu'il a retenu conserve sous scellés, jusqu'à l'expiration du délai de recours et, lorsqu'une action contentieuse a été engagée, jusqu'à la décision juridictionnelle devenue définitive, les fichiers supports comprenant la copie des programmes sources et des programmes exécutables, les matériels de vote, les fichiers d'émargement, de résultats et de sauvegarde. La procédure de décompte des votes doit, si nécessaire, pouvoir être exécutée de nouveau.

À l'expiration du délai de recours ou, lorsqu'une action contentieuse a été engagée, après l'intervention d'une décision juridictionnelle devenue définitive, l'employeur ou, le cas échéant, le prestataire procède à la destruction des fichiers supports.

Art. R. 2314-18. Un arrêté du ministre chargé du travail, pris après avis de la Commission nationale de l'informatique et des libertés, précise les dispositions pratiques de mise en œuvre du vote électronique.

Art. L. 2314-27. L'élection a lieu pendant le temps de travail. Toutefois, un accord contraire peut être conclu entre l'employeur et l'ensemble des organisations syndicales représentatives dans l'entreprise, notamment en cas de travail en continu.

Note ***Nous rapportons ci-après les solutions dégagées par la jurisprudence à propos des délégués du personnel et du comité d'entreprise en ce qu'elles ont en principe vocation à s'appliquer au comité social et économique.***

• Un tribunal d'instance a valablement décidé que l'élection se déroulerait sur une durée suffisante pour permettre aux équipes de travail continu de voter (cass. soc. 2 novembre 1994, n° 94-60.053, Dr. Ouvr. 1995, p. 356).

• Ces dispositions ne s'appliquent pas au vote électronique. C'est donc à bon droit qu'un tribunal d'instance a décidé que la possibilité de procéder au vote électronique à partir de tout ordinateur vingt-quatre heures sur vingt-quatre ne constituait pas une disposition du protocole préélectoral soumise à la règle de l'unanimité (cass. soc. 5 avril 2011, n° 10-19.951, BC V n° 87; RJS 6/11 n° 539).

Art. L. 2314-28. Les modalités d'organisation et de déroulement des opérations électorales font l'objet d'un accord entre l'employeur et les organisations syndicales, conclu conformément à l'article L. 2314-6. Cet accord respecte les principes généraux du droit électoral.

Les modalités sur lesquelles aucun accord n'a pu intervenir peuvent être fixées par une décision du juge judiciaire.

Note ***Nous rapportons ci-après les solutions dégagées par l'Administration et la jurisprudence à propos des délégués du personnel et du comité d'entreprise en ce qu'elles ont en principe vocation à s'appliquer au comité social et économique, ainsi que celles concernant ce dernier (ce cas étant alors signalé).***

GÉNÉRALITÉS

Le tribunal d'instance [tribunal judiciaire; voir note sous article L. 2143-8], juge de l'élection, a le pouvoir de prendre toutes les mesures nécessaires au bon déroulement des opérations électorales. Saisi de demandes d'un syndicat tendant à déclarer caduc un protocole préélectoral conclu pour des élections qui n'ont pu se dérouler à la date prévue en raison d'une défaillance affectant le matériel de vote et tendant à obtenir communication de nouvelles informations ainsi que la tenue d'une nouvelle négociation préélectorale, le tribunal, après avoir constaté la validité du protocole, peut débouter le syndicat de ses demandes et ordonner l'organisation des élections sur la base de ce protocole (cass. soc. 19 décembre 2018, n° 17-27.442, à paraître, LS Jurispr. n° 19 du 29.01.2019; RJS 3/19 n° 172).

MODALITÉS DE VOTE FIXÉES PAR LE PROTOCOLE D'ACCORD PRÉÉLECTORAL CONCLU À LA DOUBLE MAJORITÉ

La modification de l'ancien article L. 2314-23 par la loi 2014-288 du 5 mars 2014 a eu pour objet de lever toute ambiguïté quant aux règles de validité de l'accord qui sont applicables: ce sont celles prévues par la loi s'agissant du protocole d'accord préélectoral.

Voir note sous article L. 2314-6.

• Aucun texte n'impose d'établir le protocole d'accord préélectoral par écrit (cass. soc. 23 janvier 2002, n° 00-60.293). L'absence d'indication de la date à laquelle le protocole préélectoral a été signé n'affecte pas, à elle seule, sa validité (cass. soc. 7 mai 2002, n° 00-60.487, BC V n° 144; RJS 7/02 n° 852).

• La circonstance que le protocole préélectoral réponde aux conditions de validité prévues par les articles L. 2314-3-1 et L. 2324-4-1 [anciens] CT ne fait pas obstacle à ce que puissent être contestées devant le juge judiciaire les stipulations de ce protocole contraires à l'ordre public, notamment en ce qu'elles méconnaîtraient les principes généraux du droit électoral (cass. soc. 6 octobre 2011, n° 11-60.035, BC V n° 228; RJS 12/11 n° 1004; Dr. Soc. 2011, p. 1313, obs. Fr. Petit). Les autres clauses du protocole s'imposent tant à l'employeur qu'aux organisations syndicales sans qu'il soit nécessaire pour le juge de vérifier les effets concrets de la méconnaissance des clauses du protocole (cass. soc. 9 novembre 2011, n° 10-28.838, BC V n° 256; Dr. Soc. 2012, p. 102, note Fr. Petit; RJS 1/12 n° 60: un employeur avait pu légalement écarter une liste déposée par un syndicat le 25 octobre à 22 heures alors que le protocole prévoyait une date limite de dépôt le 25 octobre à 17 heures).

Il s'ensuit que :
– un syndicat qui, sans émettre expressément de réserves, a, soit participé à la signature du protocole préélectoral, soit présenté des candidats, ne peut se prévaloir d'une irrégularité alléguée en ce qui concerne les modalités de l'affichage à destination des salariés dès lors que ces modalités sont celles qui ont été prévues par un protocole préélectoral répondant aux conditions prévues par l'article L. 2324-4-1 [ancien] CT (cass. soc. 15 mai 2013, n° 12-23.073, RJS 7/13 n° 552) ;
– doit être censuré le jugement du tribunal d'instance qui s'est déclaré incompétent pour statuer, au motif que l'autorité administrative avait estimé remplie la condition de double majorité alors qu'il constatait que le protocole préélectoral n'affectait aucun siège au premier collège, ce qui constituait une violation des protocoles (cass. soc. 4 juillet 2012, n° 11-60.229, BC V n° 214 ; RJS 10/12 n° 830).

• Par ailleurs, même signé à la condition de double majorité, un protocole préélectoral ainsi que les élections organisées sur sa base peuvent être annulés si l'employeur a manqué à son obligation de loyauté en refusant de communiquer à un syndicat participant à la négociation les éléments nécessaires à cette négociation. Il s'agissait en l'espèce du refus de communiquer des informations sur l'identité des salariés et leur niveau de classification (cass. soc. 9 octobre 2019, n° 19-10.780, *relatif au CSE*, à paraître, LS n° 17923 du 22.10.2019 ; RJS 12/19, n° 712 et pp. 835 et s., avis R. Weissmann ; JCP éd. S 2019, 1337, note B. Bossu ; JSL n° 489, 09.01.2020, p. 20). Cette décision constitue un revirement au regard de la jurisprudence antérieure qui considérait qu'un protocole signé à la double majorité ne pouvait être annulé que s'il contenait des clauses contraires à l'ordre public et non en raison des conditions de sa négociation (cass. soc. 13 février 2013, n° 11-25.696, BC V n° 38).

• Les modalités d'organisation du scrutin fixées par un protocole préélectoral dont la régularité n'est pas contestée s'imposent à l'employeur et aux organisations syndicales (cass. soc. 9 novembre 2011, n° 10-28.838, précité). Ainsi, dès lors qu'un accord préélectoral a été conclu, le chef d'entreprise ne peut unilatéralement modifier les modalités d'organisation et de déroulement des opérations électorales arrêtées par le protocole (cass. soc. 12 juillet 2006, n° 05-60.332, BC V n° 251).

• Sans être tenu de saisir le juge avant les élections, le syndicat qui n'a pas signé l'accord préélectoral n'est pas réputé y avoir adhéré et peut donc le contester ; mais il ne peut le faire que si, lors du dépôt de sa liste de candidats, il a exprimé des réserves. Ainsi, un syndicat non signataire d'un accord préélectoral ayant saisi l'inspecteur du travail sur la répartition des sièges mais n'ayant pas émis de réserves lors du dépôt de sa liste de candidats n'est pas recevable à contester les modalités d'application de l'accord à l'appui de sa demande d'annulation des élections (cass. soc. 19 septembre 2007, n° 06-60.222, BC V n° 132 ; D. 2007 AJ 2473, note B. Ines ; JSL n° 220, 23.10.2007, p. 13, J-E Tourreil ; RJS 11/07 n° 1193 ; 2 mars 2011, n° 10-60.201, BC V n° 62 ; RJS 5/11 n° 437 et 28 septembre 2011, n° 10-60.245, RJS 12/11 n° 1007).

MODALITÉS DE VOTE FIXÉES PAR L'EMPLOYEUR EN L'ABSENCE DE PROTOCOLE D'ACCORD PRÉÉLECTORAL CONCLU À LA DOUBLE MAJORITÉ

• Lorsque la double condition de majorité n'est pas remplie, le protocole préélectoral n'est pas pour autant irrégulier, cette circonstance ayant simplement pour effet de permettre à la partie qui peut y avoir intérêt de saisir le juge d'instance [tribunal judiciaire] d'une demande de fixation des modalités d'organisation et de déroulement du scrutin (cass. soc. 6 octobre 2011, n° 11-60.035, BC V n° 228 ; RJS 12/11 n° 1004).

Lorsque l'employeur a recherché, avec toutes les organisations syndicales intéressées, un accord sur la répartition du personnel dans les collèges et des sièges entre les différentes catégories, ainsi que sur les modalités d'organisation et de déroulement des élections, le tribunal d'instance [tribunal judiciaire] ne peut, en l'absence d'accord, contraindre l'employeur à inviter une nouvelle fois les organisations syndicales intéressées à négocier un protocole d'accord préélectoral, mais doit, sur le premier point, renvoyer les parties devant l'administration du travail et, sur le second, statuer lui-même (cass. soc. 26 septembre 1989, n° 88-60.709, RJS 11/89 n° 866).

• **Pouvoir de l'employeur.** À défaut d'accord satisfaisant aux conditions de validité prévues par l'article L. 2324-4-1 [ancien] CT entre les organisations syndicales invitées à la négociation du protocole préélectoral, il appartient à l'employeur, en l'absence de la saisine du juge d'instance [tribunal judiciaire], de fixer les modalités d'organisation et de déroulement des opérations de vote (cass. soc. 26 septembre 2012, n° 11-22.598, BC V n° 239 ; JCP éd. S 2012, 1478, note Fr. Petit).

Toutefois, l'employeur ne peut pas imposer aux organisations syndicales des contraintes non justifiées par les nécessités du bon déroulement du scrutin. Il ne peut ainsi :
– impartir aux organisations syndicales un délai trop court pour déposer leur liste de candidats et le tribunal d'instance [tribunal judiciaire] est fondé dans ces conditions à annuler les élections (cass. soc. 10 mai 2012, n° 11-20.459, RJS 7/12 n° 644) ;

– écarter une liste de candidatures que si les modalités de dépôt de cette liste portent atteinte au bon déroulement des opérations électorales (cass. soc. 26 septembre 2012, n° 11-26.399, BC V n° 240; Dr. Soc. 2012, p. 1071, note Fr. Petit; RJS 12/12 n° 971: les modalités de dépôt des listes fixées par l'employeur précisaient que les listes devaient, avant une date convenue, soit être déposées auprès de la direction du personnel contre récépissé ou soit adressées par lettre recommandée avec accusé de réception au responsable des ressources humaines; le syndicat avait fait parvenir sa liste de candidats à la date prévue mais par télécopie et le télécopieur était situé à l'accueil, un décalage d'un jour dans l'enregistrement de la liste par le service du personnel avait été constaté).

• **Saisine du juge.** Le juge d'instance [tribunal judiciaire] peut être saisi, par l'employeur ou une organisation syndicale, pour fixer les modalités du scrutin. Le juge a toute compétence pour prendre les mesures nécessaires au bon déroulement des opérations électorales, et peut aussi le cas échéant fixer un calendrier contraignant pour la négociation préélectorale (cass. soc. 26 septembre 2012, n° 11-26.659, BC V n° 243; JCP éd. S 2012, 1486, note P-H d'Ornano).

Le juge appelé à fixer les modalités d'organisation et de déroulement des opérations électorales peut: *a)* être saisi, en raison de l'urgence de la procédure, par voie de simple déclaration au secrétariat-greffe (conditions prévues par l'article R. 2314-28 ancien; *b)* statuer par ordonnance rendue en la forme des référés (art. R. 2314-28 ancien, al. 3) sans méconnaître les dispositions des art. 848 et 849 c. proc. civ. relatives à la procédure de référé de droit commun (cass. soc. 17 décembre 1986, n° 86-60.222, BC V n° 609).

Le juge d'instance [tribunal judiciaire] statue en dernier ressort, au fond, en la forme des référés (cass. soc. 25 mars 1985, n° 84-60.856, BC V n° 206).

Si nul ne saisit le juge d'instance [tribunal judiciaire] en période préélectorale pour contester les modalités de scrutin, elles seront a priori valables.

• **Pouvoirs du juge.** Le juge d'instance [tribunal judiciaire], statuant en dernier ressort, peut fixer la date des élections lorsque aucun accord entre le chef d'entreprise et les organisations syndicales représentatives n'a pu intervenir sur ce point (cass. soc. 2 juin 1983, n° 82-60.614, BC V n° 303).

Le juge peut cependant ordonner toutes les mesures d'instruction légalement admissibles.

Le juge d'instance [tribunal judiciaire], à défaut d'accord, a pu décider, sans méconnaître les principes généraux du droit électoral, que l'employeur devait adresser aux salariés votant par correspondance une circulaire de propagande des syndicats présentant des candidats (cass. soc. 6 juillet 1983, n° 83-60.746, BC V n° 402).

Lorsque l'organisation et le déroulement des élections sont compromis, le tribunal d'instance [tribunal judiciaire] saisi d'une demande de report des élections doit y accéder (en l'espèce, aucun accord unanime n'avait été recueilli ni sur la détermination des organisations syndicales représentatives habilitées à négocier le protocole d'accord, ni sur la fixation du nombre d'établissements distincts pour les délégués du personnel, ni sur les modalités du scrutin: cass. soc. 14 octobre 1997, n° 96-60.301, RJS 11/97 n° 1264; voir aussi cass. soc. 23 janvier 2002, n° 00-60.362, BC V n° 30, décidant qu'en l'absence d'accord sur la perte de la qualité d'établissement distinct reconnue à un site, il appartient au tribunal d'instance [tribunal judiciaire] de reporter la date des élections au sein de cet établissement dans l'attente de la décision de l'administration du travail portant sur la nouvelle configuration de l'entreprise en établissements distincts pour la mise en place des comités d'établissement).

ORGANISATION DU SCRUTIN

• **Obligation de neutralité de l'employeur.** La propagande électorale antérieure au premier tour est réservée aux syndicats et l'employeur est tenu à une obligation de neutralité. L'obligation de neutralité de l'employeur est un principe essentiel du droit électoral dont la méconnaissance entraîne l'annulation des élections indépendamment de son influence sur leurs résultats. Doit dès lors être cassé le jugement qui, après avoir constaté qu'un syndicat, pour promouvoir sa propre liste de candidats, avait utilisé l'adresse de messagerie du comité d'entreprise pour diffuser un message de propagande syndicale le jour de l'élection, détournant ainsi un moyen de communication mis à sa disposition par l'employeur, et que ce dernier n'avait pas réagi, manquant ainsi à son obligation de neutralité, refuse néanmoins d'annuler les élections au motif que le demandeur n'apporte pas la preuve de ce que cette diffusion a eu une influence déterminante sur les résultats du scrutin (cass. soc. 27 mai 2020, n° 19-15.105, *relatif au CSE*, LS Jurispr. n° 114 du 23.06.2020 et n° 180 du 06.10.2020; RJS 7/20 n° 361, 1re espèce). Méconnaît également cette obligation l'employeur qui fait diffuser avant le premier tour, au profit d'éventuels candidats libres, un tract de propagande électorale pour le second tour (cass. soc. 14 janvier 2004, n° 01-60.788, BC V n° 12; RJS 3/04 n° 330). De même, le fait pour l'employeur de faire diffuser et d'afficher une note de service invitant les salariés à s'abstenir de voter au premier tour «de façon à ce que le quorum ne soit pas atteint et que le personnel puisse présenter au second tour des candidats libres» constitue une ingérence dans les élections (cass. crim. 20 mars 1979, n° 78-92.967, B. crim. n° 114; voir aussi cass. soc. 10 mai 1978, n° 78-60.070, BC V n° 344). Ne donne pas de base légale à sa décision le tribunal qui rejette une demande d'annulation des élections – aux motifs que rien ne permet au tribunal d'instance de dire, au lieu et place du conseil de prud'hommes, si les mises à pied conservatoires notifiées par l'employeur à deux des trois candidats d'un syndicat étaient ou non justifiées et que rien n'interdisait à l'employeur de convoquer les intéressés devant le comité d'entreprise le jour de l'élection, ces prétendues irrégularités, à les supposer établies, n'ayant pu en aucune façon affecter le résultat des élections ou la représentativité du syndicat tant les écarts de voix sont considérables – alors qu'il lui appartenait de rechercher si les mises à pied conservatoires trois semaines avant le premier tour des élections et la convocation des salariés devant le comité d'entreprise à la suite de la mise à pied conservatoire le jour même du scrutin n'étaient pas liées à une volonté de l'employeur d'empêcher les salariés de préparer et de diffuser leur propagande électorale pour le premier tour du scrutin auquel ils étaient candidats (cass. soc. 4 juillet 2012, n° 11-60.216, RJS 10/12 n° 831; on notera que l'arrêt ajoute «et n'étaient pas de nature à fausser la sincérité du scrutin», ce qui n'est plus d'actualité dès lors que l'obligation de neutralité de l'employeur est considérée aujourd'hui comme relevant des principes généraux du droit électoral [cf. *supra*]). Constitue une cause d'annulation des élections le fait pour l'employeur de n'informer qu'une seule des organisations syndicales présentant des candidats de sa décision autorisant la diffusion d'un tract en sus des professions de foi (cass. soc. 12 juillet 2016, n° 15-20.618, RJS 10/16 n° 643).

• **Date de dépôt des candidatures et dépôt de celles-ci.** Voir note sous article L. 2314-5.

• **Date des élections.** Si le chef d'entreprise fixe la date du premier tour des élections dans la quinzaine qui précède l'expiration du mandat des membres du comité d'entreprise, le juge d'instance [tribunal judiciaire] peut modifier cette date dans la mesure où sa décision a pour but de faciliter le déroulement des élections. L'ordonnance rendue en référé qui avait relevé que la mise en chômage partiel d'un certain nombre de salariés était de nature à perturber sérieusement le déroulement des élections ainsi que la campagne électorale les précédant a décidé, à bon droit, le report de la date de ces élections (cass. soc. 16 juin 1983, n° 82-60.642, BC V n° 343; 26 mai 1988, n° 87-60.222, BC V n° 328, report en raison d'une grève annoncée pour la même date que celle prévue pour le scrutin).

• **Bulletins.** En vertu des principes généraux du droit électoral, l'égalité des candidats doit être assurée dans les élections professionnelles; cette égalité se traduit en principe par l'utilisation de bulletins blancs pour tous les candidats, comme le prévoit l'article 66 du code électoral en matière d'élections politiques; il ne peut être fait exception à ce principe dans l'intérêt des électeurs que lorsque le justifient des circonstances particulières constatées soit par le protocole préélectoral, soit par le juge saisi d'une contestation portant sur l'organisation des élections. À défaut d'accord de toutes les parties concernées, la clause d'un protocole prévoyant l'emploi de papiers de couleur pour le vote n'est pas applicable (cass. soc. 11 mars 1992, n° 91-60.160, BC V n° 174; RJS 4/92 n° 469, 2e espèce). Un bulletin doit être établi pour chaque liste, la mise à disposition des électeurs d'un bulletin unique pour les deux listes de candidats est en effet de nature à affecter la sincérité des opérations électorales et, s'agissant d'un principe général du droit électoral, constitue une irrégularité justifiant à elle seule l'annulation des élections (cass. soc. 8 mars 2017, n° 16-60.106, RJS 5/17 n° 354).

L'employeur peut mettre des bulletins blancs à la disposition des salariés (cass. soc. 13 janvier 1977, n° 76-60.190, BC V n° 28; 30 janvier 1985, n° 83-63.322, BC V n° 66; 25 février 1992, n° 89-61.135, BC V n° 123; Dr. Soc. 1992, p. 455, rapport V. Pams-Tatu). Cette mise à disposition ne pourrait être considérée comme une cause d'annulation des élections que si elle avait pu influer de manière illicite sur le résultat des élections (cass. soc. 10 mai 1984, JS 1984, SJ 156).

• **Propagande électorale.** Des salariés peuvent inviter leurs camarades à s'abstenir au premier tour, cet acte normal d'information et de propagande ne pouvant en rien diminuer la liberté de vote (cass. soc. 23 mars 1977, n° 76-60.249, BC V n° 219). Mais une telle attitude n'est licite que dans la mesure où elle n'a pas été inspirée et n'est pas appuyée par l'employeur (cass. soc. 23 mars 1977, n° 76-60.249, précité) et où elle ne s'accompagne pas, sous forme de tracts ou d'affiches, de commentaires tendancieux.

Sur la diffusion par un syndicat, la veille du scrutin, d'un tract litigieux ayant faussé le résultat de l'élection, voir notamment cass. soc. 18 février 1988, n° 87-60.027, BC V n° 123; 20 octobre 1999, n° 98-60.425.

Un tribunal d'instance a pu retenir que la diffusion d'une appréciation défavorable sur un candidat et son affectation sur un chantier éloigné pendant la période préélectorale étaient de nature à influencer le vote des électeurs (cass. soc. 30 octobre 1991, n° 91-60.058).

Le tribunal, compétent pour statuer sur la régularité des élections contestées, est également compétent, par voie d'exception, pour apprécier la validité des accords collectifs visant à faciliter la communication des organisations syndicales en vue des élections professionnelles (cass. soc. 11 janvier 2012, n° 11-14.292, BC V n° 16; RJS 3/12 n° 274; LS Jurispr. n° 17 du 24.01.2012; Dr. Soc. 2012, p. 320, obs. Fr. Petit).

L'existence d'un accord collectif de 2006 réservant aux seuls syndicats représentatifs des avantages en termes de moyen et de communication n'a pas pour incidence la nullité de plein droit du protocole préélectoral et des élections professionnelles organisées au sein de l'entreprise dès lors que la validité du protocole préélectoral n'est pas mise en cause au regard du principe d'égalité de traitement et qu'il est soutenu que l'employeur avait pris les mesures pour permettre aux syndicats non représentatifs présentant des candidats aux élections de bénéficier des mêmes moyens de communication et de propagande électorale que les syndicats représentatifs (cass. soc. 14 janvier 2014, n° 13-60.165, BC V n° 7; RJS 3/14 n° 249).

Le principe d'égalité de traitement entre les organisations syndicales quant aux moyens alloués par l'employeur en vue des élections professionnelles s'applique dans le périmètre de ces élections et, dès lors, au sein de chaque établissement distinct lorsque l'entreprise ne dispose pas d'un établissement unique. Par ailleurs, n'est pas contraire au principe d'égalité de traitement l'attribution de moyens identiques à toutes les organisations syndicales au sein de l'établissement quel que soit le nombre de collèges dans lesquels elles présentent des candidats (cass. soc. 20 septembre 2018, n° 17-60.306, à paraître, LSQ n° 17662 du 01.10.2018; JCP éd. S 2018, 1339, note B. Bossu; RJS 11/18 n° 683).

• **Bureau de vote**

Un bureau de vote est généralement constitué pour chaque collège électoral, mais les stipulations d'un protocole préélectoral prévoyant un bureau de vote unique pour l'élection des représentants du personnel par deux collèges de salariés ne sont pas en soi contraires à l'ordre public (cass. soc. 25 octobre 2017, n° 16-21.780, LS Jurispr. n° 210 du 21.11.2017, arrêt rendu dans le cadre d'un vote par voie électronique, mais qui, par sa formulation, paraît avoir une portée générale).

Composition. À défaut de dispositions spécifiques prévues par un protocole préélectoral signé à la double condition de majorité, et en l'absence de désignation des membres du bureau de vote par accord entre l'employeur et les organisations syndicales ayant présenté des listes aux élections, le bureau de vote est composé, conformément aux principes généraux du droit électoral, des deux salariés électeurs les plus âgés, et du salarié électeur le plus jeune. Encourt dès lors la cassation le jugement qui, pour débouter un syndicat de sa demande d'annulation d'élections professionnelles, retient qu'en l'absence de dispositions du protocole préélectoral relatives aux modalités de désignation des électeurs composant le bureau de vote, l'un d'eux peut être choisi par l'employeur (cass. soc. 16 octobre 2013, n° 12-21.448, BC V n° 239; RJS 12/13 n° 837). La composition de bureaux de vote par le seul président constitue une irrégularité de nature à porter atteinte au déroulement normal des opérations électorales (cass. soc. 19 octobre 1994, n° 93-60.049, BC V n° 282; Dr. Soc. 1995, p. 67). Le chef d'entreprise, comme le chef du personnel, s'il n'a pas la qualité d'électeur, ne peut siéger au bureau de vote (cass. soc. 21 mai 1980, n° 80-60.008, BC V n° 455; 14 mars 1989, n° 88-60.534, BC V n° 209; 23 février 2005, n° 04-60.242, BC V n° 67; RJS 5/05 n° 544).

Chaque liste a le droit d'avoir en permanence, dans chaque bureau de vote, un délégué habilité, comme les candidats eux-mêmes, à contrôler toutes les opérations électorales (cass. soc. 26 mai 1976, n° 76-60.035, BC V n° 330) mais ce délégué doit faire partie du personnel de l'entreprise (cass. soc. 28 juin 1984, n° 84-60.135, BC V n° 276). L'expulsion de la salle de vote de toutes les personnes autres que les membres du bureau de vote constitue une irrégularité grave portant atteinte au déroulement normal des opérations électorales et entraîne l'annulation des élections (cass. soc. 11 décembre 1985, n° 85-60.387, BC V n° 603).

La présence d'un représentant de l'employeur dans la salle de vote n'est pas à elle seule de nature à entacher le scrutin d'irrégularité, en l'absence de violation par celui-ci de son obligation de neutralité (cass. soc. 21 mars 1995, n° 94-60.221, RJS 5/95 n° 533). Un accord préélectoral ou, à défaut, une décision par laquelle le juge d'instance [tribunal judiciaire] fixe les modalités de déroulement de l'élection peut, sans porter atteinte aux principes généraux du droit électoral, assortir de conditions la présence dans les lieux du vote de représentants de l'employeur, qui n'ont pas la qualité d'électeurs (notamment, quand le tribunal a estimé nécessaire d'instituer, par une disposition non critiquée de sa décision, une commission de contrôle des opérations électorales, afin qu'elles se déroulent dans un «climat serein»; ce faisant, il n'a pas limité les pouvoirs de police du président du bureau de vote: cass. soc. 1er décembre 1983). Voir également cass. soc. 1er avril 1992, n° 90-60.543, BC V n° 232; RJS 5/92 n° 643: mise en place d'un dispositif de contrôle par le juge d'instance.

La composition de bureaux de vote par le seul président constitue une irrégularité de nature à porter atteinte au déroulement normal des opérations électorales (cass. soc. 19 octobre 1994, n° 93-60.049, BC V n° 282; RJS 12/94 n° 1409). De même, l'absence de président désigné dans les bureaux de vote, en violation des principes généraux du droit électoral, constitue, en raison de l'importance de ses attributions, une irrégularité qui porte atteinte au déroulement normal des opérations électorales et compromet dans son ensemble la loyauté du scrutin (cass. soc. 13 février 2008, n° 07-60.097, BC V n° 37).

Isoloirs. Si le secret du scrutin doit être assuré par l'installation obligatoire d'isoloirs (cass. soc. 26 mai 1998, n° 97-60.092, BC V n° 279; RJS 7/98 n° 876), aucune disposition légale ou réglementaire n'oblige les électeurs à en user (cass. soc. 30 mars 1978, n° 78-60.016, BC V n° 248). La liberté de vote n'est pas méconnue, en l'absence de toute autre circonstance, du seul fait que certains électeurs ne soient pas passés par l'isoloir. Par ailleurs, la notion d'isoloir doit être entendue de manière souple comme la possibilité donnée à l'électeur de glisser son bulletin de vote dans une enveloppe sans que le contenu de ce bulletin puisse être vu par des tiers, par exemple un simple rideau ou l'ouverture d'un bureau inoccupé face à la pièce où se déroulent les élections (cass. soc. 12 octobre 2000, n° 99-60.368).

Secret du vote. La remise d'une enveloppe fermée contenant le bulletin de vote à un préposé de l'employeur n'assure pas le secret et la sincérité des votes (cass. soc. 16 avril 1986, n° 85-60.083, BC V n° 136); sous réserve des modalités convenues pour les votes par correspondance, chaque électeur doit voter personnellement et non par l'intermédiaire d'un tiers. Les tribunaux ont une grande liberté pour apprécier si, dans les circonstances de l'espèce en cause, le secret et la liberté du vote ont bien été assurés: voir cass. soc. 7 avril 1976, n° 75-60.183, BC V n° 192; 8 juillet 1976, n° 76-60.040, BC V n° 445; 3 juin 1977, n° 76-60.270, BC V n° 375; 18 juillet 1978, n° 78-60.634, BC V n° 596; 10 mai 2000, n° 99-60.064.

Urnes. Si les urnes utilisées doivent être, en principe, du même modèle que celles utilisées pour les élections politiques, l'emploi d'urnes d'un modèle différent ne constitue pas à lui seul une cause d'annulation du scrutin (cass. soc. 5 janvier 1978, n° 77-60.610, BC V n° 17). Ainsi, les urnes peuvent ne pas être transparentes (cass. soc. 24 mai 2016, n° 15-20.541, BC V n° 112; JCP éd. S 2016, 1349, note J-Y Kerbourc'h; LS Jurispr. n° 109 du 14.06.2016; RJS 8-9/16 n° 580). L'utilisation d'une seule urne pour rassembler les bulletins concernant les titulaires et les suppléants entraîne l'annulation des élections (cass. soc. 13 mai 1976, n° 75-60.031, BC V n° 277). L'irrégularité constatée ne constitue une cause d'annulation que si elle a eu pour effet de fausser le résultat du scrutin (ce qui n'était pas le cas pour l'élection de délégués du personnel «à un seul vote, avec une seule enveloppe et dans une seule urne»: cass. soc. 13 mars 1985, n° 84-60.608, BC V n° 164). De même, le mélange des bulletins entre urnes «comité» et urnes «délégués» peut être un facteur conduisant à considérer que les résultats des élections ont été faussés (cass. soc. 25 juillet 1979).

Constitue une irrégularité susceptible d'entacher la validité des opérations électorales le fait de déplacer les urnes et de les laisser pendant deux heures dans le véhicule d'un membre de la direction de l'entreprise qui en a seul conservé les clefs. Doit donc être cassé le jugement énonçant que ces anomalies étaient minimes et ne constituaient nullement des manœuvres frauduleuses commises par la direction dans le dessein d'influencer le vote et de fausser les résultats (cass. soc. 18 juillet 2001, n° 00-60.195, RJS 11/01 n° 1310).

Listes d'émargement. Aucune disposition légale n'impose la tenue de deux listes d'émargement par bureau de vote en cas de votes séparés au cours d'une même élection, dès lors, le seul fait qu'il n'existe qu'une seule liste d'émargement pour les titulaires et les suppléants n'entraîne pas l'annulation des élections (cass. soc. 28 septembre 2017, n° 16-25.129).

Les circonstances que la liste d'émargement n'avait pas été signée par tous les membres du bureau de vote en violation des dispositions de l'article R. 62 du code électoral et que le président du bureau de vote n'avait pas constaté publiquement et mentionné au procès-verbal les heures d'ouverture et de clôture du scrutin contrairement aux prescriptions de l'article R. 57 du même code sont de nature à affecter la sincérité des opérations électorales et, s'agissant des principes généraux du droit électoral, constituent des irrégularités justifiant à elles seules l'annulation des élections (cass. soc. 28 mars 2012, n° 11-16.141, BC V n° 113; JCP éd. S 2012, 1261, note G. François; RJS 6/12 n° 581; Dr. Soc. 2012, p. 535, obs. Fr. Petit). Même solution lorsque seule est en cause l'absence de signature de la liste d'émargement par les membres du bureau de vote (cass. soc. 30 septembre 2015, n° 14-25.925, BC V n° 183; JCP éd. S 2015, 1473, note J-Y Kerbourc'h; RJS 12/15 n° 796).

Dépouillement. La circonstance que les électeurs n'avaient pas eu accès librement au lieu du dépouillement est de nature à affecter la sincérité des opérations électorales et constitue une irrégularité justifiant à elle seule l'annulation des élections (cass. soc. 28 mars 2012, n° 11-16.141, précité).

Les scrutins étant séparés pour chaque collège, toute personne peut demander l'annulation d'un des scrutins sans nécessairement contester la validité des autres (cass. soc. 24 octobre 2007, n° 06-60.302, BC V n° 175; RJS 1/08 n° 53).

Procès-verbal des élections. Prononce à bon droit l'annulation d'un scrutin le tribunal ayant constaté que le président du bureau n'avait pas mentionné, au procès-verbal établi immédiatement après la fin du dépouillement, les heures d'ouverture et de clôture du scrutin contrairement aux prescriptions de l'article R. 57 c. élect., ce qui était de nature à affecter la sincérité des opérations électorales et, s'agissant d'un principe général du droit électoral, constituait une irrégularité justifiant à elle seule l'annulation des élections (cass. soc. 16 octobre 2013, n° 12-21.680, BC V n° 238; RJS 1/14 n° 63; voir également cass. soc. 28 mars 2012, n° 11-16.141, BC V n° 113; JCP éd. S 2012, 1261, note G. François; RJS 6/12 n° 581; Dr. Soc. 2012, p. 535, obs. Fr. Petit). Mais la mention des heures d'ouverture et de clôture du scrutin peut faire l'objet d'un document annexé au procès-verbal et établi concomitamment (cass. soc. 17 décembre 2014, n° 14-12.401, BC V n° 298; LSQ n° 16747 du 8.01.2015; RJS 3/15 n° 202; JCP éd. S 2015, 1080, note Y. Pagnerre) ou résulter d'un constat d'huissier (cass. soc. 28 janvier 2015, n° 14-60.413, BC V n° 15; LSQ n° 16766 du 4.02.2015; RJS 4/15 n° 266). Jugé que l'absence de signature de la liste d'émargement par (tous) les membres du bureau de vote affecte par elle-même la régularité du scrutin (cass. soc. 30 septembre 2015, n° 14-25.925, BC V n° 183). Jugé encore que la rédaction du procès-verbal par un tiers non électeur affecte par elle-même la régularité du scrutin (cass. soc. 2 juillet 2014, n° 13-60.218, BC V n° 166). De même, a été jugé que l'article R. 67 c. élect., aux termes duquel «immédiatement après la fin du dépouillement, le procès-verbal des opérations électorales est rédigé dans la salle de vote, en présence des électeurs, en deux exemplaires signés de tous les membres du bureau; que, dès l'établissement du procès-verbal, le résultat est proclamé en public par le président du bureau de vote (...)» constitue un principe général du droit électoral et, qu'en conséquence, dès lors que le procès-verbal des élections n'a pas été signé par l'ensemble des membres du bureau de vote avant la proclamation des résultats, les élections doivent être annulées (cass. soc. 7 décembre 2016, n° 15-26.096, LS Jurispr. n° 228 du 20.12.2016). Voir la position contraire du juge administratif et du juge constitutionnel quant à la portée de l'article R. 67 c. élect. (CE 16 juin 2010, n° 329761, C. constit. 14 octobre 1995, n° 952054 AN). Il y a également lieu à annulation des élections lorsque le procès-verbal n'a pas été rédigé immédiatement après la fin du dépouillement (cass. soc. 27 mai 2020, n° 19-13.504, *relatif au CSE*, LS Jurispr. n° 118 du 30.06.2020 et n° 180 du 06.10.2020; RJS 7/20 n° 361, 2e espèce).

• **Vote électronique.** Voir note sous article L. 2314-26.

• **Vote par correspondance**

Circonstances justifiant son organisation. La jurisprudence limitait le recours au vote par correspondance à l'existence de circonstances exceptionnelles (vote par correspondance réservé aux seuls salariés travaillant la nuit, en repos ou en congé de maladie le jour du vote, voir cass. soc. 10 juin 1997, n° 96-60.144, RJS 7/97 n° 845; vote par correspondance du personnel navigant en raison des spécificités de ses conditions de travail, voir cass. soc. 27 mai 1999, n° 98-60.387). Sous l'empire des nouvelles dispositions introduites par la loi du 20 août 2008 relatives à la validité du protocole d'accord préélectoral, la chambre sociale a fait évoluer sa jurisprudence: si le vote physique est la règle en l'absence de dispositions conventionnelles dérogatoires, le recours au vote par correspondance pour les élections professionnelles n'est contraire à aucune règle d'ordre public (cass. soc. 13 février 2013, n° 11-25.696, BC V n° 38; RJS 4/13, n° 303; Dr. Soc. 2013, p. 372, note Fr. Petit; SSL n° 1588, 10 juin 2013, chron. des jurisprudences sur la représentation du personnel, L. Pécaut-Rivolier et Y. Struillou).

Il s'ensuit que si le recours au vote par correspondance:

– est prévu par un protocole répondant à la double condition de majorité, ses conditions de mise en œuvre ne peuvent plus être contestées devant le juge d'instance [tribunal judiciaire]: c'est donc à bon droit que le tribunal d'instance [tribunal judiciaire] rejette la contestation formée par un syndicat portant sur les cas de recours au vote par correspondance prévus par le protocole dès lors qu'il constate que celui-ci a été signé à la double majorité (même arrêt); reste réservée la situation particulière où le vote physique serait totalement supprimé;

– est prévu par un protocole qui ne remplit pas la double condition de majorité, ou décidé par l'employeur ou le juge d'instance [tribunal judiciaire], il doit, comme auparavant, être justifié par des circonstances exceptionnelles, le vote physique étant la règle en l'absence de dispositions conventionnelles dérogatoires.

L'employeur n'est pas tenu de l'organiser d'office en l'absence de dispositions conventionnelles ou du protocole préélectoral à cet égard (cass. soc. 5 janvier 1978, n° 77-60.610, BC V n° 17), mais il doit impérativement y procéder si la convention le prévoit (cass. soc. 1er février 1978, n° 77-60.599, BC V n° 76).

À défaut d'accord entre le chef d'entreprise et les organisations syndicales intéressées, un juge d'instance [tribunal judiciaire] peut décider, compte tenu des spécificités de l'entreprise et sans méconnaître les principes généraux du droit électoral, que le personnel ne travaillant pas au siège aura la possibilité de voter par correspondance (cass. soc. 10 octobre 1990, n° 88-60.712, BC V n° 447; RJS 11/90 n° 897).

Modalités d'organisation du vote par correspondance. Un dispositif d'identification des électeurs dans le cadre du vote par correspondance ne peut figurer sur les bulletins de vote que si le protocole préélectoral l'a prévu et a fixé les garanties appropriées au respect du secret du vote par la mise en œuvre de procédés rendant impossible l'établissement d'un lien entre l'identité de l'électeur et l'expression de son vote. Doit dès lors être rejeté le pourvoi dirigé contre un jugement de tribunal d'instance qui, après avoir constaté, d'une part, que, pour des besoins invoqués d'identification des électeurs dans le cadre de l'expédition à ces derniers du matériel électoral, les bulletins de vote contenaient un numéro d'identification propre à chaque salarié ainsi qu'un code-barre, support d'informations dont la teneur n'a pas été précisée et, d'autre part, que le protocole préélectoral ne prévoyait pas que de tels éléments d'identification puissent figurer sur les bulletins de vote eux-mêmes non plus que les garanties appropriées à la préservation du secret du vote qu'en violation des principes généraux du droit électoral ils étaient de nature à compromettre, a annulé les élections professionnelles dans l'entreprise (cass. soc. 10 mai 2012, n° 11-25.029, BC V n° 140; JCP éd. S 2012, 1236, P. Morvan et 1299, note Fr. Petit; RJS 7/12 n° 645).

En revanche, les modalités prévues par le code du travail sont respectées dès lors qu'un tribunal d'instance [tribunal judiciaire] relève que la note de l'employeur pour l'organisation des élections professionnelles faisait expressément référence, pour fixer les conditions du dépouillement électronique du vote par correspondance, à l'accord d'entreprise signé auparavant autorisant le dépouillement par lecture optique des votes par correspondance (cass. soc. 26 septembre 2012, n° 11-22.598, BC V n° 239; JCP éd. S 2012, 1478, note Fr. Petit; RJS 12/12 n° 973).

Le dépouillement électronique par lecture optique des codes-barres figurant sur les enveloppes, après attribution aléatoire par un prestataire extérieur, est admis dans la mesure où il permet d'assurer l'identification des électeurs ainsi que la sincérité et le secret du vote (cass. soc. 23 juin 2010, n° 09-60.335, BC V n° 147; LS Jurispr. n° 139 du 12.07.2010; voir aussi cass. soc. 26 septembre 2012, n° 11-22.598, précité).

La signature de l'électeur sur l'enveloppe extérieure renfermant celle contenant le bulletin de vote est une formalité substantielle qui a pour objet d'assurer la sincérité des opérations électorales, principe auquel un protocole d'accord préélectoral, même unanime, ne peut déroger (cass. soc. 9 février 2000, n° 98-60.581, BC V n° 61; 28 septembre 2017, n° 16-17.173, RJS 12/17 n° 807, 3e espèce). Le bureau de vote ayant seul le pouvoir d'apprécier la régularité des votes, l'intégralité des enveloppes de vote par correspondance doit lui être remise. Lorsque le protocole préélectoral a prévu qu'elles transiteraient par l'étude d'un huissier, celui-ci doit remettre au bureau de vote toutes les enveloppes du vote par correspondance, y compris celles parvenues à son étude après la date fixée ou sans signature (cass. soc. 31 mars 2009, n° 08-60.494, BC V n° 96; RJS 6/09 n° 559).

L'irrégularité des votes par correspondance (par exemple, du fait de la remise aux représentants de l'employeur des enveloppes, ce qui ne constitue pas une garantie de secret) ne conduit à l'annulation des élections que si elle a effectivement faussé le résultat des opérations électorales (cass. soc. 6 janvier 1971, n° 70-60.046, BC V n° 3; 18 janvier 1978, n° 77-60.598, BC V n° 46; voir aussi cass. soc. 14 janvier 1982, n° 81-60.846, BC V n° 20 et 21 mai 2003, n° 02-60.396, BC V n° 167; RJS 11/03 n° 1294) ou qu'elle a été déterminante de la représentativité d'un syndicat; ainsi en est-il d'un retard dans l'acheminement des bulletins de vote par correspondance, peu important que l'employeur ait été ou non défaillant dans l'organisation du scrutin (cass. soc. 10 mars 2010, n° 09-60.236, BC V n° 55; 21 juin 2017, n° 16-60.262, RJS 10/17 n° 690).

Méconnaît l'étendue de sa saisine le tribunal d'instance [tribunal judiciaire] qui refuse de statuer sur la demande d'un syndicat formulée après le déroulement des élections, mais avant ouverture de la boîte postale destinée aux votes par correspondance (cass. soc. 6 novembre 1996, n° 95-60.831, RJS 12/96 n° 1290).

Lorsque le vote a lieu exclusivement par correspondance, la mention sur le procès-verbal de l'élection des heures d'ouverture et de clôture du scrutin est sans objet (cass. soc. 15 avril 2015, n° 14-60.688, RJS 6/15 n° 427, 2e espèce).

La CNIL a émis des recommandations visant à garantir le principe de la liberté du scrutin; ces recommandations concernent notamment l'utilisation des systèmes de vote par codes-barres lors des élections par correspondance et visent la mise en œuvre du fichier informatique des électeurs, le traitement automatisé des résultats ainsi que la constitution de la liste d'émargement (délib. CNIL 98-041 du 28 avril 1998, JO 23 sept., p. 14539).

• **«Télévote».** Sur un accord préélectoral prévoyant un télévote (vote par téléphone) ne respectant pas les principes généraux du droit électoral (scrutin n'ayant pas lieu sous enveloppe, clôture du scrutin non publiquement constatée par le président du bureau de vote, opérations électorales, notamment dépouillement, échappant au contrôle des électeurs et des délégués des listes de candidats), voir notamment cass. soc. 20 octobre 1999, n° 98-60.359, BC V n° 390.

• **Vote par procuration.** Il ne saurait recevoir application pour l'élection des délégués du personnel (cass. soc. 3 juillet 1984, n° 83-61.173, BC V n° 287).

• **Contestations.** Voir notes sous articles R. 2314-23 à 25.

Les scrutins étant séparés pour chaque collège, toute personne peut demander l'annulation d'un des scrutins sans nécessairement contester la validité des autres (cass. soc. 24 octobre 2007, n° 06-60.302, BC V n° 175; RJS 1/08 n° 53).

Indépendamment de celles directement contraires aux principes généraux du droit électoral, seules peuvent constituer une cause d'annulation d'un scrutin organisé dans un périmètre électoral déterminé les irrégularités qui ont exercé une influence sur le résultat des élections ou qui ont été déterminantes de la qualité représentative des organisations syndicales dans ce périmètre (cass. soc. 2 mars 2011, n° 10-60.101, BC V n° 61; RJS 5/11 n° 440; LS Jurisp. n° 61 du 22.03.2011; voir précédemment cass. soc. 13 janvier 2010, n° 09-60.203, BC V n° 7; 10 mars 2010, n° 09-60.236, BC V n° 55).

Art. R. 2314-2. Les modalités d'organisation et de déroulement des opérations électorales sur lesquelles aucun accord n'a pu intervenir sont fixées, en application de l'article L. 2314-28, par le ***(D. 2019-966 du 18 sept. 2019, art. 8, JO 19, entrée en vigueur le 01.01.2020)*** «***(D. 2019-1419 du 20 déc. 2019, art. 10, 6°, JO 22)*** «président» du tribunal judiciaire».

Il statue en dernier ressort ***(D. 2019-1419 du 20 déc. 2019, art. 10, 6°, JO 22)*** «selon la procédure accélérée au fond».

Note Les dispositions de cet article, dans sa rédaction issue du décret 2019-1419 précité, s'appliquent aux demandes introduites depuis le 01.01.2020 (décret précité, art. 24, II).

Art. L. 2314-29. Le scrutin est de liste à deux tours avec représentation proportionnelle à la plus forte moyenne.

Au premier tour de scrutin, chaque liste est établie par les organisations syndicales mentionnées aux premier et deuxième alinéas de l'article L. 2314-5. Si le nombre des votants est inférieur à la moitié des électeurs inscrits, il est procédé, dans un délai de quinze jours, à un second tour de scrutin pour lequel les électeurs peuvent voter pour des listes autres que celles présentées par une organisation syndicale.

Lorsque le nom d'un candidat a été raturé, les ratures ne sont pas prises en compte si leur nombre est inférieur à 10 % des suffrages exprimés en faveur de la liste sur laquelle figure ce candidat.

Dans ce cas, les candidats sont proclamés élus dans l'ordre de présentation.

Après la proclamation des résultats, l'employeur transmet, dans les meilleurs délais, par tout moyen, une copie des procès-verbaux aux organisations syndicales de salariés qui ont présenté des listes de candidats aux scrutins concernés ainsi qu'à celles ayant participé à la négociation du protocole d'accord préélectoral.

Note Voir J-M Béraud, «Comprendre le mode de scrutin dans les élections professionnelles», RJS 10/16.

Nous rapportons ci-après les solutions dégagées par l'Administration et la jurisprudence à propos des délégués du personnel et du comité d'entreprise en ce qu'elles ont en principe vocation à s'appliquer au comité social et économique.

• **Établissement de la liste des candidats.** L'employeur ne peut se faire juge de la validité des candidatures présentées (cass. soc. 7 janvier 1998, n° 97-60.301, RJS 2/98 n° 186; 13 janvier 1999, n° 97-60.609); s'il entend contester l'éligibilité des intéressés, il doit saisir le juge d'instance, même si les candidatures en cause sont manifestement irrecevables (cass. soc. 13 juillet 1993, n° 92-60.117, BC V n° 206). Ainsi, tant qu'il n'a pas été statué sur sa représentativité, un syndicat ne peut être écarté par l'employeur du processus électoral (cass. soc. 9 février 2000, n° 98-60.599, BC V n° 60; RJS 3/00 n° 297; 12 mars 2008, n° 07-60.282, BC V n° 60; RJS 6/08 n° 696). Toutefois, il a été jugé que dès lors qu'une organisation syndicale, seul interlocuteur de l'employeur pour les candidatures au premier tour des élections professionnelles dans l'entreprise déclare à ce dernier que le salarié ayant déposé une liste de candidats sous son étiquette syndicale ne disposait d'aucun mandat pour agir en son nom et qu'elle-même ne présentait pas de candidat, un tribunal décide exactement que l'employeur est fondé à ne retenir aucune candidature pour cette organisation sans avoir à le saisir préalablement (cass. soc. 30 octobre 2013, n° 12-29.952, BC V n° 258; RJS 1/14 n° 60). De même, a été jugé qu'ayant été informé par la fédération des employés et cadres FO de la volonté de cette dernière de déposer une liste de candidats aux lieu et place des organisations syndicales qui lui étaient affiliées, l'employeur pouvait, sans saisir un tribunal, tirer les conséquences de cette décision et ne pas retenir les candidatures déposées par les syndicats FO OSDD (cass. soc. 4 juin 2014, n° 13-60.238, BC V n° 133; RJS 8-9/14 n° 643; JCP éd. S 2014, 1377, note B. Gauriau; Dr. Soc. 2014, p. 861, act. Fr. Petit).

En l'absence de modalités prévues dans le protocole d'accord préélectoral, la loi n'impose aucune règle de forme au dépôt des candidatures (cass. soc. 18 octobre 1994, n° 94-60.003, JS UIMM 1995, p. 25).

Sur la date de dépôt des candidatures, voir note sous article L. 2314-5.

• **Premier tour de scrutin.** Selon les articles L. 2314-24 et L. 2324-22 [anciens] CT, qui sont d'ordre public, seules des organisations syndicales peuvent présenter des candidats au premier tour des élections professionnelles dans l'entreprise; il en résulte que la participation d'une personne morale qui n'a pas la qualité de syndicat au premier tour est une cause de nullité de l'élection, peu important son influence sur les résultats (cass. soc. 27 janvier 2010, n° 09-60.103, BC V n° 21; RJS 4/10 n° 360).

Une union départementale de syndicats, qui est une «organisation syndicale» au sens de l'article L. 423-2 [L. 2314-8 ancien] CT, est en droit de présenter des candidats aux élections (cass. soc. 21 mai 1986, n° 85-60.529, BC V n° 236), une union locale également (cass. soc. 23 janvier 1990, n° 89-61.317, BC V n° 19; RJS 2/90 n° 142).

Alors que, auparavant, seules les organisations syndicales reconnues représentatives dans l'entreprise ou l'établissement pouvaient présenter des candidats au premier tour de scrutin, la loi 2008-789 du 20 août 2008 portant rénovation de la démocratie sociale a mis fin à ce monopole. La représentativité sortant désormais des urnes, elle ne peut être une condition d'accès à l'élection. L'accès au premier tour est donc ouvert à tous les syndicats qui, aux termes de l'article L. 2314-3 [ancien], doivent être invités à la négociation du protocole d'accord préélectoral. Ainsi, peuvent désormais présenter des candidats au premier tour :
- les syndicats légalement constitués depuis au moins deux ans, satisfaisant aux critères de respect des valeurs républicaines et d'indépendance et dont le champ professionnel et géographique couvre l'entreprise ou l'établissement concerné ;
- les syndicats reconnus représentatifs au niveau de l'entreprise ou de l'établissement ;
- les syndicats ayant constitué une section syndicale dans l'entreprise ou l'établissement ;
- les syndicats affiliés à une organisation syndicale représentative au niveau national et interprofessionnel.

La Cour de cassation a apporté les précisions suivantes :
- un syndicat ne peut pas présenter de candidat au premier tour des élections dans un établissement situé en dehors du champ géographique défini dans ses statuts, et cela qu'il soit ou non affilié à une union qui a une personnalité morale distincte ou que celle-ci soit reconnue représentative (cass. soc. 22 septembre 2010, n° 09-60.480, BC V n° 185 ; Dr. Soc. 2010, p. 1258, obs. Fr. Petit) ;
- les syndicats affiliés à une même confédération nationale, qu'elle soit ou non représentative, ne peuvent présenter qu'une seule liste de candidats par collège (cass. soc. 22 septembre 2010, n° 10-60.135, BC V n° 184 ; LS Bref n° 15701 du 1.10.2010) ;
- en cas de dépôt de listes concurrentes, il appartient aux syndicats de justifier des dispositions statutaires déterminant le syndicat ayant qualité pour procéder au dépôt d'une liste de candidats, ou de la décision prise par l'organisation syndicale d'affiliation pour régler le conflit conformément aux dispositions statutaires prévues à cet effet ; qu'à défaut, par application de la règle chronologique, seule la liste de candidats déposée en premier lieu doit être retenue (cass. soc. 24 janvier 2018, n° 16-22.168, BC V n° 12 ; LSQ n° 17502 du 2.02.2018 ; RJS 4/18 n° 271 ; JSL n° 450, 03.04.2018, pp. 7 et s., H. Nasom-Tissandier ; JCP éd. S 2018, 1115, note Y. Pagnerre) ;
- un syndicat peut présenter des candidats dans les collèges que ses statuts lui donnent vocation à représenter ; dès lors, un syndicat affilié à la CFE-CGC peut présenter des candidats dans le collège des employés si ses statuts l'autorisent à représenter également cette catégorie de personnel (cass. soc. 28 septembre 2011, n° 10-26.693, BC V n° 215 ; LS Bref n° 15948 du 4.10.2011 ; RJS 12/11 n° 1002) ;
- un syndicat affilié à la CFE-CGC peut valablement présenter des candidats lorsque les élections se déroulent au sein d'un collège unique réunissant toutes les catégories professionnelles (cass. soc. 4 juillet 2012, n° 11-60.239, BC V n° 213 ; JCP éd. S 2012, 1400, note L. Pécaut-Rivolier ; RJS 10/12 n° 828) ;
- une liste commune, formée entre un syndicat catégoriel et un syndicat intercatégoriel, est valable dès lors que cette liste ne comprend de candidats que dans les collèges dans lesquels les statuts des deux organisations syndicales leur donnent vocation à en présenter (cass. soc. 5 novembre 2014, n° 14-11.634, BC V n° 259 ; RJS 1/15 n° 48 ; RDT, janvier 2015, CH, 56, I. Odoul-Asorey ; JCP éd. S 2015, 1037, note Y. Pagnerre) ;
- l'exigence posée par l'article L. 2314-3 [ancien] d'une ancienneté minimale de deux ans pour la présentation par une organisation syndicale de candidats au premier tour des élections professionnelles constitue une condition justifiée et proportionnée pour garantir la mise en œuvre du droit de participation des travailleurs par l'intermédiaire de leurs représentants et l'exercice par le syndicat de prérogatives au sein de l'entreprise, sans priver le salarié de la liberté d'adhérer au syndicat de son choix (cass. soc. QPC, 20 octobre 2011, n° 11-60.203, BC V n° 238 ; Dr. Soc. 2011, p. 1310, obs. Fr. Petit).

À noter que si les dispositions de l'article 3 de la loi 2008-789 du 20 août 2008 modifiant les règles des élections professionnelles sont applicables à compter de la publication de la loi, il résulte de l'article 11, IV de ce texte qu'elles régissent les élections professionnelles organisées sur la base d'un protocole préélectoral dont la première réunion de négociation est postérieure à la date de la publication de la loi. Par conséquent, lorsque les élections d'un comité d'entreprise se sont déroulées après la publication de la loi du 20 août 2008 mais en application d'un protocole négocié et signé par les organisations syndicales représentatives antérieurement à cette loi, un syndicat non représentatif au moment de la négociation du protocole ne peut présenter des candidats au premier tour (cass. soc. 21 octobre 2009, n° 09-60.090, BC V n° 229).

Sur le dépôt par un délégué syndical d'une liste de candidats au nom de son syndicat, voir note sous article L. 2314-5.

Un syndicat ne peut présenter un candidat sans son accord ; dans le cas où ce candidat se désiste avant le vote, le tribunal saisi d'une demande d'annulation de l'élection litigieuse doit rechercher les conditions dans lesquelles est intervenu le retrait de candidature (cass. soc. 20 octobre 1993, n° 92-60.304, BC V n° 241 ; RJS 1/94 n° 58, 2e espèce).

En cas de retrait de candidatures, l'employeur n'est pas tenu de saisir le tribunal d'instance [tribunal judiciaire]; celui-ci peut valablement refuser d'annuler des élections (en l'espèce, les candidats avaient retiré leur candidature de plein gré, sans aucune pression de l'employeur). Il appartient à la partie qui conteste des désistements de saisir le juge (cass. soc. 5 mars 1997, n° 96-60.034, BC V n° 97; RJS 4/97 n° 440; 8 février 2012, n° 11-15.465).

Dès lors qu'il n'était pas contesté que tous les postes de délégués du personnel titulaires et suppléants avaient été pourvus au premier tour de scrutin, que les résultats, ayant fait l'objet d'un procès-verbal établi et signé par les membres du bureau de vote, avaient été proclamés et que l'annulation de ce premier tour n'était plus demandée, c'est à bon droit que le tribunal d'instance a décidé que ces résultats étaient devenus définitifs et qu'il ne pouvait donc pas être procédé à un second tour (cass. soc. 15 octobre 1987, n° 86-60.503, BC V n° 583).

• Second tour de scrutin

S'il appartient à l'employeur d'organiser un second tour pour pourvoir les sièges demeurés vacants à l'issue du premier, sa carence à poursuivre le processus électoral pour le second tour n'a pas d'incidence sur la régularité du premier tour du scrutin. Dès lors, le tribunal qui a constaté que la validité du premier tour n'était pas contestée et a enjoint à l'employeur d'organiser un second tour pour les sièges restant à pourvoir, a statué à bon droit (cass. soc. 10 mai 2012, n° 11-21.339, BC V n° 139; JCP éd. S 2012, 1333, note Fr. Dumont; RJS 7/12 n° 646).

Le délai de quinzaine prévu à l'article L. 423-14 [L. 2314-24 ancien] n'est pas imparti à peine de nullité et un employeur ne commet pas d'irrégularité en attendant, pour organiser le second tour de scrutin, que le tribunal d'instance [tribunal judiciaire] ait statué sur une contestation concernant le premier tour (cass. soc. 28 juin 1978, n° 78-60.165, BC V n° 522). L'employeur ne peut d'ailleurs organiser un second tour de scrutin sans demander l'annulation du premier à l'issue duquel un salarié a été élu (cass. soc. 20 février 1991, n° 90-60.012, BC V n° 88). Le second tour de scrutin doit intervenir dans les quinze jours suivant le premier (cass. soc. 7 février 1973, n° 72-60.064, BC V n° 66); les élections peuvent se dérouler avant l'expiration du délai de quinze jours, à la condition cependant que le calendrier des opérations électorales respecte la sincérité du scrutin (cass. soc. 8 juillet 1997, n° 95-60.916, BC V n° 254; RJS 8-9/97 n° 1000). Ainsi, lorsque les deux tours du scrutin ont lieu le même jour, une telle organisation ne permet pas la présentation de candidats au second tour et ce seul motif justifie l'annulation des élections (cass. soc. 29 mai 2002, n° 01-60.625, RJS 8-9/02 n° 1008).

Il y a lieu d'organiser un second tour de scrutin dans le cas où, le nombre total des candidats de toutes les listes d'un collège étant inférieur à celui des sièges à pourvoir, il reste, par suite, un ou plusieurs sièges non pourvus après le premier tour, alors que le quorum légal a été régulièrement atteint dans le collège en question (cass. soc. 18 mars 1982, n° 81-60.871, BC V n° 188). Un tribunal n'est pas fondé à décider, avant la tenue des opérations électorales et la proclamation définitive des résultats, qu'il serait procédé à des élections partielles en vue de remplacer les candidats élus au premier tour et ayant manifesté l'intention de démissionner (cass. soc. 5 novembre 1984, n° 84-60.132, BC V n° 405). Le second tour des élections se fait, comme le premier, au scrutin de liste avec représentation proportionnelle à la plus forte moyenne; une candidature individuelle au second tour doit être considérée comme une liste et l'attribution des sièges en fonction du plus grand nombre de voix obtenues par les candidats est contraire à la loi (cass. soc. 25 mars 1985, n° 84-60.713, BC V n° 207; 19 novembre 1986, n° 86-60.252, BC V n° 532; 10 janvier 1989, n° 87-60.309, BC V n° 6). Mais n'est pas contraire à la loi l'usage d'entreprise permettant à chaque électeur d'insérer dans la même enveloppe autant de bulletins de vote qu'il y a de sièges à pourvoir lorsque ces bulletins sont établis au nom de chacun des candidats se présentant individuellement (cass. soc. 24 septembre 2008, n° 08-60.004, BC V n° 179; JCP éd. S 2008, 1619, note J-Y Kerbourc'h; RJS 12/08 n° 1217).

Les candidats présentés au premier tour des élections professionnelles par les organisations syndicales représentatives doivent être considérés comme maintenus pour le second tour et les dispositions d'un accord préélectoral ne peuvent écarter cette règle (cass. soc. 18 juillet 2000, 2 arrêts, n°s 99-60.111 et 99-60.356, BC V n° 298; 23 janvier 2002, n° 00-60.387). En effet, si un syndicat ne peut présenter aux élections professionnelles un candidat sans son accord, il ne lui incombe pas de s'assurer de la persistance de cet accord entre les deux tours; il doit, en revanche, être informé du retrait d'un candidat de la liste présumée reconduite pour le second tour, le défaut d'information du syndicat du retrait d'un candidat de sa liste constituant une irrégularité de nature à fausser la loyauté du scrutin (cass. soc. 13 octobre 2010, n° 09-60.233, BC V n° 224; RJS 12/10 n° 962). Toutefois, une liste des candidats déposée par un syndicat au premier tour des élections, mais écartée faute de respecter les formes et délais prévus par le protocole préélectoral, ne peut pas être réputée maintenue pour le second tour (cass. soc. 31 mai 2016, n° 15-60.157, BC V n° 118; LS Jurispr. n° 114 du 21.06.2016; RJS 8-9/16 n° 579; JCP éd. S 2016, 1314, note Fr. Petit).

La loi, qui n'édicte aucune exclusion et n'institue aucun monopole de présentation, permet à l'association de défense des intérêts du personnel d'une banque, régie par la loi du 1er juillet 1901, de présenter une liste de candidats au second tour de scrutin (cass. soc. 23 juin 1983, n° 83-61.030, BC V n° 361). Il en va de même pour un syndicat constitué depuis moins de deux ans (cass. soc. 18 janvier 2017, n° 15-28.884, LS Jurispr. n° 21 du 31.01.2017 ; RJS 3/17 n° 212).

• **Bulletins blancs ou nuls.** Sauf dérogation expresse, les bulletins blancs ou nuls ne sont pas pris en compte pour déterminer le nombre de votants (cass. soc. 22 juillet 1975, n° 75-60.117, BC V n° 418). L'Assemblée plénière énonce qu'il y a lieu à un nouveau tour de scrutin si le nombre d'électeurs qui se sont prononcés en faveur des candidats valablement présentés au premier tour est inférieur à la moitié du nombre des électeurs (voir note sous cass. ass. plén. 2 décembre 1977, n° 77-60.407, BC n° 7 ; D. 1978, 69, concl. R. Schmelck et 3 juin 1983, n° 82-60.245, BC n° 5). Lorsque, sur un bulletin de vote qui ne comptait qu'un seul nom, ce dernier a été rayé, il s'agit d'un bulletin blanc (cass. soc. 27 novembre 1974, n° 77-60.122, BC V n° 568).

• **Raturage.** Le ministère du Travail a considéré que les dispositions légales relatives aux ratures ont pour objet d'« éviter que certains candidats inscrits sur des listes ne soient pas élus en raison d'un nombre non significatif de ratures » et a précisé que « ces mesures n'ont pas à être appliquées pour le calcul de la moyenne de liste et ce faisant pour l'attribution des sièges à chaque liste, ce qui serait contraire à la volonté du législateur » (lettre min. du 3 mai 1983 ; circ. min. du 25 octobre 1983 précitée).

La Cour de cassation s'est prononcée dans le même sens en énonçant que « la portée de cette disposition est limitée à la conséquence qui en est tirée dans le texte, en ce qui concerne l'ordre dans lequel les candidats d'une même liste doivent être proclamés élus et que le mode de calcul de la moyenne des voix obtenues par chacune des listes n'a pas été modifié » (cass. soc. 16 juin 1983, n° 83-60.068, BC V n° 344 ; 4 juillet 1983, n° 83-60.828, BC V n° 383 ; 3 mars 1993, n° 91-60.270, RJS 4/93 n° 427). En d'autres termes, toute rature du nom d'un candidat fait baisser la moyenne des voix obtenues par la liste, mais l'ordre de présentation des candidats n'est modifié que si les ratures sur un nom atteignent 10 % des suffrages recueillis par la liste.

Les parties ne sauraient déroger par accord aux dispositions législatives relatives aux ratures qui sont d'ordre public en prévoyant que tous les bulletins raturés seront nuls (cass. soc. 9 novembre 1983, n° 82-60.635, BC V n° 548).

Le fait de rayer les bulletins d'un grand Z ne constitue pas un signe distinctif mais des ratures prévues par cet article (cass. soc. 8 janvier 1987, n° 86-60.213). À noter que, pour apprécier l'audience des syndicats dans le cadre de la loi du 20 août 2008, il ne doit pas être tenu compte des ratures, tout bulletin recueilli par une liste est un vote exprimé en faveur du syndicat qui l'a présentée même si le nom de certains de ses candidats a été rayé (cass. soc. 6 janvier 2011, n° 10-60.168, BC V n° 11 ; Dr. Soc. 2011, p. 340, obs. Fr. Petit ; RJS 3/11 n° 247, 1re espèce).

• **Candidature à la fois en qualité de titulaire et de suppléant.** Un salarié peut se porter candidat à une même fonction de représentant du personnel en qualité de titulaire et de suppléant ; toutefois, ne pouvant être élu en cette double qualité, sa candidature en qualité de suppléant présente un caractère subsidiaire. Il s'ensuit qu'ayant été élu comme suppléant au premier tour des élections, il peut se présenter au second tour et être élu comme titulaire, perdant alors la qualité subsidiaire de suppléant (cass. soc. 10 mai 2012, n° 11-18.912, BC V n° 138 ; JCP éd. S 2012, 1300, note S. Béal et P. Klein ; RJS 7/12 n° 643 ; Dr. Soc. 2012, p. 752, obs. Fr. Petit).

Art. R. 2314-19. Pour l'application de l'article L. 2314-29, chaque liste se voit attribuer autant de sièges que le nombre de voix recueilli par elle contient de fois le quotient électoral.

Le quotient électoral est égal au nombre total des suffrages valablement exprimés par les électeurs du collège, divisé par le nombre de sièges à pourvoir.

Note ***Nous rapportons ci-après les solutions dégagées par la jurisprudence à propos des délégués du personnel et du comité d'entreprise en ce qu'elles ont en principe vocation à s'appliquer au comité social et économique.***

• Le nombre de sièges attribué au quotient électoral lors de la première répartition est nécessairement un nombre entier, et il sert ensuite de base, conformément à l'article R. 2314-23 [ancien], au calcul des sièges restants attribués sur la base de la plus forte moyenne (cass. soc. 26 mai 2010, n° 09-60.350, BC V n° 112 ; LS Jurispr. n° 113 du 8.06.2010 ; RJS 8-9/10 n° 690).

• La répartition des sièges entre les catégories n'entraîne aucune modification des règles de l'élection ni du nombre de sièges revenant à chaque liste : il convient de répartir les sièges entre les listes avant de les attribuer aux candidats selon la catégorie de personnel à laquelle ils appartiennent (cass. soc. 19 mai 1971, n° 71-60.001, BC V n° 373).

• En l'absence d'accord respectant le droit électoral, en cas d'égalité des voix, le plus âgé des candidats est proclamé élu (cass. soc. 9 juin 1998, n° 96-60.455, BC V n° 312, arrêt n° 1 ; RJS 7/98 n° 884, 2e espèce ; 10 juillet 1990, n° 89-61.121, BC V n° 360 ; RJS 8-9/90 n° 681).

• En cas de candidature simultanée aux fonctions de délégué titulaire et de délégué suppléant, il est d'abord procédé à la proclamation des candidats élus titulaires et ensuite des suppléants (cass. soc. 20 juillet 1971, n° 71-60.006, BC V n° 536 ; voir aussi cass. soc. 19 mai 1988, n° 87-60.207). Une liste de suppléants qui, du fait de l'élection de certains des candidats qu'elle présentait aux postes de titulaires, ne comprend plus assez de noms pour que tous les sièges auxquels elle avait droit puissent lui être attribués doit être considérée comme une liste incomplète, ce qui autorise l'attribution des sièges non pourvus aux autres listes concurrentes (cass. soc. 13 juin 1973). Nul ne pouvant être, à la fois, délégué titulaire et délégué suppléant, l'élection au siège de délégué titulaire entraîne l'impossibilité d'être proclamé élu délégué suppléant (cass. soc. 29 mai 1975, n° 75-60.010, BC V n° 295).

• Une organisation syndicale qui présente une liste incomplète ne peut prétendre à plus de sièges qu'elle n'a de candidats et il y a lieu d'attribuer les autres sièges aux listes ayant présenté des candidats (cass. soc. 7 mars 1973, n° 72-60.086, BC V n° 141; voir aussi 12 janvier 2000, n° 99-60.044, BC V n° 18). L'inéligibilité d'un candidat d'une liste n'empêche pas la proclamation de l'élection des autres candidats de cette liste (cass. soc. 30 mars 1978, n° 77-60.695, BC V n° 249).

Le regroupement sur une même liste d'un nombre de candidats supérieur à celui des sièges à pourvoir contrevient aux dispositions d'ordre public de la loi (cass. soc. 27 octobre 1999, n° 98-60.419, BC V n° 423; 20 juin 2000, n° 99-60.153, BC V n° 239). Toutefois, il n'appartient pas au bureau de vote d'écarter les suffrages exprimés en faveur d'une liste, fût-elle irrégulière (cass. soc. 8 décembre 2010, n° 10-60.211, BC V n° 285; Dr. Soc. 2011, p. 224, obs. Fr. Petit).

Art. R. 2314-20. Lorsqu'il n'a été pourvu à aucun siège ou qu'il reste des sièges à pourvoir, les sièges restant sont attribués sur la base de la plus forte moyenne.

À cet effet, le nombre de voix obtenu par chaque liste est divisé par le nombre augmenté d'une unité des sièges déjà attribués à la liste. Les différentes listes sont classées dans l'ordre décroissant des moyennes obtenues. Le premier siège non pourvu est attribué à la liste ayant la plus forte moyenne.

Il est procédé successivement à la même opération pour chacun des sièges non pourvus jusqu'au dernier.

Art. R. 2314-21. Lorsque deux listes ont la même moyenne et qu'il ne reste qu'un siège à pourvoir, ce siège est attribué à la liste qui a le plus grand nombre de voix.

Lorsque deux listes ont recueilli le même nombre de voix, le siège est attribué au plus âgé des deux candidats susceptibles d'être élus.

Art. R. 2314-22. ***(D. 2019-1345 du 11 déc. 2019, JO 13)*** Un exemplaire du procès-verbal des élections au comité social et économique ou un exemplaire du procès-verbal de carence est transmis par l'employeur au prestataire agissant pour le compte du ministre chargé du travail dans les quinze jours suivant la tenue de ces élections au moyen d'un formulaire homologué.

En cas de transmission par la voie électronique, le téléservice mis en place par le prestataire agissant pour le compte du ministre chargé du travail respecte le référentiel général de sécurité prévu à l'article 9 de l'ordonnance n° 2005-1516 du 8 décembre 2005 relative aux échanges électroniques entre les usagers et les autorités administratives et entre les autorités administratives.

(D. 2019-1548 du 30 déc. 2019, JO 31) « La liste nominative des membres de chaque comité social et économique est affichée dans les locaux affectés au travail. Elle indique l'emplacement de travail habituel des membres du comité ainsi que, le cas échéant, leur participation à une ou plusieurs commissions du comité. »

Note • Voir arrêté du 4 novembre 2019 (JO 16) fixant les modalités de transmission par voie électronique des résultats des élections professionnelles au ministre chargé du travail.

• Voir les formulaires types de procès-verbaux de saisie des résultats des élections professionnelles actualisés et diffusés par le ministère du Travail sur le site *https://www.elections-professionnelles.travail.gouv.fr.*

• Pour la transmission d'un exemplaire papier, l'adresse postale est la suivante: CTEP, TSA 79104, 76934 ROUEN CEDEX 9. Les Cerfa à utiliser sont en ligne sur le site du ministère du Travail, accompagnés de leur notice explicative.

Nous rapportons ci-après les solutions dégagées par la jurisprudence à propos des délégués du personnel et du comité d'entreprise en ce qu'elles ont en principe vocation à s'appliquer au comité social et économique.

• À défaut de mention dans le procès-verbal de dépouillement du scrutin qui porte inscription de toutes observations, protestations ou contestations sur les opérations électorales, des attestations ne peuvent servir de preuve d'irrégularités alléguées (cass. soc. 12 janvier 1999, n° 97-60.322, BC V n° 12).

• Le tribunal d'instance [tribunal judiciaire] a compétence, en cas de contestation du procès-verbal des élections, pour en vérifier la régularité et, le cas échéant, y apporter les corrections nécessaires (cass. soc. 28 novembre 2012, n° 11-28.001, BC V n° 307; RJS 2/13 n° 150).

• Le procès-verbal des élections doit être établi par l'un des membres du bureau de vote ou par l'un des électeurs présents choisi par lui; son établissement par un tiers affecte la régularité du scrutin (cass. soc. 2 juillet 2014, n° 13-60.218, BC V n° 166; RJS 10/14 n° 711; JCP éd. S 2014, 1388, note É. Jeansen; Dr. Soc. 2014, p. 962, act. Fr. Petit).

Sous-section 5. Représentation équilibrée des femmes et des hommes

Art. L. 2314-30. Pour chaque collège électoral, les listes mentionnées à l'article L. 2314-29 qui comportent plusieurs candidats sont composées d'un nombre de femmes et d'hommes correspondant à la part de femmes et d'hommes inscrits sur la liste électorale. Les listes sont composées alternativement d'un candidat de chaque sexe jusqu'à épuisement des candidats d'un des sexes.

Lorsque l'application du premier alinéa n'aboutit pas à un nombre entier de candidats à désigner pour chacun des deux sexes, il est procédé à l'arrondi arithmétique suivant:
1° Arrondi à l'entier supérieur en cas de décimale supérieure ou égale à 5;
2° Arrondi à l'entier inférieur en cas de décimale strictement inférieure à 5.

En cas de nombre impair de sièges à pourvoir et de stricte égalité entre les femmes et les hommes inscrits sur les listes électorales, la liste comprend indifféremment un homme ou une femme supplémentaire.

Lorsque l'application de ces règles conduit à exclure totalement la représentation de l'un ou l'autre sexe, les listes de candidats pourront comporter un candidat du sexe qui, à défaut ne serait pas représenté. Ce candidat ne peut être en première position sur la liste.

Le présent article s'applique à la liste des membres titulaires du comité social et économique et à la liste de ses membres suppléants.

Note • **Conformité du dispositif légal avec les normes supérieures**

Au regard de la Constitution. Dans une décision du 19 janvier 2018 (n° 2017-686 QPC, JO 20; voir LSQ n° 17495 du 24.01.2018), le Conseil constitutionnel a validé le dispositif issu de l'ancien article L. 2324-22-1 avec, toutefois, une réserve d'interprétation aux termes de laquelle l'application de la règle d'arrondi ne saurait, sans porter une atteinte manifestement disproportionnée au droit d'éligibilité aux institutions représentatives du personnel résultant du principe de participation, faire obstacle à ce que les listes de candidats puissent comporter un candidat du sexe sous-représenté dans le collège électoral. Autrement dit, la règle ne peut conduire à éliminer toute candidature d'une personne du sexe minoritaire dans l'entreprise. Dans sa version actuelle ci-dessus, l'article L. 2314-30 tient compte de cette réserve d'interprétation (sur la constitutionnalité du dispositif, voir également cass. soc. 14 février 2018, QPC, n° 17-40.068 et 17-40.076, BC V n°s 23 et 24).

Au regard des textes internationaux. Les règles légales relatives à la «parité» femmes/hommes sur les listes de candidats aux élections professionnelles ne portent pas d'atteinte disproportionnée à la liberté syndicale protégée par les textes internationaux et européens (cass. soc. 13 février 2019, n° 18-17.042, à paraître, LSQ n° 17758 du 19.02.2019; JCP éd. S 2019, 1110, note J. Cavallini; RJS 4/19 n° 236).

• **Champ d'application des dispositions légales.** Les dispositions de l'article L. 2314-30 relatives à la représentation équilibrée des femmes et des hommes s'appliquent aux candidatures présentées par les organisations syndicales au premier comme au second tour de scrutin. En revanche, elles ne s'appliquent pas aux candidatures libres présentées au second tour (cass. soc. 25 novembre 2020, n° 19-60.222, à paraître, LS n° 18201 du 10.12.2020).

• **Exigences en résultant quant à la composition des listes.** Lorsque plusieurs sièges sont à pourvoir, deux hypothèses doivent être distinguées:

1) Si les règles de calcul fixées par ce texte conduisent à une attribution inégalitaire entre les sexes des sièges à pourvoir mais sans exclure totalement la représentation d'un de ces sexes, les listes doivent comporter au moins deux candidats de sexe différent. Ainsi, ayant constaté que la proportion de femmes et d'hommes dans le collège concerné était respectivement de 30,46 % et de 69,54 % et que deux postes étaient à pourvoir, ce dont il résultait que, la règle de proportionnalité donnant une décimale supérieure à 5, un poste devait être attribué à une femme, c'est à bon droit qu'un tribunal a annulé l'élection d'un salarié présenté sur une liste ne comportant que ce seul candidat homme (cass. soc. 11 décembre 2019, n° 18-23.513, à paraître, LS n° 17961 du 17.12.2019; RJS 2/20 n° 102, 2e espèce; JCP éd. S 2020, 1030, 2e espèce, note B. Bossu; JSL n° 492, 24.02.2020, pp. 6 et s., H. Nasom-Tissandier). De même, lorsque quatre sièges sont à pourvoir et que chacun des deux sexes doit être représenté, une liste ne comportant que deux candidats ne satisfait aux dispositions légales que dans la mesure où elle comporte un candidat de l'un et l'autre sexe (cass. soc. 11 décembre 2019, n° 19-10.826, à paraître, RJS 2/20 n° 102, 1re espèce; JCP éd. S 2020, 1030, 5e espèce, note B. Bossu).

Sauf le cas prévu à l'alinéa 6 de l'article L. 2314-30, la règle de l'alternance entre les candidats de chaque sexe n'impose pas que le premier candidat de la liste appartienne au sexe majoritaire (cass. soc. 27 mai 2020, n° 19-60.147, RJS 7/20 n° 362, 1re espèce).

2) En revanche, si les règles de calcul fixées par ce texte conduisent à exclure totalement la représentation d'un sexe, les listes peuvent comporter un candidat du sexe exclu mais sans que les organisations syndicales y soient tenues. Ainsi, lorsque les femmes ne représentent que 11 % des effectifs d'un collège, soit, pour deux sièges à pourvoir, un pourcentage ne donnant droit, en application de la règle de l'arrondi, à aucun siège, un syndicat peut présenter, soit deux candidats de sexe masculin, soit un candidat de chacun des deux sexes, soit un candidat unique de sexe masculin (cass. soc. 11 décembre 2019, n° 18-26.568, à paraître, LS n° 17961 du 17.12.2019; RJS 2/20 n° 102, 4e espèce; JSL n° 492, 24.02.2020, pp. 4 et s., M. Hautefort). Les dispositions de l'article L. 2314-30 CT étant d'ordre public absolu, le protocole préélectoral ne peut y déroger en décidant néanmoins d'attribuer un siège à un candidat du sexe légalement exclu, ce qui aurait pour effet de faire entrer l'élection dans le cadre de la première hypothèse envisagée ci-dessus (cass. soc. 11 décembre 2019, n° 19-10.855, à paraître).

• **Nature préélectorale ou électorale du contentieux susceptible d'en résulter.** Quoiqu'ils n'envisagent qu'un contentieux électoral susceptible d'entraîner l'annulation de l'élection de certains candidats, il a été jugé que les articles L. 2314-32 et L. 2314-30 CT n'excluaient pas la possibilité de saisir, avant l'élection, le tribunal d'instance [tribunal judiciaire] d'une contestation relative à la composition des listes de candidats afin qu'il déclare la liste électorale irrégulière et reporte le cas échéant la date des élections pour en permettre la régularisation (cass. soc. 11 décembre 2019, n° 18-26.568, à paraître, précité). Mais, et cet arrêt le précise, il faut que le tribunal, saisi avant les élections, statue également avant ces élections. Une fois les élections intervenues, le contentieux devient nécessairement électoral; il appartient alors au demandeur de modifier sa demande en conséquence (sur cette modification de la demande dans les 15 jours des élections, voir note sous article L. 2314-32, «Transformation d'un contentieux préélectoral en contentieux électoral»).

• **Sanction de la méconnaissance des exigences légales**

Caractère spécifique et exclusif de la sanction prévue par les textes. La méconnaissance des règles relatives à la représentation équilibrée des sexes dans un collège électoral est sanctionnée par la seule annulation de l'élection de certains candidats. Le juge ne peut donc pas procéder à l'annulation de l'ensemble des élections du collège au motif qu'une telle méconnaissance aurait exercé une influence sur le résultat des élections, aurait été déterminante de la qualité représentative des organisations syndicales dans l'entreprise ou du droit pour un candidat d'être désigné délégué syndical. La méconnaissance des règles de représentation équilibrée ne propage donc pas ses effets au-delà de ce qui est spécifiquement prévu par la loi (cass. soc. 27 mai 2020, 2 arrêts, nos 19-15.974 et 19-60.147, RJS 7/20 n° 362).

De même, l'annulation de l'élection d'un élu surnuméraire du sexe surreprésenté, seule sanction prévue par les dispositions légales, ne fait perdre au salarié élu son mandat de membre du comité social et économique qu'à compter du jour où elle est prononcée et reste sans incidence sur sa candidature aux élections professionnelles (cass. soc. 30 septembre 2020, n° 19-15.505, à paraître, RJS 12/20 n° 607; SSL n° 1925, 19.10.2020, p. 15; LS n° 18169 du 26.10.2020; JSL n° 508, 23.11.2020, p. 27).

De même encore, l'annulation de l'élection d'un membre du CSE n'a pas d'effet rétroactif de sorte qu'elle est sans incidence sur la régularité des désignations en qualité de délégué syndical et de délégué syndical central du salarié, dont le mandat prend fin, en application de l'article L. 2143-11 CT, lors des nouvelles élections renouvelant l'institution représentative du personnel (cass. soc. 11 décembre 2019, n° 18-19.379, à paraître).

La spécificité de la sanction et des textes relatifs à la représentation équilibrée des femmes et des hommes est également marquée par la jurisprudence qui considère que lorsque le tribunal est saisi d'une demande tendant à l'annulation de l'élection d'un élu figurant sur une liste ne respectant pas ces textes, une demande reconventionnelle en annulation des élections elles-mêmes formée postérieurement au délai de forclusion de 15 jours courant à compter des élections est irrecevable (cass. soc. 11 décembre 2019, n° 18-23.513, à paraître, LS n° 17961 du 17.12.2019; RJS 2/20 n° 102, 2e espèce; JCP éd. S 2020, 1030, 2e espèce, note B. Bossu; JSL n° 492, 24.02.2020, pp. 6 et s., H. Nasom-Tissandier).

Possible inutilité de la sanction. Le non-respect par une liste de candidats de la règle de l'alternance n'entraîne pas l'annulation de l'élection des candidats mal positionnés si la liste en cause respecte la proportion de femmes et d'hommes au sein du collège concerné et que tous les candidats de la liste ont été élus (cass. soc. 9 mai 2018, n° 17-60.133, à paraître, LSQ n° 17571 du 17.05.2018; JCP éd. S 2018, 1219, 2e espèce, note B. Bossu; RJS 7/18 n° 491, 1re espèce). Dans une telle configuration, l'objectif voulu par le législateur est en effet atteint. Cette jurisprudence rendue dans le cadre de l'élection de la délégation unique du personnel est à l'évidence applicable aux élections des membres du CSE.

Toutefois, et quoique l'objectif poursuivi par la loi soit également atteint dans les faits et de façon globale, aucune compensation ne peut être recherchée entre deux listes concurrentes. Ainsi, si une liste «A» comporte un élu de sexe «féminin excédentaire» et une liste «B» un élu de sexe «masculin excédentaire», chacune de ces deux personnes verra son élection annulée (cass.

soc. 6 juin 2018, n° 17-60.263, BC V n° 77; LS Jurispr. n° 111 du 19.06.2018; JCP éd. S 2018, 1248, note B. Bossu; RJS 8-9/18 n° 553). Cette jurisprudence rendue dans le cadre des élections des délégués du personnel est à l'évidence applicable aux élections des membres du CSE.

Conditions de mise en œuvre de la sanction. La proportion de femmes et d'hommes composant chaque collège électoral devant être mentionnée dans l'accord préélectoral conclu à la double majorité [art. L. 2314-13 CT], un syndicat qui a signé sans réserves ce protocole et a présenté des candidats toujours sans émettre de réserves n'est pas recevable à invoquer une proportion d'hommes et de femmes composant le corps électoral différente de celle figurant dans le protocole pour échapper à l'annulation de l'élection d'un de ses candidats (cass. soc. 11 décembre 2019, n° 18-20.841, à paraître).

Pour l'application des alinéas 3 et 4 de l'article L. 2314-32 relatifs à la sanction attachée à la méconnaissance des dispositions de l'article L. 2314-30, il convient de tenir compte de l'ordre des élus tel qu'il résulte le cas échéant de l'application des règles relatives à la prise en compte des ratures dont le nombre est égal ou supérieur à 10 % des suffrages exprimés (cass. soc. 11 décembre 2019, n° 19-12.596, à paraître).

• Voir Fr. Petit, «Les (derniers) remèdes à la représentation déséquilibrée entre les femmes et les hommes au sein du comité social et économique», Dr. Soc. 2020, p. 244; J. Crédoz-Rosier, «*Vade-mecum* pour les listes de candidatures au CSE - Règles de représentation équilibrée femmes/hommes», RJS 5/20, chron.

Art. L. 2314-31. Dès qu'un accord ou une décision de l'autorité ***(L. 2018-217 du 29 mars 2018, art. 6, 10°, JO 31)*** «administrative ou de l'employeur» sur la répartition du personnel est intervenu, l'employeur porte à la connaissance des salariés, par tout moyen permettant de donner une date certaine à cette information, la proportion de femmes et d'hommes composant chaque collège électoral.

Sous-section 6. Contestations

Art. L. 2314-32. Les contestations relatives à l'électorat, à la composition des listes de candidats en application de l'article L. 2314-30, à la régularité des opérations électorales et à la désignation des représentants syndicaux sont de la compétence du juge judiciaire.

Lorsqu'une contestation rend indispensable le recours à une mesure d'instruction, les dépenses afférentes à cette mesure sont à la charge de l'État.

La constatation par le juge, après l'élection, du non-respect par une liste de candidats des prescriptions prévues à la première phrase du premier alinéa de l'article L. 2314-30 entraîne l'annulation de l'élection d'un nombre d'élus du sexe surreprésenté égal au nombre de candidats du sexe surreprésenté en surnombre sur la liste de candidats au regard de la part de femmes et d'hommes que celle-ci devait respecter. Le juge annule l'élection des derniers élus du sexe surreprésenté en suivant l'ordre inverse de la liste des candidats.

La constatation par le juge, après l'élection, du non-respect par une liste de candidats des prescriptions prévues à la seconde phrase du premier alinéa du même article L. 2314-30 entraîne l'annulation de l'élection du ou des élus dont le positionnement sur la liste de candidats ne respecte pas ces prescriptions.

Le cas échéant, il est fait application des dispositions de l'article L. 2314-10 du code du travail.

Note Sur les trois derniers alinéas sanctionnant la méconnaissance des règles relatives à la représentation équilibrée des hommes et des femmes, voir note sous article L. 2314-30.

Nous rapportons ci-après les solutions dégagées par la jurisprudence à propos des délégués du personnel et du comité d'entreprise en ce qu'elles ont en principe vocation à s'appliquer au comité social et économique, ainsi que celles concernant ce dernier (le cas étant alors signalé).

• Il convient de rappeler ici que deux types d'irrégularités peuvent affecter la validité des élections: les irrégularités contraires aux principes généraux du droit électoral qui suffisent à entraîner l'annulation des élections et celles qui ne sont pas contraires à ces principes et qui n'entraînent l'annulation des élections que si elles ont eu une influence sur les résultats du scrutin ou sur la qualité d'organisation syndicale représentative (voir par ex. cass. soc. 2 mars 2011, n° 10-60.101, BC V n° 61; RJS 5/11 n° 440; 27 mai 2020, n° 19-15.105, *relatif au CSE*, LS Jurispr. n° 114 du 23.06.2020; RJS 7/20 n° 361, 1re espèce).

• Un salarié ou un candidat n'est recevable à contester que les résultats de l'élection concernant le collège auquel il appartient (cass. soc. 16 mai 1990, n° 88-60.797, RJS 6/90 n° 507; 10 juillet 2002, n° 01-60.654, BC V n° 244; RJS 11/02 n° 1260).

• Le jugement d'un tribunal d'instance [tribunal judiciaire] déclarant qu'un syndicat n'est pas représentatif (à l'occasion d'élections de délégués du personnel) ne constitue pas un fait nouveau susceptible de remettre en cause la désignation d'un représentant syndical au comité effectuée par ce syndicat l'année précédente (cass. soc. 11 octobre 1994, n° 93-60.380, BC V n° 274; RJS 11/94 n° 1284).

• L'annulation des élections des représentants du personnel n'a pas d'effet rétroactif (comme celle d'ailleurs des représentants syndicaux). Il s'agit de ne pas remettre en cause la validité des actions menées entre le jour où l'institution a été mise en place et le jour où (en pratique, plusieurs mois après) les élections sont annulées, ceci y compris dans l'intérêt de l'employeur qui a pu, par exemple, prendre une décision après consultation du comité d'entreprise, décision qui deviendrait alors irrégulière. La Cour de cassation affirme nettement cette absence d'effet rétroactif et en tire toutes les conséquences. Ainsi, elle juge que l'annulation des élections des membres du comité d'entreprise et des délégués du personnel ne fait perdre aux salariés élus leur qualité de membre de ces institutions représentatives du personnel qu'à compter du jour où elle est prononcée; qu'il en résulte que l'annulation des élections des délégués du personnel et des membres du comité d'entreprise est sans incidence sur la régularité de l'élection des membres du CHSCT avant cette annulation (cass. soc. 15 avril 2015, n° 14-19.139, BC V n° 80; RJS 7/15 n° 496) ou que l'annulation des élections des membres du comité d'entreprise n'ayant pas d'effet rétroactif, elle est sans incidence sur la régularité des désignations, en qualité de délégué syndical et de représentant syndical au comité d'entreprise, des salariés dont le mandat prend fin, en application des articles L. 2143-11 et L. 2324-2 [ancien] CT, lors des élections renouvelant l'institution représentative du personnel (cass. soc. 11 mai 2016, n° 15-60.171, BC V n° 91; RJS 7/16 n° 512; JSL n° 414, 25.07.2016, pp. 21 et s., N. Gssime; RDT, juillet/août 2016, CH, 497, I. Odoul-Asorey; JCP éd. S 2016, 1279, note J-Y Kerbourc'h; Dr. Soc. 2016, p. 871, act. Fr. Petit).

Sur la jurisprudence relative au CHSCT, voir Code du Travail Annoté, éd. 2020.

Art. R. 2314-23. Le ***(D. 2019-966 du 18 sept. 2019, art. 8, JO 19, entrée en vigueur le 01.01.2020)*** « tribunal judiciaire » statue en dernier ressort sur :

1° La demande de mise en place d'un dispositif de contrôle du scrutin prévue à l'article L. 2314-17 ;

2° Les contestations prévues à l'article L. 2314-32 ;

3° Les contestations relatives à une décision de l'autorité administrative prise sur le fondement des articles L. 2314-13 et L. 2314-25.

Note ***Jurisprudence rendue à propos du comité d'entreprise et ayant en principe vocation à s'appliquer au comité social et économique.*** La loi prévoit que le tribunal d'instance [tribunal judiciaire] statue en dernier ressort uniquement sur les contestations relatives à l'élection des membres du comité d'entreprise et non sur la contestation de la régularité de la consultation prévue à l'article L. 433-12 [L. 2324-27 ancien] CT portant sur l'approbation de leur révocation en cours de mandat; dès lors, le tribunal d'instance [tribunal judiciaire] statue en premier ressort sur une demande d'annulation d'une consultation en vue de révoquer un salarié de ses fonctions de membre du comité d'entreprise (cass. soc. 12 juillet 2006, n° 05-60.404, BC V n° 253; RJS 10/06 n° 1082).

Art. R. 2314-24. Le ***(D. 2019-966 du 18 sept. 2019, art. 8, JO 19, entrée en vigueur le 01.01.2020)*** « tribunal judiciaire » est saisi des contestations par voie de ***(D. 2019-1333 du 11 déc. 2019, art. 36, JO 12, entrée en vigueur le 01.01.2020)*** « requête ».

Lorsque la contestation porte sur l'électorat, ***(D. 2019-1333 du 11 déc. 2019, art. 36, JO 12, entrée en vigueur le 01.01.2020)*** « la requête n'est recevable que si elle est remise ou adressée » dans les trois jours suivant la publication de la liste électorale.

Lorsque la contestation porte sur une décision de l'autorité administrative, sur demande du greffe, cette dernière justifie de l'accomplissement de la notification de sa décision auprès de la juridiction saisie ou, à défaut, de sa réception de la contestation. Si le juge le demande, elle communique tous les éléments précisant les éléments de droit ou de fait ayant fondé sa décision.

Lorsque la contestation porte sur la régularité de l'élection ou sur la désignation de représentants syndicaux, ***(D. 2019-1333 du 11 déc. 2019, art. 36, JO 12, entrée en vigueur le 01.01.2020)*** « la requête n'est recevable que si elle est remise ou adressée » dans les quinze jours suivant cette élection ou cette désignation.

Note • Les dispositions de cet article, dans sa rédaction issue du décret 2019-1333 précité, sont applicables aux instances en cours au 1er janvier 2020 (décret précité, art. 55, I).

• Voir note sous article L. 2143-8.

Nous rapportons ci-après les solutions dégagées par l'Administration et la jurisprudence à propos des délégués du personnel et du comité d'entreprise en ce qu'elles ont en principe vocation à s'appliquer au comité social et économique, ainsi que celles concernant ce dernier (le cas étant alors signalé).

• Les élections professionnelles constituant une matière intéressant l'ordre public, l'employeur et les organisations syndicales ne peuvent conclure un accord pour se faire juge de leur validité (cass. soc. 19 décembre 2018, n° 18-60.067, à paraître, LS Jurispr. n° 15 du 22.01.2019; JCP éd. S 2019, 1040, note E. Jeansen; JRDT, février 2019, CH, 123, Fr. Guiomard; RJS 3/19 n° 173). De même, ni l'employeur ni les organisations syndicales ne peuvent se faire juges de la validité des élections professionnelles, matière intéressant l'ordre public; il en résulte que le candidat élu sur une liste présentée par un syndicat et ce dernier n'ont pas la libre disposition du droit né du vote des électeurs, ce qui exclut tout acquiescement de leur part à une demande d'annulation de l'élection (cass. soc. 11 mars 2020, n° 19-11.661, *relatif au CSE*, RJS 6/20 n° 308; LS n° 18090 du 29.06.2020).

• D'une façon générale le tribunal d'instance [tribunal judiciaire; voir note sous article L. 2143-8], saisi en sa qualité de juge de l'élection est compétent pour statuer sur les contestations soulevées par voie d'exception. Ainsi, saisi au principal sur une demande d'organisation d'élections, le tribunal est compétent pour statuer par voie d'exception sur la validité d'un accord de prorogation des mandats (cass. soc. 19 décembre 2018, n° 18-14.730).

• La loi prévoit que le tribunal d'instance [tribunal judiciaire] statue en dernier ressort uniquement sur les contestations relatives à l'élection des membres du comité d'entreprise et non sur la contestation de la régularité de la consultation prévue à l'article L. 433-12 [L. 2324-27 ancien] CT portant sur l'approbation de leur révocation en cours de mandat; dès lors, le tribunal d'instance [tribunal judiciaire] statue en premier ressort sur une demande d'annulation d'une consultation en vue de révoquer un salarié de ses fonctions de membre du comité d'entreprise (cass. soc. 12 juillet 2006, n° 05-60.404, BC V n° 253; RJS 10/06 n° 1082).

• Le chef d'un établissement distinct, lorsqu'il est responsable de l'organisation des élections professionnelles dans l'établissement, a qualité pour saisir le tribunal d'instance [tribunal judiciaire] de tout litige relatif à l'organisation et à la régularité des élections (cass. soc. 4 avril 2007, n° 06-60.112, BC V n° 62; RJS 6/07 n° 761; JCP éd. S 2007, 1575, note B. Gauriau).

• Le tribunal d'instance [tribunal judiciaire] territorialement compétent est celui du lieu où se déroulent les élections et où, en principe, a lieu la proclamation des résultats. Lorsque les opérations matérielles du vote ont été effectuées en divers endroits pour une même catégorie de personnel mais que le regroupement des votes, leur dépouillement global et la proclamation des résultats des élections ont lieu au siège social de la société, le tribunal compétent est celui dans le ressort duquel a eu lieu la proclamation des résultats, dernière et seule formalité qui confère aux élus la qualité de représentants du personnel (cass. soc. 12 juin 1981, n° 81-60.021, BC V n° 547). De même, ayant constaté que, conformément au protocole d'accord préélectoral unique organisant les élections au sein de tous les CSE de l'entreprise, le dépouillement et la proclamation des résultats avaient été centralisés dans un même lieu situé hors de son ressort, un tribunal d'instance a pu en déduire que ce litige ne relevait pas de sa compétence, peu important que le protocole d'accord préélectoral ait été signé dans son ressort (cass. soc. 11 mars 2020, n° 19-16.438, *relatif au CSE*, à paraître, JSL n° 498 du 18.05.2020, p. 20; LS Jurispr. n° 93 du 19.05.2020; RJS 6/20 n° 307; Dr. Soc. 2020, p. 762, act. Fr. Petit).

• Les syndicats ayant vocation à participer au processus électoral ont nécessairement intérêt à agir en contestation de la régularité des élections; ils peuvent donc contester le résultat des élections sans avoir à justifier de la présence d'adhérents dans l'entreprise (cass. soc. 20 septembre 2018, n° 17-26.226, à paraître, LS Jurispr. n° 178 du 02.10.2018; JCP éd. S 2018, 1330, note L. Dauxerre; RDT, octobre 2018, CH, 694, Fr. Guiomard; RJS 12/18 n° 757). Cet arrêt revient sur la jurisprudence antérieure qui réservait cette contestation aux syndicats ayant des adhérents dans l'entreprise (voir par ex. cass. soc. 10 octobre 2012, n° 11-60.238, LS Jurispr. n° 45 du 5.03.2013).

• Le défaut de pouvoir de celui qui figure au procès comme représentant une personne morale constitue une nullité de fond qui ne peut être couverte après l'expiration du délai de quinze jours prévu pour la contestation de la régularité des élections (cass. soc. 17 mars 1998, n° 96-60.292, BC V n° 150; RJS 5/98 n° 615). Sur le défaut de pouvoir du représentant d'une personne morale affectant la déclaration de pourvoi d'une irrégularité de fond, voir aussi cass. soc. 30 avril 1997, n° 96-60.032, BC V n° 147; RJS 6/97 n° 710.

• Il n'est pas interdit de former un recours, par exemple sur le caractère représentatif d'une organisation syndicale, dès que l'illégalité alléguée est apparue, même antérieurement à l'élection (cass. soc. 12 mai 1971, n° 71-60.007, BC V n° 347). Voir aussi cass. soc. 23 juillet 1980, n° 80-60.240, BC V n° 682 (désaccord entre l'employeur et les représentants des syndicats sur l'effectif à prendre en considération pour la détermination des sièges à pourvoir); 4 juillet 1989, n° 88-60.547, Dr. Ouvr. 1990, p. 363 (contestation d'une candidature estimée frauduleuse). Mais un tribunal d'instance [tribunal judiciaire] saisi par l'employeur d'une demande d'annulation d'une candidature a décidé à bon droit qu'il ne pouvait se prononcer en l'état d'une simple déclaration d'imminence de candidature n'équivalant pas à un dépôt de liste (cass. soc. 18 novembre 1992, n° 91-60.289, BC V n° 557; RJS 12/92 n° 1401).

• Le tribunal d'instance [tribunal judiciaire] compétent, saisi avant l'élection dès qu'une difficulté est apparue pour la régler et éviter tout litige, peut, à cette fin, confier à un mandataire de justice une mission d'information et de médiation; il ne saurait lui déléguer le pouvoir d'arrêter et d'imposer des décisions aux parties, en dehors de tout débat judiciaire (cass. soc. 11 février 1981, n° 80-60.166, BC V n° 119).

• Lorsqu'un syndicat représentatif en fait la demande, l'employeur est tenu de lui communiquer copie des listes électorales; le tribunal d'instance [tribunal judiciaire] peut donc ordonner à l'employeur de communiquer la liste des électeurs aux élections de délégués du personnel au syndicat (cass. soc. 14 octobre 1997, n° 96-60.037, BC V n° 314; RJS 11/97 n° 1263, 2e espèce; 17 janvier 2001, n° 99-60.471, RJS 4/01 n° 469; 20 mars 2002, n° 00-60.315, BC V n° 95). Cependant, si la liste électorale a été affichée, un syndicat ne peut obtenir l'annulation des élections en raison de la non-communication de cette liste par l'employeur (cass. soc. 4 juin 2003, n° 02-60.034, BC V n° 186; RJS 11/03 n° 1291).

Délais de saisine du tribunal

• Les délais de contestation en matière électorale sont des délais judiciaires dont l'expiration entraîne forclusion sans qu'aucune exception puisse être admise. Doit être cassé l'arrêt qui, pour déclarer le président du conseil d'administration d'une société non coupable d'entrave au fonctionnement régulier du comité d'entreprise (discrimination à l'encontre d'un membre du comité), retient que l'intéressé n'avait obtenu son mandat de membre du comité d'entreprise que pour la seule protection de ses intérêts personnels et que cette fraude à la loi ne pouvait conférer à son auteur une protection susceptible de fonder les poursuites pénales contre le prévenu, alors que, en statuant ainsi, la cour d'appel a implicitement admis que l'employeur pouvait se faire juge de la validité des élections (cass. crim. 22 octobre 1991, n° 89-85.768, B. crim. n° 367; RJS 2/92 n° 174).

• La contestation relative à la désignation d'un représentant syndical doit être portée devant le tribunal d'instance [tribunal judiciaire] dans les quinze jours suivant la désignation; hors le cas de fraude, cette règle ne souffre aucune exception (cass. soc. 29 mars 1994, n° 93-60.334, RJS 6/94 n° 714). Le délai de quinze jours court à compter de la date de l'accusé de réception de la lettre de désignation adressée au responsable de la société (cass. soc. 29 avril 2009, n° 08-70.028).

• Dans les entreprises de moins de 300 salariés où le délégué syndical est de droit représentant syndical au comité d'entreprise (art. L. 2143-22), la contestation de la désignation doit être effectuée dans les 15 jours suivant la désignation du salarié en qualité de délégué syndical (cass. soc. 25 janvier 2012, n° 11-10.978, BC V n° 34).

• Dès lors que les élections n'ont pas été contestées dans le délai de quinze jours, les résultats électoraux sont définitifs. Ainsi, l'employeur ne peut pas se dispenser de respecter la procédure spéciale pour procéder au licenciement d'un élu (cass. soc. 28 septembre 2016, n° 15-13.728, LS Jurispr. n° 193 du 25.10.2016; RJS 12/16 n° 791).

Contestations sur l'électorat

• Les contestations portant sur la participation d'une catégorie de personnel déterminée aux opérations électorales et celles relatives au vote par correspondance se rattachent à la régularité des opérations électorales et peuvent donc être introduites jusqu'à l'expiration d'un délai de 15 jours suivant la proclamation des résultats (cass. soc. 9 septembre 2020, n° 19-19.322, *relatif au CSE*, LS Jurispr. n° 180 du 06.10.2020; RJS 11/20 n° 552, 1re espèce).

• Les contestations sur l'éligibilité, dans la mesure où elles portent sur une des conditions de l'électorat (appartenance contestée à l'entreprise d'un salarié à temps partiel ou d'un salarié mis en disponibilité pour exercer des fonctions syndicales permanentes, par exemple), concernent, en fait, l'inscription sur la liste électorale et, pour être recevables, doivent être portées devant le tribunal d'instance [tribunal judiciaire] dans les trois jours de la publication de la liste électorale (cass. soc. 17 décembre 1974, n° 74-60.121, BC V n° 617; 22 mai 1975, n° 75-60.004, BC V n° 269). De même, porte sur l'électorat le litige relatif à l'appartenance des salariés à l'un ou l'autre collège (cass. soc. 8 avril 1992, RJS 5/92 n° 644). Mais l'omission d'une catégorie entière de salariés ne porte pas seulement sur l'électorat et affecte la régularité des élections (cass. soc. 2 décembre 1992, n° 91-60.275, RJS 1/93 n° 58; 24 mai 2006, n° 05-60.295, RJS 8-9/06 n° 977; 31 mai 2017, n° 16-14.912, RJS 8-9/17 n° 600). La contestation portant sur la non-inscription de sept salariés détachés dans une filiale, parmi l'ensemble des salariés mis à disposition, compte tenu de leur ancienneté, n'est pas une contestation portant sur une catégorie déterminée de personnels et relève dès lors du délai prévu pour les contestations de la liste électorale (cass. soc. 10 décembre 2014, n° 14-13.652).

• Le tribunal d'instance [tribunal judiciaire] est compétent en dernier ressort pour apprécier, par voie d'exception, l'existence à la date du dépôt des candidatures du contrat de travail d'une personne en vue de se prononcer sur son électorat (cass. soc. 8 février 2012, n° 11-14.802, BC V n° 60; RJS 5/12 n° 480; JCP éd. S 2012, 1172, note S. Brissy). Il l'est également à ce titre pour déterminer si le contrat est à durée déterminée ou non (cass. soc. 27 mai 1987, n° 84-12.670, BC V n° 346) ou s'il est de droit privé ou de droit public (cass. soc. 8 avril 1992, n° 91-60.250, BC V n° 262; RJS 6/92 n° 765; 8 février 2012, n° 11-14.802, précité: viole les articles 49 c. proc. civ. et L. 2314-25 [ancien] CT le tribunal d'instance [tribunal judiciaire] qui, pour prononcer le sursis à statuer, retient qu'il existe un litige sur la qualité de salarié d'un candidat aux élections des délégués du personnel dans l'entreprise à la date du dépôt des candidatures et que l'examen de cette qualité appartient au juge prud'homal et non pas au juge d'instance [tribunal judiciaire], alors que le tribunal d'instance [tribunal judiciaire], juge de l'action, étant compétent en dernier ressort pour apprécier si le demandeur remplissait les conditions nécessaires pour être électeur, l'était également pour déterminer, par voie d'exception, l'existence à cette date du contrat de travail de l'intéressé en vue de se prononcer sur son électorat).

• Si une inscription sur la liste ne fait pas obstacle, au seul motif qu'elle n'a pas été critiquée, à ce que soit constatée l'inéligibilité d'un candidat déclaré élu, pour des motifs qui auraient dû exclure également sa qualité d'électeur, une non-inscription qui n'a pas été contestée dans le délai de trois jours à compter de la publication de la liste prive le salarié concerné de la qualité d'électeur, qui est l'une des conditions de l'éligibilité (cass. soc. 20 mars 1990, n° 89-61.448, RJS 4/90 n° 328).

• D'une façon générale, il convient de rappeler que le droit à la preuve ne peut justifier la production d'éléments portant atteinte à la vie personnelle d'un salarié qu'à la condition que cette production soit nécessaire à l'exercice de ce droit et que l'atteinte soit proportionnée au but poursuivi (cass. soc. 9 novembre 2016, n° 15-10.203, BC V n° 209; LSQ n° 17201 du 16.11.2016; Dr. Soc. 2017, p. 89, act. J. Mouly; JCP éd. S 2017, 1008, note A. Bugada; RDT, février 2017, CH, 134, G. Auzero; RJS 1/17 n° 27). Ainsi, l'employeur qui conteste l'inscription de trois salariés dans des collèges électoraux déterminés au motif que leur classification professionnelle ne le permet pas et qui produit à cette fin leurs bulletins de paie non expurgés des données personnelles porte une atteinte illicite à leur vie personnelle dès lors que seules les mentions relatives à l'emploi occupé, à la classification et éventuellement au coefficient des intéressés étaient nécessaires (cass. soc. 7 novembre 2018, n° 17-16.799, LS Jurispr. n° 214 du 27.11.2018; RJS 1/19 n° 5).

Contestations sur les candidatures

• Sur le dépôt par un délégué syndical d'une liste de candidats au nom de son syndicat, voir note sous article L. 2314-5.

• La contestation d'une candidature, quels qu'en soient les motifs, relève du contentieux électoral et peut donc être introduite dans les 15 jours suivant la proclamation des résultats (cass. soc. 9 septembre 2020, n° 19-60.196, *relatif au CSE*, LS Jurispr. n° 180 du 06.10.2020; RJS 11/20 n° 552, 2e espèce).

Contestations sur la régularité des opérations électorales

• Pour les contestations qui portent, non sur les inscriptions sur la liste électorale ou sur l'électorat, mais sur l'éligibilité de certains des candidats et la présentation des listes, donc sur la régularité des élections, le délai de recours est celui de quinze jours suivant l'élection (cass. soc. 30 juin 1971, n° 70-60.005, BC V n° 498; 28 mars 2012, n° 11-16.141, BC V n° 113; JCP éd. S 2012, 1261, note G. François; RJS 6/12 n° 581; Dr. Soc. 2012, p. 535, obs. Fr. Petit). À noter que l'électorat étant une condition de l'éligibilité, la contestation de l'éligibilité fondée sur le caractère injustifié de l'inscription sur une liste électorale est recevable si elle est faite dans les quinze jours suivant l'élection (cass. soc. 21 mai 2003, n° 02-60.396, BC V n° 167; RJS 11/03 n° 1294). Dans le même sens, voir cass. soc. 26 avril 2006, n° 05-60.298, RJS 7/06 n° 868.

• De même, portent sur la régularité des opérations électorales le litige concernant l'organisation d'une élection dans le cadre d'une UES et non d'un établissement unique (cass. soc. 12 décembre 1990, n° 89-61.198, BC V n° 664), le recours concernant le défaut d'informations des électeurs qui n'avaient pu participer au scrutin pour l'élection de délégués du personnel (cass. soc. 2 juillet 1987, n° 86-60.409), la contestation des listes déposées par un syndicat dont la représentativité est contestée (cass. soc. 18 février 1998, n° 98-60.406). Sur des contestations ayant trait à la régularité des opérations électorales, voir aussi cass. soc. 25 juillet 1979, n° 79-60.234, BC V n° 664; 25 janvier 1979, n° 78-60.697, BC V n° 81; 2 juillet 1980, n° 80-60.100, BC V n° 589; 13 mars 1985, n° 84-60.731, BC V n° 172 (contestation portant sur l'effectif de l'entreprise).

• Si le tribunal d'instance [tribunal judiciaire] n'est pas compétent pour procéder au découpage de l'entreprise en établissements distincts, il l'est pour statuer sur la validité de l'accord procédant à un tel découpage (cass. soc. 2 mars 2011, n° 09-60.483, BC V n° 67; RJS 5/11 n° 433; JCP éd. S 2011, 1217, note E. Jeansen; RDT, mai 2011, CH, I. Odoul-Asorey). Toutefois, il a été jugé que le tribunal d'instance [tribunal judiciaire], juge de l'élection, a le pouvoir de prendre toutes les mesures nécessaires au bon déroulement des opérations électorales et, à ce titre, d'ordonner l'organisation des élections dans le cadre du périmètre de l'établissement distinct retenu à l'occasion d'un précédent scrutin – soit par accord préélectoral, soit par décision de l'autorité administrative – dès lors ce périmètre n'a été modifié ni par un répondant à la condition de la double majorité, ni par une décision administrative (cass. soc. 26 septembre 2012, n° 11-26.659, BC V n° 243; JCP éd. S 2012, 1486, note P-H d'Ornano). Il est à souligner que dans le litige ayant donné lieu à cette solution le mandat des représentants du personnel était venu à expiration et que l'employeur avait attendu la saisine du tribunal d'instance pour convier les organisations syndicales à une négociation qui ne portait que sur le constat de la perte de qualité d'établissement distinct, et que face au refus des syndicats d'y participer, il n'avait ni saisi l'autorité administrative ni organisé le processus électoral sur la base du périmètre de l'établissement distinct déterminé à l'occasion d'un précédent scrutin, se contentant de reporter la réunion (voir «Le nouveau protocole préélectoral», Cl. Landais, L. Pécaut-Rivolier, D. Piveteau, Y. Struillou, Dr. Soc. 2012, p. 1048).

• Sur la portée des clauses du protocole d'accord préélectoral selon que ce dernier a été ou non signé à la double majorité ainsi que sur les conditions de sa négociation: voir note sous article L. 2314-28.

• Un syndicat qui a présenté des candidats aux élections professionnelles n'est réputé avoir adhéré au protocole d'accord préélectoral qu'il n'a pas signé que dans la mesure où il n'a pas exprimé de réserves. Dès lors, le syndicat qui, dès la présentation des candidatures, a émis des réserves et saisi le tribunal d'une contestation sur le nombre d'établissements résultant du protocole est recevable à contester la régularité des élections (cass. soc. 8 janvier 2002, n° 00-60.270, BC V n° 6). En revanche, le syndicat ayant présenté un candidat sans avoir contesté le protocole d'accord électoral ne peut demander l'annulation des élections; le juge d'instance [tribunal judiciaire] peut en effet en déduire que le syndicat a, par là même, adhéré à l'accord, bien qu'il ne l'ait pas signé (cass. soc. 22 juin 1993, n° 91-60.263, RJS 8-9/93 n° 899; 20 novembre 2002, n° 01-60.605, BC V n° 348; 12 juillet 2006, n° 05-60.353, BC V n° 252; RJS 11/06 n° 1208).

• La signature sans réserves du procès-verbal de dépouillement des résultats ne rend pas irrecevable l'action visant à faire sanctionner par la juridiction compétente les irrégularités survenues durant les opérations électorales (cass. soc. 13 octobre 2010, n° 09-60.233, BC V n° 224; RJS 12/10 n° 962; voir aussi cass. soc. 1er décembre 2010, n° 10-60.163, BC V n° 278; RJS 2/11 n° 161).

• L'annulation par le ministre du Travail de la décision de l'inspecteur du travail portant sur la répartition des sièges entre les différents collèges entraîne l'annulation des opérations électorales et le juge d'instance [tribunal judiciaire] peut être valablement saisi après l'expiration du délai de quinze jours (cass. soc. 18 avril 1989, n° 88-60.421, BC V n° 283; RJS 6/89 n° 524).

• Les parties intéressées à la validité des élections, notamment les candidats élus, doivent être averties en temps utile de la contestation soulevée à peine de nullité de l'instance (voir notamment cass. soc. 5 novembre 1971, n° 71-60.218, BC V n° 629; 11 janvier 1973, n° 72-60.080, BC V n° 17; 15 mars 2006, n° 05-60.272, RJS 6/06 n° 754; 29 avril 2009, n° 08-60.485); la nullité ne peut être demandée, en l'absence d'avertissement à toutes les parties intéressées, que par celles à l'égard desquelles les prescriptions de la loi n'ont pas été observées (cass. soc. 8 décembre 2010, n° 10-60.211, BC V n° 285; Dr. Soc. 2011, p. 224, obs. Fr. Petit; RJS 2/11 n° 160; JCP éd. S 2011, 1141, note Th. Lahalle). Le tribunal d'instance [tribunal judiciaire] doit convoquer les salariés élus, dont l'élection est contestée, à leur domicile personnel conformément à l'article 43 NCPC (cass. soc. 3 mars 1999, n° 97-60.807, BC V n° 94).

Toutefois, les salariés n'ont pas à être convoqués à l'instance statuant sur la contestation relative au découpage de l'entreprise en établissements distincts (cass. soc. 6 février 2002, n° 00-60.420, BC V n° 57; RJS 4/02 n° 449).

Contestations sur le procès-verbal des élections. Le tribunal d'instance [tribunal judiciaire] a compétence, en cas de contestation du procès-verbal des élections, pour en vérifier la régularité et, le cas échéant, y apporter les corrections nécessaires (cass. soc. 28 novembre 2012, n° 11-28.001, BC V n° 307; JCP éd. S 2013, 1137, note N. Dauxerre; RJS 2/13 n° 150).

Recevabilité des contestations

• Les contestations formées par télécopie sont irrecevables: c'est à tort qu'un tribunal d'instance a déclaré recevable une contestation des élections des délégués du personnel d'une société alors que cette contestation avait été formée par télécopie et n'avait pas fait l'objet d'une déclaration régularisée au greffe dans le délai de forclusion (cass. soc. 16 janvier 2008, n° 06-60.289, BC V n° 4; 10 mars 2010, n° 09-60.253, RJS 5/10 n° 453).

• La contestation des résultats du premier tour des élections n'est recevable que si elle est faite dans les quinze jours suivant ce premier tour. En effet, en application de l'article L. 2122-1 dans sa rédaction issue de la loi du 20 août 2008, sont représentatives dans l'entreprise ou l'établissement les organisations syndicales qui satisfont aux critères de l'article L. 2121-1 et qui ont recueilli au moins 10 % des suffrages exprimés au premier tour des dernières élections des titulaires au comité d'entreprise (cass. soc. 26 mai 2010, n° 09-60.453, BC V n° 113; LS Jurispr. n° 113 du 8.06.2010).

Le délai court à compter de la proclamation des résultats ou de la publication du procès-verbal de carence d'entreprise (cass. soc. 31 janvier 2012, n° 11-60.139, BC V n° 38). La proclamation nominative des élus constitue le terme des opérations électorales constatées dans des procès-verbaux établis normalement à la même date à partir de laquelle court le délai légal pour contester la régularité des opérations électorales (cass. soc. 20 juillet 1978, n° 78-60.654, BC V n° 616; 16 juillet 1987, n° 86-60.441, BC V n° 511). Il convient de rappeler que lorsqu'un délai est exprimé en jours, celui de l'événement qui le fait courir ne compte pas, de sorte que le premier jour imputé sur les quinze est le lendemain de la proclamation des résultats (cass. soc. 19 mars 2016, n° 15-20.937, LS Jurispr. n° 55 du 22.03.2016).

Si, à l'issue du premier tour, aucun élu n'est proclamé, le délai de contestation de la régularité des élections ne court qu'à compter du second tour des élections (cass. soc. 26 février 2003, n° 01-60.752, RJS 5/03 n° 639). Lorsque, à l'issue des opérations électorales, un procès-verbal de carence est établi, celui-ci peut être contesté dans le délai de quinze jours à compter de celui où la partie intéressée en a eu connaissance (cass. soc. 17 mars 2004, n° 02-60.699, BC V n° 93; RJS 6/04 n° 720).

• Lorsqu'il est formé par déclaration écrite adressée au greffe du tribunal d'instance [tribunal judiciaire], le recours prévu par l'article R. 2314-28 [ancien] a pour date celle de l'envoi de la déclaration. Est donc recevable le recours formé par un salarié ayant posté sa lettre le 17 juillet, le délai de contestation expirant ce même jour à minuit (cass. soc. 6 janvier 2011, n° 09-60.398, BC V n° 7; RJS 3/11 n° 255).

Les délais dans lesquels doivent être présentées les contestations ne sont pas des délais francs et expirent le dernier jour à 24 heures (cass. soc. 27 novembre 1974, n° 74-403134, BC V n° 566). Le jour de la publication de la liste électorale (en cas de contestation sur l'électorat) ou de l'élection (en cas de contestation sur la régularité de l'élection) – événements qui font courir le délai – ne comptent pas, les délais visés étant exprimés en jours (voir notamment, s'agissant d'un recours relatif à la régularité des élections, cass. soc. 24 juin 1981, n° 81-60.519, BC V n° 592).

L'expiration des délais légaux entraîne la forclusion (cass. soc. 19 novembre 1987, n° 87-60.178, BC V n° 667; cass. crim. 22 octobre 1991, n° 89-85.768, B. crim. n° 367; RJS 2/92 n° 174). Mais seule la recevabilité de la demande est soumise au délai de forclusion: dès lors que la demande a été présentée dans le délai légal, les moyens présentés à l'appui de cette demande au-delà de ce délai sont recevables (cass. soc. 12 juillet 2006, n° 05-60.353, BC V n° 252).

• La contestation de la division de l'entreprise en établissements distincts pour les élections de délégués du personnel met en cause la régularité des opérations électorales; cette contestation est recevable dès lors qu'elle a été introduite dans les quinze jours suivant les élections dont l'annulation est demandée (cass. soc. 28 octobre 1997, n° 96-60.369, BC V n° 349; RJS 12/97 n° 1404, 2e espèce).

• Le délai prévu par l'article R. 2314-28 [ancien] pour contester la régularité de l'élection, n'est pas applicable aux contestations qui ne portent que sur la prétention d'un syndicat à la qualité de syndicat représentatif, sans remise en cause des résultats du scrutin. Encourt dès lors la cassation le jugement qui annule la désignation d'un délégué syndical en raison de l'absence de contestation par le syndicat des résultats de l'élection, alors que celui-ci soutenait qu'en raison de son caractère catégoriel et de son affiliation à une confédération interprofessionnelle nationale, son audience devait être calculée sur le seul collège dans lequel ses règles statutaires lui donnaient vocation à présenter des candidats (cass. soc. 31 janvier 2012, n° 10-25.429, BC V n° 39; RJS 4/12 n° 365).

• La saisine du tribunal d'instance [tribunal judiciaire] par toute partie recevable à agir aux fins d'annulation des élections professionnelles interrompt le délai de forclusion de l'article R. 2314-28 [ancien] au bénéfice des autres parties à l'instance. Il en résulte qu'est recevable la demande d'un syndicat attrait à l'instance, formée au-delà de ce délai, dès lors qu'elle tend aux mêmes fins que celle du demandeur initial et quel que soit le moyen sur lequel elle se fonde (cass. soc. 27 février 2013, n° 11-60.195, BC V n° 59; RJS 5/13 n° 401; JCP éd. G 2013, 1183, note É. Jeansen).

Transformation d'un contentieux préélectoral en contentieux électoral. Lorsque les élections interviennent alors que le tribunal d'instance [tribunal judiciaire] est saisi d'un contentieux préélectoral, une demande d'annulation des élections doit être formée dans le délai de 15 jours. À défaut, les élections sont purgées de tout vice, elles ne peuvent plus être annulées et le jugement statuant sur le litige préélectoral se trouve privé de fondement juridique (cass. soc. 4 juillet 2018, n° 17-21.100, à paraître, JCP éd. S 2018, 1287, note B. Bossu; LS Jurispr. n° 134 du 24.07.2018; RJS 10/18 n° 621).

Sur la jurisprudence relative au CHSCT, voir Code du Travail Annoté, éd. 2020.

Art. R. 2314-25. Le *(D. 2019-966 du 18 sept. 2019, art. 8, JO 19, entrée en vigueur le 01.01.2020)* « tribunal judiciaire » statue dans les dix jours de sa saisine sans frais ni forme de procédure et sur avertissement qu'il donne trois jours à l'avance à toutes les parties intéressées.

La décision du tribunal est notifiée par le greffe dans les trois jours par lettre recommandée avec avis de réception.

La décision est susceptible d'un pourvoi en cassation dans un délai de dix jours. Le pourvoi est formé, instruit et jugé dans les conditions fixées par les articles 999 à 1008 du code de procédure civile.

Note ***Nous rapportons ci-après les solutions dégagées par la jurisprudence à propos des délégués du personnel et du comité d'entreprise en ce qu'elles ont en principe vocation à s'appliquer au comité social et économique.***

Délégués du personnel et comité d'entreprise

• Les délais dans lesquels doit se prononcer le juge d'instance [tribunal judiciaire] ne sont pas prescrits à peine de nullité du jugement (cass. soc. 7 juin 1978, n° 78-60.111, BC V n° 440; 29 mai 1991, n° 90-60.411, BC V n° 278; RJS 7/91 n° 872).

• *Pourvoi en cassation.* Les articles R. 423-3 et R. 433-4 [anciens] CT ayant institué en matière électorale, en raison de l'urgence des litiges, une procédure spéciale comportant, comme seule voie de recours, le pourvoi en cassation, les décisions du tribunal d'instance [tribunal judiciaire] ne sont pas susceptibles d'appel par application des articles 543 et 749 c. proc. civ., qu'elles soient rendues en référé ou au fond (cass. soc. 25 novembre 1982, n° 81-16.121, BC V n° 644) et ne peuvent faire l'objet d'une tierce opposition (cass. soc. 10 octobre 1990, n° 90-60.009, BC V n° 448; RJS 11/90 n° 901; 14 janvier 2014, n° 12-29.253, BC V n° 3; RJS 3/14 n° 250; JCP éd. S 2014, 1119, note B. Gauriau).

Selon l'article 999 c. proc. civ., en matière d'élections professionnelles, le délai de pourvoi en cassation est de dix jours; aucune disposition spécifique ne prévoit de prorogation de délai pour les départements ou territoires d'outre-mer (cass. soc. 24 septembre 2008, n° 07-60.420, BC V n° 181; JCP éd. S 2008, 1621, note Th. Lahalle; RJS 12/08 n° 1245). Selon le même article, dans les matières où les parties sont dispensées du ministère d'un avocat au Conseil d'État et à la Cour de cassation, le pourvoi est formé par déclaration écrite ou orale par la partie ou son mandataire muni d'un pouvoir spécial, donné par écrit dans le délai fixé par la loi pour former pourvoi, dont il peut être justifié jusqu'au jour où le juge statue (cass. soc. 24 octobre 2012, n° 11-60.223, BC V n° 274; JCP éd. S 2012, 1537, note S. Brissy).

En application de l'article 126 c. proc. civ., la justification du paiement de la contribution pour l'aide juridique avant décision du juge statuant sur la recevabilité de la demande régularise la procédure (cass. soc. 28 mars 2012, n° 11-61.180, BC V n° 112; RJS 6/12 n° 580).

• *Contentieux préélectoral.* Dans un arrêt en date du 23 septembre 2009 (n° 08-60.535, BC V n° 195; JCP éd. S 2009, 1467, note J-Y Kerbourc'h), la Cour de cassation a décidé que la décision d'un tribunal d'instance [tribunal judiciaire] statuant en matière de contestation préélectorale, rendue en dernier ressort, est susceptible de pourvoi en cassation immédiat.

Cette décision a marqué l'abandon de la jurisprudence antérieure, dégagée en 2002 (cass. soc. 7 mai 2002, n° 01-60.040, BC V n° 148), qui jugeait que le pourvoi n'était pas recevable, dès lors que la même contestation pouvait être de nouveau soumise au tribunal d'instance après le déroulement des élections. Ce revirement résulte de la volonté de la Cour Suprême de prendre en compte les nouveaux enjeux attachés aux élections professionnelles par la loi du 20 août 2008 et de permettre le pourvoi immédiat en matière préélectorale pour s'assurer, dans les meilleurs délais, de la régularité du processus électoral.

À noter, toutefois, que l'application immédiate de la règle résultant de ce revirement de jurisprudence selon laquelle le pourvoi contre un jugement préélectoral est immédiatement recevable ne saurait, sans méconnaître les exigences de l'article 6 § 1 de la Convention européenne de sauvegarde des droits de l'homme, priver le demandeur au pourvoi contre un jugement ayant statué sur la validité des élections du droit de critiquer les dispositions du jugement préélectoral non frappé de pourvoi en raison de la jurisprudence antérieure au revirement (cass. soc. 26 mai 2010, n° 09-60.400, BC V n° 114; LS Bref n° 15623 du 3.06.2010; RJS 8-9/10 n° 689).

Sur la jurisprudence relative au CHSCT, voir Code du Travail Annoté, éd. 2020.

SECTION 3. **Durée et fin du mandat**

Art. L. 2314-33. Les membres de la délégation du personnel du comité social et économique sont élus pour quatre ans.

(L. 2018-217 du 29 mars 2018, art. 6, 11°, JO 31) «Le nombre de mandats successifs est limité à trois, excepté:

1° Pour les entreprises de moins de cinquante salariés;

2° Pour les entreprises dont l'effectif est compris entre cinquante et trois cents salariés, si l'accord prévu à l'article L. 2314-6 en stipule autrement.

Le nombre maximal de mandats successifs fixé au deuxième alinéa du présent article s'applique également aux membres du comité social et économique central et aux membres des comités sociaux et économiques d'établissement sauf dans les entreprises ou établissements de moins de cinquante salariés et, le cas échéant, si l'accord prévu à l'article L. 2314-6 en stipule autrement, dans les entreprises ou établissements dont l'effectif est compris entre cinquante et trois cents salariés.»

Les fonctions de ces membres prennent fin par le décès, la démission, la rupture du contrat de travail, la perte des conditions requises pour être éligible. Ils conservent leur mandat en cas de changement de catégorie professionnelle.

Art. L. 2314-34

(L. 2018-217 du 29 mars 2018, art. 6, 11°, JO 31) «Les conditions d'application du présent article sont déterminées par décret en Conseil d'État.»

Note ***Nous rapportons ci-après les solutions dégagées par la jurisprudence à propos des délégués du personnel et du comité d'entreprise en ce qu'elles ont en principe vocation à s'appliquer au comité social et économique.***

• Le point de départ des mandats des membres de la délégation du personnel est la date à laquelle le vote a été acquis, sans qu'il y ait lieu d'attendre l'expiration du délai de 15 jours pour contester le résultat des élections (cass. soc. 25 mai 2011, n° 10-12.200, RJS 8-9/11 n° 678).

• Seul un accord unanime passé entre le chef d'entreprise et les organisations syndicales représentatives dans l'entreprise peut différer le terme des mandats des élus dont le renouvellement doit avoir lieu à échéance (cass. soc. 12 juillet 2006, n° 05-60.331, BC V n° 259; RJS 10/06 n° 1081). Un tribunal d'instance, qui a constaté l'absence d'accord de tous les partenaires sociaux sur la prorogation du mandat des membres élus du comité d'entreprise, a exactement décidé qu'il ne lui appartenait pas de proroger ce mandat (cass. soc. 13 juin 1989, n° 88-60.556, BC V n° 435; RJS 7/89 n° 593). L'accord doit être clair et non équivoque (cass. soc. 3 mars 1999, n° 97-40.864, RJS 4/99 n° 536). Mais voir note sous article L. 2314-35.

L'existence d'un accord unanime prorogeant les mandats des élus rend irrecevable la demande d'un salarié tendant à l'organisation des élections (cass. soc. 27 mai 1999, n° 98-60.327, BC V n° 241; RJS 7/99 n° 932). À l'inverse, dès lors qu'il n'existe aucun accord unanime de prorogation des mandats échus, la demande d'un syndicat tendant à ce qu'il soit ordonné à l'employeur d'organiser des élections est recevable (cass. soc. 12 juillet 2006, n° 05-60.331, précité).

L'employeur ne peut remettre en cause par voie d'exception un accord collectif prorogeant les mandats qu'il a signé et appliqué sans réserves; par suite, ayant constaté que les mandats des membres du comité avaient été prorogés à trois reprises par un accord signé et mis en œuvre par l'employeur, la cour d'appel en a exactement déduit que le salarié bénéficiait, à ce titre, du statut protecteur (cass. soc. 4 février 2014, n° 11-27.134, BC V n° 46; LSQ n° 16531 du 17.02.2014; RJS 4/14 n° 331; JCP éd. S 2014, 1240, note J-Y Kerbourc'h).

Un accord collectif ne peut proroger les mandats en cours que s'il est conclu avant le terme de ces mandats; l'accord conclu postérieurement à l'échéance des mandats n'a pas pour effet de conférer la protection aux salariés intéressés (CE 3 juillet 2013, n° 342291, Rec. Lebon p. 188; Dr. Soc. 2013, p. 1004, concl. G. Dumortier).

Sur la jurisprudence relative au CHSCT, voir Code du Travail Annoté, éd. 2020.

Art. R. 2314-26. ***(D. 2018-920 du 26 oct. 2018, art. 3, JO 28)*** À défaut de stipulations contraires, les stipulations du protocole d'accord préélectoral relatives à l'exception à la limitation du nombre de mandats successifs mentionnée au 2° de l'article L. 2314-33 sont à durée indéterminée.

Note Cet article est applicable aux protocoles d'accord préélectoraux conclus depuis le 1er janvier 2019 (décret 2018-920 précité, art. 5, I).

Art. L. 2314-34. Par dérogation aux dispositions de l'article L. 2314-33, un accord de branche, un accord de groupe ou un accord d'entreprise, selon le cas, peut fixer une durée du mandat des représentants du personnel au comité comprise entre deux et quatre ans.

Note ***Nous rapportons ci-après les solutions dégagées par la jurisprudence à propos des délégués du personnel et du comité d'entreprise en ce qu'elles ont en principe vocation à s'appliquer au comité social et économique.***

• Un protocole préélectoral ne peut prévoir une dérogation à la durée légale de quatre ans dans des conditions autres que celles prévues par la loi. Un tribunal d'instance, qui a constaté que le premier tour des élections des représentants du personnel d'une société s'était déroulé conformément à un protocole préélectoral subordonnant la durée des mandats de quatre ans des représentants élus à l'accord des délégués du personnel a, à bon droit, annulé ce protocole, ce qui entraînait nécessairement l'annulation du premier tour des élections (cass. soc. 24 mai 2006, n° 05-60.351, BC V n° 187; RJS 8-9/06 n° 976).

• La contestation qui porte sur la durée des mandats issus d'élections qui se sont déroulées en application d'un protocole préélectoral réduisant cette durée à deux ans n'est recevable que si elle est introduite dans un délai de quinze jours suivant ces élections (cass. soc. 16 décembre 2009, n° 09-60.149, BC V n° 287; RJS 3/10 n° 280).

• L'accord d'entreprise prévoyant la réduction des mandats des délégués du personnel et des membres élus du comité d'entreprise à une durée de deux ans est valablement conclu aux conditions de droit commun (cass. soc. 7 décembre 2016, n° 15-60.227, BC V n° 233; LS Jurispr. n° 228 du 20.12.2016; RJS 3/17 n° 213; RDT, avril 2017, CH, 277, I. Odoul-Asorey; JCP éd. S 2017, 1101, note J-S Lipski).

Art. L. 2314-35. Lorsque survient une modification dans la situation juridique de l'employeur telle que mentionnée à l'article L. 1224-1, le mandat des membres élus de la délégation du personnel du comité social et économique et des représentants syndicaux de l'entreprise ayant fait l'objet de la modification subsiste lorsque cette entreprise conserve son autonomie juridique.

Si cette entreprise devient un établissement au sens du présent titre ou si la modification mentionnée au premier alinéa porte sur un ou plusieurs établissements distincts qui conservent ce caractère, le mandat des représentants syndicaux subsiste et le mandat des membres élus de la délégation du personnel du comité social et économique se poursuit jusqu'à son terme.

Toutefois, pour tenir compte de la date habituelle des élections dans l'entreprise d'accueil, la durée du mandat des membres élus peut être réduite ou prorogée par accord entre le nouvel employeur et les organisations syndicales représentatives existant dans le ou les établissements absorbés ou, à défaut, les membres de la délégation du personnel du comité social et économique intéressé.

Note ***Nous rapportons ci-après les solutions dégagées par la jurisprudence à propos des délégués du personnel et du comité d'entreprise en ce qu'elles ont en principe vocation à s'appliquer au comité social et économique.***

Comité d'entreprise

• Une entité économique transférée conserve son autonomie, au sens de l'article 6 § 1, de la directive 2001/23/CE du Conseil du 12 mars 2001 concernant le rapprochement des législations des États membres relatives au maintien des droits des travailleurs en cas de transfert d'entreprises, d'établissements ou de parties d'entreprises ou d'établissements, dès lors que les pouvoirs accordés aux responsables de cette entité, au sein des structures d'organisation du cédant, à savoir le pouvoir d'organiser, de manière relativement libre et indépendante, le travail au sein de ladite entité dans la poursuite de l'activité économique qui lui est propre et, plus particulièrement, les pouvoirs de donner des ordres et des instructions, de distribuer des tâches aux travailleurs subordonnés relevant de l'entité en cause ainsi que de décider de l'emploi des moyens matériels mis à sa disposition, ceci sans intervention directe de la part d'autres structures d'organisation de l'employeur, demeurent, en substance, inchangés au sein des structures d'organisation du cessionnaire (CJUE 29 juillet 2010, aff. C-151/09, Rec. I-07591 ; JOUE C 246/6 du 11.9.2010 ; JSL n° 286, 27.10.2010, p. 16, J-Ph. Lhernould ; RJS 12/10, p. 807, chron. P. Morvan et n° 997). Statuant sur le transfert d'un fonds de commerce dans le cadre d'un contrat de location-gérance, la Cour de cassation a précisé que le contrat de location-gérance n'emportait pas en lui-même la disparition du caractère distinct de l'entité transférée, et, reprenant à son compte les critères donnés par la CJUE afin de déterminer si l'entité économique transférée avait conservé son identité, a décidé que dès lors qu'une société garde son nom commercial et que sa comptabilité reste autonome, l'entité économique conserve son autonomie et que l'institution représentative du personnel se maintient dans la nouvelle entreprise (cass. soc. 15 novembre 2011, n° 10-23.609, BC V n° 264 ; LS Jurispr. n° 253 du 27.12.2011 ; RJS 2/12 n° 156).

• En cas de modification dans la situation juridique de l'employeur, les mandats en cours de délégué syndical central et de représentant syndical central au comité d'entreprise cessent de plein droit à la date du transfert dès lors que la société reprenant l'activité transférée ne remplit pas les conditions légales. Dès lors, un salarié ne saurait réclamer l'application d'un accord conclu par la société cédante avec les organisations syndicales réservant un crédit d'heures supplémentaires de délégation aux délégués syndicaux du comité central d'entreprise alors que la société cessionnaire, à laquelle l'entité économique a été transférée, ne comporte qu'un seul établissement et est dépourvue de délégués syndicaux centraux (cass. soc. 25 mars 2020, n° 18-11.433, à paraître, LS Jurispr. n° 95 du 26.05.2020 ; RJS 6/20 n° 284 ; JSL n° 499, 08.06.2020, p. 27).

• Si une modification dans la situation juridique de l'employeur porte sur un ou plusieurs établissements distincts qui conservent ce caractère, le mandat des membres élus se poursuit jusqu'à son terme. Pour décider si un établissement a conservé un caractère distinct, le juge doit se placer au jour du transfert (cass. soc. 3 février 1998, n° 95-41.423, BC V n° 62 ; RJS 3/98 n° 327).

• Une société ayant absorbé six de ses filiales par apports de fonds de commerce, sans que cette opération n'affecte ni l'organisation du travail ni l'organisation économique, et ayant gardé son siège social et sa dénomination sociale, il y a eu modification dans la situation juridique de l'employeur avec conservation de l'autonomie juridique de l'entreprise : le mandat des membres du comité d'entreprise de la société devait, en application de l'article L. 433-14 [L. 2324-26 ancien], al. 1er CT, être maintenu jusqu'à son terme et la société ne pouvait organiser de nouvelles élections (cass. soc. 14 février 1989, n° 88-60.016, BC V n° 122).

• Les accords ayant pour objet d'aligner la date des élections dans des entités transférées sur la date des élections dans l'entreprise d'accueil sont valablement conclus aux conditions prévues par l'article L. 2232-12 CT et non à l'unanimité ou aux conditions de double majorité prévues par l'article L. 2314-3-1 [ancien] (cass. soc. 17 décembre 2014, n° 14-14.917, BC V n° 300; LSQ n° 16746 du 7.01.2015; RJS 2/15 n° 110; RDT, mars 2015, CH, 201, I. Odoul-Asorey; Dr. Soc. 2015, p. 378, act. Fr. Petit).

• Lorsque l'entreprise perd son autonomie juridique sans devenir un établissement distinct de celle qui l'a reprise, le mandat des membres élus de son comité d'entreprise expire à la date d'effet de cette reprise (CE 8 janvier 1997, n° 154728, RJS 2/97 n° 171; dans cet arrêt, le Conseil d'État se prononce sur la détermination du comité d'entreprise compétent pour donner son avis sur le projet de licenciement d'un membre du comité d'entreprise avant l'expiration de son mandat).

Délégués du personnel

• La baisse des effectifs d'une société consécutive au transfert d'une partie du personnel à une autre société, en application de l'article L. 122-12, al. 2 [L. 1224-1], ne met pas fin, à elle seule, aux institutions représentatives du personnel (cass. soc. 3 février 1998, n° 96-20.207, BC V n° 60; RJS 3/98 n° 326).

• Lorsque le maintien des salariés de l'ancien prestataire est prévu par une convention collective, et non en application de la loi, le maintien des mandats ne peut être exigé (cass. soc. 7 octobre 1992, n° 91-60.353, RJS 11/92 n° 1230).

• Les accords ayant pour objet d'aligner la date des élections dans des entités transférées sur la date des élections dans l'entreprise d'accueil sont valablement conclus aux conditions prévues par l'article L. 2232-12 CT et non à l'unanimité ou aux conditions de double majorité prévues par l'article L. 2314-3-1 [ancien] (cass. soc. 17 décembre 2014, n° 14-14.917, BC V n° 300; LSQ n° 16746 du 7.01.2015; RJS 2/15 n° 110; RDT, mars 2015, CH, 201, I. Odoul-Asorey; Dr. Soc. 2015, p. 378, act. Fr. Petit).

• Lorsqu'une entité transférée en application de l'article L. 1224-1 CT conserve son autonomie, le cessionnaire peut se prévaloir du procès-verbal de carence établi lors des élections organisées par le cédant avant la reprise (cass. soc. 6 mars 2019, n° 17-28.478, à paraître, LSQ n° 17775 du 14.03.2019; JCP éd. S 2019, 1107, note M. Babin; JSL n° 474, 23.04.2019, pp. 8 et s., C. Mo et S. Merlet; RJS 5/19 n° 284).

Art. L. 2314-36. Tout membre de la délégation du personnel du comité social et économique peut être révoqué en cours de mandat sur proposition faite par l'organisation syndicale qui l'a présenté avec l'accord obtenu au scrutin secret de la majorité du collège électoral auquel il appartient.

Note Voir note sous l'article R. 2314-23.

Art. L. 2314-37. Lorsqu'un délégué titulaire cesse ses fonctions pour l'une des causes indiquées à la présente section ou est momentanément absent pour une cause quelconque, il est remplacé par un suppléant élu sur une liste présentée par la même organisation syndicale que celle de ce titulaire. La priorité est donnée au suppléant élu de la même catégorie.

S'il n'existe pas de suppléant élu sur une liste présentée par l'organisation syndicale qui a présenté le titulaire, le remplacement est assuré par un candidat non élu présenté par la même organisation.

Dans ce cas, le candidat retenu est celui qui vient sur la liste immédiatement après le dernier élu titulaire ou, à défaut, le dernier élu suppléant.

À défaut, le remplacement est assuré par le suppléant élu n'appartenant pas à l'organisation du titulaire à remplacer, mais appartenant à la même catégorie et ayant obtenu le plus grand nombre de voix.

Le suppléant devient titulaire jusqu'au retour de celui qu'il remplace ou jusqu'au renouvellement de l'institution.

Note ***Nous rapportons ci-après les solutions dégagées par la jurisprudence à propos des délégués du personnel et du comité d'entreprise en ce qu'elles ont en principe vocation à s'appliquer au comité social et économique.***

Délégués du personnel

• La règle de remplacement prévue par l'article L. 420-18 [L. 2314-30 ancien] CT est une règle impérative et le refus par un délégué du personnel suppléant de remplacer un titulaire emporte démission de ses fonctions (cass. soc. 5 mai 1983, n° 82-60.418, BC V n° 237).

• Ayant constaté qu'après avoir été proclamé élu titulaire au premier tour, un salarié avait démissionné, un tribunal d'instance a décidé à bon droit que son remplacement devait être assuré par un membre suppléant de la même liste, lequel devenait titulaire jusqu'au renouvellement de l'institution, de sorte que ce siège de titulaire, qui était pourvu, ne pouvait faire l'objet d'un second tour (cass. soc. 26 avril 2000, n° 99-60.019, BC V n° 153).

• Le délégué du personnel suppléant remplace le délégué titulaire lorsque celui-ci se trouve momentanément absent pour une cause quelconque (cass. soc. 5 octobre 1994, n° 93-42.164, RJS 11/94 n° 1281 : absence liée à un décalage horaire de travail).

• Les règles posées par cet article sont applicables au remplacement d'un membre élu titulaire de la délégation unique du personnel cessant ses fonctions en cours de mandat (cass. soc. 7 mai 2002, n° 01-60.671, BC V n° 151; RJS 7/02 n° 840).

Comité d'entreprise. Lorsqu'un membre titulaire se trouve momentanément absent pour une cause quelconque ou cesse ses fonctions pour l'une des raisons mentionnées à cet article, son remplacement est assuré par un membre suppléant dans les conditions suivantes:
– le titulaire défaillant est remplacé par un membre suppléant élu sur la liste de l'organisation syndicale qui avait présenté le titulaire; s'il y a plusieurs suppléants appartenant à la même liste syndicale, priorité doit être donnée au suppléant de la même catégorie. À défaut de suppléant de la même catégorie, le remplacement est assuré, quand c'est possible, par un suppléant d'une autre catégorie remplissant la même condition de représentation syndicale (cass. crim. 6 mars 1975, n° 74-90.322, B. crim. n° 74), voire par un suppléant d'un autre collège. Si plusieurs suppléants remplissent ces mêmes conditions, priorité doit, semble-t-il, être donnée à celui qui a obtenu le plus grand nombre de voix;
– s'il n'y a pas de suppléant appartenant à la même organisation syndicale que le titulaire à remplacer, le remplacement est assuré par le suppléant de la même catégorie qui a obtenu le plus grand nombre de voix, sans qu'il soit tenu compte de son appartenance syndicale. En l'absence de suppléant de même catégorie professionnelle dans toutes les listes, le remplacement est assuré par le suppléant du même collège électoral (cass. soc. 25 février 1982, n° 81-60.680, BC V n° 128) ayant obtenu le plus grand nombre de voix.

CHAPITRE V Fonctionnement

SECTION 1. Dispositions communes

Sous-section 1. Dispositions générales

Art. L. 2315-1. Les conditions de fonctionnement du comité social et économique doivent permettre une prise en compte effective des intérêts des salariés exerçant leur activité hors de l'entreprise ou dans des unités dispersées.

Art. L. 2315-2. Les dispositions du présent chapitre ne font pas obstacle aux dispositions plus favorables relatives au fonctionnement ou aux pouvoirs du comité social et économique résultant d'accords collectifs de travail ou d'usages.

Note ***Nous rapportons ci-après les solutions dégagées par la jurisprudence à propos du comité d'entreprise en ce qu'elles ont en principe vocation à s'appliquer au comité social et économique.***

• Les dispositions conventionnelles à caractère normatif, visant à améliorer les institutions représentatives du personnel, sont applicables de plein droit à tous les salariés et syndicats, sans distinction (cass. soc. 20 novembre 1991, n° 88-20.039, BC V n° 522; Dr. Soc. 1992, p. 53, rapp. Ph. Waquet).

• Si les dispositions de nature électorale ne s'imposent au juge et aux parties qu'en cas d'accord préélectoral unanime, l'accord collectif, qui a pour objet d'améliorer le fonctionnement des institutions représentatives dans l'entreprise, a force obligatoire. Ayant relevé qu'un accord collectif, signé par une organisation syndicale représentative, avait pour objet d'allouer un supplément d'heures de délégation aux candidats élus, une cour d'appel a décidé à bon droit que l'employeur ne pouvait refuser le bénéfice de cet accord aux candidats et aux élus de la CFDT, même si celle-ci ne l'avait pas signé (cass. soc. 23 juin 1999, n° 96-44.717, BC V n° 302).

• Aux termes de l'article L. 153-1 (ancien) CT, lorsque, en vertu d'une disposition législative expresse dans une matière déterminée, une convention ou un accord collectif étendu déroge à des dispositions législatives ou réglementaires, les infractions aux stipulations dérogatoires sont passibles des sanctions qu'entraînerait la violation des dispositions législatives ou réglementaires en cause. N'est pas coupable d'entrave au fonctionnement régulier du comité d'entreprise le président d'association qui a résilié unilatéralement un usage permettant aux membres suppléants du comité d'entreprise d'assister aux réunions préparatoires de cet organisme sur leur temps de travail, la violation d'un usage ne pouvant entrer dans la catégorie des agissements pénalement sanctionnés par l'article L. 153-1 susvisé (cass. crim. 4 avril 1991, n° 89-83.204, B. crim. n° 164).

Art. L. 2315-3. Les membres de la délégation du personnel du comité social et économique sont tenus au secret professionnel pour toutes les questions relatives aux procédés de fabrication.

Les membres de la délégation du personnel du comité social et économique et les représentants syndicaux sont tenus à une obligation de discrétion à l'égard des informations revêtant un caractère confidentiel et présentées comme telles par l'employeur.

Note ***Nous rapportons ci-après les solutions dégagées par la jurisprudence à propos du comité d'entreprise en ce qu'elles ont en principe vocation à s'appliquer au comité social et économique.***

L'obligation de discrétion prévue au second alinéa de l'article L. 2325-5 [ancien] ne peut être invoquée par l'employeur à l'encontre d'un salarié que si le caractère confidentiel des informations a été mentionné au cours de la réunion du comité d'entreprise et que mention de cette déclaration figure au procès-verbal de la réunion; toute demande de confidentialité postérieure est dépourvue d'effet (cass. soc. 12 juillet 2006, n° 04-47.558, BC V n° 256; RJS 11/06 n° 1198).

Une cour d'appel ayant constaté, d'une part, que le salarié, en sa qualité de membre du comité d'entreprise et dans le cadre des réunions de ce comité, notamment d'un comité extraordinaire, avait eu connaissance par l'employeur d'informations expressément présentées comme confidentielles, sous la forme d'une note, portant un tampon rouge indiquant sa confidentialité et une mention rappelant ce caractère confidentiel et que cette note ne pouvait «faire, à ce titre, l'objet d'une diffusion extérieure», et, d'autre part, qu'il était établi qu'en sa qualité de délégué syndical, ce même salarié avait divulgué ces informations à la presse, de plus en les déformant, ce qui était de nature à nuire aux intérêts de l'entreprise, a pu décider, ayant ainsi caractérisé un manquement à l'obligation de discrétion préjudiciable aux intérêts de l'entreprise, que la sanction de mise à pied prise par l'employeur, dans le cadre de l'exercice de son pouvoir disciplinaire, n'était pas entachée de nullité et qu'elle était justifiée (cass. soc. 6 mars 2012, n° 10-24.367, RJS 5/12 n° 408; L. Pécaut-Rivolier, «La confidentialité: droit ou obligation du représentant du personnel», Dr. Soc. 2012 p. 469).

Pour satisfaire aux conditions de l'article L. 2325-5, al. 2 [ancien] CT, l'information donnée aux membres du comité d'entreprise doit non seulement être déclarée confidentielle par l'employeur, mais encore être de nature confidentielle, au regard des intérêts légitimes de l'entreprise, ce qu'il appartient à l'employeur d'établir (cass. soc. 5 novembre 2014, n° 13-17.270, BC V n° 256; LSQ n° 16714 du 18.11.2014; RJS 1/15 n° 44; JCP éd. S 2015, 1017, note J-Y Kerbourc'h). Lorsque l'employeur a présenté comme confidentielles des informations qui ne l'étaient pas, la procédure de consultation s'en trouve affectée et le juge peut en ordonner la reprise (même arrêt).

Art. L. 2315-4. Le recours à la visioconférence pour réunir le comité social et économique peut être autorisé par accord entre l'employeur et les membres élus de la délégation du personnel du comité. En l'absence d'accord, ce recours est limité à trois réunions par année civile. Un décret détermine les conditions dans lesquelles le comité social et économique peut, dans ce cadre, procéder à un vote à bulletin secret.

Note *Covid-19.* Sur l'élargissement de la possibilité de recourir à la visioconférence et l'ouverture de la possibilité de recourir à la conférence téléphonique et à la messagerie instantanée pour tenir les réunions des CSE et des CSE centraux, à titre dérogatoire et temporaire, pour faire face à l'épidémie de Covid-19, voir ordonnances 2020-389 du 1er avril 2020, art. 6, JO 2, et 2020-1441 du 25 novembre 2020, JO 26; décrets 2020-419 du 10 avril 2020, JO 11, et 2020-1513 du 3 décembre 2020, JO 4.

Art. D. 2315-1. Lorsque le comité social et économique est réuni en visioconférence, le dispositif technique mis en œuvre garantit l'identification des membres du comité et leur participation effective, en assurant la retransmission continue et simultanée du son et de l'image des délibérations.

Les dispositions prévues au premier alinéa ne font pas obstacle à la tenue de suspensions de séance.

Lorsqu'il est procédé à un vote à bulletin secret en application des dispositions de l'article L. 2315-4, le dispositif de vote garantit que l'identité de l'électeur ne peut à aucun moment être mise en relation avec l'expression de son vote. Lorsque ce vote est organisé par voie électronique, le système retenu doit assurer la confidentialité des données transmises ainsi que la sécurité de l'adressage des moyens d'authentification, de l'émargement, de l'enregistrement et du dépouillement des votes.

Art. D. 2315-2. La procédure mentionnée à l'article D. 2315-1 se déroule conformément aux étapes suivantes:

1° L'engagement des délibérations est subordonné à la vérification que l'ensemble des membres a accès à des moyens techniques satisfaisant aux conditions prévues à l'article D. 2315-1;

2° Le vote a lieu de manière simultanée. À cette fin, les participants disposent d'une durée identique pour voter à compter de l'ouverture des opérations de vote indiquée par le président du comité.

Art. L. 2315-5. Lorsqu'il tient de la loi un droit d'accès aux registres mentionnés à l'article L. 8113-4, le comité social et économique est consulté préalablement à la mise en place d'un support de substitution dans les conditions prévues à ce même article.

Art. L. 2315-6. Dans les établissements comportant une ou plusieurs installations soumises à autorisation au titre de l'article L. 512-1 code de l'environnement ou soumise aux dispositions des articles L. 211-2 et L. 211-3, des titres II à VII et du chapitre II du titre VIII du livre II du code minier, les documents établis à l'intention des autorités publiques chargées de la protection de l'environnement sont portés à la connaissance du comité social et économique par l'employeur, dans des conditions déterminées par voie réglementaire.

Sous-section 2. Heures de délégation

Art. L. 2315-7. L'employeur laisse le temps nécessaire à l'exercice de leurs fonctions:

1° À chacun des membres titulaires constituant la délégation du personnel du comité social et économique;

2° Aux représentants syndicaux au comité social et économique dans les entreprises d'au moins cinq cent un salariés;

3° Aux représentants syndicaux au comité social et économique central d'entreprise dans les entreprises d'au moins cinq cent un salariés dont aucun des établissements distincts n'atteint ce seuil.

Le nombre d'heures de délégation des représentants mentionnés aux 1° à 3°, fixé par décret en Conseil d'État en fonction à la fois des effectifs de l'entreprise ou de l'établissement et du nombre de membres de la délégation, ne peut être inférieur à dix heures par mois dans les entreprises de moins de cinquante salariés et à seize heures dans les autres entreprises.

Note ***Nous rapportons ci-après les solutions dégagées par l'Administration et la jurisprudence à propos du comité d'entreprise en ce qu'elles ont en principe vocation à s'appliquer au comité social et économique.***

Utilisation du crédit d'heures

• Le crédit d'heures ne peut être utilisé que pour des tâches ou des démarches se rapportant aux attributions du comité d'entreprise, ce qui exclut, par exemple, les missions de soutien de revendications individuelles, la préparation ou la négociation des conventions collectives, la participation à des réunions syndicales dont l'objet ne concerne pas directement l'entreprise (voir, notamment, cass. soc. 8 juillet 1968, BC V n° 376; cass. crim. 22 mai 1974, n° 73-90.732, B. crim. n° 198; 16 décembre 1977, n° 76-93.254, B. crim. n° 401), la participation d'un membre du comité d'entreprise, en qualité de scrutateur, à des élections prud'homales (cass. soc. 21 janvier 1987, n° 83-43.483, BC V n° 26), le fait d'assister à une audience du conseil de prud'hommes dans un litige qui reste individuel (cass. soc. 12 mars 1987, n° 84-41.159, BC V n° 137). Mais, lorsqu'il répond à la convocation de l'inspecteur du travail qui procède à l'enquête consécutive à la demande d'autorisation de son licenciement, un salarié protégé est dans l'exercice de son mandat et ce temps doit s'imputer sur son crédit d'heures (cass. soc. 3 juillet 1990, n° 87-40.838, BC V n° 339).

Lorsqu'il y a cumul de mandats, il est souvent très malaisé, en pratique, de faire le partage entre les heures consacrées à l'exercice de tel ou tel mandat. Nul grief ne peut être fait à un membre de comité d'entreprise de s'entremettre dans d'autres fonctions que les siennes s'il y a une tolérance patronale à cet égard (cass. soc. 12 février 1969, n° 67-40.732, BC V n° 89).

• L'employeur n'a pas l'obligation de rémunérer les activités du secrétaire du comité d'entreprise en dehors des conditions prévues par l'article L. 2325-6 [ancien]. Ne peut être assimilé au temps passé aux séances du comité celui passé par le secrétaire à en établir le compte rendu, cette activité faisant partie de l'exercice des fonctions indemnisées dans la limite des vingt heures mensuelles (cass. soc. 9 mai 1979, n° 77-41.308, BC V n° 388).

Représentants syndicaux au comité

• Dans le cas d'entreprises dont l'effectif est supérieur à 500 salariés mais dont aucun des établissements ne dépasse ce nombre, la loi a attribué au représentant syndical au comité central d'entreprise un crédit de 20 heures de délégation, confirmant ainsi, sur le plan légal, la position du ministère du Travail (note du 21 octobre 1985, BO MT 85/45-46 du 6 décembre 1985, p. 118).

• Aucun texte ne faisant obligation à l'employeur de prendre en charge les frais de déplacement des représentants syndicaux, un représentant syndical au comité d'entreprise ne peut obtenir le remboursement des frais occasionnés pour se rendre à une réunion du comité central d'entreprise (cass. crim. 23 octobre 1979, JS 1980, SJ 2; voir aussi cass. soc. 9 octobre 1985, JS 1985, SJ 328). Le refus de l'employeur ne saurait à cet égard constituer une infraction à la loi pénale (cass. crim.

7 mai 1975, n° 74-91.643, B. crim. n° 121). Un accord ou le règlement intérieur du comité peut prévoir cette prise en charge (voir notamment cass. soc. 26 septembre 1990, n° 87-45.554, BC V n° 401; Dr. Soc. 1991, p. 266). Mais «les frais de déplacement des membres du comité central d'entreprise concernant les réunions organisées à l'initiative de l'employeur doivent rester à la charge de celui-ci» (cass. soc. 15 juin 1994, n° 92-14.985, BC V n° 197; RJS 7/94 n° 874).

Suppléants

En accordant aux suppléants un crédit d'heures individuel qui leur était acquis en dehors de tout remplacement du titulaire, une société ne déroge pas au principe selon lequel le suppléant qui remplace un titulaire bénéficie du crédit d'heures de ce dernier (cass. soc. 21 juillet 1986, n° 82-43.650, BC V n° 388).

Circonstances exceptionnelles

• Sur les circonstances exceptionnelles justifiant le paiement d'heures de délégation supplémentaires, voir notamment cass. soc. 17 mai 1979, n° 78-40.217, BC V n° 423; 7 juin 1979, n° 78-40.565, BC V n° 488 et 8 juillet 1998, n° 97-42.743 (conflit collectif sur plusieurs mois, affectant tous les ateliers). Sur un dépassement non justifié par des circonstances exceptionnelles, voir notamment cass. soc. 13 novembre 1985, n° 82-41.701, BC V n° 525. À noter que la mise en place à l'échelon national de réformes touchant au droit du travail ne peut constituer, pour le représentant syndical d'un établissement déterminé, une circonstance exceptionnelle (cass. crim. 3 juin 1986, Dr. Soc. 1986, p. 757). Le projet de mise en place d'une institution de prévoyance ayant donné lieu à un accroissement inhabituel de l'activité des membres du comité d'établissement constitue une circonstance exceptionnelle justifiant le dépassement du crédit légal d'heures de délégation (cass. soc. 27 janvier 1998, n° 95-40.616). De même, le conseil de prud'hommes, qui constate la mise en place par l'employeur d'un «plan de repositionnement» assimilable à un plan social, peut retenir l'existence d'une menace sur les effectifs caractérisant une situation exceptionnelle au sens de l'article L. 434-1 [L. 2325-6] CT (cass. soc. 10 décembre 2003, n° 01-41.658, BC V n° 315; RJS 4/04 n° 429).

A justifié sa décision la cour d'appel qui a expressément déduit de ses constatations qu'il existait, pendant une période précise, des circonstances exceptionnelles obligeant l'employeur à autoriser le secrétaire du comité d'entreprise à consacrer la totalité de son temps de travail à ses fonctions représentatives et qu'il n'en était résulté aucun usage qui lui demeurât opposable en temps normal (cass. crim. 11 juillet 1983, JS 1983, SJ 216).

• Voir aussi ci-dessous la jurisprudence relative aux délégués du personnel.

Remise en cause par l'employeur d'accords et usages en matière de crédit d'heures. Voir note sous article L. 2312-4.

Nombre d'heures de délégation et incidence de la suspension du contrat de travail sur les mandats représentatifs. Voir ci-dessous la jurisprudence relative aux délégués du personnel.

Nous rapportons ci-après les solutions dégagées par l'Administration et la jurisprudence à propos des délégués du personnel en ce qu'elles ont en principe vocation à s'appliquer au comité social et économique.

Nombre d'heures de délégation

• Le nombre d'heures de délégation tel que fixé par la loi ne peut être augmenté que par un usage ou un accord collectif, ce que n'a pas pour objet un accord de réduction du temps de travail assimilant à un travail effectif la durée des pauses accordées aux salariés en situation de travail; le nombre d'heures de délégation légalement attribué à un représentant du personnel n'est donc pas augmenté du fait qu'en situation de travail, il bénéficie de pauses rémunérées de 20 minutes toutes les 4 heures (cass. soc. 9 décembre 2014, n° 13-18.005, BC V n° 282; RJS 2/15 n° 111, 1re espèce; JCP éd. S 2015, 1081, note Y. Pagnerre).

• Le crédit d'heures s'applique à chaque mois civil, indépendamment des périodes partielles de non-activité (cass. crim. 14 février 1978, n° 76-93.406, B. crim. n° 58). Il ne peut faire l'objet d'une réduction, même si le mandat de délégué débute ou expire en cours de mois (lettre min. du 7 août 1975). Voir également cass. soc. 13 décembre 1979, n° 78-41.277, BC V n° 975. Interrogé sur les incidences de la réduction du temps de travail résultant de la loi Robien, le ministre du Travail a déclaré qu'il n'apparaît pas justifié de réduire les heures de délégation; en effet, le crédit d'heures des représentants du personnel n'est pas lié à la durée du travail (rép. QE 18751, JO Sén. 26 décembre 1996, p. 3525).

• Il résulte de la combinaison des articles L. 424-1 [L. 2315-1 ancien] et L. 426-1 [L. 2312-6 ancien] que des accords collectifs peuvent valablement augmenter le crédit d'heures mensuel. Et le refus d'appliquer une clause conventionnelle constitue le délit d'entrave (cass. crim. 14 février 1978, n° 76-93.406, précité).

Utilisation des heures de délégation

• Le crédit d'heures d'un représentant du personnel peut être pris en dehors de l'horaire normal de travail et en sus du temps de travail effectif lorsque les nécessités du mandat le justifient.

Un employeur ne peut donc, en imputant par avance le contingent d'heures de délégation d'un représentant du personnel travaillant exclusivement la nuit sur la durée du travail en vigueur dans l'entreprise, limiter sa liberté d'utilisation de son crédit d'heures de jour et de nuit (cass. soc. 11 juin 2008, n° 07-40.823, BC V n° 133; JSL n° 238, 28.07.2008, p. 23; RJS 8-9/08 n° 912; JCP éd. S 2008, 1497, note J-Y Kerbourc'h; RDT, septembre 2008, CH, 538, F. Signoretto).

• Si les délégués syndicaux peuvent, en vertu de la loi, répartir entre eux le temps dont ils disposent pour l'exercice de leurs fonctions, cette faculté n'a pas été conférée aux délégués du personnel et aux membres du comité d'entreprise; pour ceux-ci, la possibilité d'une «telle répartition a été exclue par le législateur pour éviter que les représentants élus soient limités dans l'utilisation de leurs heures de délégation par les dépassements éventuels de certains d'entre eux» (cass. soc. 27 novembre 1980, n° 79-40.988, BC V n° 859; cass. crim. 20 juin 1985, n° 84-90.910, B. crim. n° 241). La Cour de cassation rappelle cette règle: «Les heures de délégation des représentants du personnel sont destinées au plein exercice du mandat individuel»; il n'est pas possible d'y déroger ni par usage ni par accord (cass. soc. 20 octobre 1994, n° 93-41.856, RJS 3/95 n° 246; 10 décembre 1996, n° 95-45.453, BC V n° 437; RJS 1/97 n° 52).

• Il est interdit à tout employeur de prendre en considération l'exercice des fonctions de représentant du personnel pour arrêter ses décisions en ce qui concerne la rémunération; la Cour de cassation a cassé la décision d'un conseil de prud'hommes qui n'avait pas recherché si, comme le soutenaient les salariés, le non-paiement d'une prime de fin d'année ne trouvait pas sa cause dans l'utilisation de leurs heures de délégation (cass. soc. 11 juin 1997, n° 94-44.958, RJS 8-9/97 n° 988). La réduction ou la suppression d'une prime peut constituer un délit d'entrave à l'exercice régulier des fonctions de représentation; pour caractériser le chef d'entrave, les juges devront rechercher si les primes litigieuses constituaient un complément de salaire et s'imposaient à l'employeur (cass. crim. 10 juin 1997, n° 95-83.892, B. crim. n° 231; RJS 10/97 n° 1104).

Activités entrant dans le cadre du crédit d'heures

• Sur les activités entrant dans le cadre du crédit d'heures, voir cass. soc. 6 octobre 1977, n° 76-40.738, BC V n° 518 et 29 juin 1978, n° 77-40.690, BC V n° 537; voir aussi cass. soc. 5 juillet 1979, n° 78-40.100, BC V n° 618; 8 juin 1979, n° 78-40.288, BC V n° 511, s'agissant de la participation à des réunions syndicales; 4 décembre 1980, n° 79-41.004, BC V n° 875; 21 février 1990, n° 86-44.111, BC V n° 85, précisant que l'assistance d'un salarié à une audience de justice ou devant le conseil de prud'hommes, défense par le délégué de ses propres intérêts devant le conseil de prud'hommes, n'entre pas dans le cadre de la fonction.

• Le salarié protégé est dans l'exercice de son mandat lorsqu'il assure sa propre défense lors d'une contestation par l'employeur de l'utilisation des heures de délégation (cass. ass. plén. 31 octobre 1996, n° 91-44.770, BC n° 7; Dr. Soc. 1997, p. 273) ou pour obtenir en justice le paiement total ou partiel de ces heures refusé par l'employeur (cass. soc. 17 mai 2006, n° 04-41.600, RJS 8-9/06 n° 961).

• La Cour de cassation a par ailleurs jugé que la distribution de documents syndicaux, la participation à une exposition économique et à une exposition sur la paix n'entrent pas dans le cadre des fonctions (cass. soc. 15 novembre 1988, n° 85-45.797, BC V n° 595; RJS 1/89 n° 48; 26 septembre 1990, n° 87-45.688, BC V n° 402).

• Le temps passé par les délégués du personnel à leur information personnelle ne peut être inclus dans les heures de délégation que si l'information se rattache directement à une difficulté particulière à leur entreprise; tel n'est pas le cas de la participation aux réunions d'un syndicat, soit en vue d'une formation personnelle pour mieux comprendre en quoi consiste son mandat, soit pour préparer avec l'aide de ce syndicat les réunions mensuelles avec l'employeur prévues par le code du travail (cass. soc. 13 décembre 2017, n° 16-14.132).

Dépassement du crédit d'heures pour circonstances exceptionnelles

• Pour que les circonstances exceptionnelles soient retenues, il faut qu'elles constituent une activité inhabituelle, nécessitant un surcroît de démarches et d'activités débordant le cadre des tâches coutumières des représentants du personnel, en raison, notamment, de la soudaineté de l'événement ou de l'urgence des mesures à prendre. La mise en place à l'échelon national de réformes touchant au droit du travail ne peut constituer une circonstance exceptionnelle (cass. crim. 3 juin 1986, Dr. Soc. 1986, p. 757).

• Les heures de délégation utilisées par un délégué du personnel en raison de circonstances exceptionnelles liées au déclenchement d'une procédure d'alerte ne s'imputent pas sur son crédit d'heures habituel (cass. soc. 29 avril 2009, n° 07-45.480, JSL n° 256, 27.05.2009, p. 26).

• L'obligation de payer à l'échéance normale le temps nécessaire à l'exercice des fonctions de représentant du personnel ne s'étend pas aux heures prises en fonction de circonstances exceptionnelles (cass. soc. 21 juillet 1986, n° 84-41.664, BC V n° 401; Dr. Soc. 1986, p. 762). Voir également cass. soc. 26 octobre 1977, n° 76-40.058, BC V n° 568; 27 juin 1979, n° 78-40.229, BC V n° 587; 9 mai 1989, 2 arrêts, n° 86-40.375, BC V n° 342 et n° 86-41.652.

• Sur la nécessité pour le salarié, en cas de contestation de l'employeur, d'établir l'existence des heures prises en fonction de circonstances exceptionnelles ainsi que la conformité de leur utilisation avec l'objet du mandat représentatif préalablement à tout paiement de l'employeur, voir cass. soc. 10 juin 1997, n° 94-42.546, BC V n° 217; Dr. Soc. 1997, p. 989, rendu à propos d'un membre d'un CHSCT, cité en note sous l'article L. 2315-10.

• Voir aussi note sous l'article L. 2143-17.

Suspension du contrat de travail et exercice du mandat

• La suspension du contrat de travail n'entraîne pas celle des fonctions de délégué du personnel, aucune concordance nécessaire n'étant exigée entre l'utilisation des heures de délégation et les horaires de travail (cass. crim. 25 mai 1983, n° 82-91.538, B. crim. n° 153). Des délégués du personnel en chômage technique sont en droit, dans le cadre des prérogatives liées à l'exercice régulier de leurs fonctions représentatives, de pénétrer dans l'usine où travaille une partie, même réduite, des employés avec lesquels leur mission leur permet de communiquer. De même, la grève ne suspend pas le mandat de représentation; le temps passé à l'occasion d'un conflit collectif en réunions avec l'employeur doit être payé en s'imputant sur les heures de délégation (cass. soc. 27 février 1985, n° 82-40.173, BC V n° 124). Enfin, la mise à pied d'un représentant du personnel, qu'elle soit de nature conservatoire ou disciplinaire, n'a pas pour conséquence de suspendre l'exécution de son mandat (cass. crim. 11 septembre 2007, n° 06-82.410, B. crim. n° 199; JSL n° 221, 13.11.2007, p. 18, J-E Tourreil; RJS 12/07 n° 1311; Dr. Soc. 2007, p. 1260, Fr. Duquesne).

• Le mandat représentatif n'est pas non plus suspendu en cas de maladie (en pratique, une incapacité de travail ne postule pas nécessairement l'incapacité d'exercer un tel mandat). Toutefois, l'attribution d'indemnités journalières à l'assuré se trouvant dans l'incapacité physique de continuer ou de reprendre le travail étant subordonnée à l'obligation pour le bénéficiaire de s'abstenir de toute activité non autorisée, l'exercice de son activité de représentation par le représentant du personnel ou d'un syndicat, dont le mandat n'est pas suspendu, ne peut ouvrir droit à indemnisation que s'il a été préalablement autorisé par le médecin traitant (cass. ch. mixte 21 mars 2014, n° 12-20.002, BC n° 2; JSL n° 365, 06.05.2014, p. 14, Ph. Pacotte et J. Layat-Le Bourhis; JCP éd. G 2014, 621, note D. Carrignan-Carsin et éd. S 2014, 1269, note D. Asquinazi-Bailleux; RJS 6/14 n° 493).

Sur la jurisprudence relative au CHSCT, voir Code du Travail Annoté, éd. 2020.

Art. L. 2315-8. Les modalités d'utilisation des heures de délégation sur une durée supérieure au mois sont définies par voie réglementaire.

Art. L. 2315-9. Un décret en Conseil d'État détermine les conditions dans lesquelles les membres titulaires de la délégation du personnel du comité social et économique peuvent, chaque mois, répartir entre eux et avec les membres suppléants le crédit d'heures de délégation dont ils disposent.

Art. L. 2315-10. Le temps passé en délégation est de plein droit considéré comme temps de travail et payé à l'échéance normale.

L'employeur qui entend contester l'utilisation faite des heures de délégation saisit le juge judiciaire.

Note Voir aussi articles L. 2315-11 et L. 2143-17 et leurs notes.

Nous rapportons ci-après les solutions dégagées par la jurisprudence à propos du comité d'entreprise en ce qu'elles ont en principe vocation à s'appliquer au comité social et économique.

• Un salarié, membre du comité d'entreprise, ayant perçu une indemnité de congés payés ne peut la cumuler avec les sommes dues au titre des heures de délégation utilisées pendant la période de congés afférente (cass. soc. 19 octobre 1994, n° 91-41.097, RJS 12/94 n° 1419).

• L'employeur a l'obligation de payer les heures de délégation. Un employeur ne peut opérer de prélèvement sur les pourboires pour payer les heures de délégation; les pourboires ne peuvent être affectés qu'à la rémunération du temps de travail consacré au service de la clientèle avec laquelle le personnel est en contact (cass. soc. 8 novembre 1994, n° 93-42.501, Dr. Soc. 1995, p. 71).

• Voir aussi note sous article L. 2315-7.

Nous rapportons ci-après les solutions dégagées par la jurisprudence à propos du CHSCT en ce qu'elles sont susceptibles d'intéresser le comité social et économique.

• **Dépassement pour circonstances exceptionnelles.** L'obligation, pesant sur l'employeur de payer à l'échéance normale comme temps de travail le temps nécessaire au représentant du personnel au CHSCT pour l'exercice de ses fonctions (art. L. 4614-6 ancien CT), sauf à contester ensuite devant la juridiction compétente l'usage fait du temps alloué, était limitée aux heures dont le nombre était fixé par la loi ou par un accord collectif plus favorable. Elle ne s'étendait pas à celles qui étaient prises en fonction de circonstances exceptionnelles dont il appartenait au salarié, en cas de contestation de l'employeur, d'établir l'existence ainsi que la conformité de leur utilisation avec l'objet du mandat représentatif préalablement à tout paiement par l'employeur (cass. soc. 10 juin 1997, n° 94-42.546, BC V n° 217; Dr. Soc. 1997, p. 989; 25 novembre 1997, n° 95-43.412, BC V n° 404). En l'absence de circonstances exceptionnelles, le salarié ne pouvait prétendre à une rémunération des heures dépassant le contingent et une retenue sur son salaire était justifiée (cass. soc. 8 juillet 2009, n° 08-42.546).

À noter: la règle est restée identique pour le CSE (voir art. L. 2315-11 CT).

• **Salariés à temps partiel et travailleurs de nuit.** Les heures de délégation ou de réunion que le salarié à temps partiel prenait en dehors de son temps de travail normal en raison des nécessités de son mandat de représentant du personnel au CHSCT devaient être rémunérées comme du temps de travail effectif, sans qu'il soit fait application des dispositions limitant la durée du travail à temps partiel (cass. soc. 21 septembre 2011, n° 10-13.681, RJS 11/11 n° 882).

La participation d'un salarié, travaillant exclusivement la nuit, aux réunions du comité d'entreprise et du CHSCT pendant la journée, a lieu en dehors de son temps de travail et doit être rémunérée en sus (cass. soc. 11 juin 2008, n° 07-40.823, BC V n° 133; RJS 8-9/08 n° 912; JCP éd. S 2008, 1497, note J-Y Kerbourc'h; RDT, septembre 2008, CH, 538, F. Signoretto).

À noter: les solutions ainsi dégagées par la jurisprudence demeurent à notre sens applicables au CSE.

• **Compétence du juge des référés.** Une cour d'appel n'avait pas pu déclarer incompétente une juridiction des référés saisie par un employeur en vue d'obtenir des justifications sur l'utilisation par un salarié de ses heures de délégation déjà rémunérées. En effet, l'obligation d'un salarié d'indiquer l'utilisation de ces heures ne se heurtait à aucune contestation sérieuse (cass. soc. 4 février 2004, n° 01-46.478, BC V n° 36; RJS 4/04 n° 421).

À noter: la solution ainsi dégagée par la jurisprudence demeure à notre sens applicable au CSE.

• Il avait également été jugé que:
– en énonçant que le temps de transport devait être regardé comme un moyen nécessaire aux déplacements et pris en charge comme tel, alors que l'article L. 236-7 [L. 4614-6 ancien] CT précisait le temps nécessaire que le chef d'établissement était tenu de laisser à chacun des représentants du personnel au CHSCT et les cas dans lesquels le temps passé à l'accomplissement des missions du comité était également payé comme temps de travail effectif sans être déduit du crédit d'heures prévu, la circulaire 93-14 du 18 mars 1993 avait posé une règle qui n'était pas prévue dans la loi et, par suite, édictait une disposition réglementaire entachée d'incompétence (CE 12 juin 1995, n°s 150584 et a., Rec. Lebon, p. 240; JCP éd. E 1995.II.713);
– sur l'existence d'un usage constant dans l'entreprise, non dénoncé, selon lequel les heures consacrées aux réunions préliminaires du CHSCT étaient rémunérées, voir cass. soc. 16 février 1994, n° 92-43.501, RJS 4/94 n° 426.

Art. L. 2315-11. Est également payé comme temps de travail effectif le temps passé par les membres de la délégation du personnel du comité social et économique:

(Ord. 2017-1718 du 20 déc. 2017, art. 1er, I, 85°, JO 21) «1° À la recherche de mesures préventives dans toute situation d'urgence et de gravité, notamment lors de la mise en œuvre de la procédure de danger grave et imminent prévue à l'article L. 4132-2;»

2° Aux réunions du comité et de ses commissions ***(Ord. 2017-1718 du 20 déc. 2017, art. 1er, I, 85°, JO 21)*** «, dans ce cas» dans la limite d'une durée globale fixée par accord d'entreprise ou à défaut par décret en Conseil d'État;

3° Aux enquêtes menées après un accident du travail grave ou des incidents répétés ayant révélé un risque grave ou une maladie professionnelle ou à caractère professionnel grave;

Ce temps n'est pas déduit des heures de délégation prévues pour les membres titulaires de la délégation du personnel du comité social et économique.

Note ***Nous rapportons ci-après les solutions dégagées par la jurisprudence à propos des délégués du personnel et du comité d'entreprise en ce qu'elles ont en principe vocation à s'appliquer au comité social et économique.***

• Sur la rémunération du **temps passé par les délégués du personnel aux réunions avec l'employeur**, voir cass. soc. 10 avril 1996, n° 93-40.943, BC V n° 150.

• **Frais de déplacement.** Sauf accord plus favorable, les frais de déplacement des délégués du personnel hors de l'entreprise ne peuvent être mis à la charge de l'employeur (cass. soc. 14 février 1989, n° 85-41.075, BC V n° 121); lorsque les délégués du personnel sont reçus par le chef d'entreprise dans le cadre des réunions mensuelles obligatoires, l'administration du travail estime cohérent de mettre à la charge de l'employeur ces frais de déplacement, en rappelant que l'article L. 424-4 [L. 2315-8 ancien] impose ces réunions et que cette institution représentative du personnel ne dispose d'aucun moyen (rép. QE 26766, JO AN 15 janvier 1996, p. 271).

Pour un exemple d'accord prévoyant la mise à disposition d'un véhicule de service afin de se rendre aux réunions avec l'employeur, voir cass. soc. 11 septembre 2019, n° 17-14.623, RJS 11/19 n° 638.

En l'absence de disposition le prévoyant, l'employeur n'est pas tenu de prendre en charge les frais de déplacement et d'hébergement exposés pour se rendre aux réunions des commissions internes au comité d'entreprise, dès lors que les réunions de ces commissions ne sont pas légalement obligatoires ou ne sont pas organisées à l'initiative de l'employeur (cass. soc. 17 octobre 2018, n° 17-13.256, à paraître, JCP éd. S 2018, 1410, note J-Y Kerbourc'h; RJS 1/19 n° 30; LS Jurispr. n° 105 du 11.06.2019).

• **Temps de trajet.** Le temps de trajet, pris en dehors de l'horaire normal de travail et effectué en exécution des fonctions représentatives, doit être rémunéré comme du temps de travail effectif pour la part excédant le temps normal de déplacement entre le domicile et le lieu de travail (cass. soc. 12 juin 2013, n° 12-12.806, BC V n° 155; JCP éd. S 2013, 1347, note M. Morand; RJS 8-9/13 n° 615; Gaz. Pal. 2013, n°s 226-229, pp. 26 et s., note F. Marron; SSL n° 1607, 25.11.2013, chron. des jurisprudences sur la représentation du personnel, L. Pécaut-Rivolier et Y. Struillou).

• **Temps passé aux réunions du comité d'entreprise. Travailleurs de nuit.** Le salarié, membre du comité d'entreprise, qui travaille exclusivement la nuit doit être rémunéré en sus pour le temps passé aux réunions du comité pendant la journée (cass. soc. 11 juin 2008, n° 07-40.823, BC V n° 133; RJS 8-9/08 n° 912).

• **Temps passé aux séances des commissions du comité d'entreprise.** Le temps passé par les membres titulaires et suppléants du comité aux séances des commissions dont la loi a prévu la constitution obligatoire et dans lesquelles ils ont été désignés comme membres [commission de la formation dans les entreprises d'au moins 200 salariés (art. L. 2325-26 ancien), commission d'information et d'aide au logement dans les entreprises d'au moins 300 salariés (art. L. 2325-27 à 33 anciens), commission économique dans les entreprises d'au moins 1 000 salariés, dans la limite d'un contingent annuel global de 40 h/an (art. L. 2325-23 ancien)] est rémunéré comme temps de travail et n'est pas déduit des 20 heures pour les membres titulaires.

En présence d'une disposition conventionnelle stipulant que l'assistance aux commissions du comité d'entreprise ne doit pas entraîner de perte de salaires pour les membres qui y siègent, c'est à bon droit qu'un conseil de prud'hommes a débouté un salarié, membre d'une commission, désigné pour effectuer, pendant les heures de travail, une mission d'étude à l'extérieur de l'entreprise, de sa demande tendant au paiement, par l'employeur, du salaire correspondant à la durée de cette mission (cass. soc. 1er juillet 1985, n° 82-41.688, BC V n° 375).

Nous rapportons ci-après les solutions dégagées par l'Administration et la jurisprudence à propos du CHSCT en ce qu'elles sont susceptibles d'intéresser le comité social et économique.

• La loi prévoyant que le temps passé par les membres du CHSCT aux enquêtes menées après un accident du travail grave ayant révélé un risque grave était payé comme temps de travail, un conseil de prud'hommes, après avoir constaté que la société ne discutait pas le principe de la rémunération du temps consacré à l'enquête, a pu décider qu'avant toute contestation sur la durée de l'enquête, l'employeur devait rémunérer le temps normalement consacré par le salarié membre du CHSCT à cette enquête (cass. soc. 25 novembre 1997, n° 95-42.139, BC V n° 403).

À noter: la règle est restée identique pour le CSE (voir art. L. 2315-11 CT ci-dessus).

• Lorsque, dans un établissement de plus de 500 salariés, il existait plusieurs CHSCT, le temps passé aux réunions de coordination ne s'imputait pas sur le crédit d'heures (circ. DRT 93-15 du 25 mars 1993).

Art. L. 2315-12. Le temps passé aux réunions du comité social et économique avec l'employeur par les représentants syndicaux au comité est rémunéré comme temps de travail.

Ce temps n'est pas déduit des heures de délégation dans les entreprises d'au moins cinq cent un salariés.

Note Voir notes sous articles L. 2315-10, L. 2315-11 et L. 2143-17.

Art. L. 2315-13. Dans les entreprises de travail temporaire, les heures de délégation utilisées entre deux missions, conformément à des dispositions conventionnelles, par un membre titulaire du comité pour l'exercice de son mandat, sont considérées comme des heures de travail.

Ces heures de délégation sont réputées rattachées, en matière de rémunération et de charges sociales, au dernier contrat de mission avec l'entreprise de travail temporaire au titre de laquelle il a été élu membre titulaire du comité.

Art. R. 2315-3. À défaut de stipulations dans l'accord prévu à l'article L. 2314-7, le temps mensuel nécessaire à l'exercice de leurs fonctions par les représentants mentionnés au 1° de l'article L. 2315-7 est défini à l'article R. 2314-1.

Sauf accord collectif contraire, lorsque les représentants mentionnés au premier alinéa sont des salariés mentionnés à l'article L. 3121-58, le crédit d'heures est regroupé en demi-journées qui viennent en déduction du nombre annuel de jours travaillés fixé dans la convention individuelle du salarié. Une demi-journée correspond à quatre heures de mandat.

Lorsque le crédit d'heures ou la fraction du crédit d'heures restant est inférieur à quatre heures, les représentants mentionnés à l'alinéa précédent qui en bénéficient au titre des heures additionnées sur l'année prévues à l'article R. 2314-1 dispose d'une demi-journée qui vient en déduction du nombre annuel de jours travaillés fixé dans la convention individuelle du salarié.

Art. R. 2315-4. Le temps nécessaire à l'exercice de leurs fonctions par les représentants syndicaux mentionnés aux 2° et 3° de l'article L. 2315-7 est fixé dans des limites d'une durée, qui, sauf circonstances exceptionnelles, ne peut excéder vingt heures par mois.

Sauf accord collectif contraire, lorsque les représentants mentionnés au premier alinéa sont des salariés mentionnés à l'article L. 3121-58, le crédit d'heures est regroupé en demi-journées qui viennent en déduction du nombre annuel de jours travaillés fixé dans la convention individuelle du salarié. Une demi-journée correspond à quatre heures de mandat.

Lorsque le crédit d'heures ou la fraction du crédit d'heures restant est inférieur à quatre heures, les représentants mentionnés à l'alinéa précédent qui en bénéficient au titre des heures additionnées sur l'année prévues à l'article R. 2314-1 dispose d'une demi-journée qui vient en déduction du nombre annuel de jours travaillés fixé dans la convention individuelle du salarié.

Art. R. 2315-5. Le temps prévu à l'article L. 2315-7 peut être utilisé cumulativement dans la limite de douze mois. Cette règle ne peut conduire un membre à disposer, dans le mois, de plus d'une fois et demi le crédit d'heures de délégation dont il bénéficie.

Pour l'utilisation des heures ainsi cumulées, le représentant informe l'employeur au plus tard huit jours avant la date prévue de leur utilisation.

Art. R. 2315-6. La répartition des heures entre les membres de la délégation du personnel du comité social et économique, prévue à l'article L. 2315-9, ne peut conduire l'un d'eux à disposer, dans le mois, de plus d'une fois et demie le crédit d'heures de délégation dont bénéficie un membre titulaire en application de l'article R. 2314-1.

Les membres titulaires de la délégation du personnel du comité social et économique concernés informent l'employeur du nombre d'heures réparties au titre de chaque mois au plus tard huit jours avant la date prévue pour leur utilisation. L'information de l'employeur se fait par un document écrit précisant leur identité ainsi que le nombre d'heures mutualisées pour chacun d'eux.

Note ***Jurisprudence rendue à propos de la délégation unique du personnel.*** Dans le cadre de la réglementation antérieure au décret 2017-1819 du 29 décembre 2017, le Conseil d'État a rejeté un recours critiquant l'instauration par décret du délai de prévenance de huit jours en matière de mutualisation des heures de délégation (CE 31 mars 2017, n° 399957, RJS 6/17 n° 413; JSL n° 432, 29.05.2017, pp. 17 et s., M. Hautefort; LSQ n° 17309 du 18.04.2017).

Art. R. 2315-7. À défaut d'accord d'entreprise, le temps passé par les membres de la délégation du personnel du comité social et économique aux réunions mentionnées au 2° de l'article L. 2315-11 n'est pas déduit des heures de délégation prévues à l'article R. 2314-1 dès lors que la durée annuelle globale de ces réunions n'excède pas :
- 30 heures pour les entreprises de 300 salariés à 1 000 salariés ;
- 60 heures pour les entreprises d'au moins 1 000 salariés.

L'effectif est apprécié une fois par an, sur les douze mois précédents, à compter du premier mois suivant celui au cours duquel a été élu le comité.

Par dérogation aux dispositions du présent article, le temps passé aux réunions de la commission santé, sécurité et conditions de travail est rémunéré comme du temps de travail. Ce temps n'est pas déduit des heures de délégation prévues pour les membres titulaires de la délégation du personnel du comité social et économique.

Sous-section 3. Déplacement et circulation

Art. L. 2315-14. Pour l'exercice de leurs fonctions, les membres élus de la délégation du personnel du comité social et économique et les représentants syndicaux au comité peuvent, durant les heures de délégation, se déplacer hors de l'entreprise.

Ils peuvent également, tant durant les heures de délégation qu'en dehors de leurs heures habituelles de travail, circuler librement dans l'entreprise et y prendre tous contacts nécessaires à l'accomplissement de leur mission, notamment auprès d'un salarié à son poste de travail, sous réserve de ne pas apporter de gêne importante à l'accomplissement du travail des salariés.

Note Voir note sous l'article L. 2143-20 relatif aux délégués syndicaux.

Sous-section 4. Affichage

Art. L. 2315-15. Les membres de la délégation du personnel du comité social et économique peuvent faire afficher les renseignements qu'ils ont pour rôle de porter à la connaissance du personnel sur des emplacements obligatoirement prévus et destinés aux communications syndicales, ainsi qu'aux portes d'entrée des lieux de travail.

Note • La formulation de cet article, qui prévoit l'affichage des communications des membres de la délégation du personnel du comité social et économique sur les emplacements destinés aux communications syndicales, paraît en contradiction avec la règle posée par l'article L. 2142-3 selon laquelle, s'il y a une ou des sections syndicales constituées dans l'entreprise, il doit y avoir obligatoirement des panneaux d'affichage distincts.

• ***Jurisprudence rendue sous l'empire de la législation antérieure et ayant en principe vocation à s'appliquer au comité social et économique.*** L'expression «portes d'entrée des lieux de travail» ne limite pas l'emplacement des panneaux d'affichage aux portes d'entrée et de sortie de l'entreprise mais l'étend aux portes d'entrée des différents ateliers ou bureaux. Les emplacements doivent être «choisis de manière à rendre possible une lecture facile des communications syndicales» (cass. soc. 25 mai 1965, BC IV n° 397). La porte d'un bureau situé au premier étage d'un bâtiment affecté en partie à la société qui sert de lieu de permanence des personnels du service, sur laquelle a été affichée une communication par un délégué du personnel, peut être considérée comme une porte d'entrée des lieux de travail au sens de cet article (cass. crim. 3 décembre 1985, n° 84-95.455).

• Sur le droit de contrôle de l'employeur, voir note sous article L. 2142-3.

Sous-section 5. Formation

§ 1. Dispositions générales

Art. L. 2315-16. Le temps consacré aux formations prévues au présent chapitre est pris sur le temps de travail et est rémunéré comme tel. Il n'est pas déduit des heures de délégation.

Note ***Nous rapportons ci-après les solutions dégagées par la jurisprudence à propos du congé formation dont pouvaient bénéficier les élus du CHSCT*** *(art. L. 4614-14 et R. 4614-21 et s. anciens CT)* ***en ce qu'elles sont susceptibles d'intéresser le comité social et économique.***

Le temps consacré à la formation des représentants du personnel au CHSCT et celui consacré à la formation économique des membres titulaires du CE étant pris sur le temps de travail et rémunéré comme tel, il en résulte qu'un salarié participant, sur sa demande, à de telles formations ne peut prétendre à une rémunération supérieure à celle qu'il aurait perçue s'il ne les avait pas suivies. Ainsi, s'agissant d'un salarié à temps partiel, la rémunération du temps consacré à cette formation excédant la durée hebdomadaire n'a pas à être prise en charge par l'employeur (cass. soc. 15 juin 2010, n° 09-65.180, BC V n° 138; Dr. Soc. 2010, p. 1006, obs. L. Pécaut-Rivolier). De même, si un représentant du personnel, travaillant à temps partiel, suit la formation en dehors de son horaire de travail, l'employeur n'a pas à lui payer les heures complémentaires correspondantes (cass. soc. 21 septembre 2011, n° 10-13.681, RJS 11/11 n° 882).

À noter: ces solutions sont à notre sens transposables au congé formation dont bénéficient les élus du CSE.

Voir aussi L. Dauxerre, «La formation des membres du CSE», JCP éd. S 2020, 2081.

Art. L. 2315-17. Les formations sont dispensées soit par un organisme figurant sur une liste arrêtée par l'autorité administrative dans des conditions déterminées par décret en Conseil d'État, soit par un des organismes mentionnés à l'article L. 2145-5. Ces formations sont renouvelées lorsque les représentants ont exercé leur mandat pendant quatre ans, consécutifs ou non.

Art. R. 2315-8. La liste des organismes de formation mentionnée à l'article L. 2315-17 est arrêtée par le préfet de région après avis du comité régional de l'emploi, de la formation [et] de l'orientation professionnelles.

Note Voir arrêté du 25 janvier 2021 (JO 30) fixant la liste des centres, instituts et organismes spécialisés agréés dont les stages ou sessions ouvrent droit aux congés de formation économique, sociale et syndicale.

§ 2. Formation en santé, sécurité et conditions de travail

Art. L. 2315-18. ***(Ord. 2017-1718 du 20 déc. 2017, art. 1er, I, 86°, JO 21)*** «Les membres de la délégation du personnel du comité social et économique» ***(L. 2018-771 du 5 sept. 2018, art. 105, III, 2°, JO 6, entrée en vigueur au plus tard le 01.01.2019)*** «et le référent prévu au dernier alinéa de l'article L. 2314-1» bénéficient de la formation nécessaire à l'exercice de leurs missions en matière de santé, de sécurité et de conditions de travail prévues au chapitre II du présent titre, dans des conditions déterminées par décret en Conseil d'État.

Le financement *(Ord. 2017-1718 du 20 déc. 2017, art. 1er, I, 86°, JO 21)* «de la formation prévue à l'alinéa précédent» est pris en charge par l'employeur dans des conditions prévues par décret en Conseil d'État.

Note Le 1er alinéa de cet article a été modifié par la loi 2018-217 du 29 mars 2018, art. 6, 12°, JO 31.

Sous-§ 1 (réglementaire). Contenu et organisation de la formation

Art. R. 2315-9. La formation des membres de la délégation du personnel du comité social et économique mentionnée à l'article L. 2315-18 a pour objet:

1° De développer leur aptitude à déceler et à mesurer les risques professionnels et leur capacité d'analyse des conditions de travail;

2° De les initier aux méthodes et procédés à mettre en œuvre pour prévenir les risques professionnels et améliorer les conditions de travail.

Art. R. 2315-10. La formation est dispensée dès la première désignation des membres de la délégation du personnel du comité social et économique.

Elle est dispensée selon un programme théorique et pratique préétabli qui tient compte:

1° Des caractéristiques de la branche professionnelle de l'entreprise;

2° Des caractères spécifiques de l'entreprise;

3° Du rôle du représentant au comité social et économique.

Art. R. 2315-11. Le renouvellement de la formation des membres de la délégation du personnel du comité social et économique fait l'objet de stages distincts de celui organisé en application de l'article R. 2315-9.

Ce renouvellement a pour objet de permettre au membre de la délégation du personnel d'actualiser ses connaissances et de se perfectionner. À cet effet, le programme établi par l'organisme de formation a un caractère plus spécialisé. Il est adapté aux demandes particulières du stagiaire et tient compte notamment des changements technologiques et d'organisation affectant l'entreprise, l'établissement ou la branche d'activité.

Sous-§ 2 (réglementaire). Obligations des organismes de formation

Art. R. 2315-12. La formation en santé, sécurité et conditions de travail des membres de la délégation du personnel du comité social et économique est dispensée soit par des organismes figurant sur une liste arrêtée par le ministre chargé du travail selon la procédure prévue à l'article R. 2145-3, soit par des organismes agréés par le préfet de région selon la procédure prévue à l'article R. 2315-8.

Art. R. 2315-13. Les organismes qui demandent à figurer sur la liste arrêtée par le préfet de région établissent leur aptitude à assurer, conformément aux dispositions du sous-paragraphe 1, la formation des membres de la délégation du personnel du comité social et économique.

Ils justifient notamment des capacités de leurs formateurs et de l'expérience acquise par ces derniers en matière de prévention des risques professionnels et de conditions de travail.

Le préfet de région se prononce après avis du comité régional de l'emploi, de la formation [et] de l'orientation professionnelles.

Le silence gardé pendant plus de quatre mois sur une demande d'agrément vaut décision de rejet.

Art. R. 2315-14. Lorsqu'un organisme cesse de répondre aux qualifications ayant justifié son inscription sur la liste préfectorale, il en est radié par décision motivée du préfet de région.

Cette décision est prise après avis du comité régional de l'emploi, de la formation [et] de l'orientation professionnelles.

Art. R. 2315-15. L'organisme de formation délivre, à la fin du stage, une attestation d'assiduité que l'intéressé remet à son employeur lorsqu'il reprend son travail.

Art. R. 2315-16. Les organismes de formation remettent chaque année avant le 30 mars, au ministre chargé du travail ou aux préfets de région selon les cas, un compte rendu de leurs activités au cours de l'année écoulée. Ce compte rendu indique le nombre des stages organisés ainsi que leurs programmes.

Sous-§ 3 (réglementaire). Congé de formation

Art. R. 2315-17. Le membre de la délégation du personnel du comité social et économique qui souhaite bénéficier de son droit à un congé de formation en fait la demande à l'employeur. Cette demande précise la date à laquelle il souhaite prendre son congé, la durée de celui-ci, le prix du stage et le nom de l'organisme chargé de l'assurer.

La demande de congé est présentée au moins trente jours avant le début du stage. À sa date de présentation, elle est imputée par priorité sur les contingents mentionnés à l'article L. 2145-8.

Art. R. 2315-18. Le congé de formation est pris en une seule fois à moins que le bénéficiaire et l'employeur ne décident d'un commun accord qu'il le sera en deux fois.

Art. R. 2315-19. Lorsque pour refuser la demande de congé, l'employeur estime que l'absence du salarié pourrait avoir des conséquences préjudiciables à la production et à la bonne marche de l'entreprise, le refus est notifié à l'intéressé dans un délai de huit jours à compter de la réception de la demande.

Dans ce cas, le congé formation peut être reporté dans la limite de six mois.

Note ***Nous rapportons ci-après la solution dégagée par la jurisprudence à propos du congé formation dont pouvaient bénéficier les élus du CHSCT*** *(art. L. 4614-14 et R. 4614-21 et s. anciens CT).*

Lorsque l'employeur ne notifie pas son refus au salarié dans les 8 jours de la réception de la demande de congé de formation, le congé est pris aux dates prévues (cass. soc. 9 février 2012, n° 10-21.820, RJS 5/12 n° 465).

À noter : cette solution est à notre sens transposable au congé formation dont bénéficient les élus du CSE.

Sous-§ 4 (réglementaire). Dépenses de formation

Art. R. 2315-20. Les frais de déplacement au titre de la formation des membres de la délégation du personnel du comité social et économique sont pris en charge par l'employeur à hauteur du tarif de seconde classe des chemins de fer applicable au trajet le plus direct depuis le siège de l'établissement jusqu'au lieu de dispense de la formation.

Les frais de séjour sont pris en charge à hauteur du montant de l'indemnité de mission fixée en application de la réglementation applicable aux déplacements temporaires des fonctionnaires.

Art. R. 2315-21. Les dépenses afférentes à la rémunération des organismes de formation sont prises en charge par l'employeur, à concurrence d'un montant qui ne peut dépasser, par jour et par stagiaire, l'équivalent de trente-six fois le montant horaire du salaire minimum de croissance.

Art. R. 2315-22. Les dépenses de rémunération des organismes de formation et les frais de déplacement et de séjour exposés par les stagiaires ne s'imputent pas sur la participation au développement de la formation professionnelle continue prévue à l'article L. 6331-1.

Dans les entreprises de moins de trois cents salariés, les dépenses engagées au titre de la rémunération du temps de formation des stagiaires sont déductibles dans la limite de 0,08 % du montant des salaires payés pendant l'année en cours, du montant de la participation des employeurs au financement de la formation professionnelle continue.

SECTION 2. Dispositions particulières des entreprises de moins de cinquante salariés

Sous-section 1. Fonctionnement

Art. L. 2315-19. Les représentants du personnel au comité social et économique exercent individuellement les droits qui sont reconnus au comité par la présente section.

Note Voir N. Anciaux, «La personnalité juridique du CSE dans les entreprises de moins de 50 salariés - Plaidoyer en faveur d'une personnification finalisée», JCP éd. S 2020, 1019.

Sous-section 2. Local

Art. L. 2315-20. L'employeur met à la disposition des membres de la délégation du personnel du comité social et économique le local nécessaire pour leur permettre d'accomplir leur mission et, notamment, de se réunir.

Note ***Jurisprudence rendue à propos des délégués du personnel et ayant en principe vocation à s'appliquer au comité social et économique.*** Les prescriptions de l'article L. 2315-6 [ancien] CT faisant obligation à l'employeur de fournir un local de réunions aux délégués du personnel sont impératives et d'ordre public et ne sauraient être transgressées hors un cas de force majeure (cass. crim. 25 septembre 2007, n° 06-84.599, B. crim. n° 222 ; RJS 12/07 n° 1304 ; JCP éd. S 2007, 1944, note J-Y Kerbourc'h ; 26 mai 2009, n° 08-82.979, RJS 10/09 n° 809).

Sous-section 3. Réunions

Art. L. 2315-21. Les membres de la délégation du personnel du comité social et économique sont reçus collectivement par l'employeur ou son représentant au moins une fois par mois. En cas d'urgence, ils sont reçus sur leur demande.

L'employeur peut se faire assister par des collaborateurs. Ensemble, ils ne peuvent être en nombre supérieur à celui des représentants du personnel titulaires.

Les membres de la délégation du personnel du comité social et économique sont également reçus par l'employeur, sur leur demande, soit individuellement, soit par catégorie, soit par atelier, service ou spécialité professionnelle selon les questions qu'ils ont à traiter.

Note ***Nous rapportons ci-après les solutions dégagées par la jurisprudence à propos des délégués du personnel en ce qu'elles ont en principe vocation à s'appliquer au comité social et économique.***

• **Réunion mensuelle.** La tenue d'une réunion mensuelle s'impose impérativement à l'employeur et, hors le cas de force majeure, l'absence de réunion ne peut être justifiée que si elle a pour cause le refus ou la défection des délégués eux-mêmes (cass. crim. 22 octobre 1975, n° 74-93.478, B. crim. n° 223; voir aussi 18 mai 1989, n° 88-82.947, RJS 8-9/89 n° 692; 27 septembre 1989, n° 88-85.727, B. crim. n° 333; RJS 11/89 n° 849). Il doit recevoir collectivement les délégués du personnel (cass. crim. 11 octobre 1989, n° 87-90.494, Dr. Ouvr. 1991, p. 28).

L'article L. 2315-8 [ancien] n'instituant aucune dérogation au principe de la réunion mensuelle lorsque l'entreprise ne comporte qu'un seul délégué du personnel, l'inobservation de cette obligation ne peut être justifiée, hors le cas de force majeure, que si elle a pour cause le refus ou la défection du délégué lui-même (cass. crim. 25 septembre 2007, n° 06-84.599, B. crim. n° 222; RJS 12/07 n° 1304; JCP éd. S 2007, 1944, note J-Y Kerbourc'h).

Se rend coupable du délit d'entrave à l'exercice régulier des fonctions de délégué du personnel l'employeur qui omet de le convoquer aux réunions, l'inexistence d'un régime légal de convocation des délégués aux réunions mensuelles ne permettant pas d'exclure l'atteinte à l'exercice des fonctions de délégué (cass. crim. 17 décembre 1996, n° 95-84.938, B. crim. n° 472; RJS 4/97 n° 432). L'indisponibilité du directeur d'un établissement fait obligation au président-directeur général de la société d'organiser lui-même les réunions à la place de son délégataire qui en est empêché ou de désigner un autre représentant pour le suppléer (cass. crim. 7 janvier 1981, n° 79-94.255, B. crim. n° 5).

• **Modalités de convocation.** En l'absence de toute forme imposée, les délégués du personnel peuvent être convoqués par voie électronique (cass. soc. 23 mai 2017, n° 15-24.713, BC V n° 88; LS Jurispr. n° 102 du 6.06.2017; JCP éd. S 2017, 1269, note J-Y Kerbourc'h; JSL n° 435, 11.07.2017, pp. 12 et s., J-P Lhernould; RDT, juillet/août 2017, AC, 454; RJS 8-9/17 n° 555. Décision rendue dans le cadre de l'article L. 1226-10 relatif à la consultation des délégués en matière de reclassement d'un salarié inapte mais dont la portée s'étend à toutes les convocations pour lesquelles aucune forme particulière n'est imposée).

• **Présence de tiers.** La pratique tendant, lors de la réunion mensuelle, à imposer la présence, en surnombre, d'un tiers choisi par le chef d'établissement est de nature à porter atteinte à l'exercice des fonctions représentatives (cass. crim. 25 septembre 2007, n° 06-84.599, précité).

La Cour de cassation a par ailleurs précisé que l'article L. 2315-10 [ancien], alinéa 2, permettant aux délégués du personnel de se faire assister, sur leur demande, d'un représentant d'une organisation syndicale lors des réunions mensuelles, ne limite pas à un le nombre de représentants syndicaux pouvant assister les délégués lors de la réunion mensuelle, mais à un par confédération syndicale (cass. soc. 28 janvier 2015, n° 13-24.242, BC V n° 16; LSQ n° 16767 du 5.02.2015; RJS 4/15 n° 264). Il a également été jugé que constitue le délit d'entrave le refus par un employeur de recevoir, lors d'une réunion des délégués du personnel, un représentant syndical extérieur à l'entreprise les accompagnant, au motif qu'il s'agissait d'un ancien salarié licencié pour faute grave (cass. crim. 7 février 1979, JS 1979, F 37).

Art. L. 2315-22. Sauf circonstances exceptionnelles, les membres de la délégation du personnel du comité social et économique remettent à l'employeur une note écrite exposant l'objet des demandes présentées, deux jours ouvrables avant la date à laquelle ils doivent être reçus.

L'employeur répond par écrit à ces demandes, au plus tard dans les six jours ouvrables suivant la réunion.

Les demandes des membres de la délégation du personnel du comité social et économique et les réponses motivées de l'employeur sont, soit transcrites sur un registre spécial, soit annexées à ce registre.

Ce registre, ainsi que les documents annexés, sont tenus à la disposition des salariés de l'entreprise désirant en prendre connaissance, pendant un jour ouvrable par quinzaine et en dehors de leur temps de travail.

Ils sont également tenus à la disposition de l'agent de contrôle de l'inspection du travail mentionné à l'article L. 8112-1 et des membres de la délégation du personnel du comité social et économique.

Note ***Nous rapportons ci-après les solutions dégagées par la jurisprudence à propos des délégués du personnel en ce qu'elles ont en principe vocation à s'appliquer au comité social et économique.***

• Les prescriptions de l'article L. 2315-12 [ancien] CT, relatives à l'obligation faite aux délégués du personnel de remettre au chef d'établissement, deux jours avant la date où ils doivent être reçus, une note écrite exposant l'objet de leur demande, sont d'ordre public. Le chef d'établissement qui impose un délai supérieur commet le délit d'entrave à l'exercice des fonctions, même si, ce faisant, il répond au vœu d'une organisation syndicale (cass. crim. 23 mai 1978, JS 1978, F 74). Dans le même sens, cass. crim. 9 avril 1975, n° 74-91.981, B. crim. n° 88.

• La non-remise en temps utile par les délégués de la note écrite n'a pas pour effet de dispenser l'employeur de tenir la réunion à la date fixée. En pareil cas, l'employeur a seulement la faculté de ne pas répondre aux réclamations verbales n'ayant pas été précédées de la note écrite (cass. crim. 22 octobre 1975, n° 74-93.478, B. crim. n° 223).

• Le défaut de tenue du registre, quelle qu'en soit la cause (négligence, ignorance), constitue en lui-même une atteinte au fonctionnement régulier de l'institution des délégués (cass. crim. 2 juin 1976, n° 75-90.559, B. crim. n° 196). Le fait que le registre spécial régulièrement tenu ne fasse pas mention de certaines réunions peut laisser présumer que ces réunions n'ont pas été tenues (cass. crim. 26 avril 1988, n° 86-95.166). L'inobservation de l'obligation pour le chef d'établissement de mentionner, ou de faire mentionner, sur le registre spécial la réponse de la direction aux notes écrites remises par les délégués du personnel à l'appui de leurs réclamations constitue également une atteinte à l'exercice régulier de la fonction (cass. crim. 29 mars 1977, n° 76-91.340, B. crim. n° 117).

SECTION 3. Dispositions particulières des entreprises d'au moins cinquante salariés

Art. L. 2315-23. Le comité social et économique est doté de la personnalité civile et gère son patrimoine.

Il est présidé par l'employeur ou son représentant, assisté éventuellement de trois collaborateurs qui ont voix consultative.

Le comité désigne, parmi ses membres titulaires, un secrétaire et un trésorier.

Note ***Nous rapportons ci-après les solutions dégagées par la jurisprudence à propos du comité d'entreprise en ce qu'elles ont en principe vocation à s'appliquer au comité social et économique.***

• **Art. L. 2325-1 [ancien], al. 1. Dévolution des biens.** Les biens d'un comité d'établissement, après fermeture de celui-ci, doivent être affectés aux comités d'entreprise ou d'établissement des sociétés, appartenant au même groupe, dans lesquelles les salariés ont été transférés. La décision d'affecter les biens de ce comité à une association reconnue d'utilité publique doit être annulée (cass. soc. 23 janvier 1996, n° 93-16.799, BC V n° 25; Dr. Soc. 1996, p. 434; 10 juin 1998, n° 96-20.112, BC V n° 317; RJS 7/98 n° 877).

Le comité d'entreprise d'une entreprise absorbée peut décider la dévolution de son patrimoine au comité d'entreprise de l'entreprise absorbante et cette dévolution emporte transmission de l'ensemble des biens et des droits du comité dissous. Le comité de l'entreprise absorbante peut dès lors exercer contre l'employeur une action tendant au paiement d'un rappel de subvention et de contribution au titre des années antérieures à l'opération de fusion-absorption (cass. soc. 16 janvier 2019, n° 17-26.993, à paraître, LSQ n° 17743 du 29.01.2019; JCP éd. S 2019, 1059, note D. Chatard; JSL n° 472, 25.03.2019, pp. 22 et s., C. Mo et L. Buratti; RJS 4/19 n° 227).

Action en justice. Recevabilité. Le comité d'entreprise ne tient d'aucune disposition légale le pouvoir d'exercer une action en justice au nom des salariés ou de se joindre à l'action de ces derniers, lorsque ses intérêts propres ne sont pas en cause (cass. soc. 14 mars 2007, n° 06-41.647, BC V n° 51; RJS 5/07 n° 624; RDT, juin 2007, CH, 401, E. Andreo; JSL n° 211, 10.06.2007, p. 7, M. Hautefort).

En l'absence d'une convention conclue entre l'employeur et le comité, celui-ci n'ayant pas qualité pour représenter les intérêts individuels des salariés ni les intérêts collectifs de la profession n'est pas recevable à demander en justice qu'il soit prononcé sur la force exécutoire d'une décision unilatérale de l'employeur (cass. soc. 23 octobre 1985, n° 84-14.272, BC V n° 486).

Le comité d'entreprise qui n'a pas le pouvoir de conclure une convention ou un accord collectif de travail n'est pas recevable à agir en justice en son nom propre pour en demander l'exécution (cass. soc. 20 septembre 2006, n° 04-10.765, BC V n° 278; JCP éd. S 2006, 1926, note R. Vatinet; voir aussi cass. soc. 2 mars 2011, n° 10-13.547, RJS 5/11 n° 434). En revanche, dès lors qu'il est signataire d'un accord de fin de conflit, un comité d'entreprise a, par là même, qualité pour demander, conjointement avec les organisations syndicales signataires, son application ou l'indemnisation du préjudice résultant de son inexécution par l'employeur (cass. soc. 5 juillet 2006, n° 04-43.213, BC V n° 238; RJS 10/06 n° 1101).

Le comité d'entreprise n'a pas pour mission de représenter les différentes catégories du personnel ni les intérêts généraux de la profession, et il ne tient d'aucune disposition de la loi le droit d'exercer les pouvoirs de la partie civile sans avoir à justifier d'un préjudice personnel découlant directement des infractions poursuivies, y compris en matière de sécurité du travail (homicide involontaire et infraction à la réglementation de la sécurité du travail) (cass. crim. 28 mai 1991, n° 90-83.957, B. crim. n° 226; RJS 7/91 n° 852).

L'action civile en réparation d'un dommage directement causé au comité d'entreprise par un crime, un délit ou une contravention ne peut être exercée que par l'un de ses membres régulièrement mandaté à cet effet, peu important que le comité se soit constitué partie civile pendant l'information judiciaire ou que la partie civile puisse se faire représenter par un avocat, le mandat de ce conseil étant distinct de celui devant être délivré au membre du comité (cass. crim. 9 septembre 2020, n° 19-83.139, à paraître, LS Jurispr. n° 175 du 29.09.2020; JCP éd. S 2020, 3048, note Fr. Duquesne; RJS 11/20 n° 546; JSL n° 507, 9.11.2020, pp. 14 et s., L. Genty et H. Durif).

Un comité d'entreprise a qualité pour demander à la juridiction administrative l'annulation d'une décision administrative relative à un licenciement économique sur lequel il a été ou il aurait dû être consulté (CE 27 juillet 1988, n° 49983).

Pour aller plus loin, voir aussi Dr. Soc. n° 11, novembre 2007, chron. M. Véricel, «Pour la reconnaissance d'une action en justice du comité d'entreprise aux fins de défense des intérêts des salariés de l'entreprise».

• **Art. L. 2325-1 [ancien], al. 2.** L'employeur peut déléguer la présidence du comité d'entreprise qui lui incombe légalement, à la condition que la personne assurant la présidence par délégation de l'employeur ait la qualité et le pouvoir nécessaires à l'information et à la consultation de l'institution représentative du personnel, de nature à permettre l'exercice effectif des prérogatives de celle-ci, peu important que le délégataire soit mis à disposition de l'employeur par une autre entreprise (cass. soc. 25 novembre 2020, n° 19-18.681, à paraître, LS n° 18216 du 06.01.2021; JCP éd. S 2021, 1012, note X. de Jerphanion et A. Forge).

Même lorsqu'il confie à un représentant le soin de présider le comité d'entreprise, le chef d'entreprise doit s'assurer de la consultation du comité lorsqu'il prend une mesure entrant dans les prévisions de l'article L. 432-1 [ancien] CT (cass. crim. 3 mars 1998, n° 96-85.098, B. crim. n° 81; RJS 6/98 n° 749: l'employeur ne peut opposer l'argument pris d'une délégation de pouvoirs pour s'exonérer de sa responsabilité pénale).

Commet le délit d'entrave l'employeur qui délègue la présidence du comité à un collaborateur simplement habilité à entendre les questions et à les transmettre à l'employeur (cass. crim. 20 février 1996, n° 94-85.863, B. crim. n° 81; RJS 5/96 n° 557).

• **Art. L. 2325-1, al. 3 et R. 2325-1 [anciens].** Le chef d'établissement est membre du comité d'établissement; à ce titre, il doit participer à la désignation du secrétaire du comité, ce vote ne constituant pas la consultation des membres élus du comité, en tant que délégation du personnel (cass. soc. 10 juillet 1991, n° 88-20.411, BC V n° 355; RJS 10/91 n° 1105, concl. contraires Y. Chauvy, p. 556; chron. J. Savatier, RJS 11/91, p. 615; 21 novembre 2000, n° 98-23.094, RJS 1/01 n° 64; 23 juin 2004, n° 02-16.875, TPS n° 10, octobre 2004, p. 19, comm. 296; 5 janvier 2005, n° 02-19.080, RJS 4/05 n° 402). Une clause du règlement intérieur ne peut le priver du droit de participer à cette désignation (cass. soc. 25 septembre 2013, n° 12-14.489, RJS 12/13 n° 828). Il en est de même s'agissant de la désignation du trésorier (même arrêt).

La désignation du secrétaire du comité résulte du vote de la majorité des membres présents (cass. soc. 5 janvier 2005, n° 02-19.080, RJS 4/05 n° 402).

En cas de partage des voix et dans le silence du règlement intérieur, la désignation des membres du bureau du comité (secrétaire et trésorier) se fait, conformément aux règles habituelles du droit électoral et sans que soit porté atteinte au principe de non-discrimination en raison de l'âge, au profit du candidat le plus âgé (cass. soc. 30 novembre 2011, n° 10-23.986, BC V n° 279; LS Jurispr. n° 242 du 13.12.2011; RJS 2/12 n° 159; voir aussi précédemment, concernant la désignation du secrétaire du comité: cass. soc. 7 octobre 1982, n° 81-15.525, BC V n° 535). En s'opposant, pour les fonctions de secrétaire du comité, à la désignation du candidat le plus âgé alors qu'aucune autre règle de départage n'était prévue par le règlement intérieur du comité, l'employeur a volontairement fait obstacle au fonctionnement de ce comité d'entreprise (cass. crim. 1er décembre 1987, n° 85-96.612, B. crim. n° 442).

Un comité d'établissement ayant pour secrétaire un membre suppléant du comité n'est pas illégalement constitué, dès lors que ce suppléant remplace le titulaire momentanément absent (cass. crim. 4 janvier 1983, n° 82-90.710).

Sur la jurisprudence relative au CHSCT, voir Code du Travail Annoté, éd. 2020.

Sous-section 1. Règlement intérieur

Art. L. 2315-24. Le comité social et économique détermine, dans un règlement intérieur, les modalités de son fonctionnement et celles de ses rapports avec les salariés de l'entreprise, pour l'exercice des missions qui lui sont conférées par le chapitre II du présent titre.

(L. 2018-217 du 29 mars 2018, art. 6, 13°, JO 31) «Sauf accord de l'employeur, un règlement intérieur ne peut comporter des clauses lui imposant des obligations ne résultant pas de dispositions légales. Cet accord constitue un engagement unilatéral de l'employeur que celui-ci peut dénoncer à l'issue d'un délai raisonnable et après en avoir informé les membres de la délégation du personnel du comité social et économique.»

Note ***Nous rapportons ci-après les solutions dégagées par la jurisprudence à propos du comité d'entreprise en ce qu'elles ont en principe vocation à s'appliquer au comité social et économique.***

Selon l'article L. 2325-2 [ancien] CT, le comité d'entreprise doit établir un règlement intérieur qui détermine les modalités de son fonctionnement; il en résulte qu'en l'absence d'une disposition d'un règlement intérieur le prévoyant, seule une délégation spéciale donnée par le comité d'entreprise peut habiliter une personne pour l'exercice du pouvoir disciplinaire (cass. soc. 12 juillet 2006, n° 04-47.737, BC V n° 255; RJS 11/06 n° 1196).

En l'absence de disposition dans le règlement intérieur du comité d'entreprise, il n'appartient pas au juge des référés de limiter l'exercice par certains membres du comité de leur droit à consultation des archives et des documents comptables et financiers de celui-ci (cass. soc. 7 novembre 2018, n° 17-23.157, à paraître, LSQ n° 17695 du 19.11.2018; JCP éd. S 2018, 1400, note Y. Pagnerre; RDT, décembre 2018, AC, 801; RJS 1/19 n° 32).

Un salarié est recevable à soulever par voie d'exception l'illégalité du règlement intérieur du comité d'entreprise qui lui fait grief (cass. soc. 11 avril 2012, n° 11-14.476, BC V n° 121; JCP éd. S 2012, 1262, note E. Jeansen; RJS 6/12 n° 531).

La liberté de choix dont dispose le comité central d'entreprise pour désigner les membres de ses commissions ne peut s'exercer que dans le respect des principes généraux régissant l'exercice du droit syndical dans l'entreprise. Dès lors qu'elle a relevé que la modification d'un article du règlement intérieur du comité «visait à l'élimination d'une organisation syndicale, pour des raisons polémiques et sans lien avec le souci d'un bon fonctionnement du comité central d'entreprise», une cour d'appel a pu annuler cette nouvelle disposition (cass. soc. 19 novembre 1986, n° 85-11.418, BC V n° 526).

Les avantages ne résultant pas de la loi que le règlement intérieur du comité d'entreprise peut instituer obligent l'employeur, dès lors que le règlement a été adopté avec son accord; un accord collectif ayant le même objet se substitue au règlement (cass. soc. 8 janvier 2002, n° 00-12.252, BC V n° 4; RJS 5/02 n° 586). Un règlement intérieur adopté par les seuls élus du personnel ne peut, en revanche, imposer à l'employeur des contraintes ou des charges non prévues par la loi ou inclure des dispositions concernant des mesures qui relèvent de ses prérogatives (cass. soc. 15 janvier 2013, n° 11-28.324, BC V n° 9; RJS 3/13 n° 215; 8 octobre 2014, n° 13-17.133, RJS 1/15 n° 40).

Nous rapportons ci-après la solution dégagée par la jurisprudence à propos du CHSCT en ce qu'elle est susceptible d'intéresser le comité social et économique.

L'employeur n'avait pas l'obligation de prendre à sa charge les honoraires du cabinet d'avocat auquel le CHSCT souhaitait recourir pour l'assister dans la rédaction de son règlement intérieur (cass. soc. 25 mai 2018, n° 16-27.536, LS Jurispr. n° 101 du 05.06.2018).

Sous-section 2. **Local**

Art. L. 2315-25. L'employeur met à la disposition du comité social et économique un local aménagé et le matériel nécessaire à l'exercice de ses fonctions.

Note ***Nous rapportons ci-après les solutions dégagées par l'Administration et la jurisprudence à propos du comité d'entreprise en ce qu'elles ont en principe vocation à s'appliquer au comité social et économique.***

- La formulation «local aménagé» souligne la nécessité de meubler le local (voir notamment lettre min. 6 mai 1983, BO 1983 23/24).
- L'employeur tenu de transférer au comité les activités sociales et culturelles qu'il assurait antérieurement doit mettre à sa disposition un local aménagé et le matériel nécessaire à l'exercice de ses fonctions, ce qui n'entraîne pas l'obligation de fournir au comité les renseignements contenus dans le fichier de l'entreprise (cass. soc. 2 juin 1993, n° 91-13.901, BC V n° 153; RJS 7/93 n° 759). La cour d'appel de Lyon, saisie sur renvoi, ne s'est pas inclinée, ordonnant la transmission au comité d'établissement des informations nécessaires à la gestion des activités sociales; la divulgation de renseignements, étant limitée aux seuls besoins de fonctionnement des activités sociales et culturelles, doit cependant être soumise à la possibilité d'opposition des personnes concernées (CA Lyon 5 décembre 1994, RJS 4/95 n° 394).

Si la loi ne fait pas obligation au chef d'entreprise de réserver un local spécifique au comité d'entreprise, il a été jugé que le défaut de mise à disposition d'un comité central d'entreprise d'un local adapté et d'un matériel de fonctionnement suffisant constituait un délit d'entrave, dès lors qu'il était établi, d'une part, que la direction d'une société, saisie à plusieurs reprises de difficultés résultant, pour le comité, de la suppression d'un local lui étant réservé et de la fourniture d'un matériel partagé avec d'autres services, aurait dû mettre à la disposition de cet organisme des moyens adaptés à son importance et, d'autre part, que l'impossibilité de satisfaire à cette obligation n'était ni démontrée ni même alléguée (cass. crim. 15 mai 2007, n° 06-84.318, B. crim. n° 126; JCP éd. S 2007, 1723, note J-Y Kerbourc'h. Voir aussi cass. crim. 26 janvier 2016, n° 13-85.770, B. crim. n° 20; RJS 4/16 n° 257, pour la mise à disposition d'un local de deux mètres sur cinq ne permettant ni la réunion des sept membres du comité ni aucune activité collégiale telle que l'invitation de personnalités extérieures).

L'employeur peut mettre à disposition du comité d'entreprise un nouveau local aménagé quand bien même il serait plus petit que le précédent, dès lors que ce nouveau local lui permet d'exercer normalement ses fonctions, mais, en cas de refus du comité, le déménagement ne peut être imposé; l'employeur doit alors saisir le juge (cass. soc. 22 octobre 2014, n° 13-16.614, BC V n° 251; RJS 1/15 n° 41).

• La nature et les caractéristiques du matériel devant être mis à la disposition du comité d'entreprise sont fonction à la fois de l'évolution technologique de ce matériel et de son adéquation aux besoins du comité d'entreprise. Il est possible d'admettre, dans certains cas, que l'employeur puisse s'acquitter de son obligation en aménageant un libre accès pour les élus aux télex et réseaux télématiques de l'entreprise, comme cela se pratique dans certaines entreprises. Il convient toutefois de rappeler que l'utilisation de ce type de matériel, sans accord du chef d'entreprise, demeure fautive. Par ailleurs, rien n'interdit au comité d'entreprise, lorsque les moyens résultant notamment de la subvention de fonctionnement le lui permettent, de choisir des solutions plus coûteuses que celles mises à sa disposition par l'employeur (rép. QE 2207, JO AN 9 janvier 1989, p. 182).

Pour l'accomplissement de leur mission légale et la préservation de la confidentialité qui s'y attache, les salariés protégés doivent pouvoir disposer sur leur lieu de travail d'un matériel ou procédé excluant l'interception de leurs communications téléphoniques et l'identification de leurs correspondants (cass. soc. 4 avril 2012, n° 10-20.845, BC V n° 117; JCP éd. S 2012, 1263, note P-H d'Ornano; RJS 6/12 n° 572; Dr. Soc. 2012, p. 469, obs. L. Pécaut-Rivolier).

• Compte tenu de l'institution d'une subvention de fonctionnement, le chef d'entreprise n'a plus l'obligation de mettre à la disposition du comité le personnel indispensable pour ses réunions et son secrétariat.

Nous rapportons ci-après les solutions dégagées par l'Administration et la jurisprudence à propos du CHSCT en ce qu'elles sont susceptibles d'intéresser le comité social et économique.

• Le code du travail ne prévoyait pas la mise à disposition d'un local dédié au CHSCT. Selon l'Administration, lorsque l'importance des établissements le justifiait, un local devait être mis à disposition du comité. Dans le cas contraire, en cas d'impossibilité, des dispositions devaient être prises pour que, au minimum, le secrétaire et les membres du CHSCT disposent ponctuellement d'un local pour travailler et de moyens pour entreposer la documentation (circ. DRT 1993-15 du 25 mars 1993). Toutefois, selon le Conseil d'État, aucune disposition législative ou réglementaire ne prévoyant de local, la circulaire avait édicté une disposition à caractère réglementaire entachée d'incompétence (CE 12 juin 1995, n°s 150584 et a., Rec. Lebon, p. 240; JCP éd. E 1995.II.713). En tout état de cause, un local approprié devait être mis à la disposition du CHSCT pour les réunions (art. R. 4614-4 ancien CT).

• À noter également que, selon l'Administration, «les moyens nécessaires à la préparation et à l'organisation des réunions et aux déplacements imposés par les enquêtes ou inspections» que l'employeur devait fournir au CHSCT (voir art. L. 4614-9 ancien CT) devaient notamment comprendre, au minimum, les moyens de dactylographie nécessaire, de reproduction, de transmission et de diffusion des procès-verbaux (par exemple, des panneaux d'affichage ou tout autre moyen adéquat de diffusion) et une documentation juridique et technique adaptée aux risques particuliers de l'entreprise (circ. DRT 1993-15 du 25 mars 1993).

Elle avait par ailleurs estimé que ces moyens pouvaient consister, selon les cas, en remboursement de frais de déplacement engagés ou en mise à disposition des moyens de déplacement et qu'ils comprenaient le temps nécessaire au déplacement (circ. précitée). Là encore, le Conseil d'État avait considéré qu'en édictant, à propos des moyens nécessaires au fonctionnement des comités que «ces moyens comprendront également le temps nécessaire au déplacement», la circulaire avait posé une règle de caractère général dépassant les cas énumérés par la loi et avait, par suite, édicté une disposition réglementaire entachée d'incompétence. Il en allait de même lorsqu'elle énonçait que le temps consacré aux visites préalables aux réunions devait être regardé comme un temps passé aux réunions et, par conséquent, ne devait pas faire l'objet d'une computation sur le crédit d'heures (CE 12 juin 1995, n°s 150584 et a., précité).

Un membre du CHSCT, ne prétendant pas avoir agi dans le cadre des dispositions de l'article L. 231-9 [ancien] CT relatif aux visites d'un membre du comité sur les lieux où existerait une cause de danger imminent et ne produisant aucun justificatif de l'existence d'une mission individuelle à lui confiée par le comité, ne pouvait demander à son employeur la prise en charge de ses frais de déplacement pour l'exercice de sa mission (cass. soc. 21 juillet 1993, n° 91-42.384, RJS 8-9/93 n° 878).

Avait légalement justifié sa décision condamnant un employeur à payer à un salarié, membre du CHSCT, des frais de déplacement pour assister à une réunion du CHSCT, le conseil de prud'hommes qui avait constaté qu'en raison de l'heure de la réunion, le départ la veille s'imposait (cass. soc. 5 octobre 1999, n° 97-41.590, BC V n° 363).

Enfin, le CHSCT ne pouvait pas décider unilatéralement de s'octroyer des moyens supplémentaires (cass. soc. 22 février 2017, n° 15-22.392, BC V n° 25; JCP éd. S 2017, 1102, note L. Dauxerre; RJS 5/17 n° 345).

Art. L. 2315-26. Le comité social et économique peut organiser, dans le local mis à sa disposition, des réunions d'information, internes au personnel, portant notamment sur des problèmes d'actualité.

Le comité peut inviter des personnalités extérieures, syndicales ou autres, dans les conditions prévues par les dispositions des articles L. 2142-10 et L. 2142-11.

Ces réunions ont lieu en dehors du temps de travail des participants. Toutefois, les membres de la délégation du personnel du comité social et économique peuvent se réunir sur leur temps de délégation.

Note • *Réunions d'information internes au personnel.* L'accord du chef d'entreprise n'est pas requis pour ce type de réunions.

• *Réunions à participation extérieure.* Elles ont lieu dans les conditions prévues par les dispositions des articles L. 2142-10 et 11. Voir note sous article L. 2142-10.

Sous-section 3. Réunions

§ 1. Périodicité

Sous-§ 1. Ordre public

Art. L. 2315-27. Au moins quatre réunions du comité social et économique portent annuellement en tout ou partie sur les attributions du comité en matière de santé, sécurité et conditions de travail, plus fréquemment en cas de besoin, notamment dans les branches d'activité présentant des risques particuliers.

Le comité est en outre réuni à la suite de tout accident ayant entraîné ou ayant pu entraîner des conséquences graves, ainsi qu'en cas d'événement grave lié à l'activité de l'entreprise, ayant porté atteinte ou ayant pu porter atteinte à la santé publique ou à l'environnement ***(L. 2018-217 du 29 mars 2018, art. 6, 14°, JO 31)*** «ou» à la demande motivée de deux de ses membres représentants du personnel, sur les sujets relevant de la santé, de la sécurité ou des conditions de travail.

Lorsque l'employeur est défaillant, et à la demande d'au moins la moitié des membres du comité social et économique, celui-ci peut être convoqué par l'agent de contrôle de l'inspection du travail mentionné à l'article L. 8112-1 et siéger sous sa présidence.

L'employeur informe annuellement l'agent de contrôle de l'inspection du travail mentionné à l'article L. 8112-1, le médecin du travail et l'agent des services de prévention des organismes de sécurité sociale du calendrier retenu pour les réunions consacrées aux sujets relevant de la santé, de la sécurité ou des conditions de travail, et leur confirme par écrit au moins quinze jours à l'avance la tenue de ces réunions.

Note ***Nous rapportons ci-après les solutions dégagées par la jurisprudence à propos du comité d'entreprise en ce qu'elles ont en principe vocation à s'appliquer au comité social et économique.***

• **Date et lieu de la réunion.** Le pouvoir de convoquer le comité d'entreprise inclut nécessairement le pouvoir de fixer la date de sa réunion, sauf accord entre la majorité des élus du comité d'entreprise et l'employeur, et que si, en application de l'article L. 2325-2 [ancien] CT, le comité d'entreprise détermine, dans son règlement intérieur, les modalités de son fonctionnement, ce texte ne lui permet pas d'inclure dans ce règlement des dispositions concernant une mesure qui relève des prérogatives de l'employeur, sauf pour celui-ci à répondre d'un éventuel abus dans leur exercice (cass. soc. 15 janvier 2013, n° 11-28.324, BC V n° 9; RJS 3/13 n° 215).

La fixation du lieu des réunions du comité d'entreprise relève des prérogatives de l'employeur, sauf pour celui-ci à répondre d'un éventuel abus dans leur exercice. Ayant constaté que, malgré l'opposition des élus, les réunions du comité étaient, depuis le rachat de la société par un groupe, organisées en région parisienne alors qu'aucun salarié de la société n'y travaille, que le temps de transport pour s'y rendre est particulièrement élevé et de nature à décourager les vocations des candidats à l'élection, que ce choix est de nature à avoir des incidences sur la qualité des délibérations à prendre par le comité d'entreprise alors que les enjeux sont particulièrement importants, notamment en termes de conditions de travail, dans le domaine médico-social, et que des solutions alternatives n'avaient pas été véritablement recherchées, la cour d'appel, qui a estimé que l'employeur avait commis un abus dans le choix du lieu des réunions, a pu fixer le lieu de ces réunions sur l'ancien site dans l'attente d'une meilleure décision (cass. soc. 3 avril 2019, n° 17-31.304, à paraître, LS n° 17799 du 17.04.2019; JCP éd. S 2019, 1142, note J-Y Kerbourc'h; JSL n° 476, 23.05.2019, pp. 23 et s., M. Hugueville et B. Martinez; RJS 6/19 n° 365).

• Une réunion commune du comité d'entreprise et des délégués syndicaux, ou du comité d'entreprise et des délégués du personnel, ne satisfait pas aux exigences de la loi qui prévoit des réunions séparées pour chacune de ces institutions (cass. crim. 12 mars 1970, n° 69-91.317, B. crim. n° 102).

Dans le cadre de la délégation unique du personnel, les délégués du personnel et le comité d'entreprise conservent l'ensemble de leurs attributions et les réunions des délégués du personnel et du comité d'entreprise ont lieu à la suite l'une de l'autre selon les règles propres à chacune de ces instances (cass. soc. 10 juillet 2013, n° 12-13.288, RJS 11/13 n° 731).

• Le cessionnaire d'une entreprise doit réunir le comité d'entreprise dans le mois suivant la cession; la cession totale de l'entreprise n'est pas pour l'employeur une circonstance exceptionnelle justifiant l'omission de procéder à la réunion mensuelle (cass. crim. 8 janvier 1991, n° 89-81.344, RJS 3/91 n° 344).

• En s'opposant à ce que le président du comité d'établissement fasse usage d'un magnétophone alors que, de son côté, le secrétaire disposait d'un appareil analogue, les membres dudit comité ont commis un abus de pouvoir et le délit d'entrave reproché n'est pas caractérisé (cass. crim. 4 février 1986, JS 1986, SJ 80; Dr. Ouvr. 1987, p. 60). Voir aussi, sur ce point, CA Paris, 1re ch., 22 novembre 1989, RJS 4/90 n° 315.

• Une réunion du comité d'entreprise peut avoir lieu par visioconférence dès lors qu'aucun des participants ne s'y oppose et que les questions inscrites à l'ordre du jour n'impliquent pas un vote à bulletin secret (cass. soc. 26 octobre 2011, n° 10-20.918, BC V n° 243; JSL n° 310, 30.11.2011, p. 9, M. Hautefort). À noter toutefois que par un arrêt du 9 septembre 2010 (n° 327250), le Conseil d'État a admis la régularité d'un vote où les membres du comité d'entreprise s'étaient exprimés par visioconférence à partir de deux sites: le vote s'était déroulé à bulletins secrets simultanément sur les deux sites et le secrétaire du comité, se trouvant sur un des sites, avait eu connaissance du résultat du vote de l'autre site avant la proclamation du résultat du dépouillement d'ensemble.

• **Convocation du comité d'entreprise.** Le délit d'entrave, qui ne nécessite pas une obstruction active, est constitué en l'absence de réunion régulière du comité par l'employeur (cass. crim. 22 juin 1999, n° 98-85.191). L'absence de convocation pour la réunion mensuelle est constitutive du délit d'entrave au fonctionnement régulier du comité d'entreprise; la circonstance alléguée que l'espacement des réunions avait répondu à la volonté des membres de cet organisme peut être regardée comme une circonstance atténuante, sans être une cause de justification (cass. crim. 22 novembre 1977, n° 76-93.162, B. crim. n° 362; 25 mai 1981, Dr. Ouvr. 1982, p. 352). En l'absence de convocation du comité d'entreprise, le défaut de réunion est imputable au chef d'entreprise; l'absence du chef d'entreprise ou la circonstance que les représentants du personnel aient pu, à certains moments, refuser de fixer les dates de réunion ou de siéger n'exemptent pas le chef d'entreprise de convoquer chaque mois le comité d'entreprise (cass. crim. 11 février 1992, n° 90-87.500, B. crim. n° 68; RJS 10/92 n° 1120). Si l'établissement ne ferme pas, la période des congés ne justifie pas l'omission de l'employeur de réunir le comité d'établissement (cass. crim. 19 mai 1998, n° 97-80-291). Constitue une entrave le fait d'avoir omis de convoquer les membres du comité d'entreprise pour ladite réunion à la seule exception du secrétaire, peu important que les salariés concernés, avertis par d'autres moyens que la convocation individuelle, aient assisté à la réunion (cass. crim. 16 septembre 1985, JS 1985, SJ 300).

Les membres suppléants ainsi que les représentants syndicaux doivent être convoqués à toutes les séances du comité (CE 23 décembre 2010, n° 323318, RJS 3/11 n° 250) et cela sous peine de délit d'entrave (cass. crim. 18 octobre 1983, n° 83-90.419, B. crim. n° 255 et 4 juin 1985, n° 84-94.314, B. crim. n° 217).

Les représentants du personnel convoqués pour assister à la réunion mensuelle du comité d'entreprise, alors qu'ils étaient en congé, ont droit à un congé supplémentaire, car le rappel d'un salarié en congé pour les besoins du service constitue une mesure exceptionnelle (cass. soc. 18 décembre 1991, n° 89-40.288, BC V n° 595; Dr. Soc. 1992, p. 195).

• **Réunions supplémentaires.** Lorsqu'elle est demandée par la majorité des membres du comité, la loi fait obligation au chef d'établissement d'organiser, en dehors de la réunion mensuelle ordinaire, une réunion supplémentaire avec un ordre du jour spécial; cette réunion supplémentaire doit normalement se tenir sans attendre la prochaine réunion mensuelle, à moins que des circonstances particulières, tenant notamment à la proximité de la date prévue pour celle-ci, ne justifient que les deux réunions, tout en demeurant distinctes, puissent être fixées le même jour; de telles circonstances n'ayant pas été constatées en l'espèce, le fait constitutif de l'entrave poursuivie était dès lors caractérisé (cass. crim. 17 janvier 1984, n° 82-94.159, B. crim. n° 23); en l'absence d'obstacles insurmontables, le chef d'entreprise, qui n'est pas juge de l'opportunité de la requête lui étant adressée, est tenu (sous peine d'entrave) d'organiser la réunion extraordinaire sollicitée par la majorité des membres du comité (cass. crim. 14 septembre 1988, n° 87-91.416, RJS 1/89 n° 44).

• **Frais de déplacement.** Les frais de déplacement des membres du comité d'entreprise sont à la charge de l'employeur, que la réunion soit organisée à l'initiative de l'employeur ou à la demande de la majorité des membres du comité (cass. soc. 22 mai 2002, n° 99-43.990, BC V n° 174; RJS 8-9/02 n° 996).

Nous rapportons ci-après les solutions dégagées par la jurisprudence à propos du CHSCT en ce qu'elles sont susceptibles d'intéresser le comité social et économique.

• **Fréquence des réunions du CHSCT.** Le CHSCT se réunissait au moins tous les trimestres à l'initiative de l'employeur, plus fréquemment en cas de besoin, notamment dans les branches d'activité présentant des risques particuliers (art. L. 4614-7 ancien CT).

À noter: la fréquence est restée identique pour les réunions du CSE portant en tout ou partie sur les attributions du comité en matière de santé, sécurité et conditions de travail (art. L. 2315-27 CT ci-dessus).

• **Date et heure des réunions.** Il avait été jugé que les heures de travail visées à l'article R. 4614-4 [ancien] CT (selon lequel les réunions du comité avaient lieu, sauf exception justifiée par l'urgence, pendant les heures de travail) s'entendaient de celles comprises dans l'horaire collectif, de sorte que la clause litigieuse du règlement intérieur aux termes de laquelle «Les réunions se déroulent pendant les heures de travail des membres sauf urgence» était de nature à limiter les prérogatives légales de l'employeur quant à la fixation des dates et heures de réunion du CHSCT (cass. soc. 22 octobre 2014, n° 13-19.427, RJS 1/15 n° 35; JSL n°s 377-378, 23.12.2014, p. 31, M. Patin).

• **Réunion de tous les CHSCT compétents.** En présence de CHSCT distincts et dans le cas d'un projet excédant les prérogatives de chacun de ces CHSCT, tous ceux des établissements concernés par ce projet devaient être consultés. En l'absence d'un CHSCT unique, compétent pour l'ensemble des sites concernés, tous ceux territorialement compétents devaient être consultés (cass. soc. 30 juin 2010, n° 09-13.640, BC V n° 156; Dr. Soc. 2010, p. 1006, obs. L. Pécaut-Rivolier; RJS 10/10 n° 775; JSL n° 284, 29.09.2010, p. 20, Ch. Guillot-Bouhours, M. Asser; JCP éd. S 2010, 1458, note J-B Cottin; RDT, mai 2011, CH, 323, M. Véricel).

• **Consultation du CHSCT puis du comité d'entreprise.** Sur les questions où l'employeur devait saisir à la fois le CHSCT et le comité d'entreprise, il devait, en premier lieu, consulter le CHSCT et, en second lieu, le CE afin que l'avis du premier fût transmis en temps voulu au second (circ. DRT 1993-15 du 25 mars 1993).

• **Suspension des projets de l'employeur.** L'employeur qui ne réunissait pas le CHSCT en temps et en heure prenait le risque de voir ses projets suspendus, en référé, jusqu'à ce qu'il régularise les consultations (cass. soc. 12 juillet 2005, n° 03-10.633). **À noter:** la solution ainsi dégagée par la jurisprudence demeure à notre sens applicable au CSE.

Lorsque le CE était consulté sur les problèmes généraux intéressant les conditions de travail, il devait disposer de l'avis du CHSCT. Le CE pouvait invoquer, dans le cadre de cette consultation, l'irrégularité de la procédure de consultation préalable du CHSCT. En l'espèce, un comité d'établissement avait saisi le tribunal de grande instance statuant en référé d'une demande de suspension de la mise en place du projet de l'employeur, jusqu'à ce qu'il soit en mesure de recevoir une information complète et de donner valablement son avis. Cette demande était recevable. Le juge aurait dû vérifier si ce comité avait été mis en mesure de donner son avis (cass. soc. 4 juillet 2012, n° 11-19.678, BC V n° 215; RJS 10/12 n° 814; JCP éd. S 2012, 1399, note L. Cailloux-Meurice; JSL n° 328, 25.09.2012, pp. 13 et s., H. Guyader).

• **Délit d'entrave.** L'absence de réunion du CHSCT était, comme le refus opposé par l'employeur de réunir le comité en dépit de la demande formulée par deux de ses membres, constitutive du délit d'entrave (cass. crim. 27 septembre 1989, n° 88-85.727, B. crim. n° 333; 26 mai 1992, n° 91-85.602).

À noter: la solution ainsi dégagée par la jurisprudence demeure à notre sens applicable au CSE.

• **Réunions extraordinaires.** Le CHSCT devait être réuni à la suite de tout accident ayant entraîné ou ayant pu entraîner des conséquences graves ou à la demande motivée de deux de ses membres représentants du personnel. Il était également réuni en cas d'événement grave lié à l'activité de l'établissement ayant porté atteinte ou ayant pu porter atteinte à la santé publique ou à l'environnement (art. L. 4614-1 ancien CT).

À noter: la règle est identique pour le CSE (art. L. 2315-27, al. 2 CT ci-dessus). Les solutions dégagées par la jurisprudence, rapportées ci-après, demeurent à notre sens applicables au CSE.

Lorsqu'il était saisi d'une demande motivée présentée par deux membres au moins du CHSCT, représentants du personnel, le chef d'établissement devait réunir cet organisme sans pouvoir se faire juge du bien-fondé de cette demande (cass. crim. 4 janvier 1990, n° 88-83.311, B. crim. n° 11).

En cas de défaillance de l'employeur dans la convocation des membres du CHSCT en vue de la réunion extraordinaire demandée dans les conditions prévues à cet article, l'auteur de la demande était recevable à demander en justice la réunion du CHSCT (cass. soc. 15 janvier 2013, n° 11-27.651, BC V n° 12; LS Jurispr. n° 20 du 29.01.2013; RJS 3/13 n° 211; 25 novembre 2015, n° 14-16.067, BC V n° 240; RJS 2/16 n° 134; JCP éd. S 2016, 1028, note J. Icard). Toutefois, cette défaillance n'engendrait pas, en soi, pour les auteurs de cette demande, un préjudice personnel et direct (cass. soc. 25 novembre 2015, n° 14-16.067, précité).

N'avait pas pour effet d'accroître les obligations et contraintes que la loi imposait à l'employeur l'article du règlement intérieur d'un CHSCT qui stipulait que l'employeur réunissait en urgence le comité à la suite de tout accident du travail ayant entraîné ou ayant pu entraîner des conséquences graves, la clause litigieuse ne fixant aucun délai maximal dans lequel devait se tenir cette réunion, renvoyant ainsi à la notion de délai raisonnable tel qu'il résultait implicitement des dispositions légales (cass. soc. 22 octobre 2014, n° 13-19.427, précité).

Sous-§ 2. Dispositions supplétives

Art. L. 2315-28. À défaut d'accord prévu à l'article [L.] 2312-19, dans les entreprises d'au moins trois cents salariés, le comité social et économique se réunit au moins une fois par mois sur convocation de l'employeur ou de son représentant.

Dans les entreprises de moins de trois cents salariés, le comité se réunit au moins une fois tous les deux mois.

Le comité peut tenir une seconde réunion à la demande de la majorité de ses membres.

Note ***Jurisprudence rendue à propos du comité d'entreprise et ayant en principe vocation à s'appliquer au comité social et économique.*** Pour la tenue d'une seconde réunion, la majorité des membres du comité d'entreprise s'entend de la majorité des membres élus ayant voix délibérative (cass. soc. 13 février 2019, n° 17-27.889, à paraître, LS Jurispr. n° 38 du 26.02.2019; RJS 4/19 n° 228; JCP éd. S 2019, 1099, note Y. Pagnerre).

§ 2. Ordre du jour

Art. L. 2315-29. L'ordre du jour de chaque réunion du comité social et économique est établi par le président et le secrétaire.

Les consultations rendues obligatoires par une disposition législative ou réglementaire ou par un accord collectif de travail sont inscrites de plein droit à l'ordre du jour par le président ou le secrétaire.

Note ***Nous rapportons ci-après les solutions dégagées par la jurisprudence à propos du comité d'entreprise en ce qu'elles ont en principe vocation à s'appliquer au comité social et économique.***

• L'ordre du jour du comité d'entreprise est arrêté par le chef d'entreprise et par le secrétaire du comité. Le représentant du chef d'entreprise, qui est délégué pour présider le comité d'entreprise, a nécessairement le pouvoir, en cette qualité, d'arrêter l'ordre du jour (cass. soc. 10 juillet 2002, n° 00-16.827, BC V n° 246; RJS 11/02 n° 1247).

L'établissement de l'ordre du jour conjointement par le chef d'entreprise et le secrétaire du comité est requis pour chaque réunion. Il en est ainsi même lorsque l'objet de la réunion est de traiter les questions qui n'avaient pas pu l'être lors de la réunion précédente (cass. soc. 25 juin 2003, n° 01-12.990, BC V n° 210; RJS 12/03 n° 1411, 1re espèce).

L'établissement de l'ordre du jour implique une concertation et une élaboration en commun; une des parties ne peut unilatéralement arrêter l'ordre du jour, ni imposer à l'autre de le ratifier ou de le signer (cass. crim. 4 novembre 1997, n° 96-85.631, B. crim. n° 371; RJS 3/98 n° 328). Si un accord ne peut s'établir sur les questions à porter à l'ordre du jour, il appartient au plus diligent d'entre eux de saisir le juge des référés pour résoudre la difficulté. Le comité d'entreprise ne peut valablement se réunir et délibérer sur un ordre du jour fixé unilatéralement par le chef d'entreprise (cass. soc. 8 juillet 1997, n° 95-13.177, BC V n° 256; RJS 10/97 n° 1109). Une cour d'appel saisie de la difficulté résultant du désaccord existant entre le chef d'entreprise et le secrétaire du CE sur les questions à porter à l'ordre du jour, en autorisant le chef d'entreprise à convoquer la réunion sur un ordre du jour déterminé, a nécessairement fixé celui-ci (cass.

soc. 4 juillet 2000, n° 98-10.916, RJS 12/00 n° 1261). Pour une saisine du juge des référés par le chef d'entreprise, voir TGI Paris 5 septembre 1997, RJS 11/97 n° 1254.

• Un comité d'entreprise n'est pas en mesure de délibérer valablement sur une question qui n'a pas été inscrite à l'ordre du jour (cass. crim. 5 septembre 2006, n° 05-85.895, B. crim. n° 206); le comité d'entreprise est alors fondé à demander la suspension de la procédure (en l'espèce, il s'agissait d'une cessation de l'adhésion au service médical interentreprises, question non inscrite à l'ordre du jour: cass. soc. 9 juillet 1996, n° 94-17.628, BC V n° 271; RJS 11/96 n° 1187).

L'irrégularité d'un ordre du jour établi par le seul représentant de la direction est constitutive du délit d'entrave au fonctionnement régulier du comité d'entreprise (cass. crim. 4 novembre 1997, n° 96-85.631, précité; 16 septembre 1985, Dr. Ouvr. 1986, p. 448). Se rend coupable du délit d'entrave le chef d'entreprise qui n'a pas mentionné à l'ordre du jour une question dont l'inscription avait été demandée par la majorité des membres, une réunion spéciale du comité ayant été demandée à cette fin (cass. crim. 5 novembre 1979, Dr. Ouvr. 1984, p. 109).

• **Consultations obligatoires.** Même lorsque la consultation du comité d'entreprise est obligatoire en vertu d'une disposition législative, réglementaire ou d'un accord collectif de travail, l'élaboration conjointe de l'ordre du jour demeure la règle: les dispositions de l'article L. 2325-15 [ancien], al. 2 qui prévoient l'inscription de plein droit à l'ordre du jour des consultations obligatoires ne dispensent pas l'employeur, qui entend faire inscrire une question à l'ordre du jour de la réunion du comité d'entreprise, de la soumettre préalablement au secrétaire du comité (cass. soc. 12 juillet 2010, n° 08-40.821, BC V n° 169; RJS 10/10 n° 783).

Dès lors qu'il constate l'existence d'un désaccord persistant faisant obstacle à la tenue de la réunion mensuelle du comité d'établissement et opposant l'employeur et le secrétaire du comité d'établissement sur l'inscription à l'ordre du jour des questions ayant trait à la dénonciation d'usages, laquelle est légalement subordonnée à l'information préalable des représentants du personnel, le juge des référés ne peut débouter l'employeur de ses demandes dirigées à l'encontre du secrétaire, peu important la contestation par ce dernier de l'existence de ces usages (cass. soc. 13 février 2013, n° 11-26.783, RJS 4/13 n° 294).

Nous rapportons ci-après les solutions dégagées par la jurisprudence à propos du CHSCT en ce qu'elles sont susceptibles d'intéresser le comité social et économique.

• L'ordre du jour de chaque réunion du CHSCT était établi par le président et le secrétaire. Les consultations rendues obligatoires par une disposition législative ou réglementaire ou par un accord collectif de travail étaient inscrites de plein droit à l'ordre du jour par le président ou le secrétaire (art. L. 4614-8 ancien CT).

À noter: la règle applicable au CSE est similaire (art. L. 2315-29 CT ci-dessus).

• **Délit d'entrave au fonctionnement du CHSCT.** La disposition prévoyant que l'ordre du jour des réunions était établi par le président et le secrétaire dudit comité était impérative et son inobservation (président du comité ayant modifié unilatéralement l'ordre du jour) était constitutive d'entrave au fonctionnement régulier de ce comité (cass. crim. 4 janvier 1990, n° 88-83.311, B. crim. n° 11).

À noter: la solution ainsi dégagée par la jurisprudence demeure à notre sens applicable au CSE.

• **Délibération en lien avec un sujet inscrit à l'ordre du jour.** Le CHSCT ne pouvait valablement délibérer que sur un sujet en lien avec une question inscrite à l'ordre du jour (cass. soc. 22 janvier 2008, n° 06-18.979, BC V n° 15; JCP éd. S 2008, 1239, note J-B Cottin; RJS 4/08 n° 438).

L'ordre du jour de la réunion d'un CHSCT prévoyait l'information et la consultation du CHSCT sur deux projets présentés par la direction. Une cour d'appel avait retenu à bon droit que la désignation d'un expert sur ces deux questions avait un lien implicite mais nécessaire avec la question inscrite à l'ordre du jour. Appréciant souverainement la nécessité de recourir à la mesure d'expertise, elle avait estimé que le projet était un projet important modifiant les conditions de travail au sens de l'article L. 236-2 [L. 4612-8 ancien] CT (cass. soc. 13 novembre 2007, n° 06-13.205).

À noter: les solutions ainsi dégagées par la jurisprudence demeurent à notre sens applicable au CSE.

• **Clause du règlement intérieur relative à l'ordre du jour.** L'ordre du jour devait résulter du seul accord commun entre l'employeur et le secrétaire du CHSCT. Dès lors, portait atteinte aux prérogatives légales de l'un et de l'autre l'obligation, inscrite dans le règlement intérieur du CHSCT, d'indiquer l'origine des questions inscrites à cet ordre du jour, peu important la faculté pour tout membre du CHSCT d'indiquer au cours d'une réunion de cette instance qui avait eu l'initiative d'une question (cass. soc. 22 octobre 2014, n° 13-19.427, RJS 1/15 n° 35; JSL nos 377-378, 23.12.2014, p. 31, M. Patin).

À noter: la solution ainsi dégagée par la jurisprudence demeure à notre sens applicable au CSE.

Art. L. 2315-30. L'ordre du jour des réunions du comité social et économique est communiqué par le président aux membres du comité, à l'agent de contrôle de l'inspection du travail mentionné à l'article L. 8112-1 ainsi qu'à l'agent des services de prévention des organismes de sécurité sociale trois jours au moins avant la réunion.

Note *Covid-19.* Voir ordonnance 2020-460 du 22 avril 2020, art. 9, JO 23, modifié et décret 2020-509 du 2 mai 2020, JO 3, applicabilité aux délais commençant à courir entre le 3 mai et le 23 août 2020.

Nous rapportons ci-après les solutions dégagées par la jurisprudence à propos du comité d'entreprise en ce qu'elles ont en principe vocation à s'appliquer au comité social et économique.

• Le chef d'entreprise doit veiller à ce que l'ordre du jour, arrêté par lui-même et le secrétaire, soit communiqué aux membres du comité trois jours au moins avant la séance (cass. crim. 27 septembre 1988, n° 87-91.324, B. crim. n° 325). La non-communication de l'ordre du jour aux membres du comité trois jours avant la séance est susceptible de constituer une entrave au fonctionnement régulier du comité d'entreprise (cass. crim. 11 juin 1974, n° 73-93.299, B. crim. n° 213). La violation de cette prescription, dont seuls cependant peuvent se prévaloir les membres du comité (cass. soc. 2 juillet 1969, n° 68-40.383, BC V n° 458), entraîne la nullité de la délibération intervenue. S'il y a urgence de décision à prendre, le non-respect du délai de trois jours pour convoquer le comité ne peut être reproché à l'employeur (cass. crim. 6 février 1979, n° 77-91.923, B. crim. n° 56).

À noter que l'employeur n'a pas l'obligation de communiquer au membre du comité d'entreprise, dont le mandat se trouve suspendu par l'effet d'une mesure de mise à pied conservatoire prise à son encontre, l'ordre du jour de la réunion de ce comité appelé à donner son avis sur son projet de licenciement en application de l'article L. 436-1 [ancien] CT (cass. crim. 5 mars 2002, n° 01-81.049, B. crim. n° 56; RJS 6/02 n° 695).

• Si les informations prévues par l'article L. 431-5 [L. 2323-4 ancien] CT ne doivent pas nécessairement être jointes à l'ordre du jour et peuvent, sauf si la loi en décide autrement, n'être fournies que lors de la réunion du comité d'entreprise, l'employeur ne peut cependant, dès lors qu'il a décidé d'informer le comité d'entreprise, se dispenser, sous peine d'entrave, de respecter le délai prévu par la loi pour la communication de l'ordre du jour (cass. crim. 5 novembre 1991, n° 90-84.817, RJS 3/92 n° 307, 2e espèce).

• Un comité d'établissement ayant voté une résolution autorisant le trésorier à régler des honoraires à l'avocat du comité, le président et un membre de cet organisme, estimant que cette question ne figurait pas à l'ordre du jour de la réunion, ont demandé en référé l'annulation de cette résolution. La cour d'appel, qui a fait ressortir qu'il y avait un rapport direct entre la résolution du comité d'entreprise et le premier point de l'ordre du jour, a décidé, à bon droit, qu'il n'y avait pas de trouble manifestement illicite et que la demande devait, en conséquence, être rejetée (cass. soc. 10 octobre 1990, n° 89-12.983).

Nous rapportons ci-après la solution dégagée par la jurisprudence à propos du CHSCT et en principe applicable au comité social et économique.

Aucune forme particulière n'était imposée au président du CHSCT pour transmettre l'ordre du jour et, le cas échéant, les documents s'y rapportant (art. L. 4614-8 et R. 4614-3 anciens CT). Dès lors, ces documents pouvaient être envoyés par voie électronique au moyen d'une liste de distribution (par courriel, en l'espèce) (cass. soc. 25 novembre 2015, n° 14-16.067, BC V n° 240; RJS 2/16 n° 134; JCP éd. S 2016, 1028, note J. Icard).

À noter: cette solution jurisprudentielle demeure à notre sens applicable au CSE.

Art. L. 2315-31. Lorsque le comité social et économique se réunit à la demande de la majorité de ses membres, les questions jointes à la demande de convocation sont inscrites à l'ordre du jour de la réunion.

Art. R. 2315-23. Les documents mentionnés à l'article L. 4711-1 sont présentés au comité social et économique au cours de la réunion qui suit leur réception par l'employeur.

Chaque membre du comité peut à tout moment demander la transmission de ces documents.

Le président informe le comité des observations de l'inspecteur du travail, du médecin inspecteur du travail et des agents des services de prévention des organismes de sécurité sociale au cours de la réunion qui suit leur intervention.

Sous-section 4. Votes et délibérations

Art. L. 2315-32. Les résolutions du comité social et économique sont prises à la majorité des membres présents.

Le président du comité social et économique ne participe pas au vote lorsqu'il consulte les membres élus du comité en tant que délégation du personnel.

Note *Nous rapportons ci-après les solutions dégagées par l'Administration et la jurisprudence à propos du comité d'entreprise en ce qu'elles ont en principe vocation à s'appliquer au comité social et économique.*

• Participent seulement au vote le président du comité (chef d'entreprise ou son représentant), les membres titulaires présents et les membres suppléants qui remplacent les titulaires absents.

Toutefois, le président du comité ne participe pas au vote lorsqu'il consulte les membres élus du personnel en tant que délégation du personnel (voir notamment observations sous cass. soc. 5 mai 1983, n° 81-16.787, BC V n° 235; Dr. Soc. 1983, p. 395). Le chef d'entreprise ne peut participer au vote d'une résolution portant sur la gestion des activités sociales et culturelles (cass. soc. 25 janvier 1995, n° 92-16.778, BC V n° 38; RJS 3/95 n° 251).

La chambre criminelle a jugé cependant que le président du comité d'entreprise peut participer à un vote sur une proposition concernant la gestion des activités sociales, dès lors que les membres élus du comité d'entreprise, délibérant sur l'engagement d'une dépense, n'ont pas à se prononcer en tant que délégation du personnel. Est coupable d'entrave au fonctionnement du comité d'établissement le secrétaire qui a engagé des dépenses n'ayant pas fait l'objet d'un vote majoritaire (cass. crim. 4 novembre 1988, n° 87-91.705, B. crim. n° 374; Dr. Soc. 1989, p. 212).

Le ministre du Travail a précisé que l'employeur doit s'abstenir de participer au vote dans les cas suivants: élection des représentants du comité au comité central ou au conseil d'administration ou de surveillance, choix de l'expert-comptable qui assiste les membres élus, délibération sur le recours à un expert rémunéré sur le budget de fonctionnement du comité d'entreprise, désignation des membres de la commission économique, utilisation de la subvention de fonctionnement (JO AN 2 octobre 1982, p. 5348; lettre min. n° 53 du 15 janvier 1986, BO MT 86/9-10; position de principe 2-87 du 9 avril 1987, BO 87/13, p. 33).

L'employeur peut participer au vote pour tout ce qui concerne la vie de l'entreprise, le fonctionnement et l'administration du comité, notamment dans les cas suivants: introduction de nouvelles technologies, compression d'effectifs, élection du secrétaire (cass. soc. 10 juillet 1991, n° 88-20.411, BC V n° 355; Dr. Soc. 1991, p. 741; 21 novembre 2000, n° 98-23.094, RJS 1/01 n° 64), du secrétaire adjoint, du trésorier, du trésorier adjoint (CA Rouen, 1re ch. civ., 17 mars 1999, RJS 7/99 n° 934), établissement du règlement intérieur, désignation du président de la commission d'information et d'aide au logement (la loi ne prévoyant pas de consultation du comité en matière de logement, cette désignation ne s'analyse pas en une consultation des membres élus en tant que délégation du personnel: voir CA Rouen 17 mars 1999, précité).

L'employeur ne peut participer au vote lorsque le comité d'entreprise est invité à se prononcer sur le licenciement d'un représentant du personnel. Le licenciement intervenu à la suite d'un vote du comité d'entreprise auquel a participé l'employeur est un licenciement irrégulier (cass. soc. 22 novembre 1988, n° 85-42.007, BC V n° 617; Dr. Soc. 1989, p. 211).

• Les résolutions sont prises à la majorité des membres présents. Il s'agit des membres du comité physiquement présents au moment du vote, qu'ils y participent ou non, et il faut prendre en compte – négativement – aussi bien les abstentions que les bulletins blancs ou nuls. La voix du président n'est pas prépondérante (cass. crim. 4 octobre 1977, n° 76-91.922, B. crim. n° 287); en cas de partage des voix, une résolution ne peut être considérée comme adoptée. Aucun quorum n'étant fixé pour l'adoption d'une résolution, d'une décision ou d'un avis du comité d'entreprise, la délibération prise par un seul de ses membres à la suite du départ des autres membres est régulière (cass. soc. 30 septembre 2009, n° 07-20.525, BC V n° 217).

• L'assistance avec voix consultative des représentants syndicaux aux séances du comité implique, pour ces représentants, le droit d'être admis à exposer leur avis sur les questions qui y sont abordées (cass. crim. 12 mars 1970, n° 69-91.317, B. crim. n° 102).

• La majorité des membres du comité d'entreprise ne peut décider d'inviter des personnes étrangères au comité sans l'accord de l'employeur (cass. soc. 22 novembre 1988, n° 86-13.368, BC V n° 613; Dr. Soc. 1989, p. 216); voir aussi, notamment, cass. crim. 26 avril 1988, Dr. Soc. 1989, p. 212, approuvant la relaxe d'un employeur qui s'était opposé à ce qu'une réunion du comité d'entreprise se tînt à la date prévue, dès lors que se trouvait présente une personne invitée par le comité mais n'ayant pas été admise par un vote, le comité ayant été reconvoqué pour une séance ultérieure avec même ordre du jour.

• La présence de personnes étrangères à l'entreprise, invitées par l'employeur, peut être acceptée tacitement par les membres du comité d'entreprise. Ainsi, une cour d'appel qui a constaté que la présence de ces personnes avait été acceptée par les membres du comité d'entreprise, qui les avaient d'ailleurs interrogées, et que cette présence n'avait pas porté atteinte à l'équilibre de la procédure consultative, peut en déduire que l'irrégularité invoquée n'est pas constituée (cass. soc. 8 juillet 2014, 2 arrêts, n° 13-15.470, BC V n° 179; RJS 10/14 n° 703 et n° 13-18.217, BC V n° 178).

Nous rapportons ci-après les solutions dégagées par la jurisprudence à propos du CHSCT et susceptibles d'intéresser le comité social et économique.

La décision de recourir à un expert prise par le CHSCT dans le cadre d'une consultation sur un projet important modifiant les conditions de santé et de sécurité constituait une délibération sur laquelle les membres élus du CHSCT devaient seuls se prononcer en tant que délégation du personnel, à l'exclusion du chef d'entreprise, président du comité (cass. soc. 26 juin 2013, n° 12-14.788, BC V n° 171; JCP éd. S 2013, 1375, note J-B Cottin; RJS 10/13 n° 687; JSL n° 350, 26.09.2013, pp. 21 et s., J-E Tourreil. Voir aussi note sous art. L. 2315-94).

Toutes les décisions du CHSCT devant être prises à l'issue d'une délibération collective, le mandat de représentation donné au secrétaire du CHSCT, résultant d'une simple lettre signée des membres élus de cette institution et remise à son président, était par conséquent irrégulier (cass. soc. 21 novembre 2012, n° 10-27.452, LS Jurispr. n° 231 du 11.12.2012; RJS 2/13 n° 133).

Art. L. 2315-33. Le comité social et économique peut décider que certaines de ses délibérations seront transmises à l'autorité administrative.

Art. R. 2315-24. L'autorité administrative mentionnée à l'article L. 2315-33 est le ***(D. 2020-1545 du 9 déc. 2020, JO 10, entrée en vigueur le 01.04.2021)*** «directeur régional de l'économie, de l'emploi, du travail et des solidarités».

Sous-section 5. Procès-verbal

Art. L. 2315-34. Les délibérations du comité social et économique sont consignées dans un procès-verbal établi par le secrétaire du comité dans un délai et selon des modalités définis par un accord conclu dans les conditions prévues ***(Ord. 2017-1718 du 20 déc. 2017, art. 1er, I, 88°, JO 21)*** «au premier alinéa de l'article L. 2312-16» ou, à défaut, par un décret.

À l'issue du délai mentionné au premier alinéa, le procès-verbal est transmis à l'employeur, qui fait connaître lors de la réunion du comité suivant cette transmission sa décision motivée sur les propositions qui lui ont été soumises.

Les déclarations sont consignées dans le procès-verbal.

Un décret définit les conditions dans lesquelles il peut être recouru à l'enregistrement ou à la sténographie des séances de l'instance.

Note • Voir U. Giganti et T. Cicerchia, «Le procès-verbal du CSE», JCP éd. S 2020, 1020.

Nous rapportons ci-après les solutions dégagées par la jurisprudence à propos du comité d'entreprise en ce qu'elles ont en principe vocation à s'appliquer au comité social et économique.

• En prescrivant la communication des procès-verbaux établis par le secrétaire au chef d'entreprise et aux membres du comité, l'article R. 434-1 [R. 2325-3 ancien] a pour but de leur permettre de contrôler si les délibérations ont été exactement rapportées (cass. soc. 29 novembre 1979, n° 78-41.257, BC V n° 916).

• Le membre du comité désigné comme secrétaire a, à ce titre, la responsabilité de l'établissement des procès-verbaux; il peut se faire assister dans cette tâche par un salarié du comité avec l'accord majoritaire de cet organisme (cass. soc. 7 janvier 1988, n° 85-16.849, BC V n° 9; 27 novembre 1980, n° 78-15.447, BC V n° 852). L'employeur qui s'oppose à la présence, aux séances du comité, de la sténodactylographe employée par le comité et admise à ses réunions par un vote commet une entrave au fonctionnement régulier de cet organisme (cass. crim. 30 octobre 1990, n° 87-83.665, B. crim. n° 367; RJS 1/91 n° 46).

Si la rédaction matérielle du procès-verbal des délibérations du comité d'entreprise peut être confiée à une personne étrangère au comité d'entreprise, l'établissement du procès-verbal et le contrôle de sa rédaction sont réservés au secrétaire; les prescriptions de cet article sont impératives et ne peuvent être transgressées, sauf cas de force majeure (cass. crim. 1er décembre 1987, n° 85-96.612, B. crim. n° 442).

L'employeur ne participant pas à la rédaction des procès-verbaux, une cour d'appel, qui constate la carence du secrétaire du comité, ne peut, sans violer les articles L. 434-4 [L. 2325-20 et 21 anciens] et R. 434-1 [R. 2325-3 ancien] CT, décider qu'un huissier de justice, au choix du chef d'entreprise, assistera aux réunions avec pour mission de dresser matériellement les procès-verbaux (cass. soc. 25 novembre 2003, n° 01-14.176, BC V n° 296; RJS 2/04 n° 223).

Ayant relevé que l'employeur avait fait établir et diffuser les procès-verbaux du comité d'établissement par sa secrétaire de direction au lieu et place du secrétaire du comité, seul habilité pour le faire, sans que cette pratique ait été demandée par le comité d'établissement, une cour d'appel a pu décider que ces dépenses devaient demeurer à sa charge (cass. soc. 4 avril 1990, n° 88-13.219, BC V n° 171; RJS 5/90 n° 385).

Art. R. 2315-25. À défaut d'accord prévu au premier alinéa de l'article L. 2315-34, les délibérations du comité social et économique sont consignées dans des procès-verbaux établis par le secrétaire dans un délai de quinze jours et communiqués à l'employeur et aux membres du comité.

Art. D. 2315-26. À défaut d'accord prévu par l'article L. 2315-34, le procès-verbal est établi et transmis à l'employeur par le secrétaire du comité social et économique dans les quinze jours suivant la réunion à laquelle il se rapporte ou, si une nouvelle réunion est prévue dans ce délai de quinze jours, avant cette réunion.

Dans le cadre de la consultation prévue à l'article L. 1233-30, le procès-verbal est établi et transmis à l'employeur par le secrétaire du comité dans un délai de trois jours suivant la réunion à laquelle il se rapporte ou, si une nouvelle réunion est prévue dans ce délai de trois jours, avant cette réunion. Lorsque l'entreprise est en redressement ou en liquidation judiciaire, ce délai est d'un jour.

À défaut d'accord, le procès-verbal établi par le secrétaire du comité contient au moins le résumé des délibérations du comité et la décision motivée de l'employeur sur les propositions faites lors de la précédente réunion.

Art. D. 2315-27. L'employeur ou la délégation du personnel du comité social et économique peuvent décider du recours à l'enregistrement ou à la sténographie des séances du comité social et économique prévu à l'article L. 2315-34.

Lorsque cette décision émane du comité social et économique, l'employeur ne peut s'y opposer sauf lorsque les délibérations portent sur des informations revêtant un caractère confidentiel au sens de l'article L. 2315-3 et qu'il présente comme telles.

Lorsqu'il est fait appel à une personne extérieure pour sténographier les séances du comité, celle-ci est tenue à la même obligation de discrétion que les membres du comité social et économique.

Sauf si un accord entre l'employeur et les membres élus du comité social et économique en dispose autrement, les frais liés à l'enregistrement et à la sténographie sont pris en charge par l'employeur lorsque la décision de recourir à ces moyens émane de ce dernier.

Art. L. 2315-35. Le procès-verbal des réunions du comité social et économique peut, après avoir été adopté, être affiché ou diffusé dans l'entreprise par le secrétaire du comité, selon des modalités précisées par le règlement intérieur du comité.

Note ***Nous rapportons ci-après les solutions dégagées par la jurisprudence à propos du comité d'entreprise en ce qu'elles ont en principe vocation à s'appliquer au comité social et économique.***

• L'employeur ne peut s'opposer à la diffusion du procès-verbal, sauf à en demander l'interdiction en justice si les conditions prévues pour cette diffusion n'ont pas été respectées (cass. soc. 4 novembre 1981, 2 arrêts, n°s 79-14.628 et 80-13.027, BC V n° 858; voir également 29 novembre 1979, n° 78-41.257, BC V n° 916); la chambre criminelle a aussi considéré qu'aucun texte ne subordonne l'affichage des procès-verbaux de réunion du comité au contreseing et à l'autorisation de l'employeur (cass. crim. 23 juin 1981, Dr. Soc. 1982, p. 207).

• Est constitutif d'entrave au fonctionnement du comité d'entreprise le fait, pour le président du comité d'entreprise, d'avoir rédigé et signé seul le compte rendu de deux réunions du comité, puis procédé lui-même à l'affichage de ce document (cass. crim. 25 février 1986, n° 84-96.003, B. crim. n° 78).

Sous-section 6. Commissions

§ 1. Commissions santé, sécurité et conditions de travail

Note Voir B. Teyssié, «Santé et sécurité dans le droit du comité social et économique», JCP éd. S 2018, 1001; RF Social, janvier 2018, n° 181, p. 33, «Attributions santé, sécurité et conditions de travail du comité social et économique».

Sous-§ 1. Ordre public

Art. L. 2315-36. Une commission santé, sécurité et conditions de travail est créée au sein du comité social et économique dans:

1° Les entreprises d'au moins trois cents salariés;
2° Les établissements distincts d'au moins trois cents salariés;
3° Les établissements mentionnés aux articles L. 4521-1 et suivants.

Art. L. 2315-37. Dans les entreprises et établissements distincts de moins de trois cents salariés, l'inspecteur du travail peut imposer la création d'une commission santé, sécurité et conditions de travail lorsque cette mesure est nécessaire, notamment en raison de la nature des activités, de l'agencement ou de l'équipement des locaux.

(Ord. 2017-1718 du 20 déc. 2017, art. 1er, I, 89°, JO 21) «Cette décision peut être contestée devant le [directeur régional de l'économie, de l'emploi, du travail et des solidarités].»

Art. L. 2315-38. La commission santé, sécurité et conditions de travail se voit confier, par délégation du comité social et économique, tout ou partie des attributions du comité relatives à la santé, à la sécurité et aux conditions de travail, à l'exception du recours à un expert prévu à la sous-section 10 et des attributions consultatives du comité.

Art. L. 2315-39. La commission est présidée par l'employeur ou son représentant.

Elle comprend au minimum trois membres représentants du personnel, dont au moins un représentant du second collège, ou le cas échéant du troisième collège prévus à l'article L. 2314-11.

Les membres de la commission santé, sécurité et conditions de travail sont désignés par le comité social et économique parmi ses membres, par une résolution adoptée selon les modalités définies à l'article L. 2315-32, pour une durée qui prend fin avec celle du mandat des membres élus du comité.

Lorsque l'accord confie tout ou partie des attributions du comité social et économique à la commission santé, sécurité et conditions de travail, ***(Ord. 2017-1718 du 20 déc. 2017, art. 1er, I, 90°, JO 21)*** «les dispositions de l'article L. 2314-3 s'appliquent» aux réunions de la commission.

L'employeur peut se faire assister par des collaborateurs appartenant à l'entreprise et choisis en dehors du comité. Ensemble, ils ne peuvent pas être en nombre supérieur à celui des représentants du personnel titulaires.

Les dispositions de l'article L. 2315-3 relatives au secret professionnel et à l'obligation de discrétion leur sont applicables.

Note Selon l'article L. 2315-39 CT, les membres de la commission santé, sécurité et conditions de travail (CSSCT) sont désignés par le CSE parmi ses membres, par une résolution adoptée selon les modalités définies à l'article L. 2315-32, pour une durée qui prend fin avec celle du mandat des membres élus du comité. Selon l'article L. 2315-32, al. 1er du même code, les résolutions du CSE sont prises à la majorité des membres présents. Il en ressort que la désignation des membres d'une CSSCT, que sa mise en place soit obligatoire ou conventionnelle, résulte d'un vote des membres du CSE à la majorité des voix des membres présents lors du vote (cass. soc. 27 novembre 2019, n° 19-14.224, à paraître, LS n° 17969 du 02.01.2020 ; JCP éd. S 2020, 1016, note E. Jeansen; RJS 2/20 n° 97; JSL n° 492, 24.02.2020, pp. 19 et s., J-B Cottin; RDT, mai 2020, CH, 344, M. Véricel).

Art. L. 2315-40. La formation mentionnée à l'article L. 2315-18 des membres de la commission santé, sécurité et conditions de travail est organisée sur une durée minimale de :

1° Cinq jours dans les entreprises d'au moins trois cents salariés ;
2° Trois jours dans les entreprises de moins de trois cents salariés.

Sous-§ 2. Champ de la négociation

Art. L. 2315-41. L'accord d'entreprise défini à l'article L. 2313-2 fixe les modalités de mise en place de la ou des commissions santé, sécurité et conditions de travail en application des articles L. 2315-36 et L. 2315-37, en définissant :

1° Le nombre de membres de la ou des commissions ;
2° Les missions déléguées à la ou les commissions par le comité social et économique et leurs modalités d'exercice ;
3° Leurs modalités de fonctionnement, notamment le nombre d'heures de délégation dont bénéficient les membres de la ou des commissions pour l'exercice de leurs missions ;
4° Les modalités de leur formation conformément aux articles L. 2315-16 à L. 2315-18 ;
5° Le cas échéant, les moyens qui leur sont alloués ;
6° Le cas échéant, les conditions et modalités dans lesquelles une formation spécifique correspondant aux risques ou facteurs de risques particuliers, en rapport avec l'activité de l'entreprise peut être dispensée aux membres de la commission.

Art. L. 2315-42. En l'absence de délégué syndical, un accord entre l'employeur et le comité social et économique, adopté à la majorité des membres titulaires élus de la délégation du personnel du comité, fixe les modalités de mise en place de la ou des commissions santé, sécurité et conditions de travail mentionnées aux 1° à 6° de l'article L. 2315-41.

Art. L. 2315-43. En dehors des cas prévus aux articles L. 2315-36 et L. 2315-37, l'accord d'entreprise défini à l'article L. 2313-2 ou en l'absence de délégué syndical, un accord entre l'employeur et le comité social et économique, adopté à la majorité des membres titulaires élus de la délégation du personnel du comité peut fixer le nombre et le périmètre de mise en place de la ou des commissions santé, sécurité et conditions de travail et définir les modalités mentionnées aux 1° à 6° de l'article L. 2315-41.

Sous-§ 3. Dispositions supplétives

Art. L. 2315-44. ***(Ord. 2017-1718 du 20 déc. 2017, art. 1er, I, 91°, JO 21)*** En l'absence d'accord prévu aux articles L. 2315-41 et L. 2315-42, le règlement intérieur du comité social et économique définit les modalités mentionnées aux 1° à 6° de l'article L. 2315-41.

En l'absence d'accord prévu à l'article L. 2315-43, l'employeur peut fixer le nombre et le périmètre de mise en place d'une ou plusieurs commissions santé, sécurité et conditions de travail. Le règlement intérieur du comité social et économique définit les modalités mentionnées aux 1° à 6° de l'article L. 2315-41.

§ 1 bis. Commission des marchés

Note Ce paragraphe a été introduit par la loi 2018-217 du 29 mars 2018, art. 6, 15°, JO 31.

Art. L. 2315-44-1. Une commission des marchés est créée au sein du comité social et économique qui dépasse, pour au moins deux des trois critères mentionnés au II de l'article L. 2315-64, des seuils fixés par décret.

Art. L. 2315-44-2. Pour les marchés dont le montant est supérieur à un seuil fixé par décret, le comité social et économique détermine, sur proposition de la commission des marchés, les critères retenus pour le choix des fournisseurs et des prestataires du comité et la procédure des achats de fournitures, de services et de travaux.

La commission des marchés choisit les fournisseurs et les prestataires du comité. Elle rend compte de ces choix, au moins une fois par an, au comité, selon des modalités déterminées par le règlement intérieur du comité.

Art. D. 2315-29. ***(D. 2018-921 du 26 oct. 2018, JO 28)*** «Une» commission des marchés est créée au sein du comité social et économique qui dépasse, pour au moins deux des trois critères, les seuils suivants :

1° Le nombre de cinquante salariés à la clôture d'un exercice ;

2° Le montant prévu au 2° de l'article R. 612-1 du code de commerce de ressources annuelles définies à l'article D. 2315-34 ;

3° Le montant du total du bilan prévu au 3° de l'article R. 612-1 du code de commerce.

Le seuil mentionné à l'article ***(D. 2018-921 du 26 oct. 2018, JO 28)*** «L. 2315-44-2» est fixé à 30 000 euros.

Art. L. 2315-44-3. Les membres de la commission des marchés sont désignés par le comité social et économique parmi ses membres titulaires.

Le règlement intérieur du comité social et économique fixe les modalités de fonctionnement de la commission, le nombre de ses membres, les modalités de leur désignation et la durée de leur mandat.

Art. L. 2315-44-4. La commission des marchés établit un rapport d'activité annuel, joint en annexe au rapport mentionné à l'article L. 2315-69.

§ 2. Champ de la négociation des autres commissions

Art. L. 2315-45. Un accord d'entreprise conclu dans les conditions prévues au premier alinéa de l'article L. 2232-12 peut prévoir la création de commissions supplémentaires pour l'examen de problèmes particuliers.

Le cas échéant, l'employeur peut adjoindre à ces commissions avec voix consultative des experts et des techniciens appartenant à l'entreprise et choisis en dehors du comité. Les dispositions de l'article L. 2315-3 relatives au secret professionnel et à l'obligation de discrétion leur sont applicables.

Les rapports des commissions sont soumis à la délibération du comité.

§ 3. Dispositions supplétives

Art. R. 2315-28. En l'absence d'accord prévu à l'article L. 2315-45, les membres des commissions peuvent être choisis parmi des salariés de l'entreprise n'appartenant pas au comité social et économique.

Sans préjudice des dispositions des articles L. 2315-39 et L. 2315-47, les commissions du comité sont présidées par un de ses membres.

Sous-§ 1. Commission économique

Art. L. 2315-46. En l'absence d'accord prévu à l'article L. 2315-45, dans les entreprises d'au moins mille salariés, une commission économique est créée au sein du comité social et économique ou du comité social et économique central.

Cette commission est chargée notamment d'étudier les documents économiques et financiers recueillis par le comité et toute question que ce dernier lui soumet.

Note Le texte paraît bien impliquer que, dans le cas des entreprises ayant des établissements distincts, la mise en place de la commission doive intervenir au niveau du comité central. C'est en tout cas une position ancienne de l'Administration du travail (rép. QE 75702, JO AN 3 février 1986, p. 436, à propos de l'ancien article L. 2325-23 relatif au comité d'entreprise).

Art. L. 2315-47. La commission est présidée par l'employeur ou son représentant.

La commission économique comprend au maximum cinq membres représentants du personnel, dont au moins un représentant de la catégorie des cadres. Ils sont désignés par le comité social et économique ou le comité social et économique central parmi leurs membres.

Art. L. 2315-48. La commission économique se réunit au moins deux fois par an.

Elle peut demander à entendre tout cadre supérieur ou dirigeant de l'entreprise après accord de l'employeur.

Elle peut se faire assister par l'expert-comptable qui assiste le comité social et économique et par les experts choisis par le comité dans les conditions fixées à la sous-section 10.

Sous-§ 2. Commission de la formation

Art. L. 2315-49. En l'absence d'accord prévu à l'article L. 2315-45, dans les entreprises d'au moins trois cents salariés, le comité social et économique constitue une commission de la formation.

Cette commission est chargée:

1° De préparer les délibérations du comité prévues aux 1° et 3° de l'article L. 2312-17 dans les domaines qui relèvent de sa compétence;

2° D'étudier les moyens permettant de favoriser l'expression des salariés en matière de formation et de participer à leur information dans ce domaine;

3° D'étudier les problèmes spécifiques concernant l'emploi et le travail des jeunes et des travailleurs handicapés.

Art. R. 2315-30. En l'absence d'accord prévu à l'article L. 2315-45, le comité social et économique et, dans les entreprises d'au moins trois cents salariés, la commission de la formation prévue à l'article L. 2315-49 sont consultés sur les problèmes généraux relatifs à la mise en œuvre:

1° Des dispositifs de formation professionnelle continue, prévus aux chapitres Ier à III du titre II du livre III de la sixième partie;

2° De la validation des acquis de l'expérience, prévue au titre II du livre IV de la sixième partie.

Art. R. 2315-31. En l'absence d'accord prévu à l'article L. 2315-45, le comité social et économique et, dans les entreprises d'au moins trois cents salariés, la commission de la formation sont informés des possibilités de congé qui ont été accordées aux salariés, des conditions dans lesquelles ces congés ont été accordés ainsi que des résultats obtenus.

Sous-§ 3. Commission d'information et d'aide au logement

Art. L. 2315-50. En l'absence d'accord prévu à l'article L. 2315-45, dans les entreprises d'au moins trois cents salariés, une commission d'information et d'aide au logement des salariés est créée au sein du comité social et économique.

Les entreprises de moins de trois cents salariés peuvent se grouper entre elles pour former cette commission.

Art. L. 2315-51. La commission d'information et d'aide au logement facilite le logement et l'accession des salariés à la propriété et à la location des locaux d'habitation.

À cet effet, la commission:

1° Recherche les possibilités d'offre de logements correspondant aux besoins du personnel, en liaison avec les organismes habilités à collecter la participation des employeurs à l'effort de construction;

2° Informe les salariés sur leurs conditions d'accès à la propriété ou à la location d'un logement et les assiste dans les démarches nécessaires pour l'obtention des aides financières auxquelles ils peuvent prétendre.

Art. L. 2315-52. La commission d'information et d'aide au logement des salariés aide les salariés souhaitant acquérir ou louer un logement au titre de la participation des employeurs à l'effort de construction, ou investir les fonds provenant des droits constitués en application des dispositions relatives à l'intéressement, à la participation et à l'épargne salariale.

À cet effet, la commission propose, dans chaque entreprise, des critères de classement des salariés candidats à l'accession à la propriété ou à la location d'un logement tenant compte, notamment, des charges de famille des candidats.

Priorité est accordée aux bénéficiaires des dispositions du code des pensions militaires d'invalidité et des victimes de la guerre ayant la qualité de grands mutilés de guerre, conjoints survivants, pupilles de la nation, aux titulaires de pensions d'invalidité servies par un régime obligatoire de sécurité sociale, aux bénéficiaires d'une rente d'accident du travail correspondant à un taux d'incapacité au moins égal à 66 %, aux jeunes de moins de trente ans, aux salariés en mobilité professionnelle, ainsi qu'aux salariés répondant aux critères prévus au deuxième alinéa du II de l'article L. 441-2-3 du code de la construction et de l'habitation.

Le comité social et économique examine pour avis les propositions de la commission.

Art. L. 2315-53. La commission d'information et d'aide au logement peut s'adjoindre, avec l'accord de l'employeur, à titre consultatif, un ou plusieurs conseillers délégués par des organisations professionnelles, juridiques ou techniques.

Art. L. 2315-54. Sous réserve des dispositions de l'article L. 2315-55, un décret en Conseil d'État détermine :

1° Les conditions dans lesquelles la commission d'information et d'aide au logement des salariés est constituée ;

2° Les conditions dans lesquelles les droits constitués en application des dispositions relatives à l'intéressement, à la participation et à l'épargne salariale sont négociables ou exigibles avant l'expiration du délai prévu à l'article L. 3323-5 ou à l'article L. 3324-10, en vue de constituer ou de compléter l'apport initial nécessaire à l'acquisition du logement principal.

Art. L. 2315-55. Un décret détermine :

1° Le nombre maximum de membres de la commission d'information et d'aide au logement des salariés ;

2° Les conditions dans lesquelles les conseillers que s'adjoint la commission sont, le cas échéant, rémunérés.

Sous-§ 4. Commission de l'égalité professionnelle

Art. L. 2315-56. En l'absence d'accord prévu à l'article L. 2315-45, dans les entreprises d'au moins trois cents salariés, une commission de l'égalité professionnelle est créée au sein du comité social et économique.

Cette commission est notamment chargée de préparer les délibérations du comité prévues au 3° de l'article L. 2312-17 ***(Ord. 2017-1718 du 20 déc. 2017, art. 1er, I, 93°, JO 21)*** «, dans les domaines qui relèvent de sa compétence».

Sous-section 7. Subvention de fonctionnement

Art. L. 2315-61. L'employeur verse au comité social et économique une subvention de fonctionnement d'un montant annuel équivalent à :

1° 0,20 % de la masse salariale brute dans les entreprises de cinquante à ***(L. 2018-217 du 29 mars 2018, art. 6, 17°, JO 31)*** «moins de» deux mille salariés ;

2° 0,22 % de la masse salariale brute dans les entreprises ***(L. 2018-217 du 29 mars 2018, art. 6, 17°, JO 31)*** «d'au moins» deux mille salariés.

Ce montant s'ajoute à la subvention destinée aux activités sociales et culturelles, sauf si l'employeur fait déjà bénéficier le comité d'une somme ou de moyens en personnel équivalents à 0,22 % de la masse salariale brute.

Le comité social et économique peut décider, par une délibération, de consacrer une partie de son budget de fonctionnement au financement de la formation des délégués syndicaux de l'entreprise ***(L. 2018-217 du 29 mars 2018, art. 6, 17°, JO 31)*** «ainsi qu'à la formation des représentants de proximité, lorsqu'ils existent». Il peut également décider, par une délibération, de transférer ***(L. 2018-217 du 29 mars 2018, art. 6, 17°, JO 31)*** «une» partie du montant de l'excédent annuel du budget de fonctionnement au financement des activités sociales et culturelles ***(L. 2018-217 du 29 mars 2018, art. 6, 17°, JO 31)*** «, dans des conditions et limites fixées par décret en Conseil d'État».

Cette somme et ses modalités d'utilisation sont inscrites, d'une part, dans les comptes annuels du comité social et économique ou, le cas échéant, dans les documents mentionnés à l'article L. 2315-65 et, d'autre part, dans le rapport mentionné à l'article L. 2315-69.

Pour l'application des dispositions du présent article, la masse salariale brute est constituée par l'ensemble des gains et rémunérations soumis à cotisations de sécurité sociale en application des dispositions de l'article L. 242-1 du code de la sécurité sociale ou de l'article L. 741-10 du code rural et de la pêche maritime, à l'exception des indemnités versées à l'occasion de la rupture du contrat de travail à durée indéterminée.

(L. 2018-217 du 29 mars 2018, art. 6, 17°, JO 31) «Lorsque le financement des frais d'expertise est pris en charge par l'employeur en application du 3° de l'article L. 2315-80 du présent code, le comité social et économique ne peut pas décider de transférer d'excédents du budget de fonctionnement au financement des activités sociales et culturelles pendant les trois années suivantes.»

Note ***Nous rapportons ci-après les solutions dégagées par l'Administration et la jurisprudence à propos du comité d'entreprise en ce qu'elles ont en principe vocation à s'appliquer au comité social et économique.***

• **Objet de la subvention de fonctionnement.** Cette subvention est destinée à couvrir les frais de secrétariat et ceux qui sont entraînés par les activités de fonctionnement propres à dominantes économiques et technologiques. Doivent être pris en charge par le comité, dans le cadre de cette subvention: les frais des stages de formation économique dont peuvent bénéficier les membres titulaires du comité d'entreprise (art. L. 2325-44 ancien; voir note sous art. L. 2315-63 actuel), la rémunération des experts auxquels peut faire appel le comité d'entreprise pour la préparation de ses travaux, les moyens de fonctionnement administratif du comité: personnel recruté pour faciliter l'exercice des attributions économiques et professionnelles du comité [par exemple, pour assurer le secrétariat des réunions du comité ou pour effectuer des études (économiste)], frais courants de fonctionnement (documentation, papeterie, frais d'abonnement et de communications téléphoniques).

Les frais de déplacement des membres du comité d'entreprise concernant des réunions organisées à l'initiative de l'employeur n'entrent pas dans les dépenses de fonctionnement de cet organisme et doivent rester à la charge de l'employeur (cass. soc. 15 juin 1994, n° 92-14.985, BC V n° 197; Dr. Soc. 1994, p. 811; 28 mai 1996, n° 94-18.797, BC V n° 211; Dr. Soc. 1996, p. 744; 15 mai 2001, n° 99-10.127, BC V n° 172). Il en est de même des frais de déplacement occasionnés par les réunions organisées à la demande de la majorité des membres du comité conformément à l'article L. 434-3 [L. 2325-14 ancien] CT (cass. soc. 22 mai 2002, n° 99-43.990, BC V n° 174; RJS 8-9/02 n° 996). La rémunération du temps de trajet pour se rendre à une réunion du comité central d'entreprise est due par l'employeur dès l'instant que ce trajet n'est pas effectué pendant une période de travail et qu'il dépasse, en durée, le temps normal de déplacement entre le domicile du salarié et le lieu de son travail (cass. soc. 30 septembre 1997, n° 95-40.125, BC V n° 299; RJS 11/97 n° 1255. Voir aussi cass. soc. 5 novembre 2003, n° 01-43.109, BC V n° 275; RJS 1/04 n° 52, reprenant cette solution pour tous les temps de trajets effectués par le salarié en exécution de ses fonctions représentatives).

Un comité central d'entreprise, ayant à étudier les incidences sur les conditions de travail du nouveau mode de rémunération des salariés, peut s'informer des préférences de ces derniers par une consultation du personnel, dont les frais doivent s'imputer sur son budget de fonctionnement, sans que pour autant l'employeur ait l'obligation de communiquer au comité les adresses des salariés (cass. soc. 19 décembre 1990, n° 89-16.072, BC V n° 693; RJS 2/91 n° 203). Mais des frais de personnel et de photocopies ainsi que des remboursements d'heures passées à des commissions non obligatoires qui se rattachent aux activités sociales et culturelles ne peuvent s'imputer sur la subvention de fonctionnement d'un comité d'établissement (cass. soc. 4 avril 1990, n° 88-13.219, BC V n° 171).

• **Exigibilité.** Le comité d'entreprise ne pouvant être créancier de sommes correspondant à la subvention destinée à son fonctionnement pour une période antérieure à sa création, le juge ne peut accorder un rappel de subvention pour les années antérieures à sa création au motif que l'employeur ne peut se prévaloir de sa propre défaillance à mettre en place antérieurement le comité d'entreprise (cass. soc. 27 mars 2012, n° 11-11.176, BC V n° 110; RJS 6/12 n° 574; Dr. Soc. 2012, p. 643, obs. Fr. Petit et p. 686, D. Boulmier, «Trilogie 2012 des budgets du comité d'entreprise: carence, abus de confiance et ingérence»).

La subvention était due au comité d'entreprise, lequel n'en sollicitait pas le paiement et ne s'était pas rallié à la demande du syndicat, le syndicat n'avait pas qualité à agir au lieu et place dudit comité afin d'obtenir le versement de sa subvention de fonctionnement (cass. soc. 26 septembre 2012, n° 11-13.091, RJS 12/12 n° 959).

• **Calcul.** Sur la masse salariale servant d'assiette à la détermination de la dotation de fonctionnement, voir note sous article L. 2312-83.

Les rémunérations des maîtres des établissements privés sous contrat d'association doivent être incluses dans cette masse (cass. soc. 2 mars 1999, n° 97-20.095, BC V n° 92; RJS 4/99 n° 539). De même, les rémunérations des salariés mis à disposition doivent être prises en compte dans la masse salariale servant au calcul de la subvention de fonctionnement du comité d'entreprise de l'entreprise d'accueil, dès lors que ces salariés sont intégrés de façon étroite et permanente au personnel de cette dernière et rémunérés en tout ou en partie par elle (cass. soc. 7 novembre 2007, n° 06-12.309, BC V n° 185; RJS 1/08 n° 43). Il appartient à l'employeur qui invoque l'absence d'intégration étroite et permanente des salariés mis à disposition de son entreprise d'en rapporter la preuve pour s'opposer à leur prise en compte dans le calcul de la masse salariale brute servant au calcul de la subvention de fonctionnement versée au comité d'entreprise (cass. soc. 9 juillet 2014, n° 13-17.470, précité, pour le comité d'entreprise d'une société fonctionnant en partie avec du personnel mis à disposition par les sociétés mères).

Doivent également être prises en compte les sommes versées à des journalistes pigistes déclarées comme salaires à l'administration fiscale et à l'URSSAF (cass. soc. 2 décembre 2008, n° 07-42.506, BC V n° 241). En revanche, la rémunération versée aux salariés temporaires n'a pas à être incluse dans la masse salariale brute de l'entreprise utilisatrice servant de base au calcul de la subvention de fonctionnement. En effet, aux termes de l'article L. 1251-24 CT, ces salariés ont accès, dans l'entreprise utilisatrice, dans les mêmes conditions que les salariés de cette entreprise, aux moyens de transport collectifs et aux installations collectives, notamment de restauration, et lorsque des dépenses supplémentaires incombent au comité d'entreprise, celles-ci lui sont remboursées suivant des modalités définies au contrat de mise à disposition (cass. soc. 10 mars 2010, n° 08-21.529, BC V n° 57; LS Bref n° 15570 du 17.03.2010; RJS 5/10 n° 477; Dr. Soc. 2010, p. 724, obs. L. Pécaut-Rivolier; JCP éd. S 2010, 1232, note J-Y Kerbourc'h).

Parmi les sommes versées par une société à une caisse de congés payés, celles qui servent à la rémunération des indemnités de congés payés doivent être incluses dans la masse salariale brute constituant l'assiette de la subvention de fonctionnement du comité d'entreprise (cass. soc. 10 octobre 1990, n° 89-11.377, BC V n° 449; RJS 11/90 n° 873; 23 septembre 1992, n° 89-16.039, BC V n° 475; Dr. Soc. 1992, p. 1006; voir aussi, sur ce point, la position de principe 1-87 du 16 février 1987 prise par le ministère des Affaires sociales et de l'Emploi concernant les sommes versées par les employeurs aux caisses de congés payés du bâtiment et des travaux publics, BO 87/13, p. 29; Dr. Ouvr. 1987, p. 462). Seule la part d'indemnité supportée par l'employeur à l'égard de salariés ayant accepté une convention de formation conversion entre dans le calcul de la masse salariale brute; il faut exclure des sommes versées à titre de garanties de ressources la part supportée par l'État (cass. soc. 6 avril 1994, n° 92-10.677, BC V n° 136; Dr. Soc. 1994, p. 566). En persistant, malgré les observations de l'inspection du travail, à exclure ces sommes de la masse salariale brute, un employeur commet le délit d'entrave (cass. crim. 12 février 1991, n° 88-84.266, B. crim. n° 70; RJS 4/91 n° 480; 19 mars 1991, n° 90-81.889, B. crim. n° 135; RJS 5/91 n° 601).

• **Versement.** L'employeur peut verser au début de l'année le montant total de la subvention mais il n'y est pas tenu. Il peut effectuer plusieurs versements étalés dans le temps, sous réserve toutefois qu'ils permettent d'assurer un fonctionnement normal du comité.

L'obligation légale et annuelle de versement de la subvention de fonctionnement à la charge de l'employeur n'est pas suspendue par la carence du comité d'entreprise constatée dans les conditions prévues à l'article L. 433-13 [L. 2324-8 ancien] CT et, même si l'obligation conjointe des délégués du personnel et du chef d'entreprise de gérer le budget de fonctionnement du comité d'entreprise n'est pas assurée, celui-ci reste créancier, en principe, de cette somme (cass. soc. 13 septembre 2005, n° 04-10.961, BC V n° 256; JCP éd. S 2005, 1300, note J-M Olivier; RJS 11/05 n° 1112).

• **Action en paiement.** Depuis l'intervention de la loi 2008-561 du 17 juin 2008 (JO 18), l'action en paiement de la subvention de fonctionnement se prescrit par cinq ans. Lorsque le non-versement de cette subvention ne résulte pas d'une résistance abusive de l'employeur, son seul versement, augmenté des intérêts légaux de retard, suffit à réparer le préjudice subi par le comité (cass. soc. 26 septembre 2007, n° 06-44.246, BC V n° 139).

L'employeur doit communiquer chaque année au comité d'entreprise les éléments (notamment le montant de la masse salariale brute) lui permettant de calculer le montant de la subvention de fonctionnement; à défaut, le délai de prescription ne court pas (cass. soc. 1er février 2011, n° 10-30.160, BC V n° 44; RJS 4/11 n° 342).

• **Paiement en cas de cession de l'entreprise.** Selon l'article L. 141-5 c. com., la vente d'un fonds de commerce ne transmet pas au cessionnaire les dettes du cédant et, si, selon l'article L. 435-5 CT, devenu l'article L. 2327-11 [ancien] CT, le comité mis en place dans le cadre d'un établissement cédé demeure en fonction, il n'en résulte pas que le nouvel employeur est tenu des dettes de l'ancien. Un comité d'établissement institué dans le cadre d'un fonds de commerce cédé, et demeuré en fonction en application de l'article L. 435-5 CT, devenu l'article L. 2327-11 [ancien] CT, n'est donc pas fondé à demander au nouvel employeur le paiement de la subvention de fonctionnement à laquelle il prétend avoir droit au titre d'années antérieures à l'acquisition du fonds de commerce (cass. soc. 28 mai 2008, n° 07-40.904, BC V n° 119; JSL n° 237, 15.07.2008, p. 21; RJS 8-9/08 n° 911).

• **Dispense de versement.** La subvention de fonctionnement n'est pas due si l'employeur fait déjà bénéficier le comité d'entreprise pour son fonctionnement d'une somme ou de moyens en personnel équivalant à 0,2 % de la masse salariale brute. Si le chef d'entreprise fait déjà bénéficier soit le comité d'entreprise, soit le comité central d'entreprise et les comités d'établissement de sommes ou de moyens en personnel qui ne sont pas affectés aux activités sociales et culturelles, c'est également au niveau de l'entreprise que sera calculé l'équivalent financier des moyens mis à la disposition des comités. Si ces moyens atteignent le montant de la subvention légale, l'employeur est dispensé de tout versement. Si les moyens en question n'atteignent pas un montant total de 0,2 %, il doit verser la différence. L'employeur qui, en plus de sa contribution aux activités sociales et culturelles, a fait chaque année bénéficier le comité d'entreprise d'une somme équivalente à 0,2 % de la masse salariale brute pour les besoins de fonctionnement a satisfait à ses obligations (cass. soc. 5 mars 1996, n° 94-15.438, RJS 4/96 n° 416).

L'employeur doit établir que cette somme et ces moyens sont équivalents au montant de la subvention. L'employeur ne peut, sous peine d'entrave, se refuser à fournir les justifications qui lui sont demandées (cass. crim. 26 novembre 1991, n° 90-84.546, RJS 3/92 n° 305; voir aussi cass. crim. 10 mars 1992, n° 91-81.177: il appartient à l'employeur de justifier de la valeur des services qu'il prétend imputer sur la subvention de fonctionnement).

Cette possibilité ne limite aucunement la liberté dont dispose le comité d'entreprise. Celui-ci peut donc décider de renoncer partiellement ou totalement aux avantages antérieurs et obtenir, en contrepartie, le versement de la subvention et avoir ainsi la maîtrise de sa gestion.

La disposition d'un protocole d'accord ayant pour effet de permettre la déduction par l'employeur de la subvention de fonctionnement du montant des salaires et charges du personnel mis par celui-ci à la disposition du comité, même pour des activités non couvertes par la subvention de fonctionnement, est illicite et contrevient aux dispositions d'ordre public de l'article L. 434-8 [L. 2325-43 ancien] (cass. soc. 26 septembre 1989, n° 87-20.096, BC V n° 538; Dr. Soc. 1990, p. 205).

L'employeur peut déduire de la subvention de fonctionnement la somme versée pour les besoins de fonctionnement administratif du comité (cass. soc. 5 octobre 1994, n° 92-18.840, RJS 11/94 n° 1280). L'employeur doit établir que cette somme et ces moyens ne sont alloués que pour les besoins de fonctionnement dudit comité autres que ceux qui sont nécessités par les activités sociales et culturelles (cass. crim. 4 octobre 1989, n° 88-86.163, B. crim. n° 341; Dr. Soc. 1990, p. 213; 2 octobre 1990, n° 88-84.621, RJS 12/90 n° 992; 11 février 1992, n° 90-87.500, B. crim. n° 68; RJS 10/92 n° 1120; cass. soc. 23 octobre 1991, n° 90-11.105, RJS 12/91 n° 1336). Voir aussi cass. soc. 10 juillet 2001, n° 99-19.588, BC V n° 259; RJS 10/01 n° 1155, précisant qu'est illicite l'accord ayant pour objet de déduire de la subvention de fonctionnement les salaires et charges du personnel mis à la disposition du comité, sans distinguer selon que ces sommes ou moyens en personnel étaient affectés aux activités sociales et culturelles ou au fonctionnement proprement dit du comité.

L'employeur ne peut déduire les frais engagés pour le fonctionnement du comité interentreprises créé pour la gestion des œuvres sociales communes (cass. soc. 21 septembre 1993, n° 91-12.214, RJS 11/93 n° 1114).

• **Utilisation.** Ont été déclarés coupables d'abus de confiance des membres d'un comité d'entreprise pour avoir fait prendre en charge par le budget de fonctionnement du comité leurs frais de voyage au Canada (cass. crim. 16 octobre 1997, n° 96-86.231, B. crim. n° 341; RJS 4/98 n° 486).

La délégation du personnel décide de l'utilisation de la subvention de fonctionnement allouée au comité d'entreprise pour la réalisation de ses attributions économiques et professionnelles et le chef d'entreprise ne prend pas part au vote (position de principe 2-87 du 9 avril 1987, BO 87/13, p. 33). Sur la question de savoir si les établissements comptant moins de 50 salariés qui n'ont pas de comité d'entreprise sont tenus d'inscrire à leur budget une somme correspondante au fonctionnement du conseil d'établissement prévu par la convention collective appliquée dans l'établissement, voir rép. QE 55110, JO AN 3 février 1986, p. 436.

• **Comité central d'entreprise.** Dans le cas d'entreprise à établissements multiples, cette subvention doit permettre le fonctionnement à la fois du comité central d'entreprise et des comités d'établissement.

Art. L. 2315-62

Statuant sur les modalités de répartition de la subvention de fonctionnement entre les comités d'établissement et le comité central d'entreprise, la chambre sociale de la Cour de cassation, dans un arrêt en date du 15 mai 2001, n° 99-10.127, BC V n° 172; RJS 7/01 n° 882, a décidé:
– que les comités d'établissement, qui sont dotés de la personnalité juridique et dont la composition et le fonctionnement sont calqués sur ceux du comité d'entreprise, doivent bénéficier d'une subvention de fonctionnement, de sorte qu'il appartient à l'employeur de verser le montant de la subvention à chaque comité d'établissement;
– que le comité central d'entreprise, ayant lui-même des frais de fonctionnement, et la loi ne lui accordant pas un droit propre, il est légitime que les comités d'établissement lui rétrocèdent une partie de leur subvention de fonctionnement;
– qu'aucun texte ne prévoit que le comité central d'entreprise a qualité pour répartir la subvention de fonctionnement entre les comités d'établissement;
– que lorsque les comités d'établissement n'ont pu trouver d'accord avec le comité central d'entreprise sur le montant de cette rétrocession, il appartient au juge judiciaire d'arbitrer le différend en fixant lui-même le montant de la rétrocession.

Statuant dans un litige analogue où l'employeur avait pratiqué un système de globalisation et de retenue à la source en servant la subvention au seul comité central d'entreprise, la chambre criminelle de la Cour de cassation a décidé à son tour que, lorsque l'entreprise comporte des établissements multiples, la subvention de fonctionnement doit être versée à chaque comité d'établissement et que tant l'abstention volontaire de verser cette subvention de 0,2 % que le refus de communiquer au comité d'établissement le montant de la masse salariale annuelle brute sur laquelle sont assises les subventions versées aux comités d'établissement sont constitutifs du délit d'entrave (cass. crim. 11 février 2003, n° 01-88.650, B. crim. n° 31; RJS 7/03 n° 905).

Les dirigeants d'une société ne sauraient être déclarés coupables du délit d'entrave au fonctionnement du comité d'entreprise pour avoir amputé le budget de fonctionnement du comité central d'entreprise de la masse salariale des établissements non dotés d'un comité d'établissement en imposant le calcul du budget de fonctionnement sur la masse salariale des seuls établissements dotés d'un comité d'établissement (cass. crim. 31 mars 1992, n° 90-83.938, B. crim. n° 134; RJS 10/92 n° 1121).

Pour répondre aux dispositions d'ordre public de l'article L. 434-8 [L. 2325-43 ancien] CT, un accord portant à la fois sur une répartition de la contribution patronale aux activités sociales et culturelles de l'entreprise entre le comité central d'entreprise et les différents comités d'établissement et sur les conditions dans lesquelles une partie des subventions de fonctionnement allouées aux comités d'établissement pourrait être reversée au comité central d'entreprise doit nécessairement opérer une distinction entre les sommes versées au titre de la contribution aux activités sociales et culturelles et celles versées au titre de la subvention de fonctionnement (cass. soc. 9 novembre 2005, n° 04-15.464, BC V n° 319; RJS 3/06 n° 362).

Solutions antérieures remises en cause par le nouveau texte

En son alinéa 5, l'article L. 2315-61 remet en cause deux solutions antérieures. D'une part, la jurisprudence qui interdisait au comité de financer des activités proprement syndicales (voir sur ce point cass. soc. 27 mars 2012, n° 11-10.825, BC V n° 109), d'autre part, la position de l'Administration qui considérait qu'il ne pouvait pas transférer au financement des activités sociales et culturelles tout ou partie d'un éventuel excédent restant sur son budget de fonctionnement (rép. QE 23279, JO Sén. 15 août 1985, p. 1571; voir aussi rép. QE 71243, JO AN 26 août 1985, p. 4042).

Art. R. 2315-31-1. ***(D. 2018-920 du 26 oct. 2018, art. 4, 1°, JO 28)*** L'excédent annuel du budget de fonctionnement peut être transféré au budget destiné aux activités sociales et culturelles conformément à l'article L. 2315-61, dans la limite de 10 % de cet excédent.

Cette somme et ses modalités d'utilisation sont inscrites, d'une part, dans les comptes annuels du comité social et économique ou, le cas échéant, dans les documents mentionnés à l'article L. 2315-65 et, d'autre part, dans le rapport mentionné à l'article L. 2315-69.

Art. L. 2315-62. Dans les entreprises comportant plusieurs comités sociaux et économiques d'établissement, le budget de fonctionnement du comité social et économique central est déterminé par accord entre le comité central et les comités d'établissement.

À défaut d'accord, les modalités de constitution du budget de fonctionnement du comité central sont déterminées par décret en Conseil d'État.

Art. R. 2315-32. À défaut d'accord entre le comité central et les comités d'établissement prévu à l'article L. 2315-62 et à défaut de stipulations dans la convention collective de branche, le ***(D. 2019-966 du 18 sept. 2019, art. 8, JO 19, entrée en vigueur le 01.01.2020)*** «tribunal judiciaire» fixe le montant de la subvention de fonctionnement que doit rétrocéder chaque comité d'établissement au comité central en vue de constituer le budget de fonctionnement de ce dernier.

Sous-section 8. Formation économique

Art. L. 2315-63. Dans les entreprises d'au moins cinquante salariés, les membres titulaires du comité social et économique élus pour la première fois bénéficient, dans les conditions et limites prévues à l'article L. 2145-11, d'un stage de formation économique d'une durée maximale de cinq jours. Le financement de la formation est pris en charge par le comité social et économique.

Cette formation est imputée sur la durée du congé de formation économique, sociale et syndicale prévu aux articles L. 2145-5 et suivants.

Note ***Nous rapportons ci-après les solutions dégagées par l'Administration et la jurisprudence à propos du comité d'entreprise en ce qu'elles ont en principe vocation à s'appliquer au comité social et économique.***

• En application de l'article L. 2325-44 [ancien] CT, le financement de la formation économique est à la charge du comité d'entreprise : il faut entendre, par frais de formation économique, les frais d'inscription, de formation et éventuellement ceux liés aux déplacements des représentants du personnel à cette occasion. En revanche, le salaire des membres du comité d'entreprise en formation économique est à la charge de l'employeur : en effet, le temps consacré à la formation qui est pris en application de l'article L. 434-10 [L. 2325-44 ancien] CT sur le temps de travail est rémunéré comme tel et ne s'impute pas sur le crédit d'heures alloué aux représentants du personnel pour exercer leurs fonctions (note rectificative du 22 septembre 1983 à la circulaire du 6 mai 1983 ; rép. QE 37063, JO AN 14 novembre 1983, p. 4856).

• Un salarié, membre du comité d'entreprise, n'ayant pas encore bénéficié du stage de formation économique, peut y prétendre, même à l'occasion d'un nouveau mandat (cass. soc. 5 mai 1993, n° 89-41.681, BC V n° 128 ; RJS 6/93 n° 624). La loi du 25 juillet 1994 prévoit un renouvellement possible de cette formation lorsque les membres titulaires du comité d'entreprise ont exercé leur mandat pendant quatre ans.

• S'agissant d'une salariée nouvellement élue titulaire d'un comité d'entreprise et travaillant 20 heures par semaine qui demande à bénéficier de cinq jours de formation économique, le ministère du Travail considère qu'il n'apparaît pas possible, en l'absence d'accord particulier conclu avec l'employeur, de laisser à la charge de ce dernier la rémunération du temps consacré à la formation qui, pendant ces cinq jours, excède la durée habituelle prévue par le contrat de travail à temps partiel (rép. QE 32465, JO AN 25 février 1991, p. 743). Voir aussi cass. soc. 15 juin 2010, n° 09-65.180, BC V n° 138 : un salarié participant, sur sa demande, à la formation économique ne pouvant prétendre à une rémunération supérieure à celle qu'il aurait perçue s'il ne l'avait pas suivie, un salarié à temps partiel n'a pas droit au paiement d'heures complémentaires pour les heures de formation dispensées en dehors de ses horaires habituels de travail.

• Sur les organismes qui peuvent être habilités à dispenser la formation économique aux membres titulaires du comité d'entreprise, voir circulaire n° 12 du 27 septembre 1983 relative à l'agrément des organismes de formation. À noter que les services de formation des entreprises ne peuvent être habilités à dispenser la formation économique prévue à cet article (rép. QE 37295, JO AN 19 décembre 1983, p. 5392).

Sous-section 9. Établissement et contrôle des comptes du comité social et économique

Art. L. 2315-64. I. – Le comité social et économique est soumis aux obligations comptables définies à l'article L. 123-12 du code de commerce. Ses comptes annuels sont établis selon les modalités définies par un règlement de l'Autorité des normes comptables.

II. – Le comité social et économique dont le nombre de salariés, les ressources annuelles et le total du bilan n'excèdent pas, à la clôture d'un exercice, pour au moins deux de ces trois critères, des seuils fixés par décret peut adopter une présentation simplifiée de ses comptes, selon des modalités fixées par un règlement de l'Autorité des normes comptables, et n'enregistrer ses créances et ses dettes qu'à la clôture de l'exercice.

Note Voir règlement 2015-2 du 2 avril 2015 de l'Autorité des normes comptables relatif aux documents comptables des comités d'entreprise, des comités centraux d'entreprise et des comités interentreprises relevant de l'article L. 2325-46 [ancien] CT, homologué par arrêté du 2 juin 2015 (JO 11) et applicable depuis le 1er janvier 2015, et qui reste applicable au CSE.

Art. D. 2315-33. Les seuils mentionnés au II de l'article L. 2315-64 permettant au comité social et économique d'adopter une présentation simplifiée de ses comptes et de n'enregistrer ses créances et ses dettes qu'à la clôture de l'exercice sont fixés :

1° À cinquante pour le nombre de salariés à la clôture d'un exercice ;

2° Au montant prévu au 2° de l'article R. 612-1 du code de commerce des ressources annuelles définies à l'article D. 2315-34 ;

3° Au montant du total du bilan prévu au 3° de l'article R. 612-1 du code de commerce.

Art. D. 2315-34. Pour l'appréciation du seuil mentionné au 2° de l'article D. 2315-33, les ressources annuelles sont égales au total :

1° Du montant de la subvention de fonctionnement prévue à l'article L. 2315-61 ;

2° Du montant des ressources mentionnées à l'article R. 2312-50, à l'exception des produits de cession d'immeubles pour les revenus mentionnés au 8° dudit article ;

3° Après déduction, le cas échéant, du montant versé au comité social et économique central ou au comité des activités sociales et culturelles interentreprises en vertu de la convention prévue respectivement aux articles D. 2326-7 et R. 2312-44.

Art. L. 2315-65. Par dérogation à l'article L. 2315-64, le comité social et économique dont les ressources annuelles n'excèdent pas un seuil fixé par décret peut s'acquitter de ses obligations comptables en tenant un livre retraçant chronologiquement les montants et l'origine des dépenses qu'il réalise et des recettes qu'il perçoit et en établissant, une fois par an, un état de synthèse simplifié portant sur des informations complémentaires relatives à son patrimoine et à ses engagements en cours. Le contenu et les modalités de présentation de cet état sont définis par un règlement de l'Autorité des normes comptables.

Art. D. 2315-35. Le seuil de ressources annuelles permettant au comité social et économique de s'acquitter de ses obligations comptables selon les modalités définies à l'article L. 2315-65 est celui fixé à l'article D. 612-5 du code de commerce.

Art. D. 2315-36. Pour l'appréciation du seuil mentionné à l'article D. 2315-35, les ressources annuelles sont égales au total :

1° Du montant de la subvention de fonctionnement prévue à l'article L. 2315-61 ;

2° Du montant des ressources mentionnées à l'article R. 2312-50, à l'exception des produits de cession d'immeubles pour les revenus mentionnés au 8° dudit article ;

3° Après déduction des ressources mentionnées aux 4° et 7° de l'article R. 2312-50 et, le cas échéant, du montant versé au comité social et économique central ou au comité interentreprises en vertu de la convention prévue respectivement aux articles D. 2326-7 et R. 2312-44.

Art. R. 2315-37. Les comptes annuels ou les documents mentionnés ***(D. 2018-920 du 26 oct. 2018, art. 4, 2°, JO 28)*** « à l'article L. 2315-65 » sont approuvés dans un délai de six mois à compter de la clôture de l'exercice.

Ce délai peut être prolongé à la demande du comité social et économique par ordonnance du président du ***(D. 2019-966 du 18 sept. 2019, art. 8, JO 19, entrée en vigueur le 01.01.2020)*** « tribunal judiciaire » statuant sur requête.

Art. L. 2315-66. Le comité social et économique fournit des informations sur les transactions significatives qu'il a effectuées. Ces informations sont fournies dans l'annexe à ses comptes, s'il s'agit d'un comité social et économique relevant de l'article L. 2315-64, ou dans le rapport mentionné à l'article L. 2315-69, s'il s'agit d'un comité social et économique relevant de l'article L. 2315-65.

Art. L. 2315-67. Lorsque l'ensemble constitué par le comité social et économique et les entités qu'il contrôle, au sens de l'article L. 233-16 du code de commerce, dépasse, pour au moins deux des trois critères mentionnés au II de l'article L. 2315-64 du présent code, des seuils fixés par décret, le comité social et économique établit des comptes consolidés, dans les conditions prévues à l'article L. 233-18 du code de commerce.

Les prescriptions comptables relatives à ces comptes consolidés sont fixées par un règlement de l'Autorité des normes comptables.

Art. D. 2315-40. Pour la consolidation, la certification et l'intervention d'un expert-comptable prévues respectivement aux articles L. 2315-67, L. 2315-73 et L. 2315-76, les seuils sont ainsi fixés :

	SEUILS		
	Effectif de salariés	**Ressources annuelles définies à l'article D. 2315-33**	**Total du bilan**
Consolidation des comptes	50	Montant prévu au 2° de l'article R. 612-1 du code de commerce	Montant prévu au 3° de l'article R. 612-1 du code de commerce
Certification des comptes	50	Montant prévu au 2° de l'article R. 612-1 du code de commerce	Montant prévu au 3° de l'article R. 612-1 du code de commerce
Intervention de l'expert-comptable	50	Montant prévu au 2° de l'article R. 612-1 du code de commerce	Montant prévu au 3° de l'article R. 612-1 du code de commerce

L'effectif de salariés du comité social et économique s'apprécie à la clôture d'un exercice.

Art. L. 2315-68. Les comptes annuels du comité social et économique sont arrêtés, selon des modalités prévues par son règlement intérieur, par des membres élus du comité social et économique désignés par lui et au sein de ses membres élus.

Les documents ainsi arrêtés sont mis à la disposition, le cas échéant, du ou des commissaires aux comptes mentionnés à l'article L. 2315-73.

Ils sont approuvés par les membres élus du comité réunis en séance plénière. La réunion au cours de laquelle les comptes sont approuvés porte sur ce seul sujet. Elle fait l'objet d'un procès-verbal spécifique.

Le présent article s'applique également aux documents mentionnés à l'article L. 2315-65.

Art. L. 2315-69. Le comité social et économique établit, selon des modalités prévues par son règlement intérieur, un rapport présentant des informations qualitatives sur ses activités et sur sa gestion financière, de nature à éclairer l'analyse des comptes par les membres élus du comité et les salariés de l'entreprise.

Lorsque le comité social et économique établit des comptes consolidés, le rapport porte sur l'ensemble constitué par le comité social et économique et les entités qu'il contrôle, mentionnées à l'article L. 2315-67.

Le contenu du rapport, déterminé par décret, varie selon que le comité social et économique relève des I ou II de l'article L. 2315-64 ou de l'article L. 2315-65.

Ce rapport est présenté aux membres élus du comité social et économique lors de la réunion en séance plénière mentionnée à l'article L. 2315-68.

Art. D. 2315-38. I. – Pour les comités sociaux et économiques relevant de l'article L. 2315-64, le rapport mentionné à l'article L. 2315-69 permettant d'éclairer l'analyse des comptes comporte les informations relatives à :

1° L'organisation du comité : nombre de sièges légal ou conventionnel, nombre d'élus, et, le cas échéant, effectif de salariés du comité, nombre et nature des commissions du comité, organigramme des services du comité ;

2° L'utilisation de la subvention de fonctionnement :

a) Les activités d'expertise et les missions économiques : honoraires des experts rémunérés par le comité, rémunération des salariés du comité, frais de déplacement, frais de documentation ;

b) Les dépenses relatives à la formation économique des élus : frais de formation, de transport et d'hébergement ;

c) Les dépenses de communication avec les salariés de l'entreprise ;

d) Les autres frais de fonctionnement ;

e) Le montant éventuellement versé au comité social et économique central.

3° L'utilisation des ressources liées aux activités sociales et culturelles :

a) Le descriptif et lieu de réalisation de ces activités en distinguant, le cas échéant, celles gérées directement par le comité, celles à la gestion desquelles il participe, et celles dont il a délégué la gestion ; dans ces deux derniers cas, sont précisés le montant délégué par le comité et le prestataire auquel il a été fait appel ;

b) Les éléments d'analyse portant sur les écarts entre le budget prévisionnel et le budget réalisé ;

c) Les données afférentes aux diverses prestations proposées au titre des activités et à leurs bénéficiaires ;

4° La description et l'évaluation du patrimoine ;

5° Les engagements en cours et les transactions significatives.

II. – Pour les comités sociaux et économiques relevant du L. 2315-65, le rapport comporte les informations prévues aux 1°, 2° et c du 3° du I. Le rapport contient également :

1° L'état de synthèse simplifié de ses ressources et dépenses reprenant les informations figurant dans un modèle établi par l'Autorité des normes comptables ;

2° L'état de synthèse simplifié relatif à son patrimoine et à ses engagements défini par un règlement de l'Autorité des normes comptables ;

3° Les informations relatives aux transactions significatives qu'il a effectuées.

Art. L. 2315-70. Le trésorier du comité social et économique ou, le cas échéant, le commissaire aux comptes présente un rapport sur les conventions passées, directement, indirectement ou par personne interposée, entre le comité social et économique et l'un de ses membres.

Ce rapport est présenté aux membres élus du comité social et économique lors de la réunion en séance plénière mentionnée au troisième alinéa de l'article L. 2315-68.

Art. L. 2315-71. Au plus tard trois jours avant la réunion en séance plénière mentionnée ***(Ord. 2017-1718 du 20 déc. 2017, art. 1er, I, 95°, JO 21)*** « au troisième alinéa » de l'article L. 2315-68, les membres du comité social et économique chargés d'arrêter les comptes du comité communiquent aux membres du comité social et économique les comptes annuels ou, le cas échéant, les documents mentionnés à l'article L. 2315-65, accompagnés du rapport mentionné à l'article L. 2315-69.

Art. L. 2315-72. Le comité social et économique porte à la connaissance des salariés de l'entreprise, par tout moyen, ses comptes annuels ou, le cas échéant, les documents mentionnés à l'article L. 2315-65, accompagnés du rapport mentionné à l'article L. 2315-69.

Art. L. 2315-73. Lorsque le comité social et économique dépasse, pour au moins deux des trois critères mentionnés au II de l'article L. 2315-64, des seuils fixés par décret, il est tenu de nommer au moins un commissaire aux comptes et un suppléant, distincts de ceux de l'entreprise.

Le comité social et économique tenu d'établir des comptes consolidés nomme deux commissaires aux comptes en application de l'article L. 823-2 du code de commerce.

Le coût de la certification des comptes est pris en charge par le comité social et économique sur sa subvention de fonctionnement.

Art. L. 2315-74. Lorsque le commissaire aux comptes du comité social et économique relève, à l'occasion de l'exercice de sa mission, des faits de nature à compromettre la continuité de l'exploitation du comité social et économique, il en informe le secrétaire et le président du comité social et économique, dans des conditions fixées par décret en Conseil d'État.

À défaut de réponse du secrétaire du comité social et économique dans un délai fixé par décret en Conseil d'État ou si cette réponse ne lui permet pas d'être assuré de la continuité de l'exploitation du comité social et économique, le commissaire aux comptes établit un rapport spécial et invite l'employeur, par un document écrit dont la copie est transmise au président du ***(Ord. 2019-964 du 18 sept. 2019, art. 35, JO 19, entrée en vigueur le 01.01.2020)*** «tribunal judiciaire» compétent et aux membres du comité social et économique, à réunir le comité afin que ce dernier délibère sur les faits relevés. Le commissaire aux comptes est convoqué à cette réunion, qui se tient dans des conditions et délais fixés par décret en Conseil d'État.

En l'absence de réunion du comité social et économique dans le délai prévu au deuxième alinéa du présent article, en l'absence de convocation du commissaire aux comptes ou si, à l'issue de la réunion du comité social et économique, le commissaire aux comptes constate que les décisions prises ne permettent pas d'assurer la continuité de l'exploitation, il informe de ses démarches le président du ***(Ord. 2019-964 du 18 sept. 2019, art. 35, JO 19, entrée en vigueur le 01.01.2020)*** «tribunal judiciaire» et lui en communique les résultats. Le I de l'article L. 611-2 du code de commerce est applicable, dans les mêmes conditions, au comité social et économique. Pour l'application du présent article, le président du ***(Ord. 2019-964 du 18 sept. 2019, art. 35, JO 19, entrée en vigueur le 01.01.2020)*** «tribunal judiciaire» est compétent et il exerce les mêmes pouvoirs que ceux qui sont attribués au président du tribunal de commerce.

Dans un délai de six mois à compter du déclenchement de la procédure d'alerte, le commissaire aux comptes peut reprendre le cours de la procédure au point où il avait estimé pouvoir y mettre un terme lorsque, en dépit des éléments ayant motivé son appréciation, la continuité de l'exploitation du comité social et économique demeure compromise et que l'urgence commande l'adoption de mesures immédiates.

Le présent article n'est pas applicable lorsqu'une procédure de conciliation ou de sauvegarde a été engagée par le débiteur en application des articles L. 611-6 ou L. 620-1 du code de commerce.

Art. R. 2315-41. L'information prévue au premier alinéa de l'article L. 2315-74 porte sur tout fait de nature à compromettre la continuité de l'exploitation du comité social et économique que le commissaire aux comptes relève lors de l'examen des documents qui lui sont communiqués ou sur tout fait dont il a connaissance à l'occasion de l'exercice de sa mission. Cette information est adressée sans délai au secrétaire et au président du comité social et économique par tout moyen propre à donner date certaine à sa réception.

Art. R. 2315-42. Le secrétaire du comité social et économique répond par tout moyen propre à donner date certaine à la réception de sa réponse dans les trente jours qui suivent la réception de l'information mentionnée à l'article R. 2315-41. Il donne une analyse de la situation et précise, le cas échéant, les mesures envisagées.

Art. R. 2315-43. L'invitation par le commissaire aux comptes à réunir le comité social et économique dans les cas prévus au deuxième alinéa de l'article L. 2315-74 est adressée à l'employeur par tout moyen propre à donner date certaine à la réception de cette invitation, dans les huit jours qui suivent la réception de la réponse du secrétaire du comité ou la constatation de l'absence de réponse dans le délai prévu à l'article R. 2315-42. Cette invitation est accompagnée du rapport spécial du commissaire aux comptes. Le commissaire aux comptes adresse sans délai une copie de ces documents aux membres du comité social et économique et au président du tribunal.

L'employeur réunit le comité social et économique dans les quinze jours qui suivent la réception de l'invitation du commissaire aux comptes en vue de le faire délibérer sur les faits relevés. Le commissaire aux comptes est convoqué à cette réunion dans les mêmes conditions que les membres du comité.

Un extrait du procès-verbal de la réunion est adressé au président du tribunal et au commissaire aux comptes, par tout moyen propre à donner date certaine à sa réception, dans les huit jours qui suivent la réunion du comité.

Art. R. 2315-44. Dans les cas prévus au troisième alinéa de l'article L. 2315-74, le commissaire aux comptes informe sans délai de ses démarches le président du tribunal par tout moyen propre à donner date certaine à la réception de cette information. Celle-ci comporte la copie de tous les documents utiles à l'information du président du tribunal ainsi que, lorsque le commissaire aux comptes a eu connaissance de l'existence et de la teneur d'une réunion du comité social et économique, l'exposé des raisons qui l'ont conduit à constater l'insuffisance des décisions prises par le comité.

Art. L. 2315-75. Les comptes annuels et, le cas échéant, les documents mentionnés à l'article L. 2315-65, ainsi que les pièces justificatives qui s'y rapportent, sont conservés pendant dix ans à compter de la date de clôture de l'exercice auquel ils se rapportent.

Art. L. 2315-76. Le comité social et économique dont les ressources annuelles excèdent le seuil prévu à l'article L. 2315-65 et qui n'excèdent pas, pour au moins deux des trois critères mentionnés au II de l'article L. 2315-64, des seuils fixés par décret confie la mission de présentation de ses comptes annuels à un expert-comptable.

Le coût de la mission de présentation de ses comptes est pris en charge par le comité social et économique sur sa subvention de fonctionnement.

Art. L. 2315-77. Pour l'application de la présente section, la définition des ressources annuelles pour l'appréciation des seuils mentionnés au II de l'article L. 2315-64 et à l'article L. 2315-65 est précisée par décret.

Art. R. 2315-39. Les membres du comité social et économique sortant rendent compte au nouveau comité de leur gestion, y compris des attributions économiques et des activités sociales et culturelles du comité. Ils remettent aux nouveaux membres tous documents concernant l'administration et l'activité du comité.

Sous-section 10. Expertise

Note Voir chron. P-Y Verkindt, «Quelle place pour l'expertise et les experts dans la représentation du personnel après les réformes de l'automne 2017 et du printemps 2018 ?», RJS 12/18, p. 847.

§ 1. Dispositions générales

Sous-§ 1. Champ de l'expertise

Art. L. 2315-78. Le comité social et économique peut, le cas échéant sur proposition des commissions constituées en son sein, décider de recourir à un ***(Ord. 2017-1718 du 20 déc. 2017, art. 1er, I, 96°, JO 21)*** «expert-comptable ou à un expert habilité» dans les cas prévus à la présente sous-section.

Art. L. 2315-79. Un accord d'entreprise, ou à défaut un accord conclu entre l'employeur et le comité social et économique, adopté à la majorité des membres titulaires élus de la délégation du personnel, détermine le nombre d'expertises dans le cadre des consultations récurrentes prévues au paragraphe 2 sur une ou plusieurs années.

Sous-§ 2. Financement

Art. L. 2315-80. Lorsque le comité social et économique décide du recours à l'expertise, les frais d'expertise sont pris en charge:

1° Par l'employeur concernant les consultations prévues par les articles L. 2315-88, L. 2315-91, au 3° de l'article L. 2315-92 et au 1° de l'article ***(L. 2018-217 du 29 mars 2018, art. 6, 18°, JO 31)*** «L. 2315-94 ainsi qu'au 3° du même article L. 2315-94 en l'absence de tout indicateur relatif à l'égalité professionnelle prévu à l'article L. 2312-18»;

2° Par le comité, sur son budget de fonctionnement, à hauteur de 20 %, et par l'employeur, à hauteur de 80 %, concernant la consultation prévue à l'article L. 2315-87 et les consultations ponctuelles hors celles visées au deuxième alinéa;

Art. L. 2315-81

(L. 2018-217 du 29 mars 2018, art. 6, 18°, JO 31) «3° Par l'employeur concernant les consultations mentionnées au 2° du présent article, lorsque le budget de fonctionnement du comité social et économique est insuffisant pour couvrir le coût de l'expertise et n'a pas donné lieu à un transfert d'excédent annuel au budget destiné aux activités sociales et culturelles prévu à l'article L. 2312-84 au cours des trois années précédentes.»

Note Sur les solutions dégagées par la jurisprudence à propos de la prise en charge des frais d'une expertise décidée par le comité d'entreprise ou le CHSCT, voir note sous article L. 2315-86.

Art. L. 2315-81. ***(Ord. 2017-1718 du 20 déc. 2017, art. 1er, I, 97°, JO 21)*** «Par dérogation aux articles L. 2315-78 et L. 2315-80, le comité» social et économique peut faire appel à ***(Ord. 2017-1718 du 20 déc. 2017, art. 1er, I, 97°, JO 21)*** «tout type d'expertise» rémunérée par ses soins pour la préparation de ses travaux.

Sous-§ 3. Choix de l'expert

Art. L. 2315-81-1. À compter de la désignation de l'expert par le comité social et économique, les membres du comité établissent ***(Ord. 2017-1718 du 20 déc. 2017, art. 1er, I, 98°, JO 21)*** «au besoin et notifient à l'employeur» un cahier des charges. L'expert notifie à l'employeur le coût prévisionnel, l'étendue et la durée d'expertise, dans un délai fixé par décret en Conseil d'État.

Sous-§ 4. Droits et obligations de l'expert

Art. L. 2315-82. Les experts mentionnés aux paragraphes 2 et 3 ont libre accès dans l'entreprise pour les besoins de leur mission.

Art. L. 2315-83. L'employeur fournit à l'expert les informations nécessaires à l'exercice de sa mission.

Note ***Nous rapportons ci-après la solution dégagée par la jurisprudence à propos de l'expert agréé auquel pouvait avoir recours le CHSCT et ayant vocation à s'appliquer au comité social et économique.***

L'expert agréé du CHSCT n'était pas tenu au secret médical. En conséquence de quoi, un directeur de centre hospitalier avait pu lui refuser certains accès au nom de ce secret médical (cass. soc. 20 avril 2017, n° 15-27.927, BC V n° 62; JCP éd. S 2017, 1175, note L. Dauxerre; JSL n° 433, 12.06.2017, pp. 15 et s., S. Truong; RJS 7/17 n° 499).

À noter: cette solution est à notre sens transposable à l'expert habilité auquel peut avoir recours le CSE (voir art. L. 2315-94 CT).

Art. L. 2315-84. L'expert est tenu aux obligations de secret et de discrétion définies à l'article L. 2315-3.

Art. R. 2315-45. L'expert demande à l'employeur, au plus tard dans les trois jours de sa désignation, toutes les informations complémentaires qu'il juge nécessaires à la réalisation de sa mission. L'employeur répond à cette demande dans les cinq jours.

Note *Covid-19.* Voir décret 2020-508 du 2 mai 2020, JO 3, applicabilité aux délais commençant à courir entre le 3 mai et le 23 août 2020.

Art. R. 2315-46. L'expert notifie à l'employeur le coût prévisionnel, l'étendue et la durée d'expertise dans un délai de dix jours à compter de sa désignation.

Note *Covid-19.* Voir décret 2020-508 du 2 mai 2020, JO 3, applicabilité aux délais commençant à courir entre le 3 mai et le 23 août 2020.

Sous-§ 5. Délai d'expertise

Art. L. 2315-85. Un décret en Conseil d'État détermine:

1° Pour chaque catégorie d'expertise, le délai maximal dans lequel l'expert remet son rapport ***(L. 2018-217 du 29 mars 2018, art. 6, 19°, JO 31)*** «, en l'absence d'accord d'entreprise ou d'accord conclu entre l'employeur et le comité social et économique, adopté à la majorité des membres titulaires de la délégation du personnel du comité, le définissant»;

2° Les modalités et conditions de réalisation de l'expertise, lorsqu'elle porte sur plusieurs champs.

Art. R. 2315-47. L'expert remet son rapport au plus tard quinze jours avant l'expiration des délais de consultation du comité social et économique mentionnés aux second et troisième alinéas de l'article R. 2312-6.

Lorsque le comité social et économique recourt à un expert-comptable dans le cas prévu au 1° de l'article L. 2315-92, l'expert remet son rapport dans un délai de huit jours à compter de la notification de la décision de l'Autorité de la concurrence ou de la Commission européenne saisie du dossier.

À défaut d'accord d'entreprise ou d'accord entre l'employeur et le comité social et économique, adopté à la majorité des membres titulaires élus de la délégation du personnel, lorsque le comité recourt à une expertise en dehors des cas prévus au premier et au second alinéas du présent article, l'expert remet son rapport dans un délai de deux mois à compter de sa désignation. Ce délai peut être renouvelé une fois pour une durée maximale de deux mois, par accord entre l'employeur et le comité social et économique, adopté à la majorité des membres titulaires élus de la délégation du personnel.

Note *Covid-19.* Voir décret 2020-508 du 2 mai 2020, JO 3, applicabilité aux délais commençant à courir entre le 3 mai et le 23 août 2020.

Art. R. 2315-48. Lorsque l'expertise prévue au 2° de l'article L. 2315-85, porte sur plusieurs champs, elle donne lieu à l'établissement d'un rapport d'expertise unique.

L'expert désigné par le comité social et économique peut s'adjoindre la compétence d'un ou plusieurs autres experts sur une partie des travaux que nécessite l'expertise.

L'expert désigné vérifie alors que ces derniers disposent des compétences nécessaires au bon déroulement de la mission d'expertise ou, le cas échéant, de l'habilitation prévue à l'article ***(D. 2018-920 du 26 oct. 2018, art. 4, 3°, JO 28)*** « L. 2315-94 ».

Sous-§ 6. Contestation

Art. L. 2315-86. Sauf dans le cas prévu à l'article L. 1233-35-1, l'employeur saisit le juge judiciaire dans un délai fixé par décret en Conseil d'État de :

1° La délibération du comité social et économique décidant le recours à l'expertise s'il entend contester la nécessité de l'expertise ;

2° La désignation de l'expert par le comité social et économique s'il entend contester le choix de l'expert ;

3° La notification à l'employeur du cahier des charges et des informations prévues à l'article L. 2315-81-1 s'il entend contester le coût prévisionnel, l'étendue ou la durée de l'expertise ;

4° La notification à l'employeur du coût final de l'expertise s'il entend contester ce coût.

Le juge statue ***(Ord. 2019-738 du 17 juil. 2019, art. 15, JO 18)*** « , dans les cas 1° à 3°, suivant la procédure accélérée au fond » dans les dix jours suivant sa saisine. Cette saisine suspend l'exécution de la décision du comité, ainsi que les délais dans lesquels il est consulté en application de l'article L. 2312-15, jusqu'à la notification du jugement. ***(Ord. 2019-738 du 17 juil. 2019, art. 15, JO 18)*** « Cette décision n'est pas susceptible d'appel. »

(Ord. 2017-1718 du 20 déc. 2017, art. 1er, I, 99°, JO 21) « En cas d'annulation définitive par le juge de la délibération du comité social et économique, les sommes perçues par l'expert sont remboursées par ce dernier à l'employeur. Le comité social et économique peut, à tout moment, décider de les prendre en charge. »

Note Les dispositions de cet article, dans sa rédaction issue de l'ordonnance 2019-738 précitée, s'appliquent aux demandes introduites depuis le 1er janvier 2020 (ordonnance précitée, art. 30).

Nous rapportons ci-après les solutions dégagées par l'Administration et la jurisprudence à propos du comité d'entreprise en ce qu'elles ont en principe vocation à s'appliquer au comité social et économique.

• Il est toujours possible, pour l'une des parties, en cas de contestation du niveau des honoraires d'un expert-comptable, de saisir pour arbitrage, au titre de l'article 18 du code des devoirs professionnels de la profession d'expert-comptable, le président du conseil régional de l'Ordre (rép. QE 72915, JO AN 9 décembre 1985, p. 5662).

• Il résulte des articles L. 434-6, al. 6 et R. 442-19, al. 5, devenus L. 2325-40 [ancien] et D. 3323-14 CT, que l'expert-comptable désigné par le comité d'entreprise en vue de l'assister pour l'examen du rapport annuel relatif à la réserve spéciale de participation est rémunéré par l'employeur (cass. soc. 28 janvier 2009, n° 07-18.284, BC V n° 28 ; JSL n° 251, 10.03.2009, p. 24 ; RJS 4/09 n° 388 ; JCP éd. S 2009, 1192, note J-Y Kerbourc'h).

• Sur le refus de l'employeur, constitutif d'entrave, de laisser l'expert-comptable exercer sa mission (examen annuel des comptes) et de payer ses honoraires, voir cass. crim. 13 février 1990, n° 89-81.592, Dr. Soc. 1991, p. 52.

• La participation à une réunion préparatoire entre dans la mission de l'expert-comptable ; ce dernier doit donc être rémunéré de ses honoraires et des frais relatifs à une telle réunion (cass. soc. 8 novembre 1994, n° 92-11.443, BC V n° 298 ; Dr. Soc. 1995, p. 73).

• Les juges du fond disposent d'un pouvoir souverain pour apprécier les honoraires de l'expert-comptable que devra supporter l'employeur s'ils constatent que l'expert s'est livré à des investigations dépassant le cadre de sa mission (cass. soc. 21 octobre 1998, n° 97-10.058, RJS 12/98 n° 1503). Le montant des honoraires réclamés par l'expert-comptable désigné par le comité d'entreprise ne peut être réduit aux motifs que ce dernier n'a été désigné que pour assister le comité dans l'examen du bilan de l'entreprise (cass. soc. 21 février 1996, n° 93-16.474, BC V n° 62; RJS 4/96 n° 415). En revanche, les juges du fond pourront réduire les honoraires en raison de la possession par l'expert de données d'appréciation déjà acquises en raison de missions effectuées dans le cadre d'exercices antérieurs (cass. soc. 24 octobre 2012, n° 11-24.595) ou pour le compte du comité central d'entreprise (cass. soc. 8 mars 2017, n° 15-22.882, RJS 5/17 n° 341).

La mission confiée par un comité d'entreprise à une société d'expertise comptable ayant permis de donner au comité les éléments nécessaires à l'intelligence des comptes, une cour d'appel dispose d'un pouvoir souverain d'appréciation et peut ainsi refuser de réduire les honoraires réclamés par la société d'expertise comptable, comme le demandait l'employeur (cass. soc. 10 juillet 1995, n° 92-17.010, Dr. Soc. 1995, p. 935).

Relève de la mission de l'expert-comptable l'étude de la structure des rémunérations du personnel destinée à fournir au comité des explications cohérentes sur la situation de l'entreprise (cass. soc. 10 janvier 2012, n° 10-21.270, BC V n° 4).

• À noter que la mission de l'expert-comptable n'a pas un caractère permanent; elle est alignée sur les prérogatives du comité d'entreprise qui commencent avec la communication des comptes et s'achèvent avec la réunion consacrée à l'examen des comptes de l'exercice. La désignation d'un expert-comptable intervenue après l'approbation des comptes est donc tardive et la rémunération de l'expert n'a pas à être supportée par l'employeur (cass. soc. 13 janvier 1999, n° 96-22.477, JSL n° 31, 2.03.1999, p. 11).

Nous rapportons ci-après les solutions dégagées par la jurisprudence à propos du CHSCT et ayant vocation à s'appliquer au comité social et économique.

• **À noter:** compte tenu de la similarité des articles L. 2315-86 CT et L. 4614-13 ancien CT, les solutions jurisprudentielles rapportées ci-après sont à notre sens transposables au CSE qui recourt à un expert habilité (voir art. L. 2315-94 CT).

Nécessité de l'expertise. La contestation de l'employeur sur la nécessité de l'expertise ne peut concerner que le point de savoir si le projet litigieux est un projet important modifiant les conditions d'hygiène et de sécurité ou les conditions de travail (cass. soc. 26 juin 2001, n° 99-16.096, BC V n° 231, arrêt n° 1; RJS 10/01 n° 1150, 1re espèce). La saisine du CHSCT par l'employeur pour consultation ne fait pas obstacle à la contestation par ce dernier de la décision du CHSCT de recourir à une mesure d'expertise et l'appréciation de la nécessité de cette expertise relève du pouvoir souverain des juges du fond (cass. soc. 25 juin 2003, n° 01-13.826, BC V n° 211; RJS 10/03 n° 1177).

Choix de l'expert. Sauf abus manifeste, le juge n'a pas à contrôler le choix de l'expert auquel le CHSCT a décidé de faire appel (cass. soc. 26 juin 2001, n° 99-11.563, BC V n° 231, arrêt n° 2; RJS 10/01 n° 1150, 2e espèce).

Coût final. Le juge peut, après expertise, procéder à une réduction du montant des honoraires de l'expert au vu du travail effectivement réalisé par ce dernier (cass. soc. 15 janvier 2013, n° 11-19.640, BC V n° 11; RJS 3/13 n° 210; RDT, mai 2013, CH, 347, F. Signoretto).

Frais de l'expertise. Bien que le législateur ait mis fin, avec la loi 2016-1088 du 8 août 2016, à l'inconstitutionnalité de l'ancien dispositif de contestation d'une expertise diligentée par le CHSCT (C. constit. 27 novembre 2015, n° 2015-500 QPC, JO 29), les dispositions de l'article L. 4614-13 [ancien] conduisant à faire supporter les frais d'expertise par l'employeur y compris lorsque l'expert avait accompli sa mission avant l'annulation par le juge judiciaire de la délibération du comité sont demeurées applicables jusqu'au 1er janvier 2017, date fixée par le Conseil constitutionnel pour leur abrogation (cass. soc. 15 mars 2016, n° 14-16.242, BC V n° 47; D. 2016, 864, note P-Y Gahdoun; JSL n° 408, 27.04.2016, pp. 11 et s., obs. J-Ph. Lhernould; JCP éd. S 2016, 1199, note J-B Cottin; RDT, juillet/août 2016, CH, 499, Fr. Guiomard). Dans le même sens, voir aussi cass. soc. 31 mai 2017, n° 16-16.949, BC V n° 96; JCP éd. S 2017, 1215, note L. Dauxerre; JSL n° 436, 31.07.2017, pp. 8 et s., H. Tissandier; RJS 8-9/17 n° 593.

Il a également été jugé que les dispositions de l'article L. 4614-13 [ancien] CT dans sa rédaction issue de l'article 31 de la loi 2016-1088 du 8 août 2016, selon lesquelles lorsque l'employeur qui conteste la décision du CHSCT de recourir à une expertise obtient l'annulation définitive de cette décision, les sommes perçues par l'expert sont remboursées par ce dernier à l'employeur, s'appliquent aux frais de l'expertise mise en œuvre en vertu d'une délibération contestée judiciairement, postérieurement à l'entrée en vigueur de l'article 31 de la loi du 8 août 2016 (cass. soc. 25 septembre 2019, n° 18-16.323, à paraître, JCP éd. S 2019, 1301, note L. Dauxerre).

La Cour de cassation avait par ailleurs considéré, au visa de l'article L. 4614-13 [ancien] CT dans sa rédaction antérieure à la loi 2016-1088 précitée, que l'expert ne disposait d'aucune possibilité effective de recouvrement de ses honoraires contre le comité qui l'avait désigné, faute de budget pouvant permettre cette prise en charge (cass. soc. 15 mai 2013, n° 11-24.218, BC V n° 125; LS Jurispr. n° 98 du 28.05.2013; RJS 7/13 n° 546).

Décision du juge. L'obligation faite au juge par l'article L. 4614-13 CT dans sa rédaction issue de la loi 2016-1088 du 8 août 2016, alors applicable, de statuer dans le délai de dix jours suivant sa saisine n'est pas prescrite à peine de nullité de l'ordonnance (cass. soc. 6 juin 2018, n° 16-28.026, JSL n° 458, 31.07.2018, pp. 11 et s., H. Nasom-Tissandier).

• Il avait également été jugé que:
– l'employeur devait supporter le coût de l'expertise qu'il prévoyait et celui de sa contestation dès lors qu'aucun abus du CHSCT n'était établi (cass. soc. 20 juin 2018, n° 17-17.350); il incombait au juge de fixer le montant des frais et honoraires d'avocat, exposés par le CHSCT, qui seraient mis à la charge de l'employeur en application de l'article L. 4614-13 [ancien] CT, au regard des diligences accomplies (cass. soc. 22 février 2017, n° 15-10.548, BC V n° 24; LS Jurispr. n° 50 du 14.03.2017; JCP éd. S 2017, 1119, note P-Y Verkindt; JSL n° 431, 16.05.2017, pp. 22 et s., J-B Cottin; RJS 5/17 n° 346. Dans le même sens, voir cass. soc. 21 juin 2017, n° 15-27.506, LSQ n° 17355 du 28.06.2017; RJS 10/17 n° 681 et cass. soc. 12 avril 2018, n° 16-27.866, JCP éd. S 2018, 1187, note L. Dauxerre; RJS 7/18 n° 487);
– en cas de contentieux entre un employeur et un cabinet d'experts, les frais liés à ce contentieux (ex.: frais d'avocat) étaient à la charge de la partie qui perdait le procès (cass. soc. 26 juin 2001, n° 99-16.096, BC V n° 231; RJS 10/01 n° 1150, 1re espèce; 15 janvier 2013, n° 11-19.640, précité);
– si, avec la loi 2016-1088 du 8 août 2016, la saisine du juge suspendait l'exécution de la décision du CHSCT ou de l'instance de coordination des CHSCT, avant cette loi, il avait été jugé que, tenu de respecter un délai qui courait de sa désignation, pour exécuter la mesure d'expertise, l'expert ne manquait pas à ses obligations en accomplissant sa mission avant qu'une cour d'appel se soit prononcée sur le recours formé contre une décision rejetant une demande d'annulation du recours à un expert (cass. soc. 15 mai 2013, n° 11-24.218, BC V n° 125; RJS 7/13 n° 546).

Art. R. 2315-49. Pour chacun des cas de recours prévus à l'article L. 2315-86, l'employeur saisit le juge dans un délai de dix jours.

Note • *Covid-19.* Voir décret 2020-508 du 2 mai 2020, JO 3, applicabilité aux délais commençant à courir entre le 3 mai et le 23 août 2020.

• Nous rapportons ci-après les solutions dégagées par la jurisprudence à propos des délais applicables en cas de contestation par l'employeur d'une expertise décidée par le CHSCT en ce qu'elles ont en principe vocation à s'appliquer au comité social et économique.

Compte tenu des articles L. 4614-13 et L. 4614-13-1 [anciens] CT dans leur rédaction issue de la loi 2016-1088 du 8 août 2016, interprétés à la lumière de l'article 6, § 1, de la Convention de sauvegarde des droits de l'homme et des libertés fondamentales, le délai de quinze jours pour contester le coût prévisionnel de l'expertise ne courait qu'à compter du jour où l'employeur en avait été informé, lequel ne correspondait pas nécessairement à la date de la délibération du CHSCT quand elle ne fixait pas ce coût (cass. soc. 28 mars 2018, n° 16-28.561, BC V n° 60; LSQ n° 17547 du 09.04.2018; JCP éd. S 2018, 1168, note L. Dauxerre; RJS 6/18 n° 429, 1re espèce; Dr. Soc. 2018, p. 574, act. J. Mouly). En outre, il avait été jugé que le recours à l'expertise et la fixation de son périmètre ainsi que la désignation de l'expert pouvaient faire l'objet de délibérations distinctes du CHSCT et que, dans ce cas, le délai pour contester les modalités de l'expertise ou son étendue ne courait qu'à compter du jour de la délibération les ayant fixées. Par ailleurs, la contestation par l'employeur du périmètre de l'expertise dans le délai imparti induisait nécessairement le droit de contester le coût prévisionnel de celle-ci (cass. soc. 20 mars 2019, n° 17-23.027, à paraître, LS n° 17786 du 29.03.2019; JCP éd. S 2019, 1111, note L. Dauxerre; JSL n° 475, 07.05.2019, pp. 14 et s., H. Nasom-Tissandier; RJS 5/19 n° 305).

L'erreur dans la désignation du représentant d'une personne morale ne constituait qu'une irrégularité pour vice de forme n'entraînant la nullité de l'acte qu'à charge pour celui qui l'invoquait de prouver le grief que lui causait cette irrégularité. Dès lors, le fait pour l'employeur de faire assigner un CHSCT, pris en la personne de son secrétaire, à fin de voir annuler une délibération désignant un expert chargé d'évaluer la charge de travail et les risques psychosociaux encourus par les salariés d'une entreprise, alors que le CHSCT avait expressément donné mandat à un autre de ses membres pour le représenter en justice à l'occasion des procédures judiciaires pouvant être exercées dans le cadre du recours à l'expertise pour risque grave, ne rendait irrecevable l'action de l'employeur qu'à charge pour le CHSCT de prouver que cette irrégularité lui faisait grief (cass. civ., 2e ch., 14 novembre 2019, n° 18-20.303, à paraître, RJS 1/20 n° 31).

La date de saisine du juge s'entendait de celle de l'assignation (cass. soc. 6 juin 2018, n° 16-28.026, à paraître; 6 juin 2018, n° 17-10.497, JCP éd. S 2018, 1268, note Ch. Frouin et S. Rioche: «Contestation de l'expertise CHSCT: la délivrance de l'assignation interrompt le délai de prescription»).

Art. R. 2315-50. Les contestations de l'employeur prévues à l'article L. 2315-86 relèvent de la compétence du président du ***(D. 2019-966 du 18 sept. 2019, art. 8, JO 19, entrée en vigueur le 01.01.2020)*** «tribunal judiciaire». Le délai du pourvoi en cassation formé à l'encontre du jugement est de dix jours à compter de sa notification.

Note ***Nous rapportons ci-après les solutions dégagées par l'Administration et la jurisprudence à propos du comité d'entreprise en ce qu'elles ont en principe vocation à s'appliquer au comité social et économique.***

• Lorsqu'il y a désaccord sur la nécessité d'une expertise et litige sur la rémunération de l'expert, la décision doit être prise, en vertu de l'article R. 2325-7 [ancien] CT, par le président du tribunal de grande instance [tribunal judiciaire] statuant en la forme des référés (cass. soc. 13 juin 1990, n° 87-16.948, BC V n° 280; RJS 7/90 n° 564).

• «Le dispositif ainsi prévu n'emprunte au référé que ses formes procédurales (demande portée directement à l'audience par voie d'assignation et respect des droits de la défense en application des articles 485 et 486 c. proc. civ.). En revanche, la décision rendue est une décision au fond à laquelle les principes qui régissent les décisions de référé ne sont pas applicables. C'est ainsi notamment que la décision prise par le président du TGI [tribunal judiciaire] n'a pas un caractère provisoire; en outre, les voies de recours sont celles du droit commun» (rép. QE 12722, JO Sén. 29 décembre 1983, p. 1747; cass. soc. 8 janvier 2002, n° 00-15.815, BC V n° 8; RJS 3/02 n° 299).

• Lorsqu'il est saisi d'un litige portant sur la rémunération de l'expert-comptable, le président du tribunal de grande instance [tribunal judiciaire] a aussi le pouvoir de statuer sur la demande connexe de communication de documents par une décision au fond (cass. soc. 26 octobre 2010, n° 09-15.601, BC V n° 246; RJS 1/11 n° 52).

§ 2. Expertise dans le cadre des consultations récurrentes

Sous-§ 1. Expertise dans le cadre de la consultation sur les orientations stratégiques de l'entreprise

Art. L. 2315-87. Le comité social et économique peut décider de recourir à un ***(Ord. 2017-1718 du 20 déc. 2017, art. 1er, I, 100°, JO 21)*** «expert-comptable» en vue de ***(Ord. 2017-1718 du 20 déc. 2017, art. 1er, I, 100°, JO 21)*** «la consultation sur les» orientations stratégiques de l'entreprise prévue au 1° de l'article L. 2312-17.

Sous-§ 2. Expertise dans le cadre de la consultation sur la situation économique et financière

Art. L. 2315-88. Le comité social et économique peut décider de recourir à un ***(Ord. 2017-1718 du 20 déc. 2017, art. 1er, I, 101°, JO 21)*** «expert-comptable» en vue de la consultation sur la situation économique et financière de l'entreprise prévue au 2° de l'article L. 2312-17.

Note ***Nous rapportons ci-après les solutions dégagées par la jurisprudence à propos du comité d'entreprise en ce qu'elles ont en principe vocation à s'appliquer au comité social et économique.***

• Le droit pour le comité d'entreprise de procéder à l'examen annuel des comptes de l'entreprise et de se faire assister d'un expert-comptable dont la rémunération est à la charge de l'employeur s'exerce au moment où les comptes lui sont transmis; dès lors que la désignation de l'expert-comptable intervient avant la réunion de présentation et de transmission des comptes, la rémunération de l'expert reste à la charge du comité d'entreprise (cass. soc. 28 mars 2018, n° 16-12.707, BC V n° 48; JCP éd. S 2018, 1175, note V. Piccoli; LS Jurispr. n° 76 du 24.04.2018; RJS 6/18 n° 427).

Mais la désignation de cet expert ne doit pas nécessairement intervenir lors de la réunion d'information au cours de laquelle les comptes sont présentés au comité. Après avoir exactement retenu que la teneur de la réunion d'information ainsi que l'éventuelle proximité de la date à laquelle l'assemblée générale devait examiner les comptes d'une société étaient sans incidence sur le droit du comité d'entreprise de se faire assister par un expert-comptable en vue de la compréhension de ces comptes et de l'appréciation de la situation de l'entreprise, une cour d'appel a pu décider que la désignation de l'expert, qui était intervenue dans un délai raisonnable (deux mois après la réunion d'information), ne présentait pas un caractère tardif (cass. soc. 15 décembre 2009, n° 08-17.722, BC V n° 285).

• Le recours à un expert-comptable peut avoir lieu, quelles que soient la taille et la forme juridique de l'entreprise. La faculté pour le comité d'entreprise de se faire assister d'un expert-comptable est ouverte dans toutes les entreprises tenues d'établir les documents mentionnés par l'article L. 432-4, al. 14 [L. 2323-10 dans sa rédaction antérieure à l'entrée en vigueur de la loi 2015-994 du 17 août 2015] CT, quelle que soit leur forme juridique (en l'espèce, des sociétés non commerciales: cass. soc. 30 avril 1997, n° 95-20.563, BC V n° 155; RJS 6/97 n° 702). Une caisse primaire d'assurance maladie ne peut s'opposer à la désignation d'un expert-comptable par le comité d'entreprise pour l'assister dans l'examen annuel des comptes aux motifs qu'elle ne dispose d'aucune autonomie aussi bien en matière de recettes que de dépenses, que ses comptes sont déjà contrôlés par des instances nationales et que le comptable public se tient à la disposition du comité pour répondre à ses interrogations éventuelles, aucune n'ayant d'ailleurs été formulée (cass. soc. 8 octobre 2014, n° 13-15.769, précité). La décision de recourir à un expert prise par le comité d'entreprise d'un établissement public en application des articles L. 2321-1 et L. 2325-35 [anciens] CT n'est pas au nombre des marchés de service énumérés limitativement par l'article 8 du décret 2005-1742 du 30 décembre 2005 portant application de l'ordonnance 2005-649 du 6 juin 2005 relative aux marchés passés par certaines personnes publiques ou privées non soumises au code des marchés publics (cass. soc. 8 octobre 2014, n° 13-15.769, BC V n° 231; RJS 12/14 n° 872; JCP éd. S 2014, 1484, note B. Gauriau).

• L'exercice du droit par le comité d'entreprise de procéder à l'examen annuel des comptes de la société pour l'exercice clos et donc de se faire assister d'un expert-comptable est indépendant de la date de l'examen des mêmes comptes par l'assemblée générale des actionnaires de la société (cass. soc. 17 février 2004, n° 02-11.404, RJS 6/04 n° 714). Le fait que les documents utiles n'aient pas été remis au comité d'établissement avant l'assemblée générale des actionnaires ne peut donc priver celui-ci du droit de procéder à l'examen annuel des comptes de la société et de se faire assister à cette fin d'un expert-comptable (cass. soc. 2 mars 1993, n° 90-12.868, BC V n° 74; RJS 5/93 n° 520).

Art. L. 2315-89. La mission de l'expert-comptable porte sur tous les éléments d'ordre économique, financier ou social nécessaires à la compréhension des comptes et à l'appréciation de la situation de l'entreprise.

Note Voir note sous l'article L. 2315-90 ci-dessous.

Art. L. 2315-90. Pour opérer toute vérification ou tout contrôle entrant dans l'exercice de ses missions, l'expert-comptable a accès aux mêmes documents que le commissaire aux comptes de l'entreprise.

Note ***Nous rapportons ci-après les solutions dégagées par la jurisprudence à propos du comité d'entreprise en ce qu'elles ont en principe vocation à s'appliquer au comité social et économique.***

Pouvoirs d'investigation de l'expert-comptable. L'expert-comptable désigné par le comité d'entreprise peut, dans le cadre d'une mission nécessaire à la compréhension des comptes et à l'appréciation de la situation de l'entreprise, se faire communiquer tous les documents qu'il estime utiles, y compris ceux ayant un caractère confidentiel. En effet, l'expert, tenu par application de l'article L. 2325-42 [ancien] CT [L. 2315-84 actuel] à des obligations de secret et de discrétion, ne peut se voir opposer le caractère confidentiel des documents demandés (cass. soc. 15 décembre 2009, n° 08-18.228, BC V n° 286; RJS 3/10 n° 270, 2e espèce).

La mission de l'expert désigné pour assister le comité d'entreprise lors de l'examen du bilan porte sur les éléments d'ordre économique, financier ou social nécessaires à l'intelligence des comptes et à l'appréciation de la situation de l'entreprise; pour procéder aux vérifications et contrôles nécessaires, l'expert-comptable a accès aux mêmes documents que les commissaires aux comptes (cass. soc. 21 février 1996, n° 93-16.474, BC V n° 62; RJS 4/96 n° 415). Encourt la cassation l'arrêt:

– qui, pour dire que la mission de l'expert-comptable désigné par un comité d'entreprise ne pourrait porter que sur l'examen des comptes d'une société, à l'exception de ceux des divisions de celle-ci et de la comptabilité analytique, a retenu que les documents visés par l'article L. 434-6 [L. 2325-37 ancien] CT ne s'entendaient que des seuls documents de «l'entreprise» (cass. soc. 16 mai 1990, n° 87-17.555, BC V n° 222; Dr. Soc. 1991, p. 50);

– énonçant que le droit de communication des documents nécessaires à la mission de l'expert-comptable du comité d'entreprise trouvait une limitation dans sa finalité qui est d'expliquer les comptes présentés, excluant notamment «toute projection hypothétique dans le futur», alors que le commissaire aux comptes, aux pouvoirs d'investigation duquel sont assimilés ceux de l'expert-comptable du comité d'entreprise, peut, comme le prévoit l'article 229 de la loi du 24 juillet 1966, se faire communiquer toutes les pièces qu'il estime utiles à l'exercice de sa mission (cass. soc. 29 octobre 1987, n° 85-15.244, BC V n° 605);

– énonçant que la mission de l'expert implique la mise à disposition des comptes de l'année précédente en même temps que ceux de l'année en cause, mais que à défaut d'éléments particuliers relatifs à un changement de la situation de l'entreprise avant 2009, l'invocation du pouvoir d'appréciation souverain de l'expert dans la détermination des pièces utiles ne saurait suffire à fonder une demande de remise de documents afférents à l'année 2008 qui sort manifestement du cadre de la mission relative aux comptes annuels 2010 (cass. soc. 13 mai 2014, n° 12-25.544, BC V n° 113; RJS 7/14 n° 575).

Cette jurisprudence, assimilant les pouvoirs d'investigation de l'expert-comptable à ceux du commissaire aux comptes, le laisse juge de l'utilité des documents qu'il réclame et donne au droit de communication de l'expert-comptable un contenu très étendu. Elle a été synthétisée par l'arrêt du 12 septembre 2013 par lequel la chambre sociale a décidé de ne pas transmettre la QPC portant sur l'article L. 2334-4 «tant qu'il exclut tout contrôle du juge sur l'utilité des documents demandés par l'expert-comptable (…) et au regard de l'utilité des documents sollicités, fût-ce en cas d'abus de droit», la décision de non-renvoi étant justifiée par les considérations suivantes: «l'article L. 2334-4 du code du travail, tel qu'interprété par la jurisprudence, ne prive pas les parties d'un recours possible au juge pour contester la nature des documents dont communication est demandée par l'expert dans le cadre de sa mission et d'une vérification de la nécessité de ces documents au regard de la mission confiée par le comité d'entreprise; que s'il ne peut être demandé au juge de contrôler l'utilité concrète de ces documents, ce que seul l'expert est en mesure de faire en réalisant sa mission, le juge peut sanctionner tout abus de droit caractérisé; que dès lors, la disposition critiquée n'est pas contraire au droit à un recours effectif devant le juge et à l'article 16 de la Déclaration des droits de l'homme et du citoyen de 1789» (cass. soc. 12 septembre 2013, n° 13-12.200, QPC, BC V n° 197; RJS 11/13 n° 743).

Dans le cas de figure d'une société constituée d'établissements intitulés «divisions» ayant chacune des relations économiques et même parfois organiques avec d'autres établissements ou sociétés dépendant du même groupe, la chambre sociale a approuvé une cour d'appel d'avoir considéré comme insuffisants les documents comptables établis au niveau de l'entreprise, en ce sens qu'«ils ne donneraient pas un reflet fidèle de l'activité économique et sociale de celle-ci telle qu'elle existe dans les unités de production», et d'avoir en conséquence décidé que, pour l'accomplissement de sa mission d'assistance auprès du comité central, l'expert-comptable pourrait recueillir tous éléments d'ordre économique, financier et social et ce, au sein de chacune des divisions de la société, à raison d'une division par mission annuelle, «seule l'analyse des éléments comptables propres à chaque " division " pouvant, en l'espèce, permettre (à l'expert-comptable et au comité central) d'avoir toutes les données nécessaires à l'intelligence des comptes et à l'appréciation de la situation de l'entreprise» (cass. soc. 22 octobre 1987, n° 86-11.385, BC V n° 591).

Il appartient au seul expert-comptable désigné par le comité d'entreprise de déterminer les documents utiles à l'exercice de sa mission, laquelle porte sur tous les éléments d'ordre économique, financier ou social nécessaires à l'intelligence des comptes et à l'appréciation de la situation de l'entreprise; doivent ainsi lui être communiqués les documents relatifs à des sociétés étrangères appartenant au groupe, dès lors que la filiale française n'a jamais soutenu qu'elle aurait été dans l'impossibilité de les produire et qu'elle les avait communiqués lors d'exercices antérieurs (cass. soc. 5 mars 2008, n° 07-12.754, BC V n° 50; RJS 5/08 n° 559; JCP éd. S 2008, 1323, note J-Y Kerbourc'h). Voir aussi cass. soc. 21 novembre 2001, n° 99-21.903, BC V n° 367; RJS 2/02 n° 194.

L'expert du comité peut, si cela s'avère nécessaire, réclamer la communication des comptes à la société mère. Constitue une entrave au fonctionnement du comité d'entreprise le refus par l'employeur de communiquer à l'expert-comptable les documents utiles à l'exercice de sa mission (cass. crim. 26 mars 1991, n° 89-95.909, B. crim. n° 145; RJS 5/91 n° 600; 23 avril 1992, n° 90-84.031, B. crim. n° 180; RJS 10/92 n° 1117). L'opposition de l'employeur à l'exécution de la mission de l'expert-comptable désigné par le comité d'entreprise, conformément à l'ordre du jour, constitue un trouble manifestement illicite (cass. soc. 11 mars 1992, n° 89-17.264, BC V n° 175; Dr. Soc. 1993, p. 289; 17 février 2004, n° 02-11.404, RJS 6/04 n° 714).

S'agissant de la désignation d'un expert-comptable par un comité d'établissement dans le cadre de l'examen annuel des comptes de cet établissement, une cour d'appel, après avoir exactement retenu que la mission de l'expert n'était pas exclusivement comptable et devait permettre au comité d'établissement de connaître la situation de cet établissement dans l'ensemble de l'entreprise et par rapport aux autres établissements avec lequel il devait pouvoir se comparer, a constaté que la mission donnée à l'expert-comptable mandaté par le comité d'établissement répondait à ces exigences et a décidé à bon droit qu'il appartenait au seul expert-comptable, qui a accès aux mêmes documents que le commissaire aux comptes, d'apprécier les documents utiles à sa mission. La cour a donc pu rejeter la demande de l'employeur qui contestait l'étendue de la mission confiée à l'expert-comptable et le droit de celui-ci d'accéder à des documents autres que ceux relatifs à l'établissement (cass. soc. 18 novembre 2009, n° 08-16.260, BC V n° 259).

Les dispositions de l'article L. 2325-37 [ancien] ne font pas obstacle à la communication à l'expert-comptable de la déclaration annuelle des données sociales sous forme électronique (cass. soc. 10 janvier 2012, n° 10-21.270, BC V n° 4; RJS 3/12 n° 262; JCP éd. S 2012, 1107, note A. Sauret et Ch. Windall).

Cependant, l'expert-comptable ne peut exiger la production de documents n'existant pas et dont l'établissement n'est pas obligatoire pour l'entreprise (cass. soc. 27 mai 1997, n° 95-20.156, BC V n° 192; RJS 7/97 n° 827).

Le rapport de l'expert-comptable appartient au comité d'entreprise et la société dont les comptes ont été examinés n'a pas qualité pour en demander la rectification ou la suppression, sauf à faire de cette mesure la réparation d'un préjudice engendré par une faute délictuelle ou quasi délictuelle (CA Paris, 25e ch. B, 30 mai 1991, RJS 7/91 n° 853).

L'expert-comptable désigné par le comité d'entreprise disposant d'un droit de communication des documents nécessaires à l'accomplissement de sa mission, il a qualité pour saisir lui-même le juge des référés d'une demande de communication de ces pièces (cass. soc. 26 mars 2014, n° 12-26.964, BC V n° 89; RJS 6/14 n° 494; JCP éd. S 2014, 1334, note L. Dauxerre; RDT, septembre 2014, CH, 566, F. Signoretto). Mais le comité d'entreprise qui l'a désigné peut aussi agir seul pour demander que ces pièces lui soient communiquées (cass. soc. 11 octobre 2017, n° 16-10.814, RJS 12/17 n° 803).

Sous-§ 3. Expertise dans le cadre de la consultation sur la politique sociale de l'entreprise, les conditions de travail et l'emploi

Art. L. 2315-91. Le comité social et économique peut décider de recourir à un expert-comptable dans le cadre de la consultation sur la politique sociale de l'entreprise, les conditions de travail et l'emploi mentionnée au 3° de l'article L. 2312-17.

Note Cet article a été modifié par l'ordonnance 2017-1718 du 20 décembre 2017, art. 1er, I, 102°, JO 21.

§ 3. Autres cas de recours à l'expertise

Art. L. 2315-92. I. – ***(Ord. 2017-1718 du 20 déc. 2017, art. 1er, I, 104°, JO 21)*** «Un expert-comptable peut être désigné par le comité social et économique:»

1° Dans les conditions prévues à l'article L. 2312-41 relatif aux opérations de concentration;

2° Dans les conditions prévues aux articles L. 2312-63 et suivants, relatifs à l'exercice du droit d'alerte économique;

3° En cas de licenciements collectifs pour motif économique, dans les conditions prévues aux articles L. 1233-34 et suivants;

4° Dans les conditions prévues aux articles L. 2312-42 à L. 2312-52, relatifs aux offres publiques d'acquisition.

II. – Le comité peut également mandater un expert-comptable afin qu'il apporte toute analyse utile aux organisations syndicales pour préparer les négociations prévues aux articles L. 2254-2 et L. 1233-24-1. Dans ce dernier cas, l'expert est le même que celui désigné en application du 3° du I.

Note ***Nous rapportons ci-après les solutions dégagées par la jurisprudence à propos du comité d'entreprise en ce qu'elles ont en principe vocation à s'appliquer au comité social et économique.***

• Le comité d'entreprise d'une société déclarée en règlement judiciaire peut se faire assister d'un expert-comptable lorsqu'une procédure de licenciement économique est mise en œuvre. Les dispositions de l'article L. 321-9 [L. 1233-58] CT ne sont pas exclusives du droit conféré au comité par l'article L. 434-6 [L. 2325-35 ancien] CT. Le comité doit disposer d'un délai d'examen suffisant pour émettre son avis au vu de l'expertise (cass. soc. 7 juillet 1998, n° 96-21.205, BC V n° 371; RJS 8-9/98 n° 973). Il est donc nécessaire d'organiser une seconde réunion, dans un délai qui n'est pas fixé par la loi.

• La connaissance par le comité d'entreprise d'un projet de fusion ne donne pas lieu à l'application de l'article L. 434-6 [L. 2325-35 ancien] prévoyant l'assistance du comité d'entreprise par un expert-comptable (cass. soc. 30 juin 1993, n° 90-20.158, BC V n° 190; RJS 10/93 n° 998). De même, cet article ne prévoit pas que le comité d'entreprise puisse être assisté d'un expert rémunéré par l'entreprise en cas d'information-consultation sur un projet de cession de l'entreprise (cass. soc. 14 mars 2006, n° 05-13.670, BC V n° 101; RJS 5/06 n° 593; JSL n° 193, 12.07.2006, p. 22).

• Sur le recours à un expert-comptable en cas de projet d'opération de concentration, voir note sous article L. 2312-41.

Art. L. 2315-93. L'expert-comptable a accès aux informations dans les conditions prévues aux articles L. 2315-83 et L. 2315-90.

Lorsqu'il est saisi dans le cadre d'une opération de concentration prévue à l'article L. 2312-41 ou d'une opération de recherche de repreneurs prévue à la section 4 *bis* du chapitre III du titre III du livre II de la première partie, l'expert a accès aux documents de toutes les sociétés intéressées par l'opération.

Lorsqu'il est saisi dans le cadre d'une offre publique d'acquisition dans les conditions prévues aux articles L. 2312-42 à L. 2312-52, l'expert-comptable a accès aux documents nécessaires à l'élaboration du rapport prévu à l'article L. 2312-45.

Art. L. 2315-94. Le comité social et économique peut faire appel à un expert habilité dans des conditions prévues par décret en Conseil d'État:

1° Lorsqu'un risque grave, identifié et actuel, révélé ou non par un accident du travail, une maladie professionnelle ou à caractère professionnel est constaté dans l'établissement;

2° En cas ***(L. 2018-217 du 29 mars 2018, art. 6, 23°, JO 31)*** «d'introduction de nouvelles technologies ou» de projet important modifiant les conditions de santé et de sécurité ou les conditions de travail, ***(L. 2018-217 du 29 mars 2018, art. 6, 23°, JO 31)*** «prévus» au 4° de l'article L. 2312-8;

(L. 2018-217 du 29 mars 2018, art. 6, 23°, JO 31) «3° Dans les entreprises d'au moins trois cents salariés, en vue de préparer la négociation sur l'égalité professionnelle.»

Note • Cet article est l'ancien article L. 2315-96 (loi 2018-217 précitée, art. 6, 23°).

• L'expertise à laquelle le comité social et économique peut recourir en application de cet article a pour objet d'éclairer ses membres sur les sujets mentionnés à ce même article, en leur apportant une information claire, précise et impartiale, en établissant un diagnostic et en présentant des propositions d'actions et des solutions concrètes sur la base de celui-ci; le cas échéant, elle intègre une vision globale de la santé au travail en tenant compte, notamment, des questions liées à l'organisation et à la finalité du travail, au rôle de l'encadrement et à la politique de prévention des risques professionnels menée par l'employeur (arrêté du 7 août 2020, art. 1er, JO 20).

• S'agissant des experts auxquels le comité social et économique peut faire appel, voir note sous art. R. 2315-51.

Nous rapportons ci-après les solutions dégagées par la jurisprudence à propos du comité d'entreprise en ce qu'elles ont en principe vocation à s'appliquer au comité social et économique.

• Dans les entreprises d'au moins trois cents salariés, en cas de **projet important d'introduction de nouvelles technologies** susceptibles d'entraîner des conséquences sur l'emploi, la qualification, la rémunération, la formation ou les conditions de travail du personnel, le comité d'entreprise peut avoir recours à un expert (art. L. 2325-38 ancien; voir aussi art. L. 2323-29 ancien).

• Il doit s'agir d'un projet. Ainsi, le choix d'un logiciel arrêté en avril, son acquisition réalisée en décembre de la même année, il convient d'admettre qu'il s'agit encore d'un projet car l'installation n'était pas terminée (la demande du comité d'entreprise était recevable, alors même que la saisine du juge avait été opérée après l'acquisition du logiciel, mais avant la mise en œuvre effective de l'installation; voir cass. soc. 28 octobre 1996, n° 94-15.914, BC V n° 352; RJS 2/97 n° 160). De même, l'introduction d'un nouveau système informatique, sensiblement différent du précédent, nécessitant une formation particulière et devant entraîner des modifications des conditions de travail, de formation et de qualification significatives, justifie le recours du comité d'entreprise à un expert (cass. soc. 9 juillet 1997, n° 95-20.294, RJS 11/97 n° 1252).

En revanche, le recours à l'expertise ne peut être accepté pour une étude confiée par l'employeur à un technicien, étude n'ayant pas débouché sur un projet répondant aux conditions prévues par l'article L. 432-2 [L. 2323-29 ancien] CT (cass. soc. 3 mars 1988, n° 86-12.762, BC V n° 152).

• Il doit s'agir d'un projet important (voir cass. crim. 22 octobre 1991, n° 89-85.768, B. crim. n° 367; RJS 2/92 n° 174 et 29 mars 1994, n° 93-80.962, RJS 8-9/94 n° 1005; voir également cass. crim. 13 décembre 1994, n° 93-85.092, B. crim. n° 405; RJS 3/95 n° 252, s'agissant de la mise en œuvre de la pagination assistée par ordinateur ayant des répercussions importantes sur les conditions de travail de plusieurs catégories de personnel). Si la loi ne définit pas la notion d'importance, celle-ci s'apprécie nécessairement en fonction des modifications que le projet apporte dans l'organisation et la marche générale de l'entreprise et des conséquences qu'il peut avoir sur l'emploi, la qualification, la rémunération et la formation ou les conditions de travail du personnel (cass. crim. 3 mai 1994, n° 93-80.911, B. crim. n° 164; RJS 10/94 n° 1148; cass. soc. 28 octobre 1996, n° 94-15.914, BC V n° 352; Dr. Soc. 1996, p. 1105; 9 juillet 1997, n° 95-20.294, RJS 11/97 n° 1252).

Les juges ne peuvent se déterminer par des motifs d'intérêt général. Constitue un projet important d'introduction d'une nouvelle technologie justifiant qu'il soit fait appel à un expert chargé d'informer le comité d'entreprise, le changement de matériel informatique opéré par une société qui avait non seulement pour effet de doter cette entreprise d'un matériel plus performant sur le plan technique mais encore de modifier profondément ses méthodes de gestion par la multiplication des terminaux au sein de l'entreprise et par le nombre plus important de salariés y ayant accès (cass. soc. 2 juillet 1987, n° 85-18.434, BC V n° 438). Mais un «plan directeur de rationalisation» qui concerne seulement soit la mise en place de projets anciens dont le comité a été informé en son temps, soit l'utilisation, dans des conditions nouvelles, de techniques déjà en vigueur dans l'entreprise, soit une innovation peu importante et qui ne constitue qu'un projet de regroupement de moyens et de réorganisation de la production nullement lié à l'introduction de nouvelles technologies n'est pas un projet entrant dans les prévisions de l'article L. 432-2 [L. 2323-29 ancien] (cass. soc. 15 octobre 1987, n° 85-16.558, BC V n° 569).

Pour un projet visant à doter l'entreprise d'une informatique moderne et mieux adaptée concernant six cents postes de travail, voir cass. soc. 28 octobre 1996, n° 94-15.914, précité.

• Sur le contentieux relatif à l'expertise, voir note sous article L. 2315-86.

Nous rapportons ci-après les solutions dégagées par la jurisprudence à propos du CHSCT en ce qu'elles sont susceptibles d'intéresser le comité social et économique.

Désignation de l'expert

• La décision de recourir à un expert prise par le CHSCT dans le cadre d'une consultation sur un projet important modifiant les conditions de santé et de sécurité constituait une délibération sur laquelle les membres élus du CHSCT devaient seuls se prononcer en tant que délégation du personnel, à l'exclusion du chef d'entreprise, président du comité (art. L. 4614-2 ancien CT; cass. soc. 26 juin 2013, n° 12-14.788, BC V n° 171; JCP éd. S 2013, 1375, note J-B Cottin; RJS 10/13 n° 687; JSL n° 350, 26.09.2013, pp. 21 et s., J-E Tourreil).

• *Délibérations du CHSCT.* Le recours à l'expertise et la désignation de l'expert pouvaient faire l'objet de deux délibérations distinctes du CHSCT (cass. soc. 5 juillet 2018, n° 17-11.829, RJS 10/18 n° 615).

• Il avait également été jugé que:
– si un CHSCT central avait les mêmes missions et prérogatives que les CHSCT légalement institués et lorsque les conditions posées par l'article L. 4614-12 [ancien] CT étaient réunies, le CHSCT central pouvait désigner un expert (cass. soc. 14 décembre 2011, n° 10-20.378, BC V n° 303; JCP éd. S 2012, 1102, note J-B Cottin; RJS 3/12 n° 258);
– l'expertise décidée par le CHSCT d'un centre hospitalier public n'avait pas à obéir aux principes de la commande publique (cass. soc. 28 mars 2018, n° 16-29.106, BC V n° 59; JCP éd. S 2018, 1169, note L. Dauxerre; RJS 6/18 n° 429, 2e espèce).

Cas de recours

Le CHSCT pouvait faire appel à un expert lorsqu'un risque grave, révélé ou non par un accident du travail, une maladie professionnelle ou à caractère professionnel, était constaté dans l'établissement, ou en cas de projet important modifiant les conditions de santé et de sécurité ou les conditions de travail (art. L. 4614-12 ancien CT).

À noter: compte tenu de l'identité de ces cas de recours à un expert par le CHSCT ou le CSE, la jurisprudence applicable au premier devrait à notre sens rester valable pour le second.

Risque grave

• Le risque grave s'entendait d'un risque identifié et actuel (cass. soc. 26 janvier 2012, n° 10-12.183). **À noter:** l'exigence d'un risque «identifié et actuel» a été intégrée aux conditions légales de recours à un expert par le CSE (voir art. L. 2315-94 ci-dessus).

La décision de l'employeur de recourir à une expertise en vue de régler des situations de stress et de souffrance au travail des salariés n'avait pas à être prise en compte pour déterminer si les conditions légales de recours à un expert en cas de risques graves étaient remplies (cass. soc. 26 mai 2015, n° 13-26.762, RJS 8-9/15 n° 572).

Le risque pouvait être jugé être actuel alors même que l'exposition au danger avait cessé (cass. soc. 7 mai 2014, n° 13-13.561, LSQ n° 16594 du 20.05.2014; RJS 7/14 n° 571).

La pénibilité au travail ne pouvait pas à elle seule caractériser un risque grave, identifié et actuel (cass. soc. 25 novembre 2015, n° 14-11.865, BC V n° 840).

• À titre d'exemple, dans les cas suivants, *le risque grave avait été retenu* par les juges:
– accident mortel inexpliqué d'un salarié (cass. soc. 21 juin 2016, n° 15-12.809, LSQ n° 17146 du 25.08.2016; RDT, octobre 2016, CH, 629, N. Ferré);
– sept accidents du travail survenus au cours des mois précédents et treize accidents survenus au cours de l'année précédente, sans qu'il soit nécessaire pour le CHSCT d'en déterminer la cause ou l'origine pour justifier le recours à une expertise pour risque grave (cass. soc. 9 mai 2018, n° 17-10.852, RJS 7/18 n° 486);
– situation de tension chronique extrême existant au sein d'un établissement, génératrice de troubles chez plusieurs salariés (CA Versailles 24 novembre 2004, 14e ch., n° 04/7486, RJS 7/05 n° 753; Paris 31 mars 2006, 14e ch., n° 05/19203, RJS 10/06 n° 1078);
– salariés en grande souffrance au travail, se plaignant auprès du médecin du travail de subir des propos sexistes et des humiliations, et augmentation des arrêts de travail pour maladie pour les six premiers mois de l'année en cause (cass. soc. 17 février 2016, n° 14-22.097, BC V n° 36);
– fusions d'entités, fermetures de sites et transferts d'activités menés deux années auparavant ayant abouti à une compression des effectifs et obligé à des déménagements nombreux, à la disparition de certains emplois sans soutien pour les salariés démunis de tout travail, à une aggravation des conditions de travail et à l'apparition d'un stress sur le site lié aux évolutions permanentes de l'organisation de l'entreprise (cass. soc. 2 mars 2011, n° 09-11.545);

– signalements faits par les salariés au CHSCT, pétition signée par 67 salariés, attestations faisant état de maladies subies par les salariés (asthme, rhinite, allergie pour laquelle le médecin avait constaté la relation avec le travail) et malaise au travail reconnu comme accident du travail (cass. soc. 9 juillet 2014, n° 13-14.468, LS Jurispr. n° 217 du 2.12.2014);
– enquêtes menées par les représentants du personnel, témoignages et courrier de l'inspecteur du travail établissant que la politique de réduction des effectifs avait entraîné un alourdissement de la charge de travail ainsi qu'une importante pression sur les salariés, à l'origine de cas sérieux de souffrance au travail, voire de harcèlement moral se traduisant par une augmentation sensible des plaintes relatives à des situations de stress ainsi que par des arrêts de travail pour dépression (cass. soc. 25 novembre 2015, n° 14-15.815, RJS 2/16 n° 135, 3e espèce);
– enquête consécutive à une alerte du CHSCT ayant fait ressortir que plusieurs salariés qui avaient exercé une activité en lien avec le rachat, par leur entreprise, d'une autre entreprise, étaient en souffrance du fait d'une surcharge de travail et en état d'épuisement professionnel (aussi appelé «burn-out»), cette situation «difficile» ayant duré plus de 2 ans, et certains d'entre eux ayant été en arrêt de travail (cass. soc. 25 septembre 2019, n° 18-14.110);
– surcharge de travail des agents hospitaliers non-grévistes et encadrants, stress, anxiété, fatigue physique et morale, pression psychologique et harcèlement sur les agents non-grévistes et l'encadrement, arrêts maladie des agents grévistes et risque psychosocial très élevé, puis souffrance éthique due à l'impossibilité de respecter les délais d'acheminement des produits sanguins en période de sous-effectif ou en périodes récurrentes de trafic important sur les trajets, ces éléments étant confortés par une pétition, fût-elle non datée, et les actions entreprises par le centre hospitalier pour améliorer les conditions de travail des agents se heurtant à la tension existante entre grévistes et non-grévistes (cass. soc. 8 janvier 2020, n° 18-19.279, RJS 3/20 n° 142).

• Dans les cas suivants, *le risque grave n'avait pas été retenu* par les juges:
– suicide d'un salarié et accidents de la circulation ayant touché, la même année, des membres du personnel lors de déplacements liés à l'implantation de leurs sites d'activités (cass. soc. 3 avril 2001, n° 99-14.002, BC V n° 121; RJS 6/01, n° 55);
– dysfonctionnements avérés mais traités par le CHSCT et la direction, difficultés rencontrées ponctuelles et ne concernant qu'un salarié dans chacun des services en cause, confronté à une décision de réorganisation mal comprise. La direction avait pris des mesures de prévention des risques psychosociaux en sollicitant la présence notamment d'un médecin du travail (cass. soc. 19 mai 2015, n° 13-24.887, BC V n° 99; JCP éd. S 2015, 1315, note J-B Cottin; RJS 8-9/15 n° 571);
– événement isolé ayant conduit à ce que les services de police procèdent dans les locaux de l'établissement à la fouille d'une caissière (cass. soc. 10 mai 2012, n° 10-24.878);
– risque général de stress lié aux diverses réorganisations mises en œuvre dans l'entreprise sans qu'il soit justifié d'éléments objectifs susceptibles de caractériser un risque avéré (cass. soc. 14 novembre 2013, n° 12-15.206; JCP éd. S 2014, 1064, note J-B Cottin; RDT, mars 2014, CH, 198, F. Signoretto. Voir aussi cass. soc. 12 juillet 2016, n° 15-16.337, LSQ n° 17146 du 25.08.2016; RJS 11/16 n° 705; RDT, octobre 2016, CH, 629, N. Ferré: allégation de la présence d'«indices de l'existence d'un risque grave», en l'absence d'incidents précis et d'éléments objectifs susceptibles de caractériser un tel risque).

• Voir aussi JCP éd. S 2019, 1056, étude Fr-G Laprévote, «Les expertises pour risque grave ou projet important, panorama de jurisprudence: 2e semestre 2018».

Projet important modifiant les conditions de santé et de sécurité ou les conditions de travail

• Le projet, qui n'avait pas le caractère d'une simple étude préalable à la mise au point d'un avant-projet ou d'un projet éventuel, avait pu être retenu par le juge comme suffisamment avancé (CA Nancy 25 juin 1996, n° 95/2298, RJS 11/96 n° 1182).

Le recours à un expert était possible même si la nouvelle organisation avait commencé à être mise en œuvre (cass. soc. 14 mars 2018, n° 16-27.683, RJS 5/18 n° 340; JCP éd. S 2018, 1154, note Fr-G Laprévote).

Le projet pouvait résulter d'une décision unilatérale de l'employeur ou d'un accord d'entreprise (cass. soc. 19 décembre 2018, 2 arrêts, nos 17-23.150 et 17-27.016, à paraître, JCP éd. S 2019, 1022, note L. Dauxerre; RJS 3/19 n° 168, 2e espèce).

Le nombre de salariés concernés ne déterminait pas à lui seul l'importance du projet (cass. soc. 10 février 2010, n° 08-15.086, BC V n° 40; RJS 4/10 n° 349; 21 juin 2016, n° 14-29.745, LSQ n° 17146 du 25.08.2016; RJS 11/16 n° 706; RDT, octobre 2016, CH, 629, N. Ferré).

Dans un groupe, le CHSCT d'une société non visée par le projet en cause avait fait valoir l'existence d'un projet important justifiant le recours à un expert en raison des répercussions économiques que celle-ci allait subir. Le recours à l'expertise avait été annulé car aucun projet de réorganisation ne visait spécifiquement la société en question (cass. soc. 14 octobre 2015, n° 14-17.224, BC V n° 195; JCP éd. S 2015, 1444, note J-B Cottin; RJS 12/15 n° 789 et pp. 729 et s., avis R. Weissmann).

Une cour d'appel avait légalement justifié sa décision de suspendre l'exécution de la délibération d'un CHSCT désignant un expert, qui n'avait pas pour objet un projet important, mais seulement la mise en œuvre d'une décision nationale définitive n'impliquant pas l'élaboration de dispositions spéciales à l'échelon du CHSCT local (cass. soc. 10 mai 2005, n° 03-16.595).

• *Projet important commun à plusieurs établissements.* En cas de projet important commun à plusieurs établissements, la législation relative aux CHSCT avait conféré à l'employeur la faculté de créer une instance temporaire de coordination des divers CHSCT concernés afin que cette instance rende un avis après recours, le cas échéant, à une expertise unique. En l'absence d'une telle instance temporaire de coordination des différents CHSCT implantés dans les établissements concernés par la mise en œuvre du projet, chacun des CHSCT territorialement compétents pour ces établissements était fondé à recourir à l'expertise (cass. soc. 19 décembre 2018, n°s 17-23.150 et 17-27.016, précités). Mais en présence d'une telle instance de coordination, il a été jugé que les CHSCT des établissements concernés par le projet commun n'étaient pas compétents pour décider du recours à une expertise quand bien même l'instance de coordination n'avait pas jugé utile de le faire (cass. soc. 26 février 2020, n° 18-23.590, à paraître, RJS 5/20 n° 242). La publication au bulletin de cet arrêt rendu après que les CHSCT ont disparu, et qui relève donc formellement de l'histoire du droit, pourrait être le signe d'une anticipation sur l'interprétation de la législation actuelle qui, en cas de projet important commun à plusieurs établissements, prévoit la consultation du CSE central (art. L. 2316-1) et la possibilité pour ce dernier de recourir à un expert (art. L. 2316-3). En ce domaine, les CSE des établissements concernés seraient donc pareillement privés de toute prérogative, sauf évidemment celle de faire part de leurs éventuelles observations au CSE central.

En revanche, le recours par l'instance temporaire de coordination des CHSCT à une expertise pour projet important au niveau national ne privait pas un CHSCT faisant état de circonstances spécifiques à un établissement de la possibilité de recourir à une expertise pour risque grave au sein de cet établissement, indépendamment de l'expertise ordonnée par l'instance nationale de coordination (cass. soc. 5 février 2020, n° 18-26.131, à paraître, LS Jurispr. n° 33 du 18.02.2020).

• Exemples de *projets justifiant une expertise*:
– rattachement d'une société «A» au réseau de transport collectif d'une société «B» impliquant une harmonisation des horaires de travail des salariés postés avec ceux de la société «B». Le changement d'horaires affectait directement 255 salariés postés sur un effectif de 400. Le médecin du travail avait rappelé que le travail posté était en soi perturbateur des rythmes biologiques et conclu qu'il était préférable de se rapprocher de ces rythmes (cass. soc. 24 octobre 2000, n° 98-18.240, BC V n° 345; RJS 1/01 n° 56);
– introduction, dans le règlement intérieur, de dispositions pour le dépistage de produits stupéfiants au moyen de tests salivaires, ayant pour objet de contrôler l'activité des chauffeurs en les exposant à des sanctions disciplinaires dépendant du résultat de tests de dépistage de stupéfiants effectués sans intervention médicale (cass. soc. 8 février 2012, n° 11-10.382, BC V n° 70; RJS 4/12 n° 354; Dr. Soc. 2012, p. 431, obs. L. Pécaut-Rivolier). Sur un projet de déploiement d'un système de géolocalisation constituant un projet important, voir cass. soc. 25 janvier 2016, n° 14-17.227, RJS 4/16 n° 263;
– projet de réorganisation des tâches qui entraînait des modifications dans les conditions de travail d'un nombre significatif de salariés et qui conduisait, sur le plan qualitatif, à un changement déterminant des conditions de travail des salariés (cass. soc. 14 février 2001, n° 98-21.438, BC V n° 54; RJS 6/01 n° 754);
– démarche devant aboutir à la définition d'un nouveau métier de la logistique (cass. soc. 1er mars 2000, n° 97-18.721);
– projet de «redéfinition et harmonisation» de l'organisation de l'astreinte présenté par l'employeur comme la conséquence de changements qualifiés d'importants dans la structure de l'entreprise et le service proposé aux clients, comportant notamment l'augmentation du nombre des périodes d'astreintes (cass. soc. 12 décembre 2001, n° 99-18.980; voir aussi cass. soc. 16 septembre 2008, n° 07-18.754: projet d'extension du périmètre d'action des «remiseurs-dégareurs» modifiant de façon significative les tâches, l'organisation et les cadences du travail);
– projet de réorganisation entraînant la disparition d'une société appelée à devenir un simple établissement d'une nouvelle entité, une nouvelle organisation de ses établissements et le transfert d'une partie de son personnel au service d'une société relevant d'un autre groupe (cass. soc. 29 septembre 2009, n° 08-17.023, BC V n° 211; RJS 12/09 n° 946; JCP éd. S 2009, 1586, note J-B Cottin);
– instauration d'un nouvel outil de décompte du temps de travail ayant des effets importants sur les conditions de travail des salariés, par l'instauration d'un système de décompte du temps de travail effectif inadapté et non conforme aux dispositions légales et donc susceptible de porter atteinte à la santé des salariés par le nombre d'heures supplémentaires effectuées (cass. soc. 26 février 2020, n° 18-24.758, LS Jurispr. n° 52 du 17.03.2020).

Par ailleurs, sur un projet ayant une incidence directe sur l'activité, le lieu et les conditions de travail des salariés constituant par son ampleur un projet important et également un risque grave justifiant l'appel à un expert, voir cass. soc. 26 octobre 2010, n° 09-12.922. Sur un projet de réorganisation administrative impliquant non seulement le déplacement géographique de nombreux salariés, mais aussi une évolution de leurs tâches constituant un projet important modifiant les conditions de santé et de sécurité justifiant le recours à un expert, voir cass. soc. 30 mars 2011, n° 09-68.161.

• *Projets ne justifiant pas une expertise*:
– harmonisation des systèmes informatiques utilisés dans le cadre de la fusion de caisses d'épargne, cette migration informatique n'apportant pas de changement important et définitif des conditions de travail (cass. soc. 27 juin 2012, n° 10-26.248);
– implantation d'une version améliorée d'un logiciel déjà en application dans les unités d'intervention (cass. soc. 4 mai 2011, n° 09-67.476, LS Bref n° 15862 du 20.05.2011);
– déploiement de nouveaux logiciels et fourniture aux salariés consultants d'ordinateurs portables sans que ces modifications entraînent des répercussions importantes sur leurs conditions de travail en termes d'horaires, de tâches et de moyens mis à leur disposition (cass. soc. 8 février 2012, n° 10-20.376, RDT, mai 2012, CH, 300, F. Signoretto);
– réaménagement de l'organigramme en redéfinissant des divisions, en prévoyant la restructuration de l'encadrement, la simplification de la gestion, mais ne prévoyant pas de transformation des postes de travail, ni de changement de métier, de nouvel outil, ni de modification des cadences ou des normes de productivité (cass. soc. 26 juin 2001, n° 99-16.096, BC V n° 231, arrêt n° 1; RJS 10/01 n° 1150, 1re espèce);
– introduction de l'intelligence artificielle n'ayant que des conséquences mineures dans les conditions de travail directes des salariés dont les tâches vont se trouver facilitées (cass. soc. 12 avril 2018, n° 16-27.866, JSL n° 455, 12.06.2018, pp. 24 et s., D. Julien-Paturle; RJS 7/18 n° 487).

Mission de l'expert

• La mission d'expertise confiée à un expert par la délibération d'un CHSCT devait être cantonnée à l'analyse et à la prévention des risques mentionnés dans cette délibération. Ainsi lorsqu'un CHSCT constatait qu'il existait un risque grave pour la santé des salariés et décidait à ce titre de nommer un expert, celui-ci ne pouvait pas étendre d'autorité son analyse aux risques psychosociaux, alors que ce point n'était pas évoqué par la délibération du comité (cass. soc. 19 mai 2010, n° 08-19.316).

• Voir aussi RJS 6/16, pp. 421 et s., chron. G. Loiseau, «L'expertise CHSCT».

Art. R. 2315-51. L'habilitation de l'expert auquel le comité social et économique peut faire appel, en application de l'article L. 2315-94, est une certification justifiant de ses compétences. Cette certification est délivrée par un organisme certificateur accrédité par le comité français d'accréditation ou par tout autre organisme d'accréditation mentionné à l'article R. 4724-1.

Note • Conformément au II de l'article 6 du décret 2017-1819 du 29 décembre 2017, JO 30, modifié par l'article 2 du décret 2019-1548 du 30 décembre 2019, JO 31:

Les articles R. 2315-51 et R. 2315-52, dans leur rédaction issue du présent décret, entrent en vigueur **le 1er janvier 2020**.

Jusqu'au 31 décembre 2021, le comité d'hygiène, de sécurité ou des conditions de travail ou le comité social et économique peut faire appel à un expert agréé.

Les experts dont l'agrément expire avant le 30 juin 2021 voient leur agrément prorogé jusqu'à cette date.

Jusqu'au 1er mars 2020, les experts non agréés peuvent adresser au ministre chargé du travail une demande d'agrément selon les modalités et les conditions prévues aux articles R. 4614-6 à R. 4614-17 CT dans leur rédaction antérieure au 1er janvier 2018. Les agréments délivrés sont valables jusqu'au 30 juin 2021.

Les agréments prorogés ou délivrés au titre des deux alinéas précédents sont prorogés jusqu'au 31 décembre 2021, sous condition qu'une demande tendant à l'obtention de la certification mentionnée à l'article R. 2315-51 CT soit déposée au plus tard le 31 mai 2021 par tout moyen donnant date certaine à l'envoi de cette demande.

Les agréments peuvent être suspendus ou retirés dans les conditions prévues à l'article R. 4614-9 CT dans sa rédaction antérieure au 1er janvier 2018.

Les expertises engagées par des experts bénéficiant d'un agrément peuvent être menées jusqu'à leur terme nonobstant l'expiration de l'agrément. Toutefois, le ministre chargé du travail peut le cas échéant, dans les conditions prévues à l'article R. 4614-9 CT dans sa rédaction antérieure au 1er janvier 2018, s'opposer à ce que l'expert poursuive les expertises en cours, notamment dans le cas où il s'est vu refuser la certification.

S'agissant des experts agréés auxquels le CHSCT ou le comité social et économique peuvent faire appel, voir arrêté du 24 juin 2020 (JO 3 juil.), arrêté du 19 décembre 2019 (JO 5 janv. 2020), arrêté du 26 juin 2019 (JO 3 juil.), arrêté du 20 décembre 2018 (JO 26), arrêté du 22 juin 2018 (JO 30) modifié par arrêté du 2 août 2018 (JO 8 sept.), arrêté du 21 décembre 2017 (JO 6 janv. 2018) modifié par arrêté du 27 mars 2018 (JO 8 avril).

• ***Nous rapportons ci-après les solutions dégagées par l'Administration et la jurisprudence à propos de l'expert agréé du CHSCT.***

Les experts auxquels le CHSCT pouvait faire appel en application de l'article L. 4614-12 ancien CT devaient être agréés pour le ou les domaines suivants: «santé et sécurité au travail» et «organisation du travail et de la production» (art. R. 4614-6 ancien). Ils étaient agréés par arrêté ministériel (art. R. 4614-7 ancien).

Le domaine «santé et sécurité au travail» recouvrait l'analyse des situations de travail dans ses aspects essentiellement «physiques» en termes de pénibilité et de nuisances et concernait l'hygiène, la sécurité, la prévention des risques professionnels. «L'organisation du travail et de la production» visait l'analyse socio-technique des conditions de travail portant notamment sur le contenu du travail, la durée du travail, les cadences, les conditions d'utilisation des équipements, la coordination… (voir circ. DRT 93-15 du 25 mars 1993).

Dès lors que l'expert choisi par le CHSCT disposait d'un agrément ministériel dans les domaines de la santé, de la sécurité au travail, de l'organisation du travail et de la production, tout abus dans le choix de l'expert était exclu et une société ne pouvait le contester en soutenant que l'expert ne disposait d'aucune compétence technique dans le domaine d'intervention (cass. soc. 8 juillet 2009, n° 08-16.676, BC V n° 183; JCP éd. S 2009, 1456, note J-B Cottin; RJS 10/09 n° 805).

Art. R. 2315-52. Un arrêté du ministre chargé du travail détermine:

1° Les modalités et conditions d'accréditation des organismes mentionnés à l'article R. 2315-51;

2° Les modalités et conditions de certification des experts mentionnées à l'article ***(D. 2018-920 du 26 oct. 2018, art. 4, 4°, JO 28, entrée en vigueur le 01.01.2020)*** «L. 2315-94», en tenant compte, notamment, de ses compétences techniques et du domaine d'expertise dans lequel il intervient.

Note • Voir arrêté du 7 août 2020 (JO 20) relatif aux modalités d'exercice de l'expert habilité auprès du comité social et économique.

• Voir aussi note sous article R. 2315-51.

Art. L. 2315-95. Dans les entreprises d'au moins trois cents salariés, le comité social et économique peut décider de recourir à un expert technique de son choix en vue de préparer la négociation sur l'égalité professionnelle.

CHAPITRE VI Comité social et économique central et comité social et économique d'établissement

SECTION 1. Comité social et économique central

Sous-section 1. Attributions

Art. L. 2316-1. Le comité social et économique central d'entreprise exerce les attributions qui concernent la marche générale de l'entreprise et qui excèdent les limites des pouvoirs des chefs d'établissement.

Il est seul consulté sur:

1° Les projets décidés au niveau de l'entreprise qui ne comportent pas de mesures d'adaptation spécifiques à un ou plusieurs établissements. Dans ce cas, son avis accompagné des documents relatifs au projet est transmis, par tout moyen, aux comités sociaux et économiques d'établissement;

2° Les projets et consultations récurrentes décidés au niveau de l'entreprise lorsque leurs éventuelles mesures de mise en œuvre, qui feront ultérieurement l'objet d'une consultation spécifique au niveau approprié, ne sont pas encore définies;

3° Les mesures d'adaptation communes à plusieurs établissements des projets prévus au 4° de l'article [L.] 2312-8.

Note ***Nous rapportons ci-après les solutions dégagées par la jurisprudence à propos du comité central d'entreprise en ce qu'elles ont en principe vocation à s'appliquer au comité social et économique central.***

• S'agissant d'une décision de licenciement concernant plusieurs succursales et se fondant sur des motifs économiques touchant à l'ensemble de l'entreprise, les mesures envisagées excédant les pouvoirs des directeurs d'établissement, l'employeur devait procéder à la consultation du comité central d'entreprise (cass. crim. 21 mars 1979, n° 78-90.772, B. crim. n° 118).

• Bien que les dispositions de l'article L. 435-3, al. 2 [L. 2327-2 ancien, al. 2] ne prévoient la consultation du comité central d'entreprise que sur les projets économiques et financiers importants, la chambre criminelle de la Cour de cassation, se référant aux dispositions de l'article L. 432-1 [L. 2323-19 ancien] CT – qui imposent la consultation du comité d'entreprise en cas de prise de participation dans une société sans limiter cette consultation aux projets importants – a jugé que, lorsque l'entreprise prend une participation dans une société, le chef d'entreprise est tenu de consulter le comité central d'entreprise, sans que cette obligation soit limitée aux seuls projets économiques et financiers importants (cass. crim. 3 février 2004, n° 03-80.784, B. crim. n° 30; RJS 5/04 n° 561). La même décision précise également que la consultation du comité s'impose en cas de constitution d'une nouvelle société, l'article L. 432-1 [L. 2323-33 ancien] CT n'établissant aucune distinction selon que l'entreprise prend une participation dans une société déjà constituée ou à constituer.

• Il est nécessaire de procéder à l'information et à la consultation préalable du comité central d'entreprise en cas de projet de nature à affecter de manière importante la marche générale de l'entreprise, et cela même si ce projet ne concerne qu'un nombre limité de salariés sur la base du volontariat (cass. crim. 10 mai 2011, n° 09-87.558, Dr. Soc. 2011, p. 995, obs. Fr. Duquesne; RJS 10/11 n° 815).

• Ayant relevé que le projet soumis pour avis au comité central d'entreprise aboutissait à une transformation importante des postes de travail découlant d'une réorganisation conséquente de certaines tâches, la cour d'appel, qui a fait ressortir que, par sa décision, le président du directoire de la société avait non seulement adopté le principe même de cette réorganisation mais également décidé, à cette même date, de sa mise en œuvre immédiate, a exactement retenu que le CCE était dès lors fondé, pour pouvoir émettre un avis sur ce projet, à demander que lui soient transmis préalablement les avis des comités d'hygiène, de sécurité et des conditions de travail existant dans les entités affectées par la réorganisation et a pu en déduire, la procédure d'information ne pouvant alors être tenue pour achevée, que le trouble invoqué était manifestement illicite (cass. soc. 10 juillet 2013, n° 12-17.196, BC V n° 187; RJS 10/13 n° 695).

Art. L. 2316-2. Le comité social et économique central d'entreprise est informé et consulté sur tous les projets importants concernant l'entreprise en matière économique et financière notamment dans les cas définis aux articles L. 2312-42 à L. 2312-51 ainsi qu'en matière de santé, de sécurité et des conditions de travail, notamment dans les cas définis au 4° de l'article L. 2312-8.

Note • Cet article a été modifié par l'ordonnance 2017-1718 du 20 décembre 2017, art. 1er, I, 105°, JO 21.
• Voir note sous l'article L. 2316-1.

Art. L. 2316-3. Si la désignation d'un expert prévue à la sous-section 10 de la section 3 du chapitre V du présent titre est envisagée dans le cadre des projets mentionnés à l'article L. 2316-2, elle est effectuée par le comité social et économique central.

Sous-section 2. Composition, élection et mandat

§ 1. Composition

Art. L. 2316-4. Le comité social et économique central est composé:

1° De l'employeur ou de son représentant;

2° D'un nombre égal de délégués titulaires et de suppléants, élus, pour chaque établissement, par le comité social et économique d'établissement parmi ses membres. Ce nombre est déterminé par décret en Conseil d'État. Le nombre total des membres ne peut excéder un maximum également déterminé par décret en Conseil d'État;

3° Des personnes suivantes, à titre consultatif, lorsque les réunions du comité portent sur la santé, la sécurité et les conditions de travail: médecin du travail, agent de contrôle de l'inspection du travail mentionné à l'article L. 8112-1, agent des services de prévention de l'organisme de sécurité sociale et, le cas échéant, agent de l'organisme professionnel de prévention du bâtiment et des travaux publics et responsable du service de sécurité et des conditions de travail ou, à défaut, agent chargé de la sécurité et des conditions de travail.

Ces personnes sont celles de l'établissement du siège de l'entreprise.

Seules les personnes mentionnées aux 1° et 2° ont voix délibérative.

Note ***Nous rapportons ci-après les solutions dégagées par la jurisprudence à propos du comité central d'entreprise en ce qu'elles ont en principe vocation à s'appliquer au comité social et économique central.***

• Les comités d'établissement justifient d'un intérêt et d'une qualité à agir pour contester les conditions d'organisation et de déroulement de cette élection (cass. soc. 30 octobre 2013, n° 13-12.234, BC V n° 257; RJS 1/14 n° 55).

• L'alinéa 1er de l'article L. 2327-3 [ancien] qui fixe la composition du comité central d'entreprise ne précise pas selon quel mode de scrutin il est élu, et les articles L. 2324-22 et R. 2324-18 à 20 [anciens], qui concernent uniquement l'élection des comités d'entreprise et des comités d'établissement, ne sont pas applicables à celle du comité central d'entreprise. Ayant relevé qu'une société et les organisations syndicales représentatives étaient convenues, en 1980, en 1982 et en 1984, de retenir, pour l'élection au comité central d'entreprise, non la moyenne des voix obtenues par chaque liste de candidats, mais le total des voix recueillies par chacune d'elles, et que l'employeur avait, sans l'accord des organisations syndicales unilatéralement modifié, le jour même du scrutin, ce mode conventionnel d'attribution des sièges, un tribunal d'instance, abstraction faite de toute autre considération, a légalement justifié sa décision faisant droit à la demande d'une organisation syndicale tendant à faire juger que l'attribution des sièges à chaque liste devait être faite selon les modalités prévues pour les élections antérieures (cass. soc. 5 juin 1985, n° 84-60.913, BC V n° 326).

• Les dispositions d'un accord entre le chef d'entreprise et les organisations syndicales représentatives, qui fixent les règles relatives à l'électorat pour les élections des membres du comité central d'entreprise, ont une nature électorale. Un tel accord, même unanime, ne peut priver les élus des comités d'établissement du droit d'élire, pour chaque établissement parmi ses membres, les délégués titulaires et suppléants du comité central d'entreprise. Une organisation syndicale représentative au niveau d'un établissement, qui dispose d'au moins un élu, et donc d'un électeur aux élections du comité central, a intérêt à contester la régularité des opérations électorales de ce comité devant le tribunal d'instance [tribunal judiciaire] (cass. soc. 16 décembre 1998, n° 97-60.371, BC V n° 566).

• Les délégués du comité central d'entreprise sont des représentants du personnel qui doivent être élus selon le scrutin majoritaire uninominal à un tour, chaque électeur devant voter en une seule fois pour autant de candidats qu'il y a de sièges à pourvoir. C'est donc à tort que, pour valider les élections de quatre représentants au comité central d'entreprise, un tribunal d'instance énonce qu'en procédant à des élections poste à pourvoir par poste à pourvoir, dans le cadre d'un scrutin où les électeurs ne votaient à chaque fois que pour un candidat et où n'était élu que le candidat arrivé en tête, un employeur a bien appliqué les règles du scrutin majoritaire à un tour (cass. soc. 5 mars 2008, n° 06-60.274, BC V n° 48; RJS 5/08 n° 572, 2e espèce; voir aussi cass. soc. 8 décembre 2010, n° 10-60.176, LS Jurispr. n° 252 du 28.12.2010).

• Le mandat des membres du comité central d'entreprise étant subordonné à celui qu'ils ont au comité d'établissement, un délégué titulaire au comité central ne peut être élu que parmi les membres élus du comité d'établissement; un représentant syndical au comité d'établissement ne peut donc être élu par ce comité en qualité de membre titulaire du comité central d'entreprise et le règlement intérieur du comité d'établissement ne saurait déroger à cette règle (cass. soc. 4 juin 2003, n° 01-60.909, RJS 10/03 n° 1185).

• Seuls les membres titulaires d'un comité d'établissement sont éligibles à un siège de membre titulaire du comité central (cass. soc. 3 juin 1977, n° 77-60.024, BC V n° 374); comme les membres titulaires qui n'ont à cet égard sur eux aucune priorité, les membres suppléants d'un comité d'établissement sont éligibles à un siège de membre suppléant du comité central (cass. soc. 27 novembre 1975, n° 75-60.135, BC V n° 575). Mais une salariée élue déléguée suppléante au comité d'établissement et désignée en la même qualité au comité central ne peut valablement remplacer la déléguée titulaire au comité central qui avait donné sa démission, n'ayant pas elle-même la qualité de déléguée titulaire au comité d'établissement (cass. soc. 11 février 1981, n° 80-60.261, BC V n° 117). Un tribunal d'instance, après avoir constaté que la convention collective nationale des banques allait au-delà des prescriptions légales en prévoyant que les membres suppléants du comité central d'entreprise avaient voix délibérative avec les mêmes prérogatives que les titulaires, n'a pas méconnu les dispositions de ce texte en décidant que seuls les membres titulaires du comité d'entreprise pouvaient faire partie de la délégation au comité central d'entreprise, conformément au protocole préélectoral unanime qui se bornait à faire application de la loi (cass. soc. 7 mai 2002, n° 01-60.629, BC V n° 153; Dr. Soc. 2002, p. 788, obs. J. Savatier).

• Le scrutin a lieu globalement et non par collèges (cass. soc. 21 juillet 1976, n° 76-60.030, BC V n° 461). Le chef d'entreprise ne peut y prendre part (cass. soc. 21 juillet 1976, n° 76-60.072, BC V n° 460). Mais le président du comité central d'entreprise peut participer à l'élection intervenant pour la désignation du secrétaire du comité (cass. soc. 2 février 1978, n° 77-60.653, BC V n° 87).

• Les délégués du comité central d'entreprise doivent être élus au scrutin secret sous enveloppe; en l'absence d'un accord unanime du collège électoral respectant les principes du droit électoral, en cas de partage des voix, le plus âgé des candidats est proclamé élu (cass. soc. 9 juin 1998, 2 arrêts, nos 96-60.455 et 97-60.304, BC V n° 312; RJS 7/98 n° 884).

• Un salarié qui a été élu membre du comité d'établissement dans le premier collège peut être délégué au comité central, même s'il a changé de catégorie professionnelle (cass. soc. 3 avril 2002, n° 00-60.431, BC V n° 118; RJS 6/02 n° 703).

• Un salarié, élu au comité d'établissement dans le collège ouvriers-employés et devenu agent de maîtrise, a pu valablement être élu au comité central d'entreprise pour y représenter le collège ouvriers-employés (cass. soc. 9 octobre 1991, n° 90-60.472, RJS 12/91 n° 1337).

• En l'absence de suppléant appartenant au même établissement que le titulaire dont il s'agit d'assurer le remplacement, il est fait application de l'article L. 2324-28 [ancien]; le titulaire au comité central d'entreprise doit donc être remplacé par un suppléant d'un autre établissement appartenant à la même liste et relevant de la même catégorie (cass. soc. 26 octobre 2011, n° 10-20.918, JCP éd. S 2012, 1009, note J-Y Kerbourc'h; Dr. Soc. 2012, p. 98, obs. Fr. Petit).

Art. L. 2316-5. Lorsqu'un ou plusieurs établissements de l'entreprise constituent trois collèges électoraux en application de l'article L. 2314-11 un délégué titulaire et un délégué suppléant au moins au comité social et économique central appartiennent à la catégorie des ingénieurs, chefs de service et cadres administratifs, commerciaux ou techniques assimilés sur le plan de la classification.

Note ***Jurisprudence rendue à propos du comité central d'entreprise et ayant en principe vocation à s'appliquer au comité social et économique central.*** Il résulte des dispositions de l'article L. 2327-4 [ancien], applicables au cas où un ou plusieurs établissements constituent trois collèges électoraux, notamment par suite d'un accord mentionné à l'article L. 433-2, al. 5 [L. 2324-12 ancien], que les sièges au comité central réservés à un délégué titulaire et à un délégué suppléant appartenant à la catégorie «cadre» n'ont pas à être attribués exclusivement aux établissements comprenant trois collèges électoraux. Par suite, le ministre du Travail, en annulant la décision d'un directeur départemental du travail [Direccte puis, désormais, Dreets] qui attribuait notamment un siège de délégué suppléant appartenant à la catégorie «cadre» à l'établissement V et en transférant ce siège à l'établissement C, au seul motif que cet établissement comportait, à la différence de l'établissement V, un troisième collège électoral, a entaché sa décision d'erreur de droit (CE 14 juin 1999, n° 196601, RJS 8-9/99 n° 1080).

Art. L. 2316-6. Lorsque aucun établissement de l'entreprise ne constitue trois collèges électoraux mais que plusieurs établissements distincts groupent ensemble au moins cinq cent ***(Ord. 2017-1718 du 20 déc. 2017, art. 1er, I, 106°, JO 21)*** «un» salariés ou au moins vingt-cinq membres du personnel appartenant à la catégorie des ingénieurs, chefs de service et cadres administratifs, commerciaux ou techniques assimilés sur le plan de la classification, au moins un délégué titulaire au comité social et économique central appartient à cette catégorie.

Art. L. 2316-7. Chaque organisation syndicale représentative dans l'entreprise désigne un représentant au comité social et économique central d'entreprise choisi soit parmi les représentants de cette organisation aux comités sociaux et économiques d'établissement, soit parmi les membres élus de ces comités.

Ce représentant assiste aux séances du comité social et économique central avec voix consultative.

Note ***Nous rapportons ci-après les solutions dégagées par la jurisprudence à propos du comité central d'entreprise en ce qu'elles ont en principe vocation à s'appliquer au comité social et économique central.***

Une centrale syndicale et les syndicats qui lui sont affiliés ne peuvent désigner ensemble, sauf accord collectif, qu'un seul représentant syndical au comité central d'entreprise (cass. soc. 6 avril 2005, n° 04-60.323, BC V n° 127; RJS 6/05 n° 645; dans le même sens, voir aussi cass. soc. 20 octobre 1988, n° 88-60.014, BC V n° 551).

La représentativité au niveau de l'entreprise n'implique pas une représentativité dans chacun de ses établissements (cass. soc. 21 juin 2016, n° 15-21.559, JSL n° 415, 05.09.2016, p. 32).

§ 2. Élection

Art. L. 2316-8. Dans chaque entreprise, la répartition des sièges entre les différents établissements et les différents collèges fait l'objet d'un accord entre l'employeur et les organisations syndicales intéressées, conclu selon les conditions de l'article L. 2314-6.

En cas de désaccord sur la répartition des sièges, l'autorité administrative dans le ressort de laquelle se trouve le siège de l'entreprise décide de cette répartition.

La saisine de l'autorité administrative suspend le processus électoral jusqu'à la décision administrative et entraîne la prorogation des mandats en cours des élus concernés jusqu'à la proclamation des résultats du scrutin.

Même si elles interviennent alors que le mandat de certains membres n'est pas expiré, la détermination du nombre d'établissements distincts et la répartition des sièges entre les établissements et les différentes catégories sont appliquées sans qu'il y ait lieu d'attendre la date normale de renouvellement de toutes les délégations des comités sociaux et économiques d'établissement ou de certaines d'entre elles.

La décision de l'autorité administrative peut faire l'objet d'un recours devant le juge judiciaire, à l'exclusion de tout autre recours administratif ou contentieux.

Note ***Nous rapportons ci-après les solutions dégagées par la jurisprudence à propos du comité central d'entreprise en ce qu'elles ont en principe vocation à s'appliquer au comité social et économique central.***

Accord de répartition. Les parties à la négociation, dont les organisations syndicales répondant à la condition de double majorité, apprécient seules les conditions dans lesquelles doivent être satisfaites les dispositions de l'article L. 2327-4 [ancien] CT relatives à la représentation au comité central d'entreprise des ingénieurs, chefs de service et cadres administratifs, commerciaux ou techniques assimilés sur le plan de la classification en vue d'assurer l'expression collective de l'ensemble des salariés de l'entreprise et non celle d'un établissement déterminé ; le fait qu'un seul membre d'un comité d'établissement soit éligible au comité central d'entreprise ne fait pas obstacle à l'élection (cass. soc. 28 janvier 2015, n° 14-15.817, BC V n° 12; RJS 4/15 n° 263; Dr. Soc. 2015, p. 471, act. Fr. Petit; JCP éd. S 2015, 1186, note J-Y Kerbourc'h). Les parties à la négociation, dont les organisations syndicales répondant à la condition de double majorité, apprécient seules la façon dont doivent être répartis les sièges du comité central d'entreprise entre les différents établissements, en vue d'assurer l'expression collective de l'ensemble des salariés de l'entreprise (cass. soc. 1er avril 2015, n° 14-14.830).

Saisine de l'administration en l'absence d'accord

• Le directeur départemental du travail, de l'emploi et de la formation professionnelle [Direccte puis, désormais, Dreets] est compétent pour fixer le nombre d'établissements distincts et la répartition des sièges en cas de désaccord entre l'employeur et les organisations syndicales, quelle que soit l'origine du désaccord (CE 27 juin 2001, n° 215970, RJS 11/01 n° 1307; voir aussi cass. soc. 17 décembre 2003, n° 02-60.394). Sur la fixation, à défaut d'accord entre le chef d'entreprise et les organisations syndicales, du nombre d'établissements distincts par le directeur départemental et sur les incidences de son omission de procéder à la répartition des sièges entre les différents établissements pour l'élection du comité central, voir cass. crim. 31 mars 1992, n° 90-83.938, RJS 10/92 n° 1121.

L'autorité administrative, qui, pour procéder à la répartition des sièges du comité central d'entreprise, a tenu compte tant de l'importance et de la structure des effectifs des différents établissements de la société que de l'importance et de la structure des effectifs des différents collèges au sein de chaque établissement, n'a pas fait une appréciation erronée des faits de l'espèce (CE 18 décembre 1991, n° 99758, RJS 3/92 n° 321).

• Pour l'application de l'article L. 2327-7 [ancien] CT, le siège de l'entreprise qui détermine la compétence du directeur départemental du travail [Direccte puis, désormais, Dreets] doit s'entendre comme le lieu où se situe la direction effective de l'entreprise, alors même qu'il serait différent de son siège social (CE 29 mars 2000, n° 211353). Sur les effets de l'intervention d'un accord entre les organisations syndicales et le chef d'entreprise postérieurement à une décision du directeur départemental relative à cette détermination rendant caduque ladite décision administrative, voir CE 24 juin 1987, n° 72096.

• Il n'appartient pas à l'autorité administrative, lorsqu'elle prend la décision prévue à cet article, de fixer les modalités de remplacement des délégués titulaires par les délégués suppléants au sein du comité central d'entreprise (CE 18 décembre 1991, n° 99758, précité).

• Il ne résulte d'aucune disposition législative ou réglementaire ni d'aucun principe général du droit que la décision par laquelle l'autorité administrative fixe, sur le fondement de cet article, le nombre d'établissements distincts d'une entreprise doive être précédée d'une procédure contradictoire (CE 29 mars 2000, n° 211353).

• La décision par laquelle l'autorité administrative fixe le nombre d'établissements distincts d'une entreprise n'est pas au nombre des décisions individuelles qui doivent être motivées (CE 27 mars 1996, nos 155791 et 155804, Rec. Lebon, p. 103; Dr. Soc. 1996, p. 942).

• Après décision administrative fixant la composition d'un comité central d'entreprise, peut être rouverte une négociation ayant un objet limité à l'attribution de sièges supplémentaires, l'accord conclu dans ces conditions emportant alors contractualisation des sièges déjà attribués et rendant caduque la décision administrative (cass. soc. 28 janvier 2015, n° 14-15.817, précité).

• Antérieurement à la loi 2014-288 du 5 mars 2014, il a été jugé que la perte de la qualité d'établissement distinct reconnue par l'autorité administrative entraînait de plein droit le terme des mandats en cours (cass. soc. 27 novembre 2013, n° 12-26.155, BC V n° 289; RJS 2/14 n° 143).

Art. L. 2316-9. Les contestations relatives à l'électorat, à la régularité des opérations électorales et à la désignation des représentants syndicaux sont de la compétence du juge judiciaire.

Lorsqu'une contestation rend indispensable le recours à une mesure d'instruction, les dépenses afférentes à cette mesure sont à la charge de l'État.

Note Voir note sous article L. 2143-8.

Nous rapportons ci-après les solutions dégagées par la jurisprudence à propos du comité central d'entreprise en ce qu'elles ont en principe vocation à s'appliquer au comité social et économique central.

Art. L. 2316-10

• Doit être cassé le jugement qui, statuant sur une contestation relative à l'élection par un comité d'établissement d'un salarié en qualité de délégué au comité central d'entreprise, a, pour déclarer le tribunal d'instance incompétent pour connaître du litige, retenu que «les dispositions d'ordre public du code du travail ne donnent pas compétence expresse au juge judiciaire, et particulièrement au tribunal d'instance, pour connaître de la désignation d'un représentant au comité central d'entreprise par un comité d'établissement au motif que cette nomination excède le nombre des titulaires prévu par la loi», alors qu'il était saisi d'une contestation relative à la régularité des opérations électorales et que ses pouvoirs en la matière n'avaient d'autres limites que celles qu'aurait imposées une question préjudicielle ayant trait notamment à la validité ou à la portée d'une décision administrative prise en vertu de l'article L. 435-4, al. 4 [L. 2327-7 ancien], ce qui n'était pas le cas en l'espèce (cass. soc. 19 juillet 1988, n° 87-60.248, BC V n° 473).

• Le tribunal d'instance [tribunal judiciaire] territorialement compétent pour connaître de la contestation de la désignation d'un représentant syndical à un comité central d'entreprise est celui du lieu du siège social de l'entreprise (cass. soc. 1er juillet 1985, n° 85-60.006, BC V n° 385).

§ 3. Durée et fin du mandat

Art. L. 2316-10. L'élection a lieu tous les quatre ans, après l'élection générale des membres des comités sociaux et économiques d'établissement.

Note ***Jurisprudence rendue à propos du comité central d'entreprise et ayant en principe vocation à s'appliquer au comité social et économique central.*** Les comités d'établissement n'ont pas la possibilité de procéder à n'importe quel moment à de nouvelles élections, la cessation des fonctions n'étant prévue, avant la date d'expiration du mandat, que dans les cas limitativement énumérés par la loi (cass. soc. 4 juillet 1978, n° 78-60.399, BC V n° 546).

Art. L. 2316-11. Par dérogation aux dispositions de l'article L. 2316-10, un accord de branche, un accord de groupe ou un accord d'entreprise, selon le cas, peut fixer une durée du mandat des représentants du personnel au comité social et économique central d'entreprise comprise entre deux et quatre ans.

Art. L. 2316-12. En cas de modification dans la situation juridique de l'employeur prévue à l'article L. 1224-1 le comité social et économique central de l'entreprise absorbée demeure en fonctions si l'entreprise conserve son autonomie juridique.

Si cette entreprise devient un établissement distinct de l'entreprise d'accueil, son comité social et économique d'établissement désigne parmi ses membres deux représentants titulaires et suppléants au comité social et économique central de l'entreprise absorbante.

Si la modification porte sur un ou plusieurs établissements distincts qui conservent ce caractère, ces établissements sont représentés au comité social et économique central de l'entreprise d'accueil par leurs représentants au comité social et économique central de l'entreprise dont ils faisaient partie.

Dans les cas mentionnés aux deuxième et troisième alinéas, la représentation est assurée dans ces conditions pendant un délai d'un an au plus et peut entraîner le dépassement du nombre maximal de représentants au comité social et économique de l'entreprise d'accueil prévu par le décret mentionné à l'article L. 2316-4.

Note ***Jurisprudence rendue à propos du comité central d'entreprise et ayant en principe vocation à s'appliquer au comité social et économique central.*** Il résulte de l'article L. 435-5 [L. 2327-11 ancien] CT, telles qu'interprétées à la lumière de la directive 77/187/CEE du 14 février 1977, qu'en cas de modification dans la situation juridique de l'employeur telle que mentionnée au 2e alinéa de l'article L. 122-12 [L. 1224-1] CT, le comité central de l'entreprise absorbée demeure en fonction si l'entreprise conserve en fait son autonomie, peu important qu'elle ait perdu son autonomie juridique. Ayant relevé qu'à la suite d'une fusion-absorption, les établissements d'une société de nettoyage avaient continué à fonctionner, les locaux de ces établissements étant restés les mêmes et les activités étant toujours celles de nettoyage, une cour d'appel a pu décider que cette société avait conservé son autonomie et que le salarié n'avait pas perdu sa qualité de représentant syndical au comité central d'entreprise au moment du licenciement (cass. soc. 15 mai 2002, n° 00-42.989).

Sous-section 3. Fonctionnement

Art. L. 2316-13. Le comité social et économique central est doté de la personnalité civile.

Il est présidé par l'employeur ou son représentant, assisté éventuellement de deux collaborateurs qui ont voix consultative.

Le comité désigne un secrétaire et un secrétaire adjoint en charge des attributions en matière de santé, sécurité et des conditions de travail.

Art. L. 2316-14. Le comité social et économique central détermine, dans un règlement intérieur, les modalités de son fonctionnement et de ses rapports avec les salariés de l'entreprise pour l'exercice des missions qui lui sont conférées par le présent titre.

Les décisions du comité social et économique central portant sur ses modalités de fonctionnement et l'organisation de ses travaux ainsi que ses résolutions sont prises à la majorité des membres présents.

Art. L. 2316-15. Le comité social et économique central d'entreprise se réunit au moins une fois tous les six mois au siège de l'entreprise sur convocation de l'employeur.

Il peut tenir des réunions exceptionnelles à la demande de la majorité de ses membres.

Note ***Nous rapportons ci-après les solutions dégagées par l'Administration et la jurisprudence à propos du comité central d'entreprise en ce qu'elles ont en principe vocation à s'appliquer au comité social et économique central.***

S'agissant de la présence ou non des suppléants, en même temps que des titulaires, aux réunions tenues par le comité central d'entreprise, le ministre du Travail avait considéré que par assimilation au fonctionnement du comité d'entreprise, le chef d'entreprise devait convoquer les membres suppléants aux réunions du comité central d'entreprise (rép. QE 1328, JO Sén. 17 novembre 1988, p. 1298). Cette position est remise en cause par l'article L. 2314-1 CT qui ne prévoit la présence des suppléants aux réunions du CSE qu'en l'absence des titulaires.

Le coût de réunions préparatoires aux séances du comité d'entreprise «instaurées» par l'employeur n'a pas à être assumé par un comité d'établissement (cass. soc. 4 avril 1990, n° 88-13.219, BC V n° 171; RJS 5/90 n° 385). Les frais de déplacement des membres du comité central d'entreprise concernant des réunions organisées à l'initiative de l'employeur doivent rester à la charge de celui-ci (cass. soc. 15 juin 1994, n° 92-14.985, BC V n° 197; RJS 7/94 n° 874).

Délibérations. Lorsqu'une action en nullité est engagée contre une délibération du comité central d'entreprise, celui-ci ne peut être assigné qu'en la personne de son secrétaire. Ni la présence de l'employeur ni celle du président du comité ne sont nécessaires pour assurer la validité de la procédure (CA Paris, 1re ch. A, 20 décembre 1989, RJS 2/90 n° 131).

Art. L. 2316-16. Le recours à la visioconférence pour réunir le comité social et économique central peut être autorisé par accord entre l'employeur et les membres élus du comité. En l'absence d'accord, ce recours est limité à trois réunions par année civile. Un décret détermine les conditions dans lesquelles le comité social et économique central peut, dans ce cadre, procéder à un vote à bulletin secret.

Note *Covid-19.* Voir note sous article L. 2315-4.

Art. L. 2316-17. L'ordre du jour des réunions du comité social et économique central est arrêté par le président et le secrétaire.

Les consultations rendues obligatoires par une disposition législative ou réglementaire ou par un accord collectif de travail sont inscrites de plein droit à l'ordre du jour par le président ou le secrétaire.

L'ordre du jour est communiqué aux membres huit jours au moins avant la séance.

Note • *Covid-19.* Voir ordonnance 2020-460 du 22 avril 2020, art. 9, JO 23, modifié et décret 2020-509 du 2 mai 2020, JO 3, applicabilité aux délais commençant à courir entre le 3 mai et le 23 août 2020.

• ***Nous rapportons ci-après les solutions dégagées par l'Administration et la jurisprudence à propos du comité central d'entreprise en ce qu'elles ont en principe vocation à s'appliquer au comité social et économique central.***

L'ordre du jour du comité central d'entreprise est arrêté par le chef d'entreprise et par le secrétaire du comité, quel que soit l'objet de la réunion et si un accord ne peut s'établir sur les questions à porter à l'ordre du jour, il appartient au plus diligent d'entre eux de saisir le juge des référés pour résoudre la difficulté (cass. soc. 23 juin 1999, n° 97-17.680, BC V n° 298; RJS 8-9/99 n° 1081).

La méconnaissance des dispositions de l'article L. 2327-14 [ancien] CT exigeant que l'ordre du jour des réunions du comité central d'entreprise soit arrêté par le président et le secrétaire du comité et qu'il soit transmis aux membres de cet organisme huit jours au moins avant la séance est constitutive du délit d'entrave. En l'espèce, les juges du fond avaient constaté qu'à plusieurs reprises, l'ordre du jour, arrêté parfois unilatéralement par le président du comité, n'avait pas été transmis ou avait été envoyé avec retard, et que ni les difficultés pratiques d'acheminement du courrier ni les reports, d'une séance à une autre, de sujets n'ayant pu être traités lors de réunions antérieures ne pouvaient être invoqués à titre de justification (cass. crim. 15 mai 2007, n° 06-84.318, B. crim. n° 126; JCP éd. S 2007, 1723, note J-Y Kerbourc'h).

Art. L. 2316-18. Une commission santé, sécurité et conditions de travail centrale est mise en place dans les entreprises d'au moins trois cents salariés dans les conditions prévues aux articles L. 2315-36 à L. 2315-44.

Art. L. 2316-19. ***(Ord. 2017-1718 du 20 déc. 2017, art. 1er, I, 108°, JO 21)*** «La sous-section 9 de la section 3 du chapitre V du présent titre et le sous-paragraphe 5 du paragraphe 3 de la sous-section 6 de la même section 3» sont applicables au comité social et économique central dans des conditions déterminées par décret.

SECTION 1 (réglementaire). Composition et fonctionnement du comité social et économique central

Art. R. 2316-1. Sauf accord conclu entre l'employeur et l'ensemble des organisations syndicales représentatives, le nombre des membres du comité social et économique central ne peut dépasser vingt-cinq titulaires et vingt-cinq suppléants.

(D. 2019-1548 du 30 déc. 2019, JO 31) «Sauf stipulation de l'accord mentionné au premier alinéa organisant cette représentation et dans les limites fixées à cet alinéa, chaque établissement peut être représenté au comité social et économique central soit par un seul délégué, titulaire ou suppléant, soit par un ou deux délégués titulaires et un ou deux délégués suppléants.»

Note ***Nous rapportons ci-après les solutions dégagées par la jurisprudence à propos du comité central d'entreprise en ce qu'elles ont en principe vocation à s'appliquer au comité social et économique central.***

• Dès lors qu'elle ne méconnaît pas les dispositions de l'article D. 435-1 [D. 2327-1 ancien] qui fixent le nombre maximal des membres du comité central d'entreprise, l'autorité administrative peut réduire à dix le nombre des membres du comité central d'entreprise, alors même qu'il était auparavant fixé à quinze (CE 27 juin 2001, n° 215970, RJS 11/01 n° 1307).

• Le caractère d'ordre public des dispositions législatives ou réglementaires relatives à la mise en place du comité central d'entreprise ne fait pas obstacle à ce que les avantages minimaux qu'elles instaurent soient accrus ou que des avantages non prévus soient institués par voie conventionnelle. Il en résulte que le nombre des représentants des comités d'établissement au comité central d'entreprise fixé, sauf accord, par les articles D. 435-1 et D. 435-2 [D. 2327-1 et 2 anciens] CT peut être augmenté et déterminé proportionnellement à l'importance numérique de l'effectif de chacun des établissements, conformément à la référence choisie par les parties (cass. soc. 20 décembre 2006, n° 06-60.119, BC V n° 398; RJS 3/07 n° 354).

Art. R. 2316-2. Le ***(D. 2020-1545 du 9 déc. 2020, JO 10, entrée en vigueur le 01.04.2021)*** «directeur régional de l'économie, de l'emploi, du travail et des solidarités» du siège de l'entreprise est compétent pour la répartition des sièges entre les différents établissements et les différentes catégories prévue au premier alinéa de l'article L. 2316-8. Le ***(D. 2020-1545 du 9 déc. 2020, JO 10, entrée en vigueur le 01.04.2021)*** «directeur régional de l'économie, de l'emploi, du travail et des solidarités» prend sa décision dans un délai deux mois à compter de sa saisine. Cette décision est notifiée par lettre recommandée avec demande d'avis de réception portant mention des voies et délais de recours. Elle peut faire l'objet d'un recours devant le ***(D. 2019-966 du 18 sept. 2019, art. 8, JO 19, entrée en vigueur le 01.01.2020)*** «tribunal judiciaire» dans un délai de quinze jours suivant sa notification.

En cas de décision implicite de rejet du ***(D. 2020-1545 du 9 déc. 2020, JO 10, entrée en vigueur le 01.04.2021)*** «directeur régional de l'économie, de l'emploi, du travail et des solidarités», l'employeur ou les organisations syndicales intéressées peuvent saisir, dans le délai de quinze jours, le ***(D. 2019-966 du 18 sept. 2019, art. 8, JO 19, entrée en vigueur le 01.01.2020)*** «tribunal judiciaire» afin qu'il soit statué sur la répartition.

Art. R. 2316-3. Le secrétaire, le secrétaire adjoint et le trésorier du comité social et économique central sont désignés parmi ses membres titulaires.

Art. D. 2316-4. Pour l'appréciation des seuils mentionnés à l'article L. 2315-57 et à la sous-section 9 de la section 3 du chapitre V du titre I du livre III de la deuxième partie du présent code, les ressources au titre d'une année considérée du comité social et économique central sont égales à la somme des ressources versées par les comités sociaux et économiques d'établissement et des ressources que ce comité reçoit en propre.

Art. D. 2316-5. Les documents mentionnés aux articles L. 2315-70 et L. 2315-71 sont communiqués au comité social et économique central huit jours au moins avant la séance.

Art. D. 2316-6. Sont pris en charge par le comité social et économique central sur les sommes versées par les comités d'établissement au titre de son fonctionnement:

1° Le coût de la certification des comptes annuels;

2° Le coût de la mission de présentation des comptes par l'expert.

Art. D. 2316-7. La convention entre le comité social et économique d'établissement et le comité central mentionnée au quatrième alinéa de l'article L. 2316-23 comporte notamment:

1° La description de l'activité ou des activités dont la gestion est transférée au comité social et économique central;

2° Le financement du transfert pour chaque année d'exécution de la convention;

3° Le cas échéant, la liste des biens, moyens matériels et humains mis à la disposition du comité social et économique central pour chaque année d'exécution de la convention;

4° Les modalités de financement de ce transfert pour chaque année d'exécution de la convention;

5° Les modalités d'accès à l'activité ou aux activités transférées par les salariés des établissements concernés;

6° La durée de la convention et sa date d'entrée en vigueur;

7° Les modalités de révision et de dénonciation de la convention.

Art. D. 2316-8. Les réunions par visioconférence du comité social et économique central sur le fondement de l'article L. 2316-16 sont tenues dans les conditions prévues aux articles [D]. 2315-1 et suivants.

SECTION 2 (réglementaire). Recours et contestations

Art. R. 2316-9. La contestation relative à une décision de l'autorité administrative prise sur le fondement de l'article L. 2316-8 est de la compétence du ***(D. 2019-966 du 18 sept. 2019, art. 8, JO 19, entrée en vigueur le 01.01.2020)*** «tribunal judiciaire», qui statue en dernier ressort.

Les dispositions des articles R. 2314-24 et R. 2314-25 sont applicables à ces contestations.

Art. R. 2316-10. Les contestations relatives à l'électorat, à la régularité des opérations électorales et à la désignation des représentants syndicaux prévues à l'article L. 2316-9 sont de la compétence du ***(D. 2019-966 du 18 sept. 2019, art. 8, JO 19, entrée en vigueur le 01.01.2020)*** «juge du tribunal judiciaire» qui statue en dernier ressort.

Les dispositions des articles R. 2314-24 et R. 2314-25 sont applicables à ces contestations.

SECTION 2. Comité social et économique d'établissement

Sous-section 1. Attributions

Art. L. 2316-20. Le comité social et économique d'établissement a les mêmes attributions que le comité social et économique d'entreprise, dans la limite des pouvoirs confiés au chef de cet établissement.

Le comité social et économique d'établissement est consulté sur les mesures d'adaptation des décisions arrêtées au niveau de l'entreprise spécifiques à l'établissement et qui relèvent de la compétence du chef de cet établissement.

Note ***Nous rapportons ci-après les solutions dégagées par la jurisprudence à propos du comité d'établissement en ce qu'elles ont en principe vocation à s'appliquer au comité social et économique d'établissement.***

• Les comités d'établissement créés dans les entreprises comportant des établissements distincts sont dotés, en matière économique, des mêmes attributions que les comités d'entreprise dans la limite des pouvoirs confiés aux chefs de ces établissements, les autres attributions légales des comités d'entreprise étant exercées par le comité central; il en résulte qu'à l'égard des matières où la décision appartient à la direction générale de l'entreprise, les comités d'établissement ne sont obligatoirement consultés que dans la mesure où la mise en œuvre de la décision et son application au cas particulier de l'établissement rendent nécessaire, notamment en ce qui concerne les mouvements de personnel, l'élaboration de dispositions particulières relevant normalement du chef d'établissement (cass. crim. 17 janvier 1984, n° 82-94.159, B. crim. n° 23; voir aussi cass. crim. 11 février 1992, RJS 10/92 n° 1120 et cass. soc. 5 juillet 2006, n° 04-18.814, JSL n° 196, 19.09.2006, J-E Tourreil). Ainsi, lorsque le transfert au sein d'un groupe d'une partie des attributions d'un service jusqu'alors exercées dans un établissement rend nécessaire des mesures d'adaptation locale relevant du chef d'établissement et que la société n'établit pas que l'intervention du chef d'établissement est exclue pour la mise en œuvre de ces dispositions particulières et nécessaires, le chef d'entreprise est tenu de consulter et d'informer le comité d'établissement concerné (cass. soc. 25 juin 2002, n° 00-20.939, BC V n° 217; RJS 10/02 n° 1144). Lorsqu'un projet a un effet direct sur les conditions de travail des salariés d'un établissement, le comité de cet établissement doit être consulté préalablement à sa mise en œuvre dans celui-ci, peu importe que la décision sur ce projet soit de la seule compétence de la direction générale de l'entreprise (cass. soc. 21 septembre 2016, n° 15-13.364, BC V n° 178; RJS 12/16 n° 786; JCP éd. S 2016, 1435, note J-Y Kerbourc'h). Le fait que des membres des comités d'établissement aient participé à la consultation du comité central ne dispense pas l'employeur de consulter les comités d'établissement sur les mesures qui peuvent être prises dans les limites de leurs pouvoirs par les chefs d'établissement (cass. crim. 27 mars 1990, n° 89-82.951, RJS 6/90 n° 502).

• Si les comités d'établissement ont les mêmes attributions que les comités d'entreprise, l'exercice du droit d'alerte prévu à l'article L. 432-5 [L. 2323-50 ancien] CT étant subordonné à l'existence de faits de nature à affecter de manière préoccupante la situation économique de l'entreprise, les comités d'établissement ne sont pas investis de cette prérogative (cass. soc. 1er mars 2005, n° 03-20.429, BC V n° 7; RJS 5/05 n° 538; Dr. Soc. 2005, p. 587, obs. G. Couturier. Dans le même sens, voir aussi cass. soc. 6 avril 2005, n° 02-31.130, BC V n° 126; RJS 6/05 n° 644).

Art. L. 2316-21. Le comité social et économique d'établissement peut faire appel à un expert prévu à la sous-section 10 ***(Ord. 2017-1718 du 20 déc. 2017, art. 1er, I, 109°, JO 21)*** «de la section 3» du chapitre V du présent titre lorsqu'il est compétent conformément aux dispositions du présent code.

Note ***Nous rapportons ci-après les solutions dégagées par la jurisprudence à propos du comité d'établissement en ce qu'elles ont en principe vocation à s'appliquer au comité social et économique d'établissement.***

Comité d'établissement et comité central. Le comité d'établissement ayant les mêmes attributions que le comité d'entreprise dans la limite des pouvoirs confiés au chef d'établissement, la mise en place d'un tel comité suppose que cet établissement dispose d'une autonomie suffisante en matière de gestion du personnel et de conduite de l'activité économique de l'établissement; le droit du comité central d'entreprise d'être assisté pour l'examen annuel de la situation économique et financière de l'entreprise ne prive pas le comité d'établissement du droit d'être assisté par un expert-comptable afin de lui permettre de connaître la situation économique, sociale et financière de l'établissement dans l'ensemble de l'entreprise et par rapport aux autres établissements avec lesquels il doit pouvoir se comparer (cass. soc. 16 janvier 2019, n° 17-26.660, à paraître, LSQ n° 17745 du 31.01.2019; JCP éd. S 2019, 1058, note V. Piccoli; RJS 4/19 n° 230; JSL n° 473, 08.04.2019, pp. 16 et s., Ph. Pacotte et R. Leroy; RDT, mai 2019, CH, 344, L. Milet).

Le comité d'établissement qui est doté des mêmes attributions que le comité d'entreprise, dans la limite des pouvoirs confiés au chef d'établissement, doit être consulté par l'employeur lorsqu'il s'agit d'un projet de licenciement collectif pour motif économique. Dès lors, est justifiée la demande d'assistance du comité d'établissement par un expert-comptable dont la mission était limitée aux effets des opérations envisagées sur la situation des salariés de l'établissement (cass. soc. 13 juin 1990, n° 87-16.948, BC V n° 280; RJS 7/90 n° 564; 29 mai 1991, n° 89-12.992, RJS 7/91 n° 833). Cette jurisprudence, antérieure à la loi du 2 août 1989, n'a pas été remise en cause par l'article L. 321-2 [L. 1333-34] CT prévoyant la désignation de l'expert-comptable par le comité central d'entreprise lorsque les consultations sur le projet de licenciement pour motif économique concernent à la fois le comité central d'entreprise et le ou les comités d'établissement intéressés. «La carence du comité central ne peut priver le comité d'établissement concerné par le projet de licenciement du droit d'être assisté par un expert-comptable»; en l'espèce, le comité central d'entreprise n'avait pas désigné d'expert-comptable (cass. soc. 25 janvier 1995, n° 92-13.546, BC V n° 37; Dr. Soc. 1995, p. 271).

La demande d'assistance d'un comité d'établissement par un expert-comptable en vue de l'examen annuel des comptes propres à cet établissement est justifiée (cass. soc. 11 mars 1992, n° 89-20.670, BC V n° 176; Dr. Soc. 1993, p. 289; 14 décembre 1999, n° 98-16.810, BC V n° 487). En effet, le droit du comité central d'entreprise d'être assisté pour l'examen annuel des comptes de l'entreprise, dans les conditions prévues par l'article L. 2323-[13] [ancien] CT, ne prive pas le comité d'établissement du droit d'être assisté par un expert-comptable chargé de lui fournir tous les éléments d'ordre économique, social et financier nécessaires à la compréhension des documents comptables de l'établissement et à l'appréciation de sa situation (cass. soc. 18 novembre 2009, n° 08-16.260, BC V n° 259; RDT, mars 2010, CH, 180, F. Signoretto; voir aussi cass. soc. 9 novembre 2011, n° 10-16.702, JSL n° 311-312, 21.12.2011, p. 31; 8 avril 2014, n° 13-10.541, BC V n° 100; JCP éd. S 2014, 1229, note Fr. Duquesne; RJS 6/14 n° 495). Après avoir rappelé que, dans le cadre des accords collectifs ayant institué une unité économique et sociale, le caractère d'établissement distinct avait été reconnu à une société dotée d'un comité d'établissement ayant les mêmes pouvoirs que le comité d'entreprise dans la limite des pouvoirs confiés au chef d'établissement et que l'autonomie de cette société, qui gardait sa personnalité juridique, justifiait un examen spécifique de ses comptes, une cour d'appel a exactement décidé que, nonobstant la désignation d'un expert-comptable par le comité central d'entreprise pour procéder à l'examen des comptes globaux de l'UES, le recours à un expert-comptable par le comité d'établissement de la société en vue de l'examen annuel des comptes était justifié (cass. soc. 28 novembre 2007, n° 06-12.977, BC V n° 199; Dr. Soc. 2008, p. 254, obs. J. Savatier).

Art. L. 2316-22. Lorsqu'il y a lieu de consulter à la fois le ***(L. 2018-217 du 29 mars 2018, art. 6, 24°, JO 31)*** «comité social et économique central» et un ou plusieurs ***(L. 2018-217 du 29 mars 2018, art. 6, 24°, JO 31)*** «comités sociaux et économiques d'établissement», un accord peut définir l'ordre et les délais dans lesquels le ***(L. 2018-217 du 29 mars 2018, art. 6, 24°, JO 31)*** «comité social et économique central» et le ou les ***(L. 2018-217 du 29 mars 2018, art. 6, 24°, JO 31)*** «comités sociaux et économiques d'établissement» rendent et transmettent leurs avis.

À défaut d'accord, l'avis de chaque ***(L. 2018-217 du 29 mars 2018, art. 6, 24°, JO 31)*** «comité social et économique d'établissement» est rendu et transmis au ***(L. 2018-217 du 29 mars 2018, art. 6, 24°, JO 31)*** «comité social et économique central» et l'avis du ***(L. 2018-217 du 29 mars 2018, art. 6, 24°, JO 31)*** «comité social et économique central» est rendu dans des délais fixés par décret en Conseil d'État.

Art. L. 2316-23. Les comités sociaux et économiques d'établissement assurent et contrôlent la gestion de toutes les activités sociales et culturelles.

Toutefois, les comités sociaux et économiques d'établissement peuvent confier au comité social et économique central la gestion d'activités communes.

Un accord entre l'employeur et une ou plusieurs organisations syndicales de salariés représentatives dans l'entreprise, conclu dans les conditions prévues au premier alinéa de l'article L. 2232-12, peut définir les compétences respectives du comité social et économique central et des comités sociaux et économiques d'établissement.

En cas de transfert au comité social et économique central de la gestion d'activités sociales et culturelles en application du présent article, ce transfert fait l'objet d'une convention entre les comités sociaux et économiques d'établissement et le comité social et économique central. Cette convention comporte des clauses conformes à des clauses types déterminées par décret.

Note ***Nous rapportons ci-après les solutions dégagées par la jurisprudence à propos du comité d'établissement et du comité central d'entreprise en ce qu'elles ont en principe vocation à s'appliquer au comité social et économique d'établissement.***

• Si un accord collectif signé par le chef d'entreprise et les syndicats peut accorder au comité central d'entreprise, dans les conditions définies par l'accord, la gestion, en totalité ou en partie, d'activités sociales et culturelles communes à l'ensemble de l'entreprise, il ne peut enlever aux comités d'établissement la gestion des activités sociales et culturelles propres à chaque établissement, ni les priver du droit de percevoir directement de l'employeur la subvention calculée sur la masse salariale de l'établissement (cass. soc. 30 juin 1993, n° 90-14.895, BC V n° 191; Dr. Soc. 1993, p. 754, rapport Ph. Waquet).

• Le projet d'accord, consécutif à l'opération de fusion-absorption, fixant le taux moyen pondéré de la contribution patronale aux œuvres sociales pour l'ensemble de l'entreprise et déterminant des règles de répartition prenant en compte les besoins propres à chaque comité d'établissement requiert, par son objet, simultanément, la consultation du comité central d'entreprise et des comités d'établissement (cass. crim. 11 février 2003, n° 01-88.650, B. crim. n° 31; RJS 7/03 n° 905).

• Un comité d'établissement, qui perçoit régulièrement l'intégralité de la contribution patronale à laquelle il a légalement droit et gère les œuvres sociales qui lui sont propres, n'a aucun droit sur la subvention spéciale accordée par la société, depuis plus de dix ans, au comité central d'entreprise pour lui permettre d'assurer le fonctionnement et l'entretien d'une maison de vacances que ce comité a acquise grâce à un don de l'employeur (cass. soc. 7 mai 1987, n° 85-14.691, BC V n° 268).

Sous-section 2. Composition

Art. L. 2316-24. La composition des comités sociaux et économiques d'établissement est identique à celle du comité social et économique prévu aux articles L. 2314-1 à L. 2314-3.

Sous-section 3. Fonctionnement

Art. L. 2316-25. Dans les entreprises d'au moins cinquante salariés, les comités sociaux et économiques d'établissement sont dotés de la personnalité civile.

Art. L. 2316-26. Le fonctionnement des comités sociaux et économiques d'établissement est identique à celui des comités sociaux et économiques d'entreprise.

CHAPITRE VII Dispositions pénales

Art. L. 2317-1. Le fait d'apporter une entrave soit à la constitution d'un comité social et économique, d'un comité social et économique d'établissement ou d'un comité social et économique central, soit à la libre désignation de leurs membres, notamment par la méconnaissance des dispositions des articles L. 2314-1 à L. 2314-9 est puni d'un emprisonnement d'un an et d'une amende de 7 500 €.

Le fait d'apporter une entrave à leur fonctionnement régulier est puni d'une amende de 7 500 €.

Note ***Nous rapportons ci-après les solutions dégagées par la jurisprudence à propos du comité d'entreprise, du comité central d'entreprise et du comité d'établissement en ce qu'elles ont en principe vocation à s'appliquer aux comités sociaux et économiques.***

S'agissant d'une demande de réunion extraordinaire du comité central, en vue de l'examen d'un document relatif à l'aménagement des horaires de travail, dont a été saisi le président de ce comité et qui a refusé d'y faire droit, les juges du fond ont pu relaxer l'intéressé de la prévention d'entrave au fonctionnement régulier du comité central après avoir constaté que la nature du document diffusé, simple étude préalable à l'élaboration d'un projet définitif, ne justifiait pas la convocation du comité central d'entreprise et que la réalisation des projets d'aménagement des horaires de travail était subordonnée à des études au sein de chaque établissement, en fonction de ses impératifs propres, ce dont il résultait que seuls les comités d'établissement devaient être consultés (cass. crim. 3 février 1981, JS 1981, SJ 53).

Caractérise le délit d'entrave au fonctionnement du comité central d'entreprise la remise tardive et incomplète à cet organisme du bilan social, une telle remise équivalant à un défaut de présentation de ce document (cass. crim. 15 mai 2007, n° 06-84.318, B. crim. n° 126; JCP éd. S 2007, 1723, note J-Y Kerbouc'h).

Une cour d'appel ne peut, après avoir déclaré une société coupable d'entrave au fonctionnement du comité d'entreprise, la condamner à l'affichage de la décision, cette peine complémentaire n'étant pas prévue par l'article L. 2328-1 [ancien] (cass. crim. 11 juin 2013, n° 12-83.081, RJS 11/13 n° 742).

Justifie sa décision la cour d'appel qui déclare coupables du délit d'entrave à la constitution d'un comité d'entreprise prévu à l'article L. 2328-1 [ancien] le président et le directeur d'une association gérant un centre social d'insertion et de réinsertion, en retenant que si, en raison d'un effectif inférieur à cinquante salariés, la mise en place d'un comité d'entreprise dans ce centre n'était pas obligatoire, les dispositions de l'article L. 2322-3 [ancien] permettant, en pareil cas, de créer un tel organisme par convention ou accord collectif de travail et la convention collective nationale étendue des centres sociaux, à laquelle l'association était soumise, imposaient à celle-ci de créer un conseil d'établissement, cet organisme étant doté des mêmes attributions et exerçant le même rôle que le comité d'entreprise (cass. crim. 5 mars 2013, n° 11-83.984, B. crim. n° 59; RJS 6/13 n° 459; JCP éd. S 2013, 1197, note Fr. Duquesne).

Art. L. 2317-2. En l'absence d'accord prévu à l'article L. 2312-19, le fait, dans une entreprise d'au moins trois cents salariés ou dans un établissement distinct comportant au moins trois cents salariés, de ne pas établir et soumettre annuellement au comité social et économique le bilan social d'entreprise ou d'établissement prévu à l'article L. 2312-14 est puni d'une amende de 7500 €.

TITRE II CONSEIL D'ENTREPRISE

Note • Les dispositions législatives de ce titre sont issues de l'ordonnance 2017-1386 du 22 septembre 2017, art. 1er, I, JO 23, entrée en vigueur au plus tard le 01.01.2018.

• Voir P. Rémy, «Le conseil d'entreprise: un premier pas vers le conseil d'établissement allemand ?», Dr. Soc. 2017, p. 1050; J. Brunie, «Premières réflexions sur les accords de mise en place du conseil d'entreprise», JCP éd. S 2020, 1070.

CHAPITRE UNIQUE

Art. L. 2321-1. Le conseil d'entreprise exerce l'ensemble des attributions définies au chapitre II du titre Ier du présent livre et est seul compétent pour négocier, conclure et réviser les conventions et accords d'entreprise ou d'établissement.

Ses modalités de fonctionnement sont celles définies au chapitre V du titre Ier du présent livre.

Note Cet article a été modifié par l'ordonnance 2017-1718 du 20 décembre 2017, art. 1er, I, 111°, JO 21.

Art. L. 2321-2. Le conseil d'entreprise peut être institué par accord d'entreprise conclu dans les conditions prévues au premier alinéa de l'article L. 2232-12. Cet accord est à durée indéterminée. Il peut également être constitué par accord de branche étendu pour les entreprises dépourvues de délégué syndical.

L'accord précise les modalités selon lesquelles les négociations se déroulent au niveau des établissements.

Art. L. 2321-3. L'accord prévu à l'article L. 2321-2 fixe la liste des thèmes tels que l'égalité professionnelle, soumis à l'avis conforme du conseil d'entreprise. La formation ***(Ord. 2017-1718 du 20 déc. 2017, art. 1er, I, 112°, JO 21)*** «professionnelle» constitue un thème obligatoire.

Art. L. 2321-4. L'accord prévu à l'article L. 2321-2 fixe le nombre d'heures de délégation dont bénéficient les élus du conseil d'entreprise participant aux négociations. Cette durée ne peut, sauf circonstances exceptionnelles, être inférieure à un nombre d'heures défini par décret en Conseil d'État, en fonction de l'effectif de l'entreprise.

Art. R. 2321-1. ***(D. 2017-1819 du 29 déc. 2017, art. 1er, I, JO 30, entrée en vigueur le 01.01.2018)*** À défaut d'accord prévu à l'article L. 2321-2, chaque élu du Conseil d'entreprise participant à une négociation dispose d'un nombre d'heures de délégation qui s'ajoute aux heures de délégation dont il bénéficie en application du 1° de l'article L. 2315-7.

Cette durée ne peut être inférieure à:
- 12 heures par mois dans les entreprises jusqu'à 149 salariés;
- 18 heures par mois dans les entreprises de 150 à 499 salariés;
- 24 heures par mois dans les entreprises d'au moins 500 salariés.

Art. L. 2321-5. Le temps passé à la négociation est de plein droit considéré comme temps de travail et payé à l'échéance normale.

Art. L. 2321-6. L'accord prévu à l'article L. 2321-2 comporte des stipulations relatives à l'indemnisation des frais de déplacement.

Art. L. 2321-7. Le cas échéant, l'accord prévu à l'article L. 2321-2 peut fixer la composition de la délégation qui négocie les conventions et accords d'entreprise ou d'établissement.

Art. L. 2321-8. L'accord prévu à l'article L. 2321-2 peut fixer la périodicité de tout ou partie des thèmes de négociation du conseil d'entreprise.

Art. L. 2321-9. La validité d'une convention ou d'un accord d'entreprise ou d'établissement conclu par le conseil d'entreprise est subordonnée à sa signature par la majorité des membres titulaires élus du conseil ou par un ou plusieurs membres titulaires ayant recueilli plus de 50 % des suffrages exprimés lors des dernières élections professionnelles. Pour l'appréciation de ce dernier ***(Ord. 2017-1718 du 20 déc. 2017, art. 1er, I, 113°, JO 21)*** «seuil», il est tenu compte des suffrages recueillis lors du premier tour des élections pour les élus au premier tour de scrutin, et de ceux recueillis lors du second tour pour les élus au second tour de scrutin.

Art. L. 2321-10. Le conseil d'entreprise défini au présent titre peut être mis en place dans les entreprises appartenant à une unité économique et sociale. L'accord défini à l'article L. 2321-2 est conclu soit au niveau d'une ou de plusieurs entreprises composant l'unité économique et sociale, soit au niveau de l'unité économique et sociale. Dans ce dernier cas, les règles de validité de l'accord sont appréciées en tenant compte des suffrages valablement exprimés dans l'ensemble des entreprises.

TITRE III COMITÉ DE GROUPE

CHAPITRE Ier Mise en place

Art. L. 2331-1. I. – Un comité de groupe est constitué au sein du groupe formé par une entreprise appelée entreprise dominante, dont le siège social est situé sur le territoire français, et les entreprises qu'elle contrôle dans les conditions définies à l'article L. 233-1, aux I et II de l'article L. 233-3 et à l'article L. 233-16 du code de commerce.

II. – Est également considérée comme entreprise dominante, pour la constitution d'un comité de groupe, une entreprise exerçant une influence dominante sur une autre entreprise dont elle détient au moins 10 % du capital, lorsque la permanence et l'importance des relations de ces entreprises établissent l'appartenance de l'une et de l'autre à un même ensemble économique.

L'existence d'une influence dominante est présumée établie, sans préjudice de la preuve contraire, lorsqu'une entreprise, directement ou indirectement :
- peut nommer plus de la moitié des membres des organes d'administration, de direction ou de surveillance d'une autre entreprise ;
- ou dispose de la majorité des voix attachées aux parts émises par une autre entreprise ;
- ou détient la majorité du capital souscrit d'une autre entreprise.

Lorsque plusieurs entreprises satisfont, à l'égard d'une même entreprise dominée, à un ou plusieurs des critères susmentionnés, celle qui peut nommer plus de la moitié des membres des organes de direction, d'administration ou de surveillance de l'entreprise dominée est considérée comme l'entreprise dominante, sans préjudice de la preuve qu'une autre entreprise puisse exercer une influence dominante.

Note • Voir circulaire (DRT 6 du 28 juin 1984) relative à l'application des dispositions concernant le comité de groupe dans la loi du 28 octobre 1982 relative au développement des institutions représentatives du personnel.

• Les associations et syndicats professionnels ne sont pas assujettis à l'obligation de créer un comité de groupe (rép. QE 22790, JO AN 3 août 1987, p. 4363) ; de même, un GIE ne présente pas, en principe, le caractère de société dominante ou de société contrôlée, exigé par la loi pour faire partie d'un comité de groupe (rép. QE précitée).

• Les comités de groupe sont dotés d'une possibilité d'expression collective pour la défense des intérêts dont ils ont la charge et possèdent donc la personnalité civile qui leur permet d'ester en justice. Le comité de groupe a, dans le cadre de la mission dont il est investi, qualité pour contester en justice une mesure qui a pour effet de modifier la composition du groupe (cass. soc. 23 janvier 1990, n° 86-14.947, BC V n° 20 ; Dr. Soc. 1990, p. 322, note J. Savatier).

• *Comité de groupe et unité économique et sociale.* La notion d'unité économique et sociale et celle de comité de groupe sont incompatibles. En reconnaissant l'existence d'une unité économique et sociale à un niveau où existait déjà un comité de groupe, un tribunal d'instance a violé les articles L. 431-1 et L. 439-1 (anciens) CT (cass. soc. 20 octobre 1999, n° 98-60.398, BC V n° 391 ; LS Jurispr. n° 648 du 3.11.1999). En revanche, l'existence d'un comité de groupe couvrant l'ensemble des sociétés d'un groupe n'exclut pas la mise en place d'un comité central d'entreprise dans le cadre de l'unité économique et sociale reconnue entre certaines sociétés du groupe (cass. soc. 30 mai 2001, n° 00-60.111, BC V n° 191 ; RJS 8-9/01 n° 1032 ; voir aussi « Les confusions relatives au périmètre de l'unité économique et sociale », M. Cohen, RJS 3/01, p. 183).

Les notions d'unité économique et sociale et de groupe doté d'un comité étant incompatibles, il appartient au tribunal d'instance [tribunal judiciaire], pour apprécier si une unité économique et sociale peut être valablement reconnue entre différentes sociétés faisant déjà partie d'un groupe doté d'un comité, de vérifier si, lors de sa saisine, les évolutions de la composition du groupe depuis sa mise en place n'ont pas pour effet de faire coïncider les périmètres de ce groupe et de l'unité économique et sociale revendiquée (cass. soc. 25 janvier 2006, n° 04-60.234, BC V n° 34 ; RJS 4/06 n° 468).

Art. L. 2331-2. Le ***(Ord. 2017-1386 du 22 sept. 2017, art. 4, 20°, JO 23, entrée en vigueur au plus tard le 01.01.2018)*** « comité social et économique » d'une entreprise contrôlée ou d'une entreprise sur laquelle s'exerce une influence dominante au sens de l'article L. 2331-1 peut demander, pour l'application des dispositions du présent titre, l'inclusion de l'entreprise dans le groupe ainsi constitué. La demande est transmise par l'intermédiaire du chef de l'entreprise concernée au chef de l'entreprise dominante qui, dans un délai de trois mois, fait droit à cette demande.

La disparition, entre les deux entreprises, des relations définies à l'article L. 2331-1 fait l'objet d'une information préalable et motivée au comité de l'entreprise concernée. Celle-ci cesse d'être prise en compte pour la composition du comité de groupe.

Lorsque le comité de groupe est déjà constitué, toute entreprise qui établit avec l'entreprise dominante, de façon directe ou indirecte, les relations définies à l'article L. 2331-1, est prise en compte pour la constitution du comité de groupe lors du renouvellement de celui-ci.

Note La demande d'inclusion dans un comité de groupe faite par le comité d'entreprise d'une société dans laquelle d'autres entreprises ont une participation implique nécessairement l'existence d'une entreprise dominante ayant un contrôle effectif sur la société dans laquelle elle a une participation et leur appartenance commune à un même ensemble économique. La chambre sociale de la Cour de cassation a jugé qu'une filiale commune, dont le capital est partagé entre deux sociétés ou groupes de sociétés qui la gèrent sur un plan de stricte égalité, n'appartient à aucun groupe; en effet, «une société n'appartient à un groupe au sens de l'article L. 439-1 [L. 2331-1] CT, que si elle dépend d'une société dominante qui soit possède directement ou indirectement plus de la moitié de son capital social, soit la contrôle effectivement et forme avec elle un même ensemble économique» (cass. soc. 9 février 1994, n° 91-11.429, BC V n° 52; Dr. Soc. 1994, p. 251, rapp. Ph. Waquet). Le ministre du Travail avait estimé, au contraire, qu'il appartient au comité d'entreprise de la société concernée, qui a l'initiative de la demande d'inclusion dans un groupe, de choisir librement son groupe de rattachement (lettre min. du 7 mars 1983, LS n° 5350 du 27.06.1983). L'intégration d'une société dans un groupe ne saurait justifier à elle seule la nécessité de supprimer un emploi (cass. soc. 9 juillet 1997, n° 95-43.722, BC V n° 261; RJS 8-9/97 n° 960).

Art. R. 2331-1. La demande d'inclusion dans un groupe, mentionnée au premier alinéa de l'article L. 2331-2, est transmise par le chef de l'entreprise intéressée au chef de l'entreprise dominante. Cette demande est adressée par lettre recommandée avec avis de réception.

La notification de la décision du chef de l'entreprise dominante est adressée dans la même forme.

Art. L. 2331-3. En cas de litige résultant de l'application des articles L. 2331-1, L. 2331-2 et L. 2331-6, le ***(Ord. 2017-1386 du 22 sept. 2017, art. 4, 20°, JO 23, entrée en vigueur au plus tard le 01.01.2018)*** «comité social et économique» ou les organisations syndicales représentatives dans l'entreprise considérée ou d'une entreprise du groupe peuvent porter ce litige devant le juge judiciaire du siège de l'entreprise dominante.

Art. R. 2331-2. Le ***(D. 2017-1819 du 29 déc. 2017, art. 3, 4°, JO 30, entrée en vigueur le 01.01.2018)*** «comité social et économique» ou les organisations syndicales représentatives de l'entreprise dominante ou d'une entreprise du groupe peuvent saisir le ***(D. 2019-966 du 18 sept. 2019, art. 8, JO 19, entrée en vigueur le 01.01.2020)*** «tribunal judiciaire» du siège de l'entreprise dominante pour les litiges relatifs:

1° À la constitution et à la composition du comité de groupe;

2° À l'inclusion dans le comité de groupe.

Art. R. 2331-3. Les organisations syndicales représentatives peuvent saisir le ***(D. 2019-966 du 18 sept. 2019, art. 8, JO 19, entrée en vigueur le 01.01.2020)*** «tribunal judiciaire» du siège de l'entreprise dominante pour les litiges relatifs à la désignation des représentants du personnel au comité de groupe.

Le tribunal statue dans les conditions prévues à l'article R. 2324-24 et R. 2324-25.

Note • Le tribunal d'instance [tribunal judiciaire] est incompétent pour connaître de la demande d'un syndicat tendant à voir ordonner le renouvellement du comité de groupe, une telle action n'entrant pas dans les dispositions de cet article qui limitent la compétence de cette juridiction aux contestations relatives à la désignation par les organisations syndicales des représentants du personnel au comité de groupe (cass. soc. 13 novembre 2001, n° 99-60.556, BC V n° 345; RJS 1/02 n° 52).

• Le délai de quinze jours, prévu par les articles R. 433-4 et R. 439-2 [R. 2324-24 ancien et R. 2331-3] CT, ne s'applique qu'aux contestations dirigées contre la désignation par les organisations syndicales de salariés de leurs représentants au comité de groupe. C'est donc à tort qu'un tribunal d'instance a décidé que, faute d'avoir contesté la répartition des sièges au comité de groupe fixée par un accord collectif dans le délai de quinze jours suivant la conclusion de cet accord, une organisation syndicale n'était plus recevable à prétendre à un nombre de sièges supérieur à celui que lui attribuait l'accord (cass. soc. 24 mai 2006, n° 05-60.329, BC V n° 186; RJS 12/06 n° 1294).

Art. R. 2331-4. La saisine du ***(D. 2019-966 du 18 sept. 2019, art. 8, JO 19, entrée en vigueur le 01.01.2020)*** «tribunal judiciaire» en application du II de l'article L. 2331-1 est, à peine d'irrecevabilité, accomplie dans les trois mois suivant la notification prévue à l'article R. 2331-1.

À défaut de notification, la saisine est accomplie à l'expiration du délai de trois mois prévu au premier alinéa de l'article L. 2331-2.

Lorsque le tribunal recourt à une mesure d'instruction exécutée par un technicien, la provision à valoir sur la rémunération de ce technicien est avancée par la société dominante.

Art. L. 2331-4. Ne sont pas considérées comme entreprises dominantes, les entreprises mentionnées aux points *a* et *c* du paragraphe 5 de l'article 3 du règlement (CE) n° 139/2004 du Conseil du 20 janvier 2004 sur les concentrations.

Note Si cet article exclut notamment de la qualification d'entreprises dominantes les sociétés de participation financière visées au point *c* du paragraphe 5 de l'article 3 du règlement 139/2004 du Conseil du 20 janvier 2004 sur les concentrations, c'est à la condition, toutefois, que les droits de vote attachés aux participations détenues ne soient exercés, notamment par la voie de la nomination des membres des organes de direction et de surveillance des entreprises dont elles détiennent des participations, que pour sauvegarder la pleine valeur de ces investissements et non pour déterminer directement ou indirectement le comportement concurrentiel de ces entreprises, c'est-à-dire à la condition, précisée par l'article 5 du paragraphe 3 de la directive 78/660/CEE du Conseil auquel renvoient les dispositions du règlement précité, que la société de participation financière ne s'immisce pas directement ou indirectement dans la gestion des entreprises filiales.

Ayant constaté qu'une société holding, domiciliée en France, détentrice directement ou indirectement de la quasi-totalité du capital des 17 autres sociétés françaises et dirigée par le même représentant légal que 14 de ces 17 filiales, intervenait en amont des décisions prises par les filiales, en se prononçant par délibérations sur les projets d'acquisition, de vente de parts, de création de nouvelles filiales, ainsi que sur les opérations de concentration au sein des sociétés françaises permettant de réorganiser les pôles d'activité entre ces dernières, la cour d'appel a pu en déduire, que la société holding, dès lors qu'elle s'immisçait dans la gestion des sociétés filiales au sens de l'article 5 du paragraphe 3 de la directive 78/660/CEE du Conseil, n'était pas exclusivement une société de participation financière et qu'elle constituait l'entreprise dominante, pour la mise en place du comité de groupe, du groupe formé avec ses 17 filiales, peu important qu'elle soit elle-même détenue par deux sociétés ayant leur siège social à l'étranger (cass. soc. 14 novembre 2019, n° 18-21.723, à paraître, LS Jurispr. n° 215 du 26.11.2019; LSE n° 485 du 28.11 au 11.12.2019, p. 7; RJS 1/20 n° 30; JCP éd. S 2020, 1006, note M. d'Allende et M. Buso; JSL n° 491, 10.02.2020, pp. 8 et s., H. Nasom-Tissandier).

Art. L. 2331-5. Les réseaux bancaires comportant un organe central, au sens des articles L. 511-30 et L. 511-31 du code monétaire et financier relatifs à l'activité et au contrôle des établissements de crédit, constituent un comité de groupe quand cet organe central n'est pas un établissement public.

Pour l'application du présent titre, l'organe central est considéré comme l'entreprise dominante.

Note Pour une illustration, voir cass. soc. 4 décembre 2007, n° 06-11.206, BC V n° 205; RJS 2/08 n° 198; JCP éd. S 2008, 1163, note S. Beal.

Art. L. 2331-6. Les dispositions du présent titre sont applicables quel que soit le nombre de salariés employés.

CHAPITRE II Attributions

Art. L. 2332-1. Le comité de groupe reçoit des informations sur l'activité, la situation financière, l'évolution et les prévisions d'emploi annuelles ou pluriannuelles et les actions éventuelles de prévention envisagées compte tenu de ces prévisions, dans le groupe et dans chacune des entreprises qui le composent. Il reçoit communication, lorsqu'ils existent, des comptes et du bilan consolidés ainsi que du rapport du commissaire aux comptes correspondant.

Il est informé, dans ces domaines, des perspectives économiques du groupe pour l'année à venir. ***(L. 2013-504 du 14 juin 2013, art. 8, VI, JO 16)*** «Les avis rendus dans le cadre de la procédure fixée à l'article ***(L. 2015-994 du 17 août 2015, art. 18, XIV, 11°, JO 18, entrée en vigueur le 01.01.2016)*** «L. 2323-10» lui sont communiqués.»

Note Les comités de groupe peuvent accéder aux comptes des filiales étrangères des sociétés «holding» (rép. QE 8852, JO AN 25 septembre 1989, p. 4295).

Art. L. 2332-2. En cas d'annonce d'offre publique d'acquisition portant sur l'entreprise dominante d'un groupe, l'employeur de cette entreprise en informe immédiatement le comité de groupe. Sont alors appliquées, au niveau du comité de groupe, les dispositions prévues aux articles ***(L. 2015-994 du 17 août 2015, art. 18, XIV, 12°, JO 18, entrée en vigueur le 01.01.2016)*** «L. 2323-35 à L. 2323-39» pour le ***(Ord. 2017-1386 du 22 sept. 2017, art. 4, 20°, JO 23, entrée en vigueur au plus tard le 01.01.2018)*** «comité social et économique».

Le respect de ces dispositions dispense des obligations définies aux articles ***(L. 2015-994 du 17 août 2015, art. 18, XIV, 12°, JO 18, entrée en vigueur le 01.01.2016)*** «L. 2323-26 à L. 2323-44» pour les ***(Ord. 2017-1386 du 22 sept. 2017, art. 4, 54°, JO 23, entrée en vigueur au plus tard le 01.01.2018)*** «comités sociaux et économiques» des sociétés appartenant au groupe.

Note Ayant constaté que les documents dont la communication était sollicitée par l'expert du comité de groupe dans le courrier adressé le 1er février 2017 par l'expert à la société (marques d'intérêts ou lettre d'intention des acquéreurs potentiels, offres fermes éventuelles, calendrier du processus de cession, etc.), avaient trait au mandat *ad hoc* qui avait été mis en œuvre en novembre 2016 par la société, et relevé qu'en application des articles L. 611-3 et L. 611-15 c. com., doit être respectée une obligation de confidentialité justifiée par la discrétion nécessaire sur la situation de l'entreprise concernée et sur les éventuelles négociations entre dirigeants, actionnaires, créanciers et garants de celle-ci, qu'il résulte tant de ses fondements que de l'objectif même de la procédure que son caractère confidentiel s'attache non seulement à la requête mais également aux documents ayant trait à la procédure mise en œuvre et notamment à la cession envisagée, qui ne mettent pas en cause seulement la société mais également les créanciers et les repreneurs éventuels nécessairement impliqués dans cette procédure, la cour d'appel, qui a constaté par ailleurs que la société avait transmis à l'expert en octobre et novembre 2016 et en janvier 2017 les informations comptables et financières et les informations sociales du groupe pour lui permettre de remplir sa mission, sans que l'expert n'apporte la preuve contraire, ne détaillant pas les éléments qui seraient manquants, a pu en déduire l'absence de trouble manifestement illicite (cass. soc. 9 octobre 2019, n° 18-15.305, à paraître, LS Jurispr. n° 198 du 29.10.2019; RJS 12/19 n° 710 et pp. 839 et s., avis R. Weissmann; JCP éd. S 2019, 1338, note V. Piccoli; JSL n° 487-488, 17.12.2019, p. 36).

CHAPITRE III Composition, élection et mandat

Art. L. 2333-1. Le comité de groupe est composé du chef de l'entreprise dominante, assisté de deux personnes de son choix ayant voix consultative et de représentants du personnel des entreprises constituant le groupe.

Le nombre maximum des représentants du personnel au comité de groupe est déterminé par décret en Conseil d'État.

Art. D. 2332-2. La représentation du personnel au comité de groupe, prévue à l'article L. 2333-1, comprend trente membres au plus.

Lorsque moins de quinze entreprises du groupe sont dotées d'un ***(D. 2017-1819 du 29 déc. 2017, art. 3, 4°, JO 30, entrée en vigueur le 01.01.2018)*** «comité social et économique» ***(D. 2018-921 du 26 oct. 2018, JO 28)*** «exerçant les attributions prévues au deuxième alinéa de l'article L. 2312-1», le nombre de membres du comité de groupe ne peut être supérieur au double du nombre de ces entreprises.

Note Le juge n'est pas tenu d'appliquer le maximum légal pour fixer le nombre de membres du comité de groupe; il doit cependant vérifier que le nombre maximum n'a pas été dépassé (cass. soc. 21 novembre 1989, n° 88-60.757, BC V n° 671; RJS 1/90 n° 45).

Art. L. 2333-2. Les représentants du personnel sont désignés par les organisations syndicales de salariés parmi leurs élus aux ***(Ord. 2017-1386 du 22 sept. 2017, art. 4, 55°, JO 23, entrée en vigueur au plus tard le 01.01.2018)*** «comités sociaux et économiques» de l'ensemble des entreprises du groupe et à partir des résultats des dernières élections.

Note • Dans la mesure où la qualité d'élu est une condition nécessaire de la désignation, il semble logique de considérer que la perte du mandat de membre élu d'un comité d'entreprise ou d'établissement entraîne la cessation des fonctions de représentant du personnel au comité de groupe (rép. QE 39777, JO AN 19 mars 1984, p. 1245). Le terme «élus» doit s'entendre des membres titulaires et suppléants. Si la loi n'a pas exclu, compte tenu notamment de l'absence de pouvoir consultatif du comité de groupe, la possibilité d'y désigner les membres suppléants des comités d'entreprise ou d'établissement, il apparaît préférable que la désignation s'opère en faveur des membres titulaires desdits comités (rép. QE 41271, JO AN 5 mars 1984, p. 1001).

• Un syndicat ne peut désigner au comité de groupe qu'un représentant du personnel ayant été élu sur sa propre liste (cass. soc. 31 mars 2009, n° 08-60.482, BC V n° 97; RJS 6/09 n° 550). Mais le changement d'affiliation d'un élu au comité d'entreprise, désigné par son syndicat d'appartenance d'origine pour siéger au comité de groupe, n'autorise pas ce syndicat à mettre fin au mandat de l'intéressé au sein du comité de groupe en cours d'exercice (cass. soc. 9 juillet 2014, n° 13-20.614, BC V n° 187; RJS 11/14 n° 790; JCP éd. S 2014, 1419, note N. Léger). Cette jurisprudence vise à assurer la permanence de la composition de l'institution et à maintenir son caractère d'institution représentative du personnel et non des syndicats.

• Une organisation syndicale appelée, en vertu de cet article, à désigner, parmi ses élus aux comités d'entreprise ou d'établissement, les représentants du personnel au comité de groupe n'est pas tenue de justifier de sa représentativité à ce même niveau (cass. soc. 4 avril 1990, n° 87-60.131, BC V n° 167; RJS 5/90 n° 389).

• La loi ne prévoit pas la désignation de représentants syndicaux au comité de groupe. Cependant, un accord collectif peut l'autoriser. En présence d'un tel accord, les conditions qu'il pose pour la désignation d'un représentant syndical au comité de groupe doivent être respectées et il ne peut y être dérogé par voie d'usage (cass. soc. 8 décembre 2004, n° 03-60.484, BC V n° 326; RJS 4/05 n° 403). Par ailleurs, lorsqu'un accord collectif autorise la désignation d'un représentant syndical par chaque organisation syndicale représentative au niveau du groupe, celles qui ont valablement désigné des représentants du personnel au comité de groupe parmi leurs élus aux comités d'entreprise ou aux comités d'établissement sont par là même représentatives au niveau du groupe pour y désigner un représentant syndical (cass. soc. 13 mai 2003, n° 00-19.035, BC V n° 165; RJS 10/03 n° 1186).

Art. L. 2333-3. La désignation des représentants du personnel au comité de groupe a lieu tous les quatre ans.

Toutefois, un accord de branche, un accord de groupe ou un accord d'entreprise, selon le cas, peut fixer une durée du mandat des représentants du personnel aux comités de groupe comprise entre deux et quatre ans.

Note Voir note sous article L. 2314-34.

Art. L. 2333-4. Le nombre total des sièges au comité de groupe est réparti entre les élus des différents collèges électoraux proportionnellement à l'importance numérique de chaque collège.

Les sièges affectés à chaque collège sont répartis entre les organisations syndicales proportionnellement au nombre d'élus qu'elles ont obtenus dans ces collèges, selon la règle de la représentation proportionnelle au plus fort reste.

Lorsque, pour l'ensemble des entreprises faisant partie du groupe, la moitié au moins des élus d'un ou plusieurs collèges ont été présentés sur des listes autres que syndicales, l'autorité administrative dans le ressort duquel se trouve le siège de la société dominante répartit les sièges entre les élus du ou des collèges en cause. Elle effectue cette désignation en tenant compte de la répartition des effectifs du collège considéré entre les entreprises constitutives du groupe, de l'importance relative de chaque collège au sein de l'entreprise et du nombre des suffrages recueillis par chaque élu.

Note • La répartition des sièges au comité de groupe entre les collèges, puis entre les organisations syndicales, s'effectue à partir de bases différentes: les effectifs de chaque collège dans le premier cas et le nombre d'élus de chaque organisation syndicale représentative dans le second. Mais le système de répartition est identique: il est fait application, aux deux stades, de la représentation proportionnelle au plus fort reste (rép. QE 41270, JO AN 16 juillet 1984, p. 3320).

• Les collèges électoraux servant de base de répartition pour la constitution du comité de groupe sont nécessairement ceux qui ont présidé à l'élection des membres des comités d'entreprise ou d'établissement, tels qu'ils ont été arrêtés à l'occasion des élections. Il en résulte que la classification d'un salarié dans un collège au sein duquel il a été élu exclut, sauf accord unanime postérieur aux élections, qu'il puisse être désigné représentant au comité de groupe pour un autre collège (cass. soc. 15 février 2006, n° 05-60.055, BC V n° 76; RJS 5/06 n° 595).

Seul un accord unanime peut, à l'occasion de la désignation des représentants du personnel au comité de groupe, modifier le nombre et la composition de ces collèges électoraux, selon des règles autres que les règles légales fixées par l'article L. 433-2 [L. 2324-11 ancien] CT (cass. soc. 19 novembre 2002, n° 01-60.563, BC V n° 345; dans le même sens, voir aussi cass. soc. 16 avril 1986, n° 85-60.537, BC V n° 134, ayant décidé qu'un accord modifiant la composition d'un comité de groupe et dont l'objet était, en particulier, de répartir les sièges à pourvoir entre les organisations syndicales selon des règles autres que les règles légales, ne pouvait être imposé à un syndicat qui avait refusé de le signer).

Art. R. 2332-1. Le ***(D. 2020-1545 du 9 déc. 2020, JO 10, entrée en vigueur le 01.04.2021)*** «directeur régional de l'économie, de l'emploi, du travail et des solidarités» dans le ressort duquel se trouve le siège de la société dominante répartit dans les conditions prévues au troisième alinéa de l'article L. 2333-4 les sièges au comité de groupe.

Il peut désigner conformément à l'article L. 2333-6 le remplaçant d'un représentant du personnel qui cesse ses fonctions au sein du comité.

Le silence gardé pendant plus de quatre mois par le ministre, saisi d'un recours hiérarchique contre ces décisions, vaut décision de rejet.

Art. L. 2333-5. Le comité de groupe est constitué à l'initiative de l'entreprise dominante, dès que la configuration du groupe est définie en application des dispositions du présent chapitre, soit à la suite d'un accord des parties intéressées, soit, à défaut, par une décision de justice.

Cette constitution a lieu au plus tard dans les six mois suivant la conclusion de cet accord ou l'intervention de la décision de justice.

Note • Les organisations syndicales ayant bénéficié du droit de désigner des représentants au comité de groupe peuvent participer à la négociation de tout accord concernant le fonctionnement du comité, aucune disposition légale n'exigeant d'établir une représentativité syndicale dans l'ensemble du groupe (cass. soc. 4 mai 1994, n° 91-15.064, BC V n° 164; RJS 7/94 n° 875).

Cette solution a été confirmée après l'intervention de la loi 2004-391 du 4 mai 2004, relative aux accords conclus au sein d'un groupe, qui exige désormais (art. L. 2232-31 CT) que la convention ou l'accord de groupe soit négocié et conclu avec les organisations syndicales de salariés représentatives dans le groupe ou dans l'ensemble des entreprises concernées par le champ de la convention ou de l'accord. En effet, les dispositions de cette loi, qui ont pour objet de définir les garanties sociales des salariés d'un groupe, n'ont pas modifié celles concernant les accords relatifs au comité de groupe, lesquelles n'exigent pas une représentativité dans l'ensemble du groupe ou dans l'ensemble des entreprises concernées; au contraire, le droit de désigner des représentants à ce comité étant reconnu, en son principe, à toute organisation syndicale ayant obtenu des élus dans l'un au moins des comités d'entreprise ou d'établissement dépendant du groupe, ces organisations doivent être invitées à participer à la négociation de tout accord concernant le fonctionnement du comité de groupe (cass. soc. 30 mars 2010, n° 08-21.199, BC V n° 82; LS Jurispr. n° 79 du 20.04.2010; JCP éd. S 2010, 1206, note E. Jeansen; RJS 6/10 n° 528; Dr. Soc. 2010, p. 865, obs. Fr. Petit).

• Le délai de six mois accordé au chef de l'entreprise dominante pour constituer et réunir pour la première fois le comité de groupe ne peut courir qu'à compter du jour où la configuration du groupe a été définie soit par un accord, soit par une décision judiciaire. L'accord de configuration devant nécessairement être conclu avec les parties intéressées de toutes les sociétés du groupe, l'engagement pris, dans le cadre d'un accord de fin de conflit, par le chef de l'entreprise dominante de réunir le comité de groupe dans un certain délai ne peut en tenir lieu (cass. crim. 11 juin 2002, n° 01-81.365, B. crim. n° 133; JSL n° 109, 8.10.2002, p. 10, A. Méjias de Haro).

Art. L. 2333-6. Lorsqu'un représentant du personnel au sein du comité de groupe cesse ses fonctions, son remplaçant, pour la durée du mandat restant à courir, est désigné par les organisations syndicales dans le cas prévu à l'article L. 2333-2 ou par l'autorité administrative dans celui fixé au troisième alinéa de l'article L. 2333-4.

CHAPITRE IV Fonctionnement

Art. L. 2334-1. Le comité de groupe est présidé par le chef de l'entreprise dominante.

Il désigne un secrétaire.

Art. R. 2333-1. Le secrétaire du comité de groupe est désigné à la majorité des voix parmi ses membres.

Art. L. 2334-2. Le comité de groupe se réunit au moins une fois par an sur convocation de son président.

L'ordre du jour de la réunion est arrêté par le président et le secrétaire et communiqué aux membres quinze jours au moins avant la séance.

Le temps passé par les représentants du personnel aux séances du comité de groupe est rémunéré comme temps de travail.

(L. 2015-994 du 17 août 2015, art. 17, I, 4°, JO 18) «Le recours à la visioconférence pour réunir le comité de groupe peut être autorisé par accord entre le président et les représentants du personnel siégeant au comité. En l'absence d'accord, ce recours est limité à trois réunions par année civile. Un décret détermine les conditions dans lesquelles le comité de groupe peut, dans ce cadre, procéder à un vote à bulletin secret.»

Art. D. 2333-2. ***(D. 2016-453 du 12 avril 2016, JO 14)*** Les réunions par visioconférence du comité de groupe sur le fondement de l'article L. 2334-2 sont tenues dans les conditions prévues aux articles D. 2325-1-1 et suivants.

Art. L. 2334-3. Le comité de groupe est réuni pour la première fois, à l'initiative de l'entreprise dominante, dès qu'il est constitué et au plus tard dans les six mois qui suivent sa création.

Art. L. 2334-4. Pour l'exercice des missions prévues par l'article L. 2332-1, le comité de groupe peut se faire assister par un expert-comptable. Celui-ci est rémunéré par l'entreprise dominante.

Art. L. 2335-1

Pour opérer toute vérification ou tout contrôle entrant dans l'exercice de ces missions, l'expert-comptable a accès aux mêmes documents que les commissaires aux comptes des entreprises constitutives du groupe.

Note • L'expert-comptable du comité de groupe a accès aux mêmes documents que les commissaires aux comptes des entreprises constitutives du groupe dont la compétence s'étend, en application de l'article 228 de la loi du 24 juillet 1966 sur les sociétés commerciales, à toutes les entreprises comprises dans la consolidation. L'expert peut consulter les éléments détenus par la société dominante, située en France, sur l'ensemble des entreprises françaises et étrangères concernées par l'établissement de ses comptes consolidés (cass. soc. 6 décembre 1994, n° 92-21.437, BC V n° 327; RJS 1/95 n° 38 et concl. Y. Chauvy, p. 7).

• L'employeur peut contester la rémunération de l'expert-comptable mandaté par le comité de groupe. Eu égard aux exigences du droit à un recours juridictionnel effectif, un tel litige relève de la compétence du président du tribunal de grande instance [tribunal judiciaire; voir note sous article L. 2143-8] statuant en la forme des référés (cass. soc. 6 juin 2018, n° 16-27.291, à paraître, RJS 8-9/18 n° 546; JCP éd. S 2018, 1279, note V. Piccoli).

CHAPITRE V Dispositions pénales

Art. L. 2335-1. Le fait de ne pas constituer et réunir pour la première fois un comité de groupe dans les conditions prévues aux articles L. 2333-5 et L. 2334-3 ou d'apporter une entrave à la désignation des membres d'un comité de groupe est puni d'un emprisonnement d'un an et d'une amende de ***(L. 2015-990 du 6 août 2015, art. 262, 4°, JO 7)*** «7 500 €.

Le fait d'apporter une entrave au fonctionnement régulier de ce comité est puni d'une amende de 7 500 €.»

TITRE IV COMITÉ D'ENTREPRISE EUROPÉEN OU PROCÉDURE D'INFORMATION ET DE CONSULTATION DANS LES ENTREPRISES DE DIMENSION COMMUNAUTAIRE

Note Les dispositions du présent titre sont issues de la loi 96-985 du 12 novembre 1996 (JO 13). Cette loi a transposé en droit interne la directive européenne 94/45/CE du 22 septembre 1994 (JOCE L 254 du 30.09.1994) «concernant l'institution d'un comité d'entreprise européen ou d'une procédure dans les entreprises de dimension communautaire en vue d'informer et de consulter les travailleurs», directive étendue au Royaume-Uni par la directive 97/74/CE du 15 décembre 1997 (JOCE L 10 du 16.01.1998) et modifiée par la directive 2006/109/CE du 20 novembre 2006 (JOUE L 363 du 20.12.2006) en raison de l'adhésion de la Bulgarie et de la Roumanie.

La nécessité de moderniser la législation communautaire en matière d'information et de consultation transnationale des travailleurs, tout en permettant le fonctionnement continu des accords en vigueur, a conduit à l'adoption de la directive 2009/38/CE du 6 mai 2009 (JOUE L 122 du 16.05.2009). Cette directive a abrogé, avec effet au 6 juin 2011, la directive 94/45/CE, telle que modifiée par les directives 97/74/CE et 2006/109/CE, sans préjudice des obligations des États membres en ce qui concerne les délais de transposition en droit national de ces directives.

Sur le fond, la nouvelle directive a amélioré le fonctionnement du comité d'entreprise européen sur plusieurs points:

– l'accès à l'information préalable à la constitution du groupe spécial de négociation a été renforcé, notamment en ce qui concerne la structure de l'entreprise ou du groupe et ses effectifs;
– la composition du groupe spécial de négociation a été aménagée pour assurer une meilleure représentation des salariés, un siège devant être alloué par tranche de travailleurs employés dans un État membre qui représente 10 % du nombre de travailleurs employés dans l'ensemble des États membres;
– un droit à une formation sans perte de salaire a été reconnu aux membres du comité d'entreprise européen;
– le comité d'entreprise européen doit désormais informer les salariés de la teneur et des résultats de la procédure d'information et de consultation;
– l'accord négocié doit préciser les modalités d'articulation entre l'information et la consultation du comité d'entreprise européen et les instances nationales de représentation des travailleurs ainsi que les modalités selon lesquelles il peut être amendé ou dénoncé et les cas dans lesquels il devrait être renégocié.

La directive 2009/38/CE a été transposée en France par l'ordonnance 2011-1328 du 20 octobre 2011 (JO 21) ratifiée par loi 2013-619 du 16 juillet 2013 (JO 17).

Dans son article 5, cette ordonnance reprend et complète le régime dérogatoire déjà mis en place par la loi du 12 novembre 1996 et l'ordonnance du 22 février 2001:

«I. – Sauf dans le cas prévu à l'article L. 2341-10 CT, ne sont pas soumis aux dispositions du titre IV du livre III de la deuxième partie du même code dans sa rédaction issue de la présente ordonnance:
1° Les accords applicables à l'ensemble des salariés prévoyant des instances ou autres modalités d'information, d'échanges de vues et de dialogue à l'échelon communautaire mentionnés à l'article 5 de la loi du 12 novembre 1996;
2° Les accords applicables à l'ensemble des salariés prévoyant des instances ou autres modalités d'information, d'échanges de vues et de dialogue à l'échelon communautaire mentionnés à l'article 2 de l'ordonnance du 22 février 2001;
3° Les accords conclus conformément à l'article L. 2342-9 CT dans sa rédaction issue de la loi du 12 novembre 1996 susvisée et signés ou révisés entre le 5 juin 2009 et le 5 juin 2011.

Il en va de même si, lorsque les accords mentionnés aux 1°, 2° et 3° arrivent à expiration, les parties signataires décident conjointement de les reconduire ou de les réviser.
II. – Sauf dans le cas prévu à l'article L. 2341-10 CT, les dispositions du titre IV du livre III de la deuxième partie du même code dans leur rédaction issue de la loi du 12 novembre 1996 susvisée continuent de s'appliquer aux accords mentionnés au 3° du I.».

Sur cette question, voir notamment:
– «La révision manquée de la directive sur les comités d'entreprise européens», S. Laulom, SSL 12 mai 2009, n° 1399, pp. 5 à 9;
– «La nouvelle directive CE européen: une victoire française... quelle victoire ?» RJS 2/09, p. 101, chron. J-Ph. Lhernould;
– «Le comité d'entreprise européen (dir. 2009/38/CE, 6 mai 2009 ord. 2011-1328, 20 oct. 2011)», JCP éd. S 2011, 1489, étude B. Teyssier;
– «Le contenu des accords instituant un comité d'entreprise européen», JCP éd. S, 2011, 1490, étude A. Teissier;
– «À quoi sert le comité d'entreprise européen ?», RDT, janvier 2012, CO, 9, É. Béthoux et R. Brihi.

Covid-19. Voir F. Visibelli-Breuil et J-Ph. Lhernould, «Fonctionnement du CE européen dans le contexte de la crise sanitaire - Enjeux, difficultés et perspectives», JCP éd. S 2020, 2019.

CHAPITRE Ier Champ d'application et mise en place

Art. L. 2341-1. Pour l'application du présent titre, on entend par entreprise de dimension communautaire l'entreprise ou l'organisme qui emploie ***(L. 2012-387 du 22 mars 2012, art. 43, 19°, JO 23)*** «au moins mille salariés» dans les États membres de la Communauté européenne ***(Ord. 2011-1328 du 20 oct. 2011, art. 1er, JO 21)*** «ou de l'Espace économique européen» et qui comporte au moins un établissement employant ***(L. 2012-387 du 22 mars 2012, art. 43, 11°, JO 23)*** «au moins cent cinquante salariés» dans au moins deux de ces États.

Art. L. 2341-2. Pour l'application du présent titre, on entend par groupe d'entreprises de dimension communautaire, le groupe, au sens de l'article L. 2331-1, satisfaisant aux conditions d'effectifs et d'activité mentionnées à l'article L. 2341-1 et comportant au moins une entreprise employant ***(L. 2012-387 du 22 mars 2012, art. 43, 11°, JO 23)*** «au moins cent cinquante salariés» dans au moins deux des États mentionnés à ce même article.

Art. L. 2341-3. Les dispositions du présent titre s'appliquent:

1° À l'entreprise ou au groupe d'entreprises de dimension communautaire dont le siège social ou celui de l'entreprise dominante est situé en France;

2° À l'entreprise ou au groupe d'entreprises de dimension communautaire dont le siège social ou celui de l'entreprise dominante se trouve dans un État autre que ceux mentionnés à l'article L. 2341-1 et qui a désigné, pour l'application des dispositions du présent titre, un représentant en France;

3° À l'entreprise ou au groupe d'entreprises de dimension communautaire dont le siège social ou celui de l'entreprise dominante se trouve dans un État autre que ceux mentionnés à l'article L. 2341-1, qui n'a pas procédé à la désignation d'un représentant dans aucun de ces États et dont l'établissement ou l'entreprise qui emploie le plus grand nombre de salariés au sein de ces États est situé en France.

Art. L. 2341-4. Un comité d'entreprise européen ou une procédure d'information et de consultation est institué dans les entreprises ou groupes d'entreprises de dimension communautaire afin de garantir le droit des salariés à l'information et à la consultation à l'échelon européen.

Note **Mise en œuvre de l'obligation d'information préalable à l'institution d'un comité d'entreprise européen. *Entreprises concernées par l'obligation d'information.*** Une entreprise faisant partie d'un groupe d'entreprises a l'obligation de fournir des informations aux organes internes de représentation des travailleurs, même s'il n'est pas encore établi que la direction à laquelle les travailleurs s'adressent est celle d'une entreprise exerçant le contrôle au sein d'un groupe d'entreprises (CJCE 29 mars 2001, aff. C-62/99, rec. p. I-2579; RJS 7/01 n° 948).

En outre, dans un arrêt du 13 juillet 2004 (aff. C-440/00, rec. p. I-787; JOUE C 47/1 du 21.02.2004; RJS 4/04 n° 473), la Cour de justice des Communautés européennes a décidé que:
– lorsque la direction centrale d'un groupe d'entreprises de dimension communautaire n'est pas située dans un État membre, la responsabilité de celle-ci de fournir aux représentants des travailleurs les informations indispensables à l'ouverture des négociations pour l'institution d'un comité d'entreprise européen incombe à la direction centrale présumée, au sens de l'article 4, § 2, al. 2 de la directive 94/45/CE du 22 septembre 1994 (direction de l'établissement ou de l'entreprise du groupe employant le plus grand nombre de travailleurs dans un État membre);
– lorsque la même direction centrale ne met pas, en vue de la constitution d'un comité d'entreprise européen, certaines informations à la disposition de la direction centrale présumée, cette dernière, afin de pouvoir satisfaire à son obligation d'information desdits représentants, est tenue de demander aux autres entreprises membres du groupe situées dans les États membres et a le droit de recevoir d'elles les informations indispensables à l'ouverture des négociations pour l'institution d'un tel comité;
– les directions des autres entreprises membres du groupe situées dans les États membres ont l'obligation de fournir à la direction centrale présumée, au sens de l'article 4, § 2, second alinéa de la directive lesdites informations qu'elles détiennent ou qu'elles sont en mesure d'obtenir;
– les États membres concernés assurent que lesdites directions fournissent ces informations à la direction centrale présumée.

Enfin, la CJCE a précisé que les États membres sont tenus d'imposer à l'entreprise établie sur leur territoire, et constituant la direction centrale d'un groupe d'entreprises de dimension communautaire au sens des articles 2, § 1, sous e) et 3, § 1 de la directive, ou la direction centrale présumée, au sens de son article 4, § 2, second alinéa, l'obligation de fournir à une autre entreprise du même groupe établie dans un autre État membre les informations demandées à celle-ci par les représentants de ses travailleurs, lorsque ces informations ne sont pas en la possession de cette autre entreprise et lorsqu'elles sont indispensables à l'ouverture des négociations pour l'institution d'un comité d'entreprise européen [CJCE 15 juillet 2004, aff. C-349/01, rec. p. I-6803; JOUE C 228/2 du 11.09.2004; RJS 1/05, p. 3, chron. M. Moizard (I. A.)].

Étendue de l'obligation d'information. Lorsque les données sur la structure ou l'organisation d'un groupe d'entreprises font partie des informations indispensables à l'ouverture des négociations pour l'institution d'un comité d'entreprise européen ou d'une procédure d'information et de consultation transnationale des travailleurs, il appartient à une entreprise de ce groupe de fournir lesdites données, qu'elle détient ou qu'elle est en mesure d'obtenir, aux organes internes de représentation des travailleurs qui en font la demande. La communication de documents précisant et explicitant des informations indispensables à la même fin peut également être exigée, pour autant qu'elle soit nécessaire, afin que les travailleurs concernés ou leurs représentants puissent accéder aux informations permettant d'apprécier s'ils ont le droit d'exiger l'ouverture de négociations (CJCE 29 mars 2001, aff. C-62/99, rec. p. I-2579; RJS 7/01 n° 948).

L'obligation d'information résultant des articles 4, § 1 et 11, § 1 de la directive 94/45/CE s'étend aux informations sur le nombre total moyen de travailleurs et leur répartition dans les divers États membres, les établissements de l'entreprise et les entreprises du groupe, et sur la structure de l'entreprise et celle des entreprises du groupe, ainsi qu'aux dénominations et adresses des représentants des travailleurs qui pourraient participer à la formation d'un groupe spécial de négociation, tel que prévu à l'article 5 de la même directive, ou à la constitution d'un comité d'entreprise européen, lorsque ces informations sont indispensables à l'ouverture des négociations pour l'institution d'un tel comité (CJCE 13 janvier 2004, aff. C-440/00, rec. p. I-787; JOUE C 47/1 du 21.02.2004; RJS 4/04 n° 473).

Art. L. 2341-5. Pour l'application du présent titre, l'entreprise dominante s'entend au sens de l'article L. 2331-1.

Art. L. 2341-6. ***(Ord. 2011-1328 du 20 oct. 2011, art. 1er, JO 21)*** La consultation prévue par le présent titre consiste, pour le chef de l'entreprise ou de l'entreprise dominante du groupe d'entreprises de dimension communautaire ou tout autre niveau de direction plus approprié, à organiser un échange de vues et à établir un dialogue avec les représentants des salariés à un moment, d'une façon et avec un contenu qui permettent à ceux-ci d'exprimer, sur la base des informations fournies et dans un délai raisonnable, un avis concernant les mesures faisant l'objet de la consultation, qui peut être pris en compte au sein de l'entreprise ou du groupe d'entreprises de dimension communautaire, sans préjudice des responsabilités de l'employeur.

Art. L. 2341-7. ***(Ord. 2011-1328 du 20 oct. 2011, art. 1er, JO 21)*** L'information prévue par le présent titre consiste, pour le chef de l'entreprise ou de l'entreprise dominante du groupe d'entreprises de dimension communautaire ou tout autre niveau de direction plus approprié, à transmettre des données aux représentants des salariés afin de permettre à ceux-ci de prendre connaissance du sujet traité et de l'examiner. L'information s'effectue à un moment, d'une façon et avec un contenu appropriés, qui permettent notamment aux représentants des salariés de procéder à une évaluation en profondeur de l'incidence éventuelle de ces données et de préparer, le cas échéant, des consultations avec le chef de l'entreprise ou de l'entreprise dominante du groupe d'entreprises de dimension communautaire ou tout autre niveau de direction plus approprié.

Art. L. 2341-8. ***(Ord. 2011-1328 du 20 oct. 2011, art. 1er, JO 21)*** La compétence du comité d'entreprise européen ou la procédure mentionnée à l'article L. 2341-4 porte sur les questions transnationales. Sont considérées comme telles les questions qui concernent l'ensemble de l'entreprise ou du groupe d'entreprises de dimension communautaire ou au moins deux entreprises ou établissements de l'entreprise ou du groupe situés dans deux États membres.

Art. L. 2341-9. ***(Ord. 2011-1328 du 20 oct. 2011, art. 1er, JO 21)*** L'information et la consultation du comité d'entreprise européen sont articulées avec celles des autres institutions représentatives du personnel mentionnées au présent livre et celles mises en place en application du droit de l'État membre sur le territoire duquel est implanté l'entreprise ou l'établissement, en fonction de leurs compétences et domaines d'intervention respectifs.

Lorsque le comité d'entreprise européen est constitué en l'absence d'accord ou lorsque l'accord ne prévoit pas les modalités d'articulation visées au 4° de l'article L. 2342-9 et dans le cas où des décisions susceptibles d'entraîner des modifications importantes dans l'organisation du travail ou dans les contrats de travail sont envisagées, le processus d'information et de consultation est mené tant au sein du comité d'entreprise européen que des institutions nationales représentatives du personnel.

Art. L. 2341-10. ***(Ord. 2011-1328 du 20 oct. 2011, art. 1er, JO 21)*** Si des modifications significatives interviennent dans la structure de l'entreprise ou du groupe d'entreprises de dimension communautaire, soit en l'absence de dispositions prévues par le ou les accords en vigueur, soit en cas de conflits entre les dispositions de deux ou plusieurs accords applicables, le chef de l'entreprise ou de l'entreprise dominante du groupe d'entreprises de dimension communautaire engage les négociations mentionnées à l'article L. 2342-1 de sa propre initiative ou à la demande écrite d'au moins cent salariés ou de leurs représentants, relevant d'au moins deux entreprises ou établissements situés dans au moins deux États différents mentionnés à l'article L. 2341-1.

Un groupe spécial de négociation est composé des membres désignés en application des articles L. 2344-2 à L. 2344-6 et d'au moins trois membres du comité d'entreprise européen existant ou de chacun des comités d'entreprise européens existants.

Le ou les comités d'entreprise européens existants continuent à fonctionner pendant la durée de cette négociation, selon des modalités éventuellement adaptées par accord conclu entre les membres du ou des comités d'entreprise européens et le chef de l'entreprise ou de l'entreprise dominante du groupe d'entreprises de dimension communautaire.

Art. L. 2341-11. ***(Ord. 2011-1328 du 20 oct. 2011, art. 1er, JO 21)*** Par dérogation aux articles L. 2341-6 et L. 2341-7, le chef de l'entreprise ou de l'entreprise dominante du groupe d'entreprises de dimension communautaire qui lance une offre publique d'acquisition portant sur le capital d'une entreprise n'est pas tenu de saisir le comité d'entreprise européen ou les représentants des salariés dans le cadre d'une procédure d'information et de consultation préalablement à ce lancement.

En revanche, il réunit le comité d'entreprise européen ou la représentation des salariés dans le délai le plus rapproché suivant la publication de l'offre permettant la présence effective de ses membres en vue de leur transmettre des informations écrites et précises sur le contenu de l'offre et sur les conséquences en matière d'emploi qu'elle est susceptible d'entraîner.

Note Sur l'information et consultation en l'absence de comité d'entreprise européen instauré par un accord précisant les modalités de l'articulation des consultations en application de l'article L. 2342-9, 4° CT, voir note sous l'article L. 2312-37.

Art. L. 2341-12. ***(L. 2015-994 du 17 août 2015, art. 17, I, 5°, JO 18)*** Le recours à la visioconférence pour réunir le comité d'entreprise européen peut être autorisé par accord entre le chef de l'entreprise dominante du groupe et les représentants du personnel siégeant au comité. En l'absence d'accord, ce recours est limité à trois réunions par année civile. Un décret détermine les conditions dans lesquelles le comité d'entreprise européen peut, dans ce cadre, procéder à un vote à bulletin secret.

Art. D. 2341-1. ***(D. 2016-453 du 12 avril 2016, JO 14)*** Les réunions par visioconférence du comité d'entreprise européen sur le fondement de l'article L. 2341-12 sont tenues dans les conditions prévues aux articles D. 2325-1-1 et suivants.

CHAPITRE II Comité ou procédure d'information et de consultation institué par accord

SECTION 1. Groupe spécial de négociation

Art. L. 2342-1. Le chef de l'entreprise ou de l'entreprise dominante du groupe d'entreprises de dimension communautaire met en place un groupe spécial de négociation composé de représentants de l'ensemble des salariés, conformément aux dispositions de l'article L. 2344-1, en vue de la conclusion d'un accord destiné à mettre en œuvre le droit des salariés à l'information et la consultation à l'échelon européen.

Art. L. 2342-2. Le groupe spécial de négociation détermine avec l'employeur, par un accord écrit, d'une part les entreprises ou établissements concernés, d'autre part soit la composition, les attributions et la durée du mandat du ou des comités d'entreprise européens, soit les modalités de mise en œuvre d'une procédure d'information et de consultation.

Art. L. 2342-3. L'employeur engage la procédure de constitution du groupe spécial de négociation lorsque les effectifs mentionnés à l'article L. 2341-1 sont atteints en moyenne sur l'ensemble des deux années précédentes.

Le calcul des effectifs s'effectue conformément aux dispositions de l'article L. 1111-2 pour les entreprises ou établissements situés en France et conformément au droit national dans les autres États.

(Ord. 2011-1328 du 20 oct. 2011, art. 2, JO 21) «Les responsables de l'obtention et de la transmission aux salariés et à leurs représentants mentionnés à l'article L. 2342-4 des informations indispensables à l'ouverture des négociations mentionnées à l'article L. 2342-1, notamment des informations relatives à la structure de l'entreprise ou du groupe et à ses effectifs, sont:

1° Tout chef d'une entreprise ou de l'entreprise dominante d'un groupe d'entreprises de dimension communautaire;

2° Tout chef d'une entreprise appartenant à un groupe d'entreprises de dimension communautaire;

3° Tout chef d'un établissement d'une entreprise de dimension communautaire ou appartenant à un groupe d'entreprises de dimension communautaire;

4° En l'absence de représentant en France désigné en application du 2° de l'article L. 2341-3, le chef de l'établissement de l'entreprise de dimension communautaire ou le chef de l'entreprise dominante du groupe d'entreprises de dimension communautaire mentionnés au 3° de cet article.»

Art. L. 2342-4. À défaut d'initiative de l'employeur, la procédure de constitution du groupe spécial de négociation est engagée à la demande écrite de cent salariés ou de leurs représentants, relevant d'au moins deux entreprises ou établissements situés dans au moins deux États différents mentionnés à l'article L. 2341-1.

Aucun salarié ne peut être sanctionné ou licencié en raison de l'exercice de ce droit d'initiative. Toute décision ou tout acte contraire est nul de plein droit.

Art. L. 2342-5. ***(Ord. 2011-1328 du 20 oct. 2011, art. 2, JO 21)*** «Le chef de l'entreprise ou de l'entreprise dominante du groupe d'entreprises de dimension communautaire» invite et convoque le groupe spécial de négociation à une réunion.

(Ord. 2011-1328 du 20 oct. 2011, art. 2, JO 21) «Il informe de la composition du groupe spécial de négociation et du début des négociations les chefs des établissements de l'entreprise ou les chefs des entreprises du groupe d'entreprises de dimension communautaire et les organisations européennes de salariés et d'employeurs consultées par la Commission européenne.

Avant et après les réunions avec le chef de l'entreprise ou de l'entreprise dominante du groupe d'entreprises de dimension communautaire, le groupe spécial de négociation peut se réunir, avec les moyens nécessaires et adaptés à la communication entre ses membres, hors la présence des représentants du chef de l'entreprise ou de l'entreprise dominante du groupe d'entreprises de dimension communautaire.»

Art. L. 2342-6. Le temps passé en réunion par les membres du groupe spécial de négociation est considéré comme temps de travail et payé à l'échéance normale.

Les dépenses nécessaires à la bonne exécution de la mission du groupe spécial de négociation sont à la charge de l'entreprise ou de l'entreprise dominante du groupe d'entreprises.

Art. L. 2342-7. Pour négocier, le groupe spécial de négociation peut être assisté d'experts de son choix ***(Ord. 2011-1328 du 20 oct. 2011, art. 2, JO 21)*** «parmi lesquels peuvent figurer des représentants des organisations européennes de salariés mentionnées à l'article L. 2342-5.»

(Ord. 2011-1328 du 20 oct. 2011, art. 2, JO 21) «Les experts et les représentants des organisations précitées peuvent, à la demande du groupe spécial de négociation, assister, à titre consultatif, aux réunions de négociation.»

L'entreprise ou l'entreprise dominante du groupe d'entreprises de dimension communautaire prend en charge les frais afférents à l'intervention d'un expert.

Art. L. 2342-8. La décision de conclure un accord est prise par le groupe spécial de négociation à la majorité de ses membres.

Le groupe peut décider, par au moins deux tiers des voix, de ne pas ouvrir de négociations ou de mettre fin aux négociations déjà en cours. Dans ce cas, une nouvelle demande de constitution d'un groupe spécial de négociation ne peut être introduite que deux ans au plus tôt après cette décision, sauf si les parties concernées fixent un délai plus court.

Le groupe cesse d'exister lorsqu'une procédure d'information et de consultation ou un comité d'entreprise européen est mis en place, ou s'il décide de mettre fin aux négociations dans les conditions prévues au deuxième alinéa.

Note Le groupe spécial de négociation est libre de conclure ou de ne pas conclure d'accord. La conclusion d'un accord doit être prise à la majorité; la décision de mettre fin aux négociations, voire de ne pas les engager, est acquise à la majorité des deux tiers. Cette décision emporte une conséquence importante: un nouveau groupe spécial de négociation ne pourra être constitué qu'après un délai de deux ans au minimum; les parties concernées peuvent cependant raccourcir ce délai.

La durée d'existence du groupe spécial de négociation est liée à l'accomplissement de sa mission. Lorsque sa mission s'achève, il cesse d'exister.

SECTION 2. Comité d'entreprise européen institué par accord

Art. L. 2342-9. Lorsqu'il opte pour la constitution d'un comité d'entreprise européen, le groupe spécial de négociation conclut un accord qui détermine:

1° Les établissements de l'entreprise de dimension communautaire ou les entreprises membres du groupe d'entreprises de dimension communautaire concernés par l'accord;

2° La composition du comité d'entreprise européen, en particulier le nombre de ses membres, la répartition des sièges ***(Ord. 2011-1328 du 20 oct. 2011, art. 2, JO 21)*** «permettant de prendre en compte le besoin de représentation équilibrée des salariés selon les activités, les catégories de salariés et le sexe,» et la durée du mandat;

3° Les attributions du comité d'entreprise européen et les modalités selon lesquelles l'information et la consultation se déroulent en son sein;

(Ord. 2011-1328 du 20 oct. 2011, art. 2, JO 21) «4° Les modalités de l'articulation entre l'information et la consultation du comité d'entreprise européen et celles des autres institutions représentatives du personnel mentionnées au présent livre et celles mises en place en application du droit de l'État membre sur le territoire duquel est implanté l'entreprise ou l'établissement, en fonction de leurs compétences et domaines d'intervention respectifs;»

5° Le lieu, la fréquence et la durée des réunions du comité d'entreprise européen;

(Ord. 2011-1328 du 20 oct. 2011, art. 2, JO 21) «6° Le cas échéant, la composition, les modalités de désignation, les attributions et les modalités de réunion du bureau constitué au sein du comité d'entreprise européen;»

7° Les moyens matériels et financiers alloués au comité d'entreprise européen;

(Ord. 2011-1328 du 20 oct. 2011, art. 2, JO 21) «8° La date d'entrée en vigueur de l'accord et sa durée, les modalités selon lesquelles l'accord peut être amendé ou dénoncé ainsi que les cas dans lesquels l'accord doit être renégocié et la procédure de sa renégociation, notamment lorsque des modifications interviennent dans la structure de l'entreprise ou du groupe d'entreprises de dimension communautaire.»

Art. L. 2342-10. Les membres du comité d'entreprise européen institué par accord ainsi que les experts qui les assistent sont tenus:

1° Au secret professionnel pour toutes les questions relatives aux procédés de fabrication;

2° À une obligation de discrétion à l'égard des informations présentant un caractère confidentiel et données comme telles par l'employeur.

Art. L. 2342-10-1. ***(Ord. 2011-1328 du 20 oct. 2011, art. 2, JO 21)*** Les membres du comité d'entreprise européen institué par accord informent les représentants du personnel des établissements ou des entreprises d'un groupe d'entreprises de dimension communautaire ou, à défaut de représentants, l'ensemble des salariés de la teneur et des résultats de la procédure d'information et de consultation mise en œuvre, dans le respect des dispositions relatives au secret professionnel et à l'obligation de discrétion mentionnées à l'article L. 2342-10.

Art. L. 2342-10-2. ***(Ord. 2011-1328 du 20 oct. 2011, art. 2, JO 21)*** Les membres du comité d'entreprise européen institué par accord bénéficient sans perte de salaire des formations nécessaires à l'exercice de leur mandat dans des conditions déterminées par l'accord.

SECTION 3. Procédure d'information et de consultation instituée par accord

Art. L. 2342-11. Lorsque, au lieu de créer un comité d'entreprise européen, le groupe spécial de négociation opte pour l'institution d'une ou de plusieurs procédures d'information et de consultation, l'accord prévoit selon quelles modalités les représentants des salariés peuvent se réunir pour procéder à une consultation sur les informations qui leur sont communiquées et qui portent, notamment, sur des questions transnationales affectant considérablement les intérêts des salariés.

Note Par accord, il est possible de choisir entre la mise en place d'un comité d'entreprise européen et l'institution d'une ou de plusieurs procédures d'information et de dialogue. Dans cette seconde hypothèse, il faut prévoir selon quelles modalités s'organisera le droit de réunion qui suppose préalablement un droit d'information. Les représentants des salariés devront être informés notamment des questions transnationales lorsque celles-ci affectent considérablement les intérêts des salariés. L'emploi de l'adverbe «considérablement» pourra susciter des difficultés; d'ores et déjà, il révèle une connotation restrictive.

Art. L. 2342-12. Les représentants des salariés dans le cadre d'une procédure d'information et de consultation ainsi que les experts qui les assistent sont tenus:

1° Au secret professionnel pour toutes les questions relatives aux procédés de fabrication;

2° À une obligation de discrétion à l'égard des informations présentant un caractère confidentiel et données comme telles par l'employeur.

CHAPITRE III Comité institué en l'absence d'accord

SECTION 1. Mise en place

Art. L. 2343-1. Un comité d'entreprise européen est institué conformément aux dispositions du présent chapitre dans les cas suivants:

1° Lorsque le chef de l'entreprise ou de l'entreprise dominante de dimension communautaire refuse de mettre en place un groupe spécial de négociation ou d'ouvrir des négociations dans un délai de six mois à compter de la réception de la demande prévue à l'article L. 2342-4 ;

2° Lorsque le groupe spécial de négociation n'a pas conclu d'accord dans un délai de trois ans à compter de la réception de la demande prévue à l'article L. 2342-4 ou de l'initiative prise par la direction de l'entreprise ou du groupe, sans préjudice des dispositions de l'article L. 2342-8.

Le comité d'entreprise européen est constitué et réuni au plus tard à l'expiration d'un délai de six mois suivant l'arrivée des termes de six mois ou de trois ans, mentionnés aux 1° et 2°.

Note En l'absence d'accord, la loi impose la mise en place d'un comité d'entreprise européen. Celle-ci s'impose au chef de l'entreprise (ou de l'entreprise dominante), lorsque l'absence d'accord résulte soit de son refus de constituer le groupe spécial de négociation, soit d'engager les négociations dans les six mois suivant la demande écrite des salariés ou de leurs représentants.

Lorsque les négociations ont été engagées mais n'ont débouché sur aucun accord, un délai de trois ans est prévu.

Quelle que soit la cause de l'absence d'accord, la mise en place s'impose dans les six mois suivant l'expiration des délais de six mois ou de trois ans.

SECTION 2. Attributions

Art. L. 2343-2. Le comité d'entreprise européen se réunit ***(Ord. 2011-1328 du 20 oct. 2011, art. 3, JO 21)*** « au moins » une fois par an.

(Ord. 2011-1328 du 20 oct. 2011, art. 3, JO 21) « Il est notamment informé sur : »

1° La structure de l'entreprise ou du groupe d'entreprises ;

2° Sa situation économique et financière ;

3° L'évolution probable de ses activités ;

4° La production et les ventes ;

5° La situation et l'évolution probable de l'emploi ;

6° Les investissements ;

7° Les changements substantiels concernant l'organisation, l'introduction de nouvelles méthodes de travail ou de nouveaux procédés de production ;

8° Les transferts de production ;

9° Les fusions ;

10° La réduction de la taille ou la fermeture d'entreprises, d'établissements ou de parties importantes de ceux-ci ;

11° Les licenciements collectifs.

Note Sur les offres publiques d'acquisition au sein de l'espace européen intervenant en l'absence de comité d'entreprise européen instauré par un accord précisant les modalités de l'articulation des consultations en application de l'article L. 2342-9, 4° CT, voir note sous l'article L. 2312-37.

Art. L. 2343-3. ***(Ord. 2011-1328 du 20 oct. 2011, art. 3, JO 21)*** Au moins une fois par an, le comité d'entreprise européen est consulté lors d'une réunion sur un rapport portant sur les 5° à 11° de l'article L. 2343-2.

La consultation s'effectue de façon à permettre aux représentants des salariés de se réunir avec l'employeur et d'obtenir une réponse motivée à tout avis qu'ils pourraient émettre.

Art. L. 2343-4. Lorsque surviennent des circonstances exceptionnelles ***(Ord. 2011-1328 du 20 oct. 2011, art. 3, JO 21)*** « ou des décisions » affectant considérablement les intérêts des salariés, notamment en cas de délocalisation, de fermeture d'entreprises ou d'établissements ou de licenciements collectifs, le bureau mentionné à l'article L. 2343-7 ou, s'il n'en existe pas, le comité d'entreprise européen, en est informé.

Le bureau ou le comité se réunit à sa demande avec l'employeur afin d'être informé et consulté sur les mesures affectant considérablement les intérêts des salariés.

Les membres du comité d'entreprise européen élus ou désignés par les établissements ou les entreprises directement concernés par les mesures en cause ont également le droit de participer à la réunion du bureau.

Cette réunion a lieu dans les meilleurs délais, à partir d'un rapport établi par le chef d'entreprise. Un avis peut être émis à l'issue de la réunion ou dans un délai raisonnable sur ce rapport.

Cette réunion ne porte pas atteinte aux prérogatives du chef d'entreprise.

Pour l'application de ces dispositions, l'employeur peut être remplacé par son représentant ou tout autre responsable à un niveau de direction plus approprié au sein de l'entreprise ou du groupe d'entreprises de dimension communautaire doté d'un pouvoir de décision.

Note • La réunion tenue dans des circonstances exceptionnelles «ne porte pas atteinte aux prérogatives du chef d'entreprise»; le bureau du comité ou les membres du comité ne peuvent formuler, à cette occasion, qu'un simple avis.

• Est manifestement illicite un comportement décisionnel n'accordant pas à l'information et à la consultation une place susceptible de leur assurer un effet utile (CA Versailles 7 mai 1997, Dr. Soc. 1997, p. 493, note M-A Moreau, et obs. A. Lyon-Caen). Rendue à propos de la décision de fermer l'usine de Vilvorde (Belgique), la décision de la cour d'appel de Versailles condamne la société Renault à réunir en session plénière, au besoin extraordinaire, le comité de groupe européen Renault afin d'étudier les motifs et les répercussions d'une telle fermeture.

• Les procédures de consultation du comité d'entreprise et du comité européen d'entreprise n'ayant pas le même objet ni le même champ d'application, les renseignements fournis lors de la réunion du comité d'entreprise n'assurent pas nécessairement une complète information du comité d'entreprise européen (cass. soc. 16 janvier 2008, n° 07-10.597, BC V n° 6; JSL n° 227, 11.02.2008, p. 13, J-E Tourreil; RDT, mars 2008, CH, 191, H. Tissandier; JCP éd. S 2008, 1155, note B. Teyssié; RJS 4/08 n° 443 et p. 279, chron. J-Ph. Lhernould).

SECTION 3. Composition

Art. L. 2343-5. Le comité d'entreprise européen est composé:

1° Du chef de l'entreprise ou de l'entreprise dominante du groupe de dimension communautaire, assisté de deux personnes de son choix ayant voix consultative;

2° De représentants du personnel des établissements de l'entreprise ou des entreprises constituant le groupe de dimension communautaire.

(Ord. 2011-1328 du 20 oct. 2011, art. 3, JO 21) «Le chef de l'entreprise ou de l'entreprise dominante du groupe d'entreprises de dimension communautaire et tout autre niveau de direction approprié sont informés de la désignation des représentants des salariés au comité d'entreprise européen.»

Note Le mandat de membre du comité européen d'un groupe n'est pas un mandat de représentant syndical, en sorte que le changement d'affiliation syndicale du représentant du personnel élu qu'elle a désigné n'autorise pas une organisation syndicale à mettre fin à son mandat (cass. soc. 17 avril 2019 n° 17-17.986, à paraître, LSQ n° 17812 du 09.05.2019; RJS 7/19 n° 440; LS Europe n° 472 du 02.05.2019).

Art. L. 2343-6. Les modifications de la composition du comité d'entreprise européen qui résultent des changements intervenus dans la structure ou la dimension de l'entreprise ou du groupe d'entreprises de dimension communautaire peuvent être décidées par accord conclu en son sein entre l'employeur et les représentants des salariés.

SECTION 4. Fonctionnement

Art. L. 2343-7. Le comité d'entreprise européen est doté de la personnalité civile.

Il est présidé par le chef d'entreprise ou de l'entreprise dominante du groupe de dimension communautaire.

Le comité désigne un secrétaire.

(Ord. 2011-1328 du 20 oct. 2011, art. 3, JO 21) «Il élit un bureau d'au maximum cinq membres qui bénéficie de conditions matérielles lui permettant d'exercer son activité de façon régulière.»

Art. R. 2343-1. Le secrétaire du comité d'entreprise européen est désigné à la majorité des voix parmi ses membres.

Les membres du bureau sont élus parmi les membres du comité.

Art. L. 2343-8. Le comité d'entreprise européen adopte un règlement intérieur qui fixe ses modalités de fonctionnement.

Ce règlement intérieur peut organiser la prise en compte des répercussions, sur le comité d'entreprise européen, des changements intervenus dans la structure ou la dimension de l'entreprise ou du groupe d'entreprises de dimension communautaire. L'examen de tels changements peut avoir lieu à l'occasion de la réunion annuelle du comité.

Art. L. 2343-9. La réunion annuelle du comité d'entreprise européen est provoquée sur convocation de son président, à partir d'un rapport établi par celui-ci.

Ce rapport retrace l'évolution des activités de l'entreprise de dimension communautaire ou du groupe d'entreprises de dimension communautaire et ses perspectives.

Les directeurs des établissements ou les chefs d'entreprise des entreprises du groupe sont informés de ce rapport.

Art. L. 2343-10. L'ordre du jour de la réunion annuelle du comité d'entreprise européen est arrêté par le président et le secrétaire. Il est communiqué aux membres du comité quinze jours au moins avant la séance.

À défaut d'accord sur le contenu de l'ordre du jour, celui-ci est fixé par le président et communiqué aux membres du comité dix jours au moins avant la date de la réunion.

Art. L. 2343-11. Avant les réunions, les représentants des salariés au comité d'entreprise européen ou le bureau, le cas échéant élargi conformément à l'article L. 2343-4, peuvent se réunir hors la présence des représentants de la direction de l'entreprise.

Art. L. 2343-12. La délégation du personnel du comité d'entreprise européen informe les représentants du personnel des établissements ou des entreprises d'un groupe d'entreprises de dimension communautaire ou, à défaut de représentants, l'ensemble des salariés, de la teneur et des résultats ***(Ord. 2011-1328 du 20 oct. 2011, art. 3, JO 21)*** «de la procédure d'information et de consultation mises en œuvre conformément aux dispositions du présent chapitre», dans le respect des dispositions relatives au secret professionnel et à l'obligation de discrétion.

Art. L. 2343-13. Le comité d'entreprise européen et son bureau peuvent être assistés d'experts de leur choix.

L'entreprise ou l'entreprise dominante du groupe d'entreprises de dimension communautaire prend en charge les frais afférents à l'intervention d'un expert.

Art. L. 2343-14. Les dépenses de fonctionnement du comité d'entreprise européen sont supportées par l'entreprise ou l'entreprise dominante du groupe d'entreprises de dimension communautaire.

Les membres du comité sont dotés des moyens matériels ou financiers nécessaires à l'accomplissement de leurs missions.

En particulier, l'entreprise prend en charge, sauf s'il en a été convenu autrement, les frais d'organisation des réunions et d'interprétariat ainsi que les frais de séjour et de déplacement des membres du comité et du bureau.

Art. L. 2343-15. L'employeur laisse au secrétaire et aux membres du bureau du comité d'entreprise européen le temps nécessaire à l'exercice de leurs fonctions dans la limite d'une durée qui, sauf circonstances exceptionnelles, ne peut excéder cent vingt heures annuelles pour chacun d'entre eux.

Ce temps est considéré comme temps de travail et payé à l'échéance normale.

Le temps passé par le secrétaire et les membres du bureau aux séances du comité et aux réunions du bureau n'est pas déduit de ces cent vingt heures.

L'employeur qui entend contester l'usage fait du temps ainsi alloué saisit le juge judiciaire.

Art. L. 2343-16. Le temps passé en réunion par les membres du comité d'entreprise européen est considéré comme temps de travail et payé à l'échéance normale.

Art. L. 2343-17. Les documents communiqués aux représentants des salariés comportent une version en français.

Art. L. 2343-18. Quatre ans après l'institution du comité d'entreprise européen dans les cas prévus par l'article L. 2343-1, celui-ci examine s'il convient de le renouveler ou d'engager des négociations en vue de la conclusion de l'accord mentionné aux articles L. 2342-2 et L. 2342-9.

Dans cette dernière hypothèse, les membres du comité forment le groupe spécial de négociation habilité à conclure l'accord mentionné au premier alinéa.

L'employeur convoque une réunion à cet effet dans un délai de six mois à compter du terme de quatre ans.

Le comité demeure en fonction tant qu'il n'a pas été renouvelé ou remplacé.

Art. L. 2343-19. Lorsqu'un groupe d'entreprises a mis en place un comité d'entreprise européen, l'accord mentionné à l'article L. 2342-2 ou un accord passé au sein du groupe peut décider d'un aménagement des conditions de fonctionnement du comité de groupe.

L'entrée en vigueur de l'accord est subordonnée à un vote favorable du comité de groupe.

Note Sur la coexistence entre le comité d'entreprise européen et le comité de groupe, voir Dr. Soc. n° 9/10, septembre-octobre 2007, P. Rodière, «Le comité d'entreprise européen, quel impact sur le devenir des comités d'entreprise ?».

CHAPITRE IV Dispositions communes au groupe spécial de négociation et au comité institué en l'absence d'accord

SECTION 1. Répartition des sièges

Art. L. 2344-1. Le nombre de sièges au groupe spécial de négociation et au comité d'entreprise européen institué en l'absence d'accord ainsi que le nombre minimum et maximum de représentants du personnel au comité d'entreprise européen institué dans les mêmes conditions sont fixés par décret en Conseil d'État.

L'employeur et les représentants des salariés peuvent décider d'associer aux travaux du groupe spécial de négociation ou du comité d'entreprise européen des représentants des salariés employés dans des États autres que ceux mentionnés à l'article L. 2341-1. Ces membres associés n'ont pas le droit de vote au sein de l'instance considérée.

Art. R. 2344-1. *(D. 2011-1414 du 31 oct. 2011, JO 1er nov.)* Le nombre de sièges au groupe spécial de négociation et au comité d'entreprise européen institué en l'absence d'accord pour chacun des États mentionnés à l'article L. 2341-1 est fixé selon les règles suivantes:

1° Jusqu'à 10 % de l'effectif total: 1 siège;
2° De plus de 10 % à 20 % de l'effectif total: 2 sièges;
3° De plus de 20 % à 30 % de l'effectif total: 3 sièges;
4° De plus de 30 % à 40 % de l'effectif total: 4 sièges;
5° De plus de 40 % à 50 % de l'effectif total: 5 sièges;
6° De plus de 50 % à 60 % de l'effectif total: 6 sièges;
7° De plus de 60 % à 70 % de l'effectif total: 7 sièges;
8° De plus de 70 % à 80 % de l'effectif total: 8 sièges;
9° De plus de 80 % à 90 % de l'effectif total: 9 sièges;
10° Plus de 90 % de l'effectif total: 10 sièges.

SECTION 2. Désignation, élection et statut des membres

Art. L. 2344-2. Les membres du groupe spécial de négociation et les représentants des salariés des établissements ou des entreprises implantés en France au comité d'entreprise européen sont désignés par les organisations syndicales de salariés parmi leurs élus aux ***(Ord. 2017-1386 du 22 sept. 2017, art. 4, 55°, JO 23, entrée en vigueur au plus tard le 01.01.2018)*** «comités sociaux et économiques» ou leurs représentants syndicaux dans l'entreprise ou le groupe, à partir des résultats des dernières élections.

Il en va de même des représentants des salariés des établissements ou entreprises situés en France appartenant à une entreprise ou un groupe de dimension communautaire pour la constitution d'un groupe spécial de négociation ou d'un comité d'entreprise européen dans un État autre que la France.

Note La Cour de cassation est d'avis que les dispositions de cet article ne permettent pas de modifier la composition du groupe spécial de négociation en fonction des résultats des scrutins intervenus postérieurement à sa mise en place (cass. avis 21 octobre 2005, n° 05-00.024, BC n° 8; JCP éd. S 2005, 1405, note B. Teyssié; RJS 3/06 n° 363). Il en est de même en ce qui concerne le comité d'entreprise européen institué en l'absence d'accord (cass. soc. 21 janvier 2009, n° 08-60.426, BC V n° 21; RJS 4/09 n° 371).

Art. L. 2344-3. Pour les établissements ou entreprises implantés en France, les sièges sont répartis entre les collèges proportionnellement à l'importance numérique de chacun d'entre eux.

Les sièges affectés à chaque collège sont répartis entre les organisations syndicales proportionnellement au nombre d'élus qu'elles ont obtenu dans ces collèges, selon la règle de la représentation proportionnelle au plus fort reste.

Art. L. 2344-4. Pour les établissements ou les entreprises implantés dans un des États mentionnés à l'article L. 2341-1, autre que la France, les membres du groupe spécial de négociation et les représentants des salariés au comité d'entreprise européen, mis en place en application de l'article L. 2343-1, sont élus ou désignés selon les règles ou usages en vigueur dans ces États.

Art. L. 2344-5. Pour l'entreprise ou le groupe d'entreprises de dimension communautaire dont le siège social ou celui de l'entreprise dominante est implanté en France, lorsqu'il n'existe pas d'organisation syndicale, les représentants du personnel au groupe spécial de négociation ou au comité d'entreprise européen sont élus directement, selon les règles applicables au ***(Ord. 2017-1386 du 22 sept. 2017, art. 4, 20°, JO 23, entrée en vigueur au plus tard le 01.01.2018)*** «comité social et économique».

Art. L. 2344-6. Pour l'entreprise ou le groupe d'entreprise de dimension communautaire devant mettre en place un comité d'entreprise européen ou une procédure d'information et de consultation dans un des États autres que la France mentionnés à l'article L. 2341-1, les dispositions de l'article L. 2344-5 s'appliquent, lorsqu'il n'existe pas d'organisation syndicale, à l'établissement ou à l'entreprise implanté en France comprenant ***(L. 2012-387 du 22 mars 2012, art. 43, 5°, JO 23)*** «au moins cinquante salariés».

Art. L. 2344-7. Les contestations relatives à la désignation des membres du groupe spécial de négociation et des représentants au comité d'entreprise européen des salariés des établissements ou des entreprises implantés en France sont portées devant le juge judiciaire.

Note Il résulte des articles L. 439-19-1 [L. 2344-7] CT et 40 NCPC que le tribunal d'instance [tribunal judiciaire], saisi d'une action en contestation de la désignation des membres du groupe spécial de négociation et des représentants au comité d'entreprise européen, statue en premier ressort (cass. soc. 18 juin 2003, n° 02-60.071, BC V n° 200; RJS 10/03 n° 1187; voir aussi cass. soc. 24 septembre 2008, n° 07-60.350, BC V n° 182; RJS 12/08 n° 1206; 22 octobre 2014, n° 13-27.231).

Art. R. 2344-3. Les contestations relatives à la désignation des membres du groupe spécial de négociation et des représentants au comité d'entreprise européen des salariés des établissements ou des entreprises implantés en France sont de la compétence du ***(D. 2019-966 du 18 sept. 2019, art. 8, JO 19, entrée en vigueur le 01.01.2020)*** «tribunal judiciaire» du siège de l'entreprise ou de la filiale française dominante du groupe d'entreprises de dimension communautaire.

Art. L. 2344-8. Les membres du groupe spécial de négociation et les membres du comité d'entreprise européen institué en vertu des dispositions de l'article L. 2343-1, ainsi que les experts qui les assistent, sont tenus:

1° Au secret professionnel pour toutes les questions relatives aux procédés de fabrication;

2° À une obligation de discrétion à l'égard des informations présentant un caractère confidentiel et données comme telles par l'employeur.

Art. L. 2344-9. ***(Ord. 2011-1328 du 20 oct. 2011, art. 4, JO 21)*** Les membres du groupe spécial de négociation et du comité d'entreprise européen institué en l'absence d'accord bénéficient, sans perte de salaire, des formations nécessaires à l'exercice de leur mandat.

CHAPITRE V Suppression du comité

Art. L. 2345-1. Lorsque, du fait d'une baisse des effectifs, l'entreprise ou le groupe d'entreprises de dimension communautaire ne remplit plus les conditions de seuils mentionnées à l'article L. 2341-1, le comité d'entreprise européen, qu'il ait été institué ou non par accord, peut être supprimé par accord.

À défaut d'accord, l'autorité administrative peut autoriser la suppression du comité en cas de réduction importante et durable du personnel ramenant l'effectif au-dessous de ces seuils.

Art. R. 2345-1. Le *(D. 2020-1545 du 9 déc. 2020, JO 10, entrée en vigueur le 01.04.2021)* « directeur régional de l'économie, de l'emploi, du travail et des solidarités » peut autoriser la suppression du comité d'entreprise européen dans les conditions énoncées à l'article L. 2345-1.

Art. L. 2345-2. Lorsqu'un groupe d'entreprises a mis en place un comité d'entreprise européen, l'accord mentionné à l'article L. 2342-2 ou un accord passé au sein du groupe peut décider de la suppression du comité de groupe. L'entrée en vigueur de l'accord est subordonnée à un vote favorable du comité de groupe.

En cas de suppression du comité de groupe, les dispositions des articles L. 2332-1, L. 2332-2 et L. 2334-4 sont applicables au comité d'entreprise européen.

Note Voir note sous article L. 2343-19.

CHAPITRE VI Dispositions pénales

Art. L. 2346-1. Le fait d'apporter une entrave soit à la constitution d'un groupe spécial de négociation, d'un comité d'entreprise européen ou à la mise en œuvre d'une procédure d'information et de consultation, soit à la libre désignation de leurs membres, notamment par la méconnaissance des articles L. 2342-1 à L. 2342-7 et L. 2343-1, est puni d'un emprisonnement d'un an et d'une amende de ***(L. 2015-990 du 6 août 2015, art. 262, 2°, JO 7)*** « 7 500 €.

Le fait d'apporter une entrave à leur fonctionnement régulier est puni d'une amende de 7 500 €. »

TITRE V IMPLICATION DES SALARIÉS DANS LA SOCIÉTÉ EUROPÉENNE ET COMITÉ DE LA SOCIÉTÉ EUROPÉENNE

Note • Les dispositions de ce titre sont issues de la loi 2005-842 du 26 juillet 2005 (JO 27) qui a transposé en France la directive 2001/86/CE du 8 octobre 2001 complétant le statut de la société européenne pour ce qui concerne l'implication des travailleurs.

• Voir notamment :
– M-A Moreau, « L'implication des travailleurs dans la société européenne », Dr. Soc. 2001 n° 11, p. 967 ;
– G. Damy, « La nécessité d'une approche renouvelée du droit social européen », TPS mars 2004, p. 4 ;
– B. Teyssié, « Les accords relatifs à l'implication des salariés dans les sociétés européennes les parties à la négociation », JCP éd. S 2005, 127 ; « Les accords relatifs à l'implication des salariés dans les sociétés européennes le déroulement de la négociation », JCP éd. S 2005, 148 ; « L'implication des salariés dans la société européenne normes subsidiaires : le comité légal », JCP éd. S 2005, 168 ; « L'implication des salariés dans la société européenne normes subsidiaires : la participation aux organes de direction », JCP éd. S 2005, 187 ;
– G. Perrier, « La société européenne : vers une contractualisation accrue de la représentation du personnel », JCP éd. S 2005, 275.

CHAPITRE Ier Dispositions générales

Art. L. 2351-1. Les dispositions du présent titre s'appliquent :

1° Aux sociétés européennes ayant leur siège en France constituées conformément au règlement (CE) n° 2157/2001 du Conseil du 8 octobre 2001 relatif au statut de la société européenne (SE) ;

2° Aux sociétés participant à la constitution d'une société européenne et ayant leur siège en France ;

3° Aux filiales et établissements situés en France d'une société européenne située dans un autre État membre de la Communauté européenne ou de l'Espace économique européen.

Art. L. 2351-2. Lorsqu'une société européenne mentionnée à l'article L. 2351-1 est une entreprise de dimension communautaire ou un groupe d'entreprises de dimension communautaire au sens de l'article L. 2341-2, les dispositions du titre IV relatif au comité d'entreprise européen ou à la procédure d'information et de consultation dans les entreprises de dimension communautaire ne sont applicables ni à la société européenne ni à ses filiales.

Art. L. 2351-3. Les modalités de l'implication des salariés dans la société européenne recouvrent l'information, la consultation et, le cas échéant, la participation.

Elles sont arrêtées par accord conclu entre les dirigeants des sociétés participantes et les représentants des salariés conformément aux dispositions du présent titre.

À défaut d'accord, ces modalités sont arrêtées conformément aux dispositions du chapitre III.

Art. L. 2351-4. On entend par information celle fournie par l'organe dirigeant de la société européenne à l'organe représentant les salariés sur les questions qui soit concernent la société européenne elle-même et toute filiale ou tout établissement situé dans un autre État membre, soit excèdent les pouvoirs des instances de décision situées dans un État membre.

Cette information se fait selon des modalités permettant aux représentants des salariés d'en évaluer l'incidence éventuelle et, le cas échéant, de préparer des consultations avec l'organe compétent de la société européenne.

Art. L. 2351-5. On entend par consultation l'instauration d'un dialogue et d'un échange de vues entre l'organe représentant les salariés ou les représentants des salariés et l'organe compétent de la société européenne selon des modalités permettant aux représentants des salariés, à partir des informations fournies, d'exprimer un avis sur les mesures envisagées par l'organe compétent.

Cet avis peut être pris en considération dans le cadre du processus décisionnel au sein de la société européenne.

Art. L. 2351-6. On entend par participation l'influence exercée par l'organe représentant les salariés ou par les représentants des salariés sur les affaires d'une société sous les formes suivantes :

– soit en exerçant leur droit d'élire ou de désigner certains membres de l'organe de surveillance ou d'administration de la société ;

– soit en exerçant leur droit de recommander la désignation d'une partie ou de l'ensemble des membres de l'organe de surveillance ou d'administration de la société ou de s'y opposer.

Art. L. 2351-7. Le décompte des effectifs des sociétés participantes, filiales ou établissements concernés situés en France s'effectue conformément aux dispositions de l'article L. 1111-2.

Art. D. 2351-1. Lorsque les dirigeants des sociétés participant à la constitution de cette société européenne décident que son siège est établi sur le territoire français, le projet de constitution de cette société précise que le groupe spécial de négociation est constitué au lieu de ce siège.

CHAPITRE II Implication des salariés dans la société européenne par accord du groupe spécial de négociation

SECTION 1. Groupe spécial de négociation

Sous-section 1. Mise en place et objet

Art. L. 2352-1. Un groupe spécial de négociation est institué dès que possible après la publication du projet de fusion ou de constitution de la holding ou après l'adoption d'un projet de constitution d'une filiale ou de transformation en une société européenne.

Il est doté de la personnalité juridique.

Art. L. 2352-2. Le groupe spécial de négociation détermine avec les dirigeants des sociétés participant à la création de la société européenne ou leurs représentants, par un accord écrit, les modalités de l'implication des salariés au sein de la société européenne mentionnées à l'article L. 2351-3.

Art. D. 2352-1. Dans le délai d'un mois à compter de la publication du projet de constitution d'une société européenne, les dirigeants des sociétés participantes portent à la connaissance de leurs organisations syndicales, de celle de leurs filiales et établissements qui disposent de représentants ou d'élus au sens du premier alinéa de l'article L. 2352-5 :

1° L'identité des sociétés, filiales et établissements ;

2° Le lieu de leur implantation ;

3° Leur statut juridique;
4° La nature de leurs activités.

Art. D. 2352-2. Les dirigeants des sociétés participantes indiquent à leurs organisations syndicales, à leurs filiales et à leurs établissements disposant de représentants ou d'élus:
1° Le nombre de leurs salariés, à la date de la publication du projet de constitution, en France collège par collège et dans les autres États membres;
2° Les formes de participation existant au sens de l'article L. 2351-6;
3° Le nombre de sièges au groupe spécial de négociation revenant à chaque État membre, calculé conformément aux dispositions de l'article L. 2352-3.

Art. D. 2352-3. En cas de constitution de la société européenne par voie de fusion et dans les hypothèses mentionnées à l'article L. 2352-4, les dirigeants fixent le nombre des sièges supplémentaires et indiquent ceux alloués aux sociétés ayant leur siège en France.

Art. D. 2352-4. À défaut de représentants ou d'élus dans l'entreprise, les renseignements mentionnés aux articles D. 2352-1 et D. 2352-2 sont communiqués directement, par tout moyen, aux salariés des sociétés, filiales et établissements intéressés.

Sous-section 2. Désignation, élection et statut des membres

Art. L. 2352-3. Les sièges au sein du groupe spécial de négociation sont répartis entre les États membres en proportion du nombre de salariés employés dans chacun de ces États par rapport aux effectifs des sociétés participantes et des filiales ou établissements concernés dans l'ensemble des États membres. Leur nombre est fixé par décret en Conseil d'État.

À l'issue de la répartition ainsi opérée, le nombre de salariés que chaque membre du groupe spécial de négociation représente est déterminé aux fins de procéder aux calculs et votes mentionnés à l'article L. 2352-13.

Art. R. 2352-5. En application du premier alinéa de l'article L. 2352-3, le nombre de sièges par État membre au sein du groupe spécial de négociation est égal à:
1° Jusqu'à 10 % de l'effectif total: 1 siège;
2° De plus de 10 % à 20 % de l'effectif total: 2 sièges;
3° De plus de 20 % à 30 % de l'effectif total: 3 sièges;
4° De plus de 30 % à 40 % de l'effectif total: 4 sièges;
5° De plus de 40 % à 50 % de l'effectif total: 5 sièges;
6° De plus de 50 % à 60 % de l'effectif total: 6 sièges;
7° De plus de 60 % à 70 % de l'effectif total: 7 sièges;
8° De plus de 70 % à 80 % de l'effectif total: 8 sièges;
9° De plus de 80 % à 90 % de l'effectif total: 9 sièges;
10° De plus de 90 % de l'effectif total: 10 sièges.

Art. L. 2352-4. Lorsqu'une société européenne se constitue par voie de fusion et qu'au moins une société participante perd son existence juridique propre et n'est pas représentée directement par un membre du groupe spécial de négociation, ce dernier comprend, outre les sièges alloués conformément à l'article L. 2352-3, un ou plusieurs sièges supplémentaires.

Toutefois, quel que soit le nombre de sociétés en cause, le nombre de membres supplémentaires ne peut excéder 20 % du nombre total de membres déterminé par application de l'article L. 2352-3. Si les sièges supplémentaires sont en nombre inférieur au nombre de sociétés perdant leur existence juridique propre et n'ayant aucun salarié désigné membre du groupe spécial de négociation, ils sont attribués à ces sociétés selon l'ordre décroissant de leurs effectifs. Si cet ordre comporte successivement deux sociétés ayant leur siège social dans le même État, le siège supplémentaire suivant est attribué à la société qui a l'effectif immédiatement inférieur dans un État différent.

Il est procédé, selon des modalités fixées par décret, à la détermination du nombre de salariés représentés par chaque membre du groupe spécial de négociation.

Art. L. 2352-5. Les membres du groupe spécial de négociation sont désignés par les organisations syndicales de salariés parmi leurs élus aux ***(Ord. 2017-1386 du 22 sept. 2017, art. 4, 55°, JO 23, entrée en vigueur au plus tard le 01.01.2018)*** «comités sociaux et économiques» ou leurs représentants syndicaux, sur la base des résultats des dernières élections.

Il en va de même des représentants des salariés des sociétés participantes, filiales ou établissements concernés situés en France et relevant d'une société européenne située dans un État autre que la France.

Pour les sociétés situées en France, les sièges sont répartis entre les collèges proportionnellement à l'importance numérique de chacun d'entre eux. Les sièges affectés à chaque collège sont répartis selon la règle de la représentation proportionnelle au plus fort reste entre les organisations syndicales, proportionnellement au nombre d'élus qu'elles ont obtenu dans ces collèges.

Les membres du groupe spécial de négociation désignés par les sociétés participantes implantées dans un des États membres autre que la France sont élus ou désignés selon les règles en vigueur dans chaque État membre.

La désignation de ces membres est notifiée par l'organisation syndicale à l'employeur dans des conditions déterminées par voie réglementaire.

Art. L. 2352-6. Lorsqu'il n'existe pas d'organisation syndicale dans la société européenne dont le siège social se trouve en France, les représentants du personnel au groupe spécial de négociation sont élus directement selon les règles applicables au ***(Ord. 2017-1386 du 22 sept. 2017, art. 4, 20°, JO 23, entrée en vigueur au plus tard le 01.01.2018)*** «comité social et économique».

Il en va de même lorsqu'il n'existe pas d'organisation syndicale dans l'établissement ou l'entreprise implanté en France et appartenant à une société européenne.

Art. L. 2352-7. Si des changements substantiels interviennent durant les négociations, notamment un transfert de siège, une modification de la composition de la société européenne ou une modification dans les effectifs susceptible d'entraîner une modification dans la répartition des sièges d'un ou plusieurs États membres au sein du groupe spécial de négociation, la composition de ce dernier est modifiée en conséquence.

Art. L. 2352-8. Les contestations relatives à la désignation des membres du groupe spécial de négociation et des représentants des salariés au comité de la société européenne dont le siège se situe en France, ainsi que des salariés des sociétés participantes, des établissements ou filiales implantés en France sont portées devant le juge judiciaire.

Art. D. 2352-6. Lorsqu'il existe des représentants ou des élus dans toutes les sociétés, filiales et établissements, les organisations syndicales désignent les membres du groupe spécial de négociation conformément aux modalités fixées aux articles D. 2352-8 et D. 2352-9.

Art. D. 2352-7. L'organisation syndicale notifie à l'employeur la désignation des membres du groupe spécial de négociation par lettre recommandée avec avis de réception.

Art. D. 2352-8. Pour procéder à la répartition des sièges du groupe spécial de négociation entre les collèges conformément aux dispositions du troisième alinéa de l'article L. 2352-5, l'effectif à prendre en compte est la somme des effectifs des salariés appartenant aux collèges des sociétés, filiales et établissements.

Il est déterminé un quotient égal à l'effectif calculé au premier alinéa divisé par le nombre de sièges revenant à la France au sein du groupe spécial de négociation.

Il est attribué à chaque collège autant de sièges que le total de ses effectifs dans chaque société, filiale ou établissement contient de fois le quotient.

Le ou les sièges non attribués par application des dispositions du troisième alinéa sont attribués au plus fort reste. En cas d'égalité de restes, le siège revient au collège qui représente le plus grand nombre de salariés.

Art. D. 2352-9. Pour procéder à la répartition des sièges alloués à chaque collège entre les organisations syndicales, il est calculé un quotient égal au nombre total d'élus de ce collège dans les ***(D. 2017-1819 du 29 déc. 2017, art. 3, 33°, JO 30, entrée en vigueur le 01.01.2018)*** «comités sociaux et économiques ou comités sociaux et économiques d'établissement» des sociétés, filiales et établissements, divisé par le nombre de sièges attribués à ce collège.

Il est attribué à chaque organisation syndicale, par collège, autant de sièges que son nombre d'élus dans ce collège contient de fois le quotient.

Le ou les sièges non attribués par application des dispositions du deuxième alinéa sont attribués au plus fort reste. En cas d'égalité de restes, le siège revient à l'organisation syndicale qui a obtenu le plus grand nombre de suffrages cumulés lors du premier tour des élections ayant conduit à la désignation de ses élus.

Art. D. 2352-10. Lorsque seules certaines sociétés, filiales et établissements ont un représentant ou un élu, les membres du groupe spécial de négociation sont :

1° Soit désignés selon les modalités définies aux articles D. 2352-6 et suivants ;

2° Soit élus conformément aux dispositions de l'article D. 2352-11.

Art. L. 2352-9

Les nombres respectifs des membres désignés et des membres élus pour pourvoir les sièges revenant à la France au sein du groupe spécial de négociation sont déterminés en fonction de la part des effectifs cumulés des sociétés, filiales et établissements ayant ou non un représentant ou un élu dans l'ensemble des effectifs des sociétés, filiales et établissements implantés en France. Cette détermination se fait selon le système de la représentation proportionnelle au plus fort reste.

Art. D. 2352-11. Lorsqu'aucune des sociétés, filiales et établissements n'a de représentant ou d'élu, les membres du groupe spécial de négociation sont élus directement par les salariés.

L'élection a lieu collège par collège. Elle est commune à l'ensemble des sociétés, filiales et établissements.

La répartition des sièges entre les différentes catégories et la répartition des salariés dans les collèges électoraux sont accomplies sur la base de leurs effectifs cumulés dans les sociétés, filiales et établissements.

Les listes de candidats comportent autant de noms que de sièges revenant à la France au sein du groupe spécial de négociation.

Le vote peut se dérouler séparément dans les locaux de chaque société, filiale ou établissement. Le dépouillement ne peut commencer avant la clôture du dernier scrutin.

Les sièges sont attribués à chaque liste conformément aux dispositions des articles R. 2324-18 et suivants.

Art. D. 2352-12. Lorsqu'un siège supplémentaire est attribué à une société participante en application de l'article L. 2352-4, ce siège est attribué :

1° S'il existe un ***(D. 2017-1819 du 29 déc. 2017, art. 3, 4°, JO 30, entrée en vigueur le 01.01.2018)*** « comité social et économique », à l'organisation syndicale qui compte le plus de représentants au sein de ce comité. En cas d'égalité, le siège est attribué à celle ayant recueilli le plus grand nombre de suffrages au premier tour de scrutin de l'élection des membres de ce comité ;

2° En l'absence de ***(D. 2017-1819 du 29 déc. 2017, art. 3, 4°, JO 30, entrée en vigueur le 01.01.2018)*** « comité social et économique », à un représentant élu directement à cet effet par les salariés de la société.

L'élection a lieu au scrutin uninominal à un tour.

Art. D. 2352-13. Les désignations des membres du groupe spécial de négociation sont notifiées aux dirigeants de la société, filiale ou établissement au sein duquel travaillent les représentants des salariés ou, le cas échéant, à l'organe de direction mandaté à cet effet.

Les dirigeants des sociétés, filiales et établissements transmettent aux dirigeants des sociétés participantes le nom des personnes ainsi désignées et celui des personnes élues en application des dispositions des articles D. 2352-10 à D. 2352-12.

Ils font connaître ces informations à leurs salariés, par affichage ou par tout autre moyen, ainsi qu'à l'inspecteur du travail.

Sous-section 3. Fonctionnement

Art. L. 2352-9. Les dirigeants des sociétés participant à la constitution de la société européenne invitent le groupe spécial de négociation à se réunir et communiquent à cet effet aux représentants du personnel et aux dirigeants des établissements et filiales concernés, qui en l'absence de représentants du personnel en informent directement les salariés, l'identité des sociétés participantes ainsi que le nombre de salariés qu'elles comprennent.

Les négociations débutent dès que le groupe spécial de négociation est constitué. Elles peuvent se poursuivre pendant les six mois qui suivent, sauf si les parties décident, d'un commun accord, de prolonger ces négociations dont la durée totale ne peut dépasser un an.

Durant cette période, le groupe spécial de négociation est régulièrement informé du processus de création de la société européenne.

Art. L. 2352-10. Le temps passé en réunion par les membres du groupe spécial de négociation est considéré comme temps de travail et payé à l'échéance normale.

Art. L. 2352-11. Les dépenses nécessaires à la bonne exécution de la mission du groupe spécial de négociation sont à la charge des sociétés participantes.

Art. L. 2352-12. Pour négocier, le groupe spécial de négociation peut être assisté d'experts de son choix à tout niveau qu'il estime approprié. Ces experts participent aux réunions du groupe à titre consultatif.

L'ensemble des sociétés participantes prend en charge les dépenses relatives aux négociations et à l'assistance d'un seul expert.

Art. L. 2352-13. Le groupe spécial de négociation prend ses décisions à la majorité absolue de ses membres, laquelle doit également représenter la majorité absolue des salariés des sociétés participantes, des filiales et établissements concernés.

Par dérogation à ces dispositions, la décision de ne pas entamer les négociations ou de clore des négociations déjà entamées et *(L. 2008-89 du 30 janv. 2008, art. 9, JO 31)* «d'appliquer» la réglementation relative à l'information et à la consultation dans les États membres où la société européenne emploie des salariés, est prise à la majorité des deux tiers des membres du groupe spécial de négociation, issus d'au moins deux États membres et à la condition qu'ils représentent au moins les deux tiers des salariés des sociétés participantes, des filiales et établissements concernés. Dans ce cas, les dispositions prévues par le chapitre III ne sont pas applicables. Une telle décision ne peut être prise dans le cas d'une société européenne constituée par transformation, lorsqu'il existe un système de participation dans la société qui doit être transformée.

Lorsque la participation concerne une proportion du nombre total des salariés employés par les sociétés participantes d'au moins 25 % en cas de constitution d'une société européenne par fusion, et d'au moins 50 % en cas de constitution par holding ou filiale commune, et lorsque le groupe spécial de négociation envisage de fixer un nombre ou une proportion des membres de l'organe de surveillance ou d'administration par lesquels les salariés exercent leurs droits à participation à un niveau inférieur à celui qui était le plus élevé au sein de l'une des sociétés participantes, la décision est prise dans les conditions de majorité prévues au deuxième alinéa.

Art. L. 2352-14. Aucun salarié ne peut être sanctionné ou licencié en raison de l'exercice du droit prévu par l'article L. 2352-13. Toute décision ou tout acte contraire est nul de plein droit.

Art. L. 2352-15. Les membres du groupe spécial de négociation ainsi que les experts qui les assistent sont tenus au secret professionnel et à l'obligation de discrétion prévus à l'article L. 2325-5.

Art. D. 2352-14. Les dirigeants des sociétés participantes convoquent les membres du groupe spécial de négociation à une première réunion. La convocation fixe la date de la réunion. Elle est faite par lettre recommandée avec avis de réception.

Le délai de six mois mentionné au deuxième alinéa de l'article L. 2352-9 court à compter de la date de cette première réunion.

Art. D. 2352-15. Les membres du groupe spécial de négociation sont tenus informés :

1° Du mode de constitution de la société européenne et des effets de celui-ci pour les sociétés participantes ainsi que pour leurs filiales et établissements ;

2° Des modalités d'information, de consultation et de participation instituées au sein de ces sociétés, filiales et établissements, que le lieu de leur implantation soit situé en France ou dans un autre État membre de la Communauté européenne ou de l'Espace économique européen ;

3° Des modalités de transfert des droits et obligations des sociétés participantes en matière de conditions d'emploi résultant de la législation et des relations collectives et individuelles de travail.

Art. D. 2352-16. Pour le calcul des majorités de salariés mentionnées aux premier et deuxième alinéas de l'article L. 2352-13, chaque membre occupant un siège au sein du groupe spécial de négociation alloué à un État membre représente un nombre de salariés égal au nombre total des salariés employés dans les sociétés participantes, les filiales et les établissements situés dans cet État membre, divisé par le nombre de sièges attribués à cet État membre, arrondi à l'entier inférieur.

Lorsqu'il est fait application des dispositions de l'article L. 2352-4, le titulaire de chaque siège supplémentaire représente un nombre de salariés égal à l'effectif de la société à laquelle a été attribué ce siège. Le nombre total des salariés calculé, pour l'État membre dans lequel est située cette société, conformément au premier alinéa, est alors réduit à concurrence de cet effectif.

Art. R. 2352-17. Les éléments fournis, en application du quatrième alinéa de l'article L. 229-3 du code de commerce, par la société, la filiale ou l'établissement concernés par la fusion pour attester que les modalités relatives à l'implication des salariés ont été fixées conformément aux dispositions des articles L. 2351-1, à L. 2352-13, L. 2352-16 à L. 2353-25, L. 2353-27 à L. 2353-32 et L. 2354-1, sont transmis à l'inspecteur du travail.

Sous-section 4 (réglementaire). Contestations

Art. R. 2352-18. Le ***(D. 2019-966 du 18 sept. 2019, art. 8, JO 19, entrée en vigueur le 01.01.2020)*** «tribunal judiciaire» compétent pour statuer sur la contestation de la désignation et de l'élection des membres du groupe spécial de négociation est celui dans le ressort duquel est situé le siège, selon le cas, de la société européenne, de la société, de la filiale ou de l'établissement concernés.

Art. L. 2352-16

La contestation est formée, instruite et jugée selon les modalités prévues aux articles R. 2324-24 et R. 2324-25.

Toutefois, la contestation est formée:

1° Dans un délai de quinze jours à compter de la notification de la désignation à l'employeur;

2° Par les salariés, dans un délai de quinze jours, à compter de la date à laquelle la désignation à l'employeur ou l'élection est portée à leur connaissance.

Art. R. 2352-19. Les litiges auxquels donne lieu l'application des dispositions de la présente section, autres que ceux mentionnés à l'article R. 2352-18, sont portés devant le président du ***(D. 2019-966 du 18 sept. 2019, art. 8, JO 19, entrée en vigueur le 01.01.2020)*** «tribunal judiciaire» du domicile du défendeur. Il statue ***(D. 2019-1419 du 20 déc. 2019, art. 10, 7°, JO 22)*** «selon la procédure accélérée au fond».

Note Les dispositions de cet article, dans sa rédaction issue du décret 2019-1419 précité, s'appliquent aux demandes introduites depuis le 01.01.2020 (décret précité, art. 24, II).

SECTION 2. Contenu de l'accord

Art. L. 2352-16. Sous réserve des dispositions du deuxième alinéa de l'article L. 2352-13, les dirigeants de chacune des sociétés participantes et le groupe spécial de négociation négocient en vue de parvenir à un accord qui détermine:

1° Les sociétés participantes, les établissements et filiales concernés par l'accord;

2° La composition, le nombre de membres et la répartition des sièges de l'organe de représentation qui est l'interlocuteur de l'organe dirigeant de la société européenne pour l'information et la consultation des salariés de la société européenne et de ses filiales ou établissements;

3° Les attributions et la procédure prévue pour l'information et la consultation de l'organe de représentation;

4° La fréquence des réunions de l'organe de représentation;

5° Les ressources financières et matérielles à allouer à l'organe de représentation;

6° Les modalités de mise en œuvre de procédures d'information et de consultation lorsque celles-ci ont été instituées, par accord entre les parties, en lieu et place d'un organe de représentation;

7° La date d'entrée en vigueur de l'accord et sa durée, les cas dans lesquels l'accord doit être renégocié et la procédure pour sa renégociation.

Art. L. 2352-17. Si, au cours des négociations, les parties décident de fixer des modalités de participation, l'accord détermine la teneur de ces dispositions y compris, le cas échéant, le nombre de membres de l'organe d'administration ou de surveillance de la société européenne que les salariés ont le droit d'élire, de désigner, de recommander ou à la désignation desquels ils peuvent s'opposer, les procédures à suivre pour que les salariés puissent élire, désigner ou recommander ces membres ou s'opposer à leur désignation, ainsi que leurs droits.

Art. L. 2352-18. Lorsque la société européenne est constituée par transformation, l'accord prévoit un niveau d'information, de consultation et de participation au moins équivalent à celui qui existe dans la société devant être transformée en société européenne.

Art. L. 2352-19. Lorsqu'il existe au sein des sociétés participantes plusieurs formes de participation, le groupe spécial de négociation qui décide de mettre en œuvre les modalités de participation prévues à l'article L. 2352-17 choisit au préalable, dans les conditions prévues à l'article L. 2352-13, laquelle de ces formes est appliquée au sein de la société européenne.

Art. L. 2352-20. Les dirigeants des sociétés participantes et le groupe spécial de négociation peuvent décider, par accord, d'appliquer les dispositions de références relatives à la mise en place du comité de la société européenne prévues au chapitre III.

CHAPITRE III Comité de la société européenne et participation des salariés en l'absence d'accord

SECTION 1. Comité de la société européenne

Sous-section 1. Mise en place

Art. L. 2353-1. Un comité de la société européenne est institué lorsque, à l'issue de la période de négociation prévue à l'article L. 2352-9, aucun accord n'a été conclu et que le groupe spécial de négociation n'a pas pris la décision mentionnée à l'article L. 2352-13.

Art. L. 2353-2. Dans le cas prévu à l'article L. 2353-1, l'immatriculation de la société européenne ne peut intervenir que si les parties décident de mettre en œuvre les dispositions du présent chapitre ainsi que du chapitre IV ou que si les dirigeants des sociétés participantes s'engagent à en faire application.

Art. D. 2353-1. Dans les hypothèses prévues à l'article L. 2353-2, est joint à la demande d'immatriculation de la société européenne :

1° L'accord portant sur la mise en place du comité de la société européenne et d'un système de participation des salariés prévu à l'article L. 2353-2 ;

2° À défaut de l'accord mentionné au 1°, l'engagement écrit des dirigeants des sociétés participantes de faire application des dispositions des articles L. 2351-2, L. 2351-7, L. 2352-14, L. 2352-15, L. 2353-1, L. 2353-3 à L. 2353-32, L. 2354-1.

Art. D. 2353-2. Les membres du comité de la société européenne sont :

1° Soit désignés selon les modalités définies aux articles D. 2352-6 et suivants ;

2° Soit élus conformément aux dispositions de l'article D. 2352-11 lorsque les conditions prévues à l'article L. 2352-6 sont réunies.

Art. R. 2353-3. Les contestations relatives à la désignation des représentants des salariés et à l'élection des membres du comité de la société européenne dont le siège se situe en France, ainsi que des salariés des sociétés participantes, des établissements ou filiales implantés en France, sont de la compétence du ***(D. 2019-966 du 18 sept. 2019, art. 8, JO 19, entrée en vigueur le 01.01.2020)*** « tribunal judiciaire » du siège de la société européenne, de la société participante ou de la filiale ou de l'établissement intéressé.

Ces contestations sont formées, instruites et jugées selon les modalités prévues aux articles R. 2324-24 et R. 2324-25.

Le recours est formé dans un délai de quinze jours à compter de la notification de la désignation à l'employeur.

Sous-section 2. **Attributions**

Art. L. 2353-3. La compétence du comité de la société européenne est limitée aux questions concernant la société européenne elle-même ou toute filiale ou tout établissement situé dans un autre État membre, ou excédant les pouvoirs des instances de décision dans un seul État membre.

Art. L. 2353-4. Le comité de la société européenne se réunit au moins une fois par an.

La réunion annuelle porte notamment sur :

1° La situation économique et financière de la société européenne, de ses filiales et établissements ;

2° L'évolution probable des activités ;

3° La production et les ventes ;

4° La situation et l'évolution probable de l'emploi ;

5° Les investissements ;

6° Les changements substantiels intervenus concernant l'organisation, l'introduction de nouvelles méthodes de travail ou de nouveaux procédés de production ;

7° Les transferts de production ;

8° Les fusions ;

9° La réduction de taille ou la fermeture d'entreprises ou de parties de celles-ci ;

10° Les licenciements collectifs.

Art. L. 2353-5. Lorsque surviennent des circonstances exceptionnelles affectant considérablement les intérêts des salariés, notamment en cas de délocalisation, de fermeture d'entreprise ou d'établissement ou de licenciement collectif, le comité de la société européenne ou, s'il en décide ainsi, le bureau, est de plein droit réuni, s'il en fait la demande, par le dirigeant de la société européenne afin d'être informé et consulté sur les mesures affectant considérablement les intérêts des salariés.

Art. L. 2353-6. Le dirigeant de la société européenne qui décide de lancer une offre publique d'acquisition sur une entreprise peut n'informer le comité de la société européenne qu'une fois l'offre rendue publique.

Dans ce cas, il réunit le comité dans les huit jours suivant la publication de l'offre en vue de lui transmettre des informations écrites et précises sur le contenu de l'offre et sur les conséquences qu'elle est susceptible d'entraîner sur l'emploi.

Sous-section 3. Composition

Art. L. 2353-7. Le comité de la société européenne est composé:

1° Du dirigeant de la société européenne ou de son représentant, assisté de deux collaborateurs de son choix ayant voix consultative;

2° De représentants du personnel des sociétés participantes, filiales et établissements concernés, désignés conformément à l'article L. 2353-9.

Art. L. 2353-8. Le nombre de sièges du comité de la société européenne est fixé conformément aux dispositions de l'article L. 2352-3.

Art. L. 2353-9. Les membres du comité de la société européenne représentant le personnel des sociétés participantes, filiales et établissements concernés implantés en France et relevant d'une société européenne dont le siège social est situé en France sont désignés conformément aux dispositions de l'article L. 2352-5.

Art. L. 2353-10. Lorsqu'il n'existe pas d'organisation syndicale dans la société européenne dont le siège social se trouve en France, les représentants du personnel au comité de la société européenne sont élus directement selon les règles applicables au ***(Ord. 2017-1386 du 22 sept. 2017, art. 4, 20°, JO 23, entrée en vigueur au plus tard le 01.01.2018)*** «comité social et économique».

Il en va de même lorsqu'il n'existe pas d'organisation syndicale dans l'établissement ou l'entreprise implanté en France et appartenant à une société européenne.

Art. L. 2353-11. Les contestations relatives à la désignation des représentants des salariés au comité de la société européenne dont le siège se situe en France, ainsi que des salariés des sociétés participantes, des établissements ou filiales implantés en France sont portées devant le juge judiciaire.

Art. L. 2353-12. Les modifications de la composition du comité de la société européenne résultant des changements intervenus dans la structure ou la dimension de la société européenne peuvent être décidées par accord passé en son sein.

Sous-section 4. Fonctionnement

Art. L. 2353-13. Le comité de la société européenne a la personnalité juridique.

Il est présidé par le dirigeant de la société européenne.

Le comité désigne un secrétaire.

Il élit un bureau de trois membres lorsqu'il comprend au moins dix représentants du personnel.

Art. L. 2353-14. Le comité de la société européenne prend ses décisions par un vote à la majorité de ses membres.

Art. L. 2353-15. Le comité de la société européenne adopte un règlement intérieur qui fixe ses modalités de fonctionnement.

Ce règlement intérieur peut organiser la prise en compte des répercussions, sur le comité, des changements intervenus dans la structure ou la dimension de la société européenne. L'examen de tels changements peut intervenir à l'occasion de la réunion annuelle du comité de la société européenne.

Art. L. 2353-16. La réunion annuelle du comité de la société européenne est provoquée sur convocation de son président, à partir de rapports réguliers établis par celui-ci. Ces rapports retracent l'évolution des activités de la société européenne et ses perspectives.

Les directeurs des filiales et établissements constituant la société européenne sont informés de ces rapports.

Art. L. 2353-17. L'ordre du jour des réunions du comité de la société européenne est arrêté par le président et le secrétaire.

Il est communiqué aux membres du comité au moins quinze jours avant la date de la réunion.

À défaut d'accord sur le contenu de l'ordre du jour de la réunion obligatoire, celui-ci est fixé par le président ou le secrétaire et communiqué aux membres du comité au moins dix jours avant la date de la réunion.

Le dirigeant de la société européenne fournit au comité l'ordre du jour des réunions de l'organe d'administration ou de surveillance ainsi que des copies de tous les documents soumis à l'assemblée générale des actionnaires.

Art. L. 2353-18. Avant toute réunion, les représentants des salariés au comité de la société européenne ou, le cas échéant, son bureau, sont habilités à se réunir en l'absence de son président.

Art. L. 2353-19. Lorsque la direction décide de ne pas suivre l'avis exprimé par le comité de la société européenne, ce dernier est de plein droit réuni de nouveau, s'il en fait la demande, par le dirigeant, pour tenter de parvenir à un accord.

Art. L. 2353-20. Lorsqu'une réunion est organisée avec le bureau, les membres du comité de la société européenne représentant des salariés directement concernés par les mesures en question peuvent participer à cette réunion.

Art. L. 2353-21. Les documents communiqués aux représentants des salariés comportent au moins une version en français.

Art. L. 2353-22. Le comité de la société européenne et son bureau peuvent être assistés d'experts de leur choix à tout niveau qu'ils estiment approprié, pour autant que ce soit nécessaire à l'accomplissement de leurs tâches.

Les frais afférents à l'intervention d'un seul expert sont pris en charge par la société européenne dans le cadre de la réunion annuelle prévue à l'article L. 2353-4.

Art. L. 2353-23. Les représentants du personnel siégeant au comité de la société européenne informent les représentants du personnel des établissements et filiales de la société européenne ou, à défaut, l'ensemble des salariés, de la teneur et des résultats des travaux de ce comité, dans le respect du secret professionnel et de l'obligation de discrétion prévus à l'article L. 2325-5.

Art. L. 2353-24. Les dépenses de fonctionnement du comité de la société européenne et de son bureau sont prises en charge par la société européenne qui dote les représentants du personnel des ressources financières et matérielles nécessaires pour leur permettre de s'acquitter de leur mission d'une manière appropriée.

La société européenne prend également en charge les frais d'organisation des réunions et d'interprétariat ainsi que les frais de séjour et de déplacement des membres du comité et du bureau.

Art. L. 2353-25. Le secrétaire et les membres du comité de la société européenne et de son bureau disposent du temps nécessaire à l'exercice de leurs fonctions dans la limite d'une durée qui, sauf circonstances exceptionnelles, ne peut excéder cent vingt heures annuelles pour chacun d'entre eux.

Ce temps est considéré comme temps de travail et payé à l'échéance normale.

Le dirigeant de la société européenne qui entend contester l'usage fait du temps ainsi alloué saisit le juge judiciaire.

Le temps passé par le secrétaire et les membres du comité et de son bureau aux séances du comité de la société européenne et aux réunions du bureau n'est pas déduit de ces cent vingt heures.

Art. L. 2353-26. Les membres du comité de la société européenne ainsi que les experts qui les assistent sont tenus au secret professionnel et à l'obligation de discrétion prévus à l'article L. 2325-5.

Art. L. 2353-27. Les membres du comité de la société européenne ont droit à un congé de formation dans les conditions fixées à l'article L. 2325-44.

Art. L. 2353-27-1. ***(L. 2015-994 du 17 août 2015, art. 17, I, 6°, JO 18)*** Le recours à la visioconférence pour réunir le comité de la société européenne peut être autorisé par accord entre le président et les représentants du personnel siégeant au comité. En l'absence d'accord, ce recours est limité à trois réunions par année civile. Un décret détermine les conditions dans lesquelles le comité de la société européenne peut, dans ce cadre, procéder à un vote à bulletin secret.

Art. R. 2353-4. Le secrétaire du comité de la société européenne est désigné parmi ses membres.

Le bureau est élu parmi ses membres.

Art. R. 2353-5. Les éléments fournis, en application du quatrième alinéa de l'article L. 229-3 du code de commerce, par la société, la filiale ou l'établissement concernés par la fusion pour attester que les modalités relatives à l'implication des salariés ont été fixées conformément aux dispositions des articles L. 2351-1, à L. 2352-13, L. 2352-16 à L. 2353-25, L. 2353-27 à L. 2353-32 et L. 2354-1, sont transmis à l'inspecteur du travail.

Art. D. 2353-6. ***(D. 2016-453 du 12 avril 2016, JO 14)*** Les réunions par visioconférence du comité de la société européenne sur le fondement de l'article L. 2353-27-1 sont tenues dans les conditions prévues aux articles D. 2325-1-1 et suivants.

SECTION 2. Participation des salariés au conseil d'administration et de surveillance

Art. L. 2353-28. Lorsque aucun accord n'a été conclu et que le groupe spécial de négociation n'a pas pris la décision prévue au deuxième alinéa de l'article L. 2352-13, la participation des salariés dans la société européenne est régie par les dispositions suivantes :

1° Dans le cas d'une société européenne constituée par transformation, s'il existe un système de participation des salariés dans l'organe d'administration ou de surveillance avant l'immatriculation, tous les éléments de la participation des salariés continuent de s'appliquer à la société européenne ;

2° Dans les autres cas de constitution d'une société européenne, et lorsque la participation au sein des sociétés participant à la constitution de la société européenne atteint les seuils fixés au troisième alinéa de l'article L. 2352-13, la forme applicable de participation des salariés au conseil d'administration ou au conseil de surveillance, selon le cas, est déterminée après examen des différents systèmes nationaux existant au sein de chacune des sociétés participantes concernées avant l'immatriculation de la société européenne.

Art. L. 2353-29. Si une seule forme de participation existe au sein des sociétés participantes, ce système est appliqué à la société européenne en retenant pour sa mise en place la proportion ou, selon le cas, le nombre le plus élevé de membres concernés par les droits à participation au sein de l'organe d'administration ou de surveillance.

Si plusieurs formes de participation existent au sein des sociétés participantes, le groupe spécial de négociation détermine laquelle de ces formes est instaurée dans la société européenne.

Art. L. 2353-30. À défaut d'accord du groupe spécial de négociation sur le choix de la forme de participation, les dirigeants déterminent la forme de participation applicable.

Il est toujours retenu, pour la mise en place du système applicable, la proportion ou le nombre le plus élevé de membres de l'organe d'administration ou de surveillance concernés par les droits à participation.

Art. L. 2353-31. Lorsque la forme de participation applicable consiste en la recommandation ou l'opposition à la désignation de membres du conseil d'administration ou du conseil de surveillance, le comité de la société européenne détermine les conditions dans lesquelles s'exerce cette forme de participation.

Lorsque la forme de participation choisie consiste en l'élection ***(L. 2008-89 du 30 janv. 2008, art. 9, JO 31)*** « de membres du conseil d'administration ou, le cas échéant, du conseil de surveillance », la procédure se déroule conformément aux dispositions des articles L. 225-28 à L. 225-34 et L. 225-80 du code de commerce, exception faite de l'exigence de territorialité prévue au premier alinéa de l'article L. 225-28.

Art. L. 2353-32. Dès lors que le nombre de sièges au sein de l'organe de gestion concerné a été déterminé dans les conditions prévues à l'article L. 2353-31, le comité de la société européenne veille à leur répartition, proportionnellement au nombre de salariés de la société européenne employés dans chaque État membre.

Par dérogation à ces dispositions, le comité assure, dans la mesure du possible, à chaque État membre disposant d'un système de participation avant l'immatriculation de la société européenne l'attribution d'au moins un siège.

CHAPITRE IV Dispositions applicables postérieurement à l'immatriculation de la société européenne

Art. L. 2354-1. Lorsqu'une société européenne est immatriculée, l'accord mentionné à l'article L. 2352-16 ou un accord collectif conclu au niveau approprié peut décider de la suppression ou d'un aménagement des conditions de fonctionnement, éventuellement sous la forme d'une redéfinition de leur périmètre national d'intervention, des institutions représentatives du personnel qui auraient vocation à disparaître du fait de la perte de l'autonomie juridique d'une ou de plusieurs sociétés participantes situées en France, après immatriculation de la société européenne.

Art. L. 2354-2. Quatre ans après l'institution du comité de la société européenne, celui-ci examine s'il convient d'engager des négociations en vue de conclure l'accord dans les conditions définies au chapitre II. À cet effet, le dirigeant de la société européenne convoque une réunion du comité dans un délai de six mois à compter du terme de quatre ans.

Pour mener ces négociations, le comité fait office de groupe spécial de négociation.

Le comité demeure en fonction tant qu'il n'a pas été renouvelé ou remplacé.

Art. L. 2354-3. Lorsque le groupe spécial de négociation a pris la décision prévue à l'article L. 2352-13, il est convoqué par le dirigeant de la société européenne à la demande écrite d'au moins 10 % des salariés de la société européenne, de ses filiales et établissements ou de leurs représentants, au plus tôt deux ans après la date de cette décision, à moins que les parties ne conviennent de rouvrir les négociations plus rapidement.

En cas d'échec des négociations, les dispositions du chapitre III ne sont pas applicables.

Art. L. 2354-4. Si, après l'immatriculation de la société européenne, des changements interviennent dans la structure de l'entreprise, la localisation de son siège ou le nombre de travailleurs qu'elle occupe et qu'ils sont susceptibles d'affecter substantiellement la composition du comité de la société européenne ou les modalités d'implication des travailleurs telles qu'arrêtées par l'accord issu des négociations engagées avant l'immatriculation de la société européenne ou en application de l'article L. 2353-28 et suivants, une nouvelle négociation est engagée dans les conditions prévues par le chapitre II.

Dans ce cas, l'échec des négociations entraîne l'application des dispositions des articles L. 2353-2 et suivants.

Art. R. 2354-1. Le président du ***(D. 2019-966 du 18 sept. 2019, art. 8, JO 19, entrée en vigueur le 01.01.2020)*** «tribunal judiciaire» du lieu du siège de la société européenne statue ***(D. 2019-1419 du 20 déc. 2019, art. 10, 7°, JO 22)*** «selon la procédure accélérée au fond» sur toutes les contestations relatives à l'application de l'article L. 2354-4.

Il ordonne la constitution d'un groupe spécial de négociation si la composition du comité de la société européenne ou les modalités d'implication des salariés ne correspondent plus à l'effectif ou à la structure de la société.

Note Les dispositions de cet article, dans sa rédaction issue du décret 2019-1419 précité, s'appliquent aux demandes introduites depuis le 01.01.2020 (décret précité, art. 24, II).

CHAPITRE V Dispositions pénales

Art. L. 2355-1. ***(L. 2008-89 du 30 janv. 2008, art. 10, JO 31)*** Le fait d'apporter une entrave soit à la constitution d'un groupe spécial de négociation ou d'un comité de la société européenne mis en place ou non par accord, soit à la libre désignation de leurs membres est puni d'un emprisonnement d'un an et d'une amende de ***(L. 2015-990 du 6 août 2015, art. 262, 2°, JO 7)*** «7 500 €.

Le fait d'apporter une entrave à leur fonctionnement régulier est puni d'une amende de 7 500 €.»

TITRE VI IMPLICATION DES SALARIÉS DANS LA SOCIÉTÉ COOPÉRATIVE EUROPÉENNE ET COMITÉ DE LA SOCIÉTÉ COOPÉRATIVE EUROPÉENNE

Note • Les dispositions de ce titre sont issues de la loi 2008-89 du 30 janvier 2008, art. 8, JO 31, qui a transposé en France la directive 2003/72/CE complétant le statut de la société coopérative européenne pour ce qui concerne l'implication des travailleurs.

• Voir notamment B. Teyssié :
– « Les accords relatifs à l'implication des salariés dans les sociétés coopératives européennes : Les parties à la négociation », JCP éd. S 2006, act. 37 ; « Le déroulement de la négociation », act. 47 ;
– « L'implication des salariés dans la société coopérative européenne. Normes subsidiaires : l'organe légal de représentation », act. 69, « La participation aux organes de direction », act. 84 ;
– « L'implication des salariés dans la société européenne : la constitution du groupe spécial de négociation, approche de droit comparé », JCP éd. S 2006, 1095.

CHAPITRE Ier Dispositions générales

Art. L. 2361-1. Le présent titre s'applique :

1° Aux sociétés coopératives européennes constituées conformément au règlement (CE) n° 1435/2003 du Conseil du 22 juillet 2003 relatif au statut de la société coopérative européenne et ayant leur siège social et leur administration centrale en France ;

2° Aux personnes morales ayant leur siège social en France et aux personnes physiques résidant en France qui participent à la constitution d'une société coopérative européenne ;

3° Aux filiales et établissements situés en France des sociétés coopératives européennes constituées dans un autre État membre de la Communauté européenne ou de l'Espace économique européen.

Art. D. 2361-1. ***(D. 2008-440 du 7 mai 2008, JO 8)*** Lorsque les dirigeants des personnes morales ou les personnes physiques participant à la constitution d'une société coopérative européenne décident que son siège est établi sur le territoire français, le projet de constitution de cette société précise que le groupe spécial de négociation est constitué au lieu de ce siège.

Art. L. 2361-2. Lorsqu'une société coopérative européenne mentionnée à l'article L. 2361-1 est une entreprise de dimension communautaire ou un groupe d'entreprises de dimension communautaire au sens de l'article L. 2341-2, le titre IV du présent livre relatif au comité d'entreprise européen ou à la procédure d'information et de consultation dans les entreprises de dimension communautaire n'est applicable ni à la société coopérative européenne ni à ses filiales.

Par dérogation au premier alinéa, lorsque le groupe spécial de négociation prend la décision de ne pas engager de négociation ou de clore des négociations déjà engagées, le même titre IV s'applique.

Art. L. 2361-3. Les modalités de l'implication des salariés recouvrent l'information, la consultation et, le cas échéant, la participation.

Elles sont arrêtées par accord conclu entre les dirigeants des personnes morales participantes ou les personnes physiques participantes et les représentants des salariés conformément aux dispositions du présent titre.

À défaut d'accord, ces modalités sont arrêtées conformément aux dispositions du chapitre III du présent titre.

Art. L. 2361-4. Les dispositions des articles L. 2351-4 à L. 2351-6 relatives à la définition de l'information, de la consultation et de la participation des salariés dans la société européenne et le comité de la société européenne sont applicables aux sociétés coopératives européennes et aux personnes morales et personnes physiques participantes ainsi qu'à leurs filiales ou établissements entrant dans le champ d'application du présent titre.

Art. L. 2361-5. Le décompte des effectifs des sociétés participantes, filiales ou établissements concernés situés en France est effectué conformément aux dispositions de l'article L. 1111-2.

Art. L. 2361-6. Les dispositions d'application du présent titre relatives à la procédure applicable aux litiges et aux informations transmises à l'inspection du travail en cas de constitution de la société coopérative européenne par fusion sont déterminées par décret en Conseil d'État.

CHAPITRE II Implication des salariés dans la société coopérative européenne par accord du groupe spécial de négociation

SECTION 1. Groupe spécial de négociation

Sous-section 1. Mise en place et objet

Art. L. 2362-1. Un groupe spécial de négociation est institué dès que possible après la publication du projet de fusion ou de transformation ou, s'agissant d'une société coopérative européenne constituée par tout autre moyen que la fusion de coopératives ou la transformation d'une coopérative, après l'adoption du projet de constitution de la société coopérative européenne.

Il est doté de la personnalité juridique.

Art. L. 2362-2. Le groupe spécial de négociation détermine avec les dirigeants des personnes morales ou les personnes physiques participant à la création d'une société coopérative européenne ayant son siège social et son administration centrale en France, ou leurs représentants, par un accord écrit, les modalités de l'implication des salariés mentionnées à l'article L. 2361-3.

Sous-section 2. Désignation, élection et statut des membres

Art. L. 2362-3. Les dispositions des articles L. 2352-3 à L. 2352-8 relatives à la désignation, à l'élection et au statut des membres du groupe spécial de négociation s'appliquent à la société coopérative européenne.

Sous-section 3. Fonctionnement

Art. L. 2362-4. Les dirigeants des personnes morales et les personnes physiques participant à la constitution de la société coopérative européenne invitent le groupe spécial de négociation à se réunir et communiquent à cet effet aux représentants du personnel et aux dirigeants des établissements et filiales concernés qui, en l'absence de représentants du personnel, en informent directement les salariés, l'identité des personnes morales participantes et, le cas échéant, des personnes physiques participantes ainsi que le nombre de salariés qu'elles emploient.

Les négociations débutent dès que le groupe spécial de négociation est constitué. Elles peuvent se poursuivre pendant les six mois qui suivent sauf si les parties décident, d'un commun accord, de prolonger ces négociations dont la durée totale ne peut dépasser un an.

Durant cette période, le groupe spécial de négociation est régulièrement informé du processus de création de la société coopérative européenne.

Le temps passé en réunion par les membres du groupe spécial de négociation est considéré comme temps de travail et payé à l'échéance normale.

Art. L. 2362-5. Les dépenses nécessaires à la bonne exécution de la mission du groupe spécial de négociation sont à la charge des personnes participantes.

Art. L. 2362-6. Pour négocier, le groupe spécial de négociation peut être assisté d'experts de son choix à tout niveau qu'il estime approprié. Ces experts participent aux réunions du groupe à titre consultatif.

L'ensemble des personnes participant à la constitution de la société coopérative européenne prend en charge les dépenses relatives à la négociation et à l'assistance d'un seul expert.

Art. L. 2362-7. Le groupe spécial de négociation prend ses décisions à la majorité absolue de ses membres, laquelle doit représenter également la majorité absolue des salariés des personnes participantes ainsi que des filiales ou établissements concernés. ***(L. 2008-649 du 3 juil. 2008, art. 18, JO 4)*** «Chaque membre dispose d'une voix».

Art. L. 2362-8

Par dérogation au premier alinéa, la décision de ne pas engager les négociations ou de clore des négociations déjà engagées et d'appliquer la réglementation relative à l'information et à la consultation en vigueur dans les États membres où la société coopérative européenne emploie des salariés est prise à la majorité des deux tiers des membres du groupe spécial de négociation, issus d'au moins deux États membres et à la condition qu'ils représentent au moins les deux tiers des salariés des personnes participantes ainsi que des filiales et établissements concernés. Dans ce cas, le chapitre III du présent titre n'est pas applicable. Une telle décision ne peut être prise dans le cas d'une société coopérative européenne constituée par transformation lorsqu'il existe un système de participation dans la coopérative qui doit être transformée.

Lorsque la participation concerne au moins 25 % du nombre total de salariés des personnes participantes en cas de constitution d'une société coopérative européenne par voie de fusion, ou au moins 50 % de ce nombre total en cas de constitution par tout autre moyen, à l'exception du cas prévu au premier alinéa de l'article L. 2362-12, la majorité requise est celle prévue au deuxième alinéa du présent article si le groupe spécial de négociation envisage de fixer un nombre ou une proportion des membres de l'organe de surveillance ou d'administration par lesquels les salariés exercent leurs droits à participation à un niveau inférieur à celui qui était le plus élevé au sein de l'une des entités participantes.

Art. L. 2362-8. Les documents communiqués aux représentants des salariés comportent au moins une version en français.

Art. L. 2362-9. Les dispositions des articles L. 2352-14 et L. 2352-15 relatives à la protection contre le licenciement et au secret professionnel des membres du groupe spécial de négociation de la société européenne s'appliquent à la société coopérative européenne.

SECTION 2. Contenu de l'accord

Art. L. 2362-10. Sous réserve des dispositions du deuxième alinéa de l'article L. 2362-7, les dirigeants de chacune des personnes morales participantes et, le cas échéant, les personnes physiques participantes négocient avec le groupe spécial de négociation en vue de parvenir à un accord dont le contenu est fixé conformément aux dispositions des articles L. 2352-16 à L. 2352-20.

Art. L. 2362-11. L'accord inclut dans les cas de renégociation l'hypothèse des modifications intervenues postérieurement à la constitution de la société coopérative européenne et touchant à sa structure, ainsi qu'à celle de ses filiales et de ses établissements.

Art. L. 2362-12. Lorsque la société coopérative européenne est constituée par transformation d'une coopérative, l'accord prévoit un niveau d'information, de consultation et de participation au moins équivalent à celui qui existe dans la coopérative qui doit être transformée.

L'accord conclu en violation des dispositions du premier alinéa est nul. Dans un tel cas, les dispositions du chapitre III du présent titre relatives à l'implication des salariés en l'absence d'accord s'appliquent.

SECTION UNIQUE (réglementaire). Groupe spécial de négociation

Sous-section 1. Mise en place et objet

Art. D. 2362-1. *(D. 2008-440 du 7 mai 2008, JO 8)* Dans le délai d'un mois à compter de la publication du projet de constitution d'une société coopérative européenne, les dirigeants des personnes morales ou les personnes physiques participant à la création d'une société coopérative européenne portent à la connaissance de leurs organisations syndicales, de celle de leurs filiales et établissements qui disposent de représentants ou d'élus au sens du premier alinéa de l'article L. 2362-3 en ce qu'il renvoie à l'article L. 2352-5 :

1° L'identité des personnes morales ou des personnes physiques, filiales et établissements ;
2° Le lieu de leur implantation ;
3° Leur statut juridique ;
4° La nature de leurs activités.

Art. D. 2362-2. *(D. 2008-440 du 7 mai 2008, JO 8)* Les dirigeants des personnes morales ou les personnes physiques indiquent à leurs organisations syndicales, à leurs filiales et à leurs établissements disposant de représentants ou d'élus :

1° Le nombre de leurs salariés à la date de la publication du projet de constitution, en France collège par collège et dans les autres États membres;

2° Lorsque la société coopérative européenne n'est pas composée exclusivement de personnes physiques, les formes de participation existant au sens de l'article L. 2361-4 en ce qu'il renvoie à l'article L. 2351-6;

3° Le nombre de sièges au groupe spécial de négociation revenant à chaque État membre, calculé conformément aux dispositions de l'article L. 2362-3 en ce qu'il renvoie à l'article L. 2352-3.

Art. D. 2362-3. ***(D. 2008-440 du 7 mai 2008, JO 8)*** En cas de constitution de la société coopérative européenne par voie de fusion et dans les hypothèses mentionnées à l'article L. 2362-3 en ce qu'il renvoie à l'article L. 2352-4, les dirigeants des personnes morales fixent le nombre des sièges supplémentaires et indiquent ceux alloués aux sociétés ayant leur siège en France.

Art. D. 2362-4. ***(D. 2008-440 du 7 mai 2008, JO 8)*** Lorsque les salariés des personnes morales ou personnes physiques, filiales et établissements intéressés sont dépourvus de toute forme de représentation, les renseignements mentionnés aux articles D. 2362-1 et D. 2362-2 leur sont directement communiqués par tout moyen.

Sous-section 2. **Désignation, élection et statut des membres**

Art. R. 2362-5. ***(D. 2008-439 du 7 mai 2008, JO 8)*** En application du premier alinéa de l'article L. 2362-3 en ce qu'il renvoie à l'article L. 2352-3, le nombre de sièges par État membre au sein du groupe spécial de négociation est égal à:

1° Jusqu'à 10 % de l'effectif total: 1 siège;
2° De plus de 10 % à 20 % de l'effectif total: 2 sièges;
3° De plus de 20 % à 30 % de l'effectif total: 3 sièges;
4° De plus de 30 % à 40 % de l'effectif total: 4 sièges;
5° De plus de 40 % à 50 % de l'effectif total: 5 sièges;
6° De plus de 50 % à 60 % de l'effectif total: 6 sièges;
7° De plus de 60 % à 70 % de l'effectif total: 7 sièges;
8° De plus de 70 % à 80 % de l'effectif total: 8 sièges;
9° De plus de 80 % à 90 % de l'effectif total: 9 sièges;
10° De plus de 90 % de l'effectif total: 10 sièges.

Art. D. 2362-6. ***(D. 2008-440 du 7 mai 2008, JO 8)*** Lorsqu'il existe des représentants ou des élus pour toutes les personnes morales ou personnes physiques, filiales et établissements, les organisations syndicales désignent les membres du groupe spécial de négociation conformément aux modalités fixées aux articles D. 2362-8 et D. 2362-9.

Art. D. 2362-7. ***(D. 2008-440 du 7 mai 2008, JO 8)*** L'organisation syndicale notifie à l'employeur la désignation des membres du groupe spécial de négociation par lettre recommandée avec avis de réception.

Art. D. 2362-8. ***(D. 2008-440 du 7 mai 2008, JO 8)*** Pour procéder à la répartition des sièges du groupe spécial de négociation entre les collèges conformément à l'article L. 2362-3 en ce qu'il renvoie aux dispositions du troisième alinéa de l'article L. 2352-5, l'effectif à prendre en compte est la somme des effectifs des salariés appartenant aux collèges des personnes morales et des salariés assimilés des personnes physiques, filiales et établissements.

Il est déterminé un quotient égal à l'effectif calculé au premier alinéa divisé par le nombre de sièges revenant à la France au sein du groupe spécial de négociation.

Il est attribué à chaque collège autant de sièges que le total de ses effectifs de chaque personne morale ou personne physique, filiale ou établissement contient de fois le quotient.

Le ou les sièges non attribués par application des dispositions du troisième alinéa sont attribués au plus fort reste. En cas d'égalité de restes, le siège revient au collège qui représente le plus grand nombre de salariés.

Art. D. 2362-9. ***(D. 2008-440 du 7 mai 2008, JO 8)*** Pour procéder à la répartition des sièges alloués à chaque collège entre les organisations syndicales, il est calculé un quotient égal au nombre total d'élus de ce collège dans les ***(D. 2017-1819 du 29 déc. 2017, art. 3, 33°, JO 30, entrée en vigueur le 01.01.2018)*** «comités sociaux et économiques ou comités sociaux et économiques d'établissement» des sociétés, filiales et établissements, divisé par le nombre de sièges attribués à ce collège.

Il est attribué à chaque organisation syndicale, par collège, autant de sièges que son nombre d'élus dans ce collège contient de fois le quotient.

Le ou les sièges non attribués par application des dispositions du deuxième alinéa sont attribués au plus fort reste. En cas d'égalité de restes, le siège revient à l'organisation syndicale qui a obtenu le plus grand nombre de suffrages cumulés lors du premier tour des élections ayant conduit à la désignation de ses élus.

Art. D. 2362-10. *(D. 2008-440 du 7 mai 2008, JO 8)* Lorsque seules certaines personnes morales ou personnes physiques, filiales et établissements ont un représentant ou un élu, les membres du groupe spécial de négociation sont :

1° Soit désignés selon les modalités définies aux articles D. 2362-6 et suivants ;

2° Soit élus conformément aux dispositions de l'article D. 2362-11.

Les nombres respectifs des membres désignés et des membres élus pour pourvoir les sièges revenant à la France au sein du groupe spécial de négociation sont déterminés en fonction de la part des effectifs cumulés des personnes morales et personnes physiques, filiales et établissements ayant ou non un représentant ou un élu dans l'ensemble des effectifs des personnes morales ou personnes physiques, filiales et établissements implantés en France. Cette détermination se fait selon le système de la représentation proportionnelle au plus fort reste.

Art. D. 2362-11. *(D. 2008-440 du 7 mai 2008, JO 8)* Lorsque aucune des personnes morales ou personnes physiques, filiales et établissements n'a de représentant ou d'élu, les membres du groupe spécial de négociation sont élus directement par les salariés.

L'élection a lieu collège par collège. Elle est commune à l'ensemble des personnes morales ou personnes physiques, filiales et établissements.

La répartition des sièges entre les différentes catégories et la répartition des salariés dans les collèges électoraux sont accomplies sur la base de leurs effectifs cumulés des personnes morales ou personnes physiques, filiales et établissements.

Les listes de candidats comportent autant de noms que de sièges revenant à la France au sein du groupe spécial de négociation.

Le vote peut se dérouler séparément dans les locaux de chaque personne morale ou personne physique, filiale ou établissement. Le dépouillement ne peut commencer avant la clôture du dernier scrutin.

Les sièges sont attribués à chaque liste conformément aux dispositions des articles R. 2324-18 et suivants.

Art. D. 2362-12. *(D. 2008-440 du 7 mai 2008, JO 8)* Lorsqu'un siège supplémentaire est attribué à une personne morale ou personne physique en application de l'article L. 2362-3 en ce qu'il renvoie à l'article L. 2352-4, ce siège est attribué :

1° S'il existe un ***(D. 2017-1819 du 29 déc. 2017, art. 3, 4°, JO 30, entrée en vigueur le 01.01.2018)*** « comité social et économique », à l'organisation syndicale qui compte le plus de représentants au sein de ce comité. En cas d'égalité, le siège est attribué à celle ayant recueilli le plus grand nombre de suffrages au premier tour de scrutin de l'élection des membres de ce comité ;

2° En l'absence de ***(D. 2017-1819 du 29 déc. 2017, art. 3, 4°, JO 30, entrée en vigueur le 01.01.2018)*** « comité social et économique », à un représentant élu directement à cet effet par les salariés de la personne morale ou personne physique.

L'élection a lieu au scrutin uninominal à un tour.

Art. D. 2362-13. *(D. 2008-440 du 7 mai 2008, JO 8)* Les désignations des membres du groupe spécial de négociation sont notifiées à la personne morale ou la personne physique, filiale ou établissement au sein duquel travaillent les représentants des salariés ou, le cas échéant, à l'organe de direction mandaté à cet effet.

Les dirigeants des personnes morales ou les personnes physiques, filiales et établissements transmettent aux dirigeants des personnes morales ou personnes physiques participantes le nom des personnes ainsi désignées et celui des personnes élues en application des dispositions des articles D. 2362-10 à D. 2362-12.

Ils font connaître ces informations à leurs salariés, par affichage ou par tout autre moyen, ainsi qu'à l'inspecteur du travail.

Sous-section 3. Fonctionnement

Art. D. 2362-14. *(D. 2008-440 du 7 mai 2008, JO 8)* Les dirigeants des personnes morales ou les personnes physiques participant à la création de la société coopérative européenne convoquent les membres du groupe spécial de négociation à une première réunion. La convocation fixe la date de la réunion. Elle est faite par lettre recommandée avec avis de réception.

Le délai de six mois mentionné au deuxième alinéa de l'article L. 2362-4 court à compter de la date de cette première réunion.

Art. D. 2362-15. *(D. 2008-440 du 7 mai 2008, JO 8)* Les membres du groupe spécial de négociation sont tenus informés :

1° Du mode de constitution de la société coopérative européenne et des effets de celui-ci pour les personnes morales et personnes physiques participantes ainsi que pour leurs filiales et établissements ;

2° Des modalités d'information, de consultation et de participation instituées au sein de ces personnes morales ou personnes physiques, filiales et établissements, que le lieu de leur implantation soit situé en France ou dans un autre État membre de la Communauté européenne ou de l'Espace économique européen;

3° Des modalités de transfert des droits et obligations des personnes morales ou des personnes physiques participantes en matière de conditions d'emploi résultant de la législation et des relations collectives et individuelles de travail.

Art. D. 2362-16. ***(D. 2008-440 du 7 mai 2008, JO 8)*** Pour le calcul des majorités de salariés mentionnées aux premier et deuxième alinéas de l'article L. 2362-7, chaque membre occupant un siège au sein du groupe spécial de négociation alloué à un État membre représente un nombre de salariés égal au nombre total des salariés employés dans les personnes morales participantes, les filiales et les établissements situés dans cet État membre, divisé par le nombre de sièges attribués à cet État membre, arrondi à l'entier inférieur.

Lorsqu'il est fait application de l'article L. 2362-3 en ce qu'il renvoie aux dispositions de l'article L. 2352-4, le titulaire de chaque siège supplémentaire représente un nombre de salariés égal à l'effectif de la société à laquelle a été attribué ce siège. Le nombre total des salariés calculé, pour l'État membre dans lequel est située cette société, conformément au premier alinéa, est alors réduit à concurrence de cet effectif.

Art. R. 2362-17. ***(D. 2008-439 du 7 mai 2008, JO 8)*** Les éléments fournis, en application du quatrième alinéa de l'article L. 229-3 du code de commerce, par la société, la filiale ou l'établissement concernés par la fusion pour attester que les modalités relatives à l'implication des salariés ont été fixées conformément aux dispositions des articles L. 2361-1 à L. 2362-8, L. 2362-10 à L. 2363-6, L. 2363-8 à L. 2363-11 et L. 2364-1, sont transmis à l'inspecteur du travail.

Sous-section 4. **Contestations**

Art. R. 2362-18. ***(D. 2008-439 du 7 mai 2008, JO 8)*** Le ***(D. 2019-966 du 18 sept. 2019, art. 8, JO 19, entrée en vigueur le 01.01.2020)*** «tribunal judiciaire» compétent pour statuer sur la contestation de la désignation et de l'élection des membres du groupe spécial de négociation est celui dans le ressort duquel est situé soit le siège, selon le cas, de la société coopérative européenne, de la personne morale, de la filiale ou de l'établissement concerné, soit le domicile de la personne physique participant à la constitution de la société coopérative européenne.

La contestation est formée, instruite et jugée selon les modalités prévues aux articles R. 2324-24 et R. 2324-25.

Toutefois, la contestation est formée:

1° Dans un délai de quinze jours à compter de la notification de la désignation à l'employeur;

2° Par les salariés, dans un délai de quinze jours, à compter de la date à laquelle la désignation à l'employeur ou l'élection est portée à leur connaissance.

Art. R. 2362-19. ***(D. 2008-439 du 7 mai 2008, JO 8)*** Les litiges auxquels donne lieu l'application des dispositions de la présente section, autres que ceux mentionnés à l'article R. 2362-18, sont portés devant le président du ***(D. 2019-966 du 18 sept. 2019, art. 8, JO 19, entrée en vigueur le 01.01.2020)*** «tribunal judiciaire» du domicile du défendeur. Il statue ***(D. 2019-1419 du 20 déc. 2019, art. 10, 7°, JO 22)*** «selon la procédure accélérée au fond».

Note Les dispositions de cet article, dans sa rédaction issue du décret 2019-1419 précité, s'appliquent aux demandes introduites depuis le 01.01.2020 (décret précité, art. 24, II).

CHAPITRE III **Comité de la société coopérative européenne et participation des salariés en l'absence d'accord**

SECTION 1. **Comité de la société coopérative européenne**

Sous-section 1. **Mise en place**

Art. L. 2363-1. Un comité de la société coopérative européenne est institué lorsque, à l'issue de la période de négociation prévue à l'article ***(L. 2008-649 du 3 juil. 2008, art. 18, JO 4)*** «L. 2362-4», aucun accord n'a été conclu et que le groupe spécial de négociation n'a pas pris la décision prévue au deuxième alinéa de l'article L. 2362-7.

Art. L. 2363-2. Dans le cas prévu à l'article L. 2363-1, l'immatriculation de la société coopérative européenne ne peut intervenir que si les parties décident de mettre en œuvre les dispositions du présent chapitre et du chapitre IV du présent titre, ou que si les dirigeants des personnes morales participantes ou les personnes physiques participantes s'engagent à en faire application.

Art. D. 2363-1. ***(D. 2008-440 du 7 mai 2008, JO 8)*** Dans les hypothèses prévues à l'article L. 2363-2, est joint à la demande d'immatriculation de la société coopérative européenne:

1° L'accord portant sur la mise en place du comité de la société coopérative européenne et, lorsque la société coopérative européenne n'est pas composée exclusivement de personnes physiques, d'un système de participation des salariés prévu à l'article L. 2363-2;

2° À défaut de l'accord mentionné au 1°, l'engagement écrit des dirigeants des personnes morales ou des personnes physiques participantes de faire application des dispositions des articles L. 2361-2, L. 2361-5, L. 2362-9, L. 2363-1, L. 2363-3 à L. 2363-11, L. 2364-1.

Art. D. 2363-2. ***(D. 2008-440 du 7 mai 2008, JO 8)*** Les membres du comité de la société coopérative européenne sont:

1° Soit désignés selon les modalités définies aux articles D. 2362-6 et suivants;

2° Soit élus conformément aux dispositions de l'article D. 2362-11 lorsque les conditions prévues à l'article L. 2362-3 en ce qu'il renvoie à l'article L. 2352-6 sont réunies.

Art. R. 2363-3. ***(D. 2008-439 du 7 mai 2008, JO 8)*** Les contestations relatives à la désignation des représentants des salariés et à l'élection des membres du comité de la société coopérative européenne dont le siège se situe en France, ainsi qu'à la désignation des représentants des salariés des personnes participantes, des établissements ou filiales implantés en France, sont de la compétence du ***(D. 2019-966 du 18 sept. 2019, art. 8, JO 19, entrée en vigueur le 01.01.2020)*** «tribunal judiciaire» soit du siège, selon le cas, de la société coopérative européenne, de la personne morale, de la filiale ou de l'établissement concerné, soit du domicile de la personne physique participant à la constitution de la société coopérative européenne.

Ces contestations sont formées, instruites et jugées selon les modalités prévues aux articles R. 2324-24 et R. 2324-25.

Le recours est formé dans un délai de quinze jours à compter de la notification de la désignation à l'employeur.

Sous-section 2. Attributions

Art. L. 2363-3. Les attributions du comité de la société coopérative européenne sont fixées conformément aux dispositions des articles L. 2353-3 à L. 2353-6 relatives aux attributions du comité de la société européenne.

Sous-section 3. Composition

Art. L. 2363-4. La composition du comité de la société coopérative européenne est fixée conformément aux dispositions des articles L. 2353-7 à L. 2353-12 relatives à la composition du comité de la société européenne.

Art. L. 2363-5. Les membres du comité de la société coopérative européenne représentant le personnel des personnes participantes, filiales et établissements concernés implantés en France sont désignés conformément aux dispositions de l'article L. 2352-5 et, le cas échéant, de l'article L. 2352-6.

Sous-section 4. Fonctionnement

Art. L. 2363-6. Les dispositions des articles L. 2353-13 à ***(L. 2016-1088 du 8 août 2016, art. 18, IX, JO 9)*** «L. 2353-27-1» relatives au fonctionnement du comité de la société européenne s'appliquent à la société coopérative européenne.

Art. L. 2363-7. Les membres du comité de la société européenne ainsi que les experts qui les assistent sont tenus au secret professionnel et à l'obligation de discrétion prévus à l'article L. 2325-5.

Art. R. 2363-4. ***(D. 2008-439 du 7 mai 2008, JO 8)*** Le secrétaire du comité de la société coopérative européenne est désigné parmi ses membres.

Le bureau est élu parmi ses membres.

Art. R. 2363-5. ***(D. 2008-439 du 7 mai 2008, JO 8)*** Les éléments fournis, en application du quatrième alinéa de l'article L. 229-3 du code de commerce, par les dirigeants de la société, la filiale ou l'établissement concernés par la fusion pour attester que les modalités relatives à l'implication des salariés ont été fixées conformément aux dispositions des articles L. 2361-1 à L. 2362-8, L. 2362-10 à L. 2363-6, L. 2363-8 à L. 2363-11 et L. 2364-1, sont transmis à l'inspecteur du travail.

SECTION 2. Participation des salariés au conseil d'administration et de surveillance

Art. L. 2363-8. Lorsqu'aucun accord n'a été conclu et que le groupe spécial de négociation n'a pas pris la décision prévue au deuxième alinéa de l'article ***(L. 2008-649 du 3 juil. 2008, art. 18, JO 4)*** «L. 2362-7», la participation des salariés dans la société coopérative européenne est régie par les dispositions suivantes:

1° Dans le cas d'une société coopérative européenne constituée par transformation, s'il existe un système de participation dans la coopérative qui doit être transformée, le niveau des droits de participation est au moins équivalent à celui dont bénéficiaient les salariés;

2° Dans le cas d'une société coopérative européenne constituée par tout autre moyen et lorsque la participation au sein des personnes morales participantes atteint les seuils fixés au troisième alinéa de l'article L. 2362-7, la forme applicable de participation est déterminée après examen des différents systèmes nationaux existant au sein des personnes morales participantes.

Art. L. 2363-9. En l'absence d'accord, les dispositions des articles L. 2353-29 à L. 2353-32 relatives à la participation des salariés au conseil d'administration et de surveillance au sein de la société européenne s'appliquent à la société coopérative européenne.

Art. L. 2363-10. Par dérogation aux dispositions de l'article L. 2363-9 en ce qu'il fait référence au premier alinéa de l'article L. 2353-32, l'État dans lequel est situé le siège social de la société coopérative européenne bénéficie, en tout état de cause, d'au moins un siège.

Art. L. 2363-11. Les articles L. 2362-1 à L. 2363-10 ne sont pas applicables lorsque la société coopérative européenne est constituée exclusivement par des personnes physiques ou par une seule personne morale et plusieurs personnes physiques, employant ensemble moins de cinquante salariés, ou ***(L. 2012-387 du 22 mars 2012, art. 43, 8°, JO 23)*** «au moins cinquante salariés» mais au sein d'un seul État membre.

SECTION 3. Dispositions applicables aux sociétés coopératives européennes non soumises initialement à la constitution du groupe spécial de négociation

Art. L. 2363-12. Dans le cas de la société coopérative européenne mentionnée à l'article L. 2363-11, les modalités de l'implication mentionnées au chapitre Ier du présent titre sont déterminées dans les conditions suivantes:

1° Au sein de la société coopérative européenne, l'information et la consultation sont régies par les titres Ier et II du présent livre et la participation est organisée, le cas échéant, selon les articles L. 225-27 à L. 225-34, L. 225-79 et L. 225-80 du code de commerce, à l'exception de la condition de territorialité mentionnée au premier alinéa de l'article L. 225-28. La répartition des sièges au conseil d'administration ou au conseil de surveillance est effectuée proportionnellement au nombre de salariés employés dans chaque État membre;

2° Au sein des filiales et établissements de la société coopérative européenne, l'information et la consultation sont régies par les dispositions applicables dans l'État membre dans lequel ces filiales et établissements sont situés.

Art. L. 2363-13. Si, après immatriculation d'une société coopérative européenne, au moins un tiers des salariés de la société coopérative européenne et de ses filiales et établissements, employés dans au moins deux États membres, le demandent ou si le seuil de cinquante salariés employés dans au moins deux États membres est atteint ou dépassé, un groupe spécial de négociation est institué et une négociation est organisée conformément aux dispositions du chapitre II du présent titre.

Art. L. 2363-14. Lorsque, à l'issue de la période de négociation prévue à l'article L. 2363-13, aucun accord n'a été conclu et que le groupe spécial de négociation n'a pas pris la décision prévue au deuxième alinéa de l'article L. 2362-7, il est institué un comité de la société coopérative européenne dont la mise en place, les attributions et les règles de fonctionnement sont fixées conformément aux dispositions des articles L. 2363-1 à L. 2363-7.

Art. L. 2363-15. Les membres du comité de la société coopérative européenne représentant les salariés des personnes participantes, établissements et filiales situés en France sont désignés conformément aux dispositions du premier alinéa de l'article L. 2352-5 ou, le cas échéant, de l'article L. 2352-6.

Les membres du comité de la société coopérative européenne représentant les salariés des personnes participantes, établissements et filiales situés dans un autre État membre de la Communauté européenne sont désignés selon les règles en vigueur dans cet État.

Art. L. 2363-16. Lorsque, à l'issue de la période de négociation prévue à l'article L. 2363-14, aucun accord n'a été conclu et que le groupe spécial de négociation n'a pas pris la décision prévue au deuxième alinéa de l'article L. 2362-7, la participation des salariés est organisée conformément aux dispositions des articles L. 2363-8 à L. 2363-10.

Art. L. 2363-17. En cas de transfert dans un autre État membre de la Communauté européenne du siège d'une société coopérative européenne régie par des règles de participation, les droits de participation des salariés sont maintenus à un niveau au moins équivalent.

SECTION 4. Dispositions relatives à la participation des salariés à l'assemblée générale ou aux assemblées de section ou de branche

Art. L. 2363-18. Dans le cas d'une société coopérative européenne dont le siège social est situé dans un État membre dont la loi admet, dans les conditions prévues au 4 de l'article 59 du règlement (CE) n° 1435/2003 du Conseil du 22 juillet 2003 relatif au statut de la société coopérative européenne, la possibilité de prévoir dans les statuts que les salariés participent, avec droit de vote, à l'assemblée générale ou aux assemblées de section ou de branche, et qui est régie par un tel système, les dirigeants des filiales ou établissements situés en France organisent, selon les modalités applicables dans la société coopérative européenne, les modalités de désignation des représentants des salariés appelés à participer aux réunions de ces assemblées.

Art. L. 2363-19. Le temps passé en réunion par les salariés participant aux réunions des assemblées mentionnées au premier alinéa de l'article L. 2363-18 est considéré comme temps de travail et payé à l'échéance normale.

CHAPITRE IV Dispositions applicables postérieurement à l'immatriculation de la société coopérative européenne

Art. L. 2364-1. Lorsqu'une société coopérative européenne est immatriculée, l'accord mentionné à l'article L. 2362-10 ou un accord collectif conclu au niveau approprié peut décider de la suppression ou d'un aménagement des conditions de fonctionnement, éventuellement sous la forme d'une redéfinition de leur périmètre national d'intervention, des institutions représentatives du personnel qui auraient vocation à disparaître du fait de la perte de l'autonomie juridique d'une ou de plusieurs sociétés participantes situées en France, après immatriculation de la société coopérative européenne.

Art. L. 2364-2. Quatre ans après l'institution du comité de la société coopérative européenne, celui-ci examine s'il convient d'engager des négociations en vue de conclure l'accord dans les conditions définies au chapitre II du présent titre.

Pour mener ces négociations, le comité de la société coopérative européenne fait office de groupe spécial de négociation tel que prévu aux articles L. 2362-1 et L. 2362-2.

Le comité de la société coopérative européenne demeure en fonction tant qu'il n'a pas été renouvelé ou remplacé.

Art. L. 2364-3. Les articles L. 2354-3 et L. 2354-4 relatifs aux règles applicables postérieurement à l'immatriculation de la société européenne s'appliquent aux sociétés coopératives européennes.

Art. R. 2364-1. ***(D. 2008-439 du 7 mai 2008, JO 8)*** Le président du ***(D. 2019-966 du 18 sept. 2019, art. 8, JO 19, entrée en vigueur le 01.01.2020)*** « tribunal judiciaire » du lieu du siège de la société coopérative européenne statue ***(D. 2019-1419 du 20 déc. 2019, art. 10, 7°, JO 22)*** « selon la procédure accélérée au fond » sur toutes les contestations relatives à l'application de l'article L. 2364-3 en ce qu'il renvoie à l'article L. 2354-4.

Il ordonne la constitution d'un groupe spécial de négociation si la composition du comité de la société coopérative européenne ou les modalités d'implication des salariés ne correspondent plus à l'effectif ou à la structure de la société.

Note Les dispositions de cet article, dans sa rédaction issue du décret 2019-1419 précité, s'appliquent aux demandes introduites depuis le 01.01.2020 (décret précité, art. 24, II).

Art. L. 2364-4. Les représentants des salariés siégeant au sein de l'organe d'administration ou de surveillance, ou participant à l'assemblée générale ou aux assemblées de section ou de branche, sont tenus au secret professionnel et à l'obligation de discrétion prévus à l'article L. 2325-5.

Art. L. 2364-5. Les représentants des salariés au conseil d'administration ou de surveillance ainsi que les représentants des salariés participant à l'assemblée générale ou aux assemblées de section ou de branche bénéficient de la protection instituée à l'article *(L. 2013-504 du 14 juin 2013, art. 9, V, JO 16)* «L. 2411-1».

Note Voir note sous l'article L. 2312-75.

CHAPITRE V Dispositions pénales

Art. L. 2365-1. Le fait d'apporter une entrave soit à la constitution d'un groupe spécial de négociation ou d'un comité de la société coopérative européenne mis en place ou non par accord, soit à la libre désignation de leurs membres est puni d'un emprisonnement d'un an et d'une amende de *(L. 2015-990 du 6 août 2015, art. 262, 2°, JO 7)* «7 500 €.

Le fait d'apporter une entrave à leur fonctionnement régulier est puni d'une amende de 7 500 €.»

TITRE VII PARTICIPATION DES SALARIÉS DANS LES SOCIÉTÉS ISSUES DE FUSIONS TRANSFRONTALIÈRES

Note Ce titre a été introduit par la loi 2008-649 du 3 juillet 2008, art. 3, JO 4.

CHAPITRE Ier Dispositions générales

Note • Les dispositions particulières aux fusions transfrontalières (chapitre Ier de la loi 2008-649 du 3 juillet 2008, art. 1er à 7) sont applicables aux opérations de fusion dont le traité est signé après la publication de la loi 2008-649 (JO 4 juil.).

• Voir A. Teissier, «Les fusions transfrontalières des sociétés de capitaux: la participation des salariés», JCP éd. S 2008, 1517.

Art. L. 2371-1. Le présent titre s'applique:

1° Aux sociétés ayant leur siège en France issues d'une fusion transfrontalière mentionnée à l'article L. 236-25 du code de commerce;

2° Aux sociétés participant à une fusion transfrontalière et ayant leur siège en France;

3° Aux filiales et établissements situés en France d'une société issue d'une fusion transfrontalière située dans un autre État membre de la Communauté européenne.

Art. D. 2371-1. *(D. 2008-1117 du 31 oct. 2008, JO 1er nov.)* Lorsque les dirigeants des sociétés participant à la constitution d'une société issue de la fusion transfrontalière décident que son siège est établi sur le territoire français, le projet de constitution de cette société précise que le groupe spécial de négociation prévu à l'article L. 2372-1 est constitué au lieu de ce siège.

Art. L. 2371-2. La société issue d'une fusion transfrontalière n'est pas tenue d'instituer des règles relatives à la participation des salariés si, à la date de son immatriculation, aucune société participant à la fusion n'est régie par ces règles.

Art. L. 2371-3. Les modalités de la participation des salariés, au sens de l'article L. 2351-6, sont arrêtées par accord conclu entre les dirigeants des sociétés participant à la fusion transfrontalière et les représentants des salariés conformément au présent chapitre et au chapitre II du présent titre. À défaut d'accord, ces modalités sont arrêtées conformément au chapitre III du présent titre.

Par dérogation au premier alinéa, les dirigeants des sociétés participant à la fusion transfrontalière peuvent choisir de mettre en place, sans négociation préalable, les modalités de participation des salariés conformément au chapitre III du présent titre.

Art. L. 2371-4. Le décompte des effectifs des sociétés participantes, filiales ou établissements concernés situés en France est effectué conformément à l'article L. 1111-2.

Art. L. 2371-5. Les dispositions d'application du présent titre relatives à la procédure applicable aux litiges et aux informations transmises à l'inspection du travail en cas de constitution de la société issue de la fusion transfrontalière sont déterminées par décret en Conseil d'État.

CHAPITRE II Participation des salariés dans la société issue d'une fusion transfrontalière par accord du groupe spécial de négociation

SECTION 1. Groupe spécial de négociation

Sous-section 1. Mise en place et objet

Art. L. 2372-1. La participation des salariés est mise en œuvre conformément aux articles L. 225-28 à L. 225-56 ***(Ord. 2020-1142 du 16 sept. 2020, art. 18, JO 17, entrée en vigueur le 01.01.2021)*** «, L. 225-79 à L. 225-93, L. 22-10-8 à L. 22-10-17 et L. 22-10-23 à L. 22-10-30» du code de commerce.

Par dérogation au premier alinéa, un groupe spécial de négociation, doté de la personnalité juridique, est institué dès que possible après la publication du projet de fusion lorsque l'une des conditions suivantes est satisfaite:

1° Au moins une des sociétés participant à la fusion transfrontalière applique des règles relatives à la participation et emploie, pendant la période de six mois qui précède la publication du projet de fusion, au moins cinq cents salariés;

2° En application des articles L. 225-27 et L. 225-79 du code de commerce, la société issue de la fusion transfrontalière ne garantit pas au moins le même niveau de participation des salariés, apprécié en fonction de la proportion de représentants parmi les membres du conseil d'administration, du conseil de surveillance ou du comité mentionné à l'article L. 2373-1 du présent code, que le niveau de participation des salariés qui s'applique aux sociétés participant à la fusion transfrontalière.

Art. L. 2372-2. Le groupe spécial de négociation détermine avec les dirigeants des sociétés participant à la fusion transfrontalière ou leurs représentants, par un accord écrit, les modalités de la participation des salariés au sein de la société issue de la fusion.

Art. D. 2372-1. ***(D. 2008-1117 du 31 oct. 2008, JO 1er nov.)*** Dans le délai d'un mois à compter de la publication du projet de constitution d'une société issue de la fusion transfrontalière, les dirigeants des sociétés participantes portent à la connaissance de leurs organisations syndicales et à celle de leurs filiales et établissements qui disposent de représentants ou d'élus au sens de l'article L. 2352-5:

1° L'identité des sociétés, filiales et établissements;

2° Le lieu de leur implantation;

3° Leur statut juridique;

4° La nature de leurs activités.

Art. D. 2372-2. ***(D. 2008-1117 du 31 oct. 2008, JO 1er nov.)*** Les dirigeants des sociétés participantes indiquent à leurs organisations syndicales, à leurs filiales et à leurs établissements disposant de représentants ou d'élus:

1° Le nombre de leurs salariés à la date de la publication du projet de fusion, en France collège par collège et dans les autres États membres;

2° Les formes de participation existant au sens de l'article L. 2371-3 en ce qu'il renvoie à l'article L. 2351-6;

3° Le nombre de sièges au groupe spécial de négociation revenant à chaque État membre, calculé conformément aux dispositions de l'article L. 2372-3 en ce qu'il renvoie à l'article L. 2352-3.

Art. D. 2372-3. ***(D. 2008-1117 du 31 oct. 2008, JO 1er nov.)*** Dans les hypothèses mentionnées à l'article L. 2352-4, les dirigeants fixent le nombre des sièges supplémentaires et indiquent ceux alloués aux sociétés ayant leur siège en France.

Art. D. 2372-4. ***(D. 2008-1117 du 31 oct. 2008, JO 1er nov.)*** Lorsque les sociétés, filiales et établissements intéressés sont dépourvus de toute forme de représentation, les renseignements mentionnés aux articles D. 2372-1 et D. 2372-2 sont directement communiqués, par tout moyen, à leurs salariés.

Sous-section 2. Désignation, élection et statut des membres

Art. L. 2372-3. Les dispositions des articles L. 2352-3 à L. 2352-8, relatives à la désignation, à l'élection et au statut des membres du groupe spécial de négociation dans la société européenne, s'appliquent à la société issue d'une fusion transfrontalière.

Art. R. 2372-5. ***(D. 2008-1116 du 31 oct. 2008, JO 1er nov.)*** En application de l'article L. 2372-3 en ce qu'il renvoie à l'article L. 2352-3, le nombre de sièges par État membre au sein du groupe spécial de négociation est égal à:

1° Jusqu'à 10 % de l'effectif total: 1 siège;

2° De plus de 10 % à 20 % de l'effectif total: 2 sièges;

3° De plus de 20 % à 30 % de l'effectif total: 3 sièges;

4° De plus de 30 % à 40 % de l'effectif total: 4 sièges;

5° De plus de 40 % à 50 % de l'effectif total : 5 sièges ;
6° De plus de 50 % à 60 % de l'effectif total : 6 sièges ;
7° De plus de 60 % à 70 % de l'effectif total : 7 sièges ;
8° De plus de 70 % à 80 % de l'effectif total : 8 sièges ;
9° De plus de 80 % à 90 % de l'effectif total : 9 sièges ;
10° De plus de 90 % de l'effectif total : 10 sièges.

Art. D. 2372-6. ***(D. 2008-1117 du 31 oct. 2008, JO 1er nov.)*** Lorsqu'il existe des représentants ou des élus dans toutes les sociétés, filiales et établissements, les organisations syndicales désignent les membres du groupe spécial de négociation conformément aux modalités fixées aux articles D. 2372-8 et D. 2372-9.

Art. D. 2372-7. ***(D. 2008-1117 du 31 oct. 2008, JO 1er nov.)*** L'organisation syndicale notifie à l'employeur la désignation des membres du groupe spécial de négociation par lettre recommandée avec avis de réception.

Art. D. 2372-8. ***(D. 2008-1117 du 31 oct. 2008, JO 1er nov.)*** Pour procéder à la répartition des sièges du groupe spécial de négociation entre les collèges conformément à l'article L. 2372-3 en ce qu'il renvoie aux dispositions du troisième alinéa de l'article L. 2352-5, l'effectif à prendre en compte est la somme des effectifs des salariés appartenant aux collèges des sociétés, filiales et établissements.

Il est déterminé un quotient égal à l'effectif calculé au premier alinéa divisé par le nombre de sièges revenant à la France au sein du groupe spécial de négociation.

Il est attribué à chaque collège autant de sièges que le total de ses effectifs dans chaque société, filiale ou établissement contient de fois le quotient.

Le ou les sièges non attribués par application des dispositions du troisième alinéa sont attribués au plus fort reste. En cas d'égalité de restes, le siège revient au collège qui représente le plus grand nombre de salariés.

Art. D. 2372-9. ***(D. 2008-1117 du 31 oct. 2008, JO 1er nov.)*** Pour procéder à la répartition des sièges alloués à chaque collège entre les organisations syndicales, il est calculé un quotient égal au nombre total d'élus de ce collège dans les ***(D. 2017-1819 du 29 déc. 2017, art. 3, 33°, JO 30, entrée en vigueur le 01.01.2018)*** « comités sociaux et économiques ou comités sociaux et économiques d'établissement » des sociétés, filiales et établissements, divisé par le nombre de sièges attribués à ce collège.

Il est attribué à chaque organisation syndicale, par collège, autant de sièges que son nombre d'élus dans ce collège contient de fois le quotient.

Le ou les sièges non attribués par application des dispositions du deuxième alinéa sont attribués au plus fort reste. En cas d'égalité de restes, le siège revient à l'organisation syndicale qui a obtenu le plus grand nombre de suffrages cumulés lors du premier tour des élections ayant conduit à la désignation de ses élus.

Art. D. 2372-10. ***(D. 2008-1117 du 31 oct. 2008, JO 1er nov.)*** Lorsque seuls certains sociétés, filiales et établissements ont un représentant ou un élu, les membres du groupe spécial de négociation sont :
1° Soit désignés selon les modalités définies aux articles D. 2372-6 à D. 2372-9 ;
2° Soit élus conformément aux dispositions de l'article D. 2372-11.

Les nombres respectifs des membres désignés et des membres élus pour pourvoir les sièges revenant à la France au sein du groupe spécial de négociation sont déterminés en fonction de la part des effectifs cumulés des sociétés, filiales et établissements ayant ou non un représentant ou un élu dans l'ensemble des effectifs des sociétés, filiales et établissements implantés en France. Cette détermination se fait selon le système de la représentation proportionnelle au plus fort reste.

Art. D. 2372-11. ***(D. 2008-1117 du 31 oct. 2008, JO 1er nov.)*** Lorsque aucune des sociétés et filiales et aucun des établissements n'a de représentant ou d'élu, les membres du groupe spécial de négociation sont élus directement par les salariés.

L'élection a lieu collège par collège. Elle est commune à l'ensemble des sociétés, filiales et établissements.

La répartition des sièges entre les différentes catégories et la répartition des salariés dans les collèges électoraux sont accomplies sur la base de leurs effectifs cumulés dans les sociétés, filiales et établissements.

Les listes de candidats comportent autant de noms que de sièges revenant à la France au sein du groupe spécial de négociation.

Le vote peut se dérouler séparément dans les locaux de chaque société, filiale ou établissement. Le dépouillement ne peut commencer avant la clôture du dernier scrutin.

Les sièges sont attribués à chaque liste conformément aux dispositions des articles R. 2324-18 et suivants.

Art. D. 2372-12. ***(D. 2008-1117 du 31 oct. 2008, JO 1er nov.)*** Lorsqu'un siège supplémentaire est attribué à une société participante en application de l'article L. 2372-3 en ce qu'il renvoie à l'article L. 2352-4, ce siège est attribué :

1° S'il existe un *(D. 2017-1819 du 29 déc. 2017, art. 3, 4°, JO 30, entrée en vigueur le 01.01.2018)* «comité social et économique», à l'organisation syndicale qui compte le plus de représentants au sein de ce comité. En cas d'égalité, le siège est attribué à celle ayant recueilli le plus grand nombre de suffrages au premier tour de scrutin de l'élection des membres de ce comité;

2° En l'absence de *(D. 2017-1819 du 29 déc. 2017, art. 3, 4°, JO 30, entrée en vigueur le 01.01.2018)* «comité social et économique», à un représentant élu directement à cet effet par les salariés de la société.

L'élection a lieu au scrutin uninominal à un tour.

Art. D. 2372-13. *(D. 2008-1117 du 31 oct. 2008, JO 1er nov.)* Les désignations des membres du groupe spécial de négociation sont notifiées aux dirigeants de la société, filiale ou établissement au sein duquel travaillent les représentants des salariés ou, le cas échéant, à l'organe de direction mandaté à cet effet.

Les dirigeants des sociétés, filiales et établissements transmettent aux dirigeants des sociétés participantes le nom des personnes ainsi désignées et celui des personnes élues en application des dispositions des articles D. 2372-10 à D. 2372-12.

Ils font connaître ces informations à leurs salariés, par affichage ou par tout autre moyen, ainsi qu'à l'inspecteur du travail.

Sous-section 3. Fonctionnement

Art. L. 2372-4. Le groupe spécial de négociation prend ses décisions à la majorité absolue de ses membres, laquelle doit représenter également la majorité absolue des salariés des sociétés participantes, des filiales et des établissements concernés. Chaque membre dispose d'une voix.

Par dérogation au premier alinéa, la décision de ne pas engager les négociations ou de clore des négociations déjà engagées et de se fonder sur la réglementation relative à la participation en vigueur dans l'État membre de la Communauté européenne où la société issue de la fusion transfrontalière aura son siège est prise à la majorité des deux tiers des membres du groupe spécial de négociation, issus d'au moins deux États membres de la Communauté européenne et à la condition qu'ils représentent au moins les deux tiers des salariés des sociétés participantes, des filiales et des établissements concernés. Dans ce cas, le chapitre III n'est pas applicable.

Lorsque la participation concerne au moins 25 % du nombre total de salariés des sociétés participantes et lorsque le groupe spécial de négociation envisage de fixer un nombre ou une proportion des membres de l'organe de surveillance ou d'administration par lequel les salariés exercent leurs droits à participation à un niveau inférieur à celui qui était le plus élevé au sein de l'une des sociétés participantes, la décision est prise dans les conditions prévues au deuxième alinéa.

Art. L. 2372-5. Aucun salarié ne peut être sanctionné ou licencié en raison de sa participation à la prise d'une décision en application de l'article L. 2372-4. Toute décision ou tout acte contraire à cette interdiction est nul de plein droit.

Les autres modalités de fonctionnement du groupe spécial de négociation sont régies par les articles L. 2352-9 à L. 2352-12 et L. 2352-15.

Art. D. 2372-14. *(D. 2008-1117 du 31 oct. 2008, JO 1er nov.)* Les dirigeants des sociétés participantes convoquent les membres du groupe spécial de négociation à une première réunion. La convocation fixe la date de la réunion. Elle est faite par lettre recommandée avec avis de réception.

Le délai de six mois mentionné au deuxième alinéa de l'article L. 2352-9 court à compter de la date de cette première réunion.

Art. D. 2372-15. *(D. 2008-1117 du 31 oct. 2008, JO 1er nov.)* Les membres du groupe spécial de négociation sont tenus informés:

1° Du mode de constitution de la société issue de la fusion transfrontalière et des effets de celui-ci pour les sociétés participantes ainsi que pour leurs filiales et établissements;

2° Des modalités de participation instituées au sein de ces sociétés participantes, filiales et établissements, que le lieu de leur implantation soit situé en France ou dans un autre État membre de la Communauté européenne ou de l'Espace économique européen;

3° Des modalités de transfert des droits et obligations des sociétés participantes en matière de conditions d'emploi résultant de la législation et des relations collectives et individuelles de travail.

Art. D. 2372-16. *(D. 2008-1117 du 31 oct. 2008, JO 1er nov.)* Pour le calcul des majorités de salariés mentionnées aux premier et deuxième alinéas de l'article L. 2372-4, chaque membre occupant un siège au sein du groupe spécial de négociation alloué à un État membre représente un nombre de salariés égal au nombre total des salariés employés dans les sociétés participantes, les filiales et les établissements situés dans cet État membre, divisé par le nombre de sièges attribués à cet État membre, arrondi à l'entier inférieur.

Lorsqu'il est fait application de l'article L. 2372-3 en ce qu'il renvoie aux dispositions de l'article L. 2352-4, le titulaire de chaque siège supplémentaire représente un nombre de salariés égal à l'effectif de la société à laquelle a été attribué ce siège. Le nombre total des salariés calculé, pour l'État membre dans lequel est située cette société, conformément au premier alinéa, est alors réduit à concurrence de cet effectif.

Art. R. 2372-17. ***(D. 2008-1116 du 31 oct. 2008, JO 1er nov.)*** Les éléments fournis, en application du quatrième alinéa de l'article L. 229-3 du code de commerce, par la société, la filiale ou l'établissement concernés par la fusion pour attester que les modalités relatives à la participation des salariés ont été fixées conformément aux dispositions des articles L. 2371-1 à L. 2371-3, L. 2372-1 à L. 2372-4, du second alinéa de l'article L. 2372-5 et des articles L. 2372-6 à L. 2374-2 sont transmis à l'inspecteur du travail.

Sous-section 4 (réglementaire). Contestations

Art. R. 2372-18. ***(D. 2008-1116 du 31 oct. 2008, JO 1er nov.)*** Le ***(D. 2019-966 du 18 sept. 2019, art. 8, JO 19, entrée en vigueur le 01.01.2020)*** «tribunal judiciaire» compétent pour statuer sur la contestation de la désignation et de l'élection des membres du groupe spécial de négociation est celui dans le ressort duquel est situé le siège, selon le cas, de la société issue de la fusion transfrontalière, de la société, de la filiale ou de l'établissement concerné.

La contestation est formée, instruite et jugée selon les modalités prévues aux articles R. 2324-24 et R. 2324-25.

Toutefois, la contestation est formée:

1° Dans un délai de quinze jours à compter de la notification de la désignation à l'employeur;

2° Par les salariés, dans un délai de quinze jours, à compter de la date à laquelle la désignation à l'employeur ou l'élection est portée à leur connaissance.

Art. R. 2372-19. ***(D. 2008-1116 du 31 oct. 2008, JO 1er nov.)*** Les litiges auxquels donne lieu l'application des dispositions de la présente section, autres que ceux mentionnés à l'article R. 2372-18, sont portés devant le président du ***(D. 2019-966 du 18 sept. 2019, art. 8, JO 19, entrée en vigueur le 01.01.2020)*** «tribunal judiciaire» du domicile du défendeur. Il statue ***(D. 2019-1419 du 20 déc. 2019, art. 10, 7°, JO 22)*** «selon la procédure accélérée au fond».

Note Les dispositions de cet article, dans sa rédaction issue du décret 2019-1419 précité, s'appliquent aux demandes introduites depuis le 01.01.2020 (décret précité, art. 24, II).

SECTION 2. Contenu de l'accord

Art. L. 2372-6. Sous réserve des dispositions du deuxième alinéa de l'article L. 2372-4, les dirigeants de chacune des sociétés participant à la fusion négocient avec le groupe spécial de négociation en vue de parvenir à un accord qui détermine:

1° Les sociétés participantes, les établissements et les filiales concernés par l'accord;

2° Les modalités de participation, y compris, le cas échéant:

a) Le nombre de membres de l'organe d'administration ou de surveillance de la société issue d'une fusion transfrontalière que les salariés ont le droit d'élire, de désigner, de recommander ou à la désignation desquels ils peuvent s'opposer;

b) Les procédures à suivre pour que les salariés puissent élire, désigner ou recommander ces membres ou s'opposer à leur désignation;

c) Les droits de ces membres;

3° La date d'entrée en vigueur de l'accord et sa durée;

4° Les cas dans lesquels l'accord est renégocié et la procédure suivie pour sa renégociation.

Art. L. 2372-7. Lorsqu'il existe au sein des sociétés participant à la fusion plusieurs formes de participation, le groupe spécial de négociation qui décide de mettre en œuvre les modalités prévues au 2° de l'article L. 2372-6 choisit au préalable, dans les conditions prévues au premier alinéa de l'article L. 2372-4, laquelle de ces formes est appliquée au sein de la société issue de la fusion transfrontalière.

Art. L. 2372-8. Les dirigeants des sociétés participantes et le groupe spécial de négociation peuvent décider, par accord, d'appliquer le chapitre III du présent titre.

CHAPITRE III Comité de la société issue de la fusion transfrontalière et participation des salariés en l'absence d'accord

SECTION 1. Comité de la société issue de la fusion transfrontalière

Sous-section 1. Mise en place

Art. L. 2373-1. Un comité de la société issue d'une fusion transfrontalière est institué lorsque, à l'issue de la période de négociation prévue à l'article L. 2352-9, aucun accord n'a été conclu et que le groupe spécial de négociation n'a pas pris la décision prévue au deuxième alinéa de l'article L. 2372-4 ou lorsque les dirigeants des sociétés participant à la fusion transfrontalière choisissent sans négociation préalable de mettre en place les modalités de participation des salariés.

Art. L. 2373-2. Dans le cas prévu à l'article L. 2373-1, l'immatriculation de la société issue d'une fusion transfrontalière ne peut intervenir que si les parties décident de mettre en œuvre les dispositions du présent chapitre et du chapitre IV ou que si les dirigeants des sociétés participantes s'engagent à en faire application.

Art. D. 2373-1. ***(D. 2008-1117 du 31 oct. 2008, JO 1er nov.)*** Dans les hypothèses prévues à l'article L. 2373-2, est joint à la demande d'immatriculation de la société issue de la fusion transfrontalière :

1° L'accord portant sur la mise en place du comité de la société issue de la fusion transfrontalière et, lorsque la société issue de la fusion transfrontalière n'est pas composée exclusivement de personnes physiques, d'un système de participation des salariés prévu à l'article L. 2373-2 ;

2° À défaut de l'accord mentionné au 1°, l'engagement écrit des dirigeants des sociétés participantes de faire application des dispositions des articles L. 2371-4, L. 2372-5, deuxième alinéa, en ce qu'il renvoie aux articles L. 2352-9, L. 2373-1, L. 2373-3, L. 2374-1.

Art. D. 2373-2. ***(D. 2008-1117 du 31 oct. 2008, JO 1er nov.)*** Les membres du comité de la société issue de la fusion transfrontalière sont :

1° Soit désignés selon les modalités définies aux articles D. 2372-6 à D. 2372-9 ;

2° Soit élus conformément aux dispositions de l'article D. 2372-11 lorsque les conditions prévues à l'article L. 2372-3 en ce qu'il renvoie à l'article L. 2352-6 sont réunies.

Art. R. 2373-3. ***(D. 2008-1116 du 31 oct. 2008, JO 1er nov.)*** Les contestations relatives à la désignation des représentants des salariés et à l'élection des membres du comité de la société issue de la fusion transfrontalière dont le siège se situe en France, ainsi qu'à la désignation des représentants des salariés des sociétés participantes, des établissements ou filiales implantés en France, sont de la compétence du ***(D. 2019-966 du 18 sept. 2019, art. 8, JO 19, entrée en vigueur le 01.01.2020)*** « tribunal judiciaire » du siège de la société issue de la fusion transfrontalière, de la société participante, de la filiale ou de l'établissement concerné.

Ces contestations sont formées, instruites et jugées selon les modalités prévues aux articles R. 2324-24 et R. 2324-25.

Le recours est formé dans un délai de quinze jours à compter de la notification de la désignation à l'employeur.

Sous-section 2. Attributions, composition et fonctionnement

Art. L. 2373-3. Les dispositions relatives aux attributions, à la composition et au fonctionnement du comité de la société européenne, prévues aux articles L. 2353-3 à ***(L. 2016-1088 du 8 août 2016, art. 18, IX, JO 9)*** « L. 2353-27-1 », sont applicables au comité de la société issue de la fusion transfrontalière pour la mise en œuvre des modalités de la participation des salariés telle que définie à l'article L. 2351-6.

Art. R. 2373-4. ***(D. 2008-1116 du 31 oct. 2008, JO 1er nov.)*** Le secrétaire du comité de la société issue de la fusion transfrontalière est désigné parmi ses membres.

Le bureau est élu parmi ses membres.

Art. R. 2373-5. ***(D. 2008-1116 du 31 oct. 2008, JO 1er nov.)*** Les éléments fournis, en application du quatrième alinéa de l'article L. 229-3 du code de commerce, par les dirigeants de la société, la filiale ou l'établissement concernés par la fusion pour attester que les modalités relatives à la participation des salariés ont été fixées conformément aux dispositions des articles L. 2371-1 à L. 2371-3, L. 2372-1 à L. 2372-4, du second alinéa de l'article L. 2372-5 et des articles L. 2372-6 à L. 2374-2 sont transmis à l'inspecteur du travail.

SECTION 2. Participation des salariés au conseil d'administration et de surveillance

Art. L. 2373-4. Lorsque la participation des salariés au sein des sociétés participant à la fusion transfrontalière concerne au moins un tiers du nombre total des salariés employés par ces sociétés, ou lorsque ce seuil n'est pas atteint et que le groupe spécial de négociation en décide ainsi, la forme de participation des salariés à l'organe d'administration ou de surveillance de la société issue de la fusion est déterminée après examen des différents systèmes nationaux existant au sein de chacune des sociétés participantes avant l'immatriculation de cette société.

Art. L. 2373-5. Si une seule forme de participation des salariés existe au sein des sociétés participantes, ce système est appliqué à la société issue de la fusion transfrontalière en retenant, pour sa mise en place, la proportion ou, selon le cas, le nombre le plus élevé de membres concernés par les droits à participation au sein de l'organe d'administration ou de surveillance. Si plusieurs formes de participation des salariés existent au sein des sociétés participantes, le groupe spécial de négociation détermine laquelle de ces formes est instaurée dans la société issue de la fusion transfrontalière.

Art. L. 2373-6. À défaut d'accord du groupe spécial de négociation sur le choix de la forme de participation des salariés, les dirigeants des sociétés participant à la fusion transfrontalière déterminent la forme de participation applicable.

Il est toujours retenu, pour la mise en place du système applicable, la proportion ou le nombre le plus élevé de membres de l'organe d'administration ou de surveillance concernés par les droits à participation des salariés.

Art. L. 2373-7. Lorsque la forme de participation des salariés applicable consiste en la recommandation ou l'opposition à la désignation de membres de l'organe d'administration ou de surveillance, le comité de la société détermine les conditions dans lesquelles s'exerce cette forme de participation des salariés.

Lorsque la forme de participation des salariés choisie consiste en l'élection, la procédure se déroule conformément aux articles L. 225-28 à L. 225-34 et L. 225-80 du code de commerce, exception faite de l'exigence de territorialité prévue au premier alinéa de l'article L. 225-28.

Art. L. 2373-8. Dès lors que le nombre de sièges au sein de l'organe d'administration ou de surveillance a été déterminé dans les conditions prévues à l'article L. 2373-7, le comité de la société issue de la fusion transfrontalière veille à leur répartition, proportionnellement au nombre de salariés de la société employés dans chaque État membre de la Communauté européenne.

Par dérogation au premier alinéa, le comité assure, dans la mesure du possible, à chaque État membre disposant d'un système de participation des salariés avant l'immatriculation de la société, l'attribution d'au moins un siège.

CHAPITRE IV Dispositions applicables postérieurement à l'immatriculation de la société issue de la fusion transfrontalière

Art. L. 2374-1. Lorsqu'une société issue d'une fusion transfrontalière est immatriculée, l'accord mentionné à l'article L. 2372-6 ou un accord collectif conclu au niveau approprié peut décider de la suppression ou d'un aménagement des conditions de fonctionnement, éventuellement sous la forme d'une redéfinition de leur périmètre national d'intervention, des institutions représentatives du personnel qui auraient vocation à disparaître du fait de la perte de l'autonomie juridique d'une ou de plusieurs sociétés participantes situées en France.

Art. L. 2374-2. Lorsqu'un système de participation des salariés existe dans la société issue de la fusion transfrontalière, cette société est tenue, pendant un délai de trois ans après la fusion transfrontalière, de prendre les mesures nécessaires à la protection de la participation des salariés en cas de fusions nationales ultérieures conformément aux règles prévues au présent titre.

Art. L. 2374-3. Les représentants des salariés siégeant au sein de l'organe d'administration ou de surveillance, ou participant à l'assemblée générale ou aux assemblées de section ou de branche de la société issue de la fusion transfrontalière, sont tenus au secret professionnel et à l'obligation de discrétion prévus à l'article L. 2325-5.

Art. L. 2374-4. Les représentants des salariés siégeant au sein de l'organe d'administration ou de surveillance, ou participant à l'assemblée générale ou aux assemblées de section ou de branche de la société issue de la fusion transfrontalière, bénéficient de la protection instituée à l'article *(L. 2013-504 du 14 juin 2013, art. 9, V, JO 16)* «L. 2411-1».

Note Voir note sous l'article L. 2312-75.

CHAPITRE V Dispositions pénales

Art. L. 2375-1. Le fait d'apporter une entrave soit à la constitution d'un groupe spécial de négociation ou d'un comité de la société issue de la fusion transfrontalière mis en place ou non par accord, soit à la libre désignation de leurs membres est puni d'un emprisonnement d'un an et d'une amende de *(L. 2015-990 du 6 août 2015, art. 262, 2°, JO 7)* «7 500 €.

Le fait d'apporter une entrave à leur fonctionnement régulier est puni d'une amende de 7 500 €.»

TITRE XI COMMISSIONS PARITAIRES RÉGIONALES INTERPROFESSIONNELLES POUR LES SALARIÉS ET LES EMPLOYEURS DES ENTREPRISES DE MOINS DE ONZE SALARIÉS

Note Ce titre a été introduit par la loi 2015-994 du 17 août 2015, art. 1er, I, JO 18, entrée en vigueur le 01.07.2017, à l'exception des articles L. 23-112-2 et L. 23-114-2 qui sont entrés en vigueur le 01.01.2016.

Voir circulaire DGT/RT2/2017/191 du 1er juin 2017 relative aux modalités de mise en place et de fonctionnement des commissions paritaires régionales interprofessionnelles pour les salariés et les employeurs des entreprises de moins de 11 salariés.

CHAPITRE Ier Champ d'application

Art. L. 23-111-1. I. – Une commission paritaire interprofessionnelle est instituée au niveau régional afin de représenter les salariés et les employeurs d'entreprises de moins de onze salariés.

II. – Elle représente les salariés et les employeurs des entreprises de moins de onze salariés relevant des branches qui n'ont pas mis en place de commissions paritaires régionales, ou, le cas échéant, départementales lorsque leur champ de compétence géographique recouvre l'intégralité d'une région, par un accord de branche ou de niveau national et interprofessionnel ou multiprofessionnel conclu dans les conditions du présent titre :

1° Exerçant au moins les mêmes attributions que celles mentionnées à l'article L. 23-113-1 ;

2° Composées d'au moins cinq représentants des organisations professionnelles d'employeurs représentatives et d'au moins cinq représentants des organisations syndicales de salariés représentatives, issus d'entreprises de moins de onze salariés.

III. – Pendant la durée du mandat prévue à l'article L. 23-112-3, le champ de compétence professionnelle et territoriale de la commission paritaire régionale interprofessionnelle n'est pas modifié.

Note Pour l'application de cet article à Saint-Pierre-et-Miquelon, les mots : «commission paritaire régionale» sont remplacés par les mots : «commission paritaire territoriale». Un décret précise la composition de la commission paritaire territoriale de Saint-Pierre-et-Miquelon (loi 2015-994 du 17 août 2015, art. 1er, X, JO 18).

Art. R. 23-111-1. *(D. 2017-663 du 27 avril 2017, JO 29)* Pour l'application du II de l'article L. 23-111-1, ne sont pas prises en compte les branches pour lesquelles un accord a été conclu au plus tard le 31 mars de l'année de la mise en place ou du renouvellement de la commission paritaire régionale interprofessionnelle.

CHAPITRE II Composition et mandat

Art. L. 23-112-1. La commission paritaire régionale interprofessionnelle est composée de vingt membres, salariés et employeurs d'entreprises de moins de onze salariés, désignés par les organisations syndicales de salariés et par les organisations professionnelles d'employeurs dans les conditions suivantes :

1° Dix sièges sont attribués aux organisations syndicales de salariés dont la vocation statutaire revêt un caractère interprofessionnel, proportionnellement à leur audience dans la région auprès des salariés que la commission représente aux élections prévues aux articles L. 2122-10-1 et L. 2122-6;

2° Dix sièges sont attribués aux organisations professionnelles d'employeurs dont la vocation statutaire revêt un caractère interprofessionnel, répartis proportionnellement à leur audience définie au 6° du I de l'article L. 2151-1 auprès des entreprises implantées dans la région et appartenant aux branches couvertes par la commission.

Les organisations syndicales de salariés et les organisations professionnelles d'employeurs pourvoient les sièges qui leur sont attribués en respectant la parité entre les femmes et les hommes.

Si les sièges à pourvoir sont en nombre impair, l'écart entre le nombre de femmes et le nombre d'hommes ne peut être supérieur à un.

Note *À compter du 01.07.2021, le 2° de cet article est ainsi rédigé:*
(L. 2015-994 du 17 août 2015, art. 1er, VIII, JO 18) *«2° Dix sièges sont attribués aux organisations professionnelles d'employeurs dont la vocation statutaire revêt un caractère interprofessionnel, répartis proportionnellement à leur audience définie au 6° du I de l'article L. 2151-1 auprès des entreprises de moins de onze salariés implantées dans la région et appartenant aux branches couvertes par la commission.»*

Art. L. 23-112-2. Dans le cadre du scrutin mentionné aux articles L. 2122-10-1 et L. 2122-6, les organisations syndicales de salariés candidates mentionnées à l'article L. 2122-10-6 peuvent indiquer sur leur propagande électorale l'identité des salariés qu'elles envisagent de désigner dans les commissions paritaires régionales interprofessionnelles, dans la limite de dix salariés par organisation.

Cette propagande peut être différenciée par région.

L'identité des salariés figurant sur la propagande électorale et l'identité des salariés membres de la commission sont notifiées à leurs employeurs par les organisations syndicales de salariés.

Art. L. 23-112-3. Les membres de la commission sont désignés pour quatre ans. Leur mandat est renouvelable.

Note *Covid-19.* Sur la prorogation des mandats des membres des commissions paritaires régionales interprofessionnelles pour faire face à l'épidémie de Covid-19, voir ordonnance 2020-388 du 1er avril 2020, art. 3, JO 2, modifié.

Art. L. 23-112-4. Pour être désignés, les membres de la commission doivent être âgés de dix-huit ans révolus et n'avoir fait l'objet d'aucune interdiction, déchéance ou incapacité relative à leurs droits civiques.

Art. L. 23-112-5. La composition de la commission paritaire régionale interprofessionnelle est rendue publique par l'autorité administrative.

Art. L. 23-112-6. Les contestations relatives aux conditions de désignation des membres de la commission sont de la compétence du juge judiciaire. Le recours n'est recevable que s'il est introduit dans les quinze jours suivant la date où la composition de la commission a été rendue publique.

SECTION 1 (réglementaire). Détermination des sièges

Note Les sections 1 et 2 sont issues du décret 2017-663 du 27 avril 2017, JO 29.

Sous-section 1. Dispositions communes

Art. R. 23-112-1. Le ministre chargé du travail arrête au plus tard un mois avant la mise en place ou le renouvellement des commissions paritaires régionales interprofessionnelles le nombre de sièges attribués par commission aux organisations syndicales de salariés et aux organisations professionnelles d'employeurs dont la vocation statuaire revêt un caractère interprofessionnel.

Cet arrêté ne peut faire l'objet d'un recours administratif.

Note Voir arrêté du 1er juin 2017 (JO 15, rectif. JO 16) portant attribution des sièges de membres des commissions paritaires régionales interprofessionnelles pour le mandat 2017-2021.

Sous-section 2. **Attribution des sièges aux organisations syndicales de salariés**

Art. R. 23-112-2. La détermination des sièges de chaque commission paritaire régionale interprofessionnelle prévue au 1° de l'article L. 23-112-1 prend en compte les suffrages retenus, dans le champ de compétence professionnel et territorial de la commission, pour la mesure de l'audience syndicale dans le cadre du scrutin prévu à l'article L. 2122-10-1 et dans celui des élections des membres représentant les salariés de la production agricole aux chambres d'agriculture prévues à l'article L. 2122-6.

Art. R. 23-112-3. Les sièges sont attribués aux organisations syndicales de salariés mentionnées au 1° de l'article L. 23-112-1 proportionnellement aux résultats obtenus en application de l'article R. 23-112-2 suivant la règle de la plus forte moyenne.

Art. R. 23-112-4. En cas d'égalité entre deux ou plusieurs organisations après application de l'article R. 23-112-3, le siège est attribué à l'organisation syndicale de salariés qui a recueilli le plus de suffrages dans le champ de compétence professionnel et territorial de la commission.

En cas d'égalité après application de l'alinéa précédent, le siège est attribué à l'organisation syndicale de salariés qui a recueilli le plus de suffrages au niveau national dans le champ de compétence professionnel de la commission.

Art. R. 23-112-5. Lorsque le nombre de suffrages retenus dans le champ de compétence professionnel et territorial d'une commission est inférieur au double du nombre de sièges à pourvoir pour cette commission, sont pris en compte pour l'attribution des sièges les suffrages retenus au niveau national dans ce champ de compétence professionnel.

Sous-section 3. **Attribution des sièges aux organisations professionnelles d'employeurs**

Art. R. 23-112-6. La détermination des sièges de chaque commission paritaire régionale interprofessionnelle prévue au 2° de l'article L. 23-112-1 prend en compte, au titre de l'appréciation de l'audience patronale, le nombre d'entreprises adhérentes implantées dans la région et appartenant aux branches couvertes par la commission, tel qu'il résulte du calcul des résultats présentés en Haut Conseil du dialogue social en application de l'article R. 2152-18.

Note ***À compter du 01.07.2021,*** *cet article est ainsi rédigé:*

Art. R. 23-112-6. *La détermination des sièges de chaque commission paritaire régionale interprofessionnelle prévue au 2° de l'article L. 23-112-1 prend en compte, au titre de l'appréciation de l'audience patronale,* **(D. 2020-184 du 28 févr. 2020, JO 1er mars, entrée en vigueur le 01.07.2021)** *«le nombre d'entreprises adhérentes implantées dans la région employant au total moins de onze salariés» et appartenant aux branches couvertes par la commission, tel qu'il résulte du calcul des résultats présentés en Haut Conseil du dialogue social en application de l'article R. 2152-18.*

Art. R. 23-112-7. Les sièges sont attribués aux organisations professionnelles d'employeurs mentionnées au 2° de l'article L. 23-112-1 proportionnellement aux résultats obtenus en application de l'article R. 23-112-6 suivant la règle de la plus forte moyenne.

Art. R. 23-112-8. En cas d'égalité entre deux ou plusieurs organisations après application de l'article R. 23-112-7, le siège est attribué à l'organisation professionnelle d'employeurs qui a recueilli le plus grand nombre d'entreprises adhérentes dans le champ de compétence professionnel et territorial de la commission.

En cas d'égalité après application de l'alinéa précédent, le siège est attribué à l'organisation professionnelle d'employeurs qui a recueilli le plus grand nombre d'entreprises adhérentes au niveau national dans le champ de compétence professionnel de la commission.

Art. R. 23-112-9. Lorsque le nombre d'entreprises adhérentes retenu dans le champ de compétence professionnel et territorial d'une commission est inférieur au double du nombre de sièges à pourvoir pour cette commission, sont prises en compte pour l'attribution des sièges les entreprises adhérentes retenues au niveau national dans ce champ de compétence professionnel.

SECTION 2 (réglementaire). **Désignation des membres**

Sous-section 1. **Dispositions générales**

Art. R. 23-112-10. Le ministre chargé du travail fixe par arrêté le calendrier de la désignation des membres des commissions paritaires régionales interprofessionnelles et de leur mise en place. L'arrêté fixe également le modèle des documents requis pour la désignation du mandataire prévu par l'article R. 23-112-12 et des membres des commissions paritaires régionales interprofessionnelles.

Note Voir arrêté du 30 mai 2017 (JO 8 juin) portant calendrier de la mise en place des commissions paritaires régionales interprofessionnelles pour 2017 et fixant le modèle des documents requis pour la désignation de leurs membres.

Sous-section 2. **Modalités de désignation**

Art. R. 23-112-11. Les conditions prévues aux articles L. 23-112-1 et L. 23-112-4 s'apprécient à la date de la désignation en tant que membre de la commission paritaire régionale interprofessionnelle.

Art. R. 23-112-12. Pour chaque commission paritaire régionale interprofessionnelle, l'organisation mentionnée à l'article R. 23-112-1 désigne un mandataire à effet de déclarer auprès de la ***(D. 2020-1545 du 9 déc. 2020, JO 10, entrée en vigueur le 01.04.2021)*** «direction régionale de l'économie, de l'emploi, du travail et des solidarités» compétente territorialement le nom de la ou des personnes qu'elle désigne comme membres de la commission.

Cette déclaration est accompagnée d'une déclaration sur l'honneur de chaque personne désignée comme membre de la commission attestant qu'elle satisfait aux conditions prévues aux articles L. 23-112-1 et L. 23-112-4.

Art. R. 23-112-13. Lorsqu'elle procède à la déclaration mentionnée au premier alinéa de l'article R. 23-112-12, l'organisation syndicale de salariés notifie à l'employeur ou aux employeurs du ou des salariés qu'elle désigne comme membres de la commission leur identité ainsi que la région concernée. Cette notification est faite par tout moyen lui conférant date certaine. Ces informations sont simultanément communiquées à l'inspection du travail.

Art. R. 23-112-14. Le ***(D. 2020-1545 du 9 déc. 2020, JO 10, entrée en vigueur le 01.04.2021)*** «directeur régional de l'économie, de l'emploi, du travail et des solidarités» publie au recueil des actes administratifs et mentionne sur son site internet la liste des personnes désignées par les organisations mentionnées à l'article R. 23-112-1 et représentant les salariés et les employeurs au sein de la ou des commissions paritaires régionales interprofessionnelles de son ressort territorial.

Art. R. 23-112-15. Les contestations relatives à la désignation des membres des commissions paritaires régionales interprofessionnelles sont de la compétence du ***(D. 2019-966 du 18 sept. 2019, art. 8, JO 19, entrée en vigueur le 01.01.2020)*** «tribunal judiciaire», qui statue en dernier ressort.

Le tribunal est saisi des contestations par voie de ***(D. 2019-1333 du 11 déc. 2019, art. 36, JO 12, entrée en vigueur le 01.01.2020)*** «requête. La requête» n'est recevable que si elle est faite dans un délai de quinze jours à compter de la publication prévue à l'article R. 23-112-14 devant le ***(D. 2019-966 du 18 sept. 2019, art. 8, JO 19, entrée en vigueur le 01.01.2020)*** «tribunal judiciaire» dans le ressort duquel la ***(D. 2020-1545 du 9 déc. 2020, JO 10, entrée en vigueur le 01.04.2021)*** «direction régionale de l'économie, de l'emploi, du travail et des solidarités» a son siège.

Note Les dispositions de cet article, dans sa rédaction issue du décret 2019-1333 précité, sont applicables aux instances en cours au 1er janvier 2020 (décret précité, art. 55, I).

Art. R. 23-112-16. Le ***(D. 2019-966 du 18 sept. 2019, art. 8, JO 19, entrée en vigueur le 01.01.2020)*** «tribunal judiciaire» statue dans les dix jours de sa saisine sans frais ni forme de procédure et sur avertissement qu'il donne trois jours à l'avance à toutes les parties intéressées. La décision du tribunal est notifiée aux parties par le greffe dans les trois jours par lettre recommandée avec avis de réception. Le greffe en adresse une copie dans le même délai au ***(D. 2020-1545 du 9 déc. 2020, JO 10, entrée en vigueur le 01.04.2021)*** «directeur régional de l'économie, de l'emploi, du travail et des solidarités».

Art. R. 23-112-17. La décision du ***(D. 2019-966 du 18 sept. 2019, art. 8, JO 19, entrée en vigueur le 01.01.2020)*** «tribunal judiciaire» peut faire l'objet d'un pourvoi en cassation dans un délai de dix jours suivant sa notification. Le pourvoi est formé, instruit et jugé dans les conditions prévues aux articles 999 à 1008 du code de procédure civile.

Art. R. 23-112-18. Les délais fixés par les articles R. 23-112-15 à R. 23-112-17 sont calculés et prorogés conformément aux dispositions des articles 640, 641 et 642 du code de procédure civile.

Art. R. 23-112-19. En cas d'impossibilité de désigner un représentant dans les délais fixés par l'arrêté mentionné à l'article R. 23-112-10 ou de cessation des fonctions d'un membre de la commission, il peut être procédé à la désignation d'un autre membre pour cette commission dans les conditions définies à la présente sous-section. Toutefois, il n'est pas procédé à cette désignation moins de six mois avant la fin du mandat.

Les membres désignés en application de l'alinéa précédent le sont pour la durée du mandat restant à courir.

CHAPITRE III Attributions

Art. L. 23-113-1. Les commissions paritaires régionales interprofessionnelles ont pour compétence :

1° De donner aux salariés et aux employeurs toutes informations ou tous conseils utiles sur les dispositions légales ou conventionnelles qui leur sont applicables ;

2° D'apporter des informations, de débattre et de rendre tout avis utile sur les questions spécifiques aux entreprises de moins de onze salariés et à leurs salariés, notamment en matière d'emploi, de formation, de gestion prévisionnelle des emplois et des compétences, de conditions de travail, de santé au travail, d'égalité professionnelle, *(L. 2018-771 du 5 sept. 2018, art. 104, V, JO 6)* «de lutte contre le harcèlement sexuel et les agissements sexistes,» de travail à temps partiel et de mixité des emplois;

3° De faciliter la résolution de conflits individuels ou collectifs n'ayant pas donné lieu à saisine d'une juridiction. La commission ne peut intervenir qu'avec l'accord des parties concernées;

4° De faire des propositions en matière d'activités sociales et culturelles.

Art. L. 23-113-2. Les membres de la commission ont, pour l'exercice de leurs fonctions, accès aux entreprises, sur autorisation de l'employeur.

CHAPITRE IV Fonctionnement

Art. L. 23-114-1. L'employeur laisse au salarié membre de la commission paritaire régionale interprofessionnelle le temps nécessaire à l'exercice de sa mission, dans la limite d'une durée qui, sauf circonstances exceptionnelles, ne peut excéder cinq heures par mois. Le temps de trajet pour se rendre aux réunions de la commission n'est pas imputé sur ce crédit d'heures. Le temps peut être utilisé cumulativement, au cours d'une année civile, sans que cela conduise un membre à disposer, dans le mois, de plus d'une fois et demie le crédit d'heures de délégation dont il bénéficie.

Les membres des commissions paritaires régionales interprofessionnelles peuvent répartir entre eux le crédit d'heures de délégation dont ils disposent. Ils informent leurs employeurs respectifs de cette répartition. Cette mutualisation ne peut conduire un membre à disposer, dans le mois, de plus d'une fois et demie le crédit d'heures de délégation dont il bénéficie.

Le salarié informe son employeur de l'utilisation de son crédit d'heures au plus tard huit jours avant la date prévue pour leur utilisation.

Le temps passé par le salarié à l'exercice de sa mission, y compris le temps passé aux séances de la commission, est de plein droit considéré comme du temps de travail et payé à l'échéance normale. Il est assimilé à un temps de travail effectif pour la détermination des droits que le salarié tient de son contrat de travail, des dispositions légales et des stipulations conventionnelles.

L'employeur qui entend contester l'utilisation faite des heures de délégation saisit le juge judiciaire.

Art. L. 23-114-2. L'exercice du mandat de membre de la commission paritaire régionale interprofessionnelle ne peut être une cause de rupture du contrat de travail. Le licenciement et la rupture du contrat à durée déterminée d'un membre de la commission sont soumis à la procédure d'autorisation administrative prévue au livre IV de la présente deuxième partie.

Les salariés dont l'identité figure sur la propagande électorale des organisations syndicales de salariés conformément à l'article L. 23-112-2 et les anciens membres de la commission bénéficient également de cette protection, dans les conditions prévues au même livre IV.

Art. L. 23-114-3. Les frais occasionnés par le fonctionnement de la commission, la participation de ses membres aux réunions et la formation, ainsi que l'indemnisation des représentants salariés, dans les conditions définies à l'article L. 23-114-1, et l'indemnisation des représentants employeurs sont exclusivement financés par les crédits versés par le fonds prévu à l'article L. 2135-9 au titre de sa mission mentionnée au 1° de l'article L. 2135-11.

Le montant de la rémunération du salarié membre d'une commission, maintenu par son employeur en application de l'article L. 23-114-1, est remboursé à ce dernier par l'organisation syndicale qui désigne ce salarié, à partir des crédits qu'elle reçoit du fonds prévu à l'article L. 2135-9.

En cas de non-remboursement par l'organisation, l'employeur peut procéder à une retenue sur salaire du salarié concerné.

Les conditions d'application du présent article sont définies par un décret en Conseil d'État.

Art. L. 23-114-4. La commission détermine, dans un règlement intérieur, les modalités de son fonctionnement.

Art. R. 23-113-1. *(D. 2017-663 du 27 avril 2017, JO 29)* Pour l'application du deuxième alinéa de l'article L. 23-114-1, le salarié qui bénéficie d'heures de délégation de la part d'un ou de salariés de la commission informe son employeur du nombre d'heures dont il dispose à ce titre et de l'identité du ou des salariés qui le font bénéficier de cette ou de ces heures. Le salarié qui fait bénéficier de ses heures de délégation un ou plusieurs salariés de la commission informe son employeur de ce nombre d'heures et de l'identité du ou des salariés qui en bénéficient. Dans les deux cas, l'information prévue à ce titre est faite par tout moyen lui conférant date certaine.

Art. R. 23-113-2. *(D. 2017-663 du 27 avril 2017, JO 29)* La demande de remboursement du maintien de salaire du représentant salarié est transmise par son employeur dans les trois mois à l'organisation syndicale qui l'a désigné.

Cette demande, à laquelle est jointe l'information prévue au troisième alinéa de l'article L. 23-114-1, précise:

1° L'identité du salarié et le nombre d'heures pour lesquelles le remboursement est demandé;

2° Le montant du salaire maintenu et des cotisations et contributions sociales y afférentes;

3° Le cas échéant, la ou les dates de réunion de la commission paritaire régionale interprofessionnelle pour la période considérée.

Est joint à cette demande tout document permettant de vérifier le montant du salaire maintenu.

L'organisation syndicale acquitte à l'employeur le montant dû dans un délai de trois mois à compter de la réception de la demande complète par cette organisation.

Art. R. 23-113-3. *(D. 2017-663 du 27 avril 2017, JO 29)* I. – Par dérogation aux dispositions des articles R. 3252-2 à R. 3252-5, lorsque l'organisation syndicale n'a pas remboursé l'employeur de tout ou partie des sommes dues dans le délai prévu au dernier alinéa de l'article R. 23-113-2, l'employeur peut procéder à une retenue sur le salaire du salarié, dans les limites prévues au I de l'article R. 2145-7.

II. – L'employeur informe le salarié de la retenue au moins trente jours avant d'y procéder ou de procéder à la première retenue.

III. – L'employeur ne peut procéder à la retenue lorsque sa demande a été transmise hors le délai mentionné au premier alinéa de l'article R. 23-113-2.

Art. R. 23-113-4. *(D. 2017-663 du 27 avril 2017, JO 29)* La demande d'indemnisation du représentant employeur est transmise dans les trois mois à l'organisation professionnelle qui l'a désigné. Cette demande, à laquelle est joint un justificatif de présence, précise l'identité du représentant employeur et le nombre d'heures pour lesquelles il demande l'indemnisation.

Le montant de l'indemnisation est calculé sur la base du taux horaire de l'allocation perçue par le conseiller prud'homme employeur.

L'organisation professionnelle acquitte à l'employeur le montant dû dans un délai de trois mois à compter de la réception de la demande complète par cette organisation.

CHAPITRE V Dispositions d'application

Art. L. 23-115-1. Un décret en Conseil d'État précise les conditions d'application du présent titre, notamment:

1° Les modalités de la présentation des salariés sur la propagande électorale mentionnées à l'article L. 23-112-2;

2° Les modalités de la notification aux employeurs des salariés mentionnés au dernier alinéa du même article L. 23-112-2 par les organisations syndicales de salariés;

3° Les modalités de la publicité relative à la composition de la commission, les noms, professions et appartenance syndicale éventuelle de ses membres;

4° Les modalités selon lesquelles les crédits versés par le fonds prévu à l'article L. 2135-9 financent les frais occasionnés par le fonctionnement des commissions prévues au présent titre.

LIVRE IV

LES SALARIÉS PROTÉGÉS

TITRE Ier CAS, DURÉES ET PÉRIODES DE PROTECTION

CHAPITRE Ier Protection en cas de licenciement

Note **DOMAINE D'APPLICATION DE LA PROTECTION**

• Voir circulaire DGT 07/2012 du 30 juillet 2012 relative aux décisions administratives en matière de rupture ou de transfert du contrat de travail des salariés protégés.

• Sauf dispositions légales contraires, la protection exorbitante du droit commun, conférée à un salarié investi de mandats représentatifs ou électifs instaurée par les dispositions d'ordre public des articles L. 512-4, L. 236-11 et L. 412-18 (anciens) CT, oblige l'employeur à soumettre à la procédure administrative d'autorisation toute rupture, à son initiative, du contrat de travail d'un tel salarié, quel qu'en soit le motif et quel que soit le statut de l'entreprise qui l'emploie (cass. soc. 12 juillet 2006, n° 04-48.351, BC V n° 248; RJS 10/06 n° 1089).

• Sur le fondement constitutionnel de la protection: C. constit. 9 décembre 2011, n° 2011-205 QPC, JO 10, voir Dr. Soc. 2012, p. 258, Actualité des questions prioritaires de constitutionnalité, G. Dumortier, Cl. Landais, M. Vialettes et Y. Struillou; RFDA 2012 p. 343, «Liberté syndicale, principe de participation des travailleurs et agents des collectivités publiques: le cas de la Nouvelle-Calédonie», cass. soc. 12 octobre 2011, n° 11-40.061, BC V n° 232; rapport Y. Struillou et note sous C. Constit. 9 décembre 2011 par L. Janicot et A. Roblot-Troizier.

• Le licenciement de tout salarié protégé exerçant son activité en France doit faire l'objet d'une autorisation de l'inspecteur du travail. Ainsi, les dispositions impératives de la loi française relatives au licenciement des salariés investis de fonctions représentatives du personnel sont applicables à un salarié protégé en sa qualité, non contestée, de délégué du personnel en France d'une compagnie aérienne étrangère (cass. ass. plén. 10 juillet 1992, 2 arrêts, nos 88-40.672 et 88-40.673, BC n° 9; RJS 10/92 n° 1078). La circonstance qu'un employeur, ayant son siège social à l'étranger et employant des salariés sur le territoire français, ne dispose, sur ce territoire d'aucune implantation matérielle permanente, ne peut avoir pour effet de priver les salariés protégés de la protection légale instituée en leur faveur (CE 21 juillet 2009, n° 314968).

• Une commune qui exploite en régie directe un établissement thermal, service public industriel et commercial dont le personnel relève du droit privé, est tenue en sa qualité d'employeur de respecter les obligations résultant du statut protecteur (cass. soc. 6 décembre 2011, n° 10-20.058, RJS 3/12 n° 261).

• Lorsque la demande d'autorisation de licenciement est fondée sur l'absence d'un titre légalement exigé pour l'exercice de l'emploi, il appartient seulement à l'inspecteur du travail de vérifier la réalité de ce motif (CE 19 juin 1996, n° 139752, RJS 8-9/96 n° 945). Pour la chambre criminelle, constitue une cause insurmontable rendant impossible la poursuite du contrat de travail et justifiant sa rupture, malgré l'inobservation des dispositions protectrices, la situation d'un salarié protégé enseignant sans être titulaire des diplômes et autorisations requis (cass. crim. 19 mars 1991, n° 90-82.496; à comparer avec CE 18 novembre 1988, n° 49844, Rec. Lebon, p. 411 et 9 décembre 1991, n° 109264, RJS 2/92 n° 173). La décision de l'inspecteur du travail «donnant acte» à l'entreprise de la rupture du contrat de travail d'un salarié ne possédant pas les titres professionnels requis a le caractère d'une autorisation administrative de licenciement; elle est donc susceptible de recours (CE 8 janvier 1997, n° 158388, RJS 2/97 n° 179). Tel est le cas d'un salarié étranger, délégué du personnel, dont l'autorisation de travail n'est pas renouvelée et à qui l'employeur a notifié que son contrat de travail ne peut plus se poursuivre (cass. soc. 10 octobre 1990, n° 88-43.683, BC V n° 453; RJS 11/90 n° 934); le Conseil d'État a également jugé que l'étranger sans autorisation de travail ne peut bénéficier du statut de salarié protégé (CE 13 avril 1988, n° 74346, Dr. Soc. 1988, p. 773, concl. E. Guillaume).

• **Date à laquelle il convient de se placer pour savoir si une demande d'autorisation est requise**

L'autorisation administrative de licenciement est requise lorsque le salarié bénéficie de la protection à la date d'envoi de la convocation à l'entretien préalable au licenciement. Est irrégulier le licenciement, sans autorisation de l'inspecteur du travail, du salarié convoqué à l'entretien préalable avant le terme de la période de protection, peu important que l'employeur, dans la lettre de licenciement, retienne par ailleurs des faits commis postérieurement à l'expiration de cette période (cass. soc. 23 octobre 2019, n° 18-16.057, à paraître, LS n° 17932 du 05.11.2019; JCP éd. S 2019, 1348, note J-Y Kerbourc'h; RJS 1/20 n° 34; JSL n° 489, 09.01.2020, p. 21).

• Connaissance par l'employeur de l'exercice par l'un de ses salariés d'un mandat extérieur à l'entreprise ouvrant droit au bénéfice de la protection

À plusieurs reprises la Cour de cassation a attiré l'attention du législateur sur les litiges récurrents nés de l'absence de connaissance par l'employeur, à la date du prononcé du licenciement, de l'exercice par un salarié de fonctions à l'extérieur du cadre de l'entreprise, ouvrant droit au bénéfice de la protection (voir rapports annuels 2007 et 2009).

En l'absence d'intervention du législateur, la Chambre sociale a jugé que le manquement du salarié à son obligation de loyauté, si elle n'était pas susceptible de lui ôter le bénéfice d'un statut protecteur d'ordre public, autorisait le juge à limiter l'indemnisation forfaitaire due au salarié protégé au titre de la violation de son statut protecteur (cass. soc. 16 février 2011, n° 10-10.592, BC V n° 51; RJS 4/11 n° 362). A été approuvée la cour d'appel ayant retenu le manquement à l'obligation de loyauté d'un salarié, conseiller prud'homme, qui n'avait pas informé son employeur de son mandat, notamment lors de l'entretien préalable à son licenciement, et d'avoir en conséquence limité son indemnisation (cass. soc. 8 février 2012, n° 10-21.198, JSL n° 318, 22.03.2012, p. 30).

Sur renvoi de la chambre sociale de la Cour de cassation (cass. soc., QPC, 7 mars 2012, n° 11-40.106, BC V n° 90), le Conseil constitutionnel, par une décision du 14 mai 2012, a décidé que *«le licenciement d'un salarié protégé en méconnaissance des dispositions relatives à la procédure d'autorisation administrative est nul de plein droit; qu'un tel licenciement expose l'employeur à l'obligation de devoir réintégrer le salarié et à lui verser des indemnités en réparation du préjudice subi du fait de son licenciement irrégulier; que la protection assurée au salarié par les dispositions contestées découle de l'exercice d'un mandat extérieur à l'entreprise; que la protection assurée au salarié par les dispositions contestées découle de l'exercice d'un mandat extérieur à l'entreprise; que, par suite, ces dispositions ne sauraient, sans porter une atteinte disproportionnée à la liberté d'entreprendre et à la liberté contractuelle, permettre au salarié protégé de se prévaloir d'une telle protection dès lors qu'il est établi qu'il n'en a pas informé son employeur au plus tard lors de l'entretien préalable au licenciement»* (C. constit. 14 mai 2012, n° 2012-242 QPC, JO 15; RJS 7/12 n° 642). Par ailleurs, le Conseil constitutionnel a jugé que les dispositions du code du travail sanctionnant par des peines délictuelles le fait de licencier un salarié protégé sans l'autorisation de l'inspecteur du travail n'avaient pas pour effet de déroger au principe, prévu par l'article 121-3 c. pén., selon lequel il n'y a pas de délit sans intention de le commettre et que, par suite, l'employeur ne pouvait être exposé à des sanctions pénales s'il n'était pas établi qu'il avait connaissance du statut protégé du salarié (voir Y. Struillou, «Salarié investi d'un mandat extérieur à l'entreprise: une protection soumise à condition», RJS 7/12 p. 520; J. Bonnet, «La pacification par le Conseil constitutionnel des rapports entre employeurs et salariés protégés», Dr. Soc. 2012, p. 796; SSL n° 1560, 19 novembre 2012, chron. des jurisprudences sur la représentation du personnel, L. Pécaut-Rivolier et Y. Struillou).

Cette réserve, énoncée pour les dispositions de l'article L. 2411-1, 13° CT prévoyant le bénéfice de la protection en faveur des salariés administrateurs d'une caisse de sécurité sociale et bénéficiant de la protection en vertu de l'article L. 2411-1, 13°, est généralisable à tous les mandats extérieurs à l'entreprise, notamment ceux de conseiller prud'homme ou de conseiller du salarié. Ainsi, à l'occasion d'une nouvelle QPC posant une question identique mais portant sur la protection dont bénéficie le conseiller du salarié, la Chambre sociale a étendu la réserve énoncée par le Conseil constitutionnel aux dispositions prévoyant cette protection (cass. soc., QPC, 14 septembre 2012, n° 11-28.269, BC V n° 229; RJS 11/12 n° 883; Dr. Soc. 2013, p. 363: «Actualité des questions prioritaires de constitutionnalité», G. Dumortier, F. Florès, A. Lallet, et Y. Struillou; 26 mars 2013, n° 11-28.269, BC V n° 84; RJS 6/13 n° 472). Par un arrêt du même jour, la chambre sociale a procédé à l'extension de cette réserve à la protection du conseiller prud'homme, en faisant explicitement référence à la décision du Conseil constitutionnel (cass. soc. 14 septembre 2012, n° 11-21.307, BC V n° 230; JCP éd. S 2012, 1468, note D. Boulmier; RJS 11/12 n° 883). Elle a par ailleurs précisé que lorsque la rupture ne nécessite pas un entretien préalable – comme dans le cas de la mise à la retraite ou du licenciement économique d'au moins dix salariés – le salarié doit établir qu'il a informé l'employeur de l'existence de son mandat au plus tard avant la notification de l'acte de rupture. La jurisprudence se montre assez stricte sur l'obligation d'information du salarié. Elle juge ainsi que la seule poursuite du contrat de travail par application de l'article L. 1224-1 CT n'a pas pour effet de mettre le nouvel employeur en situation de connaître l'existence d'une protection dont bénéficie un salarié en raison d'un mandat extérieur à l'entreprise. Il appartient dès lors au salarié qui se prévaut d'une telle protection d'établir qu'il a informé le nouvel employeur de l'existence de ce mandat au plus tard lors de l'entretien préalable au licenciement, ou, s'il s'agit d'une rupture ne nécessitant pas un entretien préalable, au plus tard avant la notification de l'acte de rupture, ou que celui-ci en avait connaissance (cass. soc. 15 avril 2015, n° 13-25.283, BC V n° 88; JCP éd. S 2015, 1349, note J-Y Kerbourc'h; RJS 6/15 n° 390; 6 avril 2016, n° 14-12.724, BC V n° 66; RJS 6/16 n° 438; JCP éd. S 2016, 1233, note J-Y Kerbourc'h), mais le salarié n'a pas à informer l'employeur des conséquences pécuniaires attachées à la violation du statut protecteur (cass. soc. 30 juin 2016, n° 15-12.982, BC V n° 143; RJS 12/16 n° 639). Elle juge également que le salarié ayant informé son employeur de l'exercice d'un mandat de conseiller prud'homme, lequel mandat avait été renouvelé lors d'élections postérieures doit informer l'employeur de cette réélection. À défaut, et dès lors que l'employeur n'a pas été avisé par d'autres voies, le salarié ne peut se prévaloir de la protection attachée à son mandat (cass. soc. 30 septembre 2015, n° 14-17.748, BC V n° 185; JSL n° 398, 30.11.2015, pp. 11 et s., A. Bonnet; RJS 12/15 n° 780; Dr. Soc. 2015, p. 1038, act. J. Mouly). Ainsi encore, ne peut se prévaloir de la violation du statut protecteur le salarié dont le contrat est rompu en période d'essai alors qu'il n'a pas informé son employeur de son mandat de défenseur syndical, et qu'il n'est pas établi que l'employeur en ait été informé, au jour de la notification de la rupture de la période d'essai, par le Direccte [Dreets] en application des dispositions de l'article D. 1453-2-7 CT (cass. soc. 16 janvier 2019, n° 17-27.685, à paraître, LSQ n° 17741 du 25.01.2019; JCP éd. S 2019, 1061, note Y. Pagnerre; RJS 3/19 n° 169).

La fraude du salarié le prive de la protection attachée à son mandat, ainsi, un travailleur temporaire ne peut prétendre à une indemnité pour violation du statut protecteur dès lors qu'il n'a informé l'employeur de son mandat de conseiller du salarié qu'au moment où il a appris que sa mission ne serait pas reconduite et juste avant de saisir le conseil de prud'hommes d'une demande de requalification de son contrat (cass. soc. 12 juillet 2017, n° 15-27.286, BC V n° 119; LS Jurispr. n° 135 du 25.07.2017; JCP éd. S 2017, 1299, note Th. Lahalle; RJS 10/17 n° 656; Dr. Soc. 2017, p. 984, act. J. Mouly).

• **Périodes de protection.** Elles sont définies par les dispositions propres à chaque type de mandat ou de fonction. Si l'employeur établit n'avoir eu une exacte connaissance des fautes commises par le salarié qu'à l'expiration de la période de protection, ces faits n'ont pas à être soumis à l'inspecteur du travail (cass. soc. 9 février 2012, n° 10-19.686, RJS 5/12 n° 474). En revanche, l'employeur est tenu de demander l'autorisation administrative de licencier un salarié lorsque ce dernier bénéficie du statut protecteur à la date de l'envoi de la convocation à l'entretien préalable au licenciement, peu important que le courrier prononçant le licenciement soit envoyé postérieurement à l'expiration de la période de protection (cass. soc. 26 mars 2013, n° 11-27.996, BC V n° 83; RJS n° 6/13 n° 468). De manière générale, le salarié protégé ne peut être licencié au terme de son mandat en raison de faits commis pendant la période de protection qui auraient dû être soumis à l'inspecteur du travail (cass. soc. 23 novembre 2004, n° 01-46.234, BC V n° 295; RJS 2/05 n° 172; 27 juin 2007, n° 06-40.399, RJS 10/07 n° 1083) ou qui ont donné lieu à une décision de refus de celui-ci (cass. soc. 15 janvier 2013, n° 11-18.800, RJS 4/13 n° 300).

Un accord collectif ne peut proroger les mandats en cours que s'il est conclu avant le terme de ces mandats; l'accord conclu postérieurement à l'échéance des mandats n'a pas pour effet de conférer la protection aux salariés intéressés (CE 3 juillet 2013, n° 342291, Dr. Soc. 2013, p. 1004, concl. G. Dumortier). L'employeur ne peut remettre en cause par voie d'exception un accord collectif prorogeant les mandats qu'il a signé et appliqué sans réserves; par suite, ayant constaté que les mandats des membres du comité d'entreprise avaient été prorogés à trois reprises par un accord signé et mis en œuvre par l'employeur, la cour d'appel en a exactement déduit que le salarié bénéficiait, à ce titre, du statut protecteur (cass. soc. 4 février 2014, n° 11-27.134, BC V n° 46; LSQ n° 16531 du 17.02.2014; RJS 4/14 n° 331; JCP éd. S 2014, 1240, note J-Y Kerbourc'h).

Fin de la période de protection en cours de procédure. La nécessité d'une demande d'autorisation s'appréciant au jour où l'employeur convoque le salarié à un entretien préalable au licenciement, il se peut que la période de protection s'achève en cours de procédure. Le Conseil d'État jugeait alors que l'administration, devant se placer au jour où elle statue pour apprécier la demande de l'employeur, devait se déclarer incompétente si la protection du salarié avait pris fin au jour où elle statuait. Un arrêt du 23 novembre 2016 est revenu sur cette solution. Désormais, l'administration doit se prononcer sur la demande d'autorisation dès lors que la protection existait bien au jour de la convocation à l'entretien préalable au licenciement (CE 23 novembre 2016, n° 392059, Rec. Lebon, p. 517; LS Jurispr. n° 218 du 6.12.2016; RJS 2/17 n° 129). Ce revirement de la jurisprudence administrative devrait nécessairement se traduire par un changement de la jurisprudence judiciaire qui, corrélativement, jugeait que l'employeur retrouve le droit de licencier un ancien représentant du personnel sans autorisation administrative lorsque la période de protection légale a pris fin avant que l'inspecteur du travail ne rende sa décision, de sorte qu'il n'est plus compétent pour autoriser ou refuser le licenciement (voir par ex. cass. soc. 6 janvier 2016, n° 14-12.717, BC V n° 1; RJS 3/16 n° 193).

• **Absence de reconnaissance de la qualité de salarié protégé.** Le Conseil d'État a admis qu'un salarié protégé puisse contester la décision par laquelle l'inspecteur du travail s'est déclaré incompétent au motif tiré de l'absence de bénéfice du statut protecteur (CE 11 janvier 2005, n° 129995, Rec. Lebon, p. 20). La décision d'incompétence s'impose à l'autorité judiciaire (cass. soc. 4 octobre 2011, n° 10-18.023, BC V n° 225; RJS 12/11 n° 1000). Est recevable le pourvoi en cassation formé par le salarié contre l'arrêt de la cour administrative d'appel ayant annulé la décision d'autorisation en se fondant sur l'incompétence de l'administration (CE 8 avril 2013, n° 348162, RJS 6/13 n° 471; Dr. Soc. 2013, p. 419, concl. G. Dumortier).

• **Cas d'application de la protection**

Outre les licenciements disciplinaires ou pour motifs économiques (voir ci-après), la protection s'applique dans les cas suivants :

Démission du mandat. Le salarié bénéficie d'une période de protection complémentaire accordée aux salariés ayant été titulaires d'un mandat de représentation du personnel (cass. soc. 14 novembre 2012, n° 11-60.215, RJS 2/13 n° 143).

Rupture du contrat durant la période d'essai. Cette protection exceptionnelle s'applique à la rupture du contrat de travail à l'initiative de l'employeur pendant la période d'essai (cass. soc. 26 octobre 2005, n° 03-44.751, BC V n° 306, arrêt n° 1 ; JCP éd. S 2005, 1444, note J-Y Frouin ; RJS 1/06, p. 9 : «Période d'essai et procédures de licenciement des salariés protégés», rapp. M-L Morin et n° 63).

Adhésion à une convention de reclassement personnalisé (CRP). Lorsque le salarié accepte cette convention, la rupture du contrat de travail résultant de cette acceptation prend effet après que l'inspecteur du travail a autorisé le licenciement (cass. soc. 4 décembre 2012, n° 11-11.299, BC V n° 314 ; RJS 2/13 n° 144). Cette jurisprudence est, selon nous, transposable au contrat de sécurisation professionnelle (CSP), qui remplace la CRP depuis le 1er septembre 2011 (voir articles L. 1233-65 et s.).

Rupture conventionnelle du contrat de travail à durée indéterminée. La loi 2008-596 du 25 juin 2008 (JO 26) portant modernisation du marché du travail a créé un nouveau mode de rupture du contrat de travail à durée indéterminée : la rupture conventionnelle. Ce nouveau dispositif est applicable aux salariés visés par les articles L. 2411-1 et 2 CT bénéficiant d'une protection spéciale en matière de licenciement. L'article L. 1237-15 CT prévoit en effet que la convention de rupture est soumise à l'autorisation de l'inspecteur du travail, la rupture ne pouvant intervenir que le lendemain du jour de l'autorisation.

Voir arrêté du 8 février 2012 (JO 17) fixant les modèles des formulaires de rupture conventionnelle d'un contrat de travail à durée indéterminée.

Voir également circulaire DGT 2008-11 du 22 juillet 2008 et JCP éd. S 2008, 1645, étude A. Louvet, «La rupture conventionnelle du contrat à durée indéterminée d'un salarié protégé» ; circulaire DGT 07/2012 du 30 juillet 2012, fiche 14 ; RJS 3/13, p. 155, A. Gardin, «Rupture conventionnelle et salariés protégés : entre ombres et lumières».

Licenciement pour inaptitude physique. La jurisprudence administrative considère que, «qu'elle soit ou non formellement présentée comme un licenciement, la rupture du contrat de travail liant un salarié protégé doit relever du régime d'autorisation si elle est motivée par une inaptitude physique» (CE 6 juillet 1984, Dr. Soc. 1985, p. 52, concl. M. Boyon ; voir aussi CE 25 juin 1986, Dr. Soc. 1987, p. 620, concl. E. Guillaume ; cass. soc. 4 mai 1994, n° 92-40.738, BC V n° 165 ; RJS 6/94 n° 726 ; CE 30 décembre 1996, n° 163746, RJS 2/97 n° 172).

En dépit de l'inaptitude physique qui ne fait obstacle qu'à l'exercice du travail, un salarié investi d'un mandat est protégé (cass. soc. 4 mars 1998, n° 95-41.642, BC V n° 118 ; RJS 4/98 n° 493 : en l'espèce, le salarié placé en congé de maladie pendant dix-huit mois n'avait pu reprendre son activité en raison de son classement en invalidité de deuxième catégorie).

Voir aussi ci-après : COMPÉTENCE DE L'INSPECTEUR DU TRAVAIL.

Mise à la retraite. La mise à la retraite d'un salarié protégé est soumise à la protection exceptionnelle et exorbitante du droit commun, même si les conditions posées par la loi sont remplies (cass. soc. 5 mars 1996, n° 92-42.490, BC V n° 84). La même solution s'applique pour les salariés travaillant dans des entreprises à statut, même si les conditions statutaires d'âge et d'ancienneté de service sont réunies (cass. soc. 16 décembre 1997, n° 95-43.557, RJS 2/98 n° 237 ; 12 juillet 2006, n° 04-48.351, BC V n° 248 ; RJS 10/06 n° 1089).

Lorsque le contrat de travail d'un salarié protégé, mis à la retraite au motif qu'il a atteint l'âge de 60 ans et peut bénéficier d'une pension vieillesse à taux plein, a été résilié sans autorisation de l'inspecteur du travail, l'intéressé a droit, à titre de sanction de la violation du statut protecteur, à une indemnité égale au montant des rémunérations qu'il aurait perçues depuis la date de son éviction jusqu'à l'expiration de la période légale de protection (cass. soc. 23 mai 2000, n° 97-45.204, BC V n° 200 ; RJS 7-8/00 n° 826). De plus, dans cette hypothèse, la mise à la retraite est nulle et de nul effet (cass. soc. 30 novembre 2004, n° 03-40.604, BC V n° 310 ; RJS 2/05 n° 180). Outre la sanction de la méconnaissance du statut protecteur, le salarié protégé, qui ne demande pas la poursuite de son contrat de travail illégalement rompu, a le droit d'obtenir les indemnités de rupture ainsi qu'une indemnité réparant l'intégralité du préjudice résultant du caractère illicite du licenciement et au moins égale à celle prévue par l'article L. 122-14-4 (ancien) CT (cass. soc. 13 novembre 2001, n° 99-45.389, RJS 1/02 n° 55 ; 27 octobre 2004, n° 01-45.902, BC V n° 275 ; RJS 1/05 n° 58).

Le motif tiré de ce que le salarié a atteint l'âge de la retraite fixé par la convention collective n'est pas de nature à justifier un licenciement notamment lorsque le salarié ne justifie pas de cotisations suffisantes pour bénéficier d'une pension de vieillesse à taux plein (CE 8 février 1995, nos 134963, 135249, RJS 3/95 n° 266, concl. J. Arrighi de Casanova).

Le départ en retraite anticipé des représentants des salariés est soumis à un contrôle allégé de l'autorité administrative lorsqu'il s'inscrit dans le cadre de la loi 96-126 du 21 février 1996 portant création d'un fonds paritaire d'intervention en faveur de l'emploi (JO 22): l'inspecteur du travail vérifie seulement que les conditions légales sont remplies et s'assure du consentement du salarié (voir, à cet égard, instr. min. 7/96 du 23 mai 1996, BO TR 96/14, p. 45).

Ni les stipulations conventionnelles applicables en l'espèce ni les dispositions de l'ordonnance du 26 mars 1982 ne prévoyant la mise à la retraite d'office des salariés atteignant l'âge de 60 ans, l'inspecteur du travail a commis une erreur de droit en autorisant le licenciement d'un membre suppléant du comité d'entreprise parce qu'il avait atteint l'âge de 60 ans et ne pouvait être admis à poursuivre son activité (CE 11 octobre 1991, n° 106483, RJS 1/92 n° 52).

Lorsque la demande de rupture du contrat de travail d'un salarié protégé par l'employeur est motivée par la survenance de l'âge, il appartient à l'inspecteur du travail et, le cas échéant, au ministre de vérifier, sous le contrôle du juge de l'excès de pouvoir, d'une part, que la mesure envisagée n'est pas en rapport avec les fonctions représentatives exercées ou l'appartenance syndicale de l'intéressé et, d'autre part, que les conditions légales de mise à la retraite sont remplies (CE 17 juin 2009, n° 304027, LS Jurispr. n° 151 des 20-21.07.2009; JSL n° 262, 16.09.2009, p. 16, M-Ch. Haller; CE 28 décembre 1992, n° 119085, RJS 3/93 n° 290).

Il convient de se placer à la date d'expiration du préavis pour déterminer si les conditions légales prévues par l'article L. 122-14-13 CT sont bien remplies (cass. soc. 31 janvier 1996, n° 91-44.143, BC V n° 35; RJS 3/96 n° 271).

Départ à la retraite. Le départ à la retraite, ou la demande de mise en inactivité dans les entreprises à statut, émanant d'un salarié protégé victime de harcèlement moral produit les effets d'un licenciement nul et ouvre droit au versement de l'indemnité due en cas de violation du statut protecteur (cass. soc. 9 décembre 2014, n° 13-16.045, BC V n° 279; RJS 2/15 n° 152; JSL n° 381, 10.02.2015, p. 13, Ph. Pacotte et A-Ch. Renucci).

Prise d'acte de la rupture du contrat aux torts de l'employeur en raison de l'inexécution par ce dernier de ses obligations. Lorsqu'un salarié protégé prend acte de la rupture de son contrat de travail, celui-ci est rompu immédiatement, sans que les agissements ultérieurs de l'employeur puissent avoir une incidence sur cette rupture; l'autorité administrative est alors tenue de se déclarer incompétente pour statuer sur la demande d'autorisation de licenciement sollicitée par l'employeur postérieurement à la prise d'acte (CE 17 décembre 2008, n° 310889, Dr. Soc. 2009, p. 268, concl. Y. Struillou). Cette décision administrative s'impose au juge judiciaire (cass. soc. 16 février 2011, n° 10-15.529, RJS 5/11 n° 435, 1re espèce).

Dans le cas où le salarié protégé prend acte de la rupture de son contrat aux torts de l'employeur et que le juge requalifie cette rupture en licenciement, ce licenciement est nul car intervenu en violation du statut protecteur et le salarié peut prétendre, non seulement à des indemnités de rupture et pour licenciement sans cause réelle et sérieuse, mais aussi à une indemnité pour violation du statut protecteur (cass. soc. 21 janvier 2003, n° 00-44.502, BC V n° 13; JSL n° 117, 11.02.2003, p. 11, M. Hautefort; voir aussi cass. soc. 5 juillet 2006, n° 04-46.009, BC V n° 237; RJS 10/06 n° 1090; Dr. Soc. 2006, p. 815, obs. J-E Ray; JCP éd. S 2006, 1757, 2e espèce, note J-Y Frouin; 11 février 2009, n° 07-44.687, JSL n° 253, 14.05.2009, p. 26; 12 mars 2014, n° 12-20.108, BC V n° 72; RJS 5/14 n° 415; JCP éd. S 2014, 1352, note J-Y Kerbourc'h). Cette indemnité est forfaitaire et égale au montant des salaires que le salarié aurait dû percevoir jusqu'à la fin de la période de protection en cours (cass. soc. 16 février 2011, n° 09-67.193, RJS 5/11 n° 435, 2e espèce). Lorsqu'un salarié titulaire d'un mandat de représentant du personnel prend acte de la rupture du contrat de travail en raison de faits qu'il reproche à son employeur, cette rupture produit les effets d'un licenciement nul pour violation du statut protecteur quand les faits invoqués le justifiaient, de sorte que le salarié peut prétendre à une indemnité pour violation du statut protecteur, quand bien même l'administration du travail, saisie antérieurement à la prise d'acte du salarié, a autorisé le licenciement prononcé ultérieurement à cette prise d'acte (cass. soc. 12 novembre 2015, n° 14-16.369, BC V n° 227; LSQ n° 16959 du 19.11.2015; JCP éd. S 2016, 1016, note D. Everaert-Dumont; RJS 1/16 n° 44; Dr. Soc. 2016, p. 89, act. J. Mouly).

À noter que s'il s'avère que les faits invoqués par le salarié ne justifiaient pas qu'il prenne acte de la rupture de son contrat de travail, cette rupture produit les effets d'une démission (cass. soc. 5 juillet 2006, n° 04-46.009, précité). À noter également l'écrit par lequel le salarié titulaire d'un mandat représentatif prend acte de la rupture du contrat de travail en raison de faits qu'il reproche à son employeur ne fixe pas les limites du litige; le juge est donc tenu d'examiner les manquements de l'employeur invoqués devant lui par ce salarié, même si celui-ci ne les a pas mentionnés dans cet écrit (cass. soc. 5 juillet 2006, n° 04-40.134, BC V n° 236; RJS 10/06 n° 1091).

Le salarié protégé qui a pris acte de la rupture de son contrat de travail peut justifier des manquements de son employeur aux règles applicables au contrat de travail et aux exigences propres à l'exécution des mandats dont il est investi, peu important les motifs retenus par l'autorité administrative à l'appui de la décision par laquelle elle a rejeté la demande d'autorisation de licenciement antérieurement à la prise d'acte (cass. soc. 4 juillet 2012, n° 11-13.346, v. *infra*).

Le salarié protégé qui a pris acte de la rupture de son contrat de travail ne peut ultérieurement solliciter sa réintégration dans son emploi, dès lors que la prise d'acte de la rupture par un salarié en raison de faits qu'il reproche à son employeur entraîne la rupture immédiate du contrat de travail et ne peut être rétractée (cass. soc. 29 mai 2013, n° 12-15.974, BC V n° 138; Dr. Soc. 2013, p. 647, note J. Mouly; RJS 8-9/13 n° 623; JCP éd. S 2013, 1338, note Fr. Dumont).

Modification du contrat de travail et changement des conditions de travail. Aucune modification de leur contrat de travail ou aucun changement de leurs conditions de travail ne peut être imposé aux salariés protégés (cass. soc. 10 mai 1999, n° 96-45.652, BC V n° 208; RJS 6/99 n° 830; 13 mai 2009, n° 08-41.675, LSQ n° 15377 du 8.06.2009). L'employeur qui souhaite modifier leur contrat ou leurs conditions de travail doit obtenir leur accord (cass. soc. 21 novembre 2006, n° 04-47.068, BC V n° 350), lequel ne saurait résulter de la poursuite de l'exécution du contrat aux nouvelles conditions sans protestation ni réserve (cass. soc. 11 février 2009, n° 07-43.948, RJS 4/09 n° 379). Un accord exprès est requis même lorsque la modification du contrat (en l'espèce, changement d'affectation) est imposée par le médecin du travail, le fait que le salarié n'ait ni refusé sa nouvelle affectation ni contesté l'avis du médecin du travail ne pouvant remplacer cet accord (cass. soc. 29 novembre 2011, n° 10-19.435, BC V n° 275; RJS 2/12 n° 110). En cas de refus par le salarié de cette modification ou de ce changement, il appartient à l'employeur de poursuivre le contrat aux conditions antérieures ou d'engager la procédure de licenciement (cass. soc. 25 novembre 1997, n° 94-42.727, BC V n° 406; RJS 1/98 n° 67; 14 novembre 2000, n° 99-43.270, BC V n° 373; RJS 1/01 n° 65; 21 novembre 2006, n° 04-47.068, BC V n° 350; 22 juin 2011, n° 10-13.820, JSL n° 308, 27.10.2011, p. 28; 12 janvier 2016, n° 13-26.318, BC V n° 6; RJS 3/16 n° 192). Ainsi, le fait que la mise en disponibilité précédant le départ à la retraite du salarié à l'âge de 60 ans ait été prévue par contrat ne dispensait pas l'employeur, en présence d'un refus du salarié protégé d'accepter cette mesure, d'obtenir une autorisation de l'inspecteur du travail de rompre le contrat de travail (cass. soc. 14 novembre 2000, précité). Et le salarié ne peut être mis à pied à la suite du refus d'une permutation (cass. soc. 6 avril 1999, n° 97-40.499, BC V n° 159; RJS 5/99 n° 698). L'employeur est tenu, non seulement de conserver le salarié, mais encore de le rémunérer jusqu'à l'obtention de l'autorisation de licenciement, la décision du ministre annulant le refus de l'inspecteur du travail et autorisant le licenciement n'ayant aucun effet rétroactif, de sorte que la créance de salaires dus pour la période qui s'est écoulée entre la décision de l'employeur de suspendre la rémunération du salarié et l'obtention de l'autorisation de licenciement n'est donc pas sérieusement contestable (cass. soc. 15 décembre 2011, n° 10-20.093, RJS 3/12 n° 270).

Il a par ailleurs été jugé que la décision de replacer dans ses fonctions antérieures un salarié protégé qui avait bénéficié d'une promotion assortie d'une période probatoire prévue dans un avenant à son contrat de travail constitue une modification des conditions de travail qui ne peut lui être imposée; en cas de refus du salarié, il appartient donc à l'employeur soit de maintenir l'intéressé sur le nouveau poste, soit de saisir l'inspecteur du travail d'une demande d'autorisation de licenciement (cass. soc. 30 septembre 2010, n° 08-43.862, BC V n° 210; RJS 12/10 n° 957). A également été considéré comme un changement des conditions de travail l'affectation d'un conseiller commercial par téléphone dans un service équipé d'un système d'écoute destiné à vérifier la qualité des interventions téléphoniques (cass. soc. 13 décembre 2017, n° 15-29.116, RJS 3/18 n° 199).

Refus d'une mutation. Le refus du salarié d'accepter sa mutation, laquelle constitue une modification de son contrat de travail s'apparentant à un licenciement déguisé ne peut justifier une autorisation de licenciement (CE 2 mars 1992, n° 81704, RJS 6/92 n° 758). À noter que la contestation d'une mutation par un salarié protégé équivaut à un refus et qu'il appartient dès lors à l'employeur soit de demander l'autorisation de le licencier, soit de renoncer à son projet (cass. soc. 2 mai 2001, n° 98-44.624, BC V n° 149).

À cet égard, la jurisprudence a précisé qu'une clause de mobilité ne peut priver un salarié protégé du bénéfice de la protection prévue par la loi en cas de rupture d'un contrat de travail par l'employeur (cass. soc. 28 janvier 1988 n° 85-43.400, BC V n° 81). Même en présence d'une clause de mobilité, l'employeur qui souhaite modifier l'affectation d'un salarié protégé doit, en cas de refus de ce dernier, solliciter l'autorisation administrative de licenciement (cass. soc. 23 septembre 1992, n° 90-45.106, BC V n° 477; RJS 11/92, n° 1274; 4 octobre 1995, n° 94-40.387, Dr. Soc. 1995, p. 1044). Voir aussi cass. crim. 21 février 1989, n° 86-96.871, B. crim. n° 86; RJS 5/89 n° 441 et 29 janvier 1991, n° 90-81.314, RJS 4/91 n° 485.

À noter, par ailleurs, que la révocation d'un usage, dès lors qu'elle est intervenue régulièrement, est opposable aux salariés protégés (CE 9 mars 2005, n° 257768, RJS 7/05 n° 760; JSL n° 172, 26.07.2005, p. 16, M-Ch. Haller).

Délit d'entrave. Toute mutation de poste ou de fonctions imposée contre son gré à un salarié protégé caractérise à la charge de l'employeur l'élément matériel d'atteinte à ses prérogatives statutaires, à moins que l'employeur n'apporte la preuve de sa pleine justification (cass. crim. 28 octobre 1980, n° 80-90.277, B. crim. n° 282; 4 janvier 1990, n° 88-83.311, RJS 3/90 n° 215; 15 février 1994, n° 92-84.088, B. crim. n° 68; RJS 6/94 n° 713).

La modification apportée aux conditions de travail d'un membre du comité d'entreprise et refusée par celui-ci équivaut à un licenciement, lequel, intervenu irrégulièrement sans autorisation administrative, est constitutif du délit d'entrave au fonctionnement régulier du comité d'entreprise (cass. crim. 22 octobre 1991, n° 89-86.402, RJS 3/92 n° 304).

Sur le contrôle exercé par l'inspecteur du travail en cas de refus du salarié d'accepter une modification de ses conditions de travail, voir ci-après: COMPÉTENCE DE L'INSPECTEUR DU TRAVAIL, ***Modification du contrat de travail et changement des conditions de travail***.

Licenciement prononcé dans le cadre d'une procédure de sauvegarde, de redressement ou de liquidation judiciaires. La liquidation judiciaire prononcée par le tribunal de commerce ne peut avoir pour effet de faire échec aux dispositions du code du travail relatives à la protection exceptionnelle dont bénéficient les salariés investis d'un mandat de représentation (CE 20 mars 1996, n° 135167, RJS 5/96 n° 573). Le jugement d'un tribunal de commerce constatant la «nécessité» de procéder à des licenciements ne peut avoir pour effet de mettre obstacle aux dispositions légales relatives au licenciement de salariés protégés (CE 21 avril 1997, n° 157998, RJS 7/97 n° 836). Il résulte de l'article 227 de la loi du 25 janvier 1985 que les règles de protection prévues par ce texte pour le licenciement des salariés protégés s'appliquent à toutes les phases de la procédure instituées par cette loi, y compris la liquidation (cass. crim. 15 octobre 1991, n° 89-83.551, B. crim. n° 349; RJS 1/92 n° 54). Un délégué du personnel, licencié après le jugement de liquidation judiciaire et en l'absence de toute poursuite d'activité, sans qu'ait été respectée la procédure spéciale de licenciement, doit obtenir réparation du préjudice subi résultant de la violation du statut protecteur (cass. soc. 9 octobre 1991, n° 89-44.106, BC V n° 403).

En cas de liquidation judiciaire, un salarié ne peut se prévaloir de sa protection au titre d'un mandat extérieur à l'entreprise que s'il établit en avoir informé le liquidateur quand bien même l'employeur avait déjà connaissance de ce mandat (cass. soc. 1er juin 2017, n° 16-12.221, BC V n° 102; LS Jurispr. n° 107 du 13.06.2017; JCP éd. S 2017, 1245, note Th. Lahalle; RJS 8-9/17 n° 595). Voir également CE 24 juillet 2019, n° 411058, RJS 11/19 n° 642 et chron. J-J Perrin, «Licenciement, mandat extérieur et information de l'employeur ou du liquidateur», RJS 11/19, pp. 759 et s.

Transfert. En cas de transfert partiel d'entreprise ou d'établissement, l'administrateur judiciaire doit solliciter l'autorisation de l'inspecteur du travail en ce qui concerne le transfert des salariés protégés. La notion de transfert partiel, visée par l'article L. 436-1 [L. 2421-9] CT, doit s'appliquer y compris en cas de pluralité de transferts partiels aboutissant à une cession totale d'entreprise (cass. crim. 30 janvier 1996, n° 94-83.509, B. crim. n° 54; RJS 5/97 n° 572).

Mise en chômage partiel. Elle constitue une modification du contrat du salarié protégé équivalant, en cas de refus de sa part, à un licenciement auquel l'employeur ne peut procéder sans observer les formalités protectrices (cass. soc. 18 février 1988, n° 86-41.857, BC V n° 121; cass. crim. 7 février 1989, n° 88-80.510, B. crim. n° 53; RJS 4/89 n° 358). Aucun changement de ses conditions de travail ne pouvant être imposé à un représentant du personnel sans son accord, l'employeur sera condamné à verser au salarié la partie du salaire qu'il a perdue du fait d'une mesure de chômage partiel (cass. soc. 18 juin 1996, n° 94-44.653, BC V n° 248; Dr. Soc. 1996, p. 979; voir aussi cass. soc. 19 janvier 2011, n° 09-43.194, JSL n° 295, 10.03.2011, p. 26).

Cette solution contraste très nettement avec celle rendue le même jour pour des salariés «ordinaires» et selon laquelle la mise au chômage partiel, pendant la période d'indemnisation, prévue par l'article L. 351-25 (ancien) CT, ne constitue pas une modification des contrats de travail (cass. soc. 18 juin 1996, n° 94-44.654, BC V n° 252).

Covid-19. Sur les conditions d'application de l'activité partielle aux salariés protégés, sans que leur accord soit requis, dans le cadre de l'épidémie de Covid-19, voir ordonnance 2020-346 du 27 mars 2020, art. 6, JO 28, entrée en vigueur le 28.03.2020, modifié.

Mise à pied disciplinaire. En l'absence de refus par le salarié d'une mise à pied disciplinaire, laquelle n'a pas pour effet de suspendre l'exécution du mandat de représentant du personnel, l'employeur n'est pas tenu de mettre en œuvre la procédure prévue par l'article L. 425-1 (ancien) CT. Dans le cas où le salarié protégé n'a pas refusé la mise à pied et s'est borné à demander au juge d'annuler cette sanction comme non justifiée, l'employeur n'a pas à engager la procédure de licenciement en demandant l'autorisation de l'inspecteur du travail (cass. soc. 23 juin 1999, n° 97-41.121, BC V n° 301).

Voir aussi ci-après: COMPÉTENCE DE L'INSPECTEUR DU TRAVAIL

Non-respect des conditions légales exigées pour occuper un emploi. La procédure spéciale de licenciement doit être respectée même lorsque le salarié protégé n'est plus en possession du document administratif nécessaire à l'exercice de ses fonctions. Ainsi, il a été jugé que si le retrait d'agrément concernant un employé des jeux d'un casino était susceptible de justifier la résiliation de son contrat de travail, il appartenait à l'autorité administrative de le vérifier, de sorte que, en l'absence d'autorisation administrative, le licenciement de l'intéressé était nul (cass. soc. 6 juin 2000, n° 98-42.867, BC V n° 217). Jusqu'à l'obtention de l'autorisation de licenciement délivrée par l'inspecteur du travail, l'employeur est tenu, non seulement de conserver le salarié dans l'entreprise, mais aussi de le rémunérer (cass. soc. 2 décembre

2009, n°s 08-42.037 et 08-43.466, BC V n°s 271 et 272, s'agissant respectivement du retrait de l'habilitation administrative nécessaire à un «manutentionnaire piste» pour travailler sur une zone aéroportuaire et de la suspension du permis de conduire d'un chauffeur routier). Pour le Conseil d'État, dans le cas où la demande d'autorisation de licenciement d'un salarié protégé est motivée par la circonstance que le salarié ne remplit pas les conditions légalement exigées pour l'exercice de l'emploi pour lequel il a été embauché, il appartient à l'inspecteur du travail de vérifier que la demande d'autorisation de licencier est sans lien avec les mandats détenus et que le motif avancé est établi et justifie le licenciement, compte tenu de l'ensemble des règles applicables au contrat de travail de l'intéressé, des caractéristiques de l'emploi exercé et des exigences propres à l'exécution normale du mandat dont il est investi. Pour refuser l'autorisation sollicitée, l'autorité administrative a la faculté de retenir des motifs d'intérêt général relevant de son pouvoir d'appréciation de l'opportunité, sous réserve qu'une atteinte excessive ne soit pas portée à l'un ou l'autre des intérêts en présence (CE 15 décembre 2010, n° 329674, RDT, février 2011, ET, 99, concl. G. Dumortier; RJS 4/11 n° 350).

Adhésion du salarié à une convention d'allocations spéciales du FNE. La procédure protectrice s'applique également lorsque, après un licenciement collectif pour motif économique, le salarié a adhéré à une convention signée entre l'État et l'entreprise lui assurant une allocation spéciale jusqu'au jour de sa retraite (cass. soc. 8 juin 1999, n° 97-41.498, BC V n° 267; RJS 7/99 n° 942). Voir aussi cass. soc. 6 juillet 2011, n° 10-15.406, BC V n° 188; JCP éd. S 2011, 1406, note J-Y Kerbourc'h, décidant que l'adhésion d'un salarié investi d'un mandat représentatif à un dispositif de préretraite mis en place par l'employeur dans le cadre d'un plan de réduction des effectifs ne dispense pas ce dernier de son obligation d'obtenir l'autorisation de l'administration du travail avant la rupture du contrat de travail.

CONSÉQUENCES DE L'APPLICATION DE LA PROCÉDURE PROTECTRICE

Instance en résiliation judiciaire

Instance à l'initiative de l'employeur. Par un arrêt du 21 juin 1974 rendu en chambre mixte (n° 71-91.225, BC n° 3), la Cour de cassation a décidé que «les dispositions législatives soumettant à l'assentiment préalable du comité d'entreprise ou à la décision conforme de l'inspecteur du travail le licenciement des salariés légalement investis de fonctions représentatives ont institué, au profit de tels salariés et dans l'intérêt de l'ensemble des travailleurs qu'ils représentent, une protection exceptionnelle et exorbitante du droit commun qui interdit par suite à l'employeur de poursuivre par d'autres moyens la résiliation du contrat de travail.» L'employeur ne peut donc demander cette résiliation par voie judiciaire (cass. soc. 11 décembre 2001, n° 99-42.586, BC V n° 378). Cette jurisprudence s'applique aussi bien aux représentants désignés par les syndicats qu'aux représentants élus.

L'action en résiliation judiciaire du contrat de travail d'un représentant du personnel constitue le délit d'entrave (cass. ass. plén. 28 janvier 1983, n° 80-93.511, BC n° 1; D. 1983, 629, concl. M. Cabannes).

Instance à l'initiative du salarié. Si la procédure de licenciement du salarié représentant du personnel est d'ordre public, ce salarié ne peut être privé de la possibilité de poursuivre la résiliation judiciaire de son contrat de travail aux torts de l'employeur en cas de manquement, par ce dernier, à ses obligations (cass. soc. 16 mars 2005, n° 03-40.251, BC V n° 94; RJS 5/05 n° 534; 25 janvier 2006, n° 03-44.372, RJS 4/06 n° 473). Ainsi, la demande en résiliation du contrat de travail aux torts de l'employeur est nécessairement justifiée lorsque celui-ci a mis en œuvre un changement des conditions de travail malgré le refus du salarié protégé (cass. soc. 15 février 2006, n° 03-42.510, BC V n° 74; RJS 5/06 n° 602). Il en est de même en cas de non-respect par l'employeur d'une obligation en rapport avec le mandat représentatif: en l'espèce, l'employeur avait rayé un salarié en congé sans solde de la liste des membres du comité d'entreprise et ne l'avait plus convoqué aux réunions de cet organisme, de tels manquements ayant mis le salarié dans l'impossibilité d'exercer ses fonctions représentatives (cass. soc. 27 mai 2009, n° 08-42.555, BC V n° 136). Ne peut être débouté de sa demande de résiliation judiciaire de son contrat de travail le salarié protégé qui fait valoir que son employeur était en possibilité d'identifier ses correspondants au vu des relevés des communications téléphoniques du téléphone mobile mis à disposition en méconnaissance des dispositions des articles 6, 17 et 21 de la loi du 6 janvier 1978 et de l'article 7 de la délibération 2005-019 du 3 février 2005 de la Commission nationale de l'informatique et des libertés (cass. soc. 24 avril 2012, n° 10-20.845, BC V n° 117; JCP éd. S 2012, 1263, note P-H d'Ornano; RJS 6/12 n° 572; Dr. Soc. 2012, p. 469, obs. L. Pécaut-Rivolier).

Le juge judiciaire ne peut, sans violer le principe de la séparation des pouvoirs, se prononcer sur une demande de résiliation judiciaire postérieurement au prononcé du licenciement notifié sur le fondement d'une autorisation administrative de licenciement accordée à l'employeur, même si la saisine du conseil des prud'hommes était antérieure à la rupture; il lui appartient seulement de faire droit le cas échéant aux demandes de dommages-intérêts au titre des fautes commises par l'employeur pendant la période antérieure au licenciement lorsque les manquements invoqués par le salarié n'ont pas été pris en considération par l'autorité administrative dans le cadre de la procédure d'autorisation (cass. soc. 29 septembre 2010, n° 09-41.127, BC V n° 201 ; RJS 12/10 n° 958 ; JCP éd. S 2010, 1502, note J-Y Kerbourc'h ; Dr. Soc. 2010, p. 1265, note Y. Struillou ; RDT, novembre 2010, CH, 660, E. Serverin et T. Grumbach ; 19 janvier 2011, n° 09-40.424, RJS 4/11 n° 347 ; 13 octobre 2011, n° 09-71.272, JSL n° 310, 30.11.2011, p. 27 ; 28 mai 2013, n° 12-15.329, RJS 8-9/13 n° 624).

De même, Le contrat de travail du salarié protégé, licencié sur le fondement d'une autorisation administrative ensuite annulée, et qui ne demande pas sa réintégration, est rompu par l'effet du licenciement ; lorsque l'annulation est devenue définitive, le salarié a droit, d'une part, au paiement d'une indemnité égale à la totalité du préjudice subi au cours de la période écoulée entre son licenciement et l'expiration du délai de deux mois suivant entre son licenciement et l'expiration du délai de deux mois suivant la notification de la décision d'annulation, d'autre part, au paiement des indemnités de rupture, s'il n'en a pas bénéficié au moment du licenciement et s'il remplit les conditions pour y prétendre, et de l'indemnité prévue par l'article L. 1235-3 CT, s'il est établi que son licenciement était, au moment où il a été prononcé, dépourvu de cause réelle et sérieuse ; que ces dispositions font obstacle à ce que la juridiction prud'homale se prononce sur la demande de résiliation judiciaire formée par le salarié protégé, même si sa saisine est antérieure à la rupture (cass. soc. 11 octobre 2017 n° 16-14.529, BC V n° 177 ; JCP éd. S 2017, 1407, note Th. Lahalle ; LS Jurispr. n° 196 du 31.10.2017 ; RJS 12/17 n° 810 ; Dr. Soc. 2017, p. 1082, act. J. Mouly ; JSL n° 443-444 du 15.12.2017, pp. 25 et s., J-Ph. Lhernould).

Interdiction des départs «négociés». Hormis le cas de la rupture conventionnelle prévue par l'article L. 1237-15 CT, les salariés titulaires d'un mandat représentatif ne peuvent conclure un accord pour mettre fin à leur contrat de travail. En effet, la protection exceptionnelle et exorbitante du droit commun instituée par le législateur au profit des salariés investis de fonctions représentatives interdit à l'employeur de poursuivre, par d'autres moyens, la rupture du contrat de travail de ces salariés ; en conséquence, les salariés protégés ne peuvent, en signant une transaction antérieure au licenciement, renoncer par avance aux dispositions d'ordre public instituées pour protéger leur mandat. À la suite d'un conflit l'opposant à son employeur, un délégué du personnel avait signé une transaction constatant la rupture du contrat de travail et le paiement à son profit d'une indemnité, puis avait saisi le juge des référés pour obtenir, sous astreinte, que soit ordonnée la poursuite de son contrat de travail. C'est à tort qu'une cour d'appel a rejeté cette demande, alors qu'il résultait de ses constatations qu'au moment de la signature de la transaction, aucun licenciement n'était encore intervenu, ce dont il résultait que cet acte avait eu pour but et pour effet d'organiser la rupture du contrat de travail en dehors du cadre légal (cass. soc. 2 décembre 1992, n° 91-42.326, BC V n° 578 ; Dr. Soc. 1993, p. 152, rapp. Ph. Waquet ; 14 octobre 1997, n° 94-43.623, RJS 11/97 n° 1257). La rupture du contrat de travail ayant été organisée en dehors du cadre légal, la transaction aux termes de laquelle le salarié accepte cette rupture est un acte nul (cass. soc. 1er juin 1994, n° 93-40.040, Dr. Soc. 1994, p. 783, concl. Y. Chauvy). Voir aussi cass. soc. 16 mars 1999, n° 96-44.551, BC V n° 125 ; RJS 5/99 n° 700 (démission du salarié de son mandat électif et accord concomitant de résiliation du contrat de travail, antérieurs au licenciement, ayant pour but et pour effet d'organiser la rupture du contrat de travail en dehors du cadre légal) ; cass. crim. 14 novembre 2006, n° 05-87.554, B. crim. n° 284 ; LSQ n° 987 du 18-19.12.2006 (départ négocié d'un salarié sous contrat à durée déterminée intervenu sans autorisation de l'inspecteur du travail) ; cass. soc. 4 décembre 2013, n° 12-22.089, RJS 2/14 n° 148 (accord transactionnel avait été conclu entre l'employeur et le salarié, exerçant des fonctions de cadre de direction et élu conseiller prud'homme, par lequel l'intéressé s'engageait à faire valoir irrévocablement ses droits à un départ volontaire à la retraite).

La Cour de cassation a précisé que la protection exceptionnelle et exorbitante du droit commun des salariés investis de fonctions représentatives ayant été instituée, non dans le seul intérêt de ces derniers, mais dans celui de l'ensemble des salariés, toute transaction conclue entre l'employeur et le salarié protégé avant la notification de son licenciement, lequel ne peut être prononcé qu'après autorisation de l'autorité administrative, est entachée d'une nullité absolue d'ordre public (cass. soc. 10 juillet 2002, n° 00-40.301, BC V n° 249 ; voir aussi cass. soc. 16 mars 2005, n° 02-45.293, BC V n° 98 ; RJS 5/05 n° 533).

À noter que, lorsqu'un salarié protégé, qui a fait l'objet d'un licenciement sans autorisation administrative, a obtenu sa réintégration, son contrat de travail se poursuit et ne peut faire l'objet d'une résiliation amiable. Dès lors, la transaction conclue postérieurement à la réintégration a en réalité pour objet de résilier le contrat de travail de l'intéressé et doit donc être considérée comme nulle (cass. soc. 3 avril 2001, n° 98-46.419, BC V n° 118 ; RJS 6/01 n° 764).

Si les salariés investis de fonctions représentatives ne peuvent renoncer par avance aux dispositions protectrices exorbitantes du droit commun instituées en leur faveur, rien ne leur interdit, lorsqu'un licenciement, même illégal, leur a été notifié, de renoncer à réclamer une réintégration et de conclure avec l'employeur un accord librement consenti en vue de régler les conséquences pécuniaires de la rupture du contrat de travail (cass. soc. 5 février 2002, n° 99-45.861, BC V n° 54 ; RJS 4/02 n° 457 ; cass. crim. 4 février 1992, n° 90-82.330, B. crim. n° 50, confirmé par un autre arrêt rendu à propos de la même affaire : cass. crim. 3 mai 1994, n° 91-86.047, RJS 8-9/94 n° 1010).

Si un salarié signe une transaction aux termes de laquelle il renonce à toute action et à toute instance en relation avec sa qualité d'ancien salarié, cette renonciation s'applique également au recours en nullité du jugement du tribunal administratif qu'il avait engagé devant le Conseil d'État (cass. soc. 19 mai 1998, n° 96-40.461 : en l'espèce, la décision du Conseil d'État avait été rendue après la signature de la transaction, mais le recours avait été formé avant).

La chambre criminelle rappelle qu'une transaction conclue avec le salarié protégé, fût-ce en accord avec l'inspection du travail, n'est pas une cause justificative de la méconnaissance des dispositions d'ordre public réglementant la procédure légale de licenciement (cass. crim. 19 octobre 1993, n° 91-85.795, RJS 1/94 n° 53). En proposant à un salarié protégé de mettre fin au contrat de travail par un accord de résiliation, l'employeur commet un délit d'entrave (cass. crim. 6 janvier 2004, n° 02-88.240, B. crim. n° 4 ; RJS 4/04 n° 434).

Le Conseil d'État s'est également prononcé sur les effets d'une transaction en rappelant que les salariés investis de fonctions représentatives ne peuvent renoncer par avance aux dispositions protectrices d'ordre public instituées en leur faveur. Doit être écartée la fin de non-recevoir opposée par l'employeur et fondée sur une transaction conclue avec un salarié protégé (CE 2 février 1996, n° 152406, Rec. Lebon, p. 26 ; RJS 3/96 n° 299).

Transaction intervenue après la démission des fonctions représentatives. Est valide la transaction, intervenue après démission du salarié de son mandat de membre élu du comité d'entreprise en raison de difficultés dues à des rivalités syndicales au sein de cette institution, ayant pour objet de mettre fin à un litige relatif à un rappel de salaire et à la modification du contrat de travail et n'affectant pas la protection dont l'intéressé continuait à bénéficier (cass. soc. 29 janvier 2013, n° 11-23.743, RJS 4/13 n° 302).

Résiliation amiable du contrat après autorisation de la rupture pour motif économique. Dès lors que l'inspecteur du travail a autorisé la rupture pour motif économique, le contrat de travail d'un salarié investi d'un mandat représentatif peut être résilié amiablement dans le cadre d'un accord collectif mis en œuvre après consultation du comité d'entreprise (cass. soc. 27 mars 2007, n° 05-45.310, BC V n° 58 ; JSL n° 212, 29.05.2007, p. 8, M. Hautefort ; RJS 6/07 n° 760).

Interdiction des licenciements ultérieurs pour des faits commis durant la période de protection. Le salarié protégé ne peut être licencié au terme de son mandat en raison de faits commis pendant la période de protection, qui auraient dû être soumis à l'inspecteur du travail (cass. soc. 23 novembre 2004, n° 01-46.234, BC V n° 295 ; RJS 2/05 n° 172 ; voir aussi cass. soc. 10 février 2010, n° 08-44.001, RJS 4/10 n° 357 ; 18 février 2016, n° 14-17.131, RJS 4/16 n° 272). A été jugé abusif un licenciement prononcé après l'expiration du délai de protection légale du salarié pour les motifs identiques à ceux qui avaient été invoqués lors d'une demande d'autorisation administrative pendant le délai de protection et qui avaient donné lieu à un refus (cass. soc. 13 octobre 1993, n° 91-44.546, RJS 11/93 n° 1118 ; 26 janvier 1994, n° 92-41.978, BC V n° 27 ; RJS 3/94 n° 274 ; 19 décembre 1990, n° 88-43.526, BC V n° 685 ; RJS 2/91 n° 216).

De même, dès lors que le motif avancé pour justifier le licenciement prononcé à l'issue de sa période de protection est identique à celui invoqué antérieurement pour obtenir l'autorisation de le licencier et qui avait été considéré par le ministre comme n'étant pas établi, le licenciement du salarié était dépourvu de cause réelle et sérieuse (cass. soc. 15 janvier 2013, n° 11-18.800, RJS 4/13 n° 300).

Lorsqu'un licenciement prononcé après l'expiration de la période de protection repose sur des motifs identiques à ceux qui avaient donné lieu à refus d'autorisation de l'inspecteur du travail en raison du lien entre le licenciement et le mandat détenu par le salarié, ce licenciement est nul comme constitutif d'une discrimination syndicale ; le salarié peut dès lors obtenir sa réintégration et une indemnité égale au montant de la rémunération qu'il aurait dû percevoir entre son éviction de l'entreprise et sa réintégration, peu important qu'il ait ou non reçu des salaires ou un revenu de remplacement pendant cette période (cass. soc. 9 juillet 2014, n° 13-16.434, BC V n° 186 ; RJS 11/14 n° 793 ; JCP éd. S 2014, 1474, note J-Y Kerbourc'h).

De même encore, à titre d'exemple, une cour d'appel ne saurait débouter le salarié de ses demandes au titre de la discrimination syndicale et de la nullité de son licenciement alors qu'elle constate que l'intéressé a été licencié le lendemain de l'expiration de sa période de protection pour les mêmes motifs qui avaient donné lieu à trois refus d'autorisation de licenciement de l'administration, ce dont elle aurait dû déduire qu'il existait des faits laissant supposer l'existence d'une discrimination, et qu'il incombait en conséquence à l'employeur de prouver que le fait de n'avoir proposé au salarié, occupant les fonctions de médecin, qu'un reclassement sur un poste d'agent à l'entretien et à la désinfection des locaux était justifié par des éléments objectifs étrangers à toute discrimination (cass. soc. 20 juin 2018, n° 17-16.555).

COMPÉTENCE DE L'INSPECTEUR DU TRAVAIL

Les salariés légalement investis de fonctions représentatives bénéficient, dans l'intérêt de l'ensemble des travailleurs qu'ils représentent, d'une protection exceptionnelle et exorbitante du droit commun. Lorsque le licenciement d'un de ces salariés est envisagé, ce licenciement ne doit pas être en rapport avec les fonctions représentatives normalement exercées ou l'appartenance syndicale de l'intéressé.

«Il appartient à l'inspecteur du travail saisi et, le cas échéant, au ministre compétent de rechercher, sous le contrôle du juge de l'excès de pouvoir, si les faits reprochés au salarié sont d'une gravité suffisante pour justifier son licenciement compte tenu de l'ensemble des règles applicables au contrat de travail de l'intéressé et des exigences propres à l'exécution normale du mandat dont il est investi» (CE 5 mai 1976, n°s 98647 et a., Dr. Soc. 1976, p. 347, concl. Ph. Dondoux et p. 563, note H. Sinay).

Méconnaît sa compétence l'inspecteur du travail qui autorise le licenciement pour motif économique d'un salarié investi d'un mandat en se fondant sur le fait qu'il se croyait lié par la volonté exprimée du salarié de quitter l'entreprise (CE 17 octobre 1997, n° 162597, RJS 12/97 n° 1398).

Pour opérer les contrôles auxquels elle est tenue de procéder lorsqu'elle statue sur une demande d'autorisation de licenciement, l'autorité administrative doit prendre en compte toutes les fonctions représentatives du salarié, et il appartient, par suite, à l'employeur de porter à sa connaissance l'ensemble des mandats détenus par l'intéressé (CE 20 mars 2009, n° 309195, LS Jurispr. n° 88 du 21.04.2009; Dr. Soc. 2009, p. 711, concl. Y. Struillou; RDT, juillet/août 2009, CH, 457, M. Grévy; voir aussi, précédemment CE 22 juillet 1992, n° 109709, Dr. Soc. 1993, p. 49, concl. B. de Froment). Lorsque la demande d'autorisation de licenciement présentée par l'employeur ne mentionne que le seul mandat de délégué syndical du salarié concerné et que l'inspecteur du travail n'a pas eu connaissance des fonctions de conseiller prud'homme également exercées par l'intéressé, le Conseil d'État considère que l'inspecteur du travail n'a pas été mis à même d'apprécier si des motifs d'intérêt général rendaient inopportun le licenciement du salarié, compte tenu de ses fonctions de conseiller prud'homme, et que l'autorisation de licenciement est entachée d'illégalité (CE 13 décembre 2005, n° 277748, RJS 3/06 n° 365; dans le même sens, voir aussi CE 23 juillet 2010, n° 332355, JSL n° 285, 13.10.2010, p. 16, J-E Tourreil). Mais le défaut de mention par l'employeur de l'une des fonctions représentatives du salarié ayant entraîné l'annulation de la décision autorisant le licenciement, ne caractérise pas une violation de son statut protecteur; dans ce cas, le salarié a droit, d'une part, à l'indemnisation de son préjudice depuis le licenciement et jusqu'à l'expiration du délai de deux mois suivant la notification de la décision annulant l'autorisation de licenciement, d'autre part, au paiement des indemnités de rupture, s'il n'en a pas bénéficié au moment du licenciement et s'il remplit les conditions pour y prétendre, et enfin au paiement de l'indemnité prévue par l'article L. 1235-3 CT, s'il est établi que son licenciement était, au moment où il a été prononcé, dépourvu de cause réelle et sérieuse (cass. soc. 3 février 2016, n° 14-17.886, BC V n° 21; RJS 4/16 n° 270). L'inspecteur du travail est également tenu, lors d'une nouvelle demande d'autorisation de licenciement, de rechercher si celle-ci n'est pas en lien avec de nouvelles fonctions représentatives du salarié, celui-ci ayant été nouvellement élu au comité d'entreprise (CE 29 octobre 1997, n° 172137, RJS 12/97 n° 1399). Mais lorsque l'administration a eu connaissance de chacun des mandats détenus par l'intéressé, la circonstance que la demande d'autorisation de licenciement ou la décision autorisant le licenciement ne fasse pas mention de l'un de ces mandats ne suffit pas, à elle seule, à établir que l'administration n'a pas, comme elle le doit, exercé son contrôle en tenant compte de chacun des mandats détenus par le salarié protégé (CE 15 octobre 2014, n° 370620, LS Jurispr. n° 21 du 3.02.2015).

Il appartient à l'autorité administrative, lorsqu'elle est saisie d'une demande d'autorisation de licenciement d'un salarié investi d'un mandat représentatif, soit d'accorder, soit de refuser l'autorisation sollicitée; elle ne satisfait pas à cette obligation en assortissant son autorisation d'une condition imprécise (par exemple, en exigeant que les modalités du départ tiennent compte de la situation personnelle du salarié, CE 19 juin 1992, n° 107788, RJS 8-9/92 n° 1011).

Les dispositions de l'article L. 433-1 [L. 2324-1 ancien] relatives à la composition du comité d'entreprise sont d'ordre public; l'inspecteur du travail doit refuser le licenciement d'un salarié protégé dès lors que n'ont été convoqués à la réunion du comité d'entreprise appelé à donner un avis ni les membres suppléants ni les représentants syndicaux (CE 24 mai 1991, n° 68272, RJS 7/91 n° 860; dans le même sens, voir CE 3 octobre 2008, n° 306430, JSL n° 243, 10.11.2008, p. 26).

Si le directeur départemental peut suppléer d'office l'inspecteur du travail pour autoriser le licenciement d'un salarié protégé, il ne peut exercer cette suppléance que si l'inspecteur du travail est lui-même empêché et si aucun autre inspecteur du travail exerçant dans le département n'est en mesure de le faire (CE 3 avril 1991, n° 92950, RJS 6/91 n° 728).

L'appréciation des motifs d'intérêt général. L'inspecteur du travail peut invoquer des motifs d'intérêt général pour refuser une autorisation de licenciement «sous réserve qu'une atteinte excessive ne soit pas portée à l'un ou l'autre des intérêts en présence» (CE 18 février 1977, n° 95354, Dr. Soc. 1977, p. 166, concl. Ph. Dondoux).

Un refus d'autorisation de licenciement au nom de l'intérêt général ne peut être fondé sur la prise en compte de l'activité personnelle du salarié, membre du comité d'entreprise, jugé par l'administration plus actif que d'autres et susceptible par son expérience de contribuer efficacement au fonctionnement de son syndicat dans l'entreprise (CE 10 février 1992, n° 83456,

RJS 6/92 n° 761, 1re espèce; 29 décembre 1995, n° 133448, RJS 3/96 n° 307; 31 janvier 1997, n° 160253, RJS 3/97 n° 305).

Le motif d'intérêt général tiré de ce qu'un licenciement conduirait à remettre en cause la représentation d'un syndicat dans l'entreprise n'est pas au nombre de ceux sur lesquels peut légalement se fonder l'autorité administrative pour refuser le licenciement d'un salarié bénéficiant d'une protection exceptionnelle (CE 13 mars 1992, n° 92984, RJS 6/92 n° 761, 2e espèce; 12 septembre 1994, n° 128729, RJS 12/94 n° 1405). La nécessité de maintenir «les bases d'une certaine pluralité syndicale dans l'entreprise» ne figure pas non plus au nombre des motifs qu'un inspecteur du travail peut légalement retenir au titre de son pouvoir d'appréciation de l'opportunité (CE 8 novembre 1993, n° 120034, RJS 2/94 n° 164). En revanche, un inspecteur du travail a pu, pour refuser d'autoriser le licenciement d'un représentant du personnel ayant commis lors d'une grève une faute suffisamment grave pour justifier son licenciement, se fonder sur le motif d'intérêt général tiré du fait que l'intéressé était l'unique délégué syndical de l'établissement et qu'il existait un intérêt général à son maintien dans l'entreprise compte tenu de la situation sociale constatée (CE 11 février 2005, n° 247673, Rec. Lebon, p. 57; RJS 5/05 n° 541).

L'appréciation du respect des procédures de droit commun. Il n'appartient qu'à l'autorité administrative saisie d'une demande d'autorisation de licenciement d'un salarié protégé d'apprécier, sous le contrôle du juge administratif, si les règles de procédure préalables à sa saisine ont été observées; tel est le cas de la consultation pour avis d'une commission paritaire sur le licenciement envisagé (cass. soc. 13 juillet 2004, n° 01-42.943, BC V n° 211; RJS 10/04 n° 1068, 2e espèce). De même lorsque le mandat du salarié impose la consultation du comité d'entreprise sur le projet de licenciement, il appartient à l'inspecteur du travail de s'assurer que cette consultation a été régulière et que le comité a été à même d'émettre un avis en toute connaissance de cause (CE 4 juillet 2018, n° 397059, LSQ n° 17634 du 22.08.2018; RJS 10/18 n° 617, 1re espèce; JCP éd. S 2018, 1329, 1re espèce, note J-Y Kerbourc'h). Voir aussi note sous article L. 2421-8.

L'obligation de loyauté de l'employeur dans l'établissement des faits invoqués à l'appui de sa demande d'autorisation administrative. Lorsqu'un employeur diligente une enquête interne visant un salarié à propos de faits, venus à sa connaissance, mettant en cause ce salarié, les investigations menées dans ce cadre doivent être justifiées et proportionnées par rapport aux faits qui sont à l'origine de l'enquête et ne sauraient porter d'atteinte excessive au droit du salarié au respect de sa vie privée. À défaut, l'autorisation de licenciement ne peut pas être accordée par l'administration. En l'espèce, l'employeur, une fédération d'établissements bancaires, avait diligenté une enquête interne visant un salarié protégé, sans en informer ce dernier, après qu'un client eut signalé avoir fait l'objet, à l'occasion d'un différend d'ordre privé, de menaces de la part de ce salarié, fondées sur de prétendus mouvements suspects sur ses comptes bancaires. Les investigations réalisées par l'employeur avaient porté non seulement sur le point de savoir si le salarié avait consulté les comptes bancaires du client à l'origine du signalement, mais également sur les comptes personnels détenus par le salarié au sein de la banque et sur ceux du syndicat dont il était trésorier. Il était résulté de ces dernières investigations que le salarié avait commis des détournements de fonds au détriment de son syndicat. Invoquant l'impossibilité de maintenir le contrat de travail d'un tel salarié, l'employeur avait alors sollicité une autorisation de licenciement. Considérant que cette consultation n'avait pu être faite par l'employeur qu'à raison de sa qualité de fédération d'établissements bancaires, qu'elle n'était pas nécessaire pour établir la matérialité des allégations qui avaient été portées à sa connaissance par un tiers, et que sa demande d'autorisation de licenciement n'était étayée que par les seuls éléments ainsi obtenus, de sorte qu'une atteinte excessive avait été portée au respect de la vie privée du salarié, une cour administrative d'appel avait annulé l'autorisation délivrée par le ministre. Le pourvoi formé devant le Conseil d'État est rejeté (CE 2 mars 2020, n° 418640, RJS 5/20 n° 245; LS n° 18072 du 03.06.2020; JCP éd. S 2020, 2051, note Y. Pagnerre).

• ***Licenciements pour un motif personnel.*** Lorsqu'un employeur demande à l'inspecteur du travail l'autorisation de licencier un salarié protégé, il lui appartient de faire précisément état, dans sa demande, des motifs justifiant, selon lui, le licenciement et l'inspecteur du travail ne peut, pour accorder l'autorisation demandée, se fonder sur d'autres motifs que ceux énoncés dans la demande; par suite, commet une erreur de droit la Cour administrative d'appel qui juge qu'un inspecteur du travail saisi d'une demande d'autorisation de licenciement fondée sur un motif non disciplinaire inhérent à la personne du salarié était tenu de rechercher si les faits avancés constituent une faute de nature à justifier un licenciement disciplinaire (CE 19 octobre 2012, n° 334588, RJS 1/13 n° 58).

• ***Licenciements pour faute.*** Les faits reprochés au salarié doivent être d'une gravité suffisante. L'autorité administrative ne saurait se borner à vérifier que les faits allégués par l'employeur sont réellement établis; elle doit rechercher si la faute est d'une gravité suffisante pour justifier un licenciement (CE 8 janvier 1997, n° 163071, RJS 3/97 n° 306).

Faute et état de santé du salarié. Lorsqu'une demande d'autorisation de licenciement d'un salarié protégé est motivée par un comportement jugé fautif, elle ne peut pas être légalement accordée si les faits reprochés sont la conséquence d'un état pathologique ou d'un handicap de l'intéressé (CE 3 juillet 2013, n° 349496, RJS 10/13 n° 700).

Constituent une faute d'une gravité suffisante des retraits de fonds opérés par le trésorier du comité d'entreprise à l'occasion de l'exercice de son mandat représentatif, de tels retraits n'ayant été ni autorisés ni validés par le comité et les sommes en cause n'ayant pas été restituées (CE 23 septembre 1992, n° 80334, RJS 11/92 n° 1277 et 29 décembre 1993, n° 112351, RJS 6/94 n° 727); le fait pour un salarié d'avoir procédé à une augmentation de son salaire, de son propre chef, sans l'accord de son employeur (CE 2 février 1996, n° 147401, RJS 3/96 n° 301); une dénonciation calomnieuse de la part d'un délégué du personnel concernant l'établissement de santé où il travaillait auprès des services sociaux du département (CE 6 avril 2001, n° 206272, RJS 6/01 n° 765); le refus réitéré d'un salarié protégé de se rendre sur des chantiers pour y exécuter des travaux relevant de sa compétence professionnelle et sans aucune explication préalable (CE 19 juillet 1991, n° 84259, RJS 10/91 n° 1114); la séquestration des dirigeants de l'entreprise (CE 19 juillet 1991, n° 73838, RJS 10/91 n° 1115); ou encore un cumul d'emplois en méconnaissance de l'article L. 324-2 [L. 8261-1] CT (CE 8 janvier 1997, précité); un manquement caractérisé aux consignes de sécurité applicables aux livraisons de matières dangereuses (CE 7 juin 2000, n° 191828, Rec. Lebon, p. 1271); le fait pour un agent d'une caisse primaire d'assurance maladie d'avoir divulgué à des fins personnelles des informations à caractère médical concernant un assuré social (CE 15 juillet 2004, n° 256216, RJS 11/04 n° 1168). S'agissant d'une faute appréciée par rapport à la nature de l'établissement et aux instructions données aux éducateurs sur l'attitude à avoir face aux agissements délictuels commis par certains jeunes, voir CE 12 avril 1995, n° 133800, Dr. Soc. 1996, p. 156. Le refus de se soumettre à une sanction disciplinaire justifiée constitue une faute d'une gravité suffisante de nature à fonder une décision de licenciement (CE 6 mai 1996, n° 147250, RJS 7/96 n° 808).

Ne constituent pas des fautes d'une gravité suffisante un vol de marchandises d'un montant très limité (CE 11 février 1998, n° 170969, Dr. Soc. 1998, p. 1054, note M. Miné), la participation à un stage de formation pour l'encadrement de centres de vacances puis l'exercice bénévole de fonctions d'encadrement pendant des congés de maladie (CE 9 novembre 2005, n° 261874; voir également CE 23 mars 1990, n° 79839, RJS 5/90 n° 394; 4 octobre 1991, n° 104213; 9 juillet 1993, n° 134565, RJS 10/93 n° 1002; 29 décembre 1995, n° 153452, RJS 3/96 n° 303).

La méconnaissance par le salarié de stipulations d'un accord d'entreprise déclarées illégales ne peut servir de fondement à une autorisation de licenciement pour faute de ce salarié (CE 24 juin 1998, n° 109749, RJS 10/98 n° 1248).

Refus par le salarié protégé d'une sanction portant modification de son contrat. Dès lors que le principe général du droit dont s'inspirent l'article 1134 [ancien] c. civ. et l'article L. 1221-1 CT implique que toute modification des termes d'un contrat de travail recueille l'accord à la fois de l'employeur et du salarié, le refus opposé par un salarié protégé à une sanction emportant modification de son contrat de travail ne constitue pas une faute. Cependant, lorsqu'un employeur se heurte au refus, par un salarié protégé, d'une sanction impliquant une modification de son contrat de travail et qu'il demande, dans l'exercice de son pouvoir disciplinaire, à l'inspecteur du travail de l'autoriser à prononcer un licenciement pour faute en lieu et place de la sanction refusée, il appartient à l'inspecteur du travail de rechercher si les faits reprochés au salarié sont d'une gravité suffisante pour justifier son licenciement, compte tenu de l'ensemble des règles applicables à son contrat de travail et des exigences propres à l'exécution normale du mandat dont il est investi. Lorsque la demande d'autorisation fait suite au refus, par le salarié protégé, d'accepter une sanction de moindre gravité au motif qu'elle entraîne une modification de son contrat de travail, il lui revient de prendre en compte cette circonstance (CE 3 juillet 2013, n° 348099, Dr. Soc. 2013, p. 925, concl. G. Dumortier; RJS 11/13 n° 745; SSL n° 1607, 25 novembre 2013, chron. des jurisprudences sur la représentation du personnel, L. Pécaut-Rivolier et Y. Struillou).

Poursuites disciplinaires. Les dispositions de l'article L. 122-44 [L. 1332-4] CT interdisent à l'employeur d'engager des poursuites disciplinaires au-delà d'un délai de deux mois après qu'il en a eu connaissance, mais ne font pas obstacle à ce que des faits antérieurs à ce délai de deux mois soient pris en considération lorsque le comportement fautif du salarié s'est poursuivi dans ce délai (cass. soc. 7 mai 1991, n° 87-43.737, BC V n° 218; RJS 6/91 n° 706).

Faits commis en dehors du temps de travail. Un agissement du salarié protégé intervenu en dehors de l'exécution de son contrat de travail ne peut motiver un licenciement pour faute, sauf s'il traduit la méconnaissance par l'intéressé d'une obligation découlant de ce contrat. Ainsi, le fait, pour un salarié recruté comme chauffeur, de commettre, dans le cadre de sa vie privée, une infraction de nature à entraîner la suspension de son permis de conduire ne saurait être regardé comme une méconnaissance par l'intéressé de ses obligations contractuelles à l'égard de son employeur; par conséquent, l'inspecteur du travail ne peut légalement autoriser le licenciement pour faute d'un chauffeur à la suite de la suspension pour une durée de quatre mois de son permis de conduire intervenue en dehors de son temps de travail (CE 15 décembre 2010, n° 316856, Rec. Lebon, p. 508; LSQ n° 15768 du 7.01.2011; RJS 2/11 n° 158; RDT, février 2011, ET, 99, concl. G. Dumortier; JCP éd. S 2011, 1247, note J-Y Kerbourc'h). Il en est de même d'un représentant du personnel utilisant ses heures de délégation pour exercer une activité salariée au sein d'une autre entreprise, méconnaissant ainsi l'obligation de loyauté à l'égard de son employeur qui découle de son contrat de travail (CE 27 mars 2015, n° 371174, JCP éd. S 2015, 1333, note J-Y Kerbourc'h; RJS 6/15 n° 425, 2e espèce).

Toutefois, si un fait commis par un salarié en dehors du temps de travail a des répercussions importantes sur le fonctionnement de l'entreprise, l'employeur pourra s'en prévaloir à l'appui d'une demande d'autorisation de licenciement; il appartiendra alors à l'inspecteur du travail et, le cas échéant, au ministre de rechercher, sous le contrôle du juge de l'excès de pouvoir, si les faits en cause sont établis et de nature, compte tenu de leur répercussion sur le fonctionnement de l'entreprise, à rendre impossible le maintien du salarié dans l'entreprise, eu égard à la nature de ses fonctions et à l'ensemble des règles applicables au contrat de travail de l'intéressé (CE 15 décembre 2010, n° 316856, précité et 4 juillet 2005, n° 272193, Rec. Lebon, p. 306; RJS 11/05 n° 1121).

Faute commise à l'occasion d'une grève. La définition de la faute suffisamment grave reste incertaine; le Conseil d'État ne semble pas rechercher l'existence d'une faute lourde, s'agissant pourtant d'une faute commise à l'occasion d'une grève. La catégorie de «faute suffisamment grave» paraît être une catégorie «à part», que le juge administratif apprécie indépendamment des catégories retenues par le juge judiciaire. Ainsi, pour le juge administratif, le comportement du salarié est révélateur d'une faute d'une gravité suffisante pour justifier son licenciement, s'il prend une part active au conflit; en revanche, si le salarié investi d'un mandat joue un rôle modérateur dans le conflit, il n'y aura pas faute d'une gravité suffisante. Le centre de gravité pour apprécier le degré de gravité de la faute paraît bien être le rôle modérateur ou non du salarié au cours du conflit. L'initiative d'un salarié titulaire d'un mandat représentatif d'arrêter une rotative qui fonctionnait grâce à des agents non grévistes constitue une faute suffisamment grave pour justifier un licenciement; un tel acte ne peut être regardé comme se rattachant à l'exécution normale du mandat de l'intéressé (CE 1er avril 1992, n° 112826, Dr. Soc. 1992, p. 689, concl. D. Kessler; 12 juillet 1995, 2 espèces, nos 143077 et 143089, RJS 10/95 n° 1030). De même, les violences commises par un représentant du personnel à l'encontre d'autres membres du personnel revêtent le caractère d'une faute de nature à justifier le licenciement de l'intéressé sans qu'il soit besoin de rechercher si ce comportement révélait une intention de nuire à l'employeur ou à l'entreprise (CE 6 mars 2002, n° 214656).

En revanche, le blocage des voies d'accès d'une entreprise de transports en grève et l'interception d'autocars conduits par des non-grévistes ne constituent pas une faute suffisamment grave compte tenu des circonstances dans lesquelles ces faits ont été commis et compte tenu du climat de tension régnant dans l'entreprise (CE 20 mai 1994, n° 152406, RJS 8-9/94 n° 1014; 2 février 1996, n° 152406, Rec. Lebon, p. 26; RJS 3/96 n° 299).

• ***Licenciement pour perte de confiance.*** Lorsqu'une demande d'autorisation de licenciement d'un salarié protégé (en l'espèce, un médecin du travail) est fondée sur des éléments qui se rattachent au comportement de l'intéressé et qui, sans caractériser l'existence d'une faute, rendraient impossible, selon l'employeur, la poursuite du contrat de travail, il appartient à l'inspecteur du travail et, éventuellement, au ministre compétent de rechercher, sous le contrôle du juge de l'excès de pouvoir, si ces éléments présentent un caractère objectif et si, en raison du niveau élevé des responsabilités exercées par le salarié, ils peuvent, eu égard à l'ensemble des règles applicables au contrat de travail, et compte tenu des atteintes susceptibles d'être portées au fonctionnement de l'organisme en cause, justifier légalement l'octroi d'une autorisation de licenciement. En revanche, la perte de confiance de l'employeur envers le salarié ne peut jamais constituer par elle-même un motif pouvant servir de base à une autorisation de licenciement (CE 21 décembre 2001, n° 224605, Rec. Lebon, p. 669; 22 mai 2002, n° 214637, RJS 8-9/02 n° 999). Le Conseil d'État rejoint ainsi la jurisprudence de la Cour de cassation pour qui la perte de confiance ne constitue plus une cause de licenciement, même quand elle repose sur des éléments objectifs (cass. soc. 29 mai 2001, n° 98-46.341, BC V n° 183; RJS 8-9/01 n° 999). Toutefois, dans le cas où la demande de licenciement est fondée sur des éléments qui se rattachent au comportement de l'intéressé et qui, sans caractériser l'existence d'une faute, rendraient impossible, selon l'employeur, la poursuite du contrat de travail, il appartient à l'inspecteur du travail et, éventuellement, au ministre compétent de rechercher, sous le contrôle du juge de l'excès de pouvoir, si ces éléments présentent un caractère objectif, s'ils résultent du comportement du salarié et si, en raison du niveau élevé des responsabilités exercées par ce dernier, ils peuvent, eu égard à l'ensemble des règles applicables au contrat de travail, et compte tenu des atteintes susceptibles d'être portées au fonctionnement de l'organisme en cause, justifier légalement l'octroi d'une autorisation de licenciement (CE 27 juillet 2012, n° 329294, RJS 11/12 n° 885).

• ***Licenciements pour motif économique***

Appréciation de la régularité de la procédure de consultation des représentants du personnel sur le projet de licenciement. Les dispositions de l'article R. 2324-24 CT, selon lesquelles la régularité de l'élection ou de la désignation des représentants syndicaux n'est recevable que dans les quinze jours suivant cette élection ou cette désignation, sont applicables à toute décision du comité d'établissement désignant ses délégués au comité central d'entreprise. Par suite, l'irrégularité de la composition du comité central d'entreprise ne peut plus valablement être invoquée à l'occasion d'un recours dirigé contre la décision de l'autorité administrative autorisant le licenciement d'un salarié protégé lorsque, à la date à laquelle ce comité a été consulté sur le projet de licenciement, le délai imparti par l'article R. 2324-24 était expiré et que la désignation de ses membres était ainsi devenue définitive (CE 4 décembre 2013, n° 362142, Dr. Soc. 2014, p. 34, étude R. Keller). D'une façon plus générale, en l'état d'une autorisation administrative accordée à l'employeur de licencier des salariés protégés, le juge judiciaire ne peut, sans violer le principe de la séparation des pouvoirs, apprécier ni le caractère réel et sérieux des motifs retenus pour justifier le licenciement ni la régularité de la consultation du comité d'entreprise sur le projet de licenciement économique collectif (cass. soc. 17 novembre 2018, n° 17-11.602, à paraître, LS Jurispr. n° 183 du 09.10.2018; RJS 11/18 n° 682; JCP éd. S 2018, 1382, note J-Y Kerbourc'h).

La circonstance qu'un projet de licenciement collectif pour motif économique ait été unilatéralement inscrit par l'employeur à l'ordre du jour du comité d'établissement est sans incidence sur la régularité de la procédure de licenciement dès lors que l'article L. 2325-15 CT prévoit l'inscription de plein droit d'une telle consultation (CE 4 décembre 2013, précité).

Appréciation du motif économique. Lorsque l'employeur sollicite de l'inspecteur du travail l'autorisation de licencier un salarié protégé, il lui appartient de faire état avec précision, dans sa demande, ou le cas échéant dans un document joint à cet effet auquel renvoie sa demande, de la cause justifiant, selon lui, ce licenciement; si le licenciement a pour cause la réorganisation de l'entreprise, il appartient à l'employeur de préciser si cette réorganisation est justifiée par des difficultés économiques, par la nécessité de sauvegarder la compétitivité de l'entreprise ou encore par des mutations technologiques; une telle précision ne peut pas résulter d'un document relatif à la présentation d'un projet de réorganisation par l'employeur au comité d'entreprise, projet dans lequel une phrase mentionnait l'intention de sauvegarder la compétitivité de l'entreprise (CE 26 septembre 2018, n° 401509, LS Jurispr. n° 183 du 09.10.2018; RJS 12/18 n° 752). «Dans le cas où la demande de licenciement est fondée sur un motif de caractère économique, il appartient à l'inspecteur du travail et, le cas échéant, au ministre de rechercher, sous le contrôle du juge de l'excès de pouvoir, si la situation de l'entreprise justifie le licenciement du salarié, en tenant compte notamment de la nécessité des réductions envisagées d'effectifs et de la possibilité d'assurer le reclassement du salarié dans l'entreprise» (CE 15 avril 1996, n° 151474, RJS 6/96 n° 687; 11 juin 1999, n° 189144, Rec. Lebon, p. 179). La nécessité de sauvegarder la compétitivité de l'entreprise est au nombre des causes sérieuses de licenciement économique (voir notamment CE 12 janvier 2011, n° 327178, RJS 4/11 n° 351). Ayant constaté que les modifications structurelles décidées par une société, à l'origine de la suppression du poste d'une salariée, membre du comité d'entreprise, étaient motivées par le tassement de l'activité de la branche personnes physiques de cette entreprise et la volonté d'améliorer sa productivité, et que la société ne faisait état d'aucune menace pesant sur sa compétitivité, c'est à tort qu'un tribunal administratif a rejeté la demande de l'intéressée tendant à l'annulation de la décision de l'inspecteur du travail autorisant son licenciement pour motif économique (CE 8 mars 2006, n° 270857, Rec. Lebon, p. 116; RJS 5/06 n° 604; JSL n° 192, 27.06.2006, p. 11, M-Ch. Haller).

L'autorité administrative doit tenir compte de la situation économique et financière de l'ensemble des activités et établissements gérés par l'employeur dans le cadre de l'entreprise ou dans le cadre d'un groupe lorsque la société fait partie d'un tel groupe (CE 10 décembre 1993, n° 112947, Rec. Lebon, p. 1064-1069; RJS 3/94 n° 277; 25 avril 1994, n° 98047, RJS 8-9/94 n° 1016; 21 décembre 1994, 2 arrêts, n°s 126912 et 146600, RJS 2/95 n° 139; 18 juin 1997, n° 160961, RJS 8-9/97 n° 994). Dans le cas où l'entreprise relève d'un groupe dont la société mère a son siège à l'étranger, l'autorité administrative doit faire porter son examen sur la situation économique de l'ensemble des sociétés du groupe œuvrant dans le même secteur d'activité que la société en cause, sans qu'il y ait lieu de borner cet examen à celles ayant leur siège social en France ni aux établissements de ce groupe situés en France (CE 8 juillet 2002, n° 226471, RJS 10/02 n° 1148).

La réalité du motif économique invoqué par l'employeur doit être appréciée à la date à laquelle l'autorité administrative se prononce sur la demande d'autorisation de licenciement (CE 21 décembre 2001, n° 215185, Rec. Lebon, p. 1215; RJS 3/02 n° 305).

Cessation d'activité. Le licenciement d'un salarié protégé dans le cadre d'une cessation totale d'activité de l'entreprise et sans autorisation administrative est nul (cass. soc. 1er avril 1992, n° 88-42.981, BC V n° 234; Dr. Soc. 1992, p. 481).

La fermeture d'un établissement n'entraîne pas la fin des mandats représentatifs (rép. QE 16910, JO AN 10 octobre 1994, p. 5067). Dans le cas où l'établissement constituait un établissement distinct, sa seule fermeture n'entraîne pas la cessation des mandats, laquelle n'intervient qu'à compter de la décision de l'administration du travail reconnaissant la perte de la qualité d'établissement distinct (cass. soc. 27 novembre 2013, n° 12-26.155, BC V n° 289; RJS 2/14 n° 143). En revanche, il n'en va pas de même en cas de disparition de l'entreprise.

Une demande d'autorisation de licenciement d'un salarié protégé pour un motif économique peut légalement être fondée sur la cessation d'activité de l'entreprise, sans que celle-ci doive être justifiée par l'existence de mutations technologiques, de difficultés économiques ou de menaces pesant sur la compétitivité de l'entreprise. Il appartient alors à l'autorité administrative de contrôler, outre le respect des exigences procédurales légales et des garanties conventionnelles, que la cessation d'activité de l'entreprise est totale et définitive, que l'employeur a satisfait, le cas échéant, à l'obligation de reclassement prévue par le code du travail et que la demande ne présente pas de caractère discriminatoire. Il ne lui appartient pas, en revanche, de rechercher si cette cessation d'activité est due à la faute ou à la légèreté blâmable de l'employeur, sans que sa décision fasse obstacle à ce que le salarié, s'il s'y estime fondé, mette en cause devant les juridictions compétentes la responsabilité de l'employeur en demandant réparation des préjudices que lui aurait causés cette faute ou légèreté blâmable dans l'exécution du contrat de travail [CE 8 avril 2013, n° 348559, Rec. Lebon, p. 59; RJS 7/13 n° 551 et p. 427, Fr. Géa «La cause fautive de licenciement (au miroir des jurisprudences judiciaire et administrative)»]. Mais il lui appartient de tenir compte, à la date à laquelle elle se prononce, de tous les éléments de droit ou de fait recueillis lors de son enquête qui sont susceptibles de remettre en cause le caractère total et définitif de la cessation d'activité ainsi que de toute autre circonstance de nature à faire obstacle au licenciement envisagé, notamment celle tenant à une reprise, même partielle, de l'activité de l'entreprise impliquant un transfert du contrat de travail du salarié à un nouvel employeur en application de l'article L. 1224-1 CT, étant précisé que lorsque l'entreprise appartient à un groupe, la seule circonstance que d'autres entreprises du groupe aient poursuivi une activité de même nature ne fait pas, par elle-même, obstacle à ce que la cessation d'activité de l'entreprise soit regardée comme totale et définitive (CE 22 mai 2015, n° 375897, LS Jurispr. n° 216 du 01.12.2015; RJS 10/15 n° 653).

Lorsqu'une entreprise est placée en période d'observation dans le cadre d'une procédure de redressement judiciaire, l'administrateur judiciaire ne peut procéder à des licenciements pour motif économique que s'ils présentent un caractère urgent, inévitable et indispensable et après autorisation, non nominative, du juge-commissaire désigné par le tribunal de commerce. Il s'ensuit que le législateur a entendu que, pendant cette période d'observation, la réalité des difficultés économiques de l'entreprise et la nécessité des suppressions de postes soient examinées par le juge de la procédure collective. Par suite, dès lors qu'un licenciement a été autorisé par une ordonnance du juge-commissaire, ces éléments du motif de licenciement ne peuvent donc être contestés qu'en exerçant les voies de recours ouvertes contre cette ordonnance et ne peuvent être discutés devant l'administration (CE 3 juillet 2013, n° 361066, RJS 11/13 n° 749; cass. soc. 23 mars 2016, n° 14-22.950, BC V n° 52; LS Jurispr. n° 58 du 29.03.2016; JCP éd. S 2016, 1179, note L. Fin-Langer; JSL n° 409, 06.05.2016, p. 11, H. Tissandier; RJS 6/16 n° 440, retenant cette compétence du juge judiciaire).

En cas de redressement judiciaire, l'administration, saisie sur le fondement d'une décision du juge commissaire autorisant pendant la période d'observation des licenciements présentant un caractère urgent, inévitable et indispensable, ne peut autoriser le licenciement d'un salarié protégé que si la demande intervient avant la fin de cette période d'observation (CE 12 juin 2019, n° 410987, RJS 10/19 n° 580 et rapp. Fr. Dieu).

En relevant que la société se trouvait en cessation totale d'activité et en jugeant qu'elle n'était pas tenue, dans le cadre de son obligation de rechercher des possibilités de reclassement du salarié, de proposer à ce dernier des offres lui permettant de poursuivre ses fonctions représentatives, la cour administrative d'appel n'a pas non plus commis d'erreur de droit (CE 3 juillet 2013, n° 342291, Rec. Lebon p. 188; RJS 10/13 n° 701).

À noter que l'inspecteur du travail qui constate que la procédure préalable de licenciement d'un salarié protégé est entachée d'irrégularité doit refuser l'autorisation de licenciement économique demandée (en l'espèce, la consultation des représentants du personnel prescrite par les articles L. 321-2 [L. 1233-8 et L. 2313-7 ancien] et L. 422-1 avait été privée de toute portée utile du fait des décisions déjà mises en œuvre par l'employeur, CE 29 octobre 1997, n° 154967, RJS 12/97 n° 1401).

En l'état d'une autorisation administrative de licencier un salarié protégé accordée à l'employeur par l'inspecteur du travail, le juge judiciaire ne peut, sans violer le principe de la séparation des pouvoirs, se prononcer sur le caractère réel et sérieux de la cause de licenciement. Est légalement justifié l'arrêt déboutant un salarié de sa demande de dommages et intérêts pour licenciement sans cause réelle et sérieuse, dès lors que le licenciement économique du salarié avait été autorisé par l'inspecteur du travail, au vu de la décision du juge-commissaire, et que la lettre de licenciement adressée ensuite au salarié renvoyait à cette autorisation (cass. soc. 14 février 2007, n° 05-40.213, BC V n° 23; JCP éd. S 2007, 1319, note L. Dauxerre; RJS 4/07 n° 453). Voir aussi ci-dessus «Principe de séparation des pouvoirs».

Recherche des possibilités de reclassement. L'inspecteur du travail doit rechercher si l'employeur a bien procédé à une recherche de reclassement (cass. soc. 23 juin 2009, n° 07-44.640). Les possibilités de reclassement dans l'entreprise, et éventuellement au sein du groupe, s'apprécient antérieurement à la date d'autorisation du licenciement, à compter du moment où celui-ci est envisagé (CE 3 juillet 2013, n° 342477, JSL n° 352, 24.10.2013, p. 19, J-E Tourreil; sur ce point, voir également CE 23 mars 2016, n° 386108, LS Jurispr. n° 82 du 3.05.2016; RJS 6/16 n° 439).

Dans l'hypothèse où le licenciement est motivé par la fermeture d'un site impliquant nécessairement la suppression du poste du salarié, cette date est celle à laquelle le principe de la fermeture du site a été retenu (même décision).

Lorsqu'un plan de cession arrêté par un tribunal de commerce prévoit des licenciements devant intervenir dans le mois suivant le jugement, les contrats de travail des salariés licenciés en exécution de ce jugement ne sont pas transférés à l'entreprise cessionnaire ; que, par suite, l'entreprise cédante demeure l'employeur de ces salariés, y compris lorsqu'ils bénéficient d'un statut protecteur, et ne peut les licencier, en application de l'article L. 1233-4 CT, que lorsque «le reclassement de l'intéressé ne peut être opéré dans l'entreprise ou dans les entreprises du groupe auquel l'entreprise appartient» ; que si l'entreprise cédante doit chercher à reclasser un salarié dont le licenciement est envisagé dans l'ensemble des entités dont elle assure encore la direction effective ou du groupe d'entreprises auquel elle appartient, cette recherche ne s'étend pas à l'entreprise cessionnaire, notamment pas aux entités cédées qui sont déjà passées sous la direction effective de cette dernière (CE 2 juillet 2014, n° 361502).

L'employeur doit démontrer qu'il a entrepris des efforts sérieux pour rechercher un emploi de reclassement (CE 11 janvier 1993, n° 98369, RJS 4/93 n° 425 ; 2 février 1996, n° 124370, RJS 3/96 n° 305). Ainsi, des facilités accordées à un salarié afin de lui permettre de rechercher un emploi à l'extérieur ne dispensent pas l'employeur de rechercher les possibilités de reclassement dans ses propres services (CE 24 octobre 1990, n° 91392, RJS 2/91 n° 217 ; 30 septembre 1994, n° 123826, RJS 12/94 n° 1404). L'employeur doit procéder à un examen individuel des possibilités de reclassement dans l'établissement ou, à défaut, dans l'entreprise (CE 8 janvier 1997, n°s 171807 à 171809, RJS 2/97 n° 175) ou même à l'intérieur d'un groupe (CE 10 juin 1998, n° 165463, RJS 8-9/98 n° 1017). L'employeur ne satisfait pas à son obligation de reclassement si le salarié n'a pu se porter candidat à des emplois offerts, la liste de ces emplois ayant fait l'objet d'une diffusion restreinte (CE 15 décembre 1997, n° 168566, RJS 3/98 n° 331, 1re espèce). De même, ne satisfait pas à son obligation de reclassement l'employeur qui se borne à proposer à tout le personnel d'un site devant être fermé le transfert sur un autre site de l'entreprise, sans formuler de proposition de reclassement individualisé (CE 12 octobre 2006, n° 287489, JCP éd. S 2006, 1986, note J-Y Kerbourc'h ; RJS 2/07 n° 245), ou l'employeur qui se borne à envoyer à une filiale du groupe les *curriculum vitae* de ses salariés (CE 29 juin 2009, n° 307964, RJS 11/09 n° 869). Mais la circonstance selon laquelle l'employeur n'a pas mis le salarié en mesure d'accéder à des formations qui auraient pu faciliter son reclassement ne peut être invoquée à l'encontre d'une décision d'autorisation de licenciement (CE 3 juin 1994, n° 107257, RJS 10/94 n° 1154).

L'examen des possibilités de reclassement doit être effectué prioritairement au sein de l'entreprise lorsque celle-ci appartient à un groupe (CE 20 mars 1996, n° 162927, RJS 5/96 n° 570 ; 12 janvier 2011, n° 327178, précité). En outre, même lorsqu'elle est tenue de faire porter son examen sur les entreprises du groupe, l'autorité administrative doit chercher à reclasser le salarié prioritairement dans un emploi comparable à celui occupé auparavant. Ainsi, le Conseil d'État a précisé que, pour apprécier les possibilités de reclassement offertes au salarié protégé, l'autorité administrative ne peut se borner à prendre en considération la situation de la seule société demanderesse, mais doit faire porter son examen sur les entreprises du groupe dont les activités et l'organisation offrent à l'intéressé la possibilité d'exercer des activités comparables. Un tribunal administratif a pu annuler une autorisation de licenciement, dès lors qu'il ne ressortait pas des pièces du dossier qu'à la suite du refus opposé par le salarié d'accepter la proposition de modification de son contrat de travail, la société eut examiné les possibilités de le reclasser au sein de la société et du groupe dans des fonctions comparables à celles qu'il occupait (CE 31 janvier 2001, n° 198352, RJS 7/07 n° 890).

Si, pour juger de la réalité des offres de reclassement, l'inspecteur du travail peut tenir compte de la volonté exprimée par le salarié, l'expression de cette volonté, lorsqu'il s'agit d'un reclassement sur le territoire national, ne peut néanmoins être prise en compte qu'après que des propositions de reclassement concrètes, précises et personnalisées ont été effectivement exprimées, et à condition que l'information du salarié soit complète et exacte (CE 1er août 2013, n° 347876, RJS 11/13 n° 747). La circonstance qu'un salarié ait indiqué ne pas souhaiter un reclassement dans un poste ne dispense pas l'employeur de son obligation de lui faire des propositions concrètes de reclassement (CE 13 avril 2005, n° 258755, LS Jurispr. n° 914 du 4.07.2005 ; JSL n° 171, 5.07.2005, p. 13, J-E Tourreil ; RJS 8-9/05 n° 868). En revanche, si l'employeur s'est abstenu de poursuivre sa recherche à la suite d'un courrier par lequel le salarié a, d'une part, décliné l'ensemble des offres de reclassement portant sur des emplois équivalents, d'autre part, demandé expressément à être licencié rapidement en précisant avoir trouvé un nouvel emploi, l'abstention de l'employeur à entreprendre des recherches supplémentaires ne saurait traduire une insuffisance des efforts de reclassement, compte tenu de la qualité des offres faites à l'intéressé et du caractère non équivoque de la volonté exprimée par le salarié à la suite de ces propositions (CE 11 juillet 2012, n° 334502, RJS 11/12 n° 886).

Ce n'est que lorsque l'entreprise relève d'un groupe ayant des sociétés situées en dehors du territoire national et dans la perspective d'un reclassement à l'étranger que l'employeur est tenu de recueillir au préalable les souhaits du salarié : l'autorité administrative est alors tenue, pour ceux des salariés qui ont manifesté, à la demande de l'employeur, leur intérêt de principe pour un reclassement à l'étranger, de faire porter son examen sur les possibilités de reclassement pouvant exister dans les sociétés du groupe, y compris celles ayant leur siège à l'étranger, dont les activités ou l'organisation offrent à l'intéressé, compte tenu de ses compétences et de la législation du pays d'accueil, la possibilité d'exercer des fonctions comparables (CE 4 février 2004, n° 255956, RJS 4/04 n° 436).

Pour considérer qu'il n'existait pas de possibilité de reclassement, un tribunal administratif a pu se fonder sur l'écart existant entre les qualifications du salarié et le profil du poste vacant pour lequel il s'était porté candidat (CE 30 avril 1997, n° 155294, RJS 7/97 n° 837). Sur l'absence d'efforts nécessaires de reclassement, voir CE 30 juillet 1997, n° 170315, RJS 10/97 n° 1113. En l'absence de possibilités de reclassement plus favorables, la circonstance qu'une offre de reclassement soit assortie d'une période d'essai n'est pas, à elle seule, de nature à la priver de son caractère sérieux (CE 26 juin 2002, n° 223952, RJS 11/02 n° 1256 ; dans le même sens, voir aussi CE 3 juin 1994, n° 117333, RJS 8-9/94 n° 1015). En l'état de l'autorisation administrative de licenciement accordée à l'employeur, le juge judiciaire ne peut apprécier le caractère réel et sérieux du motif de licenciement, y compris en ce qui concerne l'obligation de reclassement. Il lui appartient seulement de surseoir à statuer en renvoyant l'appréciation de légalité à la juridiction administrative (cass. soc. 25 novembre 1997, n° 94-45.185, BC V n° 399 ; RJS 1/98 n° 70). Voir aussi *infra «Principe de séparation des pouvoirs»*.

Pour apprécier si l'employeur a satisfait à son obligation de rechercher les possibilités de reclassement du salarié, des propositions de postes faites par l'employeur ne peuvent être prises en compte qu'à la condition que le salarié ait connaissance que de telles offres, faites par l'employeur au cours de la période allant du moment où le licenciement est envisagé à la date d'autorisation du licenciement, le sont dans le cadre du reclassement prévu par l'article L. 1233-4 CT (CE 3 juillet 2013, n° 342477, précité).

L'autorité administrative ne peut prendre en compte que les propositions écrites de l'employeur (même décision).

Si le salarié protégé accepte une convention de reclassement personnalisé, la rupture du contrat de travail ne prend effet qu'après que l'inspecteur du travail a autorisé le licenciement, alors même que le salarié aurait accepté de conclure la convention avant la notification de l'autorisation de licenciement (cass. soc. 4 décembre 2012, n° 11-11.299, précité).

Respect des règles conventionnelles relatives aux commissions paritaires. L'autorisation administrative de licenciement d'un salarié protégé compris dans un licenciement collectif pour motif économique prive ce dernier de la possibilité de contester devant le juge judiciaire la régularité de la procédure antérieure à la saisine de l'inspecteur du travail (cass. soc. 27 octobre 2004, n° 02-46.935, BC V n° 270 ; RJS 2/05 n° 179). En particulier, lorsque le licenciement économique d'un salarié protégé a été autorisé par l'inspecteur du travail à qui il appartient de vérifier le respect de l'obligation individuelle de reclassement pour apprécier le caractère réel et sérieux de la cause du licenciement, le juge judiciaire ne peut, sans violer le principe de la séparation des pouvoirs, contrôler le respect de cette obligation (cass. soc. 23 juin 2009, n° 07-44.640, BC V n° 162 ; dans le même sens, voir cass. soc. 3 mars 2010, n° 08-42.526, BC V n° 50 ; RJS 5/10 n° 449, 1re espèce, et 26 octobre 2010, n° 09-42.409, BC V n° 244 ; RJS 1/11 n° 62, s'agissant du respect par l'employeur des obligations que les dispositions conventionnelles mettent à sa charge préalablement au licenciement pour favoriser le reclassement).

L'obligation instituée par l'accord national sur les problèmes généraux de l'emploi conclu le 12 juin 1987 dans le secteur de la métallurgie, imposant à toute entreprise envisageant un licenciement collectif d'ordre économique de rechercher les possibilités de reclassement à l'extérieur de l'entreprise en faisant appel à la commission territoriale de l'emploi est respectée lorsque la commission paritaire territoriale de l'emploi compétente non seulement a été informée de la fermeture d'un site industriel, mais s'est aussi engagée à recenser auprès de ses adhérents les offres d'emploi disponibles, à diffuser les candidatures des salariés licenciés auprès des recruteurs, et était saisie depuis près de deux mois quand les demandes d'autorisation administrative de licenciement ont été introduites auprès de l'inspecteur du travail (CE 4 décembre 2013, n° 362142, précité).

Ordre des licenciements. L'application des règles relatives à l'ordre des licenciements ne relève pas du contrôle exercé par l'autorité administrative (CE 9 juin 2010, n° 315538, LS Jurispr. n° 168 du 30.08.2010) ; par conséquent, même lorsqu'une autorisation administrative a été accordée à l'employeur par l'inspecteur du travail, il n'appartient qu'au juge judiciaire d'apprécier la mise en œuvre des critères retenus pour fixer l'ordre des licenciements (cass. soc. 11 décembre 2001, n° 99-44.994, BC V n° 380 ; RJS 2/02 n° 202 ; 10 décembre 2003, n° 01-47.147, RJS 2/04 n° 195 ; 27 octobre 2004, n° 02-46.935, BC V n° 270 ; RJS 2/05 n° 179). L'autorité administrative doit seulement s'assurer que la place occupée par le salarié protégé dans l'ordre des licenciements ou l'application qui lui a été faite des critères n'a pas un rapport avec l'exercice des mandats détenus par l'intéressé (CE 29 décembre 2000, n° 206918, JSL n° 83,

12.07.2001, p. 17, M-Ch. Haller). Aucun élément n'étant de nature à justifier que l'application des critères définis pour l'ordre des licenciements pouvait justifier le licenciement des salariés, celui-ci devait être regardé comme étant en rapport avec leurs fonctions représentatives et leur appartenance syndicale (dans un climat de détérioration entre les dirigeants de l'entreprise et le syndicat auquel appartenaient les salariés : CE 11 juillet 1994, n° 102637, RJS 12/94 n° 1406).

Appréciation du respect des règles relatives au plan de sauvegarde de l'emploi (PSE) sous l'empire des dispositions législatives antérieures à la loi du 14 juin 2013. Il avait été jugé que les salariés dont le licenciement a été autorisé par l'inspecteur du travail peuvent cependant contester la validité du plan social devant la juridiction judiciaire et lui demander d'en tirer les conséquences légales qui s'évincent de l'article L. 321-4-1 (ancien) CT, sans que cette contestation, qui ne concerne pas le bien-fondé de la décision administrative qui a autorisé leur licenciement, porte atteinte au principe de la séparation des pouvoirs. C'est donc à bon droit qu'une cour d'appel a dit des salariés recevables à agir en nullité de leur licenciement devant la juridiction judiciaire (cass. soc. 25 juin 2003, n° 01-43.717, BC V n° 207 ; RJS 10/03 n° 1146, 2e espèce ; 22 juin 2004, n° 01-44.558, BC V n° 177 ; RJS 10/04 n° 1068, 3e espèce).

• ***Licenciement pour inaptitude physique.*** Dans le cas où la demande de licenciement est motivée par l'inaptitude physique, il appartient à l'inspecteur du travail et, le cas échéant, au ministre, de rechercher, sous le contrôle du juge, si cette inaptitude est telle qu'elle justifie le licenciement envisagé. Toutefois, il ne lui appartient pas, dans l'exercice de ce contrôle, de rechercher la cause de cette inaptitude, y compris dans le cas où la faute invoquée résulte d'un harcèlement moral dont l'effet, selon les dispositions des articles L. 1152-1 à L. 1152-3 CT, serait la nullité de la rupture du contrat de travail (CE 20 novembre 2013, n° 340591, Rec. Lebon, p. 298 ; Dr. Soc. 2014, p. 25, concl. G. Dumortier ; voir ci-après observations sur la compétence du juge judiciaire sous la rubrique «Autorité de la chose décidée et principe de la séparation des pouvoirs»). Mais, bien que l'inspecteur du travail n'ait pas à chercher la cause de l'inaptitude physique d'un salarié protégé, il doit refuser d'autoriser le licenciement s'il constate que l'employeur, en faisant obstacle à l'exercice du mandat, a contribué à la dégradation de l'état de santé de l'intéressé ; de même, la circonstance que la rupture envisagée est également en rapport avec les fonctions représentatives normalement exercées par l'intéressé ou avec son appartenance syndicale fait obstacle à ce que l'administration accorde l'autorisation sollicitée ; le fait que l'inaptitude du salarié résulte d'une dégradation de son état de santé, elle-même en lien direct avec des obstacles mis par l'employeur à l'exercice de ses fonctions représentatives est à cet égard de nature à révéler l'existence d'un tel rapport (CE avis 21 septembre 2016, n° 396887, Rec. Lebon, p. 393 ; RJS 12/16 n° 794).

La circonstance que l'avis du médecin du travail, auquel il incombe de se prononcer sur l'aptitude du salarié à reprendre l'emploi qu'il occupait précédemment ou à exercer d'autres tâches existantes, déclare le salarié protégé *inapte à tout emploi dans l'entreprise* ne dispense pas l'employeur, qui connaît les possibilités d'aménagement de l'entreprise et peut solliciter le groupe auquel, le cas échéant, celle-ci appartient, de rechercher toute possibilité de reclassement dans l'entreprise ou au sein du groupe, au besoin par la mise en œuvre de mesures telles que mutations, transformations des postes de travail ou aménagement du temps de travail (CE 7 avril 2011, n° 334211, Rec. Lebon p. 159 ; RJS 7/11 n° 630).

L'autorité administrative doit s'assurer de la réalité du motif, du caractère non discriminatoire du licenciement sollicité, mais aussi des possibilités de reclassement du salarié (CE 11 juin 1990, n° 84650, RJS 8-9/90 n° 696 ; 11 mars 1994, n° 136597, RJS 6/94 n° 728 ; 2 février 1996, n° 157713, RJS 3/96 n° 304 ; 4 juillet 2005, n° 269173, RJS 11/05 n° 1122) ; possibilités de reclassement à rechercher en procédant, au besoin, à un réaménagement de certains postes de travail (CE 30 avril 1997, n° 158474, RJS 7/97 n° 839) ; en étendant les recherches aux emplois disponibles dans l'ensemble des secteurs d'activité de l'établissement compatibles avec l'aptitude physique (CE 9 décembre 1998, n° 157169). Un employeur a satisfait à l'obligation de reclassement en proposant à un salarié devenu inapte à son emploi un autre emploi approprié à ses capacités, peu important qu'il ne lui ait pas proposé d'autres postes disponibles et compatibles avec son inaptitude (CE 30 juillet 1997, n° 159021, RJS 12/97 n° 1397).

Il appartient à l'employeur d'apporter la preuve de l'impossibilité de reclassement d'un salarié reconnu inapte à reprendre son emploi (cass. crim. 27 septembre 1994, n° 92-83.156).

L'inspecteur du travail, saisi d'un projet de licenciement d'un salarié protégé inapte à reprendre son emploi à l'issue de la suspension de son contrat de travail pour accident du travail ou maladie professionnelle, doit aussi s'assurer du respect par l'employeur de la procédure de consultation des délégués du personnel. Cette consultation préalable des délégués du personnel, dans le cadre des dispositions de l'article L. 122-32-5 ancien, constitue une formalité substantielle à laquelle est subordonnée la légalité de l'autorisation administrative de licenciement (CE 22 mai 2002, n° 221600, RJS 8-9/02 n° 1000).

Si l'inspecteur du travail refuse d'autoriser le licenciement d'un salarié en arrêt de travail pour maladie, la chambre sociale de la Cour de cassation considère que l'obligation de l'employeur au paiement des salaires prévue par l'article L. 122-24-4 (ancien) CT, à l'expiration du délai d'un mois suivant la constatation par le médecin du travail de l'inaptitude du salarié à reprendre son emploi, est sérieusement contestable (cass. soc. 1er juillet 1998, n° 96-42.409, BC V n° 360; Dr. Soc. 1998, p. 843, obs. J. Savatier).

Absences répétées pour maladie. Dans le cas où la demande de licenciement est fondée sur les absences répétées pour maladie, il appartient à l'autorité administrative de rechercher, sous le contrôle du juge de l'excès de pouvoir, si les absences du salarié apportent au fonctionnement de l'entreprise, compte tenu des règles applicables au contrat de travail de l'intéressé, des perturbations suffisamment graves pour justifier le licenciement (CE 27 mars 1992, n° 104460, RJS 7/92 n° 890; 9 mars 2016, n° 378129, JSL n° 408, 27.04.2016, p. 13, M. Hautefort). L'employeur doit essayer de procéder au reclassement du salarié protégé; l'autorisation de licenciement ne peut être accordée par l'inspecteur du travail qu'après avoir recherché, notamment, s'il existait ou non une possibilité d'assurer un reclassement (CE 21 octobre 1996, n° 111961, RJS 12/96 n° 1287). L'autorité administrative doit tenir compte de l'ensemble des règles applicables au contrat de travail, «au nombre desquelles appartiennent, lorsqu'elles existent, les conventions collectives auxquelles le contrat de travail fait référence» (CE 13 mars 1992, n° 100756, RJS 7/92 n° 889).

• ***Licenciement pour insuffisance professionnelle.*** Lorsque la demande de licenciement d'un salarié protégé est motivée par l'insuffisance professionnelle, il appartient à l'inspecteur du travail et, le cas échéant, au ministre de rechercher, sous le contrôle du juge de l'excès de pouvoir, si cette insuffisance est telle qu'elle justifie le licenciement, compte tenu de l'ensemble des règles applicables au contrat de travail de l'intéressé, des caractéristiques de l'emploi exercé à la date à laquelle elle est constatée, des exigences propres à l'exécution normale du mandat dont le salarié est investi et de la possibilité d'assurer son reclassement dans l'entreprise (CE 27 septembre 1989, n° 91613; voir aussi CE 23 décembre 2010, n° 333169, RJS 3/11 n° 251). Par conséquent, lorsque le licenciement d'un salarié détenteur d'un mandat de représentation du personnel est demandé sur le fondement de l'insuffisance professionnelle, l'autorisation sollicitée doit être refusée en l'absence de recherche de reclassement de la part de l'employeur (rép. QE 8010, JO Sén. 2 avril 2009, p. 832).

• ***Rupture conventionnelle du contrat de travail à durée indéterminée.*** Selon l'article L. 1237-15 CT, l'inspecteur du travail est compétent, en cas de rupture conventionnelle, pour accorder une autorisation qui vaut homologation. Selon la circulaire DGT 2008-11 du 22 juillet 2008 relative à l'examen de la demande d'homologation d'une rupture conventionnelle d'un contrat à durée indéterminée, l'inspecteur du travail n'a pas, dans l'exercice de sa compétence appliquée à la rupture conventionnelle, à apprécier la validité d'un motif qui justifierait une telle rupture. Il doit seulement s'assurer de l'absence de toute pression de la part de l'employeur qui se rattacherait, notamment, à l'exercice du mandat du salarié: la décision autorisant la rupture conventionnelle devra toujours constater l'absence de lien avec le mandat. En conséquence, en l'état d'une homologation administrative, le juge judiciaire ne peut apprécier la validité d'une telle rupture, y compris lorsque la contestation porte sur la validité du consentement du salarié et que ce dernier soutient que son consentement aurait été obtenu par suite d'un harcèlement moral (cass. soc. 20 décembre 2017, n° 16-14.880, BC V n° 226; LSQ n° 17488 du 15.01.2018; JCP éd. S 2018, 1071, note J-Y Kerbourc'h; RJS 3/18 n° 200; JSL n° 448, 01.03.2018, pp. 7 et s., M. Hautefort).

Un salarié et un employeur ayant signé une convention de rupture ne peuvent valablement conclure une transaction, d'une part, que si celle-ci intervient postérieurement à l'homologation de la rupture conventionnelle par l'autorité administrative ou, s'agissant d'un salarié bénéficiant d'une protection mentionnée aux articles L. 2411-1 et L. 2411-2 CT, postérieurement à la notification aux parties de l'autorisation, par l'inspecteur du travail, de la rupture conventionnelle, d'autre part, que si elle a pour objet de régler un différend relatif non pas à la rupture du contrat de travail mais à son exécution sur des éléments non compris dans la convention de rupture (cass. soc. 26 mars 2014, n° 12-21.136, BC V n° 91; RJS 6/14 n° 501).

Le juge judiciaire est incompétent pour connaître de la validité de la rupture conventionnelle autorisée par l'inspecteur du travail (cass. soc. 26 mars 2014, précité).

• ***Modification du contrat de travail et changement des conditions de travail.*** Le refus opposé par un salarié protégé à un changement de ses conditions de travail décidé par son employeur en vertu soit des obligations souscrites dans le contrat de travail, soit de son pouvoir de direction, constitue, en principe, une faute (CE 7 décembre 2009, n° 301563, JCP éd. S 2010, 1096, note J-Y Kerbourc'h; Dr. Soc. 2010, p. 306, concl. Y. Struillou; 23 décembre 2014, n° 364616, Rec. Lebon, p. 410; RJS 3/15 n° 201; JCP éd. S 2015, 1070, note Gr. Loiseau), à moins que ce changement n'ait pour effet de contrevenir à l'exercice normal des mandats représentatifs (CE 29 décembre 2000, n° 207613).

Saisi d'une demande d'autorisation de licenciement à raison de la faute qui résulterait de ce refus, l'inspecteur du travail doit, après s'être assuré que la mesure envisagée ne constitue pas une modification du contrat de travail de l'intéressé, apprécier sous le contrôle du juge si le refus du salarié constitue une faute d'une gravité suffisante pour justifier l'autorisation sollicitée, compte tenu de la nature du changement envisagé, de ses modalités de mise en œuvre et de ses effets, tant au regard de la situation personnelle du salarié que des conditions d'exercice de son mandat; en tout état de cause, le changement des conditions de travail ne peut avoir pour objet de porter atteinte à l'exercice de ses fonctions représentatives (CE 7 décembre 2009, n° 301563, précité).

Lorsqu'une modification du contrat est imposée au salarié pour des raisons économiques, l'inspecteur du travail peut autoriser le licenciement du salarié refusant cette modification (CE 9 novembre 1994, n° 119053, RJS 1/95 n° 41). Mais il lui appartient de vérifier que le licenciement du salarié protégé répond aux conditions fixées par l'article L. 321-1, al. 1er [L. 1233-3] CT; commet donc une erreur de droit la Cour administrative d'appel qui omet de vérifier que la réorganisation des services commerciaux d'une société ayant entraîné la proposition, refusée par le salarié, d'une modification de son contrat de travail et, par suite son licenciement, était rendue nécessaire par les difficultés économiques ou les mutations technologiques que connaissait l'entreprise (CE 31 janvier 2001, n° 198352, précité).

Si le salarié investi d'un mandat représentatif ne peut se voir imposer aucune modification de son contrat de travail ni de ses conditions de travail, il ne peut cependant pas refuser un travail entrant dans les attributions de son poste. Le contrat n'est alors pas rompu par l'employeur et le salarié ne peut prétendre à des indemnités de rupture (cass. soc. 10 mai 1999, n° 97-41.497, BC V n° 200; RJS 6/99 n° 829).

Le juge ne peut annuler l'avenant à son contrat de travail signé par un salarié protégé et par lequel il avait donné son accord à une mutation sans caractériser un vice de consentement (cass. soc. 26 septembre 2012, n° 10-27.942, RJS 12/12 n° 969).

Le refus par le salarié protégé d'une modification que l'autorité administrative a qualifiée de simple changement de ses conditions de travail, justifiant d'accorder à l'employeur l'autorisation de licenciement, ne caractérise pas à lui seul une faute grave. Doit, dès lors, être censuré l'arrêt qui retient que le refus du salarié de rejoindre le poste auquel il a été affecté justifie son licenciement pour faute grave (cass. soc. 20 juin 2012, n° 10-28.516, BC V n° 194; JCP éd. S 2012, 1386, note D. Boulmier; Gaz. Pal. 2012, p. 39, note B. Boubli; RJS 10/12 n° 825; L. Pécaut-Rivolier et Y. Struillou, chron. des jurisprudences sur la représentation du personnel, SSL, 19 novembre 2012, n° 1560).

Refus d'autorisation de licenciement. Dès lors que l'inspecteur du travail refuse une autorisation de licenciement d'un salarié ayant refusé sa mutation, le salarié doit être maintenu dans son emploi et percevoir son salaire; les juges ne sauraient lui refuser une indemnité compensatrice de la perte de ses salaires (cass. soc. 3 octobre 1989, n° 86-45.691, BC V n° 558; RJS 11/89 n° 863, 2e espèce).

RECOURS CONTRE UNE AUTORISATION ADMINISTRATIVE

Le principe de sécurité juridique, qui implique que ne puissent être remises en cause sans condition de délai des situations consolidée par l'effet du temps, fait obstacle à ce que puisse être contestée indéfiniment une décision administrative individuelle qui a été notifiée à son destinataire, ou dont il est établi, à défaut d'une telle notification, que celui-ci a eu connaissance. Dans une telle hypothèse, si le non-respect de l'obligation d'informer l'intéressé sur les voies et les délais de recours, ou l'absence de preuve qu'une telle information a bien été fournie, ne permet pas que lui soient opposés les délais de recours fixés par le code de justice administrative, le destinataire de la décision ne peut exercer de recours juridictionnel au-delà d'un délai raisonnable; en règle générale et sauf circonstances particulières dont se prévaudrait le requérant, ce délai ne saurait, sous réserve de l'exercice de recours administratifs pour lesquels les textes prévoient des délais particuliers, excéder un an à compter de la date à laquelle une décision expresse lui a été notifiée ou de la date à laquelle il est établi qu'il en a eu connaissance; il appartient au juge administratif de faire application de cette règle au litige dont il est saisi, quelle que soit la date des faits qui lui ont donné naissance (CE 7 février 2018, n° 397247, RJS 4/18 n° 270).

AUTORITÉ DE LA CHOSE DÉCIDÉE PAR L'ADMINISTRATION ET PRINCIPE DE SÉPARATION DES POUVOIRS

Principe de séparation des pouvoirs

En vertu de ce principe, l'autorité administrative est seule compétente pour apprécier le bien-fondé du licenciement d'un représentant du personnel et le juge judiciaire ne peut apprécier le caractère réel et sérieux d'un licenciement autorisé par l'administration (voir notamment cass. soc. 10 février 1999, n° 95-43.561, BC V n° 64; 7 juin 2005, n° 02-47.374, BC V n° 190; JCP éd. S 2005, 1158, note P. Morvan; 3 mai 2011, n° 09-71.950, BC V n° 106, RJS 7/11 n° 631). Voir aussi cass. soc. 2 juin 2004, n° 03-40.071, BC V n° 159, précisant en outre que le juge judiciaire ne peut, sans violer le principe de la séparation des pouvoirs, apprécier la régularité de la consultation du comité d'entreprise; cass. soc. 10 novembre 2009, n° 08-42.660, BC V n° 249: en l'état d'une autorisation administrative non frappée de recours accordée à l'employeur de licencier, pour inaptitude, un salarié protégé, le juge judiciaire ne peut, sans violer le principe de séparation des pouvoirs, apprécier le caractère réel et sérieux du motif de licenciement au regard du respect par l'employeur de son obligation de reclassement.

De même, le juge judiciaire ne peut, sans violer le principe de la séparation des pouvoirs, remettre en cause le bien-fondé d'une décision de refus d'autorisation de licenciement d'un salarié protégé (cass. soc. 4 mars 1998, n° 96-44.704, RJS 4/98 n° 495; 12 juin 2001, n° 00-40.480, BC V n° 220; RJS 8-9/01 n° 1039). Le licenciement prononcé à l'expiration de la période légale de protection ne peut être motivé par des faits invoqués devant l'autorité administrative et qui ont donné lieu à une décision de refus d'autorisation du licenciement; doit dès lors être censurée une cour d'appel qui, pour juger fautif le refus d'un salarié d'accomplir certaines tâches, retient qu'elles étaient incluses dans son contrat de travail, alors que l'autorité administrative avait précédemment refusé d'autoriser le licenciement de ce salarié au motif que ces tâches n'étaient pas inhérentes au contrat de travail et résultaient d'une modification que le salarié était en droit de refuser (cass. soc. 23 septembre 2015, n° 14-10.648, BC V n° 181; LSQ n° 16926 du 2.10.2015; JCP éd. S 2015, 1400, note L. Dauxerre; JSL n° 397, 9.11.2015, pp. 16 et s., A. Bonnet; Dr. Soc. 2015, p. 1031, act. J. Mouly).

En cas d'annulation par le juge administratif de l'autorisation de licenciement, si l'absence de cause réelle et sérieuse de licenciement ne résulte pas, en soi, de cette annulation, la décision du juge administratif se prononçant sur les faits fautifs invoqués par l'employeur ayant retenu que ces faits soit n'étaient pas établis, soit ne justifiaient pas la mesure de licenciement, s'oppose à ce que le juge judiciaire, appréciant les mêmes faits, décide qu'ils constituent une cause réelle et sérieuse de licenciement (cass. soc. 26 septembre 2007, n° 05-42.599, BC V n° 140; RJS 12/07 n° 1309; 13 octobre 2011, n° 09-71.272, précité). De même l'annulation d'une autorisation en raison du lien existant entre la procédure de licenciement et les fonctions représentatives exercées, s'oppose à ce que le juge judiciaire considère que le licenciement a une cause réelle et sérieuse (cass. soc. 30 juin 2016, n° 15-11.424, BC V n° 142; RJS 10/16 n° 641; JCP éd. S 2016, 1331, note L. Dauxerre).

Lorsque l'inspecteur du travail s'est déclaré incompétent pour autoriser le licenciement d'un salarié en raison d'une difficulté sérieuse sur le bénéfice du statut protecteur, cette décision constitue une décision administrative faisant obstacle à ce que le juge judiciaire se prononce sur la nécessité de l'autorisation administrative, ce dernier devant, dans un tel cas, inviter les parties à saisir la juridiction administrative (cass. soc. 4 octobre 2011, n° 10-18.023, BC V n° 225; RJS 12/11 n° 1000; JCP éd. S 2011, 1586, note J-Y Kerbourc'h; 19 mai 2016, n° 14-26.662, BC V n° 107; RJS 8-9/16 n° 576; JCP éd. S 2016, 1266, note L. Dauxerre).

À noter qu'une décision du ministre confirmant une décision de refus d'autorisation de licenciement rendue par l'inspecteur du travail ne se substitue pas à cette dernière; les motifs retenus par l'inspecteur du travail à l'appui de sa décision lient donc le juge judiciaire (cass. soc. 19 décembre 2018, n° 17-15.503, à paraître, LS Jurispr. n° 15 du 22.01.2019; JCP éd. S 2019, 1060, note Th. Lahalle; RJS 3/19 n° 171).

Lorsqu'un licenciement a été notifié à la suite d'une autorisation administrative de licenciement accordée à l'employeur, le principe de la séparation des pouvoirs s'oppose à ce que le juge judiciaire se prononce sur une demande de résiliation judiciaire formée par le salarié, même si sa saisine était antérieure à la rupture (cass. soc. 29 septembre 2010, n° 09-41.127, précité; 13 octobre 2011, n° 09-71.272, précité).

Il appartient seulement au juge judiciaire de vérifier que le motif du licenciement est bien celui pour lequel l'autorisation a été donnée (cass. soc. 28 octobre 2003, n° 01-46.168, BC V n° 264; RJS 1/04 n° 77). Est nul, faute d'autorisation administrative, le licenciement d'un délégué du personnel prononcé pour faute grave, alors que l'autorisation administrative avait été demandée et accordée pour un motif économique tiré de la fermeture d'un établissement (cass. soc. 11 juin 2002, n° 00-41.073, BC V n° 198; RJS 8-9/02 n° 1001). Seuls le ou les motifs retenus par l'autorité administrative pour autoriser le licenciement disciplinaire d'un représentant du personnel pouvant justifier ce licenciement, le juge judiciaire, compétent pour apprécier si le salarié a commis une faute grave ou lourde, ne peut examiner que les fautes retenues par l'autorité administrative (cass. soc. 10 juillet 2001, n° 98-42.808, BC V n° 260; RJS 10/01 n° 1159). Lorsqu'une autorisation administrative de licenciement a été accordée, le principe de séparation des pouvoirs s'oppose à ce que le juge judiciaire se prononce sur le respect par l'employeur des obligations que des dispositions conventionnelles mettent à sa charge préalablement au licenciement pour favoriser le reclassement (cass. soc. 27 mai 2015, n° 13-26.985, BC V n° 105; RJS 8-9/15 n° 578).

En revanche, le principe de séparation des pouvoirs ne fait pas obstacle à ce que:
– le salarié protégé licencié sur le fondement d'une autorisation puisse obtenir des indemnités de licenciement et de préavis, la faute d'une gravité suffisante pour justifier une autorisation de licenciement n'étant pas identique à la faute grave privative des indemnités de rupture (cass. soc. 18 mars 2009, n° 07-44.664, JCP éd. S 2009, 1322, note J-Y Kerbourc'h; 3 mai 2011, n° 09-71.950, BC V n° 106; RJS 7/11 n° 631; 27 février 2013, n° 11-27.474, RJS 5/13 n° 398);
– le salarié protégé qui a pris acte de la rupture de son contrat de travail, puisse justifier des manquements de son employeur aux règles applicables au contrat de travail et aux exigences propres à l'exécution des mandats dont il est investi, peu important les motifs retenus par l'autorité administrative à l'appui de la décision par laquelle a été rejetée la demande d'autorisation de licenciement antérieurement à la prise d'acte (cass. soc. 4 juillet 2012, n° 11-13.346, BC V

n° 212; JCP éd. S 2012, 1422, note R. Marié; Dr. Soc. 2012, p. 949, note J. Mouly; RJS 10/12 n° 824; L. Pécaut-Rivolier et Y. Struillou, chron. des jurisprudences sur la représentation du personnel, SSL n° 1560, 19 novembre 2012);
– le salarié puisse contester une nouvelle procédure de licenciement engagée après l'expiration de la période de protection et pour les mêmes faits que ceux qui avaient été estimés fautifs par le ministre saisi sur recours hiérarchique dès lors que l'appréciation portée, par ce dernier sur la matérialité des faits, leur gravité et le lien entre la procédure de licenciement et les fonctions représentatives, n'était pas le support nécessaire de sa décision de refus d'autorisation de licenciement motivée par une irrégularité de procédure (cass. soc. 30 janvier 2013, n° 11-13.286, BC V n° 25; RJS 4/13 n° 301);
– le juge judiciaire apprécie la cause réelle et sérieuse d'un licenciement prononcé après l'expiration de la période de protection malgré un refus de l'inspecteur du travail intervenu également après l'expiration de cette période, c'est-à-dire à un moment où il n'avait plus compétence pour autoriser ou refuser le licenciement (cass. soc. 6 janvier 2016, n° 14-12.717, BC V n° 1; LSQ n° 16999 du 18.01.2016; JCP éd. S 2016, 1088, note J-Y Kerbourc'h; RJS 3/16 n° 193; Dr. Soc. 2016, p. 294, act. J. Mouly);
– le juge judiciaire puisse allouer des dommages-intérêts au salarié au titre des fautes commises par l'employeur pendant la période antérieure au licenciement, notamment à son obligation de sécurité de résultat (cass. soc. 5 décembre 2012, n° 10-20.584, RJS 2/13 n° 146), à moins que les manquements invoqués par le salarié aient été nécessairement pris en considération par l'autorité administrative dans le cadre de la procédure d'autorisation (cass. soc. 29 octobre 2010, n° 09-41.127, BC V n° 201; JCP éd. S 2010, 1502, note J-Y Kerbourc'h; Dr. Soc. 2010, p. 1265, note Y. Struillou; RDT, 2010, CH, 660, E. Serverin et T. Grumbach; 8 février 2012, n° 10-18.957, RJS 5/12 n° 477: l'autorité administrative saisie d'une demande d'autorisation dans le cadre d'un licenciement économique collectif n'ayant pris en compte ni les conséquences financières pour l'intéressé au regard de son âge d'un retard dans la mise en œuvre du plan ni la discrimination dont aurait fait l'objet le représentant syndical indépendamment de la décision de licenciement, c'est à bon droit que la cour d'appel s'est reconnue compétente pour statuer sur les demandes de dommages-intérêts présentées sur ces deux fondements); toutefois, la demande d'indemnisation ne peut pas correspondre à la différence entre les salaires que le salarié aurait perçus, en l'absence de licenciement, jusqu'à sa retraite et le montant des allocations chômage, dès lors qu'elle se rattache, par suite, à la perte par l'intéressé de son emploi (cass. soc. 5 décembre 2012, n° 10-20.584, précité);
– le juge judiciaire apprécie les fautes commises par l'employeur pendant la période antérieure au licenciement, et notamment l'existence d'une discrimination syndicale dans le déroulement de la carrière du salarié, le contrôle exercé par l'administration du travail, saisie d'une demande d'autorisation administrative de licenciement, de l'absence de lien avec les mandats détenus par le salarié ne rendant pas irrecevable la demande du salarié fondée sur la discrimination syndicale qu'il estime avoir subie (cass. soc. 29 mai 2019, n° 17-23.028, à paraître, JCP éd. S 2019, 1216, note J-Y Kerbourc'h; LS Jurispr. n° 110 du 18.06.2019; RJS 8-9/19 n° 514; Dr. Soc. 2019, p. 784, act. J. Mouly; RDT, septembre 2019, CH, 593, Fr. Guiomard);
– le juge judiciaire puisse allouer des dommages-intérêts au salarié en raison des fautes commises par l'entreprise entrante, l'autorisation de licenciement ayant été délivrée à l'entreprise entrante sur le marché (cass. soc. 21 novembre 2012, n° 11-20.558, RJS 2/13 n° 163).

L'appréciation de la faute reprochée à un salarié protégé relevant de l'autorité administrative, l'action en nullité du rapport d'expertise exercée à titre principal est recevable devant le juge judiciaire lorsque la mesure est destinée à établir si le grief est fondé, les syndicats ayant par ailleurs intérêt à contester les modalités d'une expertise lorsque la mission de l'expert est susceptible de porter atteinte au droit syndical (cass. soc. 2 décembre 2014, n° 13-24.029, BC V n° 276; RJS 2/15 n° 118; JCP éd. S 2015, 1137, note B. Gauriau).

À noter, cependant, que, lorsque la question de la légalité de la décision administrative présente un caractère sérieux et que l'appréciation du bien-fondé des demandes du salarié en dépend, il appartient au juge judiciaire d'inviter les parties à la faire trancher par la juridiction administrative en lui posant une question préjudicielle (cass. soc. 12 juillet 2010, n° 08-44.642, BC V n° 170; LS Jurispr. n° 148 du 27.07.2010; JSL n° 284, 29.09.2010, p. 17, J-E Tourreil).

Autorisation administrative de transfert. Lorsqu'une autorisation administrative pour le transfert du contrat de travail d'un délégué du personnel a été accordée à l'employeur, le juge judiciaire ne peut, sans violer le principe de la séparation des pouvoirs, remettre en cause la décision de l'autorité administrative ayant fait application de l'article L. 1224-1 CT. C'est donc à tort que, pour condamner une association à payer à un salarié des indemnités au titre de la rupture de son contrat de travail et à rembourser à l'Assédic des indemnités de chômage, une cour d'appel a retenu que l'article L. 122-12, al. 2 [L. 1224-1] CT n'avait pas vocation à s'appliquer et que l'autorisation donnée par l'inspecteur du travail pour le transfert du contrat de travail de l'intéressé n'avait aucune autorité, la demande d'autorisation n'ayant pas lieu d'être (cass. soc. 17 juin 2009, n° 08-42.614, BC V n° 154; voir aussi cass. soc. 3 mars 2010, n° 08-40.895, BC V n° 53; RJS 5/10 n° 404, 2e espèce, et 28 avril 2011, n° 10-11.041).

Le juge judiciaire est compétent pour apprécier, même en présence d'une autorisation de licenciement accordée en raison de l'inaptitude du salarié, si cette dernière est consécutive à un harcèlement moral et pour prononcer la nullité du licenciement.

Dans un premier temps, la Cour de cassation avait jugé que l'autorisation de licenciement accordée par l'autorité administrative ne permettait plus au salarié de contester devant le juge judiciaire la cause ou la validité de son licenciement pour inaptitude en raison du harcèlement dont il aurait été victime, le conseil de prud'hommes pouvant seulement lui accorder des dommages-intérêts en réparation du préjudice subi du fait du harcèlement (cass. soc. 15 novembre 2011, 3 arrêts, n°s 10-10.687, 10-18.417 et 10-30.463, BC V n°s 259, 260 et 261, RJS 2/12 n° 173; rapport annuel 2011, Gaz. Pal. 2011, n° 350, p. 42, note B. Boubli; Dr. Soc. 2012, p. 105, obs. Ch. Radé; 6 juin 2012, n° 10-27.694, BC V n° 169; JCP éd. S 2012, 1418, note C. Leborgne-Ingelaere).

Par une décision du 20 novembre 2013, le Conseil d'État a jugé que si l'administration doit vérifier que l'inaptitude physique du salarié est réelle et justifie son licenciement, il ne lui appartient pas, dans l'exercice de ce contrôle, de rechercher la cause de cette inaptitude, y compris dans le cas où la faute invoquée résulte d'un harcèlement moral dont l'effet, selon les dispositions des articles L. 1152-1 à L. 1152-3 CT, serait la nullité de la rupture du contrat de travail; ce faisant, la décision de l'inspecteur du travail ne fait pas obstacle à ce que le salarié, s'il s'y estime fondé, fasse valoir devant les juridictions compétentes les droits résultant de l'origine de l'inaptitude lorsqu'il l'attribue à un manquement de l'employeur (CE 20 novembre 2013, n° 340591, Rec. Lebon, p. 298; Dr. Soc. 2014, p. 25, concl. G. Dumortier; voir également CE 7 novembre 2014, n° 371116).

Très rapidement, la chambre sociale a pris acte de cette évolution de la jurisprudence du Conseil d'État et a jugé que l'autorisation de licenciement donnée par l'inspecteur du travail ne fait pas obstacle à ce que le salarié fasse valoir devant les juridictions judiciaires tous les droits résultant de l'origine de l'inaptitude lorsqu'il l'attribue à un manquement de l'employeur à ses obligations (cass. soc. 27 novembre 2013, n° 12-20.301, BC V n° 286; JSL n° 358, 27.01.2014, p. 15, Ph. Pacotte et S. Daguerre; JCP éd. S 2014, 1129, 1re espèce, note C. Leborgne-Ingelaere). Mais, en l'état d'une autorisation administrative accordée à l'employeur et au salarié pour procéder à la rupture conventionnelle du contrat de travail qui les lie, le juge judiciaire ne peut, sans violer le principe de la séparation des pouvoirs, apprécier la validité de ladite rupture, y compris lorsque la contestation porte sur la validité du consentement du salarié et que ce dernier soutient que son consentement aurait été obtenu par suite d'un harcèlement moral (cass. soc. 20 décembre 2017, n° 16-14.880, BC V n° 226; LSQ n° 17488 du 15.01.2018; JCP éd. S 2018, 1071, note J-Y Kerbourc'h; RJS 3/18 n° 200; JSL n° 448, 01.03.2018, pp. 7 et s., M. Hautefort).

Si le juge judiciaire ne peut, sans violer le principe de la séparation des pouvoirs, en l'état d'une autorisation administrative de licenciement pour inaptitude d'un salarié protégé, apprécier la régularité de la procédure d'inaptitude, le respect par l'employeur de son obligation de reclassement et le caractère réel et sérieux du licenciement, il demeure en revanche compétent, sans porter atteinte à ce principe, pour rechercher si l'inaptitude du salarié avait ou non une origine professionnelle et accorder, dans l'affirmative, les indemnités spéciales prévues par le code du travail (cass. soc. 11 septembre 2019, n° 17-31.321, à paraître, LS Jurispr. n° 174 du 24.09.2019; JCP éd. S 2019, 1293, note J-Y Kerbourc'h; RJS 11/19 n° 644).

Le juge judiciaire conserve le droit d'apprécier et de sanctionner l'éventuelle faute de l'employeur en cas de cessation d'activité. La décision d'autorisation de licenciement prise par l'inspecteur du travail, à qui il n'appartient pas de rechercher si la cessation d'activité est due à la faute de l'employeur, ne fait pas obstacle à ce que le salarié, s'il s'y estime fondé, mette en cause devant les juridictions judiciaires compétentes la responsabilité de l'employeur en demandant réparation des préjudices que lui aurait causés une faute de l'employeur à l'origine de la cessation d'activité, y compris le préjudice résultant de la perte de son emploi (cass. soc. 25 novembre 2020, n° 18-13.771, à paraître, LS n° 18222 du 14.01.2021).

Le juge judiciaire conserve le droit de contrôler la motivation de la lettre de licenciement. Le principe de la séparation des pouvoirs ne fait pas obstacle à ce que le juge judiciaire apprécie la régularité de la procédure de licenciement postérieure à la notification par l'administration de son autorisation (cass. soc. 4 juillet 2012, n° 10-28.799, BC V n° 210; RJS 10/12 n° 826; JCP éd. S 2012, 1423, note Th. Lahalle). L'obtention d'une autorisation administrative de licenciement ne dispense pas l'employeur d'adresser une lettre de licenciement motivée au salarié, à défaut de laquelle le licenciement est dépourvu de cause réelle et sérieuse (cass. soc. 5 avril 2005, n° 02-47.518, BC V n° 120; RJS 6/05 n° 649, 1re espèce; JCP éd. S 2005, 1016, note P-Y Verkindt, 2e espèce). Celle-ci est suffisamment motivée si elle fait référence soit à l'autorisation administrative contre laquelle aucun recours n'a été formé soit au motif du licenciement (voir, pour un licenciement prononcé pour motif économique, cass. soc. 5 avril 2005, n° 03-44.994, BC V n° 121; RJS 6/05 n° 649, 2e espèce; JCP éd. S 2005, 1016, note P-Y Verkindt, 1re espèce; voir aussi cass. soc. 11 juillet 2006, n° 04-47.239, RJS 11/06 n° 1202). Mais la cour d'appel qui constate que la lettre de licenciement adressée à un salarié licencié pour motif économique ne fait mention ni de l'autorisation administrative ni de la cause économique du licenciement peut décider que le licenciement de l'intéressé est dépourvu de cause réelle et sérieuse (cass. soc. 5 avril 2005, n° 02-47.518, précité).

Le salarié protégé est recevable à se prévaloir devant le juge judiciaire du défaut de qualité de la personne ayant notifié leur licenciement (cass. soc. 31 janvier 2007 n° 04-44.034). Par suite, encourt la cassation l'arrêt qui rejette la demande tendant à ce qu'il soit jugé que le licenciement est sans cause réelle et sérieuse, faute de qualité à agir du signataire de la lettre de licenciement adressée à la suite de l'autorisation administrative, au motif que le juge judiciaire ne peut, en vertu du principe de la séparation des pouvoirs, apprécier le caractère réel et sérieux du licenciement autorisé par l'inspecteur du travail par une décision dont la légalité a été validée par le juge administratif (cass. soc. 4 juillet 2012, n° 10-28.799, précité). Selon le Conseil d'État, «le défaut de motivation de la lettre de licenciement adressée au requérant, qui est postérieure à la décision d'autorisation attaquée, est en tout cas sans influence sur la légalité de celle-ci» (CE 2 juin 1993, n° 107508, Rec. Lebon, p. 1068).

CONSÉQUENCES DU NON-RESPECT DES FORMALITÉS LÉGALES

La situation du salarié licencié en violation de son statut protecteur est différente de celle du salarié protégé licencié sur le fondement d'une autorisation administrative ultérieurement annulée pour un motif de légalité externe par le juge administratif et de celle du salarié dont le licenciement a été déclaré par le juge administratif comme ne reposant pas sur un motif de nature à le justifier (cass. soc. 11 juin 2012, n° 12-40.024, BC V n° 174; RJS 8-9/12 n° 724; SSL n° 1560, 19 novembre 2012, chron. des jurisprudences sur la représentation du personnel, L. Pécaut-Rivolier et Y. Struillou; Dr. Soc. 2012, p. 924: «Actualité des questions prioritaires de constitutionnalité», G. Dumortier, Cl. Landais, P. Flores et Y. Struillou).

Le licenciement d'un représentant du personnel sans autorisation administrative est nul. Un licenciement sans demande d'autorisation à l'inspecteur du travail ou un licenciement intervenu en méconnaissance d'un refus d'autorisation administrative caractérise une voie de fait (cass. ch. mixte 25 octobre 1968, D. 1968, 706) et constitue un trouble manifestement illicite qui fonde la compétence du juge des référés (cass. soc. 10 janvier 1989, n° 87-42.688, BC V n° 3; 8 juillet 1997, n° 96-44.337, BC V n° 257; RJS 8-9/97 n° 997; 26 juin 2001, n° 99-41.019, BC V n° 230). Le juge des référés peut délivrer une ordonnance de réintégration sous astreinte (cass. soc. 24 octobre 1979, n° 78-15.563, BC V n° 781; 29 novembre 1979, n° 78-13.481, BC V n° 930; voir aussi cass. soc. 17 mars 1998, n° 78-15.563, BC V n° 144; RJS 5/98 n° 612).

L'autorisation doit exister au jour du licenciement. Le juge judiciaire prohibe en effet toute régularisation *a posteriori* de la rupture, l'accomplissement des formalités postérieurement au licenciement ne pouvant valider rétroactivement celui-ci (cass. soc. 12 février 1991, n° 88-41.287; ou encore cass. soc. 1er juin 1994, n° 92-45.175, aux termes duquel l'obtention d'une autorisation administrative – en l'espèce un 7 janvier – est sans effet sur un licenciement d'ores et déjà prononcé – en l'espèce le 2 janvier). De même, l'employeur qui a licencié sans autorisation ne peut unilatéralement annuler le licenciement en vue d'accomplir les formalités légales (cass. soc. 18 novembre 2020, n° 19-10.286, à paraître, LS Jurispr. n° 222 du 08.12.2020). Pour le juge administratif, l'inspecteur du travail saisi après le licenciement doit rejeter la demande d'autorisation (CE 14 juin 1991, n° 96326, Rec. Lebon p. 238).

• Droits du salarié licencié en violation du statut protecteur et demandant sa réintégration

Droit à réintégration

La demande de réintégration est facultative pour le salarié qui peut préférer l'indemnisation (cass. soc. 10 décembre 1997, n° 94-45.532, BC V n° 432; RJS 1/98 n° 71).

La réintégration du salarié protégé licencié sans le respect des formalités légales est de droit, s'il l'a demandée (cass. soc. 20 mai 1992, n° 90-44.725, BC V n° 328; RJS 7/92 n° 895). Ce n'est qu'au cas où l'entreprise a disparu ou bien lorsqu'il existe une impossibilité absolue de réintégration que l'employeur est libéré de son obligation (cass. soc. 24 juin 1998, n° 95-44.757, BC V n° 340; RJS 8-9/98 n° 1020). Est sans incidence le fait que le salarié ait été licencié plusieurs années auparavant (cass. soc. 20 mai 1992, n° 90-44.725, précité), aucun délai n'étant imparti au salarié protégé pour demander sa réintégration et l'indemnisation de son préjudice (cass. soc. 26 février 1992, n° 89-44.516, RJS 4/92 n° 467; 11 décembre 2001, n° 99-42.476, BC V n° 381; RJS 2/02 n° 200).

Caractérise un trouble manifestement illicite le refus de réintégration d'un salarié dont l'inspecteur a refusé d'autoriser le licenciement reconnaissant ainsi sa qualité de salarié protégé (cass. soc. 26 juin 2001, n° 99-41.019, BC V n° 230; RJS 10/01 n° 1158). Par suite, dès lors que le juge du fond constate qu'au jour de la demande de réintégration, l'inspecteur du travail avait refusé antérieurement d'autoriser le licenciement du salarié, lui reconnaissant ainsi la qualité de salarié protégé, de sorte que son licenciement constituait un trouble manifestement illicite est fondée à ordonner la réintégration de l'intéressé et à condamner l'employeur au versement d'une provision correspondant aux salaires dus (cass. soc. 16 octobre 2013, n° 12-30.101, RJS 1/14 n° 59).

Encore faut-il que le salarié demande sa réintégration immédiate: c'est à bon droit qu'une cour d'appel a débouté un salarié, qui avait bénéficié d'une ordonnance de réintégration sous astreinte, de sa demande en liquidation de cette astreinte après avoir constaté qu'il avait entendu différer sa demande de réintégration effective dans l'entreprise jusqu'à la réalisation préalable par l'employeur d'un certain nombre de conditions (cass. soc. 23 septembre 2008, n° 06-45.320, BC V n° 166).

Le salarié doit retrouver le poste qu'il occupait au moment de son licenciement dès lors que le travail qu'il accomplissait existe toujours (cass. soc. 11 décembre 2001, n° 99-42.586, BC V n° 378; RJS 2/02 n° 198; voir aussi cass. soc. 18 novembre 1998, n° 96-43.072, BC V n° 498; RJS 1/99 n° 71, précisant que l'employeur ne peut justifier l'impossibilité de réintégrer dans le poste initial par le fait qu'il l'occupe lui-même). Peu importe également que le poste soit occupé par un autre salarié (cass. soc. 31 mai 1995, n° 93-46.189, Dr. Soc. 1995, p. 683). De même, le refus d'une partie du personnel de travailler de nouveau avec le salarié investi d'un mandat représentatif pour des motifs écartés par l'autorité administrative ne peut suffire à caractériser une impossibilité absolue de réintégrer celui-ci dans son poste (cass. soc. 24 juin 2014, n° 12-24.623, BC V n° 156; RJS 10/14 n° 708; JSL n° 371, 8.09.2014, p. 11, J-Ph. Lhernould).

Lorsque le salarié a obtenu judiciairement sa réintégration et que l'employeur y fait obstacle, le salarié peut prendre acte de la rupture de son contrat de travail; l'employeur est alors tenu au paiement d'une indemnité égale à la rémunération que le salarié aurait perçue jusqu'à la prise d'acte de la rupture et le salarié a droit en outre aux indemnités de rupture de son contrat de travail ainsi qu'à une indemnité pour licenciement illicite au moins égale à celle prévue par l'article L. 122-14-4 (ancien) CT (cass. soc. 25 janvier 2006, n° 04-40.789, BC V n° 28; JSL 28.02.2006, n° 184, p. 7, M. Hautefort; RJS 4/06 n° 475).

La demande de réintégration reste facultative (cass. soc. 10 décembre 1997, n° 94-45.532, BC V n° 432; RJS 1/98 n° 71).

À noter que c'est à tort qu'une cour d'appel a débouté un salarié de sa demande en réintégration au motif qu'il n'invoquait pas la nullité de la rupture de son contrat de travail, alors qu'à la date de la rupture, le salarié était protégé en sa qualité de candidat aux fonctions de membre du comité d'entreprise et qu'en demandant à titre principal sa réintégration, il invoquait la nullité de son licenciement (cass. soc. 18 décembre 2000, n° 98-42.320, BC V n° 428).

La proposition de l'employeur d'annuler un licenciement et de réintégrer le salarié concerné est sans effet si le salarié ne l'accepte pas (cass. soc. 10 mai 1999, n° 96-45.652, BC V n° 208; RJS 6/99 n° 830). L'employeur qui licencie un salarié protégé, sans autorisation administrative, ne peut revenir sur sa décision en réintégrant le salarié et en régularisant a posteriori la procédure si le salarié entend se prévaloir de tous les effets attachés au licenciement qui lui a déjà été notifié; l'administration du travail est tenue de refuser l'autorisation de licenciement demandée par l'employeur (CE 14 juin 1991, n°s 96326, 97009, Dr. Soc. 1992, p. 51, concl. M. Denis-Linton; 20 mars 1996, n° 150822, RJS 5/96 n° 572). En ce cas, la sanction de la méconnaissance par l'employeur du statut protecteur des représentants du personnel est la rémunération que le salarié aurait perçue jusqu'à la fin de la période de protection en cours (cass. soc. 6 avril 1994, n° 92-42.395, BC V n° 133; RJS 5/94 n° 573; 25 novembre 1997, n° 94-43.651, BC V n° 405; Dr. Soc. 1998, p. 91).

Une cour d'appel, qui a constaté qu'une société avait fait une offre de réintégration à un salarié protégé licencié en méconnaissance de son statut protecteur, a pu décider que la poursuite du contrat de travail n'était pas impossible et que la société ne pouvait donc se prévaloir d'une faute grave (cass. soc. 28 mars 2000, n° 97-44.373, BC V n° 134).

La réintégration d'un salarié protégé en exécution d'une décision judiciaire n'a pas pour effet de créer de nouvelles relations contractuelles entre les parties; si cette décision judiciaire est annulée par la Cour de cassation, l'employeur est alors fondé à considérer qu'il a été mis fin aux fonctions du salarié sans qu'il soit besoin de mettre en œuvre la procédure de licenciement (cass. soc. 11 juillet 2016, n° 14-29.094, BC V n° 151; RJS 10/16 n° 642; JCP éd. S 2016, 1373, note J-Y Kerbourc'h).

Cas particulier du fonctionnaire mis à disposition et protégé. Le juge judiciaire n'est pas compétent pour ordonner la réintégration d'un fonctionnaire au sein de l'organisme de droit privé auprès duquel il a été mis à disposition, quand bien même la décision de ne pas solliciter le renouvellement de la mise à disposition est le fait de cet organisme et qu'aucune autorisation administrative de non-renouvellement de la mise à disposition du fonctionnaire exerçant au sein de l'organisme de droit privé un mandat de représentant syndical n'a été sollicitée. Par ailleurs, à l'expiration à son terme normal de la mise à disposition d'un fonctionnaire auprès d'un employeur privé, ce dernier n'est pas tenu de solliciter l'autorisation administrative de mettre fin au contrat, sauf lorsqu'il s'est opposé au renouvellement de la mise à disposition ou que ce non-renouvellement est dû à son fait (cass. soc. 8 juillet 2020, n° 18-11.977, à paraître, RJS 10/20 n° 506; JCP éd. S 2020, 3024, note M. Pellissier et Kr. Pagani; JSL n° 506, 16.10.2020, p. 21).

Droit à indemnisation du salarié demandant sa réintégration

Le salarié protégé, licencié sans autorisation préalable, qui demande sa réintégration pendant la période de protection a droit au versement d'une indemnité égale au montant de la rémunération qu'il aurait perçue jusqu'à sa réintégration. Il n'y a pas lieu de déduire de cette indemnité les revenus qu'il a pu percevoir de tiers au cours de cette période (cass. soc. 10 octobre 2006, n° 04-47.623, BC V n° 297; RJS 12/06 n° 1296).

Cette rémunération lui est également due alors que la demande de réintégration est formulée par le salarié après l'expiration de la période de protection en cours pour des raisons qui ne lui sont pas imputables (cass. soc. 30 novembre 1999, n° 97-41.690, BC V n° 465; RJS 1/00 n° 72; voir aussi cass. soc. 11 décembre 2001, n° 99-42.476, BC V n° 381; JSL n° 95, 12.02.2002, p. 10, M-C Haller). Toutefois, lorsque le salarié a attendu plus de quatre années après l'expiration de la période de protection pour demander sa réintégration ainsi qu'une indemnisation courant à compter de la date de son éviction de l'entreprise, sans pouvoir justifier de ce délai, le juge du fond est fondé à retenir un abus dans l'exercice de ce droit à indemnisation et à limiter l'indemnité allouée au salarié (cass. soc. 26 mars 2013, n° 11-27.964, BC V n° 83; JCP éd. S 2013, 1254, note Th. Lahalle; RJS 6/13 n° 468; 7 novembre 2018, n° 17-14.716, à paraître, LSQ n° 17707 du 05.12.2018; JCP éd. S 2018, 1401, note J-Y Kerbourc'h; RJS 1/19 n° 38, pour le cas d'un salarié convoqué à un entretien préalable le 15 septembre 2011, licencié le 7 octobre suivant alors que sa protection avait cessé depuis trois jours, mais qui n'a saisi le juge d'une demande de réintégration que le 9 octobre 2015). Par ailleurs, dans cette hypothèse de demande formulée après l'expiration de la période de protection pour des raisons qui ne sont pas imputables au salarié, lorsque ce dernier a fait valoir ses droits à la retraite, rendant ainsi impossible sa réintégration, il n'a droit qu'à la rémunération qu'il aurait perçue depuis la date de son éviction jusqu'à celle de son départ à la retraite (cass. soc. 13 février 2019, n° 16-25.764, à paraître, JCP éd. S 2019, 1100, note J-Y Kerbourc'h; LSQ n° 17768 du 05.03.2019; RJS 4/19 n° 234; Dr. Soc. 2019, p. 365, act. J. Mouly; JSL n° 474, 23.04.2019, pp. 14 et s., J-Ph. Lhernould).

Le salarié qui demande à être réintégré et à bénéficier de l'indemnité due au titre de la violation de son statut ne peut prétendre au paiement:
– d'une autre indemnité au titre du licenciement telle qu'une indemnité pour licenciement illicite;
– d'une indemnité réparant le préjudice lié au respect, après la rupture de son contrat de travail, d'une clause de non-concurrence dépourvue de contrepartie financière (cass. soc. 26 mars 2013, n° 11-27.964, précité).

En revanche, le salarié peut obtenir réparation du préjudice résultant du harcèlement moral dont il a obtenu la reconnaissance (même arrêt).

De même, le salarié protégé dont le contrat est irrégulièrement transféré doit être réintégré dans l'entreprise d'origine s'il le demande, avec versement des salaires perdus depuis son transfert jusqu'à sa réintégration; toutefois, il ne peut cumuler la somme correspondant aux salaires dont il a été privé avec celle qu'il a pu recevoir du repreneur (cass. soc. 28 mai 2003, n° 01-40.512, BC V n° 181; RJS 8-9/03 n° 1037).

• **Droits du salarié licencié en violation du statut protecteur et ne demandant pas sa réintégration.** Les droits du salarié licencié sur le fondement d'une autorisation ultérieurement annulée sont présentés sous l'article L. 2422-4.

Indemnisation due au titre de la violation du statut protecteur

Plafonnement de l'indemnisation. Faisant suite à un avis aux termes duquel le médecin du travail licencié sans autorisation administrative et qui ne demande pas sa réintégration a droit à une indemnité pour violation du statut protecteur égale aux salaires qu'il aurait dû percevoir entre son éviction et la fin de la période de protection, dans la limite de trente mois, durée de la protection minimale légale accordée aux représentants du personnel (cass. avis 15 décembre 2014, n° 14-70.009, BC n° 9), la Cour de cassation a décidé que le représentant du personnel qui ne demande pas la poursuite du contrat de travail illégalement rompu a droit à une indemnité pour violation du statut protecteur égale à la rémunération qu'il aurait perçue depuis son éviction jusqu'à l'expiration de la période de protection, dans la limite de deux ans, durée minimale légale de son mandat, augmentée de six mois (cass. soc. 15 avril 2015, 2 arrêts, n°s 13-24.182 et 13-27.211, BC V n°s 86 et 87; RJS 7/15 n° 504; JCP éd. S 2015, 1348, note J-Y Kerbourc'h; JSL n° 389, 10.06.2015, pp. 16 et s., Ph. Pacotte et M. Bernardeschi). La solution a été réaffirmée: cass. soc. 14 octobre 2015, n° 14-12.193, BC V n° 193; RJS 1/16 n° 47. Elle a également été appliquée aux conseillers prud'hommes (cass. soc. 3 février 2016, n° 14-17.000, BC V n° 20; RJS 4/16 n° 242) et aux représentants de sections syndicales (cass. soc. 15 mai 2019, n° 18-11.036, à paraître, LS n° 17825 du 28.05.2019; JCP éd. S 2019, 1202, note J-Y Kerbourc'h; RJS 7/19 n° 444). Ce plafonnement de l'indemnité s'applique à tous les représentants du personnel ou des syndicats licenciés en violation du statut protecteur. Toutes les décisions rapportées dans le présent ouvrage et faisant état d'une indemnité égale au montant des salaires qui auraient été perçus jusqu'à la fin de sa période de protection doivent s'entendre dans cette limite de 30 mois.

Autres règles applicables. Lorsque l'intéressée ne demande pas sa réintégration, «*les dispositions subordonnant le licenciement d'un salarié investi d'un mandat de représentant du personnel ou d'un syndicat à l'autorisation préalable de l'inspecteur du travail trouvent leur fondement dans l'exigence constitutionnelle de participation des travailleurs à la gestion des* *entreprises, de sorte que la nullité du licenciement qui, pour cette raison, résulte nécessairement de leur méconnaissance et se traduit par un droit à réintégration ou à indemnisation réparant l'intégralité du préjudice subi pendant tout le temps de la protection conférée par ces textes, ne constitue pas une sanction au sens de l'article 8 de la Déclaration de 1789 et ne porte une atteinte disproportionnée à la liberté d'entreprendre non plus qu'elle ne porte atteinte au principe de séparation des pouvoirs ou au droit à un procès équitable*» (cass. soc. 20 février 2013, n° 12-40.095, BC V n° 48; RJS n° 5/13 n° 399; Dr. Soc. 2013, p. 968: «Actualité des questions prioritaires de constitutionnalité», G. Dumortier, P. Florès, A. Lallet, M. Vialettes et Y. Struillou).

Le salarié licencié en violation de son statut protecteur et qui ne demande pas sa réintégration peut prétendre:
– soit à une indemnité forfaitaire égale au montant des salaires qu'il aurait dû percevoir jusqu'à la fin de sa période de protection s'il présente sa demande d'indemnisation avant cette date;
– soit à une indemnité dont le montant est fixé par le juge en fonction du préjudice subi lorsqu'il introduit sa demande après l'expiration de sa période de protection sans justifier de motifs qui ne lui soient pas imputables (cass. soc. 11 juin 2013, n° 12-12.738, BC V n° 150; RJS 8-9/13, n° 622; RDT, septembre 2013, CH, 573, M. Grévy; JCP éd. S 2013, 1388, note A. Barège; SSL n° 1607, 25 novembre 2013, chron. des jurisprudences sur la représentation du personnel, L. Pécaut-Rivolier et Y. Struillou).

L'indemnisation forfaitaire correspond à la rémunération qu'il aurait perçue depuis la date de la rupture du contrat jusqu'à l'expiration de la période de protection (cass. soc. 10 mai 2006, n° 04-40.901, BC V n° 173; RJS 7/06 n° 865; 10 juillet 1990, 2 arrêts, n°s 86-43.699 et 87-44.981, BC V n° 362; Dr. Soc. 1990, p. 794, note H. Marie; 10 décembre 1997, n° 94-45.532, BC V n° 432; RJS 1/98 n° 71; 11 mai 1999, n° 97-41.901, RJS 6/99 n° 833), peu important qu'il ne soit pas resté à la disposition de l'employeur (cass. soc. 23 mai 2000, n° 97-42.145, BC V n° 202). La rémunération servant de base au calcul de l'indemnité doit comprendre une prime de vacances versée après la rupture, mais au cours de la période de protection (cass. soc. 21 septembre 2017, n° 15-28.932, BC V n° 152; JCP éd. S 2017, 1349, 1re espèce, note L. Drai; LS Jurispr. n° 224 du 12.12.2017; RJS 1/18 n° 28, 2e espèce). Lorsque le salarié était protégé à plusieurs titres, la sanction de la méconnaissance du statut protecteur doit être égale au moins au montant des salaires dont le salarié a été privé depuis la date de son éviction jusqu'à la fin de la période de protection qui expire la dernière (cass. soc. 3 mai 2007, n° 05-43.863, BC V n° 67; RJS n° 7/07 n° 876).

Cette indemnisation vise à sanctionner la violation du statut protecteur; elle est due indépendamment de la faute qu'a pu commettre le salarié (cass. soc. 10 juillet 1990, précité; 21 novembre 1990, 2 arrêts, nos 89-10.124 et 87-44.256, BC V nos 583 et 584; RJS 1/91 n° 57; 12 février 1991, n° 88-41.287, RJS 3/91 n° 353). Les juges du fond ne sont pas tenus de rechercher quel a été le préjudice effectivement subi par le salarié (cass. soc. 15 novembre 1994, n° 91-43.976, RJS 12/94 n° 1402; 25 novembre 1997, n° 94-43.651, BC V n° 405; RJS 1/98 n° 71, 3e espèce). Elle est due également indépendamment de la durée du contrat à durée déterminée liant le salarié à son employeur (cass. soc. 12 juin 2013, n° 12-17.273, BC V n° 153; RJS 8-9/13 n° 625; Dr. Soc. 2013, p. 762, note J. Mouly; JCP éd. S 2013, 1348, note Th. Lahalle; Les cahiers de la fonction publique 2013, n° 333, p. 80, note Y. Struillou).

Le salarié licencié à la fois sans autorisation administrative, alors que celle-ci était nécessaire, et en méconnaissance des règles applicables:
– au plan de sauvegarde de l'emploi, a vocation à obtenir, d'une part, une somme correspondant aux salaires qu'il aurait perçus pendant la période comprise entre son éviction et l'expiration de sa période de protection et, d'autre part, soit l'indemnité réparant le préjudice résultant du caractère illicite de son licenciement, au moins égale en toute hypothèse à l'indemnité prévue par l'article L. 1235-3 CT, soit l'indemnité due au titre de l'absence ou de l'insuffisance du plan de sauvegarde de l'emploi prévue par l'article L. 1235-11 du même code, seule la plus élevée de ces indemnités pouvant être obtenue, le salarié ne pouvant prétendre deux fois à la réparation d'un même préjudice (cass. soc. 15 octobre 2013, n° 12-21.746, BC V n° 233; RJS 12/13 n° 836);
– aux victimes d'accident du travail ou d'une maladie professionnelle, a droit à la réparation du préjudice subi résultant de l'inobservation par l'employeur des règles protectrices qui lui sont applicables à ce double titre [en l'espèce, cumul de l'indemnité réparant le préjudice résultant de l'absence d'autorisation administrative avec celle sanctionnant la violation par l'employeur de l'interdiction de licencier durant la période de suspension du contrat consécutive à un accident du travail] (cass. soc. 19 septembre 2007, n° 06-41.227, BC V n° 130; RJS 11/07 n° 1191). En revanche, l'indemnité prévue à l'article L. 1226-15 en cas de méconnaissance par l'employeur de son obligation de reclassement d'un salarié inapte ne se cumule pas avec celle réparant le préjudice résultant de l'absence d'autorisation administrative, seule l'indemnité la plus élevée est due (cass. soc. 30 juin 2010, n° 09-40.347, BC V n° 154; RJS 10/10 n° 795).

Pour la détermination de la rémunération servant de base au calcul de cette indemnité forfaitaire, il y a lieu de retenir le montant de la rémunération avant précompte des contributions sociales et des impositions de toute nature que la loi met à la charge du salarié (cass. soc. 7 juin 2005, n° 03-44.969, BC V n° 191; JCP éd. S 2005, 1102, note Fr. Bousez; RJS 8-9/05 n° 870).

Délégué syndical. L'éviction du salarié protégé hors de l'entreprise, résultant du licenciement illégal, fait obstacle à l'exercice du mandat. Il en résulte que, lorsqu'il ne demande pas sa réintégration, le délégué syndical, licencié sans autorisation de l'inspecteur du travail, a droit à une indemnité correspondant à la période de protection prévue par l'article L. 412-18, al. 4 [L. 2411-3] CT, soit égale à douze mois de salaires à compter de son éviction de l'entreprise (cass. soc. 6 juin 2000, n° 98-40.387, BC V n° 218; 27 octobre 2004, n° 01-45.902, BC V n° 275; RJS 1/05 n° 58). Cette indemnité est due (et ne peut donc être réduite), même lorsque le délégué syndical exerçait son mandat depuis moins d'un an (cass. soc. 1er octobre 2003, n° 01-41.418, RJS 12/03 n° 1416).

Candidat licencié avant son élection. Le candidat aux élections illégalement licencié puis élu représentant du personnel bénéficie de la durée de la protection attachée à sa qualité d'élu. En effet, ce salarié était protégé au moment du licenciement et celui-ci étant nul, cette protection s'est poursuivie pendant la durée du mandat dont il n'a été privé que par la décision illégale de l'employeur. L'indemnisation à laquelle il peut prétendre correspond donc à la rémunération qu'il aurait perçue jusqu'à l'expiration de la période de protection accordée aux représentants du personnel, soit trente mois de salaire (cass. soc. 30 juin 2004, n° 01-43.821, BC V n° 188; RJS 10/04 n° 1069).

Conseiller du salarié. Voir note sous article L. 2411-21.

Conseiller prud'homme. Voir note sous article L. 2411-22.

Membre d'un comité d'entreprise européen. Le salarié membre du comité d'entreprise européen licencié par son employeur sans autorisation administrative et qui ne demande pas sa réintégration a le droit d'obtenir, d'une part, au titre de la méconnaissance du statut protecteur, le montant de la rémunération qu'il aurait dû percevoir entre son éviction et l'expiration de la période de protection, dans la limite de la durée de protection accordée aux membres du comité d'entreprise par l'article L. 436-1 CT et, d'autre part, outre ses indemnités de rupture, une indemnité réparant l'intégralité du préjudice résultant du caractère illicite du licenciement et au moins égale à celle prévue par l'article L. 122-14-4 (ancien) CT (cass. soc. 16 mars 2005, n° 02-45.077, BC V n° 96; RJS 6/05 n° 651, 2e espèce).

Administrateur de mutuelle. Voir note sous article L. 2411-19.

Droit à indemnisation et résiliation judiciaire. Le salarié protégé dont la demande de résiliation judiciaire est accueillie n'a droit, au titre de la violation de son statut protecteur, qu'au paiement d'une indemnité égale à la rémunération qu'il aurait dû percevoir jusqu'à l'expiration de la période de protection en cours au jour de sa demande. C'est donc à tort que, pour fixer l'indemnisation due à un salarié, délégué du personnel, en raison de la résiliation judiciaire de son contrat de travail devant produire les effets d'un licenciement nul, une cour d'appel a retenu que le salarié ayant été réélu délégué du personnel en cours d'instance, il convenait de prendre en compte la durée de la nouvelle période de protection dont il bénéficiait (cass. soc. 4 mars 2009, n° 07-45.344, BC V n° 58; RJS 5/09 n° 452; JCP éd. S 2009, 1311). La période de protection en cours au jour de la demande inclut la période instituée par le législateur à l'expiration du mandat (cass. soc. 13 février 2013, n° 11-26.913, RJS 6/13 n° 397). Un salarié protégé ayant maintenu à titre principal sa demande de résiliation judiciaire du contrat de travail en raison de la violation de son statut protecteur, la cour d'appel, qui a accueilli cette demande, a pu rejeter sa demande de réintégration et faire droit à ses demandes subsidiaires d'indemnisation (cass. soc. 3 octobre 2018, n° 16-19.836, à paraître, JCP éd. S 2018, 1359, note J-Y Kerbourc'h; RJS 12/18 n° 754).

Droits du salarié à indemnisation lorsque le salarié renonce à demander sa réintégration en raison de l'opposition de son employeur. Lorsqu'il est constaté judiciairement que l'employeur fait obstacle à la réintégration, le salarié a droit, d'une part, au paiement d'une indemnité égale à la rémunération qu'il aurait perçue jusqu'à la date de renonciation à sa réintégration, d'autre part, aux indemnités de rupture de son contrat de travail et enfin à une indemnité pour licenciement illicite au moins égale à celle prévue par l'article L. 1235-3 CT (cass. soc. 18 décembre 2013, n° 12-23.745, RJS 3/14 n° 243).

Autres indemnités dues

En outre, le salarié a droit à l'indemnité compensatrice de préavis et il n'appartient pas à l'employeur d'opérer une réduction sur le montant de cette indemnité dont il doit verser le montant intégral pour toute la durée où le préavis aurait dû être exécuté (cass. soc. 10 mai 2006, n° 04-40.901, précité).

Enfin, le salarié a droit à une indemnité réparant l'intégralité du préjudice résultant de la rupture illicite du contrat de travail et au moins égale à celle prévue par l'article L. 122-14-4 ancien CT, et cela, que le licenciement repose ou non sur une cause réelle et sérieuse (cass. soc. 12 juin 2001, n° 99-41.695, BC V n° 219; 12 décembre 2001, n° 99-44.167, BC V n° 383; RJS 2/02 n° 201; 22 mai 2002, n° 00-42.213, BC V n° 175; RJS 8-9/02 n° 1017; 23 novembre 2004, n° 02-44.262, BC V n° 296; RJS 2/05 n° 178; 29 mars 2005, n° 03-40.768, BC V n° 105; RJS 6/05 n° 651, 1re espèce).

Licenciement nul et remboursement des allocations chômage

Le licenciement d'un représentant du personnel prononcé en méconnaissance du statut protecteur est nul et non pas dépourvu de cause réelle et sérieuse: l'employeur ne peut donc être condamné à rembourser les indemnités de chômage à l'Assédic, un tel remboursement ne pouvant être ordonné en cas de nullité du licenciement (cass. soc. 12 décembre 2001, n° 99-44.167, BC V n° 383; Dr. Soc. 2002, p. 225, obs. G. Couturier).

Dans ses rapports avec l'organisme d'assurance chômage, le salarié dont le licenciement est nul pour avoir été prononcé sans autorisation administrative ou malgré un refus d'autorisation n'est pas fondé à cumuler les allocations de chômage avec ses rémunérations ou une indemnité équivalente à celles-ci; aussi, dès lors que le salarié a obtenu la condamnation de son employeur au paiement d'une indemnité compensatrice des salaires perdus pour la période comprise entre son licenciement nul et sa réintégration, le paiement des allocations de chômage versées par l'organisme d'assurance au titre de cette période se révèle indu et l'organisme dispose d'une action en répétition de cet indu (cass. soc. 19 novembre 2014, n° 13-23.643, BC V n° 268; LSQ n° 16720 du 26.11.2014; RJS 2/15 n° 122; JSL n° 380, 29.01.2015, p. 14, Ph. Pacotte et S. Castano; JCP éd. S 2015, 1044, étude J-Y Kerbourc'h).

• Sur la protection des salariés protégés, voir notamment H. Rose, Y. Struillou «Droit du licenciement des salariés protégés», Économica, 4e éd., novembre 2010.

SECTION 1. Champ d'application

Art. L. 2411-1. ***(Ord. 2017-1386 du 22 sept. 2017, art. 2, 1°, JO 23, entrée en vigueur au plus tard le 01.01.2018)*** Bénéficie de la protection contre le licenciement prévue par le présent chapitre, y compris lors d'une procédure de sauvegarde, de redressement ou de liquidation judiciaire, le salarié investi de l'un des mandats suivants:

1° Délégué syndical;

2° Membre élu à la délégation du personnel du comité social et économique;

3° Représentant syndical au comité social et économique;

4° Représentant de proximité;

5° Membre de la délégation du personnel du comité social et économique interentreprises;

6° Membre du groupe spécial de négociation et membre du comité d'entreprise européen;

7° Membre du groupe spécial de négociation et représentant au comité de la société européenne;

7° *bis* Membre du groupe spécial de négociation et représentant au comité de la société coopérative européenne;

7° *ter* Membre du groupe spécial de négociation et représentant au comité de la société issue de la fusion transfrontalière;

8° Représentant du personnel d'une entreprise extérieure, désigné à la commission santé, sécurité et conditions de travail d'un établissement comprenant au moins une installation classée figurant sur la liste prévue à l'article L. 515-36 du code de l'environnement ou mentionnée à l'article L. 211-2 du code minier;

9° Membre d'une commission paritaire d'hygiène, de sécurité et des conditions de travail en agriculture prévue à l'article L. 717-7 du code rural et de la pêche maritime;

10° Salarié mandaté, dans les conditions prévues aux articles L. 2232-23-1 et L. 2232-26, dans les entreprises dépourvues de délégué syndical;

11° Représentant des salariés mentionné à l'article L. 662-4 du code de commerce;

12° Représentant des salariés au conseil d'administration ou de surveillance des entreprises du secteur public, des sociétés anonymes et des sociétés en commandite par actions;

13° Membre du conseil ou administrateur d'une caisse de sécurité sociale mentionné à l'article L. 231-11 du code de la sécurité sociale;

14° Membre du conseil d'administration d'une mutuelle, union ou fédération mentionné à l'article L. 114-24 du code de la mutualité;

15° Représentant des salariés dans une chambre d'agriculture, mentionné à l'article L. 515-1 du code rural et de la pêche maritime;

16° Conseiller du salarié inscrit sur une liste dressée par l'autorité administrative et chargé d'assister les salariés convoqués par leur employeur en vue d'un licenciement;

17° Conseiller prud'homme;

18° Assesseur maritime, mentionné à l'article 7 de la loi du 17 décembre 1926 relative à la répression en matière maritime;

19° Défenseur syndical mentionné à l'article L. 1453-4;
20° Membre de la commission mentionnée à l'article L. 23-111-1.

Note Les dispositions des 2° [délégué du personnel], 3° [membre élu du comité d'entreprise], 4° [représentant syndical au comité d'entreprise], 7° [représentant du personnel au CHSCT] et 8° [représentant du personnel d'une entreprise extérieure, désigné au CHSCT d'un établissement comprenant au moins une installation classée figurant sur la liste prévue à l'article L. 515-36 du code de l'environnement ou mentionnée à l'article L. 211-2 du code minier] de cet article et de l'article L. 2411-2, dans leur rédaction antérieure à l'entrée en vigueur de l'ordonnance 2017-1386, sont restées applicables lorsqu'avaient été mises en place, au plus tard le 31 décembre 2017, une ou plusieurs des institutions représentatives du personnel concernées par les dispositions précitées.

Dans ce cas, les dispositions prévues aux 2° [délégué du personnel, titulaire ou suppléant, ancien délégué du personnel ou candidat aux fonctions de délégué du personnel, salarié ayant demandé à l'employeur l'organisation des élections pour la désignation des délégués du personnel], 3° [membre élu du comité d'entreprise, titulaire ou suppléant, représentant syndical au comité d'entreprise, ancien membre ou candidat aux fonctions de membre du comité d'entreprise, salarié ayant demandé à l'employeur l'organisation des élections au comité d'entreprise] et 6° [salarié siégeant ou ayant siégé en qualité de représentant du personnel au comité d'hygiène, de sécurité et des conditions de travail] de l'article L. 2422-1 et à l'article L. 2422-2, dans leur rédaction antérieure à l'entrée en vigueur de l'ordonnance, sont restées applicables (ordonnance précitée, art. 11).

Art. L. 2411-2. Bénéficient également de la protection contre le licenciement prévue par le présent chapitre, le délégué syndical, ***(Ord. 2017-1386 du 22 sept. 2017, art. 2, 2°, JO 23, entrée en vigueur au plus tard le 01.01.2018)*** «le membre de la délégation du personnel du comité social et économique, le représentant de proximité», institués par convention ou accord collectif de travail.

Note • Voir note sous art. L. 2411-1.

• Jurisprudence rendue dans le cadre législatif antérieur à l'ordonnance 2017-1386 précitée, mais toujours d'actualité dans les principes qu'elle a fixés.
– *Principe général.* La protection des représentants du personnel ou des syndicats passe, d'une part, par l'intervention de l'administration et, d'autre part, par l'éventuelle sanction pénale en cas de non-respect des procédures. Or, l'administration tient sa compétence des textes qui l'instituent et non de la convention de ses administrés (par exemple, un préfet ne saurait être compétent pour trancher un litige relatif aux résultats d'une partie de cartes quand bien même les joueurs en auraient expressément et formellement convenu). Quant au juge pénal, il ne peut pareillement qu'appliquer la loi et ne saurait être lié par la convention des parties (par exemple, condamner un tricheur à cette partie de cartes au motif que les joueurs ont prévu et défini une telle peine). De ce point de vue, les représentants conventionnels ne sauraient donc être protégés, sauf si la loi l'a prévu, comme c'est le cas dans le présent article. Mais d'un autre côté, comment imaginer qu'un accord collectif, par exemple par abaissement des seuils d'effectifs, puisse rendre applicable une représentation instaurée par la loi dans une entreprise qui n'y est pas légalement soumise, mais sans pouvoir étendre la protection attachée à cette institution représentative ? Comment imaginer qu'un accord collectif puisse accroître le nombre de représentants légaux sans pouvoir conférer à tous la même protection (et puis comment distinguer ceux qui seraient légaux et ceux qui seraient conventionnels ?). Un compromis a alors été trouvé: le bénéfice du statut protecteur est accordé aux membres d'une institution de représentation du personnel ou des syndicats créée par accord collectif si cette dernière est de même nature qu'une institution prévue par le code du travail. En dehors des extensions de protection expressément prévues la loi, c'est ce principe qui gouverne la jurisprudence.
– La loi du 28 octobre 1982 a étendu le bénéfice des règles protectrices aux «délégués conventionnels». La circulaire ministérielle DRT 13 du 25 octobre 1983 a précisé que cette extension de la protection légale n'a lieu que dans la mesure où l'accord de branche ou d'entreprise a entendu instaurer une protection de même nature que celle instituée par la loi (essentiellement représentants du personnel institués en dessous des seuils légaux d'effectifs ou en supplément du nombre fixé par la loi ou le règlement). Considérant que l'article L. 132-4 (ancien) CT fait obstacle à ce que des conventions ou accords modifient la compétence des agents publics, le Conseil d'État a jugé que l'inspecteur du travail est incompétent pour se prononcer sur une demande de licenciement à l'encontre d'un représentant du personnel institué par voie conventionnelle mais ne relevant pas d'une catégorie de même nature que celle prévue par la loi (CE 29 décembre 1995, n° 122643, Rec. Lebon, p. 482; RJS 3/96 n° 298).

La chambre sociale et la chambre criminelle de la Cour de cassation confirment cette position: les institutions représentatives du personnel, créées par voie conventionnelle, doivent, pour ouvrir à leurs membres le bénéfice de la procédure spéciale protectrice prévue en faveur des représentants du personnel et des syndicats, être de même nature que celles prévues par le code du travail (cass. soc. 12 juillet 2006, n° 04-45.893, BC V n° 258; JSL n° 196, 19.09.2006, p. 19,

J-E Tourreil; RJS 10/06 n° 1094); voir aussi, notamment, cass. soc. 19 juin 1991, n° 90-43.411, BC V n° 306, 1re espèce, s'agissant de membres d'un conseil de discipline; 29 janvier 2003, n° 00-45.961, BC V n° 34 et 20 février 1991, n° 89-42.288, BC V n° 85; RJS 4/91 n° 484, pour un représentant syndical au CHSCT; cass. crim. 4 avril 1991, n° 89-85.536, B. crim. n° 164; RJS 5/91 n° 614-a, 2e espèce: «la protection des représentants du personnel fixée par l'article R. 236-11 ne peut être étendue en matière conventionnelle que dans la mesure où l'institution créée est de même nature que celle instaurée par la loi»; tel n'est pas le cas du délégué syndical d'un comité interentreprises d'hygiène et de sécurité ou du salarié désigné comme secrétaire d'un CHSCT, alors qu'il ne fait pas partie des membres de la délégation du personnel siégeant à ce comité (cass. soc. 25 janvier 1994, n° 92-40.139, BC V n° 23; RJS 3/94 n° 275 et 18 mai 2005, n° 02-47.335, BC V n° 173; RJS 8-9/05 n° 867); tel n'est pas le cas non plus d'un salarié membre d'un organisme de fonds d'assurance formation (cass. soc. 1er décembre 1993, n° 92-40.072, BC V n° 298; Dr. Soc. 1994, p. 280), des membres des conseils d'unité créés au sein du CEA dont l'existence n'est pas prévue par le code du travail (cass. soc. 7 juillet 1999, n° 97-43.231, RJS 8-9/99 n° 1089), du salarié désigné comme représentant syndical à un comité interétablissements chargé de la gestion des réalisations et œuvres sociales décidées par les comités d'établissement, les attributions d'un tel comité n'étant pas de même nature que celles d'un comité central d'entreprise (cass. soc. 12 juillet 2006, n° 04-45.893, précité), ou encore des salariés membres des commissions internes à une entreprise compétentes en matière de procédure disciplinaire créées par voie conventionnelle, qui ne sont pas prévues par le code du travail (cass. soc. 22 janvier 2020, n° 18-21.206, à paraître, LS n° 17990 du 31.01.2020; JCP éd. S 2020, 1055, note J-Y Kerbourc'h; RJS 4/20 n° 195; JSL n° 495, 06.04.2020, pp. 22 et s., M. Hautefort).

En revanche, des délégués syndicaux titulaires et suppléants de groupe institués par accord d'entreprise et chargés, au niveau du groupe, de fonctions similaires à celles des délégués syndicaux d'entreprise bénéficient de la protection légale contre le licenciement (cass. soc. 23 octobre 2007, n° 06-44.438, BC V n° 174; RJS 1/08 n° 51).

Les représentants du personnel élus à la commission paritaire du «personnel de droit privé» mise en place au sein d'une chambre départementale d'agriculture, qui exercent, pour ce personnel, les missions des délégués du personnel définies à l'article L. 2313-1-1 [ancien] CT, bénéficient de la protection instituée par le législateur en faveur de ces représentants et prévue par l'article L. 2411-5 dès lors, d'une part, que selon l'article L. 2311-1 [ancien] CT, entré en vigueur le 1er mai 2008, les dispositions relatives aux délégués du personnel sont applicables aux établissements publics administratifs employant du personnel dans les conditions de droit privé, au nombre desquels figurent les chambres départementales d'agriculture et, d'autre part, que le statut du personnel administratif des chambres d'agriculture, édicté sur le fondement de l'article 1er de la loi du 10 décembre 1952 et qui doit être regardé comme une disposition d'adaptation prévue par le dernier alinéa de l'article L. 2311-1 [ancien], dispose, à son article 8, que les représentants du personnel de droit public et de droit privé élus à la commission paritaire départementale «jouent le rôle de délégués du personnel» et qu'enfin, la convention d'établissement du personnel de droit privé de la chambre départementale d'agriculture de la Guadeloupe a institué, «en plus de la commission paritaire statutaire», une commission paritaire du «personnel de droit privé» qui exerce, pour ce personnel, certaines des missions dévolues à la commission paritaire prévue par le statut du personnel (cass. soc. 9 octobre 2012, n° 11-22.355, BC V n° 255; RJS 12/12 n° 955).

Sur les représentants institués par l'article 2-2 du protocole d'accord relatif au droit syndical et à l'amélioration du dialogue social à la Régie autonome des transports parisiens conclu le 23 octobre 2001: voir CE 8 avril 2013, n° 348162, RJS 6/13 n° 471.

Sur la question: L. Pécaut-Rivolier et Y. Struillou, «La protection des représentants conventionnels: le regard bienveillant de la Cour de Cassation et du Conseil d'État», SSL n° 1338, 28 janvier 2008.

SECTION 2. Licenciement d'un délégué syndical ou d'un salarié mandaté

Sous-section 1. Délégué et ancien délégué syndical

Art. L. 2411-3. Le licenciement d'un délégué syndical ne peut intervenir qu'après autorisation de l'inspecteur du travail.

Cette autorisation est également requise pour le licenciement de l'ancien délégué syndical, durant les douze mois suivant la date de cessation de ses fonctions, s'il a exercé ces dernières pendant au moins un an.

Elle est également requise lorsque la lettre du syndicat notifiant à l'employeur la désignation du délégué syndical a été reçue par l'employeur ou lorsque le salarié a fait la preuve que l'employeur a eu connaissance de l'imminence de sa désignation comme délégué syndical, avant que le salarié ait été convoqué à l'entretien préalable au licenciement.

Art. L. 2411-4

Note • La protection accordée au délégué syndical par cet article bénéficie au titulaire d'un tel mandat indépendamment de son exercice (cass. soc. 18 juillet 2000, n° 98-42.625, BC V n° 304; voir aussi cass. soc. 15 novembre 1994, n° 91-43.976, RJS 12/94 n° 1402; 17 mars 1998, n° 95-42.536, BC V n° 144; RJS 5/98 n° 612; 27 mai 1997, n° 94-42.414, BC V n° 191; RJS 7/97 n° 835, s'agissant d'un délégué syndical exerçant son mandat en alternance avec un autre salarié, situation non prévue par la loi).

• La protection joue à partir du moment où l'employeur a reçu la lettre de désignation émanant du syndicat ou lorsque le délégué syndical fait la preuve que l'employeur a eu connaissance de l'imminence de sa désignation avant sa convocation à l'entretien préalable. C'est au moment de l'envoi de la convocation à l'entretien préalable de licenciement que l'employeur doit avoir connaissance de la désignation du salarié en qualité de délégué syndical (cass. soc. 1er décembre 1993, n° 92-40.072, BC V n° 298; RJS 1/94 n° 52; 18 novembre 1998, n° 96-42.810, BC V n° 508; RJS 1/99 n° 69; 1er mars 2005, n° 03-40.048, BC V n° 75; RJS 5/05 n° 531; 2 décembre 2008, n° 07-45.540, BC V n° 240). Il faut cependant que le salarié puisse établir que l'employeur avait eu connaissance de l'imminence de sa désignation pour bénéficier de la protection si une mesure de licenciement est déjà engagée (cass. soc. 23 février 1994, n° 92-43.976, BC V n° 65; Dr. Soc. 1994, p. 518; 1er mars 2005, n° 03-40.048, BC V n° 75, précité). Le Conseil d'État a adopté la même position (CE 23 décembre 2011, n° 338607).

L'annulation de la désignation en qualité de délégué syndical intervenue avant l'envoi de la lettre de licenciement fait perdre au salarié le bénéfice de la procédure spéciale de licenciement (cass. soc. 3 décembre 2002, n° 99-44.583, BC V n° 363; RJS 2/03 n° 215). Mais si la décision d'annulation de la désignation est cassée ultérieurement, les parties se trouvent replacées dans l'état où elles se trouvaient avant le jugement et le licenciement, prononcé sans autorisation administrative, est irrégulier (cass. soc. 28 octobre 1996, n° 95-40.994, BC V n° 354). Lorsque, dans une entreprise de moins de cinquante salariés, un délégué du personnel titulaire est désigné en qualité de délégué syndical, la fin du mandat électif entraîne la fin du mandat syndical; le salarié cesse donc d'être protégé au terme des six mois qui suivent l'expiration du mandat électif (cass. soc. 12 octobre 2004, n° 02-47.048, BC V n° 252; RJS 1/05 n° 57; voir aussi note sous art. L. 2143-6).

• ***Alinéa 2:*** En application de cette disposition, une cour d'appel a justement refusé le bénéfice du statut protecteur à un ancien délégué syndical après avoir constaté qu'il avait été désigné dans cette fonction moins d'un an avant son licenciement (cass. soc. 25 octobre 2005, n° 02-45.158, BC V n° 301; RJS 1/06 n° 62).

La protection prévue joue également en cas de démission des mandats, ce qui justifie l'intérêt à agir de l'employeur pour demander l'annulation de la désignation (cass. soc. 14 novembre 2012, n° 11-60.215, RJS 2/13 n° 143).

• Le licenciement d'un délégué syndical, au mépris des dispositions de cet article, porte un préjudice à l'intérêt collectif de la profession représentée par le syndicat à l'origine de la désignation (cass. soc. 24 septembre 2008, n° 06-42.269, BC V n° 184; RJS 12/08 n° 1209; RDT, janvier 2009, CH, 51, F. Signoretto).

• ***Cas des entreprises de moins de 50 salariés.*** Dans les entreprises de moins de 50 salariés, seul un délégué du personnel peut être désigné délégué syndical pour le terme de son mandat de délégué du personnel. Par conséquent, la protection supplémentaire au terme du mandat est celle de 6 mois attachée à sa qualité de délégué du personnel et non celle d'un an attachée à la qualité de délégué syndical s'il a exercé plus d'un an (cass. soc. 4 novembre 2020, n° 19-12.279, à paraître, LS Jurispr. n° 213 du 24.11.2020; RJS 1/21 n° 25). Cette jurisprudence est évidemment appelée à recevoir application dans le cadre de la législation actuelle qui prévoit désormais que dans les entreprises de moins de 50 salariés les fonctions de délégué syndical peuvent être confiées à un membre du CSE pour la durée de son mandat.

Sous-section 2. Salarié et ancien salarié mandaté

Art. L. 2411-4. Le licenciement d'un salarié mandaté au titre ***(Ord. 2017-1386 du 22 sept. 2017, art. 2, 50°, JO 23, entrée en vigueur au plus tard le 01.01.2018)*** «des articles L. 2232-23-1 et L. 2232-26» ne peut intervenir qu'après autorisation de l'inspecteur du travail.

Cette autorisation est également requise dès que l'employeur a connaissance de l'imminence de sa désignation.

Il en est de même pour le licenciement d'un ancien salarié mandaté durant les douze mois suivant la date à laquelle son mandat a pris fin. Dans ce cas, lorsque aucun accord n'a été conclu à l'issue de la négociation au titre de laquelle le salarié a été mandaté, le délai de protection court à compter de la date de la fin de cette négociation, matérialisée par un procès-verbal de désaccord.

Note La loi 96-985 du 12 novembre 1996 a assuré aux salariés mandatés par une organisation syndicale pour négocier et conclure un accord d'entreprise une protection identique à celle qui est applicable aux délégués syndicaux. La loi 98-461 du 13 juin 1998 (JO 14) relative à la réduction du temps de travail a repris cette disposition. Les salariés mandatés, sous certaines conditions, par des organisations représentatives en vue de négocier avec l'employeur des accords de réduction du temps de travail bénéficient d'une protection de six mois après la signature de l'accord ou, à défaut, après la fin du mandat ou de la négociation (art. III, dernier al. de la loi du 13 juin 1998, précitée).

La loi 2000-37 du 19 janvier 2000 (JO 20), art. 19, VI, dern. al. prévoit que «les salariés mandatés au titre du présent article bénéficient de la protection prévue par les dispositions de l'article L. 412-18 (ancien) CT dès que l'employeur aura eu connaissance de l'imminence de leur désignation. La procédure d'autorisation administrative est applicable au licenciement des anciens salariés mandatés pendant une période de douze mois à compter de la date à laquelle leur mandat a pris fin».

Pour une application jurisprudentielle des règles protectrices aux salariés mandatés par une organisation syndicale pour négocier un accord sur la réduction du temps de travail, voir cass. soc. 19 février 2002, n° 01-40.527, BC V n° 71; RJS 5/02 n° 593, précisant qu'à défaut d'annulation du mandatement par le juge du fond, le licenciement du salarié sans autorisation de l'inspecteur du travail constitue un trouble manifestement illicite auquel le juge des référés doit mettre fin. Plus récemment, la Cour de cassation a précisé qu'en l'absence de révocation de son mandat par le syndicat ou de constatation de sa caducité à la demande de l'employeur, le salarié continue à bénéficier de la protection prévue par l'article L. 412-18 (ancien) CT, peu important qu'aucune négociation n'ait été engagée (cass. soc. 11 mai 2004, n° 02-41.755, BC V n° 129; RJS 7/04 n° 822; dans le même sens, voir aussi cass. soc. 30 novembre 2004, n° 02-40.437, BC V n° 312; RJS 2/05 n° 173). Enfin, il a été jugé que l'annulation d'un mandat donné dans le cadre des dispositions de la loi du 13 juin 1998 n'a pas d'effet rétroactif sur le statut protecteur du salarié, la perte de la qualité de salarié protégé intervenant à la date à laquelle le jugement d'annulation est prononcé (cass. soc. 28 février 2007, n° 05-42.553, BC V n° 36; JSL n° 208, 27.03.2007, p. 12, M-Ch. Haller; JCP éd. S 2007, 1494, note J-M Olivier, 2e espèce; RJS 5/07 n° 609, 1re espèce; RDT, juillet/août 2007, CH, 465, M. Grévy).

S'agissant de la protection des salariés mandatés pour le suivi d'un accord RTT, la Cour de cassation a jugé que, dès lors qu'il a été prononcé après la promulgation de la loi du 19 janvier 2000, le licenciement d'un salarié mandaté pour la négociation et le suivi d'un accord conclu en application de la loi du 13 juin 1998, qui exerce son mandat dans le cadre d'une commission de suivi, mise en place par cet accord et conforme aux dispositions de l'article 19-6 de la loi du 19 janvier 2000, est soumis à l'article L. 412-18 (ancien) CT pendant douze mois à compter du terme du mandat de suivi (cass. soc. 28 mars 2006, n° 04-45.695, BC V n° 129; RJS 6/06 n° 742).

SECTION 3. Licenciement d'un membre de la délégation du personnel du comité social et économique

Sous-section 1. Membre et ancien membre de la délégation du personnel du comité social et économique

Art. L. 2411-5. Le licenciement d'un ***(Ord. 2017-1386 du 22 sept. 2017, art. 2, 5°, JO 23, entrée en vigueur au plus tard le 01.01.2018)*** «membre élu de la délégation du personnel du comité social et économique», titulaire ou suppléant ***(Ord. 2017-1386 du 22 sept. 2017, art. 2, 5°, JO 23, entrée en vigueur au plus tard le 01.01.2018)*** «ou d'un représentant syndical au comité social et économique», ne peut intervenir qu'après autorisation de l'inspecteur du travail.

(Ord. 2017-1386 du 22 sept. 2017, art. 2, 6°, JO 23, entrée en vigueur au plus tard le 01.01.2018) «L'ancien membre élu de la délégation du personnel du comité social et économique ainsi que l'ancien représentant syndical qui, désigné depuis deux ans, n'est pas reconduit dans ses fonctions lors du renouvellement du comité bénéficient également de cette protection pendant les six premiers mois suivant l'expiration de leur mandat ou la disparition de l'institution.»

Note • *Covid-19.* Sur la prorogation de la protection spécifique en matière de licenciement des salariés dont les mandats sont prorogés pour faire face à l'épidémie de Covid-19, voir ordonnance 2020-389 du 1er avril 2020, art. 3, JO 2.

• Les dispositions des articles L. 2411-5 [délégué et ancien délégué du personnel], L. 2411-8 [membre et ancien membre du comité d'entreprise], L. 2411-13 [représentant du personnel au CHSCT] et L. 2411-14 [représentant du personnel d'une entreprise extérieure au CHSCT], dans leur rédaction antérieure à l'entrée en vigueur de l'ordonnance 2017-1386, sont restées applicables lorsqu'avaient été mises en place, au plus tard le 31 décembre 2017, une ou plusieurs des institutions représentatives du personnel concernées par les dispositions précitées.

Dans ce cas, les dispositions prévues aux 2° [délégué du personnel, titulaire ou suppléant, ancien délégué du personnel ou candidat aux fonctions de délégué du personnel, salarié ayant demandé à l'employeur l'organisation des élections pour la désignation des délégués du personnel], 3° [membre élu du comité d'entreprise, titulaire ou suppléant, représentant syndical au comité d'entreprise, ancien membre ou candidat aux fonctions de membre du comité d'entreprise, salarié ayant demandé à l'employeur l'organisation des élections au comité d'entreprise] et 6° [salarié siégeant ou ayant siégé en qualité de représentant du personnel au comité d'hygiène, de sécurité et des conditions de travail] de l'article L. 2422-1 et à l'article L. 2422-2, dans leur rédaction antérieure à l'entrée en vigueur de l'ordonnance, sont restées applicables (ordonnance précitée, art. 11).

• Jurisprudence rendue dans le cadre législatif antérieur à l'ordonnance 2017-1386 précitée mais toujours d'actualité dans les principes qu'elle a fixés.

Délégué et ancien délégué du personnel

Seul le salarié peut se prévaloir du défaut d'autorisation prévue par cet article (cass. soc. 10 mai 2001, n° 99-41.391, BC V n° 162; RJS 8-9/01 n° 1037).

Annulation des élections. En cas d'annulation des élections, le délégué du personnel conserve le bénéfice de la protection liée à son mandat d'élu durant les six mois suivant le jugement d'annulation (cass. soc. 8 juin 2011, n° 10-11.933, BC V n° 143; RJS 8-9/11 n° 655, 2e espèce).

Annulation d'un jugement reconnaissant l'existence d'une unité économique et sociale. Celle-ci ne fait perdre aux salariés élus leur qualité de membre de l'institution représentative mise en place dans ce cadre qu'à compter du jour où elle est prononcée, ces salariés bénéficiant, à partir de cette date, du délai de protection de six mois prévu à l'alinéa 2 de cet article (cass. soc. 2 décembre 2008, n° 07-41.832, BC V n° 238).

Membre et ancien membre du comité d'entreprise

L'annulation par un syndicat du mandat de représentant syndical au comité d'entreprise n'a pas d'effet rétroactif sur la qualité de salarié protégé et le salarié bénéficie du statut protecteur si la rupture du contrat de travail intervient avant l'annulation de son mandat, peu important qu'il n'en ait pas effectivement exercé les fonctions (cass. soc. 4 mars 2009, n° 08-41.408, BC V n° 63; RJS 5/09 n° 451; JCP éd. S 2009, 1275, note J-Y Kerbourc'h).

Imminence d'une désignation en qualité de représentant syndical au comité d'entreprise. S'est déterminée par des motifs inopérants la cour d'appel qui, pour dire que la protection du salarié au titre de sa candidature imminente n'était pas acquise, a retenu qu'il avait informé oralement la DRH de son intention de se voir désigner en qualité de représentant syndical au comité d'entreprise, mais que la formalisation de sa candidature était subordonnée à la représentativité de son syndicat, laquelle dépendait du déroulement et des résultats des élections professionnelles et ensuite du choix réalisé par le syndicat concerné, de sorte que sa candidature potentielle devait être considérée comme hypothétique et non imminente (cass. soc. 11 mars 2020, n° 18-23.893, RJS 6/20 n° 304).

Représentant du personnel au CHSCT

La désignation d'une salariée comme membre du CHSCT intervenue postérieurement à sa convocation à l'entretien préalable au licenciement ne peut avoir d'effet que jusqu'au terme du contrat et l'intéressée ne peut bénéficier de la protection spéciale applicable aux représentants du personnel (cass. soc. 3 avril 2001, n° 99-40.190, BC V n° 122; RJS 6/01 n° 763).

Pour bénéficier du statut protecteur en tant que représentant du personnel au sein du CHSCT, le salarié doit avoir été élu par le collège désignatif constitué par les membres élus du comité d'entreprise ou d'établissement et les délégués du personnel (cass. soc. 28 novembre 2006, n° 04-45.548, BC V n° 356). Dès lors que sa désignation résulte d'un vote du collège désignatif, le salarié a la qualité de salarié protégé et l'employeur, qui n'a pas contesté cette élection dans les délais réglementaires, ne peut prononcer un licenciement sans respecter la procédure protectrice (cass. soc. 12 février 2008, n° 06-44.121, BC V n° 35; RJS 4/08 n° 450; JCP éd. S 2008, 1440, note A. Martinon).

Un salarié, désigné en qualité de secrétaire du CHSCT qui ne fait pas partie des membres de la délégation du personnel siégeant à ce comité, ne bénéficie pas de la procédure spéciale protectrice prévue par cet article (cass. soc. 25 janvier 1994, n° 92-40.139, BC V n° 23; voir aussi cass. soc. 18 mai 2005, n° 02-47.335, BC V n° 173; RJS 8-9/05 n° 867).

Les institutions représentatives créées par voie conventionnelle doivent, pour ouvrir à leurs membres le bénéfice de la procédure spéciale protectrice prévue en faveur des représentants du personnel et des syndicats, être de même nature que celles prévues par le code du travail. Tel n'est pas le cas des représentants syndicaux au comité d'hygiène, de sécurité et des conditions de travail, dont l'existence n'est pas prévue par le code du travail (cass. soc. 29 janvier 2003, n° 00-45.961, BC V n° 34; RJS 4/03 n° 485; voir aussi cass. soc. 20 février 1991, n° 89-42.288, BC V n° 85). Un employeur qui a licencié le représentant syndical d'un comité interentreprise d'hygiène et de sécurité institué par voie conventionnelle ne peut dès lors être condamné pour entrave (cass. crim. 4 avril 1991, n° 89-85.536, B. crim. n° 164).

S'agissant de l'accord interprofessionnel du 17 mars 1975 sur l'amélioration des conditions de travail, qui prévoit que dans les établissements de plus de 300 salariés, les organisations syndicales peuvent désigner un représentant au CHS, le ministre du Travail a précisé que le salarié ainsi désigné comme représentant syndical auprès du CHSCT ne peut, en cette seule qualité, bénéficier d'aucune protection spéciale (rép. QE 36376, JO AN 26 décembre 1983, p. 5495).

Sur l'opportunité d'étendre aux représentants syndicaux au CHSCT le bénéfice de la procédure spéciale protectrice contre les licenciements, voir rép. QE 34826, JO AN 30 novembre 2004, p. 9467.

Les candidats aux fonctions de membre élu du comité d'hygiène, de sécurité et des conditions de travail bénéficient de la protection légale en faveur des candidats aux élections professionnelles (cass. soc. 30 avril 2003, n° 00-46.787, BC V n° 154; RJS 7/03 n° 910).

Toute mutation de poste ou de fonctions imposée contre son gré à un membre de CHSCT est de nature à caractériser l'élément matériel d'une atteinte portée à ses prérogatives statutaires à moins que l'employeur n'apporte la preuve de sa pleine justification (cass. crim. 4 janvier 1990, n° 88-83.311, B. crim. n° 11).

Sous-section 2. **Salarié ayant demandé l'organisation des élections**

Art. L. 2411-6. L'autorisation de licenciement est requise, pendant une durée de six mois, pour le salarié ayant demandé à l'employeur d'organiser les élections ***(Ord. 2017-1386 du 22 sept. 2017, art. 2, 7°, JO 23, entrée en vigueur au plus tard le 01.01.2018)*** «au comité social et économique» ou d'accepter d'organiser ces élections. Cette durée court à compter de l'envoi à l'employeur de la lettre recommandée par laquelle une organisation syndicale a, la première, demandé ou accepté qu'il soit procédé à des élections.

Cette protection ne bénéficie qu'à un seul salarié par organisation syndicale ainsi qu'au premier salarié, non mandaté par une organisation syndicale, qui a demandé l'organisation des élections.

Note • Les dispositions des articles L. 2411-6 [salarié ayant demandé l'organisation des élections des délégués du personnel] et L. 2411-9 [salarié ayant demandé l'organisation des élections au comité d'entreprise], dans leur rédaction antérieure à l'entrée en vigueur de l'ordonnance 2017-1386, sont restées applicables lorsqu'avaient été mises en place, au plus tard le 31 décembre 2017, une ou plusieurs des institutions représentatives du personnel concernées par les dispositions précitées. Dans ce cas, les dispositions prévues aux 2° [délégué du personnel, titulaire ou suppléant, ancien délégué du personnel ou candidat aux fonctions de délégué du personnel, salarié ayant demandé à l'employeur l'organisation des élections pour la désignation des délégués du personnel], 3° [membre élu du comité d'entreprise, titulaire ou suppléant, représentant syndical au comité d'entreprise, ancien membre ou candidat aux fonctions de membre du comité d'entreprise, salarié ayant demandé à l'employeur l'organisation des élections au comité d'entreprise] et 6° [salarié siégeant ou ayant siégé en qualité de représentant du personnel au comité d'hygiène, de sécurité et des conditions de travail] de l'article L. 2422-1 et à l'article L. 2422-2, dans leur rédaction antérieure à l'entrée en vigueur de l'ordonnance, sont restées applicables (ordonnance précitée, art. 11).

• Jurisprudence rendue dans le cadre législatif antérieur à l'ordonnance 2017-1386 précitée mais toujours d'actualité dans les principes qu'elle a fixés.

Selon la chambre criminelle, la protection ne peut jouer en faveur d'un salarié isolé, non mandaté par une organisation syndicale, qu'à la condition qu'une organisation syndicale intervienne pour demander elle-même, par lettre recommandée, l'organisation des élections (cass. crim. 21 novembre 1989, n° 89-80.847, B. crim. n° 435; RJS 1/90 n° 47; 10 décembre 1985, n° 85-90.814, B. crim. n° 396; 30 mars 1993, n° 91-84.239, B. crim. n° 136; RJS 6/93 n° 633).

La chambre sociale et le Conseil d'État retiennent une interprétation semblable: sauf si sa demande est manifestement dépourvue de tout caractère sérieux, le salarié qui a demandé l'organisation des élections pour la mise en place des délégués du personnel bénéficie, lorsqu'une organisation syndicale intervient aux mêmes fins, de la protection légale contre le licenciement (cass. soc. 13 octobre 2010, n° 09-41.916, BC V n° 228; RJS 12/10 n° 956; voir aussi précédemment cass. soc. 25 juin 1987, n° 84-41.600, BC V n° 425; 15 février 2006, n° 05-41.166, BC V n° 73; RJS 5/06 n° 600). La demande formulée par un salarié de l'entreprise et en son nom ne lui assure pas la protection prévue par la loi, dès lors qu'une lettre demandant l'organisation d'élections avait été adressée par un syndicat, sous la signature de son président (cass. soc. 28 octobre 1996, n° 94-45.426, BC V n° 351; RJS 12/96 n° 1285; voir aussi cass. soc. 11 octobre 2000, n° 98-43.930). Le délai de protection accordé au salarié non mandaté par une organisation syndicale ne court qu'à compter de l'envoi à l'employeur de la lettre recommandée par laquelle une organisation a, la première, demandé ou accepté qu'il soit procédé à des élections, et non à compter de la demande effectuée par le salarié concerné (CE 5 novembre 1993, n° 100132, RJS 2/94 n° 162).

Il incombe au juge du fond de s'assurer de la date à laquelle le syndicat a envoyé la lettre par laquelle il a demandé l'organisation des élections (cass. soc. 20 mars 2013, n° 11-28.034, RJS 6/13 n° 470; CE 31 mars 2014, n° 363967, RJS 6/14 n° 499; Dr. Soc. 2014, p. 656, étude D. Boulmier).

La date à laquelle la mise en place de l'institution est obligatoire est sans incidence sur l'acquisition de cette protection, dès lors que le délai entre la demande du syndicat tendant à l'organisation des élections et le jour où l'institution doit être mise en place est raisonnable (cass. soc. 25 janvier 2006, n° 03-42.908, BC V n° 29; RJS 4/06 n° 470).

Par ailleurs, l'annulation de la désignation du salarié en qualité délégué syndical ne le prive pas de la protection qu'il a acquise en demandant l'organisation d'élections (cass. soc. 24 mai 2006, n° 04-43.947, BC V n° 192; RJS 8-9/06 n° 969).

Le fait qu'un salarié ait pu initialement bénéficier de la protection due aux salariés qui ont pris l'initiative de demander des élections ne peut le priver de la protection qui lui est due à compter de sa candidature aux élections (cass. crim. 18 novembre 1997, n° 96-80.942, B. crim. n° 391; RJS 2/98 n° 182: en l'espèce, le salarié n'avait été élu ni au premier ni au second tour).

La demande d'un salarié quelques semaines après l'organisation infructueuse d'élections à l'initiative de l'employeur (faute de candidats) et alors que l'intéressé avait appris qu'il allait être licencié ne lui permet pas de bénéficier de la protection spéciale (CE 19 juillet 1991, n° 108754, Rec. Lebon, p. 296; RJS 10/91 n° 1110).

Est nul le licenciement d'un salarié ayant demandé que soit organisée l'élection des délégués du personnel alors qu'en méconnaissance des dispositions de l'article L. 2314-4 CT, la procédure devant conduire à ces élections n'avait pas été engagée dans le délai d'un mois par l'employeur, ce dernier ayant eu connaissance, avant l'engagement de la procédure de licenciement, de l'intention de l'intéressé d'y être candidat (cass. soc. 8 février 2012, n° 10-23.881, RJS 4/12 n° 367).

Sous-section 3. Candidat aux fonctions de membre élu de la délégation du personnel du comité social et économique

Art. L. 2411-7. L'autorisation de licenciement est requise pendant six mois pour le candidat, au premier ou au deuxième tour, aux fonctions de ***(Ord. 2017-1386 du 22 sept. 2017, art. 2, 9°, JO 23, entrée en vigueur au plus tard le 01.01.2018)*** «membre élu de la délégation du personnel du comité social et économique», à partir de la publication des candidatures. La durée de six mois court à partir de l'envoi par lettre recommandée de la candidature à l'employeur.

Cette autorisation est également requise lorsque la lettre du syndicat notifiant à l'employeur la candidature aux fonctions de ***(Ord. 2017-1386 du 22 sept. 2017, art. 2, 9°, JO 23, entrée en vigueur au plus tard le 01.01.2018)*** «membre élu à la délégation du personnel du comité social et économique» a été reçue par l'employeur ou lorsque le salarié a fait la preuve que l'employeur a eu connaissance de l'imminence de sa candidature avant que le candidat ait été convoqué à l'entretien préalable au licenciement.

Note • *Covid-19.* Sur la prorogation de la protection spécifique en matière de licenciement des salariés candidats aux élections suspendues ou reportées pour faire face à l'épidémie de Covid-19, voir ordonnance 2020-389 du 1er avril 2020, art. 3, JO 2.

• Les dispositions des articles L. 2411-7 [candidat aux fonctions de délégué du personnel] et L. 2411-10 [candidat aux fonctions de membre du comité d'entreprise], dans leur rédaction antérieure à l'entrée en vigueur de l'ordonnance 2017-1386, sont restées applicables lorsqu'avaient été mises en place, au plus tard le 31 décembre 2017, une ou plusieurs des institutions représentatives du personnel concernées par les dispositions précitées.

Dans ce cas, les dispositions prévues aux 2° [délégué du personnel, titulaire ou suppléant, ancien délégué du personnel ou candidat aux fonctions de délégué du personnel, salarié ayant demandé à l'employeur l'organisation des élections pour la désignation des délégués du personnel], 3° [membre élu du comité d'entreprise, titulaire ou suppléant, représentant syndical au comité d'entreprise, ancien membre ou candidat aux fonctions de membre du comité d'entreprise, salarié ayant demandé à l'employeur l'organisation des élections au comité d'entreprise] et 6° [salarié siégeant ou ayant siégé en qualité de représentant du personnel au comité d'hygiène, de sécurité et des conditions de travail] de l'article L. 2422-1 et à l'article L. 2422-2, dans leur rédaction antérieure à l'entrée en vigueur de l'ordonnance, sont restées applicables (ordonnance précitée, art. 11).

• Jurisprudence rendue dans le cadre législatif antérieur à l'ordonnance 2017-1386 précitée mais toujours d'actualité dans les principes qu'elle a fixés.

Candidat aux fonctions de délégué du personnel

Point de départ de la protection. Les candidats aux fonctions de délégué du personnel sont protégés durant une période de six mois à partir de l'envoi à l'employeur des listes de candidatures.

Si le point de départ du délai de protection court à partir de l'envoi à l'employeur, par lettre recommandée, des listes de candidatures, cette formalité n'est prévue que pour faciliter la preuve de la candidature et non pour sa validité (cass. soc. 4 mars 1998, n° 95-42.040, BC V n° 119; RJS 4/98 n° 491).

Sont également protégés les salariés dont l'employeur avait connaissance de l'imminence de leur candidature (cass. soc. 11 octobre 2017, n° 16-10.139, BC V n° 179; JCP éd. S 2017, 1384, note J-Y Kerbourc'h; LSQ n° 17438 du 2.11.2017; RJS 12/17 n° 808; JSL n° 443-444, 15.12.2017, pp. 16 et s., M. Hautefort), pour un salarié ayant informé son employeur qu'il avait l'intention de se présenter au second tour de l'élection, quand bien même cette information lui avait été donnée avant le déroulement du premier tour.

Conditions de la protection

Les règles de protection ne peuvent, en principe, recevoir application avant qu'il ait été procédé aux mesures prévues par la loi à l'effet d'organiser les élections (répartition du personnel dans les collèges électoraux, répartition des sièges entre les différentes catégories de personnel, fixation de la date des élections) et de permettre la présentation de véritables candidatures, à moins que les élections n'aient été retardées par une opposition injustifiée de l'employeur (cass. ass. plén. 27 octobre 1972, n° 70-92.627, BC n° 5; cass. soc. 3 juin 1981, 2 arrêts, n°s 81-60.012 et 81-60.013, BC V n° 505; 3 décembre 1987, n° 86-60.476, BC V n° 704; voir aussi cass. soc. 24 mars 1988, n° 86-40.624, BC V n° 216 et 22 mars 1995, n° 93-41.678, RJS 5/95 n° 529). Toutefois, le salarié peut bénéficier de la protection au titre de l'imminence de sa candidature (voir *infra*).

Lorsque l'employeur engage la procédure de licenciement avant d'avoir connaissance d'une candidature ou de son imminence, le salarié, même s'il est ultérieurement élu, ne bénéficie pas du statut protecteur au titre de la procédure en cours (cass. soc. 28 janvier 2009, n° 08-41.633, BC V n° 25; JSL n° 250, 23.02.2009, p. 15, M-Ch. Haller; RJS 4/09 n° 377; RDT, avril 2009, CH, 248, M. Grévy; JCP éd. S 2009, 1193, note J-Y Kerbourc'h).

En cas de litige, c'est à l'employeur, qui conteste au salarié élu le bénéfice de cette protection, d'établir que la convocation à l'entretien préalable a précédé la formalisation de la candidature dont il est, en sa qualité d'organisateur des élections, destinataire et qu'il lui appartient d'enregistrer (cass. soc. 12 juillet 2006, n° 04-47.724, BC V n° 250; JCP éd. S 2006, 1756, note J-Y Kerbourc'h; RJS 11/06 n° 1201). Mais le juge du fond ne peut annuler le licenciement sans constater que le dépôt de la liste des candidatures était antérieur à l'engagement de la procédure de licenciement (cass. soc. 20 mars 2013, n° 11-26.705, RJS 6/13 n° 467).

Dès lors que l'employeur n'a pas contesté la régularité de la candidature du salarié devant le tribunal d'instance [tribunal judiciaire] dans le délai de forclusion prévu par l'article R. 2324-24 CT, il n'est pas recevable à alléguer le caractère frauduleux de la candidature du salarié pour écarter la procédure prévue par l'article L. 2411-7 CT (cass. soc. 13 mai 2014, n° 13-14.537, BC V n° 115; RJS 7/14 n° 578; JCP éd. S 2014, 1313, note A. Barège).

Imminence de candidature

La procédure protectrice s'applique également lorsque le salarié a fait la preuve que l'employeur a eu connaissance de l'imminence de sa candidature avant la convocation à l'entretien préalable au licenciement.

Le caractère imminent de la candidature n'est pas subordonné à la conclusion préalable d'un protocole d'accord préélectoral (cass. soc. 18 novembre 1992, n° 88-44.905, BC V n° 556; RJS 12/92 n° 1399; 17 octobre 1989, n° 87-41.174, BC V n° 596; RJS 12/89 n° 947; 4 juillet 1990, n° 87-44.840, BC V n° 348; RJS 10/90 n° 788; 20 novembre 1991, n° 88-42.554, BC V n° 514); une candidature individuelle peut donc être présentée avant l'organisation du premier tour de scrutin (cass. soc. 18 novembre 1992, n° 88-44.905, précité; 11 octobre 2017, n° 16-10.139, précité, pour un salarié ayant informé son employeur qu'il avait l'intention de se présenter au second tour de l'élection, quand bien même cette information lui avait été donnée avant le déroulement du premier tour).

Pour la chambre criminelle, la notification de candidature à l'employeur, antérieurement à l'accord préélectoral, est de nature à établir la connaissance par celui-ci de l'imminence de cette candidature (cass. crim. 21 juin 1988, n° 87-80.738, B. crim. n° 283) et constitue le point de départ de la protection (cass. crim. 18 novembre 1997, n° 96-80.942, B. crim. n° 391; RJS 2/98 n° 182). Doit également être considérée comme imminente la candidature individuelle d'un salarié aux fonctions de délégué du personnel, dont l'employeur avait eu connaissance avant la convocation de ce salarié à l'entretien préalable au licenciement, alors même que cette candidature aurait été présentée avant l'organisation du premier tour des élections pour lequel les syndicats représentatifs ont le monopole des candidatures (cass. crim. 3 décembre 1996, n° 94-82.953, B. crim. n° 444; RJS 2/97 n° 170).

Pour le Conseil d'État, la lettre du salarié faisant part à l'employeur de son intention de se porter candidat à titre individuel avant l'organisation du premier tour de scrutin ne valait pas notification de candidature par un syndicat et n'établissait pas non plus l'imminence de présentation de cette candidature par le syndicat et, dès lors, le salarié ne pouvait se prévaloir du statut protecteur (CE 5 novembre 1993, n° 100132, RJS 2/94 n° 162). Par sa décision du 28 mars 2013, le Conseil d'État a abandonné cette jurisprudence: désormais bénéficie de la protection le salarié qui a adressé à son employeur une lettre lui demandant d'organiser des élections et l'informant, avant le premier tour de scrutin, de son intention de se porter candidat à titre individuel, la protection au titre de sa candidature prenant ensuite le relais (CE 28 mars 2013, n° 338289, RJS 6/13 n° 469).

Autres règles

À noter que:

– la protection s'étend aux candidats présentés au second tour (cass. soc. 18 novembre 1992, n° 88-44.905, BC V n° 556; RJS 12/92 n° 1399);

– la protection n'est acquise que si le salarié, au moment de sa candidature, est éligible (cass. soc. 4 juillet 1972, n° 71-60.001, BC V n° 485);
– le retrait de candidature avant les élections ne met pas fin à la protection légale (cass. soc. 11 mars 1971, n° 69-40.337, BC V n° 198; 26 septembre 2012, n° 11-14.339, BC V n° 235; JCP éd. S 2012, 1487, note D. Boulmier; RJS 12/12 n° 968);
– la perte de la qualité de salarié protégé d'un candidat aux élections n'intervient qu'à la date à laquelle le jugement, se prononçant sur une contestation électorale, annule cette candidature (cass. soc. 5 mai 2009, n° 07-45.004, RJS 8-9/09 n° 733; 28 novembre 2000, n° 98-42.01, BC V n° 396);
– l'annulation des élections ne prive pas les candidats de la protection prévue par cet article (cass. soc. 11 mai 1999, n° 97-40.765, BC V n° 211; RJS 6/99 n° 828).

Candidat aux fonctions de membre du comité d'entreprise

La procédure protectrice des membres du comité d'entreprise s'applique lorsque le salarié a fait la preuve que l'employeur a eu connaissance de l'imminence de sa candidature avant qu'il n'ait été convoqué à l'entretien préalable au licenciement; le caractère imminent de la candidature n'est pas subordonné à la conclusion préalable d'un protocole préélectoral (cass. soc. 30 septembre 2020, n° 19-12.272, LS Jurispr. n° 204 du 10.11.2020; RJS 12/20 n° 604).

Si la protection prévue par l'article L. 436-1, al. 4 [L. 2411-10, al. 2] CT bénéficie au candidat aux fonctions de membres du comité d'entreprise, tant au premier qu'au second tour, et cela alors même qu'il aurait présenté sa candidature avant le déroulement du premier, la connaissance par l'employeur de l'imminence de sa candidature n'est de nature à le faire bénéficier de cette protection que jusqu'au dépôt de sa candidature pour le second tour (cass. soc. 21 décembre 2006, n° 04-47.426, BC V n° 411; RJS 3/07 n° 357; RDT, mars 2007, CH 184, G. Pignarre; JCP éd. S 2007, 1651, note J-Y Kerbourc'h).

SECTION 4. Licenciement d'un représentant de proximité

Note Cette section est issue de l'ordonnance 2017-1386 du 22 septembre 2017, art. 2, 10°, JO 23, entrée en vigueur au plus tard le 01.01.2018.

Sous-section 1. Représentant et ancien représentant de proximité

Art. L. 2411-8. Le licenciement d'un représentant de proximité ne peut intervenir qu'après autorisation de l'inspecteur du travail.

Cette autorisation est également requise durant les six mois suivant l'expiration du mandat de représentant de proximité ou la disparition de l'institution.

Sous-section 2. Candidat aux fonctions de représentant de proximité

Art. L. 2411-9. L'autorisation de licenciement est requise pendant six mois pour le candidat aux fonctions de représentant de proximité, à partir du dépôt de sa candidature.

Cette autorisation est également requise lorsque le salarié a fait la preuve que l'employeur a eu connaissance de l'imminence de sa candidature avant que le candidat ait été convoqué à l'entretien préalable au licenciement.

SECTION 5. Licenciement d'un membre de la délégation du personnel du comité social et économique interentreprises

Note Cette section est issue de l'ordonnance 2017-1386 du 22 septembre 2017, art. 2, 12°, JO 23, entrée en vigueur au plus tard le 01.01.2018.

Sous-section 1. Membre et ancien membre de la délégation du personnel du comité social et économique interentreprises

Art. L. 2411-10. Le licenciement d'un membre de la délégation du personnel du comité social et économique interentreprises ne peut intervenir qu'après autorisation de l'inspecteur du travail.

Cette autorisation est également requise durant les six mois suivant l'expiration du mandat de membre de la délégation du personnel du comité social et économique interentreprises ou de la disparition de l'institution.

Note *Covid-19.* Voir note sous article L. 2411-5.

Sous-section 2. Candidat aux fonctions de membre de la délégation du personnel du comité social et économique interentreprises

Art. L. 2411-10-1. L'autorisation de licenciement est requise pendant six mois pour le candidat aux fonctions de membre de la délégation du personnel du comité social et économique interentreprises, à partir du dépôt de sa candidature.

Cette autorisation est également requise lorsque le salarié a fait la preuve que l'employeur a eu connaissance de l'imminence de sa candidature avant que le candidat ait été convoqué.

Note *Covid-19.* Voir note sous article L. 2411-7.

SECTION 6. Licenciement d'un membre du groupe spécial de négociation ou d'un membre du comité d'entreprise européen

Note Cette section est l'ancienne section 5 (ordonnance 2017-1386 du 22 septembre 2017, art. 2, 11°, JO 23, entrée en vigueur au plus tard le 01.01.2018).

Art. L. 2411-11. Le licenciement d'un membre du groupe spécial de négociation ou d'un membre du comité d'entreprise européen ne peut intervenir qu'après autorisation de l'inspecteur du travail.

SECTION 7. Licenciement d'un membre du groupe spécial de négociation, d'un représentant au comité de la société européenne, d'un représentant au comité de la société coopérative européenne ou d'un représentant au comité de la société issue d'une fusion transfrontalière

Note Cette section est l'ancienne section 6 (ordonnance 2017-1386 du 22 septembre 2017, art. 2, 13°, JO 23, entrée en vigueur au plus tard le 01.01.2018).

Art. L. 2411-12. Le licenciement d'un membre du groupe spécial de négociation ***(L. 2008-89 du 30 janv. 2008, art. 8, JO 31)*** «, d'un représentant au comité de la société européenne» ***(L. 2008-649 du 3 juil. 2008, art. 6, JO 4)*** «, d'un représentant au comité de la société coopérative européenne ou d'un représentant au comité de la société issue d'une fusion transfrontalière» ne peut intervenir qu'après autorisation de l'inspecteur du travail.

SECTION 8. Licenciement d'un représentant du personnel d'une entreprise extérieure à la commission santé, sécurité et condition de travail

Art. L. 2411-13. Le licenciement d'un représentant du personnel d'une entreprise extérieure désigné ***(Ord. 2017-1386 du 22 sept. 2017, art. 2, 15°, JO 23, entrée en vigueur au plus tard le 01.01.2018)*** «à la commission santé, sécurité et conditions de travail» d'un établissement comprenant au moins une installation classée figurant sur la liste prévue à l'article L. 515-36 du code de l'environnement ou mentionnée à l'article L. 211-2 du code minier ne peut intervenir qu'après autorisation de l'inspecteur du travail.

Cette autorisation est également requise pour le salarié ayant siégé en qualité de représentant du personnel dans ce comité pendant les six premiers mois suivant l'expiration de son mandat ou la disparition de l'institution.

Note Cet article est l'ancien article L. 2411-14 (ordonnance 2017-1386 du 22 septembre 2017, art. 2, 14°, JO 23, entrée en vigueur au plus tard le 01.01.2018).

Art. R. 2411-1. Les dispositions de l'article L. 2411-13 ne sont pas applicables au fonctionnaire titulaire membre du comité d'hygiène, de sécurité et des conditions de travail d'un établissement de santé, social et médico-social mentionné à l'article 2 de la loi n° 86-33 du 9 janvier 1986 portant dispositions statutaires relatives à la fonction publique hospitalière.

Pour l'application de ces dispositions aux agents non titulaires, la commission paritaire consultative compétente pour les fonctionnaires titulaires exerçant les mêmes fonctions que l'agent intéressé est consultée.

Art. L. 2411-14. ***(Ord. 2017-1386 du 22 sept. 2017, art. 2, 17°, JO 23, entrée en vigueur au plus tard le 01.01.2018)*** L'autorisation de licenciement est requise pendant six mois pour le candidat aux fonctions de représentant du personnel d'une entreprise extérieure à la commission santé, sécurité et conditions de travail, à partir du dépôt de sa candidature.

Cette autorisation est également requise lorsque le salarié a fait la preuve que l'employeur a eu connaissance de l'imminence de sa candidature avant que le candidat ait été convoqué à l'entretien préalable au licenciement.

SECTION 9. Licenciement d'un salarié membre d'une commission paritaire d'hygiène, de sécurité et des conditions de travail en agriculture

Art. L. 2411-15. Le licenciement d'un salarié membre d'une commission paritaire d'hygiène, de sécurité et des conditions de travail en agriculture ne peut intervenir qu'après autorisation de l'inspecteur du travail.

Art. L. 2411-16

Cette autorisation est également requise pour le salarié ayant siégé en qualité de représentant du personnel dans cette commission, pendant les six premiers mois suivant l'expiration de son mandat ou la disparition de l'institution.

SECTION 10. Licenciement de salariés titulaires d'autres mandats de représentation

Sous-section 1. Représentant des salariés en cas de sauvegarde, de redressement ou de liquidation judiciaire des entreprises

Art. L. 2411-16. La procédure d'autorisation de licenciement d'un représentant des salariés en cas de sauvegarde, de redressement ou de liquidation judiciaire et le délai au terme duquel sa protection cesse sont prévus par l'article L. 662-4 du code de commerce.

Note Aux termes de l'article 59 du décret 2005-1677 du 28 décembre 2005 (JO 29), le licenciement du représentant des salariés désigné en application de l'article L. 621-4 c. com. est régi par les dispositions des articles R. 436-1 à R. 436-8 et de l'article R. 436-10 (anciens) CT. Le représentant des salariés, dont la désignation n'a pas été annulée préalablement par le juge d'instance [tribunal judiciaire] auquel l'article L. 621-6 c. com. attribue compétence pour connaître de cette contestation, ne peut donc être licencié qu'après une autorisation de l'inspecteur du travail, et cela tant que sa mission n'a pas pris fin, c'est-à-dire tant que les sommes versées par l'AGS n'ont pas été intégralement reversées aux salariés de l'entreprise (cass. soc. 23 septembre 2009, n° 08-40.603, BC V n° 197; JCP éd. S 2009, 1495, note A. Martinon; RJS 12/09 n° 966; RDT, décembre 2009, CH, 733, F. Paraiso). Dès lors que ces sommes ont été reversées aux salariés, la protection cesse au terme de la dernière audition ou consultation précédant l'adoption d'un plan de redressement (cass. soc. 30 janvier 2013, n° 11-22.979, BC V n° 23; JCP éd. S 2013, 1150, note G. François).

L'article L. 627-5 [L. 662-4] c. com. limitant à la durée du mandat la protection contre le licenciement du représentant des salariés à la procédure de redressement ou de liquidation judiciaires, le candidat à ces fonctions n'est pas protégé (cass. soc. 1er mars 2005, n° 02-44.293, BC V n° 74; RJS 5/05 n° 549).

Le représentant des salariés licencié avec l'autorisation de l'inspecteur du travail n'a plus le pouvoir d'agir en cette qualité après l'expiration du préavis qui met fin au mandat (cass. soc. 4 juillet 2007, n° 05-19.112, BC V n° 115; JCP éd. S 2007, 1654, note J-M Olivier; RJS 10/07 n° 1093; Dr. Soc. 2007, p. 1187, obs. P-Y Verkindt).

Sous-section 2. Représentant des salariés au conseil d'administration ou de surveillance des entreprises

Art. L. 2411-17. Le licenciement d'un représentant des salariés au conseil d'administration ou de surveillance des entreprises du secteur public, ***(L. 2013-504 du 14 juin 2013, art. 9, VI, JO 16)*** «des sociétés anonymes et des sociétés en commandite par actions» ne peut intervenir qu'après autorisation de l'inspecteur du travail.

Cette autorisation est également requise pour:

1° L'ancien représentant des salariés pendant les six premiers mois suivant la cessation de son mandat;

2° Le candidat et l'ancien candidat à l'élection comme représentant des salariés pendant les trois mois suivant le dépôt des candidatures.

Note *Covid-19.* Sur la prorogation des mandats des représentants des salariés au sein des organes collégiaux d'administration, de surveillance ou de direction élus par les salariés et des mandats des représentants des salariés actionnaires au sein de ces organes pour faire face à l'épidémie de Covid-19, voir loi 2020-734 du 17 juin 2020, art. 3, JO 18.

Sous-section 3. Salarié membre du conseil ou administrateur d'une caisse de sécurité sociale

Art. L. 2411-18. Conformément à l'article L. 231-11 du code de la sécurité sociale, la procédure d'autorisation de licenciement et les périodes et durées de protection du salarié membre du conseil ou administrateur d'une caisse de sécurité sociale sont celles applicables au délégué syndical, prévues par l'article L. 2411-3.

Note
- Protection et connaissance par l'employeur des fonctions exercées en qualité de membre du conseil ou d'administrateur: voir note *supra* au Chapitre Ier et C. constit. 14 mai 2012, n° 2012-242 QPC, JO 15; RJS 7/12 n° 642.
- Pour un exemple: cass. soc. 24 avril 2012, n° 10-20.845, BC V n° 117; JCP éd. S 2012, 1263, note P-H d'Ornano; RJS 6/12 n° 572; Dr. Soc. 2012, p. 469, obs. L. Pécaut-Rivolier.
- Il résulte des articles L. 231-11 c. séc. soc., L. 2411-1 et L. 2411-18 CT que seuls les licenciements des vingt membres du conseil d'administration et des administrateurs des URSSAF sont

soumis à l'autorisation de l'inspecteur du travail et que la salariée, élue en qualité de représentant du personnel auprès du conseil d'administration, ne bénéficie pas de ce statut de salarié protégé (cass. soc. 1er juin 2016, n° 14-26.928, BC V n° 125; LS Jurispr. n° 114 du 21.06.2016; RJS 8-9/16 n° 574; JCP éd. S 2016, 1372, note J-Y Kerbourc'h).

Sous-section 4. Salarié membre du conseil d'administration d'une mutuelle, union ou fédération

Art. L. 2411-19. La procédure d'autorisation de licenciement et les périodes et durées de protection du salarié membre du conseil d'administration d'une mutuelle, union ou fédération sont prévues à l'article L. 114-24 du code de la mutualité.

Note Selon l'article L. 114-24 du code de la mutualité, le licenciement d'un salarié exerçant un mandat d'administrateur de mutuelle ou ayant cessé son mandat depuis moins de 6 mois est soumis à la procédure prévue à l'article L. 412-18 [L. 2411-3 et L. 2421-9] CT. L'administrateur de mutuelle, élu pour un mandat à durée déterminée, licencié sans autorisation administrative, peut donc prétendre à une indemnité pour violation du statut protecteur égale à la rémunération qu'il aurait perçue depuis son éviction jusqu'au terme de son mandat, dans la limite de deux ans, durée minimale légale du mandat des représentants élus du personnel, augmentée de 6 mois (cass. soc. 1er juin 2010, n° 09-41.507, BC V n° 123; LS Jurispr. n° 118 du 15.06.2010; JCP éd. S 2010, 1337, note Th. Lahalle).

Sous-section 5. Représentant des salariés dans une chambre d'agriculture

Art. L. 2411-20. Conformément à l'article L. 515-4 du code rural ***(Ord. 2010-462 du 6 mai 2010, JO 7)*** «et de la pêche maritime», la procédure d'autorisation de licenciement et les périodes et durées de protection du représentant des salariés dans une chambre d'agriculture sont celles applicables au délégué syndical, prévues par l'article L. 2411-3.

SECTION 11. Licenciement du conseiller du salarié

Art. L. 2411-21. Le licenciement du conseiller du salarié chargé d'assister un salarié dans les conditions prévues à l'article L. 1232-4 ne peut intervenir qu'après autorisation de l'inspecteur du travail.

Note **Bénéfice de la protection et connaissance par l'employeur des fonctions de conseiller du salarié.** Voir note *supra* au Chapitre Ier et cass. soc., QPC, 14 septembre 2012, n° 11-28.269, BC V n° 229; RJS 11/12 n° 883.

Point de départ de la période de protection. La protection du conseiller du salarié, inscrit sur la liste prévue par l'article L. 1232-7, al. 2, court à compter du jour où cette liste est arrêtée dans le département par le Préfet en application de l'article D. 1232-5, indépendamment des formalités de publicité prévues par ce dernier texte. Un employeur ne peut donc se prévaloir des omissions ou des erreurs commises sur le document publié au recueil des administratifs de la préfecture pour soutenir que le statut protecteur d'un salarié ne lui serait pas opposable (cass. soc. 22 septembre 2010, 2 arrêts, nos 08-45.227 et 09-41.173, BC V nos 190 et 192; RJS 11/10 n° 864. Voir aussi cass. soc. 23 mars 2011, n° 10-13.700, JSL n° 299, 16.05.2011, p. 26).

Durée de la protection. La loi 91-72 du 18 janvier 1991 a étendu le bénéfice des dispositions protectrices aux conseillers du salarié en soumettant leur licenciement à la procédure prévue par l'article L. 412-18 (ancien) CT pour les délégués syndicaux. La recodification étant, sauf dispositions expresses contraires, intervenue à droit constant, les dispositions de l'article L. 2411-3 CT relatives à la durée de la protection d'un délégué syndical s'appliquent au conseiller du salarié (cass. soc. 27 janvier 2010, n° 08-44.376, BC V n° 22; RJS 4/10 n° 322).

Ainsi, la liste des conseillers du salarié étant soumise à révision tous les trois ans, la période de protection expire soit au terme de la période triennale en cours au jour du licenciement, soit douze mois après le licenciement, lorsque les fonctions de conseiller du salarié ont été exercées pendant un an au moins (cass. soc. 19 juin 2007, n° 05-46.017, BC V n° 106; JCP éd. S 2007, 1677, note J-Y Kerbourc'h; voir aussi cass. soc. 27 janvier 2010, n° 08-44.376, précité).

Par conséquent, le conseiller du salarié irrégulièrement licencié qui demande sa réintégration avant le terme de la période triennale en cours au jour du licenciement, ou dans les douze mois qui suivent son éviction de l'entreprise, lorsqu'il a exercé ses fonctions de conseiller du salarié pendant un an au moins, peut prétendre au paiement d'une indemnité égale au montant des salaires dus jusqu'à sa réintégration effective (cass. soc. 19 juin 2007, n° 05-46.017, précité). Le conseiller qui ne demande pas sa réintégration ou qui la demande après l'expiration de la période de protection en cours au jour du licenciement, sans justifier de motifs qui ne lui soient pas imputables, a droit à une indemnité égale aux salaires qu'il aurait dû percevoir jusqu'à la fin de la période triennale de révision de la liste en cours au jour de son éviction, ou pendant une durée qui ne peut être inférieure à la période de 12 mois prévue par l'article L. 412-18 (ancien) CT (cass. soc. 19 juin 2007, n° 05-46.017, précité).

SECTION 12. Licenciement du conseiller prud'homme

Art. L. 2411-22. Le licenciement du conseiller prud'homme ne peut intervenir qu'après autorisation de l'inspecteur du travail.

Cette autorisation est également requise pour:

1° Le conseiller prud'homme ayant cessé ses fonctions depuis moins de six mois;

2° Le salarié candidat aux fonctions de conseiller prud'homme dès que l'employeur a reçu notification de la candidature du salarié ou lorsque le salarié fait la preuve que l'employeur a eu connaissance de l'imminence de sa candidature, et ***(Ord. 2016-388 du 31 mars 2016, art. 2, JO 1er avril, entrée en vigueur le 01.02.2017)*** «pendant une durée de trois mois à compter de la nomination des conseillers prud'hommes» par l'autorité administrative. Le bénéfice de cette protection ne peut être invoqué que par le candidat dont le nom figure sur la liste déposée.

Note **Bénéfice de la protection et connaissance par l'employeur des fonctions de conseiller prud'homme.** Voir note *supra* au Chapitre Ier et cass. soc. 14 septembre 2012, n° 11-21.307, BC V n° 230; JCP éd. S 2012, 1468, note D. Boulmier; RJS 11/12 n° 883.

Cas d'application de la protection

• La protection exceptionnelle et exorbitante du droit commun instituée par le législateur au profit des salariés exerçant les fonctions de conseiller prud'homme interdit à l'employeur de poursuivre par d'autres moyens la rupture du contrat de travail. Il en est ainsi lorsque le salarié est mis à la retraite, même si les conditions légales sont remplies (cass. soc. 2 décembre 1998, n° 96-44.668, BC V n° 534; RJS 1/99 n° 101). Si l'employeur ne saisit pas l'inspecteur du travail d'une demande d'autorisation de mise à la retraite, la rupture du contrat de travail s'analyse en un licenciement nul (cass. soc. 10 décembre 2003, n° 01-43.876, BC V n° 314). La protection spéciale s'applique également à la rupture du contrat de travail à l'initiative de l'employeur pendant la période d'essai (cass. soc. 26 octobre 2005, n° 03-44.751, BC V n° 306; RJS 1/06 n° 63; voir aussi cass. soc. 22 septembre 2010, n° 09-40.968, BC V n° 191; JCP éd. S 2010, 1474, note Th. Lahalle).

• La protection s'applique à tous les conseillers prud'hommes titulaires d'un contrat de travail sans qu'il y ait à rechercher s'ils ont été élus dans le collège «salariés» ou dans le collège «employeurs» (cass. crim. 22 avril 1986, n° 85-93.671, B. crim. n° 133; CE 10 juin 1994, n° 105765, Rec. Lebon, p. 314). Elle s'applique également à la personne appelée à remplacer un conseiller prud'homme défaillant ou démissionnaire (cass. soc. 3 mars 1988, n° 86-43.000, BC V n° 155).

• La protection s'applique y compris lorsque le conseiller prud'homme est employé par une collectivité territoriale par le biais d'un contrat d'accompagnement à l'emploi (cass. soc. 12 juin 2013, n° 12-17.273, BC V n° 153; RJS 8-9/13 n° 625; Dr. Soc. 2013, p. 762, note J. Mouly; JCP éd. S 2013, 1348, note Th. Lahalle; Les cahiers de la fonction publique, 2013, n° 333, p. 80, note Y. Struillou).

• Le licenciement d'un conseiller prud'homme ne peut intervenir qu'après autorisation de l'inspecteur du travail, y compris en cas de redressement ou de liquidation judiciaires. Le fait pour le liquidateur judiciaire d'une société d'avoir licencié un salarié, conseiller prud'homme, en s'abstenant volontairement de solliciter une telle autorisation caractérise le délit d'atteinte à l'exercice régulier des fonctions de conseiller prud'homme (cass. crim. 25 mai 2004, n° 02-86.937, B. crim. n° 137; Dr. Soc. 2004, p. 920, obs. Fr. Duquesne).

• Aucune modification du contrat de travail ou des conditions de travail ne peut être imposée à un salarié protégé, les clauses d'un contrat de travail ne pouvant prévaloir sur les dispositions protectrices prévues par la loi (cass. soc. 17 mars 1993, n° 90-41.556, BC V n° 93). Ainsi, un conseiller prud'homme, expatrié à Bombay, ne peut se voir imposer son rapatriement en France, l'employeur devant engager la procédure de licenciement en cas de refus par le salarié de cette modification de son lieu de travail (cass. soc. 4 octobre 1995, n° 94-40.387, RJS 11/95 n° 1161). À noter que, dans cette affaire, la Cour de cassation a approuvé une cour d'appel d'avoir décidé que l'intéressé n'ayant ni démissionné ni été déclaré démissionnaire de son mandat de conseiller prud'homme dans les conditions prévues par l'article L. 514-11 (ancien) CT, il bénéficiait de la protection attachée à son statut, même après avoir été muté dans des conditions ne lui permettant plus d'exercer normalement son mandat (cass. soc. 4 octobre 1995, précité).

• Le fait pour un employeur de ne pas rétablir dans ses fonctions le salarié mis à pied à titre conservatoire et dont le licenciement a été refusé constitue une violation du statut protecteur entraînant nécessairement un préjudice pour l'intéressé. C'est donc à tort que, pour débouter un salarié de sa demande en réparation du préjudice résultant des effets de la prolongation de sa mise à pied conservatoire sur l'exercice de ses mandats représentatifs, une cour d'appel a retenu notamment que la mise à pied conservatoire n'avait pas fait obstacle à son mandat de conseiller prud'homme (cass. soc. 18 juillet 2000, n° 98-42.542, BC V n° 301; Dr. Soc. 2000, p. 1018).

Conséquences de la violation du statut protecteur

Le licenciement d'un conseiller prud'homme, prononcé sans qu'aient été observées les règles protectrices, a les mêmes conséquences que celles prévues pour les représentants du personnel.

Tout d'abord, le licenciement d'un conseiller prud'homme, prononcé en violation du statut protecteur, est atteint de nullité et ouvre droit, pour le salarié qui demande sa réintégration pendant la période de protection, au versement d'une indemnité égale au montant de la rémunération qu'il aurait perçue entre son licenciement et sa réintégration (cass. soc. 10 décembre 1997, n° 94-45.254, BC V n° 431).

Ensuite, le conseiller prud'homme, dont le licenciement a été prononcé en violation du statut protecteur, n'est pas tenu de demander sa réintégration (cass. soc. 10 décembre 1997, n° 94-45.532, BC V n° 432). S'il ne la demande pas, il a le droit d'obtenir, à titre de sanction de la méconnaissance par l'employeur du statut protecteur, une indemnité au moins égale à la rémunération qu'il aurait perçue depuis la date de son éviction jusqu'à l'expiration de la période de protection résultant du seul mandat en cours à la date de la rupture, peu important sa réélection ultérieure et ce, dans la limite de la durée de la protection des représentants du personnel, qui comporte une période de six mois après l'expiration des fonctions (cass. soc. 2 mai 2001, n° 98-46.319, BC V n° 147; RJS 7/01 n° 893, 1re espèce; 28 mars 2000, n° 97-42.419, BC V n° 135; 7 juillet 2004, n° 01-43.384). Cette indemnité ayant un caractère forfaitaire, le départ à la retraite du salarié après le licenciement est sans incidence sur son montant (cass. soc. 26 mars 2002, n° 01-42.397, BC V n° 101; RJS 6/02 n° 711). De même, il n'y a pas lieu de déduire de cette indemnité le montant des sommes perçues au titre de la retraite pour les mois concernés de la période de protection (cass. soc. 10 décembre 2003, n° 01-43.876, BC V n° 314).

À noter que le manquement à l'obligation de loyauté d'un conseiller prud'homme qui, au cours d'une procédure de licenciement, s'est délibérément abstenu d'informer l'employeur de sa qualité de salarié protégé peut justifier une réduction du montant de l'indemnité due au titre de la violation du statut protecteur (cass. soc. 16 février 2011, n° 10-10.592, BC V n° 51; RJS 4/11 n° 362).

Pour la détermination de la rémunération servant de base au calcul de cette indemnité forfaitaire, il y a lieu de retenir le montant de la rémunération avant précompte des contributions sociales et des impositions de toute nature que la loi met à la charge du salarié (cass. soc. 7 juin 2005, n° 03-44.969, BC V n° 191; JCP éd. S 2005, 1102, note Fr. Bousez; RJS 8-9/05 n° 870).

À noter que cette indemnité, qui résulte pour l'employeur des obligations qu'il doit remplir en exécution du contrat de travail et qui est prévue par le code du travail, a été jugée, dans le cadre de l'ancienne réglementation, garantie par l'AGS à hauteur du «plafond 13» (cass. soc. 3 avril 2001, n° 99-40.758, BC V n° 120; RJS 6/01 n° 746).

En outre, le conseiller prud'homme a le droit d'obtenir les indemnités de rupture et une indemnité réparant l'intégralité du préjudice résultant du caractère illicite du licenciement et au moins égale à celle prévue par l'article L. 122-14-4 (ancien) CT (cass. soc. 12 juin 2001, n° 99-41.695, BC V n° 219; Dr. Soc. 2001, p. 899, obs. J. Savatier; 7 juillet 2004, n° 01-43.384, précité). Voir aussi note figurant au début du livre IV;

Enfin, le conseiller prud'homme doit être réintégré dans son emploi ou dans un emploi équivalent lorsqu'il le demande dans le délai de deux mois à compter de la notification de l'annulation de l'autorisation administrative de licenciement; s'il n'est pas réintégré lorsque l'annulation est devenue définitive, il a droit à une indemnité correspondant au préjudice subi entre son licenciement et sa réintégration effective (cass. soc. 30 novembre 2004, n° 01-44.739, BC V n° 309; RJS 2/05 n° 177).

SECTION 13. Licenciement d'un assesseur maritime

Note Cette section a été introduite par l'ordonnance 2012-1218 du 2 novembre 2012, art. 3, II, JO 3, entrée en vigueur au plus tard le 01.01.2015.

Art. L. 2411-23. Le licenciement d'un assesseur maritime ne peut intervenir qu'après autorisation de l'inspecteur du travail.

Cette autorisation est également requise pour:

1° L'assesseur maritime ayant cessé ses fonctions depuis moins de six mois;

2° Le salarié candidat aux fonctions d'assesseur maritime dès que l'employeur a reçu notification par l'autorité administrative de la candidature du salarié ou lorsque le salarié fait la preuve que l'employeur a eu connaissance de l'imminence de sa candidature, et pendant une durée de six mois après établissement de la liste des assesseurs maritimes mentionnée à l'article 7 de la loi du 19 décembre 1926 relative à la répression en matière maritime. Le bénéfice de cette protection ne peut être invoqué que par le candidat qui a déposé sa candidature auprès de l'autorité administrative.

SECTION 14. Licenciement du défenseur syndical

Note Cette section a été introduite par la loi 2015-990 du 6 août 2015, art. 258, II, JO 7, entrée en vigueur au plus tard le 01.08.2016.

Art. L. 2411-24. Le licenciement du défenseur syndical ne peut intervenir qu'après autorisation de l'inspecteur du travail.

SECTION 15. Licenciement d'un salarié membre de la commission paritaire régionale interprofessionnelle

Note Cette section a été introduite par la loi 2015-994 du 17 août 2015, art. 1er, II, 2°, JO 18, entrée en vigueur le 01.01.2016.

Art. L. 2411-25. Le licenciement du salarié membre de la commission paritaire régionale interprofessionnelle mentionnée à l'article L. 23-111-1 ne peut intervenir qu'après autorisation de l'inspecteur du travail.

Cette autorisation est également requise pour le licenciement du salarié figurant sur la propagande électorale, pendant une durée de six mois à compter de la notification prévue à l'article L. 23-112-2, et pour le licenciement du salarié ayant siégé dans cette commission, pendant une durée de six mois à compter de l'expiration de son mandat.

Cette autorisation est également requise dès que l'employeur a connaissance de l'imminence de la désignation du salarié sur la propagande électorale.

Note Bénéficient de la protection les salariés membres des commissions paritaires professionnelles créées par accord collectif au plan local, départemental ou régional (cass. soc. 1er février 2017, n° 15-24.310, BC V n° 20 ; LSQ n° 17259 du 6.02.2017 ; RJS 4/17 n° 274 ; Dr. Soc. 2017, p. 577, act. Fr. Petit ; JCP éd. S 2017, 1107, note J-Y Kerbourc'h ; JSL n° 428, 24.03.2017, pp. 18 et s., P. Pacotte et R. Leroy). Si l'actuel article L. 23-111-1 rend obligatoire la constitution de ces chambres au plan régional et si l'article L. 2411-1 dispose que leurs membres salariés sont protégés, cette jurisprudence reste d'actualité pour les chambres qui, par accord collectif, seraient créées à un niveau plus petit que le niveau régional.

CHAPITRE II Protection en cas de rupture d'un contrat de travail à durée déterminée

SECTION 1. Champ d'application

Art. L. 2412-1. ***(Ord. 2017-1386 du 22 sept. 2017, art. 2, 18°, JO 23, entrée en vigueur au plus tard le 01.01.2018)*** Bénéficie de la protection en cas de rupture d'un contrat à durée déterminée prévue par le présent chapitre le salarié investi de l'un des mandats suivants :

1° Délégué syndical ;

2° Membre élu de la délégation du personnel du comité social et économique ;

3° Représentant syndical au comité social et économique ;

4° Représentant de proximité ;

5° Membre de la délégation du personnel du comité social et économique interentreprises ;

6° Membre du groupe spécial de négociation et membre du comité d'entreprise européen ;

7° Membre du groupe spécial de négociation et représentant au comité de la société européenne ;

7° *bis* Membre du groupe spécial de négociation et représentant au comité de la société coopérative européenne ;

7° *ter* Membre du groupe spécial de négociation et représentant au comité de la société issue de la fusion transfrontalière ;

8° Représentant du personnel d'une entreprise extérieure, désigné à la commission, santé, sécurité et conditions de travail d'un établissement comprenant au moins une installation classée figurant sur la liste prévue à l'article L. 515-36 du code de l'environnement ou mentionnée à l'article L. 211-2 du code minier ;

9° Membre d'une commission paritaire d'hygiène, de sécurité et des conditions de travail en agriculture prévue à l'article L. 717-7 du code rural et de la pêche maritime ;

10° Salarié mandaté dans les conditions prévues aux articles L. 2232-23-1 et L. 2232-26 dans les entreprises dépourvues de délégué syndical ;

11° Membre du conseil ou administrateur d'une caisse de sécurité sociale mentionné à l'article L. 231-11 du code de la sécurité sociale ;

12° Représentant des salariés dans une chambre d'agriculture, mentionné à l'article L. 515-1 du code rural et de la pêche maritime ;

13° Conseiller prud'homme ;

14° Assesseur maritime mentionné à l'article 7 de la loi du 17 décembre 1926 relative à la répression en matière maritime;
15° Défenseur syndical mentionné à l'article L. 1453-4;
16° Membre de la commission mentionnée à l'article L. 23-111-1.

Note Les dispositions des 2° [délégué du personnel], 3° [membre élu du comité d'entreprise], 4° [représentant syndical au comité d'entreprise], 7° [représentant du personnel au CHSCT] et 8° [représentant du personnel d'une entreprise extérieure, désigné au CHSCT d'un établissement comprenant au moins une installation classée figurant sur la liste prévue à l'article L. 515-36 du code de l'environnement ou mentionnée à l'article L. 211-2 du code minier] de cet article, dans leur rédaction antérieure à l'entrée en vigueur de l'ordonnance 2017-1386, sont restées applicables lorsqu'avaient été mises en place, au plus tard le 31 décembre 2017, une ou plusieurs des institutions représentatives du personnel concernées par les dispositions précitées.

Dans ce cas, les dispositions prévues aux 2° [délégué du personnel, titulaire ou suppléant, ancien délégué du personnel ou candidat aux fonctions de délégué du personnel, salarié ayant demandé à l'employeur l'organisation des élections pour la désignation des délégués du personnel], 3° [membre élu du comité d'entreprise, titulaire ou suppléant, représentant syndical au comité d'entreprise, ancien membre ou candidat aux fonctions de membre du comité d'entreprise, salarié ayant demandé à l'employeur l'organisation des élections au comité d'entreprise] et 6° [salarié siégeant ou ayant siégé en qualité de représentant du personnel au comité d'hygiène, de sécurité et des conditions de travail] de l'article L. 2422-1 et à l'article L. 2422-2, dans leur rédaction antérieure à l'entrée en vigueur de l'ordonnance, sont restées applicables (ordonnance précitée, art. 11).

SECTION 2. Délégué syndical

Art. L. 2412-2. La rupture du contrat de travail à durée déterminée du délégué syndical avant l'échéance du terme en raison d'une faute grave ***(L. 2011-525 du 17 mai 2011, art. 49, JO 18)*** «ou de l'inaptitude constatée par le médecin du travail», ou à l'arrivée du terme lorsque l'employeur n'envisage pas de renouveler un contrat comportant une clause de renouvellement, ne peut intervenir qu'après autorisation de l'inspecteur du travail.

Cette procédure est applicable pendant les délais prévus aux articles L. 2411-5.

(L. 2018-217 du 29 mars 2018, art. 22, II, JO 31) «Lorsque le contrat est conclu sur le fondement du 3° de l'article L. 1242-2, le salarié bénéficie de la protection lorsque l'employeur envisage soit de rompre le contrat de travail avant l'échéance du terme, soit de ne pas le renouveler en non-respect d'une clause de reconduction prévue dans le contrat de travail, ou par accord d'entreprise ou accord de branche mentionné à l'article L. 1244-2-2. Les délais de protection sont prolongés d'une durée égale à la période habituelle d'interruption de l'activité du salarié.»

Note Au 2e alinéa de cet article, le renvoi à l'article L. 2411-8 a été supprimé (ordonnance 2017-1386 du 22 septembre 2017, art. 2, 19°, JO 23, entrée en vigueur au plus tard le 01.01.2018).

SECTION 3. Membre de la délégation du personnel du comité social et économique

Art. L. 2412-3. La rupture du contrat de travail à durée déterminée ***(Ord. 2017-1386 du 22 sept. 2017, art. 2, 21°, JO 23, entrée en vigueur au plus tard le 01.01.2018)*** «d'un membre élu de la délégation du personnel du comité social et économique ou d'un représentant syndical au comité social et économique» avant l'échéance du terme en raison d'une faute grave ***(L. 2011-525 du 17 mai 2011, art. 49, JO 18)*** «ou de l'inaptitude constatée par le médecin du travail», ou à l'arrivée du terme lorsque l'employeur n'envisage pas de renouveler un contrat comportant une clause de renouvellement, ne peut intervenir qu'après autorisation de l'inspecteur du travail.

Cette procédure s'applique également à l'ancien ***(Ord. 2017-1386 du 22 sept. 2017, art. 2, 21°, JO 23, entrée en vigueur au plus tard le 01.01.2018)*** «membre élu de la délégation du personnel du comité social et économique» ou au candidat aux fonctions de ***(Ord. 2017-1386 du 22 sept. 2017, art. 2, 21°, JO 23, entrée en vigueur au plus tard le 01.01.2018)*** «membre élu de la délégation du personnel du comité social et économique ***(Ord. 2017-1718 du 20 déc. 2017, art. 1er, I, 118°, JO 21)*** «et à l'ancien» représentant syndical au comité social et économique» durant les délais prévus aux articles L. 2411-5 et L. 2411-7.

(L. 2018-217 du 29 mars 2018, art. 22, II, JO 31) «Lorsque le contrat est conclu sur le fondement du 3° de l'article L. 1242-2, le salarié bénéficie de la protection lorsque l'employeur envisage soit de rompre le contrat de travail avant l'échéance du terme, soit de ne pas le renouveler en non-respect d'une clause de reconduction prévue dans le contrat de travail, ou par accord d'entreprise ou accord de branche mentionné à l'article L. 1244-2-2. Les délais de protection sont prolongés d'une durée égale à la période habituelle d'interruption de l'activité du salarié.»

Note • *Covid-19*. Sur la prorogation de la protection spécifique en cas de rupture du contrat de travail à durée déterminée des salariés dont les mandats sont prorogés pour faire face à l'épidémie de Covid-19, voir ordonnance 2020-389 du 1er avril 2020, art. 3, JO 2.

• Les dispositions des articles L. 2412-3 [délégué du personnel], L. 2412-4 [membre du comité d'entreprise], L. 2412-7 [représentant du personnel au CHSCT] et L. 2412-8 [représentant du personnel d'une entreprise extérieure au CHSCT], dans leur rédaction antérieure à l'entrée en vigueur de l'ordonnance 2017-1386, sont restées applicables lorsqu'avaient été mises en place, au plus tard le 31 décembre 2017, une ou plusieurs des institutions représentatives du personnel concernées par les dispositions précitées.

Dans ce cas, les dispositions prévues aux 2° [délégué du personnel, titulaire ou suppléant, ancien délégué du personnel ou candidat aux fonctions de délégué du personnel, salarié ayant demandé à l'employeur l'organisation des élections pour la désignation des délégués du personnel], 3° [membre élu du comité d'entreprise, titulaire ou suppléant, représentant syndical au comité d'entreprise, ancien membre ou candidat aux fonctions de membre du comité d'entreprise, salarié ayant demandé à l'employeur l'organisation des élections au comité d'entreprise] et 6° [salarié siégeant ou ayant siégé en qualité de représentant du personnel au comité d'hygiène, de sécurité et des conditions de travail] de l'article L. 2422-1 et à l'article L. 2422-2, dans leur rédaction antérieure à l'entrée en vigueur de l'ordonnance, sont restées applicables (ordonnance 2017-1386 précitée, art. 11).

SECTION 4. Représentant de proximité

Note Cette section est issue de l'ordonnance 2017-1386 du 22 septembre 2017, art. 2, 22°, JO 23, entrée en vigueur au plus tard le 01.01.2018.

Art. L. 2412-4. La rupture du contrat de travail à durée déterminée d'un représentant de proximité avant l'échéance du terme en raison d'une faute grave ou de l'inaptitude constatée par le médecin du travail, ou à l'arrivée du terme lorsque l'employeur n'envisage pas de renouveler un contrat comportant une clause de renouvellement, ne peut intervenir qu'après autorisation de l'inspecteur du travail.

Cette procédure s'applique également à l'ancien représentant de proximité ou au candidat aux fonctions de représentant de proximité durant les délais prévus aux articles L. 2411-8 et L. 2411-9.

(L. 2018-217 du 29 mars 2018, art. 22, II, JO 31) «Lorsque le contrat est conclu sur le fondement du 3° de l'article L. 1242-2, le salarié bénéficie de la protection lorsque l'employeur envisage soit de rompre le contrat de travail avant l'échéance du terme, soit de ne pas le renouveler en non-respect d'une clause de reconduction prévue dans le contrat de travail, ou par accord d'entreprise ou accord de branche mentionné à l'article L. 1244-2-2. Les délais de protection sont prolongés d'une durée égale à la période habituelle d'interruption de l'activité du salarié.»

SECTION 5. Membre de la délégation du personnel du comité social et économique interentreprises

Note Cette section est issue de l'ordonnance 2017-1386 du 22 septembre 2017, art. 2, 25°, JO 23, entrée en vigueur au plus tard le 01.01.2018.

Art. L. 2412-5. La rupture du contrat de travail à durée déterminée d'un membre de la délégation du personnel du comité social et économique interentreprises avant l'échéance du terme en raison d'une faute grave ou de l'inaptitude constatée par le médecin du travail, ou à l'arrivée du terme lorsque l'employeur n'envisage pas de renouveler un contrat comportant une clause de renouvellement, ne peut intervenir qu'après autorisation de l'inspecteur du travail.

Cette procédure s'applique également à l'ancien membre de la délégation du personnel du comité social et économique interentreprises ou au candidat aux fonctions de membre de la délégation du personnel du comité social et économique interentreprises durant les délais prévus aux articles L. 2411-10 et L. 2411-10-1.

(L. 2018-217 du 29 mars 2018, art. 22, II, JO 31) «Lorsque le contrat est conclu sur le fondement du 3° de l'article L. 1242-2, le salarié bénéficie de la protection lorsque l'employeur envisage soit de rompre le contrat de travail avant l'échéance du terme, soit de ne pas le renouveler en non-respect d'une clause de reconduction prévue dans le contrat de travail, ou par accord d'entreprise ou accord de branche mentionné à l'article L. 1244-2-2. Les délais de protection sont prolongés d'une durée égale à la période habituelle d'interruption de l'activité du salarié.»

Note *Covid-19*. Voir note sous article L. 2412-3.

SECTION 6. Membre du groupe spécial de négociation et membre du comité d'entreprise européen

Note Cette section est l'ancienne section 5 et l'article L. 2412-6 est l'ancien article L. 2412-5 (ordonnance 2017-1386 du 22 septembre 2017, art. 2, 23° et 24°, JO 23, entrée en vigueur au plus tard le 01.01.2018).

Art. L. 2412-6. La rupture du contrat de travail à durée déterminée d'un membre du groupe spécial de négociation ou d'un membre du comité d'entreprise européen avant l'échéance du terme en raison d'une faute grave ou de l'inaptitude constatée par le médecin du travail, ou à l'arrivée du terme lorsque l'employeur n'envisage pas de renouveler un contrat comportant une clause de renouvellement, ne peut intervenir qu'après autorisation de l'inspecteur du travail.

SECTION 7. Membre du groupe spécial de négociation et représentant au comité de la société européenne, au comité de la société coopérative européenne ou au comité de la société issue de la fusion transfrontalière

Note Cette section est l'ancienne section 6 et l'article L. 2412-7 est l'ancien article L. 2412-6 (ordonnance 2017-1386 du 22 septembre 2017, art. 2, 26° et 27°, JO 23, entrée en vigueur au plus tard le 01.01.2018).

Art. L. 2412-7. La rupture du contrat de travail à durée déterminée d'un membre du groupe spécial de négociation ou d'un représentant au comité de la société européenne, d'un représentant au comité de la société coopérative européenne ou d'un représentant au comité de la société issue de la fusion transfrontalière, avant l'échéance du terme en raison d'une faute grave ou de l'inaptitude constatée par le médecin du travail, ou à l'arrivée du terme lorsque l'employeur n'envisage pas de renouveler un contrat comportant une clause de renouvellement, ne peut intervenir qu'après autorisation de l'inspecteur du travail.

SECTION 8. Représentant du personnel d'une entreprise extérieure à la commission santé, sécurité et conditions de travail

Art. L. 2412-8. La rupture du contrat de travail à durée déterminée d'un représentant du personnel d'une entreprise extérieure, désigné ***(Ord. 2017-1386 du 22 sept. 2017, art. 2, 29°, JO 23, entrée en vigueur au plus tard le 01.01.2018)*** «à la commission santé, sécurité et conditions de travail» d'un établissement comprenant au moins une installation classée figurant sur la liste prévue ***(L. 2013-619 du 16 juil. 2013, art. 11 et 46, JO 17, entrée en vigueur le 01.06.2015)*** «à l'article L. 515-36» du code de l'environnement ou mentionnée à ***(Ord. 2011-91 du 20 janv. 2011, JO 25, entrée en vigueur le 01.03.2011)*** «l'article L. 211-2 du code minier», avant l'échéance du terme en raison d'une faute grave ***(L. 2011-525 du 17 mai 2011, art. 49, JO 18)*** «ou de l'inaptitude constatée par le médecin du travail», ou à l'arrivée du terme lorsque l'employeur n'envisage pas de renouveler un contrat comportant une clause de renouvellement, ne peut intervenir qu'après autorisation de l'inspecteur du travail.

Cette procédure s'applique également à l'ancien représentant ou au candidat durant les délais prévus aux articles L. 2411-8 et L. 2411-10.

(L. 2018-217 du 29 mars 2018, art. 22, II, JO 31) «Lorsque le contrat est conclu sur le fondement du 3° de l'article L. 1242-2, le salarié bénéficie de la protection lorsque l'employeur envisage soit de rompre le contrat de travail avant l'échéance du terme, soit de ne pas le renouveler en non-respect d'une clause de reconduction prévue dans le contrat de travail, ou par accord d'entreprise ou accord de branche mentionné à l'article L. 1244-2-2. Les délais de protection sont prolongés d'une durée égale à la période habituelle d'interruption de l'activité du salarié.»

SECTION 9. Salarié membre d'une commission paritaire d'hygiène, de sécurité et des conditions de travail en agriculture

Art. L. 2412-9. La rupture du contrat de travail à durée déterminée d'un salarié membre d'une commission paritaire d'hygiène, de sécurité et des conditions de travail en agriculture, avant l'échéance du terme en raison d'une faute grave ***(L. 2011-525 du 17 mai 2011, art. 49, JO 18)*** «ou de l'inaptitude constatée par le médecin du travail», ou à l'arrivée du terme lorsque l'employeur n'envisage pas de renouveler un contrat comportant une clause de renouvellement, ne peut intervenir qu'après autorisation de l'inspecteur du travail.

Cette procédure s'applique également à l'ancien représentant ou au candidat durant les délais prévus aux articles L. 2411-8 et L. 2411-10.

(L. 2018-217 du 29 mars 2018, art. 22, II, JO 31) «Lorsque le contrat est conclu sur le fondement du 3° de l'article L. 1242-2, le salarié bénéficie de la protection lorsque l'employeur envisage soit de rompre le contrat de travail avant l'échéance du terme, soit de ne pas le renouveler en non-respect d'une clause de reconduction prévue dans le contrat de travail, ou par accord d'entreprise ou accord de branche mentionné à l'article L. 1244-2-2. Les délais de protection sont prolongés d'une durée égale à la période habituelle d'interruption de l'activité du salarié.»

SECTION 10. Salarié mandaté

Art. L. 2412-10. La rupture du contrat de travail à durée déterminée d'un salarié mandaté au titre ***(Ord. 2017-1386 du 22 sept. 2017, art. 2, 50°, JO 23, entrée en vigueur au plus tard le 01.01.2018)*** «des articles L. 2232-23-1 et L. 2232-26», avant l'échéance du terme en raison d'une faute grave ***(L. 2011-525 du 17 mai 2011, art. 49, JO 18)*** «ou de l'inaptitude constatée par le médecin du travail», ou à l'arrivée du terme lorsque l'employeur n'envisage pas de renouveler un contrat comportant une clause de renouvellement, ne peut intervenir qu'après autorisation de l'inspecteur du travail.

SECTION 11. Membre du conseil ou administrateur d'une caisse de sécurité sociale

Art. L. 2412-11. Lorsque le salarié membre du conseil ou administrateur d'une caisse de sécurité sociale est titulaire d'un contrat de travail à durée déterminée, il bénéficie des garanties et protections prévues à l'article L. 231-11 du code de la sécurité sociale.

SECTION 12. Représentant des salariés dans une chambre d'agriculture

Art. L. 2412-12. Lorsque le salarié représentant d'une chambre d'agriculture est titulaire d'un contrat de travail à durée déterminée, il bénéficie des garanties et protections prévues à l'article L. 515-4 du code rural ***(Ord. 2010-462 du 6 mai 2010, JO 7)*** «et de la pêche maritime».

SECTION 13. Conseiller prud'homme

Art. L. 2412-13. La rupture du contrat de travail à durée déterminée du conseiller prud'homme avant l'échéance du terme en raison d'une faute grave ***(L. 2011-525 du 17 mai 2011, art. 49, JO 18)*** «ou de l'inaptitude constatée par le médecin du travail», ou à l'arrivée du terme lorsque l'employeur n'envisage pas de renouveler un contrat comportant une clause de renouvellement, ne peut intervenir qu'après autorisation de l'inspecteur du travail.

Cette procédure est applicable pendant les délais prévus aux articles L. 2411-5 et L. 2411-8.

(L. 2018-217 du 29 mars 2018, art. 22, II, JO 31) «Lorsque le contrat est conclu sur le fondement du 3° de l'article L. 1242-2, le salarié bénéficie de la protection lorsque l'employeur envisage soit de rompre le contrat de travail avant l'échéance du terme, soit de ne pas le renouveler en non-respect d'une clause de reconduction prévue dans le contrat de travail, ou par accord d'entreprise ou accord de branche mentionné à l'article L. 1244-2-2. Les délais de protection sont prolongés d'une durée égale à la période habituelle d'interruption de l'activité du salarié. définies au 3° de l'article L. 1242-2, ces délais de protection sont prolongés d'une durée égale à la période habituelle d'interruption de l'activité du salarié.»

SECTION 14. Assesseur maritime

Note Cette section a été introduite par l'ordonnance 2012-1218 du 2 novembre 2012, art. 3, IV, JO 3, entrée en vigueur au plus tard le 01.01.2015.

Art. L. 2412-14. La rupture du contrat de travail à durée déterminée de l'assesseur maritime ou du candidat à ces fonctions, avant l'échéance du terme en raison d'une faute grave ou de l'inaptitude médicale constatée par le médecin du travail ou par le médecin des gens de mer, ou à l'arrivée du terme lorsque l'employeur n'envisage pas de renouveler un contrat comportant une clause de renouvellement, ne peut intervenir qu'après autorisation de l'inspecteur du travail.

Cette procédure est applicable durant les six premiers mois suivant la fin des fonctions d'assesseur maritime.

SECTION 15. Défenseur syndical

Note Cette section a été introduite par la loi 2015-990 du 6 août 2015, art. 258, II, JO 7, entrée en vigueur au plus tard le 01.08.2016.

Art. L. 2412-15. La rupture du contrat de travail à durée déterminée d'un défenseur syndical avant son terme, en raison d'une faute grave ou de l'inaptitude constatée par le médecin du travail, ou à l'arrivée du terme, lorsque l'employeur n'envisage pas de renouveler un contrat comportant une clause de renouvellement, ne peut intervenir qu'après autorisation de l'inspecteur du travail.

SECTION 16. Membre de la commission paritaire régionale interprofessionnelle

Note Cette section a été introduite par la loi 2015-994 du 17 août 2015, art. 1er, III, 2°, JO 18, entrée en vigueur le 01.01.2016.

Art. L. 2412-16. La rupture du contrat de travail à durée déterminée d'un salarié membre de la commission paritaire régionale interprofessionnelle mentionnée à l'article L. 23-111-1 avant son terme en raison d'une faute grave ou de l'inaptitude constatée par le médecin du travail, ou à l'arrivée du terme lorsque l'employeur n'envisage pas de renouveler un contrat comportant une clause de renouvellement, ne peut intervenir qu'après autorisation de l'inspecteur du travail.

Cette procédure s'applique également pendant une durée de six mois à compter de la notification prévue à l'article L. 23-112-2 et de six mois à compter de l'expiration du mandat du salarié ayant siégé dans cette commission.

CHAPITRE III Protection en cas d'interruption ou de non-renouvellement d'une mission de travail temporaire

Art. L. 2413-1. ***(Ord. 2017-1386 du 22 sept. 2017, art. 2, 30°, JO 23, entrée en vigueur au plus tard le 01.01.2018)*** L'interruption ou la notification du non-renouvellement de la mission d'un salarié temporaire par l'entrepreneur de travail temporaire ne peut intervenir qu'après autorisation de l'inspecteur du travail lorsque le salarié est investi de l'un des mandats suivants :

1° Délégué syndical et ancien délégué syndical, y compris lorsque l'entrepreneur de travail temporaire lui a notifié sa décision de ne plus faire appel à lui pour de nouveaux contrats, en application de l'article L. 2314-22 ;

2° Membre ou ancien membre élu de la délégation du personnel du comité social et économique ou candidat à ces fonctions ;

3° Représentant syndical au comité social et économique ou ancien représentant syndical au comité social et économique ;

4° Représentant de proximité, ancien représentant de proximité ou candidat à ces fonctions ;

5° Membre ou ancien membre de la délégation du personnel du comité social et économique interentreprises ou candidat à ces fonctions ;

6° Membre du groupe spécial de négociation et membre du comité d'entreprise européen ;

7° Membre du groupe spécial de négociation et représentant au comité de la société européenne ;

7° *bis* Membre du groupe spécial de négociation et représentant au comité de la société coopérative européenne ;

7° *ter* Membre du groupe spécial de négociation et représentant au comité de la société issue de la fusion transfrontalière ;

8° Représentant du personnel d'une entreprise extérieure, désigné à la commission santé, sécurité et conditions de travail d'un établissement comprenant au moins une installation classée figurant sur la liste prévue à l'article L. 515-36 du code de l'environnement ou mentionnée à l'article L. 211-2 du code minier ;

9° Membre d'une commission paritaire d'hygiène, de sécurité et des conditions de travail en agriculture prévue à l'article L. 717-7 du code rural et de la pêche maritime ;

10° Salarié mandaté dans les conditions prévues aux articles L. 2232-23-1 et L. 2232-26, dans les entreprises dépourvues de délégué syndical ;

11° Membre du conseil ou administrateur d'une caisse de sécurité sociale mentionné à l'article L. 231-11 du code de la sécurité sociale ;

12° Représentant des salariés dans une chambre d'agriculture, mentionné à l'article L. 515-1 du code rural et de la pêche maritime ;

13° Conseiller prud'homme ;

14° Assesseur maritime mentionné à l'article 7 de la loi du 17 décembre 1926 relative à la répression en matière maritime, ou ancien assesseur maritime ou candidat à ces fonctions ;

15° Défenseur syndical mentionné à l'article L. 1453-4.

Note • *Covid-19.* Sur la prorogation de la protection spécifique en cas d'interruption ou de non-renouvellement de mission de travail temporaire des salariés élus au comité social et économique dont les mandats sont prorogés pour faire face à l'épidémie de Covid-19, voir ordonnance 2020-389 du 1er avril 2020, art. 3, JO 2.

• Les dispositions des 2° [délégué du personnel], 3° [membre élu du comité d'entreprise], 4° [représentant syndical au comité d'entreprise], 7° [représentant du personnel au CHSCT] et 8° [représentant du personnel d'une entreprise extérieure, désigné au CHSCT d'un établissement comprenant au moins une installation classée figurant sur la liste prévue à l'article L. 515-36 du code de l'environnement ou mentionnée à l'article L. 211-2 du code minier] de cet article, dans leur rédaction antérieure à l'entrée en vigueur de l'ordonnance 2017-1386, sont restées applicables lorsqu'avaient été mises en place, au plus tard le 31 décembre 2017, une ou plusieurs des institutions représentatives du personnel concernées par les dispositions précitées.

Dans ce cas, les dispositions prévues aux 2° [délégué du personnel, titulaire ou suppléant, ancien délégué du personnel ou candidat aux fonctions de délégué du personnel, salarié ayant demandé à l'employeur l'organisation des élections pour la désignation des délégués du personnel], 3° [membre élu du comité d'entreprise, titulaire ou suppléant, représentant syndical au comité d'entreprise, ancien membre ou candidat aux fonctions de membre du comité d'entreprise, salarié ayant demandé à l'employeur l'organisation des élections au comité d'entreprise] et 6° [salarié siégeant ou ayant siégé en qualité de représentant du personnel au comité d'hygiène, de sécurité et des conditions de travail] de l'article L. 2422-1 et à l'article L. 2422-2, dans leur rédaction antérieure à l'entrée en vigueur de l'ordonnance, sont restées applicables (ordonnance précitée, art. 11).

• Jurisprudence rendue dans le cadre législatif antérieur à l'ordonnance 2017-1386 précitée mais toujours d'actualité dans les principes qu'elle a fixés.

N'a pas été regardée comme présentant un caractère sérieux de nature à justifier le renvoi au Conseil constitutionnel la question de constitutionnalité invoquant la violation des alinéas 6 et 8 du Préambule de 1946 par dispositions de l'article L. 2413-1 en ce qu'elles ne prévoiraient la mise en œuvre de la protection, s'agissant du conseiller du salarié, qu'en cas d'interruption ou de notification du renouvellement d'une mission dès lors, d'une part, que les dispositions de l'ancien article L. 112-14-16 CT renvoyant à l'article L. 412-18 de ce même code, renvoyant lui-même en partie à l'article L. 423-10, prévoyaient que le travailleur temporaire, conseiller du salarié, est protégé également dans le cas où l'entreprise de travail temporaire décide de ne plus lui confier de mission et, d'autre part, que, sauf dispositions expresses contraires, la codification est intervenue à droit constant (cass. soc. 13 février 2012, n° 11-21.946, BC V n° 71 ; RJS 5/12 n° 432).

Une cour d'appel ne saurait accueillir la demande d'indemnité pour violation du statut protecteur d'un travailleur temporaire titulaire d'un mandat de conseiller du salarié dont la mission d'intérim est arrivée à terme sans autorisation de l'inspecteur du travail, sans caractériser l'existence, soit d'une interruption du contrat de mission en cours, soit d'un refus de renouvellement de cette mission alors qu'un tel renouvellement avait été prévu au contrat, soit de la notification au salarié par l'entreprise de travail temporaire de sa décision de ne plus faire appel à lui par de nouveaux contrats de mission (cass. soc. 11 septembre 2019, n° 18-12.293, à paraître, JCP éd. S 2019, 1286, note Th. Lahalle ; LS Jurispr. n° 178 du 01.10.2019 ; RJS 11/19 n° 643).

CHAPITRE IV Protection en cas de transfert partiel d'entreprise ou d'établissement

Art. L. 2414-1. ***(Ord. 2017-1386 du 22 sept. 2017, art. 2, 31°, JO 23, entrée en vigueur au plus tard le 01.01.2018)*** Le transfert d'un salarié compris dans un transfert partiel d'entreprise ou d'établissement par application de l'article L. 1224-1 ne peut intervenir qu'après autorisation de l'inspecteur du travail lorsqu'il est investi de l'un des mandats suivants :

1° Délégué syndical et ancien délégué syndical ;

2° Membre élu et ancien membre élu de la délégation du personnel du comité social et économique ou candidat à ces fonctions ;

3° Représentant syndical au comité social et économique et ancien représentant syndical au comité social et économique ;

4° Représentant de proximité et ancien représentant de proximité ou candidat à ces fonctions ;

5° Membre et ancien membre de la délégation du personnel du comité social et économique interentreprises ou candidat à ces fonctions ;

6° Membre du groupe spécial de négociation et membre du comité d'entreprise européen ;

7° Membre du groupe spécial de négociation et représentant au comité de la société européenne ;

7° *bis* Membre du groupe spécial de négociation et représentant au comité de la société coopérative européenne ;

7° *ter* Membre du groupe spécial de négociation et représentant au comité de la société issue de la fusion transfrontalière ;

8° Représentant du personnel d'une entreprise extérieure, désigné à la commission santé, sécurité et conditions de travail d'un établissement comprenant au moins une installation classée figurant sur la liste prévue à l'article L. 515-36 du code de l'environnement ou mentionnée à l'article L. 211-2 du code minier ;

9° Membre d'une commission paritaire d'hygiène, de sécurité et des conditions de travail en agriculture prévue à l'article L. 717-7 du code rural et de la pêche maritime ;

10° Représentant des salariés dans une chambre d'agriculture mentionné à l'article L. 515-1 du code rural et de la pêche maritime ;

11° Salarié mandaté dans les conditions prévues aux articles L. 2232-23-1 et L. 2232-26, dès que l'employeur a connaissance de l'imminence de sa désignation, ou ancien salarié mandaté, durant les six mois suivant la date à laquelle son mandat a pris fin. Lorsque aucun accord n'a été conclu à l'issue de la négociation au titre de laquelle le salarié a été mandaté, le délai de protection court à compter de la date de fin de cette négociation matérialisée par un procès-verbal de désaccord ;

12° Assesseur maritime mentionné à l'article 7 de la loi du 17 décembre 1926 relative à la répression en matière maritime ;

13° Défenseur syndical mentionné à l'article L. 1453-4.

Note • Les dispositions des 2° [délégué du personnel], 3° [membre élu du comité d'entreprise], 4° [représentant syndical au comité d'entreprise], 7° [représentant du personnel au CHSCT] et 8° [représentant du personnel d'une entreprise extérieure, désigné au CHSCT d'un établissement comprenant au moins une installation classée figurant sur la liste prévue à l'article L. 515-36 du code de l'environnement ou mentionnée à l'article L. 211-2 du code minier] de cet article, dans leur rédaction antérieure à l'entrée en vigueur de l'ordonnance 2017-1386, sont restées applicables lorsqu'avaient été mises en place, au plus tard le 31 décembre 2017, une ou plusieurs des institutions représentatives du personnel concernées par les dispositions précitées.

Dans ce cas, les dispositions prévues aux 2° [délégué du personnel, titulaire ou suppléant, ancien délégué du personnel ou candidat aux fonctions de délégué du personnel, salarié ayant demandé à l'employeur l'organisation des élections pour la désignation des délégués du personnel], 3° [membre élu du comité d'entreprise, titulaire ou suppléant, représentant syndical au comité d'entreprise, ancien membre ou candidat aux fonctions de membre du comité d'entreprise, salarié ayant demandé à l'employeur l'organisation des élections au comité d'entreprise] et 6° [salarié siégeant ou ayant siégé en qualité de représentant du personnel au comité d'hygiène, de sécurité et des conditions de travail] de l'article L. 2422-1 et à l'article L. 2422-2, dans leur rédaction antérieure à l'entrée en vigueur de l'ordonnance, sont restées applicables (ordonnance précitée, art. 11).

• **Jurisprudence rendue dans le cadre législatif antérieur à l'ordonnance 2017-1386 précitée mais toujours d'actualité dans les principes qu'elle a fixés.**

Notion de transfert partiel d'établissement. Le transfert de la totalité des salariés employés dans une entité économique doit être regardé comme un transfert partiel d'établissement au sens de l'article L. 2414-1, imposant l'autorisation préalable de l'inspecteur du travail pour le transfert d'un salarié titulaire d'un mandat représentatif, dès lors que l'entité économique transférée ne constitue pas un établissement au sein duquel a été mis en place un comité d'établissement (cass. soc. 15 novembre 2011, n° 10-15.294, BC V n° 265; RJS 2/12 n° 174; 23 mars 2017, n° 15-24.005, BC V n° 58; RJS 6/17 n° 425).

Lorsqu'un représentant du personnel est compris dans un transfert partiel d'entreprise, le transfert du salarié est soumis à l'autorisation préalable de l'inspecteur du travail. Il s'agit d'un principe général applicable non seulement lorsque les conditions de l'article L. 122-12 [L. 1224-1] sont réunies, mais aussi lorsque le salarié est transféré en exécution d'un accord collectif, en cas de perte d'un marché (cass. soc. 16 mars 1999, n° 96-44.570, BC V n° 124; RJS 5/99 n° 699). Cette autorisation administrative est également requise lorsqu'un salarié protégé fait partie du personnel dont le contrat de travail est en partie transféré au repreneur d'une activité en application d'une convention ou d'un accord collectif (cass. soc. 16 mars 1999, n° 96-44.570, précité; 28 mai 2003, n° 01-40.512, BC V n° 181; RJS 8-9/03 n° 1037; CE 28 mars 2013, n° 350436). Elle s'applique également aux candidats qui sont exposés aux mêmes risques (cass. soc. 8 juin 1999, n° 96-45.045, BC V n° 272; RJS 7/99 n° 943). Enfin, cette procédure d'autorisation préalable est d'ordre public et le salarié protégé ne peut y renoncer (cass. soc. 6 avril 2004, n° 02-41.953, RJS 7/04 n° 831).

Le transfert de l'ensemble des salariés d'une société intégrée dans une unité économique et sociale constitue, au sens de ce texte, un transfert partiel imposant l'autorisation préalable de l'inspecteur du travail pour le transfert d'un salarié titulaire d'un mandat représentatif dès lors que l'entité transférée ne constitue pas un établissement au sein duquel a été mis en place un comité d'établissement (cass. soc. 23 mars 2017, n° 15-24.005, BC V n° 58; RJS 6/17 n° 425).

Procédure. En cas de transfert partiel d'activité d'une société, celle-ci doit être regardée comme restant l'employeur d'un salarié protégé tant que l'inspecteur du travail n'a pas délivré l'autorisation de transfert requise. Une demande d'autorisation d'un tel transfert ne peut donc être légalement rejetée au seul motif que la société n'a plus qualité pour demander une autorisation (CE 24 juin 2013, n° 340128, LS Jurispr. n° 141 du 30.07.2013; Dr. Soc. 2013, p. 747, concl. G. Dumortier).

S'il est loisible à l'inspecteur du travail de recueillir, au cours de son enquête, les observations de l'entreprise destinée à devenir l'employeur du salarié protégé en cas d'autorisation du transfert, aucune disposition réglementaire ni aucun principe ne lui imposent de recueillir de telles observations avant de rendre sa décision (CE 28 mars 2013, n° 350436, précité).

Les irrégularités de la procédure suivie pour le transfert partiel d'entreprise ou d'établissement sont sans incidence sur la légalité de la décision autorisant le transfert d'un salarié protégé qui est compris dans ce transfert partiel (CE 22 mai 2013, n° 340111, Dr. Soc. 2013, p. 747, concl. G. Dumortier; RJS 8-9/13 n° 626).

Contrôle de l'inspecteur du travail. Pour autoriser le transfert du contrat de travail d'un salarié protégé, l'autorité administrative ne doit pas se borner à vérifier si le contrat de travail de l'intéressé est en cours au jour de la modification intervenue dans la situation juridique de l'employeur, mais est tenue d'examiner si le salarié concerné exécutait effectivement son contrat de travail dans l'entité transférée (CE 15 juin 2005, n° 250747, RJS 10/05 n° 1004; JCP éd. S 2005, 1301, note J-Y Kerbourc'h; JSL n° 177, 10.11.2005, p. 18, J-E Tourreil). L'autorisation de transfert d'un salarié protégé peut être légalement refusée par l'autorité administrative pour un motif tiré du caractère discriminatoire de la mesure de transfert. Mais l'inspecteur du travail ne peut pas invoquer des motifs d'intérêt général et notamment le fait que le transfert affecterait le bon fonctionnement des institutions représentatives du personnel (CE 20 mai 1988, n° 74863, Dr. Soc. 1989, p. 229, concl. J. de Clausade; 12 octobre 1990, n°s 87204, 87617, RJS 2/91 n° 214). Voir aussi note figurant au début du livre IV «COMPÉTENCE DE L'INSPECTEUR DU TRAVAIL».

Il appartient à l'autorité administrative, saisie d'une demande d'autorisation de transfert de vérifier si la condition d'exécution effective du contrat de travail dans l'activité transférée est remplie et, à cette fin, d'analyser concrètement l'activité du salarié; lorsque le contrat de travail s'exerce seulement en partie au sein du secteur d'activité transféré, elle ne saurait, en tout état de cause, autoriser un transfert partiel de ce contrat alors que l'essentiel des fonctions du salarié continuait d'être accompli au sein d'un secteur d'activité non transféré (CE 1er août 2013, n° 358257, RJS 11/13 n° 750).

L'inspecteur du travail doit prendre en compte l'ensemble des mandats au titre desquels le salarié est, à la date de la demande, protégé. En revanche, la circonstance que, postérieurement à la demande d'autorisation de transfert, le salarié devienne bénéficiaire d'une protection à un nouveau titre est sans incidence sur l'appréciation qu'il incombe à l'inspecteur du travail de porter, eu égard à son office, qui est de s'assurer que le transfert demandé ne constitue pas une mesure discriminatoire. Il n'en va autrement que s'il est établi que l'employeur avait connaissance, à la date de la demande de transfert, des faits à raison desquels le salarié allait bénéficier d'une nouvelle protection et, dans une telle hypothèse, la décision de l'inspecteur du travail n'est régulièrement prise que s'il tient compte de la nouvelle protection du salarié (CE 22 mai 2013, n° 340111, précité).

Annulation de l'autorisation administrative de transfert. Voir article L. 2422-2 et note sous cet article.

Poursuite du contrat de travail. Dès lors que les dispositions de l'article L. 122-12 [L. 1224-1] CT sont applicables et que le transfert d'un salarié protégé est autorisé par l'inspecteur du travail, le contrat de travail se poursuit de plein droit avec le nouvel employeur auquel sont transmis tous les droits et obligations de l'ancien employeur, peu important que le salarié refuse le transfert (cass. soc. 27 juin 2002, n° 00-44.006, BC V n° 221; RJS 11/02 n° 1257). En revanche, en l'absence de transfert d'une entité économique au sens de l'article L. 122-12 [L. 1224-1] CT, l'employeur peut demander l'autorisation de licencier le salarié protégé et ce dernier n'est pas fondé à soutenir que l'autorité administrative a commis une erreur de droit en refusant de faire application des dispositions prévues par le code du travail en cas de transfert partiel d'entreprise et en délivrant une autorisation de licenciement pour motif économique (CE 10 mars 1997, n° 169829, RJS 5/97 n° 568). De même, en cas de transfert partiel d'entreprise, le contrat de travail ne se poursuit pas de plein droit avec le cessionnaire si le salarié n'exerçait pas son activité dans l'une des branches cédées (cass. soc. 23 février 1994, n° 92-40.613, BC V n° 64; RJS 4/94 n° 378).

Poursuite du mandat en cours. Le mandat des représentants du personnel se poursuit lorsqu'il y a transfert d'une entité économique autonome conservant son identité et dont l'activité s'est poursuivie (cass. soc. 28 juin 1995, n° 94-40.362, BC V n° 219; RJS 8-9/95 n° 904). Peu importe que l'entreprise ait perdu son autonomie juridique si elle conserve de fait son autonomie (cass. soc. 18 décembre 2000, n° 99-60.381, BC V n° 433; RJS 3/01 n° 310).

Transfert sans autorisation. En l'absence d'autorisation préalable avant le changement d'affectation, le transfert est nul (cass. soc. 31 mai 2011, n° 10-17.460, BC V n° 132; RJS 8-9/11 n° 712; JCP éd. S 2011, 1432, J-Y Kerbourc'h). Le salarié n'est donc pas tenu de fournir une prestation de travail pour le compte de la société dans laquelle il a été transféré (cass. soc. 5 mai 1998, n° 95-45.326, BC V n° 222) et peut demander à être maintenu dans son emploi aux mêmes conditions de travail et de rémunération (cass. soc. 20 novembre 2002, n° 00-44.498, BC V n° 349; RJS 2/03 n° 216). En outre, faute d'avoir soumis le transfert d'un salarié protégé à l'autorisation administrative préalable, l'employeur ne peut demander à l'inspecteur du travail une autorisation de licenciement pour motif économique (CE 28 février 1997, n° 164235, RJS 5/97 n° 573) ni – le transfert étant nul – le confirmer à l'issue de la période de protection (cass. soc. 31 mai 2011, n° 10-17.460, précité).

En l'absence d'autorisation de l'inspecteur du travail, le transfert du contrat de travail d'un salarié protégé est nul et ouvre droit à une indemnité au moins égale aux salaires des six derniers mois à la charge de l'entreprise cédante par application de l'article L. 1235-3 du code du travail; il en résulte que les juges du fond peuvent, par une appréciation souveraine du préjudice subi par le salarié, limiter la condamnation de l'employeur au paiement d'une indemnité correspondant à six mois de salaire (cass. soc. 23 mars 2017, n° 15-24.005, précité. Les dispositions de l'article L. 1235-3 ayant été modifiées, il convient de se référer dorénavant aux nouveaux minima et maxima prévus par ce texte).

TITRE II PROCÉDURES D'AUTORISATION APPLICABLES À LA RUPTURE OU AU TRANSFERT DU CONTRAT

CHAPITRE Ier Demande d'autorisation et instruction de la demande

SECTION 1. Procédure applicable en cas de licenciement

Note • *Combinaison de la procédure spéciale de licenciement avec la procédure disciplinaire.* Le délai d'un mois pour notifier le licenciement d'un salarié protégé court à compter du jour où l'employeur a reçu notification de l'autorisation de l'inspecteur du travail. En cas de dépassement de ce délai, le licenciement est sans cause réelle et sérieuse (cass. soc. 28 octobre 2003, n° 01-42.404, BC V n° 262; RJS 1/04 n° 78).

• Lorsque le ministre, considérant que les faits reprochés au salarié sont d'une gravité suffisante, annule une décision de l'inspecteur du travail refusant l'autorisation de licencier, mais refuse lui aussi l'autorisation au motif d'un défaut de respect de la procédure par l'employeur, ce dernier dispose d'un délai de deux mois après notification de la décision ministérielle pour reprendre la procédure, peu important que cette décision ait fait l'objet d'un recours, lequel n'est pas suspensif; passé ce délai, les faits sont prescrits (cass. soc. 29 septembre 2014, n° 12-28.679, BC V n° 215; RJS 12/14 n° 877).

• Lorsqu'un salarié est réintégré après annulation de l'autorisation de l'inspecteur du travail au motif que la demande d'autorisation avait omis d'indiquer l'un des mandats de l'intéressé, l'employeur peut formuler une nouvelle demande d'autorisation sans avoir à convoquer de nouveau le salarié à un entretien préalable, dès lors que les motifs invoqués à l'appui de cette demande sont identiques à ceux de la demande précédente pour laquelle le salarié avait été régulièrement convoqué à un entretien préalable (CE 19 septembre 2014, n° 362660, RJS 12/14 n° 874).

Sous-section 1. Délégué syndical, salarié mandaté, conseiller du salarié et membre de la délégation du personnel du comité social et économique interentreprises

Art. L. 2421-1. La demande d'autorisation de licenciement d'un délégué syndical, d'un salarié mandaté ou d'un conseiller du salarié ***(Ord. 2017-1386 du 22 sept. 2017, art. 2, 33°, JO 23, entrée en vigueur au plus tard le 01.01.2018)*** «ou d'un membre de la délégation du personnel au comité social et économique interentreprises» est adressée à l'inspecteur du travail.

En cas de faute grave, l'employeur peut prononcer la mise à pied immédiate de l'intéressé dans l'attente de la décision définitive.

Cette décision est, à peine de nullité, motivée et notifiée à l'inspecteur du travail dans le délai de quarante-huit heures à compter de sa prise d'effet.

Si le licenciement est refusé, la mise à pied est annulée et ses effets supprimés de plein droit.

Note **Mise à pied conservatoire**

• L'absence de notification dans les 48 heures à l'inspecteur du travail de la mise à pied d'un délégué syndical n'entraîne que la nullité de la décision de mise à pied, et non l'irrégularité de la demande d'autorisation de licenciement (CE 2 juin 1989, n° 68320, RJS 8-9/89 n° 696). Toutefois, eu égard à la gravité de la mesure de mise à pied, l'employeur est tenu, à peine d'irrégularité de sa demande, de respecter un délai aussi court que possible pour la présenter; la circonstance que l'employeur a décidé, en raison d'un arrêt maladie du salarié survenu au cours de la période de mise à pied, de repousser la date de l'entretien préalable au licenciement et, par suite, celle à laquelle il adresse sa demande d'autorisation de licenciement à l'administration n'est de nature à justifier un délai de présentation de sa demande excédant celui requis que si la maladie a rendu impossible la tenue de l'entretien dans ces délais, ou que le report a été demandé par le salarié lui-même (CE 29 juin 2016, n° 381766, Rec. Lebon, p. 263; RJS 11/16 n° 711).

• La mise à pied conservatoire n'a pas pour effet de suspendre l'exécution du mandat (cass. soc. 2 mars 2004, n° 02-16.554, BC V n° 71; RJS 5/04 n° 557). Les faits d'entrave à l'exercice du droit syndical, consistant, pour les dirigeants d'une entreprise, après mise à pied conservatoire d'un délégué syndical, à ne pas l'avoir convoqué à une réunion de concertation et à avoir demandé au syndicat de lui désigner un suppléant, portent atteinte aux intérêts du syndicat mais sont également de nature à causer un préjudice personnel et direct au délégué syndical en le privant de la possibilité de circuler dans l'entreprise et d'exercer ses fonctions de représentation (cass. crim. 30 octobre 2006, n° 05-86.380, B. crim. n° 260; RJS 2/07 n° 247; Dr. Soc. 2007, p. 310, obs. Fr. Duquesne; JCP éd. S 2007, 1175, note J-Fr. Cesaro).

Le représentant du personnel mis à pied demeure électeur et éligible, y compris dans le cas où il s'agit d'une mise à pied irrégulièrement prolongée après une décision de refus d'autorisation (cass. ch. mixte, 25 octobre 1968, 2 arrêts, n°s 66-60.054 et 66-60.055, BC n° 1).

• L'autorisation de licenciement ne valide pas à elle seule la mise à pied et l'employeur peut être attaqué au pénal et au civil en dommages et intérêts s'il y a contestation de la faute grave.

• Le refus d'autorisation de l'inspecteur du travail entraîne l'annulation de la mise à pied, et ses effets sont supprimés de plein droit; le salarié peut prétendre au règlement des salaires perdus pendant la période de mise à pied (cass. soc. 10 octobre 1962, BC IV n° 703; 18 juin 1997, n° 95-43.723, BC V n° 225; RJS 8-9/97 n° 998; 24 octobre 1997, n° 95-40.930, BC V n° 334; RJS 12/97 n° 1372; voir aussi cass. soc. 23 juin 1999, n° 97-42.202, BC V n° 300, précisant qu'il n'appartient pas au juge judiciaire de se prononcer sur le bien-fondé de la mise à pied annulée).

Doit être ainsi cassé l'arrêt qui a rejeté la demande de membres d'un comité d'entreprise mis à pied pour entrave à la liberté du travail (participation à une grève), dont l'inspecteur du travail avait refusé l'autorisation de licenciement et qui avaient saisi le juge des référés pour obtenir une provision sur les salaires correspondant à la période de mise à pied, en retenant que l'exercice du droit de grève suspend l'exécution du contrat de travail de sorte que l'employeur est délié de l'obligation de payer les salaires et que la décision de mise à pied avait été prononcée alors que les salariés étaient grévistes et que leur contrat de travail était suspendu, alors que l'autorisation de licencier ayant été refusée, l'employeur se trouvait, de plein droit, débiteur des salaires correspondant à la période de mise à pied et que l'obligation de l'employeur n'était pas sérieusement contestable (cass. soc. 18 juillet 2000, n° 99-41.413, BC V n° 290; RJS 11/00 n° 1113; dans le même sens, voir aussi cass. soc. 17 décembre 2002, n° 00-40.633, BC V n° 389; RJS 2/03 n° 218).

À noter que l'employeur qui a mis à pied un salarié délégué du personnel à titre conservatoire et l'a convoqué à un entretien préalable à un licenciement peut renoncer au licenciement et prononcer une sanction moindre; lorsque cette sanction est une mise à pied disciplinaire, la durée de la mise à pied conservatoire s'impute sur la durée de la mise à pied disciplinaire (cass. soc. 5 juillet 2006, n° 03-46.361, BC V n° 235; RJS 11/06 n° 1180).

Lorsque le licenciement n'est pas autorisé par l'inspecteur du travail, le salarié protégé doit retrouver son emploi et le refus de l'employeur de le réintégrer constitue un trouble manifestement illicite (cass. soc. 12 juin 2001, n° 00-40.480, BC V n° 220; RJS 8-9/01 n° 1039) et s'analyse en un licenciement nul (cass. soc. 4 février 2004, n° 01-44.962, BC V n° 34; RJS 4/04 n° 437). Le salarié doit être rétabli dans ses fonctions dès l'instant que le travail qu'il accomplissait existe toujours, peu important que l'employeur ait entendu supprimer le poste pour l'occuper lui-même (cass. soc. 18 novembre 1998, n° 96-43.072, BC V n° 498). En s'abstenant volontairement, après la décision administrative de refus d'autoriser le licenciement, de réintégrer un salarié protégé dans les fonctions qu'il occupait avant sa mise à pied et en lui imposant une modification de son contrat de travail, un dirigeant de société commet un délit d'entrave (cass. crim. 11 décembre 2001, n° 00-86.182, B. crim. n° 266).

Annulation de la désignation. L'annulation par le tribunal d'instance [tribunal judiciaire] de la désignation d'un délégué syndical, quel qu'en soit le motif, n'a pas d'effet rétroactif sur le statut protecteur; le licenciement prononcé avant l'annulation du mandat est donc soumis à l'autorisation de l'inspecteur du travail (cass. soc. 16 décembre 2014, n° 13-15.081, BC V n° 290; RJS 2/15 n° 117; JCP éd. S 2015, 1090, note J-Y Kerbourc'h).

Art. R. 2421-1. La demande d'autorisation de licenciement d'un délégué syndical, d'un salarié mandaté ***(D. 2017-1819 du 29 déc. 2017, art. 2, 2°, JO 30, entrée en vigueur le 01.01.2018)*** «, d'un membre de la délégation du personnel au comité social et économique interentreprises» ou d'un conseiller du salarié est adressée à l'inspecteur du travail dont dépend l'établissement dans ***(D. 2017-1819 du 29 déc. 2017, art. 2, 2°, JO 30, entrée en vigueur le 01.01.2018)*** «les conditions définies à l'article L. 2421-3.»

Lorsque le délégué syndical bénéficie également de la protection prévue aux sections 3 et 4 du chapitre Ier du titre Ier de la partie législative, la demande est accompagnée du procès-verbal de la réunion du comité ***(D. 2017-1819 du 29 déc. 2017, art. 2, 2°, JO 30, entrée en vigueur le 01.01.2018)*** «social et économique».

Dans ce cas, sauf dans l'hypothèse d'une mise à pied, la demande est transmise dans les quinze jours suivant la date à laquelle a été émis l'avis du ***(D. 2017-1819 du 29 déc. 2017, art. 3, 4°, JO 30, entrée en vigueur le 01.01.2018)*** «comité social et économique».

Dans tous les cas, la demande énonce les motifs du licenciement envisagé. Elle est transmise par ***(D. 2017-1819 du 29 déc. 2017, art. 2, 2°, JO 30, entrée en vigueur le 01.01.2018)*** «voie électronique selon les modalités prévues aux articles R. 112-9 à R. 112-9-2 du code des relations entre le public et l'administration ou par lettre recommandée avec avis de réception en deux exemplaires.»

Note Voir note sous article R. 2421-10.

Art. R. 2421-2. Lorsqu'un licenciement pour motif économique de dix salariés ou plus dans une même période de trente jours concerne un ou plusieurs salariés mentionnés à l'article L. 2421-1, l'employeur joint à la demande d'autorisation de licenciement la copie de la notification du projet de licenciement adressée à l'autorité administrative en application de l'article L. 1233-46.

Art. R. 2421-3. L'entretien préalable au licenciement a lieu avant la présentation de la demande d'autorisation de licenciement à l'inspecteur du travail.

Note Voir note sous article R. 2421-8.

Art. R. 2421-4. L'inspecteur du travail procède à une enquête contradictoire au cours de laquelle le salarié peut, sur sa demande, se faire assister d'un représentant de son syndicat.

(D. 2017-1819 du 29 déc. 2017, art. 2, 3°, JO 30, entrée en vigueur le 01.01.2018) «Par dérogation à l'alinéa précédent, lorsque le salarié est inclus dans un licenciement pour motif économique et que la demande concerne au moins vingt-cinq salariés bénéficiant de la protection prévue à l'article L. 2411-1, l'inspecteur du travail met à même le salarié de lui présenter ses observations écrites, et sur sa demande, des observations orales. À cette occasion, le salarié peut, sur sa demande, se faire assister d'un représentant de son syndicat. En outre, l'inspecteur du travail peut procéder à une enquête contradictoire telle que définie à l'alinéa 1er du présent article.

L'inspecteur du travail prend sa décision dans un délai de deux mois. Ce délai court à compter de la réception de la demande d'autorisation de licenciement. Le silence gardé pendant plus de deux mois vaut décision de rejet.»

Note Sur le déroulement de l'enquête contradictoire, voir note sous article R. 2421-11.

Art. R. 2421-5. La décision de l'inspecteur du travail est motivée.

Elle est notifiée par lettre recommandée avec avis de réception:
1° À l'employeur;
2° Au salarié;
3° À l'organisation syndicale intéressée lorsqu'il s'agit d'un délégué syndical.

Note Voir note sous article R. 2421-4.

Art. R. 2421-6. En cas de faute grave, l'employeur peut prononcer la mise à pied immédiate de l'intéressé jusqu'à la décision de l'inspecteur du travail.

(D. 2017-1819 du 29 déc. 2017, art. 2, 4°, JO 30, entrée en vigueur le 01.01.2018) «Lorsque le délégué syndical bénéficie de la protection prévue à l'article L. 2421-3, la consultation du comité social et économique a lieu dans un délai de dix jours à compter de la date de la mise à pied. La demande d'autorisation de licenciement est présentée au plus tard dans les quarante-huit heures suivant la délibération du comité social et économique. Si l'avis du comité social et économique n'est pas requis, cette demande est présentée dans un délai de huit jours à compter de la date de la mise à pied.»

La mesure de mise à pied est privée d'effet lorsque le licenciement est refusé par l'inspecteur du travail ou, en cas de recours hiérarchique, par le ministre.

Art. R. 2421-7. L'inspecteur du travail et, en cas de recours hiérarchique, le ministre examinent notamment si la mesure de licenciement envisagée est en rapport avec le mandat détenu, sollicité ou antérieurement exercé par l'intéressé.

Art. L. 2421-2. La procédure prévue à la présente sous-section s'applique également au salarié investi de l'un des mandats suivants:

1° Membre du conseil ou administrateur d'une caisse de sécurité sociale mentionné à l'article L. 231-11 du code de la sécurité sociale;

2° Membre du conseil d'administration d'une mutuelle, union ou fédération mentionné à l'article L. 114-24 du code de la mutualité;

3° Représentant des salariés dans une chambre d'agriculture mentionné à l'article L. 515-1 du code rural ***(Ord. 2010-462 du 6 mai 2010, JO 7)*** «et de la pêche maritime»;

4° Conseiller prud'homme;

(Ord. 2012-1218 du 2 nov. 2012, art. 3, VII, JO 3, entrée en vigueur au plus tard le 01.01.2015) «5° Assesseur maritime mentionné à l'article 7 de la loi du 17 décembre 1926 relative à la répression en matière maritime;»

(L. 2015-990 du 6 août 2015, art. 258, II, 2°, JO 7, entrée en vigueur au plus tard le 01.08.2016) «6° Défenseur syndical mentionné à l'article L. 1453-4;»

(L. 2015-994 du 17 août 2015, art. 1er, IV, JO 18, entrée en vigueur le 01.01.2016) «7° Membre de la commission mentionnée à l'article L. 23-111-1.»

Sous-section 2. Membre de la délégation du personnel du comité social et économique et représentant de proximité

Art. L. 2421-3. Le licenciement envisagé par l'employeur d'un ***(Ord. 2017-1386 du 22 sept. 2017, art. 2, 35°, JO 23, entrée en vigueur au plus tard le 01.01.2018)*** «membre élu à la délégation du personnel au comité social et économique titulaire ou suppléant ou d'un représentant syndical au comité social et économique ou d'un représentant de proximité est soumis au comité social et économique», qui donne un avis sur le projet de licenciement ***(Ord. 2017-1718 du 20 déc. 2017, art. 1er, I, 121°, JO 21)*** «dans les conditions prévues à la section 3 du chapitre II du titre Ier du livre III».

(Ord. 2017-1386 du 22 sept. 2017, art. 2, 35°, JO 23, entrée en vigueur au plus tard le 01.01.2018) «L'avis est réputé acquis nonobstant l'acquisition d'un nouveau mandat postérieurement à cette consultation.»

Lorsqu'il n'existe pas de comité ***(Ord. 2017-1718 du 20 déc. 2017, art. 1er, I, 121°, JO 21)*** «social et économique» dans l'établissement, l'inspecteur du travail est saisi directement.

La demande d'autorisation de licenciement est adressée à l'inspecteur du travail dont dépend l'établissement dans lequel le salarié est employé. ***(Ord. 2017-1718 du 20 déc. 2017, art. 1er, I, 121°, JO 21)*** «Si la demande d'autorisation de licenciement repose sur un motif personnel, l'établissement s'entend comme le lieu de travail principal du salarié. Si la demande d'autorisation de licenciement repose sur un motif économique, l'établissement s'entend comme celui doté d'un comité social et économique disposant des attributions prévues à la section 3, du chapitre II, du titre I, du livre III.»

En cas de faute grave, l'employeur peut prononcer la mise à pied immédiate de l'intéressé dans l'attente de la décision définitive.

Si le licenciement est refusé, la mise à pied est annulée et ses effets supprimés de plein droit.

Note • Les dispositions du 4e alinéa de cet article, dans sa rédaction issue de l'ordonnance 2017-1718 précitée, sont applicables aux demandes formées depuis le 21 décembre 2017 (ordonnance précitée, art. 4, IV).

• Les dispositions de l'article L. 2421-3 [délégué du personnel, membre du comité d'entreprise et membre du CHSCT] et du 4° de l'article L. 2421-4 [représentant du personnel d'une entreprise extérieure, désigné au CHSCT d'un établissement comprenant au moins une installation classée figurant sur la liste prévue à l'article L. 515-36 du code de l'environnement ou mentionnée à l'article L. 211-2 du code minier], dans leur rédaction antérieure à l'entrée en vigueur de l'ordonnance 2017-1386, sont restées applicables lorsqu'avaient été mises en place, au plus tard le 31 décembre 2017, une ou plusieurs des institutions représentatives du personnel concernées par les dispositions précitées.

Dans ce cas, les dispositions prévues aux 2° [délégué du personnel, titulaire ou suppléant, ancien délégué du personnel ou candidat aux fonctions de délégué du personnel, salarié ayant demandé à l'employeur l'organisation des élections pour la désignation des délégués du personnel], 3° [membre élu du comité d'entreprise, titulaire ou suppléant, représentant syndical au comité d'entreprise, ancien membre ou candidat aux fonctions de membre du comité d'entreprise, salarié ayant demandé à l'employeur l'organisation des élections au comité d'entreprise] et 6° [salarié siégeant ou ayant siégé en qualité de représentant du personnel au comité d'hygiène, de sécurité et des conditions de travail] de l'article L. 2422-1 et à l'article L. 2422-2, dans leur rédaction antérieure à l'entrée en vigueur de l'ordonnance, sont restées applicables (ordonnance 2017-1386 précitée, art. 11).

• Mise à pied conservatoire: voir note sous article L. 2421-1.

Art. R. 2421-8. L'entretien préalable au licenciement a lieu avant la consultation du comité ***(D. 2017-1819 du 29 déc. 2017, art. 2, 6°, JO 30, entrée en vigueur le 01.01.2018)*** « social et économique » faite en application de l'article L. 2421-3.

(D. 2017-1819 du 29 déc. 2017, art. 2, 6°, JO 30, entrée en vigueur le 01.01.2018) « Si l'avis du comité social et économique n'est pas requis dans les conditions définies à l'article L. 24[2]1-3, cet entretien a lieu avant la présentation de la demande d'autorisation de licenciement à l'inspecteur du travail. »

À défaut de ***(D. 2017-1819 du 29 déc. 2017, art. 3, 4°, JO 30, entrée en vigueur le 01.01.2018)*** « comité social et économique », cet entretien a lieu avant la présentation de la demande d'autorisation de licenciement à l'inspecteur du travail.

Note ***Jurisprudence rendue dans le cadre législatif antérieur à l'ordonnance 2017-1386 du 22 septembre 2017 mais toujours d'actualité dans les principes qu'elle a fixés.***

Lettre de convocation

• L'employeur qui envisage de sanctionner une faute par un licenciement doit explicitement faire mention de cette éventualité dans la lettre de convocation à l'entretien préalable. À défaut, la procédure suivie est irrégulière et la décision de l'inspecteur du travail autorisant le licenciement doit être annulée (CE 12 octobre 1990, n° 99640, RJS 2/91 n° 219). La lettre de convocation adressée par l'employeur en vue de l'entretien préalable doit rappeler que le salarié peut se faire assister d'une personne de son choix appartenant au personnel de l'entreprise; l'employeur ne peut porter atteinte à la liberté de choix du salarié en excluant certaines personnes (CE 16 juin 1995, n° 145728, RJS 8-9/95 n° 914).

• Dans une UES, la lettre de convocation à l'entretien préalable au licenciement doit mentionner la possibilité pour le salarié convoqué de se faire assister par une personne de son choix appartenant au personnel de l'entreprise ou d'une autre entreprise appartenant à l'UES; toutefois, la procédure n'est pas entachée d'irrégularité s'il est établi que le salarié a été pleinement informé, en temps utile, des modalités d'assistance auxquelles il avait droit, en fonction de la situation de l'entreprise (CE 12 juin 2019, n° 408970, LS Jurispr. n° 114 du 25.06.2019; RJS 8-9/19 n° 510).

Entretien préalable

• Il résulte de la combinaison des dispositions des articles L. 122-14-7 et R. 436-1 [L. 1231-2 et R. 2421-8] CT que la demande d'autorisation de licenciement présentée par l'employeur doit toujours être précédée de la convocation à un entretien préalable du salarié bénéficiant d'une protection particulière, alors même que le licenciement de l'intéressé est envisagé dans une entreprise disposant d'un comité d'entreprise, dans le cadre d'une procédure de licenciement pour motif économique de dix salariés et plus dans une même période de trente jours (CE 28 septembre 2005, n° 266023, Rec. Lebon, p. 397; JCP éd. S 2005, 1336, note J-Y Kerbourc'h; dans le même sens, voir aussi cass. soc. 10 mai 1999, n° 97-40.510, BC V n° 207, RJS 6/99 n° 831; 22 septembre 2010, n° 08-45.227, BC V n° 190; RJS 11/10, 1re espèce). L'absence de convocation régulière du salarié à l'entretien préalable entraîne l'annulation de l'autorisation de licenciement accordée à l'employeur par l'inspecteur du travail (CE 28 septembre 2005, n° 266023, précité).

• La mise à la retraite d'un salarié protégé à l'initiative de l'employeur doit être précédée de l'entretien préalable prévu par l'article L. 122-14 [L. 1232-2]. Doit donc être annulée la décision d'un inspecteur du travail ayant autorisé la mise à la retraite d'un salarié protégé alors que la demande d'autorisation n'avait pas été précédée de cet entretien (CE 17 juin 2009, n° 304027, LS Jurispr. n° 151 des 20-21.07.2009; JSL n° 262, 16.09.2009, p. 16, M-Ch. Haller).

• La lettre de convocation à l'entretien préalable doit être notifiée au salarié au moins cinq jours ouvrables avant la date prévue pour cet entretien et le non-respect de ce délai justifie un refus d'autorisation de licenciement (CE 20 mars 2009, n° 312258, LS Jurispr. n° 88 du 21.04.2009; JSL n° 255, 14.05.2009, p. 14, J-E Tourreil; Dr. Soc. 2009, p. 711, concl. Y. Struillou; RDT, juillet/août 2009, CH, 457, M. Grévy). L'entretien préalable doit précéder la consultation du comité d'entreprise et doit intervenir avant la décision de l'inspecteur du travail (CE 30 novembre 1998, n° 173491, RJS 2/99 n° 236); la décision de l'inspecteur du travail autorisant le licenciement du salarié sans que ces conditions aient été respectées doit être déclarée illégale, peu important que le salarié ait été informé des griefs qui lui étaient reprochés au cours de plusieurs rencontres avec les membres de la direction (CE 15 mai 1995, n° 148320, RJS 7/95 n° 795).

• Eu égard aux dispositions de cet article et de l'article L. 122-14 [L. 1232-4], la présence de deux membres de la direction de la banque lors de l'entretien avec un membre du CHSCT n'a pas constitué en elle-même un vice de nature à entacher d'irrégularité la procédure de son licenciement (CE 16 janvier 1987, n° 65315, Rec. Lebon, p. 978).

• Voir aussi note sous article L. 1232-4.

Art. R. 2421-9. L'avis du comité ***(D. 2017-1819 du 29 déc. 2017, art. 2, 7°, JO 30, entrée en vigueur le 01.01.2018)*** « social et économique » est exprimé au scrutin secret après audition de l'intéressé.

Lorsque le salarié est inclus dans un licenciement collectif pour motif économique de dix salariés ou plus dans une même période de trente jours, la délibération du comité ***(D. 2017-1819 du 29 déc. 2017, art. 2, 7°, JO 30, entrée en vigueur le 01.01.2018)*** « social et économique » ne peut avoir lieu :

1° Soit avant la seconde réunion du comité prévue à l'article ***(D. 2016-510 du 25 avril 2016, JO 27, entrée en vigueur le 01.07.2016)*** « L. 1233-30 » ;

(D. 2016-510 du 25 avril 2016, JO 27, entrée en vigueur le 01.07.2016) « 2° » Soit avant la réunion du comité prévue à l'article L. 1233-58.

Note ***Jurisprudence rendue dans le cadre législatif antérieur à l'ordonnance 2017-1386 du 22 septembre 2017 mais toujours d'actualité dans les principes qu'elle a fixés.***

La consultation du comité d'entreprise doit se situer après l'entretien préalable et avant la demande d'autorisation de licenciement à l'inspecteur du travail.

Dans les entreprises comportant des établissements distincts, c'est normalement le comité d'établissement qui doit être consulté sur le projet de licenciement d'un représentant du personnel travaillant dans cet établissement et y exerçant un mandat (CE 26 février 1996, n° 146005, RJS 5/96 n° 568).

Information du comité. Avant la réunion de consultation, l'employeur doit fournir aux membres du comité d'entreprise des informations précises leur permettant de s'assurer de la régularité de la procédure. Ainsi, en cas de mise à la retraite, l'employeur doit leur communiquer les pièces leur permettant de vérifier que le salarié totalise un nombre de trimestres validés suffisant pour percevoir une retraite à taux plein. À défaut, l'inspecteur du travail peut refuser la mise à la retraite (CE 26 octobre 2011, n° 335755, RJS 1/12 n° 58).

Convocation et audition du salarié concerné. Lorsque le comité d'entreprise se réunit pour donner son avis sur le projet de licenciement de l'un de ses membres ou d'un représentant syndical, ni l'article L. 434-3, al. 3 [L. 2325-18] CT, ni aucune autre disposition légale ou réglementaire n'imposent un délai pour la convocation du salarié concerné en vue de son audition par le comité en application de l'article R. 436-2 [R. 2421-9] du même code. L'employeur n'a pas non plus l'obligation de communiquer au membre du comité d'entreprise dont le mandat se trouve suspendu par l'effet d'une mesure de mise à pied conservatoire prise à son encontre, l'ordre du jour de la réunion de ce comité appelé à donner son avis sur son projet de licenciement en application de l'article L. 436-1 [L. 2421-3] CT (cass. crim. 5 mars 2002, n° 01-81.049, B. crim. n° 56; RJS 6/02 n° 695).

L'avis du comité d'entreprise n'est pas régulièrement émis s'il n'y a pas eu audition du salarié protégé par le comité d'entreprise (CE 29 juin 1990, n° 87944, RJS 7/90 n° 573; 18 octobre 1991, n° 83934, Dr. Ouvr. 1992, p. 84). L'inspecteur du travail doit refuser le licenciement de l'intéressé lorsque ni les membres suppléants du comité d'entreprise ni les représentants syndicaux n'ont été convoqués à la réunion au cours de laquelle le comité d'entreprise devait se prononcer sur le projet de licenciement d'un salarié protégé, les dispositions d'ordre public relatives à la composition de ce comité ayant été méconnues (CE 24 mai 1991, n° 68272, RJS 7/91 n° 860; voir aussi CE 23 décembre 2010, n° 323318, RJS 3/11 n° 250).

L'exigence de la communication de l'ordre du jour aux membres du comité d'entreprise trois jours au moins avant la séance n'est pas une condition de la régularité de la procédure de consultation du comité d'entreprise dans la mesure où la méconnaissance de ce délai n'a pas empêché le comité d'entreprise de donner son avis en connaissance de cause (CE 11 juin 1986; 7 novembre 1990, n° 105026, RJS 1/91 n° 56).

Modalités de consultation et secret du vote. Le comité d'entreprise donne son avis au scrutin secret et à la majorité des membres présents, sans que le chef d'entreprise ou son représentant puisse prendre part au vote (cass. soc. 27 février 1985, n° 82-16.324, BC V n° 120; 22 novembre

1988, n° 85-42.007, BC V n° 617; RJS 1/89 n° 60). La participation alléguée de l'employeur au vote du comité d'entreprise alors que le comité a émis à l'unanimité un vote défavorable aux licenciements de représentants du personnel est sans influence sur le vote de cet avis (CE 31 octobre 1990, n° 82488, RJS 2/91 n° 218; voir aussi CE 22 mars 1991, n° 84280, RJS 5/91 n° 609).

Lorsque le comité est appelé à émettre un avis sur le licenciement de plusieurs salariés, il doit être consulté séparément sur chacun d'entre eux par un vote distinct, après une audition individuelle, et cela même si les intéressés font l'objet de reproches en partie identiques (CE 2 février 1996, n° 121880, RJS 3/96 n° 300). Toutefois, la méconnaissance de la règle selon laquelle le comité d'entreprise doit se prononcer par un vote distinct sur le projet de licenciement de chaque salarié protégé n'entache pas la procédure d'irrégularité lorsqu'elle n'a pu être de nature à influer sur le sens de la décision prise par la société (CE 30 avril 1997, n° 155294, RJS 7/97 n° 837).

La consultation des membres du comité d'entreprise peut s'effectuer grâce à un système de visioconférence dès lors que le secret du vote est préservé. Dans une affaire où les membres du comité d'entreprise d'une société, constituée de deux établissements, s'étaient exprimés par visioconférence à partir de deux sites situés à Cavaillon, siège de la société, et à Rouen, la consultation concernant le licenciement d'un salarié a été jugée régulière dans la mesure où le vote s'était déroulé à bulletins secrets simultanément sur les deux sites, peu important à cet égard que la secrétaire du comité d'entreprise, se trouvant à Cavaillon, ait eu connaissance du résultat du vote sur le site de Rouen avant proclamation du résultat du dépouillement d'ensemble (CE 9 septembre 2010, n° 327250, LS Jurispr. n° 188 du 28.09.2010; JSL n° 286, 27.10.2010, p. 24).

L'inspecteur du travail doit rejeter une demande d'autorisation de licenciement pour motif économique lorsque la procédure de consultation prévue par les articles L. 321-3 et L. 436-2 (anciens) CT n'a pas été respectée (consultation faite au cours d'une unique réunion concernant un licenciement collectif pour motif économique) (CE 8 janvier 1997, n° 154728, RJS 2/97 n° 171).

Acquisition d'un nouveau mandat en cours de procédure. Dans le cas où le salarié, titulaire d'un mandat représentatif à la date de la délibération du comité d'entreprise, obtient un mandat différent après cette délibération et avant la décision de l'inspecteur du travail, le comité doit être saisi à nouveau de son cas, alors même qu'il a déjà exprimé son avis sur le projet de licenciement. À défaut de cette nouvelle saisine, l'inspecteur du travail n'est pas en mesure de se prononcer (CE 9 février 2011, n° 329471, RJS 4/11 n° 349). Voir aussi note figurant au début du livre IV «Compétence de l'inspecteur du travail».

Art. R. 2421-10. La demande d'autorisation de licenciement d'un ***(D. 2017-1819 du 29 déc. 2017, art. 2, 8°, JO 30, entrée en vigueur le 01.01.2018)*** «membre de la délégation du personnel au comité social et économique ou d'un représentant de proximité» est adressée à l'inspecteur du travail ***(D. 2017-1819 du 29 déc. 2017, art. 2, 8°, JO 30, entrée en vigueur le 01.01.2018)*** «dans les conditions définies à l'article L. 2421-3».

Elle est accompagnée du procès-verbal de la réunion du comité ***(D. 2017-1819 du 29 déc. 2017, art. 2, 8°, JO 30, entrée en vigueur le 01.01.2018)*** «social et économique».

Excepté dans le cas de mise à pied, la demande est transmise dans les quinze jours suivant la date à laquelle a été émis l'avis du comité ***(D. 2017-1819 du 29 déc. 2017, art. 2, 8°, JO 30, entrée en vigueur le 01.01.2018)*** «social et économique».

La demande énonce les motifs du licenciement envisagé. Elle est transmise par lettre recommandée avec avis de réception.

Note ***Jurisprudence rendue dans le cadre législatif antérieur à l'ordonnance 2017-1386 du 22 septembre 2017 mais toujours d'actualité dans les principes qu'elle a fixés.***

La demande d'autorisation doit énoncer expressément les motifs du licenciement envisagé: le renvoi à des pièces justificatives jointes, y compris au procès-verbal de la réunion au cours de laquelle le comité d'entreprise a été consulté sur ce projet de licenciement, ne peut tenir lieu d'un tel énoncé (CE 20 mars 2009, n° 308346, LS Jurispr. n° 88 du 21.04.2009; Dr. Soc. 2009, p. 711, concl. Y. Struillou; RDT, juillet/août 2009, CH, 457, M. Grévy).

Lorsqu'un employeur demande à l'inspecteur du travail l'autorisation de licencier un salarié protégé, il lui appartient de faire précisément état, dans sa demande, des motifs justifiant, selon lui, le licenciement et l'inspecteur du travail ne peut, pour accorder l'autorisation demandée, se fonder sur d'autres motifs que ceux énoncés dans la demande; par suite, commet une erreur de droit la Cour administrative d'appel qui juge qu'un inspecteur du travail, saisi d'une demande d'autorisation de licenciement fondée sur un motif non disciplinaire inhérent à la personne du salarié, était tenu de rechercher si les faits avancés constituent une faute de nature à justifier un licenciement disciplinaire (CE 19 octobre 2012, n° 334588, RJS 1/13 n° 58). De même, si le motif sur lequel repose la demande d'autorisation de rupture du contrat de travail du salarié protégé est erroné, l'inspecteur du travail est tenu de refuser l'autorisation et ne peut l'accorder en y substituant le bon motif (CE 20 mars 2017, n° 392296, Rec. Lebon, p. 101; LS Jurispr. n° 60 du 28.03.2017; RJS 5/17 n° 349).

Sur le contenu de la demande d'autorisation, voir aussi note sous Titre Ier, Chapitre Ier «COMPÉTENCE DE L'INSPECTEUR DU TRAVAIL».

Inspecteur territorialement compétent. L'inspecteur du travail compétent pour se prononcer sur une demande d'autorisation de licencier un salarié protégé est celui dans le ressort duquel se trouve l'établissement disposant d'une autonomie de gestion suffisante où le salarié est affecté ou rattaché. À défaut, l'inspecteur du travail compétent est celui dans le ressort duquel se trouve le siège social de l'entreprise qui emploie le salarié protégé, même lorsque cette entreprise appartient à un groupe (CE 17 juillet 2013, n° 356099, LS Jurispr. n° 165 du 10.09.2013).

Art. R. 2421-11. ***(D. 2017-1819 du 29 déc. 2017, art. 2, 9°, JO 30, entrée en vigueur le 01.01.2018)*** L'inspecteur du travail procède à une enquête contradictoire au cours de laquelle le salarié peut, sur sa demande, se faire assister d'un représentant de son syndicat.

Par dérogation à l'alinéa précédent, lorsque le salarié est inclus dans un licenciement pour motif économique et que la demande concerne au moins vingt-cinq salariés bénéficiant de la protection prévue à l'article L. 2411-1, l'inspecteur du travail met à même le salarié de lui présenter ses observations écrites, et sur sa demande, des observations orales. À cette occasion, le salarié peut, sur sa demande, se faire assister d'un représentant de son syndicat. En outre, l'inspecteur du travail peut procéder à une enquête contradictoire telle que définie à l'alinéa 1er du présent article.

L'inspecteur du travail prend sa décision dans un délai de deux mois. Ce délai court à compter de la réception de la demande d'autorisation de licenciement. Le silence gardé pendant plus de deux mois vaut décision de rejet.

Note ***Jurisprudence rendue dans le cadre législatif antérieur à l'ordonnance 2017-1386 du 22 septembre 2017 mais toujours d'actualité dans les principes qu'elle a fixés.***

• Le 1er alinéa de ce texte implique, pour le salarié dont le licenciement est envisagé, le droit d'être entendu personnellement et individuellement par l'inspecteur du travail, sauf s'il s'abstient, sans motif légitime, de donner suite à la convocation. Ce droit ne saurait être exercé collectivement, même si le salarié protégé demande à être entendu en même temps qu'un autre salarié protégé faisant également l'objet d'une procédure d'autorisation administrative de licenciement (CE 8 novembre 2019, n° 412566, LS Jurispr. n° 210 du 19.11.2019; JCP éd. S 2019, 1363, note J-Y Kerbourc'h; RJS 1/20 n° 35; JSL n° 489, 09.01.2020, p. 22).

• Le caractère contradictoire de l'enquête impose à l'autorité administrative d'informer le salarié concerné, de façon suffisamment circonstanciée, des agissements qui lui sont reprochés et de le mettre à même de prendre connaissance de l'ensemble des pièces produites par l'employeur à l'appui de sa demande d'autorisation de licenciement, notamment des témoignages et attestations, afin de lui permettre de répondre aux motifs et aux arguments avancés par l'employeur et ainsi, d'assurer utilement sa défense (CE 20 novembre 2009, n° 320179). La circonstance que le salarié est susceptible de connaître le contenu de certaines de ces pièces ne peut exonérer l'inspecteur du travail de cette obligation (CE 22 février 2012, n° 335200, RJS 5/12 n° 476; voir aussi circ. DGT 07/2012 du 30 juillet 2012, fiche 3).

Cependant, il ne résulte d'aucune disposition législative ou réglementaire ni d'aucun principe que, lorsque la convocation du salarié à l'enquête et notamment à l'audition personnelle et individuelle du salarié par l'inspecteur du travail est assurée par le moyen d'une lettre recommandée avec accusé de réception, celle-ci doive énoncer les griefs dont il fait l'objet et dont il a déjà pris connaissance avec l'employeur au cours de l'entretien préalable (CE 20 novembre 2009, n° 320179, précité).

En outre, lorsque l'accès à ces témoignages et attestations serait de nature à porter gravement préjudice à leurs auteurs, l'inspecteur du travail doit se limiter à informer le salarié protégé, de façon suffisamment circonstanciée, de leur teneur (CE 24 novembre 2006, n° 284208, Dr. Soc. 2007, p. 25, concl. Y. Struillou; voir aussi circ. DGT 07/2012 du 30 juillet 2012, fiche 3, précisant les modalités d'application des principes dégagés par cet arrêt et CE 9 juillet 2007, n° 288295, Dr. Soc. 2007, p. 1000, obs. Y. Struillou; RJS 10/07 n° 1084, confirmant l'obligation pour l'inspecteur du travail d'informer le salarié protégé et l'employeur de la teneur des éléments qu'il a recueillis).

Par ailleurs, l'absence de confrontation entre le salarié et les témoins lors de l'enquête contradictoire organisée par l'inspecteur du travail n'est pas de nature à entacher d'irrégularité la procédure suivie (CE 24 novembre 2006, n° 282374, LSQ n° 987 du 18-19.12.2006). Il en est de même de l'absence d'audition par l'inspecteur du travail des témoins cités par le salarié (CE 9 septembre 2010, n° 327250, LS Jurispr. n° 188 du 28.09.2010).

L'inspecteur du travail est tenu de procéder à l'audition personnelle et individuelle du salarié concerné, des entretiens téléphoniques ne répondant pas à cette exigence (CE 21 août 1996, n° 149249, RJS 11/96 n° 1191). Le juge vérifiera que le salarié pour lequel une autorisation de licenciement est demandée à l'inspecteur du travail a bien été entendu par ce dernier (CE 2 novembre 1992, n° 117836, RJS 1/93 n° 56). Constitue une irrégularité de nature à justifier l'annulation d'une décision d'autorisation de licenciement d'un salarié protégé le fait que l'inspecteur du travail a procédé à l'audition du salarié en présence de son employeur (CE 28 avril 1997, n° 163971, RJS 7/97 n° 838).

Si, en revanche, il ne résulte d'aucune disposition législative ou réglementaire ni d'aucun principe que le ministre soit tenu de procéder à une enquête contradictoire au sens de l'article R. 2421-4 cité, il en va autrement lorsque l'inspecteur du travail n'a pas lui-même respecté les obligations de l'enquête contradictoire (CE 1er août 2013, n° 350517, RJS 11/13 n° 748).

L'enquête a bien revêtu le caractère contradictoire exigé, alors même que l'employeur s'est fait représenter par un salarié qui n'avait pas qualité pour le faire mais qui avait été cependant expressément mandaté en ce sens (CE 16 février 1996, n° 151401, RJS 4/96 n° 424).

• La circonstance, à la supposer établie, que le directeur régional n'ait pas avisé les intéressés de la prolongation du délai susmentionné justifiée par les nécessités de l'enquête n'est pas de nature à entacher la régularité de sa décision (CE 9 octobre 1987, n° 68531). À noter qu'aucune limite n'est fixée en cas de prolongation du délai (CE 7 février 1992, n° 116346, RJS 6/92 n° 762).

• La circonstance que l'enquête n'a pas été diligentée par l'inspecteur du travail qui, empêché, l'a confiée au contrôleur du travail de la même section n'entache pas la procédure d'irrégularité (CE 15 février 1991, n° 69035, RJS 4/91 n° 486).

• Lorsqu'il se prononce sur une demande d'autorisation de licenciement, l'inspecteur du travail doit motiver sa décision. Le tribunal administratif et la Cour administrative d'appel ont un pouvoir souverain d'appréciation, qui ne peut être discuté devant le juge de cassation, pour contrôler cette motivation (CE 24 mars 1999, n° 189123, RJS 6/99 n° 832).

• En l'absence de changement dans les circonstances de fait ou de droit, l'inspecteur du travail, saisi d'un recours gracieux, peut prendre une nouvelle décision sans procéder à nouveau à l'enquête contradictoire; mais dès lors qu'il procède à une nouvelle enquête, celle-ci doit être conduite dans des conditions régulières (CE 5 septembre 2008, n° 301506, RJS 11/08 n° 1099; JSL n° 244, 24.11.2008, p. 19, J-E Tourreil).

Art. R. 2421-12. La décision de l'inspecteur du travail est motivée.

Elle est notifiée par lettre recommandée avec avis de réception:
1° À l'employeur;
2° Au salarié;
3° À l'organisation syndicale intéressée lorsqu'il s'agit d'un représentant syndical.

Note • Voir note sous article R. 2421-4.

• Dès lors que le licenciement est prononcé, la décision de l'inspecteur du travail est regardée comme entièrement exécutée. Il s'ensuit que la demande de suspension de son exécution présentée devant le juge des référés du tribunal administratif postérieurement à l'envoi de la lettre de licenciement est irrecevable alors même que le juge des référés du conseil de prud'hommes a prescrit la réintégration de l'intéressé avec effet rétroactif (CE 19 décembre 2012, n° 361271, RJS 3/13 n° 220). Si la demande de suspension est présentée avant l'envoi de la lettre de licenciement, elle devient sans objet à compter de son envoi (CE 7 décembre 2009, n° 327259, RJS 2/10 n° 204; RDT, mai 2010, CH, 311, P. Bourdon).

Sur la question de la recevabilité de la saisine du juge des référés en cas d'autorisation de licenciement: Dr. Soc. 2013, p. 358, R. Bonnefont «Retour sur une ancienne difficulté non résolue: les salariés protégés privés du droit d'accès au juge des référés».

Art. R. 2421-13. Lorsqu'un licenciement pour motif économique de dix salariés ou plus dans une même période de trente jours concerne un ou plusieurs salariés mentionnés à l'article L. 2421-3, l'employeur joint à la demande d'autorisation de licenciement la copie de la notification du projet de licenciement adressée à l'autorité administrative en application de l'article L. 1233-46.

Art. R. 2421-14. En cas de faute grave, l'employeur peut prononcer la mise à pied immédiate de l'intéressé jusqu'à la décision de l'inspecteur du travail.

La consultation du comité ***(D. 2017-1819 du 29 déc. 2017, art. 2, 10°, JO 30, entrée en vigueur le 01.01.2018)*** «social et économique» a lieu dans un délai de dix jours à compter de la date de la mise à pied.

La demande d'autorisation de licenciement est présentée dans les quarante-huit heures suivant la délibération du ***(D. 2017-1819 du 29 déc. 2017, art. 3, 4°, JO 30, entrée en vigueur le 01.01.2018)*** «comité social et économique». ***(D. 2017-1819 du 29 déc. 2017, art. 2, 10°, JO 30, entrée en vigueur le 01.01.2018)*** «Si l'avis du comité social et économique n'est pas requis dans les conditions définies à l'article L. 24[2]1-3,» cette demande est présentée dans un délai de huit jours à compter de la date de la mise à pied.

La mesure de mise à pied est privée d'effet lorsque le licenciement est refusé par l'inspecteur du travail ou, en cas de recours hiérarchique, par le ministre.

Note ***Jurisprudence rendue dans le cadre législatif antérieur à l'ordonnance 2017-1386 du 22 septembre 2017 mais toujours d'actualité dans les principes qu'elle a fixés.***

• Le délai de 48 heures prévu entre la délibération du comité d'entreprise et l'envoi de la demande d'autorisation de licenciement n'est pas prescrit à peine de nullité de la procédure;

cependant, eu égard à la gravité de la mesure de mise à pied, il doit être aussi court que possible (CE 3 octobre 1990, n° 107898, Rec. Lebon, p. 264). La solution est la même pour le délai de huit jours prescrit en l'absence de comité d'entreprise (CE 23 août 2006, n° 278221, JCP éd. S 2006, 1970, note J-Y Kerbourc'h).

Si le comité d'entreprise a été consulté au-delà du délai de dix jours prévu par cet article, un léger dépassement peut ne pas être jugé comme viciant la procédure (CE 2 juin 1993, n° 107508, RJS 8-9/93 n° 892).

Le délai de dix jours n'est pas prescrit à peine de nullité de la procédure de licenciement (CE 12 septembre 1994, n° 124495, RJS 12/94 n° 1403; voir également CE 16 janvier 1987, n° 65315; 27 juin 1990, n° 104790, Rec. Lebon, p. 1017; RJS 11/90 n° 888; cass. soc. 23 mai 1989, n° 88-60.532, BC V n° 377). Cette irrégularité formelle ne constitue pas une violation du statut protecteur (cass. soc. 25 octobre 2000, n° 98-45.114).

• La mesure de mise à pied est privée de tout effet lorsque le licenciement est refusé et l'employeur doit réintégrer, sous peine d'entrave, le salarié protégé, étant sans incidence le fait qu'il ait formé devant le ministre du Travail un recours hiérarchique, un tel recours n'étant pas suspensif (cass. crim. 5 mars 1991, n° 90-81.886, RJS 5/91 n° 608).

Art. R. 2421-15. La demande réalisée en application du ***(D. 2017-1819 du 29 déc. 2017, art. 2, 11°, JO 30, entrée en vigueur le 01.01.2018)*** «troisième» alinéa de l'article L. 2421-3 énonce les motifs du licenciement envisagé. Elle est transmise par lettre recommandée avec avis de réception. Elle donne lieu à l'application des dispositions des articles R. 2421-11 à R. 2421-14.

Art. R. 2421-16. L'inspecteur du travail et, en cas de recours hiérarchique, le ministre examinent notamment si la mesure de licenciement envisagée est en rapport avec le mandat détenu, sollicité ou antérieurement exercé par l'intéressé.

Art. L. 2421-4. La procédure prévue à la présente sous-section s'applique également au salarié investi de l'un des mandats suivants:

1° Membre du groupe spécial de négociation et membre du comité d'entreprise européen;

2° Membre du groupe spécial de négociation et représentant au comité de la société européenne;

(L. 2008-649 du 3 juil. 2008, art. 4, JO 4) «2° *bis* Membre du groupe spécial de négociation et représentant au comité de la société coopérative européenne;

2° *ter* Membre du groupe spécial de négociation et représentant au comité de la société issue de la fusion transfrontalière;»

3° Membre d'une commission paritaire d'hygiène, de sécurité et des conditions de travail en agriculture prévue à l'article L. 717-7 du code rural ***(Ord. 2010-462 du 6 mai 2010, JO 7)*** «et de la pêche maritime»;

4° Représentant du personnel d'une entreprise extérieure, désigné ***(Ord. 2017-1386 du 22 sept. 2017, art. 2, 36°, JO 23, entrée en vigueur au plus tard le 01.01.2018)*** «à la commission santé, sécurité et conditions de travail» d'un établissement comprenant au moins une installation classée figurant sur la liste prévue ***(L. 2013-619 du 16 juil. 2013, art. 11, JO 17, entrée en vigueur le 01.06.2015)*** «à l'article L. 515-36» du code de l'environnement ou mentionnée à ***(Ord. 2011-91 du 20 janv. 2011, art. 11, JO 25, entrée en vigueur le 01.03.2011)*** «l'article L. 211-2 du code minier».

Note 4°: voir note sous art. L. 2421-3.

Sous-section 3. Représentant des salariés au conseil d'administration ou de surveillance des entreprises

Art. L. 2421-5. Le licenciement d'un représentant des salariés au conseil d'administration ou de surveillance d'une entreprise du secteur public, ***(L. 2013-504 du 14 juin 2013, art. 9, VI, JO 16)*** «d'une société anonyme ou d'une société en commandite par actions», envisagé par l'employeur, est soumis pour avis au conseil d'administration ou de surveillance dont il est membre.

La demande d'autorisation de licenciement est adressée à l'inspecteur du travail dont dépend l'établissement dans lequel est employé le salarié ***(Ord. 2017-1718 du 20 déc. 2017, art. 1er, I, 122°, JO 21)*** «tel que défini à l'article L. 2421-3».

En cas de faute grave, l'employeur peut prononcer la mise à pied immédiate de l'intéressé dans l'attente de la décision définitive. Dans ce cas, le conseil d'administration ou de surveillance est convoqué sans délai et donne son avis sur le projet de licenciement de l'intéressé.

Si le licenciement est refusé par l'inspecteur du travail ou l'autorité qui en tient lieu, la mise à pied est annulée et ses effets sont supprimés de plein droit.

Note • Les dispositions de cet article, dans sa rédaction issue de l'ordonnance 2017-1718 précitée, sont applicables aux demandes formées depuis le 21 décembre 2017 (ordonnance précitée, art. 4, IV).

• *Covid-19.* Voir note sous article L. 2411-17.

• Mise à pied conservatoire: voir note sous article L. 2421-1.

Sous-section 4. Représentant des salariés lors d'une procédure de sauvegarde, de redressement ou de liquidation judiciaire

Art. L. 2421-6. La procédure d'autorisation de licenciement d'un salarié élu ***(Ord. 2017-1386 du 22 sept. 2017, art. 2, 37°, JO 23, entrée en vigueur au plus tard le 01.01.2018)*** «ou» désigné comme représentant des salariés dans le cadre d'une procédure de sauvegarde, de redressement ou de liquidation judiciaire est soumise aux dispositions de l'article L. 662-4 du code de commerce.

SECTION 2. Procédure applicable au salarié titulaire d'un contrat de travail à durée déterminée

Art. L. 2421-7. La rupture du contrat de travail à durée déterminée d'un salarié mentionné à l'article L. 2412-1 est soumise à la même procédure que celle prévue à la section 1, applicable en cas de licenciement.

Art. L. 2421-8. ***(L. 2018-217 du 29 mars 2018, art. 22, III, JO 31)*** «Pour l'application de la protection prévue au dernier alinéa des articles L. 2412-2, L. 2412-3, L. 2412-4, L. 2412-5, L. 2412-8, L. 2412-9 et L. 2412-13,» l'arrivée du terme du contrat de travail à durée déterminée n'entraîne sa rupture qu'après constatation par l'inspecteur du travail, saisi en application de l'article L. 2412-1, que le salarié ne fait pas l'objet d'une mesure discriminatoire.

L'employeur saisit l'inspecteur du travail avant l'arrivée du terme.

L'inspecteur du travail statue avant la date du terme du contrat.

Note • Ces dispositions bénéficient au conseiller prud'homme pendant la période de six mois suivant la cessation de leur mandat dès lors que, selon l'ancien article L. 514-2 CT, les conseillers prud'hommes salariés titulaires d'un contrat à durée déterminée bénéficient des mêmes garanties et protections que celles accordées aux délégués syndicaux titulaires de tels contrats et que la recodification du code du travail, est, sauf dispositions expresses contraires, intervenue à droit constant (cass. soc. 13 mars 2012, n° 10-21.785, BC V n° 99; RJS 6/12 n° 587; JCP éd. S 2012, 1251, note D. Boulmier).

• Alors même que les dispositions du deuxième alinéa de l'article L. 436-2 (ancien) CT ont été reprises à l'article L. 2421-8 CT, inséré dans une section intitulée «Procédure applicable au salarié titulaire d'un contrat à durée déterminée», elles imposent que, dans les cas où le contrat à durée déterminée conclu par un salarié protégé arrive à son terme, l'inspecteur du travail autorise préalablement la cessation du lien contractuel, y compris dans le cas où le contrat ne peut être renouvelé. Il en résulte qu'une cour d'appel décide à bon droit qu'est nulle, faute d'autorisation préalable de l'inspecteur du travail, la rupture du contrat de travail à durée déterminée conclu par un salarié protégé et arrivant à son terme après avoir été renouvelé (cass. soc. 23 octobre 2012, n° 11-19.210, BC V n° 270; JCP éd. S 2013, 1037, note C. Puigelier; RJS 1/13 n° 59; SSL n° 1573, 25 février 2013, chron. des jurisprudences sur la représentation du personnel, L. Pécaut-Rivolier et Y. Struillou).

• Il ressort de ces dispositions que, dans le cas de non-renouvellement du contrat à durée déterminée d'un salarié protégé, le contrôle de l'administration doit s'exercer uniquement sur le point de savoir si le non-renouvellement de son contrat présente un caractère discriminatoire. Les moyens tirés de ce que l'intéressé n'aurait commis aucune faute professionnelle sont inopérants (CE 15 juin 1990, n° 64773, RJS 8-9/90 n° 699; 10 juin 1992, n° 94626, RJS 10/92 n° 1133).

• Le terme du contrat à durée déterminée est prorogé dans l'attente de la décision de l'inspecteur du travail ou, le cas échéant, en cas de recours hiérarchique, de la décision ministérielle; dans le cas où l'autorisation est refusée, le contrat à durée déterminée devient un contrat à durée indéterminée (cass. soc. 20 juin 2000, n° 97-41.363, BC V n° 235; 27 septembre 2007, n° 06-41.086, BC V n° 144; RJS 12/07 n° 1312). À noter que si un contrat à durée déterminée ne se poursuit au-delà de son terme qu'en raison de la nécessité pour l'employeur de respecter la procédure protectrice des salariés protégés, le contrat reste à durée déterminée (cass. soc. 20 juin 2000, précité).

• Ayant constaté que l'inspecteur du travail avait fait connaître par écrit à l'employeur qu'il ne pouvait être mis fin au contrat à durée déterminée tant qu'il ne s'était pas prononcé conformément à l'article L. 425-2, avant-dernier alinéa [L. 2421-8] CT, une cour d'appel, statuant en référé, a pu décider que le fait pour l'employeur d'avoir mis fin au contrat à l'arrivée du terme mais avant que l'inspecteur du travail ne se soit prononcé constituait un trouble manifestement illicite qu'il y avait lieu de faire cesser en ordonnant la réintégration de la salariée (cass. soc. 10 décembre 2003, n° 01-44.703, BC V n° 311).

• Lorsque le salarié fait acte de candidature moins d'un mois avant l'expiration du contrat à durée déterminée, l'arrivée du terme de ce contrat entraîne la cessation du lien contractuel sans que l'employeur soit tenu de saisir l'inspecteur du travail, cette formalité ne lui étant imposée que lorsque le salarié est protégé avant le point de départ du délai d'un mois [prévu par l'article L. 436-2 ancien et l'article L. 2421-8, al. 2 dans sa rédaction antérieure à la loi 2018-217 du 29 mars 2018]. Il appartient seulement au salarié qui s'estime victime d'une discrimination d'établir la disparité de situation qu'il allègue et à l'employeur de s'expliquer sur les raisons de celle-ci (cass. soc. 28 mai 2003, n° 02-60.006, BC V n° 176; RJS 10/03 n° 1194).

• Dès lors qu'il a ordonné la requalification de la relation de travail en contrat à durée indéterminée, le juge du fond ne peut rejeter la demande du salarié tendant à la nullité de son licenciement et à sa réintégration, au motif que l'intéressé ne bénéficiait pas du statut protecteur au moins un mois avant le terme du contrat, sans rechercher si la lettre du syndicat notifiant la désignation du salarié comme délégué syndical n'avait pas été reçue par l'employeur ou si celui-ci n'avait pas eu connaissance de l'imminence de la désignation avant l'envoi de la lettre notifiant la rupture du contrat (cass. soc. 18 décembre 2013, n° 13-10.908, BC V n° 311; RJS 3/14 n° 199; JSL n° 360, 20.02.2014, p. 15, Ph. Pacotte et A-Ch. Renucci; JCP éd. S 2014, 1211, note Fr. Bousez).

• Le juge judiciaire ne peut, sans violer le principe de séparation des pouvoirs, en l'état d'une autorisation administrative de non-renouvellement d'un contrat à durée déterminée devenue définitive, statuer sur une demande de requalification du contrat de travail à durée déterminée en un contrat de travail à durée indéterminée (cass. soc. 9 mai 2018, n° 16-20.423, à paraître, LSQ n° 17575 du 24.05.2018; JCP éd. S 2018, 1221, note J-Y Kerbourc'h; JSL n° 456, 29.06.2018, pp. 8 et s., M. Hautefort; RJS 7/18 n° 489; Dr. Soc. 2018, p. 674, act. J. Mouly).

Art. L. 2421-8-1. ***(L. 2015-994 du 17 août 2015, art. 49, JO 18)*** Pour les salariés saisonniers ***(L. 2016-1088 du 8 août 2016, art. 86, V, JO 9)*** «définis au 3° de l'article L. 1242-2» pour lesquels, en application d'une convention ou d'un accord collectif étendu ou du contrat de travail, l'employeur est engagé au terme du contrat à reconduire le contrat pour la saison suivante, l'article L. 2421-8 ne s'applique pas lors de l'arrivée du terme du contrat à durée déterminée.

SECTION 3. Procédure applicable en cas de transfert partiel d'entreprise ou d'établissement

Art. L. 2421-9. Lorsque l'inspecteur du travail est saisi d'une demande d'autorisation de transfert, en application de l'article L. 2414-1, à l'occasion d'un transfert partiel d'entreprise ou d'établissement, il s'assure que le salarié ne fait pas l'objet d'une mesure discriminatoire.

Si l'autorisation de transfert est refusée, l'employeur propose au salarié un emploi similaire assorti d'une rémunération équivalente dans un autre établissement ou une autre partie de l'entreprise.

Note • Ces dispositions qui subordonnent le transfert d'un délégué du personnel, en cas de cession partielle d'entreprise ou d'établissement, à l'autorisation préalable de l'inspecteur du travail étant destinées à permettre à celui-ci de s'assurer que le salarié ne fait pas l'objet d'une mesure discriminatoire, ne se limitent pas aux seuls représentants élus et s'appliquent aux candidats aux élections, exposés au même risque (cass. soc. 8 juin 1999, n° 96-45.045, BC V n° 272), et aux salariés ayant demandé l'organisation des élections (cass. soc. 28 octobre 2015, n° 14-12.598, BC V n° 204; RJS 1/16 n° 48).

• C'est à la date où le transfert est effectif que l'autorisation de l'inspecteur du travail doit être acquise (cass. soc. 18 juin 2014, n° 13-10.204, BC V n° 150; JCP éd. S 2014, 1345, note R. Favre; RJS 10/14 n° 709).

• Lorsque le transfert s'inscrit dans le cadre d'un dispositif conventionnel, il est soumis non seulement à autorisation administrative préalable, mais aussi à l'accord exprès du salarié, lequel échappe au contrôle de l'inspecteur du travail (cass. soc. 3 mars 2010, n° 08-41.600, BC V n° 51; RJS 5/10 n° 404, 1re espèce).

• Voir aussi note sous article L. 2414-1.

Art. R. 2421-17. ***(D. 2017-1819 du 29 déc. 2017, art. 2, 12°, JO 30, entrée en vigueur le 01.01.2018)*** La demande d'autorisation de transfert prévue à l'article L. 2421-9 est adressée à l'inspecteur du travail quinze jours avant la date arrêtée pour le transfert. Elle est transmise par voie électronique selon les modalités prévues aux articles R. 112-9 à R. 112-9-2 du code des relations entre le public et l'administration ou par lettre recommandée avec avis de réception en deux exemplaires.

L'inspecteur du travail met à même le salarié de lui présenter ses observations écrites, et sur sa demande, des observations orales. À cette occasion, le salarié peut, sur sa demande, se faire assister d'un représentant de son syndicat. Sans préjudice des dispositions précédentes, l'inspecteur du travail peut en outre procéder à une enquête contradictoire telle que définie au premier alinéa de l'article R. 2421-11.

Les dispositions du troisième alinéa de l'article R. 2421-11 et celles de l'article R. 2421-12 s'appliquent.

SECTION 4. Procédure applicable en cas d'interruption ou de non-renouvellement d'une mission de travail temporaire

Art. L. 2421-10. L'interruption ou la notification du non-renouvellement par l'entrepreneur de travail temporaire de la mission d'un salarié mentionné à l'article L. 2413-1 est soumise à la même procédure que celle prévue à la section 1, applicable en cas de licenciement.

SECTION 3 (réglementaire). Procédure applicable en cas de rupture conventionnelle du contrat de travail

Note Cette section a été introduite par le décret 2017-1819 du 29 décembre 2017, art. 2, 13°, JO 30, entrée en vigueur le 01.01.2018.

Sous-section 1. Délégué syndical, salarié mandaté, membre de la délégation du personnel au comité social et économique interentreprises et conseiller du salarié

Art. R. 2421-18. La demande d'autorisation de rupture conventionnelle individuelle ou collective du contrat de travail d'un délégué syndical, d'un salarié mandaté, d'un membre du comité social et économique interentreprises ou d'un conseiller du salarié est adressée à l'inspecteur du travail dans les conditions définies à l'article L. 2421-3.

Elle est transmise par voie électronique selon les modalités prévues aux articles R. 112-9 à R. 112-9-2 du code des relations entre le public et l'administration ou par lettre recommandée avec avis de réception en deux exemplaires.

Art. R. 2421-19. L'inspecteur du travail met à même le salarié de lui présenter ses observations écrites, et sur sa demande, des observations orales. À cette occasion, le salarié peut, sur sa demande, se faire assister d'un représentant de son syndicat. Sans préjudice des dispositions précédentes, l'inspecteur du travail peut en outre procéder à une enquête contradictoire telle que définie à l'alinéa 1er de l'article R. 2421-4.

Les dispositions du troisième alinéa de l'article R. 2421-4 et celles de l'article R. 2421-5 s'appliquent.

Sous-section 2. Membre de la délégation du personnel au comité social et économique et représentant de proximité

Art. R. 2421-20. L'avis émis par le comité social et économique au titre de la consultation faite en application de l'article L. 2421-3 est exprimé au scrutin secret après audition de l'intéressé.

Art. R. 2421-21. La demande d'autorisation de rupture conventionnelle individuelle ou collective du contrat de travail d'un membre de la délégation du personnel au comité social et économique ou d'un représentant de proximité est adressée à l'inspecteur dans les conditions définies à l'article L. 2421-3.

La demande est accompagnée du procès-verbal de la réunion du comité social et économique.

Elle est transmise par voie électronique selon les modalités prévues aux articles R. 112-9 à R. 112-9-2 du code des relations entre le public et l'administration ou par lettre recommandée avec avis de réception en deux exemplaires.

Art. R. 2421-22. L'inspecteur du travail met à même le salarié de lui présenter ses observations écrites, et sur sa demande, des observations orales. À cette occasion, le salarié peut, sur sa demande, se faire assister d'un représentant de son syndicat.

Sans préjudice des dispositions précédentes, l'inspecteur du travail peut en outre procéder à une enquête contradictoire telle que définie à l'alinéa 1er de l'article R. 2421-11.

Les dispositions des articles R. 2421-11 alinéa 3 et R. 2421-12 s'appliquent.

CHAPITRE II Contestation de la décision administrative

Note • Le code du travail n'envisage que les conséquences des recours exercés avec succès contre une autorisation de licenciement, et donc par le salarié. Mais en présence d'un refus d'autorisation, l'employeur dispose bien entendu des recours classiques du droit administratif. Il a été jugé à ce propos que le refus illégal d'autoriser le licenciement d'un salarié protégé constitue une faute de nature à engager la responsabilité de l'État à l'égard de l'employeur, pour autant qu'il en soit résulté pour celui-ci un préjudice direct et certain; lorsqu'un employeur sollicite le versement d'une indemnité en réparation du préjudice subi du fait de l'illégalité d'un refus d'autorisation entaché d'un vice de procédure, il appartient au juge de rechercher, en forgeant sa conviction au vu de l'ensemble des pièces produites par les parties et, le cas échéant, en tenant compte du motif pour lequel le juge administratif a annulé cette décision, si la même décision aurait pu légalement être prise dans le cadre d'une procédure régulière (CE 4 novembre 2020, n° 428198, LS n° 18194 du 01.12.2020).

• Sur les recours du salarié, voir art. R. 2422-1 figurant sous art. L. 2422-3.

SECTION 1. Droit à réintégration dans l'emploi ou dans le mandat

Art. L. 2422-1. ***(Ord. 2017-1386 du 22 sept. 2017, art. 2, 38°, JO 23, entrée en vigueur au plus tard le 01.01.2018)*** Lorsque le ministre compétent annule, sur recours hiérarchique, la décision de l'inspecteur du travail autorisant le licenciement d'un salarié investi de l'un des mandats énumérés ci-après, ou lorsque le juge administratif annule la décision d'autorisation de l'inspecteur du travail ou du ministre compétent, le salarié concerné a le droit, s'il le demande dans un délai de deux mois à compter de la notification de la décision, d'être réintégré dans son emploi ou dans un emploi équivalent. Cette disposition s'applique aux salariés investis d'un des mandats suivants:

1° Délégué syndical ou ancien délégué syndical;

2° Membre de la délégation du personnel du comité social et économique, titulaire ou suppléant, représentant syndical au comité social et économique, ancien membre ou candidat aux fonctions de membre de la délégation du personnel du comité social et économique, salarié ayant demandé à l'employeur l'organisation des élections au comité social et économique;

3° Représentant de proximité, ancien représentant de proximité ou candidat aux fonctions de représentant de proximité;

4° Membre ou ancien membre de la délégation du personnel du comité social et économique interentreprises, ou candidat à ces fonctions;

5° Membre du groupe spécial de négociation, pour la mise en place d'un comité d'entreprise européen ou d'une instance de consultation, et membre du comité d'entreprise européen;

6° Membre du groupe spécial de négociation et représentant au comité de la société européenne;

6° *bis* Membre du groupe spécial de négociation et représentant au comité de la société coopérative européenne;

6° *ter* Membre du groupe spécial de négociation et représentant au comité de la société issue de la fusion transfrontalière;

7° Représentant des salariés au conseil de surveillance ou d'administration des entreprises du secteur public;

8° Membre de la commission mentionnée à l'article L. 23-111-1, ancien membre ou salarié figurant sur la propagande électorale en vue de la constitution de cette commission.

Note • Les dispositions prévues aux 2° [délégué du personnel, titulaire ou suppléant, ancien délégué du personnel ou candidat aux fonctions de délégué du personnel, salarié ayant demandé à l'employeur l'organisation des élections pour la désignation des délégués du personnel], 3° [membre élu du comité d'entreprise, titulaire ou suppléant, représentant syndical au comité d'entreprise, ancien membre ou candidat aux fonctions de membre du comité d'entreprise, salarié ayant demandé à l'employeur l'organisation des élections au comité d'entreprise] et 6° [salarié siégeant ou ayant siégé en qualité de représentant du personnel au comité d'hygiène, de sécurité et des conditions de travail] de cet article et à l'article L. 2422-2, dans leur rédaction antérieure à l'entrée en vigueur de l'ordonnance 2017-1386, sont restées applicables lorsqu'avaient été mises en place, au plus tard le 31 décembre 2017, une ou plusieurs des institutions représentatives du personnel concernées par les dispositions précitées (ordonnance précitée, art. 11).

• Jurisprudence rendue dans le cadre législatif antérieur à l'ordonnance 2017-1386 précitée mais toujours d'actualité dans les principes qu'elle a fixés.

Sur la constitutionnalité de ces dispositions: cass. soc., QPC, 18 novembre 2011, n° 11-40.068, BC V n° 273; RJS 2/12 n° 171 et p. 90, Y. Struillou, «Le droit à réintégration du salarié protégé en cas d'annulation de l'autorisation de licenciement».

Sur le caractère incomplet des salariés visés par cet article. L'article L. 1232-14 CT soumet le licenciement d'un conseiller du salarié à la procédure spéciale de rupture applicable aux salariés protégés; il en résulte que l'article L. 2422-1 de ce code, même s'il ne vise pas le conseiller parmi les salariés protégés bénéficiant du droit à réintégration en cas d'annulation sur recours hiérarchique de la décision de l'inspecteur du travail ayant autorisé leur licenciement, lui est applicable (cass. soc. 17 mai 2017, n° 16-14.979, BC V n° 86; LS Jurispr. n° 107 du 13.06.2017; JCP éd. S 2017, 1225, note J-Y Kerbourc'h; RJS 8-9/17 n° 590).

Droit à réintégration. La réintégration du salarié protégé à la suite de l'annulation sur recours contentieux de la décision autorisant le licenciement est de droit, dès lors qu'elle est demandée (cass. soc. 2 mai 2001, n° 98-46.342, BC V n° 148; RJS 7/01 n° 894). Dans le cas où le ministre du Travail confirme la décision de l'inspecteur du travail et autorise le licenciement, l'annulation de la décision du ministre emporte droit à réintégration (cass. soc. 13 novembre 2008, n° 07-41.331, BC V n° 223). L'indemnité allouée au salarié en réparation du préjudice subi entre son licenciement et sa demande de réintégration ne dispense pas l'employeur de le réintégrer (cass. soc. 2 mai 2001, précité). De même, ni l'existence d'un arrêt maladie à la date de la demande de réintégration, ni l'âge, ni l'emploi ultérieur du salarié chez un autre employeur ne sont de nature à le priver de son droit à réintégration (cass. soc. 22 juin 2004, n° 02-41.689, RJS 10/04 n° 1066). Le salarié protégé conserve son droit à réintégration, même si le licenciement dont l'autorisation a été annulée a été notifié à l'issue de la période de protection. C'est donc à tort que, après avoir constaté que l'autorisation de licenciement avait été annulée par le tribunal administratif, une cour d'appel a débouté les salariés de leur demande de réintégration au motif, notamment, que les licenciements ayant été prononcés à l'issue de la période de protection, à une date à laquelle l'autorisation administrative n'était plus requise, les salariés ne bénéficiaient d'aucun droit à réintégration (cass. soc. 1er octobre 2003, n° 01-42.299, BC V n° 250; RJS 12/03 n° 1414).

Le droit à réintégration d'un représentant du personnel à la suite de l'annulation, sur recours hiérarchique, par le ministre compétent, d'une décision d'autorisation de l'inspecteur du travail n'est pas subordonné au caractère définitif de cette annulation (cass. soc. 10 mars 1998, n° 94-45.573, BC V n° 128; cass. crim. 14 mars 2006, n° 05-81.805, B. crim. n° 72; RJS 6/06 n° 751). Ce droit à réintégration trouve exception en cas de prononcé du sursis à exécution par le Conseil d'État. Doit être cassé le jugement du tribunal d'instance qui a sursis à statuer sur la demande de l'intéressé ayant sollicité son inscription sur les listes électorales pour les élections des délégués du personnel aux motifs que le Conseil d'État ne s'étant pas encore prononcé sur le sursis à exécution, le droit à réintégration était suspendu (cass. soc. 17 juillet 1990, n° 89-61.141, BC V n° 373; RJS 8-9/90 n° 701). L'obligation de l'employeur de payer au salarié licencié en vertu d'une autorisation administrative annulée et qui demande sa réintégration, les salaires dus depuis cette demande, n'étant pas sérieusement contestable, le juge des référés peut allouer une provision à ce titre (cass. soc. 6 décembre 2011, n° 10-16.445, RJS 3/12 n° 272).

À noter que le retrait par son auteur de l'autorisation de licenciement produit les mêmes effets que son annulation (cass. soc. 30 avril 2002, nos 99-44.995 et 01-60.765, BC V nos 138 et 139; RJS 7/02 n° 848; 8 octobre 2003, n° 01-41.297, BC V n° 254; RJS 12/03 n° 1415); elle emporte donc droit à réintégration (voir JSL n° 102, 30.05.2002, p. 10; RJS 7/02 p. 616, avis de P. Lyon-Caen; Dr. Soc. 2002, p. 724). Il en est de même de l'annulation sur recours contentieux de la décision de l'inspecteur du travail s'étant déclaré incompétent pour statuer sur une demande d'autorisation de licenciement au motif que le salarié n'était pas ou plus protégé: la réintégration du salarié est de droit, dès lors qu'elle est demandée, même si le licenciement, pour lequel l'autorisation administrative avait été sollicitée, a été notifié par l'employeur à l'issue de la période de protection (cass. soc. 21 octobre 2008, n° 07-42.021, BC V n° 194; RJS 1/09 n° 56).

Demande de réintégration. Délai. Il appartient au salarié de demander sa réintégration dans le délai légal. Une demande formée par le salarié plus de deux mois après la notification de la décision d'annulation quel que soit son motif est irrecevable comme tardive (cass. soc. 23 juin 1999, n° 97-41.825, BC V n° 295; RJS 8-9/99 n° 1094). Le code du travail ne précisant pas la forme que doit revêtir la demande de réintégration formulée par le salarié après annulation par le ministre de la décision de l'inspecteur du travail autorisant son licenciement, cette demande est valablement formée au moyen de conclusions déposées au greffe, dès lors qu'elles sont notifiées à l'adversaire dans le délai de deux mois suivant la décision ministérielle (cass. soc. 7 juillet 2010, n° 09-42.385, LS Jurispr. n° 168 du 30.08.2010). Mais la demande de réintégration formulée par un syndicat ne justifiant d'aucun mandat de délégation expresse pour le faire ne peut être accueillie; le salarié sera débouté de sa demande (cass. soc. 22 mars 1995, n° 93-42.183, BC V n° 103; RJS 5/95 n° 531).

Lorsque l'emploi occupé par le salarié protégé avant son licenciement est disponible, les juges peuvent ordonner, sous astreinte, sa réintégration dans son emploi (cass. soc. 24 janvier 1990, n° 89-41.003, BC V n° 32; Dr. Soc. 1990, p. 328, rapp. Ph. Waquet).

Ce n'est que dans le cas où l'emploi du salarié protégé n'existe plus que la réintégration peut avoir lieu dans un emploi équivalent. Est considéré comme équivalent l'emploi situé dans le même secteur géographique, comportant le même niveau de rémunération, la même qualification et les mêmes perspectives de carrière que l'emploi initial et permettant l'exercice du mandat représentatif (cass. soc. 10 décembre 2003, n° 01-45.110, JSL n° 139, 10.02.2004, p. 24; 13 mai 2008, n° 06-46.108, JSL n° 235, 16.06.2008, p. 24). Dès lors qu'à la date où le délégué syndical avait demandé sa réintégration aucun poste n'était vacant, les juges décident à bon droit que la réintégration peut s'effectuer dans un emploi équivalent (cass. soc. 26 février 1992, n° 89-45.456, BC V n° 138; RJS 4/92 n° 465; cass. crim. 17 décembre 1996, n° 95-84.938, B. crim. n° 472; RJS 4/97 n° 432). Il appartient aux juges du fond d'apprécier si l'emploi offert par l'employeur est un emploi équivalent à l'emploi qu'occupait le salarié (cass. soc. 24 juin 1998, n° 95-44.388, BC V n° 339; RJS 8-9/98 n° 1018).

La suppression du poste qu'occupait précédemment le salarié protégé ne rend pas matériellement impossible sa réintégration dans l'entreprise (cass. soc. 13 juillet 1993, n° 90-41.279, RJS 10/93 n° 1004). Il a été jugé que la cessation de publication de revues ne rend pas matériellement impossible la réintégration du salarié protégé dans l'entreprise dans un emploi équivalent (rédacteur en chef sollicitant sa réintégration dans ses fonctions de journaliste, cass. soc. 8 juillet 1997, n° 94-43.351, BC V n° 250; Dr. Soc. 1997, p. 990). Allant plus loin, la Cour de cassation décide que la liquidation judiciaire de l'entreprise qui était tenue de réintégrer le salarié protégé ne rend pas impossible la réintégration, si l'entreprise fait partie d'une unité économique et sociale: en effet, lorsqu'il existe un groupe de personnes morales ou physiques constitutif d'une seule entreprise, ce qui est le cas, en particulier lorsqu'une unité économique et sociale est reconnue, le périmètre de réintégration du salarié protégé s'étend à toutes les personnes juridiques constituant ce groupe (cass. soc. 16 octobre 2001, n° 99-44.037, BC V n° 324; RJS 12/01 n° 1446).

Le salarié protégé qui est réintégré dans son emploi après annulation d'une autorisation administrative retrouve ses fonctions et son ancienneté (cass. soc. 23 juin 1999, n° 98-60.383, BC V n° 294). La réintégration doit être effective. Le fait de réintégrer un représentant du personnel, dont le licenciement a été refusé, en continuant de lui verser l'intégralité de son salaire mais sans lui confier un travail, constitue un trouble illicite, le représentant ne pouvant assurer complètement ses fonctions que s'il travaille effectivement dans son emploi (cass. soc. 30 mai 1979, n° 78-12.139, BC V n° 480). La mise en disponibilité du salarié pendant la période de protection restant à courir ne constitue pas une réintégration; ainsi, lorsque le salarié a été mis en disponibilité jusqu'à la fin de la période de protection, le licenciement consécutif à son refus d'accepter, à l'issue de cette période, une affectation dans un emploi entraînant une modification du contrat de travail est nul, faute pour l'employeur d'avoir respecté son obligation de réintégration (cass. soc. 30 juin 2004, n° 02-41.686, BC V n° 185; RJS 10/04 n° 1067).

La nouvelle affectation ne doit pas être de nature à rendre plus difficile l'exercice des fonctions (cass. soc. 18 avril 1989, n° 86-42.709, BC V n° 285; RJS 6/89 n° 520).

Le refus de l'employeur de réintégrer un représentant du personnel engendre un trouble manifestement illicite auquel le juge des référés doit mettre fin (cass. soc. 26 novembre 1997, n° 95-44.578, BC V n° 407; RJS 1/98 n° 68). Une cour d'appel qui a constaté que l'autorisation administrative de licenciement avait été annulée par une décision ministérielle qui s'imposait au juge judiciaire a justement décidé que, quelle que soit la date de notification de cette décision, la réintégration du salarié dans son emploi ne se heurtait à aucune contestation sérieuse (cass. soc. 9 mai 2000, n° 99-40.056, BC V n° 174).

Un salarié protégé, compris dans un licenciement collectif pour motif économique, ayant accepté sans réserves un nouveau contrat, ne peut obtenir sa réintégration dans son emploi initial à la suite de l'annulation de l'autorisation administrative de licenciement sur le recours exercé par d'autres salariés concernés (cass. soc. 4 décembre 1991, n° 88-43.046, RJS 3/92 n° 316).

Dans le cas où l'emploi précédemment occupé par le salarié dont l'autorisation de licenciement a été annulée et qui demande sa réintégration n'existe plus ou n'est pas vacant, le refus par ce salarié d'occuper les postes équivalents proposés par l'employeur ne constitue pas, par lui-même, une faute disciplinaire; cependant, un tel refus, qui est susceptible de rendre impossible la poursuite du contrat de travail, peut constituer un motif de nature à justifier une autorisation de licenciement, s'il est invoqué par l'employeur (CE 19 octobre 2012, n° 334588, RJS 1/13 n° 58).

Si la réintégration ne fait pas obstacle par elle-même à ce que l'employeur demande ultérieurement une autorisation de licencier le salarié pour motif économique, un tel motif ne saurait être pris de la circonstance que l'emploi initialement occupé par le salarié n'est plus disponible au moment de la réintégration et qu'aucun emploi équivalent n'est vacant dans l'entreprise. Si la réintégration n'entraîne pas pour l'entreprise des difficultés économiques de nature à justifier le licenciement du salarié, la décision ministérielle d'autorisation de licenciement est entachée d'erreur de droit (CE 3 octobre 1990, n° 76597, Rec. Lebon, p. 1015; RJS 12/90 n° 999).

L'employeur ne peut se soustraire à son obligation de réintégration aux motifs qu'une partie du personnel y est opposée (cass. soc. 9 juin 1988, n° 85-40.022, BC V n° 356; 7 juillet 1988, n° 85-45.967, BC V n° 432).

Incidence de l'application de l'article L. 1224-1. L'annulation de l'autorisation administrative de licenciement d'un salarié protégé ne laissant rien subsister de celle-ci, le contrat de travail d'un représentant du personnel licencié par l'entreprise cédante est automatiquement transféré au nouvel employeur (cass. soc. 10 octobre 1990, n° 88-41.347, BC V n° 441; RJS 11/90 n° 843). Il en est de même en cas de retrait de l'autorisation administrative de licenciement (cass. soc. 11 février 2003, n° 00-44.238, RJS 4/03 n° 486).

Lorsque l'autorisation de licenciement accordée au cédant est annulée après la cession de l'entreprise, le salarié protégé peut soit agir contre le cédant en réparation du préjudice subi, soit demander au cessionnaire la poursuite de son contrat de travail illégalement rompu (cass. soc. 17 novembre 2011, n° 10-10.513, RJS 2/12 n° 112). Lorsque cette demande de réintégration est formulée dans le délai de deux mois, elle est opposable au cessionnaire et ce dernier est tenu de réintégrer le salarié. S'il ne l'a pas fait, le salarié protégé peut lui imputer la rupture du contrat de travail (cass. soc. 18 juillet 2000, n° 98-41.025, BC V n° 286; JSL n° 67, 7.11.2000, p. 18) et ce licenciement est sans cause réelle et sérieuse (cass. soc. 11 février 2003, n° 00-44.238, précité). En outre, le cessionnaire est tenu d'indemniser le préjudice résultant de l'absence de réintégration: constatant que le changement d'employeur était intervenu avant la notification des licenciements, une cour d'appel en a exactement déduit que le cessionnaire était tenu au paiement du préjudice subi entre les licenciements et l'expiration du délai dans lequel doit être formée la demande de réintégration (cass. soc. 26 février 2003, n° 01-41.482, BC V n° 68; RJS 5/03 n° 574).

Réintégration du délégué syndical. Effet sur le mandat. La réintégration dans son emploi du délégué syndical à la suite de l'annulation sur recours hiérarchique par le ministre compétent d'une décision de l'inspecteur du travail autorisant son licenciement n'entraîne pas la réintégration de plein droit de ce salarié dans son mandat, de sorte qu'il doit, pour être rétabli dans ses fonctions représentatives, faire l'objet d'une nouvelle désignation par son organisation syndicale (cass. soc. 24 janvier 1990, n° 89-60.004, BC V n° 31; Dr. Soc. 1990, p. 328, rapp. Ph. Waquet; 22 janvier 2002, n° 00-60.356, BC V n° 28). Cette situation n'est pas sans inconvénient car, d'une part, le délégué réintégré peut ne pas bénéficier d'une protection selon la durée de son mandat antérieur ou le temps écoulé entre son licenciement et sa réintégration et, d'autre part, si le délégué a été remplacé depuis moins d'un an, la remise en l'état antérieur par le syndicat laissera également son remplaçant dépourvu de protection. Il y a alors contradiction entre le droit à réintégration et l'absence de protection après réintégration.

Art. L. 2422-2. ***(Ord. 2017-1386 du 22 sept. 2017, art. 2, 39°, JO 23, entrée en vigueur au plus tard le 01.01.2018)*** «Le membre [de] la délégation du personnel au comité social et économique ou le représentant de proximité ou le membre de la délégation du personnel au comité social et économique interentreprises» dont la décision d'autorisation de licenciement a été annulée est réintégré dans son mandat si l'institution n'a pas été renouvelée.

Dans le cas contraire, il bénéficie pendant une durée de six mois, à compter du jour où il retrouve sa place dans l'entreprise, de la protection prévue à l'article L. 2411-5.

Note • Voir note sous art. L. 2422-1.

• **Jurisprudence rendue dans le cadre législatif antérieur à l'ordonnance 2017-1386 précitée mais toujours d'actualité dans les principes qu'elle a fixés.**

Les dispositions de cet article sont également applicables au salarié protégé dont l'autorisation de transfert a été annulée: lorsque l'institution représentative a été renouvelée, le salarié réintégré à la suite de l'annulation de la décision administrative autorisant son transfert bénéficie du statut protecteur pendant une durée de six mois à compter de sa réintégration (cass. soc. 13 janvier 2009, n° 06-46.364, BC V n° 8; LS Jurispr. n° 21 du 29.01.2009).

Les dispositions de l'alinéa 2 ont été jugées applicables au délégué syndical d'une entreprise de moins de 300 salariés, à ce titre représentant syndical au comité d'entreprise, et réintégré après annulation de la décision administrative autorisant son licenciement alors que entre le licenciement et la réintégration, l'effectif de l'entreprise est descendu en dessous de 50 salariés emportant disparition du comité d'entreprise et des délégués syndicaux (cass. soc. 16 décembre 2014, n° 13-21.203, BC V n° 289; RJS 2/15 n° 121; Dr. Soc. 2015, p. 286, act. J. Mouly; JCP éd. S 2015, 1089, note J-Y Kerbourc'h). Voir également note sous article précédent.

Art. L. 2422-3. La réintégration d'un représentant des salariés au conseil de surveillance ou d'administration d'une entreprise du secteur public dans son emploi ou un emploi équivalent emporte réintégration dans son mandat, sauf en cas de renouvellement général du conseil dans lequel il siégeait. Son remplaçant cesse alors d'être membre de ce conseil.

Art. R. 2422-1. Le ministre ***(D. 2008-1503 du 30 déc. 2008, JO 31)*** «chargé du travail» peut annuler ou réformer la décision de l'inspecteur du travail sur le recours de l'employeur, du salarié ou du syndicat que ce salarié représente ou auquel il a donné mandat à cet effet.

Ce recours est introduit dans un délai de deux mois à compter de la notification de la décision de l'inspecteur.

Le silence gardé pendant plus de quatre mois sur ce recours vaut décision de rejet.

Note • **Recours hiérarchique**

Voir circulaire DRT 07/2012 du 30 juillet 2012 relative aux décisions administratives en matière de rupture ou de transfert du contrat de travail des salariés protégés.

La possibilité de former un recours hiérarchique est enfermée dans le délai de recours contentieux de deux mois à compter de la décision de l'inspecteur du travail. Ce délai est un délai franc qui, s'il expire un samedi, un dimanche ou un jour férié ou chômé, est prorogé jusqu'au premier jour ouvrable suivant (CE 19 septembre 2014, n° 362568, RJS 12/14 n° 875). Le respect de ce délai s'apprécie à la date à laquelle le pli contenant le recours hiérarchique est présenté par les services postaux au ministre chargé du travail (CE 30 janvier 2019, n° 410603, LS Jurispr. n° 34 du 19.02.2019; JCP éd. S 2019, 1062, note L. Dauxerre; JSL n° 472, 25.03.2019, pp. 10 et s., M. Patin; RDT, mars 2019, ET, 168, Fr. Dieu; RJS 4/19 n° 233).

Les délais de recours contre une décision administrative prise en matière d'autorisation de licenciement d'un salarié protégé ne sont opposables qu'à la condition d'avoir été mentionnés, soit dans sa notification si la décision est expresse, soit dans l'accusé de réception de la demande l'ayant fait naître si elle est implicite. Il en va ainsi alors même que la décision du ministre du travail, prise à la suite de l'exercice d'un recours hiérarchique qui n'est pas un préalable obligatoire au recours contentieux, ne se substitue pas à la décision de l'inspecteur du travail qui a fait l'objet de ce recours (CE 2 décembre 2019, n° 415470, LS Jurispr. n° 229 du 17.12.2019; RJS 2/20 n° 101; JSL n° 492, 24.02.2020, p. 23).

Les personnes habilitées à former un recours sont limitativement énumérées (employeur, salarié, syndicat, sans nécessité de mandat pour les délégués syndicaux et les représentants syndicaux au comité d'entreprise et avec nécessité de mandat pour les autres catégories de représentants du personnel). Un syndicat a qualité pour former un recours contre des décisions d'autorisation de licenciement de salariés qui le représentaient dans l'entreprise (CE 28 mars 1997, n° 146850, RJS 6/97 n° 708). Le recours présenté par des personnes n'ayant pas qualité pour agir au nom d'un comité d'établissement n'a pas pour effet de proroger le délai de recours contentieux; la demande considérée comme tardive sera jugée irrecevable (CE 31 mars 1995, n° 101461, RJS 6/95 n° 662).

Les décisions prises par l'inspecteur du travail sur les demandes d'autorisation de licenciement étant des décisions créatrices de droit, elles ne peuvent être annulées ou réformées par le ministre compétent que pour des motifs de légalité, compte tenu des circonstances de fait et de droit existant à la date à laquelle s'est prononcé l'inspecteur du travail (CE 6 juillet 1990, n°s 100489 et 101053, RJS 8-9/90 n° 700). Lorsqu'il est saisi d'un recours hiérarchique contre une décision d'un inspecteur du travail statuant sur une demande d'autorisation de licenciement d'un salarié protégé, le ministre compétent doit soit confirmer cette décision, soit, si celle-ci est illégale, l'annuler, puis se prononcer de nouveau sur la demande d'autorisation de licenciement compte tenu des circonstances de droit et de fait à la date à laquelle il prend sa propre décision. Ainsi, le ministre des Affaires sociales, du Travail et de la Solidarité ne pouvait légalement, à la fois, par l'article 1er de sa décision, confirmer l'autorisation de l'inspecteur du travail et, par l'article 2 de cette même décision, délivrer une seconde autorisation de licenciement (CE 5 septembre 2008, n° 303992, Rec. Lebon, p. 319; Dr. Soc. 2008, p. 1251: «Recours hiérarchiques devant le ministre contre les décisions de l'inspecteur du travail autorisant ou refusant le licenciement des salariés protégés», concl. Y. Struillou; RJS 11/08 n° 1101; JSL n° 244, 24.11.2008, p. 19, J-E Tourreil; voir précédemment CE 10 mars 1997, n° 164645, RJS 5/97 n° 571 et 28 mars 1997, n° 146850, RJS 6/97 n° 708).

La décision confirmative prise sur recours hiérarchique par le ministre du Travail ne se substitue pas à la décision de refus de l'inspecteur du travail qu'elle confirme (CE 8 janvier 1997, nos 164645, 171807, 171808 et 171809, RJS 2/97 n° 175).

L'annulation de l'autorisation administrative de licenciement par l'autorité hiérarchique ne laisse rien subsister de celle-ci, peu important l'annulation ultérieure par la juridiction administrative de la décision de l'autorité hiérarchique; il s'ensuit que le juge du fond ne peut rejeter les demandes du salarié au motif que l'annulation par le juge administratif de la décision par laquelle le ministre avait annulé l'autorisation accordée par l'inspecteur du travail avait fait revivre cette dernière et ainsi redonner tous ses effets au licenciement notifié sur son fondement (cass. soc. 27 novembre 2012, n° 11-19.266, BC V n° 306; RJS 2/13 n° 145; 20 mars 2013, n° 11-23.388, RJS 6/13 n° 475).

Dans le cas où le salarié concerné par la demande d'autorisation de licenciement cesse de bénéficier de la protection légale, postérieurement à la décision de l'inspecteur du travail, le ministre, après avoir annulé cette décision, n'est plus compétent pour se prononcer (CE 30 juin 1997, nos 169269, 169417, RJS 8-9/97 n° 996).

Il appartient au ministre, saisi d'un recours hiérarchique contre une décision de l'inspecteur du travail retirant une précédente décision d'autorisation et refusant l'autorisation demandée, de statuer d'abord sur la légalité de la décision litigieuse en tant qu'elle retire l'autorisation précédemment délivrée. Ayant, à la suite de cet examen, prononcé l'annulation de la décision en tant qu'elle retirait la décision autorisant le licenciement, il incombe alors au ministre, puisqu'il rétablissait ainsi cette décision d'autorisation créatrice de droits, d'annuler par voie de conséquence le refus d'autorisation également prononcé par la décision suivante qui lui était déférée. En décidant, au contraire, de rejeter ensuite la demande d'autorisation de licenciement présentée, le ministre chargé du travail s'est prononcé sur une demande dont il n'était pas saisi et dont il ne pouvait pas légalement se saisir (CE 6 mai 2019, n° 409283, RJS 8-9/19 n° 512 et pp. 611 et s., «Licenciement du salarié protégé: portée du recours contre un retrait d'autorisation», concl. Fr. Dieu).

Sur ces points, voir:
– X. Prétot «L'étendue des pouvoirs du ministre du Travail statuant sur recours hiérarchique en matière d'autorisation de licenciement de salariés protégés», Dr. Soc. 1991, p. 117;
– CE 1er avril 1992, n° 113324, RJS 7/92 n° 892;
– J-L Rey «Les pouvoirs du ministre saisi d'un recours hiérarchique à l'encontre de la décision d'un inspecteur du travail», RJS 10/97, p. 655.

• À noter:
– la procédure du référé-suspension permet de contester une décision ministérielle prise sur recours hiérarchique lorsque l'urgence le justifie et qu'il existe un doute sérieux quant à la légalité de la décision (art. L. 521-1 c. just. adm.), étant précisé que ce recours formé devant le juge administratif des référés par le salarié protégé contre l'exécution d'une autorisation de licenciement est lui-même dépourvu d'effet suspensif et se trouve donc privé d'effet dès l'envoi de la lettre de licenciement et que cette absence d'effet suspensif ne méconnaît pas le droit à un recours juridictionnel effectif, le législateur ayant par ailleurs institué des garanties suffisantes pour remédier aux conséquences de l'exécution de la décision administrative autorisant le licenciement (C. constit. 7 juin 2019, n° 2019-787 QPC, JO 8; RJS 8-9/19 n° 513);
– les recours administratifs n'ayant pas d'effet suspensif, une cour d'appel, qui n'est pas saisie d'une question préjudicielle, n'est pas tenue de surseoir à statuer (cass. soc. 2 octobre 1997, n° 94-43.483, RJS 11/97 n° 1261).

• Voir aussi note sous article L. 2422-4.

SECTION 2. Indemnisation du préjudice

Art. L. 2422-4. Lorsque l'annulation d'une décision d'autorisation est devenue définitive, le salarié investi d'un des mandats mentionnés à l'article L. 2422-1 a droit au paiement d'une indemnité correspondant à la totalité du préjudice subi au cours de la période écoulée entre son licenciement et sa réintégration, s'il en a formulé la demande dans le délai de deux mois à compter de la notification de la décision.

L'indemnité correspond à la totalité du préjudice subi au cours de la période écoulée entre son licenciement et l'expiration du délai de deux mois s'il n'a pas demandé sa réintégration.

Ce paiement s'accompagne du versement des cotisations afférentes à cette indemnité qui constitue un complément de salaire.

Note Les droits du salarié licencié en violation du statut protecteur sont juridiquement différents de ceux du salarié licencié sur le fondement d'une autorisation ultérieurement annulée (cass. soc. 18 décembre 2013, n° 12-24.586, RJS 3/14 n° 246; voir note sous Chapitre Ier du Titre Ier, rubrique «Conséquences du non-respect des formalités légales»).

• **Notion d'annulation définitive.** Une décision d'annulation d'une autorisation administrative devient définitive lorsqu'il n'a pas été formé de recours dans les délais, ou lorsqu'aucune voie de recours ordinaire ne peut plus être exercée à son encontre; le salarié protégé peut alors demander à être réintégré et à être indemnisé même si l'employeur reprend la procédure de licenciement (cass. soc. 8 juillet 2020, n° 19-10.534, à paraître, LS n° 18123 du 19.08.2020; JCP éd. S 2020, 3004, note J-Y Kerbourc'h; RJS 10/20 n° 485; JSL n° 504 du 28.09.2020, p. 24).

• **Si le salarié demande sa réintégration.** Le salarié protégé dont le licenciement est nul en raison de l'annulation de l'autorisation administrative doit être réintégré dans son emploi ou dans un emploi équivalent; il en résulte que s'il n'a pas satisfait à cette obligation, l'employeur qui ne justifie pas d'une impossibilité de réintégration ne peut pas licencier le salarié en raison d'un refus de modification de son contrat; le licenciement prononcé en raison de ce refus est nul, même si l'intéressé n'a plus la qualité de salarié protégé à la date de sa notification (cass. soc. 5 décembre 2018, n° 16-19.912, à paraître, JCP éd. S 2019, 1005, note J-Y Kerbourc'h; LSQ n° 17723 du 31.12.2018; RJS 2/19 n° 112).

Lorsqu'il est réintégré, le représentant du personnel a droit, lorsque l'annulation ou la rétractation est devenue définitive, au paiement d'une indemnité correspondant à la totalité du préjudice subi au cours de la période qui s'est écoulée entre son licenciement et sa réintégration (cass. soc. 30 avril 2002, n° 99-44.995, BC V n° 138; RJS 7/02 n° 848, 1re espèce). Les juges du fond ne peuvent limiter le montant des dommages-intérêts à la seule réparation du préjudice moral; ils doivent rechercher si le salarié a subi un préjudice matériel au cours de cette période (cass. soc. 30 novembre 1994, n° 93-42.841, BC V n° 322; RJS 1/95 n° 42). Le préjudice subi doit être apprécié compte tenu des sommes que l'intéressé a pu percevoir pendant la période litigieuse, au titre d'une activité professionnelle (cass. soc. 2 mai 2001, n° 98-46.342, BC V n° 148; RJS 7/01 n° 894) ou au titre des allocations de chômage servies par l'Assédic (cass. soc. 28 octobre 2003, n° 01-40.762, BC V n° 263; RJS 1/04 n° 91; 13 novembre 2008, n° 07-41.331, BC V n° 223) ou encore au titre d'une pension d'invalidité servie par la sécurité sociale ou par un régime complémentaire qui indemnise les pertes de gains professionnels et les incidences professionnelles de l'incapacité (cass. soc. 29 septembre 2014, n° 13-15.733, BC V n° 214; RJS 12/14 n° 876; JCP éd. S 2014, 1475, note M. d'Allende).

Cas du salarié ayant fait valoir ses droits à la retraite. Le salarié licencié en vertu d'une autorisation administrative ultérieurement annulée, qui fait valoir ses droits à la retraite, ne peut demander sa réintégration dans l'entreprise et peut seulement prétendre à une indemnité égale aux rémunérations qu'il aurait dû percevoir de son éviction jusqu'à l'expiration du délai de deux mois à compter de la notification de la décision d'annulation, sous déduction des pensions de retraite perçues pendant la même période, sauf s'il atteint, avant cette date, l'âge légal de mise à la retraite d'office (cass. soc. 8 juillet 2020, n° 17-31.291, à paraître, LS Jurispr. n° 166 du 15.09.2020; RJS 10/20 n° 486).

En cas de refus de réintégration. Le salarié protégé dont la rupture conventionnelle est nulle en raison de l'annulation de l'autorisation administrative doit être réintégré dans son emploi ou dans un emploi équivalent. Il en résulte que, lorsque l'employeur n'a pas satisfait à cette obligation, sans justifier d'une impossibilité de réintégration, la résiliation judiciaire prononcée aux torts de l'employeur pour ce motif produit les effets d'un licenciement nul pour violation du statut protecteur, le salarié pouvant alors prétendre à une indemnité au titre de la méconnaissance du statut protecteur égale à la rémunération qu'il aurait perçue depuis la date de son éviction jusqu'à la fin de la période de protection dans la limite de trente mois (cass. soc. 15 mai 2019, n° 17-28.547, à paraître, LS n° 17822 du 23.05.2019; JCP éd. S 2019, 1201, note J-Y Kerbourc'h; RJS 7/19 n° 443; JSL n° 479, 08.07.2019, pp. 10 et s., J-Ph. Lhernould).

• **Si le salarié ne demande pas sa réintégration et opte seulement pour l'indemnisation.** La rupture du contrat de travail d'un salarié protégé licencié après autorisation de l'inspecteur du travail n'intervient pas en méconnaissance du statut protecteur; l'annulation ultérieure de cette autorisation n'ouvre dès lors pas droit à une indemnité pour violation du statut protecteur en sus de l'indemnité prévue par l'article L. 2422-4 CT (cass. soc. 6 avril 2016, n° 14-13.484, BC V n° 67; RJS 6/16 n° 441). Le salarié qui ne demande pas sa réintégration a droit à une indemnité correspondant à la totalité du préjudice subi depuis son licenciement jusqu'à l'expiration du délai de deux mois à compter de la notification de la décision d'annulation ou de rétractation, et, le cas échéant, aux indemnités dues selon le droit commun en cas de licenciement (indemnités de rupture et/ou pour licenciement sans cause réelle et sérieuse), s'il en remplit les conditions (cass. soc. 30 avril 2002, n° 99-44.995, précité; voir aussi cass. soc. 3 mai 2011, n° 09-71.950, BC V n° 106; RJS 7/11 n° 631). Il ne peut prétendre aux dommages-intérêts pour licenciement nul (cass. soc. 18 décembre 2013, n° 12-24.586, précité). L'indemnité prévue par l'article L. 2422-4 CT doit correspondre à la totalité du préjudice, tant matériel que moral, subi au cours de la période écoulée entre le licenciement et la réintégration du salarié (cass. soc. 12 novembre 2015, n° 14-10.640, BC V n° 232; LS Jurispr. n° 211 du 24.11.2015; RJS 1/16 n° 46; JCP éd. S 2016, 1007, note J-Y Kerbourc'h).

Lorsque le jugement annulant l'autorisation de licenciement a été confirmé en appel, la période d'indemnisation expire, sauf sursis à exécution, deux mois après la notification de ce jugement, et non après la notification de la décision de la Cour administrative d'appel (cass. soc. 17 septembre 2003, n° 01-41.656, BC V n° 238; RJS 11/03 n° 1290; dans le même sens, cass. soc. 29 mars 2005, n° 03-43.573, BC V n° 104 et 19 octobre 2005, n° 02-46.173, JCP éd. S 2005, 1401, note P-Y Verkindt; RJS 1/06 n° 38).

En cas de modification dans la situation juridique de l'employeur, et si le transfert a été opéré en dehors de toute procédure collective et dans le cadre d'une convention entre l'ancien et le nouvel employeur, le salarié protégé, licencié avant le changement d'employeur, peut réclamer au nouvel employeur, lorsque l'annulation de l'autorisation de licenciement est intervenue après la cession, le paiement des salaires qu'il aurait perçus s'il avait travaillé entre le licenciement et la date d'expiration du délai de deux mois à compter de la notification de la décision d'annulation par le Conseil d'État (cass. soc. 13 novembre 2001, n° 99-42.467, RJS 1/02 n° 16).

En revanche, si le transfert des contrats de travail est intervenu dans le cadre d'une procédure collective, le nouvel employeur ayant repris les actifs en exécution d'un plan de cession n'est pas tenu aux obligations de l'ancien employeur à l'égard du salarié protégé lui demandant seulement l'indemnisation de son préjudice, et non sa réintégration (cass. soc. 10 décembre 1996, n° 94-43.163, BC V n° 431 ; RJS 1/97 n° 8). À noter cependant que la cour d'appel de Toulouse, statuant sur renvoi de l'arrêt du 10 décembre 1996, a jugé qu'en cas de collusion frauduleuse entre la société cédante et la société cessionnaire, il y a lieu de considérer les deux sociétés solidairement responsables de toutes les conséquences dommageables du licenciement (CA Toulouse, ch. soc., 16 mai 1997, Dr. Soc. 1997, p. 754).

Droit à l'indemnité pour licenciement sans cause réelle et sérieuse. La situation du salarié bénéficiant de la protection exceptionnelle instituée par le législateur en raison de l'exercice de fonctions représentatives, qui, licencié sur le fondement d'une autorisation administrative ultérieurement annulée pour un motif de légalité externe par le juge administratif, est différente de celle du salarié licencié en violation de son statut protecteur et de celle du salarié dont le licenciement a été déclaré par le juge administratif comme ne reposant pas sur un motif de nature à le justifier. Par suite, le juge judiciaire est fondé, sans porter atteinte au principe de valeur constitutionnelle de la compétence et de l'indépendance de la juridiction administrative, à apprécier si le salarié licencié sur le fondement d'une autorisation administrative ultérieurement annulée pour un motif de légalité externe par le juge administratif et dont le licenciement n'était pas illicite lorsqu'il a été prononcé, remplit les conditions pour bénéficier de l'indemnité prévue en l'absence de cause réelle et sérieuse (cass. soc., QPC, 11 juin 2012, n° 12-40.024, BC V n° 174 ; RJS 8-9/12 n° 724 ; L. Pécaut-Rivolier et Y. Struillou, chron. des jurisprudences sur la représentation du personnel, SSL 19 novembre 2012, n° 1560). Ainsi, il appartient au juge judiciaire d'apprécier la cause réelle et sérieuse du licenciement lorsque l'autorisation administrative est annulée au motif que l'inspecteur du travail n'a pas procédé à une enquête contradictoire (cass. soc. 4 juillet 2018, n° 16-26.138, à paraître, LS Jurispr. n° 134 du 24.07.2018 ; JCP éd. S 2018, 1280, 2e espèce, note J-Y Kerbourc'h ; Dr. Soc. 2018, p. 762, act. J. Mouly ; RJS 10/18 n° 619, 1re espèce). En revanche ne constitue pas un motif tenant à la légalité externe le retrait d'une autorisation fondée sur l'écoulement d'un délai excessif entre la mise à pied conservatoire du salarié et la saisine de l'administration. Le juge judiciaire doit alors tenir le licenciement comme dépourvu de cause réelle et sérieuse (cass. soc. 4 juillet 2018, n° 16-26.860, à paraître, JCP éd. S 2018, 1280, 1re espèce, note J-Y Kerbourc'h ; Dr. Soc. 2018, p. 762, act. J. Mouly ; RJS 10/18 n° 619, 2e espèce ; LS Jurispr. n° 183 du 09.10.2018).

Prescription de l'action aux fins d'indemnisation. L'indemnité due au salarié protégé en cas d'annulation par le juge administratif de l'autorisation de licenciement est expressément qualifiée par la loi de complément de salaire. L'action engagée par le salarié pour obtenir cette indemnité se prescrit donc par cinq ans. Ce délai ne court qu'à compter de la date à laquelle la décision d'annulation est devenue définitive (cass. soc. 2 juillet 2003, n° 01-40.639, BC V n° 212 ; RJS 10/03 n° 1193).

Non-cumul avec les allocations de chômage. L'indemnisation du préjudice consécutif à l'annulation de l'autorisation administrative de licenciement ne se cumule pas avec les allocations de chômage servies par l'Assédic (cass. soc. 19 octobre 2005, n° 02-46.173, BC V n° 293 ; RJS 1/06 n° 38). Contrairement au cas du salarié licencié sans autorisation, l'intéressé conserve donc ses allocations de chômage lesquelles sont déduites des sommes dues par l'employeur.

Départ à la retraite du salarié pendant la période d'indemnisation. Le départ à la retraite pendant la période d'indemnisation du préjudice subi par un salarié dont l'autorisation de licenciement a été annulée ne fait pas cesser ce préjudice, dont la totalité doit être réparée pendant la période déterminée par l'article L. 425-3 [L. 2422-4] CT, sous déduction des pensions de retraite perçues pendant la même période (cass. soc. 26 septembre 2007, n° 05-42.599, BC V n° 140 ; D. 2007 AJ 2529, 1re espèce, obs. L. Perrin ; RJS 12/07 n° 1309 ; 27 mars 2012, n° 11-11.221 BC V n° 107 ; RJS 6/12 n° 579).

Déclaration d'illégalité de l'autorisation administrative. Les dispositions des articles L. 425-3 et L. 436-3 (anciens) CT ne sont pas applicables quand la décision administrative autorisant le licenciement, sur renvoi préjudiciel du juge judiciaire, est déclarée illégale par le juge administratif ; il appartient, dans ce cas, au juge judiciaire, après avoir statué sur la cause réelle et sérieuse de licenciement, de réparer le préjudice subi par le salarié, si l'illégalité de la décision d'autorisation est la conséquence d'une faute de l'employeur. C'est donc à tort qu'après avoir retenu qu'une salariée avait été licenciée en vertu d'une autorisation administrative déclarée illégale, une cour d'appel a condamné un employeur au paiement d'une somme au titre de l'indemnisation pour la période s'étendant du licenciement jusqu'à l'expiration du délai de deux mois à compter de la notification de la décision du juge administratif (cass. soc. 26 septembre 2007, n° 05-45.665, BC V n° 137 ; D. 2007 AJ 2529, 2e espèce, obs. L. Perrin ; RJS 12/07 n° 1310). L'illégalité d'une décision administrative d'autorisation de licenciement constitue une faute de nature à engager la responsabilité de la puissance publique ; le salarié concerné est en droit d'obtenir la condamnation de l'État à réparer le préjudice direct et certain résultant pour lui de cette décision illégale, quelle que puisse être par ailleurs la responsabilité encourue par l'employeur à son égard (CE 9 juin 1995, n° 90504, concl. J. Arrighi de Casanova, Rec. Lebon, p. 239 ; RJS 7/95 n° 797). Si l'employeur est également fondé à obtenir la condamnation de l'État à réparer le préjudice résultant pour lui de cette décision, encore faut-il que son préjudice découle de façon directe et certaine de la décision de l'administration. Tel n'est pas le cas de l'obligation dans laquelle il s'est trouvé de verser les indemnités liées à la rupture du contrat. En effet, ces indemnités, qui découlent de l'application des dispositions légales et conventionnelles, sont imputables, non pas à l'illégalité de la décision administrative, mais à la rupture proprement dite du contrat (CE 26 février 2001, n° 211102, Rec. Lebon, pp. 1187 et 1215; RJS 6/01 n° 766).

À noter que:
– il résulte de cette disposition que le salarié protégé, réintégré dans son emploi à la suite de l'annulation sur recours hiérarchique de l'autorisation administrative de licenciement, n'a droit au paiement d'une indemnité correspondant à la totalité du préjudice subi au cours de la période qui s'est écoulée entre son licenciement et sa réintégration que lorsque l'annulation de la décision administrative est devenue définitive. Tel n'est pas le cas lorsque l'employeur a introduit un recours hiérarchique contre cette décision. Dès lors, le salarié ne peut obtenir du juge des référés une provision au titre du préjudice subi du fait de la perte de salaires, sa créance étant sérieusement contestable (cass. soc. 23 novembre 2004, n° 03-46.627, BC V n° 294; RJS 2/05 n° 176);
– l'indemnité versée au salarié protégé par application de cet article et qui, aux termes mêmes de ce texte, constitue un complément de salaire est couverte, à ce titre, par l'assurance des salariés contre le risque de non-paiement, en cas de procédure de redressement ou de liquidation judiciaires, des sommes qui leur sont dues en exécution du contrat de travail lorsque les conditions prévues à l'article L. 143-11-1 [L. 3253-8] CT sont réunies.

Il résulte de l'article L. 425-3 [L. 2422-4] CT que lorsque l'annulation de la décision d'autorisation est devenue définitive, le délégué du personnel a droit au paiement d'une indemnité correspondant à la totalité du préjudice subi au cours de la période qui s'est écoulée entre son licenciement et sa réintégration s'il l'a demandée dans le délai prévu par le code, ou l'expiration de ce délai dans le cas contraire; une cour d'appel, qui a fait ressortir pour chacun des deux salariés concernés que le licenciement, qui constitue le point de départ de la période indemnisée conformément au texte précité, était antérieur au jugement d'ouverture du redressement judiciaire de l'employeur, a légalement justifié sa décision disant que l'AGS était tenue de garantir le paiement de l'indemnité allouée sur le fondement de cet article (cass. soc. 18 juillet 2000, n° 98-42.866).

TITRE III DISPOSITIONS PÉNALES

CHAPITRE Ier Délégué syndical

Art. L. 2431-1. Le fait de rompre le contrat de travail d'un délégué syndical ou d'un ancien délégué syndical en méconnaissance des dispositions relatives à la procédure d'autorisation administrative prévues par le présent livre est puni d'un emprisonnement d'un an et d'une amende de 3750 €.

Le fait de transférer le contrat de travail d'un salarié mentionné au premier alinéa compris dans un transfert partiel d'entreprise ou d'établissement, en méconnaissance des dispositions relatives à la procédure d'autorisation administrative, est puni des mêmes peines.

CHAPITRE II Membre élu de la délégation du personnel du comité social et économique ou représentant syndical au comité social et économique

Art. L. 2432-1. Le fait de rompre le contrat de travail d'un salarié ***(Ord. 2017-1386 du 22 sept. 2017, art. 2, 41°, JO 23, entrée en vigueur au plus tard le 01.01.2018)*** «membre élu à la délégation du personnel au comité social et économique, candidat à la délégation du personnel au comité social et économique, ancien membre élu à la délégation du personnel au comité social et économique ou d'un salarié ayant demandé l'organisation d'élections pour la mise en place d'un comité social et économique», en méconnaissance des dispositions relatives à la procédure d'autorisation administrative prévues par le présent livre, est puni d'un emprisonnement d'un an et d'une amende de 3 750 €.

(Ord. 2017-1386 du 22 sept. 2017, art. 2, 41°, JO 23, entrée en vigueur au plus tard le 01.01.2018) «Le fait de licencier un représentant syndical ou un ancien représentant syndical au comité social et économique, en méconnaissance des dispositions mentionnées au premier alinéa, est puni des mêmes peines.»

Le fait de transférer le contrat de travail d'un ***(Ord. 2017-1386 du 22 sept. 2017, art. 2, 41°, JO 23, entrée en vigueur au plus tard le 01.01.2018)*** «membre élu à la délégation du personnel au comité social et économique ou d'un représentant syndical au comité social et économique» compris dans un transfert partiel d'entreprise ou d'établissement, en méconnaissance des dispositions relatives à la procédure d'autorisation administrative, est puni des mêmes peines.

Note **Jurisprudence rendue dans le cadre législatif antérieur à l'ordonnance 2017-1386 précitée mais toujours d'actualité dans les principes qu'elle a fixés.**

• La non-réintégration d'un salarié, délégué du personnel, à la suite d'une absence pour accident du travail, alors que son poste n'avait pas été supprimé et qu'il aurait pu être affecté à une tâche correspondant à ses capacités est constitutive du délit d'entrave à l'exercice de ses fonctions (cass. crim. 7 octobre 1980, JS 1981, F 1).

• Toute mesure abusive prise par l'employeur contre un délégué du personnel et tendant à le priver de son emploi porte atteinte au libre exercice de sa fonction représentative ainsi qu'à la sécurité que le législateur a entendu assurer à tous ceux qui représentent les travailleurs (cass. crim. 13 novembre 1984, JS 1985, SJ 30).

• Le fait de déterminer une salariée, déléguée suppléante du personnel, à démissionner constitue une atteinte à l'exercice régulier de ses fonctions (cass. crim. 5 mars 1985, Dr. Soc. 1985, p. 702).

• Si la simple demande d'autorisation de licenciement d'un délégué du personnel n'est pas, en elle-même, constitutive du délit d'entrave, tel n'est pas le cas de la demande présentée à cette fin par un employeur en raison de l'absence d'obtention par ce salarié investi de fonctions représentatives d'un diplôme avant l'expiration des délais impartis, cette demande ayant ensuite été maintenue abusivement, en connaissance de cause alors que ledit salarié avait obtenu une prorogation de délai pour valider sa formation (cass. crim. 5 mars 2013, n° 11-83.984, B. crim. n° 59; RJS 6/13 n° 459; JCP éd. S 2013, 1197, note Fr. Duquesne).

• Voir notamment P. Morvan, «Le droit pénal des institutions représentatives du personnel», Dr. Soc. 2000, p. 987.

CHAPITRE III Représentant de proximité

Note Ce chapitre est issu de l'ordonnance 2017-1386 du 22 septembre 2017, art. 2, 42°, JO 23, entrée en vigueur au plus tard le 01.01.2018.

Art. L. 2433-1. Le fait de rompre le contrat de travail d'un salarié représentant de proximité, candidat à cette fonction ou ancien représentant de proximité en méconnaissance des dispositions relatives à la procédure d'autorisation administrative prévues par le présent livre, est puni d'un emprisonnement d'un an et d'une amende de 3 750 euros.

Le fait de transférer le contrat de travail d'un représentant de proximité compris dans un transfert partiel d'entreprise ou d'établissement, en méconnaissance des dispositions relatives à la procédure d'autorisation administrative, est puni des mêmes peines.

CHAPITRE IV Membre de la délégation du personnel du comité social et économique interentreprises

Note Ce chapitre est issu de l'ordonnance 2017-1386 du 22 septembre 2017, art. 2, 45°, JO 23, entrée en vigueur au plus tard le 01.01.2018.

Art. L. 2434-1. Le fait de rompre le contrat de travail d'un salarié membre de la délégation du personnel du comité social et économique interentreprises, candidat à cette fonction ou ancien membre de la délégation du personnel du comité social et économique interentreprises en méconnaissance des dispositions relatives à la procédure d'autorisation administrative prévues par le présent livre, est puni d'un emprisonnement d'un an et d'une amende de 3 750 euros.

Le fait de transférer le contrat de travail d'un membre de la délégation du personnel du comité social et économique interentreprises compris dans un transfert partiel d'entreprise ou d'établissement, en méconnaissance des dispositions relatives à la procédure d'autorisation administrative, est puni des peines prévues au premier alinéa.

CHAPITRE V Membre du groupe spécial de négociation, du comité d'entreprise européen, du comité de la société européenne, du comité de la société coopérative européenne ou du comité de la société issue de la fusion transfrontalière

Note Ce chapitre est l'ancien chapitre IV et les articles L. 2435-1 à 4 sont les anciens articles L. 2434-1 à 4 (ordonnance 2017-1386 du 22 septembre 2017, art. 2, 43° et 44°, JO 23, entrée en vigueur au plus tard le 01.01.2018).

Art. L. 2435-1. Le fait de rompre le contrat de travail d'un salarié membre du groupe spécial de négociation pour la mise en place d'un comité d'entreprise européen ou d'une instance de consultation, ou d'un salarié membre du comité d'entreprise européen, en méconnaissance des dispositions relatives à la procédure d'autorisation administrative prévues par le présent livre, est puni d'un emprisonnement d'un an et d'une amende de 3 750 euros.

Le fait de transférer le contrat de travail d'un salarié mentionné au premier alinéa compris dans un transfert partiel d'entreprise ou d'établissement, en méconnaissance des dispositions relatives à la procédure d'autorisation administrative, est puni des mêmes peines.

Art. L. 2435-2. Le fait de rompre le contrat de travail d'un salarié membre du groupe spécial de négociation ou d'un salarié membre du comité de la société européenne, en méconnaissance des dispositions relatives à la procédure d'autorisation administrative prévues par le présent livre, est puni d'un emprisonnement d'un an et d'une amende de 3 750 euros.

Le fait de transférer le contrat de travail d'un salarié mentionné au premier alinéa compris dans un transfert partiel d'entreprise ou d'établissement, en méconnaissance des dispositions relatives à la procédure d'autorisation administrative, est puni des mêmes peines.

Art. L. 2435-3. Le fait de rompre le contrat de travail d'un salarié membre du groupe spécial de négociation ou d'un salarié membre du comité de la société coopérative européenne, en méconnaissance des dispositions relatives à la procédure d'autorisation administrative prévues par le présent livre, est puni d'un emprisonnement d'un an et d'une amende de 3 750 euros.

Le fait de transférer le contrat de travail d'un salarié mentionné au premier alinéa compris dans un transfert partiel d'entreprise ou d'établissement, en méconnaissance des dispositions relatives à la procédure d'autorisation administrative, est puni des mêmes peines.

Art. L. 2435-4. Le fait de rompre le contrat de travail d'un salarié membre du groupe spécial de négociation ou d'un salarié membre du comité de la société issue de la fusion transfrontalière, en méconnaissance des dispositions relatives à la procédure d'autorisation administrative prévues par le présent livre, est puni d'un emprisonnement d'un an et d'une amende de 3 750 euros.

Le fait de transférer le contrat de travail d'un salarié mentionné au premier alinéa compris dans un transfert partiel d'entreprise ou d'établissement, en méconnaissance des dispositions relatives à la procédure d'autorisation administrative, est puni des mêmes peines.

CHAPITRE VI Salarié membre du conseil d'administration ou de surveillance d'une entreprise

Note Ce chapitre est l'ancien chapitre V et l'article L. 2436-1 est l'ancien article L. 2435-1 (ordonnance 2017-1386 du 22 septembre 2017, art. 2, 46° et 47°, JO 23, entrée en vigueur au plus tard le 01.01.2018).

Art. L. 2436-1. Le fait de licencier un représentant des salariés au conseil d'administration ou de surveillance d'une entreprise du secteur public, d'une société anonyme ou d'une société en commandite par actions, en méconnaissance des dispositions relatives à la procédure d'autorisation administrative prévues par le présent livre, est puni d'un emprisonnement d'un an et d'une amende de 3750 euros.

La récidive est punie d'un emprisonnement de deux ans et d'une amende de 6000 euros.

CHAPITRE VII Conseiller du salarié

Note Ce chapitre est l'ancien chapitre VI et l'article L. 2437-1 est l'ancien article L. 2436-1 (ordonnance 2017-1386 du 22 septembre 2017, art. 2, 48° et 49°, JO 23, entrée en vigueur au plus tard le 01.01.2018).

Art. L. 2437-1. Le fait de rompre le contrat de travail d'un salarié inscrit sur une liste dressée par le représentant de l'État dans le département, en méconnaissance des dispositions relatives à la procédure d'autorisation administrative prévues par le présent livre, est puni d'un emprisonnement d'un an et d'une amende de 3750 €.

CHAPITRE VIII Conseiller prud'homme

Note Ce chapitre est l'ancien chapitre VII et l'article L. 2438-1 est l'ancien article L. 2437-1 (ordonnance 2017-1386 du 22 septembre 2017, art. 2, 48° et 49°, JO 23, entrée en vigueur au plus tard le 01.01.2018).

Art. L. 2438-1. Le fait de rompre le contrat de travail d'un conseiller prud'homme, candidat à cette fonction ou ancien conseiller, en méconnaissance des dispositions relatives à la procédure d'autorisation administrative prévues par le présent livre, est puni d'un emprisonnement d'un an et d'une amende de 3750 €.

CHAPITRE IX Assesseur maritime

Note Ce chapitre est l'ancien chapitre VIII introduit par l'ordonnance 2012-1218 du 2 novembre 2012, art. 3, VIII, JO 3, entrée en vigueur au plus tard le 01.01.2015, et l'article L. 2439-1 est l'ancien article L. 2438-1 (ordonnance 2017-1386 du 22 septembre 2017, art. 2, 48° et 49°, JO 23, entrée en vigueur au plus tard le 01.01.2018).

Art. L. 2439-1. Le fait de rompre le contrat de travail d'un assesseur maritime, d'un candidat à ces fonctions ou d'un assesseur maritime ayant cessé ses fonctions depuis moins de six mois, en méconnaissance des dispositions relatives à la procédure d'autorisation administrative prévues par le présent livre, est puni d'un emprisonnement d'un an et d'une amende de 3750 €.

CHAPITRE X Défenseur syndical

Note Ce chapitre est l'ancien chapitre IX introduit par la loi 2015-990 du 6 août 2015, art. 258, II, JO 7, entrée en vigueur au plus tard le 01.08.2016, et l'article L. 243-10-1 est l'ancien article L. 2439-1 (ordonnance 2017-1386 du 22 septembre 2017, art. 2, 48° et 49°, JO 23, entrée en vigueur au plus tard le 01.01.2018).

Art. L. 243-10-1. Le fait de rompre le contrat de travail d'un salarié inscrit sur la liste arrêtée par l'autorité administrative mentionnée à l'article L. 1453-4, en méconnaissance des dispositions relatives à la procédure d'autorisation administrative prévues au présent livre, est puni d'un emprisonnement d'un an et d'une amende de 3750 €.

Le fait de transférer le contrat de travail d'un salarié mentionné au premier alinéa du présent article dans le cadre d'un transfert partiel d'entreprise ou d'établissement, en méconnaissance des dispositions relatives à la procédure d'autorisation administrative, est puni des mêmes peines.

CHAPITRE XI Membre d'une commission paritaire régionale interprofessionnelle

Note Ce chapitre est l'ancien chapitre X introduit par la loi 2015-994 du 17 août 2015, art. 1er, VI, JO 18, entrée en vigueur le 01.01.2016, et l'article L. 243-11-1 est l'ancien article L. 243-10-1 (ordonnance 2017-1386 du 22 septembre 2017, art. 2, 48° et 49°, JO 23, entrée en vigueur au plus tard le 01.01.2018).

Art. L. 243-11-1. Le fait de rompre le contrat de travail d'un salarié membre de la commission paritaire régionale interprofessionnelle mentionnée à l'article L. 23-111-1, d'un salarié figurant sur la propagande électorale des organisations syndicales en vue de la constitution de cette commission ou d'un ancien membre de la commission en méconnaissance des dispositions relatives à la procédure d'autorisation administrative prévue au présent livre est puni de la peine prévue à l'article L. 2432-1.

LIVRE V

LES CONFLITS COLLECTIFS

TITRE Ier EXERCICE DU DROIT DE GRÈVE

CHAPITRE Ier Dispositions générales

Art. L. 2511-1. L'exercice du droit de grève ne peut justifier la rupture du contrat de travail, sauf faute lourde imputable au salarié.

Son exercice ne peut donner lieu à aucune mesure discriminatoire telle que mentionnée à l'article L. 1132-2, notamment en matière de rémunérations et d'avantages sociaux.

Tout licenciement prononcé en absence de faute lourde est nul de plein droit.

Note Le préambule de la Constitution de 1946 – auquel renvoie la Constitution du 4 octobre 1958 – confère au droit de grève le caractère de droit fondamental, mais précise que «le droit de grève s'exerce dans le cadre des lois qui le réglementent».

Cependant, à la différence du secteur public où les conditions d'exercice du droit de grève sont fortement réglementées (voir note sous article L. 2512-1), les textes législatifs concernant la grève dans le secteur privé ne constituent pas une réglementation d'ensemble. Il s'agit de:
- la loi 50-205 du 11 février 1950 qui, dans son article 4 constituant l'alinéa 1 du présent article, affirme que la grève ne rompt pas le contrat de travail, sauf faute lourde imputable au salarié;
- la loi 78-753 du 7 juillet 1978 (art. L. 2511-1, al. 2) excluant l'adoption par l'employeur de mesures discriminatoires en matière de rémunération et d'avantages sociaux;
- la loi 85-772 du 25 juillet 1985 (JO 26) qui a complété cet article par un troisième alinéa tendant à renforcer la protection des salariés qui exercent légitimement le droit de grève et a, dans ce même esprit, modifié l'article L. 1132-2 CT;
- la loi du 3 janvier 1979 et la loi du 3 janvier 1982 interdisant le recours aux salariés sous contrat à durée déterminée et aux travailleurs intérimaires pour remplacer des salariés en grève (art. L. 1242-6 et L. 1251-10 CT);
- la loi 2007-1224 du 21 août 2007 sur le dialogue social et la continuité du service public dans les transports terrestres réguliers de voyageurs.
- la loi 2016-1088 du 8 août 2016 (JO 9) relative au travail, à la modernisation du dialogue social et à la sécurisation des parcours professionnels, art. 60, prévoyant que les mouvements de refus concerté de fournir leurs services organisés par les travailleurs indépendants recourant à une ou plusieurs plateformes de mise en relation par voie électronique, en vue de défendre leurs revendications professionnelles ne peuvent, sauf abus, ni engager leur responsabilité contractuelle, ni constituer un motif de rupture de leurs relations avec les plateformes, ni justifier de mesures les pénalisant dans l'exercice de leur activité (art. L. 7342-5 CT).

En l'absence de toute autre disposition de portée générale, le Conseil d'État et la Cour de cassation ont donc été amenés à définir le domaine et les limites du droit de grève sur la base du principe général suivant: la reconnaissance du droit de grève ne saurait avoir pour conséquence d'exclure les limitations qui doivent être apportées à ce droit, en vue d'en éviter un usage abusif ou contraire aux nécessités de l'ordre public (CE 7 juin 1950, n° 01645, Rec. Lebon, p. 426) ou aux besoins essentiels du pays (CE 12 avril 2013, n° 329570, LS Jurispr. n° 78 du 23.04.2013; JCP éd. S 2013, 1283, note É. Jeansen; Dr. Soc. 2013, p. 608, étude, P-Y Gahdoun).

DÉFINITION DE LA GRÈVE

Tout arrêt de travail n'a pas nécessairement la qualification de grève.

Selon la Cour de cassation, la grève est une cessation collective et concertée du travail en vue d'appuyer des revendications professionnelles (cass. soc. 18 juin 1996, n° 92-44.497, BC V n° 243; 29 mars 1995, n° 93-41.863, BC V n° 111; 18 janvier 1995, n° 91-10.476, BC V n° 27). À défaut d'arrêt collectif et concerté du travail, il ne s'agit pas d'une grève, mais d'un mouvement illicite (cass. soc. 26 janvier 2000, n° 97-15.291, BC V n° 38).

La distinction entre grève licite et grève illicite est désormais abandonnée. «La grève est un droit, et un droit ne peut être illicite; il peut seulement exister un abus du droit. Lorsque les conditions du droit de grève ne sont pas réunies, on est en présence d'un mouvement collectif qui peut présenter un caractère fautif, et qui ne relève ni du préambule de la Constitution de 1946, ni de l'article L. 521-1 (ancien) du code du travail» (rapport Ph. Waquet, cass. soc. 16 novembre 1993, n° 91-41.024, BC V n° 268).

Il y a lieu ainsi de distinguer:
- la grève licite (hypothèse où il y a «exercice normal» de ce droit);

– la grève abusive (hypothèse où les salariés exercent «anormalement» le droit de grève);
– les mouvements et actions illicites qui ne relèvent pas des dispositions de l'article L. 2511-1 car il n'y a pas exercice du droit de grève.

L'enjeu de cette distinction est important: si l'arrêt de travail répond à la définition de la grève, le salarié qui y participe ne peut être sanctionné, hors le cas de faute lourde. En revanche, s'il s'agit d'un mouvement illicite, la participation du salarié peut être sanctionnée en l'absence de faute lourde.

• **Une cessation du travail**

La grève suppose un arrêt de travail. Le droit de grève n'autorise pas les salariés à exécuter leur travail dans des conditions autres que celles prévues à leur contrat ou pratiquées dans leur profession. Ainsi, n'exercent pas le droit de grève les agents de la SNCF s'abstenant de contrôler les titres de voyage tout en effectuant le reste de leur mission (cass. soc. 16 mars 1994, n° 91-43.349, BC V n° 92). De même, le ralentissement dans le travail, la réduction voulue et concertée du rendement (grève perlée) correspondent à une exécution défectueuse du travail et constituent, de ce fait, une faute justifiant la prise par l'employeur de sanctions disciplinaires (cass. soc. 22 avril 1964, BC IV n° 320). Ainsi, une cour d'appel, qui a constaté qu'un salarié avait reconnu, en présence d'un huissier de justice, avoir participé à une grève perlée et que l'analyse de son activité pendant six semaines permettait de constater, à partir du déclenchement de la grève perlée, une baisse de productivité de 30 % qu'aucune circonstance étrangère au mouvement de grève ne pouvait expliquer, a pu en déduire que l'employeur avait rapporté la preuve de la faute lourde du salarié consistant dans sa participation à un mouvement tendant à freiner volontairement l'entreprise sans cesser le travail, en vue de nuire à l'employeur (cass. soc. 16 mai 2001, n° 99-41.604, JSL n° 84, 31.07.2001, p. 23). Mais des arrêts de travail courts et répétés, quelque dommageables qu'ils soient pour la production, ne peuvent, en principe, être considérés comme un exercice illicite du droit de grève (cass. soc. 25 janvier 2011, n° 09-69.030, BC V n° 28; RJS 4/11 n° 363).

La grève ne peut pas davantage être limitée à une obligation particulière du contrat de travail (cass. soc. 11 juillet 2016, n° 14-14.226, BC V n° 150; RJS 10/16 n° 653; JCP éd. S 2016, 1332, note Fr. Duquesne; JSL n° 417, 07.10.2016, pp. 3 et s., H. Tissandier). Par conséquent, lorsque, durant leur service, des salariés cessent d'exécuter leur seule obligation d'astreinte, ils ne peuvent être considérés comme exerçant leur droit de grève, un tel mouvement ne répondant pas à la définition légale de la grève (cass. soc. 2 février 2006, n° 04-12.336, BC V n° 52; RJS 4/06 n° 487; JSL n° 184, 28.02.2006, p. 10, M-Ch. Haller). De même, ne peut constituer une grève le mouvement consistant pour des salariés à refuser d'être à la disposition de l'employeur en dehors de leur horaire normal de travail pour l'exécution d'obligations particulières (cass. soc. 21 octobre 2009, n° 08-14.490, BC V n° 225; RJS 1/10) ou encore le refus par des techniciens chargés d'opérations de maintenance sur des aéronefs de signer les documents nécessaires à la remise en service de ces aéronefs (cass. soc. 1er juillet 2016, n° 14-14.226, précité).

Il a été également jugé que le droit pour les salariés de recourir à la grève ne les autorise pas, sous son couvert, à exécuter leur travail dans les conditions qu'ils revendiquent. Ainsi, il n'y a pas exercice du droit de grève mais décision unilatérale et définitive de modifier des conditions essentielles du contrat de travail lorsque des salariés, après des négociations infructueuses avec l'employeur au sujet d'un changement d'horaire, décident de ne plus travailler le samedi et s'absentent ainsi trois samedis consécutifs (cass. soc. 23 novembre 1978, n° 77-40.946, BC V n° 790; 7 novembre 1984, n° 82-41.441, BC V n° 418; 21 juin 1989, n° 88-44.240, BC V n° 457; D. 1990 somm. 167, obs. G. Borenfreund). Mais ont exercé de manière licite le droit de grève des salariés ayant cessé le travail pour appuyer une revendication professionnelle d'horaire aménagé, les juges ayant relevé que si la grève de 14 h à 18 h le 28 août a coïncidé avec un moment de la journée où ils n'auraient pas travaillé avec l'horaire aménagé, il s'agissait d'une coïncidence fortuite en l'absence de répétition (cass. soc. 27 juin 1989, n° 87-45.310; 25 juin 1991, n° 89-40.029, BC V n° 323; Dr. Soc. 1992, p. 60, concl. J. Graziani; 12 juillet 1994, n° 91-44.068).

La grève supposant un arrêt de travail, elle ne peut concerner qu'une période de travail effectif: ainsi, des salariés qui, disposant de temps de pause rémunérés ne constituant pas du temps de travail effectif, utilisent ce temps libre pour formuler des revendications professionnelles ne peuvent être considérés comme exerçant le droit de grève (cass. soc. 18 décembre 2001, n° 01-41.036, BC V n° 387).

• **Une décision concertée**

La grève implique une volonté commune d'agir. Ont donc le caractère de grève:
– le rassemblement spontané des salariés à l'annonce de l'interruption de négociations en cours sur des revendications pour obtenir la reprise des discussions (cass. soc. 19 février 1981, n° 79-41.281, BC V n° 143);
– la réunion de salariés dès lors qu'il est établi qu'avant même de se réunir ils avaient décidé une suspension de travail (cass. soc. 16 mai 1973, n° 72-40.541, BC V n° 301);
– la réunion pendant les heures de travail résultant d'un consensus général des salariés qui ont entendu suspendre leur travail de manière concertée et mettre à profit cette suspension pour tenir une réunion sur les lieux mêmes du travail (cass. soc. 4 juillet 1972, n° 71-40.592, BC V

n° 482; JCP 1973, 17464, note J. Pélissier; voir aussi cass. soc. 11 janvier 1979, n° 77-41.763, BC V n° 26; 8 novembre 1988, n° 85-45.100, BC V n° 575).

En revanche, n'ont pas le caractère de grève:
– la réunion à l'initiative des représentants syndicaux ou délégués du personnel ayant pour objet de donner les informations au personnel et de faire décider d'un éventuel mouvement de grève et ne traduisant aucune démarche des salariés. Une telle réunion revêt un caractère fautif au regard de l'article L. 412-10 (ancien) CT et de la plupart des règlements intérieurs (cass. crim. 9 novembre 1971, JCP 1972, 17074, note J. Pélissier);
– l'arrêt de travail décidé par le personnel après le refus de l'employeur d'autoriser, pendant les heures de travail, la tenue d'une réunion en vue de préparer une journée nationale d'action pour obtenir tout de même les informations attendues (cass. soc. 26 mars 1980, n° 79-40.025, BC V n° 297);
– le fait pour des salariés de quitter leur travail pour assister à une audience de référés dans un litige opposant un syndicat à leur employeur et concernant le maintien en vigueur de la convention collective dès lors qu'aucune discussion n'avait eu lieu dans l'entreprise à ce sujet et que l'arrêt de travail n'avait eu pour seul objet que de permettre aux salariés d'assister à l'audience (cass. soc. 7 juin 1995, n° 93-43.895, BC V n° 179).

• Une action collective

La grève est caractérisée par une cessation collective du travail et ne peut en principe être le fait d'un salarié agissant isolément. Ainsi, ayant constaté qu'un salarié, en cessant son travail deux jours consécutifs, ne participait pas à un mouvement collectif dans l'entreprise et ne répondait pas à un mot d'ordre de grève nationale, un conseil de prud'hommes a pu décider que son arrêt de travail ne pouvait pas recevoir la qualification de grève (cass. soc. 29 mars 1995, n° 93-41.863, BC V n° 111).

Toutefois, si l'entreprise ne comporte qu'un salarié, celui-ci, qui est le seul à même de présenter et de défendre des revendications professionnelles, peut exercer ce droit constitutionnellement reconnu (cass. soc. 13 novembre 1996, n° 93-42.247, BC V n° 379). Par ailleurs, la Cour de cassation a reconnu la licéité de la participation d'un salarié isolé à une grève nationale (grève déclenchée contre le plan Barre en 1976) ayant pour objet des revendications étroitement liées aux préoccupations quotidiennes des salariés au sein de leur entreprise (cass. soc. 29 mai 1979, n° 78-40.553, BC V n° 464).

• Existence de revendications professionnelles

Notion. Pour qu'un arrêt de travail soit considéré comme une grève et non comme un acte d'indiscipline, il est nécessaire qu'il se rattache à des revendications professionnelles (cass. soc. 17 décembre 1996, n° 95-41.858, BC V n° 445). Il peut s'agir:
– de l'amélioration des conditions de travail (cass. soc. 4 avril 1990, n° 88-43.909, BC V n° 156);
– du paiement d'heures supplémentaires (cass. soc. 17 juillet 1996, n° 94-42.964, RJS 10/96 n° 1079);
– du paiement des heures de travail perdues en raison d'intempéries (cass. soc. 12 décembre 2000, n° 99-40.265, BC V n° 414);
– de la fourniture d'un moyen de transport (cass. soc. 18 juin 1996, n° 92-44.497, BC V n° 243);
– de la défense des intérêts des salariés vis-à-vis de menaces sur l'emploi (cass. soc. 4 avril 1990, n° 88-43.909, précité);
– du soutien d'un mot d'ordre national pour la défense des retraites (cass. soc. 15 février 2006, n° 04-45.745, BC V n° 65; RJS 5/06 n° 622; Dr. Soc. 2006, p. 577, obs. Ch. Radé);
– de revendications se rattachant à l'exercice du droit syndical (cass. soc. 18 janvier 1995, n° 91-10.476, BC V n° 27; 30 mars 1999, n° 97-41.104, BC V n° 140; RJS 5/99 n° 725);
– de demandes tendant à l'organisation d'élections professionnelles et à la préservation de l'emploi (cass. soc. 15 janvier 2003, n° 00-44.693, JSL n° 121, 8.04.2003, p. 25);
– de la contestation du plan de restructuration de l'entreprise (cass. soc. 20 mai 1992, n° 90-45.271, BC V n° 319). Ayant constaté que les revendications présentées par des salariés portaient sur l'embauche du personnel, l'augmentation des salaires, la suppression des jours de carence et la réduction du temps de travail et qu'elles n'avaient pas été formulées pour les besoins de la cause (refus d'accomplir des heures supplémentaires) mais correspondaient à un malaise provoqué par des licenciements, une cour d'appel a pu décider qu'il s'agissait de revendications professionnelles et qu'en cessant le travail pour les faire aboutir, les salariés n'avaient fait qu'user du droit de grève (cass. soc. 12 avril 1995, n° 93-10.968, BC V n° 129);
– de la défense du mode d'exploitation d'un réseau de transports urbains par les employés d'une régie de transports, établissement public industriel et commercial chargé de cette exploitation, peu importante la capacité de l'employeur à satisfaire les revendications des salariés (cass. soc. 23 octobre 2007, n° 06-17.802, BC V n° 169; RJS 1/08 n° 65).

De même, la crainte exprimée par des représentants de commerce sur les conséquences pour leur chiffre d'affaires du lancement d'une sous-marque qui concurrençait les produits qu'ils étaient chargés de diffuser et la demande présentée par eux d'une explication de la nouvelle politique commerciale constituent des revendications professionnelles; en cessant leur travail pour appuyer ces revendications, les salariés n'ont fait qu'exercer leur droit de grève sans en abuser (cass. soc. 2 juin 1992, n° 89-40.565, BC V n° 355; Dr. Soc. 1992, p. 696, rapport Ph. Waquet, note J-E Ray).

Cas des salariés détachés. Des revendications portant sur la réception des délégués du personnel par l'employeur et les conditions de travail concernent, non seulement les salariés de l'entreprise mais aussi les salariés qui y sont détachés, de sorte que la participation de ces salariés à une grève dans l'entreprise d'accueil pour appuyer de telles revendications constitue l'exercice normal du droit de grève (cass. soc. 17 décembre 2003, n° 01-46.251, BC V n° 317; RJS 3/04 n° 339).

Droit de retrait d'une situation dangereuse. Les salariés, qui se retirent d'une situation de travail au motif qu'elle présente un danger grave et imminent pour la vie ou pour la santé de chacun d'eux, n'exercent pas le droit de grève. Ils peuvent néanmoins faire l'objet, indépendamment de toute sanction, d'une retenue sur salaire (pour absence de service fait), s'ils n'avaient pas un motif raisonnable de penser que la situation présentait un tel danger (cass. soc. 11 juillet 1989, n° 86-43.497, BC V n° 516).

Si, au moment du retrait, justifié par une situation dangereuse, ils présentent, eu égard à leurs conditions de travail, des revendications professionnelles, l'arrêt de travail qui s'ensuit s'analyse en une grève. Ainsi, s'agissant de salariés qui, après avoir refusé d'exécuter un ordre qui s'avérait dangereux pour leur santé et pour leur vie, ont présenté une revendication professionnelle, à savoir l'obtention du bénéfice de la position chômage-intempéries, l'arrêt de travail qui s'en est suivi caractérise l'exercice du droit de grève (cass. soc. 26 septembre 1990, n° 88-41.375, BC V n° 387; Dr. Soc. 1991, p. 60, rapport Ph. Waquet, note J-E Ray).

Grèves de solidarité. Au sein même de l'entreprise, ces mouvements ont pour mobile principal de soutenir un collègue de travail. Le caractère de grève leur est reconnu s'ils se rattachent à des intérêts généraux et si les grévistes présentent aussi des revendications qui leur sont propres.

Tel est le cas des mouvements déclenchés en raison:
– d'un projet de licenciement économique d'un salarié et de la menace sur l'emploi que faisait peser ce licenciement (cass. soc. 22 novembre 1995, n° 93-44.017, BC V n° 307);
– du soutien à des salariés menacés de sanctions disciplinaires pour des faits commis lors d'un précédent mouvement de grève dont la légitimité n'était pas contestée (cass. soc. 2 juillet 2014, n° 13-12.562, BC V n° 158; RJS 10/14 n° 730);
– du soutien d'un délégué syndical menacé de licenciement alors qu'il s'apprêtait à participer aux réunions prévues dans le cadre de la négociation annuelle obligatoire pour revendiquer une réelle amélioration du pouvoir d'achat (cass. soc. 5 janvier 2011, n° 10-10.685, BC V n° 1; RJS 3/11 n° 268).

En revanche, la Cour de cassation a jugé que l'arrêt de travail destiné à soutenir un ouvrier licencié pour avoir refusé d'exécuter son travail ne constituait pas l'exercice du droit de grève, aucune revendication professionnelle n'ayant accompagné cette manifestation de soutien (cass. soc. 16 novembre 1993, n° 91-41.024, BC V n° 268).

Les mouvements peuvent être aussi de solidarité dite externe, soit que les salariés d'entreprises non concernés directement par un mouvement de grève affectant une entreprise ou une branche décident d'arrêts de travail destinés à manifester leur solidarité avec la lutte menée, soit qu'à l'occasion d'une grève d'ampleur nationale, des salariés d'entreprises non apparemment directement concernés par ce mouvement s'y associent cependant: de tels mouvements de solidarité seraient licites dans la mesure où, à l'occasion de la grève, sont présentées des revendications précises insatisfaites d'ordre social et professionnel, de nature à intéresser les ouvriers de l'entreprise en cause ou tout au moins d'autres ouvriers avec lesquels ils auraient entendu se solidariser (cass. crim. 23 octobre 1969, n° 68-91.860, B. crim. n° 267).

Grèves politiques. Le fait que la grève doive reposer sur des motifs professionnels n'exclut pas qu'elle puisse revêtir également un aspect politique. Toutefois, le caractère professionnel du mouvement ne doit pas être absorbé par son caractère politique (cass. soc. 3 mars 1956, JCP éd. G 1956.II.9552). Il appartient aux juges du fond de déterminer quel est l'élément déterminant, et la Cour de cassation casse aussi bien les jugements et arrêts qui ne font pas la part entre motifs professionnels et politiques que ceux qui ne s'expliquent pas sur le point de savoir si les mobiles étaient essentiellement professionnels (cass. soc. 12 octobre 1960, BC IV n° 852). Au plan pénal, il appartient au juge, pour pouvoir déclarer une grève illicite, d'établir que la grève avait un caractère politique et ne tendait pas à la satisfaction de revendications rejetées (cass. crim. 23 octobre 1969, n° 68-91.860, précité).

À noter qu'exceptionnellement une grève hautement politique peut n'être pas illicite si son mobile (par exemple, protestation contre un mouvement insurrectionnel tel celui d'Algérie) correspond «à un sentiment élevé du devoir» (cass. soc. 19 juin 1963, D. 1963, 686, note Lyon-Caen).

• Connaissance par l'employeur des revendications

L'exercice normal du droit de grève, s'il n'est soumis en droit commun à aucun préavis, nécessite l'existence de revendications professionnelles dont l'employeur doit avoir connaissance au moment de l'arrêt de travail (cass. soc. 19 novembre 1996, n° 94-42.631, BC V n° 391; 22 octobre 2014, n° 13-19.858, BC V n° 246; LSQ n° 16704 du 3.11.2014; RJS 1/15 n° 56; RDT, février 2015, CH, 128; JCP éd. S 2015, 1103, note É. Jeansen). Peu importent les modalités d'information de l'employeur (cass. soc. 22 octobre 2014, n° 13-19.858, précité); ainsi, le fait que les revendications professionnelles n'aient pas été présentées à l'employeur par les salariés eux-mêmes ou par le syndicat n'a pas d'incidence dès lors que l'employeur en a eu connaissance par une lettre de l'inspecteur du travail (cass. soc. 28 février 2007, n° 06-40.944, BC V n° 33). Mais les salariés ne peuvent se prévaloir de la protection attachée au droit de grève lorsque l'employeur a été tenu dans l'ignorance des motifs de l'arrêt de travail et n'a été informé de leurs revendications qu'en leur demandant les raisons du blocage des portes de l'entreprise (cass. soc. 30 juin 2015, n° 14-11.077, BC V n° 131; RJS 10/15 n° 663; JCP éd. S 2015, 1367, 1re espèce, note Fr. Duquesne).

Par ailleurs, la grève n'est pas soumise à la condition d'un rejet desdites revendications par l'employeur (cass. soc. 7 février 1990, n° 87-43.566, BC V n° 42; 4 avril 1990, n° 88-43.909, précité; 10 octobre 1990, n° 88-41.426, BC V n° 434; 20 mai 1992, n° 90-45.271, précité).

Préavis de grève. Une convention collective ne peut avoir pour effet de limiter ou de réglementer pour les salariés l'exercice du droit de grève constitutionnellement reconnu et seule la loi peut créer un délai de préavis s'imposant à eux (cass. soc. 7 juin 1995, n° 93-46.448, BC V n° 180; 12 mars 1996, n° 93-41.670, BC V n° 88).

De même, il n'appartient pas à l'employeur de réglementer l'exercice du droit de grève par le truchement du règlement intérieur, en se fondant sur un objectif constitué de la seule sécurité des usagers de l'établissement, alors qu'il ne ressort pas des pièces du dossier que l'absence d'une partie du personnel de l'établissement y mettait en cause la sécurité générale (CE 27 juillet 2005, n° 254600, Rec. Lebon, p. 377; RJS 11/05 n° 1089 et p. 761, concl. Fr. Donnat).

À noter que la Cour de cassation considère qu'il résulte de la réglementation de l'aviation civile le principe essentiel de l'obligation d'assurer la continuité des vols, ce dont il suit la nécessité d'observer dans le déclenchement et la poursuite des arrêts de travail des modalités compatibles avec ces contraintes exceptionnelles (cass. soc. 25 octobre 1979, n° 78-13.528, BC V n° 786).

Absence d'appréciation par le juge du bien-fondé des revendications. Dans un arrêt rendu en 1992 (cass. soc. 2 juin 1992, n° 90-41.368, BC V n° 356; Dr. Soc. 1992, p. 696), la chambre sociale de la Cour de cassation a énoncé que «si la grève suppose l'existence de revendications de nature professionnelle, le juge ne peut, sans porter atteinte au libre exercice d'un droit constitutionnellement reconnu, substituer son appréciation à celle des grévistes sur la légitimité ou le bien-fondé de ces revendications, en l'absence d'abus de droit de la part des salariés». Ce faisant, la chambre sociale s'est démarquée de la solution précédemment adoptée par l'Assemblée plénière de la Cour de cassation qui avait considéré qu'une grève s'appuyant sur des revendications de nature professionnelle, mais dont le caractère était jugé déraisonnable, pouvait constituer un trouble manifestement illicite justifiant l'intervention du juge des référés pour suspendre les effets du préavis de grève déposé (cass. ass. plén. 4 juillet 1986, n° 84-15.735, BC n° 11; Dr. Soc. 1986, p. 745, concl. R. Bouyssic, note G. Lyon-Caen).

La chambre sociale a confirmé sa jurisprudence dans un arrêt rendu en 1994 (cass. soc. 19 octobre 1994, n° 91-20.292, BC V n° 281) où elle a considéré qu'en cessant le travail pour obtenir la présence dans une délégation syndicale chargée de la négociation annuelle obligatoire d'un permanent syndical étranger à l'entreprise, des salariés avaient voulu appuyer une revendication professionnelle qui ne présentait aucun caractère abusif, de sorte qu'ils n'avaient fait qu'exercer le droit de grève.

ABUS DU DROIT DE GRÈVE

La grève entraîne nécessairement une désorganisation de la production (cass. soc. 30 mai 1989, n° 87-10.994, BC V n° 404). Cependant, si l'arrêt de travail tend à désorganiser l'entreprise au point de mettre en péril son existence, il y a exercice abusif du droit de grève et le mouvement doit être qualifié d'illicite. Il a ainsi été jugé:

– qu'il n'y avait pas abus du droit de grève dès lors que les arrêts successifs de travail (série d'arrêts courts mais répétés) avaient seulement provoqué une désorganisation de la production, tandis que l'entreprise elle-même, qui n'avait pas perdu sa clientèle, n'avait pas été désorganisée (cass. soc. 7 avril 1993, n° 91-16.834, BC V n° 111; voir dans le même sens, cass. soc. 18 janvier 1995, n° 91-41.476, BC V n° 27 et 5 juillet 1995, n° 93-20.402, BC V n° 232 excluant tout abus du droit de grève en l'absence de désorganisation de l'entreprise, même si son exploitation avait été rendue très onéreuse et plus difficile, du fait du mouvement de grève);

– qu'aucune désorganisation manifeste et anormale n'étant résultée du mouvement suivi dans l'entreprise, les salariés n'avaient fait qu'exercer le droit de grève et ne pouvaient subir qu'un abattement de salaire proportionnel à la durée de leur arrêt de travail (cass. soc. 10 juillet 1991, n° 89-43.147, BC V n° 349);

– que l'arrêt inopiné du travail des caissières d'un magasin à grande surface, à un moment où l'affluence atteignait 3 000 personnes ce qui avait entraîné de nombreux vols par les clients est licite et ne saurait être assimilé à une exécution défectueuse du travail, les caissières ayant complètement cessé le travail: il aurait appartenu à l'employeur pour qui la grève était prévisible, puisqu'il avait fait venir un huissier pour la constater, de prendre les mesures nécessaires pour en pallier les conséquences dommageables (cass. soc. 13 mars 1980, n° 78-41.613, BC V n° 251).

Ont en revanche été considérées comme abusives:
– l'organisation d'une grève par roulements, dans des conditions permettant à une minorité de grévistes d'empêcher la production et au reste du personnel d'être payé sans travailler, et aboutissant à la fermeture de l'usine. Le salarié qui s'y associe ne peut prétendre à être indemnisé de la perte de salaire résultant de cette fermeture, et sa condamnation à des dommages-intérêts de principe est justifiée (cass. soc. 9 novembre 1978, n° 77-41.316, BC V n° 754);
– la continuation d'un mouvement de grève, sous la forme d'exécution anormale des tâches, par quelques salariés agissant individuellement et désavoués par les délégués du personnel alors qu'un accord sur la reprise du travail était intervenu (cass. soc. 22 février 1978, n° 76-40.327, BC V n° 135).

Débrayages répétés, grèves tournantes. En l'absence de tout texte légal ou réglementaire précisant les formes que doivent revêtir les arrêts de travail pour constituer la grève, la répétition d'arrêts de travail ayant chacun le caractère d'une grève licite ne saurait être considérée comme un abus du droit de grève dès lors qu'il n'est pas établi qu'elle ait eu pour objet non la satisfaction de revendications professionnelles mais la désorganisation concertée de l'entreprise (cass. soc. 18 avril 1963, BC IV n° 316; 10 octobre 1990, n° 88-41.426, précité). Ainsi, il a été jugé qu'en cessant collectivement le travail à une heure déterminée à l'avance pour appuyer des revendications professionnelles, des salariés ne font qu'exercer le droit de grève. En outre, aucun abus du droit de grève ne peut être invoqué dès lors que la perturbation du service n'est que la conséquence normale de la limitation de la durée du travail du fait de la grève, et qu'aucune désorganisation de l'entreprise ne s'est manifestée, l'employeur ayant eu la possibilité de reporter certaines livraisons et d'en informer sa clientèle (cass. soc. 16 octobre 2001, n° 99-18.128, BC V n° 319; JSL n° 90, 20.11.2001, p. 12, M-Ch. Haller). Mais si ces mouvements apportent une perturbation trop grave au fonctionnement de l'entreprise et mettent en péril son existence, il ne s'agit plus de l'exercice normal du droit de grève, il y a abus et manquement grave aux conditions d'exécution du travail.

FAUTE LOURDE

Exigence d'une faute lourde

• Selon l'article L. 521-1 (L. 2511-1) CT, seule la faute lourde peut justifier le licenciement d'un salarié gréviste. Si aucune faute lourde ne peut lui être reprochée, le licenciement est nul de plein droit (voir par exemple cass. soc. 3 mai 2007, n° 05-43.977, JCP éd. S 2007, 1522; JSL n° 216, 31.07.2007, p. 24). Peu importe à cet égard que, dans la lettre de licenciement, l'employeur ait invoqué des faits distincts de la participation à la grève et susceptibles de constituer, s'ils étaient établis, une cause réelle et sérieuse de licenciement: en l'absence de faute lourde, le caractère illicite du motif du licenciement tiré de la participation à une grève emporte à lui seul la nullité de ce licenciement (cass. soc. 8 juillet 2009, n° 08-40.139, BC V n° 172; RJS 10/09 n° 828; JCP éd. S 2009, 1484, note R. Vatinet).

La nullité du licenciement n'est d'ailleurs pas limitée au cas où le salarié est licencié pour avoir participé à une grève, mais s'étend à tout licenciement prononcé à raison d'un fait commis au cours de la grève et qui ne peut être qualifié de faute lourde (cass. soc. 9 mai 2012, n° 10-24.307, BC V n° 131; RJS 7/12 n° 653). Ainsi, à partir du moment où un employeur se prévaut de faits commis au cours d'une grève non constitutifs d'une faute lourde, le licenciement est nul, même si des fautes antérieures à la grève ont été également invoquées à l'appui de ce licenciement.

La reconnaissance de la nullité du licenciement doit s'accompagner de la réintégration du salarié dans l'entreprise si ce dernier en fait la demande. Cette réintégration s'impose à l'employeur même lorsque le site où travaillait le salarié a été fermé, ce seul motif ne caractérisant pas l'impossibilité de poursuivre l'exécution du contrat illégalement rompu (cass. soc. 29 janvier 2002, n° 99-45.260, TPS mai 2002, n° 148). De même, le fait que les postes des intéressés ne soient plus vacants et que ces derniers aient retrouvé un travail entre temps ne caractérise pas l'impossibilité matérielle de les intégrer dans leur emploi ou dans un emploi équivalent (cass. soc. 2 février 2005, n° 02-45.085, BC V n° 43; RJS 4/05 n° 369). Le salarié peut également saisir le juge des référés pour voir ordonner la poursuite de son contrat de travail qui n'a pu être valablement rompu et condamner l'employeur, en l'absence de contestation sérieuse, à verser les salaires indûment retenus depuis la date du licenciement nul (cass. soc. 26 septembre 1990, n° 88-41.375, BC V n° 387; Dr. Soc. 1991, p. 60; 10 octobre 1990, n° 88-41.426, précité; 28 avril 1994, n° 90-45.687, Dr. Soc. 1994, p. 719; 4 mai 1994, n° 92-40.135, Dr. Soc. 1994, p. 720).

En ce qui concerne le montant de l'indemnisation, la Cour de cassation a précisé que l'exercice du droit de grève ne pouvant donner lieu de la part de l'employeur à des mesures discriminatoires en matière de rémunération et d'avantages sociaux, le salarié dont le licenciement est déclaré nul a droit au paiement d'une indemnité égale au montant de la rémunération qu'il aurait dû percevoir entre son éviction de l'entreprise et sa réintégration, peu important qu'il ait ou non reçu des salaires ou un revenu de remplacement pendant cette période (cass. soc. 2 février 2006, n° 03-47.481, BC V n° 53; RJS 4/06 n° 488; 25 novembre 2015, n° 14-20.527, BC V n° 236; LS Jurispr. n° 230 du 22.12.2015; JCP éd. S 2016, 1090, note J-Y Kerbourc'h).

• La jurisprudence a étendu l'exigence d'une faute lourde à toutes les sanctions inférieures au licenciement: l'employeur qui prononce un avertissement ou une mise à pied à l'encontre d'un gréviste doit se fonder sur une faute lourde commise par le salarié (cass. soc. 16 décembre 1992, n° 91-41.215, BC V n° 592; Dr. Soc. 1993, p. 291, note J. Savatier; 22 janvier 1992, n° 90-44.249, BC V n° 19; 30 janvier 2013, n° 11-23.891, BC V n° 22; RJS 4/13 n° 283).

Notion de faute lourde

• La faute lourde suppose une participation personnelle et active du salarié aux faits illicites (voir à propos de l'organisation de piquets de grève: cass. soc. 30 juin 1993, n° 91-44.824, BC V n° 185; CE 2 février 1996, n° 152406, Rec. Lebon, p. 26; RJS 3/96 n° 299; cass. soc. 19 décembre 2007, n° 06-43.739, JCP éd. S 2008, 1172, note S. Brissy). L'employeur qui invoque la faute lourde doit donc établir que le ou les salariés visés ont personnellement participé aux faits d'occupation illégale des lieux et d'entrave à la liberté du travail (cass. soc. 3 novembre 1994, n° 93-41.931, LS lég. soc. n° 7189 du 19.01.1995).

Si un salarié n'a eu qu'un rôle purement passif et qu'il ne s'est rendu coupable d'aucune voie de fait, la faute lourde doit être écartée (cass. soc. 10 mars 1988, n° 85-41.118; 18 septembre 2007, n° 06-41.761, JCP éd. S 2007, 1863, note R. Vatinet).

Par ailleurs, la faute lourde suppose des faits précis imputables au salarié. Constitue donc un trouble manifestement illicite le licenciement d'un salarié gréviste, pour entrave à la liberté du travail, alors que les constats d'huissier produits par l'employeur ne faisaient état d'aucun fait précis imputable au salarié en ce qui concernait les faits d'entrave à la liberté du travail (cass. soc. 13 juillet 1999, n° 97-43.028, Dr. Ouvr. 1999, p. 3).

• La notion de «faute lourde collective» (pour une définition, voir cass. soc. 25 juin 1987, n° 85-40.250, BC V n° 420) a été abandonnée. Par un arrêt du 4 novembre 1992 (n° 90-41.899, BC V n° 529), la chambre sociale de la Cour de cassation a cassé l'arrêt d'une cour d'appel qui, pour débouter des salariés de leur demande tendant à obtenir la nullité de leur licenciement et leur réintégration, avait, sans relever à leur charge aucun fait personnel, notamment énoncé que la seule participation à un mouvement qui n'entrait pas dans le cadre licite du droit de grève constituait une faute lourde à forme collective, alors que «seuls les auteurs des faits illicites devaient répondre de leurs actions et alors que la cour n'a pas caractérisé un abus du droit de grève».

Cette construction jurisprudentielle, concernant la faute lourde collective, élaborée à partir d'une idée fausse selon laquelle la faute lourde était nécessaire pour licencier un salarié qui participait à ce qu'on appelait alors «une grève illicite», n'a plus d'intérêt dès lors qu'est opérée la distinction «entre ce qui est grève et ce qui est mouvement illicite» et que l'employeur retrouve en cas d'action illicite un pouvoir disciplinaire de droit commun lui permettant de licencier le salarié, même pour une faute simple (cass. soc. 16 novembre 1993, n° 91-41.024, BC V n° 268, voir rapport Ph. Waquet, Dr. Soc. 1994, p. 35).

Caractérisation. La faute lourde est le plus souvent caractérisée par des actes d'entrave à la liberté du travail, des violences sur les biens ou les personnes, des menaces, une incitation à l'abandon des services de sécurité, des actes de séquestration.

Constituent, par exemple, une faute lourde:
– le blocage des accès d'un hôtel, empêchant les salariés non grévistes ainsi que les fournisseurs et les clients d'y accéder (cass. soc. 15 mai 2001, n° 00-42.200, BC V n° 166; RJS 7/01 n° 907, 2e espèce);
– l'entrave à la liberté du travail commise par des salariés d'une entreprise de transport en commun qui, lors d'un mouvement de grève, ont empêché le départ de deux autobus (cass. soc. 10 février 2009, n° 07-43.939, JCP éd. S 2009, 1217, note S. Brissy);
– l'entrave volontaire à la liberté du travail, coupures d'énergie avec violence, faits d'expulsion de cadres de leurs tâches (cass. soc. 4 novembre 1992, n° 90-41.899, BC V n° 529);
– la participation à la fermeture des accès de l'usine et obstacle à l'entrée et à la sortie des véhicules ayant entraîné la désorganisation de l'entreprise (cass. soc. 30 juin 1993, n° 91-44.824, BC V n° 185; voir aussi cass. soc. 31 mars 1998, n° 95-42.086, BC V n° 180, s'agissant de la participation d'un salarié à un piquet de grève et de son refus d'obtempérer à l'ordonnance de référé interdisant d'empêcher l'accès au chantier);
– l'agression d'une autre salariée voulant se rendre au travail (cass. soc. 5 juillet 1995, n° 93-46.108);
– l'occupation d'un navire par les grévistes ayant empêché celui-ci de prendre le large, ce dont il résultait une entrave à la liberté du travail des salariés non grévistes (cass. soc. 8 octobre 2014, n° 13-18.873, BC V n° 223; RJS 12/14 n° 890, 2e espèce);
– la participation personnelle et volontaire de grévistes à la séquestration d'un dirigeant de l'entreprise (cass. soc. 1er avril 1997, n° 95-42.246, BC V n° 131; voir aussi cass. soc. 2 juillet 2014, n° 13-12.562, précité);

– le fait pour des salariés, informés du caractère illicite de l'occupation des lieux de travail et du blocage de l'accès au site après la notification d'une décision judiciaire ordonnant l'expulsion des grévistes suivie d'un commandement de quitter les lieux, de poursuivre ces opérations de blocage durant quatre jours, interdisant ainsi le travail de salariés non grévistes (cass. soc. 3 mai 2016, n° 14-28.353, BC V n° 84; RJS 7/16 n° 516).

En revanche, ne constituent pas une faute lourde:

– le fait pour un chauffeur-livreur participant à une grève d'avoir refusé de restituer le véhicule mis à sa disposition ainsi que les clefs, en l'absence d'intention de nuire et d'atteinte à la liberté du travail, faute pour l'employeur d'avoir démontré qu'il aurait pu confier le camion à un autre salarié (cass. soc. 8 février 2012, n° 10-14.083, BC V n° 61; RJS 5/12 n° 499);

– l'occupation des locaux n'ayant eu qu'un caractère symbolique, aucune entrave n'ayant été apportée à la liberté du travail (cass. soc. 26 février 1992, n° 90-40.760, BC V n° 124);

– le fait pour des chauffeurs routiers grévistes d'être restés sans violence à côté de leur camion au cours de la journée de grève, après avoir accepté comme le leur demandait l'employeur, de remettre les clefs des véhicules vides (cass. soc. 7 juin 1995, n° 93-46.448, BC V n° 180);

– la seule présence de salariés grévistes dans les salles de commande de plusieurs postes de transformation EDF-GDF en l'absence de toute participation personnelle des salariés, même sous forme d'incitation ou d'encouragement à des faits illicites d'entrave au fonctionnement et à la continuité du service public (cass. soc. 7 juin 1995, n° 93-42.789, BC V n° 181);

– le fait pour des convoyeurs de fonds d'avoir participé à la rédaction et à la distribution d'un tract critiquant le mauvais état des véhicules, le système de sécurité et la formation insuffisante des convoyeurs au tir, les salariés pouvant, au cours d'une grève, exprimer librement leurs réclamations et leurs revendications sur leurs conditions de travail (cass. soc. 20 mai 1992, n° 90-45.271, précité).

Voir aussi, s'agissant de l'occupation des locaux d'une usine pour protester contre sa fermeture brutale, cass. soc. 9 mars 2011, n° 10-11.588, cité dans la note sous l'article R. 1455-6.

Énonciation de la lettre de licenciement. Si, dans la lettre de licenciement, l'employeur ne retient que la qualification de faute grave, le licenciement est nul, le juge ne pouvant pas, en tout état de cause, aggraver la qualification de la faute retenue par l'employeur (cass. soc. 26 juin 2013, n° 11-27.413, BC V n° 169; Dr. Soc. 2013, p. 757, note J. Mouly; RJS 10/13, n° 706; Gaz. Pal. n°s 268-269, p. 14-15, note Fl. Canut).

Représentants du personnel. Dans le cas où la demande d'autorisation de licenciement d'un représentant du personnel est motivée par un comportement fautif au cours d'un conflit collectif, il appartient à l'autorité administrative de rechercher, sous le contrôle du juge de l'excès de pouvoir, si les faits reprochés au salarié sont d'une gravité suffisante pour justifier le licenciement, compte tenu de l'ensemble des règles applicables au contrat de travail de l'intéressé, notamment dans le cas de faits survenus à l'occasion d'une grève, des dispositions de l'article L. 521-1 (L. 2511-1) CT et des exigences propres à l'exécution normale du mandat dont celui-ci est investi (CE 1er avril 1992, n° 112826, Dr. Soc. 1992, p. 689, concl. D. Kessler). À noter que le critère de l'intention de nuire semble être désormais abandonné par le Conseil d'État pour caractériser la faute lourde en matière de grève: suivant les conclusions du commissaire du gouvernement G. Bachelier (RJS 6/02, p. 517), le Conseil d'État a décidé que les violences commises par un représentant du personnel à l'encontre d'autres membres du personnel revêtent le caractère d'une faute de nature à justifier le licenciement de l'intéressé sans qu'il soit besoin de rechercher si ce comportement révélait une intention de nuire à l'employeur ou à l'entreprise (CE 6 mars 2002, n° 214656). De même, le comportement délibérément agressif d'un représentant du personnel et les actes de violence commis à l'encontre d'autres salariés au cours d'une grève ne peuvent être regardés comme relevant de l'exercice normal du mandat et ont le caractère d'une faute d'une gravité suffisante de nature à justifier le licenciement de l'intéressé (CE 25 février 1994, n° 113903, RJS 7/94 n° 882). Enfin, le fait pour des représentants du personnel d'avoir participé activement et personnellement à des piquets de grève, interrompu l'alimentation en gaz de l'usine pour y faire cesser toute production, bloqué la sortie des marchandises, interdit l'entrée des non grévistes et revendiqué ces actions lors d'une intervention télévisée, caractérise un exercice anormal et gravement fautif de leurs mandats justifiant l'autorisation de licenciement délivrée par l'inspecteur du travail (CE 26 octobre 1994, n° 146940, LS lég. soc. n° 7167 du 19.12.94). Mais aucune faute n'est établie contre le représentant du personnel qui, pendant le déroulement du conflit, n'a été l'instigateur d'aucun acte fautif grave et qui n'y a pas davantage pris part, dont l'exercice normal du mandat de délégué du personnel impliquait la présence sur les lieux du conflit et l'avait conduit à être l'interlocuteur de l'employeur, des salariés non grévistes et des tiers dans la transmission des décisions collectives prises par les participants à la grève (cass. soc. 16 juillet 1987, n° 84-40.941, BC V n° 477).

L'autorité administrative qui a autorisé le licenciement d'un salarié protégé, pour des faits commis au cours d'une grève, a nécessairement reconnu à ces faits le caractère d'une faute lourde qui seule peut justifier le licenciement d'un salarié gréviste et le juge judiciaire ne peut revenir sur une décision administrative qui s'impose à lui (cass. soc. 26 janvier 1994, n° 92-42.049, BC V n° 25). Toutefois, la décision de l'autorité administrative, statuant sur la demande d'autorisation de licenciement de représentants du personnel, n'a d'autorité qu'en ce qui concerne ces salariés et ne s'impose pas au juge judiciaire appelé à se prononcer sur le comportement des salariés non protégés (cass. soc. 1er avril 1997, n° 95-42.246, BC V n° 131).

À noter que le licenciement d'un délégué du personnel prononcé à l'expiration de la période légale de protection ne peut légalement être motivé par les faits invoqués devant l'autorité administrative et qui ont donné lieu à un refus d'autorisation (cass. soc. 26 janvier 1994, n° 92-41.978, BC V n° 27).

Conséquences de la faute lourde

• La faute lourde ne rompt pas automatiquement le contrat de travail. Elle constitue un juste motif de résiliation du contrat de travail sans préavis ni indemnités (CE avis 31 mars 1950, D. 1950, p. 108; cass. crim. 28 juin 1951, D. 1951, p. 542). Par conséquent, l'ensemble des règles et formalités imposées en matière de licenciement s'applique à la résiliation du contrat de travail en cas de faute lourde commise au cours d'une grève, indépendamment des règles et formalités particulières concernant éventuellement les représentants du personnel.

Individualisation des sanctions. S'il est interdit à l'employeur, à peine de nullité de la mesure, de pratiquer une discrimination, il lui est permis, dans l'exercice de son pouvoir d'individualisation des mesures disciplinaires et dans l'intérêt de l'entreprise, de sanctionner différemment des salariés qui ont participé à une même faute (cass. soc. 15 mai 1991, 2 arrêts, n° 89-42.270, BC V n° 236 et n° 89-40.380, Dr. Soc. 1991, p. 619, rapp. Ph. Waquet et concl. P. Franck). C'est donc à tort que, pour déclarer nul le licenciement pour faute lourde d'un salarié qui, au cours d'un mouvement de grève, s'était enfermé dans un camion garé en travers du portail d'entrée de l'entreprise et avait empêché tout mouvement de véhicules, une cour d'appel a décidé que le même grief pouvait être énoncé contre deux autres grévistes qui occupaient deux camions également garés en travers du portail et que la sanction prise contre un seul des grévistes revêtait de ce fait un caractère discriminatoire et devait être annulée, alors que le fait de sanctionner différemment des salariés ne constitue pas en soi une discrimination au sens de la loi, et alors que le salarié n'invoquait aucun détournement de pouvoir (cass. soc. 1er février 1995, n° 91-44.908, BC V n° 45).

• Le salarié, auteur de la faute lourde, pourra en outre être condamné à des dommages-intérêts au profit de l'employeur si celui-ci a subi un préjudice (voir ci-après: Responsabilité civile des grévistes).

GRÈVE ET RESPONSABILITÉ CIVILE

En cas d'abus du droit de grève, la responsabilité des grévistes, des représentants du personnel élus ou désignés ou des organisations syndicales peut être mise en cause par l'employeur ou par des salariés non grévistes. Ces actions obéissent au droit commun de la responsabilité.

Compétence

L'action de l'employeur en réparation du préjudice causé par un mouvement illicite contre les instigateurs de ce mouvement est de la compétence de la juridiction prud'homale (cass. soc. 25 octobre 1978, n° 77-12.148, BC V n° 710). Elle ne tombe pas sous le coup de l'entrave à l'exercice du droit syndical si elle ne porte pas atteinte en elle-même au libre exercice des fonctions syndicales (cass. crim. 27 novembre 1979, n° 79-90.788, B. crim. n° 338). De même, l'action exercée par des salariés non grévistes empêchés de travailler à l'encontre de grévistes relève de la même compétence (cass. soc. 3 mars 1983, n° 81-15.453, BC V n° 129). Mais les actions dirigées contre les organisations syndicales, qui relevaient de la compétence du tribunal de grande instance, relèvent, depuis le 1er janvier 2020, du tribunal judiciaire (voir note sous article L. 2143-8).

Responsabilité civile des syndicats

Les syndicats – comme les délégués syndicaux – ne peuvent, du seul fait de leur participation à l'organisation d'une grève licite, être déclarés responsables de plein droit de toutes les conséquences dommageables d'abus commis au cours de celle-ci (cass. soc. 9 novembre 1982, n° 80-13.958, BC V n° 614).

En effet, «même lorsqu'ils sont représentants du syndicat auprès de l'employeur ou des organes représentatifs du personnel au sein de l'entreprise, les grévistes ne cessent pas d'exercer individuellement le droit de grève et n'engagent pas, par les actes illicites auxquels ils peuvent se livrer, la responsabilité des syndicats auxquels ils appartiennent» (cass. soc. 17 juillet 1990, n° 87-20.055, BC V n° 375); voir aussi en ce sens, cass. soc. 19 décembre 1990, n° 89-14.576, BC V n° 698.

La Cour de cassation a précisé que les syndicats n'étant pas les commettants des grévistes, il ne peut leur être fait grief d'une abstention, par exemple en ne donnant pas de consignes de prudence, voire en ne désavouant pas les violences commises (cass. soc. 9 novembre 1982, n° 80-16.929, BC V n° 615).

Par ailleurs, le fait que les délégués syndicaux, auxquels des agissements répréhensibles sont reprochés, soient les mandataires du syndicat dans l'exercice de leurs fonctions ne suffit pas à engager la responsabilité du syndicat: en déclarant un syndicat responsable des dommages causés à une société du fait de la grève, sans constater la participation effective de ce syndicat aux agissements abusifs constatés, une cour d'appel a violé l'article 1382 [1240] c. civ. (cass. soc. 21 janvier 1987, n° 85-13.295, BC V n° 27; Dr. Soc. 1987, p. 426, chron. J-E Ray).

La responsabilité civile d'un syndicat, même s'il a soutenu une grève, ne peut être engagée que s'il a activement participé aux actes illicites commis à l'occasion de cette grève ou s'il en a été l'investigateur. La responsabilité d'un syndicat dans les agissements illicites commis au cours d'une grève doit être écartée, en l'absence de tout agissement positif de son représentant, de toute incitation active à commettre un acte illicite et de toute participation délibérée à un tel acte, la seule présence du secrétaire du syndicat le jour de l'obstruction des locaux ne caractérisant pas un agissement fautif du syndicat (cass. soc. 29 janvier 2003, n° 00-22.290, JSL n° 123, 13.05.2003, p. 23). En revanche, la responsabilité civile a pu être retenue, s'agissant d'un syndicat conducteur d'une grève avec notamment occupation des locaux (cass. soc. 9 novembre 1982, n° 80-13.958, précité), d'un syndicat instigateur et organisateur d'un mouvement illicite (cass. soc. 26 janvier 2000, n° 97-15.291, BC V n° 38; 11 janvier 2006, n° 04-16.114, BC V n° 4; RJS 3/06 n° 377 et p. 201: «Responsabilité civile des organisations professionnelles de transporteurs», avis J. Duplat; 11 juillet 2016, n° 14-14.226, BC V n° 150; LS Jurispr. n° 135 des 25-26.07.2016; RJS 10/16 n° 653; JCP éd. S 2016, 1332, note Fr. Duquesne, s'agissant d'un syndicat ayant appelé les salariés à refuser d'exécuter une obligation particulière de leur contrat de travail), ou en cas de grève avec entraves au libre accès de l'entreprise et à la liberté du travail effectuées sur les instructions du syndicat (cass. soc. 30 janvier 1991, n° 89-17.332, BC V n° 40; 19 octobre 1994, n° 92-11.795, LS lég. soc. n° 7149, p. 11).

Action en référé de l'employeur aux fins d'expulsion des locaux: en cas d'occupation illicite des locaux, le juge des référés qui ordonne l'expulsion des grévistes ne peut mettre à la charge des syndicats une astreinte par jour de retard que s'il constate qu'ils étaient impliqués dans cette occupation (cass. soc. 22 juin 2004, n° 02-15.500, BC V n° 174; RJS 11/04 n° 1188).

Responsabilité civile des grévistes et des représentants du personnel, élus ou désignés

Faute personnelle. La responsabilité d'un salarié participant à une grève ne peut être engagée qu'à raison du préjudice découlant directement de sa participation personnelle à des actes illicites commis pendant l'arrêt du travail (cass. soc. 19 décembre 1990, n° 89-14.576, précité; 18 janvier 1995, n° 91-10.476, BC V n° 27; rapport du conseiller Ph. Waquet, «Abus du droit de grève et responsabilité», Dr. Soc. 1995, p. 183).

En application de ce principe, la Cour de cassation a censuré un arrêt de cour d'appel qui avait condamné *in solidum* des grévistes à réparer le préjudice subi par des non grévistes du fait de l'arrêt de l'activité de l'entreprise, «sans préciser les actes de participation personnelle de chacun des salariés grévistes aux piquets de grève ayant fait obstacle à la circulation des véhicules» (cass. soc. 9 mars 1989, n° 87-40.131, BC V n° 196).

De même, c'est à tort qu'une cour d'appel a condamné *in solidum* un syndicat et sept salariés grévistes à réparer l'entier dommage résultant d'actes illicites sans préciser, en ce qui concernait chacun des salariés condamnés, à quel acte fautif précis il avait participé et sans donner mission à l'expert de rechercher le seul dommage résultant du comportement incriminé (cass. soc. 30 janvier 1991, n° 89-17.332, BC V n° 40).

Toutefois, dans une espèce où des grévistes avaient été cités devant le conseil de prud'hommes par des salariés non grévistes empêchés de travailler, en paiement de dommages-intérêts correspondant au dommage subi par eux du fait de la perte de leur salaire, la chambre sociale a approuvé leur condamnation *in solidum* par les juges du fond qui avaient caractérisé leur participation individuelle à l'entrave à la liberté du travail de l'ensemble du personnel (cass. soc. 6 juin 1989, n° 87-40.738, BC V n° 425).

Les délégués syndicaux identifiés comme participants actifs à des actes illicites commis au cours d'une grève engagent leur responsabilité personnelle, sans que celle-ci découle de leur qualité de délégués syndicaux (cass. soc. 26 juillet 1984, n° 82-14.355, BC V n° 331). Les fonctions de délégué élu ou désigné «ne confèrent à celui qui les détient aucun pouvoir de représentation des salariés grévistes et encore moins la qualité de commettant responsable des conséquences d'actes illicites commis par eux». Mis seul en cause, un représentant du personnel ne peut donc être condamné à la réparation totale du préjudice entraîné par ces actes et ne doit réparation que d'un dommage découlant de ses seuls actes (cass. soc. 23 juin 1988, n° 86-12.327).

Assignation en référé des représentants du personnel aux fins d'expulsion des grévistes: en cas d'occupation illicite des locaux, l'employeur ne peut valablement assigner en référé des représentants du personnel aux fins d'expulsion de l'ensemble des grévistes que si ces représentants ont eu un rôle actif et déterminant dans l'organisation de la grève et l'occupation des locaux (cass. soc. 23 juin 2004, n° 02-31.071, BC V n° 180; RJS 11/04 n° 1187).

Lien de causalité entre la faute et le dommage. L'employeur doit, pour obtenir réparation d'un préjudice né de la grève, démontrer un lien direct entre une faute des grévistes et le dommage subi. Ainsi, s'agissant d'une demande d'une société en remboursement des salaires versés aux ouvriers non grévistes empêchés de travailler du fait de l'occupation des locaux, la Cour de cassation approuve une cour d'appel de l'en avoir déboutée en retenant «qu'il n'était pas établi que les faits illicites d'occupation aient été à l'origine de ce que les salariés non grévistes n'avaient pu fournir leur prestation de travail» (cass. soc. 19 octobre 1994, n° 92-11.795, précité).

Responsabilité de l'État

En cas d'occupation des locaux et d'entrave à la liberté de circulation, l'employeur peut solliciter le concours des forces de police. En cas de refus, la responsabilité de l'État peut se trouver engagée soit sur le fondement d'une faute lourde, soit sans faute, sur le fondement du risque du fait de la rupture du principe d'égalité devant les charges publiques.

Responsabilité pour faute. Le refus d'envoyer des forces de police dans une usine pour délivrer des salariés détenus par des grévistes, alors que les autorités administratives avaient engagé des négociations pour obtenir la libération du personnel séquestré, libéré moins de 36 heures plus tard, ne constitue pas une faute lourde de nature à engager la responsabilité de l'État (CE 18 juin 1975, n°s 90263 et 90264, Rec. Lebon, p. 363).

Responsabilité sans faute. Dans l'hypothèse où une ordonnance de référé a prescrit la dispersion des piquets de grève, le préjudice pouvant naître du refus de concours de la force publique entraîne pour le bénéficiaire de la décision de justice une charge anormale rompant l'égalité devant les charges publiques (CE 10 avril 1991, Sté Automobiles Citroën).

Sur l'évaluation du préjudice subi par un employeur nanti d'une ordonnance d'expulsion des grévistes occupant les locaux de l'entreprise ou d'une ordonnance prescrivant la dispersion des piquets de grève, en cas de refus du concours de la force publique pour en assurer l'exécution, voir respectivement CE 8 décembre 1989, n° 68586 ; 6 mai 1991, n° 62405, concl. M. Denis-Linton, Dr. Soc. 1991, p. 940.

S'agissant du (non-)droit des salariés non grévistes à rétrocession d'une partie de l'indemnité versée à l'employeur à la suite de la condamnation de l'État pour inexécution d'une ordonnance d'expulsion des grévistes, voir cass. soc. 5 mai 1993, n° 90-41.788, RJS 06/93 n° 646.

GRÈVE ET RESPONSABILITÉ PÉNALE

Des agissements délictueux engageant la responsabilité pénale de leur(s) auteur(s) peuvent être commis lors d'un mouvement de grève. Séquestration de personnes, destruction, dégradation ou détérioration de marchandises, matériels et instruments de travail, violences sont les infractions pénales les plus fréquemment relevées lors de conflits collectifs du travail. L'article 431-1 c. pén. réprime d'un an d'emprisonnement et de 15 000 € d'amende «le fait d'entraver, d'une manière concertée et à l'aide de menaces, l'exercice de la liberté d'expression, du travail, d'association, de réunion ou de manifestation». Le fait d'entraver l'exercice d'une de ces libertés, d'une manière concertée et à l'aide de coups, violences, voies de fait, destructions ou dégradations est puni de trois ans d'emprisonnement et de 45 000 € d'amende. Le simple trouble apporté volontairement à l'activité professionnelle ne saurait constituer l'élément matériel du délit d'entrave à la liberté du travail au sens de l'article 431-1 c. pén. (cass. crim. 3 juin 2008, n° 07-80.079, B. crim. n° 135 ; RJS 11/08 n° 1120).

Constitution de partie civile. L'exercice de l'action civile devant la juridiction répressive est, aux termes de l'article 2 du code de procédure pénale, réservé à ceux qui ont personnellement et directement souffert du dommage causé par l'infraction. Ainsi, le préjudice, entraîné pour l'employeur par l'obligation de verser leur salaire aux non grévistes mis dans l'impossibilité de travailler par le fait d'agissements caractérisant le délit d'entrave à la liberté du travail, n'a qu'un caractère indirect qui rend irrecevable sa constitution de partie civile (cass. crim. 27 novembre 1979, n° 78-93.150, B. crim. n° 339 ; 15 mai 1987, n° 86-91.015, B. crim. n° 198).

EFFETS DE LA GRÈVE

• Suspension du contrat de travail des salariés grévistes. Incidences.

Réduction proportionnelle du salaire

Principe. Durant la grève, chaque partie se trouve temporairement dispensée d'exécuter ses obligations : le salarié cesse d'être tenu d'accomplir sa prestation de travail et l'employeur de lui verser une rémunération correspondant à un travail non fourni. C'est à l'employeur d'établir que le salarié a fait grève (cass. soc. 29 juin 2011, n° 10-18.461, JSL n° 306, 27.09.2011, p. 28). L'exercice du droit de grève ne pouvant donner lieu, de la part de l'employeur, à des mesures discriminatoires en matière de rémunération, la rémunération des salariés grévistes ne doit subir qu'un abattement proportionnel à la durée de l'arrêt de travail (cass. soc. 8 juillet 1992, n° 89-42.563, BC V n° 445). Ainsi, le temps consacré à l'arrêt ou à la remise en marche des machines à l'occasion d'un mouvement de grève, même répété, ne saurait justifier une retenue sur salaire au motif de la perte de production qui en résulte, même à l'encontre des salariés grévistes, dès l'instant que l'arrêt de travail est reconnu licite : cass. soc. 4 juillet 1989, n° 87-40.807, BC V n° 496 ; voir aussi cass. soc. 6 juin 1989, 3 arrêts, n°s 86-40.349, 86-42.251 et 85-46.435, BC V n° 426 ; cass. soc. 4 février 1988, n° 84-43.429, BC V n° 91 ; 23 octobre 1991, n° 89-45.524, précisant que l'employeur ne soutenait pas que, pendant le temps où la machine était improductive, les ouvriers demeuraient inactifs ; 7 octobre 1992, n° 90-43.605.

La retenue effectuée au-delà de cette limite constitue une sanction pécuniaire prohibée (cass. soc. 16 mai 1989, n° 85-45.244, BC V n° 364) et la demande en référé tendant au paiement, à titre de provision, du salaire retenu au-delà du temps de la grève n'est pas sérieusement contestable (cass. soc. 3 février 1993, n° 90-41.665, BC V n° 40).

Les retenues sur salaire à raison de la grève devant être strictement proportionnelles à l'arrêt de travail, l'employeur ne peut pas non plus procéder à des retenues sur salaire différentes selon les grévistes en tenant compte, pour chacun d'entre eux, du degré de leur mobilisation et de l'impact de la grève sur le fonctionnement et la production de l'entreprise (cass. soc. 9 juillet 2015, n° 14-12.779, BC V n° 151; LS Jurispr. n° 134 du 28.07.2015; JCP éd. S 2015, 1367, 2e espèce, note Fr. Duquesne; RJS 11/15 n° 726, 2e espèce; RDT, novembre 2015, CH, 698, I. Odoul-Asorey).

Par ailleurs, tout travail accompli avant le début d'une grève ou après sa cessation devant être rémunéré au salaire convenu, a légalement justifié sa décision de condamner l'employeur à payer les grévistes le conseil de prud'hommes qui a relevé que les heures de travail dont le paiement était réclamé avaient été exécutées (cass. soc. 6 novembre 1991, n° 89-40.450). Il incombe à l'employeur qui soutient que la reprise du travail, dans le cadre d'un mouvement de grèves courtes et répétées, n'a pas eu lieu après chacun des arrêts, d'en rapporter la preuve (cass. soc. 10 juillet 1991, n° 89-43.147, BC V n° 349).

Mode de calcul de la retenue sur salaire. Pour être proportionnel à l'interruption de travail, l'abattement du salaire pour fait de grève doit être calculé sur la base de l'horaire mensuel des salariés et non par jour calendaire (cass. soc. 27 janvier 2000, n° 98-46.211). Il en est ainsi, même lorsque la convention collective prévoit que les nécessités inhérentes à la profession ne permettent pas de déterminer la répartition des heures de travail (cass. soc. 19 mai 1998, n° 97-41.900, BC V n° 262; RJS 7/98 n° 861; 16 juin 1999, n° 98-43.696, JSL n° 45, 5.11.1999, p. 21). Dans un arrêt rendu en 2008 (cass. soc. 13 novembre 2008, n° 06-44.608, BC V n° 211; JSL n° 245, 8.12.2008, M. Hautefort; RDT, février 2009, CH, 117, M. Grevy), la Cour de cassation a précisé les modalités de calcul de la retenue sur salaire à appliquer aux cadres soumis à une convention de forfait annuel en jours ayant participé à un mouvement de grève d'une durée inférieure à une journée ou à une demi-journée de travail. Pour ces salariés également, la retenue opérée pour fait de grève doit être identique à celle pratiquée pour toute autre absence d'une même durée: en l'absence de disposition conventionnelle, la retenue résulte de la durée de l'absence et de la détermination, à partir du salaire mensuel ou annuel, d'un salaire horaire tenant compte du nombre de jours travaillés prévus par la convention de forfait et prenant pour base, soit la durée légale du travail si la durée du travail applicable dans l'entreprise aux cadres soumis à l'horaire collectif lui est inférieure, soit la durée du travail applicable à ces cadres si elle est supérieure à la durée légale. Mais lorsque l'accord collectif ayant institué les forfaits jours exclut toute retenue en cas de suspension du contrat de travail inférieure à la journée ou à la demi-journée, aucune retenue sur salaire ne peut être effectuée en cas de grève inférieure à une demi-journée (cass. soc. 4 mars 2009, n° 07-45.291, BC V n° 56; RJS 5/09 n° 439; RDT, mai 2009, CH, 325, H. Tissandier; JSL n° 256, 27.05.2009, p. 27, N. Gardair-Rérolle; JCP éd. S 2009, 1444, 2e espèce, note R. Vatinet).

Service minimum. Lorsque des salariés grévistes assurent un service minimum, sur la demande de l'employeur ou en vertu d'un accord d'entreprise, ils ont droit à la rémunération de la tâche accomplie à ce titre (cass. soc. 20 février 1991, n° 89-40.280, BC V n° 81; 16 novembre 1993, n° 91-45.688, Dr. Soc. 1994, p. 55) et uniquement à celle-ci. Ils ne peuvent donc prétendre au remboursement de la retenue effectuée par l'employeur sur leur salaire au titre des jours de grève (cass. soc. 24 juin 1998, n° 97-44.175, BC V n° 334; Dr. Soc. 1998, p. 851).

Exceptions: grèves tendant à faire assurer le respect d'un droit. Dans le cas où les salariés se trouvent dans une situation contraignante telle qu'ils sont obligés de cesser le travail pour faire respecter leurs droits essentiels, directement lésés par suite d'un manquement grave et délibéré de l'employeur à ses obligations, celui-ci est tenu de payer aux grévistes une indemnité compensant la perte de leurs salaires (cass. soc. 20 février 1991, n° 89-41.148, BC V n° 80; 20 janvier 1993, n° 90-44.074, BC V n° 13; 26 février 1992, n° 90-40.760, BC V n° 124; voir aussi cass. soc. 3 mai 2007, n° 05-44.776, BC V n° 65, précisant qu'un accord de fin de grève ne peut dispenser l'employeur du paiement des jours de grève). Ainsi, le refus injustifié d'un employeur de supprimer une prime illicite constitue un manquement grave et délibéré à ses obligations et crée pour les salariés une situation contraignante les obligeant à se mettre en grève pour obtenir le respect des dispositions légales et conventionnelles (cass. soc. 21 mai 1997, n° 95-42.542, BC V n° 183). De même, constitue un manquement délibéré de l'employeur à ses obligations le retard dans le paiement des salaires lorsqu'il bénéficie d'un plan de redressement par continuation qui met fin à la période d'observation et fait recouvrir au débiteur la totalité de ses droits (cass. soc. 7 juin 2006, n° 04-46.587, BC V n° 205; RJS 8-9/06 n° 989). Enfin, ayant relevé qu'un employeur avait de façon unilatérale procédé à une réduction du temps de travail d'une partie des salariés, ce qui avait pour résultat une réduction de leur rémunération, et ayant ainsi caractérisé la situation contraignante dans laquelle les salariés se sont trouvés, les obligeant à cesser le travail pour faire respecter leurs droits essentiels directement lésés par le manquement grave et délibéré de l'employeur à ses obligations, une cour d'appel a pu condamner l'employeur au paiement des jours de grève (cass. soc. 4 octobre 2005, n° 04-44.795).

Cependant, l'existence d'un manquement grave de l'employeur est difficilement admise (pour une illustration récente concernant un prétendu manquement à l'obligation de sécurité, voir cass. soc. 9 mai 2012, n° 10-27.115, RJS 7/12 n° 652). Ainsi, ne sont pas de nature à contraindre les salariés à se mettre en grève :
– le licenciement d'un salarié de l'entreprise prononcé en violation de l'article L. 122-14 (ancien) CT (cass. soc. 20 février 1991, n° 89-41.148, BC V n° 80) ;
– l'institution d'une prime de reprise du travail à un taux différent selon qu'il s'agit de salariés grévistes ou non grévistes, bien qu'elle constitue une mesure discriminatoire (cass. soc. 2 mars 1994, n° 92-41.134, BC V n° 75) ;
– l'application tardive d'une recommandation patronale (cass. soc. 29 mai 1996, n° 94-41.948, BC V n° 214) ;
– des retards de paiement de salaires et de primes intervenant dans une entreprise mise en redressement judiciaire, le manquement de l'employeur n'étant alors pas délibéré (cass. soc. 28 octobre 1997, n° 96-41.776, BC V n° 335 ; 26 janvier 2000, n° 98-44.177, BC V n° 37).

Exécution défectueuse du contrat de travail. Si l'employeur était fondé à réduire le salaire en fonction de la réduction de la production en cas d'exécution volontairement défectueuse par les salariés de leur prestation de travail (cass. soc. 7 janvier 1988, n° 84-42.448, BC V n° 10), cette jurisprudence a été remise en cause par un arrêt rendu en 1991 (cass. soc. 20 février 1991, n° 90-41.119, BC V n° 83 ; Dr. Soc. 1991, p. 474) considérant qu'un juge des référés avait décidé à bon droit que la retenue pratiquée sur le salaire des contrôleurs, à qui la SNCF reprochait la mauvaise exécution de leurs obligations, constituait une sanction pécuniaire interdite par l'article L. 122-42 [L. 1331-2] CT et qu'il convenait de faire cesser le trouble illicite qui en résultait pour les agents concernés. Voir, dans le même sens, cass. soc. 17 avril 1991, n° 89-43.127, BC V n° 198 ; 16 mars 1994, n° 91-43.349, BC V n° 92 ; 12 avril 1995, n° 91-40.593, BC V n° 133.

Voir aussi, notamment, sur ce point : A. Mazeaud, « Un élargissement, en jurisprudence, du domaine de la sanction pécuniaire », Dr. Soc. 1991, p. 469 ; J-E Ray « 1988-1991 : un nouveau droit jurisprudentiel de la grève », Dr. Soc. 1991, p. 715 ; J. Déprez « Évolutions récentes de la jurisprudence en matière disciplinaire », RJS 6/91, p. 351.

Réduction des primes

Si l'employeur peut tenir compte des absences, même motivées par la grève, pour le paiement d'une prime, c'est à la condition que toutes les absences, hormis celles qui sont légalement assimilées à un temps de travail effectif, entraînent les mêmes conséquences sur son attribution (cass. soc. 26 mars 2014, n° 12-18.125, BC V n° 92 ; RJS 6/14 n° 516 ; 23 novembre 2011, n° 10-15.644, RJS 2/12 n° 186). C'est donc à bon droit qu'après avoir relevé que dans une entreprise, les absences pour maladie n'entraînaient pas d'abattement sur la prime d'ancienneté, une cour d'appel en a déduit, s'agissant de périodes d'absence qui ne sont pas légalement assimilées à un temps de travail effectif, que le non-paiement de la prime pour absence pour fait de grève revêtait un caractère discriminatoire (cass. soc. 23 juin 2009, n° 07-42.677, BC V n° 159, arrêt n° 2 ; JCP éd. S 2009, 1423, note D. Corrignan-Carsin, 1re espèce ; RJS 10/09 n° 827, 1re espèce ; 7 novembre 2018, n° 17-15.833, à paraître, JCP éd. S 2018, 1392, note L. Dauxerre ; LS Jurispr. n° 214 du 27.11.2018 ; RJS 1/19 n° 50).

Mais lorsque, aux termes d'un accord d'entreprise, seules les périodes d'absence légalement assimilées à un temps de travail effectif ouvrent droit au paiement d'une prime d'assiduité et que toutes les autres absences, quelle qu'en soit la cause, donnent lieu à sa suppression, le non-paiement pour absence pour fait de grève ne revêt pas de caractère discriminatoire (cass. soc. 23 juin 2009, n° 08-42.154, BC V n° 159, arrêt n° 1 ; JCP éd. S 2009, 1423, 2e espèce, note D. Corrignan-Carsin ; RJS 10/09 n° 827, 2e espèce). Voir aussi cass. soc. 16 février 1994, n° 90-45.915, BC V n° 56 ; 16 janvier 2008, n° 06-42.983, BC V n° 11 ; s'agissant de la réduction d'une prime de fin d'année, voir cass. soc. 31 janvier 2001, n° 00-40.349, JSL n° 75, 13.03.2001, p. 26 et d'une retenue opérée sur le treizième mois en proportion des journées de grève, voir cass. soc. 10 décembre 2002, n° 00-44.733, BC V n° 371 ; RJS 2/03 n° 241 et 1er juillet 2009, n° 07-42.675, BC V n° 168.

Il y a également discrimination à appliquer un abattement de prime d'assiduité moins élevé pour certaines absences, telles que celles pour maladie, autorisées bien qu'imprévisibles, que pour les absences pour grève, assimilées à des comportements fautifs des salariés bien qu'elles fussent déclarées licites par la loi (cass. soc. 26 février 1981, n° 80-41.067, BC V n° 164 ; 4 février 1982, n° 80-40.224, BC V n° 66 ; dans le même sens, voir aussi cass. soc. 15 février 2006, n° 04-45.738, BC V n° 65 ; RJS 5/06 n° 622 ; Dr. Soc. 2006, p. 577, obs. Ch. Radé).

La Cour de cassation a, par ailleurs, estimé :
– que l'exercice du droit de grève ne doit donner lieu à aucune sanction directe ou indirecte et que la décision prise après la grève par un employeur de créer une prime et d'en faire varier le montant suivant que les salariés ont fait grève ou non constitue, en l'absence de surcroît de travail pour les non grévistes, une mesure discriminatoire à l'encontre des seuls grévistes (cass. soc. 15 octobre 1981, n° 79-40.861, BC V n° 785 ; 2 mars 1994, n° 92-41.134, BC V n° 75 ; 3 mai

2011, n° 09-68.297, RJS 7/11 n° 638; voir aussi cass. soc. 3 mars 2009, n° 07-44.676, RJS 5/09 n° 450, s'agissant de l'octroi d'heures de compensation aux non grévistes; cass. soc. 1er juin 2010, n° 09-40.144, BC V n° 119; Dr. Soc. 2010, p. 998, obs. Ch. Radé, s'agissant de l'attribution d'une prime exceptionnelle dont seuls les salariés ayant participé au mouvement de grève avaient été exclus; cass. soc. 16 février 2011, n° 09-43.532, RJS 5/11 n° 455, s'agissant de la mise en place durant un conflit social d'une avance permanente aux salariés qui l'accepteraient en contrepartie de leur engagement de maintenir la permanence de leur prestation);
– que la somme due en vertu d'un contrat d'intéressement constitue un avantage social au sens de l'article L. 521-1 [L. 2511-1] CT et que sa réduction pour absences motivées par l'exercice du droit de grève constitue une mesure discriminatoire interdite par ce texte dès lors que certaines absences pour maladie ne donnent pas lieu à réduction (cass. soc. 6 novembre 1991, n° 89-42.571, BC V n° 471; voir aussi cass. soc. 5 février 2003, n° 00-45.998, JSL n° 122, 24.04.2003, p. 27 décidant que la retenue sur une prime d'intéressement opérée à raison de la participation à une grève ne revêtait aucun caractère discriminatoire dès lors que le contrat d'intéressement prévoyait que toutes les absences autres que celles légalement assimilées à du travail effectif, donnaient lieu à abattement);
– que constitue une mesure discriminatoire la prise en considération de la suspension du contrat de travail résultant de l'exercice du droit de grève pour retarder l'ancienneté d'un salarié et le bénéfice de l'augmentation de salaire liée à cette ancienneté, alors que la convention collective applicable prévoit que toutes les périodes d'absence ne suspendent pas le droit à un avancement à l'ancienneté (cass. soc. 9 février 2000, n° 97-40.724, BC V n° 58; RJS 3/00 n° 314; 5 février 2002, n° 99-44.617, TPS mai 2002, n° 147);
– que présente un caractère discriminatoire à l'égard des grévistes l'allocation d'une prime de casse-croûte à des salariés dont l'absence avait été autorisée mais dont étaient exclus ceux qui avaient participé à une grève pendant une partie de la journée (cass. soc. 19 novembre 1986, n° 83-43.516, BC V n° 528).

À noter, toutefois que le fait pour des salariés occupant un emploi posté (c'est-à-dire effectuant leur travail d'une seule traite) d'avoir participé à une grève d'une durée de 2 heures et quart fait échec non seulement au paiement de la rémunération correspondant à la durée de l'arrêt de travail, mais également au paiement de la demi-heure de travail payé prévue par la convention collective au bénéfice des salariés effectuant la totalité de leur travail journalier d'une seule traite, condition non remplie par les salariés grévistes qui du fait de la grève n'avaient pas accompli en totalité leur travail journalier (cass. soc. 7 décembre 1995, n° 92-41.495).

Réduction de l'indemnisation des frais

L'indemnisation des frais fixes relatifs à l'utilisation par le salarié d'un véhicule personnel et comportant une partie forfaitaire, non liée au nombre de jours travaillés mensuellement et correspondant à des frais annuels, tels que garage, vignette, perte à la revente que doit supporter le salarié peut être réduite proportionnellement à la durée de la grève. En effet, durant la période de suspension de l'exécution du contrat de travail entraînée par la grève, chacune des deux parties se trouve dispensée des obligations qui lui incombent, les salariés de fournir un travail et les employeurs de verser un salaire (cass. soc. 10 janvier 1985, D. 1985, IR 465). Voir aussi cass. soc. 21 février 1990, n° 89-40.563, BC V n° 71; 2 décembre 1992, n° 90-40.264, déliant l'employeur, en cas de grève, même en dehors du cadre de l'entreprise, de son obligation de payer le salaire et ses accessoires (en l'espèce, une indemnité de déplacement) et 2 juin 1993, n° 90-42.515 (retenue proportionnelle à la durée des arrêts de travail pratiquée sur le salaire et une indemnité de grand déplacement).

Incidence de la grève sur les indemnités complémentaires de maladie

Premier cas. Le salarié est tombé malade avant le déclenchement de la grève: les allocations complémentaires lui sont dues, sans avoir à supputer, en l'absence de preuve, ce qu'il aurait fait dans le cas où il n'aurait pas été malade (cass. soc. 7 octobre 1970, n° 69-40.439, BC V n° 502; Dr. Soc. 1971, p. 136; 20 février 1980, n° 78-41.116, BC V n° 161).

Toutefois, lorsque l'ensemble du personnel non gréviste n'a pu travailler et que l'employeur, s'étant ainsi trouvé dans l'impossibilité de fournir du travail aux salariés non grévistes, ne leur a donc pas versé leur salaire, celui-ci n'est pas tenu de verser les indemnités complémentaires pour maladie. En effet, et sauf dispositions conventionnelles contraires, le salarié malade doit être replacé dans la même situation, au plan de la rémunération, que le salarié valide en situation d'activité (cass. soc. 8 décembre 1983, n° 81-40.860, BC V n° 601; 16 juillet 1987, n° 85-44.490, BC V n° 497; 17 janvier 1996, n° 91-43.218, RJS 3/96 n° 287).

Deuxième cas. Le salarié a participé à la grève avant de tomber malade: l'employeur n'a pas à lui verser les allocations complémentaires et ce, jusqu'au jour de la cessation de la grève, date à laquelle elles commenceront à lui être versées. Si un délai de carence est prévu, ce délai commence à courir à compter de la fin de la grève (cass. soc. 21 avril 1971, n° 70-40.277, BC V n° 288). Il est en effet présumé que le salarié aurait été gréviste s'il avait été valide, cette présomption pouvant être combattue par une manifestation expresse de sa volonté de se désolidariser des grévistes (cass. soc. 17 juin 1982, n° 80-40.973, BC V n° 405).

Lorsque la grève s'est traduite par des débrayages quotidiens d'une durée limitée, auxquels le salarié a participé avant d'être malade, les indemnités complémentaires ne lui sont dues que sous déduction des heures correspondant aux débrayages (cass. soc. 20 février 1980, n° 78-41.116, précité).

Si une grève totale succède à des débrayages répétés, il n'est pas possible de préjuger l'attitude qu'aurait prise vis-à-vis de cette nouvelle forme d'action le salarié malade, alors qu'il participait aux débrayages. Il a donc droit à la totalité des indemnités complémentaires à compter du début de la grève totale (cass. soc. 20 février 1980, n° 78-41.116, précité).

Incidence de la grève sur la rémunération des jours fériés chômés et payés et des jours sans activité

L'exercice du droit de grève suspend l'exécution du contrat de travail pendant toute la durée de l'arrêt de travail, de sorte que l'employeur est délié de l'obligation de payer le salaire; le salarié qui s'est associé au mouvement de grève doit être légalement considéré, sauf preuve contraire de sa part, comme gréviste pour toute la durée du mouvement. Il ne peut donc prétendre au paiement de sa rémunération pendant cette période, peu important qu'elle comprenne un jour férié chômé et payé aux salariés qui continuent l'exécution de leur contrat de travail (cass. soc. 24 juin 1998, n° 96-44.234, BC V n° 335, arrêt n° 1; RJS 8-9/98 n° 1045; 14 avril 1999, n° 97-42.064, BC V n° 179; RJS 6/99 n° 848; 19 décembre 2007, n° 06-44.286, JCP éd. S 2008, 1208, note S. Brissy; pour le 1er Mai, voir cass. soc. 5 février 2002, n° 99-43.898, BC V n° 49; RJS 4/02 n° 479) ou que certains jours, il n'ait eu, normalement, aucun service à assurer (cass. soc. 24 juin 1998, n° 97-43.876, BC V n° 335, arrêt n° 2; RJS 8-9/98 n° 1045).

Incidences de la grève sur les congés payés

Les périodes de grève peuvent être déduites du temps de travail qui détermine la durée du congé payé auquel un salarié peut prétendre.

Incidences de la grève sur le préavis

La grève ne prolongeant pas le contrat de travail, l'employeur ne se trouve pas tenu de permettre d'effectuer, à la reprise du travail, le temps de préavis correspondant aux journées de grève ou de verser à la place une indemnité compensatrice (cass. soc. 3 octobre 1968, BC n° 409).

Toutefois, l'employeur qui avait dispensé un salarié d'effectuer son préavis ne peut être dégagé de son obligation de payer l'indemnité compensatrice qu'en cas de faute grave ou lourde (cass. soc. 13 novembre 1980, n° 79-40.414, BC V n° 811).

• Le droit au travail des salariés non grévistes

Principe. Durant la grève, l'employeur est tenu de fournir aux salariés non grévistes les moyens d'effectuer leur prestation de travail et de leur verser leur salaire (cass. soc. 18 janvier 1979, n° 77-40.982, BC V n° 52; 29 janvier 1981, n° 79-40.881, BC V n° 78; 19 décembre 1983, n° 81-42.026, BC V n° 630).

Ainsi, l'employeur qui n'a pas mis en chômage technique partiel ou total les salariés non grévistes qui ont travaillé pendant l'horaire prévu ne peut invoquer une réduction de la production normale des ateliers entraînée par la grève pour procéder à des réductions de salaire (cass. soc. 22 avril 1985, n° 82-41.861, BC V n° 242).

De même, à défaut de toute situation contraignante, l'employeur ne peut diminuer la rémunération contractuelle des salariés non grévistes sous le prétexte qu'il les a affectés à un travail différent de celui qu'ils accomplissent habituellement (cass. soc. 4 octobre 2000, n° 98-43.475, BC V n° 313; RJS 12/00 n° 1275).

Il n'en va différemment que si un salarié, bien que se prétendant «non-gréviste», ne s'est pas présenté pour assurer son service et n'a pas fait connaître à son employeur qu'il se tenait à sa disposition (cass. soc. 30 juin 1993, n° 91-42.606).

Situation contraignante. L'employeur n'est délié de ses obligations vis-à-vis des non grévistes que s'il apporte la preuve qu'il s'est trouvé dans l'impossibilité de continuer à faire fonctionner l'entreprise (cass. soc. 7 février 1990, n° 87-43.566, BC V n° 42; 6 mars 1986, n° 83-43.062, BC V n° 80; voir aussi cass. soc. 28 mars 2001, n° 99-42.945, TPS juin 2001, n° 225 p. 19, précisant que les dispositions d'un accord de fin de grève concernant le personnel touché par des mesures de chômage technique ne peuvent être opposées aux salariés non grévistes par un employeur ne justifiant pas d'une situation contraignante). Les entreprises de travail temporaire sont soumises à cette règle: sauf situation contraignante, une société d'intérim doit donc rémunérer les travailleurs intérimaires envoyés en mission, même s'ils ont été empêchés de travailler du fait d'une grève avec occupation des locaux dans l'entreprise utilisatrice (cass. soc. 27 mai 1998, n° 96-42.303, BC V n° 280; RJS 7/98 n° 937).

Cette «situation contraignante» peut notamment procéder:
– des modalités de la grève, une grève bouchon, par exemple, ayant conduit l'entreprise à l'asphyxie (cass. soc. 18 janvier 1979, n° 77-40.982, précité);

– d'impératifs de sécurité, en cas de séquestration, de violences ou d'atteinte à la sécurité des biens, ou à la sécurité de l'environnement (cass. soc. 8 décembre 1977, n° 76-40.594, BC V n° 685; 21 mars 1990, n° 86-44.190, BC V n° 131);
– d'une occupation des locaux de travail ou la présence de piquets de grève dès lors que l'employeur a fait toute diligence pour obtenir de l'autorité administrative l'évacuation des grévistes ou le libre accès de l'entreprise (cass. soc. 6 octobre 1971, n° 71-40.105, BC V n° 542). À cet égard, il a été jugé que ce n'était qu'à l'issue du délai accordé par le juge des référés aux grévistes pour quitter les lieux que la situation contraignante était caractérisée (cass. soc. 27 mai 1998, n° 96-42.303, BC V n° 280; RJS 7/98 n° 937);
– de la grève totale du secteur de production ayant entraîné progressivement la paralysie des autres secteurs d'activité de l'entreprise dès lors que l'employeur a attendu que le fonctionnement de l'entreprise soit bloqué pour recourir à la mise au chômage technique (cass. soc. 4 juillet 2000, n° 98-20.537, BC V n° 262; JSL n° 64, 14.09.2000, p. 16; 22 février 2005, n° 02-45.879, BC V n° 57; Dr. Soc. 2005, p. 589, obs. Ch. Radé; RJS 5/05 n° 563).

En revanche, la «situation contraignante» n'est pas reconnue lorsque:
– l'employeur se borne à invoquer le surcoût engendré par la grève (cass. soc. 1er octobre 1975, n° 74-40.427, BC V n° 431);
– l'employeur ferme l'entreprise alors que 66 % des salariés avaient émis le souhait de reprendre le travail, que certains ateliers continuaient à fonctionner et que des salariés assuraient la bonne marche des chaînes de montage en remplacement des grévistes (cass. soc. 11 mars 1992, n° 90-42.817, BC V n° 168);
– l'employeur ne rapporte pas la preuve qu'il était dans l'impossibilité de fournir aux salariés non grévistes des tâches supplétives en rapport avec l'exécution de leur contrat de travail, peu important qu'il ait été contraint, du fait de la grève, d'arrêter totalement les installations de l'atelier de production pour des impératifs de sécurité (cass. soc. 30 septembre 2005, n° 04-40.193, BC V n° 277; RJS 12/05 n° 1247);
– aucune voie de fait ne peut être tenue pour constituée ni aucune situation d'insécurité ou d'atteintes aux personnes n'est établie (cass. soc. 17 décembre 2013, n° 12-23.006, BC V n° 303; RJS 3/14 n° 264; JSL n° 360, 20.02.2014, p. 7, J-Ph. Lhernould; JCP éd. S 2014, 1117, note R. Vatinet).

Grève extérieure. Les grèves, notamment celles ayant lieu dans les services publics, peuvent avoir des répercussions sur l'exécution du travail des salariés d'une entreprise en principe non concernée par le conflit. Dans une affaire où deux sociétés automobiles avaient assigné la SNCF pour être indemnisées du préjudice qu'elles avaient subi du fait de l'immobilisation de leurs véhicules sur les trains ou dans les centres de production lors de la grève qui avait eu lieu à la SNCF au cours de l'hiver 1995, la Cour de cassation a reconnu que le mouvement avait présenté pour la SNCF les caractères de la force majeure, l'exonérant de sa responsabilité à l'égard des usagers. En effet, les revendications des grévistes, qui concernaient le régime de la sécurité sociale et ses répercussions sur le régime spécial de retraite des cheminots, dépassaient le cadre de l'entreprise. Par ailleurs, l'ampleur et la durée du mouvement n'étaient pas prévisibles lors du dépôt du préavis de grève. Enfin, ni la réquisition, ni le recours à une procédure d'expulsion, ni l'embauche de personnel de remplacement n'étaient possibles (cass. soc. 11 janvier 2000, n° 97-18.215, BC V n° 16).

Fermeture de l'entreprise. Selon la Cour de cassation, l'employeur peut, en fonction de son pouvoir d'organisation, apprécier l'opportunité d'une fermeture totale ou partielle de l'entreprise. Le juge ne peut substituer son appréciation à celle de l'employeur dès lors qu'il n'est pas prouvé que ce dernier s'est déterminé dans un intérêt autre que celui de l'entreprise (cass. soc. 21 juillet 1981, n° 79-42.429, BC V n° 724). Il faut toutefois que le risque de paralysie soit inéluctable (cass. soc. 27 juin 1989, n° 86-45.096, BC V n° 470).

Dans une affaire où un mot d'ordre de grève nationale d'une journée avait été lancé par la CGT, une société déclarant que ce mouvement risquait d'affecter la distribution d'électricité dont son usine avait besoin avait décidé que l'usine serait fermée ce jour-là et que les salariés qui le désireraient pourraient récupérer ultérieurement les heures perdues. Une action ayant été exercée par certains salariés, la Cour de cassation a approuvé le conseil de prud'hommes d'avoir condamné la société:
– à des dommages-intérêts: «ayant relevé que la société avait été avertie d'un mouvement de grève nationale, que certains des syndicats représentés au sein de l'entreprise avaient appelé à la grève et qu'enfin, aucun cas de force majeure n'était établi, le conseil de prud'hommes a exactement décidé que la direction, en fermant l'entreprise, avait privé les salariés, qui souhaitaient suivre le mot d'ordre national, d'un droit constitutionnellement reconnu»;
– au paiement de la journée de fermeture: «l'entreprise ayant été abusivement fermée, les salariés qui pouvaient refuser la récupération avaient droit au paiement de leur salaire pour cette journée» (cass. soc. 27 juin 1989, n° 86-45.096, précité).

MAINTIEN D'UNE ACTIVITÉ DURANT LA GRÈVE

Recours à des bénévoles. Sous réserve des prohibitions prévues par les articles L. 1242-6 CT, en ce qui concerne les contrats à durée déterminée, et L. 1251-10 du même code, en ce qui concerne les contrats de travail temporaire, il n'est pas interdit à l'employeur, en cas de grève, d'organiser l'entreprise pour assurer la continuité de son activité. La Cour de cassation a ainsi approuvé une cour d'appel d'avoir décidé que le fait pour une entreprise, chargée du ramassage du lait auprès des producteurs et de sa transformation, d'avoir eu recours à des bénévoles pour conduire des camions à la place des grévistes et assurer le ramassage du lait ne constituait pas une atteinte au droit de grève justifiant l'intervention du juge des référés (cass. soc. 11 janvier 2000, n° 97-22.025, BC V n° 15).

Réquisition des grévistes. Sauf dispositions législatives contraires, l'employeur ne peut en aucun cas s'arroger le pouvoir de réquisitionner des salariés grévistes (cass. soc. 15 décembre 2009, n° 08-43.603, BC V n° 283; JCP éd. S 2010, 1177, note A. Martinon). Les pouvoirs attribués au juge des référés en matière de dommage imminent consécutif à l'exercice du droit de grève ne comportent pas celui de décider la réquisition de salariés grévistes. A violé l'article 7 du préambule de la Constitution du 27 octobre 1946 et l'article 809 c. proc. civ. la cour d'appel qui, pour confirmer une ordonnance de référé imposant à des salariés, travaillant dans un établissement accueillant des personnes âgées et dépendantes, d'assurer, alors qu'ils étaient en grève, un service de nuit selon un horaire fixé par l'employeur, a énoncé que cette mesure était nécessaire pour prévenir un dommage imminent (cass. soc. 25 février 2003, n° 01-10.812, BC V n° 62; RJS 5/03 n° 656. Dans le même sens, voir aussi cass. soc. 26 novembre 2003, n° 01-10.847, JSL n°s 135-136, 18.12.2003, p. 25).

Par ailleurs, l'article L. 2215-1 du code général des collectivités territoriales reconnaît au préfet le droit de requérir les agents en grève d'un établissement de santé, même privé, dans le but d'assurer le maintien d'un effectif suffisant pour garantir la sécurité des patients et la continuité des soins; il ne peut toutefois prendre que les mesures imposées par l'urgence et proportionnées aux nécessités de l'ordre public, au nombre desquelles figurent les impératifs de santé publique. Ainsi, un préfet ne peut requérir l'ensemble des sages-femmes d'une clinique en vue de permettre la poursuite de l'activité complète de leur service, sans envisager le redéploiement d'activités vers d'autres établissements de santé ou le fonctionnement réduit du service, et sans rechercher si les besoins essentiels de la population ne pouvaient être autrement satisfaits, compte tenu des capacités sanitaires du département (CE 9 décembre 2003, n° 262186, RJS 2/04 n° 248). De même, le préfet peut, sur le fondement du même texte, requérir les salariés en grève d'une entreprise privée (en l'espèce, un établissement pétrolier) dont l'activité présente une importance particulière pour le maintien de l'activité économique, la satisfaction des besoins essentiels de la population ou le fonctionnement des services publics, lorsque les perturbations résultant de la grève créent une menace pour l'ordre public; mais il ne peut prendre que les mesures nécessaires, imposées par l'urgence et proportionnées aux nécessités de l'ordre public (CE 27 octobre 2010, n° 343966, Rec. Lebon, p. 422; RJS 1/11 n° 70; Dr. Ouvr. 2011, p. 485, Y. Struillou, «Conflits sociaux et réquisition: Finalité et modalités du contrôle exercé par le juge administratif»).

Sur l'interdiction de faire appel à des salariés sous contrat à durée déterminée ou à des intérimaires pour remplacer des salariés en grève, voir articles L. 1242-6 et L. 1251-10 et notes sous ces articles.

ACCORD DE FIN DE CONFLIT

En présence d'un accord collectif mettant fin à une grève déclenchée pour protester contre la fermeture d'un établissement qui ne définit de manière précise ni la catégorie correspondant aux salariés grévistes pouvant prétendre au bénéfice de ses dispositions, celle-ci ne reposant sur aucun critère objectif et vérifiable, ni la nature et l'importance de la participation au conflit susceptibles d'entraîner l'inclusion des grévistes dans ladite catégorie, de sorte qu'il n'est pas établi que seuls des grévistes dont le reclassement serait compromis auraient bénéficié de l'indemnité prévue par le protocole, une cour d'appel peut estimer que la différence de traitement instituée entre grévistes n'est pas justifiée par des éléments objectifs et pertinents et réparer cette atteinte au principe d'égalité de traitement par l'octroi aux salariés concernés de l'avantage dont ils ont été irrégulièrement privés (cass. soc. 13 décembre 2017, n° 16-12.397, BC V n° 214; RJS 2/18 n° 140; LSQ n° 17476 du 27.12.2017; JSL n° 448, 01.03.2018, pp. 17 et s., J-Ph. Lhernould).

CHAPITRE II Dispositions particulières dans les services publics

Art. L. 2512-1. Les dispositions du présent chapitre s'appliquent:

1° Aux personnels de l'État, des régions, des départements et des communes comptant plus de 10 000 habitants;

2° Aux personnels des entreprises, des organismes et des établissements publics ou privés lorsque ces entreprises, organismes et établissements sont chargés de la gestion d'un service public.

Note • **Champ d'application.** Les dispositions de ce chapitre sont issues de la loi du 31 juillet 1963 fixant certaines modalités de la grève dans les services publics. Elles ont été complétées par la loi 87-529 du 13 juillet 1987 (JO 16) concernant la décentralisation, qui a ajouté les régions à la liste des personnes publiques dont le personnel est régi par ces dispositions. Leur champ d'application a été précisé par la jurisprudence au cas par cas.

La Cour de cassation a considéré que le Commissariat à l'énergie atomique et la Cogema, assurant la gestion d'un service public, étaient fondés à appliquer à leur personnel les dispositions relatives à la grève dans les services publics (cass. soc. 5 juillet 1984, 2 arrêts, n°s 81-41.323 et 81-41.302, BC V n°s 297 et 298). Elle a pris la même position concernant Air Inter (cass. soc. 6 février 1985, n° 82-16.446, BC V n° 82) et les établissements d'enseignement privés sous contrat (cass. soc. 25 juin 1987, n° 84-42.829, BC V n° 433). De même, est soumis aux dispositions légales régissant la grève dans les services publics le personnel du Port autonome de Bordeaux, lequel est un établissement public de l'État chargé d'une mission de service public, aucune distinction n'étant à faire entre un service public administratif et un service public industriel ou commercial (cass. soc. 16 juillet 1997, n° 95-22.276, BC V n° 269; RJS 10/97 n° 1130).

Selon un avis du Conseil d'État (CE avis 24 octobre 1995, n° 357203, RJS 7/96 n° 829), les dispositions du code du travail déterminant les modalités d'exercice du droit de grève propres aux services publics sont applicables au personnel des entreprises de stockage souterrain de gaz naturel, cette activité constituant un élément indissociable des activités de transport et de distribution du gaz naturel qui revêtent le caractère d'un service public, en application des dispositions législatives qui les régissent.

Les dispositions de l'article L. 2512-1 sont applicables dès lors que l'organisme en cause assure la gestion d'un service public, quelles que soient les modalités de dévolution du service ou de l'éventuelle rémunération du gestionnaire du service (CE 4 décembre 2013, n° 361667, RJS 3/14 n° 244, 2e espèce). Par suite, lorsqu'un établissement public sous-traite tout ou partie de la gestion du service public qui lui est confié à une entreprise privée, celle-ci doit appliquer à son personnel les dispositions relatives à la grève dans les services publics peu important les modalités de rémunération de cette entreprise (cass. soc. 9 octobre 2012, n° 11-21.508, BC V n° 252; RJS 12/12 n° 982; JCP éd. S 2013, 1523, note Fr. Duquesne; Cahiers de la Fonction publique 2012, n° 327, p. 39, note Y. Struillou; CE 4 décembre 2013, n° 361667, précité). À noter toutefois que les dispositions légales relatives à l'exercice du droit de grève dans les services publics ne s'appliquent, au sein d'une entreprise privée gérant un service public, qu'au seul personnel affecté à cette activité de service public (cass. soc. 8 octobre 2014, n° 13-13.792, BC V n° 224; LS Jurispr. n° 195 du 28.10.2014; JCP éd. S 2014, 1449, note É. Jeansen; RJS 12/14 n° 890).

Le ministère du Travail considère que les centres de formation d'apprentis entrent dans le champ d'application de cet article (rép. QE 14852, JO AN 26 juillet 1982, p. 3129).

À noter que le droit de grève a été retiré aux CRS (loi du 27 décembre 1947), aux policiers (loi du 28 septembre 1948), aux agents des services extérieurs de l'administration pénitentiaire (ordonnance du 6 août 1958), aux magistrats (ordonnance du 22 décembre 1958), aux militaires (loi du 13 juillet 1972) et à certains personnels de la navigation aérienne (lois 64-650 du 2 juillet 1964, 71-458 du 17 juin 1971, 84-1286 du 31 décembre 1984, décrets 85-1332 du 17 décembre 1985 et 87-504 du 8 juillet 1987).

• **Réglementation du droit de grève dans le secteur public.** En indiquant, dans le préambule de la Constitution du 27 octobre 1946 auquel se réfère le préambule de la Constitution du 4 octobre 1958, que «le droit de grève s'exerce dans le cadre des lois qui le réglementent», l'Assemblée constituante a entendu inviter le législateur à opérer la conciliation nécessaire entre la défense des intérêts professionnels, dont la grève constitue l'une des modalités, et la sauvegarde de l'intérêt général auquel elle peut être de nature à porter atteinte. En l'absence de la réglementation ainsi annoncée par la Constitution et que la loi du 31 juillet 1963 relative à certaines modalités de la grève dans les services publics, reprise aux articles L. 2512-1 à L. 2512-5 CT, ne saurait constituer à elle seule, il appartient au Gouvernement, responsable du bon fonctionnement des services publics, de fixer lui-même, sous le contrôle du juge de l'excès de pouvoir, en ce qui concerne ces services, la nature et l'étendue des limitations qui doivent être apportées au droit de grève en vue d'en éviter un usage abusif ou contraire aux nécessités de l'ordre public (CE 15 mai 2006, n° 270171, JCP éd. S. 2006, 1699, note R. Vatinet; voir aussi CE 7 juillet 1950, n° 01645, Rec. Lebon, p. 426).

Toutefois, ces principes ne font pas obstacle à ce que les organes chargés de la direction d'un établissement public, agissant en vertu des pouvoirs généraux d'organisation des services placés sous leur autorité, définissent les domaines dans lesquels la sécurité doit être assurée en toutes circonstances ainsi que les fonctions nécessaires pour assurer cette sécurité (CE 17 mars 1997, n° 123912, Rec. Lebon, p. 89).

Par ailleurs, il ne résulte pas du principe fondamental de la continuité du service public des transports collectifs que les organes dirigeants des entreprises de transports publics seraient tenus d'édicter à tout moment une réglementation du droit de grève. Dès lors, eu égard, d'une part, aux mesures prises par une telle entreprise, en particulier au dispositif contractuel d'alarme sociale, en vue de limiter le recours à la grève, lesquelles ont produit des résultats en termes de nombre de jours de grève par an, d'autre part, aux pouvoirs, notamment en matière de réquisition, dont dispose l'État, sous le contrôle du juge de l'excès de pouvoir, lorsque la continuité du service public des transports collectifs est durablement et gravement affectée, les dirigeants de cette entreprise n'ont pas, en s'abstenant de prévoir une réglementation du droit de grève ou de saisir le conseil d'administration aux mêmes fins, ni méconnu le principe de continuité du service public ni entaché leur décision d'une erreur d'appréciation (CE 8 mars 2006, n° 278999, Rec. Lebon, p. 113; RJS 7/06 n° 882; RDT, octobre 2006, chron. p. 259).

• **Transports terrestres réguliers de voyageurs.** La loi 2007-1224 du 21 août 2007 (JO 22) sur le dialogue social et la continuité du service public dans les transports terrestres réguliers de voyageurs, applicable dans le secteur des transports terrestres réguliers de personnes à vocation non touristique, a instauré des dispositifs visant d'une part à prévenir les conflits collectifs et d'autre part à mettre en œuvre un service garanti en cas de grève ou de perturbation prévisible du trafic.

Cette loi, déclarée conforme à la Constitution par décision 2007-556 du Conseil constitutionnel en date du 16 août 2007 (JO 22), a été codifiée dans le code des transports aux articles L. 1324-1 à 11, rapportés dans les *Textes non codifiés.* Voir aussi rapportés à leur suite les articles R. 1324-1 à 6 c. transp. issus de l'article 1er du décret 2008-82 du 24 janvier 2008 (JO 26) et codifiés par le décret 2014-530 du 22 mai 2014 (JO 27).

Les principales dispositions de la loi concernant les salariés et l'entreprise sont les suivantes:

La loi impose une procédure de négociation préalable au dépôt d'un préavis de grève, définie par un accord-cadre signé au niveau de l'entreprise ou de la branche dont le législateur a encadré le contenu en prévoyant notamment un délai de huit jours de négociations avant le dépôt du préavis de grève. Dans les entreprises où aucun accord-cadre n'a pu être signé et où aucun accord de branche ne s'applique, le déroulement de la procédure de négociation préalable est fixé par le décret 2008-82 du 24 janvier 2008 (JO 26) codifié (art. R. 1324-1 à 6 c. transp., rapportés dans les *Textes non codifiés*). Le non-respect par une organisation syndicale de la procédure de négociation préalable lui imposant de notifier à l'employeur qu'elle envisage de déposer un préavis de grève rend ce préavis irrégulier, peu important le caractère national du mouvement de grève (cass. soc. 30 janvier 2013, n° 11-23.791, BC V n° 21; RJS 4/13 n° 317; JCP éd. S 2013, 1173, note L. Péru-Pirotte). Dès lors, est fautive la participation d'un salarié à un mouvement de grève engagé en méconnaissance des dispositions du décret du 24 janvier 2008 relatives à la négociation préalable et de l'article L. 2512-2 et alors que l'employeur avait informé l'ensemble des salariés du caractère illégal de la grève en raison de l'irrégularité du préavis (même arrêt).

La loi limite également le dépôt de préavis en interdisant à un syndicat ayant déposé un préavis dans les conditions légales, d'en déposer un nouveau pour les mêmes motifs avant le terme du premier délai du préavis et avant que la procédure de négociation préalable n'ait été mise en œuvre.

Par ailleurs, afin de mettre en place un service garanti, la loi prévoit notamment la négociation ou, à défaut, l'élaboration par l'employeur d'un plan de prévisibilité du service recensant, par métier, fonction et niveau de compétence ou de qualification, les catégories d'agents et leurs effectifs, ainsi que les moyens matériels, indispensables à l'exécution de chacun des niveaux de service prévus dans le plan de transport préalablement élaboré en fonction des priorités de desserte et des niveaux de service définis par l'autorité organisatrice de transport (disposition ayant été déclarée non-conforme à la convention OIT n° 87 sur la liberté syndicale et la protection du droit syndical par la Commission d'experts de l'OIT dans son rapport annuel de 2008).

Sont également prévues l'obligation pour les salariés relevant des catégories visées par l'accord de prévisibilité, d'informer l'entreprise, au plus tard 48 heures avant de participer à la grève, de leur intention d'y participer (art. 5, II) et la possibilité, après huit jours de grève, d'organiser à l'initiative de l'employeur, d'un syndicat représentatif ou du médiateur éventuellement désigné, un vote à bulletin secret des salariés sur la poursuite de la grève (art. 5, II).

Une circulaire DGT 11 du 30 novembre 2007 a apporté d'importantes précisions notamment sur le champ d'application de la loi et les modalités d'intervention du représentant de l'État pour sa mise en œuvre.

Statuant sur la base des dispositions du II de l'article 5 de cette loi, le Conseil d'État a décidé que les salariés relevant des catégories d'agents indispensables à l'exécution de chacun des niveaux de service prévus dans le plan de transport adapté, ont l'obligation de déclarer leur intention de participer à une grève au moins quarante-huit heures avant d'y participer eux-mêmes, et non pas à l'échéance fixée par le préavis ou avant le commencement effectif de la grève (CE 19 mai 2008, n° 312329).

De son côté, la Cour de cassation a précisé que l'obligation légale faite à l'employeur, entreprise chargée d'un service public de transport terrestre de personnes, d'élaborer un plan de transports et d'information des usagers et de garantir un service minimum ne peut permettre de limiter l'exercice du droit de grève en l'absence de disposition légale l'interdisant et de manquement à l'obligation de négocier. Dès lors, l'empêchement pour l'employeur, résultant des modalités de la grève définies dans un préavis régulier, d'organiser un plan de transport et d'information des usagers ne constitue pas un abus du droit de grève caractérisant un trouble manifestement illicite (cass. soc. 30 juin 2015, n° 14-10.764, BC V n° 132; RJS 10/15 n° 664; JCP éd. S 2015, 1366, note S. Carré).

Selon l'article L. 1222-7 c. transp., dans les transports terrestres réguliers de voyageurs, l'employeur et les organisations syndicales représentatives concluent un accord collectif de prévisibilité du service applicable en cas de perturbation prévisible du trafic ou de grève, fixant les conditions dans lesquelles l'organisation du travail est révisée et les personnels disponibles réaffectés afin de permettre la mise en œuvre du plan de transports adapté et à défaut d'accord applicable, un plan de prévisibilité est défini par l'employeur; en cas de grève les personnels disponibles sont les personnels de l'entreprise non grévistes. Par ailleurs, en application de l'article L. 1324-7 du même code, les salariés concernés informent l'employeur, au plus tard 48 heures avant de participer à la grève, de leur intention d'y participer, et peuvent renoncer à cette participation au plus tard 24 heures avant l'heure prévue pour celle-ci en informant l'employeur afin que ce dernier puisse les affecter dans le cadre du plan de transport. Il en résulte que, dès lors qu'ils n'ont pas, au plus tard 24 heures avant l'heure prévue pour leur participation à la grève, informé l'employeur de leur décision d'y renoncer, les agents déclarés grévistes ne peuvent être considérés comme disponibles et affectés à un service dans le cadre du plan de transport adapté prévu par les référentiels RH 0924 et RH 077 à valeur réglementaire, le jour de leur participation à la grève, y compris pendant la période entre l'expiration de leur repos journalier et l'heure théorique de prise de service (cass. soc. 16 janvier 2019, n° 17-27.124, à paraître, LS Jurispr. n° 19 du 29.01.2019; JCP éd. S 2019, 1050, note E. Jeansen; RJS 4/19 n° 260).

Après avoir constaté qu'à la suite de la déclaration du salarié informant son employeur de sa volonté de participer au mouvement de grève, l'employeur a modifié l'horaire de prise de service du salarié, le décalant pour le 5 juin 2015 de 7 heures 18 à 8 heures 30, que cette modification n'avait pas pour finalité de réaffecter le salarié en le considérant comme personnel disponible non gréviste, mais de permettre à l'employeur de respecter son obligation de sécurité en s'assurant que le véhicule conduit par le salarié ne soit pas arrêté sur la voie publique durant la période de débrayage et qu'il s'agissait d'un simple décalage de l'heure de départ du bus conduit par le salarié mais non d'un changement de ses horaires de travail, le salarié ayant, sur les journées de grève, effectué une durée de travail inférieure à celle initialement prévue équivalente à quatre périodes de 59 minutes et ayant terminé son service à l'horaire prévu initialement, un conseil de prud'hommes en a exactement déduit que, s'agissant d'une révision de l'organisation du travail rendue nécessaire par des raisons de sécurité et n'ayant pas eu d'incidence sur l'exercice du droit de grève, la mesure était conforme aux prescriptions de l'article L. 1222-7 c. transp. (cass. soc. 8 juillet 2020, n° 19-13.767, à paraître, JCP éd. S 2020, 3013, note S. Carré; RJS 10/20 n° 496; JSL n° 505, 12.10.2020, p. 24).

Si l'article 18-2 de l'accord de branche du 3 décembre 2007 sur le développement du dialogue social, la prévention des conflits et la continuité du service public dans les transports urbains de voyageurs prévoit qu'en l'absence d'accord d'entreprise, la déclaration individuelle des salariés de participer à une grève se fera soit par remise d'un formulaire à l'employeur 72 heures avant le début de la grève, soit par courrier électronique, soit par déclaration orale, cette disposition n'a pas pour effet d'imposer de retenir les trois modalités de transmission des déclarations d'intention mais de laisser à l'employeur, en l'absence d'accord d'entreprise, le soin de choisir, parmi ces modalités, celles qui lui paraissent appropriées à l'entreprise (cass. soc. 23 mars 2017, n° 15-26.835, BC V n° 54; JCP éd. S 2017, 1154, note E. Jeansen; RJS 6/17 n° 428).

Voir aussi A. Lyon-Caen, «Voyage au bout d'une loi» RDT, septembre 2007, ED, 487; JCP éd. S 2007, 1692, R. Vatinet; J-E Ray, «À propos d'une modeste loi censée assurer " la continuité du service public dans les transports terrestres réguliers de voyageurs "», Dr. Soc. 2007, p. 1205; RDT, octobre 2007, CO, 560, J-E Ray.

• **Transport aérien de passagers.** Afin d'éviter la paralysie des aéroports en incitant à la prévention des conflits et de lutter contre l'absence d'information des passagers, la loi 2012-375 du 19 mars 2012 (JO 20) relative à l'organisation du service et à l'information des passagers dans les entreprises de transport aérien de passagers a introduit dans le code des transports un nouveau chapitre (art. L. 1114-1 à 7) encadrant le droit de grève dans ce secteur.

Ces dispositions, rapportées dans les *Textes non codifiés*, ont été déclarées conformes à la Constitution (C. constit. 15 mars 2012, n° 2012-650 DC, JO 20).

Elles s'appliquent aux entreprises, établissements ou aux parties d'établissement qui concourent directement à l'activité de transport aérien de passagers (compagnies aériennes, entreprises de maintenance en ligne des aéronefs, de contrôle du chargement, d'assistance aux passagers, aux bagages ou au nettoyage de l'avion, et de sûreté aéroportuaire).

Elles prévoient la possibilité de signer un accord-cadre pour développer le dialogue social et prévenir les conflits. En application de cet accord, l'exercice du droit de grève ne pourra intervenir qu'après une négociation préalable entre l'employeur et les organisations syndicales représentatives qui envisagent de recourir au droit de grève. L'accord-cadre fixe les règles d'organisation et de déroulement de cette négociation.

Dès le début de la grève, les parties au conflit peuvent décider de désigner un médiateur, choisi d'un commun accord, pour favoriser le règlement amiable de leurs différends. Au-delà de huit jours de grève, l'employeur, une organisation syndicale représentative ou le médiateur pourra décider l'organisation par l'entreprise d'une consultation ouverte aux salariés concernés par les motifs de la grève et portant sur la poursuite de celle-ci.

Les salariés dont l'absence est de nature à affecter les vols sont tenus d'informer leur employeur de leur participation à la grève minimum 48 heures à l'avance. Ceux qui renoncent ensuite à participer à la grève ou qui décident de reprendre leur service doivent en informer leur employeur minimum 24 heures avant leur participation ou reprise prévue. Ce délai de prévenance de la reprise du travail n'est pas applicable lorsque celle-ci est consécutive à la fin de la grève. Les informations issues des déclarations individuelles des salariés ne pourront être utilisées que pour l'organisation de l'activité durant la grève en vue d'en informer les passagers. Le salarié ne respectant pas ses obligations d'information est passible de sanctions disciplinaires.

Sur ce point, la Cour de cassation a précisé que si, en application de l'article L. 1114-3 c. transp., en cas de grève et pendant toute la durée du mouvement, les salariés dont l'absence est de nature à affecter directement la réalisation des vols, informent, au plus tard quarante-huit heures avant de participer à la grève, le chef d'entreprise ou la personne désignée par lui de leur intention d'y participer, cette formalité d'information n'est soumise à aucune règle de forme dès lors qu'elle permet à l'exploitant des transports aériens d'être informé des absences des salariés souhaitant s'associer au mouvement de grève; ainsi, est licite une liste collective des déclarations d'intention de grève signée par chaque salarié souhaitant cesser le travail et mentionnant pour chacun d'eux l'heure du début de sa participation au mouvement de grève (cass. soc. 8 décembre 2016, n° 15-16.999, BC V n° 236; JCP éd. S 2017, 1024, 1re espèce, note Fr. Duquesne; RDT, avril 2017, CH, 273, Y. Ferkane; RJS 2/17 n° 137).

Elle a également jugé que l'obligation faite par l'article L. 1114-3 c. transp. aux salariés dont l'absence est de nature à affecter directement la réalisation des vols d'informer, au plus tard quarante-huit heures avant une grève, le chef d'entreprise ou la personne désignée par lui de leur intention d'y participer a pour finalité l'organisation de l'activité durant la grève en vue d'en informer les passagers de sorte que les informations issues des déclarations individuelles des salariés ne peuvent pas être utilisées afin de recomposer les équipages et de réaménager le trafic avant le début du mouvement (cass. soc. 12 octobre 2017, n° 16-12.550, BC V n° 181; RJS 12/17 n° 823).

L'entreprise de transport aérien doit, quant à elle, informer les passagers au minimum 24 heures avant le début des perturbations afin qu'ils puissent bénéficier d'une information gratuite, précise et fiable sur l'activité assurée.

• **Entreprises de droit privé responsables d'un service public.** S'agissant d'un organisme de droit privé responsable d'un service public, seuls leurs organes dirigeants, agissant en vertu des pouvoirs généraux d'organisation des services placés sous leur autorité, sont, sauf dispositions contraires, compétents pour déterminer les limitations à l'exercice du droit de grève (CE 12 avril 2013, n° 329570, Rec. Lebon, p. 94; LS Jurispr. n° 78 du 23.04.2013; AJDA 2013, p. 1052, chron. A. Bretonneau et X. Domino; Cahiers de la Fonction publique 2013, n° 332, p. 76, note Y. Struillou).

Ainsi, les dirigeants de la société EDF sont compétents, sous certaines conditions, pour déterminer les limitations à apporter au droit de grève des salariés travaillant dans les centres nucléaires de production d'électricité en vue d'éviter des conséquences graves dans l'approvisionnement du pays en électricité; ils ont pu notamment, à défaut de solutions alternatives, décider de réquisitionner les salariés dont l'intervention était strictement nécessaire pour assurer dans les meilleurs délais la remise en service des réacteurs arrêtés, ce dispositif n'ayant eu ni pour objet ni pour effet de contraindre les personnels concernés à remplir un service normal, mais seulement d'assurer la continuité des fonctions indispensables pour éviter une atteinte aux besoins essentiels du pays (même arrêt).

• **Service public de l'éducation.** La loi 2008-790 du 20 août 2008 instituant un droit d'accueil pour les élèves des écoles maternelles et élémentaires pendant le temps scolaire a complété le titre III du livre Ier du code de l'éducation par un chapitre III relatif à cet accueil (art. L. 133-1 à 12). Sur ce sujet, voir «L'encadrement législatif de l'exercice du droit de grève. Observations à partir de la loi 2008-790 du 20 août 2008 instituant un droit d'accueil pour les élèves des écoles pendant le temps scolaire», RDT, novembre 2008, CH, 674, O. Leclerc.

• **Services publics locaux.** La loi 2019-828 du 6 août 2019 de transformation de la fonction publique (art. 56, JO 7) encadre l'exercice du droit de grève de certains agents des services publics locaux: services publics de collecte et de traitement des déchets des ménages, de transport public de personnes, d'aide aux personnes âgées et handicapées, d'accueil des enfants de moins de trois ans, d'accueil périscolaire, de restauration collective et scolaire. Sur ce sujet, voir A. Taillefait, «L'exercice du droit de grève dans les services publics locaux», Dr. Soc. 2019, p. 1020.

Art. L. 2512-2. Lorsque les personnels mentionnés à l'article L. 2512-1 exercent le droit de grève, la cessation concertée du travail est précédée d'un préavis.

Le préavis émane d'une organisation syndicale représentative au niveau national, dans la catégorie professionnelle ou dans l'entreprise, l'organisme ou le service intéressé.

Il précise les motifs du recours à la grève.

Le préavis doit parvenir cinq jours francs avant le déclenchement de la grève à l'autorité hiérarchique ou à la direction de l'établissement, de l'entreprise ou de l'organisme intéressé. Il mentionne le champ géographique et l'heure du début ainsi que la durée limitée ou non, de la grève envisagée.

Pendant la durée du préavis, les parties intéressées sont tenues de négocier.

Note S'agissant de l'obligation de négocier prévue par le dernier alinéa de cet article, la Cour de cassation a précisé que le refus d'un employeur de donner suite, dans l'immédiat, aux revendications présentées par les syndicats ne pouvait s'analyser en un refus de négocier, dès lors que la négociation ne pouvait s'effectuer qu'au niveau de l'entreprise et avait été reportée en accord avec les syndicats pour tenir compte de la période estivale, cette situation empêchant l'employeur de négocier au seul niveau de l'établissement où la grève avait été déclenchée (cass. soc. 4 juillet 2000, n° 98-20.537, BC V n° 262; RJS 9-10/00 n° 988).

Préavis

Dépôt. Le préavis de grève peut ne pas être le fait de toutes les organisations syndicales représentatives et les adhérents d'un syndicat qui n'a pas déposé de préavis de grève peuvent participer au mouvement du moment qu'une organisation représentative a déposé un tel préavis.

L'action judiciaire tendant à voir déclarer irrégulier le préavis de grève déposé par deux délégués syndicaux au nom de leurs organisations syndicales doit être dirigée contre les organisations syndicales et non contre les seuls délégués syndicaux (cass. soc. 6 novembre 1991, n° 90-12.516, BC V n° 482).

Préavis de grève successifs. Aucune disposition légale n'interdit l'envoi de préavis de grève successifs, qu'ils mentionnent le même motif ou des motifs différents, dès lors que l'obligation de négocier est respectée (cass. soc. 25 janvier 2012, n° 10-26.237, BC V n° 18; RJS 4/12 n° 384; 7 juin 2006, n° 04-17.116, BC V n° 204).

Computation du délai. Le préavis prévu par cet article doit parvenir à la direction cinq jours francs avant le déclenchement de la grève; le jour de la notification du préavis ne compte pas dans ce délai (cass. crim. 10 mai 1994, n° 93-82.603, RJS 10/94 n° 1171).

Un préavis de grève envoyé par télécopie, tard le soir, à une heure où l'employeur n'est pas en mesure d'en prendre immédiatement connaissance, n'est pas irrégulier dès lors que le délai de 5 jours francs est respecté (cass. soc. 25 janvier 2012, n° 10-26.237, précité).

Les dispositions de l'article 642 CPC ne s'appliquant que lorsqu'un acte ou une formalité doit être accompli avant l'expiration d'un délai, ce délai ne peut être prorogé au premier jour ouvrable suivant, s'il expire un samedi, un dimanche, un jour férié ou chômé (cass. soc. 30 mars 2010, n° 09-13.065, BC V n° 77; RJS 6/10 n° 547; JCP éd. S 2010, 1377, note A. Martinon).

Constitue le délit d'entrave à l'exercice du droit syndical le fait pour un directeur d'établissement d'avoir maintenu sa position sur le caractère tardif d'un préavis, alors qu'il n'ignorait ni la contestation de son analyse juridique par un syndicat ni le fait que l'inspection du travail avait confirmé la légalité de ce préavis et qu'il n'avait pas utilisé la possibilité dont il disposait de faire trancher cette difficulté en référé (cass. crim. 26 mars 2008, n° 07-84.308, RJS 7/08 n° 818; Dr. Soc. 2008, p. 763, obs. Fr. Duquesne).

Destinataire. Aucune disposition de la loi du 31 juillet 1963 relative à certaines modalités de la grève dans les services publics ni aucune autre disposition législative ou réglementaire ne faisant obligation au ministre des PTT de répondre à un préavis de grève déposé par la Fédération nationale des syndicats libres PTT ou de se prononcer sur sa recevabilité, le silence gardé par l'administration à la suite du dépôt par la fédération requérante du préavis de grève n'a fait naître aucune décision (CE 31 octobre 1986, n° 53872, Dr. Soc. 1987, p. 390, concl. Ch. Vigouroux). De même, la réponse d'un centre hospitalier public au préavis de grève déposé par une organisation syndicale n'a pas la valeur d'une décision faisant grief et susceptible d'un recours contentieux mais d'un simple renseignement qui ne peut être déféré au juge (CE 11 juin 1990, n° 72660).

Portée de la période de grève mentionnée par le préavis. Si dans les services publics, la grève doit être précédée d'un préavis donné par un syndicat représentatif et si ce préavis, pour être régulier, doit mentionner l'heure du début et de la fin de l'arrêt de travail, les salariés qui sont seuls titulaires du droit de grève ne sont pas tenus de cesser le travail pendant toute la durée indiquée par le préavis. Ayant constaté la régularité du préavis donné par des organisations syndicales, les juges du fond ont exactement décidé que l'arrêt de travail d'une journée intervenu au cours de la période mentionnée par le préavis constituait l'exercice normal du droit de grève par les salariés, sans avoir à se prononcer sur la validité des préavis ultérieurs (cass. soc. 12 janvier 1999, n° 96-45.659, BC V n° 6; voir aussi cass. soc. 29 février 2000, n° 98-43.145, RJS 4/00 n° 435 et 30 avril 2003, n° 00-22.328, JSL n° 124, 27.05.2003, p. 24). Aucune retenue de salaire pour absence irrégulière ne peut être faite à l'encontre d'un agent public qui s'est borné à rejoindre un mouvement de grève pendant la période fixée par le préavis déposé par un syndicat représentatif (cass. soc. 8 décembre 2005, n° 03-43.934, BC V n° 362; RJS 2/06 n° 263; 20 juin 2007, n° 05-45.227).

Les salariés décidant librement d'exercer ou non leur droit de grève durant la période définie par le préavis, l'employeur qui, au cours de cette période, constate que tous les salariés ont repris le travail, ne peut en déduire que la grève est terminée, décision qui ne peut être prise que par le ou les syndicats représentatifs ayant déposé le préavis de grève (cass. soc. 4 juillet 2012, n° 11-18.404, BC V n° 207; Dr. Soc. 2012, p. 860, obs. Ch. Radé; RJS 10/12 n° 841). De même, l'employeur ne peut déduire de l'absence de salarié gréviste au cours des trois premiers jours de la période visée par le préavis que celui-ci est devenu sans effet (cass. soc. 11 février 2015, n° 13-14.607, BC V n° 25; JCP éd. S 2015, 1116, note É. Jeansen; JSL n° 385, 10.04.2015, p. 12, M. Hautefort; RJS 5/15 n° 360; RDT, juin 2015, CH, 411, Fl. Fouvet). Ces règles s'appliquent même en cas de préavis de durée illimitée (cass. soc. 8 décembre 2016, n° 15-16.078, BC V n° 237; LS Jurispr. n° 223 du 27.12.2016; RJS 2/17 n° 138).

Il appartient toutefois aux organes chargés de la direction d'un établissement public, agissant en vertu des pouvoirs généraux d'organisation des services placés sous leur autorité, de déterminer les limitations qui doivent être apportées à l'exercice du droit de grève dans l'établissement en vue d'en éviter un usage abusif ou contraire aux nécessités de l'ordre public.

Statuant sur la base des dispositions du II de l'article 5 de la loi du 21 août 2007 sur la continuité du service public dans les transports terrestres de voyageurs, le Conseil d'État a décidé que, si ces dispositions n'obligent pas les agents à commencer de faire grève au début de la période couverte par le préavis, elles n'ont ni pour objet ni pour effet de leur reconnaître le droit de commencer à participer à une grève à n'importe quel moment qu'ils choisissent au cours de la période du préavis; le directeur de la RATP a donc pu imposer à des agents d'informer la Régie de leur intention de rejoindre une grève au moins quarante-huit heures avant le début de la prise de service qu'ils n'entendent pas assurer pour cause de grève (CE 11 juin 2010, n° 333262, Dr. Soc. 2010, p. 1099: «Autodétermination des grévistes lors de la prise de service dans le secteur des transports publics de voyageurs», Fr. Duquesne).

Non-respect du préavis légal. La grève déclenchée moins de cinq jours francs après la réception du préavis est illégale et les salariés qui s'y associent, même après l'expiration de ce délai en dépit d'une notification de l'employeur attirant leur attention sur l'obligation de préavis, commettent une faute disciplinaire que l'employeur est en droit de sanctionner (cass. soc. 11 janvier 2007, n° 05-40.663, BC V n° 2; voir précédemment cass. crim. 10 mai 1994, n° 93-82.603, RJS 10/94 n° 1171 et cass. soc. 5 juin 1984, n° 81-42.229, BC V n° 229; 10 octobre 1990, n° 88-41.426, BC V n° 434).

À noter que le non-respect du délai légal de préavis de 5 jours de la part de salariés grévistes d'un établissement privé en charge d'un service public dont l'attention a été attirée sur l'obligation de respecter ce préavis, s'il constitue de leur part une faute disciplinaire que l'employeur est en droit de sanctionner, ne les exclut pas du régime protecteur de l'article L. 2511-1 (cass. soc. 18 janvier 2011, n° 09-40.134).

Préavis irrégulier. Après avoir constaté qu'un préavis de grève avait été déposé par un syndicat, peu important qu'il ait été irrégulier, une cour d'appel a pu en déduire que les salariés n'avaient commis aucune faute en participant à la grève dans le respect du délai de prévenance et déclarer nuls de plein droit les licenciements (cass. soc. 25 février 2003, n° 00-44.339, BC V n° 63; RJS 5/03 n° 657). Voir cependant cass. soc. 30 janvier 2013, n° 11-23.791, BC V n° 21; RJS 4/13 n° 317; JCP éd. S 2013, 1173, note L. Péru-Pirotte: est fautive la participation d'un salarié à une grève dont le préavis était irrégulier, l'employeur ayant informé l'ensemble des salariés du caractère illégal de cette grève.

Énonciation de la lettre de licenciement. Dès lors que la lettre de licenciement invoquait la participation des salariés à une cessation collective de travail illicite en se référant à l'ordonnance du président du tribunal de grande instance déclarant le mouvement illicite faute de respect du délai de préavis, la cour d'appel ne pouvait juger que le licenciement des salariés ayant cessé le travail était nul dès lors que si la lettre de licenciement doit énoncer des motifs précis et matériellement vérifiables, l'employeur est en droit, en cas de contestation, d'invoquer toutes les circonstances de fait qui permettent de justifier ce motif et qu'il incombe au juge de se prononcer sur les éléments avancés par l'employeur pour justifier du caractère illicite du mouvement (cass. soc. 15 octobre 2013, n° 11-18.977, BC V n° 232; RJS 12/13 n° 797).

Voir aussi note sous art. L. 2512-3.

Art. L. 2512-3. En cas de cessation concertée de travail des personnels mentionnés à l'article L. 2512-1, l'heure de cessation et celle de reprise du travail ne peuvent être différentes pour les diverses catégories ou pour les divers membres du personnel intéressé.

Sont interdits les arrêts de travail affectant par échelonnement successif ou par roulement concerté les divers secteurs ou catégories professionnelles d'un même établissement ou service ou les différents établissements ou services d'une même entreprise ou d'un même organisme.

Note Par arrêt en date du 3 février 1998 (n° 95-21.735, BC V n° 55), la Cour de cassation a décidé que le droit de grève dans les services publics n'est exercé normalement que si le préavis de grève détermine l'heure précise, commune à tous les membres du personnel, de l'arrêt de travail, peu important que certains salariés ne travaillent pas à cette heure, dès lors qu'ils peuvent se joindre au mouvement en cours. Ainsi, l'interdiction des grèves tournantes prévue par cet article s'applique même au cas de travail par équipe ou de prise du travail par roulement. Sont donc illicites les préavis de grève de «58 minutes à la prise du service pour tous les personnels, toutes les catégories et sur tous les lieux de travail de l'entreprise» déposés auprès de la direction d'une société chargée d'une mission de service public et au sein de laquelle les salariés travaillaient par roulement, ce qui impliquait que l'heure de cessation de travail variait pour chaque salarié.

Cependant, aucune disposition légale n'interdit à plusieurs organisations syndicales représentatives de présenter chacune un préavis de grève. Il en résulte que chacune peut prévoir une date de cessation de travail différente. Doit donc être cassé l'arrêt qui, pour ordonner la suspension de trois préavis déposés séparément par trois syndicats et concernant une même société, retient que le droit de grève des agents de cette société est soumis aux dispositions des articles L. 2512-2 et L. 2512-3 CT et qu'en prévoyant des horaires de cessation du travail différents, les organisations syndicales ont déposé des préavis de grève entachés d'illicéité (cass. soc. 4 février 2004, n° 01-15.709, BC V n° 33; RJS 4/04 n° 443).

Art. L. 2512-4. L'inobservation des dispositions du présent chapitre entraîne l'application des sanctions prévues par les statuts ou par les règles concernant les personnels intéressés.

Les sanctions ne peuvent être prononcées qu'après que les intéressés ont été mis à même de présenter des observations sur les faits qui leur sont reprochés et d'avoir accès au dossier les concernant.

La révocation et la rétrogradation ne peuvent être prononcées qu'en conformité avec la procédure disciplinaire normalement applicable.

Lorsque la révocation est prononcée à ce titre, elle ne peut l'être avec perte des droits à la retraite.

Art. L. 2512-5. En ce qui concerne les personnels mentionnés à l'article L. 2512-1 non soumis aux dispositions de l'article 1er de la loi n° 82-889 du 19 octobre 1982, l'absence de service fait par suite de cessation concertée du travail entraîne pour chaque journée une retenue du traitement ou du salaire et de ses compléments autres que les suppléments pour charges de famille. Les retenues sont opérées en fonction des durées d'absence définies à l'article 2 de la loi précitée.

Note • S'il n'appartient qu'aux juridictions de l'ordre judiciaire de se prononcer sur le litige opposant Électricité de France à ses agents réclamant le remboursement des sommes retenues sur leurs salaires pour fait de grève, les juridictions administratives demeurent, en revanche, compétentes pour apprécier, par voie de question préjudicielle, la légalité des décisions d'Électricité de France relatives à l'organisation du service public et au statut du personnel de cet établissement public qui présentent un caractère réglementaire et administratif. A, en l'espèce, ce caractère la décision fixant les modalités de retenue sur salaires des agents de conduite des centrales nucléaires et thermiques en cas de grève (Trib. confl. 22 juin 1992, n° 02718, RJS 10/92 n° 1144).

• Pour les personnels visés à l'article L. 2512-1 CT non soumis aux dispositions de l'article 1er de la loi du 19 octobre 1982, l'absence de service fait par suite d'une grève donne lieu à une retenue du traitement ou du salaire opérée en fonction des durées d'absence définies à l'article 2 de la loi précitée. Ce texte, prévoyant une retenue égale à 1/160 du traitement mensuel en cas d'arrêt de travail n'excédant pas une heure, à 1/50 du traitement mensuel en cas d'arrêt de travail dépassant une heure sans excéder une demi-journée et à 1/30 du traitement mensuel lorsque l'arrêt de travail dépasse une demi-journée, s'applique à chaque jour de grève, même si celle-ci dure plusieurs jours consécutifs (cass. soc. 17 mars 1993, n° 91-43.165, BC V n° 87). Voir aussi cass. soc. 27 avril 1989, n° 85-45.521, BC V n° 308; 16 mai 1989, n° 86-40.005, BC V n° 363.

• La retenue de traitement prévue par l'article 4 de la loi du 29 juillet 1961 qui définit la notion de «service fait» peut être décidée aussi bien en l'absence de service fait que dans le cas où un agent n'exécute pas certaines obligations de son service telles qu'elles résultent de son statut (cass. soc. 23 mai 2012, n° 11-12.117, BC V n° 160; RJS 8-9/12 n° 735).

• En ce qui concerne les retenues sur la rémunération des agents publics de l'État, non soumis aux dispositions de l'article L. 2512-5, voir circulaire du 30 juillet 2003 (JO 5 août). L'absence de service fait, due en particulier à la participation à une grève, pendant une fraction quelconque de la journée, donne lieu à une retenue dont le montant est égal à la fraction du traitement frappé d'indivisibilité, c'est-à-dire au trentième de la rémunération mensuelle. Eu égard au caractère mensuel et forfaitaire du traitement tel que défini à l'article 1er du décret 62-765 du 6 juillet 1962, le décompte des retenues à opérer sur le traitement mensuel d'un agent public s'élève, en principe, à autant de trentièmes qu'il y a de journées où cette absence de service fait a été constatée, même si, durant certaines de ces journées, cet agent n'avait aucun service à accomplir. Toutefois, l'application des règles de décompte des retenues sur le traitement mensuel de l'agent en grève ne saurait porter atteinte à son droit au congé annuel lorsque cet agent a été, préalablement au dépôt d'un préavis de grève, autorisé par son chef de service à prendre ses congés au cours d'une période déterminée (CE 4 décembre 2013, n° 351229).

• L'article L. 2512-5 n'est pas applicable à des agents de la SNCF qui, n'ayant pas cessé leur travail - même si, à titre individuel, ils l'ont exécuté de manière défectueuse en s'abstenant de contrôler les titres de voyage - n'ont, dès lors, pas exercé le droit de grève. La retenue sur leur salaire, décidée en raison de cette carence considérée comme fautive par la SNCF, constitue une sanction pécuniaire illicite (cass. soc. 16 mars 1994, n° 91-43.349, BC V n° 92; RJS 5/94 n° 595).

• *Rémunération du service minimum.* Lorsque les organes chargés de la direction d'un établissement public ont défini dans une note les modalités de rémunération des agents grévistes requis pour assurer un service minimum de sécurité et que le Conseil d'État a reconnu la légalité de cette note, le salarié gréviste qui a assuré seulement le service défini par cette note ne peut prétendre à une rémunération supérieure à celle prévue par cette note, même si la production a été assurée et qu'aucune baisse de charge n'a été enregistrée (cass. soc. 18 juillet 2000, n° 98-44.427, BC V n° 283; RJS 11/00 n° 1152).

TITRE II PROCÉDURE DE RÈGLEMENT DES CONFLITS COLLECTIFS

CHAPITRE Ier Dispositions générales

SECTION 1. Champ d'application

Art. L. 2521-1. Les dispositions du présent titre s'appliquent aux employeurs de droit privé ainsi qu'à leurs salariés.

Elles sont également applicables:

1° Aux établissements publics à caractère industriel et commercial;

2° Aux établissements publics assurant à la fois une mission de service public à caractère administratif et à caractère industriel et commercial, lorsqu'ils emploient du personnel dans les conditions du droit privé.

Art. R. 2521-1. Dans les professions agricoles, les attributions conférées en matière de conflits collectifs par le présent titre au ministre chargé du travail sont exercées, en accord avec celui-ci, par le ministre chargé de l'agriculture.

SECTION 2. Principes

Art. L. 2521-2. Les conflits collectifs intervenant entre les salariés et les employeurs mentionnés à l'article L. 2521-1 font l'objet de négociations soit lorsque les conventions ou accords collectifs applicables comportent des dispositions à cet effet, soit lorsque les parties intéressées en prennent l'initiative.

CHAPITRE II Conciliation

SECTION 1. Procédure de conciliation

Art. L. 2522-1. Tous les conflits collectifs de travail peuvent être soumis aux procédures de conciliation.

Les conflits qui, pour quelque raison que ce soit, n'ont pas été soumis à une procédure conventionnelle de conciliation établie soit par la convention ou l'accord collectif de travail, soit par un accord particulier, peuvent être portés devant une commission nationale ou régionale de conciliation.

Lorsque le conflit survient à l'occasion de l'établissement, de la révision ou du renouvellement d'une convention de branche ou d'un accord professionnel ou interprofessionnel, le ministre chargé du travail peut, à la demande écrite et motivée de l'une des parties ou de sa propre initiative, engager directement la procédure de médiation dans les conditions prévues au chapitre III.

Note Dans le cadre de la législation antérieure, la jurisprudence considérait que les conventions collectives pouvaient prévoir que le recours à une procédure conventionnelle de conciliation s'impose avant le déclenchement de toute grève. Une telle stipulation était considérée comme licite et s'imposant aux parties, mais elle ne concernait que les cas qu'elle vise, c'est-à-dire le plus souvent les seuls conflits nés de l'application de la convention collective. Si bien qu'en présence d'une convention collective stipulant que les conflits portant sur l'application de la convention collective doivent être portés devant la commission paritaire de conciliation avant toute grève ou lock-out, n'était pas abusive la participation, sans saisine de cette commission, à une grève dont le but principal et déclaré était d'appuyer des revendications professionnelles et sociales, de portée nationale, exclusives par leur nature et leur généralité de la compétence de cette commission (cass. soc. 21 mars 1973, n° 72-40.122, BC V n° 175). Il ne semble pas que cette jurisprudence se trouve remise en cause, du fait des dispositions de l'article L. 522-2 [L. 2521-2] qui n'apporte pas de restriction aux dispositions conventionnelles relatives à la négociation des litiges collectifs.

Le ministère du Travail a considéré, pour sa part, que la clause d'une convention collective stipulant qu'«aucune grève ne pourra être déclenchée avant que les procédures de conciliation ou d'interprétation aient été épuisées» est licite et peut être étendue sans exclusion ni réserve par arrêté ministériel (rép. QE 1278, JO AN 28 novembre 1988, p. 3458).

Voir aussi A. Narritsens, «Conciliation et arbitrage dans les conflits collectifs du travail: leçons syndicales et expériences françaises (approches historiques)», Dr. Ouvr. 1988, p. 409.

Art. L. 2522-2. Les parties donnent toute facilité aux membres des commissions de conciliation pour leur permettre de remplir la fonction qui leur est dévolue.

Art. L. 2522-3. Les parties comparaissent en personne devant les commissions de conciliation ou, en cas d'empêchement grave, se font représenter par une personne ayant pouvoir pour négocier et conclure un accord de conciliation.

Toute personne morale partie au conflit nomme un représentant dûment mandaté et ayant pouvoir pour négocier et conclure un accord de conciliation.

Lorsque l'une des parties régulièrement convoquée ne comparaît pas ou ne se fait pas représenter, le président la convoque à une nouvelle réunion qui a lieu, au plus tard, huit jours après la première.

Note Il résulte des termes de l'alinéa 2 de cet article qu'une cour d'appel, qui a constaté que le président d'une chambre d'agriculture l'avait représentée devant la commission de conciliation, a exactement décidé que ladite chambre, qui était tenue de donner tous les pouvoirs exigés par la loi à ce représentant, lequel n'avait pas excipé d'un défaut de pouvoir pour solliciter le renvoi de la réunion comme le prévoit le 3e alinéa de cet article, ne pouvait opposer à ses salariés son propre manquement à ses obligations pour refuser d'honorer les engagements pris en son nom devant la commission (cass. soc. 20 février 1991, n° 87-41.016, BC V n° 89; RJS 4/91 n° 509).

Art. L. 2522-4. Lorsqu'une partie régulièrement convoquée dans des conditions prévues à l'article L. 2522-3 ne comparaît pas, sans motif légitime, devant la commission de conciliation, ou ne se fait pas représenter, le président de la commission établit un rapport. Ce rapport est remis à l'autorité administrative qui le transmet au procureur de la République.

Art. L. 2522-5. À l'issue des réunions de la commission de conciliation, le président établit un procès-verbal qui constate l'accord, le désaccord total ou partiel des parties et leur est aussitôt notifié.

Le procès-verbal précise les points sur lesquels les parties se sont mises d'accord et ceux sur lesquels le désaccord persiste.

L'accord de conciliation est applicable dans les conditions prévues par l'article L. 2524-5.

Art. L. 2522-6. En cas d'échec de la procédure de conciliation, le conflit est soumis soit à la procédure de médiation dans les conditions prévues au chapitre III, soit à la procédure d'arbitrage prévue au chapitre IV si les deux parties en conviennent.

Art. R. 2522-1. Tout conflit collectif de travail est immédiatement notifié par la partie la plus diligente au préfet qui, en liaison avec l'inspecteur du travail compétent, intervient en vue de rechercher une solution amiable.

Art. R. 2522-2. Les procédures de conciliation, autres que les procédures prévues contractuellement, sont engagées par l'une des personnes suivantes :

1° L'une des parties ;
2° Le ministre chargé du travail ;
3° Le préfet.

SECTION 2. Commissions de conciliation

Art. L. 2522-7. Les commissions nationales ou régionales de conciliation comprennent des représentants des organisations représentatives des employeurs et des salariés en nombre égal ainsi que des représentants des pouvoirs publics dont le nombre ne peut excéder le tiers des membres de la commission.

Des sections compétentes pour les circonscriptions départementales sont organisées au sein des commissions régionales. Leur composition correspond à celle des commissions régionales.

Sous-section 1 (réglementaire). Compétence des commissions de conciliation

§ 1. Commission nationale de conciliation

Art. R. 2522-3. La Commission nationale de conciliation siège au ministère chargé du travail. Elle est compétente pour connaître des conflits collectifs de travail s'étendant à l'ensemble du territoire national ou concernant plusieurs régions.

Art. R. 2522-4. La Commission nationale peut être saisie de tout conflit à incidence régionale, départementale ou locale, compte tenu de son importance, des circonstances particulières dans lesquelles il s'est produit et du nombre des salariés intéressés.

Elle est saisie :

1° Directement par le ministre chargé du travail, soit de sa propre initiative, soit sur la proposition du préfet ;
2° À la demande des parties ou de l'une d'elles.

§ 2. Commission régionale, section départementale ou interdépartementale

Art. R. 2522-5. La commission régionale de conciliation est instituée au siège de chaque ***(D. 2020-1545 du 9 déc. 2020, JO 10, entrée en vigueur le 01.04.2021)*** « direction régionale de l'économie, de l'emploi, du travail et des solidarités ». Elle est compétente pour connaître des conflits survenant à l'intérieur de la circonscription de cette direction.

Lorsque les conditions locales le justifient, le ministre chargé du travail peut, par arrêté, créer des sections à compétence départementale ou interdépartementale au sein de chaque commission régionale. Il peut prévoir la constitution de plusieurs sections pour un même département.

Art. R. 2522-6. Lorsque des sections à compétence départementale ou interdépartementale existent, la section régionale de la commission régionale reste compétente pour connaître des conflits collectifs survenant dans sa circonscription.

Les sections départementales ou interdépartementales sont compétentes pour les conflits survenant à l'intérieur de leur ressort.

Par dérogation aux dispositions des premier et deuxième alinéas, le conflit peut être porté devant la section régionale par décision du préfet de région, soit sur la proposition du ***(D. 2020-1545 du 9 déc. 2020, JO 10, entrée en vigueur le 01.04.2021)*** « directeur régional de l'économie, de l'emploi, du travail et des solidarités », soit à la demande des parties ou de l'une d'elles.

Art. R. 2522-7. Lorsque plusieurs régions ou plusieurs départements limitrophes sont concernés par un conflit, les parties peuvent se mettre d'accord pour porter le conflit devant l'une ou l'autre des commissions ou sections compétentes. Le ministre chargé du travail conserve la possibilité de saisir la commission nationale en application de l'article R. 2522-4.

Sous-section 2 (réglementaire). Composition des commissions

Art. R. 2522-8. La Commission nationale de conciliation comprend :

1° Le ministre chargé du travail ou son représentant, président ;

2° Un représentant du ministre chargé de l'économie;
3° Cinq représentants des employeurs;
4° Cinq représentants des salariés.

Art. R. 2522-9. La commission régionale de conciliation comprend une section régionale et, éventuellement, des sections à compétence départementale ou interdépartementale.

Les sections régionale et interdépartementale comprennent:
1° Le préfet de région ou de département ou son représentant, président;
2° Cinq représentants des employeurs;
3° Cinq représentants des salariés.

Art. R. 2522-10. La section à compétence départementale comprend:
1° Le préfet ou son représentant, président;
2° Cinq représentants des employeurs;
3° Cinq représentants des salariés.

Art. R. 2522-11. Lorsque le conflit concerne une branche d'activité pour laquelle les services des ministres chargés de l'industrie, de l'équipement et des transports exercent en application d'une disposition législative les fonctions normalement dévolues à l'inspection du travail, les commissions ou sections prévues aux articles R. 2522-8 à R. 2522-10 comprennent également un représentant de l'administration concernée.

(D. 2019-1379 du 18 déc. 2019, art. 2, II, 1°, JO 19, entrée en vigueur le 01.01.2020) «Lorsque le conflit concerne une branche d'activité relevant des professions agricoles, la commission régionale prévue à l'article R. 2522-9 est la seule compétente et les représentants des employeurs et des salariés qui y siègent appartiennent à des professions agricoles. La commission régionale comprend également un représentant de la direction régionale de l'alimentation, de l'agriculture et de la forêt.»

Art. R. 2522-12. Les membres des commissions de conciliation sont nommés pour trois ans.

Art. R. 2522-13. Les membres de la commission nationale sont nommés par arrêté du ministre chargé du travail.

Les membres des sections régionales et ceux des sections à compétence interdépartementale sont nommés par arrêté du préfet de région.

Les membres des sections à compétence départementale sont nommés par arrêté du préfet.

Art. R. 2522-14. Les représentants des employeurs et des salariés au sein des commissions et sections sont nommés sur proposition des organisations syndicales d'employeurs et de salariés représentatives sur le plan national.

Ces organisations soumettent à l'autorité investie du pouvoir de nomination des listes comportant des noms en nombre double de celui des postes à pourvoir.

Avant de procéder aux nominations, le préfet prend l'avis du ***(D. 2020-1545 du 9 déc. 2020, JO 10, entrée en vigueur le 01.04.2021)*** «directeur régional de l'économie, de l'emploi, du travail et des solidarités».

Art. R. 2522-15. Des membres suppléants, en nombre double de celui des membres titulaires, sont désignés dans les mêmes conditions que ces derniers. Ils ne siègent qu'en l'absence des titulaires.

Les représentants titulaires et suppléants des employeurs et des salariés au sein des sections régionales, interdépartementales et départementales sont choisis parmi les employeurs et les salariés qui exercent effectivement leur activité professionnelle dans le ressort de ces sections.

Art. R. 2522-16. Les membres des commissions ne doivent avoir fait l'objet d'aucune interdiction, déchéance ou incapacité relative à leurs droits civiques.

Sous-section 3 (réglementaire). Fonctionnement des commissions

Art. R. 2522-17. En cas de recours par les parties à la procédure de conciliation, la partie la plus diligente adresse au président de la commission une requête exposant les points sur lesquels porte le désaccord.

Lorsque le ministre chargé du travail ou le préfet saisit la commission nationale ou régionale de conciliation, la convocation adressée aux membres de la commission mentionne les points sur lesquels porte le désaccord.

Ces requêtes et communications sont inscrites à leur date d'arrivée sur les registres spéciaux ouverts respectivement au ministère chargé du travail et dans chaque ***(D. 2020-1545 du 9 déc. 2020, JO 10, entrée en vigueur le 01.04.2021)*** «direction régionale de l'économie, de l'emploi, du travail et des solidarités».

Art. R. 2522-18. Devant les commissions de conciliation, les parties peuvent être assistées d'un membre de l'organisation professionnelle d'employeurs ou de salariés à laquelle elles appartiennent.

Lorsque les parties se font représenter, le représentant appartient à la même organisation que la partie qu'il représente ou exerce effectivement, à titre permanent, une activité dans l'entreprise où a lieu le conflit. Il est dûment mandaté et a qualité pour conclure un accord de conciliation au nom de son mandant.

Art. R. 2522-19. La convocation des parties au conflit est faite, sur la demande du président de la commission, soit par lettre recommandée avec avis de réception, soit par notification délivrée contre récépissé signé par l'intéressé.

Lorsque l'une des parties ne comparaît pas ou ne se fait pas représenter devant la commission dans les conditions énoncées aux premier et deuxième alinéas de l'article L. 2522-3, le président, après avoir constaté son absence, fixe une nouvelle date de réunion au cours de la séance. La nouvelle réunion ne peut avoir lieu plus de huit jours après la date de la réunion initialement fixée. Le président notifie cette date de réunion à la partie présente ou représentée. Il convoque la partie défaillante dans les formes prévues au premier alinéa.

Art. R. 2522-20. Lorsqu'une partie régulièrement convoquée ne comparaît pas, sans motif légitime, à la nouvelle réunion, le président établit un procès-verbal de carence. Ce procès-verbal indique les points de désaccord précisés par la partie présente ou représentée.

La non-comparution de la partie qui a introduit la requête de conciliation vaut renonciation à la demande.

Art. R. 2522-21. Lorsqu'un accord est intervenu devant une commission de conciliation, le président établit et notifie aux parties le procès-verbal. Ce dernier est communiqué dans le délai de vingt-quatre heures au ministre chargé du travail et au préfet de la région ou du département. Son dépôt est réalisé conformément aux dispositions de l'article D. 2231-2 ***(D. 2019-1379 du 18 déc. 2019, art. 2, II, 2°, JO 19, entrée en vigueur le 01.01.2020)*** «ou de l'article D. 2231-3 pour les professions agricoles».

Lorsque les parties ne parviennent pas à un accord, un procès-verbal de non-conciliation est établi et leur est aussitôt notifié par lettre recommandée avec avis de réception. Ce procès verbal précise les points sur lesquels elles sont parvenues à un accord et ceux sur lesquels le désaccord persiste. Il est communiqué au ministre chargé du travail et au préfet de la région ou du département dans les quarante-huit heures.

Le procès-verbal est, dans tous les cas, signé par le président, les membres de la commission ainsi que par les parties présentes ou leurs représentants.

Art. R. 2522-22. Le secrétariat des commissions est assuré par les services du ministre chargé du travail.

Art. R. 2522-23. Un arrêté conjoint des ministres chargés du travail, de l'agriculture et des finances fixe les conditions dans lesquelles sont allouées les indemnités de déplacement des membres des commissions et, pour les membres autres que les fonctionnaires en activité, les vacations.

SECTION 3. Entreprises publiques et établissements publics industriels et commerciaux

Art. L. 2522-8. Dans les entreprises publiques et les établissements publics industriels et commerciaux employant du personnel sous statut, les conflits collectifs de travail peuvent être soumis à des procédures de conciliation dans les conditions définies à la présente section.

Art. L. 2522-9. Dans chaque entreprise publique ou établissement public intéressé, un protocole établi par accord entre la direction, les organisations syndicales représentatives du personnel et le ministre dont relève l'entreprise publique ou l'établissement public fixe la procédure suivant laquelle sont examinés, aux fins de conciliation, les différends collectifs de travail.

Art. L. 2522-10. La procédure de conciliation fait intervenir, sous la présidence du ministre dont relève l'entreprise publique ou l'établissement public, la direction de l'entreprise publique ou de l'établissement public et les représentants des organisations syndicales représentatives du personnel.

Lorsque le différend intéresse la rémunération de personnels en activité ou en retraite, les représentants des ministres chargés du travail, du budget et de l'économie interviennent également.

Art. L. 2522-11. Les accords établis à l'issue de la conciliation entre les parties intervenues dans cette procédure sont enregistrés dans les procès-verbaux des séances et engagent les parties.

Art. L. 2522-12. À défaut de procédures particulières instituées conformément à l'article L. 2522-9, les différends collectifs de travail dans les entreprises publiques et les établissements publics industriels et commerciaux à statut peuvent être soumis à la procédure de conciliation de droit commun.

SECTION 4. Dispositions d'application

Art. L. 2522-13. Des décrets en Conseil d'État déterminent les modalités d'application du présent chapitre.

CHAPITRE III Médiation

SECTION 1. Désignation du médiateur

Art. L. 2523-1. La procédure de médiation peut être engagée par le président de la commission de conciliation qui, dans ce cas, invite les parties à désigner un médiateur dans un délai déterminé afin de favoriser le règlement amiable du conflit collectif.

Cette procédure peut être également engagée par l'autorité administrative à la demande écrite et motivée de l'une des parties ou de sa propre initiative.

Art. L. 2523-2. Lorsque les parties ne s'entendent pas pour désigner un médiateur, ce dernier est choisi par l'autorité administrative sur une liste de personnalités désignées en fonction de leur autorité morale et de leur compétence économique et sociale.

Art. L. 2523-3. Les listes de médiateurs sont dressées après consultation et examen des suggestions des organisations syndicales d'employeurs et de salariés représentatives au niveau national, siégeant à la commission nationale de la négociation collective [, de l'emploi et de la formation professionnelle].

Art. R. 2523-1. Les listes de médiateurs appelés à être désignés pour un conflit régional, départemental ou local sont préparées par le ***(D. 2020-1545 du 9 déc. 2020, JO 10, entrée en vigueur le 01.04.2021)*** « directeur régional de l'économie, de l'emploi, du travail et des solidarités », après consultation des organisations d'employeurs et de salariés représentatives au niveau national. Ces organisations disposent d'un délai d'un mois pour présenter leurs observations.

Les listes de médiateurs comportent dix noms au moins de personnalités choisies dans les conditions prévues au premier alinéa.

Chaque liste régionale est arrêtée par le préfet de région. Elle est publiée aux recueils des actes administratifs des départements intéressés.

Art. R. 2523-2. La liste des médiateurs appelés à être désignés par le ministre chargé du travail pour un conflit à incidence nationale ou dont l'incidence s'étend à plus d'une région comprend au moins trente noms de personnalités. ***(D. 2019-1379 du 18 déc. 2019, art. 2, II, 3°, JO 19, entrée en vigueur le 01.01.2020)*** « Elle est commune pour les professions agricoles et non agricoles et est arrêtée conjointement par les ministres chargés du travail et de l'agriculture. »

Les organisations d'employeurs et de salariés représentatives au niveau national disposent d'un délai d'un mois pour présenter leurs observations sur cette liste.

Elle est publiée au *Journal officiel* de la République française après la consultation.

Art. R. 2523-3. Les listes des médiateurs sont révisées tous les trois ans. Elles peuvent être complétées à tout moment.

Art. R. 2523-4. La procédure de médiation est engagée :

1° Soit après l'échec d'une procédure de conciliation, par le ministre chargé du travail ou par le président de la commission régionale de conciliation, à la demande de l'une des parties ou de sa propre initiative ;

2° Soit directement, conformément aux dispositions du troisième alinéa de l'article L. 2522-1, par le ministre chargé du travail ou, s'il s'agit d'un conflit à incidence régionale, départementale ou locale, par le préfet.

Les parties peuvent présenter conjointement des requêtes à fin de médiation précisant qu'elles entendent recourir directement à la médiation et indiquant le nom du médiateur choisi d'un commun accord. La décision de saisir directement le médiateur est prise par le ministre s'il s'agit d'un conflit à incidence nationale ou dont l'incidence s'étend à plus d'une région. Dans les autres cas, elle est prise par le préfet de région.

Art. R. 2523-5. Lorsque l'importance du conflit, son incidence géographique, le nombre de salariés concernés ou les circonstances particulières dans lesquelles il s'est produit le nécessitent, le médiateur peut être désigné par le ministre chargé du travail.

Art. R. 2523-6. Les médiateurs peuvent faire appel à des experts et des personnes qualifiées qui n'ont fait l'objet d'aucune interdiction, déchéance ou capacité relative à leurs droits civiques.

SECTION 2. Procédure de médiation

Art. L. 2523-4. Le médiateur convoque les parties dans les conditions mentionnées à l'article L. 2522-3.

Art. L. 2523-5. Après avoir, lorsqu'il est nécessaire, essayé de concilier les parties, le médiateur leur soumet, sous forme de recommandation motivée, des propositions en vue du règlement des points en litige, dans un délai d'un mois à compter de sa désignation. Ce délai peut être prorogé avec leur accord.

Toutefois, lorsque le médiateur constate que le conflit porte sur l'interprétation ou la méconnaissance des dispositions légales ou des stipulations conventionnelles, il recommande aux parties de soumettre le conflit soit à la juridiction compétente, soit à la procédure contractuelle d'arbitrage prévue aux articles L. 2524-1 et L. 2524-2.

Art. L. 2523-6. À compter de la réception de la proposition de règlement du conflit soumise par le médiateur aux parties, celles-ci peuvent, pendant un délai de huit jours, notifier au médiateur, dans des conditions prévues par voie réglementaire, qu'elles rejettent sa proposition. Elles motivent leur rejet. Le médiateur informe aussitôt la ou les autres organisations parties au conflit de ces rejets et de leurs motivations.

Au terme du délai de huit jours prévu au premier alinéa, le médiateur constate l'accord ou le désaccord.

L'accord des parties sur la recommandation du médiateur lie celles qui ne l'ont pas rejetée, dans les conditions déterminées par le livre II relatif aux conventions et aux accords collectifs de travail. Il est applicable dans les conditions prévues par l'article L. 2524-5.

Art. L. 2523-7. En cas d'échec de la tentative de médiation et après l'expiration d'un délai de quarante-huit heures à compter de la constatation du désaccord, le médiateur communique au ministre chargé du travail le texte de la recommandation motivée et signée, accompagné d'un rapport sur le différend, ainsi que les rejets motivés adressés par les parties au médiateur.

Les conclusions de la recommandation du médiateur et les rejets des parties ainsi que leurs motivations sont rendus publics, dans un délai de trois mois, par le ministre chargé du travail.

Art. L. 2523-8. Lorsqu'une partie régulièrement convoquée dans les conditions prévues à l'article L. 2523-4 ne comparaît pas, sans motif légitime, devant le médiateur ou ne se fait pas représenter, le médiateur établit un rapport. Ce rapport est remis à l'autorité administrative qui le transmet au procureur de la République.

Art. L. 2523-9. Lorsque la communication des documents utiles à l'accomplissement de sa mission est sciemment refusée au médiateur, celui-ci remet un rapport à l'autorité administrative qui le transmet au procureur de la République.

Art. R. 2523-7. Lorsqu'il s'agit d'un conflit à incidence nationale ou d'un conflit dont l'incidence s'étend à plus d'une région, la partie qui recourt à la médiation adresse une demande écrite et motivée au ministre chargé du travail. Dans les autres cas, la partie adresse la demande au président de la commission régionale de conciliation compétente. La demande précise les points sur lesquels porte ou persiste le conflit.

Dès réception de la demande, le service administratif concerné l'inscrit sur un registre spécial et constitue le dossier.

Dans le cas prévu au quatrième alinéa de l'article R. 2523-4, la demande conjointe des parties est adressée au ministre chargé du travail ou au préfet de région, qui désigne, s'il y a lieu, le médiateur choisi et lui transmet le dossier constitué sur le conflit.

(D. 2019-1379 du 18 déc. 2019, art. 2, II, 4°, JO 19, entrée en vigueur le 01.01.2020) « Lorsque le conflit à incidence nationale ou dont l'incidence s'étend à plus d'une région concerne les professions agricoles, le ministre chargé de l'agriculture est associé à la procédure de médiation. »

Art. R. 2523-8. Dans le cas d'un conflit à incidence nationale ou dont l'incidence s'étend à plus d'une région lorsque les parties ne peuvent se mettre d'accord sur le choix d'un médiateur dans un délai de trois jours suivant le dépôt de la requête ou lorsque la procédure de médiation est engagée par le ministre chargé du travail, celui-ci, après avoir pris connaissance des propositions faites par les parties, désigne le médiateur parmi les personnes figurant sur la liste prévue à l'article.

Art. R. 2523-9. Dans le cas d'un conflit à incidence régionale, départementale ou locale, lorsque les parties n'ont pu se mettre d'accord sur le choix d'un médiateur dans le délai de trois jours suivant le dépôt de la requête, ou lorsque la procédure est engagée soit par le président de la commission régionale de conciliation, soit dans le cas du 2° de l'article R. 2523-4 par le préfet, celui-ci, sur proposition du ***(D. 2020-1545 du 9 déc. 2020, JO 10, entrée en vigueur le 01.04.2021)*** « directeur régional de l'économie, de l'emploi, du travail et des solidarités », désigne le médiateur parmi les personnes figurant sur les listes mentionnées à l'article R. 2523-1.

Art. R. 2523-10. Lorsque la procédure de médiation est engagée par le ministre chargé du travail ou par le président de la commission régionale de conciliation à la demande de l'une des parties ou de sa propre initiative, le dossier constitué sur le conflit est communiqué au médiateur concomitamment à la notification de sa désignation.

Le médiateur est saisi du conflit par une communication écrite qui en précise l'objet.

Art. R. 2523-11. Le médiateur a les plus larges pouvoirs pour s'informer de la situation économique des entreprises et de la situation des salariés concernés par le conflit.

Il peut procéder à toutes enquêtes auprès des entreprises et des syndicats et requérir des parties la transmission de tout document ou renseignement d'ordre économique, comptable, financier, statistique ou administratif susceptible de lui être utile pour accomplir sa mission. Il peut faire appel à des experts ainsi qu'à toute personne qualifiée susceptible de l'éclairer.

Les parties remettent au médiateur un mémoire contenant leurs observations. Chaque mémoire est communiqué par la partie qui l'a rédigé à la partie adverse.

Art. R. 2523-12. Le médiateur peut procéder à toutes auditions qu'il juge utiles. Il convoque les parties par lettre recommandée avec avis de réception ou par notification délivrée contre récépissé. Elles peuvent, en cas d'empêchement grave, se faire représenter par une personne ayant qualité pour conclure un accord.

Les personnes morales parties au conflit sont tenues de se faire représenter devant le médiateur dans les conditions prévues aux articles L. 2522-3 et R. 2522-18.

Lorsque sans motif légitime, une partie régulièrement convoquée ne comparaît pas ou ne se fait pas représenter, le médiateur établit, conformément aux dispositions de l'article L. 2523-8, un rapport qu'il envoie au ministre chargé du travail ou au préfet, aux fins de transmission au parquet.

Art. R. 2523-13. Le médiateur peut, en accord avec les parties, suspendre l'élaboration de sa recommandation et la subordonner à la reprise des discussions entre elles sous une forme et dans un délai qu'il précise.

Art. R. 2523-14. Le rejet de la proposition de règlement du conflit du médiateur prévue à l'article L. 2523-6 est adressé par lettre recommandée avec avis de réception.

Le médiateur informe aussitôt de ce rejet les autres parties au conflit par lettre recommandée.

Art. R. 2523-15. Lorsqu'il s'agit d'un conflit à incidence nationale ou d'un conflit dont l'incidence s'étend à plus d'une région ou lorsqu'il s'agit du cas prévu à l'article R. 2523-5, les documents mentionnés au deuxième alinéa de l'article L. 2523-7 sont publiés au *Journal officiel* de la République française par le ministre chargé du travail.

Lorsqu'il s'agit d'un conflit à incidence régionale, départementale ou locale, ces documents sont publiés par le préfet au recueil des actes administratifs du ou des départements intéressés.

Art. R. 2523-16. Le rapport du médiateur prévu à l'article L. 2523-7 peut être rendu public sur décision du ministre chargé du travail.

SECTION 3. Dispositions d'application

Art. L. 2523-10. Des décrets en Conseil d'État déterminent les modalités d'application du présent chapitre.

SECTION 3 (réglementaire). Indemnités et dépenses de déplacements

Art. R. 2523-17. Pour chaque médiation, une indemnité forfaitaire est allouée aux médiateurs figurant sur les listes mentionnées à l'article R. 2523-3 ayant agi en cette qualité et en application des articles L. 2523-1 à L. 2523-9.

Le taux de cette indemnité varie en fonction de l'importance du conflit.

L'indemnité allouée comprend le remboursement des frais de secrétariat, de correspondance ou de déplacement nécessités par l'accomplissement de leur mission.

Art. R. 2523-18. Lorsque les médiateurs font appel à des experts, ces derniers sont rémunérés à la vacation.

Les personnes qualifiées qui prêtent leur concours aux médiateurs perçoivent une indemnité forfaitaire.

Art. R. 2523-19. Le taux et les conditions d'attribution des indemnités forfaitaires prévues aux articles R. 2523-17 et R. 2523-18 et des vacations sont fixés par arrêté conjoint des ministres chargés du travail, de l'agriculture et des finances.

Art. R. 2523-20. Les frais de déplacement et de séjour hors de leur résidence supportés par les médiateurs, les experts et les personnes qualifiées pour l'accomplissement de leur mission, leur sont remboursés dans les conditions prévues par la réglementation en vigueur pour les fonctionnaires de l'État.

CHAPITRE IV Arbitrage

SECTION 1. Arbitre

Art. L. 2524-1. La convention ou l'accord collectif de travail peut prévoir une procédure contractuelle d'arbitrage et l'établissement d'une liste d'arbitres dressée d'un commun accord entre les parties.

Art. L. 2524-2. Lorsque la convention collective de travail ne prévoit pas de procédure contractuelle d'arbitrage, les parties intéressées peuvent décider d'un commun accord de soumettre à l'arbitrage les conflits qui subsisteraient à l'issue d'une procédure de conciliation ou de médiation.

L'arbitre est choisi soit par accord entre les parties, soit selon les modalités établies d'un commun accord entre elles.

Art. L. 2524-3. Lorsque le conflit est soumis à l'arbitrage, les pièces établies dans le cadre des procédures de conciliation ou de médiation sont remises à l'arbitre.

Art. L. 2524-4. L'arbitre ne peut pas statuer sur d'autres objets que ceux qui sont déterminés par le procès-verbal de non-conciliation ou par la proposition du médiateur ou ceux qui, résultant d'événements postérieurs à ce procès-verbal, sont la conséquence du conflit en cours.

Il statue en droit sur les conflits relatifs à l'interprétation et à l'exécution des lois, règlements, conventions collectives ou accords en vigueur.

Il statue en équité sur les autres conflits, notamment lorsque le conflit porte sur les salaires ou sur les conditions de travail qui ne sont pas fixées par les dispositions des lois, règlements, conventions collectives ou accords en vigueur, et sur les conflits relatifs à la négociation de la révision des clauses des conventions collectives.

Note L'arbitre, saisi de conclusions tendant à ce que les dispositions d'une convention collective soient déclarées applicables à des entreprises ou à des salariés non compris dans le champ d'application de cette convention, est tenu, à défaut de motifs juridiques y faisant obstacle, statuant en équité, de rechercher si les conditions économiques et sociales justifient qu'il soit fait droit à ces conclusions, et, dans l'affirmative, de décider que les dispositions de la convention collective seront appliquées à titre de règlement de travail (Cour sup. arbitr. 7 juillet 1971, Dr. Soc. 1972, p. 31, concl. Fleck).

Art. L. 2524-5. Les accords ou sentences arbitrales intervenant en application du présent titre ont les mêmes effets que les conventions et accords collectifs de travail.

Ils sont applicables, sauf stipulations contraires, à compter du jour suivant leur dépôt auprès de l'autorité administrative compétente dans les conditions déterminées à l'article L. 2231-6.

Art. L. 2524-6. Les sentences arbitrales sont motivées.

Elles ne peuvent faire l'objet que du recours pour excès de pouvoir devant la cour supérieure d'arbitrage mentionnée à l'article L. 2524-7.

Art. R. 2524-1. L'arbitre notifie la sentence aux parties dans un délai de vingt-quatre heures après qu'elle a été prise. Cette notification est faite par lettre recommandée avec avis de réception.

Après cette notification, l'arbitre envoie un exemplaire de la sentence et des pièces au vu desquelles elle a été rendue au ministre chargé du travail. Cet envoi, aux frais des parties, est adressé sous pli recommandé avec avis de réception.

SECTION 2. Cour supérieure d'arbitrage

Art. L. 2524-7. La cour supérieure d'arbitrage connaît des recours pour excès de pouvoir ou violation de la loi formés par les parties contre les sentences arbitrales.

Note Le secrétaire général d'un syndicat, partie au conflit, est recevable en cette qualité à former un recours contre une sentence arbitrale devant la Cour supérieure d'arbitrage (Cour sup. arbitr. 7 juillet 1971, Dr. Soc. 1972, p. 31, concl. Fleck).

Art. L. 2524-8. La cour supérieure d'arbitrage est présidée par le vice-président du Conseil d'État ou par un président de section au Conseil d'État en activité ou honoraire, président.

Elle est composée de manière paritaire de conseillers d'État en activité ou honoraires et de hauts magistrats de l'ordre judiciaire en activité ou honoraires.

Art. L. 2524-9. Lorsque la cour supérieure d'arbitrage prononce l'annulation en tout ou partie d'une sentence arbitrale, elle renvoie l'affaire aux parties qui désignent, si elles en sont d'accord, un nouvel arbitre.

Lorsque, à la suite d'un nouveau pourvoi, la nouvelle sentence est annulée par la cour, celle-ci désigne l'un de ses rapporteurs pour procéder à une instruction complémentaire.

Elle rend, dans les quinze jours suivant le deuxième arrêt d'annulation, après avoir pris connaissance de l'enquête, et avec les mêmes pouvoirs qu'un arbitre, une sentence arbitrale qui ne peut faire l'objet d'aucun recours.

Art. L. 2524-10. Les actes accomplis en exécution des dispositions du présent chapitre sont dispensés des droits de timbre et d'enregistrement.

Sous-section 1 (réglementaire). Composition et fonctionnement

Art. R. 2524-2. Les membres de la Cour supérieure d'arbitrage sont nommés par décret pour une durée de trois ans.

Art. R. 2524-3. La Cour supérieure d'arbitrage est composée, outre son président, vice-président du Conseil d'État ou président de section au Conseil d'État en activité ou honoraire :

1° De quatre conseillers d'État en activité ou honoraires ;

2° De quatre hauts magistrats de l'ordre judiciaire en activité ou honoraires.

Art. R. 2524-4. Des conseillers d'État et des magistrats, en activité ou honoraires, sont désignés à titre de suppléants en nombre égal à celui des membres titulaires pour la même durée.

Ils sont nommés pour une durée de trois ans par décret pris sur le rapport conjoint du ministre chargé du travail et du garde des sceaux, ministre de la justice.

Art. R. 2524-5. En cas d'absence ou d'empêchement du président de la Cour supérieure d'arbitrage, la présidence de l'audience est assurée par le plus ancien des conseillers d'État, membre titulaire de la cour. La cour est dans ce cas complétée par un conseiller d'État, membre suppléant.

Art. R. 2524-6. Lorsque l'un des membres de la Cour supérieure d'arbitrage vient à perdre la qualité en raison de laquelle il a été nommé, il est procédé par décret à la désignation de son successeur. Le successeur reste en fonctions jusqu'à expiration de la durée normale des fonctions du membre remplacé.

En cas de vacance par suite de décès ou de démission, la procédure de désignation est identique.

Art. R. 2524-7. Les membres de la Cour supérieure d'arbitrage ne peuvent délibérer qu'en nombre impair. Si la cour se réunit en nombre pair, le membre le moins âgé s'abstient de délibérer.

La cour ne statue que si cinq membres au moins sont présents. La présence de sept membres est exigée lorsque la cour rend une sentence dans les conditions prévues au troisième alinéa de l'article L. 2524-9.

Art. R. 2524-8. Des maîtres des requêtes ou des auditeurs au Conseil d'État, des conseillers référendaires ou des auditeurs à la Cour des comptes concluent dans chaque affaire.

Ils sont nommés commissaires du Gouvernement auprès de la cour respectivement par arrêté du Premier ministre et du garde des sceaux, ministre de la justice.

Art. R. 2524-9. Des maîtres des requêtes ou des auditeurs au Conseil d'État, des conseillers référendaires ou des auditeurs à la Cour des comptes sont adjoints à la Cour supérieure d'arbitrage en qualité de rapporteurs.

Ils sont nommés dans les mêmes formes que les commissaires du Gouvernement.

Ils ont voix consultative dans les affaires dont le rapport leur est confié.

Art. R. 2524-10. Le secrétaire et le secrétaire adjoint de la Cour supérieure d'arbitrage sont désignés par le vice-président du Conseil d'État parmi les fonctionnaires des services du Conseil d'État.

En cas de surplus d'activité, le service du secrétariat est assuré :
1° Soit par des fonctionnaires recrutés spécialement ;
2° Soit par des fonctionnaires mis à la disposition de la cour par le ministre chargé du travail.

Art. R. 2524-11. La Cour supérieure d'arbitrage a son siège au Conseil d'État.

Sous-section 2 (réglementaire). Procédure d'arbitrage

Art. R. 2524-12. Les recours devant la Cour supérieure d'arbitrage sont formés par requêtes écrites et signées par les parties ou un mandataire. Ce dernier justifie d'un mandat spécial et écrit s'il n'est ni avocat au Conseil d'État et à la Cour de cassation, ni avocat régulièrement inscrit à un barreau.

La requête est adressée au président de la cour par lettre recommandée avec avis de réception.

Les recours sont formés dans un délai de huit jours francs à compter de la notification de la sentence. Ils ne sont pas suspensifs.

À peine d'irrecevabilité, le recours comprend l'exposé des moyens d'excès de pouvoir ou de violation de la loi sur lequel il se fonde et est accompagné de la sentence attaquée.

Note Le 1er alinéa de cet article a été modifié par le décret 2012-634 du 3 mai 2012, art. 21, 3°, JO 5.

Art. R. 2524-13. La requête est accompagnée :
1° De copies, en double exemplaire, de la requête et de la sentence attaquée ;
2° D'une note précisant les parties intéressées et donnant leur adresse complète ;
3° Des copies de la requête en nombre égal à celui des parties intéressées ;
4° Des pièces dont le requérant entend se servir.

Art. R. 2524-14. Les requêtes sont enregistrées au secrétariat de la Cour supérieure d'arbitrage dans l'ordre de leur arrivée.

Art. R. 2524-15. Chaque affaire est instruite par un membre de la Cour supérieure d'arbitrage ou par un des rapporteurs adjoints à la cour désigné par le président.

Dès la réception de la requête, le rapporteur en donne communication au ministre chargé du travail. Il lui demande de produire le dossier envoyé par l'arbitre et de présenter, le cas échéant, les observations qu'il juge utiles.

Il avise chaque partie intéressée par l'envoi d'une des copies jointes à la requête de l'instance introduite devant la cour. Il leur impartit un délai pour présenter leur mémoire.

Les parties sont invitées à prendre connaissance du dossier au secrétariat de la cour.

Art. R. 2524-16. Les rôles de chaque séance sont préparés par le commissaire du Gouvernement et arrêtés par le président de la Cour supérieure d'arbitrage.

Ils sont communiqués au ministre chargé du travail et, s'il y a lieu, au ministre de l'agriculture.

Les parties sont avisées de la date de l'audience.

Art. R. 2524-17. Le rapporteur lit son rapport à l'audience.

Avant que le commissaire du Gouvernement prononce ses conclusions, le président peut autoriser soit les parties, soit les avocats au Conseil d'État et à la Cour de cassation, les avocats régulièrement inscrits au barreau ou les mandataires des parties à présenter brièvement des observations orales.

Art. R. 2524-18. Les décisions de la Cour supérieure d'arbitrage sont rendues au nom du peuple français.

Elles contiennent l'analyse sommaire des moyens et des conclusions des recours. Elles visent les pièces soumises à la cour et les lois dont il est fait application.

Elles sont signées par le président, le rapporteur et le secrétaire ou le secrétaire adjoint. Elles sont lues en séance publique.

Elles sont notifiées par le président aux parties dans un délai de vingt-quatre heures. Ces notifications sont faites par lettre recommandée avec avis de réception.

Art. R. 2524-19. Les expéditions des décisions délivrées par le secrétaire ou le secrétaire adjoint de la Cour supérieure d'arbitrage portent la formule exécutoire suivante :

« La République mande et ordonne au ministre (ajouter le département ministériel désigné par la décision) en ce qui le concerne et à tout huissier à ce requis, en ce qui concerne les voies de droit commun contre les parties privées, de pourvoir à l'exécution de la présente décision. »

Art. R. 2524-20. Les expéditions des décisions de la Cour supérieure d'arbitrage et tous les actes de procédure auxquels donne lieu l'application de la présente section portent la mention qu'ils sont faits en exécution du chapitre IV du titre II du livre V de la partie II du code du travail.

Le secrétariat de la cour communique les arrêts et les sentences rendus au ministre chargé du travail ou au ministre chargé de l'agriculture.

Les arrêts et les sentences de la cour sont publiés au *Journal officiel* de la République française.

Art. R. 2524-21. Les audiences de la Cour supérieure d'arbitrage sont publiques.

Les dispositions des articles 438 et 439 du code de procédure civile sur la police des audiences sont applicables à la cour.

Art. R. 2524-22. L'arrêt de la Cour supérieure d'arbitrage est rendu au plus tard huit jours francs après que le recours a été formé.

Il prend effet le jour de sa notification.

SECTION 3. Dispositions d'application

Art. L. 2524-11. Des décrets en Conseil d'État déterminent les modalités d'application du présent chapitre.

CHAPITRE V Dispositions pénales

Art. L. 2525-1. Le fait de méconnaître les dispositions des articles L. 2522-3 et L. 2523-4 est puni d'une amende de 3750 €.

Art. L. 2525-2. Le fait de méconnaître les dispositions de l'article L. 2523-9 est puni d'une amende de 3750 €.

Art. R. 2525-1. Le fait pour une partie régulièrement convoquée de ne pas comparaître, sans motif légitime, devant la commission de conciliation, ou de ne pas se faire représenter dans les conditions fixées aux premier et deuxième alinéas de l'article L. 2522-3, est puni de l'amende prévue pour les contraventions de la cinquième classe.

Art. R. 2525-2. Le fait, pour un employeur compris dans le champ d'application professionnel ou territorial d'une sentence arbitrale ou d'un accord intervenu au cours d'une procédure de conciliation ou de médiation dont les dispositions ont fait l'objet d'un arrêté d'extension, de payer des salaires inférieurs à ceux fixés par cette sentence ou cet accord est puni de l'amende prévue à l'article R. 2263-3.

LIVRE VI

DISPOSITIONS RELATIVES À L'OUTRE-MER

TITRE Ier DISPOSITIONS GÉNÉRALES

CHAPITRE UNIQUE

Art. L. 2611-1. Les dispositions générales prévues par l'article L. 1511-1 sont également applicables aux dispositions du présent livre.

Note Quelle que soit la terminologie qu'il emploie, le code du travail ne trouve effet, sauf exception expresse, que dans les départements métropolitains ou d'outre-mer, à Saint-Barthélemy, à Saint-Martin et à Saint-Pierre-et-Miquelon.

TITRE II GUADELOUPE, GUYANE, MARTINIQUE, MAYOTTE, LA RÉUNION, SAINT-BARTHÉLEMY, SAINT-MARTIN ET SAINT-PIERRE-ET-MIQUELON

CHAPITRE Ier Dispositions générales

Art. L. 2621-1. Les dispositions générales prévues par ***(Ord. 2008-205 du 27 févr. 2008, JO 1er mars)*** «les articles L. 1521-1 à L. 1521-4» sont également applicables aux dispositions du présent titre.

Art. L. 2621-2. ***(Ord. 2017-1491 du 25 oct. 2017, art. 3, 4°, JO 26, entrée en vigueur le 01.01.2018)*** Une commission consultative du travail est instituée auprès du représentant de l'État à Mayotte.

Cette commission comprend un nombre égal de membres employeurs et de membres salariés désignés par le représentant de l'État à Mayotte sur propositions respectives de chacune des organisations professionnelles d'employeurs et des organisations syndicales de salariés représentatives dans le département.

Un décret détermine les conditions d'application du présent article.

SECTION 1 (réglementaire). Champ d'application

Note Les sections 1 et 2 de ce chapitre sont issues du décret 2018-1337 du 28 décembre 2018, art. 1er, JO 30.

Art. D. 2621-1. S'appliquent ***(D. 2018-953 du 31 oct. 2018, art. 3, 2°, JO 6 nov.)*** «en Guadeloupe, en Guyane, en Martinique, à Mayotte, à La Réunion», à Saint-Barthélemy, à Saint-Martin et à Saint-Pierre-et-Miquelon les dispositions relatives:

1° Aux critères de représentativité syndicale, prévues au chapitre Ier du titre II du livre premier;

2° Aux conditions de validité de négociation et de conclusion des conventions et accords collectifs de travail, prévues au chapitre Ier du titre III du livre II;

3° Aux règles applicables à chaque niveau de négociation, prévues au chapitre II du titre III du livre II;

4° À la négociation de branche et professionnelle, prévues à la section 1 du chapitre Ier du titre IV du livre II;

5° À la négociation triennale de branche et professionnelle sur l'égalité professionnelle entre les femmes et les hommes, prévue à la sous-section 2 de la section 2 du chapitre Ier du titre IV du livre I;

6° À la négociation triennale de branche et professionnelle des travailleurs handicapés, prévues à la sous-section 3 de la section 2 du chapitre Ier du titre IV du livre II;

7° À la négociation triennale de branche et professionnelle dans le domaine de la formation professionnelle et à l'apprentissage, prévues à la sous-section 4 de la section 2 du chapitre Ier du titre IV du livre II;

8° Aux conditions d'applicabilité des conventions et accords, prévues au chapitre Ier du titre VI du livre II;

9° À l'effet de l'application des conventions et accords, prévues au chapitre II du titre VI du livre II;

10° À la Commission nationale de la négociation collective ***(D. 2018-1262 du 26 déc. 2018, art. 1er, III, JO 28, entrée en vigueur le 01.01.2019)*** «, de l'emploi et de la formation professionnelle», prévues au titre VII du livre II.

Art. D. 2621-2. ***(D. 2018-953 du 31 oct. 2018, art. 3, 3°, JO 6 nov.)*** «En Guadeloupe, en Guyane, en Martinique, à Mayotte, à La Réunion», à Saint-Barthélemy, à Saint-Martin et à Saint-Pierre-et-Miquelon, le préfet constate la représentativité des organisations d'employeurs et de salariés sur le fondement de l'enquête mentionnée à l'article L. 2121-1.

SECTION 2 (réglementaire). Commission consultative du travail

Art. D. 2621-3. La commission consultative du travail mentionnée à l'article L. 2621-2 peut être appelée par le représentant de l'État à donner un avis sur toutes les questions concernant le travail, l'emploi et la formation professionnelle.

Art. D. 2621-4. La commission consultative du travail est convoquée par le représentant de l'État à Mayotte de sa propre initiative ou à la demande de la majorité de ses membres titulaires.

Art. D. 2621-5. Le ***(D. 2020-1545 du 9 déc. 2020, JO 10, entrée en vigueur le 01.04.2021)*** «directeur de l'économie, de l'emploi, du travail et des solidarités» ou son représentant assiste de droit avec voix consultative aux séances de la commission, dont il assure le secrétariat.

Art. D. 2621-6. La commission consultative du travail se réunit au moins une fois par an.

CHAPITRE II Négociation collective - Conventions et accords collectifs de travail

Art. L. 2622-1. Outre les clauses rendues obligatoires par l'article L. 2261-22, les conventions collectives conclues au niveau ***(Ord. 2017-1491 du 25 oct. 2017, art. 3, 5°, JO 26, entrée en vigueur le 01.01.2018)*** «de la Guadeloupe, de la Guyane, de la Martinique, de Mayotte, de La Réunion» ***(Ord. 2008-205 du 27 févr. 2008, JO 1er mars)*** «, à Saint-Barthélemy ou à Saint-Martin» contiennent obligatoirement, pour pouvoir être étendues, des dispositions concernant l'attestation de formation professionnelle délivrée dans les unités du service militaire adapté.

Art. D. 2622-1. En vue de la définition des éléments essentiels servant à la détermination des classifications professionnelles et des niveaux de qualification, les conventions collectives conclues ***(D. 2018-953 du 31 oct. 2018, art. 3, 4°, JO 6 nov.)*** «en Guadeloupe, en Guyane, en Martinique, à Mayotte, à La Réunion», à Saint-Barthélemy et à Saint-Martin ainsi que leurs avenants prennent en compte, pour pouvoir être étendus, l'attestation de formation professionnelle mentionnée à l'article L. 2622-1.

Art. D. 2622-2. L'attestation de formation professionnelle délivrée dans les unités du service militaire adapté correspond à tout document signé par le chef de corps sanctionnant la réussite aux épreuves d'évaluation de la formation professionnelle suivie, pendant huit cents heures au moins, au sein du corps de troupe.

Art. L. 2622-2. ***(L. 2016-1088 du 8 août 2016, art. 26, I, 2°, JO 9)*** Lorsqu'une convention ou un accord collectif de travail national s'applique en Guadeloupe, en Guyane, en Martinique, à Mayotte, à La Réunion, à Saint-Barthélemy, à Saint-Martin et à Saint-Pierre-et-Miquelon, des modalités d'adaptation à la situation particulière de ces collectivités peuvent être prévues par accord collectif. Cet accord est conclu dans le délai de six mois prévu au dernier alinéa de l'article L. 2222-1 ou après l'expiration de ce délai.

Lorsqu'une convention ou un accord collectif de travail national exclut une application en Guadeloupe, en Guyane, en Martinique, à Mayotte, à La Réunion, à Saint-Barthélemy, à Saint-Martin ou à Saint-Pierre-et-Miquelon, des accords collectifs dont le champ d'application est limité à l'une de ces collectivités peuvent être conclus, le cas échéant en reprenant les stipulations de l'accord applicable à la métropole.

Art. L. 2622-3. ***(L. 2015-994 du 17 août 2015, art. 1er, X, JO 18, entrée en vigueur le 01.07.2017)*** Un décret fixe le nombre de représentants des organisations professionnelles d'employeurs et des organisations syndicales de salariés prévu aux articles L. 23-111-1 et L. 23-112-1 à Saint-Barthélemy et à Saint-Martin.

Art. D. 2622-3. ***(D. 2017-900 du 9 mai 2017, JO 10)*** Pour l'application de l'article L. 23-112-1 à Saint-Barthélemy, à Saint-Martin et à Saint-Pierre-et-Miquelon, il est attribué le nombre de sièges suivant:

1° Pour la commission paritaire régionale interprofessionnelle de Saint-Barthélemy: cinq sièges pour les organisations syndicales de salariés et cinq sièges pour les organisations professionnelles d'employeurs;

2° Pour la commission paritaire régionale interprofessionnelle de Saint-Martin: sept sièges pour les organisations syndicales de salariés et sept sièges pour les organisations professionnelles d'employeurs;

3° Pour la commission paritaire territoriale interprofessionnelle de Saint-Pierre-et-Miquelon: quatre sièges aux organisations syndicales de salariés et quatre sièges aux organisations professionnelles d'employeurs.

Art. L. 2622-4. ***(Ord. 2017-1718 du 20 déc. 2017, art. 1er, II, JO 21)*** Lorsque le salaire minimum national professionnel des salariés sans qualification à Mayotte est inférieur au salaire minimum interprofessionnel de croissance applicable à Mayotte, les organisations liées par une convention de branche ou, à défaut, par des accords professionnels se réunissent pour négocier sur les salaires.

À défaut d'initiative de la partie patronale dans les trois mois, la négociation s'engage dans les quinze jours suivant la demande d'une organisation syndicale représentative au sens de l'article L. 2231-1.

Note Cet article est l'ancien article L. 2622-3 introduit par l'ordonnance 2017-1491 du 25 octobre 2017, art. 3, 6°, JO 26.

Art. D. 2622-4. ***(D. 2017-1612 du 28 nov. 2017, JO 29)*** Pour l'application de l'article L. 2234-7, les attributions dévolues au ***(D. 2020-1545 du 9 déc. 2020, JO 10, entrée en vigueur le 01.04.2021)*** «directeur régional de l'économie, de l'emploi, du travail et des solidarités» et au responsable d'unité départementale sont exercées en Guadeloupe, en Martinique, ***(D. 2018-953 du 31 oct. 2018, art. 3, 5°, JO 6 nov.)*** « à Mayotte, » à La Réunion, à Saint-Barthélemy et à Saint-Martin par le ***(D. 2020-1545 du 9 déc. 2020, JO 10, entrée en vigueur le 01.04.2021)*** « directeur de l'économie, de l'emploi, du travail et des solidarités » et à Saint-Pierre-et-Miquelon, par le directeur de la cohésion sociale, du travail, de l'emploi et de la population.

CHAPITRE III Les conflits collectifs

Art. L. 2623-1. Au lieu et place des commissions régionales de conciliation prévues aux articles L. 2522-1 et L. 2522-7 du présent code et à l'article L. 718-8 du code rural ***(Ord. 2010-462 du 6 mai 2010, JO 7)*** « et de la pêche maritime », il est créé ***(Ord. 2017-1491 du 25 oct. 2017, art. 3, 7°, JO 26, entrée en vigueur le 01.01.2018)*** « en Guadeloupe, en Guyane, en Martinique, à Mayotte, à La Réunion » ***(Ord. 2008-205 du 27 févr. 2008, JO 1er mars)*** « , à Saint-Barthélemy, à Saint-Martin » et à Saint-Pierre-et-Miquelon une commission de conciliation organisée en deux sections respectivement compétentes pour les conflits collectifs de travail et pour les conflits collectifs de travail en agriculture.

Chaque section est composée de représentants des organisations représentatives des employeurs et des salariés, en nombre égal, ainsi que des représentants des pouvoirs publics dont le nombre ne peut excéder le tiers des membres de la section.

SECTION UNIQUE (réglementaire). Commission de conciliation

Sous-section 1. Compétence

Art. R. 2623-1. La commission de conciliation prévue à l'article L. 2623-1 peut connaître de tout conflit collectif du travail survenant dans le département ou la collectivité où elle siège, à l'exception des conflits collectifs de travail concernant les personnels navigants.

Art. R. 2623-2. La commission de conciliation comprend deux sections. L'une de ces sections connaît les conflits collectifs de travail dans les professions agricoles et l'autre les autres conflits collectifs de travail.

Art. R. 2623-3. La commission de conciliation peut être saisie :

1° Par la plus diligente des parties qui adresse au président de la commission de conciliation une requête écrite exposant les points sur lesquels porte le litige ;

2° Par le préfet.

Art. R. 2623-4. Les saisines de la commission de conciliation restent à la disposition des parties intéressées soit à la ***(D. 2020-1545 du 9 déc. 2020, JO 10, entrée en vigueur le 01.04.2021)*** « direction de l'économie, de l'emploi, du travail et des solidarités », soit au service du travail, de l'emploi et de la formation professionnelle de Saint-Pierre-et-Miquelon.

La direction ou le service assure le secrétariat de la commission de conciliation.

Sous-section 2. Composition

Art. R. 2623-5. Les deux sections de la commission de conciliation comprennent :

1° Le préfet ou son représentant, président ;

2° Un fonctionnaire de catégorie A ;

3° Quatre à huit représentants des employeurs ;

4° Quatre à huit représentants des salariés.

Art. R. 2623-6. Lorsque le conflit intéresse à la fois des professions agricoles et non agricoles, le président de la commission de conciliation peut réunir les membres des deux sections.

Art. R. 2623-7. La section agricole de la commission de conciliation peut être complétée par un représentant du ministre chargé de l'agriculture, nommé par le préfet.

Lorsque le conflit concerne une branche d'activité pour laquelle les services ***(D. 2008-1503 du 30 déc. 2008, JO 31)*** « du ministre chargé de l'industrie » exercent les fonctions de contrôle normalement dévolues à l'inspection du travail, la section de la commission des secteurs non agricoles peut être complétée par un représentant de l'administration concernée, nommé par le préfet.

Art. R. 2623-8. Un arrêté préfectoral détermine le nombre total de représentants des employeurs et des salariés.

Cet arrêté nomme pour trois ans les membres de la commission de conciliation.

Art. R. 2623-9. Les représentants des employeurs et des salariés sont nommés, après avis du directeur du travail, de l'emploi et de la formation professionnelle, sur proposition des organisations représentatives d'employeurs et de salariés au niveau national et des organisations représentatives au plan local.

Art. R. 2623-10. En vue de la nomination des représentants des salariés et des employeurs, les organisations représentatives soumettent au préfet des listes comportant des noms en nombre double de celui des postes à pourvoir pour chacune des sections de la commission.

Ces noms sont choisis parmi les employeurs ou les salariés qui exercent effectivement leur activité professionnelle dans le ressort de la commission.

Art. R. 2623-11. Les membres suppléants de la commission de conciliation sont désignés dans les mêmes conditions que les membres titulaires.

Ils siègent en l'absence de ces derniers.

Sous-section 3. Fonctionnement

Art. R. 2623-12. Lorsque le président de la commission de conciliation est saisi d'une demande de conciliation ou décide, de sa propre initiative, de mettre en œuvre la procédure de conciliation, il adresse aux membres des sections concernées une convocation précisant les points sur lesquels porte le différend, la date et le lieu de la réunion.

Il convoque les parties au conflit par lettre recommandée avec avis de réception ou remise contre récépissé.

Art. R. 2623-13. Devant la commission de conciliation, les parties peuvent être assistées d'un membre de l'organisation d'employeurs ou de salariés à laquelle elles appartiennent.

Art. R. 2623-14. Lorsque les parties se font représenter, le représentant appartient à la même organisation que la partie qu'il représente ou est salarié dans l'entreprise où a lieu le conflit.

Il est dûment mandaté et a qualité pour conclure un accord de conciliation au nom de son mandant.

Art. R. 2623-15. Lorsque l'une des parties ne comparaît pas ou ne se fait pas représenter devant la commission de conciliation, le président, après avoir constaté son absence, fixe, dans les conditions fixées à l'article L. 2522-3, une nouvelle date de réunion au cours de la séance. Il notifie cette date de réunion à la partie présente ou représentée.

Il convoque la partie défaillante par lettre recommandée avec avis de réception ou remise en main propre contre décharge.

Art. R. 2623-16. Lorsqu'une partie régulièrement convoquée ne comparaît pas, sans motif légitime, à la nouvelle réunion, le président établit un procès-verbal de carence. Ce procès-verbal indique les points de désaccord précisés par la partie présente ou représentée.

La non-comparution de la partie qui a introduit la requête de conciliation vaut renonciation à la demande.

Art. R. 2623-17. Lorsqu'un accord est intervenu devant une commission de conciliation, le président établit et notifie aux parties un procès-verbal. Son dépôt est réalisé auprès de la ***(D. 2020-1545 du 9 déc. 2020, JO 10, entrée en vigueur le 01.04.2021)*** «direction de l'économie, de l'emploi, du travail et des solidarités» ou, à Saint-Pierre-et-Miquelon, au service du travail, de l'emploi et de la formation professionnelle.

Lorsque les parties ne parviennent pas à un accord, un procès-verbal de non-conciliation est établi et leur est aussitôt notifié par lettre recommandée avec avis de réception. Ce procès-verbal précise les points sur lesquels elles sont parvenues à un accord et ceux sur lesquels le désaccord persiste.

Les procès-verbaux sont communiqués dans les quarante-huit heures au préfet.

Art. R. 2623-18. Un arrêté conjoint des ministres chargés du travail, de l'agriculture et des finances détermine les conditions dans lesquelles sont allouées les indemnités de déplacement des membres des commissions et, pour les membres autres que les fonctionnaires en activité, les vacations.

Art. R. 2623-19. La Commission nationale de conciliation siégeant auprès du ministre chargé du travail ou celle siégeant auprès du ministre chargé de l'agriculture peut être saisie d'un conflit collectif du travail se déroulant ***(D. 2018-953 du 31 oct. 2018, art. 3, 7°, JO 6 nov.)*** «en Guadeloupe, en Guyane, en Martinique, à Mayotte, à La Réunion», à Saint-Barthélemy et à Saint-Martin ainsi qu'à Saint-Pierre-et-Miquelon.

La procédure de conciliation se déroule selon les règles prévues à la section 2 du chapitre II du titre II du livre V.

CHAPITRE IV (réglementaire) Représentation du personnel - Dispositions relatives à Mayotte

Note Ce chapitre est issu du décret 2018-953 du 31 octobre 2018, art. 3, 8°, JO 6 nov.

Art. R. 2624-1. Pour l'application à Mayotte de l'article R. 2315-20, les mots: " à hauteur du tarif de seconde classe des chemins de fer " sont remplacés par les mots: " à hauteur du barème figurant à l'article 6B de l'annexe 4 du code général des impôts pour un déplacement en véhicule automobile ".

TITRE III MESURES DE COORDINATION AVEC LES AUTRES COLLECTIVITÉS ULTRAMARINES

CHAPITRE Ier Négociation collective - Conventions et accords collectifs de travail

Art. L. 2631-1. Les conventions et accords collectifs de travail d'une entreprise dont le siège social est situé dans un département de métropole, ***(Ord. 2017-1491 du 25 oct. 2017, art. 3, 9°, JO 26, entrée en vigueur le 01.01.2018)*** «en Guadeloupe, en Guyane, en Martinique, à Mayotte, à La Réunion» ***(Ord. 2008-205 du 27 févr. 2008, JO 1er mars)*** «, à Saint-Barthélemy, à Saint-Martin» ou à Saint-Pierre-et-Miquelon qui intéressent notamment ses établissements implantés à Wallis et Futuna sont négociés entre l'employeur et les organisations syndicales de salariés représentatives dans l'entreprise.

CHAPITRE II Institutions représentatives du personnel

SECTION 1. Comité central d'entreprise et comités d'établissement

Art. L. 2632-1. L'accord ou la décision administrative prévus au deuxième alinéa de l'article L. 2327-7 instituant le comité central d'entreprise prévu à l'article L. 2327-1 assure la représentation des établissements distincts de l'entreprise lorsque ceux-ci sont établis à Wallis et Futuna ou dans les Terres australes et antarctiques françaises.

Note Cet article a été modifié par l'ordonnance 2017-1491 du 25 octobre 2017, art. 3, 10°, JO 26, entrée en vigueur le 01.01.2018.

SECTION 2. Comité de groupe

Art. L. 2632-2. Les dispositions relatives au comité de groupe prévues aux articles L. 2331-1 à L. 2331-4 et L. 2331-6 s'appliquent aux entreprises dominantes dont le siège social se situe dans un département de métropole, ***(Ord. 2017-1491 du 25 oct. 2017, art. 3, 11°, JO 26, entrée en vigueur le 01.01.2018)*** «en Guadeloupe, en Guyane, en Martinique, à Mayotte, à La Réunion» ***(Ord. 2008-205 du 27 févr. 2008, JO 1er mars)*** «, à Saint-Barthélemy, à Saint-Martin» ou à Saint-Pierre-et-Miquelon et aux entreprises qu'elles contrôlent ou sur lesquelles elles exercent une influence dominante au sens de l'article L. 2331-1 dont le siège social est situé dans ces départements ***(Ord. 2017-1491 du 25 oct. 2017, art. 3, 11°, JO 26, entrée en vigueur le 01.01.2018)*** «ou ces collectivités,» à Wallis et Futuna ou dans les Terres australes et antarctiques françaises.

TROISIÈME PARTIE

DURÉE DU TRAVAIL, SALAIRE, INTÉRESSEMENT, PARTICIPATION ET ÉPARGNE SALARIALE

LIVRE Ier

DURÉE DU TRAVAIL, REPOS ET CONGÉS

Note • La loi 2016-1088 du 8 août 2016 (JO 9) relative au travail, à la modernisation du dialogue social et à la sécurisation des parcours professionnels, dite loi «Travail», a très largement modifié les règles relatives à la durée du travail, aux repos et aux congés afin d'y étendre le champ de la négociation collective.

Ainsi, d'une part, les dispositions légales des titres II à V du livre Ier ont été réécrites en quasi-totalité (seul le repos hebdomadaire n'est pas touché) pour distinguer, de façon systématique, ce qui relève de l'ordre public, ce qui est négociable et ce qui s'applique en l'absence d'accord.

D'autre part, dans le cadre de cette nouvelle architecture, est consacré le principe de primauté de l'accord d'entreprise sur l'accord de branche; à noter que pour donner à ce principe son plein effet, la loi «Travail» a précisé que l'article 45 de la loi 2004-391 du 4 mai 2004 interdisant aux accords d'entreprise de déroger dans un sens défavorable aux accords de branche conclus avant le 7 mai 2004 n'est pas applicable aux accords conclus en application des dispositions nouvelles relatives à la durée du travail, aux repos et aux congés (loi 2016-1088 précitée, art. 8, XIV).

Voir notamment RF 8 septembre 2016, FH 3657, 1-1 et s.; F. Favennec-Héry, «Nouvelle articulation des normes: la durée du travail comme terrain d'expérimentation», JCP éd. S 2016, 1293; M. Véricel, «Une nouvelle architecture des règles en matière de temps de travail», RDT, décembre 2016, CH, 824; F. Favennec-Héry, La négociation collective dans le droit de la durée du travail, Dr. Soc. 2016, p. 892.

• Voir aussi Fr. Morel, «Durée et aménagement du temps de travail», Groupe Revue Fiduciaire, éd. 2021.

TITRE Ier CHAMP D'APPLICATION

CHAPITRE UNIQUE

Art. L. 3111-1. Les dispositions du présent livre sont applicables aux employeurs de droit privé ainsi qu'à leurs salariés.

Elles sont également applicables aux établissements publics à caractère industriel et commercial.

Art. L. 3111-2. Les cadres dirigeants ne sont pas soumis aux dispositions des titres II et III.

Sont considérés comme ayant la qualité de cadre dirigeant les cadres auxquels sont confiées des responsabilités dont l'importance implique une grande indépendance dans l'organisation de leur emploi du temps, qui sont habilités à prendre des décisions de façon largement autonome et qui perçoivent une rémunération se situant dans les niveaux les plus élevés des systèmes de rémunération pratiqués dans leur entreprise ou établissement.

Note • Les critères cumulatifs de l'article L. 3111-2 CT impliquent que seuls relèvent de la catégorie des cadres dirigeants les cadres participant à la direction de l'entreprise (voir notamment cass. soc. 26 novembre 2013, n° 12-21.758, BC V n° 283; RJS 2/14 n° 120, 1re espèce; JCP éd. S 2014, 1150, note B. Bossu; 2 juillet 2014, n° 12-19.759, BC V n° 174; JSL n° 372, 23.09.2014, p. 17, J-Ph. Lhernould; JCP éd. S 2014, 1405, note F. Dumont) mais la participation à la direction de l'entreprise ne constitue pas un critère autonome et distinct se substituant aux trois critères légaux (cass. soc. 22 juin 2016, n° 14-29.246, BC V n° 137; JSL n° 415, 05.09.2016, p. 3, M. Hautefort; RJS 10/16 n° 631; JCP éd. S 2016, 1339, note M. Morand).

Ainsi, peut prétendre au paiement d'heures supplémentaires la salariée qui, bien que disposant d'une grande autonomie dans l'organisation de son travail nécessitée par son haut niveau de responsabilité et étant classée au coefficient le plus élevé de la convention collective, ne participe pas à la direction de l'entreprise (cass. soc. 31 janvier 2012, n° 10-24.412, BC V n° 45; Dr. Soc. 2012, p. 422, obs. S. Tournaux; RJS 4/12 n° 349, 1re espèce). De même, un salarié ne peut pas avoir la qualité de cadre dirigeant lorsque son contrat de travail prévoit l'obligation d'effectuer les heures supplémentaires demandées et que son horaire de travail est celui de l'entreprise (cass. soc. 27 mars 2013, n° 11-19.734, BC V n° 95; RJS 6/13 n° 453; RDT, juil./août 2013, CH, 491, V. Pontif) ou lorsque le contrat fait référence au forfait jours (cass. soc. 7 septembre 2017, n° 15-24.725, BC V n° 132; JCP éd. S 2017, 1325, note M. Morand; RJS 11/17 n° 745; JSL n° 440, 26.10.2017, p. 8, G. Halimi et S. Dechaumet Fries; voir aussi cass. soc. 8 juillet 2020, n° 18-21.793). Voir aussi cass. soc. 10 juillet 2013, n° 12-13.229: un salarié rendant compte régulièrement des questions qu'il traitait, du fonctionnement du service en matière sociale et du suivi du budget et devant informer la direction de son planning prévisionnel de travail pour la semaine à venir, ne peut être qualifié de cadre dirigeant.

En revanche, a la qualité de cadre dirigeant un salarié engagé en qualité de directeur d'un département financier, selon une classification correspondant à celle des cadres supérieurs participant aux décisions stratégiques de l'entreprise, ayant à sa disposition un véhicule de fonction, exerçant le commandement sur d'autres cadres, assistant aux réunions du conseil d'administration et disposait d'une délégation de signature, dont le montant du salaire, la nature des fonctions et le niveau de responsabilité impliquaient une large indépendance dans l'organisation de son travail et une grande souplesse quant aux horaires (cass. soc. 10 mai 2006, n° 04-47.772).

• Pour déterminer si un salarié a la qualité de cadre dirigeant, il appartient au juge d'examiner la fonction que le salarié occupe *réellement* au regard de chacun des critères cumulatifs énoncés par l'article L. 212-15-1 [L. 3111-2] CT (cass. soc. 16 mai 2007, n° 05-41.141, JSL n° 214, 26.06.2007, p. 27, N. Rérolle; JCP éd. S 2007, 1567, note J-Ph. Lhernould; RDT, sept. 2007, CH, 535, H. Tissandier; 19 janvier 2012, n° 10-21.969, JSL n° 317, 8.03.2012, p. 23, N. Gardair-Rérolle; 11 mars 2020, n° 19-11.257), sans être lié par les stipulations de l'accord collectif applicable (cass. soc. 13 janvier 2009, n° 06-46.208, BC V n° 12; RJS 3/09 n° 250; JCP éd. S 2009, 1096, note Fr. Favennec-Héry; JSL n° 251, 10.03.2009, p. 13, J-E Tourreil; 22 juin 2011, n° 10-10.945; 11 décembre 2014, n° 13-17.225).

• La qualité de cadre dirigeant, au sens de cet article, ne requiert ni l'existence d'un accord particulier entre l'employeur et le salarié ni que ce dernier se situe au niveau hiérarchique le plus élevé de la classification conventionnelle (cass. soc. 30 novembre 2011, n° 09-67.798, BC V n° 281; JSL n° 313, 3.01.2012, p. 19, F. Lalanne; RJS 3/12 n° 255).

• Des dispositions conventionnelles prévoyant que les modalités d'exercice des responsabilités des cadres dirigeants au forfait sans référence horaire doivent être indiquées dans le contrat de travail ou un avenant à celui-ci, il se déduit de ce texte, plus favorable que les dispositions légales, que l'exclusion, pour cette catégorie de cadres, de la réglementation de la durée du travail est subordonnée à l'existence d'un document contractuel écrit mentionnant les modalités d'exercice des responsabilités justifiant le forfait sans référence horaire. En l'absence de contrat écrit liant les parties, une société a pu être condamnée à payer à l'intéressé certaines sommes à titre d'heures supplémentaires et d'indemnité de repos compensateur (cass. soc. 6 avril 2011, n° 07-42.935, BC V n° 90; JCP éd. S 2011, 1254, note D. Everaert-Dumont; RJS 6/11 n° 530; JSL n° 300, 31.05.2011, p. 28, N. Gardair-Rérolle).

• Selon l'article L. 212-15-1, devenu L. 3111-2 CT, les cadres dirigeants ne sont pas soumis aux dispositions du titre 1er du livre II du même code, et notamment à l'article L. 212-4 *bis*, devenu L. 3121-5 à L. 3121-8 [anciens] CT, relatif aux astreintes; il en résulte qu'un cadre dirigeant ne saurait prétendre à la rémunération de l'astreinte, sauf dispositions contractuelles ou conventionnelles plus favorables (cass. soc. 28 octobre 2008, n° 07-42.487, BC V n° 203; JSL n° 244, 24.11.2008, p. 10, M. Hautefort; RJS 1/09 n° 42). Mais un cadre ne saurait être débouté de sa demande d'un rappel de salaire au titre des astreintes, les stipulations conventionnelles qui prévoyaient leur indemnisation n'excluant aucune catégorie de personnel et étant plus favorables que les dispositions de l'article L. 212-15-1 devenu L. 3111-2 CT et restaient applicables pendant toute la période litigieuse, faute d'avoir été régulièrement dénoncées (cass. soc. 12 novembre 2008, n° 07-41.694, RJS 1/09 n° 42, 2e espèce). De même les cadres dirigeants ne sont pas soumis aux dispositions relatives aux repos et jours fériés, sauf stipulations contractuelles ou conventionnelles plus favorables; il en résulte qu'en l'absence de dispositions expresses visant cette catégorie de cadres, le régime de compensation financière liée au travail effectué le dimanche et les jours fériés prévu par accord collectif ne saurait s'appliquer aux cadres dirigeants (cass. soc. 27 juin 2012, n° 10-28.649, BC V n° 200; JCP éd. S 2012, 1369, note D. Corrignan-Carsin; RJS 10/12 n° 801; JSL n° 329, 11.10.2012, p. 8, M. Hautefort).

• Voir aussi P. Lagesse et V. Armillei, «La qualification du cadre dirigeant ou une application du principe de réalité», JCP éd. S 2017, 1086.

• *Covid-19.* Sur les modalités de calcul de l'indemnité et de l'allocation d'activité partielle applicables aux cadres dirigeants, prévues à titre dérogatoire et temporaire pour faire face à l'épidémie de Covid-19, voir décret 2020-435 du 16 avril 2020, JO 17, entrée en vigueur le 17.04.2020, modifié (art. 1er, I, 7°).

Art. L. 3111-3. ***(L. 2016-1088 du 8 août 2016, art. 8, I, JO 9)*** À l'exception du chapitre II du titre III ainsi que des titres VI et VII, le présent livre définit les règles d'ordre public, le champ de la négociation collective et les règles supplétives applicables en l'absence d'accord.

Art. R. 3111-1. ***(D. 2016-1551 du 18 nov. 2016, art. 1er, JO 19, entrée en vigueur le 01.01.2017)*** À l'exception du chapitre II du titre III ainsi que des titres VI et VII, le présent livre définit les règles d'ordre public, le champ de la négociation collective et les règles supplétives applicables en l'absence d'accord.

TITRE II DURÉE DU TRAVAIL, RÉPARTITION ET AMÉNAGEMENT DES HORAIRES

Note Les dispositions législatives de ce titre sont issues de la loi 2016-1088 du 8 août 2016, art. 8, II, JO 9.

CHAPITRE Ier Durée et aménagement du travail

SECTION 1. Travail effectif, astreintes et équivalences

Sous-section 1. Travail effectif

Note Sur l'impact de la loi 2016-1088 du 8 août 2016 en matière de durée du travail, de repos et de congés, voir note introductive du livre Ier de la troisième partie et, s'agissant du temps de travail effectif, voir notamment RF 8 septembre 2016, FH 3657, 1-5 et s.

Voir aussi L. Marquet de Vasselot et A. Martinon, «Les apports de la loi du 8 août 2016 en matière de durée du travail», JCP éd. S 2016, 1294; M. Véricel, «Une nouvelle architecture des règles en matière de temps de travail», RDT, décembre 2016, CH, 824.

§ 1. Ordre public

Art. L. 3121-1. La durée du travail effectif est le temps pendant lequel le salarié est à la disposition de l'employeur et se conforme à ses directives sans pouvoir vaquer librement à des occupations personnelles.

Note **Travail effectif.** La définition légale issue de la loi du 13 juin 1998 entérine la jurisprudence antérieure de la Cour de cassation en la matière. Pour la chambre sociale, constitue un travail effectif le fait pour un salarié de rester en permanence à la disposition de l'employeur pour participer à l'activité de l'entreprise (cass. soc. 7 avril 1998, n° 95-44.343, BC V n° 201; 28 octobre 1997, n° 94-42.054, BC V n° 340). Peu importe que le local dans lequel le salarié est tenu de demeurer, dans l'enceinte de l'entreprise, soit également son logement de fonction (cass. soc. 19 novembre 1996, n° 94-44.102).

La Cour de cassation a repris les termes plus complets de la définition légale. «Est un travail effectif le temps pendant lequel le salarié est à la disposition de l'employeur et doit se conformer à ses directives sans pouvoir vaquer librement à ses occupations personnelles» (voir cass. soc. 6 avril 1999, n° 97-40.058, BC V n° 156; 9 mars 1999, n° 96-45.590, BC V n° 104; RJS 4/99 n° 517).

Doit être cassé l'arrêt de cour d'appel qui a rejeté la demande d'un salarié en paiement d'heures supplémentaires et de dommages-intérêts, alors que, durant ces heures, ce salarié était tenu de demeurer dans une chambre de veille mise à sa disposition sur le lieu de travail et qu'il devait prendre ses repas sur place pour répondre aux sollicitations des pensionnaires, sans pouvoir vaquer librement à ses occupations personnelles (cass. soc. 14 novembre 2000, n° 97-45.001, BC V n° 364; RJS 1/00 n° 54, 2e espèce; voir aussi cass. soc. 2 juin 2004, n° 02-42.618, BC V n° 147; RJS 8-9/04 n° 920). Les gardes de fin de semaine effectuées au sein de l'établissement dans un local spécialement affecté à cet usage afin de pouvoir répondre à tout moment aux sollicitations de l'employeur ou d'un résident constituent de même un temps de travail effectif qui doit être rémunéré comme tel et non une astreinte (cass. soc. 20 septembre 2005, n° 03-46.853, RJS 11/05 n° 1097).

De même, une permanence des soins assurée en continuité au sein d'un centre médical par les médecins de l'établissement contraints de demeurer sur place ou de se tenir dans un local de garde prévu à cet effet afin de rester pendant toute la durée de leur garde à la disposition immédiate de l'employeur sur leur lieu de travail constitue un temps de travail effectif (cass. soc. 8 juin 2011, n° 09-70.324, BC V n° 153; LS Jurispr. n° 131 du 28.06.2011; RJS 8-9/11 n° 694; JCP éd. S 2011, 1453, note B. Bossu; 27 juin 2012, n° 10-27.726, RJS 10/12 n° 798; 28 mai 2014, n° 13-10.339, RJS 8-9/14 n° 632).

Compte tenu de l'obligation pour la société employeur d'assurer une permanence téléphonique continue de sécurité 7 jours sur 7 et 24 heures sur 24, le temps passé par le salarié qui exerçait le soir et la nuit les fonctions attribuées pendant la journée à un autre membre du personnel spécialement affecté à la réception des appels d'urgence, caractérise l'exercice d'un travail effectif (cass. soc. 9 novembre 2010, n° 08-40.535, BC V n° 255; JCP éd. S 2010, 1550, note Th. Lahalle; RJS 1/11 n° 44; Dr. Soc. 2011, p. 214, obs. J. Barthélémy).

Le camionneur auquel son employeur a intimé l'ordre, pendant ses périodes de déplacement, de coucher dans son véhicule, est ainsi à la disposition permanente de l'entreprise pendant la nuit en qualité de gardien du véhicule. Une cour d'appel ne peut lui refuser le paiement de ses heures de travail effectif (cass. soc. 22 mai 2001, n° 99-42.055, RJS 10/01 n° 1230; voir aussi cass. soc. 15 janvier 2014, n° 12-23.575).

Le temps de garde qu'effectuent les médecins des équipes de premiers soins, selon le régime de la présence physique dans l'établissement de santé, doit être considéré dans sa totalité comme du temps de travail et, le cas échéant, comme des heures supplémentaires au sens de la directive 93/104. S'agissant des gardes selon le système qui veut que lesdits médecins soient accessibles en permanence, seul le temps lié à la prestation effective de services de premiers soins doit être considéré comme temps de travail (CJCE 3 octobre 2000, aff. C-303/98, rec. p. I-7963; RJS 1/01 n° 139; 9 septembre 2003, aff. C-151/02, rec. p. I-8389; RJS 12/03 n° 1455; 11 janvier 2007, aff. C-437/05, rec. p. I-331; RJS 6/07, p. 517, chron. J-Ph. Lhernould).

Sur la notion de travail effectif, voir encore cass. soc. 7 février 2001, n° 99-40.855, RJS 4/01 n° 453; 6 février 2001, n° 98-44.875, BC V n° 42; RJS 4/01 n° 454; 2 avril 2003, n° 01-40.032, BC V n° 131; RJS 6/03 n° 746; 6 avril 2011, n° 10-16.203, BC V n° 91; RJS 6/11 n° 528.

Déplacements au sein de l'entreprise. La circonstance que le salarié soit astreint au port d'une tenue de travail ne permet pas de considérer qu'un temps de déplacement au sein de l'entreprise constitue un temps de travail effectif (cass. soc. 31 octobre 2007, n° 06-13.232, BC V n° 182; JSL n° 223, 11.12.2007, p. 20, J-E Tourreil; RJS 1/08 n° 33). Lorsque l'obligation de port d'un dosimètre dans l'enceinte de l'entreprise, motivée par des impératifs d'hygiène et de sécurité, est applicable, en vertu du règlement intérieur, à toute personne pénétrant sur le site et qu'un salarié ne se trouve pas à la disposition de son employeur avant de pointer dans le bâtiment où il exerce son activité, les temps de déplacement du salarié entre l'entrée de l'entreprise et la pointeuse ne constituent pas des temps de travail effectif (cass. soc. 7 juin 2006, n° 04-43.456, RJS 10/06 n° 1072).

Si, lors des déplacements litigieux (trajet entre vestiaire et pointeuse et entre pointeuse et salle de repos), les salariés sont à la disposition de l'employeur, tenus de se conformer à ses directives, ces périodes constituent un temps de travail effectif, le juge ne peut pour autant imposer à l'employeur la modification de l'implantation des appareils de pointage sans porter atteinte à son pouvoir de direction (cass. soc. 13 juillet 2004, n° 02-15.142, BC V n° 205; RJS 10/04 n° 1052).

Sur le temps de déplacement en costume entre le vestiaire et le lieu de pointage, conséquence de l'organisation imposée par l'employeur, durant lequel les salariés pouvaient recevoir des directives de ce dernier et ne pouvaient librement vaquer à des occupations personnelles, devant dès lors être considéré comme du temps de travail effectif au regard de l'article L. 3121-1 CT, voir cass. soc. 4 novembre 2009, n° 07-44.690, RDT, mars 2010, CH, 176, M. Véricel; voir aussi cass. soc. 13 janvier 2009, n° 07-40.638, RJS 3/09 n° 248; JCP éd. S 2009, 1124, note S. Brissy.

La circonstance que le salarié soit astreint à se déplacer vers son lieu de travail, à l'intérieur de l'enceinte sécurisée de l'infrastructure aéroportuaire où il est situé, au moyen d'une navette, ne permet pas de considérer que ce temps de déplacement constitue un temps de travail (cass. soc. 9 mai 2019, n° 17-20.740, à paraître, LS Jurispr. n° 93 du 21.05.2019; JCP éd. S 2019, 1200, note A. Barège; JSL n° 478, 21.06.2019, p. 8, C. Curt et F. Messaoudi; RJS 7/19 n° 432; Dr. Soc. 2019, p. 634, étude S. Tournaux).

Temps de douche. L'inclusion d'un temps de douche (20 mn) dans le temps de travail effectif résultant d'un simple usage n'est pas incorporée au contrat de travail et l'employeur a le droit d'y mettre fin en dénonçant régulièrement l'usage (cass. soc. 10 février 1998, n° 95-42.543, BC V n° 83).

Voir article R. 3121-1 et sa note.

Art. L. 3121-2. Le temps nécessaire à la restauration ainsi que les temps consacrés aux pauses sont considérés comme du temps de travail effectif lorsque les critères définis à l'article L. 3121-1 sont réunis.

Note • **Temps de repas et temps de pause.** Les temps de repas et les temps de pause sont considérés comme du temps de travail effectif lorsque le salarié est à la disposition de l'employeur et doit se conformer à ses directives sans pouvoir vaquer librement à des occupations personnelles.

Ainsi, un temps de repas pendant lequel des salariés, travaillant en cycle continu en raison de la spécificité de leurs fonctions, ne peuvent s'éloigner de leur poste de travail et restent à la disposition de leur employeur doit être considéré comme un temps de travail effectif (cass. soc. 10 mars 1998, n° 95-43.003, BC V n° 132; RJS 4/98 n° 473; voir aussi cass. soc. 7 avril 2004, n° 03-42.492). La période pendant laquelle le salarié (cuisinier) est obligé de prendre ses repas sur place et ne dispose donc, à raison de son emploi, d'aucune liberté constitue un temps de travail effectif (cass. soc. 4 janvier 2000, n° 97-43.026, BC V n° 9; RJS 2/00 n° 176). Le temps de «pause» d'agents de sécurité d'un établissement public industriel et commercial tenus de demeurer dans les locaux de l'établissement qualifiés de base-vie, pouvant être appelés à tout moment pour effectuer des interventions immédiates de sécurité fréquentes, tant pendant le sommeil que pendant les repas, devant se conformer aux directives de leur employeur et rester à sa disposition, constitue un temps de travail effectif qui doit être rémunéré comme tel, les intéressés ne pouvant vaquer librement à des occupations personnelles (cass. soc. 20 février 2013, n° 11-26.401, BC V n° 53; RJS 5/13 n° 378, 2e espèce; JSL n° 342, 25.04.2013, p. 24; JCP éd. S 2013, 1280, note M. d'Allende et J-Ch. Moriceau; 28 mai 2014, n° 13-10.544). De même, les périodes de pause de salariés tenus pendant leur durée de rester dans un local vitré d'où ils devaient surveiller leurs machines pour répondre et intervenir en cas d'alerte des signaux de leur poste de travail - aucun roulement n'étant mis en place pour leur remplacement - rémunérées mais non prises en compte dans le décompte du temps de travail effectif, ne sont pas conformes aux dispositions légales et conventionnelles. Ces salariés peuvent être indemnisés du préjudice subi du fait de l'inobservation par l'employeur des dispositions relatives à la pause conventionnelle (cass. soc. 12 octobre 2004, n° 03-44.084, BC V n° 253; RJS 12/04 n° 1294).

En revanche, ne constituent pas du temps de travail effectif les temps de pause de salariés qui n'étaient pas privés de la demi-heure de pause conventionnelle, qui se déroulait dans un local séparé des salles de contrôle d'où il était impossible de lire les écrans de contrôle, et pendant laquelle les interventions demandées restaient exceptionnelles et n'excédaient pas les exigences ponctuelles de sécurité (cass. soc. 13 mars 2013, n° 12-12.413, RJS 5/13, n° 378, 1re espèce); il en va de même de la pause prise dans un local distinct des ateliers par des salariés qui n'étaient soumis à aucune intervention de l'employeur, peu important que ces salariés ne puissent quitter l'enceinte de l'entreprise sans autorisation (cass. soc. 3 novembre 2005, n° 04-10.935, JSL n° 178, 29.11.2005, p. 23; RJS 1/06 n° 52).

• Le temps du déjeuner, qui s'intercale entre deux périodes de travail effectif, est un temps de pause (cass. soc. 20 juin 2013, n° 12-10.127, BC V n° 159; RJS 10/13 n° 684).

• Sur l'impossibilité pour le salarié de prendre son temps de pause, prévu conventionnellement, voir cass. soc. 13 janvier 2010, n° 08-42.716, BC V n° 9; RJS 3/10 n° 263; JCP éd. S 2010, 1198.

• Le temps de pause s'analyse en un arrêt de travail de courte durée sur le lieu de travail ou à proximité. Ni la brièveté des temps de pause ni la circonstance que les salariés ne puissent quitter l'établissement à cette occasion ne permettent de considérer que ces temps de pause constituent un temps de travail effectif (cass. soc. 5 avril 2006, n° 05-43.061, BC V n° 142; RJS 6/06 n° 738; 15 mai 2014, n° 12-24.771; voir aussi cass. soc. 19 mai 2009, n° 08-40.208, LSQ n° 15377 du 8.06.2009). De même, la seule circonstance que le salarié soit astreint au port d'une tenue de travail durant la pause ne permet pas de considérer que ce temps constitue un temps de travail effectif (cass. soc. 30 mai 2007, n° 05-44.396; 15 octobre 2014, n° 13-16.645, LS Jurispr. n° 208 du 18.11.2014; voir aussi cass. soc. 3 juin 2020, n° 18-18.836, à paraître, LS Jurispr. n° 118 du 30.06.2020; RJS 7/20 n° 348).

• À noter que, seul un travail commandé par l'employeur étant susceptible d'être qualifié de travail effectif, la seule circonstance que le salarié n'ait pas voulu profiter de la pause dont il disposait et pendant laquelle il n'est pas allégué qu'il restait à la disposition permanente de son employeur, ne lui permet pas de se prévaloir d'heures supplémentaires (cass. soc. 9 mars 1999, n° 96-44.080, BC V n° 105).

• Les dispositions conventionnelles prévoyant la rémunération des temps de pause comme du temps de travail effectif n'ont aucune incidence sur la qualification de ces temps de pause au regard des dispositions de l'article L. 3121-1 CT (cass. soc. 13 mars 2013, n° 12-12.413, précité; 22 mai 2019, n° 17-26.914).

• Les temps de repas et de pause non considérés comme du temps de travail peuvent être rémunérés par voie conventionnelle ou contractuelle. En l'état de dispositions conventionnelles prévoyant le paiement d'une demi-heure de pause aux salariés effectuant un horaire de travail d'au moins six heures, quels que soient l'organisation et le moment de la prise de pause, les salariés doivent bénéficier de la rémunération des temps de pause, alors même qu'ils seraient pris avant l'accomplissement des six heures de travail sans interruption (cass. soc. 16 novembre 2005, n° 04-40.410, BC V n° 328; RJS 2/06 n° 216).

Les avantages résultant pour les salariés d'un usage d'entreprise ne sont pas incorporés aux contrats de travail. Le paiement du temps de pause à titre de temps de travail effectif résultant d'un usage, l'employeur, en dénonçant, à l'issue d'une procédure régulière, l'assimilation de ce temps de pause à un temps de travail effectif pour le calcul de la durée du travail, notamment en matière d'heures supplémentaires, tout en maintenant la rémunération des salariés, n'a pas modifié le contrat de travail des intéressés (cass. soc. 6 juillet 2005, n° 04-44.995, BC V n° 239; JSL n° 174, 20.09.2005, p. 14, J-E Tourreil; RJS 10/05 n° 1058).

• Les pauses, pendant lesquelles les salariés peuvent vaquer librement à des occupations personnelles, ne constituant pas un temps de travail effectif (cass. crim. 15 février 2011, 2 arrêts, n°s 10-87.019 et 10-83.988, B. crim. n°s 28 et 27; RJS 4/11 n° 329), l'employeur n'a pas à prendre en compte la rémunération de ces pauses pour vérifier si le SMIC est atteint pour ces salariés. Voir, en ce sens, rép. QE 14824, JO AN 1er février 2011, p. 1063, rappelant que le temps de pause est un temps de repos destiné à veiller à la santé du salarié et que sa rémunération n'a donc pas à être intégrée dans l'assiette du SMIC et note sous art. D. 3231-6.

• Le temps nécessaire à l'exercice des fonctions de représentant du personnel est de plein droit considéré comme temps de travail et payé à l'échéance normale; le représentant ne doit subir aucune perte de rémunération du fait de l'exercice de sa mission. Doit être cassé l'arrêt de cour d'appel qui a rejeté les demandes d'un délégué du personnel en paiement des temps de pause, au motif que celui-ci n'est ni fondé à ajouter son temps de pause à ses heures de délégation pour en réclamer la rémunération correspondante ni fondé à augmenter son crédit d'heures de délégation des temps de pause, sans rechercher si le salarié n'avait pas accompli huit heures consécutives de délégation ou de travail, auquel cas il aurait eu droit à une demi-heure de pause rémunérée conformément à la convention collective (cass. soc. 26 juin 2001, n° 98-46.387, BC V n° 232; RJS 11/01 n° 1302).

Art. L. 3121-3. Le temps nécessaire aux opérations d'habillage et de déshabillage, lorsque le port d'une tenue de travail est imposé par des dispositions légales, des stipulations conventionnelles, le règlement intérieur ou le contrat de travail et que l'habillage et le déshabillage doivent être réalisés dans l'entreprise ou sur le lieu de travail, fait l'objet de contreparties. Ces contreparties sont accordées soit sous forme de repos, soit sous forme financière.

Note **Temps d'habillage et de déshabillage.** Il résulte de l'article L. 3121-3 CT que, sous réserve de dispositions plus favorables, le temps nécessaire aux opérations d'habillage et de déshabillage ne peut être pris en compte dans la durée du travail (cass. soc. 28 octobre 2009, n° 08-41.953, BC V n° 238; JCP éd. S 2009, 1575, note A. Martinon; RJS 1/10 n° 48).

Le bénéfice des contreparties au temps d'habillage et de déshabillage est subordonné à la réalisation des deux conditions cumulatives prévues par la loi, c'est-à-dire le port obligatoire d'une tenue de travail dans l'entreprise et la réalisation des opérations d'habillage et de déshabillage dans l'entreprise ou sur le lieu de travail (cass. soc. 26 mars 2008, n° 05-41.476, BC V n° 73; RJS 5/08 n° 550; JSL n° 232, 28.04.2008, p. 16, M-Ch. Haller; Dr. Soc. 2008, p. 744, obs. J. Savatier; RDT, juin 2008, CH, 395, M. Véricel; voir aussi cass. ass. plén. 18 novembre 2011, n° 10-16.491, BC n° 8; LSQ n° 15980 du 22.11.2011; JCP éd. S 2011, 1578, note M. Morand; JSL n° 313, 3.01.2012, p. 9, J-Ph. Lhernould; RJS 3/12 n° 253; RDT, février 2012, CH, 104, M. Véricel; Dr. Soc. 2011, p. 307, obs. A. Johansson; cass. soc. 21 novembre 2012, n° 11-15.696, BC V n° 305; LSQ n° 16231 du 27.11.2012; Dr. Soc. 2013, p. 86, act. Ch. Radé; JSL n° 335, 3.01.2013, p. 18, J-Ph. Lhernould; RJS 2/13 n° 130; JCP éd. S 2013, 1088, note D. Corrignan-Carsin; RDT, février 2013, CH, 114, V. Pontif).

À noter que:
– la rémunération du temps passé à la douche en fin de service, en application des dispositions de l'article R. 3121-1 CT (voir note), ne peut valoir contrepartie au temps d'habillage nécessaire lors de la prise de poste pour revêtir la tenue dont le port est obligatoire (cass. soc. 12 décembre 2012, n° 11-22.884, BC V n° 337; LSQ n° 16247 du 19.12.2012; RJS 2/13 n° 129; JCP éd. S 2013, 1098, note A. Barège);
– il résulte des dispositions d'accords d'entreprise relatif à l'habillement prévoyant «une compensation financière des temps d'habillage» sous la forme d'une prime forfaitaire annuelle que cette prime est la contrepartie des seuls temps d'habillage et de déshabillage et ne couvre pas la prise en charge des frais d'entretien des tenues de travail (cass. soc. 5 décembre 2012, n° 11-21.113, BC V n° 325; LSQ n° 16247 du 19.12.2012; RJS 2/13 n° 125; JCP éd. S 2013, 1090, note L. Drai);
– en l'absence d'accord collectif ou de clauses dans le contrat de travail déterminant la contrepartie des temps d'habillage et de déshabillage, il appartient au juge de fixer la contrepartie dont doivent bénéficier les salariés qui le saisissent (cass. soc. 16 janvier 2008, n° 06-42.983, BC V n° 11; JSL n° 227, 11.02.2008, p. 26; RJS 4/08 n° 432).

Art. L. 3121-4. Le temps de déplacement professionnel pour se rendre sur le lieu d'exécution du contrat de travail n'est pas un temps de travail effectif.

Toutefois, s'il dépasse le temps normal de trajet entre le domicile et le lieu habituel de travail, il fait l'objet d'une contrepartie soit sous forme de repos, soit sous forme financière. La part de ce temps de déplacement professionnel coïncidant avec l'horaire de travail n'entraîne aucune perte de salaire.

Note **Temps de trajet.** *Jurisprudence antérieure à la loi du 18 janvier 2005.*

Le temps habituel du trajet entre le domicile et le lieu de travail ne constitue pas en soi un temps de travail effectif (cass. soc. 5 novembre 2003, n° 01-43.109, BC V n° 275; RJS 1/04 n° 52; 2 juin 2004, n° 02-42.613, RJS 10/04 n° 1050; voir aussi cass. soc. 30 mai 2007, n° 05-44.926).

Lorsque les déplacements d'une salariée, qui doit se rendre régulièrement à Lyon, Marseille, Lille, Paris, auprès d'entreprises clientes de l'employeur et à la demande de ce dernier, sont effectués hors période de travail et dépassent en durée le temps normal du déplacement entre le domicile et le lieu de travail habituel, ils doivent être assimilés à un temps de travail effectif (cass. soc. 5 mai 2004, n° 01-43.918, BC V n° 121; RJS 7/04 n° 819).

Jurisprudence rendue dans le cadre du dispositif légal issu de la loi du 18 janvier 2005

Alinéa 1er. Pour des applications de l'article L. 3121-4, al. 1er, voir notamment cass. soc. 13 février 2013, n° 11-24.738.

La Cour de cassation a précisé que, n'étant pas un temps de travail effectif, le temps de déplacement entre le domicile et le lieu de travail ne peut pas être pris en compte pour le calcul des durées quotidienne et hebdomadaire maximales de travail (cass. soc. 30 mai 2018, n° 16-20.634, à paraître).

À noter que, lorsqu'un employeur autorise un conducteur de bus à effectuer les trajets entre son domicile et le lieu de démarrage et de fin de tournée avec son bus et de le conserver à proximité en stationnement, ce temps de conduite constitue un temps de travail effectif (cass. soc. 24 septembre 2014, n° 12-28.459, BC V n° 203; RJS 12/14 n° 900; JCP éd. S 2014, 1491, note T. Passerone).

De même, les trajets effectués par un conducteur poids lourds entre son domicile et les lieux de ses diverses prises de postes distincts du lieu de rattachement de l'entreprise, au moyen d'un véhicule de service, constituent des temps de travail effectif, quelle que soit la distance séparant ces lieux du domicile du salarié (cass. soc. 12 janvier 2016, n° 13-26.318, BC V n° 6; RJS 3/16 n° 192).

S'agissant des salariés itinérants, la CJUE avait énoncé que lorsque les travailleurs n'ont pas de lieu de travail fixe ou habituel, constitue du «temps de travail» le temps de déplacement que ces travailleurs consacrent aux déplacements quotidiens entre leur domicile et les sites du premier et du dernier clients désignés par leur employeur (CJUE 10 septembre 2015, aff. C-266/14, JOUE C 363/16 du 3.11.2015; LSQ n° 16913 du 15.09.2015; JCP éd. S 2015, 1418, note J-Ph. Tricoit; JSL n° 396, 27.10.2015, p. 10, H. Tissandier; RJS 1/16, pp. 11 et s., chron., L'actualité de la jurisprudence européenne et internationale, M. Morand).

À l'occasion d'une affaire dans laquelle un salarié itinérant invoquait cette jurisprudence et la directive 2003/88/CE du 4 novembre 2003 pour demander le paiement de sommes au titre d'un travail effectif, la Cour de cassation a énoncé que le mode de rémunération des travailleurs n'ayant pas de lieu de travail fixe ou habituel et effectuant des déplacements quotidiens entre leur domicile et les sites du premier et du dernier clients désignés par leur employeur, relève, non pas de ladite directive, mais des dispositions pertinentes du droit national (cass. soc. 30 mai 2018, n° 16-20.634, précité, LSQ n° 17586 du 08.06.2018; JCP éd. S 2018, 1243, note L. Cailloux-Meurice; JSL n° 457, 12.07.2018, p. 11, J-Ph Lhernould; RDT, octobre 2018, CH, 686, M. Véricel; RJS 8-9/18 n° 539).

Alinéa 2. Pour des applications de l'article L. 3121-4, al. 2, voir cass. soc. 4 décembre 2013, n° 12-20.155; 24 septembre 2014, n° 12-29.209, RJS 12/14 n° 866, 1re espèce; 1er décembre 2016, n° 15-21.609.

En l'absence d'accord collectif ou d'engagement unilatéral de l'employeur, s'il appartient au juge de fixer le montant de la contrepartie due, il ne peut pour ce faire assimiler le temps de trajet entre le domicile et le lieu de travail à un temps de travail effectif (cass. soc. 14 novembre 2012, n° 11-18.571, BC V n° 295; JSL n° 335, 3.01.2013, p. 13, J-E Tourreil; JCP éd. S 2013, 1070, note M. Morand; RJS 2/13 n° 128; RDT, mai 2013, CH, 343, M. Véricel).

La charge de la preuve du temps inhabituel de trajet entre le domicile et le lieu de travail n'incombe spécialement au salarié que pour la demande de contrepartie (cass. soc. 15 mai 2013, n° 11-28.749, BC V n° 124; JCP éd. S 2013, 1314, note Th. Passerone; RJS 8-9/13 n° 610; RDT, septembre 2013, CH, 569, M. Véricel).

Lorsque le temps de trajet entre le domicile du salarié et son lieu de travail dépasse le temps normal du trajet d'un travailleur se rendant de son domicile à son lieu habituel de travail, ce temps de déplacement excédentaire constitue du temps de travail effectif et s'apprécie mission par mission lorsque celle-ci dépasse une journée et que le salarié ne regagne pas son domicile chaque jour (cass. soc. 24 septembre 2014, n° 12-28.664, BC V n° 207; LS Jurispr. n° 185 du 14.10.2014; JCP éd. S 2014, 1445, note L. Drai; RJS 12/14 n° 866, 2e espèce).

Sur la question de l'application de l'alinéa 2 de l'article L. 3121-4 aux salariés en forfait jours, voir J-J Perrin, «Forfait jours et temps de déplacement inhabituel», JCP éd. S 2019, 1273.

Art. L. 3121-5

Déplacements entre deux lieux de travail

La chambre sociale de la Cour de cassation a énoncé que le temps de trajet pour se rendre d'un lieu de travail à un autre lieu de travail constitue un temps de travail effectif (cass. soc. 16 juin 2004, n° 02-43.685, BC V n° 171; RJS 10/04 n° 1051; 4 novembre 2016, n° 15-21.957). La chambre criminelle a également précisé que le temps de déplacement professionnel entre le domicile d'un client et celui d'un autre client, au cours d'une même journée, constitue un temps de travail effectif et non un temps de pause, dès lors que les salariés ne sont pas soustraits, au cours de ces trajets, à l'autorité de l'employeur (cass. crim. 2 septembre 2014, n° 13-80.665, B. crim. n° 179; LSQ n° 16663 du 5.09.2014; JSL n° 374, 23.10.2014, p. 18, M. Hautefort; RJS 11/14 n° 803; JCP éd. S 2015, 1016, note Fr. Duquesne).

Art. L. 3121-5. Si le temps de trajet entre le domicile et le lieu habituel de travail est majoré du fait d'un handicap, il peut faire l'objet d'une contrepartie sous forme de repos.

Art. R. 3121-1. En cas de travaux insalubres et salissants, le temps passé à la douche en application de l'article ***(D. 2016-1551 du 18 nov. 2016, art. 2, II, 5°, JO 19, entrée en vigueur le 01.01.2017)*** « R. 4228-8 » est rémunéré au tarif normal des heures de travail sans être pris en compte dans le calcul de la durée du travail effectif.

Note • Cet article est l'ancien article R. 3121-2 (décret 2016-1551 du 18 novembre 2016, art. 2, II, 3°, JO 19, entrée en vigueur le 01.01.2017).

• Il résulte de l'article L. 230-2 (ancien) CT, interprété à la lumière de la directive du conseil 89/391/CEE du 12 juin 1989, que le chef d'établissement prend les mesures nécessaires pour assurer la sécurité et protéger la santé physique et mentale des travailleurs de l'établissement. Dès lors, lorsque des salariés, conducteurs de camions transportant des déchets industriels, effectuent des travaux insalubres ou salissants nécessitant la prise d'une douche quotidienne, ils doivent être payés du temps quotidien des douches au tarif normal des heures de travail (cass. soc. 17 octobre 2007, n° 06-41.444, LS Jurispr. n° 270 du 29.11.2007).

La rémunération du temps passé à la douche en fin de service, en application des dispositions de l'article R. 232-2-4, devenu R. 3121-2 [ancien] CT, ne peut valoir contrepartie au temps d'habillage nécessaire lors de la prise de poste pour revêtir la tenue dont le port est obligatoire (cass. soc. 12 décembre 2012, n° 11-22.884, BC V n° 337; LSQ n° 16247 du 19.12.2012; RJS 2/13 n° 129; JCP éd. S 2013, 1098, note A. Barège).

§ 2. Champ de la négociation collective

Art. L. 3121-6. Une convention ou un accord d'entreprise ou d'établissement ou, à défaut, une convention ou un accord de branche peut prévoir une rémunération des temps de restauration et de pause mentionnés à l'article L. 3121-2, même lorsque ceux-ci ne sont pas reconnus comme du temps de travail effectif.

Art. L. 3121-7. Une convention ou un accord d'entreprise ou d'établissement ou, à défaut, une convention ou un accord de branche prévoit soit d'accorder des contreparties aux temps d'habillage et de déshabillage mentionnés à l'article L. 3121-3, soit d'assimiler ces temps à du temps de travail effectif.

Une convention ou un accord d'entreprise ou d'établissement ou, à défaut, une convention ou un accord de branche prévoit des contreparties lorsque le temps de déplacement professionnel mentionné à l'article L. 3121-4 dépasse le temps normal de trajet.

§ 3. Dispositions supplétives

Art. L. 3121-8. À défaut d'accords prévus aux articles L. 3121-6 et L. 3121-7 :

1° Le contrat de travail peut fixer la rémunération des temps de restauration et de pause;

2° Le contrat de travail prévoit soit d'accorder des contreparties aux temps d'habillage et de déshabillage mentionnés à l'article L. 3121-3, soit d'assimiler ces temps à du temps de travail effectif;

3° Les contreparties prévues au second alinéa de l'article L. 3121-7 sont déterminées par l'employeur après consultation du ***(Ord. 2017-1386 du 22 sept. 2017, art. 4, 26°, JO 23, entrée en vigueur au plus tard le 01.01.2018)*** «comité social et économique».

Note Par décision 2017-653 QPC du 15 septembre 2017 (JO 17), le Conseil constitutionnel a jugé les trois premiers alinéas de l'article L. 3121-8 conformes à la Constitution. Sur cette décision, voir LSQ n° 17407 du 19.09.2017.

Sous-section 2. Astreintes

Note Sur l'impact de la loi 2016-1088 du 8 août 2016 en matière de durée du travail, de repos et de congés, voir note introductive du livre Ier de la troisième partie et, s'agissant des périodes d'astreinte, voir notamment RF 8 septembre 2016, FH 3657, 1-18 et s.

Voir aussi L. Marquet de Vasselot et A. Martinon, «Les apports de la loi du 8 août 2016 en matière de durée du travail», JCP éd. S 2016, 1294; M. Véricel, «Une nouvelle architecture des règles en matière de temps de travail», RDT, décembre 2016, CH, 824.

§ 1. Ordre public

Art. L. 3121-9. Une période d'astreinte s'entend comme une période pendant laquelle le salarié, sans être sur son lieu de travail et sans être à la disposition permanente et immédiate de l'employeur, doit être en mesure d'intervenir pour accomplir un travail au service de l'entreprise.

La durée de cette intervention est considérée comme un temps de travail effectif.

La période d'astreinte fait l'objet d'une contrepartie, soit sous forme financière, soit sous forme de repos.

Les salariés concernés par des périodes d'astreinte sont informés de leur programmation individuelle dans un délai raisonnable.

Note • La loi 2000-37 du 19 janvier 2000 (JO 20) a donné pour la première fois une définition de l'astreinte (s'inspirant de celle donnée par la jurisprudence), fixé son cadre et ses conditions de mise en place et prévu une information des salariés concernés. Elle a été complétée par la loi 2003-47 du 17 janvier 2003.

La loi 2016-1088 du 8 août 2016 a assoupli cette définition, le salarié n'étant plus obligé de demeurer à son domicile ou à proximité.

• Les périodes organisées dans le cadre d'un service d'intervention d'urgence, où des salariés restaient à leur domicile ou en tout lieu de leur choix dès lors qu'ils pouvaient être joints par l'employeur, notamment, à l'aide des moyens de téléphonie mobile mis à leur disposition en vue de répondre à un appel de l'employeur pour effectuer un service urgent au service de l'entreprise, constituent des périodes d'astreinte (cass. soc. 10 juillet 2002, n° 00-18.452, BC V n° 238; RJS 11/02 n° 1236; voir aussi cass. soc. 13 mars 2002, n° 00-41.206, RJS 7/02 n° 901; 4 mai 1999, n° 96-43.037, BC V n° 187; 5 octobre 2011, n° 10-19.247; 16 mars 2016, n° 14-27.971; voir aussi cass. soc. 12 juillet 2018, n° 17-13.029, JSL n° 461, 11.10.2018, p. 18, D. Julien-Paturle; RJS 11/18 n° 674).

Lorsque la sujétion imposée à un médecin de se tenir, durant les permanences, dans un logement de fonction mis à sa disposition à proximité de l'établissement où il travaille afin d'être en mesure d'intervenir en cas d'urgence, ne l'empêche pas de vaquer à des occupations personnelles, ces temps de permanence constituent des astreintes (cass. soc. 8 septembre 2016, n° 14-23.714, BC V n° 157; RJS 11/16 n° 697, 2e espèce; JCP éd. S 2016, 1360, 2e espèce, note L. Cailloux-Meurice; JSL n° 418, 24.10.2016, p. 14, F. Lalanne).

Les tâches d'un employé d'une maison de retraite chargé d'effectuer des rondes de surveillance, d'ouvrir et de fermer les portes de la résidence et de distribuer le courrier constituent un travail effectif, alors que son obligation de rester en permanence à son domicile pour répondre à un éventuel appel tout en pouvant librement vaquer à ses occupations personnelles ne constitue qu'une astreinte (cass. soc. 15 juin 1999, n° 97-41.035, BC V n° 280; JSL n° 45, 5.11.1999, p. 22; dans le même sens, cass. soc. 5 novembre 2003, n° 01-44.822, RJS 3/04 n° 313; 7 février 2008, n° 05-40.942, RJS 4/08 n° 430).

Pour une salariée, engagée pour tenir un dépôt de pain, qui n'a pas l'obligation de se tenir en permanence dans le magasin à la disposition de la clientèle et qui peut vaquer à des occupations personnelles dans les pièces de la maison attenantes au magasin, les horaires d'ouverture du magasin ne correspondent pas en totalité à un temps de travail effectif (cass. soc. 16 juin 2004, n° 02-43.755, BC V n° 167; RJS 10/04 n° 1049).

Si leur contrat de travail obligeait un couple de gardiens d'usine à rester en permanence à leur domicile pour répondre à un éventuel appel, ils restaient totalement libres, en dehors de l'horaire de travail, de vaquer à leurs occupations personnelles et cette obligation, en contrepartie de laquelle ils jouissaient gratuitement d'un logement et de toutes les prestations annexes, ne constituait qu'une astreinte (cass. soc. 3 juin 1998, n° 96-42.455, BC V n° 292; RJS 7/98 n° 867; voir aussi cass. soc. 8 juin 2010, n° 08-45.269). Les interventions ponctuelles effectuées pendant leur temps d'astreinte constituent, elles, un temps de travail effectif (voir aussi, en ce sens, cass. soc. 24 novembre 1993, n° 88-42.722, BC V n° 285; RJS 1/94 n° 41; 18 juillet 2000, n° 97-45.010, BC V n° 289; RJS 11/00 n° 1054). De même, la sujétion imposée à un salarié, éducateur principal, de se tenir dans son logement de fonction personnel situé au sein de l'institut médico-éducatif afin d'être en mesure d'intervenir en cas d'urgence ne l'empêchait pas de vaquer à des occupations personnelles et constituait non pas un travail effectif mais une astreinte (cass. soc. 19 décembre 2007, n° 06-43.569; voir aussi cass. soc. 31 mai 2006, n° 04-41.595, BC V n° 197; 14 octobre 2009, n° 08-40.350). Une cour d'appel ne peut écarter la qualification d'astreinte aux permanences d'un salarié d'un hôtel, au motif que pendant les heures de nuit, il n'était pas à son domicile, ni à proximité, mais tenu de rester sur son lieu de travail afin d'intervenir en cas de nécessité et ainsi à la disposition de son employeur, sans rechercher si le local mis à sa disposition durant les permanences de nuit constituait un logement de fonction dans lequel il pouvait vaquer à des occupations personnelles (cass. soc. 27 juin 2012, n° 11-13.342, RJS 10/12 n° 799).

• Il résulte de l'article L. 212-4 bis [L. 3121-5 ancien] CT que le temps de déplacement accompli lors de périodes d'astreintes fait partie intégrante de l'intervention et constitue un temps de travail effectif (cass. soc. 31 octobre 2007, n° 06-43.834, BC V n° 183; JCP éd. S 2007, 1953, note G. Vachet; JSL n° 222, 27.11.2007, p. 14, J-E Tourreil; RJS 1/08 n° 32).

• Il n'existe pas de droit acquis à l'exécution d'astreintes, sauf engagement de l'employeur vis-à-vis du salarié à en assurer l'exécution d'un certain nombre; à défaut d'un tel engagement, seul un abus de l'employeur dans l'exercice de son pouvoir de direction peut ouvrir droit à indemnisation (cass. soc. 10 octobre 2012, n° 11-10.454, BC V n° 258, arrêt n° 1; JCP éd. S 2012, 1494, 1re espèce, note M. Morand; JSL n° 332, 26.11.2012, p. 17, J-E Tourreil; RJS 1/13 n° 35).

• Lorsque des salariés mettent en place de leur propre initiative un service d'appel téléphonique en dehors de leurs heures de travail, le temps passé à ce service ne constitue pas un temps d'astreinte (cass. soc. 8 septembre 2016, n° 14-26.825, BC V n° 158; RJS 11/16 n° 697, 1re espèce; JCP éd. S 2016, 1360, 1re espèce, note L. Cailloux-Meurice; JSL n° 418, 24.10.2016, p. 17, J-Ph. Lhernould).

• Sur la nécessaire mise en conformité de notre législation nationale relative au régime des astreintes défini à cet article avec la charte sociale européenne révisée de 1996, voir rép. QE 432, JO AN 6 août 2013, p. 8529.

Art. L. 3121-10. Exception faite de la durée d'intervention, la période d'astreinte est prise en compte pour le calcul de la durée minimale de repos quotidien prévue à l'article L. 3131-1 et des durées de repos hebdomadaire prévues aux articles L. 3132-2 et L. 3164-2.

Note **Temps de repos.** La Cour de cassation a considéré que si les périodes d'astreinte ne constituent pas un temps de travail effectif durant les périodes où le salarié n'est pas tenu d'intervenir au service de l'employeur, elles ne peuvent pour autant être considérées comme un temps de repos, lequel suppose que le salarié soit totalement dispensé directement ou indirectement, sauf cas exceptionnels, d'accomplir pour son employeur une prestation de travail même si elle n'est qu'éventuelle ou occasionnelle (cass. soc. 10 juillet 2002, n° 00-18.452, BC V n° 238; RJS 11/02 n° 1236).

Pour mettre un frein à cette jurisprudence, la loi Fillon a prévu qu'à l'exception des durées d'intervention, la période d'astreinte était prise en compte pour le calcul des périodes minimales de repos quotidien et de repos hebdomadaire. Ce texte (loi 2003-47 du 17 janvier 2003, art. 3) n'a pas de caractère interprétatif et n'est pas applicable à des faits antérieurs à son entrée en vigueur (cass. soc. 8 juin 2011, n° 09-67.051, BC V n° 142; RJS 8-9/11 n° 693).

N'est pas contraire au droit à la protection de la santé, au repos et aux loisirs tel que prévu par l'alinéa 11 du préambule de la Constitution l'article L. 3121-6 (ancien) qui prévoit qu'exception faite de la durée d'intervention, la période d'astreinte est imputable sur les temps de repos quotidien et hebdomadaire prévus aux articles L. 3132-2 et L. 3164-2 (anciens) CT, dès lors que l'astreinte ne constitue pas du temps de travail effectif et fait l'objet, dans sa mise en place et ses modalités, de garanties destinées à en limiter le recours et à en faciliter le contrôle (cass. soc., QPC, 22 juin 2011, n° 11-40.022, RJS 11/11, n° 879).

Art. R. 3121-2. En fin de mois, l'employeur remet à chaque salarié intéressé un document récapitulant le nombre d'heures d'astreinte accomplies par celui-ci au cours du mois écoulé ainsi que la compensation correspondante.

Note • Cet article est l'ancien article R. 3121-1 (décret 2016-1551 du 18 novembre 2016, art. 2, II, 3°, JO 19, entrée en vigueur le 01.01.2017).

• Un conseil de prud'hommes a légalement justifié sa décision condamnant l'employeur à payer au salarié des dommages-intérêts en réparation du préjudice subi indépendamment des dommages-intérêts résultant du retard dans l'exécution de l'obligation de payer les sommes relatives aux astreintes (cass. soc. 27 juin 2012, n° 11-13.776).

§ 2. Champ de la négociation collective

Art. L. 3121-11. Une convention ou un accord d'entreprise ou d'établissement ou, à défaut, une convention ou un accord de branche peut mettre en place les astreintes. Cette convention ou cet accord fixe le mode d'organisation des astreintes, les modalités d'information et les délais de prévenance des salariés concernés ainsi que la compensation sous forme financière ou sous forme de repos à laquelle elles donnent lieu.

Note • La Cour de cassation a précisé que les astreintes ne peuvent pas seulement être mises en place par le contrat de travail (cass. soc. 23 mai 2017, n° 15-24.507, BC V n° 93; RJS 8-9/17 n° 583; JCP éd. S 2017, 1268, note M. Morand).

• Lorsque les astreintes ont été mises en place par un accord collectif, l'employeur doit suivre les modalités prévues par l'accord pour en modifier l'organisation (cass. soc. 1er mars 2017, n° 14-22.269, BC V n° 31; RJS 5/17 n° 336).

• **Rémunération.** L'attribution d'un logement à titre gratuit peut constituer une modalité de rémunération de l'astreinte, dès lors que cette modalité est prévue par une disposition claire et précise (cass. soc. 12 juillet 2006, n° 04-47.622, BC V n° 261; RJS 10/06 n° 1071; 28 septembre 2011, n° 10-18.375, RJS 12/11 n° 982; 13 avril 2016, n° 14-23.306, RJS 6/16 n° 424).

Les heures d'astreinte doivent donner lieu à rémunération (cass. soc. 23 novembre 2011, n° 10-23.406), quel que soit le niveau de responsabilité du salarié dans l'entreprise (cass. soc. 4 mai 1999, n° 96-45.453, BC V n° 189; RJS 6/99 n° 821; voir aussi cass. soc. 9 décembre 1998, n° 96-44.789, BC V n° 541; RJS 1/99 n° 45). Et le défaut de paiement au salarié des indemnités d'astreinte auxquelles il peut prétendre constitue pour l'employeur un manquement à ses obligations lui rendant imputable la rupture du contrat de travail (cass. soc. 12 octobre 1999, n° 97-42.143, BC V n° 378).

Une cour d'appel, qui constate l'absence de dispositions conventionnelles ou contractuelles quant à la rémunération des heures d'astreinte, apprécie souverainement le montant de la rémunération revenant au salarié au titre de ces heures (cass. soc. 10 mars 2004, n° 01-46.369, BC V n° 77).

Les rémunérations versées au salarié à l'occasion des astreintes constituent une partie du salaire normalement perçu par celui-ci (cass. soc. 6 octobre 2017, n° 16-12.743, BC V n° 176).

• **Modification du contrat ou des conditions de travail.** Lorsqu'un employeur impose à une salariée des permanences et des astreintes qu'elle n'assumait pas jusqu'alors, la rupture, faisant suite à son refus de poursuivre l'exécution du contrat de travail qui a été ainsi modifié, s'analyse en un licenciement (cass. soc. 31 mai 2000, n° 98-42.102, RJS 9-10/00 n° 956).

Le contrat de travail, qui ne comporte aucune clause relative aux astreintes, n'a pas été modifié par la mise en œuvre d'astreintes, dès lors que la convention collective applicable au contrat de travail en prévoit la possibilité (cass. soc. 13 février 2002, n° 00-40.387, RJS 5/02 n° 570).

Lorsqu'une astreinte est une sujétion liée à une fonction et que le titulaire de cette fonction n'y est pas systématiquement soumis, sa suppression par l'employeur ne constitue pas une modification du contrat de travail (cass. soc. 13 juillet 2010, n° 08-44.092, BC V n° 173; JCP éd. S 2010, 1365; RJS 11/10 n° 851; Dr. Soc. 2010, p. 1111, obs. J. Barthélémy; voir aussi cass. soc. 15 décembre 2004, n° 02-43.233, BC V n° 334; RJS 2/05 n° 158).

• **Accident du travail.** La présomption d'imputabilité d'accident du travail ne s'applique pas à l'accident survenu au cours d'une période d'astreinte au domicile du salarié (cass. soc. 2 avril 2003, n° 01-20.765, BC V n° 133).

§ 3. Dispositions supplétives

Art. L. 3121-12. À défaut d'accord prévu à l'article L. 3121-11 :

1° Le mode d'organisation des astreintes et leur compensation sont fixés par l'employeur, après avis du ***(Ord. 2017-1386 du 22 sept. 2017, art. 4, 26°, JO 23, entrée en vigueur au plus tard le 01.01.2018)*** «comité social et économique», et après information de l'agent de contrôle de l'inspection du travail;

2° Les modalités d'information des salariés concernés sont fixées par décret en Conseil d'État et la programmation individuelle des périodes d'astreinte est portée à leur connaissance quinze jours à l'avance, sauf circonstances exceptionnelles et sous réserve qu'ils en soient avertis au moins un jour franc à l'avance.

Note Voir note sous art. L. 3121-11.

Art. R. 3121-3. ***(D. 2016-1551 du 18 nov. 2016, art. 2, II, 9°, JO 19, entrée en vigueur le 01.01.2017)*** À défaut d'accord prévu à l'article L. 3121-11, l'employeur communique, par tout moyen conférant date certaine, aux salariés concernés la programmation individuelle des périodes d'astreinte dans le respect des délais de prévenance prévus à l'article L. 3121-12.

Sous-section 3. Équivalences

Note Sur l'impact de la loi 2016-1088 du 8 août 2016 en matière de durée du travail, de repos et de congés, voir note introductive du livre Ier de la troisième partie et, s'agissant des régimes d'équivalence, voir notamment RF 8 septembre 2016, FH 3657, 1-17.

Voir aussi L. Marquet de Vasselot et A. Martinon, «Les apports de la loi du 8 août 2016 en matière de durée du travail», JCP éd. S 2016, 1294; M. Véricel, «Une nouvelle architecture des règles en matière de temps de travail», RDT, décembre 2016, CH, 824.

§ 1. Ordre public

Art. L. 3121-13. Le régime d'équivalence constitue un mode spécifique de détermination du temps de travail effectif et de sa rémunération pour des professions et des emplois déterminés comportant des périodes d'inaction.

Note • Depuis la loi 2016-1088 du 8 août 2016, le régime d'équivalence peut être mis en place soit par convention ou accord de branche étendu, soit, à défaut, par décret en Conseil d'État.

Auparavant, ce régime ne pouvait être mis en place que par décret (décret en Conseil d'État ou décret simple pris après conclusion d'une convention ou d'un accord de branche). L'article L. 212-4 (ancien) n'imposait pas que le décret instituant un régime d'équivalence soit pris au vu d'une convention ou d'un accord de branche étendu; ainsi, la légalité du décret n'était pas subordonnée à celle de l'arrêté ayant étendu l'accord (CE 26 février 2003, n° 238599, RJS 7/03 n° 889). Voir «Heures d'équivalence, loi de validation et motifs impérieux d'intérêt général», J. Merlin, Dr. Soc. 2003, p. 373.

• Il ne peut être tenu compte d'un système d'équivalence, au sens de l'article L. 212-4, al. 5 [L. 3121-9 ancien] CT, pour vérifier, en matière de temps de travail effectif, le respect des seuils et plafonds communautaires fixés par la directive 93/104/CE du Conseil, telle qu'interprétée par la Cour de justice des Communautés européennes (CJCE 1er décembre 2005, aff. C-14/04, rec. p. I-10253; JOUE C 36/8 du 11.02.2006; RJS 2/06 n° 288; LSE n° 144, p. 2, Fr. Meyer, «Les heures d'équivalence en droit français à l'aune de la jurisprudence communautaire»), dont celui de la durée hebdomadaire maximale de 48 heures. Voir aussi CE 28 avril 2006, n° 242727, Rec. Lebon p. 206; RJS 7/06 n° 844 et p. 564, concl. Ch. Devys.

Les heures de permanence effectuées dans les locaux de l'entreprise doivent être prises en compte intégralement pour apprécier le respect de la durée hebdomadaire maximale de 48 heures (cass. soc. 26 mars 2008, n° 06-45.469, BC V n° 72; RJS 5/08 n° 549 et p. 400, rapport H. Gosselin: «Horaires d'équivalence et durée maximale du travail»; JCP éd. S 2008, 1394, note Fr. Dumont). De même, l'intégralité des heures de permanences nocturnes en chambre de veille accomplies par des salariées et comptabilisées à bon droit en tant que temps de travail effectif doivent être prises en compte pour apprécier le respect de la période minimale de 11 heures consécutives de repos journalier correspondant à une amplitude de travail maximale de 13 heures par jour (cass. soc. 23 septembre 2009, n° 07-44.226, BC V n° 202; JCP éd. S 2009, 1521, note M. Morand; RDT, février 2010, CH, 114, M. Véricel; Dr. Soc. 2010, p. 239, obs. J. Barthélémy; RJS 12/09 n° 940).

• Les dispositions réglementaires relatives à l'équivalence ne peuvent être étendues à des heures supplémentaires à défaut de texte spécial (cass. soc. 14 mars 1983, n° 80-41.460, BC V n° 146).

• L'application d'un régime d'équivalence au sens de cet article est une exception qui ne saurait être appliquée en dehors des activités ou des emplois visés par les textes réglementaires et conventionnels (cass. soc. 28 octobre 2009, n° 07-42.026, BC V n° 237; JCP éd. S 2009, 1574, note A. Martinon; RJS 1/10 n° 47).

• Le régime d'équivalence prévu par une convention collective n'est plus applicable à un salarié employé en qualité de garçon de garage de nuit qui avait exercé, à titre accessoire, en sus de ses fonctions de gardiennage, celle de pompiste (cass. soc. 16 novembre 2004, n° 02-42.551, BC V n° 288; RJS 2/05, n° 159); voir aussi, en ce sens cass. soc. 8 juillet 2003, n° 01-41.843, BC V n° 216; RJS 10/03 n° 123; 30 juin 2004, n° 02-41.823, BC V n° 189; RJS 11/04 n° 1152 (régime d'équivalence prévu par une convention collective pour les fonctions de gardien de nuit n'étant pas applicable à un salarié uniquement affecté aux caisses d'une station-service).

• La réglementation relative à la durée hebdomadaire légale du travail et la détermination des périodes d'inaction permettant d'y déroger sont édictées seulement pour le cas du travail à temps complet et ne peuvent être transposées au cas de travail à temps partiel (cass. soc. 24 avril 2001, n° 98-45.366, BC V n° 129; RJS 7/01 n° 864; 27 septembre 2006, n° 04-43.446, BC V n° 293; RJS 12/06 n° 1332; 18 septembre 2013, n° 12-17.181).

• *S'agissant du secteur sanitaire et social,* les conventions collectives du secteur social et médico-social privé à but non lucratif regroupées dans la branche UNIFED comportent des dispositifs d'équivalence mis en place dans des conditions qui ne sont plus conformes à la loi. Le Gouvernement a souhaité répondre à cette difficulté en insérant des dispositions spécifiques dans la loi du 19 janvier 2000 relative à la réduction négociée du temps de travail. L'article 3 de cette loi a modifié l'article L. 212-4 (ancien) CT qui dispose qu'une durée équivalente à la durée légale peut être instituée dans les professions et pour des emplois déterminés comportant des périodes d'inaction soit par décret, pris après conclusion d'une convention ou d'un accord de branche, soit par décret en Conseil d'État. Cette solution législative n'a toutefois aucun effet sur les contentieux engagés antérieurement à l'entrée en vigueur de la loi. Par un arrêt rendu en avril 2001, la Cour de cassation, sans remettre en cause les dispositions de l'article L. 212-4 CT, avait, dans un premier temps, écarté l'application de l'article 29 de la loi du 19 janvier 2000 qui visait à valider pour le passé les dispositions conventionnelles qui avaient instauré le dispositif d'équivalence pour la rémunération des permanences nocturnes (cass. soc. 24 avril 2001, n° 00-44.148, BC V n° 130; RJS 7/01 n° 866, 1re espèce). L'assemblée plénière de la Cour de cassation, opérant un revirement de jurisprudence, a considéré qu'obéit à d'impérieux motifs d'intérêt général l'intervention du législateur destinée à aménager les effets d'une jurisprudence nouvelle assimilant à des périodes de travail effectif les permanences nocturnes effectuées dans les établissements pour personnes inadaptées et handicapées, cette jurisprudence étant de nature à compromettre la pérennité du service public de la santé et de la protection sociale auquel participent ces établissements. Dès lors, a légalement justifié sa décision la cour d'appel qui a fait application, en l'espèce, de l'article 29 de la loi 2000-37 du 19 janvier 2000 relative à la réduction négociée du temps de travail ayant validé pour le passé les dispositions conventionnelles ayant instauré le dispositif d'équivalence pour la rémunération des permanences nocturnes (cass. ass. plén. 24 janvier 2003, n° 01-41.757, BC n° 3; RJS 3/03 n° 355). La chambre sociale de la Cour de cassation a repris cette solution en se fondant notamment sur l'article 6 de la Convention européenne de sauvegarde des droits de l'homme et des libertés fondamentales (cass. soc. 18 mars 2003, n° 01-40.911, BC V n° 100; RJS 5/03 n° 615). Selon la Cour européenne des droits de l'Homme, saisie du litige, l'intervention législative litigieuse n'est pas justifiée par d'impérieux motifs d'intérêt général et la loi a donc entraîné une ingérence dans l'exercice des droits que les salariés pouvaient faire valoir en vertu de la jurisprudence en vigueur et, partant, de leur droit au respect de leurs biens. En conséquence, la France est condamnée à réparer les préjudices matériel et moral subis par les salariés (CEDH 9 janvier 2007, nos 31501/03 et 20127/03, RJS 4/07 n° 512 et p. 299, chron. J-Ph. Lhernould).

La Cour de cassation a tiré les conséquences de ces deux arrêts de la CEDH dans plusieurs arrêts.

Dans la première espèce (cass. soc. 13 juin 2007, n° 05-45.694, BC V n° 99; RJS 8-9/07 n° 959), s'agissant de salariés qui avaient saisi le juge avant la date d'entrée en vigueur de l'article 29 de la loi de validation du 19 janvier 2000, la Cour de cassation écarte l'application de la loi et confirme la condamnation de l'employeur, en première instance, au paiement de rappels de salaires pour les heures de permanence nocturne effectuées par les salariés.

S'agissant de salariés ayant effectué des heures de permanence avant la loi de validation du 19 janvier 2000 mais qui avaient engagé leur action postérieurement à la date d'entrée en vigueur de ladite loi, la Cour de cassation confirme l'application de l'article 29 de la loi, considérant, d'une part, qu'ils ne sont pas fondés à invoquer l'incompatibilité de ses dispositions rétroactives avec l'exigence de l'article 6 § 1 de la Convention européenne de sauvegarde des droits de l'homme et des libertés fondamentales et, d'autre part, ainsi que l'a énoncé la CJCE dans son arrêt du 1er décembre 2005 (Dellas), qu'il ressort tant de la finalité que du libellé même de ses dispositions que la directive européenne 93/104/CE du 23 novembre 1993 concernant certains aspects de l'aménagement du temps de travail ne trouve pas à s'appliquer à la rémunération des travailleurs (cass. soc. 13 juin 2007, n° 06-40.823, BC V n° 99; RJS 8-9/07 n° 959; Dr. Soc. 2007, p. 1179, obs. M. Morand; JSL n° 216, 31.07.2007, p. 27, N. Rérolle).

Le juge national doit tenir compte de la définition par la CEDH de la notion de bien protégé par l'article 1er du Protocole n° 1 à la Convention de sauvegarde des droits de l'homme et des libertés fondamentales. Caractérise un bien, au sens de ce texte, l'intérêt patrimonial qui constitue une «espérance légitime» de pouvoir obtenir le paiement de rappels de salaires au titre des temps de responsabilité de surveillance nocturne. Doit être cassé l'arrêt qui a retenu que les salaires au titre des temps de responsabilité ne constituaient pas un bien protégé par l'article 1er du Protocole n° 1 précité et que la demande n'était pas fondée au regard de l'article 29 de la loi 2000-37 du 19 janvier 2000 validant les versements effectués au titre de la rémunération des périodes de permanences nocturnes en application des clauses de conventions collectives et accords collectifs nationaux de travail agréés, alors que la cour avait constaté que les demandes de rappels de salaires invoquées portaient sur une période antérieure à l'entrée en vigueur de la loi du 19 janvier 2000, ce dont elle devait déduire l'existence d'une espérance légitime de créance (cass. soc. 21 mars 2012, n° 04-47.532, BC V n° 101; RJS 6/12 n° 558; JCP éd. S 2012, 1271, note J-Ph. Tricoit; RDT juillet/août 2012, CH, 430, Fl. Canut).

Les négociations ouvertes par les partenaires sociaux pour rendre le régime existant conforme à la législation en vigueur n'ayant pas permis d'aboutir à un accord, un décret 2001-1384 du 31 décembre 2001 a été pris pour l'application de l'article L. 212-4 CT et institue une durée d'équivalence de la durée légale du travail dans les établissements sociaux et médico-sociaux à but non lucratif gérés par des personnes privées (JO 3 janv. 2002).

Le Conseil d'État a saisi la Cour de justice des Communautés européennes sur la question de savoir si le régime d'équivalence institué par le décret 2001-1384 est compatible avec les objectifs de la directive 93/104/CE du 23 novembre 1993 (CE 3 décembre 2003, n° 242727, RJS 2/04 n° 212). Pour la CJCE, «la directive 93/104/CE doit être interprétée en ce sens qu'elle s'oppose à la réglementation d'un État membre qui, s'agissant des services de garde que les travailleurs de certains établissements sociaux et médico-sociaux accomplissent selon le régime de la présence physique sur le lieu même de travail, prévoit, pour les besoins du décompte du temps de travail effectif, un système d'équivalence tel que celui qui était en cause, lorsque le respect de l'intégralité des prescriptions minimales édictées par cette directive en vue de protéger de manière efficace la sécurité et la santé des travailleurs n'est pas assuré.

Dans l'hypothèse où le droit national fixe, notamment pour la durée maximale hebdomadaire de travail, un plafond plus favorable aux travailleurs, les seuils ou plafonds pertinents pour vérifier l'observation des règles protectrices prévues par ladite directive sont exclusivement ceux énoncés par cette dernière.» (CJCE 1er décembre 2005, aff. C-14/04, précité).

Le Conseil d'État, suivant la décision du juge communautaire, a précisé que si la directive du 23 novembre 1993 ne fait pas obstacle à l'application des rapports d'équivalence aux durées maximales de travail fixées par le droit national, il ne saurait en résulter une inobservation des seuils et plafonds communautaires, pour l'appréciation desquels les périodes de travail effectif doivent être comptabilisées dans leur intégralité, sans possibilité de pondération. Dès lors, le décret litigieux (2001-1384 du 31 décembre 2001), s'il pouvait légalement définir un rapport d'équivalence pour l'appréciation des règles relatives aux rémunérations et aux heures supplémentaires ainsi que celles concernant les durées maximales de travail fixées par le droit national, est entaché d'illégalité en tant qu'il ne fixe pas les limites dans lesquelles devait être mis en œuvre le régime d'équivalence ainsi créé pour garantir le respect des seuils et plafonds communautaires (CE 28 avril 2006, n° 242727, Rec. Lebon p. 206; RJS 7/06 n° 844). Ses dispositions relatives à la rémunération du travail effectif dans le cadre du régime d'équivalence ne sont en revanche pas affectées par la décision d'annulation partielle (cass. soc. 23 mai 2013, n° 12-13.875, BC V n° 131; RJS 8-9/13 n° 608). Tirant les conséquences de la décision du Conseil d'État, le décret 2007-106 du 29 janvier 2007 (JO 30) complète le régime d'équivalence en précisant que pour décompter la durée hebdomadaire moyenne, la durée quotidienne des travailleurs de nuit et les temps de pause, il faut tenir compte de l'intégralité du temps de présence du salarié sur le lieu de travail.

Voir, en dernier lieu, notamment cass. soc. 24 juin 2020, n° 18-23.510, à paraître, JSL n° 503, 14.09.2020, p. 18 ; RJS 11/20 n° 541 et cass. soc. 23 septembre 2020, n° 18-20.869, à paraître, JCP éd. S 2020, 3045, note S. Carré ; RJS 12/20 n° 633.

• *S'agissant du secteur des hôtels, cafés, restaurants,* un décret 2004-1536 du 30 décembre 2004 (JO 1er janv. 2005) avait fixé la durée équivalente à la durée légale de 35 heures à 39 heures, sur la base d'un accord de branche conclu le 13 juillet 2004 (BOCC 2004-37 du 9 octobre 2004). Le Conseil d'État a annulé ce régime d'équivalence (CE 18 octobre 2006, n° 276359, Dr. Soc. 2006, p. 1096, I., concl. Ch. Devys). Suite à cette annulation, un nouvel avenant sur le temps de travail et les salaires dans la profession - sans équivalences - a été conclu. Voir note sous article L. 3121-28.

• *S'agissant des casinos,* la durée du travail équivalente à la durée légale qui était de 38 heures jusqu'au 31 décembre 2003 a été ramenée à 37 heures à compter du 1er janvier 2004 et correspondra à la durée légale de 35 heures au 1er janvier 2005 (décret 2003-840 du 1er septembre 2003, JO 4).

• *S'agissant du secteur du tourisme social et familial,* le décret 2004-124 du 9 février 2004 (JO 11) dispose que, pour tenir compte des temps d'inaction, les heures au-delà de 10 heures de travail effectif par jour sont décomptées à raison d'une heure par tranche de 3 heures de présence. Cela concerne les emplois à temps complet des personnes encadrant des mineurs, des accompagnateurs de groupe et des guides accompagnateurs.

• *S'agissant des services de l'automobile,* la durée du travail, équivalente à la durée légale, du personnel visé à l'article 1er (personnel de gardiennage) est fixée à 43 heures par semaine (décret 2005-40 du 20 janvier 2005, JO 22).

• *Dans les commerces de détail de fruits et légumes, épicerie et produits laitiers,* la durée du travail équivalente à la durée légale est fixée à 38 heures par semaine (décret 2003-1194 du 15 décembre 2003, JO 17).

• Voir aussi notamment décret 2008-853 du 26 août 2008 (JO 28) modifié par décret 2016-1551 du 18 novembre 2016, art. 6, X (JO 19) relatif à la durée du travail dans l'enseignement privé hors contrat; décret 2013-1165 du 17 décembre 2013 (JO 18) modifié par décrets 2014-63 du 28 janvier 2014 (JO 30) et 2016-1551 du 18 novembre 2016, art. 6, XII (JO 19) fixant un régime d'équivalence dans la branche de la production cinématographique.

§ 2. Champ de la négociation collective

Art. L. 3121-14. Une convention ou un accord de branche étendu peut instituer une durée du travail équivalente à la durée légale pour les professions et emplois mentionnés à l'article L. 3121-13.

Cette convention ou cet accord détermine la rémunération des périodes d'inaction.

§ 3. Dispositions supplétives

Art. L. 3121-15. À défaut d'accord prévu à l'article L. 3121-14, le régime d'équivalence peut être institué par décret en Conseil d'État.

SECTION 2. Durées maximales de travail

Note Sur l'impact de la loi 2016-1088 du 8 août 2016 en matière de durée du travail, de repos et de congés, voir note introductive du livre Ier de la troisième partie et, s'agissant des durées maximales de travail, voir notamment RF 8 septembre 2016, FH 3657, 1-9 et s.

Voir aussi L. Marquet de Vasselot et A. Martinon, «Les apports de la loi du 8 août 2016 en matière de durée du travail», JCP éd. S 2016, 1294.

Sous-section 1. Temps de pause

§ 1. Ordre public

Art. L. 3121-16. Dès que le temps de travail quotidien atteint six heures, le salarié bénéficie d'un temps de pause d'une durée minimale de vingt minutes consécutives.

Note • Une pause de 20 minutes au moins doit être accordée dès qu'un temps de travail quotidien atteint 6 heures, à la suite immédiate de ce temps ou, le cas échéant, avant que cette durée de 6 heures ne se soit entièrement écoulée. Si des dispositions conventionnelles fixent un temps de pause supérieur, elles peuvent fixer le moment de prise de cette pause, le cas échéant, après que 6 heures de travail consécutives se soient écoulées (circ. DRT 2000/07 du 6 décembre 2000, BO TR 2001/1, p. 97).

• Après 6 heures de travail effectif, le salarié doit bénéficier d'une pause d'au moins 20 minutes (cass. soc. 13 mars 2001, n° 99-45.254, BC V n° 96; RJS 5/01 n° 609) consécutives (cass. soc. 20 février 2013, n° 11-28.612, BC V n° 49; RJS 5/13, n° 379, 3e espèce; JCP éd. S 2013, 1194, 2e espèce, note M. Morand; JSL n° 342, 25 avril 2013, p. 16, J-Ph. Lhernould), peu important que la période de 6 heures ait été interrompue en application de dispositions conventionnelles plus favorables (cass. soc. 20 février 2013, n° 11-26.793, BC V n° 50; RJS 5/13 n° 379, 2e espèce; JCP éd. S 2013, 1194, 1re espèce; JSL n° 342, 25 avril 2013, p. 16, J-Ph. Lhernould; 7 octobre 2015, n° 14-12.835).

À noter que dans les entreprises de transport public urbain de voyageurs, la pause quotidienne de 20 minutes peut être fractionnée (cass. soc. 3 juin 2020, n° 18-16.810, à paraître, RJS 7/20 n° 383, 2e espèce).

• Le temps du déjeuner, qui s'intercale entre deux périodes de travail effectif, est un temps de pause (cass. soc. 20 juin 2013, n° 12-10.127, BC V n° 159; RJS 10/13 n° 684).

• La période de pause, qui s'analyse comme un arrêt de travail de courte durée sur le lieu de travail ou à proximité, n'est pas incompatible avec des interventions éventuelles et exceptionnelles demandées durant cette période au salarié en cas de nécessité, notamment pour des motifs de sécurité, ces interventions constituant alors du travail effectif (cass. soc. 1er avril 2003, n° 01-01.395, BC V n° 129; RJS 6/03 n° 747; 13 mars 2013, n° 12-12.413, RJS 5/13 n° 378, 1re espèce).

• Les dispositions de l'article L. 3171-4 CT relatives à la répartition de la charge de la preuve des heures de travail effectuées entre l'employeur et le salarié ne sont pas applicables à la preuve du respect des temps de pause, qui incombe à l'employeur (cass. soc. 20 février 2013, n° 11-21.599, BC V n° 51; RJS 5/13 n° 379, 1re espèce; JSL n° 342, 25.04.2013, p. 16, J-Ph. Lhernould; 8 avril 2015, n° 13-24.873; 15 mai 2019, n° 17-28.018, RJS 7/19 n° 434).

• D'abord, les différentes prescriptions énoncées par les directives européennes 93/104/CE du 23 novembre 1993 et 2003/88/CE du 4 novembre 2003 en matière de temps minimal de repos constituent des règles de droit social d'une importance particulière dont doit bénéficier chaque travailleur en tant que prescription minimale nécessaire pour assurer la protection de sa sécurité et de sa santé; ensuite, la notion de temps de travail doit être appréhendée par opposition à la période de repos, ces deux notions étant exclusives l'une de l'autre; enfin, il résulte de l'article L. 3121-33 [ancien] CT qu'après six heures de travail effectif, le salarié doit bénéficier d'une pause d'au moins vingt minutes. Les permanences nocturnes constituant du temps de travail effectif, peu important qu'il englobe des périodes d'inaction prises en compte au titre du système d'équivalence, le salarié qui les assure peut demander le respect d'un temps de pause de 20 minutes par 6 heures de surveillance nocturne (cass. soc. 29 juin 2011, n° 10-14.743, BC V n° 184; RJS 10/11 n° 804; RDT, septembre 2011, CH, 511, M. Véricel; JCP éd. S 2011, 1426, note E. Jeansen).

• *RATP.* Sur la conformité avec le droit européen des règles relatives au temps de pause applicables à la RATP, voir cass. soc. 17 février 2010, n° 08-43.212, BC V n° 47; JSL n° 274, 6.04.2010, p. 11, J-Ph. Lhernould; JCP éd. S 2010, 1170, note Fr. Dumont; RJS 5/10 n° 431; RDT, juil./août 2010, CH, 446, Fl. Canut; voir aussi cass. soc. 6 mars 2012, n° 10-26.049, RJS 5/12 n° 511.

§ 2. Champ de la négociation collective

Art. L. 3121-17. Une convention ou un accord d'entreprise ou d'établissement ou, à défaut, une convention ou un accord de branche peut fixer un temps de pause supérieur.

Sous-section 2. **Durée quotidienne maximale**

§ 1. Ordre public

Art. L. 3121-18. La durée quotidienne de travail effectif par salarié ne peut excéder dix heures, sauf :

1° En cas de dérogation accordée par l'inspecteur du travail dans des conditions déterminées par décret ;

2° En cas d'urgence, dans des conditions déterminées par décret ;

3° Dans les cas prévus à l'article L. 3121-19.

Note • *Covid-19.* Voir ordonnance 2020-323 du 25 mars 2020, art. 6, JO 26, entrée en vigueur le 26.03.2020, modifié.

• Les dispositions de l'article L. 3171-4 CT relatives à la répartition de la charge de la preuve des heures de travail effectuées entre l'employeur et le salarié ne sont applicables ni à la preuve du respect des seuils et plafonds prévus par le droit de l'Union européenne ni à la preuve de ceux prévus par les articles L. 3121-34 et L. 3121-35 [anciens] CT relatifs aux durées quotidienne et hebdomadaire maximales de travail, qui incombe à l'employeur (cass. soc. 20 février 2013, n° 11-28.811, BC V n° 52 ; JSL n° 341, 11.04.2013, p. 11, J-E Tourreil ; JCP éd. S 2013, 1170, note C. Puigelier ; RJS 5/13 n° 379, 4e espèce ; voir aussi cass. soc. 25 septembre 2013, n° 12-13.267, BC V n° 220 ; RJS 12/13 n° 861 ; 4 février 2015, n° 13-20.891, BC V n° 23 ; LSQ n° 16772 du 12.02.2015 ; RJS 4/15 n° 258 ; JCP éd. S 2015, 1156, note M. Morand).

Art. D. 3121-4. Le dépassement de la durée quotidienne maximale du travail effectif, prévue à l'article ***(D. 2016-1553 du 18 nov. 2016, art. 1er, B, 1°, JO 19, entrée en vigueur le 01.01.2017)*** « L. 3121-18 », peut être autorisé dans les cas où un surcroît temporaire d'activité est imposé, notamment pour l'un des motifs suivants :

1° Travaux devant être exécutés dans un délai déterminé en raison de leur nature, des charges imposées à l'entreprise ou des engagements contractés par celle-ci ;

2° Travaux saisonniers ;

3° Travaux impliquant une activité accrue pendant certains jours de la semaine, du mois ou de l'année.

Note Les articles D. 3121-4 à 7 sont les anciens articles D. 3121-15 à 18 (décret 2016-1553 du 18 novembre 2016, art. 1er, B, 1°, JO 19, entrée en vigueur le 01.01.2017).

Art. D. 3121-5. La demande de ***(D. 2016-1553 du 18 nov. 2016, art. 1er, B, 1°, JO 19, entrée en vigueur le 01.01.2017)*** « dépassement de » la durée quotidienne maximale de travail, accompagnée des justifications utiles et de l'avis du ***(D. 2017-1819 du 29 déc. 2017, art. 3, 17°, JO 30, entrée en vigueur le 01.01.2018)*** « comité social et économique, s'il existe », est adressée par l'employeur à l'inspecteur du travail.

L'inspecteur du travail fait connaître sa décision dans un délai de quinze jours à compter de la date de réception de la demande à l'employeur et aux représentants du personnel.

Art. D. 3121-6. En cas d'urgence, l'employeur peut ***(D. 2016-1553 du 18 nov. 2016, art. 1er, B, 1°, JO 19, entrée en vigueur le 01.01.2017)*** « dépasser » sous sa propre responsabilité, dans les hypothèses envisagées l'article ***(D. 2016-1553 du 18 nov. 2016, art. 1er, B, 1°, JO 19, entrée en vigueur le 01.01.2017)*** « D. 3121-4 », la durée quotidienne maximale du travail.

S'il n'a pas encore adressé de demande de ***(D. 2016-1553 du 18 nov. 2016, art. 1er, B, 1°, JO 19, entrée en vigueur le 01.01.2017)*** « dépassement », il présente immédiatement à l'inspecteur du travail une demande de régularisation accompagnée des justifications et avis mentionnés à l'article ***(D. 2016-1553 du 18 nov. 2016, art. 1er, B, 1°, JO 19, entrée en vigueur le 01.01.2017)*** « D. 3121-5 » et de toutes explications nécessaires sur les causes ayant nécessité une prolongation de la durée quotidienne du travail sans autorisation préalable.

S'il se trouve dans l'attente d'une réponse à une demande de ***(D. 2016-1553 du 18 nov. 2016, art. 1er, B, 1°, JO 19, entrée en vigueur le 01.01.2017)*** « dépassement », il informe immédiatement l'inspecteur du travail de l'obligation où il s'est trouvé d'anticiper la décision attendue et en donne les raisons.

L'inspecteur du travail fait connaître sa décision dans un délai de quinze jours à compter de la date de réception de la demande à l'employeur et aux représentants du personnel.

Art. D. 3121-7. Les recours hiérarchiques contre les décisions prévues aux articles ***(D. 2016-1553 du 18 nov. 2016, art. 1er, B, 1°, JO 19, entrée en vigueur le 01.01.2017)*** « D. 3121-5 et D. 3121-6 » sont formés devant le ***(D. 2020-1545 du 9 déc. 2020, JO 10, entrée en vigueur le 01.04.2021)*** « directeur régional de l'économie, de l'emploi, du travail et des solidarités » dans le délai d'un mois suivant la date à laquelle les intéressés en ont reçu notification.

§ 2. Champ de la négociation collective

Art. L. 3121-19. Une convention ou un accord d'entreprise ou d'établissement ou, à défaut, une convention ou un accord de branche peut prévoir le dépassement de la durée maximale quotidienne de travail effectif, en cas d'activité accrue ou pour des motifs liés à l'organisation de l'entreprise, à condition que ce dépassement n'ait pas pour effet de porter cette durée à plus de douze heures.

Sous-section 3. Durées hebdomadaires maximales

§ 1. Ordre public

Art. L. 3121-20. Au cours d'une même semaine, la durée maximale hebdomadaire de travail est de quarante-huit heures.

Note • *Covid-19*. Voir ordonnance 2020-323 du 25 mars 2020, art. 6, JO 26, entrée en vigueur le 26.03.2020, modifié.

• L'article L. 3121-35 [L. 3121-20] CT, qui fixe la durée hebdomadaire maximale de travail à quarante-huit heures au cours d'une période de référence d'une semaine, est, compte tenu des dispositions de l'article L. 3121-36 [L. 3121-22] selon lesquelles la durée hebdomadaire de travail calculée sur une période quelconque de douze semaines consécutives ne peut dépasser quarante-quatre heures, conforme aux dispositions des articles 6 et 16, sous b) de la directive 2003/88/CE (cass. soc. 12 décembre 2018, n° 17-17.680, à paraître, LSQ n° 17724 du 2.01.2019; JCP éd. S 2019, 1012, note M. Morand; RJS 2/19 n° 103).

• Des salariés effectuant, une semaine sur deux, 62 heures 30 ou 55 heures de travail hebdomadaire selon qu'ils travaillaient en équipes de jour ou de nuit ont droit au paiement de dommages-intérêts en raison du non-respect par l'employeur de la durée maximale hebdomadaire de travail (cass. soc. 5 novembre 2003, n° 01-42.174, BC V n° 276; RJS 1/04 n° 58).

• Même lorsqu'il existe des accords collectifs prévoyant la variation hebdomadaire de la durée du travail, la durée maximale hebdomadaire prévue par l'article L. 212-7 (ancien) ne peut, en l'absence de circonstances exceptionnelles non invoquées en l'espèce, excéder 48 heures. Ont pu déclarer les prévenus coupables d'infractions à la durée maximale hebdomadaire du travail les juges qui, en se référant au procès-verbal de l'inspecteur du travail d'où il résulte que cette limite a été dépassée pour chacun des salariés qu'il cite, ont suffisamment précisé le nombre d'heures fait par chacun de ces salariés (cass. crim. 12 octobre 1993, n° 92-85.203, B. crim. n° 290).

• Dans le secteur des transports routiers, la durée maximale de travail est déterminée sur la base du temps de travail effectif définie par le décret 83-40 du 26 janvier 1983 relatif aux modalités d'application des dispositions du code du travail concernant la durée du travail dans ce secteur et non sur celle des amplitudes horaires dont doit être déduite la part de l'activité qui ne correspond pas à du travail effectif (cass. soc. 12 mars 2014, n° 12-28.483, BC V n° 77; RJS 5/14 n° 442; JCP éd. S 2014, 1279, note L. Drai).

• La CJCE a énoncé que l'article 18, paragraphe 1, sous b), i), premier tiret, de la directive 93/104/CE du 23 novembre 1993 concernant certains aspects de l'aménagement du temps de travail doit être interprété en ce sens qu'il exige une acceptation explicitement et librement exprimée par chaque travailleur pris individuellement pour que le dépassement de la durée maximale hebdomadaire de travail de 48 heures, telle que prévue à l'article 6 de la directive, soit valide. À cet égard, il ne suffit pas que le contrat de travail de l'intéressé se réfère à une convention collective qui permet un tel dépassement (CJCE 5 octobre 2004, aff. C-397/01 à C-403/01, rec. p. I-8835; JOUE C 300/2 du 4.12.2004; RJS 12/04, p. 871, chron.: «Le temps de travail en quête de nouveaux repères. À propos de l'arrêt Pfeiffer et de la proposition de directive du 22 septembre 2004», J-Ph. Lhernould et n° 1336).

Art. L. 3121-21. En cas de circonstances exceptionnelles et pour la durée de celles-ci, le dépassement de la durée maximale définie à l'article L. 3121-20 peut être autorisé par l'autorité administrative, dans des conditions déterminées par décret en Conseil d'État, sans toutefois que ce dépassement puisse avoir pour effet de porter la durée du travail à plus de soixante heures par semaine. Le ***(Ord. 2017-1386 du 22 sept. 2017, art. 4, 44°, JO 23, entrée en vigueur au plus tard le 01.01.2018)*** «comité social et économique donne son» avis sur les demandes d'autorisation formulées à ce titre. Cet avis est transmis à l'agent de contrôle de l'inspection du travail.

Art. L. 3121-22. La durée hebdomadaire de travail calculée sur une période quelconque de douze semaines consécutives ne peut dépasser quarante-quatre heures, sauf dans les cas prévus aux articles L. 3121-23 à L. 3121-25.

Note *Covid-19*. Voir note sous art. L. 3121-20.

§ 2. Champ de la négociation collective

Art. L. 3121-23. Une convention ou un accord d'entreprise ou d'établissement ou, à défaut, une convention ou un accord de branche peut prévoir le dépassement de la durée hebdomadaire de travail de quarante-quatre heures calculée sur une période de douze semaines consécutives, à condition que ce dépassement n'ait pas pour effet de porter cette durée, calculée sur une période de douze semaines, à plus de quarante-six heures.

§ 3. Dispositions supplétives

Art. L. 3121-24. À défaut d'accord prévu à l'article L. 3121-23, le dépassement de la durée maximale hebdomadaire prévue à l'article L. 3121-22 est autorisé par l'autorité administrative dans des conditions déterminées par décret en Conseil d'État, dans la limite d'une durée totale maximale de quarante-six heures.

Art. L. 3121-25. À titre exceptionnel, dans certains secteurs, dans certaines régions ou dans certaines entreprises, le dépassement de la durée maximale de quarante-six heures prévue aux articles L. 3121-23 et L. 3121-24 peut être autorisé pendant des périodes déterminées, dans des conditions déterminées par décret en Conseil d'État.

Art. L. 3121-26. Le ***(Ord. 2017-1386 du 22 sept. 2017, art. 4, 44°, JO 23, entrée en vigueur au plus tard le 01.01.2018)*** «comité social et économique donne son» avis sur les demandes d'autorisation formulées auprès de l'autorité administrative en application des articles L. 3121-24 et L. 3121-25. Cet avis est transmis à l'agent de contrôle de l'inspection du travail.

§ 1 (réglementaire). Dispositions communes

Sous-§ 1. Ordre public

Art. R. 3121-8. ***(D. 2016-1551 du 18 nov. 2016, art. 2, IV, 1°, JO 19, entrée en vigueur le 01.01.2017)*** «L'autorisation de dépassement de la durée maximale hebdomadaire prévues aux articles L. 3121-21 et L. 3121-25 ne peut être accordée» que pour une durée expressément fixée par l'autorité compétente.

À l'expiration de cette durée, ***(D. 2016-1551 du 18 nov. 2016, art. 2, IV, 1°, JO 19, entrée en vigueur le 01.01.2017)*** «une nouvelle autorisation» ne peut résulter que d'une décision expresse faisant suite à une nouvelle demande des intéressés, instruite dans les mêmes conditions que la demande initiale.

(D. 2016-1551 du 18 nov. 2016, art. 2, IV, 1°, JO 19, entrée en vigueur le 01.01.2017) «L'autorisation» est révocable à tout moment par l'autorité qui l'a accordée si les raisons qui en ont motivé l'octroi viennent à disparaître, notamment en cas de licenciements collectifs affectant les secteurs, régions ou entreprises ayant fait l'objet d' ***(D. 2016-1551 du 18 nov. 2016, art. 2, IV, 1°, JO 19, entrée en vigueur le 01.01.2017)*** «une autorisation».

Note Les articles R. 3121-8 et 9 sont les anciens articles R. 3121-21 et 22 (décret 2016-1551 du 18 novembre 2016, art. 2, IV, 1°, JO 19, entrée en vigueur le 01.01.2017).

Art. R. 3121-9. ***(D. 2016-1551 du 18 nov. 2016, art. 2, IV, 1°, JO 19, entrée en vigueur le 01.01.2017)*** «Les dépassements» à la durée maximale hebdomadaire du travail peuvent être ***(D. 2016-1551 du 18 nov. 2016, art. 2, IV, 1°, JO 19, entrée en vigueur le 01.01.2017)*** «assortis» de mesures compensatoires ayant pour objet, dans les entreprises bénéficiaires :

1° Soit de ramener la durée hebdomadaire moyenne de travail à moins de quarante-six heures pendant une période déterminée postérieure à la date d'expiration de la dérogation ;

2° Soit de prévoir, en faveur des salariés, des périodes de repos complémentaire ;

3° Soit d'abaisser, pendant une période limitée, la durée maximale du travail.

La nature et les conditions de cette compensation sont fixées par ***(D. 2016-1551 du 18 nov. 2016, art. 2, IV, 1°, JO 19, entrée en vigueur le 01.01.2017)*** «la décision d'autorisation».

§ 2 (réglementaire). Dépassement de la durée maximale hebdomadaire absolue et de la durée hebdomadaire maximale moyenne

Sous-§ 1. Ordre public

Art. R. 3121-10. ***(D. 2016-1551 du 18 nov. 2016, art. 2, IV, 2°, JO 19, entrée en vigueur le 01.01.2017)*** «L'autorisation de dépassement de la durée maximale hebdomadaire absolue du travail prévue par l'article L. 3121-21» est accordée par le ***(D. 2020-1545 du 9 déc. 2020, JO 10, entrée en vigueur le 01.04.2021)*** «directeur régional de l'économie, de l'emploi, du travail et des solidarités». Elle ne peut l'être qu'en cas de circonstance exceptionnelle entraînant temporairement un surcroît extraordinaire de travail.

La demande ***(D. 2016-1551 du 18 nov. 2016, art. 2, IV, 2°, JO 19, entrée en vigueur le 01.01.2017)*** «d'autorisation» est adressée par l'employeur à l'inspecteur du travail.

Elle est assortie de justifications sur les circonstances exceptionnelles qui la motivent et précise la durée pour laquelle ***(D. 2016-1551 du 18 nov. 2016, art. 2, IV, 2°, JO 19, entrée en vigueur le 01.01.2017)*** «l'autorisation» est sollicitée.

Elle est accompagnée de l'avis du *(D. 2017-1819 du 29 déc. 2017, art. 3, 17°, JO 30, entrée en vigueur le 01.01.2018)* « comité social et économique, s'il existe ».

Le *(D. 2020-1545 du 9 déc. 2020, JO 10, entrée en vigueur le 01.04.2021)* « directeur régional de l'économie, de l'emploi, du travail et des solidarités » prend sa décision au vu d'un rapport établi par l'inspecteur du travail et indiquant notamment si la situation de l'entreprise requérante justifie le bénéfice de *(D. 2016-1551 du 18 nov. 2016, art. 2, IV, 2°, JO 19, entrée en vigueur le 01.01.2017)* « l'autorisation ».

La décision précise l'ampleur de *(D. 2016-1551 du 18 nov. 2016, art. 2, IV, 2°, JO 19, entrée en vigueur le 01.01.2017)* « l'autorisation » ainsi que la durée pour laquelle elle est accordée.

Note Cet article est l'ancien article R. 3121-23 (décret 2016-1551 du 18 novembre 2016, art. 2, IV, 2°, JO 19, entrée en vigueur le 01.01.2017).

Sous-§ 2. Dispositions supplétives

Art. R. 3121-11. *(D. 2016-1551 du 18 nov. 2016, art. 2, IV, 2°, JO 19, entrée en vigueur le 01.01.2017)* À défaut d'accord prévu à l'article L. 3121-23, le dépassement de la durée hebdomadaire moyenne de quarante-quatre heures est accordé dans les conditions définies à l'article R. 3121-10.

§ 3 (réglementaire). Dépassement de la durée hebdomadaire maximale moyenne dans certains secteurs, certaines régions ou dans certaines entreprises

Sous-§ 1. Dispositions supplétives

Art. R. 3121-12. *(D. 2016-1551 du 18 nov. 2016, art. 2, IV, 3°, JO 19, entrée en vigueur le 01.01.2017)* « L'autorisation de dépassement à la durée hebdomadaire maximale moyenne prévue à l'article L. 3121-25 » revêt l'une des modalités suivantes :

1° Le dépassement de la durée moyenne hebdomadaire de quarante-six heures sur une période de douze semaines consécutives ;

2° La répartition de cette même moyenne sur une période de plus de douze semaines ;

3° La combinaison des deux modalités précédentes.

La décision *(D. 2016-1551 du 18 nov. 2016, art. 2, IV, 3°, JO 19, entrée en vigueur le 01.01.2017)* « d'autorisation » précise la modalité, l'ampleur et les autres conditions du dépassement autorisé.

Note Les articles R. 3121-12 à 16 sont les anciens articles R. 3121-24 à 28 (décret 2016-1551 du 18 novembre 2016, art. 2, IV, 3°, JO 19, entrée en vigueur le 01.01.2017).

Art. R. 3121-13. La demande de *(D. 2016-1551 du 18 nov. 2016, art. 2, IV, 3°, JO 19, entrée en vigueur le 01.01.2017)* « dépassement » concernant l'ensemble d'un secteur d'activité sur le plan national est adressée par l'organisation d'employeurs intéressée au ministre chargé du travail.

Celui-ci prend sa décision après consultation des organisations d'employeurs et de salariés représentatives dans le secteur considéré, en tenant compte des conditions économiques et la situation de l'emploi dans ce secteur.

Art. R. 3121-14. La demande de *(D. 2016-1551 du 18 nov. 2016, art. 2, IV, 3°, JO 19, entrée en vigueur le 01.01.2017)* « dépassement » concernant un secteur d'activité sur le plan local, départemental ou interdépartemental est adressée par l'organisation d'employeurs intéressée au *(D. 2020-1545 du 9 déc. 2020, JO 10, entrée en vigueur le 01.04.2021)* « directeur régional de l'économie, de l'emploi, du travail et des solidarités ».

(D. 2020-88 du 5 févr. 2020, art. 1er, 5°, JO 6) « Celui-ci prend sa décision après consultation des organisations d'employeurs et de salariés représentatives intéressées, en tenant compte des conditions économiques et de la situation de l'emploi propres à la région et au secteur considérés. »

Art. R. 3121-15. *(D. 2016-1551 du 18 nov. 2016, art. 2, IV, 3°, JO 19, entrée en vigueur le 01.01.2017)* « Lorsqu'une autorisation est attribuée en application des articles R. 3121-13 ou R. 3121-14, l'entreprise ne peut en user » qu'après décision de l'inspecteur du travail qui statue sur le principe et les modalités de l'application de celle-ci, après avis du *(D. 2017-1819 du 29 déc. 2017, art. 3, 17°, JO 30, entrée en vigueur le 01.01.2018)* « comité social et économique, s'il existe ».

Art. R. 3121-16. L'employeur qui ne relève pas d'un secteur couvert par l'une des décisions prévues aux articles *(D. 2016-1551 du 18 nov. 2016, art. 2, IV, 3°, JO 19, entrée en vigueur le 01.01.2017)* « R. 3121-13 et R. 3121-14 » peut, pour faire face à des situations exceptionnelles propres à son entreprise, demander une *(D. 2016-1551 du 18 nov. 2016, art. 2, IV, 3°, JO 19, entrée en vigueur le 01.01.2017)* « autorisation » particulière.

Cette demande est motivée et adressée, accompagnée de l'avis du *(D. 2017-1819 du 29 déc. 2017, art. 3, 18°, JO 30, entrée en vigueur le 01.01.2018)* « comité social et économique, s'il existe », à l'inspecteur du travail qui la transmet au *(D. 2020-1545 du 9 déc. 2020, JO 10, entrée en vigueur le 01.04.2021)* « directeur régional de l'économie, de l'emploi, du travail et des solidarités ».

Celui-ci prend sa décision au vu d'un rapport établi par l'inspecteur et indiquant, notamment, si la situation de l'entreprise requérante est de nature à justifier l'octroi de *(D. 2016-1551 du 18 nov. 2016, art. 2, IV, 3°, JO 19, entrée en vigueur le 01.01.2017)* « l'autorisation ».

SECTION 3. **Durée légale et heures supplémentaires**

Note • Sur l'impact de la loi 2016-1088 du 8 août 2016 en matière de durée du travail, de repos et de congés, voir note introductive du livre Ier de la troisième partie et, s'agissant de la durée légale et des heures supplémentaires, voir notamment RF 8 septembre 2016, FH 3657, 1-13 et s.
Voir aussi L. Marquet de Vasselot et A. Martinon, «Les apports de la loi du 8 août 2016 en matière de durée du travail», JCP éd. S 2016, 1294.

• Sur la réforme du régime des heures supplémentaires par la loi 2008-789 du 20 août 2008 (JO 21), voir circulaire DGT 2008/20 du 13 novembre 2008, Fiche n° 10.

Sous-section 1. **Ordre public**

Art. L. 3121-27. La durée légale de travail effectif des salariés à temps complet est fixée à trente-cinq heures par semaine.

Note La durée prévue à l'article L. 212-1 (ancien) CT est applicable depuis le 1er janvier 2000 pour les entreprises dont l'effectif à cette date est de plus de vingt salariés ainsi que pour les unités économiques et sociales de plus de vingt salariés reconnues par convention ou par décision de justice. Pour les autres entreprises et unités économiques et sociales, elle est réduite de trente-neuf heures à trente-cinq heures depuis le 1er janvier 2002, y compris pour celles dont l'effectif est au plus égal à vingt salariés depuis plus de douze mois consécutifs. L'effectif est apprécié dans les conditions prévues au deuxième alinéa de l'article L. 421-1 et à l'article L. 421-2 (anciens) du même code. Les voyageurs, représentants ou placiers relevant des articles L. 751-1 et s. du même code ne sont pas pris en compte pour la détermination de cet effectif.

«Pour le calcul des effectifs des associations intermédiaires au regard des dispositions de la présente loi, sont pris en compte, d'une part, les salariés permanents de ces associations et, d'autre part, les travailleurs qui ont été liés à elles par des contrats de travail pendant une durée totale d'au moins trois mois au cours de la dernière année civile» (loi du 19 janvier 2000, art. 1er).

• **Champ d'application** (circ. 24 juin 1998, JO 25)

Sont dans le champ de la durée légale les établissements industriels et commerciaux publics et privés (dont les transports routiers, la navigation fluviale, les mines, les dockers, les journalistes, les gérants salariés de succursale et les intermittents du spectacle et mannequins, selon des régimes spéciaux), les EPIC, dans des conditions particulières pour les entreprises à statut (selon que le statut est organisé par la loi et constitue alors une loi spéciale), les offices publics et ministériels, professions libérales, sociétés civiles, associations, syndicats, les établissements artisanaux et coopératifs, les établissements familiaux (membres de la famille sous l'autorité du père, de la mère ou du tuteur), les travailleurs à domicile (renvoi de L. 721-6 ancien), les établissements agricoles (code rural), à l'exception des établissements publics administratifs, «les entreprises d'armement maritime (art. 24 du code du travail maritime renvoyant à l'art. L. 212-1 ancien CT)» (circ. MES/CAB/2000 003 du 3 mars 2000).

Sont hors champ de la durée légale les entreprises qui relèvent de la loi du 3 octobre 1940 et de ses arrêtés d'application (SNCF, RATP, transports urbains), les établissements publics hospitaliers, les professions suivantes, visées au titre VII du code du travail (VRP, employés de maison, assistants maternels et familiaux, gérants non salariés, concierges et gardiens d'immeubles d'habitation), «les cadres dirigeants visés à l'article L. 212-15-1 (ancien) auxquels ne sont pas applicables les dispositions du titre Ier, du chapitre préliminaire et des chapitres I et II du titre II du livre II» (circ. du 3 mars 2000 précitée).

• **Mayotte.** Conformément à l'article 35 de l'ordonnance 2017-1491 du 25 octobre 2017, JO 26:
I – 1° La durée prévue à l'article L. 3121-27 est applicable à Mayotte depuis le 1er janvier 2018 pour les entreprises dont l'effectif est d'au moins vingt salariés à cette date;
2° Pour les autres entreprises, la durée prévue à l'article L. 3121-27 est applicable depuis le 1er janvier 2019. Pour ces entreprises, jusqu'au 31 décembre 2018:
a) Les articles L. 212-1 et L. 212-2 du code du travail applicable à Mayotte demeurent applicables dans leurs rédactions en vigueur au 31 décembre 2017;
b) Les références à l'article L. 3121-27 sont remplacées par des références à l'article L. 212-1 du code du travail applicable à Mayotte;

3° L'effectif est apprécié au 31 décembre 2017 dans les conditions prévues aux articles L. 1111-2 et L. 1111-3 CT. L'effectif d'au moins vingt salariés doit être atteint pendant douze mois, consécutifs ou non, au cours des trois années précédentes;

4° La durée prévue à l'article L. 3121-27 est applicable aux situations de travail régies par les conventions et accords collectifs de travail en vigueur aux dates fixées aux 1° et 2°.

II. – Les employeurs mentionnés à l'article L. 3111-1 CT qui réduisent la durée du travail à compter du 1er janvier 2018 du fait de l'entrée en vigueur du code du travail à Mayotte versent à leurs salariés employés à temps complet dans leurs établissements situés à Mayotte un salaire brut mensuel au moins égal au produit du salaire minimum interprofessionnel garanti en vigueur au 31 décembre 2017 par le nombre d'heures correspondant à la durée collective applicable, dans la limite de cent soixante-neuf heures. La rémunération minimale applicable pour les durées collectives inférieures à trente-cinq heures hebdomadaires ou à 1 600 heures sur l'année ainsi que celle applicable aux salariés à temps partiel est calculée à due proportion.

Les apprentis et les salariés ayant conclu un contrat de qualification, dont la durée du travail a été réduite, bénéficient de la garantie de rémunération définie au 1er alinéa au prorata du montant minimum légal de salaire fixé pour des salariés concernés.

III. – Les entreprises qui réduisent la durée du travail conformément au II à compter du 1er janvier 2018 peuvent bénéficier d'une aide de l'État dans les conditions définies ci-après:

1° Peuvent bénéficier de cette aide les employeurs de droit privé et les établissements publics à caractère industriel et commercial;

2° La réduction du temps de travail doit être d'au moins 10 % de la durée initiale et porter le nouvel horaire collectif au plus au niveau de la durée légale fixée par l'article L. 3121-[2]7. L'ampleur de la réduction du temps de travail est appréciée à partir d'un mode constant de décompte de l'horaire collectif;

3° L'entreprise doit être à jour de ses obligations sociales et fiscales;

4° L'aide est versée pendant une durée de cinq ans pour chaque salarié maintenu dans son emploi à la suite de la réduction du temps de travail en bénéficiant lors de celle-ci du maintien de sa rémunération mensuelle brute. Elle est versée annuellement à terme échu au titre des rémunérations versées sur la période selon des modalités définies par décret en Conseil d'État.

L'aide est attribuée par convention entre l'entreprise et l'État sur la base d'une déclaration de l'employeur à l'autorité administrative, précisant notamment la durée du travail applicable dans l'entreprise et le nombre de salariés concernés. Son versement a lieu annuellement à terme échu.

IV. – Un décret en Conseil d'État détermine les conditions d'application du présent article, notamment les montants de l'aide prévue au III.

Ce décret détermine notamment les modalités de déclaration à l'autorité administrative et de contrôle par celle-ci de l'exécution de la convention conclue avec l'État, en particulier les conditions de dénonciation et de suspension de la convention, assorties le cas échéant, d'un remboursement de l'aide.

Voir décret 2018-278 du 17 avril 2018 (JO 19) relatif au dispositif d'accompagnement financier à la réduction du temps de travail à Mayotte, modifié par décret 2020-379 du 30 mars 2020 (JO 1er avril) relatif au délai de dépôt d'une demande d'accompagnement financier à la réduction du temps de travail à Mayotte.

Art. L. 3121-28. Toute heure accomplie au delà de la durée légale hebdomadaire ou de la durée considérée comme équivalente est une heure supplémentaire qui ouvre droit à une majoration salariale ou, le cas échéant, à un repos compensateur équivalent.

Note • Voir aussi art. L. 3121-33, 36 et 37.

• L'article 3 de la loi 2012-958 du 16 août 2012 (JO 17) a supprimé une partie des allégements sociaux attachés aux heures supplémentaires et complémentaires de travail mis en place par la loi 2007-1223 du 21 août 2007 en faveur du travail, de l'emploi et du pouvoir d'achat. Le décret 2012-1074 du 21 septembre 2012 (JO 23) relatif à la réduction générale de cotisations patronales de sécurité sociale et à la déduction forfaitaire de cotisations patronales sur les heures supplémentaires (articles 2 et 3) tire les conséquences de cette suppression. Les exonérations salariales sur les heures supplémentaires et complémentaires sont supprimées ainsi que la déduction forfaitaire sur les heures supplémentaires concernant les cotisations patronales dans les entreprises d'au moins vingt salariés. Concernant les entreprises de moins de vingt salariés, la déduction forfaitaire est fixée à 1,50 € par heure supplémentaire. Ces dispositions s'appliquent aux rémunérations versées depuis le 1er septembre 2012. Voir circulaire DSS/5B/2012/319 du 18 août 2012 relative au régime social applicable aux heures supplémentaires et au taux du forfait social résultant de la loi 2012-958 du 16 août 2012 précitée et lettre-circulaire Acoss n° 2012-0000103 du 11 décembre 2012.

Sur le plan fiscal, le dispositif d'exonération d'impôt sur le revenu attachée à la loi TEPA a été supprimé pour la rémunération des heures supplémentaires et complémentaires effectuées depuis le 1er août 2012 (loi 2012-958 du 16 août 2012, art. 3-VIII, C). S'agissant des tolérances de l'administration fiscale en cas d'aménagement du temps de travail, voir BOFiP-RSA-CHAMP-20-50-20-27/11/2012.

• Sur la question de savoir si les salariés d'une entreprise au sein de laquelle aucune heure supplémentaire n'est proposée sont autorisés à en bénéficier au sein d'une autre entreprise, voir rép. QE 3590, JO AN 1er avril 2008, p. 2890.

• **Établissements sociaux et médico-sociaux.** Dans les établissements mentionnés à l'article L. 314-6 c. act. soc. et fam. dont les accords collectifs de réduction du temps de travail ou les décisions unilatérales prises en application de conventions collectives nationales ou d'accords collectifs nationaux sont soumis à la procédure d'agrément ministériel, le complément différentiel de salaire prévu par un accord collectif en vue d'assurer aux salariés la garantie du maintien de leur rémunération mensuelle en vigueur à la date de la réduction collective du temps de travail à trente-cinq heures ou en deçà n'est dû qu'à compter de la date d'entrée en vigueur des accords d'entreprise ou d'établissement ou des décisions unilatérales relatifs à la réduction collective du temps de travail. Cette entrée en vigueur est subordonnée à l'agrément ministériel prévu au même article.

Ces dispositions s'appliquent sous réserve des décisions de justice passées en force de chose jugée. Elles ne s'appliquent pas aux instances en cours à la date du 18 septembre 2002 (loi 2003-47 du 17 janvier 2003, art. 8, JO 18). Sur les instances en cours, voir cass. soc. 20 octobre 2004, n°s 03-42.628, 03-41.740 et 03-41.593, BC V n°s 266, 264 et 265; RJS 1/05 n° 47; 16 décembre 2005, n° 03-46.294, BC V n° 367; RJS 5/06 n° 582.

Cet article de la loi Fillon vise à contrecarrer les arrêts suivants: cass. soc. 4 juin 2002, n°s 01-01.318 et 01-40.324, BC V n°s 193 et 194; Dr. Soc. 9/10 2002, p. 868, «Le cumul du paiement des heures supplémentaires et du droit à l'indemnité conventionnelle de réduction du temps de travail», Fr. Favennec-Héry; voir aussi accord-cadre du 12 mars 1999 relatif à l'aménagement et à la réduction du temps de travail et circ. DGAS/IAJF 2002-440 du 5 août 2002.

• **Hôtels, cafés, restaurants.** À la suite de l'annulation par le Conseil d'État du régime d'équivalence mis en place par le décret du 30 décembre 2004 (décret 2004-1536, JO 1er janv. 2005), la loi de financement de la sécurité sociale pour 2007 a adopté un régime transitoire, dont l'application a pris fin le 31 janvier 2007 (loi 2006-1640 du 21 décembre 2006, art. 15, JO 22). Les syndicats ont conclu, le 5 février 2007, un avenant relatif à l'aménagement du temps de travail (BO TR, fascicule «Conventions collectives» 2007/10; voir arrêté d'extension du 26 mars 2007, JO 29), qui a fixé la durée du travail à 39 heures par semaine et a prévu que les heures supplémentaires seraient décomptées à partir de la 36e heure de travail par semaine et seraient soit payées, soit compensées par un repos de remplacement pris dans la période de 12 mois qui suit. Ces heures supplémentaires ouvrent droit à des majorations de 10 % de la 36e à la 39e heure, de 20 % de la 40e à la 43e heure et de 50 % au-delà. L'accord prévoit également une sixième semaine de congés payés.

Voir aussi l'avenant du 29 septembre 2014 relatif à l'aménagement du temps de travail sur une période supérieure à la semaine et au plus égale à l'année.

• **Télétravail.** Voir accord national interprofessionnel du 19 juillet 2005 relatif au télétravail et son arrêté d'extension (arrêté du 30 mai 2006, JO 9 juin), précisant que l'extension est effectuée sous réserve de l'application des dispositions de l'article L. 212-1-1 (ancien) CT, aux termes desquelles il appartient à l'employeur de veiller au respect de la réglementation sur le temps de travail, notamment en s'assurant de la fiabilité du système de décompte des heures supplémentaires, même si le salarié gère librement ses horaires de travail.

• **Règlement des heures supplémentaires.** Il n'existe pas de droit acquis à l'exécution d'heures supplémentaires, sauf engagement de l'employeur vis-à-vis du salarié à en assurer l'exécution d'un certain nombre; à défaut d'un tel engagement, seul un abus de l'employeur dans l'exercice de son pouvoir de direction peut ouvrir droit à indemnisation (cass. soc. 10 octobre 2012, n° 11-10.455, BC V n° 258, arrêt n° 2; JCP éd. S 2012, 1494, 2e espèce, note M. Morand; RJS 1/13 n° 38; 13 janvier 2016, n° 14-21.714).

Un accord collectif ne peut limiter les droits du salarié au bénéfice des dispositions légales relatives au paiement des heures supplémentaires (cass. soc. 17 décembre 2014, n° 13-13.640, BC V n° 306; JCP éd. S 2015, 1125, note D. Everaert-Dumont).

Le versement de primes ne peut tenir lieu de règlement des heures supplémentaires (cass. soc. 1er décembre 2005, n° 04-48.388, BC V n° 347; RJS 2/06 n° 217; 16 octobre 2001, n° 98-44.269, BC V n° 320; RJS 1/02 n° 57; 1er juillet 2009, n° 07-45.506; 12 novembre 2020, n° 19-10.933), peu important que le montant de ces primes paraisse correspondre à celui des heures supplémentaires effectuées (cass. soc. 3 avril 2013, n° 12-10.092). Il en est de même du versement d'indemnités de déplacement même s'il est plus favorable au salarié (cass. soc. 23 novembre 2011, n° 10-14.507; voir aussi cass. soc. 27 juin 2000, n° 98-41.184, BC V n° 248; Dr. Soc. 2000, p. 1020) ou du versement d'un salaire supérieur au minimum conventionnel (cass. soc. 4 février 2015, n° 13-20.891, BC V n° 23; LSQ n° 16772 du 12.02.2015; RJS 4/15 n° 258; JCP éd. S 2015, 1156, note M. Morand).

L'employeur n'ayant pas payé les heures supplémentaires effectuées par le salarié manque à ses obligations et la rupture du contrat de travail qui s'ensuit s'analyse en un licenciement sans cause réelle et sérieuse (cass. soc. 21 mai 2002, n° 99-45.890, BC V n° 170; RJS 8-9/02 n° 983). Il s'expose aussi, éventuellement, à voir prononcer la résiliation judiciaire du contrat de travail sollicitée par le salarié (cass. soc. 4 mai 2011, n° 10-14.586, LS Jurispr. n° 113 du 31.05.2011).

Le droit à majoration. Seules les heures effectuées au-delà de la durée légale hebdomadaire ou de la «durée considérée comme équivalente» donnent lieu à majoration de salaire (cass. soc. 5 mai 1998, n° 96-41.094).

Le fait de payer, en vertu de protocoles et de l'avenant à une convention collective, un travail de nuit de 35 heures hebdomadaires sur la base des 39 heures légales n'a pas pour effet d'assimiler la durée effective du travail à la durée légale pour le calcul des heures supplémentaires (cass. soc. 10 février 1998, n° 95-42.334, BC V n° 75).

En cas de travail chez plusieurs employeurs, les majorations pour heures supplémentaires ne sont dues qu'après accomplissement de la durée légale du travail au service du même employeur (rép. QE 4098, JO AN 14 décembre 1967, p. 5046).

Les heures de délégation qui sont payées comme temps de travail doivent, lorsqu'elles sont prises en dehors de l'horaire de travail en raison des nécessités du mandat, être payées comme heures supplémentaires (cass. soc. 12 février 1991, n° 88-42.353, BC V n° 67; 21 novembre 2000, n° 98-40.730, RJS 3/01 n° 309; 26 juin 2013, n° 12-17.476) sans faire obstacle au respect de la réglementation sur la durée maximale du travail et le repos journalier (cass. soc. 25 juin 2008, n° 06-46.223, RJS 11/08 n° 1096).

La qualité de cadre n'est pas en soi exclusive du paiement d'heures supplémentaires (cass. soc. 30 janvier 1997, n° 94-40.330, BC V n° 46; 31 mai 2000, n° 98-43.471; voir aussi cass. soc. 24 octobre 2018, n° 17-20.691). Elle ne suffit pas à exclure le droit au paiement des heures supplémentaires dès lors qu'il n'est pas constaté l'existence d'un salaire forfaitaire comprenant le dépassement d'horaire résultant des impératifs de la fonction exercée (cass. soc. 14 juin 1990, n° 88-42.783, BC V n° 285; voir aussi cass. soc. 23 juin 1994, n° 91-41.395, RJS 8-9/94 n° 996; 3 novembre 2011, n° 09-71.075).

Le salarié peut prétendre au paiement des heures supplémentaires accomplies, soit avec l'accord au moins implicite de l'employeur (cass. soc. 14 novembre 2018, n° 17-16.959, à paraître, LSQ n° 17702 du 28.11.2018; RJS 1/19 n° 24, 2e espèce; JSL n° 469, 11.02.2019, p. 12, Ph. Pacotte et J. Layat; RDT, mars 2019, CH, 198, M. Véricel; 31 janvier 2012, n° 10-21.750; 14 novembre 2001, n° 99-41.457; 30 mars 1994, n° 90-43.246; voir aussi cass. soc. 2 juin 2010, n° 08-40.628, BC V n° 124; RJS 8-9/10 n° 716; 30 mars 2011, n° 10-14.000, LS Jurispr. n° 90 du 2.05.2011; 8 juin 2016, n° 15-16.423; 8 juillet 2020, n° 18-23.366, LS Jurispr. n° 171 du 22.09.2020; RJS 10/20 n° 469; JCP éd. S 2020, 3030, note M-N Rouspide-Katchadourian), soit s'il est établi que la réalisation de telles heures a été rendue nécessaire par les tâches qui lui ont été confiées (cass. soc. 14 novembre 2018, n° 17-16.959, précité; voir aussi cass. soc. 14 novembre 2018, n° 17-20.659, à paraître, LSQ n° 17702 du 28.11.2018; RJS 1/19 n° 24, 1re espèce; JSL n° 469, 11.02.2019, p. 12, Ph. Pacotte et J. Layat; RDT, mars 2019, CH, 198, M. Véricel). Sur le rejet d'une demande de paiement d'heures supplémentaires, s'agissant de dépassements d'horaire, pour certains exorbitants, n'ayant pas fait l'objet d'un accord de l'employeur, ni n'étant justifiés par les nécessités de l'activité de l'entreprise, voir cass. soc. 22 juin 2011, n° 10-10.753.

À noter que la liberté laissée au salarié d'organiser ses tournées de livraison n'est pas de nature à écarter l'application des textes légaux régissant la durée du travail (en l'espèce, heures supplémentaires) (cass. soc. 30 octobre 2000, n° 98-45.619).

Assiette. Les majorations pour heures supplémentaires portent sur le salaire de base effectif réel du salarié (cass. soc. 14 novembre 2012, n° 11-20.776, BC V n° 289; JCP éd. S 2013, 1058, note G. Vachet; Dr. Soc. 2013, p. 189, act. P. Chaumette). Elles ne peuvent être calculées sur le seul salaire minimal conventionnel (cass. soc. 11 octobre 1990, n° 88-40.247, BC V n° 458) ou sur le salaire minimum garanti (cass. soc. 14 novembre 2012, n° 11-20.776, précité). La composition de l'assiette de calcul des heures supplémentaires peut être déterminée par les textes conventionnels applicables dans l'entreprise. Dans ce cas, les règles posées concernent les seules heures supplémentaires, en tenant compte d'éventuelles restrictions réglementaires sur les seuils de déclenchement de ces heures (cass. soc. 7 décembre 2011, n° 10-15.119, BC V n° 292; RJS 3/12 n° 292) dans le secteur des transports routiers.

Selon le ministère du Travail (circ. DRT 94-4 du 21 avril 1994, BO MT 94/9), il doit être tenu compte des primes inhérentes à la nature du travail mais non de celles qui, comme les primes d'ancienneté ou d'assiduité, ne le sont pas. Les primes liées au rendement individuel doivent également subir les majorations pour heures supplémentaires, mais non les primes de productivité indépendantes du travail fourni individuellement par le salarié, ni celles qui ont le caractère de participation aux bénéfices, aux résultats, etc. La Cour de cassation recherche pour sa part si la prime versée a un caractère forfaitaire, indépendant de la durée du travail, auquel cas elle estime qu'elle n'a pas à entrer en ligne de compte pour le calcul des majorations pour heures supplémentaires (primes de nuit, de rupture de cycle et de rotation attribuées par référence à l'indice INSEE du coût de la vie, cass. soc. 22 juillet 1985, n° 82-41.961, BC V n° 424) ou si elle est la contrepartie directe d'un travail effectué (prime de bons services versée au personnel de conduite lorsque les dispositions prévues aux règlements intérieurs et notes de service ont été respectées, cass. soc. 11 mars 1997, n° 93-44.619, RJS 4/97 n° 424). Ainsi, les éléments de rémunération dont les modalités de fixation permettent leur rattachement direct à l'activité personnelle du salarié doivent être intégrés dans la base de calcul des majorations pour heures supplémentaires (cass. soc. 23 septembre 2009, n° 08-40.636, BC V n° 205; JCP éd. S 2009, 1557, note A. Martinon; RJS 1/10 n° 50, 1re espèce; 27 janvier 2016, n° 14-11.069,

RJS 4/16 n° 251 ; 22 mai 2019, n° 17-22.376, RJS 8-9/19 n° 498, s'agissant d'une majoration du salaire pour travail le dimanche, les jours fériés, ou de nuit). La Cour de cassation admet l'inclusion des primes de rendement (cass. soc. 18 décembre 1963, BC IV n° 906), de productivité (cass. soc. 29 avril 1970, n° 69-40.263, BC V n° 282), sauf si elles dépendent de la productivité générale de l'entreprise (cass. soc. 14 janvier 1970, n° 68-40.451, BC V n° 22). Mais, dans un arrêt plus récent, elle approuve une cour d'appel qui, ayant constaté qu'une prime de production, qualifiée par un manuel de calcul de « salaire supplémentaire », était fonction de la production d'un groupe d'ouvriers à laquelle contribuait nécessairement le rendement individuel de chacun des salariés du groupe, a exactement décidé qu'elle devait être incluse dans le salaire servant de base aux majorations pour heures supplémentaires (cass. soc. 29 octobre 2007, n° 06-42.426, RJS 1/08 n° 35).

La Cour de cassation considère également, à la différence du ministère du Travail, que les primes d'assiduité qui présentent des qualités de généralité, de constance et de fixité ont le caractère d'un complément de salaire et doivent être prises en compte pour le calcul de la rémunération des heures supplémentaires (cass. soc. 26 octobre 1979, n° 78-41.113, BC V n° 796).

Une prime annuelle de 13e mois et une allocation de vacances, dès lors qu'elles ne sont dues que si le contrat de travail est en cours d'exécution et que leur paiement n'est soumis à aucune autre condition, constituent la contrepartie directe du travail effectué et doivent donc être incluses dans l'assiette de calcul des majorations pour heures supplémentaires (cass. soc. 25 avril 2006, n° 05-42.968, RJS 7/06 n° 848).

Par contre, elle estime (comme le ministère du Travail) qu'une prime d'ancienneté qui est essentiellement fonction de la durée de la présence du salarié dans l'établissement sans être inhérente à la nature du travail ne peut être comprise dans les sommes servant de base au calcul des majorations pour heures supplémentaires (cass. soc. 29 octobre 1973, n° 72-40.199, BC V n° 527 ; 29 mai 1986, n° 84-44.709, BC V n° 264).

En l'absence de dispositions légales ou conventionnelles contraires, les jours fériés ou de congés payés ne peuvent être assimilés à du temps de travail effectif. Dès lors, sauf usage contraire en vigueur dans l'entreprise, les jours fériés chômés et de congés payés ne peuvent pas être pris en compte dans la détermination de l'assiette de calcul des droits à majoration et à bonification en repos pour heures supplémentaires (cass. soc. 1er décembre 2004, n° 02-21.304, BC V n° 318 ; RJS 4/05 n° 392 ; 4 avril 2012, n° 10-10.701, BC V n° 115 ; RJS 6/12 n° 542). Il en va de même pour les jours d'arrêt maladie (cass. soc. 15 novembre 2006, n° 04-46.686 ; 19 septembre 2012, n° 11-15.625) et les jours d'absence (cass. soc. 24 septembre 2008, n° 06-46.048 ; 15 mai 2014, n° 12-23.940).

• **Repos compensateur de remplacement.** La décision par laquelle un employeur a mis en place unilatéralement un repos compensateur de remplacement cesse de produire effet lorsque, en raison de la désignation d'un délégué syndical, l'entreprise devient assujettie à l'obligation annuelle de négocier et qu'il n'a pas été substitué à cette décision un accord collectif dans le délai imparti pour cette négociation (cass. soc. 24 juin 2014, n° 13-10.301, BC V n° 155 ; RJS 10/14 n° 691 et p. 567, avis R. Weissmann ; RDT, octobre 2014, CH, 638, C. Nicod ; JCP éd. S 2014, 1446, note B. Bossu ; Dr. Soc. 2014, p. 865, act. P-H Antonmattei ; 29 janvier 2020, n° 18-16.001, LS Jurispr. n° 33 du 18.02.2020 ; RJS 4/20 n° 184).

Le mode de paiement des heures supplémentaires résultant des heures de délégation hors temps de travail est nécessairement identique à celui des heures supplémentaires des autres salariés. Un salarié ne peut ainsi pas exiger d'être payé en espèce alors que pour les autres salariés, les heures supplémentaires donnaient lieu à un repos compensateur de remplacement prévu par un avenant à la convention collective de l'entreprise (cass. soc. 9 octobre 2012, n° 11-23.167, BC V n° 256 ; JCP éd. S 2012, 1501, note Ph. Rozec et V. Manigot ; RJS 12/12 n° 958).

Art. L. 3121-29. Les heures supplémentaires se décomptent par semaine.

Art. L. 3121-30. Des heures supplémentaires peuvent être accomplies dans la limite d'un contingent annuel. Les heures effectuées au delà de ce contingent annuel ouvrent droit à une contrepartie obligatoire sous forme de repos.

Les heures prises en compte pour le calcul du contingent annuel d'heures supplémentaires sont celles accomplies au delà de la durée légale.

Les heures supplémentaires ouvrant droit au repos compensateur équivalent mentionné à l'article L. 3121-28 et celles accomplies dans les cas de travaux urgents énumérés à l'article L. 3132-4 ne s'imputent pas sur le contingent annuel d'heures supplémentaires.

Note **Exécution des heures supplémentaires.** Les heures supplémentaires imposées par l'employeur dans la limite du contingent dont il dispose légalement et en raison des nécessités de l'entreprise n'entraînent pas de modification du contrat de travail (cass. soc. 9 mars 1999, n° 96-43.718, BC V n° 103).

L'article 2, § 2, sous i), de la directive 91/533/CEE du Conseil du 14 octobre 1991, relative à l'obligation de l'employeur d'informer le travailleur des conditions applicables au contrat ou à la relation de travail, doit être interprété en ce sens que cette disposition ne concerne pas l'accomplissement d'heures supplémentaires. Toutefois, la CJCE considère qu'il résulte de l'article 2, § 1, de ladite directive que l'employeur est tenu de porter à la connaissance du travailleur salarié une stipulation qui présente le caractère d'un élément essentiel du contrat ou de la relation de travail en vertu de laquelle ce dernier est obligé d'effectuer des heures supplémentaires sur la simple demande de l'employeur. Cette information doit être communiquée dans les mêmes conditions que celles que prévoit ladite directive pour les éléments mentionnés expressément à son article 2, § 2. Elle peut prendre, le cas échéant, par analogie avec la règle qui s'applique, notamment, à la durée de travail normale en vertu de l'article 2, § 3, de ladite directive, la forme d'une référence aux dispositions législatives, réglementaires, administratives ou statutaires ou aux conventions collectives pertinentes (CJCE 8 février 2001, aff. C-350/99, JOCE C 173/5 du 16.06.2001 ; rec. p. I-1061 ; RJS 4/01 n° 544).

À noter que ne procède pas d'une cause réelle et sérieuse le licenciement d'un salarié qui, exceptionnellement et parce qu'il n'a pas été prévenu suffisamment tôt, a refusé d'effectuer des heures supplémentaires (cass. soc. 20 mai 1997, n° 94-43.653) ou qui a refusé de les effectuer, l'employeur ayant manqué à ses obligations contractuelles (cass. soc. 5 novembre 2003, n° 01-42.798).

Art. L. 3121-31. Dans les entreprises dont la durée collective hebdomadaire de travail est supérieure à la durée légale hebdomadaire, la rémunération mensuelle due au salarié peut être calculée en multipliant la rémunération horaire par les cinquante-deux douzièmes de cette durée hebdomadaire de travail, en tenant compte des majorations de salaire correspondant aux heures supplémentaires accomplies.

Sous-section 2. Champ de la négociation collective

Art. L. 3121-32. Une convention ou un accord collectif d'entreprise ou d'établissement ou, à défaut, une convention ou un accord de branche peut fixer une période de sept jours consécutifs constituant la semaine pour l'application du présent chapitre.

Art. L. 3121-33. I. – Une convention ou un accord collectif d'entreprise ou d'établissement ou, à défaut, une convention ou un accord de branche :

1° Prévoit le ou les taux de majoration des heures supplémentaires accomplies au-delà de la durée légale ou de la durée considérée comme équivalente. Ce taux ne peut être inférieur à 10 % ;

2° Définit le contingent annuel prévu à l'article L. 3121-30 ;

3° Fixe l'ensemble des conditions d'accomplissement d'heures supplémentaires au-delà du contingent annuel ainsi que la durée, les caractéristiques et les conditions de prise de la contrepartie obligatoire sous forme de repos prévue au même article L. 3121-30. Cette contrepartie obligatoire ne peut être inférieure à 50 % des heures supplémentaires accomplies au-delà du contingent annuel mentionné audit article L. 3121-30 pour les entreprises de vingt salariés au plus, et à 100 % de ces mêmes heures pour les entreprises de plus de vingt salariés. ***(L. 2019-486 du 22 mai 2019, art. 11, VI, 4°, JO 23, entrée en vigueur le 01.01.2020)*** « L'effectif salarié et le franchissement du seuil de vingt salariés sont déterminés selon les modalités prévues à l'article L. 130-1 du code de la sécurité sociale. »

Les heures supplémentaires sont accomplies, dans la limite du contingent annuel applicable dans l'entreprise, après information du ***(Ord. 2017-1386 du 22 sept. 2017, art. 4, 26°, JO 23, entrée en vigueur au plus tard le 01.01.2018)*** « comité social et économique ».

Les heures supplémentaires sont accomplies, au-delà du contingent annuel applicable dans l'entreprise, après avis du ***(Ord. 2017-1386 du 22 sept. 2017, art. 4, 26°, JO 23, entrée en vigueur au plus tard le 01.01.2018)*** « comité social et économique ».

II. – Une convention ou un accord collectif d'entreprise ou d'établissement ou, à défaut, une convention ou un accord de branche peut également :

1° Prévoir qu'une contrepartie sous forme de repos est accordée au titre des heures supplémentaires accomplies dans la limite du contingent ;

2° Prévoir le remplacement de tout ou partie du paiement des heures supplémentaires, ainsi que des majorations, par un repos compensateur équivalent.

III. – Une convention ou un accord d'entreprise peut adapter les conditions et les modalités d'attribution et de prise du repos compensateur de remplacement.

Note À noter que la Cour de cassation a précisé que, dans le cadre de la loi 2008-789 du 20 août 2008, un accord d'entreprise pouvait fixer un contingent annuel d'heures supplémentaires à un niveau différent de celui prévu par l'accord de branche, quelle que soit la date de conclusion de ce dernier (cass. soc. 1er mars 2017, n° 16-10.047, BC V n° 33; JCP éd. S 2017, 1097, note M. Morand; JSL n° 429, 10.04.2017, p. 3, M. Hautefort; RJS 5/17 n° 338).

Art. L. 3121-34. Dans les branches d'activité à caractère saisonnier mentionnées à l'article L. 3132-7, une convention ou un accord d'entreprise ou d'établissement conclu en application de l'article L. 1244-2 ou, à défaut, une convention de branche ou un accord professionnel ou interprofessionnel peut, dans des conditions déterminées par décret, déroger aux dispositions de la présente section relatives à la détermination des périodes de référence pour le décompte des heures supplémentaires et des repos compensateurs. La convention ou l'accord organise également des procédures contradictoires de décompte des temps et périodes de travail.

Sous-section 3. Dispositions supplétives

Art. L. 3121-35. Sauf stipulations contraires dans une convention ou un accord mentionné à l'article L. 3121-32, la semaine débute le lundi à 0 heure et se termine le dimanche à 24 heures.

Art. L. 3121-36. À défaut d'accord, les heures supplémentaires accomplies au-delà de la durée légale hebdomadaire fixée à l'article L. 3121-27 ou de la durée considérée comme équivalente donnent lieu à une majoration de salaire de 25 % pour chacune des huit premières heures supplémentaires. Les heures suivantes donnent lieu à une majoration de 50 %.

Note Voir note sous art. L. 3121-28.

Art. L. 3121-37. Dans les entreprises dépourvues de délégué syndical, le remplacement de tout ou partie du paiement des heures supplémentaires, ainsi que des majorations, par un repos compensateur équivalent peut être mis en place par l'employeur à condition que le ***(Ord. 2017-1386 du 22 sept. 2017, art. 4, 29°, JO 23, entrée en vigueur au plus tard le 01.01.2018)*** «comité social et économique, s'il existe, ne s'y oppose» pas.

L'employeur peut également adapter à l'entreprise les conditions et les modalités d'attribution et de prise du repos compensateur de remplacement après avis du ***(Ord. 2017-1386 du 22 sept. 2017, art. 4, 26°, JO 23, entrée en vigueur au plus tard le 01.01.2018)*** «comité social et économique».

Note Voir note sous art. L. 3121-28.

Art. L. 3121-38. À défaut d'accord, la contrepartie obligatoire sous forme de repos mentionnée à l'article L. 3121-30 est fixée à 50 % des heures supplémentaires accomplies au-delà du contingent annuel mentionné au même article L. 3121-30 pour les entreprises de vingt salariés au plus, et à 100 % de ces mêmes heures pour les entreprises de plus de vingt salariés.

(L. 2019-486 du 22 mai 2019, art. 11, VI, 5°, JO 23, entrée en vigueur le 01.01.2020) «Pour l'application du premier alinéa du présent article, l'effectif salarié et le franchissement du seuil de vingt salariés sont déterminés selon les modalités prévues à l'article L. 130-1 du code de la sécurité sociale.»

Art. L. 3121-39. À défaut d'accord, un décret détermine le contingent annuel défini à l'article L. 3121-30 ainsi que les caractéristiques et les conditions de prise de la contrepartie obligatoire sous forme de repos pour toute heure supplémentaire effectuée au-delà de ce contingent.

Art. L. 3121-40. À défaut d'accord, les modalités d'utilisation du contingent annuel d'heures supplémentaires et de son éventuel dépassement donnent lieu au moins une fois par an à la consultation du ***(Ord. 2017-1386 du 22 sept. 2017, art. 4, 26°, JO 23, entrée en vigueur au plus tard le 01.01.2018)*** «comité social et économique».

SOUS-SECTION 1 (réglementaire). Contrepartie obligatoire en repos

§ 1. Ordre public

Art. D. 3121-17. L'absence de demande de prise de la contrepartie obligatoire en repos par le salarié ne peut entraîner la perte de son droit au repos. Dans ce cas, l'employeur lui demande de prendre effectivement ses repos dans un délai maximum d'un an.

Note • Cet article est l'ancien article D. 3121-10 (décret 2016-1553 du 18 novembre 2016, art. 1er, A, 2°, JO 19, entrée en vigueur le 01.01.2017).

• Lorsqu'un employeur informe régulièrement les salariés de leurs droits à repos compensateurs mais ne leur demande pas de prendre en temps de repos les reliquats des droits à repos compensateurs, qu'ils ont acquis au cours de l'année précédente, dans le délai d'un an à dater de leur ouverture, les salariés ont droit au paiement d'heures supplémentaires et des dommages-intérêts pour non-respect de la législation sur les repos compensateurs (cass. soc. 9 mai 2007, n° 05-46.029, BC V n° 69; JSL n° 214, 26.06.2007, p. 16, M-Ch. Haller; RJS 7/07 n° 854).

• À noter que les dispositions de cet article ne sont applicables ni aux jours de repos compensateur de remplacement affectés à un compte épargne-temps (cass. soc. 18 mars 2015, n° 13-19.206, BC V n° 54; LSQ n° 16802 du 26.03.2015; JSL n° 387, 13.05.2015, p. 12, Ph. Pacotte et S. Daguerre; RDT, mai 2015, CH, 336, M. Véricel), ni aux heures de repos correspondant à la contrepartie obligatoire en repos due pour les heures supplémentaires accomplies au-delà du contingent annuel affectées à un compte épargne-temps (cass. soc. 15 mai 2019, n° 17-28.018, RJS 7/19 n° 434).

§ 2. Dispositions supplétives

Art. D. 3121-18. Le droit à contrepartie obligatoire en repos est réputé ouvert dès que la durée de ce repos, calculée selon les modalités prévues ***(D. 2016-1553 du 18 nov. 2016, art. 1er, A, 2°, JO 19, entrée en vigueur le 01.01.2017)*** «à l'article L. 3121-38», atteint sept heures. La journée ou demi-journée au cours de laquelle le repos est pris est déduite du droit à repos à raison du nombre d'heures de travail que le salarié aurait accompli pendant cette journée ou cette demi-journée.

La contrepartie obligatoire en repos est prise dans un délai maximum de deux mois suivant l'ouverture du droit sous réserve des dispositions des articles ***(D. 2016-1553 du 18 nov. 2016, art. 1er, A, 2°, JO 19, entrée en vigueur le 01.01.2017)*** « D. 3121-21 et D. 3121-22».

Note Les articles D. 3121-18 et 19 sont les anciens articles D. 3121-8 et 9 (décret 2016-1553 du 18 novembre 2016, art. 1er, A, 2°, JO 19, entrée en vigueur le 01.01.2017).

Art. D. 3121-19. La contrepartie obligatoire en repos peut être prise par journée entière ou par demi-journée à la convenance du salarié.

Elle est assimilée à une période de travail effectif pour le calcul des droits du salarié. Elle donne lieu à une indemnisation qui n'entraîne aucune diminution de rémunération par rapport à celle que le salarié aurait perçue s'il avait accompli son travail.

Art. D. 3121-20. Le salarié adresse sa demande de contrepartie obligatoire en repos à l'employeur au moins une semaine à l'avance.

La demande précise la date et la durée du repos.

Dans les sept jours suivant la réception de la demande, l'employeur informe l'intéressé soit de son accord, soit, après consultation ***(D. 2017-1819 du 29 déc. 2017, art. 3, 41°, JO 30, entrée en vigueur le 01.01.2018)*** «du comité social et économique», des raisons relevant d'impératifs liés au fonctionnement de l'entreprise qui motivent le report de la demande.

En cas de report, l'employeur propose au salarié une autre date à l'intérieur du délai de deux mois prévu à l'article ***(D. 2016-1553 du 18 nov. 2016, art. 1er, A, 2°, JO 19, entrée en vigueur le 01.01.2017)*** « D. 3121-22».

Note Les articles D. 3121-20 à 23 sont les anciens articles D. 3121-11 à 14 (décret 2016-1553 du 18 novembre 2016, art. 1er, A, 2°, JO 19, entrée en vigueur le 01.01.2017).

Art. D. 3121-21. Lorsque des impératifs liés au fonctionnement de l'entreprise font obstacle à ce que plusieurs demandes de contrepartie obligatoire en repos soient simultanément satisfaites, les demandeurs sont départagés, selon l'ordre de priorité suivant:

1° Les demandes déjà différées;

2° La situation de famille;

3° L'ancienneté dans l'entreprise.

Art. D. 3121-22. La durée pendant laquelle la contrepartie obligatoire en repos peut être différée par l'employeur ne peut excéder deux mois.

Art. D. 3121-23. Le salarié dont le contrat de travail prend fin avant qu'il ait pu bénéficier de la contrepartie obligatoire en repos à laquelle il a droit ou avant qu'il ait acquis des droits suffisants pour pouvoir prendre ce repos reçoit une indemnité en espèces dont le montant correspond à ses droits acquis.

Cette indemnité est également due aux ayants droit du salarié dont le décès survient avant qu'il ait pu bénéficier de la contrepartie obligatoire en repos à laquelle il avait droit ou avant qu'il ait acquis des droits suffisants pour pouvoir prendre ce repos. Elle est alors versée à ceux des ayants droit qui auraient qualité pour obtenir le paiement des salaires arriérés.

Cette indemnité a le caractère de salaire.

Note • La Cour de cassation a précisé que tant que le contrat est en cours, le salarié ne peut pas obtenir le paiement du repos (cass. soc. 23 mai 2017, n° 15-25.250, BC V n° 92; JSL n° 435, 11.07.2017, p. 19, S. Daguerre; JCP éd. S 2017, 1244, note J-Y Kerbourc'h; RJS 8-9/17 n° 591).

• Le salarié dont le contrat de travail est résilié avant d'avoir pu bénéficier du repos compensateur auquel il a droit reçoit une indemnité en espèces correspondant à ses droits acquis, sans qu'il soit nécessaire que l'employeur soit responsable de ce que le salarié ait été dans l'impossibilité de bénéficier de ce repos compensateur (cass. soc. 4 mai 1995, n° 93-46.125, RJS 6/95 n° 648). Cette indemnité étant due en exécution du contrat de travail, en cas de redressement judiciaire, l'AGS doit en garantir le paiement (cass. soc. 1er avril 1997, n° 94-42.322).

• Les sommes destinées à indemniser un salarié qui, du fait du licenciement, n'a pu bénéficier du repos compensateur auquel il avait droit sont nécessairement exclues de la rémunération forfaitaire dont les parties auraient pu convenir (cass. soc. 3 février 1994, n° 90-43.456, RJS 4/94 n° 422).

• Lorsqu'un salarié n'a pas été en mesure, du fait de l'employeur, de formuler une demande de repos compensateur, il a droit à l'indemnisation du préjudice subi; celle-ci comporte à la fois le montant de l'indemnité de repos compensateur et le montant de l'indemnité de congés payés afférents (cass. soc. 23 octobre 2001, n° 99-40.879, BC V n° 332; RJS 1/02 n° 42; 22 février 2006, n° 03-45.385, BC V n° 83; RJS 5/06 n° 651; 29 mars 2017, n° 16-10.521).

Sous-section 2 (réglementaire). **Contingent d'heures supplémentaires**

§ 1. Dispositions supplétives

Art. D. 3121-24. ***(D. 2016-1553 du 18 nov. 2016, art. 1er, A, 3°, JO 19, entrée en vigueur le 01.01.2017)*** « À défaut d'accord prévu au I de l'article L. 3121-33, le » contingent annuel d'heures supplémentaires est fixé à deux cent vingt heures par salarié.

Le premier alinéa ne s'applique pas aux salariés mentionnés à l'article ***(D. 2016-1553 du 18 nov. 2016, art. 1er, A, 3°, JO 19, entrée en vigueur le 01.01.2017)*** « L. 3121-56 » qui ont conclu une convention de forfait en heures sur l'année.

Note Cet article est l'ancien article D. 3121-14-1 (décret 2016-1553 du 18 novembre 2016, art. 1er, A, 3°, JO 19, entrée en vigueur le 01.01.2017).

SECTION 4. **Aménagement du temps de travail sur une période supérieure à la semaine, horaires individualisés et récupération des heures perdues**

Sous-section 1. **Aménagement du temps de travail sur une période supérieure à la semaine**

Note • Sur l'impact de la loi 2016-1088 du 8 août 2016 en matière de durée du travail, de repos et de congés, voir note introductive du livre Ier de la troisième partie et, s'agissant de l'aménagement du temps de travail sur une période supérieure à la semaine, voir notamment RF 8 septembre 2016, FH 3657, 1-24 et s.

Voir aussi L. Marquet de Vasselot et A. Martinon, «Les apports de la loi du 8 août 2016 en matière de durée du travail», JCP éd. S 2016, 1294; M. Véricel, «Une nouvelle architecture des règles en matière de temps de travail», RDT, décembre 2016, CH, 824.

• Sur la réforme de l'aménagement du temps de travail par la loi 2008-789 du 20 août 2008 (JO 21), voir circulaire DGT 2008/20 du 13 novembre 2008, Fiches n° 11 et 12.

Les accords conclus en application des articles L. 3122-3 (cycle), L. 3122-9 (modulation), L. 3122-19 (jours de RTT sur l'année) et L. 3123-25 CT (temps partiel modulé) dans leur rédaction antérieure à la publication de la loi 2008-789 du 20 août 2008 sont restés en vigueur (loi 2008-789 précitée, art. 20, V), étant précisé que seuls les accords conformes à la législation en vigueur à l'époque sont demeurés applicables (cass. soc. 13 juin 2012, n° 11-12.192, BC V n° 186, arrêt n° 1; RJS 8-9/12 n° 714).

S'agissant de la jurisprudence rendue au visa de ces articles, voir Code du Travail Annoté, éd. 2016, p. 1032 et 1033.

À noter que la loi 2016-1088 du 8 août 2016 a supprimé l'obligation, pour les entreprises continuant à appliquer des accords de modulation conclus avant la loi 2008-789 du 20 août 2008, de fixer un programme indicatif de la répartition du travail (loi 2016-1088 précitée, art. 12, IV).

§ 1. Ordre public

Art. L. 3121-41. Lorsqu'est mis en place un dispositif d'aménagement du temps de travail sur une période de référence supérieure à la semaine, les heures supplémentaires sont décomptées à l'issue de cette période de référence.

Cette période de référence ne peut dépasser trois ans en cas d'accord collectif et neuf semaines en cas de décision unilatérale de l'employeur.

Si la période de référence est annuelle, constituent des heures supplémentaires les heures effectuées au delà de 1 607 heures.

Si la période de référence est inférieure ou supérieure à un an, constituent des heures supplémentaires les heures effectuées au delà d'une durée hebdomadaire moyenne de trente-cinq heures calculée sur la période de référence.

Note • *Covid-19.* Voir ordonnance 2020-323 du 25 mars 2020, art. 2 et 5, JO 26, entrée en vigueur le 26.03.2020, modifiés.

• Lorsqu'un accord collectif organise une variation de la durée hebdomadaire sur tout ou partie de l'année, le seuil de déclenchement des heures supplémentaires ne peut être supérieur au plafond de 1 607 heures par an, quand bien même le salarié n'aurait pas acquis l'intégralité de ses droits à congés payés au titre de la période de référence prévue par l'accord (cass. soc. 11 mai 2016, n° 14-29.512, BC V n° 96; RJS 7/16 n° 496).

Art. L. 3121-42. Dans les entreprises ayant mis en place un dispositif d'aménagement du temps de travail sur une période de référence supérieure à la semaine, les salariés sont informés dans un délai raisonnable de tout changement dans la répartition de leur durée de travail.

Art. L. 3121-43. La mise en place d'un dispositif d'aménagement du temps de travail sur une période supérieure à la semaine par accord collectif ne constitue pas une modification du contrat de travail pour les salariés à temps complet.

Note Le Conseil constitutionnel (décision 2012-649 DC du 15 mars 2012) a validé les nouvelles dispositions du code du travail selon lesquelles «la mise en place d'une répartition des horaires sur une période supérieure à la semaine et au plus égale à l'année prévue par un accord collectif ne constitue pas une modification du contrat de travail». En pratique, cela signifie que, dans ce cas de figure, l'employeur n'a pas à recueillir l'accord préalable de chaque salarié concerné. Il est ainsi mis fin à la jurisprudence qui imposait qu'un aménagement du temps de travail résultant ou non d'un accord collectif soit soumis à l'accord préalable des salariés visés (cass. soc. 28 septembre 2010, n° 08-43.161, BC V n° 197; JCP éd. S 2010, 1466, note M. Morand; RJS 12/10 n° 939; JSL n° 287, 18.11.2010, p. 7, M. Hautefort).

Si l'article 45 de la loi 2012-387 du 22 mars 2012 a inséré dans le code du travail l'article L. 3122-6 (ancien), selon lequel la mise en place d'une répartition des horaires sur une période supérieure à la semaine et au plus égale à l'année prévue par un accord collectif ne constitue pas une modification du contrat de travail, ce texte, qui, modifiant l'état du droit existant, n'a ni caractère interprétatif, ni effet rétroactif, n'est applicable qu'aux décisions de mise en œuvre effective de la modulation du temps de travail prises après publication de ladite loi. Lorsque la mise en place de la modulation du temps de travail est antérieure à l'entrée en vigueur de l'article 45 de la loi 2012-387 du 22 mars 2012, les juges doivent rechercher si les salariées avaient donné leur accord exprès à la modification du contrat de travail qui en résultait (cass. soc. 25 septembre 2013, n° 12-17.776, BC V n° 217; LSQ n° 16437 du 2.10.2013; JSL n° 353, 8.11.2013, p. 13, D. Blanc; RJS 12/13 n° 860; JCP éd. S 2013, 1463, note M. Morand; voir aussi cass. soc. 3 décembre 2014, n° 13-18.378, LS Jurispr. n° 227 du 16.12.2014).

Voir aussi «La non-rétroactivité de la loi Warsmann sur la modulation du temps de travail», J. Mouly, Dr. Soc. 2014, p. 71.

Art. D. 3121-25. En application du ***(D. 2016-1553 du 18 nov. 2016, art. 1er, C, 1°, JO 19, entrée en vigueur le 01.01.2017)*** «quatrième alinéa de l'article L. 3121-41 et du septième alinéa de l'article L. 3121-44», sont des heures supplémentaires les heures effectuées:

1° Au-delà de trente-neuf heures par semaine.

2° Au-delà de la durée moyenne de trente-cinq heures hebdomadaires calculée sur la période de référence ***(D. 2016-1553 du 18 nov. 2016, art. 1er, C, 1°, JO 19, entrée en vigueur le 01.01.2017)*** «fixée en application de l'article L. 3121-45», déduction faite, le cas échéant, des heures supplémentaires comptabilisées au titre du dépassement de la durée hebdomadaire.

En cas d'arrivée ou départ en cours de période de ***(D. 2016-1553 du 18 nov. 2016, art. 1er, C, 1°, JO 19, entrée en vigueur le 01.01.2017)*** «référence», les heures accomplies au-delà de trente-cinq heures hebdomadaires sont des heures supplémentaires. Les semaines où la durée de travail est inférieure à trente-cinq heures, le salaire est maintenu sur la base de trente-cinq heures hebdomadaires.

En cas d'absence rémunérée, le temps non travaillé n'est pas récupérable et est valorisé sur la base du temps qui aurait été travaillé si le salarié avait été présent, heures supplémentaires comprises.

Note Cet article est l'ancien article D. 3122-7-3 (décret 2016-1553 du 18 novembre 2016, art. 1er, C, 1°, JO 19, entrée en vigueur le 01.01.2017).

Art. R. 3121-26. Dans les établissements ou parties d'établissements industriels pratiquant le mode de travail par équipes successives selon un cycle continu, l'affectation d'un salarié à deux équipes successives est interdite, sauf à titre exceptionnel et pour des raisons impérieuses de fonctionnement.

Lorsque l'affectation à une deuxième équipe a prolongé la durée du travail de plus de deux heures, les motifs en sont communiqués dans les quarante-huit heures par l'employeur à l'inspecteur du travail.

Note Cet article est l'ancien article R. 3122-1 (décret 2016-1551 du 18 novembre 2016, art. 2, V, 2°, JO 19, entrée en vigueur le 01.01.2017).

§ 2. Champ de la négociation collective

Art. L. 3121-44. En application de l'article L. 3121-41, un accord d'entreprise ou d'établissement ou, à défaut, une convention ou un accord de branche peut définir les modalités d'aménagement du temps de travail et organiser la répartition de la durée du travail sur une période supérieure à la semaine. Il prévoit :

1° La période de référence, qui ne peut excéder un an ou, si un accord de branche l'autorise, trois ans ;

2° Les conditions et délais de prévenance des changements de durée ou d'horaires de travail ;

3° Les conditions de prise en compte, pour la rémunération des salariés, des absences ainsi que des arrivées et des départs en cours de période de référence.

Lorsque l'accord s'applique aux salariés à temps partiel, il prévoit les modalités de communication et de modification de la répartition de la durée et des horaires de travail.

L'accord peut prévoir une limite annuelle inférieure à 1607 heures pour le décompte des heures supplémentaires.

Si la période de référence est supérieure à un an, l'accord prévoit une limite hebdomadaire, supérieure à trente-cinq heures, au delà de laquelle les heures de travail effectuées au cours d'une même semaine constituent en tout état de cause des heures supplémentaires dont la rémunération est payée avec le salaire du mois considéré. Si la période de référence est inférieure ou égale à un an, l'accord peut prévoir cette même limite hebdomadaire. Les heures supplémentaires résultant de l'application du présent alinéa n'entrent pas dans le décompte des heures travaillées opéré à l'issue de la période de référence mentionnée au 1°.

L'accord peut prévoir que la rémunération mensuelle des salariés est indépendante de l'horaire réel et détermine alors les conditions dans lesquelles cette rémunération est calculée, dans le respect de l'avant-dernier alinéa.

§ 3. Dispositions supplétives

Art. L. 3121-45. À défaut d'accord mentionné à l'article L. 3121-44, l'employeur peut, dans des conditions fixées par décret, mettre en place une répartition sur plusieurs semaines de la durée du travail, dans la limite de neuf semaines pour les entreprises employant moins de cinquante salariés et dans la limite de quatre semaines pour les entreprises de cinquante salariés et plus.

Note Par décision 2017-653 QPC du 15 septembre 2017 (JO 17), le Conseil constitutionnel a jugé l'article L. 3121-45 conforme à la Constitution. Sur cette décision, voir LSQ n° 17407 du 19.09.2017.

Art. L. 3121-46. Par dérogation à l'article L. 3121-45, dans les entreprises qui fonctionnent en continu, l'employeur peut mettre en place une répartition de la durée du travail sur plusieurs semaines.

Art. L. 3121-47. À défaut de stipulations dans l'accord mentionné à l'article L. 3121-44, le délai de prévenance des salariés en cas de changement de durée ou d'horaires de travail est fixé à sept jours.

Art. D. 3121-27. ***(D. 2016-1553 du 18 nov. 2016, art. 1er, C, 2°, JO 19, entrée en vigueur le 01.01.2017)*** « À défaut d'accord prévu à l'article L. 3121-44 », la durée du travail de l'entreprise ou de l'établissement peut être organisée sous forme de périodes de travail, chacune d'une durée ***(D. 2016-1553 du 18 nov. 2016, art. 1er, C, 2°, JO 19, entrée en vigueur le 01.01.2017)*** « au plus égale aux durées fixées à l'article L. 3121-45 ».

L'employeur établit le programme indicatif de la variation de la durée du travail. Ce programme est soumis pour avis, avant sa première mise en œuvre, au ***(D. 2017-1819 du 29 déc. 2017, art. 3, 19°, JO 30, entrée en vigueur le 01.01.2018)*** « comité social et économique, s'il existe ».

Les modifications du programme de la variation font également l'objet d'une consultation du ***(D. 2017-1819 du 29 déc. 2017, art. 3, 20°, JO 30, entrée en vigueur le 01.01.2018)*** «comité social et économique, s'il existe».

L'employeur communique au moins une fois par an au ***(D. 2017-1819 du 29 déc. 2017, art. 3, 9°, JO 30, entrée en vigueur le 01.01.2018)*** «comité social et économique» un bilan de la mise en œuvre du programme indicatif de la variation de la durée du travail.

Les salariés sont prévenus des changements de leurs horaires de travail dans un délai de sept jours ouvrés au moins avant la date à laquelle ce changement intervient.

Note • Les articles D. 3121-27 et 28 sont les anciens articles D. 3122-7-1 et 7-2 (décret 2016-1553 du 18 novembre 2016, art. 1er, C, 2°, JO 19, entrée en vigueur le 01.01.2017).

• L'employeur peut aménager unilatéralement le temps de travail sur une période pluri-hebdomadaire limitée à quatre semaines à condition d'avoir préalablement et de bonne foi engagé une négociation avec les syndicats n'ayant pas abouti à un accord (cass. soc. 16 décembre 2014, n° 13-14.558, BC V n° 294; RJS 2/15 n° 104; RDT, avril 2015, CH, 264, Fl. Canut).

• Pour une application de l'article D. 3122-7-1, voir notamment cass. soc. 11 mai 2016, n° 15-10.025, BC V n° 97; RJS 7/16 n° 497.

Art. D. 3121-28. Lorsqu'il est fait application des dispositions de l'article ***(D. 2016-1553 du 18 nov. 2016, art. 1er, C, 2°, JO 19, entrée en vigueur le 01.01.2017)*** « D. 3121-27 », la rémunération mensuelle des salariés des entreprises organisant des périodes de travail sur ***(D. 2016-1553 du 18 nov. 2016, art. 1er, C, 2°, JO 19, entrée en vigueur le 01.01.2017)*** «une durée fixée en application de l'article L. 3121-45» est indépendante de l'horaire réel. Elle est calculée sur la base de trente-cinq heures hebdomadaires.

Sous-section 2. Horaires individualisés et récupération des heures perdues

Note Sur l'impact de la loi 2016-1088 du 8 août 2016 en matière de durée du travail, de repos et de congés, voir note introductive du livre Ier de la troisième partie et, s'agissant des horaires individualisés et de la récupération des heures perdues, voir notamment RF 8 septembre 2016, FH 3657, 1-20 et s.

Voir aussi L. Marquet de Vasselot et A. Martinon, «Les apports de la loi du 8 août 2016 en matière de durée du travail», JCP éd. S 2016, 1294.

§ 1. Ordre public

Art. L. 3121-48. L'employeur peut, à la demande de certains salariés, mettre en place un dispositif d'horaires individualisés permettant un report d'heures d'une semaine à une autre, dans les limites et selon les modalités définies aux articles L. 3121-51 et L. 3121-52, après avis conforme du ***(Ord. 2017-1386 du 22 sept. 2017, art. 4, 26°, JO 23, entrée en vigueur au plus tard le 01.01.2018)*** «comité social et économique». Dans ce cadre, et par dérogation à l'article L. 3121-29, les heures de travail effectuées au cours d'une même semaine au delà de la durée hebdomadaire légale ou conventionnelle ne sont pas considérées comme des heures supplémentaires, pourvu qu'elles résultent d'un libre choix du salarié.

Dans les entreprises qui ne disposent pas de représentant du personnel, l'inspecteur du travail autorise la mise en place d'horaires individualisés.

Note • La procédure de mise en place des horaires individualisés instituée par la loi doit s'appliquer non seulement à la première mise en place mais aussi à toute modification apportée aux horaires individualisés (rép. QE 5811, JO Sén. 19 août 1982, p. 3907).

• De façon tout à fait exceptionnelle, la loi accorde aux représentants du personnel un véritable droit de veto à un projet patronal concernant l'organisation du travail (cass. soc. 16 décembre 1981, n° 80-16.194, BC V n° 966). Si le comité d'établissement peut s'opposer à un projet patronal d'horaires individualisés, il ne peut pas substituer son propre plan à celui de l'employeur et prétendre l'imposer par un vote majoritaire (cass. crim. 4 novembre 1983, n° 82-94.265, B. crim. n° 285).

• Se rend coupable d'entrave au fonctionnement du comité d'établissement l'employeur qui refuse de consulter celui-ci sur la question de l'abandon de l'horaire collectif, prévu par le règlement intérieur, au profit de l'instauration d'un horaire individualisé (cass. crim. 16 septembre 2003, n° 02-86.661, B. crim. n° 164; RJS 1/04 n° 72).

• La mise en place d'horaires individualisés constitue un engagement unilatéral de l'employeur qui ne peut être dénoncé ou suspendu qu'après information des instances représentatives du personnel et des salariés dans un délai suffisant pour permettre d'éventuelles négociations (cass. soc. 10 décembre 2003, n° 02-40.039, RJS 3/04 n° 314).

• Lorsque l'employeur apporte aux horaires en vigueur, pour les besoins de l'entreprise, une modification ponctuelle ou individuelle n'affectant pas les conditions générales de travail, cette modification ne nécessite pas l'accord préalable du comité d'entreprise et ne porte pas atteinte à l'engagement unilatéral qu'il a pris à l'égard de l'ensemble des salariés en ce qui concerne les horaires (cass. soc. 1er juillet 1997, n° 95-12.000, BC V n° 241).

• Constitue une cause réelle et sérieuse de licenciement le fait, pour une salariée soumise au régime des horaires variables, de ne pas avoir arrêté son compteur individuel au moment où elle cessait son travail, ce qui privait son employeur de la possibilité de contrôler réellement le temps exact de son travail (cass. soc. 22 septembre 1993, n° 92-40.505, RJS 11/93 n° 1078; voir aussi cass. soc. 17 novembre 1998, n° 96-44.198, s'agissant du refus d'un salarié de se soumettre au pointage).

• Un employeur ne peut valablement imposer à une salariée, qui le refuse, un horaire contraire à l'horaire collectif de l'entreprise sans autorisation préalable de l'inspecteur du travail et le juge peut le condamner à payer à l'intéressée une indemnité pour licenciement sans cause réelle et sérieuse (cass. soc. 3 juin 1998, n° 96-40.309).

• Seul un accord collectif d'entreprise est habilité à prévoir des dérogations aux limites légales et réglementaires de report d'heures d'une semaine sur une autre, et non un accord atypique comme en l'espèce (cass. soc. 21 février 2007, n° 04-43.071, BC V n° 30; RJS 5/07 n° 606; JCP éd. S 2007, 1291, note M. Del Sol; RDT, juil./août 2007, CH, 462, M. Véricel).

Art. L. 3121-49. Les salariés mentionnés aux 1° à 4° et 9° à 11° de l'article L. 5212-13 bénéficient à leur demande, au titre des mesures appropriées prévues à l'article L. 5213-6, d'un aménagement d'horaires individualisés propre à faciliter leur accès à l'emploi, leur exercice professionnel ou le maintien dans leur emploi.

Les aidants familiaux et les proches d'une personne handicapée bénéficient, dans les mêmes conditions, d'un aménagement d'horaires individualisés propre à faciliter l'accompagnement de cette personne.

Art. L. 3121-50. Seules peuvent être récupérées les heures perdues par suite d'une interruption collective du travail résultant :

1° De causes accidentelles, d'intempéries ou en cas de force majeure ;

2° D'inventaire ;

3° Du chômage d'un jour ou de deux jours ouvrables compris entre un jour férié et un jour de repos hebdomadaire ou d'un jour précédant les congés annuels.

Note • Le caractère limitatif de cette liste ne permet donc pas son allongement par voie conventionnelle et conduit à interdire la récupération des heures perdues du fait du chômage d'un jour férié, d'une grève ou d'un lock-out. En conséquence, les dérogations conventionnelles permises ne peuvent porter que sur les modalités d'application du système.

• Lorsqu'il a été régulièrement décidé que les heures perdues par suite d'une interruption collective de travail pour une journée dite de « pont » seraient récupérées, cette décision s'impose à l'ensemble du personnel, y compris aux salariés qui, lors de l'interruption collective de travail, se trouvent absents pour maladie (cass. soc. 25 mai 1994, n° 91-40.927, RJS 7/94 n° 864).

• Si les heures perdues à la suite du chômage d'un ou de deux jours ouvrables entre un jour férié et un jour de repos hebdomadaire peuvent être récupérées, même si le ou les deux jours ouvrables précèdent le jour férié, un même jour férié ou un même jour de repos ne peut permettre la récupération des heures perdues à la fois pour les jours ouvrables qui le précèdent et ceux qui le suivent (cass. soc. 18 mai 1999, n° 97-13.131, BC V n° 224).

• Cet article, énumérant limitativement les interruptions collectives de travail pouvant donner lieu à récupération, n'a pas prévu le cas d'ouverture de la chasse (cass. soc. 13 octobre 1993, n° 89-42.056, RJS 11/93 n° 1105) ou l'interruption du travail lors d'une journée non immédiatement précédée par un jour férié (cass. soc. 28 janvier 1997, n° 92-44.976, RJS 3/97 n° 292). Un employeur ne saurait ainsi contraindre un salarié à récupérer les heures perdues dans ces cas de figure.

• Un accord d'entreprise relatif à la réduction du temps de travail n'ayant pu remettre en cause les dispositions de la convention collective du personnel relatives au régime des jours chômés pendant lesquels l'entreprise est fermée, une salariée dont l'absence au titre de la réduction du temps de travail avait coïncidé avec trois jours fériés et chômés avait droit à la récupération des jours chômés (cass. soc. 13 décembre 2006, n° 05-42.528, BC V n° 384; RJS 3/07 n° 348).

• Les dispositions de l'article L. 212-2-2 (L. 3122-27 ancien) CT énonçant les cas dans lesquels les heures de travail perdues peuvent être récupérées sont applicables aux conventions de forfaits en jours. En conséquence, le retrait d'un jour de réduction de temps de travail, en raison d'une absence pour maladie, à un salarié ayant conclu un forfait jours sur l'année a pour effet d'entraîner une récupération prohibée par ce texte (cass. soc. 3 novembre 2011, n° 10-18.762, BC V n° 251; RJS 1/12 n° 43; JCP éd. S 2011, 1567, note M. Morand; JSL n° 313, 3.01.2012, p. 15, M. Hautefort).

Toutefois, lorsque l'acquisition du nombre de jours de congé est déterminée en fonction du temps de travail effectif dans l'année, la récupération des jours d'absence pour maladie par la réduction du nombre de ces jours de congé n'est pas prohibée (cass. soc. 16 décembre 2015, n° 14-23.731, BC V n° 264; LS Jurispr. n° 230 du 22.12.2015; JCP éd. S 2016, 1056, note M. Morand; RJS 3/16 n° 180).

§ 2. Champ de la négociation collective

Art. L. 3121-51. Un accord collectif d'entreprise ou d'établissement ou, à défaut, une convention ou un accord de branche peut:

1° Prévoir les limites et modalités du report d'heures d'une semaine à une autre lorsqu'est mis en place un dispositif d'horaires individualisés en application de l'article L. 3121-48;

2° Fixer les modalités de récupération des heures perdues dans les cas prévus à l'article L. 3121-50.

§ 3. Dispositions supplétives

Art. L. 3121-52. À défaut d'accord collectif mentionné à l'article L. 3121-51, les limites et modalités du report d'heures en cas de mise en place d'un dispositif d'horaires individualisés et de récupération des heures perdues sont déterminées par décret en Conseil d'État.

Sous-section 2 (réglementaire). Horaires individualisés

§ 1. Ordre public

Art. R. 3121-29. La décision d'autoriser le recours aux horaires individualisés, prise par l'inspecteur du travail en application de l'article ***(D. 2016-1551 du 18 nov. 2016, art. 2, V, 3°, JO 19, entrée en vigueur le 01.01.2017)*** « L. 3121-48 », est notifiée dans les deux mois suivant le dépôt de la demande par l'employeur.

Note Cet article est l'ancien article R. 3122-3 (décret 2016-1551 du 18 novembre 2016, art. 2, V, 3°, JO 19, entrée en vigueur le 01.01.2017).

§ 2. Dispositions supplétives

Art. R. 3121-30. En cas d'horaires individualisés, ***(D. 2016-1551 du 18 nov. 2016, art. 2, V, 3°, JO 19, entrée en vigueur le 01.01.2017)*** «à défaut d'accord prévu au 1° de l'article L. 3121-51», le report d'heures d'une semaine à une autre ne peut excéder trois heures et le cumul des reports ne peut avoir pour effet de porter le total des heures reportées à plus de dix.

Note Cet article est l'ancien article R. 3122-2 (décret 2016-1551 du 18 novembre 2016, art. 2, V, 3°, JO 19, entrée en vigueur le 01.01.2017).

Sous-section 3 (réglementaire). Récupération des heures perdues

§ 1. Ordre public

Art. R. 3121-31. L'employeur ne peut licencier pour insuffisance d'activité, dans le délai d'un mois succédant à une période de récupération, les salariés habituellement employés dans l'établissement ou partie d'établissement où ont été accomplies des heures de récupération ou des heures supplémentaires.

Cette disposition ne s'applique pas aux salariés embauchés temporairement pour faire face à un surcroît extraordinaire de travail.

Note Les articles R. 3121-31 et 32 sont les anciens articles R. 3122-6 et 7 (décret 2016-1551 du 18 novembre 2016, art. 2, V, 4°, JO 19, entrée en vigueur le 01.01.2017).

Art. R. 3121-32. La faculté de récupération est, en cas de chômage extraordinaire et prolongé survenant dans une profession, suspendue pour cette profession:

1° Par arrêté du ministre chargé du travail soit pour l'ensemble du territoire, soit pour une ou plusieurs régions;

2° Par décision du ***(D. 2020-1545 du 9 déc. 2020, JO 10, entrée en vigueur le 01.04.2021)*** «directeur régional de l'économie, de l'emploi, du travail et des solidarités» pour des établissements spécialement déterminés.

Art. R. 3121-33. ***(D. 2016-1551 du 18 nov. 2016, art. 2, V, 4°, JO 19, entrée en vigueur le 01.01.2017)*** L'inspecteur du travail est préalablement informé par l'employeur des interruptions collectives de travail et des modalités de la récupération. Si le travail est interrompu par un évènement imprévu, l'information est donnée immédiatement.

Note • Le non-respect par l'employeur de l'obligation d'informer l'inspecteur du travail des interruptions collectives de travail et des modalités de la récupération ne peut donner lieu qu'à des dommages-intérêts, dans le cas où un préjudice en serait résulté pour les salariés (cass. soc.

28 janvier 1997, n° 94-41.784, RJS 3/97 n° 292), dont les juges apprécient souverainement le montant (cass. soc. 19 avril 2000, n° 98-41.099, RJS 7-8/00 n° 813).

• L'absence d'avis donné immédiatement à l'inspecteur du travail lorsque le travail est interrompu collectivement par un événement imprévu, si elle constitue une faute de l'employeur pouvant donner lieu au profit des salariés à réparation en fonction du préjudice subi, n'affecte pas pour autant la régularité de la décision de récupération prise par l'employeur (cass. soc. 16 décembre 2005, n° 04-40.905, BC V n° 371, RJS 3/06 n° 356).

• Le défaut de l'autorisation écrite de l'inspecteur du travail, exigée par l'article 3 c du décret du 2 mars 1937 pour les heures de récupération effectuées au-delà du délai de 50 jours à dater de la reprise du travail prévu par l'article 3 b de ce décret, ne s'oppose pas à l'application de l'article D. 212-1 [R. 3122-4 ancien] CT avant l'expiration de ce délai. L'inobservation par l'employeur des dispositions de ce dernier texte ne donne pas aux heures de récupération, dans la limite fixée par l'article D. 212-2, al. 2, [R. 3122-5 ancien] le caractère d'heures supplémentaires (cass. soc. 5 juillet 1995, n° 92-40.161; voir aussi cass. soc. 15 avril 1992, n° 88-43.057, BC V n° 279; RJS 7/92 n° 875; 22 octobre 1985, n° 83-40.162, BC V n° 484).

§ 2. Dispositions supplétives

Art. R. 3121-34. ***(D. 2016-1551 du 18 nov. 2016, art. 2, V, 4°, JO 19, entrée en vigueur le 01.01.2017)*** « À défaut d'accord prévu au 2° de l'article L. 3121-51, les » heures perdues dans les cas prévus à l'article ***(D. 2016-1551 du 18 nov. 2016, art. 2, V, 4°, JO 19, entrée en vigueur le 01.01.2017)*** « L. 3121-50 » ne sont récupérables que dans les douze mois précédant ou suivant leur perte.

Note Les articles R. 3121-34 et 35 sont les anciens articles R. 3122-4 et 5 (décret 2016-1551 du 18 novembre 2016, art. 2, V, 4°, JO 19, entrée en vigueur le 01.01.2017).

Art. R. 3121-35. ***(D. 2016-1551 du 18 nov. 2016, art. 2, V, 4°, JO 19, entrée en vigueur le 01.01.2017)*** « À défaut d'accord mentionné au 2° de l'article L. 3121-51, les » heures de récupération ne peuvent être réparties uniformément sur toute l'année.

Elles ne peuvent augmenter la durée du travail de l'établissement ou de la partie d'établissement de plus d'une heure par jour, ni de plus de huit heures par semaine.

SECTION 5. Conventions de forfait

Note • Sur l'impact de la loi 2016-1088 du 8 août 2016 en matière de durée du travail, de repos et de congés, voir note introductive du livre Ier de la troisième partie et, s'agissant des conventions de forfait, voir notamment RF 8 septembre 2016, FH 3657, 1-26 et s.

Voir aussi M. Morand, « Clarification et sécurisation des conventions de forfait », JCP éd. S 2016, 1295; M. Véricel, « Une nouvelle architecture des règles en matière de temps de travail », RDT, décembre 2016, CH, 824.

• S'agissant du *sort des accords collectifs et conventions de forfait individuelles déjà existants lors de l'entrée en vigueur de la loi 2016-1088 du 8 août 2016*, voir note sous art. L. 3121-64.

• Sur la réforme des conventions de forfait par la loi 2008-789 du 20 août 2008 (JO 21), voir circulaire DGT 2008/20 du 13 novembre 2008, Fiche n° 14.

À noter que les accords conclus en application des dispositions relatives aux conventions de forfait dans leur rédaction antérieure à la loi 2008-789 du 20 août 2008 sont restés en vigueur (loi 2008-789 précitée, art. 19, III).

Sous-section 1. Ordre public

§ 1. Dispositions communes

Art. L. 3121-53. La durée du travail peut être forfaitisée en heures ou en jours dans les conditions prévues aux sous-sections 2 et 3 de la présente section.

Note **Conventions de forfait.** *Licéité. Conditions.* La rémunération forfaitaire n'est licite que pour autant qu'elle permet au salarié de percevoir, au moins, la rémunération à laquelle il peut légalement prétendre, y compris les majorations prévues pour les heures supplémentaires; sa licéité suppose donc nécessairement une comparaison entre le forfait convenu et le salaire minimum conventionnel augmenté des heures supplémentaires (cass. soc. 4 mai 1999, n° 96-44.612, BC V n° 188; 18 janvier 2000, n° 97-45.736, RJS 3/00 n° 283, 1re espèce).

La validité d'une convention de forfait suppose que soit connu le forfait d'heures que les parties ont retenu lors de la conclusion de la convention (cass. soc. 3 mai 2011, n° 09-70.813, BC V n° 103; JCP éd. S 2011, 1295, note M. Morand; RJS 7/11 n° 580, énonçant que la seule fixation d'une rémunération forfaitaire sans que soit déterminé le nombre d'heures supplémentaires inclus dans cette rémunération ne permet pas de caractériser une convention de forfait; 5 mai 2010, n° 08-43.652, BC V n° 104; 21 mars 2000, n° 97-45.155, BC V n° 111). Tel est le cas lorsque le contrat de travail fait référence à l'horaire de travail en vigueur dans l'entreprise et que le salarié confirme en avoir pris connaissance (cass. soc. 5 mai 2004, n° 01-43.918, BC V n° 21; RJS 7/04 n° 819; 15 mai 2014, n° 13-10.531) ou lorsqu'il est seulement fait référence à la durée hebdomadaire maximale de travail au cours d'une même semaine (cass. soc. 9 mai 2019, n° 17-27.448, à paraître, JCP éd. S 2019, 1178, note M. Morand; RJS 7/19 n° 430).

Caractère contractuel. Le paiement des heures supplémentaires selon un forfait ne peut résulter que d'un accord entre les parties et un usage d'entreprise en ce sens est inopposable au salarié (cass. soc. 31 mars 1998, n° 96-41.878, BC V n° 184; RJS 5/98 n° 594; 6 juillet 1999, n° 97-41.290, BC V n° 324; RJS 10/99 n° 1259; 16 décembre 2005, n° 03-45.389). Même si le principe en est posé par la convention collective, le paiement des heures supplémentaires selon un forfait ne peut résulter que d'un accord particulier entre l'employeur et le salarié (cass. soc. 10 mars 2004, n° 01-46.369, BC V n° 77; RJS 5/04 n° 549; 9 avril 2008, n° 07-41.418, BC V n° 82; JCP éd. S 2008, 1479, note D. Everaert-Dumont; 21 septembre 2010, n° 09-41.154, JCP éd. S 2010, 1453, note Th. Lahalle; 9 avril 2015, n° 13-14.619). La convention de forfait d'heures supplémentaires présente un caractère contractuel et sa modification ne peut résulter que de l'accord des deux parties (cass. soc. 6 juillet 1999, n° 96-45.787, BC V n° 323). À noter que ni l'absence de mention des heures de travail effectuées sur le bulletin de paie ni le fait qu'un salarié se soit abstenu de protestation et réserve n'impliquent nécessairement l'existence d'un accord sur une rémunération forfaitaire (cass. soc. 19 novembre 1997, n° 95-41.110).

Effets. L'existence d'une convention de forfait n'interdit pas au salarié de prétendre au paiement des heures supplémentaires accomplies en sus du forfait convenu (cass. soc. 31 janvier 1996, n° 92-44.026, RJS 3/96 n° 293; 5 janvier 2000, n° 97-44.606, RJS 3/00 n° 283). L'usage constant d'une entreprise de rémunérer les heures supplémentaires effectuées au-delà du forfait sous la forme d'une prime d'activité plus avantageuse que la rémunération fondée sur les majorations légales ne constitue pas un mode de règlement contraire aux prescriptions légales (cass. soc. 28 octobre 1998, n° 95-45.085). L'existence d'une convention de forfait ne prive pas le salarié de son droit au repos compensateur (régime ancien) au titre des heures supplémentaires réellement effectuées (cass. soc. 2 février 1994, n° 91-45.514, BC V n° 42; voir aussi 10 décembre 1997, n° 95-40.008, RJS 1/98 n° 41; 5 janvier 2000, n° 97-44.606, précité).

Preuve. Une convention de forfait ne se présume pas (cass. soc. 19 novembre 1996, n° 94-44.102; 8 mars 2007, n° 05-43.622, RDT juin 2007, CH, 395); en outre, la rémunération forfaitaire d'heures supplémentaires ne peut résulter du seul fait que le salarié avait un salaire très nettement supérieur au salaire minimal conventionnel (cass. soc. 20 juillet 1994, n° 91-40.004). La charge de la preuve de l'existence d'une convention de forfait incombe à celui qui l'invoque (cass. soc. 21 novembre 2000, n° 98-44.026, BC V n° 382; 12 janvier 2016, n° 13-26.318). Si l'employeur ne rapporte pas cette preuve, il doit payer les heures supplémentaires accomplies par le salarié en sus de l'horaire convenu entre les parties (cass. soc. 13 juillet 1988, n° 87-43.303).

En cas de litige relatif à l'existence ou au nombre de jours de travail effectués par le salarié dans le cadre d'une convention de forfait jours, la preuve n'incombe spécialement à aucune des parties et le juge ne peut, pour rejeter une demande de paiement de jours travaillés, se fonder sur l'insuffisance des preuves apportées par le salarié mais doit examiner les éléments de nature à justifier les jours effectivement travaillés par le salarié et que l'employeur est tenu de lui fournir (cass. soc. 23 septembre 2009, n° 08-41.377, BC V n° 200; RJS 12/09 n° 942; JCP éd. S 2009, 1531; 7 décembre 2010, n° 09-42.626, BC V n° 281; JCP éd. S 2011, 1060, note M. Morand; RJS 4/11 n° 330; 6 juillet 2011, n° 10-15.050, JSL n° 308, 27.10.2011, p. 12, J-Ph. Lhernould; 19 septembre 2012, n° 11-16.205).

En présence d'une convention de forfait de salaire irrégulière, le décompte et le paiement des heures supplémentaires doit s'effectuer selon le droit commun. Ainsi, en l'absence de toute convention de forfait qui lui serait valablement opposable, il appartient au salarié d'étayer sa demande, qui, à défaut sera rejetée (cass. soc. 5 juin 2013, n° 12-14.729, RJS 8-9/13, n° 612).

Art. L. 3121-54. Le forfait en heures est hebdomadaire, mensuel ou annuel. Le forfait en jours est annuel.

Art. L. 3121-55. La forfaitisation de la durée du travail doit faire l'objet de l'accord du salarié et d'une convention individuelle de forfait établie par écrit.

Note • Selon l'article L. 212-15-3, I devenu L. 3121-38 (dans sa rédaction antérieure à la loi 2008-789 du 20 août 2008), la durée de travail des cadres ne relevant pas des dispositions des articles L. 212-15-1 et L. 212-15-2 devenus L. 3111-2 et L. 3121-39 (dans sa rédaction antérieure à la loi 2008-789 du 20 août 2008) peut être fixée par des conventions individuelles de forfait établies sur une base hebdomadaire, mensuelle ou annuelle; il en résulte que ces conventions doivent nécessairement être passées par écrit (cass. soc. 26 mars 2008, n° 06-45.990, BC V n° 71; JSL n° 232, 28.04.2008, p. 19, J-E Tourreil; RJS 6/08 n° 680; JCP éd. S 2008, 1375, note Fr. Dumont; 16 décembre 2008, n° 07-42.107, BC V n° 250; RJS 2/09 n° 177; 31 janvier 2012, n° 10-17.593, BC V n° 44; JCP éd. S 2012, 1121, note M. Morand; JSL n° 318, 22.03.2012, p. 15,

J-Ph. Lhernould; RJS 4/12 n° 348; 4 novembre 2015, n° 14-10.419, BC V n° 223; LSQ n° 16956 du 16.11.2015; JCP éd. S 2015, 1472, note M. Morand; RJS 1/16 n° 32).

• L'accord d'entreprise prévoyant la possibilité de soumettre certains salariés au régime du forfait en jours, remis au salarié au moment de la signature de son contrat de travail, ne peut pas constituer l'écrit requis par cet article (cass. soc. 19 juin 2019, n° 17-31.523, LS Jurispr. n° 119 du 2.07.2019).

§ 2. Forfaits en heures

Art. L. 3121-56. Tout salarié peut conclure une convention individuelle de forfait en heures sur la semaine ou sur le mois.

Peuvent conclure une convention individuelle de forfait en heures sur l'année, dans la limite du nombre d'heures fixé en application du 3° du I de l'article L. 3121-64 :

1° Les cadres dont la nature des fonctions ne les conduit pas à suivre l'horaire collectif applicable au sein de l'atelier, du service ou de l'équipe auquel ils sont intégrés ;

2° Les salariés qui disposent d'une réelle autonomie dans l'organisation de leur emploi du temps.

Note • Une convention individuelle de forfait annuel en heures n'instaure pas au profit du salarié un droit à la libre fixation de ses horaires de travail indépendamment de toute contrainte liée à l'horaire collectif fixé par l'employeur dans l'exercice de son pouvoir de direction (cass. soc. 2 juillet 2014, n° 13-11.904, BC V n° 171; LSQ n° 16630 du 15.07.2014; JSL n° 372, 23.09.2014, p. 11, Ph. Pacotte et S. Daguerre; RJS 10/14 n° 694; JCP éd. S 2014, 1406, note M. Morand).

• En l'état d'un accord collectif instituant, d'une part, une convention horaire sur une base hebdomadaire de 38 h 30 avec une rémunération forfaitaire au moins égale à 115 % du salaire minimum conventionnel et, d'autre part, un nombre maximal de jours travaillés dans l'année, la modalité de gestion du temps de travail retenue s'analyse en un forfait en heures assorti de la garantie d'un nombre maximal annuel de jours de travail et non en une convention de forfait en jours (cass. soc. 26 mai 2004, n° 02-10.723, BC V n° 144; RJS 8-9/04 n° 944). En effet, le maintien d'une référence horaire n'est ni incompatible avec l'application d'un décompte en jours ni contraire aux dispositions de la loi du 19 janvier 2000. Dès lors, l'avenant à un accord d'entreprise qui institue un décompte du temps de travail des cadres en heures peut, sans méconnaître les dispositions de cet accord, prévoir que l'activité de ces salariés sera exprimée en jours sur une base annuelle (cass. soc. 5 avril 2006, n° 04-30.143, BC V n° 141; RJS 6/06 n° 740).

S'agissant de salariés qui, de par les contraintes qui leur étaient imposées, ne disposaient d'aucune autonomie dans la gestion de leur emploi du temps autorisant le recours à un forfait annuel en heures tel que défini par la convention collective applicable, voir cass. soc. 23 juin 2004, n° 02-14.861, RJS 10/04 n° 1054.

Art. L. 3121-57. La rémunération du salarié ayant conclu une convention individuelle de forfait en heures est au moins égale à la rémunération minimale applicable dans l'entreprise pour le nombre d'heures correspondant à son forfait, augmentée, le cas échéant, si le forfait inclut des heures supplémentaires, des majorations prévues aux articles L. 3121-28, L. 3121-33 et L. 3121-36.

§ 3. Forfaits en jours

Art. L. 3121-58. Peuvent conclure une convention individuelle de forfait en jours sur l'année, dans la limite du nombre de jours fixé en application du 3° du I de l'article L. 3121-64 :

1° Les cadres qui disposent d'une autonomie dans l'organisation de leur emploi du temps et dont la nature des fonctions ne les conduit pas à suivre l'horaire collectif applicable au sein de l'atelier, du service ou de l'équipe auquel ils sont intégrés ;

2° Les salariés dont la durée du temps de travail ne peut être prédéterminée et qui disposent d'une réelle autonomie dans l'organisation de leur emploi du temps pour l'exercice des responsabilités qui leur sont confiées.

Note • Voir Ph. Florès, «Le forfait en jours après la loi du 8 août 2016», Dr. Soc. 2016, p. 898.

• Les salariés d'un casino, intégrés dans les plannings de l'entreprise imposant leur présence au sein des salles de jeux, ne sont pas des cadres autonomes et ne peuvent avoir un contrat de travail comportant une clause de forfait en jours (cass. soc. 23 janvier 2013, n° 11-12.323, RJS 4/13 n° 289; voir, dans le même sens, cass. soc. 31 octobre 2007, n° 06-43.876, BC V n° 180; JSL n° 222, 27.11.2007, p. 8, M. Hautefort; RJS 1/08 n° 36, s'agissant d'un moniteur de golf; voir aussi cass. soc. 27 mars 2019, n° 17-31.715, à paraître, RJS 6/19 n° 355; JSL n° 477, 11.06.2019, p. 23).

• Toute convention de forfait en jours doit être prévue par un accord collectif dont les stipulations assurent la garantie du respect des durées maximales de travail ainsi que des repos, journaliers et hebdomadaires [cass. soc. 31 janvier 2012, n° 10-19.807, BC V n° 43; JCP éd. S 2012, 1120, note M. Morand; JSL n° 318, 22.03.2012, p. 15, J-Ph. Lhernould; RJS 4/12 n° 350; Dr. Soc. 2012, p. 537, obs. P-H Antonmattei; RDT, septembre 2012, CH, 500, S. Amalric (industrie chimique); 26 septembre 2012, n° 11-14.540, BC V n° 250; JCP éd. S 2012, 1461, note D. Blanc; JSL n° 331, 8.11.2012, p. 19, M. Hautefort; RJS 12/12 n° 950 (commerces de gros); 24 avril 2013, n° 11-28.398, BC V n° 117; JCP éd. S 2013, 1240, note M. Morand; RJS 7/13 n° 543; RDT, juillet/août 2013, CH, 493, M. Véricel (SYNTEC); 14 mai 2014, n° 12-35.033, BC V n° 121; JSL n° 368, 23.06.2014, p. 12, M. Hautefort; RJS 7/14 n° 566, 1re espèce; JCP éd. S 2014, 1309, 1re espèce, note M. Morand (cabinets d'experts-comptables et de commissaires aux comptes); 11 juin 2014, n° 11-20.985, BC V n° 137; RJS 8-9/14 n° 633, 2e espèce; JSL n° 370, 21.07.2014, p. 29, Ph. Pacotte et A-Ch. Renucci; JCP éd. S 2015, 1024, 1re espèce, note M. Morand (bâtiment et travaux publics); 13 novembre 2014, n° 13-14.206, BC V n° 262; LSQ n° 16717 du 21.11.2014; JCP éd. S 2015, 1024, 2e espèce, note M. Morand; RJS 2/15 n° 102, 1re espèce (notariat); 17 décembre 2014, n° 13-22.890, BC V n° 301; LSQ n° 16737 du 19.12.2014; RJS 2/15 n° 102, 2e espèce; JSL n° 381, 10.02.2015, p. 10, E. Jaglin et O. Giovenal (banques); 17 décembre 2014, n° 13-23.230, BC V n° 307; LS Jurispr. n° 7 du 13.01.2015; RJS 3/15 n° 191 (bâtiment et travaux publics); 4 février 2015, n° 13-20.891, BC V n° 23; LSQ n° 16772 du 12.02.2015; RJS 4/15 n° 258; JCP éd. S 2015, 1156, note M. Morand (commerce de détail et de gros à prédominance alimentaire); 7 juillet 2015, n° 13-26.444, BC V n° 140; LSQ n° 16875 du 17.07.2015; JSL n° 394, 24.09.2015, p. 31, D. Julien-Paturle; RJS 10/15 n° 645; JCP éd. S 2015, 1364, note M. Morand (hôtels, cafés, restaurants); 9 novembre 2016, n° 15-15.064, BC V n° 214; LSQ n° 17206 du 23.11.2016; JCP éd. S 2016, 1432, note M. Morand; JSL n° 421-422, 21.12.2016, p. 17, F. Lalanne; RJS 1/17 n° 26 (commerce et réparation automobile); 14 décembre 2016, n° 15-22.003, BC V n° 253; LSQ n° 17230 du 27.12.2016; RJS 2/17 n° 115; JSL n° 425, 10.02.2017, p. 4, P. Pacotte et S. Daguerre (immobilier); 17 janvier 2018, n° 16-15.124, BC V n° 2; JCP éd. S 2018, 1077, note M. Morand; RJS 3/18 n° 191; RDT, mars 2018, CH, 223, G. Pignarre (import-export); 6 novembre 2019, n° 18-19.752, à paraître, LS n° 17938 du 14.11.2019; JCP éd. S 2019, 1352, note M. Morand; RJS 1/20 n° 22; JSL n° 487-488, 17.12.2019, p. 22, A. Bonnet; voir aussi Y. Pagnerre et J. Verneret, «Forfait en jours: de l'illicéité à la sécurisation des dispositifs conventionnels», JCP éd. S 2019, 1351 (organismes gestionnaires de foyers et services pour jeunes travailleurs)].

Pour des exemples d'accords d'entreprises jugés conformes à cette exigence, voir cass. soc. 8 septembre 2016, n° 14-26.256, BC V n° 159; RJS 11/16 n° 699; JCP éd. S 2016, 1361, note M. Morand; JSL n° 418, 24.10.2016, p. 11, A. Bonnet; 22 juin 2017, n° 16-11.762, BC V n° 106; JCP éd. S 2017, 1267, note M. Morand; RJS 10/17 n° 675; pour des exemples d'accords d'entreprise jugés non conformes, voir cass. soc. 5 octobre 2017, n° 16-23.106, BC V n° 173; JCP éd. S 2017, 1379, note M. Morand; JSL n° 442, 29.11.2017, p. 11, M. Hautefort; RJS 12/17 n° 796; 8 novembre 2017, n° 15-22.758, BC V n° 191; JCP éd. S 2017, 1402, note Ph. Rozec; RJS 1/18 n° 33.

Il incombe à l'employeur de rapporter la preuve qu'il a respecté les stipulations de l'accord collectif destinées à assurer la protection de la santé et de la sécurité des salariés soumis au régime du forfait en jours (cass. soc. 19 décembre 2018, n° 17-18.725, à paraître, LS Jurispr. n° 5 du 08.01.2019; JCP éd. S 2019, 1048, note M. Morand; JSL n° 470, 25.02.2019, p. 14, M. Hautefort; RJS 3/19 n° 161) et le non-respect par l'employeur de ces clauses prive d'effet la convention de forfait (cass. soc. 2 juillet 2014, n° 13-11.940, BC V n° 172; LS Jurispr. n° 127 du 15.07.2014; JCP éd. S 2014, 1435, note D. Jacotot; voir aussi cass. soc. 29 juin 2011, n° 09-71.107, BC V n° 181; RJS 8-9/11 n° 696; JSL n° 304, 29.07.2011, p. 8, M. Hautefort; JCP éd. S 2011, 1332, entretien J-Fr. Akandji-Kombé et 1333, doctrine M. Morand; RDT, sept. 2011, CO, 474, B. Van Craeynest et Ph. Masson et ET, 481, M-Fr. Mazars, S. Laulom et Ch. Déjours).

Voir «L'office du juge dans la sécurisation des conventions de forfait en jours», G. Pignarre, RDT, décembre 2014, ET, 746; «Mise en œuvre du nouvel accord relatif aux forfaits-jours dans la branche des bureaux d'études (SYNTEC)», A. d'Alançon et J. Martinez, JCP éd. S 2014, 1479; «Forfait jours: état des lieux du contrôle jurisprudentiel des accords collectifs», J-B Cottin, JCP éd. S 2015, 1065; «Forfait-jours: la Cour de cassation poursuit son œuvre», Ph. Pacotte et S. Daguerre, JSL n° 384, 26.03.2015, p. 7; «Les irrégularités dans la mise en œuvre d'un forfait annuel en jours: quelles sanctions ?», E. Juen, Dr. Soc. 2015, p. 528; «Conventions de forfait en jours sur l'année et durées maximales du travail», M. Joste, JCP éd. S 2015, 1122.

• Le non-respect par l'employeur tant des dispositions de l'accord d'entreprise relatives à l'exécution de la convention de forfait en jours que de l'obligation de consulter le comité d'entreprise sur le recours à ce dispositif n'a pas pour effet la nullité de la convention individuelle de forfait en jours (cass. soc. 22 juin 2016, n° 14-15.171, BC V n° 136; JCP éd. S 2016, 1320, note M. Morand; RJS 10/16 n° 632).

• Dans un arrêt rendu en novembre 2011, la Cour de cassation a précisé, d'une part, que les jours d'ancienneté conventionnels doivent être pris en compte pour la détermination du nombre de jours travaillés sur la base duquel est fixé le plafond propre à chaque convention de forfait, le cadre titulaire de cette convention pouvant bénéficier en cas de dépassement du nombre de jours travaillés correspondant à ce plafond d'un nombre de jours de repos égal à ce dépassement au cours des trois premiers mois de l'année suivante; d'autre part, que le retrait d'un jour de réduction de temps de travail en raison d'une absence pour maladie à un salarié ayant conclu un forfait jours sur l'année a pour effet d'entraîner une récupération prohibée par l'article L. 212-2-2 [L. 3122-27 ancien] CT (cass. soc. 3 novembre 2011, n° 10-18.762, BC V n° 251; RJS 1/12 n° 43; JCP éd. S 2011, 1567, note M. Morand; JSL n° 313, 3.01.2012, p. 15, M. Hautefort).

• Sur les modalités de calcul de la retenue sur salaire à appliquer à un cadre soumis à une convention de forfait annuel en jours sur l'année, ayant participé à un mouvement de grève d'une durée inférieure à une journée ou à une demi-journée de travail, voir cass. soc. 13 novembre 2008, n° 06-44.608, BC V n° 211, cité sous l'article L. 2511-1 CT. Sur l'absence de retenue sur salaire prévue par un accord collectif dans le même cas, voir cass. soc. 4 mars 2009, n° 07-45.291, BC V n° 56, cité sous le même article.

• Lorsqu'une convention ou un accord collectif limite la possibilité de signer une convention de forfait en jours à certaines catégories de salarié, seuls les salariés remplissant les conditions pour relever de la catégorie en question peuvent conclure ce type de forfait (cass. soc. 3 novembre 2011, n° 10-14.637, BC V n° 250; JCP éd. S 2011, 1577, note M. Morand; RJS 1/12 n° 42; JSL n°s 311-312, 21.12.2011, p. 25, J-E Tourreil).

• Si le refus de signature d'une convention de forfait jours proposée en application d'un accord de réduction du temps de travail peut, le cas échéant, justifier le licenciement du salarié, l'employeur ne peut appliquer au salarié qui refuse de la signer la convention individuelle prévue par l'article L. 212-15-3 (ancien) CT (cass. soc. 30 mai 2007, n° 05-41.802, JCP éd. S 2007, 1809, note Th. Lahalle).

• Le salarié qui a été soumis à tort à un forfait annuel en jours peut prétendre au paiement d'heures supplémentaires dont le juge doit vérifier l'existence et le nombre conformément aux dispositions de l'article L. 3171-4 CT (cass. soc. 4 février 2015, n° 13-20.891, BC V n° 23; LSQ n° 16772 du 12.02.2015; RJS 4/15 n° 258; JCP éd. S 2015, 1156, note M. Morand; 12 novembre 2020, n° 19-15.173).

• Le salarié dont la demande de rappel de salaire au titre des heures supplémentaires n'est pas prescrite est recevable à contester la validité de la convention de forfait annuel en jours stipulée dans son contrat de travail (cass. soc. 27 mars 2019, n° 17-23.314, à paraître, LS Jurispr. n° 67 du 09.04.2019; JCP éd. S 2019, 1132, note M. Morand; RJS 6/19 n° 357; JSL n° 477, 11.06.2019, p. 12, H. Nasom-Tissandier).

• La Cour de cassation a énoncé qu'en application de l'article L. 3123-1, les salariés ayant conclu une convention de forfait en jours sur l'année dont le nombre est inférieur à 218 jours ne peuvent pas être considérés comme des salariés à temps partiel (cass. soc. 27 mars 2019, n° 16-23.800, à paraître, LS n° 17796 du 12.04.2019; JCP éd. S 2019, 1131, note J-E Maes-Audebert; JSL n° 476, 23.05.2019, p. 17, H. Nasom-Tissandier; RJS 6/19 n° 356). Voir aussi circ. DRT 2000-07 du 6 décembre 2000. En outre, la Cour a précisé qu'une convention de forfait en jours peut être conclue pour certains cadres pour un nombre de jours inférieur au plafond prévu par l'article L. 212-15-3, III (ancien) CT (cass. soc. 9 juillet 2003, n° 01-42.451, BC V n° 229; RJS 10/03 n° 1175). Voir aussi «Les forfaits jours réduits», T. Cicerchia et V. Roche, JCP éd. S 2015, 1142.

• L'accord collectif qui, après avoir distingué les cadres dirigeants des cadres dont l'horaire était prédéterminé, a défini les cadres autonomes qui ne relevaient d'aucune de ces catégories comme étant ceux dont le rythme de travail ne pouvait, en raison de leur mission, être soumis à l'horaire collectif de travail du service qu'ils dirigeaient ou auquel ils étaient affectés est conforme à la loi. Cette définition, qui permet d'apprécier le degré d'autonomie du personnel d'encadrement concerné, est en effet conforme aux exigences de l'article L. 212-15-3, III (ancien) CT dans la mesure où, d'une part, la convention de forfait doit faire l'objet d'un accord particulier entre l'employeur et le salarié et où, d'autre part, il appartient au juge de vérifier, en cas de litige, que les fonctions effectivement exercées par le cadre ne lui permettent pas d'être soumis à l'horaire collectif de travail (cass. soc. 26 mai 2004, n° 02-18.756, BC V n° 143; RJS 11/04, p. 795, rapport M-L Morin).

• Sur la nécessaire mise en conformité de notre législation nationale relative aux forfaits annuels en jours, mentionnés aux articles L. 3121-43 et s. (anciens) CT avec la charte sociale européenne révisée de 1996, voir rép. QE 432, JO AN 6 août 2013, p. 8529.

Art. L. 3121-59. Le salarié qui le souhaite peut, en accord avec son employeur, renoncer à une partie de ses jours de repos en contrepartie d'une majoration de son salaire. L'accord entre le salarié et l'employeur est établi par écrit.

Un avenant à la convention de forfait conclue entre le salarié et l'employeur détermine le taux de la majoration applicable à la rémunération de ce temps de travail supplémentaire, sans qu'il puisse être inférieur à 10 %. Cet avenant est valable pour l'année en cours. Il ne peut être reconduit de manière tacite.

Note *Covid-19.* Voir loi 2020-938 du 30 juillet 2020, JO 31, permettant d'offrir des chèques-vacances aux personnels des secteurs sanitaire et médico-social en reconnaissance de leur action durant l'épidémie de Covid-19.

Art. L. 3121-60. L'employeur s'assure régulièrement que la charge de travail du salarié est raisonnable et permet une bonne répartition dans le temps de son travail.

Note • Voir aussi art. L. 3121-64 et 65.

• Pour une méconnaissance par un employeur des dispositions de l'article L. 3121-46 (ancien) relatif à l'entretien annuel individuel portant notamment sur la charge de travail du salarié, voir cass. soc. 12 mars 2014, n° 12-29.141, BC V n° 76; RJS 5/14 n° 404; RDT, mai 2014, CH, 348, M. Véricel; JCP éd. S 2014, 1227, note M. Morand.

Art. L. 3121-61. Lorsqu'un salarié ayant conclu une convention de forfait en jours perçoit une rémunération manifestement sans rapport avec les sujétions qui lui sont imposées, il peut, nonobstant toute clause conventionnelle ou contractuelle contraire, saisir le juge judiciaire afin que lui soit allouée une indemnité calculée en fonction du préjudice subi, eu égard notamment au niveau du salaire pratiqué dans l'entreprise, et correspondant à sa qualification.

Note Pour une application de l'article L. 3121-47 (ancien), voir cass. soc. 31 octobre 2007, n° 06-43.876, BC V n° 180; JSL n° 222, 27.11.2007, p. 8, M. Hautefort; RJS 1/08 n° 36.

Sur l'évaluation du préjudice subi par le salarié pour des jours de travail effectués au-delà du forfait, voir aussi cass. soc. 7 décembre 2010, n° 09-42.626, RJS 4/11 n° 330; JCP éd. S 2011, 1060, note M. Morand.

Art. L. 3121-62. Les salariés ayant conclu une convention de forfait en jours ne sont pas soumis aux dispositions relatives:

1° À la durée quotidienne maximale de travail effectif prévue à l'article L. 3121-18;

2° Aux durées hebdomadaires maximales de travail prévues aux articles L. 3121-20 et L. 3121-22;

3° À la durée légale hebdomadaire prévue à l'article L. 3121-27.

Sous-section 2. Champ de la négociation collective

Art. L. 3121-63. Les forfaits annuels en heures ou en jours sur l'année sont mis en place par un accord collectif d'entreprise ou d'établissement ou, à défaut, par une convention ou un accord de branche.

Note • Les modalités de suivi de l'organisation du travail des salariés soumis à un forfait en jours, l'amplitude de leurs journées d'activité et la charge de travail qui en résulte, ainsi que les modalités concrètes d'application des dispositions des articles L. 220-1, L. 221-2 et L. 221-4 (anciens) CT ne peuvent être prévues que par une convention ou un accord collectif de travail, et ne peuvent en aucun cas être fixées unilatéralement par l'employeur (cass. soc. 13 décembre 2006, n° 05-14.685, BC V n° 382; RJS 3/07 n° 345, 1re espèce; Dr. Soc. 2007, p. 359, obs. J. Barthélémy; JCP éd. S 2007, 1217, note M. Del Sol).

• Lorsqu'un salarié passe du service d'une entreprise à celui d'une de ses filiales, il ne peut rester tenu par une convention de forfait annuel en jours que si une convention ou un accord collectif le prévoit valablement dans la filiale qui l'accueille. À défaut, la convention est nulle (cass. soc. 15 mai 2014, n° 12-14.993, RJS 7/14 n° 567; JSL n° 371, 8.09.2014, p. 23, J. Beckhard et M. Patin) et le salarié peut obtenir le paiement des heures supplémentaires qu'il a réalisées.

Art. L. 3121-64. I. – L'accord prévoyant la conclusion de conventions individuelles de forfait en heures ou en jours sur l'année détermine:

1° Les catégories de salariés susceptibles de conclure une convention individuelle de forfait, dans le respect des articles L. 3121-56 et L. 3121-58;

2° La période de référence du forfait, qui peut être l'année civile ou toute autre période de douze mois consécutifs;

3° Le nombre d'heures ou de jours compris dans le forfait, dans la limite de deux cent dix-huit jours s'agissant du forfait en jours;

4° Les conditions de prise en compte, pour la rémunération des salariés, des absences ainsi que des arrivées et départs en cours de période;

5° Les caractéristiques principales des conventions individuelles, qui doivent notamment fixer le nombre d'heures ou de jours compris dans le forfait.

II. – L'accord autorisant la conclusion de conventions individuelles de forfait en jours détermine:

1° Les modalités selon lesquelles l'employeur assure l'évaluation et le suivi régulier de la charge de travail du salarié;

2° Les modalités selon lesquelles l'employeur et le salarié communiquent périodiquement sur la charge de travail du salarié, sur l'articulation entre son activité professionnelle et sa vie personnelle, sur sa rémunération ainsi que sur l'organisation du travail dans l'entreprise;

3° Les modalités selon lesquelles le salarié peut exercer son droit à la déconnexion prévu au 7° de l'article ***(Ord. 2017-1718 du 20 déc. 2017, art. 1er, I, 123°, JO 21)*** « L. 2242-17 ».

L'accord peut fixer le nombre maximal de jours travaillés dans l'année lorsque le salarié renonce à une partie de ses jours de repos en application de l'article L. 3121-59. Ce nombre de jours doit être compatible avec les dispositions du titre III du présent livre relatives au repos quotidien, au repos hebdomadaire et aux jours fériés chômés dans l'entreprise et avec celles du titre IV relatives aux congés payés.

Note • *Covid-19.* Voir ordonnance 2020-323 du 25 mars 2020, art. 3 et 5, JO 26, entrée en vigueur le 26.03.2020, modifiés.

• S'agissant du **sort des accords collectifs et conventions de forfait individuelles déjà existants lors de l'entrée en vigueur de la loi 2016-1088 du 8 août 2016**, l'article 12 de cette loi dispose que:

I. - Lorsqu'une convention ou un accord de branche ou un accord d'entreprise ou d'établissement conclu avant le 9 août 2016 et autorisant la conclusion de forfaits annuels en heures ou en jours est révisé pour être mis en conformité avec l'article L. 3121-64 CT, l'exécution de la convention individuelle de forfait annuel en heures ou en jours se poursuit sans qu'il y ait lieu de requérir l'accord du salarié.

II. - Les 2° et 4° du I de l'article L. 3121-64 CT, ne prévalent pas sur les conventions ou accords de branche ou accords d'entreprise ou d'établissement autorisant la conclusion de conventions de forfait annuel en heures ou en jours et conclus avant le 9 août 2016.

III. - L'exécution d'une convention individuelle de forfait en jours conclue sur le fondement d'une convention ou d'un accord de branche ou d'un accord d'entreprise ou d'établissement qui, à la date de publication de la loi (9 août 2016), n'est pas conforme aux 1° à 3° du II de l'article L. 3121-64 CT peut être poursuivie, sous réserve que l'employeur respecte l'article L. 3121-65 du même code. Sous ces mêmes réserves, l'accord collectif précité peut également servir de fondement à la conclusion de nouvelles conventions individuelles de forfait.

Le I de l'article 12 de la loi 2016-1088 précitée ne s'applique pas à un avenant de révision d'un accord collectif instituant une convention de forfait conclu avant la publication de la loi (cass. soc. 16 octobre 2019, n° 18-16.539, à paraître, LS n° 17921 du 18.10.2019; RJS 12/19 n° 698; JCP éd. S 2019, 1334, note M. Morand; JSL n° 487-488, 17.12.2019, p. 4, L. de Montvalon; voir aussi Y. Pagnerre et J. Verneret, «Forfait en jours: de l'illicéité à la sécurisation des dispositifs conventionnels», JCP éd. S 2019, 1351).

• La circonstance que le cadre dépasse le nombre de jours prévus par le forfait n'emporte ni la nullité de la convention de forfait, ni son absence d'effet (cass. soc. 24 octobre 2018, n° 17-12.535, RJS 1/19 n° 25).

Sous-section 3. Dispositions supplétives

Art. L. 3121-65. I. – À défaut de stipulations conventionnelles prévues aux 1° et 2° du II de l'article L. 3121-64, une convention individuelle de forfait en jours peut être valablement conclue sous réserve du respect des dispositions suivantes:

1° L'employeur établit un document de contrôle faisant apparaître le nombre et la date des journées ou demi-journées travaillées. Sous la responsabilité de l'employeur, ce document peut être renseigné par le salarié;

2° L'employeur s'assure que la charge de travail du salarié est compatible avec le respect des temps de repos quotidiens et hebdomadaires;

3° L'employeur organise une fois par an un entretien avec le salarié pour évoquer sa charge de travail, qui doit être raisonnable, l'organisation de son travail, l'articulation entre son activité professionnelle et sa vie personnelle ainsi que sa rémunération.

II. – À défaut de stipulations conventionnelles prévues au 3° du II de l'article L. 3121-64, les modalités d'exercice par le salarié de son droit à la déconnexion sont définies par l'employeur et communiquées par tout moyen aux salariés concernés. Dans les entreprises d'au moins cinquante salariés, ces modalités sont conformes à la charte mentionnée au 7° de l'article ***(Ord. 2017-1718 du 20 déc. 2017, art. 1er, I, 123°, JO 21)*** « L. 2242-17 ».

Note Voir note sous art. L. 3121-60.

Art. L. 3121-66. En cas de renonciation, par le salarié, à des jours de repos en application de l'article L. 3121-59 et à défaut de précision dans l'accord collectif mentionné à l'article L. 3121-64, le nombre maximal de jours travaillés dans l'année est de deux cent trente-cinq.

SECTION 6. Dispositions d'application

Art. L. 3121-67. Des décrets en Conseil d'État déterminent les modalités d'application du présent chapitre pour l'ensemble des branches d'activité ou des professions ou pour une branche ou une profession particulière. Ces décrets fixent notamment:

1° La répartition et l'aménagement des horaires de travail;

2° Les conditions de recours aux astreintes;

3° Les dérogations permanentes ou temporaires applicables dans certains cas et pour certains emplois;

4° Les périodes de repos;

5° Les modalités de récupération des heures de travail perdues;

6° Les mesures de contrôle de ces diverses dispositions.

Ces décrets sont pris et révisés après consultation des organisations d'employeurs et de salariés intéressées et au vu, le cas échéant, des résultats des négociations intervenues entre ces organisations.

Note Des décrets d'application sont intervenus notamment en ce qui concerne les entreprises de transport routier (décrets 83-40 du 26 janvier 1983, JO 27, modifié, relatif aux modalités d'application des dispositions du code du travail concernant la durée du travail dans les entreprises de transport routier, et 2003-1242 du 22 décembre 2003, JO 24, modifié, relatif à la durée du travail dans les entreprises de transport routier de personnes, abrogés par décret 2016-1549 du 17 novembre 2016, JO 19, entrée en vigueur le 01.01.2017, leurs dispositions étant reprises dans le code des transports), la SNCF (décret 99-1161 du 29 décembre 1999, JO 30, modifié, rectif. JO 5 févr. 2000), les entreprises de transport sanitaire (décret 2009-32 du 9 janvier 2009, JO 11, abrogé par décret 2016-1550 du 17 novembre 2016, JO 19, relatif à certaines dispositions de la partie réglementaire du code des transports, entrée en vigueur le 01.01.2017), les entreprises de transport public urbain de voyageurs (décret 2000-118 du 14 février 2000, JO 15, modifié), les établissements de banque, de finance, de crédit, d'épargne et de change (décret 97-326 du 10 avril 1997, JO 11, rectif. JO 12), le personnel des entreprises assurant la restauration dans les trains (décret 2003-849 du 4 septembre 2003, JO 6, modifié), les gens de mer (décret 2005-305 du 31 mars 2005, JO 1er avril, modifié), le personnel travaillant dans l'animation (décret 2005-908 du 2 août 2005, JO 4).

Pour les hôtels, cafés et restaurants, voir note sous art. L. 3121-28.

Art. L. 3121-68. Il peut être dérogé par convention ou accord collectif étendu ou par convention ou accord d'entreprise ou d'établissement à celles des dispositions des décrets prévus à l'article L. 3121-67 qui sont relatives à l'aménagement et à la répartition des horaires de travail à l'intérieur de la semaine, aux périodes de repos, aux conditions de recours aux astreintes, ainsi qu'aux modalités de récupération des heures de travail perdues lorsque la loi permet cette récupération.

En cas de dénonciation ou de non-renouvellement de ces conventions ou accords collectifs, les dispositions de ces décrets auxquelles il avait été dérogé redeviennent applicables.

Art. L. 3121-69. Un décret en Conseil d'État détermine les mesures d'application des articles L. 3121-24 à L. 3121-26.

CHAPITRE II Travail de nuit

Note • Sur l'impact de la loi 2016-1088 du 8 août 2016 en matière de durée du travail, de repos et de congés, voir note introductive du livre Ier de la troisième partie et, s'agissant du travail de nuit, voir notamment RF 8 septembre 2016, FH 3657, 1-36.

Voir aussi M. d'Allende, «Travail de nuit: quelques changements dans la continuité», JCP éd. S 2016, 1297; M. Véricel, «Une nouvelle architecture des règles en matière de temps de travail», RDT, décembre 2016, CH, 824.

• La loi 2001-397 du 9 mai 2001 (JO 10) a mis la législation française en conformité avec le droit communautaire, en levant, d'une part, l'interdiction du travail de nuit des femmes dans l'industrie qui figurait dans les articles L. 213-1 à 6 (anciens) CT et qui avait été jugée par la CJCE contraire au principe d'égalité de traitement entre les hommes et les femmes et en instaurant, d'autre part, un régime légal du travail de nuit (définition, modalités de recours, garanties et contreparties au profit des salariés...) dans le cadre de la transposition de la directive 93/104/CE du 23 novembre 1993 concernant certains aspects de l'aménagement du temps de travail.

• Sur le travail de nuit voir aussi «Travail de nuit: état des lieux», L. Vovard, JSL n° 367, 14.06.2014, p. 4.; «Quelques réflexions sur le travail de nuit», S. Mariette, RJS 11/15, p. 655; «La justification du recours au travail de nuit», D. Baugard, RJS 2/20, p. 97.

SECTION 1. Ordre public

Art. L. 3122-1. Le recours au travail de nuit est exceptionnel. Il prend en compte les impératifs de protection de la santé et de la sécurité des travailleurs et est justifié par la nécessité d'assurer la continuité de l'activité économique ou des services d'utilité sociale.

Note • Dans une décision 2014-373 QPC du 4 avril 2014 (JO 5), le Conseil constitutionnel a jugé les articles L. 3122-32, L. 3122-33 et L. 3122-36 dans leur rédaction antérieure à la loi 2016-1088 du 8 août 2016 conformes à la Constitution. En prévoyant que le recours au travail de nuit est «exceptionnel», qu'il «prend en compte les impératifs de protection de la santé et de la sécurité des travailleurs» et doit être «justifié par la nécessité d'assurer la continuité de l'activité économique ou des services d'utilité sociale», le législateur a opéré une conciliation qui n'est pas manifestement déséquilibrée entre la liberté d'entreprendre, qui découle de l'article 4 de la Déclaration de 1789, et les exigences du Préambule de 1946 (notamment sur la protection de la santé et le repos).

• L'existence d'une convention collective, dût-elle être présumée valide, ne suffit pas à établir que les conditions de recours au travail de nuit sont réunies (cass. crim. 7 janvier 2020, n° 18-83.074, à paraître, LS n° 17984 du 23.01.2020; RJS 3/20 n° 134; JSL n° 495, 06.04.2020, p. 4, R. Mesa).

• La Cour de cassation a énoncé, d'une part, que le travail de nuit ne peut pas être le mode d'organisation normal du travail au sein d'une entreprise et ne doit être mis en œuvre que lorsqu'il est indispensable à son fonctionnement, d'autre part, que le fait pour un employeur de recourir au travail de nuit en violation des dispositions légales constitue un trouble manifestement illicite (cass. soc. 24 septembre 2014, n° 13-24.851, BC V n° 205; LSQ n° 16679 du 29.09.2014; RDT, janvier 2015, CH, 52, M. Véricel; JCP éd. S 2014, 1427, note L. Cailloux-Meurice; RJS 12/14 n° 867 et p. 707, rapport S. Mariette; voir aussi cass. crim. 2 septembre 2014, n° 13-83.304, LSQ n° 16666 du 10.09.2014; RJS 11/14 n° 782; RDT, janvier 2015, CH, 52, M. Véricel; cass. soc. 30 janvier 2019, n° 17-22.018).

En outre, la Cour de cassation a précisé que, si le fait, pour un employeur, de recourir au travail de nuit en violation des dispositions de l'article L. 3122-32, devenu L. 3122-1, constitue un trouble manifestement illicite, il appartient à celui qui se prévaut d'un tel trouble d'en rapporter la preuve (cass. soc. 30 mai 2018, n° 16-26.394, à paraître, JCP éd. S 2018, 1236, note M. d'Allende et M. Héloir; RJS 8-9/18 n° 540; JSL n° 458, 31.07.2018, p. 8, A. Dupays).

• À noter que l'absence d'information et de consultation des représentants du personnel préalablement à la mise en œuvre du travail de nuit ne constitue pas en soi un manquement de nature à faire obstacle à celui-ci (cass. soc. 8 novembre 2017, n° 16-15.584, BC V n° 190; JCP éd. S 2017, 1419, note L. Cailloux-Meurice; RJS 1/18 n° 32).

Art. L. 3122-2. Tout travail effectué au cours d'une période d'au moins neuf heures consécutives comprenant l'intervalle entre minuit et 5 heures est considéré comme du travail de nuit.

La période de travail de nuit commence au plus tôt à 21 heures et s'achève au plus tard à 7 heures.

Note • Voir aussi art. L. 3122-15, 2°, L. 3122-20 et 22.

• Le passage d'un horaire de jour à un horaire de nuit constitue une modification du contrat de travail qui doit être acceptée par le salarié (cass. soc. 25 juin 2014, n° 13-16.392, LS Jurispr. n° 140 des 4-5.08.2014), nonobstant toute clause contractuelle ou conventionnelle contraire (cass. soc. 9 octobre 2013, n° 12-21.807), même lorsqu'il ne s'agit que d'un passage partiel (cass. soc. 7 avril 2004, n° 02-41.486, BC V n° 107; 3 mai 2007, n° 05-45.690; 7 décembre 2010, n° 09-67.652; 14 janvier 2015, n° 13-25.767). De même, lorsqu'elle s'accompagne d'un passage d'un horaire de nuit à un horaire de jour ou d'un horaire de jour à un horaire de nuit, la mise en œuvre de la clause de mobilité suppose, nonobstant toute clause contractuelle ou conventionnelle contraire, que le salarié accepte cette mise en œuvre (cass. soc. 14 octobre 2008, n° 07-40.092, BC V n° 190; RJS 12/08 n° 1161, 2e espèce; JCP éd. S 2008, 1668, 2e espèce, note B. Bossu). Mais la réduction d'une heure de la durée du travail de nuit d'une salariée travaillant selon une durée de travail inchangée répartie entre le jour et la nuit ne constitue pas une modification du contrat de travail (cass. soc. 30 mai 2012, n° 11-10.087, RJS 8-9/12 n° 686).

• Statuant sur l'incidence de la nouvelle définition du travail de nuit, issue de la loi du 9 mai 2001, sur l'attribution des compensations salariales fixées par certaines conventions collectives, la Cour de cassation a décidé que cette définition n'avait pas pour effet de modifier les conditions d'attribution de ces compensations, alors même qu'elles ne prendraient pas en compte la totalité des heures comprises entre 21 h et 6 h (cass. soc. 21 juin 2006, n° 05-42.073, BC V n° 227, arrêt n° 1; JSL n° 194, 25.07.2006, p. 27, N. Rérolle; RJS 8-9/06 n° 954, 1re espèce; 28 septembre 2011, n° 10-16.528). En revanche, lorsque la convention collective ne définit pas la période nocturne ouvrant droit à compensation salariale, il convient de retenir la définition légale du travail de nuit en vigueur le jour où le juge statue (cass. soc. 24 janvier 2007, n° 04-45.585, BC V n° 14; RDT, avril 2007, CH, 250; JCP éd. S 2007, 1218, note S. Brissy; JSL n° 213, 12.06.2007, p. 27, N. Rérolle; RJS 4/07 n° 442, 1re espèce; 30 novembre 2011, n° 10-10.570). Ce faisant, la Cour de cassation a opéré un revirement de jurisprudence. En effet, elle avait considéré dans un premier temps que les majorations salariales conventionnelles devaient s'appliquer à l'ensemble de la tranche horaire 21 h - 6 h, même si les conventions collectives prévoyaient une période plus courte (cass. soc. 16 décembre 2005, n° 04-46.741, BC V n° 372; RJS 3/06 n° 353).

• Au regard d'une convention collective prévoyant une majoration de salaire au profit du personnel effectuant un service continu entre 22 heures et 5 heures, un salarié qui a travaillé successivement de 1 heure 30 à 6 heures, de 2 heures à 6 heures et de 1 heure 30 à 7 heures a effectué un service continu durant la période définie conventionnellement (cass. soc. 16 novembre 2007, n° 06-40.391, BC V n° 193; JCP éd. S 2008, 1218, note Th. Lahalle; RJS 2/08 n° 234).

Art. L. 3122-3. Par dérogation à l'article L. 3122-2, pour les activités de production rédactionnelle et industrielle de presse, de radio, de télévision, de production et d'exploitation cinématographiques, de spectacles vivants et de discothèque, la période de travail de nuit est d'au moins sept heures consécutives comprenant l'intervalle entre minuit et 5 heures.

Art. L. 3122-4. Par dérogation à l'article L. 3122-2, pour les établissements de vente au détail qui mettent à disposition des biens et des services et qui sont situés dans les zones mentionnées à l'article L. 3132-24, la période de travail de nuit, si elle débute après 22 heures, est d'au moins sept heures consécutives comprenant l'intervalle entre minuit et 7 heures.

Dans les établissements mentionnés au premier alinéa du présent article, seuls les salariés volontaires ayant donné leur accord par écrit à leur employeur peuvent travailler entre 21 heures et minuit. Une entreprise ne peut prendre en considération le refus d'une personne de travailler entre 21 heures et le début de la période de travail de nuit pour refuser de l'embaucher. Le salarié qui refuse de travailler entre 21 heures et le début de la période de travail de nuit ne peut faire l'objet d'une mesure discriminatoire dans le cadre de l'exécution de son contrat de travail. Le refus de travailler entre 21 heures et le début de la période de travail de nuit pour un salarié ne constitue pas une faute ou un motif de licenciement.

Chacune des heures de travail effectuée durant la période fixée entre 21 heures et le début de la période de travail de nuit est rémunérée au moins le double de la rémunération normalement due et donne lieu à un repos compensateur équivalent en temps.

Les articles L. 3122-10 à L. 3122-14 sont applicables aux salariés qui travaillent entre 21 heures et minuit, dès lors qu'ils accomplissent durant cette période le nombre minimal d'heures de travail prévu à l'article L. 3122-5.

Lorsque, au cours d'une même période de référence mentionnée au 2° de l'article L. 3122-5, le salarié a accompli des heures de travail entre 21 heures et le début de la période de nuit en application des deux premiers alinéas du présent article et des heures de travail de nuit en application du même article L. 3122-5, les heures sont cumulées pour l'application de l'avant-dernier alinéa du présent article et dudit article L. 3122-5.

Note Sur le travail en soirée, voir notamment RF 27 août 2015, FH 3606, 3-17 à 3-20; «Le travail de nuit et le travail en soirée: à chaque nuit suffit sa peine», L. Cailloux-Meurice, JCP éd. S 2015, 1319; «Les dispositions de la loi Macron sur le travail le dimanche et le travail de nuit ou comment " faire la part du feu "», M. Véricel, RDT, sept. 2015, ET, 504; «Travail dominical, travail en soirée», Fr. Favennec-Héry, Dr. Soc. 2015, p. 787.

Art. L. 3122-5. Le salarié est considéré comme travailleur de nuit dès lors que:

1° Soit il accomplit, au moins deux fois par semaine, selon son horaire de travail habituel, au moins trois heures de travail de nuit quotidiennes;

2° Soit il accomplit, au cours d'une période de référence, un nombre minimal d'heures de travail de nuit au sens de l'article L. 3122-2, dans les conditions prévues aux articles L. 3122-16 et L. 3122-23.

Note Selon les articles L. 3122-31 et R. 3122-8 (anciens), est considéré comme travailleur de nuit tout travailleur qui accomplit, au cours d'une période de référence, un nombre minimal d'heures de travail de nuit fixé, en l'absence de disposition conventionnelle, à 270 heures de travail pendant une période de douze mois consécutifs. Il en résulte que, sont réputées accomplies, au sens de ces textes, toutes les heures comprises dans l'horaire de travail habituel du salarié (cass. soc. 7 mars 2012, n° 10-21.744, BC V n° 93; RDT, juil./août 2012, CH, 432; RJS 5/12 n° 458; JCP éd. S 2012, 1194, note M. d'Allende; JSL n° 321, 3.05.2012, p. 20, J-E Tourreil).

Art. L. 3122-6. La durée quotidienne de travail accomplie par un travailleur de nuit ne peut excéder huit heures, sauf dans les cas prévus à l'article L. 3122-17 ou lorsqu'il est fait application des articles L. 3132-16 à L. 3132-19.

En outre, en cas de circonstances exceptionnelles, l'inspecteur du travail peut autoriser le dépassement de la durée quotidienne de travail mentionnée au premier alinéa du présent article après consultation des délégués syndicaux et après avis du ***(Ord. 2017-1386 du 22 sept. 2017, art. 4, 26°, JO 23, entrée en vigueur au plus tard le 01.01.2018)*** «comité social et économique», selon des modalités déterminées par décret en Conseil d'État.

Note *Covid-19.* Voir ordonnance 2020-323 du 25 mars 2020, art. 6, JO 26, entrée en vigueur le 26.03.2020, modifié.

Art. L. 3122-7. La durée hebdomadaire de travail du travailleur de nuit, calculée sur une période de douze semaines consécutives, ne peut dépasser quarante heures, sauf dans les cas prévus à l'article L. 3122-18.

Note *Covid-19.* Voir note sous art. L. 3122-6.

Art. L. 3122-8. Le travailleur de nuit bénéficie de contreparties au titre des périodes de travail de nuit pendant lesquelles il est employé, sous forme de repos compensateur et, le cas échéant, sous forme de compensation salariale.

Note • Pour les entreprises dans lesquelles les travailleurs de nuit ne bénéficient pas d'ores et déjà d'une contrepartie sous forme de repos compensateur telle que prévue au premier alinéa de l'article L. 213-4 [L. 3122-39 ancien] CT, l'employeur dispose d'un délai d'un an à compter de la date d'entrée en vigueur de la présente loi pour accorder cette contrepartie soit par application d'une convention ou d'un accord collectif étendu, ou d'un accord d'entreprise ou d'établissement, soit, en l'absence de convention ou d'accord, après consultation des délégués syndicaux et avis du comité d'entreprise ou, à défaut, des délégués du personnel (loi 2001-397 du 9 mai 2001, art. 17, XV, JO 10). Il a, en revanche, été jugé que les articles L. 213-1-1 [L. 3122-29 et 30 anciens], L. 213-2 [L. 3122-31 ancien] et L. 213-4 [L. 3122-39, 40, 41 et L. 3122-36 anciens] CT n'instituaient pas une obligation de négocier des contreparties salariales au travail de nuit dans un délai d'un an (cass. soc. 21 juin 2006, n° 05-42.073, BC V n° 227, arrêt n° 1; JSL n° 194, 25.07.2006, p. 27, N. Rérolle; RJS 8-9/06 n° 954, 1re espèce; 30 octobre 2007, n° 06-44.051).

• L'employeur n'est pas tenu d'attribuer, en plus du repos compensateur, une compensation salariale aux travailleurs de nuit, sauf si des dispositions conventionnelles en disposent autrement (cass. soc. 26 octobre 2010, n° 08-70.468, LS Jurispr. n° 235 du 7.12.2010; 28 septembre 2011, n° 10-30.536).

• Le repos supplémentaire attribué au salarié en vue de la protection de sa santé en cas de dérogation à la durée quotidienne maximale du travail de nuit ne doit pas venir en déduction des heures travaillées et ainsi donner lieu à rémunération (cass. soc. 16 février 2012, n° 09-72.335, RJS 5/12 n° 459).

• Sur la question des compensations salariales prévues par une convention collective pour une période plus restreinte que la période 21 h - 6 h, voir note sous article L. 3122-2 CT.

Art. L. 3122-9. Pour les activités mentionnées à l'article L. 3122-3, lorsque la durée effective du travail de nuit est inférieure à la durée légale fixée en application de l'article L. 3121-27, les contreparties mentionnées à l'article L. 3122-8 ne sont pas obligatoirement données sous forme de repos compensateur.

Art. L. 3122-10. Le médecin du travail est consulté, selon des modalités précisées par décret en Conseil d'État, avant toute décision importante relative à la mise en place ou à la modification de l'organisation du travail de nuit.

Art. L. 3122-11. Tout travailleur de nuit bénéficie d'un suivi individuel régulier de son état de santé dans les conditions fixées à l'article L. 4624-1.

Art. L. 3122-12. Lorsque le travail de nuit est incompatible avec des obligations familiales impérieuses, notamment avec la garde d'un enfant ou la prise en charge d'une personne dépendante, le refus du travail de nuit ne constitue pas une faute ou un motif de licenciement et le travailleur de nuit peut demander son affectation sur un poste de jour.

Art. L. 3122-13. Le travailleur de nuit qui souhaite occuper ou reprendre un poste de jour et le salarié occupant un poste de jour qui souhaite occuper ou reprendre un poste de nuit dans le même établissement ou, à défaut, dans la même entreprise ont priorité pour l'attribution d'un emploi ressortissant à leur catégorie professionnelle ou d'un emploi équivalent.

L'employeur porte à la connaissance de ces salariés la liste des emplois disponibles correspondants.

Art. L. 3122-14. Le travailleur de nuit, lorsque son état de santé, constaté par le médecin du travail, l'exige, est transféré à titre définitif ou temporaire sur un poste de jour correspondant à sa qualification et aussi comparable que possible à l'emploi précédemment occupé.

L'employeur ne peut prononcer la rupture du contrat de travail du travailleur de nuit du fait de son inaptitude au poste comportant le travail de nuit, au sens des articles L. 3122-1 à L. 3122-5, à moins qu'il ne justifie par écrit soit de l'impossibilité dans laquelle il se trouve de proposer un poste dans les conditions fixées au premier alinéa du présent article, soit du refus du salarié d'accepter le poste proposé dans ces mêmes conditions.

Le présent article s'applique sans préjudice des articles L. 1226-2 à L. 1226-4-3 et L. 1226-10 à L. 1226-12 applicables aux salariés déclarés inaptes à leur emploi ainsi que des articles L. 4624-3 et L. 4624-4.

SECTION 2. Champ de la négociation collective

Art. L. 3122-15. Un accord d'entreprise ou d'établissement ou, à défaut, une convention ou un accord collectif de branche peut mettre en place, dans une entreprise ou un établissement, le travail de nuit, au sens de l'article L. 3122-5, ou l'étendre à de nouvelles catégories de salariés.

Cette convention ou cet accord collectif prévoit :

1° Les justifications du recours au travail de nuit mentionnées à l'article L. 3122-1 ;

2° La définition de la période de travail de nuit, dans les limites mentionnées aux articles L. 3122-2 et L. 3122-3 ;

3° Une contrepartie sous forme de repos compensateur et, le cas échéant, sous forme de compensation salariale ;

4° Des mesures destinées à améliorer les conditions de travail des salariés ;

5° Des mesures destinées à faciliter, pour ces mêmes salariés, l'articulation de leur activité professionnelle nocturne avec leur vie personnelle et avec l'exercice de responsabilités familiales et sociales, concernant notamment les moyens de transport ;

6° Des mesures destinées à assurer l'égalité professionnelle entre les femmes et les hommes, notamment par l'accès à la formation ;

7° L'organisation des temps de pause.

(Ord. 2017-1387 du 22 sept. 2017, art. 32, JO 23) « Cette convention ou cet accord collectif est présumé négocié et conclu conformément aux dispositions de l'article L. 3122-1. »

Note Sur la modification de cet article par l'ordonnance 2017-1387 du 22 septembre 2017, voir RF 19 octobre 2017, FH 3712, 4-39 ; M. d'Allende, « L'assise conventionnelle du travail de nuit est renforcée », JCP éd. S 2017, 1311.

Art. L. 3122-16. En application de l'article L. 3122-5, une convention ou un accord collectif de travail étendu peut fixer le nombre minimal d'heures entraînant la qualification de travailleur de nuit sur une période de référence.

Art. L. 3122-17. Un accord d'entreprise ou d'établissement ou, à défaut, une convention ou un accord collectif de branche peut prévoir le dépassement de la durée maximale quotidienne de travail prévue à l'article L. 3122-6, dans des conditions déterminées par décret en Conseil d'État.

Art. L. 3122-18. Un accord d'entreprise ou d'établissement ou, à défaut, une convention ou un accord de branche peut, lorsque les caractéristiques propres à l'activité d'un secteur le justifient, prévoir le dépassement de la durée maximale hebdomadaire de travail prévue à l'article L. 3122-7, à condition que ce dépassement n'ait pas pour effet de porter cette durée à plus de quarante-quatre heures sur douze semaines consécutives.

Art. L. 3122-19. Dans les zones mentionnées à l'article L. 3132-24, ***(Ord. 2017-1718 du 20 déc. 2017, art. 1er, I, 124°, JO 21)*** « soit un accord collectif d'entreprise ou d'établissement ou, à défaut, un accord collectif de branche, soit un accord conclu à un niveau territorial » peut prévoir la faculté d'employer des salariés entre 21 heures et minuit.

Art. L. 3122-20

Cet accord prévoit notamment, au bénéfice des salariés employés entre 21 heures et le début de la période de travail de nuit :

1° La mise à disposition d'un moyen de transport pris en charge par l'employeur qui permet au salarié de regagner son lieu de résidence ;

2° Des mesures destinées à faciliter l'articulation entre la vie professionnelle et la vie personnelle des salariés, en particulier des mesures de compensation des charges liées à la garde d'enfants ou à la prise en charge d'une personne dépendante ;

3° La fixation des conditions de prise en compte par l'employeur de l'évolution de la situation personnelle des salariés, en particulier de leur souhait de ne plus travailler après 21 heures. Pour les salariées mentionnées à l'article L. 1225-9, le choix de ne plus travailler entre 21 heures et le début de la période de nuit est d'effet immédiat.

SECTION 3. Dispositions supplétives

Art. L. 3122-20. À défaut de convention ou d'accord collectif, tout travail accompli entre 21 heures et 6 heures est considéré comme du travail de nuit et, pour les activités mentionnées à l'article L. 3122-3, tout travail accompli entre minuit et 7 heures est considéré comme du travail de nuit.

Note Voir note sous art. L. 3122-2.

Art. L. 3122-21. À défaut de convention ou d'accord collectif et à condition que l'employeur ait engagé sérieusement et loyalement des négociations en vue de la conclusion d'un tel accord, les travailleurs peuvent être affectés à des postes de nuit sur autorisation de l'inspecteur du travail accordée notamment après vérification des contreparties qui leur sont accordées au titre de l'obligation définie à l'article L. 3122-8 et de l'existence de temps de pause, selon des modalités fixées par décret en Conseil d'État.

L'engagement de négociations loyales et sérieuses implique pour l'employeur d'avoir :

1° Convoqué à la négociation les organisations syndicales représentatives dans l'entreprise et fixé le lieu et le calendrier des réunions ;

2° Communiqué les informations nécessaires leur permettant de négocier en toute connaissance de cause ;

3° Répondu aux éventuelles propositions des organisations syndicales.

Art. L. 3122-22. À défaut de stipulation conventionnelle définissant la période de travail de nuit, l'inspecteur du travail peut autoriser la définition d'une période différente de celle prévue à l'article L. 3122-20, dans le respect de l'article L. 3122-2, après consultation des délégués syndicaux et avis du ***(Ord. 2017-1386 du 22 sept. 2017, art. 4, 26°, JO 23, entrée en vigueur au plus tard le 01.01.2018)*** « comité social et économique », lorsque les caractéristiques particulières de l'activité de l'entreprise le justifient.

Art. L. 3122-23. À défaut de stipulation conventionnelle mentionnée à l'article L. 3122-16, le nombre minimal d'heures entraînant la qualification de travailleur de nuit est fixé à deux cent soixante-dix heures sur une période de référence de douze mois consécutifs.

Note Voir note sous art. L. 3122-5.

Art. L. 3122-24. À défaut d'accord, un décret peut fixer la liste des secteurs pour lesquels la durée maximale hebdomadaire de travail est fixée entre quarante et quarante-quatre heures.

SECTION 1 (réglementaire). Dépassement de la durée de travail maximale quotidienne

Sous-section 1. Ordre public

Art. R. 3122-1. ***(D. 2016-1551 du 18 nov. 2016, art. 3, IV, 4°, JO 19, entrée en vigueur le 01.01.2017)*** « La durée maximale quotidienne de huit heures peut être dépassée » sur autorisation de l'inspecteur du travail, en cas :

1° De faits résultants des circonstances étrangères à l'employeur, anormales et imprévisibles ;

2° D'évènements exceptionnels dont les conséquences n'auraient pu être évitées.

Note Cet article est l'ancien article R. 3122-10 (décret 2016-1551 du 18 novembre 2016, art. 3, IV, 4°, JO 19, entrée en vigueur le 01.01.2017).

Art. R. 3122-2. La demande ***(D. 2016-1551 du 18 nov. 2016, art. 3, IV, 5°, JO 19, entrée en vigueur le 01.01.2017)*** « d'autorisation de dépassement » à la durée maximale quotidienne de travail, accompagnée des justifications utiles, de l'avis du ***(D. 2017-1819 du 29 déc. 2017, art. 3, 17°, JO 30, entrée en***

vigueur le 01.01.2018) « comité social et économique, s'il existe », et du procès-verbal de consultation des délégués syndicaux, s'il en existe, est adressée par l'employeur à l'inspecteur du travail.

En l'absence de délégué syndical *(D. 2017-1819 du 29 déc. 2017, art. 3, 21°, JO 30, entrée en vigueur le 01.01.2018)* « et de comité social et économique » la demande est accompagnée d'un document attestant une information préalable des salariés.

Note Cet article est l'ancien article R. 3122-11 (décret 2016-1551 du 18 novembre 2016, art. 3, IV, 5°, JO 19, entrée en vigueur le 01.01.2017).

Art. R. 3122-3. *(D. 2016-1551 du 18 nov. 2016, art. 3, IV, 6°, JO 19, entrée en vigueur le 01.01.2017)* « Il peut être fait application des dépassements prévus à l'article L. 3122-6 à la condition que des périodes de repos d'une durée au moins équivalente au nombre d'heures accomplies au-delà de la durée maximale quotidienne soient attribuées aux salariés intéressés. » Ce repos est pris dans les plus brefs délais à l'issue de la période travaillée.

Note • Cet article est l'ancien article R. 3122-12 (décret 2016-1551 du 18 novembre 2016, art. 3, IV, 6°, JO 19, entrée en vigueur le 01.01.2017).

• Voir cass. soc. 16 février 2012, n° 09-72.335, cité sous l'article L. 3122-8.

Art. R. 3122-4. Le recours hiérarchique formé contre la décision de l'inspecteur du travail est porté devant le *(D. 2020-1545 du 9 déc. 2020, JO 10, entrée en vigueur le 01.04.2021)* « directeur régional de l'économie, de l'emploi, du travail et des solidarités » dans le délai d'un mois suivant la date à laquelle les intéressés en ont reçu notification.

Note Cet article est l'ancien article R. 3122-13 (décret 2016-1551 du 18 novembre 2016, art. 3, IV, 7°, JO 19, entrée en vigueur le 01.01.2017).

Art. R. 3122-5. L'employeur peut *(D. 2016-1551 du 18 nov. 2016, art. 3, IV, 8°, JO 19, entrée en vigueur le 01.01.2017)* « prendre la décision de dépasser, sous sa propre responsabilité, la durée maximale quotidienne de huit heures lorsque les circonstances mentionnées à l'article R. 3122-1 » impliquent :

1° L'exécution de travaux urgents en vue d'organiser des mesures de sauvetage ;

2° La prévention d'accidents imminents ;

3° La réparation d'accidents survenus au matériel, aux installations ou aux bâtiments.

S'il n'a pas encore adressé de demande de *(D. 2016-1551 du 18 nov. 2016, art. 3, IV, 8°, JO 19, entrée en vigueur le 01.01.2017)* « dépassement », l'employeur présente immédiatement à l'inspecteur du travail une demande de régularisation accompagnée des justifications, de l'avis du *(D. 2017-1819 du 29 déc. 2017, art. 3, 22°, JO 30, entrée en vigueur le 01.01.2018)* « comité social et économique, s'il existe », du procès-verbal de consultation des délégués syndicaux, s'il en existe, et de toutes explications nécessaires sur les causes ayant nécessité une prolongation de la durée quotidienne du travail sans autorisation préalable.

S'il se trouve dans l'attente d'une réponse à une demande de *(D. 2016-1551 du 18 nov. 2016, art. 3, IV, 8°, JO 19, entrée en vigueur le 01.01.2017)* « dépassement », il informe immédiatement l'inspecteur du travail de l'obligation où il s'est trouvé d'anticiper la décision attendue et en donne les raisons.

Note Cet article est l'ancien article R. 3122-14 (décret 2016-1551 du 18 novembre 2016, art. 3, IV, 8°, JO 19, entrée en vigueur le 01.01.2017).

Art. R. 3122-6. L'inspecteur du travail saisit d'une demande de *(D. 2016-1551 du 18 nov. 2016, art. 3, IV, 9°, JO 19, entrée en vigueur le 01.01.2017)* « dépassement », en application du présent paragraphe, fait connaître sa décision, dans un délai de quinze jours à compter de la date de réception de la demande, à l'employeur et, s'il y a lieu, aux représentants du personnel.

Note Cet article est l'ancien article R. 3122-15 (décret 2016-1551 du 18 novembre 2016, art. 3, IV, 9°, JO 19, entrée en vigueur le 01.01.2017).

Sous-section 2. **Champ de la négociation collective**

Art. R. 3122-7. *(D. 2016-1551 du 18 nov. 2016, art. 3, IV, 11°, JO 19, entrée en vigueur le 01.01.2017)* « Dans les conditions prévues à l'article L. 3122-17, le dépassement de la durée maximale quotidienne de huit heures fixée à l'article L. 3122-6 peut intervenir pour les salariés exerçant : »

1° Des activités caractérisées par l'éloignement entre le domicile et le lieu de travail du salarié ou par l'éloignement entre différents lieux de travail du salarié ;

2° Des activités de garde, de surveillance et de permanence caractérisées par la nécessité d'assurer la protection des biens et des personnes ;

3° Des activités caractérisées par la nécessité d'assurer la continuité du service ou de la production.

Note Cet article est l'ancien article R. 3122-9 (décret 2016-1551 du 18 novembre 2016, art. 3, IV, 11°, JO 19, entrée en vigueur le 01.01.2017).

Art. R. 3122-8. *(D. 2016-1551 du 18 nov. 2016, art. 3, IV, 12°, JO 19, entrée en vigueur le 01.01.2017)* Lorsque, dans des cas exceptionnels, le bénéfice du repos prévu à l'article R. 3122-3 n'est pas possible pour des raisons objectives, une contrepartie équivalente permettant d'assurer une protection appropriée au salarié intéressé est prévue par accord collectif de travail.

SECTION 2 (réglementaire). Affectation à des postes de nuit en l'absence d'accord

Sous-section 1. Dispositions supplétives

Art. R. 3122-9. La demande d'autorisation d'affectation de travailleurs à des postes de nuit présentée à l'inspecteur du travail par l'employeur sur le fondement de l'article ***(D. 2016-1551 du 18 nov. 2016, art. 3, V, 3°, JO 19, entrée en vigueur le 01.01.2017)*** « L. 3122-21 » justifie, de façon circonstanciée:

1° Les contraintes propres à la nature de l'activité ou au fonctionnement de l'entreprise qui rendent nécessaire le travail de nuit eu égard aux exigences de continuité de l'activité économique ou des services d'utilité sociale;

2° Le caractère loyal et sérieux de l'engagement préalable de négociations dans le délai maximum de douze mois précédant la demande;

3° L'existence de contreparties et de temps de pause;

4° La prise en compte des impératifs de protection de la santé et de la sécurité et des salariés.

L'avis des délégués syndicaux et du ***(D. 2017-1819 du 29 déc. 2017, art. 3, 11°, JO 30, entrée en vigueur le 01.01.2018)*** «comité social et économique» est joint à la demande. En l'absence de délégué syndical ***(D. 2017-1819 du 29 déc. 2017, art. 3, 23°, JO 30, entrée en vigueur le 01.01.2018)*** «et de comité social et économique» la demande est accompagnée d'un document attestant une information préalable des salariés.

L'inspecteur du travail fait connaître sa décision dans un délai de trente jours à compter de la date de réception de la demande à l'employeur et aux représentants du personnel.

Note Cet article est l'ancien article R. 3122-16 (décret 2016-1551 du 18 novembre 2016, art. 3, V, 3°, JO 19, entrée en vigueur le 01.01.2017).

Art. R. 3122-10. Le recours hiérarchique dirigé contre la décision de l'inspecteur du travail est porté devant le ***(D. 2020-1545 du 9 déc. 2020, JO 10, entrée en vigueur le 01.04.2021)*** «directeur régional de l'économie, de l'emploi, du travail et des solidarités», et est formé dans un délai d'un mois suivant la date à laquelle les intéressés ont reçu notification de la décision contestée.

Note Cet article est l'ancien article R. 3122-17 (décret 2016-1551 du 18 novembre 2016, art. 3, V, 4°, JO 19, entrée en vigueur le 01.01.2017).

SECTION 3 (réglementaire). Suivi de l'état de santé des travailleurs de nuit

Sous-section 1. Ordre public

Art. R. 3122-11. ***(D. 2016-1908 du 27 déc. 2016, art. 5, 2°, JO 29, entrée en vigueur le 01.01.2017)*** «Le suivi de l'état de santé des travailleurs de nuit a notamment» pour objet de permettre au médecin du travail d'apprécier les conséquences éventuelles du travail de nuit pour leur santé et leur sécurité, notamment du fait des modifications des rythmes chronobiologiques, et d'en appréhender les répercussions potentielles sur leur vie sociale.

Note Les articles R. 3122-11 à 15 sont les anciens articles R. 3122-18 à 22 (décret 2016-1551 du 18 novembre 2016, art. 3, VI, 4°, JO 19, entrée en vigueur le 01.01.2017).

Art. R. 3122-12. ***(D. 2016-1908 du 27 déc. 2016, art. 5, 3°, JO 29, entrée en vigueur le 01.01.2017)*** Le médecin du travail est informé par l'employeur de toute absence, pour cause de maladie, des travailleurs de nuit.

Art. R. 3122-13. Le médecin du travail analyse les conséquences du travail nocturne, notamment de l'alternance des postes et de la périodicité de cette dernière, lorsque des équipes fonctionnant en alternance comportent un poste de nuit.

À cet effet, il procède, pendant les périodes au cours desquelles sont employés les travailleurs de nuit, à l'étude des conditions de travail et du poste de travail. Il analyse ensuite pour chaque travailleur le contenu du poste et ses contraintes.

À partir des éléments ainsi recueillis, il conseille l'employeur sur les meilleures modalités d'organisation du travail de nuit en fonction du type d'activité des travailleurs.

Art. R. 3122-14. Le médecin du travail informe les travailleurs de nuit, en particulier les femmes enceintes et les travailleurs vieillissants, des incidences potentielles du travail de nuit sur la santé. Cette information tient compte de la spécificité des horaires, fixes ou alternés. Il les conseille sur les précautions éventuelles à prendre.

Art. R. 3122-15. Pour les entreprises employant des travailleurs de nuit, le rapport annuel d'activité du médecin du travail, prévu à l'article D. 4624-42, traite du travail de nuit tel qu'il a été pratiqué dans l'entreprise au cours de l'année considérée.

CHAPITRE III Travail à temps partiel et travail intermittent

SECTION 1. Travail à temps partiel

Note • Sur l'impact de la loi 2016-1088 du 8 août 2016 en matière de durée du travail, de repos et de congés, voir note introductive du livre Ier de la troisième partie et, s'agissant du travail à temps partiel, voir notamment RF 8 septembre 2016, FH 3657, 1-33 et s.

Voir aussi L. Cailloux-Meurice, «Le travail à temps partiel et le travail intermittent, faiblement affectés par la primauté de la négociation collective d'entreprise», JCP éd. S 2016, 1296; RF Social, Juillet-Août 2018, Cahier juridique n° 187, «Mettre en place et gérer le travail à temps partiel».

• Les articles issus de l'ordonnance 82-271 du 26 mars 1982 relative au travail à temps partiel qui entendait établir un régime du travail à temps partiel assurant aux salariés un statut comparable à celui des salariés à temps plein ont été plusieurs fois modifiés et notamment par la loi 2000-37 du 19 janvier 2000 (JO 20) qui a mis en conformité le droit français avec le droit européen.

En effet, sur le plan européen, une directive 97/81/CE du Conseil du 15 décembre 1997 (JOCE L 14 du 20.01.1998) avait entériné l'accord-cadre sur le travail à temps partiel conclu le 6 juin 1997 par les trois principales organisations de syndicats et d'employeurs au niveau européen: UNICE (Union des confédérations de l'industrie et des employeurs d'Europe), CEEP (Centre européen des entreprises à participation publique), CES (Confédération européenne des syndicats). Les États membres avaient jusqu'au 20 janvier 2000 pour transposer cette directive soit par voie législative, soit par accords entre les partenaires sociaux, les États membres devant prendre toute disposition nécessaire leur permettant d'être à tout moment en mesure de garantir les résultats imposés par la directive. En cas de difficultés particulières ou d'une mise en œuvre par convention collective, ils disposaient au maximum d'une année supplémentaire. L'accord avait posé le principe de la non-discrimination entre travailleurs à temps partiel et travailleurs à temps complet, préconisé l'élimination des obstacles au développement du travail à temps partiel et accordé aux partenaires sociaux un rôle particulier dans la maîtrise et le contrôle de cette forme de travail (voir aussi rép. QE 860, JO AN 6 octobre 1997, p. 3319).

• La loi 2013-504 du 14 juin 2013 (JO 16) qui a fait suite à l'ANI du 11 janvier 2013 a réformé le travail à temps partiel (voir RF 30 mai 2013, FH 3498, 3-4 à 3-20).

Sur cette réforme, voir notamment «Le contrat de travail à temps partiel et le contrat de travail intermittent», J-Fr. Cesaro, JCP éd. S 2013, 1270; «Temps partiel: flexibilité et sécurité pour qui ?», D. Jourdan, SSL, 8.07.2013, n° 1592, p. 19; «Nouvelle réglementation du travail à temps partiel: une précarité moindre ?», C. Lefranc-Hamoniaux et E. Severin, RDT, juillet/août 2013, CO, 451; «Temps partiel: travail choisi ou travail forcé ?», Fr. Favennec-Héry, Dr. Soc. oct. 2013, p. 785; «Recourir au temps partiel en 2014», RF Social, janv. 2014, n° 137; «Temps partiel " subi ": le choix de l'accord», A. Teissier, JCP éd. S 2014, 1182.

• *Champ d'application.* Les dispositions du code du travail relatives à la durée du travail et au travail à temps partiel ne sont pas applicables aux employés de maison qui travaillent au domicile privé de leur employeur et sont soumis à la convention collective nationale des salariés du particulier employeur du 24 novembre 1999 (cass. soc. 5 juillet 2017, n° 16-10.841, BC V n° 115; JCP éd. S 2017, 1297, note Th. Lahalle; RJS 10/17 n° 714; 7 décembre 2017, n° 16-12.809, BC V n° 210; JCP éd. S 2018, 1003, note Th. Lahalle; RJS 2/18 n° 148; 8 juillet 2020, n° 18-21.584, à paraître, JCP éd. S 2020, 3003, note Th. Lahalle; RJS 10/20 n° 509).

L'application d'un horaire d'équivalence est exclue pour les salariés employés à temps partiel (cass. soc. 24 avril 2001, n° 98-45.366, BC V n° 129; RJS 7/01 n° 864; 27 septembre 2006, n° 04-43.446, BC V n° 293; RJS 12/06 n° 1332; 18 septembre 2013, n° 12-17.181).

Les dispositions relatives au temps partiel s'appliquent aux salariés travaillant en équipe de suppléance, dès lors que le travail effectué est à temps partiel au sens de l'article L. 212-4-2 [L. 3123-1] CT (cass. soc. 16 mai 2007, n° 05-44.299, BC V n° 81; RJS 7/07 n° 855).

Sous-section 1. Ordre public

§ 1. Définition

Art. L. 3123-1. Est considéré comme salarié à temps partiel le salarié dont la durée du travail est inférieure:

1° À la durée légale du travail ou, lorsque cette durée est inférieure à la durée légale, à la durée du travail fixée conventionnellement pour la branche ou l'entreprise ou à la durée du travail applicable dans l'établissement;

2° À la durée mensuelle résultant de l'application, durant cette période, de la durée légale du travail ou, si elle est inférieure, de la durée du travail fixée conventionnellement pour la branche ou l'entreprise ou de la durée du travail applicable dans l'établissement;

3° À la durée de travail annuelle résultant de l'application durant cette période de la durée légale du travail, soit 1607 heures, ou, si elle est inférieure, de la durée du travail fixée conventionnellement pour la branche ou l'entreprise ou de la durée du travail applicable dans l'établissement.

Note • L'article L. 212-4-2, devenu L. 3123-1, a notamment été modifié par la loi 2000-37 du 19 janvier 2000 (JO 20) qui a donné du temps partiel une définition en conformité avec celle de la directive 97/81/CE du 15 décembre 1997. L'exigence d'une durée du travail inférieure à 4/5 de la durée légale ou conventionnelle a été abandonnée. La loi 2003-47 du 17 janvier 2003 (JO 18) a précisé les dispositions relatives à la durée du travail annuelle.

Selon l'accord-cadre européen sur le travail à temps partiel du 6 juin 1997 entériné par la directive 97/81/CE du 15 décembre 1997, le «travailleur à temps partiel» est un salarié dont la durée normale de travail, calculée sur une base hebdomadaire ou en moyenne sur une période d'emploi pouvant aller jusqu'à un an, est inférieure à celle d'un travailleur à temps plein comparable, ce dernier étant un salarié à temps plein du même établissement ayant le même type de contrat ou relation de travail et un travail/emploi identique ou similaire, en tenant compte d'autres considérations pouvant inclure l'ancienneté et les qualifications/compétences. Lorsqu'il n'existe aucun travailleur à temps plein comparable dans le même établissement, la comparaison s'effectue par référence à la convention collective applicable ou, à défaut, conformément à la législation, aux conventions collectives ou pratiques nationales.

• La Cour de cassation a énoncé qu'en application de l'article L. 3123-1, les salariés ayant conclu une convention de forfait en jours sur l'année dont le nombre est inférieur à 218 jours ne peuvent pas être considérés comme des salariés à temps partiel (cass. soc. 27 mars 2019, n° 16-23.800, à paraître, LS n° 17796 du 12.04.2019; JCP éd. S 2019, 1131, note J-E Maes-Audebert; JSL n° 476, 23.05.2019, p. 17, H. Nasom-Tissandier; RJS 6/19 n° 356).

Voir précédemment cass. civ., 2e ch., QPC, 11 juillet 2013, n° 13-40.025, RJS 11/13 n° 764: les salariés à temps partiel sur la rémunération desquels peut être pratiqué l'abattement d'assiette prévu par l'article L. 242-8 c. séc. soc. sont, conformément à l'article L. 212-4-2, devenu L. 3123-1 CT auquel il renvoie, ceux dont le contrat de travail fixe une durée de travail inférieure à la durée légale ou conventionnelle du travail ou à la durée du travail applicable dans l'établissement; tel n'est pas le cas du salarié ayant conclu une convention de forfait en jours prévoyant 218 jours de travail dans l'année, ce nombre constituant non pas la durée de travail à temps plein mais le nombre maximum de jours pouvant être travaillés dans l'année, tel que fixé par l'article L. 3121-44 [ancien] CT.

§ 2. Passage à temps partiel ou à temps complet

Art. L. 3123-2. Le salarié qui en fait la demande peut bénéficier d'une réduction de la durée du travail sous forme d'une ou plusieurs périodes d'au moins une semaine en raison des besoins de sa vie personnelle. Sa durée de travail est fixée dans la limite annuelle prévue au 3° de l'article L. 3123-1.

Pendant les périodes travaillées, le salarié est occupé selon l'horaire collectif applicable dans l'entreprise ou l'établissement.

Les dispositions relatives au régime des heures supplémentaires et à la contrepartie obligatoire sous forme de repos s'appliquent aux heures accomplies au cours d'une semaine au delà de la durée légale fixée en application de l'article L. 3121-27 ou, en cas d'application d'un accord collectif conclu sur le fondement de l'article L. 3121-44, aux heures accomplies au delà des limites fixées par cet accord.

L'avenant au contrat de travail précise la ou les périodes non travaillées. Il peut également prévoir les modalités de calcul de la rémunération mensualisée indépendamment de l'horaire réel du mois.

Art. L. 3123-3. Les salariés à temps partiel qui souhaitent occuper ou reprendre un emploi d'une durée au moins égale à celle mentionnée au premier alinéa de l'article L. 3123-7 ou un emploi à temps complet et les salariés à temps complet qui souhaitent occuper ou reprendre un emploi à temps partiel dans le même établissement ou, à défaut, dans la même entreprise ont priorité pour l'attribution d'un emploi ressortissant à leur catégorie professionnelle ou d'un emploi équivalent ou, si ***(Ord. 2017-1718 du 20 déc. 2017, art. 1er, I, 125°, JO 21)*** «une convention ou un accord d'entreprise ou d'établissement ou, à défaut, une convention ou un accord de branche étendu» le prévoit, d'un emploi présentant des caractéristiques différentes.

L'employeur porte à la connaissance de ces salariés la liste des emplois disponibles correspondants.

Note **Priorité d'emploi.** L'employeur a l'obligation d'accéder à la demande du salarié dès l'instant qu'il remplit les conditions prévues à l'article L. 3123-8 (ancien) pour occuper le poste (cass. soc. 29 mars 1995, n° 91-45.378, BC V n° 116; RJS 6/95 n° 728).

La priorité d'emploi peut s'exercer sur un emploi à durée déterminée (cass. soc. 24 septembre 2008, n° 06-46.292, BC V n° 189; Dr. Soc. 2008, p. 1232, Fr. Favennec-Héry; RDT, déc. 2008, CH, 733, Fr. Héas; JCP éd. S 2008, 1169, note A. Barège).

En cas de non-respect par l'employeur de la priorité d'emploi, le salarié peut prétendre au paiement de dommages-intérêts (cass. soc. 26 octobre 1999, n° 97-41.551, BC V n° 414; RJS 12/99 n° 1542; 14 novembre 2007, n° 06-44.271).

Pluralité de candidatures. Si les salariés à temps partiel bénéficient d'une priorité d'embauche pour occuper un emploi à temps complet relevant de leur catégorie professionnelle, l'employeur doit, en cas de pluralité de candidatures pour le même emploi, choisir entre les intéressés et, en cas de contestation, communiquer au juge les éléments objectifs sur lesquels il s'est appuyé pour arrêter son choix (cass. soc. 7 juillet 1998, n° 95-43.443, BC V n° 373; RJS 10/98 n° 1312).

Liste des emplois disponibles. Si l'employeur peut porter à la connaissance de ses salariés les emplois disponibles par voie de communication électronique, notamment sur le réseau intranet de l'entreprise, il est tenu de procéder à une diffusion spécifique concernant les emplois pouvant correspondre à la catégorie professionnelle, ou à un emploi équivalent, des salariés à temps partiel souhaitant occuper un emploi à temps complet ou des salariés à temps complet souhaitant un emploi à temps partiel (cass. soc. 20 avril 2005, n° 03-41.802, BC V n° 152; RJS 6/05 n° 690; JCP éd. S 2005, 1007, note P-Y Verkindt).

Art. L. 3123-4. Le refus par un salarié d'accomplir un travail à temps partiel ne constitue ni une faute ni un motif de licenciement.

Note La transformation d'un horaire de travail à temps complet en horaire de travail à temps partiel constitue une modification du contrat de travail qui ne peut être réalisée sans l'accord du salarié, peu important que cette modification ait été ou non prévue dans le contrat de travail (cass. soc. 29 juin 1999, n° 97-42.248, BC V n° 306; LS Jurispr. n° 644, p. 3). Le licenciement prononcé à la suite d'un tel refus ne serait pas nul mais ouvrirait droit aux indemnités prévues en cas de licenciement sans cause réelle et sérieuse. Il faut cependant réserver les cas où la transformation d'un emploi à temps plein en emploi à temps partiel est décidée en raison de difficultés économiques. Le licenciement prononcé à la suite du refus de cette transformation, en raison des difficultés économiques, serait un licenciement pour motif économique, ayant une cause réelle et sérieuse (cass. soc. 30 juin 1992, n° 91-41.045, RJS 8-9/92 n° 962; voir aussi, s'agissant du refus d'une salariée à temps partiel de reprendre ses fonctions à temps plein, cass. soc. 24 novembre 1998, n° 96-41.740, BC V n° 512; RJS 1/99 n° 133).

§ 3. Égalité de traitement avec les salariés à temps plein

Art. L. 3123-5. Le salarié à temps partiel bénéficie des droits reconnus au salarié à temps complet par la loi, les conventions et les accords d'entreprise ou d'établissement sous réserve, en ce qui concerne les droits conventionnels, de modalités spécifiques prévues par une convention ou un accord collectif.

La période d'essai d'un salarié à temps partiel ne peut avoir une durée calendaire supérieure à celle du salarié à temps complet.

Compte tenu de la durée de son travail et de son ancienneté dans l'entreprise, la rémunération du salarié à temps partiel est proportionnelle à celle du salarié qui, à qualification égale, occupe à temps complet un emploi équivalent dans l'établissement ou l'entreprise.

Pour la détermination des droits liés à l'ancienneté, la durée de celle-ci est décomptée pour le salarié à temps partiel comme s'il avait été occupé à temps complet, les périodes non travaillées étant prises en compte en totalité.

L'indemnité de licenciement et l'indemnité de départ à la retraite du salarié ayant été occupé à temps complet et à temps partiel dans la même entreprise sont calculées proportionnellement aux périodes d'emploi accomplies selon l'une et l'autre de ces deux modalités depuis son entrée dans l'entreprise.

Note • **Congés payés.** Le salarié à temps partiel a droit à un congé dont la durée, qui ne doit pas être réduite à proportion de l'horaire de travail, est égale à celle du congé d'un salarié à plein temps et dont la rémunération est égale au dixième de la rémunération totale qu'il a perçue au cours de la période de référence ou, si elle est plus favorable, au montant de la rémunération qu'il aurait perçu s'il avait continué à travailler (cass. soc. 22 février 2000, n° 97-43.515, BC V n° 74; RJS 4/00 n° 467).

Pour le décompte des congés des salariés à temps partiel, la notion de jour ouvrable est identique à celle retenue pour le décompte des congés des salariés à temps plein: il convient de procéder au calcul du nombre de jours de congés pris par le salarié sans se borner à retenir comme seuls jours ceux où il devait effectivement travailler. Si le point de départ des congés est le premier jour où le salarié aurait dû travailler s'il n'était pas parti, tous les jours ouvrables jusqu'à la reprise doivent être décomptés dans le nombre de jours de congés (cass. soc. 22 février 2000, n° 97-43.515, précité; voir aussi cass. soc. 31 janvier 2012, n° 10-30.935, BC V n° 46; RJS 4/12 n° 397; JCP éd. S 2012, 1192, note F. Rosa, s'agissant de jours de congés conventionnels). Il n'en va autrement que pour les congés revêtant un caractère compensatoire et pour ceux qui sont accordés dans une entreprise où le décompte des jours de congés de toute nature est effectué en jours ouvrés (cass. soc. 31 janvier 2012, n° 10-30.935, précité). Ainsi, la Cour de cassation a énoncé que, sauf accord collectif prévoyant sans discrimination un autre mode d'acquisition et de décompte des droits à congés payés annuels en jours ouvrés, le décompte des droits à absence en jours ouvrés au titre des congés payés annuels, ne peut se faire au profit des salariés à temps partiel que sur les jours habituellement ouvrés dans l'établissement, et non sur les seuls jours ouvrés qui auraient été travaillés par le salarié concerné, s'il avait été présent (cass. soc. 12 mai 2015, n° 14-10.509, BC V n° 93; LS Jurispr. n° 97 du 2.06.2015; RJS 7/15 n° 491; JCP éd. S 2015, 1275, étude G. Vachet).

Le fait qu'un salarié travaillant à temps plein soit passé à temps partiel ne saurait lui faire perdre le bénéfice du nombre de congés supplémentaires pour ancienneté acquis antérieurement (cass. soc. 6 avril 1999, n° 96-42.788, BC V n° 165; RJS 5/99 n° 766).

Le salarié qui passe d'un emploi à temps plein à un emploi à temps partiel doit pouvoir bénéficier de la totalité de ses droits à congés payés acquis lors de la période de travail à temps plein (CJUE 22 avril 2010, aff. C-486/08, rec. p. I-3527; JOUE C 161/9 du 19.06.2010; RJS 10/10, n° 817 et p. 647, chron. J-Ph. Lhernould; 13 juin 2013, aff. C-415/12, JOUE C 225/50 du 3.8.2013).

• **Licenciement économique.** L'employeur ne peut pas se fonder sur la qualité de salarié à temps partiel d'un salarié pour décider que ce dernier devait être licencié de préférence à un salarié à temps complet (cass. soc. 4 juillet 2012, n° 11-12.045, BC V n° 211; JSL n° 329, 11.10.2012, p. 18, J-E Tourreil). Voir aussi cass. soc. 3 mars 1998, n° 95-41.610, BC V n° 113; RJS 4/98 n° 548.

• Si l'employeur doit accorder au salarié à temps partiel le nombre de jours fériés auquel celui-ci peut prétendre, en revanche, il est fondé à rémunérer ces jours fériés sur la base de la durée théorique journalière de travail du salarié à temps partiel (cass. soc. 5 juin 2008, n° 06-41.203, BC V n° 126; RJS 8-9/08 n° 943).

• Selon le Conseil d'État, cet article (L. 212-4-5 ancien) ne conditionne pas la validité d'un accord à la présence de dispositions spécifiques aux salariés à temps partiel. Il en résulte que la légalité d'un arrêté d'extension d'un accord de branche n'est pas subordonnée à la présence dans cet accord de telles modalités (CE 26 février 2003, n° 238579, RJS 7/03 n° 920).

• En ce qui concerne les droits conventionnels, les «modalités spécifiques» ne peuvent s'entendre que des modalités d'exercice de ces droits [voir cass. soc. 9 avril 1996, n° 92-41.103, BC V n° 146 (modalité d'exercice du droit à promotion)].

Si une convention collective peut prévoir des modalités d'adaptation spécifiques des droits conventionnels pour les salariés à temps partiel, elle ne peut exclure entièrement ces derniers du bénéfice de cette convention (cass. soc. 16 janvier 2008, n° 06-41.471, BC V n° 12; RJS 4/08 n° 492; 16 mars 2011, n° 09-70.893, JCP éd. S 2011, 1462, note Fr. Bousez; 8 novembre 2017, n° 16-16.080; voir aussi cass. soc. 15 janvier 2002, n° 99-42.546, BC V n° 17; RJS 3/02 n° 363; 7 mai 2002, n° 99-45.036, BC V n° 157; RJS 7/02 n° 912).

En l'absence de toute disposition conventionnelle spécifique s'appliquant aux jours de congés conventionnels supplémentaires concernant les salariés à temps partiel, un employeur n'est pas fondé à réduire le nombre de jours de congés supplémentaires en fonction de la durée du travail des salariés à temps partiel ou de sa répartition dans la semaine (cass. soc. 19 mai 2009, n° 07-44.609).

Des salariés à temps partiel ne peuvent bénéficier des jours flottants et du jour de RTT supplémentaire les années bissextiles prévus par un accord qui ne concernaient que les salariés à temps complet puisqu'ils étaient destinés à compenser, dans le cadre de la RTT, les heures effectuées au-delà de la durée légale hebdomadaire du travail tandis que les salariés travaillant à temps partiel bénéficiaient conventionnellement de la réduction de la durée du travail selon des modalités adaptées à leur situation (cass. soc. 17 juin 2009, n° 08-41.077, BC V n° 155; RJS 8-9/09 n° 753; JCP éd. S 2009, 1402, note M. Del Sol).

• **Rémunération.** La Cour de cassation affirme clairement et sans restriction l'illicéité de toute disposition conventionnelle ou contractuelle ou de toute décision de l'employeur qui ne respecterait pas le principe d'égalité de situation entre salariés à temps partiel et salariés à temps plein qui se traduit, en matière de rémunération et en ce qui concerne tous les éléments de la rémunération, par l'application d'une stricte règle de proportionnalité.

Ainsi, un usage d'entreprise ne peut subordonner le paiement d'une prime à l'occupation d'un emploi à temps complet (cass. soc. 13 avril 1999, n° 97-41.171, BC V n° 177; RJS 5/99 n° 764). Et un usage consistant à revaloriser le salaire après cinq ou dix ans s'applique aux salariés travaillant à temps partiel, la durée de l'ancienneté étant décomptée pour ces salariés comme s'ils avaient été occupés à temps complet, les périodes non travaillées étant prises en compte en totalité (cass. soc. 29 janvier 2002, n° 99-44.376, BC V n° 40; RJS 4/02 n° 504).

Ce principe d'égalité de traitement ne saurait priver le salarié employé à temps partiel, selon une répartition de 7,7 heures de travail par jour sur une période de quatre jours, de percevoir une rémunération égale à 7,7 heures de travail en cas de jour férié payé par l'employeur tombant l'un de ses jours de travail (cass. soc. 10 novembre 1993, n° 89-45.049, BC V n° 264; RJS 1/94 n° 1247).

L'octroi d'une indemnité différentielle compensant la diminution de la rémunération résultant d'une réduction de l'horaire de travail des salariés à temps complet équivalait à une augmentation du salaire horaire de ces salariés. Le salarié à temps partiel dont l'horaire de travail n'a pas été réduit peut ainsi prétendre au versement d'une majoration de son salaire par application de la règle de la proportionnalité des rémunérations (cass. soc. 27 novembre 1986, n° 83-44.574, BC V n° 565). De même, les salariés à temps partiel doivent bénéficier, au prorata du temps de travail, d'une prime dite «de compensation» équivalant à une augmentation du salaire horaire à temps plein (cass. soc. 15 avril 1992, n° 88-42.199, BC V n° 281).

Selon les dispositions de l'article 32 VI de la loi du 19 janvier 2000, le complément de rémunération, accordé aux salariés dont la durée du travail a été réduite en application d'une convention ou d'un accord collectif étendu, n'est pas pris en compte pour déterminer la rémunération des salariés à temps partiel telle que définie à l'article L. 212-4-5, al. 3 [L. 3123-10 ancien] CT; ainsi, dans la mesure où la réduction du temps de travail des salariés à temps complet d'une entreprise qu'accompagnait une aide dégressive à la réduction du temps de travail avait été mise en place par un accord collectif étendu en date du 10 novembre 1998, une salariée à temps partiel dont l'horaire de travail avait été maintenu ne pouvait prétendre au versement de ce complément différentiel de salaire (cass. soc. 17 juin 2009, n° 07-41.833, BC V n° 156; RJS 8-9/09 n° 752; JCP éd. S 2009, 1374; JSL n° 263, 5.10.2009, p. 28, N. Gardair-Rérolle).

La mise en place par une société d'une rémunération complémentaire au salaire de base liée aux objectifs de vente porte atteinte au principe d'égalité et à la règle de proportionnalité dans la mesure où les conditions d'attribution de cette rémunération ne distinguent pas les objectifs à atteindre selon la durée du travail et exigent la réalisation du même chiffre d'affaires pour les salariés à temps plein et les salariés à temps partiel (cass. soc. 4 décembre 1990, n° 87-42.341, BC V n° 605; RJS 1/91 n° 101). Un plan social établi à l'occasion d'un licenciement collectif ne peut écarter les salariés d'un avantage de départ au seul motif qu'ils sont employés à temps partiel (cass. soc. 10 novembre 1992, n° 89-42.884, BC V n° 539; RJS 12/92 n° 1429 : la prime de départ doit être accordée à ces salariés proportionnellement à leur temps de travail).

Les salariés à temps partiel ne peuvent prétendre obtenir une prime d'ancienneté accordée aux salariés à temps plein de même montant que pour ceux-ci, la règle de proportionnalité devant également jouer dans ce cas (cass. soc. 18 février 1988, n° 86-41.980, BC V n° 120; voir aussi cass. soc. 16 janvier 2019, n° 17-19.929). Il en est de même, en l'absence d'une disposition plus favorable accordant la prime entière aux salariés à temps partiel, s'agissant de primes de vacances et de fin d'année (cass. soc. 26 février 1997, n° 95-43.030, RJS 4/97 n° 492), d'une prime de résidence (cass. soc. 1er juin 1999, n° 97-41.430, BC V n° 256), d'une prime de sujétion (cass. soc. 27 mars 2008, n° 06-44.611, RJS 6/08 n° 673), d'un «supplément familial de salaire» (cass. soc. 2 juillet 2014, n° 13-14.972, BC V n° 168; RJS 10/14 n° 707) ou d'un complément de salaire calculé selon le diplôme (cass. soc. 7 septembre 2017, n° 16-19.528, BC V n° 129; JCP éd. S 2017, 1327, note Ph. Rozec; RJS 11/17 n° 749).

Mais lorsqu'un plan social prévoit le paiement d'une indemnité complémentaire aux salariés, licenciés ou quittant volontairement l'entreprise, d'un montant variable selon l'ancienneté dans l'entreprise sans distinguer entre les salariés à temps plein et les salariés à temps partiel, cette indemnité revêt un caractère forfaitaire et ne dépend donc que de la durée d'ancienneté dans l'entreprise (cass. soc. 12 février 2003, n° 02-40.526, BC V n° 51; RJS 4/03 n° 544). S'agissant de primes à caractère forfaitaire pour tous les salariés prévues par un accord collectif, voir cass. soc. 17 juin 2009, n° 08-41.077, BC V n° 155; 15 septembre 2010, n° 08-45.050, BC V n° 181; RJS 11/10 n° 894; 7 décembre 2010, n° 09-68.568.

Gratification. La gratification de fin d'année dont doit bénéficier un salarié à temps partiel doit être calculée en prenant en compte les heures complémentaires éventuellement effectuées (cass. soc. 21 mai 2002, n° 00-42.286, BC V n° 168; RJS 8-9/02 n° 1047).

• **Droits liés à l'ancienneté.** Pour une application de l'article L. 3123-12 (ancien), voir cass. soc. 29 janvier 2002, n° 99-44.376, précité.

La règle de proportionnalité ne s'applique pas au salarié à temps partiel pour les congés supplémentaires pour ancienneté acquis lorsqu'il travaillait à temps plein (cass. soc. 8 juillet 2003, n° 01-41.706, RJS 10/03 n° 1240).

• **Indemnité de licenciement.** Cet article s'applique aussi bien à l'indemnité conventionnelle qu'à l'indemnité légale de licenciement (cass. soc. 10 mars 1988, n° 86-41.628, BC V n° 168).

Pour des applications de l'article L. 3123-13 (ancien), voir notamment cass. soc. 1er avril 2003, n° 00-41.428, RJS 6/03 n° 718; 16 avril 2015, n° 13-27.905.

Si le principe d'égalité entre travailleurs à temps complet et travailleurs à temps partiel impose de calculer l'indemnité conventionnelle de licenciement en tenant compte, à défaut de dispositions conventionnelles contraires, proportionnellement des périodes d'emploi effectuées à temps plein et à temps partiel, la règle de proportionnalité ne trouve pas à s'appliquer, sauf disposition contraire de la convention collective, au plafond qui a un caractère forfaitaire (cass. soc. 26 septembre 2018, n° 17-11.102, à paraître, LS Jurispr. n° 188 du 16.10.2018; JCP éd. S 2018, 1344, note L. Drai; RJS 12/18 n° 728).

Dans la mesure où une convention collective se borne à fixer le taux de l'indemnité conventionnelle de licenciement, il y a lieu d'appliquer à la fois les modalités légales de calcul de l'indemnité (en fonction des périodes d'emploi à temps complet et à temps partiel) et son taux conventionnel (cass. soc. 13 mars 1991, n° 87-45.217, BC V n° 133; 30 septembre 1992, n° 89-40.267, BC V n° 486; RJS 11/92 n° 1313).

Sur le calcul de l'indemnité de licenciement des salariés à temps partiel rémunérés à l'heure, voir cass. soc. 10 janvier 1995, n° 92-43.222, BC V n° 20; RJS 2/95 n° 168.

• **Indemnité de départ en retraite.** Pour une application de l'article L. 3123-13 (ancien), voir cass. soc. 16 décembre 1998, n° 95-41.413, BC V n° 562; 17 septembre 2008, n° 06-45.256, RJS 12/08 n° 1252.

§ 4. Contrat de travail

Art. L. 3123-6. Le contrat de travail du salarié à temps partiel est un contrat écrit.

Il mentionne:

1° La qualification du salarié, les éléments de la rémunération, la durée hebdomadaire ou mensuelle prévue et, sauf pour les salariés des associations et entreprises d'aide à domicile et les salariés relevant d'un accord collectif conclu en application de l'article L. 3121-44, la répartition de la durée du travail entre les jours de la semaine ou les semaines du mois;

2° Les cas dans lesquels une modification éventuelle de cette répartition peut intervenir ainsi que la nature de cette modification;

3° Les modalités selon lesquelles les horaires de travail pour chaque journée travaillée sont communiqués par écrit au salarié. Dans les associations et entreprises d'aide à domicile, les horaires de travail sont communiqués par écrit chaque mois au salarié;

4° Les limites dans lesquelles peuvent être accomplies des heures complémentaires au delà de la durée de travail fixée par le contrat.

L'avenant au contrat de travail prévu à l'article L. 3123-22 mentionne les modalités selon lesquelles des compléments d'heures peuvent être accomplis au delà de la durée fixée par le contrat.

Note • Le contrat de travail du salarié à temps partiel étant un contrat écrit, l'employeur est en droit d'exiger la régularisation du contrat jusque-là verbal (cass. soc. 12 mai 1993, n° 89-45.748, RJS 6/93, n° 680).

L'exigence légale d'un écrit s'applique non seulement au contrat initial mais aussi à ses avenants modificatifs de la durée du travail ou de sa répartition (cass. soc. 20 juin 2013, n° 10-20.507, BC V n° 161; JCP éd. S 2013, 1334, note L. Dauxerre; JSL n° 349, 4.09.2013, p. 23, J-E Tourreil; RJS 10/13 n° 715), même si ces avenants sont temporaires et prévus par une convention collective, et l'absence d'écrit entraîne la requalification de la relation de travail en travail à temps plein à compter du premier avenant irrégulier (cass. soc. 23 novembre 2016, n° 15-18.093, BC V n° 225; LSQ n° 17213 du 2.12.2016; JCP éd. S 2017, 1013, note G. De Raincourt et S. Rioche; RJS 2/17 n° 116).

L'absence d'écrit mentionnant la durée du travail et sa répartition fait présumer que l'emploi est à temps complet et il incombe à l'employeur qui conteste cette présomption de rapporter la preuve, d'une part, de la durée exacte hebdomadaire ou mensuelle convenue, d'autre part que le salarié n'était pas placé dans l'impossibilité de prévoir à quel rythme il devait travailler et qu'il n'avait pas à se tenir constamment à la disposition de l'employeur (cass. soc. 11 mai 2016, n° 14-17.496, BC V n° 100; RJS 7/16 n° 500; 17 décembre 2014, n° 13-20.627, BC V n° 308; RJS 3/15 n° 225; JCP éd. S 2015, 1067, note A. Barège; 9 janvier 2013, n° 11-16.433, BC V n° 5; RJS 3/13 n° 243; JCP éd. S 2013, 1227, 2e espèce, note Fr. Bousez; 21 novembre 2012, n° 11-10.258, BC V n° 304; RJS 2/13 n° 178; JCP éd. S 2013, 1092, note A. Barège; voir aussi cass. soc. 9 mars 2005, n° 03-40.386, BC V n° 80; 25 février 2004, n° 01-46.394, BC V n° 63; voir aussi cass. soc. 15 octobre 2002, n° 01-46.240, BC V n° 311; 28 janvier 1998, n° 95-43.448, BC V n° 41; voir aussi cass. soc. 3 juillet 2019, n° 17-15.884, à paraître, LS Jurispr. n° 134 du 23.07.2019; JCP éd. S 2019, 1265, note G. de Raincourt et S. Rioche; RJS 10/19 n° 605, s'agissant d'un contrat prévoyant une durée minimale garantie de 4 heures et précisant que le salarié détermine lui-même ses horaires).

Contrats d'une durée inférieure à une semaine. La qualification de travail à temps partiel et le formalisme afférent ne sont pas liés à la durée du contrat de travail, mais s'apprécient au regard de la durée de travail du salarié concerné.

Dès lors, c'est à tort que, pour débouter un salarié de sa demande de requalification des contrats de travail à temps partiel en contrat de travail à temps complet, une cour d'appel a retenu que les dispositions qui portent sur la durée et la répartition du travail et qui se réfèrent à des durées hebdomadaires ou mensuelles ne s'appliquent pas aux contrats de travail signés par le salarié car ils sont tous d'une durée inférieure à une semaine (cass. soc. 9 décembre 2020, n° 19-20.319, à paraître, LS Jurispr. n° 232 du 22.12.2020; 9 décembre 2020, n° 19-16.138, à paraître).

• Lorsque, malgré l'existence d'un contrat écrit, l'horaire de travail d'un salarié variait d'un mois à l'autre en dehors des prévisions de son contrat de travail qui ne comportait pas de répartition de la durée du travail entre les jours de la semaine ou les semaines du mois, et que l'intéressé qui avait été mis dans l'impossibilité de prévoir à quel rythme il devait travailler chaque mois, s'était trouvé dans l'obligation de se tenir en permanence à la disposition de l'employeur, le contrat à temps partiel peut être requalifié en contrat à temps complet (cass. soc. 12 juillet 1999, n° 97-41.329, BC V n° 351; RJS 10/99 n° 1320; voir aussi cass. soc. 29 septembre 2004, n° 02-43.249, BC V n° 232; 19 mai 2010, n° 09-40.056, RJS 8-9/10 n° 708; 15 octobre 2014, n° 12-23.844: durée exacte du travail convenu n'étant mentionnée ni dans le contrat de travail initial ni dans l'avenant).

Mais dès lors que les périodes de travail et les disponibilités du salarié sont clairement précisées de sorte que le salarié peut prévoir à quel rythme il doit travailler et qu'il n'est pas obligé de se tenir constamment à la disposition de l'employeur, les parties sont liées par un contrat à temps partiel (cass. soc. 9 juillet 2003, n° 01-42.451, BC V n° 229; RJS 10/03 n° 1175; voir aussi cass. soc. 26 mai 2010, n° 08-43.606; 15 mai 2014, n° 12-28.555).

La clause contractuelle par laquelle le salarié à temps partiel a la faculté de refuser les missions qui lui sont confiées est sans effet sur les exigences légales relatives à la mention dans le contrat de travail de la durée de travail et de sa répartition, et, en l'absence de celle-ci, sur l'obligation pour l'employeur de rapporter la preuve, d'une part, de la durée exacte convenue et, d'autre part, que le salarié n'était pas placé dans l'impossibilité de prévoir à quel rythme il devait travailler et qu'il n'avait pas à se tenir constamment à la disposition de l'employeur (cass. soc. 26 janvier 2011, n° 09-71.349, BC V n° 40; RJS 4/11 n° 379).

En cas de non-respect, par l'employeur, de la durée du travail contractuellement prévue, le salarié a droit à un complément de salaire calculé sur la base du minimum contractuel (cass. soc. 19 septembre 2013, n° 12-14.872, RJS 12/13 n° 864).

Associations et entreprises d'aide à domicile. Pour des applications de l'article L. 3123-14 (ancien), 1°, voir notamment cass. soc. 16 novembre 1999, n° 98-42.612, BC V n° 443; 24 juin 2009, n° 07-44.606; 16 septembre 2015, n° 14-10.291, BC V n° 160; RJS 12/15 n° 756; RDT, décembre 2015, CH, 747, M. Gadrat; 12 novembre 2020, n° 19-12.446.

Selon l'article L. 3123-14 (ancien), 3°, dans les associations et entreprises d'aide à domicile, les horaires de travail sont communiqués par écrit chaque mois au salarié. Il en résulte qu'en l'absence de stipulations relatives au jour du mois auxquels sont communiqués par écrit les horaires de travail des salariés des entreprises et association d'aide à domicile, ceux-ci doivent l'être avant le début de chaque mois; l'absence d'une telle communication fait présumer que l'emploi est à temps complet et il incombe alors à l'employeur de rapporter la preuve, d'une part, de la durée exacte hebdomadaire ou mensuelle convenue, d'autre part, que le salarié n'était pas placé dans l'impossibilité de prévoir à quel rythme il devait travailler et qu'il n'avait pas à se tenir constamment à la disposition de l'employeur (cass. soc. 20 février 2013, n° 11-24.012, BC V n° 46; RJS 5/13 n° 412; JCP éd. S 2013, 1226, note Fr. Dumont).

VRP. Sur les conditions particulières d'exercice de l'activité de VRP et, en ce qui les concerne, la possibilité de ne pas mentionner la répartition de la durée du travail, voir cass. soc. 5 juin 2001, n° 98-46.371, BC V n° 213; RJS 8-9/01 n° 1092; 18 janvier 2011, n° 09-41.073; 12 février 2020, n° 18-16.337, cités sous art. L. 7311-1 «Travail à temps partiel».

• 3°: la mention des horaires de travail par le contrat de travail ou l'avenant n'est pas exigée (cass. soc. 14 décembre 2016, n° 15-16.131, BC V n° 257; JCP éd. S 2017, 1048, note G. De Raincourt et S. Rioche; RJS 2/17 n° 117).

• 4°: le seul fait de ne pas indiquer le volume maximum d'heures complémentaires que peut effectuer le salarié n'entraîne pas la requalification du contrat en contrat à temps complet (cass. soc. 30 novembre 2010, n° 09-68.609, BC V n° 269; RJS 2/11 n° 103; JCP éd. S 2011, 1182, note Fr. Bousez; 25 janvier 2017, n° 15-16.708, LS Jurispr. n° 45 du 7.03.2017).

Sur l'impossibilité de déroger aux dispositions de l'article L. 3123-14 (ancien), 4°, voir cass. crim. 12 mai 2015, n° 13-88.341, B. crim. n° 103.

• En cas de requalification en contrat à temps complet, le juge ne peut retenir une durée de travail à temps complet supérieure à la durée légale ou à la durée conventionnelle si elle est inférieure (cass. soc. 3 juin 2015, n° 13-21.671, BC V n° 113; LS Jurispr. n° 107 du 16.06.2015; RJS 8-9/15 n° 604; JCP éd. S 2015, 1363, note A. Barège).

• Dans l'hypothèse où le salarié demande exclusivement la reconnaissance d'un horaire égal à celui effectué durant ses premiers mois d'activité, le juge ne peut d'office requalifier son contrat en contrat de travail à temps complet (cass. soc. 30 avril 2014, n° 12-21.041, BC V n° 110; JSL n° 368, 23.06.2014, p. 7, J-Ph. Lhernould; RJS 7/14 n° 597).

• En cas de requalification en contrat à temps complet, le salarié peut prétendre au paiement de rappels de salaire correspondant à ce temps complet (cass. soc. 14 septembre 2016, n° 15-15.944, BC V n° 164; RJS 11/16 n° 700; JCP éd. S 2016, 1383, note D. Chenu).

• La requalification d'un contrat de travail à temps partiel en contrat de travail à temps complet ne porte que sur la durée de travail et laisse inchangées les autres stipulations relatives au terme du contrat; réciproquement, la requalification d'un contrat de travail à durée déterminée en contrat à durée indéterminée ne porte que sur le terme du contrat et laisse inchangées les stipulations contractuelles relatives à la durée du travail (cass. soc. 9 octobre 2013, n° 12-17.882, BC V n° 226; LSQ n° 16450 du 21.10.2013; JCP éd. S 2013, 1456, note A. Bugada; RJS 12/13 n° 788; 10 décembre 2014, n° 13-22.422, BC V n° 284; LS Jurispr. n° 235 du 30.12.2014; RJS 2/15 n° 82; JCP éd. S 2015, 1201, note Fr. Bousez; 7 septembre 2017, n° 16-16.643, BC V n° 126; RJS 11/17 n° 748).

• *Clause d'exclusivité.* La clause par laquelle un salarié à temps partiel se voit interdire toute autre activité professionnelle soit pour son compte, soit pour le compte d'un tiers, porte atteinte au principe fondamental de libre exercice d'une activité professionnelle et n'est dès lors valable que si elle est indispensable à la protection des intérêts légitimes de l'entreprise et est justifiée par la nature de la tâche à accomplir et proportionnée au but recherché. Si la nullité d'une telle clause n'a pas pour effet d'entraîner la requalification du contrat de travail à temps partiel en contrat de travail à temps complet, elle permet toutefois au salarié d'obtenir réparation du préjudice ayant résulté pour lui de cette clause illicite (cass. soc. 25 février 2004, n° 01-43.392, BC V n° 64; RJS 5/04 n° 624).

En outre, la clause par laquelle l'employeur soumet l'exercice, par le salarié engagé à temps partiel, d'une autre activité professionnelle, à une autorisation préalable porte atteinte au principe fondamental du libre exercice d'une activité professionnelle et n'est valable que si elle est indispensable à la protection des intérêts légitimes de l'entreprise et si elle est justifiée par la nature de la tâche à accomplir et proportionnée au but recherché (cass. soc. 16 septembre 2009, n° 07-45.346, BC V n° 184; JSL n° 265, 12.11.2009, p. 8, M. Hautefort; RJS 12/09 n° 987; JCP éd. S 2009, 1532, note I. Beyneix; 22 septembre 2016, n° 15-16.724).

• Sur l'applicabilité des stipulations des contrats de travail conclus avant l'entrée en vigueur de la loi 2000-37 du 19 janvier 2000 (JO 20), voir Code du Travail Annoté, éd. 2016, p. 1052.

§ 5. Durée minimale de travail et heures complémentaires

Art. L. 3123-7. Le salarié à temps partiel bénéficie d'une durée minimale de travail hebdomadaire déterminée selon les modalités fixées aux articles L. 3123-19 et L. 3123-27.

Le premier alinéa du présent article n'est pas applicable:

1° Aux contrats d'une durée au plus égale à sept jours;

2° Aux contrats à durée déterminée conclus au titre du 1° de l'article L. 1242-2;

3° Aux contrats de travail temporaire conclus au titre du 1° de l'article L. 1251-6 pour le remplacement d'un salarié absent;

(L. 2020-1577 du 14 déc. 2020, art. 6, I, JO 15) «4° Aux contrats de travail à durée indéterminée conclus dans le cadre d'un cumul avec l'un des contrats prévus aux articles L. 5132-5, L. 5132-11-1 ou L. 5132-15-1, afin d'atteindre une durée globale d'activité correspondant à un temps plein ou au moins égale à la durée mentionnée à l'article L. 3123-27.»

Une durée de travail inférieure à celle prévue au premier alinéa du présent article peut être fixée à la demande du salarié soit pour lui permettre de faire face à des contraintes personnelles, soit pour lui permettre de cumuler plusieurs activités afin d'atteindre une durée globale d'activité correspondant à un temps plein ou au moins égale à la durée mentionnée au même premier alinéa. Cette demande est écrite et motivée.

Une durée de travail inférieure à celle prévue au premier alinéa, compatible avec ses études, est fixée de droit, à sa demande, au bénéfice du salarié âgé de moins de vingt-six ans poursuivant ses études.

Art. L. 3123-8. Chacune des heures complémentaires accomplies donne lieu à une majoration de salaire.

Note **Heures complémentaires**

• Voir aussi art. L. 3123-20 et 28 (nombre d'heures complémentaires), et art. L. 3123-21 et 29 (majoration de salaire).

• Est rapportée ci-dessous la jurisprudence rendue au visa des articles L. 3123-17 et 19, dans leur rédaction antérieure à la loi 2016-1088 du 8 août 2016, relatifs au nombre d'heures complémentaires et à la majoration de salaire à laquelle ces heures donnent lieu.

Au visa de l'article L. 3123-17. Pour une application de l'alinéa 1er de l'article L. 3123-17, voir cass. soc. 30 juin 1999, n° 97-41.074, BC V n° 318; RJS 10/99 n° 1319.

N'ont pas à être payées les heures complémentaires réalisées par un salarié sans l'accord de son employeur et n'étant pas nécessaires à la réalisation des tâches qui lui étaient confiées (cass. soc. 14 septembre 2016, n° 14-21.654, RJS 12/16 n° 778).

Le salarié engagé à temps partiel qui effectue des heures de travail au-delà de la limite légale applicable aux heures complémentaires, s'il ne peut prétendre au paiement de ces heures suivant le régime des heures supplémentaires, est fondé à réclamer, en sus du paiement de ces heures au taux prévu par son contrat de travail, des dommages-intérêts en réparation du préjudice subi par lui du fait de ce dépassement (cass. soc. 27 février 2001, n° 98-45.610, BC V n° 63; RJS 5/01 n° 687; voir aussi cass. soc. 3 novembre 2011, n° 09-68.526, LS Jurispr. n° 47 du 6.03.2012).

Lorsque le recours par un employeur à des heures complémentaires a pour effet de porter, fût-ce pour une période limitée à un mois, la durée de travail d'un salarié au-delà de la durée légale, le contrat de travail est réputé conclu à temps complet (cass. soc. 12 mars 2014, n° 12-15.014, BC V n° 78; JSL n° 364, 22.04.2014, p. 15, Fr. Taquet; RJS 5/14 n° 447; JCP éd. S 2014, 1280, note C. Puigelier; voir aussi cass. soc. 17 décembre 2014, n° 13-20.627, BC V n° 308; LS Jurispr. n° 7 du 13.01.2015; RJS 3/15 n° 225; JCP éd. S 2015, 1067, note A. Barège, précisant que lorsque le recours à des heures complémentaires a pour effet de porter la durée du travail d'un salarié à temps partiel au niveau de la durée légale ou conventionnelle, le contrat de travail à temps partiel doit, à compter de la première irrégularité, être requalifié en contrat de travail à temps plein). Il en est de même lorsque le recours aux heures complémentaires porte la durée du travail du salarié au niveau de la durée fixée conventionnellement (cass. soc. 5 avril 2006, n° 04-43.180, BC V n° 143; RJS 6/06 n° 781).

Le seul accomplissement d'heures complémentaires au-delà de l'horaire contractuel ne crée pas de droits pour une salariée au maintien du même nombre d'heures complémentaires après son congé de maternité (cass. soc. 4 mars 2003, n° 00-46.362, BC V n° 84; RJS 6/03 n° 823). La solution eût été différente si le contrat de travail avait mentionné que la salariée effectuerait un certain nombre d'heures complémentaires en précisant celui-ci.

Aucune disposition légale ne prévoit la possibilité de remplacer le paiement des heures complémentaires effectuées par un travailleur à temps partiel par l'octroi d'un repos (cass. soc. 17 février 2010, n° 08-42.828, BC V n° 48; JCP éd. S 2010, 1169; RJS 5/10 n° 478; RDT, juin 2010, CH, 381, M. Véricel; 15 mai 2019, n° 17-18.169).

Si la preuve des heures de travail effectuées n'incombe spécialement à aucune des parties et que l'employeur doit fournir au juge les éléments de nature à justifier les horaires effectivement réalisés par le salarié, il appartient cependant à ce dernier de fournir préalablement au juge des éléments de nature à étayer sa demande. Toutefois, le juge ne peut rejeter une demande en paiement d'heures complémentaires aux motifs que les éléments produits par le salarié ne prouvent pas le bien-fondé de sa demande (cass. soc. 10 mai 2007, n° 05-45.932, BC V n° 71; Dr. Soc. 2007, p. 1183, obs. D. Jourdan et J. Barthélémy; JCP éd. S 2007, 1509, note Fr. Favennec-Héry; 24 novembre 2010, n° 09-40.928, BC V n° 266; JSL n° 292, 27.01.2011, p. 11, J-Ph. Lhernould; RJS 2/11 n° 142; JCP éd. S 2011, 1081, note Fr. Dumont; voir aussi cass. soc. 30 septembre 2003, n° 02-42.730, BC V n° 248; RJS 12/03 n° 1452).

Sur l'impossibilité de déroger aux dispositions de l'article L. 3123-17, voir cass. crim. 12 mai 2015, n° 13-88.341, B. crim. n° 103.

Au visa de l'article L. 3123-19. Les articles L. 3123-14, 4°, L. 3123-17 et L. 3123-18 (anciens) CT, qui constituent des dispositions d'ordre public auxquels il ne peut être dérogé, ont pour objet de limiter le nombre d'heures que peut effectuer un salarié à temps partiel au-delà de la durée prévue à son contrat; il en résulte que toutes les heures effectuées au-delà de cette durée, qu'elles soient imposées par l'employeur ou qu'elles soient prévues par avenant au contrat de travail à temps partiel en application d'un accord collectif, sont des heures complémentaires, lesquelles doivent, lorsqu'elles ont été effectuées au-delà de la limite d'un dixième de la durée prévue au contrat, supporter la majoration de 25 % (cass. soc. 7 décembre 2010, n° 09-42.315, BC V n° 282; JCP éd. S 2011, 1059; RJS 3/11 n° 279; RDT, avril 2011, CH, 252, M. Véricel).

De même, toutes les heures de travail effectuées par un salarié au-delà de la limite d'un dixième de la durée prévue au contrat, y compris celles accomplies au-delà de la limite portée au tiers de la durée prévue au contrat de travail par un accord de branche, doivent supporter la majoration de 25 % (cass. soc. 2 juillet 2014, n° 13-15.954, BC V n° 175; RJS 10/14 n° 750).

En outre, il résulte d'un arrêt de la chambre criminelle rendu en septembre 2014 que l'employeur doit respecter les dispositions de l'article L. 3123-19, même si les heures complémentaires ont été effectuées volontairement par le salarié (cass. crim. 2 septembre 2014, n° 13-83.854, RJS 11/14 n° 820; JSL n° 376, 25.11.2014, p. 23, Fr. Taquet).

Sur l'impossibilité de déroger aux dispositions de l'article L. 3123-19, voir cass. crim. 12 mai 2015, n° 13-88.341, B. crim. n° 103.

Art. L. 3123-9. Les heures complémentaires ne peuvent avoir pour effet de porter la durée de travail accomplie par un salarié à temps partiel au niveau de la durée légale du travail ou, si elle est inférieure, au niveau de la durée de travail fixée conventionnellement.

Note Voir note sous art. L. 3123-8.

Art. L. 3123-10. Le refus d'accomplir les heures complémentaires proposées par l'employeur au delà des limites fixées par le contrat ne constitue ni une faute ni un motif de licenciement. Il en est de même, à l'intérieur de ces limites, lorsque le salarié est informé moins de trois jours avant la date à laquelle les heures complémentaires sont prévues.

§ 6. Répartition de la durée du travail

Art. L. 3123-11. Toute modification de la répartition de la durée de travail entre les jours de la semaine ou entre les semaines du mois est notifiée au salarié en respectant un délai de prévenance.

Note • Voir aussi art. L. 3123-24 et 31.

• Le délai de prévenance n'est applicable qu'en cas de décision unilatérale de l'employeur et non lorsque la modification intervient avec l'accord exprès du salarié (cass. soc. 9 novembre 2016, n° 15-19.401, BC V n° 215; LSQ n° 17202 du 17.11.2016; JSL n° 423, 2.01.2017, p. 14, J-Ph Lhernould; JCP éd. S 2017, 1003, note G. François; RJS 1/17 n° 28).

• La répartition du travail à temps partiel constitue un élément du contrat qui ne peut être modifié sans l'accord du salarié. Une clause du contrat ne peut valablement permettre à l'employeur de modifier l'horaire convenu en prévenant le salarié au moins sept jours à l'avance qu'à la double condition, d'une part, de la détermination par le contrat de la variation possible et, d'autre part, de l'énonciation des cas dans lesquels cette modification pourra intervenir (cass. soc. 7 juillet 1998, n° 95-43.443, BC V n° 373; RJS 10/98 n° 1312).

• Lorsque l'employeur modifie la répartition de la durée du travail d'un salarié sans respecter le délai de prévenance de sept jours au moins avant la date d'effet de ces modifications, il a droit à un rappel de salaire et son contrat de travail doit être réputé conclu pour un temps complet (cass. soc. 8 avril 2009, n° 08-40.971).

• Sur l'obligation du juge de préciser si un employeur a respecté le délai de prévenance de sept jours avant de mettre en œuvre des modifications de la répartition de la durée du travail, voir cass. soc. 15 septembre 2010, n° 09-40.473, BC V n° 179.

• Il appartient, d'une part, à l'employeur de rapporter la preuve qu'il a respecté le délai de prévenance prévu au contrat; d'autre part, l'inobservation du délai de prévenance, en cas de modification de la répartition de la durée du travail entre les jours de la semaine, constitue un trouble manifestement illicite nécessitant le rétablissement du salarié dans ses horaires antérieurs (cass. soc. 5 octobre 2011, n° 10-30.599, RJS 12/11 n° 1027).

L'inobservation du délai de prévenance entraîne également la requalification du contrat de travail à temps partiel en contrat de travail à temps complet lorsque le salarié est empêché de prévoir son rythme de travail et se trouve obligé de se tenir à la disposition constante de l'employeur (cass. soc. 27 mars 2019, n° 17-21.543, à paraître, LS n° 17789 du 03.04.2019; RJS 6/19 n° 359, 1re espèce; voir aussi cass. soc. 27 mars 2019, n° 16-28.774, à paraître, RJS 6/19 n° 359, 2e espèce; JCP éd. S 2019, 1169, note Ch. Avignon).

• À noter que le non-respect du délai de prévenance constitue une atteinte à l'intérêt collectif de la profession justifiant l'action en justice d'un syndicat (cass. soc. 21 septembre 2017, n° 16-14.282, BC V n° 158; JCP éd. S 2017, 1370, note Fr. Petit; JSL n° 442, 29.11.2017, p. 13, J-M Buisson et E. Frantz; RJS 12/17 n° 806).

Art. L. 3123-12. Lorsque l'employeur demande au salarié de modifier la répartition de sa durée de travail, alors que le contrat de travail n'a pas prévu les cas et la nature de telles modifications, le refus du salarié d'accepter cette modification ne constitue ni une faute ni un motif de licenciement.

Lorsque l'employeur demande au salarié de modifier la répartition de sa durée du travail dans un des cas et selon des modalités préalablement définis dans le contrat de travail, le refus du salarié d'accepter cette modification ne constitue ni une faute ni un motif de licenciement dès lors que cette modification n'est pas compatible avec des obligations familiales impérieuses, avec le suivi d'un enseignement scolaire ou supérieur, avec l'accomplissement d'une période d'activité fixée par un autre employeur ou avec une activité professionnelle non salariée. Il en va de même en cas de modification des horaires de travail au sein de chaque journée travaillée qui figurent dans le document écrit communiqué au salarié en application du 3° de l'article L. 3123-6.

Note • Le refus du salarié d'accepter la modification unilatérale du contrat de travail et la fixation par l'employeur de l'horaire à temps partiel ne constitue pas une faute (cass. soc. 16 janvier 2001, n° 98-41.717, BC V n° 5). De même, le refus d'une salariée d'accepter le changement d'horaires non prévu au contrat de travail qui lui était imposé étant légitime, son licenciement peut être jugé sans cause réelle et sérieuse (cass. soc. 24 mai 2005, n° 03-43.957).

• La rupture du contrat de travail faisant suite à la modification par l'employeur des horaires de travail d'une salariée travaillant à temps partiel et du non-respect du délai de prévenance prévu contractuellement s'analyse en un licenciement sans cause réelle et sérieuse (cass. soc. 4 avril 2006, n° 04-42.672, BC V n° 133; RJS 6/06 n° 782).

• La modification de la répartition de l'horaire de travail constitue une modification du contrat de travail à temps partiel. Le juge doit apprécier le caractère réel et sérieux du motif de la modification (cass. soc. 13 décembre 2000, n° 98-44.007).

Lorsqu'un employeur impose cette modification par malignité et non dans l'intérêt de l'entreprise, le licenciement du salarié consécutif à son refus de l'accepter est dépourvu de cause réelle et sérieuse (cass. soc. 14 octobre 1998, n° 96-43.539, BC V n° 419).

• Al. 2: s'agissant du refus d'un salarié d'accepter un changement incompatible avec des obligations familiales impérieuses, voir cass. soc. 9 mai 2001, n° 99-40.111, BC V n° 157; RJS 7/01 n° 943; 9 juillet 2003, n° 01-42.723, RJS 10/03 n° 1239; sur le refus d'accepter un changement incompatible avec une période d'activité fixée chez un autre employeur, voir cass. soc. 28 septembre 2011, n° 09-70.329, BC V n° 217; RJS 12/11 n° 1027; 30 avril 2014, n° 13-13.375, RJS 7/14 n° 598.

• Lorsque la modification de la répartition de l'horaire de travail est consécutive à l'application d'un accord de réduction du temps de travail, le refus du salarié d'accepter une telle modification ne peut, à lui seul, être constitutif d'une faute grave et le caractère réel et sérieux du licenciement consécutif à ce refus doit être apprécié au regard des seules dispositions de l'accord collectif applicable (cass. soc. 5 avril 2006, n° 04-45.537, BC V n° 138; RJS 6/06 n° 741).

Art. L. 3123-13. Lorsque, pendant une période de douze semaines consécutives ou pendant douze semaines au cours d'une période de quinze semaines ou pendant la période prévue par un accord collectif conclu sur le fondement de l'article L. 3121-44 si elle est supérieure, l'horaire moyen réellement accompli par un salarié a dépassé de deux heures au moins par semaine, ou de l'équivalent mensuel de cette durée, l'horaire prévu dans son contrat, celui-ci est modifié, sous réserve d'un préavis de sept jours et sauf opposition du salarié intéressé.

L'horaire modifié est égal à l'horaire antérieurement fixé auquel est ajoutée la différence entre cet horaire et l'horaire moyen réellement accompli.

Note • Le dépassement d'au moins deux heures par semaine de l'horaire convenu sur une période de douze semaines consécutives ou sur douze semaines au cours d'une période de quinze semaines doit être calculé en fonction de l'horaire moyen réalisé par le salarié sur toute la période de référence (cass. soc. 4 novembre 2015, n° 14-16.338, BC V n° 224; LSQ n° 16954 du 12.11.2015; RJS 1/16 n° 78; JSL n° 399-400, 23.12.2015, p. 17, A. Bonnet; JCP éd. S 2016, 1045, note M. Morand).

• Il ne peut être dérogé par voie contractuelle aux dispositions de l'article L. 3123-15 (ancien) (cass. soc. 30 novembre 2010, n° 09-65.465).

§ 7. Exercice d'un mandat

Art. L. 3123-14. Le temps de travail mensuel d'un salarié à temps partiel ne peut être réduit de plus d'un tiers par l'utilisation du crédit d'heures auquel il peut prétendre pour l'exercice de mandats qu'il détient au sein d'une entreprise. Le solde éventuel de ce crédit d'heures payées peut être utilisé en dehors des heures de travail de l'intéressé.

Note • L'objet de cet article est de limiter, pour le salarié à temps partiel, le nombre d'heures de délégation prises sur le temps de travail, et non d'autoriser l'employeur à imputer sur celui-ci les heures de délégation utilisées en dehors de ce temps en raison des nécessités du mandat (cass. soc. 5 janvier 1995, n° 90-45.187).

• Il résulte des articles L. 212-4-10 et L. 412-20 (anciens) CT que si le crédit d'heures dépasse le tiers du temps de travail mensuel, les heures de délégation prises en dehors de son temps de travail par le représentant du personnel pour l'exercice de son ou de ses mandats doivent être considérées de plein droit comme temps de travail et payées comme tel, peu important que l'intéressé reçoive en outre une allocation au titre de la préretraite progressive, le temps de délégation étant un accessoire nécessaire du contrat de travail en cours et impliquant des contraintes qui doivent être spécialement rémunérées, lorsque les heures de délégation ne s'imputent pas sur le temps de travail effectif (cass. soc. 20 mars 2002, n° 99-45.516, BC V n° 98; RJS 6/02 n° 750).

§ 8. Information des représentants du personnel

Art. L. 3123-15. Dans le cadre de la consultation sur la politique sociale de l'entreprise mentionnée à l'article L. 2323-15, l'employeur communique au moins une fois par an au ***(Ord. 2017-1386 du 22 sept. 2017, art. 4, 30°, JO 23, entrée en vigueur au plus tard le 01.01.2018)*** «comité social et économique, s'il existe,» un bilan du travail à temps partiel réalisé dans l'entreprise.

Il communique également ce bilan aux délégués syndicaux de l'entreprise.

Art. R. 3123-1. Le bilan du travail à temps partiel prévu à l'article ***(D. 2016-1551 du 18 nov. 2016, art. 4, 3°, JO 19, entrée en vigueur le 01.01.2017)*** « L. 3123-15 » porte notamment sur:

1° Le nombre, le sexe et la qualification des salariés concernés, ainsi que les horaires de travail à temps partiel pratiqués;

2° Le nombre d'heures complémentaires accomplies par les salariés à temps partiel.

Lors de la réunion où est discuté ce bilan du travail à temps partiel réalisé, l'employeur explique les raisons qui l'ont amené à refuser à des salariés à temps complet de passer à temps partiel et à des salariés à temps partiel de travailler à temps complet.

Note Cet article est l'ancien article R. 3123-2 (décret 2016-1551 du 18 novembre 2016, art. 4, 3°, JO 19, entrée en vigueur le 01.01.2017).

Art. L. 3123-16. L'employeur informe chaque année le ***(Ord. 2017-1386 du 22 sept. 2017, art. 4, 30°, JO 23, entrée en vigueur au plus tard le 01.01.2018)*** «comité social et économique, s'il existe,» du nombre de demandes de dérogation individuelle à la durée minimale de travail mentionnée au premier alinéa de l'article L. 3123-7 qui sont accordées sur le fondement des deux derniers alinéas du même article L. 3123-7.

Sous-section 2. **Champ de la négociation collective**

§ 1. Mise en place d'horaires à temps partiel

Art. L. 3123-17. Une convention ou un accord d'entreprise ou d'établissement ou, à défaut, une convention ou un accord de branche étendu peut prévoir la mise en œuvre d'horaires de travail à temps partiel à l'initiative de l'employeur.

Cet accord ou cette convention peut également fixer les conditions de mise en place d'horaires à temps partiel à la demande des salariés. Dans ce cas, l'accord ou la convention prévoit:

1° Les modalités selon lesquelles les salariés à temps complet peuvent occuper un emploi à temps partiel et les salariés à temps partiel occuper un emploi à temps complet dans le même établissement ou, à défaut, dans la même entreprise;

2° La procédure à suivre par les salariés pour faire part de leur demande à leur employeur;

3° Le délai laissé à l'employeur pour y apporter une réponse motivée, en particulier en cas de refus.

Art. L. 3123-18. ***(Ord. 2017-1718 du 20 déc. 2017, art. 1er, I, 125°, JO 21)*** «Une convention ou un accord d'entreprise ou d'établissement ou, à défaut, une convention ou un accord de branche étendu» peut prévoir la possibilité pour l'employeur de:

1° Proposer au salarié à temps partiel un emploi à temps complet ou d'une durée au moins égale à la durée minimale mentionnée au premier alinéa de l'article L. 3123-7 ne ressortissant pas à sa catégorie professionnelle ou un emploi à temps complet non équivalent;

2° Proposer au salarié à temps complet un emploi à temps partiel ne ressortissant pas à sa catégorie professionnelle ou un emploi à temps partiel non équivalent.

§ 2. Durée minimale de travail et heures complémentaires

Art. L. 3123-19. Une convention ou un accord de branche étendu fixe la durée minimale de travail mentionnée à l'article L. 3123-7. Lorsqu'elle est inférieure à celle prévue à l'article L. 3123-27, il détermine les garanties quant à la mise en œuvre d'horaires réguliers ou permettant au salarié de cumuler plusieurs activités afin d'atteindre une durée globale d'activité correspondant à un temps plein ou au moins égale à la durée mentionnée à l'article L. 3123-27.

(Ord. 2017-1718 du 20 déc. 2017, art. 1er, I, 126°, JO 21) «Une convention ou un accord d'entreprise ou d'établissement ou, à défaut, une convention ou un accord de branche étendu» détermine les modalités selon lesquelles les horaires de travail des salariés effectuant une durée de travail inférieure à la durée minimale prévue à l'article L. 3123-27 sont regroupés sur des journées ou des demi-journées régulières ou complètes.

Art. L. 3123-20. Une convention ou un accord d'entreprise ou d'établissement ou, à défaut, une convention ou un accord de branche étendu peut porter la limite dans laquelle peuvent être accomplies des heures complémentaires jusqu'au tiers de la durée hebdomadaire ou mensuelle de travail prévue dans le contrat du salarié à temps partiel et calculée, le cas échéant, sur la période prévue par un accord collectif conclu sur le fondement de l'article L. 3121-44.

Art. L. 3123-21. Une convention ou un accord de branche étendu peut prévoir le taux de majoration de chacune des heures complémentaires accomplies dans la limite fixée à l'article L. 3123-20. Ce taux ne peut être inférieur à 10 %.

§ 3. Compléments d'heures par avenant

Art. L. 3123-22. Une convention ou un accord de branche étendu peut prévoir la possibilité, par un avenant au contrat de travail, d'augmenter temporairement la durée de travail prévue par le contrat.

La convention ou l'accord:

1° Détermine le nombre maximal d'avenants pouvant être conclus, dans la limite de huit par an et par salarié, en dehors des cas de remplacement d'un salarié absent nommément désigné;

2° Peut prévoir la majoration salariale des heures effectuées dans le cadre de cet avenant;

3° Détermine les modalités selon lesquelles les salariés peuvent bénéficier prioritairement des compléments d'heures.

Les heures complémentaires accomplies au delà de la durée déterminée par l'avenant donnent lieu à une majoration salariale qui ne peut être inférieure à 25 %.

Note Voir «Avenant " complément d'heures " au contrat de travail à temps partiel», P-O Bach et D. Brivois, JCP éd. S 2015, 1190.

§ 4. Répartition de la durée du travail

Art. L. 3123-23. Une convention ou un accord d'entreprise ou d'établissement ou, à défaut, une convention ou un accord de branche étendu ou agréé en application de l'article L. 314-6 du code de l'action sociale et des familles peut définir la répartition des horaires de travail des salariés à temps partiel dans la journée de travail.

Si cette répartition comporte plus d'une interruption d'activité ou une interruption supérieure à deux heures, la convention ou l'accord définit les amplitudes horaires pendant lesquelles les salariés peuvent exercer leur activité et prévoit des contreparties spécifiques en tenant compte des exigences propres à l'activité exercée.

Art. L. 3123-24. Une convention ou un accord d'entreprise ou d'établissement ou, à défaut, une convention ou un accord de branche étendu peut déterminer le délai dans lequel la modification de la répartition de la durée du travail est notifiée au salarié.

Ce délai ne peut être inférieur à trois jours ouvrés. Dans les associations et entreprises d'aide à domicile, ce délai peut être inférieur pour les cas d'urgence définis par convention ou accord de branche étendu ou par convention ou accord d'entreprise ou d'établissement.

La convention ou l'accord d'entreprise ou d'établissement ou, à défaut, la convention ou l'accord de branche étendu prévoit les contreparties apportées au salarié lorsque le délai de prévenance est inférieur à sept jours ouvrés.

Art. L. 3123-25. L'accord collectif permettant les dérogations prévues aux articles L. 3123-20 et L. 3123-24 comporte des garanties relatives à la mise en œuvre, pour les salariés à temps partiel, des droits reconnus aux salariés à temps complet, notamment du droit à un égal accès aux possibilités de promotion, de carrière et de formation, ainsi qu'à la fixation d'une période minimale de travail continue et à la limitation du nombre des interruptions d'activité au cours d'une même journée.

Sous-section 3. Dispositions supplétives

§ 1. Mise en place d'horaires à temps partiel

Art. L. 3123-26. À défaut de convention ou d'accord collectif, des horaires à temps partiel peuvent être pratiqués à l'initiative de l'employeur, après avis du ***(Ord. 2017-1386 du 22 sept. 2017, art. 4, 26°, JO 23, entrée en vigueur au plus tard le 01.01.2018)*** «comité social et économique».

Dans les entreprises dépourvues d'institutions représentatives du personnel, des horaires à temps partiel peuvent être pratiqués à l'initiative de l'employeur ou à la demande des salariés, après information de l'agent de contrôle de l'inspection du travail.

À défaut de convention ou d'accord collectif, le salarié peut demander à bénéficier d'un poste à temps partiel, dans des conditions fixées par voie réglementaire.

La demande mentionnée au troisième alinéa ne peut être refusée que si l'employeur justifie de l'absence d'emploi disponible relevant de la catégorie professionnelle du salarié ou de l'absence d'emploi équivalent ou s'il peut démontrer que le changement d'emploi demandé aurait des conséquences préjudiciables à la bonne marche de l'entreprise.

Note Il résulte des articles L. 3123-6 [ancien] et D. 3123-3 CT que les conditions de forme prévues en l'absence de convention ou d'accord collectif de travail ne s'appliquent qu'à la demande du salarié de bénéficier d'un horaire à temps partiel et que la demande du salarié de bénéficier d'un horaire à temps plein n'est en revanche soumise à aucun formalisme (cass. soc. 2 juin 2010, n° 09-41.395, BC V n° 129; RJS 8-9/10 n° 710).

Art. D. 3123-2. L'avis du ***(D. 2017-1819 du 29 déc. 2017, art. 3, 4°, JO 30, entrée en vigueur le 01.01.2018)*** «comité social et économique» prévu ***(D. 2016-1553 du 18 nov. 2016, art. 2, 2°, JO 19, entrée en vigueur le 01.01.2017)*** «au premier alinéa de l'article L. 3123-26» pour la mise en œuvre d'horaires à temps partiel est communiqué, à sa demande, à l'agent de contrôle de l'inspection du travail.

Note Cet article est l'ancien article D. 3123-1 (décret 2016-1553 du 18 novembre 2016, art. 2, 2°, JO 19, entrée en vigueur le 01.01.2017).

Art. D. 3123-3. ***(D. 2016-1553 du 18 nov. 2016, art. 2, 2°, JO 19, entrée en vigueur le 01.01.2017)*** «À défaut d'accord prévu au troisième alinéa de l'article L. 3123-26», la demande du salarié de bénéficier d'un horaire à temps partiel est adressée à l'employeur par lettre recommandée avec avis de réception.

La demande précise la durée du travail souhaitée ainsi que la date envisagée pour la mise en œuvre du nouvel horaire.

Elle est adressée six mois au moins avant cette date.

L'employeur répond à la demande du salarié par lettre recommandée avec avis de réception dans un délai de trois mois à compter de la réception de celle-ci.

§ 2. Durée minimale de travail et heures complémentaires

Art. L. 3123-27. À défaut d'accord prévu à l'article L. 3123-19, la durée minimale de travail du salarié à temps partiel est fixée à vingt-quatre heures par semaine ou, le cas échéant, à l'équivalent mensuel de cette durée ou à l'équivalent calculé sur la période prévue par un accord collectif conclu en application de l'article L. 3121-44.

Art. L. 3123-28. À défaut d'accord prévu à l'article L. 3123-20, le nombre d'heures complémentaires accomplies par un salarié à temps partiel au cours d'une même semaine ou d'un même mois ou de la période prévue par un accord collectif conclu sur le fondement de l'article L. 3121-44 ne peut être supérieur au dixième de la durée hebdomadaire ou mensuelle de travail prévue dans son contrat et calculée, le cas échéant, sur la période prévue par un accord collectif conclu sur le fondement du même article L. 3121-44.

Note Voir note sous art. L. 3123-8.

Art. L. 3123-29. À défaut de stipulation conventionnelle prévue à l'article L. 3123-21, le taux de majoration des heures complémentaires est de 10 % pour chacune des heures complémentaires accomplies dans la limite du dixième des heures prévues au contrat de travail et de 25 % pour chacune des heures accomplies entre le dixième et le tiers des heures prévues au contrat de travail.

Note Voir note sous art. L. 3123-8.

§ 3. Répartition de la durée du travail

Art. L. 3123-30. À défaut d'accord prévu à l'article L. 3123-23, l'horaire de travail du salarié à temps partiel ne peut comporter, au cours d'une même journée, plus d'une interruption d'activité ou une interruption supérieure à deux heures.

Art. L. 3123-31. À défaut d'accord prévu à l'article L. 3123-24, toute modification de la répartition de la durée du travail entre les jours de la semaine ou les semaines du mois est notifiée au salarié au moins sept jours ouvrés avant la date à laquelle elle doit avoir lieu.

Note Voir note sous art. L. 3123-11.

Sous-section 4. Dispositions d'application

Art. L. 3123-32. Des décrets déterminent les modalités d'application de la présente section soit pour l'ensemble des professions ou des branches d'activité, soit pour une profession ou une branche particulière.

Si, dans une profession ou dans une branche, la pratique du travail à temps partiel provoque un déséquilibre grave et durable des conditions d'emploi, des décrets, pris après consultation des organisations d'employeurs et de salariés intéressées, peuvent instituer des limitations du recours à cette pratique dans la branche ou la profession concernée.

SECTION 2. Travail intermittent

Note • Sur l'impact de la loi 2016-1088 du 8 août 2016 en matière de durée du travail, de repos et de congés, voir note introductive du livre Ier de la troisième partie et, s'agissant du travail intermittent, voir notamment RF 8 septembre 2016, FH 3657, 1-35.

Voir aussi L. Cailloux-Meurice, «Le travail à temps partiel et le travail intermittent, faiblement affectés par la primauté de la négociation collective d'entreprise», JCP éd. S 2016, 1296.

• La loi 2000-37 du 19 janvier 2000 (JO 20) était revenue au contrat de travail intermittent. Ce dernier, institué par l'ordonnance 86-948 du 11 août 1986 (JO 12), avait été abrogé par la loi 93-1313 du 20 décembre 1993 (JO 21) pour être remplacé par le contrat de travail à temps partiel annualisé.

• La période de congés payés n'étant assimilée à un travail effectif que pour la détermination de la durée des congés ne peut être prise en compte pour le calcul de la durée du travail retenue par une convention collective pour la conclusion de contrats de travail à durée indéterminée intermittents (cass. soc. 20 mai 1997, n° 93-45.111, RJS 7/97 n° 820).

Sous-section 1. Ordre public

Art. L. 3123-33. Des contrats de travail intermittent peuvent être conclus dans les entreprises couvertes par une convention ou par un accord d'entreprise ou d'établissement ou, à défaut, par une convention ou un accord de branche étendu qui le prévoit.

Note • Par dérogation aux dispositions de cet article et à titre expérimental, dans les branches dans lesquelles l'emploi saisonnier au sens du 3° de l'article L. 1242-2 est particulièrement développé, déterminées par arrêté du ministre chargé du travail, les emplois à caractère saisonnier pouvaient donner lieu, jusqu'au 31 décembre 2019, à la conclusion d'un contrat de travail intermittent en l'absence de convention ou d'accord d'entreprise ou d'établissement ou en l'absence d'accord de branche, après information du comité d'entreprise ou des délégués du personnel. Le cas échéant, le contrat précise que la rémunération versée mensuellement au salarié est indépendante de l'horaire réel effectué et qu'elle est lissée sur l'année. Les articles L. 3123-34, L. 3123-35 et L. 3123-37 sont applicables.

L'expérimentation comporte également un volet relatif à la sécurisation de la pluriactivité des salariés concernés, afin de leur garantir une activité indépendante ou salariée avec plusieurs employeurs sur une année entière en associant les partenaires intéressés au plan territorial.

Le Gouvernement remettait au Parlement un rapport d'évaluation de l'expérimentation avant le 1er mars 2020.

La même dérogation est accordée aux entreprises adaptées mentionnées à l'article L. 5213-13 (loi 2016-1088 du 8 août 2016, art. 87, JO 9, modifiée par loi 2016-1888 du 28 décembre 2016, art. 44, JO 29).

• Le contrat de travail intermittent conclu malgré l'absence d'une convention ou d'un accord collectif est illicite et doit être requalifié en contrat de travail à temps complet (cass. soc. 8 juin 2011, n° 10-15.087, BC V n° 150; RJS 8-9/11 n° 697; JCP éd. S 2011, 1492, note Fr. Bousez; Dr. Soc. 2011, p. 1205, Cl. Roy-Loustaunau; 19 mars 2014, n° 13-10.759, BC V n° 81; JSL n° 365, 6.05.2014, p. 12, J-Ph. Lhernould; RJS 6/14 n° 529; Dr. Soc. 2014, p. 578, act. J. Mouly; JCP éd. S 2014, 1266, note M. Morand). Il en est de même du contrat de travail intermittent conclu, dans le cadre législatif antérieur à la loi 2016-1088 du 8 août 2016, en application d'un accord de groupe, lequel ne pouvait pas valablement prévoir le recours à ce type de contrat (cass. soc. 3 avril 2019, n° 17-19.524, à paraître, LS Jurispr. n° 80 du 30.04.2019; JCP éd. S 2019, 1150, note A. Barège; RJS 6/19 n° 393).

En outre, l'obligation, pour l'employeur, de supporter les conséquences financières résultant, d'une part, de l'illicéité de la conclusion du contrat et, d'autre part, de la durée pendant laquelle cette situation illicite a été maintenue, ne peut, en l'absence de base suffisante en droit interne, constituer l'atteinte à un «bien» au sens de l'article 1er du protocole n° 1 à la CESDH (cass. soc. 19 mars 2014, n° 13-10.759, précité). En présence de contrats illicites, les salariés peuvent prétendre à des dommages et intérêts à ce titre et la résiliation judiciaire des contrats doit être prononcée aux torts de l'employeur (cass. soc. 8 mars 2012, n° 10-19.987).

• La convention ou l'accord collectif prévoyant le recours au travail intermittent doit désigner de façon précise les emplois permanents qui peuvent être pourvus par la conclusion de contrats de travail intermittent. À défaut, les contrats conclus sont irréguliers et peuvent être requalifiés en contrats de travail à durée indéterminée à temps complet (cass. soc. 27 juin 2007, n° 06-41.818, BC V n° 113; RJS 10/07 n° 1137; 11 mai 2016, n° 15-11.382, BC V n° 95; RJS 7/16 n° 531; JCP éd. S 2016, 1250, note A. Barège).

Art. L. 3123-34. Le contrat de travail intermittent est un contrat à durée indéterminée.

Il peut être conclu afin de pourvoir un emploi permanent qui, par nature, comporte une alternance de périodes travaillées et de périodes non travaillées.

Ce contrat est écrit.

Il mentionne notamment:

1° La qualification du salarié;

2° Les éléments de la rémunération;

3° La durée annuelle minimale de travail du salarié;

4° Les périodes de travail;

5° La répartition des heures de travail à l'intérieur de ces périodes.

Note • Les dispositions imposant que le contrat de travail à temps partiel mentionne la durée hebdomadaire ou mensuelle prévue ainsi que la répartition de la durée du travail entre les jours de la semaine ou les semaines du mois ne s'appliquent pas au contrat de travail intermittent (cass. soc. 30 septembre 2020, n° 18-24.909, à paraître, RJS 12/20 n° 636, 2e espèce).

• D'une part, en l'absence de définition des périodes travaillées et non travaillées dans le contrat de travail, ce dernier doit être requalifié en contrat de travail à durée indéterminée de droit commun à temps plein (cass. soc. 25 mai 2016, n° 15-12.332, BC V n° 116; RJS 8-9/16 n° 604, 2e espèce; JCP éd. S 2016, 1311, note A. Barège; 15 mai 2014, n° 12-27.516, RJS 7/14 n° 568; 20 février 2013, n° 11-24.531, LSQ n° 16301 du 8.03.2013; RJS 5/13 n° 381). D'autre part, en l'absence de la mention de la durée annuelle minimale de travail du salarié ou de la répartition des heures de travail à l'intérieur des périodes travaillées, le contrat est présumé à temps plein; il appartient alors à l'employeur qui soutient que le contrat n'est pas à temps plein d'établir la durée annuelle minimale convenue et que le salarié connaissait les jours auxquels il devait travailler et selon quels horaires, et qu'il n'était pas obligé de se tenir constamment à la disposition de l'employeur (cass. soc. 20 février 2013, n° 11-24.531, précité; 15 mai 2014, n° 12-27.516, précité).

• En cas de requalification d'un contrat intermittent en contrat à temps complet, le salaire brut mensuel du salarié est réputé correspondre à celui qui lui aurait été dû pour un temps complet et non pour la durée de travail mensuelle prévue par le contrat intermittent (cass. soc. 29 mars 2017, n° 15-26.331).

• Le contrat de travail intermittent ne constitue pas, en soi, une annualisation du temps de travail autorisant l'employeur à ne décompter les heures supplémentaires qu'au-delà de la durée annuelle légale ou conventionnelle. Ainsi les heures supplémentaires doivent être décomptées, sauf exception légale ou conventionnelle, par semaine travaillée (cass. soc. 16 juin 2010, n° 08-43.244, BC V n° 142; JCP éd. S 2010, 1369, note M. Morand; RJS 10/10 n° 811; 28 mai 2014, n° 13-12.087, BC V n° 128; RJS 8-9/14 n° 635; JCP éd. S 2014, 1387, note M. Morand).

• Le recours au chèque-emploi associatif ne dispense pas les parties d'établir un contrat écrit, l'article L. 1272-4 ne dérogeant pas aux dispositions spéciales de l'article L. 3123-33 [ancien] (cass. soc. 20 mai 2015, n° 14-13.127, BC V n° 102; LS Jurispr. n° 97 du 2.06.2015; RDT, Juillet/Août 2015, CH, 461, S. Tournaux; JCP éd. S 2015, 1362, note A. Thurillet-Bersolle).

Art. L. 3123-35. Les heures dépassant la durée annuelle minimale fixée au contrat de travail intermittent ne peuvent excéder le tiers de cette durée, sauf accord du salarié.

Art. L. 3123-36. Le salarié titulaire d'un contrat de travail intermittent bénéficie des droits reconnus aux salariés à temps complet, sous réserve, en ce qui concerne les droits conventionnels mentionnés à l'article L. 3123-38, de modalités spécifiques prévues par la convention ou l'accord collectif de travail étendu ou par une convention ou un accord d'entreprise ou d'établissement.

Pour la détermination des droits liés à l'ancienneté, les périodes non travaillées sont prises en compte en totalité.

Art. L. 3123-37. Les entreprises adaptées mentionnées à l'article L. 5213-13 peuvent conclure un contrat de travail intermittent même en l'absence de convention ou d'accord collectif de travail, dès lors que ce contrat est conclu avec un travailleur handicapé, bénéficiaire de l'obligation d'emploi au sens de l'article L. 5212-13.

Note Voir note sous article L. 3123-33.

Sous-section 2. Champ de la négociation collective

Art. L. 3123-38. Une convention ou un accord d'entreprise ou d'établissement ou, à défaut, une convention ou un accord de branche étendu définit les emplois permanents pouvant être pourvus par des salariés titulaires d'un contrat de travail intermittent.

Cette convention ou cet accord détermine, le cas échéant, les droits conventionnels spécifiques aux salariés titulaires d'un contrat de travail intermittent.

Il peut prévoir que la rémunération versée mensuellement aux salariés titulaires d'un contrat de travail intermittent est indépendante de l'horaire réel et détermine, dans ce cas, les modalités de calcul de cette rémunération.

Dans les secteurs, dont la liste est déterminée par décret, où la nature de l'activité ne permet pas de fixer avec précision les périodes de travail et la répartition des heures de travail au sein de ces périodes, cette convention ou cet accord détermine les adaptations nécessaires, notamment les conditions dans lesquelles le salarié peut refuser les dates et les horaires de travail qui lui sont proposés.

Note *Alinéa 4.* Lorsque le contrat de travail ne comporte pas de mention d'un délai de prévenance à respecter, qui constitue une adaptation nécessaire dans la fixation des périodes de travail, l'omission d'une telle mention crée une présomption simple de travail à temps complet que l'employeur peut renverser en rapportant la preuve que le salarié n'avait pas à se tenir en permanence à sa disposition (cass. soc. 3 juin 2020, n° 18-24.945, à paraître, RJS 7/20 n° 386; JCP éd. S 2020, 2091, note Fr. Bousez; JSL n° 504, 28.09.2020, p. 26).

Art. D. 3123-4. ***(D. 2009-498 du 30 avril 2009, JO 3 mai)*** En application ***(D. 2016-1553 du 18 nov. 2016, art. 2, 4°, JO 19, entrée en vigueur le 01.01.2017)*** « du quatrième alinéa de l'article L. 3123-38 », est inscrit sur la liste des secteurs dans lesquels la nature de l'activité ne permet pas de fixer avec précision, dans le contrat de travail intermittent, les périodes de travail et la répartition des heures de travail au sein de ces périodes le secteur du spectacle vivant et enregistré.

CHAPITRE IV (réglementaire) Dispositions pénales

Art. R. 3124-1. ***(D. 2008-1131 du 3 nov. 2008, JO 5)*** « Le fait de méconnaître les stipulations d'une convention ou d'un accord d'entreprise ou d'établissement, ou, à défaut, celles d'une convention ou d'un accord de branche, conformes aux dispositions des articles ***(D. 2016-1551 du 18 nov. 2016, art. 6, V, 3°, JO 19, entrée en vigueur le 01.01.2017)*** « L. 3121-27 à L. 3121-33, et L. 3121-35 à L. 3121-40 » est puni de l'amende prévue pour les contraventions de la quatrième classe. »

Les infractions donnent lieu à autant d'amendes qu'il y a de salariés indûment employés.

Note Les dispositions des articles R. 3124-1 et 2 sont applicables aux marins salariés des entreprises d'armement maritime (loi 2002-73 du 17 janvier 2002, art. 203, JO 18).

Art. R. 3124-2. ***(D. 2008-1131 du 3 nov. 2008, JO 5)*** « Le fait d'appliquer les stipulations d'une convention ou d'un accord d'entreprise ou d'établissement ou d'une convention ou d'un accord de branche contraires aux dispositions des articles *(D. 2016-1551 du 18 nov. 2016, art. 6, V, 3°, JO 19, entrée en vigueur le 01.01.2017)* « L. 3121-27 à L. 3121-33, et L. 3121-35 à L. 3121-40», est puni d'une amende prévue pour les contraventions de la quatrième classe.»

Les infractions donnent lieu à autant d'amendes qu'il y a de salariés indûment employés.

Art. R. 3124-3. Le fait de méconnaître les dispositions relatives à la durée légale hebdomadaire et à la durée quotidienne maximale du travail prévues par les articles *(D. 2016-1551 du 18 nov. 2016, art. 6, V, 4°, JO 19, entrée en vigueur le 01.01.2017)* « L. 3121-27 et L. 3121-18» ainsi que celles des décrets prévus par les articles *(D. 2016-1551 du 18 nov. 2016, art. 6, V, 4°, JO 19, entrée en vigueur le 01.01.2017)* « L. 3121-67 et L. 3121-68», est puni de l'amende prévue pour les contraventions de la quatrième classe.

Les contraventions donnent lieu à autant d'amendes qu'il y a de salariés indûment employés.

Note Les dispositions de l'article R. 260-1 (ancien) ne s'appliquant pas à l'article R. 261-3 (ancien) CT, la Cour de cassation considère que ce dernier article ne déroge pas expressément au principe du cumul des peines contraventionnelles et qu'il convient, par conséquent, de prononcer, dans un cas d'emploi de salariés dans des conditions irrégulières pendant plusieurs journées consécutives, autant d'amendes qu'il y a eu pour chaque salarié d'infractions journalières constatées (cass. crim. 11 mai 1982, n° 81-93.406, B. crim. n° 121; voir aussi cass. soc. 18 avril 2000, n° 99-86.105).

Art. R. 3124-4. Le fait de ne pas accorder les compensations prévues *(D. 2016-1551 du 18 nov. 2016, art. 6, V, 5°, JO 19, entrée en vigueur le 01.01.2017)* «aux articles L. 3121-9, L. 3121-11 et L. 3121-12» en cas d'astreinte, est puni de l'amende prévue pour les contraventions de la quatrième classe.

Le fait de ne pas remettre à chaque salarié concerné ou de ne pas avoir conservé à la disposition de l'inspection du travail le document récapitulant le nombre d'heures d'astreinte accompli par salarié et par mois et la compensation correspondante est puni de la même peine.

Les contraventions donnent lieu à autant d'amendes qu'il y a de salariés indûment employés.

Art. R. 3124-5. Est puni de l'amende prévue pour les contraventions de la cinquième classe, le fait d'employer un salarié à temps partiel ou un salarié en contrat de travail intermittent en omettant d'établir un contrat de travail écrit mentionnant les éléments suivants:

1° Pour un salarié à temps partiel *(D. 2008-1131 du 3 nov. 2008, JO 5)* «autre que celui mentionné au 2°», la durée du travail de référence, la répartition de la durée du travail entre les jours de la semaine ou les semaines du mois et les limites dans lesquelles peuvent être accomplies des heures complémentaires;

2° Pour un salarié employé en application d'une convention ou d'un accord collectif de travail mentionné à l'article *(D. 2016-1551 du 18 nov. 2016, art. 6, V, 6°, JO 19, entrée en vigueur le 01.01.2017)* « L. 3121-44», la durée du travail de référence;

3° Pour un salarié employé en application d'une convention ou d'un accord collectif de travail mentionné à l'article *(D. 2016-1551 du 18 nov. 2016, art. 6, V, 6°, JO 19, entrée en vigueur le 01.01.2017)* « L. 3123-38», la durée annuelle minimale de travail ainsi que les périodes de travail et la répartition des heures de travail à l'intérieur de ces périodes lorsque ces mentions sont obligatoires.

Les contraventions donnent lieu à autant d'amendes qu'il y a de salariés indûment employés.

Art. R. 3124-6. Le fait de méconnaître les dispositions relatives au contingent annuel d'heures supplémentaires prévues par les articles *(D. 2016-1551 du 18 nov. 2016, art. 6, V, 7°, JO 19, entrée en vigueur le 01.01.2017)* « L. 3121-30 et L. 3121-33», est puni de l'amende prévue pour les contraventions de la quatrième classe.

Les infractions donnent lieu à autant d'amendes qu'il y a de salariés indûment employés.

Art. R. 3124-7. Le fait de méconnaître les dispositions relatives aux contreparties aux heures supplémentaires prévues par les articles *(D. 2016-1551 du 18 nov. 2016, art. 6, V, 8°, JO 19, entrée en vigueur le 01.01.2017)* « L. 3121-28, L. 3121-30, L. 3121-33 et L. 3121-36 à L. 3121-40», est puni de l'amende prévue pour les contraventions de la quatrième classe.

Les infractions donnent lieu à autant d'amendes qu'il y a de salariés indûment employés.

Art. R. 3124-8. Est puni de l'amende prévue pour les contraventions de la cinquième classe, le fait d'avoir fait accomplir:

1° Par un salarié à temps partiel, des heures complémentaires sans respecter les limites fixées par *(D. 2016-1551 du 18 nov. 2016, art. 6, V, 9°, JO 19, entrée en vigueur le 01.01.2017)* «les articles L. 3123-9 et L. 3123-28» ou par les conventions ou accords collectifs de travail prévus par l'article *(D. 2016-1551 du 18 nov. 2016, art. 6, V, 9°, JO 19, entrée en vigueur le 01.01.2017)* « L. 3123-20»;

(D. 2008-1131 du 3 nov. 2008, JO 5) «2°» Par un salarié employé en application d'un contrat de travail intermittent, des heures au-delà de la durée annuelle minimale prévue par ce contrat, sans respecter, en l'absence de l'accord de ce salarié, la limite fixée à l'article *(D. 2016-1551 du 18 nov. 2016, art. 6, V, 9°, JO 19, entrée en vigueur le 01.01.2017)* « L. 3123-35».

Les contraventions donnent lieu à autant d'amendes qu'il y a de salariés indûment employés.

Art. R. 3124-9. Le fait d'employer un salarié à temps partiel sans respecter les limites en nombre ou en durée des interruptions d'activité quotidienne prévues par ***(D. 2016-1551 du 18 nov. 2016, art. 6, V, 10°, JO 19, entrée en vigueur le 01.01.2017)*** « l'article L. 3123-30 » ou par une convention ou un accord collectif de branche ***(D. 2008-1131 du 3 nov. 2008, JO 5)*** « étendu ou agréé » ou par une convention ou accord d'entreprise ou d'établissement ***(D. 2016-1551 du 18 nov. 2016, art. 6, V, 10°, JO 19, entrée en vigueur le 01.01.2017)*** « mentionnés à l'article L. 3123-23 », est puni de l'amende prévue pour les contraventions de la cinquième classe.

Les contraventions donnent lieu à autant d'amendes qu'il y a de salariés indûment employés.

Art. R. 3124-10. Le fait de ne pas accorder une majoration de salaire de 25 % pour chaque heure complémentaire accomplie au-delà du dixième de la durée stipulée au contrat en méconnaissance des dispositions ***(D. 2016-1551 du 18 nov. 2016, art. 6, V, 11°, JO 19, entrée en vigueur le 01.01.2017)*** « des articles L. 3123-21 et L. 3123-29 » ou du II de l'article 14 de la loi n° 2000-37 du 19 janvier 2000 relative à la réduction négociée du temps de travail, est puni de l'amende prévue pour les contraventions de la quatrième classe.

Les contraventions donnent lieu à autant d'amendes qu'il y a de salariés indûment employés.

Art. R. 3124-11. Le fait de méconnaître les dispositions relatives aux durées hebdomadaires maximales de travail prévues par les articles ***(D. 2016-1551 du 18 nov. 2016, art. 6, V, 12°, JO 19, entrée en vigueur le 01.01.2017)*** « L. 3121-20 à L. 3121-26 », est puni de l'amende prévue pour les contraventions de la quatrième classe.

Les infractions donnent lieu à autant d'amendes qu'il y a de salariés indûment employés.

Art. R. 3124-13. Le fait de méconnaître les dispositions de l'article ***(D. 2016-1551 du 18 nov. 2016, art. 6, V, 13°, JO 19, entrée en vigueur le 01.01.2017)*** « R. 3121-10 », relatives à la durée maximale hebdomadaire absolue, est puni de l'amende prévue pour les contraventions de la cinquième classe, prononcée autant de fois qu'il y a de salariés concernés par l'infraction.

La récidive est réprimée conformément aux articles 132-11 et 132-15 du code pénal.

Art. R. 3124-15. Le fait de méconnaître les dispositions relatives au travail de nuit prévues par les articles ***(D. 2016-1551 du 18 nov. 2016, art. 6, V, 14°, JO 19, entrée en vigueur le 01.01.2017)*** « L. 3122-1 à L. 3122-24 », L. 3163-1 et L. 3163-2 ainsi que celles des décrets pris pour leur application, est puni de l'amende prévue pour les contraventions de la cinquième classe, prononcée autant de fois qu'il y a de salariés concernés par l'infraction.

La récidive est réprimée conformément aux articles 132-11 et 132-15 du code pénal.

Note Un employeur ne peut être condamné pour non-respect des dispositions de l'article L. 213-1 [L. 3122-32 et 33] CT relatives au travail de nuit, au paiement d'une amende par salarié irrégulièrement employé au cours de deux nuits distinctes, sans que le juge se soit assuré, en l'absence de récidive, que des salariés différents avaient été employés lors des deux périodes visées (cass. crim. 20 novembre 2007, n° 06-86.289, RJS 5/08 n° 554).

Art. R. 3124-16. Le fait de méconnaître les dispositions de l'article L. 3163-3, applicable au travail des jeunes travailleurs de seize à dix huit ans pour la réalisation de travaux passagers en cas d'extrême urgence, est puni de l'amende prévue pour les contraventions de la quatrième classe, prononcée autant de fois qu'il y a de salariés concernés par l'infraction.

TITRE III REPOS ET JOURS FÉRIÉS

CHAPITRE Ier Repos quotidien

Note • Les dispositions de ce chapitre sont issues de la loi 2016-1088 du 8 août 2016, art. 8, III, 1°, JO 9.

Sur l'impact de cette loi en matière de durée du travail, de repos et de congés, voir note introductive du livre Ier de la troisième partie et, s'agissant du repos quotidien, voir notamment RF 8 septembre 2016, FH 3657, 1-12.

Voir aussi L. Marquet de Vasselot et A. Martinon, « Les apports de la loi du 8 août 2016 en matière de durée du travail », JCP éd. S 2016, 1294; M. Véricel, « Une nouvelle architecture des règles en matière de temps de travail », RDT, décembre 2016, CH, 824.

• Les articles L. 3131-1 et L. 3131-2 transposent l'article 3 de la directive européenne du 23 novembre 1993 sur l'aménagement du temps de travail, remplacée, depuis le 2 août 2004, par la directive 2003/88/CE du 4 novembre 2003, en créant une durée minimale de repos journalier qui n'existait pas jusqu'alors en droit interne. Voir « Influence sur le droit français de la directive temps de travail 2003/88 (anc. 93/104) et de la jurisprudence de la Cour de justice y afférente (hors congés payés) », A. Johansson, Dr. Soc. 2012, p. 821.

• Le droit à la santé et au repos est au nombre des exigences constitutionnelles (voir notamment cass. soc. 29 juin 2011, n° 09-71.107, BC V n° 181; RJS 8-9/11 n° 696; 26 septembre 2012, n° 11-14.540, BC V n° 250; RJS 12/12 n° 950; 24 avril 2013, n° 11-28.398, BC V n° 117; RJS 7/13 n° 543; 14 mai 2014, n° 12-35.033, BC V n° 121; RJS 7/14 n° 566, 1re espèce).

SECTION 1. Ordre public

Art. L. 3131-1. Tout salarié bénéficie d'un repos quotidien d'une durée minimale de onze heures consécutives, sauf dans les cas prévus aux articles L. 3131-2 et L. 3131-3 ou en cas d'urgence, dans des conditions déterminées par décret.

Note • *Covid-19.* Voir ordonnance 2020-323 du 25 mars 2020, art. 6, JO 26, entrée en vigueur le 26.03.2020, modifié.

• Le seuil communautaire, qui résulte de la directive 93/104/CE du Conseil du 23 novembre 1993, modifiée par la directive 2000/34/CE du Parlement et du Conseil du 22 juin 2000, fixant à 11 heures consécutives la période minimale du repos journalier, se traduit en droit interne par l'interdiction de dépasser l'amplitude journalière de 13 heures, celle-ci étant définie comme le temps séparant la prise de poste de sa fin (cass. soc. 28 septembre 2010, n° 09-41.277, JCP éd. S 2011, 1023, note M. Morand; voir aussi cass. soc. 23 septembre 2009, n° 07-44.226, BC V n° 202; Dr. Soc. 2010, p. 239, obs. J. Barthélémy; RJS 12/09 n° 940).

En outre, l'amplitude du travail doit être calculée sur une même journée de 0 à 24 heures et ne peut dépasser 13 heures. A violé l'article L. 212-1 CT, dans sa rédaction alors en vigueur, interprété à la lumière de la directive 93/104/CE du 23 novembre 1993, la cour d'appel qui, pour décider que le refus d'une salariée d'accepter de nouveaux horaires de travail n'était pas justifié, a retenu que l'amplitude du travail calculée de 19h30 à 8h30 ne dépassait pas 13 heures, alors que la salariée, qui devait commencer son travail à 5h00 pour l'achever à 22h00, était soumise à une amplitude du travail supérieure à 13 heures (cass. soc. 18 décembre 2001, n° 99-43.351, BC V n° 392; Dr. Soc. 2002, p. 353, obs. J. Barthélémy).

• Le repos quotidien de 11 heures consécutives doit prendre effet à la fin du service (cass. soc. 27 juin 2012, n° 10-21.306, BC V n° 201; JSL n° 327, 4.09.2012, p. 18, M. Hautefort; RJS 10/12 n° 802; RDT, octobre 2012, CH, 569, M. Véricel, s'agissant d'un salarié terminant son service à 6h50 du matin dont la visite médicale fixée à 8h00 du matin le prive de 11 heures de repos consécutives prenant effet à la fin de son service).

• Selon l'administration du travail, l'amplitude quotidienne peut atteindre 15 heures si la branche a ouvert la faculté de mettre en œuvre un repos quotidien de 9 heures, ce qui est le cas dans les établissements sociaux et médico-sociaux de droit privé à but non lucratif (note DRT du 28 juillet 2003, LS n° 13963/64 du 09.09.2003).

Selon la CJCE, une réduction de la période de repos journalier de 11 heures consécutives est subordonnée à la condition que des périodes équivalentes de repos compensateur soient accordées aux travailleurs concernés qui succèdent immédiatement aux périodes de travail correspondantes (CJCE 9 septembre 2003, aff. C-151/02, rec. p. I-8389; JOUE C 264/14 du 1.11.2003; RJS 12/03 n° 1455).

• Sur la prise en compte du régime d'équivalence pour la détermination de l'amplitude journalière de travail, voir cass. soc. 23 septembre 2009, n° 07-44.226, précité, cité sous l'article L. 3121-13.

• Cet article s'applique quel que soit le type de contrat: la loi du 23 mai 2006 et le décret qui la met en œuvre méconnaissent les objectifs fixés par la directive du 4 novembre 2003, en tant que les titulaires d'un contrat d'engagement éducatif ne bénéficient ni d'un repos quotidien ni d'une protection équivalente (CE 10 octobre 2011, n° 301014, LSQ n° 15955 du 13.10.2011; RJS 12/11 n° 983; JCP éd. S 2011, 1568, note M. Mirand; CJUE 14 octobre 2010, aff. C-428/09, rec. p. I-09961; JOUE C 346/20 du 18.12.2010; RJS 2/11, p. 101, I. D., chron. M. Schmitt).

• Les dispositions de l'article L. 3171-4 CT relatives à la répartition de la charge de la preuve des heures de travail effectuées entre l'employeur et le salarié ne sont pas applicables à la preuve du respect du seuil communautaire fixant à 11 heures consécutives la période minimale du repos journalier, qui incombe à l'employeur (cass. soc. 17 octobre 2012, n° 10-17.370, BC V n° 267; LSQ n° 16206 du 19.10.2012; RDT, décembre 2012, CH, 707, M. Véricel; JSL nos 333-334, 20.12.2012, p. 23, J-Ph. Lhernould; RJS 1/13 n° 37; JCP éd. S 2013, 1031, note E. Andréo; 23 mai 2013, n° 12-13.015, précité).

Art. D. 3131-1. L'employeur peut, sous sa seule responsabilité et en informant l'inspecteur du travail, déroger à la période minimale de onze heures de repos quotidien par salarié en cas de travaux urgents dont l'exécution immédiate est nécessaire pour:

1° Organiser des mesures de sauvetage;

2° Prévenir des accidents imminents;

3° Réparer des accidents survenus au matériel, aux installations ou aux bâtiments.

Note Les articles D. 3131-1 à 3 sont les anciens articles D. 3131-5 à 7 (décret 2016-1553 du 18 novembre 2016, art. 3, 2°, JO 19, entrée en vigueur le 01.01.2017).

Art. D. 3131-2. Le bénéfice des dérogations prévues aux articles ***(D. 2016-1553 du 18 nov. 2016, art. 3, 2°, JO 19, entrée en vigueur le 01.01.2017)*** « D. 3131-1 et D. 3131-4 à D. 3131-7 » est subordonné à l'attribution de périodes au moins équivalentes de repos aux salariés intéressés.

Lorsque l'attribution de ce repos n'est pas possible, une contrepartie équivalente est prévue par accord collectif de travail.

Note En premier lieu, si cet article (D. 220-7 ancien) n'a pas défini la notion de période équivalente de repos, ses dispositions impliquent simplement qu'en l'absence de précision donnée par une convention ou un accord collectif étendu, le salarié doit bénéficier d'un nombre d'heures de repos égal à celles dont il n'a pu bénéficier du fait de l'application de la dérogation.

En deuxième lieu, si l'article D. 220-7 ancien ne prévoit aucune disposition dans l'hypothèse où, tout à la fois, il est impossible d'accorder un repos équivalent et où aucun accord collectif ne fixe de contrepartie, il résulte de l'économie générale du décret 98-496 du 22 juin 1998 que, dans le cas ainsi visé, aucune dérogation ne peut être apportée à la règle du repos quotidien.

En troisième lieu, la directive 93/104/CE du 23 novembre 1993 n'interdit pas que la «protection appropriée», qui doit être accordée aux salariés lorsque, dans des cas exceptionnels, l'octroi d'une période équivalente de repos n'est pas possible, soit librement négociée dans le cadre d'un accord collectif, ni que cette protection soit constituée par une contrepartie financière; ainsi, il ne saurait être utilement soutenu qu'en n'excluant pas une compensation de cette nature, le décret aurait méconnu les objectifs définis par la directive précitée (CE 17 mai 1999, n° 199095, Dr. Ouvr. 1999, p. 369).

Art. D. 3131-3. Pour assurer le respect du repos quotidien minimum de onze heures consécutives des salariés qui ne sont pas occupés selon un horaire collectif, l'employeur peut fixer pour l'établissement, l'atelier, le service ou l'équipe au sens de l'article D. 3171-7 une période quotidienne correspondant au moins à la durée de ce repos. Les heures auxquelles commence et finit cette période sont affichées dans l'entreprise.

Si des salariés sont occupés durant la ou les périodes fixées par l'employeur ou lorsque celui-ci n'a pas fixé de période de repos quotidien, le respect de ce dernier doit être démontré par tous moyens.

SECTION 2. Champ de la négociation collective

Art. L. 3131-2. Une convention ou un accord d'entreprise ou d'établissement ou, à défaut, une convention ou un accord de branche peut déroger à la durée minimale de repos quotidien prévue à l'article L. 3131-1, dans des conditions déterminées par décret, notamment pour des activités caractérisées par la nécessité d'assurer une continuité du service ou par des périodes d'intervention fractionnées.

Note Le salarié ne peut valablement renoncer à la durée minimale de repos journalier prévue par la convention collective (cass. soc. 8 juin 2010, n° 08-45.577, LS Jurispr. n° 130 du 29.06.2010).

Art. D. 3131-4. Il peut être dérogé, dans des conditions et selon des modalités fixées ***(D. 2016-1553 du 18 nov. 2016, art. 3, 3°, JO 19, entrée en vigueur le 01.01.2017)*** «par accord prévu à l'article L. 3131-2», à la période minimale de onze heures de repos quotidien par salarié pour ceux exerçant les activités suivantes:

1° Activités caractérisées par l'éloignement entre le domicile et le lieu de travail du salarié ou par l'éloignement entre différents lieux de travail du salarié;

2° Activités de garde, de surveillance et de permanence caractérisées par la nécessité d'assurer la protection des biens et des personnes;

3° Activités caractérisées par la nécessité d'assurer la continuité du service ou de la production, notamment pour les établissements ou parties d'établissements pratiquant le mode de travail par équipes successives, chaque fois que le salarié change d'équipe ou de poste et ne peut bénéficier, entre la fin d'une équipe et le début de la suivante, d'une période de repos quotidien de onze heures consécutives;

4° Activités de manutention ou d'exploitation qui concourent à l'exécution des prestations de transport;

5° Activités qui s'exercent par périodes de travail fractionnées dans la journée.

Note • Les articles D. 3131-4 à 6 sont les anciens articles D. 3131-1 à 3 (décret 2016-1553 du 18 décembre 2016, art. 3, 3°, JO 19, entrée en vigueur le 01.01.2017).

• Sur le transport routier, voir cass. soc. 13 juin 2012, n° 11-12.875, BC V n° 185; RJS 8-9/12 n° 748; JCP éd. S 2012, 1443, note M. Morand.

Art. D. 3131-5. En cas de surcroît d'activité, ***(D. 2016-1553 du 18 nov. 2016, art. 3, 3°, JO 19, entrée en vigueur le 01.01.2017)*** «l'accord prévu à l'article L. 3131-2» peut prévoir une réduction de la durée du repos quotidien.

Art. D. 3131-6. Un accord collectif de travail ne peut avoir pour effet de réduire la durée du repos quotidien en deçà de neuf heures.

SECTION 3. **Dispositions supplétives**

Art. L. 3131-3. À défaut d'accord, en cas de surcroît exceptionnel d'activité, il peut être dérogé à la durée minimale de repos quotidien dans des conditions définies par décret.

Art. D. 3131-7. En cas de surcroît d'activité, en l'absence d'accord collectif de travail, une réduction de la durée du repos quotidien peut être mise en œuvre dans les conditions définies aux articles ***(D. 2016-1553 du 18 nov. 2016, art. 3, 4°, JO 19, entrée en vigueur le 01.01.2017)*** « D. 3121-5 à D. 3121-7 ».

Note • Cet article est l'ancien article D. 3131-4 (décret 2016-1553 du 18 novembre 2016, art. 3, 4°, JO 19, entrée en vigueur le 01.01.2017).

• Si cet article ne prévoit pas que les dérogations apportées sur son fondement à la règle de la durée minimale quotidienne de repos ouvrent au profit des travailleurs concernés « des périodes équivalentes de repos », comme le prévoit l'article 17 de la directive 93/104/CE du 23 novembre 1993, il ne saurait cependant être fait grief à l'auteur du décret du 22 juin 1998 attaqué d'avoir méconnu le droit communautaire dès lors que l'article D. 220-7 [D. 3131-6 ancien], ajouté au code du travail par le décret attaqué, transpose dans l'ordre interne l'objectif fixé en la matière par la directive (CE 17 mai 1999, n° 199095, Dr. Ouvr. 1999, p. 369).

CHAPITRE II **Repos hebdomadaire**

SECTION 1. **Principes**

Art. L. 3132-1. Il est interdit de faire travailler un même salarié plus de six jours par semaine.

Note L'article 5 de la directive 2003/88/CE du 4 novembre 2003 n'exige pas que la période minimale de repos hebdomadaire sans interruption de vingt-quatre heures, à laquelle un travailleur a droit, soit accordée au plus tard le jour qui suit une période de six jours de travail consécutifs, mais impose que celle-ci soit accordée à l'intérieur de chaque période de sept jours (CJUE 9 novembre 2017, aff. C-306/16, JCP éd. S 2017, 1390, note J-Ph Lhernould).

Art. L. 3132-2. Le repos hebdomadaire a une durée minimale de vingt-quatre heures consécutives auxquelles s'ajoutent les heures consécutives de repos quotidien prévu au chapitre Ier.

Note • Tout employeur doit veiller, sous peine de sanction pénale, à ce que l'organisation du travail des conducteurs routiers leur permette de prendre un repos hebdomadaire normal (voir c. transp., art. L. 3313-3 et L. 3315-4-1).

• La directive 93/104/CE du 23 novembre 1993 (JOCE L 307 du 13.12.1993) modifiée par la directive 2000/34/CE du 22 juin 2000 – remplacée par la directive 2003/88/CE du 4 novembre 2003 depuis le 2 août 2004 – concernant certains aspects de l'aménagement du temps de travail prévoit une période minimale de repos sans interruption de 24 heures auxquelles s'ajoutent onze heures de repos journalier, soit un repos hebdomadaire minimal de 35 heures. Le législateur a repris cette précision dans la loi 2000-37 du 19 janvier 2000 transposant ainsi complètement cette directive.

L'article 17 § 1 de la directive 93/104/CE permet de déroger aux périodes minimales de repos et aux durées maximales de travail hebdomadaire et de travail de nuit fixées par la directive, lorsque la durée du temps de travail, en raison des caractéristiques particulières de l'activité exercée, n'est pas mesurée et/ou prédéterminée ou peut être déterminée par les travailleurs eux-mêmes. Cette dérogation ne s'applique qu'aux travailleurs dont le temps de travail dans son intégralité n'est pas mesuré ou prédéterminé ou peut être déterminé par les travailleurs eux-mêmes (CJCE 7 septembre 2006, aff. C-484/04, rec. p. I-7471 ; JOUE C 261/3 du 28.10.2006 ; JCP éd. S 2006, 1752, note J. Cavallini). Par ailleurs, les États membres doivent garantir le respect de chacune des prescriptions minimales de la directive, y compris le droit des travailleurs de bénéficier d'un repos effectif. Un État membre ne peut donc pas, dans les lignes directrices adressées aux employeurs et aux travailleurs concernant la mise en œuvre du droit au repos, indiquer que l'employeur n'est pas tenu de vérifier que les travailleurs ont réellement bénéficié d'un repos effectif (CJCE 7 septembre 2006, aff. C-484/04, précité). Voir « Influence sur le droit français de la directive temps de travail 2003/88 (anc. 93/104) et de la jurisprudence de la Cour de justice y afférente (hors congés payés) », A. Johansson, Dr. Soc. 2012, p. 821.

• Les dispositions de l'article L. 3171-4 CT relatives à la répartition de la charge de la preuve des heures de travail effectuées entre l'employeur et le salarié ne sont pas applicables à la preuve du respect du seuil communautaire fixant à 24 heures consécutives la durée minimale du repos hebdomadaire, qui incombe à l'employeur (cass. soc. 17 octobre 2012, n° 10-17.370, BC V n° 267 ; LSQ n° 16206 du 19.10.2012 ; RDT, décembre 2012, CH, 707, M. Véricel ; JSL nos 333-334, 20.12.2012, p. 23, J-Ph. Lhernould ; RJS 1/13 n° 37 ; JCP éd. S 2013, 1031, note E. Andréo).

Art. L. 3132-3. ***(L. 2009-974 du 10 août 2009, JO 11)*** Dans l'intérêt des salariés, le repos hebdomadaire est donné le dimanche.

Note • *Covid-19.* Voir ordonnance 2020-323 du 25 mars 2020, art. 7, JO 26, entrée en vigueur le 26.03.2020, modifié.

Voir aussi décret 2020-573 du 15 mai 2020 (JO 16, entrée en vigueur le 16.05.2020) relatif aux dérogations à la règle du repos dominical pour les activités d'identification, d'orientation et d'accompagnement et de surveillance épidémiologique dans le cadre de la lutte contre la propagation de l'épidémie de Covid-19.

• Voir «Faut-il assouplir les règles relatives au travail dominical ?», M. Véricel et M. d'Allende, RDT, novembre 2013, CO, 675.

• Les articles 1er et 2 de la loi 2009-974 du 10 août 2009 ne s'appliquent pas dans les départements de la Moselle, du Bas-Rhin et du Haut-Rhin, à l'exception de l'article L. 3132-3 réaffirmant le principe du repos dominical (loi 2009-974 précitée, art. 3). S'agissant des dispositions régissant ces départements, voir articles L. 3134-2 et s.

• Conformément à l'article 4 de la loi 2009-974 précitée, un Rapport fait au nom du comité parlementaire chargé de veiller au respect du principe du repos dominical posé à l'article L. 3132-3 du code du travail a été déposé le 9 novembre 2011 (AN n° 3927 et Sénat n° 92).

• Avant la loi du 10 août 2009, dans le cadre de la modernisation de la réglementation relative au repos dominical des salariés et à l'ouverture des commerces le dimanche, la règle de principe du droit au repos dominical avait été réaffirmée, le régime des dérogations à ce principe adapté, de façon limitée, pour tenir compte de l'évolution de la vie économique et sociale et permettre la satisfaction des besoins essentiels du pays le dimanche. Voir notamment, en la matière, circulaires DRT 19/92 du 7 octobre 1992 (BO MT 92/23), 26 du 6 décembre 1993 (BO MT 94/4), 94/5 du 24 mai 1994 (BO MT 94/11) rapportées au JO n° 1652 «Le travail le dimanche»; «Le repos dominical des salariés», guide pratique de la DGT à l'attention des services instructeurs.

• L'article 5, al. 2 de la directive 93/104/CE du 23 novembre 1993 concernant certains aspects de l'aménagement du temps de travail qui inclut en principe, sous réserve de l'appréciation souveraine des États, le dimanche dans la période de repos hebdomadaire, est annulé, faute pour le Conseil d'avoir expliqué «en quoi le dimanche, comme jour de repos hebdomadaire, présenterait un lien plus important avec la santé et la sécurité des travailleurs qu'un autre jour de la semaine» (CJCE 12 novembre 1996, aff. C-84/94, rec. p. I-5755). L'inclusion du dimanche dans la période de repos hebdomadaire étant ainsi laissée à l'appréciation des États membres, l'article L. 221-5 (ancien) CT demeure applicable (cass. crim. 11 janvier 2000, n° 98-84.408).

• Les dispositions de cet article, prises dans le seul intérêt des travailleurs et imposant l'obligation de donner à ces derniers le repos hebdomadaire le dimanche, n'ont pas pour objet de régir les échanges entre les États membres de la Communauté européenne et ne sont pas incompatibles avec les dispositions du traité instituant cette communauté qui interdisent les restrictions quantitatives à l'importation ainsi que les mesures d'effet équivalent (cass. crim. 20 novembre 1990, n° 90-81.160, B. crim. n° 392; 8 janvier 1991, n° 90-82.792, RJS 3/91 n° 334; 14 mai 1991, n° 90-85.280, RJS 8-9/91 n° 967). La CJCE, en suivant un raisonnement différent, admet également la compatibilité entre les dispositions du traité de Rome et la réglementation nationale interdisant d'employer des travailleurs salariés le dimanche (CJCE 28 février 1991, aff. C-312/89, rec. p. I-997; RJS 4/91 n° 530 b. Voir chron. de X. Prétot, RJS 8-9/91, p. 483).

L'exception tirée de l'incompatibilité des dispositions de l'article L. 221-5 (ancien) avec les articles 100, 235 (anciens) et 119 du traité de Rome et avec la directive communautaire 76/207/CEE du 9 février 1976 relative à l'égalité de traitement entre hommes et femmes en ce qui concerne l'accès à l'emploi, à la formation et à la promotion professionnelles et les conditions de travail n'est pas fondée; en effet, la règle fixant au dimanche le repos hebdomadaire a été prise dans le seul intérêt des travailleurs, hommes ou femmes, et constitue un avantage social. Son application n'est, dès lors, pas de nature à entraîner une discrimination directe ou indirecte au détriment des uns ou des autres (cass. crim. 10 janvier 1995, n° 94-82.490, B. crim. n° 9; 27 juin 1995, n° 94-84.182, JCP éd. G 1996.II.22573; 4 juin 1998, n° 97-82.788; 2 mars 1999, n° 97-85.165, B. crim. n° 27, précisant, en outre, que l'article L. 221-5 (ancien) n'est pas contraire aux dispositions de la directive communautaire 97/80/CE du 15 décembre 1997 relative à la charge de la preuve dans le cas de discrimination fondée sur le sexe).

• Une nouvelle répartition de l'horaire de travail ayant pour effet de priver le salarié du repos dominical constitue une modification de son contrat de travail que ce dernier est en droit de refuser (cass. soc. 2 mars 2011, n° 09-43.223, BC V n° 56; JSL n° 298, 27.04.2011, p. 17, J-Ph. Lhernould; RJS 5/11 n° 429; JCP éd. S 2011, 1283, note M. d'Allende; 26 septembre 2012, n° 11-18.410, LS Jurispr. n° 204 du 30.10.2012).

• *Violation des dispositions relatives au repos dominical.* Le fait pour un employeur d'ouvrir son établissement le dimanche sans qu'il y soit autorisé de droit ou par autorisation préfectorale constitue un trouble manifestement illicite (cass. soc. 16 juin 2010, n° 09-11.214, BC V n° 143; RJS 8-9/10 n° 678; JCP éd. S 2010, 1342, note M. d'Allende; 10 juillet 2013, n° 12-12.181).

Le fait que des concurrents fassent travailler leurs salariés le dimanche n'est pas de nature à justifier la méconnaissance par un employeur du droit au repos dominical (cass. soc. 22 janvier 2014, n° 12-27.478, BC V n° 31; RJS 4/14 n° 328; RDT, juillet/août 2014, CH, 484, M. Grévy; JCP éd. S 2014, 1350, note B. Bossu).

Le consentement donné par les salariés à l'octroi du repos hebdomadaire un autre jour que le dimanche ne saurait constituer un fait justificatif de nature à permettre à l'employeur poursuivi pour infraction à l'article L. 221-5 (ancien) d'échapper à sa responsabilité pénale (cass. crim. 5 décembre 1989, n° 89-82.001, B. crim. n° 466).

Le salarié employé habituellement le dimanche dans un établissement ouvert sans autorisation ne peut pas prétendre à la majoration de salaire prévue conventionnellement en cas de travaux exceptionnels le dimanche, mais exclusivement à des dommages-intérêts en réparation du préjudice causé par la violation des dispositions légales relatives au repos dominical (cass. soc. 31 janvier 2006, n° 04-40.985, BC V n° 44; RJS 4/06 n° 462). Voir aussi cass. soc. 19 décembre 2007, n° 06-41.770 et 8 juin 2011, n° 09-67.051, BC V n° 142; RJS 8-9/11 n° 693; JCP éd. S 2011, 1441, note D. Asquinazi-Bailleux (réparation du préjudice subi par l'atteinte portée à la vie personnelle du salarié et par les risques engendrés pour sa santé et sa sécurité).

La prise d'acte, par le salarié, de la rupture de son contrat de travail en raison du non-respect, par l'employeur, du droit au repos hebdomadaire produit les effets d'un licenciement sans cause réelle et sérieuse (cass. soc. 7 octobre 2003, n° 01-44.635, RJS 12/03 n° 1372; voir aussi cass. soc. 31 octobre 2012, n° 11-20.136, RJS 1/13 n° 13).

L'AGS doit garantir le paiement des dommages-intérêts alloués à une salariée pour violation des dispositions relatives au repos dominical (cass. soc. 8 juin 1999, n° 97-40.648, BC V n° 265).

• L'obligation du repos dominical s'applique à l'ensemble du personnel d'un établissement, aucune distinction ne devant être faite entre les travailleurs occupés dans ledit établissement, selon qu'ils y sont employés pendant un seul jour de la semaine ou pendant les autres jours (cass. crim. 24 mai 1976, n° 75-92.939, B. crim. n° 177; 2 octobre 1984, n° 83-90.030, B. crim. n° 281; 26 octobre 1993, n° 93-80.743, RJS 1/94 n° 95; 16 mars 1999, n° 97-84.912), aux salariés placés sous la subordination de l'employeur en dépit de leur lien familial et de leur participation au capital social (cass. crim. 4 octobre 1994, n° 92-85.078).

• *Action en justice des syndicats.* Le fait d'occuper le dimanche des salariés appartenant au personnel de l'entreprise constitue un trouble manifestement illicite et le juge des référés peut, à la demande d'une organisation syndicale de travailleurs, sans excéder ses pouvoirs propres, sans porter atteinte à la séparation des pouvoirs et sans prononcer une peine, prendre une mesure de fermeture de l'établissement le dimanche sous astreinte (cass. soc. 14 juin 1989, n° 88-15.302, BC V n° 448).

La méconnaissance par un employeur du droit au repos dominical constitue une atteinte à l'intérêt collectif de la profession justifiant l'action en justice d'un syndicat, peu important que les salariés soient consentants pour travailler le dimanche (cass. soc. 22 janvier 2014, n° 12-27.478, précité).

Sur la recevabilité de l'action civile exercée par des syndicats de salariés en application des articles L. 411-11 et L. 411-23 (anciens) CT pour atteinte à l'intérêt collectif des salariés de la profession, du fait de la violation de la réglementation sur le repos dominical, voir notamment cass. crim. 22 février 2000, n° 98-88.158.

Depuis un arrêt de l'Assemblée plénière rendu en 1993 (cass. ass. plén. 7 mai 1993, n° 91-12.611, BC V n° 10), les syndicats d'employeurs peuvent aussi, en cas de non-respect de l'article L. 221-5 (ancien), présenter devant le juge des référés une demande tendant à ordonner la fermeture le dimanche d'un établissement. La méconnaissance par certains commerçants de l'article L. 221-5 (ancien) aux termes duquel le repos hebdomadaire doit être donné le dimanche rompt l'égalité au préjudice de ceux qui, exerçant la même activité, respectent la règle légale et porte ainsi atteinte à l'intérêt collectif de la profession (cass. ass. plén. 7 mai 1993, n° 91-12.611, précité; voir aussi cass. soc. 17 février 1994, n° 90-11.037, RJS 4/94 n° 423; 1er mars 1995, n° 93-13.115; 11 octobre 1995, n° 94-12.265; cass. crim. 29 octobre 1996, n° 95-82.355, B. crim. n° 375; RJS 2/97 n° 150).

Les syndicats patronaux comprenant des personnes exerçant la même profession, des métiers similaires ou connexes, concourant à l'établissement de produits déterminés ou la même profession libérale au sens de l'article L. 411-2 (ancien) CT sont également recevables à se constituer partie civile dans les poursuites engagées sur le fondement des articles L. 221-5 et R. 262-1 (anciens) CT pour infraction à la règle du repos dominical, dès lors qu'ils justifient d'une atteinte directement portée par cette infraction aux intérêts collectifs de l'ensemble de leurs membres (cass. crim. 14 juin 2000, n° 99-86.806).

Le fait, pour des sociétés installées dans un centre commercial, de faire travailler leurs salariés le dimanche en violation de l'article L. 221-5 (ancien) CT constitue un trouble manifestement illicite. Suite à une demande en référé de syndicats représentant la profession, c'est à bon droit qu'une cour d'appel leur a, en conséquence, interdit toute opération commerciale réalisée en contravention des articles L. 221-4 et s. (anciens) du même code sous astreinte. La cour d'appel n'a pas excédé ses pouvoirs en s'abstenant de préciser la date à laquelle prendrait fin l'interdiction ordonnée, cette date étant nécessairement celle de l'obtention d'une dérogation (cass. soc. 13 juin 2007, n° 06-18.336, BC V n° 103; JCP éd. S 2007, 1641, note A. Bugada).

Art. L. 3132-3-1. ***(L. 2009-974 du 10 août 2009, JO 11)*** Le refus d'un demandeur d'emploi d'accepter une offre d'emploi impliquant de travailler le dimanche ne constitue pas un motif de radiation de la liste des demandeurs d'emploi.

SECTION 2. Dérogations

Sous-section 1. Dérogations au repos hebdomadaire

§ 1. Travaux urgents

Art. L. 3132-4. En cas de travaux urgents dont l'exécution immédiate est nécessaire pour organiser des mesures de sauvetage, pour prévenir des accidents imminents ou réparer des accidents survenus au matériel, aux installations ou aux bâtiments de l'établissement, le repos hebdomadaire peut être suspendu pour le personnel nécessaire à l'exécution de ces travaux.

Cette faculté de suspension s'applique non seulement aux salariés de l'entreprise où les travaux urgents sont nécessaires mais aussi à ceux d'une autre entreprise faisant les réparations pour le compte de la première.

Chaque salarié de cette seconde entreprise, de même que chaque salarié de l'entreprise où sont réalisés les travaux, affecté habituellement aux travaux d'entretien et de réparation, bénéficie d'un repos compensateur d'une durée égale au repos supprimé.

§ 2. Industries traitant des matières périssables ou ayant à répondre à un surcroît extraordinaire de travail

Art. L. 3132-5. Dans certaines industries traitant des matières périssables ou ayant à répondre à certains moments à un surcroît extraordinaire de travail, le repos hebdomadaire des salariés peut être suspendu deux fois au plus par mois, sans que le nombre de ces suspensions dans l'année soit supérieur à six.

Les heures de travail ainsi accomplies le jour du repos hebdomadaire sont considérées comme des heures supplémentaires et sont imputées sur le crédit d'heures supplémentaires prévu par les décrets d'application des dispositions relatives à la durée du travail.

La liste des industries pouvant bénéficier des dispositions prévues au premier alinéa est déterminée par décret en Conseil d'État.

Art. R. 3132-1. Les établissements des industries énumérés dans le tableau suivant, qui attribuent le repos hebdomadaire à tous les salariés le même jour, bénéficient de la suspension du repos hebdomadaire prévue à l'article L. 3132-5 :

Ameublement, tapisserie, passementerie pour meubles.	Couronnes funéraires (fabriques de).	Orfèvrerie (polissage, dorure, gravure, ciselage, guillochage et planage en).
Appareils orthopédiques.	Délainage des peaux de mouton (industrie du).	Papier (transformation du), fabrication des enveloppes, du cartonnage, des cahiers d'école, des registres, des papiers de fantaisie.
Balnéaires (établissements).	Dorure pour ameublement.	Papiers de tenture.
Bijouterie et joaillerie.	Dorure pour encadrements.	Parfumeries.
Biscuits employant le beurre frais (fabriques de).	Filature, retordage de fils crêpés, bouclés et à bouton, de fils moulinés et multicolores.	Pâtisseries.
Blanchisseries de linge.	Fleurs (extraction des parfums des).	Porcelaine (ateliers de décor sur).
Boîtes de conserves (fabrication et imprimerie sur métaux pour).	Fleurs et plumes.	Reliure.
Bonneterie fine.	Gainerie.	Réparations urgentes de navires et de machines motrices.
Boulangeries.	Hôtels, restaurants, traiteurs et rôtisseurs.	Soie (dévidage de la) pour étoffes de nouveauté.
Brochages des imprimés.	Impression de la laine peignée, blanchissage, teinture et impression des fils de laine, de coton et de soie destinés au tissage des étoffes de nouveauté.	Teinture, apprêt, blanchiment, impression, gaufrage et moirage des étoffes.
Broderie et passementerie pour confections.	Imprimeries typographiques, lithographiques, en taille-douce.	Tissage des étoffes de nouveauté destinées à l'habillement.
Cartons (fabriques de) pour jouets, bonbons, cartes de visites, rubans.	Jouets, bimbeloterie, petite tabletterie et articles de Paris (fabriques de).	Tulles, dentelles et laizes de soie.
Charcuterie.	Laiteries, beurreries et fromageries industrielles.	Voiles de navires armés pour la grande pêche (confection et réparation des).
Colle et gélatine (fabrication de).		
Coloriage au patron ou à la main.		
Confections de toute nature.		
Conserves de fruits et confiserie, conserves de légumes et de poissons.		

§ 3. Travaux dans les ports, débarcadères et stations

Art. L. 3132-6. Dans les ports, débarcadères et stations, l'emploi de salariés aux travaux de chargement et de déchargement le jour de repos hebdomadaire est autorisé dans les mêmes cas et sous les mêmes conditions que lorsque la durée du travail peut être prolongée pour ces mêmes travaux, en vertu des décrets d'application des dispositions relatives à la durée du travail.

Art. R. 3132-2. Les opérations de chargement et de déchargement dans les activités suivantes bénéficient de la dérogation prévue à l'article L. 3132-6 :
1° Travaux extérieurs de construction et de réparation des bateaux de rivière ;
2° Travaux du bâtiment ;
3° Briqueteries en plein air ;
4° Conserveries de fruits, de légumes et de poissons ;
5° Corderies de plein air.

§ 4. Activités saisonnières

Art. L. 3132-7. Dans certaines industries ne fonctionnant que pendant une partie de l'année et dans certains établissements appartenant aux branches d'activité à caractère saisonnier et n'ouvrant en tout ou partie que pendant une période de l'année, le repos hebdomadaire peut être en partie différé dans les conditions prévues par l'article L. 3132-10, sous réserve que chaque travailleur bénéficie au moins de deux jours de repos par mois, autant que possible le dimanche.

La liste des industries et établissements prévue au premier alinéa est déterminée par décret en Conseil d'État.

Art. R. 3132-3. Pour les travaux accomplis en plein air dans les activités suivantes, le repos hebdomadaire peut être différé en application de l'article L. 3132-7 :
1° Travaux extérieurs de construction et de réparation des bateaux de rivière ;
2° Travaux du bâtiment ;
3° Briqueteries ;
4° Corderies.

Art. R. 3132-4. Pour les établissements exerçant les activités suivantes et n'ouvrant en tout ou partie que pendant une période de l'année, le repos hebdomadaire peut être différé en application de l'article L. 3132-7 :
1° Conserveries de fruits, de légumes et de poissons ;
2° Hôtels, restaurants, traiteurs et rôtisseurs ;
3° Établissements de bains des stations balnéaires thermales ou climatiques.

§ 5. Travaux de nettoyage des locaux industriels et de maintenance

Art. L. 3132-8. Lorsqu'un établissement industriel ou commercial attribue le repos hebdomadaire le même jour à tous les salariés, ce repos peut être réduit à une demi-journée pour les salariés affectés aux travaux de nettoyage des locaux industriels et de maintenance qui doivent être réalisés nécessairement le jour de repos collectif et qui sont indispensables pour éviter un retard dans la reprise normale du travail.

Dans ce cas, un repos compensateur est attribué à raison d'une journée entière pour deux réductions d'une demi-journée.

§ 6. Travaux intéressant la défense nationale

Art. L. 3132-9. Dans les établissements de l'État ainsi que dans ceux où sont exécutés des travaux pour le compte de l'État et dans l'intérêt de la défense nationale, le repos hebdomadaire peut être temporairement suspendu par les ministres intéressés.

§ 7. Établissements industriels fonctionnant en continu

Art. L. 3132-10. Dans les établissements industriels fonctionnant en continu, les repos hebdomadaires des salariés affectés aux travaux en continu peuvent être en partie différés dans les conditions suivantes :

1° Chaque salarié bénéficie, dans une période de travail donnée, d'un nombre de repos de vingt-quatre heures consécutives au moins égal au nombre de semaines comprises dans cette période ;

2° Chaque salarié bénéficie le plus possible de repos le dimanche.

Un décret en Conseil d'État détermine les conditions d'application du repos hebdomadaire aux salariés intéressés, les travaux auxquels s'applique cette dérogation et pour chacun de ces travaux, la durée maximale de la période de travail mentionnée au 1°.

§ 8. *Gardiens et concierges des établissements industriels et commerciaux*

Art. L. 3132-11. Les gardiens et concierges des établissements industriels et commerciaux auxquels le repos hebdomadaire ne peut être donné bénéficient d'un repos compensateur.

Cette dérogation n'est pas applicable aux jeunes travailleurs de moins de dix-huit ans.

Sous-section 2. Dérogations au repos dominical

§ 1. *Dérogation permanente de droit*

Art. L. 3132-12. Certains établissements, dont le fonctionnement ou l'ouverture est rendu nécessaire par les contraintes de la production, de l'activité ou les besoins du public, peuvent de droit déroger à la règle du repos dominical en attribuant le repos hebdomadaire par roulement.

Un décret en Conseil d'État détermine les catégories d'établissements intéressées.

Art. R. 3132-5. Les industries dans lesquelles sont utilisées les matières susceptibles d'altération très rapide et celles dans lesquelles toute interruption de travail entraînerait la perte ou la dépréciation du produit en cours de fabrication ainsi que les catégories d'établissements et établissements mentionnés dans le tableau suivant, sont admis, en application de l'article L. 3132-12, à donner le repos hebdomadaire par roulement pour les salariés employés aux travaux ou activités spécifiés dans ce tableau.

CATÉGORIES D'ÉTABLISSEMENTS	TRAVAUX OU ACTIVITÉS
Industries extractives	
Agglomérés de charbon (fabrication d').	
Alun (établissements traitant les minerais d').	Conduite des fours et des appareils de lessivage.
Bauxite (traitement de la).	Conduite des fours et des appareils de dissolution, de carbonatation et de purification.
Salines et raffineries de sel.	Conduite des chaudières et des appareils d'évaporisation.
Industries agricoles et alimentaires	
Abattoirs.	
Alcools.	Distillation et rectification des produits de la fermentation alcoolique.
Amidonneries.	Opérations de séchage et de décantation.
Beurreries industrielles.	Traitement du lait.
Boyauderies, triperies, cordes à boyau (fabrication de).	
Brasseries (fabrication de bière).	
Caséine (fabrication de).	
Cidre (fabrication du).	
Conserves alimentaires (fabrication de).	
Corps gras (extraction des).	
Cossettes de chicorée (sécheries de).	Conduite des fours.
Fécule (fabrication de).	
Fromageries industrielles.	
Glaces (fabrication de).	
Lait (établissements industriels pour le traitement du).	
Levure (fabrication de).	
Malteries.	Opération de maltage.
Margarine (fabrication de).	
Minoterie et meunerie.	
Poissons (ateliers de salage, saurage et séchage des).	
Pruneaux (fabrication de).	Étuvage des prunes.
Sucreries.	Fabrication et raffinage.
Vinaigre (fabrication de).	
Industries du cuir, du textile et de l'habillement	
Chamoiseries.	Traitement des peaux fraîches.
Corroieries.	Travaux de séchage.
Cuirs vernis (fabrication de).	Conduite des étuves.
Délainage des peaux de mouton.	Travaux d'étuvage.

CATÉGORIES D'ÉTABLISSEMENTS	TRAVAUX OU ACTIVITÉS
Indigo (teinturerie à l').	
Maroquineries et mégisseries.	Mise à l'eau des peaux, levage des pelains et des confits, conduite des étuves.
Moulinage de fils de toute nature.	Surveillance de la marche des machines de moulinage.
Peaux fraîches et en poil (dépôts de).	Salage des peaux.
Pelleteries (ateliers de).	Mouillage des peaux.
Tanneries.	Salage des cuirs frais, dessalage des cuirs, levage des pelains et des premières cuves de basserie.
Toiles cirées (fabrication de).	Service des séchoirs et étuves.
Industries du papier, du carton, de l'édition et de l'imprimerie	
Entreprises de journaux et d'information.	
Papier, carton et pâtes à papier (fabrication de).	
Feutres pour papeterie (fabrication de).	Conduite des foulons.
Industries chimiques	
Acide arsénieux (fabrication d').	Conduite des fours.
Acide azotique monohydraté (fabrication d').	
Acide carbonique liquide (fabrication d').	
Acide chlorhydrique (fabrication d').	
Acides résiduels de la fabrication des produits nitrés (établissements traitant les).	
Acide sulfurique (fabrication d').	
Ammoniaque liquide (fabrication d').	
Camphre (fabrication de).	Raffinage.
Celluloïd (fabrication de).	
Chlore et produits dérivés (fabrication de).	
Chlorydrate d'ammoniaque (fabrication de).	Sublimation.
Colles et gélatines (fabrication de).	Traitement des matières premières ; conduite des autoclaves et des séchoirs.
Cyanamide calcique (fabrication de la).	Préparation de l'azote pur, broyage du carbure, azotation du carbure broyé.
Cyanures alcalins (fabrication de).	
Dynamite (fabrication de). Eau oxygénée (fabrication d').	
Électrolyse de l'eau (établissements pratiquant l').	
Engrais animaux (fabrication d').	Transport et traitement des matières.
Éther (fabrication d').	
Extraits tannants et tinctoriaux (fabrication d').	
Glycérine (distillation de la).	
Goudron (usines de distillation du).	
Huiles de schiste (usines de distillation des).	
Iode (fabrication d').	
Matières colorantes artificielles dérivées du goudron de houille (fabrication de).	
Noir d'aniline (fabrication de).	Conduite de l'oxydation dans la teinture.
Noir minéral (fabrication de).	Noir minéral.
Oxyde de zinc (fabrication d').	
Parfumeries.	Extraction du parfum des fleurs.
Pétrole (raffineries de).	Service des appareils de distillation et des appareils à parafiner.
Phosphore (fabrication de).	
Plaques, papiers et pellicules sensibles pour la photographie (fabrication de).	
Produits chimiques organiques par voie de synthèse (fabrication de).	
Savonneries.	
Sels ammoniacaux (fabrication de).	Conduite des appareils.
Silicates de soude et de potasse (fabrication de).	

CATÉGORIES D'ÉTABLISSEMENTS	TRAVAUX OU ACTIVITÉS
Soude (fabrication de).	
Sulfates métalliques (fabrication de).	Conduite des appareils.
Sulfate de soude (fabrication de).	
Sulfate de carbone (fabrication de).	
Sulfure de sodium (fabrication de).	
Superphosphates.	
Viscose (fabrication de).	
Industrie des matières plastiques	
Matières plastiques (transformation des).	Conduite des extrudeuses en continu.
Établissements industriels utilisant des fours	
Bleu outremer (fabrication de).	Conduite des fours.
Carbure de calcium (fabrication de).	Travaux avec four électrique.
Céramique.	Séchage des produits et conduite des fours.
Chaux, ciments, plâtres (fabrication de).	Conduite des fours.
Coke (fabrication de).	Conduite des fours.
Distillation du bois (usines de).	Conduite des fours et appareils.
Dolomie (établissements traitant la).	Conduite des fours.
Fours électriques (établissements employant les).	Travaux accomplis à l'aide des fours électriques.
Galvanisation et étamage du fer (établissements pratiquant la).	Conduite des fours.
Kaolin (établissements de préparation du).	Conduite des fours.
Litharge (fabrication de).	Conduite des fours.
Minium (fabrication de).	Conduite des fours.
Noir animal (fabriques de).	Conduite des fours de cuisson.
Oxyde d'antimoine (fabrication d').	Conduite des fours.
Plumes métalliques (fabrication de).	Conduite des fours.
Silice en poudre (fabrication de la).	Conduite des fours de calcination.
Soufre (fabrication de).	Conduite des fours et sublimation du soufre.
Verreries et cristalleries.	Conduite des fours.
Industries métallurgiques et du travail des métaux	
Accumulateurs électriques (fabrication de).	Formation des plaques et surveillance des fours de fusion du plomb.
Bioxyde de baryum (fabrication de).	
Câbles électriques (fabrication de).	Travaux d'isolation et conduite des étuves.
Fer et fonte émaillés (usines de).	Service des fours de fabrication.
Suifs (fonderies de).	Réception et traitement par l'acide ou le bain-marie.
Laminoirs et tréfileries de tous métaux.	
Protection des métaux en continu.	
Métaux (usines de production des).	
Autres travaux et industries	
Air comprimé (chantiers de travaux à l').	Production et soufflage de l'air comprimé.
Bougies (fabrication de).	Préparation des acides gras.
Glace (fabrication de).	Fabrication et doucissage des glaces.
Paille pour chapeaux (fabrication de).	Blanchiment de la paille.
Sécheries de bois d'ébénisterie.	Conduite des feux et de la ventilation.
Production et distribution d'énergie, d'eau et des fluides caloporteurs	
Entreprises d'éclairage, de distribution d'eau et de production d'énergie.	
Entreprises de chauffage.	
Électricité (fabrication de charbon pour l').	Cuisson des charbons.
Froid (usines de production du).	Conduite des appareils.
Hydrauliques (établissements utilisant les forces).	Opérations commandées par les forces hydrauliques.
Moulins à vent.	
Commerces de gros et de détail	
Ameublement (établissements de commerce de détail).	
(D. 2014-302 du 7 mars 2014, JO 8) « Bricolage (établissements de commerce de détail) ».	

CATÉGORIES D'ÉTABLISSEMENTS	TRAVAUX OU ACTIVITÉS
Débits de tabac.	
Distribution de carburants et lubrifiants pour automobiles (postes de).	
Marée (établissements faisant le commerce de la).	
Fleurs naturelles (établissements de commerce en gros des).	
Transports et livraisons	
Entreprises de transport par terre autres que de transport ferroviaire.	
Entreprises de transport ferroviaire ***(D. 2016-755 du 8 juin 2016, art. 33, JO 9, entrée en vigueur au plus tard le 11.12.2016)*** «et de gestion, d'exploitation ou de maintenance sous exploitation des lignes et installations fixes d'infrastructures ferroviaires».	Conduite des trains et accompagnement dans les trains. Activités liées aux horaires de transports et à l'assurance de la continuité et de la régularité du trafic, y compris les activités de maintenance des installations et des matériels. Activités de garde, de surveillance et de permanence caractérisées par la nécessité d'assurer la protection des personnes et des biens.
Entreprises de transport et de travail aériens.	
Entreprises d'expédition, de transit et d'emballage.	
Aéroports (commerces et services situés dans l'enceinte des).	
Ouvrages routiers à péages (entreprises d'exploitation d').	Service de péage.
Établissements industriels et commerciaux.	Service de transport pour livraisons.
Télécommunications	
Entreprises d'émission et de réception de télécommunication.	
Activités financières	
Caisses d'épargne.	
Change de monnaie.	Activités de change.
Santé et soins	
Établissements de santé et établissements sociaux et médico-sociaux. Pharmacies. Établissements de bains, piscines, hammams, thalassothérapie, balnéothérapie, spa.	
Soins médicaux infirmiers et vétérinaires (établissements et services de).	Service de garde. Toutes activités liées à l'urgence et à la continuité des soins.
Garde d'animaux (établissements et services de).	Toute activité liée à la surveillance, aux soins, à l'entretien et à la nourriture d'animaux.
Pompes funèbres (entreprises de).	
Assainissement, environnement, voirie et gestion des déchets	
Entreprises d'arrosage, de balayage, de nettoyage et d'enlèvement des ordures ménagères.	
Cabinets de toilette publics.	
Désinfection (entreprises de).	
Équarrissage (entreprises d').	
Surveillance de la qualité de l'air (associations agréées de).	Toutes activités directement liées à l'objet de ces associations.
Établissements industriels et commerciaux.	Travaux de désinfection.
Activités récréatives, culturelles et sportives	
Entreprises de spectacles.	
Musées et expositions.	
Casinos et établissements de jeux.	
Centres culturels, sportifs et récréatifs. Parcs d'attractions.	Toutes activités et commerces situés dans leur enceinte et directement liés à leur objet.
Perception des droits d'auteurs et d'interprètes.	Service de contrôle.
Photographie (ateliers de).	Prise des clichés.
Tourisme	
Assurance (organismes et auxiliaires d').	Service de permanence pour assistance aux voyageurs et touristes.
Syndicats d'initiative et offices de tourisme.	

CATÉGORIES D'ÉTABLISSEMENTS	TRAVAUX OU ACTIVITÉS
Tourisme et loisirs (entreprises ou agences de services les concernant).	Réservation et vente d'excursions, de places de spectacles, accompagnement de clientèle.
Consommation immédiate et restauration	
Fabrication de produits alimentaires destinés à la consommation immédiate.	
Hôtels, cafés et restaurants.	
Maintenance, dépannage et réparation	
Garages.	Réparations urgentes de véhicules
Machines agricoles (ateliers de réparation de).	Réparations urgentes de machines agricoles.
Véhicules (ateliers de réparation de).	Réparations urgentes
Ascenseurs, monte-charge, matériels aéraulique, thermique et frigorifique (entreprises d'installation d').	Service de dépannage d'urgence.
Maintenance (entreprises et services de).	Travaux de révision, d'entretien, de réparation, de montage et de démontage, y compris les travaux informatiques nécessitant, pour des raisons techniques, la mise hors exploitation des installations, ou qui doivent être réalisés de façon urgente. Travaux de dépannage d'appareils et d'installations domestiques à usage quotidien.
Ingénierie informatique (entreprises et services d').	Infogérance pour les entreprises clientes bénéficiant d'une dérogation permanente permettant de donner aux salariés le repos hebdomadaire par roulement ainsi que pour les entreprises qui ne peuvent subir, pour des raisons techniques impérieuses ou de sécurité, des interruptions de services informatiques. Infogérance de réseaux internationaux.
Services de surveillance, d'animation et d'assistance de services de communication électronique (entreprises de).	Travaux de surveillance, d'assistance téléphonique ou télématique.
Secours et sécurité	
Banques et établissements de crédit.	Service de garde.
Traitement des moyens de paiement (établissements de).	Service d'autorisation de paiement et d'opposition assurant la sécurité des moyens de paiement.
Surveillance, gardiennage (entreprise de).	Service de surveillance, de gardiennage et de lutte contre l'incendie.
Entreprises concessionnaires ou gestionnaires de ports de plaisance.	Surveillance permanente et continue des installations portuaires ainsi que de celle des bateaux amarrés, entrant ou sortant du port. Accueil vingt-quatre heures sur vingt-quatre des plaisanciers. Intervention des équipes de secours (sécurité terre-mer).
Établissements industriels et commerciaux.	Service préventif contre l'incendie.
Services aux personnes	
Services aux personnes physiques à leur domicile (associations ou entreprises agréées par l'État ou une collectivité territoriale procédant à l'embauche de travailleurs pour les mettre à disposition des personnes).	Toutes activités directement liées à l'objet de ces associations ou de ces entreprises.
Avocats salariés.	Application des dispositions relatives ***(D. 2020-1717 du 28 déc. 2020, art. 184, JO 29, entrée en vigueur le 01.01.2021)*** « à l'aide juridictionnelle, aux commissions ou désignations d'office et à l'aide à l'intervention de l'avocat dans les procédures non juridictionnelles »
Location	
Location de DVD et de cassettes vidéo (établissement de).	Activités situées dans ces établissements et directement liées à leur objet.
Promoteurs et agences immobilières.	Locations saisonnières de meublés liés au tourisme.
Entreprises de location de chaises, de moyens de locomotion.	
Marchés, foires et expositions	
Foires et salons régulièrement déclarés, congrès, colloques et séminaires (entreprises d'organisation, d'installation de stands, entreprises participantes).	Organisation des manifestations, expositions, montage et démontage des stands, tenue des stands. Accueil du public.

CATÉGORIES D'ÉTABLISSEMENTS	TRAVAUX OU ACTIVITÉS
Marchés installés sur le domaine public et relevant de l'autorité municipale (entreprises d'installation de ces marchés, concessionnaires de droits de place, entreprises et commerces participants).	Installation et démontage des marchés. Tenue des stands. Perception des droits de place.
Espaces de présentation et d'exposition permanente dont l'activité est exclusive de toute vente au public, réservés aux producteurs, revendeurs ou prestataires de services.	
Enseignement	
Enseignement (établissement d').	Service d'internat.
Fleurs, graines et jardineries	
Jardineries et graineteries.	Toutes activités situées dans ces établissements et directement liées à leur objet.
Magasins de fleurs naturelles.	
Immobilier	
Promoteurs et agences immobilières.	Bureaux de vente sur les lieux de construction ou d'exposition.

Note • *Covid-19.* Voir décret 2020-1740 du 29 décembre 2020 (JO 30, entrée en vigueur le 01.01.2021) portant dérogation temporaire à la règle du repos dominical pour les activités d'identification, d'orientation et d'accompagnement ainsi que de surveillance épidémiologique dans le cadre de la lutte contre la propagation de l'épidémie de Covid-19.

• À noter que, s'agissant de l'ajout des commerces de détail du bricolage sur la liste des établissements pouvant déroger à la règle du repos dominical par les décrets 2013-1306 du 30 décembre 2013 (JO 31) et 2014-302 du 7 mars 2014 (JO 8) abrogeant et remplaçant le précédent, le Conseil d'État, statuant au fond, a rejeté les requêtes de plusieurs syndicats demandant leur annulation (CE 24 février 2015, n° 374726, LSQ n° 16782 du 26.02.2015).

• Seule l'existence d'un arrêté préfectoral de fermeture, pris sur la base d'un accord professionnel, peut restreindre l'usage des dérogations prévues par les articles L. 221-9, R. 221-4 et 4-1 (anciens) CT (circ. DRT 19/92 du 7 octobre 1992).

• Le fait qu'un établissement visé par un arrêté préfectoral de fermeture soit autorisé, par l'article L. 3132-12 CT, ou par accord collectif, fût-il étendu, à donner le repos hebdomadaire par roulement, ne fait pas obstacle à la fixation d'un jour de fermeture hebdomadaire (cass. soc. 11 mai 2017, n° 15-25.195, BC V n° 78; JCP éd. S 2017, 1221, 2e espèce, note M. d'Allende et M. Buso; RJS 7/17 n° 491; voir aussi CE 9 novembre 2005, n° 270501, RJS 5/06 n° 586).

• Il appartient à celui qui se prévaut du bénéfice d'une dérogation de droit au repos dominical d'en justifier (cass. soc. 16 juin 2010, n° 09-11.214, BC V n° 143; RJS 8-9/10 n° 678; JCP éd. S 2010, 1342, note M. d'Allende).

Dès lors, un libraire vendant des journaux qui ne rapporte pas la preuve d'une mise en vente substantielle de journaux ne peut se prévaloir de la dérogation permanente prévue par cet article (cass. crim. 20 décembre 1994, n° 94-81.106, RJS 3/95 n° 242).

• Le bénéfice de la dérogation de droit au repos dominical prévue par l'article L. 3132-12 n'est accordé qu'aux entreprises qui exercent, à titre principal, l'une des activités énumérées à l'article R. 3132-5 (cass. soc. 16 juin 2010, n° 09-11.214, précité; 25 octobre 1994, n° 90-12.753, BC V n° 291; Dr. Soc. 1995, p. 54).

Un supermarché à rayons multiples n'est pas un établissement assurant la fabrication de produits alimentaires destinés à la consommation immédiate et n'est pas un établissement autorisé de plein droit à donner le repos hebdomadaire par roulement (cass. crim. 25 juillet 1990, n° 89-84.963, B. crim. n° 295; RJS 8-9/90 n° 676). Un commerce de location et de vente de cassettes vidéo ne constitue pas une entreprise de spectacles au sens des dispositions de cet article (CE 18 février 1991, n° 105056, RJS 4/91 n° 470).

Les laboratoires d'analyses médicales qui ne pratiquent aucuns soins ne peuvent invoquer le bénéfice des articles L. 221-9 et R. 221-4-1 (anciens) CT qui autorisent, par dérogation à l'article L. 221-5 [L. 3132-3], les établissements et services de soins médicaux et vétérinaires à donner le repos hebdomadaire par roulement (cass. soc. 19 novembre 1997, n° 95-43.794, BC V n° 390).

Le bénéfice de la dérogation au repos dominical prévue, par l'article L. 221-9, 13° (ancien) CT, en faveur des établissements appartenant aux entreprises qui exercent l'activité d'émission et de réception de télégraphie sans fil n'est accordé que pour les nécessités spécifiques de cette activité. L'activité litigieuse pour laquelle la société France Télécom faisait travailler ses agents le dimanche par roulement consistant en un service de prestations de nature commerciale, il en résultait qu'elle ne se rattachait pas à celle spécifique d'émission et de réception de télégraphie sans fil. La société France Télécom, en sous-traitant ce service à une société, avait violé la règle du repos dominical, violation constitutive d'un trouble manifestement illicite qu'il appartenait au juge des référés de faire cesser (cass. soc. 21 mai 2002, n° 01-00.952, BC V n° 172; 3 juin 2009, n° 07-44.255, LS Jurispr. n° 183 du 08.09.2009).

Les conseillers-clientèles traitant les appels des membres d'un programme de fidélisation d'une compagnie aérienne ne relèvent pas de l'activité d'accompagnement de clientèle permettant aux entreprises de tourisme et de loisirs de déroger au repos dominical (cass. soc. 9 mai 2019, n° 17-21.162, à paraître, RJS 7/19 n° 435; JCP éd. S 2019, 1211, note G. Vachet).

S'agissant de syndicats de copropriétaires de résidences assurant à leurs habitants, principalement des personnes retraitées, divers services tels que restauration, accueil, bibliothèque, salle de gymnastique et surveillance, c'est à tort que, pour interdire à ces syndicats de faire travailler leurs salariés le dimanche, une cour d'appel s'est bornée à énoncer qu'aucun d'eux ne revêtait le caractère de l'un des établissements limitativement énumérés par les articles L. 221-9 et R. 221-4 et s. (anciens) CT, alors qu'il lui appartenait de rechercher si les syndicats de copropriétaires n'avaient pas pour activité principale une activité de prestation de services et de soins impliquant une continuité dans le temps justifiant d'accorder le repos par roulement (cass. soc. 18 décembre 2001, n° 98-18.305, BC V n° 393; RJS 3/02 n° 295). Ces syndicats sont autorisés à donner le repos hebdomadaire par roulement au personnel qu'ils emploient (CA Paris 28 mai 2003, RJS 11/03 n° 1277).

• La dérogation au repos dominical dans le secteur du commerce de détail d'ameublement est conforme à la Convention n° 106 de l'OIT concernant le repos hebdomadaire (cass. soc. 14 novembre 2018, n° 17-18.259, à paraître, LSQ n° 17694 du 16.11.2018; JCP éd. S 2018, 1407, note M. d'Allende et M. Héloir; RJS 1/19 n° 26).

Art. R. 3132-6. Dans les établissements mentionnés à l'article R. 3132-5 où sont exercées en même temps d'autres industries ou activités, la faculté de donner le repos hebdomadaire par roulement s'applique exclusivement aux fabrications, travaux et activités déterminés dans le tableau figurant à cet article.

Art. R. 3132-7. Outre les catégories d'établissements énumérés à l'article R. 3132-5, sont admis à donner le repos hebdomadaire par roulement les établissements qui, fonctionnant de jour et de nuit à l'aide d'équipes en alternance ont suspendu, pendant douze heures consécutives au moins chaque dimanche, les travaux autres que les travaux urgents et les travaux de nettoyage et de maintenance mentionnés aux articles L. 3132-4 et L. 3132-8.

Art. L. 3132-13. Dans les commerces de détail alimentaire, le repos hebdomadaire peut être donné le dimanche à partir de ***(L. 2009-974 du 10 août 2009, JO 11)*** «treize heures».

Les salariés âgés de moins de vingt et un ans logés chez leurs employeurs bénéficient d'un repos compensateur, par roulement et par semaine, d'un autre après-midi.

Les autres salariés bénéficient d'un repos compensateur, par roulement et par quinzaine, d'une journée entière.

(L. 2015-990 du 6 août 2015, art. 251, JO 7) «Dans les commerces de détail alimentaire dont la surface de vente est supérieure au seuil mentionné au premier alinéa de l'article 3 de la loi n° 72-657 du 13 juillet 1972 instituant des mesures en faveur de certaines catégories de commerçants et artisans âgés, les salariés privés du repos dominical bénéficient d'une rémunération majorée d'au moins 30 % par rapport à la rémunération normalement due pour une durée équivalente.»

Note Lorsqu'une société exerce une activité de commerce de détail alimentaire à proximité de deux sociétés exploitant deux commerces similaires faisant travailler irrégulièrement leurs salariés le dimanche, cette situation entraîne un préjudice justifiant son action en référé pour la faire cesser (cass. soc. 30 mai 2012, n° 10-25.349, BC V n° 162; RJS 8-9/12 n° 716; JCP éd. S 2012, 1358, note M. d'Allende).

Art. R. 3132-8. Les établissements auxquels s'appliquent les dispositions de l'article L. 3132-13 sont ceux dont l'activité exclusive ou principale est la vente de denrées alimentaires au détail.

Note S'agissant des commerces qui vendent à la fois des produits alimentaires et des produits non alimentaires, «l'activité principale s'apprécie pour chaque établissement au regard de différents critères: à titre principal, par le chiffre d'affaires réalisé dans l'alimentaire, et de manière complémentaire, par les surfaces occupées et les effectifs employés dans chacune des activités» (rép. QE 87283, JO AN 22 février 2011, p. 1869).

§ 2. Dérogations conventionnelles

Sous-§ 1. Travail en continu

Art. L. 3132-14. Dans les industries ou les entreprises industrielles, ***(Ord. 2017-1718 du 20 déc. 2017, art. 1er, I, 127°, JO 21)*** «une convention ou un accord d'entreprise ou d'établissement ou, à défaut, une convention ou un accord de branche étendu» peut prévoir la possibilité d'organiser le travail de façon continue pour des raisons économiques et d'attribuer le repos hebdomadaire par roulement.

À défaut de convention ou d'accord collectif de travail étendu ou de convention ou d'accord d'entreprise, une dérogation peut être accordée par l'inspecteur du travail après consultation des délégués syndicaux et avis du ***(Ord. 2017-1386 du 22 sept. 2017, art. 4, 31°, JO 23, entrée en vigueur au plus tard le 01.01.2018)*** «comité social et économique, s'il existe», dans des conditions déterminées par décret en Conseil d'État.

Note L'accord collectif dont se prévaut une société qui ne concerne que les activités liées à la permanence du fonctionnement et de l'utilisation des réseaux ne rentre pas dans le champ d'application de l'article L. 221-10, 3° [L. 3132-14] CT (cass. soc. 21 mai 2002, n° 01-00.952, BC V n° 172).

Art. R. 3132-9. À défaut de convention ou d'accord collectif de travail étendu ou d'accord d'entreprise prévoyant la possibilité de déroger à l'obligation du repos le dimanche dans les conditions prévues à l'article L. 3132-14, l'organisation du travail de façon continue pour raisons économiques peut être autorisée par l'inspecteur du travail si elle tend à une meilleure utilisation des équipements de production et au maintien ou à l'accroissement du nombre des emplois existants.

Art. L. 3132-15. La durée du travail des salariés travaillant de façon permanente en équipes successives selon un cycle continu ne doit pas être supérieure en moyenne, sur une année, à trente-cinq heures par semaine travaillée.

Sous-§ 2. Équipe de suppléance

Art. L. 3132-16. Dans les industries ou les entreprises industrielles, ***(Ord. 2017-1718 du 20 déc. 2017, art. 1er, I, 128°, JO 21)*** «une convention ou un accord d'entreprise ou d'établissement ou, à défaut, une convention ou un accord collectif de travail étendu» peut prévoir que le personnel d'exécution fonctionne en deux groupes dont l'un, dénommé équipe de suppléance, a pour seule fonction de remplacer l'autre pendant le ou les jours de repos accordés au premier groupe.

Le repos hebdomadaire des salariés de l'équipe de suppléance est attribué un autre jour que le dimanche.

Cette dérogation s'applique également au personnel nécessaire à l'encadrement de cette équipe.

Note • La circulaire DRT 94/4 du 21 avril 1994 (BO MT 94/9) précise notamment les modalités d'application de la réglementation relative aux équipes de suppléance (III, 1).

• Cet article [L. 221-5-1, al. 1] doit permettre à des entreprises industrielles d'utiliser à plein leurs équipements en composant leur personnel d'exécution en deux groupes dont l'un a pour fonction de suppléer l'autre pendant le ou les jours de repos accordés en fin de semaine. L'utilisation de cette dérogation est subordonnée à l'intervention d'un accord de branche étendu autorisant le recours à une dérogation au repos dominical et à la conclusion d'un accord d'entreprise ou d'établissement ou à une autorisation de l'inspecteur du travail. Elle s'applique aussi au personnel nécessaire à l'encadrement de l'équipe de suppléance. On observera qu'elle est limitée aux seules entreprises industrielles et ne s'étend pas aux établissements commerciaux. Il incombe donc au salarié qui réclame la majoration de salaire pour travail dominical de rapporter la preuve de son appartenance à une entreprise industrielle au sens de l'article L. 221-5-1 (ancien) CT (cass. soc. 6 février 2001, n° 98-44.987).

Art. L. 3132-17. La convention ou l'accord prévoyant la mise en place d'une équipe de suppléance comporte des dispositions concernant :

1° Les conditions particulières de mise en œuvre de la formation du personnel travaillant en équipe de suppléance et la rémunération du temps de formation ;

2° Les modalités d'exercice du droit des salariés de l'équipe de suppléance d'occuper un emploi autre que de suppléance.

Note Les dispositions obligatoires devant figurer dans les conventions ou accords collectifs prévoyant des équipes de suppléance (art. L. 221-5-1, al. 2 à 4 anciens) ne sont pas applicables aux conventions ou accords conclus avant l'entrée en vigueur de la loi du 3 janvier 1991.

Art. L. 3132-18. À défaut de convention ou d'accord, le recours aux équipes de suppléance est subordonné à l'autorisation de l'inspecteur du travail donnée après consultation des délégués syndicaux et avis du ***(Ord. 2017-1386 du 22 sept. 2017, art. 4, 31°, JO 23, entrée en vigueur au plus tard le 01.01.2018)*** «comité social et économique, s'il existe», dans des conditions déterminées par décret en Conseil d'État.

Art. R. 3132-10. En l'absence de convention ou d'accord collectif de travail étendu ou de convention ou d'accord d'entreprise ou d'établissement le prévoyant, le recours aux équipes de suppléance peut être autorisé par l'inspecteur du travail, s'il tend à une meilleure utilisation des équipements de production et au maintien ou à l'accroissement du nombre des emplois existants.

Note Pour accepter ou refuser le recours à une équipe de suppléance, l'autorité administrative ne peut prendre en considération que les deux éléments visés dans cet article: la meilleure utilisation des équipements et le maintien ou l'accroissement des emplois existants. Le juge administratif exerce un contrôle normal sur les décisions de l'autorité administrative (TA Versailles 7 mai 1991, RJS 7/91 n° 846, concl. X. Prétot, p. 422).

Art. R. 3132-11. La durée quotidienne du travail des salariés affectés aux équipes de suppléance peut atteindre douze heures lorsque la durée de la période de recours à ces équipes n'excède pas quarante-huit heures consécutives.

Lorsque cette durée est supérieure à quarante-huit heures, la journée de travail ne peut excéder dix heures.

Note Lorsque la période de recours à une équipe de suppléance ne dépasse pas 48 heures, l'administration ne saurait assortir son autorisation d'une limitation de la durée journalière de travail plus rigoureuse que celle prévue par cet article, au motif qu'une durée de douze heures serait excessive eu égard aux conditions de travail rencontrées dans l'entreprise (CE 13 mars 1992, nos 122271, 122340, RJS 8-9/92 n° 997).

Art. R. 3132-12. En cas de recours aux équipes de suppléance en application d'un accord d'entreprise ou d'établissement, l'autorisation de dépasser la durée maximale quotidienne de travail de dix heures est demandée à l'inspecteur du travail.

Art. L. 3132-19. La rémunération des salariés de l'équipe de suppléance est majorée d'au moins 50 % par rapport à celle qui serait due pour une durée équivalente effectuée suivant l'horaire normal de l'entreprise. Cette majoration ne s'applique pas lorsque les salariés de l'équipe de suppléance sont amenés à remplacer durant la semaine les salariés partis en congé.

Note La majoration prévue par cet article peut se cumuler avec une majoration de salaire conventionnelle prévue en cas de travail de nuit qui n'a pas le même objet (cass. soc. 16 mai 2012, n° 11-13.976).

Sous-§ 3 (réglementaire). Procédure administrative

Art. R. 3132-13. La demande tendant à obtenir l'une des dérogations prévues aux articles L. 3132-14 et L. 3132-16 est accompagnée des justifications nécessaires et de l'avis des délégués syndicaux et du ***(D. 2017-1819 du 29 déc. 2017, art. 3, 24°, JO 30, entrée en vigueur le 01.01.2018)*** «comité social et économique, s'il existe». Elle est adressée par l'employeur à l'inspecteur du travail.

L'inspecteur du travail fait connaître sa décision à l'employeur ainsi qu'aux représentants du personnel dans le délai de trente jours à compter de la date de la réception de la demande.

Art. R. 3132-14. Le recours hiérarchique dirigé contre la décision de l'inspecteur du travail est porté devant le ***(D. 2020-1545 du 9 déc. 2020, JO 10, entrée en vigueur le 01.04.2021)*** «directeur régional de l'économie, de l'emploi, du travail et des solidarités».

Il est formé dans un délai d'un mois suivant la date à laquelle l'intéressé a reçu notification de la décision contestée.

Art. R. 3132-15. La procédure prévue aux articles R. 3132-13 et R. 3132-14 est applicable à la demande d'autorisation de dépasser la durée maximale quotidienne de travail de dix heures en cas de recours aux équipes de suppléance en application d'un accord d'entreprise ou d'établissement.

Elle s'applique également à la demande d'autorisation présentée à l'inspecteur du travail en l'absence d'accord d'entreprise ou d'établissement prévoyant l'utilisation de la dérogation stipulée par convention ou accord collectif étendu.

§ 3. Autres dérogations au repos dominical

Note • Sur la réforme de 2009, voir notamment «Réforme du repos dominical», M. d'Allende, JCP éd. S 2009, 1385; «La loi du 10 août 2009 relative au travail dominical: réaffirmation du principe du repos dominical ou généralisation du travail le dimanche ?», M. Véricel, RDT, octobre 2009, ET, 573.

• Sur la réforme de 2015, voir notamment RF 27 août 2015, FH 3606, 3-1 à 3-16; RF Paye Décembre 2015, n° 254; «Travail dominical, travail en soirée», F. Favennec-Héry, Dr. Soc. 2015, p. 787; «Réforme des dérogations au repos dominical», M. d'Allende, JCP éd. S 2015, 1318; «Les dispositions de la loi Macron sur le travail le dimanche et le travail de nuit ou comment " faire la part du feu "», M. Véricel, RDT, sept. 2015, ET, 504.

Sous-§ 1. Dérogations accordées par le préfet

Art. L. 3132-20. Lorsqu'il est établi que le repos simultané, le dimanche, de tous les salariés d'un établissement serait préjudiciable au public ou compromettrait le fonctionnement normal de cet établissement, le repos peut être autorisé par le préfet, soit toute l'année, soit à certaines époques de l'année seulement suivant l'une des modalités suivantes:

1° Un autre jour que le dimanche à tous les salariés de l'établissement;

2° Du dimanche midi au lundi midi;

3° Le dimanche après-midi avec un repos compensateur d'une journée par roulement et par quinzaine;

4° Par roulement à tout ou partie des salariés.

Note • Voir circulaire DRT 94/5 du 24 mai 1994 concernant l'application des articles relatifs aux dérogations individuelles au repos dominical des salariés du commerce et des services accordées par les préfets (BO MT 94/11).

• Sur les contreparties et garanties légales accordées aux salariés travaillant le dimanche par autorisation préfectorale en application de cet article, voir art. L. 3132-25-3 et 25-4.

• **Repos simultané préjudiciable au public.** La notion de préjudice au public dépend de la nature des produits vendus par l'entreprise. Eu égard notamment à la nature des produits mis en vente dans un magasin de livres, disques audio et vidéocassettes, le repos simultané le dimanche de tout le personnel du magasin exploité sur les Champs-Élysées ne peut être regardé comme étant «préjudiciable au public» au sens des dispositions de cet article (CE 8 juillet 1994, n° 151499, RJS 10/94 n° 1140; 16 octobre 1995, n° 156062, RJS 12/95 n° 1249). À l'inverse, le repos simultané le dimanche de tout le personnel d'un magasin de vêtements à St-Malo pendant la période estivale (CE 8 juillet 1994, n° 153629) ou de magasins vendant des cartes postales, des cadeaux et des souvenirs sur les Champs-Élysées (CE 17 janvier 1997, n° 163523) est de nature à compromettre la satisfaction des besoins de l'importante population touristique fréquentant ces lieux.

La circonstance qu'un établissement soit situé au sein d'un centre commercial, c'est-à-dire d'une structure offrant simultanément en un même lieu de larges possibilités de vente et d'activités de loisirs, est par elle-même sans incidence sur les conditions d'application de cet article (CE 9 décembre 2005, n° 265553, JCP éd. G 2006.II.10081, note A. Bugada).

En estimant, pour écarter l'existence d'un préjudice pour le public, que les différents établissements du centre commercial ne pouvaient être regardés, du seul fait de leur emplacement au sein d'une telle structure, comme proposant des activités familiales et en retenant qu'il n'était pas établi que le public soit dans l'impossibilité d'effectuer ses achats les autres jours de la semaine, compte tenu de la situation géographique du centre et de la possibilité de sa desserte par autoroute, la cour administrative d'appel n'a pas commis d'erreur de droit (CE 9 décembre 2005, n° 265553, précité).

Voir «Le travail dominical dans le commerce en question (réflexions à partir d'un pôle économique disputé)», CAA Marseille 6 janvier 2004 (plusieurs arrêts), Dr. Soc. 2005, p. 536.

La circonstance que le public visé par une société organisant des cours de soutien scolaire pour des collégiens et lycéens n'est disponible qu'en dehors des temps scolaires ne suffit pas à établir que le refus d'ouverture de cette société le dimanche causerait un préjudice à ce public (CE 30 décembre 2002, n° 241540, RJS 4/03 n° 471).

Sur la notion de préjudice au public, voir encore circulaire du 24 mai 1994 précitée.

• **Atteinte au fonctionnement normal de l'établissement.** Pour obtenir une dérogation à la règle du repos simultané le dimanche de tout le personnel, une société ne peut se prévaloir de l'importance de son chiffre d'affaires dominical réalisé grâce à son maintien dans une situation irrégulière de nature à fausser la concurrence, ni invoquer la difficulté du report sur les autres jours de la semaine du chiffre d'affaires réalisé le dimanche sans établir que le repos simultané le dimanche de tout le personnel compromettrait le fonctionnement normal de l'établissement (CE 16 octobre 1995, n° 156062, précité). De même, la circonstance que la fermeture le dimanche des établissements situés dans un centre commercial risquerait d'entraîner des licenciements, notamment en raison de ce que des personnes supplémentaires ont été embauchées pour répondre au surcroît d'activité résultant de l'ouverture dominicale, ainsi que des baisses de rémunération n'est pas, par elle-même, en l'absence d'atteinte au fonctionnement normal de ces établissements, de nature à justifier la dérogation à la règle du repos dominical des salariés (CE 9 décembre 2005, n° 265553, précité). Mais un préfet ne saurait refuser une dérogation à une société, eu égard à l'importance du chiffre d'affaires réalisé le dimanche par des magasins bénéficiant de dérogations, situés sur des communes limitrophes et proposant des produits concurrents de ceux de la société, la fermeture le dimanche du magasin de cette société implanté dans cette commune risquant d'entraîner d'importants détournements de clientèle à son détriment et, par suite, de compromettre son fonctionnement normal (CE 17 janvier 1997, n° 168027, RJS 4/97 n° 426; voir aussi CE 28 juillet 2004, n° 254388).

• Le préfet qui a consulté l'union départementale des syndicats CGT n'est pas tenu, en application des dispositions de cet article, de consulter en outre le syndicat CGT de l'établissement intéressé.

La circonstance qu'une activité ne figure pas dans la nomenclature des industries admises de droit à donner le repos hebdomadaire par roulement ne prive pas le préfet de la possibilité d'accorder une dérogation individuelle au titre de cet article, lequel n'exclut pas la prise en compte de motifs qui ne présentent pas un caractère conjoncturel.

Le recours par l'employeur à la constitution d'équipes de suppléance (art. L. 221-5-1 ancien) ou l'organisation du travail en continu sur le fondement d'une convention ou d'un accord collectif étendu (art. L. 221-10 ancien) n'ont pas pour effet de restreindre le champ d'application de l'article L. 221-6 (ancien) (CE 20 octobre 1993, n°s 143024, 143859, RJS 1/94 n° 1206, concl. R. Schwartz, p. 690).

• Pour rejeter la demande d'une société tendant à suspendre l'exécution d'un arrêté préfectoral refusant de lui accorder une dérogation à la règle du repos dominical, le juge du référé ne peut se fonder sur la seule circonstance que la société s'était placée dans une situation irrégulière et ne pouvait, de ce fait, se prévaloir de la perte de chiffre d'affaires et des risques de licenciement qu'entraînerait l'exécution de la décision litigieuse, sans rechercher si l'exécution de l'arrêté en cause portait atteinte de façon suffisamment grave et immédiate aux intérêts de la société ou à d'autres intérêts publics ou privés (CE 24 octobre 2007, n° 304383, RJS 1/08 n° 39).

• Voir aussi note sous art. L. 3132-29.

Art. L. 3132-21. ***(L. 2015-990 du 6 août 2015, art. 241, II, JO 7)*** Les autorisations prévues à l'article L. 3132-20 sont accordées pour une durée qui ne peut excéder trois ans, après avis du conseil municipal et, le cas échéant, de l'organe délibérant de l'établissement public de coopération intercommunale à fiscalité propre dont la commune est membre, de la chambre de commerce et d'industrie, de la chambre de métiers et de l'artisanat, ainsi que des organisations professionnelles d'employeurs et des organisations syndicales de salariés intéressées de la commune.

En cas d'urgence dûment justifiée et lorsque le nombre de dimanches pour lesquels l'autorisation prévue au même article L. 3132-20 n'excède pas trois, les avis préalables mentionnés au premier alinéa du présent article ne sont pas requis.

Art. L. 3132-22. Les dispositions de l'article L. 3132-20 ne sont pas applicables aux clercs, commis et employés des études et greffes dans les offices ministériels.

Art. L. 3132-23. L'autorisation accordée à un établissement par le préfet peut être étendue à plusieurs ou à la totalité des établissements de la même localité exerçant la même activité, s'adressant à la même clientèle, une fraction d'établissement ne pouvant, en aucun cas, être assimilée à un établissement.

Ces autorisations d'extension ***(L. 2009-974 du 10 août 2009, JO 11)*** «sont toutes retirées lorsque, dans la localité,» la majorité des établissements intéressés le demande.

Art. R. 3132-16. ***(D. 2009-1134 du 21 sept. 2009, JO 22)*** Les autorisations d'extension mentionnées à l'article L. 3132-23 sont prises selon les modalités prévues au premier alinéa de l'article ***(D. 2015-1173 du 23 sept. 2015, JO 24)*** « L. 3132-21».

Les avis mentionnés au premier alinéa de l'article ***(D. 2015-1173 du 23 sept. 2015, JO 24)*** « L. 3132-21 » sont donnés dans le délai d'un mois. Le préfet statue ensuite dans un délai de huit jours par un arrêté motivé qu'il notifie immédiatement aux demandeurs.

Note La circonstance, à la supposer établie, que le préfet avait obtenu l'approbation du ministre sur l'octroi d'une dérogation avant de recueillir l'avis des organismes consultés ne suffit pas à établir que ces avis n'ont pas été pris en considération.

Les organismes consultés disposent d'un mois à compter de leur saisine pour formuler leur avis. Ces dispositions ne font pas obstacle à ce que la décision puisse être prise au vu d'un avis exprimé après l'expiration de ce délai (CE 20 octobre 1993, n°s 143024, 143859, cité sous l'article L. 3132-20). Ce délai n'étant pas prescrit à peine de nullité, sa méconnaissance ne peut être utilement invoquée pour contester la légalité d'un arrêté préfectoral (CE 16 octobre 1995, n° 156063, RJS 12/95 n° 1249).

Art. R. 3132-17. ***(D. 2009-1134 du 21 sept. 2009, JO 22)*** Les autorisations d'extension prévues à l'article L. 3132-23 sont applicables aux établissements situés dans la même localité, exerçant la même activité et s'adressant à la même clientèle.

Les autorisations d'extension prévues à l'article L. 3132-23 sont accordées au vu d'un accord collectif applicable à l'établissement concerné par l'extension ou, à défaut, d'une décision unilatérale de l'employeur approuvée par référendum.

Note Cet article a été modifié par le décret 2015-1173 du 23 septembre 2015, JO 24.

Sous-§ 2. Dérogations sur un fondement géographique

Art. L. 3132-24. ***(L. 2015-990 du 6 août 2015, art. 242, JO 7)*** I. – Les établissements de vente au détail qui mettent à disposition des biens et des services et qui sont situés dans les zones touristiques internationales peuvent donner le repos hebdomadaire par roulement pour tout ou partie du personnel, dans les conditions prévues aux articles L. 3132-25-3 et L. 3132-25-4.

II. – Les zones touristiques internationales sont délimitées par les ministres chargés du travail, du tourisme et du commerce, après avis du maire et, le cas échéant, du président de l'établissement public de coopération intercommunale à fiscalité propre dont la commune est membre ainsi que des organisations professionnelles d'employeurs et des organisations syndicales de salariés intéressées, compte tenu du rayonnement international de ces zones, de l'affluence exceptionnelle de touristes résidant hors de France et de l'importance de leurs achats.

III. – Trois ans après la délimitation d'une zone touristique internationale, le Gouvernement remet au Parlement une évaluation économique et sociale des pratiques d'ouverture des commerces qui se sont développées à la suite de cette délimitation.

IV. – Un décret en Conseil d'État détermine les modalités d'application du présent article.

Art. R. 3132-21-1. ***(D. 2015-1173 du 23 sept. 2015, JO 24)*** I. – Les zones touristiques internationales prévues à l'article L. 3132-24 sont délimitées par un arrêté des ministres chargés du travail, du tourisme et du commerce.

II. – Pour l'application des dispositions de l'article L. 3132-24, sont pris en compte les critères suivants :

1° Avoir un rayonnement international en raison d'une offre de renommée internationale en matière commerciale ou culturelle ou patrimoniale ou de loisirs ;

2° Être desservie par des infrastructures de transports d'importance nationale ou internationale ;

3° Connaître une affluence exceptionnelle de touristes résidant hors de France ;

4° Bénéficier d'un flux important d'achats effectués par des touristes résidant hors de France, évalué par le montant des achats ou leur part dans le chiffre d'affaires total de la zone.

Note S'agissant de la délimitation des zones touristiques internationales, voir arrêtés du 25 septembre 2015 (JO 26) (Paris) ; arrêtés du 5 février 2016 (JO 7) ; arrêtés du 25 juillet 2016 (JO 30) ; arrêtés du 23 août 2018 (JO 24) ; arrêté du 25 septembre 2019 (JO 29) (Paris La Défense).

Art. L. 3132-25. ***(L. 2015-990 du 6 août 2015, art. 243, JO 7)*** « Les établissements de vente au détail qui mettent à disposition des biens et des services et qui sont situés dans les zones touristiques caractérisées par une affluence particulièrement importante de touristes peuvent donner le repos hebdomadaire par roulement pour tout ou partie du personnel, dans les conditions prévues aux articles L. 3132-25-3 et L. 3132-25-4. »

Un décret en Conseil d'État détermine les modalités d'application du présent article.

Note Les communes d'intérêt touristique ou thermales et les zones touristiques d'affluence exceptionnelle ou d'animation culturelle permanente créées avant la publication de la loi 2015-990 du 6 août 2015, soit avant le 7 août 2015, en application de cet article, dans sa rédaction antérieure à la loi, constituent de plein droit des zones touristiques, au sens du même article, dans sa rédaction résultant de cette loi (loi précitée, art. 257, I).

Art. R. 3132-19. ***(D. 2015-1173 du 23 sept. 2015, JO 24)*** Le préfet de région délimite par arrêté les zones mentionnées aux articles L. 3132-25 et L. 3132-25-1. Lorsqu'une zone est située sur le territoire de plus d'une région, les préfets de région concernés la délimitent par arrêté conjoint.

Art. R. 3132-20. ***(D. 2009-1134 du 21 sept. 2009, JO 22)*** « Pour figurer sur la liste des ***(D. 2015-1173 du 23 sept. 2015, JO 24)*** « zones touristiques mentionnées à l'article L. 3132-25 », les zones doivent accueillir pendant certaines périodes de l'année une population supplémentaire importante en raison de leurs caractéristiques naturelles, artistiques, culturelles ou historiques ou de l'existence d'installations de loisirs ou thermales à forte fréquentation. »

Les critères notamment pris en compte ***(D. 2009-1134 du 21 sept. 2009, JO 22)*** « pour le classement en ***(D. 2015-1173 du 23 sept. 2015, JO 24)*** « zones touristiques » sont :

1° Le rapport entre la population permanente et la population saisonnière ;

2° Le nombre d'hôtels ;

(D. 2015-1173 du 23 sept. 2015, JO 24) « 3° Le nombre de villages de vacances ;

4° Le nombre de chambres d'hôtes ;

5° Le nombre de terrains de camping ;

6° Le nombre de logements meublés destinés aux touristes ;

7° Le nombre de résidences secondaires ou de tourisme ;

8° Le nombre de lits répartis au sein des structures d'hébergement mentionnées aux six alinéas précédents;

9° La capacité d'accueil des véhicules par la mise à disposition d'un nombre suffisant de places de stationnement.»

Art. L. 3132-25-1. *(L. 2015-990 du 6 août 2015, art. 244, JO 7)* Les établissements de vente au détail qui mettent à disposition des biens et des services et qui sont situés dans les zones commerciales caractérisées par une offre commerciale et une demande potentielle particulièrement importantes, le cas échéant en tenant compte de la proximité immédiate d'une zone frontalière, peuvent donner le repos hebdomadaire par roulement pour tout ou partie du personnel, dans les conditions prévues aux articles L. 3132-25-3 et L. 3132-25-4.

Un décret en Conseil d'État détermine les modalités d'application du présent article.

Note • Les périmètres d'usage de consommation exceptionnelle créés avant la publication de la loi 2015-990 du 6 août 2015 en application de l'article L. 3132-25-2, dans sa rédaction antérieure à la loi, constituent de plein droit des zones commerciales au sens de l'article L. 3132-25-1, dans sa rédaction résultant de cette loi (loi précitée, art. 257, II).

• Voir art. R. 3132-19 ci-dessus.

Art. R. 3132-20-1. *(D. 2015-1173 du 23 sept. 2015, JO 24)* I. – Pour être qualifié de zone commerciale au sens de l'article L. 3132-25-1, la zone faisant l'objet d'une demande de délimitation ou de modification remplit les critères suivants:

1° Constituer un ensemble commercial au sens de l'article L. 752-3 du code de commerce d'une surface de vente totale supérieure à 20 000 m^2;

2° Avoir un nombre annuel de clients supérieur à 2 millions [ou être située dans une unité urbaine comptant une population supérieure à 100 000 habitants];

3° Être dotée des infrastructures adaptées et accessible par les moyens de transport individuels et collectifs.

II. – Lorsque la zone est située à moins de 30 kilomètres d'une offre concurrente située sur le territoire d'un État limitrophe, les valeurs applicables au titre des critères de surface de vente et de nombre annuel de clients énoncés respectivement au 1° et au 2° du I sont de 2 000 m^2 et de 200 000 clients.

Note Le décret 2015-1173 du 23 septembre 2015 est annulé en tant qu'il comprend, au I de l'article R. 3132-20-1 qu'il insère dans le code du travail, les mots: «ou être située dans une unité urbaine comptant une population supérieure à 100 000 habitants» (CE 28 juillet 2017, n° 394732, RJS 10/17 n° 676).

Art. L. 3132-25-2. *(L. 2015-990 du 6 août 2015, art. 245, JO 7)* I. – La demande de délimitation ou de modification des zones définies aux articles L. 3132-25 et L. 3132-25-1 est faite par le maire ou, après consultation des maires concernés, par le président de l'établissement public de coopération intercommunale à fiscalité propre, lorsque celui-ci existe et que le périmètre de la zone concernée excède le territoire d'une seule commune.

La demande de délimitation ou de modification de ces zones est transmise au représentant de l'État dans la région. Elle est motivée et comporte une étude d'impact justifiant notamment l'opportunité de la création ou de la modification de la zone.

II. – Les zones mentionnées au I sont délimitées ou modifiées par le représentant de l'État dans la région après avis:

1° Du conseil municipal des communes dont le territoire est concerné;

2° Des organisations professionnelles d'employeurs et des organisations syndicales de salariés intéressées;

3° De l'organe délibérant des établissements publics de coopération intercommunale à fiscalité propre dont sont membres les communes dont le territoire est concerné;

4° Du comité départemental du tourisme, pour les zones touristiques mentionnées à l'article L. 3132-25;

5° De la chambre de commerce et d'industrie et de la chambre de métiers et de l'artisanat, pour les zones commerciales mentionnées à l'article L. 3132-25-1.

L'avis de ces organismes est réputé donné à l'issue d'un délai de deux mois à compter de leur saisine en cas de demande de délimitation d'une zone et d'un mois en cas de demande de modification d'une zone existante.

III. – Le représentant de l'État dans la région statue dans un délai de six mois sur la demande de délimitation dont il est saisi. Il statue dans un délai de trois mois sur une demande de modification d'une zone.

Art. L. 3132-25-3

Art. L. 3132-25-3. ***(L. 2009-974 du 10 août 2009, JO 11) (L. 2015-990 du 6 août 2015, art. 246, JO 7)*** « I. – » Les autorisations prévues ***(L. 2015-990 du 6 août 2015, art. 246, JO 7)*** « à l'article L. 3132-20 » sont accordées au vu d'un accord collectif ou, à défaut, d'une décision unilatérale de l'employeur prise après référendum.

L'accord collectif fixe les contreparties accordées aux salariés privés du repos dominical ainsi que les engagements pris en termes d'emploi ou en faveur de certains publics en difficulté ou de personnes handicapées.

En l'absence d'accord collectif applicable, les autorisations sont accordées au vu d'une décision unilatérale de l'employeur, prise après avis du ***(Ord. 2017-1386 du 22 sept. 2017, art. 4, 32°, JO 23, entrée en vigueur au plus tard le 01.01.2018)*** « comité social et économique, s'il existe », approuvée par référendum organisé auprès des personnels concernés par cette dérogation au repos dominical. La décision de l'employeur approuvée par référendum fixe les contreparties accordées aux salariés privés du repos dominical ainsi que les engagements pris en termes d'emploi ou en faveur de certains publics en difficulté ou de personnes handicapées. Dans ce cas, chaque salarié privé du repos du dimanche bénéficie d'un repos compensateur et perçoit pour ce jour de travail une rémunération au moins égale au double de la rémunération normalement due pour une durée équivalente.

Lorsqu'un accord collectif est régulièrement négocié postérieurement à la décision unilatérale prise sur le fondement de l'alinéa précédent, cet accord s'applique dès sa signature en lieu et place des contreparties prévues par cette décision.

(L. 2015-990 du 6 août 2015, art. 246, JO 7) « II. – Pour bénéficier de la faculté de donner le repos hebdomadaire par roulement pour tout ou partie du personnel, prévue aux articles L. 3132-24, L. 3132-25, L. 3132-25-1 et L. 3132-25-6, les établissements doivent être couverts soit par ***(Ord. 2017-1718 du 20 déc. 2017, art. 1er, I, 129°, JO 21)*** « un accord d'entreprise ou d'établissement ou, à défaut, un accord collectif de branche », soit par un accord conclu à un niveau territorial.

Les accords collectifs de branche, d'entreprise et d'établissement et les accords territoriaux prévoient une compensation déterminée afin de tenir compte du caractère dérogatoire du travail accompli le dimanche.

L'accord mentionné au premier alinéa du présent II fixe les contreparties, en particulier salariales, accordées aux salariés privés du repos dominical ainsi que les engagements pris en termes d'emploi ou en faveur de certains publics en difficulté ou de personnes handicapées. Il prévoit également les mesures destinées à faciliter la conciliation entre la vie professionnelle et la vie personnelle des salariés privés du repos dominical. Le présent alinéa s'applique également aux établissements autres que ceux mentionnés à l'article L. 3132-12 pour leurs salariés qui travaillent dans la surface de vente d'un établissement situé dans l'une des zones mentionnées aux articles L. 3132-24, L. 3132-25 et L. 3132-25-1 ou dans l'une des gares mentionnées à l'article L. 3132-25-6.

L'accord fixe les contreparties mises en œuvre par l'employeur pour compenser les charges induites par la garde des enfants pour les salariés privés du repos dominical.

Dans les établissements de moins de onze salariés, à défaut d'accord collectif ou d'accord conclu à un niveau territorial, la faculté mentionnée au premier alinéa du présent II est ouverte après consultation par l'employeur des salariés concernés sur les mesures prévues au titre des deuxième à quatrième alinéas et approbation de la majorité d'entre eux.

En cas de franchissement du seuil de onze salariés mentionné au cinquième alinéa, le premier alinéa est applicable à compter de la troisième année consécutive au cours de laquelle l'effectif de l'établissement employé dans la zone atteint ce seuil.

III. – Dans les cas prévus aux I et II du présent article, l'accord ou la décision unilatérale de l'employeur prise en application de l'article L. 3132-20 fixent les conditions dans lesquelles l'employeur prend en compte l'évolution de la situation personnelle des salariés privés du repos dominical. »

Note • Le 1er alinéa du II a été modifié par l'ordonnance 2017-1385 du 22 septembre 2017, art. 3, V, JO 23.

• Les articles L. 3132-25-3 et L. 3132-25-4, dans leur rédaction résultant de la loi 2015-990 du 6 août 2015, s'appliquent aux salariés employés dans les établissements mentionnés à ces mêmes articles situés dans les communes d'intérêt touristique ou thermales ou zones touristiques d'affluence exceptionnelle ou d'animation culturelle permanente à la date de publication de la loi, à compter du premier jour du trente-sixième mois suivant cette publication, soit depuis le 1er août 2018 (loi précitée, art. 257, I, modifié par loi 2017-1340 du 15 septembre 2017, art. 7, JO 16, entrée en vigueur le 31.07.2017).

Les accords collectifs et les décisions unilatérales de l'employeur mentionnés à cet article, dans sa rédaction antérieure à la loi 2015-990 du 6 août 2015, demeurent applicables dans les établissements situés dans les périmètres d'usage de consommation exceptionnelle créés avant la publication de la loi jusqu'au premier jour du trente-sixième mois suivant cette publication, soit jusqu'au 1er août 2018. Au cours de cette période, lorsqu'un accord collectif est régulièrement négocié, dans les conditions prévues aux II et III de cet article, postérieurement à la décision unilatérale prise en application du premier alinéa de cet article, dans sa rédaction antérieure à la loi, cet accord s'applique dès sa signature en lieu et place de cette décision (loi précitée, art. 257, II, modifié par loi 2017-1340 du 15 septembre 2017, art. 7, JO 16, entrée en vigueur le 31.07.2017).

Les organisations liées par une convention de branche ou, à défaut, par des accords professionnels dont les stipulations s'appliquent aux établissements de vente au détail qui mettent à disposition des biens et des services ouvrent des négociations sur les thèmes mentionnés aux articles L. 3132-25-3 et L. 3132-25-4 dans les six mois à compter de la promulgation de la loi 2015-990 du 6 août 2015 (loi précitée, art. 246, II).

Art. L. 3132-25-4. ***(L. 2015-990 du 6 août 2015, art. 247, JO 7)*** «Pour l'application des articles L. 3132-20, L. 3132-24, L. 3132-25, L. 3132-25-1 et L. 3132-25-6,» seuls les salariés volontaires ayant donné leur accord par écrit à leur employeur peuvent travailler le dimanche. Une entreprise ne peut prendre en considération le refus d'une personne de travailler le dimanche pour refuser de l'embaucher. Le salarié qui refuse de travailler le dimanche ne peut faire l'objet d'une mesure discriminatoire dans le cadre de l'exécution de son contrat de travail. Le refus de travailler le dimanche pour un salarié ne constitue pas une faute ou un motif de licenciement.

(L. 2015-990 du 6 août 2015, art. 247, JO 7) «L'accord collectif ou les mesures proposées par l'employeur mentionnés au II de l'article L. 3132-25-3 déterminent les modalités de prise en compte d'un changement d'avis du salarié privé du repos dominical.»

(L. 2015-990 du 6 août 2015, art. 247, JO 7) «Pour l'application de l'article L. 3132-20,» à défaut d'accord collectif applicable, l'employeur demande chaque année à tout salarié qui travaille le dimanche s'il souhaite bénéficier d'une priorité pour occuper ou reprendre un emploi ressortissant à sa catégorie professionnelle ou un emploi équivalent ne comportant pas de travail le dimanche dans le même établissement ou, à défaut, dans la même entreprise. L'employeur l'informe également, à cette occasion, de sa faculté de ne plus travailler le dimanche s'il ne le souhaite plus. En pareil cas, le refus du salarié prend effet trois mois après sa notification écrite à l'employeur.

En outre, le salarié qui travaille le dimanche peut à tout moment demander à bénéficier de la priorité définie à l'alinéa précédent.

En l'absence d'accord collectif, le salarié privé de repos dominical conserve la faculté de refuser de travailler trois dimanches de son choix par année civile. Il doit en informer préalablement son employeur en respectant un délai d'un mois.

(L. 2015-990 du 6 août 2015, art. 247, JO 7) «L'employeur prend toute mesure nécessaire pour permettre aux salariés d'exercer personnellement leur droit de vote au titre des scrutins nationaux et locaux lorsque ceux-ci ont lieu le dimanche.»

Note Sur l'application de la loi 2015-990 du 6 août 2015, voir note sous article L. 3132-25-3.

Art. L. 3132-25-5. ***(L. 2009-974 du 10 août 2009, JO 11)*** Les articles L. 3132-25 et L. 3132-25-1 ne sont pas applicables aux commerces de détail alimentaire qui bénéficient des dispositions de l'article L. 3132-13.

(L. 2015-990 du 6 août 2015, art. 248, JO 7) «Les commerces de détail alimentaire situés dans les zones mentionnées à l'article L. 3132-24 ou dans les emprises des gares mentionnées à l'article L. 3132-25-6 sont soumis, pour la période du dimanche s'achevant à treize heures, à l'article L. 3132-13. Après treize heures, ils peuvent donner le repos hebdomadaire par roulement pour tout ou partie du personnel selon les modalités définies aux II et III de l'article L. 3132-25-3 et à l'article L. 3132-25-4.»

Art. L. 3132-25-6. ***(L. 2015-990 du 6 août 2015, art. 249, JO 7)*** Un arrêté conjoint des ministres chargés des transports, du travail et du commerce peut, après avis du maire, le cas échéant du président de l'établissement public de coopération intercommunale dont la commune est membre, et des représentants des employeurs et des salariés des établissements concernés, autoriser les établissements de vente au détail qui mettent à disposition des biens et des services et qui sont situés dans l'emprise d'une gare qui n'est pas incluse dans l'une des zones mentionnées à l'article L. 3132-24 à donner le repos hebdomadaire par roulement pour tout ou partie du personnel, compte tenu de l'affluence exceptionnelle de passagers dans cette gare, dans les conditions prévues aux II et III de l'article L. 3132-25-3 et à l'article L. 3132-25-4.

Les avis requis en application du premier alinéa du présent article sont réputés donnés à l'issue d'un délai de deux mois à compter de la saisine des personnes et des organisations concernées.

Note Voir arrêté du 9 février 2016 (JO 11).

Sous-§ 3. Dérogations accordées par le maire

Art. L. 3132-26. Dans les établissements de commerce de détail où le repos hebdomadaire a lieu normalement le dimanche, ce repos peut être supprimé les dimanches désignés, pour chaque commerce de détail, par décision du maire ***(L. 2015-990 du 6 août 2015, art. 250, JO 7)*** «prise après avis du conseil municipal». Le nombre de ces dimanches ne peut excéder ***(L. 2015-990 du 6 août 2015, art. 250, JO 7)*** «douze» par ***(L. 2016-1088 du 8 août 2016, art. 8, III, 2°, JO 9)*** «année civile». ***(L. 2015-990 du 6 août 2015, art. 250, JO 7)*** «La liste des dimanches est arrêtée avant le 31 décembre, pour l'année suivante.» ***(L. 2016-1088 du 8 août 2016, art. 8, III, 2°, JO 9)*** «Elle peut être modifiée dans les mêmes formes en cours d'année, au moins deux mois avant le premier dimanche concerné par cette modification.»

(L. 2015-990 du 6 août 2015, art. 250, JO 7) «Lorsque le nombre de ces dimanches excède cinq, la décision du maire est prise après avis conforme de l'organe délibérant de l'établissement public de coopération intercommunale à fiscalité propre dont la commune est membre. À défaut de délibération dans un délai de deux mois suivant sa saisine, cet avis est réputé favorable.

Pour les commerces de détail alimentaire dont la surface de vente est supérieure au seuil mentionné au premier alinéa de l'article 3 de la loi n° 72-657 du 13 juillet 1972 instituant des mesures en faveur de certaines catégories de commerçants et artisans âgés, lorsque les jours fériés mentionnés à l'article L. 3133-1, à l'exception du 3°, sont travaillés, ils sont déduits par l'établissement des dimanches désignés par le maire au titre du présent article, dans la limite de trois.»

Note • Par décision 2016-547 QPC du 24 juin 2016 (JO 30), le Conseil constitutionnel a jugé le quatrième alinéa de cet article disposant que «À Paris, la décision mentionnée aux trois premiers alinéas est prise par le préfet de Paris» contraire à la Constitution. Sur cette décision, voir LSQ n° 17111 du 28.06.2016.

• Cet article, dans sa rédaction résultant de la loi 2015-990 du 6 août 2015, s'applique, pour la première fois, au titre de l'année 2016. Par dérogation à cet article, dans sa rédaction antérieure à loi 2015-990, pour l'année 2015, le maire pouvait désigner neuf dimanches durant lesquels, dans les établissements de commerce de détail, le repos hebdomadaire est supprimé (loi précitée, art. 257, III).

• «Dans ce texte, l'expression «commerce de détail» ne renvoie pas à la notion d'établissement [...]. Les dérogations de fermeture dominicale [doivent] être accordées, par le maire, collectivement par branche d'activité [...].» (rép. QE 38865, JO AN 29 juillet 1996, p. 4181).

• Il résulte des dispositions des articles L. 3132-26 et L. 3132-27 CT, éclairées par les travaux préparatoires, que les décisions prises sur leur fondement ne peuvent l'être qu'à l'égard d'une catégorie d'établissements exerçant la même activité commerciale, sans pouvoir être limitées à un seul établissement. Par suite, le préfet de Paris a méconnu ces dispositions en accordant à plusieurs grands magasins, qui exercent la même activité commerciale, des autorisations individuelles d'ouverture dominicale à des dates propres à chacune des sociétés (CE 29 octobre 2008, n° 289617, Rec. Lebon, p. 373; Dr. Soc. 2008, p. 1235: «La dérogation au repos dominical autorisée par l'article L. 3132-26 du code du travail doit être accordée le même jour à tous les commerces exerçant une même activité», concl. L. Derepas; RJS 2/09 n° 178).

• Si l'article L. 221-19 [L. 3132-26] permet au maire de supprimer, dans certaines conditions, le repos dominical, il ne l'autorise pas à accorder des dérogations aux dispositions d'un arrêté préfectoral ordonnant la fermeture le dimanche des établissements d'une profession déterminée (cass. crim. 8 août 1994, n° 93-85.207, B. crim. n° 289).

Art. R. 3132-21. L'arrêté du maire ou, à Paris, du Préfet de Paris relatif à la dérogation au repos dominical pour les commerces de détail prévu à l'article L. 3132-26, est pris après avis des organisations d'employeurs et de salariés intéressées.

Art. L. 3132-26-1. ***(L. 2015-990 du 6 août 2015, art. 252, JO 7)*** Lorsque le repos dominical a été supprimé le jour d'un scrutin national ou local, l'employeur prend toute mesure nécessaire pour permettre aux salariés d'exercer personnellement leur droit de vote.

Art. L. 3132-27. ***(L. 2009-974 du 10 août 2009, JO 11)*** «Chaque salarié privé de repos dominical perçoit une rémunération au moins égale au double de la rémunération normalement due pour une durée équivalente, ainsi qu'un repos compensateur équivalent en temps.»

L'arrêté pris en application de l'article L. 3132-26 détermine les conditions dans lesquelles ce repos est accordé, soit collectivement, soit par roulement dans la quinzaine qui précède ou suit la suppression du repos.

Si le repos dominical est supprimé un dimanche précédant une fête légale, le repos compensateur est donné le jour de cette fête.

Note • Le salarié privé du repos du dimanche doit bénéficier à la fois d'un repos compensateur et d'une majoration de salaire (cass. soc. 12 novembre 1991, n° 90-42.944, BC V n° 486). Le versement d'une prime exceptionnelle ne peut faire échec au droit du salarié privé du repos du dimanche de bénéficier d'un repos compensateur et d'une majoration de salaire (cass. soc. 29 octobre 2003, n° 01-46.016, RJS 1/04 n° 62). La majoration de salaire prévue par cet article n'est pas applicable en dehors des prévisions de ce texte. Un conseil de prud'hommes a décidé, à bon droit, qu'une salariée qui avait demandé à bénéficier du mercredi comme jour de repos, ne pouvait se prévaloir d'une méconnaissance par l'employeur des dispositions de l'article L. 221-5 [L. 3132-3] CT (cass. soc. 5 juillet 1995, n° 91-45.519).

Le bénéfice de la double contrepartie prévue par l'article L. 3132-27 est indépendant de la rémunération mensuelle normalement versée au salarié (cass. crim. 22 septembre 2015, n° 13-82.284, B. crim. n° 206; JCP éd. S 2015, 1407, note M. Morand; RDT, mars 2016, CH, 190, M. Véricel).

• En vertu des dispositions du second alinéa de l'article L. 221-19 [L. 3132-27] CT, il incombe au préfet de déterminer les modalités du repos compensateur et, notamment, de préciser si le repos auquel les salariés ont droit est accordé collectivement ou par roulement et se trouve fixé dans la quinzaine qui précède ou dans celle qui suit le dimanche travaillé. Le préfet de Paris ne pouvait, sans entacher sa décision d'illégalité, se borner, d'une part, à reproduire dans sa décision d'autorisation d'ouverture les dispositions de ce second alinéa et, d'autre part, à ajouter que les employeurs devaient s'y conformer sauf dispositions plus favorables des conventions collectives (CE 29 octobre 2008, n° 289617, cité sous l'article L. 3132-26).

Art. L. 3132-27-1. ***(L. 2015-990 du 6 août 2015, art. 253, JO 7)*** Le premier alinéa de l'article L. 3132-25-4 est applicable aux salariés privés du repos dominical en application de l'article L. 3132-26.

§ 4. Concertation locale

Art. L. 3132-27-2. ***(L. 2015-990 du 6 août 2015, art. 256, JO 7)*** Dans le périmètre de chaque schéma de cohérence territoriale, le représentant de l'État dans la région réunit annuellement les maires, les présidents d'établissement public de coopération intercommunale à fiscalité propre, les associations de commerçants et les organisations représentatives des salariés et des employeurs du commerce de détail, et organise une concertation sur les pratiques d'ouverture dominicale des commerces de détail au regard des dérogations au repos dominical prévues à la présente sous-section et de leur impact sur les équilibres en termes de flux commerciaux et de répartition des commerces de détail sur le territoire.

Sous-section 3. Dispositions d'application

Art. L. 3132-28. Les décrets en Conseil d'État prévus par les articles L. 3132-5, L. 3132-7, L. 3132-10 et L. 3132-13 sont pris dans les mêmes formes que celles prévues à l'article ***(L. 2016-1088 du 8 août 2016, art. 8, XI, 8°, JO 9)*** « L. 3121-67» pour les décrets d'application des dispositions relatives à la durée du travail.

SECTION 3. Décisions de fermeture

Art. L. 3132-29. Lorsqu'un accord est intervenu entre les organisations syndicales de salariés et les organisations d'employeurs d'une profession et d'une zone géographique déterminées sur les conditions dans lesquelles le repos hebdomadaire est donné aux salariés, le préfet peut, par arrêté, sur la demande des syndicats intéressés, ordonner la fermeture au public des établissements de la profession ou de la zone géographique concernée pendant toute la durée de ce repos. Ces dispositions ne s'appliquent pas aux activités dont les modalités de fonctionnement et de paiement sont automatisées.

(L. 2015-990 du 6 août 2015, art. 255, JO 7) «À la demande des organisations syndicales représentatives des salariés ou des organisations représentatives des employeurs de la zone géographique concernée exprimant la volonté de la majorité des membres de la profession de cette zone géographique, le préfet abroge l'arrêté mentionné au premier alinéa, sans que cette abrogation puisse prendre effet avant un délai de trois mois.»

Note • Par décision 2010-89 QPC du 21 janvier 2011 (JO 22), le Conseil constitutionnel a jugé l'article L. 3132-29 conforme à la Constitution.

• **Accord entre syndicats d'employeurs et de salariés.** La fermeture au public ne peut être ordonnée par arrêté préfectoral que sur la demande des syndicats patronaux et ouvriers de la profession et de la région intéressées et sur la base d'un accord intervenu entre ces syndicats pour fixer l'attribution du repos hebdomadaire, d'une durée de 24 heures consécutives, un jour quelconque de la semaine. La demande peut se trouver formulée dans le texte même de l'accord intersyndical. Celui-ci peut donner le choix entre deux ou plusieurs jours pour la fermeture hebdomadaire; la circulaire ministérielle DRT 19-92 du 7 octobre 1992 (BO TR 92/23, p. 67) recommande que les arrêtés préfectoraux laissent le choix, lorsqu'ils prévoient un jour de fermeture autre que le dimanche, entre deux ou plusieurs jours dont le dimanche. Si la fermeture, l'un de ces deux jours, est obligatoire, il n'est pas interdit pour autant aux commerçants de fermer également un autre jour (cass. crim. 12 février 1964, n° 63-92.072, B. crim. n° 52).

L'arrêté préfectoral de fermeture hebdomadaire doit être précédé d'un accord entre des organisations syndicales intéressées du département qui corresponde à la volonté d'une majorité indiscutable de tous ceux qui exercent la profession à titre principal ou accessoire et dont l'établissement ou partie de celui-ci est susceptible d'être fermé; en revanche, les organisations signataires de l'accord n'ont pas à être elles-mêmes représentatives de cette majorité (CE 18 novembre 2013, n° 355283; 7 janvier 2015, n° 369924). La signature par certains syndicats d'employeurs et de salariés de la profession d'un accord organisant le repos hebdomadaire selon des modalités différentes de celles de l'arrêté préfectoral ne suffit pas, à elle seule, à établir que celui-ci ne refléterait plus l'opinion de la majorité des professionnels concernés du département (CE 9 novembre 2005, n° 268832, RJS 5/06 n° 586).

Aucune disposition législative ou réglementaire n'imposant que l'arrêté mentionne l'identité des organisations signataires de l'accord, la circonstance que l'arrêté ne comporte pas une telle mention est sans incidence sur sa légalité (CE 18 novembre 2013, n° 358805).

Si l'accord n'a pas à prendre la forme d'un document écrit et signé dans les conditions prévues au titre III du livre I du code du travail, les dispositions de l'article L. 221-17 [L. 3132-29] impliquent toutefois que l'accord à intervenir entre les syndicats d'employeurs et de travailleurs résulte d'échanges et de discussions menés simultanément et collectivement entre ces différents organismes et non de simples avis recueillis séparément auprès de chacun d'entre eux (CE 30 mars 2005, n° 268603, RJS 8-9/05 n° 859; voir aussi CE 18 novembre 2013, n° 358805, précité, précisant que les conditions de négociation de cet accord sont par elles-mêmes sans incidence sur la légalité de l'arrêté; 7 janvier 2015, n° 369924, précité).

L'accord intervenu entre les partenaires sociaux n'ayant pas la nature d'un accord collectif et n'ayant pas d'effet juridique propre, la légalité de l'arrêté préfectoral pris sur son fondement ne peut pas être remise en cause par l'intervention d'un accord collectif national étendu ultérieur, instituant un régime de repos hebdomadaire plus favorable que le régime initialement prévu par l'accord (CE 15 mai 2006, n° 277361, Rec. Lebon, p. 252; cass. soc. 12 juillet 2006, n° 04-20.770, BC V n° 266; RJS 10/06 n° 1077).

Pour se prononcer sur la légalité d'un arrêté, le juge peut ordonner toute mesure d'instruction utile pour connaître le nombre total des professionnels concernés et être ainsi en mesure de dire si l'accord conclu exprime la volonté de la majorité d'entre eux (cass. crim. 24 février 1998, n° 97-80.602).

L'arrêté préfectoral ordonnant la fermeture des établissements et parties d'établissements de quelque nature qu'ils soient dans lesquels s'effectue la vente ou la distribution du pain concerne non seulement les commerces spécialisés, mais aussi l'ensemble des établissements, quelle que soit leur forme commerciale, se livrant à la vente du pain. Il doit donc être annulé si l'accord n'exprime pas la volonté de la majorité indiscutable de tous ceux qui exerçaient la profession considérée à titre principal ou accessoire et dont les établissements étaient, pour l'ensemble ou pour une partie de leurs activités, susceptibles d'être fermés (CE 11 décembre 1992, n° 106458, RJS 3/93 n° 282). Les boulangeries, boulangeries-pâtisseries et dépôts de pain «constituent une même profession, quel que soit le mode de fabrication, artisanal ou industriel, des denrées vendues». Les boulangeries industrielles ne sauraient être exclues du champ d'application des arrêtés préfectoraux ordonnant la fermeture au public des établissements d'une profession déterminée pendant toute la durée du repos hebdomadaire (CE 28 mai 2003, n° 247120, RJS 11/03 n° 1278).

A privé sa décision de base légale le tribunal de police qui a condamné le gérant d'un supermarché pour violation d'un arrêté préfectoral de fermeture sans rechercher si, conformément à ses allégations, le prévenu exerçait un commerce multiple et si l'accord syndical intervenu exprimait l'opinion de la majorité des professionnels concernés, y compris ceux exerçant un tel commerce, ou si, à défaut, l'arrêté préfectoral avait été pris après une consultation des intéressés, syndiqués ou non, ayant permis de constater l'existence d'une majorité favorable à la fermeture hebdomadaire des commerces en cause (cass. crim. 1er juillet 1997, n° 96-83.433, B. crim. n° 261).

Une cour d'appel, après avoir constaté qu'une société exerçait à titre principal dans son magasin deux activités distinctes, a limité l'interdiction qu'elle prononçait à la seule activité de dépôt de pain visée par les arrêtés préfectoraux, à l'exclusion de l'activité de restauration rapide. Dès lors, le défaut de consultation du syndicat regroupant les professionnels exerçant cette dernière activité ne pouvait avoir d'incidence sur la légalité des arrêtés préfectoraux (cass. soc. 1er juillet 1997, n° 95-13.831, RJS 10/97 n° 1099).

À noter que le professionnel affilié à une organisation n'ayant pas été consultée est soumis aux dispositions de l'arrêté préfectoral, dès lors qu'il n'est pas établi qu'en l'état des organisations consultées, l'accord obtenu n'exprimerait pas l'opinion de la majorité des membres de la profession (cass. crim. 10 mai 2006, n° 05-85.639).

• **Champ d'application de l'arrêté préfectoral.** L'arrêté préfectoral s'applique dans le territoire visé à tous les établissements de la profession en cause, qu'ils emploient ou non du personnel, donc à un magasin de vente au détail de meubles ouvert le dimanche sous la seule surveillance de gardiens (cass. crim. 11 juin 1969, n° 68-91.848, B. crim. n° 197). En effet, l'obligation de fermeture qui est édictée dans une optique concurrentielle s'applique même aux commerçants travaillant seuls ou avec l'aide des seuls membres de leur famille (cass. crim. 6 juillet 1966, n° 66-90.303, B. crim. n° 195; 26 mai 1976, n° 75-92.879, B. crim. n° 187). Elle s'applique également aux établissements autorisés de plein droit, en application des dispositions de l'article L. 3132-12, à donner le repos hebdomadaire par roulement (cass. soc. 11 mai 2017, n° 15-25.195, BC V n° 78; JCP éd. S 2017, 1221, 2e espèce, note M. d'Allende et M. Buso; RJS 7/17 n° 491; voir aussi CE 9 novembre 2005, n° 270501, RJS 5/06 n° 586). Par ailleurs, les établissements compris dans le champ d'application de l'arrêté préfectoral ne peuvent se prévaloir de l'application d'une autre période de repos définie en vertu de l'article L. 221-16 (ancien) ou d'une convention collective (cass. soc. 4 octobre 2000, n° 98-22.236; 23 novembre 2005, n° 03-13.079, RJS 5/06 n° 586).

L'arrêté préfectoral a vocation à s'appliquer à tous les établissements pratiquant les activités qu'il vise expressément et ce, même dans l'hypothèse où une de ces activités s'exerce au sein d'une catégorie d'établissement qui n'existait pas encore à la date de sa parution (cass. soc. 1er juillet 1997, n° 95-13.124, RJS 10/97 n° 1099).

L'arrêté préfectoral peut viser des parties d'établissement, dès lors qu'il concerne, en termes généraux, des commerces exerçant la même activité (en l'espèce, les terminaux de cuisson et les dépôts de pain), qu'ils se situent dans des magasins spécialisés ou à succursales multiples (cass. soc. 13 octobre 2010, n° 09-14.418, BC V n° 223; LS Jurispr. n° 220 du 16.11.2010; voir précédemment cass. crim. 21 août 1996, n° 95-81.101, B. crim. n° 310; cass. soc. 20 janvier 1999, n° 97-16.642). Voir aussi ci-après Magasins à commerces multiples.

Les dispositions de l'article L. 588-1 c. santé publ. n'ont ni pour objet ni pour effet de déroger aux dispositions de l'article L. 221-17 [L. 3132-29] CT. Si l'article L. 588-1 prévoit qu'une officine peut rester ouverte pendant un service de garde alors même qu'elle n'assure pas ce service, cette possibilité ne s'applique pas lorsqu'en vertu de l'article L. 221-17 (ancien) CT, le préfet a ordonné la fermeture des officines durant le repos hebdomadaire (CE 9 février 2000, n° 198461, RJS 6/00 n° 682).

La vente au détail de denrées alimentaires constitue une profession déterminée au sens de l'article L. 3132-29 CT (cass. crim. 16 mars 2010, n° 08-88.418, B. crim. n° 51; RJS 7/10 n° 603).

Magasins à commerces distincts. Dans les magasins où s'exercent quelques commerces distincts, chacun de ceux-ci doit être fermé le jour fixé par l'arrêté qui le réglemente, dès lors que les infractions aux textes régulièrement pris en application de l'article L. 221-17 [L. 3132-29] et s'appliquant à tous ceux qui exercent une profession déterminée à titre principal ou accessoire rompent l'égalité que la loi a entendu établir entre tous les professionnels exerçant la même activité (cass. crim. 15 octobre 1991, n° 90-80.599, B. crim. n° 348; RJS 1/92 n° 40).

Un établissement consacré à l'équipement de la maison et comportant plusieurs commerces distincts ne saurait être considéré comme un magasin à commerces multiples (ayant pour objet d'offrir à la clientèle les produits les plus divers sans qu'aucun n'ait un caractère accessoire par rapport aux autres) et entre donc dans le champ d'application d'un arrêté préfectoral prescrivant la fermeture au public le dimanche des établissements et parties d'établissement vendant de l'ameublement (CE 14 décembre 1979, n° 10275, Rec. Lebon, p. 465). Un artisan cordonnier qui vend au détail des chaussures doit observer, pour la partie de son établissement où s'exerce le commerce de chaussures, l'arrêté préfectoral prescrivant la fermeture le dimanche des magasins de chaussures (cass. crim. 12 novembre 1974, n° 74-90.982, B. crim. n° 329).

Magasins à commerces multiples. En principe, les magasins à commerces multiples, du fait qu'ils relèvent d'une catégorie professionnelle particulière, ne sont pas soumis à l'obligation de fermeture résultant d'un arrêté préfectoral applicable à une des professions exercées dans ce magasin (cass. crim. 22 mars 1973, n° 72-92.256, B. crim. n° 149; 21 juillet 1976, n° 75-92.528, B. crim. n° 266). Ainsi, il ne peut être ordonné à une société la fermeture le lundi des dépôts de pain de ses magasins à rayons multiples, l'arrêté préfectoral ne visant que les établissements dans lesquels s'effectuent à titre principal la fabrication, la vente ou la distribution de pain (cass. soc. 25 octobre 1994, n° 90-12.753, BC V n° 291).

Une solution différente est retenue en présence d'un arrêté préfectoral, conçu en termes généraux, visant tous les établissements pratiquant la boulangerie ou le dépôt de pain sans limiter son application aux seuls établissements pratiquant cette activité à titre principal (cass. soc. 25 mars 1997, n° 95-15.248, BC V n° 124; RJS 10/97 n° 1100; 21 mai 1997, n° 95-19.479; cass. crim. 3 octobre 2000, n° 00-81.762). De même, l'arrêté préfectoral ordonnant la fermeture un jour par semaine des établissements effectuant à titre principal ou accessoire la fabrication ou la vente au détail ou la distribution de pain est opposable aux exploitants de terminaux de cuisson qui fournissent des produits de boulangerie et se trouvent ainsi en concurrence directe avec les artisans boulangers (cass. crim. 16 mai 2000, n° 99-83.739, précité). En effet, exercent la même profession, au sens de l'article L. 3132-29 CT, les établissements dans lesquels s'effectuent, à titre principal ou accessoire, la vente au détail ou la distribution de pain, quel que soit le mode artisanal ou industriel de sa fabrication (cass. soc. 11 mai 2017, n° 15-25.195, précité; 24 mars 2004, n° 02-20.789, BC V n° 97; RJS 6/04 n° 703).

À noter que l'arrêté préfectoral s'applique à tous les établissements de la profession pratiquant les activités qu'il vise expressément, peu important qu'ils aient ou non adhéré à l'accord intervenu préalablement entre les syndicats d'employeurs et de travailleurs de la profession (cass. soc. 24 mars 2004, n° 02-20.789, précité).

• **Dérogations. Possibilité (non).** Lorsqu'un arrêté préfectoral est intervenu, aucune dérogation temporaire individuelle (sur le fondement de l'article L. 221-6 ancien) ou collective (sur le fondement de l'article L. 221-19 ancien) ne peut intervenir (voir notamment en ce sens, CE 14 décembre 1979, n° 10275, précité; cass. crim. 18 octobre 1988, n° 87-91.994, B. crim. n° 355; 8 août 1994, n° 93-85.207, B. crim. n° 289).

Si un arrêté ne peut prévoir aucune possibilité de dérogation individuelle à la règle de fermeture qu'il prescrit, le préfet est compétent pour édicter des exceptions, applicables à toutes les entreprises qui en remplissent les conditions, et qui constituent des modalités d'application de la règle (CE 6 mars 2002, n° 217459, RJS 7/02 n° 822).

• **Choix du jour de fermeture.** Si l'article L. 221-17 [L. 3132-29] n'autorise pas le préfet à prévoir des dérogations aux fermetures qu'il prescrit (voir aussi en ce sens CE 2 mars 1992, n° 98654, RJS 8-9/92 n° 999; cass. crim. 21 juin 1994, n° 92-83.835), il ne fait pas obstacle à ce que les artisans et commerçants aient, de manière égale, la faculté de choisir l'un des jours de la semaine offerts par arrêté préfectoral à l'ensemble de la profession (voir CE 5 octobre 1998, n° 170841), dès lors que la détermination du jour de fermeture résulte, pour chacun des exploitants concernés, de la libre appréciation de ses propres intérêts, sans autre condition (cass. crim. 4 janvier 1994, n° 91-86.246, B. crim. n° 4; cass. soc. 6 mai 1996, n° 94-16.188, RJS 6/96 n° 6780; voir aussi cass. crim. 9 janvier 2018, n° 15-85.274, B. crim. n° 6; RJS 3/18 n° 193).

• **Durée de la fermeture.** La fermeture obligatoire ne peut être imposée par le préfet que pendant la durée du repos minimal de 24 heures. Ainsi, dans une profession où le repos hebdomadaire est donné le dimanche (coiffure), un arrêté préfectoral ne peut ordonner la fermeture des salons le lundi, jour de repos supplémentaire prévu dans l'accord syndical (CE 18 février 1991, n° 84631, Rec. Lebon, p. 51; voir dans le même sens cass. crim. 7 décembre 1993, n° 91-86.733, RJS 2/94 n° 155).

• **Légalité de l'arrêté préfectoral.** L'arrêté préfectoral de fermeture constitue un acte réglementaire et n'a donc pas à être motivé en application des dispositions de la loi du 11 juillet 1979 relative à la motivation des actes administratifs (CE 6 mars 2002, n° 217459, précité).

L'arrêté préfectoral, quelle que soit son ancienneté, demeure applicable tant qu'il n'a pas été abrogé (cass. soc. 5 octobre 2017, n° 15-23.221, BC V n° 174; JCP éd. S 2017, 1403, note M. d'Allende et M. Buso) et l'abrogation de l'arrêté n'a pas d'effet rétroactif (cass. crim. 7 janvier 2020, n° 18-83.074, à paraître, RJS 3/20 n° 134; JSL n° 495, 06.04.2020, p. 4, R. Mesa).

Si le principe de la séparation des pouvoirs des autorités administratives et judiciaires interdit au juge civil de se prononcer sur la légalité d'un acte administratif, il lui appartient, lorsqu'il est saisi d'une contestation de la légalité d'un tel acte, de se prononcer sur le caractère sérieux de cette contestation et, dans l'affirmative, de renvoyer au juge administratif l'appréciation de la légalité dudit acte (cass. soc. 19 novembre 1996, n° 93-19.426; 24 octobre 1995, n° 93-21.691). Sur l'exception d'illégalité d'un arrêté préfectoral soulevée devant une cour d'appel statuant en référé n'ayant pas un caractère sérieux, voir notamment cass. soc. 19 février 1997, n° 94-22.205, BC V n° 73 et 5 janvier 2000, n° 98-12.540.

Il incombe à l'exploitant de magasin qui invoque l'exception d'illégalité de l'arrêté préfectoral de fermeture d'établir, le cas échéant, soit l'absence d'une majorité incontestable des professionnels concernés en faveur de l'accord sur lequel est fondé l'arrêté, soit encore que l'absence de consultation d'une organisation d'employeurs a eu une incidence sur la volonté de la majorité des employeurs et salariés concernés par l'accord (cass. soc. 17 octobre 2012, n° 11-24.315, BC V n° 266; RJS 12/12 n° 952; JCP éd. S 2013, 1068, note M. d'Allende).

Le juge, saisi d'une exception d'illégalité d'un arrêté préfectoral édicté en application de l'article L. 3132-29 CT, prise de ce que l'accord intervenu entre les organisations syndicales de salariés et d'employeurs d'une profession, sur les conditions dans lesquelles le repos hebdomadaire est donné aux salariés, n'aurait pas exprimé la volonté de la majorité des professionnels concernés, ne peut accueillir cette exception que s'il résulte des éléments du dossier qu'une telle volonté majoritaire faisait défaut, à la date de l'arrêté litigieux ou à celle des faits poursuivis (cass. crim. 8 avril 2014, n° 11-84.722, B. crim. n° 102; RJS 6/14 n° 484; JCP éd. S 2014, 1351, note M. d'Allende; RDT, octobre 2014, CH, 630, P. Bourdon).

Si l'illégalité d'un arrêté préfectoral ordonnant la fermeture au public le dimanche des établissements de la profession et de la région dans lesquels un accord est intervenu entre les syndicats d'employeurs et de salariés constitue une faute susceptible d'engager la responsabilité de l'État, les préjudices subis par des sociétés condamnées pénalement au paiement d'une indemnité à des syndicats d'employeurs pour avoir méconnu l'arrêté préfectoral ne sont pas la conséquence directe de la faute commise par l'administration, mais trouvent leur origine dans la décision prise par les deux sociétés d'ouvrir leurs établissements le dimanche malgré l'interdiction édictée et l'État ne saurait être condamné à rembourser ces sommes auxdites sociétés (CE 15 mai 1995, n° 91667, RJS 7/95 n° 786).

S'agissant des établissements procédant à la vente de pain, voir circ. DRT 95/12 du 19 septembre 1995 rappelant notamment les critères retenus par la jurisprudence pour décider de la validité des arrêtés préfectoraux et de leur opposabilité (LS 1995, Bref soc. n° 12024); circ. intermin. du 6 juin 2000 précisant «la notion de profession entendue au sens de l'ensemble des fabricants et des distributeurs qui mettent sur le marché un produit identique destiné à une même clientèle», rép. QE 48953, JO AN 23 octobre 2000, p. 6142.

• **Action syndicale - Recevabilité.** Seules sont recevables à agir les organisations syndicales représentant la profession exercée par les sociétés contrevenantes (cass. soc. 2 février 1994, n° 90-14.771, BC V n° 40; RJS 3/94 n° 259).

Voir aussi note sous art. L. 3132-3.

• **Compatibilité avec le droit communautaire.** Les dispositions de l'article L. 221-17 ne sont pas incompatibles avec les stipulations des articles 30 (interdiction des mesures d'effet équivalant aux restrictions quantitatives à l'importation, devenu article 28 CE) et 85 (interdiction aux entreprises de tout accord ou pratique de nature à fausser le jeu de la concurrence, devenu article 81 CE) du traité de Rome [CE 7 décembre 1992, n° 121441, RJS 3/93 n° 283; voir notamment dans le même sens (compatibilité des articles L. 221-5 et 17 avec l'article 85 du traité de Rome) cass. crim. 31 mars 1992, n° 90-87.686, B. crim. n° 133; RJS 10/92 n° 1109; 9 mars 1994, n° 93-81.779, RJS 5/94 n° 557; cass. soc. 11 octobre 1994, n° 89-21.395, BC V n° 268].

Art. R. 3132-22. Lorsqu'un arrêté préfectoral de fermeture au public, pris en application de l'article L. 3132-29, concerne des établissements concourant d'une façon directe à l'approvisionnement de la population en denrées alimentaires, il peut être abrogé ou modifié par le ministre chargé du travail après consultation des organisations professionnelles intéressées.

Cette décision ne peut intervenir qu'après l'expiration d'un délai de six mois à compter de la mise en application de l'arrêté préfectoral.

Note • Il résulte du second alinéa de l'article L. 3132-29 que, depuis le 8 août 2015, date d'entrée en vigueur de la loi 2015-990 du 6 août 2015, seul le préfet a compétence pour se prononcer sur une demande d'abrogation d'un arrêté de fermeture au public formée par une organisation syndicale représentative des salariés ou des employeurs et motivée par l'évolution de la majorité des membres de la profession de la zone géographique concernée; en conséquence, l'article R. 3132-22 doit nécessairement être regardé comme ne régissant plus, à compter de cette date, les décisions susceptibles d'être prises en réponse à une telle demande d'abrogation, lorsque figure, au nombre des motifs fondant la demande, l'invocation de la modification de la volonté de la majorité des membres de la profession (CE 24 février 2017, n° 396286, RJS 5/17 n° 339, 3e espèce).

• Le ministre chargé du travail, lorsqu'il abroge ou modifie un arrêté préfectoral de fermeture au public sur le fondement des dispositions de l'article R. 3132-22 ou qu'il rejette une demande tendant à ce qu'une telle décision soit prise, statue en qualité d'autorité hiérarchique sur une décision du préfet qui relève en premier ressort de la compétence du tribunal administratif; par suite, les recours pour excès de pouvoir contre la décision du ministre doivent être portés non devant le Conseil d'État, mais devant le tribunal administratif territorialement compétent pour connaître des recours contre l'arrêté préfectoral lui-même (CE 28 juillet 2017, n° 398816, LS Jurispr. n° 163 du 12.09.2017).

Art. L. 3132-30. La fermeture prévue à l'article L. 3132-29 ne s'applique pas aux stands des exposants dans l'enceinte des expositions, foires ou salons figurant sur une liste déterminée, après consultation des organisations d'employeurs et de salariés intéressées, par arrêté conjoint des ministres chargés du travail et du commerce.

Les exposants bénéficiant de ces dispositions peuvent accorder le repos hebdomadaire à leurs salariés par roulement.

Art. R. 3132-23. Seules les manifestations dont la durée n'excède pas trois semaines et qui sont organisées par des établissements publics, reconnus d'utilité publique ou ayant obtenu, pendant cinq années consécutives, le parrainage du ministre chargé du commerce peuvent figurer sur la liste mentionnée à l'article L. 3132-30.

SECTION 4. Procédure de référé de l'inspecteur du travail

Art. L. 3132-31. L'inspecteur du travail peut, nonobstant toutes poursuites pénales, saisir en référé le juge judiciaire pour voir ordonner toutes mesures propres à faire cesser dans les établissements de vente au détail et de prestations de services au consommateur l'emploi illicite de salariés en infraction aux dispositions des articles L. 3132-3 et L. 3132-13.

Le juge judiciaire peut notamment ordonner la fermeture le dimanche du ou des établissements concernés. Il peut assortir sa décision d'une astreinte liquidée au profit du Trésor.

Note • Voir aussi L. 3134-15.

• L'inspecteur du travail peut utiliser la procédure de référé en cas de violation par les établissements mentionnés à l'article L. 3132-31 d'un arrêté préfectoral de fermeture dominicale (cass. soc. 6 avril 2011, n° 09-68.413, BC V n° 93; JCP éd. S 2011, 1255, note Y. Pagnerre; RJS 6/11 n° 531; JSL n° 300, 31.05.2011, p. 11, J-E Tourreil; RDT, juin 2011, CH, 383, M. Véricel).

• Lorsque l'inspecteur du travail saisit le président du tribunal de grande instance en application de l'article L. 3132-31, il peut produire tous les éléments de preuve légalement admissibles (cass. soc. 19 mars 2014, n° 12-28.411, BC V n° 80; RJS 6/14 n° 485; JCP éd. S 2014, 1306, note Th. Kapp); en outre, il n'est pas tenu de dresser le procès-verbal prévu par l'article L. 8113-7 au soutien d'éventuelles poursuites pénales (cass. soc. 10 mars 2010, n° 08-17.044, BC V n° 64; JCP éd. S 2010, 1149, note I. Beyneix; RJS 5/10 n° 434; RDT, mai 2010, CH, 302, M. Véricel).

• L'instance en liquidation de l'astreinte n'étant que la suite de celle ayant conduit à son prononcé, l'inspecteur du travail, à qui la loi donne qualité pour demander en référé, en vue de la garantie du repos dominical, une mesure que le juge peut assortir d'une astreinte au profit du Trésor, a qualité pour demander la liquidation de l'astreinte prononcée (cass. soc. 1er juin 2005, n° 03-18.897, BC V n° 188; RJS 8-9/05 n° 860; JCP éd. G 2005.II.10174, note A. Bugada).

Art. D. 3132-24. Le juge mentionné à l'article L. 3132-31 est le président du ***(D. 2019-966 du 18 sept. 2019, art. 8, JO 19, entrée en vigueur le 01.01.2020)*** «tribunal judiciaire».

CHAPITRE III Jours fériés

Note Les dispositions législatives de ce chapitre sont issues de la loi 2016-1088 du 8 août 2016, art. 8, III, 3°, JO 9.

Sur l'impact de cette loi en matière de durée du travail, de repos et de congés, voir note introductive du livre Ier de la troisième partie et, s'agissant des jours fériés, voir notamment RF 8 septembre 2016, FH 3657, 1-38 et s.

Voir aussi L. Marquet de Vasselot et A. Martinon, «Les apports de la loi du 8 août 2016 en matière de durée du travail», JCP éd. S 2016, 1294; M. Véricel, «Une nouvelle architecture des règles en matière de temps de travail», RDT, décembre 2016, CH, 824.

SECTION 1. Dispositions générales

Sous-section 1. Ordre public

Art. L. 3133-1. Les fêtes légales ci-après désignées sont des jours fériés:

1° Le 1er Janvier;

2° Le lundi de Pâques;
3° Le 1er Mai;
4° Le 8 Mai;
5° L'Ascension;
6° Le lundi de Pentecôte;
7° Le 14 Juillet;
8° L'Assomption;
9° La Toussaint;
10° Le 11 Novembre;
11° Le jour de Noël.

Note • Voir aussi articles L. 3133-7 et s. instituant une journée de solidarité pour assurer le financement des actions en faveur de l'autonomie des personnes âgées ou handicapées.

• S'agissant des jours fériés dans les départements de la Moselle, du Bas-Rhin et du Haut-Rhin, voir art. L. 3134-13.

• S'agissant des jours fériés pour commémoration de l'abolition de l'esclavage, voir art. L. 3422-2.

• L'article 3 de l'accord national interprofessionnel du 10 décembre 1977 rendu obligatoire par la loi 78-49 du 19 janvier 1978 précisant que le chômage des jours fériés ne peut être la cause d'une réduction de la rémunération, la salariée pouvait prétendre à un complément de salaire au titre de la partie variable de sa rémunération, qui a pu être calculé en fonction de la moyenne journalière des sommes perçues au même titre pendant les jours ouvrés du même mois (cass. soc. 7 mai 1996, n° 92-45.148, BC V n° 177; RJS 6/96 n° 679; voir aussi cass. soc. 24 septembre 2014, n° 13-10.842).

• *L'interdiction du travail un jour férié* ne peut résulter que d'une convention collective ou d'un usage constant d'entreprise. Un employeur ne peut revenir sur un tel usage qu'en respectant un délai de préavis suffisant pour permettre de nouvelles négociations, faute de quoi il sera tenu de verser les rémunérations dues pour cette journée aux salariés qui ne seront pas venus travailler (cass. soc. 3 juillet 1991, n° 88-40.952).

S'agissant d'un employeur qui avait reconnu le droit pour les salariés, entrés dans l'entreprise avant une certaine date, de ne pas travailler les jours fériés, un conseil de prud'hommes a pu décider, en application des dispositions de l'article L. 222-1 [L. 3133-1] CT et de celles de l'accord (art. 3) annexé à la loi de mensualisation du 19 janvier 1978, que cet employeur ne pouvait retirer aux salariés qui n'avaient pas été volontaires pour travailler un 8 Mai le salaire de cette journée (cass. soc. 21 mai 1996, n° 94-45.024, BC V n° 191).

• *En l'absence d'une interdiction conventionnelle ou d'un usage,* un employeur est en droit de demander aux salariés ou à certains d'entre eux de venir travailler un jour férié. Ceux d'entre eux auxquels il n'aura pas été fait appel ont droit, s'ils sont mensualisés, au paiement du salaire normal afférent à cette journée (cass. soc. 2 juin 1988, n° 85-43.926). Ceux qui seront venus travailler ont droit aux majorations conventionnelles éventuellement prévues. À noter que la circonstance que les jours fériés aient été récupérés n'est pas de nature à délier l'employeur de l'obligation de payer au salarié un salaire majoré pour les heures travaillées en application de la convention collective (cass. soc. 14 juin 2000, n° 98-42.015).

Les jours fériés n'étant cependant pas, à l'exception du 1er Mai, nécessairement chômés, le salarié qui travaille un jour férié n'a droit, à défaut de dispositions particulières résultant de la convention collective ou de son contrat, qu'à son salaire (cass. soc. 4 décembre 1996, n° 94-40.693, BC V n° 421). Mais si certains salariés, auxquels il aura été demandé de venir, ne se sont pas présentés au travail, l'employeur est en droit de pratiquer une retenue correspondante sur leur salaire (cass. soc. 3 octobre 1991, n° 88-43.026, BC V n° 391; 10 octobre 1995, nos 91-43.982 et 91-45.414, BC V n° 267; RJS 11/95 n° 1137; 12 juillet 1999, n° 97-43.457).

• À noter que les majorations conventionnelles pour le travail des jours fériés s'appliquent aux salariés engagés précisément pour travailler les jours fériés (cass. soc. 10 janvier 1991, n° 87-43.201, BC V n° 7).

En l'état de dispositions conventionnelles prévoyant que «le salarié appelé, en raison de ses fonctions et des besoins de l'usine, à travailler un jour férié aura droit, à son choix, à un repos compensateur dont la date sera fixée en accord avec la direction ou, à défaut, à une majoration de 100 %, s'ajoutant à ses appointements habituels», et en l'absence d'exclusion des travailleurs de nuit du bénéfice de cette majoration, qui n'était pas non plus exclusivement réservée aux salariés appelés à accomplir, de manière exceptionnelle, leurs travaux un jour férié, un conseil de prud'hommes a pu allouer ladite majoration à des salariés qui avaient travaillé un jour férié de 0 heure à 5 heures (cass. soc. 21 février 2007, n° 05-40.991, BC V n° 29; RDT mai 2007, CH, 322, M. Véricel; RJS 5/07 n° 607, 2e espèce).

• Les jours acquis au titre d'un accord d'aménagement et de réduction du temps de travail ne peuvent pas être positionnés sur un jour férié (cass. soc. 16 février 2012, n° 09-70.617, BC V n° 74; JCP éd. S 2012, 1162, note L. Drai; RJS 5/12 n° 508).

Art. L. 3133-2

• *Coïncidence de deux jours fériés.* Lorsque deux jours fériés chômés coïncident, le salarié ne peut prétendre à l'attribution de ces deux jours ou au paiement d'une indemnité qu'à la condition qu'une convention collective garantisse un nombre déterminé de jours chômés correspondant aux jours de fêtes légales (cass. soc. 30 novembre 2010, n° 09-69.329, BC V n° 275; LS Bref n° 15749 du 13.12.2010; RJS 2/11 n° 143, 1re espèce; JCP éd. S 2011, 1154, note A. Barège; voir aussi cass. soc. 7 mars 2012, n° 10-16.156, BC V n° 92; RJS 5/12 n° 462) ou prévoie le paiement d'un nombre déterminé de jours fériés dans l'année (cass. soc. 30 novembre 2010, n° 09-42.990, BC V n° 276; LS Bref n° 15749 du 13.12.2010; JSL n° 292, 27.01.2011, p. 28, N. Gardair-Rérolle; RJS 2/11 n° 143, 2e espèce; JCP éd. S 2011, 1066, note Y. Pagnerre; 11 janvier 2012, n° 10-18.452).

Pour des exemples dans lesquels le salarié n'a droit à aucune compensation, voir cass. soc. 29 juin 2011, n° 10-10.955, BC V n° 183; RJS 10/11 n° 806, 2e espèce; RDT, octobre 2011, CH, 579, Fl. Canut; JSL n° 308, 27.10.2011, p. 29, N. Gardair-Rérolle; 17 octobre 2012, n° 11-19.956, BC V n° 265; RJS 1/13 n° 42; 20 novembre 2013, n° 12-21.684, BC V n° 278; RJS 2/14 n° 139; 22 octobre 2014, n° 12-19.587, BC V n° 245; RJS 1/15 n° 55, 1re espèce; JCP éd. S 2015, 1112, note A. Bugada.

• Sur l'incidence de la grève sur la rémunération des jours fériés, voir note sous art. L. 2511-1 (Effets de la grève).

Art. L. 3133-2. Les heures de travail perdues par suite de chômage des jours fériés ne donnent pas lieu à récupération.

Note Les heures perdues par suite de chômage des jours fériés ne pouvant donner lieu à récupération, le P-DG d'une société est déclaré à bon droit coupable de ne pas avoir payé à des salariés une indemnité de privation de salaire pour la journée du 1er mai, les juges ayant relevé que le mardi était le jour habituellement consacré à la distribution de journaux publicitaires hebdomadaires et qu'à supposer que les salariés n'aient pas subi de pertes de salaires, c'était seulement parce qu'ils avaient ultérieurement compensé leur manque à gagner résultant de l'absence de rémunération le jour considéré, alors qu'une telle compensation est prohibée (cass. crim. 20 septembre 1994, n° 93-84.421, RJS 12/94 n° 1383).

La règle dite du 1/5e ou du 1/10e mise en place par un employeur ayant pour conséquence de faire effectuer aux salariés le reste de la semaine une durée effective du travail égale aux 4/5e ou 9/10e de la durée prévue dans le contrat de travail, quelle que soit la durée du travail qui aurait été accomplie lors d'un jour férié chômé, elle a pour effet de faire récupérer aux salariés des heures effectivement chômées du fait de la durée habituelle de la journée ou demi-journée du jour férié non travaillé, violant ainsi les dispositions de l'article L. 3133-2 CT. Dès lors, l'employeur doit être condamné à payer aux salariés diverses sommes à titre d'heures supplémentaires ou complémentaires de «récupération» de jours fériés (cass. soc. 13 juin 2012, n° 11-10.146, BC V n° 188; RJS 8-9/12 n° 715; JCP éd. S 2012, 1432, note Fr. Dumont).

Art. L. 3133-3. Le chômage des jours fériés ne peut entraîner aucune perte de salaire pour les salariés totalisant au moins trois mois d'ancienneté dans l'entreprise ou l'établissement.

Ces dispositions s'appliquent aux salariés saisonniers si, du fait de divers contrats successifs ou non, ils cumulent une ancienneté totale d'au moins trois mois dans l'entreprise.

Ces dispositions ne s'appliquent ni aux personnes travaillant à domicile, ni aux salariés intermittents, ni aux salariés temporaires.

Note Le salaire à maintenir les jours fériés chômés au sens de cet article s'entendant du salaire de base et de ses compléments habituels, il inclut les heures supplémentaires habituelles qui auraient dû être effectuées ces jours-là (cass. soc. 10 octobre 2013, n° 12-18.176). De même, un salarié travaillant la nuit de manière habituelle a droit au paiement de ses primes pour heures de nuit (cass. soc. 27 juin 2012, n° 10-21.306, BC V n° 201; RJS 10/12 n° 802; JCP éd. S 2012, 1417, note S. Béal et M. Marguerite).

Sous-section 2. Champ de la négociation collective

Art. L. 3133-3-1. Un accord d'entreprise ou d'établissement ou, à défaut, une convention ou un accord de branche définit les jours fériés chômés.

Sous-section 3. Dispositions supplétives

Art. L. 3133-3-2. À défaut d'accord, l'employeur fixe les jours fériés chômés.

SECTION 2. Journée du 1er mai

Art. L. 3133-4. Le 1er mai est jour férié et chômé.

Art. L. 3133-5. Le chômage du 1er mai ne peut être une cause de réduction de salaire.

Les salariés rémunérés à l'heure, à la journée ou au rendement ont droit à une indemnité égale au salaire perdu du fait de ce chômage. Cette indemnité est à la charge de l'employeur.

Note • L'indemnité de privation de salaire n'est pas due s'il n'y a eu aucune perte de rémunération (1er mai tombant un dimanche ou un jour de repos hebdomadaire: cass. soc. 18 novembre 1955, BC IV n° 838). Elle n'est pas davantage due si le 1er mai s'est trouvé situé à l'intérieur d'une période de grève (cass. soc. 5 février 2002, n° 99-43.898, BC V n° 49; RJS 4/02 n° 479) ou durant une absence pour maladie, accident, etc. (rép. QE 141, JO Sén. 24 juin 1959, p. 309).

• Le 1er Mai, jour férié et chômé, ne peut constituer, lorsqu'il n'est pas travaillé, une journée de temps libre comptabilisée parmi les jours de repos attribués au titre de l'accord d'annualisation/réduction du temps de travail d'un établissement (cass. soc. 11 juillet 2007, n° 06-41.575, BC V n° 124, arrêt n° 1; JSL n° 218, 18.09.2007, p. 14, J-E Tourreil; RJS 10/07 n° 1074, 1re espèce).

• Il résulte de la combinaison de l'article L. 222-6 [L. 3133-5] CT et de la loi du 19 janvier 1978 relative à la mensualisation que le salarié a droit au maintien de sa rémunération en cas de chômage d'un jour férié; cette rémunération inclut les bonifications pour heures supplémentaires lorsque celles-ci prennent la forme d'une majoration de salaire; elle ne peut, en revanche, être regardée comme comprenant les mêmes bonifications lorsque celles-ci donnent lieu à l'attribution de repos. Ainsi, doivent être annulées les dispositions de la circulaire du 6 décembre 2000 du ministre de l'Emploi et de la Solidarité relative aux questions concernant l'application de la loi du 19 janvier 2002 sur la réduction négociée du temps de travail concernant le traitement des absences pour cause de jour férié chômé. En effet, en indiquant que le jour férié chômé «est pris en compte pour déterminer l'assiette, l'ouverture et le calcul des droits à majoration et à bonification pour heures supplémentaires, y compris lorsque cette bonification est en repos», la circulaire ne se borne pas à tirer les conséquences du principe du maintien de la rémunération mais ajoute une règle nouvelle en prévoyant le maintien des avantages non pécuniaires attribués aux salariés en contrepartie de l'accomplissement d'heures supplémentaires; la circonstance que le principe d'égalité tel qu'il a été rappelé par le Conseil constitutionnel dans sa décision 99-423 DC du 13 janvier 2000 rendrait nécessaire l'extension aux bonifications en repos du régime applicable aux bonifications en majoration de salaire n'autorisait pas le ministre à se substituer au législateur pour réparer l'atteinte qui aurait été portée à ce principe (CE 6 mars 2002, n° 231530, RJS 6/02 n° 688).

Art. D. 3133-1. L'indemnité de perte de salaire pour la journée du 1er mai prévue par l'article L. 3133-5 est calculée sur la base de l'horaire de travail et de la répartition de la durée hebdomadaire du travail habituellement pratiquée dans l'établissement.

Note L'indemnité due en cas de chômage du 1er mai doit être égale au salaire perdu du fait du chômage et doit inclure les primes qui ont le caractère de complément de salaire mais non celles qui ont le caractère de remboursement de frais (cass. soc. 10 janvier 1980, n° 78-40.289, BC V n° 48).

Art. L. 3133-6. Dans les établissements et services qui, en raison de la nature de leur activité, ne peuvent interrompre le travail, les salariés occupés le 1er mai ont droit, en plus du salaire correspondant au travail accompli, à une indemnité égale au montant de ce salaire. Cette indemnité est à la charge de l'employeur.

Note • Selon une réponse ministérielle, peuvent se prévaloir de l'exemption prévue par cet article les établissements bénéficiant du droit d'accorder le repos hebdomadaire par roulement en vertu des articles L. 221-9 et R. 221-4 [L. 3132-12 et R. 3132-5] ainsi que des arrêts préfectoraux pris en application de l'article L. 221-6 (ancien) (rép. QE 31601, JO AN 30 juin 1980, p. 2806). La chambre criminelle de la Cour de cassation nuance cette position et précise que l'article L. 222-7 [L. 3133-6] CT n'institue aucune dérogation de principe au repos du 1er Mai en faveur des établissements et services bénéficiant du repos par roulement; en conséquence, il appartient à celui qui se prévaut de ce texte d'établir que la nature de l'activité exercée ne permet pas d'interrompre le travail le jour du 1er Mai (cass. crim. 14 mars 2006, n° 05-83.436, B. crim. n° 74).

• Les majorations de salaires qui peuvent être prévues par le contrat de travail, les usages, les conventions collectives ou les accords, pour le travail des jours fériés, ne se cumulent pas, semble-t-il, avec l'indemnité fixée par l'article L. 222-7 [L. 3133-6] (circ. min. TR 38/48 du 14 mai 1948). Quand le 1er Mai coïncide avec un dimanche, la majoration conventionnelle pour le travail dominical n'est pas à prendre en compte pour le calcul de l'indemnité fixée par l'article L. 222-7 [L. 3133-6], mais l'indemnité conventionnelle est évidemment due (cass. soc. 10 janvier 1980, n° 78-41.092, BC V n° 38).

• Le 1er Mai, qui se définit par sa date et non simplement par une durée consécutive de 24 heures, ne peut s'entendre que comme un jour civil calendaire commençant à 0 heure et finissant à 24 heures sans qu'il puisse en être donné une définition variable en fonction des horaires en vigueur dans l'entreprise. Des salariés qui ont travaillé de 0 h à 5 h du matin au cours de ce jour férié ont droit au paiement de l'indemnité prévue par l'article L. 222-7 [L. 3133-6] CT (cass. soc. 8 mars 2007, n° 05-44.330, BC V n° 46; RJS 5/07 n° 607, 1re espèce).

• Il résulte de la combinaison des articles L. 132-4, al. 2 [L. 2251-1] et L. 222-7 [L. 3133-6] CT que l'indemnisation spéciale du 1er Mai ne peut être remplacée par un repos compensateur (cass. soc. 30 novembre 2004, n° 02-45.785, BC V n° 316; RJS 2/05 n° 162).

L'octroi d'un repos compensateur tel que prévu par la convention collective applicable constitue un avantage supplémentaire qui s'ajoute aux dispositions de cet article. Ainsi, le jugement prud'homal condamnant un employeur à payer aux salariés une indemnité pour les journées des 1er Mai travaillées en plus de la journée de repos, dont ils avaient bénéficié en compensation du travail du 1er Mai, se trouve légalement justifié (cass. soc. 8 octobre 1996, n° 92-44.037, BC V n° 314; RJS 11/96 n° 1181).

SECTION 3. Journée de solidarité

Sous-section 1. Ordre public

Art. L. 3133-7. La journée de solidarité instituée en vue d'assurer le financement des actions en faveur de l'autonomie des personnes âgées ou handicapées prend la forme :

1° D'une journée supplémentaire de travail non rémunérée pour les salariés ;

2° De la contribution prévue au 1° de l'article L. 14-10-4 du code de l'action sociale et des familles pour les employeurs.

Note • Par décision 2011-148/154 QPC du 22 juillet 2011 (JO 23), le Conseil constitutionnel a jugé les articles L. 3133-7 à L. 3133-12 dans leur rédaction antérieure à la loi 2016-1088 du 8 août 2016 conformes à la Constitution.

• «Sous réserve des dispositions du III de l'article 15, les dispositions de la loi 2004-626 du 30 juin 2004 sont entrées en vigueur le 1er juillet 2004.

En ce qui concerne les dispositions du titre II (dispositions relatives à la journée de solidarité) : 1° La première journée de solidarité intervient entre le 1er juillet 2004 et le 30 juin 2005 ; 2° Les modifications prévues aux 2° et 3° de l'article 2 (voir modifications des articles L. 212-4-2, L. 212-8, L. 212-9 et L. 212-15-3 anciens) et aux articles 3 et 5 sont applicables aux périodes de référence annuelles à compter de celle incluant la première journée de solidarité» (…) (loi 2004-626 précitée, art. 19).

• Sur les conditions de mise en œuvre de la journée supplémentaire de travail due, au titre de la journée de solidarité, par les salariés, voir, *s'agissant de la législation antérieure à la loi 2008-351 du 16 avril 2008*, circulaire DRT 2004-10 du 15 décembre 2004 (BO TR 2005/1 du 30 janvier 2005, p. 21) ; circulaire DRT (23 Questions - Réponses) du 20 avril 2005 ; circulaire DRT 14 du 22 novembre 2005 qui assouplit le recours au fractionnement en heures. Le Conseil d'État a annulé les dispositions des circulaires du 15 décembre 2004 et du 20 avril 2005 prévoyant la possibilité de fixer la date de la journée de solidarité par accord d'établissement, ainsi que les dispositions de la circulaire du 20 avril 2005 prévoyant que la journée de solidarité ne pouvait pas être fractionnée (CE 6 septembre 2006, n° 281711, RJS 12/06 n° 1286).

• Les articles L. 3133-7 à L. 3133-9, L. 3133-11 et L. 3133-12 ne sont pas applicables à Saint-Pierre-et-Miquelon (voir article L. 3422-1 CT).

Les articles L. 3133-7 à L. 3133-12 sont applicables à Mayotte à compter du 01.01.2022 (ordonnance 2017-1491 du 25 octobre 2017, art. 33, 3°, JO 26).

• Un tribunal administratif n'a pas commis d'erreur de droit en jugeant que la mise en place, par la loi du 30 juin 2004 relative à la solidarité pour l'autonomie des personnes âgées et des personnes handicapées (art. 2), d'une journée de solidarité destinée à assurer le financement des actions en faveur de l'autonomie des personnes âgées ou handicapées prenant la forme d'une journée supplémentaire de travail non rémunéré pour les salariés et d'une contribution additionnelle pour les employeurs, ne méconnaît pas la Convention de l'Organisation internationale du travail C 29 sur le travail forcé du 28 juin 1930 et la convention européenne de sauvegarde des droits de l'homme et des libertés fondamentales (CEDH). En effet, si ces conventions interdisent le travail forcé, l'article 2 de la convention de l'OIT et l'alinéa 3 de l'article 4 CEDH excluent que soit considéré comme travail forcé ou obligatoire tout travail ou service formant partie des obligations civiques normales (CE 9 novembre 2007, n° 293987, JSL n° 223, 11.12.2007, p. 14, J-E Tourreil ; RJS 1/08 n° 38).

• La décision de l'employeur tendant à remplacer la journée de solidarité par un jour de congé payé légal est contraire aux dispositions des articles L. 3133-7 et L. 3133-9 (abrogé par la loi 2008-351 du 16 avril 2008) CT (cass. soc. 1er juillet 2009, n° 08-40.047, LS Jurispr. n° 183 du 08.09.2009).

Art. L. 3133-8. Le travail accompli, dans la limite de sept heures, durant la journée de solidarité ne donne pas lieu à rémunération :

1° Pour les salariés mensualisés, dans cette limite de sept heures ;

2° Pour les salariés dont la rémunération est calculée par référence à un nombre annuel de jours de travail conformément à l'article L. 3121-58, dans la limite de la valeur d'une journée de travail.

Pour les salariés à temps partiel, la limite de sept heures prévue au 1° du présent article est réduite proportionnellement à la durée contractuelle.

Art. L. 3133-9. Les heures correspondant à la journée de solidarité, dans la limite de sept heures ou de la durée proportionnelle à la durée contractuelle pour les salariés à temps partiel, ne s'imputent ni sur le contingent annuel d'heures supplémentaires ni sur le nombre d'heures complémentaires prévu au contrat de travail du salarié travaillant à temps partiel. Elles ne donnent pas lieu à contrepartie obligatoire sous forme de repos.

Art. L. 3133-10. Lorsqu'un salarié qui a déjà accompli, au titre de l'année en cours, une journée de solidarité s'acquitte d'une nouvelle journée de solidarité en raison d'un changement d'employeur, les heures travaillées ce jour donnent lieu à rémunération supplémentaire et s'imputent sur le contingent annuel d'heures supplémentaires ou sur le nombre d'heures complémentaires prévu au contrat de travail du salarié travaillant à temps partiel. Ces heures donnent lieu à contrepartie obligatoire sous forme de repos.

Toutefois, le salarié peut aussi refuser d'exécuter cette journée supplémentaire de travail sans que ce refus constitue une faute ou un motif de licenciement.

Sous-section 2. **Champ de la négociation collective**

Art. L. 3133-11. Un accord d'entreprise ou d'établissement ou, à défaut, une convention ou un accord de branche fixe les modalités d'accomplissement de la journée de solidarité.

Cet accord peut prévoir :

1° Soit le travail d'un jour férié précédemment chômé autre que le 1er mai ;

2° Soit le travail d'un jour de repos accordé au titre de l'accord collectif conclu en application de l'article L. 3121-44 ;

3° Soit toute autre modalité permettant le travail de sept heures précédemment non travaillées en application de stipulations conventionnelles ou des modalités d'organisation des entreprises.

Note • *Fixation des modalités d'accomplissement de la journée de solidarité dans le cadre de la loi 2008-351 du 16 avril 2008 (JO 17).* Cette loi a supprimé la disposition législative fixant automatiquement au lundi de Pentecôte la date d'accomplissement de la journée de solidarité dans l'hypothèse où aucun accord collectif ne détermine une date précise pour l'accomplissement de cette journée.

Voir information DGT 2008/04 du 10 avril 2008 relative à la journée de solidarité.

À compter du 17 avril 2008 et à titre exceptionnel pour l'année 2008, à défaut d'accord collectif, l'employeur pouvait définir unilatéralement les modalités d'accomplissement de la journée de solidarité après consultation du comité d'entreprise ou, à défaut, des délégués du personnel s'ils existent (loi 2008-351 précitée, art. 1er, II). Sur cette possibilité, voir cass. soc. 9 novembre 2010, n° 09-42.064, RJS 1/11 n° 46.

• La journée de solidarité ne peut pas être fixée un jour de pont conventionnel payé (cass. soc. 12 juin 2013, n° 10-26.175, RJS 10/13 n° 686).

• Lorsque la journée de solidarité est fixée un jour férié précédemment chômé pour lequel le salarié aurait été rémunéré par l'effet de la mensualisation, l'absence de l'intéressé autorise l'employeur à pratiquer une retenue sur salaire, laquelle ne constitue pas une sanction pécuniaire (cass. soc. 16 janvier 2008, n° 06-43.124, BC V n° 13 ; RJS 3/08 n° 293 ; JSL n° 227, 11.02.2008, p. 17, M-Ch. Haller : absence injustifiée ; 16 janvier 2008, n° 06-42.327, BC V n° 13 : absence pour grève ; 9 juillet 2008, n° 07-40.429 : absence pour grève ; 17 avril 2010, n° 08-40.658 : absence injustifiée).

• Si la liberté du salarié de ne pas être astreint à accomplir un travail forcé est une liberté fondamentale au sens de l'article L. 521-2 du code de justice administrative, pour la mise en œuvre des dispositions de cet article, le degré de gravité que peut revêtir une mesure affectant la liberté du travail doit prendre en compte les limitations de portée générale apportées à cette liberté qui ont été introduites par le législateur pour permettre certaines interventions jugées nécessaires de la puissance publique dans les relations du travail, notamment sur la durée du travail, les jours fériés et les congés. Il n'apparaît pas, eu égard à l'office du juge des référés pour l'application de la procédure d'urgence de l'article L. 521-2 du code de justice administrative, que la mise en œuvre de la loi sur la journée de solidarité prévoyant qu'en dehors d'accords de branche ou d'entreprise fixant un autre jour, le lundi de Pentecôte sera travaillé et modifiant à cet effet la durée annuelle du travail sans rémunération supplémentaire pour les salariés mensualisés, telle qu'elle résulte des circulaires litigieuses, méconnaisse l'article 4 de la convention européenne de sauvegarde des droits de l'homme et des libertés fondamentales et porte une atteinte grave et manifestement illégale à la liberté du travail du salarié (CE 3 mai 2005, n° 279999, RJS 8-9/05 n° 858).

• L'article L. 212-16 CT [L. 3133-8 ancien] dans sa version alors en vigueur, qui institue une journée de solidarité en vue d'assurer le financement des actions en faveur de l'autonomie des personnes âgées ou handicapées et précise qu'« en l'absence de convention ou d'accord, la journée de solidarité est le lundi de Pentecôte », ne prive pas les ministres chargés de l'intérieur et des transports du pouvoir de police qu'ils tiennent de l'article R. 411-18 du code de la route en vue d'édicter les restrictions de circulation nécessaires à une bonne circulation sur les voies routières et à la sécurité des transports terrestres. Ces ministres peuvent, en conséquence, édicter sur ce dernier fondement les mesures appropriées sans qu'il puisse leur être reproché de méconnaître les dispositions du code du travail, qui relèvent d'une législation différente. Par suite, le moyen tiré de ce que l'arrêté litigieux méconnaîtrait l'article L. 212-16 CT doit être écarté (CE 16 mai 2007, n° 293842, RJS 10/07 n° 1136).

Sous-section 3. Dispositions supplétives

Art. L. 3133-12. À défaut de stipulation dans la convention ou l'accord conclu en application de l'article L. 3133-11, les modalités d'accomplissement de la journée de solidarité sont définies par l'employeur, après consultation du ***(Ord. 2017-1386 du 22 sept. 2017, art. 4, 26°, JO 23, entrée en vigueur au plus tard le 01.01.2018)*** « comité social et économique ».

Note Voir note sous art. L. 3133-11.

CHAPITRE IV Dispositions particulières aux départements de la Moselle, du Bas-Rhin et du Haut-Rhin

Art. L. 3134-1. Les dispositions du présent chapitre s'appliquent dans les départements de la Moselle, du Bas-Rhin et du Haut-Rhin.

Toutefois, elles ne s'appliquent pas aux professions agricoles et de la pêche, aux entreprises de chemin de fer, aux concessions de bacs publics, à l'éducation des enfants et à l'enseignement, aux professions libérales, aux entreprises d'assurance, aux emplois à domicile par une personne physique, aux professions artistiques, aux professions médicales et paramédicales, ainsi qu'à la vente de médicaments.

Les dispositions des chapitres II et III ne sont pas applicables, à l'exception de celles des articles L. 3132-1 à L. 3132-3, L. 3132-14 à L. 3132-19 ***(L. 2016-1088 du 8 août 2016, art. 8, XI, 9°, JO 9)*** «, L. 3133-2, L. 3133-3 et L. 3133-4 à L. 3133-12 ».

Note Les articles L. 3134-1 à L. 3134-13 sont issus de la loi du 26 juillet 1900 sur les professions (respectivement articles 6, 105 a, al. 1, 105 b, al. 1, 105 b, al. 2 et 3, 105 c, al. 1 à 6 et al. 8 et 9, 105 d, 105 e, 105 f, al. 1, 105 g, 105 i, 41 a, 41 b, 105 a, al. 2).

Art. L. 3134-2. L'emploi de salariés dans les entreprises industrielles, commerciales ou artisanales est interdit les dimanches et jours fériés, sauf dans les cas prévus par le présent chapitre.

Note *Covid-19.* Voir ordonnance 2020-323 du 25 mars 2020, art. 7, JO 26, entrée en vigueur le 26.03.2020, modifié.

Art. L. 3134-3. Dans les exploitations de mines, salines et carrières, établissements industriels, chantiers du bâtiment et du génie civil, chantiers navals, le repos donné aux salariés est de :

1° Vingt-quatre heures pour chaque dimanche ou jour férié ;
2° Trente-six heures pour un dimanche et un jour férié consécutifs ;
3° Quarante-huit heures pour les fêtes de Noël, Pâques et Pentecôte.

La période de repos est calculée à partir de minuit et, dans le cas d'un dimanche et d'un jour férié consécutifs, se prolonge jusqu'à dix-huit heures le second jour.

Dans les exploitations où l'on travaille régulièrement par équipe de jour et de nuit, lorsque l'activité est interrompue pendant les vingt-quatre heures qui suivent le commencement de la période de repos, cette dernière ne peut débuter avant dix-huit heures du jour ouvrable précédent ni après six heures du dimanche ou du jour férié.

Art. L. 3134-4. Dans les exploitations commerciales, les salariés ne peuvent être employés le premier jour des fêtes de Noël, de Pâques ou de Pentecôte.

Les autres dimanches et jours fériés, leur travail ne peut dépasser cinq heures.

Par voie de statuts ayant force obligatoire, adoptés après consultation des employeurs et des salariés et publiés selon les formes prescrites, les départements ou communes peuvent réduire la durée du travail ou interdire complètement le travail pour toutes les exploitations commerciales ou pour certaines branches d'activité.

Pendant les quatre dernières semaines précédant Noël ou pour certains dimanches et jours fériés pour lesquels les circonstances locales rendent nécessaire une activité accrue, l'autorité administrative peut porter le nombre d'heures travaillées jusqu'à dix.

Les heures pendant lesquelles le travail a lieu sont déterminées, compte tenu des horaires des services religieux publics, par les dispositions statutaires qui ont réduit la durée des heures de travail et, dans les autres cas, par l'autorité administrative. Elles peuvent être fixées de façon différente pour chaque branche d'activité commerciale.

Les dispositions du présent article sont également applicables à l'emploi des salariés dans les coopératives de consommation et les associations.

Art. L. 3134-5. Les dispositions des articles L. 3134-3 et L. 3134-4 ne sont pas applicables :

1° Aux travaux qui, en cas de nécessité grave ou dans l'intérêt public, doivent être réalisés immédiatement ;

2° Pour un dimanche, à la réalisation d'un inventaire prescrit par la loi ;

3° À la surveillance des installations de l'exploitation, aux travaux de nettoyage et de maintenance nécessaires à la poursuite régulière de l'exploitation elle-même ou d'une autre exploitation, ainsi qu'aux travaux nécessaires à la reprise de la pleine activité les jours ouvrables, si ces travaux ne peuvent être exécutés un jour ouvrable ;

4° Aux travaux nécessaires pour éviter que les matières premières soient altérées ou que les résultats d'une fabrication en cours soient compromis, si ces travaux ne peuvent être exécutés un jour ouvrable ;

5° À la surveillance de l'exploitation, lorsque celle-ci se poursuit les dimanches et jours fériés en application des 1° à 4°.

Pour les travaux mentionnés aux 3° et 4°, durant plus de trois heures ou empêchant les salariés d'assister au service religieux, l'employeur accorde à chaque salarié soit un congé de trente-six heures pleines chaque troisième dimanche, soit le libère de 6 heures à 18 heures au moins chaque deuxième dimanche.

Toutefois, l'autorité administrative peut accorder des dérogations si les salariés ne sont pas empêchés d'assister au service religieux et qu'il leur est accordé, au lieu du dimanche, un repos de vingt-quatre heures pendant un jour de semaine.

Art. R. 3134-1. L'employeur tient un registre des salariés employés les dimanches et jours fériés à des travaux mentionnés aux 1° à 5° de l'article L. 3134-5.

Ce registre comporte pour chaque dimanche et jour férié le nombre de salariés employés, leur durée de travail et la nature des travaux accomplis.

Il est tenu à la disposition de l'autorité de police locale et de l'inspection du travail.

Art. R. 3134-3. L'autorité administrative mentionnée aux articles L. 3134-5, L. 3134-7, L. 3134-8 et L. 3134-12 est le préfet.

Art. L. 3134-6. Des dérogations aux dispositions de l'article L. 3134-3 peuvent être accordées par voie réglementaire pour des catégories d'activités déterminées, notamment pour des exploitations où sont accomplis des travaux qui, par nature, ne peuvent être interrompus ou ajournés, ainsi que pour les activités qui, par nature, sont limitées à certaines périodes de l'année ou sont soumises à une activité d'une intensité inhabituelle à certaines périodes de l'année.

La détermination des travaux autorisés les dimanches et jours fériés dans ces exploitations et les conditions dans lesquelles ils sont autorisés intervient de manière uniforme pour toutes les exploitations de même catégorie et en tenant compte des dispositions du septième alinéa de l'article L. 3134-5.

Art. L. 3134-7. Des dérogations aux dispositions des articles L. 3134-3 et L. 3134-4 peuvent être accordées par l'autorité administrative pour les catégories d'activités dont l'exercice complet ou partiel est nécessaire les dimanches ou les jours fériés pour la satisfaction de besoins de la population présentant un caractère journalier ou se manifestant particulièrement ces jours-là.

Il en est de même pour les exploitations fonctionnant exclusivement ou de manière prépondérante avec des moteurs animés par l'énergie éolienne ou par une énergie hydraulique irrégulière.

Le régime de ces dérogations tient compte des dispositions du huitième alinéa de l'article L. 3134-5. Un décret peut préciser les conditions et modalités de ces dérogations.

Art. L. 3134-8. Des dérogations temporaires aux dispositions de l'article L. 3134-3 peuvent être accordées par l'autorité administrative, selon des modalités déterminées par voie réglementaire, lorsque l'emploi de salariés les dimanches ou jours fériés est nécessaire de façon imprévisible pour éviter un dommage disproportionné.

Art. R. 3134-2. La décision du préfet prévue à l'article L. 3134-8 est tenue à la disposition de l'inspection du travail sur le lieu de travail. ***(D. 2016-1417 du 20 oct. 2016, art. 4, JO 22)*** « Elle est communiquée, par tout moyen, aux salariés. »

Art. L. 3134-9. L'interdiction d'employer les salariés le dimanche ou jours fériés peut être étendue par voie réglementaire à d'autres catégories d'activité.

Les dispositions des articles L. 3134-5 à L. 3134-8 s'appliquent également aux dérogations à cette interdiction.

Art. L. 3134-10. Les articles L. 3134-2 à L. 3134-9 ne s'appliquent pas aux activités de restauration, d'hôtellerie et de débits de boissons, aux représentations musicales et théâtrales, aux expositions ou à d'autres divertissements, ainsi qu'aux entreprises de transport.

Dans ces secteurs d'activité, les employeurs ne peuvent obliger les salariés durant les dimanches et les jours fériés qu'aux seuls travaux qui, en raison de la nature de l'exploitation intéressée, ne peuvent être ajournés ou interrompus.

Art. L. 3134-11. Lorsqu'il est interdit, en application des articles L. 3134-4 à L. 3134-9, d'employer des salariés dans les exploitations commerciales, il est également interdit durant ces jours de procéder à une exploitation industrielle, commerciale ou artisanale dans les lieux de vente au public. Cette disposition s'applique également aux activités commerciales des coopératives de consommation ou associations.

Note

• Par décision 2011-157 QPC du 5 août 2011 (JO 6), le Conseil constitutionnel a jugé l'article L. 3134-11 conforme à la Constitution.

• L'inspecteur du travail peut saisir le juge de référé afin de voir ordonner la fermeture dominicale immédiate dans tous les cas où, alors que l'emploi dans l'établissement de salariés le dimanche est interdit, il est procédé néanmoins à une exploitation industrielle, commerciale ou artisanale dans les lieux de vente au public, quels que soient la taille de l'établissement ou le statut juridique des personnes qui y travaillent (cass. soc. 12 décembre 2012, n° 11-13.100, BC V n° 330 ; JCP éd. S 2013, 1067, note M. d'Allende ; RJS 3/13 n° 235 ; 13 janvier 2016, n° 14-10.023).

Art. L. 3134-12. Pour des activités dont l'exercice est nécessaire de manière complète ou partielle pour la satisfaction des besoins de la population présentant un caractère journalier ou se manifestant particulièrement les dimanches et jours fériés, l'autorité administrative peut, pour une ou plusieurs communes présentant une continuité territoriale, prescrire, sur demande d'au moins deux tiers des entrepreneurs, l'exploitation les dimanches et jours fériés si les dérogations aux dispositions de l'article L. 3134-3 ont été accordées. L'autorisation peut être délivrée sur demande d'au moins deux tiers des entrepreneurs intéressés.

Les entrepreneurs intéressés et la procédure suivant laquelle le nombre d'entrepreneurs requis est constaté sont déterminés par voie réglementaire.

Art. L. 3134-13. Les jours fériés ci-après désignés sont des jours chômés :

1° Le 1er Janvier ;

2° Le Vendredi Saint dans les communes ayant un temple protestant ou une église mixte ;

3° Le lundi de Pâques ;

4° Le 1er Mai ;

5° Le 8 Mai ;

6° L'Ascension;
7° Le lundi de Pentecôte;
8° Le 14 Juillet;
9° L'Assomption;
10° La Toussaint;
11° Le 11 Novembre;
12° Le premier et le second jour de Noël.

Un décret peut compléter la liste de ces jours fériés compte tenu des situations locales et confessionnelles.

Note • Un salarié travaillant l'un de ces jours fériés chômés (autre que le 1er Mai) n'a pas droit au doublement du salaire prévu par l'article L. 3133-6 (cass. avis 17 septembre 2012, n° 12-00.011, BC n° 7; LS Jurispr. n° 25 du 05.02.2013).

• L'article L. 3134-13 ne garantit pas aux salariés le bénéfice de treize jours fériés chômés et indemnisés de sorte que la coïncidence du jour de l'Ascension avec le 1er Mai ne peut ouvrir droit à une compensation en repos ou en une indemnité compensatrice (cass. soc. 18 janvier 2012, n° 09-72.911).

• Voir L. Richard, «Articulation des jours fériés en Alsace-Moselle avec le décompte du temps de travail sur l'année», JCP éd. S 2018, 1325.

Art. L. 3134-14. Dans le département de la Moselle, l'autorité administrative peut, dans des conditions déterminées par voie réglementaire, autoriser ou interdire l'ouverture des établissements commerciaux le Vendredi Saint et ceci de manière uniforme dans le département, indépendamment de la présence d'un temple protestant ou d'une église mixte dans les communes.

Art. R. 3134-4. La décision prévue à l'article L. 3134-14 est prise par le préfet après consultation des organisations d'employeurs et de salariés des professions du commerce et de la distribution.

Art. L. 3134-15. L'inspecteur du travail peut, nonobstant toutes poursuites pénales, saisir en référé le juge judiciaire pour voir ordonner toutes mesures propres à faire cesser dans les établissements de vente au détail et de prestations de services au consommateur l'emploi illicite de salariés en infraction aux articles L. 3134-10 à L. 3134-12.

Le juge judiciaire peut notamment ordonner la fermeture le dimanche du ou des établissements concernés. Il peut assortir sa décision d'une astreinte liquidée au profit du Trésor.

Note Voir notes sous art. L. 3132-31 et L. 3134-11.

Art. D. 3134-5. Le juge mentionné à l'article L. 3134-15 est le président du ***(D. 2019-966 du 18 sept. 2019, art. 8, JO 19, entrée en vigueur le 01.01.2020)*** «tribunal judiciaire».

Art. L. 3134-16. ***(L. 2016-1088 du 8 août 2016, art. 8, III, 4°, JO 9)*** L'accord mentionné à l'article L. 3133-11 ou la décision de l'employeur mentionnée à l'article L. 3133-12 ne peut désigner ni le premier ou le second jour de Noël ni, indépendamment de la présence d'un temple protestant ou d'une église mixte dans les communes, le Vendredi Saint comme la date de la journée de solidarité.

CHAPITRE V (réglementaire) Dispositions pénales

Art. R. 3135-1. Le fait de ne pas attribuer à un salarié le repos quotidien mentionné aux articles L. 3131-1 ***(D. 2016-1551 du 18 nov. 2016, art. 6, V, 15°, JO 19, entrée en vigueur le 01.01.2017)*** «à L. 3131-3», est puni de l'amende prévue pour les contraventions de la quatrième classe.

Les contraventions donnent lieu à autant d'amendes qu'il y a de salariés indûment employés.

Art. R. 3135-2. Le fait de méconnaître les dispositions des articles L. 3132-1 à L. 3132-14 et L. 3132-16 à L. 3132-31, relatives au repos hebdomadaire, ainsi que celles des décrets pris pour leur application, est puni de l'amende prévue pour les contraventions de la cinquième classe.

Les contraventions donnent lieu à autant d'amendes qu'il y a de salariés illégalement employés.

La récidive est réprimée conformément aux articles 132-11 et 132-15 du code pénal.

Note • La circulaire DGT 2009/20 du 31 août 2009 (BO MT 2009/09) précise que les jugements rendus et les sanctions prononcées pour des ouvertures illégalement constatées antérieures à la promulgation de la loi du 10 août 2009 ne sont pas remis en question.

Selon la Cour de cassation, la loi du 10 août 2009 n'a pas eu pour effet de priver de support légal les infractions au repos dominical constatées avant son entrée en vigueur (cass. crim. 16 mars 2010, n° 09-82.198, B. crim. n° 52; JCP éd. S 2010, 1227, note M. d'Allende; RJS 7/10 n° 604; Dr. Soc. 2010, p. 1115, obs. Fr. Duquesne).

• Depuis le décret 92-769 du 6 août 1992 (JO 7), les amendes sont fonction du nombre de contraventions relevées et sont en outre appliquées autant de fois qu'il y a de personnes illégalement employées. Voir en ce sens cass. crim. 10 janvier 1995, n° 94-82.490, B. crim. n° 9; 30 juin 1998, n° 97-82.449; 8 février 2000, n° 99-81.270.

En prononçant à l'encontre d'une directrice de magasin huit amendes après avoir constaté qu'à huit reprises, des salariés avaient été irrégulièrement employés au cours des quatre dimanches visés par la prévention (ouverture au public du magasin durant quatre dimanches avec, pour chaque journée, deux salariés qui y travaillaient), une cour d'appel a fait l'exacte application des articles 132-7 c. pén. et R. 262-1 [R. 3135-2] CT (cass. crim. 19 octobre 1999, n° 98-86.231).

Peu importe que l'identité des salariés ne soit pas précisée par les juges dès lors que chaque contravention à la règle du repos dominical donne lieu à autant d'amendes qu'il y a de personnes illégalement employées (cass. crim. 7 juillet 1998, n° 97-85.163; 30 juin 1998, n° 97-85.280).

• A justifié sa décision la cour d'appel qui a prononcé 12 amendes à l'encontre d'un employeur ayant omis de donner le repos dominical, à deux reprises, à 4 salariés et ayant fait travailler plus de 6 jours de suite 2 salariés à 2 reprises, contraventions réprimées par l'article R. 262-1 [R. 3135-2] CT. D'une part, les contraventions à la règle du repos hebdomadaire et à la règle du repos dominical donnent lieu à autant d'amendes qu'il y a de personnes illégalement employées. D'autre part, ces infractions comportent des éléments constitutifs spécifiques qui doivent être réprimés distinctement (cass. crim. 25 novembre 1997, n° 96-86.297, B. crim. n° 401; 11 janvier 2000, n° 98-87.599, B. crim. n° 14, s'agissant d'infractions aux articles L. 221-2 et L. 221-17 [L. 3132-1 et L. 3132-29] CT; 16 mars 2010, n° 08-88.418, B. crim. n° 51; RJS 7/10 n° 603; Dr. Soc. 2010, p. 989, obs. Fr. Duquesne, s'agissant d'infractions aux articles L. 3132-3 et L. 3132-29 CT).

Doit être cassé le jugement d'un tribunal de police ayant condamné le gérant d'un magasin pour violation d'un arrêté préfectoral à trois amendes de 1re classe sur le fondement de l'article R. 610-5 c. pén. alors que cette infraction ne pouvait constituer que la contravention de 5e classe prévue par l'article R. 262-1 [R. 3135-2] CT et qu'elle se trouvait donc soumise, pour son jugement, aux dispositions du code de procédure pénale applicable à cette catégorie de contravention (cass. crim. 1er juillet 1997, n° 96-83.433, B. crim. n° 261; 27 mai 1999, n° 98-84.570).

• Aussi longtemps qu'une dérogation à la règle légale du repos dominical ne peut être invoquée, toute inobservation de cette disposition constitue une contravention punissable (cass. crim. 15 octobre 1979, n° 78-94.195, B. crim. n° 280).

Art. R. 3135-3. Le fait de méconnaître les dispositions des articles L. 3133-4 à L. 3133-6 et D. 3133-1, relatives à la journée du 1er mai, est puni de l'amende prévue pour les contraventions de la quatrième classe.

L'amende est appliquée autant de fois qu'il y a de salariés indûment employés ou rémunérés.

Note Voir notamment cass. crim. 30 septembre 2008, n° 07-87.762, JCP éd. S 2008, 1648, note L. Drai.

Art. R. 3135-4. Le fait de méconnaître les dispositions particulières aux départements de la Moselle, du Bas-Rhin et du Haut-Rhin des articles L. 3134-3 à L. 3134-9 ou des décrets pris pour leur application, est puni de l'amende prévue pour les contraventions de la cinquième classe.

La récidive est réprimée conformément aux articles 132-11 et 132-15 du code pénal.

Art. R. 3135-5. Le fait de méconnaître les dispositions des articles L. 3164-2 à L. 3164-4, relatives au repos hebdomadaire et dominical des jeunes travailleurs, ainsi que celles des décrets pris pour leur application, est puni de l'amende prévue pour les contraventions de la cinquième classe.

Les contraventions donnent lieu à autant d'amendes qu'il y a de salariés illégalement employés.

La récidive est réprimée conformément aux articles 132-11 et 132-15 du code pénal.

Art. R. 3135-6. Le fait de méconnaître les dispositions des articles L. 3172-1 et L. 3172-2, relatives au contrôle du repos hebdomadaire, ainsi que celles des décrets pris pour leur application, est puni de l'amende prévue pour les contraventions de la cinquième classe.

Les contraventions donnent lieu à autant d'amendes qu'il y a de salariés illégalement employés.

La récidive est réprimée conformément aux articles 132-11 et 132-15 du code pénal.

TITRE IV CONGÉS PAYÉS ET AUTRES CONGÉS

CHAPITRE Ier Congés payés

Note Les dispositions législatives de ce chapitre sont issues de la loi 2016-1088 du 8 août 2016, art. 8, III, 5°, JO 9.

Sur l'impact de cette loi en matière de durée du travail, de repos et de congés, voir note introductive du livre Ier de la troisième partie et, s'agissant des congés payés, voir notamment RF 8 septembre 2016, FH 3657, 1-40 et s.

Voir aussi G. Vachet, «Les congés après la loi du 8 août 2016», JCP éd. S 2016, 1298; M. Véricel, «Une nouvelle architecture des règles en matière de temps de travail», RDT, décembre 2016, CH, 824.

SECTION 1. Droit au congé

Art. L. 3141-1. Tout salarié a droit chaque année à un congé payé à la charge de l'employeur.

Note • Le droit au congé payé est réservé au salarié lié par un contrat de travail (cass. chambres réunies 21 mai 1965, n° 63-10.266, BC IV n° 5), quelle que soit sa catégorie professionnelle. Ainsi, le fonctionnaire mis à disposition d'un organisme de droit privé, lié à cet organisme par un contrat de travail, a droit, en application des dispositions d'ordre public de l'article L. 223-1 [L. 3141-1], à des congés payés (cass. soc. 13 mars 2001, n° 99-40.139, BC V n° 91, arrêt n° 1; RJS 6/01 n° 800, 1re espèce). Mais le mandataire (notamment, l'administrateur et président-directeur général d'une société) est dans l'impossibilité de se prévaloir de la législation sur les congés payés (cass. soc. 20 octobre 1976, n° 75-40.690, BC V n° 503).

• Des règles spéciales concernent notamment les travailleurs temporaires (art. L. 1251-19), les concierges et employés d'immeubles à usage d'habitation (art. L. 7213-1 à 7), les travailleurs à domicile (art. R. 7421-2 et note sous Partie 7, Livre IV, Titre II, Chapitre II), les VRP (art. D. 7313-1), les gérants non salariés de succursales (art. L. 7322-1), les employés de maison (art. L. 7221-2).

• S'agissant des personnes handicapées travaillant dans un ESAT, le droit à congés est prévu, depuis le 1er janvier 2007, par l'article R. 243-11 c. act. soc. et fam.; pour une application de cette disposition, voir cass. soc. 16 décembre 2015, n° 11-22.376, BC V n° 263; RJS 3/16 n° 217; RDT, mars 2016, CH, 167, L. Joly; JCP éd. S 2016, 1106, note J-Ph. Tricoit.

• Sont soumis aux dispositions du livre II [ancien] de ce code les établissements industriels et commerciaux, qu'ils soient publics ou privés; les dispositions du livre II et spécialement celles des articles L. 223-1 et s. [L. 3141-1 et s.], relatives aux congés annuels, sont donc, en principe, applicables aux agents d'EDF-GDF et de la SNCF. Ces agents sont en outre soumis aux dispositions d'un statut prévu par décret comportant diverses règles spécifiques relatives aux congés payés (conditions d'attribution, durée, rémunération). En vertu du principe fondamental en droit du travail selon lequel la situation des salariés doit être régie, en cas de conflit de normes, par celle qui leur est la plus favorable, il convient, dès l'instant qu'aucune illégalité d'une disposition particulière du statut n'est invoquée, de déterminer si les dispositions de ce statut concernant les congés payés sont plus favorables que celles résultant du régime légal. Cette appréciation doit être globale à raison du caractère indivisible du régime de congés payés institué en tenant compte des nécessités du service public. Cette comparaison n'implique aucune appréciation sur la légalité du décret précité, puisqu'il s'agit seulement de choisir, entre deux textes également applicables, le plus avantageux pour les salariés. Il apparaît que l'ensemble du régime des congés payés prévu par les statuts du personnel d'EDF-GDF et de la SNCF accorde aux agents des avantages supérieurs à ceux qui résulteraient de l'application du code du travail, même si, en ce qui concerne les bases de calcul de l'indemnité de congés payés, lesdits statuts prévoient une disposition moins favorable (cass. soc. 17 juillet 1996, n°s 95-41.745 et 95-41.313, BC V n°s 296 et 297; RJS 10/96 n° 1115; 25 mars 1997, n° 95-41.537; 16 juin 1999, n° 96-43.906).

• L'employeur est soumis à une obligation d'initiative en matière d'octroi des congés payés. En n'accordant pas spontanément à un travailleur le congé payé auquel il a droit chaque année, l'employeur commet une faute et doit réparation du préjudice physique et d'agrément qu'il a causé (cass. soc. 19 octobre 1977, n° 76-40.684, BC V n° 546).

• Seule l'impossibilité pour un salarié d'exercer le droit à congé annuel pendant la période légale ou conventionnelle, du fait de l'employeur, ouvre droit au profit de ce salarié à la réparation du préjudice qui en est résulté (cass. soc. 25 février 1988, n° 85-46.266, BC V n° 146; 29 mai 1990, n° 89-40.675, BC V n° 252; 27 septembre 2006, n° 04-47.431).

• Selon la CJCE, le droit au congé annuel payé constitue un principe du droit social communautaire revêtant une importance particulière auquel il ne saurait être dérogé et dont la mise en œuvre par les autorités nationales ne peut être effectuée que dans les limites énoncées par la directive 93/104/CE du 23 novembre 1993 concernant certains aspects de l'aménagement du temps de travail (CJCE 26 juin 2001, aff. C-173/99, rec. p. I-4881; RJS 10/01 n° 1232). L'article 7 § 1 de cette directive, qui prévoit que chaque travailleur doit bénéficier d'un congé annuel payé d'au moins quatre semaines, s'oppose à ce qu'une disposition nationale permette que des jours de cette période minimale de congés, non pris au cours d'une année donnée, soient remplacés par une indemnité financière au cours d'une année ultérieure (CJCE 6 avril 2006, aff. C-124/05, rec. p. I-3423; JOUE C 143/19 du 17.06.2006; RJS 8-9/06 p. 657). De même, afin d'assurer la prise effective des congés, l'article 7 § 1 s'oppose à ce qu'une partie du salaire versé au titre du travail effectué soit affectée au paiement du congé annuel sans que le travailleur perçoive, à ce titre, un paiement en sus de celui versé au titre du travail effectué. Il ne saurait être dérogé à ce droit par un accord contractuel. Ce même article s'oppose à ce que le paiement du congé annuel minimal fasse l'objet de versements partiels étalés sur la période annuelle de travail correspondante et payés ensemble avec la rémunération au titre du travail effectué, et non d'un versement au titre d'une période déterminée au cours de laquelle le travailleur prend effectivement congé (CJCE 16 mars 2006, aff. C-131/04 et C-257/04, rec. p. I-2531; JOUE C 143/7 du 17.06.2006; RJS 8-9/06 p. 657).

• **Congé examen pour les étudiants salariés.** Pour la préparation directe d'un examen, un étudiant justifiant d'une inscription valide et en cours au sein d'un établissement préparant à l'obtention d'un diplôme d'enseignement supérieur a droit à un congé supplémentaire non rémunéré de cinq jours ouvrables par tranche de soixante jours ouvrables travaillés prévus par son contrat de travail; ce congé est pris dans le mois qui précède les examens. Il s'ajoute au congé payé prévu à l'article L. 3141-1 et, s'il y a lieu, au congé annuel pour les salariés de moins de vingt et un ans prévu à l'article L. 3164-9 (loi 2015-990 du 6 août 2015, art. 296, JO 7).

Art. L. 3141-2. Les salariés de retour d'un congé de maternité prévu à l'article L. 1225-17 ou d'un congé d'adoption prévu à l'article L. 1225-37 ont droit à leur congé payé annuel, quelle que soit la période de congé payé retenue pour le personnel de l'entreprise.

Note Les congés annuels doivent être pris au cours d'une période distincte du congé de maternité. Le conseil de prud'hommes qui a constaté que l'employeur avait mis une salariée dans l'impossibilité de prendre le solde de ses congés payés après son congé de maternité et avant son départ en congé parental a accueilli, à bon droit, sa demande d'indemnité de congés payés sur les semaines litigieuses et de dommages-intérêts (cass. soc. 2 juin 2004, n° 02-42.405, BC V n° 161; RJS 8-9/04 n° 930). Voir en ce sens CJCE 18 mars 2004, aff. C-342/01, rec. p. I-2605; JOUE C 106/4 du 30.04.2004; RJS 6/04 n° 780: une travailleuse doit pouvoir bénéficier de son congé annuel lors d'une période distincte de celle de son congé de maternité, également en cas de coïncidence entre la période de congé de maternité et celle fixée à titre général, par un accord collectif, pour les congés annuels de l'ensemble du personnel. L'article 11, point 2, sous a), de la directive 92/85/CEE du 19 octobre 1992 concernant la mise en œuvre de mesures visant à promouvoir l'amélioration de la sécurité et de la santé des travailleuses enceintes, accouchées ou allaitantes au travail vise également le droit d'une travailleuse à un congé annuel plus long, prévu par la législation nationale, que le minimum prévu par la directive 93/104 du 23 novembre 1993 concernant certains aspects de l'aménagement du temps de travail.

Sous-section 1 (réglementaire). Ordre public

Art. D. 3141-1. L'employeur qui emploie pendant la période fixée pour son congé légal un salarié à un travail rémunéré, même en dehors de l'entreprise, est considéré comme ne donnant pas le congé légal, sans préjudice des dommages et intérêts auxquels il peut être condamné en application de l'article D. 3141-2.

Art. D. 3141-2. Le salarié qui accomplit pendant sa période de congés payés des travaux rémunérés, privant de ce fait des demandeurs d'emploi d'un travail qui aurait pu leur être confié, peut être l'objet d'une action devant le ***(D. 2019-966 du 18 sept. 2019, art. 8, JO 19, entrée en vigueur le 01.01.2020)*** «juge du tribunal judiciaire» en dommages et intérêts envers le régime d'assurance chômage.

Les dommages et intérêts ne peuvent être inférieurs au montant de l'indemnité due au salarié pour son congé payé.

L'action en dommages et intérêts est exercée à la diligence soit du maire de la commune intéressée, soit du préfet.

L'employeur qui a occupé sciemment un salarié bénéficiaire d'un congé payé peut être également l'objet, dans les mêmes conditions, de l'action en dommages et intérêts prévue par le présent article.

SECTION 2. Durée du congé

Sous-section 1. Ordre public

Art. L. 3141-3. Le salarié a droit à un congé de deux jours et demi ouvrables par mois de travail effectif chez le même employeur.

La durée totale du congé exigible ne peut excéder trente jours ouvrables.

Note • L'article 50, II de la loi 2012-387 du 22 mars 2012 (JO 23) s'applique pour chaque salarié présent à l'effectif de l'entreprise à compter du premier jour du troisième mois suivant la publication de la loi précitée (1er juin 2012).

• **Ouverture du droit à congé.** Avant la loi 2008-789 du 20 août 2008, le droit à congés payés d'un salarié en CDI ne lui était ouvert que s'il avait effectué chez le même employeur au moins un mois de travail effectif (ou une période équivalente) au cours de la période de référence. Après cette loi, pour prétendre à un congé payé, il lui suffisait d'avoir effectivement travaillé pendant un temps équivalant à un minimum de 10 jours chez le même employeur (loi 2008-789 du 20 août 2008, art. 22; art. L. 3141-3 CT modifié), le cadre de «la période de référence» n'étant plus évoqué. Sur les conditions d'ouverture du droit à congés payés, voir notamment «L'article 22 de la loi du 22 août 2008 portant réforme des conditions d'ouverture du droit à congés payés: un texte au goût d'inachevé», I. Laurent-Merle, D. 2009 EC 893.

Cette nouvelle rédaction du code du travail n'était toujours pas conforme à la jurisprudence de la CJCE qui considère que le fait de subordonner l'ouverture du droit à congés à un temps minimal de travail effectif est contraire au droit européen (voir notamment CJCE 26 juin 2001, aff. C-173/99, rec. p. I-4881; RJS 10/01 n° 1232).

À cet égard, la Cour de cassation avait saisi la CJUE afin qu'elle se prononce (cass. soc. 2 juin 2010, n° 08-44.834, RJS 8-9/10 n° 680; RDT, septembre 2010, CH, 523, M. Véricel) notamment sur la conformité, vis-à-vis de la réglementation européenne, de la condition de 10 jours de travail effectif nécessaire à l'ouverture du droit à congés payés des salariés en CDI.

Dans un arrêt rendu en janvier 2012, la CJUE s'est prononcée sur ce point, énonçant que l'article 7, § 1, de la directive 2003/88/CE du Parlement européen et du Conseil, du 4 novembre 2003, concernant certains aspects de l'aménagement du temps de travail, doit être interprété en ce sens qu'il s'oppose à des dispositions ou à des pratiques nationales qui prévoient que le droit au congé annuel payé est subordonné à une période de travail effectif minimale de dix jours ou d'un mois pendant la période de référence (CJUE 24 janvier 2012, aff. C-282/10, LSQ n° 16031 du 01.02.2012; JCP éd. S 2012, 1135, note E. Andréo et J. Misslin; RJS 4/12 n° 399 et p. 261 (I. A.), chron. H. Tissandier).

La loi 2012-387 du 22 mars 2012 relative à la simplification du droit, art. 50, se conforme au droit communautaire en instituant l'ouverture automatique du droit à congés payés des salariés dès leur premier jour de travail.

Sur l'ouverture du droit à congé, voir aussi «Congés payés et droits du salarié», G. Vachet, JCP éd. S 2012, 1203; «Les congés payés: panorama des obligations françaises à l'aune des exigences du droit de l'Union européenne», N. Chavrier et L. Chabaud, JCP éd. S 2015, 1359.

Mois de travail chez le même employeur. Les changements survenant dans la situation juridique de l'employeur sont sans incidence sur les droits des salariés; le paiement de l'indemnité de congé payé incombe au nouvel employeur en place avant l'ouverture des congés annuels, sous réserve de son droit de réclamer au cédant la partie de l'indemnité se rapportant à la période antérieure au changement d'employeur (voir art. L. 122-12-1 [L. 1224-2] CT et notamment cass. soc. 6 février 1996, n° 92-45.013, RJS 3/96 n° 251). En cas de modification de la situation juridique de l'employeur intervenue dans le cadre d'une procédure de redressement judiciaire, voir cass. soc. 14 mai 1997, n° 94-45.109, BC V n° 171.

En cas de contrats de travail successifs chez le même employeur, les périodes d'activité s'additionnent (rép. QE 496, JO AN 6 mai 1959, p. 446).

En cas de travail simultané pour plusieurs employeurs, la situation du salarié doit être examinée séparément au regard de chaque employeur.

Nouveau congé. Date d'application. Le droit aux congés ne devenant effectif que le jour où le salarié est admis à en jouir, l'étendue des droits du salarié doit être déterminée par application des dispositions législatives ou conventionnelles en vigueur à cette date. Ainsi, dès lors que la période de prise de congé d'un salarié n'était pas expirée lorsque le bénéfice du congé supplémentaire (réservé aux femmes) a été étendu au personnel de sexe masculin, l'intéressé pouvait y prétendre (cass. soc. 22 juin 1994, n° 92-40.752, BC V n° 210; 11 avril 1995, n° 92-41.423, RJS 6/95 n° 658; 18 juillet 1995, n° 92-42.634).

• **Durée du congé payé.** Le décompte des jours de congés payés pris par le salarié doit être effectué globalement sur l'ensemble de la durée du congé acquis au titre de la période de référence, et non selon les différentes périodes fractionnées du congé (cass. soc. 30 octobre 1997, n° 95-41.947).

Calcul en jours ouvrables. Quelle que soit la répartition de la durée du travail à l'intérieur de la semaine, il est décompté six jours ouvrables par semaine (cass. soc. 8 juin 1978, n° 77-40.433, BC V n° 462).

Sauf dispositions contraires plus favorables applicables dans l'entreprise, le décompte de la durée d'absence pour congés payés annuels se fait sur les six jours ouvrables de la semaine. Les dispositions d'une convention fixant la durée des congés payés annuels à deux jours et demi ouvrables par mois de travail effectif ou période assimilée pendant la période de référence, avec majoration pour ancienneté dans la limite de six jours, sont conformes aux articles L. 223-2 à L. 223-9 (anciens) CT. Ces dispositions ne faisant aucune distinction, pour le décompte de la durée d'absence, entre les jours ouvrables travaillés et les jours ouvrables non travaillés, la durée d'absence pour congés payés doit être imputée sur tous les jours ouvrables de la semaine, et non sur les seuls jours qui seraient travaillés par le salarié s'il était présent (cass. soc. 18 janvier 2006, n° 04-41.746, BC V n° 19).

Le premier jour ouvrable de congé est le premier jour où le salarié aurait dû travailler et non le jour chômé dans l'entreprise en raison de la répartition de l'horaire de travail (cass. soc. 19 mars 1992, n° 88-41.421, BC V n° 212; RJS 5/92 n° 622; 15 novembre 2000, n° 98-45.507). En d'autres termes, le point de départ du congé est toujours un jour ouvré dans l'entreprise (également en ce sens, cass. soc. 2 mars 1989, n° 86-44.120, RJS 4/89 n° 336). En revanche, si le dernier jour de congé tombe un jour ouvrable, non travaillé dans l'entreprise, qu'il s'agisse par exemple d'un samedi ou d'un lundi, il n'y a pas prolongation du congé d'une journée (cass. soc. 8 novembre 1983, n° 81-41.583, BC V n° 545), ce jour comptant pour le calcul du congé (cass. soc. 7 mai 1998, n° 97-42.503). De même, lorsque le dernier jour de congés correspond à un jour de modulation, ce dernier doit être comptabilisé comme jour de congé payé (cass. soc. 29 janvier 2020, n° 18-13.604, à paraître, JCP éd. S 2020, 1062, note M. Morand; RJS 4/20 n° 185; RDT, octobre 2020, CH, 625, M. Véricel).

Il résulte des articles L. 223-2, al. 1er devenu L. 3141-3, L. 223-4 devenu L. 3141-4 et L. 3141-5, et L. 222-1 devenu L. 3133-1 CT que les jours de repos compensateurs attribués aux salariés travaillant en continu ou en semi-continu du fait de l'organisation du travail en cycles doivent être assimilés à des jours de travail effectif; ainsi, ces jours de repos ne peuvent être comptés comme des jours de congés payés pour vérifier le respect par l'employeur de l'attribution des trente jours ouvrables de congés payés. Pour les salariés travaillant en continu, doivent être considérés comme jours ouvrables pour le décompte des congés payés tous les jours de l'année, à l'exception des cinquante-deux jours de repos hebdomadaire et de onze jours correspondant à l'ensemble des jours fériés mentionnés à l'article L. 222-1 devenu L. 3133-1 CT (cass. soc. 24 septembre 2008, n° 07-45.370, JCP éd. S 2008, 1649, note L. Drai).

Les jours fériés ne sont pas considérés comme jours ouvrables s'ils sont habituellement chômés dans l'entreprise. Ainsi, par exemple, un samedi habituellement non consacré au travail dans l'entreprise en application de l'horaire n'en demeure pas moins ouvrable, mais cesse de l'être s'il coïncide avec un jour férié. Dans le premier cas, il sera pris en compte pour déterminer la durée du congé mais non dans le second (rép. QE 24792, JO AN 2 mai 1983, p. 1999). La Cour de cassation considère de même que lorsque le décompte des congés est effectué en jours ouvrables ou selon des modalités ne remettant pas en cause la notion de jour ouvrable, le congé doit être prolongé d'un jour quand un jour férié coïncide avec un jour ouvrable, même s'il est chômé dans l'entreprise (cass. ass. plén. 21 mars 1997, n° 92-44.778, BC n° 4; 15 novembre 2000, n° 98-45.507, précité; 24 septembre 2014, n° 13-10.892). En outre, lorsqu'une convention collective prévoit que les jours fériés légaux sont chômés et payés, ils ne peuvent être imputés sur les congés payés (cass. soc. 26 janvier 2011, n° 09-68.309, BC V n° 39; JSL n° 296, 24.03.2011, p. 28, N. Gardair-Rérolle; JCP éd. S 2011, 1185, note Th. Lahalle; RJS 5/11 n° 432).

Lorsqu'une disposition conventionnelle accorde, en compensation des fêtes légales se situant un jour ouvrable habituellement chômé dans l'entreprise, un jour de congé exceptionnel qui devra être pris le jour ouvré le plus proche précédant ou suivant la fête légale en cause, les salariés déjà en congé ne peuvent en bénéficier (cass. ass. plén. 21 mars 1997, n° 92-44.778, précité).

Dans une espèce où les salariés avaient saisi la juridiction prud'homale en juillet 1992, afin d'obtenir le paiement d'une journée supplémentaire de congés payés au titre d'un jour férié (samedi 15 août 1987) situé à l'intérieur de leur période de congés, la Cour de cassation a notamment considéré que le point de départ de la prescription en matière d'indemnité de congés payés doit être fixé à l'expiration de la période légale ou conventionnelle au cours de laquelle les congés auraient pu être pris; si le droit au congé doit être exercé annuellement en nature et si l'indemnité compensatrice de congés payés ne peut se cumuler avec le salaire, la cour d'appel avait relevé que l'employeur avait mis les salariés dans l'impossibilité de prendre la totalité de leurs congés payés et avait pu décider en conséquence que les salariés avaient droit au paiement d'une journée supplémentaire de congé (cass. soc. 4 décembre 1996, n° 93-46.408, BC V n° 416).

Les jours de pont chômés en application d'un accord d'entreprise qui précèdent ou suivent un jour férié ne peuvent être imputés sur les congés payés (cass. soc. 17 avril 1986, n° 83-45.788, BC V n° 158).

Un accord d'entreprise qui tend à substituer un décompte horaire des congés payés au décompte en jours ouvrables est contraire aux dispositions de l'article L. 223-2 (ancien) CT (cass. soc. 11 mars 1998, n° 96-16.553, RJS 4/98 n° 478). Voir aussi cass. soc. 19 mai 2004, n° 02-19.866, BC V n° 135; RJS 7/04 n° 847, énonçant que les caisses de congés payés du bâtiment et des travaux publics sont tenues de calculer les indemnités de congés conformément aux dispositions combinées des articles L. 223-11 et D. 732-7 (anciens) CT et 5-24 de la convention collective nationale des ouvriers employés par les entreprises du bâtiment du 8 octobre 1990.

S'agissant du décompte des congés des salariés à temps partiel, voir note sous article L. 3123-5.

Calcul en jours ouvrés. De plus en plus, les entreprises, à l'instar des règles appliquées dans la fonction publique, procèdent à un décompte des jours de congés en «jours ouvrés», c'est-à-dire en jours normalement travaillés. Un certain nombre de conventions collectives procèdent aux adaptations nécessaires. Le décompte en jours ouvrés, cinq jours ouvrés correspondant à six jours ouvrables, a le mérite de résoudre les problèmes particulièrement complexes qui se posent lorsque les salariés – et c'est de plus en plus souvent le cas – souhaitent fractionner leurs congés en de multiples parcelles. La Cour de cassation considère qu'aucune disposition n'interdit de calculer l'indemnité de congés payés en jours ouvrés (cass. soc. 4 décembre 1990, n° 85-41.289, BC V n° 616), mais le calcul en jours ouvrés doit garantir aux salariés des droits au moins égaux à ceux résultant du calcul en jours ouvrables prévu par la loi (cass. soc. 8 juillet 1992, n° 90-42.746, BC V n° 460; RJS 10/92 n° 1110; 27 mai 1992, n° 91-40.423, BC V n° 354; RJS 7/92 n° 877; 30 octobre 1997, n° 95-41.947, RJS 12/97 n° 1388; 19 avril 2000, n° 98-41.037), ce qu'il appartient à l'employeur de démontrer (cass. soc. 21 mai 2008, n° 06-45.600). Les salariés ne peuvent s'opposer à ce mode de calcul, tel qu'il est appliqué par l'employeur, que dans la mesure où il leur est moins favorable que le calcul en jours ouvrables. Doit être cassé l'arrêt de cour d'appel qui a écarté le mode de calcul instauré par l'employeur sans rechercher concrètement si, compte tenu du rythme de travail du salarié, ce mode de calcul était moins favorable au salarié que le mode de calcul en jours ouvrables (cass. soc. 27 mars 1996, n° 92-43.655, RJS 7/96 n° 800).

S'agissant des salariés à temps partiel, le décompte des droits à absence en jours ouvrés au titre des congés payés annuels doit se faire sur les jours habituellement ouvrés dans l'établissement, et non sur les seuls jours ouvrés qui auraient été travaillés par le salarié concerné, s'il avait été présent (cass. soc. 9 mai 2006, n° 04-46.011).

Dès lors que les congés sont calculés en jours ouvrés, le jour férié intervenant un jour non ouvré dans l'entreprise est sans incidence sur le décompte du congé (cass. ass. plén. 21 mars 1997, n° 92-44.778, BC n° 4; cass. soc. 27 octobre 2004, n° 02-44.149, BC V n° 279; RJS 1/05 n° 51). En revanche, un employeur s'étant engagé, lors de l'institution du calcul des congés payés en jours ouvrés dans l'entreprise, à prolonger automatiquement les congés d'une journée dès lors qu'un jour férié coïncidait avec un jour non travaillé, une cour d'appel a pu faire droit à la demande des salariés tendant à obtenir une journée de congé supplémentaire (cass. soc. 28 octobre 1998, n° 97-10.173, RJS 1/99 n° 55).

• L'article 31, § 2, de la charte des droits fondamentaux de l'Union européenne et l'article 7, § 1, de la directive 2003/88/CE du Parlement européen et du Conseil, du 4 novembre 2003, concernant certains aspects de l'aménagement du temps de travail, doivent être interprétés en ce sens qu'ils ne s'opposent pas à des dispositions ou pratiques nationales, tel un plan social conclu entre une entreprise et son comité d'entreprise, en vertu desquelles le droit au congé annuel payé d'un travailleur dont le temps de travail est réduit est calculé selon la règle du *prorata temporis* (CJUE 8 novembre 2012, aff. C-229/11 et C-230/11, LSQ n° 16225 du 19.11.2012; RJS 1/13 n° 84 et chron. H. Tissandier (I. A.) p. 15; JCP éd. S 2013, 1110, note L. Crevel).

Art. L. 3141-4. Sont assimilées à un mois de travail effectif pour la détermination de la durée du congé les périodes équivalentes à quatre semaines ou vingt-quatre jours de travail.

Note • Une semaine entière doit être retenue dès lors que le salarié a travaillé conformément à l'horaire auquel il est soumis; peu importe que la semaine ait comporté un jour férié chômé ou que l'horaire soit réparti sur cinq jours.

• Vingt jours de travail dans une entreprise où l'horaire est réparti sur cinq jours et vingt-deux jours dans une entreprise où l'horaire est réparti sur cinq jours et demi sont équivalents à vingt-quatre jours (rép. QE 5496, JO AN 24 mai 1969, p. 1442).

• En ce qui concerne le calcul du nombre des jours de congés, la Cour de cassation et le ministère du Travail se sont opposés pendant de nombreuses années. La Cour de cassation avait décidé, pour sa part, qu'il convenait de retenir d'abord le nombre de mois de travail continu effectués par le salarié pendant l'année de référence, puis celui des semaines complémentaires groupées par quatre et enfin celui des jours restants groupés par vingt-quatre (cass. soc. 10 janvier 1980, n° 78-41.140, BC V n° 47). Le ministère du Travail considérait, au contraire, que le travailleur qui justifie, au cours de la période de référence, de 48 semaines ou de douze fois 24 (ou 22 ou 20 selon l'horaire hebdomadaire) jours de travail effectif avait droit à son congé intégral (rép. QE 25933, JO AN 10 mars 1973, p. 535) et faisait observer que son interprétation était la seule à donner tout son sens à la précision inscrite à l'article L. 223-2 (ancien) «sans que la durée totale du congé exigible puisse excéder vingt-quatre jours (trente jours) ouvrables». La Cour de cassation a consacré la position du ministère du Travail (cass. ass. plén. 9 janvier 1987, n° 85-43.471, BC n° 1).

• Le calcul en heures de travail n'est pas autorisé. La durée des congés payés étant déterminée en fonction des mois de travail ou des périodes qui lui sont assimilées, l'étendue des droits d'un salarié en matière de congés payés ne peut être appréciée en équivalence d'heures de travail (cass. soc. 4 juin 1987, n° 84-41.754, BC V n° 367).

Art. L. 3141-5. Sont considérés comme périodes de travail effectif pour la détermination de la durée du congé :

1° Les périodes de congé payé ;

2° Les périodes de congé de maternité, de paternité et d'accueil de l'enfant et d'adoption ;

3° Les contreparties obligatoires sous forme de repos prévues aux articles L. 3121-30, L. 3121-33 et L. 3121-38 ;

4° Les jours de repos accordés au titre de l'accord collectif conclu en application de l'article L. 3121-44 ;

5° Les périodes, dans la limite d'une durée ininterrompue d'un an, pendant lesquelles l'exécution du contrat de travail est suspendue pour cause d'accident du travail ou de maladie professionnelle ;

6° Les périodes pendant lesquelles un salarié se trouve maintenu ou rappelé au service national à un titre quelconque.

Note • L'énumération donnée par la loi doit être interprétée de façon restrictive (rép. QE 4922, JO AN 23 avril 1948). Ne sont donc pas assimilées à des périodes de travail effectif les périodes de maladie (cass. soc. 10 décembre 2014, n° 13-17.743, RJS 2/15 n° 107 ; voir aussi cass. soc. 13 mars 2013, n° 11-22.285, BC V n° 73 ; LSQ n° 16308 du 19.03.2013 ; RJS 5/13 n° 384 ; JSL n° 342, 25.04.2013, p. 19, M. Hautefort ; RDT, mai 2013, CH, 341, M. Véricel), de grève (cass. soc. 16 décembre 1981, n° 79-42.472, BC V n° 980), de chômage partiel (cass. soc. 19 novembre 1997, n° 95-44.093, BC V n° 389).

À noter que selon l'accord national interprofessionnel du 13 janvier 2012 relatif au chômage partiel, pour l'acquisition des droits à congés payés, à compter de la période de référence en cours à la date de signature de l'accord, la durée des périodes de chômage partiel est prise en compte en totalité pour le calcul de la durée des congés payés.

• À noter que si l'article 616 c. civ. local applicable dans les départements du Haut-Rhin, du Bas-Rhin et de la Moselle instaure une garantie de salaire en cas d'absence de courte durée, il n'assimile pas, pour la détermination des droits à congé payé, les périodes d'absence pour maladie à un temps de travail effectif (cass. soc. 24 mars 2004, n° 02-40.525, BC V n° 99 ; RJS 6/04 n° 766).

• L'absence du travailleur pour cause d'accident de trajet doit être assimilée à l'absence pour cause d'accident du travail (cass. soc. 3 juillet 2012, n° 08-44.834, BC V n° 204 ; JCP éd. S 2012, 1385, note R. Favre ; RJS 10/12 n° 811 ; JSL n° 328, 25.09.2012, p. 19, J-E Tourreil).

• S'agissant de la durée de la suspension de travail imputable à un accident du travail ou une maladie professionnelle, la Cour de cassation avait précisé qu'« elle ne peut être assimilée en totalité à une période de travail effectif qu'à la double condition d'avoir été ininterrompue et de n'avoir pas excédé un an » (cass. soc. 13 mars 1991, n° 87-41.820, RJS 5/91 n° 596), peu important, pour l'application de cette règle, que le salarié ait cessé d'envoyer à son employeur les certificats de prolongation d'arrêt de travail (cass. soc. 24 octobre 1996, n° 93-44.792, RJS 12/96 n° 1340). Cette jurisprudence a évolué : dans des arrêts plus récents (cass. soc. 23 janvier 2001, n° 98-40.651, BC V n° 22 ; RJS 4/01 n° 465 ; 4 décembre 2001, n° 99-45.911, BC V n° 374 ; 6 octobre 2015, n° 13-26.052, BC V n° 187), la Cour de cassation a abandonné la condition relative au caractère ininterrompu de l'absence et a décidé que doivent être considérées comme des périodes de travail effectif pour la détermination de la durée du congé les périodes de suspension du contrat pour cause d'accident du travail ou de maladie professionnelle, dans la limite d'un an.

À noter que, la directive 2003/88/CE du 4 novembre 2003 concernant certains aspects de l'aménagement du temps de travail n'opérant aucune distinction selon l'origine de l'arrêt de travail, la Cour de cassation a saisi la CJUE afin qu'elle précise (cass. soc. 2 juin 2010, n° 08-44.834, RJS 8-9/10 n° 680 ; RDT, septembre 2010, CH, 523, M. Véricel) :

– si la directive donne droit à des congés payés d'une durée identique, quelle que soit l'origine de l'absence pour raison de santé ;

– ou si une législation nationale peut faire varier la durée du congé payé selon l'origine de l'absence, dès lors que cette législation prévoit une durée de congé payé annuel supérieure au minimum de 4 semaines prévu par la directive.

Dans un arrêt rendu en janvier 2012, la CJUE a répondu que l'article 7, § 1, de la directive 2003/88/CE doit être interprété en ce sens qu'il ne s'oppose pas à une disposition nationale prévoyant, selon l'origine de l'absence du travailleur en congé de maladie, une durée de congé payé annuel supérieure ou égale à la période minimale de quatre semaines garantie par cette directive (CJUE 24 janvier 2012, aff. C-282/10, LS Bref n° 16031 du 01.02.2012 ; JCP éd. S 2012, 1135, note E. Andréo et J. Misslin ; RJS 4/12 n° 399 et p. 261 (I. A.), chron. H. Tissandier). Sur cette jurisprudence, voir aussi « Congés payés et droits du salarié », G. Vachet, JCP éd. S 2012, 1203 ; « Les congés payés : panorama des obligations françaises à l'aune des exigences du droit de l'Union européenne », N. Chavrier et L. Chabaud, JCP éd. S 2015, 1359.

La Cour de cassation a décidé que, la directive 2003/88/CE ne pouvant permettre, dans un litige entre des particuliers, d'écarter les effets d'une disposition de droit national contraire, un salarié ne peut prétendre au paiement d'une indemnité compensatrice de congés payés au titre d'une période de suspension du contrat de travail pour maladie non professionnelle, laquelle ne relève pas de l'article L. 3141-5 (cass. soc. 13 mars 2013, n° 11-22.285, précité; 2 juin 2016, n° 15-11.422, LSQ n° 17110 du 27.06.2016; RJS 11/16 n° 701, 1re espèce).

En revanche, lorsque le litige oppose un salarié à un «organisme chargé, en vertu d'un acte de l'autorité publique, d'accomplir, sous le contrôle de cette dernière, un service d'intérêt public et disposant à cet effet de pouvoirs exorbitants par rapport aux règles applicables dans les relations entre particuliers», l'employeur peut se voir opposer les dispositions de la directive 2003/88/CE susceptible d'avoir des effets directs; dès lors, doit être cassée la décision d'une cour d'appel condamnant l'employeur au paiement d'une indemnité compensatrice de congés payés correspondant à des droits supérieurs aux 4 semaines de congés payés annuels garantis par la directive (cass. soc. 22 juin 2016, n° 15-20.111, BC V n° 138; LSQ n° 17110 du 27.06.2016; JSL n° 415, 05.09.2016, p. 14, J-Ph. Lhernould; JCP éd. S 2016, 1276, note J. Cavallini; RJS 11/16 n° 701, 2e espèce; voir aussi CJUE 19 novembre 2019, aff. C-609/17, JSL n° 490, 27.01.2020, p. 16, J-Ph. Lhernould).

Voir aussi A. Gardin, «Les congés payés du salarié malade: des clés pour une réforme législative indispensable», RJS 10/18, chron. p. 696.

• Si, selon l'article L. 122-32-5 (ancien) CT, le salarié qui n'est ni reclassé ni licencié dans le délai d'un mois à compter de la date de l'examen de reprise a droit au paiement du salaire correspondant à l'emploi qu'il occupait avant la suspension de son contrat, l'article L. 223-4 (ancien) CT n'assimile pas, pour l'ouverture du droit à congés payés, cette période à une période de travail effectif (cass. soc. 12 juillet 2004, n° 02-40.763).

• Les dispositions de l'article L. 122-32-1 (ancien), qui ne visent que les droits liés à l'ancienneté, ne sont pas applicables à la détermination du congé auquel peut prétendre un salarié accidenté du travail (cass. soc. 28 mai 1991, n° 88-40.989, BC V n° 269).

• Plusieurs autres articles du code assimilent expressément certaines périodes à du temps de travail effectif, notamment: les absences pour se rendre aux examens médicaux obligatoires en cas de grossesse (art. L. 1225-16); le temps passé par le conseiller du salarié pour l'exercice de sa mission (art. L. 1232-9); le temps passé hors de l'entreprise par les conseillers prud'hommes salariés pour l'exercice de leurs fonctions (art. L. 1442-6) ou leur stage de formation (art. L. 1442-2); le temps passé par le salarié exerçant la fonction de défenseur syndical (art. L. 1453-6); les absences pour congé de formation économique, sociale et syndicale (art. L. 2145-10); les jours de congé pour événements familiaux (art. L. 3142-2); les absences pour congé mutualiste de formation (art. L. 3142-37); les absences pour congé de formation de cadres et d'animateurs pour la jeunesse (art. L. 3142-55); la durée du congé de solidarité internationale (art. L. 3142-68); les congés spéciaux accordés aux salariés candidats ou élus à un mandat parlementaire ou local (art. L. 3142-82); l'absence pour participer à l'appel de préparation à la défense (art. L. 3142-97).

• Les conventions collectives contiennent souvent des dispositions plus favorables. Tel est le cas de dispositions conventionnelles prévoyant la prise en compte comme temps de travail effectif des absences pour maladie dans la limite de six mois (cass. soc. 21 juin 2006, n° 05-40.913, BC V n° 226).

• À noter que la CJUE a jugé que la période comprise entre la date d'un licenciement illégal et la date de réintégration doit être assimilée à une période de travail effectif pour la détermination du droit aux congés payés (CJUE 25 juin 2020, aff. C-762/18 et C-37/19, LS n° 18093 du 02.07.2020 ; JSL n° 503, 14.09.2020, p. 4, J-Ph. Lhernould ; RJS 10/20 n° 514 et p. 686, chron., H. Nassom-Tissandier).

Art. L. 3141-6. L'absence du salarié ne peut avoir pour effet d'entraîner une réduction de ses droits à congé plus que proportionnelle à la durée de cette absence.

Art. L. 3141-7. Lorsque le nombre de jours ouvrables calculé conformément aux articles L. 3141-3 et L. 3141-6 n'est pas un nombre entier, la durée du congé est portée au nombre entier immédiatement supérieur.

Note Le principe énoncé par cet article ne s'applique qu'au nombre de jours de congés payés acquis sur l'année (cass. soc. 15 mai 2014, n° 12-27.319, RJS 7/14 n° 572).

Art. L. 3141-8. Les salariés de moins de vingt et un ans au 30 avril de l'année précédente bénéficient de deux jours de congé supplémentaires par enfant à charge. Ce congé est réduit à un jour si le congé légal n'excède pas six jours.

Les salariés âgés de vingt et un ans au moins à la date précitée bénéficient également de deux jours de congé supplémentaires par enfant à charge, sans que le cumul du nombre des jours de congé supplémentaires et des jours de congé annuel puisse excéder la durée maximale du congé annuel prévu à l'article L. 3141-3.

Est réputé enfant à charge l'enfant qui vit au foyer et est âgé de moins de quinze ans au 30 avril de l'année en cours et tout enfant sans condition d'âge dès lors qu'il vit au foyer et qu'il est en situation de handicap.

Note • Une salariée qui bénéficie, en vertu d'une convention collective, d'un nombre de jours de congé supplémentaires plus élevé que celui auquel elle peut prétendre en vertu du régime légal ne peut cumuler ces congés conventionnels avec ceux accordés par cet article (cass. soc. 21 octobre 1982, n° 80-41.317, BC V n° 574).

• Les jours de congés supplémentaires pour enfant à charge n'étant pas destinés à compenser un désavantage résultant d'un éloignement du travail lié à la grossesse, ni à protéger la maternité ou à corriger une inégalité de fait affectant les femmes en matière d'emploi ou de promotion professionnelle, mais ayant pour objet de favoriser la présence d'un jeune parent auprès d'un enfant mineur de 15 ans, ce congé ne peut être refusé aux hommes qui, assurant la garde et l'éducation de leurs enfants dans les conditions prévues par un accord collectif, se trouvent dans la même situation que les travailleuses et ont ainsi vocation à en bénéficier, au regard des exigences découlant de l'article 157 TFUE (cass. soc. 4 mai 2011, n° 09-72.206, LS Jurispr. n° 113 du 31.05.2011; RJS 7/11 n° 573; JSL n° 302, 30.06.2011, p. 10, J-Ph. Lhernould; JCP éd. S 2011, 1323, note D. Everaert-Dumont).

Art. L. 3141-9. Les dispositions de la présente section ne portent atteinte ni aux stipulations des conventions et des accords collectifs de travail ou des contrats de travail ni aux usages qui assurent des congés payés de plus longue durée.

Note • Les congés d'ancienneté prévus par une convention ou un accord antérieur à l'ordonnance du 16 janvier 1982 ayant été fixés en fonction de la durée des congés légaux applicables à la date d'intervention de la convention ou de l'accord, il en résulte que les salariés, s'ils ont la faculté de choisir le régime qui leur est globalement le plus favorable, ne peuvent cumuler les congés légaux fixés par l'ordonnance du 16 janvier 1982 avec les congés d'ancienneté prévus par la convention ou l'accord collectif (cass. ass. plén. 26 avril 1991, n° 90-40.222, BC n° 3; RJS 6/91 n° 719; cass. soc. 5 juin 1991, n° 87-42.278, BC V n° 283; 5 mai 2010, n° 08-43.732).

• Les jours acquis au titre de la RTT résultant de la seule différence entre la durée hebdomadaire moyenne réellement pratiquée, soit 39 heures, et la nouvelle durée moyenne hebdomadaire, soit 35 heures ou 1600 heures annuelles, pendant la période litigieuse, leur nombre ne peut être réduit à due proportion des congés trimestriels conventionnels dont disposent les salariés, ces congés étant étrangers à la mise en œuvre de la réduction du temps de travail (cass. soc. 23 mars 2007, n° 05-43.045, BC V n° 56; RJS 6/07 n° 791).

• Les jours de récupération, qui sont acquis par le salarié au titre d'un accord d'aménagement et de réduction du temps de travail et représentent la contrepartie des heures de travail qu'il a exécutées en sus de l'horaire légal ou de l'horaire convenu, n'ont ni la même cause ni le même objet que les congés payés d'ancienneté auxquels il a droit, en sus de ses congés légaux annuels. En l'espèce, tous les textes s'appliquent donc (accord sur le temps de travail et accord de branche accordant aux salariés des jours de congés pour ancienneté) et les salariés bénéficient des jours de RTT et des jours de congés pour ancienneté (cass. ass. plén. 24 octobre 2008, n° 07-42.799, BC V n° 4; JCP éd. S 2008, 1601, note B. Gauriau; Dr. Soc. 2009, p. 38, avis J. Duplat).

• C'est à tort que, pour débouter un salarié de sa demande en paiement d'un rappel d'indemnité de congés payés, une cour d'appel a retenu que, s'il est vrai qu'aux termes d'un accord collectif, les salariés non cadres bénéficiaient de 25 jours de congés payés par an alors que les cadres bénéficiaient de 30 jours, aucune disposition légale ou conventionnelle n'interdit aux partenaires sociaux de prévoir un nombre de jours de congés différent selon les catégories professionnelles et que les contraintes spécifiques aux cadres, notamment l'importance des responsabilités qui leur sont confiées, justifient une différence de traitement, sans rechercher si l'octroi de l'avantage accordé aux cadres était justifié par des raisons objectives et pertinentes (cass. soc. 1er juillet 2009, n° 07-42.675, BC V n° 168; JCP éd. S 2009, 1451, note E. Jeansen; JSL n° 260, 29.07.2009, p. 7, M. Hautefort; Dr. Soc. 2009, p. 1002, obs. Ch. Radé; RJS 10/09 n° 760).

Art. D. 3141-3. Ne peuvent être déduits du congé annuel:

1° Les absences autorisées;

2° Les congés de maternité, paternité et d'adoption prévus par les articles L. 1225-17, L. 1225-35 et L. 1225-37;

3° Les jours d'absence pour maladie ou accident;

4° Les jours de chômage;

5° Les périodes de préavis;

6° Les périodes obligatoires d'instruction militaire.

Note • Cet article est l'ancien article D. 3141-4 (décret 2016-1553 du 18 novembre 2016, art. 4, 2°, JO 19, entrée en vigueur le 01.01.2017).

• **Préavis et congés payés.** La rupture du contrat de travail, notifiée pendant le congé annuel, ne fait courir le préavis qu'à la date où le congé annuel prend fin (cass. soc. 8 novembre 1995, n° 92-40.186, RJS 12/95 n° 1243). Le salarié démissionnaire ne peut exiger que la durée du préavis auquel il est tenu soit imputée sur celle de son congé payé (rép. QE 7993, JO AN 28 novembre 1957). De même, en cas de licenciement, le droit au préavis et le droit au congé annuel sont dus cumulativement et la période de préavis ne peut se confondre avec celle du congé annuel (cass. soc. 12 octobre 1978, n° 77-41.175, BC V n° 667). L'employeur est tenu de prolonger le préavis qui s'est trouvé suspendu pendant les congés payés d'une durée équivalente à ceux-ci (cass. soc. 11 juin 1987, n° 85-42.226). Le délai de préavis ne se trouve suspendu par des congés payés pris postérieurement au licenciement que dans le cas d'un accord des parties ou si les dates en avaient été fixées antérieurement au licenciement (cass. soc. 22 juin 1994, n° 90-45.861, RJS 8-9/94 n° 978). Le point de départ d'un préavis donné aux salariés en congé payé ne prend date qu'à l'expiration de la période de congé payé (cass. soc. 14 octobre 1987, n° 84-41.670). Toutefois, l'initiative prise par un salarié, en accord avec son employeur, de prendre ses congés pendant la période de préavis n'est pas contraire à l'ordre public (cass. soc. 7 mai 1987, n° 84-40.839). Il ne peut, dans ce cas, obtenir, en sus de l'indemnité de congés payés, une indemnité compensatrice de préavis (cass. ass. plén. 5 mars 1993, n° 88-45.233, BC n° 7).

• **Incidences de la maladie pendant le congé payé.** Selon la Cour de cassation, «les dispositions de l'article D. 223-5 [D. 3141-4 ancien] CT ne concernent pas la période du congé payé mais seulement la durée du travail effectif du salarié pendant la période annuelle de référence servant de base au calcul de congé payé auquel il a droit» (cass. soc. 31 janvier 1980, n° 78-40.970, BC V n° 106; 7 mai 1987, n° 84-41.843). Il en découle qu'un salarié ne peut prétendre obtenir ultérieurement des jours de congé, même non rémunérés, pour compenser la maladie survenue pendant son congé (cass. soc. 31 janvier 1980, n° 78-40.970, précité). L'employeur qui a accordé au salarié le congé légalement prévu s'est acquitté de ses obligations pour l'année de référence sans que les divers incidents qui surviendraient pendant ce congé puissent modifier ultérieurement l'étendue de son obligation légale (cass. soc. 18 mars 1975, n° 73-40.824, BC V n° 162).

Par ailleurs, l'employeur ne peut contraindre une salariée atteinte d'une incapacité de travail médicalement constatée à prendre ses congés payés, avant son départ à la retraite, à une période où le contrat de travail est suspendu et les indemnités journalières sollicitées sont dues (cass. soc. 31 octobre 2000, n° 98-23.131, RJS 1/01 n° 61).

Une jurisprudence de la CJCE devrait faire évoluer la position de la Cour de cassation en ce qui concerne l'incidence de la maladie sur le congé payé. La CJCE a en effet décidé que l'article 7, § 1, de la directive 2003/88/CE du Parlement européen et du Conseil, du 4 novembre 2003, concernant certains aspects de l'aménagement du temps de travail, s'oppose à des dispositions nationales ou à des conventions collectives prévoyant qu'un travailleur qui est en congé de maladie durant la période de congé annuel fixée dans le calendrier des congés de l'entreprise où il est employé n'a pas le droit, après son rétablissement, de bénéficier de son congé annuel à une autre période que celle initialement fixée, le cas échéant, en dehors de la période de référence correspondante (CJCE 10 septembre 2009, aff. C-277/08, rec. p. I-8405; JOUE C 267/20 du 7.11.2009; JCP éd. S 2009, 1492, note E. Jeansen; RJS 12/09, p. 788, chron. J-Ph. Lhernould). En effet, la CJCE considère qu'un travailleur qui est en congé de maladie durant une période de congé annuel fixée au préalable a le droit, à sa demande et afin qu'il puisse bénéficier effectivement de son congé annuel, de prendre celui-ci à une autre époque que celle coïncidant avec la période de congé de maladie. La fixation de cette nouvelle période de congé annuel, correspondant à la durée du chevauchement entre la période de congé annuel initialement fixée et le congé de maladie, est soumise aux règles et aux procédures de droit national applicables pour la fixation des congés des travailleurs, tenant compte des différents intérêts en présence, notamment, des raisons impérieuses liées aux intérêts de l'entreprise (CJCE 10 septembre 2009, aff. C-277/08, précitée, point 22).

La CJUE a transposé la solution de l'arrêt de 2009 au cas où le salarié tombe malade pendant ses congés payés. Dans un arrêt rendu en 2012 (CJUE 21 juin 2012, aff. C-78/11, RJS 8-9/12 n° 751; JCP éd. S 2012, 1539, note E. Andréo), la cour a précisé que l'article 7, § 1, de la directive 2003/88/CE du Parlement européen et du Conseil, du 4 novembre 2003, concernant certains aspects de l'aménagement du temps de travail, doit être interprété en ce sens qu'il s'oppose à des dispositions nationales prévoyant qu'un travailleur, en incapacité de travail survenue durant la période de congé annuel payé, n'a pas le droit de bénéficier ultérieurement dudit congé annuel coïncidant avec la période d'incapacité de travail.

Sur la jurisprudence européenne, voir «Congés payés et droits du salarié», G. Vachet, JCP éd. 2012, 1203; «Les congés payés: panorama des obligations françaises à l'aune des exigences du droit de l'Union européenne», N. Chavrier et L. Chabaud, JCP éd. S 2015, 1359.

S'agissant de l'indemnité compensatrice de congés payés, la Cour de cassation considère que lorsqu'elle est versée à un salarié malade pendant la durée de ses congés, elle ne peut, tenant lieu de salaire, être cumulée avec une indemnité compensatrice de salaire prévue par une convention collective en cas de maladie (cass. soc. 21 janvier 1987, n° 84-40.934, BC V n° 52; 7 juillet 1988, n° 85-45.988, BC V n° 433; 9 octobre 1996, n° 93-43.377: la salariée ayant «perçu pendant sa période de maladie une indemnité égale à son salaire, elle ne pouvait cumuler cette indemnité avec l'indemnité compensatrice de congés payés et recevoir de la sorte une rémunération totale supérieure à celle qu'elle eût perçue si elle avait travaillé»). Dans le cas d'un cumul prévu par une convention collective, voir cass. soc. 13 mars 1991, n° 87-41.918, BC V n° 134; RJS 5/91 n° 598.

Sur le report des congés en cas d'absence pour maladie, voir note sous art. L. 3141-13 CT.

Sous-section 2. Champ de la négociation collective

Art. L. 3141-10. Sous réserve de modalités particulières fixées en application de l'article L. 3141-32, un accord d'entreprise ou d'établissement ou, à défaut, une convention ou un accord de branche peut:

1° Fixer le début de la période de référence pour l'acquisition des congés;

2° Majorer la durée du congé en raison de l'âge, de l'ancienneté ou du handicap.

Sous-section 3. Dispositions supplétives

Art. L. 3141-11. À défaut de stipulation dans la convention ou l'accord conclu en application de l'article L. 3141-10, le début de la période de référence pour l'acquisition des congés est fixé par un décret en Conseil d'État.

Art. R. 3141-4. ***(D. 2016-1551 du 18 nov. 2016, art. 5, 3°, JO 19, entrée en vigueur le 01.01.2017)*** «À défaut d'accord prévu à l'article L. 3141-10, le» point de départ de la période prise en compte pour le calcul du droit au congé est fixé au 1er juin de chaque année.

Toutefois, dans les professions où en application de l'article ***(D. 2016-1551 du 18 nov. 2016, art. 5, 3°, JO 19, entrée en vigueur le 01.01.2017)*** « L. 3141-32 » l'employeur est tenu de s'affilier à une caisse de congé, le point de départ de l'année de référence est fixé au 1er avril.

Note • Cet article est l'ancien article R. 3141-3 (décret 2016-1551 du 18 novembre 2016, art. 5, 3°, JO 19, entrée en vigueur le 01.01.2017).

• La législation relative aux congés payés étant d'ordre public, il ne peut être dérogé aux dispositions de l'article R. 3141-3 (ancien) CT, qui fixe le point de départ de la période de référence pour la détermination du droit à congés, que dans les cas limitativement énumérés par l'article L. 3141-11 alors applicable. Un accord d'entreprise ne concernant pas l'application d'un régime de modulation ou de réduction du temps de travail ne peut déroger à ces dispositions légales et est, en conséquence, inopposable aux salariés (cass. soc. 23 septembre 2009, n° 08-41.525, RJS 12/09 n° 947).

SECTION 3. Prise des congés

Sous-section 1. Période de congés et ordre des départs

§ 1. Ordre public

Art. L. 3141-12. Les congés peuvent être pris dès l'embauche, sans préjudice des règles de détermination de la période de prise des congés et de l'ordre des départs et des règles de fractionnement du congé fixées dans les conditions prévues à la présente section.

Note • *Covid-19.* Voir ordonnance 2020-323 du 25 mars 2020, art. 1er, JO 26, entrée en vigueur le 26.03.2020, modifié.

• À noter que la CJUE a précisé que l'article 7 de la directive 2003/88/CE du Parlement européen et du Conseil, du 4 novembre 2003 s'oppose à ce que le travailleur doive d'abord prendre son congé avant de savoir s'il a droit à être rémunéré au titre de ce congé; en outre ce même article s'oppose à des dispositions ou à des pratiques nationales selon lesquelles un travailleur est empêché de reporter et, le cas échéant, de cumuler, jusqu'au moment où sa relation de travail prend fin, des droits au congé annuel payé non exercés au titre de plusieurs périodes de référence consécutives, en raison du refus de l'employeur de rémunérer ces congés (CJUE 29 novembre 2017, aff. C-214/16, JCP éd. S 2018, 1037, note J. Cavallini; RJS 3/18 n° 227 et p. 193, chron. (I. A.) J-Ph. Lhernould; RDT, avril 2018, CH, 304, M. Véricel).

• Eu égard à la finalité qu'assigne aux congés payés annuels la directive 2003/88/CE du Parlement européen et du Conseil du 4 novembre 2003, concernant certains aspects de l'aménagement du temps de travail, il appartient à l'employeur de prendre les mesures propres à assurer au salarié la possibilité d'exercer effectivement son droit à congé, et, en cas de contestation, de justifier qu'il a accompli à cette fin les diligences qui lui incombent légalement (cass. soc. 13 juin 2012, n° 11-10.929, BC V n° 187; RJS 8-9/12 n° 718; Dr. Soc. 2012, p. 854, obs. J-Ph. Lhernould; JCP éd. S 2012, 1370, note M. Morand; JSL n° 328, 25.09.2012, p. 9, M. Hautefort; 27 novembre 2013, n° 12-26.155, BC V n° 289; 16 décembre 2015, n° 14-11.294, BC V n° 270; 9 mai 2019, n° 17-27.448, à paraître, RJS 7/19 n° 430). La Cour de cassation, revenant sur sa jurisprudence antérieure, a précisé que, sauf dispositions contraires, la même règle de preuve s'applique aux congés d'origine légale ou conventionnelle, s'ajoutant aux quatre semaines garanties par le droit de l'Union (cass. soc. 21 septembre 2017, n° 16-18.898, BC V n° 159; JCP éd. S 2017, 1358, note N. Chavrier et L. Chabaud; RJS 12/17 n° 799; voir, auparavant, cass. soc. 12 mai 2015, n° 13-20.349, BC V n° 94; LSQ n° 16836 du 20.05.2015; RJS 7/15 n° 490; JCP éd. S 2015, 1265, note G. Vachet; JSL n° 391, 13.07.2015, p. 12, J-Ph. Lhernould).

Voir aussi CJUE 6 novembre 2018, 2 arrêts, C-619/16 et C-684/16, JCP éd. S 2018, 1388, 2e espèce, note Ph. Coursier; RDT, avril 2019, CH, 261, M. Véricel: l'article 7 de la directive 2003/88/CE du Parlement européen et du Conseil, du 4 novembre 2003 s'oppose à une réglementation nationale impliquant que, à défaut pour le travailleur d'avoir demandé à pouvoir exercer son droit au congé annuel payé avant la date de la cessation de la relation de travail, l'intéressé perd, automatiquement et sans vérification préalable du point de savoir si celui-ci a été effectivement mis en mesure par l'employeur, notamment par une information adéquate de la part de ce dernier, d'exercer son droit au congé avant ladite cessation, les jours de congé annuel payé auxquels il avait droit en vertu du droit de l'Union lors de cette cessation, ainsi que, corrélativement, son droit à une indemnité financière au titre de ces congés annuels payés non pris.

Art. L. 3141-13. Les congés sont pris dans une période qui comprend dans tous les cas la période du 1er mai au 31 octobre de chaque année.

Note • **Prise anticipée.** L'employeur ne peut pas imposer au salarié la prise anticipée des congés payés; un salarié, mis à la retraite au 1er février, est en droit de refuser de prendre en janvier le congé payé auquel il a droit au titre de la période de référence commençant le 1er juin de l'année précédente; il peut prétendre, malgré ce refus, à l'indemnité compensatrice afférente à cette période (cass. soc. 27 novembre 1991, n° 87-43.059, BC V n° 533; 7 novembre 1995, n° 92-41.883, RJS 12/95 n° 1251; 22 octobre 1997, n° 95-43.884). La preuve d'une acceptation des salariés pour une prise anticipée de leurs congés doit être rapportée par l'employeur qui, à défaut, sera condamné à réparer le préjudice subi par chacun d'eux (cass. soc. 19 juin 1996, n° 93-46.549, RJS 8-9/96 n° 934; 10 février 1998, n° 95-40.905). Cette preuve n'est pas rapportée lorsque l'employeur se contente d'invoquer l'existence d'un usage dans l'entreprise supposant l'accord préalable des salariés en cas de prise anticipée des congés (cass. soc. 7 février 2006, n° 04-41.558).

• Lorsqu'un salarié fait l'objet d'une mise à pied conservatoire, laquelle a pour effet de suspendre le contrat de travail, il ne peut, pendant cette période, valablement prendre ses congés payés, peu important que leur date ait été décidée antérieurement à la mesure de mise à pied (cass. soc. 15 mai 2014, n° 11-22.800, RJS 10/14 n° 697).

• **Report des congés**

Reports prévus par la loi. Le report est légalement prévu, depuis la loi 2006-340 du 23 mars 2006 qui a repris la jurisprudence européenne sur ce point, par l'article L. 3141-2 CT après un congé maternité ou un congé d'adoption. Il est aussi possible lorsque la durée du travail du salarié est décomptée à l'année, dans les conditions prévues à l'article L. 3141-22 CT.

Report des congés en cas d'absence pour maladie, accident du travail ou maladie professionnelle. Eu égard à la finalité qu'assigne aux congés annuels la directive 2003/88/CE du Parlement européen et du Conseil du 4 novembre 2003, concernant certains aspects de l'aménagement du temps de travail, lorsque le salarié s'est trouvé dans l'impossibilité de prendre ses congés payés annuels au cours de l'année prévue par le code du travail ou une convention collective en raison d'absences liées à une maladie, un accident du travail ou une maladie professionnelle, les congés payés acquis doivent être reportés après la date de reprise du travail (cass. soc. 24 février 2009, n° 07-44.488, BC V n° 49; JCP éd. S 2009, 1152, 2e espèce, note E. Andreo; JSL n° 252, 30.03.2009, p. 17, E. Barou et D. Chapellon-Liedhart; RDT, avril 2009, CH, 241, M. Véricel; RJS 5/09 n° 442, 1re espèce; 25 mars 2009, n° 07-43.767, BC V n° 90; RJS 6/09 n° 519; 28 mai 2014, n° 12-28.082, BC V n° 129; LS Jurispr. n° 104 du 10.06.2014; JSL n° 369, 7.07.2014, p. 12, M. Hautefort).

Cette solution, qui avait déjà été admise par la Cour de cassation pour la maladie professionnelle et l'accident du travail (cass. soc. 27 septembre 2007, n° 05-42.293, BC V n° 147; JSL n° 221, 13.11.2007, p. 14, J-E Tourreil; RJS 12/07 n° 1298, 1re espèce), reprend celle adoptée par la CJCE dans un arrêt rendu en janvier 2009 (CJCE 20 janvier 2009, aff. C-350/06 et C-520/06, rec. p. I-179; JOUE C 69/3 du 21.03.2009; JCP éd. S 2009, 1152, note E. Andreo; RJS 4/09, p. 263, note J-Ph. Lhernould; RDT, mars 2009, p. 170, CH, M. Véricel; JSL n° 250, 23.02.2009, p. 12, J-E Tourreil) considérant que l'article 7, § 1, de la directive 2003/88/CE s'oppose à des dispositions ou à des pratiques nationales qui prévoient que le droit au congé annuel payé s'éteint à l'expiration de la période de référence et/ou d'une période de report fixée par le droit national, même lorsque le travailleur a été en congé de maladie durant tout ou partie de la période de référence et que son incapacité de travail a perduré jusqu'à la fin de sa relation de travail, raison pour laquelle il n'a pas pu exercer son droit au congé annuel payé.

Les congés payés doivent être à nouveau reportés quand le salarié s'est trouvé dans l'impossibilité de prendre l'intégralité des congés payés acquis en raison d'une rechute d'accident du travail (cass. soc. 16 février 2012, n° 10-21.300, BC V n° 75; RJS 5/12 n° 466).

La CJUE a précisé que la période de report des congés payés acquis pouvait être limitée dans le temps (CJUE 22 novembre 2011, aff. C-214/10, rec. p. I-11757; LS Bref n° 15989 du 5.12.2011; RJS 2/12, p. 84, chron. J-Ph. Lhernould; JCP éd. S 2012, 1081, note E. Andréo). En relais de cette jurisprudence, la Cour de cassation a ajouté que si des dispositions ou pratiques nationales peuvent limiter le cumul des droits au congé annuel payé d'un travailleur en incapacité de travail pendant plusieurs périodes de référence consécutives au moyen d'une période de report à l'expiration de laquelle le droit au congé annuel payé s'éteint, dès lors que cette période de report dépasse substantiellement la durée de la période de référence, la directive 2003/88/CE ne fait pas obligation aux États membres de prévoir une telle limitation (cass. soc. 21 septembre 2017, n° 16-24.022, BC V n° 144; LSQ n° 17418 du 4.10.2017; JCP éd. S 2017, 1368, note Ph. Coursier; JSL n° 441, 8.11.2017, p. 11, J-Ph Lhernould; RJS 12/17 n° 821).

Voir aussi «Congés payés et droits du salarié», G. Vachet, JCP éd. S 2012, 1203; «Les congés payés: panorama des obligations françaises à l'aune des exigences du droit de l'Union européenne», N. Chavrier et L. Chabaud, JCP éd. S 2015, 1359; «Les congés payés du salarié malade: des clés pour une réforme législative indispensable», A. Gardin, RJS 10/18, chron. p. 696.

À noter qu'en droit interne, la Cour de cassation avait déjà admis le report de congés, en cas d'absence pour maladie, lorsque la convention collective dérogeait, dans un sens favorable aux salariés, au principe selon lequel les congés payés légaux sont pris annuellement sans possibilité de report d'une année sur l'autre (voir notamment cass. soc. 13 janvier 1998, n° 95-40.226, BC V n° 11).

S'agissant du report des congés des fonctionnaires de l'État, voir circ. BCRF1104906C du 22 mars 2011.

Report après un congé parental d'éducation. Dans un arrêt rendu en 2004 (cass. soc. 28 janvier 2004, n° 01-46.314, BC V n° 32; RJS 4/04 n° 423), la Cour de cassation avait considéré que le salarié de retour de ce congé perdait ses droits à congés payés acquis avant le début du congé.

Depuis lors, la CJUE a décidé que la clause 2, point 6, de l'accord-cadre sur le congé parental du 14 décembre 1995, annexé à la directive 96/34/CE du Conseil, du 3 juin 1996, s'oppose à une disposition nationale selon laquelle les travailleurs, faisant usage de leur droit au congé parental, perdent, à l'issue de ce congé, des droits à congés annuels payés acquis durant l'année précédant la naissance de leur enfant (CJUE 22 avril 2010, aff. C-486/08, rec. p. I-3527; JOUE C 161/9 du 19.06.2010; JSL n°s 281-282, 26.07.2010, p. 13: «Report des congés payés en cas de congé parental: nouvelle zone de friction entre droit de l'UE et Cour de cassation», J-Ph. Lhernould; RDT, septembre 2010, CH, 523, M. Véricel; RJS 10/10, n° 817 et p. 647, chron. J-Ph. Lhernould).

• **Consultation des représentants du personnel.** Il résulte des dispositions de l'article L. 223-7 (ancien) que le défaut de consultation par l'employeur des délégués du personnel et du comité d'entreprise pour la fixation de la période des congés payés ou de l'ordre des départs est constitutif de la contravention spécifique à la législation des congés payés que sanctionnent les articles R. 260-2 et R. 262-6 [R. 3143-1], et non du délit d'entrave réprimé par les articles L. 482-1 et L. 483-1 [L. 2316-1 et L. 2328-1] (cass. crim. 6 février 1990, n° 87-82.316, B. crim. n° 65).

Art. L. 3141-14. Les conjoints et les partenaires liés par un pacte civil de solidarité travaillant dans une même entreprise ont droit à un congé simultané.

Note Un employeur ne peut invoquer les nécessités de l'entreprise pour justifier son refus d'accorder à un salarié un congé simultané avec celui de sa partenaire (cass. soc. 26 février 2013, n° 11-26.934, RJS 6/13 n° 456).

Art. D. 3141-5. La période de prise des congés payés est portée par l'employeur à la connaissance des salariés au moins deux mois avant l'ouverture de cette période.

Note • Une cour d'appel qui a constaté que, faute d'avoir fixé la période d'ouverture des congés, un employeur avait mis un salarié dans l'obligation de renoncer au séjour de vacances qu'il avait prévu, a évalué souverainement le préjudice qui en était résulté (cass. soc. 30 janvier 1996, n° 92-45.168).

• Après avoir relevé qu'un employeur n'avait pas respecté les dispositions de l'article D. 223-4 [D. 3141-5] CT en mettant d'office en congé des salariées, ce qui leur ouvrait droit à l'indemnisation du préjudice subi de ce fait, une cour d'appel, qui a constaté que les salariées avaient refusé de reprendre le travail après le congé malgré l'envoi d'une lettre recommandée, a pu décider que la rupture des contrats de travail leur était imputable (cass. soc. 7 décembre 1995, n° 92-43.099, RJS 2/96 n° 128).

Art. D. 3141-6. ***(D. 2016-1418 du 20 oct. 2016, JO 22)*** L'ordre des départs en congé est communiqué, par tout moyen, à chaque salarié un mois avant son départ.

Note Des «franchisés» ayant obtenu la requalification de leur contrat en un contrat de salarié ne sauraient être déboutés de leur demande de dommages et intérêts pour congés non pris par la faute de l'employeur, ce dernier n'ayant pas mis en place un système de congés payés conforme aux dispositions légales (cass. soc. 18 juin 2008, n° 06-46.478, RJS 10/08 n° 1005).

§ 2. Champ de la négociation collective

Art. L. 3141-15. Un accord d'entreprise ou d'établissement ou, à défaut, une convention ou un accord de branche fixe:

1° La période de prise des congés;

2° L'ordre des départs pendant cette période;

3° Les délais que doit respecter l'employeur s'il entend modifier l'ordre et les dates de départs.

§ 3. Dispositions supplétives

Art. L. 3141-16. À défaut de stipulation dans la convention ou l'accord conclus en application de l'article L. 3141-15, l'employeur:

1° Définit après avis, le cas échéant, du ***(Ord. 2017-1386 du 22 sept. 2017, art. 4, 3°, JO 23, entrée en vigueur au plus tard le 01.01.2018)*** «comité social et économique»:

a) La période de prise des congés;

b) L'ordre des départs, en tenant compte des critères suivants:

- la situation de famille des bénéficiaires, notamment les possibilités de congé, dans le secteur privé ou la fonction publique, du conjoint ou du partenaire lié par un pacte civil de solidarité, ainsi que la présence au sein du foyer d'un enfant ou d'un adulte handicapé ou d'une personne âgée en perte d'autonomie;
- la durée de leurs services chez l'employeur;
- leur activité chez un ou plusieurs autres employeurs;

2° Ne peut, sauf en cas de circonstances exceptionnelles, modifier l'ordre et les dates de départ moins d'un mois avant la date de départ prévue.

Note • L'ordre des départs en congé de chaque travailleur à l'intérieur de la période des congés est fixé par l'employeur dans les conditions déterminées par cet article, sans qu'il puisse modifier, en l'absence de circonstances exceptionnelles, l'ordre et les dates de départ dans le délai d'un mois avant la date prévue du départ. Dans deux cas, son pouvoir de décision est toutefois limité:
– si les conjoints travaillent dans une même entreprise, ils ont droit à un congé simultané, mais il s'agit pour eux d'un droit et non d'une obligation;
– si le salarié doit suivre une cure thermale à des dates déterminées par prescription médicale, l'employeur ne peut refuser d'accorder le congé de l'intéressé (rép. QE 1616, JO AN 13 décembre 1968, p. 5426 et QE 9378, JO AN 31 mai 1982, p. 2292). Sur les cures thermales, voir cass. soc. 4 avril 1978, n° 77-40.320, BC V n° 282; 25 octobre 1979, n° 77-40.678, BC V n° 787; 26 mars 1980, n° 78-40.811, BC V n° 308.

• Le refus délibéré établi du salarié de tenir compte de la décision prise par l'employeur sur la date de ses congés constitue une faute grave sans que le juge ait à rechercher l'existence, indifférente, d'une perturbation de l'entreprise en raison de cet acte d'insubordination (cass. soc. 23 mars 2004, n° 01-45.225, RJS 6/04 n° 709). De même, constitue une faute grave le départ en congé d'une salariée, unilatéralement décidé par elle, sans autorisation ni justification sérieuse (cass. soc. 19 janvier 2005, n° 02-46.418; voir aussi cass. soc. 16 juin 2010, n° 09-40.599).

• Sur la consultation des délégués du personnel, voir cass. crim. 6 février 1990, n° 87-82.316, cité sous l'article L. 3141-13.

• Le nouvel employeur, qui ne justifie d'aucune circonstance exceptionnelle, ne peut modifier, dans le délai d'un mois avant le départ, la date des congés du salarié dont le contrat de travail lui a été transféré. Le salarié, licencié faute de s'être présenté sur le chantier à une date fixée par le nouveau titulaire du marché se situant pendant son congé autorisé par son ancien employeur, ne saurait ainsi être débouté de sa demande en dommages-intérêts pour licenciement sans cause réelle et sérieuse (cass. soc. 15 mai 2002, n° 00-41.528, RJS 7/02 n° 790).

La date de remise au salarié de la lettre modifiant les dates de congés constitue le point de départ du délai d'un mois; ce délai ne s'apprécie donc pas à compter de la date d'expédition de la notification (cass. soc. 4 mars 2003, n° 00-45.410, RJS 5/03 n° 624).

Si, en l'absence de circonstances exceptionnelles, une modification est imposée au salarié à l'intérieur du délai d'un mois, ce dernier peut, sans commettre de faute, passer outre à la décision de l'employeur et partir en congé à la date régulièrement prévue, et son licenciement est sans cause réelle et sérieuse (cass. soc. 12 février 1987, n° 83-44.828, BC V n° 75; 30 mai 1990, n° 87-42.605, BC V n° 256; 3 juin 1998, n° 96-41.700, BC V n° 294).

Les circonstances exceptionnelles visées à l'article L. 223-7, al. 3 (ancien) ne concernent que la modification des dates de départ en congé déjà fixées et l'employeur ne peut se prévaloir de ce texte pour justifier la brusque mise en congé des salariés d'un service à la suite d'incidents techniques (cass. crim. 21 novembre 1995, n° 94-81.791, B. crim. n° 355).

Le refus du salarié de reporter la date de son départ en congés payés, alors que l'employeur faisait valoir la nécessité de remplacer à l'étranger, de façon anticipée, un salarié décédé, circonstance exceptionnelle non contestée par l'intéressé, constitue une cause réelle et sérieuse de licenciement (cass. soc. 15 mai 2008, n° 06-44.354, RJS 7/08 n° 797).

Sur la notion de circonstance exceptionnelle au sens de cet article, voir aussi notamment CE 11 février 1991, n° 68058, RJS 5/91 n° 597.

• Eu égard à la finalité qu'assigne aux congés payés annuels la directive 2003/88/CE du Parlement européen et du Conseil du 4 novembre 2003, les droits à congés reportés ou acquis ont la même nature, de sorte que les règles de fixation de l'ordre des départs en congé annuel s'appliquent aux congés annuels reportés (cass. soc. 8 juillet 2020, n° 18-21.681, à paraître, LS n° 18121 du 17.08.2020; JCP éd. S 2020, 2096, note J-Ph. Lhernould; RJS 10/20 n° 474; JSL n° 505, 12.10.2020, p. 15, M. Hautefort; RDT, octobre 2020, CH, 624, M. Véricel).

Sous-section 2. Règles de fractionnement et de report

§ 1. Ordre public

Art. L. 3141-17. La durée des congés pouvant être pris en une seule fois ne peut excéder vingt-quatre jours ouvrables. Il peut être dérogé individuellement à cette limite pour les salariés qui justifient de contraintes géographiques particulières ou de la présence au sein du foyer d'un enfant ou d'un adulte handicapé ou d'une personne âgée en perte d'autonomie.

Art. L. 3141-18. Lorsque le congé ne dépasse pas douze jours ouvrables, il doit être continu.

Art. L. 3141-19. Lorsque le congé principal est d'une durée supérieure à douze jours ouvrables, il peut être fractionné avec l'accord du salarié. Cet accord n'est pas nécessaire lorsque le congé a lieu pendant la période de fermeture de l'établissement.

Une des fractions est au moins égale à douze jours ouvrables continus compris entre deux jours de repos hebdomadaire.

Note • Les dispositions obligeant l'employeur à attribuer une fraction continue de douze jours ouvrables pendant la période du 1er mai au 31 octobre sont d'ordre public. Le refus de l'employeur d'accorder la totalité de cette fraction avant le 31 octobre constitue un trouble manifestement illicite qui permet au juge des référés de prendre, en application de l'article R. 516-31 [R. 1455-6] CT, la mesure lui paraissant s'imposer pour faire cesser ce trouble en accordant au salarié concerné la prise de jours de congé avant le 31 octobre (cass. soc. 7 novembre 1989, n° 88-40.957, BC V n° 648).

• Sur la difficulté qui peut se présenter lorsque l'employeur et le salarié sont d'accord pour fractionner le congé, mais en désaccord sur sa durée lorsque la période des congés comprend un jour férié, voir rép. QE 23821, JO Sén. 25 février 1993, p. 338.

• Sur l'accord du salarié, voir cass. soc. 10 mars 2004, n° 01-44.941, cité sous l'article L. 3141-23.

• **Modalités de fractionnement de la cinquième semaine de congés payés.** L'avis conforme des délégués du personnel n'est pas nécessaire, s'agissant du fractionnement de la cinquième semaine (cass. ch. mixte 10 décembre 1993, n° 87-45.188, BC n° 1; RJS 1/94 n° 45), et l'accord des salariés concernés ne l'est pas non plus (cass. soc. 7 décembre 1994, n° 91-41.852, RJS 1/95 n° 32). La chambre mixte confirme ainsi la position prise par la chambre criminelle (cass. crim. 25 février 1992, n° 90-86.099, B. crim. n° 87; RJS 7/92 n° 878).

Les salariés peuvent néanmoins se prévaloir d'un usage de l'entreprise fixant la période à laquelle est prise la cinquième semaine, et le non-respect par l'employeur de cet usage cause aux salariés un préjudice dont les juges apprécient souverainement le montant (cass. soc. 16 mai 2000, n° 98-40.499, BC V n° 187; RJS 7-8/00 n° 817).

Sous réserve du respect des dispositions légales, la fixation de la date des congés payés constitue une prérogative de l'employeur. Ce dernier a pu prévoir que la cinquième semaine de congés serait prise pendant la fermeture de l'entreprise décidée pour tenir compte de la conjoncture économique, dès lors que les salariés n'ayant pas épuisé leurs droits à congés n'ont subi aucune perte de salaires et ne peuvent donc être indemnisés au titre du chômage partiel (cass. ch. mixte

10 décembre 1993, n° 88-42.652, BC n° 2; RJS 1/94 n° 46). En outre, l'employeur doit mettre le salarié en mesure de prendre sa cinquième semaine dans des conditions normales: ainsi, lorsque, d'un commun accord des parties, le congé principal a été fractionné et fixé à certaines dates, l'employeur qui impose au salarié, au retour de sa première période de congés, la prise de la quatrième semaine à une autre date et fixe en ses lieu et place la cinquième semaine, empêche le salarié de prendre sa cinquième semaine dans des conditions normales et lui cause ainsi un préjudice dont il doit réparation (cass. soc. 19 avril 2000, n° 98-40.790).

Par ailleurs, l'employeur ne peut priver les salariés de leurs droits au paiement des jours de congé supplémentaires dus en cas de fractionnement du congé principal, en qualifiant arbitrairement et unilatéralement de cinquième semaine de congés payés, les congés imputés par lui sur la période de fermeture de l'établissement, dès lors qu'à la date de cette fermeture, les salariés avaient épuisé leurs droits à congés payés et qu'ils n'avaient pas encore acquis de droits à une cinquième semaine de congés payés pour l'année de référence en cours (cass. soc. 12 février 1997, n° 94-42.441).

Art. L. 3141-20. Il peut être dérogé aux règles de fractionnement des congés prévues à la présente sous-section selon les modalités définies aux paragraphes 2 et 3.

§ 2. Champ de la négociation collective

Art. L. 3141-21. Un accord d'entreprise ou d'établissement ou, à défaut, une convention ou un accord de branche fixe la période pendant laquelle la fraction continue d'au moins douze jours ouvrables est attribuée ainsi que les règles de fractionnement du congé au delà du douzième jour.

Art. L. 3141-22. Si, en application d'une disposition légale, la durée du travail d'un salarié est décomptée à l'année, une convention ou un accord d'entreprise ou d'établissement ou, à défaut, une convention ou un accord de branche peut prévoir que les congés ouverts au titre de l'année de référence peuvent faire l'objet de reports.

Dans ce cas, les reports de congés peuvent être effectués jusqu'au 31 décembre de l'année suivant celle pendant laquelle la période de prise de ces congés a débuté.

L'accord précise:

1° Les modalités de rémunération des congés payés reportés, sans préjudice de l'article L. 3141-24;

2° Les cas précis et exceptionnels de report;

3° Les conditions dans lesquelles ces reports peuvent être effectués, à la demande du salarié après accord de l'employeur;

4° Les conséquences de ces reports sur le respect des seuils annuels fixés au sixième alinéa de l'article L. 3121-44, au 3° du I de l'article L. 3121-64 et à l'article L. 3123-1. Ce report ne doit pas avoir pour effet de majorer ces seuils dans une proportion plus importante que celle correspondant à la durée ainsi reportée.

Le présent article s'applique sans préjudice des reports également prévus aux articles L. 3142-118 et L. 3142-120 à L. 3142-124 relatifs au congé pour création d'entreprise, aux articles L. 3142-33 et L. 3142-35 relatifs au congé sabbatique et aux articles L. 3151-1 à L. 3151-3 relatifs au compte épargne-temps.

§ 3. Dispositions supplétives

Art. L. 3141-23. À défaut de stipulation dans la convention ou l'accord conclu en application de l'article L. 3141-22:

1° La fraction continue d'au moins douze jours ouvrables est attribuée pendant la période du 1er mai au 31 octobre de chaque année;

2° Le fractionnement des congés au delà du douzième jour est effectué dans les conditions suivantes:

a) Les jours restant dus en application du second alinéa de l'article L. 3141-19 peuvent être accordés en une ou plusieurs fois en dehors de la période du 1er mai au 31 octobre de chaque année;

b) Deux jours ouvrables de congé supplémentaire sont attribués lorsque le nombre de jours de congé pris en dehors de cette période est au moins égal à six et un seul lorsque ce nombre est compris entre trois et cinq jours. Les jours de congé principal dus au delà de vingt-quatre jours ouvrables ne sont pas pris en compte pour l'ouverture du droit à ce supplément.

Il peut être dérogé au présent article après accord individuel du salarié.

Note • Selon le ministre du Travail, de la solidarité et de la fonction publique, les dispositions relatives aux jours de fractionnement sont applicables en cas de report des congés payés du fait de la maladie ou de la maternité. «Ainsi, si les congés payés reportés sont pris durant la période légale, ils ne donneront pas lieu à des jours de congé supplémentaires. En revanche, si le salarié et l'employeur conviennent de fixer la date des jours de congés payés reportés en dehors de la période légale, des jours de congé supplémentaires seront accordés au salarié et calculés selon la méthode prévue à l'article L. 3141-19 [ancien] CT» (rép. QE 74829, JO AN 19 octobre 2010, p. 11475).

• **Congés supplémentaires.** Le droit aux jours de congés supplémentaires naît du seul fait du fractionnement du congé légal (cass. soc. 4 décembre 1990, n° 89-15.583, BC V n° 615; 23 novembre 1994, n° 90-44.960, BC V n° 309; RJS 1/95 n° 33); la renonciation à ce droit ne se présume pas (cass. soc. 19 juin 2002, n° 99-45.837, BC V n° 207; RJS 10/02 n° 1140; 13 janvier 2016, n° 14-13.015, LS Jurispr. n° 21 du 2.02.2016; RJS 3/16 n° 186). Le salarié peut prétendre au congé supplémentaire de fractionnement à partir de la prise en compte du nombre de jours de congé accordés par anticipation et sans condition en dehors de la période légale (cass. soc. 7 mars 1990, n° 87-40.629, BC V n° 112).

L'article L. 223-8 (ancien) n'établissant aucune distinction suivant que le fractionnement du congé a été demandé par l'employeur ou choisi par le salarié, le droit à jours de congés supplémentaires en cas de fractionnement existe aussi bien dans l'une que dans l'autre hypothèse (cass. soc. 19 juin 2002, n° 99-45.837, précité; 13 janvier 2016, n° 14-13.015, précité; voir aussi cass. soc. 10 octobre 2018, n° 17-17.890, à paraître, JCP éd. S 2018, 1378, note L. Cailloux-Meurice; JSL n° 465-466 du 28.12.2018, p. 16, C. Arandel et V. Rustarazo), et joue même dans le cas où l'entreprise fait bénéficier ses salariés d'un congé conventionnel plus long que le congé légal (cass. soc. 2 décembre 1981, n° 79-41.399, BC V n° 932; 23 novembre 1994, n° 90-44.960, précité).

La Cour de cassation a précisé que le fait pour un employeur d'imposer aux salariés de prendre six jours ouvrables de congés payés en fin d'année du fait de la fermeture de l'entreprise ne suffit pas à démontrer qu'ils sont empêchés de prendre vingt-quatre jours de congé entre le 1er mai et le 31 octobre, et, en conséquence, à leur donner droit à des jours de congés supplémentaires (cass. soc. 12 septembre 2018, n° 17-15.060, à paraître, RJS 11/18 n° 677).

La renonciation au droit aux jours de congés supplémentaires ne se présume pas même si l'employeur a fait savoir par note de service que la prise de congés, à l'initiative du salarié, en dehors de la période légale emportait renonciation au bénéfice des jours supplémentaires de fractionnement (cass. soc. 13 janvier 2016, n° 14-13.015, précité; voir aussi cass. soc. 17 décembre 1987, n° 85-41.979, BC V n° 770).

• **Dérogations.** Les dérogations ne concernent que les modalités selon lesquelles les congés payés peuvent être fractionnés, aucune dérogation ne pouvant être apportée au principe selon lequel le fractionnement n'est possible qu'avec l'agrément du salarié (cass. soc. 10 mars 2004, n° 01-44.941, BC V n° 85; RJS 5/04 n° 553).

Les salariés peuvent se voir accorder trois jours de congés supplémentaires si les congés annuels principaux sont pris pour leur totalité en dehors de la période légale (cass. soc. 6 juillet 1994, n° 93-42.360, BC V n° 229; RJS 8-9/94 n° 1001); le fractionnement des congés payés en dehors de la période légale peut, à la demande du salarié, ne pas lui ouvrir droit aux jours de congés supplémentaires prévus par cet article (cass. soc. 1er décembre 2005, n° 04-40.811, BC V n° 354; RJS 2/06 n° 226).

SECTION 4. Indemnité de congés

Sous-section unique. Ordre public

Art. L. 3141-24. I. – Le congé annuel prévu à l'article L. 3141-3 ouvre droit à une indemnité égale au dixième de la rémunération brute totale perçue par le salarié au cours de la période de référence.

Pour la détermination de la rémunération brute totale, il est tenu compte :

1° De l'indemnité de congé de l'année précédente ;

2° Des indemnités afférentes à la contrepartie obligatoire sous forme de repos prévues aux articles L. 3121-30, L. 3121-33 et L. 3121-38 ;

3° Des périodes assimilées à un temps de travail par les articles L. 3141-4 et L. 3141-5 qui sont considérées comme ayant donné lieu à rémunération en fonction de l'horaire de travail de l'établissement.

Lorsque la durée du congé est différente de celle prévue à l'article L. 3141-3, l'indemnité est calculée selon les règles fixées au présent I et proportionnellement à la durée du congé effectivement dû.

II. – Toutefois, l'indemnité prévue au I du présent article ne peut être inférieure au montant de la rémunération qui aurait été perçue pendant la période de congé si le salarié avait continué à travailler.

Cette rémunération, sous réserve du respect des dispositions légales, est calculée en fonction :

1° Du salaire gagné dû pour la période précédant le congé ;

2° De la durée du travail effectif de l'établissement.

III. – Un arrêté du ministre chargé du travail détermine les modalités d'application du présent article dans les professions mentionnées à l'article L. 3141-32.

Note • *Covid 19.* Voir décret 2020-1787 du 30 décembre 2020 (JO 31) relatif à l'aide exceptionnelle accordée aux entreprises accueillant du public au titre des congés payés pris par leurs salariés entre le 1er et le 20 janvier 2021.

• **Droit à l'indemnité de congés payés.** L'indemnité de congés payés n'est due qu'au salarié qui prend ses congés ou, s'il ne les prend pas, qui a été empêché de les prendre du fait de l'employeur (cass. soc. 10 février 1998, n° 95-42.334, BC V n° 75). Seule l'impossibilité pour un salarié d'exercer le droit à congé annuel pendant la période de congés payés, du fait de l'employeur, ouvre droit au profit de ce salarié à la réparation du préjudice qui en est résulté (cass. soc. 16 décembre 1997, n° 94-44.606 ; 3 novembre 1994, n° 93-42.331, RJS 12/94 n° 1389 ; 7 novembre 1995, n° 92-40.878, RJS 1/96 n° 31 ; 6 mai 2002, n° 00-43.655, RJS 7/02 n° 828, 2e espèce). Il appartient au salarié demandeur d'établir que l'impossibilité dans laquelle il s'est trouvé de bénéficier de ses congés était du fait de l'employeur (cass. soc. 23 avril 1997, n° 96-43.306 ; 14 octobre 1998, n° 96-40.083, RJS 11/98 n° 1372), et les juges du fond doivent rechercher si le salarié avait sollicité la prise de ses congés et s'il avait été mis, du fait de l'employeur, dans l'impossibilité de les prendre (cass. soc. 2 avril 2003, n° 01-41.698, RJS 6/03 n° 766). Lorsque le salarié a été privé de tout ou partie de la durée du congé à laquelle il pouvait prétendre du fait de l'employeur, il peut obtenir des dommages-intérêts en réparation du préjudice qui en est résulté pour lui et cela, même s'il a perçu l'indemnité de congé à laquelle il avait droit (cass. soc. 22 février 2000, n° 97-43.515, BC V n° 74 ; RJS 4/00 n° 467 ; 17 octobre 2012, n° 10-20.327).

À noter que, n'est pas considéré comme ayant été empêché de prendre son congé du fait de l'employeur, le salarié qui n'a pas pu prendre son congé avant la date butoir fixée par la convention collective en raison de sa maladie suivie de son invalidité (cass. soc. 3 décembre 1997, n° 95-43.305, RJS 1/98 n° 51).

• **Règles de calcul de l'indemnité de congés payés.** Cet article prévoit deux formules pour le calcul de l'indemnité de congés payés :

– soit le dixième de la rémunération totale perçue au cours de la période de référence (formule dite du dixième),

– soit la rémunération qui aurait été perçue pendant la période de congé si le salarié avait travaillé (formule dite du « maintien du salaire »).

Pour le calcul de l'indemnité de congés payés, la comparaison à opérer entre l'indemnité calculée en application de la règle du dixième et celle calculée en application de la règle du maintien du salaire, doit être effectuée sur la base du même nombre de jours de congés sans exclusion de la rémunération des jours fériés et chômés inclus dans la durée desdits congés payés (cass. soc. 10 juillet 2013, n° 12-22.809).

Chaque salarié doit bénéficier de l'application de la formule qui lui est la plus avantageuse. L'employeur qui a appliqué la formule la moins avantageuse pour le salarié est passible d'une condamnation pénale (cass. crim. 15 juin 1962). Un accord collectif comportant un mode de calcul moins avantageux que celui prévu par la loi est inapplicable (cass. soc. 2 mars 1960, BC IV n° 248). Cette règle joue également pour les congés d'une durée différente de la durée légale, les dispositions de l'article L. 223-11 (ancien) étant d'ordre public et s'appliquant également aux congés supplémentaires, d'origine conventionnelle (cass. soc. 26 février 1997, n° 93-46.579, BC V n° 85 ; 26 mars 2002, n° 99-46.097 ; 21 septembre 2017, n° 16-18.109, RJS 12/17 n° 801). Ainsi, malgré les termes d'un accord d'entreprise accordant des jours de congé supplémentaires et prévoyant, par jour de congé supplémentaire, une indemnité égale au montant d'une journée de congé normal, les salariés peuvent prétendre, si ce mode est plus avantageux pour eux, à ce que cette indemnité soit calculée sur la base de la rémunération qu'ils auraient perçue pour les jours en cause, s'ils avaient travaillé (cass. soc. 11 février 1982, n° 80-40.163, BC V n° 95).

En prévoyant une durée de congés payés de 70 jours ouvrables ou non, ce qui inclut dans cette durée les repos hebdomadaires et les jours fériés, les dispositions d'un accord collectif obligent l'employeur, pour permettre à chaque salarié de bénéficier de l'indemnisation la plus favorable prévue à cet article, à calculer l'indemnité de congés payés qui lui est due, sur la base du rapport 60/30e sans qu'il y ait lieu de déduire de cette indemnité la rémunération des jours fériés inclus dans la durée des congés payés (cass. soc. 24 février 2009, n° 07-44.749, BC V n° 48 ; JCP éd. S 2009, 1230, note S. Brissy ; RJS 6/09 n° 543 ; dans le même sens, notamment cass. soc. 5 juin 2008, n° 06-46.366, BC V n° 125 ; JCP éd. S 2008, 1423, note S. Brissy ; RJS 8-9/08 n° 909 ; RDT, octobre 2008, CH, 608, Fl. Canut ; 15 novembre 2006, n° 05-41.573).

Incidence d'un jour férié. Le salarié ne peut prétendre, pour la durée totale du congé payé, à une indemnité supérieure au dixième de la rémunération perçue au cours de la période de référence que s'il eût perçu une rémunération plus élevée en continuant à travailler pendant ses jours de congé, y compris le jour de remplacement du jour férié accordé (cass. soc. 4 mai 1999, n° 97-13.725).

Fractionnement du congé. Lorsqu'il y a fractionnement du congé, le ministère du Travail estime qu'il est possible, pour la première fraction de congé, que l'employeur se borne à maintenir la rémunération habituelle, une rectification unique intervenant, compte tenu du mode de calcul le plus avantageux pour le salarié, au moment où se trouvent épuisés les droits à congé de la période de référence considérée (circ. TE 13 du 30 août 1978).

Chômage partiel. À noter que le droit européen s'oppose à une réglementation nationale qui, aux fins du calcul de l'indemnité de congés payés, permet de prévoir par convention collective la prise en compte des réductions de rémunération résultant de l'existence, au cours de la période de référence, de jours où, en raison d'un chômage partiel, aucun travail effectif n'est fourni, ce qui a pour conséquence que le salarié perçoit, pour la durée du congé annuel minimum dont il bénéficie au titre de l'article 7, § 1 de la directive 2003/88/CE, une indemnité de congés payés inférieure à la rémunération ordinaire qu'il reçoit pendant les périodes de travail (CJUE 13 décembre 2018, aff. C-385/17, LS Jurispr. n° 5 du 8.01.2019; JCP éd. S 2019, 1037, note J. Cavallini).

• **Détermination de la rémunération à prendre en compte pour l'application de la règle du dixième et de la règle du maintien du salaire.** *Doivent être pris en compte dans l'assiette de calcul de l'indemnité de congés payés* tous les éléments de rémunération du salarié ne couvrant pas à la fois les périodes de travail et celles de congés payés. Sont ainsi pris en compte la rémunération totale brute du salarié avant toute retenue (circ. min. du 25 avril 1941), la part variable complémentaire payée à l'année et calculée en fonction des résultats de la société (cass. soc. 24 septembre 2014, n° 12-28.965, BC V n° 202; RJS 12/14 n° 870; JCP éd. S 2015, 1014, note A. Barège), les majorations pour heures supplémentaires (cass. soc. 16 février 1999, n° 96-43.032), les pourcentages sur le chiffre d'affaires (cass. soc. 11 mai 1988, n° 85-45.816, BC V n° 288), les pourcentages sur la réalisation des objectifs fixés par l'employeur (cass. soc. 19 décembre 1990, n° 88-40.073), les primes de performance (cass. soc. 10 octobre 2001, n° 99-44.300, RJS 1/02 n° 48, 2e espèce) ou les primes d'objectif rétribuant de manière directe l'activité du salarié pour réaliser l'objectif assigné et assises sur les périodes travaillées (cass. soc. 30 avril 2003, n° 01-41.874, RJS 7/03 n° 899; 5 mai 2010, n° 08-44.895), l'indemnité ou prime d'ancienneté lorsqu'elle ne rémunère pas à la fois les périodes de travail et celles de congés payés mais qu'elle est assise uniquement sur le salaire des périodes de travail (cass. soc. 7 septembre 2017, n° 16-16.643, BC V n° 126; JCP éd. S 2017, 1326, note G. de Raincourt et S. Rioche; RJS 11/17 n° 748; 13 juin 2012, n° 10-30.589; 30 mars 1995, n° 91-43.640), y compris dans ce cas le rappel de cette prime au titre des cinq dernières années (cass. soc. 6 décembre 1979, n° 78-41.408, BC V n° 970), une prime de mission (cass. soc. 4 février 1993, n° 89-40.473, RJS 3/93 n° 286) ou une indemnité destinée à compenser tant les sujétions que les frais inhérents à une expatriation (cass. soc. 12 février 2015, n° 13-19.866).

À noter que l'article 7, § 1, de la directive 2003/88/CE du Parlement européen et du Conseil, du 4 novembre 2003, concernant certains aspects de l'aménagement du temps de travail, doit être interprété en ce sens qu'il s'oppose à des dispositions et à des pratiques nationales en vertu desquelles un travailleur dont la rémunération est composée, d'une part, d'un salaire de base et, d'autre part, d'une commission dont le montant est fixé par référence aux contrats conclus par l'employeur issus de ventes réalisées par ce travailleur n'a droit, au titre de son congé annuel payé, qu'à une rémunération composée exclusivement de son salaire de base (CJUE 22 mai 2014, aff. C-539/12, JOUE C 253/8 du 4.08.2014; JSL n° 370, 21.07.2014, p. 14, H. Tissandier; RJS 10/14 n° 754 et p. 558, chron. J-Ph. Lhernould).

Sont prises en compte les primes couvrant une sujétion générale de l'exercice du métier et ne compensant pas un risque exceptionnel ou un inconvénient inhabituel, telles qu'une prime de vol du personnel navigant (cass. soc. 15 novembre 1972, n° 71-40.281, BC V n° 621; voir aussi CJUE 15 septembre 2011, aff. C-155/10, rec. p. I-8409; RJS 12/11, p. 819, chron. J-Ph. Lhernould; JCP éd. S 2012, 1006, note E. Jeansen, s'agissant de la prime de vol des pilotes de ligne), une prime d'entretien (cass. soc. 2 avril 1987, n° 84-40.403), des primes de soirée et de samedi destinées à compenser une servitude permanente de l'emploi (cass. soc. 3 juillet 1990, n° 89-40.340, BC V n° 342; 16 octobre 2001, n° 99-44.464, RJS 1/02 n° 48, 1re espèce), une prime de remplacement, indépendamment du fait que ledit remplacement ne soit pas permanent, cela ne lui ôtant pas son caractère d'élément de rémunération (cass. soc. 23 mars 2005, n° 03-40.586) ou encore des sommes dues au titre de la rémunération du temps de pause (cass. soc. 5 novembre 2014, n° 13-19.818, RJS 1/15 n° 37).

Doit être prise en compte la prime de treizième mois dont le mode de calcul tient compte de la présence effective du salarié au travail (cass. soc. 5 décembre 2012, n° 11-16.421, RJS 3/13 n° 225).

Doivent également être prises en compte dans l'assiette servant de base au calcul de l'indemnité de congés payés la prise en charge par l'employeur de cotisations dues personnellement par le salarié à une caisse d'allocation vieillesse (cass. soc. 2 mars 1999, n° 96-42.541, RJS 5/99 n° 685) et l'indemnité prévue par l'article L. 223-15 [L. 3141-29 ancien] CT en cas de fermeture de l'entreprise pour une période dépassant la durée des congés légaux (cass. soc. 2 juillet 2002, n° 00-46.011, BC V n° 232; Dr. Soc. 2002, p. 1006, obs. Ch. Radé; 22 janvier 2003, n° 00-46.299).

Une prime conventionnelle dite «pour remboursement de frais», calculée en fonction du nombre de jours et destinée à compenser l'impossibilité de prendre un repas à domicile du fait de l'horaire continu, ne visant pas à compenser un risque exceptionnel et ne constituant pas le remboursement de frais réellement exposés par les salariés, mais un complément de rémunération, doit être prise en compte pour le calcul de l'indemnité de congés payés (cass. soc. 9 avril 2008, n° 06-42.768, RJS 7/08 n° 798).

Le salaire au paiement duquel l'employeur est tenu lorsque, à l'issue d'un délai d'un mois à compter de la date de l'examen médical de reprise du travail, le salarié déclaré inapte n'est pas reclassé dans l'entreprise ou s'il n'est pas licencié ouvre droit à une indemnité de congés payés (cass. soc. 4 avril 2012, n° 10-10.701, BC V n° 115; RJS 6/12 n° 542; JSL n° 323, 7.06.2012, p. 14, M. Hautefort; JCP éd. S 2012, 1259, note D. Jacotot).

Doivent être incluses dans l'assiette de calcul de l'indemnité de congés payés les rémunérations de jours de congés payés conventionnels supplémentaires assimilés à du travail effectif (cass. soc. 22 juin 2017, n° 14-15.135, BC V n° 105; RJS 10/17 n° 678); doit l'être également une prime annuelle de vacances dont le montant est déterminé en fonction du temps de travail effectif accompli au cours de la période de référence (cass. soc. 3 juillet 2019, n° 18-16.351, à paraître, JSL n° 482, 26.09.2019, p. 21, D. Julien-Paturle; RJS 10/19 n° 578; Dr. Soc. 2019, p. 986, act. J. Mouly).

N'entrent pas dans l'assiette de calcul de l'indemnité de congés payés les primes ou indemnités qui couvrent l'ensemble de l'année, temps de travail et temps de congé confondus, et dont le montant n'est pas diminué du fait des congés payés, qu'elles soient versées annuellement (cass. soc. 8 juin 2011, n° 09-71.056, BC V n° 152; RJS 8-9/11 n° 699; JSL n° 304, 29.07.2011, p. 29, N. Gardair-Rérolle; JCP éd. S 2011, 1451, note M. d'Allende et 26 mars 2014, n° 13-10.586, s'agissant de primes de treizième mois; cass. soc. 5 janvier 1978, n° 76-41.136, BC V n° 25 et 20 décembre 2006, n° 04-43.966, s'agissant de primes de vacances et de fin d'année) ou à des échéances plus rapprochées (cass. soc. 3 décembre 1975, n° 74-40.288, BC V n° 589, s'agissant de primes d'assiduité et de rendement versées semestriellement; cass. soc. 26 mai 1999, n° 97-43.681, s'agissant d'une prime d'assiduité et de ponctualité; cass. soc. 2 avril 1997, n° 94-41.389, s'agissant d'une prime de treizième mois versée semestriellement; cass. soc. 16 juin 1998, n° 96-43.187, RJS 8-9/98 n° 1002, s'agissant d'une prime d'ancienneté versée tout au long de l'année). Par ailleurs, ne sont pas prises en compte dans l'assiette de l'indemnité de congés payés les primes et indemnités constituant, peu important leur montant forfaitaire, un remboursement de frais réellement exposés, telles une prime de panier ayant pour objet de compenser le surcoût du repas consécutif à un travail posté, de nuit ou selon des horaires atypiques et une indemnité de transport ayant pour objet d'indemniser les frais de déplacement du salarié de son domicile à son lieu de travail (cass. soc. 11 janvier 2017, n° 15-23.341, BC V n° 8; LSQ n° 17243 du 13.01.2017; JCP éd. S 2017, 1040, note G. Vachet; JSL n° 426, 24.02.2017, p. 9, B. Castex; RJS 3/17 n° 201; 28 juin 2018, n° 17-11.714, à paraître, LS Jurispr. n° 130 du 17.07.2018; RJS 10/18 n° 584; voir aussi cass. soc. 17 décembre 2014, n° 13-14.855, BC V n° 303; LS Jurispr. n° 12 du 20.01.2015; RJS 3/15 n° 224; JCP éd. S 2015, 1047, note L. Drai) ou une indemnité d'expatriation, dès lors qu'elle a vocation à rembourser des frais inhérents au séjour à l'étranger (cass. soc. 25 mars 1998, n° 96-40.754, RJS 6/98 n° 746; voir aussi cass. soc. 16 juin 2004, n° 03-43.928, BC V n° 164; RJS 10/04 n° 1110).

Les gratifications versées en fin d'année en fonction des résultats de l'entreprise qui présentent à la fois un caractère discrétionnaire et bénévole doivent être exclues de l'assiette de calcul de l'indemnité de congés payés (cass. soc. 17 mars 1988, n° 85-45.587). N'entrent pas non plus dans l'assiette de calcul de l'indemnité de congés payés le complément de rémunération versé par le comité d'entreprise et le syndicat au salarié en congé syndical (cass. soc. 8 juillet 1992, n° 89-42.563, BC V n° 445; RJS 10/92 n° 1111), les dommages-intérêts alloués au salarié en cas de brusque rupture d'un contrat à durée déterminée par l'employeur (cass. soc. 16 novembre 1993, n° 90-44.199, BC V n° 270; RJS 1/94 n° 9; 8 novembre 1994, n° 92-42.783; 24 mai 1995, n° 92-43.995) ainsi que l'indemnité allouée en compensation du repos compensateur non pris du fait de la contestation par l'employeur des heures supplémentaires effectuées par un salarié, qui a le caractère de dommages-intérêts (cass. soc. 21 mai 2002, n° 99-45.890, BC V n° 170; RJS 8-9/02 n° 983).

S'agissant des indemnités de chômage partiel, la Cour de cassation les exclut de l'assiette de l'indemnité de congés payés. Sauf dispositions conventionnelles contraires, les périodes de chômage partiel, quelle qu'en soit la durée, n'étant pas assimilées par l'article L. 223-4 (ancien) à un temps de travail effectif, ne sont donc pas considérées comme ayant donné lieu à rémunération en fonction de l'horaire de travail de l'établissement (cass. soc. 19 novembre 1997, n° 95-44.093, BC V n° 389; 19 février 1992, n° 88-42.632, BC V n° 107; RJS 4/92 n° 458).

S'agissant des salariés intérimaires, les primes allouées par l'entreprise utilisatrice pour l'année entière, qui ont pour objet de rémunérer des périodes de travail et de congés réunis, n'ont pas à être incluses dans l'assiette de calcul de l'indemnité compensatrice de congés payés versée par l'entreprise de travail temporaire (cass. soc. 1er mars 2017, n° 15-16.988, BC V n° 37; JCP éd. S 2017, 1098, note Fr. Duquesne; RJS 5/17 n° 320; 5 avril 2018, n° 16-25.428, BC V n° 66; LS Jurispr. n° 72 du 17.04.2018; RJS 6/18 n° 401).

• **Référence au salaire antérieur.** La Cour de cassation considère que la période «précédant le congé» qui sert à la détermination de l'indemnité de congé doit s'entendre de la période précédant immédiatement le congé, c'est-à-dire le mois précédent, peu important que, pendant cette période, la rémunération ait été réduite du fait du versement de primes inférieures à leur taux habituel en raison de nombreux arrêts volontaires de travail (cass. soc. 14 octobre 1982, n° 80-41.307).

• **Durée du travail effectif à retenir pour l'application de la règle du maintien du salaire.** Pour déterminer la durée du travail effectif de l'établissement, il convient de se référer à l'horaire habituel et il n'y a pas lieu de tenir compte de l'horaire qu'aurait suivi le salarié s'il avait continué à travailler pendant la période des congés, cet horaire pouvant être exceptionnellement allongé en raison précisément des départs en vacances (cass. soc. 21 octobre 1970, n° 69-40.611, BC V n° 544). C'est la notion d'horaire habituel du service ou de la catégorie professionnelle qui doit être retenue. Toutefois, si, par accord avec l'employeur, un travailleur pratique habituellement une durée hebdomadaire de travail différente de celle de l'établissement, l'indemnité de congé de l'intéressé est déterminée d'après son propre horaire (rép. QE 2939, JO 28 mars 1952). Dans une espèce concernant un salarié travaillant en horaire alterné (33 h une semaine et 44 h la semaine suivante), la Cour de cassation a approuvé les juges du fond d'avoir décidé que l'indemnité versée à l'intéressé devait être calculée selon l'horaire de 44 h qui aurait été le sien s'il avait travaillé pendant sa semaine de congés (cass. soc. 2 juin 1988, n° 85-41.200, BC V n° 341).

À noter que, lorsqu'un salarié, occupé à temps partiel, prend ou reprend un emploi à temps plein au moment des vacances, il doit incontestablement, selon le ministère du Travail, bénéficier de la règle préférentielle de calcul (rép. QE 41402, JO AN 2 mars 1981).

• **Rémunération forfaitaire.** S'il n'est pas interdit aux parties de convenir d'un salaire forfaitaire, incluant les congés payés, encore faut-il que cette convention soit expresse et que ses modalités n'aboutissent pas, pour le salarié, à un résultat moins favorable que la stricte application des dispositions légales (cass. soc. 4 décembre 2019, n° 17-31.252; 10 novembre 2009, n° 08-42.695; 2 avril 1997, n° 95-42.320, BC V n° 135). En outre, la clause contractuelle prévoyant une telle rémunération doit être transparente et compréhensible (cass. soc. 14 novembre 2013, n° 12-14.070, BC V n° 272; Dr. Soc. 2014, p. 94, act. J. Mouly; RJS 2/14 n° 142; JCP éd. S 2014, 1111, note G. Vachet; RDT, mai 2014, CH, 346, M. Véricel), ce qui suppose que soit clairement distinguée la part de rémunération qui correspond au travail, de celle qui correspond aux congés, et que soit précisée l'imputation de ces sommes sur un congé déterminé devant être effectivement pris (cass. soc. 22 mai 2019, n° 17-31.517, à paraître, Dr. Soc. 2019, p. 641, étude Ch. Radé; RJS 8-9/19 n° 500; RDT, octobre 2019, CH, 646, M. Véricel). Par ailleurs, un usage d'entreprise ne peut l'imposer au salarié (cass. soc. 16 janvier 2001, n° 98-43.144, RJS 4/01 n° 467). Pour les VRP, le versement d'une rémunération forfaitaire incluant l'indemnité de congés payés est également admis, à condition qu'une majoration du taux des commissions soit prévue dans le contrat de travail afin de permettre de vérifier que le salarié a été rempli de ses droits (cass. soc. 30 mai 2000, n° 97-45.946, BC V n° 212; RJS 9-10/00 n° 1025; 5 décembre 2012, n° 11-23.058; voir aussi cass. soc. 5 mai 2010, n° 08-44.403, s'agissant d'un salarié payé à la commission).

• **Calcul de l'indemnité de congés payés et du salaire lorsqu'une même période de paie comprend des jours de congé et des jours de travail.** De l'arrêt de la Cour supérieure d'arbitrage du 27 novembre 1972 et de l'arrêt de la Cour de cassation (chambre sociale) du 16 janvier 1974 (cass. soc. 16 janvier 1974, n° 72-40.681, BC V n° 43), il résulte que:

– si l'on applique la règle du maintien du salaire, le salarié rémunéré au mois doit recevoir au total une somme égale, au titre du mois où il prend son congé payé, à celle qui lui aurait été versée si ce mois avait été intégralement travaillé;

– si l'on applique la règle du dixième, il convient d'ajouter au dixième (qui représente l'indemnité de congé payé) le montant des salaires dus pour les heures de travail accomplies au cours de la période de paie incluant le congé payé.

Les dispositions de l'article L. 223-11 (ancien), qui imposent seulement que l'indemnité de congés payés soit au moins égale à la rémunération que le salarié aurait perçue s'il avait travaillé, impliquent que le total de la rémunération des jours travaillés et de l'indemnité de congés payés peut, dans certains cas, être supérieur au salaire mensuel (cass. soc. 12 janvier 1994, n° 91-20.443, RJS 2/94 n° 157).

• **Calcul de l'indemnité de congés payés dans le BTP.** Pour déterminer l'assiette des taxes et participations assises sur les salaires, en cas d'impossibilité de pouvoir établir exactement les sommes que l'employeur aurait versées à ses salariés au titre des indemnités de congés payés, en l'absence d'affiliation obligatoire à une caisse, il faut retenir un montant évalué à 11,5 % des rémunérations brutes versées au cours de l'année d'imposition, ce taux de 11,5 % tenant compte à la fois du taux de 10 % lié à l'indemnité de congés payés et des indemnités prévues par les conventions collectives (CE 20 novembre 2013, n° 350093; voir aussi notamment CE 30 avril 2014, n° 368029; 25 septembre 2014, n° 368715).

• **Paiement de l'indemnité de congés payés. Charge de la preuve.** La charge de la preuve du paiement de l'indemnité de congés payés incombe à l'employeur. Il lui appartient de produire les éléments de nature à justifier de ce paiement, notamment par la remise du livre de paie ou de tous éléments de nature à le justifier (cass. soc. 19 janvier 1999, n° 97-40.452).

• **Prescription.** Le point de départ de la prescription doit être fixé à l'expiration de la période légale ou conventionnelle au cours de laquelle les congés auraient pu être pris (cass. soc. 4 décembre 1996, n° 93-46.408, BC V n° 416; RJS 1/97 n° 51; 14 novembre 2013, n° 12-17.409, BC V n° 271; LSQ n° 16477 du 29.11.2013; RJS 1/14 n° 44; JCP éd. S 2014, 1069, note H. Guyot; RDT, juillet/août 2014, CH, 475, G. Pignarre; 29 mars 2017, n° 15-22.057, RJS 6/17 n° 412).

Art. D. 3141-7. Le paiement des indemnités dues pour les congés payés est soumis aux règles déterminées par le livre II pour le paiement des salaires.

Note L'indemnité de congé payé est exigible dans les mêmes conditions que le salaire et n'est due qu'à la date où le congé est pris (cass. soc. 25 novembre 1982, n° 81-15.568, BC V n° 646), c'est-à-dire en pratique à la même date que le salaire; mais rien n'interdit à l'employeur de payer l'indemnité de congé par anticipation (cass. soc. 13 mars 1963, BC IV n° 252).

Sur le point de départ de la prescription en matière d'indemnité de congés payés, voir note sous art. L. 3141-24 CT.

Art. D. 3141-8. L'indemnité de fin de mission, prévue à l'article L. 1251-32, est prise en compte pour la détermination de la rémunération totale prévue à l'article ***(D. 2016-1553 du 18 nov. 2016, art. 4, 5°, JO 19, entrée en vigueur le 01.01.2017)*** « L. 3141-24 ».

Art. L. 3141-25. Pour la fixation de l'indemnité de congé, il est tenu compte des avantages accessoires et des prestations en nature dont le salarié ne continuerait pas à jouir pendant la durée de son congé.

La valeur de ces avantages et prestations ne peut être inférieure à celle fixée par l'autorité administrative.

Note • Les avantages accessoires et les prestations en nature dont le salarié ne continue pas à jouir pendant la durée de son congé et dont la valeur représentative ne peut être inférieure à l'évaluation résultant de l'arrêté préfectoral, entrent en compte pour l'établissement de l'indemnité de congé payé. Voir l'article L. 3141-24. Il s'agit en pratique de la nourriture et du logement.

• Doit être cassé l'arrêt de cour d'appel qui a inclus dans l'assiette servant à déterminer l'indemnité de congés payés un avantage en nature (véhicule de fonction) maintenu durant les congés payés (cass. soc. 7 mars 2007, n° 05-42.826).

Art. L. 3141-26. Dans les professions où, d'après les stipulations du contrat de travail, la rémunération des salariés est constituée en totalité ou en partie de pourboires, la rémunération à prendre en considération pour la détermination de l'indemnité de congé est évaluée conformément aux règles applicables en matière de sécurité sociale.

L'indemnité de congé ne peut être prélevée sur la masse des pourboires ou du pourcentage perçu pour le service.

Note • Si les pourboires sont prélevés par l'employeur sous forme de pourcentages obligatoirement ajoutés aux notes des clients ou autrement, centralisés et répartis par lui ou par son représentant, leur montant est intégralement retenu pour le calcul de l'indemnité de congés payés; pour l'application de la règle du maintien du salaire, il est admis que lorsque les congés sont accordés par roulement, il suffit de diviser la masse des pourboires recueillis par les travailleurs présents dans l'établissement par le nombre habituel de parties prenantes pour connaître la somme qui serait revenue au personnel en congé (rép. QE 1195, JO Sén. 28 décembre 1949).

• Si les pourboires sont remis directement par la clientèle au personnel et sont soit conservés par lui, soit centralisés et répartis par un membre du personnel, le salaire de base à retenir pour le calcul de l'indemnité de congé est constitué par les sommes forfaitaires fixées pour le calcul des cotisations de sécurité sociale et ne peut être inférieur au SMIC, mais si des arrêtés, des accords ou des conventions collectives ont fixé des salaires de base supérieurs pour le calcul des cotisations de sécurité sociale, c'est ce salaire de base qui est à retenir pour l'établissement de l'indemnité de congé payé.

Art. L. 3141-27. Les dispositions de la présente section ne portent atteinte ni aux stipulations contractuelles ni aux usages qui assurent des indemnités de congé d'un montant plus élevé.

Note • **Entreprises à statut.** Les dispositions du statut de la SNCF relatives au calcul de la rémunération versée aux agents pendant leurs congés payés forment, avec les règles du même statut relatives à la détermination des droits à congés et avec celles relatives aux conditions selon lesquelles ces congés peuvent être pris, un ensemble indivisible de dispositions qui résultent des nécessités particulières du service public ferroviaire exploité par la SNCF et, notamment, des exigences du principe de continuité. L'application des dispositions de l'article L. 223-13 (ancien) CT aux agents de la SNCF qui impliquerait la remise en cause de cet ensemble de dispositions serait de ce fait incompatible avec les nécessités du service public. Par suite, c'est légalement que les auteurs du statut de la SNCF ont pu édicter les dispositions qui, pour la détermination de la rémunération afférente aux congés payés, s'écartent des modalités retenues par l'article L. 223-13 (ancien) CT (CE 7 juillet 1995, n°s 146028, 149495, 149496, 149497, RJS 11/95 n° 1188).

Saisie d'une demande en complément d'indemnité de congés payés formée par des agents d'EDF-GDF, la Cour de cassation rappelle, elle aussi, qu'il convient de déterminer si les dispositions du statut relatives aux congés payés sont plus avantageuses pour les salariés que celles résultant du régime légal et que cette appréciation doit être globale à raison du caractère indivisible du régime statutaire institué en tenant compte des nécessités du service public. Elle décide ainsi que, même si, en ce qui concerne les bases de calcul de l'indemnité de congés payés, le statut du personnel d'EDF-GDF prévoit une disposition moins favorable, l'ensemble du régime des congés payés prévu par ce statut accorde aux agents des avantages supérieurs à ceux qui résulteraient de l'application du code du travail (cass. soc. 2 mai 2000, n° 98-43.081).

• L'avantage institué par une convention collective consistant en une majoration d'indemnité de congés payés en fonction de l'ancienneté du salarié, la prise effective des jours correspondants n'étant qu'une option ouverte dans certaines conditions au salarié, un conseil de prud'hommes a pu décider que cet avantage pouvait se cumuler avec la cinquième semaine de congés payés instituée par l'ordonnance du 16 janvier 1982, dès lors que ces avantages n'avaient ni le même objet ni la même cause (cass. soc. 6 octobre 2010, n° 09-42.769, BC V n° 220; RJS 12/10 n° 943).

Art. L. 3141-28. Lorsque le contrat de travail est rompu avant que le salarié ait pu bénéficier de la totalité du congé auquel il avait droit, il reçoit, pour la fraction de congé dont il n'a pas bénéficié, une indemnité compensatrice de congé déterminée d'après les articles L. 3141-24 à L. 3141-27.

L'indemnité est due que cette rupture résulte du fait du salarié ou du fait de l'employeur.

Cette indemnité est également due aux ayants droit du salarié dont le décès survient avant qu'il ait pris son congé annuel payé. L'indemnité est versée à ceux des ayants droit qui auraient qualité pour obtenir le paiement des salaires arriérés.

Note • Par décision 2015-523 QPC du 2 mars 2016 (JO 4), le Conseil constitutionnel avait jugé les mots «dès lors que la rupture du contrat de travail n'a pas été provoquée par la faute lourde du salarié» figurant au deuxième alinéa de l'article L. 3141-26 (devenu L. 3141-28 avec la loi 2016-1088 du 8 août 2016) contraires à la Constitution. Sur cette décision, voir LSQ n° 17033 du 4.03.2016; RJS 5/16 n° 343; JSL n° 407, 6.04.2016, p. 8, J-P Lhernould; RDT, mai 2016, CH, 352, M. Véricel; Dr. Soc. 2016, p. 475, act. J. Mouly.

• L'indemnité prévue par cet article ne concerne que les congés non pris par le salarié au titre de la période de référence en cours à la date de la rupture du contrat (cass. soc. 11 octobre 1995, n° 92-41.359, RJS 1/96 n° 31).

En cas de rupture du contrat de travail, les congés payés acquis non pris au cours de l'année prévue par le code du travail ou une convention collective en raison d'absences liées à une maladie, un accident du travail ou une maladie professionnelle doivent être indemnisés au titre de l'article L. 3141-26 (ancien) CT (cass. soc. 25 mars 2009, n° 07-43.767, BC V n° 90; RJS 6/09 n° 519; 28 mai 2014, n° 12-28.082, BC V n° 129; LS Jurispr. n° 104 du 10.06.2014; JSL n° 369, 7.07.2014, p. 12, M. Hautefort).

Cette jurisprudence s'aligne sur celle de la CJCE qui considère que l'article 7, § 2, de la directive 2003/88 s'oppose à des dispositions ou à des pratiques nationales qui prévoient que, lors de la fin de la relation de travail, aucune indemnité financière de congé annuel payé non pris n'est payée au travailleur qui a été en congé de maladie durant tout ou partie de la période de référence et/ou d'une période de report, raison pour laquelle il n'a pas pu exercer son droit au congé annuel payé. Pour le calcul de l'indemnité financière, la rémunération ordinaire du travailleur, qui est celle qui doit être maintenue pendant la période de repos correspondant au congé annuel payé, est déterminante (CJCE 20 janvier 2009, aff. C-350/06 et C-520/06, rec. p. I-179; JOUE C 69/3 du 21.03.2009; JCP éd. S 2009, 1152, note E. Andreo; RJS 4/09, p. 263, note J-Ph. Lhernould; RDT, mars 2009, p. 170, CH, M. Véricel; JSL n° 250, 23.02.2009, p. 12, J-E Tourreil).

À noter que:

– un salarié doit être reçu en sa demande en paiement d'un solde d'indemnité compensatrice de congés payés même si le solde de congés payés litigieux avait été acquis au titre de la période antérieure à la période de référence en cours à la date de la rupture, dès lors cependant qu'il avait été reporté sur cette dernière période avec l'accord de l'employeur ainsi qu'en attestait la mention de ce solde sur les bulletins de paye (cass. soc. 27 septembre 2007, n° 06-41.744, BC V n° 145; RJS 12/07 n° 1296; voir aussi cass. soc. 9 janvier 2013, n° 11-21.758, LS Jurispr. n° 20 du 29.01.2013; 21 septembre 2017, n° 16-16.440);

– si l'indemnité de congé payé reçue pendant une période de référence entre dans l'assiette de calcul de l'indemnité compensatrice de congé payé acquis au titre de cette période de référence, cette indemnité compensatrice de congé payé, qui n'indemnise pas un temps assimilé à un temps de travail effectif, ne peut être prise en considération pour le calcul de l'indemnité compensatrice de congé payé au titre de la période de référence suivante (cass. soc. 17 février 1993, n° 89-44.825, RJS 4/93 n° 407).

• L'indemnité compensatrice de congés payés porte sur la période de dispense de préavis, «la dispense par l'employeur de l'exécution du travail pendant le préavis ne devant entraîner, jusqu'à l'expiration de ce délai, aucune diminution des salaires et avantages, y compris l'indemnité de congés payés, que le salarié aurait reçus s'il avait accompli son travail». Dans l'hypothèse où le préavis conventionnel est supérieur à deux mois, le solde de l'indemnité représentative de préavis versée par l'employeur à un salarié ayant accepté une convention de conversion est assimilable à un salaire et doit donc comprendre l'indemnité compensatrice de congés payés (cass. soc. 31 octobre 2000, n° 98-42.204, BC V n° 355; RJS 1/01 n° 77).

• Un salarié, licencié pour faute grave sans préavis, doit, si la faute grave n'est pas retenue par le juge, bénéficier de l'indemnité compensatrice de congé payé correspondant au préavis dont il aurait dû bénéficier (cass. soc. 13 juin 1991, n° 89-45.798, BC V n° 297; RJS 10/91 n° 1102).

• Pour le calcul de l'indemnité compensatrice de congé de salariés licenciés avant d'avoir pu bénéficier de leur congé, il y a lieu de tenir compte de l'horaire de travail réduit qui aurait été maintenu si les intéressés n'avaient pas été licenciés collectivement, le recours à un horaire normal n'ayant été rendu possible qu'à la suite de ces licenciements (cass. soc. 10 mai 1978, n° 77-40.304, BC V n° 353).

• Lorsqu'un salarié n'a pas été en mesure, du fait de l'employeur, de formuler une demande de repos compensateur, il a droit à l'indemnisation du préjudice subi; celle-ci comporte à la fois le montant de l'indemnité de repos compensateur et le montant de l'indemnité de congés payés afférents (cass. soc. 23 octobre 2001, n° 99-40.879, BC V n° 332; RJS 1/02 n° 42; 22 février 2006, n° 03-45.385, BC V n° 83; RJS 5/06 n° 651; 29 mars 2017, n° 16-10.521).

• En cas de modification de la situation juridique de l'employeur intervenant dans le cadre d'une procédure de redressement judiciaire, le nouvel employeur n'est tenu au paiement de l'indemnité compensatrice de congés payés due à un salarié que pour la fraction afférente postérieure à la reprise de son contrat de travail (cass. soc. 19 février 1992, n° 89-45.112, BC V n° 93; RJS 4/92 n° 411).

• **Salariés sous contrat à durée déterminée:** selon l'article L. 122-3-3 (ancien) CT, par dérogation aux dispositions de l'article L. 223-2 (ancien) CT, les salariés sous contrat à durée déterminée ont droit à une indemnité compensatrice de congés payés au titre du travail effectivement accompli durant ce contrat, quelle qu'ait été sa durée (cass. soc. 4 janvier 2000, n° 97-42.991). Cependant, ces salariés doivent, comme les autres salariés, prendre effectivement les congés qu'ils ont acquis. Ce n'est que dans l'hypothèse où le régime des congés payés applicable dans l'entreprise ne le leur permet pas qu'ils peuvent bénéficier de l'indemnité compensatrice de congés payés (cass. soc. 4 janvier 2000, n° 97-41.374, BC V n° 2).

• **Paiement de l'indemnité compensatrice de congés payés.** A renversé la charge de la preuve le conseil de prud'hommes qui, pour débouter un salarié de sa demande en paiement d'une indemnité compensatrice de congés payés, énonce qu'il a droit à des congés payés mais ne verse pas aux débats son bulletin de salaire et n'apporte pas la preuve de ses prétentions, sans avoir constaté un paiement fait par l'employeur, alors qu'il appartient au débiteur d'une obligation de justifier de sa libération (cass. soc. 29 octobre 1997, n° 95-42.159; 14 novembre 2012, n° 11-23.878).

La mention du droit à congés sur le bulletin de paie vaut reconnaissance par l'employeur du fait que les congés restent dus (cass. soc. 30 mars 1999, n° 97-41.257).

• À noter que l'article 7 de la directive 2003/88/CE du Parlement européen et du Conseil, du 4 novembre 2003, concernant certains aspects de l'aménagement du temps de travail, doit être interprété en ce sens qu'il s'oppose à des législations ou à des pratiques nationales qui prévoient que le droit au congé annuel payé s'éteint sans donner droit à une indemnité financière au titre des congés non pris, lorsque la relation de travail prend fin en raison du décès du travailleur; le bénéfice d'une telle indemnité ne saurait dépendre d'une demande préalable de l'intéressé (CJUE 12 juin 2014, aff. C-118/13, JOUE C 282/11 du 25.8.2014; LS Jurispr. n° 114 du 24.06.2014; RJS 10/14 n° 755 et p. 557, chron. H. Tissandier; voir aussi CJUE 6 novembre 2018, aff. C-569/16 et C-570/16, JCP éd. S 2018, 1388, 1re espèce, note Ph. Coursier; JSL n° 465-466 du 28.12.2018, p. 7, Ph. Pacotte et C. Margerin; RDT, avril 2019, CH, 261, M. Véricel).

Art. L. 3141-29

Art. L. 3141-29. Lorsque, à l'occasion de la rupture de son contrat de travail, un salarié, par suite de l'ordre fixé pour les départs en congé, a pris un congé donnant lieu à une indemnité de congé d'un montant supérieur à celle à laquelle il avait droit au moment de la rupture, il rembourse le trop-perçu à l'employeur.

Le remboursement n'est pas dû si la rupture du contrat de travail par le salarié est provoquée par une faute lourde de l'employeur.

Art. L. 3141-30. Les articles L. 3141-28 et L. 3141-29 ne sont pas applicables lorsque l'employeur est tenu d'adhérer à une caisse de congés en application de l'article L. 3141-32.

Art. L. 3141-31. Lorsqu'un établissement ferme pendant un nombre de jours dépassant la durée des congés légaux annuels, l'employeur verse aux salariés, pour chacun des jours ouvrables de fermeture excédant cette durée, une indemnité qui ne peut être inférieure à l'indemnité journalière de congés.

Cette indemnité journalière ne se confond pas avec l'indemnité de congés.

Note • Le maintien en activité de l'établissement exploité par une société n'étant pas assuré pendant un nombre de jours dépassant la durée fixée pour la durée des congés payés annuels, cette société a l'obligation de régler aux salariés, pendant les périodes d'activité, un salaire mensuel et une indemnité de congés payés calculés en fonction du nombre de semaines d'activité, et, en outre, pour chacun des jours ouvrables de fermeture excédant la durée des congés payés annuels, l'indemnité spécifique prévue à l'article L. 223-15 [L. 3141-29 ancien] CT, dont le montant ne peut être inférieur à l'indemnité journalière de congés payés, laquelle ne peut elle-même être inférieure, en application de l'article L. 223-11, al. 3 [L. 3141-22 ancien] CT, au montant de la rémunération qui aurait été perçue pendant la période de congé si le salarié avait continué à travailler. Ayant constaté que le système appliqué par l'employeur, qui avait consisté à étaler sur toute l'année le salaire dû à la salariée pour la période d'activité, n'avait pas permis à l'intéressée de percevoir l'indemnité prévue à l'article L. 223-11 [L. 3141-22 ancien] CT, une cour d'appel a pu énoncer que, non seulement pendant la période d'activité et les congés payés mais encore pendant la période de fermeture de l'établissement excédant celle des congés payés, les salariés devaient percevoir une somme calculée sur la base du salaire horaire pendant la période d'activité et multiplié par le coefficient 52/12 (cass. soc. 12 février 1997, n° 94-40.605, BC V n° 60; voir aussi cass. soc. 8 juillet 2003, n° 01-10.672, BC V n° 222; RJS 10/03 n° 1204).

• Les dispositions de cet article sont applicables, même lorsque la fermeture de l'entreprise au-delà de la durée des congés payés est motivée par des circonstances extérieures telles que le rythme de l'activité scolaire (cass. soc. 17 décembre 1987, n° 86-41.530, BC V n° 771; 14 novembre 1991, n° 87-45.135, BC V n° 502; 10 juin 1992, n° 88-44.433, BC V n° 374; RJS 8-9/92 n° 965; 17 décembre 1997, n° 94-43.718, BC V n° 457; RJS 2/98 n° 181; voir aussi cass. soc. 4 septembre 2019, n° 18-18.300, RJS 12/19 n° 705). Les dispositions de cet article étant d'ordre public, l'employeur ne peut faire échec à leur application en invoquant la disposition du contrat de travail relative à la suspension de ses effets pendant la période des vacances scolaires (cass. soc. 28 janvier 1997, n° 94-41.128). La chambre criminelle de la Cour de cassation a également considéré que les salariés d'une société spécialisée dans la restauration collective et notamment scolaire, dont le contrat de travail se trouvait suspendu pendant la période des congés scolaires légaux, à l'exception de celle pendant laquelle le personnel prend ses congés payés légalement acquis, pouvaient prétendre au bénéfice de l'indemnité journalière prévue à l'article L. 223-15 [L. 3141-29 ancien], dès lors que les contrats de travail de ces salariés ne pouvaient être considérés comme des contrats de travail intermittents au sens des articles L. 212-4-8 et 4-9 (anciens) (cass. crim. 15 octobre 1991, n° 90-81.112, B. crim. n° 347).

L'indemnité prévue par cet article est due aux salariés dont les contrats à durée déterminée successifs ont été requalifiés, lorsque les périodes non travaillées entre chaque contrat correspondaient à des périodes de fermeture de l'établissement au-delà de la durée légale des congés payés (cass. soc. 13 décembre 2006, n° 04-46.935, BC V n° 383; RJS 2/07 n° 233). Voir aussi cass. soc. 16 juin 2010, n° 09-40.183, BC V n° 141; RJS 10/10 n° 778; JCP éd. S 2010, 1371, note L. Drai, s'agissant des enseignants «intervenants» travaillant dans des établissements privés.

• S'il n'est pas interdit aux parties de convenir d'un salaire forfaitaire, incluant l'indemnité due en cas de fermeture d'un établissement au-delà de la durée fixée pour les congés légaux annuels, encore faut-il que cette convention de forfait soit expresse et que ses modalités n'aboutissent pas, pour le salarié, à un résultat moins favorable que la stricte application des dispositions légales. Un usage d'entreprise ne peut l'imposer au salarié (cass. soc. 16 janvier 2001, n° 98-43.144, RJS 4/01 n° 466). Doit ainsi être cassé l'arrêt qui, pour rejeter la demande d'un salarié en paiement d'une indemnité pour fermeture de l'entreprise au-delà de la durée des congés légaux annuels, a énoncé que si aucun écrit ne fait référence à une convention de forfait, il n'est pas établi que le contrat de travail du salarié ait dérogé à un usage constant dans l'entreprise, concernant un forfait global annuel incluant les congés payés et les congés universitaires (cass. soc. 4 juin 1998, n° 96-41.441, RJS 7/98 n° 872).

• Une cour d'appel qui a relevé qu'une salariée ne pouvait bénéficier d'un contrat de travail intermittent, ce dont il résultait que l'employeur ne pouvait lui appliquer un système d'annualisation du temps de travail et de lissage de sa rémunération, fût-il prévu par une convention de forfait, a exactement décidé qu'elle devait bénéficier de l'indemnité prévue à l'article L. 223-15 [L. 3141-29 ancien] CT (cass. soc. 23 septembre 2009, n° 08-40.114, BC V n° 203; RJS 12/09 n° 948).

SECTION 5. Caisses de congés payés

Art. L. 3141-32. Des décrets déterminent les professions, industries et commerces pour lesquels l'application des dispositions relatives aux congés payés comporte des modalités particulières, telles que la constitution de caisses de congés auxquelles les employeurs intéressés s'affilient obligatoirement.

Ces décrets fixent la nature et l'étendue des obligations des employeurs, les règles d'organisation et de fonctionnement des caisses ainsi que la nature et les conditions d'exercice du contrôle de l'État à leur égard.

Note • Sur le point de départ de l'année de référence pour l'affiliation à une caisse de congés payés, voir article R. 3141-4 et note sous cet article.

• Sur l'obligation d'affiliation à une caisse de congés payés selon l'activité de l'entreprise, voir note sous art. D. 3141-12.

• Les déclarations adressées aux caisses de congés payés entrent dans le périmètre de la déclaration sociale nominative (art. R. 133-14 c. séc. soc.).

• L'employeur qui a adhéré à une caisse de compensation des congés payés est notamment tenu de verser les cotisations calculées au taux fixé pour chaque exercice social par le conseil d'administration de la caisse et de délivrer à ses salariés un certificat justificatif au moment où ils doivent prendre leur congé pour leur permettre de faire valoir leurs droits. Il doit déclarer à la caisse, chaque mois ou chaque trimestre, les salaires versés au cours de la période en cause; le salaire comprenant tous les éléments ayant le caractère de rémunération, il doit déclarer les indemnités pour frais professionnels et notamment l'indemnité de panier, faute de quoi il ne remplit pas l'intégralité de ses obligations en matière de déclaration à la caisse des salaires versés (cass. soc. 29 novembre 1979, n° 77-41.438, BC V n° 929). L'entreprise ne peut se substituer à la caisse des congés payés et est redevable de l'intégralité des cotisations dues sans qu'il puisse être opéré une compensation avec les indemnités de congés payés qu'elle aurait directement versées (cass. soc. 14 octobre 1981, n° 80-13.486, BC V n° 784; 12 février 1987, n° 85-11.975, BC V n° 74).

• L'employeur qui n'a pas rempli l'intégralité de ses obligations envers la caisse de compensation des congés payés est tenu de réparer personnellement le préjudice subi par le salarié qui, du fait de sa carence, s'est vu refuser par ladite caisse le paiement d'un complément d'indemnité de congé payé qui lui était dû (cass. soc. 15 novembre 1972, n° 71-40.538, BC V n° 615). Mais, dès lors que l'employeur a été condamné à verser les cotisations réclamées à la caisse et que la procédure de recouvrement est en cours d'exécution, il incombe à la caisse de congés payés de verser au salarié l'indemnité de congé à laquelle il peut prétendre (cass. soc. 17 décembre 1987, n° 85-42.483, BC V n° 766).

• Le conseil de prud'hommes n'est pas compétent pour connaître d'un litige opposant un salarié à une caisse de congés payés (cass. soc. 5 avril 2012, n° 11-14.020, RJS 6/12 n° 569).

• *Redressement judiciaire.* L'article L. 243-5 c. séc. soc. permettant la remise des majorations de retard dues à la date du jugement d'ouverture de la procédure collective n'est pas applicable aux cotisations aux caisses de congés payés, celles-ci ne constituant pas des organismes de sécurité sociale (cass. soc. 8 février 2001, n° 98-12.684, RJS 4/01 n° 533). Les caisses de congés payés demeurent redevables des indemnités dues au personnel des entreprises en redressement judiciaire qui leur sont régulièrement affiliées et qui n'ont pas versé leurs cotisations à la caisse si elles n'ont pas pris, à l'égard de l'employeur défaillant, l'une des mesures prévues par leurs statuts (suspension ou radiation) qui ont pour conséquence de dégager la responsabilité de la caisse à l'égard du personnel dont il s'agit à compter d'une date qui doit être précisée au moment où la mesure est signifiée au chef de l'entreprise (rép. QE 18511, JO AN 29 juin 1971).

• Des décrets sont intervenus, notamment en ce qui concerne:
– le bâtiment et les travaux publics. Voir articles D. 3141-12 à 37 (et note sous ces articles);
– les artistes du spectacle. Voir articles D. 7121-38 à 49.

Art. L. 3141-33. Les caisses de congés payés peuvent nommer des contrôleurs chargés de collaborer à la surveillance de l'application de la législation sur les congés payés par les employeurs intéressés. Ceux-ci fournissent à tout moment aux contrôleurs toutes justifications établissant qu'ils se sont acquittés de leurs obligations.

Art. L. 3141-33

Pour l'accomplissement de leur mission, les contrôleurs disposent des mêmes pouvoirs que ceux attribués aux agents de contrôle de l'inspection du travail. Tout obstacle à l'accomplissement de cette mission est passible des sanctions prévues à l'article L. 8114-1.

Les contrôleurs sont agréés. Cet agrément est révocable à tout moment.

Les contrôleurs ne doivent rien révéler des secrets de fabrication ni des procédés et résultats d'exploitation dont ils pourraient prendre connaissance dans l'exercice de leur mission.

Note Sur la protection du personnel de contrôle des caisses de congés payés contre l'arbitraire, voir notamment rép. QE, JO AN 20 septembre 1993, p. 3096.

Sous-section 1 (réglementaire). **Dispositions générales**

Art. D. 3141-9. L'employeur qui adhère à une caisse de congés payés, par application de l'article ***(D. 2016-1553 du 18 nov. 2016, art. 4, 6°, JO 19, entrée en vigueur le 01.01.2017)*** « L. 3141-32 », délivre au salarié, en cas de rupture du contrat de travail, un certificat justificatif de ses droits à congé compte tenu de la durée de ses services.

Art. D. 3141-10. En vue de la détermination du droit au congé et, le cas échéant, du calcul de l'indemnité à verser aux ayants-droit, les caisses de congés payés font état, dans le décompte des services, de l'ancienneté des services accomplis chez les employeurs dont l'affiliation à une caisse de congé est obligatoire.

Art. D. 3141-11. L'agrément des contrôleurs des caisses de congés payés est délivré pour une durée n'excédant pas cinq ans par arrêté du préfet du département où se trouve le siège de la caisse dont ils relèvent.

Il est renouvelable.

Sous-section 2 (réglementaire). **Dispositions particulières aux professions du bâtiment et des travaux publics**

§ 1. Règles d'affiliation

Art. D. 3141-12. ***(D. 2009-493 du 29 avril 2009, JO 2 mai)*** Dans les entreprises exerçant une ou plusieurs activités entrant dans le champ d'application des conventions collectives nationales étendues du bâtiment et des travaux publics, le service des congés est assuré, sur la base de celles-ci, par des caisses constituées à cet effet.

Toutefois, lorsque l'entreprise applique, au titre de son activité principale, une convention collective nationale autre que celles mentionnées à l'alinéa précédent et sous réserve d'un accord conclu, conformément à l'article D. 3141-15, entre la caisse de surcompensation mentionnée à l'article D. 3141-22 et l'organisation ou les organisations d'employeurs représentatives de la branche professionnelle concernée, le service des congés peut être assuré par l'entreprise.

Pour l'application du présent article, l'activité principale s'entend comme celle dans laquelle l'entreprise emploie le plus grand nombre de salariés.

Note • Les caisses de congés payés remplissant une fonction de caractère exclusivement social et n'exerçant pas d'activité économique, il ne peut être soutenu que l'obligation d'adhérer et de payer des cotisations pour la gestion des congés payés des salariés à la caisse de congés payés du bâtiment constitue un abus de position dominante prohibé par l'article 82 CE (cass. soc. 21 janvier 2009, n° 07-12.411, BC V n° 14; RJS 4/09 n° 365).

• L'obligation pour une entreprise de s'affilier à une caisse de congés payés dépend de l'activité qu'elle exerce réellement (cass. soc. 15 juin 1999, n° 97-16.713). Peu importent son objet social (cass. soc. 17 janvier 1990, n° 88-15.852) et la convention collective appliquée par l'employeur (cass. soc. 5 octobre 1994, n° 93-40.493). En présence d'un objet social faisant état de prestations de nature à entraîner son adhésion obligatoire à la caisse des congés payés du bâtiment, il incombe à l'entreprise de démontrer que son activité réelle n'entre pas, en tout ou partie, dans le champ d'application de cette obligation (cass. soc. 15 novembre 2006, n° 05-19.124, BC V n° 347; RJS 2/07 n° 286).

Exerce une activité d'entrepreneur général de bâtiment le constructeur de maisons individuelles sur plan, se chargeant de l'entière responsabilité de la conduite des travaux, peu important qu'il sous-traite tout ou partie des travaux matériels de construction (cass. ch. mixte 10 avril 1992, n° 88-84.489, BC n° 1; cass. soc. 28 octobre 1992, n° 89-12.642, BC V n° 525; 1er juin 1995, n° 92-18.371, BC V n° 177). En revanche, le GIE constitué par plusieurs entreprises du bâtiment qui ne procède pas à la réalisation des travaux de construction, mais se borne à faciliter la conclusion de contrats par ses membres sans les conclure lui-même, n'exerce pas une activité d'entrepreneur général de bâtiment (cass. crim. 11 octobre 1994, n° 92-81.526, B. crim. n° 324). De même, n'est pas tenue de s'affilier à une caisse de congés payés du bâtiment l'entreprise dont l'activité consiste à louer des camions-grues mobiles avec chauffeur à des entreprises diverses dont certaines seulement sont des entreprises du bâtiment, dès lors qu'il ressort des constatations des juges que cette entreprise, qui relève de la convention collective des transports, est un prestataire de services dont l'activité ne figure pas aux classes 33 et 34 de la nomenclature des activités économiques et n'entre pas dans le champ d'application de l'article D. 732-1 (ancien) CT (cass. soc. 28 janvier 1999, n° 96-13.044, RJS 3/99 n° 445; voir au contraire cass. soc. 11 juillet 2001, n° 99-15.987, RJS 10/01 n° 1224, 2e espèce, approuvant une cour d'appel d'avoir décidé qu'une société de location d'engins avec chauffeur sur les chantiers de travaux publics exerçait une activité de travaux publics et devait s'affilier à une caisse de congés payés). Enfin, une société ayant pour objet social la prestation de services et la vente de marchandises dans le domaine des espaces verts et de l'environnement n'a pas à être affiliée à la caisse de congés payés du bâtiment dès lors qu'il résulte des éléments analysés relatifs aux prestations fournies, notamment des factures produites, que ces prestations ne relèvent pas de l'une des rubriques de la nomenclature de 1947 (cass. soc. 12 juillet 2006, n° 04-19.451, BC V n° 265; RJS 10/06 n° 1127).

À noter que la nature de l'activité exercée par l'entreprise ne dépend pas du matériau utilisé: exerce une activité du bâtiment relevant du groupe 33-22 de la nomenclature annexée au décret du 16 janvier 1947 la société assurant la fabrication à façon, sur commandes appropriées aux chantiers, de menuiseries de bâtiment, peu important que le matériau utilisé soit le PVC, lequel, ignoré lors de l'établissement de la nomenclature de référence, n'est qu'un substitut technique du bois (cass. soc. 4 juillet 2001, n° 99-14.981, RJS 10/01 n° 1224, 1re espèce).

• *Entreprises à activités multiples.* Le décret 2009-493 du 29 avril 2009 a modifié les modalités d'affiliation aux caisses de congés payés du BTP. Lorsqu'une entreprise exerce une ou plusieurs activités dans le BTP, le service des congés est toujours assuré par des caisses constituées à cet effet. En revanche, désormais, lorsqu'une entreprise exerce plusieurs activités (dont certaines dans le BTP) et qu'elle applique, au titre de son activité principale, une convention collective autre que celle du BTP et sous réserve d'un accord conclu entre la caisse de surcompensation et les organisations d'employeurs représentatives de la branche professionnelle concernée, elle peut assurer elle-même les congés de ses salariés.

L'employeur qui exerce plusieurs activités, même à titre accessoire, n'est tenu de s'affilier à la caisse de congés payés du bâtiment que pour celles de ses activités qui, aux termes de l'article D. 732-1 [D. 3141-11] et sous les exceptions qu'il prévoit, appartiennent aux groupes 33 et 34 de la nomenclature de 1947 (cass. soc. 7 février 1990, n° 88-10.891, BC V n° 58; 4 juillet 2001, n° 99-18.460, RJS 10/01 n° 1224, 3e espèce; 22 mai 2002, n° 00-13.624, RJS 8-9/02 n° 1042).

L'obligation d'affiliation n'est pas subordonnée à la condition que l'activité accessoire soit dans le cadre d'une entreprise distincte et il n'est pas exigé que cette activité soit accomplie par un personnel affecté de manière permanente à cette tâche (cass. soc. 29 mai 1990, n° 88-15.649, BC V n° 251; 27 mars 1996, n° 94-11.343). Lorsque le personnel d'une entreprise est affecté indistinctement à une activité principale non soumise à assujettissement et à une activité accessoire, les cotisations réclamées à l'employeur ne doivent être assises que sur la quote-part des salaires versés au personnel au titre de cette activité accessoire, seule soumise à assujettissement, et cette quote-part doit être calculée à proportion des chiffres d'affaires respectifs des deux branches d'activité (cass. soc. 20 novembre 2001, n° 99-17.713, BC V n° 353; Dr. Soc. 2002, p. 216, obs. J. Savatier).

L'obligation d'affiliation au titre d'une activité accessoire subsiste même si cette activité est minime et n'est exercée que par le seul gérant non salarié de l'entreprise sans qu'aucun salarié n'y participe (cass. soc. 30 juin 2004, n° 02-19.035, RJS 11/04 n° 1205).

Après avoir relevé qu'une société avait été bénéficiaire d'un chantier de climatisation à la suite d'un appel d'offres, une cour d'appel en a déduit qu'au moins pour partie, son activité relevait de la profession du bâtiment et qu'elle devait s'affilier à une caisse de congés payés du bâtiment (cass. soc. 21 janvier 2009, n° 07-12.411, précité).

• Dès lors qu'une personne emploie des salariés pour réaliser une activité de construction, elle doit s'affilier à une caisse de congés payés du bâtiment. Ainsi, le propriétaire d'un ensemble immobilier, qui emploie des salariés (chefs de chantier, maçons, peintres, etc.) pour réaliser une opération de rénovation et de construction de locaux qu'il entend ultérieurement louer pour son propre compte, exerce une activité d'entrepreneur général de bâtiment nécessitant son affiliation à une caisse des congés payés (cass. soc. 8 décembre 2004, n° 03-16.160, BC V n° 329; JCP éd. G 2005.IV.1179).

• Dès lors que l'entreprise est bien adhérente à la caisse de congés payés, celle-ci ne peut refuser de payer des indemnités de congés payés à un salarié, au seul motif que l'employeur n'est pas à jour de ses cotisations (cass. soc. 2 février 1994, n° 89-41.596). En cas de manquement de l'employeur à ses obligations légales, le paiement des indemnités de congés payés ne peut être mis à sa charge et le salarié ne peut prétendre vis-à-vis de l'entreprise qu'à des dommages-intérêts en raison du préjudice subi (cass. soc. 24 novembre 1993, n° 89-43.437, Cah. prud'h. 1994, 58).

Voir aussi notes sous art. L. 3141-24, L. 3141-32 et D. 3141-31.

Art. D. 3141-13. Le régime prévu par la présente sous-section s'applique aux carrières annexées aux entreprises mentionnées ***(D. 2009-493 du 29 avril 2009, JO 2 mai)*** « au premier alinéa de l'article » D. 3141-12 ainsi qu'aux ateliers, chantiers et autres établissements travaillant exclusivement pour le fonctionnement et l'entretien de ces entreprises, qu'ils soient ou non annexés à celles-ci.

Art. D. 3141-14. Le régime prévu par la présente section s'applique également aux entreprises non établies en France mentionnées aux articles L. 1262-1 et L. 1262-2.

Note L'obligation d'affiliation concerne toutes les entreprises exerçant leur activité sur le territoire français, peu important que leur siège social se trouve à l'étranger. C'est donc à bon droit qu'une cour d'appel a condamné une société de droit anglais, ayant son siège en Grande-Bretagne et son principal établissement en France, à payer des cotisations et majorations de congés payés à une caisse, après avoir relevé que l'activité de la société était exercée sur le territoire français, ce qui impliquait que cette société était soumise à l'obligation de poursuivre le paiement des cotisations de congés payés (cass. soc. 22 février 2006, n° 03-18.771, BC V n° 85; RJS 5/06 n° 641).

Art. D. 3141-15. Des règles particulières d'affiliation peuvent être définies par accord conclu entre la caisse nationale de surcompensation mentionnée à l'article D. 3141-22 et les organisations d'employeurs représentatives d'une branche professionnelle autre que celle du bâtiment et des travaux publics lorsque les entreprises affiliées à ces organisations d'employeurs exercent, à titre secondaire ou accessoire, une ou plusieurs activités impliquant leur affiliation aux caisses mentionnées à l'article D. 3141-12.

Art. D. 3141-16. Les accords mentionnés à l'article D. 3141-15, approuvés par le ministre chargé du travail, indiquent :

1° Les motifs justifiant la mise en œuvre de règles particulières d'affiliation ;

2° Le ou les critères selon lesquels l'affiliation est réalisée, notamment le pourcentage du chiffre d'affaires réalisé s'agissant des activités mentionnées aux articles D. 3141-12 et D. 3141-13 en deçà duquel l'affiliation n'est pas demandée, ainsi que les activités spécifiques à chaque profession exclues du champ d'affiliation ;

3° Les règles applicables aux entreprises qui n'assurent pas la pose des produits qu'elles fabriquent ou qui la sous-traitent.

Art. D. 3141-17. Un arrêté du ministre chargé du travail fixe les pièces justificatives, les garanties à fournir par les caisses de congés payés soit en vue de leur agrément, soit au cours de leur fonctionnement, ainsi que les dispositions que contiennent leurs statuts et règlements.

Art. D. 3141-18. Le ministre chargé du travail autorise les caisses à exercer leur activité dans une circonscription territoriale déterminée après avoir vérifié que le nombre des salariés qui doivent être déclarés à la caisse justifie l'institution de celle-ci.

Art. R. 3141-19. Les statuts et règlements des caisses et toute modification éventuelle de ces textes ne sont applicables qu'après avoir reçu l'approbation du ministre chargé du travail.

Art. D. 3141-20. ***(D. 2009-493 du 29 avril 2009, JO 2 mai)*** Dans les entreprises mentionnées à l'article D. 3141-12, dont l'activité principale relève du bâtiment, le service des congés des salariés déclarés est assuré par la caisse agréée pour la circonscription territoriale dans laquelle l'entreprise a son siège social.

Dans les entreprises dont l'activité principale relève des travaux publics, ce service est assuré par une caisse à compétence nationale.

Dans les entreprises qui relèvent du statut coopératif, ce service est également assuré par une caisse à compétence nationale.

Art. D. 3141-21. Par dérogation au premier alinéa de l'article D. 3141-20, la caisse de congés compétente pour les entreprises non établies en France mentionnées à l'article D. 3141-14 est celle du lieu d'exécution de la prestation ou du chantier.

En cas de prestations multiples simultanées, l'entreprise peut centraliser ses déclarations à la caisse du lieu de la prestation la plus importante compte tenu de l'effectif qui y est affecté.

Art. D. 3141-22. Les caisses de congés payés s'affilient à une caisse de surcompensation créée pour l'ensemble des entreprises mentionnées à l'article D. 3141-12.

Celle-ci a notamment pour objet de répartir entre les caisses intéressées les charges résultant du paiement par une seule caisse des indemnités dues aux salariés successivement déclarés à différentes caisses.

Art. D. 3141-23. Les salariés appartenant aux établissements mentionnés aux articles D. 3141-12 à D. 3141-15 sont déclarés par l'employeur à la caisse compétente, sauf s'ils sont titulaires d'un contrat de travail à durée déterminée, conclu pour une durée minimum d'un an et ayant acquis date certaine par enregistrement.

Toutefois, en cas de rupture d'un tel contrat avant le terme d'une année, l'employeur verse rétroactivement à la caisse les cotisations correspondant aux salaires perçus par le salarié depuis le début de la période de référence en cours.

Art. D. 3141-24. L'employeur peut faire assurer par la caisse de congés payés, avec l'accord de celle-ci et moyennant le versement des cotisations correspondantes, le service des congés aux salariés dont la déclaration n'est pas obligatoire.

Art. D. 3141-25. Les effets de l'affiliation de l'employeur ne peuvent remonter au-delà de la date d'ouverture de la période de référence écoulée.

Note • Voir note sous art. L. 3141-32.

• L'obligation d'affiliation s'impose aux employeurs dès le 1er avril de la première année de référence (cass. soc. 7 novembre 2006, n° 04-19.870). C'est donc à tort que, pour fixer la date d'effet de l'affiliation d'une société à une caisse de congés payés dans les quinze jours de la signification de sa décision, une cour d'appel a énoncé que la société actuellement non affiliée à la caisse ne peut être condamnée à déclarer les salariés concernés par l'activité de bâtiment, une telle obligation ne pouvant préexister à l'affiliation (cass. soc. 1er décembre 2005, n° 04-11.378, BC V n° 353; RJS 2/06 n° 228).

Art. D. 3141-26. Les entreprises mentionnées à l'article D. 3141-14, établies dans un autre État membre de ***(D. 2016-1553 du 18 nov. 2016, art. 4, 6°, JO 19, entrée en vigueur le 01.01.2017)*** «l'Union» européenne ou dans l'un des autres États partie à l'accord sur l'Espace économique européen, peuvent s'exonérer des obligations figurant à la présente sous-section si elles justifient que leurs salariés bénéficient de leurs droits à congés payés pour la période de détachement dans des conditions au moins équivalentes à celles prévues par la législation française.

Art. D. 3141-27. Lorsque les entreprises mentionnées à l'article D. 3141-26 sont affiliées à une institution équivalente aux caisses de congés payés, dans le pays où elles sont établies, elles justifient qu'elles sont à jour de leurs obligations à l'égard de ces institutions à la date du commencement de la prestation et qu'elles ont continué à cotiser à l'institution compétente durant le détachement temporaire pour bénéficier de l'exonération.

Art. D. 3141-28. ***(D. 2016-1418 du 20 oct. 2016, JO 22)*** L'employeur communique, par tout moyen, aux salariés, la raison sociale et l'adresse de la caisse de congés payés à laquelle il est affilié.

§ 2. Organisation et fonctionnement

Art. D. 3141-29. La cotisation de l'employeur est déterminée par un pourcentage du montant des salaires payés aux salariés déclarés.

Ce pourcentage est fixé par le conseil d'administration de la caisse de congés payés.

Le règlement intérieur de celle-ci précise les dates et les modes de versement des cotisations, les justifications qui accompagnent ce versement et les vérifications auxquelles se soumettent les adhérents.

Note • L'opposabilité et la mise en œuvre des décisions du conseil d'administration des caisses de congés payés n'étant soumises à aucune modalité particulière de publicité, les personnes affiliées à la caisse de congés payés sont valablement informées des taux de cotisation appliqués par les mentions figurant sur les imprimés de déclaration qui leur sont adressés (cass. soc. 7 avril 2010, n° 08-16.262, BC V n° 87, arrêt n° 1; RJS 6/10 n° 524, 1re espèce; JCP éd. S 2010, 1370, 2e espèce, note A. Martinon) ou par leur publication dans un journal d'annonces légales (cass. soc. 7 avril 2010, n° 08-14.843, BC V n° 87, arrêt n° 2; RJS 6/10 n° 524, 2e espèce; JCP éd. S 2010, 1370, 1re espèce, note A. Martinon).

L'employeur affilié à une caisse de congés payés a l'obligation de régler ses cotisations à cette caisse et ne peut s'en exonérer au motif que la caisse n'a pas versé aux salariés concernés les indemnités de congés payés (cass. soc. 15 juin 1999, n° 97-18.070, Dr. Soc. 1999, p. 841).

• Les dispositions du code du travail relatives au recouvrement des cotisations à la caisse de congés payés du BTP ne sauraient faire échec au pouvoir de reporter ou échelonner le paiement des sommes dues, que le juge tient de l'article 1244-1 [1343-5] c. civ. (cass. soc. 4 avril 2006, n° 04-15.284, BC V n° 136; RJS 7/06 n° 897).

Art. D. 3141-30. La durée des congés des salariés déclarés à la caisse est déterminée en application des dispositions générales du présent chapitre. Il en est de même pour les salariés déclarés par les entreprises non établies en France mentionnées aux articles L. 1262-1 et L. 1262-2.

Toutefois, cent cinquante heures de travail effectif sont considérées comme équivalentes à un mois pour la détermination de la durée du congé de ces salariés.

En outre, il est ajouté à l'ensemble des heures de travail accomplies au cours de l'année de référence, cent soixante heures représentant forfaitairement le congé de l'année précédente, lorsque celui-ci a été payé à l'intéressé par l'intermédiaire d'une caisse agréée.

Art. D. 3141-31. La caisse assure le service des congés payés des salariés déclarés par l'employeur.

Toutefois, en cas de défaillance de l'employeur dans le paiement des cotisations, elle verse l'indemnité de congés payés à due proportion des périodes pour lesquelles les cotisations ont été payées, par rapport à l'ensemble de la période d'emploi accomplie pendant l'année de référence. L'employeur défaillant n'est pas dégagé de l'obligation de payer à la caisse les cotisations, majorations de retard et pénalités qui restent dues.

Après régularisation de la situation de l'employeur, la caisse verse au salarié le complément d'indemnité de congés payés dû, calculé suivant les mêmes principes.

Note Une caisse de congés payés du bâtiment ne peut être condamnée au paiement des indemnités de congés payés pour les périodes non couvertes par les cotisations mises à la charge de l'employeur, même lorsque ce dernier a été mis en redressement judiciaire (cass. soc. 14 septembre 2005, n° 03-40.132, RJS 11/05 n° 1149).

Art. D. 3141-32. Le salaire horaire pris en considération pour le calcul de l'indemnité de congé est le quotient du montant de la dernière paye versée au salarié dans l'entreprise assujettie qui l'employait en dernier lieu par le nombre d'heures de travail effectuées pendant la période ainsi rémunérée.

En cas de changement des taux de salaires, il est tenu compte de ceux applicables pendant le congé. Toutefois, cette disposition n'est applicable qu'aux salariés qui, au moment de leur congé, sont employés dans une entreprise assujettie.

Note Les caisses de congés payés du bâtiment et des travaux publics sont tenues de calculer les indemnités de congés conformément aux dispositions combinées des articles L. 223-11 et D. 732-7 (anciens) CT et 5-24 de la convention collective nationale des ouvriers employés par les entreprises du bâtiment du 8 octobre 1990. Les congés payés doivent donc être décomptés en jours et c'est à juste titre qu'une caisse de congés payés refuse d'appliquer le décompte horaire prévu par un accord d'entreprise, un tel accord étant contraire aux dispositions de l'article L. 223-2 (ancien) CT (cass. soc. 19 mai 2004, n° 02-19.866, BC V n° 135; RJS 7/04 n° 847).

Art. D. 3141-33. L'indemnité du congé mentionné à l'article L. 3141-3 est le produit du vingt-cinquième du salaire horaire défini à l'article D. 3141-32 par le double du nombre d'heures de travail accomplies au cours de l'année de référence.

Pour chaque jour de congé supplémentaire attribué à quelque titre que ce soit, le salarié reçoit le quotient de l'indemnité mentionnée au premier alinéa par le nombre des jours de congé auquel cette indemnité correspond.

Art. D. 3141-34. L'employeur remet au salarié, avant son départ en congé ou à la date de rupture de son contrat, un certificat en double exemplaire qui permet à ce dernier de justifier de ses droits à congé envers la caisse d'affiliation du dernier employeur.

Ce certificat indique le nombre d'heures de travail effectuées par le salarié dans l'entreprise pendant l'année de référence, le montant du dernier salaire horaire calculé conformément aux dispositions de l'article D. 3141-32 ainsi que la raison sociale et l'adresse de la caisse d'affiliation.

Art. D. 3141-35. Une commission instituée auprès de chaque caisse de congés payés statue sur toutes les contestations qui peuvent s'élever au sujet des droits aux congés des salariés déclarés à la caisse.

Elle est composée, en nombre égal, de membres employeurs et salariés désignés par le ***(D. 2020-1545 du 9 déc. 2020, JO 10, entrée en vigueur le 01.04.2021)*** « directeur régional de l'économie, de l'emploi, du travail et des solidarités » et choisis parmi les organisations d'employeurs et de salariés représentatives au niveau régional pour les professions assujetties.

Art. D. 3141-36. Les caisses de congés payés sont soumises pour l'application des lois et règlements relatifs aux congés payés, au contrôle de l'inspection du travail dans les professions intéressées.

Art. D. 3141-37. L'employeur justifie à tout moment à l'inspection du travail, aux officiers de police judiciaire et aux contrôleurs agréés de la caisse d'affiliation dont il relève, qu'il est à jour de ses obligations envers celle-ci.

CHAPITRE II Autres congés

SECTION 1. Congés d'articulation entre la vie professionnelle et la vie personnelle et familiale

Note Les dispositions législatives de cette section sont issues de la loi 2016-1088 du 8 août 2016, art. 9, I, 1°, JO 9.

Sur l'impact de cette loi en matière de durée du travail, de repos et de congés, voir note introductive du livre Ier de la troisième partie et, s'agissant des congés d'articulation entre la vie professionnelle et la vie personnelle et familiale et des congés pour engagement associatif, politique et militant, voir notamment RF 8 septembre 2016, FH 3657, 1-53 et s.

Voir aussi G. Vachet, «Les congés après la loi du 8 août 2016», JCP éd. S 2016, 1298; M. Véricel, «Une nouvelle architecture des règles en matière de temps de travail», RDT, décembre 2016, CH, 824.

Sous-section 1. Congés pour événements familiaux

Note Ces dispositions s'appliquent à tous les salariés visés à l'article L. 3111-1, aux concierges et employés d'immeuble à usage d'habitation (art. L. 7211-3), aux employés de maison (art. L. 7221-2).

§ 1. Ordre public

Art. L. 3142-1. Le salarié a droit, sur justification, à un congé:

1° Pour son mariage ou pour la conclusion d'un pacte civil de solidarité;

2° Pour le mariage d'un enfant;

3° Pour chaque naissance survenue à son foyer ou pour l'arrivée d'un enfant placé en vue de son adoption. Ces jours d'absence ne se cumulent pas avec les congés accordés pour ce même enfant dans le cadre du congé de maternité;

4° Pour le décès d'un enfant, du conjoint, du concubin ou du partenaire lié par un pacte civil de solidarité, du père, de la mère, du beau-père, de la belle-mère, d'un frère ou d'une sœur;

5° Pour l'annonce de la survenue d'un handicap chez un enfant.

Note • ***À compter du 01.07.2021,*** *le 3° est ainsi modifié: - à la fin de première phrase, les mots: «survenue à son foyer ou pour l'arrivée d'un enfant placé en vue de son adoption» sont remplacés par les mots: «pour le père et, le cas échéant, le conjoint ou le concubin de la mère ou la personne liée à elle par un pacte civil de solidarité»; - la seconde phrase est supprimée, et après le même 3°, il est inséré un 3° bis ainsi rédigé: «3° bis Pour l'arrivée d'un enfant placé en vue de son adoption;» (loi 2020-1576 du 14 décembre 2020, art. 73, I, 5° et IV, JO 15).*

Les dispositions de cet article, dans sa rédaction issue de la loi 2020-1576 précitée, s'appliquent aux enfants nés ou adoptés à compter du 01.07.2021 ainsi qu'aux enfants, nés avant cette date, dont la naissance était supposée intervenir à compter de cette date (loi précitée, art. 73, IV).

• **Congé pour mariage d'un enfant.** Selon cet article, que les dispositions conventionnelles applicables en l'espèce ne font que reprendre, tout salarié bénéficie, sur justification et à l'occasion de certains événements familiaux, d'une autorisation exceptionnelle d'absence, notamment d'un jour pour le mariage d'un enfant, ce jour d'absence n'entraînant pas de réduction de la rémunération. Il en résulte que le jour d'autorisation d'absence ainsi accordé n'a pas à être nécessairement pris le jour de l'événement le justifiant. Ayant constaté que le salarié avait justifié du mariage de sa fille et qu'il avait pris ce congé la veille de cet événement, un conseil de prud'hommes a exactement décidé que l'avenant en indiquant «événements» ne fixe pas dans le temps une date précise, mais fixe une période qui doit être raisonnable durant laquelle le jour chômé et rémunéré est accordé (cass. soc. 16 décembre 1998, n° 96-43.323, BC V n° 569; JCP éd. E 1999, p. 404: «Les modalités de prise des jours de congé pour événements familiaux», O. Bonijoly).

Ce congé doit être également accordé pour le second mariage d'un enfant (cass. soc. 28 novembre 1985, n° 84-43.439).

• La Cour de cassation a considéré que le congé pour décès du beau-père ou de la belle-mère n'est ouvert que pour le seul décès du père ou de la mère du conjoint du salarié et non pour le conjoint en cas de remariage de la mère (ou du père) du salarié, car le second mari de la mère du salarié n'a aucun lien de parenté avec ce dernier (cass. soc. 14 mars 1985, n° 83-43.443). Par analogie avec cette position, il ne semble pas possible qu'un congé puisse être exigé par le conjoint qui n'a pas de lien de parenté directe avec l'enfant qui se marie. Une appréciation souple de la situation par son employeur ou la prise d'un jour de congé payé paraissent les solutions les plus adaptées à cette situation (rép. QE 1858, JO AN 16 mars 1998, p. 1500).

Pour bénéficier du congé en raison du décès d'un beau-parent, le salarié doit être effectivement marié. Ce congé ne peut donc pas, en l'absence de dispositions conventionnelles ou d'accord de l'employeur, être attribué en raison du décès d'un parent du concubin (cass. soc. 27 septembre 2006, n° 04-46.708).

Art. L. 3142-1-1. ***(L. 2020-692 du 8 juin 2020, art. 1er, I, 1°, JO 9)*** Sans préjudice du 4° de l'article L. 3142-1, en cas de décès de son enfant âgé de moins de vingt-cinq ans ou d'une personne âgée de moins de vingt-cinq ans à sa charge effective et permanente, le salarié a droit, sur justification, à un congé de deuil de huit jours qui peuvent être fractionnés dans des conditions prévues par décret. Le salarié informe l'employeur vingt-quatre heures au moins avant le début de chaque période d'absence.

Le congé de deuil peut être pris dans un délai d'un an à compter du décès de l'enfant.

Art. L. 3142-2

Note Cet article s'applique pour les décès intervenus depuis le 1er juillet 2020 (loi 2020-692 précitée, art. 1er, V).

Pour des précisions sur le congé de deuil d'un enfant, voir circulaire Cnam 31/2020 du 15 décembre 2020.

Art. D. 3142-1-1. ***(D. 2020-1233 du 8 oct. 2020, JO 9)*** Le congé de deuil prévu à l'article L. 3142-1-1 peut être fractionné en deux périodes. Chaque période est d'une durée au moins égale à une journée.

Note Cet article est applicable aux congés de deuil mentionnés à l'article L. 3142-1-1 CT au titre des décès intervenus à compter du 01.07.2020 et pris à compter du 10.10.2020 (décret 2020-1233 précité, art. 4).

Art. L. 3142-2. Les congés mentionnés ***(L. 2020-692 du 8 juin 2020, art. 1er, I, 2°, JO 9)*** «aux articles L. 3142-1 et L. 3142-1-1» n'entraînent pas de réduction de la rémunération ***(L. 2020-692 du 8 juin 2020, art. 1er, I, 2°, JO 9)*** «qui tient compte, le cas échéant, de l'indemnité mentionnée à l'article L. 331-9 du code de la sécurité sociale» et sont assimilés à du temps de travail effectif pour la détermination de la durée du congé payé annuel.

La durée de ces congés ne peut être imputée sur celle du congé payé annuel.

Note • Les dispositions de cet article, dans sa rédaction issue de la loi 2020-692 précitée, s'appliquent pour les décès intervenus depuis le 1er juillet 2020 (loi précitée, art. 1er, V).

• Aucune rémunération, qu'elle soit légale, contractuelle ou conventionnelle, ne peut être réduite en raison de la prise des congés visés à l'article L. 226-1 [L. 3142-1] CT. Ainsi une convention collective, si elle pouvait librement fixer les conditions d'attribution d'une prime trimestrielle de présence, ne pouvait disposer que la prise des jours d'absence autorisée prévus par la loi entraînerait privation de cette prime (cass. soc. 10 décembre 1997, n° 94-44.887).

Si cet article permet au salarié qui se marie de s'absenter sans diminution de salaire, il ne prévoit aucune indemnité dans le cas où le salarié se marie pendant une période de congé (cass. soc. 20 juin 1984, n° 81-40.286, BC V n° 256). De même, le congé de naissance doit être pris «à l'occasion» de la naissance de l'enfant. Si celle-ci survient lors du congé annuel, elle n'ouvre droit à aucune prolongation du congé, ni à indemnité (cass. soc. 11 octobre 1994, n° 93-42.310). Sur ce point, voir aussi CJUE 4 juin 2020, aff. C-588/18, LS n° 18116 du 06.08.2020; RJS 10/20 n° 515 et p. 687, chron., A. Gardin.

Art. L. 3142-3. En cas de différend, le refus de l'employeur peut être directement contesté par le salarié devant le conseil de prud'hommes, statuant ***(Ord. 2019-738 du 17 juil. 2019, art. 15, JO 18)*** «selon la procédure accélérée au fond», dans des conditions fixées par décret en Conseil d'État.

Note • Les dispositions de cet article, dans sa rédaction issue de l'ordonnance 2019-738 précitée, s'appliquent aux demandes introduites depuis le 1er janvier 2020 (ordonnance précitée, art. 30).

• Pour une application de cet article, voir cass. soc. 23 janvier 2019, n° 17-28.330, à paraître, JCP éd. S 2019, 1087, note S. Brissy; RJS 4/19 n° 225.

Art. R. 3142-1. ***(D. 2016-1552 du 18 nov. 2016, art. 3, II, 2°, JO 19, entrée en vigueur le 01.01.2017)*** En cas de contestation, le conseil de prud'hommes, saisi en application de l'article L. 3142-3, statue en dernier ressort.

§ 2. Champ de la négociation collective

Art. L. 3142-4. Pour mettre en œuvre le droit à congé du salarié défini à l'article L. 3142-1, une convention ou un accord collectif d'entreprise ou, à défaut, une convention ou un accord de branche détermine la durée de chacun des congés mentionnés au même article L. 3142-1 qui ne peut être inférieure à:

1° Quatre jours pour son mariage ou pour la conclusion d'un pacte civil de solidarité;

2° Un jour pour le mariage d'un enfant;

3° Trois jours pour chaque naissance survenue à son foyer ou pour l'arrivée d'un enfant placé en vue de son adoption;

4° Cinq jours pour le décès d'un enfant ***(L. 2020-692 du 8 juin 2020, art. 1er, I, 3°, JO 9)*** «ou sept jours ouvrés lorsque l'enfant est âgé de moins de vingt-cinq ans et quel que soit son âge si l'enfant décédé était lui-même parent ou en cas de décès d'une personne âgée de moins de vingt-cinq ans à sa charge effective et permanente»;

5° Trois jours pour le décès du conjoint, du partenaire lié par un pacte civil de solidarité, du concubin, du père, de la mère, du beau-père, de la belle-mère, d'un frère ou d'une sœur;

6° Deux jours pour l'annonce de la survenue d'un handicap chez un enfant.

Note • ***À compter du 01.07.2021,*** *le 3° est ainsi rédigé: «3° Trois jours, pour chaque naissance. Cette période de congés commence à courir, au choix du salarié, le jour de la naissance de l'enfant ou le premier jour ouvrable qui suit;», après le même 3°, il est inséré un 3° bis ainsi rédigé: «3° bis Trois jours pour l'arrivée d'un enfant placé en vue de son adoption;» et il est ajouté un alinéa ainsi rédigé: «Les jours de congés mentionnés au présent article sont des jours ouvrables.» (loi 2020-1576 du 14 décembre 2020, art. 73, I, 6° et IV, JO 15).*

Les dispositions de cet article, dans sa rédaction issue de la loi 2020-1576 précitée, s'appliquent aux enfants nés ou adoptés à compter du 01.07.2021 ainsi qu'aux enfants, nés avant cette date, dont la naissance était supposée intervenir à compter de cette date (loi précitée, art. 73, IV).

• Les dispositions de cet article, dans sa rédaction issue de la loi 2020-692 précitée, s'appliquent pour les décès intervenus depuis le 1er juillet 2020 (loi précitée, art. 1er, V).

• Les jours d'absence se décomptent normalement en jours ouvrables à partir de la date de l'événement sans tenir compte de l'horaire ou de sa répartition hebdomadaire (rép. QE 44412, JO AN 3 février 1997, p. 589).

La convention collective précisant que les permissions pour événements familiaux seront accordées en «jours ouvrables» sans opérer aucune distinction entre les jours ouvrables travaillés et les jours ouvrables non travaillés, un congé pour événement familial de 3 jours a pu être accordé au salarié à partir d'un samedi non travaillé (cass. soc. 16 juillet 1997, n° 95-42.432, RJS 10/97 n° 1103; 19 mai 1999, n° 98-40.983).

§ 3. Dispositions supplétives

Art. L. 3142-5. À défaut de convention ou d'accord, le salarié a droit au congé mentionné à l'article L. 3142-4, dont la durée ne peut être inférieure à celle prévue au même article L. 3142-4.

Sous-section 2. Congé de solidarité familiale

§ 1. Ordre public

Art. L. 3142-6. Le salarié dont un ascendant, un descendant, un frère, une sœur ou une personne partageant le même domicile souffre d'une pathologie mettant en jeu le pronostic vital ou est en phase avancée ou terminale d'une affection grave et incurable a droit à un congé de solidarité familiale.

Ce droit bénéficie, dans les mêmes conditions, au salarié ayant été désigné comme personne de confiance, au sens de l'article L. 1111-6 du code de la santé publique.

Note • Sur l'allocation journalière d'accompagnement d'une personne en fin de vie, voir art. L. 168-1 à 7 et D. 168-1 à 10 c. séc. soc. et circ. DSS/2A/2011/117 du 24 mars 2011.

• Le Gouvernement remet chaque année, avant le 31 décembre, un rapport aux commissions parlementaires compétentes faisant état de la mise en œuvre du versement de l'allocation journalière d'accompagnement d'une personne en fin de vie. Ce rapport établit aussi un état des lieux de l'application de la politique de développement des soins palliatifs à domicile (loi 2010-209 du 2 mars 2010, art. 7, JO 3).

• Voir notamment «Le nouveau congé d'accompagnement d'une personne en fin de vie accordé à certains salariés», D. Boulmier, D. 2000, n° 5.

Voir aussi «Regard critique sur la réécriture du congé de solidarité familiale par la loi du 8 août 2016», B. Legros, JCP éd. S 2017, 1085.

• Le congé de solidarité familiale a été ouvert aux fonctionnaires par les décrets 2013-67 et 2013-68 du 18 janvier 2013 (JO 20).

Art. L. 3142-7. Le congé débute ou est renouvelé à l'initiative du salarié. La durée du congé est fixée par le salarié, dans la limite prévue ***(Ord. 2017-1718 du 20 déc. 2017, art. 1er, I, 130°, JO 21)*** «au 1° de l'article L. 3142-14 ou, à défaut d'accord, dans la limite prévue au 1° de l'article L. 3142-15».

En cas d'urgence absolue constatée par écrit par le médecin, le congé débute ou peut être renouvelé sans délai.

Le congé prend fin soit à l'expiration de la durée mentionnée au premier alinéa du présent article, soit dans les trois jours qui suivent le décès de la personne assistée, sans préjudice du bénéfice des dispositions relatives aux congés pour événements personnels et aux congés pour événements familiaux, soit à une date antérieure choisie par le salarié.

Art. L. 3142-8. Le salarié peut, avec l'accord de son employeur, transformer ce congé en période d'activité à temps partiel ou le fractionner.

Art. L. 3142-9. Le salarié bénéficiant des droits prévus aux articles L. 3142-6 à L. 3142-8 ne peut exercer aucune autre activité professionnelle.

Art. L. 3142-10. À l'issue du congé ou de la période d'activité à temps partiel mentionnée à l'article L. 3142-8, le salarié retrouve son emploi ou un emploi similaire assorti d'une rémunération au moins équivalente.

Art. L. 3142-11. Avant et après son congé, le salarié a droit à l'entretien professionnel mentionné au I de l'article L. 6315-1.

Art. L. 3142-12. La durée de ce congé ne peut être imputée sur celle du congé payé annuel.

Elle est prise en compte pour la détermination des avantages liés à l'ancienneté.

Le salarié conserve le bénéfice de tous les avantages qu'il avait acquis avant le début du congé.

Art. L. 3142-13. En cas de différend, le refus de l'employeur peut être directement contesté par le salarié devant le conseil de prud'hommes, statuant ***(Ord. 2019-738 du 17 juil. 2019, art. 15, JO 18)*** «selon la procédure accélérée au fond», dans des conditions fixées par décret en Conseil d'État.

Note Les dispositions de cet article, dans sa rédaction issue de l'ordonnance 2019-738 précitée, s'appliquent aux demandes introduites depuis le 1er janvier 2020 (ordonnance précitée, art. 30).

Art. D. 3142-2. En cas de fractionnement du congé, la durée minimale de chaque période de congé est de une journée.

Note Cet article est l'ancien article D. 3142-8-1 (décret 2016-1555 du 18 novembre 2016, art. 1er, I, 2°, JO 19, entrée en vigueur le 01.01.2017).

Art. D. 3142-3. ***(D. 2016-1555 du 18 nov. 2016, art. 1er, I, 3°, JO 19, entrée en vigueur le 01.01.2017)*** Sans préjudice des dispositions du troisième alinéa de l'article L. 3142-7, le salarié informe l'employeur au moment de la demande du congé par tout moyen conférant date certaine de la date prévisible de son retour. En cas de modification de celle-ci, le salarié en informe l'employeur au moins trois jours avant son retour.

Art. R. 3142-4. ***(D. 2016-1552 du 18 nov. 2016, art. 3, III, 2°, JO 19, entrée en vigueur le 01.01.2017)*** En cas de contestation, le conseil de prud'hommes, saisi en application de l'article L. 3142-13, statue en dernier ressort.

§ 2. Champ de la négociation collective

Art. L. 3142-14. Pour mettre en œuvre le droit à congé du salarié mentionné à l'article L. 3142-6, une convention ou un accord collectif d'entreprise ou, à défaut, une convention ou un accord de branche détermine :

1° La durée maximale du congé ;

2° Le nombre de renouvellements possibles ;

3° Les conditions de fractionnement du congé ou de sa transformation en période d'activité à temps partiel ;

4° Les délais d'information de l'employeur par le salarié sur la prise du congé, sa durée prévisible, son renouvellement et la durée du préavis en cas de retour du salarié avant le terme prévu du congé ;

5° Les mesures permettant le maintien d'un lien entre l'entreprise et le salarié pendant la durée du congé et les modalités d'accompagnement du salarié à son retour.

§ 3. Dispositions supplétives

Art. L. 3142-15. À défaut de convention ou d'accord mentionné à l'article L. 3142-14, les dispositions suivantes sont applicables :

1° La durée maximale du congé est de trois mois, renouvelable une fois ;

2° Les modalités de fractionnement du congé et de sa transformation en période d'activité à temps partiel sont définies par décret ;

3° Les délais d'information de l'employeur par le salarié sur la prise du congé, sa durée prévisible, son renouvellement ainsi que les conditions du retour du salarié avant le terme prévu sont fixés par décret.

Art. D. 3142-5. ***(D. 2016-1555 du 18 nov. 2016, art. 1er, I, 5°, JO 19, entrée en vigueur le 01.01.2017)*** «À défaut de convention ou d'accord mentionné à l'article L. 3142-14, le salarié informe l'employeur par tout moyen conférant date certaine», au moins quinze jours avant le début du congé de solidarité familiale de sa volonté de suspendre son contrat de travail à ce titre, de la date de son départ en congé et, le cas échéant, de sa demande de fractionnement ou de transformation en temps partiel de celui-ci.

Il adresse également un certificat médical, établi par le médecin traitant de la personne que le salarié souhaite assister, attestant que cette personne souffre d'une pathologie mettant en jeu le pronostic vital ou est en phase avancée ou terminale d'une affection grave et incurable.

Note Cet article est l'ancien article D. 3142-6 (décret 2016-1555 du 18 novembre 2016, art. 1er, I, 5°, JO 19, entrée en vigueur le 01.01.2017).

Art. D. 3142-6. ***(D. 2016-1555 du 18 nov. 2016, art. 1er, I, 6°, JO 19, entrée en vigueur le 01.01.2017)*** «À défaut de convention ou d'accord mentionné à l'article L. 3142-14,» lorsque le salarié décide de renouveler son congé de solidarité familiale ou son activité à temps partiel, ***(D. 2016-1555 du 18 nov. 2016, art. 1er, I, 6°, JO 19, entrée en vigueur le 01.01.2017)*** «il en informe l'employeur par tout moyen conférant date certaine», au moins quinze jours avant le terme initialement prévu.

Note Cet article est l'ancien article D. 3142-8 (décret 2016-1555 du 18 novembre 2016, art. 1er, I, 6°, JO 19, entrée en vigueur le 01.01.2017).

Sous-section 3. Congé de proche aidant

Note
- Voir A. Bugada, «Reconnaissance juridique des proches aidants», JCP éd. S 2018, 1387.
- Voir circulaire DSS 2007-446 du 18 décembre 2007 relative au congé de soutien familial.
- Sur l'allocation journalière du proche aidant, voir art. L. 168-8 à 16 et D. 168-11 à 19 c. séc. soc.

§ 1. Ordre public

Art. L. 3142-16. Le salarié a droit à un congé de proche aidant lorsque l'une des personnes suivantes présente un handicap ou une perte d'autonomie d'une particulière gravité:

1° Son conjoint;

2° Son concubin;

3° Son partenaire lié par un pacte civil de solidarité;

4° Un ascendant;

5° Un descendant;

6° Un enfant dont il assume la charge au sens de l'article L. 512-1 du code de la sécurité sociale;

7° Un collatéral jusqu'au quatrième degré;

8° Un ascendant, un descendant ou un collatéral jusqu'au quatrième degré de son conjoint, concubin ou partenaire lié par un pacte civil de solidarité;

9° Une personne âgée ou handicapée avec laquelle il réside ou avec laquelle il entretient des liens étroits et stables, à qui il vient en aide de manière régulière et fréquente, à titre non professionnel, pour accomplir tout ou partie des actes ou des activités de la vie quotidienne.

Note Le 1er alinéa de cet article a été modifié par la loi 2019-1446 du 24 décembre 2019, art. 68, III, JO 27.

Art. L. 3142-17. La personne aidée doit résider en France de façon stable et régulière.

Art. L. 3142-18. Le salarié ne peut exercer aucune autre activité professionnelle pendant la durée du congé.

Toutefois, il peut être employé par la personne aidée dans les conditions prévues au deuxième alinéa des articles L. 232-7 ou L. 245-12 du code de l'action sociale et des familles.

Art. L. 3142-19. Le congé débute ou est renouvelé à l'initiative du salarié.

Il ne peut excéder, renouvellement compris, la durée d'un an pour l'ensemble de la carrière.

En cas de dégradation soudaine de l'état de santé de la personne aidée, de situation de crise nécessitant une action urgente du proche aidant ou de cessation brutale de l'hébergement en établissement dont bénéficiait la personne aidée, le congé débute ou peut être renouvelé sans délai.

Le salarié peut mettre fin de façon anticipée au congé ou y renoncer dans les cas suivants:

1° Décès de la personne aidée;

2° Admission dans un établissement de la personne aidée ;
3° Diminution importante des ressources du salarié ;
4° Recours à un service d'aide à domicile pour assister la personne aidée ;
5° Congé de proche aidant pris par un autre membre de la famille.

Art. L. 3142-20. Le salarié peut, avec l'accord de son employeur, transformer ce congé en période d'activité à temps partiel ou le fractionner. Dans cette hypothèse, le salarié doit avertir son employeur au moins quarante-huit heures avant la date à laquelle il entend prendre chaque période de congé. Cette transformation ou ce fractionnement est accordé sans délai dans les cas mentionnés au troisième alinéa de l'article L. 3142-19.

Art. L. 3142-21. La durée de ce congé ne peut être imputée sur celle du congé payé annuel. Elle est prise en compte pour la détermination des avantages liés à l'ancienneté. Le salarié conserve le bénéfice de tous les avantages qu'il avait acquis avant le début du congé.

Art. L. 3142-22. À l'issue du congé ou de la période d'activité à temps partiel mentionnée à l'article L. 3142-20, le salarié retrouve son emploi ou un emploi similaire assorti d'une rémunération au moins équivalente.

Art. L. 3142-23. Avant et après son congé, le salarié a droit à l'entretien professionnel mentionné au I de l'article L. 6315-1.

Art. L. 3142-24. Un décret détermine les conditions d'application du présent paragraphe, notamment les critères d'appréciation de la particulière gravité du handicap ou de la perte d'autonomie de la personne aidée.

Art. L. 3142-25. En cas de différend, le refus de l'employeur peut être directement contesté par le salarié devant le conseil de prud'hommes, statuant ***(Ord. 2019-738 du 17 juil. 2019, art. 15, JO 18)*** « selon la procédure accélérée au fond », dans des conditions fixées par décret en Conseil d'État.

Note Les dispositions de cet article, dans sa rédaction issue de l'ordonnance 2019-738 précitée, s'appliquent aux demandes introduites depuis le 1er janvier 2020 (ordonnance précitée, art. 30).

Art. L. 3142-25-1. ***(L. 2018-84 du 13 févr. 2018, JO 14)*** Un salarié peut, sur sa demande et en accord avec son employeur, renoncer anonymement et sans contrepartie à tout ou partie de ses jours de repos non pris, qu'ils aient été ou non affectés sur un compte épargne-temps, au bénéfice d'un autre salarié de l'entreprise qui vient en aide à une personne atteinte d'une perte d'autonomie d'une particulière gravité ou présentant un handicap lorsque cette personne est, pour cet autre salarié, l'une de celles mentionnées aux 1° à 9° de l'article L. 3142-16.

Le congé annuel ne peut être cédé que pour sa durée excédant vingt-quatre jours ouvrables.

Le salarié bénéficiant d'un ou de plusieurs jours cédés en application du premier alinéa du présent article bénéficie du maintien de sa rémunération pendant sa période d'absence. Cette période d'absence est assimilée à une période de travail effectif pour la détermination des droits que le salarié tient de son ancienneté. Le salarié conserve le bénéfice de tous les avantages qu'il avait acquis avant le début de sa période d'absence.

Art. D. 3142-7. ***(D. 2016-1554 du 18 nov. 2016, art. 1er, A, 1°, JO 19, entrée en vigueur le 01.01.2017)*** Pour bénéficier immédiatement du congé dans les cas énoncés à l'article L. 3142-19, la dégradation soudaine de l'état de santé de la personne aidée ou la situation de crise nécessitant une action urgente du proche aidant est constatée par écrit par un médecin qui établit un certificat médical et la cessation brutale de l'hébergement en établissement est attestée par le responsable de cet établissement.

Art. D. 3142-8. La demande de congé de ***(D. 2016-1554 du 18 nov. 2016, art. 1er, D, JO 19, entrée en vigueur le 01.01.2017)*** « proche aidant » est accompagnée des pièces suivantes :

1° Une déclaration sur l'honneur du lien familial du demandeur avec la personne aidée ***(D. 2016-1554 du 18 nov. 2016, art. 1er, A, 2°, JO 19, entrée en vigueur le 01.01.2017)*** « ou de l'aide apportée à une personne âgée ou handicapée avec laquelle il réside ou entretient des liens étroits et stables » ;

2° Une déclaration sur l'honneur du demandeur précisant qu'il n'a pas eu précédemment recours, au long de sa carrière, à un congé de ***(D. 2016-1554 du 18 nov. 2016, art. 1er, D, JO 19, entrée en vigueur le 01.01.2017)*** « proche aidant » ou bien la durée pendant laquelle il a bénéficié de ce congé ;

3° Lorsque la personne aidée est un enfant handicapé à la charge du demandeur, au sens de l'article L. 512-1 du code de la sécurité sociale, ou un adulte handicapé, une copie de la décision prise en application de la législation de sécurité sociale ou d'aide sociale subordonnée à la justification d'un taux d'incapacité permanente au moins égal à 80 % ;

4° Lorsque la personne aidée souffre d'une perte d'autonomie, une copie de la décision d'attribution de l'allocation personnalisée d'autonomie au titre d'un classement dans les groupes ***(D. 2016-1554 du 18 nov. 2016, art. 1er, A, 2°, JO 19, entrée en vigueur le 01.01.2017)*** « I, II et III » de la grille nationale mentionnée à l'article L. 232-2 du code de l'action sociale et des familles.

Note Cet article est l'ancien article D. 3142-12 (décret 2016-1554 du 18 novembre 2016, art. 1er, A, 2°, JO 19, entrée en vigueur le 01.01.2017).

Art. D. 3142-9. ***(D. 2016-1554 du 18 nov. 2016, art. 1er, A, 3°, JO 19, entrée en vigueur le 01.01.2017)*** En cas de fractionnement du congé, la durée minimale de chaque période de congé est d'une ***(D. 2020-1208 du 1er oct. 2020, JO 2)*** « demi-journée ».

Note Les dispositions de cet article, dans sa rédaction issue du décret 2020-1208 précité, s'appliquent aux demandes d'allocation visant à l'indemnisation des périodes de congés ou de cessation d'activités courant depuis le 30.09.2020 (décret précité, art. 5, I).

Art. R. 3142-10. ***(D. 2016-1552 du 18 nov. 2016, art. 3, IV, JO 19, entrée en vigueur le 01.01.2017)*** En cas de contestation, le conseil de prud'hommes saisi en application de l'article L. 3142-25 statue en dernier ressort.

§ 2. Champ de la négociation collective

Art. L. 3142-26. Pour mettre en œuvre le droit à congé du salarié mentionné à l'article L. 3142-16, ***(L. 2019-485 du 22 mai 2019, JO 23)*** « une convention ou un accord de branche ou, à défaut, une convention ou un accord collectif d'entreprise détermine : »

1° La durée maximale du congé ;

2° Le nombre de renouvellements possibles ;

3° Les délais d'information de l'employeur par le salarié sur la prise du congé et son renouvellement ainsi que la durée du préavis en cas de retour du salarié avant la fin du congé ;

4° Les délais de demande du salarié et de réponse de l'employeur sur le fractionnement du congé ou sa transformation en période d'activité à temps partiel.

§ 3. Dispositions supplétives

Art. L. 3142-27. À défaut de convention ou d'accord mentionné à l'article L. 3142-26, les dispositions suivantes sont applicables :

1° La durée maximale du congé est de trois mois, renouvelable dans la limite mentionnée à l'article L. 3142-19 ;

2° Les délais d'information de l'employeur par le salarié sur la prise du congé et son renouvellement, la durée du préavis en cas de retour du salarié avant le terme prévu du congé, ainsi que les délais de demande du salarié et de réponse de l'employeur sur le fractionnement du congé ou sa transformation en période d'activité à temps partiel sont fixés par décret.

Art. D. 3142-11. ***(D. 2016-1554 du 18 nov. 2016, art. 1er, C, 1°, JO 19, entrée en vigueur le 01.01.2017)*** « À défaut de convention ou d'accord mentionné à l'article L. 3142-26, le salarié informe l'employeur par tout moyen conférant date certaine », au moins ***(D. 2016-1554 du 18 nov. 2016, art. 1er, C, 1°, JO 19, entrée en vigueur le 01.01.2017)*** « un mois » avant le début du congé de ***(D. 2016-1554 du 18 nov. 2016, art. 1er, D, JO 19, entrée en vigueur le 01.01.2017)*** « proche aidant » de sa volonté de suspendre son contrat de travail à ce titre ***(D. 2016-1554 du 18 nov. 2016, art. 1er, C, 1°, JO 19, entrée en vigueur le 01.01.2017)*** « , et, le cas échéant, de sa demande de fractionnement ou de transformation à temps partiel de celui-ci » et de la date de son départ en congé.

Il joint à ***(D. 2016-1554 du 18 nov. 2016, art. 1er, C, 1°, JO 19, entrée en vigueur le 01.01.2017)*** « sa demande » les documents mentionnés à l'article ***(D. 2016-1554 du 18 nov. 2016, art. 1er, C, 1°, JO 19, entrée en vigueur le 01.01.2017)*** « D. 3142-8 ».

Note Cet article est l'ancien article D. 3142-9 (décret 2016-1554 du 18 novembre 2016, art. 1er, C, 1°, JO 19, entrée en vigueur le 01.01.2017).

Art. D. 3142-12. ***(D. 2016-1554 du 18 nov. 2016, art. 1er, C, 2°, JO 19, entrée en vigueur le 01.01.2017)*** « À défaut de convention ou d'accord mentionné à l'article L. 3142-26, en cas de renouvellement du congé de proche aidant ou de l'activité à temps partiel » de façon successive, le salarié avertit l'employeur de cette prolongation au moins ***(D. 2016-1554 du 18 nov. 2016, art. 1er, C, 2°, JO 19, entrée en vigueur le 01.01.2017)*** « quinze jours » avant le terme initialement prévu, ***(D. 2016-1554 du 18 nov. 2016, art. 1er, C, 2°, JO 19, entrée en vigueur le 01.01.2017)*** « par tout moyen conférant date certaine ».

Art. L. 3142-28

En cas de renouvellement non successif, les conditions de prévenance définies à l'article ***(D. 2016-1554 du 18 nov. 2016, art. 1er, C, 2°, JO 19, entrée en vigueur le 01.01.2017)*** « D. 3142-11 » s'appliquent.

Note Cet article est l'ancien article D. 3142-10 (décret 2016-1554 du 18 novembre 2016, art. 1er, C, 2°, JO 19, entrée en vigueur le 01.01.2017).

Art. D. 3142-13. ***(D. 2016-1554 du 18 nov. 2016, art. 1er, C, 3°, JO 19, entrée en vigueur le 01.01.2017)*** « À défaut de convention ou d'accord mentionné à l'article L. 3142-26, » pour mettre fin de façon anticipée au congé ou y renoncer dans les cas prévus à l'article ***(D. 2016-1554 du 18 nov. 2016, art. 1er, C, 3°, JO 19, entrée en vigueur le 01.01.2017)*** « L. 3142-19 », le salarié adresse une demande motivée à l'employeur par ***(D. 2016-1554 du 18 nov. 2016, art. 1er, C, 3°, JO 19, entrée en vigueur le 01.01.2017)*** « tout moyen conférant date certaine », au moins un mois avant la date à laquelle il entend bénéficier de ces dispositions.

En cas de décès de la personne aidée, ce délai est ramené à deux semaines.

Sous-section 4. Congé sabbatique

§ 1. Ordre public

Art. L. 3142-28. Le salarié a droit à un congé sabbatique pendant lequel son contrat de travail est suspendu.

Le droit à ce congé est ouvert au salarié justifiant, à la date de départ en congé, d'une ancienneté minimale dans l'entreprise, cumulée, le cas échéant, sur plusieurs périodes non consécutives, ainsi que de six années d'activité professionnelle et n'ayant pas bénéficié depuis une durée minimale, dans la même entreprise, d'un congé sabbatique, d'un congé pour création d'entreprise ou d'un ***(Ord. 2019-861 du 21 août 2019, art. 1er, 4°, JO 22)*** « congé spécifique mentionné à l'article L. 6323-17-1 » d'une durée d'au moins six mois. L'ancienneté acquise dans toute autre entreprise du même groupe, au sens de l'article L. 2331-1, est prise en compte au titre de l'ancienneté dans l'entreprise.

Note • Est assimilée à un licenciement sans cause réelle et sérieuse la remise à une salariée, le jour de son départ en congé sabbatique, d'un certificat de travail et d'une attestation pour l'ASSEDIC, portant pour motif de rupture ce congé, de même que la signature d'un solde de tout compte (cass. soc. 7 avril 2009, n° 07-45.709).

• Au cours d'un congé sabbatique, aucune interdiction d'avoir une activité salariée ou non salariée ne s'impose au bénéficiaire du congé, lequel demeure cependant tenu de respecter les obligations de loyauté et de non-concurrence à l'égard de son employeur (cass. soc. 27 novembre 1991, n° 88-43.161, BC V n° 537; RJS 1/92 n° 43; 5 juin 1996, n° 93-42.588, BC V n° 231; RJS 8-9/96 n° 937; 1er avril 2003, n° 00-44.902, RJS 6/70 n° 770).

Art. L. 3142-29. L'employeur peut différer le départ en congé dans la limite de six mois à compter de la demande, en fonction de la proportion de salariés absents dans l'entreprise au titre du congé ou en fonction du nombre de jours d'absence prévus au titre du même congé. Dans les entreprises de moins de trois cents salariés, cette limite est portée à neuf mois.

L'employeur peut également différer ce congé sur le fondement de l'article L. 3142-114 et, pour les entreprises de moins de trois cents salariés, le refuser sur le fondement du 1° de l'article L. 3142-113 selon les modalités prévues aux deux derniers alinéas du même article L. 3142-113.

Note L'employeur qui refuse de façon injustifiée d'octroyer un congé sabbatique perd la faculté de différer le départ en congé après l'annulation de son refus (cass. soc. 2 février 1999, n° 96-41.812, BC V n° 54; RJS 3/99 n° 384).

Voir aussi note sous art. L. 3142-113.

Art. L. 3142-30. L'employeur informe le salarié soit de son accord sur la date de départ choisie par l'intéressé, soit du report de cette date, soit de son refus.

(Ord. 2017-1718 du 20 déc. 2017, art. 1er, I, 131°, JO 21) « L'accord de l'employeur est réputé acquis à défaut de réponse dans un délai de trente jours à compter de la présentation de la demande. »

Art. L. 3142-31. À l'issue du congé, le salarié retrouve son précédent emploi ou un emploi similaire assorti d'une rémunération au moins équivalente et bénéficie de l'entretien professionnel mentionné au I de l'article L. 6315-1.

Il ne peut invoquer aucun droit à être réemployé avant l'expiration du congé.

Note • Le congé pour convenances personnelles, pour lequel aucune des formalités propres au départ en congé sabbatique n'a été respectée, n'est pas un congé sabbatique et n'ouvre pas droit à réintégration (cass. soc. 2 mai 1990, n° 87-44.856, SSL n° 505, p. 12).

• *Obligation de réintégration dans le même emploi ou dans un emploi similaire.* Le salarié est en droit de refuser un poste impliquant une mutation avec un changement de lieu de travail et de résidence (cass. soc. 26 février 1997, n° 94-41.071, RJS 6/97 n° 699) ou une modification des horaires de travail (cass. soc. 15 septembre 2010, n° 09-41.526, RJS 11/10 n° 857; 16 mars 1989, n° 86-42.328, BC V n° 231).

N'ayant pas été réintégrée dans son emploi ou dans un emploi similaire à l'issue de son congé sabbatique, une salariée pouvait légitimement prendre acte de la rupture de son contrat aux torts de l'employeur, rupture produisant dès lors les effets d'un licenciement sans cause réelle et sérieuse (cass. soc. 4 février 2009, n° 07-43.984, RJS 4/09 n° 366). Pour des circonstances dans lesquelles la prise d'acte n'est pas justifiée, voir cass. soc. 15 décembre 2010, n° 08-45.378.

Après avoir constaté qu'une salariée de retour de congé sabbatique avait protesté de façon détaillée à propos du nouveau poste proposé dont les contours et la qualification étaient mal définis et que la société n'avait apporté sur ce point aucune réponse convaincante, ce dont il résultait que le caractère similaire du poste proposé n'était pas établi, c'est à bon droit qu'une cour d'appel a dit sans cause réelle et sérieuse le licenciement de la salariée consécutif au refus du poste litigieux (cass. soc. 9 avril 2008, n° 06-45.898, LS Jurispr. n° 114 du 13.05.2008). En revanche, lorsque le précédent emploi n'est plus disponible et que le salarié a refusé plusieurs propositions de postes présentant des caractéristiques équivalentes, le licenciement consécutif à ces refus repose sur une cause réelle et sérieuse (cass. soc. 3 juin 2015, n° 14-12.245, BC V n° 112; LSQ n° 16852 du 12.06.2015; JCP éd. S 2015, 1311, note Fr. Dumont; RJS 8-9/15 n° 574; JSL n° 392, 25.07.2015, p. 19, H. Tissandier).

N'est pas constitutif d'une faute grave le refus du poste proposé par l'employeur deux mois après l'expiration du congé sabbatique, la salariée n'ayant retrouvé à cette date ni son précédent emploi, ni un emploi similaire (cass. soc. 3 juin 2009, n° 07-44.786).

• Si, à l'issue du congé sabbatique d'un an, le salarié ne reprend pas son travail et laisse sans réponse la lettre de son employeur lui demandant la cause de son absence, les juges du fond peuvent déduire des circonstances une volonté claire et non équivoque de démissionner (cass. soc. 14 décembre 1995, n° 94-41.782, RJS 2/96 n° 131).

Art. D. 3142-14. Les délais mentionnés à l'article ***(D. 2016-1555 du 18 nov. 2016, art. 1er, II, 2°, JO 19, entrée en vigueur le 01.01.2017)*** « L. 3142-29 », en vue de différer le départ en congé sabbatique d'un salarié, courent à compter de la présentation de la ***(D. 2016-1555 du 18 nov. 2016, art. 1er, II, 2°, JO 19, entrée en vigueur le 01.01.2017)*** « demande » prévue à l'article ***(D. 2016-1555 du 18 nov. 2016, art. 1er, II, 2°, JO 19, entrée en vigueur le 01.01.2017)*** « D. 3142-19 ».

Note Cet article est l'ancien article D. 3142-48 (décret 2016-1555 du 18 novembre 2016, art. 1er, II, 2°, JO 19, entrée en vigueur le 01.01.2017).

Art. D. 3142-15. ***(D. 2016-1555 du 18 nov. 2016, art. 1er, II, 3°, JO 19, entrée en vigueur le 01.01.2017)*** Le refus de l'employeur d'accorder un congé sabbatique est notifié au salarié par tout moyen conférant date certaine.

Art. D. 3142-16. ***(D. 2016-1555 du 18 nov. 2016, art. 1er, II, 3°, JO 19, entrée en vigueur le 01.01.2017)*** Le salarié peut contester le refus de l'employeur dans les quinze jours à compter de la notification.

Art. R. 3142-17. ***(D. 2016-1552 du 18 nov. 2016, art. 3, V, JO 19, entrée en vigueur le 01.01.2017)*** En cas de contestation, le conseil de prud'hommes saisi en application de l'article L. 3142-29 statue en dernier ressort.

Art. D. 3142-18. ***(D. 2016-1555 du 18 nov. 2016, art. 1er, II, 3°, JO 19, entrée en vigueur le 01.01.2017)*** L'employeur informe le salarié de son accord sur la date de départ choisie du congé sabbatique ou de son report par tout moyen conférant date certaine.

§ 2. Champ de la négociation collective

Art. L. 3142-32. Pour mettre en œuvre le droit à congé du salarié mentionné à l'article L. 3142-28, une convention ou un accord collectif d'entreprise ou, à défaut, une convention ou un accord de branche détermine :

1° Les durées minimale et maximale du congé et le nombre de renouvellements ;

2° La condition d'ancienneté requise dans l'entreprise pour ouvrir droit à ce congé ;

3° La durée minimale dans l'entreprise durant laquelle le salarié ne doit pas avoir bénéficié des dispositifs mentionnés au second alinéa de l'article L. 3142-28 ;

4° Les plafonds mentionnés aux articles L. 3142-29, L. 3142-114 et L. 3142-115 ;

5° Les conditions et délais d'information de l'employeur par le salarié sur sa demande de congé ainsi que sur la date de son départ et sur la durée envisagée de ce congé.

Art. L. 3142-33. Cette convention ou cet accord détermine également les modalités de report des congés payés dus au salarié qui bénéficie du congé.

§ 3. Dispositions supplétives

Sous-§ 1. Règles générales de prise du congé

Art. L. 3142-34. À défaut de convention ou d'accord mentionné à l'article L. 3142-32, les dispositions suivantes sont applicables :

1° La durée minimale du congé est de six mois et sa durée maximale est de onze mois ;

2° Le droit à ce congé est ouvert au salarié justifiant, à la date de départ en congé, d'une ancienneté dans l'entreprise d'au moins trente-six mois, consécutifs ou non, et n'ayant pas bénéficié dans l'entreprise, au cours des six années précédentes, des dispositifs mentionnés au second alinéa de l'article L. 3142-28 ;

3° Les conditions et délais mentionnés au 5° de l'article L. 3142-32 sont fixés par décret ;

4° Les plafonds mentionnés à l'article L. 3142-29 sont fixés par décret.

Art. D. 3142-19. ***(D. 2016-1555 du 18 nov. 2016, art. 1er, II, 5°, JO 19, entrée en vigueur le 01.01.2017)*** « À défaut de convention ou d'accord mentionné à l'article L. 3142-32, » le salarié informe l'employeur de la date de départ en congé sabbatique qu'il a choisie et de la durée de ce congé, par ***(D. 2016-1555 du 18 nov. 2016, art. 1er, II, 5°, JO 19, entrée en vigueur le 01.01.2017)*** « tout moyen conférant date certaine », au moins trois mois à l'avance.

Note Cet article est l'ancien article D. 3142-47 (décret 2016-1555 du 18 novembre 2016, art. 1er, II, 5°, JO 19, entrée en vigueur le 01.01.2017).

Art. D. 3142-20. ***(D. 2016-1555 du 18 nov. 2016, art. 1er, II, 6°, JO 19, entrée en vigueur le 01.01.2017)*** À défaut de convention ou d'accord mentionné à l'article L. 3142-32, le départ en congé peut être différé par l'employeur dans les conditions mentionnées au premier alinéa de l'article L. 3142-29, de telle sorte que le pourcentage des salariés simultanément absents de l'entreprise au titre du congé sabbatique ne dépasse pas 1,5 % de l'effectif de cette entreprise, jusqu'à la date à laquelle cette condition de taux est remplie ou que le nombre de jours d'absence au titre du congé sabbatique ne dépasse pas 1,5 % du nombre de jours de travail effectués dans les douze mois précédant le départ en congé. Pour permettre le départ en congé d'un salarié, cette période de douze mois est prolongée dans la limite de quarante-huit mois.

Art. D. 3142-21. ***(D. 2016-1555 du 18 nov. 2016, art. 1er, II, 6°, JO 19, entrée en vigueur le 01.01.2017)*** À défaut de convention ou d'accord mentionné à l'article L. 3142-32, le départ en congé peut être différé par l'employeur dans les conditions mentionnées au deuxième alinéa de l'article L. 3142-29 conformément aux dispositions de l'article D. 3142-75.

Sous-§ 2. Report de congés payés

Art. L. 3142-35. À défaut de stipulation dans la convention ou l'accord mentionné à l'article L. 3142-32, les articles L. 3142-120 à L. 3142-124 s'appliquent.

SECTION 2. Congés pour engagement associatif, politique ou militant

Sous-section 1. Congé mutualiste de formation

Note Les dispositions législatives des sous-sections 1 à 7 sont issues de la loi 2016-1088 du 8 août 2016, art. 9, I, 2°, JO 9.

§ 1. Ordre public

Art. L. 3142-36. Tout administrateur d'une mutuelle, d'une union ou d'une fédération, au sens de l'article L. 114-16 du code de la mutualité, a droit, chaque année, à un congé de formation.

Art. L. 3142-37. La durée du congé ne peut être imputée sur la durée du congé payé annuel. Elle est assimilée à une période de travail effectif pour la détermination des droits à congés payés ainsi que pour l'ensemble des autres droits résultant pour l'intéressé de son contrat de travail.

Art. L. 3142-38. Un décret en Conseil d'État détermine les modalités d'application de la présente sous-section, notamment :

1° Les conditions dans lesquelles l'employeur peut différer le congé en raison des nécessités propres de l'entreprise ou de son exploitation ;

2° Les conditions dans lesquelles est établie la liste des stages ouvrant droit au congé mutualiste de formation et des organismes susceptibles de dispenser ces stages;

3° Les conditions dans lesquelles le congé est attribué aux agents des services publics et des entreprises publiques;

4° Les conditions dans lesquelles le congé est attribué au salarié bénéficiant d'un régime de congé plus avantageux que celui qui résulte du chapitre Ier.

Art. L. 3142-39. En cas de différend, le refus de l'employeur peut être directement contesté par le salarié devant le conseil de prud'hommes, statuant ***(Ord. 2019-738 du 17 juil. 2019, art. 15, JO 18)*** «selon la procédure accélérée au fond», dans des conditions fixées par décret en Conseil d'État.

Note Les dispositions de cet article, dans sa rédaction issue de l'ordonnance 2019-738 précitée, s'appliquent aux demandes introduites depuis le 1er janvier 2020 (ordonnance précitée, art. 30).

Art. R. 3142-22. La liste des organismes dont les stages ouvrent droit au congé mutualiste est établie par arrêté du ministre chargé de la mutualité après avis du Conseil supérieur de la mutualité.

Note Cet article est l'ancien article R. 3142-26 modifié (décret 2016-1552 du 18 novembre 2016, art. 4, II, 4°, JO 19, entrée en vigueur le 01.01.2017).

Art. R. 3142-23. ***(D. 2016-1552 du 18 nov. 2016, art. 4, II, 5°, JO 19, entrée en vigueur le 01.01.2017)*** Le bénéfice du congé peut être refusé par l'employeur s'il établit que ce refus est justifié par des nécessités particulières à son entreprise ou à l'exploitation de celle-ci.

Ce refus ne peut intervenir qu'après consultation du ***(D. 2017-1819 du 29 déc. 2017, art. 3, 25°, JO 30, entrée en vigueur le 01.01.2018)*** «comité social et économique».

Si le salarié renouvelle sa demande après l'expiration d'un délai de quatre mois, un nouveau report ne peut lui être opposé sauf en cas de dépassement du nombre déterminé par l'article R. 3142-29.

Art. R. 3142-23-1. ***(D. 2016-1552 du 18 nov. 2016, art. 4, II, 5°, JO 19, entrée en vigueur le 01.01.2017)*** Pour les entreprises publiques non prévues à l'article L. 2233-1, des arrêtés pris par les ministres intéressés précisent les organismes appelés à donner leur avis dans les conditions prévues par l'article R. 3142-23.

Art. R. 3142-24. ***(D. 2016-1552 du 18 nov. 2016, art. 4, II, 5°, JO 19, entrée en vigueur le 01.01.2017)*** Le refus ou le report du congé mutualiste de formation par l'employeur est motivé et notifié par tout moyen conférant date certaine à l'intéressé dans les huit jours à compter de la réception de sa demande.

Art. R. 3142-25. ***(D. 2016-1552 du 18 nov. 2016, art. 4, II, 5°, JO 19, entrée en vigueur le 01.01.2017)*** Le salarié dont la demande de congé mutualiste de formation n'a pas été satisfaite en raison des conditions mentionnées aux articles R. 3142-23 et R. 3142-29 bénéficie d'une priorité pour l'octroi ultérieur de ce congé.

Art. R. 3142-26. ***(D. 2016-1552 du 18 nov. 2016, art. 4, II, 5°, JO 19, entrée en vigueur le 01.01.2017)*** L'organisme chargé des stages ou sessions dispensés dans le cadre du congé mutualiste de formation délivre au salarié une attestation constatant la fréquentation effective de celui-ci.

Cette attestation est remise à l'employeur au moment de la reprise du travail.

Art. R. 3142-27. ***(D. 2016-1552 du 18 nov. 2016, art. 4, II, 5°, JO 19, entrée en vigueur le 01.01.2017)*** En cas de contestation, le conseil de prud'hommes, saisi en application de l'article L. 3142-39, statue en dernier ressort.

§ 2. Champ de la négociation collective

Art. L. 3142-40. Pour mettre en œuvre le droit à congé du salarié mentionné à l'article L. 3142-36, une convention ou un accord collectif d'entreprise ou, à défaut, une convention ou un accord de branche détermine:

1° La durée totale maximale du congé;

2° Le délai dans lequel le salarié informe l'employeur de sa demande de congé;

3° Les règles selon lesquelles est déterminé, par établissement, le nombre maximal de salariés susceptibles de bénéficier de ce congé au cours d'une année.

§ 3. Dispositions supplétives

Art. L. 3142-41. À défaut de convention ou d'accord mentionné à l'article L. 3142-40, les dispositions suivantes sont applicables:

1° Le nombre maximal de jours pouvant être pris au titre du congé est de neuf jours ouvrables par an;

2° Le délai dans lequel le salarié informe l'employeur de sa demande de congé est fixé par décret ;

3° Les règles selon lesquelles est déterminé, par établissement, le nombre maximal de salariés susceptibles de bénéficier de ce congé au cours d'une année sont définies par décret en Conseil d'État.

Art. R. 3142-28. ***(D. 2016-1552 du 18 nov. 2016, art. 4, II, 7°, JO 19, entrée en vigueur le 01.01.2017)*** « À défaut de convention ou d'accord mentionné à l'article L. 3142-40, l'administrateur d'une mutuelle, d'une union ou d'une fédération informe l'employeur par tout moyen conférant date certaine », au moins trente jours avant le début du congé mutualiste de formation, de sa volonté de bénéficier de ce congé.

Il précise la date et la durée de l'absence envisagée et désigne l'organisme responsable du stage ou de la session.

Note Cet article est l'ancien article R. 3142-25 (décret 2016-1552 du 18 novembre 2016, art. 4, II, 7°, JO 19, entrée en vigueur le 01.01.2017).

Art. R. 3142-29. ***(D. 2016-1552 du 18 nov. 2016, art. 4, II, 8°, JO 19, entrée en vigueur le 01.01.2017)*** À défaut de convention ou d'accord mentionné à l'article L. 3142-40, et en application du 3° de l'article L. 3142-41, le bénéfice du congé peut être refusé par l'employeur s'il établit que le nombre de salariés, par établissement, ayant bénéficié du congé durant l'année en cours atteint la proportion suivante :

1° Moins de 50 salariés : un bénéficiaire ;
2° 50 à 99 salariés : deux bénéficiaires ;
3° 100 à 199 salariés : trois bénéficiaires ;
4° 200 à 499 salariés : quatre bénéficiaires ;
5° 500 à 999 salariés : cinq bénéficiaires ;
6° 1 000 à 1 999 salariés : six bénéficiaires ;
7° À partir de 2 000 salariés : un bénéficiaire de plus par tranche supplémentaire de 1 000 salariés.

Sous-section 2. Congé de participation aux instances d'emploi et de formation professionnelle ou à un jury d'examen

§ 1. Ordre public

Art. L. 3142-42. Lorsqu'un salarié est désigné pour siéger dans une commission, un conseil ou un comité administratif ou paritaire appelé à traiter des problèmes d'emploi et de formation, l'employeur lui accorde le temps nécessaire pour participer aux réunions de ces instances.

La liste de ces instances est fixée par arrêté interministériel.

Lorsqu'un salarié est désigné pour participer à un jury d'examen ou de validation des acquis de l'expérience, l'employeur lui accorde une autorisation d'absence pour participer à ce jury.

Note Voir arrêté du 20 mai 1980 (JO 24), modifié par arrêté du 17 juillet 2017 (JO 21), fixant la liste des commissions, conseils ou comités administratifs ou paritaires appelés à traiter des problèmes d'emploi et de formation ou jurys d'examen donnant droit à autorisation d'absence de la part des employeurs.

Voir arrêté du 2 juillet 2009 (JO 27 août) relatif à la composition et au fonctionnement des commissions professionnelles consultatives instituées auprès du ministère chargé de l'emploi.

Art. L. 3142-43. La participation du salarié aux réunions et jurys mentionnés à l'article L. 3142-42 n'entraîne aucune réduction de la rémunération.

La durée des congés correspondants ne peut être imputée sur celle du congé payé annuel.

Art. L. 3142-44. Un décret détermine les conditions dans lesquelles les dépenses afférentes au maintien du salaire et au remboursement des frais de déplacement sont supportées par les instances et jurys mentionnés à l'article L. 3142-42 ou par l'entreprise.

Note Cet article a été modifié par la loi 2018-771 du 5 septembre 2018, art. 45, I, 2°, JO 6 ; cette modification est applicable depuis le 1er janvier 2019 (loi précitée, art. 46, I).

Art. L. 3142-45. Le bénéfice du congé peut être refusé par l'employeur s'il estime que cette absence est susceptible d'avoir des conséquences préjudiciables à la bonne marche de l'entreprise.

Le refus de l'employeur intervient après avis du ***(Ord. 2017-1386 du 22 sept. 2017, art. 4, 26°, JO 23, entrée en vigueur au plus tard le 01.01.2018)*** «comité social et économique». Il est motivé.

En cas de différend, le refus de l'employeur peut être directement contesté par le salarié devant le conseil de prud'hommes, statuant ***(Ord. 2019-738 du 17 juil. 2019, art. 15, JO 18)*** «selon la procédure accélérée au fond», dans des conditions fixées par décret en Conseil d'État.

Note Les dispositions de cet article, dans sa rédaction issue de l'ordonnance 2019-738 précitée, s'appliquent aux demandes introduites depuis le 1er janvier 2020 (ordonnance précitée, art. 30).

Art. R. 3142-30. ***(D. 2016-1552 du 18 nov. 2016, art. 4, III, 3°, JO 19, entrée en vigueur le 01.01.2017)*** Le refus de l'employeur est notifié par tout moyen conférant date certaine au salarié.

Art. R. 3142-31. ***(D. 2016-1552 du 18 nov. 2016, art. 4, III, 3°, JO 19, entrée en vigueur le 01.01.2017)*** En cas de contestation, le conseil de prud'hommes, saisi en application de l'article L. 3142-45, statue en dernier ressort.

§ 2. Champ de la négociation collective

Art. L. 3142-46. Pour mettre en œuvre le droit à congé du salarié mentionné à l'article L. 3142-42, une convention ou un accord collectif d'entreprise ou, à défaut, une convention ou un accord de branche détermine les délais dans lesquels le salarié adresse sa demande de congé.

§ 3. Dispositions supplétives

Art. L. 3142-47. À défaut de convention ou d'accord mentionné à l'article L. 3142-46, un décret fixe les délais dans lesquels le salarié adresse sa demande de congé.

Art. D. 3142-32. ***(D. 2016-1555 du 18 nov. 2016, art. 2, I, 2°, JO 19, entrée en vigueur le 01.01.2017)*** «À défaut de convention ou d'accord mentionné à l'article L. 3142-46,» le salarié ***(D. 2016-1555 du 18 nov. 2016, art. 2, I, 2°, JO 19, entrée en vigueur le 01.01.2017)*** «informe l'employeur par tout moyen conférant date certaine», dans un délai qui ne peut pas être inférieur à quinze jours calendaires avant le début de la session d'examen ou de validation ***(D. 2016-1555 du 18 nov. 2016, art. 2, I, 2°, JO 19, entrée en vigueur le 01.01.2017)*** «ou de sa participation à l'instance d'emploi et de formation professionnelle, de sa volonté de bénéficier de ce congé». Il joint à sa demande une copie de la convocation à participer à un jury d'examen ou de validation des acquis de l'expérience ***(D. 2016-1555 du 18 nov. 2016, art. 2, I, 2°, JO 19, entrée en vigueur le 01.01.2017)*** «ou à une instance d'emploi et de formation professionnelle».

Note Cet article est l'ancien article D. 3142-5-3 (décret 2016-1555 du 18 novembre 2016, art. 2, I, 2°, JO 19, entrée en vigueur le 01.01.2017).

Sous-section 3. Congé pour catastrophe naturelle

Note Les dispositions relatives à ce congé sont issues de la loi 82-600 du 13 juillet 1982 (art. 5, II, JO 14) relative à l'indemnisation des victimes de catastrophe naturelle.

§ 1. Ordre public

Art. L. 3142-48. Le salarié résidant ou habituellement employé dans une zone touchée par une catastrophe naturelle a droit à un congé, pris en une ou plusieurs fois, pour participer aux activités d'organismes apportant une aide aux victimes de catastrophes naturelles.

Art. L. 3142-49. En cas d'urgence, le congé peut être pris sous préavis de vingt-quatre heures.

Art. L. 3142-50. La durée du congé ne peut être imputée sur la durée du congé payé annuel.

Art. L. 3142-51. Le bénéfice du congé peut être refusé par l'employeur s'il estime que cette absence est susceptible d'avoir des conséquences préjudiciables à la bonne marche de l'entreprise.

Le refus de l'employeur intervient après avis du ***(Ord. 2017-1386 du 22 sept. 2017, art. 4, 26°, JO 23, entrée en vigueur au plus tard le 01.01.2018)*** «comité social et économique». Il est motivé.

Art. L. 3142-52

En cas de différend, le refus de l'employeur peut être directement contesté devant le conseil de prud'hommes, statuant ***(Ord. 2019-738 du 17 juil. 2019, art. 15, JO 18)*** «selon la procédure accélérée au fond», dans des conditions fixées par décret en Conseil d'État.

Note Les dispositions de cet article, dans sa rédaction issue de l'ordonnance 2019-738 précitée, s'appliquent aux demandes introduites depuis le 1er janvier 2020 (ordonnance précitée, art. 30).

Art. R. 3142-33. ***(D. 2016-1552 du 18 nov. 2016, art. 4, IV, 3°, JO 19, entrée en vigueur le 01.01.2017)*** Le refus de l'employeur est notifié par tout moyen conférant date certaine au salarié.

Art. R. 3142-34. ***(D. 2016-1552 du 18 nov. 2016, art. 4, IV, 3°, JO 19, entrée en vigueur le 01.01.2017)*** En cas de contestation, le conseil de prud'hommes, saisi en application de l'article L. 3142-51, statue en dernier ressort.

§ 2. Champ de la négociation collective

Art. L. 3142-52. Pour mettre en œuvre le droit à congé du salarié mentionné à l'article L. 3142-48, une convention ou un accord collectif d'entreprise ou, à défaut, une convention ou un accord de branche détermine:

1° La durée totale maximale du congé;

2° Les délais dans lesquels le salarié adresse sa demande de congé.

§ 3. Dispositions supplétives

Art. L. 3142-53. À défaut de convention ou d'accord mentionné à l'article L. 3142-52:

1° La durée maximale du congé est de vingt jours par an;

2° Les délais dans lesquels le salarié adresse sa demande de congé sont fixés par décret.

Art. D. 3142-35. ***(D. 2016-1555 du 18 nov. 2016, art. 2, II, JO 19, entrée en vigueur le 01.01.2017)*** À défaut de convention ou d'accord mentionné à l'article L. 3142-52, le salarié informe l'employeur par tout moyen conférant date certaine, au moins 48 heures avant le début du congé, de sa volonté de bénéficier de ce congé.

Sous-section 4. **Congés de formation de cadres et d'animateurs pour la jeunesse, des responsables associatifs bénévoles, des titulaires de mandats mutualistes autres qu'administrateurs et des membres des conseils citoyens**

§ 1. Ordre public

Art. L. 3142-54. Le salarié âgé de moins de vingt-cinq ans souhaitant participer aux activités des organisations de jeunesse et d'éducation populaire et des fédérations et associations sportives agréées par l'autorité administrative destinées à favoriser la préparation et la formation ou le perfectionnement de cadres et animateurs a droit, chaque année, à un congé de formation de cadres et d'animateurs pour la jeunesse pouvant être pris en une ou deux fois à la demande du bénéficiaire.

Note Le principe posé par la Cour de cassation (cass. chambres réunies 20 mai 1965) selon lequel le comité d'entreprise peut établir, au titre des œuvres sociales, un régime d'indemnités au bénéfice des salariés bénéficiant d'un congé d'éducation ouvrière, dès lors que ces indemnités sont instituées en faveur des seuls salariés sans aucune distinction entre eux, paraît devoir s'appliquer également aux congés de formation de cadres et d'animateurs pour la jeunesse.

Art. L. 3142-54-1. ***(L. 2017-86 du 27 janv. 2017, art. 10, I, 2°, JO 28)*** Un congé est accordé chaque année, à sa demande, sans condition d'âge:

1° À tout salarié désigné pour siéger à titre bénévole dans l'organe d'administration ou de direction d'une association régie par la loi du 1er juillet 1901 relative au contrat d'association ou inscrite au registre des associations en application du code civil local applicable dans les départements du Bas-Rhin, du Haut-Rhin et de la Moselle, déclarée depuis trois ans au moins et dont l'ensemble des activités est mentionné au b du 1 de l'article 200 du code général des impôts, et à tout salarié exerçant à titre bénévole des fonctions de direction ou d'encadrement au sein d'une telle association;

2° À tout salarié membre d'un conseil citoyen dont la composition a été reconnue par le représentant de l'État dans le département dans les conditions prévues à l'article 7 de la loi n° 2014-173 du 21 février 2014 de programmation pour la ville et la cohésion urbaine, pour siéger dans les instances internes du conseil citoyen et participer aux instances de pilotage du contrat de ville, y compris celles relatives aux projets de renouvellement urbain;

3° À toute personne, non administrateur, apportant à une mutuelle, union ou fédération, en dehors de tout contrat de travail, un concours personnel et bénévole, dans le cadre d'un mandat pour lequel elle a été statutairement désignée ou élue.

Ce congé peut être fractionné en demi-journées.

Art. L. 3142-55. La durée du congé ne peut être imputée sur la durée du congé payé annuel et est assimilée à une période de travail effectif pour la détermination des droits à congés payés ainsi que pour l'ensemble des autres droits résultant pour l'intéressé de son contrat de travail.

Art. L. 3142-56. Un décret en Conseil d'État détermine, pour l'application de la présente sous-section :

1° Les conditions dans lesquelles l'employeur peut différer le congé en raison des nécessités propres de l'entreprise ou de son exploitation ;

2° Les conditions dans lesquelles les salariés âgés de plus de vingt-cinq ans peuvent être exceptionnellement admis à bénéficier du congé ;

3° Les conditions dans lesquelles le congé est attribué aux agents des services publics et des entreprises publiques ;

4° Les conditions dans lesquelles le congé est attribué au salarié bénéficiant d'un régime de congés payés plus avantageux que celui qui résulte du chapitre Ier.

Art. L. 3142-57. En cas de différend, le refus de l'employeur peut être directement contesté par le salarié devant le conseil de prud'hommes, statuant ***(Ord. 2019-738 du 17 juil. 2019, art. 15, JO 18)*** « selon la procédure accélérée au fond », dans des conditions fixées par décret en Conseil d'État.

Note Les dispositions de cet article, dans sa rédaction issue de l'ordonnance 2019-738 précitée, s'appliquent aux demandes introduites depuis le 1er janvier 2020 (ordonnance précitée, art. 30).

Art. R. 3142-36. Le bénéfice du congé de formation de cadres et d'animateurs pour la jeunesse peut être refusé par l'employeur s'il établit que ce refus est justifié par des nécessités particulières à son entreprise ou à l'exploitation de celle-ci.

Ce refus ne peut intervenir qu'après consultation du ***(D. 2017-1819 du 29 déc. 2017, art. 3, 25°, JO 30, entrée en vigueur le 01.01.2018)*** « comité social et économique ».

Si le salarié renouvelle sa demande après l'expiration d'un délai de quatre mois, un nouveau report ne peut lui être opposé sauf en cas de dépassement du nombre déterminé par l'article ***(D. 2016-1552 du 18 nov. 2016, art. 4, V, 3°, JO 19, entrée en vigueur le 01.01.2017)*** « R. 3142-44 ».

Note Cet article est l'ancien article R. 3142-19 (décret 2016-1552 du 18 novembre 2016, art. 4, V, 3°, JO 19, entrée en vigueur le 01.01.2017).

Art. D. 3142-37. Le refus du congé de formation de cadres et d'animateurs pour la jeunesse par l'employeur est motivé et notifié à l'intéressé ***(D. 2016-1555 du 18 nov. 2016, art. 2, III, 2°, JO 19, entrée en vigueur le 01.01.2017)*** « par tout moyen conférant date certaine » dans les huit jours à compter de la réception de sa demande.

Note Cet article est l'ancien article D. 3142-20 (décret 2016-1555 du 18 novembre 2016, art. 2, III, 2°, JO 19, entrée en vigueur le 01.01.2017).

Art. D. 3142-38. Le salarié dont la demande de congé de formation de cadres et d'animateurs pour la jeunesse n'a pas été satisfaite en raison des conditions mentionnées aux articles ***(D. 2016-1555 du 18 nov. 2016, art. 2, III, 3°, JO 19, entrée en vigueur le 01.01.2017)*** « R. 3142-44 et R. 3142-36 », bénéficie d'une priorité pour l'octroi ultérieur de ce congé.

Note Cet article est l'ancien article D. 3142-21 (décret 2016-1555 du 18 novembre 2016, art. 2, III, 3°, JO 19, entrée en vigueur le 01.01.2017).

Art. R. 3142-39. Pour les entreprises publiques non prévues à l'article L. 2233-1, des arrêtés pris par les ministres intéressés précisent les organismes appelés à donner leur avis dans les conditions prévues par l'article ***(D. 2016-1552 du 18 nov. 2016, art. 4, V, 4°, JO 19, entrée en vigueur le 01.01.2017)*** « R. 3142-36 ».

Note Cet article est l'ancien article R. 3142-22 (décret 2016-1552 du 18 novembre 2016, art. 4, V, 4°, JO 19, entrée en vigueur le 01.01.2017).

Art. R. 3142-40. À titre exceptionnel et uniquement pour participer à un seul stage de formation supérieure d'animateurs, un salarié âgé de plus de vingt-cinq ans peut bénéficier du congé de formation de cadres et d'animateurs pour la jeunesse.

Il présente à l'appui de sa demande une attestation délivrée par l'inspecteur départemental de la jeunesse et des sports justifiant qu'il a participé depuis trois ans au moins à l'encadrement d'activités d'animation organisées par des ***(D. 2016-1552 du 18 nov. 2016, art. 4, V, 5°, JO 19, entrée en vigueur le 01.01.2017)*** « organisations, fédérations et associations mentionnées à l'article L. 3142-54 » et qu'il est désigné pour prendre part à un stage de formation supérieure d'animateurs.

Les limitations en fonction de l'effectif prévues à l'article ***(D. 2016-1552 du 18 nov. 2016, art. 4, V, 5°, JO 19, entrée en vigueur le 01.01.2017)*** « R. 3142-44 » ne sont pas applicables aux salariés âgés de plus de vingt-cinq ans. Sous cette réserve, les dispositions des articles ***(D. 2016-1552 du 18 nov. 2016, art. 4, V, 5°, JO 19, entrée en vigueur le 01.01.2017)*** « R. 3142-36 et D. 3142-37 » leur sont applicables.

Note Cet article est l'ancien article R. 3142-23 (décret 2016-1552 du 18 novembre 2016, art. 4, V, 5°, JO 19, entrée en vigueur le 01.01.2017).

Art. D. 3142-41. L'organisme chargé des stages ou sessions dispensées dans le cadre du congé de formation de cadres et d'animateurs pour la jeunesse délivre au salarié une attestation constatant la fréquentation effective de celui-ci.

Cette attestation est remise à l'employeur au moment de la reprise du travail.

Note Cet article est l'ancien article D. 3142-24 (décret 2016-1555 du 18 novembre 2016, art. 2, III, 4°, JO 19, entrée en vigueur le 01.01.2017).

Art. R. 3142-42. ***(D. 2016-1552 du 18 nov. 2016, art. 4, V, 6°, JO 19, entrée en vigueur le 01.01.2017)*** En cas de contestation, le conseil de prud'hommes, saisi en application de l'article L. 3142-57, statue en dernier ressort.

§ 2. Champ de la négociation collective

Art. L. 3142-58. Pour mettre en œuvre le droit à congé du salarié mentionné ***(L. 2017-86 du 27 janv. 2017, art. 10, I, 3°, JO 28)*** « aux articles L. 3142-54 et L. 3142-54-1 », une convention ou un accord collectif d'entreprise ou, à défaut, une convention ou un accord de branche détermine :

1° La durée totale maximale du congé et les conditions de son cumul avec le congé de formation économique, sociale et syndicale prévu aux articles L. 2145-5 à L. 2145-13 ;

2° Le délai dans lequel le salarié adresse sa demande de congé à l'employeur ;

3° Les règles selon lesquelles est déterminé, par établissement, le nombre maximal de salariés susceptibles de bénéficier de ce congé au cours d'une année.

Art. L. 3142-58-1. ***(L. 2017-86 du 27 janv. 2017, art. 10, I, 4°, JO 28)*** Pour mettre en œuvre le droit à congé du salarié mentionné à l'article L. 3142-54-1, une convention ou un accord d'entreprise ou, à défaut, un accord de branche peut fixer les conditions de maintien de la rémunération du salarié pendant la durée de son congé.

§ 3. Dispositions supplétives

Art. L. 3142-59. À défaut de convention ou d'accord mentionné à l'article L. 3142-58, les dispositions suivantes sont applicables :

1° Le nombre maximal total de jours pouvant être pris au titre du congé est de six jours ouvrables par an ;

2° Le congé ne peut se cumuler avec le congé de formation économique, sociale et syndicale qu'à concurrence de douze jours ouvrables pour une même année ;

3° Le délai dans lequel le salarié adresse sa demande de congé à l'employeur est fixé par décret ;

4° Les règles selon lesquelles est déterminé, par établissement, le nombre maximal de salariés susceptibles de bénéficier de ce congé sont fixées par décret en Conseil d'État.

Art. D. 3142-43. ***(D. 2016-1555 du 18 nov. 2016, art. 2, III, 6°, JO 19, entrée en vigueur le 01.01.2017)*** « À défaut de convention ou d'accord mentionné à l'article L. 3142-58, le salarié informe l'employeur par tout moyen conférant date certaine », au moins trente jours avant le début de congé de formation de cadres et d'animateurs pour la jeunesse, de sa volonté de bénéficier de ce congé.

Il précise la date et la durée de l'absence envisagée et désigne l'organisme responsable du stage ou de la session.

Note Cet article est l'ancien article D. 3142-17 (décret 2016-1555 du 18 novembre 2016, art. 2, III, 6°, JO 19, entrée en vigueur le 01.01.2017).

Art. R. 3142-44. ***(D. 2016-1552 du 18 nov. 2016, art. 4, V, 8°, JO 19, entrée en vigueur le 01.01.2017)*** « À défaut de convention ou d'accord mentionné à l'article L. 3142-58, » le bénéfice du congé de formation de cadres et d'animateurs pour la jeunesse peut être refusé par l'employeur s'il établit que le nombre de salariés, par établissement, ayant bénéficié du congé durant l'année en cours, atteint la proportion suivante:

1° Moins de 50 salariés: un bénéficiaire;
2° 50 à 99 salariés: deux bénéficiaires;
3° 100 à 199 salariés: trois bénéficiaires;
4° 200 à 499 salariés: quatre bénéficiaires;
5° 500 à 999 salariés: cinq bénéficiaires;
6° 1000 à 1999 salariés: six bénéficiaires;
7° À partir de 2000 salariés: un bénéficiaire de plus par tranche supplémentaire de 1000 salariés.

Note Cet article est l'ancien article R. 3142-18 (décret 2016-1552 du 18 novembre 2016, art. 4, V, 8°, JO 19, entrée en vigueur le 01.01.2017).

Sous-section 5. Congé de représentation

§ 1. Ordre public

Art. L. 3142-60. Lorsqu'un salarié est désigné représentant d'une association régie par la loi du 1er juillet 1901 relative au contrat d'association ou inscrite au registre des associations en application du code civil local applicable aux départements du Bas-Rhin, du Haut-Rhin et de la Moselle ou d'une mutuelle au sens du code de la mutualité pour siéger dans une instance, que celle-ci soit consultative ou non, instituée par une disposition législative ou réglementaire auprès d'une autorité de l'État ou d'une collectivité territoriale, l'employeur lui accorde le temps nécessaire pour participer aux réunions de cette instance.

Note • Sur le bénéfice du congé de représentation en faveur des représentants de parents d'élèves siégeant dans les conseils départementaux, régionaux, académiques et nationaux, voir art. R. 236-1 à 4 c. éduc. issus du décret 2016-1574 du 23 novembre 2016, JO 25.

• Le congé de représentation concerne seulement les salariés, membres d'une association ou d'une mutuelle, désignés afin de représenter celle-ci pour siéger au sein des instances mentionnées dans cet article. Dès lors, la commission départementale, chargée d'établir la liste des commissaires enquêteurs et qui est composée de deux personnalités qualifiées en matière de protection de l'environnement, ne comportant pas, parmi ses membres, de représentants associatifs, ne peut figurer sur la liste des instances mentionnée à l'article R. 225-21 [R. 3142-34 ancien] CT (rép. QE 29457, JO AN 14 juin 1999, p. 3611).

• Les représentants d'organisations non gouvernementales qui siègent dans les organisations internationales ne sont pas concernés par le congé de représentation (rép. QE 30943, JO AN 19 mars 2001, p. 1677).

• Voir notamment circulaire DGS 2008-339 du 23 décembre 2008 relative à la mise en œuvre du congé de représentation des usagers dans les instances de santé publique.

Art. L. 3142-61. Le salarié bénéficiant du congé de représentation qui subit, à cette occasion, une diminution de rémunération reçoit de l'État ou de la collectivité territoriale une indemnité compensant, en totalité ou partiellement, le cas échéant sous forme forfaitaire, la diminution de sa rémunération.

L'employeur peut décider de maintenir cette rémunération en totalité ou en partie, au-delà de l'indemnité compensatrice. Dans ce cas, les sommes versées peuvent faire l'objet d'une déduction fiscale, dans les conditions fixées à l'article 238 *bis* du code général des impôts.

Art. L. 3142-62. Le congé de représentation peut être fractionné en demi-journées.

Sa durée ne peut être imputée sur la durée du congé payé annuel et est assimilée à une période de travail effectif pour la détermination des droits à congés payés ainsi que pour l'ensemble des autres droits résultant pour l'intéressé de son contrat de travail.

Art. L. 3142-63. Le bénéfice du congé peut être refusé par l'employeur s'il estime que cette absence est susceptible d'avoir des conséquences préjudiciables à la bonne marche de l'entreprise.

Le refus de l'employeur intervient après avis du ***(Ord. 2017-1386 du 22 sept. 2017, art. 4, 26°, JO 23, entrée en vigueur au plus tard le 01.01.2018)*** «comité social et économique». Il est motivé.

En cas de différend, le refus de l'employeur peut être directement contesté par le salarié devant le conseil de prud'hommes, statuant ***(Ord. 2019-738 du 17 juil. 2019,*** *art. 15, JO 18)* «selon la procédure accélérée au fond», dans des conditions fixées par décret en Conseil d'État.

Note Les dispositions de cet article, dans sa rédaction issue de l'ordonnance 2019-738 précitée, s'appliquent aux demandes introduites depuis le 1er janvier 2020 (ordonnance précitée, art. 30).

Art. L. 3142-64. Un décret en Conseil d'État détermine les modalités d'application de la présente sous-section, notamment les conditions d'indemnisation du salarié par l'État.

Art. R. 3142-45. Le refus du congé de représentation par l'employeur est motivé et fondé sur les dispositions de l'article ***(D. 2016-1552 du 18 nov. 2016, art. 4, VI, 4°, JO 19, entrée en vigueur le 01.01.2017)*** « L. 3142-63» ou sur les limitations en fonction de l'effectif prévues à l'article ***(D. 2016-1552 du 18 nov. 2016, art. 4, VI, 4°, JO 19, entrée en vigueur le 01.01.2017)*** « R. 3142-53».

Il est notifié au salarié ***(D. 2016-1552 du 18 nov. 2016, art. 4, VI, 4°, JO 19, entrée en vigueur le 01.01.2017)*** «par tout moyen conférant date certaine» dans les quatre jours à compter de la réception de sa demande.

Note Cet article est l'ancien article R. 3142-29 (décret 2016-1552 du 18 novembre 2016, art. 4, VI, 4°, JO 19, entrée en vigueur le 01.01.2017).

Art. R. 3142-46. ***(D. 2016-1552 du 18 nov. 2016, art. 4, VI, 5°, JO 19, entrée en vigueur le 01.01.2017)*** En cas de contestation, le conseil de prud'hommes, saisi en application de l'article L. 3142-63, statue en dernier ressort.

Art. R. 3142-47. Le salarié dont la demande n'a pas été satisfaite bénéficie d'une priorité pour l'octroi ultérieur d'un congé de représentation.

Note Les articles R. 3142-47 à 51 sont les anciens articles R. 3142-30 à 34 (décret 2016-1552 du 18 novembre 2016, art. 4, VI, 6°, JO 19, entrée en vigueur le 01.01.2017).

Art. R. 3142-48. À l'issue de la réunion de l'instance au titre de laquelle est accordé le congé de représentation, le service responsable de la convocation des membres de cette instance délivre aux salariés une attestation constatant leur présence effective.

Cette attestation est remise à l'employeur au moment de la reprise du travail.

Art. R. 3142-49. Si le salaire n'est pas maintenu ou n'est maintenu que partiellement pendant la durée du congé de représentation, l'employeur délivre au salarié une attestation indiquant le nombre d'heures non rémunérées en raison du congé.

Art. R. 3142-50. Pour chacune des heures non rémunérées en raison du congé, le salarié reçoit de l'État une indemnité dont le montant est égal à celui de la vacation mentionnée à l'article R. 1423-55.

Art. R. 3142-51. La liste des instances mentionnées à l'article ***(D. 2016-1552 du 18 nov. 2016, art. 4, VI, 7°, JO 19, entrée en vigueur le 01.01.2017)*** « L. 3142-60» est établie et tenue à jour par arrêté conjoint du ministre dont elles relèvent et du ministre chargé du budget.

§ 2. Champ de la négociation collective

Art. L. 3142-65. Pour mettre en œuvre le droit à congé du salarié mentionné à l'article L. 3142-60, une convention ou un accord collectif d'entreprise ou, à défaut, une convention ou un accord de branche détermine:

1° La durée totale maximale du congé;

2° Le délai dans lequel le salarié adresse sa demande de congé à l'employeur;

3° Le nombre maximal par établissement de salariés susceptibles de bénéficier du congé au cours d'une année.

§ 3. Dispositions supplétives

Art. L. 3142-66. À défaut de convention ou d'accord conclu en application de l'article L. 3142-65, les dispositions suivantes sont applicables:

1° La durée totale maximale du congé est de neuf jours ouvrables par an;

2° Le délai dans lequel le salarié adresse sa demande de congé à l'employeur et les règles selon lesquelles est déterminé, par établissement, le nombre maximal de salariés susceptibles de bénéficier du congé au cours d'une année sont fixés par décret.

Art. R. 3142-52. ***(D. 2016-1552 du 18 nov. 2016, art. 4, VI, 9°, JO 19, entrée en vigueur le 01.01.2017)*** «À défaut de convention ou d'accord mentionné à l'article L. 3142-65, le salarié informe l'employeur par tout moyen conférant date certaine», au moins quinze jours avant le début du congé de représentation, de sa volonté de bénéficier de ce congé.

Il précise la date et la durée de l'absence envisagée et désigne l'instance au sein de laquelle il est appelé à siéger.

Note Cet article est l'ancien article R. 3142-27 (décret 2016-1552 du 18 novembre 2016, art. 4, VI, 9°, JO 19, entrée en vigueur le 01.01.2017).

Art. R. 3142-53. ***(D. 2016-1552 du 18 nov. 2016, art. 4, VI, 10°, JO 19, entrée en vigueur le 01.01.2017)*** «À défaut de convention ou d'accord mentionné à l'article L. 3142-65,» le bénéfice du congé de représentation peut être refusé par l'employeur s'il établit que le nombre de salariés, par établissement, ayant bénéficié de ce congé, durant l'année en cours, atteint la proportion suivante:

1° Moins de 50 salariés: un bénéficiaire;
2° 50 à 99 salariés: deux bénéficiaires;
3° 100 à 199 salariés: trois bénéficiaires;
4° 200 à 499 salariés: huit bénéficiaires;
5° 500 à 999 salariés: dix bénéficiaires;
6° 1000 À 1999 salariés: douze bénéficiaires;
7° À partir de 2000 salariés: deux bénéficiaires de plus par tranche supplémentaire de 1000 salariés.

Note Cet article est l'ancien article R. 3142-28 (décret 2016-1552 du 18 novembre 2016, art. 4, VI, 10°, JO 19, entrée en vigueur le 01.01.2017).

Sous-section 6. Congé de solidarité internationale

§ 1. Ordre public

Art. L. 3142-67. Le salarié participant à une mission hors de France pour le compte d'une association à objet humanitaire régie par la loi du 1er juillet 1901 relative au contrat d'association ou inscrite au registre des associations en application du code civil local applicable aux départements du Bas-Rhin, du Haut-Rhin et de la Moselle, ou pour le compte d'une organisation internationale dont la France est membre, a droit à un congé de solidarité internationale.

La liste des associations et organisations mentionnées au premier alinéa est fixée par l'autorité administrative.

Note Voir arrêté du 16 juillet 1996 (JO 30) fixant la liste des associations de solidarité internationale bénéficiaires des dispositions relatives au congé de solidarité internationale.

Art. L. 3142-68. La durée du congé ne peut être imputée sur la durée du congé payé annuel et est assimilée à une période de travail effectif pour la détermination des avantages légaux et conventionnels liés à l'ancienneté.

Art. L. 3142-69. Le bénéfice du congé peut être refusé par l'employeur s'il estime que cette absence est susceptible d'avoir des conséquences préjudiciables à la bonne marche de l'entreprise.

Le refus de l'employeur intervient après avis du ***(Ord. 2017-1386 du 22 sept. 2017, art. 4, 26°, JO 23, entrée en vigueur au plus tard le 01.01.2018)*** «comité social et économique». Il est motivé.

En cas de différend, le refus de l'employeur peut être directement contesté par le salarié devant le conseil de prud'hommes, statuant ***(Ord. 2019-738 du 17 juil. 2019, art. 15, JO 18)*** «selon la procédure accélérée au fond», dans des conditions fixées par décret en Conseil d'État.

À défaut de réponse de l'employeur dans un délai fixé par décret, son accord est réputé acquis.

Note Les dispositions de cet article, dans sa rédaction issue de l'ordonnance 2019-738 précitée, s'appliquent aux demandes introduites depuis le 1er janvier 2020 (ordonnance précitée, art. 30).

Art. L. 3142-70. En cas d'urgence, l'employeur n'est pas tenu de motiver son refus et son silence ne vaut pas accord.

Art. L. 3142-71. À l'issue du congé de solidarité internationale ou à la suite de son interruption pour cas de force majeure, le salarié retrouve son précédent emploi ou un emploi similaire assorti d'une rémunération au moins équivalente.

Art. L. 3142-72. À l'issue du congé, le salarié remet à l'employeur une attestation constatant l'accomplissement de la mission, délivrée par l'association ou l'organisation concernée.

Art. D. 3142-54. Le refus du congé de solidarité internationale par l'employeur est notifié au salarié ***(D. 2016-1555 du 18 nov. 2016, art. 2, IV, 2°, JO 19, entrée en vigueur le 01.01.2017)*** «par tout moyen conférant date certaine dans les quinze jours, ou dans un délai de vingt-quatre heures en cas d'urgence, à compter de la réception de sa demande».

(D. 2016-1555 du 18 nov. 2016, art. 2, IV, 2°, JO 19, entrée en vigueur le 01.01.2017) «À défaut de réponse de l'employeur dans le délai de quinze jours, son accord est réputé acquis.»

Note Cet article est l'ancien article D. 3142-16 (décret 2016-1555 du 18 novembre 2016, art. 2, IV, 2°, JO 19, entrée en vigueur le 01.01.2017).

Art. R. 3142-55. ***(D. 2016-1552 du 18 nov. 2016, art. 4, VII, 3°, JO 19, entrée en vigueur le 01.01.2017)*** En cas de contestation, le conseil de prud'hommes, saisi en application de l'article L. 3142-69, statue en dernier ressort.

§ 2. Champ de la négociation collective

Art. L. 3142-73. Pour mettre en œuvre le droit à congé du salarié mentionné à l'article L. 3142-67, une convention ou un accord collectif d'entreprise ou, à défaut, une convention ou un accord de branche détermine:

1° La durée maximale du congé;

2° L'ancienneté requise pour bénéficier de ce congé;

3° En fonction de l'effectif de l'établissement, le nombre maximal de salariés susceptibles de bénéficier simultanément du congé de solidarité internationale;

4° Les délais dans lesquels le salarié adresse sa demande de congé à son employeur;

5° Les mesures permettant le maintien d'un lien entre l'entreprise et le salarié pendant la durée du congé et, le cas échéant, les modalités d'accompagnement du salarié à son retour.

§ 3. Dispositions supplétives

Art. L. 3142-74. À défaut de convention ou d'accord mentionné à l'article L. 3142-73, les dispositions suivantes sont applicables:

1° La durée maximale du congé est de six mois. Elle est de six semaines en cas d'urgence;

2° L'ancienneté requise dans l'entreprise pour ouvrir droit au congé est de douze mois, consécutifs ou non;

3° Les règles selon lesquelles sont déterminés, en fonction de l'effectif de l'établissement, le nombre maximal de salariés susceptibles de bénéficier simultanément du congé et les délais mentionnés au 4° de l'article L. 3142-73 dans lesquels le salarié adresse sa demande de congé à son employeur sont fixées par décret.

Art. D. 3142-56. ***(D. 2016-1555 du 18 nov. 2016, art. 2, IV, 4°, JO 19, entrée en vigueur le 01.01.2017)*** «À défaut de convention ou d'accord mentionné à l'article L. 3142-73, le salarié informe l'employeur par tout moyen permettant de conférer date certaine», au moins trente jours ***(D. 2016-1555 du 18 nov. 2016, art. 2, IV, 4°, JO 19, entrée en vigueur le 01.01.2017)*** «ou 48 heures en cas d'urgence» avant le début du congé de solidarité internationale l'informant de sa volonté de bénéficier de ce congé.

Il précise la durée de l'absence envisagée et le nom de l'association pour le compte de laquelle la mission sera accomplie.

Note Cet article est l'ancien article D. 3142-14 (décret 2016-1555 du 18 novembre 2016, art. 2, IV, 4°, JO 19, entrée en vigueur le 01.01.2017).

Art. D. 3142-57. ***(D. 2016-1555 du 18 nov. 2016, art. 2, IV, 5°, JO 19, entrée en vigueur le 01.01.2017)*** «À défaut de convention ou d'accord mentionné à l'article L. 3142-73,» le bénéfice du congé de solidarité internationale peut être refusé par l'employeur s'il établit que le nombre de salariés, par établissement, bénéficiant déjà du congé à la date de départ envisagée par le salarié demandeur atteint la proportion suivante:

1° Moins de 50 salariés: un bénéficiaire;

2° 50 à 99 salariés: deux bénéficiaires;

3° 100 à 199 salariés: trois bénéficiaires;

4° 200 à 499 salariés: quatre bénéficiaires;

5° 500 à 999 salariés: cinq bénéficiaires;

6° 1 000 à 1 999 salariés: six bénéficiaires;

7° À partir de 2 000 salariés: un bénéficiaire de plus par tranche supplémentaire de 1 000 salariés.

Note Cet article est l'ancien article D. 3142-15 (décret 2016-1555 du 18 novembre 2016, art. 2, IV, 5°, JO 19, entrée en vigueur le 01.01.2017).

Sous-section 7. Congé pour acquisition de la nationalité

§ 1. Ordre public

Art. L. 3142-75. Le salarié a le droit de bénéficier, sur justification, d'un congé pour assister à sa cérémonie d'accueil dans la citoyenneté française.

Bénéficie de ce droit, dans les mêmes conditions, le conjoint de la personne mentionnée au premier alinéa.

La durée de ce congé ne peut être imputée sur celle du congé payé annuel.

Art. L. 3142-76. En cas de différend, le refus de l'employeur peut être directement contesté par le salarié devant le conseil de prud'hommes, statuant ***(Ord. 2019-738 du 17 juil. 2019, art. 15, JO 18)*** «selon la procédure accélérée au fond», dans des conditions fixées par décret en Conseil d'État.

Note Les dispositions de cet article, dans sa rédaction issue de l'ordonnance 2019-738 précitée, s'appliquent aux demandes introduites depuis le 1er janvier 2020 (ordonnance précitée, art. 30).

Art. R. 3142-58. ***(D. 2016-1552 du 18 nov. 2016, art. 4, VIII, 3°, JO 19, entrée en vigueur le 01.01.2017)*** En cas de contestation, le conseil de prud'hommes, saisi en application de l'article L. 3142-76, statue en dernier ressort.

§ 2. Champ de la négociation collective

Art. L. 3142-77. Pour mettre en œuvre le droit à congé du salarié mentionné à l'article L. 3142-75, une convention ou un accord collectif d'entreprise ou, à défaut, une convention ou un accord de branche déterminent la durée de ce congé.

§ 3. Dispositions supplétives

Art. L. 3142-78. À défaut de convention ou d'accord mentionné à l'article L. 3142-77, la durée du congé est d'une demi-journée.

Sous-section 8. Congés des salariés candidats ou élus à un mandat parlementaire ou local

Note Les articles L. 3142-79 à 88 sont les anciens articles L. 3142-56 à 64-1 (loi 2016-1088 du 8 août 2016, art. 9, I, 2°, JO 9).

Art. L. 3142-79. L'employeur laisse au salarié, candidat à l'Assemblée nationale ou au Sénat, le temps nécessaire pour participer à la campagne électorale dans la limite de vingt jours ouvrables.

Le même droit est accordé, sur sa demande, dans la limite de dix jours ouvrables au salarié candidat:

1° Au Parlement européen;
2° Au conseil municipal;
3° Au conseil départemental ou au conseil régional;
4° À l'Assemblée de Corse;
(L. 2019-1461 du 27 déc. 2019, art. 85, I, JO 28) «5° Au conseil de la métropole de Lyon.»

Note Sur les garanties accordées aux titulaires de mandats municipaux, départementaux et régionaux, voir respectivement articles L. 2123-1 et s., L. 3123-1 et s., L. 4135-1 et s. du code général des collectivités territoriales.

Art. L. 3142-80. Le salarié bénéficie à sa convenance des dispositions de l'article ***(L. 2016-1088 du 8 août 2016, art. 9, I, 2°, JO 9)*** « L. 3142-79», à condition que chaque absence soit au moins d'une demi-journée entière. Il avertit son employeur vingt-quatre heures au moins avant le début de chaque absence.

Art. L. 3142-81. Sur demande du salarié, la durée des absences est imputée sur celle du congé payé annuel dans la limite des droits qu'il a acquis à ce titre à la date du premier tour de scrutin.

Lorsqu'elles ne sont pas imputées sur le congé payé annuel, les absences ne sont pas rémunérées. Elles donnent alors lieu à récupération en accord avec l'employeur.

Art. L. 3142-82. La durée des absences est assimilée à une période de travail effectif pour la détermination des droits à congés payés ainsi que des droits liés à l'ancienneté résultant des dispositions légales et des stipulations conventionnelles.

Art. L. 3142-83. Le contrat de travail d'un salarié membre de l'Assemblée nationale ou du Sénat est, sur sa demande, suspendu jusqu'à l'expiration de son mandat, s'il justifie d'une ancienneté minimale d'une année chez l'employeur à la date de son entrée en fonction.

Art. L. 3142-84. À l'expiration de son mandat, le salarié retrouve son précédent emploi, ou un emploi analogue assorti d'une rémunération équivalente, dans les deux mois suivant la date à laquelle il a avisé son employeur de son intention de reprendre cet emploi.

Il bénéficie de tous les avantages acquis par les salariés de sa catégorie durant l'exercice de son mandat.

Il bénéficie, en tant que de besoin, d'une réadaptation professionnelle en cas de changement de techniques ou de méthodes de travail.

Art. L. 3142-85. Les dispositions de l'article ***(L. 2016-1088 du 8 août 2016, art. 9, I, 2°, JO 9)*** « L. 3142-84 » ne sont pas applicables lorsque le mandat a été renouvelé, sauf si la durée de la suspension prévue à l'article ***(L. 2016-1088 du 8 août 2016, art. 9, I, 2°, JO 9)*** « L. 3142-83 » a été, pour quelque cause que ce soit, inférieure à cinq ans.

Ces dispositions ne s'appliquent pas non plus lorsque le salarié membre de l'Assemblée nationale ou du Sénat est élu dans l'autre de ces deux assemblées.

À l'expiration du ou des mandats renouvelés, le salarié peut cependant solliciter sa réembauche dans des conditions déterminées par voie réglementaire.

Le salarié bénéficie alors pendant un an d'une priorité de réembauche dans les emplois auxquels sa qualification lui permet de prétendre. En cas de réemploi, l'employeur lui accorde le bénéfice de tous les avantages qu'il avait acquis au moment de son départ.

Art. L. 3142-86. Un décret détermine les conditions dans lesquelles les droits des salariés, notamment en matière de prévoyance et de retraite, leur sont conservés durant la durée du mandat.

Art. L. 3142-87. Les dispositions de la présente sous-section sont applicables aux fonctionnaires et aux agents non titulaires de l'État, des collectivités territoriales et de leurs établissements publics ainsi qu'aux personnels des entreprises publiques, sauf s'ils bénéficient de dispositions plus favorables.

Art. L. 3142-88. Les maires et les adjoints au maire, les présidents et les vice-présidents de conseil départemental, les présidents et les vice-présidents de conseil régional bénéficient des dispositions des articles ***(L. 2016-1088 du 8 août 2016, art. 9, I, 2°, JO 9)*** « L. 3142-83 à L. 3142-87 » dans les conditions prévues, respectivement, aux articles L. 2123-9, L. 3123-7 et L. 4135-7 du code général des collectivités territoriales.

Art. D. 3142-59. Dans le cas mentionné à l'article ***(D. 2016-1555 du 18 nov. 2016, art. 2, V, 3°, JO 19, entrée en vigueur le 01.01.2017)*** « L. 3142-83 », la suspension du contrat de travail prend effet quinze jours après la notification qui en est faite à l'employeur, à la diligence du salarié, par lettre recommandée avec avis de réception.

Note Cet article est l'ancien article D. 3142-35 (décret 2016-1555 du 18 novembre 2016, art. 2, V, 3°, JO 19, entrée en vigueur le 01.01.2017).

Art. D. 3142-60. Le salarié membre de l'Assemblée nationale ou du Sénat manifeste son intention de reprendre son emploi en adressant à l'employeur une lettre recommandée avec avis de réception au plus tard dans les deux mois qui suivent l'expiration de son mandat.

Note Les articles D. 3142-60 et 61 sont les anciens articles D. 3142-36 et 37 (décret 2016-1555 du 18 novembre 2016, art. 2, V, 4°, JO 19, entrée en vigueur le 01.01.2017).

Art. D. 3142-61. Le salarié membre de l'Assemblée nationale ou du Sénat qui sollicite sa réembauche à l'expiration du ou des mandats renouvelés adresse à l'employeur une lettre recommandée avec avis de réception au plus tard dans les deux mois qui suivent l'expiration de son mandat.

Sous-section 9. **Réserve opérationnelle et service national**

§ 1. Réserve opérationnelle

Note Les articles L. 3142-89 à 94 sont les anciens articles L. 3142-65 à 70 (loi 2016-1088 du 8 août 2016, art. 9, I, 2°, JO 9).

Art. L. 3142-89. *(L. 2018-607 du 13 juil. 2018, art. 17, JO 14)* Tout salarié ayant souscrit un engagement à servir dans la réserve opérationnelle bénéficie d'une autorisation d'absence de huit jours par année civile au titre de ses activités dans la réserve.

Cependant, pour les entreprises de moins de deux cent cinquante salariés, l'employeur peut décider, afin de conserver le bon fonctionnement de l'entreprise, de limiter ce temps à cinq jours.

Art. L. 3142-90. Le réserviste salarié souhaitant bénéficier de l'autorisation d'absence au titre de la réserve opérationnelle présente sa demande par écrit à son employeur un mois au moins à l'avance, en indiquant la date et la durée de l'absence envisagée.

Au-delà de cette durée, le réserviste requiert l'accord de son employeur avec un préavis d'un mois en précisant la date de son départ et la durée de la période qu'il souhaite accomplir, sous réserve de dispositions plus favorables résultant notamment de conventions conclues entre l'employeur et le ministre de la défense.

Lorsque les circonstances l'exigent, le délai de préavis peut, sur arrêté du ministre chargé des armées, être réduit à quinze jours pour les réservistes ayant souscrit avec l'accord de l'employeur la clause de réactivité prévue à l'article 8 de la loi n° 99-894 du 22 octobre 1999 portant organisation de la réserve militaire et du service de défense.

Note Les dispositions de l'article 19 de la loi 2006-449 du 18 avril 2006 dont est issu notamment l'alinéa 3 de cet article ne sont pas applicables à Mayotte, Wallis-et-Futuna, en Polynésie française et en Nouvelle-Calédonie.

Art. D. 3142-62. Le refus de l'employeur d'accorder l'autorisation de participer à une activité dans la réserve opérationnelle est motivé et notifié au salarié ainsi qu'à l'autorité militaire dans les quinze jours à compter de la réception de la demande.

Note Cet article est l'ancien article D. 3142-38 (décret 2016-1555 du 18 novembre 2016, art. 2, VI, 2°, JO 19, entrée en vigueur le 01.01.2017).

Art. L. 3142-91. Les périodes d'activité dans la réserve opérationnelle sont considérées comme des périodes de travail effectif pour les avantages légaux et conventionnels en matière d'ancienneté, d'avancement, de congés payés et de droits aux prestations sociales.

Art. L. 3142-92. L'employeur ne peut rompre le contrat de travail d'un salarié en raison des absences résultant d'une activité exercée au titre d'un engagement à servir dans la réserve opérationnelle ou faisant suite à un appel ou un rappel des personnes soumises à l'obligation de disponibilité.

À l'issue d'une période exécutée au titre du premier alinéa, le salarié retrouve son précédent emploi.

Art. L. 3142-93. La rupture du contrat de travail ne peut être notifiée ou prendre effet pendant l'accomplissement d'une période d'activité dans la réserve opérationnelle.

Art. L. 3142-94. Lorsque son accord préalable est requis, le refus de l'employeur d'accorder à un salarié l'autorisation de participer à une activité dans la réserve opérationnelle intervient dans des conditions déterminées par voie réglementaire.

Art. L. 3142-94-1. *(L. 2018-607 du 13 juil. 2018, art. 22, I, JO 14)* Un salarié peut, sur sa demande et en accord avec l'employeur, renoncer anonymement et sans contrepartie à tout ou partie de ses jours de repos non pris, qu'ils aient été affectés ou non sur un compte épargne-temps, au bénéfice d'un autre salarié de l'entreprise ayant souscrit un engagement à servir dans la réserve opérationnelle pour lui permettre d'effectuer une période d'activité dans la réserve opérationnelle. Le congé annuel ne peut être cédé que pour sa durée excédant vingt-quatre jours ouvrables.

Le salarié bénéficiaire d'un ou plusieurs jours cédés en application du premier alinéa bénéficie du maintien de sa rémunération pendant sa période d'absence. Cette période d'absence est assimilée à une période de travail effectif pour la détermination des droits que le salarié tient de son ancienneté. Le salarié conserve le bénéfice de tous les avantages qu'il avait acquis avant le début de sa période d'absence.

Note Un décret en Conseil d'État détermine les conditions d'application de cet article aux agents publics civils et militaires (loi 2018-607 précitée, art. 22, II).

§ 2. Service national

Note Les articles L. 3142-95 à 101 sont les anciens articles L. 3142-71 à 77 (loi 2016-1088 du 8 août 2016, art. 9, I, 2°, JO 9).

Art. L. 3142-95. Le contrat de travail d'un salarié appelé au service national en application du livre II du code du service national est suspendu pendant toute la durée du service national actif.

Lorsqu'il connaît la date de sa libération du service national actif, et au plus tard dans le mois suivant celle-ci, le salarié désirant reprendre l'emploi qu'il occupait précédemment en avertit son ancien employeur.

La réintégration dans l'entreprise est de droit.

Le salarié réintégré bénéficie de tous les avantages acquis au moment de son départ.

Note • Les dispositions du livre II du code du service national sont suspendues pour les jeunes gens nés après le 31 décembre 1978 (loi 97-1019 du 28 octobre 1997, art. 2, JO 8 nov.).

• **Champ d'application.** Ne bénéficient pas du droit à réintégration, sauf convention internationale contraire, les travailleurs de nationalité étrangère ayant exécuté leurs obligations militaires dans leur pays (cass. soc. 25 février 1992, n° 89-40.493, BC V n° 119). Les ressortissants des États membres de l'Union européenne peuvent invoquer le droit à la réintégration (CJCE 15 octobre 1969, aff. 15-69, rec. p. 363; JCP éd. G, 1970, 16024, note G. Lyon-Caen, dans un litige concernant un Italien travaillant en Allemagne et ayant fait son service militaire en Italie; application du principe de l'égalité de traitement consacré par le traité de Rome et le règlement 1612/68 du 15 octobre 1968, art. 7).

Les règles édictées par cet article s'appliquent même si des salariés incorporés ont été réformés quelques semaines après (cass. soc. 26 mai 1982, n° 80-40.877, BC V n° 350).

La clause d'une convention collective prévoyant la suspension du contrat de travail des salariés qui effectuent leur service militaire ne s'applique pas aux salariés ayant accompli leurs obligations de service national dans les conditions prévues par une loi étrangère (sauf s'il s'agit de ressortissants d'un des États membres de l'Union européenne ou de salariés ayant la double nationalité qui invoquent une convention internationale) (cass. soc. 1er mars 1995, n° 91-41.390, BC V n° 78).

• **Licenciement du remplaçant.** Après avoir rappelé les dispositions du code du travail autorisant l'embauche par un contrat à durée déterminée d'un salarié en remplacement d'un autre salarié temporairement absent pour cause de service national et constaté que l'intéressé avait été engagé par un contrat à durée indéterminée, le conseil de prud'hommes a souverainement décidé que le licenciement du salarié ne procédait pas d'une cause réelle et sérieuse et présentait donc un caractère abusif justifiant l'octroi à l'intéressé d'une indemnité pour licenciement abusif (cass. soc. 7 novembre 1990, n° 88-44.751).

Art. D. 3142-63. Le salarié notifie à l'employeur son intention de reprendre son emploi après sa libération du service national par lettre recommandée avec avis de réception.

Note Cet article est l'ancien article D. 3142-39 (décret 2016-1555 du 18 novembre 2016, art. 2, VI, 4°, JO 19, entrée en vigueur le 01.01.2017).

Art. D. 3142-64. Les dispositions de l'article ***(D. 2016-1555 du 18 nov. 2016, art. 2, VI, 5°, JO 19, entrée en vigueur le 01.01.2017)*** « L. 3142-95 » sont applicables aux personnes qui, ayant cessé d'être aptes au service national après leur incorporation, ont été classées « réformés temporaires » ou « réformés définitifs » et renvoyées dans leur foyer.

Note Cet article est l'ancien article D. 3142-40 (décret 2016-1555 du 18 novembre 2016, art. 2, VI, 5°, JO 19, entrée en vigueur le 01.01.2017).

Art. L. 3142-96. Les dispositions de l'article ***(L. 2016-1088 du 8 août 2016, art. 9, I, 2°, JO 9)*** « L. 3142-95 » sont applicables, lors de leur renvoi dans leurs foyers, aux personnes qui, ayant accompli leur service actif, ont été maintenues au service national.

Art. L. 3142-97. Tout salarié âgé de seize à vingt-cinq ans, qui participe à l'appel de préparation à la défense, bénéficie d'une autorisation d'absence exceptionnelle d'un jour.

Cette absence exceptionnelle a pour but exclusif de permettre au salarié de participer à l'appel de préparation à la défense. Elle n'entraîne pas de réduction de rémunération. Elle est assimilée à une période de travail effectif pour la détermination de la durée de congé annuel.

Art. L. 3142-98. Aucun employeur ne peut rompre le contrat de travail d'un salarié au motif que lui-même ou le salarié se trouve astreint aux obligations du service national, ou se trouve appelé au service national en exécution d'un engagement pour la durée de la guerre, ou rappelé au service national à un titre quelconque.

Toutefois, l'employeur peut rompre le contrat s'il justifie d'une faute grave de l'intéressé, non liée aux obligations du premier alinéa, ou s'il se trouve dans l'impossibilité de maintenir le contrat pour un motif étranger à ces obligations.

Note La rupture d'un contrat de travail à l'essai en raison du rappel du travailleur sous les drapeaux et dans le souci d'éviter la perturbation des services constitue une rupture abusive du contrat (cass. soc. 2 octobre 1974, n° 73-40.581, BC V n° 458).

Art. L. 3142-99. Lorsque le contrat de travail est rompu pour une autre cause légitime par l'une des parties, la rupture du contrat ne peut être notifiée ni prendre effet pendant la période passée au service national.

Ces dispositions ne sont pas applicables si l'objet pour lequel le contrat de travail a été conclu arrive à échéance pendant cette période.

Art. L. 3142-100. En cas de méconnaissance des dispositions du présent paragraphe, la partie lésée a droit à des dommages-intérêts fixés par le juge judiciaire, en plus de l'indemnité de licenciement.

Art. L. 3142-101. Toute stipulation contraire aux dispositions du présent paragraphe est nulle de plein droit.

Sous-section 10. Réserve dans la sécurité civile, opérations de secours et réserve sanitaire

Note Les articles L. 3142-102, 103 et 104 sont les anciens articles L. 3142-108, 112 et 115 (loi 2016-1088 du 8 août 2016, art. 9, I, 2°, JO 9).

§ 1. Réserve dans la sécurité civile

Art. L. 3142-102. Les dispositions applicables aux salariés servant dans la réserve de sécurité civile sont définies aux articles L. 724-7 à L. 724-10 du code de la sécurité intérieure.

§ 2. Participation aux opérations de secours

Art. L. 3142-103. Les dispositions applicables aux salariés membres d'une association agréée en matière de sécurité civile sont définies aux articles L. 725-7 à L. 725-9 du code de la sécurité intérieure.

§ 3. Réserve sanitaire

Art. L. 3142-104. Les dispositions applicables aux réservistes sanitaires sont définies au chapitre III du titre III du livre Ier de la troisième partie du code de la santé publique.

SECTION 3. Congé et période de travail à temps partiel pour la création ou la reprise d'entreprise

Note Cette section a été introduite par la loi 2016-1088 du 8 août 2016, art. 9, II, JO 9.

Sur l'impact de cette loi en matière de durée du travail, de repos et de congés, voir note introductive du livre Ier de la troisième partie et, s'agissant du congé et de la période de travail à temps partiel pour la création ou la reprise d'entreprise, voir notamment RF 8 septembre 2016, FH 3657, 1-56.

Voir aussi G. Vachet, «Les congés après la loi du 8 août 2016», JCP éd. S 2016, 1298; M. Véricel, «Une nouvelle architecture des règles en matière de temps de travail», RDT, décembre 2016, CH, 824.

Sous-section 1. Ordre public

Art. L. 3142-105. Le salarié qui crée ou reprend une entreprise a droit, sous réserve d'une condition d'ancienneté dans l'entreprise et dans les conditions fixées à la présente section:

1° Soit à un congé;

2° Soit à une période de travail à temps partiel.

L'ancienneté acquise dans toute autre entreprise du même groupe, au sens de l'article L. 2331-1, est prise en compte au titre de l'ancienneté dans l'entreprise.

Art. L. 3142-106

Note • Les prêts que l'entreprise peut accorder au titre de l'aide à la création d'entreprise sont passibles des cotisations de sécurité sociale en tant que complément de rémunération lorsque ce sont des aides non remboursables (cass. soc. 18 juillet 1997, n° 94-20.586, RJS 11/97 n° 1277).

• Le droit à congé est subordonné à un projet de création d'entreprise ; le salarié, qui obtient un tel congé et qui, au lieu de créer une entreprise, travaille comme salarié pour le compte d'un autre employeur, peut être licencié (cass. soc. 19 février 1997, n° 95-45.040, RJS 4/97 n° 430 : ce licenciement a une cause réelle et sérieuse).

Art. L. 3142-106. L'article L. 3142-105 s'applique également au salarié qui exerce des responsabilités de direction au sein d'une entreprise répondant, au moment où il sollicite son congé, aux critères de jeune entreprise innovante définie à l'article 44 *sexies*-0 A du code général des impôts.

Art. L. 3142-107. L'employeur peut différer le départ en congé ou le début de la période de travail à temps partiel, dans la limite de six mois à compter de la demande du salarié, sans préjudice de l'application des articles L. 3142-113 et L. 3142-114.

Art. L. 3142-108. À l'issue du congé, le salarié retrouve son précédent emploi ou un emploi similaire assorti d'une rémunération au moins équivalente.

Note • Emploi similaire : en ne proposant au salarié que des emplois entraînant une perte de qualification et une réduction de son autorité, l'employeur viole les dispositions de l'article L. 122-32-16 (ancien) (cass. soc. 2 octobre 1997, n° 94-44.797, RJS 11/97 n° 1251).

• Cet article ne subordonne à aucune condition la réintégration du salarié dans l'entreprise à l'issue d'un congé pour création d'emploi (cass. soc. 16 décembre 2015, n° 14-22.772). En subordonnant la réintégration du salarié à la justification du respect par celui-ci de la finalité de ce congé, l'employeur ajoute à la loi une condition non prévue (cass. soc. 1er décembre 2005, n° 04-41.394, BC V n° 351 ; JSL n° 180, 27.12.2005, p. 12, M-Ch. Haller ; RJS 2/06 n° 230). Le fait que des salariés n'ont pas cessé, à la date d'expiration de leur congé, leur activité au sein de la société qu'ils ont créée n'autorise pas l'employeur à refuser la réintégration de ces salariés (cass. soc. 21 novembre 1995, n° 92-42.414, RJS 1/96 n° 34 ; voir aussi cass. soc. 13 février 2013, n° 11-27.261, RJS 6/13 n° 458, s'agissant d'un employeur ayant subordonné la réintégration du salarié à l'abandon de son projet personnel).

Art. L. 3142-109. À l'issue du congé ou de la période de travail à temps partiel, si le salarié souhaite mettre fin à la relation de travail, les conditions de la rupture sont celles prévues par son contrat de travail, à l'exception de celles relatives au préavis. Le salarié est, de ce fait, dispensé de payer une indemnité de rupture.

Le salarié ne peut invoquer aucun droit à être réemployé avant l'expiration du congé.

Art. L. 3142-110. Le salarié qui reprend son activité dans l'entreprise à l'issue de son congé bénéficie en tant que de besoin d'une réadaptation professionnelle, notamment en cas de changement de techniques ou de méthodes de travail.

Note Cet article a été modifié par l'ordonnance 2019-861 du 21 août 2019, art. 1er, 6°, JO 22.

Art. L. 3142-111. Lorsqu'il est envisagé une période de travail à temps partiel, un avenant au contrat de travail fixe la durée de cette période conformément à l'article L. 3123-6.

Toute prolongation de la période de travail à temps partiel à la demande du salarié donne lieu à la signature d'un nouvel avenant dans les mêmes conditions.

Art. L. 3142-112. Le salarié dont un avenant au contrat de travail prévoit le passage à temps partiel ne peut invoquer aucun droit à être réemployé à temps plein avant le terme de cet avenant.

À l'issue de la période de travail à temps partiel, le salarié retrouve une activité à temps plein assortie d'une rémunération au moins équivalente à celle qui lui était précédemment servie.

Art. L. 3142-113. Dans les entreprises de moins de trois cents salariés, l'employeur peut refuser le congé ou le passage à temps partiel :

1° S'il estime, après avis du ***(Ord. 2017-1386 du 22 sept. 2017, art. 4, 26°, JO 23, entrée en vigueur au plus tard le 01.01.2018)*** « comité social et économique », que ce congé ou cette activité à temps partiel aura des conséquences préjudiciables à la bonne marche de l'entreprise ;

2° Si le salarié demande ce congé ou cette période d'activité à temps partiel moins de trois ans après une précédente création ou reprise d'entreprise ou après le début de l'exercice de précédentes responsabilités de direction au sein d'une entreprise répondant aux critères de jeune entreprise innovante.

L'employeur précise le motif de son refus et le porte à la connaissance du salarié.

Ce refus peut être contesté par le salarié directement devant le conseil de prud'hommes, statuant ***(Ord. 2019-738 du 17 juil. 2019, art. 15, JO 18)*** «selon la procédure accélérée au fond», dans des conditions déterminées par décret en Conseil d'État.

Note • Les dispositions de cet article, dans sa rédaction issue de l'ordonnance 2019-738 précitée, s'appliquent aux demandes introduites depuis le 1er janvier 2020 (ordonnance précitée, art. 30).

• Pour déterminer l'effectif de l'entreprise, il convient, lorsque plusieurs sociétés ont des liens entre elles, de rechercher si ces sociétés «ont été conjointement employeurs du salarié»; il ne suffit pas que ces sociétés appartiennent au même groupe (cass. soc. 17 avril 1996, n° 93-41.168, BC V n° 173; RJS 6/96 n° 681).

• Le jugement qui constate que l'absence du salarié pendant le congé n'aurait pas d'effet préjudiciable pour l'entreprise peut annuler le refus de l'employeur et accorder lui-même le congé sollicité (cass. soc. 2 février 1999, n° 96-41.812, BC V n° 54; RJS 3/99 n° 384; 11 mars 2009, n° 07-44.414).

• La décision de l'employeur d'accorder un congé à temps plein pour création d'entreprise au lieu d'une période à temps partiel demandée par le salarié s'analyse en un refus de cette demande qui, selon cet article, doit être motivé. Deux salariées ont demandé à leur employeur de pouvoir travailler à temps partiel pour création d'entreprise. Après avoir relevé que l'employeur avait, sans justifier sa décision, informé les salariées de l'octroi d'un congé à temps plein, et qu'aucun autre écrit motivé n'avait été notifié aux deux intéressées dans les 30 jours, un conseil de prud'hommes a pu décider, ce refus non motivé étant nul, que la demande d'une période de travail à temps partiel devait être considérée comme acceptée et prendre les mesures nécessaires pour rendre cette décision effective en condamnant l'employeur à établir des avenants aux contrats de travail (cass. soc. 24 septembre 2008, n° 06-44.939, BC V n° 188; JCP éd. S 2009, 1316, note Fr. Dumont).

Art. L. 3142-114. L'employeur peut différer le départ en congé du salarié lorsque ce départ aurait pour effet de porter l'effectif des salariés simultanément absents ou le nombre de jours d'absence au titre de ce congé et au titre du congé sabbatique à un niveau excessif au regard, respectivement, de l'effectif total et du nombre de jours travaillés dans l'entreprise.

Art. L. 3142-115. Dans les entreprises d'au moins trois cents salariés, l'employeur peut différer le début de la période de travail à temps partiel lorsque celle-ci aurait pour effet de porter l'effectif de salariés employés simultanément à temps partiel au titre de la présente section à un niveau excessif au regard de l'effectif total de l'entreprise.

Art. L. 3142-116. L'employeur informe le salarié de sa décision relative à la date de départ choisie par ce dernier.

À défaut de réponse de la part de l'employeur dans un délai fixé par décret, son accord est réputé acquis.

Art. D. 3142-65. L'accord de l'employeur est réputé acquis à défaut de réponse dans un délai de trente jours à compter de la présentation de la demande initiale ou de renouvellement du congé ou de la période de travail à temps partiel pour la création ou la reprise d'entreprise.

Note Cet article est l'ancien article D. 3142-43 modifié (décret 2016-1555 du 18 novembre 2016, art. 3, I, 2°, JO 19, entrée en vigueur le 01.01.2017).

Art. D. 3142-66. ***(D. 2016-1555 du 18 nov. 2016, art. 3, I, 3°, JO 19, entrée en vigueur le 01.01.2017)*** «En application de l'article L. 3142-107, l'employeur» peut différer le départ en congé ou le début de la période de travail à temps partiel pour la création ou la reprise d'entreprise, dans la limite de six mois qui court à compter de la réception de la ***(D. 2016-1555 du 18 nov. 2016, art. 3, I, 3°, JO 19, entrée en vigueur le 01.01.2017)*** «demande prévue à l'article D. 3142-73».

Il informe le salarié par ***(D. 2016-1555 du 18 nov. 2016, art. 3, I, 3°, JO 19, entrée en vigueur le 01.01.2017)*** «tout moyen conférant date certaine».

Note Cet article est l'ancien article D. 3142-44 (décret 2016-1555 du 18 novembre 2016, art. 3, I, 3°, JO 19, entrée en vigueur le 01.01.2017).

Art. D. 3142-67. Le salarié informe l'employeur de son intention soit d'être réemployé, soit de rompre son contrat de travail par ***(D. 2016-1555 du 18 nov. 2016, art. 3, I, 4°, JO 19, entrée en vigueur le 01.01.2017)*** «tout moyen conférant date certaine», au moins trois mois avant la fin de son congé pour la création ou la reprise d'entreprise.

Art. L. 3142-117

Note • Cet article est l'ancien article D. 3142-45 (décret 2016-1555 du 18 novembre 2016, art. 3, I, 4°, JO 19, entrée en vigueur le 01.01.2017).

• Le non-respect du délai de 3 mois n'est pas sanctionné par la rupture automatique du contrat imputable au salarié (cass. soc. 2 juin 1992, n° 91-42.791, BC V n° 360; 7 décembre 1993, n° 89-45.434, RJS 1/94 n° 49; 13 décembre 1995, n° 92-42.687, RJS 2/96 n° 130). Il incombe à l'employeur, qui soutient que le retard du salarié à manifester son intention de retrouver son emploi constitue un empêchement à la réintégration, de prononcer un licenciement dont le juge devra apprécier si la cause est réelle et sérieuse (cass. soc. 13 décembre 1995, n° 92-42.687, précité).

Art. D. 3142-68. Les conditions dans lesquelles l'employeur peut différer la signature des avenants aux contrats de travail, conformément à l'article ***(D. 2016-1555 du 18 nov. 2016, art. 3, I, 5°, JO 19, entrée en vigueur le 01.01.2017)*** « L. 3142-115 », sont celles prévues à l'article ***(D. 2016-1555 du 18 nov. 2016, art. 3, I, 5°, JO 19, entrée en vigueur le 01.01.2017)*** « D. 3142-72 ».

Note Cet article est l'ancien article D. 3142-46 (décret 2016-1555 du 18 novembre 2016, art. 3, I, 5°, JO 19, entrée en vigueur le 01.01.2017).

Art. D. 3142-69. Le refus de l'employeur d'accorder un congé pour la création d'entreprise ***(D. 2016-1555 du 18 nov. 2016, art. 3, I, 6°, JO 19, entrée en vigueur le 01.01.2017)*** « est notifié au salarié par tout moyen conférant date certaine. »

Note Cet article est l'ancien article D. 3142-51 (décret 2016-1555 du 18 novembre 2016, art. 3, I, 6°, JO 19, entrée en vigueur le 01.01.2017).

Art. D. 3142-70. Le salarié peut contester le refus d'accorder le congé pour la création d'entreprise de l'employeur dans les quinze jours à compter de la réception de ***(D. 2016-1555 du 18 nov. 2016, art. 3, I, 7°, JO 19, entrée en vigueur le 01.01.2017)*** « la notification du » refus.

Note Cet article est l'ancien article D. 3142-52 (décret 2016-1555 du 18 novembre 2016, art. 3, I, 7°, JO 19, entrée en vigueur le 01.01.2017).

Art. R. 3142-71. ***(D. 2016-1552 du 18 nov. 2016, art. 5, III, JO 19, entrée en vigueur le 01.01.2017)*** En cas de contestation, le conseil de prud'hommes, saisi en application de l'article L. 3142-113, statue en dernier ressort.

Art. D. 3142-72. L'employeur informe le salarié de son accord sur la date de départ choisie du congé pour la création d'entreprise ou de son report ***(D. 2016-1555 du 18 nov. 2016, art. 3, I, 8°, JO 19, entrée en vigueur le 01.01.2017)*** « par tout moyen conférant date certaine. »

À défaut de réponse de sa part, dans un délai de trente jours à compter de la ***(D. 2016-1555 du 18 nov. 2016, art. 3, I, 8°, JO 19, entrée en vigueur le 01.01.2017)*** « réception de la demande », son accord est réputé acquis.

Note Cet article est l'ancien article D. 3142-53 (décret 2016-1555 du 18 novembre 2016, art. 3, I, 8°, JO 19, entrée en vigueur le 01.01.2017).

Sous-section 2. Champ de la négociation collective

Art. L. 3142-117. Pour mettre en œuvre le droit à congé du salarié mentionné à l'article L. 3142-105, une convention ou un accord collectif d'entreprise ou, à défaut, une convention ou un accord de branche détermine :

1° La durée maximale du congé ou de la période de travail à temps partiel ;

2° Le nombre de renouvellements possibles de ce congé ou de cette période ;

3° La condition d'ancienneté requise pour avoir droit à ce congé ou à cette période ;

4° Les délais dans lesquels le salarié informe l'employeur de la date à laquelle il souhaite partir en congé ou, en cas de passage à temps partiel, de la date de début de la période de travail à temps partiel et de l'amplitude de la réduction souhaitée de son temps de travail, ainsi que de la durée envisagée de ce congé ou de cette période ;

5° Les conditions et délais de la demande de prolongation de ce congé ou de cette période de travail à temps partiel ;

6° Les conditions dans lesquelles le salarié informe l'employeur de son intention de poursuivre ou de rompre son contrat de travail à l'issue de son congé ou de sa période de travail à temps partiel ;

7° Les plafonds ou niveaux mentionnés à l'article L. 3142-114 et, pour les entreprises d'au moins trois cents salariés, le niveau mentionné à l'article L. 3142-115 ;

8° Les conditions permettant le maintien d'un lien entre l'entreprise et le salarié pendant la durée du congé et, le cas échéant, les modalités d'accompagnement et de réadaptation professionnelle à son retour.

Art. L. 3142-118. Cette convention ou cet accord détermine également les modalités de report des congés payés dus au salarié qui bénéficie du congé.

Sous-section 3. Dispositions supplétives

§ 1. Règles générales de prise du congé et de passage à temps partiel

Art. L. 3142-119. À défaut de convention ou d'accord mentionné à l'article L. 3142-117, les dispositions suivantes sont applicables :

1° La durée maximale du congé ou de la période de travail à temps partiel est d'un an. Elle peut être prolongée au plus d'un an ;

2° L'ancienneté requise pour ouvrir droit au congé ou à la période de travail à temps partiel est de vingt-quatre mois, consécutifs ou non, dans l'entreprise ;

3° Les conditions et délais d'information mentionnés aux 4° à 6° de l'article L. 3142-117 sont fixés par décret ;

4° Le niveau de salariés absents au titre du congé dans l'entreprise et de jours d'absence prévus au titre de ce congé, pour lequel l'employeur peut différer le départ ou le début de la période de travail à temps partiel, est fixé par décret.

Art. D. 3142-73. ***(D. 2016-1555 du 18 nov. 2016, art. 3, I, 10°, JO 19, entrée en vigueur le 01.01.2017)*** « À défaut de convention ou d'accord mentionné à l'article L. 3142-117, le salarié informe l'employeur par tout moyen conférant date certaine », au moins deux mois avant le début du congé ou de la période de travail à temps partiel pour la création ou la reprise d'entreprise, de sa volonté de bénéficier de ce congé ou de cette période.

Le salarié précise l'activité de l'entreprise qu'il prévoit de créer ou de reprendre ou de l'entreprise répondant aux critères de jeune entreprise innovante dans laquelle il prévoit d'exercer des responsabilités de direction.

(D. 2016-1555 du 18 nov. 2016, art. 3, I, 10°, JO 19, entrée en vigueur le 01.01.2017) « Il précise la durée du congé ou la réduction souhaitée de son temps de travail. »

Note • Cet article est l'ancien article D. 3142-41 (décret 2016-1555 du 18 novembre 2016, art. 3, I, 10°, JO 19, entrée en vigueur le 01.01.2017).

• Lorsque le salarié n'indique pas l'activité qu'il prévoit de créer, l'employeur est fondé à refuser le congé et à licencier le salarié qui passerait outre à ce refus (cass. soc. 13 février 1991, n° 88-43.837, LS lég. soc. n° 6553, 25 juillet 1991, p. 11).

Art. D. 3142-74. ***(D. 2016-1555 du 18 nov. 2016, art. 3, I, 11°, JO 19, entrée en vigueur le 01.01.2017)*** « À défaut de convention ou d'accord mentionné à l'article L. 3142-117, » la demande de prolongation d'un congé ou d'une période de travail à temps partiel pour la création ou la reprise d'entreprise précédemment accordés fait l'objet d'une information de l'employeur dans les ***(D. 2016-1555 du 18 nov. 2016, art. 3, I, 11°, JO 19, entrée en vigueur le 01.01.2017)*** « conditions mentionnées à l'article D. 3142-73 », deux mois avant son terme.

Note Cet article est l'ancien article D. 3142-42 (décret 2016-1555 du 18 novembre 2016, art. 3, I, 11°, JO 19, entrée en vigueur le 01.01.2017).

Art. D. 3142-75. ***(D. 2016-1555 du 18 nov. 2016, art. 3, I, 12°, JO 19, entrée en vigueur le 01.01.2017)*** « À défaut de convention ou d'accord mentionné à l'article L. 3142-117, » le départ en congé peut être différé par l'employeur ***(D. 2016-1555 du 18 nov. 2016, art. 3, I, 12°, JO 19, entrée en vigueur le 01.01.2017)*** « dans les conditions mentionnées à l'article L. 3142-114 », de telle sorte que le pourcentage des salariés simultanément absents de l'entreprise au titre du congé pour la création d'entreprise, pour l'exercice de responsabilités de direction au sein d'une entreprise répondant aux critères de jeune entreprise innovante et au titre du congé sabbatique ne dépasse pas 2 % de l'effectif de cette entreprise, jusqu'à la date à laquelle cette condition de taux est remplie ***(D. 2016-1555 du 18 nov. 2016, art. 3, I, 12°, JO 19, entrée en vigueur le 01.01.2017)*** « ou que le nombre de jours d'absence prévu au titre de ces congés ne dépasse pas 2 % du nombre total des jours de travail effectués dans les douze mois précédant le départ en congé. Pour permettre le départ en congé d'un salarié, cette période de douze mois est prolongée dans la limite de quarante-huit mois. »

Note Cet article est l'ancien article D. 3142-49 (décret 2016-1555 du 18 novembre 2016, art. 3, I, 12°, JO 19, entrée en vigueur le 01.01.2017).

Art. D. 3142-76. ***(D. 2016-1555 du 18 nov. 2016, art. 3, I, 13°, JO 19, entrée en vigueur le 01.01.2017)*** « À défaut de convention ou d'accord mentionné à l'article L. 3142-117, dans les conditions mentionnées à l'article L. 3142-115, » dans les entreprises ***(D. 2016-1555 du 18 nov. 2016, art. 3, I, 13°, JO 19, entrée en vigueur le 01.01.2017)*** « d'au moins trois cents » salariés, le ***(D. 2016-1555 du 18 nov. 2016, art. 3, I, 13°, JO 19, entrée en vigueur le 01.01.2017)*** « début de la période de travail à temps partiel » peut être différé par l'employeur ***(D. 2016-1555 du 18 nov. 2016, art. 3, I, 13°, JO 19, entrée en vigueur le 01.01.2017)*** « si le pourcentage de salariés de l'entreprise passant simultanément à temps partiel au titre du présent congé» [dépasse] 2 % ***(D. 2016-1555 du 18 nov. 2016, art. 3, I, 13°, JO 19, entrée en vigueur le 01.01.2017)*** «de l'effectif de cette entreprise, jusqu'à la date à laquelle cette condition de taux est remplie».

Note Cet article est l'ancien article D. 3142-50 (décret 2016-1555 du 18 novembre 2016, art. 3, I, 13°, JO 19, entrée en vigueur le 01.01.2017).

§ 2. Report de congés payés

Art. L. 3142-120. À défaut de stipulation dans la convention ou l'accord mentionné à l'article L. 3142-117, les congés payés annuels dus au salarié en plus de vingt-quatre jours ouvrables peuvent être reportés, à sa demande, jusqu'au départ en congé, dans les conditions prévues au présent paragraphe.

Le cumul de ces congés payés porte au maximum sur six années.

Art. L. 3142-121. Une indemnité compensatrice est perçue par le salarié lors de son départ pour l'ensemble des congés payés dont il n'a pas bénéficié.

Le premier alinéa du présent article ne s'applique pas lorsque l'employeur est tenu d'adhérer à une caisse de congés payés mentionnée à l'article L. 3141-32.

Art. L. 3142-122. En cas de renonciation au congé, les congés payés du salarié reportés en application de l'article L. 3142-120 sont ajoutés aux congés payés annuels.

Ces congés payés reportés sont ajoutés chaque année aux congés payés annuels, par fraction de six jours et jusqu'à épuisement, à compter de la renonciation.

Jusqu'à épuisement des congés payés reportés, tout report au titre de l'article L. 3142-120 est exclu.

Art. L. 3142-123. En cas de rupture du contrat de travail, le salarié perçoit une indemnité compensatrice pour les droits à congés payés reportés.

Ces dispositions ne s'appliquent pas lorsque l'employeur est tenu d'adhérer à une caisse de congés payés mentionnée à l'article L. 3141-32.

Art. L. 3142-124. Les indemnités compensatrices prévues au présent paragraphe sont calculées conformément aux articles L. 3141-24 à L. 3141-27.

SECTION 4. Congé d'enseignement ou de recherche

Note Cette section est issue de la loi 2020-1674 du 24 décembre 2020, art. 26, I, JO 26

Sous-section 1. Ordre public

Art. L. 3142-125. Le salarié qui souhaite dispenser à temps plein ou à temps partiel un enseignement technologique, professionnel ou supérieur en formation initiale ou continue a droit, sous réserve d'une condition d'ancienneté et dans les conditions fixées à la présente section:

1° Soit à un congé;

2° Soit à une période de travail à temps partiel.

Art. L. 3142-126. L'article L. 3142-125 s'applique également au salarié qui souhaite se livrer à une activité de recherche et d'innovation dans un établissement public de recherche, une collectivité territoriale, une entreprise publique ou privée, sauf si son employeur établit que l'exercice de ce droit par le salarié compromet directement la politique de recherche, d'innovation et de développement technologique de l'entreprise.

Art. L. 3142-127. Dans les entreprises de trois cents salariés et plus, l'employeur peut différer le départ en congé ou le début de la période de travail à temps partiel du salarié lorsque l'exercice de ce droit aurait pour effet de porter le pourcentage de salariés simultanément absents à ce titre à un niveau excessif au regard de l'effectif total de l'entreprise.

Art. L. 3142-128. Dans les entreprises de moins de trois cents salariés, l'employeur peut différer le départ en congé ou le début de la période de travail à temps partiel du salarié lorsque l'exercice de ce droit aurait pour effet de porter le nombre d'heures de congé demandées à un niveau excessif au regard du nombre total d'heures travaillées dans l'année.

Toutefois, le nombre d'heures de congé auquel un salarié a droit peut être, à sa demande, reporté d'une année sur l'autre, sans que le cumul des reports puisse dépasser quatre ans.

Sous-section 2. **Champ de la négociation collective**

Art. L. 3142-129. Pour mettre en œuvre le droit à congé du salarié mentionné à l'article L. 3142-125, un accord collectif détermine :

1° La durée maximale du congé ou de la période de travail à temps partiel ;

2° Le nombre de renouvellements possibles de ce congé ou de cette période ;

3° La condition d'ancienneté requise pour avoir droit à ce congé ou à cette période ;

4° Les délais dans lesquels le salarié informe l'employeur de la date à laquelle il souhaite partir en congé ou, en cas de passage à temps partiel, de la date de début de la période de travail à temps partiel et de l'amplitude de la réduction souhaitée de son temps de travail, ainsi que de la durée envisagée de ce congé ou de cette période ;

5° Les conditions et délais de la demande de prolongation de ce congé ou de cette période de travail à temps partiel ;

6° Les conditions dans lesquelles le salarié informe l'employeur de son intention de poursuivre ou de rompre son contrat de travail à l'issue de son congé ou de sa période de travail à temps partiel ;

7° Les plafonds ou niveaux mentionnés aux articles L. 3142-127 et L. 3142-128 ;

8° Les conditions permettant le maintien d'un lien entre l'entreprise et le salarié pendant la durée du congé et, le cas échéant, les modalités d'accompagnement et de réadaptation professionnelle à son retour.

Sous-section 3. **Dispositions supplétives**

Art. L. 3142-130. À défaut de l'accord mentionné à l'article L. 3142-129, les dispositions suivantes sont applicables :

1° La durée maximale du congé ou de la période de travail à temps partiel est d'un an. Cette durée peut être prolongée sur demande du salarié par accord entre l'entreprise et l'organisme ou l'entreprise d'accueil ;

2° L'ancienneté requise pour ouvrir droit au congé ou à la période de travail à temps partiel est d'un an en cas d'accord de l'employeur et de vingt-quatre mois, consécutifs ou non, dans l'entreprise en cas de désaccord de ce dernier ;

3° Les conditions et délais d'information mentionnés aux 4° à 6° du même article L. 3142-129 sont fixés par décret ;

4° Le niveau de salariés absents au titre du congé dans l'entreprise et de jours d'absence prévus au titre de ce congé, pour lequel l'employeur peut différer le départ ou le début de la période de travail à temps partiel, sont fixés par décret.

CHAPITRE III (réglementaire) Dispositions pénales

Art. R. 3143-1. Le fait de méconnaître les dispositions des articles L. 3141-1 à ***(D. 2016-1551 du 18 nov. 2016, art. 6, V, 16°, JO 19, entrée en vigueur le 01.01.2017)*** « L. 3141-33 » et L. 3164-9, relatives aux congés payés, ainsi que celles des décrets pris pour leur application, est puni de l'amende prévue pour les contraventions de la cinquième classe, prononcée autant de fois qu'il y a de salariés concernés par l'infraction.

La récidive est réprimée conformément aux articles 132-11 et 132-15 du code pénal.

Note Il résulte des dispositions de l'article L. 223-7 [L. 3141-13] que le défaut de consultation par l'employeur des délégués du personnel et du comité d'entreprise pour la fixation de la période des congés payés ou de l'ordre des départs est constitutif de la contravention spécifique à la législation des congés payés que sanctionnent les articles R. 260-2 et R. 262-6 [R. 3143-1], et non du délit d'entrave réprimé par les articles L. 482-1 et L. 483-1 [L. 2316-1 et L. 2328-1] (cass. crim. 6 février 1990, n° 87-82.316, B. crim. n° 65).

Art. R. 3143-2. Le fait de méconnaître les dispositions des articles ***(D. 2016-1552 du 18 nov. 2016, art. 6, II, JO 19, entrée en vigueur le 01.01.2017)*** « L. 3142-54 à L. 3142-59 », relatives aux congés de formation de cadres et d'animateurs pour la jeunesse ainsi que celles des décrets pris pour leur application, est puni de l'amende prévue pour les contraventions de la troisième classe.

Note Cet article est l'ancien article R. 3143-3 (décret 2016-1552 du 18 novembre 2016, art. 6, II, JO 19, entrée en vigueur le 01.01.2017).

Art. R. 3143-2-1. ***(D. 2016-1552 du 18 nov. 2016, art. 6, III, JO 19, entrée en vigueur le 01.01.2017)*** Le fait de méconnaître les dispositions des articles L. 3142-36 à L. 3142-41, relatives au congé mutualiste de formation, ainsi que celles des décrets pris pour leur application, est puni de l'amende prévue pour les contraventions de la troisième classe.

Art. R. 3143-3. Le fait de méconnaître les dispositions des articles ***(D. 2016-1552 du 18 nov. 2016, art. 6, IV, JO 19, entrée en vigueur le 01.01.2017)*** « L. 3142-95, L. 3142-96 et D. 3142-6[4] », relatives au service national, est puni de l'amende prévue pour les contraventions de la cinquième classe.

La récidive est réprimée conformément aux articles 132-11 et 132-15 du code pénal.

Note Cet article est l'ancien article R. 3143-4 (décret 2016-1552 du 18 novembre 2016, art. 6, IV, JO 19, entrée en vigueur le 01.01.2017).

TITRE V COMPTE ÉPARGNE-TEMPS

Note • Les dispositions législatives de ce titre sont issues de la loi 2016-1088 du 8 août 2016, art. 11, I, JO 9.

Sur l'impact de cette loi en matière de durée du travail, de repos et de congés, voir note introductive du livre Ier de la troisième partie et, s'agissant du compte épargne-temps, voir notamment RF 8 septembre 2016, FH 3657, 1-23.

• Sur la réforme du régime du compte épargne-temps par la loi 2008-789 du 20 août 2008 (JO 21), voir circulaire DGT 2008/20 du 13 novembre 2008, Fiche n° 13.

CHAPITRE Ier Ordre public

Art. L. 3151-1. Le compte épargne-temps peut être mis en place par une convention ou un accord d'entreprise ou d'établissement ou, à défaut, par une convention ou un accord de branche.

Art. L. 3151-2. Le compte épargne-temps permet au salarié d'accumuler des droits à congé rémunéré ou de bénéficier d'une rémunération, immédiate ou différée, en contrepartie des périodes de congé ou de repos non pris ou des sommes qu'il y a affectées.

Le congé annuel ne peut être affecté au compte épargne-temps que pour sa durée excédant vingt-quatre jours ouvrables.

Art. L. 3151-3. Tout salarié peut, sur sa demande et en accord avec son employeur, utiliser les droits affectés sur le compte épargne-temps pour compléter sa rémunération ou pour cesser de manière progressive son activité.

L'utilisation sous forme de complément de rémunération des droits versés sur le compte épargne-temps au titre du congé annuel n'est autorisée que pour ceux de ces droits correspondant à des jours excédant la durée de trente jours fixée à l'article L. 3141-3.

Note • *Covid-19.* Voir ordonnance 2020-323 du 25 mars 2020, art. 4 et 5, JO 26, entrée en vigueur le 26.03.2020, modifiés.

• Lorsque la rémunération annuelle est payée sur 13 mois et que l'accord relatif au CET précise que l'indemnisation des droits inscrits au CET a lieu sur la base de la rémunération fixe brute, il convient de tenir compte du 13e mois pour calculer le montant d'une heure monétisée (cass. soc. 25 septembre 2013, n° 12-10.037, BC V n° 213; LSQ n° 16442 du 9.10.2013; RJS 12/13 n° 827; JCP éd. S 2013, 1464, note M. Morand).

Art. L. 3151-4. Les droits acquis dans le cadre du compte épargne-temps sont garantis dans les conditions prévues à l'article L. 3253-8.

CHAPITRE II Champ de la négociation collective

Art. L. 3152-1. La convention ou l'accord collectif détermine dans quelles conditions et limites le compte épargne-temps peut être alimenté en temps ou en argent à l'initiative du salarié ou, pour les heures accomplies au-delà de la durée collective, à l'initiative de l'employeur.

Note • Constitue un trouble manifestement illicite la décision d'un employeur imposant aux salariés de prendre tous leurs jours de repos acquis au titre de la réduction du temps de travail et de congés payés sans pouvoir alimenter leur compte épargne-temps, en violation des stipulations d'un accord d'entreprise (cass. soc. 8 juin 2011, n° 10-11.979, BC V n° 151; LS Jurispr. n° 131 du 28.06.2011; RJS 8-9/11 n° 700; JCP éd. S 2011, 1399, note A. Barège).

• Voir note sous art. L. 3171-4.

Art. L. 3152-2. La convention ou l'accord collectif définit les modalités de gestion du compte épargne-temps et détermine les conditions d'utilisation, de liquidation et de transfert des droits d'un employeur à un autre.

Note *Covid-19*. Voir ordonnance 2020-323 du 25 mars 2020, art. 4 et 5, JO 26, entrée en vigueur le 26.03.2020, modifiés.

Art. L. 3152-3. Pour les droits acquis, convertis en unités monétaires, qui excèdent le plus élevé des montants fixés par décret en application de l'article L. 3253-17, la convention ou l'accord collectif établit un dispositif d'assurance ou de garantie.

Art. L. 3152-4. La convention ou l'accord collectif prévoit que les droits affectés sur le compte épargne-temps sont utilisés, en tout ou partie:

1° Pour contribuer au financement de prestations de retraite qui revêtent un caractère collectif et obligatoire déterminé dans le cadre d'une des procédures mentionnées à l'article L. 911-1 du code de la sécurité sociale. Dans ce cas, les droits qui correspondent à un abondement de l'employeur en temps ou en argent bénéficient des régimes prévus aux 2° ou 2°-0 *bis* de l'article 83 du code général des impôts et au sixième alinéa et au 1° de l'article L. 242-1 du code de la sécurité sociale ou à l'article L. 741-10 du code rural et de la pêche maritime;

2° Pour réaliser des versements sur un ou plusieurs plans d'épargne pour la retraite collectifs ***(Ord. 2019-766 du 24 juil. 2019, art. 7, IV, 5°, JO 25, entrée en vigueur le 01.10.2019)*** «ou plan d'épargne retraite d'entreprise collectif». Dans ce cas, les droits qui correspondent à un abondement de l'employeur en temps ou en argent bénéficient du régime prévu aux articles L. 3332-11 à L. 3332-13 et L. 3332-27 du présent code.

Les droits utilisés selon les modalités prévues aux 1° et 2° du présent article qui ne sont pas issus d'un abondement en temps ou en argent de l'employeur bénéficient, dans la limite d'un plafond de dix jours par an:

a) De l'exonération prévue à l'article L. 242-4-3 du code de la sécurité sociale ou aux articles L. 741-4 et L. 741-15 du code rural et de la pêche maritime en tant qu'ils visent l'article L. 242-4-3 du code de la sécurité sociale;

b) Et, selon le cas, des régimes prévus aux 2° ou 2°-0 *bis* de l'article 83 du code général des impôts, pour ceux utilisés selon les modalités prévues au 1° du présent article, ou de l'exonération prévue au *b* du 18° de l'article 81 du même code, pour ceux utilisés selon les modalités prévues au 2° du présent article.

Note Cet article est applicable à Mayotte à compter du 01.01.2022 (ordonnance 2017-1491 du 25 octobre 2017, art. 33, 3°, JO 26).

CHAPITRE III Dispositions supplétives

Art. L. 3153-1. À défaut de convention ou d'accord collectif mentionné à l'article L. 3152-3, un dispositif de garantie est mis en place par décret.

Dans l'attente de la mise en place d'un dispositif de garantie, lorsque les droits acquis, convertis en unités monétaires, excèdent le plafond mentionné à l'article L. 3152-3, une indemnité correspondant à la conversion monétaire de l'ensemble des droits est versée au salarié.

Art. L. 3153-2. À défaut de stipulation conventionnelle prévoyant les conditions de transfert des droits d'un employeur à un autre, le salarié peut:

1° Percevoir, en cas de rupture du contrat de travail, une indemnité correspondant à la conversion monétaire de l'ensemble des droits qu'il a acquis;

2° Demander, en accord avec l'employeur, la consignation auprès d'un organisme tiers de l'ensemble des droits, convertis en unités monétaires, qu'il a acquis. Le déblocage des droits consignés se fait au profit du salarié bénéficiaire ou de ses ayants droit dans des conditions fixées par décret.

Note • Dans le cadre d'une procédure de liquidation judiciaire, lorsque des salariés sont repris par un nouvel employeur en application d'un plan de cession muet sur le sort des jours épargnés sur un compte épargne-temps, les salariés ont droit, à défaut de clauses conventionnelles, au versement d'une indemnité correspondant à la conversion monétaire de l'ensemble des droits acquis (cass. soc. 7 avril 2010, n° 09-40.015, BC V n° 85; RJS 6/10 n° 525; JCP éd. S 2010, 1417; LS Jurisp. n° 73 du 12.04.2010).

• Le refus de l'employeur de régler les droits acquis par le salarié sur le compte épargne-temps étant manifestement illicite, un salarié peut demander en référé le déblocage de son compte (cass. soc. 19 octobre 2010, n° 09-41.667, RJS 1/11 n° 50).

CHAPITRE IV (réglementaire) Gestion et liquidation

SECTION 1. Dispositions supplétives

Note Cette section est issue du décret 2016-1553 du 18 novembre 2016, art. 5, JO 19, entrée en vigueur le 01.01.2017.

Art. D. 3154-1. ***(D. 2009-1184 du 5 oct. 2009, JO 7)*** « Dans l'attente de l'établissement d'un dispositif d'assurance ou de garantie financière dans les conditions prévues aux articles D. 3154-2 à D. 3154-4, » lorsque les droits inscrits au compte épargne-temps atteignent le plus haut montant des droits garantis fixés en application de l'article L. 3253-17, les droits supérieurs à ce plafond sont liquidés.

Le salarié perçoit une indemnité correspondant à la conversion monétaire de ces droits.

Art. D. 3154-2. Les droits épargnés dans le compte épargne-temps peuvent excéder le plafond déterminé à l'article D. 3154-1 lorsqu'une convention ou un accord collectif de travail prévoit un dispositif d'assurance ou de garantie financière couvrant les sommes supplémentaires épargnées. ***(D. 2009-1184 du 5 oct. 2009, JO 7)*** « En l'absence d'une telle convention ou d'un tel accord collectif, le dispositif de garantie financière est mis en place par l'employeur. »

(D. 2009-1184 du 5 oct. 2009, JO 7) « Les dispositifs mentionnés à l'alinéa précédent doivent permettre » le paiement des droits acquis par le salarié et des cotisations obligatoires dues à des organismes de sécurité sociale ou à des institutions sociales pour le montant au-delà du plafond susmentionné.

Art. D. 3154-3. La garantie financière ne peut résulter que d'un engagement de caution pris par :

1° Une société de caution mutuelle ;

2° Un organisme de garantie collective ;

3° Une compagnie d'assurance ;

4° Une banque ;

5° Un établissement financier habilité à donner caution.

Art. D. 3154-4. L'engagement de caution fait l'objet d'un contrat écrit précisant les conditions et le montant de la garantie accordée. Ce contrat, tenu à la disposition de l'inspection du travail, stipule la renonciation du garant, en cas de défaillance de l'employeur, au bénéfice de discussion prévu aux articles 2298 à 2301 du code civil.

Art. D. 3154-5. ***(D. 2009-1184 du 5 oct. 2009, JO 7)*** Lorsqu'un salarié demande, en accord avec son employeur, la consignation de l'ensemble des droits acquis sur son compte épargne-temps, convertis en unités monétaires, les sommes sont transférées par ce dernier à la Caisse des dépôts et consignations. Le transfert est accompagné de la demande écrite du salarié et d'une déclaration de consignation renseignée par l'employeur. Le récépissé de la déclaration de consignation, qui fait foi du dépôt des fonds, est remis par la Caisse des dépôts et consignations à l'employeur, qui en informe son salarié.

Les sommes consignées sont rémunérées dans les conditions fixées par l'article L. 518-23 du code monétaire et financier et soumises à la prescription prévue à l'article L. 518-24 du même code.

Art. D. 3154-6. ***(D. 2009-1184 du 5 oct. 2009, JO 7)*** Le déblocage des droits consignés peut intervenir :

1° À la demande du salarié bénéficiaire, par le transfert de tout ou partie des sommes consignées sur le compte épargne-temps, le plan d'épargne d'entreprise, le plan d'épargne interentreprises ***(D. 2019-807 du 30 juil. 2019, art. 7, II, 1°, JO 1er août, entrée en vigueur le 01.10.2019)*** « , le plan d'épargne pour la retraite collectif ou le plan d'épargne retraite d'entreprise collectif » mis en place par son nouvel employeur, dans les conditions prévues par l'accord collectif mettant en place le compte épargne-temps ou par les règlements des plans d'épargne salariale ;

2° À la demande du salarié bénéficiaire ou de ses ayants droit, par le paiement, à tout moment, de tout ou partie des sommes consignées.

TITRE VI DISPOSITIONS PARTICULIÈRES AUX JEUNES TRAVAILLEURS

Note Les dispositions relatives aux jeunes travailleurs ont été modifiées par l'ordonnance 2001-174 du 22 février 2001 (JO 24) relative à la transposition de la directive 94/33/CE du 22 juin 1994.

CHAPITRE Ier Définitions

Art. L. 3161-1. Pour l'application des dispositions du présent titre, sont considérés comme des jeunes travailleurs :

1° Les salariés âgés de moins de dix-huit ans ;

2° Les stagiaires âgés de moins de dix-huit ans qui accomplissent des stages d'initiation ou d'application en milieu professionnel dans le cadre d'un enseignement alterné ou du déroulement de leur scolarité.

CHAPITRE II Durée du travail

Art. L. 3162-1. *(L. 2018-771 du 5 sept. 2018, art. 13, III, 1°, JO 6)* Les jeunes travailleurs ne peuvent être employés à un travail effectif excédant huit heures par jour et trente-cinq heures par semaine.

Par dérogation au premier alinéa, pour certaines activités déterminées par décret en Conseil d'État, lorsque l'organisation collective du travail le justifie, il peut être dérogé :

1° À la durée hebdomadaire de travail effectif de trente-cinq heures, dans la limite de cinq heures par semaine ;

2° À la durée quotidienne de travail effectif de huit heures, dans la limite de deux heures par jour.

Lorsqu'il est fait application des dépassements prévus aux 1° et 2° :

a) Des périodes de repos d'une durée au moins équivalente au nombre d'heures accomplies au-delà de la durée quotidienne de huit heures sont attribuées ;

b) Les heures supplémentaires éventuelles, ainsi que leurs majorations, donnent lieu à un repos compensateur équivalent.

Pour les autres activités et à titre exceptionnel, des dérogations aux durées maximales hebdomadaire et quotidienne de travail effectif fixées au premier alinéa peuvent être accordées dans la limite de cinq heures par semaine par l'inspecteur du travail après avis conforme du médecin du travail ou du médecin chargé du suivi médical de l'élève.

La durée du travail des intéressés ne peut en aucun cas être supérieure à la durée quotidienne ou hebdomadaire normale du travail des adultes employés dans l'établissement.

Note • Cet article n'est pas applicable aux contrats conclus avant le 1er janvier 2019 (loi 2018-771 précitée, art. 46, II).

• S'agissant de l'articulation entre les dispositions spécifiques relatives à la durée du travail des jeunes de moins de 18 ans et l'organisation du travail des entreprises dans lesquelles ils sont employés, il ne semble pas possible d'appliquer une modulation du temps de travail aux jeunes apprentis qui entraînerait un dépassement régulier de la limite hebdomadaire de 35 heures (voir rép. QE 1363, JO Sén. 14 nov. 2002, p. 2720). Voir aussi rép. QE 4654, JO Sén. 9 janv. 2003, p. 145 s'agissant du bilan d'évaluation des conditions d'application des articles L. 213-13 et 14 (anciens) CT demandé aux services de l'administration du travail afin de prendre la mesure des difficultés posées par ces textes (notamment secteur du bâtiment ou activité nécessitant des déplacements quotidiens). Il est cependant précisé qu'à titre exceptionnel, des dérogations au temps de travail des jeunes de moins de 18 ans peuvent être accordées (rép. QE 8444, JO Sén. 4 sept. 2003, p. 2748).

• Voir circulaire DRT 2002-15 du 22 août 2002 relative à la durée du travail des jeunes de moins de 18 ans (BO TR 2002/18, p. 111).

Art. R. 3162-1. ***(D. 2018-1139 du 13 déc. 2018, JO 14)*** Lorsque l'organisation collective du travail le justifie, en application de l'article L. 3162-1, les jeunes travailleurs peuvent être employés à un travail effectif excédant huit heures par jour et trente-cinq heures par semaine, dans la limite de dix heures par jour et de quarante heures par semaine pour :

1° Les activités réalisées sur les chantiers de bâtiment ;

2° Les activités réalisées sur les chantiers de travaux publics ;

3° Les activités de création, d'aménagement et d'entretien sur les chantiers d'espaces paysagers.

Note Cet article est applicable aux contrats conclus depuis le 01.01.2019 (décret 2018-1139 précité, art. 3).

Art. L. 3162-2. L'employeur laisse aux jeunes travailleurs soumis à l'obligation de suivre des cours professionnels pendant la journée de travail le temps et la liberté nécessaires au respect de cette obligation.

Le temps consacré à la formation dans un établissement d'enseignement est considéré comme un temps de travail effectif.

Art. L. 3162-3. Aucune période de travail effectif ininterrompue ne peut excéder, pour les jeunes travailleurs, une durée maximale de quatre heures et demie. Lorsque le temps de travail quotidien est supérieur à quatre heures et demie, les jeunes travailleurs bénéficient d'un temps de pause d'au moins trente minutes consécutives.

Note Voir circulaire DRT 2002-15 du 22 août 2002 citée sous l'article L. 3162-1.

CHAPITRE III Travail de nuit

Art. L. 3163-1. Pour l'application du présent chapitre, est considéré comme travail de nuit:

1° Pour les jeunes travailleurs de plus de seize ans et de moins de dix-huit ans, tout travail entre 22 heures et 6 heures;

2° Pour les jeunes travailleurs de moins de seize ans, tout travail entre 20 heures et 6 heures.

Note La méconnaissance des articles L. 3163-1 à 3 est sanctionnée pénalement par les articles R. 3124-15 et 16 situés à la fin du titre II du livre Ier de la troisième partie.

Art. L. 3163-2. Le travail de nuit est interdit pour les jeunes travailleurs.

Pour les jeunes salariés des établissements commerciaux et de ceux du spectacle, des dérogations peuvent être accordées, à titre exceptionnel, par l'inspecteur du travail.

Un décret en Conseil d'État détermine en outre la liste des secteurs pour lesquels les caractéristiques particulières de l'activité justifient une dérogation. Une convention ou un accord collectif de travail étendu ou une convention ou un accord d'entreprise ou d'établissement peut définir les conditions dans lesquelles cette autorisation peut être accordée dans ces secteurs.

Il ne peut être accordé de dérogation entre minuit et 4 heures, sous réserve des cas d'extrême urgence prévus à l'article L. 3163-3.

Il ne peut être accordé de dérogation pour l'emploi de mineurs de moins de seize ans que s'il s'agit de ceux mentionnés à l'article L. 7124-1 dans les entreprises de spectacle, de cinéma, de radiophonie, de télévision ou d'enregistrements sonores.

Art. R. 3163-1. Les secteurs dans lesquels les caractéristiques particulières de l'activité justifient en application des articles L. 3163-2 et L. 6222-26 qu'il puisse être accordé une dérogation à l'interdiction du travail de nuit des jeunes travailleurs sont:

1° L'hôtellerie;
2° La restauration;
3° La boulangerie;
4° La pâtisserie;
5° Les spectacles;
6° Les courses hippiques, pour l'ensemble des activités liées à la monte et à la mène en course.

Art. R. 3163-2. Dans les secteurs de l'hôtellerie et de la restauration, le travail de nuit des jeunes travailleurs ne peut être autorisé que de vingt-deux heures à vingt-trois heures trente.

Art. R. 3163-3. Dans les secteurs de la boulangerie et de la pâtisserie, le travail de nuit des jeunes travailleurs peut être autorisé avant six heures et, au plus tôt, à partir de quatre heures pour permettre aux jeunes travailleurs de participer à un cycle complet de fabrication du pain ou de la pâtisserie.

Seuls les établissements où toutes les phases de la fabrication de pain ou de pâtisseries ne sont pas assurées entre six heures et vingt-deux heures peuvent bénéficier de cette dérogation.

Art. R. 3163-4. Dans les secteurs des spectacles et des courses hippiques, le travail de nuit ne peut être autorisé que ***(D. 2008-889 du 2 sept. 2008, JO 4)*** «jusqu'à» vingt-quatre heures.

Dans le secteur des courses hippiques, cette dérogation ne peut être utilisée que deux fois par semaine et trente nuits par an au maximum.

Art. R. 3163-5. La dérogation à l'interdiction du travail de nuit des jeunes travailleurs est accordée par l'inspecteur du travail pour une durée maximale d'une année, renouvelable. Il apprécie les caractéristiques particulières de l'activité justifiant cette dérogation.

À défaut de réponse dans le délai d'un mois suivant le dépôt de la demande, l'autorisation est réputée accordée.

Art. R. 3163-6. Les décrets en Conseil d'État nécessaires à l'application des dispositions du présent chapitre sont pris après avis du ***(D. 2016-1834 du 22 déc. 2016, JO 24)*** «Conseil d'orientation des conditions de travail».

Art. L. 3163-3. En cas d'extrême urgence, si des travailleurs adultes ne sont pas disponibles, il peut être dérogé aux dispositions des articles L. 3163-1 et L. 3163-2, en ce qui concerne les jeunes travailleurs de seize à dix-huit ans, pour des travaux passagers destinés à prévenir des accidents imminents ou à réparer les conséquences des accidents survenus.

Une période équivalente de repos compensateur leur est accordée dans un délai de trois semaines.

Note Le champ des dérogations visé à cet article devait être modifié pour épouser celui qu'autorise l'article 13 de la directive 94/33/CE du 22 juin 1994 qui renvoie au § 4 de l'article 5 de la directive 89/391/CEE du 12 juin 1989 concernant la mise en œuvre des mesures visant à promouvoir l'amélioration de la sécurité et de la santé des travailleurs au travail. Ce dernier champ vise des circonstances étrangères aux employeurs, anormales et imprévisibles, ou des événements exceptionnels dont les conséquences n'auraient pu être évitées malgré toute la diligence déployée. De plus, la directive du 22 juin 1994 précitée limite les dérogations à des travaux passagers qui ne souffrent aucun retard et pour lesquels des travailleurs adultes ne sont pas disponibles (rapport au président de la République relatif à l'ordonnance 2001-174 du 22 février 2001, JO 24).

CHAPITRE IV Repos et congés

SECTION 1. Repos quotidien

Art. L. 3164-1. La durée minimale du repos quotidien des jeunes travailleurs ne peut être inférieure à douze heures consécutives. Cette durée minimale est portée à quatorze heures consécutives s'ils ont moins de seize ans.

La durée minimale de repos continu quotidien des jeunes salariés ne peut être inférieure à douze heures dans le cas des dérogations prévues à l'article L. 3163-2.

Note Avec l'ordonnance 2001-174 du 22 février 2001 (JO 24), le repos quotidien minimal des enfants de moins de 16 ans est passé d'au moins douze heures à au moins quatorze heures consécutives.

Voir circulaire DRT 2002-15 du 22 août 2002 relative à la durée du travail des jeunes de moins de dix-huit ans (BO TR 2002/18).

SECTION 2. Repos hebdomadaire et dominical

Art. L. 3164-2. Les jeunes travailleurs ont droit à deux jours de repos consécutifs par semaine.

Lorsque les caractéristiques particulières de l'activité le justifient, ***(Ord. 2017-1718 du 20 déc. 2017, art. 1er, I, 132°, JO 21)*** «une convention ou un accord d'entreprise ou d'établissement ou, à défaut, une convention ou un accord collectif de travail étendu» peut définir les conditions dans lesquelles il peut être dérogé aux dispositions du premier alinéa pour les jeunes libérés de l'obligation scolaire, sous réserve qu'ils bénéficient d'une période minimale de repos de trente-six heures consécutives.

À défaut d'accord, un décret en Conseil d'État définit les conditions dans lesquelles cette dérogation peut être accordée par l'inspecteur du travail.

(L. 2015-994 du 17 août 2015, art. 37, JO 18) «***(Ord. 2017-1718 du 20 déc. 2017, art. 1er, I, 132°, JO 21)*** «Une convention ou un accord d'entreprise ou d'établissement ou, à défaut, une convention ou un accord collectif de travail étendu» peut définir les conditions dans lesquelles il peut être dérogé au premier alinéa pour les jeunes travailleurs de moins de seize ans employés par un entrepreneur du spectacle, à condition qu'ils bénéficient d'une période minimale de repos de trente-six heures, dont au moins vingt-quatre heures consécutives, et que leur participation à une répétition ou à un spectacle soit de nature à contribuer à leur développement et s'effectue dans des conditions garantissant la préservation de leur santé.

À défaut d'accord et si les conditions mentionnées à l'avant-dernier alinéa du présent article sont remplies, cette dérogation peut être accordée par l'inspecteur du travail, après avis de la commission chargée d'accorder les autorisations mentionnées à l'article L. 7124-1.»

Note • La directive 94/33/CE du 22 juin 1994 (JOCE L 216 du 20.08.1994) relative à la protection des jeunes au travail prévoit que, pour chaque période de sept jours, les enfants et les adolescents bénéficient d'une période minimale de repos de deux jours, si possible consécutifs. Lorsque des raisons techniques ou d'organisation le justifient, la période minimale de repos peut être réduite, mais ne peut, en aucun cas, être inférieure à 36 heures consécutives. Cette période comprend, en principe, le dimanche (art. 10).

• Voir circulaire DRT 2002-15 du 22 août 2002 citée sous l'article L. 3164-1.

Art. L. 3164-3. Les dérogations au repos hebdomadaire prévues par les articles L. 3132-4 et L. 3132-8 ne sont pas applicables aux jeunes travailleurs de moins de dix-huit ans.

Art. L. 3164-4. Un décret en Conseil d'État établit la nomenclature des industries autorisées à bénéficier des dérogations au repos hebdomadaire prévues aux articles L. 3132-5 à L. 3132-7 et pour les jeunes salariés.

Ce décret est pris dans les formes prévues à l'article ***(L. 2016-1088 du 8 août 2016, art. 8, XI, 10°, JO 9)*** « L. 3121-67 » pour les décrets d'application des dispositions relatives à la durée du travail.

Art. L. 3164-5. L'interdiction de travail le dimanche prévue à l'article L. 3132-3 n'est pas applicable aux apprentis âgés de moins de dix-huit ans employés dans les secteurs pour lesquels les caractéristiques particulières de l'activité le justifient et dont la liste est déterminée par décret en Conseil d'État.

Art. R. 3164-1. Les secteurs dans lesquels les caractéristiques particulières de l'activité, justifient, en application de l'article L. 3164-5, l'emploi des apprentis de moins de dix-huit ans les dimanches sont :

1° L'hôtellerie ;
2° La restauration ;
3° Les traiteurs et organisateurs de réception ;
4° Les cafés, tabacs et débits de boisson ;
5° La boulangerie ;
6° La pâtisserie ;
7° La boucherie ;
8° La charcuterie ;
9° La fromagerie-crèmerie ;
10° La poissonnerie ;
11° Les magasins de vente de fleurs naturelles, jardineries et graineteries ;
12° Les établissements des autres secteurs assurant à titre principal la fabrication de produits alimentaires destinés à la consommation immédiate ou dont l'activité exclusive est la vente de denrées alimentaires au détail.

SECTION 3. Jours fériés

Art. L. 3164-6. Les jeunes travailleurs ne peuvent travailler les jours de fête reconnus par la loi.

Note Devant un tribunal de police saisi de la poursuite exercée à son encontre sur le fondement des articles L. 222-4 et R. 262-4 CT alors en vigueur portant interdiction absolue de faire travailler un apprenti les jours fériés, une exploitante de boulangerie a conclu à sa relaxe en se référant à des circulaires administratives autorisant, nonobstant ces articles, l'emploi des apprentis dans les établissements artisanaux un jour de fête légale en cas de besoin impérieux lié au fonctionnement normal de l'entreprise ou de nécessité imposée par la formation professionnelle dispensée. A légalement justifié sa décision le tribunal qui a écarté l'argumentation de la prévenue et l'a condamnée, dès lors que ne pouvaient être utilement invoquées des circulaires à caractère interprétatif qui ne sont pas de nature à empêcher l'application d'une disposition pénale (cass. crim. 18 janvier 2005, n° 04-81.404, B. crim. n° 22 ; JSL n° 165, 6.04.2005, p. 14, J-E Tourreil).

Art. L. 3164-7. Dans les établissements industriels fonctionnant en continu, les jeunes travailleurs peuvent être employés tous les jours de la semaine, sous réserve de bénéficier du repos minimal prévu aux articles L. 3132-2 et L. 3164-2.

Note Voir directive 94/33/CE du 22 juin 1994 (JOCE L 216 du 20.08.1994) citée sous l'article L. 3164-2.

Art. L. 3164-8. Dans les secteurs pour lesquels les caractéristiques particulières de l'activité le justifient et dont la liste est fixée par décret en Conseil d'État, une convention ou un accord collectif de travail étendu ou une convention ou un accord d'entreprise ou d'établissement peut définir les conditions dans lesquelles il peut être dérogé aux dispositions de l'article L. 3164-6, sous réserve que les jeunes travailleurs intéressés par ces dérogations bénéficient des dispositions relatives au repos hebdomadaire fixées aux articles L. 3132-2 et L. 3164-2.

Art. R. 3164-2. Les secteurs dans lesquels les caractéristiques particulières de l'activité justifient, en application de l'article L. 3164-8, l'emploi des jeunes travailleurs les jours de fête reconnus par la loi sont:

1° L'hôtellerie;
2° La restauration;
3° Les traiteurs et organisateurs de réception;
4° Les cafés, tabacs et débits de boisson;
5° La boulangerie;
6° La pâtisserie;
7° La boucherie;
8° La charcuterie;
9° La fromagerie-crèmerie;
10° La poissonnerie;
11° Les magasins de vente de fleurs naturelles, jardineries et graineteries;
12° Les établissements des autres secteurs assurant à titre principal la fabrication de produits alimentaires destinés à la consommation immédiate ou dont l'activité exclusive est la vente de denrées alimentaires au détail;
(D. 2008-889 du 2 sept. 2008, JO 4) « 13° Les spectacles ».

SECTION 4. Congés annuels

Art. L. 3164-9. Quelle que soit leur ancienneté dans l'entreprise, les salariés de moins de vingt et un ans au 30 avril de l'année précédente, ont droit, s'ils le demandent, à un congé de trente jours ouvrables.

Ils ne peuvent exiger aucune indemnité de congé pour les journées de vacances dont ils réclament le bénéfice en plus de celles qu'ils ont acquises à raison du travail accompli au cours de la période de référence.

Note S'agissant du congé examen pour les étudiants salariés créé par la loi 2015-990 du 6 août 2015 (JO 7), voir note sous l'article L. 3141-1.

SECTION 3 (réglementaire). Dispositions communes

Art. R. 3164-3. Les décrets en Conseil d'État nécessaires à l'application des dispositions du présent chapitre sont pris après avis du ***(D. 2016-1834 du 22 déc. 2016, JO 24)*** « Conseil d'orientation des conditions de travail ».

CHAPITRE V (réglementaire) Dispositions pénales

Art. R. 3165-1. Le fait de méconnaître les dispositions des articles L. 3162-1 et L. 3162-2, relatives à la durée du travail des jeunes travailleurs, est puni de l'amende prévue pour les contraventions de la quatrième classe, prononcée autant de fois qu'il y a de salariés concernés par l'infraction.

Art. R. 3165-2. Le fait d'employer un jeune travailleur pendant une période de travail effectif ininterrompue de plus de quatre heures et demie, en méconnaissance des dispositions de l'article L. 3162-3, est puni de l'amende prévue pour les contraventions de la cinquième classe, prononcée autant de fois qu'il y a de salariés concernés par l'infraction.

Le fait d'employer un jeune travailleur pour un temps de travail quotidien supérieur à quatre heures et demie sans le faire bénéficier d'un temps de pause d'au moins trente minutes consécutives est puni de la même amende.

La récidive est réprimée conformément aux articles 132-11 et 132-15 du code pénal.

Art. R. 3165-3. Le fait de méconnaître les dispositions de l'article L. 3164-5, relatives au travail des apprentis le dimanche dans des secteurs pour lesquels des caractéristiques particulières de l'activité le justifient, est puni de l'amende prévue pour les contraventions de la quatrième classe.

Art. R. 3165-4. Le fait de faire travailler un jeune travailleur un jour de fête reconnu par la loi, en méconnaissance des dispositions de l'article L. 3164-6, et des décrets pris pour son application est puni de l'amende prévue pour les contraventions de la cinquième classe.

La récidive est réprimée conformément aux articles 132-11 et 132-15 du code pénal.

Art. R. 3165-5. Le fait d'employer un jeune travailleur tous les jours de la semaine et de ne pas lui accorder le repos minimal, en méconnaissance des dispositions de l'article L. 3164-7, et des décrets pris pour leur application, est puni de l'amende prévue pour les contraventions de la cinquième classe.

La récidive est réprimée conformément aux articles 132-11 et 132-15 du code pénal.

Art. R. 3165-6. Le fait de méconnaître les dispositions de l'article L. 3164-8, relatives aux dérogations du travail les jours fériés pour les jeunes travailleurs, est puni de l'amende prévue pour les contraventions de la quatrième classe.

Art. R. 3165-7. Le fait de méconnaître les dispositions de l'article L. 3164-1, relatives à la durée minimale du repos quotidien des jeunes travailleurs, est puni de l'amende prévue pour les contraventions de la cinquième classe.

La récidive est réprimée conformément aux articles 132-11 et 132-15 du code pénal.

TITRE VII CONTRÔLE DE LA DURÉE DU TRAVAIL ET DES REPOS

CHAPITRE Ier Contrôle de la durée du travail

SECTION 1. Information des salariés et affichages

Art. L. 3171-1. L'employeur affiche les heures auxquelles commence et finit le travail ainsi que les heures et la durée des repos.

Lorsque la durée du travail est organisée ***(L. 2008-789 du 20 août 2008, art. 24, JO 21)*** «dans les conditions fixées par l'article ***(L. 2016-1088 du 8 août 2016, art. 8, XI, 11°, JO 9)*** « L. 3121-44», l'affichage comprend la répartition de la durée du travail dans le cadre de cette organisation».

La programmation individuelle des périodes d'astreinte est portée à la connaissance de chaque salarié dans des conditions déterminées par voie réglementaire.

Note L'horaire doit être affiché sur tous les lieux de travail où il s'applique et un duplicata de l'affiche doit être adressé à l'inspecteur du travail territorialement compétent pour vérifier sur chacun de ces lieux l'application des dispositions du code du travail (cass. crim. 17 janvier 1995, n° 94-80.081, B. crim. n° 22).

SECTION 2. Registres et documents obligatoires

Art. L. 3171-2. Lorsque tous les salariés occupés dans un service ou un atelier ne travaillent pas selon le même horaire collectif, l'employeur établit les documents nécessaires au décompte de la durée de travail, des repos compensateurs acquis et de leur prise effective, pour chacun des salariés concernés.

(Ord. 2017-1386 du 22 sept. 2017, art. 4, 70°, JO 23, entrée en vigueur au plus tard le 01.01.2018) «Le comité social et économique» peut consulter ces documents.

Note • Un employeur est tenu d'établir, pour chacun des agents de maîtrise et cadres-stagiaires de son entreprise, les documents nécessaires au décompte de la durée du travail, des repos compensateurs et de leur prise effective. En effet, exception faite de certains emplois de cadres supérieurs rémunérés par un forfait ne comportant aucune référence à un horaire quelconque, l'existence d'une convention de forfait ne dispense pas l'employeur des obligations prévues par cet article (cass. crim. 14 décembre 1993, n° 93-81.404, B. crim. n° 387).

• Un syndicat peut produire en justice la copie de documents consultés par les délégués du personnel en application de l'article L. 3171-2 CT à condition que cette production ne porte pas une atteinte disproportionnée au droit au respect de la vie personnelle des salariés concernés au regard du but poursuivi (cass. soc. 9 novembre 2016, n° 15-10.203, BC V n° 209; LSQ n° 17201 du 16.11.2016; RJS 1/17 n° 27; JCP éd. S 2017, 1008, note A. Bugada; RDT, février 2017, CH, 134, G. Auzero).

SECTION 3. Documents fournis à l'inspecteur du travail

Art. L. 3171-3. L'employeur tient à la disposition de l'***(L. 2016-1088 du 8 août 2016, art. 113, III, 3°, JO 9)*** «agent de contrôle de l'inspection du travail mentionné à l'article L. 8112-1» les documents permettant de comptabiliser le temps de travail accompli par chaque salarié.

La nature des documents et la durée pendant laquelle ils sont tenus à disposition sont déterminées par voie réglementaire.

Note • Une cour d'appel ne peut sans contradiction retenir, d'une part, que les documents remis par l'employeur à l'inspecteur du travail et permettant de comptabiliser les heures de travail des salariés d'une agence de société étaient dépourvus de force probante à son égard et constater, d'autre part, que ces documents étaient utilisés par le service comptable de l'entreprise pour l'établissement des bulletins de paie (cass. crim. 29 septembre 1992, n° 91-86.851, B. crim. n° 292).

• L'article L. 611-9, al. 2 (ancien) qui oblige les chefs d'établissement à tenir à la disposition de l'inspecteur du travail, pendant un an, les documents permettant de comptabiliser les horaires de travail, n'est pas incompatible avec les dispositions de l'article 6 de la Convention européenne des droits de l'homme (cass. crim. 5 octobre 1999, n° 97-80.394). Commet le délit d'obstacle à l'accomplissement des devoirs d'un contrôleur du travail l'entrepreneur qui refuse de lui présenter divers documents (fiches, états de frais de déplacement, disques de contrôlographes) de nature à permettre de comptabiliser les heures de travail de chaque salarié et lui donne volontairement des renseignements imprécis et inexacts de nature à limiter, sinon éluder, ses possibilités d'investigation (cass. crim. 4 juin 1991, n° 90-81.159, B. crim. n° 237; 28 septembre 1993, n° 92-86.528, B. crim. n° 269; RJS 12/93 n° 1228; 30 mars 1999, n° 98-80.598; 6 juin 2001, n° 00-84.840).

• À noter que l'article 2, a), de la directive 95/46/CE du 24 octobre 1995, relative à la protection des personnes physiques à l'égard du traitement des données à caractère personnel et à la libre circulation de ces données, doit être interprété en ce sens qu'un registre du temps de travail qui comporte l'indication pour chaque travailleur des heures de début et de fin du travail, ainsi que des interruptions ou des pauses correspondantes, relève de la notion de «données à caractère personnel», au sens de cette disposition; en outre, les articles 6, § 1, b) et c), et 7, c) et e), de la même directive doivent être interprétés en ce sens qu'ils ne s'opposent pas à une réglementation nationale qui impose à l'employeur l'obligation de mettre à la disposition de l'autorité nationale compétente en matière de surveillance des conditions de travail le registre du temps de travail afin d'en permettre la consultation immédiate, pour autant que cette obligation est nécessaire aux fins de l'exercice par cette autorité de ses missions de surveillance de l'application de la réglementation en matière de conditions de travail, notamment, en ce qui concerne le temps de travail (CJUE 30 mai 2013, aff. C-342/12, RJS 11/13 p. 655, chron. E. Lafuma).

SECTION 4. **Documents fournis au juge**

Art. L. 3171-4. En cas de litige relatif à l'existence ou au nombre d'heures de travail accomplies, l'employeur fournit au juge les éléments de nature à justifier les horaires effectivement réalisés par le salarié.

Au vu de ces éléments et de ceux fournis par le salarié à l'appui de sa demande, le juge forme sa conviction après avoir ordonné, en cas de besoin, toutes les mesures d'instruction qu'il estime utiles.

Si le décompte des heures de travail accomplies par chaque salarié est assuré par un système d'enregistrement automatique, celui-ci doit être fiable et infalsifiable.

Note • *Nouveau mécanisme probatoire.* En cas de litige relatif à l'existence ou au nombre d'heures de travail accomplies, il appartient au salarié de présenter, à l'appui de sa demande, des éléments suffisamment précis quant aux heures non rémunérées qu'il prétend avoir accomplies afin de permettre à l'employeur, qui assure le contrôle des heures de travail effectuées, d'y répondre utilement en produisant ses propres éléments (cass. soc. 18 mars 2020, n° 18-10.919, à paraître, LS n° 18031 du 30.03.2020; RJS 6/20 n° 293; JSL n° 499, 08.06.2020, p. 17, M. Hautefort; RDT, septembre 2020, CH, 552, M. Véricel).

Jurisprudence antérieure. S'il résulte de l'article L. 212-1-1 [L. 3171-4] que la preuve des heures de travail effectuées n'incombe spécialement à aucune des parties et que l'employeur doit fournir au juge les éléments de nature à justifier les horaires effectivement réalisés par le salarié, il appartient cependant à ce dernier de fournir préalablement au juge des éléments de nature à étayer sa demande (cass. soc. 25 février 2004, n° 01-45.441, BC V n° 62; RJS 5/04 n° 548; 11 juillet 2007, n° 06-41.706, BC V n° 121; JCP éd. S 2007, 1668, note C. Puigelier; 26 mars 2014, n° 12-29.980; voir aussi cass. soc. 26 septembre 2012, n° 10-27.508, BC V n° 248; JCP éd. S 2012, 1507, note D. Chenu; RJS 12/12 n° 944; 30 septembre 2015, n° 14-17.748, BC V n° 185; RJS 12/15 n° 780), mais il ne lui est pas fait obligation, pour satisfaire à cette exigence, de produire un décompte hebdomadaire (cass. soc. 4 septembre 2019, n° 18-10.541, RJS 11/19 n° 634).

Le juge ne peut rejeter une demande en paiement d'heures supplémentaires aux motifs que les éléments produits par le salarié ne prouvent pas le bien-fondé de sa demande (cass. soc. 28 septembre 2010, n° 08-45.522; 27 novembre 2013, n° 12-21.186).

Il appartient au juge d'ordonner en cas de besoin, toutes les mesures d'instruction qu'il estime utiles (cass. soc. 18 mai 2004, n° 01-45.622; 14 janvier 2009, n° 07-43.322; 19 février 2014, n° 12-20.288; 7 décembre 2016, n° 15-24.109).

• La production d'un document récapitulatif dactylographié non circonstancié suffit à étayer une demande en paiement d'heures supplémentaires (cass. soc. 15 décembre 2010, n° 08-45.242, BC V n° 297; RJS 4/11 n° 359, 1re espèce; JCP éd. S 2011, 1130, note L. Sébille).

En revanche, ne suffit pas à étayer une telle demande la production des copies de pages d'un agenda rempli par le salarié qui n'étaient corroborées par aucun élément extérieur et étaient contredites par l'attestation versée par l'employeur (cass. soc. 8 juin 2011, n° 09-43.208, BC V n° 141; RJS 8-9/11 n° 695).

• Lorsque le salarié est tenu d'établir des fiches de temps, le juge peut, sans violer la règle de la preuve, se fonder sur ces fiches pour apprécier l'existence d'heures supplémentaires (cass. soc. 19 janvier 1999, n° 96-45.628, BC V n° 29; RJS 3/99 n° 376; 10 mai 2000, n° 98-40.736, RJS 9-10/00 n° 958). Mais l'absence de signature par le salarié d'un registre des heures supplémentaires tenu par l'employeur ne saurait suffire à écarter la demande du salarié qui a fourni des éléments de nature à l'étayer (cass. soc. 23 septembre 2005, n° 03-40.574, JCP éd. S 2005, 1332, note C. Puigelier).

• Doit être cassé l'arrêt qui, pour rejeter la demande d'un chauffeur routier en paiement d'un rappel de salaire pour heures supplémentaires, a énoncé que les décomptes produits par l'intéressé n'étaient pas hebdomadaires, que le salarié était rémunéré sur une base forfaitaire, que l'employeur avait satisfait à l'obligation de communication des enregistrements au salarié et qu'il n'était nullement établi que celui-ci ait effectué des heures supplémentaires en sus du forfait convenu, sans rechercher si, au vu des éléments fournis par les deux parties, le salarié avait accompli des heures supplémentaires dans le cadre de l'horaire hebdomadaire (cass. soc. 29 janvier 2002, n° 99-41.028, BC V n° 37; RJS 4/02 n° 424).

• L'employeur doit être en mesure de produire les feuilles d'enregistrement des durées de travail des chauffeurs routiers dans la limite de la prescription quinquennale lorsqu'il existe une contestation sur le nombre d'heures effectuées par le salarié (cass. soc. 2 juin 2004, n° 02-46.811, BC V n° 146; RJS 10/04 n° 1117; voir aussi cass. soc. 1er février 2011, n° 08-44.568).

• A pu débouter une salariée de sa demande en paiement d'heures supplémentaires une cour d'appel qui a notamment relevé qu'aucun des éléments versés aux débats ne permet de prouver que le travail de distribution de prospectus réalisé par l'intéressée n'était pas réalisable en 5 heures journalières correspondant à l'horaire mensuel prévu au contrat de travail à temps partiel signé par elle et que les employés de la société sont assez nombreux à attester qu'ils effectuent des heures normales pour lesquelles ils sont rétribués (cass. soc. 18 avril 2000, n° 98-40.314, BC V n° 140; RJS 6/00 n° 659).

• La quantification préalable de l'ensemble des missions confiées et accomplies par un distributeur de journaux et de prospectus, dans le cadre de l'exécution de son métier, en fonction des critères associés à un référencement horaire du temps de travail, prévue par l'article 2.2.1.2 du chapitre IV de la convention collective nationale de la distribution directe ne saurait, à elle seule, satisfaire aux exigences de l'article L. 3171-4 CT (cass. soc. 16 juin 2010, n° 08-42.758, BC V n° 144; JCP éd. S 2010, 1272; RJS 8-9/10 n° 677; JSL n° 285, 13.10.2010, p. 28, N. Gardair-Rérolle; voir aussi cass. soc. 24 septembre 2014, n° 13-10.367, BC V n° 206; RJS 12/14 n° 868, 2e espèce).

• *Convention de forfait.* Si, en cas de litige, la preuve des heures de travail effectuées n'incombe spécialement à aucune des parties conformément aux dispositions de cet article, il n'en va pas de même de la preuve de l'existence d'une convention de forfait dont la charge incombe à celui qui l'invoque (cass. soc. 21 novembre 2000, n° 98-44.026, BC V n° 382; RJS 1/01 n° 50).

En cas de litige relatif à l'existence ou au nombre de jours de travail effectués par le salarié dans le cadre d'une convention de forfait jours, la preuve n'incombe spécialement à aucune des parties, et le juge ne peut, pour rejeter une demande de paiement de jours travaillés, se fonder sur l'insuffisance des preuves apportées par le salarié mais doit examiner les éléments de nature à justifier les jours effectivement travaillés par le salarié et que l'employeur est tenu de lui fournir (cass. soc. 23 septembre 2009, n° 08-41.377, BC V n° 200; RJS 12/09 n° 942; JCP éd. S 2009, 1531, note Fr. Dumont; 7 décembre 2010, n° 09-42.626, BC V n° 281; JSL n° 292, 27.01.2011, p. 23; JCP éd. S 2011, 1060, note M. Morand; RJS 4/11 n° 330; 6 juillet 2011, n° 10-15.050, JSL n° 308, 27.10.2011, p. 12, J-Ph. Lhernould; 19 septembre 2012, n° 11-16.205). Il en est de même en cas de litige relatif à l'existence d'un compte épargne-temps et de son alimentation en jours de congés annuels et en jours de réduction du temps de travail pour les jours de travail effectués par le salarié au-delà d'une convention de forfait jours (cass. soc. 10 février 2010, n° 08-45.361, RJS 5/10 n° 432; voir aussi cass. soc. 22 mars 2012, n° 11-11.529).

• *Rôle du juge.* Les juges du fond apprécient souverainement le nombre d'heures supplémentaires accomplies et fixent le rappel de salaire dû au salarié sans être tenu de préciser le détail du calcul appliqué (cass. soc. 4 décembre 2013, 4 arrêts, nos 12-22.344, 12-11.886, 11-28.314 et 12-17.525, BC V nos 299, 296, 298 et 297; LSQ n° 16486 du 12.12.2013; JSL n° 359, 6.02.2014, p. 16, E. Chuilon; JCP éd. S 2014, 1081, note M. Morand; RJS 2/14 n° 136).

Le juge saisi d'une demande en paiement d'heures supplémentaires ne peut y substituer une condamnation à des dommages-intérêts (cass. soc. 23 février 2005, n° 02-42.552, BC V n° 69; JSL n° 165, 6.04.2005, p. 24; Dr. Soc. 2005, p. 575, obs. Ch. Radé). Les dispositions de l'article L. 212-1-1 [L. 3171-4] CT excluent la possibilité de réparer une perte de chance de prouver le nombre d'heures supplémentaires effectuées (cass. soc. 15 octobre 2002, n° 00-40.728,

BC V n° 315; RJS 12/02 n° 1404; 19 février 2014, n° 12-20.288, précité; 7 décembre 2016, n° 15-24.109, précité).

En cas de non-paiement des heures supplémentaires, le salarié doit, pour être indemnisé, justifier d'un préjudice, l'existence et l'évaluation de celui-ci relevant du pouvoir souverain d'appréciation des juges du fond (cass. soc. 29 juin 2017, n° 16-11.280, RJS 11/17 n° 744).

• Voir notamment «La preuve des heures supplémentaires», J-M Gasser, RJS 3/05 p. 175; «Sur la répartition de la charge de la preuve de l'accomplissement des heures supplémentaires: vers un retour aux principes directeurs du procès ?», G. Pignarre, RDT, septembre 2012, CH, 503; «La preuve des heures supplémentaires: panorama jurisprudentiel», J. Bouhana, JSL n° 332, 26.11.2012, p. 4.

• *Employés de maison.* Si les dispositions du code du travail relatives à la durée du travail ne sont pas applicables aux employés de maison qui travaillent au domicile privé de leur employeur et sont soumis à la convention collective nationale de travail des employés de maison, il n'en va pas de même de celles de l'article L. 212-1-1 CT [L. 3171-4] relatives à la preuve de l'existence ou du nombre d'heures de travail effectuées (cass. soc. 19 mars 2003, n° 00-46.686, BC V n° 103; RJS 6/03 n° 817, 2e espèce; 30 juin 2010, n° 08-44.514; 27 juin 2012, n° 11-18.010, BC V n° 199; RJS 10/12 n° 847; JCP éd. S 2012, 1398, note M. Morand; 17 octobre 2012, n° 10-14.248, BC V n° 268; JCP éd. S 2012, 1519, note D. Boulmier; RJS 1/13 n° 77, précisant que l'utilisation du chèque emploi-service universel ne fait pas obstacle à l'application des dispositions de l'article L. 3171-4; 8 juillet 2020, n° 17-10.622, à paraître, JCP éd. S 2020, 3002, note Th. Lahalle; RJS 10/20 n° 508).

• Les dispositions de l'article L. 3171-4 ne sont applicables ni à la preuve du respect des seuils et plafonds prévus par le droit de l'Union européenne ni à la preuve de ceux prévus par le droit interne, qui incombe à l'employeur [cass. soc. 17 octobre 2012, n° 10-17.370, BC V n° 267; LSQ n° 16206 du 19.10.2012; RDT, décembre 2012, CH, 707, M. Véricel; JSL nos 333-334, 20.12.2012, p. 23, J-Ph. Lhernould; RJS 1/13 n° 37; JCP éd. S 2013, 1031, note E. Andréo (temps de pause); 20 février 2013, n° 11-21.599, BC V n° 51; RJS 5/13 n° 379, 1re espèce; JSL n° 342, 25.04.2013, p. 16, J-Ph. Lhernould (temps de pause); 20 février 2013, n° 11-28.811, BC V n° 52; JSL n° 341, 11.04.2013, p. 11, J-E Tourreil; JCP éd. S 2013, 1170, note C. Puigelier; RJS 5/13 n° 379, 4e espèce (durées maximales de travail); 23 mai 2013, n° 12-13.015, RJS 8-9/13 n° 611 (repos quotidien); 25 septembre 2013, n° 12-13.267, BC V n° 220; RJS 12/13 n° 861 (durées maximales de travail); 4 février 2015, n° 13-20.891, BC V n° 23; LSQ n° 16772 du 12.02.2015; RJS 4/15 n° 258; JCP éd. S 2015, 1156, note M. Morand (durées maximales de travail)].

SECTION 1 (réglementaire). Définition des horaires et affichages

Sous-section 1. Salariés travaillant selon le même horaire collectif

Art. D. 3171-1. Lorsque tous les salariés d'un atelier, d'un service ou d'une équipe travaillent selon le même horaire collectif, un horaire établi selon l'heure légale indique les heures auxquelles commence et finit chaque période de travail.

Aucun salarié ne peut être employé en dehors de cet horaire, sous réserve des dispositions des articles ***(D. 2016-1553 du 18 nov. 2016, art. 6, 1°, JO 19, entrée en vigueur le 01.01.2017)*** « L. 3121-30, L. 3121-33, L. 3121-38 et L. 3121-39 » relatives au contingent annuel d'heures supplémentaires, et des heures de dérogation permanente prévues par un décret pris en application de l'article ***(D. 2016-1553 du 18 nov. 2016, art. 6, 1°, JO 19, entrée en vigueur le 01.01.2017)*** « L. 3121-67 ».

Art. D. 3171-2. L'horaire collectif est daté et signé par l'employeur ou, sous la responsabilité de celui-ci, par la personne à laquelle il a délégué ses pouvoirs à cet effet.

Il est affiché en caractères lisibles et apposé de façon apparente dans chacun des lieux de travail auxquels il s'applique. Lorsque les salariés sont employés à l'extérieur, cet horaire est affiché dans l'établissement auquel ils sont attachés.

Art. D. 3171-3. Toute modification de l'horaire collectif donne lieu, avant son application, à une rectification affichée dans les mêmes conditions.

Art. D. 3171-4. Un double de cet horaire collectif et des rectifications qui y sont apportées est préalablement adressé à l'inspecteur du travail.

Art. D. 3171-5. ***(D. 2008-1132 du 4 nov. 2008, JO 5)*** À défaut de précision conventionnelle contraire, dans les entreprises, établissements, ateliers, services ou équipes où s'applique un dispositif d'aménagement du temps de travail dans les conditions fixées à l'article ***(D. 2016-1553 du 18 nov. 2016, art. 6, 2°, JO 19, entrée en vigueur le 01.01.2017)*** « L. 3121-44 », ou à l'article ***(D. 2016-1553 du 18 nov. 2016, art. 6, 2°, JO 19, entrée en vigueur le 01.01.2017)*** « D. 3121-27 », l'affichage indique le nombre de semaines que comporte la période de référence fixée par l'accord ou le décret et, pour chaque semaine incluse dans cette période de référence, l'horaire de travail et la répartition de la durée du travail.

Art. L. 3171-4

L'affichage des changements de durée ou d'horaire de travail est réalisé en respectant le délai de sept jours prévu par l'article ***(D. 2016-1553 du 18 nov. 2016, art. 6, 2°, JO 19, entrée en vigueur le 01.01.2017)*** « L. 3121-47 » ou le délai prévu par la convention ou l'accord collectif de travail ***(D. 2016-1553 du 18 nov. 2016, art. 6, 2°, JO 19, entrée en vigueur le 01.01.2017)*** « mentionné à l'article L. 3121-44 ».

Art. D. 3171-7. En cas d'organisation du travail par relais, par roulement ou par équipes successives, la composition nominative de chaque équipe, y compris les salariés mis à disposition par une entreprise de travail temporaire, est indiquée :

1° Soit par un tableau affiché dans les mêmes conditions que l'horaire ;

2° Soit par un registre tenu constamment à jour et mis à disposition de l'inspecteur du travail et des ***(D. 2017-1819 du 29 déc. 2017, art. 3, 39°, JO 30, entrée en vigueur le 01.01.2018)*** « membres de la délégation du personnel du comité social et économique ».

Sous-section 2. **Salariés ne travaillant pas selon le même horaire collectif**

Art. D. 3171-8. Lorsque les salariés d'un atelier, d'un service ou d'une équipe, au sens de l'article D. 3171-7, ne travaillent pas selon le même horaire collectif de travail affiché, la durée du travail de chaque salarié concerné est décomptée selon les modalités suivantes :

1° Quotidiennement, par enregistrement, selon tous moyens, des heures de début et de fin de chaque période de travail ou par le relevé du nombre d'heures de travail accomplies ;

2° Chaque semaine, par récapitulation selon tous moyens du nombre d'heures de travail accomplies par chaque salarié.

Note • Les dispositions de cet article imposant à l'employeur d'établir un décompte journalier et hebdomadaire de la durée effective du travail pour chaque salarié non soumis à l'horaire collectif sont d'application générale et visent notamment les activités de distribution de documents publicitaires (cass. crim. 7 septembre 1999, n° 98-85.468, B. crim. n° 183 ; RJS 12/99 n° 1467). Le décompte doit être effectué, pour chacun d'eux soit par l'enregistrement des heures de début et de fin de chaque période de travail, soit par le relevé du nombre d'heures de travail effectuées. La seule indication de l'amplitude journalière du travail, sans mention des périodes effectives de coupures et de pauses, ne satisfait pas à ces prescriptions (cass. crim. 25 janvier 2000, n° 98-85.266, B. crim. n° 39 ; RJS 4/00 n° 418).

En l'état de motifs d'où il résultait que le mode d'enregistrement des heures de travail, tel qu'il avait été mis en œuvre au sein d'une entreprise ne permettait pas de connaître la durée de travail des salariés concernés et ne satisfaisait donc pas aux prescriptions de cet article, une cour d'appel a justifié sa décision condamnant le directeur d'établissement pour infraction de défaut de décompte quotidien et hebdomadaire de la durée du travail effectif du personnel occupé selon un horaire non collectif (cass. crim. 19 juin 2001, n° 00-86.867, RJS 11/01 n° 1298).

• L'existence d'une convention de forfait ne dispense pas l'employeur des obligations prévues par cet article. À défaut pour l'employeur de les avoir respectées, une cour d'appel a pu le déclarer coupable d'emploi de salariés sans moyen de contrôle des horaires de travail, par défaut de décompte quotidien et hebdomadaire de la durée du travail effectif (cass. crim. 27 mai 1999, n° 98-85.284).

• À noter que le droit européen s'oppose à une réglementation qui, selon l'interprétation qui en est donnée par la jurisprudence nationale, n'impose pas aux employeurs l'obligation d'établir un système permettant de mesurer la durée du temps de travail journalier effectué par chaque travailleur (CJUE 14 mai 2019, aff. C-55/18, LS n° 7826 du 29.05.2019 ; JCP éd. S 2019, 1177, note M. Morand ; JSL n° 479, 08.07.2019, p. 4, H. Nasom-Tissandier ; RDT, Juillet/Août 2019, CH, 491, M. Miné).

Art. D. 3171-9. Les dispositions de l'article D. 3171-8 ne sont pas applicables :

1° Aux salariés concernés par les conventions ou accords collectifs de travail prévoyant des conventions de forfait en heures lorsque ces conventions ou accords fixent les modalités de contrôle de la durée du travail ;

[2° Aux salariés concernés par les conventions ou accords collectifs de branche étendus prévoyant une quantification préalablement déterminée du temps de travail reposant sur des critères objectifs et fixant les modalités de contrôle de la durée du travail.]

Note Le décret 2007-12 du 4 janvier 2007 en tant qu'il introduit un b) à l'article D. 212-21, devenu le 2° de l'article D. 3171-9, a été annulé par le Conseil d'État (CE 11 mars 2009, n° 303396, Rec. Lebon p. 100 ; Dr. Soc. 2009, p. 721, Th. Renard ; RJS 8-9/09 n° 725 ; RDT, septembre 2009, CH, 523, M. Véricel).

Art. D. 3171-10. La durée du travail des ***(D. 2008-1132 du 4 nov. 2008, JO 5)*** « salariés mentionnés à l'article ***(D. 2016-1553 du 18 nov. 2016, art. 6, 3°, JO 19, entrée en vigueur le 01.01.2017)*** « L. 3121-58 » est décomptée chaque année par récapitulation du nombre de journées ou demi-journées travaillées par chaque salarié.

Sous-section 3. Informations annexées au bulletin de paie

Art. D. 3171-11. ***(D. 2008-1132 du 4 nov. 2008, JO 5)*** À défaut de précision conventionnelle contraire, les salariés sont informés du nombre d'heures de repos compensateur de remplacement et de contrepartie obligatoire en repos portés à leur crédit par un document annexé au bulletin de paie. Dès que ce nombre atteint sept heures, ce document comporte une mention notifiant l'ouverture du droit à repos et l'obligation de le prendre dans un délai maximum de deux mois après son ouverture.

Note • Ayant constaté que, nonobstant l'absence de l'état mensuel prévu à l'article D. 212-22 [D. 3171-11] CT, le total des heures de repos compensateur des salariés était régulièrement mentionné sur les bulletins de paie eux-mêmes ainsi que les heures majorées et les heures de récupération, une cour d'appel a pu en déduire que les salariés étaient régulièrement et correctement informés de leurs droits en matière de repos compensateur et ne pouvaient, de ce fait, prétendre à une quelconque indemnisation (cass. soc. 20 septembre 2005, n° 03-46.823).

• À noter que le délai de prescription ne peut courir qu'à compter du jour où le salarié a eu connaissance de ses droits lorsque l'employeur n'a pas respecté l'obligation de l'informer du nombre d'heures de repos compensateur portées à son crédit par un document annexé au bulletin de salaire (cass. soc. 8 octobre 2014, n° 13-16.840).

Art. D. 3171-12. Lorsque des salariés d'un atelier, d'un service ou d'une équipe ne travaillent pas selon le même horaire collectif de travail affiché, un document mensuel, dont le double est annexé au bulletin de paie, est établi pour chaque salarié.

Ce document comporte les mentions prévues à l'article D. 3171-11 ainsi que :

1° Le cumul des heures supplémentaires accomplies depuis le début de l'année ;

2° Le nombre d'heures de repos compensateur de remplacement acquis en application ***(D. 2016-1553 du 18 nov. 2016, art. 6, 4°, JO 19, entrée en vigueur le 01.01.2017)*** « des articles L. 3121-28, L. 3121-33 et L. 3121-37 » ;

3° Le nombre d'heures de repos compensateur effectivement prises au cours du mois ;

4° Le nombre de jours de repos effectivement pris au cours du mois, dès lors qu'un dispositif de réduction du temps de travail par attribution de journées ou de demi-journées de repos dans les conditions fixées par les articles ***(D. 2016-1553 du 18 nov. 2016, art. 6, 4°, JO 19, entrée en vigueur le 01.01.2017)*** « L. 3121-44 et D. 3121-27 » s'applique dans l'entreprise ou l'établissement.

Art. D. 3171-13. Dans les entreprises et établissements qui appliquent un dispositif d'aménagement du temps de travail en application des dispositions de l'article ***(D. 2016-1553 du 18 nov. 2016, art. 6, 5°, JO 19, entrée en vigueur le 01.01.2017)*** « L. 3121-44 », le total des heures de travail accomplies depuis le début de la période de référence est mentionné à la fin de celle-ci ou lors du départ du salarié si celui-ci a lieu en cours de période, sur un document annexé au dernier bulletin de paie de cette période.

Sous-section 4. Accès aux documents et informations

Art. D. 3171-14. Le droit d'accès aux informations nominatives prévu à l'article 39 de la loi n° 78-17 du 6 janvier 1978 relative à l'informatique, aux fichiers et aux libertés est applicable aux documents comptabilisant la durée de travail des salariés.

Art. D. 3171-15. Les documents mentionnés aux articles D. 3171-7 à D. 3171-13 peuvent être sous format électronique lorsque des garanties de contrôle équivalentes sont maintenues.

En cas de traitement automatisé des données nominatives, l'employeur ***(D. 2016-1418 du 20 oct. 2016, JO 22)*** « communique, à sa demande, à l'agent de contrôle de l'inspection du travail » le récépissé attestant qu'il a accompli la déclaration préalable prévue par la loi n° 78-17 du 6 janvier 1978 précitée.

SECTION 2 (réglementaire). Documents fournis à l'inspecteur du travail

Art. D. 3171-16. L'employeur tient à la disposition de l'inspection du travail :

1° Pendant une durée d'un an, y compris dans le cas d'horaires individualisés, ***(D. 2016-1553 du 18 nov. 2016, art. 6, 6°, JO 19, entrée en vigueur le 01.01.2017)*** « ou pendant une durée équivalente à la période de référence en cas d'aménagement du temps de travail sur une période supérieure à l'année, » les documents existant dans l'entreprise ou l'établissement permettant de comptabiliser les heures de travail accomplies par chaque salarié ;

2° Pendant une durée d'un an, le document récapitulant le nombre d'heures d'astreinte accompli chaque mois par le salarié ainsi que la compensation correspondante ;

3° Pendant une durée de trois ans, les documents existant dans l'entreprise ou l'établissement permettant de comptabiliser le nombre de jours de travail accomplis par les salariés intéressés par des conventions de forfait.

CHAPITRE II Contrôle du repos hebdomadaire

Art. L. 3172-1. Des décrets en Conseil d'État déterminent :

1° Les conditions dans lesquelles est organisé le contrôle des jours de repos pour tous les établissements, que le repos hebdomadaire soit collectif ou organisé par roulement ;

2° Les conditions dans lesquelles l'employeur avise l'*(L. 2016-1088 du 8 août 2016, art. 113, III, 1°, JO 9)* «agent de contrôle de l'inspection du travail mentionné à l'article L. 8112-1» de la mise en œuvre des dérogations au repos hebdomadaire.

Art. L. 3172-2. Les chambres de discipline dont relèvent les offices ministériels assurent, sous le contrôle du procureur de la République, l'application des dispositions relatives au repos hebdomadaire aux clercs, commis et employés des études et greffes dans ces offices.

Art. R. 3172-1. Dans les entreprises et établissements dont tous les salariés sans exception ne bénéficient pas du repos hebdomadaire toute la journée du dimanche, l'employeur ***(D. 2016-1417 du 20 oct. 2016, art. 5, JO 22)*** «communique, par tout moyen, aux salariés» les jours et heures de repos collectif attribués à ***(D. 2016-1417 du 20 oct. 2016, art. 5, JO 22)*** «tout ou partie d'entre eux»:

1° Soit un autre jour que le dimanche;
2° Soit du dimanche midi au lundi midi;
3° Soit le dimanche après-midi sous réserve du repos compensateur;
4° Soit suivant tout autre mode exceptionnel permis par la loi.

(D. 2016-1417 du 20 oct. 2016, art. 5, JO 22) «L'employeur communique, au préalable, à l'agent de contrôle de l'inspection du travail, cette information et les modalités de la communication aux salariés qu'il envisage de mettre en œuvre.»

Art. R. 3172-2. Dans les entreprises et établissements qui n'accordent pas le repos hebdomadaire selon l'une des modalités prévues à l'article R. 3172-1, un registre spécial mentionne les noms des salariés soumis à un régime particulier de repos et indique ce régime.

Pour chaque salarié, le registre précise le jour et les fractions de journées choisies pour le repos.

Art. R. 3172-3. L'inscription des salariés récemment embauchés sur le registre spécial des salariés soumis à un régime particulier de repos hebdomadaire est obligatoire après un délai de six jours.

Jusqu'à l'expiration de ce délai, et à défaut d'inscription sur le registre, l'inspection du travail ne peut réclamer qu'un cahier régulièrement tenu portant l'indication du nom et la date d'embauche des salariés.

Art. R. 3172-4. Le registre spécial est tenu constamment à jour.

La mention des journées de repos dont bénéficie un salarié peut toujours être modifiée à condition de le porter au registre avant de recevoir exécution. Toutefois, cette modification ne peut priver le remplaçant du repos auquel il a droit.

Art. R. 3172-5. Le registre spécial est tenu à la disposition de l'inspection du travail qui le vise au cours de sa visite.

Il est communiqué aux salariés qui en font la demande.

Art. R. 3172-6. L'employeur qui veut suspendre le repos hebdomadaire en application de l'article L. 3132-4, en cas de travaux urgents, informe immédiatement l'inspecteur du travail et, sauf cas de force majeure, avant le commencement du travail.

Il l'informe des circonstances qui justifient la suspension du repos hebdomadaire. Il indique la date et la durée de cette suspension et spécifie le nombre de salariés auxquels elle s'applique.

Lorsque des travaux urgents sont exécutés par une entreprise distincte, l'avis du chef, du directeur ou du gérant de cette entreprise mentionne la date du jour de repos compensateur assuré aux salariés.

Art. R. 3172-7. L'employeur qui veut suspendre le repos hebdomadaire en application de l'article L. 3132-5, relatif aux industries traitant des matières périssables ou ayant à répondre à un surcroît extraordinaire de travail, informe immédiatement l'inspecteur du travail et, sauf cas de force majeure, avant le commencement du travail.

Il l'informe des circonstances qui justifient la suspension du repos hebdomadaire. Il indique la date et la durée de cette suspension et spécifie le nombre de salariés auxquels elle s'applique.

L'information indique également les deux jours de repos mensuels réservés aux salariés.

Art. R. 3172-8. L'employeur qui veut suspendre le repos hebdomadaire en application de l'article L. 3132-7, relatif aux activités saisonnières, informe immédiatement l'inspecteur du travail et, sauf cas de force majeure, avant le commencement du travail.

Il l'informe des circonstances qui justifient la suspension du repos hebdomadaire. Il indique la date et la durée de cette suspension et spécifie le nombre de salariés auxquels elle s'applique.

Art. R. 3172-9. En cas de suspension du repos hebdomadaire en application des articles R. 3172-6 à R. 3172-8, ***(D. 2016-1417 du 20 oct. 2016, art. 6, JO 22)*** «l'employeur communique par tout moyen, aux salariés, la copie de l'information transmise à l'agent de contrôle de l'inspection du travail».

CHAPITRE III (réglementaire) Dispositions pénales

Art. R. 3173-1. Le fait de ne pas transmettre à l'inspection du travail un duplicata de l'affiche mentionnée à l'article L. 3171-1, est puni de l'amende prévue pour les contraventions de la quatrième classe.

Cette amende est appliquée autant de fois qu'il y a de personnes employées dans des conditions susceptibles d'être sanctionnées au titre des dispositions de cet article.

Art. R. 3173-2. Le fait de méconnaître les dispositions des deux premiers alinéas de l'article L. 3171-1 et celles de l'article L. 3171-2 relatives au contrôle de la durée du travail, est puni de l'amende prévue pour les contraventions de la quatrième classe.

Cette amende est appliquée autant de fois qu'il y a de personnes employées dans des conditions susceptibles d'être sanctionnées au titre des dispositions de cet article.

Art. R. 3173-3. Le fait de ne pas présenter à l'inspection du travail les documents permettant de comptabiliser les heures de travail accomplies par chaque salarié, en méconnaissance des dispositions de l'article L. 3171-3, est puni de l'amende prévue pour les contraventions de la troisième classe.

LIVRE II

SALAIRE ET AVANTAGES DIVERS

TITRE Ier CHAMP D'APPLICATION

CHAPITRE UNIQUE

Art. L. 3211-1. Les dispositions du présent livre sont applicables aux employeurs de droit privé et à leurs salariés.

Art. D. 3211-1. Les dispositions du chapitre premier du titre III relatif au salaire minimum de croissance et celles des articles R. 3232-8 à R. 3232-10 ne sont pas applicables aux jeunes travailleurs titulaires d'un contrat d'apprentissage.

TITRE II ÉGALITÉ DE RÉMUNÉRATION ENTRE LES FEMMES ET LES HOMMES

Note • **Dispositions normatives de l'OIT et textes européens.** Les notions de «rémunération» et d'«égalité» de rémunération y sont ainsi définies:

La convention n° 100 de l'Organisation internationale du travail (ratifiée en 1953): «Le terme " rémunération " comprend le salaire ou traitement ordinaire, de base ou minimum, et tous autres avantages, payés directement ou indirectement, en espèces ou en nature, par l'employeur au travailleur en raison de l'emploi de ce dernier»; «L'expression " égalité de rémunération entre la main-d'œuvre masculine et la main-d'œuvre féminine pour un travail de valeur égale " se réfère aux taux de rémunération fixés sans discrimination fondée sur le sexe»;

L'article 157 TFUE (ex-art. 141 TCE et 119 TCEE): «1. Chaque État membre assure l'application du principe de l'égalité des rémunérations entre travailleurs masculins et travailleurs féminins pour un même travail ou un travail de même valeur.

2. Aux fins du présent article, on entend par rémunération le salaire ou traitement ordinaire de base ou minimal, et tous autres avantages payés directement ou indirectement, en espèces ou en nature, par l'employeur au travailleur en raison de l'emploi de ce dernier.

L'égalité de rémunération, sans discrimination fondée sur le sexe, implique:
a) que la rémunération accordée pour un même travail payé à la tâche soit établie sur la base d'une même unité de mesure;
b) que la rémunération accordée pour un travail payé au temps soit la même pour un même poste de travail.

3. Le Parlement européen et le Conseil, statuant selon la procédure législative ordinaire et après consultation du Comité économique et social, adoptent des mesures visant à assurer l'application du principe de l'égalité des chances et de l'égalité de traitement entre les hommes et les femmes en matière d'emploi et de travail, y compris le principe de l'égalité des rémunérations pour un même travail ou un travail de même valeur.

4. Pour assurer concrètement une pleine égalité entre hommes et femmes dans la vie professionnelle, le principe de l'égalité de traitement n'empêche pas un État membre de maintenir ou d'adopter des mesures prévoyant des avantages spécifiques destinés à faciliter l'exercice d'une activité professionnelle par le sexe sous-représenté ou à prévenir ou compenser des désavantages dans la carrière professionnelle.»

La directive 75/117/CEE du Conseil du 10 février 1975 concernant le rapprochement des législations des États membres relatives à l'application du principe de l'égalité de rémunération entre les travailleurs masculins et les travailleurs féminins (JOCE L 45 du 19.02.75) avait invité les États membres non seulement à supprimer les discriminations entre les hommes et les femmes qui découlent de dispositions législatives, réglementaires ou administratives et qui sont contraires au principe de l'égalité des rémunérations, mais aussi à prendre les mesures nécessaires pour que les dispositions qui figurent dans des conventions collectives, des barèmes ou accords de salaires, ou des contrats individuels de travail, et qui sont contraires au principe de l'égalité des rémunérations soient nulles, puissent être déclarées nulles ou puissent être amendées.

La directive 2006/54/CE du Parlement européen et du Conseil du 5 juillet 2006 relative à la mise en œuvre du principe de l'égalité des chances et de l'égalité de traitement entre hommes et femmes en matière d'emploi et de travail a procédé à une refonte des directives antérieures relatives à ces questions (JOUE L 204 du 26.07.2006). Voir, à propos de cette directive «refonte», «L'égalité de traitement entre les hommes et les femmes en matière d'emploi et de travail», M-Th. Lanquetin, Dr. Soc. 2007, p. 861.

• S'agissant du travail des détenus, la Commission des Communautés européennes a précisé qu'elle estimait que «le principe de l'égalité des rémunérations est applicable dans la mesure où les sommes perçues par les détenus masculins et féminins constituent bien une «rémunération», octroyée en contrepartie d'un «même travail» ou d'un «travail auquel est attribuée une valeur égale» au sens de l'article 119 du traité CEE et de l'article 1er de la directive 75/117/CEE du Conseil du 10 février 1975 concernant le rapprochement des législations des États membres relative à l'application du principe de l'égalité de rémunération entre les travailleurs masculins et les travailleurs féminins» (rép. QE 55/78, JOCE C 188 du 7.08.78, p. 29).

• Voir également sur le plan plus général de l'égalité professionnelle entre hommes et femmes (première partie, livre premier, titre IV) et les notes sous les articles L. 1141-1 à L. 1144-3.

CHAPITRE Ier Principes

Art. L. 3221-1. Les dispositions des articles L. 3221-2 à L. 3221-7 sont applicables, outre aux employeurs et salariés mentionnés à l'article L. 3211-1, à ceux non régis par le code du travail et, notamment, aux agents de droit public.

Art. L. 3221-2. Tout employeur assure, pour un même travail ou pour un travail de valeur égale, l'égalité de rémunération entre les femmes et les hommes.

Note • Il ressort d'un arrêt du 4 février 1988 (CJCE, aff. 157/86, Rec. p. 673) que si l'article 119 du traité CEE [157 TFUE] s'oppose, pour un travail égal ou de valeur égale, à toute discrimination fondée sur le sexe, cette disposition s'applique, *a fortiori*, lorsque le salarié concerné accomplit «un travail de valeur supérieure à celle du travail de la personne retenue comme base de comparaison». Le principe de l'égalité de rémunération entre travailleurs masculins et féminins «pour un même travail» s'applique non seulement aux travailleurs des deux sexes occupés simultanément par un même employeur, mais également en cas d'occupation successive par un même employeur de travailleurs de sexes différents au même poste de travail (CJCE 27 mars 1980, aff. 129/79, Rec. p. 1275; CA Toulouse 17 mars 1995, RJS 11/95 n° 1132).

• Voir les articles de Th. Aubert-Monpeyssen, «Principe à travail égal, salaire égal et politiques de gestion des rémunérations», Dr. Soc. 2005, p. 18; G. Auzero, «L'application du principe d'égalité de traitement dans l'entreprise», Dr. Soc. 2006, p. 822; A. Lyon-Caen, «À travail égal, salaire égal. Une règle en quête de sens», RDT 2006, 16; Th. Aubert-Monpeyssen et J-M Gasser, «Que peut-on attendre du principe " à travail égal, salaire égal " ?», RDT 2007, controverse p. 632; J-M Gasser, «Les justifications de l'inégalité des rémunérations ou que reste-t-il du principe " à travail égal, salaire égal " ?», RJS 8-9/07, chron. p. 687; P-Y Verkindt, «L'égalité de rémunération entre les hommes et les femmes», Dr. Soc. 2008, p. 1051; Y. Meyrat, «L'égalité de traitement à la croisée des chemins», RDT 2008, p. 648; G. Auzero et J-M Chonnier, «Les conventions et accords collectifs de travail à l'épreuve de l'égalité de traitement», Dr. Soc. 2011, p. 52; J-E Ray, «À travail inégal, salaire inégal», Dr. Soc. 2011, p. 42.

Voir aussi Guide pour une évaluation non discriminante des emplois à prédominance féminine, 1er mars 2013, Défenseur des droits (*www.defenseurdesdroits.fr*).

• L'épouse d'un gardien d'immeuble accomplissant le même travail que son mari en la même qualité doit recevoir une rémunération identique à celle de son conjoint, en l'absence de spécification des tâches (cass. soc. 19 février 1992, n° 88-45.217, BC V n° 98).

• Une disposition réservant certains avantages aux salariées du sexe féminin tels que l'octroi de primes de crèche, d'allocations pour frais de garde ou d'allocation de naissance est nulle de plein droit; le versement de ces primes doit être accordé aux pères comme aux mères de famille (cass. soc. 27 février 1991, n° 90-42.239, BC V n° 101: primes de crèche; cass. soc. 8 octobre 1996, n° 92-42.291, BC V n° 311; RJS 11/96 n° 1178 : allocation de naissance et allocation pour frais de garde).

À noter que l'article 2, §§ 1 et 4 [ancien] de la directive 76/207/CEE ne s'oppose pas à une réglementation instaurée par un ministère aux fins de lutter contre une sous-représentation importante des femmes en son sein et qui, dans un contexte caractérisé par une insuffisance avérée de structures d'accueil adéquates et abordables, réserve aux seuls fonctionnaires féminins les places de garderie subventionnées en nombre limité qu'il met à disposition de son personnel, tandis que les fonctionnaires masculins ne peuvent y avoir accès que dans des cas d'urgence relevant de l'appréciation de l'employeur. Il n'en va toutefois de la sorte que pour autant que l'exception ainsi prévue en faveur des fonctionnaires masculins soit notamment interprétée en ce sens qu'elle permet à ceux d'entre eux qui assument seuls la garde de leurs enfants d'avoir accès à ce système de garderie aux mêmes conditions que les fonctionnaires féminins (CJCE 19 mars 2002, aff. C-476/99, Rec. p. I-2891; JOCE C 118/7 du 18.05.2002; RJS 7/02 n° 913 et p. 613 (II. D), chron. J-Ph. Lhernould).

Art. L. 3221-3. Constitue une rémunération au sens du présent chapitre, le salaire ou traitement ordinaire de base ou minimum et tous les autres avantages et accessoires payés, directement ou indirectement, en espèces ou en nature, par l'employeur au salarié en raison de l'emploi de ce dernier.

Note • Constitue une rémunération une cotisation au régime de retraite payée par l'employeur au nom des employés au moyen d'un montant complémentaire du salaire brut, qui concourt, de ce fait, à déterminer le montant du salaire (CJCE 11 mars 1981, aff. 69/80, Rec. p. 767), une prime de Noël (CJCE 21 octobre 1999, aff. C-333/97, Rec. p. I-7243; JOCE C 20/5 du 22.01.2000), le dédommagement octroyé en vertu d'une décision de justice en cas de violation du droit de ne pas être licencié de façon abusive (CJCE 9 février 1999, aff. C-167/97, Rec. p. I-623; JOCE C 100/4 du 10.04.1999), une indemnité complémentaire de licenciement (CJCE 17 février 1993, aff. C-173/91, Rec. p. I-673), l'indemnité de congés payés (cass. soc. 22 juin 1994, n° 92-40.752, BC V n° 210; RJS 8-9/94 n° 1000; 9 avril 1996, n° 94-43.279, BC V n° 144) ou encore une indemnité de départ à la retraite (cass. soc. 30 janvier 2008, n° 06-17.531, BC V n° 29; RJS 4/08 n° 417).

Les titres-restaurants représentent un avantage en nature qui entre dans les composantes de la rémunération. Les salariés intérimaires doivent en bénéficier comme les salariés permanents (cass. soc. 29 novembre 2006, n° 05-42.853, BC V n° 366; Dr. Soc. 2007, p. 355, obs. Ch. Radé).

Le principe de l'égalité des rémunérations est entendu de façon très large: sont considérées comme rémunérations les prestations dues par les régimes à caractère professionnel, peu important qu'elles soient versées postérieurement à la cessation de la relation d'emploi (CJCE 17 mai 1990, aff. C-262/88, Rec. p. I-01889; RJS 10/90 n° 834; dans le même sens, CJCE 6 octobre 1993, aff. C-109/91, Rec. p. I-04879; RJS 12/93 n° 1252). Voir également A. Zarca, «Le Conseil d'État, le traité CE et l'égalité des rémunérations entre hommes et femmes. À propos de l'arrêt d'Amato du 29 décembre 2004», Dr. Soc. 2006, p. 82.

Pour une application de l'article L. 3221-3, voir aussi cass. soc. 12 novembre 2020, n° 18-23.986, à paraître, LS Jurispr. n° 213 du 24.11.2020, s'agissant des parts de " carried interest ".

• Des différences dans les conditions de rémunération de travailleurs de sexe différent peuvent exister dès lors qu'elles ne peuvent pas être attribuées à une source unique (CJCE 17 septembre 2002, aff. C-320/00, Rec. p. I-07325; JOCE C 274/11 du 9.11.2002; RJS 12/02 n° 1454). Selon l'avocat général Geelhoed, l'applicabilité directe de l'article 141 du traité CE [157 TFUE] s'étend aux salariés employés par la même personne juridique, par le même groupe de personnes juridiques, ou par des collectivités publiques soumises à une tutelle commune [...]. Dans tous les cas, il convient de rechercher la présence d'une source commune.

Au sein d'une unité économique et sociale, composée de personnes juridiques distinctes, il ne peut y avoir de comparaison entre les conditions de rémunération des salariés compris dans l'unité économique et sociale que si ces conditions sont fixées par la loi, une convention ou un accord collectif commun, ainsi que dans le cas où le travail de ces salariés est accompli dans un même établissement (cass. soc. 1er juin 2005, n° 04-42.143, BC V n° 185; Dr. Soc. 2005, p. 1049; 30 mai 2012, n° 11-11.387, RJS 8-9/12 n° 708). Il faut donc identifier une source commune mais également un même lieu de travail.

Des salariés agents de droit privé dont la rémunération résulte de négociations salariales annuelles dans le cadre d'une convention collective ne se trouvent pas dans une situation identique à celle des fonctionnaires avec lesquels ils revendiquent une égalité de traitement (cass. soc. 11 octobre 2005, n° 04-43.024, RJS 12/05 n° 1208). Mais il en va autrement s'agissant d'un complément de rémunération, fixé par décision de l'employeur applicable à l'ensemble du personnel sur le critère de la fonction ou du poste de travail occupé (cass. ass. plén. 27 février 2009, n° 08-40.059, BC n° 2; Dr. Soc. 2009, p. 792, rapport H. Mas; RDT, mai 2009, CH, 316, H. Tissandier, énonçant que celui qui emploie à la fois des fonctionnaires et agents de droit public et des agents de droit privé est fondé à justifier une différence de rémunération entre ces catégories de personnels dont la rémunération de base et certains éléments sont calculés, en fonction pour les premiers, de règles de droit public et, pour les seconds, de dispositions conventionnelles de droit privé; voir aussi cass. soc. 6 février 2013, n° 11-26.604, BC V n° 32; RJS 4/13 n° 328; Dr. Soc. 2013, p. 378, act. Ch. Radé).

Art. L. 3221-4. Sont considérés comme ayant une valeur égale, les travaux qui exigent des salariés un ensemble comparable de connaissances professionnelles consacrées par un titre, un diplôme ou une pratique professionnelle, de capacités découlant de l'expérience acquise, de responsabilités et de charge physique ou nerveuse.

Note • **Notion de «travail de valeur égale».** En vue de permettre une meilleure application du principe de l'égalité de rémunération, la loi 83-635 du 13 juillet 1983 concernant l'égalité professionnelle entre les femmes et les hommes a complété l'article L. 140-2 (L. 3221-4) dans le souci de fixer des critères de comparaison précis entre travaux non identiques.

La règle «à travail égal, salaire égal» n'a vocation à s'appliquer qu'à l'égard des salariés d'une même entreprise (cass. soc. 12 juillet 2006, n° 04-46.104, RJS 11/06 n° 1186; voir aussi cass. soc. 2 juin 2010, n° 08-44.152, LS Jurispr. n° 123 du 22.06.2010, énonçant que le principe «à travail égal, salaire égal» ne s'applique pas lorsque des salariés qui revendiquent le bénéfice d'un droit ou d'un avantage n'appartiennent pas à l'entreprise au sein de laquelle ce droit ou cet avantage est reconnu en vertu d'un accord collectif, d'un usage ou d'un engagement unilatéral de l'employeur; cass. soc. 31 octobre 2012, n° 11-15.999). Elle est sans application lorsque des salariés appartiennent à des entreprises différentes, peu important qu'ils soient soumis à la même convention collective (cass. soc. 24 septembre 2008, n° 06-45.579, BC V n° 175; RJS 11/08 n° 1070, 1re espèce; 20 novembre 2012, n° 11-20.341) ou que les entreprises appartiennent à un même groupe (cass. soc. 14 septembre 2010, n° 08-44.180, RJS 11/10 n° 849; 20 novembre 2012, n° 11-20.341, précité; voir aussi cass. soc. 16 septembre 2015, n° 13-28.415, BC V n° 158; LSQ n° 16919 du 23.09.2015; JCP éd. S 2015, 1408, note J. Daniel; JSL n° 396, 27.10.2015, p. 7, J-Ph. Lhernould; RJS 12/15 n° 779). Elle ne pourra être invoquée par des salariés mis à disposition d'une entreprise dans laquelle les salariés bénéficient d'avantages reconnus en vertu soit d'un engagement unilatéral, soit d'un statut de droit public. Il convient alors de se référer à l'employeur d'origine pour déterminer l'applicabilité du principe (cass. soc. 6 juillet 2005, n° 03-43.074, BC V n° 235; RJS 10/05 n° 979; Dr. Soc. 2006, p. 98, obs. Ch. Radé).

Effectuent un travail de valeur égale les salariés dont les fonctions sont différentes mais d'importance comparable dans le fonctionnement de l'entreprise (cass. soc. 6 juillet 2010, n° 09-40.021, BC V n° 158; RJS 10/10 n° 764; JCP éd. G 2010, 974, note C. Puigelier; JSL n° 285, 13.10.2010, p. 10, J-E Tourreil; Dr. Soc. 2010, p. 1076, avis S. Zientara-Logeay; RDT, décembre 2010, CH, 723, Th. Aubert-Monpeyssen).

Il ne peut y avoir de différences de traitement entre salariés d'établissements différents d'une même entreprise exerçant un travail égal ou de valeur égale, à moins qu'elles ne reposent sur des raisons objectives dont le juge doit contrôler concrètement la réalité et la pertinence (cass. soc. 21 janvier 2009, n° 07-43.452, BC V n° 15; RJS 4/09 n° 350; JCP éd. S 2009, 1151, note J-Fr. Cesaro; Dr. Soc. 2009, p. 399, Ch. Radé; RDT, mai 2009, CH, 321, Th. Aubert-Monpeyssen; JSL n° 251, 10.03.2009, p. 19, J-E Tourreil; 28 octobre 2009, n° 08-40.457, BC V n° 239; RJS 1/10 n° 41; JCP éd. S 2010, 1008, note J-Fr. Cesaro; 8 juin 2011, n° 10-30.162, BC V n° 154; RJS 8-9/11 n° 689; JSL n° 304, 29.07.2011, p. 13, J-Ph. Lhernould). Ainsi, la Cour de cassation a jugé que la disparité du coût de la vie peut justifier une différence de traitement entre les salariés d'un établissement situé en Île-de-France et ceux d'un établissement situé à Douai (cass. soc. 14 septembre 2016, n° 15-11.386, BC V n° 168; LSQ n° 17161 du 16.09.2016; RJS 11/16 n° 676; JCP éd. S 2016, 1362, note Fr. Dumont; JSL n° 418, 24.10.2016, p. 4, H. Tissandier). En revanche, dès lors que les différences de traitement entre des salariés appartenant à la même entreprise mais à des établissements distincts sont opérées par voie d'accords d'établissement négociés et signés par les organisations syndicales représentatives au sein de ces établissements, investies de la défense des droits et intérêts des salariés de l'établissement et à l'habilitation desquelles ces derniers participent directement par leur vote, elles sont présumées justifiées de sorte qu'il appartient à celui qui les conteste de démontrer qu'elles sont étrangères à toute considération de nature professionnelle (cass. soc. 3 novembre 2016, n° 15-18.444, BC V n° 206; LSQ n° 17195 du 7.11.2016; JCP éd. S 2016, 1392, note J-F Cesaro; JSL n° 421-422, 21.12.2016, p. 4, H. Tissandier; RJS 1/17 n° 7; 4 octobre 2017, n° 16-17.517, BC V n° 170; LSQ n° 17420 du 6.10.2017, JCP éd. S 2017, 1391, note J-Fr. Cesaro; JSL n° 442, 29.11.2017, p. 8, J-Ph. Lhernould; RJS 12/17 n° 780, reprenant la même solution à propos d'un accord d'entreprise; voir aussi cass. soc. 30 mai 2018, n° 17-12.782, à paraître, LSQ n° 17584 du 06.06.2018; JSL n° 457, 12.07.2018, p. 14, H. Nasom-Tissandier; RJS 8-9/18 n° 565).

Une différence de statut juridique entre des salariés effectuant un travail de même valeur au service du même employeur ne suffit pas, à elle seule, à caractériser une différence de situation au regard de l'égalité de traitement en matière de rémunération (cass. soc. 15 mai 2007, n° 05-42.894, BC V n° 75; Dr. Soc. 2007, p. 896, obs. Ch. Radé; RJS 7/07 n° 848; 6 juillet 2011, n° 09-65.554, RJS 11/11 n° 854; JCP éd. S 2011, 1545, note M. Bailly), sauf s'il est démontré, par des justifications dont le juge contrôle la réalité et la pertinence, que la différence de rémunération résulte de l'application de règles de droit public (cass. soc. 16 février 2012, n° 10-21.864, BC V n° 76; JCP éd. S 2012, 1147, note J. Daniel; RJS 5/12 n° 454; 12 juin 2013, n° 12-17.273, BC V n° 153; RJS 8-9/13 n° 625; voir aussi note sous l'article L. 3221-3).

La seule différence de diplômes, d'un niveau équivalent, ne permet pas de fonder une différence de rémunération entre des salariés qui exercent les mêmes fonctions, sauf s'il est démontré par des justifications, dont il appartient au juge de contrôler la réalité et la pertinence, que la possession d'un diplôme spécifique atteste de connaissances particulières utiles à l'exercice de la fonction occupée (cass. soc. 16 décembre 2008, n° 07-42.107, BC V n° 250; JSL n° 248, 28.01.2009, p. 12, J-E Tourreil; JCP éd. S 2009, 1005, note J-Fr. Cesaro; RJS 2/09 n° 177; Dr. Soc. 2009, p. 361, obs. Ch. Radé; RDT, mars 2009, CH, 173, Th. Aubert-Monpeyssen; 13 novembre 2014, n° 12-20.069, BC V n° 264; LS Jurispr. n° 213 du 25.11.2014; JCP éd. S 2015, 1004, note L. Cailloux-Meurice; RJS 2/15 n° 100; JSL n° 380, 29.01.2015, p. 7, J-Ph. Lhernould). Ainsi, l'exigence d'un diplôme requis par une convention collective pour l'exercice de certaines fonctions constitue un élément objectif et pertinent justifiant une différence de salaire (cass. soc. 10 novembre 2009, n° 07-45.528, BC V n° 252; RJS 1/10 n° 42). De même, le fait que des salariés effectuant un travail identique soient titulaires de diplômes sanctionnant des formations professionnelles de niveaux et durées inégales peut justifier une différence de rémunération entre eux (cass. soc. 17 mars 2010, n° 08-43.088, BC V n° 70; RJS 6/10 n° 519, 1re espèce; RDT, juin 2010, CH, 377, R. Laulier; JCP éd. S 2010, 1257, note C. Puigelier; Dr. Soc. 2010, p. 583, obs. Ch. Radé).

Modification des dispositions conventionnelles. La seule circonstance que les salariés aient été engagés avant ou après l'entrée en vigueur d'un accord collectif ne saurait suffire à justifier des différences de traitement entre eux, pour autant que cet accord collectif n'a pas pour objet de compenser un préjudice subi par les salariés présents dans l'entreprise lors de son entrée en vigueur (cass. soc. 21 février 2007, n° 05-43.136, BC V n° 27; RJS 5/07 n° 298; Dr. Soc. 2007, p. 647, obs. Ch. Radé; 4 février 2009, 3 arrêts, nos 07-41.406, 07-11.884 et 07-42.024, BC V nos 35, 36 et 37; RJS 4/09 nos 351 et 352; Dr. Soc. 2009, p. 399, Ch. Radé; JCP éd. S 2009, 1198, note M. d'Allende; 24 septembre 2014, n° 13-10.233, BC V n° 200; voir aussi cass. soc. 8 juin 2011, n° 10-16.498, BC V n° 144; RJS 8-9/11 n° 653; 30 mai 2012, n° 10-22.720, s'agissant de la circonstance que des salariés aient obtenu un diplôme avant ou après l'entrée en vigueur d'un accord collectif).

L'obligation pour l'employeur de maintenir le niveau contractuel de rémunération d'un salarié avant l'entrée en vigueur d'un accord d'entreprise instaurant une grille salariale est une raison objective qui justifie une différence de traitement entre salariés effectuant un même travail ou un travail de valeur égale (cass. soc. 7 décembre 2017, n° 16-15.109, BC V n° 213; LSQ n° 17468 du 14.12.2017; RJS 2/18 n° 91, 1re espèce; JCP éd. S 2018, 1052, note A. Barège; JSL n° 447, 9.02.2018, p. 8, J-Ph. Lhernould). De même, le principe d'égalité de traitement ne fait pas obstacle à ce que les salariés embauchés postérieurement à l'entrée en vigueur d'un nouveau barème conventionnel soient appelés dans l'avenir à avoir une évolution de carrière plus rapide dès lors qu'ils ne bénéficient à aucun moment d'une classification ou d'une rémunération plus élevée que celle des salariés embauchés antérieurement à l'entrée en vigueur du nouveau barème et placés dans une situation identique ou similaire (cass. soc. 7 décembre 2017, n° 16-14.235, BC V n° 212; JCP éd. S 2018, 1040, note A. Barège; RJS 2/18 n° 91, 2e espèce; JSL n° 447, 9.02.2018, p. 8, J-Ph. Lhernould; 3 mai 2018, n° 16-11.588, à paraître, JCP éd. S 2018, 1265, note G. François; RJS 7/18 n° 467; 17 octobre 2018, n° 16-26.729, à paraître, JSL n° 465-466 du 28.12.2018, p. 10, H. Nasom-Tissandier; 14 novembre 2018, n° 17-14.937, à paraître, RJS 1/19 n° 4; voir aussi cass. soc. 5 juin 2019, n° 17-21.749, à paraître, JSL n° 480, 22.07.2019, p. 29; RJS 8-9/19 n° 475; JCP éd. S 2019, 1266, note D. Tharaud, aux termes duquel le principe s'applique également aux salariés promus).

Le maintien d'un avantage individuel acquis en cas de mise en cause de l'application d'un accord collectif ne méconnaît pas le principe «à travail égal, salaire égal» (cass. soc. 4 décembre 2007, n° 06-44.041, BC V n° 203; RJS 2/08 n° 205; 21 mars 2012, n° 10-17.847). Voir également note sous articles L. 2261-13 et 14.

Le principe d'égalité de traitement ne s'oppose pas à ce que l'employeur fasse bénéficier, par engagement unilatéral, les salariés engagés postérieurement à la dénonciation d'un accord collectif d'avantages identiques à ceux dont bénéficient, au titre des avantages individuels acquis, les salariés engagés antérieurement à la dénonciation de l'accord (cass. soc. 24 avril 2013, n° 12-10.196, BC V n° 114; LSQ n° 16337 du 30.04.2013; JCP éd. S 2013, 1225, note G. Loiseau; Dr. Soc. 2013, 567, act. Ch. Radé; JSL n° 345, 11.06.2013, p. 11, M. Hautefort; RJS 7/13 n° 540; RDT, juillet/août 2013, CH, 497, M-A Souriac).

En outre, la seule circonstance que les salariés aient été engagés avant ou après la dénonciation d'un engagement unilatéral ne saurait justifier des différences de traitement entre eux (cass. soc. 12 février 2008, n° 06-45.397, BC V n° 36; RJS 4/08 n° 374; JSL n° 229, 12.03.2008, p. 14, M-Ch. Haller).

En revanche, les salariés engagés postérieurement à l'entrée en vigueur d'un accord de substitution ne peuvent revendiquer, au titre du principe d'égalité de traitement, le bénéfice des dispositions prévues par l'accord collectif antérieur (cass. soc. 28 juin 2018, n° 17-16.499, à paraître, LSQ n° 17606 du 06.07.2018; JCP éd. S 2018, 1323, note G. Vachet; JSL n° 459, 14.09.2018, p. 4, Ph. Pacotte et S. Daguerre; RJS 10/18 n° 582).

Enfin, l'obligation à laquelle est légalement tenu le nouvel employeur, en cas de transfert d'une entité économique, de maintenir au bénéfice des salariés qui y sont rattachés les droits qu'ils tiennent d'un usage en vigueur au jour du transfert, justifie la différence de traitement qui en résulte par rapport aux autres salariés (cass. soc. 11 janvier 2012, n° 10-14.614, BC V n° 15; RJS 3/12 n° 219; JSL n° 316, 23.02.2012, p. 19, H. Guyader; JCP éd. S 2012, 1148, note J. Daniel; 30 mai 2018, n° 17-12.782, précité, LS Jurispr. n° 111 du 19.06.2018).

En cas de transfert conventionnel de salariés à la suite de la perte d'un marché par leur employeur, les salariés de la société entrante doivent bénéficier d'une prime dont bénéficient les salariés de la société sortante au titre de leur contrat maintenu (cass. soc. 15 janvier 2014, n° 12-25.402, BC V n° 23; JSL n° 361, 5.03.2014, p. 13, Ph. Pacotte et J. Layat-Le Bourhis; RJS 4/14 n° 300; JCP éd. S 2014, 1198, note A. Barège; voir aussi cass. soc. 16 septembre 2015, n° 13-26.788, BC V n° 168; JSL n° 397, 9.11.2015, p. 8, M. Hautefort; JCP éd. S 2015, 1440, note A. Barège; RJS 12/15 n° 753). Revenant sur cette jurisprudence, la Cour de cassation juge désormais que la différence de traitement entre les salariés dont le contrat de travail a été transféré en application d'une garantie d'emploi instituée par voie conventionnelle par les organisations syndicales représentatives investies de la défense des droits et intérêts des salariés et à l'habilitation desquelles ces derniers participent directement par leur vote et les salariés de l'employeur entrant, qui résulte de l'obligation à laquelle est tenu ce dernier de maintenir au bénéfice des salariés transférés les droits qui leur étaient reconnus chez leur ancien employeur au jour du transfert, n'est pas étrangère à toute considération de nature professionnelle et se trouve dès lors justifiée au regard du principe d'égalité de traitement (cass. soc. 30 novembre 2017, n° 16-20.532, BC V n° 204; LSQ n° 17460 du 4.12.2017; JCP éd. S 2018, 1023, note J-Fr. Cesaro; RJS 2/18 n° 100; JSL n° 446, 25.01.2018, p. 9, J-Ph. Lhernould; 30 mai 2018, n° 17-12.782, précité).

Par ailleurs, les salariés n'ayant été ni parties ni représentés dans une instance ayant donné lieu à une décision judiciaire reconnaissant à d'autres salariés le droit à un avantage, ne peuvent pas se prévaloir d'une inégalité de traitement (cass. soc. 23 octobre 2013, n° 12-12.894, BC V n° 250; RJS 1/14 n° 42; JCP éd. S 2014, 1070, note G. Vachet).

Voir l'article de Ch. Radé, «Variations autour de la justification des atteintes au principe " à travail égal, salaire égal "», Dr. Soc. 2009, p. 399; G. Vachet, «À travail égal, salaire égal», Dr. Soc. 2008, p. 1046.

• **Travailleurs à temps partiel.** Une différence de rémunération entre travailleurs à temps plein et travailleurs à temps partiel ne constitue une discrimination prohibée que si elle est un moyen indirect pour réduire la rémunération des travailleurs à temps partiel en raison du fait que le groupe de travailleurs se compose exclusivement ou de façon prépondérante de personnes du sexe féminin (CJCE 31 mars 1981, aff. 96/80, Rec. p. 911).

• **Preuve d'une pratique non discriminatoire.** Lorsqu'une entreprise applique un système de rémunération caractérisé par un manque total de transparence, l'employeur a la charge de prouver que sa pratique salariale n'est pas discriminatoire, dès lors que le travailleur féminin établit, par rapport à un nombre relativement important de salariés, que la rémunération moyenne des travailleurs féminins est inférieure à celle des travailleurs masculins (CJCE 17 octobre 1989, aff. 109/88, Rec. p. 3199). Voir article de A. Johansson, «La preuve de l'atteinte au principe " à travail égal, salaire égal " et l'article 1315 du code civil», RJS 12/05, chron. p. 823.

Lorsqu'une salariée établit que les femmes sont moins payées que les hommes occupant le même emploi de manutentionnaire, il appartient à l'employeur de justifier, par un élément objectif concernant la valeur du travail effectué et le caractère pénible des tâches accomplies par les uns et par les autres, la différence de rémunération. Si l'employeur ne rapporte pas la preuve de l'existence de cet élément objectif, les femmes salariées ont droit à un rappel de salaires au titre de l'égalité entre hommes et femmes (cass. soc. 12 février 1997, n° 95-41.694, BC V n° 58; Dr. Soc. 1997, p. 526; voir aussi CJCE 26 juin 2001, aff. C-381/99, Rec. p. I-04961). Il incombe à l'employeur de justifier la différence de traitement entre les hommes et les femmes, et il appartient au juge d'apprécier si les raisons objectives invoquées par l'employeur s'avèrent ou non convaincantes (cass. soc. 19 décembre 2000, n° 98-43.331, BC V n° 436; RJS 3/01 n° 305).

Le salarié qui se prétend lésé par une discrimination salariale doit soumettre au juge les éléments de fait susceptibles de caractériser une inégalité de traitement et il incombe à l'employeur de rapporter la preuve d'éléments étrangers à toute discrimination, justifiant l'inégalité de traitement dont se plaignent les salariés (cass. soc. 13 janvier 2004, n° 01-46.407, BC V n° 1; RJS 3/04 n° 290; voir aussi cass. soc. 20 octobre 2010, n° 08-19.748, BC V n° 242; RJS 1/11 n° 10; Dr. Soc. 2011, p. 97, obs. Ch. Radé; JCP éd. S 2011, 1025, note C. Leborgne-Ingelaere). L'employeur ne peut opposer son pouvoir discrétionnaire pour se soustraire à son obligation de justifier de façon objective et pertinente, une différence de rémunération (cass. soc. 30 avril 2009, n° 07-40.527, BC V n° 121; RDT, septembre 2009, CH, 516, Th. Aubert-Monpeyssen; RJS 7/09 n° 631; JSL n° 256, 27.05.2009, p. 18, J-E Tourreil; Dr. Soc. 2009, p. 1006, obs. Ch. Radé; 23 novembre 2011, n° 10-23.178, RJS 2/12 n° 150). Lorsque le salarié soutient que la preuve de l'inégalité de rémunération se trouve entre les mains d'une autre partie, il lui appartient de demander au juge d'en ordonner la production; ce dernier peut ensuite tirer toute conséquence de droit en cas d'abstention ou de refus de l'autre partie de déférer à une décision ordonnant la production de ces pièces (cass. soc. 12 juin 2013, n° 11-14.458, BC V n° 156; RJS 8-9/13 n° 606; JSL n° 348, 25.07.2013, p. 8, J-Ph. Lhernould; JCP éd. S 2013, 1397, note V. Manigot; 3 décembre 2014, n° 13-18.966).

Caractérisent des éléments objectifs de nature à justifier une différence de rémunération la différence de qualité de travail entre deux salariés (cass. soc. 8 novembre 2005, n° 03-46.080, RJS 1/06 n° 47; 31 octobre 2012, n° 11-13.237; voir aussi cass. soc. 13 novembre 2014, n° 12-20.069, précité, précisant que si les qualités professionnelles ou la différence de qualité de travail peuvent constituer des motifs objectifs justifiant une différence de traitement entre deux salariés occupant le même emploi, de tels éléments susceptibles de justifier des augmentations de salaires plus importantes ou une progression plus rapide dans la grille indiciaire, pour le salarié plus méritant, ne peuvent justifier une différence de traitement lors de l'embauche, à un moment où l'employeur n'a pas encore pu apprécier les qualités professionnelles), des parcours professionnels spécifiques ayant abouti à des situations différentes (cass. soc. 3 mai 2006, n° 03-42.920, BC V n° 160; Dr. Soc. 2006, p. 1049, obs. M-Th. Lanquetin: différence de salaire justifiée par la précarité induite par un statut d'intermittent; cass. soc. 28 avril 2006, n° 03-47.171, BC V n° 152; RJS 7/06 n° 838), ou encore une procédure de reconnaissance des compétences par un jury indépendant (cass. soc. 17 octobre 2006, n° 05-40.393, BC V n° 306; Dr. Soc. 2006, p. 1186, obs. Ch. Radé). Peuvent également justifier une différence de rémunération l'ancienneté, à condition qu'elle ne soit pas prise en compte dans une prime spéciale (cass. soc. 8 juin 2011, n° 10-15.198, LS Jurispr. n° 131 du 28.06.2011; 11 janvier 2012, n° 10-19.438, RJS 3/12 n° 251), et l'expérience (cass. soc. 29 juin 2011, n° 10-15.082, RJS 10/11 n° 800), étant précisé que l'expérience professionnelle acquise auprès d'un précédent employeur ne peut justifier une différence de salaire qu'au moment de l'embauche et pour autant qu'elle est en relation avec les exigences du poste et les responsabilités effectivement exercées (cass. soc. 11 janvier 2012, n° 10-19.438, précité). Selon la CJCE, le recours au critère de l'ancienneté est légitime en ce qu'il permet de reconnaître l'expérience acquise par un salarié. Néanmoins, l'employeur pourra être conduit à justifier du recours à ce critère si un salarié fournit des éléments susceptibles de faire naître des doutes sur l'aptitude de ce critère à atteindre un objectif légitime (CJCE 3 octobre 2006, aff. C-17/05, Rec. p. I-9583; JOUE C 294/10 du 2.12.2006; RDT, décembre 2006, CH, 393, Th. Aubert-Monpeyssen). En sens contraire, voir cass. soc. 28 septembre 2004, n° 03-41.825, BC V n° 228; RJS 12/04 n° 1287: en l'espèce, l'employeur n'avait pu établir d'éléments objectifs justifiant la différence de rémunération; cass. soc. 24 septembre 2008, n° 06-45.747, BC V n° 175; RJS 10/08 n° 1070, 2e espèce. Mais le principe d'égalité de rémunération consacré à l'article 119 du traité CEE [157 TFUE] ne s'oppose pas au versement d'une allocation forfaitaire aux seuls travailleurs féminins qui partent en congé de maternité, dès lors que cette allocation est destinée à compenser les désavantages résultant pour ces femmes de leur éloignement du travail (CJCE 16 septembre 1999, aff. C-218/98, Rec. p. I-5723; JOCE C 47/10 du 19.02.2000; RJS 11/99 n° 1414). Cette solution est reprise par la Cour de cassation (cass. soc. 21 mars 2000, n° 98-45.485, BC V n° 110; RJS 5/00 n° 536). L'article 141 du traité CE [157 TFUE] et la directive 75/117/CEE du 10 février 1975 ne s'opposent pas à ce que le calcul de l'indemnité de congédiement prenne en compte, au titre de l'ancienneté dans l'emploi, la durée des services militaires accomplis majoritairement par les hommes, mais pas celle des congés parentaux pris le plus souvent par les femmes (CJCE 8 juin 2004, aff. C-220/02, Rec. p. I-5907; JOUE C 190/2 du 24.07.2004; RJS 1/05, p. 9, chron. J-Ph. Lhernould); les causes de suspension du contrat de travail étant de nature différente, les salariés qui en bénéficient ne se trouvent pas dans des situations comparables.

Si un employeur peut accorder des avantages particuliers à certains salariés, c'est à la condition que tous les salariés de l'entreprise placés dans une situation identique puissent bénéficier de l'avantage ainsi accordé, et que les règles déterminant l'octroi de cet avantage soient préalablement définies et contrôlables (cass. soc. 18 janvier 2000, n° 98-44.745, BC V n° 25; Dr. Soc. 2000, p. 436; 10 octobre 2013, n° 12-21.167, LS Jurispr. n° 194 du 22.10.2013; RJS 1/14 n° 41).

Lorsque la différence de traitement entre des salariés placés dans une situation identique au regard de l'avantage considéré résulte des termes mêmes de l'accord collectif, il y a lieu de faire application du principe d'égalité de traitement sans recourir nécessairement à une comparaison entre les salariés de l'entreprise effectuant le même travail ou un travail de valeur égale (cass. soc. 23 mars 2011, n° 09-42.666, BC V n° 79; RJS 6/11 n° 496; Dr. Soc. 2011, p. 592, obs. Ch. Radé; JCP éd. S 2011, 1243, note J-Fr. Cesaro; JSL n° 299, 16.05.2011, p. 19, J-E Tourreil).

Art. L. 3221-5

Lorsqu'une majoration de salaire a pour objet de compenser une sujétion particulière subie par les salariés, son montant peut être modulé en fonction de son importance pour chacun d'entre eux (cass. soc. 5 juin 2013, n° 11-21.255, BC V n° 146; LSQ n° 16363 du 12.06.2013).

En revanche, le caractère discrétionnaire d'une prime ne permet pas de traiter différemment des salariés placés dans une situation comparable (cass. soc. 10 octobre 2012, n° 11-15.296, BC V n° 259; RJS 12/12 n° 941; JCP éd. S 2012, 1530, note N. Dauxerre; voir aussi cass. soc. 13 janvier 2016, n° 14-26.050).

Voir l'article de M-A Moreau: «Les justifications des discriminations», Dr. Soc. 2004, p. 1112.

• **Égalité de rémunération entre travailleurs du même sexe.** La règle de l'égalité de rémunération entre les hommes et les femmes est une application de la règle générale «à travail égal, salaire égal», énoncée par les articles L. 133-5, 4° et L. 136-2, 8° [anciens] CT; il s'ensuit que l'employeur est tenu d'assurer l'égalité de rémunération entre tous les salariés de l'un ou l'autre sexe, pour autant que les salariés en cause sont placés dans une situation identique (cass. soc. 29 octobre 1996, n° 92-43.680, BC V n° 359; RJS 12/96 n° 1272; voir Ph. Waquet, «Retour sur l'arrêt Ponsolle», RDT 2008, Études p. 22). Ne méconnaît pas le principe «à travail égal, salaire égal» l'employeur qui justifie par des raisons objectives et matériellement vérifiables la différence de rémunération entre des salariés effectuant un même travail ou un travail de valeur égale (cass. soc. 21 juin 2005, n° 02-42.658, BC V n° 206; Dr. Soc. 2005, p. 1047; en l'espèce, l'employeur avait été confronté à la nécessité de recruter de toute urgence une directrice de crèche pour un remplacement et lui avait accordé une rémunération supérieure à celle que percevait la salariée remplacée). Tout salarié doit être rémunéré pour les fonctions réellement exercées (cass. soc. 2 juin 2004, n° 01-44.449, RJS 8-9/04 n° 878: un interne en médecine doit être payé pour cette fonction, peu importe qu'il soit titulaire d'un diplôme algérien de docteur en médecine et non d'un diplôme français).

Art. L. 3221-5. Les disparités de rémunération entre les établissements d'une même entreprise ne peuvent pas, pour un même travail ou pour un travail de valeur égale, être fondées sur l'appartenance des salariés de ces établissements à l'un ou l'autre sexe.

Art. L. 3221-6. Les différents éléments composant la rémunération sont établis selon des normes identiques pour les femmes et pour les hommes.

Les catégories et les critères de classification et de promotion professionnelles ainsi que toutes les autres bases de calcul de la rémunération, notamment les modes d'évaluation des emplois, ***(L. 2014-873 du 4 août 2014, art. 2, JO 5)*** «sont établis selon des règles qui assurent l'application du principe fixé à l'article L. 3221-2».

Note Cet article a été modifié par la loi 2018-771 du 5 septembre 2018, art. 104, VI, JO 6.

Art. L. 3221-7. Est nulle de plein droit toute disposition figurant notamment dans un contrat de travail, une convention ou accord collectif de travail, un accord de salaires, un règlement ou barème de salaires résultant d'une décision d'un employeur ou d'un groupement d'employeurs et qui, contrairement aux articles L. 3221-2 à L. 3221-6, comporte, pour un ou des salariés de l'un des deux sexes, une rémunération inférieure à celle de salariés de l'autre sexe pour un même travail ou un travail de valeur égale.

La rémunération plus élevée dont bénéficient ces derniers salariés est substituée de plein droit à celle que comportait la disposition entachée de nullité.

Note • L'indemnité de congés payés constituant une rémunération au sens des articles 119 du traité CEE [157 TFUE] et L. 140-2 [L. 3221-3] CT, c'est à bon droit qu'un conseil de prud'hommes, ayant constaté qu'un employeur s'était abstenu de mettre en conformité les dispositions de la convention collective instituant au profit des seules mères de famille un congé supplémentaire de deux jours ouvrés par enfant à charge de moins de 15 ans, au regard du principe d'égalité professionnelle, a condamné l'employeur à payer un rappel d'indemnité de congés aux pères de famille pour les années non prescrites (cass. soc. 26 février 1997, n° 94-40.474; 9 avril 1996, n° 94-43.279, BC V n° 144; 27 février 1991, n° 90-42.239, BC V n° 101).

• **Rôle des juridictions nationales.** Il incombe aux juridictions nationales d'assurer la protection juridique découlant pour les justiciables de l'effet direct des dispositions du traité, de veiller à la mise en œuvre correcte de l'article 119 du traité CEE [157 TFUE], de donner aux dispositions internes applicables, dans toute la mesure où une marge d'appréciation leur est accordée par le droit national, une interprétation et une application conformes aux exigences du droit communautaire, et de laisser, pour autant qu'une telle interprétation conforme n'est pas possible, inappliquée toute règle nationale contraire (CJCE 4 février 1988, aff. 157/86, Rec. p. 673; 28 septembre 1994, aff. C-200/91, Rec. p. I-04389, RJS 12/94 n° 1447).

En cas de violation de la directive 76/207 par des dispositions législatives ou des dispositions de conventions collectives introduisant une discrimination contraire à celle-ci, les juridictions nationales sont tenues d'écarter ladite discrimination par tous les moyens possibles et, notamment, en appliquant lesdites dispositions au bénéfice du groupe défavorisé, sans avoir à demander ou à attendre l'élimination préalable de celles-ci par le législateur, par la négociation collective ou autrement (CJCE 20 mars 2003, aff. C-187/00, Rec. p. I-2741 ; JOUE C 112/2 du 10.05.03).

Art. L. 3221-8. Lorsque survient un litige relatif à l'application du présent chapitre, les règles de preuve énoncées à l'article L. 1144-1 s'appliquent.

Art. L. 3221-9. Les ***(L. 2016-1088 du 8 août 2016, art. 113, III, 4°, JO 9)*** « agents de contrôle de l'inspection du travail mentionnés à l'article L. 8112-1 » ou, le cas échéant, les autres fonctionnaires de contrôle assimilés sont chargés, dans le domaine de leurs compétences respectives, concurremment avec les officiers et agents de police judiciaire, de constater les infractions à ces dispositions.

Note Cet article a été modifié par la loi 2011-525 du 17 mai 2011, art. 170, JO 18.

Art. L. 3221-10. Un décret en Conseil d'État détermine les modalités d'application du présent chapitre.

Art. R. 3221-1. L'inspecteur du travail peut exiger communication des différents éléments qui concourent à la détermination des rémunérations dans l'entreprise, notamment des normes, catégories, critères et bases de calcul mentionnés à l'article L. 3221-6.

Il peut procéder à une enquête contradictoire au cours de laquelle l'employeur et les salariés intéressés peuvent se faire assister d'une personne de leur choix.

En cas de mise en œuvre d'une procédure de règlement des difficultés dans les conditions prévues à l'article R. 2261-1, il prend connaissance des avis et observations formulés au cours de celle-ci.

Art. R. 3221-2. ***(D. 2016-1417 du 20 oct. 2016, art. 7, JO 22)*** « Les dispositions des articles L. 3221-1 à L. 3221-7 du code du travail sont portées, par tout moyen, à la connaissance des personnes ayant accès aux lieux de travail, ainsi qu'aux candidats à l'embauche ».

Il en est de même pour les dispositions réglementaires prises pour l'application de ces articles.

CHAPITRE II Dispositions pénales

Art. L. 3222-1. Les dispositions des articles 132-58 à 132-62 du code pénal relatives à l'ajournement du prononcé de la peine sont applicables dans le cas de poursuites pour infraction aux dispositions des articles L. 3221-2 à L. 3221-7, sous réserve des mesures particulières prévues par le présent article.

L'ajournement comporte injonction à l'employeur de définir, après consultation du ***(Ord. 2017-1386 du 22 sept. 2017, art. 4, 3°, JO 23, entrée en vigueur au plus tard le 01.01.2018)*** « comité social et économique », et dans un délai déterminé, les mesures propres à assurer dans l'entreprise en cause le rétablissement de l'égalité professionnelle entre les femmes et les hommes. L'ajournement peut comporter également injonction à l'employeur d'exécuter dans le même délai les mesures définies.

Le juge peut ordonner l'exécution provisoire de sa décision.

Art. L. 3222-2. À l'audience de renvoi et au vu des mesures définies et, le cas échéant, exécutées par l'employeur, la juridiction apprécie s'il y a lieu de prononcer une dispense de peine ou d'infliger les peines prévues par la loi.

Toutefois, dans le cas où le délai prévu au deuxième alinéa de l'article L. 3222-1 n'a pas été respecté, la juridiction peut prononcer un nouvel et dernier ajournement et impartir un nouveau délai au prévenu pour exécuter l'injonction.

Art. R. 3222-1. Le fait de méconnaître les dispositions relatives à l'égalité de rémunération entre les femmes et les hommes prévues aux articles L. 3221-2 à L. 3221-6, est puni de l'amende prévue pour les contraventions de la cinquième classe.

L'amende est appliquée autant de fois qu'il y a de travailleurs rémunérés dans des conditions illégales.

La récidive est réprimée conformément aux articles 132-11 et 132-15 du code pénal.

Art. R. 3222-2. Le fait de ne pas communiquer les éléments concourant à la détermination des rémunérations dans l'entreprise, en méconnaissance des dispositions de l'article R. 3221-1, est puni de l'amende prévue pour les contraventions de la troisième classe.

Art. R. 3222-3. *(D. 2016-1417 du 20 oct. 2016, art. 8, JO 22)* Le fait de ne pas communiquer, dans les conditions prévues par l'article R. 3221-2, les articles relatifs à l'égalité de rémunération entre les femmes et les hommes, est puni de l'amende prévue pour les contraventions de la troisième classe.

TITRE III DÉTERMINATION DU SALAIRE

CHAPITRE Ier Salaire minimum interprofessionnel de croissance

Note La loi 2008-1258 du 3 décembre 2008 (JO 4) a modifié les règles de détermination du SMIC.

Un groupe d'experts se prononce chaque année sur l'évolution du salaire minimum de croissance. Le rapport qu'il établit à cette occasion est adressé à la Commission nationale de la négociation collective et au gouvernement. Il est rendu public.

Le gouvernement remet à la Commission nationale de la négociation collective, préalablement à la fixation annuelle du salaire minimum, une analyse des comptes économiques de la nation et un rapport sur les conditions économiques générales. Si ce rapport s'écarte de celui établi par le groupe d'experts, le gouvernement motive par écrit ces différences auprès de la Commission nationale de la négociation collective.

Un décret détermine les modalités d'application des alinéas précédents, notamment les conditions dans lesquelles sont désignés les experts visés ci-dessus, garantissant leur indépendance (loi 2008-1258 du 3 décembre 2008, art. 24, I, JO 4).

Voir G. Bargain, «La revalorisation du salaire minimum: l'emprise de l'expertise économique. À propos du rapport du groupe d'experts du 1er décembre 2017», RDT, mars 2018, ET, 199.

SECTION 1. Champ d'application

Art. L. 3231-1. Les dispositions du présent chapitre sont applicables, outre aux employeurs et salariés mentionnés à l'article L. 3211-1, au personnel des établissements publics à caractère industriel et commercial et au personnel de droit privé des établissements publics administratifs.

Note Le Conseil d'État a élargi ce champ d'application au secteur public, précisant qu'un agent non titulaire d'une commune doit percevoir le SMIC (CE 23 avril 1982, n° 36851, D. 1983, 8).

La rédaction de cet article a mis fin aux exclusions concernant les employés de maison, les concierges d'immeubles à usage d'habitation et les salariés habituellement nourris et logés. Voir, sur ce dernier point, cass. soc. 31 mars 1982, n° 80-40.019, BC V n° 242; 23 juin 1982, n° 80-40.936, BC V n° 411. En ce qui concerne les gérants non salariés, voir note sous art. L. 7322-2.

Application du SMIC à un VRP exclusif, effectuant de la vente à domicile (cass. soc. 22 mai 1996, n° 95-40.200, BC V n° 195; RJS 7/96 n° 857; 13 octobre 2004, n° 01-45.325, BC V n° 255; Dr. Soc. 2004, p. 1141, obs. Ch. Radé: salarié effectuant une partie de son travail dans les locaux de l'entreprise et dont le contrat de travail prévoyait une activité exclusive au service de l'employeur).

SECTION 2. Principes

Art. L. 3231-2. Le salaire minimum de croissance assure aux salariés dont les rémunérations sont les plus faibles:

1° La garantie de leur pouvoir d'achat;

2° Une participation au développement économique de la nation.

Note Le manquement de l'employeur à son obligation de paiement d'une rémunération au moins égale au salaire minimum de croissance cause nécessairement un préjudice au salarié dont il appartient au juge d'apprécier le montant (cass. soc. 29 juin 2011, n° 10-12.884, BC V n° 170; RJS 10/11 n° 797; 17 mars 2016, n° 14-22.121).

Art. L. 3231-3. Sont interdites, dans les conventions ou accords collectifs de travail, les clauses comportant des indexations sur le salaire minimum de croissance ou des références à ce dernier en vue de la fixation et de la révision des salaires prévus par ces conventions ou accords.

Note Une clause d'indexation automatique du salaire sur le taux d'inflation est illicite (cass. soc. 13 décembre 2006, n° 05-44.073, BC V n° 374; RJS 3/07 n° 316). De même, est prohibée une clause indexant les salaires, même partiellement, sur l'indice des prix de l'INSEE (cass. soc. 5 octobre 2017, n° 15-20.390, BC V n° 175; JCP éd. S 2017, 1410, note G. Vachet; RJS 12/17 n° 794).

Sont également prohibées les clauses contractuelles prévoyant des indexations sur le SMIC (cass. soc. 18 mars 1992, n° 88-43.434, BC V n° 188; RJS 5/92 n° 618: clause prévoyant une rémunération brute horaire égale au SMIC augmentée de 7 %).

SECTION 3. Modalités de fixation

Sous-section 1. Garantie du pouvoir d'achat des salariés

Art. L. 3231-4. La garantie du pouvoir d'achat des salariés prévue au 1° de l'article L. 3231-2 est assurée par l'indexation du salaire minimum de croissance sur l'évolution de l'indice national des prix à la consommation institué comme référence par voie réglementaire.

Note Pour l'application de cet article, l'indice de référence est l'indice des prix à la consommation, hors tabac, des ménages du premier quintile de la distribution des niveaux de vie du mois de novembre 2020 publié au JO (décret 2020-1598 du 16 décembre 2020, art. 3, JO 17).

Art. L. 3231-5. Lorsque l'indice national des prix à la consommation atteint un niveau correspondant à une hausse d'au moins 2 % par rapport à l'indice constaté lors de l'établissement du salaire minimum de croissance immédiatement antérieur, le salaire minimum de croissance est relevé dans la même proportion à compter du premier jour du mois qui suit la publication de l'indice entraînant ce relèvement.

Sous-section 2. Participation des salariés au développement économique de la nation

Art. L. 3231-6. La participation des salariés au développement économique de la nation prévue au 2° de l'article L. 3231-2 est assurée, indépendamment de l'application de l'article L. 3231-4, par la fixation du salaire minimum de croissance, chaque année avec effet au ***(L. 2008-1258 du 3 déc. 2008, art. 24, JO 4)*** « 1er janvier ».

Art. L. 3231-7. Le taux du salaire minimum de croissance est fixé par voie réglementaire à l'issue d'une procédure déterminée par décret.

Note À compter du 1er janvier 2021, pour les catégories de travailleurs mentionnés à l'article L. 2211-1 CT, en métropole, en Guadeloupe, en Guyane, en Martinique, à La Réunion, à Saint-Barthélemy, à Saint-Martin et à Saint-Pierre-et-Miquelon, le montant du SMIC est fixé à 10,25 € l'heure; à Mayotte, son montant est fixé à 7,74 € l'heure (décret 2020-1598 du 16 décembre 2020, JO 17).

Art. L. 3231-8. En aucun cas, l'accroissement annuel du pouvoir d'achat du salaire minimum de croissance ne peut être inférieur à la moitié de l'augmentation du pouvoir d'achat des salaires horaires moyens enregistrés par l'enquête trimestrielle du ministère chargé du travail.

L'indice de référence peut être modifié par voie réglementaire.

Art. L. 3231-9. Les relèvements annuels successifs du salaire minimum de croissance doivent tendre à éliminer toute distorsion durable entre sa progression et l'évolution des conditions économiques générales et des revenus.

Sous-section 3. Autres modalités de fixation

Art. L. 3231-10. En cours d'année, le salaire minimum de croissance peut être porté, par voie réglementaire, à un niveau supérieur à celui qui résulte de l'application des dispositions de l'article L. 3231-5.

Art. L. 3231-11. Les améliorations du pouvoir d'achat intervenues en application de l'article L. 3231-10 depuis le ***(L. 2008-1258 du 3 déc. 2008, art. 24, JO 4)*** « 1er janvier » de l'année précédente entrent en compte pour l'application, lors de la fixation annuelle du salaire minimum de croissance, de la règle fixée à l'article L. 3231-8.

SECTION 4. Minimum garanti

Art. L. 3231-12. Un minimum garanti est déterminé en fonction de l'évolution de l'indice national des prix à la consommation par application des dispositions de l'article L. 3231-4. Il intervient notamment pour l'évaluation des avantages en nature.

Ce minimum garanti peut être porté, par voie réglementaire, à un niveau supérieur à celui résultant de l'application du premier alinéa.

Note À compter du 1er janvier 2021, le montant du minimum garanti est fixé à 3,65 € en métropole, dans les collectivités régies par l'article 73 de la Constitution, à Saint-Barthélemy, à Saint-Martin et à Saint-Pierre-et-Miquelon (décret 2020-1598 du 16 décembre 2020, JO 17).

SECTION 1 (réglementaire). **Dispositions générales**

Art. R. *3231-1. ***(D. 2008-243 du 7 mars 2008, JO 12)*** Les décrets prévus aux articles L. 3231-4, L. 3231-7, L. 3231-8, L. 3231-10 et L. 3231-12 sont pris en conseil des ministres.

Les décrets prévus aux articles L. 3231-4, L. 3231-8 et L. 3231-10 sont pris après avis de la Commission nationale de la négociation collective ***(D. 2018-1262 du 26 déc. 2018, art. 1er, III, JO 28, entrée en vigueur le 01.01.2019)*** «, de l'emploi et de la formation professionnelle».

Art. R. *3231-2. ***(D. 2008-243 du 7 mars 2008, JO 12)*** L'indice des prix à la consommation retenu pour l'application des articles L. 3231-4 et L. 3231-12 est l'indice mensuel des prix à la consommation hors tabac ***(D. 2013-123 du 7 févr. 2013, JO 8)*** «des ménages du premier quintile de la distribution des niveaux de vie».

Art. R. *3231-2-1. ***(D. 2013-123 du 7 févr. 2013, JO 8)*** Pour l'application de l'article L. 3231-8, est pris en compte le rapport de l'indice de référence mesurant l'évolution du salaire horaire de base des ouvriers et employés à l'indice des prix mentionné à l'article R.* 3231-2.

Art. D. 3231-3. Le salaire minimum de croissance applicable aux jeunes travailleurs de moins de dix-huit ans comporte un abattement fixé à:

1° 20 % Avant dix-sept ans;

2° 10 % Entre dix-sept et dix-huit ans.

Cet abattement est supprimé pour les jeunes travailleurs justifiant de six mois de pratique professionnelle dans la branche d'activité dont ils relèvent.

Note Les dispositions de cet article s'appliquent alors même que le salarié a moins de seize ans et que les dispositions prohibant le travail salarié d'enfants de moins de seize ans ont été violées (cass. soc. 17 janvier 1996, n° 92-44.475, RJS 3/96 n° 288: l'employeur ne saurait se prévaloir de textes édictés dans un souci de protection des mineurs et qu'il a lui-même transgressés).

SECTION 2 (réglementaire). **Modalités de fixation**

Sous-section 1. **Garantie du pouvoir d'achat des salariés**

Art. R. *3231-4. ***(D. 2008-243 du 7 mars 2008, JO 12)*** Lorsque le salaire minimum de croissance est relevé en application des dispositions de l'article L. 3231-5, un arrêté conjoint des ministres chargés du travail, de l'agriculture et de l'économie et des finances fait connaître le nouveau montant de ce salaire.

Art. D. 3231-5. Les salariés définis à l'article L. 3231-1 âgés de dix-huit ans révolus, reçoivent de leurs employeurs, lorsque leur salaire horaire contractuel est devenu inférieur au salaire minimum de croissance en vigueur, un complément calculé de façon à porter leur rémunération au montant de ce salaire minimum de croissance.

Art. D. 3231-6. Le salaire horaire à prendre en considération pour l'application de l'article D. 3231-5 est celui qui correspond à une heure de travail effectif compte tenu des avantages en nature et des majorations diverses ayant le caractère de fait d'un complément de salaire.

Sont exclues les sommes versées à titre de remboursement de frais, les majorations pour heures supplémentaires prévues par la loi et la prime de transport.

Note • **Notion d'heure de travail effectif.** Sur la notion de travail effectif, voir les articles L. 3121-1 et s. et leur note.

La chambre sociale de la Cour de cassation a précisé que lorsque, pendant leurs pauses, les salariés ne sont pas à la disposition de l'employeur de sorte que celles-ci ne constituent pas du temps de travail effectif, les primes les rémunérant, qui ne sont pas la contrepartie du travail et dont la détermination dépend de facteurs généraux sur lesquels les salariés n'influent pas, sont exclues du salaire devant être comparé au SMIC (cass. soc. 13 juillet 2010, n° 09-42.890, BC V n° 178; RJS 10/10 n° 762; Dr. Soc. 2010, p. 1112, obs. Ch. Radé; JCP éd. S 2010, 1536, note J-Ph. Tricoit; 21 mars 2012, nos 10-27.425 et 10-21.737, 2 arrêts, BC V n° 105; JCP éd. S 2012, 1222, note G. Vachet; RJS 6/12 n° 555; 17 octobre 2012, n° 11-15.699, BC V n° 269; LS Jurispr. n° 204 du 30.10.2012). Cette solution a été confirmée par la chambre criminelle (cass. crim. 15 février 2011, n° 10-87.019, B. crim. n° 28; RJS 4/11 n° 329, 2e espèce; JSL n° 297, 13.04.2011, p. 18, M. Hautefort; JCP éd. S 2011, 1193, 4e espèce, étude Th. Lahalle; Dr. Soc. 2011, p. 719, arrêt n° 1, obs. Fr. Duquesne; 15 février 2011, n° 10-83.988, B. crim. n° 27; RDT, mai 2011, CH, 319, G. Pignarre; 22 novembre 2011, n° 11-80.013, B. crim. n° 237; LSQ n° 16012 du 5.01.2012). Voir aussi rép. QE 14824, JO AN 1er février 2011, p. 1063.

• **Notion de salaire horaire.** Cette expression doit s'entendre du salaire perçu par le salarié pour une heure de travail effectif, quel que soit le mode de rémunération pratiqué au temps ou au rendement (cass. soc. 25 mai 2005, n° 03-44.301, BC V n° 179; Dr. Soc. 2005, p. 924: en l'espèce, le contrat de travail prévoyait une rémunération au rendement).

En cas de travail à la tâche et en l'absence d'indication dans le contrat de travail permettant de déterminer le temps de travail effectif relatif à chaque tâche, le salarié a droit à être rémunéré au taux du SMIC pour le nombre d'heures effectuées (cass. soc. 25 septembre 1990, n° 87-40.493, BC V n° 383).

Complément de rémunération. Lorsque l'employeur a versé un complément de rémunération pour les mois où le salarié n'atteignait pas le SMIC, il peut, par la suite, opérer des déductions correspondantes pour les mois où la rémunération du salarié dépassait le SMIC. Pour la Cour de cassation, cette pratique n'est pas contraire aux dispositions légales ou réglementaires (cass. soc. 19 décembre 2007, n° 06-42.550, BC V n° 218).

• **Éléments de rémunération pris en compte pour la détermination du SMIC**

Doivent être incluses les «gueltes» des vendeurs, peu important qu'elles consistent en un pourcentage imprévisible et aléatoire sur le montant des ventes (cass. soc. 30 mars 1994, n° 92-40.531, RJS 5/94 n° 553), une prime d'hôtesse enquêtrice versée pour chacun des rendez-vous pris par la salariée et perçue en contrepartie ou à l'occasion du travail (cass. soc. 13 mars 1990, n° 87-41.726, BC V n° 116), l'indemnisation de l'amplitude de la journée de travail dès lors qu'elle s'ajoute au salaire de base garanti et est garantie dans les mêmes conditions (cass. crim. 18 juillet 1991, n° 89-83.128, B. crim. n° 303), la prime de polyvalence compensant la formation du salarié à plusieurs postes de travail (cass. soc. 29 mars 1995, n° 93-41.906, RJS 5/95 n° 514), un «complément métier» versé en contrepartie du travail (cass. soc. 14 novembre 2012, n° 11-14.862, BC V n° 291; Dr. Soc. 2013, p. 88, act. Ch. Radé; JCP éd. S 2013, 1057, note G. Vachet), une prime de bonus déterminée en fonction du tonnage produit auquel participait le salarié (cass. soc. 4 février 2015, n° 13-18.523, BC V n° 24; RJS 4/15 n° 257, 2e espèce; JCP éd. S 2015, 1202, note D. Chenu).

Doivent être exclues les primes d'ancienneté (cass. soc. 12 novembre 1992, n° 89-45.090, RJS 12/92 n° 1385; cass. crim. 3 janvier 1986, n° 84-95.123, B. crim. n° 4), d'assiduité (cass. crim. 10 mai 1983, n° 82-90.654, B. crim. n° 137; 27 janvier 1987, n° 84-95.098, B. crim. n° 46), les majorations pour travail des dimanches et des jours fériés déterminées en fonction du rythme de travail (cass. soc. 29 mars 1995, n° 93-41.906, précité: ces majorations constituent non une contrepartie du travail mais la compensation de sujétions particulières), les primes de résultats fondées sur les résultats financiers de l'entreprise (cass. crim. 5 novembre 1996, n° 95-82.994, B. crim. n° 393; RJS 2/97 n° 145; cass. soc. 7 avril 2004, n° 02-41.616), la prime de «non-accident» présentant un caractère aléatoire (cass. soc. 3 juillet 2001, n° 99-42.758, BC V n° 243), l'indemnité de non-concurrence, quelles que soient les modalités de son versement (cass. soc. 14 janvier 1988, n° 85-42.047, BC V n° 43), les remboursements de frais exposés pour les besoins de l'activité professionnelle et dans l'intérêt de l'employeur (cass. soc. 10 novembre 2004, n° 02-41.881, BC V n° 282; RJS 3/05 n° 275; voir aussi cass. soc. 7 mars 2012, n° 10-18.118, BC V n° 94; JSL n° 320, 20.04.2012, p. 13, M. Hautefort; RJS 5/12 n° 453; JCP éd. S 2012, 1223, note Fr. Dumont; 20 juin 2013, 2 arrêts, nos 11-23.071 et 11-19.663, BC V n° 162; JCP éd. S 2013, 1373, note Th. Passerone; RJS 10/13 n° 679).

Quant aux primes faisant l'objet d'un versement unique en fin d'année (13e mois) ou de versements dont la périodicité est supérieure à celle de la paie, le ministère du Travail considère que leur inclusion dans le SMIC n'est pas possible, sauf si elles font l'objet d'un paiement fractionné et, dans ce cas, elles ne peuvent entrer en compte que pour le montant effectivement payé à chaque échéance de paie (circ. DRT 3-81 du 29 juillet 1981). Pour la Cour de cassation, les primes perçues en cours d'année, en contrepartie ou à l'occasion du travail, constituent, pour les mois où elles sont versées, un élément de salaire entrant dans le calcul du SMIC (cass. soc. 2 mars 1994, n° 89-45.881, BC V n° 76).

La chambre criminelle considère, quant à elle, qu'une prime de fin d'année ne peut être fractionnée pour remédier à l'insuffisance de salaire; se rend coupable d'infraction à la législation sur le SMIC l'employeur qui complète la rémunération d'une partie de son personnel, de façon à la porter au montant du SMIC, au moyen d'acomptes prélevés mensuellement sur la prime de fin d'année (cass. crim. 29 novembre 1988, n° 86-92.449, B. crim. n° 405).

Sous-section 2. **Participation des salariés au développement économique de la nation**

Art. R. *3231-7. ***(D. 2008-243 du 7 mars 2008, JO 12)*** Le taux du salaire minimum de croissance déterminé en application de l'article L. 3231-6 est fixé à l'issue de la procédure suivante:

1° La Commission nationale de la négociation collective ***(D. 2018-1262 du 26 déc. 2018, art. 1er, III, JO 28, entrée en vigueur le 01.01.2019)*** «, de l'emploi et de la formation professionnelle» reçoit en temps utile, du Gouvernement, une analyse des comptes économiques de la nation et un rapport sur les conditions économiques générales;

2° La commission délibère sur ces éléments et, compte tenu des modifications déjà intervenues en cours d'année, transmet au Gouvernement un avis motivé accompagné d'un rapport relatant, s'il y a lieu, la position de la majorité et celle des minorités.

Sous-section 3. **Avantages en nature**

Art. D. 3231-8. Les dispositions de la présente sous-section ne sont pas applicables aux salariés des professions agricoles, au personnel navigant de la marine marchande, aux concierges et employés d'immeuble à usage d'habitation ainsi qu'aux employés de maison lorsque leur rémunération est, de manière habituelle, constituée, pour partie, par la fourniture de la nourriture et du logement.

Art. D. 3231-9. Lorsque la rémunération d'un salarié est, de manière habituelle, constituée, pour partie, par la fourniture de la nourriture et du logement ou d'autres avantages en nature, le salaire minimum en espèces garanti est déterminé en déduisant du salaire minimum de croissance les sommes fixées pour évaluer l'avantage en nature.

Note Si la rémunération de l'employé au pair est, en principe, versée en nature, cette rémunération, éventuellement augmentée d'une rémunération en espèces, doit correspondre au travail fourni et ne peut être inférieure au montant du salaire minimum prévu par la convention collective applicable (cass. soc. 17 mars 1993, n° 89-40.317) ou, à défaut de convention collective applicable, du SMIC (cass. soc. 19 mai 1993, n° 91-45.157).

Art. D. 3231-10. Lorsque l'employeur fournit la nourriture, toute ou partie, cette prestation en nature est évaluée par convention ou accord collectif de travail.

À défaut, la nourriture est évaluée par journée à deux fois le minimum garanti ou, pour un seul repas, à une fois ce minimum.

Art. D. 3231-11. Pour les salariés auxquels l'employeur fournit le logement, cette prestation en nature est évaluée par convention ou accord collectif de travail.

À défaut, le logement est évalué à 0,02 euros par jour.

Art. D. 3231-12. Les avantages en nature, autres que la nourriture ou le logement, sont évalués d'après leur valeur réelle, au prix de revient pour l'employeur.

Art. D. 3231-13. Pour le personnel des hôtels, cafés, restaurants et des établissements ou organismes dans lesquels des denrées alimentaires ou des boissons sont consommées sur place et pour le personnel de cuisine des autres établissements, qui en raison des conditions particulières de leur travail ou des usages, sont nourris gratuitement par l'employeur ou reçoivent une indemnité compensatrice, la nourriture calculée conformément aux dispositions de l'article D. 3231-10, n'entre en compte que pour la moitié de sa valeur.

Note À noter que l'obligation de nourriture du personnel des hôtels, cafés et restaurants ne s'applique que si l'entreprise est ouverte à l'heure normale du repas et pour autant que les salariés soient présents dans l'entreprise au moment du repas du personnel et de la clientèle, peu important l'existence d'un éventuel usage de la profession ou de conditions particulières de travail (cass. civ., 2e ch., 19 juin 2014, n° 13-16.576).

Art. D. 3231-14. Dans tous les cas où le salarié, logé et nourri, perçoit une rémunération en espèces supérieure au minimum résultant des dispositions de la présente sous-section, l'application de ces dispositions n'entraîne aucune modification de cette rémunération.

Note L'avenant n° 1 du 13 juillet 2004 à la convention collective nationale des hôtels, cafés, restaurants disposait que les entreprises ne devaient plus procéder aux déductions prévues par les articles précédents. L'arrêté d'extension de cet avenant a été annulé par le Conseil d'État (CE 18 octobre 2006, n° 276359, Rec. Lebon p. 427).

Art. D. 3231-15. Pour les salariés des professions agricoles auxquels l'employeur fournit la nourriture et le logement ou l'un de ces avantages en nature, à défaut de convention ou d'accord collectif de travail, la prestation journalière de nourriture est évaluée à deux fois et demie le taux horaire du minimum garanti prévu à l'article L. 3231-12. La prestation mensuelle de logement est évaluée à huit fois ce même taux.

L'évaluation des autres avantages en nature est fixée par convention ou accord collectif.

Art. R. 3231-16. Une convention ou un accord collectif de travail ou le contrat de travail ne peut comporter de clauses prévoyant l'attribution, au titre d'avantage en nature, de boissons alcoolisées aux travailleurs.

Ces dispositions ne s'appliquent pas aux boissons servies à l'occasion des repas constituant un avantage en nature.

SECTION 3 (réglementaire). **Minimum garanti**

Art. R. *3231-17. *(D. 2008-243 du 7 mars 2008, JO 12)* Lorsque le salaire minimum de croissance est relevé en application des dispositions de l'article L. 3231-5, un arrêté conjoint des ministres chargés du travail, de l'agriculture et de l'économie et des finances fait connaître le minimum garanti défini à l'article L. 3231-12.

CHAPITRE II Rémunération mensuelle minimale

SECTION 1. Dispositions générales

Art. L. 3232-1. Tout salarié dont l'horaire de travail est au moins égal à la durée légale hebdomadaire, perçoit, s'il n'est pas apprenti, une rémunération au moins égale au minimum fixé dans les conditions prévues à la section 2.

Ces dispositions ne s'appliquent pas aux salariés temporaires.

Art. L. 3232-2. Le gouvernement présente chaque année, en annexe au projet de loi de finances, un rapport sur l'application du présent chapitre indiquant notamment:

1° Le nombre de salariés bénéficiaires de l'allocation complémentaire établie par l'article L. 3232-5;

2° Le coût du versement de l'allocation prévue au 1° pour l'année écoulée;

3° Le nombre de bénéficiaires des allocations publiques de chômage total et des allocations publiques ***(L. 2013-504 du 14 juin 2013, art. 16, VII, JO 16)*** «d'activité partielle» ainsi que les mesures prises en application de l'article L. 3232-9.

SECTION 2. Modalités de fixation

Art. L. 3232-3. La rémunération mensuelle minimale est égale au produit du montant du salaire minimum de croissance tel qu'il est fixé en application des articles L. 3231-2 à L. 3231-12, par le nombre d'heures correspondant à la durée légale hebdomadaire pour le mois considéré.

Elle ne peut excéder, après déduction des cotisations obligatoires retenues par l'employeur, la rémunération nette qui aurait été perçue pour un travail effectif de même durée payé au taux du salaire minimum de croissance.

Note L'article 32 de la loi 2000-37 du 19 janvier 2000 (JO 20) garantit aux salariés, dont la durée du travail a été réduite à 35 heures ou plus, un salaire mensuel qui ne peut être inférieur au produit du salaire minimum de croissance en vigueur à la date de la réduction par le nombre d'heures correspondant à la durée collective qui leur était applicable, dans la limite de 169 heures. Cette garantie est assurée par le versement d'un complément différentiel de salaire.

Les salariés embauchés à temps complet postérieurement à la réduction de la durée collective de travail et occupant des emplois équivalents ne devaient pas percevoir une rémunération inférieure à ce minimum.

Les salariés qui ont continué à travailler 39 heures par semaine ont droit au paiement de l'indemnité conventionnelle de réduction du temps de travail et au paiement au taux majoré des heures accomplies au-delà de 35 heures, en application d'un accord collectif ayant fixé la durée du travail à 35 heures et ayant prévu le versement d'une indemnité de réduction du temps de travail (cass. soc. 4 juin 2002, n° 01-01.318, BC V n° 193; RJS 8-9/02 n° 984). L'article 8 de la loi 2003-47 du 17 janvier 2003 (JO 18) dispose que l'indemnité différentielle versée pour garantir le maintien du salaire en cas de réduction du temps de travail n'est due qu'à compter de la date d'entrée en vigueur des accords ou des décisions unilatérales relatifs à la réduction collective du travail. Cette entrée en vigueur était subordonnée à l'agrément ministériel concernant les établissements du secteur sanitaire et social. Les dispositions de l'article 8 précité s'appliquent sous réserve des décisions de justice passées en force de chose jugée; elles ne s'appliquent pas aux instances engagées avant le 18 septembre 2002. Selon la Cour de cassation, la loi du 17 janvier 2003 est, en effet, inspirée par d'«impérieux motifs d'intérêt général» qui visent à «aménager les effets d'une jurisprudence nouvelle de nature à compromettre la pérennité du service public de la santé et de la protection sociale» (cass. soc. 20 octobre 2004, n°s 03-42.628, 03-41.740 et 03-41.593, BC V n°s 266, 264 et 265; RJS 1/05 n° 47). Or, caractérise un bien, au sens de l'article 1er du protocole n° 1 à la Conv. EDH, l'intérêt patrimonial qui constitue une «espérance légitime» de pouvoir obtenir le paiement de rappels de salaires pour les compléments différentiels de salaire prévus par un accord collectif en vue d'assurer aux salariés la garantie du maintien de leur rémunération mensuelle en vigueur à la date de la réduction collective du temps de travail; dès lors, il appartient au juge saisi de demandes de rappels de salaire portant sur une période antérieure à l'entrée en vigueur de la loi du 17 janvier 2003, ce dont il doit déduire l'existence d'une espérance légitime, de vérifier si l'application rétroactive de cette loi respecte un juste équilibre entre les exigences de l'intérêt général et les impératifs de sauvegarde du droit au respect des biens (cass. soc. 24 novembre 2010, n° 08-44.181, BC V n° 268; JCP éd. S 2011, 1078, note E. Jeansen; RJS 3/11 n° 240; RDT, avril 2011, CH, 257, Ph. Flores).

Lorsque les contrats de travail se poursuivent, par application de l'article L. 1224-1, le nouvel employeur est tenu de verser aux salariés le même complément différentiel de salaire que celui dont ils bénéficiaient à la date de la modification intervenue dans la situation juridique de l'employeur (loi 2000-37 du 19 janvier 2000, art. 2, JO 20).

La Cour de cassation considère par application de cet article qu'un employeur, qui affecte un salarié embauché avec un contrat prévoyant un horaire de 169 heures mensuelles sur un chantier où la durée du travail n'est que de 36 heures par semaine, lui doit un complément de salaire portant sa rémunération au niveau de la rémunération mensuelle minimale (cass. soc. 11 décembre 1990, n° 87-43.355, BC V n° 631; dans le même sens, cass. soc. 25 mai 1993, n° 89-45.167, BC V n° 145; RJS 7/93 n° 773).

Sauf les cas où la loi en dispose autrement, un salarié a droit à une rémunération au moins égale au SMIC pour le nombre d'heures qu'il a effectué. Cela n'implique pas que l'activité du salarié s'inscrive dans un horaire de travail contrôlable (cass. soc. 10 novembre 2004, n° 02-41.881, BC V n° 282; RJS 3/05 n° 275). Cette solution est reprise dans deux arrêts du 31 janvier 2006; dans l'un, il s'agissait d'un vendeur «travaillant en dehors de tout horaire vérifiable» et, dans l'autre, d'un distributeur de prospectus qui n'était soumis à aucun horaire (cass. soc. 31 janvier 2006, n°s 04-41.724 et 04-41.217, RJS 4/06 n° 442). Voir aussi cass. soc. 7 mars 2012, n° 10-19.073, BC V n° 86; LS Jurispr. n° 57 du 20.03.2012.

Art. L. 3232-4. La rémunération mensuelle minimale est réduite à due concurrence lorsque:

1° Au cours du mois considéré, le salarié a accompli un nombre d'heures inférieur à celui qui correspond à la durée légale hebdomadaire en cas de suspension du contrat de travail;

2° Le contrat de travail a débuté ou s'est terminé au cours du mois considéré.

SECTION 3. Allocation complémentaire

Art. L. 3232-5. Lorsque, par suite d'une réduction de l'horaire de travail au-dessous de la durée légale hebdomadaire pour des causes autres que celles énumérées à l'article L. 3232-4, un salarié a perçu au cours d'un mois, à titre de salaire et ***(L. 2013-504 du 14 juin 2013, art. 16, VIII, JO 16)*** «d'indemnité d'activité partielle», une somme totale inférieure à la rémunération minimale, il lui est alloué une allocation complémentaire égale à la différence entre la rémunération minimale et la somme qu'il a effectivement perçue.

Pour l'application du présent chapitre, sont assimilées ***(L. 2013-504 du 14 juin 2013, art. 16, VIII, JO 16)*** «à l'indemnité d'activité partielle», les indemnités pour intempéries prévues aux articles L. 5424-6 et suivants.

Art. L. 3232-6. Les dispositions fiscales et sociales relatives aux allocations et contributions prévues à l'article L. 5428-1 sont applicables à l'allocation complémentaire.

Art. L. 3232-7. L'allocation complémentaire est à la charge de l'employeur.

Art. R. 3232-1. Pour l'application de l'article L. 3232-5, sont considérés comme des éléments constitutifs du salaire les avantages en nature et les majorations diverses ayant le caractère de fait d'un complément de salaire.

Sont exclues les sommes versées à titre de remboursement de frais et la prise en charge des frais de transport.

Art. R. 3232-2. Lors du paiement de l'allocation complémentaire, il est remis au salarié un document indiquant:

1° Le taux du salaire minimum de croissance;

2° Le nombre d'heures correspondant à la durée légale du travail;

3° Les déductions obligatoires ayant permis de déterminer le montant de la rémunération mensuelle minimale;

4° Les montants du salaire et des diverses allocations constituant les éléments de la rémunération mensuelle minimale versée au salarié.

SECTION 2 (réglementaire). Remboursement par l'État

Art. R. 3232-3. L'aide de l'État prévue à l'article L. 3232-8, est fixée à 50 % du montant de l'allocation complémentaire.

Art. R. 3232-4. L'aide de l'État est versée sur production d'états nominatifs, par l'employeur, faisant apparaître les modalités de calcul de l'allocation complémentaire et visés par l'inspecteur du travail.

Le versement intervient dans un délai de trois mois suivant l'envoi à l'inspecteur du travail des états précités.

Art. R. 3232-5. En cas de réduction de l'horaire de travail susceptible d'entraîner l'application de l'article L. 3232-8, l'employeur informe l'inspecteur du travail et lui fournit toutes indications sur les causes de cette réduction, les effectifs et les qualifications des salariés intéressés.

Art. R. 3232-6. En cas de procédure de sauvegarde, de redressement, de liquidation judiciaire ou de difficultés financières de l'employeur, le préfet peut, sur proposition du ***(D. 2020-1545 du 9 déc. 2020, JO 10, entrée en vigueur le 01.04.2021)*** «directeur régional de l'économie, de l'emploi, du travail et des solidarités», faire ordonner le paiement direct aux salariés de la part de l'allocation complémentaire à la charge de l'État.

Art. R. 3232-7. L'inspecteur du travail vérifie si la rémunération versée aux salariés au cours de l'année civile écoulée a bien été répartie sur douze mois.

Dans l'hypothèse où, ces rémunérations n'ayant pas été correctement établies compte tenu de l'emploi des intéressés, cette vérification fait apparaître un report abusif en fin d'année de certains éléments de la rémunération ou des inégalités non justifiées entre les rémunérations mensuelles, les redressements nécessaires sont effectués dans le calcul de la participation de l'État au versement des allocations complémentaires et dans la détermination des charges sociales incombant à l'employeur et aux salariés.

SECTION 5. Dispositions d'application

Art. L. 3232-9. Des décrets en Conseil d'État déterminent les modalités d'application du présent chapitre, notamment:

1° Les conditions, les modalités et les délais de remboursement par l'État de la part lui incombant dans l'allocation complémentaire;

2° En tant que de besoin, les modalités particulières applicables aux salariés de l'agriculture, aux salariés du bâtiment et des travaux publics, aux marins professionnels, aux dockers professionnels, aux salariés travaillant à domicile, aux salariés intermittents, aux travailleurs handicapés, ainsi qu'aux salariés saisonniers pendant la période normale de leur activité. Ces décrets peuvent prévoir le calcul de la rémunération minimale sur une période autre que mensuelle.

Art. R. 3232-8. En cas de réduction d'activité, le travailleur à domicile employé au cours d'un même mois par plusieurs employeurs adresse à l'inspecteur du travail toutes justifications lui permettant de totaliser les heures de travail accomplies ainsi que les rémunérations perçues au cours du mois et de déterminer l'allocation complémentaire éventuellement due.

Cette aide est versée directement au salarié par l'État. L'employeur rembourse au Trésor, à la demande du préfet, dans un délai de trois mois la part de l'allocation complémentaire se trouvant à sa charge. Cette part est proportionnelle à l'importance de la réduction d'activité imposée au salarié. Le préfet adresse à l'employeur les indications lui permettant de vérifier le montant de sa participation.

Art. R. 3232-9. La procédure prévue à l'article R. 3232-8 s'applique aux salariés titulaires d'un contrat de travail intermittent lorsqu'ils sont employés au cours d'un même mois par plusieurs employeurs successifs.

Art. R. 3232-10. Les réductions de l'horaire de l'établissement employant des salariés saisonniers, qui se produisent pour la troisième année consécutive à la même époque, sont considérées comme se situant en dehors de la période normale d'activité.

CHAPITRE III (réglementaire) Dispositions pénales

Art. R. 3233-1. Est puni de l'amende prévue pour les contraventions de la cinquième classe, le fait de payer:

1° Des salaires inférieurs au salaire minimum de croissance prévu par les articles L. 3231-1 à L. 3231-12;

2° Des rémunérations inférieures à la rémunération mensuelle minimale prévue par l'article L. 3232-1.

L'amende est appliquée autant de fois qu'il y a de salariés rémunérés dans des conditions illégales.

La récidive est réprimée conformément aux articles 132-11 et 132-15 du code pénal.

En cas de pluralité de contraventions entraînant des peines de récidive, l'amende est appliquée autant de fois qu'il a été relevé de nouvelles contraventions.

Note Une régularisation ultérieure ne fait pas disparaître l'infraction constituée par le paiement, à leur échéance normale, de salaires inférieurs au SMIC (cass. crim. 6 octobre 1977, JS 1977 F 5).

TITRE IV PAIEMENT DU SALAIRE

CHAPITRE Ier Dispositions générales

Art. L. 3241-1. Sous réserve des dispositions législatives imposant le paiement des salaires sous une forme déterminée, le salaire est payé en espèces ou par chèque barré ou par virement à un compte bancaire ou postal.

Toute stipulation contraire est nulle.

En dessous d'un montant mensuel déterminé par décret, le salaire est payé en espèces au salarié qui le demande.

Au-delà d'un montant mensuel déterminé par décret, le salaire est payé par chèque barré ou par virement à un compte bancaire ou postal.

Note • Le paiement du salaire par chèque ou virement est obligatoire à partir de 1 500 € (décrets 85-1073 du 7 octobre 1985, JO 11 et 2001-96 du 2 février 2001, JO 3).

• En cas de paiement par chèque ou virement, la date du paiement de la rémunération au salarié est celle à laquelle son compte bancaire ou postal est crédité de la somme correspondante (rép. QE 6843, JO AN 28 juin 1967, p. 807).

• L'inscription d'une créance en compte courant équivaut à un paiement (cass. soc. 15 octobre 2002, n° 00-41.975, BC V n° 309; Dr. Soc. 2002, p. 1142, obs. Ch. Radé: salarié devenu associé de l'entreprise et ayant accepté que ses rémunérations non payées soient inscrites au crédit d'un compte courant d'associé). Le versement des salaires sur un compte courant ne peut être opéré qu'avec l'accord exprès du salarié (cass. soc. 23 février 2005, n° 03-40.482, BC V n° 65; RJS 5/05 n° 584; voir aussi cass. soc. 12 avril 2012, n° 11-30.114).

• Le salaire ne peut être versé sous la forme d'une mise en participation (cass. soc. 16 septembre 2009, n° 08-41.191, BC V n° 187; JCP éd. S 2010, 1186, note R. Vatinet).

• Les dispositions de l'article L. 3241-1, selon lesquelles des acomptes sont versés en espèces au salarié qui en fait la demande sous réserve que le montant total du salaire n'excède pas 1 500 €, ne sont pas applicables aux établissements publics nationaux (cass. soc. 31 janvier 2012, n° 10-18.973, RJS 4/12 n° 344).

Art. R. 3241-1. Le salaire est versé un jour ouvrable sauf en cas de paiement réalisé par virement.

CHAPITRE II Mensualisation

Art. L. 3242-1. La rémunération des salariés est mensuelle et indépendante, pour un horaire de travail effectif déterminé, du nombre de jours travaillés dans le mois. Le paiement mensuel neutralise les conséquences de la répartition inégale des jours entre les douze mois de l'année.

Pour un horaire équivalent à la durée légale hebdomadaire, la rémunération mensuelle due au salarié se calcule en multipliant la rémunération horaire par les 52/12 de la durée légale hebdomadaire.

Le paiement de la rémunération est effectué une fois par mois. Un acompte correspondant, pour une quinzaine, à la moitié de la rémunération mensuelle, est versé au salarié qui en fait la demande.

Ces dispositions ne s'appliquent pas aux salariés travaillant à domicile, aux salariés saisonniers, aux salariés intermittents et aux salariés temporaires.

Note • La mensualisation des salariés a été généralisée par la loi 78-49 du 19 janvier 1978 (JO 20). Voir aussi circulaire TE 1/138 du 27 juin 1978 (JO 1er juil., rectif. JO 9 juil.).

• Le ministère du Travail a précisé que si le paiement du salaire afférent à une période de travail doit être effectué dans le délai le plus rapproché de la fin de cette période, il peut cependant être admis que l'établissement des comptes individuels exige quelque délai pour permettre aux employeurs l'achèvement des opérations comptables. Aussi ne lui apparaît-il pas opportun, dans le souci d'assurer aux entreprises une certaine souplesse de gestion, de fixer une date limite de paiement des salaires dès lors que l'intervalle de temps entre deux paies successives n'excède pas la périodicité maximale prévue par cet article (rép. QE 63035, JO AN 26 août 1985, p. 4035).

• La jurisprudence est particulièrement rigoureuse quant au respect de l'obligation de verser une fois par mois au moins les salaires des salariés mensualisés. La Cour de cassation a rappelé que l'article L. 143-2 [ancien] CT ne laisse pas à l'employeur la faculté de différer le paiement du salaire au-delà du délai mensuel qu'il prévoit, condamnant en l'espèce la pratique consistant à répartir le salaire par fractions égales sur une période d'un an, de manière à permettre au salarié de percevoir une rémunération même pendant les périodes où il ne travaille pas (cass. soc. 17 décembre 1987, n° 86-41.530, BC V n° 771; Dr. Ouvr. 1988, p. 346). L'employeur qui verse certains mois une rémunération supérieure au minimum mensuel ne se libère pas pour autant de sa dette relative aux périodes pendant lesquelles une rémunération insuffisante a été acquittée (cass. soc. 7 mai 1991, n° 87-43.242).

Le retard dans le paiement du salaire constitue un manquement de l'employeur à une obligation essentielle du contrat de travail et donc une rupture du contrat de travail s'analysant en un licenciement (cass. soc. 24 octobre 2001, n° 99-45.068, RJS 1/02 n° 3). Le paiement des heures supplémentaires et des jours fériés avec un décalage dans le temps ne peut être considéré comme un manquement aux obligations de l'employeur dès lors qu'il résulte de l'organisation du service et de la pratique en vigueur dans l'entreprise (cass. soc. 7 avril 1999, n° 96-45.601, RJS 5/99 n° 668).

Des difficultés financières ne peuvent justifier le manquement à l'obligation de payer les salaires (cass. soc. 20 juin 2006, n° 05-40.662, BC V n° 217; RDT, oct. 2006, CH, 252, G. Pignarre). À défaut d'actes positifs caractérisant l'intention du salarié de nover sa créance, une cour d'appel ne peut déduire de l'absence de réclamation du paiement de ses salaires une volonté non équivoque d'éteindre l'obligation en paiement des salaires pour lui substituer une obligation nouvelle découlant d'un prêt (cass. soc. 20 février 2007, n° 05-43.030, RDT, mai 2007, CH, 325, G. Pignarre).

S'agissant des éléments de la rémunération qui, en raison de leur mode d'acquisition, constituent une créance subordonnée à une condition ou affectée d'un terme, lorsque le délai d'acquisition n'est pas acquis (s'agissant de commissions d'un salarié employé par une compagnie d'assurances), la créance n'est ni certaine ni liquide et n'est pas exigible (cass. soc. 22 mai 2002, n° 00-41.876, RJS 8-9/02 n° 977).

La mise en place d'un système informatique de comptabilité ne saurait constituer une cause de justification de nature à faire disparaître l'infraction contraventionnelle (cass. crim. 3 juin 1982, n° 81-94.348). L'origine du paiement tardif du salaire, quelle que soit sa cause (incident informatique, erreur comptable, etc.) n'est pas susceptible d'exonérer l'employeur de sa responsabilité (rép. QE 82832, JO AN 29 mars 2011, p. 3196).

• S'agissant de créances salariales, le juge ne peut accorder à l'employeur aucun délai de paiement (cass. soc. 18 novembre 1992, n° 91-40.596, BC V n° 555; RJS 1/93 n° 39; 14 janvier 1997, n° 94-40.114); le juge peut, en revanche, en application de l'article 1244 [1342-4] c. civ., accorder au débiteur un délai pour le paiement de créances indemnitaires telles que l'indemnité de licenciement (même arrêt).

• L'employeur n'a pas la faculté de différer le paiement du SMIC en pratiquant une compensation d'une période de paye sur l'autre (cass. soc. 29 janvier 2002, n° 99-44.842, BC V n° 36; Dr. Soc. 2002, p. 460, obs. Ch. Radé).

• Manque à son obligation de payer l'intégralité du salaire et engage ainsi sa responsabilité contractuelle l'employeur ayant, pendant des années, précompté par erreur la CSG et la CRDS à un salarié domicilié fiscalement en Allemagne (cass. soc. 31 octobre 2006, n° 05-40.302, BC V n° 319; RDT, janv. 2007, 44, note G. Pignarre).

Art. L. 3242-2. La mensualisation n'exclut pas les divers modes de calcul du salaire aux pièces, à la prime ou au rendement.

Art. L. 3242-3. Les salariés ne bénéficiant pas de la mensualisation sont payés au moins deux fois par mois, à seize jours au plus d'intervalle.

Note Pour les ouvriers non mensualisés, les circulaires ministérielles TR 25-48 du 2 avril 1948 et TE 2-69 du 9 janvier 1969 permettent à l'inspecteur du travail d'accorder des dérogations à la règle suivant laquelle le paiement du salaire doit être fait au moins deux fois par mois à seize jours au plus d'intervalle lorsque la rémunération au rendement est appliquée ou qu'il est fait usage de procédés mécanographiques ou électroniques pour l'établissement de la paie. Une telle tolérance ne peut être accordée que sous réserve, d'une part, que toutes les précautions soient prises en vue d'assurer aux ouvriers intéressés le versement, à titre d'acomptes, de sommes se rapprochant le plus possible et par excès, plutôt que par défaut, de la rémunération due, d'autre part, que les délégués du personnel aient donné leur accord. La circulaire du 9 janvier 1969 met l'accent sur l'opportunité de fournir non seulement aux délégués du personnel, mais encore à l'ensemble des salariés intéressés toutes informations utiles sur les raisons de la modification envisagée et sur les conditions dans lesquelles se ferait la paie et recommande que ces informations soient fournies suffisamment à l'avance et de façon nette et détaillée.

Art. L. 3242-4. Pour tout travail aux pièces dont l'exécution dure plus d'une quinzaine, les dates de paiement peuvent être fixées d'un commun accord. Toutefois, le salarié reçoit des acomptes chaque quinzaine et est intégralement payé dans la quinzaine qui suit la livraison de l'ouvrage.

CHAPITRE III Bulletin de paie

Note Voir O. André, «Le contentieux du bulletin de paie», JCP éd. S 2020, 1009.

Art. L. 3243-1. Les dispositions du présent chapitre s'appliquent à toutes les personnes salariées ou travaillant à quelque titre ou en quelque lieu que ce soit pour un ou plusieurs employeurs et quels que soient le montant et la nature de leurs rémunérations, la forme, ou la validité de leur contrat.

Art. L. 3243-2. Lors du paiement du salaire, l'employeur remet aux personnes mentionnées à l'article L. 3243-1 une pièce justificative dite bulletin de paie. Il ne peut exiger aucune formalité de signature ou d'émargement autre que celle établissant que la somme reçue correspond bien au montant net figurant sur ce bulletin.

(L. 2016-1088 du 8 août 2016, art. 54, JO 9, entrée en vigueur le 01.01.2017) «Sauf opposition du salarié, l'employeur peut procéder à la remise du bulletin de paie sous forme électronique, dans des conditions de nature à garantir l'intégrité, la disponibilité pendant une durée fixée par décret et la confidentialité des données ainsi que leur accessibilité dans le cadre du service associé au compte mentionné au 2° du II de l'article L. 5151-6. Un décret en Conseil d'État pris après avis de la Commission nationale de l'informatique et des libertés détermine les modalités de cette accessibilité afin de préserver la confidentialité des données.»

Les mentions devant figurer sur le bulletin ou y être annexées sont déterminées par décret en Conseil d'État.

Note • Tout paiement de rémunération oblige l'employeur à délivrer un bulletin de paie (cass. soc. 22 février 2006, n° 05-42.003, RJS 5/06 n° 571 : cette règle vaut quel que soit le montant de la somme allouée).

• Les versements annuels de commissions à un salarié, rétribué pour partie au fixe, doivent obligatoirement être accompagnés de la remise de bulletins de paie faisant mention de cette fraction de la rémunération (cass. soc. 12 mai 1970, n° 69-40.342, BC V n° 327).

• Le paiement par chèque ne dispense pas de la remise d'un bulletin de paie (rép. QE 12151, JO AN 23 janvier 1965, p. 134).

• La délivrance d'un bulletin de paie ne mentionnant qu'une partie de la rémunération et des heures de travail ne satisfait pas à l'obligation prévue par cet article. L'omission de cette formalité légale, s'ajoutant à l'absence de tenue du registre du personnel, révèle le délit de travail dissimulé (cass. crim. 27 septembre 1994, n° 93-84.665, B. crim. n° 306 ; RJS 12/94 n° 1374 ; 22 février 2000, n° 99-84.643, RJS 5/00 n° 562). Il faut cependant que soit établi le caractère intentionnel pour caractériser le travail dissimulé (cass. soc. 20 janvier 2010, n° 08-43.476, BC V n° 17, arrêt n° 2 ; 20 juin 2013, n° 10-20.507, RJS 10/13 n° 715), celui-ci ne pouvant se déduire de la seule absence de mention des heures supplémentaires sur le bulletin de paie (cass. soc. 29 juin 2005, n° 04-40.758, BC V n° 222 ; RJS 10/05 n° 1015 ; 22 juin 2011, n° 09-67.993, JCP éd. S 2011, 1505). Les juges du fond apprécient souverainement l'existence de l'élément intentionnel (cass. soc. 19 janvier 2005, n° 02-40.085, BC V n° 13 ; RJS 3/05 n° 301, 1re espèce ; 20 février 2008, n° 06-44.964, BC V n° 42 ; RJS 5/08 n° 579 ; 20 janvier 2010, n° 08-43.476, précité ; 20 juin 2013, n° 10-20.507, précité). Voir note sous l'article L. 8221-5 CT.

À noter, d'une part, que l'infraction de travail dissimulé, par dissimulation d'emploi salarié résultant de la mention sur le bulletin de paie d'un nombre d'heures de travail inférieur à celui réellement accompli, n'est pas constituée lorsque les heures non mentionnées sur la fiche de salaire ne constituent pas du temps de travail effectif (cass. crim. 5 juin 2012, n° 11-83.319, B. crim. n° 143 ; RJS 10/12 n° 836 ; JCP éd. S 2012, 1475, note A. Martinon ; RDT, novembre 2012, ET, 616, N. Maziau). Il en est de même lorsque cette mention résulte d'une convention ou d'un accord collectif d'aménagement du temps de travail conclu en application du titre II du livre Ier de la troisième partie du code du travail (cass. crim. 16 avril 2013, n° 12-81.767, B. crim. n° 89 ; RJS 7/13 n° 558, 1re espèce).

D'autre part, le caractère non intentionnel de la mention sur le bulletin de paie d'un nombre d'heures de travail inférieur à celui réellement accompli ne peut se déduire du seul fait que l'employeur n'a pas cherché à dissimuler au salarié cette minoration (cass. soc. 31 octobre 2013, n° 12-18.483).

• Les salariés peuvent intenter, en cas de non-remise du bulletin de paie, une action en remise sous astreinte et solliciter du juge l'octroi de dommages-intérêts (cass. soc. 19 avril 1958, BC V n° 391). Le défaut de remise du bulletin de paie peut constituer une faute suffisamment grave pour justifier la résiliation du contrat de travail, sans que le salarié ait à respecter le préavis (cass. soc. 24 mars 1971, n° 70-40.047, BC V n° 237). Si l'obligation de remettre un bulletin de paie n'impose pas à l'employeur la remise en main propre au salarié (cass. soc. 7 juin 1995, n° 91-44.919, BC V n° 184; RJS 8-9/95 n° 901: la remise par voie postale est autorisée), elle ne se confond pas avec une simple obligation de mettre à la disposition du salarié, sur les lieux du travail, le bulletin de paie (cass. soc. 19 mai 1998, n° 97-41.814, BC V n° 266; RJS 7/98 n° 865). Lorsque le bulletin de salaire a été remis au salarié devant le bureau de conciliation, il ne peut être reproché à l'employeur d'avoir manqué à ses obligations en le délivrant tardivement (cass. soc. 5 octobre 2004, n° 02-44.487, RJS 12/04 n° 1280).

• Le bulletin de paie ne suffit pas à lui seul à établir la preuve du versement des sommes dues. Voir note sous l'article L. 3243-3 CT.

• Le rappel de primes dues sur plusieurs mois peut figurer sur un seul bulletin de paie établi lors de leur paiement (cass. soc. 30 novembre 2010, n° 09-41.065, BC V n° 277; RJS 2/11 n° 139; JCP éd. S 2011, 1093, note J-Ph. Tricoit; voir aussi cass. soc. 27 janvier 2016, n° 14-19.210, RJS 4/16 n° 249). Voir, sur ce point, D. Fabre, «Payer les condamnations salariales», JSL n° 299, 16.05.2011, p. 4. De même, l'employeur peut remettre au salarié un seul bulletin de paie rectificatif pour l'ensemble de la période en litige (cass. soc. 4 mars 2020, n° 18-11.790, LS Jurispr. n° 84 du 05.05.2020; RJS 6/20 n° 290).

• La remise d'un bulletin de paie est obligatoire lorsque l'indemnité transactionnelle, globale et forfaitaire, comprend divers éléments de rémunération (cass. soc. 16 juin 1998, n° 96-41.768, BC V n° 324; RJS 8-9/98 n° 984).

Art. R. 3243-1. Le bulletin de paie prévu à l'article L. 3243-2 comporte:

1° Le nom et l'adresse de l'employeur ainsi que, le cas échéant, la désignation de l'établissement dont dépend le salarié;

(D. 2016-190 du 25 févr. 2016, JO 26) «2° Le numéro de la nomenclature d'activité mentionnée au 1° de l'article R. 123-223 du code de commerce caractérisant l'activité de l'établissement d'emploi ainsi que, pour les employeurs inscrits au répertoire national des entreprises et des établissements, le numéro d'inscription de l'employeur au répertoire national mentionné à l'article R. 123-220 du même code;»

3° S'il y a lieu, l'intitulé de la convention collective de branche applicable au salarié ou, à défaut, la référence au code du travail pour les dispositions relatives à la durée des congés payés du salarié et à la durée des délais de préavis en cas de cessation de la relation de travail;

4° Le nom et l'emploi du salarié ainsi que sa position dans la classification conventionnelle qui lui est applicable. La position du salarié est notamment définie par le niveau ou le coefficient hiérarchique qui lui est attribué;

5° La période et le nombre d'heures de travail auxquels se rapporte le salaire en distinguant, s'il y a lieu, les heures payées au taux normal et celles qui comportent une majoration pour heures supplémentaires ou pour toute autre cause et en mentionnant le ou les taux appliqués aux heures correspondantes:

a) La nature et le volume du forfait auquel se rapporte le salaire des salariés dont la rémunération est déterminée sur la base d'un forfait hebdomadaire ou mensuel en heures, d'un forfait annuel en heures ou en jours;

b) L'indication de la nature de la base de calcul du salaire lorsque, par exception, cette base de calcul n'est pas la durée du travail;

6° La nature et le montant des accessoires de salaire soumis aux cotisations salariales et patronales;

7° Le montant de la rémunération brute du salarié;

(D. 2016-190 du 25 févr. 2016, JO 26) «8° *a)* ***(D. 2017-858 du 9 mai 2017, art. 10, JO 10, entrée en vigueur le 01.01.2019)*** «Le montant et l'assiette» des cotisations et contributions d'origine légale et conventionnelle à la charge de l'employeur et du salarié avant déduction des exonérations et exemptions mentionnées ***(D. 2017-858 du 9 mai 2017, art. 10, JO 10, entrée en vigueur le 01.01.2019)*** «au 13° ainsi que, pour les cotisations et contributions d'origine légale et conventionnelle à la charge du salarié, leurs taux»;

b) La nature et le montant des versements et retenues autres que celles mentionnées au a effectués sur la période, notamment au titre de la prise en charge des frais de transport public ou de frais de transports personnels;»

(D. 2017-858 du 9 mai 2017, art. 10, JO 10, entrée en vigueur le 01.01.2019) «9° L'assiette, le taux et le montant de la retenue à la source prévue au 1° du 2 de l'article 204 A du code général des impôts ainsi que la somme qui aurait été versée au salarié en l'absence de retenue à la source;»

(D. 2017-858 du 9 mai 2017, art. 10, JO 10, entrée en vigueur le 01.01.2019) «10°» Le montant de la somme effectivement reçue par le salarié;

(D. 2017-858 du 9 mai 2017, art. 10, JO 10, entrée en vigueur le 01.01.2019) «11°» La date de paiement de cette somme;

(D. 2017-858 du 9 mai 2017, art. 10, JO 10, entrée en vigueur le 01.01.2019) «12°» Les dates de congé et le montant de l'indemnité correspondante, lorsqu'une période de congé annuel est comprise dans la période de paie considérée;

(D. 2016-190 du 25 févr. 2016, JO 26) «***(D. 2017-858 du 9 mai 2017, art. 10, JO 10, entrée en vigueur le 01.01.2019)*** «13°» Le montant total des exonérations et exemptions de cotisations et contributions sociales qui figurent dans l'annexe mentionnée au 5° du III de l'article LO 111-4 du code de la sécurité sociale, appliquées à la rémunération mentionnée au 7°;

(D. 2017-858 du 9 mai 2017, art. 10, JO 10, entrée en vigueur le 01.01.2019) « 14° » Le montant total versé par l'employeur, c'est-à-dire la somme de la rémunération mentionnée au 7° et des cotisations et contributions à la charge de l'employeur mentionnées au a du 8°, déduction faite des exonérations et exemptions des mêmes cotisations et contributions mentionnées au ***(D. 2017-858 du 9 mai 2017, art. 10, JO 10, entrée en vigueur le 01.01.2019)*** « 13° » ;

(D. 2017-858 du 9 mai 2017, art. 10, JO 10, entrée en vigueur le 01.01.2019) « 15° » La mention de la rubrique dédiée au bulletin de paie sur le portail www.service-public.fr ; »

(D. 2020-325 du 25 mars 2020, JO 26) « 16° En cas d'activité partielle :

a) Le nombre d'heures indemnisées ;

b) Le taux appliqué pour le calcul de l'indemnité mentionnée à l'article R. 5122-18 ;

c) Les sommes versées au salarié au titre de la période considérée. »

Note • Les dispositions de cet article, dans sa rédaction issue du décret 2020-325 précité, s'appliquent aux demandes d'indemnisation adressées ou renouvelées à l'Agence de services et de paiement en application de l'article R. 5122-5 à compter du 27 mars 2020, au titre du placement en position d'activité partielle de salariés depuis le 1er mars 2020 (décret précité, art. 2, I).

• L'entrée en vigueur au 01.01.2018 des modifications des articles R. 3243-1 et R. 3243-2 issues du décret 2017-858 précité a été reportée au 01.01.2019 (décret 2017-1676 du 7 décembre 2017, art. 5, JO 9).

À compter du 01.01.2018 et jusqu'au 31.12.2018, les dispositions du *a* du 8° de l'article R. 3243-1 s'appliquent dans la rédaction issue du 1° du I de l'article 10 du décret 2017-858 précité, sous réserve de la modification suivante : les mots « au 13° ainsi que » sont remplacés par les mots « au 12° ainsi que » (décret 2017-1676 précité, art. 6).

• Les dispositions des articles R. 3243-1 et R. 3243-2, dans leur rédaction issue du décret 2016-190 précité, sont applicables :

– depuis le 1er janvier 2017 pour les employeurs d'au moins 300 salariés au sens de l'article L. 1111-2 CT ;

– depuis le 1er janvier 2018 pour les employeurs de moins de 300 salariés au sens de l'article L. 1111-2 CT.

Par dérogation, les employeurs peuvent, depuis le 1er mars 2016, remettre à leurs salariés un bulletin de paie conforme aux dispositions du décret précité. L'article R. 3243-3 CT, abrogé par le décret, n'est pas applicable à ces employeurs.

• *Mentions obligatoires.* Les mentions devant figurer sur le bulletin de paie et visées par l'article R. 3243-1, 4° sont cumulatives. Les mentions de l'emploi et de la classification doivent être précisées ; la référence à la classification conventionnelle ne suffit pas (cass. crim. 23 novembre 1993, n° 93-80.845, B. crim. n° 352 ; RJS 3/94 n° 255). Elles permettent aux salariés de vérifier si leur rémunération correspond bien à leur qualification professionnelle (cass. soc. 23 février 1994, n° 90-45.422, RJS 4/94 n° 415). C'est à l'employeur qui conteste la mention relative à l'emploi, portée sur le bulletin de paie, de rapporter la preuve de son inexactitude au regard des fonctions exercées par le salarié (cass. soc. 19 mars 2003, n° 01-40.128, Dr. Soc. 2003, p. 662, obs. Ch. Radé).

La mention de la convention collective sur le bulletin de paie vaut reconnaissance de l'application de la convention à l'entreprise (cass. soc. 18 novembre 1998, n° 96-42.991, BC V n° 499 ; RJS 1/99 n° 74 ; 18 juillet 2000, n° 97-44.897, BC V n° 295 ; Dr. Soc. 2000, p. 921, obs. J-Y Frouin ; 21 février 2008, n° 06-46.424, RJS 5/08 n° 575). Le salarié peut demander l'application de la convention collective mentionnée sur le bulletin de paie (cass. soc. 10 janvier 2001, n° 98-40.578, RJS 3/01 n° 321 ; 21 février 2008, n° 06-46.424, précité). Toutefois, la Cour de cassation a jugé que la mention d'une convention collective sur un bulletin de paie vaut présomption d'application de ladite convention ; il s'agit là d'une présomption simple et l'employeur est donc admis à apporter la preuve contraire (cass. soc. 15 novembre 2007, n° 06-44.008, BC V n° 191 ; RJS 1/08 n° 54 ; JSL n° 223, 11.12.2007, p. 17, M-Ch. Haller ; 9 novembre 2011, n° 10-14.348, JSL n° 314, 26.01.2012, p. 32 ; 12 juillet 2018, n° 17-14.699, JSL n° 454, 14.09.2018, p. 30 ; voir également note sous art. L. 2254-1 CT). À noter que la mention par l'employeur dans les bulletins de paie du salarié d'une convention collective vaut engagement unilatéral de sa part qui peut être dénoncé unilatéralement (cass. soc. 14 novembre 2013, n° 12-22.734, RJS 3/14 n° 253). Enfin, en l'absence d'information sur la convention collective, le salarié doit, pour être indemnisé, démontrer l'existence d'un préjudice (cass. soc. 17 mai 2016, n° 14-21.872, LS Jurispr. n° 99 du 31.05.2016).

• La mention sur le bulletin de paie des droits à repos nés de l'accomplissement d'heures supplémentaires n'a qu'une valeur informative ; en cas de contestation, la charge de la preuve de leur octroi effectif incombe à l'employeur (cass. soc. 7 mai 2008, n° 06-43.058, BC V n° 102 ; RDT 2008, CH, 463, M. Véricel ; RJS 7/08 n° 789). Il en est de même s'agissant des jours pris au titre de la réduction du temps de travail (cass. soc. 9 juin 2010, n° 09-40.544, LS Jurispr. n° 130 du 29.06.2010).

• La date d'ancienneté figurant dans le bulletin de paie vaut présomption de reprise d'ancienneté sauf à l'employeur à rapporter la preuve contraire (cass. soc. 21 septembre 2011, n° 09-72.054, BC V n° 191 ; RJS 11/11 n° 858 ; 12 septembre 2018, n° 17-11.168, LS Jurispr. n° 173 du 25.09.2018).

• La fourniture, par l'employeur, d'un logement et d'un véhicule constitue un avantage en nature qu'il y a lieu d'inclure dans le montant de la rémunération du salarié et qui doit être indiqué sur le bulletin de paie qui lui est remis (cass. soc. 31 janvier 2012, n° 10-24.388, BC V n° 47; RJS 4/12 n° 394; JCP éd. S 2012, 1152, note Th. Passerone; voir aussi cass. soc. 2 juillet 2014, n° 13-15.884, RJS 11/14 n° 815).

• L'employeur n'a pas l'obligation de faire figurer séparément sur la fiche de paie la rémunération correspondant aux jours fériés compris dans une période de congé (cass. soc. 4 décembre 1990, n° 85-41.289, BC V n° 616).

• La mention sur le bulletin de salaire de la nature et du montant des sommes versées n'a pas pour effet de contractualiser les avantages qui y sont décrits (cass. soc. 5 octobre 2010, n° 08-45.467, JCP éd. S 2010, 1486).

Art. R. 3243-2. ***(D. 2016-190 du 25 févr. 2016, JO 26)*** Les informations mentionnées aux *a* du 8°, ***(D. 2017-858 du 9 mai 2017, art. 10, JO 10, entrée en vigueur le 01.01.2019)*** «9°, 13° et 14°» de l'article R. 3243-1 sont libellées et ordonnées ainsi que, pour les éléments à la charge de l'employeur, regroupées conformément à un modèle défini par arrêté des ministres chargés de la sécurité sociale et du travail.

La contribution mentionnée à l'article L. 136-3 du code de la sécurité sociale et la contribution prévue à l'article 14 de l'ordonnance n° 96-50 du 24 janvier 1996 relative au remboursement de la dette sociale sont agrégées. Les contributions autres que les contributions sociales mentionnées au a du 8° sont également agrégées dans une seule rubrique, qui donne le montant total de cette contribution.

Note • S'agissant de l'applicabilité de cet article, voir note sous article R. 3243-1.

• Voir arrêté du 25 février 2016 (JO 26), modifié par l'arrêté du 9 mai 2018 (JO 12), fixant les libellés, l'ordre et le regroupement des informations figurant sur le bulletin de paie mentionnées à cet article.

Art. R. 3243-4. Il est interdit de faire mention sur le bulletin de paie de l'exercice du droit de grève ou de l'activité de représentation des salariés.

La nature et le montant de la rémunération de l'activité de représentation figurent sur une fiche annexée au bulletin de paie qui a le même régime juridique que celui-ci et que l'employeur établit et fournit au salarié.

Note Des mentions permettant d'identifier les heures de délégation accomplies par des salariés protégés sont illicites (cass. soc. 18 février 2004, n° 01-46.565, BC V n° 55; Dr. Soc. 2004, p. 559, obs. Ch. Radé).

Toute formule du type «heures assimilées» ou «heures travaillées II» laissant apparaître une distinction entre les heures rémunérées est prohibée (cass. soc. 3 février 1993, n° 90-45.619, RJS 6/93 n° 613). Voir J-M Verdier, «Mentions du bulletin de paie, heures de délégation et temps de grève», JCP éd. E n° 1-1989, p. 4.

Art. R. 3243-5. Le bulletin de paie comporte en caractères apparents une mention incitant le salarié à le conserver sans limitation de durée.

Art. R. 3243-6. Par dérogation aux dispositions prévues à l'article R. 3243-1, le bulletin de paie des salariés liés par contrats conclus par une personne physique pour un service rendu à son domicile peut ne pas comporter les mentions suivantes:

1° La position du salarié dans la classification conventionnelle qui lui est applicable;
2° Le montant de la rémunération brute du salarié;
3° La nature et le montant des cotisations patronales de sécurité sociale assises sur cette rémunération brute.

Art. D. 3243-7. ***(D. 2016-1762 du 16 déc. 2016, JO 18, entrée en vigueur le 01.01.2017)*** Lorsqu'il décide de procéder à la remise du bulletin de paie sous forme électronique, l'employeur informe le salarié par tout moyen conférant date certaine, un mois avant la première émission du bulletin de paie sous forme électronique ou au moment de l'embauche, de son droit de s'opposer à l'émission du bulletin de paie sous forme électronique.

Le salarié peut faire part de son opposition à tout moment, préalablement ou postérieurement à la première émission d'un bulletin de paie sous forme électronique. Le salarié notifie son opposition à l'employeur par tout moyen lui conférant une date certaine.

La demande du salarié prend effet dans les meilleurs délais et au plus tard trois mois suivant la notification.

Art. D. 3243-8. ***(D. 2016-1762 du 16 déc. 2016, JO 18, entrée en vigueur le 01.01.2017)*** L'employeur arrête les conditions dans lesquelles il garantit la disponibilité pour le salarié du bulletin de paie émis sous forme électronique:

- soit pendant une durée de cinquante ans;
- soit jusqu'à ce que le salarié ait atteint l'âge mentionné au dernier alinéa de l'article L. 1237-5, augmenté de six ans.

Art. L. 3243-3

En cas de fermeture du service de mise à disposition du bulletin de paie en raison de la cessation d'activité du prestataire assurant la conservation des bulletins de paie émis sous forme électronique pour le compte de l'employeur, ou de la cessation d'activité de l'employeur lorsque celui-ci assure lui-même cette conservation, les utilisateurs sont informés au moins trois mois avant la date de fermeture du service pour leur permettre de récupérer les bulletins de paie stockés.

Les utilisateurs sont mis en mesure de récupérer à tout moment l'intégralité de leurs bulletins de paie émis sous forme électronique, sans manipulation complexe ou répétitive, et dans un format électronique structuré et couramment utilisé.

Art. R. 3243-9. ***(D. 2016-1762 du 16 déc. 2016, JO 18, entrée en vigueur le 01.01.2017)*** Le service en ligne associé au compte personnel d'activité, mentionné au 2° du II de l'article L. 5151-6, permet au titulaire du compte de consulter tous ses bulletins de paie émis sous forme électronique.

L'employeur ou le prestataire agissant pour son compte doit garantir l'accessibilité des bulletins de paie émis sous forme électronique par ce service en ligne.

Art. L. 3243-3. L'acceptation sans protestation ni réserve d'un bulletin de paie par le travailleur ne peut valoir de sa part renonciation au paiement de tout ou partie du salaire et des indemnités ou accessoires de salaire qui lui sont dus en application de la loi, du règlement, d'une convention ou d'un accord collectif de travail ou d'un contrat.

Cette acceptation ne peut valoir non plus compte arrêté et réglé au sens ***(L. 2008-561 du 17 juin 2008, JO 18)*** «de l'article» 1269 du code de procédure civile.

Note • Nonobstant la délivrance de fiches de paie, il incombe à l'employeur de rapporter la preuve du paiement du salaire conformément au droit commun (cass. soc. 11 janvier 2006, n° 04-41.231, BC V n° 6; RJS 3/06 n° 346; voir aussi cass. soc. 9 juillet 2014, n° 13-16.427; 22 mai 2019, n° 17-22.376). La preuve par témoins n'est possible que pour des sommes inférieures à 1 500 €. Cette preuve peut être établie par l'employeur au moyen des relevés bancaires de l'entreprise (cass. soc. 19 novembre 2008, n° 07-43.640).

Le paiement du salaire ne peut résulter de la seule remise de chèques à l'ordre du salarié, laquelle n'a valeur libératoire pour le débiteur que sous réserve d'encaissement effectif par le créancier, ce qu'il appartient à l'employeur d'établir (cass. soc. 18 juin 2015, n° 13-27.049).

À noter qu'en cas de non-paiement du salaire, l'employeur doit démontrer que le salarié a refusé d'exécuter son contrat de travail ou ne s'est pas tenu à sa disposition (cass. soc. 23 octobre 2013, n° 12-14.237, BC V n° 248; RJS 1/14 n° 40). En outre, l'employeur ne peut être dispensé de payer leur salaire aux salariés qui se tiennent à sa disposition que s'il démontre l'existence d'une situation contraignante l'empêchant de fournir du travail (cass. soc. 10 février 2016, n° 14-14.259).

• Les effets d'une acceptation sans protestation ni réserve du bulletin de paie concernent deux questions nettement distinctes: la preuve du paiement des salaires et indemnités, d'une part, la renonciation à une créance de salaires, d'autre part.

La Cour de cassation a d'abord jugé que l'acceptation sans protestation ni réserve du bulletin valait présomption simple du paiement des sommes qui y figurent et qu'il appartenait au salarié d'apporter la preuve contraire (cass. soc. 15 avril 1992, n° 88-45.094, SSL 1992, n° 601, p. 16; 8 juillet 1992, n° 89-43.902, SSL 1992, n° 612, p. 16). Elle a ensuite affirmé que le bulletin de paie ne faisait pas présumer le paiement; l'employeur doit justifier, notamment par la production de pièces comptables, le paiement du salaire (cass. soc. 2 février 1999, n° 96-44.798, BC V n° 48; voir dans le même sens cass. soc. 18 novembre 2003, n° 01-44.671, RJS 1/04 n° 18; 21 octobre 2014, n° 13-17.736). Enfin, la Cour de cassation a précisé que c'est à l'employeur, débiteur du paiement du salaire à son salarié, de prouver qu'il s'est libéré de sa dette et que l'acceptation sans protestation ni réserve d'un bulletin de paie par le salarié ne fait pas présumer le paiement des sommes qui y figurent (voir notamment cass. soc. 22 septembre 2010, n° 09-42.289; 15 janvier 2014, n° 12-18.586).

La renonciation à un droit ne se présumant pas, celle-ci ne peut résulter du fait que le salarié établit lui-même ses bulletins de paie et n'a jamais émis la moindre protestation (cass. soc. 16 mars 1994, n° 90-44.085, RJS 6/94 n° 702; 27 octobre 1993, n° 90-42.216, Dr. Soc. 1993, p. 964).

• S'agissant de primes dont la mention devrait figurer sur le bulletin de paie, aussi bien en application de cet article que de l'article R. 3243-1 CT, c'est à l'employeur qu'incombe la preuve de leur versement (cass. soc. 8 février 1979, n° 77-41.593, BC V n° 131; 17 décembre 1985, n° 83-42.234, BC V n° 623). Il ne peut être cependant déduit de la seule inobservation des dispositions d'une convention collective imposant la ventilation entre prime d'ancienneté et salaire de base sur le bulletin de paie que le salarié n'a pas été rempli de ses droits (cass. soc. 10 juillet 1980, n° 78-41.759, BC V n° 649). Voir aussi cass. soc. 2 mars 1983, n° 80-42.242, BC V n° 119; 5 juin 1991, n° 87-45.090, BC V n° 281; Dr. Soc. 1992, p. 16: les dispositions de cet article n'interdisent pas à l'employeur de rapporter la preuve du paiement d'une prime dont la mention ne figure pas au bulletin de paie.

• Le salarié qui perçoit un salaire supérieur à la rémunération globale à laquelle il peut prétendre au regard de son ancienneté dans l'entreprise doit démontrer ne pas avoir été rempli de ses droits au regard de la convention collective (cass. soc. 16 novembre 2004, n° 02-47.149, BC V n° 289; Dr. Soc. 2005, p. 218: en l'espèce, la convention collective prévoyait une rémunération globale minimum calculée en fonction de l'ancienneté mais n'instituait pas de prime d'ancienneté distincte).

• Un employeur peut demander au salarié de lui restituer un trop-perçu dès lors qu'il avait versé certaines sommes par erreur (cass. soc. 24 novembre 1993, n° 89-44.820, BC V n° 288; RJS 1/94 n° 36). Il appartient au demandeur en restitution de prouver que ce qui a été payé n'était pas dû (cass. soc. 20 octobre 1998, n° 96-41.698, BC V n° 434; RJS 12/98 n° 1489).

• Les cotisations précomptées par l'employeur et payées sans cause à l'URSSAF sont sujettes à répétition; le salarié peut en demander le remboursement à l'URSSAF sans que soit exigée la preuve de l'erreur commise par l'employeur (cass. soc. 14 octobre 1993, n°s 91-12.892 et 89-21.886, BC V n°s 236 et 238, RJS 11/93 n° 1136). Les juges ne peuvent suppléer d'office le moyen résultant d'une prescription, par application de l'article 2223 [2247] c. civ. (cass. soc. 27 octobre 1993, n° 90-45.950, RJS 1/94 n° 71).

Art. L. 3243-4. L'employeur conserve un double des bulletins de paie des salariés ***(L. 2009-526 du 12 mai 2009, JO 13)*** «ou les bulletins de paie remis aux salariés sous forme électronique» pendant cinq ans.

Art. L. 3243-5. Il peut être dérogé à la conservation des bulletins de paie, pour tenir compte du recours à d'autres moyens, notamment informatiques, dans les conditions prévues au deuxième alinéa de l'article L. 8113-6.

Note Sur la valeur juridique des fiches de paie envoyées par Internet, «il importe de veiller à la fiabilité ainsi qu'à la sécurité des réseaux communiquant ces documents», mais cet article «ne prévoit aucun formalisme particulier quant au support ou à la forme» de cette pièce justificative (rép. QE 9993, JO Sén. 15 juillet 2004, p. 1590).

CHAPITRE IV Pourboires

Art. L. 3244-1. Dans tous les établissements commerciaux où existe la pratique du pourboire, toutes les perceptions faites " pour le service " par l'employeur sous forme de pourcentage obligatoirement ajouté aux notes des clients ou autrement, ainsi que toutes sommes remises volontairement par les clients pour le service entre les mains de l'employeur, ou centralisées par lui, sont intégralement versées au personnel en contact avec la clientèle et à qui celle-ci avait coutume de les remettre directement.

Note • Lorsque les pourboires sont remis directement au personnel, sans intervention de l'employeur dans la perception ou la centralisation des sommes correspondantes, les articles L. 3244-1 et s. ne trouvent pas application.

• L'application des dispositions d'ordre public de l'article L. 3244-1 n'est pas subordonnée à l'existence de stipulations conventionnelles ou d'un décret fixant les catégories de bénéficiaires et les modalités de la répartition (cass. soc. 14 novembre 2013, n° 12-16.805, BC V n° 261; LS Jurispr. n° 216 du 26.11.2013; RJS 1/14, p. 8, avis H. Liffran et n° 86; JCP éd. S 2014, 1123, note G. Vachet).

• L'ensemble des personnels en contact avec la clientèle doit recevoir les sommes perçues à titre de pourboires, quelle que soit la catégorie du personnel à qui les sommes sont matériellement remises (cass. soc. 9 mai 2000, n° 98-20.146, BC V n° 169; Dr. Soc. 2000, p. 773, obs. Ch. Radé; 18 juillet 2001, n° 99-41.214, BC V n° 277; RJS 11/01 n° 1287). Si des prélèvements ont été effectués à tort au profit de salariés qui n'avaient pas droit à une part des pourboires, les salariés intéressés pourront obtenir de l'employeur la part qui aurait dû leur être versée, mais seulement dans la limite des sommes non prescrites par le délai de cinq ans (cass. soc. 9 octobre 1996, n° 94-43.202, RJS 11/96 n° 1180).

• Le personnel en contact avec la clientèle s'entend par exemple des garçons et maîtres d'hôtel (cass. soc. 5 juillet 1967, BC IV n° 565), mais non du personnel de cuisine (cass. soc. 29 avril 1970, n° 69-40.197, BC V n° 283; 5 novembre 1970, n° 69-40.105, BC V n° 592), des salariés d'un bar-restaurant investis de tâches purement administratives excluant tout contact avec la clientèle (cass. soc. 25 mai 1976, n° 75-40.059, BC V n° 316), de l'écailleur d'un établissement de dégustation de fruits de mer (cass. soc. 3 mars 1976, n° 74-40.771, BC V n° 133), des preneurs d'ordre prenant, par téléphone, les commandes des clients (cass. soc. 18 juin 1997, n° 94-43.634, RJS 11/97 n° 1295), des directeurs régionaux d'une société exploitant des restaurants dont la mission est l'encadrement et le contrôle des établissements et dont les fonctions de service ne sont qu'accessoires (cass. soc. 14 novembre 2013, n° 12-16.805, précité).

Art. L. 3244-2

L'activité exercée par un casino entrant dans le champ d'application de l'article L. 147-1 [L. 3244-1] CT, il ne peut y être dérogé ni par les contrats de travail ni par l'accord appliqué par l'employeur (cass. soc. 9 mars 1994, n° 91-17.543, BC V n° 85; Dr. Soc. 1995, p. 71). La répartition des pourboires collectés aux tables de jeux des casinos doit s'effectuer entre le personnel des services de jeux, d'une part, et les employés des services périphériques, d'autre part, indépendamment des pourboires qui peuvent leur être remis personnellement à l'occasion de leurs propres fonctions (cass. soc. 29 septembre 2004, n° 02-43.500, BC V n° 235; RJS 12/04 n° 1285).

• Dès lors que l'employeur a dû régler la TVA sur les pourboires destinés au personnel, son montant ne saurait être laissé à sa charge et doit être déduit de la masse à répartir entre les salariés concernés (cass. soc. 6 mai 1998, n° 96-40.077, BC V n° 227; RJS 6/98 n° 737).

• Viole l'article L. 147-1 [L. 3244-1] et encourt les sanctions pénales prévues à l'article R. 3246-3 (anciennement R. 154-3) l'employeur qui impute sur les pourboires les sommes payées aux représentants du personnel au titre des heures de délégation et les indemnités garantissant le maintien du salaire pendant les périodes d'arrêt de travail pour maladie (cass. crim. 26 juillet 1989, n° 88-86.040, B. crim. n° 302).

Art. R. 3244-1. L'employeur justifie de l'encaissement et de la remise aux salariés des pourboires.

Note L'employeur doit tenir une comptabilité pour justifier de la répartition des pourboires entre le personnel (cass. soc. 29 avril 1970, n° 69-40.197, BC V n° 283).

Un salarié membre du personnel d'un casino, titulaire d'un droit sur une partie des pourboires versés au personnel des jeux, est fondé à en vérifier l'utilisation par l'employeur qui en est débiteur (cass. soc. 4 février 1981, n° 78-41.008, BC V n° 103).

Art. R. 3244-2. Les conventions collectives ou, à défaut, des décrets en Conseil d'État pris après consultation des organisations d'employeurs et de salariés intéressées, déterminent par profession ou par catégorie professionnelle, nationalement ou régionalement:

1° Les modes de justification à la charge de l'employeur;

2° Les catégories de personnel qui prennent part à la répartition des pourboires;

3° Les modalités de cette répartition.

Art. L. 3244-2. Les sommes mentionnées à l'article L. 3244-1 s'ajoutent au salaire fixe, sauf dans le cas où un salaire minimum a été garanti par l'employeur.

Note • Pour une application de l'article L. 3244-2, voir cass. soc. 16 décembre 2015, n° 14-19.073, BC V n° 272; JCP éd. S 2016, 1076, note G. Vachet.

• Les pourboires doivent être inclus dans le SMIC; l'appréciation du montant des pourboires, dont l'employeur doit apporter la preuve que le salarié les a effectivement perçus, doit se faire mensuellement, l'employeur ne pouvant opérer de compensation d'un mois sur l'autre (cass. soc. 15 janvier 1962, JCP 1962.II.12922).

• En aucun cas l'indemnité de congés payés ne peut être prélevée sur la masse des pourboires (art. L. 3141-26 et sa note).

• L'employeur, qui a versé à un serveur de restaurant le salaire minimum qu'il lui a garanti, lui est redevable de la différence entre ce salaire garanti et les sommes correspondant à la répartition des perceptions faites pour le service sous forme de pourcentage obligatoirement ajouté aux notes des clients (cass. soc. 8 février 1978, JS 1978 F 41).

CHAPITRE V Action en paiement et prescription

Art. L. 3245-1. ***(L. 2008-561 du 17 juin 2008, JO 18)*** L'action en paiement ou en répétition du salaire se prescrit par ***(L. 2013-504 du 14 juin 2013, art. 21, IV, JO 16)*** «trois ans à compter du jour où celui qui l'exerce a connu ou aurait dû connaître les faits lui permettant de l'exercer. La demande peut porter sur les sommes dues au titre des trois dernières années à compter de ce jour ou, lorsque le contrat de travail est rompu, sur les sommes dues au titre des trois années précédant la rupture du contrat.»

Note • **Prescription triennale.** Les dispositions issues du IV de l'article 21 de la loi 2013-504 précitée s'appliquent aux prescriptions en cours à compter de la date de promulgation de la loi, sans que la durée totale de la prescription puisse excéder la durée prévue par la loi antérieure. Lorsqu'une instance a été introduite avant la promulgation de la présente loi, l'action est poursuivie et jugée conformément à la loi ancienne. Cette loi s'applique également en appel et en cassation (loi 2013-504 précitée, art. 21, V).

La Cour de cassation a précisé qu'à défaut de saisine de la juridiction prud'homale dans les trois ans suivant le 16 juin 2013, les dispositions transitoires ne sont pas applicables en sorte que l'action en paiement de créances de salaire nées sous l'empire de la loi ancienne se trouve prescrite (cass. soc. 9 décembre 2020, n° 19-12.788, à paraître, LS Jurispr. n° 07 du 12.01.2021).

Sur la réforme de 2013, voir «Conciliation(s), prescription(s) et plus encore…», A. Bugada, JCP éd. S 2013, 1290; «Prescription et conciliation», H. Guyot, JCP éd. S 2013, 1291; «La diminution des délais de prescriptions», B. Gauriau, Dr. Soc. 2013, p. 833.

• **Champ d'application.** La loi 2008-561 du 17 juin 2008 (JO 18) avait uniformisé les délais de prescription en matière civile à 5 ans. Voir «La réforme de la prescription et le droit du travail», SSL 2008 n° 1361-62, p. 2, entretien P. Sargos.

Les décisions rapportées ci-dessous ont été en partie rendues dans le cadre des dispositions légales antérieures à la loi du 17 juin 2008.

Pour déterminer si la prescription est applicable, il faut se référer notamment à la périodicité de la créance. Se prescrivent par cinq ans les actions en paiement des salaires et généralement tout ce qui est payable par année ou à des termes périodiques plus courts (cass. soc. 29 mai 1991, n° 88-42.736, BC V n° 274; 5 mai 1993, n° 91-45.767, RJS 6/93 n° 615). Elle ne s'appliquera pas, quelle que soit la nature de la créance, si celle-ci a une périodicité de paiement supérieure à l'année (cass. soc. 5 mai 1993, n° 91-45.767, précité; 5 janvier 1995, n° 91-44.214, RJS 2/95 n° 132).

La prescription s'applique à toute action afférente au salaire, sans qu'il y ait lieu de distinguer selon qu'il s'agit d'une action en paiement ou en restitution de ce paiement (cass. soc. 23 juin 2004, n° 02-41.877, BC V n° 182; RJS 10/04 n° 1039).

La nature des sommes réclamées est aussi déterminante. La Cour de cassation a énoncé que la prescription prévue à l'article L. 143-14 [L. 3245-1] CT s'applique à toute action engagée à raison de sommes afférentes aux salaires dus au titre du contrat de travail (cass. soc. 13 janvier 2004, n° 01-47.128, BC V n° 2; Dr. Soc. 2004, p. 311, obs. Ch. Radé), sauf si la créance, même périodique, dépend d'éléments qui ne sont pas connus du créancier (cass. soc. 27 juin 2012, n° 10-27.044), en particulier lorsque ces éléments résultent de déclarations que le débiteur est tenu de faire (cass. soc. 9 décembre 2010, n° 09-40.548).

Aux termes de l'article 2223 [2247] c. civ., les juges ne peuvent suppléer d'office le moyen tiré de la prescription (cass. soc. 29 juin 2005, n° 03-41.966, BC V n° 224; RJS 10/05 n° 961; 6 juillet 2011, n° 10-13.551).

La prescription s'applique à toute action engagée à raison de sommes afférentes aux salaires dues au titre du contrat de travail. Tel est le cas de:
– l'indemnité de congés payés (cass. soc. 17 mars 1999, n° 96-42.642, RJS 5/99 n° 687; 27 mars 2001, n° 98-42.119, RJS 6/01 n° 757; 16 décembre 2015, n° 14-15.997, BC V n° 271);
– l'indemnité de préavis (cass. soc. 4 juillet 2012, n° 10-19.404; 15 janvier 2014, n° 12-28.238, RJS 3/14 n° 219; 16 décembre 2015, n° 14-15.997, précité);
– la contrepartie financière de l'obligation de non-concurrence qui a la nature d'une indemnité compensatrice de salaire (cass. soc. 26 septembre 2002, n° 00-40.461, BC V n° 283; RJS 12/02 n° 1388);
– la demande de remboursement de sommes prélevées à tort sur le salaire au titre de cotisations de retraite complémentaire (cass. soc. 31 janvier 1996, n° 93-43.801, BC V n° 37; RJS 3/96 n° 291; 19 mai 1998, n° 96-40.799, BC V n° 269; RJS 7/98 n° 866) ou au titre d'un vol de marchandises appartenant à l'entreprise (cass. soc. 3 mars 2004, n° 01-44.557, RJS 5/04 n° 541, 2e espèce);
– la demande de remboursement par l'employeur de la part des cotisations sociales salariales qu'il a acquittées (cass. soc. 18 juillet 2000, n° 97-44.215, BC V n° 293; RJS 11/00 n° 1095; 6 avril 1999, n° 96-44.162, BC V n° 161; RJS 5/99 n° 745);
– la demande, avec versement de dommages-intérêts pour licenciement sans cause réelle et sérieuse, tendant à l'annulation d'un protocole de rupture conventionnelle, qui, requalifié en transaction, était intervenu avant le licenciement et était entaché d'une nullité relative se prescrivant par cinq ans (cass. soc. 14 janvier 2003, n° 00-41.880, BC V n° 6; Dr. Soc. 2003, p. 441, obs. J. Mouly);
– la demande tendant au versement de sommes qui auraient dû être payées au titre du repos compensateur (cass. soc. 24 février 2009, n° 07-43.308; en matière d'astreinte, voir aussi cass. soc. 5 mai 2004, n° 02-44.949, RJS 7/04 n° 816);
– la demande tendant au remboursement d'indemnités kilométriques et de repas liées à l'exécution d'un travail salarié (cass. soc. 12 juillet 2006, n° 04-48.687, BC V n° 242; RJS 10/06 n° 1068; 30 juin 2010, n° 08-42.836). À noter que l'employeur peut fixer un délai pour la production par les salariés de leurs justificatifs de frais professionnels. Ce délai doit être plus court que le délai de prescription de cinq ans et l'employeur peut s'en prévaloir pour refuser un remboursement demandé hors délai (cass. soc. 29 septembre 2009, n° 07-45.722, RJS 12/09 n° 906);
– la demande tendant au versement, à la suite de la requalification de contrats à durée déterminée ou de missions d'intérim en contrat à durée indéterminée, de sommes au titre de la rémunération des journées de travail non effectuées (cass. soc. 23 juin 2010, n° 08-45.241; 23 octobre 2013, n° 12-23.722);
– l'indemnité de fin de mission (cass. soc. 8 octobre 2014, n° 13-16.840);
– la demande en paiement d'heures de délégation accomplies (cass. soc. 8 octobre 2014, n° 13-16.840, précité);

– l'action en requalification d'un contrat de travail à temps partiel en contrat à temps complet (cass. soc. 9 septembre 2020, n° 18-24.831, LS Jurispr. n° 171 du 22.09.2020).

En revanche, la prescription ne s'applique pas:
– à une prime de participation (cass. soc. 26 janvier 1989, n° 86-43.081, BC V n° 81);
– à l'indemnité de licenciement (cass. soc. 14 avril 1988, n° 85-46.027, BC V n° 228);
– à l'action indemnitaire liée à la requalification d'un contrat à durée déterminée en contrat à durée indéterminée (cass. soc. 18 mai 2004, n° 01-45.622, RJS 7/04 n° 795);
– à une indemnité de transport relevant du régime des frais professionnels (cass. soc. 20 novembre 2019, n° 18-20.208, à paraître, LS Jurispr. n° 219 du 03.12.2019; JCP éd. S 2019, 1372, note Fr. Dumont; RJS 2/20 n° 91);
– à une allocation de fin de carrière, payable en une seule fois à l'occasion du départ à la retraite du salarié (cass. soc. 4 mars 1992, n° 88-45.753, BC V n° 148);
– au paiement de commissions sur le chiffre d'affaires dont le salarié n'avait pu connaître le montant (cass. soc. 12 février 1992, n° 89-41.082, BC V n° 86; RJS 3/92 n° 287);
– à la rémunération fixée à une somme forfaitaire pour une artiste engagée en vertu d'un contrat de travail d'artiste interprète, cette rémunération ne présentant pas le caractère de salaire (cass. soc. 25 janvier 2006, n° 03-46.618, BC V n° 23; RJS 4/06 n° 498);
– à une indemnité forfaitaire pour travail dissimulé (cass. soc. 10 mai 2006, n° 04-42.608, BC V n° 170);
– à une demande de dommages-intérêts fondée sur l'article L. 412-2, al. 4 [L. 2141-8] CT ayant pour objet d'indemniser l'ensemble du préjudice subi par le salarié du fait d'une discrimination (cass. soc. 11 octobre 2000, n° 98-43.472, RJS 12/00 n° 1263; 30 janvier 2002, n° 00-45.266);
– à l'action tendant à l'indemnisation du préjudice né de l'atteinte portée à la liberté individuelle du salarié (cass. soc. 4 avril 2012, n° 10-28.818, RDT, mai 2012, CH, 297, G. Pignarre et L-Fr. Pignarre);
– à l'indemnité allouée au salarié en cas de violation par l'employeur d'un engagement de garantie d'emploi (cass. soc. 24 octobre 2012, n° 11-23.046);
– à une action en paiement d'une créance salariale portée sur l'état des créances déposé au greffe du tribunal de commerce et ainsi admise au passif d'une liquidation judiciaire (cass. soc. 21 novembre 2012, n° 11-18.923, BC V n° 300; JSL n° 335, 3.01.2013, p. 25; JCP éd. S 2013, 1059, note H. Guyot; 5 février 2014, n° 12-29.189).

À noter que la prescription qui peut être opposée à une demande de rappel de salaire ne s'étend pas à la demande d'indemnisation d'un préjudice présentée par le salarié (cass. soc. 16 juin 1988, n° 85-46.350), sauf si cette demande tend, en réalité, sous couvert de dommages-intérêts, à obtenir le paiement de salaires prescrits (cass. soc. 9 octobre 1996, n° 94-43.202, RJS 11/96 n° 1180; voir aussi cass. soc. 28 mars 2018, n° 12-28.606, BC V n° 58; RJS 6/18 n° 416: sous le couvert d'une demande de dommages-intérêts pour absence de répartition des horaires sur le contrat de travail, une salariée engagée à temps partiel demandait le paiement d'une créance de rappel de salaire, en l'occurrence la rémunération correspondant à un temps complet).

En revanche, lorsque le droit d'un salarié au paiement des salaires pour une période donnée est éteint du fait de la prescription, son action en paiement des cotisations de retraite assises sur ces salaires est nécessairement prescrite pour la même période (cass. soc. 22 octobre 2014, n° 13-16.936; BC V n° 250; RJS 1/15 n° 70; JCP éd. S 2015, 1056, note B. Bossu).

Sur la question de l'action en paiement de rémunération supplémentaire d'invention de salarié, voir rép. QE 82640, JO AN 18 avril 2006, p. 4234; JCP éd. S 2006, 1689, note J-P Martin.

La prescription peut également s'appliquer à une action tendant à voir établis des bulletins de paie rectifiés (cass. soc. 15 avril 2015, n° 14-20.595; 18 octobre 2017, n° 14-17.375).

• **Point de départ de la prescription.** La prescription commence à courir à partir de la date d'exigibilité du salaire (cass. soc. 14 novembre 2013, n° 12-17.409, BC V n° 271; LSQ n° 16477 du 29.11.2013; RJS 1/14 n° 44; JCP éd. S 2014, 1069, note H. Guyot; RDT, juillet/août 2014, CH, 475, G. Pignarre, précisant que le délai de prescription des salaires courant à compter de la date à laquelle la créance salariale est devenue exigible, pour les salariés payés au mois, la date d'exigibilité du salaire correspond à la date habituelle du paiement des salaires en vigueur dans l'entreprise et concerne l'intégralité du salaire afférent au mois considéré; voir aussi cass. soc. 20 juin 2018, n° 16-20.794) et à compter de la date d'exigibilité de chacune des fractions de la somme réclamée (cass. soc. 14 avril 1988, n° 85-46.027, BC V n° 228; 26 janvier 2005, n° 02-45.655, BC V n° 26; 12 février 2016, n° 14-16.151).

En matière d'indemnités de congés payés, le point de départ de la prescription doit être fixé à l'expiration de la période légale ou conventionnelle au cours de laquelle les congés auraient pu être pris (cass. soc. 4 décembre 1996, n° 93-46.408, BC V n° 416; RJS 1/97 n° 51; 14 novembre 2013, n° 12-17.409, précité; 29 mars 2017, n° 15-22.057, RJS 6/17 n° 412).

Lorsque le salarié n'a été en mesure de connaître la convention collective dont relève son employeur qu'à l'issue d'une procédure judiciaire, le délai de prescription de l'action en paiement d'un rappel de primes conventionnelles court à compter de cette date (cass. soc.

25 septembre 2013, n° 11-27.693, BC V n° 206; RJS 12/13 n° 820; JCP éd. S 2013, 1462, note G. Vachet; Dr. Soc. 2013, p. 1061, act. D. Boulmier).

À noter que les droits nés de la prestation de travail d'un salarié sont entrés dans son patrimoine avant son décès. Les héritiers et le conjoint survivant en sont saisis de plein droit, peu important que le salarié n'ait pas intenté d'action avant son décès pour réclamer les sommes dues (cass. soc. 29 octobre 2002, n° 00-41.269, BC V n° 323; RJS 1/03 n° 36).

• **Interruption.** Les règles de droit commun concernant les causes d'interruption de la prescription sont applicables. Ni une simple lettre recommandée avec accusé de réception (cass. soc. 16 janvier 1985, JS 1985 SJ 103) ni une citation devant la juridiction prud'homale, déclarée caduque, n'interrompent le cours de la prescription (cass. soc. 21 mai 1996, n° 92-44.347, BC V n° 193; RJS 7/96 n° 795).

En revanche, la lettre de l'employeur dans laquelle celui-ci reconnaît le principe de sa dette et accepte de la régler partiellement interrompt la prescription pour la totalité de la créance invoquée (cass. soc. 22 octobre 1996, n° 93-44.148, BC V n° 340; RJS 3/97 n° 285).

Des pourparlers transactionnels ne sont pas constitutifs d'une reconnaissance par le débiteur de sa dette interruptive du délai de prescription (cass. soc. 15 avril 2015, n° 13-27.445, RJS 7/15 n° 487).

Un accord collectif d'entreprise réglant la question du remboursement des frais professionnels n'interrompt pas la prescription concernant le paiement des frais exposés antérieurement à sa signature (cass. soc. 16 juin 2011, n° 10-14.727, RJS 10/11 n° 802, 2e espèce; voir aussi cass. soc. 7 mars 2012, n° 10-18.118, BC V n° 94; JSL n° 320, 20.04.2012, p. 13, M. Hautefort; RJS 5/12 n° 453; JCP éd. S 2012, 1223, note Fr. Dumont).

La procédure prud'homale étant orale, dès lors que le salarié avait formé sa demande nouvelle, devant les conseillers rapporteurs, en présence de l'employeur, la prescription avait été interrompue, peu important que des conclusions formalisant cette demande n'aient été déposées qu'ultérieurement lors de l'audience à laquelle l'affaire a été plaidée (cass. soc. 22 mars 2000, n° 98-40.608, BC V n° 120) ou que certaines demandes n'aient été formulées pour la première fois qu'en cause d'appel (cass. soc. 8 mars 2012, n° 10-21.590).

Si, en principe, l'interruption de la prescription ne peut s'étendre d'une action à l'autre, il en est autrement lorsque les deux actions, au cours d'une même instance, concernent l'exécution du même contrat de travail (cass. soc. 8 avril 2010, n° 08-42.307, BC V n° 91; RJS 6/10 n° 520; 26 mars 2014, n° 12-10.202, BC V n° 88; JCP éd. S 2014, 1261, note H. Guyot; RJS 7/14 n° 565; RDT, juillet/août 2014, CH, 475, G. Pignarre).

Ainsi, l'effet interruptif s'étend de plein droit aux demandes reconventionnelles dès lors qu'elles procèdent du contrat de travail ayant lié les parties, peu important la date de leur explicitation (cass. soc. 21 décembre 2006, n° 04-47.426, BC V n° 411; Dr. Soc. 2007, p. 358, obs. Ch. Radé; RDT, 2007, CH 184, G. Pignarre).

CHAPITRE V *BIS* Obligations et responsabilité financière du donneur d'ordre

Note Ce chapitre a été introduit par la loi 2014-790 du 10 juillet 2014, art. 5, JO 11.

Art. L. 3245-2. Le maître d'ouvrage ou le donneur d'ordre, informé par écrit par l'un des agents de contrôle mentionnés à l'article L. 8271-1-2 du non-paiement partiel ou total du salaire minimum légal ou conventionnel dû au salarié de son cocontractant, d'un sous-traitant direct ou indirect ou d'un cocontractant d'un sous-traitant, enjoint aussitôt, par écrit, à ce sous-traitant ou à ce cocontractant de faire cesser sans délai cette situation.

Le sous-traitant ou le cocontractant mentionné au premier alinéa du présent article informe, par écrit, le maître d'ouvrage ou le donneur d'ordre de la régularisation de la situation. Ce dernier en transmet une copie à l'agent de contrôle mentionné au même premier alinéa.

En l'absence de réponse écrite du sous-traitant ou du cocontractant dans un délai fixé par décret en Conseil d'État, le maître d'ouvrage ou le donneur d'ordre en informe aussitôt l'agent de contrôle.

Pour tout manquement à ses obligations d'injonction et d'information mentionnées aux premier et troisième alinéas, le maître d'ouvrage ou le donneur d'ordre est tenu solidairement avec l'employeur du salarié au paiement des rémunérations, indemnités et charges dues, dans des conditions fixées par décret en Conseil d'État.

Le présent article ne s'applique pas au particulier qui contracte avec une entreprise pour son usage personnel, celui de son conjoint, de son partenaire lié par un pacte civil de solidarité, de son concubin ou de ses ascendants ou descendants.

Art. R. 3245-1. ***(D. 2015-364 du 30 mars 2015, art. 11, JO 31, entrée en vigueur le 01.05.2015)*** À compter du jour de la réception de l'injonction mentionnée à l'article L. 3245-2, l'employeur informe dans un délai de sept jours le maître d'ouvrage ou le donneur d'ordre des mesures prises pour faire cesser la situation.

Le maître d'ouvrage ou le donneur d'ordre transmet aussitôt cette information à l'agent de contrôle auteur du signalement ou informe celui-ci, dès l'expiration du délai imparti, de l'absence de réponse.

Note Sur l'entrée en vigueur du décret 2015-364 précité, voir CE 8 juillet 2016, n° 389745, RJS 11/16 n° 735.

Art. R. 3245-2. ***(D. 2015-364 du 30 mars 2015, art. 11, JO 31, entrée en vigueur le 01.05.2015)*** Le maître d'ouvrage ou le donneur d'ordre qui n'a pas enjoint l'employeur de faire cesser la situation ou qui n'a pas informé, au terme du délai prévu à l'article R. 3245-1, l'agent de contrôle auteur du signalement de l'absence de réponse de l'employeur est tenu solidairement avec celui-ci au paiement des rémunérations et indemnités dues à chaque salarié et des cotisations et contributions sociales y afférentes.

Note Voir note sous art. R. 3245-1.

Art. R. 3245-3. ***(D. 2015-364 du 30 mars 2015, art. 11, JO 31, entrée en vigueur le 01.05.2015)*** L'agent de contrôle auteur du signalement informe par écrit les salariés concernés qu'à défaut de paiement de leurs rémunérations ils peuvent saisir le conseil de prud'hommes afin de recouvrer les sommes dues.

Note Voir note sous art. R. 3245-1.

Art. R. 3245-4. ***(D. 2015-364 du 30 mars 2015, art. 11, JO 31, entrée en vigueur le 01.05.2015)*** Les injonctions et les informations mentionnées aux articles R. 3245-1 et R. 3245-2 sont effectuées par tout moyen permettant de leur conférer date certaine.

Note Voir note sous art. R. 3245-1.

CHAPITRE VI (réglementaire) Dispositions pénales

Art. R. 3246-1. Le fait de méconnaître les modalités de paiement du salaire prévues aux articles L. 3241-1, ***(D. 2009-289 du 13 mars 2009, JO 15)*** « L. 3242-1, alinéa 3, » L. 3242-3 et L. 3242-4, est puni de l'amende prévue pour les contraventions de la troisième classe.

Art. R. 3246-2. Le fait de méconnaître les dispositions relatives au bulletin de paie des articles ***(D. 2009-289 du 13 mars 2009, JO 15)*** « L. 3243-1, L. 3243-2 et L. 3243-4 » et des articles R. 3243-1 ***(D. 2016-1762 du 16 déc. 2016, JO 18, entrée en vigueur le 01.01.2017)*** « à D. 3243-8 », est puni de l'amende prévue pour les contraventions de la troisième classe.

Art. R. 3246-3. Le fait de méconnaître les dispositions relatives aux pourboires des articles L. 3244-1 et L. 3244-2 et celle des décrets en Conseil d'État prévus à l'article R. 3244-2, est puni de l'amende prévue pour les contraventions de la troisième classe.

Art. R. 3246-4. Le fait de méconnaître les dispositions légales relatives aux accessoires du salaire est puni de la peine d'amende prévue pour les contraventions de la quatrième classe.

L'amende est prononcée autant de fois qu'il y a de salariés intéressés.

TITRE V PROTECTION DU SALAIRE

CHAPITRE Ier Retenues

Art. L. 3251-1. L'employeur ne peut opérer une retenue de salaire pour compenser des sommes qui lui seraient dues par un salarié pour fournitures diverses, quelle qu'en soit la nature.

Note • La notion de «fournitures diverses» n'a pas été explicitée véritablement par la jurisprudence et l'on peut penser qu'elle se réfère à des «fournitures d'objets ou de prestations» mais non à des créances liquides. Si le logement fourni par l'employeur au salarié n'est pas l'accessoire du contrat de travail, il ne peut y avoir compensation entre les sommes dues au titre de cette location et le salaire du travailleur (cass. soc. 13 octobre 1998, n° 96-42.373, RJS 11/98 n° 1370). L'utilisation du terme «salaires» donne par ailleurs à penser que, lorsqu'il y a interdiction de compensation, cette interdiction ne joue pas, à l'occasion de la résiliation du contrat de travail, sur les sommes dues par l'employeur auxquelles la réglementation ou la jurisprudence ne reconnaissent pas le caractère de salaires : indemnités de licenciement, indemnité de clientèle des VRP, indemnité pour rupture abusive. La compensation ne joue pas pour l'indemnité compensatrice de préavis due au salarié (cass. soc. 23 juin 1988, n° 85-44.158, BC V n° 383; Dr. Soc. 1989, p. 131, obs. J. Savatier) ou pour l'indemnité de congés payés (cass. soc. 18 septembre 2013, n° 12-17.171) mais joue pour l'indemnité de licenciement (cass. soc. 23 juin 1988, n° 85-44.158, précité). La retenue sur salaire pour le remboursement des contraventions afférentes à un véhicule professionnel mis au service du salarié est illégale, fût-elle prévue par un contrat de travail (cass. soc. 11 janvier 2006, n° 03-43.587, BC V n° 7; RJS 3/06 n° 347; 27 septembre 2011, n° 10-14.079).

L'employeur ne peut pas effectuer de compensation entre le salaire et l'indemnité pour préavis non effectué due par le salarié (cass. soc. 28 avril 1994, n° 90-46.044, BC V n° 155; Dr. Soc. 1994, p. 704).

• Dans le cas où la créance de l'employeur porte sur des sommes qui ne correspondent pas à des fournitures, les règles générales de compensation (art. 1347-2 c. civ.) paraissent devoir s'appliquer dans la limite de la portion saisissable du salaire. Cette règle s'applique notamment:
– au remboursement des dépenses engagées par l'employeur pour la formation professionnelle du salarié (sommes dues en exécution d'une clause de dédit-formation: cass. soc. 21 mars 2000, n° 99-40.003, BC V n° 118; RJS 6/00 n° 676);
– à la contribution salariale à la sécurité sociale non précomptée au moment de la remise du salaire (cass. soc. 25 février 1997, n° 94-44.788, BC V n° 82; RJS 4/97 n° 462);
– aux sommes excédentaires que l'employeur a versées à un salarié malade par rapport aux obligations qu'imposait la convention collective et qu'il entend déduire du montant de l'indemnité de licenciement (cass. soc. 10 décembre 1975, n° 74-40.050, BC V n° 598).

Bien entendu, les règles posées à l'article L. 3251-3 CT s'appliqueront concurremment dans la mesure où les créances de l'employeur ont le caractère d'avances sur salaires, par exemple un prêt (voir note sous art. L. 3251-3 CT).

• Les exceptions aux règles de la compensation légale ne s'étendent pas aux créances et dettes faisant l'objet d'une demande en compensation judiciaire dont l'appréciation appartient aux juges du fond (cass. soc. 10 janvier 1974, n° 73-40.116, BC V n° 34).

• Il est interdit à tout employeur d'opérer, sur le salaire d'un étranger venu travailler en France, des retenues, sous quelque dénomination que ce soit, à l'occasion de son engagement (cass. soc. 17 juillet 2001, n° 98-43.981, BC V n° 275; RJS 11/01 n° 1370).

• La responsabilité pécuniaire d'un salarié à l'égard de son employeur ne peut résulter que de sa faute lourde, même en ce qui concerne le droit à compensation prévu par l'article L. 144-1 [L. 3251-2] CT (cass. soc. 20 avril 2005, n° 03-40.069, BC V n° 148; RJS 6/05 n° 636, s'agissant d'un employeur ayant retenu sur le salaire une somme correspondant au coût d'un badge détérioré; 2 mars 2011, n° 09-71.000, LS Jurispr. n° 66 du 29.03.2011; JCP éd. S 2011, 1416, note A. Martinon, s'agissant d'un employeur ayant déduit du solde de tout compte d'un salarié démissionnaire les frais de remise en état de son véhicule de fonction; voir aussi cass. soc. 21 octobre 2008, n° 07-40.809, BC V n° 197; RDT, février 2009, CH, 112, G. Pignarre; RJS 12/08 n° 1174, sur l'impossibilité d'une compensation entre la dette salariale de l'employeur et la perte de recettes imputable au salarié).

Art. L. 3251-2. Par dérogation aux dispositions de l'article L. 3251-1, une compensation entre le montant des salaires et les sommes qui seraient dues à l'employeur peut être opérée dans les cas de fournitures suivants:
1° Outils et instruments nécessaires au travail;
2° Matières ou matériaux dont le salarié a la charge et l'usage;
3° Sommes avancées pour l'acquisition de ces mêmes objets.

Note • Les cas où la compensation des salaires et des fournitures est autorisée doivent être interprétés restrictivement; il ne suffit pas, s'il ne s'agit pas d'instruments de travail, que le salarié en ait la charge, c'est-à-dire la garde; il faut encore qu'il en ait l'usage (cass. soc. 24 mars 1993, n° 90-44.491, BC V n° 96; RJS 5/93 n° 515: une société confie des marchandises à un vendeur; le contrat prévoit que les manquants seront facturés à ce vendeur et débités à chaque inventaire. Le salarié n'ayant pas l'usage des marchandises fournies par l'employeur, les sommes réclamées pour les manquants ne pouvaient se compenser avec le montant des salaires).

Lorsque la compensation est autorisée par l'article L. 144-1 [L. 3251-2] CT, elle ne peut s'exercer que dans la limite de la quotité saisissable du salaire, en application de l'article L. 145-2 [L. 3252-2] CT (cass. soc. 21 mars 2000, n° 99-40.003, BC V n° 118; RJS 6/00 n° 676). Elle ne pourrait avoir pour effet de ramener le salaire à un niveau inférieur au SMIG (devenu SMIC) (cass. soc. 19 novembre 1959, n° 57-40.656, BC IV n° 1154; JCP 1960.II.11397).

• Le salarié ne peut pas renoncer par avance aux dispositions d'ordre public de l'article L. 3251-2 (cass. soc. 8 juillet 2015, n° 13-25.681, BC V n° 146; RJS 10/15 n° 680; JCP éd. S 2015, 1397, note L. Drai).

Art. L. 3251-3. En dehors des cas prévus au 3° de l'article L. 3251-2, l'employeur ne peut opérer de retenue de salaire pour les avances en espèces qu'il a faites, que s'il s'agit de retenues successives ne dépassant pas le dixième du montant des salaires exigibles.

La retenue opérée à ce titre ne se confond pas avec la partie saisissable ou cessible.

Les acomptes sur un travail en cours ne sont pas considérés comme des avances.

Note • Un prêt consenti par un employeur à l'un de ses salariés a le caractère d'une avance et ne peut donner lieu, sur les salaires dus au bénéficiaire, qu'à la compensation du dixième (cass. soc. 7 décembre 1989, n° 87-42.430, BC V n° 701; voir aussi cass. soc. 5 mai 1993, n° 90-40.801, BC V n° 125; RJS 6/93 n° 616). En revanche, la créance de l'employeur résultant d'un prêt consenti à un salarié dans le cadre d'une convention distincte du contrat de travail (acompte versé au salarié sous la forme d'un crédit ouvert pour l'achat de marchandises au sein du magasin où il travaille constituant un véritable prêt) ne constitue pas une avance et peut donner lieu à compensation dans la limite de la fraction saisissable du salaire (cass. soc. 15 janvier 2014, n° 12-19.739).

Le trop-perçu par un salarié, qui s'analyse en une avance en espèces, ne peut donner lieu à une retenue excédant le dixième du salaire exigible (cass. soc. 3 novembre 2011, n° 10-16.660, BC V n° 252; RJS 1/12 n° 41; voir aussi cass. soc. 23 juin 2015, n° 14-11.315).

• Les paiements effectués par l'employeur au titre des cotisations salariales au lieu et place du salarié ne constituent pas des avances en espèces (cass. soc. 25 février 1997, n° 94-44.788, BC V n° 82; RJS 4/97 n° 462).

Le versement effectué en exécution d'une ordonnance infirmée lui confère un caractère indu, de sorte que les sommes versées ne constituent pas des avances en espèces obligeant l'employeur à opérer des retenues successives ne dépassant pas un dixième du montant des salaires exigibles et la compensation peut s'opérer dans la limite de la fraction saisissable du salaire en application de l'article L. 3252-2 CT (cass. soc. 19 octobre 2017, n° 16-11.617, BC V n° 187; JCP éd. S 2017, 1389, note G. François; RJS 1/18 n° 31, 2e espèce).

Art. L. 3251-4. Il est interdit à l'employeur, sous réserve des dispositions de ***(Ord. 2016-131 du 10 févr. 2016, art. 6, XIX, 1°, JO 11, entrée en vigueur le 01.10.2016)*** «l'article 1240» du code civil, d'imposer aux salariés des versements d'argent ou d'opérer des retenues d'argent sous la dénomination de frais ou sous toute autre dénomination pour quelque objet que ce soit, à l'occasion de l'exercice normal de leur travail dans les secteurs suivants:

1° Hôtels, cafés, restaurants et établissements similaires;

2° Entreprises de spectacle, cercles et casinos;

3° Entreprises de transport.

Note Sont interdites une contribution des garçons de café au paiement de la femme de ménage chargée à leur place du nettoyage (cass. soc. 26 janvier 1972, n° 70-40.325, BC V n° 61; D. 1972, 230), une retenue sur le salaire d'un agent de la SNCF correspondant à des communications téléphoniques personnelles excédant son forfait (cass. soc. 18 février 2003, n° 00-45.931, BC V n° 58; RJS 6/03 n° 818).

CHAPITRE II Saisies et cessions

Note Voir circulaire du ministère de la Justice du 12 février 2013 (NOR: JUSC1303239C, BO MJ 2013-2 du 28 février 2013) précisant l'application de l'article 3 de la loi 2011-1862 du 13 décembre 2011 et des décrets 2013-109 du 30 janvier 2013 relatif à la simplification de la procédure de saisie des rémunérations et 2012-1401 du 13 décembre 2012 pris pour l'application de l'article L. 3252-8 CT.

Art. L. 3252-1. Les dispositions du présent chapitre sont applicables aux sommes dues à titre de rémunération à toute personne salariée ou travaillant, à quelque titre ou en quelque lieu que ce soit, pour un ou plusieurs employeurs, quels que soient le montant et la nature de sa rémunération, la forme et la nature de son contrat.

Note La saisie des rémunérations dues par un employeur est soumise aux dispositions du code du travail, que le contrat de travail soit ou non en cours d'exécution (cass. ass. plén. 9 juillet 2004, n° 02-21.040, BC n° 11; RJS 11/04 n° 1149).

Art. L. 3252-2. Sous réserve des dispositions relatives aux pensions alimentaires prévues à l'article L. 3252-5, les sommes dues à titre de rémunération ne sont saisissables ou cessibles que dans des proportions et selon des seuils de rémunération affectés d'un correctif pour toute personne à charge, déterminés par décret en Conseil d'État.

Ce décret précise les conditions dans lesquelles ces seuils et correctifs sont révisés en fonction de l'évolution des circonstances économiques.

Note Les règles de saisie concernent seulement la rémunération. Les indemnités versées à un salarié qui ont pour objet de compenser un préjudice constituent une rémunération et sont soumises aux règles de saisie (cass. soc. 30 janvier 2008, n° 06-17.531, BC V n° 29; RJS 4/08 n° 417: les juges distinguent ici selon que l'indemnité est versée au salarié en raison d'un départ volontaire à la retraite et qui n'a donc pas pour objet de compenser un préjudice ou à l'occasion d'une mise à la retraite et qui vient compenser un préjudice).

Art. L. 3252-3. Pour la détermination de la fraction insaisissable, il est tenu compte du montant de la rémunération, de ses accessoires ainsi que de la valeur des avantages en nature, après déduction des cotisations et contributions sociales obligatoires ***(L. 2016-1917 du 29 déc. 2016, art. 60, I, E, 1°, JO 30)*** «et de la retenue à la source prévue à l'article 204 A du code général des impôts».

(L. 2008-1249 du 1er déc. 2008, art. 18, JO 3) «Il est en outre tenu compte d'une fraction insaisissable égale au montant forfaitaire mentionné ***(L. 2015-994 du 17 août 2015, art. 59, V, JO 18, entrée en vigueur le 01.01.2016)*** «à» l'article L. 262-2 du code de l'action sociale et des familles ***(Ord. 2011-1895 du 19 déc. 2011, art. 3, JO 20, entrée en vigueur le 01.06.2012)*** «applicable à un foyer composé d'une seule personne».»

Il n'est pas tenu compte des indemnités insaisissables, des sommes allouées à titre de remboursement de frais exposés par le travailleur et des allocations ou indemnités pour charges de famille.

Note • Les dispositions de cet article, dans sa rédaction issue de la loi 2016-1917 précitée, s'appliquent aux revenus perçus ou réalisés depuis le 01.01.2019 (loi précitée, art. 60, I, G, modifié par ordonnance 2017-1390 du 22 septembre 2017, art. 1er, JO 23).

• La compensation entre le salaire et les sommes dues à l'employeur en application d'une clause de dédit-formation ne peut porter que sur la fraction saisissable du salaire (cass. soc. 21 mars 2000, n° 99-40.003, BC V n° 118; RJS 6/00 n° 676).

Art. L. 3252-4. Lorsqu'un débiteur perçoit de plusieurs payeurs des sommes saisissables ou cessibles dans les conditions prévues par le présent chapitre, la fraction saisissable est calculée sur l'ensemble de ces sommes.

Les retenues sont opérées selon les modalités déterminées par ***(L. 2011-1862 du 13 déc. 2011, art. 3, JO 14, entrée en vigueur le 01.01.2013)*** «décret en Conseil d'État».

Art. L. 3252-5. Le prélèvement direct du terme mensuel courant et des six derniers mois impayés des pensions alimentaires ***(L. 2015-1702 du 21 déc. 2015, art. 44, III, JO 22, entrée en vigueur le 01.04.2016)*** «ou des vingt-quatre derniers mois lorsque l'organisme débiteur des prestations familiales agit pour le compte du créancier» peut être poursuivi sur l'intégralité de la rémunération. Il est d'abord imputé sur la fraction insaisissable et, s'il y a lieu, sur la fraction saisissable.

Toutefois, une somme est, dans tous les cas, laissée à la disposition du salarié dans des conditions déterminées par décret en Conseil d'État.

Art. L. 3252-7. Les rémunérations ne peuvent faire l'objet d'une saisie conservatoire.

Art. L. 3252-8. En cas de pluralité de saisies, les créanciers viennent en concours sous réserve des causes légitimes de préférence.

(L. 2011-1862 du 13 déc. 2011, art. 3, JO 14, entrée en vigueur le 01.01.2013) «Toutefois, les créances résiduelles les plus faibles, prises dans l'ordre croissant de leur montant, sans que celles-ci puissent excéder un montant fixé par décret, sont payées prioritairement dans les conditions fixées par ce décret.»

Note Voir art. D. 3252-34-1.

Art. L. 3252-9. Le tiers saisi fait connaître:

1° La situation de droit existant entre lui-même et le débiteur saisi;

2° Les cessions, saisies, ***(L. 2017-1775 du 28 déc. 2017, art. 73, XII, JO 29, entrée en vigueur au plus tard le 01.01.2019)*** «saisies administratives à tiers détenteur» ou paiement direct de créances d'aliments en cours d'exécution.

Le tiers employeur saisi qui s'abstient sans motif légitime de faire cette déclaration ou fait une déclaration mensongère peut être condamné par le juge au paiement d'une amende civile sans préjudice d'une condamnation à des dommages et intérêts et de l'application des dispositions du deuxième alinéa de l'article L. 3252-10.

Art. L. 3252-10. Le tiers saisi verse mensuellement les retenues pour lesquelles la saisie est opérée dans les limites des sommes disponibles.

Art. L. 3252-11

(L. 2011-1862 du 13 déc. 2011, art. 3, JO 14, entrée en vigueur le 01.01.2013) «À défaut, le juge, même d'office, le déclare débiteur des retenues qui auraient dû être opérées. Il peut, pour déterminer le montant de ces retenues, s'adresser aux organismes fiscaux et sociaux dans les conditions prévues à l'article 39 de la loi n° 91-650 du 9 juillet 1991 portant réforme des procédures civiles d'exécution pour obtenir les informations relatives au montant de la rémunération perçue par le débiteur ainsi que sur la composition de sa famille.»

Le recours du tiers saisi contre le débiteur ne peut être exercé qu'après mainlevée de la saisie.

Art. L. 3252-11. Les parties peuvent se faire représenter par:

1° Un avocat;

2° Un officier ministériel du ressort, lequel est dispensé de produire une procuration;

3° Un mandataire de leur choix muni d'une procuration.

Si ce mandataire représente le créancier saisissant, sa procuration doit être spéciale à l'affaire pour laquelle il représente son mandant.

Art. L. 3252-12. En cas de saisie portant sur une rémunération sur laquelle une cession a été antérieurement consentie et régulièrement notifiée, le cessionnaire est de droit réputé saisissant pour les sommes qui lui restent dues, tant qu'il est en concours avec d'autres créanciers saisissants.

Art. L. 3252-13. Le juge peut décider, à la demande du débiteur ou du créancier et en considération de la quotité saisissable de la rémunération, du montant de la créance et du taux des intérêts dus, que la créance cause de la saisie produira intérêt à un taux réduit à compter de l'autorisation de saisie ou que les sommes retenues sur la rémunération s'imputeront d'abord sur le capital.

Les majorations de retard prévues par l'article 3 de la loi n° 75-619 du 11 juillet 1975 relative au taux de l'intérêt légal cessent de s'appliquer aux sommes retenues à compter du jour de leur prélèvement sur la rémunération.

SECTION 1 (réglementaire). **Dispositions communes**

Art. R. 3252-1. Le créancier muni d'un titre exécutoire constatant une créance liquide et exigible peut faire procéder à la saisie des sommes dues à titre de rémunération par un employeur à son débiteur.

Note L'état des créances, même visé par un juge-commissaire, ne confère pas à ce relevé le caractère d'un titre exécutoire (cass. com. 2 mai 2001, n° 97-19.536, BC IV n° 82; RJS 8-9/01 n° 1022).

Art. R. 3252-2. ***(D. 2017-1854 du 29 déc. 2017, JO 31, entrée en vigueur le 01.01.2018)*** La proportion dans laquelle les sommes dues à titre de rémunération sont saisissables ou cessibles, en application de l'article L. 3252-2, est fixée comme suit:

1° Le vingtième, sur la tranche inférieure ou égale à ***(D. 2019-1509 du 30 déc. 2019, JO 31, entrée en vigueur le 01.01.2020)*** «3 870 €»;

2° Le dixième, sur la tranche supérieure à ***(D. 2019-1509 du 30 déc. 2019, JO 31, entrée en vigueur le 01.01.2020)*** «3 870 €» et inférieure ou égale à ***(D. 2019-1509 du 30 déc. 2019, JO 31, entrée en vigueur le 01.01.2020)*** «7 550 €»;

3° Le cinquième, sur la tranche supérieure à ***(D. 2019-1509 du 30 déc. 2019, JO 31, entrée en vigueur le 01.01.2020)*** «7 550 €» et inférieure ou égale à ***(D. 2019-1509 du 30 déc. 2019, JO 31, entrée en vigueur le 01.01.2020)*** «11 250 €»;

4° Le quart, sur la tranche supérieure à ***(D. 2019-1509 du 30 déc. 2019, JO 31, entrée en vigueur le 01.01.2020)*** «11 250 €» et inférieure ou égale à ***(D. 2019-1509 du 30 déc. 2019, JO 31, entrée en vigueur le 01.01.2020)*** «14 930 €»;

5° Le tiers, sur la tranche supérieure à ***(D. 2019-1509 du 30 déc. 2019, JO 31, entrée en vigueur le 01.01.2020)*** «14 930 €» et inférieure ou égale à ***(D. 2019-1509 du 30 déc. 2019, JO 31, entrée en vigueur le 01.01.2020)*** «18 610 €»;

6° Les deux tiers, sur la tranche supérieure à ***(D. 2019-1509 du 30 déc. 2019, JO 31, entrée en vigueur le 01.01.2020)*** «18 610 €» et inférieure ou égale à ***(D. 2019-1509 du 30 déc. 2019, JO 31, entrée en vigueur le 01.01.2020)*** «22 360 €»;

7° La totalité, sur la tranche supérieure à ***(D. 2019-1509 du 30 déc. 2019, JO 31, entrée en vigueur le 01.01.2020)*** «22 360 €».

Art. R. 3252-3. Les seuils déterminés à l'article R. 3252-2 sont augmentés d'un montant de ***(D. 2019-1509 du 30 déc. 2019, JO 31, entrée en vigueur le 01.01.2020)*** «1 490 €» par personne à la charge du débiteur saisi ou du cédant, sur justification présentée par l'intéressé.

Pour l'application du premier alinéa, sont considérés comme personnes à charge :

1° Le conjoint, le partenaire lié par un pacte civil de solidarité ou le concubin du débiteur, dont les ressources personnelles sont inférieures au montant ***(D. 2009-716 du 18 juin 2009, JO 19)*** « forfaitaire du revenu de solidarité active mentionné ***(D. 2015-1709 du 21 déc. 2015, art. 3, IX, JO 22, entrée en vigueur le 01.01.2016)*** « à » l'article L. 262-2 du code de l'action sociale et des familles, fixé pour un foyer composé d'une seule personne » tel qu'il est fixé chaque année par décret ;

2° L'enfant ouvrant droit aux prestations familiales en application des articles L. 512-3 et L. 512-4 du code de la sécurité sociale et se trouvant à la charge effective et permanente du débiteur au sens de l'article L. 513-1 du même code. Est également considéré comme étant à charge l'enfant à qui ou pour l'entretien duquel le débiteur verse une pension alimentaire ;

3° L'ascendant dont les ressources personnelles sont inférieures au montant ***(D. 2009-716 du 18 juin 2009, JO 19)*** « forfaitaire du revenu de solidarité active mentionné ***(D. 2015-1709 du 21 déc. 2015, art. 3, IX, JO 22, entrée en vigueur le 01.01.2016)*** « à » l'article L. 262-2 du code de l'action sociale et des familles, fixé pour un foyer composé d'une seule personne » et qui habite avec le débiteur ou auquel le débiteur verse une pension alimentaire.

Art. R. 3252-4. Les seuils et correctifs prévus ***(D. 2017-892 du 6 mai 2017, art. 47, JO 10)*** « aux articles R 3252-2 et R 3252-3 » sont révisés annuellement par décret en fonction de l'évolution de l'indice des prix à la consommation, hors tabac, des ménages urbains dont le chef est ouvrier ou employé tel qu'il est fixé au mois d'août de l'année précédente dans la série France-entière. Ils sont arrondis à la dizaine d'euros supérieure.

Art. R. 3252-5. La somme laissée dans tous les cas à la disposition du salarié dont la rémunération fait l'objet d'une saisie ou d'une cession, en application du second alinéa de l'article L. 3252-5, est égale au montant ***(D. 2009-716 du 18 juin 2009, JO 19)*** « forfaitaire mentionné ***(D. 2015-1709 du 21 déc. 2015, art. 3, IX, JO 22, entrée en vigueur le 01.01.2016)*** « à » l'article L. 262-2 du code de l'action sociale et des familles fixé pour un foyer composé d'une seule personne ».

Note Il existe une fraction insaisissable du salaire qui doit être au moins égale au RSA pour une personne seule, soit, au 01.04.2020, 564,78 € (décret 2020-490 du 29 avril 2020, JO 30, non applicable à Mayotte) et 282,39 € à Mayotte (décret 2020-615 du 22 mai 2020, JO 23).

Art. R. 3252-6. Sauf disposition contraire, les notifications et convocations faites en application du présent chapitre sont adressées par lettre recommandée avec avis de réception.

(D. 2013-109 du 30 janv. 2013, JO 1er févr.) « Ces notifications sont régulièrement faites à l'adresse préalablement indiquée par le ou les créanciers. En cas de retour au greffe de l'avis de réception non signé, la date de notification à l'égard du destinataire est celle de la présentation et la notification est réputée faite à domicile ou à résidence. »

Art. R. 3252-7. Le ***(D. 2019-913 du 30 août 2019, art. 25, II, 2°, JO 1er sept., entrée en vigueur le 01.01.2020)*** « juge de l'exécution » compétent pour connaître de la saisie des sommes dues à titre de rémunération est celui du domicile du débiteur.

Si celui-ci réside à l'étranger ou n'a pas de domicile connu, la procédure est portée devant le ***(D. 2019-913 du 30 août 2019, art. 25, II, 2°, JO 1er sept., entrée en vigueur le 01.01.2020)*** « juge de l'exécution » du lieu où demeure le tiers saisi.

(D. 2012-783 du 30 mai 2012, JO 31) « Ces règles de compétence sont d'ordre public. »

Art. R. 3252-8. Les contestations auxquelles donne lieu la saisie sont formées, instruites et jugées selon les règles de la ***(D. 2019-1333 du 11 déc. 2019, art. 36, JO 12, entrée en vigueur le 01.01.2020)*** « procédure orale ordinaire devant le » ***(D. 2019-966 du 18 sept. 2019, art. 8, JO 19, entrée en vigueur le 01.01.2020)*** « tribunal judiciaire ».

Note Les dispositions de cet article, dans sa rédaction issue du décret 2019-1333 précité, sont applicables aux instances en cours au 1er janvier 2020 (décret précité, art. 55, I).

Art. R. 3252-9. Il est tenu au greffe de chaque ***(D. 2019-966 du 18 sept. 2019, art. 8, JO 19, entrée en vigueur le 01.01.2020)*** « tribunal judiciaire » des fiches individuelles sur lesquelles sont mentionnés tous les actes d'une nature quelconque, décisions et formalités auxquels donne lieu l'exécution des dispositions du présent chapitre.

Les fiches peuvent être tenues sur support électronique. Le système de traitement des informations en garantit l'intégrité et la confidentialité et permet d'en assurer la conservation.

Art. R. 3252-10. Le régisseur installé auprès du greffe du ***(D. 2019-913 du 30 août 2019, art. 25, II, 3°, JO 1er sept., entrée en vigueur le 01.01.2020)*** « tribunal judiciaire ou, le cas échéant, de l'une de ses chambres de proximité » verse les sommes dont il est comptable au préposé de la Caisse des dépôts et consignations le plus rapproché du siège du tribunal auprès duquel le greffe est installé, qui lui ouvre un compte spécial.

Il opère ses retraits pour les besoins des répartitions, sur leur simple quittance, en justifiant de l'autorisation du ***(D. 2016-1359 du 11 oct. 2016, art. 5, XII, JO 13)*** « directeur de greffe ».

SECTION 2 (réglementaire). **Saisie des sommes dues à titre de rémunération**

Sous-section 1. **Conciliation**

Art. R. 3252-12. La procédure de saisie des sommes dues à titre de rémunération est précédée, à peine de nullité, d'une tentative de conciliation, en chambre du conseil.

Art. R. 3252-13. La demande est formée par requête remise ou adressée au greffe par le créancier.

Outre les mentions prescrites par l'article ***(D. 2019-1333 du 11 déc. 2019, art. 36, JO 12, entrée en vigueur le 01.01.2020)*** «57» du code de procédure civile, la requête contient, à peine de nullité:

1° Les nom et adresse de l'employeur du débiteur;

2° Le décompte distinct des sommes réclamées en principal, frais et intérêts échus ainsi que l'indication du taux des intérêts;

3° Les indications relatives aux modalités de versement des sommes saisies.

Une copie du titre exécutoire est jointe à la requête.

Note Les dispositions de cet article, dans sa rédaction issue du décret 2019-1333 précité, sont applicables aux instances en cours au 1er janvier 2020 (décret précité, art. 55, I).

Art. R. 3252-14. Le greffier avise le demandeur des lieu, jour et heure de la tentative de conciliation par tout moyen.

Art. R. 3252-15. Le greffier convoque le débiteur à l'audience.

La convocation:

1° Mentionne les nom, prénom et adresse du créancier ou, s'il s'agit d'une personne morale, sa dénomination et son siège social;

2° Indique les lieu, jour et heure de la tentative de conciliation;

3° Contient l'objet de la demande et l'état des sommes réclamées, avec le décompte distinct du principal, des frais et des intérêts échus;

4° Indique au débiteur qu'il doit élever lors de cette audience toutes les contestations qu'il peut faire valoir et qu'une contestation tardive ne suspendrait pas le cours des opérations de saisie;

5° Reproduit les dispositions de l'article L. 3252-11 relatives à la représentation des parties.

Art. R. 3252-16. Le créancier et le débiteur sont ***(D. 2013-109 du 30 janv. 2013, JO 1er févr.)*** «convoqués» quinze jours au moins avant la date de l'audience.

Art. R. 3252-17. Le jour de l'audience, le juge tente de concilier les parties.

Art. R. 3252-18. Si le débiteur manque aux engagements pris à l'audience, le créancier peut demander au greffe de procéder à la saisie sans nouvelle conciliation. Le créancier joint un décompte des sommes perçues en exécution de la conciliation.

Art. R. 3252-19. Si le créancier ne comparaît pas, il est fait application des dispositions de l'article 468 du code de procédure civile.

Si le débiteur ne comparaît pas, il est procédé à la saisie, à moins que le juge n'estime nécessaire une nouvelle convocation.

Si les parties ne se sont pas conciliées, il est procédé à la saisie après que le juge a vérifié le montant de la créance en principal, intérêts et frais et, s'il y a lieu, tranché les contestations soulevées par le débiteur.

Sous-section 2. **Opérations de saisie**

Art. R. 3252-20. Le ***(D. 2016-1359 du 11 oct. 2016, art. 5, XII, JO 13)*** «directeur de greffe» veille au bon déroulement des opérations de saisie.

Art. R. 3252-21. Au vu du procès-verbal de non-conciliation, le greffier procède à la saisie dans les huit jours.

Si l'audience de conciliation a donné lieu à un jugement, le greffier procède à la saisie dans les huit jours suivant la notification du jugement s'il est exécutoire et, à défaut, suivant l'expiration des délais de recours contre ce jugement.

Art. R. 3252-22. L'acte de saisie établi par le greffe contient:

1° Les nom, prénoms et domicile du débiteur et du créancier ou, s'il s'agit d'une personne morale, sa dénomination et son siège social;

2° Le décompte distinct des sommes pour lesquelles la saisie est pratiquée, en principal, frais et intérêts échus ainsi que l'indication du taux des intérêts;

3° Le mode de calcul de la fraction saisissable et les modalités de son règlement;

4° L'injonction d'effectuer au greffe, dans un délai de quinze jours, la déclaration prévue par l'article L. 3252-9;

5° La reproduction des articles L. 3252-9 et L. 3252-10.

Art. R. 3252-23. L'acte de saisie est notifié à l'employeur.

Il en est donné copie au débiteur saisi par lettre simple avec l'indication qu'en cas de changement d'employeur, la saisie sera poursuivie entre les mains du nouvel employeur.

Art. R. 3252-24. L'employeur fournit au greffe, dans les quinze jours au plus tard à compter de la notification de l'acte de saisie, les renseignements mentionnés dans l'article L. 3252-9.

Cette déclaration peut être consultée au greffe par le créancier, le débiteur ou leur mandataire. À leur demande, le greffier en délivre une copie.

Art. R. 3252-25. L'amende civile prévue par l'article L. 3252-9 ne peut excéder ***(D. 2017-892 du 6 mai 2017, art. 67, JO 10)*** « 10 000 » €.

Art. R. 3252-26. L'employeur informe le greffe, dans les huit jours, de tout événement qui suspend la saisie ou y met fin.

Sous-section 3. Effets de la saisie

Art. R. 3252-27. L'employeur adresse tous les mois au greffe une somme égale à la fraction saisissable du salaire.

Lorsqu'il n'existe qu'un seul créancier saisissant, le versement est réalisé au moyen d'un chèque libellé conformément aux indications données par celui-ci. Le greffier l'adresse dès sa réception, et après mention au dossier, au créancier ou à son mandataire. L'employeur peut également procéder par virement, établi, conformément aux indications données par le créancier. Dans ce cas, il lui incombe de justifier auprès du greffe de la date et du montant du virement.

S'il existe plusieurs créanciers saisissants, le versement est fait par chèque ou par virement établi à l'ordre du régisseur installé auprès du greffe du ***(D. 2019-913 du 30 août 2019, art. 2, 5°, JO 1er sept., entrée en vigueur le 01.01.2020)*** « tribunal judiciaire ou le cas échéant, de l'une de ses chambres de proximité ».

Art. R. 3252-28. Si l'employeur omet d'effectuer les versements en exécution d'une saisie, le juge rend à son encontre une ordonnance le déclarant personnellement débiteur conformément à l'article L. 3252-10. L'ordonnance est notifiée à l'employeur. Le greffier informe le créancier et le débiteur.

À défaut d'opposition dans les quinze jours de la notification, l'ordonnance devient exécutoire. L'exécution en est poursuivie à la requête de la partie la plus diligente.

Art. R. 3252-29. La mainlevée de la saisie résulte soit d'un accord des créanciers, soit de la constatation par le juge de l'extinction de la dette.

Elle est notifiée à l'employeur dans les huit jours.

Sous-section 4. Pluralité de saisies

Art. R. 3252-30. Le créancier muni d'un titre exécutoire peut, sans tentative de conciliation préalable, intervenir à une procédure de saisie des sommes dues à titre de rémunération en cours, afin de participer à la répartition des sommes saisies.

Cette intervention est formée par requête remise contre récépissé ou adressée au greffe.

La requête contient les mentions prescrites par l'article R. 3252-13.

Art. R. 3252-31. ***(D. 2013-109 du 30 janv. 2013, JO 1er févr.)*** « Après que le juge a vérifié le montant, en principal, intérêts et frais, de la créance nouvelle faisant l'objet d'une intervention à une saisie en cours, le greffier avise le débiteur et les créanciers qui sont parties à la procédure de cette intervention. »

Lors de la première intervention, le greffier informe l'employeur que les versements sont désormais effectués à l'ordre du régisseur installé auprès du greffe du ***(D. 2019-913 du 30 août 2019, art. 2, 5°, JO 1er sept., entrée en vigueur le 01.01.2020)*** « tribunal judiciaire ou le cas échéant, de l'une de ses chambres de proximité ».

Art. R. 3252-32. L'intervention d'un nouveau créancier peut être contestée à tout moment de la procédure de saisie.

Le débiteur peut encore, la saisie terminée, agir en répétition à ses frais contre l'intervenant qui aurait été indûment payé.

Art. R. 3252-33. Un créancier partie à la procédure peut, par voie d'intervention, réclamer les intérêts échus et les frais et dépens liquidés ou vérifiés depuis la saisie.

Sous-section 5. Répartition

Art. R. 3252-34. La répartition des sommes versées, en cas de saisie de sommes dues à titre de rémunération, au régisseur installé auprès du greffe du ***(D. 2019-913 du 30 août 2019, art. 2, 5°, JO 1er sept., entrée en vigueur le 01.01.2020)*** « tribunal judiciaire ou le cas échéant, de l'une de ses chambres de proximité» est opérée au moins tous les six mois, à moins que dans l'intervalle les sommes atteignent un montant suffisant pour désintéresser les créanciers.

Art. D. 3252-34-1. ***(D. 2012-1401 du 13 déc. 2012, JO 15, entrée en vigueur le 01.01.2013)*** Le montant maximal des créances résiduelles payées prioritairement en application du second alinéa de l'article L. 3252-8 est fixé à 500 €.

Art. R. 3252-35. Le greffier notifie à chaque créancier l'état de répartition.

Si une intervention a été contestée, les sommes revenant au créancier intervenant sont consignées. Elles lui sont remises si la contestation est rejetée. Dans le cas contraire, ces sommes sont distribuées aux créanciers ou restituées au débiteur selon le cas.

Art. R. 3252-36. L'état de répartition peut être contesté dans le délai de quinze jours de sa notification.

À défaut de contestation formée dans ce délai, le greffier envoie à chaque créancier un chèque du montant des sommes qui lui reviennent. En cas de contestation de l'état de répartition, il est procédé au versement des sommes dues aux créanciers après que le juge a statué sur la contestation.

Sous-section 6. **Incidents**

Art. R. 3252-37. La notification à l'employeur ***(D. 2018-970 du 8 nov. 2018, art. 6, 1°, JO 10, entrée en vigueur le 01.01.2019)*** «d'une saisie administrative à tiers détenteur relative à une créance garantie par le privilège du Trésor public» conforme ***(D. 2018-970 du 8 nov. 2018, art. 6, 1°, JO 10, entrée en vigueur le 01.01.2019)*** «à l'article L. 262» du livre des procédures fiscales suspend le cours de la saisie jusqu'à l'extinction de l'obligation du redevable, sous réserve des procédures de paiement direct engagées pour le recouvrement des pensions alimentaires.

L'employeur informe le comptable public de la saisie en cours. Le comptable indique au greffe du tribunal la date de ***(D. 2018-970 du 8 nov. 2018, art. 6, 1°, JO 10, entrée en vigueur le 01.01.2019)*** «la saisie administrative à tiers détenteur relative à une créance garantie par le privilège du Trésor public» et celle de sa notification au redevable. ***(D. 2013-109 du 30 janv. 2013, JO 1er févr.)*** «Le greffier avise les créanciers de la suspension de la saisie.»

Après extinction de la dette du redevable, le comptable en informe le greffe qui avise les créanciers de la reprise des opérations de saisie.

Art. R. 3252-38. ***(D. 2010-433 du 29 avril 2010, JO 2 mai)*** En cas de notification à l'employeur d'une ***(D. 2018-970 du 8 nov. 2018, art. 6, 2°, JO 10, entrée en vigueur le 01.01.2019)*** «saisie administrative» à tiers détenteur ***(D. 2018-970 du 8 nov. 2018, art. 6, 2°, JO 10, entrée en vigueur le 01.01.2019)*** «relative à une créance non garantie par le privilège du Trésor public», conformément à l'article ***(D. 2018-970 du 8 nov. 2018, art. 6, 2°, JO 10, entrée en vigueur le 01.01.2019)*** « L. 262» du livre des procédures fiscales, l'employeur informe le comptable public de la saisie en cours.

Le comptable adresse au greffe du tribunal une copie de ***(D. 2018-970 du 8 nov. 2018, art. 6, 2°, JO 10, entrée en vigueur le 01.01.2019)*** «la saisie administrative à tiers détenteur relative à une créance non garantie par le privilège du Trésor public» et lui indique la date de sa notification au redevable. Le greffier en avise les créanciers qui sont déjà parties à la procédure.

La répartition est effectuée par le greffe conformément aux articles R. 3252-34 à R. 3252-36. À cet effet, ***(D. 2018-970 du 8 nov. 2018, art. 6, 2°, JO 10, entrée en vigueur le 01.01.2019)*** «la saisie administrative à tiers détenteur relative à une créance non garantie par le privilège du Trésor public est assimilée» à une intervention.

Le cas échéant, le greffe avise l'employeur que les versements sont désormais effectués à l'ordre du régisseur installé auprès du greffe du ***(D. 2019-913 du 30 août 2019, art. 2, 5°, JO 1er sept., entrée en vigueur le 01.01.2020)*** «tribunal judiciaire ou le cas échéant, de l'une de ses chambres de proximité». Le comptable public informe le greffe de toute extinction, de toute suspension et de toute reprise des effets de ***(D. 2018-970 du 8 nov. 2018, art. 6, 2°, JO 10, entrée en vigueur le 01.01.2019)*** «la saisie administrative à tiers détenteur relative à une créance non garantie par le privilège du Trésor public».

Art. R. 3252-39. En cas de notification d'une demande de paiement direct d'une créance alimentaire, l'employeur verse au débiteur la fraction de la rémunération prévue à l'article L. 3252-5. Il verse au créancier d'aliments les sommes qui lui sont dues. Si ces sommes n'excèdent pas la fraction insaisissable de la rémunération, l'employeur en remet le reliquat au débiteur.

L'employeur continue de verser au greffe la fraction saisissable de la rémunération, après imputation, le cas échéant, des sommes versées au créancier d'aliments.

Art. R. 3252-40. Lorsque le débiteur perçoit plusieurs rémunérations, le ***(D. 2013-109 du 30 janv. 2013, JO 1er févr.)*** «greffier» détermine les employeurs chargés d'opérer les retenues.

Si l'un d'eux est en mesure de verser la totalité de la fraction saisissable, la saisie peut être pratiquée entre ses mains.

Art. R. 3252-41. Si le créancier transfère son domicile, il en avise le greffe, à moins qu'il n'ait comparu par mandataire.

Art. R. 3252-42. Lorsque, sans changer d'employeur, le débiteur transfère son domicile hors du ressort du tribunal saisi de la procédure, celle-ci est poursuivie devant ce même tribunal. Les dossiers des saisies susceptibles d'être ensuite pratiquées contre le débiteur lui sont transmis. Le greffier avise les créanciers.

Art. R. 3252-43. Lorsque le lien de droit entre le débiteur et l'employeur prend fin, les fonds détenus par le régisseur sont répartis.

Art. R. 3252-44. En cas de changement d'employeur, la saisie peut être poursuivie par le nouvel employeur, sans conciliation préalable, si la demande est faite dans l'année qui suit l'avis donné par l'ancien employeur. À défaut, la saisie prend fin et les fonds sont répartis.

Si, en outre, le débiteur a transféré le lieu où il demeure dans le ressort d'un autre ***(D. 2019-966 du 18 sept. 2019, art. 8, JO 19, entrée en vigueur le 01.01.2020)*** «tribunal judiciaire», le créancier est également dispensé de conciliation préalable à la condition que la demande de saisie soit faite au ***(D. 2019-913 du 30 août 2019, art. 25, II, 5°, JO 1er sept., entrée en vigueur le 01.01.2020)*** «greffe du juge de l'exécution de ce tribunal» dans le délai prévu au premier alinéa.

SECTION 3 (réglementaire). Cession des sommes dues à titre de rémunération

Art. R. 3252-45. La cession des sommes dues à titre de rémunération s'opère par une déclaration du cédant en personne au greffe du tribunal du lieu où il demeure.

Une copie de la déclaration est remise ou notifiée au cessionnaire.

Art. R. 3252-46. À la demande du cessionnaire le greffier notifie la cession à l'employeur.

Cette notification rend la cession opposable aux tiers. Elle est dénoncée au débiteur.

La cession qui n'est pas notifiée dans le délai d'un an est périmée.

Art. R. 3252-47. À compter de la notification de la cession, l'employeur verse directement au cessionnaire le montant des sommes cédées dans la limite de la fraction saisissable.

Art. R. 3252-48. En cas de saisie d'une somme due à titre de rémunération faisant l'objet d'une cession préalable, le greffier notifie l'acte de saisie au cessionnaire, l'informe qu'en application de l'article L. 3252-12 il vient en concours avec le saisissant pour la répartition des sommes saisies et l'invite à produire un relevé du montant de ce qui lui reste dû.

Le greffier informe l'employeur que les versements sont désormais effectués à l'ordre du régisseur.

Art. R. 3252-49. Si la saisie prend fin avant la cession, le cessionnaire retrouve les droits qu'il tenait de l'acte de cession.

Le greffier en avise l'employeur et l'informe que les sommes cédées sont à nouveau versées directement au cessionnaire. Il en avise également ce dernier.

CHAPITRE III Privilèges et assurance

SECTION 1. Dispositions générales

Art. L. 3253-1. Les créances résultant du contrat de travail sont garanties dans les conditions prévues au 4° de l'article 2331 et au 2° de l'article 2375 du code civil, relatifs aux privilèges sur les biens mobiliers et immobiliers du débiteur.

En outre, en cas de sauvegarde, de redressement ou de liquidation judiciaire, elles sont garanties, conformément aux articles L. 625-7 et L. 625-8 du code de commerce, dans les conditions prévues aux articles L. 3253-2 à L. 3253-21.

Note • Le privilège général sur les meubles et sur les immeubles du débiteur bénéficie à tous les salariés, y compris ceux réputés salariés du fait de la loi (travailleurs à domicile, VRP, etc.).

• Il porte sur la généralité des meubles ou, à défaut, sur la généralité des immeubles et garantit :
– les rémunérations des salariés et apprentis pour les six derniers mois de travail, peu important que le contrat de travail ait pris fin plus de six mois avant le jugement déclaratif (cass. soc. 15 mars 1983, n° 82-11.348, BC V n° 159);
– les rémunérations des gens de service pour l'année échue et l'année courante;
– l'indemnité de congés payés (légale ou conventionnelle);
– l'indemnité de préavis (correspondant au préavis légal, conventionnel ou usuel);
– l'indemnité de licenciement (prévue par la loi, la convention collective, l'accord collectif d'établissement, le règlement de travail en agriculture ou les usages): pour la portion inférieure ou égale au plafond résultant de l'article L. 3253-2 et de l'article D. 3253-1 et pour le quart de la portion dépassant ce plafond (l'indemnité de licenciement des journalistes est donc couverte par le privilège);

– l'indemnité de rupture abusive;
– les indemnités prévues dans le cadre de la loi relative au contrat de travail à durée déterminée (indemnité de fin de contrat prévue à l'article L. 1243-8 et indemnité de rupture anticipée prévue à l'article L. 1243-4);
– l'indemnité de précarité d'emploi des travailleurs temporaires (art. L. 1251-32);
– les indemnités prévues dans le cadre de la loi relative à la protection de l'emploi des salariés victimes d'un accident du travail (indemnités prévues aux articles L. 1226-14, 15 et 21).

Le privilège général des salaires sur les meubles vient au quatrième rang et celui sur les immeubles au deuxième.

SECTION 2. Privilèges et assurance en cas de procédure de sauvegarde, de redressement ou de liquidation judiciaire

Sous-section 1. Privilèges

Art. L. 3253-2. Lorsqu'une procédure de sauvegarde, de redressement ou de liquidation judiciaire est ouverte, les rémunérations de toute nature dues aux salariés pour les soixante derniers jours de travail sont, déduction faite des acomptes déjà perçus, payées, nonobstant l'existence de toute autre créance privilégiée, jusqu'à concurrence d'un plafond mensuel identique pour toutes les catégories de bénéficiaires.

Ce plafond est fixé par voie réglementaire sans pouvoir être inférieur à deux fois le plafond retenu pour le calcul des cotisations de sécurité sociale.

Note • Le superprivilège garantit les rémunérations de toute nature dues aux salariés et apprentis, aux VRP statutaires, aux marins du commerce.

L'expression «rémunérations de toute nature» couvre les salaires, appointements, commissions, primes, pourboires, gratifications, indemnités de préavis (correspondant au préavis légal ou conventionnel ou usuel), indemnités de congé (correspondant seulement au congé légal), les contributions dues par l'employeur dans le cadre du contrat de sécurisation professionnelle ainsi que les indemnités figurant à l'article L. 3253-3. Elle exclut les sommes tendant au remboursement de frais engagés par les salariés (frais professionnels ou de déplacement), l'indemnité de licenciement, l'indemnité de rupture abusive du contrat à durée indéterminée et l'indemnité pour rupture anticipée du contrat à durée déterminée.

Concernant la rémunération des artistes interprètes, les juges du fond doivent rechercher si cette rémunération est fonction du salaire reçu pour la production de leur interprétation, exécution ou présentation ou, au contraire, si elle est fonction du seul produit de l'exploitation d'un enregistrement. Ne peuvent bénéficier du superprivilège les créances entrant dans cette seconde catégorie (cass. soc. 21 juin 2004, n° 02-15.296, BC V n° 173; RJS 10/04 n° 1108).

• Le montant des créances couvertes est limité:
– à une certaine période: 60 derniers jours de travail ou d'apprentissage pour les salariés et apprentis; 90 derniers jours de travail pour les VRP; 90 derniers jours de travail ou la dernière période de paiement si celle-ci est d'une durée plus longue pour les marins du commerce. Les 60 ou 90 derniers jours de travail à retenir sont les derniers jours de travail non payés, sans qu'il y ait à tenir compte du fait que le contrat de travail a pris fin plus de six mois avant le jugement déclaratif (cass. soc. 15 mars 1983, n° 82-11.348, BC V n° 159);
– par l'existence d'un plafond fixé par l'article D. 3253-1.

• Le code comporte:
– un superprivilège pour les salaires et les créances assimilées (art. L. 3253-3) et pour l'indemnité de congés payés (art. L. 3253-4);
– un plafond calculé sur deux ou trois mois pour les créances de salaires et assimilées; un mois pour l'indemnité de congés payés.

Il doit y avoir un calcul séparé pour chacune de ces deux catégories de créance.

Pour le calcul du superprivilège des salaires, un calcul unique doit être fait (cass. soc. 6 mars 1968), en tenant compte, d'une part, des salaires et de leurs accessoires (y compris l'indemnité de préavis), d'autre part, de la période de travail pour laquelle joue le superprivilège: autrement dit, selon le cas, une fois (période de travail non payée d'un mois), deux fois (période de travail non payée de 60 jours) ou trois fois pour les VRP et les marins du commerce (période de travail non payée de 90 jours).

Art. D. 3253-1. Le plafond mensuel prévu à l'article L. 3253-2 est fixé à deux fois le plafond retenu, par mois, pour le calcul des cotisations de sécurité sociale.

Art. L. 3253-3. Les rémunérations prévues au premier alinéa de l'article L. 3253-2 comprennent:

1° Les salaires, appointements ou commissions proprement dites;

2° Les accessoires et notamment l'indemnité compensatrice prévue à l'article L. 1226-14, l'indemnité compensatrice de préavis prévue à l'article L. 1234-5, l'indemnité de fin de contrat prévue à l'article L. 1243-8 et l'indemnité de fin de mission prévue à l'article L. 1251-32.

Art. L. 3253-4. Les indemnités de congés payés sont, nonobstant l'existence de toute créance privilégiée, payées jusqu'à concurrence d'un plafond identique à celui établi pour une période de trente jours de rémunération par l'article L. 3253-1.

Note Pour le calcul du superprivilège de l'indemnité de congés payés, un calcul distinct doit être fait dans le cadre du plafond mensuel qui lui est applicable (cass. soc. 6 mars 1968).

Art. L. 3253-5. Les sommes dues aux façonniers par leurs donneurs d'ordres sont payées, lorsque ces derniers font l'objet d'une procédure de sauvegarde, de redressement ou de liquidation judiciaire, nonobstant l'existence de toute autre créance privilégiée à l'exception de celles garanties par l'article L. 3253-2, à due concurrence du montant total des rémunérations de toute nature dues aux salariés de ces façonniers, au titre des soixante derniers jours de travail ou d'apprentissage précédant l'ouverture de la procédure.

Sous-section 2. Assurance contre le risque de non-paiement

§ 1. Principes

Art. L. 3253-6. Tout employeur de droit privé assure ses salariés, y compris ceux détachés à l'étranger ou expatriés mentionnés à l'article L. 5422-13, contre le risque de non-paiement des sommes qui leur sont dues en exécution du contrat de travail, en cas de procédure de sauvegarde, de redressement ou de liquidation judiciaire.

Note • Une loi 2008-89 du 30 janvier 2008 (JO 31) a transposé en droit interne les dispositions d'une directive 2002/74/CE du 23 septembre 2002 relative à la garantie des créances impayées dans les procédures d'insolvabilité transnationale (voir *infra* articles L. 3253-18-1 à 18-9). Une directive 2008/94/CE du 22 octobre 2008 (JOUE L 283 du 28.10.2008) relative à la protection des salariés en cas d'insolvabilité de l'employeur a été adoptée (RDT 2009, p. 163, note J-Ph. Lhernould).

• **Employeurs relevant de l'AGS.** Relèvent de l'AGS les commerçants, les personnes inscrites au répertoire des métiers, les agriculteurs, les personnes physiques exerçant une activité professionnelle indépendante ainsi que les personnes morales de droit privé, les caisses primaires de sécurité sociale (cass. soc. 1er juin 1978, n° 77-13.652, BC V n° 427), les personnes morales de droit privé chargées de la gestion d'un service public (cass. soc. 12 janvier 1978, n° 76-10.230, BC V n° 38), notamment les URSSAF (cass. soc. 21 avril 1988, n° 85-14.659, BC V n° 245). Les sociétés civiles professionnelles d'huissiers sont, malgré l'existence d'un régime d'assurance propre institué par la loi du 25 juin 1973 (qui ne concerne que les conséquences à l'égard du personnel des sanctions disciplinaires susceptibles d'être prononcées contre les huissiers), assujetties à l'obligation de cotiser au régime de l'AGS (cass. soc. 7 novembre 1990, n° 89-14.474, BC V n° 521; RJS 12/90 n° 973).

Une société de télévision est soumise à la législation sur les sociétés anonymes; ayant la qualité de personne morale de droit privé, elle doit assurer ses salariés contre le risque de non-paiement en cas de procédure de redressement ou de liquidation judiciaires (cass. soc. 2 juillet 2014, 2 arrêts, nos 13-15.605 et 13-15.771, BC V nos 161 et 162; RJS 10/14 n° 688; voir aussi cass. soc. 29 février 2000, n° 98-13.264, BC V n° 78; RJS 4/00 n° 413).

La liquidation d'une société d'assurance provoquée par le retrait de l'agrément dans les conditions de l'article L. 326-2 c. assurances ne prive pas les salariés du bénéfice de la garantie contre le risque de non-paiement des sommes dues en exécution du contrat de travail (cass. soc. 15 juin 2010, n° 08-70.391, BC V n° 135; LS Jurispr. n° 135 du 6.07.2010; RJS 8-9/10 n° 651).

L'article L. 3253-6 ne fait pas de distinction entre le caractère principal ou accessoire d'une activité commerciale et le caractère accessoire d'une telle activité n'exclut pas son caractère habituel (cass. soc. 3 novembre 1977, n° 76-10.697, BC V n° 583). Ainsi, un courtier d'assurances est assujetti au paiement des cotisations prévues par cet article dès lors que, d'une part, il est inscrit au registre du commerce comme tel, ne conteste pas avoir la qualité de commerçant et a perçu du fait de celle-ci, pendant l'année correspondante, des rémunérations susceptibles d'être imposées comme bénéfices industriels et commerciaux et que, d'autre part, il est soumis au régime d'assurance chômage institué par l'article L. 5422-1 CT, les deux conditions se trouvant ainsi réunies (cass. soc. 3 novembre 1977, n° 76-10.697, précité).

Ne sont pas assujettis: les entreprises dont les textes qui en régissent le fonctionnement sont inconciliables avec les dispositions de la loi du 25 janvier 1985 relative au redressement et à la liquidation judiciaires des entreprises, telles Air France (cass. soc. 17 avril 1991, n° 89-16.708, BC V n° 199; Dr. Soc. 1991, p. 497, concl. G. Picca) et la SEITA (cass. soc. 6 novembre 1991, n° 88-17.869, BC V n° 476), les employeurs de gens de maison, les agents d'assurances, personnes physiques, n'ayant pas la qualité de commerçants (cass. soc. 27 février 1985, n° 83-15.490, BC V n° 121).

• **Salariés bénéficiant de l'AGS.** Les salariés bénéficient de l'AGS, que leur contrat de travail soit à durée indéterminée ou déterminée, à temps plein ou à temps partiel. Les travailleurs temporaires et les apprentis jouissent des mêmes droits au regard de l'AGS que les autres salariés. En revanche, des dirigeants de société et les mandataires sociaux ne pourront pas bénéficier de l'AGS, invoquant un contrat de travail apparent; ainsi pour un salarié qui, nommé gérant avec les pouvoirs les plus étendus, détenait la majorité des parts de la société, administrait seul celle-ci et avait cessé de se trouver dans un état de subordination, même dans l'exercice de ses fonctions techniques (cass. soc. 7 février 1979, n° 77-11.841, BC V n° 122); ainsi également pour l'associé d'une SARL, égalitaire avec son frère gérant de droit de la société avec lequel il partageait la direction (cass. soc. 4 mars 1981, n° 79-16.504, BC V n° 183). En outre, la directive 2008/94/CE ne s'oppose pas à une disposition du droit national qui exclut un salarié du bénéfice de la garantie de paiement des créances impayées des salariés au motif qu'il détenait, seul ou conjointement avec des parents proches, une part essentielle de l'entreprise concernée et a exercé une influence considérable sur les activités de celle-ci dans les six mois précédant la demande de mise en liquidation de cette entreprise (CJUE 10 février 2011, aff. C-30/10, JCP éd. S 2011, 1212, note J. Cavallini).

Bénéficient de l'AGS non seulement les salariés travaillant en France, mais également les salariés détachés à l'étranger et les salariés expatriés visés à l'article L. 5422-13 CT. Bénéficient également de l'AGS des salariés étrangers, recrutés à l'étranger, qui ne sont ni détachés ni expatriés au sens de l'article L. 5422-13 CT, du moment qu'ils exécutent partiellement le contrat de travail en France (cass. soc. 30 juin 1993, n° 90-45.115, RJS 10/93 n° 990). Si la demande d'admission au dispositif de désendettement des rapatriés installés dans une profession non salariée suspend les poursuites exercées contre le débiteur, elle n'a pas pour effet de priver les salariés de leur droit à garantie des créances nées de l'exécution et de la rupture du contrat de travail (cass. soc. 7 juin 2006, n° 04-42.547, BC V n° 208; RJS 8-9/06 n° 949).

Insolvabilité transnationale. Faisant application du règlement communautaire 1346/2000 du 29 mai 2000 relatif aux procédures d'insolvabilité, la Cour de cassation a jugé que toute décision ouvrant une procédure d'insolvabilité prise par une juridiction d'un État membre est reconnue dans tous les autres États membres dès qu'elle produit ses effets dans l'État d'ouverture et produit, sans aucune autre formalité dans tout autre État membre, les effets que lui attribue la loi de l'État d'ouverture (cass. soc. 14 octobre 2009, n° 08-40.723, BC V n° 218; RJS 1/10 n° 44; JCP éd. S 2009, 1560, note A. Martinon: en l'espèce, les juges se prononçaient sur les conséquences de la prise d'acte par des salariés travaillant en France pour une société de droit allemand ayant fait l'objet d'une procédure collective en Allemagne).

L'AGS doit garantir le paiement des créances des salariés ayant exercé leur activité dans un établissement situé en France et qui a été fermé à la suite d'une décision de faillite prise dans un autre État membre (cass. soc. 2 juillet 2002, n° 99-46.140, BC V n° 228; RJS 10/02 n° 1128; voir aussi cass. soc. 3 juin 2003, n° 01-41.697, BC V n° 183; RJS 8-9/03, p. 658, avis, P. Lyon-Caen et n° 1020, 2e espèce). Cette solution est applicable dès lors que le salarié exerce son activité salariée en France où son employeur était établi et ce, quelle que soit la nature juridique de cet établissement (cass. soc. 26 avril 2006, n° 03-47.334, BC V n° 144; RJS 7/06 n° 843). C'est ce critère du lieu d'exécution de la prestation de travail qui a été retenu dans l'article 9 de la directive européenne 2008/94/CE du 22 octobre 2008 (JOUE L 283 du 28.10.2008).

Le salarié pouvant se prévaloir de la garantie offerte par l'institution de l'État membre où se trouve le siège de la société qui l'emploie, à titre complémentaire ou substitutif, par rapport à celle offerte par l'institution de l'État membre où il exerce son activité à condition que cette garantie donne lieu à un niveau de protection supérieur (CJUE 10 mars 2011, aff. C-477/09, RJS 6/11, p. 441, chron., M. Schmitt (I. B.); JCP éd. S 2011, 1275, note E. Jeansen), un salarié exerçant son activité en Allemagne pour le compte d'une société ayant son siège en France peut bénéficier de la garantie salariale de l'AGS plus favorable que celle résultant du droit allemand (cass. soc. 4 décembre 2012, n° 11-22.166, BC V n° 317; JCP éd. S 2013, 1060, note G. Vachet; RJS 2/13, p. 90, avis R. Weissmann et n° 127; RDT, juin 2013, DR, 437, F. Jault-Seseke). En revanche, un salarié domicilié en Allemagne, qui y a été recruté et y a toujours exercé son activité ne peut pas se prévaloir de la garantie salariale plus favorable de l'AGS dès lors qu'il n'est ni détaché ni expatrié (cass. soc. 28 mars 2018, n° 16-19.086, BC V n° 61; JCP éd. S 2018, 1174, note L. Fin-Langer; RJS 6/18 n° 418; JSL n° 455, 12.06.2018, p. 17, H. Nasom-Tissandier).

Lorsqu'un salarié exerce son activité dans un autre État membre pour le compte d'une société française ayant son siège en France, pas d'établissement dans l'autre État membre, et cotisant auprès de l'AGS, cette institution doit garantir le paiement de la créance salariale du salarié en cas d'insolvabilité de son employeur (cass. soc. 21 septembre 2011, n° 08-41.512, BC V n° 194; RJS 11/11 n° 878; JCP éd. S 2011, 1581, note L. Fin-Langer; voir aussi CJUE 10 mars 2011, aff. C-477/09, précité). En outre, la garantie assurée par l'AGS peut être complétée par celle de l'État dans lequel s'accomplissait le travail, dans la limite du plafond de garantie qui s'y applique (cass. soc. 11 avril 2012, n° 09-68.553, BC V n° 123; RJS 6/12 n° 557; JCP éd. S 2012, 1310, note G. Vachet; RDT, juillet/août 2012, CH, 422, L. Driguez).

Par ailleurs, lorsque la procédure collective d'apurement du passif de l'employeur est ouverte dans un pays extérieur à l'Union européenne, les salariés qui exercent ou exerçaient habituellement leur travail en France bénéficient de l'AGS à condition que la procédure ait fait l'objet d'une décision d'*exequatur* (cass. soc. 3 juin 2003, n° 00-45.948, BC V n° 184; RJS 8-9/03, p. 658, avis, P. Lyon-Caen et n° 1020, 3e espèce).

Art. L. 3253-7. Le droit du salarié est garanti indépendamment de l'observation par l'employeur tant des prescriptions de la présente section que des obligations dont il est tenu à l'égard des institutions prévues à l'article L. 3253-14.

§ 2. Créances couvertes par l'assurance

Art. L. 3253-8. L'assurance mentionnée à l'article L. 3253-6 couvre:

1° Les sommes dues aux salariés à la date du jugement d'ouverture de toute procédure de redressement ou de liquidation judiciaire, ainsi que les contributions dues par l'employeur dans le cadre ***(L. 2011-893 du 28 juil. 2011, art. 44, JO 29)*** «du contrat de sécurisation professionnelle»;

2° Les créances résultant de la rupture des contrats de travail intervenant:

a) Pendant la période d'observation;

b) Dans le mois suivant le jugement qui arrête le plan de sauvegarde, de redressement ou de cession;

c) Dans les quinze jours ***(L. 2013-504 du 14 juin 2013, art. 18, XXI, JO 16)*** «, ou vingt et un jours lorsqu'un plan de sauvegarde de l'emploi est élaboré,» suivant le jugement de liquidation;

d) Pendant le maintien provisoire de l'activité autorisé par le jugement de liquidation judiciaire ***(Ord. 2008-1345 du 18 déc. 2008, art. 167, JO 19, entrée en vigueur le 15.02.2009)*** «et dans les quinze jours ***(L. 2013-504 du 14 juin 2013, art. 18, XXI, JO 16)*** «, ou vingt et un jours lorsqu'un plan de sauvegarde de l'emploi est élaboré,» suivant la fin de ce maintien de l'activité»;

3° Les créances résultant de la rupture du contrat de travail des salariés auxquels a été ***(L. 2011-893 du 28 juil. 2011, art. 44, JO 29)*** «proposé le contrat de sécurisation professionnelle», sous réserve que l'administrateur, l'employeur ou le liquidateur, selon le cas, ait proposé ***(L. 2011-893 du 28 juil. 2011, art. 44, JO 29)*** «ce contrat» aux intéressés au cours de l'une des périodes indiquées au 2°, y compris les contributions dues par l'employeur dans le cadre de ***(L. 2011-893 du 28 juil. 2011, art. 44, JO 29)*** «ce contrat» et les salaires dus pendant le délai de réponse du salarié;

(L. 2013-504 du 14 juin 2013, art. 18, XXI, JO 16) «4° Les mesures d'accompagnement résultant d'un plan de sauvegarde de l'emploi déterminé par un accord collectif majoritaire ou par un document élaboré par l'employeur, conformément aux articles L. 1233-24-1 à L. 1233-24-4, dès lors qu'il a été validé ou homologué dans les conditions prévues à l'article L. 1233-58 avant ou après l'ouverture de la procédure de redressement ou de liquidation judiciaire;»

(L. 2013-504 du 14 juin 2013, art. 18, XXI, JO 16) «5°» Lorsque le tribunal prononce la liquidation judiciaire, dans la limite d'un montant maximal correspondant à un mois et demi de travail, les sommes dues:

a) Au cours de la période d'observation;

b) Au cours des quinze jours ***(L. 2013-504 du 14 juin 2013, art. 18, XXI, JO 16)*** «, ou vingt et un jours lorsqu'un plan de sauvegarde de l'emploi est élaboré,» suivant le jugement de liquidation;

c) Au cours du mois suivant le jugement de liquidation pour les représentants des salariés prévus par les articles L. 621-4 et L. 631-9 du code de commerce;

d) Pendant le maintien provisoire de l'activité autorisé par le jugement de liquidation ***(Ord. 2008-1345 du 18 déc. 2008, art. 167, JO 19, entrée en vigueur le 15.02.2009)*** «et au cours des quinze jours ***(L. 2013-504 du 14 juin 2013, art. 18, XXI, JO 16)*** «, ou vingt et un jours lorsqu'un plan de sauvegarde de l'emploi est élaboré,» suivant la fin de ce maintien de l'activité».

La garantie des sommes et créances mentionnées aux 1°, 2° et ***(L. 2013-504 du 14 juin 2013, art. 18, XXI, JO 16)*** «5°» inclut les cotisations et contributions sociales et salariales d'origine légale, ou d'origine conventionnelle imposée par la loi ***(L. 2016-1917 du 29 déc. 2016, art. 60, I, E, 2°, JO 30)*** «, ainsi que la retenue à la source prévue à l'article 204 A du code général des impôts».

Note • Les dispositions de cet article, dans sa rédaction issue de la loi 2016-1917 précitée, s'appliquent aux revenus perçus ou réalisés depuis le 01.01.2019 (loi précitée, art. 60, I, G, modifié par ordonnance 2017-1390 du 22 septembre 2017, art. 1er, JO 23).

Les dispositions de cet article, dans sa rédaction issue de la loi 2013-504 précitée, sont applicables aux procédures de licenciement collectif engagées depuis le 1er juillet 2013, sachant qu'une procédure de licenciement collectif est réputée engagée à compter de la date d'envoi de la convocation à la première réunion du comité d'entreprise mentionnée à l'article L. 1233-30 CT (loi précitée, art. 18, XXXIII).

Les dispositions de cet article, dans sa rédaction issue de l'ordonnance 2008-1345 précitée, ne sont pas applicables aux procédures en cours le 15 février 2009 (ordonnance précitée, art. 173). Par ailleurs, elles ne sont pas applicables en Nouvelle-Calédonie, ni dans les îles Wallis et Futuna (ordonnance précitée, art. 171 et 172).

• Créances garanties par l'AGS

La garantie de l'AGS s'applique à toutes les créances indemnitaires, fût-ce pour préjudice moral, découlant de la rupture du contrat de travail intervenue avant l'ouverture de la procédure collective; l'indemnité transactionnelle ayant pour objet de réparer un préjudice lié à la rupture du contrat de travail relève de l'article L. 143-11-1, al. 2, 1° [L. 3253-8, 1°] (cass. soc. 24 septembre 2002, n° 00-42.971, RJS 12/02 n° 1399, 2e espèce). Le transfert d'une entité économique autonome n'interdit pas au salarié d'opposer à son premier employeur une créance née avant la date du transfert; et toute créance indemnitaire et salariale d'un salarié née avant la liquidation de l'employeur de la rupture et de l'exécution du contrat de travail relève de la garantie de l'AGS (cass. soc. 28 janvier 2004, n° 01-47.356, BC V n° 28; RJS 4/04 n° 383).

La garantie de l'AGS ne peut être mise en œuvre qu'à la condition que le contrat ait été rompu par l'administrateur, l'employeur ou le liquidateur judiciaire. Ainsi, la créance indemnitaire, résultant du seul départ à la retraite du salarié après le jugement d'ouverture de la procédure de redressement judiciaire et au cours de la période d'observation, ne bénéficie pas de cette garantie (cass. soc. 20 avril 2005, n° 02-47.063, BC V n° 147; RJS 7/05 n° 743). De même, la garantie de l'AGS n'est pas due pour une indemnité allouée à un salarié ayant pris acte de la rupture du contrat de travail aux torts de l'employeur pendant la période d'observation (cass. soc. 20 décembre 2017, n° 16-19.517, BC V n° 221; JCP éd. S 2018, 1072, note L. Fin-Langer; RDT, mars 2018, CH, 209, D. Bondat; RJS 3/18 n° 189; voir aussi cass. soc. 14 octobre 2020, n° 18-26.019, s'agissant d'une prise d'acte dans les jours suivant le jugement de liquidation).

Entrent dans cette catégorie:

– les indemnités de congés payés, même si elles ne sont payables que postérieurement au jugement déclaratif du règlement judiciaire du moment qu'elles sont dues pour une période antérieure au prononcé du règlement judiciaire (cass. soc. 14 janvier 1987, n° 85-10.358, BC V n° 17);

– des mensualités impayées échues postérieurement au jugement mais résultant d'un accord conclu avant le jugement d'ouverture de la procédure collective (cass. soc. 23 novembre 2004, n° 02-41.836, BC V n° 293; RJS 2/05 n° 157);

– le remboursement d'une caution versée par un gérant salarié pour couvrir d'éventuels déficits de gestion (cass. soc. 23 septembre 1992, n° 89-43.489, RJS 2/93 n° 158, 1re espèce: la caution versée en exécution du contrat de travail, son remboursement se rattache à l'exécution du contrat);

– les rappels de salaires dus à la date d'ouverture de la procédure collective et les indemnités de rupture du contrat de travail lorsque celle-ci est intervenue pendant la période d'observation (cass. soc. 20 mai 1992, n° 90-43.286, BC V n° 321; RJS 2/93 n° 155);

– les sommes dues par l'employeur aux salariés en vertu d'un accord d'entreprise (cass. soc. 5 avril 1995, n° 93-45.577, RJS 6/95 n° 652) à l'exception toutefois des indemnités subordonnées à une «condition» (cass. soc. 12 avril 1995, n° 92-18.005, BC V n° 132; Dr. Soc. 1995, p. 603);

– les sommes dues au salarié en application d'une convention collective de branche, alors même que celles-ci le sont en raison de l'abstention fautive de l'employeur de s'acquitter de cotisations obligatoires auprès d'un organisme chargé de servir les indemnités en cas de maladie (cass. soc. 28 octobre 1997, n° 94-42.272, BC V n° 338; RJS 12/97 n° 1447); la majoration d'une indemnité conventionnelle de licenciement due aux salariés à titre d'indemnisation du préjudice que leur cause la rupture de leur contrat de travail (cass. soc. 12 juin 2001, n° 00-41.944, RJS 8-9/01 n° 1024);

– le capital-décès dû à la veuve d'un cadre en vertu de la convention collective nationale de retraite et de prévoyance des cadres (cass. soc. 8 novembre 1994, n° 93-11.239, BC V n° 293; RJS 1/95 n° 27). Il en est ainsi même lorsque l'employeur a omis de souscrire le contrat de prévoyance donnant droit à l'allocation décès; la créance de la veuve ne résulte pas d'une action en responsabilité contre l'employeur mais d'une disposition de la convention collective applicable dans l'entreprise (cass. soc. 8 juillet 1997, n° 94-42.555, BC V n° 248; RJS 11/97 n° 1242);

– les dommages-intérêts dus en application d'un accord de médiation dès lors que cet accord n'a pas été conclu en vue de frauder aux droits de l'AGS (cass. soc. 25 janvier 2006, n° 03-45.444, BC V n° 22; RJS 4/06 n° 448);

– les dommages-intérêts dus au salarié en raison de l'inexécution par l'employeur d'une obligation résultant du contrat de travail (non-paiement des salaires par l'employeur: cass. soc. 9 avril 2014, n° 12-35.152; absence d'information sur les droits en matière de repos compensateur: cass. soc. 16 mars 1999, n° 96-45.812, BC V n° 114; RJS 5/99 n° 670, 1re espèce; réparation du retard apporté par le représentant des créanciers à transmettre au salarié les documents nécessaires à l'adhésion à la convention de conversion: cass. soc. 2 mars 1999, n° 96-43.604, BC V n° 89; RJS 5/99 n° 670, 2e espèce; réparation du préjudice subi du fait de son licenciement sans cause réelle et sérieuse: cass. soc. 8 juin 1999, n° 97-40.659, BC V n° 266; RJS 7/99 n° 922, 2e espèce; réparation du préjudice moral lié aux conditions d'une rupture abusive: cass. soc. 29 janvier 2003, n° 00-42.630, BC V n° 26; RJS 4/03 n° 465, 1re espèce; réparation du préjudice causé par le retard de l'employeur à payer les indemnités de rupture: cass. soc. 10 juillet 2001, n° 99-43.912, BC V n° 251; RJS 11/01 n° 1292; réparation du préjudice causé par le retard de l'employeur pour délivrer l'attestation d'assurance chômage: cass. soc. 12 février 2014, n° 12-29.168; réparation du préjudice subi au titre de l'irrégularité d'une procédure disciplinaire: cass. soc. 22 mai 2019, n° 17-27.985; paiement des salaires et indemnités de congés payés alloués au titre de la période de protection d'une salariée en état de grossesse, son licenciement, prononcé avant l'ouverture de la liquidation judiciaire de l'employeur étant nul: cass. soc. 29 janvier 2003, n° 00-46.048, BC V n° 25; réparation du préjudice résultant d'un prêt illicite de main-d'œuvre: cass. soc. 9 novembre 2004, n° 02-45.048, BC V n° 280; RJS 1/05 n° 44; rupture d'un contrat d'apprentissage imputable à l'employeur et antérieure à l'ouverture de la procédure de liquidation judiciaire: cass. soc. 24 septembre 2002, n° 00-42.187, BC V n° 280; RJS 12/02 n° 1399, 1re espèce; dommages-intérêts dus à raison de l'inexécution par l'employeur de son obligation d'affilier le salarié à une caisse de retraite complémentaire: cass. soc. 8 janvier 2002, n° 99-44.220, BC V n° 1; Dr. Soc. 2002, p. 371, obs. Ch. Radé; réparation du préjudice d'anxiété résultat du non-respect par l'employeur de son obligation de sécurité de résultat: cass. soc. 25 septembre 2013, n° 12-20.912, BC V n° 202; LSQ n° 16436 du 1.10.2013; JCP éd. S 2013, 1459, note M. Ledoux et Fr. Quinquis; RJS 12/13 n° 843);
– une indemnité destinée à réparer le préjudice résultant d'une réduction unilatérale du salaire, appliquée par l'employeur antérieurement au jugement judiciaire (cass. soc. 6 octobre 2004, n° 02-42.300, RJS 12/04 n° 1292);
– la contrepartie pécuniaire d'une clause de non-concurrence, qui est une créance due mois par mois pendant la durée de l'interdiction de concurrence. L'AGS doit garantir le paiement de la contrepartie financière à une clause de non-concurrence, peu important que toutes les échéances ne soient pas encore exigibles (cass. soc. 20 juin 2006, n° 04-48.493, BC V n° 218; RJS 10/06 n° 1070);
– l'indemnisation due aux représentants du personnel dont le licenciement a été prononcé en méconnaissance de leur statut protecteur (cass. soc. 3 avril 2001, n° 99-40.758, BC V n° 120; RJS 6/01 n° 746);
– les sommes prévues par les plans de sauvegarde de l'emploi pour favoriser le reclassement des salariés, y compris à l'extérieur de l'entreprise ou du groupe auquel elle appartient, ainsi qu'aux dommages et intérêts réparant l'inexécution d'un engagement tendant à ces reclassements (cass. soc. 8 février 2012, n° 10-12.906, BC V n° 62; RJS 4/12 n° 346; JCP éd. S 2012, 1153, note L. Fin-Langer; voir aussi cass. soc. 25 mai 2004, n° 02-42.503, RJS 8-9/04 n° 918); la prime de création d'entreprise prévue au plan social et destinée à aider les salariés licenciés à se reclasser (cass. soc. 30 avril 2003, n° 00-46.820, BC V n° 150; RJS 7/03 n° 886, 3e espèce);
– une prime et une indemnité de rupture qui résultent, tant dans leur principe que dans leur montant, des stipulations du contrat de travail et qui gardent la nature de créances dues en exécution du contrat de travail; le fait qu'elles aient été prévues par une transaction ne permet pas d'affirmer qu'elles constituent un nouvel engagement de l'employeur que l'AGS n'aurait pas à garantir (cass. soc. 3 avril 2001, n° 99-42.183, BC V n° 116; RJS 6/01 n° 745);
– les droits constitués au profit des salariés au titre de la participation aux résultats de l'entreprise (cass. soc. 30 septembre 2004, n° 02-16.439, BC V n° 242); mais la garantie de l'AGS ne s'applique pas aux versements de sommes effectués par les salariés sur un plan d'épargne d'entreprise du seul fait de l'affectation de ces sommes à ce plan. La garantie ne joue que si les sommes dues au titre de la participation revêtent la forme d'un titre de créance sur l'entreprise (cass. soc. 28 novembre 2007, n° 05-45.354, BC V n° 198; RJS 2/08 n° 189: la garantie ne joue pas si les sommes ont été employées à l'acquisition de parts d'un fonds commun de placement dont les salariés sont devenus propriétaires);
– la rémunération due à un comédien avant amortissement d'un film (cass. soc. 17 mai 2005, n° 02-47.541, BC V n° 166; RJS 11/05 n° 1148: en l'espèce, la Cour de cassation se fonde sur l'article L. 762-1 [L. 7121-3] CT d'où il résulte que le contrat par lequel un producteur s'assure le concours d'un artiste en vue de sa production est présumé être un contrat de travail, quel que soit le mode ou le montant de sa rémunération);
– l'indemnité forfaitaire prévue à l'article L. 8223-1 CT, en cas de travail dissimulé, qui se cumule avec les dommages-intérêts pour violation de l'ordre des licenciements; la garantie de l'AGS s'applique à l'une et aux autres (cass. soc. 12 janvier 2006, n° 04-41.769, BC V n° 13; RJS 3/06 n° 369, 7e espèce; 20 juin 2007, n° 05-43.453, RJS 11/07 n° 1182).

N'entrent pas dans cette catégorie:

– les salaires et primes que le salarié laisse sur un compte de la société dénommé compte courant lorsque la commune intention du salarié et de l'employeur est de modifier la nature de la créance (cass. soc. 22 juin 1993, n° 90-46.005, BC V n° 174; RJS 8-9/93 n° 873, 2e espèce; si, au contraire, les juges, appréciant la commune intention des parties, estiment que celles-ci n'ont pas eu la volonté de modifier la nature de la créance d'origine salariale, les sommes portées en compte courant sont garanties par l'AGS: cass. soc. 22 juin 1993, n° 91-42.289, RJS 8-9/93 n° 873, 3e espèce; 18 mai 1995, n° 92-41.115);
– les sommes dues par un employeur, en application d'un plan social, aux personnes licenciées pour motif économique de plus de cinquante ans et n'ayant pas atteint l'âge de la préretraite afin de compléter l'allocation de fin de droits (cass. soc. 25 mai 1993, n° 89-44.419, RJS 7/93 n° 749: ces sommes ne sont pas dues en exécution du contrat de travail);
– la somme due par l'employeur aux organismes gestionnaires au titre du financement d'une convention de conversion, car ce n'est pas une créance du salarié (cass. soc. 18 juillet 2000, n° 98-42.864, RJS 12/00 n° 1255);
– l'aide individuelle pour la réinsertion des travailleurs immigrés dans leur pays d'origine, due en vertu d'une convention passée par l'employeur et l'Office national de l'immigration (cass. soc. 24 février 1993, n° 89-42.863, BC V n° 65; RJS 4/93 n° 402);
– les sommes dues en application de l'article 700 NCPC qui sont nées d'une procédure judiciaire et ne sont pas dues en exécution du contrat de travail (cass. soc. 2 mars 1999, n° 97-40.044, BC V n° 87; Dr. Soc. 1999, p. 533);
– les créances du salarié qui résultent d'une action en responsabilité dirigée contre l'employeur et non pas de l'exécution du contrat de travail lorsque les cotisations dues à l'assureur par l'employeur n'ont pas été payées; la créance litigieuse ne relevait pas de l'exécution du contrat de travail, mais d'une action en responsabilité contre l'employeur (cass. soc. 4 mai 1993, n° 92-40.395, RJS 6/93 n° 617; 15 mars 1994, n° 92-44.576, RJS 4/94 n° 418; 5 avril 1995, n° 91-45.397, RJS 6/95 n° 652, 2e espèce: somme retenue sur salaire et non versée par l'employeur à la caisse de prévoyance);
– les sommes dues par un employeur en réparation du préjudice causé par les souffrances physiques et morales endurées par la victime d'un accident du travail, dû à la faute inexcusable de l'employeur (cass. soc. 21 octobre 1998, n° 96-20.978, BC V n° 442; RJS 12/98 n° 1491 : ces sommes doivent en effet être versées directement au salarié par la caisse de sécurité sociale qui en récupère le montant sur l'employeur);
– les cotisations à un régime de retraite complémentaire prévu par une convention collective ou un accord d'entreprise qui constituent seulement une dette de l'entreprise envers l'institution gestionnaire du régime de retraite (cass. soc. 28 mars 2000, n° 98-42.494, RJS 5/00 n° 540);
– la somme due à un salarié en vertu d'une astreinte prononcée par une décision de justice (cass. soc. 8 octobre 2003, n° 01-43.263, RJS 12/03 n° 1400; voir aussi cass. soc. 26 juin 2013, n° 12-13.084).

• Les sommes dues aux salariés à la date du jugement d'ouverture de toute procédure de redressement ou de liquidation judiciaire... (L. 3253-8, 1°)

La garantie prévue par le 1° de l'article L. 3253-8 ne dépend que de la seule ouverture d'une procédure de redressement ou de liquidation judiciaire sans qu'il y ait lieu d'établir une distinction entre les diverses causes d'ouverture de cette procédure (cass. soc. 22 septembre 2015, n° 14-17.837, BC V n° 169; RJS 12/15 n° 784; JCP éd. S 2015, 1462, note G. Duchange; RDT, décembre 2015, CH, 753, L. Driguez).

Les jugements ouvrant la procédure de redressement ou de liquidation judiciaires ont l'autorité absolue de chose jugée et sont opposables à tous. Les créances du salarié nées avant le jugement d'ouverture sont donc garanties par l'AGS (cass. soc. 6 juin 2000, n° 98-42.083, BC V n° 215; RJS 7-8/00 n° 812).

Le juge qui prononce la résiliation d'un contrat d'apprentissage peut en fixer la date au jour où l'une des parties a manqué à ses obligations ou au jour où la demande de résiliation a été formée. Ayant constaté que, avant la liquidation judiciaire, l'employeur avait interrompu le paiement des salaires, manquant ainsi gravement à ses obligations, une cour d'appel a pu prononcer la résiliation du contrat d'apprentissage à ses torts et fixer la date de rupture au jour où l'apprentie avait saisi la juridiction prud'homale, peu important que le liquidateur judiciaire ait réglé par la suite le montant des salaires dus au moment de l'ouverture de la procédure. La date de résiliation étant antérieure à la liquidation judiciaire, la cour en a exactement déduit que la créance indemnitaire de la salariée relevait de la garantie de l'AGS (cass. soc. 1er octobre 2003, n° 01-40.125, BC V n° 249; RJS 12/03 n° 1421).

Doit être garantie par l'AGS la créance née de la rupture d'un contrat de travail antérieure à l'ouverture d'une procédure de sauvegarde de l'employeur convertie en redressement judiciaire (cass. soc. 21 janvier 2014, n° 12-18.421, BC V n° 25; RJS 4/14 n° 323; JCP éd. S 2014, 1138, note L. Fin-Langer).

• Les créances résultant de la rupture des contrats de travail… (L. 3253-8, 2°)

Les créances résultant d'une rupture du contrat de travail ne sont garanties par l'AGS que lorsque la rupture intervient dans les périodes précisées par l'article L. 143-11-1 [L. 3253-8] CT, c'est-à-dire pendant la période d'observation (cass. soc. 28 février 2018, n° 16-22.108), dans le mois suivant le jugement qui arrête le plan de sauvegarde (cass. soc. 10 mars 2009, n° 07-45.326, BC V n° 65; RJS 5/09 n° 436; 28 septembre 2010, n° 09-65.438, RJS 12/10 n° 937; JCP éd. S 2010, 1496, note Th. Lahalle), le plan de redressement (cass. soc. 9 novembre 2005, n° 03-47.963, BC V n° 314; RJS 1/06 n° 51), le plan de cession (cass. soc. 19 octobre 2010, n° 09-67.074, RJS 1/11 n° 43) ou dans les 15 jours suivant le jugement de liquidation (cass. soc. 14 octobre 2009, n° 07-45.257, BC V n° 222; RJS 12/09 n° 924; JCP éd. S 2009, 1559, note Fr. Dumont; 30 septembre 2013, n° 12-12.122, RJS 12/13 n° 821) et pendant le maintien provisoire de l'activité autorisé par le jugement de liquidation judiciaire; le salarié privé de la garantie AGS parce que le liquidateur n'a pas procédé au licenciement dans le délai légal peut engager la responsabilité civile du liquidateur négligent (cass. com. 6 juillet 1993, n° 91-14.707, BC IV n° 281; RJS 10/93 n° 991) ou celle de l'employeur qui ne lui aurait pas communiqué les éléments nécessaires (cass. soc. 10 mai 2001, n° 99-41.575, RJS 7/01 n° 863).

Seule une ordonnance du premier président arrêtant l'exécution provisoire du jugement qui adopte le plan de redressement peut avoir pour effet de prolonger la durée de la période d'observation et, par là, de différer la notification des licenciements prévus dans le jugement (cass. soc. 21 septembre 2005, n° 04-40.529, BC V n° 267; RJS 11/05 n° 1096).

L'AGS doit garantir le paiement des créances indemnitaires résultant de la rupture des contrats de travail, peu importANT le fait qu'aucune lettre de licenciement ne leur ait été notifiée (cass. soc. 6 juin 2007, n° 05-40.892, BC V n° 92; Dr. Soc. 2007, p. 987, note Ch. Radé; RJS 8-9/07 n° 958: en l'espèce, le liquidateur avait manifesté son intention de rompre les contrats de travail de salariés protégés dans le délai de quinze jours suivant le jugement de liquidation judiciaire; les contrats de travail des salariés, qui n'avaient plus ni travail ni salaire, ont été effectivement rompus à cette date; voir aussi cass. soc. 19 octobre 2010, n° 09-65.560, RJS 1/11 n° 42).

Les créances indemnitaires résultant de la rupture du contrat de travail, nées régulièrement après le jugement prononçant la liquidation judiciaire pour les besoins du déroulement de cette procédure, doivent être payées à leur échéance, peu important que l'activité ait cessé immédiatement (cass. soc. 16 juin 2010, n° 08-19.351, BC V n° 140; RJS 10/10 n° 766).

La garantie de l'AGS n'est pas due pour les indemnités de rupture allouées au salarié lorsque son contrat de travail n'a pas été rompu par le liquidateur dans le délai de quinze jours du jugement de liquidation (cass. soc. 3 avril 2002, n° 99-44.288, BC V n° 117; avis de l'avocat général P. Lyon-Caen, Dr. Soc. 2002, p. 527; 1er octobre 2003, n° 01-40.176, RJS 12/03 n° 1396; 16 décembre 2003, n° 02-40.109, RJS 2/04 n° 210; 5 novembre 2009, n° 08-43.296, RJS 1/10 n° 46). Mais le liquidateur ayant délivré au salarié, dans les 15 jours suivant le jugement de liquidation, une attestation Assédic faisant état d'un licenciement, une cour d'appel a pu en déduire que le contrat de travail avait été rompu à la date de délivrance de ce document et que la garantie de l'AGS était due pour les indemnités de rupture et dommages-intérêts dus au salarié (cass. soc. 14 janvier 2004, n° 01-47.229, RJS 3/04 n° 312).

À défaut de rupture du contrat de travail, l'AGS ne doit aucune garantie (plan de redressement par cession de l'entreprise ne prévoyant aucun licenciement économique: cass. soc. 6 juillet 1999, n° 97-42.231, BC V n° 322; RJS 8-9/99 n° 1027).

L'indemnité versée mensuellement en compensation d'une clause contractuelle de non-concurrence à un salarié licencié entre la date du jugement de redressement judiciaire et celle de la liquidation judiciaire n'est garantie par l'AGS que dans la limite d'un montant maximal correspondant à un mois et demi de travail (cass. soc. 28 juin 1995, n° 93-42.532, RJS 11/95 n° 1136).

• Les mesures d'accompagnement résultant d'un plan de sauvegarde de l'emploi… (L. 3253-8, 4°)

Une indemnité supra-légale de licenciement n'est pas une mesure d'accompagnement résultant d'un plan de sauvegarde de l'emploi au sens de l'article L. 3253-8, 4°, mais une somme concourant à l'indemnisation du préjudice causé par la rupture du contrat de travail au sens de l'article L. 3253-13 (cass. soc. 16 décembre 2020, n° 18-15.532, à paraître).

• Lorsque le tribunal prononce la liquidation judiciaire… (L. 3253-8, 5°)

En l'absence de prononcé de liquidation judiciaire, l'AGS n'a pas à garantir le paiement des créances nées postérieurement au redressement judiciaire et résultant de la poursuite du contrat de travail (cass. soc. 1er février 2012, n° 10-17.394, BC V n° 49; RJS 4/12 n° 307; 6 mars 2012, n° 10-27.847, RJS 5/12 n° 456; 31 janvier 2018, n° 16-19.861).

• À noter que l'AGS n'a pas à garantir les sommes dues lorsque la liquidation de la société, toujours *in bonis*, est consécutive à sa dissolution pour mésentente entre associés (cass. soc. 16 mai 2018, n° 16-25.898, à paraître, LS Jurispr. n° 96 du 29.05.2018; JCP éd. S 2018, 1238, note L. Fin-Langer; RJS 8-9/18 n° 538).

Art. D. 3253-2. Le montant maximal de garantie prévu au 4° de l'article L. 3253-8 est égal à :

1° Trois fois le plafond retenu par mois pour le calcul des cotisations de sécurité sociale pour un mois et demi de salaire ;

2° Deux fois ce plafond, pour un mois de salaire.

Art. L. 3253-9. Sont également couvertes les créances résultant du licenciement des salariés bénéficiaires d'une protection particulière relative au licenciement dès lors que l'administrateur, l'employeur ou le liquidateur, selon le cas, a manifesté, au cours des périodes mentionnées au 2° de l'article L. 3253-8, son intention de rompre le contrat de travail.

Note • S'agissant d'un salarié protégé ayant été convoqué à un entretien préalable au licenciement dans le mois suivant le jugement arrêtant un plan de cession, l'AGS doit garantie, peu important qu'à la suite d'un refus de l'inspecteur du travail, la demande d'autorisation de licenciement, portant sur le même motif, ait été réitérée (cass. soc. 8 février 2012, n° 10-12.906, BC V n° 62 ; RJS 4/12 n° 346 ; JCP éd. S 2012, 1153, note L. Fin-Langer).

Lorsqu'un administrateur judiciaire a, dans les quinze jours d'une liquidation judiciaire, manifesté son intention de rompre le contrat de travail d'un salarié protégé, l'AGS doit garantie peu important le refus de l'inspecteur du travail d'autoriser ce licenciement (cass. soc. 13 décembre 2017, n° 16-21.773, BC V n° 215 ; JCP éd. S 2018, 1014, note L. Fin-Langer ; RJS 2/18 n° 115).

• Si le mandataire liquidateur a prononcé le licenciement d'une salariée rentrant de congé maternité quatre mois après le jugement de liquidation judiciaire, sans avoir, dans les quinze jours suivant ce jugement, manifesté l'intention de rompre son contrat, la garantie de l'AGS n'est pas acquise (cass. soc. 18 décembre 1991, n° 89-42.188, BC V n° 591).

Art. L. 3253-10. Sont également couvertes, lorsqu'elles revêtent la forme d'un droit de créance sur l'entreprise, les sommes dues aux titres de l'intéressement, de la participation des salariés aux fruits de l'expansion ou d'un fonds salarial.

Note Les sommes dues au titre de l'intéressement et de la participation sont garanties par l'AGS ; les droits constitués au profit des salariés au titre de la participation aux résultats de l'entreprise revêtent la forme d'un droit de créance sur l'entreprise, quel que soit leur emploi pendant le temps de leur indisponibilité (cass. soc. 30 septembre 2004, n° 02-16.439, BC V n° 242).

Art. L. 3253-11. Sont également couverts les arrérages de préretraite dus à un salarié ou à un ancien salarié en application d'un accord professionnel ou interprofessionnel, d'une convention collective ou d'un accord d'entreprise.

Ces dispositions s'appliquent lorsque l'accord ou la convention prévoit le départ en préretraite à cinquante-cinq ans au plus tôt.

La garantie prévue par le présent article est limitée dans des conditions déterminées par décret.

Note Les arrérages de préretraite dus à un salarié ou à un ancien salarié en application d'un accord professionnel ou interprofessionnel, d'une convention collective ou d'un accord d'entreprise sont couverts par l'AGS (cass. soc. 10 avril 1991, n° 88-45.688, BC V n° 175 ; RJS 5/91 n° 584).

L'allocation complémentaire de préretraite n'est pas couverte par l'AGS dès lors qu'elle résulte d'un engagement unilatéral de l'employeur (cass. soc. 2 novembre 1993, n° 90-42.661, RJS 12/93 n° 1203).

Art. D. 3253-3. Les arrérages de préretraite dus en application d'un accord professionnel ou interprofessionnel, d'une convention collective ou d'un accord d'entreprise bénéficient de la garantie prévue à l'article L. 3253-11 lorsque la conclusion de cet accord ou de cette convention est antérieure de six mois à la date du jugement d'ouverture de la procédure de sauvegarde ou de redressement judiciaire.

Art. L. 3253-12. Les créances mentionnées aux articles L. 3253-10 et L. 3253-11 sont garanties :

1° Lorsqu'elles sont exigibles à la date du jugement d'ouverture de la procédure ;

2° Lorsque, si un plan organisant la sauvegarde ou le redressement judiciaire de l'entreprise intervient à l'issue de la procédure, elles deviennent exigibles du fait de la rupture du contrat de travail, dans les délais prévus au 2° de l'article L. 3253-8 ;

3° Lorsque intervient un jugement de liquidation judiciaire ou un jugement arrêtant le plan de cession totale de l'entreprise.

Art. L. 3253-13. L'assurance prévue à l'article L. 3253-6 ne couvre pas les sommes qui concourent à l'indemnisation du préjudice causé par la rupture du contrat de travail dans le cadre d'un licenciement pour motif économique, en application d'un accord d'entreprise ou d'établissement ou de groupe, ***(L. 2013-504 du 14 juin 2013, art. 18,***

XXII, JO 16) «d'un accord collectif validé» ou d'une décision unilatérale de l'employeur ***(L. 2013-504 du 14 juin 2013, art. 18, XXII, JO 16)*** «homologuée conformément à l'article L. 1233-57-3», lorsque l'accord a été conclu et déposé ou la décision notifiée moins de dix-huit mois avant la date du jugement d'ouverture de la procédure de sauvegarde, de redressement ou de liquidation judiciaire ***(L. 2013-504 du 14 juin 2013, art. 18, XXII, JO 16)*** «, ou l'accord conclu ou la décision notifiée postérieurement à l'ouverture de la procédure de sauvegarde, de redressement ou de liquidation judiciaire».

Note • Les dispositions de cet article, dans sa rédaction issue de la loi 2013-504 précitée, sont applicables aux procédures de licenciement collectif engagées depuis le 1er juillet 2013, sachant qu'une procédure de licenciement collectif est réputée engagée à compter de la date d'envoi de la convocation à la première réunion du comité d'entreprise mentionnée à l'article L. 1233-30 CT (loi précitée, art. 18, XXXIII).

• Cet article exclut du dispositif de garantie par l'AGS les cas dans lesquels un accord collectif ou une décision unilatérale de l'employeur est intervenu moins de dix-huit mois avant la date du jugement d'ouverture de la procédure de redressement ou de liquidation judiciaires. Cette «durée inspirée de la période suspecte prévue à l'article L. 621-7 c. com.» vise à limiter «les effets de pratiques abusives» (rép. QE 9611, JO Sén. 8 juillet 2004, p. 1524), telles que, par exemple, la demande d'indemnités de licenciement fondées sur un accord conclu trois jours avant la cessation des paiements de l'employeur par des signataires connaissant l'impossibilité pour ce dernier de faire face aux obligations que l'accord mettait à sa charge (cass. soc. 16 juin 2010, n° 09-42.114).

À l'inverse, lorsque la créance du salarié résulte d'un accord d'entreprise conclu postérieurement au jugement arrêtant le plan de cession, l'AGS doit sa garantie (cass. soc. 30 septembre 2009, n° 08-42.076, BC V n° 213; RJS 12/09 n° 939).

• Voir aussi note sous art. L. 3253-8, rubrique «Les mesures d'accompagnement résultant d'un plan de sauvegarde de l'emploi… (L. 3253-8, 4°)».

§ 3. Institutions de garantie contre le risque de non-paiement

Art. L. 3253-14. L'assurance prévue à l'article L. 3253-6 est mise en œuvre par une association créée par les organisations nationales professionnelles d'employeurs représentatives et agréée par l'autorité administrative.

Cette association conclut une convention de gestion avec ***(L. 2008-126 du 13 févr. 2008, art. 16, JO 14)*** «l'organisme gestionnaire» du régime d'assurance chômage ***(L. 2008-126 du 13 févr. 2008, art. 17, JO 14; D. 2009-1708 du 30 déc. 2009, JO 31, entrée en vigueur le 01.01.2011)*** «et avec l'Agence centrale des organismes de sécurité sociale pour le recouvrement des cotisations mentionnées à l'article L. 3253-18».

(L. 2008-126 du 13 févr. 2008, art. 17, JO 14; D. 2009-1708 du 30 déc. 2009, JO 31, entrée en vigueur le 01.01.2011) «En cas de dissolution de cette association, l'autorité administrative confie à l'organisme prévu à l'article L. 5427-1 la gestion du régime d'assurance institué à l'article L. 3253-6, à l'exception du recouvrement des cotisations mentionnées à l'article L. 3253-18 confié aux organismes mentionnés à l'article L. 5422-16».

Cette association et ***(L. 2008-126 du 13 févr. 2008, JO 14)*** «l'organisme précité» constituent les institutions de garantie contre le risque de non-paiement.

Art. R. 3253-4. L'autorité administrative mentionnée à l'article L. 3253-14 est le ministre chargé du travail.

Art. L. 3253-15. Les institutions de garantie mentionnées à l'article L. 3253-14 avancent les sommes comprises dans le relevé établi par le mandataire judiciaire, même en cas de contestation par un tiers.

Elles avancent également les sommes correspondant à des créances établies par décision de justice exécutoire, même si les délais de garantie sont expirés.

Les décisions de justice sont de plein droit opposables à l'association prévue à l'article L. 3253-14.

Lorsque le mandataire judiciaire a cessé ses fonctions, le greffier du tribunal ou le commissaire à l'exécution du plan, selon le cas, adresse un relevé complémentaire aux institutions de garantie mentionnées à l'article L. 3253-14, à charge pour lui de reverser les sommes aux salariés et organismes créanciers.

Note Un salarié n'est pas tenu de notifier aux institutions de garantie de paiement des créances salariales le jugement rendu antérieurement à la liquidation judiciaire d'un employeur qui leur est opposable de plein droit, peu important qu'elles n'aient pas été appelées à l'instance (cass. soc. 27 novembre 2013, n° 11-28.585).

Art. L. 3253-16

Art. L. 3253-16. Les institutions de garantie mentionnées à l'article L. 3253-14 sont subrogées dans les droits des salariés pour lesquels elles ont réalisé des avances :

1° Pour l'ensemble des créances, lors d'une procédure de sauvegarde ;

2° Pour les créances garanties par le privilège prévu aux articles L. 3253-2, L. 3253-4 et L. 7313-8 et les créances avancées au titre du 3° de l'article L. 3253-8, lors d'une procédure de redressement ou de liquidation judiciaire. Les autres sommes avancées dans le cadre de ces procédures leur sont remboursées dans les conditions prévues par les dispositions du livre VI du code de commerce pour le règlement des créances nées antérieurement au jugement d'ouverture de la procédure. Elles bénéficient alors des privilèges attachés à celle-ci.

Note L'AGS, qui a fait l'avance de sommes dues en vertu d'une décision exécutoire et qui est légalement subrogée dans les droits du salarié, n'est pas tenue de justifier, avant de déclarer sa créance, que la dette salariale de l'employeur résultant de cette décision a été portée sur l'état des créances (cass. soc. 13 juillet 2010, n° 08-20.736, RJS 10/10 n° 767 ; JCP éd. S 2010, 1553, note A. Martinon).

Art. L. 3253-17. La garantie des institutions de garantie mentionnées à l'article L. 3253-14 est limitée, toutes ***(L. 2016-1547 du 18 nov. 2016, art. 99, XIII, JO 19)*** « sommes et créances avancées » confondues, à un ou des montants déterminés par décret, en référence au plafond mensuel retenu pour le calcul des contributions du régime d'assurance chômage ***(L. 2016-1547 du 18 nov. 2016, art. 99, XIII, JO 19)*** «, et inclut les cotisations et contributions sociales et salariales d'origine légale, ou d'origine conventionnelle imposée par la loi» ***(L. 2016-1917 du 29 déc. 2016, art. 60, I, E, 2°, JO 30)*** «, ainsi que la retenue à la source prévue à l'article 204 A du code général des impôts».

Note • Les dispositions de cet article, dans sa rédaction issue de la loi 2016-1917 précitée, s'appliquent aux revenus perçus ou réalisés depuis le 01.01.2019 (loi précitée, art. 60, I, G, modifié par ordonnance 2017-1390 du 22 septembre 2017, art. 1er, JO 23).

• Les dispositions de cet article, dans sa rédaction issue de la loi 2016-1547 précitée, ne s'appliquent pas aux procédures en cours le 19 novembre 2016 (loi précitée, art. 114, XVI).

Art. D. 3253-5. Le montant maximum de la garantie prévue à l'article L. 3253-17 est fixé à six fois le plafond mensuel retenu pour le calcul des contributions au régime d'assurance chômage.

Ce montant est fixé à cinq fois ce plafond lorsque le contrat de travail dont résulte la créance a été conclu moins de deux ans et six mois au moins avant la date du jugement d'ouverture de la procédure collective, et à quatre fois ce plafond si le contrat dont résulte la créance a été conclu moins de six mois avant la date du jugement d'ouverture.

Il s'apprécie à la date à laquelle est due la créance du salarié et au plus tard à la date du jugement arrêtant le plan ou prononçant la liquidation judiciaire.

Note • Les dispositions de cet article, ancien article D. 143-2, dans sa rédaction issue du décret 2003-684 du 24 juillet 2003 (JO 27), s'appliquent aux procédures ouvertes depuis le 28 juillet 2003.

Le principe d'un plafonnement avait été posé par les articles L. 143-11-8 [L. 3253-17] et D. 143-2 [D. 3253-5] CT. Ainsi avait été institué un plafond dit «13» égal à treize fois le plafond mensuel retenu pour le calcul des contributions au régime d'assurance chômage quand les créances résultaient des dispositions législatives, réglementaires ou de stipulations d'une convention collective et lorsque le contrat de travail était antérieur de plus de six mois à la décision prononçant le redressement judiciaire. Les autres créances étaient garanties dans la limite de quatre fois le plafond susvisé. L'application de ces plafonds suscitait un accroissement significatif des litiges. Le décret 2003-[6]84 du 24 juillet 2003 a modifié le montant maximal des créances versées par l'AGS. L'abandon des plafonds 13 et 4 déterminés par la source de la créance au profit des plafonds 6, 5 et 4, en fonction de l'ancienneté du contrat de travail (...), devrait réduire les occasions de contentieux entre l'AGS et les salariés, donc permettre un règlement plus rapide en leur faveur (...) (rép. QE 24783, JO AN 3 novembre 2003, p. 8411).

• Le montant maximum de la garantie s'apprécie à la date à laquelle est due la créance du salarié et plus tard à la date du jugement arrêtant le plan ou prononçant la liquidation judiciaire. Ainsi, pour des salariés licenciés avant la date d'entrée en vigueur du décret ayant modifié l'alinéa 1er de l'article D. 143-2 [D. 3253-5] CT, le montant maximum de leur créance devait être calculé conformément aux dispositions alors en vigueur (cass. soc. 19 avril 2005, n° 04-41.362, BC V n° 142 ; RJS 7/05 n° 744 ; 7 juin 2006, n° 04-46.675, BC V n° 207 ; RJS 8-9/06 n° 950).

Lorsque les créances salariales, en raison des dates différentes auxquelles elles sont nées, relèvent, les unes du plafond 13, fixé par l'article D. 143-2 de l'ancien code du travail, les autres du plafond 6, fixé par l'article D. 3253-5 CT, ces plafonds leur sont respectivement applicables, dans la limite globale du plafond 13 alors applicable (cass. soc. 31 mars 2015, n° 13-21.184, BC V n° 64 ; RJS 6/15 n° 415 ; 7 mars 2018, n° 16-20.650).

§ 4. Financement

Art. L. 3253-18. L'assurance est financée par des cotisations des employeurs assises sur les rémunérations servant de base au calcul des contributions au régime d'assurance-chômage.

(L. 2008-126 du 13 févr. 2008, art. 17, 2°, JO 14; D. 2009-1708 du 30 déc. 2009, JO 31, entrée en vigueur le 01.01.2011) «Le recouvrement, le contrôle de ces cotisations et leur contentieux suivent les règles prévues à l'article L. 5422-16.»

§ 5. Dispositions applicables dans le cas où l'employeur est établi dans un autre État membre de la Communauté européenne ou de l'Espace économique européen

Note • Le paragraphe a été introduit par la loi 2008-89 du 30 janvier 2008, art. 11, JO 31.

• Les articles L. 3253-18-1 à 18-9 retranscrivent en droit interne les dispositions de la directive 2002/74/CE du 23 septembre 2002 relative à la garantie des créances impayées dans les procédures d'insolvabilité transnationale. Cette directive a été abrogée par la directive 2008/94/CE du 22 octobre 2008 (JOUE L 283 du 28.10.2008) relative à la protection des travailleurs salariés en cas d'insolvabilité de l'employeur.

• Voir note sous article L. 3253-6.

Art. L. 3253-18-1. Les institutions de garantie mentionnées à l'article L. 3253-14 assurent le règlement des créances impayées des salariés qui exercent ou exerçaient habituellement leur activité sur le territoire français, pour le compte d'un employeur dont le siège social, s'il s'agit d'une personne morale, ou, s'il s'agit d'une personne physique, l'activité ou l'adresse de l'entreprise est situé dans un autre État membre de la Communauté européenne ou de l'Espace économique européen, lorsque cet employeur se trouve en état d'insolvabilité.

Art. L. 3253-18-2. Un employeur est considéré comme se trouvant en état d'insolvabilité au sens de l'article L. 3253-18-1 lorsqu'a été demandée l'ouverture d'une procédure collective fondée sur son insolvabilité, prévue par les dispositions législatives, réglementaires et administratives d'un État membre de la Communauté européenne ou de l'Espace économique européen, qui entraîne le dessaisissement partiel ou total de cet employeur ainsi que la désignation d'un syndic ou de toute personne exerçant une fonction similaire à celle du mandataire judiciaire, de l'administrateur judiciaire ou du liquidateur, et que l'autorité compétente en application de ces dispositions a:

1° Soit décidé l'ouverture de la procédure;

2° Soit constaté la fermeture de l'entreprise ou de l'établissement de l'employeur ainsi que l'insuffisance de l'actif disponible pour justifier l'ouverture de la procédure.

Art. L. 3253-18-3. La garantie due en application de l'article L. 3253-18-1 porte sur les créances impayées mentionnées à l'article L. 3253-8.

Toutefois, les délais prévus aux 2° et 3° de l'article L. 3253-8 sont portés à trois mois à compter de toute décision équivalente à une décision de liquidation ou arrêtant un plan de redressement.

Art. L. 3253-18-4. Si les créances ne peuvent être payées en tout ou partie sur les fonds disponibles, les institutions de garantie mentionnées à l'article L. 3253-14 procèdent au versement des fonds sur présentation par le syndic étranger ou par toute autre personne exerçant une fonction similaire à celle du mandataire judiciaire, de l'administrateur judiciaire ou du liquidateur, des relevés des créances impayées.

Le dernier alinéa de l'article L. 3253-19 est applicable.

Art. L. 3253-18-5. Les sommes figurant sur ces relevés et restées impayées sont directement versées au salarié dans les huit jours suivant la réception des relevés des créances.

Par dérogation au premier alinéa, l'avance des contributions dues par l'employeur dans le cadre ***(L. 2011-893 du 28 juil. 2011, art. 44, JO 29)*** «du contrat de sécurisation professionnelle» mentionnées au 1° de l'article L. 3253-8 est versée à l' ***(L. 2008-126 du 13 févr. 2008, JO 14)*** «organisme gestionnaire du régime d'assurance chômage».

Art. L. 3253-18-6. L'article L. 3253-15 est applicable à l'exception du dernier alinéa.

Lorsque le mandataire judiciaire, l'administrateur judiciaire ou le liquidateur reçoit d'une institution située dans un autre État membre équivalente aux institutions de garantie mentionnées à l'article L. 3253-14 les sommes dues aux salariés, il reverse immédiatement ces sommes aux salariés concernés.

Le mandataire judiciaire ou le liquidateur transmet à toute institution située dans un autre État membre équivalente aux institutions de garantie mentionnées à l'article L. 3253-14 les relevés des créances impayées.

Art. L. 3253-18-7. Les articles L. 3253-7, L. 3253-10 à L. 3253-13 et L. 3253-17 sont applicables aux procédures définies aux articles L. 3253-18-1 et L. 3253-18-2. Les jugements mentionnés à l'article L. 3253-12 s'entendent de toute décision équivalente prise par l'autorité étrangère compétente.

Les institutions mentionnées à l'article L. 3253-14 sont subrogées dans les droits des salariés pour lesquels elles ont réalisé des avances.

Art. L. 3253-18-8. Lorsque le syndic étranger ou toute personne exerçant une fonction similaire à celle du mandataire judiciaire, de l'administrateur judiciaire ou du liquidateur a cessé ses fonctions ou dans le cas mentionné au 2° de l'article L. 3253-18-2, les institutions de garantie versent les sommes dues au salarié sur présentation, par celui-ci, des pièces justifiant du montant de sa créance. Dans ce cas, les dispositions relatives aux relevés des créances ne sont pas applicables.

Art. L. 3253-18-9. Les institutions mentionnées à l'article L. 3253-14 informent, en cas de demande, toutes autres institutions de garantie des États membres de la Communauté européenne ou de l'Espace économique européen sur la législation et la réglementation nationales applicables en cas de mise en œuvre d'une procédure d'insolvabilité définie aux articles L. 3253-18-1 et L. 3253-18-2.

Sous-section 3. Établissement et liquidation des créances

Art. L. 3253-19. Le mandataire judiciaire établit les relevés des créances dans les conditions suivantes :

1° Pour les créances mentionnées aux articles L. 3253-2 et L. 3253-4, dans les dix jours suivant le prononcé du jugement d'ouverture de la procédure ;

2° Pour les autres créances également exigibles à la date du jugement d'ouverture de la procédure, dans les trois mois suivant le prononcé du jugement ;

3° Pour les salaires et les indemnités de congés payés couvertes en application du 3° de l'article L. 3253-8 et les salaires couverts en application du dernier alinéa de ce même article, dans les dix jours suivant l'expiration des périodes de garantie prévues à ce 3° et ce, jusqu'à concurrence du plafond mentionné aux articles L. 3253-2, L. 3253-4 et L. 7313-8 ;

4° Pour les autres créances, dans les trois mois suivant l'expiration de la période de garantie.

Les relevés des créances précisent le montant des cotisations et contributions mentionnées au dernier alinéa de l'article L. 3253-8 dues au titre de chacun des salariés intéressés.

Note • **Relevé des créances salariales**

Il est établi par le représentant des créanciers et soumis pour vérification au représentant des salariés. Suivant la nature des créances, quatre relevés distincts doivent être dressés dans des délais précis.

Le représentant des créanciers doit établir les relevés des créances résultant du contrat de travail dans les délais prévus par cet article. Le salarié dont les relevés résultant du contrat de travail n'ont pas été établis dans les délais légaux est recevable à demander le paiement desdites créances directement devant le bureau de jugement du conseil de prud'hommes (cass. soc. 26 février 2003 n° 00-46.174, BC V n° 69 ; RJS 5/03 n° 612, 2e espèce).

• **Contestations**

Deux apports très importants de la loi de 1985 concernent : a) la faculté donnée au salarié qui conteste le sort fait à sa créance de saisir le conseil de prud'hommes et de mettre, éventuellement, en cause l'AGS ; b) la possibilité pour l'AGS de contester sa garantie « pour quelque cause que ce soit ».

Les contestations postérieures au jugement ouvrant la procédure de redressement judiciaire peuvent s'élever lorsqu'un salarié constate que sa créance ne figure pas (en totalité ou pour partie) sur le relevé des créances, lorsque l'AGS refuse de prendre en charge (en totalité ou partie) une créance figurant sur le relevé, lorsqu'un tiers (à l'exception du représentant des créanciers, du représentant des salariés, du débiteur et de l'Assédic) conteste le relevé des créances.

Contestation du relevé par le salarié et délai de forclusion. Il dispose d'un délai de deux mois à compter de la publication du relevé pour saisir le conseil de prud'hommes. Le délai de forclusion ne court pas lorsque le représentant des créanciers n'a pas informé le salarié de son existence et de son point de départ (cass. soc. 25 juin 2002, n° 00-44.704, BC V n° 210; RJS 10/02 n° 1127). La forclusion n'est opposable au salarié que s'il a été personnellement informé par le liquidateur judiciaire de la date du dépôt au greffe de l'état des créances résultant de son contrat de travail et du point de départ du délai de forclusion (cass. soc. 13 mai 2008, n° 06-44.125, RJS 7/08 n° 783). Le salarié est recevable à appeler en cause l'AGS pour l'entendre condamner à garantir la créance qui, sur sa réclamation, serait jugée devoir figurer sur le relevé des créances (cass. soc. 30 mai 1990, n° 87-43.422, BC V n° 253).

Contestations nées du refus de l'AGS. L'Assédic doit prévenir de son refus le représentant des créanciers qui en avise le représentant des salariés et le salarié concerné; celui-ci peut saisir le conseil de prud'hommes (bureau de jugement). Doivent être mis en cause le représentant des créanciers et l'employeur (ou l'administrateur).

Les institutions mentionnées à l'article L. 3253-14 CT, qui peuvent refuser pour quelque cause que ce soit le règlement d'une créance figurant sur les relevés des créances salariales, sont recevables à former tierce opposition au jugement rendu dans une instance à laquelle elles n'ont été ni parties ni représentées (cass. soc. 22 mars 2006, n° 03-46.097, RJS 6/06 n° 733).

• Outre les relevés des créances visées par le juge-commissaire, seules les décisions rendues par la juridiction prud'homale doivent être portées sur l'état des créances salariales et ouvrent aux salariés les droits à l'assurance contre le risque de non-paiement des sommes qui leur sont dues en exécution du contrat de travail (cass. soc. 14 mars 2000, n° 97-45.335, BC V n° 102; RJS 4/00 n° 414).

Art. L. 3253-20. Si les créances ne peuvent être payées en tout ou partie sur les fonds disponibles avant l'expiration des délais prévus par l'article L. 3253-19, le mandataire judiciaire demande, sur présentation des relevés, l'avance des fonds nécessaires aux institutions de garantie mentionnées à l'article L. 3253-14.

Dans le cas d'une procédure de sauvegarde, le mandataire judiciaire justifie à ces institutions, lors de sa demande, que l'insuffisance des fonds disponibles est caractérisée. Ces institutions peuvent contester, dans un délai déterminé par décret en Conseil d'État, la réalité de cette insuffisance devant le juge-commissaire. Dans ce cas, l'avance des fonds est soumise à l'autorisation du juge-commissaire.

Note L'AGS intervient pour garantir le règlement des créances dues au salarié en exécution du contrat de travail, dès lors que le représentant des créanciers ne dispose pas des sommes nécessaires à ce règlement, peu important qu'un tiers soit susceptible de garantir également tout ou partie de ces créances (cass. soc. 1er décembre 1993, n° 91-40.761, BC V n° 297; RJS 1/94 n° 39), peu important notamment que les associés d'un groupement d'employeurs placé en liquidation judiciaire soient solidairement responsables du passif salarial (cass. soc. 9 mars 2004, n° 02-41.851, BC V n° 74; RJS 5/04 n° 542). Les fonds doivent être versés dans des délais impérativement fixés qui varient selon la nature des créances et le moment où elles sont nées. Il semble que reste «valable» la décision de la Cour de cassation (cass. soc. 22 octobre 1981, n° 80-13.001, BC V n° 813) précisant que l'AGS n'est pas fondée à imputer sur le montant de sa garantie le versement partiel du montant de la créance d'un salarié fait par un tiers après le jugement déclarant la mise en liquidation judiciaire de l'employeur mais avant tout règlement par l'AGS. À noter que les sommes avancées doivent l'être:
– même si la fixation du montant définitif de la créance intervient après l'expiration des délais de garantie;
– en cas de contestation par un tiers;
– s'agissant de «créances établies par décision de justice exécutoire», notion substituée par la loi du 17 juillet 2001 à la notion de «créances définitivement établies par décision de justice» (sur cette notion antérieure à la loi de 2001, voir notamment cass. soc. 1er juin 1994, n° 91-43.477, BC V n° 183; RJS 8-9/94 n° 991; 18 novembre 2003, n° 01-43.735, RJS 1/04 n° 51).

Le juge ne peut condamner l'AGS à payer directement au salarié les sommes dues mais doit en ordonner le versement au liquidateur de l'entreprise (cass. soc. 26 janvier 2000, n° 96-42.376, BC V n° 39; RJS 3/00 n° 281; voir aussi cass. soc. 2 juillet 2014, n° 13-11.948, BC V n° 163; RJS 10/14 n° 690).

Les fonds avancés sont reversés immédiatement aux salariés créanciers, à l'exclusion des créanciers subrogés; voir notamment cass. soc. 25 avril 1984, n° 82-12.476, BC V n° 141, décidant qu'une banque ayant versé certaines sommes aux salariés et s'étant fait subroger dans leur privilège peut demander que sa créance soit inscrite et prise en charge par l'AGS.

Par ailleurs, lorsqu'un salarié ne sollicite pas la fixation de sa créance au passif de la procédure collective, l'AGS peut opposer une fin de non-recevoir à la demande de l'intéressé dirigée contre elle (cass. soc. 18 novembre 2020, n° 19-15.795, à paraître).

Art. R. 3253-6. Le délai de contestation prévu au second alinéa de l'article L. 3253-20 est de dix jours à compter de la réception par l'organisme gestionnaire du régime d'assurance chômage *(D. 2008-1010 du 29 sept. 2008, art. 7, JO 30)* «mentionné à l'article L. 3253-14» de la demande de fonds par le mandataire judiciaire.

Art. L. 3253-21. Les institutions de garantie mentionnées à l'article L. 3253-14 versent au mandataire judiciaire les sommes figurant sur les relevés et restées impayées:

1° Dans les cinq jours suivant la réception des relevés mentionnés aux 1° et 3° de l'article L. 3253-19;

2° Dans les huit jours suivant la réception des relevés mentionnés aux 2° et 4° du même article.

Par dérogation, l'avance des contributions de l'employeur au financement ***(L. 2011-893 du 28 juil. 2011, art. 44, JO 29)*** «du contrat de sécurisation professionnelle» est versée directement ***(L. 2008-126 du 13 févr. 2008, art. 16, JO 14, entrée en vigueur le 01.01.2011)*** «aux organismes chargés du recouvrement mentionnés à l'article L. 5427-1».

Le mandataire judiciaire reverse immédiatement les sommes qu'il a reçues aux salariés et organismes créanciers, à l'exclusion des créanciers subrogés, et en informe le représentant des salariés.

SECTION 3. Privilèges spéciaux

Art. L. 3253-22. Les sommes dues aux entrepreneurs de travaux publics ne peuvent être frappées de ***(Ord. 2011-1895 du 19 déc. 2011, art. 3, JO 20, entrée en vigueur le 01.06.2012)*** «saisie» ni d'opposition au préjudice soit des salariés, soit des fournisseurs créanciers à raison de fournitures de matériaux de toute nature servant à la construction des ouvrages.

Les sommes dues aux salariés à titre de salaire sont payées de préférence à celles dues aux fournisseurs.

Note Le privilège édicté par cet article, institué par le décret du 26 pluviôse an II, ne peut être étendu aux ouvriers ou fournisseurs des sous-traitants (cass. civ. 19 avril 1912).

Art. L. 3253-23. Peuvent faire valoir une action directe ou des privilèges spéciaux:

1° Dans les conditions fixées à l'article 1798 du code civil, les salariés des secteurs du bâtiment et des travaux publics;

2° Dans les conditions fixées aux 1° et 3° de l'article 2332 du code civil, les salariés des entreprises agricoles;

3° Dans les conditions fixées au 9° de l'article 2332 du code civil, les auxiliaires salariés des travailleurs à domicile;

4° Les caisses de congé pour le paiement des cotisations qui leur sont dues en application des articles ***(L. 2016-1088 du 8 août 2016, art. 8, XI, 7°, JO 9)*** « L. 3141-32» et L. 5424-6 et suivants. Ce privilège qui garantit le recouvrement de ces cotisations pendant un an à dater de leur exigibilité porte sur les biens meubles des débiteurs et prend rang immédiatement après celui des salariés établis par le 4° de l'article 2331 du code civil. Les immeubles des débiteurs sont également grevés d'une hypothèque légale prenant rang à la date de son inscription;

5° Dans les conditions fixées à l'article 89 du code du domaine public fluvial et de la navigation intérieure, les salariés employés à la construction, à la réparation, l'armement et à l'équipement du bateau.

Note L'action directe conférée aux ouvriers par l'article 1798 c. civ. et visée à l'article L. 3253-23 doit être intentée devant les tribunaux compétents suivant les règles du droit commun et non devant les conseils de prud'hommes (cass. civ. 19 février 1913).

CHAPITRE IV Économats

Art. L. 3254-1. Il est interdit à tout employeur:

1° D'annexer à son établissement un économat destiné à la vente, directe ou indirecte, aux salariés et à leurs familles de denrées ou marchandises de quelque nature que ce soit;

2° D'imposer au salarié l'obligation de dépenser tout ou partie de leur salaire dans des magasins désignés par lui.

Art. L. 3254-2. L'interdiction prévue à l'article L. 3254-1 ne vise pas les cas suivants :

1° Lorsque le contrat de travail stipule que le salarié logé et nourri reçoit en outre un salaire déterminé en argent ;

2° Lorsque, pour l'exécution d'un contrat de travail, l'employeur cède au salarié des fournitures à prix coûtant.

CHAPITRE V Dispositions pénales

Art. L. 3255-1. Le fait de méconnaître les dispositions de l'article L. 3254-1, relatives aux économats, est puni d'une amende de 3750 €.

Art. R. 3255-1. Le fait d'imposer au salarié des versements d'argent ou d'opérer des retenues d'argent sous la dénomination de frais ou sous toute autre dénomination pour quelque objet que ce soit, à l'occasion de son embauche, à l'occasion de l'exercice normal de son travail ou de la rupture de son contrat de travail dans les secteurs mentionnés à l'article L. 3251-4, est puni de l'amende prévue pour les contraventions de la quatrième classe.

Ces peines sont indépendantes des restitutions et des dommages-intérêts auxquels peuvent donner lieu les faits incriminés.

TITRE VI AVANTAGES DIVERS

CHAPITRE Ier Frais de transport

SECTION 1. Champ d'application

Art. L. 3261-1. ***(L. 2019-1428 du 24 déc. 2019, art. 82, III, 1°, JO 26, entrée en vigueur le 01.01.2020)*** Les dispositions du présent chapitre s'appliquent aux employeurs mentionnés à l'article L. 3211-1.

Elles s'appliquent également, dans des conditions et selon des modalités prévues par décret, aux magistrats et aux personnels civils et militaires de l'État, des collectivités territoriales et de leurs établissements publics, des établissements mentionnés à l'article 2 de la loi n° 86-33 du 9 janvier 1986 portant dispositions statutaires relatives à la fonction publique hospitalière et des groupements d'intérêt public.

SECTION 2. Prise en charge des frais de transports publics

Note Les sections 2 et 3 ont été introduites par la loi 2008-1330 du 17 décembre 2008, art. 20, JO 18.

Art. L. 3261-2. L'employeur prend en charge, dans une proportion et des conditions déterminées par voie réglementaire, le prix des titres d'abonnements souscrits par ses salariés pour leurs déplacements entre leur résidence habituelle et leur lieu de travail accomplis au moyen de transports publics de personnes ou de services publics de location de vélos.

Note • Depuis le 1er janvier 2009, la prise en charge des frais de transports publics n'est plus limitée à la région Île-de-France ; elle est étendue à l'ensemble du territoire et englobe les services publics de location de vélos.

• Une cour d'appel a pu juger qu'un employeur devait prendre en charge à hauteur de 50 % l'abonnement SNCF souscrit par un salarié habitant à Chartres et travaillant à Paris (cass. soc. 12 décembre 2012, n° 11-25.089, BC V n° 338 ; LSQ n° 16248 du 20.12.2012 ; RJS 2/13 n° 123 ; JSL n° 337, 12.02.2013, p. 17, Fr. Taquet ; JCP éd. S 2013, 1091, note O. Giovenal).

En revanche, lorsqu'un salarié travaille et réside à Limoges pendant la semaine, sa résidence habituelle se trouve à Limoges et, dès lors, le salarié ne peut pas demander à son employeur la prise en charge de l'abonnement ferroviaire souscrit pour retourner chaque fin de semaine et période de congés à son domicile situé à Villeneuve-d'Ascq (cass. soc. 22 juin 2016, n° 15-15.986, BC V n° 134 ; RJS 10/16 n° 630).

SECTION 3. Prise en charge des frais de transports personnels

Art. L. 3261-3. L'employeur peut prendre en charge, dans les conditions prévues à l'article L. 3261-4, tout ou partie des frais de carburant ***(L. 2019-1428 du 24 déc. 2019, art. 82, III, 2°, JO 26, entrée en vigueur le 01.01.2020)*** « et des frais exposés pour l'alimentation de véhicules électriques, hybrides rechargeables ou hydrogène » engagés pour leurs déplacements entre leur résidence habituelle et leur lieu de travail par ceux de ses salariés :

1° Dont la résidence habituelle ou le lieu de travail ***(L. 2019-1428 du 24 déc. 2019, art. 82, III, 2°, JO 26, entrée en vigueur le 01.01.2020)*** «soit est situé dans une commune non desservie par un service public de transport collectif régulier ou un service privé mis en place par l'employeur, soit n'est pas inclus dans le périmètre d'un plan de mobilité obligatoire en application des articles L. 1214-3 et L. 1214-24 du code des transports;»

2° Ou pour lesquels l'utilisation d'un véhicule personnel est rendue indispensable par des conditions d'horaires de travail particuliers ne permettant pas d'emprunter un mode collectif de transport.

Le bénéfice de cette prise en charge ne peut être cumulé avec celle prévue à l'article L. 3261-2.

Note Les articles L. 3261-3 et L. 3261-4 CT s'appliquent sans préjudice des dispositions des conventions et accords collectifs existants prévoyant une prise en charge des frais de transports personnels des salariés exonérée dans les conditions en vigueur au 18 décembre 2008 (loi 2008-1330 du 17 décembre 2008, art. 20, IV, JO 18).

Art. L. 3261-3-1. ***(L. 2019-1428 du 24 déc. 2019, art. 82, III, 3°, JO 26, entrée en vigueur le 01.01.2020)*** L'employeur peut prendre en charge, dans les conditions prévues pour les frais de carburant à l'article L. 3261-4, tout ou partie des frais engagés par ses salariés se déplaçant entre leur résidence habituelle et leur lieu de travail avec leur cycle ou cycle à pédalage assisté personnel ***(L. 2020-1721 du 29 déc. 2020, art. 119, JO 30, entrée en vigueur le 01.01.2022)*** «ou leur engin de déplacement personnel motorisé» ou en tant que conducteur ou passager en covoiturage, ou en transports publics de personnes à l'exception des frais d'abonnement mentionnés à l'article L. 3261-2, ou à l'aide d'autres services de mobilité partagée définis par décret sous la forme d'un " forfait mobilités durables " dont les modalités sont fixées par décret.

Note Lorsque l'employeur qui, au 11 mai 2020, versait aux salariés l'indemnité kilométrique vélo prévue par l'article L. 3261-3-1 dans sa rédaction antérieure à la loi 2019-1428 précitée poursuit le versement de cet avantage dans des conditions conformes aux dispositions des articles R. 3261-11 à 15 dans leur rédaction issue de cette loi et du décret 2020-541 du 9 mai 2020, JO 10, il est regardé comme versant le forfait mobilités durables (décret précité, art. 2).

Art. L. 3261-4. ***(L. 2019-1428 du 24 déc. 2019, art. 82, III, 4°, JO 26, entrée en vigueur le 01.01.2020)*** Le montant, les modalités et les critères d'attribution de la prise en charge des frais mentionnés aux articles L. 3261-3 et L. 3261-3-1 sont déterminés par accord d'entreprise ou par accord interentreprises, et à défaut par accord de branche. À défaut d'accord, la prise en charge de ces frais est mise en œuvre par décision unilatérale de l'employeur, après consultation du comité social et économique, s'il existe.

SECTION 4. Titre-mobilité

Note Cette section a été introduite par la loi 2019-1428 du 24 décembre 2019, art. 82, III, 6°, JO 26, entrée en vigueur le 01.01.2020.

Art. L. 3261-5. La prise en charge mentionnée aux articles L. 3261-3 et L. 3261-3-1 peut prendre la forme d'une solution de paiement spécifique, dématérialisée et prépayée, intitulée " titre-mobilité ". Ce titre est émis par une société spécialisée qui les cède à l'employeur contre paiement de leur valeur libératoire et, le cas échéant, d'une commission.

Art. L. 3261-6. L'émetteur du titre-mobilité ouvre un compte bancaire ou postal sur lequel sont uniquement versés les fonds qu'il perçoit en contrepartie de la cession de ces titres.

Le montant des versements est égal à la valeur libératoire des titres mis en circulation.

Les fonds provenant d'autres sources, notamment des commissions éventuellement perçues par les émetteurs, ne peuvent être versés aux comptes ouverts en application du présent article.

Art. L. 3261-7. Les comptes prévus à l'article L. 3261-6 sont des comptes de dépôt de fonds intitulés " comptes de titre-mobilité ".

Sous réserve du même article L. 3261-6 et du présent article ainsi que du décret prévu à l'article L. 3261-10, ils ne peuvent être débités qu'en règlement de biens ou de services spécifiques liés aux déplacements des salariés entre leur résidence habituelle et leur lieu de travail, fournis ou commercialisés par des organismes agréés, dans des conditions fixées par ce même décret.

Les émetteurs spécialisés mentionnés à l'article L. 3261-6 qui n'ont pas déposé à l'avance, sur leur compte de titre-mobilité, le montant de la valeur libératoire des titres-mobilité qu'ils cèdent à des employeurs ne peuvent recevoir de ces derniers, en contrepartie de cette valeur, que des versements effectués au crédit de leur compte, à l'exclusion d'espèces, d'effets ou de valeurs quelconques.

Art. L. 3261-8. En cas de procédure de sauvegarde, de redressement ou de liquidation judiciaire de l'émetteur, les salariés détenteurs de titres non utilisés mais encore valables et échangeables à la date du jugement déclaratif peuvent, par priorité à toute autre créance privilégiée ou non, se faire rembourser immédiatement, sur les fonds déposés aux comptes ouverts en application de l'article L. 3261-6, le montant des sommes versées pour l'acquisition de ces titres-mobilité.

Art. L. 3261-9. Les titres qui n'ont pas été présentés au remboursement par un organisme mentionné à l'article L. 3261-7 avant la fin du deuxième mois suivant l'expiration de leur période d'utilisation sont définitivement périmés.

Sous réserve de prélèvements autorisés par le décret prévu à l'article L. 3261-10, la contre-valeur des titres périmés est versée au budget des activités sociales et culturelles des entreprises auprès desquelles les salariés se sont procuré leurs titres.

Art. L. 3261-10. Un décret en Conseil d'État détermine les modalités d'application du présent titre, notamment :

1° Les mentions obligatoires attachées aux titres-mobilité et les modalités d'accessibilité de ces mentions ;

2° Les conditions d'utilisation et de remboursement de ces titres ;

3° Les règles de fonctionnement des comptes bancaires spécialement affectés à l'émission et à l'utilisation des titres-mobilité ;

4° Les conditions du contrôle de la gestion des fonds mentionnées à l'article L. 3261-7.

SECTION 5. Dispositions d'application

Note Cette section est l'ancienne section 4 introduite par la loi 2008-1330 du 17 décembre 2008, art. 20, JO 18 (loi 2019-1428 du 24 décembre 2019, art. 82, III, 5°, JO 26, entrée en vigueur le 01.01.2020).

Art. L. 3261-11. ***(L. 2019-1428 du 24 déc. 2019, art. 82, III, 7°, JO 26, entrée en vigueur le 01.01.2020)*** Un décret en Conseil d'État détermine les modalités des prises en charge prévues aux articles L. 3261-2 à L. 3261-4, notamment pour les salariés ayant plusieurs employeurs et les salariés à temps partiel, ainsi que les sanctions pour contravention aux dispositions du présent chapitre.

SECTION 1 (réglementaire). Prise en charge des frais de transports publics

Note Les sections 1 à 3 ont été introduites par le décret 2008-1501 du 30 décembre 2008, JO 31.

Art. R. 3261-1. La prise en charge par l'employeur des titres d'abonnement, prévue à l'article L. 3261-2, est égale à 50 % du coût de ces titres pour le salarié.

Art. R. 3261-2. L'employeur prend en charge les titres souscrits par les salariés, parmi les catégories suivantes :

1° Les abonnements multimodaux à nombre de voyages illimité ainsi que les abonnements annuels, mensuels, hebdomadaires ou à renouvellement tacite à nombre de voyages illimité émis par la Société nationale des chemins de fer (SNCF) ainsi que par les entreprises de transport public, les régies et les autres personnes mentionnées au II de l'article 7 de la loi n° 82-1153 du 30 décembre 1982 d'orientation des transports intérieurs ;

2° Les cartes et abonnements mensuels, hebdomadaires ou à renouvellement tacite à nombre de voyages limité délivrés par la Régie autonome des transports parisiens (RATP), la Société nationale des chemins de fer (SNCF), les entreprises de l'Organisation professionnelle des transports d'Île-de-France ainsi que par les entreprises de transport public, les régies et les autres personnes mentionnées au II de l'article 7 de la loi n° 82-1153 du 30 décembre 1982 d'orientation des transports intérieurs ;

3° Les abonnements à un service public de location de vélos.

Note • S'agissant des titres délivrés par la SNCF, les réservations effectuées par les salariés n'entrent pas dans le champ de la prise en charge obligatoire par l'employeur (rép. QE 60263, JO AN 19 janvier 2010, p. 660).

• Sur une application stricte de l'article R. 3261-2, voir rép. QE 92650, JO AN 1er mars 2011, p. 2092.

Art. R. 3261-3. La prise en charge par l'employeur est effectuée sur la base des tarifs deuxième classe. Le bénéficiaire peut demander la prise en charge du ou des titres de transport lui permettant d'accomplir le trajet de la résidence habituelle à son lieu de travail dans le temps le plus court. Lorsque le titre utilisé correspond à un trajet supérieur au trajet nécessaire pour accomplir dans le temps le plus court le trajet de la résidence habituelle au lieu de travail, la prise en charge est effectuée sur la base de l'abonnement qui permet strictement de faire ce dernier trajet.

Art. R. 3261-4. L'employeur procède au remboursement des titres achetés par les salariés dans les meilleurs délais et, au plus tard, à la fin du mois suivant celui pour lequel ils ont été validés. Les titres dont la période de validité est annuelle font l'objet d'une prise en charge répartie mensuellement pendant la période d'utilisation.

Art. R. 3261-5. La prise en charge des frais de transport par l'employeur est subordonnée à la remise ou, à défaut, à la présentation des titres par le salarié.

Pour être admis à la prise en charge, les titres doivent permettre d'identifier le titulaire et être conformes aux règles de validité définies par l'établissement public, la régie, l'entreprise ou la personne mentionnés à l'article R. 3261-2, ou, le cas échéant, par la personne chargée de la gestion du service public de location de vélos.

Lorsque le titre d'abonnement à un service public de location de vélos ne comporte pas les noms et prénoms du bénéficiaire, une attestation sur l'honneur du salarié suffit pour ouvrir droit à la prise en charge des frais d'abonnement.

Pour les salariés intérimaires, une attestation sur l'honneur adressée à l'entreprise de travail temporaire mentionnée à l'article L. 1251-45, qui est leur employeur, suffit pour ouvrir droit à la prise en charge des frais d'abonnement à un service de transport public de voyageurs ou à un service public de location de vélos.

Art. R. 3261-6. Un accord collectif de travail peut prévoir d'autres modalités de preuve et de remboursement des frais de transport, sans que les délais de remboursement des titres puissent excéder ceux mentionnés à l'article R. 3261-4.

Art. R. 3261-7. En cas de changement des modalités de preuve ou de remboursement des frais de transport, l'employeur avertit les salariés au moins un mois avant la date fixée pour le changement.

Art. R. 3261-8. L'employeur peut refuser la prise en charge lorsque le salarié perçoit déjà des indemnités représentatives de frais pour ses déplacements entre sa résidence habituelle et son ou ses lieux de travail d'un montant supérieur ou égal à la prise en charge prévue à l'article R. 3261-1.

Art. R. 3261-9. Le salarié à temps partiel, employé pour un nombre d'heures égal ou supérieur à la moitié de la durée légale hebdomadaire ou conventionnelle, si cette dernière lui est inférieure, bénéficie d'une prise en charge équivalente à celle d'un salarié à temps complet.

Le salarié à temps partiel, employé pour un nombre d'heures inférieur à la moitié de la durée du travail à temps complet défini conformément au premier alinéa, bénéficie d'une prise en charge calculée à due proportion du nombre d'heures travaillées par rapport à la moitié de la durée du travail à temps complet.

Art. R. 3261-10. Le salarié qui exerce son activité sur plusieurs lieux de travail au sein d'une même entreprise qui n'assure pas le transport entre ces différents lieux et entre ces lieux et la résidence habituelle du salarié peut prétendre à la prise en charge du ou des titres de transport lui permettant de réaliser l'ensemble des déplacements qui lui sont imposés entre sa résidence habituelle et ses différents lieux de travail, ainsi qu'entre ces lieux de travail.

SECTION 2 (réglementaire). Prise en charge des frais de transports personnels

Sous-section 1. Frais de carburant et frais exposés pour l'alimentation de véhicules électriques, hybrides rechargeables ou hydrogène

Note Cette sous-section a été introduite par le décret 2020-541 du 9 mai 2020, JO 10, et comprend les articles R. 3261-11 à R. 3261-13 préexistants.

Art. R. 3261-11. Lorsque l'employeur prend en charge tout ou partie des ***(D. 2020-541 du 9 mai 2020, JO 10)*** « frais de carburant d'un véhicule et des frais d'alimentation d'un véhicule électrique, hybride rechargeable ou hydrogène » engagés par ses salariés, il en fait bénéficier, selon les mêmes modalités et en fonction de la distance entre le domicile et le lieu de travail, l'ensemble des salariés remplissant les conditions prévues à l'article L. 3261-3.

L'employeur doit disposer des éléments justifiant cette prise en charge. Il les recueille auprès de chaque salarié bénéficiaire qui les lui communique.

Art. R. 3261-12. Sont exclus du bénéfice de la prise en charge des ***(D. 2020-541 du 9 mai 2020, JO 10)*** « frais mentionnés à l'article R. 3261-11 » :

1° Les salariés bénéficiant d'un véhicule mis à disposition permanente par l'employeur avec prise en charge par l'employeur des dépenses de carburant ou d'alimentation électrique d'un véhicule ;

2° Les salariés logés dans des conditions telles qu'ils ne supportent aucun frais de transport pour se rendre à leur travail ;

3° Les salariés dont le transport est assuré gratuitement par l'employeur.

Art. R. 3261-13. En cas de changement des modalités de remboursement des ***(D. 2020-541 du 9 mai 2020, JO 10)*** «frais mentionnés à l'article R. 3261-11», l'employeur avertit les salariés au moins un mois avant la date fixée pour le changement.

Sous-section 2. Forfait mobilités durables

Note Cette sous-section a été introduite par le décret 2020-541 du 9 mai 2020, JO 10.

Art. R. 3261-13-1. Les autres services de mobilité partagée mentionnés à l'article L. 3261-3-1 comprennent :

1° La location ou la mise à disposition en libre-service de véhicules mentionnés aux 4.8, 4.9, 6.10, 6.11 et 6.14 de l'article R. 311-1 du code de la route, avec ou sans station d'attache et accessibles sur la voie publique, à condition qu'ils soient équipés d'un moteur non thermique ou d'une assistance non thermique lorsqu'ils sont motorisés ;

2° Les services d'autopartage mentionnés à l'article L. 1231-14 du code des transports, à condition que les véhicules mis à disposition soient des véhicules à faibles émissions au sens du V de l'article L. 224-7 du code de l'environnement.

Art. R. 3261-13-2. Lorsque l'employeur assure la prise en charge de tout ou partie des frais mentionnés à l'article L. 3261-3-1, il en fait bénéficier, selon les mêmes modalités, l'ensemble des salariés de l'entreprise remplissant les conditions prévues à l'article L. 3261-3-1.

La prise en charge prend la forme d'une allocation forfaitaire dénommée " forfait mobilités durables ". Cette allocation est versée sous réserve de son utilisation effective conformément à son objet. Elle est réputée utilisée conformément à son objet si l'employeur recueille auprès du salarié, pour chaque année civile, un justificatif de paiement ou une attestation sur l'honneur relatifs à l'utilisation effective d'un ou plusieurs des moyens de déplacement mentionnés à l'article L. 3261-3-1.

Sous-section 3. Dispositions communes

Note Cette sous-section a été introduite par le décret 2020-541 du 9 mai 2020, JO 10, et comprend les articles R. 3261-14 et R. 3261-15 préexistants.

Art. R. 3261-14. Le salarié à temps partiel, employé pour un nombre d'heures égal ou supérieur à la moitié de la durée légale hebdomadaire ou conventionnelle, si cette dernière lui est inférieure, bénéficie ***(D. 2020-541 du 9 mai 2020, JO 10)*** «des prises en charges prévues aux articles L. 3261-3 et L. 3261-3-1 dans les mêmes conditions qu'un salarié à temps complet».

Le salarié à temps partiel, employé pour un nombre d'heures inférieur à la moitié de la durée du travail à temps complet défini conformément au premier alinéa, bénéficie d'une prise en charge calculée à due proportion du nombre d'heures travaillées par rapport à la moitié de la durée du travail à temps complet.

Art. R. 3261-15. Le salarié qui exerce son activité sur plusieurs lieux de travail au sein d'une même entreprise qui n'assure pas le transport entre ces différents lieux et entre ces lieux et la résidence habituelle du salarié peut prétendre ***(D. 2020-541 du 9 mai 2020, JO 10)*** «aux prises en charge mentionnées aux articles L. 3261-3 et L. 3261-3-1 pour les déplacements» qui lui sont imposés entre sa résidence habituelle et ses différents lieux de travail, ainsi qu'entre ces lieux de travail.

SECTION 3 (réglementaire). Dispositions pénales

Art. R. 3261-16. Le fait pour l'employeur de méconnaître les dispositions des articles L. 3261-1 à L. 3261-4 est puni de l'amende prévue pour les contraventions de la quatrième classe.

CHAPITRE II Titres-restaurant

Note • Issues de l'ordonnance 67-830 du 27 septembre 1967 (JO 28) et du décret 67-1165 du 22 décembre 1967 (JO 28), les dispositions relatives aux titres-restaurant ont été intégrées dans le code du travail lors de sa recodification en 2008. Depuis lors, elles ont fait l'objet de plusieurs modifications afin d'élargir les possibilités d'utilisation du titre-restaurant (lois 2009-879 du 21 juillet 2009, art. 113, JO 22 et 2010-874 du 27 juillet 2010, art. 2, JO 28 ; décrets 2010-220 du 3 mars 2010, JO 4 et 2010-1460 du 30 novembre 2010, JO 2 déc.).

Un arrêté du 3 mars 2010 (JO 4) a modifié les conditions dans lesquelles peuvent être utilisés les titres-restaurant. Alors qu'ils ne permettaient (arrêté du 22 décembre 1967) que de régler un repas comportant obligatoirement un plat chaud, ils peuvent désormais être utilisés «en paiement de préparations immédiatement consommables, y compris de fruits et légumes immédiatement consommables». Sur cette possibilité, voir aussi rép. QE 73842, JO AN 4 mai 2010, p. 5013.

• Sur les conditions générales d'octroi des titres-restaurant, voir : rép. QE 19169, JO AN 20 juillet 1987, p. 4128 précisant notamment : a) qu'il n'y a aucune obligation légale de mettre en place un système de titres-restaurant mais que, dès lors qu'un tel avantage social est mis en place dans une entreprise, il doit être équivalent pour chaque salarié ; b) qu'un salarié, dont les horaires de travail ne recoupent pas l'interruption utilisée habituellement pour prendre un repas, ne peut prétendre aux titres-restaurant ; rép. QE 16175, JO Sén. 26 septembre 1996, p. 2505 précisant que les salariés travaillant de nuit doivent percevoir la même indemnité de repas que celle perçue par les salariés de jour, le décret 67-1165 du 22 décembre 1967 (art. 3, al. 2) disposant qu'un salarié ne peut recevoir qu'un titre-restaurant par repas compris dans son horaire de travail journalier ; rép. QE 10276, JO AN 1er juin 1998, p. 3012 rappelant les conditions supplémentaires que doivent remplir les commerçants non spécialisés (dont les grandes surfaces) pour pouvoir accepter des tickets-restaurant (rayon traiteur devant être équipé d'une caisse enregistreuse distincte des autres caisses de l'établissement et acceptant, seule, ce mode de paiement) (décret du 22 décembre 1967, art. 15).

L'attribution de tickets-restaurant n'est pas obligatoire pour les entreprises disposant d'un local de restauration. Une cour d'appel, qui a constaté qu'une convention collective se bornait à faire bénéficier le personnel des dispositions de l'ordonnance du 27 septembre 1967, a décidé à bon droit que l'employeur, qui avait créé un restaurant au sein de l'établissement par accord avec le comité d'entreprise, n'était pas tenu d'attribuer des tickets-restaurant aux salariés (cass. soc. 18 juillet 2000, n° 98-40.402, BC V n° 287 ; RJS 11/00 n° 1100). Voir article R. 4228-22.

Un employeur ne peut réserver l'octroi de tickets-restaurant à une seule catégorie professionnelle de son entreprise sans justifier d'une raison objective et pertinente pouvant légitimer cette disparité (cass. soc. 20 février 2008, n° 05-45.601, BC V n° 39). Il ne peut non plus décider de n'accorder de titres-restaurant qu'aux salariés résidant en dehors de la commune du lieu de l'entreprise (CA Montpellier, 22 octobre 1992, RJS 12/92 n° 1392). En revanche, le bénéfice des titres-restaurant peut être soumis à conditions (cass. soc. 16 septembre 2009, n° 08-42.040 : en l'espèce, quinze jours au minimum de travail au cours du mois).

La Cour de cassation considère qu'aucune disposition de la réglementation régissant les titres-restaurant n'interdit à l'employeur de prévoir une tarification différente en fonction de l'éloignement du lieu de travail par rapport au domicile des salariés (cass. soc. 22 janvier 1992, n° 88-40.938, BC V n° 26 ; RJS 3/92 n° 296).

Les salariés disposant de plages horaires mobiles ont droit aux titres-restaurant (cass. soc. 20 février 2013, n° 10-30.028, BC V n° 54 ; JCP éd. S 2013, 1184, note Th. Lahalle ; RJS 5/13 n° 383). Il en est de même des salariés suivant une formation de conseiller prud'homme, dès lors qu'elle englobe un temps de repas (cass. soc. 20 février 2013, n° 10-30.028, précité).

Sur l'octroi de titres-restaurant à des salariés bénéficiant d'heures pour recherche d'emploi rémunérées, voir cass. soc. 18 décembre 2013, n° 12-22.752, RJS 3/14 n° 217.

• Compte tenu de sa nature et de son objet, le titre-restaurant ne saurait être assimilé à une prime ou à une gratification (cass. soc. 14 février 1995, n° 91-43.963) ; il constitue un avantage en nature payé par l'employeur entrant dans la rémunération du salarié (cass. soc. 29 novembre 2006, n° 05-42.853, BC V n° 366 ; RJS 2/07 n° 295 ; Dr. Soc. 2007, p. 355, obs. Ch. Radé ; JCP éd. S 2007, 1240, note Fr. Bousez).

La participation du salarié aux titres-restaurants peut être prélevée sur son salaire (cass. soc. 1er mars 2017, n° 15-18.333, BC V n° 36 ; JCP éd. S 2017, 1140, note A. Barège ; RJS 5/17 n° 334).

SECTION 1. **Émission**

Art. L. 3262-1. Le titre-restaurant est un titre spécial de paiement remis par l'employeur aux salariés pour leur permettre d'acquitter en tout ou en partie le prix du repas consommé au restaurant ou ***(L. 2010-874 du 27 juil. 2010, art. 2, JO 28)*** «acheté auprès d'une personne ou d'un organisme mentionné au deuxième alinéa de l'article L. 3262-3. Ce repas peut être composé de fruits et légumes, qu'ils soient ou non directement consommables».

Ces titres sont émis :

1° Soit par l'employeur au profit des salariés directement ou par l'intermédiaire du ***(Ord. 2017-1386 du 22 sept. 2017, art. 4, 20°, JO 23, entrée en vigueur au plus tard le 01.01.2018)*** «comité social et économique» ;

2° Soit par une entreprise spécialisée qui les cède à l'employeur contre paiement de leur valeur libératoire et, le cas échéant, d'une commission.

Un décret détermine les conditions d'application du présent article.

Art. L. 3262-2. L'émetteur de titres-restaurant ouvre un compte bancaire ou postal sur lequel sont uniquement versés les fonds qu'il perçoit en contrepartie de la cession de ces titres.

Toutefois, cette règle n'est pas applicable à l'employeur émettant ses titres au profit des salariés.

Le montant des versements est égal à la valeur libératoire des titres mis en circulation. Les fonds provenant d'autres sources, et notamment des commissions éventuellement perçues par les émetteurs ne peuvent être versés aux comptes ouverts en application du présent article.

Note Le 2e alinéa de cet article a été modifié par la loi 2019-486 du 22 mai 2019, art. 11, VI, 6°, JO 23, entrée en vigueur le 01.01.2020.

Art. L. 3262-3. Les comptes prévus à l'article L. 3262-2 sont des comptes de dépôts de fonds intitulés " comptes de titres-restaurant ".

Sous réserve des dispositions des articles L. 3262-4 et L. 3262-5, ils ne peuvent être débités qu'au profit de personnes ou d'organismes exerçant la profession de restaurateur, d'hôtelier restaurateur ou une activité assimilée, ***(L. 2009-879 du 21 juil. 2009, art. 113, JO 22)*** «ou la profession de détaillant en fruits et légumes».

Les émetteurs spécialisés mentionnés au 2° de l'article L. 3262-1, qui n'ont pas déposé à l'avance à leur compte de titres-restaurant le montant de la valeur libératoire des titres-restaurant qu'ils cèdent à des employeurs, ne peuvent recevoir de ces derniers, en contrepartie de cette valeur, que des versements effectués au crédit de leur compte, à l'exclusion d'espèces, d'effets ou de valeurs quelconques.

SECTION 2. Utilisation

Art. L. 3262-4. En cas de procédure de sauvegarde, de redressement ou de liquidation judiciaire de l'émetteur, les salariés détenteurs de titres non utilisés mais encore valables et échangeables à la date du jugement déclaratif peuvent, par priorité à toute autre créance privilégiée ou non, se faire rembourser immédiatement, sur les fonds déposés aux comptes ouverts en application de l'article L. 3262-2, le montant des sommes versées pour l'acquisition de ces titres-restaurant.

Art. L. 3262-5. Les titres qui n'ont pas été présentés au remboursement par un restaurant ***(L. 2009-879 du 21 juil. 2009, art. 113, JO 22)*** «ou un détaillant en fruits et légumes» avant la fin du deuxième mois suivant l'expiration de leur période d'utilisation sont définitivement périmés.

Sous réserve de prélèvements autorisés par le décret prévu à l'article L. 3262-7, la contre-valeur des titres périmés est versée au budget des activités sociales et culturelles des entreprises auprès desquelles les salariés se sont procuré leurs titres.

SECTION 3. Exonérations

Art. L. 3262-6. ***(L. 2008-1443 du 30 déc. 2008, art. 61, JO 31)*** Conformément à l'article 81 du code général des impôts, lorsque l'employeur contribue à l'acquisition des titres par le salarié bénéficiaire, le complément de rémunération qui en résulte pour le salarié est exonéré d'impôt sur le revenu dans la limite prévue au 19° dudit article.

Note Cet article s'applique à compter de l'imposition des revenus de 2008 (loi 2008-1443 précité, art. 61, III).

SECTION 4. Dispositions d'application

Art. L. 3262-7. Un décret en Conseil d'État détermine les modalités d'application du présent titre, notamment:

1° Les mentions qui figurent sur les titres-restaurant et les conditions d'apposition de ces mentions;

2° Les conditions d'utilisation et de remboursement de ces titres;

3° Les règles de fonctionnement des comptes bancaires ou postaux spécialement affectés à l'émission et à l'utilisation des titres-restaurant;

4° Les conditions du contrôle de la gestion des fonds mentionnées à l'article L. 3262-2.

SECTION 1 (réglementaire). Conditions d'émission et de validité

Art. R. 3262-1. ***(D. 2014-294 du 6 mars 2014, JO 7, entrée en vigueur le 02.04.2014)*** Les titres-restaurant peuvent être émis sur un support papier ou sous forme dématérialisée.

Note L'administration fiscale a adapté sa documentation à la dématérialisation des titres-restaurant (BOFiP-RSA-CHAMP-20-50-30-§§ 230 et 250-03/04/2014).

Art. R. 3262-1-1. ***(D. 2014-294 du 6 mars 2014, JO 7, entrée en vigueur le 02.04.2014)*** Les titres-restaurant émis sur un support papier comportent, en caractères très apparents, les mentions suivantes :

1° Le nom et l'adresse de l'émetteur ;

2° Le nom et l'adresse de l'établissement bancaire à qui les titres sont présentés au remboursement par les restaurateurs ou les détaillants en fruits et légumes ;

3° Le montant de la valeur libératoire du titre ;

4° L'année civile d'émission ;

5° Le numéro dans une série continue de nombres caractérisant l'émission ;

6° Le nom et l'adresse du restaurateur ou du détaillant en fruits et légumes chez qui le repas a été consommé ou acheté.

Art. R. 3262-1-2. ***(D. 2014-294 du 6 mars 2014, JO 7, entrée en vigueur le 02.04.2014)*** Lorsque les titres-restaurant sont émis sous forme dématérialisée, les dispositions suivantes sont applicables :

1° Les mentions prévues aux 1° et 2° de l'article R. 3262-1-1 figurent de façon très apparente sur le support physique du paiement dématérialisé. Si le paiement est effectué à partir d'un équipement terminal, au sens du 10° de l'article L. 32 du code des postes et des communications électroniques, utilisé par le salarié et comportant une fonctionnalité de paiement électronique, ces mentions sont accessibles directement sur cet équipement ;

2° L'émetteur assure à chaque salarié l'accès permanent et gratuit, par message textuel, par voie téléphonique ou directement sur l'équipement terminal mentionné au 1°, aux informations suivantes :

a) Le solde de son compte personnel de titres-restaurant, en distinguant le montant des titres-restaurant émis durant l'année civile écoulée qui ne sont pas périmés et, pendant la période de quinze jours mentionnée au deuxième alinéa de l'article R. 3262-5, le montant des titres-restaurant périmés ;

b) La date de péremption des titres ainsi que la date limite à laquelle peuvent être échangés les titres périmés ;

c) Le montant de la valeur libératoire du titre, toute modification de cette valeur libératoire faisant en outre l'objet d'une information préalable du salarié sur un support durable ;

3° Le numéro de série caractérisant l'émission mentionné au 5° de l'article R. 3262-1-1 est conservé par l'émetteur dans une base de données qui associe ce numéro avec un identifiant permettant de garantir que le paiement est effectué au profit d'une personne ou d'un organisme mentionné au deuxième alinéa de l'article L. 3262-3. Cette base de données associe également ce numéro de série avec l'année civile d'émission prévue au 4° de l'article R. 3262-1-1 ;

4° L'émetteur met en œuvre une fonctionnalité assurant qu'aucun titre émis durant l'année en cours ne peut être utilisé par le salarié tant qu'il n'a pas utilisé tous les titres émis durant l'année civile écoulée en méconnaissance des dispositions du deuxième alinéa de l'article R. 3262-5 ;

5° L'émetteur met en œuvre une fonctionnalité de blocage automatique du paiement empêchant l'utilisation des titres-restaurant lorsque l'une des obligations suivantes n'est pas satisfaite :

a) Celles qui sont prévues aux 3° et 4° du présent article ;

b) Celles qui sont prévues aux articles R. 3262-8 et R. 3262-10 du présent code ;

6° Le solde du compte personnel de titres-restaurant du salarié ne peut être converti sur support papier, sauf pour ceux des salariés qui, dans le cadre des activités de l'entreprise qui les emploie, accomplissent principalement leurs missions en dehors des locaux de cette entreprise. Dans ce cas, la base de données de l'émetteur mentionnée au 3° ci-dessus recense les opérations de conversion par employeur et par salarié.

Art. R. 3262-2. Les mentions prévues ***(D. 2014-294 du 6 mars 2014, JO 7, entrée en vigueur le 02.04.2014)*** « aux 1° à 5° de l'article R. 3262-1-1 » sont apposées au recto du titre ***(D. 2014-294 du 6 mars 2014, JO 7, entrée en vigueur le 02.04.2014)*** « émis sur un support papier » par l'émetteur.

Les mentions prévues au ***(D. 2014-294 du 6 mars 2014, JO 7, entrée en vigueur le 02.04.2014)*** « 6° de l'article R. 3262-1-1 » sont apposées par le restaurateur ***(D. 2010-220 du 3 mars 2010, JO 4)*** « ou le détaillant en fruits et légumes » au moment de l'acceptation du titre ***(D. 2014-294 du 6 mars 2014, JO 7, entrée en vigueur le 02.04.2014)*** « émis sur un support papier ».

Art. R. 3262-3. Les titres-restaurant émis conformément aux dispositions du présent chapitre sont dispensés du droit de timbre.

SECTION 2 (réglementaire). **Utilisation**

Art. R. 3262-4. ***(D. 2010-1460 du 30 nov. 2010, JO 2 déc.)*** Les titres-restaurant ne peuvent être utilisés que dans les restaurants et auprès des organismes ou entreprises assimilés ainsi qu'auprès des détaillants en fruits et légumes, afin d'acquitter en tout ou en partie le prix d'un repas.

Ce repas peut être composé de préparations alimentaires directement consommables, le cas échéant à réchauffer ou à décongeler, notamment de produits laitiers.

Il peut également être composé de fruits et légumes, qu'ils soient ou non directement consommables.

Art. R. 3262-5. Les titres-restaurant ne peuvent être ***(D. 2014-294 du 6 mars 2014, JO 7, entrée en vigueur le 02.04.2014)*** « utilisés » en paiement d'un repas à un restaurateur ***(D. 2010-220 du 3 mars 2010, JO 4)*** « ou à un détaillant en fruits et légumes » que pendant l'année civile dont ils font mention ***(D. 2014-294 du 6 mars 2014, JO 7, entrée en vigueur le 02.04.2014)*** « et durant une période de deux mois à compter du 1er janvier de l'année suivante ».

(D. 2014-294 du 6 mars 2014, JO 7, entrée en vigueur le 02.04.2014) « Aucun titre émis durant l'année en cours ne peut être utilisé par le salarié tant qu'il n'a pas utilisé tous les titres émis durant l'année civile écoulée. »

Les titres non utilisés au cours de cette période et rendus par les salariés bénéficiaires à leur employeur au plus tard au cours de la quinzaine suivante sont échangés gratuitement contre un nombre égal de titres valables pour la période ultérieure.

Note *Covid-19.* Voir décret 2021-104 du 2 février 2021, art. 1er, JO 3.

Art. R. 3262-6. Les titres-restaurant émis ou acquis par une entreprise ne peuvent être utilisés que par les salariés de cette entreprise.

Art. R. 3262-7. Un même salarié ne peut recevoir qu'un titre-restaurant par repas compris dans son horaire de travail journalier. Ce titre ne peut être utilisé que par le salarié auquel l'employeur l'a remis.

Art. R. 3262-8. ***(D. 2014-294 du 6 mars 2014, JO 7, entrée en vigueur le 02.04.2014)*** Les titres-restaurant ne sont pas utilisables les dimanches et jours fériés, sauf décision contraire de l'employeur au bénéfice exclusif des salariés travaillant pendant ces mêmes jours. Lorsque les titres sont émis sur support papier, cette décision fait l'objet d'une mention très apparente sur les titres. Lorsque les titres sont émis sous forme dématérialisée, l'employeur informe par tout moyen les salariés concernés de la décision mentionnée ci-dessus, avant l'émission du titre.

Note *Covid-19.* Voir décrets 2020-706 du 10 juin 2020, art. 1er, JO 11 et 2021-104 du 2 février 2021, art. 2, JO 3.

Art. R. 3262-9. Les titres-restaurant ne peuvent être utilisés que dans le département du lieu de travail des salariés bénéficiaires et les départements limitrophes, à moins qu'ils ne portent de manière très apparente une mention contraire apposée par l'employeur, sous sa responsabilité, au bénéfice exclusif de ceux des salariés qui sont, du fait de leurs fonctions, appelés à des déplacements à longue distance.

Art. R. 3262-10. ***(D. 2014-294 du 6 mars 2014, JO 7, entrée en vigueur le 02.04.2014)*** L'utilisation des titres-restaurant est limitée à un montant maximum de dix-neuf euros par jour.

Lorsque les titres-restaurant sont émis sous forme dématérialisée, le salarié est débité de la somme exacte à payer, dans la limite du montant maximum journalier mentionné au premier alinéa.

Note *Covid-19.* Voir décrets 2020-706 du 10 juin 2020, art. 2, JO 11 et 2021-104 du 2 février 2021, art. 3, JO 3.

Art. R. 3262-11. Le salarié qui quitte l'entreprise remet à l'employeur, au moment de son départ, les titres-restaurant en sa possession. Il est remboursé du montant de sa contribution à l'achat de ces titres.

SECTION 3 (réglementaire). **Conditions de remboursement**

Art. R. 3262-12. Lorsque l'employeur a acquis ses titres-restaurant auprès d'un émetteur spécialisé, il peut obtenir de celui-ci au cours du mois qui suit la période d'utilisation l'échange de ses titres inutilisés en ne versant que la commission normalement perçue par l'émetteur lors de la vente de ces titres.

Dans ce cas, le montant des commissions correspondant aux titres dont la non utilisation incombe aux salariés est remboursable par ces derniers à l'employeur.

Art. R. 3262-13. En application des dispositions de l'article L. 3262-5, la contre-valeur des titres-restaurant perdus ou périmés est versée à l'émetteur par l'établissement bancaire qui tient son compte de titres-restaurant.

L'émetteur est autorisé à opérer sur cette somme un prélèvement, dont le taux maximum est fixé par arrêté du ministre chargé de l'économie et des finances, et qui est destiné à couvrir forfaitairement les frais de répartition entraînés par l'application de l'article R. 3262-14 et les frais d'expert comptable prévus à l'article R. 3262-33.

Art. R. 3262-14. Lorsque l'émetteur est l'employeur mentionné au 1° de l'article L. 3262-1, il verse le solde disponible après le prélèvement prévu à l'article R. 3262-13 au ***(D. 2017-1819 du 29 déc.***

2017, art. 3, 4°, JO 30, entrée en vigueur le 01.01.2018) «comité social et économique» s'il en existe un ou, à défaut, l'affecte dans un délai de six mois au budget des activités sociales et culturelles de son entreprise.

Lorsqu'il s'agit d'un émetteur spécialisé mentionné au 2° du même article, il répartit ce solde entre les *(D. 2017-1819 du 29 déc. 2017, art. 3, 32°, JO 30, entrée en vigueur le 01.01.2018)* «comités sociaux et économiques» des entreprises qui lui ont acheté des titres ou, à défaut, entre ces entreprises elles-mêmes, à due proportion des achats de titres opérés au cours de la période d'émission des titres perdus ou périmés. En l'absence de *(D. 2017-1819 du 29 déc. 2017, art. 3, 4°, JO 30, entrée en vigueur le 01.01.2018)* «comité social et économique», chaque entreprise utilise le solde lui revenant conformément aux dispositions du premier alinéa.

Art. R. 3262-15. En l'absence de motif légitime justifiant un retard de présentation et lorsque les titres-restaurant sont présentés postérieurement à l'évaluation mentionnée au second alinéa, leur montant ne peut être remboursé au restaurateur *(D. 2010-220 du 3 mars 2010, JO 4)* «ou au détaillant en fruits et légumes» par imputation sur le compte ouvert en application de l'article L. 3262-2.

Les modalités et la périodicité de l'évaluation du montant des titres-restaurant périmés sont fixées par arrêté du ministre chargé de l'économie et des finances.

SECTION 4 (réglementaire). Fonctionnement et contrôle des comptes de titres-restaurant

Sous-section 1. Fonctionnement

Art. R. 3262-16. L'établissement bancaire qui ouvre l'un des comptes des titres-restaurant prévus à l'article L. 3262-2 remet au titulaire de ce compte une attestation d'ouverture de compte en triple exemplaire.

Le titulaire du compte remet l'un de ces exemplaires au *(D. 2014-551 du 27 mai 2014, art. 29, JO 29)* «directeur départemental ou, le cas échéant, régional des finances publiques» dont il relève et le second à la Commission nationale des titres-restaurant mentionnée à la section 5. Il est délivré récépissé de ces remises.

Art. R. 3262-17. L'établissement bancaire adresse mensuellement à la Commission nationale des titres-restaurant le relevé de tous les mouvements de fonds affectant les comptes de titres-restaurant, à l'exception des seuls paiements aux restaurateurs et assimilés *(D. 2010-220 du 3 mars 2010, JO 4)* «et aux détaillants en fruits et légumes».

Art. R. 3262-18. Lorsque l'établissement bancaire qui tient le compte fait établir les formules de titres-restaurant qui seront utilisées par l'émetteur titulaire de ce compte, ces formules ne sont remises à l'émetteur qu'après versement à ce compte d'une provision égale à la valeur libératoire des titres.

Art. R. 3262-19. Les titres-restaurant sont directement payables aux restaurateurs *(D. 2010-220 du 3 mars 2010, JO 4)* «et aux détaillants en fruits et légumes» par l'établissement bancaire qui tient le compte de l'émetteur.

Avant de procéder au paiement, l'organisme payeur s'assure, selon les modalités prévues aux articles R. 3262-26 à R. 3262-31, que le présentateur exerce la profession de restaurateur, *(D. 2010-220 du 3 mars 2010, JO 4)* «d'hôtelier restaurateur, ou une activité assimilée ou une activité de détaillant en fruits et légumes prévues au deuxième alinéa de l'article L. 3262-3».

Art. R. 3262-21. Lorsque les titres sont émis par une entreprise spécialisée, elle ne peut accepter en paiement que des versements correspondant à la valeur libératoire de ces titres.

Ces versements sont opérés:

1° Soit par virement direct à un compte de titres-restaurant;

2° Soit au moyen de chèques bancaires à barrement spécial désignant l'établissement bancaire où le compte est ouvert et portant la mention «compte de titres-restaurant».

Art. R. 3262-22. La délivrance de titres par un émetteur spécialisé est subordonnée:

1° Soit à la constitution d'une provision équivalente à la valeur libératoire des titres cédés;

2° Soit au règlement simultané des titres-restaurant conformément à l'article R. 3262-21.

Dans le cas d'un chèque demeuré impayé, la provision correspondante est immédiatement rétablie.

Art. R. 3262-23. Un émetteur spécialisé est habilité à se faire ouvrir plusieurs comptes de titres-restaurant dans plusieurs établissements bancaires. Il peut opérer des virements d'un compte à l'autre.

Art. R. 3262-24. Sous la responsabilité de l'émetteur spécialisé, les sommes portées au crédit des comptes de titres-restaurant peuvent faire l'objet de placements temporaires sous réserve que leur montant demeure à tout moment immédiatement réalisable pour sa valeur nominale initiale.

Art. R. 3262-25. Les titres sont présentés au remboursement par les restaurateurs ***(D. 2010-220 du 3 mars 2010, JO 4)*** « ou les détaillants en fruits et légumes » à l'émetteur. Ce dernier donne ordre à l'établissement bancaire qui tient son compte d'en effectuer le paiement par imputation au débit de ce compte.

Ce paiement est opéré au moyen soit de virements bancaires, soit de chèques émis ou virés par cet établissement.

Le paiement est effectué dans un délai qui ne peut excéder vingt et un jours à compter de la réception du titre aux fins de règlement.

Sous-section 2. Condition d'exercice de la profession de restaurateur ou assimilé ou des détaillants en fruits et légumes

Art. R. 3262-26. L'exercice de la profession de restaurateur ***(D. 2010-220 du 3 mars 2010, JO 4)*** « ou de détaillant en fruits et légumes » exigé par les dispositions de l'article L. 3262-3 est vérifié par la Commission nationale des titres-restaurant mentionnée à la section 5 d'après les renseignements de notoriété dont elle dispose et au besoin par référence au numéro d'activité d'entreprise adopté par l'Institut national de la statistique et des études économiques (I.N.S.E.E.) et par les unions pour le recouvrement des cotisations de sécurité sociale (URSSAF).

(D. 2010-220 du 3 mars 2010, JO 4) « Les pièces que la commission peut demander au professionnel concerné pour l'application de l'alinéa ci-dessus sont précisées par arrêté du ministre chargé de l'économie et des finances. »

Art. R. 3262-27. Les personnes, les entreprises ou les organismes qui proposent à la vente au détail, à titre habituel et au moins six mois par an, des préparations alimentaires ***(D. 2010-1460 du 30 nov. 2010, JO 2 déc.)*** « mentionnées au deuxième alinéa de l'article R. 3262-4 » sans être en possession du numéro de code d'activité accordé aux restaurateurs et hôteliers restaurateurs peuvent être assimilés à ces derniers, à la condition d'avoir transmis par lettre recommandée avec avis de réception à la commission un dossier complet.

(D. 2010-220 du 3 mars 2010, JO 4) « La commission des titres-restaurant vérifie également que les préparations offertes sont conformes aux dispositions mentionnées à l'article R. 3262-4.

La composition du dossier mentionné au premier alinéa et les pièces nécessaires à la vérification par la commission prévue au deuxième alinéa de la conformité des préparations offertes sont précisées par un arrêté du ministre chargé de l'économie et des finances. »

Art. R. 3262-28. Les personnes, entreprises ou organismes qui assurent uniquement les prestations de portage ou de livraison de repas à domicile ne peuvent bénéficier de l'assimilation à l'activité de restaurateur.

Art. R. 3262-29. Lorsque le dossier qu'a fait parvenir le demandeur de l'assimilation à la profession de restaurateur est complet et qu'il en résulte que l'intéressé remplit les conditions fixées à l'article R. 3262-27 pour bénéficier de cette assimilation, la commission lui adresse une attestation par lettre recommandée avec avis de réception.

Dès réception de cette attestation, l'assimilation est réputée accordée.

Art. R. 3262-30. Lorsque le dossier n'est pas complet, la commission adresse au demandeur de l'assimilation une lettre recommandée avec avis de réception mentionnant les pièces justificatives manquantes à produire dans le délai d'un mois suivant la réception de cette lettre recommandée. À défaut d'envoi des pièces complémentaires demandées dans le délai imparti, l'assimilation est réputée refusée.

À la réception des pièces complémentaires demandées, si l'intéressé remplit les conditions fixées à l'article R. 3262-27, la commission lui adresse une attestation par lettre recommandée avec avis de réception.

Dès réception de cette attestation, l'assimilation est réputée accordée.

Art. R. 3262-31. Lorsque, dans le délai d'un mois suivant la date de réception du dossier figurant sur l'avis de réception, la commission n'a pas adressé au demandeur de l'assimilation une attestation de dossier complet ou ne lui a pas demandé la production de pièces justificatives manquantes, l'assimilation est réputée accordée.

Art. R. 3262-32. Pour l'application du 2° de l'article R. 3262-36, les personnes, entreprises ou organismes assimilés aux restaurateurs adressent à nouveau au secrétariat de la commission, sous trente jours au terme d'un délai de douze mois suivant la date à laquelle l'assimilation est réputée leur avoir été accordée, les pièces du dossier mentionné à l'article R. 3262-27, mises à jour à la date d'expiration du délai de douze mois, afin de justifier de leur activité de vente de préparations alimentaires ***(D. 2010-1460 du 30 nov. 2010, JO 2 déc.)*** « mentionnées au deuxième alinéa de l'article R. 3262-4 » dans les conditions définies à ce même article.

À défaut d'avoir satisfait à l'obligation prévue au premier alinéa, les personnes, entreprises ou organismes assimilés ne bénéficient plus de l'assimilation aux restaurateurs.

Note Sur le champ d'application de cet article, voir décret 2008-244 du 7 mars 2008, art. 4 (JO 12).

Sous-section 3. Contrôle de la gestion

Art. R. 3262-33. L'émetteur de titres-restaurant fait appel à un expert comptable chargé de constater au moins une fois par an les opérations accomplies par cet émetteur.

Les constatations de cet expert comptable sont consignées dans un rapport que l'émetteur tient à la disposition de tout agent de contrôle.

Art. R. 3262-34. Par dérogation à l'article R. 3262-33, si l'émission des titres est assurée par l'employeur et qu'il existe un ***(D. 2017-1819 du 29 déc. 2017, art. 3, 4°, JO 30, entrée en vigueur le 01.01.2018)*** «comité social et économique», ce dernier opère le contrôle de la gestion des fonds.

Art. R. 3262-35. Un arrêté du ministre chargé de l'économie et des finances détermine les modalités d'application des articles R. 3262-33 et R. 3262-34.

SECTION 5 (réglementaire). Commission nationale des titres-restaurant

Sous-section 1. Missions

Art. R. 3262-36. La Commission nationale des titres-restaurant est chargée:

1° D'accorder l'assimilation à la profession de restaurateur aux personnes, entreprises ou organismes qui satisfont ***(D. 2010-1460 du 30 nov. 2010, JO 2 déc.)*** «aux conditions prévues à l'article R. 3262-4 et aux articles R. 3262-26 à R. 3262-32»;

2° De constater les cas où ***(D. 2010-220 du 3 mars 2010, JO 4)*** «les restaurateurs, les personnes, entreprises, organismes assimilés ou les détaillants en fruits et légumes» ont cessé leur activité ou ne satisfont plus aux conditions ouvrant droit au remboursement des titres-restaurant;

3° De vérifier l'exercice de la profession de restaurateur ***(D. 2010-220 du 3 mars 2010, JO 4)*** «ou de celle de détaillant en fruits et légumes» conformément aux dispositions de l'article R. 3262-26;

4° De réunir les informations relatives aux conditions d'application du présent chapitre et de les transmettre aux administrations compétentes;

5° De fournir aux émetteurs et aux utilisateurs de titres-restaurant les renseignements pratiques dont ils peuvent avoir besoin;

6° De faciliter l'accord des parties intéressées sur les améliorations qui peuvent être apportées à l'émission et à l'utilisation des titres-restaurant;

7° D'étudier et de transmettre à l'administration les propositions de modification de la réglementation des titres-restaurant;

8° D'exercer un contrôle sur le fonctionnement des comptes de titres-restaurant ouverts par les entreprises émettrices afin d'assurer que sont respectées les obligations qui leur sont imposées ainsi que celles ***(D. 2010-220 du 3 mars 2010, JO 4)*** «des restaurateurs, organismes ou entreprises assimilés et des détaillants en fruits et légumes.»

Art. R. 3262-37. Pour permettre à la commission d'exercer la mission de contrôle prévue au 8° de l'article R. 3262-36, chaque société ou entreprise émettrice de titres-restaurant communique, au secrétariat de la commission, le rapport annuel établi par l'expert-comptable désigné à l'article R. 3262-33. Elle lui communique également, chaque mois:

1° Un état récapitulatif des entrées et sorties de titres-restaurant au cours du mois écoulé;

2° Un état récapitulatif des mouvements ayant affecté, au cours du même mois, les fonds détenus au titre des comptes de titres-restaurant.

Art. R. 3262-38. À la demande de la commission, la société ou l'entreprise émettrice de titres-restaurant transmet au secrétariat:

1° L'état récapitulatif des restaurateurs et organismes ou entreprises, ***(D. 2010-220 du 3 mars 2010, JO 4)*** «des détaillants en fruits et légumes» qui, dans une circonscription donnée au cours d'une période donnée, ont présenté des titres de remboursement;

2° Tout document comptable ou commercial de nature à justifier la régularité des opérations.

Art. R. 3262-39. La commission peut faire opérer, à tout moment par un expert-comptable, des contrôles auprès des entreprises émettrices et des émetteurs spécialisés.

Sous-section 2. Organisation et fonctionnement

Art. R. 3262-40. La Commission nationale des titres-restaurant comprend notamment des représentants des organisations représentatives d'employeurs et de salariés, des syndicats de restaurateurs et ***(D. 2010-1460 du 30 nov. 2010, JO 2 déc.)*** «de détaillants de fruits et légumes, et» des entreprises ayant pour activité principale l'émission de titres-restaurant.

Art. R. 3262-41. La composition et le fonctionnement de la commission sont déterminés par un arrêté conjoint des ministres chargés du travail et de l'économie et des finances.

Note Voir arrêté du 22 juin 2011 (JO 30) fixant la composition de la Commission nationale des titres-restaurant.

Art. R. 3262-42. Les membres de la commission ne sont pas rémunérés.

Art. R. 3262-43. Le secrétariat de la commission est assuré par les services du ministre chargé de l'économie et des finances.

Le secrétaire général est désigné en accord avec le ministre chargé du travail.

Art. R. 3262-44. La commission est assistée d'un ou de plusieurs experts-comptables et désignés, sur sa proposition, par arrêté conjoint des ministres chargés du travail et de l'économie et des finances.

Art. R. 3262-45. La commission peut créer dans un département ou un groupe de départements des comités consultatifs dont la composition est analogue à la sienne.

SECTION 6 (réglementaire). Dispositions pénales

Art. R. 3262-46. Le fait de méconnaître les dispositions du premier et du troisième alinéa de l'article L. 3262-2, de l'article L. 3262-3 et du second alinéa de l'article L. 3262-5, est puni de l'amende prévue pour les contraventions de la quatrième classe.

Il en est de même des infractions aux dispositions des articles R. 3262-1, R. 3262-2, R. 3262-4 à R. 3262-11, R. 3262-16, R. 3262-17, R. 3262-20 à R. 3262-25, R. 3262-33 à R. 3262-35 et R. 3262-37 à R. 3262-39 ainsi que des entraves mises à l'exercice de la mission de contrôle impartie à la commission prévue à l'article R. 3262-36.

CHAPITRE III Chèques-vacances

Art. L. 3263-1. Les dispositions relatives aux chèques-vacances sont prévues aux articles L. 411-1 à L. 411-17 du code du tourisme.

LIVRE III

DIVIDENDE DU TRAVAIL : INTÉRESSEMENT, PARTICIPATION ET ÉPARGNE SALARIALE

Note • L'ordonnance du 21 octobre 1986 relative à l'intéressement et à la participation des salariés aux résultats de l'entreprise et à l'actionnariat des salariés, qui n'avait pas été insérée dans le code du travail, a d'abord été modifiée par la loi 90-1002 du 7 novembre 1990 (JO 11) puis par la loi 94-640 du 25 juillet 1994 (JO 27) relative à l'amélioration de la participation des salariés dans l'entreprise, qui l'a codifiée.

Depuis lors, les dispositions légales relatives à l'épargne salariale ont été modifiées à de nombreuses reprises, notamment par :
- la loi 2001-152 du 19 février 2001 (JO 20) sur l'épargne salariale ;
- la loi 2003-775 du 21 août 2003 (JO 22) portant réforme des retraites ;
- la loi du 30 décembre 2003 (JO 31) ;
- la loi du 4 mai 2004 (JO 5) relative à la formation professionnelle tout au long de la vie et au dialogue social ;
- l'ordonnance 2004-804 du 9 août 2004 (JO 11) relative au soutien à la consommation et à l'investissement ;
- la loi 2005-842 du 26 juillet 2005 (JO 27) pour la confiance et la modernisation de l'économie ;
- la loi 2005-882 du 2 août 2005 en faveur des petites et moyennes entreprises ;
- la loi 2006-1770 du 30 décembre 2006 (JO 31) qui a modifié sensiblement le régime des dispositifs existants (intéressement, participation, plans d'épargne) et a notamment prévu la possibilité pour les entreprises de verser un supplément d'intéressement ou de participation ;
- la loi 2008-1258 du 3 décembre 2008 (JO 4) qui a notamment introduit la possibilité d'un déblocage immédiat des droits à participation, la faculté pour l'employeur de mettre en place un plan d'épargne pour la retraite collectif (PERCO) par décision unilatérale en cas d'échec des négociations, et plusieurs mesures temporaires visant à encourager la conclusion ou la renégociation d'un accord d'intéressement (crédit d'impôt, prime exceptionnelle). Cette loi comporte d'autres mesures visant à développer l'épargne salariale, notamment la faculté de conclure un accord type d'intéressement au niveau de la branche professionnelle, l'élargissement de l'accès des chefs d'entreprise et de leur conjoint collaborateur ou associé aux différents mécanismes d'épargne salariale ou la possibilité d'abondement initial au PERCO même en l'absence de contribution du salarié ;
- la loi 2010-1330 du 9 novembre 2010 (JO 10) portant réforme des retraites qui comporte des mesures relatives à l'épargne retraite, désormais définie comme visant à compléter les pensions dues au titre des régimes de retraite par répartition légalement obligatoires, en permettant de disposer, à partir du départ à la retraite, de ressources provenant d'une épargne constituée indi-

viduellement ou collectivement à partir de versements sur une base volontaire ou obligatoire réalisés à titre privé ou lors de l'activité professionnelle (loi précitée, art. 107);
– la loi 2015-990 du 6 août 2015 (JO 10) pour la croissance, l'activité et l'égalité des chances économiques qui comporte de nombreuses mesures de simplification et d'harmonisation des dispositifs d'épargne salariale. Sur les apports de cette loi, voir J-Ph. Lieutier, «Réforme de l'épargne salariale, de l'épargne retraite et de l'actionnariat salarié», Dr. Soc. octobre 2015, p. 777.

Les dispositions réglementaires prises pour l'application de ces lois résultent du décret 87-544 du 17 juillet 1987, codifié par le décret 95-377 du 11 avril 1995 (JO 12), puis des décrets 2001-703 et 704 du 31 juillet 2001 (JO 3 août), 2003-384 du 23 avril 2003 (JO 25), 2004-400 du 7 mai 2004 (JO 8), 2009-350 et 351 du 30 mars 2009 (JO 31), 2011-1449 et 1450 du 7 novembre 2011 (JO 8) et 2015-1606 du 7 décembre 2015 (JO 9).

L'ensemble des dispositions légales et réglementaires sur l'épargne salariale ont fait l'objet d'un guide interministériel de l'épargne salariale diffusé le 14 juillet 2014 sur «*https://travail-emploi.gouv.fr*». Sur les modifications apportées aux mécanismes de l'épargne salariale par la loi du 30 décembre 2006, voir lettre circulaire ACOSS 2007-48 du 6 mars 2007 et circulaire DSS/5B/DGT/RT3 2007/199 du 15 mai 2007 (JCP éd. S 2007, 1452). Sur les modifications résultant de la loi du 3 décembre 2008 et des décrets 2009-350 et 351 du 30 mars 2009, voir la circulaire «Questions - Réponses» DGT 2009-13 du 19 mai 2009 relative à la loi en faveur des revenus du travail. Sur les modifications apportées aux règles de gestion de la participation et du PERCO par la loi du 9 novembre 2010 et ses décrets d'application, voir circulaire interministérielle ETST1221259C du 19 avril 2012. Sur les modifications introduites par la loi 2015-990 du 6 août 2015, voir instruction interministérielle DGT/RT3/DSS/DGTRESOR/2016/45 du 18 février 2016 relative à la loi 2015-990 du 6 août 2015 et aux décrets 2015-1526 du 25 novembre 2015 et 2015-1606 du 7 décembre 2015 portant sur l'intéressement, la participation et les plans d'épargne salariale; voir aussi J. Kovac et L. Gaudemet-Toulemonde, «Épargne salariale: que prévoient les décrets d'application de la loi Macron à la lumière de l'instruction interministérielle du 18 février 2016», JCP éd. S 2016, 1105.

• **Loi PACTE.** La loi 2019-486 du 22 mai 2019 (JO 23) relative à la croissance et la transformation des entreprises, dite loi «PACTE», précisée par le décret 2019-862 du 20 août 2019 (JO 22), a apporté aux dispositifs d'épargne salariale un certain nombre de modifications dans le but de les rendre plus souples et plus attractifs.

En outre, la loi a réformé l'épargne retraite en créant un cadre commun aux dispositifs existants: le plan d'épargne retraite. Cette réforme a été mise en œuvre par l'ordonnance 2019-766 du 24 juillet 2019 (JO 25), précisée par le décret 2019-807 du 30 juillet 2019 (JO 1er août), qui, au niveau de l'entreprise, a créé le plan d'épargne retraite d'entreprise collectif et le plan d'épargne retraite obligatoire (voir art. L. 224-1 et s. et R. 224-1 et s. c. mon. et fin., entrés en vigueur le 01.10.2019, rapportés dans les *Textes non codifiés*, rubrique «Participation, Intéressement, Épargne salariale»).

L'instruction interministérielle DGT/RT3/DSS/DGT/2019/252 du 19 décembre 2019 a apporté des précisions, sous la forme de «questions - réponses», sur les modifications introduites en matière d'épargne salariale par la loi PACTE.

Sur les apports de la loi PACTE et de son décret d'application, voir RF 23 mai 2019, FH 3793, 8-1 et s. et 5 septembre 2019, FH 3805, 5-1 et s.; RF Social, juillet-août 2019, Cahier juridique n° 198, «Loi PACTE effectif, épargne salariale et autres mesures sociales»; J. Kovac et L. Gaudemet-Toulemonde, «Épargne salariale et actionnariat salarié L. n° 2019-486, 22 mai 2019», JCP éd. S 2019, 1183; X. Aumeran, «Les dispositifs d'épargne salariale», JCP éd. S 2019, 1299, points 1 à 5.

Voir aussi C. Frouin, A. Sauret et V. Roche, «La mise en place de l'épargne salariale par accord de branche», JCP éd. S 2020, 1027.

Sur les apports de l'ordonnance réformant l'épargne retraite, voir RF 26 septembre 2019, FH 3808, 2-1 et s.; X. Aumeran, «Les dispositifs d'épargne salariale», JCP éd. S 2019, 1299, points 6.
• Voir Guide RF, éd. 2020, «Épargne salariale et actionnariat salarié».

• Les dispositions des chapitres II, III et IV du titre IV du livre IV [troisième partie, livre III: titres II, III et IV] du code du travail sont applicables à l'ensemble des personnels de France Télécom (loi 2003-1365 du 31 décembre 2003, art. 6).

Les dispositions des chapitres III et IV du titre IV du livre IV [troisième partie, livre III: titres III et IV] du code du travail sont applicables à l'ensemble des personnels de La Poste (loi 2005-516 du 20 mai 2005, art. 9).

Les chapitres Ier, III et IV du titre IV du livre IV [troisième partie, livre III: titres I, III et IV] du code du travail sont applicables aux personnels de l'État mis à la disposition de la DCN (Direction des constructions navales) ou de ses filiales (loi 2004-1487 du 30 décembre 2004, art. 2, modifiée par loi 2006-1770 du 30 décembre 2006, art. 26).

Le décret 87-948 du 26 novembre 1987 déterminant les entreprises publiques et sociétés nationales soumises aux textes relatifs à la participation financière des salariés dans l'entreprise a été modifié en dernier lieu par le décret 2014-1658 du 29 décembre 2014 (JO 30).

• Sur *l'épargne salariale en période de Covid-19*, voir notamment le «Questions - Réponses» accessible sur le site internet du ministère du Travail.

TITRE Ier INTÉRESSEMENT

Note Voir notamment RF Social, janvier 2020, Cahier juridique n° 203, «Participation et intéressement».

CHAPITRE Ier Champ d'application

Art. L. 3311-1. Les dispositions du présent titre sont applicables aux employeurs de droit privé ainsi qu'à leurs salariés.

Elles sont également applicables:

1° Aux établissements publics à caractère industriel et commercial;

2° Aux établissements publics administratifs lorsqu'ils emploient du personnel de droit privé.

(L. 2019-486 du 22 mai 2019, art. 155, I, 1°, JO 23, entrée en vigueur le 01.01.2019) «Pour l'application du présent titre, l'effectif salarié et le franchissement du seuil sont déterminés selon les modalités prévues au I de l'article L. 130-1 du code de la sécurité sociale.»

Un décret en Conseil d'État détermine les conditions dans lesquelles les dispositions du présent titre sont applicables aux entreprises publiques et aux sociétés nationales ne pouvant pas conclure une convention ou un accord collectif de travail mentionné à l'article L. 3312-5 ***(L. 2019-486 du 22 mai 2019, art. 155, I, 1°, JO 23, entrée en vigueur le 01.01.2019)*** «du présent code».

Note • Les dispositions relatives à l'intéressement des salariés ne sont applicables qu'aux entreprises publiques, aux établissements publics à caractère industriel et commercial et aux établissements publics qui assurent à la fois une mission de service public à caractère administratif et à caractère industriel et commercial. Elles ne sont donc pas applicables dans un centre hospitalier public (cass. soc. 6 juillet 2011, n° 10-15.348, BC V n° 186; RJS 10/11 n° 829).

• Il résulte de la combinaison des articles L. 441-1, L. 131-2 et L. 134-1 (anciens) CT que les dispositions relatives à l'intéressement des salariés ne sont applicables aux établissements publics qui assurent tout à la fois une mission de service public à caractère administratif et à caractère industriel et commercial que s'ils figurent sur une liste déterminée par décret et emploient du personnel dans les conditions du droit privé. Les chambres de commerce et d'industrie n'étant pas, en tant qu'établissements publics qui peuvent gérer des services industriels et commerciaux, dans le champ des dispositions précitées relatives à l'intéressement, dès lors qu'aucun décret n'est intervenu conformément à l'article L. 134-1 (ancien) CT, une cour d'appel a décidé à juste titre qu'une chambre de commerce et d'industrie ne pouvait pas bénéficier des dispositions de l'article L. 441-1 (ancien) CT, de sorte que les sommes versées dans le cadre des accords d'intéressement devaient être réintégrées dans l'assiette des cotisations (cass. soc. 23 mars 2004, n° 02-14.575).

• Les dispositions du code du travail relatives à l'intéressement des salariés à l'entreprise sont applicables à l'ensemble des personnels de La Poste et de France Télécom (loi 2003-1365 du 31 décembre 2003, art. 6).

• Un groupement d'intérêt économique n'est pas exclu des entreprises visées par l'article 1er de l'ordonnance 86-1134 du 21 octobre 1986 et, pour le calcul de l'intéressement, l'accord peut prendre en compte les résultats des entreprises membres du groupement (cass. soc. 1er juin 2005, n° 03-30.295, BC V n° 186). Cette solution jurisprudentielle a été reprise par l'article L. 3314-3 CT qui autorise les groupements d'intérêt économique ainsi que les groupements d'employeurs à instaurer un régime d'intéressement prenant en compte les résultats ou les performances des entreprises membres du groupement.

• *Fonction publique.* Le décret 2011-1038 du 29 août 2011 (JO 1er sept.) a mis en place un dispositif d'intéressement collectif dans les administrations de l'État.

Art. R. 3311-1. Dans les entreprises publiques dont le personnel est soumis pour les conditions de travail à un statut législatif ou réglementaire, les accords d'intéressement peuvent fixer un montant maximum des sommes à distribuer dans la limite du cinquième du total des salaires bruts versés aux salariés intéressés.

Art. R. 3311-2. Dans les entreprises publiques, les accords d'intéressement ne peuvent entrer en application qu'après avoir été homologués par arrêté du ministre chargé de l'économie et du ministre de tutelle après avis de la commission interministérielle de coordination des salaires.

Art. R. 3311-3. ***(D. 2009-350 du 30 mars 2009, JO 31)*** Les dispositions du présent titre sont également applicables aux personnes mentionnées aux articles L. 3312-2 et L. 3312-3.

Art. D. 3311-4. ***(D. 2009-351 du 30 mars 2009, JO 31)*** Les salariés d'un groupement d'employeurs qui n'a pas mis en place un dispositif d'intéressement peuvent bénéficier du dispositif d'intéressement mis en place dans chacune des entreprises du groupement auprès de laquelle ils sont mis à disposition si l'accord le prévoit.

CHAPITRE II Mise en place de l'intéressement

Art. L. 3312-1. L'intéressement a pour objet d'associer collectivement les salariés aux résultats ou aux performances de l'entreprise.

Il présente un caractère aléatoire et résulte d'une formule de calcul liée à ces résultats ou performances.

Il est facultatif.

Art. L. 3312-2. Toute entreprise qui satisfait aux obligations incombant à l'employeur en matière de représentation du personnel peut instituer, par voie d'accord, un intéressement collectif des salariés.

(L. 2008-1258 du 3 déc. 2008, art. 7, JO 4) «Le salarié d'un groupement d'employeurs peut bénéficier du dispositif d'intéressement mis en place dans chacune des entreprises adhérentes du groupement auprès de laquelle il est mis à disposition dans des conditions fixées par décret.»

Note Cet article a été modifié par la loi 2020-1525 du 7 décembre 2020, art. 118, I, 1°, JO 8.

Art. D. 3312-1. ***(D. 2020-795 du 26 juin 2020, JO 28)*** Lorsqu'un accord de branche d'intéressement ouvre des choix aux parties signataires au niveau de l'entreprise, l'accord déposé peut ne contenir que les clauses résultant de ces choix.

Dans les entreprises de moins de cinquante salariés, lorsqu'un accord de branche d'intéressement propose un accord type au niveau de l'entreprise, l'employeur peut appliquer cet accord type conformément aux dispositions de l'accord de branche en vigueur, au moyen d'un document unilatéral, dans les conditions prévues à l'article L. 2232-10-1.

Art. L. 3312-3. Dans les entreprises ***(L. 2019-486 du 22 mai 2019, art. 11, VI, 7°, JO 23, entrée en vigueur le 01.01.2020)*** «employant au moins un salarié et moins de deux cent cinquante salariés», peuvent bénéficier des dispositions du présent titre:

1° Les chefs de ces entreprises;

2° Les présidents, directeurs généraux, gérants ou membres du directoire s'il s'agit de personnes morales;

3° Le conjoint ***(L. 2019-486 du 22 mai 2019, art. 155, I, 17°, JO 23)*** «ou le partenaire lié par un pacte civil de solidarité» du chef d'entreprise s'il a le statut de conjoint collaborateur ou de conjoint associé mentionné à l'article L. 121-4 du code de commerce ***(L. 2012-387 du 22 mars 2012, art. 79, JO 23)*** «ou à l'article L. 321-5 du code rural et de la pêche maritime».

Toutefois, un accord d'intéressement ne peut être conclu dans une entreprise dont l'effectif est limité à un salarié si celui-ci a également la qualité de président, directeur général, gérant ou membre du directoire.

(L. 2019-486 du 22 mai 2019, art. 155, I, 2°, JO 23) «Par dérogation à l'avant-dernier alinéa de l'article L. 3311-1 du présent code, le II de l'article L. 130-1 du code la sécurité sociale ne s'applique pas au franchissement du seuil d'un salarié.»

Art. L. 3312-4. Les sommes attribuées aux bénéficiaires en application de l'accord d'intéressement ou au titre du supplément d'intéressement mentionné à l'article L. 3314-10 ***(Ord. 2018-474 du 12 juin 2018, art. 6, 1°, JO 13)*** «sont exclues des assiettes des cotisations définies aux articles L. 131-6 et L. 242-1 du code de la sécurité sociale et aux articles L. 731-14, L. 731-15 et L. 741-10 du code rural et de la pêche maritime». Ces sommes ne peuvent se substituer à aucun des éléments de rémunération, au sens des mêmes articles, en vigueur dans l'entreprise ou qui deviennent obligatoires en vertu de dispositions légales ou de clauses contractuelles.

Toutefois, en cas de suppression totale ou partielle d'un élément de rémunération, cette règle de non-substitution ne peut avoir pour effet de remettre en cause les exonérations prévues tant au présent article qu'aux articles L. 3315-1 à L. 3315-3, dès lors qu'un délai de douze mois s'est écoulé entre le dernier versement de cet élément de rémunération et la date d'effet de cet accord.

Les sommes mentionnées au premier alinéa n'ont pas le caractère d'élément de salaire pour l'application de la législation du travail.

Note • Les dispositions de cet article, dans sa rédaction issue de l'ordonnance 2018-474 précitée, s'appliquent aux cotisations et contributions dues pour les périodes courant depuis le 01.09.2018 (ordonnance précitée, art. 16).

• Les sommes attribuées aux salariés, en vertu d'un accord d'intéressement, n'ont pas le caractère d'éléments de salaire; la Cour de cassation rappelle le principe de non-substitution de l'intéressement au salaire (s'agissant d'une prime instituée par un accord d'entreprise lui conférant un caractère obligatoire pour l'employeur: cass. soc. 27 janvier 1994, n° 91-17.528, BC V n° 34; RJS 3/94 n° 283; 9 mai 1996, n° 93-21.874, BC V n° 184; RJS 6/96 n° 694). Un accord d'intéressement conclu en même temps que celui supprimant une prime réalise la substitution prohibée (cass. soc. 9 octobre 2001, n° 98-43.905, BC V n° 305; RJS 12/01 n° 1448). Cette solution concerne également les cas de substitution simplement partielle à un élément du salaire (cass. soc. 21 mars 1996, n° 94-11.611, BC V n° 109; RJS 6/96 n° 695; 29 octobre 1998, n° 97-11.256, BC V n° 469). La substitution partielle de l'intéressement à un élément du salaire versé par l'employeur est établie lorsque la mise en œuvre de l'accord d'intéressement, qui comporte une formule de calcul ayant pour effet d'augmenter le produit de l'intéressement quand la prime de bilan diminue, s'accompagne d'une réduction, sans raison objective, du montant de cette prime (cass. soc. 17 février 2004, n° 02-30.480, RJS 5/04 n° 583).

Lorsque la substitution prohibée résulte de la concomitance de deux accords, l'un supprimant une prime instituée par un accord antérieur, l'autre instituant un intéressement, ces deux accords sont privés d'effet et les salariés peuvent prétendre au paiement de la prime instituée par l'accord initial, non seulement pour la période correspondant à la durée de l'accord d'intéressement mais aussi pour la période postérieure à l'application de cet accord (cass. soc. 9 novembre 2005, n° 03-43.526, RJS 1/06 n° 70).

Conditions d'application du principe de non-substitution. Le délai pendant lequel une prime d'intéressement ne peut se substituer à un élément de rémunération est fixé à douze mois entre le dernier versement de l'élément de rémunération en tout ou partie supprimé et la date d'effet de l'accord qui est le début de l'exercice de référence du calcul de la prime. «Par exemple, pour un élément de rémunération supprimé dont le dernier versement s'effectue le 31 décembre 2010, le principe de non-substitution ne pourra être invoqué dès lors que l'accord d'intéressement prend effet à compter du 1er janvier 2012» (Guide interm. épargne salariale, juillet 2014, dossier 1, fiche 2).

Art. L. 3312-5. ***(L. 2020-734 du 17 juin 2020, art. 18, 1°, JO 18)*** « I. –» Les accords d'intéressement sont conclus pour une durée ***(L. 2020-1525 du 7 déc. 2020, art. 121, JO 8)*** «comprise entre un an et trois ans», selon l'une des modalités suivantes:

1° Par convention ou accord collectif de travail;

2° Par accord entre l'employeur et les représentants d'organisations syndicales représentatives dans l'entreprise;

3° Par accord conclu au sein du ***(Ord. 2017-1386 du 22 sept. 2017, art. 4, 20°, JO 23, entrée en vigueur au plus tard le 01.01.2018)*** «comité social et économique»;

4° À la suite de la ratification, à la majorité des deux tiers du personnel, d'un projet d'accord proposé par l'employeur. Lorsqu'il existe dans l'entreprise une ou plusieurs organisations syndicales représentatives ou un ***(Ord. 2017-1386 du 22 sept. 2017, art. 4, 20°, JO 23, entrée en vigueur au plus tard le 01.01.2018)*** «comité social et économique», la ratification est demandée conjointement par l'employeur et une ou plusieurs de ces organisations ou ce comité.

(L. 2008-1258 du 3 déc. 2008, art. 8, JO 4) «Si aucune des parties habilitées à négocier ou à ratifier un accord d'intéressement dans les conditions prévues ***(L. 2015-990 du 6 août 2015, art. 166, JO 7)*** «au présent article» ne demande de renégociation dans les trois mois précédant la date d'échéance de l'accord, ce dernier est renouvelé par tacite reconduction ***(L. 2015-990 du 6 août 2015, art. 166, JO 7)*** «pour une durée ***(L. 2020-1525 du 7 déc. 2020, art. 121, JO 8)*** «égale à la durée initiale», si l'accord d'origine en prévoit la possibilité.»

(L. 2020-734 du 17 juin 2020, art. 18, 1°, JO 18) «II. – Par dérogation au I du présent article, l'employeur d'une entreprise de moins de onze salariés dépourvue de délégué syndical ou de membre élu de la délégation du personnel du comité social et économique peut également mettre en place, par décision unilatérale, un régime d'intéressement pour une durée comprise entre un et trois ans, à la condition qu'aucun accord d'intéressement ne soit applicable ni n'ait été conclu dans l'entreprise depuis au moins cinq ans avant la date d'effet de sa décision. Il en informe les salariés par tous moyens.

Le régime d'intéressement mis en place unilatéralement en application du présent II vaut accord d'intéressement au sens du I du présent article et au sens de l'article 81 du code général des impôts. Les dispositions du présent titre s'appliquent à ce régime, à l'exception des articles L. 3312-6 et L. 3314-7.

Au terme de la période de validité, le régime d'intéressement ne peut être reconduit dans l'entreprise concernée qu'en empruntant l'une des modalités prévues au I du présent article.»

Note L'intéressement, qui est facultatif, ne peut être institué dans l'entreprise que selon les modalités fixées par l'article L. 3312-5. Dès lors, il n'entre pas dans les pouvoirs du juge de déterminer le contenu d'un accord d'intéressement, fût-ce en se référant aux clauses d'un accord antérieur, et d'en imposer l'application, et cela même lorsque l'employeur n'a pas satisfait à l'obligation d'engager, lorsque les salariés de l'entreprise ne sont pas couverts par un accord d'intéressement, ou un accord de participation, ou un plan d'épargne d'entreprise, ou un plan d'épargne pour la mise à la retraite collectif, une négociation à cette fin dans le cadre de la négociation annuelle obligatoire dans l'entreprise (cass. soc. 2 mars 2010, n° 08-12.238, LS Jurispr. n° 54 du 16.03.2010; RJS 5/10 n° 456; JCP éd. S 2010, 1247, note A. Martinon).

Art. L. 3312-6. Dans les entreprises ou les groupes disposant d'un accord d'intéressement et concourant avec d'autres entreprises à une activité caractérisée et coordonnée, un accord peut être conclu pour prévoir que tout ou partie des salariés bénéficie d'un intéressement de projet.

Cet accord d'intéressement de projet est négocié dans les conditions prévues au présent chapitre s'il n'implique que tout ou partie des salariés d'une même entreprise ou d'un même groupe. Il est négocié selon des modalités identiques à celles prévues au premier alinéa de l'article L. 3333-2 s'il concerne tout ou partie des salariés d'entreprises qui ne constituent pas un groupe.

Dans les deux cas, la majorité des deux tiers requise pour la ratification s'entend sur les personnels entrant dans le champ d'application du projet.

(L. 2019-486 du 22 mai 2019, art. 155, I, 3°, JO 23) «Dans les entreprises disposant d'un accord d'intéressement, cet accord peut comporter un intéressement de projet définissant un objectif commun à tout ou partie des salariés de l'entreprise.»

L'accord définit un champ d'application et une période de calcul spécifiques, qui peuvent différer de ceux prévus aux articles L. 3311-1 et L. 3312-5 sans pouvoir excéder trois ans.

L'application à l'intéressement de projet des dispositions du premier alinéa de l'article L. 3312-4 ne donne pas lieu à application de l'article L. 131-7 du code de la sécurité sociale.

Art. R. 3312-2. Les dispositions du présent titre sont applicables à l'intéressement de projet mentionné à l'article L. 3312-6.

Art. L. 3312-8. ***(L. 2020-1525 du 7 déc. 2020, art. 118, I, 2°, JO 8)*** Toute entreprise peut faire application d'un dispositif d'intéressement conclu au niveau de la branche, dès lors que l'accord de branche a été agréé en application de l'article L. 3345-4.

Les entreprises qui souhaitent appliquer l'accord de branche agréé concluent à cet effet un accord dans les conditions prévues au I de l'article L. 3312-5.

Les entreprises de moins de cinquante salariés peuvent opter pour l'application de ce régime au moyen d'un document unilatéral d'adhésion de l'employeur, dans les conditions prévues à l'article L. 2232-10-1, si l'accord de branche prévoit cette possibilité et propose, sous forme d'accord type indiquant les différents choix laissés à l'employeur, des stipulations spécifiques pour ces entreprises.

L'accord d'entreprise ou le document unilatéral d'adhésion est conclu ou signé avant la date fixée à l'article L. 3314-4 et déposé selon les modalités prévues à l'article L. 3313-3.

Par dérogation aux articles L. 3345-2 et L. 3345-3 ainsi qu'aux deuxième et dernier alinéas de l'article L. 3313-3, les exonérations prévues aux articles L. 3312-4 et L. 3315-

1 à L. 3315-3 sont réputées acquises dès le dépôt et pour la durée d'application de l'accord ou du document unilatéral d'adhésion à l'accord de branche agréé, dès lors que cette adhésion a été conclue ou signée dans les délais mentionnés à l'avant-dernier alinéa du présent article.

CHAPITRE III Contenu et régime des accords

SECTION 1. Contenu des accords

Art. L. 3313-1. L'accord d'intéressement institue un système d'information du personnel et de vérification des modalités d'exécution de l'accord.

Il comporte notamment un préambule indiquant les motifs de l'accord ainsi que les raisons du choix des modalités de calcul de l'intéressement et des critères de répartition de ses produits.

Art. L. 3313-2. L'accord d'intéressement définit notamment:

1° La période pour laquelle il est conclu;

2° Les établissements concernés;

3° Les modalités d'intéressement retenues;

4° Les modalités de calcul de l'intéressement et les critères de répartition de ses produits dans le respect des dispositions prévues aux articles L. 3314-1 à L. 3314-7;

5° Les dates de versement;

6° Les conditions dans lesquelles le ***(Ord. 2017-1386 du 22 sept. 2017, art. 4, 49°, JO 23, entrée en vigueur au plus tard le 01.01.2018)*** «comité social et économique ou une commission spécialisée créée par lui dispose» des moyens d'information nécessaires sur les conditions d'application des clauses du contrat;

7° Les procédures convenues pour régler les différends qui peuvent surgir dans l'application de l'accord ou lors de sa révision.

Note • Tout accord d'intéressement doit préciser les critères et les modalités servant au calcul et à la répartition des produits de l'intéressement. Un accord d'intéressement qui ne définit pas la notion d'objectifs à laquelle il se réfère n'ouvre pas droit à exonération de cotisations (cass. soc. 27 juin 2000, n° 98-11.909, BC V n° 252; dans le même sens, voir aussi cass. soc. 20 mars 1997, n° 95-16.930, BC V n° 122, s'agissant d'un accord d'intéressement dont les modalités d'attribution sont laissées à la discrétion de l'employeur).

Sur le degré de précision exigé de la formule de calcul inscrite dans l'accord, voir cass. soc. 21 septembre 2005, n° 03-30.002, RJS 12/05 n° 1236.

• **Modalités de calcul de l'intéressement au sein d'un groupe.** Pour le calcul de l'intéressement, un accord d'intéressement peut prendre en compte les résultats de certaines des entreprises du groupe au sein duquel cet accord s'applique (cass. soc. 16 mai 2007, n° 05-17.288, RJS 7/07 n° 878).

• Sur le respect des caractères collectif et aléatoire de la formule de calcul de l'intéressement prévue dans l'accord, voir note sous article L. 3314-2.

• **Sécurisation des accords.** Voir article L. 3345-3.

• La Cour de cassation a précisé que la référence dans le contrat de travail d'un salarié aux modalités de calcul de la prime d'intéressement telles que prévues par l'accord collectif alors en vigueur n'emporte pas contractualisation, au profit du salarié, de ce mode de calcul (cass. soc. 6 mars 2019, n° 18-10.615, à paraître, LSQ n° 17776 du 15.03.2019; JCP éd. S 2019, 1123, note N. Anciaux; JSL n° 474, 23.04.2019, p. 4, V. Roche; RJS 5/19 n° 311; Dr. Soc. 2019, p. 443, étude M. Véricel).

SECTION 2. Régime des accords

Sous-section 1. Dépôt et contrôle administratif

Art. L. 3313-3. ***(L. 2020-1525 du 7 déc. 2020, art. 119, I, 1°, JO 8)*** L'accord d'intéressement est déposé auprès de l'autorité administrative compétente dans un délai et selon des modalités déterminés par voie réglementaire.

En l'absence d'observation de l'un des organismes mentionnés aux articles L. 213-1 et L. 752-4 du code de la sécurité sociale ou à l'article L. 723-3 du code rural et de la pêche maritime à l'expiration du délai prévu à l'avant-dernier alinéa de l'article L. 3345-2 du présent code, les exonérations prévues aux articles L. 3312-4 et L. 3315-1 à L. 3315-3 sont réputées acquises pour l'exercice en cours.

Art. L. 3313-4

L'organisme mentionné au deuxième alinéa du présent article dispose d'un délai supplémentaire de deux mois à compter de l'expiration du délai prévu à l'avant-dernier alinéa de l'article L. 3345-2 pour formuler, le cas échéant, des demandes de retrait ou de modification de clauses contraires aux dispositions légales afin que l'entreprise puisse mettre l'accord en conformité avec les dispositions en vigueur pour les exercices suivant celui du dépôt. Si cet organisme n'a pas formulé de telles demandes dans ce nouveau délai, les exonérations prévues aux articles L. 3312-4 et L. 3315-1 à L. 3315-3 sont réputées acquises pour les exercices ultérieurs.

Note • Cet article est applicable aux accords et règlements déposés à compter du 01.09.2021 (loi 2020-1525 précitée, art. 119, III).

• Un accord d'établissement comportant des stipulations ne figurant pas dans l'accord national doit faire l'objet d'un dépôt à la direction départementale du travail et de l'emploi; l'accord non déposé ne peut ouvrir droit à exonération (cass. soc. 20 février 1997, n° 95-10.730, RJS 4/97 n° 447; 22 octobre 1998, n° 97-11.804, RJS 12/98 n° 1537).

À noter que l'article L. 3345-1 prévoit que l'accord d'intéressement, l'accord de participation et le règlement d'un plan d'épargne salariale, lorsqu'ils sont conclus concomitamment, peuvent faire l'objet d'un dépôt commun dans les conditions aux accords d'intéressement.

Art. D. 3313-1. ***(D. 2020-795 du 26 juin 2020, JO 28)*** L'accord d'intéressement ou le document unilatéral prévu à l'article D. 3312-1 est déposé sur la plateforme de téléprocédure mentionnée à l'article D. 2231-4 dans les conditions prévues à cet article et au II de l'article D. 2231-2, dans un délai de quinze jours à compter de la date limite prévue à l'article L. 3314-4.

Art. D. 3313-3. Lorsque l'accord qui assure l'intéressement des salariés à l'entreprise résulte d'une formule de calcul prenant en compte les résultats de l'une ou plusieurs des entreprises qui lui sont liées, au sens de l'article L. 233-16 du code de commerce, la liste de ces entreprises dont le siège social est situé en France est annexée au texte de l'accord déposé.

Il est fait mention, pour chaque entreprise liée, de l'adresse de son siège social, de ses effectifs ainsi que des dates de conclusion, d'effet et de dépôt de l'accord d'intéressement en vigueur dans l'entreprise.

Sous-section 2. **Modification dans la situation juridique de l'entreprise**

Art. L. 3313-4. ***(L. 2019-486 du 22 mai 2019, art. 155, I, 6°, JO 23)*** «Lorsqu'une modification survenue dans la situation juridique de l'entreprise, notamment par fusion, cession ou scission, nécessite la mise en place de nouvelles institutions représentatives du personnel, l'accord d'intéressement se poursuit ou peut être renouvelé selon l'une des modalités prévues à l'article L. 3312-5.»

Lorsque cette modification rend impossible l'application de l'accord d'intéressement, cet accord cesse de produire effet entre le nouvel employeur et les salariés de l'entreprise.

En l'absence d'accord d'intéressement applicable à la nouvelle entreprise, celle-ci engage dans un délai de six mois une négociation, selon l'une des modalités prévues à l'article L. 3312-5, en vue de la conclusion éventuelle d'un nouvel accord.

Note • L'impossibilité d'appliquer un accord d'intéressement au sens de ces dispositions relève de l'appréciation souveraine des juges du fond (cass. soc. 13 mai 2003, n° 01-14.565, BC V n° 159; RJS 7/03 n° 922). Voir G. Jolivet et H. Ouaissi, «Le sort des régimes d'épargne salariale lors de transferts d'entreprise», JCP éd. S 2007, 1466.

• Lorsqu'un accord d'intéressement existe dans l'entreprise d'accueil, les salariés repris doivent en bénéficier. À cet égard, il a été jugé que les disparités entre rémunérations provoquées par la reprise de salariés en application de l'article L. 1224-1 CT, ne peuvent être résolues, même au nom du principe «à travail égal, salaire égal», par la renonciation de ces derniers aux avantages de l'intéressement en vigueur dans l'entreprise qui les reprend. Un tel renoncement remet nécessairement en cause le caractère de rémunération collective que doit présenter l'intéressement pour ouvrir droit à l'exonération des cotisations sociales (cass. civ., 2e ch., 12 mars 2009, n° 08-10.770, RJS 7/09 n° 654; JCP éd. S 2009, 1453, note R. Vatinet).

Sous-section 2 (réglementaire). **Modification et dénonciation**

Art. D. 3313-5. L'accord d'intéressement ne peut être modifié ou dénoncé que par l'ensemble des signataires et dans la même forme que sa conclusion, sauf en cas de dénonciation prévue au deuxième alinéa de l'article L. 3345-2.

(D. 2020-795 du 26 juin 2020, JO 28) «Toutefois, lorsque la modification ou la dénonciation dans la même forme que sa conclusion est rendue impossible par la disparition d'un ou plusieurs signataires d'origine, l'accord peut être dénoncé ou peut faire l'objet d'un avenant selon l'une des modalités prévues au I de l'article L. 3312-5.»

Art. D. 3313-6. L'avenant modifiant l'accord d'intéressement en vigueur est déposé selon les mêmes formalités et délais que l'accord.

Art. D. 3313-7. ***(D. 2020-795 du 26 juin 2020, JO 28)*** Pour être applicable à l'exercice en cours, la dénonciation de l'accord d'intéressement ou du document unilatéral prévu à l'article D. 3312-1 est déposée dans le délai prévu à l'article D. 3313-1.

Sous-section 3 (réglementaire). Reconduction

Note La sous-section a été introduite par le décret 2009-351 du 30 mars 2009, JO 31.

Art. D. 3313-7-1. ***(D. 2015-1606 du 7 déc. 2015, JO 9, entrée en vigueur le 01.01.2016)*** Si l'accord est conclu selon la modalité prévue au 4° de l'article L. 3312-5, la demande de renégociation est formalisée par la production d'un des documents mentionnés au 3° de l'article D. 3345-1.

SECTION 2 (réglementaire). Information des salariés

Art. D. 3313-8. Une note d'information, qui mentionne notamment les dispositions prévues à l'article D. 3313-11, est remise au salarié bénéficiaire d'un accord d'intéressement.

Art. D. 3313-9. La somme attribuée à un salarié en application de l'accord d'intéressement fait l'objet d'une fiche distincte du bulletin de paie.

Cette fiche mentionne:

1° Le montant global de l'intéressement;

2° Le montant moyen perçu par les bénéficiaires;

3° Le montant des droits attribués à l'intéressé;

4° La retenue opérée au titre de la contribution sociale généralisée et de la contribution au remboursement de la dette sociale;

(D. 2015-1606 du 7 déc. 2015, JO 9, entrée en vigueur le 01.01.2016) «5° Lorsque l'intéressement est investi sur un plan d'épargne salariale, le délai à partir duquel les droits nés de cet investissement sont négociables ou exigibles et les cas dans lesquels ces droits peuvent être exceptionnellement liquidés ou transférés avant l'expiration de ce délai;

6° Les modalités d'affectation par défaut au plan d'épargne d'entreprise des sommes attribuées au titre de l'intéressement, conformément aux dispositions de l'article L. 3315-2.»

Elle comporte également, en annexe, une note rappelant les règles essentielles de calcul et de répartition prévues par l'accord d'intéressement.

(D. 2009-351 du 30 mars 2009, JO 31) «***(D. 2020-795 du 26 juin 2020, JO 28)*** «Sauf opposition du salarié» concerné, la remise de cette fiche distincte peut être effectuée par voie électronique, dans des conditions de nature à garantir l'intégrité des données.»

Art. D. 3313-10. Lorsqu'un salarié susceptible de bénéficier de l'intéressement quitte l'entreprise avant que celle-ci ait été en mesure de calculer les droits dont il est titulaire, l'employeur lui demande l'adresse à laquelle il pourra être informé de ses droits et lui demande de le prévenir de ses changements d'adresse éventuels.

Lorsque l'accord d'intéressement a été mis en place après que des salariés susceptibles d'en bénéficier ont quitté l'entreprise, ou lorsque le calcul et la répartition de l'intéressement interviennent après un tel départ, la fiche et la note prévue à l'article D. 3313-9 sont également adressées à ces bénéficiaires pour les informer de leurs droits.

Art. D. 3313-11. Lorsque le bénéficiaire ne peut être atteint à la dernière adresse indiquée par lui, les sommes auxquelles il peut prétendre sont tenues à sa disposition par l'entreprise pendant une durée d'un an à compter de la date limite de versement de l'intéressement prévue à l'article L. 3314-9.

Passé ce délai, ces sommes sont remises à la Caisse des dépôts et consignations où l'intéressé peut les réclamer ***(D. 2009-351 du 30 mars 2009, JO 31)*** «jusqu'au terme ***(D. 2015-1606 du 7 déc. 2015, JO 9, entrée en vigueur le 01.01.2016)*** «des délais prévus au III de l'article L. 312-20 du code monétaire et financier».»

SECTION 3 (réglementaire). Disponibilité des droits des bénéficiaires

Art. R. 3313-12. ***(D. 2015-1606 du 7 déc. 2015, JO 9, entrée en vigueur le 01.01.2016)*** I. – L'accord d'intéressement prévoit les modalités d'information de chaque bénéficiaire.

Cette information porte notamment sur:

1° Les sommes qui sont attribuées au titre de l'intéressement;

2° Le montant dont il peut demander le versement;

3° Le délai dans lequel il peut formuler sa demande;

4° L'affectation de ces sommes au plan d'épargne d'entreprise ou au plan d'épargne interentreprises, dès lors que l'un ou l'autre plan a été mis en place au sein de l'entreprise, en cas d'absence de demande de sa part, conformément aux dispositions de l'article L. 3315-2.

II. – La demande du bénéficiaire est formulée dans un délai de quinze jours à compter de la date à laquelle il a été informé du montant qui lui est attribué. L'accord précise la date à laquelle le bénéficiaire est présumé avoir été informé.

En l'absence de stipulation conventionnelle, le bénéficiaire formule sa demande dans un délai de quinze jours à compter de la réception, par tout moyen permettant d'apporter la preuve de celle-ci, du document l'informant du montant qui lui est attribué et dont il peut demander le versement.

Si le bénéficiaire ne demande pas le versement de ces sommes, et lorsque l'entreprise a mis en place un plan d'épargne d'entreprise ou, le cas échéant, un plan d'épargne interentreprises, elles ne sont négociables ou exigibles qu'à l'expiration du délai d'indisponibilité prévu dans le règlement du plan.

Art. D. 3313-13. ***(D. 2015-1606 du 7 déc. 2015, JO 9, entrée en vigueur le 01.01.2016)*** Lorsqu'un bénéficiaire demande le versement de l'intéressement conformément aux dispositions de l'article R. 3313-12, ou lorsque l'intéressement est affecté à un plan d'épargne salariale, l'entreprise effectue ce versement avant le premier jour du sixième mois suivant la clôture de l'exercice de calcul au titre duquel l'intéressement est dû. Lorsque cet exercice de calcul est inférieur à douze mois, le versement intervient avant le premier jour du troisième mois.

Passé ces délais, l'entreprise complète le versement prévu au premier alinéa par un intérêt de retard égal à 1,33 fois le taux moyen de rendement des obligations des sociétés privées mentionné à l'article 14 de la loi n° 47-1775 du 10 septembre 1947 portant statut de la coopération.

Les intérêts sont versés en même temps que le principal.

CHAPITRE IV Calcul, répartition et distribution de l'intéressement

SECTION 1. Calcul de l'intéressement

Art. L. 3314-1. Les modalités de calcul de l'intéressement peuvent varier selon les établissements et les unités de travail. À cet effet, l'accord d'intéressement peut renvoyer à des accords d'établissement.

Note Les modalités de calcul de l'intéressement doivent être définies par l'accord. Cet article prévoit qu'elles peuvent varier selon les établissements et les unités de travail mais n'autorise pas l'application de modalités différentes selon les catégories professionnelles. Sur la notion d'unité de travail, le guide interministériel de l'épargne salariale de juillet 2014 (dossier 1, fiche 4) indique «qu'elle renvoie à différentes structures qui sont fonction de l'activité exercée par l'entreprise pendant la durée de l'accord, qu'il peut s'agir d'un bureau, d'un service, d'un atelier, d'une unité de production, d'un magasin, ces structures devant présenter un caractère de stabilité suffisant afin qu'elles soient compatibles avec les périodes de calcul retenues dans l'accord; qu'on peut considérer, par exemple, que le service commercial d'une entreprise constitue une unité de travail; mais que, dans tous les cas, l'unité de travail ne peut se confondre avec une catégorie de salariés». De son côté, à l'occasion d'un litige concernant les VRP, la Cour de cassation a précisé que, de par leur situation, leur mode de rémunération et leurs conditions de travail, ces salariés constituaient, non pas une unité de travail, mais une catégorie professionnelle pour laquelle la loi n'autorise pas l'application de modalités de calcul de l'intéressement différentes (cass. soc. 20 juin 2006, n° 04-45.932, BC V n° 219; RJS 10/06 n° 1102; JCP éd. S 2006, 1842, note R. Vatinet; voir dans le même sens, cass. soc. 16 mars 2011, n° 09-72.384, LS Jurispr. n° 70 du 5.04.2011; RJS 6/11 n° 542).

Art. L. 3314-2. Pour ouvrir droit aux exonérations prévues aux articles L. 3315-1 à L. 3315-3, l'intéressement collectif des salariés doit présenter un caractère aléatoire et résulter d'une formule de calcul liée:

1° Soit aux résultats ou aux performances de l'entreprise au cours d'une année ou d'une période d'une durée inférieure, exprimée en nombre entier de mois au moins égal à trois;

2° Soit aux résultats de l'une ou plusieurs de ses filiales au sens de l'article L. 233-16 du code de commerce, dès lors que, à la date de conclusion de l'accord, au moins deux tiers des salariés de ces filiales situées en France sont couverts par un accord d'intéressement.

(L. 2019-486 du 22 mai 2019, art. 156, JO 23) «La formule de calcul décrite au 1° peut être complétée d'un objectif pluriannuel lié aux résultats ou aux performances de l'entreprise.»

Note **Caractère collectif.** La totalité des sommes distribuées doit avoir un caractère de rémunération collective. Répond au critère de rémunération collective une prime d'intéressement basée sur la participation collective aux résultats financiers de l'entreprise (cass. soc. 5 janvier 1995, n° 92-14.912, BC V n° 9; Dr. Soc. 1995, p. 194). Voir également cass. soc. 9 mars 1995, n° 93-13.174, Dr. Soc. 1995, p. 514, obs. J. Savatier.

De même, un accord d'intéressement prévoyant que la masse à répartir sera égale à un pourcentage fixé à l'avance de la valeur ajoutée annuelle constitue un mode de rémunération collective, peu important que la somme à répartir ne soit pas calculée à partir des résultats de l'exploitation (cass. soc. 24 octobre 1996, n° 94-16.484, BC V n° 346; Dr. Soc. 1996, p. 1109, note J. Savatier).

Enfin, un accord d'intéressement peut, sans en méconnaître le caractère collectif, prendre en considération des critères tenant à l'amélioration de la sécurité dans l'entreprise (en l'espèce, taux de fréquence des accidents du travail). Il est toutefois indispensable, d'une part, que l'accord ne puisse aboutir à la diminution ou à la suppression de la prime d'intéressement que pour l'ensemble des salariés d'un établissement, sans en désavantager aucun individuellement et, d'autre part, qu'il n'ait pas pour conséquence de sanctionner l'absence d'un salarié consécutive à un accident du travail, enfin, qu'il ne fasse pas obstacle au principe de la responsabilité, tant civile que pénale, de l'employeur ou du chef d'établissement (cass. soc. 24 septembre 2002, n° 00-18.290, BC V n° 277; RJS 12/02 n° 1422).

En revanche, lorsqu'un accord d'intéressement fait dépendre tout ou partie de l'intéressement pour chaque salarié de ses performances individuelles, il s'agit d'un mode de rémunération individuelle et non collective (cass. soc. 9 mai 1996, n° 93-21.888, BC V n° 182; RJS 6/96 n° 693). Et les sommes distribuées doivent être réintégrées dans l'assiette des cotisations (cass. soc. 8 octobre 1998, n° 97-10.677, RJS 11/98 n° 1388). De même, la clause prévoyant une répartition tenant compte du mérite des salariés fait perdre à ces sommes leur caractère collectif, et interdit dès lors les exonérations prévues par la loi (cass. soc. 23 mai 1996, n° 94-15.177, BC V n° 200; RJS 7/96 n° 819).

N'est pas conforme au caractère collectif de l'intéressement la disposition d'un accord permettant de minorer la part revenant à un salarié ayant fait preuve d'insuffisance caractérisée dans son travail, voire de la supprimer en cas de faute grave (cass. soc. 26 octobre 1995, n° 93-13.962, RJS 12/95 n° 1264). Des exclusions ou des minorations retirent aux primes d'intéressement leur caractère de rémunération collective; celles-ci ne peuvent donc ouvrir droit aux exonérations (cass. soc. 9 mai 1996, n° 94-12.650, BC V n° 183; RJS 6/96 n° 692, 2e espèce; voir aussi cass. soc. 8 novembre 2011, n° 10-15.722, LS Jurispr. n° 228 du 22.11.2011, précisant que la clause excluant du bénéfice de l'intéressement les salariés licenciés pour faute grave constitue une sanction pécuniaire prohibée).

La clause d'un accord d'intéressement, en instituant une pénalisation des absences, prive les primes du caractère de rémunération collective, de sorte que celles-ci ne peuvent ouvrir droit à exonérations (cass. soc. 1er avril 1999, n° 97-17.515, BC V n° 150; RJS 6/99 n° 837). De même, la disposition d'un accord d'intéressement, qui a pour effet d'exclure du bénéfice de l'intéressement non seulement les salariés ayant moins de six mois d'ancienneté au cours de l'exercice, mais aussi ceux qui, remplissant la condition d'ancienneté, ne justifieraient pas de six mois de présence en raison d'absences non assimilées à un temps de travail effectif, ôte leur caractère de rémunération collective aux primes distribuées en exécution de l'accord, peu important l'application qui a pu en être faite et l'action indemnitaire dont disposeraient les salariés (cass. soc. 21 octobre 2003, n° 01-21.353, BC V n° 257; RJS 1/04 n° 85). Pour d'autres illustrations, voir aussi cass. soc. 3 juin 1999, n° 97-21.399, RJS 8-9/99 n° 1109; 19 juillet 2000, n° 99-11.848, RJS 1/01 n° 71.

En revanche, pour la répartition des primes d'intéressement, l'article L. 441-2 [L. 3314-5] permet de prendre en considération les absences des salariés au cours de l'exercice, à condition toutefois que l'abattement pratiqué soit strictement proportionnel à la durée des absences. Dans une telle hypothèse, le fait qu'un salarié soit privé du bénéfice de la répartition de l'intéressement en raison de son absence pendant la durée de tout l'exercice n'a pas pour conséquence de priver l'intéressement de son caractère collectif (cass. soc. 25 février 2003, n° 00-21.268, BC V n° 67; RJS 5/03 n° 648).

À noter que le non-respect du caractère collectif de l'intéressement peut également résulter des conditions dans lesquelles l'accord a été mis en œuvre; ainsi, une cour d'appel, qui constate que si des accords d'intéressement conclus au sein d'une entreprise sont conformes à la loi, l'application qui en a été faite ne respectait pas le caractère collectif de l'intéressement, peut confirmer la réintégration des primes ainsi versées dans l'assiette des cotisations de sécurité sociale (cass. soc. 9 décembre 2003, n° 02-30.562, RJS 2/04 n° 243, 2e espèce).

À cet égard, il a été jugé qu'un salarié ne peut renoncer au bénéfice de l'intéressement collectif (cass. soc. 8 décembre 2010, n° 09-42.161, LS Jurispr. n° 252 du 28.12.2010), un tel renoncement remettant en outre nécessairement en cause le caractère de rémunération collective que doit présenter l'accord d'intéressement (cass. civ., 2e ch., 12 mars 2009, n° 08-10.770, cité sous l'article L. 3313-4).

Caractère aléatoire. Aux termes de cet article, l'intéressement doit présenter un caractère aléatoire. En cas de litige, il appartient aux juges de vérifier si la formule de calcul prévue par l'accord satisfait ou non à cette exigence légale. Alors qu'auparavant, la Cour de cassation exerçait son contrôle sur ce point (voir notamment cass. soc. 26 novembre 1998, n° 96-19.367, RJS 3/99 n° 403; 18 janvier 2001, n° 99-15.129), elle considère aujourd'hui que l'appréciation du caractère aléatoire relève du pouvoir souverain des juges du fond (cass. soc. 17 décembre 2002, n° 01-20.472, BC V n° 394; RJS 3/03 n° 370; 29 octobre 2003, n° 01-21.466, RJS 1/04 n° 84). Néanmoins, la Cour de cassation maintient son contrôle sur la motivation des juges du fond: dès lors qu'ils constatent l'existence d'un aléa, même faible, les juges doivent en déduire que l'accord d'intéressement satisfait aux exigences légales (cass. soc. 2 juillet 2003, n° 00-22.101, RJS 10/03 n° 1199).

Périodes de calcul. La période de calcul de l'intéressement est le plus souvent l'exercice, mais cette période de calcul peut être différente de l'exercice comptable, fiscal ou social. Ainsi, une entreprise dont l'exercice fiscal est l'année civile peut retenir, par exemple dans le cadre d'un accord d'intéressement aux performances, une période annuelle de calcul débutant le 1er juillet et finissant le 30 juin de l'année suivante.

Toutefois, lorsque l'intéressement aux résultats se réfère à des ratios et indicateurs établis dans le bilan comptable, la période de calcul coïncide logiquement avec l'exercice comptable.

Les signataires de l'accord peuvent aussi retenir une période de calcul inférieure à l'exercice: le 1° de l'article L. 3314-2 CT prévoit que la formule de calcul puisse retenir des périodes de calcul d'une durée inférieure à une année, exprimée en nombre entier de mois au moins égal à trois. Il ne saurait donc y avoir de période de calcul inférieure au trimestre, non plus que plusieurs périodes infra-annuelles de durées différentes dans un accord (par exemple, une année divisée en deux trimestres et un semestre), puisque la loi prévoit que l'accord doit choisir une période infra-annuelle de référence. On ne saurait donc segmenter l'année qu'en périodes de calcul de trois, quatre ou six mois (guide interm. épargne salariale, juillet 2014, dossier 1, fiche 4).

Lorsque les seuils de déclenchement de l'intéressement sont liés à la réalisation d'objectifs fixés au titre d'un exercice donné, l'absence de définition d'objectifs pour un exercice et de dispositif conventionnel suppléant à cette carence ne permettent pas de servir d'intéressement au titre de la période considérée (cass. soc. 18 mai 2011, n° 09-70.818, RJS 11/11 n° 892). Ainsi, s'agissant d'un accord d'intéressement conclu au sein d'un club de football subordonnant le versement de l'intéressement au maintien du club dans le championnat national à l'issue de la saison sportive, il a été jugé que la prime d'intéressement n'était pas due dès lors qu'à cette date, le club avait été relégué en championnat de France amateur, peu important qu'ultérieurement il ait été réintégré dans le championnat national (cass. soc. 18 janvier 2018, n° 16-25.820, BC V n° 7; RJS 3/18 n° 204; JCP éd. S 2018, 1098, note D. Jacotot).

Bénéficiaires. Sous réserve d'une durée minimale d'ancienneté dans l'entreprise qui peut être exigée [et ne peut excéder trois mois depuis la loi 2001-152 du 19 février 2001 (JO 20), voir article L. 3342-1 CT], tous les salariés de l'entreprise où a été conclu un accord d'intéressement doivent bénéficier des produits de l'intéressement. Il en résulte qu'un tel accord ne peut valablement écarter du bénéfice de l'intéressement une catégorie de salariés, en l'espèce VRP multicarte (cass. soc. 23 novembre 1999, n° 97-42.979, BC V n° 454). De même, les dispositions d'un accord qui excluent du bénéfice de l'intéressement les salariés n'appartenant plus à l'entreprise lors du versement de la prime méconnaissent le caractère de rémunération collective que doit présenter l'intéressement pour ouvrir droit à l'exonération des cotisations sociales. La réintégration dans l'assiette des cotisations de la totalité des primes litigieuses ne constitue pas l'application d'une pénalité, mais résulte de ce que les conditions légales de l'exonération n'étaient pas remplies, de sorte que le redressement ne pouvait être limité aux seules primes qui auraient dû être versées aux salariés exclus irrégulièrement du bénéfice de l'intéressement. Le moyen tiré de l'inobservation du principe de proportionnalité de la sanction avec le fait qui lui sert de fondement (Convention européenne de sauvegarde des droits de l'homme, art. 6) est dès lors inopérant (cass. soc. 18 mai 2000, n° 98-22.219). Voir aussi cass. soc. 27 juin 2000, n° 98-11.909, BC V n° 252; RJS 11/00, concl. P. Lyon-Caen, énonçant qu'à la différence du stagiaire qui, lorsqu'il n'est pas titulaire d'un contrat de travail, ne peut prétendre à l'intéressement à l'entreprise dans les conditions définies par l'ordonnance 86-1134 du 21 octobre 1986, l'apprenti dont le statut est défini par les articles L. 117-1 et s. [L. 6221-1 et s.] CT bénéficie des dispositions de l'accord d'intéressement, applicables à l'ensemble des salariés, qui sont compatibles avec sa situation de jeune travailleur en première formation; des accords ayant exclu les apprentis de leur champ d'application, ne répondent pas aux dispositions de l'article 2 de l'ordonnance précitée selon lesquelles l'accord d'intéressement doit profiter à tous les salariés de l'établissement pour ouvrir droit à exonération. Les dispositions d'un accord collectif excluant du bénéfice de ce droit des salariés licenciés pour faute lourde ne peuvent pas non plus recevoir application (cass. soc. 12 octobre 1995, n° 93-18.391, BC V n° 272; RJS 11/95 n° 1154; 9 mai 1996, n° 94-17.175, BC V n° 181; RJS 6/96 n° 692, 1re espèce). Et un salarié ne peut être privé du paiement de la prime d'intéressement correspondant à la période de préavis qu'il a été dispensé d'exécuter (cass. soc. 28 janvier 1998, n° 95-42.250, BC V n° 42; Dr. Soc. 1998, p. 280).

Clause de déduction de la réserve spéciale de participation. Une clause de l'accord d'intéressement peut prévoir que la somme représentant la réserve spéciale de participation soit déduite de la prime globale d'intéressement, une telle clause ne portant pas atteinte au caractère collectif et aléatoire de l'intéressement (cass. soc. 18 décembre 2012, n° 11-13.813, LS Jurispr. n° 10 du 15.01.2013; RJS 3/13 n° 225).

Les conditions de la prise en compte des résultats des filiales. La loi 2001-152 du 19 février 2001 (art. 11-II) a permis d'asseoir l'intéressement, dans le cadre d'un accord d'entreprise (maison mère ou holding), sur les résultats de l'une ou de plusieurs de ses filiales (françaises ou étrangères), au sens de l'article L. 233-16 c. com., soit celles appartenant au périmètre de consolidation des comptes.

Une condition impérative est toutefois posée: à la date de conclusion de l'accord d'intéressement, deux tiers des salariés des filiales françaises dont les résultats sont pris en compte dans l'accord doivent être couverts par un accord d'intéressement (guide interm. précité).

Art. L. 3314-3. L'intéressement aux résultats des salariés d'un groupement d'intérêt économique ou d'un groupement d'employeurs peut prendre en compte les résultats ou les performances des entreprises membres du groupement.

Note Voir note sous article L. 3311-1.

Art. L. 3314-4. Pour ouvrir droit aux exonérations prévues aux articles L. 3315-1 à L. 3315-3, l'accord d'intéressement doit avoir été conclu avant le premier jour de la deuxième moitié de la période de calcul suivant la date de sa prise d'effet.

SECTION 2. Répartition de l'intéressement

Art. L. 3314-5. La répartition de l'intéressement entre les bénéficiaires peut être uniforme, proportionnelle à la durée de présence dans l'entreprise au cours de l'exercice ou proportionnelle aux salaires. L'accord peut également retenir conjointement ces différents critères. Ces critères peuvent varier selon les établissements et les unités de travail. À cet effet, l'accord peut renvoyer à des accords d'établissement.

Sont assimilées à des périodes de présence:

1° Les périodes de congé de maternité prévu à l'article L. 1225-17, de congé d'adoption prévu à l'article L. 1225-37 ***(L. 2020-692 du 8 juin 2020, art. 1er, II, 1°, JO 9)*** «et de congé de deuil prévu à l'article L. 3142-1-1»;

2° Les périodes de suspension du contrat de travail consécutives à un accident du travail ou à une maladie professionnelle en application de l'article L. 1226-7;

(L. 2020-546 du 11 mai 2020, art. 6, JO 12, entrée en vigueur le 12.05.2020) «3° Les périodes de mise en quarantaine au sens du 3° du I de l'article L. 3131-15 du code de la santé publique.»

Note • Les dispositions de cet article, dans sa rédaction issue de la loi 2020-692 précitée, s'appliquent pour les décès intervenus depuis le 1er juillet 2020 (loi précitée, art. 1er, V).

• Les critères de répartition de la prime d'intéressement sont ceux prévus par cet article (répartition uniforme, proportionnelle à la durée de présence dans l'entreprise pendant l'exercice ou proportionnelle aux salaires ou leur combinaison). Est illicite l'accord comportant un critère de répartition fondé sur le paiement aux VRP d'une part variable de rémunération, ce critère n'étant pas prévu par la loi (cass. soc. 16 mars 2011, n° 09-72.384, LS Jurispr. n° 70 du 5.04.2011; RJS 6/11 n° 542). Sur la notion d'unité de travail, voir note sous article L. 3314-1.

Lorsque la répartition de l'intéressement est effectuée proportionnellement à la durée de présence dans l'entreprise au cours de l'exercice, les périodes de suspension du contrat de travail en raison d'un accident du travail sont assimilées à du temps de présence «sans limitation de durée»; il en est de même des périodes non travaillées dans le cadre d'un travail à temps partiel thérapeutique consécutif à un accident du travail (cass. soc. 16 juin 2011, n° 08-44.616, RJS 11/11 n° 893).

Art. L. 3314-6. Pour les personnes mentionnées à l'article L. 3312-3, lorsqu'elle est proportionnelle aux salaires, la répartition prend en compte la rémunération annuelle ou le revenu professionnel imposé à l'impôt sur le revenu au titre de l'année précédente, dans la limite d'un plafond égal au salaire le plus élevé versé dans l'entreprise.

(L. 2019-486 du 22 mai 2019, art. 155, I, 7°, JO 23) «Toutefois, si l'accord le prévoit, pour les personnes mentionnées au 3° du même article L. 3312-3, la répartition proportionnelle aux salaires peut retenir un montant qui ne peut excéder le quart du plafond mentionné au premier alinéa de l'article L. 241-3 du code de la sécurité sociale.»

Art. L. 3314-7. L'accord d'intéressement homologué en application de l'ordonnance n° 59-126 du 7 janvier 1959 tendant à favoriser l'association ou l'intéressement des travailleurs à l'entreprise peut continuer de retenir les critères de répartition fondés sur l'ancienneté et la qualification tel qu'il a été homologué dans ce cadre, dès lors qu'il aura été renouvelé sans discontinuité depuis sa dernière homologation.

Art. D. 3314-2. Les primes versées aux salariés en application de l'accord d'intéressement et déductibles du résultat imposable en application de l'article L. 3315-1 peuvent provenir de la répartition, entre l'ensemble des salariés de l'entreprise ou d'un ou plusieurs établissements, selon le champ d'application de l'accord:

1° Soit d'une somme globale résultant du mode d'intéressement retenu pour cette entreprise ou ce ou ces établissements;

2° Soit de sommes dont les critères et modalités de calcul et de répartition peuvent être, le cas échéant, adaptés aux différents établissements ou unités de travail dans les conditions prévues par l'accord.

Art. R. 3314-3. Lorsque la répartition de l'intéressement est proportionnelle aux salaires, les salaires à prendre en compte au titre des périodes de congés, de maternité et d'adoption ainsi que des périodes de suspension consécutives à un accident du travail ou à une maladie professionnelle sont ceux qu'aurait perçus le bénéficiaire s'il avait été présent.

Art. R. 3314-4. Les dispositions du présent titre sont, à l'exception de celles des articles D. 3313-5 à D. 3313-7, applicables au supplément d'intéressement prévu à l'article L. 3314-10 et à l'accord spécifique de répartition auquel il peut donner lieu.

SECTION 3. Distribution de l'intéressement

Art. L. 3314-8. Le montant global des primes distribuées aux bénéficiaires ne doit pas dépasser annuellement 20 % du total des salaires bruts et, le cas échéant, de la rémunération annuelle ou du revenu professionnel des bénéficiaires mentionnés à l'article L. 3312-3 imposé à l'impôt sur le revenu au titre de l'année précédente versés aux personnes concernées.

Le montant des primes distribuées à un même bénéficiaire ne peut, au titre d'un même exercice, excéder une somme égale ***(L. 2019-486 du 22 mai 2019, art. 155, I, 8°, JO 23)*** «aux trois quarts» du montant du plafond annuel moyen retenu pour le calcul des cotisations de sécurité sociale.

Art. D. 3314-1. Les salaires à prendre en considération pour le calcul du plafond prévu au premier alinéa de l'article L. 3314-8 sont le total des salaires bruts versés à l'ensemble des salariés de l'entreprise ou d'un ou plusieurs établissements, suivant le champ d'application de l'accord d'entreprise.

Art. L. 3314-9. Toute somme versée aux bénéficiaires en application de l'accord d'intéressement au-delà du ***(L. 2015-990 du 6 août 2015, art. 153, I, JO 7)*** «dernier jour du cinquième mois suivant la clôture de l'exercice produit un intérêt de retard égal à 1,33 fois le taux fixé à l'article 14 de la loi n° 47-1775 du 10 septembre 1947 portant statut de la coopération». Ces intérêts, à la charge de l'entreprise, sont versés en même temps que le principal et bénéficient du régime d'exonération prévu aux articles L. 3315-1 à L. 3315-3.

Lorsque la formule de calcul de l'intéressement retient une période inférieure à une année, les intérêts commencent à courir le premier jour du troisième mois suivant la fin de la période de calcul de l'intéressement.

Note • Les dispositions de cet article, dans sa rédaction issue de la loi 2015-990 du 6 août 2015, sont applicables aux droits à intéressement des salariés aux résultats de l'entreprise attribués au titre des exercices clos après la publication de cette loi (loi précitée, art. 153, III).

• *Covid-19.* Voir ordonnance 2020-322 du 25 mars 2020, art. 2, JO 26, entrée en vigueur le 26.03.2020.

Art. L. 3314-10. Le conseil d'administration ou le directoire peut décider de verser un supplément d'intéressement collectif au titre de l'exercice clos, dans le respect des plafonds mentionnés à l'article L. 3314-8 et selon les modalités de répartition prévues par l'accord d'intéressement ou par un accord spécifique conclu selon les modalités prévues à l'article L. 3312-5.

Ces sommes peuvent notamment être affectées à la réalisation d'un plan d'épargne d'entreprise, d'un plan d'épargne interentreprises ***(Ord. 2019-766 du 24 juil. 2019, art. 7, IV, 6°, JO 25, entrée en vigueur le 01.10.2019)*** «, d'un plan d'épargne pour la retraite collectif ou d'un plan d'épargne retraite d'entreprise collectif».

Dans une entreprise où il n'existe ni conseil d'administration, ni directoire, l'employeur peut décider le versement d'un supplément d'intéressement, dans les conditions prévues au présent article.

L'application au supplément d'intéressement des dispositions du premier alinéa de l'article L. 3312-4 ne donne pas lieu à application de l'article L. 131-7 du code de la sécurité sociale.

Note La circulaire DSS/5B/DGT/RT3/2007/199 du 15 mai 2007 a apporté des réponses aux interrogations les plus fréquentes sur les dispositions résultant de la loi 2006-1770 du 30 décembre 2006, et notamment celles relatives au supplément d'intéressement et de participation.

L'administration (instr. DGT/RT3/DSS/DGTRESOR 2016-45 du 18 février 2016) indique expressément que le supplément d'intéressement est affecté par défaut dans le PEE ou le PEI selon les mêmes règles que l'intéressement (Q/R n° 17).

Art. L. 3314-11. ***(L. 2019-486 du 22 mai 2019, art. 157, JO 23)*** Les sommes qui n'auraient pu être mises en distribution en raison des règles définies aux articles L. 3314-5 et L. 3314-8 font l'objet, si l'accord le prévoit, d'une répartition immédiate entre tous les salariés et, le cas échéant, les bénéficiaires mentionnés à l'article L. 3312-3 auxquels ont été versées des sommes d'un montant inférieur au plafond des droits individuels fixé à l'article L. 3314-8. Ce plafond ne peut être dépassé du fait de cette répartition supplémentaire, effectuée selon les mêmes modalités que la répartition originelle.

CHAPITRE V Régime social et fiscal de l'intéressement

Note Voir Guide RF, éd. 2020, «Épargne salariale et actionnariat salarié», §§ 1100 à 1129.

Art. L. 3315-1. Les entreprises qui mettent en œuvre l'intéressement dans les conditions prévues au présent titre peuvent déduire des bases retenues pour l'assiette de l'impôt sur les sociétés ou de l'impôt sur le revenu le montant des sommes versées en espèces aux bénéficiaires en application de l'accord d'intéressement.

Ces sommes sont soumises à l'impôt sur le revenu selon les règles fixées au a du 5 de l'article 158 du code général des impôts.

Ces dispositions ne sont pas applicables aux sommes versées aux exploitants individuels, aux associés de sociétés de personnes et assimilées n'ayant pas opté pour leur assujettissement à l'impôt sur les sociétés et aux conjoints collaborateurs et associés.

Art. L. 3315-2. Lorsqu'un bénéficiaire a adhéré à un plan d'épargne d'entreprise mentionné au titre III et qu'il affecte, dans un délai prévu par voie réglementaire, à la réalisation de ce plan tout ou partie des sommes qui lui sont attribuées par l'entreprise au titre de l'intéressement, ces sommes sont exonérées d'impôt sur le revenu dans la limite d'un montant égal ***(L. 2019-486 du 22 mai 2019, art. 155, I, 9°, JO 23)*** «aux trois quarts» du plafond annuel moyen retenu pour le calcul des cotisations de sécurité sociale.

(L. 2015-990 du 6 août 2015, art. 150, I, JO 7) «Lorsque le salarié et, le cas échéant, le bénéficiaire mentionné au 1° de l'article L. 3312-3 ne demandent pas le versement, en tout ou partie, des sommes qui leur sont attribuées au titre de l'intéressement, ni leur affectation au plan prévu au premier alinéa du présent article, leur quote-part d'intéressement y est affectée dans les conditions prévues par l'accord mentionné à l'article L. 3312-5. Cet accord précise les modalités d'information du salarié sur cette affectation. À défaut de précision dans l'accord, ces conditions et ces modalités sont déterminées par décret.»

Note Le second alinéa de cet article est applicable aux droits à intéressement attribués depuis le 1er janvier 2016.

Pour les droits à intéressement attribués entre le 1er janvier 2016 et le 31 décembre 2017, le salarié et, le cas échéant, le bénéficiaire mentionné au 1° de l'article L. 3312-3 CT peuvent demander le déblocage de leur intéressement dans un délai de 3 mois à compter de la notification de leur affectation sur un plan d'épargne salariale dans les conditions prévues au second alinéa de cet article. Le cas échéant, les droits correspondants sont calculés sur la base de la valeur liquidative applicable à la date de la démarche de rétractation prévue au même second alinéa (loi 2015-990 précitée, art. 150, II et III).

La demande du salarié et, le cas échéant, du bénéficiaire mentionné au 1° de l'article L. 3312-3 CT qui souhaitent bénéficier du déblocage des droits constitués à leur profit, conformément aux dispositions du III de l'article 150 de la loi du 6 août 2015 est présentée par l'intéressé dans un délai de trois mois à compter de la notification de l'affectation de l'intéressement dans le plan d'épargne d'entreprise ou, à défaut, dans le plan d'épargne du groupe ou, en l'absence de l'un et de l'autre de ces plans, dans le plan d'épargne interentreprises. La levée anticipée de l'indisponibilité intervient sous forme d'un versement unique.

Si une contribution de l'entreprise a été versée, conformément aux dispositions de l'article L. 3332-11 CT, dans le plan concomitamment à l'intéressement, les droits générés par celle-ci sont reversés à l'entreprise par le teneur de compte-conservateur.

Les droits mentionnés aux deux alinéas précédents sont calculés sur la base de la première valeur liquidative applicable à compter de la date de la demande de liquidation (décret 2015-1606 du 7 décembre 2015, art. 5, JO 9, entrée en vigueur le 01.01.2016).

Une instruction interministérielle du 18 février 2016 (instr. DGT/RT3/DSS/DGTRESOR 2016-45) a précisé que:
– l'investissement par défaut de l'intéressement ne s'applique que si l'entreprise est dotée d'un PEE ou d'un PEI; les entreprises qui distribuent de l'intéressement n'ont pas l'obligation de se doter d'un PEE ou d'adhérer à un PEI (Q/R n° 8);
– le dispositif d'investissement par défaut de l'intéressement est applicable en l'état, sur la seule base des textes légaux et réglementaires; toutefois, l'administration recommande de modifier les accords d'intéressement et les règlements de PEE (Q/R n° 7), afin notamment de déterminer les modalités d'information du personnel sur le mécanisme d'affectation par défaut, ainsi que les conditions dans lesquelles un bénéficiaire peut faire échec à ce mécanisme (art. R. 3313-12);
– en l'absence de dispositions conventionnelles, les entreprises communiquent sur l'affectation par défaut au moyen de la note d'information prévue à l'article D. 3313-8 qu'elles doivent remettre à chaque salarié bénéficiaire de l'intéressement lors de l'attribution des sommes; les demandes d'arbitrage sont effectuées dans les conditions prévues à l'article R. 3313-12, c'est-à-dire dans un délai de 15 jours à compter de la réception, par tout moyen permettant d'apporter la preuve de celle-ci, du document l'informant du montant qui lui est attribué et dont il peut demander le versement (Q/R n° 11).

Art. L. 3315-3. Lorsqu'un bénéficiaire mentionné au troisième alinéa de l'article L. 3315-1 qui a adhéré à un plan d'épargne salariale prévu au titre III affecte à la réalisation de ce plan tout ou partie des sommes qui lui sont attribuées par l'entreprise au titre de l'intéressement, ces sommes sont exclues de l'assiette des bénéfices non commerciaux et de l'assiette des bénéfices industriels et commerciaux, dans la limite d'un plafond égal ***(L. 2019-486 du 22 mai 2019, art. 155, I, 9°, JO 23)*** «aux trois quarts» du plafond annuel moyen retenu pour le calcul des cotisations de sécurité sociale.

Art. L. 3315-4. Les accords d'intéressement conclus au sein d'un groupe de sociétés établies dans plusieurs États membres de la Communauté européenne ouvrent droit aux exonérations prévues aux articles L. 3315-1 à L. 3315-3 pour les primes versées à leurs salariés ainsi qu'aux personnes mentionnées à l'article L. 3312-3 par les entreprises situées en France, parties à ces accords.

Art. L. 3315-5. Lorsqu'un accord, valide au sens de l'article L. 2232-2, a été conclu ou déposé hors délai, il produit ses effets entre les parties mais n'ouvre droit aux exonérations que pour les périodes de calcul ouvertes postérieurement au dépôt.

Note Il résulte des articles L. 242-1 c. séc. soc. et L. 3314-4, D. 3313-1, 5 et 6 CT que le bénéfice de l'exonération de cotisations qu'ils prévoient est subordonné, notamment au dépôt, selon les modalités qu'ils fixent, de l'accord d'intéressement auprès de la Direccte [Dreets]; cette formalité s'impose également aux avenants qui modifient l'accord initial. Une URSSAF a donc pu réintégrer dans l'assiette des cotisations le montant de l'intéressement dû au titre d'une année civile au motif que la société n'avait pas déposé auprès de la direction départementale du travail [de la Direccte [Dreets]] un avenant reportant la durée d'un exercice social (cass. civ., 2e ch., 22 janvier 2015, n° 14-10.701, BC II n° 9).

L'Administration a précisé que les sommes versées avant l'accomplissement de cette procédure de dépôt ne peuvent pas être exonérées rétroactivement de cotisations (guide intermin. épargne salariale, juillet 2014, dossier 1, fiche 9, § I-A). L'employeur doit donc être en mesure d'apporter la preuve du dépôt de l'accord d'intéressement dans le délai réglementaire; à défaut, une URSSAF est fondée à procéder à un redressement de cotisations (cass. civ., 2e ch., 4 avril 2018, n° 17-10.574).

TITRE II PARTICIPATION AUX RÉSULTATS DE L'ENTREPRISE

Note • Voir R. Vatinet, «Développement de la participation des salariés (loi 2006-1770 du 30 décembre 2006, titre I)», JCP éd. S 2007, 1001.

Voir aussi notamment RF Social, janvier 2020, Cahier juridique n° 203, «Participation et intéressement».

• L'ensemble des dispositions légales et réglementaires relatives à la participation obligatoire des salariés aux résultats de l'entreprise qui vise à la constitution d'une épargne salariale et à son orientation vers un secteur déterminé de l'économie nationale étant d'ordre public absolu, il ne peut y être dérogé qu'avec l'autorisation expresse de la loi (cass. soc. 23 mai 2007, n° 04-20.157, BC V n° 83; JCP éd. S 2007, 1748, note G. Bordier).

CHAPITRE Ier Champ d'application

Art. L. 3321-1. Les dispositions du présent titre sont applicables aux employeurs de droit privé et à leurs salariés.

(L. 2008-1258 du 3 déc. 2008, art. 9, JO 4) «Un décret en Conseil d'État détermine les établissements publics de l'État à caractère industriel et commercial et les sociétés, groupements ou personnes morales, quel que soit leur statut juridique, dont plus de la moitié du capital est détenue directement par l'État, qui sont soumis aux dispositions du présent titre. Ce décret fixe les conditions dans lesquelles ces dispositions leur sont applicables.»

(L. 2008-1258 du 3 déc. 2008, art. 9, JO 4) «Les dispositions du présent titre sont également applicables aux sociétés, groupements ou personnes morales, quel que soit leur statut juridique, dont plus de la moitié du capital est détenue, ensemble ou séparément, indirectement par l'État et directement ou indirectement par ses établissements publics, s'ils ne bénéficient pas de subventions d'exploitation, ne sont pas en situation de monopole et ne sont pas soumis à des prix réglementés.

Un décret en Conseil d'État peut déterminer les sociétés, groupements ou personnes morales, quel que soit leur statut juridique, dont plus de la moitié du capital est détenue, ensemble ou séparément, indirectement par l'État et directement ou indirectement par ses établissements publics, bénéficiant de subventions d'exploitation, étant en situation de monopole ou soumis à des prix réglementés, qui sont soumis aux dispositions du présent titre. Ce décret fixe les conditions dans lesquelles ces dispositions leur sont applicables.»

(L. 2019-486 du 22 mai 2019, art. 155, I, 10°, JO 23, entrée en vigueur le 01.01.2019) «Lorsque, dans le présent titre, il est fait référence à l'effectif salarié, cet effectif et le franchissement du seuil sont déterminés au niveau de l'entreprise ou de l'unité économique et sociale selon les modalités prévues à l'article L. 130-1 du code de la sécurité sociale.»

Note • Les dispositions de cet article, dans sa rédaction issue de la loi 2008-1258 précitée, s'appliquent depuis le 01.05.2008; les entreprises et établissements publics qui entraient légalement dans le champ de la participation à cette date demeurent soumis au même régime (loi précitée, art. 9, II).

• Les décrets en Conseil d'État (décret 87-948 du 26 novembre 1987 mis à jour pour la dernière fois par le décret 2014-1658 du 29 décembre 2014, JO 30) déterminent la liste et les conditions dans lesquelles sont soumis à la participation:
– les établissements publics de l'État à caractère industriel et commercial et les sociétés, groupements ou personnes morales, quel que soit leur statut juridique, dont plus de la moitié du capital est détenue directement par l'État;
– le cas échéant les sociétés, groupements ou personnes morales, quel que soit leur statut juridique, dont plus de la moitié du capital est détenue, ensemble ou séparément, indirectement par l'État et directement ou indirectement par ses établissements publics et qui bénéficient de subventions d'exploitation, sont en situation de monopole ou sont soumis à des prix réglementés.

Sont par contre assujettis de plein droit à la participation les sociétés, groupements ou personnes morales, quel que soit leur statut juridique, dont plus de la moitié du capital est détenue, ensemble ou séparément, indirectement par l'État et directement ou indirectement par ses établissements publics, s'ils ne bénéficient pas de subventions d'exploitation, ne sont pas en situation de monopole et ne sont pas soumis à des prix réglementés. Conformément au II de l'article 9 de la loi du 3 décembre 2008 en faveur des revenus du travail, ces règles s'appliquent depuis le 1er mai 2008. Toutefois, les entreprises et établissements publics qui entraient légalement dans le champ de la participation à cette date demeurent soumis au même régime (guide interm. épargne salariale, juillet 2014, dossier 2, fiche 1).

Art. L. 3321-2. Un décret en Conseil d'État détermine les conditions dans lesquelles le présent titre est appliqué aux sociétés mères et aux sociétés filiales.

Art. R. 3321-1. *(D. 2009-350 du 30 mars 2009, JO 31)* Les dispositions du présent titre, à l'exception des articles R. 3322-1, R. 3322-2, D. 3323-4, R. 3323-6, R. 3323-10 et D. 3324-1, sont également applicables aux personnes mentionnées au deuxième alinéa de l'article L. 3323-6 et au troisième alinéa de l'article L. 3324-2.

Art. D. 3321-2. ***(D. 2009-351 du 30 mars 2009, JO 31)*** Les salariés d'un groupement d'employeurs qui n'a pas mis en place un dispositif de participation peuvent bénéficier des dispositifs de participation mis en place dans chacune des entreprises du groupement auprès de laquelle ils sont mis à disposition si l'accord le prévoit.

CHAPITRE II Mise en place de la participation

SECTION 1. Mise en place dans l'entreprise

Art. L. 3322-1. La participation a pour objet de garantir collectivement aux salariés le droit de participer aux résultats de l'entreprise.

Elle prend la forme d'une participation financière à effet différé, calculée en fonction du bénéfice net de l'entreprise, constituant la réserve spéciale de participation.

Elle est obligatoire dans les entreprises mentionnées au présent chapitre. ***(L. 2019-486 du 22 mai 2019, art. 155, I, 11°, JO 23, entrée en vigueur le 01.01.2019)*** «L'obligation s'applique à compter du premier exercice ouvert postérieurement à la période des cinq années civiles consécutives mentionnées au premier alinéa du II de l'article L. 130-1 du code de la sécurité sociale.»

(L. 2008-1258 du 3 déc. 2008, art. 6, JO 4) «Elle concourt à la mise en œuvre de la gestion participative dans l'entreprise.»

Note Voir note sous article L. 3324-1.

Art. L. 3322-2. ***(L. 2019-486 du 22 mai 2019, art. 155, I, 12°, JO 23, entrée en vigueur le 01.01.2019)*** «Les entreprises employant au moins cinquante salariés garantissent le droit de leurs salariés à participer aux résultats de l'entreprise. Il en va de même pour les entreprises constituant une unité économique et sociale mentionnée à l'article L. 2313-8 et composée d'au moins cinquante salariés.»

La base, les modalités de calcul, ainsi que les modalités d'affectation et de gestion de la participation sont fixées par accord dans les conditions prévues par le présent titre.

(L. 2008-1258 du 3 déc. 2008, art. 7, JO 4) «Le salarié d'un groupement d'employeurs peut bénéficier du dispositif de participation mis en place dans chacune des entreprises adhérentes du groupement auprès de laquelle il est mis à disposition dans des conditions fixées par décret.»

Note • L'effectif à partir duquel la participation est obligatoire s'apprécie au niveau de l'entreprise et non de l'établissement (cass. soc. 24 janvier 2006, n° 03-43.073, BC V n° 20).

• Un accord de participation n'étant obligatoire que dans les entreprises de 50 salariés et plus, un tel accord, même conclu pour une durée déterminée, peut valablement prévoir par une clause particulière qu'il ne s'appliquera pas en cas d'abaissement des effectifs de l'entreprise en dessous de 50 personnes (cass. soc. 18 septembre 2002, n° 99-15.454, BC V n° 271; Dr. Soc. 2002, p. 1002, obs. J. Savatier).

• Dès lors que la clause de renouvellement par tacite reconduction d'un accord de participation ne comporte aucune stipulation excluant son application en cas d'abaissement de l'effectif de l'entreprise en dessous du seuil d'assujettissement au régime de participation, une cour d'appel a exactement décidé que, à défaut de dénonciation de l'accord par l'employeur dans les conditions qu'il prévoyait, l'entreprise était demeurée soumise au régime de participation pendant les exercices postérieurs litigieux, peu important le nombre de salariés alors employés (cass. soc. 3 mai 2007, n° 05-12.340, BC V n° 68; RJS 7/07 n° 875).

• *Jurisprudence rendue au visa de l'article R. 3322-1 abrogé par le décret 2019-1586 du 31 décembre 2019, JO 1er janv. 2020.* Dans le cadre législatif antérieur à la loi du 6 août 2015, il a été jugé que, pour la mise en place de la participation aux résultats de l'entreprise, le calcul de l'effectif doit être effectué *mois par mois* au cours des 12 mois précédents, l'effectif au titre d'un mois donné se calculant nécessairement à la fin de la période considérée. En outre, les salariés titulaires d'un contrat à durée indéterminée à temps plein sont pris en compte, pour une unité, dans l'effectif du mois au cours duquel ils ont été engagés (cass. soc. 8 décembre 2010, n° 09-65.380, BC V n° 287; RJS 3/11 n° 261).

Les salariés sous contrat à durée déterminée, sauf s'ils remplacent un salarié absent, sont pris en compte *au prorata* de leur temps de présence au cours des douze mois précédant immédiatement la date concernée pour calculer mois par mois les effectifs, peu important qu'à la fin du mois où s'effectue le décompte, leur contrat de travail ait pris fin (cass. soc. 1er juin 2017, n° 16-16.779, BC V n° 103; RJS 8-9/17 n° 601).

Art. D. 3322-1. ***(D. 2020-795 du 26 juin 2020, JO 28)*** Lorsqu'un accord de branche de participation ouvre des choix aux parties signataires au niveau de l'entreprise, l'accord déposé peut ne contenir que les clauses résultant de ces choix.

Dans les entreprises de moins de cinquante salariés, lorsqu'un accord de branche de participation propose un accord type au niveau de l'entreprise, l'employeur peut appliquer cet accord type conformément aux dispositions de l'accord de branche en vigueur, au moyen d'un document unilatéral, dans les conditions prévues à l'article L. 2232-10-1.

Art. R. 3322-2. Les entreprises constituant une unité économique et sociale mettent en place la participation, soit par un accord unique couvrant l'unité économique et sociale, soit par des accords distincts couvrant l'ensemble des salariés de ces entreprises.

Art. L. 3322-3. ***(L. 2015-990 du 6 août 2015, art. 156, JO 7)*** «Lorsqu'une entreprise ayant conclu un accord d'intéressement vient à employer au moins cinquante salariés, les obligations prévues à la présente section ne s'appliquent qu'au troisième exercice clos après le franchissement du seuil d'assujettissement à la participation, si l'accord est appliqué sans discontinuité pendant cette période.»

À cette date, un accord de participation peut être conclu dans les conditions de l'article L. 3324-2 sur une base de calcul et de répartition reprenant celle de l'accord d'intéressement ayant expiré.

Note Avant l'intervention de la loi du 6 août 2015, les entreprises atteignant ou franchissant le seuil de 50 salariés alors qu'elles étaient dotées d'un accord d'intéressement pouvaient attendre que cet accord arrive à expiration pour mettre en place un dispositif de participation. L'article 156 de la loi du 6 août 2015 a assoupli cette règle, en ne soumettant ces entreprises à la participation qu'à partir du 3e exercice clos après le franchissement du seuil de 50 salariés, à condition que l'accord d'intéressement soit appliqué sans discontinuité pendant cette période. Après cette période de 3 ans, lorsque l'entreprise bascule dans la participation, comme antérieurement, elle peut reconduire son mécanisme d'intéressement, sous la forme d'un accord de participation dérogatoire. Le délai de 3 ans supplémentaire pour mettre en œuvre la participation n'est applicable que si, durant cette période, l'accord d'intéressement produit toujours des effets. Ainsi, pour une entreprise devant être assujettie à la participation en 2015 mais disposant d'un accord d'intéressement en vigueur sur 2013, 2014 et 2015, l'obligation d'assujettissement à la participation n'intervient qu'en 2018, à la condition que l'accord d'intéressement produise toujours des effets jusqu'à cette obligation (via un renouvellement de l'accord d'intéressement en 2016). Avec la législation antérieure à la loi du 6 août 2015, dans la même situation, l'assujettissement à la participation aurait dû intervenir dès l'année 2016 (instr. DGT/RT3/DSS/DGTRESOR/2016/45 du 18 février 2016, Q/R nos 23 et 24).

Art. L. 3322-5. Dans les entreprises nouvelles dont la création ne résulte pas d'une fusion, totale ou partielle, d'entreprises préexistantes, les accords de participation sont conclus à partir du troisième exercice clos après leur création.

Art. L. 3322-6. Les accords de participation sont conclus selon l'une des modalités suivantes:

1° Par convention ou accord collectif de travail;

2° Par accord entre l'employeur et les représentants d'organisations syndicales représentatives dans l'entreprise;

3° Par accord conclu au sein du ***(Ord. 2017-1386 du 22 sept. 2017, art. 4, 20°, JO 23, entrée en vigueur au plus tard le 01.01.2018)*** «comité social et économique»;

4° À la suite de la ratification, à la majorité des deux tiers du personnel, d'un projet de contrat proposé par l'employeur. S'il existe dans l'entreprise une ou plusieurs organisations syndicales représentatives ou un ***(Ord. 2017-1386 du 22 sept. 2017, art. 4, 20°, JO 23, entrée en vigueur au plus tard le 01.01.2018)*** «comité social et économique», la ratification est demandée conjointement par l'employeur et une ou plusieurs de ces organisations ou ce comité.

Note Si, lorsque les effectifs de l'entreprise ont atteint le seuil rendant la participation obligatoire, l'employeur est tenu de mettre en place un régime de participation, il n'a pas l'obligation d'engager une négociation à cet effet avec le comité d'entreprise, de sorte que ce dernier ne dispose d'aucun droit propre à la mise en place d'un régime de participation (cass. soc. 18 janvier 2011, n° 08-19.398, RJS 4/11 n° 356).

Art. L. 3322-7. Par dérogation à l'article L. 3322-6, un accord de groupe peut être passé entre les sociétés d'un même groupe ou seulement certaines d'entre elles.

Art. L. 3322-9

Cet accord est conclu selon l'une des modalités suivantes :

1° Entre le mandataire des sociétés intéressées et le ou les salariés appartenant à l'une des entreprises du groupe mandatés à cet effet par une ou plusieurs organisations syndicales représentatives ;

2° Entre le mandataire des sociétés intéressées et les représentants mandatés par chacun des ***(Ord. 2017-1386 du 22 sept. 2017, art. 4, 54°, JO 23, entrée en vigueur au plus tard le 01.01.2018)*** « comités sociaux et économiques » concernés ;

3° À la suite de la ratification, à la majorité des deux tiers du personnel, d'un projet d'accord proposé par le mandataire des sociétés du groupe. S'il existe dans les sociétés intéressées une ou plusieurs organisations syndicales représentatives ou, lorsque toutes les sociétés du groupe sont intéressées, s'il existe un comité de groupe, la ratification est demandée conjointement par le mandataire des sociétés du groupe et soit une ou plusieurs de ces organisations, soit la majorité des ***(Ord. 2017-1386 du 22 sept. 2017, art. 4, 54°, JO 23, entrée en vigueur au plus tard le 01.01.2018)*** « comités sociaux et économiques » des sociétés concernées, soit le comité de groupe. La majorité des deux tiers est appréciée au niveau de l'ensemble des sociétés concernées.

SECTION 2. Mise en place dans la branche

Art. L. 3322-9. ***(L. 2020-1525 du 7 déc. 2020, art. 118, I, 3°, JO 8)*** Toute entreprise peut faire application d'un dispositif de participation conclu au niveau de la branche, dès lors que l'accord de branche a été agréé en application de l'article L. 3345-4.

Les entreprises qui souhaitent appliquer l'accord de branche agréé concluent à cet effet un accord dans les conditions prévues à l'article L. 3322-6.

Les entreprises de moins de cinquante salariés peuvent opter pour l'application de ce régime au moyen d'un document unilatéral d'adhésion de l'employeur, dans les conditions prévues à l'article L. 2232-10-1, si l'accord de branche prévoit cette possibilité et propose, sous forme d'accord type indiquant les différents choix laissés à l'employeur, des stipulations spécifiques pour ces entreprises.

L'accord d'entreprise conclu ou le document unilatéral d'adhésion signé est déposé selon les modalités prévues à l'article L. 3323-4.

Par dérogation aux articles L. 3345-2 et L. 3345-3, les exonérations prévues au chapitre V du présent titre sont réputées acquises dès le dépôt et pour la durée d'application de l'accord ou du document d'adhésion à l'accord de branche agréé.

CHAPITRE III Contenu et régime des accords

SECTION 1. Contenu des accords

Art. L. 3323-1. L'accord de participation détermine :

1° Les conditions dans lesquelles les salariés sont informés de l'application des dispositions du présent titre ;

2° La nature et les modalités de gestion des droits reconnus aux salariés sur les sommes constituant la réserve spéciale de participation prévue à l'article L. 3324-1.

Art. L. 3323-2. L'accord de participation peut prévoir l'affectation des sommes constituant la réserve spéciale de participation :

1° À des comptes ouverts au nom des intéressés en application d'un plan d'épargne salariale remplissant les conditions fixées au titre III ;

(Abrogé par L. 2019-486 du 22 mai 2019, art. 155, I, 14°, JO 23) « 2° À un compte que l'entreprise doit consacrer à des investissements. Les salariés ont sur l'entreprise un droit de créance égal au montant des sommes versées. »

Ces dispositions sont applicables aux accords conclus après le 1er janvier 2007.

(L. 2010-1330 du 9 nov. 2010, art. 110, JO 10) « Tout accord de participation existant à la date de promulgation de la loi n° 2010-1330 du 9 novembre 2010 portant réforme des retraites doit être mis en conformité avec le présent article et l'article L. 3323-3 au plus tard le 1er janvier 2013. »

Note • Le 2° de cet article continue à s'appliquer aux entreprises qui bénéficient de ces dispositions au 23 mai 2019 (loi 2019-486 précitée, art. 155, VI).

• Jusqu'à l'intervention de la loi 2010-1330 du 9 novembre 2010, les dispositions de cet article et de l'article L. 3323-3 n'étaient pas applicables aux accords de participation conclus avant le 1er janvier 2007. Les entreprises appliquant de tels accords avaient jusqu'au 1er janvier 2013 pour les mettre en conformité avec les règles d'affectation de droit commun.

Art. L. 3323-3. ***(L. 2012-387 du 22 mars 2012, art. 26, III, JO 23) (L. 2019-486 du 22 mai 2019, art. 155, I, 15°, JO 23)*** «Par dérogation à l'article L. 3323-2,» les accords de participation conclus au sein des ***(L. 2014-856 du 31 juil. 2014, art. 30, JO 1er août)*** «sociétés coopératives de production» peuvent prévoir l'emploi de la totalité de la réserve spéciale de participation en parts sociales ou en comptes courants bloqués. Les mêmes accords peuvent stipuler que, en cas d'emploi de la réserve spéciale de participation en comptes courants bloqués, les associés qui sont employés dans l'entreprise sont en droit, nonobstant l'article L. 225-128 du code de commerce, d'affecter leur créance à la libération de parts sociales qui restent soumises à la même indisponibilité.

SECTION 2. Régime des accords

Sous-section 1. Dépôt

Art. L. 3323-4. Les accords de participation sont déposés auprès de l'autorité administrative.

Ce dépôt conditionne l'ouverture du droit aux exonérations prévues au chapitre V.

Note Tous les accords de participation (y compris ceux des entreprises publiques) doivent faire l'objet d'un dépôt auprès de l'unité territoriale de la Direccte [Dreets] du lieu de leur conclusion. Ce dépôt ne peut avoir lieu avant la fin du délai d'opposition, si un tel délai s'applique (huit jours pour un accord d'entreprise, quinze jours pour un accord de branche).

Si le dépôt des accords de participation ne constitue pas une condition de validité de ces accords, l'absence de dépôt ne limitant pas leurs effets entre les parties, cette formalité conditionne l'ouverture du droit aux exonérations fiscales et sociales: sont donc soumises à cotisations les sommes attribuées en exécution d'un accord de participation antérieurement à son dépôt (cass. soc. 8 décembre 2010, n° 09-11.217, RJS 5/11 n° 443; 30 mars 1995, n° 93-10495, RJS 5/95 n° 542). Il en est de même pour les renouvellements d'accords et les avenants.

À noter que l'article L. 3345-1 prévoit que l'accord d'intéressement, l'accord de participation et le règlement d'un plan d'épargne salariale, lorsqu'ils sont conclus concomitamment, peuvent faire l'objet d'un dépôt commun dans les conditions aux accords d'intéressement.

Art. D. 3323-1. ***(D. 2020-795 du 26 juin 2020, JO 28)*** L'accord de participation ou le document unilatéral prévu à l'article D. 3322-1 est déposé sur la plateforme de téléprocédure mentionnée à l'article D. 2231-4 dans les conditions prévues à cet article et au II de l'article D. 2231-2.

Art. D. 3323-3. Si le régime de participation est mis en place à l'initiative de l'entreprise, la décision précisant les modalités de cet assujettissement unilatéral est déposée avec le procès-verbal de la consultation du ***(D. 2017-1819 du 29 déc. 2017, art. 3, 25°, JO 30, entrée en vigueur le 01.01.2018)*** «comité social et économique» prévue au deuxième alinéa de l'article L. 3323-6.

Note À la dernière ligne de cet article, il convient à notre sens de lire au «troisième» alinéa de l'article L. 3323-6.

Art. D. 3323-4. Lorsqu'un accord de participation de groupe est conclu, les documents déposés à la ***(D. 2020-1545 du 9 déc. 2020, JO 10, entrée en vigueur le 01.04.2021)*** «direction régionale de l'économie, de l'emploi, du travail et des solidarités» comportent:

1° Quel que soit le mode de conclusion de l'accord, les mandats habilitant le mandataire des différentes sociétés intéressées à signer l'accord de groupe;

2° Si l'accord a été conclu avec un ou plusieurs salariés appartenant à l'une des entreprises du groupe mandatés à cet effet par une ou plusieurs organisations syndicales, les mandats les habilitant à signer l'accord de groupe;

3° Si l'accord a été conclu avec les représentants mandatés par chacun des ***(D. 2017-1819 du 29 déc. 2017, art. 3, 32°, JO 30, entrée en vigueur le 01.01.2018)*** «comités sociaux et économiques» intéressés, les procès-verbaux de séance établissant que la délégation du personnel statuant à la majorité a explicitement donné mandat à ces représentants pour signer l'accord de groupe;

4° Si l'accord résulte, après consultation de l'ensemble des salariés inscrits à l'effectif de chacune des sociétés intéressées, de la ratification par les deux tiers de ces salariés du projet proposé par le mandataire de ces sociétés:

a) Soit l'émargement, sur la liste nominative de l'ensemble des salariés de chacune des sociétés intéressées, des salariés signataires;

b) Soit un procès-verbal rendant compte de la consultation, au niveau de chacune des entreprises ou au niveau du groupe.

Art. R. 3323-5. Lorsque la ratification d'un accord de groupe est demandée conjointement par le mandataire des sociétés intéressées et une ou plusieurs organisations syndicales, ou la majorité des ***(D. 2017-1819 du 29 déc. 2017, art. 3, 32°, JO 30, entrée en vigueur le 01.01.2018)*** « comités sociaux et économiques » des sociétés intéressées, ou le comité de groupe, il en est fait mention dans les documents déposés.

Art. R. 3323-6. Lorsque le projet d'accord de groupe ratifié par les salariés ne fait pas mention d'une demande conjointe, il est déposé avec l'accord :

1° Une attestation des différents chefs d'entreprise intéressés selon laquelle ils n'ont été saisis d'aucune désignation de délégué syndical ;

2° Et, pour les entreprises assujetties à la législation sur les ***(D. 2017-1819 du 29 déc. 2017, art. 3, 32°, JO 30, entrée en vigueur le 01.01.2018)*** « comités sociaux et économiques », un procès-verbal de carence datant de moins de quatre ans.

Sous-section 2 (réglementaire). Dénonciation de l'accord

Art. D. 3323-8. La partie qui dénonce un accord de participation ou l'employeur, dans le cas où le régime de participation a été mis en place conformément au ***(D. 2015-1606 du 7 déc. 2015, JO 9, entrée en vigueur le 01.01.2016)*** « troisième alinéa » de l'article L. 3323-6, notifie aussitôt cette décision au ***(D. 2020-1545 du 9 déc. 2020, JO 10, entrée en vigueur le 01.04.2021)*** « directeur régional de l'économie, de l'emploi, du travail et des solidarités ».

La dénonciation d'un accord conclu au sein d'un ***(D. 2017-1819 du 29 déc. 2017, art. 3, 4°, JO 30, entrée en vigueur le 01.01.2018)*** « comité social et économique » est constatée au procès-verbal de la séance au cours de laquelle cette dénonciation a eu lieu.

Sous-section 2. Dispositions applicables en l'absence d'accord

Art. L. 3323-5. Lorsque, dans un délai d'un an suivant la clôture de l'exercice au titre duquel sont nés les droits des salariés, un accord de participation n'a pas été conclu, cette situation est constatée par l'inspecteur du travail.

(L. 2019-486 du 22 mai 2019, art. 155, I, 16°, JO 23) « Les sommes attribuées aux salariés sont affectées sur un compte courant que l'entreprise doit consacrer à des investissements et, sous réserve des cas prévus par décret en application de l'article L. 3324-10, bloquées » pour huit ans ***(L. 2008-1258 du 3 décembre 2008, art. 4, JO 4)*** « , sauf si le salarié demande le versement de tout ou partie des sommes correspondantes dans des conditions fixées par décret. La demande peut être présentée à l'occasion de chaque versement effectué au titre de la répartition de la réserve spéciale de participation. Les sommes précitées, versées à des comptes courants, » portent intérêt à un taux fixé par arrêté du ministre chargé du budget et de l'économie.

La provision pour investissement prévue à l'article L. 3325-3 ne peut être constituée.

Note • Les dispositions de cet article, dans sa rédaction issue de la loi 2008-1258 précitée, sont applicables aux droits à participation des salariés aux résultats de l'entreprise attribués au titre des exercices clos après la promulgation de cette loi, soit le 3 décembre 2008 (loi précitée, art. 4, VIII).

• *Sanction du défaut d'accord:* si une entreprise théoriquement assujettie à la participation eu égard à ses effectifs n'a pas mis en place d'accord de participation, elle ne pourra être sanctionnée pour défaut d'accord que si son bénéfice fiscal est suffisant pour permettre de calculer une réserve spéciale de participation au profit de ses salariés.

S'agissant d'un dispositif intervenant en l'absence d'accord, le régime d'autorité prévu par cet article ne permet aucun aménagement des points normalement négociables par les partenaires sociaux : la réserve spéciale de participation est calculée suivant la formule légale ; tous les salariés de l'entreprise en sont bénéficiaires ; la répartition s'effectue en totalité proportionnellement aux salaires ; les sommes sont - à défaut de perception immédiate par le bénéficiaire - obligatoirement affectées à des comptes courants bloqués rémunérés à un taux majoré égal à 1,33 fois le taux moyen de rendement des obligations des sociétés privées (TMOP) publié, au début de chaque semestre, par le ministre chargé de l'économie ; les intérêts sont versés annuellement ; la durée de blocage des droits des salariés est de 8 ans au lieu de 5 (Guide interm. épargne salariale, juillet 2014, dossier 2, fiche 1).

• Les dispositions de cet article prévoyant l'intervention d'autorité de l'inspecteur du travail ne concernent que la mise en place des accords et non la modification d'un accord existant (cass. soc. 19 novembre 1998, n° 96-22.869, BC V n° 510).

• L'absence de constat par l'inspecteur du travail du défaut de conclusion d'un contrat de participation dans le délai d'un an suivant la clôture de l'exercice au titre duquel sont nés les droits des salariés d'une entreprise ne prive pas ces derniers du droit de demander au juge de faire application du régime légal de participation prévu par l'article L. 442-12 [L. 3323-5] lorsque les conditions de sa mise en œuvre sont réunies (cass. soc. 13 septembre 2005, n° 03-10.502, BC V n° 250; Dr. Soc. 2005, p. 1051, obs. J. Savatier; RJS 11/05 n° 1128).

• Voir aussi note sous article L. 3326-1.

Sous-section 3. Participation volontaire

Art. L. 3323-6. Les entreprises qui ne sont pas tenues de mettre en application un régime de participation peuvent, par un accord de participation, se soumettre volontairement aux dispositions du présent titre.

(L. 2008-1258 du 3 déc. 2008, art. 11, JO 4) «Les chefs de ces entreprises ou, s'il s'agit de personnes morales, leurs présidents, directeurs généraux, gérants ou membres du directoire, ainsi que le conjoint ***(L. 2019-486 du 22 mai 2019, art. 155, I, 17°, JO 23)*** «ou le partenaire lié par un pacte civil de solidarité» du chef d'entreprise s'il bénéficie du statut de conjoint collaborateur ou de conjoint associé mentionné à l'article L. 121-4 du code de commerce, peuvent bénéficier de ce régime.»

En cas d'échec des négociations, l'employeur peut mettre en application unilatéralement un régime de participation conforme aux dispositions du présent titre. Le ***(Ord. 2017-1386 du 22 sept. 2017, art. 4, 9°, JO 23, entrée en vigueur au plus tard le 01.01.2018)*** «comité social et économique est consulté» sur le projet d'assujettissement unilatéral à la participation au moins quinze jours avant son dépôt auprès de l'autorité administrative.

Ces entreprises, ***(L. 2008-1258 du 3 déc. 2008, art. 11, JO 4)*** «leurs salariés et les bénéficiaires visés au deuxième alinéa se voient appliquer le» régime social et fiscal prévu au chapitre V.

Note • Voir N. Cuzacq, «La participation aux résultats dans les entreprises de moins de cinquante salariés», RDT, juillet/août 2019, ET, 460.

• Un régime de retraite supplémentaire à prestations définies répondant aux caractéristiques des régimes mentionnés au premier alinéa du I de l'article L. 137-11 c. séc. soc. réservé par l'employeur à une ou certaines catégories de ses salariés ou aux personnes visées au deuxième alinéa de l'article L. 3323-6 et au troisième alinéa de l'article L. 3324-2 CT ne peut être mis en place dans une entreprise que si l'ensemble des salariés bénéficie d'au moins un des dispositifs suivants:

1° Plan d'épargne pour la retraite collectif prévu au chapitre IV du titre III du livre III de la troisième partie du code du travail;

2° Régime de retraite supplémentaire auquel l'affiliation est obligatoire et mis en place dans les conditions prévues à l'article L. 911-1 c. séc. soc.

Lorsqu'un régime de retraite supplémentaire mentionné ci-dessus existe dans l'entreprise à la date de promulgation de la loi 2010-1330 du 9 novembre 2010 (JO 10), cette entreprise est tenue de mettre en place, au plus tard le 31 décembre 2012, pour l'ensemble de ses salariés, l'un des dispositifs prévus par les 1° et 2°, sauf si le régime n'accueille plus de nouvelles personnes adhérentes à compter de sa date de fermeture lorsque celle-ci est antérieure à la promulgation de cette loi (loi précitée, art. 111).

Sous-section 4. Participation dans les entreprises agricoles

Art. L. 3323-7. Une convention ou un accord de branche étendu peut prévoir la mise en application d'un régime de participation dans les entreprises agricoles employant des salariés mentionnés aux 1° à 3°, 6° et 7° de l'article L. 722-20 du code rural ***(Ord. 2010-462 du 6 mai 2010, JO 7)*** «et de la pêche maritime» selon des modalités dérogeant aux dispositions de l'article L. 3324-1.

Ces entreprises et leurs salariés bénéficient alors, dans les mêmes conditions, du régime social et fiscal prévu au chapitre V.

Sous-section 5. Modification dans la situation juridique de l'entreprise

Art. L. 3323-8. Lorsque survient une modification dans la situation juridique de l'entreprise, par fusion, cession ou scission, rendant impossible l'application d'un accord de participation, cet accord cesse de produire effet entre le nouvel employeur et le personnel de l'entreprise.

En l'absence d'accord de participation applicable à la nouvelle entreprise, celle-ci engage, dans un délai de six mois à compter de la clôture de l'exercice au cours duquel est intervenue la modification, une négociation en vue de la conclusion d'un nouvel accord, selon l'un des modes prévus à l'article L. 3322-6.

Art. L. 3323-9

Note Les dispositions de cet article sont applicables aux accords de groupe comme aux accords conclus au niveau de l'entreprise (CA Versailles 7 février 2002, 1re ch., n° 00-2, RJS 7/02 n° 862).

Voir G. Jolivet et H. Ouaissi, « Le sort des régimes d'épargne salariale lors de transferts d'entreprise », JCP éd. S 2007, 1466.

Sous-section 6. **Sociétés coopératives ouvrières de production, coopératives agricoles et entreprises publiques**

Art. L. 3323-9. Les dispositions du présent titre ainsi que celles régissant les ***(L. 2014-856 du 31 juil. 2014, art. 30, JO 1er août)*** « sociétés coopératives de production » et les coopératives agricoles sont adaptées, par décret en Conseil d'État, pour les rendre applicables à ces sociétés.

(L. 2008-1258 du 3 déc. 2008, art. 4, JO 4) « Par dérogation à l'article L. 3324-10, l'accord de participation applicable dans ces sociétés peut prévoir que tout ou partie de la réserve spéciale de participation n'est exigible qu'à l'expiration d'un délai de cinq ans à compter de l'ouverture de ces droits. »

Note Les dispositions de cet article, dans sa rédaction issue de la loi 2008-1258 précitée, sont applicables aux droits à participation des salariés aux résultats de l'entreprise attribués au titre des exercices clos après la promulgation de cette loi, soit le 3 décembre 2008 (loi précitée, art. 4, VIII).

Art. L. 3323-10. Les dispositions du présent titre ne sont pas applicables aux exercices antérieurs à l'exercice suivant ***(L. 2008-1258 du 3 déc. 2008, art. 9, JO 4)*** « le 1er janvier 2005 » pour les sociétés, groupements ou personnes morales, quel que soit leur statut juridique, dont plus de la moitié du capital est détenue, ensemble ou séparément, directement ou indirectement, par les établissements publics et les entreprises publiques mentionnées au deuxième alinéa de l'article L. 3321-1, à l'exception de celles et ceux pour lesquels ces dispositions s'appliquaient en vertu du décret n° 87-948 du 26 novembre 1987 dans sa rédaction antérieure ***(L. 2008-1258 du 3 déc. 2008, art. 9, JO 4)*** « au 1er janvier 2005 ».

Note Les dispositions de cet article, dans sa rédaction issue de la loi 2008-1258 précitée, s'appliquent depuis le 01.05.2008; les entreprises et établissements publics qui entraient légalement dans le champ de la participation à cette date demeurent soumis au même régime (loi précitée, art. 9, II).

Art. R. 3323-9. Dans les sociétés coopératives de production, la réserve spéciale de participation des salariés est calculée sur les bases suivantes :

1° Le bénéfice est réputé égal, pour chaque exercice, aux excédents nets de gestion définis à l'article 32 de la loi n° 78-763 du 19 juillet 1978 portant statut des sociétés coopératives de production, déduction faite de la fraction égale à 25 % de ceux-ci, prévue au 3° de l'article 33 de cette loi. Ce bénéfice est diminué d'une somme calculée par application à celui-ci du taux de droit commun de l'impôt sur les sociétés ;

2° Les capitaux propres de l'entreprise sont réputés égaux au montant du capital social effectivement libéré à la clôture de l'exercice considéré.

Note Dans tous les codes et dispositions *législatives*, les mots : « sociétés coopératives ouvrières de production » sont remplacés par les mots : « sociétés coopératives de production » (loi 2014-856 du 31 juillet 2014, art. 30, JO 1er août).

Art. R. 3323-10. La part des excédents nets de gestion répartie entre les salariés en application du 3° de l'article 33 de la loi du 19 juillet 1978 précitée peut, aux termes d'un accord de participation, être affectée en tout ou partie à la constitution de la réserve spéciale de participation.

Dans ce cas, la réserve spéciale de participation et la provision pour investissement sont constituées avant la clôture des comptes de l'exercice.

Art. R. 3323-11. Un accord de participation conclu au sein d'une société coopérative de production peut prévoir que l'emploi de la réserve spéciale de participation en parts sociales, quelle que soit la forme juridique de la société, est réservé aux associés employés dans l'entreprise.

Note Voir note sous R. 3323-9.

SECTION 2 (réglementaire). **Information des salariés**

Art. D. 3323-12. Les salariés sont informés de l'existence et du contenu de l'accord de participation par tout moyen prévu à cet accord et, à défaut, par voie d'affichage.

Art. D. 3323-13. L'employeur présente, dans les six mois qui suivent la clôture de chaque exercice, un rapport au ***(D. 2017-1819 du 29 déc. 2017, art. 3, 4°, JO 30, entrée en vigueur le 01.01.2018)*** « comité social et économique » ou à la commission spécialisée éventuellement créée par ce comité.

Ce rapport comporte notamment:

1° Les éléments servant de base au calcul du montant de la réserve spéciale de participation des salariés pour l'exercice écoulé;

2° Des indications précises sur la gestion et l'utilisation des sommes affectées à cette réserve.

Art. D. 3323-14. Lorsque le ***(D. 2017-1819 du 29 déc. 2017, art. 3, 4°, JO 30, entrée en vigueur le 01.01.2018)*** «comité social et économique» est appelé à siéger pour examiner le rapport relatif à l'accord de participation, les questions ainsi examinées font l'objet de réunions distinctes ou d'une mention spéciale à son ordre du jour.

Le comité peut se faire assister par l'expert-comptable prévu à l'article L. 2325-35.

Art. D. 3323-15. Lorsqu'il n'existe pas de ***(D. 2017-1819 du 29 déc. 2017, art. 3, 42°, JO 30, entrée en vigueur le 01.01.2018)*** «comité social et économique, le rapport relatif à l'accord de participation est» adressé à chaque salarié présent dans l'entreprise à l'expiration du délai de six mois suivant la clôture de l'exercice.

Art. D. 3323-16. La somme attribuée à un salarié en application de l'accord de participation fait l'objet d'une fiche distincte du bulletin de paie.

Cette fiche mentionne:

1° Le montant total de la réserve spéciale de participation pour l'exercice écoulé;

2° Le montant des droits attribués à l'intéressé;

3° La retenue opérée au titre de la contribution sociale généralisée et de la contribution au remboursement de la dette sociale;

4° S'il y a lieu, l'organisme auquel est confiée la gestion de ces droits;

5° La date à partir de laquelle ces droits sont négociables ou exigibles;

6° Les cas dans lesquels ces droits peuvent être exceptionnellement liquidés ou transférés avant l'expiration de ce délai;

(D. 2011-1450 du 7 nov. 2011, JO 8) «7° Les modalités d'affectation par défaut au plan d'épargne pour la retraite collectif ***(D. 2019-807 du 30 juil. 2019, art. 7, II, 2°, JO 1er août, entrée en vigueur le 01.10.2019)*** «ou au plan d'épargne retraite d'entreprise collectif» des sommes attribuées au titre de la participation, conformément aux dispositions de l'article L. 3324-12.»

Elle comporte également, en annexe, une note rappelant les règles de calcul et de répartition prévues par l'accord de participation.

(D. 2011-1450 du 7 nov. 2011, JO 8) «***(D. 2020-795 du 26 juin 2020, JO 28)*** «Sauf opposition du salarié» concerné, la remise de cette fiche distincte peut être effectuée par voie électronique, dans des conditions de nature à garantir l'intégrité des données.»

Art. D. 3323-17. Chaque salarié est informé des sommes et valeurs qu'il détient au titre de la participation dans les six mois qui suivent la clôture de chaque exercice.

Art. D. 3323-18. Lorsque l'accord de participation a été mis en place après que des salariés susceptibles d'en bénéficier ont quitté l'entreprise, ou lorsque le calcul et la répartition de la réserve spéciale de participation interviennent après un tel départ, la fiche et la note prévues à l'article D. 3323-16 sont également adressées à ces bénéficiaires pour les informer de leurs droits.

CHAPITRE IV Calcul et gestion de la participation

SECTION 1. Calcul de la réserve spéciale de participation

Art. L. 3324-1. La réserve spéciale de participation des salariés est constituée comme suit:

1° Les sommes affectées à cette réserve spéciale sont, après clôture des comptes de l'exercice, calculées sur le bénéfice réalisé en France métropolitaine et ***(Ord. 2017-1491 du 25 oct. 2017, art. 4, 1°, JO 26, entrée en vigueur le 01.01.2018)*** «en Guadeloupe, en Guyane, en Martinique, à Mayotte, à La Réunion» ***(Ord. 2008-205 du 27 févr. 2008, JO 1er mars)*** «, à Saint-Barthélemy et à Saint-Martin», tel qu'il est retenu pour être imposé à l'impôt sur le revenu ou aux taux de l'impôt sur les sociétés prévus au deuxième alinéa et au b du I de l'article 219 du code général des impôts et majoré des bénéfices exonérés en application des dispositions des articles 44 *sexies*, 44 *sexies* A, 44 *septies*, 44 *octies*, 44 *octies* A, 44 *undecies* ***(L. 2011-1977 du 28 déc. 2011, art. 10, II, JO 29)*** «et 208 C» du code général des impôts. Ce bénéfice est diminué de l'impôt correspondant qui, pour les entreprises soumises à l'impôt sur le revenu, est déterminé dans les conditions déterminées par décret en Conseil d'État;

2° Une déduction représentant la rémunération au taux de 5 % des capitaux propres de l'entreprise est opérée sur le bénéfice net ainsi défini;

3° Le bénéfice net est augmenté du montant de la provision pour investissement prévue à l'article L. 3325-3. Si cette provision est rapportée au bénéfice imposable d'un exercice déterminé, son montant est exclu, pour le calcul de la réserve de participation, du bénéfice net à retenir au titre de l'exercice au cours duquel ce rapport a été opéré;

4° La réserve spéciale de participation des salariés est égale à la moitié du chiffre obtenu en appliquant au résultat des opérations effectuées conformément aux dispositions des 1° et 2° le rapport des salaires à la valeur ajoutée de l'entreprise.

Note • Les dispositions de cet article, dans sa rédaction issue de la loi 2011-1977 précitée, s'appliquent aux exercices ouverts depuis le 21 septembre 2011 (loi précitée, art. 17).

• Voir *infra* articles D. 3324-1 à 6.

• Une entreprise occupant habituellement au moins 50 salariés n'est légalement tenue de constituer une réserve spéciale de participation qu'autant que le bénéfice de l'exercice réalisé en France métropolitaine et dans les départements d'outre-mer, tel qu'il est retenu pour être imposé au taux de droit commun de l'impôt sur les sociétés ou de l'impôt sur le revenu, excède, après déduction de l'impôt correspondant, la rémunération au taux de 5 % des capitaux propres de l'entreprise (cass. soc. 20 décembre 2006, n° 04-16.661, BC V n° 394; RJS 3/07 n° 364; Dr. Soc. 2007, p. 368, obs. J. Savatier; JCP éd. S 2007, 1381, note R. Vatinet).

• Une réserve spéciale de participation doit être constituée dans les entreprises employant habituellement au moins cinquante salariés dès lors que ces entreprises sont soumises à la loi française, peu important que les contrats de travail des salariés bénéficiaires soient, le cas échéant, soumis à une autre loi (cass. soc. 22 mai 2001, n° 99-12.902, BC V n° 179).

• Une entreprise étrangère disposant d'un établissement distinct en France est tenue de constituer une réserve spéciale de participation dès lors qu'elle est assujettie à l'impôt dans les conditions déterminées par cet article (cass. soc. 27 février 2013, n° 10-28.527); en cas de litige, c'est à l'employeur, qui seul détient les informations relatives à son assujettissement à l'impôt sur les sociétés, de justifier que le bénéfice généré par ses opérations effectuées sur le territoire national a été exonéré de toute imposition fiscale française (cass. soc. 8 février 2012, n° 10-28.526, BC V n° 69; LS Jurispr. n° 42 du 28.02.2012; JCP éd. S 2012, 1165, note J-S Lipski; RJS 5/12 n° 486).

• Pour le calcul de l'impôt devant être retranché du bénéfice servant de base au calcul de la réserve, il n'y a pas lieu de tenir compte des crédits d'impôt dont bénéficie éventuellement l'entreprise pour en minorer l'impôt à retenir (CE 20 mars 2013, n° 347633, LSQ n° 16316 du 29.03.2013; cass. avis 14 septembre 2015, n° 15-70.003, BC n° 6; cass. soc. 10 janvier 2017, n° 14-23.888, BC V n° 4; LSQ n° 17249 du 23.01.2017; JCP éd. S 2017, 1081, note G. Duchange; RJS 3/17 n° 217). L'administration fiscale s'est ralliée à cette position par décision du 5 septembre 2014 et considère désormais que pour le calcul de la réserve de participation, l'impôt sur les sociétés à déduire du bénéfice est l'impôt sur les sociétés avant imputation des crédits et réductions d'impôts (BOFIP: BOI-BIC-PTP-10-10-20-10-20140905).

Art. L. 3324-2. L'accord de participation peut établir un régime de participation comportant une base de calcul et des modalités différentes de celles définies à l'article L. 3324-1. Cet accord ne dispense de l'application des règles définies à cet article que si, respectant les principes posés par le présent titre, il comporte pour les salariés des avantages au moins équivalents. La base de calcul retenue peut ainsi être le tiers du bénéfice net fiscal. La réserve spéciale de participation peut être calculée en prenant en compte l'évolution de la valeur des actions ou parts sociales de l'entreprise ou du groupe au cours du dernier exercice clos.

Lorsqu'un accord est conclu au sein d'un groupe de sociétés, l'équivalence des avantages consentis aux salariés s'apprécie globalement au niveau du groupe et non entreprise par entreprise.

(L. 2008-1258 du 3 déc. 2008, art. 11, JO 4) «Dans les entreprises ***(L. 2019-486 du 22 mai 2019, art. 11, VI, 7°, JO 23, entrée en vigueur le 01.01.2020)*** «employant au moins un salarié et moins de deux cent cinquante salariés», la part de la réserve spéciale de participation excédant le montant qui aurait résulté d'un calcul effectué en application de l'article L. 3324-1 peut être répartie entre les salariés et les chefs de ces entreprises, les présidents, directeurs généraux, gérants ou membres du directoire s'il s'agit de personnes morales, le conjoint ***(L. 2019-486 du 22 mai 2019, art. 155, I, 17°, JO 23)*** «ou le partenaire lié par un pacte civil de solidarité» du chef d'entreprise s'il a le statut de conjoint collaborateur ou de conjoint associé mentionné à l'article L. 121-4 du code de commerce.»

L'accord n'ouvre droit au régime social et fiscal prévu au chapitre V que si la réserve spéciale de participation n'excède pas la moitié du bénéfice net comptable, ou, au choix des parties, l'un des trois plafonds suivants:

1° Le bénéfice net comptable diminué de 5 % des capitaux propres;

2° Le bénéfice net fiscal diminué de 5 % des capitaux propres;

3° La moitié du bénéfice net fiscal.

L'accord précise le plafond retenu.

(L. 2019-486 du 22 mai 2019, art. 155, I, 18°, JO 23) «Par dérogation au dernier alinéa de l'article L. 3321-1, le II de l'article L. 130-1 du code de la sécurité sociale ne s'applique pas au franchissement du seuil d'un salarié.»

Note • Voir note sous article L. 3323-6.

• Le caractère aléatoire de la participation des salariés aux résultats de l'entreprise, auquel est subordonnée l'exonération des cotisations sociales, s'oppose à ce que les dispositions d'un accord relatives au calcul du montant de la réserve spéciale soient modifiées en connaissance des résultats de l'exercice à partir desquels elle est établie (cass. soc. 19 novembre 1998, n° 96-22.869, BC V n° 510; RJS 1/99 n° 82).

Art. L. 3324-3. Dans les entreprises relevant de l'impôt sur le revenu, le bénéfice à retenir, avant déduction de l'impôt correspondant, est égal au bénéfice imposable de cet exercice, diminué:

1° De la rémunération normale du travail du chef d'entreprise lorsque cette rémunération n'est pas admise dans les frais généraux pour l'assiette de l'impôt de droit commun;

2° Des résultats déficitaires enregistrés au cours des cinq années antérieures qui ont été imputés sur des revenus d'une autre nature mais n'ont pas déjà été pris en compte pour le calcul de la participation afférente aux exercices précédents.

Art. L. 3324-4. Un décret en Conseil d'État détermine le mode de calcul, éventuellement forfaitaire, de la réduction opérée au titre de l'impôt sur le revenu prévue à l'article L. 3324-3.

Note Voir *infra* article R. 3324-7.

Art. D. 3324-1. Les salaires à retenir pour le calcul du montant de la réserve spéciale de participation des salariés mentionnée à l'article L. 3324-1 sont les ***(D. 2018-821 du 27 sept. 2018, art. 3, 2°, JO 29)*** «revenus d'activité tels qu'ils sont pris en compte pour la détermination de l'assiette des cotisations définie à» l'article L. 242-1 du code de la sécurité sociale.

(D. 2009-351 du 30 mars 2009, JO 31) «Lorsque l'accord de participation prévoit que les salariés d'un groupement d'employeurs mis à la disposition de l'entreprise bénéficient de ses dispositions, le montant de leurs salaires correspondant à leur activité dans l'entreprise utilisatrice est ajouté au montant des salaires des salariés de l'entreprise. Ce montant est communiqué à l'entreprise par le groupement d'employeurs.»

Note • Les salaires à retenir pour le calcul du montant de la réserve spéciale de participation des salariés étant constitués, selon l'article D. 3324-1, par les rémunérations définies à l'article L. 242-1 c. séc. soc., l'employeur n'est pas fondé à contester l'intégration dans l'assiette de calcul de la réserve spéciale de participation des sommes déclarées à l'administration avoir été versées à titre de salaires (cass. soc. 17 mai 2011, n° 10-10.957, BC V n° 114; LS Jurispr. n° 113 du 31.05.2011; RJS 8-9/11 n° 718).

• Les rémunérations servant de base de calcul à la réserve spéciale de participation sont, sous l'empire du décret 2001-703 du 31 juillet 2001, celles que désigne l'article L. 242-1 c. séc. soc., qu'elles soient ou non assujetties à des cotisations sociales; les rémunérations des salariés expatriés doivent donc être incluses dans le calcul de la réserve spéciale de participation (cass. soc. 29 octobre 2013, n° 12-23.866, BC V n° 254; RJS 1/14 n° 64).

• Les rémunérations servant de base au calcul de la réserve spéciale de participation s'appréciant par référence à l'assiette de calcul des cotisations de sécurité sociale, les frais professionnels peuvent être déduits des rémunérations pour ce calcul dans les conditions et limites fixées par arrêté interministériel (cass. soc. 17 mai 2011, n° 10-10.957, précité).

• Les rémunérations à prendre en compte pour le calcul de la réserve spéciale de participation pour les périodes d'absence visées aux articles L. 1225-17 (congé de maternité), L. 1225-37 (congé d'adoption) et L. 1226-7 (accident du travail ou maladie professionnelle), dans le cas où l'employeur ne maintient pas intégralement les salaires, sont celles qu'auraient perçues les salariés concernés pendant les mêmes périodes s'ils avaient travaillé (Guide interm. épargne salariale, juillet 2014, dossier 2, fiche 3).

• Si les enseignants recrutés par l'État et mis à la disposition d'un organisme de droit privé ont vocation à bénéficier de la réserve de participation comme tous les salariés de l'établissement dès lors qu'ils sont liés à cet organisme par un contrat de travail, leurs rémunérations, versées par l'État, ne figurant ni dans les comptes de cet organisme ni dans sa déclaration annuelle des salaires, ne peuvent être retenues comme des charges de personnel telles que prévues à l'article R. 442-2 [D. 3324-2] et être prises en compte pour le calcul de réserve de participation (cass. soc. 1er juillet 1998, n° 96-17.076, BC V n° 356).

Art. D. 3324-2. La valeur ajoutée de l'entreprise mentionnée au 4° de l'article L. 3324-1 est déterminée en faisant le total des postes du compte de résultats énumérés ci-après, pour autant qu'ils concourent à la formation d'un bénéfice réalisé en France métropolitaine et dans les départements d'outre-mer:

1° Les charges de personnel;

2° Les impôts, taxes et versements assimilés, à l'exclusion des taxes sur le chiffre d'affaires;

3° Les charges financières;

4° Les dotations de l'exercice aux amortissements;

5° Les dotations de l'exercice aux provisions, à l'exclusion des dotations figurant dans les charges exceptionnelles;

6° Le résultat courant avant impôts.

Art. D. 3324-3. Par dérogation aux dispositions de l'article D. 3324-2, la valeur ajoutée des entreprises de banque et d'assurances est déterminée comme suit:

1° Pour les établissements de crédit ***(D. 2014-1316 du 3 nov. 2014, art. 14, JO 5)*** «et les sociétés de financement», par le revenu bancaire hors taxe augmenté des produits nets du portefeuille titres et des revenus des immeubles. Le revenu bancaire est égal à la différence entre, d'une part, les perceptions opérées sur les clients et, d'autre part, les frais financiers de toute nature;

2° Pour les entreprises d'assurances régies par le code des assurances et les entreprises de réassurance, par la différence existant entre, d'une part, la somme des primes nettes d'impôts et des produits de placements et, d'autre part, le total des dotations aux provisions techniques et des prestations payées au cours de l'exercice aux assurés et bénéficiaires de contrats d'assurances.

Art. D. 3324-4. Les capitaux propres mentionnés au 2° de l'article L. 3324-1 comprennent le capital, les primes liées au capital social, les réserves, le report à nouveau, les provisions qui ont supporté l'impôt ainsi que les provisions réglementées constituées en franchise d'impôts par application d'une disposition particulière du code général des impôts. Leur montant est retenu d'après les valeurs figurant au bilan de clôture de l'exercice au titre duquel la réserve spéciale de participation est calculée. Toutefois, en cas de variation du capital au cours de l'exercice, le montant du capital et des primes liées au capital social est pris en compte à due proportion du temps.

La réserve spéciale de participation des salariés ne figure pas parmi les capitaux propres.

Pour les sociétés de personnes et les entreprises individuelles, la somme définie ci-dessus est augmentée des avances en compte courant faites par les associés ou l'exploitant. La quotité des avances à retenir au titre de chaque exercice est égale à la moyenne algébrique des soldes des comptes courants en cause tels que ces soldes existent à la fin de chaque trimestre civil inclus dans l'exercice considéré.

Le montant des capitaux propres auxquels s'applique le taux de 5 % prévu au 2° de l'article susmentionné est obtenu en retranchant des capitaux propres définis aux alinéas précédents ceux qui sont investis à l'étranger calculés à due proportion du temps en cas d'investissement en cours d'année.

Le montant de ces capitaux est égal au total des postes nets de l'actif correspondant aux établissements situés à l'étranger après application à ce total du rapport des capitaux propres aux capitaux permanents.

Le montant des capitaux permanents est obtenu en ajoutant au montant des capitaux propres, les dettes à plus d'un an autres que celles incluses dans les capitaux propres.

Art. D. 3324-5. Par dérogation aux dispositions de l'article D. 3324-4, les capitaux propres comprennent, en ce qui concerne les offices publics et ministériels dont le titulaire n'a pas la qualité de commerçant:

1° D'une part, la valeur patrimoniale du droit de présentation appartenant au titulaire de l'office;

2° D'autre part, la valeur nette des autres biens affectés à l'usage professionnel et appartenant au titulaire de l'office au premier jour de la période au titre de laquelle la participation est calculée.

Art. D. 3324-6. La valeur patrimoniale du droit de présentation est estimée dans les conditions prévues pour les cessions d'offices publics et ministériels mentionnés à l'article D. 3324-5.

Cette estimation est établie au 1er janvier de la première année d'application du régime de participation des salariés à l'office intéressé ou, en cas de changement de titulaire, à la date de cession de cet office.

La valeur nette des autres biens affectés à l'usage professionnel et appartenant au titulaire de l'office est égale à leur prix de revient diminué du montant des amortissements qui s'y rapportent.

Art. R. 3324-7. Dans les entreprises relevant de l'impôt sur le revenu, l'impôt à retenir pour le calcul du bénéfice net s'obtient en appliquant au bénéfice imposable de l'exercice rectifié dans les conditions prévues à l'article L. 3324-3, le taux moyen d'imposition à l'impôt sur le revenu de l'exploitant.

Ce taux moyen est égal à cent fois le chiffre obtenu en divisant l'impôt sur le revenu dû pour l'exercice considéré par le montant des revenus soumis à cet impôt. Toutefois le taux moyen retenu est, dans tous les cas, limité au taux de droit commun de l'impôt sur les sociétés.

Art. D. 3324-8. Dans les entreprises soumises au régime fiscal des sociétés de personnes, le bénéfice net est obtenu par la somme des éléments suivants:

1° La fraction du bénéfice imposable de l'exercice qui revient à ceux des associés passibles de l'impôt sur les sociétés diminué de l'impôt que ces entreprises auraient acquitté si elles étaient personnellement soumises à l'impôt sur les sociétés, calculé au taux de droit commun de cet impôt;

2° La fraction du bénéfice imposable de l'exercice rectifiée dans les conditions prévues à l'article L. 3324-3 qui revient aux associés personnes physiques, diminuée des impôts supportés par chacun de ces associés à ce titre, calculés conformément aux dispositions de l'article R. 3324-7. Toutefois, le montant total des impôts imputables est dans tous les cas limité à la somme qui résulterait de l'application à cette fraction du bénéfice imposable rectifiée du taux de droit commun de l'impôt sur les sociétés;

3° La fraction du bénéfice net de l'exercice calculé, conformément aux 1° et 2° à partir de la fraction du bénéfice imposable de l'exercice revenant aux associés qui seraient eux-mêmes des entreprises soumises au régime fiscal des sociétés de personnes.

Art. D. 3324-9. Le bénéfice net des associés des entreprises soumises au régime fiscal des sociétés de personnes est calculé sans tenir compte de la quote-part du résultat de ces entreprises qui leur revient, ni de l'impôt qui correspond à ce résultat.

SECTION 2. Répartition de la réserve spéciale de participation

Art. L. 3324-5. La répartition de la réserve spéciale de participation entre les ***(L. 2008-1258 du 3 déc. 2008, art. 11, JO 4)*** «bénéficiaires» est calculée proportionnellement au salaire perçu dans la limite de ***(L. 2019-486 du 22 mai 2019, art. 158, I, 1°, JO 23)*** «trois fois le plafond mentionné au premier alinéa de l'article L. 241-3 du code de la sécurité sociale». ***(L. 2008-1258 du 3 déc. 2008, art. 11, JO 4)*** «Pour les bénéficiaires visés au deuxième alinéa de l'article L. 3323-6 ***(L. 2019-486 du 22 mai 2019, art. 158, I, 2°, JO 23)*** «du présent code» et au troisième alinéa de l'article L. 3324-2, la répartition est calculée proportionnellement à la rémunération annuelle ou au revenu professionnel imposé à l'impôt sur le revenu au titre de l'année précédente, plafonnés au niveau du salaire le plus élevé versé dans l'entreprise, et dans les limites de plafonds de répartition individuelle déterminés par décret.»

Toutefois, l'accord de participation peut décider que cette répartition entre les ***(L. 2008-1258 du 3 déc. 2008, art. 11, JO 4)*** «bénéficiaires» est uniforme, proportionnelle à la durée de présence dans l'entreprise au cours de l'exercice, ou retenir conjointement plusieurs de ces critères.

L'accord peut fixer un salaire plancher servant de base de calcul à la part individuelle.

Le plafond de répartition individuelle déterminé par le décret prévu au premier alinéa ne peut faire l'objet d'aucun aménagement, à la hausse ou à la baisse, y compris par un accord mentionné à l'article L. 3323-1.

Note La répartition de la réserve spéciale de participation entre les bénéficiaires peut être uniforme, proportionnelle à la durée de présence dans l'entreprise au cours de l'exercice ou s'opérer en combinant ces critères. La durée de présence s'entend du travail effectif et de toutes les périodes assimilées à un travail effectif. Une condition d'ancienneté peut être fixée par les signataires de l'accord; elle ne peut cependant excéder trois mois (voir art. L. 3342-1).

Utilisation des critères de répartition: la répartition de la participation peut être différenciée en fonction du ou des critères retenus. Si le critère du salaire ou celui de la durée de présence est retenu, la répartition ne peut être que proportionnelle à ces critères (il ne peut être question notamment de surpénaliser l'absentéisme), sous réserve de l'application de clauses plus favorables telles l'instauration d'un salaire plancher et/ou d'un salaire plafond.

En cas d'utilisation conjointe de ces critères, chacun d'eux doit s'appliquer à une «sous-masse» distincte de la RSP: par exemple, 10 % répartis de manière uniforme, 60 % répartis au prorata du temps de présence, 30 % répartis proportionnellement aux salaires (Guide interm. épargne salariale, juillet 2014, dossier 2, fiche 4).

Sous réserve d'une durée minimale d'ancienneté dans l'entreprise, qui peut être exigée et ne peut excéder six [trois actuellement] mois, tous les salariés de l'entreprise où a été conclu un accord de participation doivent pouvoir bénéficier de la répartition des résultats de l'entreprise, sans que puisse leur être opposé le fait que leur salaire n'est pas assujetti à la taxe sur les salaires et n'est pas pris en compte pour le calcul de la réserve spéciale de participation. Il en résulte qu'un tel accord ne peut valablement écarter du bénéfice de la répartition de la réserve spéciale de participation une catégorie de salariés. Plusieurs accords, conclus au sein d'un groupe pour définir les modalités de la participation des personnels des différentes sociétés du groupe aux résultats de ces sociétés, prévoyaient leur application à l'ensemble du personnel des sociétés signataires dans la limite de leurs activités rémunérées par des salaires entrant dans le champ d'application de la taxe sur les salaires. Plusieurs salariés, employés par une filiale du groupe en Arabie saoudite, se plaignant d'avoir été exclus du bénéfice de ces accords ont saisi le tribunal de grande instance. C'est à bon droit qu'une cour d'appel a décidé que ces salariés avaient droit, pendant leurs périodes de détachement à l'étranger, au bénéfice de la réserve spéciale de participation. Par la seule constatation que les salariés appartenaient au personnel d'une société ayant conclu un accord de participation, la cour a légalement justifié sa décision (cass. soc. 22 mai 2001, n° 99-12.902, BC V n° 179; RJS 8-9/01 n° 1047).

De plus, les modalités de calcul et la répartition de la réserve spéciale de participation entre les salariés bénéficiaires ne pouvant faire l'objet d'une distinction suivant que les salariés d'une même entreprise travaillent en France ou à l'étranger (cass. soc. 29 octobre 2002, n° 00-14.787, BC V n° 324), une cour d'appel a décidé à bon droit qu'un salarié étant demeuré le salarié d'une société française pendant la durée de son expatriation, la partie de la rémunération qui lui avait été payée par la filiale étrangère de cette société au cours de cette période devait être prise en considération pour le calcul de ses droits à participation (cass. soc. 6 décembre 2007, n° 06-10.858, RJS 2/08 n° 208).

Plafond de répartition individuelle. L'ensemble des dispositions légales et réglementaires relatives à la participation obligatoire des salariés aux résultats de l'entreprise qui vise à la constitution d'une épargne salariale et à son orientation vers un secteur déterminé de l'économie nationale étant d'ordre public absolu, il ne peut y être dérogé qu'avec l'autorisation expresse de la loi. L'article R. 442-6 [D. 3324-12] CT, qui fixe le plafond du montant des droits susceptibles d'être attribués à un même salarié pour un même exercice, ne prévoit pas une telle dérogation. C'est donc à tort qu'une cour d'appel a énoncé que les dispositions de cet article ne sont d'ordre public absolu qu'en ce qu'elles fixent une limite à ne pas dépasser, et que, par suite, la clause d'un accord de participation qui retenait un plafond inférieur au plafond d'attribution réglementaire devait recevoir application dès lors que le plafond qu'elle prévoyait était plus favorable aux salariés (cass. soc. 23 mai 2007, n° 04-20.157, BC V n° 83; JCP éd. S 2007, 1748, note G. Bordier).

Art. L. 3324-6. Sont assimilées à des périodes de présence, quel que soit le mode de répartition retenu par l'accord:

1° Les périodes de congé de maternité prévu à l'article L. 1225-17, de congé d'adoption prévu à l'article L. 1225-37 ***(L. 2020-692 du 8 juin 2020, art. 1er, II, 2°, JO 9)*** «et de congé de deuil prévu à l'article L. 3142-1-1»;

2° Les périodes de suspension du contrat de travail consécutives à un accident du travail ou à une maladie professionnelle en application de l'article L. 1226-7;

(L. 2020-546 du 11 mai 2020, art. 6, JO 12, entrée en vigueur le 12.05.2020) «3° Les périodes de mise en quarantaine au sens du 3° du I de l'article L. 3131-15 du code de la santé publique.»

Note • Les dispositions de cet article, dans sa rédaction issue de la loi 2020-692 précitée, s'appliquent pour les décès intervenus depuis le 1er juillet 2020 (loi précitée, art. 1er, V).

• Voir note sous article L. 3314-5, s'agissant de l'assimilation à du temps de présence des périodes non travaillées ou de temps partiel thérapeutique consécutives à un accident du travail.

Art. L. 3324-7. Les sommes qui n'auraient pu être mises en distribution en raison des règles définies aux articles L. 3324-5 et L. 3324-6 font l'objet d'une répartition immédiate entre tous les salariés ***(L. 2008-1258 du 3 déc 2008, art. 11, JO 4)*** «et, le cas échéant, les bénéficiaires visés au deuxième alinéa de l'article L. 3323-6 et au troisième alinéa de l'article L. 3324-2,» auxquels ont été versées, en application de ces articles, des sommes d'un montant inférieur au plafond des droits individuels déterminé par décret. Ce plafond ne peut être dépassé du fait de cette répartition supplémentaire.

Les sommes qui, en raison des règles définies par l'article précité et celles du premier alinéa du présent article, n'auraient pu être mises en distribution demeurent dans la réserve spéciale de participation des salariés pour être réparties au cours des exercices ultérieurs.

Note Ces dispositions prévoient que les sommes qui n'ont pu être distribuées en raison du plafond individuel de versement font l'objet d'une nouvelle répartition entre tous les salariés n'ayant pas atteint ledit plafond, selon les mêmes modalités de répartition, et qu'en aucun cas ce plafond ne pourra être dépassé du fait de cette répartition supplémentaire. L'administration précise que si des sommes subsistent encore après cette nouvelle répartition, il est procédé à une nouvelle répartition entre tous les salariés n'ayant pas atteint le plafond, et ainsi de suite. Si un reliquat subsiste encore alors que tous les salariés ont atteint le plafond individuel, il demeure dans la réserve spéciale de participation des salariés et sera réparti au cours des exercices ultérieurs (Guide interm. épargne salariale, juillet 2014, dossier 2, fiche 4).

Art. L. 3324-8. Lorsqu'un accord unique est conclu au sein d'une unité économique et sociale en application de l'article L. 3322-2 pour les entreprises qui n'entrent pas dans un même périmètre de consolidation ou de combinaison des comptes au sens du deuxième alinéa de l'article L. 3344-1, la répartition des sommes est effectuée entre tous les salariés *(L. 2008-1258 du 3 déc. 2008, art. 11, JO 4)* «et, le cas échéant, les bénéficiaires visés au deuxième alinéa de l'article L. 3323-6 et au troisième alinéa de l'article L. 3324-2,» employés dans les entreprises sur la base du total des réserves de participation constituées dans chaque entreprise.

Art. L. 3324-9. Le conseil d'administration ou le directoire peut décider de verser un supplément de réserve spéciale de participation au titre de l'exercice clos, dans le respect des plafonds mentionnés à l'article L. 3324-5 et selon les modalités de répartition prévues par l'accord de participation ou par un accord spécifique conclu selon les modalités prévues à l'article L. 3322-6.

Si l'entreprise dispose d'un accord de participation conclu conformément à l'article L. 3324-2, la réserve spéciale de participation, y compris le supplément, ne peut excéder le plafond prévu au dernier alinéa de cet article. En l'absence d'un tel accord, elle ne peut excéder le plus élevé des plafonds mentionnés à l'avant-dernier alinéa du même article.

Dans une entreprise où il n'existe ni conseil d'administration, ni directoire, l'employeur peut décider le versement d'un supplément de réserve spéciale de participation, dans les conditions prévues au présent article.

L'application au supplément de réserve spéciale de participation des dispositions du second alinéa de l'article L. 3325-1 ne donne pas lieu à application de l'article L. 131-7 du code de la sécurité sociale.

Note La circulaire DSS/5B/DGT/RT3/2007/199 du 15 mai 2007 apporte des réponses aux interrogations les plus fréquentes sur les dispositions résultant de la loi 2006-1770 du 30 décembre 2007 et notamment celles relatives au supplément d'intéressement et de participation.

Art. D. 3324-10. Le salaire servant de base à la répartition proportionnelle de la réserve spéciale de participation est égal au total des *(D. 2018-821 du 27 sept. 2018, art. 3, 2°, JO 29)* «revenus d'activité tels qu'ils sont pris en compte pour la détermination de l'assiette des cotisations définie à» l'article L. 242-1 du code de la sécurité sociale, perçues par chaque bénéficiaire au cours de l'exercice considéré sans que ce total puisse excéder une somme, qui est identique pour tous les salariés et figure dans l'accord. Cette somme est au plus égale à *(D. 2020-795 du 26 juin 2020, JO 28)* «trois» fois le plafond annuel retenu pour la détermination du montant maximum des cotisations de sécurité sociale et d'allocations familiales.

(D. 2009-351 du 30 mars 2009, JO 31) «Pour les salariés des groupements d'employeurs bénéficiaires de la participation dans leur entreprise utilisatrice, le salaire servant de base à la répartition proportionnelle est le salaire mentionné au dernier alinéa de l'article D. 3324-1. Pour les bénéficiaires mentionnés au deuxième alinéa de l'article L. 3323-6 et au troisième alinéa de l'article L. 3324-2 s'appliquent les dispositions du premier alinéa de l'article L. 3324-5.»

Art. D. 3324-11. Pour les périodes d'absence liées au congé de maternité ou au congé d'adoption et pour les périodes de suspension du contrat de travail consécutives à un accident du travail ou à une maladie professionnelle, les salaires à prendre en compte sont ceux qu'aurait perçus le bénéficiaire s'il n'avait pas été absent.

Art. D. 3324-12. Le montant des droits susceptibles d'être attribués à un même salarié ne peut, pour un même exercice, excéder une somme égale aux trois quarts du montant du plafond prévu à l'article D. 3324-10.

Art. D. 3324-13. Lorsque le salarié n'a pas accompli une année entière dans la même entreprise, les plafonds prévus aux articles D. 3324-10 et D. 3324-12 sont calculés à due proportion de la durée de présence.

Art. D. 3324-14. Les sommes qui demeurent dans la réserve spéciale de participation des salariés, en application du deuxième alinéa de l'article L. 3324-7, ne peuvent ouvrir droit au bénéfice des déductions et exonérations prévues aux articles L. 3325-1 et L. 3325-2 qu'au titre des exercices au cours desquels elles sont réparties.

Art. D. 3324-15. Les plafonds prévus aux articles D. 3324-10 et D. 3324-12 s'appliquent à la totalité de la participation attribuée à chaque salarié.

Art. R. 3324-16. Les dispositions du présent titre sont, à l'exception de celles des articles R. 3322-1, D. 3323-8 à R. 3323-11, D. 3324-1 à D. 3324-10 et D. 3325-1 à R. 3326-1, applicables au supplément de réserve spéciale de participation prévu à l'article L. 3324-9 et à l'accord spécifique de répartition auquel il peut donner lieu.

SECTION 3 (réglementaire). Évaluation des titres

Art. D. 3324-17. Dans le cas prévu au 1° de l'article L. 3323-2, l'accord de participation détermine la forme des titres attribués, les modalités de conservation de ces titres et les mesures prises pour assurer le respect de l'interdiction de les négocier pendant cinq ans, sauf dans les cas prévus à l'article R. 3324-22.

Art. D. 3324-18. En cas d'attribution d'actions de l'entreprise, les titres sont évalués sur la base de la moyenne de leur cours de bourse pendant les vingt jours de cotation précédant la date de leur attribution. Cette moyenne est obtenue par référence au premier cours coté de chaque séance.

Art. D. 3324-19. Lorsque les titres ne sont pas admis aux négociations sur un marché réglementé, le prix auquel les titres sont attribués est déterminé conformément aux méthodes définies à l'article L. 3332-20, sans préjudice des dispositions légales qui fixent les conditions de détermination de la valeur de certaines catégories de titres.

Art. D. 3324-20. Les titres sont évalués par l'entreprise, sous le contrôle du commissaire aux comptes, au moins une fois par exercice et chaque fois qu'un événement ou une série d'événements intervenus au cours d'un exercice sont susceptibles de conduire à une évolution substantielle de la valeur des actions de l'entreprise.

Il est, en outre, procédé à une évaluation par des experts au moins tous les cinq ans. ***(D. 2009-351 du 30 mars 2009, JO 31)*** «Cette évaluation est facultative dans les entreprises mentionnées au troisième alinéa de l'article L. 3332-20 dont les titres sont évalués en application du deuxième alinéa de ce même article.»

Art. D. 3324-21. Les salariés attributaires d'actions de l'entreprise peuvent négocier les droits de souscription ou d'attribution afférents à ces titres même au cours de la période où ceux-ci ne sont pas négociables en application de l'article L. 3324-10.

SECTION 3. Règles de disponibilité des droits des salariés

Art. L. 3324-10. Les droits constitués en application des dispositions du présent titre sont négociables ou exigibles à l'expiration d'un délai de cinq ans à compter ***(L. 2015-990 du 6 août 2015, art. 153, II, JO 7)*** «du premier jour du sixième mois suivant l'exercice au titre duquel les droits sont nés» ***(L. 2008-1258 du 3 déc. 2008, art. 4, JO 4)*** «, sauf si le salarié demande le versement de tout ou partie des sommes correspondantes dans des conditions fixées par décret. La demande peut être présentée à l'occasion de chaque versement effectué au titre de la répartition de la réserve spéciale de participation. Toutefois, un accord collectif qui, en application de l'article L. 3324-2, établit un régime de participation comportant une base de calcul différente de celle établie à l'article L. 3324-1, peut prévoir que tout ou partie de la part des sommes versées aux salariés au titre de la participation aux résultats de l'entreprise supérieure à la répartition d'une réserve spéciale de participation calculée selon les modalités de l'article L. 3324-1 n'est négociable ou exigible qu'à l'expiration d'un délai de cinq ans à compter» ***(L. 2015-990 du 6 août 2015, art. 153, II, JO 7)*** «du premier jour du sixième mois suivant l'exercice au titre duquel les droits sont nés».

(L. 2008-1258 du 3 déc. 2008, art. 4, JO 4) «Lorsque les sommes ont été affectées dans les conditions prévues à l'article L. 3323-2,» un décret en Conseil d'État détermine les conditions liées à la situation ou aux projets du salarié, dans lesquelles ces droits peuvent être exceptionnellement liquidés ou transférés avant l'expiration de ces délais.

Note • Les dispositions de cet article, dans sa rédaction issue de la loi 2015-990 précitée, sont applicables aux droits à participation des salariés aux résultats de l'entreprise attribués au titre des exercices clos après la publication de cette loi (loi précitée, art. 153, III).

Les dispositions de cet article, dans sa rédaction issue de la loi 2008-1258 précitée, sont applicables aux droits à participation des salariés aux résultats de l'entreprise attribués au titre des exercices clos après la promulgation de cette loi, soit le 3 décembre 2008 (loi précitée, art. 4, VIII).

• *Covid-19.* Voir ordonnance 2020-322 du 25 mars 2020, art. 2, JO 26, entrée en vigueur le 26.03.2020.

Art. R. 3324-21-1. ***(D. 2009-350 du 30 mars 2009, JO 31)*** L'accord de participation prévoit les modalités d'information de chaque bénéficiaire.

(D. 2011-1449 du 7 nov. 2011, JO 8) «Cette information porte notamment sur:

a) Les sommes qui sont attribuées au titre de la participation;
b) Le montant dont il peut demander en tout ou partie le versement;
c) Le délai dans lequel il peut formuler sa demande;

d) L'affectation d'une quote-part de ces sommes au plan d'épargne pour la retraite collectif ***(D. 2019-807 du 30 juil. 2019, art. 7, II, 3°, JO 1er août, entrée en vigueur le 01.10.2019)*** « ou au plan d'épargne retraite d'entreprise collectif », en cas d'absence de réponse de sa part, conformément aux dispositions de l'article L. 3424-12 ; »

La demande du bénéficiaire est formulée dans un délai de quinze jours à compter de la date à laquelle il a été informé du montant qui lui est attribué. L'accord précise la date à laquelle le bénéficiaire est présumé avoir été informé.

En l'absence de stipulation conventionnelle, le bénéficiaire formule sa demande dans un délai de quinze jours à compter de la réception de la lettre recommandée avec avis de réception ou remise contre récépissé l'informant du montant qui lui est attribué et du montant dont il peut demander en tout ou partie le versement.

Si le bénéficiaire ne demande pas le versement de ces sommes dans le délai de quinze jours mentionné ci-dessus, elles ne sont négociables ou exigibles qu'à l'expiration d'un délai de cinq ans à compter du ***(D. 2015-1606 du 7 déc. 2015, JO 9, entrée en vigueur le 01.01.2016)*** « premier jour du sixième mois » suivant l'exercice au titre duquel les droits sont nés, conformément aux dispositions de l'article L. 3324-10, ou d'un délai de huit ans, dans les mêmes conditions, conformément aux dispositions de l'article L. 3323-5.

(D. 2011-1449 du 7 nov. 2011, JO 8) « Toutefois, lorsque ces sommes sont inscrites sur un plan d'épargne pour la retraite collectif, leur délivrance ne peut intervenir qu'à l'échéance ou dans les conditions prévues à l'article ***(D. 2015-1606 du 7 déc. 2015, JO 9, entrée en vigueur le 01.01.2016)*** « L. 3334-14 ». »

Art. D. 3324-21-2. ***(D. 2009-351 du 30 mars 2009, JO 31)*** Lorsqu'un bénéficiaire demande le versement de la participation conformément aux dispositions de l'article R. 3324-21-1, les entreprises effectuent ce versement avant le ***(D. 2015-1606 du 7 déc. 2015, JO 9, entrée en vigueur le 01.01.2016)*** « premier jour du sixième mois » suivant la clôture de l'exercice au titre duquel la participation est attribuée.

Passé ce délai, les entreprises complètent le versement prévu au premier alinéa par un intérêt de retard égal à 1,33 fois le ***(D. 2015-1606 du 7 déc. 2015, JO 9, entrée en vigueur le 01.01.2016)*** « taux mentionné à l'article 14 de la loi n° 47-1775 du 10 septembre 1947 portant statut de la coopération ».

Les intérêts sont versés en même temps que le principal.

Note La date du « premier jour du cinquième [sixième] mois suivant la clôture de l'exercice » fixée par cet article ne s'impose que comme date limite de versement. À cet égard, la circulaire DGT 2009-13 du 19 mai 2009 (question-réponse 17) précise que les sommes dues aux salariés peuvent être versées de manière anticipée dès lors que ces derniers peuvent exercer leur choix comme prévu par la loi. Ainsi, un accord déjà institué pourrait par exemple garder comme référence le premier jour du quatrième mois, à condition que l'entreprise ait matériellement la possibilité d'interroger le salarié et que celui-ci dispose bien d'un délai de quinze jours pour lui répondre avant la date de départ de l'indisponibilité conventionnellement retenue dans l'accord.

Art. R. 3324-22. ***(D. 2009-350 du 30 mars 2009, JO 31)*** « Dans le cas où le bénéficiaire n'a pas opté pour la disponibilité immédiate, les cas dans lesquels, en application de l'article L. 3324-10, les droits constitués au profit des bénéficiaires peuvent être exceptionnellement liquidés avant l'expiration des délais fixés au premier alinéa de cet article et au deuxième alinéa de l'article L. 3323-5 sont les suivants : »

1° Le mariage ou la conclusion d'un pacte civil de solidarité par l'intéressé ;

2° La naissance ou l'arrivée au foyer d'un enfant en vue de son adoption, dès lors que le foyer compte déjà au moins deux enfants à sa charge ;

3° Le divorce, la séparation ou la dissolution d'un pacte civil de solidarité lorsqu'ils sont assortis ***(D. 2016-1907 du 28 déc. 2016, art. 13, JO 29, entrée en vigueur le 01.01.2017)*** « d'une convention ou » d'***(D. 2020-683 du 4 juin 2020, JO 6)*** « une décision judiciaire » prévoyant la résidence habituelle unique ou partagée d'au moins un enfant au domicile de l'intéressé ;

(D. 2020-683 du 4 juin 2020, JO 6) « 3° *bis* Les violences commises contre l'intéressé par son conjoint, son concubin ou son partenaire lié par un pacte civil de solidarité, ou son ancien conjoint, concubin ou partenaire :

a) Soit lorsqu'une ordonnance de protection est délivrée au profit de l'intéressé par le juge aux affaires familiales en application de l'article 515-9 du code civil ;

b) Soit lorsque les faits relèvent de l'article 132-80 du code pénal et donnent lieu à une alternative aux poursuites, à une composition pénale, à l'ouverture d'une information par le procureur de la République, à la saisine du tribunal correctionnel par le procureur de la République ou le juge d'instruction, à une mise en examen ou à une condamnation pénale, même non définitive ; »

4° L'invalidité de l'intéressé, de ses enfants, de son conjoint ou de son partenaire lié par un pacte civil de solidarité. Cette invalidité s'apprécie au sens des 2° et 3° de l'article L. 341-4 du code de la sécurité sociale ou est reconnue par décision de la commission des droits et de l'autonomie des personnes handicapées ***(D. 2020-683 du 4 juin 2020, JO 6)*** « ou du président du conseil départemental », à condition que le taux d'incapacité atteigne au moins 80 % et que l'intéressé n'exerce aucune activité professionnelle ;

5° Le décès de l'intéressé, de son conjoint ou de son partenaire lié par un pacte civil de solidarité;

6° La rupture du contrat de travail, ***(D. 2009-350 du 30 mars 2009, JO 31)*** «la cessation de son activité par l'entrepreneur individuel, la fin du mandat social, la perte du statut de conjoint collaborateur ou de conjoint associé;»

7° L'affectation des sommes épargnées à la création ou reprise, par l'intéressé, ses enfants, son conjoint ou son partenaire lié par un pacte civil de solidarité, d'une entreprise industrielle, commerciale, artisanale ou agricole, soit à titre individuel, soit sous la forme d'une société, à condition d'en exercer effectivement le contrôle au sens de l'article R. 5141-2, à l'installation en vue de l'exercice d'une autre profession non salariée ou à l'acquisition de parts sociales d'une société coopérative de production;

8° L'affectation des sommes épargnées à l'acquisition ou agrandissement de la résidence principale emportant création de surface habitable nouvelle telle que définie à l'article R. 111-2 du code de la construction et de l'habitation, sous réserve de l'existence d'un permis de construire ou d'une déclaration préalable de travaux, ou à la remise en état de la résidence principale endommagée à la suite d'une catastrophe naturelle reconnue par arrêté ministériel;

9° La situation de surendettement de l'intéressé définie à l'article ***(D. 2020-683 du 4 juin 2020, JO 6)*** « L. 711-1 » du code de la consommation, sur demande adressée à l'organisme gestionnaire des fonds ou à l'employeur, soit par le président de la commission de surendettement des particuliers, soit par le juge lorsque le déblocage des droits paraît nécessaire à l'apurement du passif de l'intéressé.

Note • Les dispositions du 3° *bis* de cet article sont applicables aux demandes présentées après le 7 juin 2020 (décret 2020-683 précité, art. 2, I).

• L'ensemble des cas de déblocage anticipé est d'interprétation stricte; voir précisions dans le guide interm. épargne salariale, juillet 2014, dossier 8, fiches 1 et 3.

Art. R. 3324-23. La demande du salarié de liquidation anticipée est présentée dans un délai de si mois à compter de la survenance du fait générateur, sauf dans les cas de rupture du contrat de travail, décès, invalidité ***(D. 2020-683 du 4 juin 2020, JO 6)*** «, violences conjugales» et surendettement. Dans ces derniers cas, elle peut intervenir à tout moment.

La levée anticipée de l'indisponibilité intervient sous forme d'un versement unique qui porte, au choix du salarié, sur tout ou partie des droits susceptibles d'être débloqués.

Art. R. 3324-24. Le jugement arrêtant le plan de cession totale de l'entreprise, ou ouvrant ou prononçant la liquidation judiciaire de l'entreprise rend immédiatement exigibles les droits à participation non échus en application de l'article L. 643-1 du code de commerce et de l'article L. 3253-10 du présent code.

SECTION 5 (réglementaire). Gestion de la réserve spéciale

Art. D. 3324-25. ***(D. 2009-351 du 30 mars 2009, JO 31)*** «Lorsque les parties ont choisi d'utiliser la réserve spéciale de participation dans les conditions prévues ***(D. 2020-795 du 26 juin 2020, JO 28)*** «à l'article L. 3323-2», les entreprises réalisent les versements correspondants avant le ***(D. 2015-1606 du 7 déc. 2015, JO 9, entrée en vigueur le 01.01.2016)*** «premier jour du sixième mois» suivant la clôture de l'exercice au titre duquel la participation est attribuée.»

Passé ce délai, les entreprises complètent les versements prévus au premier alinéa par un intérêt de retard égal à 1,33 fois le ***(D. 2015-1606 du 7 déc. 2015, JO 9, entrée en vigueur le 01.01.2016)*** «taux mentionné à l'article 14 de la loi n° 47-1775 du 10 septembre 1947 portant statut de la coopération».

Les intérêts sont versés en même temps que le principal et employés dans les mêmes conditions.

Art. D. 3324-26. Lorsque la réserve spéciale de participation est consacrée à l'acquisition de titres émis par des sociétés d'investissement à capital variable, le portefeuille de ces sociétés est composé, au moins pour la moitié, de valeurs d'entreprises dont le siège est situé dans un État membre de la Communauté européenne ou d'un autre État partie à l'accord sur l'Espace économique européen.

Ces sociétés inscrivent au nom de chacun des bénéficiaires le nombre d'actions ou de coupures d'actions correspondant aux sommes qui reviennent à celui-ci.

Art. D. 3324-27. Lorsque l'accord de participation prévoit que les sommes revenant aux salariés seront utilisées selon une ou plusieurs des modalités mentionnées à l'article L. 3323-2 et laisse aux salariés la possibilité de choisir individuellement le mode de gestion des sommes qui leur sont attribuées, il prévoit les modalités d'exercice de ce choix et précise le sort des droits des salariés n'ayant pas expressément opté pour l'un des modes de placement proposés.

Art. D. 3324-28. Lorsque l'accord de participation offre plusieurs instruments de placement, il précise les modalités selon lesquelles le salarié peut modifier l'affectation de son épargne.

Toutefois, l'accord peut prévoir des restrictions à la possibilité de modification du choix de placement initial dans les cas qu'il définit. Il précise alors la ou les modifications pouvant intervenir à l'occasion du départ du salarié de l'entreprise.

Sans préjudice des dispositions du cinquième alinéa de l'article ***(D. 2013-687 du 25 juil. 2013, art. 30, JO 30)*** « L. 214-164 » et du septième alinéa de l'article ***(D. 2013-687 du 25 juil. 2013, art. 30, JO 30)*** « L. 214-165 » du code monétaire et financier, les signataires de l'accord peuvent modifier l'affectation de l'épargne des salariés investis dans des ***(D. 2013-687 du 25 juil. 2013, art. 30, JO 30)*** « organismes de placement collectif en valeurs mobilières ou des placements collectifs relevant des paragraphes 1, 2 et 6 de la sous-section 2, du paragraphe 2 ou du sous-paragraphe 1 du paragraphe 1 de la sous-section 3, ou de la sous-section 4 de la section 2 du chapitre IV du titre Ier du livre II du code monétaire et financier lorsque les caractéristiques des nouveaux organismes ou des placements collectifs sont identiques à celles des organismes ou des placements collectifs » antérieurement prévus.

Art. D. 3324-29. Lorsque les droits à participation sont affectés, au cours ou à l'issue de la période de blocage, à un plan d'épargne d'entreprise, le délai d'indisponibilité couru de ces sommes au moment de l'affectation s'impute sur la durée de blocage prévue par le plan d'épargne d'entreprise.

Art. D. 3324-30. L'accord de participation prévoyant le choix individuel entre le versement immédiat ou le réinvestissement des intérêts précise le régime applicable à défaut d'option exercée par le salarié.

Art. D. 3324-31. En l'absence de stipulation des accords, les revenus des droits de créance des salariés sont versés annuellement aux bénéficiaires.

Art. D. 3324-32. Lorsque les intérêts correspondants aux sommes ***(D. 2020-795 du 26 juin 2020, JO 28)*** « versées à des comptes courants bloqués » sont réinvestis, ils sont capitalisés annuellement.

Art. D. 3324-33. Les sommes attribuées au titre de la participation et affectées à un fonds d'investissement de l'entreprise sont rémunérées pour tous les salariés à un taux identique. Ce taux ne peut être inférieur au ***(D. 2015-1606 du 7 déc. 2015, JO 9, entrée en vigueur le 01.01.2016)*** « taux mentionné à l'article 14 de la loi n° 47-1775 du 10 septembre 1947 portant statut de la coopération ».

Art. D. 3324-34. Les fonds communs de placement constitués en application d'un accord de participation sont régis par les règles applicables aux fonds communs de placement d'entreprise mentionnés aux articles ***(D. 2013-687 du 25 juil. 2013, art. 30, JO 30)*** « L. 214-164 et L. 214-165 » du code monétaire et financier.

En outre, le règlement du fonds peut prévoir la possibilité pour celui-ci de recevoir, à la demande de tout salarié disposant, en application du 2° de l'article L. 3323-2, d'un droit de créance sur une entreprise au titre de la participation des salariés, les sommes qui lui ont été attribuées à ce titre. Dans ce cas, les sommes sont versées directement par l'entreprise dans les deux mois qui suivent la décision du salarié.

Art. D. 3324-35. Lorsqu'aucun accord de participation n'a été conclu, les sommes inscrites en compte courant portent intérêt à compter du ***(D. 2015-1606 du 7 déc. 2015, JO 9, entrée en vigueur le 01.01.2016)*** « premier jour du sixième mois » suivant la clôture de l'exercice au titre duquel la participation est attribuée.

Art. D. 3324-36. Lorsqu'un salarié titulaire de droits sur la réserve spéciale de participation quitte l'entreprise sans faire valoir ses droits à déblocage ou avant que l'entreprise ait été en mesure de liquider à la date de son départ la totalité des droits dont il est titulaire, l'employeur :

1° Lui remet l'état récapitulatif prévu à l'article L. 3341-7 ;

2° Lui demande l'adresse à laquelle doivent lui être envoyés les avis de mise en paiement des dividendes et d'échéance des intérêts, des titres remboursables et des avoirs devenus disponibles, et, le cas échéant, le compte sur lequel les sommes correspondantes doivent lui être versées ;

3° L'informe qu'il l'avisera des éventuels changements d'adresse de l'entreprise ou de l'organisme gestionnaire.

Note L'injonction faite à l'employeur de fournir à un salarié, titulaire de droits sur la réserve de participation et ayant quitté l'entreprise avant que celle-ci ait été en mesure de liquider la totalité de ses droits, « tout renseignement et document lui permettant de percevoir la participation due aux salariés » comporte nécessairement l'obligation de satisfaire aux prescriptions légales concernant l'information du salarié licencié sur ses droits éventuels à la participation aux résultats de l'entreprise et de lui remettre l'attestation prévue par l'article R. 442-15 [D. 3324-36] CT (cass. soc. 27 mai 1999, n° 97-41.283, BC V n° 240 ; RJS 7/99 n° 949).

Art. D. 3324-37. Lorsque le bénéficiaire ne peut être atteint à la dernière adresse indiquée par lui, les sommes auxquelles il peut prétendre sont tenues à sa disposition par l'entreprise pendant une durée d'un an à compter de la date d'expiration du délai prévu soit à l'article L. 3323-5, soit à l'article L. 3324-10 selon le cas.

Passé ce délai, ces sommes sont remises à la Caisse des dépôts et consignations où l'intéressé peut les réclamer ***(D. 2009-351 du 30 mars 2009, JO 31)*** «jusqu'au terme ***(D. 2015-1606 du 7 déc. 2015, JO 9, entrée en vigueur le 01.01.2016)*** «des délais prévus au III de l'article L. 312-20 du code monétaire et financier».»

Art. D. 3324-38. La conservation des parts de fonds communs de placement et des actions de sociétés d'investissement à capital variable (SICAV) acquises en application du 1° de l'article L. 3323-2 continue d'être assurée par l'organisme qui en est chargé et auprès duquel l'intéressé peut les réclamer ***(D. 2009-351 du 30 mars 2009, JO 31)*** «jusqu'au terme ***(D. 2015-1606 du 7 déc. 2015, JO 9, entrée en vigueur le 01.01.2016)*** «des délais prévus au III de l'article L. 312-20 du code monétaire et financier».

Art. D. 3324-39. En cas de décès du salarié, ses ayants droit demandent la liquidation de ses droits.

Le régime fiscal prévu au 4 du III de l'article 150-0 A du code général des impôts cesse de leur être attaché à compter du septième mois suivant le décès.

Art. D. 3324-40. Lorsque la déclaration des résultats d'un exercice est rectifiée par l'administration ou par le juge de l'impôt, le montant de la participation des salariés au bénéfice de cet exercice fait l'objet d'un nouveau calcul, compte tenu des rectifications apportées.

Le montant de la réserve spéciale de participation est modifié en conséquence au cours de l'exercice pendant lequel les rectifications opérées par l'administration ou par le juge de l'impôt sont devenues définitives ou ont été formellement acceptées par l'entreprise. Ce montant est majoré d'un intérêt dont le taux est égal au ***(D. 2015-1606 du 7 déc. 2015, JO 9, entrée en vigueur le 01.01.2016)*** «taux mentionné à l'article 14 de la loi n° 47-1775 du 10 septembre 1947 portant statut de la coopération» et qui court à partir du ***(D. 2015-1606 du 7 déc. 2015, JO 9, entrée en vigueur le 01.01.2016)*** «premier jour du sixième mois» de l'exercice qui suit celui au titre duquel les rectifications ont été opérées.

Note • Ce texte ne fait aucune distinction entre une modification à la hausse ou à la baisse; il en résulte que le champ d'application de ce texte n'est pas limité au seul cas de hausse de la réserve spéciale de participation, mais s'applique aussi en cas de baisse de celle-ci (cass. soc. 1er juillet 1998, n° 96-16.471, BC V n° 357; RJS 8-9/98 n° 1032).

• Le complément à la réserve spéciale de participation résultant d'un redressement fiscal doit être affecté au montant de la réserve spéciale de participation de l'exercice au cours duquel les rectifications opérées par l'Administration ou le juge de l'impôt sont devenues définitives ou ont été formellement acceptées par l'entreprise. Il en résulte que seuls les salariés présents lors de cet exercice peuvent prétendre à une répartition de la réserve (cass. soc. 10 mars 1998, n° 96-16.473, BC V n° 125; RJS 4/98 n° 504; 18 février 2016, n° 14-12.614, BC V n° 41; LS Jurispr. n° 40 du 01.03.2016; JCP éd. S 2016, 1119, note J. Kovac; RJS 4/16 n° 280).

• Sur la nécessité d'une attestation rectificative, voir note sous article L. 3326-1.

• Les dispositions de cet article ne s'appliquent que dans l'hypothèse où le montant de la réserve spéciale de participation est modifié à la suite de rectifications opérées par l'administration ou par le juge de l'impôt. En règle générale, les salariés qui ont contribué à la formation du résultat bénéficiaire d'une entreprise au cours d'un exercice comptable ont vocation à en percevoir les fruits.

En l'espèce, le tribunal a constaté qu'une erreur avait été commise dans l'assiette de calcul de la réserve spéciale de participation au titre des exercices 1994 et 1995 ayant pour effet de minorer la participation au titre de ces exercices et de majorer l'intéressement; en décidant que l'accord conclu entre les partenaires sociaux, en juillet 1996, pour corriger cette erreur n'était pas opposable à l'intéressé qui avait quitté l'entreprise avant sa conclusion et en lui accordant pour les exercices litigieux, au cours desquels il était présent, une somme correspondant à la différence entre le complément dû au titre de la participation et le trop-perçu au titre de l'intéressement, le tribunal a légalement justifié sa décision (cass. soc. 5 juin 2001, n° 99-14.037, BC V n° 207; RJS 8-9/01 n° 1048).

SECTION 4. Paiement et déblocage anticipé

Art. L. 3324-11. Les entreprises peuvent payer directement aux salariés ***(L. 2008-1258 du 3 déc. 2008, art. 11, JO 4)*** «et, le cas échéant, aux bénéficiaires visés au deuxième alinéa de l'article L. 3323-6 et au troisième alinéa de l'article L. 3324-2,» les sommes leur revenant lorsque celles-ci n'atteignent pas un montant fixé par un arrêté ministériel.

Note En application de cet article, les entreprises peuvent verser directement aux salariés les sommes leur revenant au titre de la participation lorsque celles-ci n'atteignent pas 80 € (arrêté du 10 octobre 2001, JO 18).

Art. D. 3324-41. Pour obtenir le transfert des sommes qu'il détient au titre de la participation, le salarié indique à l'entreprise qu'il quitte les avoirs qu'il souhaite transférer en utilisant les mentions faites dans l'état récapitulatif ou dans le dernier relevé dont il dispose et lui demande de liquider ces avoirs.

Art. D. 3324-42. Lorsque le transfert est réalisé vers un plan d'épargne d'entreprise dont il bénéficie au sein de la nouvelle entreprise qui l'emploie, le salarié précise dans sa demande l'affectation de son épargne au sein du plan ou des plans qu'il a choisis.

Lorsque le transfert est réalisé vers un plan dont il bénéficie au titre d'un nouvel emploi, le salarié communique à l'entreprise qu'il a quittée le nom et l'adresse de son nouvel employeur et de l'établissement mentionné à l'article R. 3333-5. Il informe ces derniers de ce transfert et de l'affectation de son épargne.

Art. D. 3324-43. L'entreprise que le salarié quitte procède elle-même à la liquidation des sommes bloquées en application du 2° de l'article L. 3323-2 ou de l'article L. 3323-5 et demande sans délai à l'établissement chargé du registre des comptes la liquidation des actions ou parts détenues au sein des plans d'épargne.

La liquidation réalisée, l'entreprise transfère les sommes correspondantes vers le plan concerné, en indiquant les périodes d'indisponibilité déjà courues ainsi que les éléments nécessaires à l'application de la législation sociale.

Art. D. 3324-44. L'arrêté ministériel prévu à l'article L. 3324-11 est pris conjointement par les ministres chargés de l'économie et du travail.

SECTION 5. Affectation à un plan d'épargne salariale

Art. L. 3324-12. ***(L. 2010-1330 du 9 nov. 2010, art. 110, JO 10)*** Lorsque le salarié, et le cas échéant le bénéficiaire visé au deuxième alinéa de l'article L. 3323-6 et au troisième alinéa de l'article L. 3324-2, ne demande pas le versement en tout ou partie des sommes qui lui sont attribuées au titre de la participation dans les conditions prévues à l'article L. 3324-10 ou qu'il ne décide pas de les affecter dans l'un des dispositifs prévus par l'article L. 3323-2, sa quote-part de réserve spéciale de participation, dans la limite de celle calculée à l'article L. 3324-1, est affectée, pour moitié, dans un plan d'épargne pour la retraite collectif ***(Ord. 2019-766 du 24 juil. 2019, art. 7, IV, 7°, JO 25, entrée en vigueur le 01.10.2019)*** «ou dans un plan d'épargne retraite d'entreprise collectif lorsqu'un tel plan» a été mis en place dans l'entreprise et, pour moitié, dans les conditions prévues par l'accord mentionné à l'article L. 3323-1. Les modalités d'information du salarié sur cette affectation sont déterminées par décret. ***(L. 2015-990 du 6 août 2015, art. 151, I, 1°, JO 7)*** «La fraction de la quote-part affectée dans le plan d'épargne pour la retraite collectif est investie conformément au second alinéa de l'article L. 3334-11.»

Les modalités d'affectation de la part des sommes versées aux salariés au titre de la participation aux résultats de l'entreprise supérieure à celle calculée selon les modalités de l'article L. 3324-1 peuvent être fixées par l'accord de participation.

Le plan peut également être alimenté, suivant les modalités qu'il fixe, par les versements complémentaires de l'entreprise et les versements opérés volontairement par les salariés.

Note Les dispositions de cet article, dans sa rédaction issue de la loi 2015-990 précitée, sont applicables aux versements effectués sur un plan d'épargne pour la retraite collectif depuis le 1er janvier 2016 (loi précitée, art. 151, II).

Les alinéas 1 et 2 sont applicables aux droits à participation attribués au titre des exercices clos après la promulgation de la loi 2010-1330 précitée (loi précitée, art. 118, VII).

CHAPITRE V Régime social et fiscal de la participation

Note Voir Guide RF, éd. 2020, «Épargne salariale et actionnariat salarié», §§ 470 à 521.

Art. L. 3325-1. Les sommes portées à la réserve spéciale de participation au cours d'un exercice sont déductibles pour l'assiette de l'impôt sur les sociétés ou de l'impôt sur le revenu exigible au titre de l'exercice au cours duquel elles sont réparties entre les salariés.

Elles ne sont pas prises en considération pour l'application de la législation du travail et ***(Ord. 2018-474 du 12 juin 2018, art. 6, 2°, JO 13)*** «sont exclues de l'assiette des cotisations définie à l'article L. 242-1 du code de la sécurité sociale».

Art. L. 3325-2

Note • Les dispositions de cet article, dans sa rédaction issue de l'ordonnance 2018-474 précitée, s'appliquent aux cotisations et contributions dues pour les périodes courant depuis le 01.09.2018 (ordonnance précitée, art. 16).

• Les sommes portées à la réserve spéciale de participation ne sont pas prises en considération pour l'application de la législation du travail. C'est donc à bon droit qu'une cour d'appel en a déduit, peu important les modalités de répartition de la réserve spéciale de participation, que les sommes dues à une salariée en exécution de l'accord de participation des salariés aux résultats de l'entreprise n'étaient pas de nature salariale et pouvaient en conséquence faire l'objet d'une saisie conservatoire (cass. soc. 1er février 2005, n° 02-14.452, RJS 4/05 n° 422).

Les sommes réparties entre les salariés au titre de la réserve spéciale de participation entrent dans l'assiette de la CSG et de la CRDS. Ces contributions sont précomptées par l'employeur lors de la répartition de celle-ci (cass. civ., 2e ch., 13 février 2014, n° 13-11.603, BC II n° 43).

Art. L. 3325-2. Les sommes ***(L. 2008-1258 du 3 déc. 2008, art. 4, JO 4)*** «affectées dans les conditions prévues à l'article L. 3323-2» sont exonérées d'impôt sur le revenu.

Les revenus provenant des sommes attribuées au titre de la participation et recevant la même affectation qu'elles sont exonérés dans les mêmes conditions. Ils se trouvent alors frappés de la même indisponibilité que ces sommes et sont définitivement exonérés à l'expiration de la période d'indisponibilité correspondante.

Après l'expiration de la période d'indisponibilité, l'exonération est toutefois maintenue pour les revenus provenant de sommes utilisées pour acquérir des actions de l'entreprise ou versées à des organismes de placement extérieurs à l'entreprise tels que ceux énumérés au 1° de l'article L. 3323-2, tant que les salariés ***(L. 2008-1258 du 3 déc. 2008, art. 11, JO 4)*** «et, le cas échéant, les bénéficiaires visés au deuxième alinéa de l'article L. 3323-6 et au troisième alinéa de l'article L. 3324-2» ne demandent pas la délivrance des droits constitués à leur profit.

Note • Le quatrième alinéa de cet article a été supprimé par la loi 2019-486 du 22 mai 2019, art. 155, I, 19°, JO 23.

• Le cinquième alinéa de cet article a été supprimé par la loi 2013-1278 du 29 décembre 2013, art. 26, VII, JO 30; cette suppression s'applique aux emprunts contractés depuis le 01.01.2017.

• Les dispositions de cet article, dans sa rédaction issue de la loi 2008-1258 précitée, sont applicables aux droits à participation des salariés aux résultats de l'entreprise attribués au titre des exercices clos après la promulgation de cette loi, soit le 3 décembre 2008 (loi précitée, art. 4, VIII).

Art. L. 3325-3. Les conditions dans lesquelles les entreprises peuvent constituer en franchise d'impôt une provision pour investissement sont fixées par le code général des impôts.

Art. L. 3325-4. Les dispositions du présent chapitre sont applicables au supplément de réserve spéciale de participation mentionné à l'article L. 3324-9.

Art. D. 3325-1. Sur demande de l'entreprise, l'attestation du montant du bénéfice net et des capitaux propres est établie soit par le commissaire aux comptes, soit par l' ***(D. 2014-552 du 27 mai 2014, art. 17, JO 29)*** «inspecteur des finances publiques».

Dans ce dernier cas, la demande est accompagnée d'un état annexe rempli par l'entreprise, conformément à un modèle arrêté par le ministre chargé de l'économie.

Art. D. 3325-2. L'attestation est délivrée par l' ***(D. 2014-552 du 27 mai 2014, art. 17, JO 29)*** «inspecteur des finances publiques» dans les trois mois qui suivent celui de la demande de l'entreprise ou, si la déclaration fiscale des résultats correspondants à l'exercice considéré est souscrite après la présentation de cette demande, dans les trois mois qui suivent celui du dépôt de cette déclaration.

Art. D. 3325-3. Lorsqu'aucune demande d'attestation n'a été présentée six mois après la clôture d'un exercice, l'inspecteur du travail peut se substituer à l'entreprise pour obtenir cette attestation.

Art. D. 3325-4. La modification d'assiette du bénéfice net intervenue après la délivrance d'une attestation donne lieu à l'établissement d'une attestation rectificative établie dans les mêmes conditions que l'attestation initiale.

Art. D. 3325-5. La constitution en franchise d'impôt de la provision pour investissement prévue à l'article L. 3325-3 et au II de l'article 237 *bis* A du code général des impôts est subordonnée au respect des dispositions prévues à l'article 171 *bis* de l'annexe II au code général des impôts.

Art. D. 3325-6. L'avoir fiscal et le crédit d'impôt attachés aux revenus des valeurs mobilières attribuées aux salariés ou acquises pour leur compte au titre de la participation donnent lieu à délivrance d'un certificat distinct, conformément aux dispositions de l'article 77 de l'annexe II au code général des impôts et sous les deux modalités suivantes :

1° Lorsque ces revenus sont totalement exonérés, conformément aux dispositions de l'article L. 3325-2, le certificat est établi pour la totalité de l'avoir fiscal ou du crédit d'impôt au nom de l'organisme chargé de la conservation des titres et la restitution de l'avoir fiscal ou du crédit d'impôt mentionné sur ce certificat est demandée par cet organisme ;

2° Lorsque l'exonération ne porte que sur la moitié de ces revenus le certificat établi au nom de l'organisme chargé de la conservation des titres ne mentionne que la moitié de l'avoir fiscal ou du crédit d'impôt qui s'attache à ces revenus. La restitution demandée par l'organisme porte alors sur un montant réduit de moitié.

Art. D. 3325-7. La demande de restitution, accompagnée du certificat, est adressée au service des impôts du siège de l'organisme qui l'a établie.

La restitution est opérée au profit de cet organisme, à charge pour lui d'employer les sommes correspondantes de la même façon que les revenus auxquels elles se rattachent.

CHAPITRE VI Contestations et sanctions

Art. L. 3326-1. Le montant du bénéfice net et celui des capitaux propres de l'entreprise sont établis par une attestation de l'inspecteur des impôts ou du commissaire aux comptes. Ils ne peuvent être remis en cause à l'occasion des litiges nés de l'application du présent titre.

Les contestations relatives au montant des salaires et au calcul de la valeur ajoutée prévus au 4° de l'article L. 3324-1 sont réglées par les procédures stipulées par les accords de participation. À défaut, elles relèvent des juridictions compétentes en matière d'impôts directs. Lorsqu'un accord de participation est intervenu, les juridictions ne peuvent être saisies que par les signataires de cet accord.

Tous les autres litiges relatifs à l'application du présent titre sont de la compétence du juge judiciaire.

Note • Le montant du bénéfice net pris en compte pour le calcul de la réserve spéciale de participation est celui qui résulte d'une attestation établie par l'inspecteur des impôts ou le commissaire aux comptes. Il ne peut être remis en cause à l'occasion des litiges relatifs à la participation aux résultats de l'entreprise (cass. soc. 8 décembre 2010, n° 09-65.810, BC V n° 288 ; RJS 3/11 n° 262 ; dans le même sens, voir aussi cass. soc. 28 février 2018, n° 16-50.015, BC V n° 36 ; RJS 5/18 n° 353, 1re espèce ; JCP éd. S 2018, 1145, avis avocat général R. Weissmann et note J. Kovac et Gr. Loiseau, précisant qu'en l'absence de contestation de sa sincérité, l'attestation du commissaire aux comptes est opposable aux syndicats, quand bien même leur action serait fondée sur la fraude ou l'abus de droit invoqués à l'encontre des actes de gestion de la société ; voir aussi J-Fr Cesaro, A. Martinon et R. Vatinet, «La fraude imaginaire», JCP éd. S 2018, 1251 ; J. Mouly, «Participation des salariés aux résultats de l'entreprise. Fraude à la loi *versus* article L. 3326-1 du code du travail», Dr. Soc. 2018, p. 933). C'est donc à tort que, pour débouter un salarié de sa demande tendant à la liquidation de ses droits à la participation, une cour d'appel a retenu que les documents fiscaux produits par l'employeur révélaient un bénéfice fiscal nul (cass. soc. 11 mars 2009, n° 08-41.140, BC V n° 80 ; RJS 6/09 n° 565 ; JCP éd. S 2009, 1454, note R. Vatinet). Mais pour pouvoir être opposée aux syndicats et aux salariés, l'attestation visée par cet article doit mentionner expressément les montants du bénéfice net et des capitaux propres de chaque entreprise intéressée ainsi que la période couverte par l'exercice concerné. Un document délivré par le commissaire aux comptes certifiant que le calcul de la réserve de participation respecte les conditions légales et réglementaires mais ne comportant aucune information sur le montant des capitaux propres ni sur celui de l'excédent net répartissable retenu et sur l'exercice auquel ces montants se rapportent ne satisfait pas aux exigences légales (cass. soc. 30 janvier 2013, n° 12-11.875, BC V n° 26 ; RJS 4/13 n° 309 ; JCP éd. S 2013, 1185, note J-S Lipski).

• Il résulte de la combinaison de cet article et des articles D. 3324-40 et D. 3325-4, qui sont d'ordre public absolu, que les actions en responsabilité tant contractuelle que délictuelle des salariés qui ne sont plus présents dans l'entreprise lors de l'exercice au cours duquel un redressement fiscal est devenu définitif sont irrecevables (cass. soc. 18 février 2016, n° 14-12.614, BC V n° 41 ; LS Jurispr. n° 40 du 01.03.2016 ; JCP éd. S 2016, 1119, note J. Kovac ; RJS 4/16 n° 280).

• *Attestation rectificative.* Pour donner lieu au versement d'un complément à la réserve spéciale de participation, notamment en cas de redressement fiscal, une attestation rectificative doit être établie par le commissaire aux comptes ou l'inspecteur des impôts dans les mêmes conditions que l'attestation initiale (cass. soc. 28 février 2018, n° 16-17.994, BC V n° 37 ; RJS 5/18 n° 353, 2e espèce).

• L'impossibilité de remettre en cause le montant du bénéfice net de l'entreprise est applicable aux syndicats qui agissent en exécution d'un accord de participation, qu'ils en soient signataires ou non (cass. soc. 9 février 2010, n° 08-11.338, RJS 4/10 n° 363). De même, le montant du bénéfice net et celui des capitaux propres de l'entreprise établis par une attestation du commissaire aux comptes ne peuvent être remis en cause par le comité d'entreprise à l'occasion d'un litige né de l'application des dispositions relatives à la participation des salariés aux résultats de l'entreprise (cass. soc. 7 novembre 2001, n° 00-12.216, RJS 1/02 n° 64).

En revanche, l'AGS, tiers au contrat de travail, dispose d'un droit propre de contester le principe et l'étendue du bénéfice net et de celui des capitaux propres établis par une attestation de l'inspecteur des impôts ou du commissaire aux comptes (cass. soc. 10 février 1999, n° 96-22.157, BC V n° 62; RJS 3/99 n° 402).

• Le législateur a entendu attribuer compétence à la juridiction judiciaire pour connaître des litiges relatifs à l'obligation pour une entreprise de mettre en œuvre les dispositions du code du travail relatives à la participation des salariés aux résultats de l'entreprise, et le constat par l'inspecteur du travail de l'absence d'accord n'a pas le caractère d'un acte administratif détachable de ce contentieux qui relèverait, à ce titre, de la compétence du juge administratif. Dès lors, la demande tendant à ce que soit ordonnée la suspension de l'acte par lequel un inspecteur du travail a constaté qu'une société n'avait pas conclu d'accord de participation dans les délais impartis, qui porte nécessairement sur l'application à la société en cause de la législation relative à la participation, ne relève pas de la compétence de la juridiction administrative (CE 18 juin 2003, n° 254727, RJS 10/03 n° 1198).

De même, l'attestation de l'inspecteur des impôts ayant pour seul objet de garantir la concordance entre le montant du bénéfice déclaré et celui pris en compte pour le calcul de la réserve spéciale de participation, elle ne constitue pas un acte administratif détachable du contentieux s'y rapportant. Il s'ensuit que la demande d'annulation de cette attestation ressortit à la compétence de la juridiction judiciaire (Trib. confl. 11 décembre 2017, n° 4104, Rec. Lebon p. 414 et CE 26 avril 2018, n° 396196).

• Selon cet article, le juge judiciaire est en principe compétent pour tous les litiges portant sur un accord de participation, de sorte qu'un litige relatif au calcul de la réserve spéciale de participation mais ne remettant pas en cause le montant des salaires déclarés à l'administration fiscale relève de la juridiction judiciaire (cass. soc. 2 décembre 2008, n° 07-16.615, BC V n° 241; RJS 2/09 n° 202).

En application de ce même article, il a été jugé qu'une contestation ayant pour effet d'affecter le montant de la valeur ajoutée retenue pour le calcul de la réserve de participation relève de la juridiction administrative (cass. soc. 26 juin 2019, n° 17-23.110, à paraître, RJS 10/19 n° 585; JCP éd. S 2019, 1287, note S. Brissy).

• Le litige portant sur la réintégration dans l'assiette des cotisations de sommes versées par une société à ses salariés au titre d'un accord de participation, non déposé, n'est pas un litige individuel ou collectif entre salariés et employeur à l'occasion de la mise en œuvre d'un accord de participation visé par les articles L. 442-13 [L. 3326-1], dern. al. et R. 442-26 (ancien) CT, et le tribunal des affaires de sécurité sociale est compétent pour en connaître (cass. soc. 27 mai 1999, n° 96-20.681, BC V n° 243).

Art. R. 3326-1. Les litiges relatifs à l'application du présent titre, autres que ceux mentionnés aux premier et deuxième alinéas de l'article L. 3326-1, relèvent du ***(D. 2019-966 du 18 sept. 2019, art. 8, JO 19, entrée en vigueur le 01.01.2020)*** «tribunal judiciaire» dans les conditions fixées à l'article R. 311-1 du code de l'organisation judiciaire.

Note Les dispositions de cet article n'emportant aucune dérogation à la compétence de la juridiction prud'homale pour connaître des litiges individuels qui portent sur les droits d'un salarié au titre de la participation aux résultats de l'entreprise, les litiges individuels opposant un ou plusieurs salariés à leur employeur en matière de participation ou d'intéressement relèvent de la compétence des conseils de prud'hommes (cass. soc. 28 février 2018, n° 16-13.682, BC V n° 32; LS Jurispr. n° 54 du 20.03.2018; JCP éd. S 2018, 1131, note S. Brissy; RJS 5/18 n° 354).

Art. L. 3326-2. Des astreintes peuvent être prononcées par le juge judiciaire contre les entreprises qui n'exécutent pas les obligations qui leur incombent en application du présent titre.

Les salariés de l'entreprise en cause et le procureur de la République dans le ressort duquel cette entreprise est située ont seuls qualité pour agir.

L'astreinte a un caractère provisoire et est liquidée par le juge après exécution par l'entreprise de ses obligations. Il est tenu compte, lors de sa liquidation, notamment du préjudice effectivement causé et de la résistance opposée par l'entreprise.

TITRE III PLANS D'ÉPARGNE SALARIALE

CHAPITRE Ier Champ d'application

Art. L. 3331-1. Les dispositions du présent titre sont applicables aux employeurs de droit privé ainsi qu'à leurs salariés.

(L. 2019-486 du 22 mai 2019, art. 155, I, 20°, JO 23) «Lorsque, dans le présent titre, il est fait référence à l'effectif salarié, cet effectif et le franchissement du seuil sont déterminés selon les modalités prévues à l'article L. 130-1 du code de la sécurité sociale.»

Art. R. 3331-1. ***(D. 2009-350 du 30 mars 2009, JO 31)*** Les dispositions du présent titre, à l'exception de l'article D. 3334-3-1, sont également applicables aux personnes mentionnées au dernier alinéa de l'article L. 3332-2.

Art. D. 3331-2. ***(D. 2009-351 du 30 mars 2009, JO 31)*** Les salariés d'un groupement d'employeurs qui n'a pas mis en place un plan d'épargne salariale peuvent bénéficier du plan d'épargne salariale mis en place dans chacune des entreprises du groupement auprès de laquelle ils sont mis à disposition si le règlement le prévoit.

Art. D. 3331-3. ***(D. 2009-351 du 30 mars 2009, JO 31)*** L'ancienneté des personnes mentionnées au dernier alinéa de l'article L. 3332-2 éventuellement requise par le règlement se décompte à compter de la date d'effet du contrat individuel.

CHAPITRE II Plan d'épargne d'entreprise

Note Voir D. Jourdan, «Plan d'épargne d'entreprise», JCP éd. S 2012, 1392; guide interm. épargne salariale, juillet 2014, dossier 3.

Voir aussi notamment RF Social, octobre 2020, Cahier juridique n° 211, «Plans d'épargne salariale PEE, PEI, PERCO, PERE-CO».

SECTION 1. Conditions de mise en place

Sous-section 1. Bénéficiaires

Art. L. 3332-1. Le plan d'épargne d'entreprise est un système d'épargne collectif ouvrant aux salariés de l'entreprise la faculté de participer, avec l'aide de celle-ci, à la constitution d'un portefeuille de valeurs mobilières.

Art. R. 3332-1. Le règlement du plan d'épargne d'entreprise comporte, en annexe, les critères de choix et la liste des instruments de placement ainsi que les notices des sociétés d'investissement à capital variable (SICAV) et des fonds communs de placement offerts aux adhérents.

Art. R. 3332-2. Lorsque le plan offre plusieurs instruments de placement, son règlement précise les modalités selon lesquelles l'adhérent peut modifier l'affectation de son épargne entre ces instruments.

Toutefois, le règlement du plan peut prévoir des restrictions à la faculté de modifier le choix de placement initial dans des cas qu'il définit. L'investissement des sommes qui ont bénéficié du supplément d'abondement dans les conditions prévues au deuxième alinéa de l'article L. 3332-11 ne peut être modifié.

Art. R. 3332-3. Le règlement du plan précise les modifications du choix de placement initial pouvant intervenir à l'occasion du départ du salarié de l'entreprise.

Sans préjudice des dispositions du cinquième alinéa de l'article ***(D. 2013-687 du 25 juil. 2013, art. 30, JO 30)*** « L. 214-164» et du septième alinéa de l'article ***(D. 2013-687 du 25 juil. 2013, art. 30, JO 30)*** « L. 214-165» du code monétaire et financier, les signataires de l'accord peuvent modifier l'affectation de l'épargne des salariés investie dans des ***(D. 2013-687 du 25 juil. 2013, art. 30, JO 30)*** «organismes de placement collectif en valeurs mobilières ou des placements collectifs relevant des paragraphes 1, 2 et 6 de la sous-section 2, du paragraphe 2 ou du sous-paragraphe 1 du paragraphe de la sous-section 3, ou de la sous-section 4 de la section 2 du chapitre IV du titre 1er du livre II du code monétaire et financier lorsque les caractéristiques des nouveaux organismes ou des placements collectifs sont identiques à celles des organismes ou des placements collectifs» antérieurement prévus.

Lorsque la modification de l'affectation des sommes intervient durant la période d'indisponibilité, la durée totale de celle-ci n'est pas remise en cause.

Art. L. 3332-2

Note La modification du plan réalisée conformément aux règles applicables selon qu'il s'agit d'une décision unilatérale ou d'un accord collectif, s'impose à tous les porteurs de parts, sans qu'il soit besoin de recueillir leur consentement, quelle que soit la date des versements effectués sur leur compte au plan épargne entreprise (cass. soc. 4 novembre 2020, n° 18-20.210, à paraître, LS Jurispr. n° 213 du 24.11.2020; RJS 1/21 n° 29).

Art. L. 3332-2. Les anciens salariés ayant quitté l'entreprise à la suite d'un départ à la retraite ou en préretraite peuvent continuer à effectuer des versements au plan d'épargne d'entreprise.

Dans les entreprises ***(L. 2019-486 du 22 mai 2019, art. 11, VI, 7°, JO 23, entrée en vigueur le 01.01.2020)*** «employant au moins un salarié et moins de deux cent cinquante salariés», peuvent également participer aux plans d'épargne d'entreprise:

1° Les chefs de ces entreprises;

2° Les présidents, directeurs généraux, gérants ou membres du directoire, s'il s'agit de personnes morales;

3° Le conjoint ***(L. 2019-486 du 22 mai 2019, art. 155, I, 17°, JO 23)*** «ou le partenaire lié par un pacte civil de solidarité» du chef d'entreprise s'il a le statut de conjoint collaborateur ou de conjoint associé mentionné à l'article L. 121-4 du code de commerce ***(L. 2012-387 du 22 mars 2012, art. 79, JO 23)*** «ou à l'article L. 321-5 du code rural et de la pêche maritime».

(L. 2008-1258 du 3 déc. 2008, art. 7, JO 4) «Le salarié d'un groupement d'employeurs peut bénéficier du plan d'épargne salariale mis en place dans chacune des entreprises adhérentes du groupement auprès de laquelle il est mis à disposition dans des conditions fixées par décret.»

(L. 2008-1258 du 3 déc. 2008, art. 13, JO 4) «Les travailleurs non salariés visés à l'article L. 134-1 du code de commerce ou au titre IV du livre V du code des assurances ayant un contrat individuel avec une entreprise dont ils commercialisent des produits peuvent bénéficier du plan d'épargne salariale mis en place dans l'entreprise, si le règlement le prévoit, dans des conditions fixées par décret.»

(L. 2019-486 du 22 mai 2019, art. 155, I, 21°, JO 23) «Par dérogation au second alinéa de l'article L. 3331-1 du présent code, le II de l'article L. 130-1 du code de la sécurité sociale ne s'applique pas au franchissement du seuil d'un salarié.»

Sous-section 2. Mise en place

Art. L. 3332-3. Le plan d'épargne d'entreprise peut être établi dans l'entreprise à l'initiative de celle-ci ou par un accord avec le personnel ***(L. 2015-990 du 6 août 2015, art. 157, JO 7)*** «, conclu dans les conditions prévues à l'article L. 3322-6», notamment en vue de recevoir les versements effectués en application des titres Ier et II relatifs à l'intéressement et à la participation des salariés aux résultats de l'entreprise.

Art. L. 3332-4. Lorsque l'entreprise compte au moins un délégué syndical ou est dotée d'un ***(Ord. 2017-1386 du 22 sept. 2017, art. 4, 10°, JO 23, entrée en vigueur au plus tard le 01.01.2018)*** «comité social et économique», le plan d'épargne d'entreprise est négocié dans les conditions prévues à l'article L. 3322-6. Si, au terme de la négociation, aucun accord n'a été conclu, un procès-verbal de désaccord est établi dans lequel sont consignées en leur dernier état les propositions respectives des parties et les mesures que l'employeur entend appliquer unilatéralement.

Toutefois, ces dispositions ne sont pas applicables à la modification des plans d'épargne d'entreprise mis en place à l'initiative de l'entreprise avant la date de publication de la loi n° 2004-804 du 9 août 2004 pour le soutien à la consommation et à l'investissement.

Art. L. 3332-5. Lorsque le plan d'épargne d'entreprise n'est pas établi en vertu d'un accord avec le personnel, le ***(Ord. 2017-1386 du 22 sept. 2017, art. 4, 11°, JO 23, entrée en vigueur au plus tard le 01.01.2018)*** «comité social et économique est consulté» sur le projet de règlement du plan au moins quinze jours avant son dépôt auprès de l'autorité administrative.

Art. L. 3332-6. Lors de la négociation des accords prévus aux titres Ier et II, la question de l'établissement d'un plan d'épargne d'entreprise est examinée.

Art. L. 3332-6-1. ***(L. 2020-1525 du 7 déc. 2020, art. 118, I, 4°, JO 8)*** Toute entreprise peut faire application d'un dispositif d'épargne d'entreprise conclu au niveau de la branche, dès lors que l'accord de branche a été agréé en application de l'article L. 3345-4.

Les entreprises qui souhaitent appliquer l'accord de branche agréé concluent à cet effet un accord dans les conditions prévues aux articles L. 3332-3 et L. 3332-4.

Les entreprises de moins de cinquante salariés peuvent opter pour l'application de ce régime au moyen d'un document unilatéral d'adhésion de l'employeur, dans les conditions prévues à l'article L. 2232-10-1, si l'accord de branche prévoit cette possibilité et propose, sous forme d'accord type indiquant les différents choix laissés à l'employeur, des stipulations spécifiques pour ces entreprises.

L'accord d'entreprise conclu ou le document unilatéral d'adhésion signé est déposé selon les modalités prévues à l'article L. 3332-9.

Par dérogation aux articles L. 3345-2 et L. 3345-3, les exonérations prévues à l'article L. 3332-27 sont réputées acquises dès le dépôt et pour la durée de l'accord ou du document d'adhésion à l'accord de branche agréé.

Sous-section 3. Information des salariés

Art. L. 3332-7. Le règlement du plan d'épargne d'entreprise détermine les conditions dans lesquelles le personnel est informé de son existence et de son contenu. ***(L. 2019-486 du 22 mai 2019, art. 159, JO 23)*** «Il prévoit des conditions de mise en œuvre d'une aide à la décision pour les bénéficiaires.»

Note L'employeur est, en vertu de cet article, et dès la souscription d'un plan d'épargne d'entreprise, débiteur d'une obligation d'information qui ne porte pas seulement sur l'existence de ce plan mais doit aussi concerner son contenu (cass. soc. 5 mars 2008, n° 06-45.205, BC V n° 45; RJS 5/08 n° 577); il en résulte qu'il lui appartient d'informer en temps utile chacun des salariés, y compris ceux en arrêt maladie, des modifications intervenues par rapport au règlement initial portant sur les dates auxquelles les versements des salariés doivent être réalisés (cass. soc. 17 juin 2009, n° 07-45.560, BC V n° 150; RJS 8-9/09 n° 738; JCP éd. S 2009, 1455, note R. Vatinet, 2e espèce).

Art. L. 3332-7-1. ***(L. 2019-486 du 22 mai 2019, art. 161, II, JO 23)*** La personne chargée de la tenue de registre des comptes administratifs fournit à tout bénéficiaire d'un plan d'épargne salariale un relevé annuel de situation comportant le choix d'affectation de son épargne, ainsi que le montant de ses valeurs mobilières estimé au 31 décembre de l'année précédente.

Un décret détermine les mentions devant figurer au sein de ce relevé annuel de situation, notamment les versements et retraits de l'année précédente, ainsi que la date à laquelle ce relevé est au plus tard édité.

Art. L. 3332-8. Lorsque le plan d'épargne d'entreprise n'est pas établi en vertu d'un accord avec le personnel, les entreprises communiquent la liste nominative de la totalité de leurs salariés à l'établissement habilité pour les activités de conservation ou d'administration d'instruments financiers, en application de l'article L. 542-1 du code monétaire et financier, auquel elles ont confié la tenue des comptes des adhérents. Cet établissement informe nominativement par courrier chaque salarié de l'existence d'un plan d'épargne d'entreprise dans l'entreprise.

Ces dispositions ne s'appliquent pas aux entreprises ayant remis à l'ensemble de leurs salariés une note d'information individuelle sur l'existence et le contenu du plan prévue par le règlement du plan d'épargne d'entreprise.

Sous-section 4. Dépôt

Art. L. 3332-9. Les règlements des plans d'épargne d'entreprise sont déposés auprès de l'autorité administrative.

Art. R. 3332-4. Le règlement du plan d'épargne d'entreprise mentionné aux articles L. 3332-7 et L 3332-9 est déposé ***(D. 2015-1606 du 7 déc. 2015, JO 9, entrée en vigueur le 01.01.2016)*** «, avec les annexes relatives aux critères de choix et à la liste des instruments de placements,» ***(D. 2020-683 du 4 juin 2020, JO 6)*** «sur la plateforme de téléprocédure mentionnée à l'article D. 2231-4».

Art. R. 3332-5. Si le plan d'épargne d'entreprise est mis en place à l'initiative de l'entreprise, le procès-verbal de consultation du ***(D. 2017-1819 du 29 déc. 2017, art. 3, 25°, JO 30, entrée en vigueur le 01.01.2018)*** «comité social et économique» est déposé avec le règlement du plan.

Art. R. 3332-7. Le plan d'épargne d'entreprise, établi par accord avec le personnel, est conclu selon l'une des modalités prévues à l'article L. 3322-6.

SECTION 2. Versements

Art. L. 3332-10. Les versements annuels d'un salarié ou d'une personne mentionnée à l'article L. 3332-2 aux plans d'épargne d'entreprise auxquels il participe ne peuvent excéder un quart de sa rémunération annuelle ou de son revenu professionnel imposé à l'impôt sur le revenu au titre de l'année précédente. ***(L. 2019-486 du 22 mai 2019, art. 65, 1°, JO 23)*** «Ces versements ne peuvent excéder une fois la rémunération annuelle ou le revenu professionnel imposé à l'impôt sur le revenu au titre de l'année précédente lorsqu'ils sont effectués à destination du fonds commun de placement mentionné à l'article L. 3332-16.»

Pour le conjoint du chef d'entreprise mentionné au 3° du même article et pour le salarié dont le contrat de travail est suspendu, qui n'ont perçu aucune rémunération au titre de l'année ***(L. 2012-387 du 22 mars 2012, art. 52, JO 23)*** «de versement», les versements ne peuvent excéder le quart du montant annuel du plafond prévu à l'article L. 241-3 du code de la sécurité sociale. ***(L. 2019-486 du 22 mai 2019, art. 65, 1°, JO 23)*** «Ces versements ne peuvent excéder une fois le montant annuel du plafond prévu au même article L. 241-3 lorsqu'ils sont effectués à destination du fonds commun de placement régi par l'article L. 3332-16 du présent code.»

Le montant des droits inscrits à un compte épargne-temps ***(L. 2015-990 du 6 août 2015, art. 162, II, JO 7)*** «ainsi que le montant des sommes correspondant à des jours de repos non pris» et qui sont utilisés pour alimenter un plan d'épargne pour la retraite collectif défini au chapitre IV ***(L. 2015-990 du 6 août 2015, art. 162, II, JO 7)*** «ne sont» pas pris en compte pour l'appréciation du plafond mentionné au premier alinéa. Il en est de même des droits utilisés pour alimenter un plan d'épargne d'entreprise, à condition qu'ils servent à l'acquisition de titres de l'entreprise ou d'une entreprise qui lui est liée au sens des articles L. 3344-1 et L. 3344-2, ou de parts ou d'actions ***(Ord. 2013-676 du 25 juil. 2013, art. 44, JO 27)*** «de fonds d'épargne salariale mentionnés aux articles L. 214-165 et L. 214-166» du code monétaire et financier.

Note L'instruction interministérielle du 18 février 2016 (instr. DGT/RT3/DSS/DGTRESOR 2016-45) a précisé que les sommes en provenance de l'intéressement ne peuvent plus être considérées comme des versements volontaires. Elles n'entrent donc plus en considération pour vérifier si le plafond de 25 % est bien respecté (Q/R n° 12).

Art. L. 3332-11. Les sommes versées annuellement par une ou plusieurs entreprises pour un salarié ou une personne mentionnée à l'article L. 3332-2 ***(L. 2019-486 du 22 mai 2019, art. 162, V, 1°, JO 23)*** «constituent l'abondement de l'employeur et» ne peuvent excéder un plafond fixé par voie réglementaire pour les versements à un plan d'épargne d'entreprise, sans pouvoir excéder le triple de la contribution du bénéficiaire. ***(L. 2008-1258 du 3 déc. 2008, art. 14, JO 4)*** «Cette contribution peut être constituée des sommes provenant de l'intéressement, de la participation aux résultats de l'entreprise et des versements volontaires des bénéficiaires.»

L'entreprise peut majorer ***(L. 2019-486 du 22 mai 2019, art. 162, V, 2°, JO 23)*** «l'abondement mentionné au premier alinéa» à concurrence du montant consacré par le salarié ou la personne mentionnée à l'article L. 3332-2 à l'acquisition d'actions ou de certificats d'investissement émis par l'entreprise ou par une entreprise ***(L. 2019-486 du 22 mai 2019, art. 162, V, 2°, JO 23)*** «incluse dans le même périmètre de consolidation ou de combinaison des comptes au sens du deuxième alinéa de l'article L. 3344-1», sans que cette majoration puisse excéder 80 %.

(L. 2019-486 du 22 mai 2019, art. 162, V, 3°, JO 23) «En outre, les entreprises peuvent, même en l'absence de contribution du salarié:

1° Si le règlement du plan le prévoit, effectuer des versements sur ce plan, sous réserve d'une attribution uniforme à l'ensemble des salariés, pour l'acquisition d'actions ou de certificats d'investissement émis par l'entreprise ou par une entreprise incluse dans le même périmètre de consolidation ou de combinaison des comptes au sens du deuxième alinéa de l'article L. 3344-1. Les actions ou certificats d'investissement ainsi acquis par le salarié ne sont disponibles qu'à l'expiration d'un délai minimum de cinq ans à compter de ce versement;

2° Effectuer des versements sur ce plan dans les conditions prévues au chapitre XI du titre III du livre II du code de commerce, dans la limite de 30 % du montant annuel du plafond mentionné à l'article L. 241-3 du code de la sécurité sociale. Ces versements ne sont pas pris en compte pour l'appréciation du plafond mentionné au premier alinéa du présent article;

Un décret détermine les conditions d'application des 1° et 2° du présent article. Les versements mentionnés aux mêmes 1° et 2° sont soumis au même régime social et fiscal que les versements des entreprises mentionnés au premier alinéa. Les sommes excédant le plafond mentionné au 2° sont versées directement au salarié bénéficiaire et constituent un revenu d'activité au sens de l'article L. 136-1-1 du code de la sécurité sociale, imposable à l'impôt sur le revenu dans les conditions prévues à l'article 80 *sexdecies* du code général des impôts.»

Note Le taux de 80 % issu de la loi 2004-1484 du 30 décembre 2004 est applicable aux sommes versées par les entreprises depuis le 1er janvier 2006 (loi précitée, art. 84).

Art. R. 3332-8. Le plafond prévu à l'article L. 3332-11 est fixé à 8 % du montant annuel du plafond prévu à l'article L. 241-3 du code de la sécurité sociale.

Art. D. 3332-8-1. ***(D. 2019-862 du 20 août 2019, JO 22)*** Le versement unilatéral de l'employeur pour l'acquisition d'actions ou de certificats d'investissement émis par l'entreprise bénéficie à l'ensemble des adhérents qui satisfont aux conditions d'ancienneté éventuellement prévues par le règlement du plan. Le montant total de ce versement ne peut excéder 2 % du montant annuel du plafond prévu au premier alinéa de l'article L. 241-3 du code de la sécurité sociale. Ce versement est pris en compte pour apprécier le respect du plafond d'abondement prévu par le règlement et du plafond mentionné à l'article R. 3332-8 du présent code.

Art. D. 3332-8-2. ***(D. 2019-862 du 20 août 2019, JO 22)*** Le contrat de partage mentionné à l'article L. 23-11-2 du code du commerce peut retenir conjointement les différentes modalités de répartition de l'abondement unilatéral prévues à l'article L. 23-11-3 du même code, dans le respect du plafond déterminé au 2° de l'article L. 3332-11.

Art. L. 3332-12. La modulation éventuelle ***(L. 2019-486 du 22 mai 2019, art. 162, VI, JO 23)*** «de l'abondement de» l'entreprise ne saurait résulter que de l'application de règles à caractère général, qui ne peuvent, en outre, en aucun cas avoir pour effet de rendre le rapport entre le versement de l'entreprise et celui du salarié ou de la personne mentionnée à l'article L. 3332-2 croissant avec la rémunération de ce dernier.

Note • Les dispositions de cet article n'ont pas un caractère d'ordre public absolu et ne sont donc pas applicables aux accords en cours lors de son adoption; par ailleurs, en l'absence de modification, autre que de forme, d'un accord instaurant un plan d'épargne d'entreprise, et de nouveau dépôt de cet accord auprès de l'administration du travail, les dispositions de cet accord ne peuvent être contestées qu'au regard des dispositions légales en vigueur au moment de sa conclusion; par conséquent, les dispositions de cet article, issues de la loi 2001-152 du 19 février 2001 qui interdisent de moduler le montant de l'abondement en fonction de la rémunération, ne peuvent être invoquées à l'encontre d'un accord ayant institué un PEE en mars 2000, dans le cadre de la législation antérieure, et prévoyant un abondement de l'entreprise de 100 % pour les versements volontaires effectués par les cadres et de 4 % pour les versements effectués par les non cadres (cass. soc. 21 septembre 2016, n° 13-24.437, BC V n° 179; JCP éd. S 2016, 1370, note J. Kovac; RJS 12/16 n° 800).

• Le caractère collectif du système d'épargne d'entreprise s'oppose à ce que le montant des versements de l'employeur soit fondé sur les critères de performance individuelle des salariés (cass. soc. 10 décembre 2003, n° 01-21.096, RJS 2/04 n° 244; 4 juillet 2002, n° 01-20.308, RJS 11/02 n° 1265; 26 octobre 2000, n° 99-11.401, BC V n° 347; RJS 1/01 n° 73).

• Le caractère collectif du système d'épargne d'entreprise s'opposant à ce que le montant des versements de l'employeur puisse être fixé par celui-ci en dehors de tout critère prédéterminé résultant de l'acte ou de l'accord ayant établi le plan d'épargne d'entreprise, l'URSSAF est fondée à réintégrer dans l'assiette des cotisations dues par une société les sommes versées par elle dans ces conditions à ses salariés sous forme d'abondements de leur compte sur le plan d'épargne d'entreprise (cass. soc. 12 décembre 1996, n° 95-11.487, BC V n° 438; RJS 1/97 n° 71; 23 mars 2000, n° 98-20.398, BC V n° 121; RJS 6/00 n° 691; 10 janvier 2006, n° 04-30.048, RJS 3/06 n° 368). Inverse la charge de la preuve le tribunal qui, pour annuler une contrainte de l'URSSAF, retient essentiellement que, ayant été versées par l'employeur et affectées au plan d'épargne par les salariés intéressés, les sommes litigieuses constituaient des abondements ouvrant droit à exonération (cass. soc. 23 mars 2000, n° 98-20.398, précité).

Art. L. 3332-13. ***(L. 2019-486 du 22 mai 2019, art. 162, VII, JO 23)*** «L'abondement de l'entreprise ne peut» se substituer à aucun des éléments de rémunération ***(Ord. 2018-474 du 12 juin 2018, art. 6, 3°, JO 13)*** «tels qu'ils sont pris en compte pour la détermination de l'assiette des cotisations définie à» l'article L. 242-1 du code de la sécurité sociale, en vigueur dans l'entreprise au moment de la mise en place d'un plan mentionné au présent article ou qui deviennent obligatoires en vertu de règles légales ou contractuelles. Toutefois, cette règle ne peut avoir pour effet de remettre en cause les exonérations fiscales et sociales prévues à l'article L. 3332-27, dès lors qu'un délai de douze mois s'est écoulé entre le dernier versement de l'élément de rémunération en tout ou partie supprimé et la date de mise en place du plan.

Note • Les dispositions de cet article, dans sa rédaction issue de l'ordonnance 2018-474 précitée, s'appliquent aux cotisations et contributions dues pour les périodes courant depuis le 01.09.2018 (ordonnance précitée, art. 16).

• Il résulte de ces dispositions que l'employeur ne peut pas s'acquitter de son obligation de paiement de tout ou partie du salaire sous forme de versement au plan d'épargne d'entreprise. Doit donc être cassé le jugement qui, pour débouter un salarié de sa demande en paiement d'une prime conventionnelle de treizième mois, a retenu que l'employeur avait décidé avec l'avis conforme des délégués du personnel que la seconde moitié de cette prime serait versée sur le plan d'épargne d'entreprise (cass. soc. 10 mai 2007, n° 05-45.676, BC V n° 72; RJS 7/07 n° 879).

Art. L. 3332-14. Les actions gratuites attribuées aux salariés dans les conditions prévues aux articles L. 225-197-1 à L. 225-197-3 ***(Ord. 2020-1142 du 16 sept. 2020, art. 18, JO 17, entrée en vigueur le 01.01.2021)*** «et L. 22-10-59» du code de commerce, sans préjudice des dispositions particulières prévues par le présent alinéa, peuvent être versées, à l'expiration de la période d'acquisition mentionnée au ***(L. 2015-990 du 6 août 2015, art. 135, V, JO 7)*** «sixième» alinéa du I de l'article L. 225-197-1 du même code, sur un plan d'épargne d'entreprise, dans la limite d'un montant égal à 7,5 % du plafond annuel de la sécurité sociale par adhérent, sous réserve d'une attribution à l'ensemble des salariés de l'entreprise.

La répartition des actions entre les salariés fait l'objet d'un accord d'entreprise. À défaut d'accord, elle fait l'objet d'une décision du conseil d'administration, du directoire ou du chef d'entreprise.

La répartition peut être uniforme, proportionnelle à la durée de présence dans l'entreprise au cours de l'exercice ou proportionnelle aux salaires ou retenir conjointement ces différents critères.

Art. R. 3332-9. Un plan d'épargne d'entreprise peut recueillir, à l'initiative des participants, les versements des sommes issues de l'intéressement, de la participation, des versements volontaires et des contributions des entreprises prévues à l'article L. 3332-11.

Le règlement du plan d'épargne d'entreprise peut prévoir, pour chaque versement volontaire des participants, un montant minimum par support de placement. Celui-ci ne peut toutefois pas excéder une somme fixée par arrêté conjoint des ministres chargés de l'économie et du travail.

Note En application de cet article, le montant annuel minimal de versement qui peut être prévu par le règlement des plans d'épargne ne peut excéder 160 € (arrêté du 10 octobre 2001, JO 18).

Art. D. 3332-9-1. ***(D. 2009-351 du 30 mars 2009, JO 31)*** Les versements annuels d'un bénéficiaire mentionné au dernier alinéa de l'article L. 3332-2 aux plans d'épargne salariale auxquels il participe ne peuvent excéder un quart de son revenu professionnel imposé à l'impôt sur le revenu au titre de l'année précédente.

Art. R. 3332-10. Les sommes versées par les adhérents à un plan d'épargne d'entreprise, les sommes complémentaires versées par l'entreprise, les sommes attribuées au titre de l'intéressement et affectées volontairement par des salariés à ce plan d'épargne ainsi que les sommes attribuées aux salariés au titre de la participation aux résultats et affectées à la réalisation de ce plan sont, dans un délai de quinze jours à compter respectivement de leur versement par l'adhérent ou de la date à laquelle elles sont dues, employées à l'acquisition d'actions de sociétés d'investissement à capital variable ou de parts de fonds communs de placement d'entreprise ou de titres émis par l'entreprise ou, le cas échéant, par des sociétés créées dans les conditions prévues à l'article 11 de la loi n° 84-578 du 9 juillet 1984 sur le développement de l'initiative économique.

Art. R. 3332-11. L'affectation à la réalisation du plan des sommes complémentaires que l'entreprise s'est engagée à verser intervient concomitamment aux versements de l'adhérent ou, au plus tard, à la fin de chaque exercice et avant le départ de l'adhérent de l'entreprise.

Art. R. 3332-12. Les sommes attribuées au titre de l'intéressement que les salariés souhaitent affecter à la réalisation d'un plan d'épargne d'entreprise sont versées dans ce plan dans un délai maximum de quinze jours à compter de la date à laquelle elles ont été perçues.

Art. R. 3332-13. Lorsque l'ancien salarié de l'entreprise n'a pas accès à un plan d'épargne pour la retraite collectif, il peut continuer à effectuer des versements dans le plan d'épargne pour la retraite collectif de son ancienne entreprise. Sauf dans ce cas, l'ancien salarié qui l'a quittée pour un motif autre que le départ en retraite ou en préretraite ne peut effectuer de nouveaux versements au plan d'épargne d'entreprise.

Toutefois, lorsque le versement de l'intéressement, ***(D. 2009-350 du 30 mars 2009, JO 31)*** « ou de la participation, » au titre de la dernière période d'activité du salarié intervient après son départ de l'entreprise, il peut affecter cet intéressement ***(D. 2009-350 du 30 mars 2009, JO 31)*** « ou cette participation » au plan d'épargne de l'entreprise qu'il vient de quitter. Le règlement du plan peut prévoir que ce versement fait l'objet d'un versement complémentaire de l'entreprise suivant les conditions prévues pour l'ensemble des salariés.

Art. R. 3332-13-1. ***(D. 2015-1606 du 7 déc. 2015, JO 9, entrée en vigueur le 01.01.2016)*** À défaut de stipulation conventionnelle, les sommes sont affectées à une société d'investissement à capital variable régie par les articles L. 214-7 à L. 214-7-4 et L. 214-24-29 à L. 214-24-33 du code monétaire et financier ou à un fonds d'épargne salariale régi par les articles L. 214-163 à L. 214-166 du même code présentant le profil d'investissement le moins risqué dans le plan d'épargne d'entreprise ou, à défaut, dans le plan d'épargne du groupe. En l'absence de l'un et de l'autre de ces plans, les sommes sont affectées dans le plan d'épargne interentreprises, lorsqu'il a été mis en place.

SECTION 3. Composition et gestion du plan

Art. L. 3332-15. Les sommes recueillies par un plan d'épargne d'entreprise peuvent être affectées à l'acquisition :

1° De titres émis par des sociétés d'investissement à capital variable régies par les ***(Ord. 2011-915 du 1er août 2011, art. 29, JO 2)*** « articles L. 214-7 à L. 214-7-4 » ***(Ord. 2013-676 du 25 juil. 2013, art. 44, JO 27)*** « et L. 214-24-29 à L. 214-24-33 » du code monétaire et financier ;

2° De parts de fonds communs de placement ou des titres émis par des sociétés d'investissement à capital variable régis par les articles ***(Ord. 2013-676 du 25 juil. 2013, art. 44, JO 27)*** « L. 214-164 et L. 214-165 » du code monétaire et financier ;

3° D'actions émises par des sociétés mentionnées au paragraphe II de l'article 83 *bis* et à l'article 220 *quater* A du code général des impôts ;

4° D'actions émises par des sociétés créées dans les conditions prévues à l'article 220 *nonies* du code général des impôts.

Les actifs des fonds communs de placement peuvent également comprendre soit exclusivement des valeurs mobilières émises par l'entreprise ou par une entreprise du même groupe au sens des articles L. 3344-1 et L. 3344-2, soit des valeurs mobilières diversifiées émises par une personne morale ayant son siège dans un État partie à l'accord sur l'Espace économique européen comprenant ou non des titres de l'entreprise, y compris les ***(L. 2019-486 du 22 mai 2019, art. 162, VIII, JO 23)*** « parts ou » titres de capital émis par les entreprises régies par la loi n° 47-1775 du 10 septembre 1947 portant statut de la coopération, sans préjudice des dispositions spécifiques qui régissent, le cas échéant, la souscription de ces ***(L. 2019-486 du 22 mai 2019, art. 162, VIII, JO 23)*** « parts ou » titres par les salariés.

Lorsque tout ou partie de l'épargne recueillie par le plan est destinée à être consacrée à l'acquisition de valeurs mobilières émises par l'entreprise ou par une entreprise du même groupe au sens des articles L. 3344-1 et L. 3344-2, l'institution d'un fonds commun de placement n'est pas obligatoire pour la gestion de cet investissement.

Le règlement du plan d'épargne d'entreprise peut prévoir que les fonds communs de placement régis par l'article ***(Ord. 2013-676 du 25 juil. 2013, art. 44, JO 27)*** « L. 214-164 » du code monétaire et financier qui peuvent recevoir les sommes versées dans le plan disposent d'un conseil de surveillance commun. Il peut également fixer la composition des conseils de surveillance des fonds communs de placement régis par les articles ***(Ord. 2013-676 du 25 juil. 2013, art. 44, JO 27)*** « L. 214-164 et L. 214-165 » du même code. En ce cas, il est fait application des dispositions de ces articles. Le règlement précise les modalités de désignation de ces conseils.

L'entreprise dont les titres ne sont pas admis aux négociations sur un marché réglementé et qui a proposé ses titres aux adhérents de son plan d'épargne d'entreprise sans déterminer le prix de cession conformément aux dispositions légales relatives à l'évaluation de ses titres ne bénéficie pas, au titre de cette opération, des exonérations fiscales et sociales prévues aux articles L. 3332-22 et L. 3332-27.

Note Les dispositions du dernier alinéa, introduites par la loi 2005-842 du 26 juillet 2005, art. 44, JO 27, sont entrées en vigueur un an après la publication de cette loi.

Art. L. 3332-16. Un plan d'épargne d'entreprise établi par accord avec le personnel peut prévoir l'affectation des sommes versées à un fonds dédié au rachat des titres de cette entreprise ou d'actions émises par des sociétés créées dans les conditions prévues à l'article 220 *nonies* du code général des impôts, ainsi que de titres d'une entreprise du même groupe au sens du deuxième alinéa de l'article L. 3344-1, dans le cadre d'une opération de rachat réservée aux salariés.

Les sommes ou valeurs inscrites aux comptes des participants, sur décision individuelle de ces derniers, doivent être détenues jusqu'au terme de l'opération de rachat mentionnée au 2°, sans que la durée de détention puisse être inférieure à ***(L. 2019-486 du 22 mai 2019, art. 65, 2°, JO 23)*** «trois» ans. Toutefois, un décret précise les cas dans lesquels les sommes ou valeurs mentionnées ci-dessus peuvent être exceptionnellement débloquées avant l'expiration de ce délai.

Par dérogation aux dispositions de l'article L. 3332-17, l'actif de ce fonds peut être investi à 95 % en titres de l'entreprise.

Par dérogation aux dispositions de l'article ***(Ord. 2013-676 du 25 juil. 2013, art. 44, JO 27)*** « L. 214-165» du code monétaire et financier, les membres du conseil de surveillance sont élus par l'ensemble des salariés porteurs de parts.

La mise en place de ce fonds est subordonnée aux conditions suivantes:

1° Au moins ***(L. 2019-486 du 22 mai 2019, art. 65, 2°, JO 23)*** «dix» salariés, ou au moins ***(L. 2019-486 du 22 mai 2019, art. 65, 2°, JO 23)*** «20 %» des salariés si les effectifs de l'entreprise n'excèdent pas cinquante salariés, sont impliqués dans l'opération de rachat réservée aux salariés;

2° L'accord avec le personnel précise l'identité des salariés impliqués dans l'opération, le contrôle final de l'entreprise au sens de l'article L. 233-16 du code de commerce et le terme de l'opération.

Art. L. 3332-17. ***(L. 2008-776 du 4 août 2008, art. 81, JO 5)*** «Le règlement du plan d'épargne d'entreprise prévoit qu'une partie des sommes recueillies peut être affectée à l'acquisition de parts de fonds investis, dans les limites prévues à l'article ***(Ord. 2013-676 du 25 juil. 2013, art. 44, JO 27)*** « L. 214-164» du code monétaire et financier, dans les entreprises solidaires au sens de l'article L. 3332-17-1 du présent code.»

Le règlement du plan d'épargne d'entreprise ouvre à ses participants au moins une possibilité d'acquérir soit des titres émis par des sociétés d'investissement à capital variable mentionnés au 1° de l'article L. 3332-15, soit des parts de fonds communs de placement d'entreprise dont l'actif est composé de valeurs mobilières admises aux négociations sur un marché réglementé et, à titre accessoire, de liquidités, selon les règles fixées en application de l'article ***(Ord. 2013-676 du 25 juil. 2013, art. 44, JO 27)*** « L. 214-24-55 du code monétaire et financier, ou de parts d'organismes de placement collectif en valeurs mobilières ou de placements collectifs relevant des paragraphes 1, 2 et 6 de la sous-section 2, du paragraphe 2 ou du sous-paragraphe 1 du paragraphe 1 de la sous-section 3 de la section 2 du chapitre IV du titre Ier du livre II du code monétaire et financier» dont l'actif est ainsi composé. Cette disposition n'est pas exigée lorsqu'un plan d'épargne de groupe ou un plan d'épargne interentreprises de même durée minimum de placement offre aux participants de l'entreprise la possibilité de placer les sommes versées dans un organisme de placement collectif en valeurs mobilières ***(Ord. 2013-676 du 25 juil. 2013, art. 44, JO 27)*** «ou dans un placement collectif relevant des paragraphes 1, 2 et 6 de la sous-section 2, du paragraphe 2 ou du sous-paragraphe 1 du paragraphe 1 de la sous-section 3, ou de la sous-section 4 de la section 2 du chapitre IV du titre Ier du livre II du code monétaire et financier» présentant les mêmes caractéristiques.

Lorsqu'un fonds commun de placement d'entreprise mentionné au 2° de l'article L. 3332-15 est investi en titres de l'entreprise et que ceux-ci ne sont pas admis aux négociations sur un marché réglementé, l'actif de ce fonds doit comporter au moins un tiers de titres liquides. Cette condition n'est pas exigée dans l'un des cas suivants:

1° Lorsqu'il est instauré un mécanisme garantissant la liquidité de ces valeurs dans des conditions déterminées par décret;

2° Lorsque, pour l'application du présent livre, l'entreprise, la société qui la contrôle ou toute société contrôlée par elle au sens de l'article L. 233-16 du code de commerce s'est engagée à racheter, dans la limite de 10 % de son capital social, les titres non admis aux négociations sur un marché réglementé détenus par le fonds commun de placement d'entreprise.

Dans ce dernier cas, la valeur liquidative du fonds commun de placement d'entreprise est publiée au moins une fois par an. Après communication de la valeur d'expertise de l'entreprise, les salariés disposent d'un délai de deux mois avant la publication de la valeur liquidative du fonds pour présenter leur demande de souscription, de rachat ou d'arbitrage de leurs avoirs.

Note • Le dernier alinéa de cet article a été supprimé par l'ordonnance 2019-766 du 24 juillet 2019, art. 7, IV, 8°, JO 25, entrée en vigueur le 01.10.2019.

• Le 1er alinéa de cet article est applicable aux règlements déposés depuis le 1er décembre 2008. Les règlements déjà déposés ou déposés dans les trois mois suivant la publication de la loi 2008-776 précitée avaient jusqu'au 1er janvier 2010 pour se conformer à ce 1er alinéa (loi précitée, art. 81, II).

Art. L. 3332-17-1. ***(L. 2014-856 du 31 juil. 2014, art. 11, JO 1er août)*** I. – Peut prétendre à l'agrément " entreprise solidaire d'utilité sociale " l'entreprise qui relève de l'article 1er de la loi n° 2014-856 du 31 juillet 2014 relative à l'économie sociale et solidaire et qui remplit les conditions cumulatives suivantes:

(L. 2019-1479 du 28 déc. 2019, art. 157, II, JO 29) «1° L'entreprise poursuit à titre principal l'un au moins des objectifs suivants:

a) Elle exerce son activité en faveur de personnes fragilisées du fait de leur situation économique ou sociale au sens du 1° de l'article 2 de la loi n° 2014-856 du 31 juillet 2014 relative à l'économie sociale et solidaire;

b) Elle poursuit un objectif défini aux 2°, 3° ou 4° de l'article 2 de la loi n° 2014-856 précitée;»

(L. 2019-486 du 22 mai 2019, art. 105, II, 1°, JO 23) «2° La charge induite par ses activités d'utilité sociale a un impact significatif sur son compte de résultat;»

3° La politique de rémunération de l'entreprise satisfait aux deux conditions suivantes:

a) La moyenne des sommes versées, y compris les primes, aux cinq salariés ou dirigeants les mieux rémunérés n'excède pas, au titre de l'année pour un emploi à temps complet, un plafond fixé à sept fois la rémunération annuelle perçue par un salarié à temps complet sur la base de la durée légale du travail et du salaire minimum de croissance, ou du salaire minimum de branche si ce dernier est supérieur;

b) Les sommes versées, y compris les primes, au salarié ou dirigeant le mieux rémunéré n'excèdent pas, au titre de l'année pour un emploi à temps complet, un plafond fixé à dix fois la rémunération annuelle mentionnée au *a*;

4° Les titres de capital de l'entreprise, lorsqu'ils existent, ne sont pas admis aux négociations sur un marché d'instruments financiers, français ou étranger, dont le fonctionnement est assuré par une entreprise de marché ou un prestataire de services d'investissement ***(Ord. 2017-1107 du 22 juin 2017, art. 18, JO 27, entrée en vigueur le 03.01.2018)*** «autre qu'une société de gestion de portefeuille» ou tout autre organisme similaire étranger;

(L. 2019-486 du 22 mai 2019, art. 105, II, 1°, JO 23) «5° La condition mentionnée au 1° figure dans les statuts.»

II. – Bénéficient de plein droit de l'agrément mentionné au I, sous réserve de satisfaire aux conditions fixées à l'article 1er de la loi n° 2014-856 du 31 juillet 2014 précitée et ***(L. 2019-486 du 22 mai 2019, art. 105, II, 2°, JO 23)*** «aux conditions fixées aux 3° et 4°» du I du présent article:

1° Les entreprises d'insertion;

2° Les entreprises de travail temporaire d'insertion;

3° Les associations intermédiaires;

4° Les ateliers et chantiers d'insertion;

5° Les organismes d'insertion sociale relevant de l'article L. 121-2 du code de l'action sociale et des familles;

6° Les services de l'aide sociale à l'enfance;

7° Les centres d'hébergement et de réinsertion sociale;

8° Les régies de quartier;

9° Les entreprises adaptées;

10° (Abrogé);

11° Les établissements et services d'aide par le travail;

12° Les organismes agréés mentionnés à l'article L. 365-1 du code de la construction et de l'habitation;

13° Les associations et fondations reconnues d'utilité publique et considérées comme recherchant une utilité sociale au sens de l'article 2 de la loi n° 2014-856 du 31 juillet 2014 précitée;

14° Les organismes agréés mentionnés à l'article L. 265-1 du code de l'action sociale et des familles;

15° Les établissements et services accompagnant et accueillant des enfants et des adultes handicapés mentionnés aux 2°, 3° et 7° du I de l'article L. 312-1 du même code.

III. – Sont assimilés aux entreprises solidaires d'utilité sociale agréées en application du présent article:

1° Les organismes de financement dont l'actif est composé pour au moins 35 % de titres émis par des entreprises de l'économie sociale et solidaire définies à l'article 1er de la loi n° 2014-856 du 31 juillet 2014 précitée dont au moins cinq septièmes de titres émis par des entreprises solidaires d'utilité sociale définies au présent article;

2° Les établissements de crédit dont au moins 80 % de l'ensemble des prêts et des investissements sont effectués en faveur des entreprises solidaires d'utilité sociale.

IV. – Les entreprises solidaires d'utilité sociale sont agréées par l'autorité compétente.

V. – Un décret en Conseil d'État précise les conditions d'application du présent article.

Note • Les dispositions de cet article, dans sa rédaction issue de la loi 2019-1479 précitée, s'appliquent depuis le 01.01.2020 (loi précitée, art. 157, V).

• Les entreprises bénéficiant, le 23 mai 2019, de l'agrément prévu par cet article, dans sa rédaction antérieure à la loi 2019-486 précitée, continuent d'en bénéficier jusqu'à son terme (loi précitée, art. 105, III).

• Le 10° du II de cet article a été abrogé par la loi 2018-771 du 5 septembre 2018, art. 76, VIII, 1°, JO 6, entrée en vigueur le 01.01.2019.

• En complément de l'action des réseaux et regroupements, les dispositifs locaux d'accompagnement ont pour mission d'accompagner les structures de l'économie sociale et solidaire relevant du 1° du II de l'article 1er de la présente loi ou de l'article L. 3332-17-1 CT qui sont créatrices d'emploi et engagées dans une démarche de consolidation ou de développement de leur activité. Cette mission d'intérêt économique général est mise en œuvre par des organismes à but non lucratif faisant l'objet d'un conventionnement avec l'État ou avec tout autre organisme public ou collectivité territoriale intéressé. Les modalités d'application du présent article sont précisées par décret (loi 2014-856 précitée, art. 61).

Le décret 2015-1103 du 1er septembre 2015 (JO 2), pris pour l'application de l'article 61 de la loi 2014-856, précise les conditions et modalités de mise en œuvre du dispositif local d'accompagnement.

• Les entreprises bénéficiant, à la date d'entrée en vigueur de la présente loi, de l'agrément prévu à l'article L. 3332-17-1 CT, dans sa rédaction antérieure à la présente loi, sont réputées bénéficier de l'agrément «entreprise solidaire d'utilité sociale» prévu à ce même article, dans sa rédaction résultant de la présente loi, pour la durée restante de validité de l'agrément lorsque celle-ci dépasse deux ans et pour une durée de deux ans dans le cas contraire (loi 2014-856 précitée, art. 97).

Art. R. 3332-14. L'entreprise tient le registre des comptes administratifs ouverts au nom de chaque adhérent.

Ce registre comporte, par adhérent, les sommes affectées au plan d'épargne ainsi que la ventilation des investissements réalisés et les délais d'indisponibilité restant à courir.

Art. R. 3332-15. La tenue du registre des comptes administratifs peut être déléguée. Dans ce cas, le contrat de délégation précise les modalités d'information du délégataire.

Les coordonnées de la personne chargée de la tenue du registre sont mentionnées dans le règlement du plan d'épargne d'entreprise.

Art. R. 3332-16. La personne chargée de la tenue du registre des comptes administratifs établit un relevé des actions ou des parts appartenant à chaque adhérent. Une copie de ce relevé est adressée, au moins une fois par an, aux intéressés avec l'indication de l'état de leur compte.

Art. D. 3332-16-1. ***(D. 2019-862 du 20 août 2019, JO 22, entrée en vigueur le 01.01.2020)*** Le relevé annuel de situation adressé aux bénéficiaires par le teneur de registre des comptes administratifs, prévu à l'article L. 3332-7-1, comporte:

1° L'identification de l'entreprise et du bénéficiaire;

2° Le montant global des droits et avoirs inscrits au compte du bénéficiaire, estimé au 31 décembre de l'année précédente;

3° Le montant de ses droits et avoirs par support de gestion, avec les dates de disponibilités, ainsi que les modalités de gestion, prévues par défaut dans le règlement du plan ou choisies par le bénéficiaire;

4° Un récapitulatif des sommes investies lors de l'année écoulée dans le plan, présentées par type de versements conformément aux dispositions prévues à l'article L. 3332-11, ainsi que des sommes désinvesties du plan sur la même période, en distinguant celles résultant d'un cas de déblocage anticipé;

5° Un récapitulatif des frais à la charge du salarié lors de l'année écoulée, conformément aux dispositions du plan.

Le relevé annuel de situation de compte peut également comporter la mention des frais de tenue de compte-conservation pris en charge par l'entreprise. Cette mention est obligatoire lorsque cette prise en charge cesse en cas de départ de l'entreprise et que les frais de tenue de compte-conservation sont alors perçus par prélèvement sur les avoirs du bénéficiaire, conformément aux dispositions de l'article L. 3341-7.

Le relevé annuel de situation de compte est fourni au bénéficiaire dans un délai de trois mois suivant le 31 décembre de l'année précédente. Sauf si le bénéficiaire manifeste son opposition, la remise de ce relevé annuel peut être effectuée par voie électronique, dans des conditions de nature à garantir l'intégrité des données.

Art. R. 3332-17. Les frais de tenue de compte-conservation des anciens salariés de l'entreprise lorsqu'ils ne sont pas pris en charge par l'entreprise peuvent être perçus par prélèvement sur les avoirs dans les conditions fixées par l'accord de participation ou par l'accord collectif instituant le plan d'épargne d'entreprise ou, à défaut, par le règlement du fonds.

Art. R. 3332-18. Les dispositions de l'article D. 3324-34 sont applicables aux fonds communs de placement constitués pour l'emploi des sommes affectées à la réalisation d'un plan d'épargne d'entreprise.

Art. R. 3332-19. Pour l'application du cinquième alinéa de l'article L. 3332-17, la valeur d'expertise de l'entreprise est déterminée selon les modalités prévues aux articles R. 3332-22 et R. 3332-23.

L'employeur informe individuellement les salariés de cette valeur d'expertise, de son évolution par rapport à la dernière valeur communiquée, de la date de la prochaine publication de la valeur liquidative du fonds commun de placement de l'entreprise, des coordonnées de l'établissement auquel ils peuvent adresser leur demande de souscription, de rachat ou d'arbitrage de leurs avoirs, ainsi que du délai dans lequel ils peuvent adresser cette demande. Cet établissement et le conseil de surveillance du fonds sont également informés par l'employeur.

Art. R. 3332-20. Lorsque la situation juridique d'une entreprise ayant mis en place un plan d'épargne d'entreprise est modifiée, notamment par fusion, cession, absorption ou scission, les signataires de l'accord ou, lorsque le plan n'a pas été mis en place en application d'un accord, l'employeur, peuvent décider de transférer les avoirs des salariés dans le plan d'épargne de la nouvelle entreprise, si celui-ci comporte des ***(D. 2013-687 du 25 juil. 2013, art. 30, JO 30)*** « organismes de placement collectif en valeurs mobilières ou des placements collectifs relevant des paragraphes 1, 2 et 6 de la sous-section 2, du paragraphe 2 ou du sous-paragraphe 1 du paragraphe 1 de la sous-section 3, ou de la sous-section 4 de la section 2 du chapitre IV du titre Ier du livre II du code monétaire et financier dont les caractéristiques sont identiques à celles des organismes ou des placements collectifs » prévus dans le plan d'origine.

En cas d'impossibilité juridique de réunir les signataires initiaux, le transfert peut être mis en place par un accord avec le personnel ou avec les ***(D. 2017-1819 du 29 déc. 2017, art. 3, 32°, JO 30, entrée en vigueur le 01.01.2018)*** « comités sociaux et économiques » concernés.

Art. R. 3332-21. Dans le cas prévu à l'article R. 3332-20, lorsque le plan d'épargne salariale n'a pas été institué en application d'un accord avec le personnel, le ***(D. 2017-1819 du 29 déc. 2017, art. 3, 26°, JO 30, entrée en vigueur le 01.01.2018)*** « comité social et économique quand il existe, est consulté » sur le projet de transfert au moins quinze jours avant sa réalisation effective.

Art. R. 3332-21-1. ***(D. 2015-719 du 23 juin 2015, JO 25, entrée en vigueur le 01.07.2015)*** La condition prévue au 2° du I de l'article L. 3332-17-1 est remplie lorsque l'une ou l'autre des deux conditions suivantes est remplie:

1° Les charges d'exploitation liées aux activités participant à la recherche d'une utilité sociale, au sens de l'article 2 de la loi n° 2014-856 du 31 juillet 2014 relative à l'économie sociale et solidaire, représentent au moins 66 % de l'ensemble des charges d'exploitation du compte de résultat de l'entreprise au cours des trois derniers exercices clos;

2° Le rapport entre, d'une part, la somme des dividendes et de la rémunération des concours financiers non bancaires mentionnés aux articles L. 213-5, L. 213-32 à L. 213-35, L. 313-13, L. 512-1 à L. 512-8 du code monétaire et financier et aux alinéas 2 et 3 de l'article L. 312-2 du même code, et, d'autre part, la somme des capitaux propres et des concours financiers non bancaires susmentionnés est inférieur, au cours des trois derniers exercices clos, au taux moyen de rendement des obligations des sociétés privées mentionné à l'article 14 de la loi n° 47-1775 du 10 septembre 1947 portant statut de la coopération, majoré d'un taux de 5 %. L'entreprise doit également prendre l'engagement de continuer à respecter pendant la durée de l'agrément le rapport ainsi défini.

Le taux de majoration de 5 % mentionné à l'alinéa précédent peut être modifié par arrêté du ministre chargé de l'économie sociale et solidaire pour tenir compte de l'évolution des conditions de financement des entreprises dans la limite de plus ou moins un quart de ce taux.

Pour les entreprises créées depuis moins de trois ans à la date de la demande d'agrément, les conditions mentionnées au 1° et au 2° sont vérifiées sur l'ensemble de leurs exercices clos.

Art. R. 3332-21-2. ***(D. 2015-719 du 23 juin 2015, JO 25, entrée en vigueur le 01.07.2015)*** Pour l'application du 3° du I de l'article L. 3332-17-1 aux sociétés, les dirigeants de sociétés s'entendent au sens des personnes mentionnées au premier alinéa du 1° de l'article 885 O *bis* du code général des impôts.

Art. R. 3332-21-3. ***(D. 2015-719 du 23 juin 2015, JO 25, entrée en vigueur le 01.07.2015)*** I. – L'agrément " entreprise solidaire d'utilité sociale " prévu à l'article L. 3332-17-1 est délivré par le préfet du département où l'entreprise a son siège social.

Lorsque l'entreprise a son siège social dans un autre État membre de l'Union européenne, elle présente sa demande d'agrément au préfet du département de son principal établissement en France.

II. – La demande d'agrément est adressée par le représentant légal de l'entreprise au préfet par tout moyen donnant date certaine à sa réception.

La composition du dossier qui doit être joint à cette demande est fixée par arrêté du ministre chargé de l'économie sociale et solidaire et du ministre chargé du travail.

Le silence gardé par le préfet pendant deux mois à compter de la réception d'un dossier complet vaut décision d'acceptation.

III. – L'agrément est délivré pour une durée de cinq ans. Par exception, pour les entreprises créées depuis moins de trois ans à la date de la demande d'agrément, l'agrément est délivré pour une durée de deux ans.

Pour le renouvellement de l'agrément, l'entreprise apporte, selon des modalités fixées par l'arrêté mentionné au quatrième alinéa les éléments justifiant du respect des conditions prévues à l'article R. 3332-21-1 pendant toute la période de son agrément précédent.

IV. – L'agrément est délivré de plein droit aux personnes morales mentionnées au II de l'article L. 3332-17-1 qui justifient qu'elles relèvent de ces dispositions selon des modalités fixées par l'arrêté mentionné au quatrième alinéa.

V. – Les décisions d'agrément font l'objet d'une publication au recueil des actes administratifs de la préfecture de département.

Une liste nationale des entreprises bénéficiant de l'agrément est mise à la disposition du public à l'initiative du ministre chargé de l'économie sociale et solidaire.

Note Voir arrêté du 5 août 2015 (JO 12) fixant la composition du dossier de demande d'agrément " entreprise solidaire d'utilité sociale ".

Art. R. 3332-21-4. ***(D. 2009-304 du 18 mars 2009, JO 20)*** Les titres émis par des entreprises solidaires s'entendent des titres de capital, des titres obligataires, des billets à ordre, des bons de caisse, des avances en comptes courants, des titres participatifs et des prêts participatifs émis ou consentis par ces mêmes entreprises.

Art. R. 3332-21-5. ***(D. 2009-304 du 18 mars 2009, JO 20)*** Les entreprises solidaires ***(D. 2015-719 du 23 juin 2015, JO 25, entrée en vigueur le 01.07.2015)*** «d'utilité sociale» indiquent dans l'annexe de leurs comptes annuels les informations qui attestent du respect des conditions ***(D. 2015-719 du 23 juin 2015, JO 25, entrée en vigueur le 01.07.2015)*** «qui s'appliquent à elles en application du I et du II de l'article L. 3332-17-1 et des articles R. 3332-21-1 et R. 3332-21-2».

SECTION 4 (réglementaire). Évaluation des titres

Art. R. 3332-22. Lorsque les instruments de placement d'un plan d'épargne d'entreprise comportent la possibilité d'investir en titres de l'entreprise qui ne sont pas admis aux négociations sur un marché réglementé, leur évaluation est déterminée conformément aux méthodes définies à l'article L. 3332-20, sans préjudice des dispositions légales spécifiques qui fixent les conditions de détermination de la valeur de ces titres.

Art. R. 3332-23. Les titres sont évalués par l'entreprise, sous le contrôle du commissaire aux comptes, au moins une fois par exercice et chaque fois qu'un événement ou une série d'événements intervenus au cours d'un exercice sont susceptibles de conduire à une évolution substantielle de la valeur des actions de l'entreprise.

Il est, en outre, procédé à une évaluation par des experts au moins tous les cinq ans. ***(D. 2009-350 du 30 mars 2009, JO 31)*** «Cette évaluation est facultative dans les entreprises mentionnées au troisième alinéa de l'article L. 3332-20 dont les titres sont évalués en application du deuxième alinéa du même article.»

SECTION 4. Augmentation de capital

Art. L. 3332-18. Les sociétés peuvent procéder à des augmentations de capital réservées aux adhérents d'un plan d'épargne d'entreprise.

Art. L. 3332-19. Lorsque les titres sont admis aux négociations sur un marché réglementé, le prix de cession est fixé d'après les cours de bourse.

La décision fixant la date de souscription est prise par le conseil d'administration, le directoire ou leur délégué.

Lorsque l'augmentation de capital est concomitante à une première introduction sur un marché réglementé, le prix de souscription est déterminé par référence au prix d'admission sur le marché, à condition que la décision du conseil d'administration ou du directoire, ou de leur délégué, intervienne au plus tard dix séances de bourse après la date de la première cotation.

Le prix de souscription ne peut être supérieur à ce prix d'admission sur le marché ni, lorsqu'il s'agit de titres déjà cotés sur un marché réglementé, à la moyenne des cours cotés aux vingt séances de bourse précédant le jour de la décision fixant la date d'ouverture de la souscription. Il ne peut, en outre, être inférieur de plus de ***(L. 2019-486 du 22 mai 2019, art. 162, IX, JO 23)*** «30 %» à ce prix d'admission ou à cette moyenne, ou de ***(L. 2019-486 du 22 mai 2019, art. 162, IX, JO 23)*** «40 %» lorsque la durée d'indisponibilité prévue par le plan en application des articles L. 3332-25 et L. 3332-26 est supérieure ou égale à dix ans.

Art. L. 3332-20. Lorsque les titres ne sont pas admis aux négociations sur un marché réglementé, le prix de cession est déterminé conformément aux méthodes objectives retenues en matière d'évaluation d'actions en tenant compte, selon une pondération appropriée à chaque cas, de la situation nette comptable, de la rentabilité et des perspectives d'activité de l'entreprise. Ces critères sont appréciés, le cas échéant, sur une base consolidée ou, à défaut, en tenant compte des éléments financiers issus de filiales significatives.

À défaut, le prix de cession est déterminé en divisant par le nombre de titres existants le montant de l'actif net réévalué d'après le bilan le plus récent. Celui-ci est ainsi déterminé à chaque exercice sous le contrôle du commissaire aux comptes.

(L. 2008-1258 du 3 déc. 2008, art. 21, JO 4) «À compter du troisième exercice clos, le prix de cession des titres émis par des entreprises employant moins de cinq cents salariés peut être déterminé, au choix de l'entreprise, selon l'une des méthodes décrites aux deux alinéas précédents.»

Le prix de souscription ne peut être ni supérieur au prix de cession ainsi déterminé, ni inférieur de plus de ***(L. 2019-486 du 22 mai 2019, art. 162, IX, JO 23)*** «30 %» à celui-ci ou de ***(L. 2019-486 du 22 mai 2019, art. 162, IX, JO 23)*** «40 %» lorsque la durée d'indisponibilité prévue par le plan, en application des articles L. 3332-25 et L. 3332-26, est supérieure ou égale à dix ans.

Art. L. 3332-21. L'assemblée générale qui décide l'augmentation de capital peut prévoir l'attribution gratuite d'actions ou d'autres titres donnant accès au capital.

L'avantage total résultant de cette attribution et, le cas échéant, de l'écart entre le prix de souscription et la moyenne des cours mentionnée à l'article L. 3332-19, ou entre le prix de souscription et le prix de cession déterminé en application de l'article L. 3332-20, ne peut pas dépasser l'avantage dont auraient bénéficié les adhérents au plan d'épargne si cet écart avait été de ***(L. 2019-486 du 22 mai 2019, art. 162, IX, JO 23)*** «30 %» ou de ***(L. 2019-486 du 22 mai 2019, art. 162, IX, JO 23)*** «40 %» lorsque la durée d'indisponibilité prévue par le plan en application des articles L. 3332-25 et L. 3332-26 est supérieure ou égale à dix ans.

Par ailleurs, l'assemblée générale peut également prévoir une attribution gratuite d'actions ou d'autres titres donnant accès au capital, sous réserve que la prise en compte de leur contre-valeur pécuniaire, évaluée au prix de souscription, n'ait pour effet de dépasser les limites prévues à l'article L. 3332-11.

Art. L. 3332-22. L'avantage constitué par l'écart entre le prix de souscription et la moyenne des cours mentionnés à l'article L. 3332-19, par l'écart entre le prix de souscription et le prix de cession déterminé en application de l'article L. 3332-20 et, le cas échéant, par l'attribution gratuite d'actions ou de titres donnant accès au capital est exonéré d'impôt sur le revenu et de taxe sur les salaires et n'entre pas dans l'assiette des cotisations sociales définie à l'article L. 242-1 du code de la sécurité sociale.

Art. L. 3332-23. Lorsqu'une société propose aux adhérents d'un plan d'épargne d'entreprise de souscrire des obligations qu'elle a émises, le prix de cession est fixé selon des conditions déterminées par décret en Conseil d'État.

Art. L. 3332-24. La présente section s'applique aux cessions par une société de ses titres, dans la limite de 10 % du total des titres qu'elle a émis, aux adhérents d'un plan d'épargne d'entreprise.

Art. R. 3332-24. Lorsqu'une société procède à des augmentations de capital ou à des cessions de titres réservées aux adhérents à un plan d'épargne d'entreprise, par l'intermédiaire d'un fonds commun de placement, le bulletin de souscription est signé par le gestionnaire du fonds.

La société émettrice notifie au gestionnaire du fonds le nombre d'actions souscrites ou le nombre de titres cédés. Le gestionnaire informe chaque adhérent du nombre de parts souscrit et lui adresse un relevé nominatif mentionnant la date de cessibilité de ces parts.

Art. R. 3332-25. Lorsqu'une société propose aux adhérents d'un plan d'épargne d'entreprise d'acquérir des actions ou des certificats d'investissement qu'elle a émis, soit par achat, soit par souscription, et qu'un plan d'épargne commun à plusieurs entreprises du même groupe au sens des articles L. 3344-1 et L. 3344-2 a été mis en place afin de permettre aux adhérents à ce plan d'acquérir les actions ou les certificats d'investissement de cette société, les dispositions des articles L. 3332-11 et L. 3332-27 s'appliquent dans chacune des entreprises du groupe participant au plan d'épargne d'entreprise commun.

Art. R. 3332-26. Lorsque les obligations mentionnées à l'article L. 3332-23 sont admises aux négociations sur un marché réglementé, ces titres sont évalués à leur valeur de marché.

Art. R. 3332-27. Lorsque les obligations mentionnées à l'article L. 3332-23 ne sont pas admis aux négociations sur un marché réglementé, ces titres sont évalués à leur valeur nominale augmentée du coupon couru.

Dans ce cas, ou bien la société émettrice, ou une entreprise du même groupe au sens des articles L. 3344-1 et L. 3344-2, s'engage à racheter ces titres à première demande du souscripteur à leur valeur nominale augmentée du coupon couru, ou bien il est instauré un mécanisme équivalent, garantissant leur rachat à ces mêmes conditions. En outre, lorsque ces titres de créance figurent à l'actif d'un fonds commun de placement ou d'une société d'investissement à capital variable régis par les articles ***(D. 2013-687 du 25 juil. 2013, art. 30, JO 30)*** « L. 214-164, L. 214-165 ou L. 214-166 » du code monétaire et financier, la méthode de valorisation est définie par un expert indépendant, lors de la souscription par le fonds de ces titres et chaque fois qu'un évènement ou une série d'évènements ultérieurs sont susceptibles de conduire à une évolution substantielle du risque de défaillance de l'entreprise.

SECTION 5. Indisponibilité des sommes, déblocage anticipé et liquidation

Art. L. 3332-25. Sauf dans les cas énumérés par le décret en Conseil d'État prévu à l'article L. 3324-10, les actions ou parts acquises pour le compte des salariés et des anciens salariés leur sont délivrées à l'expiration d'un délai minimum de cinq ans courant à compter de la date d'acquisition des titres.

Ce délai ne s'applique pas si la liquidation des avoirs acquis dans le cadre du plan d'épargne d'entreprise sert ***(L. 2019-486 du 22 mai 2019, art. 160, 1°, JO 23)*** « à acheter des parts de l'entreprise ou » à lever des options consenties dans les conditions prévues ***(Ord. 2020-1142 du 16 sept. 2020, art. 18, JO 17, entrée en vigueur le 01.01.2021)*** « aux articles L. 225-177, L. 22-10-56 ou L. 225-179 » du code de commerce. Les actions ***(L. 2019-486 du 22 mai 2019, art. 160, 2°, JO 23)*** « ou les parts de l'entreprise » ainsi souscrites ou achetées sont versées dans le plan d'épargne et ne sont disponibles qu'à l'expiration d'un délai minimum de cinq ans à compter de ce versement. Toutefois, les actions peuvent être apportées à une société ou à un fonds commun de placement dont l'actif est exclusivement composé de titres de capital ou donnant accès au capital émis par l'entreprise ou par une entreprise du même groupe au sens du deuxième alinéa de l'article L. 3344-1. Le délai de cinq ans mentionné au présent alinéa reste applicable, pour la durée restant à courir à la date de l'apport, aux actions ou parts reçues en contrepartie de l'apport.

Art. L. 3332-26. Les actions gratuites mentionnées à l'article L. 3332-14 ne sont disponibles qu'à l'expiration d'un délai minimum de cinq ans à compter de leur versement sur le plan.

Les dispositions des articles L. 225-197-4 et L. 225-197-5 du code de commerce sont applicables.

Art. R. 3332-28. Les cas dans lesquels les actions ou parts acquises pour le compte des adhérents leur sont délivrées avant l'expiration du délai d'indisponibilité minimum de cinq ans sont les cas énumérés à l'article R. 3324-22.

Note Cet article a été modifié par le décret 2009-350 du 30 mars 2009, JO 31.

Art. R. 3332-29. Les faits en raison desquels, en application du deuxième alinéa de l'article L. 3332-16, les droits constitués au profit des participants peuvent être exceptionnellement débloqués avant l'expiration du terme de l'opération de rachat mentionné au 2° de cet article sont les suivants :

1° L'invalidité du salarié, appréciée au sens des 2° et 3° de l'article L. 341-4 du code de la sécurité sociale ;

2° La mise à la retraite du salarié ;

3° Le décès du salarié.

En cas de décès du salarié, il appartient à ses ayants droit de demander la liquidation de ses droits. Dans ce cas, les dispositions du 4 du III de l'article 150-0-A du code général des impôts cessent d'être applicables à l'expiration des délais fixés par l'article 641 du même code.

Art. R. 3332-30. Les dispositions des articles D. 3324-37 à D. 3324-39 s'appliquent aux investissements réalisés au sein de plans d'épargne d'entreprise, selon les modalités précisées par le règlement de ces plans.

SECTION 6. Régime social et fiscal

Art. L. 3332-27. Les sommes mentionnées à l'article L. 3332-11 peuvent être déduites par l'entreprise de son bénéfice pour l'assiette de l'impôt sur les sociétés ou de l'impôt sur le revenu, selon le cas.

Elles ne sont pas prises en considération pour l'application de la législation du travail et ***(Ord. 2018-474 du 12 juin 2018, art. 6, 2°, JO 13)*** «sont exclues de l'assiette des cotisations définie à l'article L. 242-1 du code de la sécurité sociale».

Elles sont exonérées de l'impôt sur le revenu des bénéficiaires.

Pour ouvrir droit à ces exonérations fiscales et sociales, les règlements des plans d'épargne d'entreprise établis à compter de la publication de la loi n° 2001-152 du 19 février 2001 sur l'épargne salariale doivent être déposés dans les conditions prévues à l'article L. 3332-9.

Note • Les dispositions de cet article, dans sa rédaction issue de l'ordonnance 2018-474 précitée, s'appliquent aux cotisations et contributions dues pour les périodes courant depuis le 01.09.2018 (ordonnance précitée, art. 16).

• Voir Guide RF, éd. 2020, «Épargne salariale et actionnariat salarié», §§ 1460 à 1498.

• **Dépôt des accords et règlements.** Les règlements des plans d'épargne d'entreprise doivent être déposés à l'unité territoriale de la Direccte [Dreets] du lieu où ils ont été établis. Ce dépôt ne peut avoir lieu avant la fin du délai d'opposition si un tel délai s'applique (8 jours pour un accord d'entreprise). Il faut entendre par règlement tout document, quelle que soit sa dénomination, établi unilatéralement par l'employeur ou négocié, qui pose les règles d'un PEE. Cette obligation ne concerne que les plans établis à compter de la publication de la loi du 19 février 2001. Les avenants à des accords signés antérieurement à cette date n'ont pas à être déposés. Cependant, si l'avenant contient des modifications substantielles qui en font en réalité un nouveau règlement, le dépôt doit être effectué (circ. 14 septembre 2005, JO 1er nov.). Ainsi, le règlement institué par des sociétés postérieurement à la publication de la loi du 19 février 2001, supprimant le montant minimum des versements complémentaires imposé par le règlement dans son état antérieur, doit faire l'objet d'un dépôt à la direction départementale du travail, de l'emploi et de la formation professionnelle pour ouvrir droit aux exonérations sociales (cass. soc. 16 décembre 2008, n° 07-14.610, BC V n° 256).

Art. L. 3332-28

À noter que l'article L. 3345-1 prévoit que l'accord d'intéressement, l'accord de participation et le règlement d'un plan d'épargne salariale, lorsqu'ils sont conclus concomitamment, peuvent faire l'objet d'un dépôt commun dans les conditions applicables aux accords d'intéressement.

Art. R. 3332-31. L'avoir fiscal et le crédit d'impôt attachés aux revenus du portefeuille collectif ou des titres détenus individuellement acquis dans le cadre d'un plan d'épargne d'entreprise donnent lieu à la délivrance d'un certificat distinct, conformément aux dispositions de l'article 77 de l'annexe II au code général des impôts.

Lorsque ces revenus sont totalement exonérés, conformément aux dispositions des deux premières phrases du II de l'article 163 *bis* B du code général des impôts, le certificat est établi pour la totalité de l'avoir fiscal ou du crédit d'impôt au nom de l'organisme chargé de la conservation des titres. La restitution de l'avoir fiscal ou du crédit d'impôt mentionné sur ce certificat est demandée par cet organisme.

Art. R. 3332-32. La demande de restitution de l'avoir fiscal ou du crédit d'impôt, accompagnée du certificat, est adressée au service des impôts du siège de l'organisme qui l'a établie.

La restitution est opérée au profit de cet organisme, à charge pour ce dernier d'employer les sommes correspondantes de la même façon que les revenus auxquels elles se rattachent.

SECTION 7. Dispositions d'application

Art. L. 3332-28. Un décret en Conseil d'État détermine les modalités d'application du présent chapitre.

CHAPITRE III Plan d'épargne interentreprises

Note Voir Guide interm. épargne salariale, juillet 2014, dossier 4.

Voir aussi notamment RF Social, octobre 2020, Cahier juridique n° 211, «Plans d'épargne salariale PEE, PEI, PERCO, PERE-CO».

Art. L. 3333-1. Sous réserve des dispositions particulières du présent chapitre, les dispositions relatives au plan d'épargne d'entreprise sont applicables au plan d'épargne interentreprises.

Art. L. 3333-2. Un plan d'épargne interentreprises peut être institué par accord collectif conclu dans les conditions prévues au livre II de la deuxième partie.

(L. 2020-1525 du 7 déc. 2020, art. 122, 1°, JO 8) «Si ce plan est institué entre plusieurs employeurs pris individuellement, il peut également être établi selon l'une des modalités prévues aux articles L. 3332-3 et L. 3332-4. Dans ce cas, le plan est approuvé dans les mêmes termes au sein de chacune des entreprises et celles qui souhaitent y adhérer ou en sortir doivent le faire suivant l'une de ces modalités.»

Art. L. 3333-3. L'accord fixe le règlement du plan d'épargne interentreprises.

Ce règlement détermine notamment:

1° Les entreprises signataires ou le champ d'application professionnel et géographique;

2° La nature des sommes qui peuvent être versées;

3° Les différentes possibilités d'affectation des sommes recueillies, en particulier le nombre, l'orientation de gestion et le profil de risque des fonds utilisés;

4° Les conditions dans lesquelles les frais de tenue de compte sont pris en charge par les employeurs;

5° La liste de différents taux et plafonds d'abondement parmi lesquels les entreprises souhaitant effectuer des versements complémentaires à ceux de leurs salariés pourront opter;

6° Les conditions dans lesquelles sont désignés les membres des conseils de surveillance des fonds communs de placement prévus par le règlement du plan et les modalités de fonctionnement des conseils.

Art. L. 3333-3-1. ***(L. 2020-1525 du 7 déc. 2020, art. 122, 2°, JO 8)*** Lorsque l'institution d'un plan d'épargne interentreprises entre plusieurs employeurs pris individuellement ou l'adhésion à un tel plan ne sont pas établies en vertu d'un accord avec le personnel, les dispositions de l'article L. 3332-8 sont applicables.

Art. L. 3333-4. Le plan d'épargne interentreprises peut recueillir des sommes provenant de l'intéressement, de la participation aux résultats de l'entreprise, de versements volontaires des salariés et des personnes mentionnées à l'article L. 3332-2 appartenant aux entreprises entrant dans le champ de l'accord et, le cas échéant, des versements complémentaires de ces entreprises.

Art. L. 3333-5. Lorsqu'il prévoit de recueillir les sommes issues de la participation, l'accord instituant le plan d'épargne interentreprises dispense les entreprises mentionnées aux articles L. 3323-6 et L. 3323-7 de conclure un accord de participation. Son règlement inclut alors les clauses prévues aux articles L. 3323-1 à L. 3323-3 et L. 3324-5.

Note Le 1er alinéa de cet article a été supprimé par la loi 2019-486 du 22 mai 2019, art. 155, I, 22°, JO 23.

Art. L. 3333-6. Par dérogation aux dispositions du 2° de l'article L. 3332-15, le plan d'épargne interentreprises ne peut pas prévoir l'acquisition de parts de fonds communs de placement régis par l'article ***(Ord. 2013-676 du 25 juil. 2013, art. 44, JO 27)*** « L. 214-165 » du code monétaire et financier.

Lorsque le plan prévoit l'acquisition de parts de fonds communs de placement régis par l'article ***(Ord. 2013-676 du 25 juil. 2013, art. 44, JO 27)*** « L. 214-164 » du même code, ceux-ci ne peuvent détenir plus de 10 % de titres non admis aux négociations sur un marché réglementé. Cette limitation ne s'applique pas aux parts et actions d'organismes de placement collectif en valeurs mobilières ***(Ord. 2013-676 du 25 juil. 2013, art. 44, JO 27)*** « ou de placements collectifs relevant des paragraphes 1, 2 et 6 de la sous-section 2, du paragraphe 2 ou du sous-paragraphe 1 du paragraphe 1 de la sous-section 3 de la section 2 du chapitre IV du titre Ier du livre II du code monétaire et financier » éventuellement détenus par le fonds.

Art. L. 3333-7. Un avenant au plan d'épargne interentreprises peut être conclu selon les modalités prévues au présent chapitre.

Toutefois, le règlement d'un plan institué entre plusieurs employeurs pris individuellement et ouvert à l'adhésion d'autres entreprises peut ***(L. 2015-990 du 6 août 2015, art. 160, JO 7)*** « valablement être modifié pour intégrer des dispositions législatives ou réglementaires postérieures à l'institution du plan ou de nouvelles dispositions relatives aux 2°, 3° et 5° du règlement de ce plan conformément à l'article L. 3333-3, si cette modification fait l'objet d'une information » des entreprises parties prenantes au plan.

(L. 2015-990 du 6 août 2015, art. 160, JO 7) « La modification prévue au deuxième alinéa du présent article s'applique à la condition que la majorité des entreprises parties prenantes ne s'y oppose pas dans un délai d'un mois à compter de la date d'envoi de l'information et, pour chaque entreprise, à compter du premier exercice suivant la date d'envoi de l'information. » ***(L. 2009-1255 du 19 oct. 2009, art. 18, JO 20)*** « En cas contraire, le plan est fermé à tout nouveau versement. »

Art. L. 3333-7-1. ***(L. 2020-1525 du 7 déc. 2020, art. 118, I, 5°, JO 8)*** Toute entreprise peut faire application d'un dispositif d'épargne interentreprises conclu au niveau de la branche, dès lors que l'accord de branche a été agréé en application de l'article L. 3345-4.

Les entreprises qui souhaitent appliquer l'accord de branche agréé concluent à cet effet un accord dans les conditions prévues à l'article L. 3333-2.

Les entreprises de moins de cinquante salariés peuvent opter pour l'application de ce régime au moyen d'un document unilatéral d'adhésion de l'employeur, dans les conditions prévues à l'article L. 2232-10-1, si l'accord de branche prévoit cette possibilité et propose, sous forme d'accord type indiquant les différents choix laissés à l'employeur, des stipulations spécifiques pour ces entreprises.

Les deux derniers alinéas de l'article L. 3332-6-1 sont applicables au plan d'épargne interentreprises.

Art. L. 3333-8. Un décret en Conseil d'État détermine les modalités d'application du présent chapitre.

Art. R. 3333-1. Les dispositions relatives aux versements, à la composition et à la gestion du plan d'épargne entreprise prévues aux articles ***(D. 2009-350 du 30 mars 2009, JO 31)*** « R. 3332-8 » à R. 3332-14, puis des articles R. 3332-16 au R. 3332-18 ainsi que celles relatives à l'indisponibilité des sommes et au régime social et fiscal prévues aux articles R. 3332-28 à R. 3332-32, s'appliquent au plan d'épargne interentreprises.

Art. L. 3334-1

Note Du fait du renvoi à l'article R. 3332-8, le plafond annuel de l'abondement versé au bénéfice d'un adhérent à un plan d'épargne d'entreprise, égal à 8 % du plafond annuel de la sécurité sociale, s'applique aussi aux plans d'épargne interentreprises.

Art. R. 3333-2. Le plan d'épargne interentreprises peut recueillir les sommes issues soit de la participation prévue par accord ou mise en place conformément au deuxième alinéa de l'article L. 3323-6, soit de l'accord qui institue le plan.

Art. R. 3333-3. En cas de participation volontaire dans les conditions de l'article L. 3323-6, l'accord instituant le plan d'épargne interentreprises précise la formule de calcul de la réserve spéciale de participation.

Si l'accord n'a pas retenu la formule prévue aux articles L. 3324-1 et L. 3324-3, il comporte, conformément à l'article L. 3324-2, la clause d'équivalence des avantages et l'un des quatre plafonds prévus du quatrième au sixième alinéas de cet article.

Art. R. 3333-4. Le règlement du plan d'épargne interentreprises précise les modalités de la contribution des entreprises qui ne peut être inférieure à la prise en charge des frais de tenue de compte.

En cas de liquidation de l'entreprise, les frais de tenue de compte dus postérieurement à la liquidation sont mis à la charge des participants.

Art. R. 3333-5. L'accord instituant le plan d'épargne interentreprises désigne les sociétés ou établissements qui sont chargés de la tenue du registre mentionné à l'article R. 3332-14.

Art. R. 3333-6. ***(D. 2015-1606 du 7 déc. 2015, JO 9, entrée en vigueur le 01.01.2016)*** L'avenant à un règlement d'un plan d'épargne interentreprises institué entre plusieurs employeurs pris individuellement, conclu conformément aux dispositions des deuxième et troisième alinéas de l'article L. 3333-7, est déposé à la ***(D. 2020-1545 du 9 déc. 2020, JO 10, entrée en vigueur le 01.04.2021)*** «direction régionale de l'économie, de l'emploi, du travail et des solidarités» auprès de laquelle a été déposé le règlement du plan conformément aux dispositions de l'article R. 3332-4.

CHAPITRE IV Plan d'épargne pour la retraite collectif

Note • Aux termes de l'article 82 de la loi de finances pour 2004 (2003-1311 du 30 décembre 2003, JO 31), le plan partenarial d'épargne salariale volontaire pour la retraite est devenu le plan d'épargne pour la retraite collectif (PERCO).

• Le PERCO peut être une institution de retraite professionnelle collective. Sur son administration, voir ordonnance 2006-344 du 23 mars 2006 relative aux retraites professionnelles supplémentaires, art. 8 (JO 24).

• Voir Guide interm. épargne salariale, juillet 2014, dossier 5.

Voir aussi notamment RF Social, octobre 2020, Cahier juridique n° 211, «Plans d'épargne salariale PEE, PEI, PERCO, PERE-CO».

• À noter que depuis le 01.10.2020, le PERCO ne peut plus être mis en place dans les entreprises et que les PERCO mis en place avant cette date ne sont pas fermés et peuvent continuer à accueillir de nouveaux bénéficiaires (ordonnance 2019-766 du 24 juillet 2019, art. 8, II et 9, II, JO 25 et décret 2019-807 du 30 juillet 2019, art. 9, III, JO 1er août).

SECTION 1. Mise en place

Art. L. 3334-1. Sous réserve des dispositions particulières du présent chapitre et des articles L. 3332-18 à L. 3332-24, les dispositions relatives au plan d'épargne d'entreprise sont applicables au plan d'épargne pour la retraite collectif.

Art. L. 3334-2. Un plan d'épargne pour la retraite collectif peut être mis en place ***(L. 2008-1258 du 3 déc. 2008, art. 16, JO 4)*** «à l'initiative de l'entreprise ou» ***(L. 2015-990 du 6 août 2015, art. 161, JO 7)*** «selon l'une des modalités mentionnées à l'article L. 3322-6. Le plan peut être mis en place» sans recourir aux services de l'institution mentionnée au I de l'article 8 de l'ordonnance n° 2006-344 du 23 mars 2006, lorsque ce plan n'est pas proposé sur le territoire d'un autre État membre ou dans un autre État partie à l'accord sur l'Espace économique européen. Dans ce cas, l'accord mettant en place le plan précise les modalités d'exécution des obligations mentionnées au dernier alinéa du I et aux premier et deuxième alinéas du II de cet article.

(L. 2008-1258 du 3 déc. 2008, art. 16, JO 4) «Lorsque l'entreprise compte au moins un délégué syndical ou est dotée d'un ***(Ord. 2017-1386 du 22 sept. 2017, art. 4, 12°, JO 23, entrée en vigueur au plus tard le 01.01.2018)*** «comité social et économique», le plan d'épargne pour la retraite collectif est négocié dans les conditions prévues à l'article

L. 3322-6. Si, au terme de la négociation, aucun accord n'a été conclu, un procès-verbal de désaccord est établi dans lequel sont consignées en leur dernier état les propositions respectives des parties et les mesures que l'employeur entend ***(L. 2015-990 du 6 août 2015, art. 161, JO 7)*** «soumettre à la ratification du personnel dans les conditions prévues au 4° du même article L. 3322-6 ou» appliquer unilatéralement.»

Art. L. 3334-3. L'entreprise qui a mis en place un plan d'épargne d'entreprise depuis plus de ***(L. 2008-1258 du 3 déc. 2008, art. 18, JO 4)*** «trois» ans ouvre une négociation en vue de la mise en place d'un plan d'épargne pour la retraite collectif ou d'un contrat mentionné au *b* du 1 du I de l'article 163 *quatervicies* du code général des impôts ou d'un régime mentionné au 2° de l'article 83 du même code.

Art. L. 3334-4. Le plan d'épargne pour la retraite collectif peut également être créé en tant que plan d'épargne interentreprises dans les conditions prévues au chapitre III.

Art. L. 3334-5-1. ***(L. 2008-1258 du 3 déc. 2008, art. 17, JO 4)*** Un plan d'épargne pour la retraite collectif peut prévoir l'adhésion par défaut des salariés de l'entreprise, sauf avis contraire de ces derniers. Les salariés sont informés de cette clause dans des conditions prévues par décret.

SECTION 2. **Versements**

Art. L. 3334-6. Le plan d'épargne pour la retraite collectif peut recevoir, à l'initiative des participants, les versements des sommes issues de l'intéressement, de la participation ainsi que d'autres versements volontaires et des contributions des entreprises prévues aux articles L. 3332-11 à L. 3332-13 et L. 3334-10.

(L. 2015-990 du 6 août 2015, art. 152, JO 7) «En outre, si le règlement du plan le prévoit, les entreprises peuvent, même en l'absence de contribution du salarié:

1° Effectuer un versement initial sur ce plan;

2° Effectuer des versements périodiques sur ce plan, sous réserve d'une attribution uniforme à l'ensemble des salariés. La périodicité de ces versements est précisée dans le règlement du plan.

Les plafonds de versement annuel sont fixés par décret.

Ces versements sont soumis au même régime social et fiscal que les contributions des entreprises mentionnées au premier alinéa du présent article. Ils respectent l'article L. 3332-13.»

Art. L. 3334-7. Un ancien salarié peut continuer à effectuer des versements sur le plan d'épargne pour la retraite collectif. Ces versements ne bénéficient pas des versements complémentaires de l'entreprise et les frais afférents à leur gestion sont à la charge exclusive de l'ancien salarié qui effectue ces versements. ***(L. 2019-486 du 22 mai 2019, art. 155, I, 23°, JO 23)*** «Ces frais font l'objet de plafonds fixés par décret.»

Cette possibilité n'est pas ouverte au salarié qui a accès à un plan d'épargne pour la retraite collectif dans la nouvelle entreprise où il est employé.

Note Voir article D. 3334-3-3.

Art. L. 3334-8. Les droits inscrits au compte épargne-temps peuvent être versés sur le plan d'épargne pour la retraite collectif ***(L. 2010-1330 du 9 nov. 2010, art. 108, JO 10)*** «ou contribuer au financement de prestations de retraite qui revêtent un caractère collectif et obligatoire déterminé dans le cadre d'une des procédures mentionnées à l'article L. 911-1 du code de la sécurité sociale.

En l'absence de compte épargne-temps dans l'entreprise, le salarié peut, dans la limite de ***(L. 2015-990 du 6 août 2015, art. 162, I, JO 7)*** «dix» jours par an, verser les sommes correspondant à des jours de repos non pris sur le plan d'épargne pour la retraite collectif ou faire contribuer ces sommes au financement de prestations de retraite qui revêtent un caractère collectif et obligatoire déterminé dans le cadre d'une des procédures mentionnées à l'article L. 911-1 du code de la sécurité sociale. Le congé annuel ne peut être affecté à l'un de ces dispositifs que pour sa durée excédant vingt-quatre jours ouvrables.

Les sommes ainsi épargnées bénéficient de l'exonération prévue à l'article L. 242-4-3 du même code ou aux articles L. 741-4 et L. 741-15 du code rural et de la pêche maritime en tant qu'ils visent l'article L. 242-4-3 du code de la sécurité sociale.

Elles bénéficient également, selon le cas, des régimes prévus aux 2° ou 2° 0 *bis* de l'article 83 du code général des impôts ou de l'exonération prévue au *b* du 18° de l'article 81 du même code.»

Art. L. 3334-9. Par dérogation aux dispositions des articles L. 3332-11 à L. 3332-13 et L. 3334-10, les sommes issues de la participation qui sont versées au plan d'épargne pour la retraite collectif peuvent donner lieu à versement complémentaire de l'entreprise dans les limites prévues à ces articles.

Art. L. 3334-10. Les sommes provenant d'un compte épargne-temps dans les conditions mentionnées au ***(L. 2016-1088 du 8 août 2016, art. 11, III, JO 9)*** «2° de l'article L. 3152-4», correspondant à un abondement de l'employeur et transférées sur un ou plusieurs plans d'épargne pour la retraite collectifs, sont assimilées à des versements des employeurs à un ou plusieurs de ces plans.

SECTION 3. Composition et gestion du plan

Art. L. 3334-11. Les participants au plan d'épargne pour la retraite collectif bénéficient d'un choix entre au moins trois organismes de placement collectif ***(L. 2014-1 du 2 janv. 2014, art. 25, JO 3)*** «mentionnés à l'article L. 3332-15, présentant différents profils d'investissement, sous réserve des restrictions prévues à l'article L. 3334-12.»

(L. 2010-1330 du 9 nov. 2010, art. 109, JO 10) «Il leur est également proposé une allocation de l'épargne permettant de réduire progressivement les risques financiers dans des conditions fixées par décret.» ***(L. 2015-990 du 6 août 2015, art. 151, I, 2°, JO 7)*** «À défaut de choix explicite du participant, ses versements dans le plan d'épargne pour la retraite collectif sont affectés selon cette allocation.»

Note Les dispositions de cet article, dans sa rédaction issue de la loi 2015-990 précitée, sont applicables aux versements effectués sur un plan d'épargne pour la retraite collectif depuis le 1er janvier 2016 (loi précitée, art. 151, II).

Voir article R. 3334-1-2 et note sous cet article.

Art. L. 3334-12. Par dérogation aux dispositions du 2° de l'article L. 3332-15, le plan d'épargne pour la retraite collectif ne peut pas prévoir l'acquisition de parts de fonds communs de placement régis par l'article ***(Ord. 2013-676 du 25 juil. 2013, art. 44, JO 27)*** « L. 214-165» du code monétaire et financier, ni d'actions de sociétés d'investissement à capital variable régies par l'article ***(Ord. 2013-676 du 25 juil. 2013, art. 44, JO 27)*** « L. 214-166» du même code, ni de titres de l'entreprise ou d'une société qui lui est liée au sens des articles L. 3344-1 et L. 3344-2.

Lorsque le plan prévoit l'acquisition de parts de fonds communs de placement régis par l'article ***(Ord. 2013-676 du 25 juil. 2013, art. 44, JO 27)*** « L. 214-164» du code monétaire et financier et sans préjudice des dispositions du seizième alinéa de cet article, ceux-ci ne peuvent détenir plus de ***(L. 2019-486 du 22 mai 2019, art. 77, III, 1°, JO 23)*** «10 %» de titres non admis aux négociations sur un marché réglementé ou plus de ***(L. 2019-486 du 22 mai 2019, art. 77, III, 1°, JO 23)*** «10 %» de titres de l'entreprise qui a mis en place le plan ou de sociétés qui lui sont liées au sens des articles L. 3344-1 et L. 3344-2. Cette limitation ne s'applique pas aux parts et actions d'organismes de placement collectif en valeurs mobilières ***(Ord. 2013-676 du 25 juil. 2013, art. 44, JO 27)*** «ou de placements collectifs relevant des paragraphes 1, 2 ***(L. 2019-486 du 22 mai 2019, art. 77, III, 2°, JO 23)*** «, 3» et 6 de la sous-section 2, du paragraphe 2 ou du sous paragraphe 1 du paragraphe 1 de la sous-section 3 de la section 2 du chapitre IV du titre Ier du livre II du code monétaire et financier» éventuellement détenues par le fonds.

Art. L. 3334-13. Le règlement du plan d'épargne pour la retraite collectif prévoit qu'une partie des sommes recueillies peut être affectée à l'acquisition de parts de fonds investis, dans les limites prévues à l'article ***(Ord. 2013-676 du 25 juil. 2013, art. 44, JO 27)*** « L. 214-164» du code monétaire et financier, dans les entreprises solidaires ***(L. 2008-776 du 4 août 2008, art. 81, JO 5)*** «au sens de l'article L. 3332-17-1 du présent code».

SECTION 4. Indisponibilité, déblocage anticipé et délivrance des sommes

Art. L. 3334-14. Les sommes ou valeurs inscrites aux comptes des participants sont détenues jusqu'au départ à la retraite.

Toutefois, dans des cas liés à la situation ou au projet du participant, ces sommes ou valeurs peuvent être exceptionnellement débloquées avant le départ en retraite.

Art. L. 3334-15. Sans préjudice des cas de déblocage anticipé prévus à l'article L. 3334-14, la délivrance des sommes ou valeurs inscrites aux comptes des participants s'effectue sous forme de rente viagère acquise à titre onéreux.

Toutefois, l'accord qui établit le plan d'épargne pour la retraite collectif peut prévoir des modalités de délivrance en capital et de conversion en rente de ces sommes ou valeurs, ainsi que les conditions dans lesquelles chaque participant au plan exprime son choix.

SECTION 5. Dispositions d'application

Art. L. 3334-16. Un décret en Conseil d'État détermine les modalités d'application du présent chapitre.

Art. R. 3334-1. Les dispositions relatives aux versements, à la composition, à la gestion du plan d'épargne entreprise et à l'évaluation des titres prévues aux articles R. 3332-9 à R. 3332-23 ainsi que celles relatives à l'indisponibilité des sommes et au régime social et fiscal prévues aux articles R. 3332-30 à R. 3332-32 s'appliquent au plan d'épargne pour la retraite collectif.

Art. R. 3334-1-1. ***(D. 2011-1449 du 7 nov. 2011, JO 8)*** I. – Dans la limite fixée à l'article L. 3334-8, les jours de congés investis dans le plan d'épargne pour la retraite collectif, à la demande du salarié, le sont pour la valeur de l'indemnité de congés calculée selon les dispositions des articles ***(D. 2016-1551 du 18 nov. 2016, art. 6, V, 17°, JO 19, entrée en vigueur le 01.01.2017)*** « L. 3141-24 à L. 3141-27 ».

II. – Le règlement du plan d'épargne pour la retraite collectif prévoit les modalités d'affectation par défaut des sommes correspondant à la quote-part de réserve spéciale de participation attribuée au bénéficiaire, affectée au plan d'épargne pour la retraite collectif lorsqu'il a été mis en place dans l'entreprise, ***(D. 2015-1606 du 7 déc. 2015, JO 9, entrée en vigueur le 01.01.2016)*** « conformément aux dispositions du second alinéa de l'article L. 3334-11 »

(D. 2015-1606 du 7 déc. 2015, JO 9, entrée en vigueur le 01.01.2016) « Lorsque plusieurs plans d'épargne pour la retraite collectifs ont été mis en place dans l'entreprise, les sommes sont affectées au plan d'épargne pour la retraite collectif de l'entreprise ou, à défaut, dans le plan d'épargne pour la retraite collectif du groupe. En l'absence de l'un et de l'autre de ces plans, les sommes sont affectées dans le plan d'épargne pour la retraite collectif interentreprises. »

Note Le II de cet article (affectation par défaut de la moitié de la participation sur le PERCO) s'applique aux droits à participation attribués au titre des exercices clos après la promulgation de la loi 2010-1330 du 9 novembre 2010 portant réforme des retraites.

Art. R. 3334-1-2. ***(D. 2011-1449 du 7 nov. 2011, JO 8, entrée en vigueur le 01.04.2012)*** Pour l'application du second alinéa de l'article L. 3334-11, le règlement du plan d'épargne pour la retraite collectif définit les conditions dans lesquelles est proposée à chaque participant une option d'allocation de l'épargne ayant pour objectif de réduire progressivement les risques financiers pesant sur la valeur des actifs détenus dans les organismes de placement collectif en valeurs mobilières ***(D. 2013-687 du 25 juil. 2013, art. 30, JO 30)*** « ou les placements collectifs relevant des paragraphes 1, 2 et 6 de la sous-section 2, du paragraphe 2 ou du sous-paragraphe 1 du paragraphe 1 de la sous-section 3, ou de la sous-section 4 de la section 2 du chapitre IV du titre Ier du livre II du code monétaire et financier » du plan.

Lorsque le participant a choisi cette option, ***(D. 2015-1606 du 7 déc. 2015, JO 9, entrée en vigueur le 01.01.2016)*** « ou lorsqu'il s'agit d'une affectation par défaut, conformément aux dispositions du second alinéa de l'article L. 3334-11, » celle-ci est organisée de la manière suivante :

1° L'allocation de l'épargne conduit à une augmentation progressive de la part des sommes investies dans un ou des organismes de placement collectif en valeurs mobilières ***(D. 2013-687 du 25 juil. 2013, art. 30, JO 30)*** « ou les placements collectifs relevant des paragraphes 1, 2 et 6 de la sous-section 2, du paragraphe 2 ou du sous-paragraphe 1 du paragraphe 1 de la sous-section 3, ou de la sous-section 4 de la section 2 du chapitre IV du titre Ier du livre II du code monétaire et financier » présentant un profil d'investissement à faible risque, tel que défini lors de l'agrément prévu par ***(D. 2013-687 du 25 juil. 2013, art. 30, JO 30)*** « les articles L. 214-3 et L. 214-24-24 » du code monétaire et financier ;

2° Deux ans au plus tard avant l'échéance de sortie du plan d'épargne pour la retraite collectif, le portefeuille de parts que le participant détient doit être composé, à hauteur d'au moins 50 % des sommes investies, de parts dans des fonds communs de placement présentant un profil d'investissement à faible risque.

Le règlement du plan détermine les modalités selon lesquelles les sommes et parts investies par le participant sont progressivement transférées sur les supports d'investissement répondant aux exigences du présent article, en tenant compte de l'horizon de placement retenu ou, à défaut, de l'échéance de sortie du plan.

Art. L. 3334-16

Note Depuis le 1er avril 2012, tout PERCO, quelle que soit sa date de mise en place, devait proposer une allocation de l'épargne permettant de réduire progressivement les risques financiers. À défaut, les exonérations sociales et fiscales peuvent être remises en cause pour les sommes versées entre le 1er avril 2012 et l'entrée en vigueur de l'avenant (circulaire interministérielle ETST1221259C du 19 avril 2012, question/réponse n° 13).

Art. R. 3334-1-3. ***(D. 2011-1449 du 7 nov. 2011, JO 8, entrée en vigueur le 01.04.2012)*** L'information relative à l'option prévue à l'article R. 3334-1-2 est assurée par l'établissement habilité pour les activités de conservation ou d'administration d'instruments financiers auquel a été confiée la tenue de compte des participants. L'information est adressée, avec le relevé de compte individuel annuel mentionné à l'article L. 3341-7, à chaque participant à compter de son quarante-cinquième anniversaire.

Art. R. 3334-2. Le plafond prévu à l'article L. 3332-11 est fixé à 16 % du montant annuel du plafond prévu à l'article L. 241-3 du code de la sécurité sociale.

Art. R. 3334-3. ***(D. 2011-1449 du 7 nov. 2011, JO 8)*** « Le règlement du plan » d'épargne pour la retraite collectif prévoit les conditions de délivrance des sommes ou valeurs inscrites aux comptes des participants sous forme de rente viagère acquise à titre onéreux.

Toutefois, lorsque ***(D. 2015-1606 du 7 déc. 2015, JO 9, entrée en vigueur le 01.01.2016)*** « le règlement » prévoit des modalités de délivrance en capital ou de conversion en rente des sommes ou valeurs inscrites aux comptes des participants, chaque participant exprime son choix lors du déblocage des sommes ou valeurs selon les modalités et dans les conditions définies par ***(D. 2015-1606 du 7 déc. 2015, JO 9, entrée en vigueur le 01.01.2016)*** « ce règlement ».

Art. D. 3334-3-1. ***(D. 2009-351 du 30 mars 2009, JO 31)*** Lorsque le règlement du plan d'épargne pour la retraite collectif prévoit l'adhésion par défaut des salariés, l'entreprise en informe chaque salarié suivant les modalités prévues par le règlement du plan. Le salarié dispose d'un délai de quinze jours à compter de cette communication pour renoncer de manière expresse à cette adhésion.

Le salarié peut être informé par voie électronique, dans des conditions de nature à garantir l'intégrité des données.

Art. D. 3334-3-2. ***(D. 2015-1606 du 7 déc. 2015, JO 9, entrée en vigueur le 01.01.2016)*** Le versement initial et le versement périodique d'une entreprise dans le plan d'épargne pour la retraite collectif prévus à l'article L. 3334-6 bénéficient à l'ensemble des adhérents qui satisfont aux conditions d'ancienneté éventuellement prévues par le règlement du plan. Le montant total de ces deux versements ne peut excéder 2 % du montant annuel du plafond prévu au premier alinéa de l'article L. 241-3 du code de la sécurité sociale.

Ces versements sont pris en compte pour apprécier le respect du plafond d'abondement prévu par le règlement et du plafond mentionné à l'article R. 3334-2 du présent code.

Art. D. 3334-3-3. ***(D. 2019-862 du 20 août 2019, JO 22)*** Les frais afférents à la gestion des sommes investies sur le plan d'épargne pour la retraite collectif, après le départ de l'entreprise d'un bénéficiaire, mentionnés à l'article L. 3334-7, ne peuvent excéder un montant annuel de 20 euros. Toutefois, lorsque les sommes et valeurs inscrites aux comptes des bénéficiaires représentent un montant inférieur à 400 euros, les frais afférents à la gestion ne peuvent excéder 5 % du total de ces sommes et valeurs.

Art. R. 3334-4. Les cas dans lesquels, en application de l'article L. 3334-14, les droits constitués dans le cadre du plan d'épargne pour la retraite collectif au profit des salariés peuvent être, sur leur demande, exceptionnellement liquidés avant le départ à la retraite sont les suivants :

1° L'invalidité de l'intéressé, de ses enfants, de son conjoint ou de son partenaire lié par un pacte civil de solidarité. Cette invalidité s'apprécie au sens des 2° et 3° de l'article L. 341-4 du code de sécurité sociale, ou est reconnue par décision de la commission des droits et de l'autonomie des personnes handicapées prévue à l'article L. 241-5 du code de l'action sociale et des familles à condition que le taux d'incapacité atteigne au moins 80 % et que l'intéressé n'exerce aucune activité professionnelle. Le déblocage pour chacun de ces motifs ne peut intervenir qu'une seule fois ;

2° Le décès de l'intéressé, de son conjoint ou de son partenaire lié par un pacte civil de solidarité. En cas de décès de l'intéressé, il appartient à ses ayants droit de demander la liquidation de ses droits et les dispositions du 4 du III de l'article 150-0-A du code général des impôts cessent d'être applicables à l'expiration des délais fixés par l'article 641 du même code ;

3° L'affectation des sommes épargnées à l'acquisition de la résidence principale ou à la remise en état de la résidence principale endommagée à la suite d'une catastrophe naturelle reconnue par arrêté interministériel ;

4° La situation de surendettement du participant définie à l'article ***(D. 2020-683 du 4 juin 2020, JO 6)*** « L. 711-1 » du code de la consommation, sur demande adressée à l'organisme gestionnaire des fonds ou à l'employeur, soit par le président de la commission de surendettement des particuliers, soit par le juge lorsque le déblocage des droits paraît nécessaire à l'apurement du passif de l'intéressé ;

5° L'expiration des droits à l'assurance chômage de l'intéressé.

Art. R. 3334-5. ***(D. 2020-683 du 4 juin 2020, JO 6)*** «La demande du salarié de liquidation anticipée peut intervenir à tout moment, sauf dans le cas prévu au 3° de l'article R. 3334-4. Dans ce cas, elle intervient dans un délai de six mois à compter de la survenance du fait générateur.»

La levée anticipée de l'indisponibilité intervient sous forme d'un versement unique qui porte, au choix de l'intéressé, sur tout ou partie des droits susceptibles d'être débloqués.

Note Le 1er alinéa de cet article est applicable aux faits générateurs postérieurs au 7 juin 2020 (décret 2020-683 précité, art. 2, II).

CHAPITRE V Transferts

Note Voir Guide interm. épargne salariale, juillet 2014, dossier 9, fiche 1.

Art. L. 3335-1. En cas de modification survenue dans la situation juridique d'une entreprise ayant mis en place un plan d'épargne d'entreprise, notamment par fusion, cession, absorption ou scission, ***(L. 2019-486 du 22 mai 2019, art. 155, I, 24°, JO 23)*** «et lorsqu'elle rend» impossible la poursuite de l'ancien plan d'épargne, les sommes qui y étaient affectées peuvent être transférées dans le plan d'épargne de la nouvelle entreprise, après information des représentants du personnel dans des conditions prévues par décret.

Dans ce cas, le délai d'indisponibilité écoulé des sommes transférées s'impute sur la durée de blocage prévue par le nouveau plan.

Note • Voir G. Jolivet et H. Ouaissi, «Le sort des régimes d'épargne salariale lors de transferts d'entreprise», JCP éd. S 2007, 1466.

• Le salarié, dont le contrat de travail est transféré en application de l'article L. 1224-1, s'il conserve ses droits au sein du plan d'épargne d'entreprise mis en place par l'employeur sortant, dispose seulement de la faculté de transférer ses avoirs au sein du plan d'épargne d'entreprise, s'il existe, de son nouvel employeur, lequel n'est pas tenu de poursuivre le plan d'épargne d'entreprise mis en place par l'ancien employeur (cass. soc. 19 mai 2016, n° 14-29.786, BC V n° 109; RJS 8-9/16 n° 582).

Art. L. 3335-2. ***(L. 2008-1258 du 3 déc. 2008, art. 10, JO 4)*** Les sommes détenues par un salarié, au titre de la réserve spéciale de la participation des salariés aux résultats de l'entreprise, dont il n'a pas demandé la délivrance au moment de la rupture de son contrat de travail, peuvent être affectées dans le plan d'épargne mentionné aux articles L. 3332-1, L. 3333-1 et L. 3334-1 de son nouvel employeur. Dans ce cas, le délai d'indisponibilité écoulé des sommes transférées s'impute sur la durée de blocage prévue par le plan d'épargne mentionné aux articles L. 3332-1 et L. 3333-1 sur lequel elles ont été transférées, sauf si ces sommes sont utilisées pour souscrire à une augmentation de capital prévue à l'article L. 3332-18.

Les sommes détenues par un salarié dans un plan d'épargne mentionné aux articles L. 3332-1 et L. 3333-1 peuvent être transférées, à la demande du salarié, avec ou sans rupture de son contrat de travail, dans un autre plan d'épargne mentionné aux mêmes articles, comportant dans son règlement une durée de blocage d'une durée minimale équivalente à celle figurant dans le règlement du plan d'origine. Dans ce cas, le délai d'indisponibilité déjà écoulé des sommes transférées s'impute sur la durée de blocage prévue par le plan sur lequel elles ont été transférées, sauf si ces sommes sont utilisées pour souscrire à une augmentation de capital prévue à l'article L. 3332-18.

Les sommes détenues par un salarié dans un plan d'épargne mentionné aux articles L. 3332-1, L. 3333-1 et L. 3334-1 peuvent être transférées, à la demande du salarié, avec ou sans rupture de son contrat de travail, dans un plan d'épargne mentionné à l'article L. 3334-1.

Les sommes transférées ne sont pas prises en compte pour l'appréciation du plafond mentionné au premier alinéa de l'article L. 3332-10. Elles ne donnent pas lieu au versement complémentaire de l'entreprise prévu à l'article L. 3332-11, sauf si le transfert a lieu à l'expiration de leur délai d'indisponibilité ou si les sommes sont transférées d'un plan d'épargne mentionné aux articles L. 3332-1, L. 3333-1 vers un plan d'épargne mentionné à l'article L. 3334-1. Les sommes qui ont bénéficié du supplément d'abondement dans les conditions prévues au deuxième alinéa de l'article L. 3332-11 ne peuvent être transférées, sauf si le règlement du plan au titre duquel le supplément d'abondement a été versé l'autorise.

Note Cet article s'applique depuis le 01.05.2008 (loi 2008-1258 précitée, art. 10, II).

Art. D. 3335-1. Pour obtenir le transfert des sommes qu'il détient au sein d'un plan d'épargne, le salarié indique à l'entreprise qu'il quitte les avoirs qu'il souhaite transférer en utilisant les mentions faites dans l'état récapitulatif ou dans le dernier relevé dont il dispose et lui demande de liquider ces avoirs.

Art. D. 3335-2. Lorsque le transfert est réalisé vers un plan dont il bénéficie au sein de la nouvelle entreprise qui l'emploie, le salarié précise dans sa demande l'affectation de son épargne au sein du plan ou des plans qu'il a choisis.

Lorsque le transfert est réalisé vers un plan dont le salarié bénéficie au titre d'un nouvel emploi, le salarié communique à l'entreprise qu'il a quittée le nom et l'adresse de son nouvel employeur et de l'établissement mentionné à l'article R. 3332-15. Il informe ces derniers de ce transfert et de l'affectation de son épargne.

Art. D. 3335-3. L'entreprise procède elle-même à la liquidation des sommes bloquées en application du 2° de l'article L. 3323-2 ou de l'article L. 3323-5 et demande sans délai à l'établissement chargé du registre des comptes la liquidation des actions ou parts détenues au sein des plans d'épargne.

La liquidation réalisée, l'entreprise transfère les sommes correspondantes vers le plan concerné, en indiquant les périodes d'indisponibilité déjà courues ainsi que les éléments nécessaires à l'application de la législation sociale.

TITRE IV DISPOSITIONS COMMUNES

CHAPITRE Ier Représentation et information des salariés

SECTION 1. Participation aux assemblées générales des actionnaires de la société

Note L'article L. 3341-1 qui figurait dans cette section a été abrogé par la loi 2019-486 du 22 mai 2019, art. 167, 1°, JO 23.

Art. D. 3341-1. Le salarié désigné comme mandataire des actionnaires salariés de l'entreprise, dans les conditions de l'article L. 225-106 du code de commerce, confirme par écrit à l'employeur, au plus tard quarante huit heures après sa désignation, son intention de participer à l'assemblée générale des actionnaires en indiquant la durée prévisible de son absence.

Art. D. 3341-2. L'employeur n'est pas tenu de rémunérer le temps passé hors de l'entreprise pendant les heures de travail pour l'exercice du mandat de représentation, ni de défrayer le salarié mandaté de ses frais de déplacement.

SECTION 2. Formation économique, financière et juridique des représentants des salariés

Art. L. 3341-2. ***(L. 2019-486 du 22 mai 2019, art. 167, 2°, JO 23)*** Les administrateurs des SICAV d'actionnariat salarié représentant les salariés actionnaires ou les membres du conseil de surveillance des fonds communs de placement d'entreprise représentant les porteurs de parts bénéficient, dans les conditions et les limites prévues à l'article L. 2145-11, d'une formation économique, financière et juridique, d'une durée minimale de trois jours.

Cette formation est dispensée par un organisme figurant sur une liste arrêtée par voie réglementaire.

Art. D. 3341-3. Bénéficient d'une formation à l'exercice de leurs fonctions dans les six mois suivant la prise de poste:

1° Les administrateurs désignés en application de l'article L. 225-23 du code de commerce;

2° Les membres des conseils de surveillance désignés en application de l'article L. 225-71 du même code;

3° Les membres des conseils de surveillance des fonds communs de placement d'entreprise.

Art. D. 3341-4. La liste prévue à l'article L. 3341-2 est arrêtée par le préfet de région, après avis du ***(D. 2014-1055 du 16 sept. 2014, JO 18)*** «comité régional de l'emploi, de la formation [et] de l'orientation professionnelles».

Art. L. 3341-3. Le temps consacré à la formation économique, financière et juridique est pris sur le temps de travail et est rémunéré comme tel. Il est imputé sur la durée du congé de formation économique, sociale et syndicale prévu aux articles ***(L. 2016-1088 du 8 août 2016, art. 33, VI, JO 9)*** « L. 2145-5» et suivants.

Note Cet article a été modifié par la loi 2018-771 du 5 septembre 2018, art. 45, I, 2°, JO 6; cette modification est applicable depuis le 1er janvier 2019 (loi précitée, art. 46, I).

Art. L. 3341-4. Les dispositions de la présente section sont applicables aux salariés de l'entreprise, membres des conseils de surveillance des fonds communs de placement d'entreprise prévus aux articles ***(Ord. 2013-676 du 25 juil. 2013, art. 44, JO 27)*** « L. 214-164 et L. 214-165 » du code monétaire et financier.

SECTION 3. Information des représentants du personnel

Art. L. 3341-5. L'accord de participation ou le règlement d'un plan d'épargne salariale peuvent prévoir les conditions dans lesquelles le ***(Ord. 2017-1386 du 22 sept. 2017, art. 4, 49°, JO 23, entrée en vigueur au plus tard le 01.01.2018)*** « comité social et économique ou une commission spécialisée créée par lui dispose » des moyens d'information nécessaires sur les conditions d'application de cet accord ou de ce règlement.

SECTION 4. Information des salariés

Art. L. 3341-6. Tout salarié d'une entreprise proposant un dispositif d'intéressement, de participation, un plan d'épargne entreprise, un plan d'épargne interentreprises ***(Ord. 2019-766 du 24 juil. 2019, art. 7, IV, 9°, JO 25, entrée en vigueur le 01.10.2019)*** « , un plan d'épargne pour la retraite collectif ou un plan d'épargne retraite d'entreprise collectif » reçoit, lors de la conclusion de son contrat de travail, un livret d'épargne salariale présentant ***(L. 2015-990 du 6 août 2015, art. 163, JO 7)*** « les dispositifs mis en place au sein de l'entreprise ».

(L. 2015-990 du 6 août 2015, art. 163, JO 7) « Le livret d'épargne salariale est également porté à la connaissance des représentants du personnel, le cas échéant en tant qu'élément de la base de données économiques et sociales établie en application de l'article ***(L. 2015-994 du 17 août 2015, art. 18, XIV, 13°, JO 18, entrée en vigueur le 01.01.2016)*** « L. 2323-8 ». »

Note L'obligation de remettre un livret d'épargne salariale dès la conclusion du contrat de travail s'applique aux embauches intervenues depuis le 1er janvier 2007, quel que soit le type de contrat de travail qui a été conclu.

Art. R. 3341-5. Le livret d'épargne salariale prévu à l'article L. 3341-6 est établi sur tout support durable et est remis à chaque salarié lors de la conclusion de son contrat de travail. Il comporte :

(D. 2015-1606 du 7 déc. 2015, JO 9, entrée en vigueur le 01.01.2016) « 1° Un rappel des dispositifs suivants d'épargne salariale, lorsqu'ils sont mis en place dans l'entreprise : »

a) L'intéressement ;
b) La participation ;
c) Le plan d'épargne d'entreprises ;
d) Le plan d'épargne interentreprises ;
e) Le plan d'épargne pour la retraite collectif ***(D. 2019-807 du 30 juil. 2019, art. 7, II, 4°, JO 1er août, entrée en vigueur le 01.10.2019)*** « ou le plan d'épargne retraite d'entreprise collectif » ;

2° Le cas échéant, une attestation indiquant la nature et le montant des droits liés à la réserve spéciale de participation ainsi que la date à laquelle seront répartis les droits éventuels du salarié au titre de l'exercice en cours ;

(D. 2011-1449 du 7 nov. 2011, JO 8) « 3° L'indication des modalités d'affectation par défaut au plan d'épargne pour la retraite collectif ***(D. 2019-807 du 30 juil. 2019, art. 7, II, 4°, JO 1er août, entrée en vigueur le 01.10.2019)*** « ou au plan d'épargne retraite d'entreprise collectif » des sommes attribuées au titre de la participation, ***(D. 2015-1606 du 7 déc. 2015, JO 9, entrée en vigueur le 01.01.2016)*** « conformément aux dispositions du second alinéa de l'article L. 3334-11 ***(D. 2019-807 du 30 juil. 2019, art. 7, II, 4°, JO 1er août, entrée en vigueur le 01.10.2019)*** « du présent code et de l'article L. 224-3 du code monétaire et financier » ; »

(D. 2011-1449 du 7 nov. 2011, JO 8) « 4° » L'état récapitulatif mentionné à l'article L. 3341-7 lorsque le salarié quitte l'entreprise.

(D. 2009-350 du 30 mars 2009, JO 31) « Les dispositions du présent article s'appliquent aux bénéficiaires d'un accord d'intéressement, de participation ou d'un plan d'épargne salariale mentionnés à l'article L. 3312-3, au deuxième alinéa de l'article L. 3323-6, au troisième alinéa de l'article L. 3324-2 et au dernier alinéa de l'article L. 3332-2. »

Art. L. 3341-7. Tout bénéficiaire quittant l'entreprise reçoit un état récapitulatif de l'ensemble des sommes et valeurs mobilières épargnées ou transférées au sein de l'entreprise dans le cadre des dispositifs prévus aux titres II et III ***(Ord. 2019-766 du 24 juil. 2019, art. 7, IV, 10°, JO 25, entrée en vigueur le 01.10.2019)*** « et dans le cadre des plans d'épargne retraite d'entreprise mentionnés à l'article L. 224-9 du code monétaire et financier.»

Cet état distingue les actifs disponibles, en mentionnant tout élément utile au salarié pour en obtenir la liquidation ou le transfert, et ceux qui sont affectés ***(Ord. 2019-766 du 24 juil. 2019, art. 7, IV, 10°, JO 25, entrée en vigueur le 01.10.2019)*** «à un plan d'épargne pour la retraite collectif ou à un plan d'épargne retraite d'entreprise», en précisant les échéances auxquelles ces actifs seront disponibles ainsi que tout élément utile au transfert éventuel vers un autre plan.

L'état récapitulatif est inséré dans un livret d'épargne salariale dont les modalités de mise en place et le contenu sont fixés par un décret en Conseil d'État.

Le numéro d'inscription au répertoire national d'identification des personnes physiques est la référence pour la tenue du livret du salarié. Il peut figurer sur les relevés de compte individuels et l'état récapitulatif.

(L. 2015-990 du 6 août 2015, art. 164, JO 7) «Lors du départ de l'entreprise, cet état récapitulatif informe le bénéficiaire que les frais de tenue de compte-conservation sont pris en charge soit par l'entreprise, soit par prélèvements sur les avoirs.»

Note En cas de remise tardive de l'état récapitulatif d'épargne salariale prévu par cet article, l'employeur ne peut être condamné à indemniser le salarié que si ce dernier démontre que l'absence d'information qui en est résultée lui a causé un préjudice (cass. soc. 18 mai 2011, n° 10-11.043, LS Bref n° 15871 du 6.06.2011; RJS 11/11 n° 894).

Art. R. 3341-6. L'état récapitulatif comporte les informations et mentions suivantes:

1° L'identification du bénéficiaire;

2° La description de ses avoirs acquis ou transférés dans l'entreprise par accord de participation et plans d'épargne dans lesquels il a effectué des versements, avec mention le cas échéant des dates auxquelles ces avoirs sont disponibles;

3° L'identité et l'adresse des teneurs de registre mentionnés à l'article R. 3332-15 auprès desquels le bénéficiaire a un compte;

(D. 2015-1606 du 7 déc. 2015, JO 9, entrée en vigueur le 01.01.2016) «4° La prise en charge éventuelle par l'entreprise, lorsque le bénéficiaire se trouve dans la situation prévue au 6° de l'article R. 3324-22 et qu'il n'a pas demandé la liquidation de ses avoirs, des frais de tenue de compte-conservation. Dans le cas où ceux-ci incombent au bénéficiaire, l'état récapitulatif précise les modalités de prise en charge, notamment s'il est fait application des dispositions de l'article R. 3332-17.»

Art. L. 3341-8. Les références de l'ensemble des établissements habilités pour les activités de conservation ou d'administration d'instruments financiers en application de l'article L. 542-1 du code monétaire et financier, gérant des sommes et valeurs mobilières épargnées ou transférées par le salarié dans le cadre des dispositifs prévus au présent livre, figurent sur chaque relevé de compte individuel et chaque état récapitulatif.

CHAPITRE II Conditions d'ancienneté

Art. L. 3342-1. Tous les salariés d'une entreprise compris dans le champ des accords d'intéressement et de participation ou des plans d'épargne salariale bénéficient de leurs dispositions.

Toutefois, une condition d'ancienneté dans l'entreprise ou dans le groupe d'entreprises défini aux articles L. 3344-1 et L. 3344-2 peut être exigée. Elle ne peut excéder trois mois. Pour la détermination de l'ancienneté éventuellement requise, sont pris en compte tous les contrats de travail exécutés au cours de la période de calcul et des douze mois qui la précèdent. Le salarié temporaire est réputé compter trois mois d'ancienneté dans l'entreprise ou dans le groupe qui l'emploie s'il a été mis à la disposition d'entreprises utilisatrices pendant une durée totale d'au moins soixante jours au cours du dernier exercice.

(Ord. 2015-380 du 2 avril 2015, JO 3) «Le salarié porté mentionné aux articles L. 1254-1 et suivants est réputé compter trois mois d'ancienneté dans l'entreprise de portage ou dans le groupe qui l'emploie s'il a réalisé une prestation dans une entreprise cliente pendant une durée totale d'au moins soixante jours au cours du dernier exercice.»

La condition maximale d'ancienneté de trois mois, prévue au premier alinéa, remplace de plein droit, à compter de la date de publication de la loi n° 2001-152 du 19 février 2001 sur l'épargne salariale, toute condition maximale d'ancienneté supérieure figurant dans les accords d'intéressement et de participation et dans les règlements de plan d'épargne d'entreprise en vigueur à cette même date.

Note • *1er alinéa.* Il résulte de cet article que tous les salariés de l'entreprise où a été conclu un accord d'intéressement ou de participation doivent avoir la possibilité de bénéficier de la répartition des résultats de l'entreprise, sans que puisse leur être opposé le fait qu'ils n'exécutent pas leur activité en France ou qu'ils n'y sont pas rémunérés; la clause d'un accord d'intéressement ou de participation excluant les salariés détachés à l'étranger dans une succursale est réputée non écrite. Des salariés n'ayant jamais cessé d'appartenir à l'effectif d'une société durant leur période de détachement dans ses succursales à l'étranger, doivent donc bénéficier de l'intéressement et de la participation mis en place dans la société (cass. soc. 6 juin 2018, n° 17-14.372, à paraître, JSL n° 457, 12.07.2018, p. 8, J. Jacotot et Q. Frisoni; RJS 8-9/18 n° 558).

• Dès lors que l'ancienneté éventuellement exigée par l'accord est atteinte, le salarié bénéficie de la participation sur la totalité de son temps d'appartenance juridique à l'entreprise au cours de l'exercice au titre duquel est calculée la participation, sans que puisse être déduite la période d'acquisition de l'ancienneté. Le bénéfice de la participation ne peut être subordonné à une condition de présence effective ou continue du salarié, ou de présence à une date déterminée, comme, par exemple, à la date de calcul des parts individuelles ou à celle de la signature de l'accord. La résiliation du contrat de travail, quelle qu'en soit la cause, ne peut entraîner la suppression des droits acquis par le salarié au titre de la participation (Guide interm. épargne salariale, juillet 2014, dossier 2, fiche 1).

• Les salariés pigistes, étant salariés dès lors qu'ils sont collaborateurs réguliers de l'entreprise de presse, ils doivent bénéficier de la mesure spéciale de participation prévue par l'accord de participation en faveur de tous les salariés de l'entreprise comptant une certaine ancienneté (cass. soc. 10 janvier 2001, n° 99-10.731, RJS 3/01 n° 323).

• Les titulaires d'un congé de reclassement, qui demeurent salariés de l'entreprise jusqu'à l'issue de ce congé en application de l'article L. 1233-72 CT, bénéficient de la participation, que leur rémunération soit ou non prise en compte pour le calcul de la réserve spéciale de participation (cass. soc. 7 novembre 2018, n° 17-18.936, à paraître, LSQ n° 17692 du 14.11.2018; JCP éd. S 2018, 1399, note J. Kovac; RJS 1/19 n° 39).

Art. D. 3342-1. ***(D. 2009-351 du 30 mars 2009, JO 31)*** Le salarié d'un groupement d'employeurs qui bénéficie d'un accord d'intéressement, de participation ou d'un plan d'épargne salariale, mis en place dans une entreprise du groupement auprès de laquelle il est mis à disposition, prévoyant une condition d'ancienneté qui ne peut excéder trois mois, conformément aux dispositions de l'article L. 3342-1, est réputé compter trois mois d'ancienneté s'il a été mis à disposition de l'entreprise pendant une durée totale d'au moins soixante jours au cours du dernier exercice.

CHAPITRE III Versements sur le compte épargne-temps

Art. L. 3343-1. Si la convention ou l'accord instituant un compte épargne-temps le prévoit, le salarié peut verser dans ce compte tout ou partie des primes qui lui sont attribuées en application d'un accord d'intéressement, ainsi que, à l'issue de leur période d'indisponibilité, tout ou partie des sommes issues de la répartition de la réserve de participation, les sommes qu'il a versées dans un plan d'épargne d'entreprise et celles versées par l'entreprise en application des articles L. 3332-11 à L. 3332-13 et L. 3334-10.

Lorsque des droits à congé rémunéré ont été accumulés en contrepartie du versement des sommes énumérées au premier alinéa, les indemnités compensatrices correspondantes ne bénéficient pas de l'exonération de cotisations sociales prévues aux articles L. 3312-4, L. 3325-1 à L. 3325-3 et L. 3332-27. Elles sont exonérées de l'impôt sur le revenu des bénéficiaires.

L'accord d'intéressement précise les modalités selon lesquelles le choix du salarié s'opère lors de la répartition de l'intéressement.

Note Voir Guide interm. épargne salariale, juillet 2014, dossier 11.

CHAPITRE IV Mise en place dans un groupe d'entreprises et dans les entreprises dépourvues d'épargne salariale

SECTION 1. Mise en place dans un groupe d'entreprises

Art. L. 3344-1. L'intéressement, la participation ou un plan d'épargne d'entreprise peut être mis en place au sein d'un groupe constitué par des entreprises juridiquement indépendantes, mais ayant établi entre elles des liens financiers et économiques.

Art. L. 3344-2

Toutefois, les dispositifs d'augmentation du capital prévus aux articles L. 3332-18 et suivants ainsi que de majoration des sommes versées annuellement par une ou plusieurs entreprises prévus au deuxième alinéa de l'article L. 3332-11 ne peuvent s'appliquer qu'au sein d'un groupe d'entreprises incluses dans le même périmètre de consolidation ou de combinaison des comptes en application des dispositions suivantes :

1° Article L. 345-2 du code des assurances pour les entreprises régies par ce code ;

2° Article L. 233-16 du code de commerce pour les entreprises régies par ce code ;

3° Article L. 511-36 du code monétaire et financier pour les établissements de crédit ***(Ord. 2013-544 du 27 juin 2013, art. 20, JO 28, entrée en vigueur le 01.01.2014)*** « et les sociétés de financement » ;

4° Dispositions du code de la mutualité pour les mutuelles ;

5° Article L. 931-34 du code de la sécurité sociale pour les institutions de prévoyance.

Art. L. 3344-2. Les dispositifs d'augmentation du capital mentionnés à l'article L. 3344-1 peuvent également être mis en place au sein d'un groupe constitué par des sociétés régies par la loi n° 47-1775 du 10 septembre 1947 portant statut de la coopération, les unions qu'elles ont constituées et les filiales que celles-ci détiennent.

SECTION 2. Entreprises dépourvues de dispositif d'épargne salariale

Art. L. 3344-3. Dans les entreprises dépourvues de délégué syndical dans lesquelles un ***(Ord. 2017-1386 du 22 sept. 2017, art. 4, 69°, JO 23, entrée en vigueur au plus tard le 01.01.2018)*** « comité social et économique existe » et aucun accord d'intéressement ou de participation n'est en vigueur, l'employeur propose, tous les trois ans, un examen des conditions dans lesquelles pourraient être mis en œuvre un ou plusieurs des dispositifs mentionnés aux titres Ier à III.

CHAPITRE V Dépôt et contrôle de l'autorité administrative

SECTION 1. Dépôt

Art. L. 3345-1. L'accord d'intéressement, l'accord de participation et le règlement d'un plan d'épargne salariale, lorsqu'ils sont conclus concomitamment, peuvent faire l'objet d'un dépôt commun dans les conditions applicables aux accords d'intéressement.

Art. D. 3345-1. Lorsqu'un accord d'intéressement ou de participation, ou un plan d'épargne d'entreprise, interentreprises ***(D. 2019-807 du 30 juil. 2019, art. 7, II, 5°, JO 1er août, entrée en vigueur le 01.10.2019)*** « un plan d'épargne pour la retraite collectif ou un plan d'épargne retraite d'entreprise collectif » est conclu autrement que ***(D. 2020-795 du 26 juin 2020, JO 28)*** « dans le cadre du 1° du I de l'article L. 3312-5, » les documents qui sont déposés ***(D. 2020-795 du 26 juin 2020, JO 28)*** « sur la plateforme de téléprocédure mentionnée à l'article D. 2231-4 dans les conditions prévues à cet article et au II de l'article D. 2231-2 » comportent :

1° Si l'accord a été conclu entre l'employeur et les représentants d'organisations syndicales, la mention que ces représentants ont la qualité de délégués syndicaux ou, à défaut, le texte du mandat les habilitant à signer l'accord ;

2° Si l'accord a été conclu au sein d'un ***(D. 2017-1819 du 29 déc. 2017, art. 3, 4°, JO 30, entrée en vigueur le 01.01.2018)*** « comité social et économique » entre l'employeur et la délégation du personnel statuant à la majorité, le procès-verbal de la séance ;

3° Si l'accord résulte, après consultation de l'ensemble des salariés inscrit à l'effectif de l'entreprise, de la ratification par les deux tiers des salariés du projet proposé par l'employeur :

a) Soit l'émargement, sur la liste nominative de l'ensemble des salariés, des salariés signataires ;

b) Soit un procès-verbal rendant compte de la consultation.

Art. D. 3345-2. Lorsque la ratification d'un accord est demandée conjointement par l'employeur et une ou plusieurs organisations syndicales de salariés ou le ***(D. 2017-1819 du 29 déc. 2017, art. 3, 4°, JO 30, entrée en vigueur le 01.01.2018)*** « comité social et économique », il en est fait mention dans les documents déposés.

Art. D. 3345-3. Lorsque le projet ratifié par les salariés ne fait pas mention d'une demande conjointe, sont déposés avec l'accord une attestation de l'employeur selon laquelle il n'a été saisi d'aucune désignation de délégué syndical et, pour les entreprises assujetties à la législation sur les ***(D. 2017-1819 du 29 déc. 2017, art. 3, 32°, JO 30, entrée en vigueur le 01.01.2018)*** « comités sociaux et économiques », un procès-verbal de carence datant de moins de ***(D. 2020-795 du 26 juin 2020, JO 28)*** « quatre ans ».

Art. D. 3345-4. Le dépôt d'un des accords ou règlements mentionnés à l'article D. 3345-1, de leurs avenants et de leurs annexes, est opéré ***(D. 2009-351 du 30 mars 2009, JO 31)*** « dans les conditions prévues ***(D. 2020-795 du 26 juin 2020, JO 28)*** « au II de l'article D. 2231-2 et à l'article D. 2231-4 » ».

Note Le dépôt est opéré dans les conditions prévues aux articles D. 2231-2, II et D. 2231-4 depuis le 1er septembre 2017.

Art. D. 3345-5. Le ***(D. 2020-1545 du 9 déc. 2020, JO 10, entrée en vigueur le 01.04.2021)*** « directeur régional de l'économie, de l'emploi, du travail et des solidarités » accuse, sans délai, réception de l'accord et des autres documents mentionnés au présent chapitre.

SECTION 2. Contrôle de l'autorité administrative

Art. L. 3345-2. ***(L. 2020-1525 du 7 déc. 2020, art. 119, I, 2°, JO 8)*** L'autorité administrative compétente dispose d'un délai fixé par décret pour délivrer, pour l'accord d'intéressement, l'accord de participation ou le règlement de plan d'épargne, un récépissé qui atteste du dépôt d'un accord ou d'un règlement valablement conclu.

À défaut de demande de pièces complémentaires ou d'observations formulées par l'autorité administrative compétente dans le délai mentionné au premier alinéa, l'accord ou le règlement est réputé valablement conclu.

Simultanément à la délivrance du récépissé dans les conditions prévues au même premier alinéa ou, à défaut, à l'expiration du délai prévu audit premier alinéa, l'autorité administrative compétente transmet l'accord ou le règlement et, le cas échéant, son récépissé à l'un des organismes mentionnés aux articles L. 213-1 ou L. 752-4 du code de la sécurité sociale ou à l'article L. 723-3 du code rural et de la pêche maritime.

Cet organisme dispose d'un délai fixé par décret à compter de la délivrance du récépissé ou de la date à compter de laquelle l'accord ou le règlement est réputé valide pour demander le retrait ou la modification des clauses contraires aux dispositions légales, à l'exception des règles relatives aux modalités de dénonciation et de révision des accords.

Les délais mentionnés aux premier et avant-dernier alinéas du présent article ne peuvent, cumulés, excéder quatre mois.

Note Cet article est applicable aux accords et règlements déposés à compter du 01.09.2021 (loi 2020-1525 précitée, art. 119, III).

Art. L. 3345-3. En l'absence de demande ***(L. 2020-1525 du 7 déc. 2020, art. 119, I, 3°, JO 8)*** « d'un organisme mentionné aux articles L. 213-1 ou L. 752-4 du code de la sécurité sociale ou à l'article L. 723-3 du code rural et de la pêche maritime dans le délai fixé à l'avant-dernier alinéa de l'article L. 3345-2 du présent code », aucune contestation ultérieure de la conformité des termes de l'accord ou du règlement aux dispositions légales en vigueur au moment de sa conclusion ne peut avoir pour effet de remettre en cause les exonérations fiscales et sociales attachées aux avantages accordés aux salariés au titre des exercices en cours ou antérieurs à la contestation.

Note • Les dispositions de cet article, dans sa rédaction issue de la loi 2020-1525, sont applicables aux accords et règlements déposés à compter du 01.09.2021 (loi précitée, art. 119, III).

• Cet article, applicable aux accords d'intéressement, de participation et aux plans d'épargne salariale, reprend les dispositions de l'ancien article L. 441-2 CT qui avait institué un système de sécurisation juridique des accords d'intéressement consistant à interdire toute contestation d'un accord n'ayant pas fait l'objet de remarques de la part de l'administration dans les quatre mois suivant son dépôt.

Ce système de sécurisation juridique est applicable aux avenants de mise en conformité.

Lorsque l'administration a fait des observations sur un accord d'intéressement régulièrement déposé et qu'un avenant modificatif de mise en conformité a été déposé par la suite dans les formes et délais prescrits, la fin de non-recevoir (résultant du silence de l'administration après le dépôt de l'accord) instituée pour assurer la sécurité juridique des personnes redevables de cotisations sociales peut être opposée à l'URSSAF, pour la période couverte par le délai de reprise, sur les points mis en conformité dans l'avenant. Mais, cette fin de non-recevoir ne peut pas être étendue aux points que l'avenant n'aurait pas mis en conformité (cass. civ., 2e ch., 11 juin 2009, n° 08-14.279, RJS 11/09 n° 871).

Art. L. 3345-4. ***(L. 2020-1525 du 7 déc. 2020, art. 118, I, 6°, JO 8)*** Un accord de branche d'intéressement, de participation ou instaurant un plan d'épargne salariale fait l'objet d'une procédure d'agrément conduite par l'autorité administrative compétente à compter de son dépôt dans un délai et des conditions déterminés par décret.

Pendant le délai mentionné au premier alinéa, l'autorité administrative peut demander le retrait ou la modification des dispositions contraires aux dispositions légales.

L'absence de décision dans le délai mentionné au même premier alinéa vaut décision d'agrément.

Dès lors que l'accord de branche a été agréé, aucune contestation ultérieure de la conformité des termes de l'accord de branche aux dispositions légales en vigueur au moment de sa conclusion ne peut avoir pour effet de remettre en cause les exonérations fiscales et sociales attachées aux avantages accordés aux salariés des entreprises qui adhèrent à l'accord de branche par accord d'entreprise ou, le cas échéant, pour les entreprises de moins de cinquante salariés et dans les conditions de l'article L. 2232-10-1, par document unilatéral de l'employeur.

CHAPITRE VI Conseil d'orientation de la participation, de l'intéressement, de l'épargne salariale et de l'actionnariat salarié

Note **À compter du 01.06.2021**, ce chapitre est abrogé (loi 2020-1525 du 7 décembre 2020, art. 19, I, 8°, JO 8).

Art. L. 3346-1. ***(L. 2008-1258 du 3 déc. 2008, art. 20, JO 4)*** Le Conseil d'orientation de la participation, de l'intéressement, de l'épargne salariale et de l'actionnariat salarié a pour missions :

1° De promouvoir auprès des entreprises et des salariés les dispositifs de participation, d'intéressement, d'épargne salariale et d'actionnariat salarié ;

2° D'évaluer ces dispositifs et de formuler toute proposition susceptible de favoriser leur diffusion.

(L. 2015-990 du 6 août 2015, art. 165, JO 7) « Il est saisi par le Gouvernement de tout projet de loi ou d'ordonnance de déblocage de l'épargne salariale. » Il peut en outre être saisi par le Gouvernement et par les commissions compétentes de chaque assemblée de toute question entrant dans son champ de compétences. Les rapports et recommandations établis par le conseil d'orientation sont communiqués au Parlement et rendus publics.

(L. 2018-699 du 3 août 2018, art. 69, JO 5) « Le conseil d'orientation comprend parmi ses membres deux députés et deux sénateurs.

Un décret précise les missions, la composition du conseil d'orientation et ses modalités de fonctionnement, dans des conditions de nature à assurer son indépendance et sa représentativité et à garantir la qualité de ses travaux. »

Art. D. 3346-1. ***(D. 2009-351 du 30 mars 2009, JO 31)*** Le Conseil d'orientation de la participation, de l'intéressement, de l'épargne salariale et de l'actionnariat salarié est composé de ***(D. 2013-1164 du 14 déc. 2013, JO 18)*** « trente et un » membres, répartis comme suit :

1° Dix membres représentant les partenaires sociaux :

a) Un membre désigné par la Confédération générale du travail (CGT) ;

b) Un membre désigné par la Confédération française démocratique du travail (CFDT) ;

c) Un membre désigné par la Confédération générale du travail-Force ouvrière (CGT-FO) ;

d) Un membre désigné par la Confédération française des travailleurs chrétiens (CFTC) ;

e) Un membre désigné par la Confédération française de l'encadrement-Confédération générale des cadres (CFE-CGC) ;

f) Un membre désigné par le Mouvement des entreprises de France (MEDEF) ;

g) Un membre désigné par la ***(D. 2017-1720 du 20 déc. 2017, JO 21)*** « Confédération des petites et moyennes entreprises (CPME) » ;

h) Un membre désigné par l'***(D. 2017-1720 du 20 déc. 2017, JO 21)*** « Union des entreprises de proximité (U2P) » ;

i) Un membre désigné par la Fédération nationale des syndicats d'exploitants agricoles (FNSEA) ;

j) Un membre désigné par l'***(D. 2017-1720 du 20 déc. 2017, JO 21)*** « Union des employeurs de l'économie sociale et solidaire (UDES) » ;

2° Six représentants des administrations :

a) Le directeur général du travail ;

b) Le directeur des affaires civiles et du sceau ;

c) ***(D. 2010-291 du 18 mars 2010, JO 19)*** « Le directeur général du Trésor » ;

d) Le directeur de la législation fiscale ;

e) Le directeur de l'animation de la recherche, des études et des statistiques ;

f) Le directeur de la sécurité sociale ;

(D. 2013-1164 du 14 déc. 2013, JO 18) « 3° Le commissaire général à la stratégie et à la prospective ou son représentant » ;

4° Le président du Conseil d'orientation ***(D. 2017-1720 du 20 déc. 2017, JO 21)*** « des » retraites ou son représentant ;

5° Le président de l'Autorité des marchés financiers ou son représentant ;
6° Deux députés et deux sénateurs désignés par leur assemblée respective ;
7° *(D. 2013-1164 du 14 déc. 2013, JO 18)* « Huit » personnalités choisies en raison de leur compétence et de leur expérience.

Art. D. 3346-2. *(D. 2009-351 du 30 mars 2009, JO 31)* Le Premier ministre désigne le vice-président du Conseil d'orientation de la participation, de l'intéressement, de l'épargne salariale et de l'actionnariat salarié parmi les membres mentionnés *(D. 2013-1164 du 14 déc. 2013, JO 18)* « aux 1°, 6° et 7° de l'article D. 3346-1 ».

Art. D. 3346-3. *(D. 2009-351 du 30 mars 2009, JO 31)* Les désignations prévues au 6° de l'article D. 3346-1 sont renouvelées à chaque renouvellement général de l'Assemblée nationale en ce qui concerne les députés et à chaque renouvellement triennal du Sénat en ce qui concerne les sénateurs.

Les membres du conseil mentionnés aux 1° et 7° du même article sont nommés pour une durée de trois ans par arrêté du ministre chargé du travail.

Art. D. 3346-4. *(D. 2009-351 du 30 mars 2009, JO 31)* Sauf dispositions législatives contraires, les administrations de l'État et les établissements publics de l'État sont tenus de communiquer au Conseil d'orientation de la participation, de l'intéressement, de l'épargne salariale et de l'actionnariat salarié les éléments d'information et les études dont ils disposent et qui apparaissent nécessaires à ce conseil pour l'exercice de ses missions. Le conseil leur fait connaître ses besoins afin qu'ils soient pris en compte dans les programmes de travaux statistiques et d'études de ces administrations et de ces établissements.

Art. D. 3346-5. *(D. 2009-351 du 30 mars 2009, JO 31)* Les fonctions des membres du conseil ne sont pas rémunérées.

Des frais de déplacement et de séjour peuvent être alloués aux membres du conseil dans les conditions fixées par arrêté conjoint des ministres chargés du travail et du budget.

Art. D. 3346-6. *(D. 2009-351 du 30 mars 2009, JO 31)* Le conseil se réunit sur convocation de son président ou de son vice-président. Les membres, autres que ceux prévus aux 3°, 4° et 5° de l'article D. 3346-3, ne sont pas autorisés à se faire représenter et siègent personnellement lors des réunions du conseil.

Art. D. 3346-7. *(D. 2009-351 du 30 mars 2009, JO 31)* Pour son fonctionnement, le conseil dispose de crédits gérés par le secrétariat général rattaché au ministre chargé du travail. Le secrétariat général assure l'organisation des travaux du conseil ainsi que l'établissement de ses rapports.

La direction générale du travail assure le secrétariat général du Conseil d'orientation de la participation, de l'intéressement, de l'épargne salariale et de l'actionnariat salarié.

CHAPITRE VII Intéressement mis en place unilatéralement

Note Ce chapitre a été introduit par la loi 2020-734 du 17 juin 2020, art. 18, 2°, JO 18.

Art. L. 3347-1. Les dispositions du présent titre en tant qu'elles concernent les accords d'intéressement s'appliquent aux régimes d'intéressement mis en place unilatéralement en application du II de l'article L. 3312-5, à l'exception de celles prévues aux sections 1 à 3 du chapitre Ier et aux articles L. 3344-2, L. 3344-3 et L. 3345-4.

LIVRE IV

DISPOSITIONS RELATIVES À L'OUTRE-MER

TITRE Ier DISPOSITIONS GÉNÉRALES

CHAPITRE UNIQUE

Art. L. 3411-1. Les dispositions générales prévues par l'article L. 1511-1 sont également applicables aux dispositions du présent livre.

Note Quelle que soit la terminologie qu'il emploie, le code du travail ne trouve effet, sauf exception expresse, que dans les départements métropolitains ou d'outre-mer, à Saint-Barthélemy, à Saint-Martin et à Saint-Pierre-et-Miquelon.

Art. R. 3411-1. *(D. 2014-551 du 27 mai 2014, art. 29, JO 29)* Pour l'application du présent livre à Saint-Pierre-et-Miquelon, les références au " directeur départemental ou, le cas échéant, régional des finances publiques " sont remplacées par la référence au " directeur chargé de la direction des finances publiques de Saint-Pierre-et-Miquelon ".

TITRE II GUADELOUPE, GUYANE, MARTINIQUE, MAYOTTE, LA RÉUNION, SAINT-BARTHÉLEMY, SAINT-MARTIN ET SAINT-PIERRE-ET-MIQUELON

CHAPITRE Ier Dispositions générales

Art. L. 3421-1. Les dispositions générales prévues par *(Ord. 2008-205 du 27 févr. 2008, JO 1er mars)* «les articles L. 1521-1 à L. 1521-4» sont également applicables aux dispositions du présent titre.

CHAPITRE II Durée du travail, repos et congés

Art. L. 3422-1. Les articles *(L. 2016-1088 du 8 août 2016, art. 8, XI, 12°, JO 9)* « L. 3133-7 à L. 3133-9, L. 3133-11 et L. 3133-12», relatifs à la journée de solidarité, ne sont pas applicables à Saint-Pierre-et-Miquelon.

Art. L. 3422-2. *(Ord. 2017-1491 du 25 oct. 2017, art. 4, 3°, JO 26, entrée en vigueur le 01.01.2018)* En Guadeloupe, en Guyane, en Martinique, à Mayotte, à La Réunion, à Saint-Barthélemy et à Saint-Martin, les journées de commémoration de l'abolition de l'esclavage ci-après désignées sont des jours fériés:

1° Le 27 avril à Mayotte;

2° Le 22 mai en Martinique;

3° Le 27 mai en Guadeloupe et à Saint-Martin;

4° Le 10 juin en Guyane;

5° Le 9 octobre à Saint-Barthélemy;

6° Le 20 décembre à La Réunion.

Art. L. 3422-3. *(Ord. 2017-1491 du 25 oct. 2017, art. 4, 4°, JO 26, entrée en vigueur le 01.01.2018)* À Mayotte, les listes établies aux articles L. 3133-1 et L. 3422-2 ne portent atteinte ni aux stipulations des conventions ou accords collectifs de travail ni aux usages qui prévoiraient des jours fériés supplémentaires, notamment les fêtes de Miradji, Idi-el-Fitri, Idi-el-Kabir et Maoulid.

Art. L. 3422-4. *(Ord. 2017-1491 du 25 oct. 2017, art. 4, 4°, JO 26, entrée en vigueur le 01.01.2018)* Pour l'application à Mayotte des articles L. 3141-13 et L. 3141-23, les mots: " du 1er mai au 31 octobre " sont remplacés par les mots: " du 1er juillet au 31 décembre ".

Art. L. 3422-5. *(Ord. 2017-1491 du 25 oct. 2017, art. 4, 4°, JO 26, entrée en vigueur le 01.01.2018)* Pour l'application à Mayotte de l'article L. 3152-4:

a) Les prestations mentionnées au 1° sont celles des régimes mentionnés aux articles 23-7 et 23-8 de l'ordonnance n° 2002-411 du 27 mars 2002 relative à la protection sanitaire et sociale à Mayotte;

b) Le *a* du 2° n'est pas applicable;

c) Au *b* du 2°, le mot: " Et, " est supprimé.

CHAPITRE III Salaire et avantages divers

SECTION 1. Salaire minimum de croissance

Art. L. 3423-1. Lorsque le salaire minimum applicable en métropole est relevé en application des articles L. 3231-4 et L. 3231-5, le salaire minimum *(Ord. 2017-1491 du 25 oct. 2017, art. 4, 5°, JO 26, entrée en vigueur le 01.01.2018)* «de Guadeloupe, de Guyane, de Martinique, de Mayotte, de La Réunion» *(Ord. 2008-205 du 27 févr. 2008, JO 1er mars)* «, de Saint-Barthélemy et de Saint-Martin» est relevé à la même date et dans les mêmes proportions.

Note À compter du 1er janvier 2021, pour les catégories de travailleurs mentionnés à l'article L. 2211-1 CT, en métropole, en Guadeloupe, en Guyane, en Martinique, à La Réunion, à Saint-

Barthélemy, à Saint-Martin et à Saint-Pierre-et-Miquelon, le montant du SMIC est fixé à 10,25 € l'heure ; à Mayotte, son montant est fixé à 7,74 € l'heure. En outre, à compter du 1er janvier 2021, le montant du minimum garanti prévu à l'article L. 3231-12 CT est fixé à 3,65 € en métropole, dans les collectivités régies par l'article 73 de la Constitution, à Saint-Barthélemy, à Saint-Martin et à Saint-Pierre-et-Miquelon (décret 2020-1598 du 16 décembre 2020, JO 17).

Art. L. 3423-2. Le salaire minimum de croissance ***(Ord. 2017-1491 du 25 oct. 2017, art. 4, 5°, JO 26, entrée en vigueur le 01.01.2018)*** «de Guadeloupe, de Guyane, de Martinique, de Mayotte, de La Réunion» ***(Ord. 2008-205 du 27 févr. 2008, JO 1er mars)*** «, de Saint-Barthélemy et de Saint-Martin» est fixé chaque année compte tenu de la situation économique locale telle qu'elle résulte notamment des comptes économiques du département considéré par décret en conseil des ministres.

Art. L. 3423-3. En cours d'année, le salaire minimum de croissance ***(Ord. 2017-1491 du 25 oct. 2017, art. 4, 5°, JO 26, entrée en vigueur le 01.01.2018)*** «de Guadeloupe, de Guyane, de Martinique, de Mayotte, de La Réunion» ***(Ord. 2008-205 du 27 févr. 2008, JO 1er mars)*** «, de Saint-Barthélemy et de Saint-Martin» peut être porté par voie réglementaire à un niveau supérieur à celui qui résulte de l'application des dispositions de l'article L. 3423-1.

Art. L. 3423-4. Les améliorations du pouvoir d'achat intervenues en cours d'année entrent en compte pour la fixation annuelle du salaire minimum de croissance ***(Ord. 2017-1491 du 25 oct. 2017, art. 4, 5°, JO 26, entrée en vigueur le 01.01.2018)*** «de Guadeloupe, de Guyane, de Martinique, de Mayotte, de La Réunion» ***(Ord. 2008-205 du 27 févr. 2008, JO 1er mars)*** «, de Saint-Barthélemy et de Saint-Martin» en application de la règle fixée à l'article L. 3423-2.

SECTION 2. Rémunération mensuelle minimale

Sous-section 1. Dispositions générales

Art. L. 3423-5. Les dispositions relatives à la rémunération mensuelle minimale prévues aux articles L. 3232-1 et suivants sont applicables ***(Ord. 2017-1491 du 25 oct. 2017, art. 4, 6°, JO 26, entrée en vigueur le 01.01.2018)*** «en Guadeloupe, en Guyane, en Martinique, à Mayotte, à La Réunion» ***(Ord. 2008-205 du 27 févr. 2008, JO 1er mars)*** «, à Saint-Barthélemy et à Saint-Martin», sous réserve des adaptations prévues par la présente section.

Art. L. 3423-6. Tout salarié mentionné à l'article L. 3211-1 qui ne perçoit pas d'allocations légales et conventionnelles pour privation partielle d'emploi et qui est lié à son employeur par un contrat de travail comportant un horaire de travail hebdomadaire au moins égal à vingt heures de travail effectif perçoit une rémunération minimale.

Sous-section 2. Modalités de fixation

Art. L. 3423-7. La rémunération mensuelle minimale est égale au produit du montant du salaire minimum de croissance tel qu'il est fixé en application des articles L. 3231-2 à L. 3231-12 et L. 3423-1 à L. 3423-4, par le nombre d'heures correspondant à la durée contractuelle du travail pour le mois considéré.

Elle ne peut excéder, après déduction des cotisations obligatoires retenues par l'employeur, la rémunération nette qui aurait été perçue pour un travail effectif égal à la durée légale du travail payé au taux du salaire minimum de croissance.

Art. L. 3423-8. La rémunération mensuelle minimale est réduite à due concurrence lorsque :

1° Au cours du mois considéré, le travailleur a accompli un nombre d'heures inférieur à la durée contractuelle du travail pour l'un des motifs suivants :

a) Suspension du contrat de travail, notamment par suite d'absence du salarié ou par suite de maladie, d'accident ou de maternité ;

b) Effet direct d'une cessation collective du travail ;

2° Le contrat de travail a débuté ou s'est terminé au cours du mois considéré.

Art. R. 3423-1. Pour déterminer la rémunération mensuelle minimale garantie d'un salarié, il est retenu le nombre d'heures correspondant à la durée contractuelle du travail pour le mois considéré dans l'entreprise qui l'emploie. Les heures correspondant aux fêtes légales sont comprises dans cette durée.

Art. R. 3423-2. Lorsqu'un accord ou une convention de mensualisation, ou un contrat de travail à temps partiel, prévoit le règlement des salaires sur une base mensuelle uniforme, comprise entre vingt heures et la durée légale du travail, la rémunération mensuelle minimale est égale au produit du montant du salaire minimum de croissance par le nombre d'heures fixé par cet accord ou cette convention de mensualisation, ou par ce contrat de travail.

Art. R. 3423-3. Lorsqu'une convention, un accord collectif de travail ou un contrat de travail à temps partiel annualisé prévoit que la rémunération mensuelle des salariés est indépendante de l'horaire réel, la rémunération mensuelle minimale applicable aux salariés concernés est égale au produit du salaire minimum de croissance par le nombre d'heures moyen mensuel fixé par cette convention ou cet accord, ou ce contrat de travail.

Sous-section 3. Allocation complémentaire

Art. L. 3423-9. Lorsque, par suite d'une réduction de l'horaire de travail au-dessous de la durée contractuelle pour des causes autres que celles qui sont énumérées au 1° de l'article L. 3423-8, un salarié a perçu au cours d'un mois, à titre de salaire et d'allocations légales ou conventionnelles pour privation partielle d'emploi, une somme totale inférieure à la rémunération minimale, il lui est alloué une allocation complémentaire égale à la différence entre la rémunération minimale et la somme qu'il a effectivement perçue.

Ces dispositions s'appliquent sans préjudice de celles prévues au deuxième alinéa de l'article L. 3232-5.

Art. R. 3423-4. À l'occasion du paiement de l'allocation complémentaire prévue à l'article L. 3423-9, il est remis au salarié un document mentionnant :

1° Le taux du salaire minimum de croissance ;

2° Le nombre d'heures correspondant à la durée contractuelle du travail ;

3° Les déductions obligatoires ayant permis de déterminer le montant de la rémunération mensuelle minimale ;

4° Les montants du salaire et des diverses allocations constituant les éléments de la rémunération mensuelle versée au salarié.

Art. R. 3423-5. Pendant toute la période d'inactivité, le salarié bénéficiant des dispositions du présent chapitre reste, dans le cadre du contrat de travail, à la disposition de l'entreprise qui l'emploie au moment de l'arrêt de travail.

Sous-section 3 (réglementaire). Remboursement par l'État

Art. R. 3423-6. Le salarié qui perçoit une rémunération de substitution pendant la période au titre de laquelle il bénéficie de la rémunération mensuelle minimale, en méconnaissance de l'obligation prévue à l'article R. 3423-5, rembourse l'aide mensuelle versée par l'État au titre de cette rémunération mensuelle minimale.

Un ordre de reversement est émis par le préfet et recouvré par le ***(D. 2014-551 du 27 mai 2014, art. 29, JO 29)*** « directeur départemental ou, le cas échéant, régional des finances publiques ».

Art. R. 3423-7. Des traitements automatisés d'informations nominatives relatives aux salariés bénéficiaires de la rémunération mensuelle minimale peuvent être créés.

Ces informations sont destinées à permettre aux agents de contrôle mentionnés à l'article L. 8271-7 d'assurer l'application de la procédure de restitution des sommes indûment perçues, prévue à l'article R. 3423-6.

Sous-section 4 (réglementaire). Dispositions particulières à certaines catégories de travailleurs

Art. R. 3423-8. La rémunération mensuelle minimale est réduite à due proportion lorsque le travailleur perçoit, en application des dispositions légales, une rémunération horaire inférieure au salaire minimum de croissance.

Art. R. 3423-9. En cas de réduction d'activité, le salarié à temps partiel et le travailleur à domicile employés au cours d'un même mois par plusieurs employeurs adressent à l'inspecteur du travail toutes justifications lui permettant de totaliser les heures de travail accomplies ainsi que les rémunérations perçues au cours du mois et de déterminer l'allocation complémentaire éventuellement due.

L'allocation complémentaire est payée directement au salarié par le préfet.

L'employeur rembourse au Trésor public, à la demande du préfet, dans un délai de trois mois, la part des allocations complémentaires à sa charge. Cette part est proportionnelle à l'importance de la réduction d'activité imposée au salarié. Le préfet adresse à l'employeur les indications lui permettant de vérifier le montant de sa participation.

SECTION 2 (réglementaire). Paiement du salaire

Art. D. 3423-10. Les modalités d'application de l'article R. 3244-2 relatif à la répartition des pourboires, sont déterminées par arrêté préfectoral.

Art. R. 3423-10-1. ***(D. 2018-953 du 31 oct. 2018, art. 4, 2°, JO 6 nov.)*** Pour l'application à Mayotte de l'article R. 3243-2, la première phrase du deuxième alinéa est supprimée.

SECTION 3 (réglementaire). Dispositions pénales

Note La section a été introduite par le décret 2009-289 du 13 mars 2009, JO 15.

Art. R. 3423-11. Est puni de l'amende prévue pour les contraventions de la cinquième classe le fait de payer :

1° Des salaires inférieurs au salaire minimum de croissance prévu par les articles L. 3423-1 à L. 3423-4 ;

2° Des rémunérations inférieures à la rémunération mensuelle minimale prévue par les articles L. 3423-5 et L. 3423-6.

L'amende est appliquée autant de fois qu'il y a de salariés rémunérés dans des conditions illégales.

La récidive est réprimée conformément aux articles 132-11 et 132-15 du code pénal. En cas de pluralité de contraventions entraînant des peines de récidive, l'amende est appliquée autant de fois qu'il a été relevé de nouvelles contraventions.

SECTION 4 (réglementaire). Avantages divers

Note Cette section a été introduite par le décret 2020-541 du 9 mai 2020, JO 10.

Art. R. 3423-12. Pour son application à Saint-Barthélemy et à Saint-Martin, l'article R. 3261-13-1 est ainsi rédigé :

" Art. R. 3261-13-1. - Les autres services de mobilité partagée mentionnés à l'article L. 3261-3-1 comprennent :

1° La location ou la mise à disposition en libre-service de cyclomoteurs, motocyclettes, cycles à pédalage assisté et engins de déplacement personnel, avec ou sans station d'attache et accessibles sur la voie publique, à condition qu'ils soient équipés d'un moteur non thermique ou d'une assistance non thermique lorsqu'ils sont motorisés ;

2° Les services d'autopartage tels que définis par la réglementation en vigueur localement, à condition que les véhicules mis à disposition soient des véhicules à faibles émissions au sens du V de l'article L. 224-7 du code de l'environnement ou, à Saint-Barthélemy, de la réglementation applicable localement. "

CHAPITRE IV (réglementaire) Dispositions relatives à Mayotte

Note Ce chapitre est issu du décret 2018-953 du 31 octobre 2018, art. 4, 3°, JO 6 nov.

Art. R. 3424-1. Pour l'application à Mayotte de l'article R. 3324-22, les mots : " des 2° et 3° de l'article L. 341-4 du code de la sécurité sociale " sont remplacés par les mots : " de l'article 20-8-2 de l'ordonnance n° 96-1122 du 20 décembre 1996 relative à l'amélioration de la santé publique, à l'assurance maladie, maternité, invalidité et décès, au financement de la sécurité sociale à Mayotte et à la caisse de sécurité sociale de Mayotte ".

Art. R. 3424-2. Pour l'application à Mayotte de l'article R. 3332-29, les mots : " au sens des 2° et 3° de l'article L. 341-4 du code de la sécurité sociale " sont remplacés par les mots : " au sens de la législation sociale applicable à Mayotte ".

Art. R. 3424-3. Pour l'application à Mayotte de l'article R. 3334-4, les deuxième et troisième phrases du 1° sont supprimées.

TITRE III MESURES DE COORDINATION AVEC LES AUTRES COLLECTIVITÉS ULTRAMARINES

CHAPITRE UNIQUE Intéressement, participation et épargne salariale

Art. L. 3431-1. Les salariés des entreprises soumises aux dispositions du livre III exerçant leur activité à Wallis et Futuna ou dans les Terres australes et antarctiques françaises bénéficient de l'intéressement, de la participation et du plan d'épargne salariale dans les mêmes conditions que les salariés de ces entreprises travaillant dans les départements de métropole, ***(Ord. 2017-1491 du 25 oct. 2017, art. 4, 8°, JO 26, entrée en vigueur le 01.01.2018)*** «en Guadeloupe, en Guyane, en Martinique, à La Réunion» ***(Ord. 2008-205 du 27 févr. 2008, JO 1er mars)*** «, à Saint-Barthélemy, à Saint-Martin» ou à Saint-Pierre-et-Miquelon.

QUATRIÈME PARTIE

SANTÉ ET SÉCURITÉ AU TRAVAIL

LIVRE Ier

DISPOSITIONS GÉNÉRALES

TITRE Ier CHAMP ET DISPOSITIONS D'APPLICATION

CHAPITRE UNIQUE

SECTION 1. Champ d'application

Art. L. 4111-1. Sous réserve des exceptions prévues à l'article L. 4111-4, les dispositions de la présente partie sont applicables aux employeurs de droit privé ainsi qu'aux travailleurs.

Elles sont également applicables :

1° Aux établissements publics à caractère industriel et commercial ;

2° Aux établissements publics administratifs lorsqu'ils emploient du personnel dans les conditions du droit privé ;

3° Aux établissements de santé, sociaux et médico-sociaux mentionnés à l'article 2 de la loi n° 86-33 du 9 janvier 1986 portant dispositions statutaires relatives à la fonction publique hospitalière ***(Ord. 2017-28 du 12 janv. 2017, art. 5, JO 13)*** « ainsi qu'aux groupements de coopération sanitaire de droit public mentionnés au 1° de l'article L. 6133-3 du code de la santé publique ».

Note • Les articles L. 4111-1 et 2, dans leur rédaction issue de l'ordonnance 2017-28 précitée, s'appliquent au plus tard à compter du prochain renouvellement général des organismes consultatifs de la fonction publique (décret 2017-28 précitée, art. 7, III).

• Se trouvent inclus dans ce champ d'application les établissements d'hospitalisation publics, les hospices publics, les maisons de retraite publiques (sauf celles rattachées au bureau d'aide sociale de Paris), les établissements relevant des services départementaux d'aide sociale à l'enfance, les établissements à caractère public pour mineurs handicapés (sauf les établissements nationaux et les établissements d'enseignement ou d'éducation surveillée), les ateliers des établissements d'enseignement technique ou professionnel (voir art. L. 4111-3).

Un membre d'une communauté religieuse avait été victime d'un accident qui s'était produit dans des locaux exploités par l'association des témoins de Jéhovah. C'est à tort que, pour relaxer le président de l'association du chef d'infractions à la réglementation relative à la sécurité du travail, une cour d'appel a retenu le caractère prétendument cultuel de l'association et son objet religieux, alors, d'une part, que les membres permanents de celle-ci travaillaient dans un établissement présentant un caractère industriel, au sein d'un service organisé dont les conditions d'exécution n'étaient pas déterminées par ces membres et que, d'autre part, quelle qu'ait été l'intention des parties, il ne pouvait être dérogé à la réglementation d'ordre public relative à la sécurité des travailleurs (cass. crim. 14 janvier 2003, n° 01-87.300, B. crim. n° 8 ; RJS 4/03 n° 472).

Art. L. 4111-2. Pour les établissements ***(Ord. 2017-28 du 12 janv. 2017, art. 5, JO 13)*** « et les groupements » mentionnés aux 1° à 3° de l'article L. 4111-1, les dispositions de la présente partie peuvent faire l'objet d'adaptations, par décret pris, sauf dispositions particulières, en Conseil d'État, compte tenu des caractéristiques particulières de certains de ces établissements et des organismes de représentation du personnel existants. Ces adaptations assurent les mêmes garanties aux salariés.

Note Les dispositions de cette partie sont notamment applicables:
– aux fonctionnaires de France Télécom, sous réserve des adaptations, précisées par décret en Conseil d'État (voir décret 2004-1247 du 22 novembre 2004, JO 25), qui sont justifiées par la situation particulière des fonctionnaires de France Télécom (loi 2003-1365 du 31 décembre 2003, art. 4);
– aux fonctionnaires et agents non titulaires des offices publics de l'habitat (loi 84-53 du 26 janvier 1984, art. 120, modifié).

Art. L. 4111-3. Les ateliers des établissements publics ***(Ord. 2016-413 du 7 avril 2016, art. 1er, JO 8, entrée en vigueur le 01.07.2016)*** «ou privés» dispensant un enseignement technique ou professionnel ***(L. 2011-901 du 28 juil. 2011, art. 15, JO 30)*** «, ainsi que ceux des établissements et services sociaux et médico-sociaux mentionnés aux 2°, *a* du 5° et 12° du I de l'article L. 312-1 du code de l'action sociale et des familles accueillant des jeunes handicapés ou présentant des difficultés d'adaptation et au 4° du même I, de même que ceux des établissements et services conventionnés ou habilités par la protection judiciaire de la jeunesse, dispensant des formations professionnelles au sens du V du même article,» sont soumis, pour leurs personnels comme pour ***(L. 2011-901 du 28 juil. 2011, art. 15, JO 30)*** «les jeunes accueillis en formation professionnelle», aux dispositions suivantes de la présente partie:

1° Dispositions particulières applicables aux femmes enceintes, venant d'accoucher ou allaitant, et aux jeunes travailleurs prévues par les chapitres II et III du titre V;

2° Obligations des employeurs pour l'utilisation des lieux de travail prévues par le titre II du livre II;

3° Dispositions relatives aux équipements de travail et moyens de protection prévues par le livre III;

4° Dispositions applicables à certains risques d'exposition prévues par le livre IV;

5° Dispositions relatives à la prévention des risques de manutention des charges prévues par le titre IV du livre V.

Un décret détermine les conditions de mise en œuvre de ces dispositions compte tenu des finalités spécifiques des établissements d'enseignement.

Note Voir décrets 91-1162 du 7 novembre 1991 (JO 14) relatif au rôle de l'inspection du travail dans les ateliers des établissements publics dispensant un enseignement technique ou professionnel et 93-602 du 27 mars 1993 (JO 28) modifié relatif aux missions de l'inspection du travail en agriculture dans les établissements publics d'enseignement technique et de formation professionnelle agricoles.

Art. L. 4111-4. ***(L. 2009-526 du 12 mai 2009, JO 13)*** Les dispositions de la présente partie peuvent être complétées ou adaptées par décret pour tenir compte des spécificités des entreprises et établissements relevant des mines, des carrières et de leurs dépendances.

Note S'agissant des compléments et adaptations spécifiques aux mines et carrières en matière de poussières alvéolaires, de bruit et de vibrations mécaniques, voir décret 2013-797 du 30 août 2013, JO 1er sept.; voir aussi arrêté du 4 novembre 2013 (JO 14 déc., entrée en vigueur le 01.01.2014) relatif au contrôle de l'exposition aux poussières alvéolaires dans les mines et carrières.

Voir aussi décrets 2018-1022 du 22 novembre 2018, JO 24, entrée en vigueur le 01.01.2019 (utilisation et règles de circulation d'équipements de travail mobiles), 2019-574 du 11 juin 2019, JO 13 (entreprises extérieures), 2019-735 du 16 juillet 2019, JO 17 (travail et circulation en hauteur), 2019-1158 du 8 novembre 2019, JO 10 (rayonnements ionisants) et 2020-1529 du 7 décembre 2020, JO 9 (électricité).

Art. L. 4111-5. Pour l'application de la présente partie, les travailleurs sont les salariés, y compris temporaires, et les stagiaires, ainsi que toute personne placée à quelque titre que ce soit sous l'autorité de l'employeur.

SECTION 2. Dispositions d'application

Art. L. 4111-6. Des décrets en Conseil d'État déterminent:

1° Les modalités de l'évaluation des risques et de la mise en œuvre des actions de prévention pour la santé et la sécurité des travailleurs prévues aux articles L. 4121-3 à L. 4121-5;

2° Les mesures générales de santé et de sécurité;

3° Les prescriptions particulières relatives soit à certaines professions, soit à certains modes de travail, soit à certains risques;

4° Les conditions d'information des travailleurs sur les risques pour la santé et la sécurité et les mesures prises pour y remédier;

5° Les conditions dans lesquelles les formations à la sécurité sont organisées et dispensées.

TITRE II PRINCIPES GÉNÉRAUX DE PRÉVENTION

Note • De très nombreux textes visant à assurer la sécurité, l'hygiène et la santé sur les lieux du travail ont été pris dans le cadre du droit communautaire; voir «Code annoté européen du travail», Groupe Revue Fiduciaire, éd. 2010 et notamment: directive 89/391/CEE du 12 juin 1989 concernant la mise en œuvre de mesures visant à promouvoir l'amélioration de la sécurité et de la santé des travailleurs au travail (voir F. Meyer et F. Kessler, Dr. Ouvr. 1992, 161), directive 89/656/CEE du 30 novembre 1989 modifiée concernant les prescriptions minimales de sécurité et de santé pour l'utilisation par les travailleurs au travail d'équipement de protection individuelle, directive 90/269/CEE du 29 mai 1990 concernant les prescriptions minimales de sécurité et de santé relatives à la manutention manuelle de charges comportant des risques pour les travailleurs, directive 92/57/CEE du 24 juin 1992 relative aux prescriptions minimales de sécurité et de santé à mettre en œuvre sur les chantiers temporaires ou mobiles, directive 2006/42/CE du 17 mai 2006 relative aux machines, directive 2009/104/CE du 16 septembre 2009 concernant les prescriptions minimales de sécurité et de santé pour l'utilisation par les travailleurs au travail d'équipement de travail, directive 2009/148/CE du 30 novembre 2009 concernant la protection des travailleurs contre les risques liés à une exposition à l'amiante pendant le travail et règlement (UE) 2016/425 du 9 mars 2016 relatif aux équipements de protection individuelle et abrogeant la directive 89/686/CEE du conseil. Une loi 91-1414 du 31 décembre 1991 (JO 7 janv. 1992) est intervenue pour transposer les directives européennes dans la législation française. Plusieurs décrets ont transposé les textes européens pour organiser la prévention des risques dans l'entreprise et plus particulièrement une prévention renforcée de certains risques.

• **Évaluation scientifique des risques et renforcement de la surveillance sanitaire.** L'Agence française de sécurité sanitaire de l'environnement et du travail (AFSSET) créée en 2005 et l'Agence française de sécurité sanitaire des aliments (AFSSA) ont fusionné pour donner naissance, au 1er juillet 2010, à l'Agence nationale de sécurité sanitaire de l'alimentation, de l'environnement et du travail (ANSES) (ordonnance 2010-18 du 7 janvier 2010, JO 8).

Le troisième Plan santé au travail pour 2016-2020 (PST3) a donné la priorité à la prévention primaire et développé la culture de la prévention (axe stratégique 1), amélioré la qualité de vie au travail, levier de santé, de maintien en emploi des travailleurs et de performance économique et sociale de l'entreprise (axe stratégique 2) et renforcé le dialogue social et les ressources de la politique de prévention en structurant un système d'acteurs, notamment en direction des TPE-PME (axe support) (*https://travail-emploi.gouv.fr/IMG/pdf/pst3.pdf*).

• **Le Plan régional de santé au travail (PRST).** Ce plan définit le plan d'action territoriale en matière de protection de la santé au travail, en déclinaison du Plan santé au travail, ainsi que l'organisation et les moyens mobilisés par les services déconcentrés en lien avec les acteurs locaux de la prévention (caisses d'assurance retraite et de la santé au travail – CARSAT – et caisses générales de sécurité sociale) en vue d'atteindre les objectifs fixés.

Les conditions de réalisation de la concertation avec les différents acteurs, notamment grâce à la mise en place des comités régionaux de prévention des risques professionnels, doivent être explicitées dans les PRST.

• Voir notamment «La prévention des risques au travail (25 ans après la directive-cadre du 12 juin 1989)», SSL, suppl. n° 1655, 8.12.2014.

Voir aussi le guide «Management de la santé et de la sécurité au travail. Retours d'expériences. Un guide pratique à l'usage des PME».

CHAPITRE Ier Obligations de l'employeur

Art. L. 4121-1. L'employeur prend les mesures nécessaires pour assurer la sécurité et protéger la santé physique et mentale des travailleurs.

Ces mesures comprennent:

1° Des actions de prévention des risques professionnels ***(Ord. 2017-1389 du 22 sept. 2017, JO 23, entrée en vigueur le 01.10.2017)*** «, y compris ceux mentionnés à l'article L. 4161-1»;

2° Des actions d'information et de formation;

3° La mise en place d'une organisation et de moyens adaptés.

L'employeur veille à l'adaptation de ces mesures pour tenir compte du changement des circonstances et tendre à l'amélioration des situations existantes.

Note • **Obligation de sécurité de résultat de l'employeur.** L'employeur est tenu, vis-à-vis de son personnel, d'une obligation de sécurité de résultat, en vertu de laquelle il doit prendre les mesures nécessaires pour assurer la sécurité et protéger la santé physique et mentale de chaque salarié (cass. soc. 28 février 2006, n° 05-41.555, BC V n° 87). En cas de litige, il lui incombe de justifier avoir pris des mesures suffisantes pour s'acquitter de cette obligation (cass. soc. 19 novembre 2015, n° 13-26.199). Tel est le cas lorsque l'employeur justifie avoir pris toutes les mesures de prévention prévues par les articles L. 4121-1 et 2, les juges du fond pouvant alors en déduire une absence de manquement à l'obligation de sécurité de résultat (cass. soc. 25 novembre 2015, n° 14-24.444, BC V n° 234; RJS 2/16 n° 123; JCP éd. S 2016, 1011, étude M. Babin).

Sur la prise en compte des mesures de prévention dans l'obligation de sécurité de résultat, voir A. Gardin, «La redéfinition de l'obligation de sécurité de l'employeur», RJS 2/16, chron. p. 99; A. Dejean de La Bâtie, «Arrêt Air France: la chambre sociale rend un hommage appuyé à l'obligation de prévention», JSL n° 401, 07.01.2016, p. 4; G. Pignarre et L-Fr. Pignarre, «La prévention: pierre angulaire ou/et maillon faible de l'obligation de santé et sécurité au travail de l'employeur ?», RDT, mars 2016, ET, 151. Voir aussi L. de Montvalon, «Le crépuscule de l'obligation de sécurité de résultat», JSL n° 449, 16.03.2018, p. 4; C. Blanvillain, «L'obligation de sécurité est morte ! Vive l'obligation de sécurité !», RDT, mars 2019, ET, 173.

Cette prise en compte des mesures de prévention a été étendue à la situation de *harcèlement moral*, l'employeur pouvant s'exonérer de sa responsabilité en justifiant non seulement avoir pris toutes les mesures immédiates propres à faire cesser le harcèlement moral, mais aussi avoir pris toutes les mesures de prévention visées aux articles L. 4121-1 et L. 4121-2, notamment avoir mis en œuvre des actions d'information et de formation propres à prévenir la survenance de tels faits (cass. soc. 1er juin 2016, n° 14-19.702, BC V n° 123; JCP éd. S 2016, 1220, note G. Loiseau; JSL n° 413, 5.07.2016, p. 11, J-Ph. Lhernould; RJS 8-9/16 n° 567). Sur la possibilité pour l'employeur de s'exonérer de sa responsabilité en cas de *violences* exercées sur un salarié par un tiers en démontrant qu'il avait immédiatement mis en place une organisation et des moyens adaptés en intimant à l'auteur de l'agression de ne plus revenir dans l'entreprise et en invitant le salarié à déposer plainte, voir cass. soc. 22 septembre 2016, n° 15-14.005, LS Jurispr. n° 183 du 11.10.2016; RJS 12/16 n° 779.

Pour un cas d'absence d'exonération de responsabilité, voir cass. soc. 17 octobre 2018, n° 17-17.985, à paraître, JCP éd. S 2018, 1391, note C. Leborgne-Ingelaere; RJS 1/19 n° 37.

Maladies professionnelles. En vertu du contrat de travail le liant à son salarié, l'employeur est tenu envers celui-ci d'une obligation de sécurité de résultat, notamment en ce qui concerne les *maladies professionnelles* contractées par ce salarié du fait des produits fabriqués ou utilisés par l'entreprise. Le manquement à cette obligation a le caractère d'une faute inexcusable lorsque l'employeur avait, ou aurait dû avoir, conscience du danger auquel était exposé le salarié et qu'il n'a pas pris les mesures nécessaires pour l'en préserver (cass. soc. 28 février 2002, n° 00-11.793, BC V n° 81, arrêt n° 3; RJS 5/02 n° 618; cass. civ., 2e ch., 12 mai 2011, n° 10-17.231; voir aussi les arrêts «amiante» de la Cour de cassation du 28 février 2002, RJS 5/02, chron. p. 403; Dr. Soc. 2002, p. 828: «Obligation de sécurité et faute inexcusable de l'employeur»; cass. civ., 2e ch., 6 avril 2004, n° 02-30.688, BC II n° 153; RJS 6/04 n° 755; 26 novembre 2015, n° 14-26.240, BC II n° 259; RJS 2/16 n° 148, 2e espèce). Une cour d'appel ne peut, dès lors, pour dire que l'employeur n'a pas commis de faute inexcusable, retenir que celui-ci n'a pas commis de faute d'une gravité exceptionnelle (cass. civ., 2e ch., 14 octobre 2003, n° 02-30.231, BC II n° 300; RJS 12/03 n° 1439). Voir ci-après ***Amiante et autres substances nocives ou toxiques***.

Accidents du travail. Cette jurisprudence a été transposée aux accidents du travail (cass. soc. 11 avril 2002, n° 00-16.535, BC V n° 127; RJS 6/02 n° 727); voir notamment P. Morvan, «Le " déflocage " de la faute inexcusable», RJS 6/02, p. 495 et aussi cass. ass. plén. 24 juin 2005, n° 03-30.038, BC n° 7; RJS 10/05 n° 1037.

En outre, en cas de licenciement pour inaptitude d'un accidenté du travail, le manquement de l'employeur à son obligation de sécurité, lorsqu'il est démontré qu'il est à l'origine de l'inaptitude du salarié, prive le licenciement de cause réelle et sérieuse (cass. soc. 3 mai 2018, 2 arrêts, nos 16-26.850 et 17-10.306, à paraître, JCP éd. S 2018, 1213, note A. Bugada; RJS 7/18 n° 475). Ayant relevé que le volume anormal de travail imposé au salarié pendant près de trois ans avait participé de façon déterminante à son inaptitude consécutive à un accident du travail et ainsi caractérisé un manquement de l'employeur à son obligation de sécurité de résultat, une cour d'appel a pu en déduire, quand bien même le salarié n'invoquait pas un manquement de l'employeur à son obligation de reclassement, que le licenciement du salarié était dépourvu de cause réelle et sérieuse (cass. soc. 29 mai 2013, n° 12-18.485, RJS 8-9/13 n° 596).

À noter qu'il appartient à l'employeur qui considère injustifiée la prise d'acte de la rupture par un salarié qui, étant victime d'un accident du travail, invoque une inobservation des règles de prévention et de sécurité, de démontrer que la survenance de cet accident est étrangère à tout manquement à son obligation de sécurité de résultat (cass. soc. 12 janvier 2011, n° 09-70.838, BC V n° 14; JSL n° 294, 24.02.2011, p. 9, J-Ph. Lhernould; 24 juin 2015, n° 13-26.923).

Discrimination. Voir cass. soc. 30 janvier 2019, n° 17-28.905, à paraître, JCP éd. S 2019, 1133, note C. Leborgne-Ingelaere; JSL n° 472, 25.03.2019, p. 7, M. Hautefort; RJS 4/19 n° 196, énonçant que l'employeur, tenu envers ses salariés d'une obligation de sécurité en matière de protection de la santé et de la sécurité des travailleurs, notamment en matière de discrimination, doit répondre des agissements des personnes qui exercent, de fait ou de droit, une autorité sur les salariés; en l'espèce, la salariée d'une association, victime d'insultes à connotation sexiste et de jets de détritus commis par des bénévoles à l'occasion d'une soirée où ils travaillaient ensemble, et sans réaction de son supérieur hiérarchique, aurait dû obtenir des dommages-intérêts de l'association.

Dommage prévisible. Le salarié expatrié, dont l'affection n'est pas prise en charge au titre de la législation sur les accidents du travail ou les maladies professionnelles, peut engager une action contre son employeur sur le fondement du droit commun de la responsabilité civile contractuelle en invoquant le manquement de l'employeur à son obligation de sécurité (salarié travaillant à l'étranger dans un lieu particulièrement exposé au risque, ayant alerté son employeur – qui n'a pris aucune mesure de protection – sur les dangers qu'il encourait en demandant son rapatriement) (cass. soc. 7 décembre 2011, n° 10-22.875, BC V n° 287; RJS 2/12 n° 194).

Faute inexcusable. La Cour de cassation a considéré que, s'agissant d'une manutentionnaire de chariots-repas dans un hôpital ayant été reconnue atteinte d'une maladie professionnelle avec un taux d'incapacité permanente partielle et ayant saisi une juridiction de sécurité sociale d'une demande d'indemnisation complémentaire pour faute inexcusable de l'employeur, le non-respect par ce dernier des prescriptions générales du code du travail en matière de manutention des charges peut constituer une faute inexcusable de sa part, même en l'absence de mises en garde du CHSCT ou du médecin du travail (cass. civ., 2e ch., 18 novembre 2010, n° 09-17.275, BC II n° 191; JCP éd. S 2011, 1128, note Th. Tauran).

Suivi individuel de l'état de santé des salariés. Le non-respect par l'employeur des règles relatives aux visites médicales qui concourent à la protection de la santé et de la sécurité des salariés constitue un manquement à son obligation de sécurité de résultat et justifie la prise d'acte par le salarié de la rupture de son contrat de travail aux torts de l'employeur (cass. soc. 22 septembre 2011, n° 10-13.568, RJS 12/11 n° 985).

Après avoir relevé qu'un employeur n'avait pas veillé, entre 1999 et 2001, à faire subir les examens médicaux annuels obligatoires, et constaté, d'une part, qu'il avait placé une comptable, présentant des signes apparents de décompensation anxio-dépressive, dans une situation difficile en lui demandant d'effectuer, en plus de ses tâches et dans un climat social tendu, la comptabilité dégradée d'une autre institution avec des suspicions de malversation et qu'il en était résulté une angoisse professionnelle accrue avec troubles, d'autre part, que les relations de la salariée avec son supérieur avaient aggravé la pathologie de celle-ci, une cour d'appel a ainsi caractérisé l'existence de mesures ayant eu pour objet ou pour effet de compromettre la santé de la salariée (cass. soc. 24 juin 2009, n° 08-41.050, LS Jurispr. n° 194 du 22.09.2009).

Ayant relevé que pour décider du placement en position de détachement d'un salarié, l'employeur ne justifiait pas s'être rapproché du médecin du travail pour savoir si les recommandations faites par celui-ci concernant notamment l'examen médical complémentaire avaient été suivies et pour solliciter éventuellement son avis sur le changement de poste envisagé, une cour d'appel a pu en déduire que l'employeur avait manqué à son obligation de sécurité (cass. soc. 26 septembre 2012, n° 11-14.742, BC V n° 236; RJS 12/12 n° 939).

L'employeur, tenu d'une obligation de sécurité de résultat en matière de protection de la santé et de la sécurité des travailleurs dans l'entreprise, doit en assurer l'effectivité; il ne peut, dès lors, laisser un salarié reprendre son travail après une période d'absence d'au moins huit jours pour cause d'accident du travail sans le faire bénéficier, lors de la reprise du travail ou au plus tard dans les huit jours de celle-ci, d'un examen par le médecin du travail destiné à apprécier son aptitude à reprendre son ancien emploi, la nécessité d'une adaptation des conditions de travail ou d'une réadaptation, ou éventuellement de l'une et de l'autre de ces mesures; à défaut, l'employeur ne peut résilier le contrat de travail à durée indéterminée du salarié, dont le droit à la sécurité dans le travail a ainsi été méconnu, que s'il justifie soit d'une faute grave de ce dernier, soit de l'impossibilité où il se trouve, pour un motif non lié à l'accident, de maintenir ledit contrat (cass. soc. 28 février 2006, n° 05-41.555, BC V n° 87; RJS 5/06 n° 555; JSL n° 186, 28.03.2006, p. 21, J-E Tourreil; Dr. Soc. 2006, p. 514, note J. Savatier et p. 653, note S. Bourgeot et M. Blatman). Voir aussi cass. soc. 13 décembre 2006, n° 05-44.580, BC V n° 373: une cour d'appel, qui a constaté qu'un salarié avait repris son travail et continué à travailler au-delà des huit jours de la reprise sans passer la visite médicale de reprise, a pu condamner l'employeur à verser au salarié des dommages et intérêts; cass. soc. 25 mars 2009, n° 07-44.408, BC V n° 82; JCP éd. S 2009, 1227, note P-Y Verkindt; Dr. Soc. 2009, p. 741, obs. J. Savatier; RJS 7/09 n° 626; cass. soc. 16 juin 2009, n° 08-41.519, BC V n° 147; RJS 8-9/09 n° 706; JCP éd. S 2009, 1438, note P-Y Verkindt: un employeur ne peut laisser un salarié reprendre son travail après une succession d'arrêts de travail pour maladie ni lui proposer une mutation géographique sans lui avoir fait passer une visite de reprise auprès du médecin du travail afin de s'assurer de son aptitude à l'emploi envisagé. Voir encore cass. soc. 24 avril 2013, n° 12-15.595, JSL n° 345, 11.06.2013, p. 21, F. Lalanne.

Organisation, restructuration de l'entreprise. Il est interdit à l'employeur, dans l'exercice de son pouvoir de direction, de prendre des mesures qui auraient pour objet ou pour effet de compromettre la santé et la sécurité des salariés. S'agissant d'une nouvelle organisation mise en place par l'employeur de nature à compromettre la santé et la sécurité des travailleurs concernés et dont la mise en œuvre a dû en conséquence être suspendue, voir cass. soc. 5 mars 2008, n° 06-45.888, BC V n° 46; RJS 5/08 n° 509; Dr. Soc. 2008, p. 605, obs. P. Chaumette; RDT, mai 2008, CH, 316, L. Lerouge. Voir aussi, caractérisant un manquement de l'employeur à l'obligation de sécurité de résultat, l'altération de la santé d'un salarié résultant de la dégradation de ses conditions de travail et des pressions imposées par la restructuration de son entreprise, l'employeur, pourtant alerté, n'ayant pris aucune mesure pour résoudre les difficultés exposées (cass. soc. 17 février 2010, n° 08-44.298, RJS 5/10 n° 435; JSL n° 275, 19.04.2010, p. 27). Voir aussi TGI Lyon 4 septembre 2012, 1re ch., n° 11/05300, LSQ n° 16179 du 12.09.2012, interdisant à une entreprise un mode d'organisation du travail consistant en une mise en concurrence intensive (le benchmark), générateur d'un stress permanent et de nature à compromettre gravement la santé des salariés.

Travail temporaire. Selon l'article L. 4121-1 CT, l'employeur prend les mesures nécessaires pour assurer la sécurité et protéger la santé physique et mentale des travailleurs, et, selon l'article L. 1251-21 CT, pendant la durée de la mission, l'entreprise utilisatrice est responsable des conditions d'exécution du travail telles qu'elles sont déterminées par les dispositions légales et conventionnelles applicables au lieu de travail, notamment pour ce qui a trait à la santé et la sécurité au travail; il en résulte que l'entreprise de travail temporaire et l'entreprise utilisatrice sont tenues, à l'égard des salariés mis à disposition, d'une obligation de sécurité de résultat dont elles doivent assurer l'effectivité, chacune au regard des obligations que les textes mettent à leur charge en matière de prévention des risques (cass. soc. 30 novembre 2010, n° 08-70.390, BC V n° 270; LS Jurispr. n° 240 du 14.12.2010; RJS 2/11 n° 185).

Interdiction de fumer. Afin de lutter contre le tabagisme passif, le code de la santé publique prévoit une interdiction de fumer et de vapoter dans les lieux de travail fermés et couverts à usage collectif (voir articles du code de la santé publique rapportés dans les *Textes non codifiés*, rubrique «Santé et conditions de travail»). Dans le cadre de son obligation de sécurité de résultat, il appartient à l'employeur de respecter et de faire respecter ces dispositions. Ayant relevé qu'un employeur, malgré les réclamations d'une salariée, s'était borné à interdire aux autres salariés de fumer en sa présence et à apposer des panneaux d'interdiction de fumer dans le bureau à usage collectif qu'elle occupait, une cour d'appel en a exactement déduit que l'employeur, tenu d'une obligation de sécurité de résultat vis-à-vis de ses salariés en ce qui concerne leur protection contre le tabagisme dans l'entreprise, n'avait pas satisfait aux exigences légales et a pu, en conséquence, décider que les griefs invoqués par la salariée à l'appui de sa prise d'acte justifiaient la rupture du contrat de travail, de sorte qu'elle produisait les effets d'un licenciement sans cause réelle et sérieuse (cass. soc. 29 juin 2005, n° 03-44.412, BC V n° 219; JSL n° 172, 26.07.2005, p. 7, M. Hautefort et n° 178, 29.11.2005, p. 4, chron. Th. Katz, P. Polère; JCP éd. S 2005, 1154, note F. Favennec-Héry; RJS 10/05 n° 945; Dr. Soc. 2005, p. 971, note J. Savatier). Sur la prise d'acte de la rupture de son contrat de travail par un salarié, au motif que son employeur l'avait, en violation de la législation, laissé constamment exposé aux fumées de cigarette, qui produit les effets d'un licenciement sans cause réelle et sérieuse, voir cass. soc. 6 octobre 2010, n° 09-65.103, BC V n° 215; JCP éd. S 2011, 1043, note P-Y Verkindt; RJS 12/10 n° 940; JSL n° 287, 18.11.2010, p. 12, J-E Tourreil.

Harcèlement, violences, risques psychosociaux. L'employeur, tenu d'une obligation de sécurité de résultat en matière de protection de la santé et de la sécurité des travailleurs, manque à cette obligation lorsqu'un salarié est victime sur le lieu de travail d'agissements de harcèlement moral ou sexuel exercés par l'un ou l'autre de ses salariés, quand bien même il aurait pris des mesures pour faire cesser ces agissements (cass. soc. 11 mars 2015, n° 13-18.603, BC V n° 43; LSQ n° 16797 du 19.03.2015; RJS 5/15 n° 319, 2e espèce); l'absence de faute de sa part ne peut pas, par exemple, l'exonérer de sa responsabilité envers des salariés victimes du harcèlement moral d'un directeur d'établissement (cass. soc. 21 juin 2006, n° 05-43.914, BC V n° 223; RJS 8-9/06 n° 916, rapp. L. Leblanc, p. 670; voir aussi, dans le même sens, cass. soc. 3 février 2010, n° 08-44.019, BC V n° 30, arrêt n° 1; JCP éd. S 2010, 1125, 4e espèce, étude C. Leborgne-Ingelaere; 3 février 2010, n° 08-40.144, BC V n° 30, arrêt n° 2; RJS 4/10 n° 348, 1re espèce; RDT, mai 2010, CH, 303, M. Véricel, s'agissant d'un salarié victime de violences physiques ou morales exercées par l'un ou l'autre des salariés, quand bien même l'employeur aurait pris des mesures en vue de faire cesser ces agissements et, dans le même sens, cass. soc. 19 novembre 2014, n° 13-17.729, BC V n° 267, RJS 2/15 n° 83; 23 janvier 2013, n° 11-18.855, BC V n° 15; LSQ n° 16276 du 01.02.2013; RJS 4/13 n° 291; 26 septembre 2012, n° 11-21.003, RJS 12/12 n° 953; 29 juin 2011, n° 09-69.444, BC V n° 168; RJS 10/11 n° 749; 15 décembre 2010 n° 09-41.099, LS Jurisp n° 11 du 17.01.2011). L'employeur doit répondre des agissements des personnes qui exercent, de fait ou de droit, une autorité sur les salariés (cass. soc. 19 octobre 2011, n° 09-68.272, BC V n° 235; JCP éd. S 2011, 1569, note C. Leborgne-Ingelaere).

Voir aussi art. L. 1152-4 et sa note et art. L. 1153-5.

Lorsque l'absence prolongée du salarié pour cause de maladie résulte d'un manquement de l'employeur à l'obligation de sécurité de résultat, ses conséquences sur le fonctionnement de l'entreprise ne peuvent être invoquées pour justifier un licenciement. N'a pas justifié sa décision la cour d'appel qui n'a pas recherché si la salariée, comme elle le soutenait, n'avait pas été exposée à un stress permanent et prolongé à raison de l'existence d'une situation de surcharge de travail conduisant à un épuisement professionnel de nature à entraîner une dégradation de son état de santé susceptible de caractériser un lien entre sa maladie et un manquement de l'employeur à son obligation de sécurité (cass. soc. 13 mars 2013, n° 11-22.082, BC V n° 71; LSQ n° 16309 du 20.03.2013; JCP éd. S 2013, 1315, note Fr. Pelletier; RJS 5/13 n° 361).

Sur des mesures de prévention et de suivi des risques psychosociaux ayant accompagné un projet de restructuration jugées suffisantes pour permettre la mise en œuvre du projet, voir cass. soc. 22 octobre 2015, n° 14-20.173, BC V n° 202; RJS 1/16 n° 33. S'agissant de faits de harcèlement, voir aussi note sous article L. 1152-4.

Amiante et autres substances nocives ou toxiques

Jurisprudence initiale relative à la réparation du préjudice d'anxiété. Subit un préjudice spécifique d'anxiété le salarié qui a travaillé dans l'un des établissements mentionnés à l'article 41 de la loi 98-1194 du 23 décembre 1998 et figurant sur une liste établie par arrêté ministériel pendant une période où y étaient fabriqués ou traités l'amiante ou des matériaux contenant de l'amiante, se trouvait, par le fait de l'employeur (manquement de l'employeur à son obligation de sécurité de résultat), dans une situation d'inquiétude permanente face au risque de déclaration à tout moment d'une maladie liée à l'amiante, qu'il se soumette ou non à des contrôles et examens médicaux réguliers (cass. soc. 25 septembre 2013, n° 11-20.948, BC V n° 212; 10 février 2016, n° 14-26.909, BC V n° 31; JCP éd. S 2016, 1111, note M. Babin; RJS 4/16 n° 253).

La réparation de ce préjudice n'est admise qu'au profit des salariés ayant travaillé dans l'un des établissements mentionnés à l'article 41 de la loi 98-1194 du 23 décembre 1998 et figurant sur une liste établie par arrêté ministériel pendant une période où y étaient fabriqués ou traités l'amiante ou des matériaux contenant de l'amiante (cass. soc. 3 mars 2015, n° 13-26.175, BC V n° 41; JCP éd. S 2015, 1106, 1re espèce, note D. Asquinazi-Bailleux; RJS 5/15 n° 358, 1re espèce; 17 février 2016, n° 14-24.011, BC V n° 39; LS Jurispr. n° 40 du 01.03.2016; JSL n° 407, 6.04.2016, p. 24; voir aussi cass. soc. 22 juin 2016, n° 14-28.175, BC V n° 131; LS Jurispr. n° 128 du 12.07.2016; RJS 10/16 n° 652; JCP éd. S 2016, 1333, note D. Asquinazi-Bailleux: même s'il est éligible à l'allocation de cessation anticipée d'activité des travailleurs de l'amiante, le salarié ne peut obtenir réparation d'un préjudice spécifique d'anxiété par une demande dirigée contre une société qui n'entrait pas dans les prévisions de l'article 41 de la loi 98-1194 du 23 décembre 1998; solution réaffirmée par la chambre sociale par arrêts du 11 janvier 2017, 2 arrêts, nos 15-50.080 et 15-17.164, BC V nos 10 et 9; LSQ n° 17248 du 20.01.2017; RJS 3/17 n° 220, concernant des salariés ayant travaillé sur un site inscrit sur la liste des établissements ouvrant droit à l'Acaata, mais pour le compte d'une société sous-traitante non inscrite sur cette liste).

Les salariés doivent en outre exercer l'un des métiers mentionnés dans l'arrêté ministériel (cass. soc. 25 mars 2015, n° 13.21.716, BC V n° 63; RJS 6/15 n° 431). Le salarié remplissant les conditions d'adhésion prévues par l'article 41 de la loi 98-1194 du 23 décembre 1998 et l'arrêté ministériel a droit, qu'il ait ou non adhéré à ce régime légal, à la réparation de ce préjudice spécifique d'anxiété (cass. soc. 3 mars 2015, n° 13-20.486, BC V n° 31; RJS 5/15 n° 358, 2e espèce). Le salarié n'a pas à démontrer cet état d'anxiété pour obtenir la réparation de son préjudice (cass. soc. 2 avril 2014, n° 12-29.825, BC V n° 95, arrêt n° 1; RJS 6/14 n° 512, 2e espèce; JSL n° 367, 04.06.2014, p. 14, H. Tissandier) ou apporter la preuve de la réalité et de l'étendue du préjudice que lui a causé le manquement de l'employeur à son obligation de sécurité (cass. soc. 3 mars 2015, n° 13-20.474, BC V n° 42; JSL n° 387, 13.05.2015, p. 19, C. Mo). La juridiction prud'homale est compétente pour statuer sur la demande du salarié (cass. soc. 28 mai 2014, n° 12-12.949, BC V n° 127; JSL n° 369, 07.07.2014, p. 14, H. Tissandier; RJS 8-9/14 n° 648; voir aussi note sous article L. 1411-1 s'agissant d'un litige né à l'occasion du contrat de travail).

À noter qu'un salarié qui, après avoir bénéficié d'une préretraite amiante, a signé une transaction, rédigée en des termes très généraux, en déclarant «être rempli de tous ses droits et ne plus avoir aucun chef de grief quelconque à l'encontre de la société du fait de l'exécution ou de la rupture du contrat de travail», ne peut pas ensuite obtenir la réparation de son préjudice d'anxiété et cela, même si ce préjudice n'a été reconnu par la jurisprudence qu'après la signature de cette transaction (cass. soc. 11 janvier 2017, n° 15-20.040, BC V n° 7; LS Jurispr. n° 17 du 24.01.2017; RJS 3/17 n° 190).

L'indemnisation accordée à des salariés exposés à l'amiante au titre du préjudice d'anxiété répare l'ensemble des troubles psychologiques, y compris ceux liés au bouleversement dans les conditions d'existence, résultant du risque de déclaration à tout moment d'une maladie liée à l'amiante (cass. soc. 25 septembre 2013, n° 12-20.912, BC V n° 202; JSL n° 353, 8.11.2013, p. 7, G. Bœuf et C. Mo; JCP éd. S 2013, 1459, 1re espèce, note M. Ledoux et Fr. Quinquis; 19 mars 2014, n° 12-29.346; 3 mars 2015, n° 13-20.474, précité) et le préjudice lié à la perte d'espérance de vie (cass. soc. 3 mars 2015, n° 13-21.832, BC V n° 40; RJS 6/15 n° 432). Par conséquent, des salariés ayant travaillé dans une société placée en liquidation judiciaire avant son inscription sur la liste des établissements susceptibles d'ouvrir droit à l'Acaata – et dont le préjudice d'anxiété n'était donc pas garanti par l'AGS – ne peuvent obtenir réparation de leur préjudice moral au titre d'un manquement à l'obligation de sécurité de résultat (cass. soc. 27 janvier 2016, n° 15-10.640, BC V n° 17; LSQ n° 17015 du 09.02.2016; JSL n° 405, 07.03.2016, p. 20, C. Mo; JCP éd. S 2016, 1101, note D. Asquinazi-Bailleux; dans le même sens, voir aussi cass. soc.

26 avril 2017, n° 15-19.037, BC V n° 71; LS Jurispr. n° 91 du 16.05.2017; JCP éd. S 2017, 1195, note D. Asquinazi-Bailleux; RJS 7/17 n° 512 et 21 septembre 2017, n° 16-15.130, BC V n° 161; LS Jurispr. n° 182 du 10.10.2017; JSL n° 441, 8.11.2017, p. 15, H. Roy et Ph. Pacotte).

Par ailleurs l'AGS doit garantir les dommages-intérêts réparant le préjudice d'anxiété qui résulte du non-respect par l'employeur de son obligation de sécurité de résultat (cass. soc. 25 septembre 2013, 2 arrêts, n°s 11-20.948 et 12-12.883, BC V n°s 212 et 208).

Le préjudice naît au plus tôt à la date d'inscription de l'employeur sur la liste des établissements ouvrant droit à la préretraite amiante (cass. soc. 2 juillet 2014, n° 12-29.788, BC V n° 160; RJS 10/14 n° 725, 2e espèce). Et l'action en réparation de ce préjudice se prescrit par cinq ans à compter de la publication de l'arrêté d'inscription (cass. soc. 19 novembre 2014, n° 13-19.263, BC V n° 266; RJS 2/15 n° 134), peu important que cet arrêté ait été modifié ultérieurement (cass. soc. 11 septembre 2019, n° 18-50.030, à paraître, JCP éd. S 2019, 1282, étude D. Asquinazi-Bailleux; JSL n° 484, 28.10.2019, p. 21; RJS 11/19 n° 648; 29 janvier 2020, n° 18-15.388, à paraître, LS n° 17999 du 13.02.2020; JSL n° 494, 23.03.2020, p. 26; RJS 4/20 n° 202).

En cas de reprise d'une société par une autre dans le cadre d'un apport partiel d'actif placé sous le régime des scissions, la société bénéficiaire peut être tenue de réparer le préjudice d'anxiété subi par un ancien salarié de la société apporteuse du fait du non-respect par cette dernière de son obligation de sécurité de résultat (cass. soc. 18 juin 2014, n° 12-29.691, BC V n° 151; RJS 10/14 n° 726). Mais tel n'est pas le cas lorsque le transfert des contrats de travail est intervenu avant l'arrêté ministériel d'inscription de l'établissement sur la liste des établissements permettant la mise en œuvre de l'Acaata, le préjudice d'anxiété n'étant pas caractérisé lors du transfert et ne constituant donc pas une créance due à la date de la modification de la situation juridique de l'employeur (cass. soc. 22 novembre 2017, n° 16-20.666, BC V n° 203; LSQ n° 17462 du 06.12.2017; JCP éd. S 2018, 1042, note D. Asquinazi-Bailleux; RJS 3/18 n° 210).

La Cour de cassation confirme par ailleurs que les salariés qui bénéficient de l'allocation de cessation anticipée des travailleurs de l'amiante (ATA) ne peuvent pas obtenir réparation du préjudice économique (réparation par l'employeur fautif de la perte de revenus résultant de la mise en œuvre du dispositif légal de préretraite amiante) (cass. soc. 25 septembre 2013, n° 11-20.948, précité; voir aussi cass. soc. 11 mai 2010, n° 09-42.241, BC V n° 106; RJS 7/10 n° 605; cass. civ., 2e ch., 3 février 2011, 2 arrêts, n°s 10-11.959 et 10-14.267, BC II n°s 23 et 24).

Élargissement du périmètre de réparation du préjudice d'anxiété. Dans un premier temps, la Cour de cassation a admis que le salarié qui justifie d'une exposition à l'amiante générant un risque élevé de développer une pathologie grave puisse agir contre son employeur en réparation de son préjudice d'anxiété, sur le fondement des règles de droit commun régissant l'obligation de sécurité de ce dernier, quand bien même il n'aurait pas travaillé dans l'un des établissements mentionnés à l'article 41 de la loi 98-1194 du 23 décembre 1998, et obtenir une indemnisation si le manquement de l'employeur à l'obligation de sécurité et la réalité du préjudice sont établis, ce qu'il lui appartient de démontrer (cass. ass. plén. 5 avril 2019, n° 18-17.442, à paraître, LS n° 17793 du 09.04.2019; JCP éd. S 2019, 1126, avis C. Courcol-Bouchard et note X. Aumeran; Dr. Soc. 2019, p. 456, étude D. Asquinazi-Bailleux; JSL n° 476, 23.05.2019, p. 12, C. Mo et S. Merlet; RJS 6/19 n° 360; RDT, mai 2019, CH, 340, G. Pignarre; cass. soc. 11 septembre 2019, 2 arrêts, n°s 17-18.311 et 17-26.879, à paraître, LS n° 17896 du 13.09.2019; JCP éd. S 2019, 1282, étude D. Asquinazi-Bailleux; 20 novembre 2019, n° 18-19.578, à paraître, JCP éd. S 2019, 1375, note D. Asquinazi-Bailleux; voir aussi cass. soc. 30 septembre 2020, n° 19-10.352, à paraître, LS Jurispr. n° 190 du 20.10.2020; JCP éd. S 2020, 3062, note D. Asquinazi-Bailleux; JSL n° 508, 23.11.2020, p. 19, H. Nasom-Tissandier; RJS 12/20 n° 596: tirant les conséquences de sa décision d'avril 2019, la Cour admet qu'un salarié exposé à l'amiante chez un autre employeur, auprès duquel il intervient comme sous-traitant, peut demander à son employeur la réparation de son préjudice d'anxiété, même si ce dernier n'est pas classé " Acaata ").

Ensuite, la Cour de cassation a énoncé qu'en application des règles de droit commun régissant l'obligation de sécurité de l'employeur, le salarié qui justifie d'une exposition à une substance nocive ou toxique générant un risque élevé de développer une pathologie grave et d'un préjudice d'anxiété personnellement subi résultant d'une telle exposition, peut agir contre son employeur pour manquement de ce dernier à son obligation de sécurité; en outre, la Cour rappelle que l'employeur peut s'exonérer de sa responsabilité s'il établit avoir rempli son obligation de sécurité, c'est-à-dire avoir pris toutes les mesures nécessaires pour assurer la sécurité et protéger la santé physique et mentale des travailleurs (cass. soc. 11 septembre 2019, n° 17-24.879, à paraître, LS n° 17896 du 13.09.2019; JCP éd. S 2019, 1282, étude D. Asquinazi-Bailleux; JSL n° 483, 14.10.2019, p. 9, Ch. Rodriguez et M. Nasica; RJS 11/19 n° 635).

Sur cet élargissement, voir P. Adam, «À tous ceux qui n'ont plus que la nuit...» et J. Bourdoiseau, «L'extension du préjudice d'anxiété ou les affres de la réparation des risques professionnels», RDT, décembre 2019, CO, 756; X. Aumeran, «Le préjudice d'anxiété à l'ère de l'obligation de sécurité de l'employeur», Dr. Soc. 2020, p. 58.

Dans la lignée de cet élargissement, concernant le délai de prescription de l'action en réparation du préjudice d'anxiété, la Cour de cassation a précisé qu'il y a lieu d'appliquer le délai de prescription de deux ans applicable à toute action portant sur l'exécution du contrat de travail (cass. soc. 12 novembre 2020, n° 19-18.490, à paraître, LS n° 18198 du 07.12.2020; voir aussi cass. soc. 8 juillet 2020, n° 18-26.585, à paraître, LS n° 18105 du 22.07.202; RJS 10/20 n° 472; JCP éd. S 2020, 3026, note D. Asquinazi-Bailleux) et que, pour les salariés d'établissements non classés " Acaata ", son point de départ est la date à laquelle le salarié a eu connaissance du risque élevé de développer une pathologie grave résultant de son exposition à l'amiante, ce point de départ ne pouvant être antérieur à la date à laquelle cette exposition a pris fin (cass. soc. 8 juillet 2020, n° 18-26.585, précité).

Délit de mise en danger de la vie d'autrui. Sur la condamnation d'une société pour mise en danger de la vie d'autrui en raison de la violation délibérée de son obligation de sécurité de résultat résultant de ses défaillances dans la mise en œuvre de la protection du public et des salariés lors de la réalisation d'un chantier dont les risques d'exposition à l'inhalation de poussières d'amiante étaient connus et identifiés, voir cass. crim. 19 avril 2017, n° 16-80.695, B. crim. n° 107; RJS 7/17 n° 492; JCP éd. S 2017, 1253, note C-Fr. Pradel, P. Pradel-Boureux et V. Pradel.

Responsabilité de l'employeur. C'est à bon droit qu'après avoir notamment énoncé que l'employeur ne peut s'exonérer de la présomption de responsabilité pesant sur lui qu'en établissant un cas de force majeure de sorte que l'absence de faute ou le respect de la réglementation ne peuvent valablement être opposés à l'action en réparation du salarié, une cour d'appel a condamné une société à verser des dommages-intérêts en réparation du préjudice d'anxiété (cass. soc. 8 juillet 2020, n° 19-12.340, à paraître, LS Jurispr. n° 166 du 15.09.2020; RJS 10/20 n° 491; JSL n° 505, 12.10.2020, p. 24).

Responsabilité de l'État. Si l'employeur a l'obligation générale d'assurer la sécurité et la protection de la santé des travailleurs placés sous son autorité, il incombe aux autorités publiques chargées de la prévention des risques professionnels de se tenir informées des dangers que peuvent courir les travailleurs dans le cadre de leur activité professionnelle, compte tenu, notamment, des produits et substances qu'ils manipulent ou avec lesquels ils sont en contact et d'arrêter, en l'état des connaissances scientifiques, au besoin à l'aide d'études ou d'enquêtes complémentaires, les mesures les plus appropriées pour limiter, et si possible, éliminer ces dangers. En relevant, d'une part, que le caractère nocif des poussières d'amiante était connu depuis le début du XXe siècle et que le caractère cancérigène de celles-ci avait été mis en évidence dès le milieu des années cinquante, et, d'autre part, que si les autorités publiques avaient inscrit progressivement, à partir de 1945, sur la liste des maladies professionnelles, les diverses pathologies invalidantes, voire mortelles, dues à l'exposition professionnelle à l'amiante, ces autorités n'avaient entrepris, avant 1977, aucune recherche afin d'évaluer les risques pesant sur les travailleurs exposés aux poussières d'amiante, ni pris de mesures aptes à éliminer ou, tout au moins, à limiter les dangers liés à une telle exposition, une Cour administrative d'appel n'a pas dénaturé les faits qui lui étaient soumis. Elle a pu en déduire que, du fait de ces carences dans la prévention des risques liés à l'exposition des travailleurs aux poussières d'amiante, l'État avait commis une faute de nature à engager sa responsabilité (CE 3 mars 2004, n° 241150, Dr. Soc. 2004, p. 569, obs. X. Prétot).

Le Conseil d'État (CE 9 novembre 2015, n° 342468, Rec. Lebon, p. 379; LSQ n° 16955 du 13.11.2015; JCP éd. S 2015, 1474, note C-Fr. Pradel, P. Pradel-Boureux et V. Pradel) a admis qu'un employeur, condamné par le juge judiciaire à indemniser ses salariés en raison d'un manquement à son obligation d'assurer leur sécurité et la protection de leur santé, pouvait se retourner contre l'État lorsque l'administration avait, du fait de l'insuffisance de la réglementation, commis une faute ayant concouru à la réalisation des préjudices et qu'il n'en allait autrement que si cet employeur avait délibérément commis une faute d'une particulière gravité. Ainsi, s'agissant de salariés victimes de maladies professionnelles liées à l'amiante, le Conseil d'État, chargé de répartir la réparation du dommage entre la société employeur et l'État, a estimé que pour la période antérieure à 1977, la faute des pouvoirs publics à ne pas prendre de mesures propres à limiter les dangers de l'amiante et la faute de la société à protéger ses salariés avaient toutes deux concouru au développement de ces maladies professionnelles. Il a en conséquence procédé à un partage de responsabilité à hauteur de deux tiers pour la société et un tiers pour l'État. Pour la période postérieure à 1977, le Conseil d'État a relevé que les évolutions réglementaires avaient été de nature à réduire les risques de maladies professionnelles, alors que la société n'avait pas respecté la réglementation sur cette période; il a estimé, dans ces conditions, qu'elle ne démontrait pas que l'État serait partiellement responsable du développement des maladies de ses salariés.

Dans une nouvelle affaire (CE 26 mars 2018, n° 401376, Rec. Lebon, p. 104; LS Jurispr. n° 62 du 3.04.2018), le Conseil d'État a en revanche refusé d'engager la responsabilité de l'État: la société, spécialisée dans la production d'amiante-ciment, et ayant déjà, au cours de la période de 1974 à 1977, une connaissance particulière des dangers liés à l'utilisation de l'amiante, n'avait pris aucune mesure de protection individuelle et collective de ses salariés exposés avant 1977 par des installations efficaces, contrôlées, surveillées et entretenues de limitation et d'évacuation des poussières, conformément à la réglementation alors en vigueur, ce qui constituait, pour la période antérieure au décret du 17 août 1977, une faute d'une particulière gravité délibérément commise, faisant obstacle à ce qu'elle se prévale de la carence fautive de l'État.

• Les dispositions de l'article L. 230-2 ancien (L. 4121-1 à 4) ne sont pas pénalement sanctionnées (cass. crim. 14 octobre 1997, n° 96-83.356, B. crim. n° 334).

• **Stress au travail.** En vertu de la directive-cadre 89/391 concernant la mise en œuvre des mesures visant à promouvoir l'amélioration de la sécurité et de la santé des travailleurs au travail, et des articles L. 4121-1 à 5 CT, les employeurs prennent les mesures nécessaires pour assurer la sécurité et protéger la santé physique et mentale des travailleurs. Cette obligation couvre également les problèmes de stress au travail dans la mesure où ils présentent un risque pour la santé et la sécurité. Voir accord national interprofessionnel sur le stress au travail du 2 juillet 2008 étendu par arrêté du 23 avril 2009 (JO 6 mai) rapporté dans *Textes non codifiés*, rubrique «Santé et conditions de travail», transposant l'accord cadre européen du 8 octobre 2004. Compte tenu de l'arrêté d'extension, tous les employeurs doivent appliquer les dispositions de cet accord, les représentants du personnel devant être associés à cette démarche.

Une cour d'appel a retenu qu'un employeur ne peut ignorer ou s'affranchir des données médicales afférentes au stress au travail et ses conséquences pour les salariés qui en sont victimes, que l'accroissement du travail du salarié était patent sur les années précédant son accident cardiaque, que la politique de surcharge, de pressions, «d'objectifs inatteignables» de l'entreprise était confirmée par des attestations, que la société n'avait pas utilement pris la mesure des conséquences de l'objectif de réduction des coûts en terme de facteurs de risque pour la santé des employés, que l'obligation de sécurité de l'employeur ne peut exclure le cas, non exceptionnel, d'une réaction à la pression ressentie par le salarié. La cour a pu en déduire que l'employeur avait ou aurait dû avoir conscience du risque encouru par son salarié et n'avait pas pris les mesures propres à l'en préserver, de sorte que sa faute inexcusable était établie (cass. civ., 2e ch., 8 novembre 2012, n° 11-23.855, JCP éd. G 2013, 84, note J. Colonna et V. Renaux-Personnic). Voir aussi Fr. Llovera, «Stress au travail et condamnation pour faute inexcusable de l'employeur», JCP éd. S 2013, 1095.

• *Pour aller plus loin,* voir notamment M. Blatman, «L'obligation de sécurité de résultat de la Cour de cassation en six étapes», SSL févr. 2007, n° 1295; N. Ferré, «Les cancers professionnels et la sanction pénale», RDT, oct. 2008, 583; Th. Aubert-Monpeyssen et M. Blatman, «Les risques psychosociaux au travail et la jurisprudence française: la culture de la prévention», Dr. Soc. 2012, p. 832; M-A Moreau, «L'obligation générale de préserver la santé des travailleurs (ou ne pas oublier l'ancrage communautaire de certains textes)», Dr. Soc. 2013, p. 410; J. Frangie-Moukanas et C. Potier, «Obligation de sécurité de résultat: l'inquiétude permanente des employeurs», JSL n° 366, 22.05.2014; M-P Schramm et B. Lefebvre, «Qualité de vie au travail et prévention des risques psychosociaux», RJS 1/14, p. 2; L. Lerouge, «Les " risques psychosociaux " en droit: retour sur un terme controversé», Dr. Soc. 2014, p. 152; J-L Crozafon, «Risques psychosociaux et souffrance au travail: vers un rapprochement du droit du travail et du droit de la fonction publique», JCP éd. S 2014, 1024; L. Gamet, «Le préjudice d'anxiété», Dr. Soc. 2015, p. 55; M. Ledoux et F. Quinquis, «L'obligation de sécurité de résultat à l'épreuve du préjudice d'anxiété», RJS 6/15 p. 355; M. Keim-Bagot, «Préjudice d'anxiété: la Cour de cassation referme la boîte de Pandore», Dr. Soc. 2015, p. 360; M. Keim-Bagot et E. Jeansen, «Quel devenir pour l'obligation patronale de sécurité ?», RDT, avril 2016, 222; X. Aumeran, «Le préjudice d'anxiété des travailleurs à la croisée des chemins», Dr. Soc. 2017, p. 935; B. Gauriau, «Regards sur l'anxiété», JCP éd. S 2019, 1120; X. Aumeran, «Le préjudice d'anxiété à l'ère de l'obligation de sécurité de l'employeur», Dr. Soc. 2020, p. 58; C. Willmann, «L'angoisse du salarié face à la mort», Dr. Soc. 2020, p. 883.

Sur la prévention des risques psycho-sociaux, voir aussi avis du Conseil économique, social et environnemental 2013-12 du 14 mai 2013; accord-cadre du 22 octobre 2013 sur la prévention des risques psychosociaux dans la Fonction publique.

Art. L. 4121-2. L'employeur met en œuvre les mesures prévues à l'article L. 4121-1 sur le fondement des principes généraux de prévention suivants:

1° Éviter les risques;

2° Évaluer les risques qui ne peuvent pas être évités;

3° Combattre les risques à la source;

4° Adapter le travail à l'homme, en particulier en ce qui concerne la conception des postes de travail ainsi que le choix des équipements de travail et des méthodes de travail et de production, en vue notamment de limiter le travail monotone et le travail cadencé et de réduire les effets de ceux-ci sur la santé;

5° Tenir compte de l'état d'évolution de la technique;

6° Remplacer ce qui est dangereux par ce qui n'est pas dangereux ou par ce qui est moins dangereux;

7° Planifier la prévention en y intégrant, dans un ensemble cohérent, la technique, l'organisation du travail, les conditions de travail, les relations sociales et l'influence des facteurs ambiants, notamment les risques liés au harcèlement moral ***(L. 2012-954 du 6 août 2012, JO 7)*** «et au harcèlement sexuel, tels qu'ils sont définis aux articles L. 1152-1 et L. 1153-1» ***(L. 2016-1088 du 8 août 2016, art. 5, JO 9)*** «, ainsi que ceux liés aux agissements sexistes définis à l'article L. 1142-2-1»;

8° Prendre des mesures de protection collective en leur donnant la priorité sur les mesures de protection individuelle;

9° Donner les instructions appropriées aux travailleurs.

Art. L. 4121-3. L'employeur, compte tenu de la nature des activités de l'établissement, évalue les risques pour la santé et la sécurité des travailleurs, y compris dans le choix des procédés de fabrication, des équipements de travail, des substances ou préparations chimiques, dans l'aménagement ou le réaménagement des lieux de travail ou des installations et dans la définition des postes de travail. ***(L. 2014-873 du 4 août 2014, art. 20, JO 5)*** «Cette évaluation des risques tient compte de l'impact différencié de l'exposition au risque en fonction du sexe.»

À la suite de cette évaluation, l'employeur met en œuvre les actions de prévention ainsi que les méthodes de travail et de production garantissant un meilleur niveau de protection de la santé et de la sécurité des travailleurs. Il intègre ces actions et ces méthodes dans l'ensemble des activités de l'établissement et à tous les niveaux de l'encadrement.

(L. 2012-387 du 22 mars 2012, art. 53, JO 23) «Lorsque les documents prévus par les dispositions réglementaires prises pour l'application du présent article doivent faire l'objet d'une mise à jour, celle-ci peut être moins fréquente dans les entreprises de moins de onze salariés, sous réserve que soit garanti un niveau équivalent de protection de la santé et de la sécurité des travailleurs, dans des conditions fixées par décret en Conseil d'État après avis des organisations professionnelles concernées.»

Note Dans une démarche de prévention et d'aide à l'évaluation des risques professionnels, le ministère du Travail a proposé aux différents acteurs intervenant en la matière un guide intitulé «Évaluer pour prévenir – Comprendre pour agir».

Art. L. 4121-4. Lorsqu'il confie des tâches à un travailleur, l'employeur, compte tenu de la nature des activités de l'établissement, prend en considération les capacités de l'intéressé à mettre en œuvre les précautions nécessaires pour la santé et la sécurité.

Art. L. 4121-5. Lorsque dans un même lieu de travail les travailleurs de plusieurs entreprises sont présents, les employeurs coopèrent à la mise en œuvre des dispositions relatives à la santé et à la sécurité au travail.

SECTION 1 (réglementaire). Document unique d'évaluation des risques

Art. R. 4121-1. L'employeur transcrit et met à jour dans un document unique les résultats de l'évaluation des risques pour la santé et la sécurité des travailleurs à laquelle il procède en application de l'article L. 4121-3.

Cette évaluation comporte un inventaire des risques identifiés dans chaque unité de travail de l'entreprise ou de l'établissement, ***(D. 2008-1382 du 19 déc. 2008, JO 24)*** «y compris ceux liés aux ambiances thermiques.»

Note • «Ce texte concrétise le principe posé par la loi du 31 décembre 1991 et achève de mettre le droit français en conformité avec l'article 9, § 1 a) de la directive européenne 89/391/CEE du 12 juin 1989. Il crée une obligation de formaliser dans un document unique les résultats de l'évaluation a priori des risques que l'employeur est tenu de mener dans son entreprise» (circ. DRT 2001-5 du 15 novembre 2001 relative aux entreprises à risques, BO TR 2001/24, p. 315). La non-transcription ou la non-mise à jour des résultats de l'évaluation des risques par les entreprises concernées sont punies d'une amende de 1 500 € (3 000 € en cas de récidive) (art. R. 4741-1 CT). Ces sanctions sont applicables depuis le 8 novembre 2002 (décret 2001-1016 du 5 novembre 2001, JO 7).

Voir aussi circulaire DRT 2002-6 du 18 avril 2002 prise pour l'application du décret 2001-1016 précité (BO TR 2002/10, p. 19); rép. QE 126, JO AN 6 nov. 2002, p. 4461; 16119, JO AN 13 oct. 2003, p. 7813 et 22025, JO AN 29 sept. 2003, p. 7471.

• Sur la distinction entre «notice d'hygiène et de sécurité» et «document unique», voir circulaire DRT 2006-10 du 14 avril 2006 relative à la sécurité des travailleurs sur les sites à risques industriels majeurs.

• Il résulte des articles L. 4121-3 et R. 4121-1 CT que l'employeur est tenu d'évaluer dans son entreprise les risques pour la santé et la sécurité des travailleurs et de transcrire les résultats dans un document unique, et cela même en l'absence d'indication et de précision sur les substances ou préparations chimiques utilisées au sein de l'entreprise (cass. soc. 8 juillet 2014, n° 13-15.470, BC V n° 179; RJS 10/14 n° 703).

Art. R. 4121-1-1. ***(D. 2014-1158 du 9 oct. 2014, JO 10, entrée en vigueur le 01.01.2015)*** L'employeur consigne, en annexe du document unique :

1° Les données collectives utiles à l'évaluation des expositions individuelles aux facteurs de risques mentionnés à l'article L. 4161-1 de nature à faciliter ***(D. 2015-1885 du 30 déc. 2015, JO 31)*** « la déclaration mentionnée à cet article, le cas échéant à partir de l'identification de postes, métiers ou situations de travail figurant dans un accord collectif étendu ou un référentiel professionnel de branche homologué mentionnés à l'article L. 4161-2 ; »

2° La proportion de salariés exposés aux facteurs de risques professionnels mentionnés à l'article L. 4161-1, au-delà des seuils prévus au même article. Cette proportion est actualisée en tant que de besoin lors de la mise à jour du document unique.

Art. R. 4121-2. La mise à jour du document unique d'évaluation des risques est réalisée :

1° Au moins chaque année ;

2° Lors de toute décision d'aménagement important modifiant les conditions de santé et de sécurité ou les conditions de travail, au sens de l'article L. 4612-8 ;

3° Lorsqu'une information supplémentaire intéressant l'évaluation d'un risque dans une unité de travail est recueillie.

Art. R. 4121-3. Dans les établissements dotés d'un ***(D. 2017-1819 du 29 déc. 2017, art. 3, 70°, JO 30, entrée en vigueur le 01.01.2018)*** « comité social et économique », le document unique d'évaluation des risques est utilisé pour l'établissement du rapport et du programme de prévention des risques professionnels annuels prévus à l'article L. 4612-16.

Art. R. 4121-4. ***(D. 2017-1819 du 29 déc. 2017, art. 3, 69°, JO 30, entrée en vigueur le 01.01.2018)*** Le document unique d'évaluation des risques est tenu à la disposition :

1° Des travailleurs ;

2° Des membres de la délégation du personnel du comité social et économique ;

3° Du médecin du travail et des professionnels de santé mentionnés à l'article L. 4624-1 ;

4° Des agents de l'inspection du travail ;

5° Des agents des services de prévention des organismes de sécurité sociale ;

6° Des agents des organismes professionnels de santé, de sécurité et des conditions de travail mentionnés à l'article L. 4643-1 ;

7° Des inspecteurs de la radioprotection mentionnés à l'article ***(D. 2018-437 du 4 juin 2018, art. 2, JO 5, entrée en vigueur le 01.07.2018)*** « L. 1333-29 » du code de la santé publique et des agents mentionnés à l'article ***(D. 2018-437 du 4 juin 2018, art. 2, JO 5, entrée en vigueur le 01.07.2018)*** « L. 1333-30 » du même code, en ce qui concerne les résultats des évaluations liées à l'exposition des travailleurs aux rayonnements ionisants, pour les installations et activités dont ils ont respectivement la charge.

Un avis indiquant les modalités d'accès des travailleurs au document unique est affiché à une place convenable et aisément accessible dans les lieux de travail. Dans les entreprises ou établissements dotés d'un règlement intérieur, cet avis est affiché au même emplacement que celui réservé au règlement intérieur.

SECTION 2 (réglementaire). Pénibilité

Note Les articles D. 4121-5 à 9 qui figuraient dans cette section ont été abrogés par le décret 2014-1159 du 9 octobre 2014, art. 2, JO 10.

CHAPITRE II Obligations des travailleurs

Art. L. 4122-1. Conformément aux instructions qui lui sont données par l'employeur, dans les conditions prévues au règlement intérieur pour les entreprises tenues d'en élaborer un, il incombe à chaque travailleur de prendre soin, en fonction de sa formation et selon ses possibilités, de sa santé et de sa sécurité ainsi que de celles des autres personnes concernées par ses actes ou ses omissions au travail.

Les instructions de l'employeur précisent, en particulier lorsque la nature des risques le justifie, les conditions d'utilisation des équipements de travail, des moyens de protection, des substances et préparations dangereuses. Elles sont adaptées à la nature des tâches à accomplir.

Les dispositions du premier alinéa sont sans incidence sur le principe de la responsabilité de l'employeur.

Note • **L'obligation de sécurité pesant sur le salarié** est explicitement rappelée dans cet article. Elle reprend celle exprimée dans la directive-cadre 89/391/CEE du 12 juin 1989, art. 13.

• En cas de manquement à l'obligation qui lui est faite par cet article de prendre soin de sa sécurité et de sa santé, ainsi que de celles des autres personnes concernées du fait de ses actes ou de ses omissions au travail, un salarié engage sa responsabilité et une faute grave peut être retenue contre lui. Ainsi, un chef de chantier, qui ne respecte pas l'obligation de porter un casque de sécurité, commet une faute grave (cass. soc. 23 mars 2005, n° 03-42.404, BC V n° 99; RJS 6/05 n° 641). De même, peuvent être licenciés pour faute grave le responsable de site qui néglige de faire respecter les règles de sécurité en donnant l'ordre à des salariés de démonter des rayonnages de 5 mètres de haut en les escaladant, sans aucune protection, alors que ce travail aurait nécessité l'emploi d'une nacelle (cass. soc. 7 octobre 2015, n° 14-12.403, LS Jurispr. n° 193 du 27.10.2015) ou le salarié qui fume dans l'enceinte de l'entreprise en violation des consignes de sécurité, dont il avait connaissance, interdisant cette pratique en raison de l'activité de la société et des produits qui s'y trouvaient manipulés (cass. soc. 16 juin 2015, n° 14-10.327, LS Jurispr. n° 116 du 30.06.2015). Voir aussi cass. soc. 30 septembre 2005, n° 04-40.625, BC V n° 278; Dr. Soc. 2006, p. 102, obs. J. Savatier, s'agissant d'un directeur technique ayant commis différents manquements d'une particulière gravité en dépit d'instructions précises et cass. soc. 23 juin 2010, n° 09-41.607, BC V n° 151; Dr. Soc. 2010, p. 954, s'agissant d'un salarié, titulaire d'une délégation de pouvoirs en matière d'hygiène et de sécurité, n'ayant pris aucune mesure pour prévenir un accident.

S'agissant du licenciement du directeur d'un service entretien, à la suite du décès de deux salariés d'une entreprise extérieure, à laquelle il avait été confié la fourniture d'une nouvelle tuyauterie sur une centrale hydraulique, tués par projection d'huile sous haute pression lors du démontage de l'ancienne installation, une cour d'appel, qui a constaté qu'il entrait dans les attributions du salarié de passer les commandes relatives à la maintenance des installations de la société, de définir avec les entreprises intervenantes les conditions de leur intervention et de les renseigner sur les mesures de sécurité, qu'il n'avait pas correctement établi le plan de prévention et n'avait pas averti des dangers liés à cette intervention qu'il connaissait pourtant, a décidé, à bon droit, que ce salarié avait commis une faute grave (cass. soc. 28 février 2002, n° 00-41.220, BC V n° 82; RJS 5/02 n° 582).

Est justifié le licenciement d'un salarié ayant laissé son chien pendant trois heures dans son véhicule stationné sur le parking de l'entreprise et n'ayant pas été en mesure de l'empêcher d'attaquer une salariée sur le parking, la cour d'appel, ayant ainsi caractérisé un manquement du salarié à son obligation de ne pas mettre en danger, dans l'enceinte de l'entreprise, d'autres membres du personnel (cass. soc. 4 octobre 2011, n° 10-18.862, BC V n° 220; JCP éd. S 2011, 1533, note L. Dauxerre; RJS 12/11 n° 949). Il en va de même du licenciement d'une salariée qui au cours d'une altercation avait tenu un cutter, lame sortie, en direction d'une autre salariée, ce comportement caractérisant un manquement à l'obligation de sécurité (cass. soc. 30 octobre 2013, n° 12-20.190, JSL n° 357, 7.01.2014, p. 30).

• Les obligations pesant sur l'employeur en matière de sécurité ne sont pas exclusives de celles incombant au salarié qui, aux termes de cet article, doit prendre soin, en fonction de sa formation et selon ses possibilités, de sa sécurité et de sa santé ainsi que de celles des autres personnes concernées du fait de ses actes ou omissions; il en résulte que des accords d'intéressement peuvent, sans en méconnaître le caractère collectif, prendre en considération des critères tenant à l'amélioration de la sécurité dans l'entreprise. L'accord litigieux (intéressement des salariés prévoyant la prise en considération du taux de fréquence des accidents du travail) ne pouvant aboutir à la diminution ou à la suppression de la prime d'intéressement que pour l'ensemble des salariés d'un établissement, dont aucun n'est susceptible d'être désavantagé, n'ayant pas pour conséquence de sanctionner l'absence d'un salarié consécutive à un accident du travail, ne faisant pas obstacle au principe de la responsabilité, tant civile que pénale, des employeurs ou chefs d'établissement, un tribunal a décidé à bon droit que les primes d'intéressement devaient être exclues de l'assiette des cotisations (cass. soc. 24 septembre 2002, n° 00-18.290, BC V n° 277; RJS 12/02 n° 1422).

• *3e alinéa*. Faisant application des dispositions de cet alinéa, la Cour de cassation juge que «les obligations des travailleurs dans le domaine de la sécurité et de la santé au travail n'affectent pas le principe de la responsabilité de l'employeur»; par conséquent, en cas de manquement de ce dernier à son obligation de sécurité de résultat, le montant de l'indemnisation due au salarié victime de ce manquement ne peut être limité pour tenir compte de son imprudence qui aurait concouru au dommage (cass. soc. 10 février 2016, n° 14-24.350, BC V n° 30; LSQ n° 17022 du 18.02.2016; JSL n° 406, 22.03.2016, p. 15, H. Tissandier; RJS 4/16 n° 254; JCP éd. S 2016, 1128, note D. Asquinazi-Bailleux; RDT, juin 2016, CH, 425, M. Véricel; 13 juin 2019, n° 18-11.115, LS n° 17844 du 27.06.2019; RJS 10/19 n° 552; JSL n° 483, 14.10.2019, p. 12, J-Ph. Lhernould).

Art. L. 4122-2. Les mesures prises en matière de santé et de sécurité au travail ne doivent entraîner aucune charge financière pour les travailleurs.

Note • Indépendamment des dispositions de cet article, il résulte des dispositions combinées des articles 1135 [1194] c. civ. et L. 121-1 [L. 1221-1] CT que les frais qu'un salarié expose pour les besoins de son activité professionnelle et dans l'intérêt de l'employeur doivent être supportés par ce dernier. Alors que les salariés d'une entreprise devaient porter une tenue de travail, pour des raisons d'hygiène, de sécurité, de contact avec la clientèle ou de stratégie commerciale, des syndicats avaient saisi la juridiction prud'homale aux fins de voir enjoindre à l'employeur d'assurer le coût de l'entretien de ces tenues vestimentaires. Ayant constaté que pour chacune des catégories d'emplois concernés, le port du vêtement de travail était obligatoire et qu'il était inhérent à l'emploi, une cour d'appel a exactement décidé que l'employeur devait assurer la charge de leur entretien (cass. soc. 21 mai 2008, n° 06-44.044, BC V n° 108; RJS 8-9/08 n° 896; JCP éd. S 2008, 1538, note B. Bossu). Sur la nécessité pour le salarié de justifier que les frais dont il demande le remboursement (en l'espèce, achat d'une seconde paire de lunettes à la suite d'examens ophtalmologiques préconisés par le médecin du travail) ont été engagés pour répondre aux besoins de l'activité professionnelle et dans l'intérêt de l'employeur, voir aussi cass. soc. 5 juillet 2017, n° 15-29.424, BC V n° 116; LS Jurispr. n° 135 du 25.07.2017; JCP éd. S 2017, 1337, note M. Michalletz; JSL n° 438, 3.10.2017, p. 13, A. Bonnet; RJS 10/17 n° 673.

• S'il résulte des articles 1135 [1194] c. civ. et L. 1221-1 CT que l'employeur doit assurer l'entretien des tenues de travail dont il impose le port au salarié (la clause du contrat de travail qui met à la charge du salarié les frais engagés pour les besoins de son activité professionnelle est réputée non écrite), il lui appartient de définir, dans l'exercice de son pouvoir de direction, les modalités de prise en charge de cet entretien. C'est à tort que, après avoir relevé qu'une société devait prendre en charge l'entretien des tenues de travail des salariés, une cour d'appel lui a prescrit de mettre en place un système de ramassage, de lavage et de repassage chaque semaine, des tenues sales, et de remise à disposition, la semaine suivante, des tenues propres dans des casiers prévus à cet effet (cass. soc. 12 décembre 2012, n° 11-26.585, BC V n° 331; LSQ n° 16247 du 19.12.2012; RJS 2/13 n° 124; JSL n° 336, 28.01.2013, p. 8, J-E Tourreil).

• Il résulte du principe général dont s'inspirent les dispositions de cet article, applicable aux entreprises dont le personnel est doté d'un statut réglementaire et qui n'est pas incompatible avec les nécessités de la mission de service public qui leur est confiée, que les frais qu'un salarié expose pour les besoins de son activité professionnelle et dans l'intérêt de son employeur doivent, dès lors qu'ils résultent d'une sujétion particulière, être supportés par ce dernier. S'agissant de l'entretien et du nettoyage de vêtements de travail imposés par l'employeur, sont ainsi concernés les frais qui excèdent les charges qui résulteraient de l'entretien et du nettoyage des vêtements ordinairement portés par le salarié, soit que le port du vêtement de travail soit imposé en plus de ces derniers, soit que son entretien occasionne des frais particuliers (CE 17 juin 2014, n° 368867, LS Jurispr. n° 151 du 26.08.2014).

Sur la non-obligation de préciser les modalités de prise en charge du coût d'entretien des tenues de travail dans le règlement intérieur, voir CE 23 octobre 2013, n° 356037, cité sous l'article L. 1321-1 (Contenu du règlement intérieur, Santé et sécurité).

• Seuls les frais qu'un salarié expose pour les besoins de son activité professionnelle et dans l'intérêt de l'employeur doivent, dès lors qu'ils résultent d'une sujétion particulière, être supportés par ce dernier; dès lors, le salarié non soumis au port d'une tenue de travail spécifique doit prendre en charge les frais de ses vêtements de travail (cass. soc. 3 mai 2016, n° 15-12.549, BC V n° 87; RJS 7/16 n° 494; JCP éd. S 2016, 1275, note K. Pagani).

TITRE III DROITS D'ALERTE ET DE RETRAIT

Note Sur l'application des dispositions de ce titre aux gens de mer, voir décret 2016-303 du 15 mars 2016 relatif aux modalités d'exercice du droit d'alerte et de retrait des gens de mer à bord des navires (JO 17).

CHAPITRE Ier Principes

Art. L. 4131-1. Le travailleur alerte immédiatement l'employeur de toute situation de travail dont il a un motif raisonnable de penser qu'elle présente un danger grave et imminent pour sa vie ou sa santé ainsi que de toute défectuosité qu'il constate dans les systèmes de protection.

Il peut se retirer d'une telle situation.

L'employeur ne peut demander au travailleur qui a fait usage de son droit de retrait de reprendre son activité dans une situation de travail où persiste un danger grave et imminent résultant notamment d'une défectuosité du système de protection.

Note • Voir P-Y Verkindt et M. Babin, «Quels usages du droit de retrait ?», RDT, décembre 2020, CO, 721.

• *Covid-19.* Voir G. Champenois, «Coronavirus 2019 ou Covid-19 et droit de retrait du travailleur», Dr. Soc. 2020, p. 593.

• La loi du 23 décembre 1982 a institué au profit des salariés, en cas de danger grave et imminent, un droit d'«alerte» et de «retrait» assorti de garanties (art. L. 4131-3 et 4), la seule obligation pesant sur le salarié désirant se retirer d'une situation dangereuse étant de le signaler à l'employeur ou à son représentant (circ. DRT 93/15 du 25 mars 1993, BO TR 93/10, p. 99).

Notion de danger grave et imminent. Selon le ministre chargé du travail, la loi du 23 décembre 1982 a entendu «viser les situations où le risque est susceptible de se réaliser brusquement et dans un délai rapproché». Le maintien du salarié à un poste contre-indiqué par le médecin du travail qui aurait suggéré la modification du poste de travail de l'intéressé ou sa mutation ne constitue pas un tel danger, le cas visé par le législateur ne correspondant en effet «généralement pas aux propositions de mutation ou d'aménagement de poste, à moins d'indication expresse contraire du médecin du travail» (rép. QE 37923, JO AN 26 décembre 1983, p. 5497 et 73904, JO AN 23 décembre 1985, p. 5903).

Jurisprudence. Le droit de retrait prévu par cet article constitue pour le salarié un droit et non une obligation (cass. soc. 9 décembre 2003, n° 02-47.579, RJS 2/04 n° 216); il ne peut être exercé que pendant l'exécution du contrat de travail et non pendant sa suspension pour cause de maladie (cass. soc. 9 octobre 2013, n° 12-22.288, BC V n° 227; RJS 12/13 n° 783).

Les dispositions de l'article L. 231-8 [L. 4131-1] n'imposent pas au salarié de signaler par écrit à son employeur l'existence d'une situation dangereuse; en le prescrivant, le règlement intérieur d'une entreprise impose aux salariés, dans l'exercice de leur droit de retrait d'une situation de travail qu'ils estiment dangereuse, une sujétion qui n'est pas justifiée par les nécessités de sécurité dans l'entreprise (CE 12 juin 1987, n° 72388, Dr. Soc. 1987, p. 654, note J. Savatier; 11 juillet 1990, n° 85416, JCP 1991, p. 56, obs. O. Godard). De même, l'obligation d'information du responsable hiérarchique assortie de celle immédiate de consignation par écrit avant retrait, signée soit par le salarié, soit par un témoin ou par le supérieur hiérarchique, imposées par un règlement intérieur sont de nature à restreindre l'usage du droit de retrait prévu par l'article L. 4131-1 et la suppression d'une telle clause doit être ordonnée (cass. soc. 28 mai 2008, n° 07-15.744, BC V n° 120; JSL n° 236, 30.06.2008, p. 8, M. Hautefort). La cause du danger grave ou imminent pour la vie ou la santé du salarié ne se trouve pas nécessairement dans un motif étranger à la personne du salarié, «la condition d'extériorité du danger n' [étant] pas exigée d'une manière exclusive par les articles L. 231-8 et 8-1 CT (L. 4131-1, 3 et 4)» (cass. soc. 20 mars 1996, n° 93-40.111, BC V n° 107; RJS 5/96, p. 319, concl. Y. Chauvy).

S'agissant d'une salariée ayant un motif raisonnable de penser que le maintien à son poste de travail présentait un danger grave et imminent sur sa santé, voir cass. soc. 11 décembre 1986, n° 84-42.209, BC V n° 597; JCP 1987.II.20807, note O. Godard; de salariés fondés à se prévaloir d'une situation dangereuse pour leur vie ou leur santé pour cesser leur travail en raison du défaut persistant de conformité des installations de l'entreprise avec les normes de sécurité, voir cass. soc. 1er mars 1995, n° 91-43.406; d'un salarié ayant pu exercer son droit de retrait en refusant de conduire un camion faisant l'objet d'une interdiction de circuler, voir cass. soc. 5 juillet 2000, n° 98-43.481; d'un salarié qui, la veille du jour où il avait refusé de conduire un autobus au motif que la direction du véhicule était trop dure et sa suspension trop ferme, avait été examiné par le médecin du travail à la suite d'une période d'arrêt de travail provoquée par un accident du travail et avait été déclaré apte à la conduite sous réserve que lui soit confié un véhicule à la direction souple: la cour d'appel a pu en déduire que l'intéressé avait nécessairement exercé son droit d'alerte et avait un motif raisonnable de penser que la conduite de l'autobus qui lui était confié pouvait présenter un danger grave et imminent pour sa santé (cass. soc. 10 mai 2001, n° 00-43.437, RJS 7/01 n° 872); d'un salarié invoquant, pour justifier son absence un soir, la mise en place d'une procédure de retrait, action indissociable de l'action des autres salariés ayant eu un motif raisonnable de penser que leur situation de travail présentait un danger grave et imminent pour leur vie ou leur santé (cass. soc. 6 juin 2000, n° 97-42.927); d'un salarié occupé à l'aménagement d'un chemin, au moyen d'une pelle mécanique, qui a usé de son droit de retrait d'une situation dangereuse, estimant que sa sécurité n'était pas assurée en raison d'un risque d'effondrement (cass. crim. 8 octobre 2002, n° 01-85.550, B. crim. n° 181: cassation pour motifs contradictoires de l'arrêt d'appel qui a infirmé la déclaration de culpabilité du chef de centre pour infraction de sanction abusive de l'exercice du droit de retrait du salarié); de salariés ayant exercé leur droit de retrait qui n'avaient pas un motif raisonnable de penser que leur situation de travail présentait un danger grave et imminent (appréciation souveraine des juges du fond), voir cass. soc. 20 janvier 1993, n° 91-42.028, BC V n° 22; JCP éd. E 1993.II.494; du refus d'une salariée d'utiliser son véhicule de travail constitutif d'une faute grave, la salariée ne justifiant pas d'un motif raisonnable de penser que la situation de travail dans laquelle elle se trouvait présentait un danger grave et imminent pour sa vie et sa santé (cass. soc. 23 mai 2001, n° 99-42.577); de la crainte d'une agression pour un convoyeur de fonds, ne pouvant justifier, à elle seule, l'exercice du droit de retrait dès lors qu'aucun danger effectif n'apparaissait imminent et que l'employeur n'avait méconnu aucune obligation de sécurité relative aux conditions de travail (CA Aix-en-Provence, 8 novembre 1995, 9e ch., JCP éd. E 1996.II.859).

Une cour d'appel, qui a estimé qu'à l'exception de la sécurité du quartier du vieux port, il n'y avait pas de motif raisonnable de penser qu'il existait un danger grave et imminent de nature à justifier l'exercice du droit de retrait sur les autres lignes du réseau, a pu débouter les chauffeurs d'une entreprise de transport de leur demande en paiement de leur salaire pour la journée concernée et les condamner, en conséquence, à rembourser à leur employeur les sommes versées en exécution des jugements de première instance (cass. soc. 23 avril 2003, n° 01-44.806, BC V n° 136; RJS 8-9/03 n° 1027).

Sur la décision d'un conseil de prud'hommes ayant retenu qu'il n'était pas établi qu'un conducteur-receveur de tramway ait fait grève mais ayant estimé qu'il avait un motif raisonnable de penser que la situation dans laquelle il se trouvait à la suite de l'agression de collègues de travail présentait un danger grave et imminent pour sa vie ou sa santé et qui a fait droit à sa demande de paiement d'une somme au titre du salaire de la journée en cause, voir cass. soc. 19 mai 2010, n° 09-40.353.

Voir aussi note sous art. L. 2511-1 «Droit de retrait d'une situation dangereuse».

Art. L. 4131-2. Le représentant du personnel au ***(Ord. 2017-1386 du 22 sept. 2017, art. 4, 77°, JO 23, entrée en vigueur au plus tard le 01.01.2018)*** «comité social et économique», qui constate qu'il existe une cause de danger grave et imminent, notamment par l'intermédiaire d'un travailleur, en alerte immédiatement l'employeur selon la procédure prévue au premier alinéa de l'article L. 4132-2.

Note L'exercice par un salarié de son droit d'alerte ou de retrait n'est pas subordonné à la procédure d'intervention du comité d'hygiène, de sécurité et des conditions de travail prévue par l'article L. 231-9 [L. 4131-2] CT (cass. soc. 10 mai 2001, n° 00-43.437, RJS 7/01 n° 872).

L'employeur ne saurait refuser à un représentant du personnel au CHSCT qui l'avise d'un danger imminent de se rendre sur les lieux ni de lui fournir à cet effet les moyens nécessaires (cass. soc. 10 octobre 1989, n° 86-44.112, BC V n° 580).

Voir cass. soc. 21 juillet 1993, n° 91-42.384, RJS 8-9/93 n° 878.

Art. L. 4131-3. Aucune sanction, aucune retenue de salaire ne peut être prise à l'encontre d'un travailleur ou d'un groupe de travailleurs qui se sont retirés d'une situation de travail dont ils avaient un motif raisonnable de penser qu'elle présentait un danger grave et imminent pour la vie ou pour la santé de chacun d'eux.

Note • D'une part, aucune sanction, aucune retenue de salaire ne peut être prise à l'encontre d'un travailleur ou d'un groupe de travailleurs qui se sont retirés d'une situation de travail dont ils avaient un motif légitime de penser qu'elle présentait un danger grave ou imminent pour chacun d'eux; d'autre part, l'employeur, tenu d'une obligation de sécurité de résultat en matière de protection et de sécurité au travail, doit en assurer l'effectivité; ainsi est nul le licenciement prononcé par l'employeur pour un motif lié à l'exercice légitime par le salarié du droit de retrait de son poste de travail dans une situation de danger (cass. soc. 28 janvier 2009, n° 07-44.556, BC V n° 82; JCP éd. S 2009, 1227, note P-Y Verkindt; Dr. Soc. 2009, p. 741, obs. J. Savatier; RJS 7/09 n° 626; voir aussi cass. soc. 25 novembre 2015, n° 14-24.444, BC V n° 234: dès lors que le salarié a exercé légitimement son droit de retrait, le licenciement prononcé pour ce motif est nul, peu important que le salarié ait obtenu l'accord de l'employeur pour quitter son poste de travail).

• S'il est exact que les salariés, qui se retirent d'une situation de travail au motif qu'elle présente un danger grave et imminent pour la vie ou pour la santé de chacun d'eux, n'exercent pas le droit de grève, ils peuvent néanmoins faire l'objet, indépendamment de toute sanction, d'une retenue sur salaire s'ils n'avaient pas un motif raisonnable de penser que la situation présentait un tel danger (cass. soc. 11 juillet 1989, n° 86-43.497, BC V n° 516).

Lorsque les conditions du droit de retrait individuel ne sont pas réunies, le salarié s'expose à une retenue sur salaire, peu important qu'il reste à la disposition de l'employeur. L'employeur n'est par ailleurs pas tenu de saisir préalablement le juge sur l'appréciation du bien-fondé de l'exercice du droit de retrait par le salarié (cass. crim. 25 novembre 2008, n° 07-87.650, B. crim. n° 239; JSL n° 248, 28.01.2009, p. 18, J-E Tourreil; RJS 2/09 n° 180; Dr. Soc. 2009, p. 369, obs. P. Chaumette).

• Aucune sanction ni aucune retenue de salaire ne peuvent être prises à l'encontre d'un salarié ou d'un agent public qui s'est retiré d'une situation de travail dont il avait un motif raisonnable de penser qu'elle présentait un danger grave et imminent pour sa vie ou pour sa santé. S'agissant d'un agent technique qui avait refusé à deux reprises d'exécuter des travaux prescrits par le maire et qui s'était vu infliger une sanction d'exclusion temporaire des fonctions (3 jours), si son premier refus pouvait à bon droit être regardé comme fautif par le maire, son second refus ne pouvait être sanctionné, l'opération, qui consistait à fixer des illuminations à partir d'une échelle et d'un godet de tracteur levé à quatre mètres du sol dans lequel il devait prendre place, pouvant être regardée comme présentant un danger grave et imminent pour sa vie ou sa santé (TA Besançon 10 octobre 1996, n° 960071, Dr. Soc. 1996, p. 1037).

Le juge doit rechercher si le salarié ayant exercé le droit de retrait justifiait d'un motif raisonnable de penser que la situation de travail présentait un danger grave et imminent pour sa vie et sa santé et nécessitait une mesure de protection collective (destinée à éviter les chutes de personnes). Il ne saurait, en l'absence de cette recherche, débouter le salarié, licencié pour refus d'exécution d'un travail, de ses demandes d'indemnités (cass. soc. 9 mai 2000, n° 97-44.234, BC V n° 175).

Art. L. 4131-4. Le bénéfice de la faute inexcusable de l'employeur prévue à l'article L. 452-1 du code de la sécurité sociale est de droit pour le ou les travailleurs qui seraient victimes d'un accident du travail ou d'une maladie professionnelle alors qu'eux-mêmes ou un représentant du personnel au ***(Ord. 2017-1386 du 22 sept. 2017, art. 4, 77°, JO 23, entrée en vigueur au plus tard le 01.01.2018)*** «comité social et économique» avaient signalé à l'employeur le risque qui s'est matérialisé.

Note **Faute inexcusable.** Le bénéfice de la faute inexcusable est de droit pour le salarié ayant signalé à l'employeur un risque qui s'est matérialisé. C'est le cas lorsque la chute d'un salarié a été provoquée par le caractère glissant des marches de l'escalier, dépourvu en outre de main courante, et que cette situation dangereuse pour les usagers avait été signalée par l'intéressé à son employeur (cass. soc. 17 juillet 1998, n° 96-20.988, BC V n° 398).

CHAPITRE II Conditions d'exercice des droits d'alerte et de retrait

Art. L. 4132-1. Le droit de retrait est exercé de telle manière qu'elle ne puisse créer pour autrui une nouvelle situation de danger grave et imminent.

Note Un salarié ayant «abandonné son poste sans prendre les plus élémentaires précautions de sécurité» peut être licencié et le licenciement sera jugé fondé (cass. soc. 17 octobre 1989, JS UIMM, 1989, p. 460).

Art. L. 4132-2. Lorsque le représentant du personnel au ***(Ord. 2017-1386 du 22 sept. 2017, art. 4, 77°, JO 23, entrée en vigueur au plus tard le 01.01.2018)*** «comité social et économique» alerte l'employeur en application de l'article L. 4131-2, il consigne son avis par écrit dans des conditions déterminées par voie réglementaire.

L'employeur procède immédiatement à une enquête avec le représentant du ***(Ord. 2017-1386 du 22 sept. 2017, art. 4, 77°, JO 23, entrée en vigueur au plus tard le 01.01.2018)*** «comité social et économique» qui lui a signalé le danger et prend les dispositions nécessaires pour y remédier.

Art. D. 4132-1. L'avis du représentant du personnel au ***(D. 2017-1819 du 29 déc. 2017, art. 3, 70°, JO 30, entrée en vigueur le 01.01.2018)*** «comité social et économique», prévu à l'article L. 4131-2, est consigné sur un registre spécial dont les pages sont numérotées et authentifiées par le tampon du comité.

Cet avis est daté et signé. Il indique:
1° Les postes de travail concernés par la cause du danger constaté;
2° La nature et la cause de ce danger;
3° Le nom des travailleurs exposés.

Art. D. 4132-2. Le registre spécial est tenu, sous la responsabilité de l'employeur, à la disposition des représentants du personnel au ***(D. 2017-1819 du 29 déc. 2017, art. 3, 70°, JO 30, entrée en vigueur le 01.01.2018)*** «comité social et économique».

Art. L. 4132-3. En cas de divergence sur la réalité du danger ou la façon de le faire cesser, notamment par arrêt du travail, de la machine ou de l'installation, le ***(Ord. 2017-1386 du 22 sept. 2017, art. 4, 77°, JO 23, entrée en vigueur au plus tard le 01.01.2018)*** «comité social et économique» est réuni d'urgence, dans un délai n'excédant pas vingt-quatre heures.

L'employeur informe immédiatement l'***(L. 2016-1088 du 8 août 2016, art. 113, III, 1°, JO 9)*** «agent de contrôle de l'inspection du travail mentionné à l'article L. 8112-1» et l'agent du service de prévention de la caisse régionale d'assurance maladie, qui peuvent assister à la réunion du ***(Ord. 2017-1386 du 22 sept. 2017, art. 4, 77°, JO 23, entrée en vigueur au plus tard le 01.01.2018)*** «comité social et économique».

Art. L. 4132-4. À défaut d'accord entre l'employeur et la majorité du ***(Ord. 2017-1386 du 22 sept. 2017, art. 4, 77°, JO 23, entrée en vigueur au plus tard le 01.01.2018)*** «comité social et économique» sur les mesures à prendre et leurs conditions d'exécution, l'inspecteur du travail est saisi immédiatement par l'employeur.

L'inspecteur du travail met en œuvre soit l'une des procédures de mise en demeure prévues à l'article L. 4721-1, soit la procédure de référé prévue aux articles L. 4732-1 et L. 4732-2.

Art. L. 4132-5. L'employeur prend les mesures et donne les instructions nécessaires pour permettre aux travailleurs, en cas de danger grave et imminent, d'arrêter leur activité et de se mettre en sécurité en quittant immédiatement le lieu de travail.

CHAPITRE III Droit d'alerte en matière de santé publique et d'environnement

Note Ce chapitre a été introduit par la loi 2013-316 du 16 avril 2013, JO 17. Cette loi, relative à l'indépendance de l'expertise en matière de santé et d'environnement et à la protection des lanceurs d'alerte, a créé une Commission nationale de la déontologie et des alertes en matière de santé et d'environnement qui peut notamment être saisie par une organisation syndicale de salariés représentative au niveau national ou une organisation interprofessionnelle d'employeurs; la loi 2016-1691 du 9 décembre 2016, JO 10, a modifié la loi 2013-316 précitée et a doté les lanceurs d'alerte d'un statut protecteur unique. Voir note sous art. L. 1132-3-3.

Voir notamment JCP éd. S, 2014, 1210, «Gérer dans l'entreprise l'exercice d'un droit d'alerte préventive», C-Fr. Pradel, P. Pradel-Boureux et V. Pradel.

Art. L. 4133-1. Le travailleur alerte immédiatement l'employeur s'il estime, de bonne foi, que les produits ou procédés de fabrication utilisés ou mis en œuvre par l'établissement font peser un risque grave sur la santé publique ou l'environnement.

L'alerte est consignée par écrit dans des conditions déterminées par voie réglementaire.

L'employeur informe le travailleur qui lui a transmis l'alerte de la suite qu'il réserve à celle-ci.

Note Tout employeur saisi d'une alerte en matière de santé publique ou d'environnement qui n'a pas respecté les obligations lui incombant en application des articles L. 4133-1 et L. 4133-2 CT perd le bénéfice des dispositions du 4° de l'article 1386-11 [1245-10] c. civ. (le producteur est responsable de plein droit à moins qu'il ne prouve que l'état des connaissances scientifiques et techniques, au moment où il a mis le produit en circulation, n'a pas permis de déceler l'existence du défaut) (loi 2013-316 du 16 avril 2013, art. 13, JO 17).

Art. L. 4133-2. Le représentant du personnel au ***(Ord. 2017-1386 du 22 sept. 2017, art. 4, 77°, JO 23, entrée en vigueur au plus tard le 01.01.2018)*** «comité social et économique» qui constate, notamment par l'intermédiaire d'un travailleur, qu'il existe un risque grave pour la santé publique ou l'environnement en alerte immédiatement l'employeur.

L'alerte est consignée par écrit dans des conditions déterminées par voie réglementaire.

L'employeur examine la situation conjointement avec le représentant du personnel au ***(Ord. 2017-1386 du 22 sept. 2017, art. 4, 77°, JO 23, entrée en vigueur au plus tard le 01.01.2018)*** «comité social et économique» qui lui a transmis l'alerte et l'informe de la suite qu'il réserve à celle-ci.

Art. L. 4133-3. En cas de divergence avec l'employeur sur le bien-fondé d'une alerte transmise en application des articles L. 4133-1 et L. 4133-2 ou en l'absence de suite dans un délai d'un mois, le travailleur ou le représentant du personnel au ***(Ord. 2017-1386 du 22 sept. 2017, art. 4, 77°, JO 23, entrée en vigueur au plus tard le 01.01.2018)*** «comité social et économique» peut saisir le représentant de l'État dans le département.

Art. L. 4133-4. Le ***(Ord. 2017-1386 du 22 sept. 2017, art. 4, 77°, JO 23, entrée en vigueur au plus tard le 01.01.2018)*** «comité social et économique» est informé des alertes transmises à l'employeur en application des articles L. 4133-1 et L. 4133-2, de leurs suites ainsi que des saisines éventuelles du représentant de l'État dans le département en application de l'article L. 4133-3.

Art. D. 4133-1. ***(D. 2014-324 du 11 mars 2014, JO 13, entrée en vigueur le 01.04.2014)*** L'alerte du travailleur, prévue à l'article L. 4133-1, est consignée sur un registre spécial dont les pages sont numérotées.

Cette alerte est datée et signée.

Elle indique:

1° Les produits ou procédés de fabrication utilisés ou mis en œuvre par l'établissement dont le travailleur estime de bonne foi qu'ils présentent un risque grave pour la santé publique ou l'environnement;

2° Le cas échéant, les conséquences potentielles pour la santé publique ou l'environnement;

3° Toute autre information utile à l'appréciation de l'alerte consignée.

Art. D. 4133-2. ***(D. 2014-324 du 11 mars 2014, JO 13, entrée en vigueur le 01.04.2014)*** L'alerte du représentant du personnel au ***(D. 2017-1819 du 29 déc. 2017, art. 3, 70°, JO 30, entrée en vigueur le 01.01.2018)*** «comité social et économique», prévue à l'article L. 4133-2, est consignée sur le registre prévu à l'article D. 4133-1.

Cette alerte est datée et signée.

Elle indique:

1° Les produits ou procédés de fabrication utilisés ou mis en œuvre par l'établissement dont le représentant du personnel constate qu'ils font peser un risque grave sur la santé publique ou l'environnement;

2° Le cas échéant, les conséquences potentielles pour la santé publique ou l'environnement;

3° Toute autre information utile à l'appréciation de l'alerte consignée.

Art. D. 4133-3. ***(D. 2014-324 du 11 mars 2014, JO 13, entrée en vigueur le 01.04.2014)*** Le registre spécial est tenu, sous la responsabilité de l'employeur, à la disposition des représentants du personnel au ***(D. 2017-1819 du 29 déc. 2017, art. 3, 70°, JO 30, entrée en vigueur le 01.01.2018)*** «comité social et économique».

TITRE IV INFORMATION ET FORMATION DES TRAVAILLEURS

CHAPITRE Ier Obligation générale d'information et de formation

Art. L. 4141-1. L'employeur organise et dispense une information des travailleurs sur les risques pour la santé et la sécurité et les mesures prises pour y remédier.

(L. 2013-316 du 16 avril 2013, JO 17) «Il organise et dispense également une information des travailleurs sur les risques que peuvent faire peser sur la santé publique ou l'environnement les produits ou procédés de fabrication utilisés ou mis en œuvre par l'établissement ainsi que sur les mesures prises pour y remédier.»

Art. L. 4141-2. L'employeur organise une formation pratique et appropriée à la sécurité au bénéfice:

1° Des travailleurs qu'il embauche;

2° Des travailleurs qui changent de poste de travail ou de technique;

3° Des salariés temporaires, à l'exception de ceux auxquels il est fait appel en vue de l'exécution de travaux urgents nécessités par des mesures de sécurité et déjà dotés de la qualification nécessaire à cette intervention;

4° À la demande du médecin du travail, des travailleurs qui reprennent leur activité après un arrêt de travail d'une durée d'au moins vingt et un jours.

Cette formation est répétée périodiquement dans des conditions déterminées par voie réglementaire ou par convention ou accord collectif de travail.

Note **Formation pratique à la sécurité.** Le dirigeant d'une entreprise qui met des salariés à la disposition d'une autre entreprise ne s'exonère pas de l'obligation préalable qui lui est faite de leur donner une formation appropriée à la sécurité. Pour déclarer un chef d'entreprise coupable d'infraction à l'article L. 231-3-1 (ancien) CT pour n'avoir pas organisé une formation pratique et appropriée en matière de sécurité au bénéfice de son salarié mis à disposition, une cour d'appel a pu retenir que le stage invoqué par le dirigeant remontait à plus de 2 ans avant l'accident et qu'il n'était pas établi qu'il portait sur le genre de travaux effectués par l'intéressé sur le chantier en cause (cass. crim. 16 septembre 1997, n° 96-82.618, B. crim. n° 299; RJS 1/98 n° 47).

Est fondée la condamnation d'un employeur tenu d'assurer une formation dont le but était, en l'espèce, de faire assimiler à un jeune manœuvre, saisonnier de surcroît, le fonctionnement d'une machine puissante, dès lors que cette formation avait été hâtive et que l'emploi de l'appareil en cause présentait des difficultés, peu important les fautes d'imprudence commises par le jeune travailleur, victime d'un accident mortel du travail (cass. crim. 26 janvier 1988, n° 86-93.518).

Est caractérisé le délit de défaut de formation à la sécurité, dès lors qu'il n'est pas établi que la fiche d'information ait été remise à la victime avant l'accident et qu'en tout état de cause, cette remise ne pouvait constituer «la formation pratique appropriée» exigée par l'article L. 231-3-1 (ancien) CT, au profit, notamment, des salariés intérimaires. Il en résultait que le prévenu, directeur d'établissement disposant seul des compétences, du pouvoir et des moyens nécessaires pour assurer le respect de la réglementation relative à la sécurité des travailleurs, n'avait pas accompli toutes les diligences à cet effet (cass. crim. 10 octobre 2000, n° 99-87.611).

Sur l'absence d'une formation adéquate compte tenu du poste de travail, voir cass. crim. 16 janvier 2001, n° 00-82.402, B. crim. n° 15; RJS 5/01 n° 615; 1er février 2005, n° 04-82.788; sur une carence de formation à la sécurité à l'origine d'un accident du travail, voir cass. crim. 27 novembre 2001, n° 00-86.239; 30 mars 2005, n° 04-85.720; 28 février 2006, n° 05-83.602; 16 mars 2010, n° 09-82.041, Dr. Soc. 2010, p. 991, obs. Fr. Duquesne; 25 mars 2014, n° 13-80.376, B. crim. n° 94; JCP éd. S 2014, 1217, note A. Cœuret et Fr. Duquesne; RJS 6/14 n° 532 (manquement à l'origine de l'accident, à savoir l'absence de formation appropriée d'un salarié aux risques liés à l'utilisation d'une pelle mécanique, commis par un représentant de la personne morale, agissant pour le compte de celle-ci et engageant la responsabilité de celle-ci).

Une cour d'appel a pu déclarer le président d'une société coupable de blessures involontaires et d'infraction à la sécurité des travailleurs à la suite d'un accident survenu à un salarié, après avoir notamment retenu, d'une part, que la victime, à qui il avait été demandé d'effectuer une opération de maintenance sur une extrudeuse, n'avait reçu aucune formation spécifique et que le prévenu ne pouvait utilement invoquer les formations dispensées en matière de secours et d'incendie ni celle concernant la conduite de la machine dans ses éléments essentiels et, d'autre part, qu'il appartenait au prévenu de s'assurer de la conformité de la machine aux normes de la réglementation française et de l'absence de danger dans son utilisation, ces exigences constituant les diligences normales qui lui incombaient compte tenu de son statut et des moyens dont il disposait. Le prévenu, qui avait contribué à créer la situation ayant permis la réalisation du dommage et n'avait pas pris les mesures permettant de l'éviter en assurant une formation spécifique à la maintenance de l'extrudeuse, avait violé de façon manifestement délibérée une obligation particulière de prudence ou de sécurité prévue par la loi ou le règlement (cass. crim. 12 mai 2009, n° 08-82.187).

N'est pas fondé l'arrêt ayant condamné un employeur pour infraction aux règles de sécurité du travail, alors qu'il ne pouvait être retenu à sa charge d'avoir omis de donner au salarié (intérimaire) la formation pratique et appropriée en matière de sécurité prévue par cet article au bénéfice d'un salarié changeant de poste de travail, alors que le changement provisoire d'affectation s'était fait à la seule initiative du salarié et d'un régleur à l'insu de l'employeur, et que l'existence d'une faute personnelle qu'aurait commise ce dernier n'était donc pas caractérisée (cass. crim. 23 octobre 1990, n° 89-84.718, B. crim. n° 354).

Art. L. 4141-3. L'étendue de l'obligation d'information et de formation à la sécurité varie selon la taille de l'établissement, la nature de son activité, le caractère des risques qui y sont constatés et le type d'emploi des travailleurs.

Note Les dispositions du code du travail (L. 231-3-2 devenu L. 4141-3) permettant d'exclure, en fonction du nombre de salariés, une certaine catégorie d'entreprises de l'obligation d'information des travailleurs sur les risques pour leur santé et leur sécurité incombant à l'employeur ne sont pas conformes aux prescriptions de l'article 10, § 1, de la directive 89/391/CEE. En ne prenant pas, dans le délai prescrit, toutes les dispositions législatives, réglementaires et administratives nécessaires pour se conformer à l'article 10, § 1, de la directive 89/391/CEE du Conseil, du 12 juin 1989, concernant la mise en œuvre de mesures visant à promouvoir l'amélioration de la sécurité et de la santé des travailleurs au travail, la République française a manqué aux obligations qui lui incombent en vertu de cette directive (CJCE 5 juin 2008, aff. C-226/06, rec. p. I-86; JOUE C 183/2 du 19.07.2008; RJS 10/08 n° 1053).

Art. L. 4141-4. Le financement des actions de formation à la sécurité est à la charge de l'employeur.

Note Cet article a été modifié par la loi 2018-771 du 5 septembre 2018, art. 45, I, 2°, JO 6; cette modification est applicable depuis le 1er janvier 2019 (loi précitée, art. 46, I).

SECTION 1 (réglementaire). Objet et organisation de l'information et de la formation à la sécurité

Art. R. 4141-1. La formation à la sécurité concourt à la prévention des risques professionnels.

Elle constitue l'un des éléments du programme annuel de prévention des risques professionnels prévu au 2° de l'article L. 4612-16.

Note Le ministre chargé du travail a précisé que cette formation à la sécurité dont doivent bénéficier tous les salariés ne se confond pas avec la formation au secourisme (rép. QE 17310, JO AN 25 août 1979).

Art. R. 4141-2. *(D. 2008-1347 du 17 déc. 2008, JO 19)* L'employeur informe les travailleurs sur les risques pour leur santé et leur sécurité d'une manière compréhensible pour chacun. Cette information ainsi que la formation à la sécurité sont dispensées lors de l'embauche et chaque fois que nécessaire.

Art. R. 4141-3. La formation à la sécurité a pour objet d'instruire le travailleur des précautions à prendre pour assurer sa propre sécurité et, le cas échéant, celle des autres personnes travaillant dans l'établissement.

Elle porte sur:

1° Les conditions de circulation dans l'entreprise;

2° Les conditions d'exécution du travail;

3° La conduite à tenir en cas d'accident ou de sinistre.

Art. R. 4141-3-1. *(D. 2008-1347 du 17 déc. 2008, JO 19)* L'employeur informe les travailleurs sur les risques pour leur santé et leur sécurité. Cette information porte sur :

1° Les modalités d'accès au document unique d'évaluation des risques, prévu à l'article R. 4121-1 ;

2° Les mesures de prévention des risques identifiés dans le document unique d'évaluation des risques ;

3° Le rôle du service de santé au travail et, le cas échéant, des représentants du personnel en matière de prévention des risques professionnels ;

4° Le cas échéant, les dispositions contenues dans le règlement intérieur, prévues aux alinéas 1° et 2° de l'article L. 1321-1 ;

(D. 2010-78 du 21 janv. 2010, JO 22) « 5° Les consignes de sécurité incendie et instructions mentionnées à l'article R. 4227-37 ainsi que l'identité des personnes chargées de la mise en œuvre des mesures prévues à l'article R. 4227-38. »

Art. R. 4141-4. Lors de la formation à la sécurité, l'utilité des mesures de prévention prescrites par l'employeur est expliquée au travailleur, en fonction des risques à prévenir.

Art. R. 4141-5. La formation dispensée tient compte de la formation, de la qualification, de l'expérience professionnelles et de la langue, parlée ou lue, du travailleur appelé à en bénéficier.

(D. 2008-1347 du 17 déc. 2008, JO 19) « Le temps consacré à la formation et à l'information, mentionnées à l'article R. 4141-2, est considéré comme temps de travail. La formation et l'information en question se déroulent pendant l'horaire normal de travail. »

Art. R. 4141-6. *(D. 2008-1347 du 17 déc. 2008, JO 19)* Le médecin du travail est associé par l'employeur à l'élaboration des actions de formation à la sécurité et à la détermination du contenu de l'information qui doit être dispensée en vertu de l'article R. 4141-3-1.

Art. R. 4141-7. Les formations à la sécurité sont conduites avec le concours, le cas échéant, de l'organisme professionnel de santé, de sécurité et des conditions de travail prévu à l'article L. 4643-1, et celui des services de prévention des organismes de sécurité sociale.

Art. R. 4141-8. En cas d'accident du travail grave ou de maladie professionnelle ou à caractère professionnel grave, l'employeur procède, après avoir pris toute mesure pour satisfaire aux dispositions de l'article L. 4221-1, à l'analyse des conditions de circulation ou de travail.

Il organise, s'il y a lieu, au bénéfice des travailleurs intéressés, les formations à la sécurité prévues par le présent chapitre.

Il en est de même en cas d'accident du travail ou de maladie professionnelle ou à caractère professionnel présentant un caractère répété :

1° Soit à un même poste de travail ou à des postes de travail similaires ;

2° Soit dans une même fonction ou des fonctions similaires.

Art. R. 4141-9. Lorsqu'un travailleur reprend son activité après un arrêt de travail d'une durée d'au moins vingt et un jours, il bénéficie, à la demande du médecin du travail, des formations à la sécurité prévues par le présent chapitre.

Lorsque des formations spécifiques sont organisées, elles sont définies par le médecin du travail.

Art. R. 4141-10. Les dispositions du présent chapitre s'appliquent sans préjudice des formations particulières prévues pour certains risques ou certaines activités ou opérations par les livres III à V.

SECTION 2 (réglementaire). **Conditions de circulation**

Art. R. 4141-11. La formation à la sécurité relative aux conditions de circulation des personnes est dispensée sur les lieux de travail.

Elle a pour objet d'enseigner au travailleur, à partir des risques auxquels il est exposé :

1° Les règles de circulation des véhicules et engins de toute nature sur les lieux de travail et dans l'établissement ;

2° Les chemins d'accès aux lieux dans lesquels il est appelé à travailler ainsi qu'aux locaux sociaux ;

3° Les issues et dégagements de secours à utiliser en cas de sinistre ;

4° Les consignes d'évacuation, en cas notamment d'explosion, de dégagements accidentels de gaz ou liquides inflammables ou toxiques, si la nature des activités exercées le justifie.

Art. R. 4141-12. En cas de modification des conditions habituelles de circulation sur les lieux de travail ou dans l'établissement ou de modification des conditions d'exploitation présentant notamment des risques d'intoxication, d'incendie ou d'explosion, l'employeur procède, après avoir pris toutes mesures pour satisfaire aux dispositions de l'article L. 4221-1 relatives à l'utilisation des lieux de travail, à l'analyse des nouvelles conditions de circulation et d'exploitation.

L'employeur organise, s'il y a lieu, au bénéfice des travailleurs intéressés, une formation à la sécurité répondant aux dispositions de l'article R. 4141-11.

SECTION 3 (réglementaire). Conditions d'exécution du travail

Art. R. 4141-13. La formation à la sécurité relative aux conditions d'exécution du travail a pour objet d'enseigner au travailleur, à partir des risques auxquels il est exposé :

1° Les comportements et les gestes les plus sûrs en ayant recours, si possible, à des démonstrations ;

2° Les modes opératoires retenus s'ils ont une incidence sur sa sécurité ou celle des autres travailleurs ;

3° Le fonctionnement des dispositifs de protection et de secours et les motifs de leur emploi.

Art. R. 4141-14. La formation à la sécurité relative aux conditions d'exécution du travail s'intègre à la formation ou aux instructions professionnelles que reçoit le travailleur.

Elle est dispensée sur les lieux du travail ou, à défaut, dans les conditions équivalentes.

Art. R. 4141-15. En cas de création ou de modification d'un poste de travail ou de technique exposant à des risques nouveaux et comprenant l'une des tâches ci-dessous énumérées, le travailleur bénéficie, s'il y a lieu, après analyse par l'employeur des nouvelles conditions de travail, d'une formation à la sécurité sur les conditions d'exécution du travail :

1° Utilisation de machines, portatives ou non ;
2° Manipulation ou utilisation de produits chimiques ;
3° Opérations de manutention ;
4° Travaux d'entretien des matériels et installations de l'établissement ;
5° Conduite de véhicules, d'appareils de levage ou d'engins de toute nature ;
6° Travaux mettant en contact avec des animaux dangereux ;
7° Opérations portant sur le montage, le démontage ou la transformation des échafaudages ;
8° Utilisation des techniques d'accès et de positionnement au moyen de cordes.

Art. R. 4141-16. En cas de changement de poste de travail ou de technique, le travailleur exposé à des risques nouveaux ou affecté à l'une des tâches définies à l'article R. 4141-15 bénéficie de la formation à la sécurité prévue par ce même article.

Cette formation est complétée, s'il y a modification du lieu de travail, par une formation relative aux conditions de circulation des personnes.

SECTION 4 (réglementaire). Conduite à tenir en cas d'accident ou de sinistre

Art. R. 4141-17. La formation à la sécurité sur les dispositions à prendre en cas d'accident ou de sinistre a pour objet de préparer le travailleur à la conduite à tenir lorsqu'une personne est victime d'un accident ou d'une intoxication sur les lieux du travail.

Art. R. 4141-18. Le travailleur affecté à l'une des tâches énumérées à l'article R. 4141-15 bénéficie d'une formation à la conduite à tenir en cas d'accident ou de sinistre.

Art. R. 4141-19. Lors d'un changement de poste de travail ou de technique, le travailleur exposé à des risques nouveaux ou affecté à l'une des tâches définies à l'article R. 4141-15 bénéficie d'une formation à la sécurité relative à la conduite à tenir en cas d'accident ou de sinistre.

Art. R. 4141-20. La formation à la sécurité sur les dispositions à prendre en cas d'accident ou de sinistre est dispensée dans le mois qui suit l'affectation du travailleur à son emploi.

CHAPITRE II Formations et mesures d'adaptation particulières

Art. L. 4142-1. En fonction des risques constatés, des actions particulières de formation à la sécurité sont conduites dans certains établissements avec le concours, le cas échéant, des organismes professionnels d'hygiène, de sécurité et des conditions de travail prévus à l'article L. 4643-1 et des services de prévention des caisses régionales d'assurance maladie.

Art. L. 4142-2. Les salariés titulaires d'un contrat de travail à durée déterminée et les salariés temporaires affectés à des postes de travail présentant des risques particuliers pour leur santé ou leur sécurité bénéficient d'une formation renforcée à la sécurité, dans les conditions prévues à l'article L. 4154-2.

Par dérogation aux dispositions de l'article L. 4141-4, le financement de ces actions de formation est à la charge de l'entreprise utilisatrice.

Art. L. 4142-3. Dans les établissements comprenant au moins une installation figurant sur la liste prévue ***(L. 2013-619 du 16 juil. 2013, art. 11 et 46, JO 17, entrée en vigueur le 01.06.2015)*** «à l'article L. 515-36» du code de l'environnement ou mentionnée à ***(Ord. 2011-91 du 20 janv. 2011, art. 11, JO 25, entrée en vigueur le 01.03.2011)*** «l'article L. 211-2 du code minier», l'employeur définit et met en œuvre une formation aux risques des chefs d'entreprises extérieures et de leurs salariés ainsi que des travailleurs indépendants qu'il accueille, dans les conditions prévues à l'article L. 4522-2.

Par dérogation aux dispositions à l'article L. 4141-4, le financement de ces actions de formation est à la charge de l'entreprise utilisatrice.

Art. L. 4142-3-1. ***(L. 2015-988 du 5 août 2015, JO 6)*** Dans les établissements recevant du public dont la capacité d'accueil est supérieure à deux cents personnes, l'employeur met en œuvre une formation à l'accueil et à l'accompagnement des personnes handicapées à destination des professionnels en contact avec les usagers et les clients.

Art. L. 4142-4. Toute modification apportée au poste de travail pour des raisons de sécurité, qui entraînerait une diminution de la productivité, est suivie d'une période d'adaptation de deux semaines au moins pendant laquelle tout mode de rémunération au rendement est interdit. La rémunération est établie sur la moyenne des deux semaines précédant la modification.

CHAPITRE III Consultation des représentants du personnel

Art. L. 4143-1. Le ***(Ord. 2017-1386 du 22 sept. 2017, art. 4, 47°, JO 23, entrée en vigueur au plus tard le 01.01.2018)*** «comité social et économique est consulté sur les programmes de formation et veille» à leur mise en œuvre effective.

(Ord. 2017-1386 du 22 sept. 2017, art. 4, 47°, JO 23, entrée en vigueur au plus tard le 01.01.2018) «Il est également consulté»:

1° Sur le programme et les modalités pratiques de la formation renforcée des salariés titulaires d'un contrat de travail à durée déterminée et des salariés temporaires affectés à des postes de travail présentant des risques particuliers, prévue à l'article L. 4142-2 ainsi que sur les conditions d'accueil de ces salariés à ces postes;

2° Sur la formation prévue à l'article L. 4142-3 dans les établissements comprenant une installation figurant sur la liste prévue ***(L. 2013-619 du 16 juil. 2013, art. 11 et 46, JO 17, entrée en vigueur le 01.06.2015)*** «à l'article L. 515-36» du code de l'environnement ou mentionnée à ***(Ord. 2011-91 du 20 janv. 2011, art. 11, JO 25, entrée en vigueur le 01.03.2011)*** «l'article L. 211-2 du code minier».

Art. R. 4143-1. Le ***(D. 2017-1819 du 29 déc. 2017, art. 3, 70°, JO 30, entrée en vigueur le 01.01.2018)*** «comité social et économique» participe à la préparation des formations à la sécurité.

Art. R. 4143-2. Lors de la consultation annuelle sur la formation professionnelle prévue à l'article L. 2323-33, l'employeur informe le ***(D. 2017-1819 du 29 déc. 2017, art. 3, 4°, JO 30, entrée en vigueur le 01.01.2018)*** «comité social et économique» des formations à la sécurité menées au cours de l'année écoulée en faisant ressortir le montant des sommes imputées sur la participation au développement de la formation professionnelle continue, conformément au second alinéa de l'article L. 4141-4.

Dans les entreprises de plus de trois cents salariés, un rapport détaillé est remis au comité, ainsi qu'un programme des actions de formation à la sécurité proposées pour l'année à venir au bénéfice des nouveaux embauchés, des travailleurs changeant de poste ou de technique et des salariés temporaires.

Note N'a pas légalement justifié sa décision la cour d'appel qui, pour déclarer non établi le délit d'entrave pour défaut d'information relatif à la formation à la sécurité des travailleurs temporaires, a retenu qu'il existait une commission de concertation composée de représentants du comité d'entreprise et chargée d'étudier le plan de formation, alors qu'elle avait constaté que l'information ne répondait pas aux exigences de l'article R. 231-45 (ancien) CT (cass. crim. 19 juin 2001, n° 00-80.489, B. crim. n° 150).

TITRE V DISPOSITIONS PARTICULIÈRES À CERTAINES CATÉGORIES DE TRAVAILLEURS

CHAPITRE Ier Champ d'application

Art. L. 4151-1. Les dispositions du présent titre sont applicables aux employeurs de droit privé ainsi qu'aux travailleurs.

Elles sont également applicables:

1° Aux établissements mentionnés aux 1° à 3° de l'article L. 4111-1;

2° Aux mines et carrières ainsi qu'à leurs dépendances;

3° Aux entreprises de transports dont le personnel est régi par un statut.

CHAPITRE II Femmes enceintes, venant d'accoucher ou allaitant

Art. L. 4152-1. Il est interdit d'employer les femmes enceintes, venant d'accoucher ou allaitant à certaines catégories de travaux qui, en raison de leur état, présentent des risques pour leur santé ou leur sécurité.

Ces catégories de travaux sont déterminées par voie réglementaire.

Art. L. 4152-2. Conformément aux dispositions des articles L. 1225-12 et suivants, l'employeur propose à la salariée en état de grossesse médicalement constatée, venant d'accoucher ou allaitant, qui occupe un poste l'exposant à des risques déterminés par voie réglementaire, un autre emploi compatible avec son état de santé.

SECTION 1 (réglementaire). Dispositions générales

Art. R. 4152-2. Indépendamment des dispositions relatives à l'allaitement prévues par les articles L. 1225-31 et R. 4152-13 et suivants, les femmes enceintes ou allaitant doivent pouvoir se reposer en position allongée, dans des conditions appropriées.

SECTION 2 (réglementaire). Travaux exposant à des agents biologiques

Art. D. 4152-3. Lorsque les résultats de l'évaluation des risques à des agents biologiques pathogènes révèlent l'existence d'un risque d'exposition au virus de la rubéole ou au toxoplasme, il est interdit d'exposer une femme enceinte, sauf si la preuve existe que cette dernière est suffisamment protégée contre ces agents par son état d'immunité.

L'employeur prend, après avis du médecin du travail, les mesures nécessaires au respect de cette interdiction.

SECTION 3 (réglementaire). Travaux exposant aux rayonnements

Art. D. 4152-4. *(D. 2018-438 du 4 juin 2018, JO 5, entrée en vigueur le 01.07.2018)* La femme enceinte exposée à des rayonnements ionisants ayant déclaré son état de grossesse est informée des mesures d'affectation temporaire prévues à l'article L. 1225-7 et des dispositions protectrices prévues par la présente section.

Art. D. 4152-5. *(D. 2018-438 du 4 juin 2018, JO 5, entrée en vigueur le 01.07.2018)* Lorsque la femme enceinte est maintenue sur un poste l'exposant aux rayonnements ionisants, l'employeur s'assure du respect des valeurs limites d'exposition fixées au 2° de l'article R. 4451-6 pour les organes ou les tissus.

Art. D. 4152-6. *(D. 2018-438 du 4 juin 2018, JO 5, entrée en vigueur le 01.07.2018)* Il est interdit d'affecter ou de maintenir une femme enceinte à un poste de travail requérant un classement en catégorie A au sens de l'article R. 4451-57.

Art. D. 4152-7. Il est interdit d'affecter ou de maintenir une femme allaitant à un poste de travail comportant un risque d'exposition interne à des rayonnements ionisants.

Art. R. 4152-7-1. *(D. 2016-1074 du 3 août 2016, art. 5, JO 6, entrée en vigueur le 01.01.2017)* Lorsque, dans son emploi, la femme enceinte est exposée à des champs électromagnétiques, son exposition est maintenue à un niveau aussi faible qu'il est raisonnablement possible d'atteindre en tenant compte des recommandations de bonnes pratiques existantes, et en tout état de cause à un niveau inférieur aux valeurs limites d'exposition du public aux champs électromagnétiques.

SECTION 4 (réglementaire). Utilisation d'équipements de travail

Art. D. 4152-8. Il est interdit d'employer une femme enceinte ou allaitant aux travaux à l'aide d'engins du type marteau-piqueur mus à l'air comprimé.

SECTION 5 (réglementaire). Travaux exposant aux agents chimiques dangereux

Art. D. 4152-9. Il est interdit d'employer une femme enceinte ou allaitant aux travaux suivants et de l'admettre de manière habituelle dans les locaux affectés à ces travaux:

1° Préparation et conditionnement des esters thiophosphoriques;

2° Emploi du mercure et de ses composés aux travaux de secrétage dans l'industrie de la couperie de poils.

Art. D. 4152-10. Il est interdit d'affecter ou de maintenir les femmes enceintes et les femmes allaitant à des postes de travail les exposant aux agents chimiques suivants:

(D. 2015-613 du 3 juin 2015, JO 5) « 1° Agents chimiques qui satisfont aux critères de classification pour la toxicité pour la reproduction de catégorie 1A, 1B, ou catégorie supplémentaire des effets

sur ou via l'allaitement définis à l'annexe I du règlement (CE) n° 1272/2008 du Parlement européen et du Conseil du 16 décembre 2008 » ;

2° Benzène ;

3° Dérivés suivants des hydrocarbures aromatiques :

a) Dérivés nitrés et chloronitrés des hydrocarbures benzoniques ;

b) Dinitrophénol ;

c) Aniline et homologues, benzidine et homologues, naphtylamines et homologues.

Toutefois, l'interdiction relative aux dérivés des hydrocarbures aromatiques ne s'applique pas lorsque les opérations sont réalisées en appareils clos en marche normale.

Note Les dispositions de cet article restent applicables également aux agents chimiques classés toxiques pour la reproduction de catégorie 1 et 2 mentionnés à l'article R. 4411-6 dans sa rédaction antérieure à la date d'entrée en vigueur du décret 2015-613 du 3 juin 2015 rapporté dans la note figurant sous la section 1 du chapitre 2 du titre Ier du livre IV de la quatrième partie du présent code.

Art. D. 4152-11. L'employeur informe les femmes sur les effets potentiellement néfastes de l'exposition à certaines substances chimiques sur la fertilité, l'embryon, le fœtus où l'enfant dans les conditions prévues à l'article R. 4412-89.

SECTION 6 (réglementaire). **Manutention des charges**

Art. D. 4152-12. L'usage du diable pour le transport de charges est interdit à la femme enceinte.

SECTION 7 (réglementaire). **Local dédié à l'allaitement**

Art. R. 4152-13. Le local dédié à l'allaitement prévu à l'article L. 1225-32 est :

1° Séparé de tout local de travail ;

2° Aéré et muni de fenêtres ou autres ouvrants à châssis mobiles donnant directement sur l'extérieur ;

3° Pourvu d'un mode de renouvellement d'air continu ;

4° Convenablement éclairé ;

5° Pourvu d'eau en quantité suffisante ou à proximité d'un lavabo ;

6° Pourvu de sièges convenables pour l'allaitement ;

7° Tenu en état constant de propreté. Le nettoyage est quotidien et réalisé hors de la présence des enfants ;

8° Maintenu à une température convenable dans les conditions hygiéniques.

Art. R. 4152-14. Dans les établissements soumis à des dispositions particulières en matière de santé et sécurité au travail, le local dédié à l'allaitement est séparé de tout local affecté à des travaux pour lesquels ont été édictées ces dispositions particulières.

Cette séparation est telle que le local est protégé contre les risques qui ont motivé ces dispositions.

Art. R. 4152-15. Les enfants ne peuvent séjourner dans le local dédié à l'allaitement que pendant le temps nécessaire à l'allaitement.

Aucun enfant atteint ou paraissant atteint d'une maladie contagieuse ne doit être admis dans ce local.

Des mesures sont prises contre tout risque de contamination.

L'enfant qui, après admission, paraît atteint d'une maladie contagieuse ne doit pas être maintenu dans le local.

Art. R. 4152-16. Le local dédié à l'allaitement a une surface suffisante pour pouvoir abriter un nombre d'enfants de moins d'un an, compte tenu du nombre de femmes employées dans l'établissement.

Art. R. 4152-17. Le local dédié à l'allaitement a une hauteur de trois mètres au moins sous plafond. Il a au moins, par enfant, une superficie de trois mètres carrés.

Un même local ne peut pas contenir plus de douze berceaux. Toutefois, lorsque le nombre des enfants vient à dépasser ce maximum, le ***(D. 2020-1545 du 9 déc. 2020, JO 10, entrée en vigueur le 01.04.2021)*** « directeur régional de l'économie, de l'emploi, du travail et des solidarités » peut en autoriser provisoirement le dépassement.

Lorsqu'il y a plusieurs salles, celles-ci sont desservies par un vestibule.

Art. R. 4152-18. Le local dédié à l'allaitement ne comporte pas de communication directe avec des cabinets d'aisance, égouts, puisards.

Il est maintenu à l'abri de toute émanation nuisible.

Art. R. 4152-19. Les revêtements des sols et des parois du local dédié à l'allaitement permettent un entretien efficace et sont refaits chaque fois que la propreté l'exige.

Art. R. 4152-20. L'employeur fournit pour chaque enfant un berceau et un matériel de literie.

Il fournit également du linge en quantité suffisante pour que les enfants puissent être changés aussi souvent que nécessaire.

Le matériel et les effets sont tenus constamment en bon état d'entretien et de propreté.

Pendant la nuit, tous les objets dont se compose la literie sont disposés de manière à être aérés.

Art. R. 4152-21. Le local dédié à l'allaitement est tenu exclusivement par du personnel qualifié en nombre suffisant.

Ce personnel se tient dans un état de propreté rigoureuse.

Art. R. 4152-22. Il est tenu :

1° Un registre sur lequel sont inscrits les nom, prénoms et la date de naissance de chaque enfant, les nom, adresse et profession de la mère, la date de l'admission, la constatation des vaccinations, l'état de l'enfant au moment de l'admission et, s'il y a lieu, au moment des réadmissions ;

2° Un registre sur lequel sont mentionnés nominativement les enfants présents chaque jour.

Art. R. 4152-23. Le local dédié à l'allaitement est surveillé par un médecin désigné par l'employeur.

(D. 2016-1417 du 20 octobre 2016, art. 11, JO 22) « Ce dernier tient à la disposition de l'agent de contrôle de l'inspection du travail, le nom et l'adresse de ce médecin. »

Le médecin visite le local au moins une fois par semaine. Il consigne ses observations sur le registre prévu au 2° de l'article R. 4152-22.

Un règlement intérieur signé par le médecin est affiché à l'entrée du local.

Art. R. 4152-24. Le local dédié à l'allaitement est équipé de moyens de réchauffer les aliments. Ces derniers sont conformes aux prescriptions réglementaires prévues pour les établissements et services d'accueil des enfants de moins de six ans.

Art. R. 4152-25. Des mesures sont prises pour qu'aucune personne pouvant constituer une cause de contamination n'ait accès au local dédié à l'allaitement.

Art. R. 4152-26. Personne ne doit passer la nuit dans le local dédié à l'allaitement où les enfants passent la journée.

Art. R. 4152-27. L'eau du local dédié à l'allaitement est à température réglable. Des moyens de nettoyage et de séchage appropriés sont mis à disposition.

Le matériel et les effets sont tenus constamment en bon état d'entretien et de propreté.

Art. R. 4152-28. La rémunération du médecin et du personnel du local dédié à l'allaitement ainsi que la fourniture et l'entretien du matériel et des effets énumérés aux articles R. 4152-20 et R. 4152-27 sont à la charge de l'employeur.

Aucune contribution ne peut être réclamée aux mères dont les enfants fréquentent le local.

SECTION 8 (réglementaire). Interventions et travaux en milieu hyperbare

Note Cette section a été introduite par le décret 2011-45 du 11 janvier 2011, JO 13.

Art. D. 4152-29. Il est interdit d'affecter ou de maintenir les femmes enceintes à des postes de travail exposant à une pression relative supérieure à 100 hectopascals.

CHAPITRE III Jeunes travailleurs

SECTION 1. Âge d'admission

Art. L. 4153-1. Il est interdit d'employer des travailleurs de moins de seize ans, sauf s'il s'agit :

1° De mineurs de quinze ans et plus titulaires d'un contrat d'apprentissage, dans les conditions prévues à l'article L. 6222-1 ;

2° D'élèves de l'enseignement général lorsqu'ils font des visites d'information organisées par leurs enseignants ou, durant les deux ***(L. 2018-771 du 5 sept. 2018, art. 19, JO 6)*** « derniers niveaux de l'enseignement des collèges ou durant la scolarité au lycée », lorsqu'ils suivent ***(L. 2011-893 du 28 juil. 2011, art. 16, JO 29)*** « des périodes d'observation mentionnées à l'article L. 332-3-1 du code de l'éducation ou » des séquences d'observation et selon des modalités déterminées par décret ;

3° D'élèves qui suivent un enseignement alterné ou un enseignement professionnel durant les deux dernières années de leur scolarité obligatoire, lorsqu'ils accomplissent des stages d'initiation, d'application ou des périodes de formation en milieu professionnel selon des modalités déterminées par décret.

Note • Les dispositions de cet article, dans sa rédaction issue de la loi 2018-771 précitée, sont applicables depuis le 1er janvier 2019 (loi précitée, art. 46, I).

• La loi 2014-788 du 10 juillet 2014 (JO 11) tend au développement, à l'encadrement des stages et à l'amélioration du statut des stagiaires. Voir art. L. 124-1 à 20 c. éduc. rapportés dans *Textes non codifiés*.

• Les articles D. 331-1 à 15 c. éduc. précisent les modalités d'accueil en milieu professionnel d'élèves mineurs de moins de 16 ans. Il faut différencier les stages d'initiation, les stages d'application en milieu professionnel et les visites d'information ou les séquences d'observation. Voir aussi circulaire 2003-134 du 8 septembre 2003 (BO EN 34, 18 sept. 2003) et rép. QE 35206, JO AN 6 juillet 2004, p. 5130.

• Voir aussi décret 2010-1780 du 31 décembre 2010, JO 1er janv. 2011, instaurant un dispositif d'initiation aux métiers en alternance (art. D. 337-172 à 182 c. éduc.).

• Dans le cadre du parcours individuel d'information, d'orientation et de découverte du monde économique et professionnel défini à l'article L. 331-7, des périodes d'observation en milieu professionnel, dans une entreprise, une administration ou une association, d'une durée maximale d'une semaine peuvent être proposées durant les vacances scolaires aux élèves des deux derniers niveaux de l'enseignement des collèges ou aux élèves des lycées, en vue de l'élaboration de leur projet d'orientation professionnelle. Dans l'exercice de leurs compétences, les chambres consulaires apportent leur appui à l'organisation de ces périodes.

À leur demande et sous réserve de l'accord du chef d'établissement, les élèves mentionnés au premier alinéa du présent article peuvent effectuer une période d'observation en milieu professionnel, d'une durée maximale d'une journée par an, sur leur temps scolaire (art. L. 332-3-1 c. éduc. issu de la loi 2011-893 du 28 juillet 2011, JO 29 et modifié par les lois 2017-86 du 27 janvier 2017, JO 29 et 2018-771 du 5 septembre 2018, JO 6).

Art. L. 4153-2. Dans les cas prévus aux 2° et 3° de l'article L. 4153-1, une convention est passée entre l'établissement d'enseignement dont relèvent l'élève et l'entreprise.

Aucune convention ne peut être conclue avec une entreprise pour l'admission ou l'emploi d'un élève dans un établissement lorsque les services de contrôle ont établi que les conditions de travail sont de nature à porter atteinte à la sécurité, à la santé ou à l'intégrité physique ou morale des personnes qui y sont présentes.

Art. L. 4153-3. Les dispositions de l'article L. 4153-1 ne font pas obstacle à ce que les mineurs de plus de quatorze ans soient autorisés pendant leurs vacances scolaires à exercer des travaux adaptés à leur âge, à condition de leur assurer un repos effectif d'une durée au moins égale à la moitié de chaque période de congés.

Les modalités d'application de ces dispositions sont déterminées par décret.

Art. L. 4153-4. L'inspecteur du travail peut à tout moment requérir un examen médical d'un jeune travailleur âgé de quinze ans et plus pour constater si le travail dont il est chargé excède ses forces.

Dans ce cas, l'inspecteur du travail peut exiger son renvoi de l'établissement.

Les conditions d'application du présent article sont déterminées par décret.

Art. L. 4153-5. Les dispositions des articles L. 4153-1 à L. 4153-3 ne sont pas applicables dans les établissements où ne sont employés que les membres de la famille sous l'autorité soit du père, soit de la mère, soit du tuteur, sous réserve qu'il s'agisse de travaux occasionnels ou de courte durée, ne pouvant présenter des risques pour leur santé ou leur sécurité.

La liste de ces travaux est déterminée par décret.

Art. L. 4153-6. Il est interdit d'employer ou ***(L. 2018-771 du 5 sept. 2018, art. 15, I, JO 6)*** «d'affecter des mineurs en stage au service du bar» dans les débits de boissons à consommer sur place. Cette interdiction ne s'applique pas au conjoint du débitant et de ses parents et alliés jusqu'au quatrième degré inclusivement.

Dans les débits de boissons agréés, cette interdiction ne s'applique pas aux mineurs de plus de seize ans s'ils bénéficient d'une formation comportant une ou plusieurs périodes accomplies en entreprise leur permettant d'acquérir une qualification professionnelle sanctionnée par un diplôme ou un titre à finalité professionnelle enregistré dans le répertoire national des certifications professionnelles dans les conditions prévues *(L. 2018-771 du 5 sept. 2018, art. 45, I, 4°, JO 6)* «à l'article L. 6113-5».

L'agrément est accordé, refusé, non renouvelé ou retiré dans des conditions déterminées par décret en Conseil d'État.

Note Les dispositions de cet article, dans sa rédaction issue de l'article 15 de la loi 2018-771 précitée, sont applicables depuis le 5 septembre 2018 (loi précitée, art. 46, III).

Les dispositions de cet article, dans sa rédaction issue de l'article 45 de la loi 2018-771 précitée, sont applicables depuis le 1er janvier 2019 (loi précitée, art. 46, I).

Art. L. 4153-7. Il est interdit aux père, mère, tuteurs ou employeurs, et généralement à toute personne ayant autorité sur un enfant ou en ayant la garde, de le placer sous la conduite de vagabonds, de personnes sans moyens de subsistance ou se livrant à la mendicité.

Sous-section 1 (réglementaire). Emploi pendant les vacances scolaires

Art. D. 4153-1. Les dispositions de la présente sous-section s'appliquent aux mineurs âgés de quatorze à moins de seize ans susceptibles de travailler pendant les vacances scolaires en application de l'article L. 4153-3.

Art. D. 4153-2. L'emploi du mineur est autorisé uniquement pendant les périodes de vacances scolaires comportant au moins quatorze jours ouvrables ou non *(D. 2013-915 du 11 oct. 2013, JO 13)* «et à la condition que les intéressés jouissent d'un repos continu d'une durée qui ne peut être inférieure à la moitié de la durée totale desdites vacances».

Art. D. 4153-3. La durée du travail du mineur ne peut excéder trente-cinq heures par semaine ni sept heures par jour.

Sa rémunération ne peut être inférieure au salaire minimum de croissance, compte tenu d'un abattement au plus égal à 20 %.

Art. D. 4153-4. *(D. 2013-915 du 11 oct. 2013, JO 13)* Le mineur ne peut être affecté qu'à des travaux légers qui ne sont pas susceptibles de porter préjudice à sa sécurité, à sa santé ou à son développement.

Art. D. 4153-5. L'employeur qui envisage d'employer un mineur adresse une demande écrite à l'inspecteur du travail au moins quinze jours avant la date prévue d'embauche.

La demande comporte:
1° Les nom, prénoms, âge et domicile de l'intéressé;
2° La durée du contrat de travail;
3° La nature et les conditions de travail envisagées;
4° L'horaire de travail;
5° Le montant de la rémunération;
6° L'accord écrit et signé du représentant légal de l'intéressé.

Art. R. 4153-6. Lorsque l'inspecteur du travail n'a pas adressé de refus motivé à l'embauche d'un mineur, dans un délai de huit jours francs à compter de l'envoi de la demande de l'employeur, l'autorisation est réputée accordée. Le cachet de la poste fait foi.

Lorsque dans ce même délai, l'inspecteur du travail a conditionné son autorisation à une ou plusieurs modifications ou adjonctions dans le libellé de la demande, cette décision vaut autorisation d'embauche, sous réserve que l'employeur respecte, dans l'exécution du contrat, les obligations résultant des modifications ou adjonctions demandées.

Art. D. 4153-7. L'autorisation de l'inspecteur du travail peut être retirée à tout moment s'il est constaté que le mineur est employé soit dans des conditions non conformes à l'autorisation, soit en méconnaissance des dispositions du présent code.

Sous-section 2 (réglementaire). Agrément des débits de boisson

Art. R. 4153-8. L'agrément du débit de boissons prévu à l'article L. 4153-6 est délivré à l'exploitant par le préfet, pour une durée de cinq ans renouvelable, après vérification que les conditions d'accueil du jeune travailleur sont de nature à assurer sa santé, sa sécurité et son intégrité physique ou morale.

Le préfet recueille l'avis du directeur départemental des affaires sanitaires et sociales.

Art. R. 4153-9. Le silence gardé pendant plus de deux mois sur une demande d'agrément vaut décision de rejet.

Art. R. 4153-10. À l'issue de la période de cinq ans, l'exploitant agréé forme une nouvelle demande d'agrément, instruite dans les mêmes conditions que la première demande.

Art. R. 4153-11. En cas de changement d'exploitant du débit de boissons, la demande d'agrément est renouvelée.

Art. R. 4153-12. Le préfet peut retirer ou suspendre l'agrément lorsque les conditions requises pour l'accueil du mineur ne sont plus de nature à assurer sa santé, sa sécurité et son intégrité physique ou morale.

Sous-section 3 (réglementaire). Contrôle

Art. D. 4153-13. Pour l'application des dispositions du présent chapitre, l'employeur justifie, à la demande de l'inspection du travail, de la date de naissance de chaque travailleur âgé de moins de dix-huit ans qu'il emploie.

Sous-section 4 (réglementaire). Décision de renvoi par l'inspecteur du travail

Art. D. 4153-14. La décision de l'inspecteur du travail de renvoyer de l'établissement un jeune travailleur de quinze ans et plus, en application de l'article L. 4153-4, est prise sur avis conforme du médecin inspecteur du travail ou d'un médecin désigné par le médecin inspecteur du travail et, si les parents le demandent, après examen contradictoire.

SECTION 2. Travaux interdits

Art. L. 4153-8. Il est interdit d'employer des travailleurs de moins de dix-huit ans à certaines catégories de travaux les exposant à des risques pour leur santé, leur sécurité, leur moralité ou excédant leurs forces.

Ces catégories de travaux sont déterminées par voie réglementaire.

SECTION 2 (réglementaire). Travaux interdits et réglementés pour les jeunes âgés de quinze ans au moins et de moins de dix-huit ans

Note • Cette section a été introduite par le décret 2013-915 du 11 octobre 2013, JO 13.

• La nature ou l'exercice des missions de service civique ne peuvent exposer les personnes mineures aux risques et activités mentionnés aux articles D. 4153-15 à D. 4153-40 anciens [devenus D. 4153-15 à 37] CT (décret 2011-1004 du 24 août 2011, JO 26).

Art. D. 4153-15. Les dispositions de la présente section définissent les travaux interdits aux jeunes âgés d'au moins quinze ans et de moins de dix-huit ans en application de l'article L. 4153-8 ainsi que ***(D. 2018-438 du 4 juin 2018, JO 5, entrée en vigueur le 01.07.2018)*** «, sous réserve des dispositions prévues à l'article D. 4153-21,» les travaux interdits susceptibles de dérogation en application de l'article L. 4153-9.

Sous-section 1. Travaux portant atteinte à l'intégrité physique ou morale

Art. D. 4153-16. Il est interdit d'affecter les jeunes à des travaux les exposant à des actes ou représentations à caractère pornographique ou violent.

Sous-section 2. Travaux exposant à des agents chimiques dangereux

Art. D. 4153-17. I. – Il est interdit d'affecter les jeunes à des travaux impliquant la préparation, l'emploi, la manipulation ou l'exposition à des agents chimiques dangereux définis aux articles R. 4412-3 et R. 4412-60, à l'exception des agents chimiques dangereux qui relèvent uniquement d'une ou de plusieurs des catégories de danger définies aux sections 2.4, 2.13, 2.14 et ***(D. 2015-613 du 3 juin 2015, JO 5)*** «aux parties 4 et 5» de l'annexe I du règlement (CE) n° 1272/2008.

II. – Il peut être dérogé à l'interdiction mentionnée au I dans les conditions et formes prévues à la section 3 du présent chapitre.

Note L'interdiction prévue au I de cet article et les dérogations prévues au II restent applicables également aux agents chimiques définis à l'article R. 4411-6 dans sa rédaction antérieure à l'entrée en vigueur du décret 2015-613 du 3 juin 2015, à l'exception des 2° et 15°.

Les dispositions de l'ancien article R. 4411-6 sont rapportées dans la note figurant sous la section 1 du chapitre 2 du titre Ier du livre IV de la quatrième partie du présent code.

Art. D. 4153-18. I. – Il est interdit d'affecter les jeunes à des opérations susceptibles de générer une exposition à un niveau d'empoussièrement de fibres d'amiante de niveau 1, 2 et 3 définis à l'article R. 4412-98.

II. – Il peut être dérogé à l'interdiction mentionnée au I pour des opérations susceptibles de générer une exposition à des niveaux d'empoussièrement de fibres d'amiante de niveau 1 ou 2 définis à l'article R. 4412-98 dans les conditions et formes prévues à la section 3 du présent chapitre.

Art. L. 4153-8

Note Le Conseil d'État (CE 18 décembre 2015, n° 373968, RJS 2/16 n° 124) a annulé le décret 2013-915 du 11 octobre 2013 en tant qu'il prévoit, au II de cet article, qu'il peut être dérogé à l'interdiction fixée au I du même article pour des opérations susceptibles de générer une exposition au niveau 2 d'empoussièrement de fibres d'amiante.

Sous-section 3. Travaux exposant à des agents biologiques

Art. D. 4153-19. Il est interdit d'affecter les jeunes à des travaux les exposant aux agents biologiques de groupe 3 ou 4 au sens de l'article R. 4421-3.

Sous-section 4. Travaux exposant aux vibrations mécaniques

Art. D. 4153-20. Il est interdit d'affecter les jeunes à des travaux les exposant à un niveau de vibration supérieur aux valeurs d'exposition journalière définies à l'article R. 4443-2.

Sous-section 5. Travaux exposant à des rayonnements

Art. D. 4153-21. ***(D. 2018-438 du 4 juin 2018, JO 5, entrée en vigueur le 01.07.2018)*** I. – Il est interdit d'affecter les jeunes à des travaux les exposant aux rayonnements ionisants requérant un classement en catégorie A ou B au sens de l'article R. 4451-57.

II. – Pour les jeunes âgés d'au moins 16 ans, il peut être dérogé, à l'interdiction mentionnée au I dans les conditions et formes prévues à la section 3 du présent chapitre et sous réserve du respect des dispositions prévues au chapitre Ier du titre V du livre IV de la quatrième partie du code du travail.

Les jeunes concernés sont classés en catégorie B au sens de l'article R. 4451-57 et, en situation d'urgence radiologique, ne peuvent être affectés à l'un des groupes définis à l'article R. 4451-99.

Art. D. 4153-22. I. – Il est interdit d'affecter les jeunes à des travaux susceptibles de les exposer à des rayonnements optiques artificiels et pour lesquels les résultats de l'évaluation des risques mettent en évidence la moindre possibilité de dépassement des valeurs limites d'exposition définies aux articles R. 4452-5 et R. 4452-6.

II. – Il peut être dérogé à l'interdiction mentionnée au I dans les conditions et formes prévues à la section 3 du présent chapitre.

Art. R. 4153-22-1. ***(D. 2016-1074 du 3 août 2016, art. 6, JO 6, entrée en vigueur le 01.01.2017)*** Il est interdit d'affecter les jeunes travailleurs de moins de dix-huit ans à des travaux les exposant à des champs électromagnétiques pour lesquels les résultats de l'évaluation des risques mettent en évidence la possibilité de dépasser les valeurs limites d'exposition définies à l'article R. 4453-3.

Sous-section 6. Travaux en milieu hyperbare

Art. D. 4153-23. ***(D. 2014-799 du 11 juil. 2014, JO 13)*** I. – Il est interdit d'affecter les jeunes à des travaux hyperbares et aux interventions en milieu hyperbare, autres que celles relevant de la classe 0, au sens de l'article R. 4461-1.

II. – Il peut être dérogé à l'interdiction mentionnée au I pour des interventions en milieu hyperbare dans les conditions et formes prévues à la section 3 du présent chapitre.

Sous-section 7. Travaux exposant à un risque d'origine électrique

Art. D. 4153-24. Il est interdit aux jeunes d'accéder sans surveillance, à tout local ou emplacement d'un établissement ou chantier présentant un risque de contact avec des pièces nues sous tension, sauf s'il s'agit d'installations à très basse tension de sécurité (TBTS).

Il est interdit de faire exécuter par des jeunes des opérations sous tension.

Sous-section 8. Travaux comportant des risques d'effondrement et d'ensevelissement

Art. D. 4153-25. Il est interdit d'affecter les jeunes à des travaux de démolition, de tranchées, comportant des risques d'effondrement et d'ensevelissement, notamment des travaux de blindage, de fouilles ou de galeries ainsi qu'à des travaux d'étaiement.

Sous-section 9. Conduite d'équipements de travail mobiles automoteurs et d'équipements de travail servant au levage

Art. D. 4153-26. Il est interdit d'affecter les jeunes à la conduite des quadricycles à moteur et des tracteurs agricoles ou forestiers non munis de dispositif de protection en cas de renversement, ou dont ledit dispositif est en position rabattue, et non munis de système de retenue du conducteur au poste de conduite en cas de renversement.

Art. D. 4153-27. I. – Il est interdit d'affecter les jeunes à la conduite d'équipements de travail mobiles automoteurs et d'équipements de travail servant au levage.

II. – Il peut être dérogé à l'interdiction mentionnée au I dans les conditions et formes prévues à la section 3 du présent chapitre.

Sous-section 10. Travaux nécessitant l'utilisation d'équipements de travail

Art. D. 4153-28. I. – Il est interdit d'affecter les jeunes à des travaux impliquant l'utilisation ou l'entretien:

1° Des machines mentionnées à l'article R. 4313-78, quelle que soit la date de mise en service;

2° Des machines comportant des éléments mobiles concourant à l'exécution du travail qui ne peuvent pas être rendus inaccessibles durant leur fonctionnement.

II. – Il peut être dérogé à l'interdiction mentionnée au I dans les conditions et formes prévues à la section 3 du présent chapitre.

Art. D. 4153-29. I. – Il est interdit d'affecter les jeunes à des travaux de maintenance lorsque ceux-ci ne peuvent être effectués à l'arrêt, sans possibilité de remise en marche inopinée des transmissions, mécanismes et équipements de travail en cause.

II. – Il peut être dérogé à l'interdiction mentionnée au I dans les conditions et formes prévues à la section 3 du présent chapitre.

Sous-section 11. Travaux temporaires en hauteur

Art. D. 4153-30. ***(D. 2015-444 du 17 avril 2015, JO 19, entrée en vigueur le 02.05.2015)*** « I. –» Il est interdit d'affecter les jeunes à des travaux temporaires en hauteur lorsque la prévention du risque de chute de hauteur n'est pas assurée par des mesures de protection collective.

(D. 2015-444 du 17 avril 2015, JO 19, entrée en vigueur le 02.05.2015) «II. – Il peut être dérogé, pour l'utilisation d'échelles, d'escabeaux et de marchepieds, à l'interdiction mentionnée au I, dans les conditions prévues par le deuxième alinéa de l'article R. 4323-63.

III. – Il peut être dérogé, pour les travaux nécessitant l'utilisation d'équipements de protection individuelle, à l'interdiction mentionnée au I, dans les conditions et selon les modalités prévues à la section III du présent chapitre et à l'article R. 4323-61. Cette dérogation est précédée, tant au sein des établissements mentionnés à l'article R. 4153-38 qu'en milieu professionnel, de la mise en œuvre des informations et formations prévues par les articles R. 4323-104 à R. 4323-106.»

Art. D. 4153-31. I. – Il est interdit d'affecter les jeunes au montage et démontage d'échafaudages.

II. – Il peut être dérogé à l'interdiction mentionnée au I dans les conditions et formes prévues à la section 3 du présent chapitre.

Art. D. 4153-32. Il est interdit d'affecter les jeunes à des travaux en hauteur portant sur les arbres et autres essences ligneuses et semi-ligneuses.

Sous-section 12. Travaux avec des appareils sous pression

Art. D. 4153-33. I. – Il est interdit aux jeunes de procéder à des travaux impliquant les opérations de manipulation, de surveillance, de contrôle et d'intervention sur des appareils à pression soumis à suivi en service en application de l'article L. 557-28 du code de l'environnement.

II. – Il peut être dérogé à l'interdiction mentionnée au I dans les conditions et formes prévues à la section 3 du présent chapitre.

Sous-section 13. Travaux en milieu confiné

Art. D. 4153-34. I. – Il est interdit d'affecter des jeunes:

1° À la visite, l'entretien et le nettoyage de l'intérieur des cuves, citernes, bassins et réservoirs;

2° À des travaux impliquant les opérations dans un milieu confiné notamment dans les puits, conduites de gaz, canaux de fumée, égouts, fosses et galeries.

II. – Il peut être dérogé à l'interdiction mentionnée au I dans les conditions et formes prévues à la section 3 du présent chapitre.

Sous-section 14. Travaux au contact du verre ou du métal en fusion

Art. D. 4153-35. I. – Il est interdit d'affecter les jeunes à des travaux de coulée de verre ou de métaux en fusion et de les admettre de manière habituelle dans les locaux affectés à ces travaux.

II. – Il peut être dérogé à l'interdiction mentionnée au I dans les conditions et formes prévues à la section 3 du présent chapitre.

Sous-section 15. Travaux exposant à des températures extrêmes

Art. D. 4153-36. Il est interdit d'affecter les jeunes aux travaux les exposant à une température extrême susceptible de nuire à la santé.

Sous-section 16. Travaux en contact d'animaux

Art. D. 4153-37. Il est interdit d'affecter les jeunes à:

1° Des travaux d'abattage, d'euthanasie et d'équarrissage des animaux;

2° Des travaux en contact d'animaux féroces ou venimeux.

SECTION 3. Travaux réglementés

Art. L. 4153-9. Par dérogation aux dispositions de l'article L. 4153-8, les travailleurs de moins de dix-huit ans ne peuvent être employés à certaines catégories de travaux mentionnés à ce même article que sous certaines conditions déterminées par voie réglementaire.

SECTION 3 (réglementaire). Dérogations pour les jeunes de quinze ans au moins et de moins de dix-huit ans

Note • Cette section a été introduite par le décret 2013-914 du 11 octobre 2013, JO 13.

• Voir instruction interministérielle DGT/CT1/DGEFP/DPJJ/DGESCO/DGCS/DGER/DAFSL/2016/273 du 7 septembre 2016 relative à la mise en œuvre des dérogations aux travaux interdits pour les jeunes âgés de quinze ans au moins et de moins de dix-huit ans.

• Voir note du 19 octobre 2017 d'instruction relative à l'application de la réglementation concernant la protection des jeunes travailleurs (NOR: JUSF1729602N).

Sous-section 1. Autorisation de dérogation pour les jeunes en formation professionnelle

Note Lorsqu'une autorisation de déroger a été accordée par l'inspecteur du travail à l'employeur ou au chef d'établissement dans les conditions prévues à cette sous-section dans sa rédaction antérieure au décret 2015-443 du 17 avril 2015, ces dispositions demeurent applicables et cette autorisation demeure valable pour la durée fixée par la décision (décret précité, art. 5, JO 19, entrée en vigueur le 02.05.2015).

S'agissant des procédures de dérogation permettant aux jeunes âgés d'au moins 15 ans et de moins de 18 ans en situation de formation professionnelle dans la fonction publique de l'État et dans la fonction publique territoriale d'effectuer des travaux dits «réglementés», voir respectivement décrets 2015-1583 du 3 décembre 2015 (JO 5) et 2016-1070 du 3 août 2016 (JO 5).

Art. R. 4153-38. Pour l'application de la présente section, le chef d'établissement est le chef de l'établissement d'enseignement, le directeur du centre de formation d'apprentis ou de l'organisme de formation professionnelle, le directeur de l'établissement ou du service social ou médico-social mentionné au V de l'article L. 312-1 du code de l'action sociale et des familles.

Art. R. 4153-39. Les dispositions de la présente section s'appliquent aux jeunes âgés d'au moins quinze ans et de moins de dix-huit ans suivants:

1° Les apprentis et les titulaires d'un contrat de professionnalisation;

2° Les stagiaires de la formation professionnelle;

3° Les élèves et étudiants préparant un diplôme professionnel ou technologique;

4° Les jeunes accueillis dans les établissements suivants:

a) Les établissements ou services d'enseignement qui assurent, à titre principal, une éducation adaptée et un accompagnement social ou médico-social aux mineurs ou jeunes adultes handicapés ou présentant des difficultés d'adaptation prévus au 2° ***(D. 2015-443 du 17 avril 2015, JO 19, entrée en vigueur le 02.05.2015)*** «du I» de l'article L. 312-1 du code de l'action sociale et des familles;

b) Les établissements et services d'aide par le travail mentionnés au ***(D. 2015-443 du 17 avril 2015, JO 19, entrée en vigueur le 02.05.2015)*** «5° du I» de l'article L. 312-1 du code de l'action sociale et des familles;

c) Les centres de préorientation mentionnés à l'article R. 5213-2 du code du travail;

d) Les centres d'éducation et de rééducation professionnelle mentionnés à l'article R. 5213-9 du code du travail;

e) Les établissements ou services à caractère expérimental mentionnés au 12° du I de l'article L. 312-1 du code de l'action sociale et des familles;

f) Les établissements ou services gérés, conventionnés ou habilités par les services de la protection judiciaire de la jeunesse.

Art. R. 4153-40. ***(D. 2015-443 du 17 avril 2015, JO 19, entrée en vigueur le 02.05.2015)*** L'employeur ou le responsable de l'établissement mentionné à l'article L. 4111-1 et le chef d'établissement mentionné aux articles R. 4153-38 et R. 4153-39 peuvent, pour une durée de trois ans à compter de l'envoi de la déclaration prévue à l'article R. 4153-41, affecter des jeunes aux travaux interdits susceptibles de dérogation mentionnés à la section 2 du présent chapitre, sous réserve de satisfaire aux conditions suivantes:

1° Avoir procédé à l'évaluation prévue aux articles L. 4121-3 et suivants, comprenant une évaluation des risques existants pour les jeunes et liés à leur travail; cette évaluation est préalable à l'affectation des jeunes à leurs postes de travail;

2° Avoir, à la suite de cette évaluation, mis en œuvre les actions de prévention prévues au deuxième alinéa de l'article L. 4121-3;

3° Avant toute affectation du jeune à ces travaux:

a) Pour l'employeur, en application des articles L. 4141-1 et suivants, avoir informé le jeune sur les risques pour sa santé et sa sécurité et les mesures prises pour y remédier et lui avoir dispensé la formation à la sécurité en s'assurant qu'elle est adaptée à son âge, son niveau de formation et son expérience professionnelle ;

b) Pour le chef d'établissement, lui avoir dispensé la formation à la sécurité prévue dans le cadre de la formation professionnelle assurée, adaptée à son âge, son niveau de formation et son expérience professionnelle et en avoir organisé l'évaluation.

Dans les établissements mentionnés au 4° de l'article R. 4153-39, par dérogation aux dispositions qui précèdent, le chef d'établissement doit avoir mis en œuvre l'information et la formation mentionnées au a ou, lorsque la formation assurée conduit à un diplôme technologique ou professionnel, avoir mis en œuvre la formation à la sécurité et son évaluation mentionnées au *b*.

4° Assurer l'encadrement du jeune en formation par une personne compétente durant l'exécution de ces travaux ;

5° Avoir obtenu, pour chaque jeune, la délivrance d'un avis médical d'aptitude.

Cet avis médical est délivré chaque année soit par le médecin du travail pour les salariés, soit par le médecin chargé du suivi médical des élèves et des étudiants, des stagiaires de la formation professionnelle ou des jeunes accueillis dans les établissements mentionnés au 4° de l'article R. 4153-39.

(D. 2016-1908 du 27 déc. 2016, art. 7, JO 29, entrée en vigueur le 01.01.2017) « Tout jeune affecté aux travaux mentionnés au premier alinéa bénéficie du suivi individuel renforcé de son état de santé prévu aux articles R. 4624-22 à R. 4624-28 en application du II de l'article R. 4624-23. »

Art. R. 4153-41. ***(D. 2015-443 du 17 avril 2015, JO 19, entrée en vigueur le 02.05.2015)*** Préalablement à l'affectation des jeunes aux travaux interdits susceptibles de dérogation mentionnés à la section 2 du présent chapitre, une déclaration de dérogation est adressée par tout moyen conférant date certaine à l'inspecteur du travail par l'employeur ou le responsable d'un établissement mentionné à l'article L. 4111-1 ou le chef d'un établissement mentionné aux articles R. 4153-38 et R. 4153-39, chacun en ce qui le concerne.

Elle précise :

1° Le secteur d'activité de l'entreprise ou de l'établissement ;

2° Les formations professionnelles assurées ;

3° Les différents lieux de formation connus ;

4° Les travaux interdits susceptibles de dérogation mentionnés à la section 2 du présent chapitre nécessaires à la formation professionnelle et sur lesquels porte la déclaration de dérogation, ainsi que, le cas échéant, les machines mentionnées à l'article D. 4153-28 dont l'utilisation par les jeunes est requise pour effectuer ces travaux et, en cas d'exécution de travaux de maintenance, les travaux en cause et les équipements de travail mentionnés à l'article D. 4153-29 ;

5° La qualité ou la fonction de la ou des personnes compétentes chargées d'encadrer les jeunes pendant l'exécution des travaux précités.

Art. R. 4153-42. ***(D. 2015-443 du 17 avril 2015, JO 19, entrée en vigueur le 02.05.2015)*** En cas de modification des informations mentionnées aux 1°, 2° ou 4° de l'article R. 4153-41, ces informations sont actualisées et communiquées à l'inspecteur du travail par tout moyen conférant date certaine dans un délai de huit jours à compter des changements intervenus.

Art. R. 4153-43. ***(D. 2015-443 du 17 avril 2015, JO 19, entrée en vigueur le 02.05.2015)*** En cas de modification des informations mentionnées aux 3° ou 5° de l'article R. 4153-41, ces informations sont tenues à la disposition de l'inspecteur du travail.

Art. R. 4153-44. ***(D. 2015-443 du 17 avril 2015, JO 19, entrée en vigueur le 02.05.2015)*** La déclaration prévue à l'article R. 4153-41 est renouvelée tous les trois ans.

Art. R. 4153-45. ***(D. 2015-443 du 17 avril 2015, JO 19, entrée en vigueur le 02.05.2015)*** L'employeur ou le chef d'établissement qui déclare déroger tient à disposition de l'inspecteur du travail, à compter de l'affectation de chaque jeune aux travaux en cause, les informations relatives :

1° Aux prénoms, nom et date de naissance du jeune ;

2° À la formation professionnelle suivie, à sa durée et aux lieux de formation connus ;

3° À l'avis médical d'aptitude à procéder à ces travaux ;

4° À l'information et la formation à la sécurité prévues aux articles L. 4141-1 à L. 4141-3, dispensées au jeune ;

5° Aux prénoms, nom, et qualité ou fonction de la personne ou des personnes compétentes chargées d'encadrer le jeune pendant l'exécution des travaux en cause.

Sous-section 2. Dérogations permanentes pour les jeunes travailleurs

Art. R. 4153-49. Les jeunes travailleurs titulaires d'un diplôme ou d'un titre professionnel correspondant à l'activité qu'ils exercent peuvent être affectés aux travaux susceptibles de dérogation en application de l'article L. 4153-9 si leur aptitude médicale à ces travaux a été constatée.

Art. R. 4153-50. Les jeunes travailleurs habilités conformément aux dispositions de l'article R. 4544-9 peuvent exécuter des opérations sur les installations électriques ou des opérations d'ordre électrique ou non dans le voisinage de ces installations, dans les limites fixées par l'habilitation.

Art. R. 4153-51. Les jeunes travailleurs peuvent être affectés à la conduite d'équipements de travail mobiles automoteurs et d'équipements de travail servant au levage lorsqu'ils ont reçu la formation prévue à l'article R. 4323-55 et s'ils sont titulaires de l'autorisation de conduite prévue à l'article R. 4323-56, s'agissant des équipements dont la conduite est subordonnée à l'obtention d'une telle autorisation.

Art. R. 4153-52. Les jeunes travailleurs sont autorisés à être affectés à des travaux comportant des manutentions manuelles au sens de l'article R. 4541-2 excédant 20 % de leur poids si leur aptitude médicale à ces travaux a été constatée.

CHAPITRE IV Salariés titulaires d'un contrat de travail à durée déterminée et salariés temporaires

SECTION 1. Travaux interdits

Art. L. 4154-1. Il est interdit de recourir à un salarié titulaire d'un contrat de travail à durée déterminée ou à un salarié temporaire pour l'exécution de travaux particulièrement dangereux figurant sur une liste établie par voie réglementaire. Cette liste comporte notamment certains des travaux qui font l'objet d'une surveillance médicale renforcée au sens de la réglementation relative à la médecine du travail.

L'autorité administrative peut exceptionnellement autoriser une dérogation à cette interdiction dans des conditions déterminées par voie réglementaire.

Art. D. 4154-1. Il est interdit d'employer des salariés titulaires d'un contrat de travail à durée déterminée et des salariés temporaires pour l'exécution des travaux les exposant aux agents chimiques dangereux ***(D. 2018-438 du 4 juin 2018, JO 5, entrée en vigueur le 01.07.2018)*** « ou aux rayonnements ionisants » suivants :

1° Amiante : opérations d'entretien ou de maintenance sur des flocages ou calorifugeages ; travaux de confinement, de retrait ou et de démolition ;

2° Amines aromatiques suivantes : benzidine, ses homologues, ses sels et ses dérivés chlorés, 3, 3'diméthoxybenzidine (ou dianisidine), 4-aminobiphényle (ou amino-4 diphényle) ;

3° Arsenite de sodium ;

4° Arséniure d'hydrogène (ou hydrogène arsénié) ;

5° Auramine et magenta (fabrication) ;

6° Béryllium et ses sels ;

7° Bêta-naphtylamine, N, N-*bis* (2-chloroéthyl)-2-naphtylamine (ou chlornaphazine), o-toluidine (ou orthotoluidine) ;

8° Brome liquide ou gazeux, à l'exclusion des composés ;

9° Cadmium : travaux de métallurgie et de fusion ;

10° Composés minéraux solubles du cadmium ;

11° Chlore gazeux, à l'exclusion des composés ;

12° Chlorométhane (ou chlorure de méthyle) ;

13° Chlorure de vinyle lors de la polymérisation ;

14° Dichlorure de mercure (ou bichlorure de mercure), oxycyanure de mercure et dérivés alkylés du mercure ;

15° Dioxyde de manganèse (ou bioxyde de manganèse) ;

16° Fluor gazeux et acide fluorhydrique ;

17° Iode solide ou vapeur, à l'exclusion des composés ;

18° Oxychlorure de carbone ;

19° Paraquat ;

20° Phosphore, pentafluorure de phosphore, phosphure d'hydrogène (ou hydrogène phosphoré) ;

21° Poussières de lin : travaux exposant à l'inhalation ;

22° Poussières de métaux durs ;

23° Rayonnements ionisants : ***(D. 2018-438 du 4 juin 2018, JO 5, entrée en vigueur le 01.07.2018)*** « travaux accomplis dans une zone où la dose efficace susceptible d'être reçue, intégrée sur une heure, est égale ou supérieure à 2 millisieverts ou en situation d'urgence radiologique, lorsque ces travaux requièrent une affectation au premier groupe défini au 1° du II de l'article R. 4451-99 » ;

24° Sulfure de carbone ;

25° Tétrachloroéthane ;

26° Tétrachlorométhane (ou tétrachlorure de carbone) ;

27° Travaux de désinsectisation des bois (pulvérisation du produit, trempage du bois, empilage ou sciage des bois imprégnés, traitement des charpentes en place) ***(D. 2009-1289 du 23 oct. 2009, JO 25)*** « et des grains lors de leur stockage ».

Note • Les articles D. 4154-1 à 6 sont issus de l'arrêté du 8 octobre 1990, abrogé, qui fixait la liste des travaux pour lesquels il ne peut être fait appel aux salariés sous contrat de travail à durée déterminée ou aux salariés des entreprises de travail temporaire.

Le 21° de cet article a été modifié par le décret 2009-1289 du 23 octobre 2009 (JO 25).

• La dérogation exceptionnelle accordée par l'autorité administrative à l'interdiction de recourir au travail temporaire pour effectuer certains travaux particulièrement dangereux doit être préalable à l'affectation du salarié temporaire à l'un des travaux dont la liste est fixée à l'article D. 4154-1 (cass. soc. 30 novembre 2010, n° 08-70.390, BC V n° 270; RJS 2/11 n° 185; JCP éd. S 2011, 1183, note Fr. Bousez).

• Un employeur ayant manqué à l'obligation de sécurité en délivrant à un salarié sous contrat de travail à durée déterminée un badge d'accès à une zone «orange» où les travaux lui étaient interdits en application de l'article D. 4154-1, 23°, une cour d'appel a pu en déduire que celui-ci pouvait prétendre à l'indemnisation du préjudice moral résultant de ce manquement, peu important l'absence d'exécution effective par le salarié de travaux dans cette zone (cass. soc. 23 octobre 2013, n° 12-20.760, LS Jurispr. n° 211 du 19.11.2013; RJS 3/14 n° 198).

SECTION 2 (réglementaire). **Dérogations**

Art. D. 4154-2. Les interdictions prévues à l'article D. 4154-1 ne s'appliquent pas lorsque les travaux sont accomplis à l'intérieur d'appareils hermétiquement clos en marche normale.

Art. D. 4154-3. L'employeur peut être autorisé, en application du second alinéa de l'article L. 4154-1, à employer des salariés titulaires d'un contrat de travail à durée déterminée ou des salariés temporaires pour accomplir les travaux mentionnés à l'article D. 4154-1.

La demande d'autorisation est adressée au ***(D. 2020-1545 du 9 déc. 2020, JO 10, entrée en vigueur le 01.04.2021)*** «directeur régional de l'économie, de l'emploi, du travail et des solidarités» par lettre recommandée avec avis de réception. Elle est accompagnée de l'avis du ***(D. 2017-1819 du 29 déc. 2017, art. 3, 43°, JO 30, entrée en vigueur le 01.01.2018)*** «comité social et économique» ainsi que de l'avis du médecin du travail.

Art. D. 4154-4. Le ***(D. 2020-1545 du 9 déc. 2020, JO 10, entrée en vigueur le 01.04.2021)*** «directeur régional de l'économie, de l'emploi, du travail et des solidarités», saisi d'une demande d'autorisation, prend sa décision dans un délai d'un mois à compter de la présentation de la lettre recommandée, après enquête de l'inspecteur du travail et avis du médecin inspecteur du travail permettant de vérifier que des mesures particulières de prévention, notamment une formation appropriée à la sécurité, assurent une protection efficace des travailleurs contre les risques dus aux travaux.

Art. R. 4154-5. L'autorisation du ***(D. 2020-1545 du 9 déc. 2020, JO 10, entrée en vigueur le 01.04.2021)*** «directeur régional de l'économie, de l'emploi, du travail et des solidarités» est réputée acquise si aucune réponse n'a été notifiée à l'employeur dans le délai d'un mois.

Le recours de l'employeur contre toute décision de rejet est adressé, par lettre recommandée avec avis de réception, au ***(D. 2020-1545 du 9 déc. 2020, JO 10, entrée en vigueur le 01.04.2021)*** «directeur régional de l'économie, de l'emploi, du travail et des solidarités», qui statue dans un délai d'un mois à compter de la réception de la demande.

Le silence gardé par le directeur régional dans un délai d'un mois vaut acceptation de la demande.

Art. D. 4154-6. L'autorisation du ***(D. 2020-1545 du 9 déc. 2020, JO 10, entrée en vigueur le 01.04.2021)*** «directeur régional de l'économie, de l'emploi, du travail et des solidarités» peut être retirée lorsque les conditions ayant justifié sa délivrance ne sont plus réunies.

SECTION 2. **Obligations particulières d'information et de formation**

Art. L. 4154-2. ***(L. 2009-526 du 12 mai 2009, JO 13)*** Les salariés titulaires d'un contrat de travail à durée déterminée, les salariés temporaires et les stagiaires en entreprise affectés à des postes de travail présentant des risques particuliers pour leur santé ou leur sécurité bénéficient d'une formation renforcée à la sécurité ainsi que d'un accueil et d'une information adaptés dans l'entreprise dans laquelle ils sont employés.

La liste de ces postes de travail est établie par l'employeur, après avis du médecin du travail et du ***(Ord. 2017-1386 du 22 sept. 2017, art. 4, 65°, JO 23, entrée en vigueur au plus tard le 01.01.2018)*** «comité social et économique, s'il existe». Elle est tenue à la disposition de l'***(L. 2016-1088 du 8 août 2016, art. 113, III, 1°, JO 9)*** «agent de contrôle de l'inspection du travail mentionné à l'article L. 8112-1».

Art. L. 4154-3. ***(L. 2009-526 du 12 mai 2009, JO 13)*** La faute inexcusable de l'employeur prévue à l'article L. 452-1 du code de la sécurité sociale est présumée établie pour les salariés titulaires d'un contrat de travail à durée déterminée, les salariés temporaires et les stagiaires en entreprise victimes d'un accident du travail ou d'une maladie professionnelle alors qu'affectés à des postes de travail présentant des risques particuliers pour leur santé ou leur sécurité ils n'auraient pas bénéficié de la formation à la sécurité renforcée prévue par l'article L. 4154-2.

Art. L. 4154-4

Note Des manutentionnaires intérimaires, affectés à un poste de travail présentant des risques particuliers pour leur santé et leur sécurité, sans avoir bénéficié de la formation à la sécurité renforcée prévue par la loi, et placés sous les ordres d'un contremaître insuffisamment qualifié et non formé, n'auraient pas pénétré à l'intérieur de l'installation s'ils avaient été informés de ce que l'appareil émettait une radiation résiduelle tant qu'il restait sous tension et si les diverses prescriptions du décret du 2 octobre 1986 avaient été respectées. Une cour d'appel a pu en déduire que l'imprudence des salariés était absorbée par les fautes inexcusables de l'employeur, qui constituaient la cause déterminante de l'accident (cass. soc. 27 mars 1997, n° 95-17.459, Dr. Ouvr. 1998, p. 208).

Sur la faute inexcusable d'une société utilisatrice n'ayant pas donné à un salarié intérimaire la formation appropriée aux fonctions qu'elle lui confiait, voir cass. soc. 5 février 1998, n° 96-10.396, BC V n° 69; sur la faute inexcusable résultant d'un défaut de formation à la sécurité, ne pouvant être retenue à l'encontre ni de la société utilisatrice ni de l'entreprise de travail temporaire, voir cass. soc. 11 décembre 1997, n° 96-11.454, BC V n° 437; RJS 2/98 n° 240. Voir aussi cass. soc. 6 février 2003, n° 01-20.936: faute retenue, le salarié sous contrat à durée déterminée se trouvant, au moment de l'accident, affecté à un poste dangereux sans avoir reçu de formation à la sécurité et l'employeur n'ayant pas rapporté une preuve contraire de nature à l'exonérer de cette présomption; cass. civ., 2e ch., 20 septembre 2012, n° 11-19.886: faute inexcusable de l'employeur présumée, l'employeur n'ayant pas établi que le salarié, sous contrat à durée déterminée, avait bénéficié d'une formation à la sécurité renforcée et ce, alors que, conformément à la note établie par le comité d'organisation du marché du rhum, le métier de distillateur comporte des risques.

Art. L. 4154-4. Lorsqu'il est fait appel, en vue de l'exécution de travaux urgents nécessités par des mesures de sécurité, à des salariés temporaires déjà dotés de la qualification nécessaire à cette intervention, le chef de l'entreprise utilisatrice leur donne toutes les informations nécessaires sur les particularités de l'entreprise et de son environnement susceptibles d'avoir une incidence sur leur sécurité.

TITRE VI DISPOSITIONS RELATIVES À LA PRÉVENTION DES EFFETS DE L'EXPOSITION À CERTAINS FACTEURS DE RISQUES PROFESSIONNELS ET AU COMPTE PROFESSIONNEL DE PRÉVENTION

Note Les dispositions législatives de ce titre sont issues de l'ordonnance 2017-1389 du 22 septembre 2017, JO 23, entrée en vigueur le 01.10.2017. Ces dispositions sont applicables à Mayotte à compter du 01.01.2022 (ordonnance 2017-1491 du 25 octobre 2017, art. 33, 3°, JO 26).

Les dispositions réglementaires de ce titre sont issues des décrets 2017-1768 (articles en R) et 2017-1769 (articles en D) du 27 décembre 2017, JO 28. Ces dispositions sont applicables à Mayotte à compter du 01.01.2022 (décret 2018-953 du 31 octobre 2018, art. 58, III, *c*, JO 6 nov.).

Voir RF 19 octobre 2017, FH 3712, 5-1 et s.; C-Fr. Pradel, P. Pradel-Boureux et V. Pradel, «Prévention des risques professionnels et compte professionnel de prévention», JCP éd. S 2017, 1315; M. Véricel, «La quasi-disparition du compte de prévention de la pénibilité», RDT, octobre 2017, CH, 649; P-Y Verkindt, «Les conditions de travail et la santé au travail dans les ordonnances du 22 septembre 2017: faut-il mouiller son mouchoir ?», Dr. Soc. 2018, p. 41; C-Fr. Pradel, P. Pradel-Boureux et V. Pradel, «La réforme du dispositif de prévention de la pénibilité», JCP éd. S 2018, 1022.

CHAPITRE Ier Facteurs de risques professionnels

Art. L. 4161-1. I. – Constituent des facteurs de risques professionnels au sens du présent titre les facteurs liés à :

1° Des contraintes physiques marquées :

a) Manutentions manuelles de charges ;

b) Postures pénibles définies comme positions forcées des articulations ;

c) Vibrations mécaniques ;

2° Un environnement physique agressif :

a) Agents chimiques dangereux, y compris les poussières et les fumées ;

b) Activités exercées en milieu hyperbare ;

c) Températures extrêmes ;

d) Bruit ;

3° Certains rythmes de travail :

a) Travail de nuit dans les conditions fixées aux articles L. 3122-2 à L. 3122-5 ;

b) Travail en équipes successives alternantes ;

c) Travail répétitif caractérisé par la réalisation de travaux impliquant l'exécution de mouvements répétés, sollicitant tout ou partie du membre supérieur, à une fréquence élevée et sous cadence contrainte.

II. – Un décret précise les facteurs de risques mentionnés au I.

Note Pour les expositions aux facteurs de risques professionnels au titre des années 2015, 2016 et des trois premiers trimestres de 2017, les articles L. 4161-1, L. 4162-1 à L. 4162-10, L. 4162-12 à L. 4162-16 et L. 4162-20 CT demeurent applicables dans leur rédaction antérieure aux dispositions issues de l'ordonnance 2017-1389 du 22 septembre 2017, JO 23 (art. 5, IV).

Art. D. 4161-1. [I. –] Les facteurs de risques professionnels mentionnés à l'article L. 4161-1 sont ainsi définis :

1° Au titre des contraintes physiques marquées :

a) Manutentions manuelles de charges mentionnées à l'article R. 4541-2 ;

b) Postures pénibles définies comme positions forcées des articulations ;

c) Vibrations mécaniques mentionnées à l'article R. 4441-1 ;

2° Au titre de l'environnement physique agressif :

a) Agents chimiques dangereux mentionnés aux articles R. 4412-3 et R. 4412-60, y compris les poussières et fumées ;

b) Activités exercées en milieu hyperbare mentionnées à l'article R. 4461-1 ;

c) Températures extrêmes ;

d) Bruit mentionné à l'article R. 4431-1 ;

3° Au titre de certains rythmes de travail :

a) Travail de nuit dans les conditions fixées aux articles L. 3122-2 à L. 3122-5 ;

b) Travail en équipes successives alternantes ;

c) Travail répétitif caractérisé par la réalisation de travaux impliquant l'exécution de mouvements répétés, sollicitant tout ou partie du membre supérieur, à une fréquence élevée et sous cadence contrainte.

Note Pour les expositions aux facteurs de risques professionnels au titre des années 2015, 2016 et des trois premiers trimestres de 2017, les articles D. 4161-1 à D. 4161-3, R. 4162-1 à R. 4162-23, D. 4162-18 à D. 4162-22, D. 4162-25, R. 4162-26 à R. 4162-37, D. 4162-38, D. 4162-54, D. 4162-55 et R. 4162-57 CT demeurent applicables dans leur rédaction antérieure aux dispositions issues des décrets 2017-1768 et 2017-1769 du 27 décembre 2017, JO 28, sous réserve des modifications suivantes à compter du 01.01.2018 : 1° Les mots : « Caisse nationale d'assurance vieillesse des travailleurs salariés » sont remplacés par les mots : « Caisse nationale de l'assurance maladie ou tout autre organisme délégataire dans les conditions prévues au deuxième alinéa de l'article L. 4163-14 » ; 2° Les mots : « caisse chargée de la liquidation des pensions de retraite de base du régime général » sont remplacés par les mots : « caisse mentionnée aux articles L. 215-1 ou L. 752-4 du code de la sécurité sociale » ; 3° Les mots : « caisse chargée de la liquidation des pensions de retraite du régime général » sont remplacés par les mots : « caisse mentionnée aux articles L. 215-1 ou L. 752-4 du code de la sécurité sociale » ; 4° Les mots : « caisses chargées de la liquidation des pensions de retraite du régime général » sont remplacés par les mots : « caisses mentionnées aux articles L. 215-1 ou L. 752-4 du code de la sécurité sociale » (décret 2017-1768 précité, art. 3, III et décret 2017-1769 précité, art. 5, III).

CHAPITRE II Accords en faveur de la prévention des effets de l'exposition à certains facteurs de risques professionnels

Note Les dispositions de ce chapitre, dans leur rédaction issue de l'ordonnance 2017-1389 du 22 septembre 2017, JO 23 et des décrets 2017-1768 et 2017-1769 du 27 décembre 2017, JO 28, sont entrés en vigueur le 01.01.2019. Les dispositions du chapitre III du titre VI du livre Ier de la quatrième partie du code du travail, dans leur rédaction antérieure à l'entrée en vigueur de l'ordonnance précitée et des décrets précités, ont continué à s'appliquer jusqu'au 31.12.2018 (ordonnance 2017-1389 précitée, art. 5, III, décret 2017-1768 précité, art. 3, II et décret 2017-1769 précité, art. 5, II).

Art. L. 4162-1. I. – Les employeurs d'au moins cinquante salariés, y compris les entreprises et les établissements publics mentionnés aux articles L. 2211-1 et L. 2233-1 employant au moins cinquante salariés, ainsi que les entreprises appartenant à un groupe au sens de l'article L. 2133-1 dont l'effectif comprend au moins cinquante salariés, engagent une négociation d'un accord en faveur de la prévention des effets de l'exposition aux facteurs de risques professionnels mentionnés à l'article L. 4161-1 :

1° Soit lorsqu'ils emploient une proportion minimale, fixée par décret, de salariés déclarés exposés au titre du dispositif mentionné à l'article L. 4163-1 ;

2° Soit lorsque leur sinistralité au titre des accidents du travail et des maladies professionnelles est supérieure à un seuil dans des conditions définies par décret.

Art. L. 4162-2

II. – Les entreprises dont l'effectif comprend au moins cinquante salariés et est inférieur à trois cents salariés ou appartenant à un groupe au sens de l'article L. 2331-1 dont l'effectif est inférieur à trois cents salariés n'ont pas l'obligation de conclure un accord mentionné ***(Ord. 2017-1718 du 20 déc. 2017, art. 1er, I, 133°, JO 21)*** «au I du présent article» ou un plan d'action mentionné à l'article L. 4162-2 si elles sont déjà couvertes par un accord de branche étendu comprenant les thèmes mentionnés au 1° de l'article L. 4162-3.

Art. L. 4162-2. Si, au terme de la négociation, aucun accord n'est conclu, un procès-verbal de désaccord est établi dans les conditions définies à l'article ***(Ord. 2017-1718 du 20 déc. 2017, art. 1er, I, 65°, JO 21)*** « L. 2242-5». ***(Ord. 2017-1718 du 20 déc. 2017, art. 1er, I, 134°, JO 21)*** «L'employeur mentionné à l'article L. 4162-1 est alors tenu» d'arrêter, au niveau de l'entreprise ou du groupe, un plan d'action relatif à la prévention des effets de l'exposition aux facteurs de risques professionnels mentionnés à l'article L. 4161-1, après avis du comité social et économique.

Art. L. 4162-3. L'accord d'entreprise ou de groupe ou, à défaut d'accord, le plan d'action mentionné à l'article L. 4162-2:

1° Comprend une liste de thèmes obligatoires fixée par décret;

2° Est conclu pour une durée maximale de trois ans;

3° Fait l'objet d'un dépôt auprès de l'autorité administrative compétente définie par décret, qui en informe l'organisme compétent de la branche accidents du travail et maladies professionnelles.

Art. L. 4162-4. I. – La méconnaissance des obligations mentionnées ***(Ord. 2017-1718 du 20 déc. 2017, art. 1er, I, 135°, JO 21)*** «aux articles L. 4162-1 à L. 4162-3» entraîne une pénalité à la charge de l'employeur.

II. – Le montant de cette pénalité, fixé par décret en Conseil d'État, ne peut excéder 1 % des rémunérations ou gains, au sens du premier alinéa de l'article L. 242-1 du code de la sécurité sociale et du premier alinéa de l'article L. 741-10 du code rural et de la pêche maritime, versés aux travailleurs salariés ou assimilés concernés au cours des périodes au titre desquelles l'entreprise n'est pas couverte par l'accord ou le plan d'action mentionnés à l'article L. 4162-2.

III. – Cette pénalité est prononcée par l'autorité administrative compétente définie par décret en Conseil d'État qui en précise le montant.

IV. – Le produit de cette pénalité est affecté aux organismes nationaux de la branche accidents du travail et maladies professionnelles.

V. – Les articles L. 137-3 et L. 137-4 du code de la sécurité sociale sont applicables à cette pénalité.

SECTION 1 (réglementaire). Dispositions générales

Art. D. 4162-1. I. – La proportion minimale de salariés mentionnée au 1° du I de l'article L. 4162-1 est fixée à 25 % de l'effectif.

II. – Pour l'application du 2° du I de l'article L. 4162-1 du code du travail, l'entreprise ou le groupe est assujetti à l'obligation prévue à ce même article si son indice de sinistralité est supérieur à 0,25.

Cet indice de sinistralité est égal au rapport, pour les trois dernières années connues, entre le nombre d'accidents du travail et de maladies professionnelles imputés à l'employeur, à l'exclusion des accidents prévus à l'article L. 411-2 du code de la sécurité sociale, et l'effectif de l'entreprise tel que défini à l'article R. 130-1 du même code.

Art. D. 4162-2. L'accord d'entreprise ou de groupe mentionné à l'article L. 4162-1 ou, à défaut, le plan d'action mentionné à l'article L. 4162-2, repose sur un diagnostic préalable des expositions aux facteurs de risques professionnels mentionnés à l'article L. 4161-1 et prévoit les mesures de prévention qui en découlent et qui s'appliquent à tous les salariés exposés à un ou plusieurs de ces facteurs, ainsi que les modalités de suivi de leur mise en œuvre effective.

Chaque thème retenu dans l'accord ou le plan d'action est assorti d'objectifs chiffrés dont la réalisation est mesurée au moyen d'indicateurs. Ces indicateurs sont communiqués, au moins annuellement, aux membres du comité social et économique.

Art. D. 4162-3. L'accord d'entreprise ou de groupe mentionné à l'article L. 4162-1 ou, à défaut, le plan d'action mentionné à l'article L. 4162-2, ou l'accord de branche étendu mentionné au II de l'article L. 4162-1 traite:

1° D'au moins deux des thèmes suivants:

a) La réduction des polyexpositions aux facteurs mentionnés à l'article D. 4161-1 ;

b) L'adaptation et l'aménagement du poste de travail ;

c) La réduction des expositions aux facteurs de risques professionnels mentionnés à l'article D. 4161-1 ;

2° En outre, d'au moins deux des thèmes suivants :

a) L'amélioration des conditions de travail, notamment au plan organisationnel ;

b) Le développement des compétences et des qualifications ;

c) L'aménagement des fins de carrière ;

d) Le maintien en activité des salariés exposés aux facteurs mentionnés à l'article D. 4161-1.

Pour les thèmes mentionnés au 2°, l'accord ou le plan d'action précise les mesures de nature à permettre aux titulaires d'un compte professionnel de prévention d'affecter les points qui y sont inscrits aux utilisations prévues aux 1° et 2° du I de l'article L. 4163-7.

SECTION 2 (réglementaire). **Procédure**

Art. R. 4162-4. I. – La caisse mentionnée aux articles L. 215-1 ou L. 752-4 du code de la sécurité sociale ou à l'article L. 723-2 du code rural et de la pêche maritime informe l'employeur des obligations lui incombant en application des articles L. 4162-1 et L. 4162-2 du présent code.

II. – L'accord d'entreprise ou de groupe mentionné à l'article L. 4162-1 ou, le cas échéant, le procès-verbal de désaccord et le plan d'action mentionné à l'article L. 4162-2 sont déposés auprès de la ***(D. 2020-1545 du 9 déc. 2020, JO 10, entrée en vigueur le 01.04.2021)*** « direction régionale de l'économie, de l'emploi, du travail et des solidarités », qui en informe la caisse mentionnée au I.

Art. R. 4162-5. I. – La caisse mentionnée à l'article R. 4162-4 informe le ***(D. 2020-1545 du 9 déc. 2020, JO 10, entrée en vigueur le 01.04.2021)*** « directeur régional de l'économie, de l'emploi, du travail et des solidarités » lorsqu'une entreprise relevant de l'obligation mentionnée au I de l'article L. 4162-1 n'est pas couverte par un accord d'entreprise ou de groupe ou à défaut par un plan d'action répondant aux conditions définies par l'article L. 4162-3.

II. – Lorsque l'agent de contrôle de l'inspection du travail constate un manquement à l'obligation mentionnée aux articles L. 4162-1 et L. 4162-2 ou en est informé selon les modalités prévues au I, il met en demeure l'employeur, par lettre recommandée avec demande d'avis de réception, de remédier à cette situation dans un délai de six mois.

L'employeur communique à l'inspection du travail, par lettre recommandée avec demande d'avis de réception, l'accord conclu, le plan d'action élaboré ou les modifications apportées à ces documents dans le délai imparti. À défaut, il justifie des motifs de la défaillance de l'entreprise au regard de cette obligation ainsi que des efforts accomplis en matière de prévention des effets de l'exposition aux facteurs de risques professionnels mentionnés à l'article L. 4161-1.

À sa demande, il peut être entendu.

SECTION 3 (réglementaire). **Pénalité**

Art. R. 4162-6. À l'issue du délai imparti par la mise en demeure, le ***(D. 2020-1545 du 9 déc. 2020, JO 10, entrée en vigueur le 01.04.2021)*** « directeur régional de l'économie, de l'emploi, du travail et des solidarités » décide s'il y a lieu d'appliquer la pénalité mentionnée à l'article L. 4162-4. Il en fixe le taux au regard de la situation de l'entreprise, des informations transmises par la caisse mentionnée à l'article R. 4162-4 et, si l'entreprise compte moins de trois cents salariés, de l'avancement de la négociation collective sur les effets de l'exposition aux facteurs de risques professionnels mentionnés à l'article L. 4161-1 dans la branche ainsi que des critères suivants :

1° Les diligences accomplies pour conclure un accord ou élaborer un plan d'action relatif à la prévention des effets de l'exposition aux facteurs de risques professionnels mentionnés à l'article L. 4161-1 ;

2° Les mesures prises dans l'entreprise pour prévenir les effets de l'exposition aux facteurs de risques professionnels mentionnés à l'article L. 4161-1.

Art. R. 4162-7. Le ***(D. 2020-1545 du 9 déc. 2020, JO 10, entrée en vigueur le 01.04.2021)*** « directeur régional de l'économie, de l'emploi, du travail et des solidarités » adresse à l'employeur, par tout moyen conférant date certaine, une notification motivée du taux de la pénalité, dans un délai d'un mois à compter de la date d'expiration de la mise en demeure prévue à l'article R. 4162-5.

Une copie de cette notification est adressée à l'organisme chargé du recouvrement des cotisations de sécurité sociale du régime général ou du régime agricole dont dépend l'employeur.

Art. R. 4162-8. La pénalité est due pour chaque mois entier au cours duquel l'entreprise ne respecte pas les obligations mentionnées à l'article L. 4162-3 à compter du terme de la mise en demeure et jusqu'à la réception par l'inspection du travail de l'accord ou du plan d'action prévus au I de l'article L. 4162-1 et à l'article L. 4162-2.

La pénalité, calculée par application du taux notifié par le ***(D. 2020-1545 du 9 déc. 2020, JO 10, entrée en vigueur le 01.04.2021)*** « directeur régional de l'économie, de l'emploi, du travail et des solidarités » aux rémunérations ou gains mentionnés au deuxième alinéa de l'article L. 4162-4, est déclarée et versée par l'employeur auprès de l'organisme chargé du recouvrement des cotisations de sécurité sociale du régime général ou du régime agricole dont il dépend, à la date d'échéance de ses cotisations et contributions sociales.

CHAPITRE III Compte professionnel de prévention

Note Pour les expositions aux facteurs de risques professionnels au titre des années 2015, 2016 et des trois premiers trimestres de 2017, les articles L. 4161-1, L. 4162-1 à L. 4162-10, L. 4162-12 à L. 4162-16 et L. 4162-20 CT demeurent applicables dans leur rédaction antérieure aux dispositions issues de l'ordonnance 2017-1389 du 22 septembre 2017, JO 23 (art. 5, IV).

Pour les expositions aux facteurs de risques professionnels au titre des années 2015, 2016 et des trois premiers trimestres de 2017, les articles D. 4161-1 à D. 4161-3, R. 4162-1 à R. 4162-23, D. 4162-18 à D. 4162-22, D. 4162-25, R. 4162-26 à R. 4162-37, D. 4162-38, D. 4162-54, D. 4162-55 et R. 4162-57 CT demeurent applicables dans leur rédaction antérieure aux dispositions issues des décrets 2017-1768 et 2017-1769 du 27 décembre 2017, JO 28, sous réserve des modifications suivantes à compter du 01.01.2018 : 1° Les mots: «Caisse nationale d'assurance vieillesse des travailleurs salariés» sont remplacés par les mots: «Caisse nationale de l'assurance maladie ou tout autre organisme délégataire dans les conditions prévues au deuxième alinéa de l'article L. 4163-14»; 2° Les mots: «caisse chargée de la liquidation des pensions de retraite de base du régime général» sont remplacés par les mots: «caisse mentionnée aux articles L. 215-1 ou L. 752-4 du code de la sécurité sociale»; 3° Les mots: «caisse chargée de la liquidation des pensions de retraite du régime général» sont remplacés par les mots: «caisse mentionnée aux articles L. 215-1 ou L. 752-4 du code de la sécurité sociale»; 4° Les mots: «caisses chargées de la liquidation des pensions de retraite du régime général» sont remplacés par les mots: «caisses mentionnées aux articles L. 215-1 ou L. 752-4 du code de la sécurité sociale» (décret 2017-1768 précité, art. 3, III et décret 2017-1769 précité, art. 5, III).

Pour les expositions aux facteurs de risques professionnels au titre des années 2015, 2016 et des trois premiers trimestres de 2017, les articles R. 4162-4, R. 4162-11, R. 4162-12, R. 4162-13 et R. 4162-14 CT demeurent applicables dans leur rédaction [antérieure au] décret 2017-1768 du 27 décembre 2017, JO 28, sous réserve des modifications suivantes à compter du 01.01.2019 : 1° À l'article R. 4162-4, les mots: «25 heures» sont remplacés par les mots: «un montant de 375 euros»; 2° L'article R. 4162-11 est remplacé par les dispositions suivantes: «Art. R. 4162-11. - Lorsque le titulaire d'un compte professionnel de prévention veut abonder son compte personnel de formation au titre du 1° du I de l'article L. 4162-4, il joint à sa demande de formation un document précisant le montant qu'il souhaite consacrer à sa formation au titre des points inscrits sur le compte professionnel de prévention ainsi que le poste qu'il occupe.»; 3° L'article R. 4162-12 est remplacé par les dispositions suivantes: «Art. R. 4162-12. - La formation demandée par le titulaire d'un compte professionnel de prévention est reconnue éligible par l'opérateur du conseil en évolution professionnelle si elle remplit les conditions fixées au 1° du I de l'article L. 4163-7.»; 4° L'article R. 4162-13 est remplacé par les dispositions suivantes: «Art. R. 4162-13. - Lorsqu'il reconnaît la formation éligible, l'opérateur du conseil en évolution professionnelle fournit une attestation au salarié, qui la transmet dans le cadre de sa demande d'utilisation de points, formulée dans les conditions de l'article R. 4163-15.»; 5° À l'article R. 4162-14, les mots: «personnel de prévention de la pénibilité» sont remplacés par les mots: «professionnel de prévention» et les mots: «heures de formation» par les mots: «un montant exprimé en euros». Les mots: «du code du travail» sont supprimés; 6° L'article R. 4162-17 du code du travail est abrogé. (décret 2018-1256 du 27 décembre 2018, art. 5, II, JO 28).

SECTION 1. Obligations de déclaration relatives à certains facteurs de risques professionnels

Art. L. 4163-1. I. – L'employeur déclare de façon dématérialisée aux caisses mentionnées au II les facteurs de risques professionnels mentionnés aux *b*, *c*, *d* du 2° et au 3° de l'article L. 4161-1, auxquels les travailleurs pouvant acquérir des droits au titre d'un compte professionnel de prévention, dans les conditions fixées au présent chapitre, sont exposés au-delà de certains seuils, appréciés après application des mesures de protection collective et individuelle.

II. – La déclaration mentionnée au I est effectuée, selon les modalités prévues à l'article L. 133-5-3 du code de la sécurité sociale, auprès de la caisse mentionnée aux articles L. 215-1 ou L. 752-4 du même code ou à l'article L. 723-2 du code rural et de la pêche maritime dont relève l'employeur. Un décret en précise les modalités.

III. – Les informations contenues dans cette déclaration sont confidentielles et ne peuvent pas être communiquées à un autre employeur auprès duquel le travailleur sollicite un emploi.

IV. – Les entreprises utilisatrices mentionnées à l'article L. 1251-1 transmettent à l'entreprise de travail temporaire les informations nécessaires à l'établissement par cette dernière de la déclaration mentionnée au I. Les conditions dans lesquelles les entreprises utilisatrices transmettent ces informations et les modalités selon lesquelles l'entreprise de travail temporaire établit la déclaration sont définies par décret en Conseil d'État.

V. – Un décret détermine :

1° Les seuils mentionnés au I du présent article ;

2° Les modalités d'adaptation de la déclaration mentionnée au même I pour les travailleurs qui ne sont pas susceptibles d'acquérir des droits au titre du compte professionnel de prévention dans les conditions fixées au présent chapitre et exposés à certains facteurs de risques professionnels dans les conditions prévues au I.

Art. L. 4163-2. I. – L'accord collectif de branche étendu mentionné à l'article ***(Ord. 2017-1718 du 20 déc. 2017, art. 1er, I, 136°, JO 21)*** « L. 4162-1 » peut déterminer l'exposition des travailleurs à un ou plusieurs des facteurs de risques professionnels mentionnés au I de l'article L. 4163-1 au-delà des seuils mentionnés au même I, en faisant notamment référence aux postes, métiers ou situations de travail occupés et aux mesures de protection collective et individuelle appliquées.

II. – En l'absence d'accord collectif de branche étendu, ces postes, métiers ou situations de travail exposés peuvent également être définis par un référentiel professionnel de branche homologué par un arrêté conjoint des ministres chargés du travail et des affaires sociales, dans des conditions fixées par décret.

L'employeur qui applique le référentiel de branche pour déterminer l'exposition de ses salariés est présumé de bonne foi.

III. – Un décret définit les conditions dans lesquelles l'employeur peut établir la déclaration mentionnée à l'article L. 4163-1 à partir de ces postes, de ces métiers ou de ces situations de travail.

IV. – L'employeur qui applique les stipulations d'un accord de branche étendu ou d'un référentiel professionnel de branche homologué mentionnés au I et au II pour déclarer l'exposition de ses travailleurs ne peut se voir appliquer la pénalité mentionnée au II de l'article L. 4163-16.

Note Sur les référentiels professionnels de branche, voir article D. 4163-6 et sa note.

Art. L. 4163-3. Le seul fait pour l'employeur d'avoir déclaré l'exposition d'un travailleur aux facteurs de risques professionnels mentionnés au I de l'article L. 4163-1 dans les conditions et formes prévues au même article ne saurait constituer une présomption de manquement à son obligation d'assurer la sécurité et de protéger la santé physique et mentale des travailleurs résultant du titre II du présent livre.

Art. D. 4163-2. Les seuils associés aux facteurs de risques professionnels mentionnés au I de l'article L. 4163-1 sont ainsi fixés :

1° Au titre de l'environnement physique agressif :

FACTEUR DE RISQUES PROFESSIONNELS	SEUIL		
	Action ou situation	**Intensité minimale**	**Durée minimale**
a) Activités exercées en milieu hyperbare définies à l'article R. 4461-1	Interventions ou travaux	1 200 hectopascals	60 interventions ou travaux par an
b) Températures extrêmes	Température inférieure ou égale à 5 degrés Celsius ou au moins égale à 30 degrés Celsius		900 heures par an
c) Bruit mentionné à l'article R. 4431-1	Niveau d'exposition au bruit rapporté à une période de référence de huit heures d'au moins 81 décibels (A)		600 heures par an
	Exposition à un niveau de pression acoustique de crête au moins égal à 135 décibels (C)		120 fois par an

2° Au titre de certains rythmes de travail :

a) Travail de nuit dans les conditions fixées aux articles L. 3122-2 à L. 3122-5	Une heure de travail entre 24 heures et 5 heures	120 nuits par an
b) Travail en équipes successives alternantes	Travail en équipes successives alternantes impliquant au minimum une heure de travail entre 24 heures et 5 heures	50 nuits par an

FACTEUR DE RISQUES PROFESSIONNELS	SEUIL		
	Action ou situation	Intensité minimale	Durée minimale
c) Travail répétitif caractérisé par la réalisation de travaux impliquant l'exécution de mouvements répétés, sollicitant tout ou partie du membre supérieur, à une fréquence élevée et sous cadence contrainte	Temps de cycle inférieur ou égal à 30 secondes : 15 actions techniques ou plus		900 heures par an
	Temps de cycle supérieur à 30 secondes, temps de cycle variable ou absence de temps de cycle : 30 actions techniques ou plus par minute		

Art. D. 4163-3. L'employeur déclare l'exposition des travailleurs à un ou plusieurs facteurs de risques professionnels mentionnés à l'article L. 4163-1, en cohérence avec l'évaluation des risques prévue à l'article L. 4121-3, au regard des conditions habituelles de travail caractérisant le poste occupé, appréciées en moyenne sur l'année, notamment à partir des données collectives mentionnées au 1° de l'article R. 4121-1-1.

Pour établir cette déclaration, l'employeur peut utiliser, le cas échéant, les postes, métiers ou situations de travail définis dans l'accord collectif de branche étendu mentionné au II de l'article L. 4162-1 ou, à défaut de cet accord collectif, définis par le référentiel professionnel de branche homologué mentionné au II de l'article L. 4163-2 et déterminant l'exposition des travailleurs aux facteurs de risques professionnels mentionnés à l'article L. 4163-1, en tenant compte des mesures de protection collectives et individuelles appliquées.

Dans le cadre du suivi individuel de l'état de santé du travailleur, le professionnel de santé mentionné au premier alinéa de l'article L. 4624-1 peut demander à l'employeur la communication des informations qu'il déclare en application de l'article L. 4163-1. Le cas échéant, ces informations complètent le dossier médical en santé au travail du travailleur.

Art. D. 4163-4. Pour les travailleurs mentionnés au 2° du V de l'article L. 4163-1, qui ne sont pas susceptibles d'acquérir des droits au titre du compte professionnel de prévention dans les conditions fixées aux articles L. 4163-4 et suivants et qui sont exposés à des facteurs de risques dans les conditions prévues au I de l'article L. 4163-1, à l'exception des travailleurs soumis à un suivi des effets de l'exposition à certains facteurs de risques professionnels approuvé par arrêté, l'employeur établit une fiche individuelle de suivi indiquant les facteurs de risques professionnels mentionnés à cet article auxquels ils sont exposés au-delà des seuils prévus à l'article D. 4163-2. L'exposition de ces travailleurs est évaluée en cohérence avec l'évaluation des risques prévue à l'article L. 4121-3.

L'employeur remet cette fiche au travailleur au terme de chaque année civile. Il la transmet au travailleur dont le contrat s'achève au cours de l'année civile au plus tard le dernier jour du mois suivant la date de fin de contrat.

L'employeur conserve par tout moyen les fiches de suivi des expositions de ses salariés pendant cinq ans après l'année à laquelle elles se rapportent.

Dans le cadre du suivi individuel de l'état de santé du travailleur, le professionnel de santé mentionné au premier alinéa de l'article L. 4624-1 peut demander à l'employeur la communication de la fiche individuelle de suivi. Le cas échéant, la fiche individuelle de suivi complète le dossier médical en santé au travail du travailleur.

Art. D. 4163-5. L'exposition des travailleurs au regard des seuils mentionnés à l'article D. 4163-2 est appréciée après application des mesures de protection collective et individuelle.

Lorsque la durée minimale d'exposition est décomptée en nombre d'heures an, le dépassement du seuil est apprécié en cumulant les durées pendant lesquelles se déroulent chacune des actions ou pendant lesquelles chacune des situations sont constatées.

Lorsque, pour l'application de l'article D. 4163-2, l'employeur apprécie l'exposition d'un travailleur au travail de nuit, il ne prend pas en compte les nuits effectuées dans les conditions du travail en équipes successives alternantes.

Art. D. 4163-6. Le référentiel professionnel de branche mentionné au II de l'article L. 4163-2 est homologué par arrêté conjoint des ministres chargés du travail et des affaires sociales après avis du Conseil d'orientation des conditions de travail.

Il ne peut être établi que par une organisation professionnelle représentative dans la branche concernée, dans la limite de son champ d'activité.

Il ne peut être établi qu'un seul référentiel pour chaque branche ou pour chaque champ d'activité d'une branche et, s'agissant des postes, métiers ou situations de travail qu'il identifie, il ne peut être fait usage dans cette même branche ou dans ce même champ d'activité d'un autre référentiel.

Le référentiel présente l'impact des mesures de protection collective et individuelle sur l'exposition des travailleurs aux facteurs de risques professionnels mentionnés à l'article L. 4163-1. En vue de l'instruction de la demande d'homologation, il est accompagné de toutes données permettant d'évaluer les effectifs de travailleurs de la branche concernée exposés aux facteurs de risques professionnels mentionnés à l'article L. 4163-1 au-delà des seuils fixés à l'article D. 4163-2.

Le référentiel professionnel de branche est réévalué selon une périodicité qu'il détermine et qui ne peut excéder cinq ans.

Note Le contenu des référentiels homologués est consultable sur le site Internet du ministère du Travail (*https://travail-emploi.gouv.fr/sante-au-travail/prevention-des-risques-pour-la-sante-au-travail/article/penibilite-referentiels-professionnels-de-branche-homologues*).

Art. R. 4163-7. Le contrat de mise à disposition mentionné à l'article L. 1251-43 indique, au titre des caractéristiques particulières du poste à pourvoir et pour l'application de l'article L. 4163-1, à quels facteurs de risques professionnels le salarié temporaire est exposé, au vu des conditions habituelles de travail appréciées en moyenne sur l'année par l'entreprise utilisatrice, caractérisant le poste occupé.

En tant que de besoin et à l'initiative de l'entreprise utilisatrice, un avenant au contrat de mise à disposition rectifie les informations mentionnées au premier alinéa.

SECTION 2. Ouverture et abondement du compte professionnel de prévention

Art. L. 4163-4. Les salariés des employeurs de droit privé ainsi que le personnel des personnes publiques employé dans les conditions du droit privé peuvent acquérir des droits au titre d'un compte professionnel de prévention, dans les conditions définies au présent chapitre.

Les salariés affiliés à un régime spécial de retraite comportant un dispositif spécifique de reconnaissance et de compensation des effets de l'exposition à certains risques professionnels n'acquièrent pas de droits au titre du compte professionnel de prévention. Un décret fixe la liste des régimes concernés.

Note Le décret 2014-1617 du 24 décembre 2014 (JO 27), entrée en vigueur le 01.01.2015, fixe la liste des régimes spéciaux de retraite mentionnée à l'alinéa 2 de cet article (les régimes de retraite des agents titulaires de la Banque de France, des industries électriques et gazières, des personnels de l'Opéra national de Paris, des personnels de la Comédie-Française, des clercs et employés de notaire, du personnel de la Régie autonome des transports parisiens, du personnel de la Société nationale des chemins de fer français, des marins, du personnel titulaire du Port autonome de Strasbourg, des personnels des mines et des entreprises assimilées).

Art. L. 4163-5. Le compte professionnel de prévention est ouvert dès lors qu'un salarié a acquis des droits dans les conditions définies au présent chapitre. Les droits constitués sur le compte lui restent acquis jusqu'à leur liquidation ou à son admission à la retraite.

L'exposition d'un travailleur, après application des mesures de protection collective et individuelle, à un ou plusieurs des facteurs de risques professionnels mentionnés au I de l'article L. 4163-1 au-delà des seuils d'exposition définis par décret, consignée dans la déclaration prévue au même article, ouvre droit à l'acquisition de points sur le compte professionnel de prévention.

Un décret en Conseil d'État fixe les modalités d'inscription des points sur le compte. Il précise le nombre maximal de points pouvant être acquis par un salarié au cours de sa carrière et définit le nombre de points auquel ouvrent droit les expositions simultanées à plusieurs facteurs de risques professionnels.

Art. L. 4163-6. Les points sont attribués au vu des expositions du salarié déclarées par l'employeur, sur la base de la déclaration mentionnée à l'article L. 4163-1, auprès de la caisse mentionnée aux articles L. 215-1, L. 222-1-1 ou L. 752-4 du code de la sécurité sociale ou à l'article L. 723-2 du code rural et de la pêche maritime dont il relève.

Art. R. 4163-8. I. – Au terme de chaque année civile et au plus tard au titre de la paie du mois de décembre, l'employeur déclare, dans le cadre de la déclaration prévue à l'article L. 133-5-3 du code de la sécurité sociale auprès de l'organisme gestionnaire au niveau local ou de la caisse mentionnée à l'article L. 723-2 du code rural et de la pêche maritime, pour les travailleurs titulaires d'un contrat de travail qui demeure en cours à la fin de l'année civile, le ou les facteurs de risques professionnels définis à l'article L. 4163-1 du présent code auxquels ils ont été exposés au-delà des seuils fixés à l'article D. 4163-2 au cours de l'année civile considérée.

II. – Pour les travailleurs titulaires d'un contrat de travail d'une durée supérieure ou égale à un mois qui s'achève au cours de l'année civile, l'employeur déclare dans la déclaration mentionnée au I de cet article et au plus tard lors de la paie effectuée au titre de la fin de ce contrat de travail le ou les facteurs de risques professionnels définis à l'article D. 4163-2 auxquels ils ont été exposés.

III. – La déclaration prévue au I et au II du présent article est effectuée dans les mêmes conditions auprès de l'organisme mentionné à l'article L. 133-5-10 du code de la sécurité sociale par les employeurs utilisant les dispositifs mentionnés à l'article L. 133-5-6 du même code.

IV. – L'employeur peut rectifier sa déclaration des facteurs de risques professionnels :

1° Jusqu'au 5 ou au 15 avril de l'année qui suit celle au titre de laquelle elle a été effectuée, selon l'échéance de transmission de la déclaration mentionnée à l'article R. 133-14 du code de la sécurité sociale qui lui est applicable ;

2° Par dérogation au 1°, dans les cas où la rectification est faite en faveur du salarié, pendant la période de trois ans mentionnée au premier alinéa de l'article L. 244-3 du code de la sécurité sociale.

Art. R. 4163-9. I. – Pour les salariés titulaires d'un contrat de travail dont la durée est supérieure ou égale à l'année civile, la déclaration prévue au I de l'article R. 4163-8 donne lieu à l'inscription par l'organisme gestionnaire au niveau national sur son compte professionnel de prévention de :

1° Quatre points lorsqu'il est exposé à un seul facteur de risque professionnel ;

2° Huit points lorsqu'il est exposé à plusieurs facteurs de risques professionnels.

II. – Pour les salariés titulaires d'un contrat de travail dont la durée, supérieure ou égale à un mois, débute ou s'achève en cours d'année civile, l'organisme gestionnaire au niveau national agrège l'ensemble des déclarations prévues aux I et II de l'article R. 4163-8 transmises par le ou les employeurs et établit, pour chaque facteur de risque professionnel déclaré, sa durée totale d'exposition en mois au titre de l'année civile.

Chaque période d'exposition de trois mois à un facteur de risque professionnel donne lieu à l'attribution d'un point. Chaque période d'exposition de trois mois à plusieurs facteurs de risques professionnels donne lieu à l'attribution de deux points.

III. – Le nombre total de points inscrits sur le compte professionnel de prévention ne peut excéder cent points au cours de la carrière professionnelle du salarié.

Art. R. 4163-10. Par dérogation aux dispositions de l'article R. 4163-9, pour les assurés nés avant le 1er juillet 1956, les points inscrits sont multipliés par deux.

SECTION 3. Utilisations du compte professionnel de prévention

Note Les points acquis au titre du compte personnel de prévention de la pénibilité, qui n'ont pas été utilisés avant l'entrée en vigueur de l'ordonnance 2017-1389 du 22 septembre 2017, JO 23, sont transférés sur le compte professionnel de prévention.

Pour l'utilisation des points inscrits, avant l'entrée en vigueur de l'ordonnance précitée, sur le compte personnel de prévention de la pénibilité, les dispositions réglementaires d'application sont restées en vigueur jusqu'à la publication des décrets mentionnés au chapitre III du titre VI du livre Ier de la quatrième partie du code du travail dans sa rédaction résultant de l'ordonnance, et au plus tard jusqu'au 01.01.2018 (ordonnance précitée, art. 5, V).

Art. L. 4163-7. I. – Le titulaire du compte professionnel de prévention peut décider d'affecter en tout ou partie les points inscrits sur son compte à une ou plusieurs des trois utilisations suivantes :

1° La prise en charge de tout ou partie des frais d'une action de formation professionnelle continue en vue d'accéder à un emploi non exposé ou moins exposé aux facteurs de risques professionnels mentionnés au I de l'article L. 4163-1 ;

2° Le financement du complément de sa rémunération et des cotisations et contributions sociales légales et conventionnelles en cas de réduction de sa durée de travail ;

3° Le financement d'une majoration de durée d'assurance vieillesse et d'un départ en retraite avant l'âge légal de départ en retraite de droit commun.

II. – La demande d'utilisation des points peut intervenir à tout moment de la carrière du titulaire du compte pour l'utilisation mentionnée au 2° du I et, que celui-ci soit salarié ou demandeur d'emploi, pour l'utilisation mentionnée au 1° du même I. Pour les droits mentionnés au 3° de ce I, la liquidation des points acquis, sous réserve d'un nombre suffisant, peut intervenir à partir de cinquante-cinq ans.

Les droits mentionnés aux 1° et 2° du même I ne peuvent être exercés que lorsque le salarié relève, à la date de sa demande, des catégories définies au premier alinéa de l'article L. 4163-4.

III. – Un décret en Conseil d'État fixe les modalités suivant lesquelles le salarié est informé des possibilités d'utilisation du compte et détermine les conditions d'utilisation des points inscrits sur le compte. Il fixe le barème de points spécifique à chaque utilisation du compte. Il précise les conditions et limites dans lesquelles les points acquis ne peuvent être affectés qu'à l'utilisation mentionnée au 1° du I.

IV. – Pour les personnes âgées d'au moins cinquante-deux ans au 1er janvier 2015, le barème d'acquisition des points portés au compte professionnel de prévention et les conditions d'utilisation des points acquis peuvent être aménagés par décret en Conseil d'État afin de faciliter le recours aux utilisations prévues aux 2° et 3° du I.

Note *Covid-19*. Voir ordonnance 2020-460 du 22 avril 2020, art. 14, JO 23.

Art. R. 4163-11. Les points inscrits sur le compte professionnel de prévention sont utilisés de la façon suivante :

1° Un point ouvre droit à ***(D. 2018-1256 du 27 déc. 2018, art. 1er, 1°, JO 28, entrée en vigueur le 01.01.2019)*** « un montant de 375 euros » de prise en charge de tout ou partie des frais d'une action de formation professionnelle continue en vue d'accéder à un emploi non exposé ou moins exposé. ***(D. 2018-1256 du 27 déc. 2018, art. 1er, 1°, JO 28, entrée en vigueur le 01.01.2019)*** « Ce montant est réévalué selon les modalités fixées au sixième alinéa de l'article L. 6323-11 » ;

2° Dix points ouvrent droit à un complément de rémunération dont le montant correspond à la compensation pendant trois mois d'une réduction du temps de travail égale à un mi-temps ;

3° Dix points ouvrent droit à un trimestre de majoration de durée d'assurance vieillesse dans les conditions prévues par l'article L. 351-6-1 du code de la sécurité sociale.

Art. R. 4163-12. Les points sont consommés selon le barème prévu par l'article R. 4163-11 par tranche de 10 points pour les utilisations prévues aux 2° et 3° de cet article et point par point pour l'utilisation prévue au 1° du même article.

Art. R. 4163-13. Les vingt premiers points inscrits sont réservés à l'utilisation prévue au 1° du I de l'article L. 4163-7.

Toutefois, pour les assurés nés avant le 1er janvier 1960, aucun point n'est réservé à l'utilisation mentionnée au 1° du I de l'article L. 4163-7.

Pour les assurés nés entre le 1er janvier 1960 et le 31 décembre 1962 inclus, les dix premiers points inscrits sont réservés à l'utilisation mentionnée au 1° du I de l'article L. 4163-7.

Art. R. 4163-14. Le titulaire du compte peut accéder en ligne à un relevé de points lui permettant de connaître le nombre de points disponibles pour les utilisations souhaitées et d'en éditer un justificatif.

Art. R. 4163-15. La demande d'utilisation des points inscrits sur le compte professionnel de prévention au titre du 1°, du 2° ou du 3° du I de l'article L. 4163-7 est effectuée en ligne par le titulaire du compte sur le site dédié à cet effet, dans les formes et avec les justifications déterminées par arrêté du ministre chargé des affaires sociales.

Elle peut aussi être adressée par le titulaire du compte à l'organisme gestionnaire au niveau local dans le ressort duquel se trouve sa résidence ou, en cas de résidence à l'étranger, son dernier lieu de travail en France. La demande adressée à un organisme gestionnaire autre que celui de la résidence de l'assuré est transmise à cette dernière.

La demande d'utilisation des points ne peut intervenir qu'à compter de l'inscription des points sur le compte professionnel de prévention.

Il est donné au demandeur récépissé de cette demande.

Note Voir arrêté du 29 décembre 2017 (JO 31) modifiant l'arrêté du 30 décembre 2015 relatif à la demande d'utilisation des points inscrits sur le compte personnel de prévention de la pénibilité au titre du 1°, du 2° ou du 3° du I de l'article L. 4162-4 CT.

Art. R. 4163-16. Le silence gardé pendant plus de quatre mois par l'organisme gestionnaire sur une demande d'utilisation des points vaut rejet de cette demande.

Art. R. 4163-17. Une fois la demande d'utilisation des points effectuée, les points correspondant à l'utilisation voulue par le titulaire sont réservés et ne peuvent être affectés à une autre utilisation jusqu'à la décision de l'organisme mentionné au deuxième alinéa de l'article R. 4163-15.

L'acceptation de la demande par cet organisme gestionnaire permet l'utilisation de ces points et le règlement des sommes afférentes à chaque utilisation permet de solder le compte de ces points.

Sous-section 1. Utilisation du compte pour la formation professionnelle

Art. L. 4163-8. Lorsque le titulaire du compte professionnel de prévention décide de mobiliser tout ou partie des points inscrits sur le compte pour l'utilisation mentionnée au 1° du I de l'article L. 4163-7, ces points sont convertis en ***(L. 2018-771 du 5 sept. 2018, art. 1er, IV, 3°, JO 6, entrée en vigueur le 01.01.2019)*** « euros » pour abonder son compte personnel de formation prévu à l'article ***(L. 2018-771 du 5 sept. 2018, art. 1er, IV, 3°, JO 6, entrée en vigueur le 01.01.2019)*** « L. 6323-1 ».

Note Les dispositions de cet article, dans sa rédaction issue de la loi 2018-771 précitée, sont applicables depuis le 1er janvier 2019 (loi précitée, art. 46, I).

Art. R. 4163-18. ***(D. 2018-1256 du 27 déc. 2018, art. 1er, 2°, JO 28, entrée en vigueur le 01.01.2019)*** Lorsque le titulaire d'un compte professionnel de prévention veut abonder son compte personnel de formation au titre du 1° du I de l'article L. 4163-7, il joint à sa demande de formation un document précisant le montant qu'il souhaite consacrer à sa formation au titre des points inscrits sur le compte professionnel de prévention ainsi que le poste qu'il occupe.

Art. R. 4163-19. ***(D. 2018-1256 du 27 déc. 2018, art. 1er, 3°, JO 28, entrée en vigueur le 01.01.2019)*** La formation demandée par le titulaire d'un compte professionnel de prévention est reconnue éligible par l'opérateur du conseil en évolution professionnelle si elle remplit la condition fixée au 1° du I de l'article L. 4163-7.

Art. R. 4163-20. ***(D. 2018-1256 du 27 déc. 2018, art. 1er, 4°, JO 28, entrée en vigueur le 01.01.2019)*** Lorsqu'il reconnaît la formation éligible, l'opérateur du conseil en évolution professionnelle fournit une attestation au salarié, qui la transmet dans le cadre de sa demande d'utilisation de points à l'organisme gestionnaire désigné à l'article R. 4163-15.

Art. R. 4163-21. Les points inscrits au compte professionnel de prévention mobilisés pour la formation professionnelle et convertis en ***(D. 2018-1256 du 27 déc. 2018, art. 1er, 5°, JO 28, entrée en vigueur le 01.01.2019)*** « un montant exprimé en euros » constituent un abondement du compte personnel de formation mentionné à l'article L. 6323-1.

Art. R. 4163-22. ***(D. 2018-1256 du 27 déc. 2018, art. 1er, 6°, JO 28, entrée en vigueur le 01.01.2020)*** Pour chaque action de formation financée dans le cadre du compte personnel de formation abondé par le compte professionnel de prévention, la Caisse des dépôts et consignations fournit à l'organisme mentionné au deuxième alinéa de l'article R. 4163-15 l'attestation prévue par l'article R. 432-9-6 du code de la sécurité sociale.

Les modalités de versement des sommes correspondantes sont fixées par la convention prévue par l'article R. 432-9-6 du code de la sécurité sociale.

Sous-section 2. Utilisation du compte pour le passage à temps partiel

Art. L. 4163-9. Le salarié titulaire d'un compte professionnel de prévention a droit, dans les conditions et limites prévues aux articles L. 4163-5 et L. 4163-7, à une réduction de sa durée de travail.

Art. L. 4163-10. Le salarié demande à l'employeur à bénéficier d'une réduction de sa durée de travail, dans des conditions fixées par décret.

Cette demande ne peut être refusée que si ce refus est motivé et si l'employeur peut démontrer que cette réduction est impossible compte tenu de l'activité économique de l'entreprise.

Art. L. 4163-11. En cas de différend avec son employeur dû à un refus de celui-ci de faire droit à la demande du salarié d'utiliser son compte pour un passage à temps partiel tel que précisé à l'article L. 4163-10, le salarié peut saisir le conseil de prud'hommes dans les conditions mentionnées au titre Ier du livre IV de la première partie.

Art. L. 4163-12. Le complément de rémunération mentionné au 2° du I de l'article L. 4163-7 est déterminé dans des conditions et limites fixées par décret. Il est assujetti à l'ensemble des cotisations et contributions sociales légales et conventionnelles, selon les modalités en vigueur à la date de son versement.

Art. D. 4163-25. Le salarié demande à son employeur de bénéficier de la réduction de son temps de travail dans les conditions prévues aux quatre derniers alinéas de l'article L. 3123-17, au troisième alinéa de l'article L. 3123-26 et à l'article L. 4163-10 et selon les modalités prévues à l'article D. 3123-3. Il joint à l'appui de sa demande le justificatif mentionné à l'article R. 4163-14.

Le salarié doit préciser sa demande de réduction du temps de travail sans que le temps travaillé ne puisse être inférieur à 20 % ni supérieur à 80 % de la durée du travail applicable dans l'établissement.

Art. D. 4163-26. Le coefficient de réduction de la durée du travail est apprécié par le rapport de la durée sollicitée à la durée antérieure de travail. Il est arrondi à deux décimales, au centième le plus proche.

Le nombre de jours pris en charge au titre du complément de rémunération mentionné au 2° du I de l'article L. 4163-7 est égal au produit suivant :

Nombre de points utilisés/10 x 45/coefficient de réduction de la durée du travail.

Le nombre de jours est arrondi au jour entier le plus proche.

Art. D. 4163-27. Une fois l'accord de son employeur obtenu, le salarié formule sa demande d'utilisation des points au titre du 2° du I de l'article L. 4163-7 dans les conditions fixées à l'article R. 4163-15.

Art. D. 4163-28. L'employeur transmet par tout moyen à l'organisme gestionnaire au niveau local mentionné au deuxième alinéa de l'article R. 4163-15 une copie de l'avenant au contrat de travail ainsi que les éléments nécessaires au remboursement du complément de rémunération et des cotisations et contributions sociales légales et conventionnelles afférentes à ce complément.

La liste des éléments ainsi que leurs modalités de transmission sont déterminées par arrêté des ministres chargés des affaires sociales et du travail.

Une fois ces éléments transmis à l'organisme, celui-ci procède au remboursement à l'employeur du complément de rémunération et des cotisations et contributions sociales légales et conventionnelles afférentes à ce complément, versés par l'employeur au titre des jours mentionnés au deuxième alinéa de l'article D. 4163-26.

Note Voir arrêté du 29 décembre 2017 (JO 31) modifiant l'arrêté du 30 décembre 2015 relatif à la liste des éléments transmis par l'employeur à la caisse et à leurs modalités de transmission dans le cadre de l'utilisation des points inscrits sur le compte personnel de prévention de la pénibilité pour le passage à temps partiel.

Art. D. 4163-29. Le montant du complément de rémunération est déterminé en appliquant le coefficient de réduction de la durée du travail mentionné à l'article D. 4163-26, ***(D. 2018-821 du 27 sept. 2018, art. 29, JO 29)*** «aux revenus d'activité tels qu'ils sont pris en compte pour la détermination de l'assiette des cotisations définie» à l'article L. 242-1 du code de la sécurité sociale qui seraient perçus par le salarié s'il ne bénéficiait pas de cette réduction du temps de travail.

Sous-section 3. Utilisation du compte pour la retraite

Art. L. 4163-13. Les titulaires du compte professionnel de prévention décidant, ***(Ord. 2017-1718 du 20 déc. 2017, art. 1er, I, 137°, JO 21)*** «à compter de l'âge prévu au II de l'article L. 4163-7», d'affecter des points à l'utilisation mentionnée au 3° du I du même article bénéficient de la majoration de durée d'assurance mentionnée à l'article L. 351-6-1 du code de la sécurité sociale.

Art. R. 4163-30. Le titulaire d'un compte professionnel de prévention peut formuler sa demande d'utilisation des points au titre du 3° du I de l'article L. 4163-7 dans les conditions fixées à l'article R. 4163-15 dès lors qu'il atteint l'âge de 55 ans.

SECTION 4. Gestion du compte, contrôle et réclamations

Note Les dispositions législatives des sections 4 et 5, dans leur rédaction issue de l'ordonnance 2017-1389 du 22 septembre 2017, JO 23, sont entrées en vigueur le 01.01.2018.

Les sections 3 et 4 du chapitre II du titre VI du livre Ier de la quatrième partie du code du travail dans leur rédaction antérieure à l'entrée en vigueur de l'ordonnance précitée ont continué à s'appliquer jusqu'au 31.12.2017. Toutefois, pour le quatrième trimestre 2017, la cotisation additionnelle, mentionnée au 2° de l'article L. 4162-19 CT dans sa rédaction antérieure à l'entrée en vigueur de l'ordonnance, est due par les seuls employeurs ayant exposé au moins un de leurs salariés aux six facteurs de risques professionnels définis à l'article L. 4163-1 CT dans la rédaction issue de l'ordonnance. Seuls les rémunérations ou gains des salariés exposés à ces six facteurs sont pris en compte dans le calcul du montant de cette cotisation déterminé en application du II de l'article L. 4162-20 CT dans sa rédaction antérieure à l'entrée en vigueur de l'ordonnance (ordonnance précitée, art. 5, II).

Les dispositions réglementaires des sections 4 et 5, dans leur rédaction issue des décrets 2017-1768 et 2017-1769 du 27 décembre 2017, JO 28, sont entrées en vigueur le 01.01.2018.

Les sections 3 et 4 du chapitre II du titre VI du livre Ier de la quatrième partie du code du travail dans leur rédaction antérieure à l'entrée en vigueur des décrets précités ont continué à s'appliquer jusqu'au 31.12.2017 (décret 2017-1768 précité, art. 3, I et décret 2017-1769 précité, art. 5, I).

Sous-section 1. Gestion du compte

Art. L. 4163-14. La gestion du compte professionnel de prévention est assurée par la Caisse nationale ***(Ord. 2018-470 du 12 juin 2018, art. 9, IV, 2°, JO 13)*** «de l'assurance maladie» et le réseau des organismes de la branche accidents du travail et maladies professionnelles du régime général.

La caisse mentionnée au premier alinéa peut déléguer par convention les fonctions de gestion mentionnées aux articles L. 4163-15, L. 4163-16 et L. 4163-18. Le terme “ organisme gestionnaire ” mentionné aux articles L. 4163-15, L. 4163-16 et L. 4163-18 désigne alors, le cas échéant, l'organisme délégataire.

Art. R. 4163-1. Pour l'application du présent chapitre:

1° L'organisme gestionnaire au niveau national est la Caisse nationale de l'assurance maladie ou tout autre organisme délégataire dans les conditions prévues au deuxième alinéa de l'article L. 4163-14;

2° L'organisme gestionnaire au niveau local est la caisse mentionnée aux articles L. 215-1 ou L. 752-4 du code de la sécurité sociale.

Art. L. 4163-15. Les organismes gestionnaires enregistrent sur le compte les points correspondant aux données déclarées par l'employeur en application de l'article L. 4163-6 et portent annuellement à la connaissance du travailleur les points acquis au titre de l'année écoulée dans un relevé précisant chaque contrat de travail ayant donné lieu à déclaration et les facteurs d'exposition ainsi que les modalités de contestation mentionnées à l'article L. 4163-18. Ils mettent à la disposition du travailleur un service d'information sur internet lui permettant de connaître le nombre de points qu'il a acquis et consommés au cours de l'année civile précédente, le nombre total de points inscrits sur son compte ainsi que les utilisations possibles de ces points.

Ils versent les sommes représentatives des points que le travailleur souhaite affecter aux utilisations mentionnées aux 1°, 2° et 3° du I de l'article L. 4163-7, respectivement, aux financeurs des actions de formation professionnelle suivies, aux employeurs concernés ou au régime de retraite compétent.

Un décret fixe les conditions d'application du présent article.

Note Voir décret 2016-1102 du 11 août 2016, JO 13, autorisant la création d'un traitement de données à caractère personnel dénommé «compte personnel de prévention de la pénibilité» permettant la mise à disposition d'informations et de services auprès des salariés titulaires du compte ainsi que des employeurs, modifié par décrets 2016-1950 du 28 décembre 2016, art. 3, JO 30, et 2017-1813 du 29 décembre 2017, JO 30, entrée en vigueur le 01.01.2018.

Art. D. 4163-31. Chaque année, l'organisme gestionnaire au niveau national enregistre sur le compte professionnel de prévention du salarié les points correspondant aux données déclarées par l'employeur au titre de l'année précédente sur la déclaration prévue à l'article L. 133-5-3 du code de la sécurité sociale.

L'organisme gestionnaire au niveau local dans la circonscription de laquelle se trouve l'établissement fait connaître au salarié par voie électronique, au plus tard le 30 juin, que l'information afférente à son compte est disponible sur un site dédié. À défaut, elle porte cette information à sa connaissance par lettre simple.

Sous-section 2. Contrôle de l'exposition aux facteurs de risques professionnels

Art. L. 4163-16. I. – Dans des conditions définies par décret, les organismes gestionnaires mentionnés à l'article L. 4163-14 du présent code ainsi que, pour les entreprises et établissements mentionnés aux articles L. 722-20 et L. 722-24 du code rural et de la pêche maritime, les caisses de mutualité sociale agricole peuvent procéder ou faire procéder à des contrôles de l'effectivité et de l'ampleur de l'exposition aux facteurs de risques professionnels ainsi que de l'exhaustivité des données déclarées, sur pièces et sur place.

Ces contrôles sont effectués par des agents assermentés et agréés dans des conditions définies par arrêté des ministres chargés de la sécurité sociale, du travail et de l'agriculture ou confiés à des organismes de sécurité sociale habilités dans des conditions définies par décret. Les organismes gestionnaires peuvent demander aux services de l'administration du travail et aux caisses de mutualité sociale agricole de leur communiquer toute information utile. Le cas échéant, ils notifient à l'employeur et au salarié les modifications qu'ils souhaitent apporter aux éléments ayant conduit à la détermination du nombre de points inscrits sur le compte du salarié.

Ce redressement ne peut intervenir qu'au cours des trois années civiles suivant la fin de l'année au titre de laquelle des points ont été ou auraient dû être inscrits au compte.

II. – En cas de déclaration inexacte, le nombre de points est régularisé. L'employeur peut faire l'objet d'une pénalité prononcée par le directeur de l'organisme gestionnaire, fixée par décret en Conseil d'État dans la limite de 50 % du plafond mensuel mentionné à l'article L. 241-3 du code de la sécurité sociale, au titre de chaque salarié ou assimilé pour lequel l'inexactitude est constatée.

L'entreprise utilisatrice, au sens de l'article L. 1251-1 du présent code, peut, dans les mêmes conditions, faire l'objet d'une pénalité lorsque la déclaration inexacte de l'employeur résulte d'une méconnaissance de l'obligation mise à sa charge par l'article L. 4163-1.

La pénalité est recouvrée selon les modalités définies aux septième et neuvième alinéas du IV et au premier alinéa du VI de l'article L. 114-17-1 du code de la sécurité sociale.

Art. D. 4163-32. I. – Pour le contrôle de l'effectivité ou de l'ampleur de l'exposition aux facteurs de risques professionnels et de l'exhaustivité des données déclarées mentionné à l'article L. 4163-16, les employeurs sont tenus d'adresser ou de présenter aux agents mentionnés au deuxième alinéa du même article tout document que ceux-ci leur demandent aux fins de l'exercice de leur mission et de permettre auxdits agents l'accès aux locaux de l'exploitation ou de l'entreprise.

Ces agents procèdent, dans le respect des secrets de fabrication et des procédés d'exploitation dont ils pourraient prendre connaissance dans l'exercice de leurs fonctions, à toutes vérifications sur pièces et sur place portant sur l'exactitude des déclarations fournies en vue de déterminer les droits des salariés au titre du compte professionnel de prévention.

En cas de contrôle sur place, l'organisme gestionnaire au niveau local ou la caisse mentionnée à l'article L. 723-2 du code rural et de la pêche maritime adresse à l'employeur un avis de passage qui mentionne la date et l'heure du contrôle, l'objet du contrôle ainsi que la possibilité pour l'employeur de se faire assister des conseils de son choix pendant le contrôle. Cet avis, transmis par tout moyen permettant d'en attester la date de réception, doit parvenir au moins quinze jours avant la date de la première visite.

En cas de contrôle sur pièces, un avis de contrôle mentionnant l'objet du contrôle, la date de début du contrôle, la liste des documents et informations nécessaires à l'exercice du contrôle et la date limite de leur transmission à l'organisme gestionnaire au niveau local ou à la caisse mentionnée à l'alinéa précédent est transmis à l'employeur par tout moyen permettant d'en attester la date de réception.

II. – À l'issue du contrôle, l'organisme gestionnaire au niveau local ou la caisse mentionnée au I du présent article informe l'employeur et chacun des salariés concernés de l'absence d'observations ou, dans le cas contraire, il notifie à l'employeur par tout moyen permettant d'en attester la date de réception les modifications qu'il souhaite apporter aux éléments ayant conduit à la détermination du nombre de points, et lui impartit un délai d'un mois pour présenter ses observations. À l'expiration de ce délai, l'organisme gestionnaire au niveau local ou la caisse mentionnée au I du présent article notifie sa décision avec mention des voies et délais de recours par tout moyen permettant d'en attester la date de réception à l'employeur et à chacun des salariés concernés.

La notification de cette décision adressée à l'employeur mentionne les périodes concernées et les modifications apportées aux déclarations de l'employeur. La notification de la décision adressée au salarié mentionne le nombre de points inscrits sur son compte professionnel de prévention au titre des périodes concernées.

Lorsque le contrôle a été effectué par la caisse mentionnée au I du présent article, celle-ci informe l'organisme gestionnaire au niveau local des résultats du contrôle.

L'organisme gestionnaire au niveau local corrige, le cas échéant, le nombre de points inscrits sur le compte professionnel de prévention du salarié concerné si les points n'ont pas déjà été utilisés.

III. – L'organisme gestionnaire au niveau local ou la caisse mentionnée au I du présent article ne peut engager un contrôle de l'effectivité ou de l'ampleur de l'exposition aux facteurs de risques professionnels d'un salarié pour les périodes d'activité ayant fait ou faisant l'objet d'une réclamation de ce salarié dans les conditions prévues à l'article L. 4163-18 et ayant donné lieu à une décision du directeur de l'organisme gestionnaire au niveau local.

Art. R. 4163-33. La pénalité mentionnée à l'article L. 4163-16, appliquée par l'organisme gestionnaire au niveau local en cas d'inexactitude ou de défaut de déclaration des facteurs de risques professionnels, est fixée à hauteur du même montant que celui mentionné ***(D. 2019-1050 du 11 oct. 2019, art. 4, JO 13)*** «au deuxième alinéa du I de l'article R. 243-13» au deuxième alinéa du I de l'article R. 243-13 du code de la sécurité sociale. La pénalité est notifiée en même temps que la décision mentionnée au II de l'article D. 4163-32 du présent code.

Cette pénalité est exclusive du prononcé de toute autre sanction à raison des mêmes faits par l'organisme de recouvrement.

Note Les dispositions de cet article, dans sa rédaction issue du décret 2019-1050 précité, sont applicables depuis le 1er janvier 2020 (décret précité, art. 6, I).

Sous-section 3. Réclamations

Art. L. 4163-17. Sous réserve des articles L. 4163-18 à L. 4163-20, les différends relatifs aux décisions de l'organisme gestionnaire prises en application des sections 2 et 3 du présent chapitre et de la présente section 4 sont réglés suivant les dispositions régissant le ***(L. 2019-222 du 23 mars 2019, art. 96, V, JO 24)*** «contentieux» de la sécurité sociale. Les différends portant sur la déclaration mentionnée à l'article L. 4163-1 ne peuvent faire l'objet d'un litige distinct de celui mentionné au présent article. Par dérogation à l'article L. 144-5 du code de la sécurité sociale, les dépenses liées aux frais des expertises demandées par les juridictions dans le cadre de ce contentieux sont prises en charge par les organismes nationaux de la branche accidents du travail et maladies professionnelles, selon des modalités fixées par décret.

Note Les dispositions de cet article, dans sa rédaction issue de la loi 2019-222 précitée, sont applicables aux recours préalables et aux recours juridictionnels introduits à compter d'une date fixée par décret en Conseil d'État, et au plus tard le 1er janvier 2020 (loi précitée, art. 96, VII).

Art. L. 4163-18. Lorsque le différend est lié à un désaccord avec son employeur sur l'effectivité ou l'ampleur de son exposition aux facteurs de risques professionnels mentionnés à l'article L. 4163-1, le salarié ne peut saisir l'organisme gestionnaire d'une réclamation relative à l'ouverture du compte professionnel de prévention ou au nombre de points enregistrés sur celui-ci que s'il a préalablement porté cette contestation devant l'employeur, dans des conditions précisées par décret en Conseil d'État. Le salarié peut être assisté ou représenté par une personne de son choix appartenant au personnel de l'entreprise.

En cas de rejet de cette contestation par l'employeur, l'organisme gestionnaire se prononce sur la réclamation du salarié, après enquête des agents de contrôle ou organismes mentionnés au I de l'article L. 4163-16 et avis motivé d'une commission dont la composition, le fonctionnement et le ressort territorial sont fixés par décret en Conseil d'État. L'organisme gestionnaire et la commission peuvent demander aux services de l'administration du travail et aux caisses de mutualité sociale agricole de leur communiquer toute information utile.

Le II de l'article L. 4163-16 est applicable aux réclamations portées devant l'organisme gestionnaire.

Note *Covid-19*. Voir ordonnance 2020-460 du 22 avril 2020, art. 14, JO 23.

Art. L. 4163-19. En cas de recours juridictionnel contre une décision de l'organisme gestionnaire, le salarié et l'employeur sont parties à la cause. Ils sont mis en mesure, l'un et l'autre, de produire leurs observations à l'instance. Le présent article n'est pas applicable aux recours dirigés contre la pénalité mentionnée à l'article L. 4163-16.

Un décret détermine les conditions dans lesquelles le salarié peut être assisté ou représenté.

Art. L. 4163-20. L'action du salarié en vue de l'attribution de points ne peut intervenir qu'au cours des deux années civiles suivant la fin de l'année au titre de laquelle des points ont été ou auraient dû être portés au compte. La prescription est interrompue par une des causes prévues par le code civil.

Art. R. 4163-34. I. – En cas de désaccord sur le nombre de points qui lui a été communiqué par l'organisme gestionnaire au niveau local à partir des données déclarées par l'employeur ou lorsqu'il n'a reçu aucune information à la date mentionnée au même alinéa et que cette situation résulte d'un différend avec son employeur sur l'exposition elle-même, le salarié doit, préalablement à la saisine de l'organisme, porter sa réclamation devant l'employeur.

Cette réclamation, à laquelle est jointe, le cas échéant, une copie de l'information visée au deuxième alinéa de l'article D. 4163-31, est adressée à l'employeur par tout moyen permettant d'en attester la date de réception.

II. – Dès réception de la réclamation, l'employeur indique au salarié qu'à défaut de réponse de sa part dans le délai de deux mois à compter de sa réception, celle-ci est réputée rejetée. Il lui indique également que sa réclamation est susceptible d'être portée devant l'organisme gestionnaire au niveau local dans un délai de deux mois à compter de l'expiration du délai précédent.

La décision expresse de l'employeur est notifiée au salarié par tout moyen permettant d'en attester la date de réception. Cette notification comporte les informations prévues à la dernière phrase du précédent alinéa.

III. – Le salarié a deux mois après la décision expresse ou implicite de rejet de l'employeur pour porter sa réclamation devant l'organisme gestionnaire au niveau local par tout moyen permettant d'en attester la date de réception.

IV. – La période contrôlée au titre du premier alinéa du II de l'article D. 4163-32 ne peut pas faire l'objet d'une réclamation par le salarié en application du présent article.

Art. R. 4163-35. Lorsque l'employeur fait droit à la réclamation du salarié, il en informe l'organisme gestionnaire au niveau local par tout moyen permettant d'en attester la date de réception. Il corrige les données dans la déclaration mentionnée au premier alinéa de l'article D. 4163-31.

Art. R. 4163-36. Lorsque le salarié saisit l'organisme gestionnaire au niveau local à la suite du rejet de sa réclamation par l'employeur, il produit devant cet organisme une copie de la décision de rejet de l'employeur ou en cas de rejet implicite une copie du justificatif attestant de la réception de sa réclamation.

L'accusé de réception envoyé par l'organisme gestionnaire au salarié indique qu'à défaut de réponse dans le délai de six mois à compter de la réception, sa réclamation est réputée rejetée et est susceptible d'être contestée devant le ***(D. 2018-928 du 29 oct. 2018, art. 13, JO 30, entrée en vigueur le 01.01.2019)*** « ***(D. 2019-966 du 18 sept. 2019, art. 8, JO 19, entrée en vigueur le 01.01.2020)*** « tribunal judiciaire » spécialement désigné » dans un délai de deux mois.

Le délai de six mois est porté à neuf mois lorsque l'organisme gestionnaire estime nécessaire de procéder à un contrôle sur place de l'effectivité ou de l'ampleur de l'exposition. Il en informe alors l'assuré par tout moyen permettant d'en attester la date de réception.

Le salarié peut saisir le ***(D. 2018-928 du 29 oct. 2018, art. 13, JO 30, entrée en vigueur le 01.01.2019)*** « ***(D. 2019-966 du 18 sept. 2019, art. 8, JO 19, entrée en vigueur le 01.01.2020)*** « tribunal judiciaire » spécialement désigné » dans le délai de deux mois suivant la notification de la décision de rejet explicite de l'organisme gestionnaire ou la date de la décision implicite de rejet.

Art. R. 4163-37. La commission prévue à l'article L. 4163-18 est constituée au sein de chaque organisme gestionnaire au niveau local.

Elle comprend :

1° Deux membres choisis par les représentants, titulaires ou suppléants, des salariés au conseil d'administration de la caisse, en leur sein ou au sein des comités techniques mentionnés à l'article L. 215-4 du code de la sécurité sociale ;

2° Deux membres choisis par les représentants, titulaires ou suppléants, des employeurs au conseil d'administration de la caisse, en leur sein ou au sein des comités techniques mentionnés à l'article L. 215-4 du code de la sécurité sociale.

Dans les mêmes conditions sont désignés un nombre équivalent de suppléants.

Chaque membre de la commission est désigné pour toute la durée du mandat du conseil d'administration, sous réserve de ne pas perdre durant ce mandat son statut de membre du conseil d'administration ou d'un comité technique régional.

Le président désigné en son sein par la commission pour une durée d'un an est alternativement un représentant des salariés ou un représentant des employeurs.

Le secrétariat de la commission est assuré par la caisse.

Les membres de la commission sont tenus à un devoir de confidentialité qui couvre les débats, votes et documents internes de travail. Les dispositions des articles L. 231-9 et L. 231-12 du code de la sécurité sociale sont applicables aux membres de la commission.

Art. R. 4163-38. La commission peut valablement statuer si un des membres mentionnés au 1° de l'article R. 4163-37 et un des membres mentionnés au 2° du même article sont présents. Les avis sont adoptés à la majorité des voix. En cas de partage égal des voix, le président a voix prépondérante.

Art. R. 4163-39. La commission émet un avis motivé au vu d'un dossier comprenant :

1° La réclamation du salarié et la décision de rejet de l'employeur ou en cas de rejet implicite l'accusé de réception de sa contestation ;

2° Les informations détenues par l'organisme gestionnaire ou qui lui sont parvenues en provenance de chacune des parties ;

3° Les éléments communiqués par les services de l'administration du travail et les caisses mentionnées à l'article L. 723-2 du code rural et de la pêche maritime ;

4° Le cas échéant, les résultats du contrôle de l'effectivité de l'exposition du salarié ou de son ampleur.

Art. R. 4163-40. L'organisme peut, s'il l'estime nécessaire, demander au salarié et à l'employeur de lui fournir tout document utile à l'instruction du dossier.

Il peut également recueillir toutes informations utiles auprès du salarié ou de l'employeur ou procéder ou faire procéder à un contrôle sur place de l'effectivité de l'exposition du salarié ou de son ampleur.

Art. R. 4163-41. Le directeur de l'organisme gestionnaire au niveau local notifie, après l'avis motivé de la commission mentionnée à l'article R. 4163-37, sa décision avec mention des voies et délais de recours par tout moyen permettant d'en attester la date de réception au salarié et à l'employeur. Il peut assortir sa décision du prononcé de la pénalité mentionnée à l'article R. 4163-33.

La notification adressée à l'employeur mentionne notamment les périodes concernées.

La notification adressée au salarié mentionne notamment le nombre de points inscrits sur son compte professionnel de prévention, au titre des périodes concernées.

L'organisme gestionnaire procède s'il y a lieu à l'ouverture du compte professionnel de prévention ou modifie celui-ci en conséquence.

Art. R. 4163-42. L'organisme gestionnaire au niveau national élabore des lignes directrices afin d'assurer l'harmonisation des décisions rendues par les organismes gestionnaires au niveau local.

Art. R. 4163-43. Le directeur de l'organisme gestionnaire au niveau national peut confier à un ou plusieurs organismes gestionnaires au niveau local les compétences en matière de contrôle et de réclamation prévus aux articles L. 4163-16 et L. 4163-18.

Les modalités de mise en œuvre sont fixées par une convention établie entre le directeur de l'organisme gestionnaire au niveau national et les directeurs des organismes gestionnaires au niveau local.

Art. R. 4163-44. Les agents mentionnés au deuxième alinéa de l'article L. 4163-16 sont, pour l'exercice des missions de contrôle prévues au même article et des missions liées au règlement des différends entre un employeur et un salarié prévu à l'article L. 4163-18, assermentés et agréés dans les conditions définies par arrêté du ministre chargé de la sécurité sociale, du travail et de l'agriculture. Ils ont qualité pour dresser en cas d'infraction des procès-verbaux faisant foi jusqu'à preuve du contraire.

Note Voir arrêté du 29 décembre 2017 (JO 31) modifiant l'arrêté du 30 décembre 2015 fixant les conditions d'agrément des agents chargés des missions de contrôle portant sur l'effectivité et l'ampleur de l'exposition aux facteurs de risques professionnels ou de l'exhaustivité des données déclarées dans le cadre du compte personnel de prévention de la pénibilité.

Art. R. 4163-45. Le recours formé devant le ***(D. 2018-928 du 29 oct. 2018, art. 13, JO 30, entrée en vigueur le 01.01.2019)*** «***(D. 2019-966 du 18 sept. 2019, art. 8, JO 19, entrée en vigueur le 01.01.2020)*** «tribunal judiciaire» spécialement désigné» contre une décision relevant du deuxième alinéa de l'article L. 4163-18 n'est pas soumis à la procédure gracieuse prévue aux articles R. 142-1 à R. 142-6 du code de la sécurité sociale.

La procédure mentionnée au premier alinéa de l'article L. 4163-18 du présent code est d'ordre public. À défaut du respect de cette procédure, le recours est frappé d'une fin de non-recevoir.

Art. D. 4163-46. En cas de recours juridictionnel contre une décision de l'organisme gestionnaire au niveau local, l'employeur ou le salarié est appelé à la cause lorsque le recours est formé respectivement par le salarié ou l'employeur. Dans les deux cas, le salarié peut être assisté ou représenté par les personnes énumérées à l'article L. 144-3 du code de la sécurité sociale.

SECTION 5. Financement

Note Voir note introductive de la section 4.

Art. L. 4163-21. Les dépenses engendrées par le compte professionnel de prévention mentionné à l'article L. 4163-1 et sa gestion sont couvertes par les organismes nationaux de la branche accidents du travail et maladies professionnelles du régime général et celle du régime des salariés agricoles, chacune pour ce qui la concerne.

Les modalités de prise en charge des utilisations mentionnées au I de l'article L. 4163-7 sont déterminées par décret.

Note L'article 6 de l'ordonnance 2017-1389 du 22 septembre 2017, JO 23, dispose que:

Au 1er janvier 2018, l'ensemble des biens, droits et obligations du fonds chargé du financement des droits liés au compte personnel de prévention de la pénibilité sont transférés de plein droit aux organismes nationaux de la branche accidents du travail et maladies professionnelles, nonobstant toute disposition ou stipulation contraire.

À la même date, le solde de ce fonds, tel que résultant de l'exécution des opérations autorisées au titre des années 2015 à 2017, est affecté aux ressources des organismes nationaux de la branche accidents du travail et maladies professionnelles.

Le décret 2017-1766 du 27 décembre 2017, JO 28, portant dissolution au 1er janvier 2018 du fonds chargé du financement des droits liés au compte personnel de prévention de la pénibilité précise les modalités de cette dissolution, d'arrêté des comptes par un liquidateur au titre de l'année 2017 et de transfert des éléments d'actif et de passif du fonds chargé du financement des droits liés au compte personnel de prévention de la pénibilité aux organismes nationaux de la branche accidents du travail et maladies professionnelles du régime général et celle du régime des salariés agricoles.

Art. D. 4163-47. Le remboursement à l'organisme gestionnaire au niveau local du compte professionnel de prévention au titre des prises en charge mentionnées au 1° et au 2° de l'article L. 4163-7 correspond aux dépenses exposées à ce titre par cet organisme en application des articles R. 4163-11, R. 4163-24 et D. 4163-29.

Les dépenses correspondant aux prises en charge mentionnées au 1° de l'article L. 4163-7 sont rattachées à l'exercice comptable au cours duquel la dernière heure de formation a été effectuée. Celles correspondant aux prises en charge mentionnées au 2° du même article sont rattachées à l'exercice comptable au titre duquel le complément de rémunération et des cotisations et contributions sociales légales afférentes et conventionnelles a été remboursé aux employeurs.

Art. D. 4163-48. Le remboursement au régime général de sécurité sociale des sommes représentatives de la prise en charge des majorations de durée d'assurance mentionnées au 3° du I de l'article L. 4163-7 est égal, au titre d'une année civile, au produit :

1° D'un montant forfaitaire correspondant au montant de cotisations versé, en application du I de l'article L. 351-14-1 du code de la sécurité sociale, par un assuré âgé de 57 ans dont la moyenne annuelle des salaires et revenus d'activité, telle que définie au 3° du I de l'article D. 351-8 du même code, est égale à 80 % du montant annuel du plafond de la sécurité sociale en vigueur au 1er janvier de l'année civile considérée afin de valider un trimestre pris en compte selon les modalités définies au 1° de l'article D. 351-7 du même code ;

2° Et du nombre total de trimestres de majoration de durée d'assurance acquis dans les conditions prévues à l'article R. 4163-11 par les titulaires d'un compte professionnel de prévention, tels que communiqués par le gestionnaire du compte.

Ces dépenses sont rattachées à l'exercice comptable correspondant à l'année civile au cours de laquelle est intervenue la décision d'affecter les points des titulaires d'un compte professionnel de prévention à une majoration de durée d'assurance vieillesse.

SECTION 6. Dispositions d'application

Art. L. 4163-22. Sauf dispositions contraires, les modalités d'application du présent chapitre sont déterminées par décret en Conseil d'État.

LIVRE II

DISPOSITIONS APPLICABLES AUX LIEUX DE TRAVAIL

TITRE Ier OBLIGATIONS DU MAÎTRE D'OUVRAGE POUR LA CONCEPTION DES LIEUX DE TRAVAIL

CHAPITRE Ier Principes généraux

Note Le décret 92-332 du 31 mars 1992 (JO 1er avril), modifié par le décret 94-347 du 2 mai 1994, JO 4, a transposé la partie de la directive 89/654/CEE du 30 novembre 1989 concernant les prescriptions minimales de sécurité et de santé pour les lieux de travail utilisés pour la première fois.

Art. L. 4211-1. Le maître d'ouvrage entreprenant la construction ou l'aménagement de bâtiments destinés à recevoir des travailleurs se conforme aux dispositions légales visant à protéger leur santé et sécurité au travail.

Note **À compter d'une date fixée par décret en Conseil d'État, et au plus tard le 01.07.2021,** les articles L. 4211-1 et 2 sont abrogés (ordonnance 2020-71 du 29 janvier 2020, art. 7, V, 1°, JO 31).

Art. L. 4211-2. Pour l'application des dispositions relatives à la conception des lieux de travail, des décrets en Conseil d'État, pris en application de l'article L. 4111-6 déterminent :

1° Les règles de santé et de sécurité auxquelles se conforment les maîtres d'ouvrage lors de la construction ou l'aménagement de bâtiments destinés à recevoir des travailleurs ;

2° Les locaux et dispositifs ou aménagements de toute nature dont sont dotés les bâtiments que ces décrets désignent en vue d'améliorer les conditions de santé et de sécurité des travailleurs affectés à leur construction ou à leur entretien.

Ces décrets sont pris après avis des organisations professionnelles d'employeurs et de salariés intéressées.

SECTION 1 (réglementaire). Champ d'application et définitions

Art. R. 4211-1. Les dispositions du présent titre déterminent, en application de l'article L. 4211-1, les règles auxquelles se conforme le maître d'ouvrage entreprenant la construction ou l'aménagement de bâtiments destinés à recevoir des travailleurs, que ces opérations nécessitent ou non l'obtention d'un permis de construire.

Art. R. 4211-2. Pour l'application du présent titre, on entend par lieux de travail les lieux destinés à recevoir des postes de travail, situés ou non dans les bâtiments de l'établissement, ainsi que tout autre endroit compris dans l'aire de l'établissement auquel le travailleur a accès dans le cadre de son travail.

Les champs, bois et autres terrains faisant partie d'un établissement agricole ou forestier mais situés en dehors de la zone bâtie d'un tel établissement ne sont pas considérés comme des lieux de travail.

SECTION 2 (réglementaire). Dossier de maintenance

Art. R. 4211-3. Le maître d'ouvrage élabore et transmet aux utilisateurs, au moment de la prise de possession des locaux et au plus tard dans le mois qui suit, un dossier de maintenance des lieux de travail.

Ce dossier comporte notamment, outre les notices et dossiers techniques prévus aux articles R. 4212-7, R. 4213-4 et R. 4215-3, les dispositions prises:

1° Pour le nettoyage des surfaces vitrées en élévation et en toiture en application de l'article R. 4214-2;

2° Pour l'accès en couverture, notamment:

a) Les moyens d'arrimage pour les interventions de courte durée;

b) Les possibilités de mise en place rapide de garde-corps ou de filets de protection pour les interventions plus importantes;

c) Les chemins de circulation permanents pour les interventions fréquentes;

3° Pour faciliter l'entretien des façades, notamment les moyens d'arrimage et de stabilité d'échafaudage ou de nacelle;

4° Pour faciliter les travaux d'entretien intérieur, notamment pour:

a) Le ravalement des halls de grande hauteur;

b) Les accès aux machineries d'ascenseurs;

c) Les accès aux canalisations en galerie technique, ou en vide sanitaire;

(D. 2011-1461 du 7 nov. 2011, JO 9) «5° Pour la localisation des espaces d'attente sécurisés au sens des articles R. 4216-2-1, R. 4216-2-2 et R. 4216-2-3, il précise les caractéristiques de ces espaces.»

Note • Les dispositions du décret 2011-1461 du 7 novembre 2011 sont applicables: 1° aux opérations de construction d'un bâtiment neuf ou de construction d'une partie neuve d'un bâtiment existant pour lesquelles une demande de permis de construire ou une déclaration préalable est déposée plus de six mois après la date de publication de ce décret (10.05.2012); 2° aux opérations de construction d'un bâtiment neuf ou de construction d'une partie neuve d'un bâtiment existant ne nécessitant ni permis de construire ni déclaration préalable, dont le début des travaux est postérieur de plus de six mois à la date indiquée ci-dessus (10.05.2012).

• «L'élaboration de ce dossier est une obligation de présenter les dispositions pour faciliter la maintenance, mais en laissant au maître d'ouvrage le choix de celles-ci (…). Néanmoins il peut être utile au maître d'œuvre de recueillir l'avis de l'inspecteur du travail pour trouver des solutions concrètes et consensuelles (…) mais il n'en demeure pas moins que le maître d'ouvrage reste le responsable des dispositions choisies (…)» (rép. QE 29872, JO AN 25 décembre 1995, p. 5503).

Art. R. 4211-4. Le dossier de maintenance des lieux de travail indique, lorsqu'ils ont été aménagés à cet effet, les locaux techniques de nettoyage et les locaux sanitaires pouvant être mis à disposition des travailleurs chargés des travaux d'entretien.

Art. R. 4211-5. Le dossier de maintenance des lieux de travail est tenu à la disposition de l'inspection du travail et des agents des services de prévention des organismes de sécurité sociale.

CHAPITRE II (réglementaire) Aération et assainissement

Art. R. 4212-1. Le maître d'ouvrage conçoit et réalise les bâtiments et leurs aménagements de façon à ce que les locaux fermés dans lesquels les travailleurs sont appelés à séjourner soient conformes aux règles d'aération et d'assainissement prévues aux articles R. 4222-1 à R. 4222-17.

Art. R. 4212-2. Les installations de ventilation sont conçues de manière à:

1° Assurer le renouvellement de l'air en tous points des locaux;

2° Ne pas provoquer, dans les zones de travail, de gêne résultant notamment de la vitesse, de la température et de l'humidité de l'air, des bruits et des vibrations;

3° Ne pas entraîner d'augmentation significative des niveaux sonores résultant des activités envisagées dans les locaux.

Art. R. 4212-3. Toutes dispositions sont prises lors de l'installation des équipements de ventilation, de captage ou de recyclage pour permettre leur entretien régulier et les contrôles ultérieurs d'efficacité.

Art. R. 4212-4. Les parois internes des circuits d'arrivée d'air ne comportent pas de matériaux qui peuvent se désagréger ou se décomposer en émettant des poussières ou des substances dangereuses pour la santé des travailleurs.

Art. R. 4212-5. Dans les locaux à pollution non spécifique définis à l'article R. 4222-3, le maître d'ouvrage:

1° Prévoit un système de filtration de l'air neuf lorsqu'il existe un risque de pollution de cet air par des particules solides et que son introduction est mécanique;

2° Prend les mesures nécessaires pour que l'air pollué en provenance des locaux à pollution spécifique définis à l'article précité ne pénètre pas.

Art. R. 4212-6. Le maître d'ouvrage prévoit dans les locaux sanitaires l'introduction d'un débit minimal d'air déterminé par le tableau suivant:

DÉSIGNATION DES LOCAUX	DÉBIT MINIMAL D'AIR INTRODUIT (en mètres cubes par heure et par local)
Cabinet d'aisances isolé (**)	30
Salle de bains ou de douches isolée (**)	45
Commune avec un cabinet d'aisances	60
Bains, douches et cabinets d'aisances groupés	30 + 15 N (*)
Lavabos groupés	10 + 5 N (*)

N (*): nombre d'équipements dans le local

(**): pour un cabinet d'aisances, une salle de bains ou de douches avec ou sans cabinet d'aisances, le débit minimal d'air introduit peut être limité à 15 mètres cubes par heure si ce local n'est pas à usage collectif.

Art. R. 4212-7. Le maître d'ouvrage précise, dans une notice d'instructions qu'il transmet à l'employeur, les dispositions prises pour la ventilation et l'assainissement des locaux et les informations nécessaires à l'entretien des installations, au contrôle de leur efficacité et à l'établissement de la consigne d'utilisation prévue à l'article R. 4222-21.

CHAPITRE III (réglementaire) Éclairage, insonorisation et ambiance thermique

SECTION 1. Éclairage

Note • Le décret 92-332 du 31 mars 1992 (JO 1er avril) est relatif aux dispositions concernant la sécurité et la santé que doivent observer les maîtres d'ouvrage lors de la construction de lieux de travail ou lors de leurs modifications, extensions ou transformations.

Voir aussi circ. DRT 95-07 du 14 avril 1995 relative aux lieux de travail (BO TR 95/10, p. 119).

• Les dispositions de ce décret, y compris celles des renvois aux articles du chapitre II du titre III du livre II du code du travail (ancien), sont applicables depuis le 1er janvier 1993. Toutefois, elles ne sont pas applicables: 1° aux opérations de construction ou d'aménagement de bâtiments pour lesquelles la demande de permis de construire est antérieure aux dates d'effet ci-dessus mentionnées; 2° aux opérations ne nécessitant pas de permis de construire, lorsque le début des travaux est antérieur à ces mêmes dates.

Art. R. 4213-1. Le maître d'ouvrage conçoit et réalise les bâtiments et leurs aménagements de façon à ce qu'ils satisfassent aux règles d'éclairage prévues aux articles R. 4223-2 à R. 4223-11.

Art. R. 4213-2. Les bâtiments sont conçus et disposés de telle sorte que la lumière naturelle puisse être utilisée pour l'éclairage des locaux destinés à être affectés au travail, sauf dans les cas où la nature technique des activités s'y oppose.

Art. R. 4213-3. Les locaux destinés à être affectés au travail comportent à hauteur des yeux des baies transparentes donnant sur l'extérieur, sauf en cas d'incompatibilité avec la nature des activités envisagées.

Art. R. 4213-4. Le maître d'ouvrage consigne dans une notice d'instructions qu'il transmet à l'employeur les niveaux minimum d'éclairement, pendant les périodes de travail, des locaux, dégagements et emplacements, ainsi que les informations nécessaires à la détermination par l'employeur des règles d'entretien du matériel.

SECTION 2. Insonorisation

Art. R. 4213-5. Les locaux dans lesquels doivent être installés des équipements de travail susceptibles d'exposer les travailleurs à un niveau d'exposition sonore quotidienne supérieure à 85 dB(A) sont conçus, construits ou aménagés, compte tenu de l'état des techniques, de façon à :

1° Réduire la réverbération du bruit sur les parois de ces locaux lorsque cette réverbération occasionne une augmentation notable du niveau d'exposition des travailleurs ;

2° Limiter la propagation du bruit vers les autres locaux occupés par des travailleurs.

Note • Applicables depuis le 1er janvier 1990, ces dispositions (art. R. 4213-5 et 6) ne le sont toutefois pas : 1° aux opérations de construction ou d'aménagement de bâtiments pour lesquelles la demande de permis de construire est antérieure à la date d'effet ci-dessus mentionnée ; 2° aux opérations exemptées de permis de construire lorsque le début des travaux est antérieur à cette même date (décret 88-930 du 20 septembre 1988, art. 2, JO 24).

• Voir aussi arrêté d'application du 30 août 1990 (JO 27 sept.) relatif à la correction acoustique des locaux de travail et lettre-circulaire DRT 93-25 du 19 novembre 1993 (BO TR 94/2, p. 119).

Art. R. 4213-6. Un arrêté conjoint des ministres chargés du travail, de l'agriculture et de la construction détermine les prescriptions techniques nécessaires à l'application de la présente section.

SECTION 3. Ambiance thermique

Art. R. 4213-7. Les équipements et caractéristiques des locaux de travail sont conçus de manière à permettre l'adaptation de la température à l'organisme humain pendant le temps de travail, compte tenu des méthodes de travail et des contraintes physiques supportées par les travailleurs.

Art. R. 4213-8. Les équipements et caractéristiques des locaux annexes aux locaux de travail, notamment des locaux sanitaires, de restauration et médicaux, sont conçus de manière à permettre l'adaptation de la température à la destination spécifique de ces locaux.

Art. R. 4213-9. Les dispositions de la présente section ne font pas obstacle à celles des articles L. 111-9 et L. 111-10 du code de la construction et de l'habitation relatives aux caractéristiques thermiques des bâtiments autres que d'habitation.

CHAPITRE IV (réglementaire) Sécurité des lieux de travail

SECTION 1. Caractéristiques des bâtiments

Art. R. 4214-1. Les bâtiments destinés à abriter des lieux de travail sont conçus et réalisés de manière à pouvoir résister, dans leur ensemble et dans chacun de leurs éléments, à l'effet combiné de leur poids, des charges climatiques extrêmes et des surcharges maximales correspondant à leur type d'utilisation.

Ils respectent les règles antisismiques prévues, le cas échéant, par les dispositions en vigueur.

Art. R. 4214-2. Les bâtiments et leurs équipements sont conçus et réalisés de telle sorte que les surfaces vitrées en élévation ou en toiture puissent être nettoyées sans danger pour les travailleurs accomplissant ce travail et pour ceux présents dans le bâtiment et autour de celui-ci. Chaque fois que possible, des solutions de protection collective sont choisies.

Art. R. 4214-3. Les planchers des locaux sont exempts de bosses, de trous ou de plans inclinés dangereux.

Ils sont fixes, stables et non glissants.

Art. R. 4214-4. Les surfaces des planchers, des murs et des plafonds sont conçues de manière à pouvoir être nettoyées ou ravalées en vue d'obtenir des conditions d'hygiène appropriées.

Art. R. 4214-5. Les ouvrants en élévation ou en toiture sont conçus de manière à ne pas constituer, en position d'ouverture, un danger pour les travailleurs.

Art. R. 4214-6. Les parois transparentes ou translucides sont signalées par un marquage à hauteur de vue.

Elles sont constituées de matériaux de sécurité ou sont disposées de telle sorte que les travailleurs ne puissent pas être blessés si ces parois volent en éclats.

Art. R. 4214-7. Les portes et portails obéissent aux caractéristiques définies aux articles R. 4224-9 et suivants.

Leurs dimensions et leurs caractéristiques sont déterminées en fonction de la nature et de l'usage des pièces ou enceintes qu'ils desservent, en tenant compte des dispositions du chapitre VI relatives à la prévention des incendies et à l'évacuation.

Art. R. 4214-8. Les portes et portails automatiques comportent un système de sécurité interrompant immédiatement tout mouvement d'ouverture ou de fermeture lorsque ce mouvement peut causer un dommage à une personne.

Ils sont conçus de manière à pouvoir être ouverts manuellement, sauf s'ils s'ouvrent automatiquement en cas de panne d'énergie.

Un arrêté conjoint des ministres chargés du travail, de l'agriculture et de la construction précise, en tant que de besoin, les règles de sécurité auxquelles ces portes et portails obéissent.

Note Voir arrêté du 21 décembre 1993 (JO 13 janv. 1994) relatif aux portes et portails automatiques et semi-automatiques sur les lieux de travail.

SECTION 2. Voies de circulation et accès

Art. R. 4214-9. L'implantation et les dimensions des voies de circulation, y compris les escaliers et les échelles fixes sont déterminées en tenant compte des dispositions du chapitre VI relatives à la prévention des incendies et l'évacuation.

Les voies de circulation sont conçues de telle sorte que :

1° Les piétons ou les véhicules puissent les utiliser facilement, en toute sécurité, conformément à leur affectation ;

2° Les travailleurs employés à proximité des voies de circulation n'encourent aucun danger.

Art. R. 4214-10. Les portes et les dégagements destinés aux piétons sont situés, par rapport aux voies de circulation destinées aux véhicules, à une distance telle qu'elle garantisse aux piétons une circulation sans danger.

Art. R. 4214-11. Dès que l'importance de la circulation des véhicules ou le danger lié à l'utilisation et à l'équipement des locaux le justifie, le marquage au sol des voies de circulation est mis en évidence.

Ce marquage obéit à la réglementation en vigueur relative à la signalisation dans les lieux de travail.

Art. R. 4214-12. À proximité des portails destinés essentiellement à la circulation des véhicules, des portes pour les piétons sont aménagées, signalées de manière bien visible et dégagées en permanence.

Art. R. 4214-13. Les articles R. 4214-9 à R. 4214-12 s'appliquent également aux voies de circulation principales sur le terrain de l'entreprise, ainsi qu'aux voies de circulation utilisées pour la surveillance et l'entretien régulier des installations de l'entreprise.

Art. R. 4214-14. Lorsque la nature des activités envisagées est susceptible d'entraîner sur les lieux de travail des zones de danger qui n'ont pu être évitées, ces zones sont signalées de manière visible et matérialisées par des dispositifs destinés à éviter que les travailleurs non autorisés y pénètrent.

Art. R. 4214-15. ***(D. 2008-1325 du 15 déc. 2008, JO 17, entrée en vigueur le 18.12.2010)*** Lors de l'installation dans un bâtiment destiné à accueillir des travailleurs d'escaliers mécaniques et de trottoirs roulants, d'ascenseurs, de monte-charges, d'installations de parcage de véhicules et d'élévateurs de personnes dont la vitesse n'excède pas 0,15 mètre par seconde, le maître d'ouvrage s'assure que ces équipements sont conçus et mis en place conformément aux règles en vigueur lors de cette installation.

Note • Les entreprises intervenantes concernées établissent, avant le 18 décembre 2010, la liste des monte-charges et des élévateurs de personnes n'excédant pas une vitesse de 0,15 mètre par seconde qui, en application de l'article R. 4543-2, doivent faire l'objet d'une étude de sécurité. Les études relatives aux équipements figurant sur cette liste doivent être réalisées, par tiers, dans les trois ans suivant cette date (décret 2008-1325 du 15 décembre 2008, art. 17, JO 17).

• Voir arrêté du 29 décembre 2010 (JO 8 janv.) relatif aux vérifications générales périodiques portant sur les ascenseurs et les monte-charges ainsi que sur les élévateurs de personnes n'excédant pas une vitesse de 0,15 m/s, installés à demeure et circulaire DGT/2011/02 du 21 janvier 2011 concernant la mise en œuvre du décret 2008-1325 du 15 décembre 2008 relatif à la sécurité des ascenseurs, monte-charges et équipements assimilés sur les lieux de travail ainsi qu'à la sécurité des travailleurs intervenant sur ces équipements et de l'arrêté du 29 décembre 2010 précité.

Art. R. 4214-16. ***(D. 2008-1325 du 15 déc. 2008, JO 17, entrée en vigueur le 18.12.2010)*** Lors de leur installation, le maître d'ouvrage s'assure que les escaliers mécaniques et les trottoirs roulants, les ascenseurs, les monte-charges, les installations de parcage de véhicules et les élévateurs de personnes dont la vitesse n'excède pas 0,15 mètre par seconde sont installés de manière à permettre les interventions et travaux énumérés à l'article R. 4543-1 dans des conditions sûres, ergonomiques et préservant la santé des intervenants.

Art. R. 4214-17. Les postes de travail, voies de circulation et autres emplacements ou installations à l'air libre destinés à être occupés ou utilisés par des travailleurs lors de leurs activités sont conçus de telle sorte que la circulation des piétons et des véhicules puisse se faire de manière sûre.

SECTION 3. Quais et rampes de chargement

Art. R. 4214-18. Les dispositions des articles R. 4214-9 à R. 4214-12 s'appliquent également aux quais de chargement extérieurs de l'entreprise.

Art. R. 4214-19. Les dimensions des charges susceptibles d'être transportées sont prises en compte pour la conception et la disposition des quais et rampes de chargement.

Art. R. 4214-20. Les quais de chargement comportent au moins une issue.

Lorsque leur longueur est supérieure à 20 mètres, ils ont une issue à chaque extrémité.

Art. R. 4214-21. Les rampes et quais de chargement sont disposés et aménagés de manière à éviter aux travailleurs les risques de chute.

SECTION 4. Aménagement des lieux et postes de travail

Art. R. 4214-22. Les dimensions des locaux de travail, notamment leur hauteur et leur surface, sont telles qu'elles permettent aux travailleurs d'exécuter leur tâche sans risque pour leur santé, leur sécurité ou leur bien-être.

L'espace libre au poste de travail, compte tenu du mobilier, est prévu pour que les travailleurs disposent d'une liberté de mouvement suffisante.

Lorsque, pour des raisons propres au poste de travail, ces dispositions ne peuvent être respectées, il est prévu un espace libre suffisant à proximité de ce poste.

Art. R. 4214-23. Lorsque l'effectif prévu est au moins égal à deux cents dans les établissements industriels ou à cinq cents dans les autres établissements, un local destiné aux premiers secours, facilement accessible avec des brancards et pouvant contenir les installations et le matériel de premiers secours, est aménagé.

Les locaux médicaux dont les caractéristiques sont déterminées par l'arrêté mentionné à l'article R. 4624-30 peuvent être utilisés comme locaux de premiers secours sous réserve de remplir les conditions prévues au premier alinéa.

Le local de premiers secours comporte une signalisation.

Art. R. 4214-24. Si des postes de travail extérieurs sont prévus, ceux-ci sont conçus et aménagés suivant les prescriptions de l'article R. 4225-1.

Art. R. 4214-25. La signalisation de santé et de sécurité installée sur les lieux de travail est conforme aux dispositions de l'arrêté mentionné à l'article R. 4224-24.

SECTION 5. Accessibilité des lieux de travail aux travailleurs handicapés

Note • Cette section a été introduite par le décret 2009-1272 du 21 octobre 2009, JO 23.

• Les dispositions de cette section sont applicables:

1° aux opérations de construction d'un bâtiment neuf ou d'une partie neuve d'un bâtiment existant pour lesquelles une demande de permis de construire ou, le cas échéant, une déclaration préalable est déposée plus de six mois après le 23 octobre 2009, date de publication du décret, soit à compter du 24 avril 2010;

2° aux opérations de construction d'un bâtiment neuf ou d'une partie neuve d'un bâtiment existant ne nécessitant ni permis de construire ni déclaration préalable, dont le début des travaux est postérieur de plus de six mois au 23 octobre 2009, soit à compter du 24 avril 2010.

• L'aménagement des lieux de travail doit être prévu en tenant compte des personnes handicapées pour faciliter leur accès au travail et pour assurer leur sécurité, notamment en cas d'évacuation. Voir arrêté du 27 juin 1994 (JO 16 juil.) relatif aux dispositions destinées à rendre accessibles les lieux de travail aux personnes handicapées rendu dans le cadre antérieur au décret 2009-1272 du 21 octobre 2009.

Art. R. 4214-26. Les lieux de travail, y compris les locaux annexes, aménagés dans un bâtiment neuf ou dans la partie neuve d'un bâtiment existant sont accessibles aux personnes handicapées, quel que soit leur type de handicap.

Les lieux de travail sont considérés comme accessibles aux personnes handicapées lorsque celles-ci peuvent accéder à ces lieux, y circuler, les évacuer, se repérer, communiquer, avec la plus grande autonomie possible.

Les lieux de travail sont conçus de manière à permettre l'adaptation des postes de travail aux personnes handicapées ou à rendre ultérieurement possible l'adaptation des postes de travail.

Art. R. 4214-27. Les accès, portes, dégagements et ascenseurs desservant les postes de travail et les locaux annexes tels que locaux sanitaires, locaux de restauration, parcs de stationnement, sont conçus de manière à permettre l'accès et l'évacuation des personnes handicapées, notamment celles circulant en fauteuil roulant.

L'aménagement des postes de travail est réalisé ou rendu ultérieurement possible.

Art. R. 4214-28. Un arrêté des ministres chargés du travail, de l'agriculture et de la construction détermine les modalités d'application propres à assurer l'accessibilité des lieux de travail en ce qui concerne, notamment, les circulations horizontales et verticales, les portes et les sas intérieurs, les revêtements des sols et des parois, les dispositifs d'éclairage et d'information, le stationnement automobile.

(D. 2011-1461 du 7 nov. 2011, JO 9) « Cet arrêté précise les caractéristiques des espaces d'attente sécurisés et de leurs équivalents, et notamment les règles qui président à leur implantation, à la détermination de leur capacité d'accueil, à leur équipement ainsi que les spécifications techniques auxquelles ils doivent satisfaire en vue d'assurer la protection prévue au deuxième alinéa de l'article R. 4216-2-1. »

Note Sur l'entrée en vigueur du décret 2011-1461 du 7 novembre 2011, voir note sous article R. 4211-3.

CHAPITRE V (réglementaire) Installations électriques des bâtiments et de leurs aménagements

Note • Ce chapitre a été introduit par le décret 2010-1017 du 30 août 2010, JO 1er sept.

• Les dispositions du chapitre V dans leur rédaction antérieure au décret 2010-1017 du 30 août 2010 restent applicables : 1° aux opérations de construction ou d'aménagement de bâtiments pour lesquelles la demande de permis de construire est antérieure au 1er septembre 2010 ; 2° aux opérations ne nécessitant pas de permis de construire, lorsque le début des travaux est antérieur à cette même date.

S'agissant des dispositions relatives à la conception et à la réalisation des installations électriques, voir circulaire DGT 2012/12 du 9 octobre 2012 relative à la prévention des risques électriques (I).

SECTION 1. Obligations générales du maître d'ouvrage

Art. R. 4215-1. Le maître d'ouvrage s'assure que les installations électriques sont conçues et réalisées de façon à prévenir les risques de choc électrique, par contact direct ou indirect, ou de brûlure et les risques d'incendie ou d'explosion d'origine électrique.

Art. R. 4215-2. Le maître d'ouvrage établit et transmet à l'employeur un dossier technique comportant la description et les caractéristiques des installations électriques réalisées.

Le contenu du dossier technique est précisé par un arrêté conjoint des ministres du travail, de l'agriculture et de la construction.

Ce dossier technique fait partie du dossier de maintenance des lieux de travail prévu à l'article R. 4211-3.

Note Voir arrêté du 20 avril 2012 (JO 2 mai, applicabilité pour les marchés passés depuis le 01.07.2012) relatif au dossier technique des installations électriques des bâtiments destinés à recevoir des travailleurs.

SECTION 2. Prescriptions relatives à la conception et à la réalisation des installations électriques

Art. R. 4215-3. Les installations sont conçues et réalisées de telle façon que :

1° Aucune partie active dangereuse ne soit accessible aux travailleurs, sauf dans les locaux et emplacements à risques particuliers de choc électrique, qui font l'objet de prescriptions particulières fixées aux articles R. 4226-9, R. 4226-10 et R. 4226-11 ;

2° En cas de défaut d'isolement, aucune masse ne présente, avec une autre masse ou un élément conducteur, une différence de potentiel dangereuse pour les travailleurs.

Note Voir circulaire DGT 2012/12 du 9 octobre 2012 relative à la prévention des risques électriques, Annexe III : Tableau de correspondance entre les articles R. 4215-3 à R. 4215-13 exprimant les principes généraux qui s'appliquent à la conception et à la réalisation des installations électriques et les parties, articles ou paragraphes des principales normes d'installation contenant les modalités pratiques d'application de ces principes.

Art. R. 4215-4. Toutes dispositions sont prises pour éviter que les parties actives ou les masses d'une installation soient portées à des tensions qui seraient dangereuses pour les personnes, du fait de leur voisinage avec une installation dont le domaine de tension est supérieur, ou du fait de défaut à la terre dans une telle installation.

Art. R. 4215-5. Toutes dispositions sont prises pour éliminer les risques liés à l'élévation normale de température des matériels électriques, notamment les risques de brûlure pour les travailleurs ou les risques de dégradation des objets voisins, en particulier ceux sur lesquels ces matériels prennent appui.

Art. R. 4215-6. Les caractéristiques des matériels sont choisies de telle façon qu'ils puissent supporter sans dommage pour les personnes et, le cas échéant, sans altérer leurs fonctions de sécurité, les effets mécaniques et thermiques produits par toute surintensité, et ce pendant le temps nécessaire au fonctionnement des dispositifs destinés à interrompre cette surintensité.

Les appareillages assurant les fonctions de connexion, de sectionnement, de commande et de protection sont choisis et installés de façon à pouvoir assurer ces fonctions.

Les conducteurs des canalisations fixes sont protégés contre les surintensités.

Les matériels contenant des diélectriques liquides inflammables et les transformateurs de type sec sont mis en œuvre et protégés de façon à prévenir les risques d'incendie.

Art. R. 4215-7. Des dispositifs de sectionnement assurent la séparation de l'installation électrique, des circuits ou des appareils d'utilisation, de leurs sources d'alimentation et permettent d'effectuer en sécurité toute opération sur l'installation, les circuits ou les appareils d'utilisation.

Art. R. 4215-8. Des dispositifs permettent, en cas d'urgence, de couper l'alimentation électrique de circuits ou de groupes de circuits en cas d'apparition d'un danger inattendu de choc électrique, d'incendie ou d'explosion.

Art. R. 4215-9. Les canalisations électriques sont mises en place selon les prescriptions particulières à chaque mode de pose.

Art. R. 4215-10. L'identification des circuits et des appareillages est assurée de façon pérenne.

La localisation et le repérage des canalisations permettent les vérifications, essais, réparations ou transformations de l'installation.

Le repérage des conducteurs permet de connaître leur fonction dans les circuits.

Art. R. 4215-11. Les matériels électriques sont choisis et installés en tenant compte de la tension et de manière à supporter en toute sécurité les conditions d'environnement particulières au lieu dans lequel ils sont installés et auxquelles ils peuvent être soumis.

Art. R. 4215-12. Dans les locaux ou sur les emplacements exposés à des risques d'incendie ou d'explosion, les installations électriques sont conçues et réalisées en tenant compte de ces risques.

Note Voir circulaire DGT 2012/12 du 9 octobre 2012 relative à la prévention des risques électriques, Annexe II.

Art. R. 4215-13. Les locaux ou emplacements réservés à la production, la conversion ou la distribution de l'électricité, appelés locaux ou emplacements de service électrique, sont conçus et réalisés de façon à assurer tout à la fois :

1° L'accessibilité aux matériels et l'aisance de déplacement et de mouvement ;

2° La protection contre les chocs électriques ;

3° La prévention des risques de brûlure et d'incendie ;

4° La prévention des risques d'apparition d'atmosphère toxique ou asphyxiante causée par l'émission de gaz ou de vapeurs en cas d'incident d'exploitation des matériels électriques ;

5° L'éclairage de sécurité.

Art. R. 4215-14. Les références des normes d'installation homologuées, applicables aux installations électriques, sont publiées au *Journal officiel* de la République française par arrêté des ministres chargés du travail, de l'agriculture et de la construction.

Un arrêté de ces mêmes ministres peut déclarer une disposition contenue dans ces normes non applicable si elle ne répond pas ou contrevient aux prescriptions du présent chapitre.

Note Voir arrêté du 19 avril 2012 (JO 2 mai, applicabilité depuis le 01.07.2012), modifié par arrêté du 7 décembre 2020 (JO 9, entrée en vigueur le 01.01.2021), relatif aux normes d'installation intéressant les installations électriques des bâtiments destinés à recevoir des travailleurs.

Art. R. 4215-15. Les installations électriques, réalisées conformément aux dispositions correspondantes des normes d'installation mentionnées à l'article R. 4215-14 et de leurs guides d'application, sont réputées satisfaire aux prescriptions du présent chapitre.

Art. R. 4215-16. Les matériels électriques ayant pour fonction le sectionnement, la protection contre les surintensités, la protection contre les chocs électriques sont conformes soit aux normes françaises homologuées qui leur sont applicables, soit aux spécifications techniques de la législation dans un autre État membre de l'Union européenne ou d'un État partie à l'accord instituant l'Espace économique européen, assurant un niveau de sécurité équivalent.

Art. R. 4215-17. Les installations d'éclairage de sécurité sont conçues et réalisées conformément aux dispositions de l'arrêté prévu à l'article R. 4227-14.

CHAPITRE VI (réglementaire) Risques d'incendies et d'explosions et évacuation

SECTION 1. Dispositions générales

Art. R. 4216-1. Les dispositions du présent chapitre ne s'appliquent pas aux immeubles de grande hauteur, au sens du code de la construction et de l'habitation, pour lesquels des dispositions particulières sont applicables.

Elles ne font pas obstacle aux dispositions plus contraignantes prévues pour les établissements recevant du public, au sens de l'article R. 123-2 du code de la construction et de l'habitation ou pour les bâtiments d'habitation.

Art. R. 4216-2. Les bâtiments et les locaux sont conçus et réalisés de manière à permettre en cas de sinistre :

(D. 2011-1461 du 7 nov. 2011, JO 9) « 1° L'évacuation rapide de la totalité des occupants ou leur évacuation différée, lorsque celle-ci est rendue nécessaire, dans des conditions de sécurité maximale ; »

2° L'accès de l'extérieur et l'intervention des services de secours et de lutte contre l'incendie ;

3° La limitation de la propagation de l'incendie à l'intérieur et à l'extérieur des bâtiments.

Note Sur l'entrée en vigueur du décret 2011-1461 du 7 novembre 2011, voir note sous article R. 4211-3.

Art. R. 4216-2-1. ***(D. 2011-1461 du 7 nov. 2011, JO 9)*** Les lieux de travail situés dans les bâtiments neufs ou dans les parties neuves de ces bâtiments sont dotés, à chaque niveau, d'espaces d'attente sécurisés ou d'espaces équivalents, dont le nombre et la capacité d'accueil varient en fonction de la disposition des lieux de travail et de l'effectif des personnes handicapées susceptibles d'être présentes.

Les espaces d'attente sécurisés sont des zones ou des locaux conçus et aménagés en vue de préserver, avant leur évacuation, les personnes handicapées ayant besoin d'une aide extérieure pour cette évacuation des conséquences d'un incendie. Ils doivent offrir une protection contre les fumées, les flammes, le rayonnement thermique et la ruine du bâtiment pendant une durée minimale d'une heure. Le maître d'ouvrage s'assure de la compatibilité entre la stabilité au feu de la structure et la présence d'espaces d'attente sécurisés pour que la ruine du bâtiment n'intervienne pas avant l'évacuation des personnes.

Les espaces d'attente sécurisés peuvent être situés dans tous les espaces accessibles aux personnes handicapées, à l'exception des sous-sols et des locaux à risques particuliers au sens des articles R. 4227-22 et R. 4227-24.

Note Sur l'entrée en vigueur des articles R. 4216-2-1, 2-2 et 2-3, voir note sous article R. 4211-3.

Art. R. 4216-2-2. ***(D. 2011-1461 du 7 nov. 2011, JO 9)*** Est équivalent à un espace d'attente sécurisé, dès lors qu'il offre une accessibilité et une protection identiques à celles mentionnées au deuxième alinéa de l'article R. 4216-2-1 :

1° Le palier d'un escalier mentionné à l'article R. 4216-26, s'il est équipé de portes coupe-feu de degré une heure ;

2° Le local d'attente d'un ascenseur mentionné à l'article R. 4216-26, s'il est équipé de portes coupe-feu de degré une heure

3° Un espace à l'air libre.

Art. R. 4216-2-3. ***(D. 2011-1461 du 7 nov. 2011, JO 9)*** Un niveau d'un lieu de travail est exempté de l'obligation d'être doté d'espaces d'attente sécurisés ou d'espaces équivalents quand il remplit l'une des conditions suivantes :

1° Il est situé en rez-de-chaussée et comporte un nombre suffisant de dégagements, prévus à l'article R. 4216-8, accessibles aux personnes handicapées ;

2° Il comporte au moins deux compartiments, mentionnés à l'article R. 4216-27, dont la capacité d'accueil est suffisante eu égard au nombre de personnes handicapées susceptibles d'être présentes. Le passage d'un compartiment à l'autre se fait en sécurité en cas d'incendie et est possible quel que soit le handicap.

Art. R. 4216-3. Les bâtiments et locaux sont isolés de ceux occupés par des tiers conformément aux dispositions applicables à ces derniers.

Art. R. 4216-4. Pour l'application du présent chapitre, l'effectif théorique des personnes susceptibles d'être présentes comprend l'effectif des salariés, majoré, le cas échéant, de l'effectif du public susceptible d'être admis et calculé suivant les règles précisées par la réglementation relative à la protection du public contre les risques d'incendie et de panique dans les établissements recevant du public.

SECTION 2. Dégagements

Art. R. 4216-5. Chaque dégagement a une largeur minimale de passage proportionnée au nombre total de personnes appelées à l'emprunter. Cette largeur est calculée en fonction d'une largeur type appelée unité de passage de 0,60 mètre.

Toutefois, quand un dégagement ne comporte qu'une ou deux unités de passage, la largeur est respectivement portée de 0,60 mètre à 0,90 mètre et de 1,20 mètre à 1,40 mètre.

Art. R. 4216-6. Les dégagements des bâtiments et locaux obéissent aux dispositions des articles R. 4227-4 à R. 4227-14 à l'exception des articles R. 4227-5 et R. 4227-12.

Toutefois, pour l'application des dispositions de l'article R. 4227-10, la largeur des escaliers à prendre en compte est au moins égale à deux unités de passage, au sens de l'article R. 4216-5.

Art. R. 4216-7. Aucune saillie ou dépôt ne doit réduire la largeur réglementaire des dégagements.

Toutefois, les aménagements fixes sont admis jusqu'à une hauteur maximale de 1,10 mètre, à condition qu'ils ne fassent pas saillie de plus de 0,10 mètre.

Art. R. 4216-8. Les locaux auxquels les travailleurs ont normalement accès sont desservis par des dégagements dont le nombre et la largeur exigibles sont précisés dans le tableau suivant :

EFFECTIF	NOMBRE de dégagements	NOMBRE TOTAL d'unités de passage
Moins de 20 personnes	1	1
De 20 à 50 personnes	1 + 1 dégagement accessoire (a) ou 1 (b)	1 2
De 51 à 100 personnes	2 ou 1 + 1 dégagement accessoire (a)	2 2
De 101 à 200 personnes	2	3
De 201 à 300 personnes	2	4
De 301 à 400 personnes	2	5
De 401 à 500 personnes	2	6
Au-dessus des 500 premières personnes : – le nombre des dégagements est augmenté d'une unité par 500 ou fraction de 500 personnes ; – la largeur cumulée des dégagements est calculée à raison d'une unité de passage pour 100 personnes ou fraction de 100 personnes. Dans le cas de rénovation ou d'aménagement d'un établissement dans un immeuble existant, la largeur de 0,90 m peut être ramenée à 0,80 m.		
(a) Un dégagement accessoire peut être constitué par une sortie, un escalier, une coursive, une passerelle, un passage souterrain ou un chemin de circulation, rapide et sûr, d'une largeur minimale de 0,60 m, ou encore, par un balcon filant, une terrasse, une échelle fixe. (b) Cette solution est acceptée si le parcours pour gagner l'extérieur n'est pas supérieur à 25 mètres et si les locaux desservis ne sont pas en sous-sol.		

Art. R. 4216-9. Pour les locaux situés en sous-sol et dont l'effectif est supérieur à cent personnes, les dégagements sont déterminés en prenant pour base l'effectif ainsi calculé :

1° L'effectif des personnes est arrondi à la centaine supérieure ;

2° L'effectif est majoré de 10 % par mètre ou fraction de mètre au-delà de deux mètres de profondeur.

Art. R. 4216-10. Seuls les locaux dont la nature technique des activités le justifie peuvent être situés à plus de six mètres en dessous du niveau moyen des seuils d'évacuation.

Art. R. 4216-11. La distance maximale à parcourir pour gagner un escalier en étage ou en sous-sol n'est jamais supérieure à quarante mètres.

Le débouché au niveau du rez-de-chaussée d'un escalier s'effectue à moins de vingt mètres d'une sortie sur l'extérieur.

Les itinéraires de dégagements ne comportent pas de cul-de-sac supérieur à dix mètres.

Art. R. 4216-12. Les marches obéissent aux caractéristiques suivantes :

1° Elles ne sont pas glissantes ;

2° S'il n'y a pas de contremarche, les marches successives se recouvrent de 5 centimètres ;

3° Il est interdit de placer une ou deux marches isolées dans les circulations principales ;

4° Les dimensions des marches des escaliers sont conformes aux règles de l'art ;

5° Les volées ne comptent pas plus de 25 marches ;

6° Les paliers ont une largeur égale à celle des escaliers et, en cas de volées non contrariées, leur longueur est supérieure à 1 mètre ;

7° Les escaliers tournants sont à balancement continu sans autre palier que ceux desservant les étages ;

9° Les dimensions des marches sur la ligne de foulée à 0,60 mètre du noyau ou du vide central sont conformes aux règles de l'art ;
9° Le giron extérieur des marches est inférieur à 0,42 mètre.

SECTION 3. Désenfumage

Note Un arrêté du 5 août 1992 (JO 12), modifié par arrêtés des 22 septembre 1995 (JO 3 oct.) et 10 septembre 1998 (JO 22), a été pris pour l'application de ces articles.

Art. R. 4216-13. Les locaux de plus de 300 mètres carrés situés en rez-de-chaussée et en étage, les locaux de plus de 100 mètres carrés aveugles et ceux situés en sous-sol ainsi que tous les escaliers comportent un dispositif de désenfumage naturel ou mécanique.

Art. R. 4216-14. Les dispositifs de désenfumage naturel sont constitués en partie haute et en partie basse d'une ou plusieurs ouvertures communiquant avec l'extérieur, en vue de l'évacuation des fumées et l'amenée d'air.

La surface totale des sections d'évacuation des fumées est supérieure au centième de la superficie du local desservi avec un minimum de un mètre carré. Il en est de même pour celle des amenées d'air.

Chaque dispositif d'ouverture du dispositif de désenfumage est aisément manœuvrable à partir du plancher.

Art. R. 4216-15. En cas de désenfumage mécanique, le débit d'extraction est calculé sur la base d'un mètre cube par seconde par 100 mètres carrés.

Art. R. 4216-16. Les modalités d'application des dispositions de la présente section sont définies par arrêté conjoint des ministres chargés du travail, de l'agriculture et de la construction.

SECTION 4. Chauffage des locaux

Art. R. 4216-17. Les bâtiments et locaux sont conçus et réalisés de manière à respecter les dispositions des articles R. 4227-16 et R. 4227-18 à R. 4227-20 sur le chauffage des locaux ainsi que celles des réglementations particulières relatives :
1° Aux installations fixes destinées au chauffage et à l'alimentation en eau chaude ;
2° Aux installations de gaz combustibles et d'hydrocarbures liquéfiés ;
3° Au stockage et à l'utilisation des produits pétroliers.

Art. R. 4216-18. Indépendamment de l'application, s'il y a lieu, des règles propres aux bâtiments d'habitation, de bureaux ou recevant du public, les installations fixes destinées au chauffage et à l'alimentation en eau chaude ne doivent pas présenter de risque pour la santé et la sécurité des travailleurs.

Ces installations sont conçues de manière à ne pas aggraver les risques d'incendie ou d'explosion inhérents aux activités du bâtiment, à ne pas provoquer d'émission de substances dangereuses, insalubres ou gênantes et à ne pas être la cause de brûlures ou d'inconfort pour les travailleurs.

Les modalités d'application de ces dispositions sont précisées par arrêté conjoint des ministres chargés du travail, de l'agriculture et de la construction.

Art. R. 4216-19. Lorsque le chauffage est réalisé au moyen de générateur d'air chaud à combustion, la pression du circuit d'air doit toujours être supérieure à la pression des gaz brûlés.

Un dispositif de sécurité assure automatiquement l'extinction ou la mise en veilleuse de l'appareil ou de l'échangeur de chauffage de l'air et l'arrêt des ventilateurs lorsque la température de l'air dépasse 120° C. Toutefois, ce dispositif n'est pas exigible pour les appareils indépendants émettant de la chaleur dans les seuls locaux où ils sont installés, ou lorsque le réchauffage de l'air est assuré par un échangeur ne pouvant atteindre cette température.

Toute matière combustible est interdite à l'intérieur des conduits de distribution ou de reprise, à l'exception des accessoires des organes terminaux situés dans une pièce.

Cette prescription s'applique également aux installations de ventilation mécanique contrôlée et à toutes les gaines mettant en communication plusieurs niveaux.

Art. R. 4216-20. L'usage de la brasure tendre, dont la température de fusion du métal d'apport est inférieure à 450° C, est interdit pour les canalisations amenant les liquides ou gaz combustibles.

SECTION 5. Stockage ou manipulation de matières inflammables

Art. R. 4216-21. Les bâtiments et locaux sont conçus et réalisés de manière à respecter :
1° Les dispositions relatives à la prévention des explosions prévues aux articles R. 4227-42 et suivants ;

2° Les dispositions *(D. 2010-1018 du 30 août 2010, JO 1er sept., entrée en vigueur le 01.07.2011)* « de l'article R. 4215-12 » ;

3° Les dispositions spécifiques de l'arrêté prévu par l'article R. 4227-27 pour les installations industrielles utilisant le gaz combustible et les hydrocarbures liquéfiés.

Art. R. 4216-22. Les locaux ou les emplacements dans lesquels doivent être entreposées ou manipulées des substances ou préparations classées explosives, comburantes ou extrêmement inflammables, ainsi que des matières dans un état physique susceptible d'engendrer des risques d'explosion ou d'inflammation instantanée disposent d'une ventilation permanente appropriée.

Art. R. 4216-23. Les locaux mentionnés à l'article R. 4216-22 ainsi que ceux dans lesquels sont entreposées ou manipulées des substances ou préparations classées facilement inflammables ou des matières dans un état physique tel qu'elles sont susceptibles de prendre feu instantanément au contact d'une flamme ou d'une étincelle et de propager rapidement l'incendie, sont conçus et réalisés de telle sorte que :

1° Aucun poste habituel de travail ne puisse se trouver à plus de dix mètres d'une issue donnant sur l'extérieur ou sur un local donnant lui-même sur l'extérieur ;

2° Les portes de ces locaux s'ouvrent vers l'extérieur ;

3° Si les fenêtres de ces locaux sont munies de grilles ou grillages, ceux-ci s'ouvrent très facilement de l'intérieur.

SECTION 6. Bâtiments dont le plancher bas du dernier niveau est situé à plus de huit mètres du sol

Art. R. 4216-24. Afin de prendre en compte l'augmentation des risques en cas de sinistre, les bâtiments dont le plancher bas du dernier niveau est situé à plus de huit mètres du sol extérieur ont une structure d'une stabilité au feu de degré une heure et des planchers coupe-feu de même degré.

Ils sont isolés de tout bâtiment ou local occupé par des tiers, au minimum par des parois coupe-feu de degré une heure ou par des sas comportant des portes pare-flammes de degré demi-heure munies de ferme-porte et s'ouvrant vers l'intérieur du sas.

Art. R. 4216-25. Les bâtiments mentionnés à l'article R. 4216-24 sont accessibles au moins sur une façade aux services d'incendie et de secours.

Art. R. 4216-26. Les escaliers et ascenseurs des bâtiments mentionnés à l'article R. 4216-24 sont :

1° Soit encloisonnés dans des cages coupe-feu de degré une heure comportant des portes pare-flammes de degré demi-heure et, pour les escaliers, un dispositif de désenfumage en partie supérieure ;

2° Soit à l'air libre.

Art. R. 4216-27. La distribution intérieure des bâtiments mentionnés à l'article R. 4216-24 permet, notamment par des recoupements ou des compartimentages, de limiter la propagation du feu et des fumées.

L'aménagement intérieur des locaux, notamment les revêtements des murs, des sols et des plafonds, les tentures et les rideaux répond à des caractéristiques de réaction au feu permettant d'éviter un développement rapide d'un incendie susceptible de compromettre l'évacuation.

Art. R. 4216-28. Les dispositions de la présente section s'appliquent compte tenu de la classification des matériaux et des éléments de construction en fonction de leur comportement au feu, telle qu'elle est définie aux articles R. 121-1 et suivants du code de la construction et de l'habitation et par les arrêtés du ministre de l'intérieur pris en application de l'article R. 121-5 de ce même code.

Note Un arrêté du 5 août 1992 (JO 12), modifié par arrêtés des 22 septembre 1995 (JO 3 oct.) et 10 septembre 1998 (JO 22), précise les prescriptions relatives à la classification des matériaux et des éléments de construction en fonction de leur comportement au feu.

Art. R. 4216-29. Un arrêté conjoint des ministres chargés du travail, de l'agriculture et de la construction définit les modalités d'application des dispositions de la présente section, notamment :

1° Les caractéristiques des sorties et celles de l'isolement latéral du bâtiment avec un autre bâtiment ;

2° La classification des matériaux et des éléments de construction de certaines parties du bâtiment ;

3° Les règles de désenfumage.

SECTION 7. Moyens de prévention et de lutte contre l'incendie

Art. R. 4216-30. Les bâtiments et locaux sont conçus ou aménagés de manière à respecter les dispositions relatives aux moyens de prévention et de lutte contre l'incendie prévues aux articles R. 4227-28 à R. 4227-41.

SECTION 8. Prévention des explosions

Art. R. 4216-31. Les bâtiments et locaux sont conçus et réalisés de manière à respecter les dispositions relatives à la prévention des explosions prévues par les articles R. 4227-42 à R. 4227-54.

Note Les dispositions du décret 2002-1554 du 24 décembre 2002 introduisant l'article R. 235-4-17 devenu R. 4216-31 sont entrées en vigueur le 1er juillet 2003. Toutefois, elles ne sont pas applicables : 1° Aux opérations de construction ou d'aménagement de bâtiments pour lesquelles la demande de permis de construire est antérieure au 1er juillet 2003 ; 2° Aux opérations ne nécessitant pas de permis de construire, lorsque le début des travaux est antérieur à cette même date.

SECTION 9. Dispenses de l'autorité administrative

Art. R. 4216-32. Le ***(D. 2020-1545 du 9 déc. 2020, JO 10, entrée en vigueur le 01.04.2021)*** « directeur régional de l'économie, de l'emploi, du travail et des solidarités » peut dispenser d'une partie de l'application des dispositions du présent chapitre, notamment dans le cas de réaménagement de locaux ou de bâtiments existants, sur proposition de mesures compensatoires assurant un niveau de sécurité jugé équivalent.

Art. R. 4216-33. La dispense est accordée, après enquête de l'inspecteur du travail.

Elle est accordée après avis :

1° Du ***(D. 2017-1819 du 29 déc. 2017, art. 3, 43°, JO 30, entrée en vigueur le 01.01.2018)*** « comité social et économique » ;

2° De la commission centrale de sécurité ou de la commission consultative départementale de sécurité et d'accessibilité pour les établissements recevant du public.

Art. R. 4216-34. Le silence gardé pendant plus de quatre mois par le ministre compétent saisi d'un recours hiérarchique contre une décision prise en application de l'article R. 4216-33 vaut décision de rejet.

CHAPITRE VII (réglementaire) Installations sanitaires, restauration

Art. R. 4217-1. Les bâtiments et locaux sont conçus et réalisés conformément aux exigences des articles :

1° R. 4228-1 à R. 4228-15, relatifs aux installations sanitaires ;

2° R. 4228-22 à R. 4228-25, relatifs aux locaux de restauration et de repos.

Note En ce qui concerne les opérations auxquelles ne sont pas applicables les articles R. 4217-1 et 2, voir note sous article R. 4213-5.

Art. R. 4217-2. Lorsque, en application de l'article R. 4228-10, il doit être réalisé dix cabinets d'aisance, l'un d'entre eux, ainsi qu'un lavabo placé à proximité, sont aménagés de manière à en permettre l'accès et l'usage autonome par des personnes handicapées circulant en fauteuil roulant.

Lorsque le nombre des cabinets d'aisance est inférieur à dix, l'un d'entre eux et un lavabo sont conçus de telle sorte que, en présence de personnes handicapées physiques, des travaux simples suffisent à réaliser les aménagements prévus au premier alinéa.

TITRE II OBLIGATIONS DE L'EMPLOYEUR POUR L'UTILISATION DES LIEUX DE TRAVAIL

CHAPITRE Ier Principes généraux

Art. L. 4221-1. Les établissements et locaux de travail sont aménagés de manière à ce que leur utilisation garantisse la sécurité des travailleurs.

Ils sont tenus dans un état constant de propreté et présentent les conditions d'hygiène et de salubrité propres à assurer la santé des intéressés.

Les décrets en Conseil d'État prévus à l'article L. 4111-6 déterminent les conditions d'application du présent titre.

Note Les dispositions légales et réglementaires du code du travail en matière de sécurité (en l'espèce, décret du 10 juillet 1913 modifié concernant les prescriptions de sécurité applicables aux ascenseurs et monte-charges) s'appliquent « non seulement aux locaux où l'activité professionnelle de l'employeur s'exerce habituellement mais aussi à tous chantiers extérieurs sur lesquels les préposés de l'employeur interviennent sur instructions de celui-ci » (cass. crim. 11 octobre 1994, n° 93-83.967, B. crim. n° 325 ; RJS 12/94 n° 1388).

Art. L. 4221-1

Art. R. 4221-1. Pour l'application du présent titre, on entend par lieux de travail les lieux destinés à recevoir des postes de travail situés ou non dans les bâtiments de l'établissement, ainsi que tout autre endroit compris dans l'aire de l'établissement auquel le travailleur a accès dans le cadre de son travail.

Les champs, bois et autres terrains faisant partie d'un établissement agricole ou forestier, mais situés en dehors de la zone bâtie d'un tel établissement, ne sont pas considérés comme des lieux de travail.

CHAPITRE II (réglementaire) Aération, assainissement

SECTION 1. Principes et définitions

Art. R. 4222-1. Dans les locaux fermés où les travailleurs sont appelés à séjourner, l'air est renouvelé de façon à :

1° Maintenir un état de pureté de l'atmosphère propre à préserver la santé des travailleurs ;

2° Éviter les élévations exagérées de température, les odeurs désagréables et les condensations.

Note Ni la circonstance qu'un local fasse l'objet d'un libre accès à partir du rez-de-chaussée, sans porte ou autre dispositif de fermeture, ni celle qu'il soit occupé de façon épisodique ne sont de nature à l'exclure du champ d'application de l'article R. 232-5 [R. 4222-1 et 2]. Dès lors qu'il ne ressort pas du dossier que le local comporterait des ouvrants donnant directement sur l'extérieur et que la pièce du rez-de-chaussée ne saurait être regardée comme un «local adjacent» au sous-sol par l'intermédiaire duquel ce dernier pourrait être ventilé, l'administration a considéré à bon droit que l'aération de ce local situé en sous-sol d'un magasin devait être assurée par ventilation mécanique et soumise, à ce titre, aux dispositions des articles R. 232-5-3 à 5-9 (CE 26 juillet 1996, n° 161595, RJS 10/96 n° 1051).

Art. R. 4222-2. Les règles applicables à l'aération, à la ventilation et à l'assainissement des locaux sont fixées suivant la nature et les caractéristiques de ces locaux.

Art. R. 4222-3. Pour l'application du présent chapitre, on entend par :

1° Air neuf, l'air pris à l'air libre hors des sources de pollution ;

2° Air recyclé, l'air pris et réintroduit dans un local ou un groupe de locaux. L'air pris hors des points de captage de polluants et réintroduit dans le même local après conditionnement thermique n'est pas considéré comme de l'air recyclé ;

3° Locaux à pollution non spécifique, les locaux dans lesquels la pollution est liée à la seule présence humaine, à l'exception des locaux sanitaires ;

4° Locaux à pollution spécifique, les locaux dans lesquels des substances dangereuses ou gênantes sont émises sous forme de gaz, vapeurs, aérosols solides ou liquides autres que celles qui sont liées à la seule présence humaine ainsi que locaux pouvant contenir des sources de micro-organismes potentiellement pathogènes et locaux sanitaires ;

5° Ventilation mécanique, la ventilation assurée par une installation mécanique ;

6° Ventilation naturelle permanente, la ventilation assurée naturellement par le vent ou par l'écart de température entre l'extérieur et l'intérieur ;

7° Poussière totale, toute particule solide dont le diamètre aérodynamique est au plus égal à 100 micromètres ou dont la vitesse limite de chute, dans les conditions normales de température, est au plus égale à 0,25 mètre par seconde ;

8° Poussière alvéolaire, toute poussière susceptible d'atteindre les alvéoles pulmonaires ;

9° Diamètre aérodynamique d'une poussière, le diamètre d'une sphère de densité égale à l'unité ayant la même vitesse de chute dans les mêmes conditions de température et d'humidité relative.

SECTION 2. Locaux à pollution non spécifique

Art. R. 4222-4. Dans les locaux à pollution non spécifique, l'aération est assurée soit par ventilation mécanique, soit par ventilation naturelle permanente.

Dans ce dernier cas, les locaux comportent des ouvrants donnant directement sur l'extérieur et leurs dispositifs de commande sont accessibles aux occupants.

Art. R. 4222-5. L'aération par ventilation naturelle, assurée exclusivement par ouverture de fenêtres ou autres ouvrants donnant directement sur l'extérieur, est autorisée lorsque le volume par occupant est égal ou supérieur à :

1° 15 mètres cubes pour les bureaux et les locaux où est accompli un travail physique léger ;

2° 24 mètres cubes pour les autres locaux.

Art. R. 4222-6. Lorsque l'aération est assurée par ventilation mécanique, le débit minimal d'air neuf à introduire par occupant est fixé dans le tableau suivant :

DÉSIGNATION DES LOCAUX	DÉBIT MINIMAL D'AIR NEUF PAR OCCUPANT (en mètres cubes par heure)
Bureaux, locaux sans travail physique	25
Locaux de restauration, locaux de vente, locaux de réunion	30
Ateliers et locaux avec travail physique léger	45
Autres ateliers et locaux	60

Art. R. 4222-7. Les locaux réservés à la circulation et les locaux qui ne sont occupés que de manière épisodique peuvent être ventilés par l'intermédiaire des locaux adjacents à pollution non spécifique sur lesquels ils ouvrent.

Art. R. 4222-8. L'air envoyé après recyclage dans les locaux à pollution non spécifique est filtré.

L'air recyclé n'est pas pris en compte pour le calcul du débit minimal d'air neuf prévu à l'article R. 4222-6.

En cas de panne du système d'épuration ou de filtration, le recyclage est arrêté.

Art. R. 4222-9. Il est interdit d'envoyer après recyclage dans un local à pollution non spécifique l'air pollué d'un local à pollution spécifique.

SECTION 3. Locaux à pollution spécifique

Art. R. 4222-10. Dans les locaux à pollution spécifique, les concentrations moyennes en poussières totales et alvéolaires de l'atmosphère inhalée par un travailleur, évaluées sur une période de huit heures, ne doivent pas dépasser respectivement 10 et 5 milligrammes par mètre cube d'air.

Art. R. 4222-11. Pour chaque local à pollution spécifique, la ventilation est réalisée et son débit déterminé en fonction de la nature et de la quantité des polluants ainsi que, le cas échéant, de la quantité de chaleur à évacuer, sans que le débit minimal d'air neuf puisse être inférieur aux valeurs fixées à l'article R. 4222-6.

Lorsque l'air provient de locaux à pollution non spécifique, il est tenu compte du nombre total d'occupants des locaux desservis pour déterminer le débit minimal d'entrée d'air neuf.

Art. R. 4222-12. Les émissions sous forme de gaz, vapeurs, aérosols de particules solides ou liquides, de substances insalubres, gênantes ou dangereuses pour la santé des travailleurs sont supprimées, y compris, par la mise en œuvre de procédés d'humidification en cas de risque de suspension de particules, lorsque les techniques de production le permettent.

À défaut, elles sont captées au fur et à mesure de leur production, au plus près de leur source d'émission et aussi efficacement que possible, notamment en tenant compte de la nature, des caractéristiques et du débit des polluants ainsi que des mouvements de l'air.

S'il n'est techniquement pas possible de capter à leur source la totalité des polluants, les polluants résiduels sont évacués par la ventilation générale du local.

Art. R. 4222-13. Les installations de captage et de ventilation sont réalisées de telle sorte que les concentrations dans l'atmosphère ne soient dangereuses en aucun point pour la santé et la sécurité des travailleurs et qu'elles restent inférieures aux valeurs limites d'exposition fixées aux articles R. 4222-10 et R. 4412-149.

Les dispositifs d'entrée d'air compensant les volumes extraits sont conçus et disposés de façon à ne pas réduire l'efficacité des systèmes de captage.

Un dispositif d'avertissement automatique signale toute défaillance des installations de captage qui n'est pas directement décelable par les occupants des locaux.

Art. R. 4222-14. L'air provenant d'un local à pollution spécifique ne peut être recyclé que s'il est efficacement épuré. Il ne peut être envoyé après recyclage dans d'autres locaux que si la pollution de tous les locaux concernés est de même nature. En cas de recyclage, les concentrations de poussières et substances dans l'atmosphère du local doivent demeurer inférieures aux valeurs limites d'exposition professionnelle définies aux articles R. 4222-10, R. 4412-149 et R. 4412-150.

Art. R. 4222-15. Des prescriptions particulières, prises en application du 3° de l'article L. 4111-6, interdisent ou limitent, le cas échéant, l'utilisation du recyclage pour certaines catégories de substances ou catégories de locaux.

Art. R. 4222-16. Les installations de recyclage comportent un système de surveillance permettant de déceler les défauts des dispositifs d'épuration. En cas de défaut, les mesures nécessaires sont prises par l'employeur pour maintenir le respect des valeurs limites d'exposition professionnelle définies aux articles R. 4222-10 et R. 4412-149, le cas échéant, en arrêtant le recyclage.

Art. R. 4222-17. En cas de recyclage de l'air, les conditions du recyclage sont portées à la connaissance du médecin du travail [et] des membres du ***(D. 2017-1819 du 29 déc. 2017, art. 3, 43°, JO 30, entrée en vigueur le 01.01.2018)*** « comité social et économique ».

Ces personnes sont également consultées sur toute nouvelle installation ou toute modification des conditions de recyclage.

SECTION 4. Pollution par les eaux usées

Art. R. 4222-18. L'atmosphère des locaux de travail et de leurs dépendances est tenue constamment à l'abri de toute émanation provenant d'égouts, fosses, puisards, fosses d'aisances ou de toute autre source d'infection.

Art. R. 4222-19. Dans les établissements qui déversent les eaux résiduaires ou de lavage dans un égout public ou privé, toute communication entre l'égout et l'établissement est munie d'un intercepteur hydraulique.

Cet intercepteur hydraulique est fréquemment nettoyé, et sa garde d'eau assurée en permanence.

SECTION 5. Contrôle et maintenance des installations

Art. R. 4222-20. L'employeur maintient l'ensemble des installations mentionnées au présent chapitre en bon état de fonctionnement et en assure régulièrement le contrôle.

Note Pour une illustration de l'inobservation par un employeur de ces dispositions, voir cass. crim. 7 janvier 2015, n° 12-86.653, B. crim. n° 13; JCP éd. S 2015, 1182, note Fr. Duquesne.

Art. R. 4222-21. L'employeur indique dans une consigne d'utilisation les dispositions prises pour la ventilation et fixe les mesures à prendre en cas de panne des installations.

Cette consigne est établie en tenant compte, s'il y a lieu, des indications de la notice d'instructions fournie par le maître d'ouvrage conformément à l'article R. 4212-7.

Elle est soumise à l'avis du médecin du travail [et] du ***(D. 2017-1819 du 29 déc. 2017, art. 3, 43°, JO 30, entrée en vigueur le 01.01.2018)*** « comité social et économique ».

Art. R. 4222-22. Des arrêtés conjoints des ministres chargés du travail et de l'agriculture fixent:
1° Les méthodes de mesure de concentration, de débit, d'efficacité de captage, de filtration et d'épuration;
2° La nature et la fréquence du contrôle des installations mentionnées au présent chapitre.

Note Voir arrêté du 9 octobre 1987 (JO 22) relatif aux contrôles de l'aération et de l'assainissement des locaux de travail pouvant être prescrits par l'inspecteur du travail, complété par l'arrêté du 24 décembre 1993 (JO 29).

SECTION 6. Travaux en espace confiné

Art. R. 4222-23. Dans les puits, conduites de gaz, carneaux, conduits de fumée, cuves, réservoirs, citernes, fosses, galeries et dans les lieux où il n'est pas possible d'assurer de manière permanente le respect des dispositions du présent chapitre, les travaux ne sont entrepris qu'après vérification de l'absence de risque pour la santé et la sécurité des travailleurs et, le cas échéant, après assainissement de l'atmosphère et vidange du contenu.

Art. R. 4222-24. Pendant l'exécution des travaux, la ventilation est réalisée suivant les prescriptions de l'article R. 4222-6 ou R. 4222-11, selon qu'il s'agit d'un local à pollution non spécifique ou d'un local à pollution spécifique, de manière à maintenir la salubrité de l'atmosphère et à en assurer un balayage permanent, sans préjudice, pour les travaux souterrains, des dispositions des articles R. 4534-43 à R. 4534-49.

SECTION 7. Protection individuelle

Art. R. 4222-25. Si l'exécution des mesures de protection collective prévues par le présent chapitre est impossible, des équipements de protection individuelle sont mis à la disposition des travailleurs.

Ces équipements sont choisis et adaptés en fonction de la nature des travaux à accomplir et présentent des caractéristiques d'efficacité compatibles avec la nature du risque auquel les travailleurs sont exposés. Ils ne doivent pas les gêner dans leur travail ni, autant que possible, réduire leur champ visuel.

Note Sur le défaut de mise à disposition des équipements de protection individuelle choisis et adaptés, voir notamment cass. crim. 19 décembre 1995, n° 94-84.644.

Art. R. 4222-26. L'employeur prend les mesures nécessaires pour que les équipements de protection individuelle soient effectivement utilisés, maintenus en bon état de fonctionnement et désinfectés avant d'être attribués à un nouveau titulaire.

CHAPITRE III (réglementaire) Éclairage, ambiance thermique

SECTION 1. Éclairage

Art. R. 4223-1. Les dispositions de la présente section fixent les règles relatives à l'éclairage et à l'éclairement:

1° Des locaux de travail et de leurs dépendances, notamment les passages et escaliers;

2° Des espaces extérieurs où sont accomplis des travaux permanents;

3° Des zones et voies de circulation extérieures empruntées de façon habituelle pendant les heures de travail.

Art. R. 4223-2. L'éclairage est assuré de manière à:

1° Éviter la fatigue visuelle et les affections de la vue qui en résultent;

2° Permettre de déceler les risques perceptibles par la vue.

Art. R. 4223-3. Les locaux de travail disposent autant que possible d'une lumière naturelle suffisante.

Note L'exigence d'une lumière naturelle suffisante au poste de travail doit se limiter au domaine du possible, c'est-à-dire sans modification des locaux existants (voir circ. DRT 95-07 du 14 avril 1995, BO TR 95/10, p. 119).

Sur la nécessité de garantir aux salariés un minimum d'éclairage naturel, voir rép. QE 3285, JO Sén. 31 janvier 2013, p. 350.

Art. R. 4223-4. Pendant la présence des travailleurs dans les lieux mentionnés à l'article R. 4223-1, les niveaux d'éclairement mesurés au plan de travail ou, à défaut, au sol, sont au moins égaux aux valeurs indiquées dans le tableau suivant:

LOCAUX AFFECTÉS AU TRAVAIL et leurs dépendances	VALEURS MINIMALES d'éclairement
Voies de circulation intérieures	40 lux
Escaliers et entrepôts	60 lux
Locaux de travail, vestiaires, sanitaires	120 lux
Locaux aveugles affectés à un travail permanent	200 lux

ESPACES EXTÉRIEURS	VALEURS MINIMALES d'éclairement
Zones et voies de circulation extérieures	10 lux
Espaces extérieurs où sont effectués des travaux à caractère permanent	40 lux

Art. R. 4223-5. Dans les zones de travail, le niveau d'éclairement est adapté à la nature et à la précision des travaux à exécuter.

Art. R. 4223-6. En éclairage artificiel, le rapport des niveaux d'éclairement, dans un même local, entre celui de la zone de travail et l'éclairement général est compris entre 1 et 5.

Il en est de même pour le rapport des niveaux d'éclairement entre les locaux contigus en communication.

Art. R. 4223-7. Les postes de travail situés à l'intérieur des locaux de travail sont protégés du rayonnement solaire gênant soit par la conception des ouvertures, soit par des protections fixes ou mobiles appropriées.

Art. R. 4223-8. Les dispositions appropriées sont prises pour protéger les travailleurs contre l'éblouissement et la fatigue visuelle provoqués par des surfaces à forte luminance ou par des rapports de luminance trop importants entre surfaces voisines.

Les sources d'éclairage assurent une qualité de rendu des couleurs en rapport avec l'activité prévue et ne doivent pas compromettre la sécurité des travailleurs.

Les phénomènes de fluctuation de la lumière ne doivent pas être perceptibles ni provoquer d'effet stroboscopique.

Art. R. 4223-9. Toutes dispositions sont prises afin que les travailleurs ne puissent se trouver incommodés par les effets thermiques dus au rayonnement des sources d'éclairage mises en œuvre.

Les sources d'éclairage sont aménagées ou installées de façon à éviter tout risque de brûlure.

Art. R. 4223-10. Les organes de commande d'éclairage sont facilement accessibles.

Dans les locaux aveugles, ils sont munis de voyants lumineux.

Art. R. 4223-11. Le matériel d'éclairage est installé de manière à pouvoir être entretenu aisément.

L'employeur fixe les règles d'entretien périodique du matériel en vue d'assurer le respect des dispositions de la présente section.

Les règles d'entretien sont consignées dans un document qui est communiqué aux membres du ***(D. 2017-1819 du 29 déc. 2017, art. 3, 45°, JO 30, entrée en vigueur le 01.01.2018)*** « comité social et économique ».

Art. R. 4223-12. Les dispositions des articles R. 4223-6, R. 4223-7, R. 4223-8, premier alinéa, et R. 4223-10 ne sont pas applicables aux opérations de bâtiment et de génie civil définies à l'article R. 4534-1.

SECTION 2. Ambiance thermique

Art. R. 4223-13. Les locaux fermés affectés au travail sont chauffés pendant la saison froide.

Le chauffage fonctionne de manière à maintenir une température convenable et à ne donner lieu à aucune émanation délétère.

Note La dimension des locaux en cause et la circonstance que les portes des ateliers devaient être fréquemment ouvertes pour permettre la manutention de pièces très volumineuses n'ont pas pour effet de retirer à ces locaux le caractère de locaux fermés devant être chauffés convenablement pendant la saison froide. En estimant que les températures relevées lors de leur enquête dans ces ateliers n'étaient pas convenables au sens de l'article R. 232-6 (ancien) CT, l'inspecteur du travail et le directeur régional du travail et de l'emploi n'ont pas fondé leur décision de mise en demeure sur une qualification erronée des circonstances de l'espèce (CE 6 mai 1996, n° 143207, RJS 7/96 n° 825).

Art. R. 4223-14. La température des locaux annexes, tels que locaux de restauration, locaux de repos, locaux pour les travailleurs en service de permanence, locaux sanitaires et locaux de premiers secours, obéit à la destination spécifique de ces locaux.

Art. R. 4223-15. L'employeur prend, après avis du médecin du travail et du ***(D. 2017-1819 du 29 déc. 2017, art. 3, 43°, JO 30, entrée en vigueur le 01.01.2018)*** « comité social et économique », toutes dispositions nécessaires pour assurer la protection des travailleurs contre le froid et les intempéries.

CHAPITRE IV (réglementaire) Sécurité des lieux de travail

SECTION 1. Caractéristiques des lieux de travail

Art. R. 4224-1. Les lieux de travail soumis aux dispositions du titre Ier lors de leur construction ou de leur aménagement sont utilisés en conformité avec ces dispositions.

En cas de changement de destination, ils sont aménagés pour être rendus conformes aux dispositions régissant cette nouvelle destination à la date des travaux d'aménagement.

Art. R. 4224-2. Les bâtiments abritant des lieux de travail ont des structures et une solidité appropriées à leur utilisation.

Art. R. 4224-3. Les lieux de travail intérieurs et extérieurs sont aménagés de telle façon que la circulation des piétons et des véhicules puisse se faire de manière sûre.

Art. R. 4224-4. L'employeur prend toutes dispositions pour que seuls les travailleurs autorisés à cet effet puissent accéder aux zones de danger. Les mesures appropriées sont prises pour protéger ces travailleurs.

Art. R. 4224-5. ***(D. 2009-289 du 13 mars 2009, JO 15)*** Les puits, trappes et ouvertures de descente sont clôturés.

Les passerelles, planchers en encorbellement, plates-formes en surélévation, ainsi que leurs moyens d'accès, sont construits, installés ou protégés de telle sorte que les travailleurs appelés à les utiliser ne soient pas exposés à des chutes.

Art. R. 4224-6. Les ponts volants ou les passerelles pour le chargement ou le déchargement des navires ou bateaux sont installés de manière à former un tout rigide et sont munis de garde-corps des deux côtés.

Art. R. 4224-7. Les cuves, bassins et réservoirs sont construits, installés et protégés dans les conditions assurant la sécurité des travailleurs.

Leur installation ou, à défaut, leurs dispositifs de protection sont tels qu'ils empêchent les travailleurs d'y tomber.

Art. R. 4224-8. L'accès et l'intervention sur les toits en matériaux fragiles n'offrant pas une résistance suffisante sont effectués conformément aux articles R. 4534-88, R. 4534-89 et R. 4534-93 applicables aux opérations de bâtiment et de génie civil.

SECTION 2. Portes et portails

Art. R. 4224-9. Les portes et portails en va-et-vient sont transparents ou possèdent des panneaux transparents.

Art. R. 4224-10. Les parties transparentes sont constituées de matériaux de sécurité ou protégées contre l'enfoncement de sorte que les travailleurs ne puissent être blessés en cas de bris de ces surfaces.

Art. R. 4224-11. Les portes et portails coulissants sont munis d'un système de sécurité les empêchant de sortir de leur rail et de tomber.

Les portes et portails s'ouvrant vers le haut sont munis d'un système de sécurité les empêchant de retomber.

Art. R. 4224-12. Les portes et portails sont entretenus et contrôlés régulièrement.

Lorsque leur chute peut présenter un danger pour les travailleurs, notamment en raison de leurs dimensions, de leur poids ou de leur mode de fixation, la périodicité des contrôles et les interventions sont consignées dans le dossier prévu à l'article R. 4224-17.

Art. R. 4224-13. Les portes et portails automatiques fonctionnent sans risque d'accident pour les travailleurs.

Les caractéristiques auxquelles obéissent les installations nouvelles et existantes de portes et portails automatiques ainsi que leurs conditions de maintenance et de vérification sont définies par arrêté conjoint des ministres chargés du travail et de l'agriculture.

Note Voir arrêté du 21 décembre 1993 (JO 13 janv.) relatif aux portes et portails automatiques et semi-automatiques sur les lieux de travail.

SECTION 3. Matériel de premier secours et secouriste

Art. R. 4224-14. Les lieux de travail sont équipés d'un matériel de premiers secours adapté à la nature des risques et facilement accessible.

Note Voir notamment note MCM/TD 0021 du 20 janvier 1997 : « Organisation des soins d'urgence – Délivrance de médicaments dans les situations d'urgence – Responsabilité des médecins du travail et des chefs d'entreprise ».

Art. R. 4224-15. Un membre du personnel reçoit la formation de secouriste nécessaire pour donner les premiers secours en cas d'urgence dans :

1° Chaque atelier où sont accomplis des travaux dangereux ;

2° Chaque chantier employant vingt travailleurs au moins pendant plus de quinze jours où sont réalisés des travaux dangereux.

Les travailleurs ainsi formés ne peuvent remplacer les infirmiers.

Art. R. 4224-16. En l'absence d'infirmiers, ou lorsque leur nombre ne permet pas d'assurer une présence permanente, l'employeur prend, après avis du médecin du travail, les mesures nécessaires pour assurer les premiers secours aux accidentés et aux malades. Ces mesures qui sont prises en liaison notamment avec les services de secours d'urgence extérieurs à l'entreprise sont adaptées à la nature des risques.

Ces mesures sont consignées dans un document tenu à la disposition de l'inspecteur du travail.

Note • Voir note MCM/TD 0021 du 20 janvier 1997 citée sous l'article R. 4224-14.

• Voir arrêté du 5 décembre 2002 (JO 28) relatif à la prise en compte des acquis pour les titulaires du certificat de sauveteur-secouriste du travail et pour les titulaires de l'attestation de formation aux premiers secours.

SECTION 4. Maintenance, entretien et vérifications

Art. R. 4224-17. Les installations et dispositifs techniques et de sécurité des lieux de travail sont entretenus et vérifiés suivant une périodicité appropriée.

Toute défectuosité susceptible d'affecter la santé et la sécurité des travailleurs est éliminée le plus rapidement possible.

La périodicité des contrôles et les interventions sont consignées dans un dossier qui est, le cas échéant, annexé au dossier de maintenance des lieux de travail prévu à l'article R. 4211-3. Ce dossier regroupe notamment la consigne et les documents prévus en matière d'aération, d'assainissement et d'éclairage aux articles R. 4222-21 et R. 4223-11.

Art. R. 4224-17-1. ***(D. 2008-1325 du 15 déc. 2008, JO 17, entrée en vigueur le 18.12.2010)*** Lorsqu'un ou plusieurs ascenseurs sont en service dans les locaux d'un établissement, l'employeur s'assure que le propriétaire prend les mesures nécessaires pour se conformer :

1° Aux dispositions des articles R. 125-2 à R. 125-2-6 du code de la construction et de l'habitation relatives à l'entretien et au contrôle technique ;

2° Aux dispositions des articles R. 125-1-1 à R. 125-1-4 du code de la construction et de l'habitation relatives à la mise en sécurité des ascenseurs.

Le propriétaire met à la disposition de l'employeur les informations nécessaires.

Note Voir note sous article R. 4214-15.

Art. R. 4224-17-2. ***(D. 2008-1325 du 15 déc. 2008, JO 17, entrée en vigueur le 18.12.2010)*** L'employeur informe le propriétaire de tout défaut de fonctionnement d'un ascenseur susceptible d'affecter la sécurité des personnes et prend les mesures nécessaires pour interdire l'utilisation de l'équipement tant qu'il n'a pas été remédié à ce défaut.

Art. R. 4224-18. Les locaux de travail et leurs annexes sont régulièrement entretenus et nettoyés. Ils sont exempts de tout encombrement.

Le médecin du travail et le ***(D. 2017-1819 du 29 déc. 2017, art. 3, 46°, JO 30, entrée en vigueur le 01.01.2018)*** « comité social et économique » émettent un avis sur les mesures à prendre pour satisfaire à ces obligations.

Art. R. 4224-19. Lorsque l'entreprise quitte les locaux, l'employeur restitue le dossier de maintenance des lieux de travail au propriétaire ou le transmet à l'occupant suivant.

SECTION 5. Signalisation et matérialisation relatives à la santé et à la sécurité

Art. R. 4224-20. Lorsqu'il n'est pas possible, compte tenu de la nature du travail, d'éviter des zones de danger comportant notamment des risques de chute de personnes ou des risques de chute d'objets, et même s'il s'agit d'activités ponctuelles d'entretien ou de réparation, ces zones sont signalées de manière visible.

Elles sont également matérialisées par des dispositifs destinés à éviter que les travailleurs non autorisés pénètrent dans ces zones.

Art. R. 4224-21. Lorsque le contenu transporté par les tuyauteries présente un danger, ces tuyauteries font l'objet d'une signalisation permettant de déterminer la nature du contenu transporté.

Art. R. 4224-22. Un marquage est apposé à hauteur de vue sur les portes transparentes.

Art. R. 4224-23. Le matériel de premiers secours fait l'objet d'une signalisation par panneaux.

Art. R. 4224-24. La signalisation relative à la santé et à la sécurité au travail est conforme à des caractéristiques déterminées par arrêté conjoint des ministres chargés du travail et de l'agriculture.

Ces dispositions n'affectent pas l'utilisation de la signalisation relative aux trafics routier, ferroviaire, fluvial, maritime et aérien, pour ce qui concerne ces trafics à l'intérieur de l'établissement.

Note S'agissant de la signalisation de sécurité et de santé au travail, voir arrêté du 4 novembre 1993 (JO 17 déc.) modifié par arrêtés des 8 juillet 2003 (JO 26) et 2 août 2013 (JO 18 janv. 2014).

CHAPITRE V (réglementaire) Aménagement des postes de travail

SECTION 1. Postes de travail extérieurs

Art. R. 4225-1. Les postes de travail extérieurs sont aménagés de telle sorte que les travailleurs :

1° Puissent rapidement quitter leur poste de travail en cas de danger ou puissent rapidement être secourus ;

2° Soient protégés contre la chute d'objets ;

3° Dans la mesure du possible :

a) Soient protégés contre les conditions atmosphériques ;

b) Ne soient pas exposés à des niveaux sonores nocifs ou à des émissions de gaz, vapeurs, aérosols de particules solides ou liquides de substances insalubres, gênantes ou dangereuses ;

c) Ne puissent glisser ou chuter.

SECTION 2. Confort au poste de travail

Sous-section 1. Mise à disposition de boissons

Art. R. 4225-2. L'employeur met à la disposition des travailleurs de l'eau potable et fraîche pour la boisson.

Note Sur la mise à disposition de fontaines d'eau pour les salariés sur leurs lieux de travail, laissée à la libre appréciation de l'employeur dans le cadre de son pouvoir d'organisation des conditions de travail et dans la limite de l'entretien et du bon fonctionnement des appareils de distribution, voir rép. QE 112868, JO AN 6 septembre 2011, p. 9650.

Art. R. 4225-3. Lorsque des conditions particulières de travail conduisent les travailleurs à se désaltérer fréquemment, l'employeur met gratuitement à leur disposition au moins une boisson non alcoolisée.

La liste des postes de travail concernés est établie par l'employeur, après avis du médecin du travail et du ***(D. 2017-1819 du 29 déc. 2017, art. 3, 43°, JO 30, entrée en vigueur le 01.01.2018)*** « comité social et économique ».

Les boissons et les aromatisants mis à disposition sont choisis en tenant compte des souhaits exprimés par les travailleurs et après avis du médecin du travail.

Art. R. 4225-4. L'employeur détermine l'emplacement des postes de distribution des boissons, à proximité des postes de travail et dans un endroit remplissant toutes les conditions d'hygiène.

L'employeur veille à l'entretien et au bon fonctionnement des appareils de distribution, à la bonne conservation des boissons et à éviter toute contamination.

Sous-section 2. Mise à disposition de sièges

Art. R. 4225-5. Un siège approprié est mis à la disposition de chaque travailleur à son poste de travail ou à proximité de celui-ci.

SECTION 3. Travailleurs handicapés

Art. R. 4225-6. Le poste de travail ainsi que les locaux sanitaires et de restauration que les travailleurs handicapés sont susceptibles d'utiliser dans l'établissement sont aménagés de telle sorte que ces travailleurs puissent y accéder aisément.

Leurs postes de travail ainsi que les signaux de sécurité qui les concernent sont aménagés si leur handicap l'exige.

Art. R. 4225-7. Des installations sanitaires appropriées sont mises à la disposition des ***(D. 2009-1272 du 21 oct. 2009, JO 23)*** « travailleurs handicapés ».

Art. R. 4225-8. ***(D. 2009-1272 du 21 oct. 2009, JO 23)*** Le système d'alarme sonore prévu à l'article R. 4227-34 est complété par un ou des systèmes d'alarme adaptés au handicap des personnes concernées employées dans l'entreprise en vue de permettre leur information en tous lieux et en toutes circonstances.

Note Cet article est applicable depuis le 24 avril 2010 (décret 2009-1272 précité, art. 4, II).

CHAPITRE VI (réglementaire) Installations électriques

Note • Ce chapitre a été introduit par le décret 2010-1016 du 30 août 2010, JO 1er sept., entrée en vigueur le 01.07.2011.

• Les installations électriques permanentes existantes à la date d'entrée en vigueur du décret 2010-1016 du 30 août 2010 et conformes aux dispositions du décret 88-1056 du 14 novembre 1988 pris pour l'exécution des dispositions du livre II du code du travail (titre III : Hygiène, sécurité et conditions du travail) en ce qui concerne la protection des travailleurs dans les établissements qui mettent en œuvre des courants électriques sont réputées satisfaire aux prescriptions des articles R. 4226-5 à 13 CT dans leur rédaction résultant du décret 2010-1016 (décret précité, art. 2).

S'agissant des dispositions relatives à l'utilisation des installations électriques des lieux de travail, voir circulaire DGT 2012/12 du 9 octobre 2012 relative à la prévention des risques électriques (II).

SECTION 1. Champ d'application et définitions

Art. R. 4226-1. Les dispositions du présent chapitre fixent les règles relatives à l'utilisation des installations électriques permanentes et temporaires. Elles fixent également les règles relatives à la réalisation, par l'employeur, d'installations électriques temporaires ou d'installations électriques permanentes nouvelles ou relatives aux adjonctions et modifications apportées par celui-ci aux installations électriques existantes.

Art. R. 4226-2. Les installations électriques comprennent l'ensemble des matériels électriques mis en œuvre pour la production, la conversion, la distribution ou l'utilisation de l'énergie électrique.

Art. L. 4221-1

Les installations électriques sont classées, comme suit, en fonction de la plus grande des tensions nominales, existant soit entre deux quelconques de leurs conducteurs, soit entre l'un d'entre eux et la Terre :

1° Domaine très basse tension (par abréviation TBT) : installations dans lesquelles la tension ne dépasse pas 50 volts en courant alternatif ou 120 volts en courant continu lisse ;

2° Domaine basse tension (par abréviation BT) : installations dans lesquelles la tension excède 50 volts sans dépasser 1 000 volts en courant alternatif ou excède 120 volts sans dépasser 1 500 volts en courant continu lisse ;

3° Domaine haute tension A (par abréviation HTA) : installations dans lesquelles la tension excède 1 000 volts sans dépasser 50 000 volts en courant alternatif, ou excède 1 500 volts sans dépasser 75 000 volts en courant continu lisse ;

4° Domaine haute tension B (par abréviation HTB) : installations dans lesquelles la tension excède 50 000 volts en courant alternatif ou excède 75 000 volts en courant continu lisse.

Pour les courants autres que les courants continus lisses, les valeurs de tension figurant aux alinéas qui précèdent correspondent à des valeurs efficaces.

Art. R. 4226-3. Les installations électriques temporaires soumises aux dispositions du présent chapitre comprennent :

1° Les installations telles que celles des structures, baraques, stands situés dans des champs de foire, des marchés, des parcs de loisirs, des cirques et des lieux d'expositions ou de spectacle ;

2° Les installations des chantiers du bâtiment et des travaux publics ;

3° Les installations utilisées pendant les phases de construction ou de réparation, à terre, de navires, de bateaux ou d'aéronefs ;

4° Les installations des chantiers forestiers et des activités agricoles.

Art. R. 4226-4. Les dispositions du présent chapitre ne s'appliquent pas aux distributions d'énergie électrique régies par la loi du 15 juin 1906 sur les distributions d'énergie.

Dans le cas des installations de traction électrique, cette exclusion s'étend aux chantiers d'extension, de transformation et d'entretien de ces installations, aux équipements électriques du matériel roulant ferroviaire ainsi qu'aux installations techniques et de sécurité ferroviaires.

SECTION 2. Dispositions générales

Art. R. 4226-5. L'employeur maintient l'ensemble des installations électriques permanentes en conformité avec les dispositions relatives à la conception des installations électriques applicables à la date de leur mise en service.

Toutefois, une spécification technique nouvelle résultant de l'évolution technique peut être rendue applicable aux installations existantes, par arrêté des ministres chargés du travail et de l'agriculture, si elle permet de prévenir des atteintes graves à la santé et à la sécurité des travailleurs.

Art. R. 4226-6. Les réalisations d'installations électriques permanentes nouvelles ainsi que les adjonctions ou modifications de structure d'installations électriques permanentes existantes et les réalisations des installations électriques temporaires sont exécutées conformément aux dispositions des articles R. 4215-3 à R. 4215-13, R. 4215-16 et R. 4215-17 relatives à la conception des installations électriques.

Les dispositions des articles R. 4215-14 à R. 4215-16 sont applicables aux installations électriques réalisées par ou pour l'employeur.

Le cas échéant, l'employeur complète et met à jour le dossier technique prévu à l'article R. 4215-2.

Art. R. 4226-7. Les installations électriques et les matériels électriques qui les composent font l'objet de mesures de surveillance et donnent lieu en temps utile aux opérations de maintenance.

SECTION 3. Dispositions particulières à certains locaux ou emplacements

Art. R. 4226-8. Pour l'application des articles R. 4226-5 et R. 4226-6 dans les locaux ou emplacements où des atmosphères explosives peuvent se présenter, l'employeur met en œuvre les dispositions de la section 6 du chapitre VII du présent titre relatives à la prévention des explosions.

Dans ces locaux ou emplacements, la maintenance, les mesurages et les essais ne peuvent être entrepris qu'après autorisation écrite du chef d'établissement et selon ses instructions. Si les matériels utilisés pour réaliser ces opérations ne sont pas prévus spécialement pour ce type d'emplacements, ces emplacements sont préalablement rendus non dangereux.

Art. R. 4226-9. Les locaux ou emplacements réservés à la production, la conversion ou la distribution d'électricité sont considérés comme présentant des risques particuliers de choc électrique, quelle que soit la tension, lorsque la protection contre les contacts directs est assurée par obstacle ou par éloignement ou, en basse tension, lorsque la protection contre les contacts directs n'est pas obligatoire.

Ces locaux ou emplacements sont signalés de manière visible et sont matérialisés par des dispositifs destinés à en empêcher l'accès aux personnes non autorisées. Les portes d'accès à ces locaux ou emplacements doivent être fermées et équipées d'un système de fermeture pouvant s'ouvrir librement de l'intérieur.

Les règles d'accès à ces locaux ou emplacements sont précisées à l'article R. 4544-6.

Art. R. 4226-10. Les locaux ou emplacements où la présence de parties actives accessibles dangereuses résulte d'une nécessité technique inhérente aux principes mêmes de fonctionnement des matériels ou installations sont également considérés comme présentant des risques particuliers de choc électrique.

Des arrêtés du ministre chargé du travail ou du ministre chargé de l'agriculture fixent les prescriptions particulières à l'agencement et à l'utilisation de ces locaux ou emplacements ainsi que les mesures applicables à leur utilisation.

Note Voir arrêté du 15 décembre 2011 (JO 29) relatif aux dispositions particulières applicables aux installations de galvanoplastie et d'électrophorèse, aux cellules d'électrolyse et aux fours électriques à arc et arrêté du 16 décembre 2011 (JO 29) relatif aux dispositions particulières applicables à certains laboratoires et plates-formes d'essais.

SECTION 4. Autres dispositions particulières

Art. R. 4226-11. Les installations de soudage électrique présentant, en fonctionnement normal, des risques particuliers de choc électrique sont réalisées et utilisées conformément aux prescriptions de sécurité fixées par arrêté du ministre chargé du travail et du ministre chargé de l'agriculture.

Note Voir arrêté du 19 décembre 2011 (JO 28) relatif aux circuits électriques mis en œuvre dans le soudage électrique à l'arc et par résistance et dans les techniques connexes.

Art. R. 4226-12. Les conditions d'utilisation et de raccordement des appareils électriques amovibles sont fixées par arrêté des ministres chargés du travail et de l'agriculture.

Note Voir arrêté du 20 décembre 2011 (JO 27 janv. 2012).

Art. R. 4226-13. Les conditions d'utilisation et de maintenance de l'éclairage de sécurité sont fixées par arrêté des ministres chargés du travail et de l'agriculture.

SECTION 5. Vérification des installations électriques

Sous-section 1. Vérification des installations électriques permanentes

Art. R. 4226-14. L'employeur fait procéder à la vérification initiale des installations électriques lors de leur mise en service et après qu'elles ont subi une modification de structure, en vue de s'assurer qu'elles sont conformes aux prescriptions de sécurité prévues au présent chapitre.

Note Voir arrêtés du 21 décembre 2011 et du 26 décembre 2011 (JO 29) cités sous articles R. 4226-15 et R. 4226-18.

Art. R. 4226-15. La vérification initiale est réalisée par un organisme accrédité à cet effet.

Note Voir arrêté du 21 décembre 2011 (JO 29), modifié par arrêté du 30 avril 2012 (JO 10 mai), relatif aux modalités d'accréditation des organismes chargés des vérifications initiales des installations électriques et sur demande de l'inspection du travail.

Art. R. 4226-16. L'employeur procède ou fait procéder, périodiquement, à la vérification des installations électriques afin de s'assurer qu'elles sont maintenues en conformité avec les règles de santé et de sécurité qui leur sont applicables.

Art. R. 4226-17. Les vérifications périodiques sont réalisées soit par un organisme accrédité, soit par une personne qualifiée appartenant à l'entreprise et dont la compétence est appréciée par l'employeur au regard de critères énoncés dans un arrêté du ministre chargé du travail et du ministre chargé de l'agriculture.

Note Voir arrêté du 22 décembre 2011 (JO 27 janv. 2012), modifié par arrêté du 30 avril 2012 (JO 10 mai), relatif aux critères de compétence des personnes chargées d'effectuer les vérifications périodiques des installations électriques et de mettre en œuvre les processus de vérification des installations électriques temporaires.

Art. R. 4226-18. Les modalités et, le cas échéant, la périodicité des vérifications prévues aux articles R. 4226-14, R. 4226-16, R. 4226-21 ainsi que le contenu des rapports de vérification correspondants sont fixés par arrêté des ministres chargés du travail et de l'agriculture.

Art. L. 4221-1

Note Voir arrêté du 26 décembre 2011 (JO 29), complété par arrêté du 30 avril 2012 (JO 10 mai), relatif aux vérifications ou processus de vérification des installations électriques ainsi qu'au contenu des rapports correspondants.

Art. R. 4226-19. Les résultats des vérifications prévues aux articles R. 4226-14 et R. 4226-16 ainsi que les justifications des travaux et modifications effectués pour porter remède aux défectuosités constatées sont consignés sur un registre.

Lorsque les vérifications sont effectuées par un organisme accrédité, les rapports établis à la suite de ces vérifications sont annexés à ce registre.

Art. R. 4226-20. Le registre prévu à l'article R. 4223-19 et les rapports de vérification peuvent être tenus et conservés dans les conditions prévues à l'article L. 8113-6.

Sous-section 2. Vérification des installations électriques temporaires

Art. R. 4226-21. Les dispositions des articles R. 4222-18 à R. 4222-20 sont applicables aux installations électriques temporaires.

Pour ces installations, l'employeur applique un processus de vérification spécifique afin de s'assurer qu'elles sont réalisées en conformité avec les règles de santé et de sécurité qui leur sont applicables et qu'elles demeurent conformes à ces règles nonobstant les modifications dont elles font l'objet.

Un arrêté des ministres chargés du travail et de l'agriculture détermine, selon la catégorie et le classement des installations, les cas où il est fait appel, pour effectuer cette vérification, à un organisme accrédité ou à une personne qualifiée au sens de l'article R. 4226-17.

Note Voir arrêté du 22 décembre 2011 (JO 27 janv. 2012) précité sous l'article R. 4226-17 et arrêté du 26 décembre 2011 (JO 29) précité sous l'article R. 4226-18.

CHAPITRE VII (réglementaire) Risques d'incendies et d'explosions et évacuation

SECTION 1. Champ d'application

Art. R. 4227-1. Les dispositions du présent chapitre ne font pas obstacle aux dispositions plus contraignantes prévues pour les établissements recevant du public, au sens de l'article R. 123-2 du code de la construction et de l'habitation ou pour les bâtiments d'habitation.

Elles ne s'appliquent pas aux immeubles de grande hauteur, au sens de l'article R. 122-2 du code de la construction et de l'habitation, pour lesquels des dispositions spécifiques sont applicables.

Art. R. 4227-2. L'application des dispositions relatives à la prévention des incendies et à l'évacuation, prévues pour les nouvelles constructions ou les nouveaux aménagements au chapitre VI du titre premier, dispense de l'application des mesures équivalentes du présent chapitre.

Art. R. 4227-3. L'effectif théorique des personnes susceptibles d'être présentes à prendre en compte pour l'application du présent chapitre comprend l'effectif des travailleurs, majoré, le cas échéant, de l'effectif du public susceptible d'être admis et calculé suivant les règles relatives à la protection du public contre les risques d'incendie et de panique pour les établissements recevant du public.

SECTION 2. Dégagements

Art. R. 4227-4. Les établissements comportent des dégagements tels que portes, couloirs, circulations, escaliers, rampes, répartis de manière à permettre une évacuation rapide de tous les occupants dans des conditions de sécurité maximale.

Ces dégagements sont toujours libres. Aucun objet, marchandise ou matériel ne doit faire obstacle à la circulation des personnes ou réduire la largeur des dégagements au-dessous des minima fixés à l'article R. 4227-5.

Ces dégagements sont disposés de manière à éviter les culs-de-sac.

Art. R. 4227-5. Les locaux auxquels les travailleurs ont normalement accès sont desservis par des dégagements dont le nombre et la largeur exigibles s'établissent comme suit :

EFFECTIF	NOMBRE de dégagements	LARGEUR totale cumulée
Moins de 20 personnes	1	0,80 m
De 20 à 100 personnes	1	1,50 m

EFFECTIF	NOMBRE de dégagements	LARGEUR totale cumulée
De 101 à 300 personnes	2	2 m
De 301 à 500 personnes	2	2,5 m
Au-delà des cinq cents premières personnes: – le nombre minimum des dégagements doit être augmenté d'une unité par cinq cents personnes ou fraction de cinq cents personnes; – la largeur totale des dégagements doit être augmentée de 0,50 mètre par cent personnes ou fraction de cent personnes. La largeur de tout dégagement faisant partie des dégagements réglementaires ne doit jamais être inférieure à 0,80 mètre.		

Art. R. 4227-6. Les portes obéissent aux caractéristiques suivantes:

1° Les portes susceptibles d'être utilisées pour l'évacuation de plus de cinquante personnes s'ouvrent dans le sens de la sortie;

2° Les portes faisant partie des dégagements réglementaires s'ouvrent par une manœuvre simple;

3° Toute porte verrouillée est manœuvrable de l'intérieur dans les mêmes conditions qu'au 2° et sans clé.

Art. R. 4227-7. Les portes coulissantes, à tambour ou s'ouvrant vers le haut ne peuvent constituer des portes de secours. Elles ne sont pas considérées comme des dégagements réglementaires.

Toutefois les portes coulissantes motorisées qui, en cas de défaillance du dispositif de commande ou du dispositif d'alimentation, libèrent la largeur totale de la baie par effacement latéral ou par débattement sur l'extérieur par simple poussée peuvent constituer des dégagements réglementaires.

Art. R. 4227-8. L'existence d'ascenseurs, monte-charge, chemins ou tapis roulants ne peut justifier une diminution du nombre et de la largeur des dégagements.

Art. R. 4227-9. Les escaliers se prolongent jusqu'au niveau d'évacuation sur l'extérieur.

Les parois et les marches ne comportent pas de matériaux de revêtement classés, selon leur réaction au feu, dans une catégorie de rang inférieur à celle précisée par arrêté conjoint des ministres chargés du travail et de l'agriculture.

Note Voir arrêté du 31 mai 1994 (JO 3 juin).

Art. R. 4227-10. Les escaliers sont munis de rampe ou de main-courante.

Ceux d'une largeur au moins égale à 1,5 mètre en sont munis de chaque côté.

Art. R. 4227-11. Les escaliers desservant les étages sont dissociés, au niveau de l'évacuation sur l'extérieur, de ceux desservant les sous-sols.

Art. R. 4227-12. Les largeurs minimales fixées à l'article R. 4227-5 sont augmentées de la moitié pour les escaliers desservant les sous-sols.

Art. R. 4227-13. Une signalisation indique le chemin vers la sortie la plus proche ***(D. 2011-1461 du 7 nov. 2011, JO 9)*** « ainsi que le chemin vers l'espace d'attente sécurisé ou l'espace équivalent le plus proche. Une autre signalisation identifie ces espaces. »

Les dégagements qui ne servent pas habituellement de passage pendant la période de travail sont signalés par la mention sortie de secours.

Note • Sur l'entrée en vigueur du décret 2011-1461 du 7 novembre 2011, voir note sous article R. 4211-3.

• Voir arrêté du 4 novembre 1993 (JO 17 déc.), modifié par arrêtés des 8 juillet 2003 (JO 26) et 2 août 2013 (JO 18 janv. 2014), relatif à la signalisation de sécurité et de santé au travail et arrêté du 26 février 2003 (JO 18 mars) relatif aux circuits et installations de sécurité. Voir aussi circulaire DRT 2003-07 du 2 avril 2003 concernant l'application de ce dernier arrêté (BO TR 2003/9, p. 33).

Art. R. 4227-14. Les établissements disposent d'un éclairage de sécurité permettant d'assurer l'évacuation des personnes en cas d'interruption accidentelle de l'éclairage normal.

(D. 2010-1018 du 30 août 2010, JO 1er sept., entrée en vigueur le 01.07.2011) « La conception, la mise en œuvre et les conditions d'exploitation et de maintenance de cet éclairage ainsi que les locaux qui peuvent en être dispensés en raison de leur faible superficie ou de leur faible fréquentation sont définis par un arrêté des ministres chargés du travail et de l'agriculture. »

Note Voir arrêté du 14 décembre 2011 (JO 30) relatif aux installations d'éclairage de sécurité.

SECTION 3. Chauffage des locaux

Art. R. 4227-15. Les dispositions de la présente section s'appliquent sans préjudice de l'application des réglementations relatives:

1° Aux installations fixes destinées au chauffage et à l'alimentation en eau chaude;

2° Aux installations de gaz combustibles et d'hydrocarbures liquéfiés;

3° Au stockage et à l'utilisation des produits pétroliers.

Art. R. 4227-16. Il est interdit d'employer pour le chauffage des combustibles liquides dont le point éclair est inférieur à 55° C.

Art. R. 4227-17. Il est interdit de remplir les réservoirs des appareils de chauffage au cours du fonctionnement de l'appareil ou dans une pièce comportant des flammes, des éléments incandescents ou des surfaces portées à plus de 100° C.

Art. R. 4227-18. Les appareils de production-émission de chaleur, ainsi que leurs tuyaux et cheminées, sont installés de façon à ne pouvoir communiquer le feu aux matériaux de construction, aux matières et objets susceptibles d'être placés à proximité et aux vêtements des travailleurs.

Art. R. 4227-19. Les canalisations amenant les liquides ou gaz combustibles aux appareils fixes de production-émission de chaleur sont entièrement métalliques et assemblées par soudure.

L'emploi des conduites en plomb est interdit.

Art. R. 4227-20. Les circuits alimentant les installations comportent un dispositif d'arrêt d'urgence de l'alimentation en énergie de l'ensemble des appareils.

Le dispositif d'arrêt est manœuvrable à partir d'un endroit accessible en permanence et signalé.

SECTION 4. Emploi et stockage de matières explosives et inflammables

Art. R. 4227-22. Les locaux ou les emplacements dans lesquels sont entreposées ou manipulées des substances ou préparations classées explosives, comburantes ou extrêmement inflammables, ainsi que des matières dans un état physique susceptible d'engendrer des risques d'explosion ou d'inflammation instantanée, ne contiennent aucune source d'ignition telle que foyer, flamme, appareil pouvant donner lieu à production extérieure d'étincelles ni aucune surface susceptible de provoquer par sa température une auto-inflammation des substances, préparations ou matières précitées.

Ces locaux disposent d'une ventilation permanente appropriée.

Art. R. 4227-23. Outre l'interdiction de fumer dans les lieux collectifs, prévue à l'article L. 3511-7 du code de la santé publique, il est interdit de fumer dans les emplacements situés à l'air libre mentionnés à l'article R. 4227-22.

Cette interdiction fait l'objet d'une signalisation conforme à la réglementation en vigueur.

Art. R. 4227-24. Les locaux mentionnés à l'article R. 4227-22 ainsi que ceux dans lesquels sont entreposées ou manipulées des substances ou préparations classées facilement inflammables ou des matières dans un état physique tel qu'elles sont susceptibles de prendre feu instantanément au contact d'une flamme ou d'une étincelle et de propager rapidement l'incendie, sont utilisés de telle sorte que:

1° Aucun poste habituel de travail ne se trouve à plus de 10 mètres d'une issue donnant sur l'extérieur ou sur un local donnant lui-même sur l'extérieur;

2° Les portes de ces locaux s'ouvrent vers l'extérieur;

3° Si les fenêtres de ces locaux sont munies de grilles ou grillages, ceux-ci s'ouvrent très facilement de l'intérieur.

Art. R. 4227-25. Il est interdit de déposer et de laisser séjourner les substances, préparations ou matières mentionnées aux articles R. 4227-22 et R. 4227-24 dans les escaliers, passages et couloirs, sous les escaliers ainsi qu'à proximité des issues des locaux et bâtiments.

Art. R. 4227-26. Les chiffons, cotons et papiers imprégnés de liquides inflammables ou de matières grasses sont, après usage, enfermés dans des récipients métalliques clos et étanches.

Art. R. 4227-27. Un arrêté des ministres chargés du travail et de l'agriculture détermine les dispositions spécifiques relatives aux installations industrielles utilisant le gaz combustible et les hydrocarbures liquéfiés.

SECTION 5. Moyens de prévention et de lutte contre l'incendie

Sous-section 1. Moyens d'extinction

Art. R. 4227-28. L'employeur prend les mesures nécessaires pour que tout commencement d'incendie puisse être rapidement et efficacement combattu dans l'intérêt du sauvetage des travailleurs.

Art. R. 4227-29. Le premier secours contre l'incendie est assuré par des extincteurs en nombre suffisant et maintenus en bon état de fonctionnement.

Il existe au moins un extincteur portatif à eau pulvérisée d'une capacité minimale de 6 litres pour 200 mètres carrés de plancher.

Il existe au moins un appareil par niveau.

Lorsque les locaux présentent des risques d'incendie particuliers, notamment des risques électriques, ils sont dotés d'extincteurs dont le nombre et le type sont appropriés aux risques.

Art. R. 4227-30. Si nécessaire, l'établissement est équipé de robinets d'incendie armés, de colonnes sèches, de colonnes humides, d'installations fixes d'extinction automatique d'incendie ou d'installations de détection automatique d'incendie.

Art. R. 4227-31. Les dispositifs d'extinction non automatiques sont d'accès et de manipulation faciles.

Art. R. 4227-32. Quand la nécessité l'impose, une quantité de sable ou de terre meuble proportionnée à l'importance de l'établissement, à la disposition des locaux et à la nature des travaux exécutés est conservée à proximité des emplacements de travail, avec un moyen de projection, pour servir à éteindre un commencement d'incendie.

Art. R. 4227-33. Les installations d'extinction font l'objet d'une signalisation durable aux endroits appropriés.

Sous-section 2. Systèmes d'alarme

Art. R. 4227-34. Les établissements dans lesquels peuvent se trouver occupées ou réunies habituellement plus de cinquante personnes, ainsi que ceux, quelle que soit leur importance, où sont manipulées et mises en œuvre des matières inflammables mentionnées à l'article R. 4227-22 sont équipés d'un système d'alarme sonore.

Art. R. 4227-35. L'alarme sonore générale est donnée par bâtiment si l'établissement comporte plusieurs bâtiments isolés entre eux.

Art. R. 4227-36. Le signal sonore d'alarme générale est tel qu'il ne permet pas la confusion avec d'autres signalisations utilisées dans l'établissement. Il est audible de tout point du bâtiment pendant le temps nécessaire à l'évacuation, avec une autonomie minimale de cinq minutes.

Sous-section 3. Consigne de sécurité incendie

Art. R. 4227-37. Dans les établissements mentionnés à l'article R. 4227-34, une consigne de sécurité incendie est établie et affichée de manière très apparente:

1° Dans chaque local pour les locaux dont l'effectif est supérieur à cinq personnes et pour les locaux mentionnés à l'article R. 4227-24;

2° Dans chaque local ou dans chaque dégagement desservant un groupe de locaux dans les autres cas.

(D. 2011-1461 du 7 nov. 2011, JO 9) « Dans les autres établissements, des instructions sont établies, permettant d'assurer l'évacuation des personnes présentes dans les locaux dans les conditions prévues au 1° de l'article R. 4216-2. »

Note Sur l'entrée en vigueur du décret 2011-1461 du 7 novembre 2011, voir note sous article R. 4211-3.

Art. R. 4227-38. La consigne de sécurité incendie indique:

1° Le matériel d'extinction et de secours qui se trouve dans le local ou à ses abords;

2° Les personnes chargées de mettre ce matériel en action;

3° Pour chaque local, les personnes chargées de diriger l'évacuation des travailleurs et éventuellement du public;

(D. 2011-1461 du 7 nov. 2011, JO 9) « 4° Les mesures spécifiques liées à la présence de personnes handicapées, et notamment le nombre et la localisation des espaces d'attentes sécurisés ou des espaces équivalents; »

5° Les moyens d'alerte;

6° Les personnes chargées d'aviser les sapeurs-pompiers dès le début d'un incendie;

7° L'adresse et le numéro d'appel téléphonique du service de secours de premier appel, en caractères apparents;

8° Le devoir, pour toute personne apercevant un début d'incendie, de donner l'alarme et de mettre en œuvre les moyens de premier secours, sans attendre l'arrivée des travailleurs spécialement désignés.

Note Sur l'entrée en vigueur du décret 2011-1461 du 7 novembre 2011, voir note sous article R. 4211-3.

Art. R. 4227-39. La consigne de sécurité incendie prévoit des essais et visites périodiques du matériel et des exercices au cours desquels les travailleurs apprennent à reconnaître les caractéristiques du signal sonore d'alarme générale, ***(D. 2011-1461 du 7 nov. 2011, JO 9)*** « à localiser et à utiliser les espaces d'attente sécurisés ou les espaces équivalents,» à se servir des moyens de premier secours et à exécuter les diverses manœuvres nécessaires.

Ces exercices et essais périodiques ont lieu au moins tous les six mois. Leur date et les observations auxquelles ils peuvent avoir donné lieu sont consignées sur un registre tenu à la disposition de l'inspection du travail.

Note Sur l'entrée en vigueur du décret 2011-1461 du 7 novembre 2011, voir note sous article R. 4211-3.

Art. R. 4227-40. La consigne de sécurité incendie est communiquée à l'inspection du travail.

Art. R. 4227-41. Des arrêtés conjoints des ministres chargés du travail et de l'agriculture peuvent préciser certaines dispositions relatives aux moyens de prévention et de lutte contre l'incendie et rendre obligatoires certaines normes concernant ce matériel.

Note Sur les systèmes d'alarme sonore, voir arrêté du 4 novembre 1993 (art. 14, JO 17 déc.).

SECTION 6. Prévention des explosions

Note Les dispositions du décret 2002-1553 du 24 décembre 2002 introduisant les articles R. 232-12-23 à 12-29 devenus R. 4227-42 à 54 sont entrées en vigueur le 1er juillet 2003. Toutefois, elles n'ont été applicables au plus tard qu'au 1er juillet 2006 aux lieux de travail comprenant des emplacements où des atmosphères explosives pouvaient se présenter et qui étaient déjà utilisés avant le 30 juin 2003, les chefs d'établissement devant néanmoins satisfaire aux prescriptions de l'article R. 232-12-26 (ancien) CT avant le 1er juillet 2003.

Art. R. 4227-42. Les dispositions de la présente section ne s'appliquent pas aux lieux ou activités suivants:

1° Zones servant directement au traitement médical de patients et pendant celui-ci;

2° Utilisation des appareils à gaz;

3° Fabrication, maniement, utilisation, stockage et transport d'explosifs et de substances chimiques instables.

Art. R. 4227-43. Est une atmosphère explosive, au sens de la présente section, un mélange avec l'air, dans les conditions atmosphériques, de substances inflammables sous forme de gaz, vapeurs, brouillards ou poussières, dans lequel, après inflammation, la combustion se propage à l'ensemble du mélange non brûlé.

Art. R. 4227-44. Afin d'assurer la prévention des explosions et la protection contre celles-ci, l'employeur prend les mesures techniques et organisationnelles appropriées au type d'exploitation sur la base des principes de prévention et dans l'ordre de priorité suivant:

1° Empêcher la formation d'atmosphères explosives;

2° Si la nature de l'activité ne permet pas d'empêcher la formation d'atmosphères explosives, éviter leur inflammation;

3° Atténuer les effets nuisibles d'une explosion pour la santé et la sécurité des travailleurs.

Art. R. 4227-45. Les mesures prises par l'employeur sont, au besoin, combinées et complétées avec des mesures destinées à prévenir la propagation des explosions.

Elles font l'objet d'un réexamen périodique et chaque fois que se produisent des changements importants dans les conditions d'exécution du travail.

Art. R. 4227-46. L'employeur évalue les risques créés ou susceptibles d'être créés par des atmosphères explosives en tenant compte au moins:

1° De la probabilité que des atmosphères explosives puissent se présenter et persister;

2° De la probabilité que des sources d'inflammation, y compris des décharges électrostatiques, puissent se présenter et devenir actives et effectives;

3° Des installations, des substances et préparations utilisées, des procédés et de leurs interactions éventuelles;

4° De l'étendue des conséquences prévisibles d'une explosion.

Art. R. 4227-47. L'évaluation des risques d'explosion est globale et, le cas échéant, combinée avec les résultats de l'évaluation des autres risques, identifiés dans chaque unité de travail de l'entreprise ou de l'établissement.

Art. R. 4227-48. Pour l'évaluation des risques d'explosion, il est tenu compte des emplacements qui sont ou peuvent être reliés par des ouvertures aux emplacements où des atmosphères explosives peuvent se présenter.

Art. R. 4227-49. Lorsque des atmosphères explosives peuvent se former en quantités susceptibles de présenter un risque pour la santé et la sécurité des travailleurs ou d'autres personnes, l'employeur prend les mesures nécessaires pour que:

1° Le milieu de travail permette un travail en toute sécurité;

2° Une surveillance adéquate soit assurée et des moyens techniques appropriés utilisés;

3° Une formation des travailleurs en matière de protection contre les explosions soit délivrée;

4° Les travailleurs soient équipés, en tant que de besoin, de vêtements de travail adaptés contre les risques d'inflammation.

Note Sur les éventuelles conséquences financières pour les entreprises de ces dispositions, voir QE 18949, JO AN 13 juillet 2004, p. 5371.

Art. R. 4227-50. L'employeur subdivise en zones les emplacements dans lesquels des atmosphères explosives peuvent se présenter et veille à ce que les prescriptions minimales visant à assurer la protection des travailleurs soient appliquées dans ces emplacements.

Des arrêtés conjoints des ministres chargés du travail et de l'agriculture déterminent les règles de classification des emplacements et les prescriptions minimales mentionnées au premier alinéa.

Note Voir arrêté du 8 juillet 2003 (JO 26) relatif à la protection des travailleurs susceptibles d'être exposés à une atmosphère explosive.

Art. R. 4227-51. Les accès des emplacements dans lesquels des atmosphères explosives peuvent se présenter en quantités susceptibles de présenter un risque pour la santé et la sécurité des travailleurs sont signalés conformément aux dispositions de l'arrêté relatif à la signalisation de santé et de sécurité au travail prévu par l'article R. 4224-24.

Art. R. 4227-52. L'employeur établit et met à jour un document relatif à la protection contre les explosions, intégré au document unique d'évaluation des risques.

Ce document comporte les informations relatives au respect des obligations définies aux articles R. 4227-44 à R. 4227-48, notamment:

1° La détermination et l'évaluation des risques d'explosion;

2° La nature des mesures prises pour assurer le respect des objectifs définis à la présente section;

3° La classification en zones des emplacements dans lesquels des atmosphères explosives peuvent se présenter;

4° Les emplacements auxquels s'appliquent les prescriptions minimales prévues par l'article R. 4227-50;

5° Les modalités et les règles selon lesquelles les lieux et les équipements de travail, y compris les dispositifs d'alarme, sont conçus, utilisés et entretenus pour assurer la sécurité;

6° Le cas échéant, la liste des travaux devant être accomplis selon les instructions écrites de l'employeur ou dont l'exécution est subordonnée à la délivrance d'une autorisation par l'employeur ou par une personne habilitée par celui-ci à cet effet;

7° La nature des dispositions prises pour que l'utilisation des équipements de travail soit sûre, conformément aux dispositions prévues au livre III.

Art. R. 4227-53. Lorsque des travailleurs de plusieurs entreprises sont présents sur un même lieu de travail, le chef de l'entreprise utilisatrice précise dans le document relatif à la protection contre les explosions le but, les mesures et les modalités de mise en œuvre de la coordination générale des mesures de prévention qui lui incombe en application des dispositions des articles R. 4511-5 à R. 4511-8.

Art. R. 4227-54. Le document relatif à la protection contre les explosions est élaboré avant le commencement du travail et est révisé lorsque des modifications, des extensions ou des transformations notables sont apportées notamment aux lieux, aux équipements de travail ou à l'organisation du travail.

SECTION 7. Dispenses partielles accordées par l'autorité administrative

Art. R. 4227-55. Le ***(D. 2020-1545 du 9 déc. 2020, JO 10, entrée en vigueur le 01.04.2021)*** «directeur régional de l'économie, de l'emploi, du travail et des solidarités» peut accorder une dispense temporaire ou permanente d'une partie des prescriptions prévues par le présent chapitre à un établissement, sur proposition de mesures compensatoires assurant un niveau de sécurité jugé équivalent, lorsqu'il est reconnu qu'il est pratiquement impossible d'appliquer l'une de ces prescriptions.

Art. R. 4227-56. La dispense est accordée après enquête de l'inspection du travail.

Elle est accordée après avis:

1° Du ***(D. 2017-1819 du 29 déc. 2017, art. 3, 43°, JO 30, entrée en vigueur le 01.01.2018)*** «comité social et économique»;

2° De la commission consultative départementale de sécurité et d'accessibilité pour les établissements recevant du public.

Art. R. 4227-57. Le silence gardé pendant plus de quatre mois par le ministre compétent saisi d'un recours hiérarchique contre une décision du ***(D. 2020-1545 du 9 déc. 2020, JO 10, entrée en vigueur le 01.04.2021)*** «directeur régional de l'économie, de l'emploi, du travail et des solidarités» vaut décision de rejet.

CHAPITRE VIII Installations sanitaires, restauration et hébergement

Art. L. 4228-1. ***(L. 2019-486 du 22 mai 2019, art. 11, VI, 8°, JO 23, entrée en vigueur le 01.01.2020)*** Par dérogation aux articles L. 1111-2 et L. 1111-3, pour l'application du chapitre VIII du titre II du livre II de la quatrième partie de la partie réglementaire, un décret en Conseil d'État fixe les conditions dans lesquelles l'effectif salarié et les règles de franchissement des seuils d'effectif sont déterminés.

SECTION 1 (réglementaire). Installations sanitaires

Sous-section 1. Dispositions générales

Art. R. 4228-1. L'employeur met à la disposition des travailleurs les moyens d'assurer leur propreté individuelle, notamment des vestiaires, des lavabos, des cabinets d'aisance et, le cas échéant, des douches.

Sous-section 2. Vestiaires collectifs

Art. R. 4228-2. Les vestiaires collectifs et les lavabos sont installés dans un local spécial de surface convenable, isolé des locaux de travail et de stockage et placé à proximité du passage des travailleurs.

Lorsque les vestiaires et les lavabos sont installés dans des locaux séparés, la communication entre ceux-ci doit pouvoir s'effectuer sans traverser les locaux de travail ou de stockage et sans passer par l'extérieur.

(D. 2016-1331 du 6 oct. 2016, JO 8, entrée en vigueur le 01.01.2017) « Pour les travailleurs qui ne sont pas obligés de porter des vêtements de travail spécifiques ou des équipements de protection individuelle, l'employeur peut mettre à leur disposition, en lieu et place de vestiaires collectifs, un meuble de rangement sécurisé, dédié à leurs effets personnels, placé à proximité de leur poste de travail. »

Art. R. 4228-3. Le sol et les parois des locaux affectés aux vestiaires collectifs et lavabos sont tels qu'ils permettent un nettoyage efficace.

Ces locaux sont tenus en état constant de propreté.

Art. R. 4228-4. Les locaux affectés aux vestiaires collectifs et lavabos sont aérés conformément aux règles d'aération et d'assainissement du chapitre II et convenablement chauffés.

Art. R. 4228-5. Dans les établissements employant un personnel mixte, des installations séparées sont prévues pour les travailleurs masculins et féminins.

Art. R. 4228-6. Les vestiaires collectifs sont pourvus d'un nombre suffisant de sièges et d'armoires individuelles ininflammables.

Ces armoires permettent de suspendre deux vêtements de ville.

Lorsque les vêtements de travail sont susceptibles d'être souillés de matières dangereuses, salissantes ou malodorantes, les armoires comprennent un compartiment réservé à ces vêtements.

Les armoires individuelles sont munies d'une serrure ou d'un cadenas.

Sous-section 3. Lavabos et douches

Art. R. 4228-7. Les lavabos sont à eau potable.

L'eau est à température réglable et est distribuée à raison d'un lavabo pour dix travailleurs au plus.

Des moyens de nettoyage et de séchage ou d'essuyage appropriés sont mis à la disposition des travailleurs. Ils sont entretenus ou changés chaque fois que cela est nécessaire.

Art. R. 4228-8. Dans les établissements où sont réalisés certains travaux insalubres et salissants, des douches sont mises à la disposition des travailleurs.

La liste de ces travaux ainsi que les conditions de mises à disposition des douches sont fixées par arrêté des ministres chargés du travail ou de l'agriculture et, en tant que de besoin, par le ministre chargé de la santé.

Note
- Voir arrêté du 23 juillet 1947 modifié (*Textes non codifiés*).
- Voir note sous article L. 3121-1 et R. 3121-1.

Art. R. 4228-9. Le sol et les parois du local affecté aux douches sont tels qu'ils permettent un nettoyage efficace.

Le local est tenu en état constant de propreté.

La température de l'eau des douches est réglable.

Sous-section 4. **Cabinets d'aisance**

Art. R. 4228-10. Il existe au moins un cabinet d'aisance et un urinoir pour vingt hommes et deux cabinets pour vingt femmes. L'effectif pris en compte est le nombre maximal de travailleurs présents simultanément dans l'établissement. Un cabinet au moins comporte un poste d'eau.

Dans les établissements employant un personnel mixte, les cabinets d'aisance sont séparés pour le personnel féminin et masculin. Les cabinets d'aisance réservés aux femmes comportent un récipient pour garnitures périodiques.

Note Les dispositions des articles R. 232-2 et R. 232-2-5 (anciens) n'interdisent pas que les cabinets d'aisances et les urinoirs – qui doivent être mis, par les employeurs, à la disposition des travailleurs – soient les mêmes que ceux utilisés par la clientèle (TA Versailles 30 novembre 1993, RJS 3/94 n° 260).

Art. R. 4228-11. Les cabinets d'aisance ne peuvent communiquer directement avec les locaux fermés dans lesquels les travailleurs sont appelés à séjourner.

Ils sont aménagés de manière à ne dégager aucune odeur.

Ils sont équipés de chasse d'eau et pourvus de papier hygiénique.

Art. R. 4228-12. Les cabinets d'aisance sont aérés conformément aux règles d'aération et d'assainissement du chapitre II et convenablement chauffés.

Art. R. 4228-13. Le sol et les parois des cabinets d'aisance sont en matériaux imperméables permettant un nettoyage efficace.

L'employeur fait procéder au nettoyage et à la désinfection des cabinets d'aisance et des urinoirs au moins une fois par jour.

Art. R. 4228-14. Les portes des cabinets d'aisance sont pleines et munies d'un dispositif de fermeture intérieure décondamnable de l'extérieur.

Art. R. 4228-15. Les effluents des cabinets d'aisance sont évacués conformément aux règlements sanitaires.

Sous-section 5. **Dispenses accordées par l'inspecteur du travail**

Art. R. 4228-16. Lorsque l'aménagement des vestiaires collectifs, lavabos et douches ne peut, pour des raisons tenant à la disposition des locaux de travail, être réalisé dans les conditions prévues par la présente section ou, pour les travailleurs handicapés, conformément à l'article R. 4225-7, l'employeur peut demander à l'inspecteur du travail de le dispenser de certaines de ces obligations.

Art. R. 4228-17. La dispense accordée par l'inspecteur du travail est subordonnée à la prise des mesures nécessaires pour assurer aux travailleurs des conditions d'hygiène correspondant dans toute la mesure du possible aux obligations mentionnées à l'article R. 4228-16.

Art. R. 4228-18. L'inspecteur du travail prend sa décision après avis du médecin du travail et du ***(D. 2017-1819 du 29 déc. 2017, art. 3, 43°, JO 30, entrée en vigueur le 01.01.2018)*** « comité social et économique ».

SECTION 2 (réglementaire). **Restauration et repos**

Art. R. 4228-19. Il est interdit de laisser les travailleurs prendre leur repas dans les locaux affectés au travail.

Art. R. 4228-20. Aucune boisson alcoolisée autre que le vin, la bière, le cidre et le poiré n'est autorisée sur le lieu de travail.

(D. 2014-754 du 1er juil. 2014, JO 3) « Lorsque la consommation de boissons alcoolisées, dans les conditions fixées au premier alinéa, est susceptible de porter atteinte à la sécurité et la santé physique et mentale des travailleurs, l'employeur, en application de l'article L. 4121-1 du code du travail, prévoit dans le règlement intérieur ou, à défaut, par note de service les mesures permettant de protéger la santé et la sécurité des travailleurs et de prévenir tout risque d'accident. Ces mesures, qui peuvent notamment prendre la forme d'une limitation voire d'une interdiction de cette consommation, doivent être proportionnées au but recherché. »

Note • Si l'employeur, à qui il appartient de prendre toutes les mesures nécessaires pour assurer, conformément à l'article L. 4121-1 CT, la santé des travailleurs de l'établissement, peut, lorsque des impératifs de sécurité le justifient, insérer dans le règlement intérieur des dispositions qui limitent la consommation de boissons alcoolisées de manière plus stricte que l'interdiction posée par l'article R. 4228-20 CT, de telles dispositions doivent, conformément à l'article L. 1321-3 de ce code, rester proportionnées au but de sécurité recherché (CE 12 novembre 2012, n° 349365, JCP éd. S 2013, 1099, note Ph. Rozec et V. Manigot; RDT, juin 2013, CH, 413, N. Olszak); voir aussi JCP éd. S

2013, 1055, «Clause du règlement intérieur sur la consommation d'alcool», E. Petkova. Ce principe posé par le Conseil d'État a été transposé dans le code du travail par l'ajout de l'alinéa 2 par le décret 2014-754 du 1er juillet 2014. Il reste, à l'inspecteur du travail et, éventuellement, au juge administratif, d'apprécier si les restrictions apportées par le règlement intérieur à la consommation d'alcool dans l'entreprise sont justifiées et proportionnées.

Voir aussi circulaire ministérielle DRT 5-83 du 15 mars 1983, non publiée au JO, énonçant que toute disposition du règlement intérieur qui prescrirait, de manière générale, le recours à l'alcootest ne serait pas conforme aux prescriptions légales.

• En tout état de cause (art. L. 3322-8 c. santé publ.), les distributeurs automatiques de boissons ne peuvent débiter que des boissons sans alcool.

• En ce qui concerne la lutte et la prévention de l'alcoolisme en milieu de travail, voir rép. QE 51807 et 56650, JO AN 19 novembre 1984, pp. 5052 et 5057; rép. QE 1177, JO AN 10 novembre 1997, p. 3964. Sur les conduites «addictives», liées à l'usage de la drogue, à la consommation d'alcool, et à leurs conséquences, en milieu de travail, voir rép. QE 44411, JO AN 13 décembre 2005, p. 11558. Voir aussi R. Rezenthel, «L'alcoolisme sur le lieu de travail», Gaz. Pal. 18-19 septembre 1998, doctr. p. 2; Avis 114 du comité consultatif national d'éthique (CCNE) du 19 mai 2011, «Usage de l'alcool, des drogues et toxicomanie en milieu de travail. Enjeux éthiques liés à leurs risques et à leur détection»; Plan gouvernemental de lutte contre la drogue et les conduites addictives 2013-2017; voir aussi rapport IGAS 2013-069R, juin 2013, «Interactions entre santé et travail», 2.4 Addictions et santé au travail; «Pratiques addictives au travail», LSQ n° 16475 du 27.11.2013; «Comment gérer la consommation d'alcool au travail ?», LSQ n° 16676 du 24.09.2014.

• S'agissant d'un salarié licencié pour faute grave à qui il était reproché la consommation et la détention d'alcool dans l'enceinte de l'entreprise, c'est à tort que, pour dire que la faute grave était établie, une cour d'appel a retenu, sans constater la consommation par l'intéressé d'alcool, que la visite réalisée dans le vestiaire individuel du salarié à son insu était irrégulière et qu'une seconde visite effectuée en sa présence, sans opposition de sa part, réalisée dans l'urgence eu égard à la nécessité de préserver les preuves, avait, par son caractère régulier, validé la découverte de la détention d'alcool effectuée au cours de la première visite. En effet, d'une part, la cour avait relevé que la première visite avait été effectuée dans des conditions irrégulières, et que cette irrégularité ne pouvait être couverte par une visite ultérieure, quelles que soient les conditions de celle-ci, et, d'autre part, faute pour la cour d'avoir constaté que le second grief de consommation d'alcool était établi, le licenciement était sans cause réelle et sérieuse (cass. soc. 6 juillet 2005, n° 04-42.553).

• La consommation à une seule reprise d'une très faible quantité d'alcool par des salariés avant la prise du travail ne rend pas impossible leur maintien dans l'entreprise et ne constitue pas une cause réelle et sérieuse de licenciement, les juges ayant relevé qu'à plusieurs reprises l'employeur avait admis l'introduction et la consommation de boissons alcoolisées dans l'établissement à l'occasion de fêtes et de réunions de fin d'année ou d'anniversaires sur le temps et au lieu du travail (cass. soc. 20 juin 2012, n° 11-19.914).

• Voir aussi note sous article L. 1321-3 et, s'agissant de la distribution de boissons dans les entreprises, articles R. 4225-2 à 4.

Art. R. 4228-21. Il est interdit de laisser entrer ou séjourner dans les lieux de travail des personnes en état d'ivresse.

Art. R. 4228-22. ***(D. 2019-1586 du 31 déc. 2019, JO 1er janv. 2020, entrée en vigueur le 01.01.2020)*** Dans les établissements d'au moins cinquante salariés, l'employeur, après avis du comité social et économique, met à leur disposition un local de restauration.

L'effectif salarié et le franchissement du seuil de cinquante salariés sont déterminés selon les modalités prévues à l'article L. 130-1 du code de la sécurité sociale. Lorsque l'entreprise comporte plusieurs établissements, les effectifs sont décomptés par établissement.

Le local de restauration mentionné au premier alinéa est pourvu de sièges et de tables en nombre suffisant et comporte un robinet d'eau potable, fraîche et chaude, pour dix usagers. Il est doté d'un moyen de conservation ou de réfrigération des aliments et des boissons et d'une installation permettant de réchauffer les plats.

Note Conformément au IV de l'article 4 du décret 2019-1586 précité:

Pour l'application [de l'article R. 4228-22] dans sa rédaction résultant du présent décret, le II de l'article L. 130-1 du code de la sécurité sociale ne s'applique pas lorsque l'effectif de l'entreprise ou de l'établissement est, au 1er janvier 2025, supérieur ou égal au seuil de cinquante salariés et que cette entreprise ou cet établissement était soumis, au 1er janvier 2020, à l'obligation de mettre à disposition de ses salariés un local de restauration.

Les dispositions de l'article R. 4228-22 dans leur rédaction antérieure au 1er janvier 2020 s'appliquent jusqu'au 31 décembre 2024 pour les entreprises ou établissements dans lesquels au moins vingt-cinq salariés souhaitent habituellement prendre leur repas sur leur lieu de travail lorsque ces entreprises ou établissements étaient soumis, en vertu de ces dispositions, avant le 1er janvier 2020, à l'obligation de mettre à disposition de leurs salariés un local de restauration.

Art. R. 4228-23. ***(D. 2019-1586 du 31 déc. 2019, JO 1er janv. 2020, entrée en vigueur le 01.01.2020)*** « Dans les établissements de moins de cinquante salariés, l'employeur met à leur disposition un emplacement leur permettant de se restaurer dans de bonnes conditions de santé et de sécurité.

L'effectif salarié et le franchissement du seuil de cinquante salariés sont déterminés selon les modalités prévues à l'article L. 130-1 du code de la sécurité sociale. Lorsque l'entreprise comporte plusieurs établissements, les effectifs sont décomptés par établissement. »

(D. 2016-1331 du 6 oct. 2016, JO 8, entrée en vigueur le 01.01.2017) « Par dérogation à l'article R. 4228-19, ***(D. 2019-1586 du 31 déc. 2019, JO 1er janv. 2020, entrée en vigueur le 01.01.2020)*** « l'emplacement mentionné au premier alinéa » peut, après déclaration adressée à l'agent de contrôle de l'inspection du travail et au médecin du travail par tout moyen conférant date certaine, être aménagé dans les locaux affectés au travail, dès lors que l'activité de ces locaux ne comporte pas l'emploi ou le stockage de substances ou de mélanges dangereux.

Un arrêté conjoint des ministres chargés du travail et de l'agriculture définit le contenu de la déclaration susmentionnée. »

Note Voir arrêté du 4 mai 2017 (JO 7) relatif à la déclaration auprès des services de l'inspection du travail pour les établissements dans lesquels le nombre de travailleurs souhaitant prendre habituellement leur repas sur les lieux de travail est inférieur à vingt-cinq.

Art. R. 4228-24. Après chaque repas, l'employeur veille au nettoyage du local de restauration ou de l'emplacement permettant de se restaurer et des équipements qui y sont installés.

Art. R. 4228-25. À défaut de local de repos, lorsque la nature des activités l'exige et après avis du ***(D. 2017-1819 du 29 déc. 2017, art. 3, 43°, JO 30, entrée en vigueur le 01.01.2018)*** « comité social et économique », le local de restauration ou l'emplacement permettant de se restaurer doit pouvoir être utilisé, en dehors des heures de repas, comme local ou emplacement de repos.

Les sièges mis à la disposition des travailleurs pour cet usage comportent des dossiers.

SECTION 3 (réglementaire). **Hébergement**

Art. R. 4228-26. Il est interdit d'héberger les travailleurs dans les locaux affectés à un usage industriel ou commercial.

Art. R. 4228-27. La surface et le volume habitables, au sens de l'article R. 111-2 du code de la construction et de l'habitation, des locaux affectés à l'hébergement des travailleurs ne peuvent être inférieurs à 6 mètres carrés et 15 mètres cubes par personne. Les parties de locaux d'une hauteur inférieure à 1,90 mètre ne sont pas comptées comme surface habitable.

Ces locaux sont aérés de façon permanente.

Ils sont équipés de fenêtres ou autres ouvrants de surface transparente donnant directement sur l'extérieur et munis d'un dispositif d'occultation.

Le travailleur doit pouvoir clore le logement et y accéder librement.

Note Le caractère d'installations mobiles d'un cirque n'a pas pour effet de les soustraire au champ d'application des dispositions du code du travail relatives à la restauration et à l'hébergement des travailleurs (CE 6 mai 1996, n° 146824, Rec. Lebon, p. 160; RJS 7/96 n° 824).

Art. R. 4228-28. Les équipements et caractéristiques des locaux affectés à l'hébergement doivent permettre de maintenir la température intérieure à 18° C au moins et d'éviter les condensations et les températures excessives.

Les installations électriques doivent être conformes aux dispositions réglementaires prises en application de la présente partie.

Art. R. 4228-29. Chaque couple dispose d'une chambre.

Chaque personne ou chaque couple dispose pour son usage exclusif d'une literie et du mobilier nécessaires, qui sont maintenus propres et en bon état.

Art. R. 4228-30. Les pièces à usage de dortoir ne sont occupées que par des personnes du même sexe.

Le nombre de personnes par pièce est limité à six.

Les lits sont distants les uns des autres de 80 centimètres au moins.

Il est interdit d'installer des lits superposés.

Art. R. 4228-31. Les revêtements des sols et des parois des locaux affectés à l'hébergement permettent un entretien efficace et sont refaits chaque fois que la propreté l'exige.

Art. R. 4228-32. Les locaux affectés à l'hébergement sont maintenus dans un état constant de propreté et d'hygiène.

Art. R. 4228-33. Des lavabos à eau potable et à température réglable ainsi que des serviettes et du savon sont mis à la disposition des travailleurs hébergés, à raison d'un lavabo pour trois personnes.

Art. R. 4228-34. Des cabinets d'aisance et des urinoirs sont installés à proximité des pièces destinées à l'hébergement dans les conditions déterminées par les articles R. 4228-11 et suivants.

Art. R. 4228-35. Des douches à température réglable sont installées à proximité des pièces destinées à l'hébergement, dans des cabines individuelles, à raison d'une cabine pour six personnes.

Art. R. 4228-36. Les dispositions des articles R. 4228-26 à R. 4228-35 ne sont pas applicables dans les établissements agricoles, dont les dispositions relatives à l'hébergement des travailleurs sont prévues au livre VII du code rural ***(Ord. 2010-462 du 6 mai 2010, JO 7)*** «et de la pêche maritime».

Art. R. 4228-37. Les dispositions relatives à l'hébergement des travailleurs sont également applicables aux installations établies en dehors des limites des établissements ou chantiers.

Le contrôle de l'inspection du travail porte notamment sur l'installation et l'aménagement intérieur des locaux.

TITRE III VIGILANCE DU DONNEUR D'ORDRE EN MATIÈRE D'HÉBERGEMENT

Note Ce titre a été introduit par la loi 2014-790 du 10 juillet 2014, art. 4, JO 11.

CHAPITRE UNIQUE Obligation de vigilance et responsabilité du donneur d'ordre

Art. L. 4231-1. Tout maître d'ouvrage ou tout donneur d'ordre, informé par écrit, par un agent de contrôle mentionné à l'article L. 8271-1-2 du présent code, du fait que des salariés de son cocontractant ou d'une entreprise sous-traitante directe ou indirecte sont soumis à des conditions d'hébergement collectif incompatibles avec la dignité humaine, mentionnées à l'article 225-14 du code pénal, lui enjoint aussitôt, par écrit, de faire cesser sans délai cette situation.

À défaut de régularisation de la situation signalée, le maître d'ouvrage ou le donneur d'ordre est tenu de prendre à sa charge l'hébergement collectif des salariés, dans des conditions respectant les normes prises en application de l'article L. 4111-6 du présent code ***(L. 2016-1088 du 8 août 2016, art. 111, II, JO 9)*** «ou, le cas échéant, de l'article L. 716-1 du code rural et de la pêche maritime».

Le présent article ne s'applique pas au particulier qui contracte avec une entreprise pour son usage personnel, celui de son conjoint, de son partenaire lié par un pacte civil de solidarité, de son concubin ou de ses ascendants ou descendants.

Note Par décision 2015-517 QPC du 22 janvier 2016 (JO 24), le Conseil constitutionnel a jugé l'alinéa 2 de l'article L. 4231-1 conforme à la Constitution en émettant deux réserves:
- la mise en œuvre de la responsabilité du maître d'ouvrage ou du donneur d'ordre doit être subordonnée au constat par les agents de contrôle compétents d'une infraction aux dispositions de l'article 225-14 c. pén. imputable à l'un de ses cocontractants ou d'une entreprise sous-traitante directe ou indirecte;
- l'obligation de prise en charge de l'hébergement collectif des salariés doit être limitée à ceux qui sont employés à l'exécution du contrat direct ou de sous-traitance et à la durée de l'exécution dudit contrat.

Sur cette décision, voir RJS 4/16 n° 252; JSL n° 405, 07.03.2016, p. 13, H. Tissandier; RDT, avril 2016, CH, 276, R. Lapin; voir aussi F. Muller, «La prise en charge de l'hébergement des travailleurs, une patate chaude...», Dr. Soc. 2016, p. 372.

Art. R. 4231-1. ***(D. 2015-364 du 30 mars 2015, art. 12, JO 31, entrée en vigueur le 01.05.2015)*** Pour la mise en œuvre de l'injonction prévue à l'article L. 4231-1, l'agent de contrôle apprécie notamment la vétusté manifeste des locaux ou des installations d'hébergement collectif, leur salubrité, leur taille, leur nombre ou leur équipement.

Note Sur l'entrée en vigueur du décret 2015-364 précité, voir CE 8 juillet 2016, n° 389745, RJS 11/16 n° 735.

Art. R. 4231-2. ***(D. 2015-364 du 30 mars 2015, art. 12, JO 31, entrée en vigueur le 01.05.2015)*** Dès réception de l'injonction, l'employeur informe dans un délai de vingt-quatre heures le maître d'ouvrage ou le donneur d'ordre des mesures prises pour faire cesser la situation.

Le maître d'ouvrage ou le donneur d'ordre transmet aussitôt cette réponse à l'agent de contrôle auteur du signalement ou informe celui-ci dès l'expiration du délai mentionné à l'alinéa précédent de l'absence de réponse.

Note Voir note sous art. R. 4231-1.

Art. R. 4231-3. ***(D. 2015-364 du 30 mars 2015, art. 12, JO 31, entrée en vigueur le 01.05.2015)*** En cas d'absence de régularisation effective de la situation par l'employeur, le maître d'ouvrage ou le donneur d'ordre est tenu de prendre sans délai à sa charge l'hébergement collectif des salariés dans des locaux aménagés conformément aux dispositions des articles R. 4228-26 à R. 4228-37.

Note Voir note sous art. R. 4231-1.

Art. R. 4231-4. ***(D. 2015-364 du 30 mars 2015, art. 12, JO 31, entrée en vigueur le 01.05.2015)*** Les injonctions et les informations mentionnées aux articles ***(D. 2015-1327 du 21 oct. 2015, JO 23)*** « R. 4231-1 et R. 4231-2 » sont effectuées par tout moyen permettant de leur conférer date certaine.

Note Voir note sous art. R. 4231-1.

LIVRE III

ÉQUIPEMENTS DE TRAVAIL ET MOYENS DE PROTECTION

TITRE Ier CONCEPTION ET MISE SUR LE MARCHÉ DES ÉQUIPEMENTS DE TRAVAIL ET DES MOYENS DE PROTECTION

CHAPITRE Ier Règles générales

SECTION 1. Principes

Art. L. 4311-1. Les équipements de travail destinés à être exposés, mis en vente, vendus, importés, loués, mis à disposition ou cédés à quelque titre que ce soit sont conçus et construits de sorte que leur mise en place, leur utilisation, leur réglage, leur maintenance, dans des conditions conformes à leur destination, n'exposent pas les personnes à un risque d'atteinte à leur santé ou leur sécurité ***(L. 2012-387 du 22 mars 2012, art. 54, JO 23)*** « et assurent, le cas échéant, la protection des animaux domestiques, des biens ainsi que de l'environnement ».

Les moyens de protection, qui font l'objet des opérations mentionnées au premier alinéa, sont conçus et fabriqués de manière à protéger les personnes, dans des conditions d'utilisation et de maintenance conformes à leur destination, contre les risques pour lesquels ils sont prévus.

Art. L. 4311-2. Les équipements de travail sont les machines, appareils, outils, engins, matériels et installations.

Les moyens de protection sont les protecteurs et dispositifs de protection, les équipements et produits de protection individuelle.

Art. L. 4311-3. Il est interdit d'exposer, de mettre en vente, de vendre, d'importer, de louer, de mettre à disposition ou de céder à quelque titre que ce soit des équipements de travail et des moyens de protection qui ne répondent pas aux règles techniques du chapitre II et aux procédures de certification du chapitre III.

Note Le dirigeant d'une société ayant vendu un matériel non conforme aux prescriptions du code du travail en matière de sécurité engage sa responsabilité pénale lorsque le défaut de sécurité inhérent à la machine utilisée est à l'origine d'un accident (cass. crim. 11 février 1992, n° 90-80.652, RJS 7/92 n° 876). Voir aussi cass. crim. 22 septembre 1998, n° 97-82.318, condamnant le directeur général d'une société pour avoir vendu une sableuse non construite, protégée ou commandée dans des conditions assurant la sécurité de son utilisateur (qui avait été, en l'espèce, victime d'un accident).

Faute pour l'importateur d'un matériel italien d'avoir mis la juridiction répressive en mesure d'apprécier si les exigences de sécurité imposées par la loi italienne étaient équivalentes à celles de la réglementation française, il est à bon droit déclaré pénalement responsable pour avoir commercialisé en France des machines sans respecter la procédure de vérification préalable de conformité (cass. crim. 23 juin 1992, n° 90-86.669, JCP éd. E 1993.II.397, note O. Godard).

Art. L. 4311-4. Par dérogation aux dispositions de l'article L. 4311-3, sont permises, pour une durée déterminée, l'exposition et l'importation aux fins d'exposition dans les foires et salons autorisés d'équipements de travail ou de moyens de protection neufs ne satisfaisant pas aux dispositions de l'article L. 4311-1.

Dans ce cas, un avertissement dont les caractéristiques sont déterminées par arrêté conjoint du ministre chargé du travail et du ministre chargé de l'agriculture est placé à proximité de l'équipement de travail ou du moyen de protection faisant l'objet de l'exposition, pendant toute la durée de celle-ci.

Note Voir arrêté du 22 octobre 2009 (JO 21 nov., applicabilité depuis le 29.12.2009) fixant les caractéristiques de l'avertissement exigé par cet article.

Art. L. 4311-5. L'acheteur ou le locataire d'un équipement de travail ou d'un moyen de protection qui a été livré dans des conditions contraires aux dispositions des articles L. 4311-1 et L. 4311-3 peut, nonobstant toute clause contraire, demander la résolution de la vente ou du bail dans le délai d'une année à compter du jour de la livraison.

Le tribunal qui prononce cette résolution peut accorder des dommages et intérêts à l'acheteur ou au locataire.

Art. L. 4311-6. Outre les ***(L. 2016-1088 du 8 août 2016, art. 113, III, 5°, JO 9)*** «agents de contrôle de l'inspection du travail mentionnés à l'article L. 8112-1», les agents des douanes, les agents de la concurrence, de la consommation et de la répression des fraudes, les ingénieurs des mines, les ingénieurs de l'industrie et des mines sont compétents pour constater par procès-verbal, en dehors des lieux d'utilisation des équipements de travail et moyens de protection, les infractions aux dispositions des articles L. 4311-1 à L. 4311-4 commises à l'occasion de leur exposition, leur mise en vente, leur vente, leur importation, leur location, leur mise à disposition ou leur cession à quelque titre que ce soit.

Les agents de la concurrence, de la consommation et de la répression des fraudes disposent à cet effet des pouvoirs prévus ***(Ord. 2016-301 du 14 mars 2016, art. 21, JO 16)*** «au I de l'article L. 511-22» du code de la consommation.

SECTION 2. Dispositions d'application

Art. L. 4311-7. Pour l'application des dispositions du présent titre, des décrets en Conseil d'État, pris après avis des organisations professionnelles d'employeurs et de salariés intéressées, déterminent :

1° Les équipements de travail et les moyens de protection soumis aux obligations de sécurité définies à l'article L. 4311-1 ;

2° Les règles techniques auxquelles satisfait chaque type d'équipement de travail et de moyen de protection, prévues au chapitre II ;

3° Les procédures de certification de conformité aux règles techniques auxquelles sont soumis les fabricants, importateurs et cédants, selon le type d'équipement de travail et de moyen de protection, ainsi que les garanties dont ils bénéficient prévues au chapitre III ;

4° Les conditions dans lesquelles l'autorité administrative habilitée à contrôler la conformité peut demander au fabricant ou à l'importateur, en application de l'article L. 4313-1, communication d'une documentation technique ;

5° Les conditions dans lesquelles est organisée la procédure de sauvegarde prévue à l'article L. 4314-1 ;

6° Les conditions dans lesquelles le respect de normes est réputé satisfaire aux règles techniques ainsi que celles dans lesquelles certaines d'entre elles peuvent être rendues obligatoires.

SECTION 1 (réglementaire). Définitions et champs d'application

Note Le décret 2008-1156 du 7 novembre 2008 (JO 9) relatif aux équipements de travail et aux équipements de protection individuelle est applicable depuis le 29 décembre 2009. Il résulte, principalement, de l'obligation de transposer la directive 2006/42/CE du 17 mai 2006 relative aux machines et modifiant la directive 95/16/CE – entrée en vigueur le 29 juin 2006 – (JOUE L 157 du 9.06.2006). Une circulaire DGT 2010-01 du 4 février 2010 précise les conséquences de l'intervention du décret 2008-1156 du 7 novembre 2008 sur la mise en œuvre des dispositions du code du travail relatives aux équipements de travail et aux équipements de protection individuelle.

Voir aussi note DGT/SAFSL 2010 du 9 mars 2010 sur le contrôle de la conformité des équipements de travail et la surveillance du marché.

Sous-section 1. Dispositions communes

Art. R. 4311-1. Est considéré comme " mis pour la première fois sur le marché ", " neuf " ou " à l'état neuf ", tout équipement de travail ou moyen de protection n'ayant pas été effectivement utilisé dans un État membre de la Communauté européenne et faisant l'objet d'une exposition, d'une mise en vente, d'une vente, d'une importation, d'une location, d'une mise à disposition ou cession à quelque titre que ce soit.

Art. R. 4311-2. Est considéré comme " d'occasion ", tout équipement de travail ou moyen de protection ayant déjà été effectivement utilisé dans un État membre de la Communauté européenne et faisant l'objet d'une exposition, d'une mise en vente, d'une vente, d'une importation, d'une location, d'une mise à disposition ou d'une cession à quelque titre que ce soit.

Art. R. 4311-3. Est considéré comme " maintenu en service ", tout équipement de travail ou moyen de protection ayant déjà été effectivement utilisé dans un État membre de la Communauté européenne lorsque les opérations mentionnées à l'article R. 4311-2 sont réalisées au sein d'une même entreprise.

Il en est de même en cas de modification affectant la situation juridique de l'entreprise, notamment par succession, vente, fusion, transformation du fonds, mise en société.

Sous-section 2. Équipements de travail obéissant à des règles pour la mise sur le marché

Note Cette sous-section a été introduite par le décret 2008-1156 du 7 novembre 2008, art. 2, JO 9, applicabilité depuis le 29.12.2009.

§ 1. Machines

Art. R. 4311-4. Sont soumis aux obligations de conception et de construction, pour la mise sur le marché des " machines ", les équipements de travail désignés ci-après par le mot : " machines " et figurant dans la liste ci-dessous :

1° Machines ;
2° Équipements interchangeables ;
3° Composants de sécurité ;
4° Accessoires de levage ;
5° Chaînes, câbles, sangles ;
6° Dispositifs amovibles de transmission mécanique.

Note • Voir arrêté du 22 octobre 2009 (JO 10 déc., applicabilité depuis le 29.12.2009) fixant le contenu de la déclaration CE de conformité relative aux machines au sens de l'article R. 4311-4 CT.

• Pour les demandes de réception «CE» des tracteurs agricoles ou forestiers (décret 2005-1236 du 30 septembre 2005, art. 4, modifié par décret 2016-1010 du 21 juillet 2016), le silence gardé par l'administration pendant 2 mois vaut décision de rejet (décret 2014-1298 du 23 octobre 2014, JO 1er nov., applicable aux demandes présentées depuis le 12.11.2014).

Art. R. 4311-4-1. Répond à la définition de machine :

1° Un ensemble équipé ou destiné à être équipé d'un système d'entraînement autre que la force humaine ou animale appliquée directement, composé de pièces ou d'organes liés entre eux dont au moins un est mobile et qui sont réunis de façon solidaire en vue d'une application définie ;

2° Un ensemble mentionné au 1° auquel manquent seulement des organes de liaison au site d'utilisation ou de connexion aux sources d'énergie et de mouvement ;

3° Un ensemble mentionné aux 1° et 2°, prêt à être installé et qui ne peut fonctionner en l'état qu'après montage sur un moyen de transport ou installation dans un bâtiment ou une construction ;

4° Un ensemble de machines mentionnées aux 1°, 2° et 3° ou un ensemble de quasi-machines définies à l'article R. 4311-6, qui, afin de concourir à un même résultat, sont disposées et commandées de manière à être solidaires dans leur fonctionnement ;

5° Un ensemble de pièces ou d'organes liés entre eux, dont un au moins est mobile, qui sont réunis en vue de soulever des charges et dont la seule force motrice est une force humaine directement appliquée.

Art. R. 4311-4-2. Est un équipement interchangeable un dispositif qui, après la mise en service d'une machine ou d'un tracteur, est assemblé à celle-ci ou à celui-ci par l'opérateur lui-même pour modifier sa fonction ou apporter une fonction nouvelle, dans la mesure où cet équipement n'est pas un outil.

Art. R. 4311-4-3. Est un composant de sécurité un composant:

1° Qui sert à assurer une fonction de sécurité;

2° Qui est mis isolément sur le marché;

3° Dont la défaillance ou le mauvais fonctionnement met en danger la sécurité des personnes;

4° Qui n'est pas indispensable au fonctionnement de la machine ou qui, du point de vue de ce seul fonctionnement, pourrait être remplacé par un composant ordinaire.

Un arrêté ministériel pris par le ministre chargé du travail ou le ministre chargé de l'agriculture liste des composants qui remplissent les critères énumérés au premier alinéa.

Note Voir arrêté du 27 octobre 2009 (JO 5 nov., applicabilité depuis le 29.12.2009) présentant une liste indicative de composants de sécurité.

Art. R. 4311-4-4. Est un accessoire de levage un composant ou équipement non lié à la machine de levage, permettant la préhension de la charge, placé soit entre la machine et la charge, soit sur la charge elle-même ou destiné à faire partie intégrante de la charge et est mis isolément sur le marché.

Sont considérés comme accessoires de levage les élingues et leurs composants.

Art. R. 4311-4-5. Est une chaîne, un câble ou une sangle au sens du 5° de l'article R. 4311-4 une chaîne, un câble ou une sangle conçu et fabriqué pour le levage et faisant partie d'une machine de levage ou d'un accessoire de levage.

Art. R. 4311-4-6. Est un dispositif amovible de transmission mécanique un composant amovible destiné à la transmission de puissance entre une machine automotrice ou un tracteur et une autre machine en les reliant au premier palier fixe. Lorsque ce dispositif est mis sur le marché avec le protecteur, l'ensemble est considéré comme constituant un seul produit.

Art. R. 4311-5. Les obligations de conception et de construction pour la mise sur le marché des machines ne s'appliquent pas aux produits suivants:

1° Produits qui, bien que répondant à la définition de machines, sont soumis, de manière exclusive et spécifique, aux dispositions issues de la transposition, hors du code du travail, de directives européennes définissant leurs règles de conception et de construction;

2° Composants de sécurité destinés à être utilisés comme pièces de rechange pour remplacer des composants identiques et fournis par le fabricant de la machine d'origine;

3° Matériels spécifiques pour fêtes foraines ou parcs d'attraction;

4° Machines spécialement conçues ou mises en service en vue d'un usage nucléaire et dont la défaillance peut engendrer une émission de radioactivité;

5° Armes, y compris les armes à feu;

6° Moyens de transport suivants:

(D. 2016-1010 du 21 juil. 2016, JO 23) «*a)* Tracteurs agricoles ou forestiers, à l'exclusion des machines montées sur ces véhicules;»

b) Véhicules à moteur et leurs remorques visés par les dispositions de transposition de la directive 70/156/CEE du Conseil du 6 février 1970 concernant le rapprochement des législations des États membres relatives à la réception des véhicules à moteur et de leurs remorques, à l'exclusion des machines montées sur ces véhicules;

c) Véhicules visés par les dispositions de transposition de la directive 2002/24/CE du Parlement européen et du Conseil du 18 mars 2002 relative à la réception des véhicules à moteur à deux ou trois roues, à l'exclusion des machines montées sur ces véhicules;

d) Véhicules à moteur destinés exclusivement à la compétition;

e) Moyens de transport par air, par eau et par réseaux ferroviaires, à l'exclusion des machines montées sur ces moyens de transport;

7° Bateaux pour la navigation maritime et les unités mobiles off-shore ainsi que les machines installées à bord de ces bateaux ou unités;

8° Machines spécialement conçues et construites à des fins militaires ou de maintien de l'ordre;

9° Machines spécialement conçues et construites à des fins de recherche pour une utilisation temporaire en laboratoire;

10° Ascenseurs équipant les puits de mine;

11° Machines prévues pour déplacer des artistes pendant des représentations artistiques;

12° Produits électriques et électroniques ci-après, dans la mesure où ils sont visés par les dispositions de transposition de la directive 73/23/CEE du Conseil du 19 février 1973 modifiée concernant le rapprochement des législations des États membres relatives au matériel électrique destiné à être employé dans certaines limites de tension:

a) Appareils électroménagers à usage domestique;

b) Équipements audio et vidéo;

c) Équipements informatiques;

d) Machines de bureau courantes;

e) Mécanismes de connexion et de contrôle basse tension;

f) Moteurs électriques;

13° Équipements électriques à haute tension suivants:

a) Appareillages de connexion et de commande;

b) Transformateurs.

§ 2. Quasi-machines

Art. R. 4311-6. Est soumis aux règles des articles R. 4313-7 à R. 4313-11 prévues pour la mise sur le marché d'une quasi-machine tout produit répondant à la définition suivante :

Ensemble qui constitue presque une machine, mais qui ne peut assurer à lui seul une application définie.

Une quasi-machine est uniquement destinée à être incorporée ou assemblée à d'autres machines ou à d'autres quasi-machines ou équipements en vue de constituer une machine mentionnée au 1° de l'article R. 4311-4-1.

Un système d'entraînement est une quasi-machine.

§ 3. Autres équipements de travail auxquels s'appliquent des dispositions pour la mise sur le marché

Art. R. 4311-7. Les équipements de travail auxquels s'appliquent des obligations de conception et de construction autres que celles prévues pour la mise sur le marché des machines sont les suivants :

1° Tracteurs agricoles ou forestiers, ainsi que leurs entités techniques, systèmes et composants, à l'exclusion de ceux qui sont spécialement conçus pour les forces armées, la protection civile, les services de lutte contre l'incendie ou les services responsables du maintien de l'ordre ;

2° Électrificateurs de clôture ;

(D. 2018-437 du 4 juin 2018, art. 2, JO 5, entrée en vigueur le 01.07.2018) « 3° Appareil dit de radiologie industrielle, émettant des rayonnements ionisants et utilisé à d'autres fins que médicale. »

Sous-section 3. Équipements de protection individuelle

Art. R. 4311-8. Les équipements de protection individuelle, auxquels s'appliquent les obligations de conception et de fabrication prévues à l'article L. 4311-1, sont des dispositifs ou moyens destinés à être portés ou tenus par une personne en vue de la protéger contre un ou plusieurs risques susceptibles de menacer sa santé ou sa sécurité.

Art. R. 4311-9. Sont considérés comme des équipements de protection individuelle, au sens de l'article ***(D. 2008-1156 du 7 nov. 2008, art. 3, JO 9)*** « R. 4311-8 » :

1° Un ensemble constitué par plusieurs dispositifs ou moyens, associés de façon solidaire en vue de protéger une personne contre un ou plusieurs risques susceptibles d'être encourus simultanément ;

2° Un dispositif ou moyen protecteur solidaire, de façon dissociable ou non dissociable, d'un équipement individuel non protecteur, tel que vêtement de travail, porté ou tenu par une personne en vue de déployer une activité ;

3° Tout composant interchangeable d'un équipement de protection individuelle, indispensable à son bon fonctionnement et utilisé exclusivement pour cet équipement de protection individuelle.

Note Les dispositions de cet article, dans sa rédaction issue du décret 2008-1156 précité, sont applicables depuis le 29.12.2009 (décret précité, art. 16).

Art. R. 4311-10. Les systèmes de liaison permettant de raccorder un équipement de protection individuelle à un dispositif extérieur complémentaire, même lorsque ces systèmes de liaison ne sont pas destinés à être portés ou tenus en permanence par l'utilisateur pendant la durée d'exposition aux risques, sont considérés comme faisant partie intégrante de l'équipement de protection individuelle.

Art. R. 4311-11. Ne sont pas considérés comme des équipements de protection individuelle, au sens de l'article ***(D. 2008-1156 du 7 nov. 2008, art. 3, JO 9)*** « R. 4311-8 » :

1° Les équipements de protection individuelle conçus et fabriqués spécifiquement pour les forces armées ou du maintien de l'ordre ;

2° Les équipements de protection individuelle destinés à la protection ou à la sauvegarde des personnes embarquées à bord des navires ou aéronefs, et qui ne sont pas portés en permanence ;

3° Les équipements d'autodéfense contre les agressions, tels que générateurs aérosols et armes individuelles de dissuasion ;

4° Les équipements de protection individuelle conçus et fabriqués pour un usage privé contre :

a) Les conditions atmosphériques, tels que couvre-chef, vêtements de saison, chaussures et bottes, parapluies ;

b) L'humidité, l'eau, tels que gants de vaisselle ;

c) La chaleur, tels que gants ;

5° Les casques et visières destinés aux usagers de véhicules à moteur à deux ou trois roues ;

6° Les équipements de protection individuelle qui font l'objet d'une réglementation particulière prise en application ***(D. 2008-1156 du 7 nov. 2008, art. 3, JO 9)*** « de l'article L. 221-3 » du code de la consommation, de la loi du 24 mai 1941 relative à la normalisation et du titre III du livre V du code de la santé publique ;

7° Les composants d'équipements de protection individuelle destinés à y être incorporés et qui ne sont ni essentiels ni indispensables au bon fonctionnement des équipements de protection individuelle ;

8° Les appareils portatifs pour la détection et la signalisation de risques et facteurs de nuisance.

Note Voir note sous art. R. 4311-9.

SECTION 2 (réglementaire). Dispositions d'application

Art. R. 4311-12. ***(D. 2008-1156 du 7 nov. 2008, art. 4, JO 9)*** Les machines ainsi que les équipements de protection individuelle respectivement soumis aux règles techniques pertinentes des annexes I et II du présent titre, lorsqu'ils sont conçus et construits conformément aux normes reprises dans la collection des normes nationales et dont les références ont été publiées au *Journal officiel de l'Union européenne*, sont réputés satisfaire aux règles des annexes, traitées par ces normes.

Note Les articles R. 4311-12 et R. 4311-13 sont applicables depuis le 29.12.2009 (décret 2008-1156 précité, art. 16).

Art. R. 4311-13. ***(D. 2008-1156 du 7 nov. 2008, art. 4, JO 9)*** Dans les cas autres que ceux mentionnés à l'article R. 4311-12, un décret peut rendre des normes obligatoires.

CHAPITRE II (réglementaire) Règles techniques de conception

Note Voir note au-dessus de l'article R. 4311-1.

SECTION 1. Équipements de travail

Sous-section 1. Équipements de travail neufs ou considérés comme neufs

Note Cette sous-section a été introduite par le décret 2008-1156 du 7 novembre 2008, art. 5, JO 9, applicabilité depuis le 29.12.2009.

Art. R. 4312-1. Les machines neuves ou considérées comme neuves au sens de l'article R. 4311-1 sont soumises aux règles techniques prévues par l'annexe I figurant à la fin du présent titre.

Art. R. 4312-1-1. ***(D. 2016-1010 du 21 juil. 2016, JO 23)*** Les tracteurs agricoles ou forestiers et leurs entités techniques, systèmes ou composants sont soumis au règlement (UE) n° 167/2013 du Parlement européen et du Conseil du 5 février 2013 relatif à la réception et à la surveillance du marché des véhicules agricoles et forestiers, dans les conditions définies à l'article 2.3 de ce règlement, ainsi qu'au décret n° 2005-1236 du 30 septembre 2005 relatif aux règles, prescriptions et procédures applicables aux tracteurs agricoles ou forestiers et à leurs dispositifs.

Note Voir décret 2011-455 du 22 avril 2011 (JO 24) modifiant et complétant le décret 2005-1236 du 30 septembre 2005 relatif aux règles, prescriptions et procédures applicables aux tracteurs agricoles ou forestiers et à leurs dispositifs et arrêté du 22 novembre 2005 (JO 26), modifié par arrêtés des 30 décembre 2009 (JO 1er janv. 2010), 23 juillet 2010 (JO 8 sept.), 22 avril 2011 (JO 24), 12 janvier 2012 (JO 28), 23 janvier 2013 (JO 1er févr.), 4 juin 2013 (JO 19) et 1er décembre 2014 (JO 12), relatif à la réception CE des tracteurs agricoles ou forestiers et de leurs systèmes, composants et entités techniques.

Voir aussi décret 2016-1010 précité, art. 2, modifiant le décret 2005-1236 précité.

Art. R. 4312-1-2. Les électrificateurs de clôture sont soumis au décret n° 96-216 du 14 mars 1996 relatif aux règles techniques et à la procédure de certification applicables aux électrificateurs de clôture.

Art. R. 4312-1-3. ***(D. 2018-437 du 4 juin 2018, art. 2, JO 5, entrée en vigueur le 01.07.2018)*** Les appareils de radiologie industrielle visés au 3° de l'article R. 4311-7 sont soumis aux règles techniques de conception et de construction et à la procédure de certification prévues par décret en Conseil d'État.

Sous-section 2. Équipements d'occasion

Note Les articles R. 4312-2 à R. 4312-5 sont les anciens articles R. 4312-19 à R. 4312-22 (décret 2008-1156 du 7 novembre 2008, art. 6, JO 9, applicabilité depuis le 29.12.2009).

Art. R. 4312-2. Les machines d'occasion, soumises lors de leur mise en service à l'état neuf aux règles techniques de conception et de construction prévues à l'annexe I de l'article R. 4312-1, demeurent soumises aux règles de cette annexe.

Celles de ces machines qui n'étaient pas soumises à ces règles lors de leur mise en service à l'état neuf sont soumises aux règles techniques d'utilisation définies par le chapitre IV du titre II.

Art. R. 4312-2-1. ***(D. 2016-1010 du 21 juil. 2016, JO 23)*** Les tracteurs agricoles ou forestiers et leurs entités techniques, systèmes ou composants d'occasion sont soumis au décret n° 2005-1236 du 30 septembre 2005 relatif aux règles, prescriptions et procédures applicables aux tracteurs agricoles ou forestiers et à leurs dispositifs.

Note Voir note sous art. R. 4312-1-1.

Art. R. 4312-3. Les accessoires de levage, les câbles, chaînes et sangles de levage d'occasion, quelle que soit leur date de mise en service à l'état neuf, sont soumis aux règles techniques de conception et de construction prévues à l'annexe I de l'article R. 4312-1.

Art. R. 4312-4. Les composants de sécurité d'occasion, quelle que soit leur date de mise en service à l'état neuf, sont soumis aux règles techniques de conception et de construction prévues à l'annexe I de l'article R. 4312-1.

Toutefois, les structures de protection conformes au décret n° 90-490 du 15 juin 1990 et les autres composants de sécurité conformes à un modèle ayant fait l'objet d'un visa d'examen technique ou d'une attestation d'examen de type délivré conformément aux décrets pris pour l'application de l'article L. 233-5 du code du travail, dans sa rédaction issue de la loi n° 76-1106 du 6 décembre 1976, en vigueur jusqu'au 31 décembre 1992, sont considérés comme conformes à l'obligation définie au premier alinéa.

Art. R. 4312-5. À condition de satisfaire aux obligations définies à l'article L. 4311-1, les matériels d'occasion peuvent, quand ils sont conformes à la réglementation des matériels d'occasion en vigueur dans l'État membre de la Communauté européenne dont ils proviennent, faire l'objet des seules opérations mentionnées à ce même article.

Dans ce cas, le certificat de conformité prévu par l'article ***(D. 2008-1156 du 7 nov. 2008, art. 6, JO 9)*** « R. 4313-15 » indique de manière précise les références de la réglementation appliquée.

S'il y a lieu, ces matériels sont mis par l'employeur en conformité avec les règles techniques d'utilisation prévues par le chapitre IV du titre II.

SECTION 2. Équipements de protection individuelle

Note Les articles R. 4312-6 à R. 4312-9 sont les anciens articles R. 4312-23 à R. 4312-26 (décret 2008-1156 du 7 novembre 2008, art. 7, JO 9, applicabilité depuis le 29.12.2009).

Sous-section 1. Équipements neufs ou considérés comme neufs

Art. R. 4312-6. Les équipements de protection individuelle, neufs ou considérés comme neufs, sont soumis aux règles techniques de conception et de fabrication prévues par l'annexe II figurant à la fin du présent titre.

Sous-section 2. Équipements d'occasion

Art. R. 4312-7. Les équipements de protection individuelle d'occasion, quelle que soit leur date de mise en service à l'état neuf, sont soumis aux règles techniques de conception et de fabrication prévues par l'annexe II figurant à la fin du présent titre.

Ils sont accompagnés de la notice d'instructions les concernant.

Note Voir arrêté du 22 octobre 2009 (JO 4 nov., entrée en vigueur le 29.12.2009) portant constitution des éléments attestant du maintien en état de conformité des équipements de protection individuelle d'occasion faisant l'objet d'une location ou d'une mise à disposition réitérée, prévus à l'article R. 4313-16.

Art. R. 4312-8. Les équipements de protection individuelle d'occasion suivants ne peuvent être exposés, mis en vente, vendus, importés, loués, mis à disposition ou cédés à quelque titre que ce soit en vue de leur mise en service ou utilisation :

1° Équipements à usage unique ;
2° Équipements dont la date de péremption ou la durée d'utilisation est dépassée ;
3° Équipements ayant subi un dommage quelconque, même réparés ;
4° Casques de protection de la tête contre les chocs mécaniques ;
5° Équipements de protection contre les agents infectieux ;
6° Équipements mentionnés par l'article ***(D. 2008-1156 du 7 nov. 2008, art. 7, JO 9)*** « R. 4313-82 », à l'exception des appareils de protection respiratoire destinés à la plongée.

Art. R. 4312-9. Les équipements de protection individuelle d'occasion suivants peuvent être mis à disposition ou loués pour la pratique d'activités non professionnelles sportives ou de loisirs, ***(D. 2008-1156 du 7 nov. 2008, art. 7, JO 9)*** « sous réserve du respect des dispositions de l'article R. 4313-16 » :

1° Casques de cavaliers ;
2° Équipements de protection contre les chutes de hauteur.

CHAPITRE III Procédures de certification de conformité

Note Le décret 2008-1156 du 7 novembre 2008 (JO 9) relatif aux équipements de travail et aux équipements de protection individuelle, applicable depuis le 29 décembre 2009, a transposé en droit français la directive 2006/42/CE du 17 mai 2006 relative aux machines et modifiant la directive 95/16/CE (refonte), entrée en vigueur le 29 juin 2006 (JOUE L 157 du 9.06.2006). Voir aussi circulaire DGT 2010-01 du 4 février 2010 concernant la mise en œuvre du décret du 7 novembre 2008 (BO TR 2010/2 du 28.02.2010).

Art. L. 4313-1. L'autorité administrative habilitée à contrôler la conformité des équipements de travail et des moyens de protection peut demander au fabricant ou à l'importateur communication d'une documentation technique dont le contenu est déterminé par voie réglementaire.

Les personnes ayant accès à cette documentation technique sont tenues au secret professionnel pour toutes les informations relatives aux procédés de fabrication et d'exploitation.

SECTION 1 (réglementaire). Formalités préalables à la mise sur le marché

Note Les sections 1 à 5 ont été introduites par le décret 2008-1156 du 7 novembre 2008, art. 8, JO 9, applicabilité depuis le 29.12.2009.

Sous-section 1. Machines, quasi-machines et équipements de protection individuelle neufs ou considérés comme neufs

§ 1. Machines et équipements de protection individuelle

Art. R. 4313-1. Le fabricant, l'importateur ou tout autre responsable de la mise sur le marché d'un exemplaire neuf ou considéré comme neuf d'une machine ainsi que d'un équipement de protection individuelle, respectivement soumis aux règles techniques des annexes I ou II, établit et signe une déclaration CE de conformité par laquelle il atteste que cette machine ou cet équipement de protection individuelle est conforme aux règles techniques pertinentes de l'annexe qui le concerne et a satisfait aux procédures d'évaluation de la conformité applicables.

Note Voir arrêtés du 22 octobre 2009 (JO 9 et 10 déc., applicabilité depuis le 29.12.2009) fixant respectivement le modèle de la déclaration de conformité CE relative aux équipements de protection individuelle et le contenu de la déclaration CE de conformité relative aux machines au sens de l'article R. 4311-4 CT.

Art. R. 4313-2. La déclaration CE de conformité est remise au preneur lors de la vente, de la location, de la cession ou de la mise à disposition à quelque titre que ce soit d'une machine.

Art. R. 4313-3. Un marquage de conformité, constitué par le sigle CE, est apposé de manière visible, lisible et indélébile sur chaque exemplaire de machine ainsi que sur chaque exemplaire d'équipement de protection individuelle.

Note Voir arrêté du 22 octobre 2009 (JO 20 déc.) relatif au marquage CE des machines et des équipements de protection individuelle.

Art. R. 4313-4. Lorsque, compte tenu des caractéristiques de l'équipement de protection individuelle, l'apposition du marquage CE sur les exemplaires n'est pas possible, celui-ci figure sur l'emballage.

Art. R. 4313-5. Le marquage CE est apposé par le fabricant, l'importateur ou tout autre responsable de la mise sur le marché qui atteste qu'une machine ou un équipement de protection individuelle est conforme aux règles techniques pertinentes de l'annexe figurant à la fin de ce titre qui le concerne et a satisfait aux procédures d'évaluation de la conformité applicables.

Art. R. 4313-6. L'exposition, la mise en vente, la vente, la location, l'importation, la cession ou la mise à disposition à quelque titre que ce soit d'une machine ou d'un équipement de protection individuelle neuf ou considéré comme neuf soumis à une procédure d'évaluation de la conformité est subordonnée à la constitution par le fabricant, l'importateur ou par tout autre responsable de la mise sur le marché d'un dossier technique relatif aux moyens mis en œuvre pour en assurer la conformité aux règles techniques applicables.

Ce dossier est disponible ou peut l'être dans de brefs délais.

Note Voir arrêté du 22 octobre 2009 (JO 10 déc., applicabilité depuis le 29.12.2009) fixant le contenu du dossier technique de fabrication exigé par cet article pour les machines et les équipements de protection individuelle.

§ 2. Quasi-machines

Art. R. 4313-7. Le fabricant, l'importateur ou tout autre responsable de la mise sur le marché d'une quasi-machine veille, avant sa mise sur le marché, à ce que soient établies:
1° La documentation technique pertinente;
2° La notice d'assemblage;
3° La déclaration d'incorporation.

Note Voir arrêté du 22 octobre 2009 (JO 10 déc.) fixant les éléments constituant la documentation pertinente d'une quasi-machine.

Art. R. 4313-8. La documentation technique pertinente précise les règles techniques de l'annexe I figurant à la fin du présent titre qui sont appliquées pour la quasi-machine. Elle couvre la conception, la fabrication et le fonctionnement de la quasi-machine dans la mesure nécessaire à l'évaluation de la conformité avec ces règles techniques.

Cette documentation technique est disponible ou peut l'être dans de brefs délais.

Art. R. 4313-9. La notice d'assemblage d'une quasi-machine contient la description des conditions à remplir pour une incorporation adéquate dans la machine finale ne compromettant pas la santé et la sécurité.

Elle est rédigée dans la langue officielle de la Communauté européenne acceptée par le fabricant de la machine dans laquelle la quasi-machine est destinée à être incorporée.

Art. R. 4313-10. Le fabricant, l'importateur ou tout autre responsable de la mise sur le marché d'une quasi-machine établit et signe une déclaration d'incorporation par laquelle il déclare les règles techniques de l'annexe I figurant à la fin du présent titre qui sont appliquées à la quasi-machine, précise que la documentation prévue à l'article R. 4313-8 est constituée et, le cas échéant, indique les autres dispositions réglementaires transposant des directives européennes auxquelles la quasi-machine est conforme.

Art. R. 4313-11. La notice d'assemblage ainsi que la déclaration d'incorporation accompagnent la quasi-machine jusqu'à son incorporation dans la machine finale et font partie du dossier technique de cette machine.

§ 3. Dispositions d'application

Art. R. 4313-12. Des arrêtés conjoints des ministres chargés du travail, de l'agriculture, des douanes, de l'industrie et de la consommation fixent:
1° Le contenu de la déclaration de conformité pour les machines;
2° Le modèle de la déclaration de conformité pour les équipements de protection individuelle;
3° Le contenu de la déclaration d'incorporation pour les quasi-machines;
4° L'emplacement, le modèle du marquage CE et les autres indications qui l'accompagnent;
5° Les éléments constitutifs du dossier technique d'une machine ou d'un équipement de protection individuelle;
6° Les éléments constitutifs de la documentation pertinente pour les quasi-machines.

Art. R. 4313-13. La délivrance de la déclaration CE de conformité ou de la déclaration d'incorporation ainsi que l'apposition du marquage CE réalisés dans un État membre de la Communauté européenne produisent les mêmes effets que les formalités correspondantes réalisées dans les conditions prévues par la présente sous-section.

Sous-section 2. Équipements de travail et équipements de protection individuelle d'occasion

Art. R. 4313-14. Lors de la vente, de la location, de la cession ou de la mise à disposition à quelque titre que ce soit, en vue de son utilisation, d'un équipement de travail d'occasion ainsi que lors de la vente ou de la cession à quelque titre que ce soit, en vue de son utilisation, d'un équipement de protection individuelle d'occasion mentionné à la section 1 du chapitre Ier du présent titre, le responsable de l'opération remet au preneur un certificat de conformité par lequel il atteste que le produit concerné est conforme aux règles techniques qui lui sont applicables.

Note Voir arrêté du 22 octobre 2009 (JO 10 déc., applicabilité depuis le 29.12.2009) fixant le modèle du certificat de conformité d'un équipement de travail et d'un équipement de protection individuelle d'occasion.

Art. R. 4313-15. Le contenu du certificat de conformité est prévu par arrêté conjoint des ministres chargés du travail, de l'agriculture, des douanes, de l'industrie et de la consommation.

Art. R. 4313-16. Le responsable de la location ou de la mise à disposition réitérée d'un équipement de protection individuelle d'occasion s'assure du maintien en état de conformité de cet équipement en suivant, notamment, les instructions prévues au a du I du paragraphe 1.4 de l'annexe II qui figurent à la fin du présent titre et en procédant, le cas échéant, aux vérifications générales périodiques prévues à l'article R. 4323-99.

Un arrêté des ministres chargés du travail ou de l'agriculture précise les éléments dont le responsable des opérations prévues au présent article dispose afin d'établir le maintien en conformité de l'équipement de protection individuelle. Il communique ces éléments sur demande du preneur de l'équipement de protection individuelle ou des autorités de contrôle.

Note Voir arrêté du 22 octobre 2009 (JO 4 nov., entrée en vigueur le 29.12.2009) portant constitution des éléments attestant du maintien en état de conformité des équipements de protection individuelle d'occasion faisant l'objet d'une location ou d'une mise à disposition réitérée, prévus à cet article.

Sous-section 3. **Interdictions**

Art. R. 4313-17. Il est interdit d'exposer, de mettre en vente, de vendre, d'importer, de louer, de mettre à disposition ou de céder à quelque titre que ce soit un équipement de travail ou un équipement de protection individuelle pour lesquels les formalités préalables à la mise sur le marché n'ont pas été accomplies.

Lorsque ni le fabricant ni l'importateur n'ont satisfait aux obligations qui leur incombent conformément au présent chapitre, celles-ci, à l'exception des obligations prévues pour les machines par la sous-section 2 de la section 2 du chapitre III et pour les équipements de protection individuelle par la sous-section 3 de la section 2 du chapitre III, sont accomplies par tout responsable d'une opération mentionnée au premier alinéa.

Note • La délivrance par un vendeur français ou étranger d'une attestation d'examen CE de type ne dispense pas le chef d'entreprise, en tant qu'utilisateur, de s'assurer que les machines et appareils qu'il emploie sont conformes à la réglementation en matière d'hygiène et de sécurité (cass. crim. 6 juin 1990, n° 89-86.002, B. crim. n° 230).

• La faute commise par le constructeur de la machine, qui a délivré au prévenu un certificat erroné de conformité à la réglementation du travail, n'est pas de nature à exonérer le chef d'entreprise de son obligation personnelle de veiller à ce que le matériel utilisé soit muni de tous les dispositifs de protection utiles à la sécurité des travailleurs (cass. crim. 23 juin 1993, n° 88-82.938, RJS 10/93 n° 993).

Art. R. 4313-18. Il est interdit d'apposer sur une machine ou sur un équipement de protection individuelle, sur son emballage ou sur tout document le concernant tout marquage, signe ou inscription de nature à induire en erreur sur la signification, le graphisme, ou les deux à la fois, du marquage CE.

Un autre marquage peut être apposé sur les machines ainsi que sur les équipements de protection individuelle s'il ne porte pas préjudice à la visibilité, à la lisibilité ainsi qu'à la signification du marquage CE.

SECTION 2 (réglementaire). **Les procédures d'évaluation de la conformité**

Sous-section 1. **Dispositions communes**

Art. R. 4313-19. L'issue de la procédure d'évaluation de la conformité d'une machine ou d'un équipement de protection individuelle, prévue à la présente section, peut être subordonnée :

1° Au résultat de vérifications même inopinées, réalisées par des organismes notifiés dans les locaux de fabrication ou de stockage de machines ou d'équipements de protection individuelle qui, s'ils se révélaient non conformes, seraient susceptibles d'exposer les personnes intéressées à un risque grave ;

2° Au résultat d'examen ou d'essais, même destructifs, lorsque l'état de la technique le requiert.

Sous-section 2. **Procédures d'évaluation de la conformité applicables aux machines ainsi qu'aux équipements de protection individuelle**

§ 1. Évaluation de la conformité avec contrôle interne de la fabrication dite aussi procédure « d'autocertification CE »

Art. R. 4313-20. La procédure de contrôle interne de la fabrication est la procédure par laquelle le fabricant s'assure qu'une machine ou un équipement de protection individuelle satisfait aux règles techniques pertinentes de l'annexe applicable et établit, sous sa responsabilité, une déclaration de conformité en ce sens.

Art. R. 4313-21. Le fabricant prend les mesures nécessaires pour garantir, dans le processus de fabrication, que la machine ou l'équipement de protection individuelle est conforme à la machine ou à l'équipement de protection individuelle faisant l'objet du dossier technique ainsi qu'aux règles techniques pertinentes.

Art. R. 4313-22. Le fabricant, l'importateur ou tout autre responsable de la mise sur le marché établit pour chaque type de machine ou d'équipement de protection individuelle le dossier technique prévu à l'article R. 4313-6.

§ 2. *Examen CE de type*

Art. R. 4313-23. La procédure dite " examen CE de type " est la procédure par laquelle un organisme notifié constate et atteste qu'un modèle de machine ou d'équipement de protection individuelle est conforme aux règles techniques le concernant.

Art. R. 4313-24. La demande d'examen CE de type ne peut être introduite par le fabricant ou l'importateur qu'auprès d'un seul organisme notifié dans la Communauté européenne pour un modèle de machine ou d'équipement de protection individuelle.

Art. R. 4313-25. La demande d'examen CE de type comporte :

1° Les nom et adresse du fabricant ou de l'importateur ;

2° Le lieu de fabrication de la machine ou de l'équipement de protection individuelle ;

3° Le dossier technique prévu par l'article R. 4313-6.

Art. R. 4313-26. Lorsqu'il s'agit d'une machine, la demande d'examen CE de type est accompagnée d'un exemplaire du modèle ou de l'indication du lieu où le modèle peut être examiné.

Lorsqu'il s'agit d'un équipement de protection individuelle, la demande est accompagnée du nombre d'exemplaires du modèle nécessaire à l'examen.

Art. R. 4313-27. Lorsque l'organisme notifié a son siège en France, la correspondance relative à la demande d'examen CE de type et le dossier technique sont rédigés en français ou dans une langue officielle de la Communauté européenne acceptée par l'organisme notifié.

Art. R. 4313-28. L'organisme notifié, saisi de la demande d'examen CE de type, procède à l'examen du dossier technique et à l'examen du modèle de machine ou d'équipement de protection individuelle.

Art. R. 4313-29. Lorsqu'il s'agit d'une machine, l'organisme notifié procède aux examens et essais lui permettant de s'assurer que :

1° Le dossier technique comporte tous les éléments nécessaires ;

2° La machine a été fabriquée conformément aux indications contenues dans le dossier technique ;

3° La machine peut être utilisée en sécurité dans les conditions prévues d'utilisation ;

4° S'il s'agit d'un composant de sécurité mentionné au 3° de l'article R. 4311-4, que ce composant est apte à remplir les fonctions de sécurité prévues ;

5° Si le dossier technique fait référence à des normes mentionnées à l'article L. 4311-7, ces normes ont été correctement utilisées ;

6° La machine est conforme aux règles techniques qui lui sont applicables.

Art. R. 4313-30. Lorsqu'il s'agit d'un équipement de protection individuelle, l'organisme notifié procède aux examens et essais lui permettant de s'assurer que :

1° Le dossier technique comporte tous les éléments nécessaires. Si ce dossier fait référence à des normes mentionnées à l'article L. 4311-7, l'organisme s'assure qu'il comporte toutes les indications exigées par ces normes. Si ce dossier ne fait pas référence à de telles normes ou ne s'y réfère qu'en application d'une partie des règles techniques applicables ou s'il n'existe pas de telles normes, l'organisme s'assure que, pour l'équipement soumis à examen, les spécifications techniques utilisées pour l'application des règles techniques ne se référant pas à ces normes sont conformes à ces règles techniques ;

2° Le modèle d'équipement de protection individuelle a été fabriqué conformément aux indications contenues dans le dossier technique et peut être utilisé en sécurité conformément à sa destination. L'organisme s'assure que l'équipement de protection individuelle est conforme aux règles techniques qui lui sont applicables. À cet effet, il réalise les examens et essais appropriés pour s'assurer, selon le cas, de la conformité du modèle d'équipement de protection individuelle :

a) Soit aux normes auxquelles fait référence le dossier technique ;

b) Soit aux spécifications techniques utilisées si ces spécifications techniques ont été au préalable reconnues conformes aux règles techniques applicables à l'équipement de protection individuelle.

Art. R. 4313-31. Lorsque l'organisme notifié décide que le modèle de machine ou d'équipement de protection individuelle examiné est conforme aux règles techniques le concernant, il établit une attestation d'examen CE de type.

L'attestation reproduit les conclusions de l'examen, indique les conditions dont elle est éventuellement assortie et comprend les descriptions et dessins nécessaires pour identifier le modèle faisant l'objet de l'attestation.

Art. R. 4313-32. Lorsque l'organisme notifié décide que le modèle de machine ou d'équipement de protection individuelle n'est pas conforme aux règles techniques le concernant, il fait connaître au demandeur son refus de lui délivrer une attestation d'examen CE de type et en informe les autres organismes notifiés de la Communauté européenne.

Art. R. 4313-33. L'organisme notifié informe le demandeur, par lettre recommandée avec accusé de réception, de la date à laquelle le dossier technique est complet. Il lui fait connaître sa décision sur la demande d'examen CE de type, par lettre recommandée avec avis de réception, dans un délai de trois mois, à compter de cette date.

Art. R. 4313-34. Lorsque l'organisme n'a pas fait connaître sa décision dans le délai prévu à l'article précédent, le demandeur peut, au plus tard dans les deux mois qui suivent l'expiration de ce délai, saisir le ministre chargé du travail d'une réclamation. Celui-ci peut, autoriser le demandeur à s'adresser à un autre organisme notifié.

Art. R. 4313-35. Les décisions portant délivrance ou refus d'une attestation d'examen CE de type peuvent, lorsqu'elles sont prises par un organisme notifié situé sur le territoire français, faire l'objet d'une réclamation devant le ministre chargé du travail, au plus tard dans un délai de deux mois à compter de la notification de la décision au demandeur.

Art. R. 4313-36. Si la décision d'un organisme notifié n'apparaît pas justifiée, le ministre chargé du travail, saisi d'une réclamation, peut réformer cette décision après avis du ***(D. 2016-1834 du 22 déc. 2016, JO 24)*** «Conseil d'orientation des conditions de travail», après que le réclamant, le demandeur de l'attestation d'examen CE de type s'il est différent du réclamant et l'organisme notifié en cause, ont été invités à présenter leurs observations. Il prend sa décision dans un délai de deux mois.

Le silence gardé pendant plus de deux mois sur une réclamation vaut décision de rejet.

Art. R. 4313-37. Préalablement à l'exposition, la mise en vente, la vente, l'importation, la location, la mise à disposition ou la cession à quelque titre que ce soit d'un exemplaire neuf de machine ou d'équipement de protection individuelle ayant fait l'objet d'une attestation d'examen CE de type, le responsable de l'opération s'assure de la conformité de l'exemplaire en cause avec le modèle pour lequel a été délivrée l'attestation.

La déclaration CE de conformité prévue par l'article R. 4313-1 ne peut être établie et délivrée et le marquage CE de conformité prévu par l'article R. 4313-3 ne peut être apposé que si l'exemplaire concerné est conforme au modèle pour lequel l'attestation d'examen CE de type a été délivrée.

Art. R. 4313-38. Toute modification d'une machine ou d'un équipement de protection individuelle, ayant fait l'objet d'une attestation d'examen CE de type, réalisée par le fabricant ou l'importateur, est portée à la connaissance de l'organisme ayant délivré l'attestation.

L'organisme prend connaissance de ces modifications et s'assure que celles-ci n'exigent pas un nouvel examen de conformité. Dans ce cas, il fait savoir au fabricant ou à l'importateur que l'attestation d'examen CE de type reste valable pour le modèle ainsi modifié.

Dans le cas contraire, l'organisme fait savoir au fabricant ou à l'importateur que l'attestation d'examen CE de type cesse d'être valable. Si le fabricant ou l'importateur entend maintenir ces modifications, il dépose une nouvelle demande d'examen CE de type dans les conditions et selon les modalités prévues par la présente sous-section.

Art. R. 4313-39. L'attestation d'examen CE de type peut être retirée à tout moment par l'organisme notifié qui l'a délivrée s'il apparaît à l'expérience que les règles techniques applicables ne sont pas prises en compte.

La décision est prise après que le titulaire de l'attestation a été appelé à présenter ses observations. Cette décision est motivée par des non-conformités suffisamment importantes pour justifier la remise en cause de la décision initiale.

L'organisme notifié informe de sa décision le ministre chargé du travail et les autres organismes notifiés de la Communauté européenne.

La décision de retrait peut faire l'objet d'une réclamation dans les conditions prévues à l'article R. 4313-35.

Art. R. 4313-40. S'agissant des machines, le fabricant ou l'importateur demande à l'organisme notifié qui a délivré une attestation d'examen CE de type de réexaminer la validité de cette attestation, tous les cinq ans.

Art. R. 4313-41. Si l'organisme notifié, après avoir procédé aux examens nécessaires, estime que l'attestation reste valable compte tenu de l'état de la technique, il la renouvelle pour une durée de cinq ans.

Art. R. 4313-42. Les décisions de renouvellement ou de refus de renouvellement d'une attestation d'examen CE de type peuvent faire l'objet d'une réclamation dans les conditions fixées à l'article R. 4313-35.

Sous-section 3. Le système d'assurance qualité complète

Art. R. 4313-43. La procédure d'assurance qualité complète est celle par laquelle un organisme notifié évalue, approuve le système de qualité d'un fabricant de machines et en contrôle l'application.

À cette fin, l'organisme notifié s'assure que toutes les mesures ont été prises concernant la conception, la fabrication, l'inspection finale et le stockage.

Art. R. 4313-44. Pour obtenir l'approbation de son système de qualité, le fabricant introduit, auprès d'un organisme, une demande d'évaluation qui comprend :

1° Le nom et l'adresse du fabricant ;

2° Les lieux de conception, de fabrication, d'inspection, d'essai et de stockage ;

3° Le dossier technique prévu à l'article R. 4313-6 pour un modèle de chaque machine citée à l'article ***(D. 2011-1480 du 9 nov. 2011, JO 10)*** « R. 4313-78 » ;

4° La documentation sur le système de qualité ;

5° Une déclaration écrite spécifiant qu'une même demande n'a pas été introduite auprès d'un autre organisme notifié.

Art. R. 4313-45. Le système d'assurance qualité est mis en œuvre pour assurer la conformité des machines aux règles techniques les concernant. À cette fin tous les éléments, exigences et dispositions adoptés par le fabricant figurent dans une documentation tenue de manière systématique et rationnelle sous forme de mesures, procédures et instructions écrites. Cette documentation comprend, en particulier, une description adéquate :

1° Des objectifs de qualité, de l'organigramme et des responsabilités et des pouvoirs des cadres en matière de conception et de qualité des machines ;

2° Des solutions techniques adoptées pour se conformer aux règles techniques applicables ;

3° Des techniques mises en œuvre en termes d'inspection et de vérification ainsi que des actions mises en œuvre lors de la conception puis de la fabrication ;

4° Des inspections et essais effectués avant, pendant et après la fabrication avec indication de leur fréquence ;

5° Des dossiers de qualité : rapport d'inspection, résultats d'essais et d'étalonnage, rapport sur la qualification du personnel concerné ;

6° Des moyens prévus pour contrôler la réalisation de la conception et de la qualité voulues des machines ainsi que le fonctionnement effectif du système qualité.

Art. R. 4313-46. Lorsqu'il évalue le système de qualité, l'organisme notifié considère que les éléments du système qualité qui sont conformes à la norme harmonisée pertinente satisfont aux prescriptions correspondantes de l'article R. 4313-45.

Art. R. 4313-47. Pour l'évaluation du système de qualité d'un fabricant de machine, l'organisme notifié s'appuie sur une équipe d'auditeurs qui compte, au moins, un membre expérimenté dans l'évaluation de la technologie des machines. Cette équipe procède à l'examen du dossier technique prévu à l'article R. 4313-6. La procédure d'évaluation comporte une visite d'inspection dans les installations du fabricant.

Art. R. 4313-48. Après avoir procédé à l'évaluation du système, l'organisme notifie sa décision d'approbation du système qualité ou de refus.

La décision de l'organisme notifié peut faire l'objet d'une réclamation dans les conditions prévues par l'article R. 4313-35.

Art. R. 4313-49. Le fabricant informe l'organisme notifié de tout projet de modification de ce système approuvé. L'organisme notifié examine les modifications proposées et décide s'il continue de répondre aux dispositions de l'article R. 4313-45. La décision est notifiée et peut faire l'objet d'une réclamation dans les conditions prévues à l'article R. 4313-35.

Art. R. 4313-50. Le fabricant s'engage à remplir toutes les conditions nécessaires pour que le système de qualité approuvé demeure effectif.

Art. R. 4313-51. L'organisme notifié contrôle, par surveillance, que le fabricant remplit correctement les obligations qui découlent du système d'assurance qualité approuvé.

Art. R. 4313-52. Le fabricant autorise l'organisme notifié à accéder aux lieux de conception, de fabrication, d'inspection, d'essais et de stockage et fournit toutes les informations nécessaires, notamment :

1° La documentation sur le système de qualité ;

2° Les dossiers de qualité prévus, d'une part, dans la partie du système de qualité consacrée à la conception et, d'autre part, dans la partie consacrée à sa fabrication.

Art. R. 4313-53. L'organisme notifié procède à des audits périodiques pour s'assurer que le fabricant maintient et applique le système de qualité approuvé. Il fournit un rapport d'audit au fabricant.

La fréquence des audits est telle qu'une réévaluation complète est menée tous les trois ans.

Art. R. 4313-54. L'organisme notifié effectue, à l'improviste chez le fabricant, des visites dont la nécessité et la fréquence sont déterminées sur la base du système de contrôle géré par l'organisme. Au nombre des critères de choix de l'organisme figurent :

1° Les résultats des visites de surveillance antérieure ;

2° Le suivi qu'impose la mise en œuvre de mesures correctives ;

3° Les conditions spéciales liées à l'approbation du système ;

4° Les modifications significatives dans l'organisation du processus, des mesures ou des techniques de production.

Le cas échéant, l'organisme fait effectuer des essais. Les visites et les essais font l'objet d'un rapport remis au fabricant.

Art. R. 4313-55. Le fabricant tient à disposition des autorités nationales, pendant dix ans à compter de la dernière date de fabrication, les éléments à transmettre avec toute demande d'évaluation du système qualité énumérés à l'article R. 4313-44 ainsi que les décisions et rapports prévus aux articles R. 4313-48, R. 4313-49, R. 4313-53 et R. 4313-54.

Art. R. 4313-56. Lorsque l'organisme estime que les conditions nécessaires à l'approbation du système de qualité ne sont plus remplies, il retire cette approbation. Ce retrait interdit la mise sur le marché de la machine.

Sous-section 4. **Procédures d'évaluation de la conformité applicables aux équipements de protection individuelle**

§ 1. Le système de garantie de qualité CE

Art. R. 4313-57. Le " système de garantie de qualité CE " est la procédure par laquelle un organisme notifié atteste que le fabricant a pris toutes mesures nécessaires pour que le procédé de fabrication, y compris l'inspection finale et les essais des équipements de protection individuelle, assure l'homogénéité de sa production et la conformité de chaque exemplaire d'équipement de protection individuelle soumis à cette procédure avec le modèle ayant fait l'objet de l'attestation d'examen CE de type et avec les règles techniques qui lui sont applicables.

Art. R. 4313-58. Pour chaque modèle d'équipement de protection individuelle fabriqué, un organisme notifié choisi par le fabricant prélève un échantillonnage adéquat de l'équipement de protection individuelle à des intervalles aléatoires, au moins une fois par an. Sous sa responsabilité, il l'examine et réalise sur cet échantillonnage les essais appropriés définis par les normes mentionnées au 6° de l'article L. 4311-7 ou nécessaires pour s'assurer de la conformité des échantillons d'équipement de protection individuelle avec les règles techniques qui leur sont applicables. L'organisme notifié, s'il n'est pas celui qui a délivré l'attestation d'examen CE de type, prend contact avec ce dernier en cas de difficulté pour apprécier la conformité des équipements de protection individuelle prélevés dans l'échantillonnage. L'organisme notifié adresse au fabricant un rapport d'expertise dans un délai de deux mois suivant celle-ci.

Art. R. 4313-59. Lorsque le rapport prévu par l'article R. 4313-58 conclut à une absence d'homogénéité de la production ou à l'absence de conformité des échantillons d'équipement de protection individuelle examinés avec le modèle décrit dans l'attestation d'examen CE de type et les règles techniques applicables, l'organisme notifié prend les mesures qui s'imposent en fonction des défauts constatés et en informe le ministre chargé du travail. Le délai dans lequel le rapport d'expertise est adressé au fabricant est réduit au temps strictement nécessaire pour la rédaction et la transmission de ce rapport.

Art. R. 4313-60. Les mesures mentionnées à l'article R. 4313-59 peuvent être constituées par une augmentation de la périodicité des prélèvements d'échantillonnage, une demande de modification des procédés de fabrication y compris d'inspection finale, une demande de rappel ou de mise au rebut des lots défectueux. La charge financière résultant de la mise en œuvre de ces mesures est supportée par le fabricant. Si ces mesures n'apparaissent pas suffisantes ou ne sont pas respectées, la procédure de sauvegarde prévue au chapitre IV peut être mise en œuvre.

Art. R. 4313-61. Les possibilités de réclamation prévues par l'article R. 4313-35 sont applicables aux décisions de l'organisme notifié prévues au présent paragraphe.

§ 2. Le système d'assurance qualité CE de la production avec surveillance

Art. R. 4313-62. Le système d'assurance qualité CE de la production avec surveillance est la procédure par laquelle un fabricant :

1° Fait approuver un système d'assurance qualité par un organisme notifié de son choix ;

2° Confie à cet organisme le soin de contrôler, par surveillance, qu'il remplit correctement les obligations résultant du système d'assurance qualité approuvé.

Art. R. 4313-63. Pour être approuvé, le système d'assurance qualité CE de la production, proposé par le fabricant, garantit que chaque exemplaire d'équipement de protection individuelle, soumis à cette procédure, est conforme au modèle ayant fait l'objet de l'attestation d'examen CE de type et aux règles techniques qui lui sont applicables.

Art. R. 4313-64. Pour bénéficier d'un système approuvé d'assurance qualité, le fabricant dépose une demande d'évaluation de son système auprès d'un organisme notifié de son choix. Cette demande comporte :

1° Toutes les informations relatives aux équipements de protection individuelle envisagés, y compris le dossier technique prévu à l'article R. 4313-6 relatif au modèle ayant fait l'objet d'une attestation d'examen CE de type ;

2° La documentation sur le système d'assurance qualité ;

3° L'engagement de remplir les obligations découlant du système d'assurance qualité et de maintenir l'efficacité de ce système.

Art. R. 4313-65. La documentation sur le système d'assurance qualité comprend notamment une description :

1° Des objectifs de qualité, de l'organigramme et de la répartition des compétences chez le fabricant dans les domaines relatifs à la qualité des équipements de protection individuelle ;

2° Des examens, inspections et essais à réaliser par le fabricant ;

3° Des moyens destinés à vérifier le fonctionnement efficace du système d'assurance qualité.

Art. R. 4313-66. L'organisme notifié, choisi par le fabricant pour évaluer le système d'assurance qualité, réalise les vérifications nécessaires pour déterminer si ce système est de nature à assurer la conformité de la production avec les règles techniques applicables.

Cette conformité est présumée lorsque le système d'assurance qualité du fabricant met en œuvre les normes harmonisées pertinentes.

Art. R. 4313-67. L'organisme notifié, pour évaluer le système d'assurance qualité, procède à cette fin à toutes les évaluations objectives nécessaires des éléments de ce système. Il s'assure notamment que le système garantit la conformité de chaque exemplaire d'équipement de protection individuelle avec le modèle ayant fait l'objet d'une attestation d'examen CE de type.

L'organisme notifie sa décision au fabricant.

Art. R. 4313-68. Le fabricant informe l'organisme qui a approuvé son système d'assurance qualité de tout projet de modification de ce système.

L'organisme examine les modifications proposées et décide si le système d'assurance qualité continue de répondre aux dispositions des articles R. 4313-64 à R. 4313-67. L'organisme notifie au fabricant sa décision quant au système d'assurance qualité modifié.

Art. R. 4313-69. L'organisme notifié contrôle, par surveillance, que le fabricant remplit correctement les obligations qui découlent du système d'assurance qualité approuvé.

Art. R. 4313-70. Le fabricant autorise l'organisme notifié à accéder aux lieux d'inspection, d'essais et de stockage des équipements de protection individuelle et fournit toute information nécessaire, notamment :

1° La documentation sur le système d'assurance qualité, y compris les manuels de qualité ;

2° La documentation technique.

Art. R. 4313-71. L'organisme notifié procède périodiquement à des enquêtes et contrôles pour s'assurer que le fabricant maintient et applique le système d'assurance qualité approuvé. Il fournit un rapport d'expertise au fabricant. L'organisme peut procéder à des visites inopinées chez le fabricant. Il fournit un rapport de visite au fabricant et, le cas échéant, un rapport d'expertise. Les rapports de l'organisme notifié sont adressés au fabricant dans les conditions fixées par les articles R. 4313-58 et R. 4313-59.

Art. R. 4313-72. Lorsque l'organisme notifié a conclu à une application défectueuse du système d'assurance qualité approuvé, il peut, selon la gravité des défauts constatés :

- soit demander les modifications nécessaires du système.
- soit décider le retrait de l'approbation.

Art. R. 4313-73. En cas de retrait de l'approbation du système d'assurance qualité, la fabrication ne peut se poursuivre qu'après que le fabricant a mis en œuvre un système de garantie de qualité CE conforme aux dispositions du paragraphe 1 de la présente sous-section. La procédure de sauvegarde prévue au chapitre IV peut également être mise en œuvre.

Art. R. 4313-74. Les possibilités de réclamation prévues par l'article R. 4313-35 sont applicables aux décisions de l'organisme notifié prévues par le présent paragraphe.

SECTION 3 (réglementaire). **Les procédures d'évaluation de la conformité applicables à chaque catégorie de machines, équipements de travail ou d'équipements de protection individuelle**

§ 1. Machines et autres équipements de travail

Art. R. 4313-75. À l'exception de celles figurant à l'article R. 4313-78, les machines sont soumises à la procédure d'évaluation de la conformité avec contrôle interne de la fabrication.

(D. 2016-1010 du 21 juil. 2016, JO 23) « Les tracteurs agricoles ou forestiers et leurs entités techniques, systèmes ou composants sont soumis aux procédures de réception UE par type ou d'homologation nationale définies respectivement par le règlement (UE) n° 167/2013 du Parlement européen et du Conseil du 5 février 2013 relatif à la réception et à la surveillance du marché des véhicules agricoles et forestiers, dans les conditions définies à l'article 2.3 de ce règlement, et par le décret n° 2005-1236 du 30 septembre 2005 relatif aux règles, prescriptions et procédures applicables aux tracteurs agricoles ou forestiers et à leurs dispositifs. »

Les électrificateurs de clôture sont soumis à la procédure d'examen de type définie par le décret n° 96-216 du 14 mars 1996 relatif aux règles techniques et à la procédure de certification applicables aux électrificateurs de clôture.

Note Voir note sous article R. 4312-1-1.

Art. R. 4313-76. Lorsque la machine est mentionnée à l'article R. 4313-78 et est fabriquée conformément aux normes harmonisées mentionnées à l'article L. 4311-7, et pour autant que ces normes couvrent l'ensemble des règles techniques pertinentes, le fabricant applique l'une des procédures suivantes :

1° La procédure d'évaluation de la conformité avec contrôle interne de la fabrication ;
2° La procédure d'examen CE de type ainsi que le contrôle interne de la fabrication ;
3° La procédure d'assurance qualité complète.

Art. R. 4313-77. Lorsque la machine est mentionnée à l'article R. 4313-78 et n'est pas fabriquée conformément aux normes harmonisées mentionnées à l'article L. 4311-7 ou si les normes harmonisées ne couvrent pas l'ensemble des règles techniques pertinentes, le fabricant applique l'une des procédures suivantes :

1° La procédure d'examen CE de type ainsi que le contrôle interne de la fabrication ;
2° La procédure d'assurance qualité complète.

Art. R. 4313-78. Les machines neuves ou considérées comme neuves soumises, soit aux procédures définies à l'article R. 4313-76, soit à celles prévues à l'article R. 4313-77, sont les suivantes :

1° Scies circulaires (monolames et multilames) pour le travail du bois et des matériaux ayant des caractéristiques physiques similaires ou pour le travail de la viande et des matériaux ayant des caractéristiques physiques similaires, des types suivants :

a) Machines à scier, à une ou plusieurs lames en position fixe en cours de coupe, ayant une table ou un support de pièce fixe avec avance manuelle de la pièce ou avec entraîneur amovible ;

b) Machines à scier, à une ou plusieurs lames en position fixe en cours de coupe, à table-chevalet ou chariot à mouvement alternatif, à déplacement manuel ;

c) Machines à scier, à une ou plusieurs lames en position fixe en cours de coupe, possédant par construction un dispositif d'avance intégré des pièces à scier, à chargement ou à déchargement manuel ;

d) Machines à scier, à une ou plusieurs lames mobiles en cours de coupe, à dispositif d'avance intégré, à chargement ou à déchargement manuel ;

2° Machines à dégauchir à avance manuelle pour le travail du bois ;

3° Machines à raboter sur une face possédant par construction un dispositif d'avance intégré, à chargement ou à déchargement manuel pour le travail du bois ;

4° Scies à ruban à chargement ou à déchargement manuel pour le travail du bois et des matériaux ayant des caractéristiques physiques similaires ou pour le travail de la viande et des matériaux ayant des caractéristiques physiques similaires, des types suivants :

a) Machines à scier à lame en position fixe en cours de coupe, à table ou à support de pièce fixe ou à mouvement alternatif ;

b) Machines à scier à lame montée sur un chariot à mouvement alternatif ;

5° Machines combinées des types mentionnées aux 1°, 2°, 3°, 4°, 7° du présent article pour le travail du bois et des matériaux ayant des caractéristiques physiques similaires ;

6° Machines à tenonner à plusieurs broches à avance manuelle pour le travail du bois ;

7° Toupies à axe vertical à avance manuelle pour le travail du bois et des matériaux ayant des caractéristiques physiques similaires ;

8° Scies à chaîne, portatives, pour le travail du bois ;

9° Presses, y compris les plieuses, pour le travail à froid des métaux, à chargement ou à déchargement manuel dont les éléments mobiles peuvent avoir une course supérieure à 6 mm et une vitesse supérieure à 30 mm/s ;

10° Machines de moulage des plastiques par injection ou compression à chargement ou à déchargement manuel;

11° Machines de moulage de caoutchouc par injection ou compression à chargement ou à déchargement manuel;

12° Machines pour les travaux souterrains des types suivants:

a) Locomotives et bennes de freinage;

b) Soutènements marchants hydrauliques;

13° Bennes de ramassage d'ordures ménagères à chargement manuel, comportant un mécanisme de compression;

14° Dispositifs amovibles de transmission mécanique, y compris leurs protecteurs;

15° Protecteurs des dispositifs amovibles de transmission mécanique;

16° Ponts élévateurs pour véhicules;

17° Appareils de levage de personnes ou de personnes et d'objets, présentant un danger de chute verticale supérieure à 3 mètres;

18° Machines portatives de fixation à charge explosive et autres machines à chocs;

19° Dispositifs de protection destinés à détecter la présence de personnes;

20° Protecteurs mobiles motorisés avec dispositif de verrouillage destinés à être utilisés dans les machines mentionnées au 9°, 10° et 11°;

21° Blocs logiques assurant des fonctions de sécurité;

22° Structures de protection contre le retournement (ROPS);

23° Structures de protection contre les chutes d'objets (FOPS).

Art. R. 4313-79. Un ensemble de machines constitué par l'assemblage d'une machine ou d'un tracteur avec un équipement interchangeable n'est pas tenu de satisfaire à la procédure de certification de conformité applicable à cet ensemble si les deux parties constitutives sont compatibles entre elles et si chacune de ces parties a satisfait à la procédure d'évaluation de la conformité qui lui est applicable.

§ 2. Équipements de protection individuelle

Art. R. 4313-80. Sont soumis à la procédure de contrôle interne de la fabrication dite procédure d'autocertification CE définie par l'article R. 4313-20 les équipements de protection individuelle neufs ou considérés comme neufs qui ont pour but de protéger l'utilisateur contre:

1° Les agressions mécaniques dont les effets sont superficiels;

2° Les produits d'entretien peu dangereux dont les effets sont facilement réversibles;

3° Les risques encourus lors de la manipulation des pièces chaudes n'exposant pas à une température supérieure à 50° C, ni à des chocs dangereux;

4° Les conditions atmosphériques qui ne sont ni exceptionnelles ni extrêmes;

5° Les petits chocs et vibrations n'affectant pas des parties vitales du corps et qui ne peuvent pas provoquer de lésions irréversibles.

Art. R. 4313-81. Les équipements de protection individuelle neufs ou considérés comme neufs, autres que ceux mentionnés à l'article R. 4313-80, sont soumis à la procédure d'examen CE de type définie par les articles R. 4313-23 à R. 4313-42.

Art. R. 4313-82. Outre la procédure d'examen CE de type, les équipements de protection individuelle suivants, neufs ou considérés comme neufs, sont soumis, au choix du fabricant, soit à la procédure de système de garantie de qualité CE définie par les articles R. 4313-57 à R. 4313-61, soit à la procédure de système d'assurance qualité CE de la production avec surveillance définie par les articles R. 4313-62 à R. 4313-74:

1° Appareils de protection respiratoire filtrants qui protègent contre les aérosols solides ou liquides ou les gaz dangereux ou radiotoxiques;

2° Appareils de protection respiratoire qui isolent totalement de l'atmosphère d'intervention et appareils de plongée;

3° Équipements de protection individuelle offrant une protection limitée dans le temps contre les agressions chimiques ou contre les rayonnements ionisants;

4° Équipements d'intervention dans les ambiances chaudes dont les effets sont comparables à ceux d'une température d'air égale ou supérieure à 100° C, avec ou sans rayonnement infrarouge, flammes ou grosses projections de matières en fusion;

5° Équipements d'intervention dans des ambiances froides dont les effets sont comparables à ceux d'une température d'air inférieure ou égale à – 50° C;

6° Équipements de protection individuelle destinés à protéger contre les chutes de hauteur;

7° Équipements de protection individuelle destinés à protéger des risques électriques pour les travaux sous tension dangereuse ou équipements utilisés comme isolants contre une haute tension.

SECTION 4 (réglementaire). **Organismes notifiés**

Art. R. 4313-83. Les organismes notifiés sont les organismes chargés de mettre en œuvre les procédures d'évaluation de la conformité ou de réaliser des opérations de contrôle de conformité définies par le présent chapitre. Ils sont habilités par arrêté du ministre chargé du travail et notifiés à la Commission européenne ainsi qu'aux autres États membres.

Note Voir arrêté du 28 décembre 2009 (JO 7 janv. 2010) relatif aux conditions d'habilitation des organismes notifiés pour mettre en œuvre les procédures d'évaluation de la conformité des équipements de protection individuelle.

Art. R. 4313-84. ***(D. 2009-289 du 13 mars 2009, JO 15)*** Pour les équipements de travail ou les moyens de protection destinés à un usage spécifiquement agricole ou forestier, les attributions du ministre chargé du travail sont exercées par le ministre chargé de l'agriculture.

Art. R. 4313-85. L'habilitation est accordée à un organisme en fonction de son indépendance, de ses compétences, de son intégrité ainsi que de la disposition des moyens pour remplir sa mission et faire face aux responsabilités qui en découlent.

Un arrêté ministériel précise les conditions nécessaires pour qu'un organisme remplisse ces critères et, notamment, le rôle imparti à l'accréditation.

Note Voir arrêté du 22 octobre 2009 (JO 26 nov., entrée en vigueur le 29.12.2009), modifié par arrêté du 13 juin 2013 (JO 26, entrée en vigueur le 01.04.2014), relatif aux conditions d'habilitation des organismes notifiés pour mettre en œuvre les procédures d'évaluation de la conformité des machines.

Art. R. 4313-86. Afin de permettre au ministre chargé du travail d'apprécier les garanties présentées par les organismes habilités, ceux-ci s'engagent à permettre aux personnes désignées par le ministre d'accéder à leurs locaux et de procéder à toutes les investigations permettant de vérifier qu'ils continuent de satisfaire aux conditions mentionnées à la présente section.

Art. R. 4313-87. Le silence gardé par le ministre chargé du travail pendant plus de quatre mois sur une demande d'habilitation vaut décision de rejet.

Art. R. 4313-88. En cas de manquement aux obligations définies à la présente section, l'habilitation est retirée par arrêté du ministre chargé du travail après avis du ***(D. 2016-1834 du 22 déc. 2016, JO 24)*** « Conseil d'orientation des conditions de travail » et après que le responsable de l'organisme a été invité à présenter ses observations.

Cet arrêté précise les conditions dans lesquelles les dossiers détenus par l'organisme sont mis à la disposition du ministre chargé du travail.

Art. R. 4313-89. Les décisions des organismes habilités peuvent faire l'objet d'une réclamation dans les conditions prévues à l'article R. 4313-35.

SECTION 5 (réglementaire). Communication à l'autorité administrative et mesures de contrôle

Art. R. 4313-90. La déclaration CE de conformité prévue à l'article R. 4313-1 est présentée par le fabricant, l'importateur ou tout autre responsable de la mise sur le marché sur leur demande aux agents de l'inspection du travail ainsi qu'aux agents mentionnés à l'article L. 4311-6.

Le certificat de conformité prévu par l'article R. 4313-14 est présenté dans les mêmes conditions par le responsable de l'opération mentionnée à ce même article.

Art. R. 4313-91. Les ministres chargés du travail, de l'agriculture, des douanes, de l'industrie et de la consommation peuvent, chacun en ce qui le concerne, au moment de la mise sur le marché d'une machine ou d'un équipement de protection individuelle, demander au fabricant, à l'importateur, à tout autre responsable de la mise sur le marché, communication du dossier technique prévu par l'article ***(D. 2011-1480 du 9 nov. 2011, JO 10)*** « R. 4313-6 ».

Dans les conditions prévues à l'alinéa précédent, les ministres cités à cet alinéa peuvent, s'agissant d'une quasi-machine, demander communication de la documentation technique ou de la notice d'assemblage prévues à l'article R. 4313-7.

Le délai fixé pour répondre à cette demande tient compte du temps nécessaire pour rendre ce dossier ou cette documentation disponible.

Art. R. 4313-92. La demande de communication de dossier ou de documentation technique prévus à l'article L. 4313-1 est motivée.

L'absence de communication de ce dossier ou de cette documentation dans le délai prescrit constitue un indice de non-conformité de l'équipement de travail ou de l'équipement de protection individuelle aux règles techniques qui lui sont applicables, susceptible d'entraîner la mise en œuvre de la procédure de sauvegarde prévue à l'article L. 4314-1.

Art. R. 4313-93. La période au cours de laquelle une demande de communication de dossier ou de documentation technique peut être présentée se poursuit pendant dix ans après la dernière date de fabrication.

Art. R. 4313-94. Les ministres mentionnés à l'article R. 4313-91 peuvent, dans les conditions définies à ce même article, demander au fabricant communication des rapports de l'organisme notifié prévus par les articles R. 4313-58 et R. 4313-71.

Art. R. 4313-95. Les décisions prises en application du présent chapitre sont motivées et mentionnent les voies et délais de recours.

CHAPITRE IV Procédure de sauvegarde

Art. L. 4314-1. Une procédure de sauvegarde est organisée permettant:

1° Soit de s'opposer à ce que des équipements de travail ou des moyens de protection ne répondant pas aux obligations de sécurité et à tout ou partie des règles techniques auxquelles doit satisfaire chaque type d'équipement de travail et de moyen de protection fassent l'objet des opérations mentionnées aux articles L. 4311-3 et L. 4321-2;

2° Soit de subordonner l'accomplissement de ces opérations à des vérifications, épreuves, règles d'entretien, modifications des modes d'emploi des équipements de travail ou moyens de protection concernés.

SECTION 1 (réglementaire). Procédure de sauvegarde d'initiative nationale

Note Voir circulaire DGT 2010-01 du 4 février 2010 concernant la mise en œuvre du décret du 7 novembre 2008.

Art. R. 4314-1. La procédure de sauvegarde prévue à l'article L. 4314-1 s'applique lorsqu'il apparaît qu'un modèle d'équipement de travail ou d'***(D. 2008-1156 du 7 nov. 2008, art. 9, JO 9)*** «équipement de protection individuelle» ou que des exemplaires mis sur le marché compromettent la santé et la sécurité des personnes en ne répondant pas aux obligations de sécurité définies à l'article L. 4311-1 et à tout ou partie des règles techniques prévues par le chapitre II. Dans ce cas, l'exposition, la mise en vente, la vente, la location, l'importation, la cession ou la mise à disposition à quelque titre que ce soit, la mise en service et l'utilisation de cet équipement de travail ou ***(D. 2008-1156 du 7 nov. 2008, art. 9, JO 9)*** «équipement de protection individuelle» peuvent être soit interdites ou restreintes, soit subordonnées à des vérifications, épreuves, modifications des modes d'emploi et règles d'entretien des équipements de travail et ***(D. 2008-1156 du 7 nov. 2008, art. 9, JO 9)*** «équipements de protection individuelle» concernés.

Note Les dispositions de cet article, dans sa rédaction issue du décret 2008-1156 précité, sont applicables depuis le 29.12.2009 (décret précité, art. 16).

Art. R. 4314-2. ***(D. 2008-1156 du 7 nov. 2008, art. 9, JO 9)*** La procédure de sauvegarde est mise en œuvre, après que le fabricant ou l'importateur a été invité à présenter ses observations, par arrêté du ministre chargé du travail, qui en informe le ***(D. 2016-1834 du 22 déc. 2016, JO 24)*** «Conseil d'orientation des conditions de travail» ainsi que les ministres chargés de l'agriculture, des douanes, de l'industrie et de la consommation.

Note • Cet article est applicable depuis le 29.12.2009 (décret 2008-1156 précité, art. 16).

• Voir, par exemple, deux arrêtés du 18 novembre 2009 (JO 26) portant interdiction de mise sur le marché et d'utilisation d'une combinaison étanche aux pulvérisations de produits chimiques (combinaison de protection de type 4).

Art. R. 4314-3. Lorsque les opérations mentionnées à l'article R. 4314-1 sont subordonnées à des vérifications, épreuves, modifications des modes d'emploi et règles d'entretien des équipements de travail et moyens de protection, le fabricant et toute personne responsable d'une de ces opérations prennent toutes dispositions pour en informer les utilisateurs.

Art. R. 4314-4. ***(D. 2016-1010 du 21 juil. 2016, JO 23)*** Les dispositions du présent chapitre ne s'appliquent pas aux tracteurs agricoles ou forestiers, à leurs entités techniques, à leurs systèmes ou composants pour lesquels la procédure de sauvegarde est réglementée par le règlement (UE) n° 167/2013 du Parlement européen et du Conseil du 5 février 2013 relatif à la réception et à la surveillance du marché des véhicules agricoles et forestiers ou par le décret n° 2005-1236 du 30 septembre 2005 relatif aux règles, prescriptions et procédures applicables aux tracteurs agricoles ou forestiers et à leurs dispositifs.

Note Voir note sous art. R. 4312-1-1.

SECTION 2 (réglementaire). Procédure de sauvegarde consécutive à un avis de la Commission européenne

Art. R. 4314-5. ***(D. 2008-1156 du 7 nov. 2008, art. 9, JO 9)*** La procédure de sauvegarde est également mise en œuvre lorsque le ministre chargé du travail est avisé par la Commission européenne:

1° Qu'une mesure d'interdiction ou de restriction prise par un autre État membre est considérée comme justifiée;

2° Que, s'agissant des machines, du fait des lacunes d'une norme à laquelle le fabricant se réfère, toutes les machines potentiellement dangereuses doivent être retirées du marché ou voir leur mise sur le marché soumise à des conditions spéciales.

Dans ces cas, un avis au *Journal officiel* de la République française précise les équipements concernés et les motifs pour lesquels est prise une mesure d'interdiction ou de restriction.

Note Cet article est applicable depuis le 29.12.2009 (décret 2008-1156 précité, art. 16).

SECTION 3 (réglementaire). Recours

Art. R. 4314-6. Les décisions prises en application du présent chapitre sont motivées et mentionnent les voies et délais de recours.

ANNEXE I (Règles techniques en matière de santé et de sécurité applicables aux machines neuves ou considérées comme neuves mentionnées à l'article R. 4312-1 CT).
Voir décret 2008-1156 du 7 novembre 2008 (JO 9),
modifié par décret 2011-1480 du 9 novembre 2011 (JO 10).

ANNEXE II (définissant les règles techniques de conception et de fabrication prévues par l'article R. 4312-6). Voir décret 2008-244 du 7 mars 2008 (JO 12),
modifié par décret 2011-1480 du 9 novembre 2011 (JO 10).

TITRE II UTILISATION DES ÉQUIPEMENTS DE TRAVAIL ET DES MOYENS DE PROTECTION

CHAPITRE Ier Règles générales

Note Le décret 93-41 du 11 janvier 1993 (JO 13), applicable au 15 janvier 1993, a transposé la directive 89/656/CEE du 30 novembre 1989 modifiée (JOCE L 393 du 30.12.1989) concernant les prescriptions minimales de sécurité et de santé pour l'utilisation par les travailleurs au travail d'équipements de protection individuelle.

Voir instruction DRT 93-13 du 18 mars 1993 fixant les orientations pour l'application de ce décret (BO TR 93/9, p. 101).

SECTION 1. Principes

Art. L. 4321-1. Les équipements de travail et les moyens de protection mis en service ou utilisés dans les établissements destinés à recevoir des travailleurs sont équipés, installés, utilisés, réglés et maintenus de manière à préserver la santé et la sécurité des travailleurs, y compris en cas de modification de ces équipements de travail et de ces moyens de protection.

Art. L. 4321-2. Il est interdit de mettre en service ou d'utiliser des équipements de travail et des moyens de protection qui ne répondent pas aux règles techniques de conception du chapitre II et aux procédures de certification du chapitre III du titre Ier.

Note Pour l'application à Mayotte des dispositions de cet article, un décret en Conseil d'État précise :

1° Les durées et les modalités de mise en œuvre de la période transitoire pendant laquelle les équipements de travail utilisés, non soumis à des règles de conception lors de leur mise sur le marché, devront être mis en conformité avec les prescriptions minimales prévues à l'annexe I de la directive 2009/104/CE du Parlement européen et du Conseil du 16 septembre 2009 concernant les prescriptions minimales de sécurité et de santé pour l'utilisation par les travailleurs au travail d'équipements de travail, et ce au plus tard le 1er janvier 2022 ;

2° Les conditions dans lesquelles les équipements de travail commandés avant le 1er janvier 2018 peuvent être assimilés à des équipements de travail utilisés au sens de l'alinéa précédent (ordonnance 2017-1491 du 25 octobre 2017, art. 38, JO 26).

Voir aussi décret 2019-1488 du 27 décembre 2019 (JO 29) relatif aux modalités de mise en conformité des équipements de travail utilisés à Mayotte avec les prescriptions minimales fixées en application de l'article L. 4321-2.

Art. L. 4321-3. Par dérogation aux dispositions de l'article L. 4321-2, est permise, aux seules fins de démonstration, l'utilisation des équipements de travail neufs ne répondant pas aux dispositions de l'article L. 4311-1. Les mesures nécessaires, destinées à éviter toute atteinte à la sécurité et la santé des travailleurs chargés de la démonstration et des personnes exposées aux risques qui en résultent, sont alors mises en œuvre.

Dans ce cas, un avertissement dont les caractéristiques sont déterminées par arrêté conjoint du ministre chargé du travail et du ministre chargé de l'agriculture est placé à proximité de l'équipement de travail faisant l'objet de la démonstration, pendant toute la durée de celle-ci.

Note Voir note sous l'article L. 4311-4.

Art. R. 4321-1. L'employeur met à la disposition des travailleurs les équipements de travail nécessaires, appropriés au travail à réaliser ou convenablement adaptés à cet effet, en vue de préserver leur santé et leur sécurité.

Art. R. 4321-2. L'employeur choisit les équipements de travail en fonction des conditions et des caractéristiques particulières du travail. Il tient compte des caractéristiques de l'établissement susceptibles d'être à l'origine de risques lors de l'utilisation de ces équipements.

Art. R. 4321-3. Lorsque les mesures prises en application des articles R. 4321-1 et R. 4321-2 ne peuvent pas être suffisantes pour préserver la santé et la sécurité des travailleurs, l'employeur prend toutes autres mesures nécessaires à cet effet, en agissant notamment sur l'installation des équipements de travail, l'organisation du travail ou les procédés de travail.

Art. R. 4321-4. L'employeur met à la disposition des travailleurs, en tant que de besoin, les équipements de protection individuelle appropriés et, lorsque le caractère particulièrement insalubre ou salissant des travaux l'exige, les vêtements de travail appropriés. Il veille à leur utilisation effective.

Art. R. 4321-5. Les équipements de protection individuelle et les vêtements de travail mis à la disposition des travailleurs en application des dispositions de la présente partie ne constituent pas des avantages en nature au sens de l'article ***(D. 2016-1551 du 18 nov. 2016, art. 6, V, 18°, JO 19, entrée en vigueur le 01.01.2017)*** « L. 3141-25 ».

SECTION 2. Dispositions d'application

Art. L. 4321-4. Pour l'application des dispositions du présent titre, des décrets en Conseil d'État, pris après avis des organisations professionnelles d'employeurs et de salariés intéressées, déterminent les mesures d'organisation, les conditions de mise en œuvre et les prescriptions techniques auxquelles est subordonnée l'utilisation des équipements de travail et moyens de protection soumis aux obligations de sécurité définies à l'article L. 4321-1.

Art. L. 4321-5. Les modalités d'application des décrets en Conseil d'État mentionnés à l'article L. 4321-4 peuvent être définies par des conventions ou des accords conclus entre l'autorité administrative et les organisations professionnelles nationales d'employeurs représentatives.

Art. R. 4321-6. Les conventions ou accords prévus à l'article L. 4321-5 sont conclus entre les ministres chargés du travail ou de l'agriculture et les organisations professionnelles nationales d'employeurs représentatives.

Note Cet article [L. 233-5-1, IV], ajouté par la loi 96-452 du 28 mai 1996 (JO 29), entérinait sur le plan législatif la voie conventionnelle engagée entre le ministère du Travail et les branches professionnelles pour la mise en conformité des machines en service avec les normes européennes (voir notamment BO TR 96/3, p. 51, Point sur la démarche des secteurs professionnels).

CHAPITRE II (réglementaire) Maintien en état de conformité

Art. R. 4322-1. Les équipements de travail et moyens de protection, quel que soit leur utilisateur, sont maintenus en état de conformité avec les règles techniques de conception et de construction applicables lors de leur mise en service dans l'établissement, y compris au regard de la notice d'instructions.

Ces dispositions ne font pas obstacle à l'application des règles d'utilisation prévues au chapitre IV.

Note Voir note technique n° 9 du 2 août 1995 relative aux vérifications générales périodiques des équipements de travail (BO TR 95/17, p. 65).

Art. R. 4322-2. Les moyens de protection détériorés pour quelque motif que ce soit, y compris du seul fait de la survenance du risque contre lequel ils sont prévus et dont la réparation n'est pas susceptible de garantir le niveau de protection antérieur à la détérioration, sont immédiatement remplacés et mis au rebut.

Art. L. 4321-5

Art. R. 4322-3. La notice d'instructions des équipements de travail et moyens de protection est tenue à la disposition de l'inspection du travail, du service de prévention des organismes de sécurité sociale et de l'organisme agréé saisi conformément à l'article R. 4722-26.

CHAPITRE III (réglementaire) Mesures d'organisation et conditions d'utilisation des équipements de travail et des équipements de protection individuelle

SECTION 1. Information et formation des travailleurs

Art. R. 4323-1. L'employeur informe de manière appropriée les travailleurs chargés de l'utilisation ou de la maintenance des équipements de travail :

1° De leurs conditions d'utilisation ou de maintenance ;

2° Des instructions ou consignes les concernant ***(D. 2008-1156 du 7 nov. 2008, art. 10, JO 9)*** « notamment celles contenues dans la notice d'instructions du fabricant » ;

3° De la conduite à tenir face aux situations anormales prévisibles ;

4° Des conclusions tirées de l'expérience acquise permettant de supprimer certains risques.

Note

• Les dispositions de cet article, dans sa rédaction issue du décret 2008-1156 précité, sont applicables depuis le 29.12.2009 (décret précité, art. 16).

• Voir circulaire DGT 2010-01 du 4 février 2010 concernant la mise en œuvre du décret du 7 novembre 2008.

• Est légalement justifié l'arrêt qui, pour déclarer une société et son dirigeant coupables du délit de blessures involontaires, relève que le technicien de maintenance et l'agent de production affecté au fonctionnement de la machine n'ont pas reçu une formation suffisante à la sécurité au sens des articles R. 233-2 et R. 233-3 (anciens) CT et que les organes de service du matériel n'étaient pas clairement identifiables ainsi que le prescrit l'article R. 233-19 (ancien) du même code, et ajoute que la responsabilité pénale de la société est engagée du fait de ces manquements et que le dirigeant a commis une faute caractérisée exposant autrui à un risque d'une particulière gravité qu'il ne pouvait ignorer compte tenu de son expérience et de sa compétence technique (cass. crim. 6 novembre 2008, n° 07-80.031, B. crim. n° 265 ; RJS 3/08 n° 298 ; RDT, juillet/août 2008, CH, 464, J-Fr. Dreuille).

Art. R. 4323-2. L'employeur informe de manière appropriée tous les travailleurs de l'établissement des risques les concernant dus :

1° Aux équipements de travail situés dans leur environnement immédiat de travail, même s'ils ne les utilisent pas personnellement ;

2° Aux modifications affectant ces équipements.

Art. R. 4323-3. La formation à la sécurité dont bénéficient les travailleurs chargés de l'utilisation ou de la maintenance des équipements de travail est renouvelée et complétée aussi souvent que nécessaire pour prendre en compte les évolutions de ces équipements.

Art. R. 4323-4. Indépendamment de la formation prévue à l'article R. 4323-3, les travailleurs affectés à la maintenance et à la modification des équipements de travail reçoivent une formation spécifique relative aux prescriptions à respecter, aux conditions d'exécution des travaux et aux matériels et outillages à utiliser.

Cette formation est renouvelée et complétée aussi souvent que nécessaire pour prendre en compte les évolutions des équipements de travail et des techniques correspondantes.

Art. R. 4323-5. L'employeur tient à la disposition des membres du ***(D. 2017-1819 du 29 déc. 2017, art. 3, 43°, JO 30, entrée en vigueur le 01.01.2018)*** « comité social et économique », une documentation sur la réglementation applicable aux équipements de travail utilisés.

SECTION 2. Installation des équipements de travail

Art. R. 4323-6. Les équipements de travail et leurs éléments sont installés et doivent pouvoir être utilisés de manière à assurer leur stabilité.

Art. R. 4323-7. Les équipements de travail sont installés, disposés et utilisés de manière à réduire les risques pour les utilisateurs de ces équipements et pour les autres travailleurs.

Ils sont installés, ainsi que leurs éléments, de façon à permettre aux travailleurs d'accomplir les opérations de production et de maintenance dans les meilleures conditions de sécurité possibles.

Art. R. 4323-8. Un espace libre suffisant est prévu entre les éléments mobiles des équipements de travail et les éléments fixes ou mobiles de leur environnement.

Art. R. 4323-9. L'environnement de travail est organisé de telle sorte que toute énergie ou substance utilisée ou produite puisse être amenée et évacuée en toute sécurité.

Art. R. 4323-10. Les équipements de travail et leurs éléments sont implantés de telle sorte qu'ils ne s'opposent pas à l'emploi des outils, accessoires, équipements et engins nécessaires pour exécuter en toute sécurité les opérations de mise en œuvre et de réglage relevant de l'opérateur, ou les opérations de maintenance.

Art. R. 4323-11. Les équipements de travail sont installés et, en fonction des besoins, équipés de telle sorte que les travailleurs puissent accéder et se maintenir en sécurité et sans fatigue excessive à tous les emplacements nécessaires pour l'utilisation, le réglage et la maintenance de ces équipements et de leurs éléments.

Art. R. 4323-12. Les passages et les allées de circulation des travailleurs entre les équipements de travail ont une largeur d'au moins 80 centimètres.

Le profil et l'état du sol de ces passages et les allées permettent le déplacement en sécurité.

Art. R. 4323-13. Aucun poste de travail permanent ne peut être situé dans le champ d'une zone de projection d'éléments dangereux.

SECTION 3. Utilisation et maintenance des équipements de travail

Art. R. 4323-14. Le montage et le démontage des équipements de travail sont réalisés de façon sûre, en respectant les instructions du fabricant.

La remise en service d'un équipement de travail après une opération de maintenance ayant nécessité le démontage des dispositifs de protection est précédée d'un essai permettant de vérifier que ces dispositifs sont en place et fonctionnent correctement.

Art. R. 4323-15. Lorsque des transmissions, mécanismes et équipements de travail comportant des organes en mouvement susceptibles de présenter un risque sont en fonctionnement, les travailleurs ne peuvent être admis à procéder à la vérification, à la visite, au nettoyage, au débourrage, au graissage, au réglage, à la réparation et à toute autre opération de maintenance.

Préalablement à l'exécution à l'arrêt de tels travaux, toutes mesures sont prises pour empêcher la remise en marche inopinée des transmissions, mécanismes et équipements de travail en cause.

Lorsqu'il est techniquement impossible d'accomplir à l'arrêt certains de ces travaux, des dispositions particulières sont prises pour empêcher l'accès aux zones dangereuses ou pour mettre en œuvre des conditions de fonctionnement, une organisation du travail ou des modes opératoires permettant de préserver la sécurité des travailleurs. L'employeur rédige une instruction à cet effet. Dans ce cas, les travaux ne peuvent être accomplis que par des travailleurs affectés à la maintenance et au démontage des équipements de travail.

Note Il appartient au titulaire d'une délégation de pouvoirs chargé des questions de sécurité d'assurer le respect des prescriptions du code du travail interdisant à tout travailleur de procéder, pendant leur marche, à la vérification ou à la réparation des machines (cass. crim. 15 octobre 1991, n° 89-86.633, RJS 3/92 n° 298).

Art. R. 4323-16. Lorsque, pour des raisons d'ordre technique, les éléments mobiles d'un équipement de travail ne peuvent être rendus inaccessibles, il est interdit de permettre aux travailleurs, lorsqu'ils portent des vêtements non ajustés ou flottants, d'utiliser cet équipement, de procéder à des interventions sur celui-ci ou de circuler à sa proximité.

Art. R. 4323-17. Lorsque les mesures prises en application des articles R. 4321-1 et R. 4321-2 ne peuvent pas être suffisantes pour préserver la santé et assurer la sécurité des travailleurs, l'employeur prend les mesures nécessaires pour que :

1° Seuls les travailleurs désignés à cet effet utilisent l'équipement de travail ;

2° La maintenance et la modification de cet équipement de travail ne soient réalisées que par les seuls travailleurs affectés à ce type de tâche.

Art. R. 4323-18. Les machines à amenage manuel des pièces à travailler ou à déplacement manuel des outillages sont équipées des outils et accessoires appropriés évitant que les phénomènes de rejet ou d'entraînement pouvant survenir créent un risque pour les travailleurs.

Les machines à travailler le bois destinées au dégauchissage, au rabotage, au toupillage pour lesquelles la pièce à usiner est amenée manuellement au contact des outils en rotation sont équipées de dispositifs anti-rejet tels que des outils à section circulaire à limitation de pas d'usinage ou des outils anti-rejet appropriés.

Art. R. 4323-19. Des arrêtés des ministres chargés du travail ou de l'agriculture déterminent les équipements de travail et les catégories d'équipements de travail pour lesquels un carnet de maintenance est établi et tenu à jour par l'employeur en vue de s'assurer que sont accomplies les opérations de maintenance nécessaires au fonctionnement de l'équipement de travail dans des conditions permettant de préserver la santé et la sécurité des travailleurs.

Ces arrêtés précisent la nature des informations portées sur le carnet de maintenance.

Note Voir arrêté du 2 mars 2004 (JO 31) relatif au carnet de maintenance des appareils de levage et circulaire DRT 2005-04 du 24 mars 2005 relative à l'application de cet arrêté (BO TR 2005/05).

Art. R. 4323-20. Le carnet de maintenance est tenu à la disposition de l'inspection du travail, des agents des services de prévention des organismes de sécurité sociale ainsi que de l'Organisme professionnel de prévention du bâtiment et des travaux publics, s'il y a lieu, et du ***(D. 2017-1819 du 29 déc. 2017, art. 3, 48°, JO 30, entrée en vigueur le 01.01.2018)*** « comité social et économique ».

Art. R. 4323-21. Le carnet de maintenance peut être tenu et conservé sur tout support dans les conditions prévues par l'article L. 8113-6.

SECTION 4. Vérifications des équipements de travail

Sous-section 1. Vérification initiale

Art. R. 4323-22. Des arrêtés du ministre chargé du travail ou du ministre chargé de l'agriculture déterminent les équipements de travail et les catégories d'équipements de travail pour lesquels l'employeur procède ou fait procéder à une vérification initiale, lors de leur mise en service dans l'établissement, en vue de s'assurer qu'ils sont installés conformément aux spécifications prévues, le cas échéant, par la notice d'instructions du fabricant et peuvent être utilisés en sécurité.

Cette vérification est réalisée dans les mêmes conditions que les vérifications périodiques prévues à la sous-section 2.

Sous-section 2. Vérifications périodiques

Note Voir notamment :
- arrêté du 4 juin 1993 (JO 15) complétant l'arrêté du 5 mars 1993 (JO 17) soumettant certains équipements de travail [des établissements agricoles visés à l'article L. 231-1 (ancien) (arrêté du 24 juin 1993, JO 7 juil.)] à l'obligation de faire l'objet des vérifications générales périodiques prévues à l'article R. 233-11 (ancien), en ce qui concerne le contenu desdites vérifications, arrêté du 1er mars 2004 (JO 31, entrée en vigueur le 01.03.2005) relatif aux vérifications des appareils et accessoires de levage qui abroge et remplace un arrêté du 9 juin 1993, modifié notamment par arrêté du 29 décembre 2010 (JO 8 janv.) relatif aux vérifications générales périodiques portant sur les ascenseurs et les monte-charges ainsi que sur les élévateurs de personnes n'excédant pas une vitesse de 0.15 m/s, installés à demeure ;
- note technique 9 du 2 août 1995 relative aux vérifications générales périodiques des équipements de travail (BO TR 95/17, p. 65) ;
- arrêté du 21 décembre 2004 (JO 31) relatif aux vérifications des échafaudages et modifiant l'annexe de l'arrêté du 22 décembre 2000 (JO 31) relatif aux conditions et modalités d'agrément des organismes pour la vérification de l'état de conformité des équipements de travail ;
- arrêté du 3 mars 2004 (JO 31) relatif aux examens approfondis des grues à tour ;
- circulaire DRT 2005-04 du 24 mars 2005 relative à l'application de l'arrêté du 1er mars 2004 relatif aux vérifications des appareils et accessoires de levage, de l'arrêté du 2 mars 2004 relatif au carnet de maintenance des appareils de levage et de l'arrêté du 3 mars 2004 relatif à l'examen approfondi des grues à tour, et ses annexes (BO TR 2005/5 du 30 mai 2005) ;
- circulaire DRT 2005-08 du 27 juin 2005 relative à la mise en œuvre du décret du 1er septembre 2004 relatif à l'utilisation des équipements de travail mis à disposition pour des travaux temporaires en hauteur (voir note sous Section 8) et de l'arrêté du 21 décembre 2004 (BO TR 2005/8 du 30 août 2005, p. 38).

Art. R. 4323-23. Des arrêtés du ministre chargé du travail ou du ministre chargé de l'agriculture déterminent les équipements de travail ou les catégories d'équipement de travail pour lesquels l'employeur procède ou fait procéder à des vérifications générales périodiques afin que soit décelée en temps utile toute détérioration susceptible de créer des dangers.

Ces arrêtés précisent la périodicité des vérifications, leur nature et leur contenu.

Art. R. 4323-24. Les vérifications générales périodiques sont réalisées par des personnes qualifiées, appartenant ou non à l'établissement, dont la liste est tenue à la disposition de l'inspection du travail.

Ces personnes sont compétentes dans le domaine de la prévention des risques présentés par les équipements de travail soumis à vérification et connaissent les dispositions réglementaires afférentes.

Art. R. 4323-25. Le résultat des vérifications générales périodiques est consigné sur le ou les registres de sécurité mentionnés à l'article L. 4711-5.

Art. R. 4323-26. Lorsque les vérifications périodiques sont réalisées par des personnes n'appartenant pas à l'établissement, les rapports établis à la suite de ces vérifications sont annexés au registre de sécurité.

À défaut, les indications précises relatives à la date des vérifications, à la date de remise des rapports correspondants et à leur archivage dans l'établissement sont portées sur le registre de sécurité.

Art. R. 4323-27. Le registre de sécurité et les rapports peuvent être tenus et conservés sur tout support dans les conditions prévues par l'article L. 8113-6.

Sous-section 3. Vérification lors de la remise en service

Art. R. 4323-28. Des arrêtés des ministres chargés du travail ou de l'agriculture déterminent les équipements de travail et les catégories d'équipements de travail pour lesquels l'employeur procède ou fait procéder à une vérification, dans les conditions prévues à la sous-section 2, lors de leur remise en service après toute opération de démontage et remontage ou modification susceptible de mettre en cause leur sécurité, en vue de s'assurer de l'absence de toute défectuosité susceptible de créer des situations dangereuses.

SECTION 5. Dispositions particulières applicables aux équipements de travail servant au levage de charges

Note Le décret 98-1084 du 2 décembre 1998 (JO 3) applicable depuis le 5 décembre 1998 a transposé la directive 95/63/CE du 5 décembre 1995 (JOCE L 335 du 30.12.1995) modifiant la directive 89/655/CEE du 30 novembre 1989 concernant les prescriptions minimales de sécurité et de santé pour l'utilisation par les travailleurs au travail d'équipements de travail (JOCE L 393 du 30.12.1989); à noter que la directive 89/655/CEE a été abrogée et remplacée par la directive 2009/104/CE du 16 septembre 2009 (JOUE L 260 du 3.10.2009). Voir circulaire DRT 99/7 du 15 juin 1999 sur l'application du décret 98-1084 du 2 décembre 1998 (BO TR 99/14, p. 93).

Art. R. 4323-29. Les équipements de travail démontables ou mobiles servant au levage de charges sont utilisés de manière à garantir la stabilité de l'équipement de travail durant son emploi dans toutes les conditions prévisibles, compte tenu de la nature des appuis.

Art. R. 4323-30. Toutes mesures sont prises et toutes consignes sont données pour que, à aucun moment, les organes des équipements de travail servant au levage de charges, quels qu'ils soient, ainsi que les charges suspendues ne puissent entrer en contact direct ou provoquer un amorçage avec les parties actives d'installations électriques non isolées, ou détériorer les installations électriques environnantes.

Art. R. 4323-31. Le levage des personnes n'est permis qu'avec un équipement de travail et les accessoires prévus à cette fin.

Art. R. 4323-32. Par dérogation à l'article R. 4323-31, un équipement de travail non prévu pour le levage de personnes peut être utilisé :

1° Soit pour accéder à un poste de travail ou pour exécuter un travail lorsque l'utilisation d'un équipement spécialement conçu pour le levage des personnes est techniquement impossible ou expose celles-ci à un risque plus important lié à l'environnement de travail. Un arrêté conjoint des ministres chargés du travail et de l'agriculture précise les spécifications relatives aux équipements, leurs conditions d'utilisation, ainsi que celles de charges, de visibilité, de déplacement, d'aménagement, de fixation de l'habitacle et d'accès à celui-ci ;

2° Soit, en cas d'urgence, lorsque l'évacuation des personnes le nécessite.

Note • Les dispositions des articles R. 4323-31 et 32 sont applicables depuis le 1er janvier 2000. Jusqu'à cette date, les dispositions de l'article 26 (b) du décret 47-1592 du 23 août 1947 et de l'article 44 du décret 65-48 du 8 janvier 1965 demeuraient en vigueur (décret 98-1084 du 2 décembre 1998, art. 6, al. 2).

• Voir arrêtés du 2 décembre 1998 (JO 4) relatif, pour l'un, à la hauteur des appareils de levage de charges non guidées et fixant, pour l'autre, les conditions auxquelles doivent satisfaire les équipements de levage de charges pour pouvoir être utilisés pour le levage de personnes (application le 1er janvier 2000 pour ce dernier arrêté).

Sous réserve des dispositions du 2e alinéa de l'article 6 du décret du 2 décembre 1998, le décret du 23 août 1947 et les articles 25, 39, 44, 55, 56 et 57 du décret du 8 janvier 1965 sont abrogés. Toutefois, les prescriptions techniques figurant dans ces dispositions demeurent applicables aux équipements de travail concernés jusqu'au 5 décembre 2002 (décret 98-1084 précité, art. 4 et 5).

Art. R. 4323-33. Il est interdit de soulever, hors essais ou épreuves, une charge supérieure à celle marquée sur l'appareil et, le cas échéant, sur la plaque de charge.

Art. R. 4323-34. Des mesures sont prises pour empêcher la chute ou l'accrochage des matériaux, agrès ou toutes autres pièces soulevées.

Art. R. 4323-35. Lorsqu'un équipement de travail servant au levage de charges est à l'arrêt, aucune charge ne peut être suspendue au crochet.

Art. L. 4321-5

Art. R. 4323-36. Il est interdit de transporter des charges au-dessus des personnes, sauf si cela est requis pour le bon déroulement des travaux. Dans ce cas, un mode opératoire est défini et appliqué.

Art. R. 4323-37. Lorsque la charge d'un appareil de levage croise une voie de circulation, des mesures spéciales sont prises pour prévenir tout danger résultant de la chute éventuelle de la charge transportée.

Art. R. 4323-38. Lorsque deux ou plusieurs équipements servant au levage de charges non guidées sont installés ou montés sur un lieu de travail de telle sorte que leurs champs d'action se recouvrent, des mesures sont prises pour éviter les collisions entre les charges ou avec des éléments des équipements de travail eux-mêmes.

Art. R. 4323-39. Pendant l'emploi d'un équipement de travail mobile servant au levage de charges non guidées, des mesures sont prises pour éviter son basculement, son renversement, son déplacement et son glissement inopinés.

Art. R. 4323-40. Lorsque les appareils de levage circulent sur des voies ou chemins de roulement, les extrémités de ces voies ou chemins de roulement sont munies de dispositifs atténuant les chocs en fin de course.

Art. R. 4323-41. Le poste de manœuvre d'un appareil de levage est disposé de telle façon que le conducteur puisse suivre des yeux les manœuvres réalisées par les éléments mobiles de l'appareil.

Lorsque le conducteur d'un équipement de travail servant au levage de charges non guidées ne peut observer le trajet entier de la charge ni directement ni par des dispositifs auxiliaires fournissant les informations utiles, un chef de manœuvre, en communication avec le conducteur, aidé, le cas échéant, par un ou plusieurs travailleurs placés de manière à pouvoir suivre des yeux les éléments mobiles pendant leur déplacement, dirige le conducteur. Des mesures d'organisation sont prises pour éviter des collisions susceptibles de mettre en danger des personnes.

Art. R. 4323-42. Lorsque le travailleur accroche ou décroche une charge à la main, les travaux sont organisés de telle sorte que ces opérations puissent être réalisées en toute sécurité.

Pendant ces opérations aucune manœuvre de l'appareil de levage ne peut être réalisée tant que ce travailleur n'a pas donné son accord.

Art. R. 4323-43. Lorsqu'une charge doit être levée simultanément par deux ou plusieurs équipements de travail servant au levage de charges non guidées, un mode opératoire est défini et appliqué pour assurer la bonne coordination des opérateurs et des opérations.

Art. R. 4323-44. En prévision d'une panne partielle ou complète de l'alimentation en énergie, et si les équipements de travail servant au levage de charges non guidées ne peuvent pas retenir ces charges, des mesures sont prises pour éviter d'exposer des travailleurs aux risques qui peuvent en résulter.

Il est interdit de laisser les charges suspendues sans surveillance, sauf si l'accès à la zone de danger est empêché et si la charge a été accrochée et est maintenue en toute sécurité.

Art. R. 4323-45. Il est interdit de balancer les charges pour les déposer en un point qui ne peut être atteint normalement par l'appareil de levage.

Il est également interdit de soulever ou de tirer les charges en oblique, sauf à l'aide d'appareils conçus à cette fin.

Art. R. 4323-46. Lorsqu'il dépasse une hauteur fixée par arrêté conjoint des ministres chargés du travail et de l'agriculture, l'emploi à l'air libre d'un équipement de travail servant au levage de charges non guidées cesse dès que la dégradation des conditions météorologiques est susceptible de compromettre la sécurité de leur fonctionnement et d'exposer toute personne à un risque.

Dans ce cas, l'employeur se dote des moyens et des informations lui permettant d'avoir connaissance de l'évolution des conditions météorologiques.

Des mesures de protection sont prises, notamment pour empêcher le renversement de l'équipement de travail.

Art. R. 4323-47. Les accessoires de levage sont choisis et utilisés en fonction des charges à manutentionner, des points de préhension, du dispositif d'accrochage et des conditions atmosphériques et compte tenu du mode et de la configuration d'élingage.

Tout assemblage d'accessoires de levage permanent est clairement marqué pour permettre à l'utilisateur d'en connaître les caractéristiques.

Art. R. 4323-48. Les contenants des charges en vrac destinés à être accrochés à un équipement de travail servant au levage sont aptes à résister aux efforts subis pendant le chargement, le transport, la manutention et le stockage de la charge et à s'opposer à l'écoulement intempestif de tout ou partie de celle-ci au cours des mêmes opérations.

Art. R. 4323-49. Les accessoires de levage sont entreposés de telle sorte qu'ils ne puissent être endommagés ou détériorés.

Dès lors qu'ils présentent des défectuosités susceptibles d'entraîner une rupture, ils sont retirés du service.

SECTION 6. Dispositions particulières applicables aux équipements de travail mobiles

Art. R. 4323-50. Les voies de circulation empruntées par les équipements de travail mobiles ont un gabarit suffisant et présentent un profil permettant leur déplacement sans risque à la vitesse prévue par la notice d'instructions. Elles sont maintenues libres de tout obstacle.

Art. R. 4323-51. Lorsqu'un équipement de travail mobile évolue dans une zone de travail, l'employeur établit des règles de circulation adéquates et veille à leur bonne application.

Art. R. 4323-52. Des mesures d'organisation sont prises pour éviter que des travailleurs à pied ne se trouvent dans la zone d'évolution des équipements de travail mobiles.

Lorsque la présence de travailleurs à pied est néanmoins requise pour la bonne exécution des travaux, des mesures sont prises pour éviter qu'ils ne soient blessés par ces équipements.

Art. R. 4323-53. Les équipements de travail mobiles munis d'un moteur à combustion ne sont introduits et employés dans les zones de travail que si est garanti dans ces zones, en quantité suffisante, un air ne présentant pas de risques pour la santé et la sécurité des travailleurs.

Art. R. 4323-54. La présence des travailleurs sur des équipements de travail mobiles mus mécaniquement n'est autorisée que sur des emplacements sûrs et aménagés à cet effet.

Si des travaux doivent être accomplis pendant le déplacement, la vitesse est adaptée.

SECTION 7. Autorisation de conduite pour l'utilisation de certains équipements de travail mobiles ou servant au levage de charges

Art. R. 4323-55. La conduite des équipements de travail mobiles automoteurs et des équipements de travail servant au levage est réservée aux travailleurs qui ont reçu une formation adéquate.

Cette formation est complétée et réactualisée chaque fois que nécessaire.

Note S'agissant d'un employeur n'ayant pas satisfait à ses obligations en matière de délivrance d'une autorisation de conduite pour le type d'engin concerné (pelle), lesquelles concourent à la préservation de la santé et de la sécurité des travailleurs, voir cass. soc. 27 mars 2013, n° 11-28.750, LS Jurispr. n° 87 du 7.05.2013.

Art. R. 4323-56. La conduite de certains équipements présentant des risques particuliers, en raison de leurs caractéristiques ou de leur objet, est subordonnée à l'obtention d'une autorisation de conduite délivrée par l'employeur.

L'autorisation de conduite est tenue à la disposition de l'inspection du travail et des agents du service de prévention des organismes de sécurité sociale.

(D. 2016-1908 du 27 déc. 2016, art. 9, JO 29, entrée en vigueur le 01.01.2017) « Les travailleurs titulaires de cette autorisation de conduite bénéficient du suivi individuel renforcé prévu aux articles R. 4624-22 à R. 4624-28 en application du II de l'article R. 4624-23. »

Note • S'agissant d'un gérant de société déclaré coupable du délit de blessures involontaires d'un ouvrier intérimaire mis à disposition en qualité de manutentionnaire pour l'avoir notamment affecté à un poste nécessitant l'utilisation d'un chariot mobile automoteur, sans procéder à une évaluation rigoureuse de son aptitude et de sa capacité à conduire en toute sécurité cet équipement de travail et sans lui délivrer une autorisation de conduite conforme notamment aux dispositions de l'article R. 233-13-19, devenu l'article R. 4323-56 CT, commettant ainsi une faute caractérisée en exposant l'utilisateur de la machine à un risque d'une particulière gravité qu'il ne pouvait ignorer, voir cass. crim. 13 avril 2010, n° 09-81.504.

• Sur la contradiction qui existerait entre les conseils donnés par les services de prévention de la caisse nationale d'assurance maladie des travailleurs salariés (CNAMTS) aux entreprises, obligeant leurs salariés à être titulaires d'un «certificat d'aptitude à la conduite en sécurité (CACES)», et les dispositions réglementaires relatives à la conduite d'équipements de travail mobiles ou servant au levage prévoyant effectivement, pour la conduite de certains équipements, listés par arrêté (arrêté du 2 décembre 1998), l'obligation d'être titulaire d'une autorisation de conduite dont la délivrance est de la responsabilité de l'employeur, voir rép. QE 7836, JO AN 8 janvier 2008, p. 217.

Art. R. 4323-57. Des arrêtés des ministres chargés du travail ou de l'agriculture déterminent :

1° Les conditions de la formation exigée à l'article R. 4323-55 ;

2° Les catégories d'équipements de travail dont la conduite nécessite d'être titulaire d'une autorisation de conduite ;

3° Les conditions dans lesquelles l'employeur s'assure que le travailleur dispose de la compétence et de l'aptitude nécessaires pour assumer, en toute sécurité, la fonction de conducteur d'un équipement de travail;

4° La date à compter de laquelle, selon les catégories d'équipements, entre en vigueur l'obligation d'être titulaire d'une autorisation de conduite.

Note Voir arrêtés du 2 décembre 1998 (JO 4) relatifs à la formation à la conduite des équipements de travail mobiles automoteurs et des équipements de levage de charges ou de personnes.

SECTION 8. Dispositions particulières applicables à l'exécution de travaux temporaires en hauteur et à certains équipements de travail utilisés à cette fin

Note • Le décret 2004-924 du 1er septembre 2004 relatif à l'utilisation des équipements de travail mis à disposition pour des travaux temporaires en hauteur a transposé la directive 2001/45/CE du 27 juin 2001 (JOCE L 195 du 19.07.2001) modifiant la directive 89/655/CEE concernant les prescriptions minimales de sécurité et de santé pour l'utilisation par les travailleurs au travail d'équipements de travail, laquelle a été abrogée et remplacée par la directive 2009/104/CE du 16 septembre 2009 (JOUE L 260 du 3.10.2009).

Voir circulaire DRT 2005-08 du 27 juin 2005 relative à la mise en œuvre du décret du 1er septembre 2004 (BO TR 2005/8 du 30 août 2005, p. 31).

Sur les conséquences du décret 2004-924 du 1er septembre 2004 relatif à l'utilisation des équipements de travail mis à disposition pour des travaux temporaires en hauteur, voir aussi rép. QE 102442, JO AN 21 novembre 2006, p. 12209 et 100031, JO AN 21 novembre 2006, p. 12207.

• Voir arrêtés des 8 novembre 2012 (JO 23) (modifié par arrêté du 19 mars 2014, JO 2 avril) et 20 juillet 2015 (JO 5 août) relatifs aux diplômes professionnels relevant des dispositions du code du travail relatives à l'utilisation des équipements de travail mis à disposition pour des travaux temporaires en hauteur.

• S'agissant d'un dirigeant de fait, coupable d'infraction aux règles de sécurité concernant les travaux en hauteur, voir notamment cass. crim. 12 mai 2009, n° 08-85.047.

Sous-section 1. Travaux réalisés à partir d'un plan de travail

Art. R. 4323-58. Les travaux temporaires en hauteur sont réalisés à partir d'un plan de travail conçu, installé ou équipé de manière à préserver la santé et la sécurité des travailleurs.

Le poste de travail est tel qu'il permet l'exécution des travaux dans des conditions ergonomiques.

Art. R. 4323-59. La prévention des chutes de hauteur à partir d'un plan de travail est assurée:

1° Soit par des garde-corps intégrés ou fixés de manière sûre, rigides et d'une résistance appropriée, placés à une hauteur comprise entre un mètre et 1,10 m et comportant au moins:

a) Une plinthe de butée de 10 à 15 cm, en fonction de la hauteur retenue pour les garde-corps;

b) Une main courante;

c) Une lisse intermédiaire à mi-hauteur;

2° Soit par tout autre moyen assurant une sécurité équivalente.

Note Fait une exacte application de cet article la cour d'appel qui retient que les acteurs de la construction ont le choix du système à mettre en œuvre pour la prévention des chutes à l'occasion de travaux temporaires en hauteur, entre des gardes-corps intégrés ou fixés de manière sûre, rigides et d'une résistance inappropriée, placés à une hauteur comprise entre 1 mètre et 1,10 mètre, et tout autre moyen assurant une sécurité équivalente, de sorte qu'aucune obligation ne pèse sur eux d'installer des gardes-corps permanents et intégrés (cass. soc. 14 septembre 2016, n° 14-20.141, LS Jurispr. n° 174 du 27.09.2016).

Art. R. 4323-60. Lorsque les dispositions de l'article R. 4323-59 ne peuvent être mises en œuvre, des dispositifs de recueil souples sont installés et positionnés de manière à permettre d'éviter une chute de plus de trois mètres.

Art. R. 4323-61. Lorsque des dispositifs de protection collective ne peuvent être mis en œuvre à partir d'un plan de travail, la protection individuelle des travailleurs est assurée au moyen d'un système d'arrêt de chute approprié ne permettant pas une chute libre de plus d'un mètre ou limitant dans les mêmes conditions les effets d'une chute de plus grande hauteur.

Lorsqu'il est fait usage d'un tel équipement de protection individuelle, un travailleur ne doit jamais rester seul, afin de pouvoir être secouru dans un délai compatible avec la préservation de sa santé.

L'employeur précise dans une notice les points d'ancrage, les dispositifs d'amarrage et les modalités d'utilisation de l'équipement de protection individuelle.

Sous-section 2. Travaux réalisés au moyen d'équipements de travail

Art. R. 4323-62. Lorsque les travaux temporaires en hauteur ne peuvent être exécutés à partir du plan de travail tel que mentionné à l'article R. 4323-58, les équipements de travail appropriés sont choisis pour assurer et maintenir des conditions de travail sûres.

La priorité est donnée aux équipements de travail assurant une protection collective.

Les dimensions de l'équipement de travail sont adaptées à la nature des travaux à exécuter et aux contraintes prévisibles et permettent la circulation sans danger.

Des mesures propres à minimiser les risques inhérents à l'utilisation du type d'équipement retenu sont mises en œuvre. En cas de besoin, des dispositifs de protection pour éviter ou arrêter la chute et prévenir la survenance de dommages corporels pour les travailleurs sont installés et mis en œuvre dans les conditions prévues aux articles R. 4323-60 et R. 4323-61.

Art. R. 4323-63. Il est interdit d'utiliser les échelles, escabeaux et marchepieds comme poste de travail.

Toutefois, ces équipements peuvent être utilisés en cas d'impossibilité technique de recourir à un équipement assurant la protection collective des travailleurs ou lorsque l'évaluation du risque a établi que ce risque est faible et qu'il s'agit de travaux de courte durée ne présentant pas un caractère répétitif.

Art. R. 4323-64. Il est interdit d'utiliser les techniques d'accès et de positionnement au moyen de cordes pour constituer un poste de travail.

Toutefois, en cas d'impossibilité technique de recourir à un équipement assurant la protection collective des travailleurs ou lorsque l'évaluation du risque établit que l'installation ou la mise en œuvre d'un tel équipement est susceptible d'exposer des travailleurs à un risque supérieur à celui résultant de l'utilisation des techniques d'accès ou de positionnement au moyen de cordes, celles-ci peuvent être utilisées pour des travaux temporaires en hauteur. Après évaluation du risque, compte tenu de la durée de certains travaux et de la nécessité de les exécuter dans des conditions adaptées du point de vue ergonomique, un siège muni des accessoires appropriés est prévu.

Sous-section 3. Conditions générales de travail, d'accès et de circulation en hauteur

Art. R. 4323-65. Les dispositifs de protection collective sont conçus et installés de manière à éviter leur interruption aux points d'accès aux postes de travail, notamment du fait de l'utilisation d'une échelle ou d'un escalier.

Lorsque cette interruption est nécessaire, des mesures sont prises pour assurer une sécurité équivalente.

Art. R. 4323-66. Toutes mesures sont prises pour éviter que l'exécution d'un travail particulier conduise à l'enlèvement temporaire de dispositifs de protection collective pour éviter les chutes.

Si cet enlèvement est nécessaire, le travail ne peut être entrepris et réalisé sans l'adoption préalable de mesures de sécurité compensatoires efficaces.

Après l'interruption ou la fin de ce travail particulier, des dispositifs de protection collective sont mis en place pour éviter les chutes, assurant un niveau de sécurité équivalent.

Art. R. 4323-67. Les postes de travail pour la réalisation de travaux en hauteur sont accessibles en toute sécurité. Le moyen d'accès le plus approprié à ces postes est choisi en tenant compte de la fréquence de circulation, de la hauteur à atteindre et de la durée d'utilisation. Ce moyen garantit l'accès dans des conditions adaptées du point de vue ergonomique et permet de porter rapidement secours à toute personne en difficulté et d'assurer l'évacuation en cas de danger imminent.

La circulation en hauteur doit pouvoir s'effectuer en sécurité. Le passage, dans un sens ou dans l'autre, entre un moyen d'accès et des plates-formes, planchers ou passerelles ne doit pas créer de risques de chute.

Art. R. 4323-68. Il est interdit de réaliser des travaux temporaires en hauteur lorsque les conditions météorologiques ou liées à l'environnement du poste de travail sont susceptibles de compromettre la santé et la sécurité des travailleurs.

Sous-section 4. Caractéristiques et conditions particulières d'utilisation des différentes catégories d'équipements de travail

§ 1. *Échafaudages*

Art. R. 4323-69. Les échafaudages ne peuvent être montés, démontés ou sensiblement modifiés que sous la direction d'une personne compétente et par des travailleurs qui ont reçu une formation adéquate et spécifique aux opérations envisagées.

Le contenu de cette formation est précisé aux articles R. 4141-13 et R. 4141-17. Il comporte, notamment :

1° La compréhension du plan de montage, de démontage ou de transformation de l'échafaudage ;

2° La sécurité lors du montage, du démontage ou de la transformation de l'échafaudage;
3° Les mesures de prévention des risques de chute de personnes ou d'objets;
4° Les mesures de sécurité en cas de changement des conditions météorologiques qui pourrait être préjudiciable aux personnes en affectant la sécurité de l'échafaudage;
5° Les conditions en matière d'efforts de structure admissibles;
6° Tout autre risque que les opérations de montage, de démontage et de transformation précitées peuvent comporter.

Cette formation est renouvelée dans les conditions prévues à l'article R. 4323-3.

Art. R. 4323-70. La personne qui dirige le montage, le démontage ou la modification d'un échafaudage et les travailleurs qui y participent disposent de la notice du fabricant ou du plan de montage et de démontage, notamment de toutes les instructions qu'ils peuvent comporter.

Lorsque le montage de l'échafaudage correspond à celui prévu par la notice du fabricant, il est réalisé conformément à la note de calcul à laquelle renvoie cette notice.

Lorsque cette note de calcul n'est pas disponible ou que les configurations structurelles envisagées ne sont pas prévues par celle-ci, un calcul de résistance et de stabilité est réalisé par une personne compétente.

Lorsque la configuration envisagée de l'échafaudage ne correspond pas à un montage prévu par la notice, un plan de montage, d'utilisation et de démontage est établi par une personne compétente.

Ces documents sont conservés sur le lieu de travail.

Art. R. 4323-71. Une protection appropriée contre le risque de chute de hauteur et le risque de chute d'objet est assurée avant l'accès à tout niveau d'un échafaudage lors de son montage, de son démontage ou de sa transformation.

Art. R. 4323-72. Les matériaux constitutifs des éléments d'un échafaudage sont d'une solidité et d'une résistance appropriées à leur emploi.

Les assemblages sont réalisés de manière sûre, à l'aide d'éléments compatibles d'une même origine et dans les conditions pour lesquelles ils ont été testés.

Ces éléments font l'objet d'une vérification de leur bon état de conservation avant toute opération de montage d'un échafaudage.

Art. R. 4323-73. La stabilité de l'échafaudage doit être assurée.

Tout échafaudage est construit et installé de manière à empêcher, en cours d'utilisation, le déplacement d'une quelconque de ses parties constituantes par rapport à l'ensemble.

Art. R. 4323-74. Les échafaudages fixes sont construits et installés de manière à supporter les efforts auxquels ils sont soumis et à résister aux contraintes résultant des conditions atmosphériques, notamment des effets du vent. Ils sont ancrés ou amarrés à tout point présentant une résistance suffisante ou protégés contre le risque de glissement et de renversement par tout autre moyen d'efficacité équivalente.

La surface portante a une résistance suffisante pour s'opposer à tout affaissement d'appui.

Art. R. 4323-75. Le déplacement ou le basculement inopiné des échafaudages roulants lors du montage, du démontage et de l'utilisation est empêché par des dispositifs appropriés.

Aucun travailleur ne doit demeurer sur un échafaudage roulant lors de son déplacement.

Art. R. 4323-76. La charge admissible d'un échafaudage est indiquée de manière visible sur l'échafaudage ainsi que sur chacun de ses planchers.

Art. R. 4323-77. Les échafaudages sont munis sur les côtés extérieurs de dispositifs de protection collective tels que prévus à l'article R. 4323-59.

Art. R. 4323-78. Les dimensions, la forme et la disposition des planchers d'un échafaudage sont appropriées à la nature du travail à exécuter et adaptées aux charges à supporter. Elles permettent de travailler et de circuler de manière sûre. Les planchers des échafaudages sont montés de telle sorte que leurs composants ne puissent pas se déplacer lors de leur utilisation. Aucun vide de plus de 20 centimètres ne doit exister entre le bord des planchers et l'ouvrage ou l'équipement contre lequel l'échafaudage est établi.

Lorsque la configuration de l'ouvrage ou de l'équipement ne permet pas de respecter cette limite de distance, le risque de chute est prévenu par l'utilisation de dispositifs de protection collective ou individuelle dans les conditions et selon les modalités définies aux articles R. 4323-58 à R. 4323-61. Il en va de même lorsque l'échafaudage est établi contre un ouvrage ou un équipement ne dépassant pas d'une hauteur suffisante le niveau du plancher de cet échafaudage.

Art. R. 4323-79. Des moyens d'accès sûrs et en nombre suffisant sont aménagés entre les différents planchers de l'échafaudage.

Art. R. 4323-80. Lorsque certaines parties d'un échafaudage ne sont pas prêtes à l'emploi notamment pendant le montage, le démontage ou les transformations, ces parties constituent des zones d'accès limité qui sont équipées de dispositifs évitant que les personnes non autorisées puissent y pénétrer.

Les mesures appropriées sont prises pour protéger les travailleurs autorisés à pénétrer dans ces zones.

§ 2. Échelles, escabeaux et marchepieds

Art. R. 4323-81. L'employeur s'assure que les échelles, escabeaux et marchepieds sont constitués de matériaux appropriés compte tenu des contraintes du milieu d'utilisation. Ces matériaux et leur assemblage sont d'une solidité et d'une résistance adaptées à l'emploi de l'équipement et permettent son utilisation dans des conditions adaptées du point de vue ergonomique.

Art. R. 4323-82. Les échelles, escabeaux et marchepieds sont placés de manière à ce que leur stabilité soit assurée en cours d'accès et d'utilisation et que leurs échelons ou marches soient horizontaux.

Art. R. 4323-83. L'employeur s'assure que les échelles fixes sont conçues, équipées ou installées de manière à prévenir les chutes de hauteur.

Après évaluation du risque au regard de la hauteur d'ascension pour lesquelles ces échelles sont conçues, des paliers de repos convenablement aménagés sont prévus afin d'assurer la progression dans des conditions adaptées du point de vue ergonomique.

Art. R. 4323-84. Les échelles portables sont appuyées et reposent sur des supports stables, résistants et de dimensions adéquates notamment afin de demeurer immobiles.

Afin qu'elles ne puissent ni glisser ni basculer pendant leur utilisation, les échelles portables sont soit fixées dans la partie supérieure ou inférieure de leurs montants, soit maintenues en place au moyen de tout dispositif antidérapant ou par toute autre solution d'efficacité équivalente.

Art. R. 4323-85. Les échelles suspendues sont attachées d'une manière sûre et, à l'exception de celles en corde, de façon à ne pas se déplacer et à éviter les mouvements de balancement.

Art. R. 4323-86. Les échelles composées de plusieurs éléments assemblés et les échelles à coulisse sont utilisées de telle sorte que l'immobilisation des différents éléments les uns par rapport aux autres soit assurée.

La longueur de recouvrement des plans d'une échelle à coulisse doit toujours être suffisante pour assurer la rigidité de l'ensemble.

Art. R. 4323-87. Les échelles d'accès sont d'une longueur telle qu'elles dépassent d'au moins un mètre le niveau d'accès, à moins que d'autres mesures aient été prises pour garantir une prise sûre.

Art. R. 4323-88. Les échelles sont utilisées de façon à permettre aux travailleurs de disposer à tout moment d'une prise et d'un appui sûrs.

Le port de charges reste exceptionnel et limité à des charges légères et peu encombrantes. Il ne doit pas empêcher le maintien d'une prise sûre.

§ 3. Cordes

Art. R. 4323-89. L'utilisation des techniques d'accès et de positionnement au moyen de cordes est conditionnée au respect des conditions suivantes :

1° Le système comporte au moins une corde de travail, constituant un moyen d'accès, de descente et de soutien, et une corde de sécurité, équipée d'un système d'arrêt des chutes. Ces deux dispositifs sont ancrés séparément et les deux points d'ancrage font l'objet d'une note de calcul élaborée par l'employeur ou une personne compétente ;

2° Les travailleurs sont munis d'un harnais antichute approprié, l'utilisent et sont reliés par ce harnais à la corde de sécurité et à la corde de travail ;

3° La corde de travail est équipée d'un mécanisme sûr de descente et de remontée et comporte un système autobloquant qui empêche la chute de l'utilisateur au cas où celui-ci perdrait le contrôle de ses mouvements. La corde de sécurité est équipée d'un dispositif antichute mobile qui accompagne les déplacements du travailleur ;

4° Les outils et autres accessoires à utiliser par un travailleur sont attachés par un moyen approprié, de manière à éviter leur chute ;

5° Le travail est programmé et supervisé de telle sorte qu'un secours puisse être immédiatement porté au travailleur en cas d'urgence ;

6° Les travailleurs reçoivent une formation adéquate et spécifique aux opérations envisagées et aux procédures de sauvetage. Le contenu de cette formation est précisé aux articles R. 4141-13 et R. 4141-17. Elle est renouvelée dans les conditions prévues à l'article R. 4323-3.

Art. R. 4323-90. Dans des circonstances spécifiques où, compte tenu de l'évaluation du risque, l'utilisation d'une deuxième corde rendrait le travail plus dangereux, le recours à une seule corde peut être autorisé, à condition que le travailleur concerné ne reste jamais seul. Ces circonstances spécifiques ainsi que les mesures appropriées pour assurer la sécurité sont déterminées par arrêté du ministre chargé du travail ou du ministre chargé de l'agriculture.

SECTION 9. Dispositions particulières pour l'utilisation des équipements de protection individuelle

Sous-section 1. Caractéristiques des équipements et conditions d'utilisation

Art. R. 4323-91. Les équipements de protection individuelle sont appropriés aux risques à prévenir et aux conditions dans lesquelles le travail est accompli. Ils ne sont pas eux-mêmes à l'origine de risques supplémentaires.

Ils doivent pouvoir être portés, le cas échéant, après ajustement, dans des conditions compatibles avec le travail à accomplir et avec les principes de l'ergonomie.

Art. R. 4323-92. Des arrêtés conjoints des ministres chargés du travail et de l'agriculture déterminent, en tant que de besoin, la valeur de l'exposition quotidienne admissible que l'équipement de protection individuelle peut laisser subsister.

Art. R. 4323-93. En cas de risques multiples exigeant le port simultané de plusieurs équipements de protection individuelle, ces équipements doivent être compatibles entre eux et maintenir leur efficacité par rapport aux risques correspondants.

Art. R. 4323-94. Les équipements de protection individuelle contre les effets aigus ou chroniques des sources de rayonnements non ionisants sur l'œil sont tels que la densité d'éclairement énergétique du rayonnement susceptible d'atteindre les yeux de l'utilisateur ne présente pas de dangers.

Art. R. 4323-95. Les équipements de protection individuelle et les vêtements de travail mentionnés à l'article R. 4321-4 sont fournis gratuitement par l'employeur qui assure leur bon fonctionnement et leur maintien dans un état hygiénique satisfaisant par les entretiens, réparations et remplacements nécessaires.

Ces dispositions ne font pas obstacle aux conditions de fournitures des équipements de protection individuelle prévues par l'article L. 1251-23, pour les salariés temporaires.

Art. R. 4323-96. Les équipements de protection individuelle sont réservés à un usage personnel dans le cadre des activités professionnelles de leur attributaire.

Toutefois, si la nature de l'équipement ainsi que les circonstances exigent l'utilisation successive de cet équipement de protection individuelle par plusieurs personnes, les mesures appropriées sont prises pour qu'une telle utilisation ne pose aucun problème de santé ou d'hygiène aux différents utilisateurs.

Art. R. 4323-97. L'employeur détermine, après consultation du ***(D. 2017-1819 du 29 déc. 2017, art. 3, 70°, JO 30, entrée en vigueur le 01.01.2018)*** «comité social et économique», les conditions dans lesquelles les équipements de protection individuelle sont mis à disposition et utilisés, notamment celles concernant la durée de leur port. Il prend en compte la gravité du risque, la fréquence de l'exposition au risque, les caractéristiques du poste de travail de chaque travailleur, et les performances des équipements de protection individuelle en cause.

Art. R. 4323-98. Les équipements de protection individuelle sont utilisés conformément à leur destination.

Sous-section 2. Vérifications périodiques

Art. R. 4323-99. Des arrêtés des ministres chargés du travail ou de l'agriculture déterminent les équipements de protection individuelle et catégories d'équipement de protection individuelle pour lesquels l'employeur procède ou fait procéder à des vérifications générales périodiques afin que soit décelé en temps utile toute défectuosité susceptible d'être à l'origine de situations dangereuses ou tout défaut d'accessibilité contraire aux conditions de mise à disposition ou d'utilisation déterminées en application de l'article R. 4323-97.

Ces arrêtés précisent la périodicité des vérifications et, en tant que de besoin, leur nature et leur contenu.

Note • Voir arrêté du 19 mars 1993 (JO 28) fixant la liste des équipements de protection individuelle qui doivent faire l'objet des vérifications générales périodiques prévues à cet article (al. 1er).

• Voir arrêté du 22 octobre 2009 (JO 4 nov., entrée en vigueur le 29.12.2009) portant constitution des éléments attestant du maintien en état de conformité des équipements de protection individuelle d'occasion faisant l'objet d'une location ou d'une mise à disposition réitérée, prévus à l'article R. 4313-16.

Art. R. 4323-100. Les vérifications périodiques sont réalisées par des personnes qualifiées, appartenant ou non à l'établissement, dont la liste est tenue à la disposition de l'inspection du travail.

Ces personnes ont la compétence nécessaire pour exercer leur mission en ce qui concerne les équipements de protection individuelle soumis à vérification et connaître les dispositions réglementaires correspondantes.

Art. R. 4323-101. Le résultat des vérifications périodiques est consigné sur le ou les registres de sécurité mentionnés à l'article L. 4711-5.

Art. R. 4323-102. Lorsque les vérifications périodiques sont réalisées par des personnes n'appartenant pas à l'établissement, les rapports établis à la suite de ces vérifications sont annexés au registre de sécurité.

À défaut, les indications précises relatives à la date des vérifications, à la date de remise des rapports correspondants et à leur archivage dans l'établissement sont portées sur le registre de sécurité.

Art. R. 4323-103. Le registre de sécurité et les rapports peuvent être tenus et conservés sur tout support dans les conditions prévues par l'article L. 8113-6.

Sous-section 3. Information et formation des travailleurs

Art. R. 4323-104. L'employeur informe de manière appropriée les travailleurs devant utiliser des équipements de protection individuelle :
1° Des risques contre lesquels l'équipement de protection individuelle les protège ;
2° Des conditions d'utilisation de cet équipement, notamment les usages auxquels il est réservé ;
3° Des instructions ou consignes concernant les équipements de protection individuelle ;
4° Des conditions de mise à disposition des équipements de protection individuelle.

Art. R. 4323-105. L'employeur élabore une consigne d'utilisation reprenant de manière compréhensible les informations mentionnées aux 1° et 2° de l'article R. 4323-104.

Il tient cette consigne à la disposition des membres du ***(D. 2017-1819 du 29 déc. 2017, art. 3, 43°, JO 30, entrée en vigueur le 01.01.2018)*** « comité social et économique », ainsi qu'une documentation relative à la réglementation applicable à la mise à disposition et à l'utilisation des équipements de protection individuelle concernant les travailleurs de l'établissement.

Note S'agissant du gérant d'une société déclaré, à la suite de l'accident mortel d'un salarié, coupable d'homicide involontaire pour n'avoir pas donné de consignes précises de sécurité à ses ouvriers, ni assuré leur formation quant au port des dispositifs de protection, voir cass. crim. 27 février 1996, n° 95-82.369.

Art. R. 4323-106. L'employeur fait bénéficier les travailleurs devant utiliser un équipement de protection individuelle d'une formation adéquate comportant, en tant que de besoin, un entraînement au port de cet équipement.

Cette formation est renouvelée aussi souvent que nécessaire pour que l'équipement soit utilisé conformément à la consigne d'utilisation.

SECTION 10. Dispositions particulières applicables aux ascenseurs et équipements de travail desservant des niveaux définis à l'aide d'un habitacle

Note • Cette section a été introduite par le décret 2008-1325 du 15 décembre 2008, JO 17, entrée en vigueur le 18.12.2010.

• Les entreprises intervenantes concernées devaient établir, avant le 18 décembre 2010, la liste des monte-charges et des élévateurs de personnes n'excédant pas une vitesse de 0,15 mètre par seconde qui, en application de l'article R. 4543-2, devaient faire l'objet d'une étude de sécurité. Les études relatives aux équipements figurant sur cette liste devaient être réalisées, par tiers, dans les trois ans suivant cette date (décret 2008-1325 du 15 décembre 2008, art. 7, JO 17).

• Voir arrêté du 29 décembre 2010 (JO 8 janv.) relatif aux vérifications générales périodiques portant sur les ascenseurs et les monte-charges ainsi que sur les élévateurs de personnes n'excédant pas une vitesse de 0,15 m/s, installés à demeure et circulaire DGT/2011/02 du 21 janvier 2011 concernant la mise en œuvre du décret 2008-1325 du 15 décembre 2008 relatif à la sécurité des ascenseurs, monte-charges et équipements assimilés sur les lieux de travail ainsi qu'à la sécurité des travailleurs intervenant sur ces équipements et de l'arrêté du 29 décembre 2010 précité.

Art. R. 4323-107. Les dispositions de la présente section sont applicables aux ascenseurs et aux équipements de travail desservant des niveaux définis à l'aide d'un habitacle, soit le long d'une course verticale parfaitement définie dans l'espace, soit le long d'une course guidée sensiblement verticale.

Art. R. 4323-108. L'accès aux locaux, installations ou emplacements où il n'est nécessaire de pénétrer que pour les opérations de vérification et de maintenance des ascenseurs et équipements de travail mentionnés à l'article R. 4323-107 n'est autorisé qu'aux personnes chargées de leur réalisation et à celles qui ont reçu une formation appropriée sur les risques relatifs à ces équipements.

Art. R. 4323-109. Lorsque l'appareil est exclusivement destiné à transporter des objets, il est interdit aux personnes de l'utiliser. Cette interdiction est rappelée de manière apparente lorsque l'équipement est doté d'un habitacle accessible.

SECTION 11. Dispositions particulières applicables aux appareils de radiologie industrielle

Note Cette section est issue du décret 2018-437 du 4 juin 2018, art. 2, JO 5, entrée en vigueur le 01.07.2018.

Art. R. 4323-110. Pour les appareils de radiologie industrielle, un arrêté conjoint des ministres chargés du travail et de l'agriculture définit les règles minimales d'installation et d'utilisation compte tenu des modes d'exposition et des caractéristiques de ces appareils.

CHAPITRE IV (réglementaire) Utilisation des équipements de travail non soumis à des règles de conception lors de leur première mise sur le marché

Note • Le décret 93-40 du 11 janvier 1993 (JO 13) a fixé les prescriptions techniques applicables:
– depuis le 1er janvier 1997, à tous les équipements de travail en service dans les entreprises avant le 1er janvier 1993 et maintenus en service à la date du 1er janvier 1997 (obligation de mise en conformité prévue par le 2° du III de l'article L. 233-5-1 ancien);
– depuis le 15 janvier 1993, aux équipements de travail nouveaux mis en service dans les établissements;
– depuis le 15 janvier 1993, aux machines d'occasion cédées en vue de leur utilisation (voir instruction DRT 93-13 du 18 mars 1993 fixant les orientations pour l'application de ce décret, BO TR 93/9, p. 101).

Ce décret a transposé la directive 89/655/CEE du 30 novembre 1989 (JOCE L 393 du 30.12.1989) concernant les prescriptions minimales de sécurité et de santé pour l'utilisation par les travailleurs au travail d'équipements de travail. Cette directive a été abrogée et remplacée par la directive 2009/104/CE du 16 septembre 2009 (JOUE L 260 du 3.10.2009).

• Sur la mise en conformité des machines dangereuses, les assouplissements apportés en la matière par l'administration et la démarche partenariale engagée par les pouvoirs publics avec les branches professionnelles intéressées (étalement des mises en conformité avant et après le 1er janvier 1997 dès qu'il est justifié), voir notamment circ. DRT-CT5 du 24 juillet 1995, BS Fr. Lef. 8-9/95; rép. QE 27854, JO AN 18 septembre 1995, p. 3991, rép. QE 11221, JO Sén. 21 septembre 1995, p. 1831 et 983, JO AN 13 octobre 1997, p. 3415; point sur la démarche des secteurs professionnels au 1er décembre 1995, BO TR 96/3, p. 51; F. Meyer, JCP éd. E 1996.I.587: «La mise en conformité des équipements de travail déjà en service après l'adoption par le Conseil d'une directive modificative (95/63 du 5 décembre 1995, JOCE L 335/28 du 30.12.1995) de la directive 89/655».

• Le décret 98-1084 du 2 décembre 1998 (JO 3) a complété les prescriptions techniques auxquelles est subordonnée l'utilisation des équipements de travail.

SECTION 1. Prescriptions techniques communes

Sous-section 1. Protecteurs et dispositifs de protection

Art. R. 4324-1. Les éléments mobiles de transmission d'énergie ou de mouvements des équipements de travail présentant des risques de contact mécanique pouvant entraîner des accidents sont équipés de protecteurs ou de dispositifs appropriés empêchant l'accès aux zones dangereuses ou arrêtant, dans la mesure où cela est techniquement possible, les mouvements d'éléments dangereux avant que les travailleurs puissent les atteindre.

Note S'agissant d'une salariée qui avait eu la main et l'avant-bras droits happés par le rouleau de la machine alors qu'elle procédait au nettoyage d'un séchoir à raisin, a justifié sa décision la cour d'appel qui a retenu que la responsabilité du prévenu procédait de sa nomination en qualité de directeur général, qui lui avait conféré les pouvoirs les plus étendus pour représenter la société et ajouté qu'en cette qualité, en ne faisant pas en sorte que la machine à trier le raisin soit équipée des dispositifs de protection appropriés empêchant l'accès à ses zones dangereuses, il avait manifestement violé une obligation particulière de sécurité imposée par l'article R. 233-15 [R. 4324-1] CT qu'il ne pouvait ignorer (cass. crim. 20 mai 2008, n° 07-86.873, Dr. Soc. 2008, p. 1132, obs. Fr. Duquesne).

Art. R. 4324-2. Les équipements de travail mus par une source d'énergie autre que la force humaine comportant des éléments mobiles concourant à l'exécution du travail et pouvant entraîner des accidents par contact mécanique sont disposés, protégés, commandés ou équipés de telle sorte que les opérateurs ne puissent atteindre la zone dangereuse.

Toutefois, lorsque certains de ces éléments mobiles ne peuvent être rendus inaccessibles en tout ou partie pendant leur fonctionnement compte tenu des opérations à accomplir et nécessitent l'intervention de l'opérateur, ces éléments mobiles sont, dans la mesure de ce qui est techniquement possible, munis de protecteurs ou dispositifs de protection. Ceux-ci limitent l'accessibilité et interdisent notamment l'accès aux parties des éléments non utilisées pour le travail.

Lorsque l'état de la technique ne permet pas de satisfaire aux dispositions des premier et deuxième alinéas, les équipements de travail sont disposés, protégés, commandés ou équipés de façon à réduire les risques au minimum.

Les dispositions du présent article sont également applicables aux équipements de travail servant au levage de charges mus à la main.

Note Voir notamment note technique du 27 décembre 1999 relative à la protection des travailleurs sur presses plieuses (BO TR 2000/20, p. 69), instruction du 20 septembre 2002 précisant certaines mesures techniques et organisationnelles relatives à la prévention des risques professionnels liés aux presses plieuses hydrauliques (BO TR 2002/22, p. 77) et note technique sur la prévention des risques professionnels liés aux presses plieuses.

Art. R. 4324-3. Les protecteurs et les dispositifs de protection prévus aux articles R. 4324-1 et R. 4324-2 obéissent aux caractéristiques suivantes :

1° Ils sont de construction robuste, adaptée aux conditions d'utilisation ;

2° Ils n'occasionnent pas de risques supplémentaires, la défaillance d'un de leurs composants ne compromettant pas leur fonction de protection ;

3° Ils ne peuvent pas être facilement ôtés ou rendus inopérants ;

4° Ils sont situés à une distance suffisante de la zone dangereuse, compatible avec le temps nécessaire pour obtenir l'arrêt des éléments mobiles ;

5° Ils permettent de repérer parfaitement la zone dangereuse ;

6° Ils ne limitent pas plus que nécessaire l'observation du cycle de travail ;

7° Ils permettent les interventions indispensables pour la mise en place ou le remplacement des éléments ainsi que pour les travaux d'entretien, ceci en limitant l'accès au seul secteur où le travail doit être réalisé et, si possible, sans démontage du protecteur ou du dispositif de protection.

Art. R. 4324-4. Les éléments d'un équipement de travail pour lesquels il existe un risque de rupture ou d'éclatement sont équipés de protecteurs appropriés.

Art. R. 4324-5. Les équipements de travail sont installés et équipés pour éviter les dangers dus à des chutes ou des projections d'objets tels que pièces usinées, éléments d'outillage, copeaux, déchets.

Art. R. 4324-6. Les éléments d'un équipement de travail destinés à la transmission de l'énergie calorifique, notamment les canalisations de vapeur ou de fluide thermique, sont disposés, protégés ou isolés de façon à prévenir tout risque de brûlure.

Art. R. 4324-7. Les prescriptions techniques prévues par le présent chapitre, notamment les caractéristiques des protecteurs prévus par les articles R. 4324-1 à R. 4324-3, sont précisées en tant que de besoin par des arrêtés du ministre chargé du travail ou du ministre chargé de l'agriculture selon les catégories de matériels concernées.

Sous-section 2. **Organes de service de mise en marche et d'arrêt**

Art. R. 4324-8. La mise en marche des équipements de travail ne peut être obtenue que par l'action d'un opérateur sur l'organe de service prévu à cet effet, sauf si cette mise en marche, obtenue autrement, ne présente aucun risque pour les opérateurs intéressés.

Cette disposition ne s'applique pas à la mise en marche d'un équipement de travail résultant de la séquence normale d'un cycle automatique.

Art. R. 4324-9. Les organes de service d'un équipement de travail sont clairement visibles et identifiables.

Ils font, en tant que de besoin, l'objet d'un marquage approprié.

Art. R. 4324-10. Les organes de service sont disposés en dehors des zones dangereuses, sauf en cas d'impossibilité ou de nécessité de service, par exemple pour un dispositif d'arrêt d'urgence ou une console de réglage ou d'apprentissage.

Ils sont situés de telle sorte que leur manœuvre ne puisse engendrer de risques supplémentaires.

Art. R. 4324-11. Les organes de service sont choisis pour éviter toute manœuvre non intentionnelle pouvant avoir des effets dangereux.

Ils sont disposés de façon à permettre une manœuvre sûre, rapide et sans équivoque.

Art. R. 4324-12. Les organes de mise en marche sont disposés de telle sorte que l'opérateur est capable, depuis leur emplacement, de s'assurer de l'absence de personnes dans les zones dangereuses.

Lorsque cela est impossible, toute mise en marche est précédée automatiquement d'un signal d'avertissement sonore ou visuel. Le travailleur exposé doit avoir le temps et les moyens de se soustraire rapidement à des risques engendrés par le démarrage ou éventuellement par l'arrêt de l'équipement de travail.

Art. R. 4324-13. Tout équipement de travail est muni des organes de service nécessaires permettant son arrêt général dans des conditions sûres.

Art. R. 4324-14. Chaque poste de travail ou partie d'équipement de travail est muni d'un organe de service permettant d'arrêter, en fonction des risques existants, soit tout l'équipement de travail, soit une partie seulement, de manière que l'opérateur soit en situation de sécurité.

Cet organe d'arrêt est tel que :

1° L'arrêt de l'équipement de travail a priorité sur les ordres de mise en marche ;

2° L'arrêt de l'équipement de travail ou de ses éléments dangereux étant obtenu, l'alimentation en énergie des actionneurs concernés est interrompue.

Art. R. 4324-15. Chaque machine est munie d'un ou de plusieurs dispositifs d'arrêt d'urgence clairement identifiables, accessibles et en nombre suffisant, permettant d'éviter des situations dangereuses risquant ou en train de se produire.

Sont exclues de cette obligation :

1° Les machines pour lesquelles un dispositif d'arrêt d'urgence ne serait pas en mesure de réduire le risque, soit parce qu'il ne réduirait pas le temps d'obtention de l'arrêt normal, soit parce qu'il ne permettrait pas de prendre les mesures particulières nécessitées par le risque ;

2° Les machines portatives et les machines guidées à la main.

Sous-section 3. Dispositifs d'alerte et de signalisation

Art. R. 4324-16. Un équipement de travail comporte les avertissements, signalisations et dispositifs d'alerte indispensables pour assurer la sécurité des travailleurs.

Ces avertissements, signalisations et dispositifs d'alerte sont choisis et disposés de façon à être perçus et compris facilement, sans ambiguïté.

Art. R. 4324-17. Lorsque les opérateurs ont la possibilité de choisir et de régler les caractéristiques techniques de fonctionnement d'un équipement de travail, celui-ci comporte toutes les indications nécessaires pour que ces opérations soient accomplies d'une façon sûre.

La vitesse limite au-delà de laquelle un équipement de travail peut présenter des risques est précisée clairement.

Sous-section 4. Isolation et dissipation des énergies

Art. R. 4324-18. Les équipements de travail sont munis de dispositifs clairement identifiables et facilement accessibles permettant de les isoler de chacune de leurs sources d'alimentation en énergie.

Art. R. 4324-19. La séparation des équipements de travail de leurs sources d'alimentation en énergie est obtenue par la mise en œuvre de moyens adaptés permettant que les opérateurs intervenant dans les zones dangereuses puissent s'assurer de cette séparation.

Art. R. 4324-20. La dissipation des énergies accumulées dans les équipements de travail doit pouvoir s'effectuer aisément, sans que puisse être compromise la sécurité des travailleurs.

Lorsque la dissipation des énergies ne peut être obtenue, la présence de ces énergies est rendue non dangereuse par la mise en œuvre de moyens adaptés mis à la disposition des opérateurs.

Sous-section 5. Risques électrique et d'incendie

Art. R. 4324-21. ***(D. 2010-1018 du 30 août 2010, JO 1er sept., entrée en vigueur le 01.07.2011)*** Les installations électriques des équipements de travail sont réalisées de façon à prévenir les risques d'origine électrique, conformément aux prescriptions fixées par arrêté des ministres chargés du travail et de l'agriculture.

Note Voir arrêté du 23 décembre 2011 (JO 29) relatif aux installations électriques des équipements de travail non soumis à des règles de conception lors de leur première mise en service.

S'agissant des dispositions relatives aux installations électriques des équipements de travail, voir circulaire DGT 2012/12 du 9 octobre 2012 relative à la prévention des risques électriques (IV-1).

Art. R. 4324-22. Les équipements de travail mettant en œuvre des produits ou des matériaux dégageant des gaz, vapeurs, poussières ou autres déchets inflammables sont munis de dispositifs protecteurs permettant notamment d'éviter qu'une élévation de température d'un élément ou des étincelles d'origine électrique ou mécanique puissent entraîner un incendie ou une explosion.

Sous-section 6. Éclairage

Art. R. 4324-23. Les zones de travail, de réglage ou de maintenance d'un équipement de travail sont convenablement éclairées en fonction des travaux à accomplir.

SECTION 2. Prescriptions complémentaires pour le levage de charges et le levage et le déplacement des travailleurs

Note • Les articles de cette section et de la section 3 ont été introduits par le décret 98-1084 du 2 décembre 1998, art. 3, JO 3.

• Les équipements de travail auxquels s'appliquent les prescriptions techniques prévues par l'article 3 du décret précité doivent satisfaire à ces prescriptions au plus tard le 5 décembre 2002. Toutefois, ces prescriptions ne sont pas applicables aux équipements soumis aux règles techniques de conception et de construction définies à l'annexe I prévue par l'article R. 233-84 (ancien) CT (décret 98-1084, art. 7).

• Les équipements de travail qui satisfont aux prescriptions qui leur sont respectivement applicables en vertu des décrets 47-1592 du 23 août 1947, 65-48 du 8 janvier 1965, 80-1091 du 24 décembre 1980, 86-594 du 14 mars 1986, 89-78 du 7 février 1989, de l'arrêté du 30 juillet 1974 modifié et de l'arrêté du 25 avril 1977 modifié sont considérés comme satisfaisant aux prescriptions techniques prévues par l'article 3 du décret du 2 décembre 1998.

À cette fin, les chefs d'établissement doivent prendre toutes mesures visant à s'assurer de la conformité effective de leurs matériels aux prescriptions susvisées (décret 98-1084, art. 8).

Sous-section 1. Levage des charges

Art. R. 4324-24. Les équipements de travail servant au levage des charges sont équipés et installés de manière à assurer leur solidité et leur stabilité pendant l'emploi, compte tenu notamment des charges à lever et des contraintes induites aux points de suspension ou de fixation aux structures.

Art. R. 4324-25. Les appareils servant au levage de charges portent une indication visible de la ou des charges maximales d'utilisation et, le cas échéant, une plaque de charge donnant la charge nominale pour chaque configuration de l'appareil.

Art. R. 4324-26. Les accessoires de levage sont marqués de façon à permettre d'en identifier les caractéristiques essentielles à une utilisation sûre.

Art. R. 4324-27. Si un équipement de travail servant au levage n'est pas destiné au levage de personnes et s'il existe une possibilité de confusion, une signalisation appropriée est apposée de manière visible.

Art. R. 4324-28. Les équipements de travail servant au levage de charges sont équipés et installés de manière à réduire les risques liés aux mouvements des charges de façon que celles-ci :

1° Ne heurtent pas les travailleurs ;
2° Ne dérivent pas dangereusement ;
3° Ne se décrochent pas inopinément.

Sous-section 2. Levage et déplacement des travailleurs

Art. R. 4324-29. Les équipements de travail servant au levage et au déplacement de travailleurs sont choisis ou équipés pour :

1° Éviter les risques de chute de l'habitacle, lorsqu'il existe, au moyen de dispositifs appropriés ;
2° Éviter les risques de chute de l'utilisateur hors de l'habitacle, lorsqu'il existe ;
3° Éviter les risques d'écrasement, de coincement ou de heurt de l'utilisateur ;
4° Garantir la sécurité des travailleurs bloqués, en cas d'accident, dans l'habitacle et permettre leur dégagement.

SECTION 3. Prescriptions complémentaires pour les équipements de travail mobiles

Art. R. 4324-30. Les équipements de travail mobiles avec travailleurs portés sont choisis, compte tenu des travaux à accomplir et des conditions effectives d'utilisation, de manière à prévenir les risques de retournement ou de renversement de l'équipement et de chute d'objets.

Art. R. 4324-31. Lorsque le risque de retournement ou de renversement d'un équipement de travail mobile ne peut pas être complètement évité, cet équipement est muni soit d'une structure l'empêchant de se renverser de plus d'un quart de tour, soit d'une structure ou de tout autre dispositif d'effet équivalent garantissant un espace suffisant autour des travailleurs portés si le mouvement peut continuer au-delà de cette limite.

De telles structures de protection ne sont pas requises lorsque l'équipement est stabilisé pendant l'emploi ou lorsque le retournement ou le renversement en est rendu impossible du fait de la conception de l'équipement.

Art. R. 4324-32. Lorsque le risque de chute d'objets ne peut pas être complètement évité, l'équipement de travail mobile est équipé d'une structure de protection contre ce risque.

Art. R. 4324-33. Les structures de protection contre le retournement, le renversement ou la chute d'objets peuvent être intégrées dans une cabine.

Art. R. 4324-34. Si l'équipement de travail mobile n'est pas muni des points d'ancrage permettant de recevoir une structure de protection, des mesures sont prises pour prévenir le risque de retournement ou de renversement de l'équipement ou de chute d'objets, tels que la limitation de son utilisation, de sa vitesse et l'aménagement des zones de circulation et de travail.

Art. R. 4324-35. S'il existe un risque qu'un travailleur porté, lors d'un retournement ou d'un renversement, soit écrasé entre des parties de l'équipement de travail mobile et le sol, l'équipement est muni d'un système de retenue des travailleurs portés sur leur siège, sauf si l'état de la technique et les conditions effectives d'utilisation l'interdisent.

Art. R. 4324-36. Les équipements de travail mobiles avec travailleurs portés sont aménagés de façon à réduire au minimum les risques pour ces travailleurs pendant le déplacement, notamment les risques de contact avec les roues, chenilles, ou autres éléments mobiles concourant au déplacement.

Art. R. 4324-37. Lorsque le blocage intempestif des éléments de transmission d'énergie entre un équipement de travail mobile et ses accessoires ou remorques peut engendrer des risques spécifiques, cet équipement de travail est aménagé ou équipé de façon qu'il puisse être remédié à ce blocage. Lorsque celui-ci ne peut pas être empêché, toutes mesures sont prises pour éviter les conséquences dommageables pour les travailleurs.

Art. R. 4324-38. Si les éléments de transmission d'énergie entre équipements de travail mobiles risquent de s'encrasser et de se détériorer en traînant par terre, des fixations sont prévues.

Art. R. 4324-39. Les équipements de travail mobiles automoteurs sont munis de dispositifs empêchant une mise en marche par des personnes non habilitées.

Art. R. 4324-40. Les équipements de travail mobiles automoteurs sont munis d'un dispositif de freinage et d'arrêt.

Dans la mesure où la sécurité l'exige, notamment pour les équipements dont le système de freinage est fortement sollicité, un dispositif de secours actionné par des commandes aisément accessibles ou par des systèmes automatiques permet le freinage et l'arrêt en cas de défaillance du dispositif principal.

Art. R. 4324-41. Les équipements de travail mobiles comportant des éléments qui, pendant le travail, dépassent le gabarit, sont, pendant leur transport ou leur déplacement munis des dispositifs nécessaires pour maintenir ces éléments dans une position de sécurité.

Ces dispositifs permettent au conducteur de vérifier sans difficultés, préalablement au déplacement ou au transport, que les éléments concernés sont effectivement maintenus dans une position de sécurité.

Note Les équipements de travail auxquels s'applique cette prescription devaient y satisfaire au plus tard le 5 décembre 2002 (décret 2002-1404 du 3 décembre 2002, art. 5).

Art. R. 4324-42. Lorsque le champ de vision direct du conducteur est insuffisant, les équipements de travail mobiles automoteurs sont munis de dispositifs auxiliaires, améliorant la visibilité.

Lorsque ces équipements sont utilisés de nuit ou dans des lieux obscurs, ils sont munis d'un dispositif d'éclairage adapté au travail à réaliser.

Art. R. 4324-43. Les équipements de travail mobiles automoteurs commandés à distance sont munis d'un dispositif permettant l'arrêt automatique lorsqu'ils sortent du champ de contrôle.

S'ils peuvent heurter des travailleurs, ces équipements ou ceux fonctionnant sans conducteur sont équipés de dispositifs de protection ou de protecteurs contre ces risques, sauf si d'autres dispositifs appropriés sont en place pour contrôler le risque de heurt.

Art. R. 4324-44. En cas de mouvement simultané de plusieurs équipements de travail mobiles automoteurs roulant sur rails, ces équipements sont munis de moyens réduisant les conséquences d'une collision éventuelle.

Art. R. 4324-45. Les équipements de travail mobiles automoteurs qui, par eux-mêmes ou du fait de leurs remorques ou de leur chargement, présentent des risques d'incendie sont munis de dispositifs de lutte contre l'incendie, sauf si le lieu d'utilisation en est équipé à des endroits suffisamment rapprochés.

SECTION 4. Prescriptions complémentaires pour les équipements de travail desservant des niveaux définis à l'aide d'un habitacle

Note • Cette section a été introduite par le décret 2008-1325 du 15 décembre 2008, JO 17, entrée en vigueur le 18.12.2010.

• Voir note au-dessus de l'article R. 4323-107.

Art. R. 4324-46. Les dispositions de la présente section s'appliquent aux équipements de travail suivants, desservant des niveaux définis à l'aide d'un habitacle, soit le long d'une course verticale parfaitement définie dans l'espace, soit le long d'une course guidée sensiblement verticale, lorsqu'ils ne sont pas soumis aux règles techniques de l'annexe I prévue par l'article R. 4312-1 :

1° Les monte-charges inaccessibles aux personnes compte tenu des dimensions de l'habitacle ;

2° Les monte-charges accessibles pour les opérations de chargement ou de déchargement mais munis d'un organe de commande situé à l'extérieur de l'habitacle, ne pouvant être actionné de l'intérieur ;

3° Les élévateurs de personnes n'excédant pas une vitesse de 0,15 mètre par seconde ;

4° Les ascenseurs de chantier.

Note Voir arrêté du 29 décembre 2010 (JO 8 janv.) relatif aux vérifications générales périodiques portant sur les ascenseurs et les monte-charges ainsi que sur les élévateurs de personnes n'excédant pas une vitesse de 0,15 m/s, installés à demeure et circulaire DGT/2011/02 du 21 janvier 2011 concernant la mise en œuvre du décret 2008-1325 du 15 décembre 2008 relatif à la sécurité des ascenseurs, monte-charges et équipements assimilés sur les lieux de travail ainsi qu'à la sécurité des travailleurs intervenant sur ces équipements et de l'arrêté du 29 décembre 2010 précité.

Art. R. 4324-47. Lorsqu'un équipement est prévu pour l'accès ou le déplacement de personnes, il est installé ou équipé de manière à éviter :

1° Tout risque de chute de celles-ci à l'arrêt de l'habitacle au palier ;

2° Lors de l'accès à l'équipement, pour le chargement ou le déchargement, tout mouvement ou déplacement dangereux de l'habitacle.

Art. R. 4324-48. Les équipements sont installés ou équipés de manière à empêcher tout risque de contact des personnes présentes dans l'environnement de l'installation avec l'habitacle en mouvement ou tout autre élément mobile. Dès qu'un protecteur est ouvert, des dispositifs empêchent tout mouvement dangereux de l'habitacle.

Les équipements sont installés ou équipés de manière à supprimer tout risque de chute d'une charge de l'habitacle.

Art. R. 4324-49. Les interventions de vérification et de maintenance s'effectuent depuis un emplacement sûr permettant un accès aisé et sécurisé aux organes concernés, à partir de l'ouverture d'un protecteur.

Un dispositif d'arrêt permet l'accès en toute sécurité dans le volume parcouru par l'habitacle.

Afin de prévenir le risque d'écrasement entre l'habitacle et tout élément fixe, le personnel intervenant au-dessous ou au-dessus de l'habitacle dispose d'un espace libre ou d'un refuge lui permettant d'accéder et de se maintenir aux emplacements nécessaires en toute sécurité.

Art. R. 4324-50. Les équipements sont installés ou équipés de manière à empêcher tout risque de chute de personne dans la gaine, lorsque l'habitacle n'est pas au palier. À cette fin, ils sont équipés de protecteurs munis d'un dispositif empêchant tout mouvement dangereux de l'habitacle jusqu'à leur fermeture et leur verrouillage effectifs.

Ces protecteurs sont maintenus fermés et verrouillés pendant le déplacement de l'habitacle jusqu'à son arrêt. Ils sont munis d'un dispositif de déverrouillage de secours rendu accessible depuis l'extérieur de la gaine.

L'accès à la gaine, à partir des paliers autres que celui au niveau duquel se trouve l'habitacle, est rendu impossible en service normal.

Art. R. 4324-51. Les voies et accès aux équipements, les habitacles accessibles aux personnes ainsi que les espaces en gaine où ont lieu des opérations de vérification et de maintenance sont dotés d'un éclairage approprié.

Art. R. 4324-52. Les équipements sont installés ou équipés de manière à éviter les risques, pour les personnes, d'entrer en contact avec les objets transportés ou tout élément fixe ou mobile situé à l'extérieur de l'habitacle.

Ils sont notamment équipés de dispositifs faisant obstacle à tout déplacement dangereux de l'habitacle, à une augmentation de sa vitesse mettant en danger la sécurité des personnes ou à sa chute libre. Ces dispositifs ne doivent pas avoir pour effet une décélération dangereuse pour ces personnes, y compris pour celles qui effectuent les opérations mentionnées à l'article R. 4543-1.

Art. R. 4324-53. Lorsque l'habitacle est accessible aux personnes, l'équipement est doté d'un dispositif de secours permettant leur dégagement rapide, y compris en cas de défaillance de la source d'énergie.

LIVRE IV

PRÉVENTION DE CERTAINS RISQUES D'EXPOSITION

TITRE Ier RISQUES CHIMIQUES

Note • Le décret 92-1261 du 3 décembre 1992 (JO 5), applicable au 1er janvier 1993, a transposé en droit français les directives européennes relatives à la prévention du risque chimique. Il a fixé les obligations s'imposant aux fabricants importateurs et vendeurs de substances ou préparations dangereuses lors de leur mise sur le marché et les mesures de prévention dans l'entreprise, notamment celles concernant les agents ou procédés cancérogènes.

• Sur le plan européen, voir notamment directive 98/24/CE du 7 avril 1998 concernant la protection de la santé et de la sécurité des travailleurs contre les risques liés à des agents chimiques sur le lieu de travail (JOCE L 131 du 5.05.1998), directive fixant les prescriptions minimales en la matière et incluant plusieurs directives antérieures abrogées (80/1107/CEE du 27 novembre 1980, 82/605/CEE du 28 juillet 1982, 88/364/CEE du 9 juin 1988). Sa transposition dans le droit interne des États membres a dû se faire au plus tard le 5 mai 2001. Une directive 2000/39/CE du 8 juin 2000 a établi une première liste de valeurs limites d'exposition professionnelle de caractère indicatif en application de la directive 98/24/CE (JOCE L 142 du 16.06.2000); une directive 2006/15/CE du 7 février 2006 en a établi une deuxième (JOUE L 38 du 9.02.2006), une directive 2009/161/UE du 17 décembre 2009 une troisième (JOUE L 338 du 19.12.2009), une directive (UE) 2017/164 du 31 janvier 2017 une quatrième (JOUE L 27 du 01.02.2017) et une directive (UE) 2019/1831 du 24 octobre 2019 une cinquième (JOUE L 279 du 31.10.2019).

Voir aussi notamment règlement (CE) 1907/2006 du 18 décembre 2006 concernant l'enregistrement, l'évaluation et l'autorisation des substances chimiques, ainsi que les restrictions applicables à ces substances (REACH), instituant une agence européenne des produits chimiques (JOUE L 396 du 30.12.2006) et règlement (CE) 1272/2008 du 16 décembre 2008 relatif à la classification, à l'étiquetage et à l'emballage des substances et des mélanges (JOUE L 353 du 31.12.2008, rectif. JOUE L 117 du 3.05.2019).

• Voir loi 2008-757 du 1er août 2008 (JO 2) relative à la responsabilité environnementale et à diverses dispositions d'adaptation au droit communautaire dans le domaine de l'environnement autorisant le Gouvernement à prendre par voie d'ordonnances toutes mesures afin d'adapter les dispositions législatives relatives aux risques chimiques du titre Ier du livre IV de la quatrième partie du code du travail, les dispositions pénales du titre IV du livre VII de la quatrième partie du même code, à divers règlements et directives du Parlement européen et du Conseil, et notamment au règlement (CE) 1907/2006 du 18 décembre 2006 précité. Voir aussi loi 2011-12 du 5 janvier 2011, JO 6, portant diverses dispositions d'adaptation de la législation européenne au droit de l'Union européenne autorisant le Gouvernement à prendre par ordonnances les mesures relevant de la loi, nécessaires à l'adaptation de la législation, notamment aux règlements (CE) 1272/2008 du 16 décembre 2008 et (CE) 1907/2006 du 18 décembre 2006 précités.

• Voir aussi circulaire DGT/CT2/2015/160 du 7 mai 2015 (NOR: ETST1511177C) relative à la prévention et à la protection des travailleurs contre les risques chimiques dans les conteneurs et autres contenants de marchandises (BO TR 2015/6 du 30 juin 2015).

CHAPITRE Ier Mise sur le marché des substances et mélanges

SECTION 1. Mesures générales et dispositions d'application

Art. L. 4411-1. Dans l'intérêt de la santé et de la sécurité au travail, la fabrication, la mise en vente, la vente, l'importation, la cession à quelque titre que ce soit ainsi que l'utilisation des substances et ***(Ord. 2011-1922 du 22 déc. 2011, JO 23)*** «mélanges dangereux» pour les travailleurs peuvent être limitées, réglementées ou interdites.

Ces limitations, réglementations ou interdictions peuvent être établies même lorsque l'utilisation de ces substances et ***(Ord. 2011-1922 du 22 déc. 2011, JO 23)*** «mélanges» est réalisée par l'employeur lui-même ou par des travailleurs indépendants.

Art. L. 4411-2. Des décrets en Conseil d'État, pris après avis des organisations professionnelles d'employeurs et de salariés intéressées, déterminent les mesures d'application du présent chapitre et peuvent notamment organiser des procédures spéciales lorsqu'il y a urgence à suspendre la commercialisation ou l'utilisation des substances et ***(Ord. 2011-1922 du 22 déc. 2011, JO 23)*** «mélanges dangereux», et prévoir les modalités d'indemnisation des travailleurs atteints d'affections causées par ces produits.

SECTION 2. Fabrication, importation et vente

Sous-section 1. Déclaration des substances et préparations

§ 1. Mise sur le marché

Art. L. 4411-3. ***(Ord. 2011-1922 du 22 déc. 2011, JO 23)*** La fabrication, la mise sur le marché, l'utilisation des substances, telles quelles ou contenues dans des mélanges ou des articles, et la mise sur le marché des mélanges sont soumises aux dispositions du règlement (CE) n° 1907/2006 du Parlement européen et du Conseil du 18 décembre 2006 concernant l'enregistrement, l'évaluation et l'autorisation des substances chimiques ainsi que les restrictions applicables à ces substances (REACH) et aux dispositions du règlement (CE) n° 1272/2008 du Parlement européen et du Conseil du 16 décembre 2008 relatif à la classification, à l'étiquetage et à l'emballage des substances et des mélanges.

Note Jusqu'au 1er juin 2009, et conformément aux dispositions du 3 de l'article 67 et du 4 de l'article 141 du règlement (CE) 1907/2006, les mesures suivantes pouvaient être prises par arrêté conjoint des ministres chargés de l'environnement, de la santé et du travail pour des substances et préparations présentant des dangers graves ou des risques non valablement maîtrisés, pour les travailleurs, la santé humaine ou l'environnement ainsi que pour les produits manufacturés, les articles ou les équipements les contenant: 1° Interdiction provisoire ou permanente, totale ou partielle, de fabrication, d'importation, d'exportation, de transport, de mise sur le marché ou de certains usages; 2° Prescription tendant à restreindre ou à réglementer la fabrication, l'importation, l'exportation, la mise sur le marché, l'emploi pour certains usages, la récupération, la régénération, le recyclage, la destruction, le stockage, le transport, la composition, l'étiquetage, l'emballage, la dénomination commerciale et la publicité, ainsi que toute autre condition nécessaire à la préservation de la santé humaine ou de l'environnement. Ces mesures sont restées en vigueur jusqu'au 1er juin 2013 (ordonnance 2009-229 du 26 février 2009, art. 4, JO 27).

Voir notamment arrêté du 15 mars 2007 (JO 27) modifiant l'arrêté du 7 août 1997 modifié relatif aux limitations de mise sur le marché et d'emploi de certains produits contenant des substances dangereuses.

§ 2. Information des autorités

Art. L. 4411-4. Les fabricants, les importateurs ou ***(Ord. 2009-229 du 26 févr. 2009, JO 27)*** «tout responsable de la mise sur le marché» de substances ou de ***(Ord. 2011-1922 du 22 déc. 2011, JO 23)*** «mélanges dangereux destinés à être utilisés» dans des établissements employant des travailleurs fournissent à un organisme compétent désigné par l'autorité administrative toutes les informations nécessaires sur ces produits, notamment leur composition.

Il peut leur être imposé de participer à la conservation et à l'exploitation de ces informations et de contribuer à la couverture des dépenses qui en résultent.

Note Voir notamment décret 2014-1175 du 13 octobre 2014 (JO 15) relatif aux procédures d'approbation, de mise à disposition sur le marché et de déclaration des produits biocides et des substances actives biocides.

§ 3. Exceptions

Art. L. 4411-5. ***(Ord. 2009-229 du 26 févr. 2009, JO 27)*** Les dispositions du paragraphe 2 ne s'appliquent pas au fabricant, à l'importateur ou à tout responsable de la mise sur le marché de certaines catégories de ***(Ord. 2011-1922 du 22 déc. 2011, JO 23)*** «mélanges» soumises à d'autres procédures de déclaration lorsque ces procédures prennent en compte les risques encourus par les travailleurs.

Sous-section 2. Protection des utilisateurs et acheteurs

§ 1. Information des utilisateurs

Art. L. 4411-6. Sans préjudice de l'application des dispositions légales non prévues par le présent code, les vendeurs ou distributeurs de substances ou de ***(Ord. 2011-1922 du 22 déc. 2011, JO 23)*** «mélanges dangereux», ainsi que les employeurs qui en font usage, procèdent à l'étiquetage de ces substances ou ***(Ord. 2011-1922 du 22 déc. 2011, JO 23)*** «mélanges» dans des conditions déterminées ***(Ord. 2011-1922 du 22 déc. 2011, JO 23)*** «par le règlement (CE) n° 1272/2008 du Parlement européen et du Conseil du 16 décembre 2008 relatif à la classification, à l'étiquetage et à l'emballage des substances et des mélanges» et par voie réglementaire.

Art. L. 4411-7

Note Voir notamment arrêté du 9 novembre 2004 (JO 18), modifié par arrêtés des 7 février 2007 (JO 17, rectif. JO 24 mars), 7 décembre 2009 (JO 16) et 14 octobre 2013 (JO 25), définissant les critères de classification et les conditions d'étiquetage et d'emballage des préparations dangereuses et transposant la directive 1999/45/CE du Parlement européen et du Conseil du 31 mai 1999, concernant le rapprochement des dispositions législatives, réglementaires et administratives relatives à la classification, à l'emballage et à l'étiquetage des préparations dangereuses; arrêté du 20 avril 1994 (JO 8 mai), modifié notamment par arrêtés des 7 janvier 1997 (JO 6 avril, rectif. JO 12 avril), 8 juin 1998 (JO 3 juil.), 28 août 1998 (JO 10 sept.), 8 octobre 1999 (JO 16, rectif. JO 20 nov.), 27 juin 2000 (JO 25 juil.), 30 juin 2001 (JO 31 juil.), 9 novembre 2004 (JO 18), 16 janvier 2009 (JO 22), 7 décembre 2009 (JO 16) et 14 octobre 2013 (JO 25), relatif à la déclaration, la classification, l'emballage et l'étiquetage des substances; arrêté du 7 août 1997 (JO 17), modifié notamment par arrêtés des 13 octobre 1998 (JO 6 nov.), 19 avril 2001 (JO 29), 3 janvier 2003 (JO 9), 2 juin 2003 (JO 1er juil.), 26 juillet 2004 (JO 5 sept.), 28 octobre 2004 (JO 20 nov.) et 15 mars 2007 (JO 27), relatif aux limitations de mise sur le marché et d'emploi de certains produits contenant des substances dangereuses.

Voir aussi circ. DRT 13 du 24 mai 2006 relative à l'emballage et l'étiquetage des substances et des préparations dangereuses ainsi qu'à la fiche de données de sécurité (FDS) (BO TR 2006/06).

§ 2. Résolution de la vente

Art. L. 4411-7. L'acheteur d'une substance ou d'***(Ord. 2011-1922 du 22 déc. 2011, JO 23)*** «un mélange dangereux» qui a été livré dans des conditions contraires aux dispositions des articles L. 4411-1 et L. 4411-3 peut, même en présence d'une clause contraire, dans le délai d'une année à compter du jour de la livraison, demander la résolution de la vente.

La juridiction qui prononce cette résolution peut accorder des dommages et intérêts à l'acheteur.

SECTION 1 (réglementaire). Dispositions générales

Art. R. 4411-1. ***(D. 2009-289 du 13 mars 2009, JO 15)*** Pour l'application du présent titre, lorsque les substances ou ***(D. 2012-530 du 19 avril 2012, JO 21)*** «mélanges mentionnés» à l'article L. 4411-1 sont utilisées principalement dans des établissements et exploitations agricoles, les attributions du ministre chargé du travail sont exercées par le ministre chargé de l'agriculture.

Art. R. 4411-1-1. ***(D. 2012-530 du 19 avril 2012, JO 21)*** Les règles de classification, d'étiquetage et d'emballage des substances et mélanges dangereux sont définies par le règlement (CE) n° 1272/2008 du Parlement et du Conseil du 16 décembre 2008 relatif à la classification, à l'étiquetage et à l'emballage des substances et des mélanges.

Note Cet article a été modifié par le décret 2015-612 du 3 juin 2015, JO 5.

SECTION 2 (réglementaire). Définitions et principes de classement

Art. R. 4411-6. ***(D. 2015-612 du 3 juin 2015, JO 5)*** Sont considérés comme dangereux les substances et mélanges qui répondent aux critères de classification relatifs aux dangers physiques, aux dangers pour la santé ou aux dangers pour l'environnement définis à l'annexe I du règlement (CE) n° 1272/2008 du Parlement européen et du Conseil du 16 décembre 2008.

SECTION 3 (réglementaire). Information des autorités pour la prévention des risques

Note Cette section a été introduite par le décret 2014-128 du 14 février 2014, art. 11, JO 16.

Art. R. 4411-42. L'organisme mentionné à l'article L. 4411-4 est désigné par arrêté des ministres chargés de la santé, du travail, de l'environnement et de l'agriculture. Cet arrêté fixe les modalités techniques de la mission de cet organisme.

Note Voir arrêté du 21 mars 2016 (JO 30) relatif à l'organisme chargé de la réception des déclarations des produits chimiques dans le cadre des articles L. 4411-4 CT et R. 1342-13 c. santé publ.

Art. R. 4411-43. Sous réserve des dispositions des articles R. 4411-44 et R. 4411-45, la nature et les modalités de déclaration des informations qui doivent être fournies à l'organisme mentionné à l'article R. 4411-42 en application des dispositions de l'article L. 4411-4 sur les substances ou mélanges dangereux destinés à être utilisés dans des établissements employant des travailleurs ainsi que les modalités d'accès à celles-ci sont fixées par les chapitres Ier et II du titre IV du livre III de la première partie du code de la santé publique.

Art. R. 4411-44. L'organisme mentionné à l'article L. 4411-4 est habilité à fournir à toute personne qui en fait la demande et intéressée par la protection des travailleurs, notamment au médecin du travail et aux membres des comités d'hygiène et de sécurité des conditions de travail, les renseignements qu'il détient relatifs :

1° Aux dangers que présente une substance ou un mélange qui la contient ;

2° Aux précautions à prendre dans son emploi, son stockage, son transport ou son élimination ;

3° À la nature et à la teneur de toute substance dangereuse contenue dans un mélange, à l'exclusion des informations relevant du secret ***(D. 2018-1126 du 11 déc. 2018, art. 3, VIII, JO 13)*** « des affaires ».

Art. R. 4411-45. L'organisme mentionné à l'article L. 4411-4 est habilité à fournir aux inspecteurs du travail, aux médecins inspecteurs du travail, à un médecin du travail désigné par la Caisse centrale de mutualité agricole, aux ingénieurs de prévention ou techniciens régionaux des ***(D. 2020-1545 du 9 déc. 2020, JO 10, entrée en vigueur le 01.04.2021)*** « directions régionales de l'économie, de l'emploi, du travail et des solidarités », aux ingénieurs-conseils des caisses d'assurance retraite et de la santé au travail et aux conseillers en prévention mentionnés aux articles L. 724-8 et L. 724-9 du code rural et de la pêche maritime tout renseignement qu'il détient sur la composition des mélanges.

Les demandes de renseignement au titre du présent article sont faites par écrit à l'organisme compétent qui les enregistre.

Art. R. 4411-46. L'organisme mentionné à l'article L. 4411-4 et les autorités administratives prennent toutes dispositions utiles pour que les informations dont ils disposent et qui leur ont été signalées comme relevant du secret ***(D. 2018-1126 du 11 déc. 2018, art. 3, VIII, JO 13)*** « des affaires » ne soient accessibles qu'aux personnes qu'ils ont explicitement habilitées pour en assurer la garde et qui sont astreintes au secret professionnel.

SECTION 4 (réglementaire). **Protection des utilisateurs et acheteurs**

Sous-section 2. **Fiche de données de sécurité**

Art. R. 4411-73. ***(D. 2009-289 du 13 mars 2009, JO 15)*** « Le fournisseur » d'une substance ou ***(D. 2012-530 du 19 avril 2012, JO 21)*** « mélange dangereux » fournit au destinataire de cette substance ou ***(D. 2012-530 du 19 avril 2012, JO 21)*** « mélange » une fiche de données de sécurité conforme aux exigences prévues au titre IV et à l'annexe II du règlement (CE) n° 1907/2006 du Parlement et du Conseil du 18 décembre 2006 concernant l'enregistrement, l'évaluation et l'autorisation des substances chimiques, ainsi que les restrictions applicables à ces substances (REACH), instituant une agence européenne des produits chimiques, modifiant la directive 1999/45/CE et abrogeant le règlement (CEE) n° 793/93 du Conseil et le règlement (CE) n° 1488/94 de la Commission ainsi que la directive 76/769/CEE du Conseil et les directives 91/155/CEE, 93/67/CEE, 93/105/CE et 2000/21/CE de la Commission.

Sous-section 4. **Dispositions d'urgence**

Art. R. 4411-83. En cas d'urgence motivée par un grave danger pour les travailleurs, le ministre chargé du travail peut, par arrêté, limiter, réglementer ou interdire la commercialisation ou l'utilisation, à quelque titre que ce soit, ainsi que l'emploi d'une substance ou ***(D. 2012-530 du 19 avril 2012, JO 21)*** « d'un mélange dangereux », sans recueillir l'avis du ***(D. 2016-1834 du 22 déc. 2016, JO 24)*** « Conseil d'orientation des conditions de travail ».

La durée de validité de l'arrêté ne peut excéder six mois non renouvelables. Elle peut toutefois être portée à douze mois après avis du ***(D. 2016-1834 du 22 déc. 2016, JO 24)*** « Conseil d'orientation des conditions de travail ».

Art. R. 4411-84. Lorsque est intervenu un règlement ou un arrêté pris par application des articles L. 4411-1 et R. 4411-83, les fabricants, importateurs ou vendeurs prennent toutes dispositions pour informer les utilisateurs.

SECTION 5 (réglementaire). **Exemptions pour les intérêts de la défense**

Note Cette section a été introduite par le décret 2012-530 du 19 avril 2012, JO 21.

Art. R. 4411-86. Les exemptions au règlement (CE) n° 1272/2008 prévues au III de l'article L. 521-1 du code de l'environnement sont délivrées par décision conjointe du ministre de la défense et du ministre chargé du travail, sauf dans les cas d'urgence opérationnelle pour lesquels la décision est prise par le ministre de la défense qui en informe alors le ministre chargé du travail.

La décision est notifiée au demandeur.

La décision précise l'identité de la substance, du mélange ou de l'article concerné, la durée de l'exemption et, le cas échéant, les conditions de son renouvellement. En l'absence de décision explicite à l'issue d'un délai de six mois à compter de la réception de la demande, celle-ci est réputée rejetée. Un arrêté conjoint du ministre de la défense et du ministre chargé du travail précise les conditions de présentation et d'instruction des demandes.

CHAPITRE II Mesures de prévention des risques chimiques

Note Voir circulaire DRT 12 du 24 mai 2006 (BO TR 2006/06) relative aux règles générales de prévention du risque chimique et aux règles particulières à prendre contre les risques d'exposition aux agents cancérogènes, mutagènes ou toxiques pour la reproduction.

Voir aussi guide pour l'utilisation des produits chimiques en milieu professionnel, Direccte des Pays-de-la-Loire, Travail et produits chimiques : liaisons dangereuses, 1er octobre 2012.

Art. L. 4412-1. Les règles de prévention des risques pour la santé et la sécurité des travailleurs exposés à des risques chimiques sont déterminées par décret en Conseil d'État pris en application de l'article L. 4111-6.

SECTION 1 (réglementaire). Dispositions applicables aux agents chimiques dangereux

Note Les dispositions de cette section restent applicables également aux substances et mélanges définis par l'article R. 4411-6, dans sa rédaction antérieure à l'entrée en vigueur du décret 2015-612, rapporté ci-après :

Art. R. 4411-6. ***(D. 2012-530 du 19 avril 2012, JO 21)*** Sont considérés comme dangereux les substances et mélanges correspondant aux catégories suivantes :

1° Explosibles : substances et mélanges solides, liquides, pâteux ou gélatineux qui, même sans intervention d'oxygène atmosphérique, peuvent présenter une réaction exothermique avec développement rapide de gaz et qui, dans des conditions d'essais déterminées, détonent, déflagrent rapidement ou, sous l'effet de la chaleur, explosent en cas de confinement partiel ;

2° Comburants : substances et mélanges qui, au contact d'autres substances, notamment inflammables, présentent une réaction fortement exothermique ;

3° Extrêmement inflammables : substances et mélanges liquides dont le point d'éclair est extrêmement bas et le point d'ébullition bas ainsi que substances et mélanges gazeux qui, à température et pression ambiantes, sont inflammables à l'air ;

4° Facilement inflammables : substances et mélanges :

a) Qui peuvent s'échauffer au point de s'enflammer à l'air à température ambiante sans apport d'énergie ;

b) À l'état solide, qui peuvent s'enflammer facilement par une brève action d'une source d'inflammation et continuer à brûler ou à se consumer après l'éloignement de cette source ;

c) À l'état liquide, dont le point d'éclair est très bas ;

d) Ou qui, au contact de l'eau ou de l'air humide, produisent des gaz extrêmement inflammables en quantités dangereuses ;

5° Inflammables : substances et mélanges liquides, dont le point d'éclair est bas ;

6° Très toxiques : substances et mélanges qui, par inhalation, ingestion ou pénétration cutanée en très petites quantités, entraînent la mort ou nuisent à la santé de manière aiguë ou chronique ;

7° Toxiques : substances et mélanges qui, par inhalation, ingestion ou pénétration cutanée en petites quantités, entraînent la mort ou nuisent à la santé de manière aiguë ou chronique ;

8° Nocifs : substances et mélanges qui, par inhalation, ingestion ou pénétration cutanée, peuvent entraîner la mort ou nuire à la santé de manière aiguë ou chronique ;

9° Corrosifs : substances et mélanges qui, en contact avec des tissus vivants, peuvent exercer une action destructrice sur ces derniers ;

10° Irritants : substances et mélanges non corrosifs qui, par contact immédiat, prolongé ou répété avec la peau ou les muqueuses, peuvent provoquer une réaction inflammatoire ;

11° Sensibilisants : substances et mélanges qui, par inhalation ou pénétration cutanée, peuvent donner lieu à une réaction d'hypersensibilisation telle qu'une exposition ultérieure à la substance ou au mélange produise des effets néfastes caractéristiques ;

12° Cancérogènes : substances et mélanges qui, par inhalation, ingestion ou pénétration cutanée, peuvent provoquer un cancer ou en augmenter la fréquence :

a) Cancérogènes de catégorie 1 : substances et mélanges que l'on sait être cancérogènes pour l'homme ;

b) Cancérogènes de catégorie 2 : substances et mélanges pour lesquels il existe une forte présomption que l'exposition de l'homme à de tels substances et mélanges puisse provoquer un cancer ou en augmenter la fréquence ;

c) Cancérogènes de catégorie 3 : substances et mélanges préoccupants pour l'homme en raison d'effets cancérogènes possibles, mais pour lesquels les informations disponibles sont insuffisantes pour classer ces substances et mélanges dans la catégorie 2 ;

13° Mutagènes: substances et mélanges qui, par inhalation, ingestion ou pénétration cutanée, peuvent produire des défauts génétiques héréditaires ou en augmenter la fréquence:

a) Mutagènes de catégorie 1: substances et mélanges que l'on sait être mutagènes pour l'homme;

b) Mutagènes de catégorie 2: substances et mélanges pour lesquels il existe une forte présomption que l'exposition de l'homme à de tels substances et mélanges puisse produire des défauts génétiques héréditaires ou en augmenter la fréquence;

c) Mutagènes de catégorie 3: substances et mélanges préoccupants pour l'homme en raison d'effets mutagènes possibles, mais pour lesquels les informations disponibles sont insuffisantes pour classer ces substances et mélanges dans la catégorie 2;

14° Toxiques pour la reproduction: substances et mélanges qui, par inhalation, ingestion ou pénétration cutanée, peuvent produire ou augmenter la fréquence d'effets nocifs non héréditaires dans la progéniture ou porter atteinte aux fonctions ou capacités reproductives:

a) Toxiques pour la reproduction de catégorie 1: substances et mélanges que l'on sait être toxiques pour la reproduction de l'homme;

b) Toxiques pour la reproduction de catégorie 2: substances et mélanges pour lesquels il existe une forte présomption que l'exposition de l'homme à de tels substances et mélanges puisse produire ou augmenter la fréquence d'effets nocifs non héréditaires dans la progéniture ou porter atteinte aux fonctions ou capacités reproductives;

c) Toxiques pour la reproduction de catégorie 3: substances et mélanges préoccupants en raison d'effets toxiques possibles pour la reproduction, mais pour lesquels les informations disponibles sont insuffisantes pour classer ces substances et mélanges dans la catégorie 2;

15° Dangereux pour l'environnement: substances et mélanges qui, s'ils entraient dans l'environnement, présenteraient ou pourraient présenter un risque immédiat ou différé pour une ou plusieurs de ses composantes.

Sous-section 1. **Champ d'application et définitions**

Art. R. 4412-1. Les dispositions de la présente section sont applicables aux activités dans lesquelles les travailleurs sont exposés ou susceptibles d'être exposés au cours de leur travail à des agents chimiques dangereux.

Art. R. 4412-2. Pour l'application du présent chapitre, on entend par:

1° Activité impliquant des agents chimiques, tout travail dans lequel des agents chimiques sont utilisés ou destinés à être utilisés dans tout processus, y compris la production, la manutention, le stockage, le transport, l'élimination et le traitement, ou au cours duquel de tels agents sont produits;

2° Agent chimique, tout élément ou composé chimique, soit en l'état, soit au sein ***(D. 2012-530 du 19 avril 2012, JO 21)*** «d'un mélange», tel qu'il se présente à l'état naturel ou tel qu'il est produit, utilisé ou libéré, notamment sous forme de déchet, du fait d'une activité professionnelle, qu'il soit ou non produit intentionnellement et qu'il soit ou non mis sur le marché.

Art. R. 4412-3. Pour l'application du présent chapitre, un agent chimique dangereux est:

(D. 2012-530 du 19 avril 2012, JO 21) «1° Tout agent chimique ***(D. 2015-612 du 3 juin 2015, JO 5)*** «mentionné à l'article R. 4411-6.»

2° Tout agent chimique qui, bien que ne satisfaisant pas aux critères de classement, en l'état ou au sein ***(D. 2012-530 du 19 avril 2012, JO 21)*** «d'un mélange», peut présenter un risque pour la santé et la sécurité des travailleurs en raison de ses propriétés physico-chimiques, chimiques ou toxicologiques et des modalités de sa présence sur le lieu de travail ou de son utilisation, y compris tout agent chimique pour lequel des décrets prévoient une valeur limite d'exposition professionnelle.

Art. R. 4412-4. Pour l'application du présent chapitre, on entend par:

1° Danger, la propriété intrinsèque d'un agent chimique susceptible d'avoir un effet nuisible;

2° Risque, la probabilité que le potentiel de nuisance soit atteint dans les conditions d'utilisation et/ou d'exposition;

3° Surveillance de la santé, l'évaluation de l'état de santé d'un travailleur en fonction de son exposition à des agents chimiques spécifiques sur le lieu de travail;

4° Valeur limite biologique, la limite de concentration dans le milieu biologique approprié de l'agent concerné, de ses métabolites ou d'un indicateur d'effet;

5° Valeur limite d'exposition professionnelle, sauf indication contraire, la limite de la moyenne pondérée en fonction du temps de la concentration d'un agent chimique dangereux dans l'air de la zone de respiration d'un travailleur au cours d'une période de référence déterminée.

Sous-section 2. **Évaluation des risques**

Art. R. 4412-5. L'employeur évalue les risques encourus pour la santé et la sécurité des travailleurs pour toute activité susceptible de présenter un risque d'exposition à des agents chimiques dangereux.

Cette évaluation est renouvelée périodiquement, notamment à l'occasion de toute modification importante des conditions pouvant affecter la santé ou la sécurité des travailleurs.

Art. L. 4412-1

Note Le directeur d'usine poursuivi après un accident du travail pour blessures involontaires et infractions à la sécurité du travail pour n'avoir pas procédé à une évaluation des risques encourus et n'avoir pas fait équiper les emplacements de travail où étaient utilisées des substances chimiques dangereuses de moyens efficaces assurant l'évacuation des dégagements gazeux a commis une faute caractérisée exposant autrui à un risque d'une particulière gravité qu'il ne pouvait ignorer (cass. crim. 24 avril 2001, n° 00-85.911).

Art. R. 4412-6. Pour l'évaluation des risques, l'employeur prend en compte, notamment :

1° Les propriétés dangereuses des agents chimiques présents sur les lieux de travail ;

2° Les informations relatives à la santé et à la sécurité communiquées par le fournisseur de produits chimiques en application des articles ***(D. 2015-612 du 3 juin 2015, JO 5)*** « R. 4411-1-1 », R. 4411-73 et R. 4411-84 ;

3° Les renseignements complémentaires qui lui sont nécessaires obtenus auprès du fournisseur ou d'autres sources aisément accessibles ;

4° La nature, le degré et la durée de l'exposition ;

5° Les conditions dans lesquelles se déroulent les activités impliquant des agents chimiques, y compris le nombre et le volume de chacun d'eux ;

6° Les valeurs limites d'exposition professionnelle et les valeurs limites biologiques fixées par décret ;

7° L'effet des mesures de prévention prises ou à prendre sur le risque chimique ;

8° Les conclusions fournies par le médecin du travail concernant ***(D. 2016-1908 du 27 déc. 2016, art. 10, I, 1°, JO 29, entrée en vigueur le 01.01.2017)*** « le suivi de l'état de santé » des travailleurs ;

9° Les travaux conduits et propositions émises par les intervenants en prévention des risques professionnels mentionnés à l'article R. 4623-26.

Art. R. 4412-7. L'évaluation des risques inclut toutes les activités au sein de l'entreprise ou de l'établissement, y compris l'entretien et la maintenance.

Dans le cas d'activités comportant une exposition à plusieurs agents chimiques dangereux, l'évaluation prend en compte les risques combinés de l'ensemble de ces agents.

Art. R. 4412-8. Toute activité nouvelle impliquant des agents chimiques dangereux ne peut être entreprise qu'après réalisation de l'évaluation des risques et mise en œuvre des mesures de prévention appropriées.

Art. R. 4412-9. Les résultats de l'évaluation des risques chimiques sont communiqués, sous une forme appropriée, au ***(D. 2017-1819 du 29 déc. 2017, art. 3, 45°, JO 30, entrée en vigueur le 01.01.2018)*** « comité social et économique » et, en l'absence de représentation du personnel, à tout travailleur intervenant dans l'entreprise ainsi qu'au médecin du travail.

Cette communication intervient, en particulier, à la suite de la mise à jour des résultats de l'évaluation ou de toute modification importante des méthodes et des conditions de travail susceptible d'affecter la santé et la sécurité des travailleurs.

Art. R. 4412-10. Les résultats de l'évaluation des risques sont consignés dans le document unique d'évaluation des risques prévu à l'article R. 4121-1.

Sous-section 3. Mesures et moyens de prévention

Art. R. 4412-11. L'employeur définit et applique les mesures de prévention visant à supprimer ou à réduire au minimum le risque d'exposition à des agents chimiques dangereux :

1° En concevant et en organisant des méthodes de travail adaptées ;

2° En prévoyant un matériel adéquat ainsi que des procédures d'entretien régulières qui protègent la santé et la sécurité des travailleurs ;

3° En réduisant au minimum le nombre de travailleurs exposés ou susceptibles de l'être, tout en tenant compte des risques encourus par un travailleur isolé ;

4° En réduisant au minimum la durée et l'intensité de l'exposition ;

5° En imposant des mesures d'hygiène appropriées ;

6° En réduisant au minimum nécessaire la quantité d'agents chimiques présents sur le lieu de travail pour le type de travail concerné ;

7° En concevant des procédures de travail adéquates, notamment des dispositions assurant la sécurité lors de la manutention, du stockage et du transport sur le lieu de travail des agents chimiques dangereux et des déchets contenant de tels agents.

Art. R. 4412-12. Lorsque les résultats de l'évaluation des risques révèlent un risque pour la santé et la sécurité des travailleurs, l'employeur met en œuvre les dispositions suivantes :

1° Mesures et moyens de prévention prévus aux articles R. 4412-15 à R. 4412-22 ;

2° Vérifications des installations et appareils de protection collective prévues à la sous-section 4 ;

3° Contrôle de l'exposition prévu à la sous-section 5 ;

4° Mesures en cas d'accident prévues à la sous-section 6 ;

5° Établissement de la notice de poste prévue à l'article R. 4412-39 ;

6° Suivi *(D. 2016-1908 du 27 déc. 2016, art. 10, I, 1°, JO 29, entrée en vigueur le 01.01.2017)* « de l'état de santé prévu » à la sous-section 8.

Art. R. 4412-13. Lorsque les résultats de l'évaluation des risques montrent que les quantités dans lesquelles un agent chimique dangereux est présent sur le lieu de travail ne présentent qu'un risque faible pour la santé et la sécurité des travailleurs et que les mesures de prévention prises en application des articles L. 4121-1 à L. 4121-5 et R. 4412-11 sont suffisantes pour réduire ce risque, les dispositions de l'article R. 4412-12 ne sont pas applicables.

Art. R. 4412-14. Quels que soient les résultats de l'évaluation des risques, les dispositions de l'article R. 4412-12 s'appliquent à la production, la fabrication ou l'utilisation au travail des agents chimiques dangereux faisant l'objet d'une mesure d'interdiction en application de l'article L. 4411-1.

Art. R. 4412-15. Le risque que présente un agent chimique dangereux pour la santé et la sécurité des travailleurs doit être supprimé.

Lorsque la suppression de ce risque est impossible, ce dernier est réduit au minimum par la substitution d'un agent chimique dangereux par un autre agent chimique ou par un procédé non dangereux ou moins dangereux.

Art. R. 4412-16. Lorsque la substitution d'un agent chimique dangereux n'est pas possible au regard de la nature de l'activité et de l'évaluation des risques, le risque est réduit au minimum par la mise en œuvre, par ordre de priorité, des mesures suivantes :

1° Conception des procédés de travail et contrôles techniques appropriés ;

2° Utilisation des équipements et des matériels adéquats de manière à éviter ou à réduire le plus possible la libération d'agents chimiques dangereux sur le lieu de travail ;

3° Application, à la source du risque, des mesures efficaces de protection collective, telles qu'une bonne ventilation et des mesures appropriées d'organisation du travail ;

4° Utilisation, si l'exposition ne peut être réduite par d'autres moyens, de moyens de protection individuelle, y compris d'équipements de protection individuelle.

Art. R. 4412-17. L'employeur prend les mesures techniques et définit les mesures d'organisation du travail appropriées pour assurer la protection des travailleurs contre les dangers découlant des propriétés chimiques et physico-chimiques des agents chimiques.

Ces mesures portent, notamment, sur le stockage, la manutention et l'isolement des agents chimiques incompatibles.

À cet effet, l'employeur prend les mesures appropriées pour empêcher :

1° La présence sur le lieu de travail de concentrations dangereuses de substances inflammables ou de quantités dangereuses de substances chimiques instables ;

2° Les risques de débordement ou d'éclaboussures, ainsi que de déversement par rupture des parois des cuves, bassins, réservoirs et récipients de toute nature contenant des produits susceptibles de provoquer des brûlures d'origine thermique ou chimique.

Art. R. 4412-18. Lorsque les mesures techniques et d'organisation prévues à l'article R. 4412-17 ne sont pas réalisables au regard de la nature de l'activité, l'employeur prend, par ordre de priorité, les dispositions nécessaires pour :

1° Éviter la présence sur le lieu de travail de sources d'ignition susceptibles de provoquer des incendies ou des explosions, ou l'existence de conditions défavorables pouvant aboutir à ce que des substances ou des mélanges de substances chimiques instables aient des effets physiques dangereux ;

2° Atténuer les effets nuisibles pour la santé et la sécurité des travailleurs en cas d'incendie ou d'explosion résultant de l'inflammation de substances inflammables, ou les effets dangereux dus aux substances ou aux mélanges de substances chimiques instables.

Art. R. 4412-19. L'employeur assure l'entretien des équipements de protection individuelle et des vêtements de travail.

Lorsque l'entretien est réalisé à l'extérieur de l'établissement, le chef de l'entreprise chargé du transport et de l'entretien est informé de l'éventualité et de la nature de la contamination ainsi que de ses dangers conformément aux règles de coordination de la prévention prévue à l'article R. 4511-5.

Le transport des vêtements contaminés est réalisé dans des récipients sûrs et identifiables.

Art. R. 4412-20. L'employeur, pour toutes les activités comportant un risque d'exposition à des agents chimiques dangereux, prévoit des mesures d'hygiène appropriées afin que les travailleurs ne mangent pas, ne boivent pas et ne fument pas dans les zones de travail concernées.

Art. R. 4412-21. L'accès aux locaux de travail où sont utilisés des agents chimiques dangereux est limité aux personnes dont la mission l'exige.

Ces locaux font l'objet d'une signalisation appropriée rappelant notamment l'interdiction d'y pénétrer sans motif de service et l'existence d'un risque d'émissions dangereuses pour la santé, y compris accidentelles.

Note Voir arrêté du 4 novembre 1993 (JO 17 déc.), modifié par arrêtés des 8 juillet 2003 (JO 26) et 2 août 2013 (JO 18 janv. 2014), relatif à la signalisation de sécurité et de santé au travail.

Art. R. 4412-22. Lors de travaux susceptibles d'exposer à des gaz délétères dans des espaces confinés tels que les puits, conduites de gaz, canaux de fumée, fosses d'aisances, cuves ou appareils quelconques, les travailleurs sont attachés ou protégés par un autre dispositif de sécurité.

Sous-section 4. Vérifications des installations et appareils de protection collective

Art. R. 4412-23. L'employeur assure régulièrement la vérification et le maintien en parfait état de fonctionnement des installations et appareils de protection collective.

Art. R. 4412-24. L'employeur établit, après avis du ***(D. 2017-1819 du 29 déc. 2017, art. 3, 43°, JO 30, entrée en vigueur le 01.01.2018)*** «comité social et économique», une notice fixant les conditions de l'entretien des installations et des appareils de protection collective et les procédures à mettre en œuvre pour assurer leur surveillance, notamment pour détecter d'éventuelles défaillances et les éliminer.

Art. R. 4412-25. Des visites périodiques destinées à s'assurer de l'état des cuves, bassins et réservoirs contenant des produits corrosifs ont lieu à intervalles n'excédant pas un an.

Ces visites sont réalisées par une personne qualifiée sous la responsabilité de l'employeur.

Art. R. 4412-26. Les résultats des vérifications prévues par la présente sous-section sont consignés dans les conditions prévues à l'article D. 4711-2.

Sous-section 5. Contrôle de l'exposition

Note Le décret 2009-1570 du 15 décembre 2009 et deux arrêtés d'application du même jour ont réaménagé le dispositif concernant les contrôles techniques des valeurs limites d'exposition professionnelle (VLEP) et le contrôle des valeurs limites biologiques (VLB) avec pour objectif de rationaliser la réglementation relative aux contrôles techniques permettant de mesurer l'exposition des travailleurs aux agents chimiques dangereux.

Le dispositif d'agrément ministériel des organismes chargés des contrôles a été remplacé par un dispositif d'accréditation auprès du Comité français d'accréditation (Cofrac) ou par tout organisme équivalent (désigné en application du règlement (CE) 765/2008 du 9 juillet 2008), l'encadrement des conditions de réalisation des contrôles renforcé et les données d'exposition centralisées pour leur étude et leur exploitation. Voir circulaire DGT 2010/03 du 13 avril 2010 relative au contrôle du risque chimique sur les lieux de travail explicitant les modalités de mise en œuvre de ce dispositif.

§ 1. Contrôle des valeurs limites d'exposition professionnelle

Note Ce paragraphe a été introduit par le décret 2009-1570 du 15 décembre 2009, JO 17.

Art. R. 4412-27. Pour l'application du 3° de l'article R. 4412-12, l'employeur procède de façon régulière au mesurage de l'exposition des travailleurs aux agents chimiques dangereux présents dans l'atmosphère des lieux de travail.

Lorsque des valeurs limites d'exposition professionnelle ont été établies pour un agent chimique dangereux en application des articles R. 4412-149 ou R. 4412-150, l'employeur fait procéder à des contrôles techniques par un organisme accrédité dans les conditions prévues aux articles R. 4724-8 à R. 4724-13.

Ces contrôles techniques sont effectués au moins une fois par an et lors de tout changement susceptible d'avoir des conséquences néfastes sur l'exposition des travailleurs. Ils donnent lieu à un rapport, communiqué conformément aux dispositions de l'article R. 4412-30.

Note Les dispositions des articles R. 4412-27 et R. 4412-76 CT s'appliquent aux valeurs limites d'exposition professionnelle indicatives prévues à l'article R. 4412-150 CT depuis le 1er janvier 2014 (décret 2009-1570 précité, art. 13, modifié par décret 2012-746 du 9 mai 2012, art. 2, JO 10).

Art. R. 4412-28. En cas de dépassement d'une valeur limite d'exposition professionnelle fixée à l'article R. 4412-149 ou de dépassement d'une concentration fixée à l'article R. 4222-10, l'employeur prend immédiatement les mesures de prévention et de protection propres à assurer la protection des travailleurs.

Art. R. 4412-29. En cas de dépassement d'une valeur limite d'exposition professionnelle indicative prévue à l'article R. 4412-150, l'employeur procède à l'évaluation des risques afin de déterminer des mesures de prévention et de protection adaptées.

Art. R. 4412-30. Les résultats des mesurages et les rapports de contrôle technique sont communiqués par l'employeur au médecin du travail et au ***(D. 2017-1819 du 29 déc. 2017, art. 3, 45°, JO 30, entrée en vigueur le 01.01.2018)*** «comité social et économique».

Ils sont tenus à la disposition de l'inspecteur du travail, du médecin inspecteur du travail ainsi que des agents des services de prévention des organismes de sécurité sociale.

Art. R. 4412-31. Les mesurages et les contrôles techniques opérés en application du présent paragraphe doivent respecter les modalités et les méthodes fixées en application de l'article R. 4412-151.

Note Voir arrêté du 15 décembre 2009 (JO 17) relatif aux contrôles techniques des valeurs limites d'exposition professionnelle sur les lieux de travail et aux conditions d'accréditation des organismes chargés des contrôles.

§ 2. Contrôle des valeurs limites biologiques

Art. R. 4412-32. Lorsqu'il est informé par le médecin du travail du dépassement d'une valeur limite biologique d'un agent chimique dangereux ***(D. 2012-530 du 19 avril 2012, JO 21)*** «pour la santé», dans les conditions prévues ***(D. 2009-1570 du 15 déc. 2009, JO 17)*** «à l'article R. 4412-51-1», l'employeur:

1° Procède à l'évaluation des risques conformément à la sous-section 2;

2° Met en œuvre les mesures et moyens de prévention prévus aux articles R. 4412-11, R. 4412-15 et R. 4412-16.

Sous-section 6. Mesures en cas d'accident ou d'incident

Art. R. 4412-33. Des systèmes d'alarme et autres systèmes de communication sont installés afin de permettre, en cas d'accident, d'incident ou d'urgence dû à la présence d'agents chimiques dangereux sur le lieu de travail:

1° Une réaction appropriée;

2° La mise en œuvre immédiate, en tant que de besoin, des mesures qui s'imposent;

3° Le déclenchement des opérations de secours, d'évacuation et de sauvetage.

Les mesures à mettre en œuvre, notamment les règles d'évacuation des travailleurs, sont définies préalablement par écrit.

Art. R. 4412-34. En présence d'agents chimiques dangereux sur les lieux de travail, des installations de premier secours appropriées sont mises à disposition. Des exercices de sécurité pertinents sont organisés à intervalles réguliers.

Art. R. 4412-35. Lorsqu'un accident, un incident ou une urgence survient, l'employeur prend immédiatement des mesures pour en atténuer les effets et en informer les travailleurs.

L'employeur met en œuvre les mesures appropriées pour remédier le plus rapidement possible à la situation et afin de rétablir une situation normale.

Art. R. 4412-36. Seuls les travailleurs indispensables à l'exécution des réparations ou d'autres travaux nécessaires au rétablissement de la situation sont autorisés à travailler dans la zone affectée. Ils doivent disposer d'équipements de protection individuelle appropriés qu'ils sont tenus d'utiliser pendant la durée de leur intervention. En tout état de cause, l'exposition des travailleurs ne peut pas être permanente et doit être limitée pour chacun au strict nécessaire.

Les personnes non protégées ne sont pas autorisées à rester dans la zone affectée.

Art. R. 4412-37. L'employeur veille à ce que les informations sur les mesures d'urgence se rapportant à des agents chimiques dangereux soient disponibles, notamment pour les services d'intervention, internes ou externes, compétents en cas d'accident ou d'incident.

Ces informations comprennent:

1° Une mention préalable des dangers de l'activité, des mesures d'identification du danger, des précautions et des procédures pertinentes afin que les services d'urgence puissent préparer leurs propres procédures d'intervention et mesures de précaution;

2° Toute information disponible sur les dangers susceptibles de se présenter lors d'un accident ou d'une urgence;

3° Les mesures définies en application des articles R. 4412-33 et R. 4412-34.

Sous-section 7. Information et formation des travailleurs

Art. R. 4412-38. L'employeur veille à ce que les travailleurs ainsi que le ***(D. 2017-1819 du 29 déc. 2017, art. 3, 49°, JO 30, entrée en vigueur le 01.01.2018)*** «comité social et économique»:

1° Reçoivent des informations sous des formes appropriées et périodiquement actualisées sur les agents chimiques dangereux se trouvant sur le lieu de travail, telles que notamment leurs noms, les risques pour la santé et la sécurité qu'ils comportent et, le cas échéant, les valeurs limites d'exposition professionnelle et les valeurs limites biologiques qui leur sont applicables;

2° Aient accès aux fiches de données de sécurité fournies par le fournisseur des agents chimiques;

3° Reçoivent une formation et des informations sur les précautions à prendre pour assurer leur protection et celle des autres travailleurs présents sur le lieu de travail. Sont notamment portées à leur connaissance les consignes relatives aux mesures d'hygiène à respecter et à l'utilisation des équipements de protection individuelle.

Art. R. 4412-39. L'employeur établit une notice, dénommée notice de poste, pour chaque poste de travail ou situation de travail exposant les travailleurs à des agents chimiques dangereux. Cette notice, actualisée en tant que de besoin, est destinée à informer les travailleurs des risques auxquels leur travail peut les exposer et des dispositions prises pour les éviter.

La notice rappelle les règles d'hygiène applicables ainsi que, le cas échéant, les consignes relatives à l'emploi des équipements de protection collective ou individuelle.

Art. R. 4412-39-1. ***(D. 2015-612 du 3 juin 2015, JO 5)*** L'étiquette ou inscription figurant sur tout récipient, sac ou enveloppe contenant des substances ou mélanges dangereux indique le nom de la ou les substances qu'il contient et les dangers que présente leur emploi.

Sous-section 8. Suivi de l'état de santé des travailleurs

§ 2. Suivi individuel de l'état de santé

Sous-§ 1. Suivi individuel et examens complémentaires

Art. R. 4412-44. ***(D. 2016-1908 du 27 déc. 2016, art. 10, I, 5°, JO 29, entrée en vigueur le 01.01.2017)*** En fonction de l'évaluation des risques, un travailleur affecté à des travaux l'exposant à des agents chimiques dangereux pour la santé peut faire l'objet d'un examen médical complémentaire prescrit par le médecin du travail afin de vérifier qu'il ne présente pas de contre-indication médicale à ces travaux.

Note Ne constitue pas une faute le refus du salarié d'effectuer une tâche à l'accomplissement de laquelle il ne peut être affecté dès lors que l'employeur n'a pas exécuté les obligations mises à sa charge pour assurer la protection de la santé au travail. Doit être cassé l'arrêt qui, pour juger que le licenciement pour faute d'une salariée en raison de son refus d'exécuter des travaux impliquant la manipulation de produits cytostatiques reposait sur une cause réelle et sérieuse, a retenu que l'intéressée n'avait à aucun moment exercé son droit de retrait et ne s'était jamais prévalue d'une situation de travail dont elle aurait eu un motif de penser qu'elle présentait un danger grave et imminent pour sa vie ou sa santé, se bornant à faire état d'une incapacité psychologique et technique, alors que la cour avait constaté que les tâches demandées à la salariée l'exposaient à un agent cancérogène, mutagène ou toxique pour la reproduction et que la fiche d'aptitude délivrée par le médecin du travail ne comportait aucune mention relative à l'absence de contre-indication à ces travaux (cass. soc. 18 décembre 2007, n° 06-43.801, BC V n° 212; RJS 3/08 n° 294).

Art. R. 4412-45. L'examen médical pratiqué comprend un examen clinique général et, selon la nature de l'exposition, un ou plusieurs examens spécialisés complémentaires auxquels le médecin du travail procède ou fait procéder. Ces examens sont ***(D. 2014-798 du 11 juil. 2014, JO 13)*** «pris en charge dans les conditions prévues à l'article ***(D. 2016-1908 du 27 déc. 2016, art. 10, I, 6°, JO 29, entrée en vigueur le 01.01.2017)*** «R. 4624-36» ou, s'il s'agit d'un salarié agricole, à l'article R. 717-20 du code rural et de la pêche maritime».

Art. R. 4412-46. Chaque travailleur est informé par le médecin du travail des résultats et de l'interprétation des examens médicaux généraux et complémentaires dont il a bénéficié.

Art. R. 4412-49. Les instructions techniques, précisant les modalités des examens médicaux que respectent les médecins du travail, sont déterminées, en tant que de besoin, par arrêté conjoint des ministres chargés du travail et de l'agriculture.

Art. R. 4412-50. En dehors des ***(D. 2016-1908 du 27 déc. 2016, art. 10, I, 8°, JO 29, entrée en vigueur le 01.01.2017)*** «visites d'information et de prévention et des examens complémentaires dont le travailleur bénéficie», l'employeur fait examiner par le médecin du travail tout travailleur exposé à des agents chimiques mentionnés à l'article R. 4412-44 qui se déclare incommodé par des travaux qu'il exécute. Cet examen peut être réalisé à la demande du travailleur.

Le médecin du travail est informé par l'employeur des absences, pour cause de maladie d'une durée supérieure à dix jours, des travailleurs exposés à ces agents chimiques.

Art. R. 4412-51. ***(D. 2009-1570 du 15 déc. 2009, JO 17)*** Le médecin du travail prescrit les examens médicaux nécessaires à la surveillance biologique des expositions aux agents chimiques. Le travailleur est informé par le médecin des résultats de ces examens et de leur interprétation.

Le médecin du travail informe l'employeur de l'interprétation anonyme et globale des résultats de cette surveillance biologique des expositions aux agents chimiques, en garantissant le respect du secret médical.

Note Voir arrêté du 6 décembre 2011 (JO 15) modifiant l'arrêté du 28 février 1995 pris en application de l'article D. 461-25 c. séc. soc. fixant le modèle type d'attestation d'exposition et les modalités d'examen dans le cadre du suivi post-professionnel des salariés ayant été exposés à des agents ou procédés cancérogènes.

Art. R. 4412-51-1. ***(D. 2009-1570 du 15 déc. 2009, JO 17)*** Les analyses destinées à vérifier le respect des valeurs limites biologiques fixées par décret sont réalisées par les organismes mentionnés à l'article R. 4724-15.

En cas de dépassement, le médecin du travail, s'il considère que ce dépassement résulte de l'exposition professionnelle, en informe l'employeur, sous une forme non nominative ***(D. 2016-1908 du 27 déc. 2016, art. 10, I, 9°, JO 29, entrée en vigueur le 01.01.2017)*** «et le travailleur».

Art. R. 4412-51-2. ***(D. 2009-1570 du 15 déc. 2009, JO 17)*** Un arrêté conjoint des ministres chargés du travail et de l'agriculture précise les modalités ainsi que les méthodes à mettre en œuvre pour le contrôle du respect des valeurs limites biologiques.

Art. R. 4412-52. Si un travailleur est atteint d'une maladie professionnelle, d'une maladie ou d'une anomalie susceptible de résulter d'une exposition à des agents chimiques dangereux, à l'exception des agents cancérogènes et mutagènes définis à l'article R. 4412-60, le médecin du travail détermine la pertinence et la nature des examens éventuellement nécessaires pour les travailleurs ayant subi une exposition comparable.

Si un travailleur est atteint soit d'une maladie professionnelle, soit d'une anomalie susceptible de résulter d'une exposition à des agents cancérogènes ou mutagènes, tous les travailleurs ayant subi une exposition comparable sur le même lieu de travail font l'objet d'un examen médical, assorti éventuellement d'examens complémentaires.

Art. R. 4412-53. Dans les cas de maladie ou d'anomalie prévus à l'article R. 4412-52, une nouvelle évaluation des risques est réalisée en vue d'assurer une meilleure protection de la santé et de la sécurité des travailleurs.

Sous-§ 2. Dossier médical

Art. R. 4412-54. Le médecin du travail constitue et tient, pour chaque travailleur exposé aux agents chimiques dangereux ***(D. 2012-134 du 30 janv. 2012, JO 31)*** «pour la santé», un dossier individuel contenant:

(D. 2015-1885 du 30 déc. 2015, JO 31) «1° Le cas échéant, les informations communiquées par l'employeur au médecin du travail en application du troisième alinéa de l'article D. 4161-1;»

2° Les dates et les résultats des examens médicaux complémentaires pratiqués.

Art. R. 4412-55. Le dossier médical est conservé pendant au moins cinquante ans après la fin de la période d'exposition, dans les conditions prévues à l'article ***(D. 2016-1908 du 27 déc. 2016, art. 10, I, 10°, JO 29, entrée en vigueur le 01.01.2017)*** « L. 4624-8 » du présent code ou à l'article R. 717-27 du code rural ***(Ord. 2010-462 du 6 mai 2010, JO 7)*** «et de la pêche maritime».

Art. R. 4412-56. Le dossier médical est communiqué, sur sa demande, au médecin inspecteur du travail et peut être adressé, avec l'accord du travailleur, à un médecin de son choix.

Art. R. 4412-57. Si l'établissement ***(D. 2016-1908 du 27 déc. 2016, art. 10, I, 11°, JO 29, entrée en vigueur le 01.01.2017)*** «ou le service de santé au travail auquel il est rattaché» vient à disparaître ou si le travailleur change d'établissement, l'ensemble du dossier médical est transmis au médecin inspecteur du travail, à charge pour celui-ci de l'adresser, à la demande du travailleur, au médecin du travail désormais compétent.

SECTION 2 (réglementaire). **Dispositions particulières aux agents chimiques dangereux cancérogènes, mutagènes et toxiques pour la reproduction**

Note • Les dispositions de cette section restent applicables également aux agents cancérogènes, mutagènes ou toxiques pour la reproduction de catégorie 1 ou 2 définis par l'article R. 4411-6 dans sa rédaction antérieure au décret 2015-612 du 3 juin 2015 rapporté dans la note figurant sous la section 1 du chapitre 2 du titre Ier du livre IV de la quatrième partie du présent code.

Sur la prévention et le contrôle des risques professionnels engendrés par les substances et agents cancérogènes, voir convention 139 du BIT adoptée le 24 juin 1974 et directive 2004/37/CE du 29 avril 2004 modifiée concernant la protection des travailleurs contre les risques liés à l'exposition à des agents cancérigènes ou mutagènes au travail (JOUE L 158 du 30.04.2004, rectif. JOUE L 229 du 29.06.2004).

Le décret 2001-97 du 1er février 2001 qui établit les règles particulières de prévention des risques cancérogènes, mutagènes ou toxiques pour la reproduction a transposé les directives 97/42/CE et 99/38/CE relatives aux agents cancérogènes et mutagènes, recodifiées, comme la directive 90/394/CEE relative aux agents cancérogènes, dans le cadre de la directive 2004/37/CE.

Art. L. 4412-1

Voir circulaire DRT 12 du 24 mai 2006 relative aux règles générales de prévention du risque chimique et aux règles particulières à prendre contre les risques d'exposition aux agents cancérogènes, mutagènes ou toxiques pour la reproduction (BO TR 2006/6 du 30 juin 2006). Voir aussi rép. QE 80156, JO AN 24 octobre 2006, p. 11079 s'agissant des mesures de prévention mises en place à l'égard des salariés exposés à des solvants; rép. QE 102442, JO AN 21 novembre 2006, p. 12209.

• Voir C-F Pradel, P. Pradel-Boureux et V. Pradel, «L'information individuelle du salarié exposé à un agent cancérogène», JCP éd. S 2019, 1209.

Sous-section 1. Champ d'application et définitions

Art. R. 4412-59. Les dispositions de la présente section sont applicables aux activités dans lesquelles les travailleurs sont exposés ou susceptibles d'être exposés au cours de leur travail à des agents chimiques cancérogènes mutagènes ou toxiques pour la reproduction. Elles ne font pas obstacle aux mesures particulières prises par décret pour certains agents ou procédés cancérogènes, mutagènes ou toxiques pour la reproduction.

Les activités mentionnées au premier alinéa ne sont pas soumises aux dispositions de la section 1 à l'exception des dispositions suivantes:

1° Définitions de la sous-section 1;

2° Mesures et dispositions à prendre contre les dangers découlant des propriétés chimiques et physico-chimiques des agents chimiques prévues aux articles R. 4412-17 et R. 4412-18;

3° Mesures à prendre en cas d'intervention dans un espace confiné prévues à l'article R. 4412-22;

4° Vérifications périodiques des installations et appareils de protection collective prévues à la sous-section 4;

5° Mesures à prendre en cas d'accident ou incident prévues à la sous-section 6;

6° Notice de poste prévue à l'article R. 4412-39;

(D. 2016-1908 du 27 déc. 2016, art. 10, II, JO 29, entrée en vigueur le 01.01.2017) «7° Suivi de l'état de santé des travailleurs prévu à la sous-section 8 de la première section du présent chapitre.»

Note Voir décret 2009-1546 du 11 décembre 2009 (JO 13) relatif au suivi médical post-professionnel des agents de l'État exposés à un agent cancérogène, mutagène ou toxique pour la reproduction; décret 2015-1438 du 5 novembre 2015 (JO 7) relatif au suivi médical post-professionnel des agents de la fonction publique territoriale exposés à une substance cancérogène, mutagène ou toxique pour la reproduction; décret 2013-1151 du 12 décembre 2013 (JO 14) relatif au suivi médical post-professionnel des agents de la fonction publique hospitalière exposés aux mêmes risques, modifié par décret 2016-828 du 22 juin 2016 (JO 24).

Art. R. 4412-60. ***(D. 2012-530 du 19 avril 2012, JO 21)*** On entend par agent cancérogène, mutagène ou toxique pour la reproduction les substances ou mélanges suivants:

(D. 2015-612 du 3 juin 2015, JO 5) «1° Toute substance ou mélange qui répond aux critères de classification dans la catégorie 1A ou 1B des substances ou mélanges cancérogènes, mutagènes ou toxiques pour la reproduction définis à l'annexe I du règlement (CE) n° 1272/2008;

2°» Toute substance, tout mélange ou tout procédé défini comme tel par arrêté conjoint des ministres chargés du travail et de l'agriculture.

Note Voir arrêté du 26 octobre 2020 (JO 1er nov.) fixant la liste des substances, mélanges et procédés cancérogènes au sens [de cet article].

Sous-section 2. Évaluation des risques

Art. R. 4412-61. Pour toute activité susceptible de présenter un risque d'exposition à des agents cancérogènes, mutagènes ou toxiques pour la reproduction, l'employeur évalue la nature, le degré et la durée de l'exposition des travailleurs afin de pouvoir apprécier les risques pour leur santé ou leur sécurité et de définir les mesures de prévention à prendre.

Un arrêté conjoint des ministres chargés du travail et de l'agriculture peut préciser les conditions de cette évaluation.

Art. R. 4412-62. L'évaluation des risques d'exposition aux agents cancérogènes, mutagènes ou toxiques pour la reproduction est renouvelée régulièrement, notamment pour prendre en compte l'évolution des connaissances sur les produits utilisés et lors de tout changement des conditions pouvant affecter l'exposition des travailleurs.

Art. R. 4412-63. Toute activité nouvelle impliquant des agents cancérogènes, mutagènes ou toxiques pour la reproduction ne peut être entreprise qu'après réalisation de l'évaluation des risques et mise en œuvre des mesures de prévention appropriées.

Art. R. 4412-64. L'employeur tient à la disposition des membres du ***(D. 2017-1819 du 29 déc. 2017, art. 3, 43°, JO 30, entrée en vigueur le 01.01.2018)*** «comité social et économique», ainsi que du médecin du travail, de l'inspection du travail et des agents des services de prévention des organismes de sécurité sociale, les éléments ayant servi à l'évaluation des risques.

Les résultats de cette évaluation sont consignés dans le document unique d'évaluation des risques.

Art. R. 4412-65. Pour l'évaluation du risque, toutes les expositions susceptibles de mettre en danger la santé ou la sécurité des travailleurs sont prises en compte, y compris l'absorption percutanée ou transcutanée.

Sous-section 3. Mesures et moyens de prévention

Art. R. 4412-66. Lorsque l'utilisation d'un agent cancérogène, mutagène ou toxique pour la reproduction est susceptible de conduire à une exposition, l'employeur réduit l'utilisation de cet agent sur le lieu de travail, notamment en le remplaçant, dans la mesure où cela est techniquement possible, par une substance, une préparation ou un procédé qui, dans ses conditions d'emploi, n'est pas ou est moins dangereux pour la santé ou la sécurité des travailleurs.

L'employeur consigne le résultat de ses investigations dans le document unique d'évaluation des risques.

Art. R. 4412-67. Lorsque les résultats de l'évaluation des risques prévue à la sous-section 2 révèlent un risque pour la santé ou la sécurité des travailleurs, l'exposition des travailleurs est évitée.

Art. R. 4412-68. Lorsque le remplacement d'un agent cancérogène, mutagène ou toxique pour la reproduction par une substance, une préparation ou un procédé sans danger ou moins dangereux pour la sécurité ou la santé n'est pas réalisable, l'employeur prend les dispositions nécessaires pour que la production et l'utilisation de l'agent cancérogène, mutagène ou toxique pour la reproduction aient lieu dans un système clos.

Art. R. 4412-69. Lorsque l'application d'un système clos n'est pas réalisable, l'employeur fait en sorte que le niveau d'exposition des travailleurs soit réduit à un niveau aussi bas qu'il est techniquement possible.

Art. R. 4412-70. Dans tous les cas d'utilisation d'un agent cancérogène, mutagène ou toxique pour la reproduction l'employeur applique les mesures suivantes:

1° Limitation des quantités de cet agent sur le lieu de travail;

2° Limitation du nombre de travailleurs exposés ou susceptibles de l'être;

3° Mise au point de processus de travail et de mesures techniques permettant d'éviter ou de minimiser le dégagement d'agents;

4° Évacuation des agents conformément aux dispositions des articles R. 4222-12 et R. 4222-13;

5° Utilisation de méthodes appropriées de mesure des agents, en particulier pour la détection précoce des expositions anormales résultant d'un événement imprévisible ou d'un accident;

6° Application de procédures et de méthodes de travail appropriées;

7° Mise en œuvre de mesures de protection collectives ou, lorsque l'exposition ne peut être évitée par d'autres moyens, de mesures de protection individuelles;

8° Mise en œuvre de mesures d'hygiène, notamment de nettoyage régulier des sols, murs et autres surfaces;

9° Information des travailleurs;

10° Délimitation des zones à risque et utilisation de signaux adéquats d'avertissement et de sécurité, y compris les signaux «défense de fumer», dans les zones où les travailleurs sont exposés ou susceptibles de l'être;

11° Mise en place de dispositifs pour les cas d'urgence susceptibles d'entraîner des expositions anormalement élevées, en particulier lors d'éventuelles ruptures du confinement des systèmes clos;

12° Utilisation de moyens permettant le stockage, la manipulation et le transport sans risque des produits, notamment par l'emploi de récipients hermétiques étiquetés de manière claire, nette et visible;

13° Collecte, stockage et évacuation sûrs des déchets.

Art. R. 4412-71. Lorsqu'un agent cancérogène, mutagène ou toxique pour la reproduction présente d'autres dangers, l'employeur met également en œuvre les mesures appropriées pour supprimer ou réduire les autres risques résultant de l'utilisation de cet agent.

Art. R. 4412-72. Pour toutes les activités pour lesquelles il existe un risque de contamination par des agents cancérogènes, mutagènes ou toxiques pour la reproduction, l'employeur prend les mesures appropriées suivantes:

1° Veiller à ce que les travailleurs ne mangent pas, ne boivent pas et ne fument pas dans les zones de travail concernées;

2° Fournir des vêtements de protection ou tous autres vêtements appropriés, les placer dans un endroit déterminé, les vérifier et les nettoyer, si possible avant et, en tout cas, après chaque utilisation et les réparer ou remplacer s'ils sont défectueux, conformément aux dispositions de l'article R. 4323-95;

3° Veiller à ce que les travailleurs ne sortent pas de l'établissement avec les équipements de protection individuelle ou les vêtements de travail.

Art. R. 4412-73. Lorsque l'entretien des équipements de protection individuelle et des vêtements est assuré à l'extérieur de l'entreprise, le chef de l'entreprise chargé du transport et de l'entretien est informé de l'éventualité et de la nature de la contamination, conformément aux règles de coordination de la prévention prévue à l'article R. 4511-5.

Art. R. 4412-74. Au vu des résultats de l'évaluation des risques, l'employeur prend les mesures appropriées pour que les zones où se déroulent les activités révélant un risque pour la santé ou la sécurité ne puissent être accessibles à d'autres travailleurs que ceux qui, en raison de leur travail ou de leur fonction, sont amenés à y pénétrer.

Art. R. 4412-75. Pour certaines activités telles que l'entretien ou la maintenance des équipements et installations, pour lesquelles la possibilité d'une augmentation sensible de l'exposition est prévisible et à l'égard desquelles toutes les possibilités de prendre d'autres mesures techniques de prévention sont déjà épuisées, l'employeur détermine, après avis du médecin du travail [et] du ***(D. 2017-1819 du 29 déc. 2017, art. 3, 43°, JO 30, entrée en vigueur le 01.01.2018)*** «comité social et économique», les mesures nécessaires pour réduire le plus possible la durée d'exposition des travailleurs et pour assurer leur protection durant ces activités.

L'employeur met à disposition des travailleurs un vêtement de protection et un équipement individuel de protection respiratoire. Il veille à ce qu'ils soient effectivement portés aussi longtemps que l'exposition persiste. Celle-ci ne peut pas être permanente et est limitée pour chaque travailleur au strict nécessaire.

Les mesures appropriées sont prises pour que les zones où se déroulent les activités mentionnées au premier alinéa soient clairement délimitées et signalées et pour que leur accès soit interdit à toute personne non autorisée.

Sous-section 4. Contrôle de l'exposition

§ 1. Contrôle des valeurs limites d'exposition professionnelle

Note Ce paragraphe a été introduit par le décret 2009-1570 du 15 décembre 2009, JO 17.

Art. R. 4412-76. L'employeur procède de façon régulière au mesurage de l'exposition des travailleurs aux agents cancérogènes, mutagènes ou toxiques pour la reproduction présents dans l'atmosphère des lieux de travail.

Lorsque des valeurs limites d'exposition professionnelle ont été établies, en application des articles R. 4412-149 ou R. 4412-150, pour un agent cancérogène, mutagène ou toxique pour la reproduction, l'employeur fait procéder à des contrôles techniques par un organisme accrédité dans les conditions prévues aux articles R. 4724-8 à R. 4724-13.

Ces contrôles techniques sont effectués au moins une fois par an et lors de tout changement susceptible d'avoir des conséquences néfastes sur l'exposition des travailleurs. Ils donnent lieu à un rapport, communiqué conformément aux dispositions de l'article R. 4412-79.

Note Voir note sous l'article R. 4412-27.

Art. R. 4412-77. En cas de dépassement d'une valeur limite d'exposition professionnelle contraignante prévue à l'article R. 4412-149, l'employeur arrête le travail aux postes de travail concernés, jusqu'à la mise en œuvre des mesures propres à assurer la protection des travailleurs.

Art. R. 4412-78. En cas de dépassement d'une valeur limite d'exposition professionnelle indicative prévue à l'article R. 4412-150, l'employeur procède à l'évaluation des risques afin de déterminer des mesures de prévention et de protection adaptées.

Art. R. 4412-79. Les résultats des mesurages et les rapports de contrôle technique sont communiqués par l'employeur au médecin du travail et au ***(D. 2017-1819 du 29 déc. 2017, art. 3, 45°, JO 30, entrée en vigueur le 01.01.2018)*** «comité social et économique».

Ils sont tenus à la disposition de l'inspecteur du travail, du médecin inspecteur du travail ainsi que des agents des services de prévention des organismes de sécurité sociale.

Art. R. 4412-80. Les mesurages et les contrôles techniques opérés en application du présent paragraphe doivent respecter les modalités et les méthodes fixées en application de l'article R. 4412-151.

Note Voir arrêté du 15 décembre 2009 (JO 17) cité sous l'article R. 4412-31.

§ 2. Contrôle des valeurs limites biologiques

Art. R. 4412-82. Lorsqu'il est informé par le médecin du travail du dépassement d'une valeur limite biologique, dans les conditions prévues à l'article R. 4412-51-1, l'employeur:

1° Procède à l'évaluation des risques conformément à la sous-section 2;

2° Met en œuvre les mesures et moyens de prévention prévus aux articles R. 4412-67 à R. 4412-73;

3° Procède aux contrôles des valeurs limites d'exposition professionnelle prévus à la sous-section 4;

(D. 2009-1570 du 15 déc. 2009, JO 17) « 4° Arrête le travail aux postes concernés jusqu'à la mise en œuvre des mesures propres à assurer la protection des travailleurs. »

Sous-section 5. Mesures en cas d'accidents ou d'incidents

Art. R. 4412-83. En cas d'incident ou d'accident susceptible d'entraîner une exposition anormale à des agents chimiques cancérigènes, mutagènes ou toxiques pour la reproduction, seuls les travailleurs indispensables pour l'exécution des réparations et d'autres travaux nécessaires sont autorisés à travailler dans la zone affectée jusqu'au rétablissement de la situation normale et tant que les causes de l'exposition anormale ne sont pas éliminées.

Art. R. 4412-84. L'employeur met à la disposition des travailleurs autorisés à travailler dans la zone affectée par l'incident ou l'accident un vêtement de protection et un équipement individuel de protection respiratoire. Il veille à ce qu'ils soient effectivement portés.

Art. R. 4412-85. Afin de maintenir ou restaurer les conditions de salubrité dans la zone affectée, l'élimination des agents est réalisée de telle sorte qu'elle ne crée pas de nouveaux risques pour les travailleurs de l'établissement ou l'environnement de ce même établissement.

Sous-section 6. Information et formation des travailleurs

Art. R. 4412-86. Si les résultats de l'évaluation des risques révèlent un risque pour la santé ou la sécurité des travailleurs, l'employeur tient à la disposition des travailleurs exposés et du *(D. 2017-1819 du 29 déc. 2017, art. 3, 43°, JO 30, entrée en vigueur le 01.01.2018)* « comité social et économique » des informations appropriées sur :

1° Les activités ou les procédés industriels mis en œuvre, y compris les raisons pour lesquelles des agents cancérogènes, mutagènes ou toxiques pour la reproduction sont utilisés ;

2° Les quantités fabriquées ou utilisées de substances ou préparations qui contiennent des agents cancérogènes mutagènes ou toxiques pour la reproduction ;

3° Le nombre de travailleurs exposés ;

4° Les mesures de prévention prises ;

5° Le type d'équipement de protection à utiliser ;

6° La nature et le degré de l'exposition, notamment sa durée ;

7° Les cas de substitution par un autre produit.

Art. R. 4412-87. L'employeur organise, en liaison avec le *(D. 2017-1819 du 29 déc. 2017, art. 3, 49°, JO 30, entrée en vigueur le 01.01.2018)* « comité social et économique » et le médecin du travail, l'information et la formation à la sécurité des travailleurs susceptibles d'être exposés à l'action d'agents cancérogènes, mutagènes ou toxiques pour la reproduction.

Cette information et cette formation concernent, notamment :

1° Les risques potentiels pour la santé, y compris les risques additionnels dus à la consommation du tabac ;

2° Les précautions à prendre pour prévenir l'exposition ;

3° Les prescriptions en matière d'hygiène ;

4° Le port et l'emploi des équipements et des vêtements de protection ;

5° Les mesures à prendre par les travailleurs, notamment par le personnel d'intervention, pour la prévention d'incidents et en cas d'incident.

Art. R. 4412-88. L'information et la formation à la sécurité sont adaptées à l'évolution des risques et à l'apparition de risques nouveaux. Elles sont répétées régulièrement. Elles favorisent une application des règles de prévention adaptée à l'évolution des connaissances et des techniques.

Art. R. 4412-89. L'information des travailleurs porte sur les effets potentiellement néfastes de l'exposition aux substances chimiques sur la fertilité, sur l'embryon en particulier lors du début de la grossesse, sur le fœtus et pour l'enfant en cas d'allaitement.

Elle sensibilise les femmes quant à la nécessité de déclarer le plus précocement possible leur état de grossesse et les informe sur les possibilités de changement temporaire d'affectation et les travaux interdits prévus respectivement aux articles L. 1225-7 et D. 4152-10.

Art. R. 4412-90. L'employeur informe les travailleurs de la présence d'agents cancérogènes, mutagènes ou toxiques pour la reproduction dans les installations.

Il veille à ce que les récipients annexes qui contiennent de tels agents soient étiquetés de manière claire et lisible. Le danger est signalé par tout moyen approprié.

Art. R. 4412-91. Les travailleurs et les membres du *(D. 2017-1819 du 29 déc. 2017, art. 3, 49°, JO 30, entrée en vigueur le 01.01.2018)* « comité social et économique » doivent pouvoir vérifier que les dispositions de la présente section sont appliquées, notamment en ce qui concerne :

1° Les conséquences sur la santé et la sécurité des choix et de l'utilisation des vêtements et équipements de protection ;

2° Les mesures prises pour les activités susceptibles d'augmenter sensiblement l'exposition mentionnées au premier alinéa de l'article R. 4412-75.

Art. R. 4412-92. Les travailleurs et les membres du ***(D. 2017-1819 du 29 déc. 2017, art. 3, 49°, JO 30, entrée en vigueur le 01.01.2018)*** « comité social et économique », ainsi que le médecin du travail, sont informés le plus rapidement possible des expositions anormales, y compris celles mentionnées à l'article R. 4412-75, de leurs causes et des mesures prises ou à prendre pour y remédier.

Art. R. 4412-93. Les informations prévues à l'article R. 4412-86 sont tenues à la disposition du médecin du travail, de l'inspection du travail, du médecin inspecteur du travail et des agents des services de prévention des organismes de sécurité sociale.

SECTION 3 (réglementaire). Risques d'exposition à l'amiante

Note • Cette section a été introduite par le décret 2012-639 du 4 mai 2012, JO 5 ; ce décret est entré en vigueur le 1er juillet 2012 et ses dispositions s'appliquent aux opérations pour lesquelles le dossier de consultation relatif au marché a été publié à compter de cette date.

Toutefois, jusqu'au 1er juillet 2015, la valeur limite d'exposition professionnelle prévue à l'article R. 4412-100 CT est restée fixée à une concentration en fibres d'amiante dans l'air inhalé de cent fibres par litre évaluée sur une moyenne de huit heures de travail (décret 2012-639, art. 5).

I. – Les dispositions de l'article R. 4412-103 CT sont entrées en vigueur le (D. 2013-594 du 5 juil. 2013, JO 7) « **1er janvier 2014** ».

II. – Jusqu'au (D. 2013-594 du 5 juil. 2013, JO 7) « **31 décembre 2013** », étaient réputés satisfaire aux exigences du décret 2012-639 :

1° Pour le prélèvement, les organismes accrédités en application de l'article R. 4724-14 CT dans sa rédaction antérieure au décret 2012-639 ;

2° Pour l'analyse, les organismes accrédités en application de l'article R. 1334-25 du code de la santé publique ;

3° Les entreprises certifiées au 1er juillet 2012 en application de l'article R. 4412-116 CT dans sa rédaction antérieure au décret 2012-639 ;

4° Les entreprises non titulaires d'une certification au 1er juillet 2012 répondant aux exigences de la norme NFX 46-010 « Amiante friable. - Qualification des entreprises réalisant des travaux de traitement de l'amiante friable. - Référentiel technique d'octobre 2004.

III. – Les dispositions de l'article R. 4412-129 s'appliquent :

1° Au (D. 2013-594 du 5 juil. 2013, JO 7) « **1er juillet 2014** » pour les entreprises effectuant le retrait de l'enveloppe extérieure des immeubles bâtis (D. 2013-594 du 5 juil. 2013, JO 7) « sous réserve qu'elles aient déposé leur demande de certification auprès d'un organisme certificateur avant le 31 décembre 2013 ;

2° Au 1er juillet 2014 pour les entreprises de génie civil (D. 2013-594 du 5 juil. 2013, JO 7) « en extérieur » (décret 2012-639, art. 6 modifié par décret 2013-594 du 5 juillet 2013, art. 7, JO 7).

L'article R. 4412-116 CT *dans sa rédaction antérieure au décret 2012-639* était ainsi rédigé :

Art. R. 4412-116. Des arrêtés conjoints des ministres chargés du travail et de l'agriculture déterminent :

1° Les organismes chargés de l'accréditation et les conditions d'accréditation des organismes certificateurs mentionnés à l'article R. 4412-115 en tenant compte de leurs compétences techniques ;

2° Les travaux à risques particuliers mentionnés au même article ;

3° Les critères techniques de certification des entreprises, en tenant compte, notamment, des moyens humains disponibles, des procédures d'organisation, des équipements et des techniques utilisés, ainsi que les conditions de délivrance du certificat de qualification.

• Voir décret 2009-1547 du 11 décembre 2009 (JO 13) relatif au suivi médical post-professionnel des agents de l'État exposés à l'amiante et décret 2015-1438 du 5 novembre 2015 (JO 7) relatif à celui des agents de la fonction publique territoriale exposés à une substance cancérogène, mutagène ou toxique pour la reproduction. Voir aussi rapport d'information du sénat (commission des affaires sociales) du 1er juillet 2014 sur le suivi de la mission d'information de 2005 sur l'amiante.

• Après avoir constaté qu'une salariée, qui avait travaillé dans l'un des établissements mentionnés à l'article 41 de la loi 98-1194 du 23 décembre 1998 et figurant sur une liste établie par arrêté ministériel pendant une période où y étaient fabriqués ou traités l'amiante ou des matériaux en contenant, se trouvait, de par le fait de l'employeur, dans une situation d'inquiétude permanente face au risque de déclaration à tout moment d'une maladie liée à l'amiante, qu'elle se soumette ou non à des contrôles et examens médicaux réguliers, une cour d'appel a ainsi caractérisé l'existence d'un préjudice spécifique d'anxiété et a pu fixer la créance de la salariée sur le passif de la liquidation judiciaire de la société à une certaine somme à titre de dommages et intérêts en réparation du préjudice d'anxiété subi (cass. soc. 4 décembre 2012, n° 11-26.294, BC V n° 316 ; LS Jurispr. n° 237 du 18.12.2012 ; JCP éd. S 2013, 1042, note Ph. Plichon ; RJS 2/13 n° 132 ; voir aussi cass. soc. 2 juillet 2014, n° 13-10.644, RJS 10/14 n° 725, 1re espèce ;

30 septembre 2014, n° 13-21.416, RJS 12/14 n° 886; 15 octobre 2014, n° 13-15.631). Voir aussi note sous article L. 4121-1, ***Amiante et autres substances nocives ou toxiques***.

• Voir C-F Pradel, P. Pradel-Boureux et V. Pradel, «L'information individuelle du salarié exposé à un agent cancérogène», JCP éd. S 2019, 1209.

Sous-section 1. Champ d'application et définitions

Art. R. 4412-94. Les dispositions de la présente section s'appliquent:

1° Aux travaux de retrait ou d'encapsulage d'amiante et de matériaux, d'équipements et de matériels ou d'articles en contenant, y compris dans les cas de démolition;

2° Aux interventions sur des matériaux, des équipements, des matériels ou des articles susceptibles de provoquer l'émission de fibres d'amiante.

Note Sur les prescriptions minimales de formation applicable en fonction des activités définies à cet article, voir arrêté du 23 février 2012 et annexes (JO 7 mars), modifié par arrêté du 20 avril 2015 (JO 23 sept.).

Sur les règles techniques, les mesures de prévention et les moyens de protection collective à mettre en œuvre par les entreprises lors d'opérations comportant un risque d'exposition à l'amiante, voir arrêté du 8 avril 2013 (JO 17, rectif. JO 18 mai, entrée en vigueur le 01.07.2013).

Voir aussi arrêté du 14 décembre 2012 (JO 2 févr. 2013, rectif. JO 18 mai), modifié par arrêté du 20 avril 2015 (JO 23 sept.), cité sous l'article R. 4412-131.

Art. R. 4412-95. Indépendamment des dispositions de la présente section, les travaux et interventions mentionnés à l'article R. 4412-94 sont soumis aux dispositions applicables aux agents chimiques dangereux, y compris les dispositions particulières relatives à la prévention des risques d'exposition aux agents cancérogènes, mutagènes et toxiques pour la reproduction de la section II, à l'exception du contrôle de l'exposition prévu par les articles R. 4412-27 à R. 4412-32 et R. 4412-76 à R. 4412-82.

Art. R. 4412-96. Pour l'application de la présente section, on entend par:

1° Chantier test: le premier chantier au cours duquel est déterminé le niveau d'empoussièrement d'un processus donné;

2° Confinement: l'isolement de la zone de travail vis-à-vis de l'environnement extérieur évitant la dispersion des fibres;

3° Décontamination (travailleurs, matériel, déchets): la procédure concourant à la protection collective contre la dispersion de fibres d'amiante hors de la zone de travaux et qui, pour la décontamination des travailleurs, est composée, notamment, du douchage des équipements de protection individuelle utilisés, de leur retrait et du douchage d'hygiène;

4° Donneur d'ordre: le chef d'entreprise utilisatrice, mentionné à l'article R. 4511-1 et par le décret n° 77-1321 du 29 novembre 1977 relatif aux travaux réalisés dans un établissement par une entreprise extérieure, ou le maître d'ouvrage mentionné à l'article L. 4531-1 ou l'armateur, mentionné par ***(D. 2017-1442 du 3 oct. 2017, art. 12, IV, JO 5, entrée en vigueur le 01.07.2018)*** «le décret n° 2017-1442 du 3 octobre 2017 relatif à la prévention des risques liés à l'amiante à bord des navires, dans les conditions d'entrée en vigueur prévues à ce décret»;

5° Encapsulage: tous les procédés mis en œuvre, tels que encoffrement, doublage, fixation par revêtement, imprégnation, en vue de traiter et de conserver, de manière étanche, l'amiante en place et les matériaux en contenant afin d'éviter la dispersion de fibres d'amiante dans l'atmosphère;

6° Niveau d'empoussièrement: le niveau de concentration en fibres d'amiante généré par un processus de travail dans la zone de respiration du travailleur, à l'extérieur de l'appareil de protection respiratoire, en fonction duquel sont organisés et mis en œuvre les règles techniques, les moyens de protection collective et les équipements de protection individuelle;

7° Opération: l'un des travaux ou interventions mentionnés à l'article R. 4412-94;

8° Phases opérationnelles: les parties de l'opération, simultanées ou successives, susceptibles d'engendrer différents niveaux d'empoussièrement;

9° Processus: les techniques et modes opératoires utilisés, compte tenu des caractéristiques des matériaux concernés et des moyens de protection collective mis en œuvre;

10° Vacation: la période durant laquelle le travailleur porte de manière ininterrompue un appareil de protection respiratoire;

11° Zone de récupération: l'espace à l'extérieur de la zone polluée dans lequel le port d'un équipement de protection individuelle n'est pas nécessaire pour assurer la protection de la santé du travailleur.

Sous-section 2. Dispositions communes à toutes les opérations comportant des risques d'exposition à l'amiante

§ 1. Évaluation initiale des risques

Art. R. 4412-97. ***(D. 2017-899 du 9 mai 2017, JO 10)*** I. – Le donneur d'ordre, le maître d'ouvrage ou le propriétaire d'immeubles par nature ou par destination, d'équipements, de matériels ou d'articles qui décide d'une opération comportant des risques d'exposition des travailleurs à l'amiante fait réaliser la recherche d'amiante mentionnée à l'article L. 4412-2 dans les conditions prévues par le présent paragraphe.

Ces risques, appréciés par la personne mentionnée à l'alinéa précédent, peuvent notamment résulter du fait que l'opération porte sur des immeubles, équipements, matériels ou articles construits ou fabriqués avant l'entrée en vigueur des dispositions du décret n° 96-1133 du 24 décembre 1996 relatif à l'interdiction de l'amiante, pris en application du code du travail et du code de la consommation ou auxquels l'interdiction prévue par ce décret n'est pas applicable.

II. – La recherche d'amiante est assurée par un repérage préalable à l'opération, adapté à sa nature, à son périmètre et au niveau de risque qu'elle présente.

Les conditions dans lesquelles la mission de repérage est conduite, notamment s'agissant de ses modalités techniques et des méthodes d'analyse des matériaux susceptibles de contenir de l'amiante, sont précisées par arrêtés du ministre chargé du travail et, chacun en ce qui le concerne, des ministres chargés de la santé, de la construction, des transports et de la mer, pour les domaines d'activité suivants:

1° Immeubles bâtis;

2° Autres immeubles tels que terrains, ouvrages de génie civil et infrastructures de transport;

3° Matériels roulants ferroviaires et autres matériels roulants de transports;

4° Navires, bateaux ***(D. 2019-251 du 27 mars 2019, JO 30)*** «, engins flottants et autres constructions flottantes»;

5° Aéronefs;

6° Installations, structures ou équipements concourant à la réalisation ou la mise en œuvre d'une activité.

III. – Les arrêtés mentionnés au II précisent à quelles conditions les documents de traçabilité et de cartographie disponibles ou les recherches d'amiantes effectuées en application des lois et règlements ou à l'initiative des intéressés sont regardés comme satisfaisant à l'obligation de repérage.

IV. – Dès lors qu'un repérage a été réalisé dans les conditions prévues au présent article, les opérations réalisées ultérieurement dans le même périmètre ne donnent pas lieu à un nouveau repérage sauf lorsque des circonstances de fait apparues postérieurement à celui-ci en font apparaître la nécessité ou lorsque la réglementation entrée en vigueur après sa réalisation le prescrit.

Note • Voir arrêté du 1er octobre 2019 (JO 20), modifié par arrêté du 26 décembre 2019 (JO 1er janv. 2020), relatif aux modalités de réalisation des analyses de matériaux et produits susceptibles de contenir de l'amiante, aux conditions de compétences du personnel et d'accréditation des organismes procédant à ces analyses.

• Les articles R. 4412-97 à 97-6 entrent en vigueur aux dates suivantes: 1° Immeubles bâtis: 1er mars 2019; 2° Autres immeubles tels que terrains, ouvrages de génie civil et infrastructures de transport: 1er octobre 2020; 3° Matériels roulants ferroviaires et autres matériels roulants de transports: 1er janvier 2020; 4° Navires, bateaux, engins flottants et autres constructions flottantes: 1er janvier 2020; 5° Aéronefs: 1er juillet 2020; 6° Installations, structures ou équipements concourant à la réalisation ou la mise en œuvre d'une activité: 1er juillet 2020 (décret 2017-899 précité, art. 2, modifié par décret 2019-251 précité, art. 3).

S'agissant du repérage de l'amiante avant certaines opérations, voir arrêté du 19 juin 2019 (JO 27) pour les opérations réalisées dans les navires, bateaux, engins flottants et autres constructions flottantes, arrêté du 16 juillet 2019 (JO 18), modifié par arrêté du 23 janvier 2020 (JO 30), pour les opérations réalisées dans les immeubles bâtis, arrêté du 13 novembre 2019 (JO 21) pour les opérations réalisées dans les matériels roulants ferroviaires et arrêté du 24 décembre 2020 (JO 22 janv. 2021) pour les opérations réalisées dans les aéronefs.

• Les opérations pour lesquelles la transmission de la demande de devis ou la publication du dossier de consultation relatif au marché est antérieure à la date fixée par les arrêtés mentionnés à l'article R. 4412-97 restent régies par les dispositions de cet article dans leur rédaction antérieure au décret 2017-899 précité (décret précité, art. 2).

Art. R. 4412-97-1. ***(D. 2017-899 du 9 mai 2017, JO 10)*** L'opérateur de repérage dispose des qualifications et moyens nécessaires à l'exercice de cette mission précisés, pour chaque domaine d'activité, par les arrêtés mentionnés au II de l'article R. 4412-97. Il exerce sa mission en toute indépendance et ne peut avoir de lien d'intérêts de nature à nuire à son impartialité, notamment avec une personne physique ou morale intervenant dans le cadre de la même opération de travaux.

(D. 2019-251 du 27 mars 2019, JO 30) «L'organisme réalisant l'analyse des matériaux susceptibles de contenir de l'amiante dispose de l'accréditation et du personnel compétent nécessaires à l'exercice de cette mission. Ces éléments sont précisés pour chaque domaine d'activité par les arrêtés mentionnés au II de l'article R. 4412-97.»

Art. R. 4412-97-2. ***(D. 2017-899 du 9 mai 2017, JO 10)*** Les personnes mentionnées au premier alinéa du I de l'article R. 4412-97 communiquent aux opérateurs chargés du repérage toute information en leur possession utile à sa réalisation. Elles respectent leur indépendance et leur impartialité dans l'exercice de leur mission de repérage, y compris lorsqu'il s'agit de leurs salariés.

Art. R. 4412-97-3. ***(D. 2017-899 du 9 mai 2017, JO 10)*** I. – Lorsque, pour l'un des motifs suivants, la personne mentionnée au premier alinéa du I de l'article R. 4412-97 constate que le repérage ne peut être mis en œuvre, la sécurité des travailleurs est assurée dans les conditions prévues au II du présent article:

1° En cas d'urgence liée à un sinistre présentant un risque grave pour la sécurité ou la salubrité publiques ou la protection de l'environnement;

2° En cas d'urgence liée à un sinistre présentant des risques graves pour les personnes et les biens auxquels il ne peut être paré dans des délais compatibles avec ceux requis pour la réalisation du repérage;

3° Lorsque l'opérateur de repérage estime qu'il est de nature à l'exposer à un risque excessif pour sa sécurité ou sa santé du fait des conditions techniques ou des circonstances dans lesquelles il devrait être réalisé;

4° Lorsque l'opération vise à réparer ou à assurer la maintenance corrective et qu'elle relève à la fois des interventions mentionnées au 2° de l'article R. 4412-94 et du premier niveau d'empoussièrement mentionné à l'article R. 4412-98.

II. – Dans les cas mentionnés au I, la protection individuelle et collective des travailleurs est assurée par des mesures prévues pour chaque domaine d'activité par les arrêtés mentionnés au II de l'article R. 4412-97 comme si la présence de l'amiante était avérée. Ces mesures sont définies par l'entreprise appelée à réaliser l'opération, en fonction, d'une part, du niveau de risque qu'elle a préalablement évalué et notamment du niveau d'empoussièrement estimé mentionné à l'article R. 4412-98 et, d'autre part, des circonstances propres à l'opération projetée et en particulier du degré d'urgence que sa réalisation présente.

Art. R. 4412-97-4. ***(D. 2017-899 du 9 mai 2017, JO 10)*** Lorsque le repérage ne peut être dissocié de l'engagement de l'opération elle-même pour des raisons techniques communiquées par l'opérateur de repérage à la personne mentionnée au premier alinéa du I de l'article R. 4412-97, celle-ci fait procéder au repérage au fur et à mesure de l'avancement de l'opération dans des conditions précisées, pour chaque domaine d'activité, par les arrêtés mentionnés au II du même article. Lorsqu'il apparaît au cours de l'opération que celle-ci relève en tout ou partie de l'un des cas mentionnés au I de l'article R. 4412-97-3, il peut être recouru aux mesures prévues au II de cet article.

Art. R. 4412-97-5. ***(D. 2017-899 du 9 mai 2017, JO 10)*** Le rapport retraçant le repérage conclut soit à l'absence soit à la présence de matériaux ou de produits contenant de l'amiante et précise, dans ce second cas, leur nature, leur localisation ainsi que leur quantité estimée. Le contenu de ce rapport est défini pour chaque domaine d'activité par les arrêtés mentionnés au II de l'article R. 4412-97. Les dossiers techniques mentionnés aux articles R. 1334-29-4 à R. 1334-29-6 du code de la santé publique et à l'article R. 111-45 du code de la construction et de l'habitation lui sont annexés le cas échéant.

Art. R. 4412-97-6. ***(D. 2017-899 du 9 mai 2017, JO 10)*** Le rapport de repérage complète les documents de traçabilité et de cartographie relatifs aux meubles et immeubles relevant de son périmètre. La personne mentionnée au premier alinéa du I de l'article R. 4412-97 pour le compte de laquelle le rapport a été établi ou, le cas échéant, le propriétaire du meuble ou de l'immeuble lorsque ce rapport lui a été remis, le tiennent à la disposition de tout nouveau donneur d'ordre ou maître d'ouvrage à l'occasion des opérations ultérieures portant sur ce périmètre.

Art. R. 4412-98. Pour l'évaluation des risques, l'employeur estime le niveau d'empoussièrement correspondant à chacun des processus de travail et les classes selon les trois niveaux suivants: ***(D. 2015-789 du 29 juin 2015, JO 1er juil.)*** «*a)* Premier niveau: empoussièrement dont la valeur est inférieure à 100 fibres par litre;

b) Deuxième niveau: empoussièrement dont la valeur est supérieure ou égale à 100 fibres par litre et inférieure à 6 000 fibres par litre;

c) Troisième niveau: empoussièrement dont la valeur est supérieure ou égale à 6 000 fibres par litre et inférieure à 25 000 fibres par litre.»

Note Voir instruction DGT/CT2/2015/238 du 16 octobre 2015 concernant l'application du décret du 29 juin 2015 explicitant les mesures de prévention collective et individuelle devant être mises en œuvre lors des opérations exposant à l'amiante, afin de garantir le respect de la valeur limite d'exposition professionnelle (VLEP) aux fibres d'amiante abaissée depuis le 2 juillet 2015 à 10 f/L.

Art. R. 4412-99. L'employeur transcrit les résultats de son évaluation des risques pour chaque processus dans le document unique d'évaluation des risques. Il le met à jour à chaque modification de processus entraînant un changement de niveau d'empoussièrement ou lors de l'introduction de nouveaux processus.

§ 2. Valeur limite d'exposition professionnelle

Art. R. 4412-100. La concentration moyenne en fibres d'amiante, sur huit heures de travail, ne dépasse pas dix fibres par litre. Elle est contrôlée dans l'air inhalé par le travailleur.

Note Voir note *supra* sous Section 3 «Risques d'exposition à l'amiante».

Art. R. 4412-101. L'employeur s'assure du respect de la valeur limite d'exposition professionnelle pour l'ensemble des travailleurs exposés, compte tenu de l'évaluation des risques.

Art. R. 4412-102. Les conditions et les résultats des contrôles sont communiqués par l'employeur au médecin du travail et au ***(D. 2017-1819 du 29 déc. 2017, art. 3, 45°, JO 30, entrée en vigueur le 01.01.2018)*** «comité social et économique».

Ils sont tenus à la disposition de l'inspecteur du travail, du médecin inspecteur du travail ainsi que des agents des services de prévention des organismes de sécurité sociale compétents.

§ 3. Conditions de mesurage des empoussièrements et de contrôle de la valeur limite d'exposition professionnelle

Art. R. 4412-103. Pour procéder à la stratégie d'échantillonnage, aux prélèvements et aux analyses, l'employeur fait appel à un même organisme accrédité. Il lui communique, à cette fin, toutes données utiles et, en accord avec le donneur d'ordre, lui donne accès aux lieux concernés par les opérations.

L'organisme choisi est indépendant des entreprises qu'il contrôle.

Note • Voir note *supra* sous Section 3 «Risques d'exposition à l'amiante».

• Voir arrêté du 14 août 2012 (JO 23, entrée en vigueur le 24.08.2012, à l'exception des dispositions de son titre II entrées en vigueur le 01.07.2013), modifié par arrêté du 30 mai 2018 (JO 29 juin, entrée en vigueur le 01.07.2018), relatif aux conditions de mesurage des niveaux d'empoussièrement, aux conditions de contrôle du respect de la valeur limite d'exposition professionnelle aux fibres d'amiante et aux conditions d'accréditation des organismes procédant à ces mesurages.

Art. R. 4412-104. Les prélèvements individuels sont réalisés en situation significative d'exposition des travailleurs à l'inhalation des poussières d'amiante, en intégrant les différentes phases opérationnelles.

Art. R. 4412-105. L'employeur consulte le médecin du travail [et] le ***(D. 2017-1819 du 29 déc. 2017, art. 3, 49°, JO 30, entrée en vigueur le 01.01.2018)*** «comité social et économique» sur le projet de stratégie d'échantillonnage établi par l'organisme de contrôle. Les avis qu'ils émettent sont transmis par l'employeur à l'organisme de contrôle.

Art. R. 4412-106. L'empoussièrement est mesuré selon la méthode de microscopie électronique à transmission analytique (META).

§ 4. Principes et moyens de prévention

Art. R. 4412-107. L'employeur informe le donneur d'ordre de toute présence d'amiante mise en évidence lors de l'opération.

Art. R. 4412-108. Afin de réduire au niveau le plus bas techniquement possible la durée et le niveau d'exposition des travailleurs et pour garantir l'absence de pollution des bâtiments, équipements, structures, installations dans lesquels ou dans l'environnement desquels les opérations sont réalisées, l'employeur met en œuvre:

1° Des techniques et des modes opératoires de réduction de l'empoussièrement tels que le travail robotisé en système clos, la réduction de la volatilité des fibres d'amiante par l'imprégnation à cœur des matériaux contenant de l'amiante avec des agents mouillants, le démontage des éléments par découpe ou déconstruction;

2° Les mesures nécessaires de confinement et de limitation de la diffusion des fibres d'amiante à l'extérieur de la zone des opérations, notamment en mettant à disposition des travailleurs les moyens de décontamination appropriés et en définissant la procédure de décontamination à mettre en œuvre.

Note Afin d'apporter une aide aux maîtres d'ouvrage de bâtiments chargés de prendre part à des chantiers en présence d'amiante, un décret 2017-34 du 13 janvier 2017 (JO 15) a créé la commission d'évaluation des innovations techniques dans le domaine de la détection et du traitement de l'amiante dans le bâtiment.

Art. R. 4412-109. Au cours de la phase de préparation de l'opération, l'employeur met en place des moyens de protection collective adaptés à la nature des opérations à réaliser permettant d'éviter la dispersion de fibres d'amiante en dehors de la zone de travail et d'abaisser la concentration en fibres d'amiante au niveau le plus bas techniquement possible.

Ces moyens comprennent:

1° L'abattage des poussières;

2° L'aspiration des poussières à la source;

3° La sédimentation continue des fibres en suspension dans l'air;

4° Les moyens de décontamination appropriés.

Art. R. 4412-110. Selon les niveaux d'empoussièrement définis par les articles R. 4412-96 et R. 4412-98, l'employeur met à disposition des travailleurs des équipements de protection individuelle adaptés aux opérations à réaliser ***(D. 2015-789 du 29 juin 2015, JO 1er juil.)*** «et assurant le respect de la valeur limite d'exposition professionnelle».

Note Voir instruction DGT/CT2/2015/238 du 16 octobre 2015 concernant l'application du décret du 29 juin 2015 explicitant les mesures de prévention collective et individuelle devant être mises en œuvre lors des opérations exposant à l'amiante, afin de garantir le respect de la valeur limite d'exposition professionnelle (VLEP) aux fibres d'amiante abaissée depuis le 2 juillet 2015 à 10 f/L.

Art. R. 4412-111. L'employeur assure le maintien en état et le renouvellement des moyens de protection collective et des équipements de protection individuelle de façon à garantir pendant toute la durée de l'opération le niveau d'empoussièrement le plus bas possible et, en tout état de cause, conforme à celui qu'il a indiqué dans le document prévu par l'article R. 4412-99.

Un arrêté du ministre chargé du travail détermine les conditions de choix, d'entretien et de vérification périodique:

1° Des moyens de protection collective;

2° Des équipements de protection individuelle.

Note Voir arrêté du 7 mars 2013 (JO 14) relatif au choix, à l'entretien et à la vérification des équipements de protection individuelle utilisés lors d'opérations comportant un risque d'exposition à l'amiante et arrêté du 8 avril 2013 (JO 17, rectif. JO 18 mai, entrée en vigueur le 01.07.2013) relatif aux règles techniques, aux mesures de prévention et aux moyens de protection collective à mettre en œuvre par les entreprises lors d'opérations comportant un risque d'exposition à l'amiante.

Voir aussi arrêté du 6 mars 2018 (JO 17), modifié par arrêtés des 28 juin 2019 (JO 6 juil.) et 24 août 2020 (JO 28), relatif à l'utilisation du heaume ventilé à des fins d'étude lors d'opérations comportant un risque d'exposition aux fibres d'amiante.

Art. R. 4412-112. L'employeur prend toutes mesures appropriées pour que la zone dédiée à l'opération soit signalée et inaccessible à des personnes autres que celles qui, en raison de leur travail ou de leur fonction, sont amenées à y pénétrer.

Cette signalétique mentionne notamment le niveau d'empoussièrement estimé des opérations réalisées et les équipements de protection individuelle obligatoires.

Art. R. 4412-113. Un arrêté du ministre chargé du travail précise selon les niveaux d'empoussièrement estimés et les processus mis en œuvre, en fonction de l'évolution des techniques d'organisation et de protection:

1° Les règles techniques que respectent les entreprises qui réalisent des opérations;

2° Les moyens de protection collective;

3° Les équipements de protection individuelle;

4° Les mesures de protection de l'environnement du chantier;

5° Les dispositions applicables en fin de travaux.

Note Voir arrêtés des 7 mars 2013 (JO 14) et 8 avril 2013 (JO 17, rectif. JO 18 mai) précités sous article R. 4412-111.

Voir arrêtés des 6 mars 2018 (JO 17), 28 juin 2019 (JO 6 juil.) et 24 août 2020 (JO 28) précités sous article R. 4412-111.

Art. R. 4412-114. Lorsque l'employeur constate que le niveau d'empoussièrement dépasse le niveau estimé dans le document unique d'évaluation des risques et que, par suite, le respect de la valeur limite d'exposition professionnelle n'est plus garanti, il suspend les opérations jusqu'à la mise en œuvre de mesures propres à remédier à cette situation. Afin de vérifier l'efficacité de ces mesures, il procède sans délai à un nouveau contrôle du niveau d'empoussièrement.

Art. R. 4412-115. Lorsque, durant l'exécution des opérations, le niveau d'empoussièrement constaté est supérieur au troisième niveau, l'employeur suspend les opérations et alerte le donneur d'ordre, l'inspecteur du travail et l'agent des services de prévention des organismes de sécurité sociale. Il met en œuvre des moyens visant à réduire le niveau d'empoussièrement.

§ 5. Information et formation des travailleurs

Art. R. 4412-116. La notice de poste prévue à l'article R. 4412-39 est transmise pour avis au médecin du travail. Cet avis est communiqué au ***(D. 2017-1819 du 29 déc. 2017, art. 3, 45°, JO 30, entrée en vigueur le 01.01.2018)*** «comité social et économique».

Note Voir note *supra* sous Section 3 «Risques d'exposition à l'amiante».

Art. R. 4412-117. La formation à la sécurité prévue à l'article R. 4412-87 est aisément compréhensible par le travailleur.

Art. L. 4412-1

L'organisme de formation ou l'employeur valide les acquis de la formation sous la forme d'une attestation de compétence individuelle délivrée au travailleur.

Le contenu et les modalités de la formation, sa durée selon les catégories de travailleurs et les conditions de sa validation et de son renouvellement sont précisés par un arrêté du ministre chargé du travail.

Note Voir arrêté du 23 février 2012 (JO 7 mars), modifié par arrêté du 20 avril 2015 (JO 23 sept.), définissant les modalités de la formation des travailleurs à la prévention des risques liés à l'amiante. Les organismes de formation certifiés et les travailleurs formés sous l'empire de l'arrêté du 22 décembre 2009, JO 30 (abrogé) sont réputés satisfaire aux exigences de l'arrêté du 23 février 2012 précité.

§ 6. Organisation du travail

Art. R. 4412-118. L'employeur détermine en tenant compte des conditions de travail, notamment en termes de contraintes thermiques ou hygrométriques, de postures et d'efforts :

1° La durée de chaque vacation ;

2° Le nombre de vacations quotidiennes ;

3° Le temps nécessaire aux opérations d'habillage, de déshabillage et de décontamination des travailleurs au sein des installations prévues à cet effet ;

4° Le temps de pause après chaque vacation, qui s'ajoute au temps de pause prévu ***(D. 2016-1551 du 18 nov. 2016, art. 6, V, 19°, JO 19, entrée en vigueur le 01.01.2017)*** « aux articles L. 3121-16 et L. 3121-17 ».

Il consulte le médecin du travail [et] le ***(D. 2017-1819 du 29 déc. 2017, art. 3, 49°, JO 30, entrée en vigueur le 01.01.2018)*** « comité social et économique » sur ces dispositions.

Art. R. 4412-119. La durée maximale d'une vacation n'excède pas deux heures trente.

La durée maximale quotidienne des vacations n'excède pas six heures.

§ 7. Suivi de l'exposition

Art. R. 4412-120. L'employeur établit, pour chaque travailleur exposé, une fiche d'exposition à l'amiante indiquant :

1° La nature du travail réalisé, les caractéristiques des matériaux et appareils en cause, les périodes de travail au cours desquelles il a été exposé et les autres risques ou nuisances d'origine chimique, physique ou biologique du poste de travail ;

2° Les dates et les résultats des contrôles de l'exposition au poste de travail ainsi que la durée et l'importance des expositions accidentelles ;

3° Les procédés de travail utilisés ;

4° Les moyens de protection collective et les équipements de protection individuelle utilisés.

Note L'inscription d'un établissement sur la liste des établissements susceptibles d'ouvrir droit à l'allocation de cessation anticipée d'activité des travailleurs de l'amiante prévue par l'article 41 de la loi du 23 décembre 1998 ne dispense pas l'employeur de son obligation, dont l'objet et la finalité ne sont pas les mêmes, qui lui est faite par l'article 16 du décret du 7 février 1996 de remettre au salarié une attestation d'exposition à l'amiante à son départ de l'établissement. Une cour d'appel, qui a constaté que le liquidateur judiciaire d'une société n'avait pas satisfait à cette dernière obligation, a légalement justifié sa décision de le condamner à remettre sous astreinte à chacun des salariés licenciés dont l'action avait été déclarée recevable à son encontre une attestation d'exposition à l'amiante conforme à l'article 16 du décret précité alors applicable (cass. soc. 23 octobre 2012, n° 11-13.792, BC V n° 273 ; JCP éd. S 2012, 1531, note D. Asquinazi-Bailleux ; RJS 1/13 n° 45).

§ 8. Traitement des déchets

Art. R. 4412-121. Les déchets de toute nature susceptibles de libérer des fibres d'amiante sont conditionnés et traités de manière à ne pas provoquer d'émission de poussières pendant leur manutention, leur transport, leur entreposage et leur stockage.

Art. R. 4412-122. Les déchets sont :

1° Ramassés au fur et à mesure de leur production ;

2° Conditionnés dans des emballages appropriés et fermés, avec apposition de l'étiquetage prévu par le décret n° 88-466 du 28 avril 1988 relatif aux produits contenant de l'amiante et par le code de l'environnement notamment en ses articles R. 551-1 à R. 551-13 relatifs aux dispositions générales relatives à tous les ouvrages d'infrastructures en matière de stationnement, chargement ou déchargement de matières dangereuses ;

3° Évacués après décontamination hors du chantier aussitôt que possible dès que le volume le justifie.

Art. R. 4412-123. Les déchets sont transportés et éliminés conformément à la réglementation en vigueur.

§ 9. Protection de l'environnement du chantier

Art. R. 4412-124. Le dépassement du seuil fixé par l'article R. 1334-29-3 du code de la santé publique dans les bâtiments, les équipements, les installations ou les structures dans lesquels ou dans l'environnement desquels l'opération est réalisée entraîne sans délai l'arrêt des opérations et la mise en place des mesures correctrices et préventives permettant le respect de ce seuil.

L'employeur informe sans délai le donneur d'ordre ainsi que le préfet compétent à raison du lieu du chantier, du dépassement, de ses causes et des mesures prises pour y remédier.

Sous-section 3. Dispositions spécifiques aux travaux d'encapsulage et de retrait d'amiante ou d'articles en contenant

§ 1. Champ d'application

Art. R. 4412-125. Les dispositions de la présente sous-section s'appliquent aux travaux mentionnés au 1° de l'article R. 4412-94.

Note Voir arrêté du 8 avril 2013 (JO 17, rectif. JO 18 mai, entrée en vigueur le 01.07.2013) cité sous l'article R. 4412-111.

§ 2. Évaluation des risques et mesurage des empoussièrements

Art. R. 4412-126. L'employeur détermine le niveau d'empoussièrement généré par chaque processus de travail conformément aux dispositions du paragraphe 3 de la sous-section 2.

À cette fin, il met en œuvre un programme de mesure des niveaux d'empoussièrement générés par ses processus qui comprend deux phases:

1° Une phase d'évaluation du niveau d'empoussièrement faite sur le chantier test;

2° Une phase de validation de cette évaluation par un contrôle périodique réalisé sur au moins trois chantiers par processus sur douze mois.

Si l'employeur est dans l'incapacité de valider son évaluation en raison d'un nombre insuffisant de chantiers par processus, l'absence de validation est dûment justifiée dans le plan de démolition, de retrait ou d'encapsulage.

Art. R. 4412-127. Préalablement aux travaux, l'employeur procède au contrôle de l'état initial de l'empoussièrement de l'air en fibres d'amiante conformément aux dispositions de l'article R. 1334-25 du code de la santé publique.

Art. R. 4412-128. Afin de s'assurer de l'absence de dispersion de fibres d'amiante dans l'environnement du chantier et des locaux adjacents, l'employeur vérifie le respect de la valeur fixée à l'article R. 1334-29-3 du code de la santé publique par des mesures d'empoussièrement réalisées:

1° Dans la zone d'approche de la zone de travail;

2° Dans la zone de récupération;

3° En des points du bâtiment dans lequel se déroulent les travaux;

4° À proximité des extracteurs dans la zone de leur rejet;

5° En limite de périmètre du site des travaux pour les travaux effectués à l'extérieur.

§ 3. Certification des entreprises

Art. R. 4412-129. Pour réaliser les travaux prévus par la présente sous-section, le donneur d'ordre fait appel à une entreprise justifiant de sa capacité à réaliser ces travaux par l'obtention de la certification délivrée par des organismes certificateurs.

Note Voir note *supra* sous Section 3 «Risques d'exposition à l'amiante».

Art. R. 4412-130. La détermination des activités de l'entreprise qui font l'objet de la certification par les organismes certificateurs est effectuée sur la base du document unique d'évaluation des risques prévu à l'article R. 4121-1.

Les organismes certificateurs ont accès à ce document.

Art. R. 4412-131. Un arrêté du ministre chargé du travail détermine:

1° Les conditions et procédures d'accréditation des organismes certificateurs mentionnés à l'article R. 4412-129 sur la base du référentiel technique de l'organisme chargé de l'accréditation;

2° Les procédures et critères de certification des entreprises, en tenant compte, notamment, des moyens humains disponibles, des procédures d'organisation, des équipements et des techniques utilisés, ainsi que les conditions de délivrance de la certification sur la base du référentiel technique défini par les organismes chargés de la certification.

Note Voir arrêté du 14 décembre 2012 (JO 2 févr. 2013, rectif. JO 18 mai), modifié par arrêté du 20 avril 2015 (JO 23 sept.), fixant les conditions de certification des entreprises réalisant des travaux de retrait ou d'encapsulage d'amiante, de matériaux, d'équipements ou d'articles en contenant.

Art. R. 4412-132. Une entreprise d'un État membre de l'Union européenne non établie en France peut effectuer les travaux prévus par la présente sous-section si elle dispose d'un certificat délivré par cet État sur le fondement d'un référentiel offrant des garanties similaires à celles résultant du présent paragraphe et attestant de sa compétence pour mettre en œuvre toute méthode normalisée ou assimilée, applicable sur le territoire national, dans le domaine au titre duquel elle intervient.

§ 4. Plan de démolition, de retrait ou d'encapsulage

Art. R. 4412-133. En fonction de l'évaluation des risques, l'employeur établit un plan de démolition, de retrait ou d'encapsulage qui est tenu à disposition sur le lieu des travaux.

Ce plan est établi en fonction du périmètre du marché de travaux auxquels il correspond. Il précise notamment:

1° La localisation de la zone à traiter;

2° Les quantités d'amiante manipulées;

3° Le lieu et la description de l'environnement de chantier où les travaux sont réalisés;

4° La date de commencement et la durée probable des travaux;

5° Le nombre de travailleurs impliqués;

6° Le descriptif du ou des processus mis en œuvre;

7° Le programme de mesures d'empoussièrement du ou des processus mis en œuvre;

8° Les modalités des contrôles d'empoussièrement définis aux articles R. 4412-126 à R. 4412-128;

9° Les caractéristiques des équipements utilisés pour la protection et la décontamination des travailleurs ainsi que celles des moyens de protection des autres personnes qui se trouvent sur le lieu ou à proximité des travaux;

10° Les caractéristiques des équipements utilisés pour l'évacuation des déchets;

11° Les procédures de décontamination des travailleurs et des équipements;

12° Les procédures de gestion des déblais, des remblais et des déchets;

13° Les durées et temps de travail déterminés en application des articles R. 4412-118 et R. 4412-119;

14° Les dossiers techniques prévus ***(D. 2017-899 du 9 mai 2017, JO 10)*** «aux articles R. 1334-29-4 à R. 1334-29-6 du code de la santé publique et à l'article R. 111-45 du code de la construction et de l'habitation ou, le cas échéant, le rapport de repérage de l'amiante prévu à l'article R. 4412-97-5 du présent code»;

15° Les notices de poste prévues à l'article R. 4412-39;

16° Un bilan aéraulique prévisionnel, établi par l'employeur, pour les travaux réalisés sous confinement aux fins de prévoir et de dimensionner le matériel nécessaire à la maîtrise des flux d'air;

17° La liste récapitulative des travailleurs susceptibles d'être affectés au chantier. Elle mentionne les dates de validité des attestations de compétence des travailleurs, les dates de visites médicales et précise le nom des travailleurs sauveteurs secouristes du travail affectés, le cas échéant, au chantier ainsi que les dates de validité de leur formation;

18° Dans le cas d'une démolition, les modalités de retrait préalable de l'amiante et des articles en contenant ou les justifications de l'absence de retrait conformément à l'article R. 4412-135.

La modification du marché de travaux ou des processus entraîne une modification du plan de démolition, de retrait ou d'encapsulage par le biais d'un avenant.

Note Les dispositions de cet article, dans sa rédaction issue du décret 2017-899 précité, entrent en vigueur aux dates suivantes: 1° Immeubles bâtis: 1er mars 2019; 2° Autres immeubles tels que terrains, ouvrages de génie civil et infrastructures de transport: 1er octobre 2020; 3° Matériels roulants ferroviaires et autres matériels roulants de transports: 1er janvier 2020; 4° Navires, bateaux, engins flottants et autres constructions flottantes: 1er janvier 2020; 5° Aéronefs: 1er juillet 2020; 6° Installations, structures ou équipements concourant à la réalisation ou la mise en œuvre d'une activité: 1er juillet 2020 (décret précité, art. 2, modifié par décret 2019-251 du 27 mars 2019, art. 3, JO 30).

Art. R. 4412-134. Le plan de démolition, de retrait ou d'encapsulage est tenu à disposition sur le chantier et peut être consulté par:

1° Les membres du ***(D. 2017-1819 du 29 déc. 2017, art. 3, 49°, JO 30, entrée en vigueur le 01.01.2018)*** «comité social et économique»;

2° Le médecin du travail ou les membres de l'équipe pluridisciplinaire des services de santé au travail;

3° L'inspecteur du travail;

4° Les agents des services de prévention des organismes de sécurité sociale;

5° Les agents de l'organisme professionnel de prévention du bâtiment et des travaux publics;

6° Les auditeurs des organismes certificateurs.

Art. R. 4412-135. Dans le cas d'une démolition, le plan de démolition prévoit le retrait préalable de l'amiante et des articles en contenant sauf lorsque celui-ci causerait un plus grand risque pour les travailleurs que si l'amiante ou les matériaux en contenant étaient laissés sur place.

Art. R. 4412-136. Les plans de démolition, de retrait ou d'encapsulage sont communiqués une fois par trimestre au médecin du travail, au *(D. 2017-1819 du 29 déc. 2017, art. 3, 45°, JO 30, entrée en vigueur le 01.01.2018)* «comité social et économique».

Art. R. 4412-137. Un mois avant le démarrage des travaux, l'employeur informe l'inspecteur du travail et l'agent des services de prévention des organismes de sécurité sociale dont le ressort territorial est celui du lieu des travaux ainsi que, le cas échéant, l'organisme professionnel de prévention du bâtiment et des travaux publics. Il leur adresse à ce titre le plan de démolition, de retrait ou d'encapsulage sur tout support adapté et par tout moyen permettant d'établir la date certaine de réception.

En cas de travaux justifiés par une situation d'urgence liée à un sinistre, ce délai peut être réduit à huit jours.

Sur leur demande, l'employeur le transmet également aux organismes certificateurs.

Art. R. 4412-138. L'employeur informe l'inspecteur du travail et l'agent des services de prévention des organismes de sécurité sociale de tout changement dans les conditions de travail, de toute modification du marché de travaux ou du processus ainsi que de l'ajout d'un nouveau processus susceptible d'entraîner une augmentation significative des niveaux d'empoussièrement. Il précise les mesures d'organisation et de prévention retenues pour la protection des travailleurs et de l'environnement.

Sur leur demande, l'employeur en informe également les organismes certificateurs.

L'inspecteur du travail et l'agent des services de prévention des organismes de sécurité sociale sont également informés de tout changement dans la date de démarrage des travaux.

§ 5. Dispositions applicables en fin de travaux

Art. R. 4412-139. En fin de travaux, l'employeur établit un rapport de fin de travaux contenant tous les éléments relatifs au déroulement des travaux notamment les mesures de niveau d'empoussièrement, les certificats d'acceptation préalable des déchets et les plans de localisation de l'amiante mis à jour.

Le rapport de fin de travaux est remis au donneur d'ordre qui l'intègre, le cas échéant, au dossier des interventions ultérieures sur l'ouvrage. Il peut être consulté dans les conditions prévues à l'article R. 4412-134.

Art. R. 4412-140. Avant toute restitution de la zone et préalablement à l'enlèvement de tout dispositif de confinement, total ou partiel, l'employeur procède:

1° À un examen incluant l'ensemble des zones susceptibles d'avoir été polluées;

2° Au nettoyage approfondi de la zone par aspiration avec un équipement doté d'un dispositif de filtration à haute efficacité;

3° À une mesure du niveau d'empoussièrement, *(D. 2013-594 du 5 juil. 2013, JO 7)* «réalisée conformément à l'article R. 1334-25 du code de la santé publique»;

4° À la fixation des fibres éventuellement résiduelles sur les parties traitées.

§ 6. Formation

Art. R. 4412-141. La formation des travailleurs prévue aux articles R. 4412-87 et R. 4412-117 est assurée par un organisme certifié à cet effet.

L'attestation de compétence prévue à l'article *(D. 2013-594 du 5 juil. 2013, JO 7)* « R. 4412-117 » est délivrée par l'organisme de formation certifié.

Art. R. 4412-142. Un arrêté du ministre chargé du travail détermine:

1° Les conditions, procédures et critères d'accréditation des organismes certificateurs sur la base du référentiel technique défini par l'organisme chargé de l'accréditation;

2° Les conditions, procédures et critères de certification des organismes de formation mentionnés à l'article R. 4412-141, en tenant compte notamment de leur qualification, des méthodes de formation, des moyens et des techniques pédagogiques mis en œuvre ainsi que les conditions de délivrance de l'attestation de compétence sur la base du référentiel technique défini par les organismes chargés de la certification.

Note Voir arrêté du 23 février 2012 (JO 7 mars), modifié par arrêté du 20 avril 2015 (JO 23 sept.), définissant les modalités de la formation des travailleurs à la prévention des risques liés à l'amiante.

Art. R. 4412-143. Un organisme de formation d'un État membre de l'Union européenne non établi en France peut effectuer des prestations de service mentionnées dans le présent paragraphe s'il dispose dans cet État, sur le fondement d'un référentiel offrant les mêmes garanties que celles prévues au présent paragraphe, de la compétence pour dispenser une formation des travailleurs.

Sous-section 4. **Dispositions particulières aux interventions sur des matériaux, des équipements, des matériels ou des articles susceptibles de provoquer l'émission de fibres d'amiante**

§ 1. Champ d'application

Art. R. 4412-144. Les dispositions de la présente sous-section s'appliquent aux travaux mentionnés au 2° de l'article R. 4412-94.

Note Voir note sous art. R. 4412-94.

§ 2. Définition d'un mode opératoire

Art. R. 4412-145. En fonction des résultats de l'évaluation initiale des risques prévue à la sous-section 2, pour chaque processus mis en œuvre, l'employeur établit un mode opératoire précisant notamment:

1° La nature de l'intervention;

2° Les matériaux concernés;

3° La fréquence et les modalités de contrôle du niveau d'empoussièrement du processus mis en œuvre et du respect de la valeur limite d'exposition professionnelle;

4° Le descriptif des méthodes de travail et moyens techniques mis en œuvre;

5° Les notices de poste prévues à l'article R. 4412-39;

6° Les caractéristiques des équipements utilisés pour la protection et la décontamination des travailleurs ainsi que celles des moyens de protection des autres personnes qui se trouvent sur le lieu ou à proximité de l'intervention;

7° Les procédures de décontamination des travailleurs et des équipements;

8° Les procédures de gestion des déchets;

9° Les durées et temps de travail déterminés en application des articles R. 4412-118 et R. 4412-119.

Le mode opératoire est annexé au document unique d'évaluation des risques.

Art. R. 4412-146. Le mode opératoire est soumis, lors de son établissement ou de sa modification à l'avis du médecin du travail, du ***(D. 2017-1819 du 29 déc. 2017, art. 3, 43°, JO 30, entrée en vigueur le 01.01.2018)*** «comité social et économique».

Art. R. 4412-147. Le mode opératoire est transmis à l'inspecteur du travail et aux agents des services de prévention des organismes de sécurité sociale, dans le ressort territorial desquels est situé l'établissement et, le cas échéant, à l'organisme professionnel de prévention du bâtiment et des travaux publics.

Une nouvelle transmission est faite lors de sa mise à jour.

Avant la première mise en œuvre du mode opératoire, celui-ci est transmis à l'inspecteur du travail et aux agents des services de prévention des organismes de sécurité sociale dans le ressort territorial desquels est situé le lieu de l'intervention et, le cas échéant, à l'organisme professionnel de prévention du bâtiment et des travaux publics.

Art. R. 4412-148. Lorsque la durée prévisible de l'intervention est supérieure à cinq jours, l'employeur transmet, en outre, à l'inspecteur du travail et au service de prévention de l'organisme de sécurité sociale du lieu de l'intervention ainsi que, le cas échéant, à l'office professionnel de prévention du bâtiment et des travaux publics:

1° Le lieu, la date de commencement et la durée probable de l'intervention;

2° La localisation de la zone à traiter, la description de l'environnement de travail du lieu de l'intervention;

3° Les dossiers techniques prévus ***(D. 2017-899 du 9 mai 2017, JO 10)*** «aux articles R. 1334-29-4 à R. 1334-29-6 du code de la santé publique et à l'article R. 111-45 du code de la construction et de l'habitation ou, le cas échéant, le rapport de repérage de l'amiante prévu à l'article R. 4412-97-5 du présent code»;

4° La liste des travailleurs impliqués. Cette liste mentionne les dates de délivrance des attestations de compétence des travailleurs, les dates de visite médicale et précise, le cas échéant, le nom des travailleurs sauveteurs secouristes du travail affectés au chantier ainsi que les dates de validité de leur formation.

Note Les dispositions de cet article, dans sa rédaction issue du décret 2017-899 précité, entrent en vigueur aux dates suivantes: 1° Immeubles bâtis: 1er mars 2019; 2° Autres immeubles tels que terrains, ouvrages de génie civil et infrastructures de transport: 1er octobre 2020; 3° Matériels roulants ferroviaires et autres matériels roulants de transports: 1er janvier 2020; 4° Navires, bateaux, engins flottants et autres constructions flottantes: 1er janvier 2020; 5° Aéronefs: 1er juillet 2020; 6° Installations, structures ou équipements concourant à la réalisation ou la mise en œuvre d'une activité: 1er juillet 2020 (décret précité, art. 2, modifié par décret 2019-251 du 27 mars 2019, art. 3, JO 30).

SECTION 4 (réglementaire). Règles particulières à certains agents chimiques dangereux

Sous-section 1. Fixation des valeurs limites d'exposition professionnelle

Art. R. 4412-149. ***(D. 2019-1487 du 27 déc. 2019, JO 29, entrée en vigueur le 01.07.2020)*** Les concentrations des agents chimiques présents dans l'atmosphère des lieux de travail figurant dans le tableau suivant ne doivent pas dépasser, dans la zone de respiration des travailleurs, les valeurs limites d'exposition professionnelle définies ci-après :

DÉNOMINATION	NUMÉRO CE (1)	NUMÉRO CAS (2)	VALEUR LIMITE D'EXPOSITION PROFESSIONNELLE						OBSERVATIONS	MESURES transitoires
			8 h (3)			Court terme (4)				
			mg/m³ (5)	ppm (6)	fibres par cm³	mg/m³	ppm	fibres par cm³		
Acétate d'éthyle	205-500-4	141-78-6	734	200	-	1 468	400	-	-	-
Acétate d'isopentyle	204-662-3	123-92-2	270	50	-	540	100	-	-	-
Acétate de 2-butoxyéthyle	203-933-3	112-07-2	66,5	10	-	333	50	-	Peau (7)	-
Acétate de 2-méthoxyéthyle	203-772-9	110-49-6	5	1	-	-	-	-	Peau (7)	-
Acétate de 2-méthoxy-1-méthyléthyle	203-603-9	108-65-6	275	50	-	550	100	-	Peau (7)	-
Acétate de 1-méthylbutyle	210-946-8	626-38-0	270	50	-	540	100	-	-	-
Acétate de pentyle	211-047-3	628-63-7	270	50	-	540	100	-	-	-
Acétate de vinyle	203-545-4	108-05-4	17,6	5	-	35,2	10	-	-	-
Acétone	200-662-2	67-64-1	1 210	500	-	2 420	1 000	-	-	-
Acétonitrile	200-835-2	75-05-8	70	40	-	-	-	-	Peau (7)	-
Acide chlorhydrique	231-595-7	7647-01-0	-	-	-	7,6	5	-	-	-
Acide cyanhydrique exprimé en cyanure	200-821-6	74-90-8	1	0,9	-	5	4,5	-	Peau (7)	-
Acrylamide	201-173-7	79-06-1	0,1						Peau (7)	
Acrylate d'éthyle	205-438-8	140-88-5	21	5	-	42	10	-		
Acrylate de méthyle	202-500-6	96-33-3	18	5	-	36	10	-		
2-aminoéthanol	205-483-3	141-43-5	2,5	1	-	7,6	3	-	Peau (7)	-
Ammoniac anhydre	231-635-3	7664-41-7	7	10	-	14	20	-	-	
Azide de sodium	247-852-1	26628-22-8	0,1		-	0,3		-	Peau (7)	-
Benzène	200-753-7	71-43-2	3,25	1	-	-			Peau (7)	-
Bisphénol A (poussières inhalables)	201-245-8	80-05-7	2	-	-	-	-	-	-	-
Bois (poussières de)			1		-	-	-	-	-	-
Brome	231-778-1	7726-95-6	0,7	0,1	-	-	-	-	-	-
Bromoéthylène	209-800-6	593-60-2	4,4	1	-	-	-	-	-	-
Bromure de méthyle (8)	200-813-2	74-83-9	20	5	-	-	-	-	-	-
1,3-butadiène	203-450-8	106-99-0	2,2	1	-	-	-	-	-	-
Butanone	201-159-0	78-93-3	600	200	-	900	300	-	Peau (7)	-
2-butoxyéthanol	203-905-0	111-76-2	49	10	-	246	50	-	Peau (7)	-
Chlore	231-959-5	7782-50-5	-	-	-	1,5	0,5	-	-	-
Chlorobenzène	203-628-5	108-90-7	23	5	-	70	15	-	-	-
Chloroforme	200-663-8	67-66-3	10	2	-	-	-	-	Peau (7)	-
Chlorure de vinyle monomère	200-831-0	75-01-4	2,59	1	-	-	-	-	-	-
Chrome hexavalent et ses composés			0,001		-	0,005		-	Peau (7)	-
Cumène	202-704-5	98-82-8	100	20	-	250	50	-	Peau (7)	-
Cyclohexane	203-806-2	110-82-7	700	200	-	-	-	-	-	-
Cyclohexanone	203-631-1	108-94-1	40,8	10	-	81,6	20	-	-	-

DÉNOMINATION	NUMÉRO CE (1)	NUMÉRO CAS (2)	VALEUR LIMITE D'EXPOSITION PROFESSIONNELLE						OBSERVATIONS	MESURES transitoires
			8 h (3)			Court terme (4)				
			mg/m³ (5)	ppm (6)	fibres par cm³	mg/m³	ppm	fibres par cm³		
1,2-dichlorobenzène	202-425-9	95-50-1	122	20	-	306	50	-	Peau (7)	-
1,4-dichlorobenzène	203-400-5	106-46-7	4,5	0,75	-	60	10	-	Peau (7)	-
1,1-dichloroéthylène	200-864-0	75-35-4	8	2	-	20	5	-	-	-
Dichlorométhane	200-838-9	75-09-2	178	50	-	356	100	-	Peau (7)	-
N,N-diméthylacétamide	204-826-4	127-19-5	7,2	2	-	36	10	-	Peau (7)	-
N,N-diméthylformamide	200-679-5	68-12-2	15	5	-	30	10	-	Peau (7)	-
Diméthylamine	204-697-4	124-40-3	1,9	1	-	3,8	2	-	-	-
Diéthylamine	203-716-3	109-89-7	15	5	-	30	10	-	-	-
Disulfure de carbone	200-843-6	75-15-0	15	5	-	-	-	-	Peau (7)	-
1,4-dioxane	204-661-8	123-91-1	73	20	-	-	-	-	-	-
Dioxyde d'azote	233-272-6	10102-44-0	0,96	0,5	-	1,91	1	-	-	-
1,2-époxypropane (oxyde de propylène)	200-879-2	75-56-9	2,4	1						
Ethylamine	200-834-7	75-04-7	9,4	5	-	28,2	15	-	-	-
Ethylbenzène	202-849-4	100-41-4	88,4	20	-	442	100	-	Peau (7)	-
Fibres céramiques réfractaires classées cancérogènes			-	-	0,1	-	-	-		-
Fluorure d'hydrogène	231-634-8	7664-39-3	1,5	1,8	-	2,5	3	-	-	-
Formaldéhyde	200-001-8	50-00-0	0,37	0,3		0,74	0,6		Sensibilisation cutanée (9)	*
n-heptane	205-563-8	142-82-5	1 668	400	-	2 085	500	-		-
Heptane-2-one	203-767-1	110-43-0	238	50	-	475	100	-	Peau (7)	-
Heptane-3-one	203-388-1	106-35-4	95	20	-	-	-	-	-	-
N-hexane	203-777-6	110-54-3	72	20	-	-	-	-	-	-
Hydrazine	206-114-9	302-01-2	0,013	0,01					Peau (7)	
Isocyanate de méthyle	210-866-3	624-83-9		-	-		0,02	-	-	-
Méthacrylate de méthyle	201-297-1	80-62-6	205	50	-	410	100	-	-	-
Méthanol	200-659-6	67-56-1	260	200	-	-	-	-	Peau (7)	-
2-méthoxyéthanol	203-713-7	109-86-4	3,2	1	-			-	Peau (7)	-
(2-méthoxyméthyléthoxy)-propanol	252-104-2	34590-94-8	308	50	-	-	-	-	Peau (7)	-
1-méthoxypropane-2-ol	203-539-1	107-98-2	188	50	-	375	100	-	Peau (7)	-
4-méthylpentane-2-one	203-550-1	108-10-1	83	20	-	208	50	-	-	-
Mercure et composés inorganiques bivalents du mercure, y compris l'oxyde de mercure et le chlorure mercurique			0,02	-	-	-	-	-	-	-
Monoxyde d'azote	233-271-0	10102-43-9	2,5	2	-	-	-	-	-	-
Monoxyde de carbone	211-128-3	630-08-0	23	20	-	117	100	-		-
Morpholine	203-815-1	110-91-8	36	10	-	72	20	-	-	-
2-nitropropane	201-209-1	79-46-9	18	5						
Oxyde de diéthyle	200-467-2	60-29-7	308	100	-	616	200	-	-	-
Oxyde d'éthylène	200-849-9	75-21-8	1,8	1					Peau (7)	
Oxyde de tert-butyle et de méthyle	216-653-1	1634-04-4	183,5	50	-	367	100	-	-	-
Pentachlorure de phosphore	233-060-3	10026-13-8	1	-	-	-	-	-	-	-

DÉNOMINATION	NUMÉRO CE (1)	NUMÉRO CAS (2)	VALEUR LIMITE D'EXPOSITION PROFESSIONNELLE — 8 h (3)			Court terme (4)			OBSERVATIONS	MESURES transitoires
			mg/m³ (5)	ppm (6)	fibres par cm³	mg/m³	ppm	fibres par cm³		
Pentane	203-692-4	109-66-0	3000	1000	-	-	-	-	-	-
Phénol	203-632-7	108-95-2	7,8	2	-	15,6	4	-	Peau (7)	-
Phosgène	200-870-3	75-44-5	0,08	0,02	-	0,4	0,1	-	-	-
Phosphine	232-260-8	7803-51-2	0,14	0,1	-	-	-	-	-	-
Plomb métallique et ses composés			0,1	-	-	-	-	-	Limite pondérale définie en plomb métal (Pb)	-
o-toluidine	202-429-0	95-53-4	0,5	0,1					Peau (7)	
Silice (poussières alvéolaires de quartz)			0,1		-	-	-	-	-	-
Silice (poussières alvéolaires de cristobalite)			0,05	-	-	-	-	-	-	-
Silice (poussières alvéolaires de tridymite)			0,05	-	-	-	-	-	-	-
Styrène	202-851-5	100-42-5	100	23,3	-	200	46,6	-	Peau (7) Bruit (8)	-
Sulfotep	222-995-2	3689-24-5	0,1	-	-	-	-	-	Peau (7)	-
Sulfure d'hydrogène	231-977-3	7783-06-4	7	5	-	14	10	-	-	-
Tétrachloroéthylène	204-825-9	127-18-4	138	20	-	275	40	-	Peau (7)	-
Tétrachlorométhane	200-262-8	56-23-5	6,4	1	-	32	5	-	Peau (7)	-
Tétrahydrofurane	203-726-8	109-99-9	150	50	-	300	100	-	Peau (7)	-
Toluène	203-625-9	108-88-3	76,8	20	-	384	100	-	Peau (7)	-
1,2,4-trichlorobenzène	204-428-0	120-82-1	15,1	2	-	37,8	5	-	Peau (7)	-
1,1,1-trichloroéthane	200-756-3	71-55-6	555	100	-	1110	200	-	-	-
Triéthylamine	204-469-4	121-44-8	4,2	1	-	12,6	3	-	Peau (7)	-
1,2,3-triméthylbenzène	208-394-8	526-73-8	100	20	-	250	50	-		-
1,2,4-triméthylbenzène	202-436-9	95-63-6	100	20	-	250	50	-	-	-
1,3,5-triméthylbenzène (mésitylène)	203-604-4	108-67-8	100	20	-	250	50	-		-
m-xylène	203-576-3	108-38-3	221	50	-	442	100	-	Peau (7)	-
o-xylène	202-422-2	95-47-6	221	50	-	442	100	-	Peau (7)	-
p-xylène	203-396-5	106-42-3	221	50	-	442	100	-	Peau (7)	-
Xylène : mélange d'isomères	215-535-7	1330-20-7	221	50	-	442	100	-	Peau (7)	-

* Valeur limite de 0,62 mg/m³ ou 0,5 ppm (3) pour les secteurs des soins de santé, des pompes funèbres et de l'embaumement jusqu'au 11 juillet 2024.

(1) Inventaire européen des substances chimiques existantes (EINECS). (2) Numéro du Chemical Abstract Service (American Chemical Society). (3) Mesurée ou calculée par rapport à une période de référence de 8 heures, moyenne pondérée dans le temps. (4) Valeur limite au-dessus de laquelle il ne doit pas y avoir d'exposition et qui se rapporte à une période de quinze minutes, sauf indication contraire. (5) mg/m³ : milligrammes par mètre cube d'air à 20° C et 101,3 kPa (760 mm de mercure). (6) ppm : partie par million en volume dans l'air (ml/m³). (7) La mention « peau » accompagnant la limite d'exposition professionnelle indique la possibilité d'une pénétration cutanée importante. (8) La mention « bruit » accompagnant la limite d'exposition professionnelle indique la possibilité d'une atteinte auditive en cas de co-exposition au bruit. (9) La substance peut provoquer une sensibilisation de la peau.

Note • Le tableau a été modifié en dernier lieu par le décret 2020-1546 du 9 décembre 2020, JO 10, entrée en vigueur le 01.02.2021.

• Le décret 2012-746 du 9 mai 2012, qui a modifié le tableau ci-dessus, assure la transposition de la directive 2009/161/UE du 17 décembre 2009 établissant une troisième liste de valeurs limites indicatives en application de la directive 98/24/CE du Conseil et portant modification de la directive 2000/39/CE de la Commission.

Les valeurs limites d'exposition définies par le tableau sont applicables:
– depuis le 11 mai 2012 pour les valeurs limites issues du droit européen rendues contraignantes en droit interne;
– depuis le 1er juillet 2012 pour les agents chimiques suivants: a) Acétate de 2-butoxyéthyle; b) 2-butoxyéthanol; c) Dichlorométhane; d) Tétrachloroéthylène; e) Toluène;
– depuis le 1er juillet 2014 pour le chrome hexavalent et ses composés (décret 2012-746 précité, art. 3).

• Voir arrêté du 20 décembre 2004 (JO 28), modifié par arrêté du 15 décembre 2009 (art. 9, JO 17), relatif à la méthode de mesure pour le contrôle du respect des concentrations en poussières de bois dans l'atmosphère des lieux de travail, rép. QE 67937, JO AN 13 décembre 2005, p. 11574 et rép. QE 89038, JO AN 25 juillet 2006, p. 7832.

• Voir aussi arrêté du 30 mai 2018 (JO 23 juin, entrée en vigueur le 01.07.2018) relatif aux conditions de mesurage à des fins de contrôle du respect de la valeur limite d'exposition professionnelle aux fibres céramiques réfractaires.

Art. R. 4412-150. Des valeurs limites d'exposition professionnelle indicatives, constituant des objectifs de prévention, peuvent être fixées par arrêté conjoint des ministres chargés du travail et de l'agriculture.

Note La liste des valeurs limites d'exposition professionnelle indicatives prévues à cet article est établie par un arrêté du 30 juin 2004 (JO 11 juil.) modifié par arrêtés des 9 février 2006 (JO 10), 26 octobre 2007 (JO 28), 9 mai 2012 (JO 10), 21 juin 2013 (JO 4 juil.), 23 mars 2016 (JO 24, entrée en vigueur le 01.01.2017 pour une période de deux ans), 14 mai 2019 (JO 23) et 27 septembre 2019 (JO 2 oct., entrée en vigueur le 01.07.2020).

Art. R. 4412-151. Les modalités de prélèvement, les méthodes et moyens à mettre en œuvre pour mesurer les concentrations dans l'air des agents chimiques dangereux ainsi que les caractéristiques et conditions d'utilisation des équipements de protection individuelle contre ces agents sont fixés par arrêté conjoint des ministres chargés du travail et de l'agriculture.

Sous-section 2. Fixation des valeurs limites biologiques

Art. R. 4412-152. Pour les travailleurs exposés au plomb et à ses composés, les valeurs limites biologiques à ne pas dépasser sont fixées à:
1° 400 microgrammes de plomb par litre de sang pour les hommes;
2° 300 microgrammes de plomb par litre de sang pour les femmes.

Note Voir arrêté du 15 décembre 2009 (JO 17, entrée en vigueur le 01.01.2012) relatif aux contrôles du respect des valeurs limites biologiques fixées à cet article pour les travailleurs exposés au plomb et à ses composés et aux conditions d'accréditation des laboratoires chargés des analyses.

Sous-section 3. Silice cristalline

Art. R. 4412-154. Lorsque l'évaluation des risques met en évidence la présence simultanée de poussières alvéolaires contenant de la silice cristalline et d'autres poussières alvéolaires non silicogènes, la valeur limite d'exposition professionnelle correspondant au mélange est fixée par la formule suivante:

$$Cns/Vns + Cq/0{,}1 + Cc/0{,}05 + Ct/0{,}05 \leq 1$$

Art. R. 4412-155. Dans la formule énoncée à l'article R. 4412-154, on entend par:
1° Cns, la concentration en poussières alvéolaires non silicogènes en mg/m³, qui correspond à la différence entre la concentration totale des poussières alvéolaires et la somme des concentrations correspondant aux silices cristallines;
2° Vns, la valeur limite moyenne de concentration en poussières alvéolaires non silicogènes, en mg/m³, admise sur huit heures, telle que définie par l'article R. 4222-1;
3° Cq, la concentration en quartz en mg/m³;
4° Cc, la concentration en cristobalite en mg/m³;
5° Ct, la concentration en tridymite en mg/m³.
Les chiffres de 0,1 et 0,05 représentent les valeurs limites correspondantes, telles que fixées à l'article R. 4412-149.

Sous-section 4. Plomb et ses composés

Art. R. 4412-156. Les travailleurs exposés au plomb ou à ses composés disposent de deux locaux aménagés en vestiaires collectifs situés près de la sortie de l'établissement, le premier étant exclusivement réservé au rangement des vêtements de ville et le second au rangement des vêtements de travail.

Des douches assurent la communication entre les deux vestiaires.

Note Les dispositions de l'article R. 231-58-5 devenu les articles R. 4412-156 à 159 sont entrées en vigueur le 1er juillet 2004 (décret 2003-1254, art. 5, II).

Art. R. 4412-157. L'employeur veille à ce que les travailleurs exposés n'accèdent au second vestiaire qu'après avoir déposé dans le premier leurs vêtements de ville et ne pénètrent dans ce dernier, postérieurement à toute intervention les exposant au plomb et à ses composés, qu'après leur passage dans les installations de douches.

Art. R. 4412-158. L'employeur veille à ce que les travailleurs ne mangent pas et ne fument pas en vêtement de travail.

Les travailleurs mangent en vêtement de ville ou en combinaison jetable, fournie par l'employeur.

Art. R. 4412-159. Lorsque le lavage des vêtements de travail est réalisé par une entreprise extérieure, ces vêtements sont transportés dans des récipients clos, comportant un affichage clairement lisible indiquant la présence de plomb, sans préjudice des dispositions prévues à l'article R. 4412-73.

Art. R. 4412-160. ***(D. 2016-1908 du 27 déc. 2016, art. 10, III, JO 29, entrée en vigueur le 01.01.2017)*** «Un suivi individuel renforcé des travailleurs est assuré dans les conditions prévues aux articles R. 4624-22 à R. 4624-28»:

1° Soit si l'exposition à une concentration de plomb dans l'air est supérieure à 0,05 mg/m³, calculée comme une moyenne pondérée en fonction du temps sur une base de huit heures;

2° Soit si une plombémie supérieure à 200 µg/l de sang pour les hommes ou 100 µg/l de sang pour les femmes est mesurée chez un travailleur.

Note Voir arrêté du 15 décembre 2009 (JO 17) précité sous l'article R. 4412-152.

CHAPITRE II *BIS* Risques d'exposition à l'amiante: repérages avant travaux

Note Ce chapitre est issu de la loi 2016-1088 du 8 août 2016, art. 113, II, 1°, JO 9.

Art. L. 4412-2. En vue de renforcer le rôle de surveillance dévolu aux agents de contrôle de l'inspection du travail, le donneur d'ordre, le maître d'ouvrage ou le propriétaire d'immeubles par nature ou par destination, d'équipements, de matériels ou d'articles y font rechercher la présence d'amiante préalablement à toute opération comportant des risques d'exposition des travailleurs à l'amiante. Cette recherche donne lieu à un document mentionnant, le cas échéant, la présence, la nature et la localisation de matériaux ou de produits contenant de l'amiante. Ce document est joint aux documents de la consultation remis aux entreprises candidates ou transmis aux entreprises envisageant de réaliser l'opération.

Les conditions d'application ou d'exemption, selon la nature de l'opération envisagée, du présent article sont déterminées par décret en Conseil d'État.

Note Le non-respect des dispositions de cet article est passible d'une amende administrative: voir article L. 4754-1.

TITRE II PRÉVENTION DES RISQUES BIOLOGIQUES

CHAPITRE Ier Dispositions générales

Note Voir notamment directive 2000/54/CE du 18 septembre 2000 modifiée concernant la protection des travailleurs contre les risques liés à l'exposition à des agents biologiques au travail (JOCE L 262 du 17.10.2000).

Art. L. 4421-1. Les règles de prévention des risques pour la santé et la sécurité des travailleurs exposés à des agents biologiques sont déterminées par décret en Conseil d'État pris en application de l'article L. 4111-6.

Art. R. 4421-1. Les dispositions du présent titre sont applicables dans les établissements dans lesquels la nature de l'activité peut conduire à exposer les travailleurs à des agents biologiques.

Toutefois, les dispositions des articles R. 4424-2, R. 4424-3, R. 4424-7 à R. 4424-10, R. 4425-6 et R. 4425-7 ne sont pas applicables lorsque l'activité, bien qu'elle puisse conduire à exposer des travailleurs, n'implique pas normalement l'utilisation délibérée d'un agent biologique et que l'évaluation des risques prévue au chapitre III ne met pas en évidence de risque spécifique.

Art. R. 4421-2. Au sens du présent titre, on entend par :

1° Agents biologiques, les micro-organismes, y compris les micro-organismes génétiquement modifiés, les cultures cellulaires et les endoparasites humains susceptibles de provoquer une infection, une allergie ou une intoxication ;

2° Micro-organisme, une entité microbiologique, cellulaire ou non, capable de se reproduire ou de transférer du matériel génétique ;

3° Culture cellulaire, le résultat de la croissance in vitro de cellules isolées d'organismes multicellulaires.

Art. R. 4421-3. Les agents biologiques sont classés en quatre groupes en fonction de l'importance du risque d'infection qu'ils présentent :

1° Le groupe 1 comprend les agents biologiques non susceptibles de provoquer une maladie chez l'homme ;

2° Le groupe 2 comprend les agents biologiques pouvant provoquer une maladie chez l'homme et constituer un danger pour les travailleurs. Leur propagation dans la collectivité est peu probable et il existe généralement une prophylaxie ou un traitement efficaces ;

3° Le groupe 3 comprend les agents biologiques pouvant provoquer une maladie grave chez l'homme et constituer un danger sérieux pour les travailleurs. Leur propagation dans la collectivité est possible, mais il existe généralement une prophylaxie ou un traitement efficaces ;

4° Le groupe 4 comprend les agents biologiques qui provoquent des maladies graves chez l'homme et constituent un danger sérieux pour les travailleurs. Le risque de leur propagation dans la collectivité est élevé. Il n'existe généralement ni prophylaxie ni traitement efficace.

Art. R. 4421-4. Sont considérés comme agents biologiques pathogènes, au sens du présent titre, les agents biologiques des groupes 2, 3 et 4.

La liste de ces agents est fixée par arrêté conjoint des ministres chargés du travail, de l'agriculture et de la santé.

Note Voir arrêté du 18 juillet 1994 (JO 30) (modifié par arrêtés des 17 avril 1997, JO 26, et 30 juin 1998, JO 22 juil.) fixant la liste des agents biologiques pathogènes et arrêté du 16 juillet 2007 (JO 4 août) fixant les mesures techniques de prévention, notamment de confinement, à mettre en œuvre dans les laboratoires de recherche, d'enseignement, d'analyses, d'anatomie et cytologie pathologiques, les salles d'autopsie et les établissements industriels et agricoles où les travailleurs sont susceptibles d'être exposés à des agents biologiques pathogènes, modifiés par arrêté du 27 décembre 2017 (JO 15 févr. 2018).

Voir aussi arrêté du 18 décembre 2020 (JO 31) relatif à la classification du coronavirus SARS-CoV-2 dans la liste des agents biologiques pathogènes.

CHAPITRE II (réglementaire) Principes de prévention

Art. R. 4422-1. L'employeur prend des mesures de prévention visant à supprimer ou à réduire au minimum les risques résultant de l'exposition aux agents biologiques, conformément aux principes de prévention énoncés à l'article L. 4121-2.

Note Pour une application de l'article R. 4422-1 CT, voir notamment cass. soc. 23 septembre 2020, n° 18-23.474, à paraître, RJS 12/20 n° 599.

CHAPITRE III (réglementaire) Évaluation des risques

Art. R. 4423-1. Pour toute activité susceptible de présenter un risque d'exposition à des agents biologiques, l'employeur détermine la nature, la durée et les conditions de l'exposition des travailleurs.

Pour les activités impliquant une exposition à des agents biologiques appartenant à plusieurs groupes, les risques sont évalués en tenant compte du danger présenté par tous les agents biologiques présents ou susceptibles de l'être du fait de cette activité.

Art. R. 4423-2. L'évaluation des risques est réalisée sur le fondement du classement prévu à l'article R. 4421-3 et des maladies professionnelles dues à l'exposition aux agents biologiques.

Cette évaluation tient compte de toutes les informations disponibles, notamment de celles relatives aux infections susceptibles d'être contractées par les travailleurs du fait de leur activité professionnelle et de celles concernant les effets allergisants et toxiques pouvant résulter de l'exposition aux agents biologiques.

Art. R. 4423-3. Lors de l'évaluation des risques, l'employeur porte une attention particulière sur les dangers des agents biologiques susceptibles d'être présents dans l'organisme des patients ou de personnes décédées et chez les animaux vivants ou morts, dans les échantillons, les prélèvements et les déchets qui en proviennent.

Art. R. 4423-4. L'employeur tient à la disposition de l'inspection du travail et des agents du service de prévention des organismes de sécurité sociale les éléments ayant servi à l'évaluation des risques.

CHAPITRE IV (réglementaire) Mesures et moyens de prévention

SECTION 1. Dispositions communes à toutes les activités

Art. R. 4424-1. Lorsque la nature de l'activité le permet, l'employeur évite l'utilisation d'un agent biologique dangereux pour la santé des travailleurs, en le remplaçant par un agent biologique qui, compte tenu des conditions d'emploi et de l'état des connaissances, n'est pas ou est moins dangereux.

Art. R. 4424-2. Lorsque les résultats de l'évaluation des risques révèlent l'existence d'un risque pour la santé ou la sécurité des travailleurs, toute exposition à un agent biologique dangereux est évitée.

Art. R. 4424-3. Lorsque l'exposition des travailleurs à un agent biologique dangereux ne peut être évitée, elle est réduite en prenant les mesures suivantes:

1° Limitation au niveau le plus bas possible du nombre de travailleurs exposés ou susceptibles de l'être;

2° Définition des processus de travail et des mesures de contrôle technique ou de confinement visant à éviter ou à minimiser le risque de dissémination d'agents biologiques sur le lieu de travail;

3° Signalisation dont les caractéristiques et les modalités sont fixées par un arrêté conjoint des ministres chargés du travail, de l'agriculture et de la santé;

4° Mise en œuvre de mesures de protection collective ou, lorsque l'exposition ne peut être évitée par d'autres moyens, de mesures de protection individuelle;

5° Mise en œuvre de mesures d'hygiène appropriées permettant de réduire ou, si possible, d'éviter le risque de dissémination d'un agent biologique hors du lieu de travail;

6° Établissement de plans à mettre en œuvre en cas d'accidents impliquant des agents biologiques pathogènes;

7° Détection, si elle est techniquement possible, de la présence, en dehors de l'enceinte de confinement, d'agents biologiques pathogènes utilisés au travail ou, à défaut, de toute rupture de confinement;

8° Mise en œuvre de procédures et moyens permettant en toute sécurité, le cas échéant, après un traitement approprié, d'effectuer le tri, la collecte, le stockage, le transport et l'élimination des déchets par les travailleurs. Ces moyens comprennent, notamment, l'utilisation de récipients sûrs et identifiables;

9° Mise en œuvre de mesures permettant, au cours du travail, de manipuler et de transporter sans risque des agents biologiques pathogènes.

Art. R. 4424-4. Pour les activités qui impliquent des agents biologiques pathogènes, l'employeur établit une consigne de sécurité interdisant l'introduction, par les travailleurs et pour leur propre usage, dans les lieux de travail où existe un risque de contamination:

1° De nourriture et de boissons;

2° D'articles pour fumeurs;

3° De cosmétiques et de mouchoirs autres que les mouchoirs en papier, qui devront être éliminés comme des déchets contaminés.

Art. R. 4424-5. Pour les activités qui impliquent des agents biologiques pathogènes, l'employeur:

1° Fournit aux travailleurs des moyens de protection individuelle, notamment des vêtements de protection appropriés;

2° Veille à ce que les moyens de protection individuelle soient enlevés lorsque le travailleur quitte le lieu de travail;

3° Fait en sorte, lorsqu'ils sont réutilisables, que les moyens de protection individuelle soient rangés dans un endroit spécifique, nettoyés, désinfectés et vérifiés avant et après chaque utilisation et, s'il y a lieu, réparés ou remplacés;

4° Met à la disposition des travailleurs des installations sanitaires appropriées, un dispositif de lavage oculaire et des antiseptiques pour la peau ainsi que, s'il y a lieu, des collyres prescrits par le médecin du travail;

5° Pour les activités impliquant le prélèvement, la manipulation et le traitement d'échantillons d'origine humaine ou animale, met au point des procédures et met à disposition des travailleurs des matériels adaptés visant à minimiser les risques de contamination.

Art. R. 4424-6. Les moyens de protection individuelle contre les agents biologiques pathogènes, non réutilisables, sont considérés comme des déchets contaminés.

SECTION 2. Dispositions particulières à certaines activités

Art. R. 4424-7. Dans les lieux où des travailleurs sont susceptibles d'être en contact avec des agents biologiques pathogènes pouvant être présents dans l'organisme de patients ou de personnes décédées ou chez des animaux vivants ou morts, des mesures appropriées sont prises pour préserver la santé et la sécurité des travailleurs, notamment par une information sur les procédés de décontamination et de désinfection et la mise en œuvre des procédés permettant de manipuler et d'éliminer sans risque les déchets contaminés.

Un arrêté conjoint des ministres chargés du travail, de l'agriculture et de la santé fixe, en tant que de besoin, des procédures d'élimination des déchets contaminés.

Note • Voir arrêté du 4 novembre 2002 (JO 13 déc.) fixant les procédures de décontamination et de désinfection à mettre en œuvre pour la protection des travailleurs dans les lieux où ils sont susceptibles d'être en contact avec des agents biologiques pathogènes pouvant être présents chez des animaux vivants ou morts, notamment lors de l'élimination des déchets contaminés, ainsi que les mesures d'isolement applicables dans les locaux où se trouvent des animaux susceptibles d'être contaminés par des agents biologiques des groupes 3 ou 4.

• Voir arrêté du 24 novembre 2003 (JO 26 déc.), modifié par arrêtés des 6 janvier 2006 (JO 20) et 27 juin 2016 (JO 6 juil.), relatif aux emballages des déchets d'activités de soins à risques infectieux et assimilés et des pièces anatomiques d'origine humaine.

• Voir circulaire DHOS/E4/DGS/SD7B/DRT/CT2 2005-34 du 11 janvier 2005 relative au conditionnement des déchets d'activités de soins à risques infectieux et assimilés (BO TR 2005/03).

Art. R. 4424-8. Dans les services accueillant des patients ou dans les locaux où se trouvent des animaux susceptibles d'être contaminés par des agents biologiques des groupes 3 ou 4, un arrêté des ministres chargés du travail, de l'agriculture et de la santé définit les mesures d'isolement ou de confinement.

Art. R. 4424-9. Dans les laboratoires, notamment ceux réalisant des analyses de biologie médicale et dans les locaux destinés aux animaux de laboratoire contaminés ou susceptibles de l'être par des agents biologiques pathogènes, des mesures de confinement appropriées au résultat de l'évaluation des risques sont prises.

Il en est de même pour les procédés industriels utilisant des agents biologiques pathogènes.

Lorsqu'au terme de l'évaluation des risques un doute subsiste quant au classement d'un agent biologique dont l'utilisation industrielle pourrait comporter un risque grave pour la santé des travailleurs, le niveau et les mesures de confinement adoptés sont ceux correspondant au moins à un agent du groupe 3.

Un arrêté conjoint des ministres chargés du travail, de l'agriculture et de la santé précise les dispositions relatives aux mesures et aux niveaux de confinement selon la nature de l'agent biologique et de l'activité considérée.

Note Voir arrêté du 16 juillet 2007 (JO 4 août), modifié par arrêté du 27 décembre 2017 (JO 15 févr. 2018), fixant les mesures techniques de prévention, notamment de confinement, à mettre en œuvre dans les laboratoires de recherche, d'enseignement, d'analyses, d'anatomie et cytologie pathologiques, les salles d'autopsie et les établissements industriels et agricoles où les travailleurs sont susceptibles d'être exposés à des agents biologiques pathogènes.

Art. R. 4424-10. Les laboratoires dont l'objectif n'est pas de travailler avec des agents biologiques pathogènes adoptent, en cas d'incertitude quant à la présence de ces agents, au moins le niveau de confinement requis pour les agents du groupe 2 et, si nécessaire, celui correspondant à ceux des groupes 3 ou 4.

Art. R. 4424-11. ***(D. 2013-607 du 9 juil. 2013, JO 11)*** Dans les établissements et services participant à la prévention et aux soins et dans les établissements pratiquant des soins de conservation, des mesures de prévention des blessures et des risques de contamination par des agents biologiques pathogènes sont déterminées par un arrêté conjoint des ministres en charge du travail et de la santé pour adapter la protection des travailleurs susceptibles d'être en contact avec des objets perforants aux particularités des activités réalisées ainsi qu'aux modalités d'usage des objets perforants.

Cet arrêté précise les catégories d'établissements et services concernés. Pour ces catégories d'établissements et de services, il précise également les règles applicables, en vertu du chapitre V du présent titre, à l'information et à la formation des travailleurs et relatives aux risques liés à l'usage d'objets perforants ainsi que les dispositions du chapitre VI du présent titre applicables à la prise en charge du travailleur blessé en cas d'accident de travail survenu avec un objet perforant et aux modalités de suivi de tels accidents.

On entend par objet perforant tout objet ou instrument à usage médical ou nécessaire à la pratique des soins de conservation, susceptible de couper, de perforer, de piquer, de blesser et pouvant transmettre un agent infectieux lorsqu'il est souillé par du sang ou tout autre produit biologique. Il constitue un équipement de travail au sens de l'article L. 4311-2.

Note Le décret 2013-607 précité qui prévoit des mesures spécifiques de protection aux risques biologiques liés aux objets perforants transpose la directive 2010/32/UE du 10 mai 2010 (JOUE

L 134 du 01.06.2010) portant application de l'accord-cadre relatif à la prévention des blessures par objets tranchants dans le secteur hospitalier et sanitaire conclu par l'HOSPEEM (Association européenne des employeurs hospitaliers) et la FSESP (Fédération syndicale européenne des services publics).

Voir arrêté du 10 juillet 2013 (JO 31 août) relatif à la prévention des risques biologiques auxquels sont soumis certains travailleurs susceptibles d'être en contact avec des objets perforants.

CHAPITRE V (réglementaire) Information et formation des travailleurs

SECTION 1. Information

Art. R. 4425-1. L'employeur fournit sur le lieu de travail des instructions écrites et, le cas échéant, des affiches portant sur la procédure à suivre:

1° En cas d'accident ou d'incident grave mettant en cause un agent biologique pathogène;

2° Lors de la manipulation de tout agent biologique du groupe 4, notamment lors de son élimination.

Art. R. 4425-2. L'employeur informe les travailleurs, le ***(D. 2017-1819 du 29 déc. 2017, art. 3, 49°, JO 30, entrée en vigueur le 01.01.2018)*** «comité social et économique» et le médecin du travail:

1° Sans délai, de tout accident ou incident ayant pu entraîner la dissémination d'un agent biologique susceptible de provoquer chez l'homme une infection ou une maladie grave;

2° Le plus rapidement possible, de la cause de cet accident ou incident et des mesures prises ou à prendre pour remédier à la situation.

Art. R. 4425-3. Des dispositions spécifiques, intégrées s'il y a lieu au règlement intérieur, rappellent aux travailleurs leur obligation de signaler immédiatement tout accident ou incident mettant en cause un agent biologique pathogène.

Art. R. 4425-4. Lorsque les résultats de l'évaluation des risques révèlent l'existence d'un risque pour la santé ou la sécurité des travailleurs, l'employeur tient à la disposition des travailleurs intéressés et du ***(D. 2017-1819 du 29 déc. 2017, art. 3, 43°, JO 30, entrée en vigueur le 01.01.2018)*** «comité social et économique» les informations suivantes:

1° Les activités au cours desquelles les travailleurs sont exposés à des agents biologiques pathogènes, les procédures, les méthodes de travail et les mesures et moyens de protection et de prévention correspondants;

2° Le nombre de travailleurs exposés;

3° Le nom et l'adresse du médecin du travail;

4° Le nom de la personne qui, le cas échéant, est chargée par l'employeur, et sous sa responsabilité, d'assurer en cette matière la sécurité sur le lieu de travail;

5° Un plan d'urgence pour la protection des travailleurs contre l'exposition aux agents biologiques des groupes 3 ou 4 en cas de défaillance du confinement physique.

Art. R. 4425-5. Les éléments d'information mentionnés à l'article R. 4425-4 sont également tenus à la disposition des agents de l'inspection du travail, des agents du service de prévention des organismes de sécurité sociale et du médecin du travail.

SECTION 2. Formation

Art. R. 4425-6. L'employeur organise au bénéfice des travailleurs une formation à la sécurité portant sur:

1° Les risques pour la santé et les prescriptions en matière d'hygiène;

2° Les précautions à prendre pour éviter l'exposition;

3° Le port et l'utilisation des équipements et des vêtements de protection individuelle;

4° Les modalités de tri, de collecte, de stockage, de transport et d'élimination des déchets;

5° Les mesures à prendre pour prévenir ou pallier les incidents;

6° La procédure à suivre en cas d'accident.

Art. R. 4425-7. La formation à la sécurité est dispensée avant que les travailleurs n'exercent une activité impliquant un contact avec des agents biologiques.

Elle est répétée régulièrement et est adaptée à l'évolution des risques ainsi que lors de la modification significative des procédés de travail.

CHAPITRE VI (réglementaire) Suivi individuel de l'état de santé des travailleurs

SECTION 1. Liste des travailleurs exposés

Art. R. 4426-1. L'employeur établit, après avis du médecin du travail, une liste des travailleurs exposés à des agents biologiques des groupes 3 ou 4.

Il indique le type de travail réalisé, et, lorsque c'est possible, l'agent biologique auquel les travailleurs sont exposés ainsi que les données relatives aux expositions, aux accidents et aux incidents.

La liste est communiquée au médecin du travail.

Art. R. 4426-2. La liste des travailleurs exposés est conservée au moins dix ans après la fin de l'exposition.

Toutefois, lorsque les agents biologiques sont susceptibles de provoquer des maladies présentant une longue période d'incubation, elle est conservée aussi longtemps que des manifestations pathologiques sont possibles.

Art. R. 4426-3. Chaque travailleur a accès aux informations contenues dans la liste des travailleurs exposés qui le concernent personnellement.

Art. R. 4426-4. Lorsque l'établissement cesse ses activités, la liste des travailleurs exposés est adressée au médecin inspecteur du travail.

SECTION 2. Mise en œuvre du suivi individuel

Art. R. 4426-6. L'évaluation des risques permet d'identifier les travailleurs pour lesquels des mesures spéciales de protection peuvent être nécessaires.

Sans préjudice des vaccinations prévues aux articles L. 3111-4 et L. 3112-1 du code de la santé publique, l'employeur recommande, s'il y a lieu et sur proposition du médecin du travail, aux travailleurs non immunisés contre les agents biologiques pathogènes auxquels ils sont ou peuvent être exposés de réaliser, à sa charge, les vaccinations appropriées.

Art. R. 4426-7. ***(D. 2016-1908 du 27 déc. 2016, art. 11, 3°, JO 29, entrée en vigueur le 01.01.2017)*** Tout travailleur exposé aux agents biologiques des groupes 3 ou 4 bénéficie d'un suivi individuel renforcé dans les conditions prévues aux articles R. 4624-22 à R. 4624-28 du présent code.

Tout travailleur exposé aux agents biologiques des groupes 1 ou 2 bénéficie d'un suivi individuel prévu aux articles R. 4624-10 à R. 4624-21 du présent code. Pour les travailleurs exposés aux agents biologiques du groupe 2, la visite d'information et de prévention initiale est réalisée avant l'affectation au poste.

SECTION 3. Dossier médical spécial

Art. R. 4426-8. Un dossier médical spécial est tenu par le médecin du travail ***(D. 2016-1908 du 27 déc. 2016, art. 11, 4°, JO 29, entrée en vigueur le 01.01.2017)*** « ou le professionnel de santé mentionné au premier alinéa de l'article L. 4624-1 » pour chaque travailleur susceptible d'être exposé à des agents biologiques pathogènes.

Une mention de ce dossier spécial est faite au dossier médical prévu aux articles ***(D. 2016-1908 du 27 déc. 2016, art. 11, 4°, JO 29, entrée en vigueur le 01.01.2017)*** « L. 4624-8 et R. 4626-33 » du présent code ou à l'article R. 717-27 du code rural ***(Ord. 2010-462 du 6 mai 2010, JO 7)*** « et de la pêche maritime ».

Art. R. 4426-9. Le dossier médical spécial est établi à la suite des ***(D. 2016-1908 du 27 déc. 2016, art. 11, 5°, JO 29, entrée en vigueur le 01.01.2017)*** « examens et visites prévus » à l'article R. 4426-7. Il est conservé pendant dix ans à compter de la cessation de l'exposition.

Toutefois, lorsque les agents biologiques sont susceptibles de provoquer des maladies présentant une longue période d'incubation, le dossier médical spécial est conservé pendant une période plus longue, pouvant atteindre quarante ans après la cessation de l'exposition connue.

Art. R. 4426-10. Lorsque l'entreprise disparaît ou lorsque le travailleur change d'entreprise, le dossier médical spécial est transmis soit au médecin du travail de la nouvelle entreprise, soit au médecin inspecteur du travail, à charge pour celui-ci de l'adresser, le cas échéant, à la demande du travailleur au médecin du travail désormais compétent.

Le dossier médical est communiqué, à la demande du travailleur, au médecin désigné par lui.

Art. R. 4426-11. Des informations et des conseils sont donnés aux travailleurs sur ***(D. 2016-1908 du 27 déc. 2016, art. 11, 6°, JO 29, entrée en vigueur le 01.01.2017)*** « le suivi individuel de leur état de santé » dont ils devraient pouvoir bénéficier après la fin de l'exposition.

SECTION 4. Suivi des pathologies

Art. R. 4426-12. Le médecin du travail est informé par l'employeur des décès et des absences pour cause de maladie des travailleurs exposés à des agents biologiques pathogènes, lorsque ces absences excèdent des durées fixées par arrêté conjoint des ministres chargés du travail, de la santé et de l'agriculture en fonction de la nature des activités exercées et des conditions d'exposition aux agents biologiques.

Art. R. 4426-13. Lorsqu'il s'avère qu'un travailleur est atteint d'une infection ou d'une maladie inscrite dans un tableau de maladie professionnelle et pouvant résulter d'une exposition à des agents biologiques, tous les travailleurs susceptibles d'avoir été exposés sur le même lieu de travail font l'objet d'un examen médical, assorti éventuellement d'examens complémentaires.

Si l'infection ou la maladie n'est pas inscrite dans un tableau de maladies professionnelles, le médecin du travail peut proposer aux autres travailleurs ayant subi une exposition analogue de bénéficier d'une surveillance médicale.

Une nouvelle évaluation du risque d'exposition est en outre réalisée conformément aux dispositions du chapitre III.

CHAPITRE VII (réglementaire) Déclaration administrative

Art. R. 4427-1. La première utilisation d'agents biologiques pathogènes est déclarée à l'inspecteur du travail au moins trente jours avant le début des travaux.

Art. R. 4427-2. La déclaration d'une première utilisation d'agents biologiques pathogènes comprend:

1° La dénomination et le siège social de l'entreprise et l'adresse de l'établissement;
2° Le nom et l'adresse du médecin du travail;
3° Le nom et la qualité du responsable sécurité, s'il existe, sur le lieu de travail;
4° Le résultat de l'évaluation des risques d'exposition à des agents biologique;
5° L'espèce ou, à défaut, le genre auquel appartient chaque agent biologique concerné;
6° Les mesures de protection et de prévention envisagées.

Art. R. 4427-3. Une déclaration de première utilisation est également adressée à l'inspecteur du travail, au moins trente jours avant leur première utilisation, pour les agents biologiques non encore classés au sens de l'article R. 4421-4, dès lors qu'existe une présomption de leur caractère pathogène.

Art. R. 4427-4. La déclaration de première utilisation n'est pas obligatoire pour les laboratoires réalisant des analyses de biologie médicale. Ceux-ci sont uniquement tenus de déclarer leur intention de fournir un service de diagnostic pour les agents biologiques du groupe 4.

Art. R. 4427-5. La déclaration de première utilisation est renouvelée chaque fois qu'un changement important des procédés ou des procédures la rend caduque.

TITRE III PRÉVENTION DES RISQUES D'EXPOSITION AU BRUIT

Note Ce titre, issu du décret 2006-892 du 19 juillet 2006 qui transpose la directive 2003/10/CE du 6 février 2003 concernant les prescriptions minimales de sécurité et de santé relatives à l'exposition des travailleurs aux risques dus aux agents physiques (bruit) (JOUE L 42 du 15.02.2003) est entré en vigueur le 21 juillet 2006 (entrée en vigueur le 14 février 2008 en ce qui concerne les établissements dans lesquels de la musique est jouée en direct ou dans lesquels de la musique enregistrée est diffusée pour le divertissement, à l'exception des dispositions de l'article R. 231-129 [R. 4722-17, 18, 27; R. 4724-1 et 18] CT qui sont entrées en vigueur le 21 juillet 2006).

CHAPITRE Ier Dispositions générales

Art. L. 4431-1. Les règles de prévention des risques pour la santé et la sécurité des travailleurs exposés au bruit sont déterminées par décret en Conseil d'État pris en application de l'article L. 4111-6.

SECTION 1 (réglementaire). Définitions

Art. R. 4431-1. Pour l'application du présent titre, les paramètres physiques utilisés comme indicateurs du risque sont définis comme suit:

1° Le niveau de pression acoustique de crête est le niveau de la valeur maximale de la pression acoustique instantanée mesurée avec la pondération fréquentielle C;

2° Le niveau d'exposition quotidienne au bruit est la moyenne pondérée dans le temps des niveaux d'exposition au bruit pour une journée de travail nominale de huit heures;

3° Le niveau d'exposition hebdomadaire au bruit est la moyenne pondérée dans le temps des niveaux d'exposition quotidienne au bruit pour une semaine nominale de cinq journées de travail de huit heures.

Un arrêté conjoint des ministres chargés du travail et de l'agriculture précise le mode de calcul de ces paramètres physiques.

Art. L. 4431-1

Note Voir arrêté du 11 décembre 2015 (JO 31) relatif au mode de calcul des paramètres physiques indicateurs du risque d'exposition au bruit et aux conditions de mesurage des niveaux de bruit en milieu de travail.

SECTION 2 (réglementaire). **Valeurs limites d'exposition professionnelle**

Art. R. 4431-2. Les valeurs limites d'exposition et les valeurs d'exposition déclenchant une action de prévention sont fixées dans le tableau suivant :

VALEURS D'EXPOSITION	NIVEAU D'EXPOSITION
1° Valeurs limites d'exposition	Niveau d'exposition quotidienne au bruit de 87 dB(A) ou niveau de pression acoustique de crête de 140 dB(C)
2° Valeurs d'exposition supérieures déclenchant l'action de prévention prévue à l'article R. 4434-3, au 2° de l'article R. 4434-7, et à l'article R. 4435-1	Niveau d'exposition quotidienne au bruit de 85 dB(A) ou niveau de pression acoustique de crête de 137 dB(C)
3° Valeurs d'exposition inférieures déclenchant l'action de prévention prévue au 1° de l'article R. 4434-7 et aux articles R. 4435-2 et R. 4436-1	Niveau d'exposition quotidienne au bruit de 80 dB(A) ou niveau de pression acoustique de crête de 135 dB(C)

Note La directive 2003/10/CE du 6 février 2003 concernant les prescriptions minimales de sécurité et de santé relatives à l'exposition des travailleurs aux risques dus aux agents physiques (bruit) telle que modifiée par la directive 2007/30/CE du 20 juin 2007 doit être interprétée en ce sens qu'un employeur dans l'entreprise duquel le niveau d'exposition quotidienne des travailleurs au bruit est supérieur à 85 dB(A), mesuré sans tenir compte des effets de l'utilisation des protecteurs auditifs individuels, ne satisfait pas aux obligations résultant de cette directive par la simple mise à disposition des travailleurs de tels protecteurs auditifs permettant de réduire l'exposition quotidienne au bruit à moins de 80 dB(A). En effet, cet employeur doit mettre en œuvre un programme de mesures techniques ou organisationnelles visant à réduire une telle exposition au bruit à un niveau inférieur à 85 dB(A), mesuré sans tenir compte des effets de l'utilisation des protecteurs auditifs individuels.

La directive précitée n'exige pas d'un employeur qu'il verse un complément salarial aux travailleurs qui sont exposés à un niveau de bruit supérieur à 85 dB(A), mesuré sans tenir compte de l'effet de l'utilisation des protecteurs auditifs individuels, du seul fait qu'il n'a pas mis en œuvre un programme de mesures techniques ou organisationnelles visant à réduire le niveau d'exposition quotidienne au bruit. Toutefois, le droit national doit prévoir des mécanismes adéquats assurant qu'un travailleur exposé à un niveau de bruit supérieur à 85 dB(A), mesuré sans tenir compte de l'effet de l'utilisation des protecteurs auditifs individuels, peut faire valoir le respect, par l'employeur, des obligations préventives prévues à l'article 5, § 2, de cette directive (CJUE 19 mai 2011, aff. C-256/10, C-261/10, rec. p. I-4083).

Art. R. 4431-3. Pour l'application des valeurs limites d'exposition définies au 1° de l'article R. 4431-2, la détermination de l'exposition effective du travailleur au bruit tient compte de l'atténuation assurée par les protecteurs auditifs individuels portés par le travailleur.

Les valeurs d'exposition définies aux 2° et 3° de ce même article ne prennent pas en compte l'effet de l'utilisation de ces protecteurs.

Art. R. 4431-4. Dans des circonstances dûment justifiées auprès de l'inspecteur du travail et pour des activités caractérisées par une variation notable d'une journée de travail à l'autre de l'exposition quotidienne au bruit, le niveau d'exposition hebdomadaire au bruit peut être utilisé au lieu du niveau d'exposition quotidienne pour évaluer les niveaux de bruit auxquels les travailleurs sont exposés, aux fins de l'application des valeurs limites d'exposition et des valeurs déclenchant l'action de prévention.

Cette substitution ne peut être faite qu'à condition que le niveau d'exposition hebdomadaire au bruit indiqué par un contrôle approprié ne dépasse pas la valeur limite d'exposition de 87 dB(A) et que des mesures appropriées soient prises afin de réduire au minimum les risques associés à ces activités.

CHAPITRE II (réglementaire) **Principes de prévention**

Art. R. 4432-1. L'employeur prend des mesures de prévention visant à supprimer ou à réduire au minimum les risques résultant de l'exposition au bruit, en tenant compte du progrès technique et de la disponibilité de mesures de maîtrise du risque à la source.

Art. R. 4432-2. La réduction des risques d'exposition au bruit se fonde sur les principes généraux de prévention mentionnés à l'article L. 4121-1.

Art. R. 4432-3. L'exposition d'un travailleur, compte tenu de l'atténuation assurée par les protecteurs auditifs individuels portés par ce dernier, ne peut en aucun cas dépasser les valeurs limites d'exposition définies au 1° de l'article R. 4431-2.

CHAPITRE III (réglementaire) Évaluation des risques

Art. R. 4433-1. L'employeur évalue et, si nécessaire, mesure les niveaux de bruit auxquels les travailleurs sont exposés.

Cette évaluation et ce mesurage ont pour but:

1° De déterminer les paramètres physiques définis à l'article R. 4431-1;

2° De constater si, dans une situation donnée, les valeurs d'exposition fixées à l'article R. 4431-2 sont dépassées.

Art. R. 4433-2. L'évaluation des niveaux de bruit et, si nécessaire, leur mesurage sont planifiés et réalisés par des personnes compétentes, avec le concours, le cas échéant, du service de santé au travail.

Ils sont réalisés à des intervalles appropriés, notamment lorsqu'une modification des installations ou des modes de travail est susceptible d'entraîner une élévation des niveaux de bruit.

En cas de mesurage, celui-ci est renouvelé au moins tous les cinq ans.

Art. R. 4433-3. Les résultats de l'évaluation des niveaux de bruit et du mesurage sont conservés sous une forme susceptible d'en permettre la consultation pendant une durée de dix ans.

Art. R. 4433-4. Les résultats des mesurages sont communiqués au médecin du travail en vue de leur conservation avec le dossier médical des travailleurs exposés.

Ils sont tenus à la disposition des membres du ***(D. 2017-1819 du 29 déc. 2017, art. 3, 50°, JO 30, entrée en vigueur le 01.01.2018)*** «comité social et économique».

Ils sont également tenus, sur leur demande, à la disposition de l'inspection du travail ou des agents des services de prévention des organismes de sécurité sociale et des organismes professionnels de santé, de sécurité et des conditions de travail mentionnés à l'article L. 4643-1.

Art. R. 4433-5. Lorsqu'il procède à l'évaluation des risques, l'employeur prend en considération les éléments suivants:

1° Le niveau, le type et la durée d'exposition, y compris toute exposition au bruit impulsif;

2° Les valeurs limites d'exposition et les valeurs d'exposition déclenchant l'action de prévention fixées au chapitre Ier;

3° Toute incidence sur la santé et la sécurité des travailleurs particulièrement sensibles à ce risque, notamment les femmes enceintes;

4° Compte tenu de l'état des connaissances scientifiques et dans la mesure où cela est techniquement réalisable, toute incidence sur la santé et la sécurité des travailleurs résultant d'interactions entre le bruit et des substances toxiques pour l'ouïe d'origine professionnelle et entre le bruit et les vibrations;

5° Toute incidence indirecte sur la santé et la sécurité des travailleurs résultant d'interactions entre le bruit et les signaux d'alarme ou d'autres sons qu'il importe d'observer afin de réduire le risque d'accidents;

6° Les renseignements sur les émissions sonores, fournis par les fabricants d'équipements de travail, en application des règles techniques de conception mentionnées à l'article R. 4312-1;

7° L'existence d'équipements de travail permettant de réduire les émissions sonores et susceptibles d'être utilisés en remplacement des équipements existants;

8° La prolongation de l'exposition au bruit au-delà des heures de travail, dans des lieux placés sous la responsabilité de l'employeur;

9° Les conclusions du médecin du travail concernant la surveillance de la santé des travailleurs;

10° La mise à disposition de protecteurs auditifs individuels ayant des caractéristiques adéquates d'atténuation.

Art. R. 4433-6. Lorsque les résultats de l'évaluation des risques mettent en évidence des risques pour la santé ou la sécurité des travailleurs, l'employeur détermine les mesures à prendre conformément aux articles R. 4432-3 et R. 4434-6, ainsi qu'aux dispositions des chapitres IV et V.

L'employeur consulte à cet effet le ***(D. 2017-1819 du 29 déc. 2017, art. 3, 49°, JO 30, entrée en vigueur le 01.01.2018)*** «comité social et économique».

Art. R. 4433-7. Un arrêté conjoint des ministres chargés du travail et de l'agriculture précise les conditions du mesurage des niveaux de bruit.

Note Voir note sous article R. 4431-1.

CHAPITRE IV (réglementaire) Mesures et moyens de prévention

SECTION 1. Prévention collective

Art. R. 4434-1. La réduction des risques d'exposition au bruit se fonde sur, notamment:

1° La mise en œuvre d'autres procédés de travail ne nécessitant pas d'exposition au bruit ou nécessitant une exposition moindre;

2° Le choix d'équipements de travail appropriés émettant, compte tenu du travail à accomplir, le moins de bruit possible;

3° Dans le cas d'équipements de travail utilisés à l'extérieur des bâtiments, la possibilité de mettre à la disposition des travailleurs des matériels conformes aux dispositions prises en application du décret n° 95-79 du 23 janvier 1995 concernant la lutte contre le bruit et relatif aux objets bruyants et aux dispositifs d'insonorisation;

4° La modification de la conception et de l'agencement des lieux et postes de travail;

5° L'information et la formation adéquates des travailleurs afin qu'ils utilisent correctement les équipements de travail en vue de réduire au minimum leur exposition au bruit;

6° Des moyens techniques pour réduire le bruit aérien en agissant sur son émission, sa propagation, sa réflexion, tels que réduction à la source, écrans, capotages, correction acoustique du local;

7° Des moyens techniques pour réduire le bruit de structure, par exemple par l'amortissement ou par l'isolation;

8° Des programmes appropriés de maintenance des équipements de travail et du lieu de travail;

9° La réduction de l'exposition au bruit par une meilleure organisation du travail, en limitant la durée et l'intensité de l'exposition et en organisant convenablement les horaires de travail, en prévoyant notamment des périodes de repos.

Art. R. 4434-2. Lorsque les valeurs d'exposition supérieures, définies au 2° de l'article R. 4431-2, sont dépassées, l'employeur établit et met en œuvre un programme de mesures techniques ou d'organisation du travail visant à réduire l'exposition au bruit, en prenant en considération, notamment, les mesures mentionnées à l'article R. 4434-1.

Art. R. 4434-3. Les lieux de travail où les travailleurs sont susceptibles d'être exposés à un bruit dépassant les valeurs d'exposition supérieures, définies au 2° de l'article R. 4431-2, font l'objet d'une signalisation appropriée.

Ces lieux sont délimités et font l'objet d'une limitation d'accès lorsque cela est techniquement faisable et que le risque d'exposition le justifie.

Art. R. 4434-4. Lorsque la nature de l'activité conduit à faire bénéficier les travailleurs de l'usage de locaux de repos placés sous la responsabilité de l'employeur, le bruit dans ces locaux est réduit à un niveau compatible avec leur fonction et leurs conditions d'utilisation.

Art. R. 4434-5. En liaison avec le médecin du travail, l'employeur adapte les mesures de prévention prévues au présent chapitre aux besoins des travailleurs particulièrement sensibles aux risques résultant de l'exposition au bruit.

Art. R. 4434-6. Lorsqu'en dépit des mesures de prévention mises en œuvre en application du présent chapitre, des expositions dépassant les valeurs limites d'exposition sont constatées, l'employeur:

1° Prend immédiatement des mesures pour réduire l'exposition à un niveau inférieur à ces valeurs limites;

2° Détermine les causes de l'exposition excessive et adapte les mesures de protection et de prévention en vue d'éviter tout renouvellement.

SECTION 2. Protection individuelle

Art. R. 4434-7. En cas d'impossibilité d'éviter les risques dus à l'exposition au bruit par d'autres moyens, des protecteurs auditifs individuels, appropriés et correctement adaptés, sont mis à la disposition des travailleurs dans les conditions suivantes:

1° Lorsque l'exposition au bruit dépasse les valeurs d'exposition inférieures définies au 3° de l'article R. 4431-2, l'employeur met des protecteurs auditifs individuels à la disposition des travailleurs;

2° Lorsque l'exposition au bruit égale ou dépasse les valeurs d'exposition supérieures définies au 2° l'article R. 4431-2, l'employeur veille à ce que les protecteurs auditifs individuels soient effectivement utilisés.

Art. R. 4434-8. Les protecteurs auditifs individuels sont choisis de façon à éliminer le risque pour l'ouïe ou à le réduire le plus possible.

Ils sont choisis après avis des travailleurs intéressés, du médecin du travail et, éventuellement, des agents des services de prévention des organismes de sécurité sociale et des organismes de santé, de sécurité et des conditions de travail mentionnés à l'article L. 4643-1.

Art. R. 4434-9. L'employeur vérifie l'efficacité des mesures prises en application du présent chapitre.

Art. R. 4434-10. L'employeur conserve les références des types et modèles de protecteurs auditifs individuels affectés aux travailleurs en vue d'en assurer un remplacement adéquat lorsqu'ils sont usagés.

CHAPITRE V (réglementaire) Suivi individuel de l'état de santé

Art. R. 4435-2. Un travailleur dont l'exposition au bruit dépasse les valeurs d'exposition inférieures définies au 3° de l'article R. 4431-2 bénéficie, à sa demande ou à celle du médecin du travail ***(D. 2016-1908 du 27 déc. 2016, art. 12, 2°, JO 29, entrée en vigueur le 01.01.2017)*** « dans les conditions prévues aux articles R. 4624-35 à R. 4624-38 », d'un examen audiométrique préventif. Cet examen a pour objectif le diagnostic précoce de toute perte auditive due au bruit et la préservation de la fonction auditive, lorsque l'évaluation et les mesurages prévus à l'article R. 4433-1 révèlent un risque pour la santé du travailleur.

Art. R. 4435-3. Lorsque la surveillance de la fonction auditive fait apparaître qu'un travailleur souffre d'une altération identifiable de l'ouïe, le médecin du travail apprécie le lien entre cette altération et une exposition au bruit sur le lieu de travail.

Le travailleur est informé par le médecin du travail du résultat et de l'interprétation des examens médicaux dont il a bénéficié.

Art. R. 4435-4. Lorsqu'une altération de l'ouïe est susceptible de résulter d'une exposition au bruit sur le lieu de travail, l'employeur :

1° Revoit en conséquence l'évaluation des risques, réalisée conformément au chapitre III ;

2° Complète ou modifie les mesures prévues pour supprimer ou réduire les risques conformément aux chapitres IV et V ;

3° Tient compte de l'avis du médecin du travail pour la mise en œuvre de toute mesure jugée nécessaire pour supprimer ou réduire les risques conformément aux chapitres IV et V, y compris l'éventuelle affectation du travailleur à un autre poste ne comportant plus de risque d'exposition.

Dans ce cas, le médecin du travail détermine la pertinence et la nature des examens éventuellement nécessaires pour les autres travailleurs ayant subi une exposition semblable.

CHAPITRE VI (réglementaire) Information et formation des travailleurs

Art. R. 4436-1. Lorsque l'évaluation des risques fait apparaître que des travailleurs sont exposés sur leur lieu de travail à un niveau sonore égal ou supérieur aux valeurs d'exposition inférieures, définies au 3° de l'article R. 4431-2, l'employeur veille à ce que ces travailleurs reçoivent des informations et une formation en rapport avec les résultats de l'évaluation des risques et avec le concours du service de santé au travail.

Ces informations et cette formation portent, notamment, sur :

1° La nature de ce type de risque ;

2° Les mesures prises en application des chapitres IV et V, et, en cas de dépassement des valeurs limites d'exposition, de l'article R. 4434-6 en vue de supprimer ou de réduire au minimum les risques résultant de l'exposition au bruit, y compris les circonstances dans lesquelles les mesures s'appliquent ;

3° Les valeurs limites d'exposition et les valeurs d'exposition déclenchant l'action de prévention fixées au chapitre premier ;

4° Les résultats des évaluations et des mesurages du bruit réalisés en application du chapitre III, accompagnés d'une explication relative à leur signification et aux risques potentiels ;

5° L'utilisation correcte des protecteurs auditifs individuels ;

6° L'utilité et la façon de dépister et de signaler des symptômes d'altération de l'ouïe ;

7° Les conditions dans lesquelles les travailleurs ont droit à ***(D. 2016-1908 du 27 déc. 2016, art. 12, 4°, JO 29, entrée en vigueur le 01.01.2017)*** « un suivi individuel de leur état de santé » ;

8° Les pratiques professionnelles sûres, afin de réduire au minimum l'exposition au bruit.

CHAPITRE VII (réglementaire) Dispositions dérogatoires

Art. R. 4437-1. Dans des cas exceptionnels où, en raison de la nature du travail et en l'absence d'alternative technique, l'utilisation permanente des protecteurs auditifs individuels est susceptible d'entraîner un risque plus grand pour la santé ou la sécurité que leur non-utilisation, l'inspecteur du travail peut accorder des dérogations aux dispositions de l'article R. 4432-3 et des 1° et 2° de l'article R. 4434-7.

Art. R. 4437-2. L'employeur précise, dans la demande de dérogation adressée à l'inspecteur du travail, les circonstances qui justifient cette dérogation et la transmet avec l'avis du ***(D. 2017-1819 du 29 déc. 2017, art. 3, 43°, JO 30, entrée en vigueur le 01.01.2018)*** « comité social et économique » ainsi que celui du médecin du travail.

Art. R. 4437-3. La dérogation de l'inspecteur du travail est assortie de conditions garantissant, compte tenu des circonstances particulières, que les risques qui en résultent sont réduits au minimum.

Les travailleurs intéressés font l'objet d'un contrôle audiométrique périodique.

Art. R. 4437-4. La dérogation accordée par l'inspecteur du travail est d'une durée d'un an, renouvelable.

Elle est retirée dès que les circonstances qui l'ont justifiée disparaissent.

TITRE IV PRÉVENTION DES RISQUES D'EXPOSITION AUX VIBRATIONS MÉCANIQUES

CHAPITRE Ier Dispositions générales

Note Ce chapitre est issu du décret 2005-746 du 4 juillet 2005, JO 5.

Voir directive 2002/44/CE du 25 juin 2002 concernant les prescriptions minimales de sécurité et de santé relatives à l'exposition des travailleurs aux risques dus aux agents physiques (vibrations) (JOCE L 177 du 06.07.2002).

Art. L. 4441-1. Les règles de prévention des risques pour la santé et la sécurité des travailleurs exposés aux vibrations mécaniques sont déterminées par décret en Conseil d'État pris en application de l'article L. 4111-6.

Art. R. 4441-1. Au sens du présent titre, on entend par:

1° Vibration transmise aux mains et aux bras, une vibration mécanique qui, lorsqu'elle est transmise aux mains et aux bras chez l'homme, entraîne des risques pour la santé et la sécurité des travailleurs, notamment des troubles vasculaires, des lésions ostéo-articulaires ou des troubles neurologiques ou musculaires;

2° Vibration transmise à l'ensemble du corps, une vibration mécanique qui, lorsqu'elle est transmise à l'ensemble du corps, entraîne des risques pour la santé et la sécurité des travailleurs, notamment des lombalgies et des microtraumatismes de la colonne vertébrale.

Art. R. 4441-2. Les paramètres physiques caractérisant l'exposition aux vibrations mécaniques sont définis comme la valeur d'exposition journalière aux vibrations rapportée à une période de référence de huit heures.

Un arrêté conjoint des ministres chargés du travail et de l'agriculture précise le mode de détermination de ces paramètres physiques.

Note Voir arrêté du 6 juillet 2005 (JO 28 août) pris pour l'application des articles R. 231-118 [R. 4441-1 et 2], R. 231-120 [R. 4444-1 à 7] et R. 231-121 [R. 4722-19; R. 4724-1, 18, 20 et 27] CT.

CHAPITRE II (réglementaire) Principes de prévention

Art. R. 4442-1. L'employeur prend des mesures de prévention visant à supprimer ou à réduire au minimum les risques résultant de l'exposition aux vibrations mécaniques, en tenant compte du progrès technique et de l'existence de mesures de maîtrise du risque à la source.

Art. R. 4442-2. La réduction des risques d'exposition aux vibrations mécaniques se fonde sur les principes généraux de prévention prévus à l'article L. 4121-2.

CHAPITRE III (réglementaire) Valeurs limites d'exposition

Art. R. 4443-1. L'exposition journalière d'un travailleur aux vibrations mécaniques, rapportée à une période de référence de huit heures, ne peut dépasser les valeurs limites d'exposition suivantes:

1° 5 m/s2 pour les vibrations transmises aux mains et aux bras;

2° 1,15 m/s2 pour les vibrations transmises à l'ensemble du corps.

Note Voir arrêtés des 4 mai 2007 (JO 10) et 3 juillet 2007 (JO 24) déterminant les catégories d'équipements de travail, mis en service avant le 6 juillet 2007, susceptibles de ne pas permettre de respecter les valeurs limites d'exposition fixées à cet article. En tout état de cause, les valeurs limites fixées à cet article s'appliquent le 6 juillet 2010.

Art. R. 4443-2. La valeur d'exposition journalière rapportée à une période de référence de huit heures déclenchant l'action de prévention prévue à l'article R. 4445-1 et à l'article R. 4446-1 est fixée à:

1° 2,5 m/s2 pour les vibrations transmises aux mains et aux bras;

2° 0,5 m/s2 pour les vibrations transmises à l'ensemble du corps.

CHAPITRE IV (réglementaire) Évaluation des risques

Art. R. 4444-1. L'employeur évalue et, si nécessaire, mesure les niveaux de vibrations mécaniques auxquels les travailleurs sont exposés.

Cette évaluation et ce mesurage ont pour but de déterminer les paramètres physiques définis à l'article R. 4441-2 et d'apprécier si, dans une situation donnée, les valeurs d'exposition fixées au chapitre III sont dépassées.

Art. R. 4444-2. L'évaluation des niveaux de vibrations mécaniques et, si nécessaire, le mesurage sont planifiés et réalisés par des personnes compétentes à des intervalles appropriés avec le concours, le cas échéant, du service de santé au travail.

Art. R. 4444-3. Les résultats de l'évaluation des niveaux de vibrations mécaniques ou du mesurage sont conservés sous une forme susceptible d'en permettre la consultation pendant une durée de dix ans.

Art. R. 4444-4. Les résultats de l'évaluation des niveaux de vibrations mécaniques ou du mesurage sont tenus à la disposition des membres du ***(D. 2017-1819 du 29 déc. 2017, art. 3, 51°, JO 30, entrée en vigueur le 01.01.2018)*** « comité social et économique » ainsi que du médecin du travail.

Ils sont également tenus, sur leur demande, à la disposition de l'inspection du travail, des agents des services de prévention des organismes de sécurité sociale et des agents des organismes de santé, de sécurité et des conditions de travail mentionnés [à] l'article L. 4643-1.

Art. R. 4444-5. Lorsqu'il procède à l'évaluation des risques, l'employeur prend en considération :

1° Le niveau, le type et la durée d'exposition, y compris l'exposition à des vibrations intermittentes ou à des chocs répétés ;

2° Les valeurs limites d'exposition ou les valeurs d'exposition déclenchant l'action de prévention fixées à l'article R. 4443-2 ;

3° Toute incidence sur la santé et la sécurité des travailleurs particulièrement sensibles à ce risque, notamment les femmes enceintes et les jeunes travailleurs de moins de 18 ans ;

4° Toute incidence indirecte sur la sécurité des travailleurs résultant d'interactions entre les vibrations mécaniques et le lieu de travail ou d'autres équipements, notamment lorsque les vibrations mécaniques gênent la manipulation correcte des commandes ou la bonne lecture des appareils indicateurs, ou nuisent à la stabilité des structures ;

5° Les renseignements sur les émissions vibratoires, fournis par les fabricants des équipements de travail, en application des règles techniques de conception auxquels ils sont soumis ;

6° L'existence d'équipements de travail permettant de réduire les niveaux d'exposition aux vibrations mécaniques et susceptibles d'être utilisés en remplacement ;

7° La prolongation de l'exposition à des vibrations transmises à l'ensemble du corps au-delà des heures de travail, par exemple lorsque la nature de l'activité amène un travailleur à utiliser des locaux de repos exposés aux vibrations, sous la responsabilité de l'employeur ;

8° Des conditions de travail particulières, comme les basses températures ;

9° Les conclusions tirées par le médecin du travail de la surveillance de la santé des travailleurs.

Art. R. 4444-6. Lorsque les résultats de l'évaluation des risques mettent en évidence des risques pour la santé ou la sécurité des travailleurs dus aux vibrations mécaniques, l'employeur met en œuvre les mesures prévues aux chapitres II, III et VII ainsi que, sous réserve des prérogatives du médecin du travail, au chapitre VI.

Art. R. 4444-7. Un arrêté des ministres chargés du travail et de l'agriculture précise les conditions de l'évaluation des niveaux de vibrations mécaniques et du mesurage.

CHAPITRE V (réglementaire) Mesures et moyens de prévention

Art. R. 4445-1. Lorsque les valeurs d'exposition journalière déclenchant l'action de prévention fixées à l'article R. 4443-2 sont dépassées, l'employeur établit et met en œuvre un programme de mesures techniques ou organisationnelles visant à réduire au minimum l'exposition aux vibrations mécaniques et les risques qui en résultent, en prenant en considération notamment, les mesures mentionnées à l'article R. 4445-2.

Art. R. 4445-2. La réduction des risques d'exposition aux vibrations mécaniques se fonde sur, notamment :

1° La mise en œuvre d'autres procédés de travail permettant de réduire les valeurs d'exposition journalière aux vibrations mécaniques ;

2° Le choix d'équipements de travail appropriés, bien conçus sur le plan ergonomique et produisant, compte tenu du travail à accomplir, le moins de vibrations possible ;

3° La fourniture d'équipements auxiliaires réduisant les risques de lésions dues à des vibrations, tels que des sièges atténuant efficacement les vibrations transmises à l'ensemble du corps ou des poignées atténuant efficacement les vibrations transmises aux mains et aux bras ;

4° Des programmes appropriés de maintenance des équipements de travail et du lieu de travail ;

5° La modification de la conception et de l'agencement des lieux et postes de travail ;

6° L'information et la formation adéquates des travailleurs afin qu'ils utilisent correctement et de manière sûre les équipements de travail, de façon à réduire au minimum leur exposition à des vibrations mécaniques;

7° La limitation de la durée et de l'intensité de l'exposition;

8° L'organisation différente des horaires de travail, prévoyant notamment des périodes de repos;

9° La fourniture aux travailleurs exposés de vêtements les maintenant à l'abri du froid et de l'humidité.

Art. R. 4445-3. Les équipements de protection individuelle contre les effets nuisibles des vibrations mécaniques sont tels qu'ils réduisent les vibrations en dessous des niveaux portant atteinte à la santé et à la sécurité.

Art. R. 4445-4. Lorsque la nature de l'activité conduit à faire bénéficier les travailleurs de locaux de repos placés sous la responsabilité de l'employeur et exposés aux vibrations, sauf cas de force majeure, l'exposition de l'ensemble du corps aux vibrations dans ces locaux demeure à un niveau compatible avec leur fonction et conditions d'utilisation.

Art. R. 4445-5. En liaison avec le médecin du travail, l'employeur adapte les mesures de prévention prévues au présent chapitre aux besoins des travailleurs particulièrement sensibles aux risques résultant de l'exposition aux vibrations.

Art. R. 4445-6. Lorsqu'en dépit des mesures mises en œuvre en application du présent chapitre, les valeurs limites d'exposition ont été dépassées, l'employeur:

1° Prend immédiatement des mesures pour ramener l'exposition au-dessous de celles-ci;

2° Détermine les causes du dépassement des valeurs limites d'exposition et adapte les mesures de protection et de prévention en vue d'éviter un nouveau dépassement.

CHAPITRE VI (réglementaire) Suivi individuel de l'état de santé

Art. R. 4446-2. Lorsqu'un travailleur est atteint d'une maladie ou d'une affection identifiable, considérée par le médecin du travail comme résultant d'une exposition à des vibrations mécaniques sur le lieu de travail, ce travailleur est informé par le médecin des résultats et de l'interprétation des examens médicaux dont il a bénéficié.

Art. R. 4446-3. L'employeur est informé ***(D. 2016-1908 du 27 déc. 2016, art. 13, 2°, JO 29, entrée en vigueur le 01.01.2017)*** «par le médecin du travail» de toute conclusion significative provenant ***(D. 2016-1908 du 27 déc. 2016, art. 13, 2°, JO 29, entrée en vigueur le 01.01.2017)*** «notamment du suivi de l'état de santé du salarié exercé par le professionnel de santé mentionné au premier alinéa de l'article L. 4624-1», dans le respect du secret médical.

L'employeur en tire toutes les conséquences utiles, et notamment:

1° Revoit l'évaluation des risques conformément au chapitre IV;

2° Revoit les mesures prévues pour supprimer ou réduire les risques conformément au chapitre V;

3° Tient compte de l'avis du médecin du travail pour la mise en œuvre de toute mesure jugée nécessaire pour supprimer ou réduire les risques conformément au chapitre V, y compris l'éventuelle affectation du travailleur à un autre poste ne comportant plus de risque d'exposition.

Art. R. 4446-4. Le médecin du travail détermine la pertinence et la nature des examens éventuellement nécessaires pour les travailleurs ayant subi une exposition semblable à celle d'un travailleur atteint d'une maladie ou affection susceptible de résulter d'une exposition à des vibrations.

CHAPITRE VII (réglementaire) Information et formation des travailleurs

Art. R. 4447-1. Lorsque l'évaluation des risques fait apparaître que des travailleurs sont exposés à des risques dus aux vibrations mécaniques, l'employeur veille à ce que ces travailleurs reçoivent des informations et une formation en rapport avec le résultat de l'évaluation des risques et avec le concours du service de santé au travail.

Ces informations et cette formation portent, notamment, sur:

1° Les mesures prises en application du chapitre V en vue de supprimer ou de réduire au minimum les risques résultant des vibrations mécaniques;

2° Les résultats des évaluations et des mesurages de l'exposition aux vibrations mécaniques réalisés en application [du] chapitre V;

3° Les valeurs limites d'exposition et les valeurs d'exposition déclenchant l'action de prévention;

4° Les lésions que pourrait entraîner l'utilisation d'équipements de travail produisant des vibrations, ainsi que l'utilité et la façon de dépister et de signaler les symptômes de ces lésions;

5° Les conditions dans lesquelles les travailleurs ont droit ***(D. 2016-1908 du 27 déc. 2016, art. 13, 3°, JO 29, entrée en vigueur le 01.01.2017)*** «au suivi individuel de leur état de santé»;

6° Les pratiques professionnelles sûres permettant de réduire au minimum les risques dus à l'exposition à des vibrations mécaniques.

TITRE V PRÉVENTION DES RISQUES D'EXPOSITION AUX RAYONNEMENTS

CHAPITRE Ier Prévention des risques d'exposition aux rayonnements ionisants

Note • Voir directive 2013/59/Euratom du 5 décembre 2013 fixant les normes de base relatives à la protection sanitaire contre les dangers résultant de l'exposition aux rayonnements ionisants et abrogeant les directives 89/618/Euratom, 90/641/Euratom, 96/29/Euratom, 97/43/Euratom et 2003/122/Euratom (JOUE L 13 du 17.01.2014, rectif. JOUE L 72 du 17.03.2016 et JOUE L 152 du 11.06.2019).

• Voir instruction DGT/ASN/2018/229 du 2 octobre 2018 (NOR: MTRT1827389J) relative à la prévention des risques d'exposition aux rayonnements ionisants.

Art. L. 4451-1. Les règles de prévention des risques pour la santé et la sécurité des travailleurs ***(L. 2009-526 du 12 mai 2009, JO 13)*** «, y compris les travailleurs indépendants et les employeurs,» exposés aux rayonnements ionisants sont fixées dans le respect des principes généraux de radioprotection des personnes énoncés ***(Ord. 2016-128 du 10 févr. 2016, art. 42, V, 3°, JO 11, entrée en vigueur au plus tard le 01.07.2017)*** «aux articles L. 1333-2 et L. 1333-3 du code de la santé publique, sans préjudice des principes généraux de prévention prévus à l'article L. 4121-2 du présent code».

Art. L. 4451-2. ***(Ord. 2016-128 du 10 févr. 2016, art. 41, JO 11, entrée en vigueur au plus tard le 01.07.2017)*** Par exception à l'article 226-13 du code pénal, le médecin du travail peut communiquer à la personne désignée par l'employeur pour le conseiller en matière de radioprotection des travailleurs tous éléments ou informations couvertes par le secret dès lors que leur transmission est limitée à ceux qui sont strictement nécessaires à l'exercice de ses missions.

Art. L. 4451-3. ***(Ord. 2016-128 du 10 févr. 2016, art. 41, JO 11, entrée en vigueur au plus tard le 01.07.2017)*** La personne désignée par l'employeur pour le conseiller en matière de radioprotection des travailleurs est tenue au secret professionnel sous les peines et dans les conditions prévues par les articles 226-13 et 226-14 du code pénal, au titre des données couvertes par le secret qui lui ont été communiquées par le médecin du travail en application de l'article L. 4451-2.

Art. L. 4451-4. ***(Ord. 2016-128 du 10 févr. 2016, art. 41, JO 11, entrée en vigueur au plus tard le 01.07.2017)*** Les règles de prévention appelées par le présent chapitre sont déterminées par décret en Conseil d'État pris en application de l'article L. 4111-6, notamment les modalités de suivi médical spécifiques et adaptées pour les travailleurs exposés à des rayonnements ionisants, en particulier pour les travailleurs mentionnés à l'article L. 4511-1.

SECTION 1 (réglementaire). Champ d'application

Note • Les sections 1 à 15 ont été introduites par le décret 2018-437 du 4 juin 2018, art. 1er, JO 5, entrée en vigueur le 01.07.2018.

• Les dispositions des arrêtés ministériels et interministériels et des décisions de l'Autorité de sûreté nucléaire en vigueur au 01.07.2018 qui ne sont pas contraires aux dispositions du code du travail issues du décret 2018-437 précité restent en vigueur (décret précité, art. 8).

On signalera notamment les arrêtés suivants:

– arrêté du 15 mai 2006 (JO 15 juin), modifié par arrêtés des 15 mai 2014 (JO 8 oct.), 10 juillet 2015 (JO 25) et 28 janvier 2020 (JO 1er févr.), relatif aux conditions de délimitation et de signalisation des zones surveillées et contrôlées, et des zones spécialement réglementées ou interdites, compte tenu de l'exposition aux rayonnements ionisants, ainsi qu'aux règles d'hygiène, de sécurité et d'entretien qui y sont imposées;

– arrêté du 21 décembre 2007 (JO 28), modifié par arrêté du 10 juillet 2015 (JO 25), définissant les modalités de formation et de délivrance du certificat d'aptitude à manipuler les appareils de radiologie industrielle (CAMARI);
– arrêté du 7 août 2008 (JO 2 sept.) relatif à la gestion du risque lié au radon dans les lieux de travail;
– arrêté du 27 novembre 2013 (JO 12 déc., entrée en vigueur le 01.07.2015) relatif aux entreprises intervenant au sein d'établissements exerçant des activités nucléaires et des entreprises de travail temporaire concernées par ces activités;
– arrêté du 6 décembre 2013 (JO 24, entrée en vigueur le 01.07.2014), modifié par arrêté du 10 juillet 2015 (JO 25), relatif aux modalités de formation de la personne compétente en radioprotection et de certification des organismes de formation; cet arrêté est abrogé à compter du 01.07.2021 (arrêté du 18 décembre 2019, JO 21, entrée en vigueur le 01.01.2020).

• Par ailleurs, jusqu'à la mise en place du comité social et économique (voir ordonnance 2017-1386 du 22 septembre 2017, art. 9), les missions et fonctions qui lui sont conférées par le décret 2018-437 précité sont remplies par le comité d'hygiène, de sécurité et des conditions de travail ou, le cas échéant, par les délégués du personnel (décret précité, art. 11).

Art. R. 4451-1. Les dispositions du présent chapitre s'appliquent dès lors que les travailleurs, y compris les travailleurs indépendants, sont susceptibles d'être exposés à un risque dû aux rayonnements ionisants d'origine naturelle ou artificielle.

Elles s'appliquent notamment:

1° À la fabrication, à la production, au traitement, à la manipulation, au stockage, à l'utilisation, à l'entreposage, à la détention, au transport de substances radioactives mentionnées à l'article L. 542-1-1 du code de l'environnement et des produits ou dispositifs en contenant;

2° À la fabrication et à l'exploitation d'équipements électriques émettant des rayonnements ionisants et contenant des composants fonctionnant sous une différence de potentiel supérieure à 5 kilovolts;

3° Aux activités humaines impliquant la présence de sources naturelles de rayonnements ionisants qui entraînent une augmentation notable de l'exposition des travailleurs, et en particulier:

a) À l'exploitation d'aéronefs en ce qui concerne l'exposition des équipages définis à l'article L. 6522-1 du code des transports ainsi que d'engins spatiaux, en ce qui concerne leur équipage;

b) Aux activités ou catégories d'activités professionnelles traitant des matières contenant naturellement des substances radioactives non utilisées pour leur propriété fissile dont la liste est fixée à l'article D. 515-110-1 du code de l'environnement;

c) Aux activités exercées dans les mines telles que définies à l'article L. 111-1 du code minier;

4° Aux activités professionnelles exercées au sous-sol ou au rez-de-chaussée de bâtiments situés dans les zones où l'exposition au radon est susceptible de porter atteinte à la santé des travailleurs définies en application de l'article L. 1333-22 du code de la santé publique ***(D. 2019-1158 du 8 nov. 2019, art. 6, JO 10)*** «, dans les travaux souterrains des mines et des carrières» ainsi que dans certains lieux spécifiques de travail;

5° Aux situations d'urgence radiologique définies à l'article L. 1333-3 du code de la santé publique;

6° Aux situations d'exposition durable résultant des suites d'une situation d'urgence ou d'une activité humaine antérieure.

Art. R. 4451-2. Les dispositions du présent chapitre ne s'appliquent pas:

1° Aux expositions résultant de l'exposition à un niveau naturel de rayonnements dû:

a) À des radionucléides contenus dans l'organisme humain;

b) Au rayonnement cosmique régnant au niveau du sol;

c) Aux radionucléides présents dans la croûte terrestre non perturbée;

2° Aux expositions subies par les travailleurs du fait des examens médicaux auxquels ils sont soumis;

3° À l'exposition des travailleurs autres que les équipages aériens ou spatiaux, au rayonnement cosmique au cours d'un vol aérien ou spatial.

Art. R. 4451-3. Pour l'application du présent chapitre, on entend par:

1° Conseiller en radioprotection: la personne désignée par l'employeur pour le conseiller en matière de radioprotection des travailleurs mentionnée à l'article L. 4451-2;

2° Extrémités: les mains, les avant-bras, les pieds et les chevilles;

3° Installation nucléaire de base: l'installation nucléaire de base définie à l'article L. 593-2 du code de l'environnement. Pour l'application du présent chapitre, les installations nucléaires de base secrètes définies au 1° de l'article L. 1333-15 du code de la défense sont regardées comme une installation nucléaire de base;

4° Niveau de référence: le niveau de la dose efficace, de la dose équivalente ou de la concentration d'activité au-dessus duquel, dans une situation d'exposition au radon ou dans une situation d'urgence radiologique, il est jugé inapproprié de permettre la survenance d'expositions de travailleurs aux rayonnements ionisants, même s'il ne s'agit pas d'une limite ne pouvant pas être dépassée;

5° Contrainte de dose : une restriction définie par l'employeur à titre prospectif, en termes de dose individuelle, utilisée pour définir les options envisagées à des fins d'optimisation de la protection des travailleurs.

Art. R. 4451-4. Un arrêté conjoint des ministres chargés du travail, des mines, de l'environnement et de l'agriculture, fixe la liste des lieux de travail spécifiques mentionnés au 4° de l'article R. 4451-1.

SECTION 2 (réglementaire). Principes de prévention

Art. R. 4451-5. Conformément aux principes généraux de prévention énoncés à l'article L. 4121-2 du présent code et aux principes généraux de radioprotection des personnes énoncées aux articles L. 1333-2 et L. 1333-3 du code de la santé publique, l'employeur prend des mesures de prévention visant à supprimer ou à réduire au minimum les risques résultant de l'exposition aux rayonnements ionisants, en tenant compte du progrès technique et de la disponibilité de mesures de maîtrise du risque à la source.

SECTION 3 (réglementaire). Valeurs limites et niveau de référence

Sous-section 1. Valeurs limites d'exposition

Art. R. 4451-6. L'exposition d'un travailleur aux rayonnements ionisants ne dépasse pas :

1° Pour l'organisme entier, la valeur limite d'exposition de 20 millisieverts sur douze mois consécutifs, évaluée à partir de la dose efficace ;

2° Pour les organes ou les tissus, les valeurs limites d'exposition, évaluées à partir des doses équivalentes correspondantes, suivantes :

a) 500 millisieverts sur douze mois consécutifs, pour les extrémités et la peau. Pour la peau, cette limite s'applique à la dose moyenne sur toute surface de 1 cm^2, quelle que soit la surface exposée ;

b) 20 millisieverts sur douze mois consécutifs, pour le cristallin.

Note Le 2° de cet article fixant la valeur limite de dose pour le cristallin entre en vigueur le 01.07.2023. Du 01.07.2018 au 30.06.2023, la valeur limite cumulée pour le cristallin est fixée à 100 millisieverts, pour autant que la dose reçue au cours d'une année ne dépasse pas 50 millisieverts (décret 2018-437 du 4 juin 2018, art. 7, JO 5).

Art. R. 4451-7. En cas de grossesse, l'exposition de l'enfant à naître, pendant le temps qui s'écoule entre la déclaration de la grossesse et le moment de l'accouchement, est maintenue aussi faible que raisonnablement possible et, en tout état de cause, la dose équivalente reçue par l'enfant demeure inférieure à 1 millisievert.

Art. R. 4451-8. L'exposition des jeunes âgés de quinze ans au moins et de moins de dix-huit ans aux rayonnements ionisants ne dépasse pas :

1° Pour l'organisme entier, 6 millisieverts sur 12 mois consécutifs, évaluée à partir de la dose efficace ;

2° Pour les organes ou les tissus, évalués à partir des doses équivalentes correspondantes, suivantes :

a) 150 millisieverts sur 12 mois consécutifs, pour les extrémités et la peau. Pour la peau, cette limite s'applique à la dose moyenne sur toute surface de 1 cm^2, quelle que soit la surface exposée ;

b) 15 millisieverts sur 12 mois consécutifs, pour le cristallin.

Art. R. 4451-9. En situation d'urgence radiologique, la dose efficace totalisée sur la vie entière d'un travailleur intervenant ne dépasse en aucun cas 1 sievert.

Sous-section 2. Niveau de référence

Art. R. 4451-10. Le niveau de référence de la concentration d'activité du radon dans l'air est de 300 becquerels par mètre cube en moyenne annuelle.

Art. R. 4451-11. I. – En situation d'urgence radiologique, le niveau de référence est fixé à 100 millisieverts pour la dose efficace susceptible d'être reçue par un travailleur intervenant dans une telle situation.

II. – Dans des situations exceptionnelles, pour sauver des vies, empêcher de graves effets sanitaires radio-induits ou empêcher l'apparition de situations catastrophiques, le niveau de référence en situation d'urgence radiologique est fixé à 500 millisieverts, pour une dose efficace résultant d'une exposition externe.

Sous-section 3. Méthode de calcul des doses

Art. R. 4451-12. Les calculs de la dose efficace et des doses équivalentes sont réalisés selon les méthodes définies par l'arrêté pris en application de l'article R. 1333-24 du code de la santé publique.

SECTION 4 (réglementaire). **Évaluation des risques**

Art. R. 4451-13. L'employeur évalue les risques résultant de l'exposition des travailleurs aux rayonnements ionisants en sollicitant le concours du salarié mentionné au I de l'article L. 4644-1 ou, s'il l'a déjà désigné, du conseiller en radioprotection.

Cette évaluation a notamment pour objectif :

1° D'identifier parmi les valeurs limites d'exposition fixées aux articles R. 4451-6, R. 4451-7 et R. 4451-8, celles pertinentes au regard de la situation de travail ;

2° De constater si, dans une situation donnée, le niveau de référence pour le radon fixé à l'article R. 4451-10 est susceptible d'être dépassé ;

3° De déterminer, lorsque le risque ne peut être négligé du point de vue de la radioprotection, les mesures et moyens de prévention définis à la section 5 du présent chapitre devant être mis en œuvre ;

4° De déterminer les conditions d'emploi des travailleurs définies à la section 7 du présent chapitre.

Art. R. 4451-14. Lorsqu'il procède à l'évaluation des risques, l'employeur prend notamment en considération :

1° L'inventaire des sources de rayonnements ionisants prévu à l'article R. 1333-158 du code de la santé publique ;

2° La nature des sources de rayonnements ionisants, le type de rayonnement ainsi que le niveau, la durée de l'exposition et, le cas échéant, les modes de dispersion éventuelle et d'incorporation des radionucléides ;

3° Les informations sur les niveaux d'émission communiquées par le fournisseur ou le fabriquant de sources de rayonnements ionisants ;

4° Les informations sur la nature et les niveaux d'émission de rayonnement cosmique régnant aux altitudes de vol des aéronefs et des engins spatiaux ;

5° Les valeurs limites d'exposition fixées aux articles R. 4451-6, R. 4451-7 et R. 4451-8 ;

6° Le niveau de référence pour le radon fixé à l'article R. 4451-10 ainsi que le potentiel radon des zones mentionnées à l'article R. 1333-29 du code de la santé publique et le résultat d'éventuelles mesures de la concentration d'activité de radon dans l'air déjà réalisées ;

7° Les exemptions des procédures d'autorisation, d'enregistrement ou de déclaration prévues à l'article R. 1333-106 du code de la santé publique ;

8° L'existence d'équipements de protection collective, permettant de réduire le niveau d'exposition aux rayonnements ionisants ou susceptibles d'être utilisés en remplacement des équipements existants ;

9° L'existence de moyens de protection biologique, d'installations de ventilation ou de captage permettant de réduire le niveau d'exposition aux rayonnements ionisants ;

10° Les incidents raisonnablement prévisibles inhérents au procédé de travail ou au travail effectué ;

11° Les informations fournies par les professionnels de santé mentionnés au premier alinéa de l'article L. 4624-1 concernant le suivi de l'état de santé des travailleurs pour ce type d'exposition ;

12° Toute incidence sur la santé et la sécurité des femmes enceintes et des enfants à naître ou des femmes qui allaitent et des travailleurs de moins de 18 ans ;

13° L'interaction avec les autres risques d'origine physique, chimique, biologique ou organisationnelle du poste de travail ;

14° La possibilité que l'activité de l'entreprise soit concernée par les dispositions de la section 12 du présent chapitre ;

15° Les informations communiquées par le représentant de l'État sur le risque encouru par la population et sur les actions mises en œuvre pour assurer la gestion des territoires contaminés dans le cas d'une situation d'exposition durable mentionnée au 6° de l'article R. 4451-1.

Art. R. 4451-15. I. – L'employeur procède à des mesurages sur le lieu de travail lorsque les résultats de l'évaluation des risques mettent en évidence que l'exposition est susceptible d'atteindre ou de dépasser l'un des niveaux suivants :

1° Pour l'organisme entier : 1 millisievert par an ;

2° Pour le cristallin : 15 millisieverts par an ;

3° Pour les extrémités et la peau : 50 millisieverts par an ;

4° Pour la concentration d'activité du radon dans l'air pour les activités professionnelles mentionnées au 4° de l'article R. 4451-1 : 300 becquerels par mètre cube en moyenne annuelle.

II. – Ces mesurages visent à évaluer :

1° Le niveau d'exposition externe ;

2° Le cas échéant, le niveau de la concentration de l'activité radioactive dans l'air ou la contamination surfacique.

Art. R. 4451-16. Les résultats de l'évaluation des risques sont consignés dans le document unique d'évaluation des risques prévu à l'article R. 4121-1.

Les résultats de l'évaluation et des mesurages prévus à l'article R. 4451-15 sont conservés sous une forme susceptible d'en permettre la consultation pour une période d'au moins dix ans.

Art. R. 4451-17. I. – L'employeur communique les résultats de l'évaluation des risques et des mesurages aux professionnels de santé mentionnés au premier alinéa de l'article L. 4624-1 et au comité social et économique, en particulier lorsqu'ils sont mis à jour au titre de l'article R. 4121-2.

II. – Lorsqu'en dépit des mesures de prévention mises en œuvre en application de la section 5 du présent chapitre, la concentration d'activité du radon dans l'air demeure supérieure au niveau de référence fixé à l'article R. 4451-10, l'employeur communique les résultats de ces mesurages à l'Institut de radioprotection et de sûreté nucléaire selon les modalités définies par cet Institut.

SECTION 5 (réglementaire). Mesures et moyens de prévention

Sous-section 1. Mesures de protection collective

Art. R. 4451-18. I. – L'employeur met en œuvre les mesures de réduction des risques liés à l'exposition aux rayonnements ionisants lorsque les résultats de l'évaluation des risques mettent en évidence que l'exposition des travailleurs est susceptible d'atteindre ou de dépasser l'un des niveaux mentionnés au I de l'article R. 4451-15.

II. – Les mesures mentionnées au I se fondent notamment sur :

1° La mise en œuvre d'autres procédés de travail n'exposant pas ou entraînant une exposition moindre ;

2° Le choix d'équipements de travail appropriés et, compte tenu du travail à effectuer, émettant des niveaux de rayonnements ionisants moins intenses ;

3° La mise en œuvre de moyens techniques visant à réduire l'émission de rayonnements ionisants des équipements de travail ;

4° La modification de la conception et de l'agencement des lieux et postes de travail visant à réduire l'exposition aux rayonnements ionisants ;

5° L'amélioration de l'étanchéité du bâtiment vis-à-vis des points d'entrée du radon ou le renouvellement d'air des locaux ;

6° Le choix d'une organisation du travail visant à réduire la durée et l'intensité des expositions, notamment au moyen du contrôle des accès aux zones délimitées au titre des articles R. 4451-25 et R. 4451-29 ;

7° La maintenance des équipements de travail, y compris les dispositifs de protection et d'alarme, réalisée à une fréquence préconisée par le constructeur ou justifiée au regard de l'activité ;

8° Les résultats des vérifications de l'efficacité des moyens de prévention prévues à la section 6 du présent chapitre.

Art. R. 4451-19. Lorsque les mesures mises en œuvre en application de l'article R. 4451-18 ne permettent pas d'éviter un risque de contamination par des substances radioactives ou de mise en suspension d'aérosols ou de relâchement gazeux significatif, l'employeur met en œuvre notamment les mesures visant à :

1° En limiter les quantités sur le lieu de travail ;

2° Améliorer la propreté radiologique en mettant en œuvre des moyens techniques et organisationnels pour contenir la contamination, notamment par confinement et aspiration à la source et en adaptant la circulation des travailleurs, les flux des équipements de travail et les moyens de protection tels que définis à l'article L. 4311-2 ;

3° Déployer les mesures d'hygiène appropriées, notamment pour que les travailleurs ne mangent pas et ne boivent pas dans les lieux de travail concernés ;

4° Assurer la disponibilité d'appareils de contrôle radiologique, notamment à la sortie des lieux de travail concernés ;

5° Définir en liaison avec les professionnels de santé mentionnés au premier alinéa de l'article L. 4624-1 les procédures et moyens adaptés pour la décontamination des travailleurs ;

6° Organiser la collecte, le stockage et l'évacuation des déchets et effluents radioactifs de manière sûre pour les travailleurs.

Art. R. 4451-20. La définition des mesures de prévention collective des risques prend en compte les autres facteurs de risques professionnels identifiés sur le lieu de travail, notamment lorsque leurs effets conjugués sont de nature à aggraver les effets de l'exposition aux rayonnements ionisants.

Sous-section 2. Aménagement du lieu de travail

Art. R. 4451-21. Les dispositions de la présente sous-section ne s'appliquent pas :

1° Aux aéronefs et aux engins spatiaux ;

2° Aux opérations d'acheminement de substances radioactives réalisées à l'extérieur d'un établissement, de ses dépendances ou chantiers ;

3° En situation d'urgence radiologique et aux situations d'exposition durable résultant de cette situation.

§ 1. Délimitation et signalisation

Art. R. 4451-22. L'employeur identifie toute zone où les travailleurs sont susceptibles d'être exposés à des niveaux de rayonnements ionisants dépassant :

1° Pour l'organisme entier, évalués à partir de la dose efficace : 0,08 millisievert par mois ;

2° Pour les extrémités ou la peau, évalués à partir de la dose équivalente : 4 millisieverts par mois ;

3° Pour la concentration d'activité du radon dans l'air, évaluée en dose efficace : 6 millisieverts par an.

L'évaluation des niveaux d'exposition retenus pour identifier ces zones est réalisée en prenant en compte les aspects mentionnés aux 2°, 3°, 9° et 10° de l'article R. 4451-14 en considérant le lieu de travail occupé de manière permanente.

Art. R. 4451-23. I. – Ces zones sont désignées :

1° Au titre de la dose efficace :

a) « Zone surveillée bleue », lorsqu'elle est inférieure à 1,25 millisieverts intégrée sur un mois ;

b) « Zone contrôlée verte », lorsqu'elle est inférieure à 4 millisieverts intégrée sur un mois ;

c) « Zone contrôlée jaune », lorsqu'elle est inférieure à 2 millisieverts intégrée sur une heure ;

d) « Zone contrôlée orange », lorsqu'elle est inférieure à 100 millisieverts intégrée sur une heure et inférieure à 100 millisieverts moyennée sur une seconde ;

e) « Zone contrôlée rouge », lorsqu'elle est supérieure à 100 millisieverts intégrée sur une heure ou supérieure à 100 millisieverts moyennée sur une seconde ;

2° Au titre de la dose équivalente pour les extrémités et la peau, « zone d'extrémités » ;

3° Au titre de la concentration d'activité dans l'air du radon, « zone radon ».

II. – La délimitation des zones définies au I est consignée dans le document unique d'évaluation des risques prévu à l'article R. 4121-1.

Art. R. 4451-24. I. – L'employeur délimite, par des moyens adaptés, les zones surveillée, contrôlées ou radon qu'il a identifiées et en limite l'accès.

L'employeur délimite une zone d'extrémités lorsque les zones surveillée et contrôlées ne permettent pas de maîtriser l'exposition des extrémités et de garantir le respect des valeurs limites d'exposition professionnelle prévues aux articles R. 4451-6 et R. 4451-8.

II. – L'employeur met en place :

1° Une signalisation spécifique et appropriée à la désignation de la zone ;

2° Une signalisation adaptée lorsque la délimitation des zones surveillée et contrôlées ne permet pas de garantir le respect de la valeur limite de dose pour le cristallin fixée aux articles R. 4451-6 et R. 4451-8.

Art. R. 4451-25. L'employeur s'assure que la délimitation des zones est toujours adaptée, notamment au regard des résultats des vérifications de l'efficacité des moyens de prévention prévues à la section 6 du présent chapitre.

Il apporte, le cas échéant, les adaptations nécessaires à la délimitation de ces zones, à leur signalisation et à leur accès.

§ 2. Signalisation des sources de rayonnements ionisants

Art. R. 4451-26. I. – Chaque source de rayonnements ionisants fait l'objet d'une signalisation spécifique et appropriée.

II. – Lorsque les conditions techniques ne permettent pas la signalisation individuelle de la source de rayonnements ionisants, un affichage comportant sa localisation et la nature du risque est prévu à chaque accès à la zone considérée.

III. – Dans les zones contrôlées orange ou rouge d'une installation nucléaire de base, lorsque les conditions techniques ne permettent pas de signaler individuellement la source de rayonnements ionisants ni de mettre en place l'affichage prévu au II, une notice d'information sur les conditions d'intervention, est délivrée à chaque travailleur devant pénétrer dans ces zones. Cette notice rappelle notamment les règles de sécurité applicables et les consignes relatives aux mesures de protection collective et individuelle.

§ 3. Dispositions spécifiques aux appareils mobiles ou portables émetteurs de rayonnements ionisants

Art. R. 4451-27. Les dispositions du présent paragraphe s'appliquent dans le cas d'un appareil mobile ou portable émetteur de rayonnements ionisants lorsque la dose efficace évaluée à 1 mètre de la source de rayonnements ionisants est supérieure à 0,0025 millisievert intégrée sur une heure.

Ces dispositions ne s'appliquent pas si l'appareil est utilisé à poste fixe ou couramment dans un même local ou en mouvement.

Art. R. 4451-28. I. – Pour les appareils mentionnés à l'article R. 4451-27, l'employeur identifie et délimite une zone d'opération telle qu'à sa périphérie, la dose efficace demeure inférieure à 0,025 millisievert, intégrée sur une heure.

II. – Lorsque l'appareil est mis en œuvre à l'intérieur d'une zone surveillée ou contrôlée, déjà délimitée au titre d'une autre source de rayonnements ionisants, l'employeur adapte la délimitation de la zone d'opération.

Art. R. 4451-29. I. – L'employeur limite préalablement l'accès à la zone d'opération aux seuls travailleurs autorisés.

II. – La démarche ayant permis d'identifier chaque zone d'opération et de définir les moyens techniques et organisationnels retenus par l'employeur est consignée sous une forme susceptible d'en permettre la consultation pour une période d'au moins dix ans.

§ 4. Conditions et modalités d'accès

Art. R. 4451-30. L'accès aux zones délimitées en application des articles R. 4451-24 et R. 4451-28 est restreint aux travailleurs classés au sens de l'article R. 4451-57.

Art. R. 4451-31. L'accès d'un travailleur classé en zone contrôlée orange ou rouge fait l'objet d'une autorisation individuelle délivrée par l'employeur.

Pour la zone contrôlée rouge, cet accès est exceptionnel et fait l'objet d'un enregistrement nominatif à chaque entrée.

Art. R. 4451-32. Les travailleurs ne faisant pas l'objet d'un classement peuvent accéder à une zone surveillée bleue ou contrôlée verte ainsi qu'à une zone radon sous réserve d'y être autorisés par l'employeur sur la base de l'évaluation individuelle du risque dû aux rayonnements ionisants prévue à l'article R. 4451-52.

Ces travailleurs peuvent également, pour un motif justifié préalablement, accéder à une zone contrôlée jaune. L'employeur met alors en œuvre des dispositions particulières de prévention, notamment une information renforcée.

§ 5. Gestion de la contrainte de dose

Art. R. 4451-33. I. – Dans une zone contrôlée ou une zone d'extrémités définies à l'article R. 4451-23 ainsi que dans une zone d'opération définie à l'article R. 4451-28, l'employeur :

1° Définit préalablement des contraintes de dose individuelle pertinentes à des fins d'optimisation de la radioprotection ;

2° Mesure l'exposition externe du travailleur au cours de l'opération à l'aide d'un dispositif de mesure en temps réel, muni d'alarme, désigné dans le présent chapitre par les mots « dosimètre opérationnel » ;

3° Analyse le résultat de ces mesurages ;

4° Adapte le cas échéant les mesures de réduction du risque prévues à la présente section ;

5° Actualise si nécessaire ces contraintes.

II. – Dans les établissements comprenant une installation nucléaire de base, l'employeur transmet périodiquement les niveaux d'exposition mesurés en application du 2° du I au système d'information et de surveillance de l'exposition aux rayonnements ionisants géré par l'Institut de radioprotection et de sûreté nucléaire.

Le conseiller en radioprotection a accès à ces données.

§ 6. Dispositions communes

Art. R. 4451-34. Un arrêté conjoint des ministres chargés du travail et de l'agriculture précise :

1° Les modalités et conditions de mise en œuvre des dispositions prévues à la présente sous-section ;

2° Les modalités et conditions spécifiques de mise en œuvre de ces dispositions en situation d'exposition durable résultant d'une activité humaine antérieure.

Sous-section 3. **Coordination de la prévention**

§ 1. Mesures préalables à l'exécution d'une opération

Art. R. 4451-35. I. – Lors d'une opération exécutée par une entreprise extérieure pour le compte d'une entreprise utilisatrice, le chef de cette dernière assure la coordination générale des mesures de prévention qu'il prend et de celles prises par le chef de l'entreprise extérieure, conformément aux dispositions des articles R. 4515-1 et suivants.

Le chef de l'entreprise utilisatrice et le chef de l'entreprise extérieure sollicitent le concours, pour l'application des mesures de prévention prises au titre du présent chapitre, du conseiller en radioprotection qu'ils ont respectivement désigné ou, le cas échéant, du salarié mentionné au I de l'article L. 4644-1.

Des accords peuvent être conclus entre le chef de l'entreprise utilisatrice et le chef de l'entreprise extérieure concernant la mise à disposition des équipements de protection individuelle, des appareils de mesure et des dosimètres opérationnels ainsi que leurs modalités d'entretien et de vérification. Ils sont alors annexés au plan de prévention prévu à l'article R. 4512-7.

II. – Lorsque le chef de l'entreprise utilisatrice fait intervenir un travailleur indépendant, ce dernier est considéré comme une entreprise extérieure.

III. – Ces mesures de coordination s'appliquent à l'entreprise d'accueil et au transporteur, lors d'opérations de chargement et de déchargement prévues aux articles R. 4515-1 et suivants.

Art. R. 4451-36. Lors d'opérations de bâtiment et de génie civil prévues aux articles R. 4532-1 et suivants, le maître d'ouvrage ou, le cas échéant le maître d'œuvre, communique au coordonnateur en matière de sécurité et de protection de la santé mentionné à l'article L. 4532-4 les éléments relatifs au risque dû aux rayonnements ionisants, nécessaires à l'exercice de ses missions.

Art. R. 4451-37. Lorsqu'un fréteur met à disposition d'un affréteur un aéronef et son équipage, sauf disposition contraire prévue dans le cadre des accords commerciaux établis au titre de l'article R. 330-9 du code de l'aviation civile, la surveillance dosimétrique relève de la responsabilité du fréteur et l'affréteur lui communique toutes les informations nécessaires à cet effet.

§ 2. Certification des entreprises intervenant en zone contrôlée

Art. R. 4451-38. I. – Les entreprises dont les travailleurs interviennent dans les zones contrôlées jaune, orange ou rouge, ainsi que dans les zones d'opération délimitées dans un établissement comprenant une installation nucléaire de base, sont titulaires d'un certificat de qualification justifiant de leur capacité à accomplir des travaux sous rayonnements ionisants.

Ce certificat délivré par un organisme certificateur accrédité par le Comité français d'accréditation ou par tout autre organisme mentionné à l'article R. 4724-1, précise le secteur d'activité dans lequel elles sont habilitées à exercer.

II. – Les entreprises de travail temporaire qui mettent à disposition des travailleurs pour la réalisation des interventions visées au I sont soumises à la même obligation de certification.

Art. R. 4451-39. Un arrêté conjoint des ministres chargés du travail et de l'agriculture fixe :

1° La liste des activités ou des catégories d'activité pour lesquelles la certification prévue à l'article R. 4451-38 est requise en tenant compte de la nature et de l'importance du risque ;

2° Les modalités et conditions de certification des entreprises mentionnées à l'article R. 4451-38, en tenant compte de leurs compétences techniques et du secteur d'activité dans lequel elles peuvent intervenir ;

3° Les modalités et conditions d'accréditation des organismes chargés de la certification des entreprises.

SECTION 6 (réglementaire). **Vérification de l'efficacité des moyens de prévention**

Sous-section 1. **Vérification des équipements de travail et des sources de rayonnements ionisants**

§ 1. Vérification initiale

Art. R. 4451-40. I. – Lors de leur mise en service dans l'établissement et à l'issue de toute modification importante susceptible d'affecter la santé et la sécurité des travailleurs, l'employeur procède à une vérification initiale des équipements de travail émettant des rayonnements ionisants, en vue de s'assurer qu'ils sont installés conformément aux spécifications prévues, le cas échéant, par la notice d'instructions du fabricant et qu'ils peuvent être utilisés en sécurité.

II. – L'employeur vérifie dans les mêmes conditions l'intégrité des sources radioactives scellées lorsqu'elles ne sont pas intégrées à un équipement de travail.

III. – Cette vérification initiale est réalisée par un organisme accrédité.

Note Les contrôles techniques réalisés avant le 01.07.2018, selon les modalités fixées par la décision de l'Autorité de sûreté nucléaire prévue à l'article R. 4451-34 CT dans sa rédaction antérieure au décret 2018-437 du 4 juin 2018 (JO 5), par un organisme agréé mentionné à l'article R. 1333-172 c. santé publ. sont considérés comme constituant des vérifications au sens des articles R. 4451-40 et R. 4451-44 CT dans leur rédaction issue du décret précité.

Jusqu'au 01.07.2021, la réalisation des vérifications prévues aux articles R. 4451-40 et R. 4451-44 CT dans leur rédaction issue du décret précité peut être confiée à un organisme agréé mentionné à l'article R. 1333-172 c. santé publ. Ces vérifications sont réalisées selon les modalités et périodicités fixées par la décision de l'Autorité de sûreté nucléaire prévue à l'article R. 4451-34 CT dans sa rédaction antérieure au décret précité (décret précité, art. 10).

Art. R. 4451-41. Pour des équipements de travail présentant un risque particulier, l'employeur renouvelle à intervalle régulier la vérification initiale.

§ 2. Vérification périodique

Art. R. 4451-42. I. – L'employeur procède à des vérifications générales périodiques des équipements de travail mentionnés aux articles R. 4451-40 et R. 4451-41 afin que soit décelée en temps utile toute détérioration susceptible de créer des dangers.

II. – L'employeur vérifie dans les mêmes conditions l'intégrité des sources radioactives scellées lorsqu'elles ne sont pas intégrées à un équipement de travail.

III. – Les vérifications générales périodiques sont réalisées par le conseiller en radioprotection.

§ 3. Vérification lors d'une remise en service

Art. R. 4451-43. L'employeur procède dans les conditions prévues à l'article R. 4451-42 à une vérification des équipements de travail lors de leur remise en service après toute opération de maintenance en vue de s'assurer de l'absence de toute défectuosité susceptible de créer des situations dangereuses.

Sous-section 2. Vérification des lieux de travail et des véhicules utilisés lors d'opérations d'acheminement de substances radioactives

§ 1. Vérification initiale

Art. R. 4451-44. I. – À la mise en service de l'installation et à l'issue de toute modification importante des méthodes et des conditions de travail susceptible d'affecter la santé et la sécurité des travailleurs, l'employeur procède, au moyen de mesurages, dans les zones délimitées au titre de l'article R. 4451-24, à la vérification initiale:

1° Du niveau d'exposition externe;

2° Le cas échéant, de la concentration de l'activité radioactive dans l'air ou de la contamination surfacique;

3° De la concentration d'activité du radon dans l'air, lorsque la zone est délimitée au titre du radon.

Il procède, le cas échéant, à la vérification de l'efficacité des dispositifs de protection et d'alarme mis en place pour prévenir des situations d'exposition aux rayonnements ionisants.

II. – Ces vérifications initiales sont réalisées par un organisme accrédité.

La vérification prévue au 3° du I, peut également être réalisée par un organisme agréé par l'Autorité de sûreté nucléaire et mentionné à l'article R. 1333-36 du code de la santé publique.

Note Voir note sous article R. 4451-40.

§ 2. Vérification périodique

Art. R. 4451-45. I. – Afin que soit décelée en temps utile toute situation susceptible d'altérer l'efficacité des mesures de prévention mises en œuvre, l'employeur procède:

1° Périodiquement, ou le cas échéant en continu, aux vérifications prévues à l'article R. 4451-44 dans les zones délimitées au titre de l'article R. 4451-24;

2° Dans les véhicules utilisés lors d'opérations d'acheminement de substances radioactives, aux vérifications prévues au 1° et au 2° du I de l'article R. 4451-44.

II. – Ces vérifications périodiques sont réalisées par le conseiller en radioprotection.

Art. R. 4451-46. I. – L'employeur s'assure périodiquement que le niveau d'exposition externe sur les lieux de travail attenants aux zones délimitées au titre de l'article R. 4451-24 demeure inférieur aux niveaux fixés à l'article R. 4451-22.

II. – L'employeur vérifie également, le cas échéant, la propreté radiologique:

1° Des lieux mentionnés au I;

2° Des équipements de travail appelés à être sortis des zones délimitées au I, lorsque ceux-ci sont susceptibles d'être contaminés.

III. – Ces vérifications périodiques sont réalisées par le conseiller en radioprotection.

§ 3. Vérification en cas de cessation définitive d'activité

Art. R. 4451-47. I. – En cas de cessation définitive d'emploi de sources radioactives sous forme non scellée, ou des véhicules utilisés lors d'opérations d'acheminement de substance radioactive, l'employeur vérifie l'état de propreté radiologique et le niveau d'exposition externe dans les lieux de travail ou véhicules.

II. – Ces vérifications sont réalisées par le conseiller en radioprotection.

Sous-section 3. Vérification de l'instrumentation de radioprotection

Art. R. 4451-48. I. – L'employeur s'assure du bon fonctionnement des instruments ou dispositifs de mesurage, des dispositifs de détection de la contamination et des dosimètres opérationnels.

II. – L'employeur procède périodiquement à l'étalonnage de ces instruments, dispositifs et dosimètres.

L'étalonnage est réalisé par le conseiller en radioprotection s'il dispose des compétences et des moyens nécessaires, ou par un organisme extérieur.

Sous-section 4. Dispositions d'application

Art. R. 4451-49. I. – Le résultat des vérifications initiales prévues aux articles R. 4451-40 et R. 4451-44 est consigné sur le ou les registres de sécurité mentionnés à l'article L. 4711-5.

II. – Les résultats des autres vérifications prévues à la présente section sont consignés sous une forme susceptible d'en permettre la consultation pour une période d'au moins dix ans.

Art. R. 4451-50. L'employeur tient les résultats des vérifications prévues à la présente section à la disposition des professionnels de santé mentionnés au premier alinéa de l'article L. 4624-1 et du comité social et économique.

Il communique au moins annuellement un bilan de ces vérifications au comité social et économique.

Art. R. 4451-51. Un arrêté conjoint des ministres chargés du travail et de l'agriculture fixe:

1° Les équipements de travail ou catégories d'équipements de travail et le type de sources radioactives scellées pour lesquels l'employeur fait procéder aux vérifications prévues à l'article R. 4451-40 ainsi que la périodicité de ces vérifications;

2° Les modalités et conditions de réalisation des vérifications prévues à la présente section compte tenu de la nature de l'activité exercée et des caractéristiques des sources de rayonnements ionisants;

3° Le contenu du rapport des vérifications prévues aux articles R. 4451-40 et R. 4451-44;

4° Les modalités de réalisation des mesurages effectués en application de l'article R. 4451-15;

5° Les conditions d'accréditation par le Comité français d'accréditation ou par tout autre organisme mentionné à l'article R. 4724-1 de l'organisme mentionné aux articles R. 4451-40 et R. 4451-44;

6° Les exigences organisationnelles et de moyen nécessaires à l'exercice indépendant et objectif des missions de vérification initiales prévues aux articles R. 4451-40 et R. 4451-44 de toutes ou partie de celles prévues à l'article R. 4451-123.

Note Voir arrêté du 23 octobre 2020 (JO 27) relatif aux mesurages réalisés dans le cadre de l'évaluation des risques et aux vérifications de l'efficacité des moyens de prévention mis en place dans le cadre de la protection des travailleurs contre les risques dus aux rayonnements ionisants.

SECTION 7 (réglementaire). Conditions d'emploi des travailleurs

Sous-section 1. Évaluation individuelle de l'exposition aux rayonnements ionisants

Art. R. 4451-52. Préalablement à l'affectation au poste de travail, l'employeur évalue l'exposition individuelle des travailleurs:

1° Accédant aux zones délimitées au titre de l'article R. 4451-24 et R. 4451-28;

2° Membre d'équipage à bord d'aéronefs et d'engins spatiaux en vol;

3° Intervenant lors d'opérations de transport de substances radioactives;

4° Intervenant en situation d'exposition durable résultant d'une situation d'urgence radiologique.

Art. R. 4451-53. Cette évaluation individuelle préalable, consignée par l'employeur sous une forme susceptible d'en permettre la consultation dans une période d'au moins dix ans, comporte les informations suivantes:

1° La nature du travail;

2° Les caractéristiques des rayonnements ionisants auxquels le travailleur est susceptible d'être exposé;

3° La fréquence des expositions;

4° La dose équivalente ou efficace que le travailleur est susceptible de recevoir sur les douze mois consécutifs à venir, en tenant compte des expositions potentielles et des incidents raisonnablement prévisibles inhérents au poste de travail;

5° La dose efficace exclusivement liée au radon que le travailleur est susceptible de recevoir sur les douze mois consécutifs à venir dans le cadre de l'exercice des activités professionnelles visées au 4° de l'article R. 4451-1.

L'employeur actualise cette évaluation individuelle en tant que de besoin.

Chaque travailleur a accès à l'évaluation le concernant.

Art. R. 4451-54. L'employeur communique l'évaluation individuelle préalable au médecin du travail lorsqu'il propose un classement du travailleur au titre de l'article R. 4451-57 ou qu'il établit que le travailleur est susceptible de recevoir dans le cadre de l'exercice des activités professionnelles visées au 4° de l'article R. 4451-1 une dose efficace supérieure à 6 millisieverts exclusivement liée à l'exposition au radon.

Art. R. 4451-55. Lorsque l'entreprise utilisatrice a recours à un travailleur temporaire, elle communique à l'entreprise de travail temporaire, avant la mise à disposition de ce travailleur, l'évaluation individuelle préalable de la mission confiée.

Sous-section 2. Protection individuelle

Art. R. 4451-56. I. – Lorsque l'exposition du travailleur ne peut être évitée par la mise en œuvre de moyens de protection collective, l'employeur met à disposition des équipements de protection individuelle, appropriés et adaptés afin de ramener cette exposition à un niveau aussi bas que raisonnablement possible.

Il veille à leur port effectif.

II. – Les équipements mentionnés au I sont choisis après :

1° Avis du médecin du travail qui recommande, le cas échéant, la durée maximale pendant laquelle ils peuvent être portés de manière ininterrompue ;

2° Consultation du comité social et économique.

Dans les établissements non dotés d'un comité social et économique, les équipements de protection individuelle sont choisis en concertation avec les travailleurs concernés.

Sous-section 3. Classement des travailleurs

Art. R. 4451-57. I. – Au regard de la dose évaluée en application du 4° de l'article R. 4451-53, l'employeur classe :

1° En catégorie A, tout travailleur susceptible de recevoir, au cours de douze mois consécutifs, une dose efficace supérieure à 6 millisieverts ou une dose équivalente supérieure à 150 millisieverts pour la peau et les extrémités ;

2° En catégorie B, tout autre travailleur susceptible de recevoir :

a) Une dose efficace supérieure à 1 millisievert ;

b) Une dose équivalente supérieure à 15 millisieverts pour le cristallin ou à 50 millisieverts pour la peau et les extrémités.

II. – Il recueille l'avis du médecin du travail sur le classement.

L'employeur actualise en tant que de besoin ce classement au regard, notamment, de l'avis d'aptitude médicale mentionné à l'article R. 4624-25, des conditions de travail et des résultats de la surveillance de l'exposition des travailleurs.

SECTION 8 (réglementaire). Information et formation des travailleurs

Sous-section 1. Dispositions générales

Art. R. 4451-58. I. – L'employeur veille à ce que reçoive une information appropriée chaque travailleur :

1° Accédant à des zones délimitées au titre des articles R. 4451-24 et R. 4451-28 ;

2° Intervenant lors d'opérations de transport de substances radioactives ;

3° Membre d'équipage à bord d'aéronefs et d'engins spatiaux ;

4° Intervenant en situation d'exposition durable résultant d'une situation d'urgence radiologique.

II. – Les travailleurs classés au sens de l'article R. 4451-57 reçoivent une formation en rapport avec les résultats de l'évaluation des risques réalisée conformément à la section 4 du présent chapitre.

III. – Cette information et cette formation portent, notamment, sur :

1° Les caractéristiques des rayonnements ionisants ;

2° Les effets sur la santé pouvant résulter d'une exposition aux rayonnements ionisants, le cas échéant, sur l'incidence du tabagisme lors d'une exposition au radon ;

3° Les effets potentiellement néfastes de l'exposition aux rayonnements ionisants sur l'embryon, en particulier lors du début de la grossesse, et sur l'enfant à naître ainsi que sur la nécessité de déclarer le plus précocement possible un état de grossesse ;

4° Le nom et les coordonnées du conseiller en radioprotection ;

5° Les mesures prises en application du présent chapitre en vue de supprimer ou de réduire les risques liés aux rayonnements ionisants ;

6° Les conditions d'accès aux zones délimitées au titre du présent chapitre ;

7° Les règles particulières établies pour les femmes enceintes ou qui allaitent, les travailleurs de moins de 18 ans, les travailleurs titulaires d'un contrat de travail à durée déterminée et les travailleurs temporaires ;

8° Les modalités de surveillance de l'exposition individuelle et d'accès aux résultats dosimétriques ;

9° La conduite à tenir en cas d'accident ou d'incident ;

10° Les règles particulières relatives à une situation d'urgence radiologique ;

11° Le cas échéant, les aspects relatifs à la sûreté et aux conséquences possibles de la perte du contrôle adéquat des sources scellées de haute activité telles que définies à l'annexe 13.7 visée à l'article R. 1333-1 du code de la santé publique.

Art. R. 4451-59. La formation des travailleurs classés au sens de l'article R. 4451-57 est prise en charge par l'employeur et renouvelée au moins tous les trois ans.

Sous-section 2. Dispositions spécifiques aux situations potentielles d'exposition à une source radioactive orpheline

Art. R. 4451-60. Dans les établissements tels que les installations destinées à la récupération ou au recyclage de métaux, les centres d'incinération, les centres d'enfouissement technique et les lieux caractérisés par d'importants flux de transports et de mouvements de marchandises, où des sources radioactives orphelines mentionnées au 3° de l'article R. 1333-101 du code de la santé publique peuvent être découvertes, l'employeur veille à ce que chaque travailleur reçoive une information adaptée.

Cette information porte notamment sur la détection visuelle des différents types de sources et de leurs contenants, les caractéristiques des rayonnements ionisants et leurs effets sur la santé ainsi que sur les mesures à prendre sur le site en cas de détection ou de soupçon concernant la présence d'une telle source.

Sous-section 3. Dispositions spécifiques relatives à la manipulation d'appareils de radiologie industrielle

Art. R. 4451-61. Les appareils de radiologie industrielle mentionnés au 3° de l'article R. 4311-7 et dont la liste est fixée par arrêté ne peuvent être manipulés que par un travailleur titulaire d'un certificat d'aptitude délivré par l'Institut de radioprotection et de sûreté nucléaire à l'issue d'une formation appropriée.

Art. R. 4451-62. Lorsque l'appareil de radiologie industrielle est utilisé en dehors d'une installation fixe dédiée à son usage, sa mise en œuvre est assurée par une équipe d'au moins deux salariés de l'entreprise détentrice de l'appareil.

Art. R. 4451-63. Un arrêté conjoint des ministres chargés du travail et de l'agriculture détermine:

1° Les appareils de radiologie industrielle mentionnés à l'article R. 4451-61, compte tenu de la nature de l'activité exercée, des caractéristiques et, le cas échéant, des modalités de mise en œuvre de l'appareil;

2° Le contenu et la durée de la formation des travailleurs appelés à manipuler ces appareils, en tenant compte de la nature de l'activité exercée et des caractéristiques de l'appareil utilisé;

3° La qualification des personnes chargées de la formation;

4° Les modalités de contrôle des connaissances et les conditions de délivrance du certificat d'aptitude;

5° La durée de validité de ce certificat et les conditions de son renouvellement.

SECTION 9 (réglementaire). Surveillance de l'exposition individuelle des travailleurs

Sous-section 1. Surveillance dosimétrique individuelle

Art. R. 4451-64. I. – L'employeur met en œuvre une surveillance dosimétrique individuelle appropriée, lorsque le travailleur est classé au sens de l'article R. 4451-57 ou que la dose efficace évaluée en application du 5° de l'article R. 4451-53 est susceptible de dépasser 6 millisieverts.

II. – Pour tous les autres travailleurs accédant à des zones délimitées au titre de l'article R. 4451-24, l'employeur s'assure par des moyens appropriés que leur exposition demeure inférieure aux niveaux de dose retenus pour le classement des travailleurs prévu au 2° de l'article R. 4451-57.

Art. R. 4451-65. I. – La surveillance dosimétrique individuelle liée à l'exposition externe ou l'exposition au radon est réalisée au moyen de dosimètres à lecture différée adaptés.

Lorsque l'exposition externe est due au rayonnement cosmique, cette surveillance peut être réalisée au moyen d'une modélisation numérique.

La fourniture des dosimètres, leur exploitation ainsi que les modélisations numériques sont assurées par un organisme de dosimétrie accrédité.

II. – La surveillance dosimétrique individuelle liée à l'exposition interne est réalisée au moyen de mesures d'anthroporadiométrie ou d'analyses de radio-toxicologie prescrites par le médecin du travail et confiées à un service de santé au travail ou à un laboratoire de biologie médicale accrédités.

Sur la base du résultat de ces examens, le médecin du travail calcule la dose engagée par le travailleur avec l'appui technique, le cas échéant, du conseiller en radioprotection.

Note Jusqu'au 01.07.2020, la surveillance de l'exposition externe et interne prévue à cet article peut continuer à être réalisée par l'Institut de radioprotection et de sûreté nucléaire, un service de santé au travail titulaire d'un certificat d'accréditation ou un organisme ou un laboratoire d'analyses de biologie médicale titulaires d'un certificat d'accréditation et agréés par l'Autorité de sûreté nucléaire dans les conditions prévues par les articles R. 4451-64, R. 4451-65 et R. 4451-66 CT dans leur rédaction antérieure au décret 2018-437 du 4 juin 2018, JO 5.

Les agréments délivrés par l'Autorité de sûreté nucléaire en application de ces derniers articles dans leur rédaction antérieure au décret précité sont prolongés jusqu'au 30.06.2020 (décret précité, art. 9).

Sous-section 2. Gestion des résultats de la surveillance dosimétrique individuelle

§ 1. Transmission des résultats de la surveillance dosimétrique individuelle au système d'information et de surveillance de l'exposition aux rayonnements ionisants

Art. R. 4451-66. L'organisme de dosimétrie, le service de santé au travail, le laboratoire de biologie médicale et le médecin du travail mentionnés à l'article R. 4451-65 transmettent les résultats issus de la surveillance dosimétrique individuelle au système d'information et de surveillance de l'exposition aux rayonnements ionisants dont la gestion est confiée à l'Institut de radioprotection et de sûreté nucléaire.

§ 2. Modalités d'accès aux données de la surveillance dosimétrique individuelle

Art. R. 4451-67. Le travailleur a accès à tous les résultats issus de la surveillance dosimétrique individuelle dont il fait l'objet ainsi qu'à la dose efficace le concernant. Il en demande communication au médecin du travail ou à l'Institut de radioprotection et de sûreté nucléaire.

Il peut également solliciter le conseiller en radioprotection pour ce qui concerne les résultats auxquels ce dernier a accès.

Art. R. 4451-68. Le médecin du travail a accès, sous leur forme nominative aux résultats de la surveillance dosimétrique ainsi qu'à la dose efficace, de chaque travailleur dont il assure le suivi de l'état de santé. Ont également accès à ces résultats:

1° Le cas échéant, le médecin du travail de l'établissement dans lequel le travailleur temporaire ou le travailleur d'une entreprise extérieure intervient;

2° Le médecin désigné à cet effet par le travailleur et, en cas de décès ou d'incapacité, par ses ayants droit.

Art. R. 4451-69. I. – Le conseiller en radioprotection a accès, sous une forme nominative et sur une période n'excédant pas celle durant laquelle le travailleur est contractuellement lié à l'employeur, à la dose efficace reçue ainsi qu'aux résultats de la surveillance dosimétrique individuelle mentionnée au I de l'article R. 4451-65.

II. – Lorsqu'il constate que l'une des doses estimées dans le cadre de l'évaluation individuelle préalable prévue à l'article R. 4451-53 ou l'une des contraintes de dose fixées en application de l'article R. 4451-33 est susceptible d'être atteinte ou dépassée, le conseiller en radioprotection en informe l'employeur.

III. – L'employeur ou, selon le cas, le responsable de l'organisme compétent en radioprotection mentionné au 2° de l'article R. 4451-112, assure la confidentialité des données nominatives mentionnées au I et au II vis-à-vis des tiers.

Art. R. 4451-70. I. – Le médecin du travail, sous sa responsabilité, peut communiquer, en application de l'article L. 4451-2, au conseiller en radioprotection des informations couvertes par le secret médical relatives à la dose interne, lorsque celle-ci est liée à l'exposition professionnelle et strictement utile à la prévention.

II. – L'employeur ou, selon le cas, le responsable de l'organisme compétent en radioprotection mentionné au 2° de l'article R. 4451-112, met à disposition du conseiller en radioprotection les moyens nécessaires pour que ce dernier puisse respecter les exigences liées au secret professionnel mentionné à l'article L. 4451-3.

Art. R. 4451-71. Les agents de contrôle de l'inspection du travail mentionnés à l'article L. 8112-1 ainsi que les agents mentionnés à l'article R. 4451-135, ont accès, sous leur forme nominative, aux doses efficaces reçues par les travailleurs ainsi qu'aux résultats de la dosimétrie externe mentionnée au I de l'article R. 4451-65.

Art. R. 4451-72. Au moins une fois par an, l'employeur présente au comité social et économique, un bilan statistique de la surveillance de l'exposition des travailleurs et de son évolution, sous une forme excluant toute identification nominative des travailleurs.

§ 3. Dispositions d'application

Art. R. 4451-73. Un arrêté conjoint des ministres chargés du travail et de l'agriculture fixe pour l'application de la présente sous-section:

1° Les modalités et conditions de mise en œuvre de la surveillance de l'exposition des travailleurs aux rayonnements ionisants prévue à l'article R. 4451-65;

2° Les modalités et conditions de mise en œuvre de la surveillance de l'exposition des travailleurs aux rayonnements ionisants, en situation d'exposition durable mentionnée au 6° de l'article R. 4451-1;

3° Les modalités et conditions de communication, au système d'information et de surveillance de l'exposition aux rayonnements ionisants, des données administratives nécessaires à la gestion des résultats de la surveillance de l'exposition des travailleurs ;

4° Les modalités et conditions d'accès au système d'information et de surveillance de l'exposition aux rayonnements ionisants ;

5° Les délais, les fréquences et les moyens matériels mis en œuvre, relatifs à l'accès aux informations recueillies au titre de la présente sous-section et à la transmission de ces dernières ;

6° Les conditions et modalités d'accréditation par le Comité français d'accréditation ou par tout autre organisme mentionné à l'article R. 4724-1 de l'organisme, du service et du laboratoire mentionnés à l'article R. 4451-65.

Note Voir arrêté du 26 juin 2019 (JO 3 juil.) relatif à la surveillance individuelle de l'exposition des travailleurs aux rayonnements ionisants.

Sous-section 3. Événement significatif et dépassement des valeurs limites

§ 1. Événement significatif

Art. R. 4451-74. Pour l'application de la présente sous-section, constitue un événement significatif, tout événement susceptible d'entraîner le dépassement d'une des valeurs limites fixées aux articles R. 4451-6, R. 4451-7 et R. 4451-8.

Art. R. 4451-75. I. – Le médecin du travail qui estime que l'exposition d'un travailleur peut constituer un événement significatif, en informe l'employeur et le conseiller en radioprotection sous une forme nominative excluant toute notion quantitative de dose.

II. – Le médecin du travail qui constate une contamination du travailleur en informe l'employeur et le conseiller en radioprotection.

III. – Lorsque le travailleur intervient dans un établissement ne relevant pas de son entreprise, le médecin du travail en charge du suivi de l'état de santé du travailleur en informe le médecin du travail de l'établissement dans lequel le travailleur a été exposé.

Art. R. 4451-76. Le conseiller en radioprotection qui estime que l'exposition d'un travailleur peut constituer un événement significatif en informe ce dernier, l'employeur et le médecin du travail.

Art. R. 4451-77. I. – L'employeur enregistre la date de l'événement significatif, procède à son analyse et met en œuvre les mesures de prévention adaptées nécessaires.

II. – L'employeur informe sans délai le comité social et économique en précisant les causes présumées et les mesures envisagées afin de prévenir tout renouvellement de tels événements.

III. – L'employeur déclare chaque événement à, selon le cas, l'Autorité de sûreté nucléaire ou au délégué à la sûreté nucléaire et à la radioprotection pour les installations et activités intéressant la défense selon les modalités qu'ils ont respectivement fixées.

Art. R. 4451-78. L'Autorité mentionnée à l'article R. 4451-77 centralise et vérifie les informations relatives aux événements significatifs déclarés.

Elle les communique à l'agent de contrôle d'inspection du travail mentionnés à l'article L. 8112-1 concernés.

Elle transmet un bilan de ces déclarations au moins une fois par an au ministre chargé du travail ainsi qu'à l'Institut de radioprotection et de sûreté nucléaire.

§ 2. Dépassement de valeurs limites

Art. R. 4451-79. I. – Lorsque l'un des résultats de la surveillance dosimétrique individuelle dépasse l'une des valeurs limites fixées à l'article R. 4451-6, l'organisme de dosimétrie mentionné au I de l'article R. 4451-65 informe sans délai le médecin du travail, le conseiller en radioprotection, l'employeur et l'Institut de radioprotection et de sûreté nucléaire de la dose reçue par le travailleur de manière nominative.

Lorsque le dépassement constaté est celui d'un résultat de la surveillance de l'exposition interne, le médecin du travail informe sans délai l'employeur, le conseiller en radioprotection et l'Institut de radioprotection et de sûreté nucléaire de la nature de l'exposition.

II. – Dans les deux cas, le médecin du travail en informe également sans délai le travailleur concerné.

III. – Lorsque le travailleur intervient dans un établissement ne relevant pas de son entreprise, le médecin du travail en charge du suivi de l'état de santé du travailleur en informe le médecin du travail de l'établissement dans lequel le travailleur a été exposé.

Art. R. 4451-80. I. – Lorsque l'exposition d'un travailleur dépasse l'une des valeurs limites fixées aux articles R. 4451-6, R. 4451-7 et R. 4451-8, l'employeur prend immédiatement des mesures pour :

1° Faire cesser cette exposition ;

2° Déterminer dans les plus brefs délais les causes du dépassement des valeurs limites ;

3° Procéder à l'évaluation des doses efficaces et équivalentes reçues par le travailleur et leur répartition dans l'organisme ;

4° Adapter en conséquence les mesures de prévention en vue d'éviter tout nouveau dépassement ;

5° Procéder aux vérifications initiales prévues aux articles R. 4451-40 et R. 4451-44 afin de s'assurer de l'efficacité des mesures de prévention qu'il a mises en œuvre, ou lorsque la situation concerne un véhicule utilisé lors d'opération d'acheminement de matière radioactive, aux vérifications prévues au 1° et, le cas échéant, au 2° du I de l'article R. 4451-44.

II. – L'employeur informe le comité social et économique ainsi que l'agent de contrôle de l'inspection du travail mentionné à l'article L. 8112-1 et, selon le cas, l'Autorité de sûreté nucléaire ou le délégué à la sûreté nucléaire et à la radioprotection pour les installations et activités intéressant la défense, en précisant les causes présumées, les circonstances et les mesures envisagées pour éviter le renouvellement de ce dépassement.

Art. R. 4451-81. Le travailleur concerné par le dépassement d'une des valeurs limites fixées aux articles R. 4451-6, R. 4451-7 et R. 4451-8 bénéficie, pendant les douze mois suivants le constat de ce dépassement, du suivi de l'état de santé applicable aux travailleurs classés en catégorie A.

SECTION 10 (réglementaire). Suivi de l'état de santé des travailleurs

Sous-section 1. Modalités spécifiques du suivi individuel renforcé

Art. R. 4451-82. Le suivi individuel renforcé des travailleurs classés au sens de l'article R. 4451-57 ou des travailleurs faisant l'objet d'un suivi individuel de l'exposition au radon prévu à l'article R. 4451-65 est assuré dans les conditions prévues aux articles R. 4624-22 à R. 4624-28.

Pour un travailleur classé en catégorie A, la visite médicale mentionnée à l'article R. 4624-28 est renouvelée chaque année. La visite intermédiaire mentionnée au même article n'est pas requise.

Note *Covid-19.* Voir décret 2020-410 du 8 avril 2020, art. 2, JO 9, entrée en vigueur le 09.04.2020.

Art. R. 4451-83. I. – Le dossier médical en santé au travail mentionné à l'article R. 4624-26 de chaque travailleur est complété par :

1° L'évaluation individuelle de l'exposition aux rayonnements ionisants transmise par l'employeur au titre de l'article R. 4451-53 ;

2° Les résultats du suivi dosimétrique individuel, ainsi que la dose efficace ;

3° Le cas échéant, les expositions ayant conduit à un dépassement des valeurs limites fixées aux articles R. 4451-6, R. 4451-7 et R. 4451-8 ainsi que la dose reçue au cours de ces expositions ;

4° Les résultats des examens complémentaires prescrits par le médecin du travail dans les conditions prévues aux articles R. 4624-35 à R. 4624-38.

II. – Le dossier médical en santé au travail de chaque travailleur est conservé jusqu'au moment où il a ou aurait atteint l'âge de soixante-quinze ans et, en tout état de cause, pendant une période d'au moins cinquante ans à compter de la fin de l'activité professionnelle impliquant une exposition aux rayonnements ionisants.

Art. R. 4451-84. Le médecin du travail peut se faire communiquer les résultats des vérifications prévues à la section 6 du présent chapitre qu'il juge nécessaires pour apprécier l'état de santé des travailleurs.

Sous-section 2. Modalités particulières applicables aux installations nucléaires de base

§ 1. Suivi des travailleurs d'entreprises extérieures

Art. R. 4451-85. I. – Le médecin du travail assurant le suivi individuel de l'état de santé de travailleurs classés au sens de l'article R. 4451-57 exécutant ou participant à l'exécution d'une opération dans un établissement comprenant une installation nucléaire de base bénéficie au préalable d'une formation spécifique et adaptée aux risques liés aux rayonnements ionisants.

II. – Un arrêté conjoint des ministres chargés du travail et de l'agriculture détermine :

1° Le contenu et la durée de la formation des médecins du travail concernés ;

2° La qualification des personnes chargées de la formation ;

3° Les modalités de formation et de vérification des acquis et les conditions de son renouvellement ;

4° Les conditions de délivrance de l'attestation.

§ 2. Agrément des services de santé au travail

Art. R. 4451-86. I. – L'agrément du service de santé au travail prévu à l'article D. 4622-48 tient compte du nombre de médecin du travail ayant bénéficié de la formation mentionnée à l'article R. 4451-85.

II. – Le ***(D. 2020-1545 du 9 déc. 2020, JO 10, entrée en vigueur le 01.04.2021)*** « directeur régional de l'économie, de l'emploi, du travail et des solidarités », après avis du médecin inspecteur du travail, peut décider de déroger aux dispositions des articles D. 4622-25 à D. 4622-27 lorsque la répartition géographique des travailleurs bénéficiant du suivi individuel mentionné au I de l'article R. 4451-85 le justifie.

Art. R. 4451-87. I. – Dans le cas où le service de santé au travail de l'entreprise extérieure ou le service de santé au travail auquel adhère cette entreprise n'est pas agréé pour assurer le suivi individuel de l'état de santé des travailleurs exposés aux rayonnements ionisants, celui-ci est exercé par le service de santé au travail de l'établissement pour le compte duquel cette entreprise intervient.

II. – Les modalités du suivi individuel mentionné au I sont précisées par un accord écrit conclu entre le chef de l'entreprise extérieure et le chef de l'entreprise utilisatrice. Le projet d'accord est communiqué pour avis aux médecins du travail de l'établissement et de l'entreprise extérieure. L'accord et les avis sont transmis pour information au ***(D. 2020-1545 du 9 déc. 2020, JO 10, entrée en vigueur le 01.04.2021)*** « directeur régional de l'économie, de l'emploi, du travail et des solidarités ».

Lorsque l'entreprise extérieure est appelée à intervenir dans plusieurs établissements où sont implantées des installations nucléaires de base, l'accord prévoit les conditions dans lesquelles les informations médicales relatives aux travailleurs concernés sont échangées entre les services de santé au travail de ces établissements.

Les membres du comité social et économique de l'entreprise extérieure et de l'entreprise utilisatrice, ainsi que l'agent de contrôle de l'inspection du travail mentionnés à l'article L. 8112-1, sont informés de cet accord qui est annexé au plan de prévention prévu à l'article R. 4513-9.

§ 3. Modalités particulières pour le suivi des travailleurs d'entreprises de travail temporaire

Art. R. 4451-88. Dans un établissement comprenant une installation nucléaire de base, l'examen médical d'aptitude des travailleurs classés au sens de l'article R. 4451-57 est réalisé par le service de santé au travail de l'entreprise utilisatrice dans laquelle est détaché le travailleur temporaire.

Le médecin du travail de l'entreprise utilisatrice organise le suivi de l'exposition interne du travailleur temporaire.

Le médecin du travail de l'entreprise de travail temporaire est informé des résultats de cet examen et de ce suivi dans le respect des obligations de confidentialité.

SECTION 11 (réglementaire). Exposition exceptionnelle

Sous-section 1. Exposition soumise à autorisation

Art. R. 4451-89. I. – Dans des circonstances exceptionnelles, lorsque les mesures de protection collective et individuelle ne permettent pas de garantir que l'exposition des travailleurs demeure inférieure aux valeurs limites d'exposition prévues à l'article R. 4451-6, l'employeur demande à l'agent de contrôle de l'inspection du travail mentionné à l'article L. 8112-1 l'autorisation de les dépasser.

II. – L'employeur démontre l'absence d'alternative possible au dépassement aux valeurs mentionnés au I compte tenu du caractère exceptionnel des travaux à effectuer.

L'employeur demande l'avis du médecin du travail et celui du comité social et économique.

Art. R. 4451-90. Le niveau d'exposition exceptionnelle n'excède pas 50 millisieverts sur douze mois consécutifs en termes de dose efficace ou en termes de dose équivalente pour le cristallin, pour autant que la dose annuelle moyenne reçue sur une période de cinq années consécutives, y compris les années au cours desquelles la limite a été dépassée, ne soit pas supérieure à 20 millisieverts.

Art. R. 4451-91. L'employeur s'assure que le travailleur concerné :

1° A donné son accord pour réaliser ces travaux ;

2° Bénéficie de tous les moyens de protection appropriés ;

3° Est classé en catégorie A ;

4° N'a pas reçu, dans les douze mois qui précèdent, une dose supérieure à l'une des valeurs limites fixées à l'article R. 4451-6 ;

5° Ne présente pas de contre-indication médicale ;

6° A reçu une formation sur les risques liés aux travaux à réaliser dans les circonstances exceptionnelles prévues à l'article R. 4451-89.

Art. R. 4451-92. La demande d'autorisation comprend :

1° La dénomination et le siège social de l'entreprise et l'adresse de l'établissement ;

2° Le nom et l'adresse du service de santé au travail dont il relève ;

3° Le nom et la qualité du conseiller en radioprotection ;

4° Le résultat de l'évaluation des risques d'exposition aux rayonnements ionisants ;

5° Les circonstances qui justifient cette demande, notamment la démonstration de l'absence d'alternative possible au dépassement des valeurs limites d'exposition ;

6° Les mesures et moyens de protection envisagés ;

7° La liste des postes de travail et des travailleurs concernés ;

8° Le cas échéant, les dispositions particulières prises dans le cadre de travaux réalisés par une entreprise extérieure ;

9° L'avis du médecin du travail et l'avis du comité social et économique.

L'employeur en informe, selon le cas, l'Autorité de sûreté nucléaire ou le délégué à la sûreté nucléaire et à la radioprotection pour les installations et activités intéressant la défense.

Art. R. 4451-93. I. – L'agent de contrôle de l'inspection du travail mentionné à l'article L. 8112-1 fait connaître à l'employeur sa décision dans les meilleurs délais compte tenu des circonstances exceptionnelles et au plus tard dans un délai de quinze jours suivant la date de réception de la demande d'autorisation.

Il peut saisir l'Institut de radioprotection et de sûreté nucléaire pour avis.

II. – Le silence gardé pendant plus de quinze jours à compter de la réception de la demande d'autorisation par l'administration vaut décision de rejet.

Sous-section 2. Gestion du dépassement de dose

Art. R. 4451-94. À l'issue des situations d'exposition prévues à la sous-section 1, pendant la période où la dose reçue demeure supérieure à l'une des valeurs limites fixées à l'article R. 4451-6 et par dérogation aux dispositions de cet article, le travailleur peut être affecté à des travaux l'exposant aux rayonnements ionisants sous réserve de :

1° La délivrance d'un nouvel avis d'aptitude préalable attestant l'absence de contre-indication médicale à ces travaux ;

2° L'accord préalable du travailleur concerné qui a reçu, par le médecin du travail, une information telle que prévue au 4° de l'article R. 4624-24 ;

3° Son classement en catégorie A.

La dose efficace susceptible d'être reçue dans les cinq années à venir, incluant la dose reçue dans le cadre du dépassement, n'excède pas 100 millisieverts.

L'employeur en informe le comité social et économique.

Sous-section 3. Exposition à bord d'engins spatiaux

Art. R. 4451-95. Il peut être dérogé à la valeur limite de dose efficace et de la dose équivalente pour le cristallin fixées à l'article R. 4451-6 au cours d'un vol spatial sous réserve que l'employeur veille à maintenir ces doses en dessous d'un niveau de référence de 500 millisieverts sur la durée du vol.

SECTION 12 (réglementaire). Situation d'urgence radiologique

Sous-section 1. Champ d'application

Art. R. 4451-96. I. – Les dispositions de la présente section s'appliquent à tout employeur susceptible de confier à un travailleur lors d'une situation d'urgence radiologique mentionnée à l'article L. 1333-3 du code de la santé publique la mise en œuvre d'actions destinées à :

1° Prévenir ou réduire un risque lié à une telle situation ;

2° Contribuer au maintien en fonctionnement d'une activité d'importance stratégique non interruptible.

II. – Les actions concernées sont celles réalisées dans les périmètres :

1° De l'établissement à l'origine de la situation d'urgence radiologique ;

2° De protection des populations mis en place par les pouvoirs publics en situation d'urgence radiologique lors du déclenchement d'un plan de secours prévu aux articles L. 741-1 à L. 741-4 et L. 741-6 du code de la sécurité intérieure ;

3° De protection mis en place lorsqu'une opération de transport est à l'origine de la situation d'urgence radiologique.

Art. R. 4451-97. Est un travailleur intervenant en situation d'urgence, tout travailleur à qui a été confiée l'une des actions mentionnées à l'article R. 4451-96.

Ces actions ne peuvent être confiées à une femme enceinte, une femme allaitant ou à un jeune travailleur.

Sous-section 2. Organisation préalable à la situation d'urgence radiologique

Art. R. 4451-98. L'employeur s'assure qu'il dispose de l'organisation et des moyens permettant la mise œuvre dans les meilleurs délais des dispositions de la présente section.

L'employeur en informe le comité social et économique.

Art. R. 4451-99. I. – L'employeur identifie tout travailleur susceptible d'intervenir en situation d'urgence radiologique.

II. – Après avis du médecin du travail, l'employeur affecte le travailleur mentionné au I:

1° Au «premier groupe», lorsque la dose efficace liée à l'exposition professionnelle due aux actions mentionnées à l'article R. 4451-96 est susceptible de dépasser 20 millisieverts durant la situation d'urgence radiologique;

2° Au «second groupe» lorsqu'il ne relève pas du premier groupe et que la dose efficace est susceptible de dépasser 1 millisievert durant la situation d'urgence radiologique.

III. – L'employeur établit et tient à jour, en liaison avec le médecin du travail, la liste de ces affectations.

Art. R. 4451-100. I. – Chaque travailleur affecté au premier groupe mentionné au 1° du II de l'article R. 4451-99:

1° Donne son accord à l'affectation;

2° Ne présente pas de contre-indication médicale à l'intervention en situation d'urgence radiologique;

3° Reçoit une formation appropriée sur les risques pour la santé et les précautions à prendre lors d'une intervention en situation d'urgence radiologique, renouvelée au moins tous les trois ans.

Les travailleurs titulaires d'un contrat à durée déterminée, les travailleurs temporaires et les travailleurs titulaires d'un contrat conclu pour la durée d'un chantier ne peuvent être affectés dans le premier groupe.

II. – Chaque travailleur affecté au second groupe mentionné au 2° du II de l'article R. 4451-99:

1° Ne présente pas de contre-indication médicale à l'intervention en situation d'urgence radiologique;

2° Reçoit une information appropriée sur les risques pour la santé et les précautions à prendre lors de l'intervention en situation d'urgence radiologique.

Sous-section 3. Intervention en situation d'urgence radiologique

§ 1. Moyens organisationnels et techniques

Art. R. 4451-101. L'employeur met en place une organisation de la radioprotection adaptée à la situation d'urgence radiologique, notamment:

1° Il désigne, s'il ne l'a pas déjà fait à un autre titre, un conseiller en radioprotection dans les conditions prévues à l'article R. 4451-112;

2° Il signale et délimite, si possible, dans les périmètres mentionnés au II de l'article R. 4451-96 les zones spécifiques à la situation d'urgence radiologique, afin d'organiser les mesures de protection collective et individuelle adaptées à la situation.

§ 2. Conditions d'intervention

Art. R. 4451-102. Chaque travailleur intervenant en situation d'urgence radiologique affecté au premier groupe:

1° Reçoit une information adaptée à la situation d'urgence radiologique survenue et aux conditions d'intervention;

2° Confirme son accord pour l'intervention;

3° Bénéficie des moyens de protection individuelle adaptés à la nature de l'intervention en situation d'urgence radiologique;

4° Fait l'objet d'une surveillance dosimétrique individuelle telle que celle prévue à l'article R. 4451-64;

5° Bénéficie d'un suivi de l'exposition externe au moyen d'un dosimètre opérationnel.

Art. R. 4451-103. Chaque travailleur intervenant en situation d'urgence radiologique affecté au second groupe:

1° Reçoit une information adaptée à la situation d'urgence radiologique survenue et aux conditions d'intervention;

2° Bénéficie des moyens de protection individuelle adaptés à la nature de l'intervention en situation d'urgence radiologique;

3° Fait l'objet d'une évaluation de son exposition aux rayonnements ionisants, réalisée au moyen d'une surveillance dosimétrique individuelle telle que celle prévue à l'article R. 4451-65 ou lorsque le caractère de la situation d'urgence ne le permet pas, selon toute autre méthode appropriée établie par l'employeur avec l'appui de l'Institut de radioprotection et de sûreté nucléaire.

Art. R. 4451-104. I. – Dans le respect du principe d'optimisation mentionné au 2° de l'article L. 1333-2 du code de la santé publique, l'employeur veille à maintenir, dans la mesure du possible, l'exposition des travailleurs intervenant en situation d'urgence radiologique en dessous des valeurs limites d'exposition professionnelle fixées au 1° de l'article R. 4451-6.

II. – Lorsque les conditions d'intervention ne le permettent pas, l'employeur veille à maintenir leur exposition en dessous du niveau de référence fixé au I de l'article R. 4451-11.

III. – Dans des situations exceptionnelles, pour sauver des vies, empêcher de graves effets sanitaires radio-induits ou empêcher l'apparition de situations catastrophiques, l'employeur s'assure que l'exposition individuelle du travailleur concerné demeure en dessous du niveau de référence fixé au II de l'article R. 4451-11.

Art. R. 4451-105. L'employeur informe l'agent de contrôle de l'inspection du travail mentionné à l'article L. 8112-1 et, selon le cas, l'Autorité de sûreté nucléaire ou le délégué à la sûreté nucléaire et à la radioprotection pour les installations et activités intéressant la défense à l'issue de toute situation d'urgence radiologique ayant nécessité l'intervention d'un travailleur affecté au premier groupe.

§ 3. Gestion de la surveillance dosimétrique

Art. R. 4451-106. Le médecin du travail et le conseiller en radioprotection mettent en œuvre de manière concertée la surveillance dosimétrique individuelle prévue au 4° de l'article R. 4451-102 ou l'évaluation des expositions prévue au 3° de l'article R. 4451-103.

Ils recourent, si nécessaire, à l'appui technique de l'Institut de radioprotection et de sûreté nucléaire.

Ils informent, chacun en ce qui le concerne, l'employeur, sous les formes et conditions respectivement prévues aux articles R. 4451-75 et R. 4451-76, lorsque l'exposition d'un travailleur est susceptible de dépasser l'un des niveaux de référence mentionnés à l'article R. 4451-11.

Ils en informent, chacun en ce qui le concerne, le travailleur concerné.

Art. R. 4451-107. I. – Dans le cas où l'un des niveaux de référence mentionnés à l'article R. 4451-11 a été dépassé, l'employeur informe sans délai de ce dépassement le travailleur concerné.

II. – Lorsque l'exposition d'un travailleur dépasse le niveau de référence mentionné au I de l'article R. 4451-11, la poursuite des actions mentionnées à l'article R. 4451-96 qui lui sont confiées est conditionnée à :

1° La justification par l'employeur de la nécessité de maintenir le travailleur à son poste ;
2° L'absence de contre-indication médicale ;
3° L'accord du travailleur concerné qui a reçu des informations appropriées sur les risques sanitaires associés.

L'employeur informe le comité social et économique du dépassement et du maintien au poste du travailleur.

L'employeur en informe également l'agent de contrôle de l'inspection du travail mentionné à l'article L. 8112-1 et, selon le cas, l'Autorité de sûreté nucléaire ou le délégué à la sûreté nucléaire et à la radioprotection pour les installations et activités intéressant la défense.

§ 4. Suivi de l'état de santé des travailleurs à l'issue d'une situation d'urgence radiologique

Art. R. 4451-108. À l'issue de la situation d'urgence radiologique, le médecin du travail prescrit tous les examens qu'il juge pertinents pour apprécier l'état de santé des travailleurs intervenant en situation d'urgence radiologique.

Il établit pour chaque travailleur un bilan dosimétrique qu'il consigne dans le dossier médical en santé au travail mentionné à l'article R. 4624-12 et qu'il remet au travailleur.

Il recourt, si nécessaire, à l'appui technique ou méthodologique de l'Institut de radioprotection et de sûreté nucléaire.

Art. R. 4451-109. I. – Chaque travailleur étant intervenu dans une situation d'urgence radiologique bénéficie des mesures de suivi individuel renforcé applicables aux travailleurs classés en catégorie A prévues à l'article R. 4451-82 pendant au moins cinq ans à l'issue de la situation d'urgence radiologique ou pendant la période où la dose reçue demeure supérieure à l'une des valeurs limites fixées à l'article R. 4451-6.

II. – Le travailleur mentionné au I peut être affecté à des travaux l'exposant aux rayonnements ionisants dans les conditions prévues à l'article R. 4451-94.

§ 5. Dispositions d'application

Art. R. 4451-110. Les modalités et conditions de mise en œuvre du suivi de l'exposition individuelle en situation d'urgence radiologique prévu aux articles R. 4451-102 et R. 4451-103 sont fixées par un arrêté conjoint des ministres chargés du travail et de l'agriculture.

Note Voir arrêté du 26 juin 2019 (JO 3 juil.) relatif à la surveillance individuelle de l'exposition des travailleurs aux rayonnements ionisants.

SECTION 13 (réglementaire). Organisation de la radioprotection

Sous-section 1. Champ d'application

Art. R. 4451-111. L'employeur, le chef de l'entreprise extérieure ou le travailleur indépendant met en place, le cas échéant, une organisation de la radioprotection lorsque la nature et l'ampleur du risque d'exposition des travailleurs aux rayonnements ionisants le conduisent à mettre en œuvre au moins l'une des mesures suivantes:

1° Le classement de travailleur au sens de l'article R. 4451-57;

2° La délimitation de zone dans les conditions fixée aux articles R. 4451-22 et R. 4451-28;

3° Les vérifications prévues à la section 6 du présent chapitre.

Sous-section 2. Désignation du conseiller en radioprotection

Art. R. 4451-112. L'employeur désigne au moins un conseiller en radioprotection pour la mise en œuvre des mesures et moyens de prévention prévus au présent chapitre. Ce conseiller est:

1° Soit une personne physique, dénommée «personne compétente en radioprotection», salariée de l'établissement ou à défaut de l'entreprise;

2° Soit une personne morale, dénommée «organisme compétent en radioprotection».

Art. R. 4451-113. I. – Dans un établissement comprenant une installation nucléaire de base, l'employeur constitue un pôle de compétences en radioprotection chargé de le conseiller en matière de radioprotection.

Ne sont pas concernées par les dispositions du premier alinéa:

1° Les installations mettant en œuvre uniquement des sources radioactives scellées et celles comprenant un accélérateur tel que défini à l'article 3 du décret n° 2007-830 du 11 mai 2007 modifié relatif aux installations nucléaires de base;

2° Les entreprises extérieures intervenant dans les établissements mentionnées au premier alinéa.

II. – Dans les établissements mentionnés au I, l'employeur peut confier au pôle qu'il a constitué les missions de conseiller en radioprotection au titre d'autres activités nucléaires exercées dans le même établissement.

III. – Le pôle de compétence en radioprotection peut accomplir les vérifications initiales prévues aux articles R. 4451-40 et R. 4451-44.

Art. R. 4451-114. Lorsque plusieurs personnes compétentes en radioprotection sont désignées, elles sont regroupées au sein d'une entité interne dotée de moyens de fonctionnement adaptés.

Art. R. 4451-115. Lorsque l'employeur a désigné un organisme compétent en radioprotection, il s'assure de la coordination des actions de prévention mises en œuvre au titre du présent chapitre sur le fondement des conseils dispensés en la matière par cet organisme avec celles qu'il a mis en œuvre concernant les autres risques professionnels.

Art. R. 4451-116. L'organisme compétent en radioprotection ainsi que le pôle de compétences en radioprotection comprennent au moins une personne désignée pour se charger de l'exploitation des résultats de la surveillance dosimétrique individuelle des travailleurs prévue aux articles R. 4451-64 et suivants.

Art. R. 4451-117. Dans les entreprises de moins de vingt salariés, lorsque l'évaluation des risques exclut tout risque d'exposition interne, l'employeur peut occuper la fonction de personne compétente en radioprotection s'il est titulaire du certificat prévu au 1° de l'article R. 4451-125.

Art. R. 4451-118. L'employeur consigne par écrit les modalités d'exercice des missions du conseiller en radioprotection qu'il a définies. Il précise le temps alloué et les moyens mis à sa disposition, en particulier ceux de nature à garantir la confidentialité des données relatives à la surveillance de l'exposition des travailleurs prévue aux articles R. 4451-64 et suivants.

Art. R. 4451-119. La personne compétente en radioprotection définie au 1° de l'article R. 4451-112 ne peut subir de discrimination en raison de l'exercice de sa mission.

Art. R. 4451-120. Le comité social et économique est consulté sur l'organisation mise en place par l'employeur pour l'application des dispositions de la présente section.

Art. R. 4451-121. Le conseiller en radioprotection désigné par l'employeur en application de l'article R. 4451-112 peut également être désigné par le responsable de l'activité nucléaire en application de l'article R. 1333-19 du code de la santé publique.

Sous-section 3. Mission du conseiller en radioprotection

Art. R. 4451-122. Sous la responsabilité de l'employeur, le conseiller en radioprotection participe, dans un objectif de prévention, à la préservation de la santé et de la sécurité des travailleurs.

Il exerce ses missions en lien avec le médecin du travail, le salarié mentionné au I de l'article L. 4644-1 et le comité social et économique.

Art. R. 4451-123. Le conseiller en radioprotection:

1° Donne des conseils en ce qui concerne:

a) La conception, la modification ou l'aménagement des lieux de travail et des dispositifs de sécurité destinés à prévenir les risques liés aux rayonnements ionisants;

b) Les programmes des vérifications des équipements de travail et des lieux de travail prévues à la section 6 du présent chapitre ainsi que les modalités de suivi de l'exposition individuelle des travailleurs;

c) L'instrumentation appropriée aux vérifications mentionnées au *b)* et les dosimètres opérationnels;

d) Les modalités de classement des travailleurs prévu à l'article R. 4451-57;

e) Les modalités de délimitation et conditions d'accès aux zones mentionnées aux articles R. 4451-24 et R. 4451-28;

f) La préparation et l'intervention en situations d'urgence radiologique prévues à la section 12 du présent chapitre;

2° Apporte son concours en ce qui concerne:

a) L'évaluation des risques prévue à l'article R. 4451-13 et suivants;

b) La définition et à la mise en œuvre des dispositions relatives aux mesures et moyens de prévention prévus à la section 5 du présent chapitre, notamment celles concernant la définition des contraintes de dose prévue au 1° de l'article R. 4451-33 et l'identification et la délimitation des zones prévues aux articles R. 4451-22 et R. 4451-26;

c) La définition et à la mise en œuvre des dispositions relatives aux conditions d'emploi des travailleurs prévue à la section 7 du présent chapitre, notamment celles concernant l'évaluation individuelle du risque lié aux rayonnements ionisants prévue à l'article R. 4451-52, les mesures de protection individuelle prévues à l'article R. 4451-56 et l'information et la formation à la sécurité des travailleurs prévue aux articles R. 4451-58 et R. 4451-59;

d) La définition et à la mise en œuvre des dispositions relatives à la surveillance de l'exposition individuelle des travailleurs prévue à la section 9 du présent chapitre en liaison avec le médecin du travail;

e) La coordination des mesures de prévention relatives à la radioprotection au sens de l'article R. 4511-5;

f) L'élaboration des procédures et moyens pour la décontamination des lieux de travail susceptibles de l'être;

g) L'enquête et l'analyse des événements significatifs mentionnés à l'article R. 4451-77;

3° Exécute ou supervise:

a) Les mesurages prévus à l'article R. 4451-15;

b) Les vérifications de l'efficacité des moyens de prévention prévues à la section 6 du présent chapitre à l'exception de celles prévues aux articles R. 4451-40 et R. 4451-44.

Note Jusqu'au 01.07.2021, les missions du conseiller en radioprotection prévues à cet article peuvent continuer à être confiées à une personne compétente en radioprotection interne ou externe à l'établissement, dans les conditions prévues par les articles R. 4451-107, R. 4451-108 et R. 4451-109 CT dans leur rédaction antérieure au décret 2018-437 du 4 juin 2018, JO 5 (décret précité, art. 9).

Art. R. 4451-124. I. – Le conseiller en radioprotection consigne les conseils qu'il donne en application du 1° de l'article R. 4451-123 sous une forme en permettant la consultation pour une période d'au moins dix ans.

Dans les établissements dotés d'un comité social et économique, ces éléments sont utilisés pour établir le rapport et le programme de prévention des risques professionnels annuels prévus à l'article L. 4612-16.

II. – Les conseils donnés par le conseiller en radioprotection au titre du 1° du I de l'article R. 1333-19 du code de la santé publique peuvent être regardés comme étant des conseils donnés au titre du I de l'article R. 4451-123 lorsqu'ils portent sur le même objet.

Sous-section 4. Dispositions d'application

Art. R. 4451-125. Pour être désigné conseiller en radioprotection est requis:

1° Pour la personne compétente en radioprotection, un certificat de formation délivré par un organisme de formation certifié par un organisme certificateur accrédité par le Comité français d'accréditation ou par tout autre organisme mentionné à l'article R. 4724-1;

2° Pour l'organisme compétent en radioprotection, une certification délivrée par un organisme certificateur accrédité par le Comité français d'accréditation ou par tout autre organisme mentionné à l'article R. 4724-1;

3° Pour le pôle de compétences en radioprotection, une approbation, selon le cas, de l'Autorité de sûreté nucléaire ou du délégué à la sûreté nucléaire et à la radioprotection pour les installations et activités intéressant la défense.

Art. R. 4451-126. Un arrêté conjoint des ministres chargés du travail, de la radioprotection et de l'agriculture détermine :

1° Pour ce qui concerne la personne compétente en radioprotection :

a) Le contenu et la durée de la formation à la radioprotection du public, des travailleurs et de l'environnement, en tenant compte de la nature de l'activité exercée, des caractéristiques des sources de rayonnements ionisants utilisés ;

b) La qualification, la compétence et l'expérience des personnes chargées de la formation ;

c) Les modalités de contrôle des connaissances ;

d) Les conditions de délivrance et de renouvellement du certificat de formation ;

e) La durée de validité du certificat de formation ;

f) Les modalités et conditions de certification des organismes de formation ;

g) Les modalités et conditions d'accréditation des organismes certificateurs ;

2° Pour ce qui concerne l'organisme compétent en radioprotection :

a) La qualification, la compétence et l'expérience professionnelle des personnes assurant au sein de cet organisme les fonctions de conseiller en radioprotection dans les établissements clients ;

b) Les exigences organisationnelles, notamment permettant d'assurer la confidentialité des données relatives à la surveillance dosimétrique individuelle ;

c) Les modalités et conditions de certification de ces organismes ;

d) Les modalités et conditions d'accréditation des organismes certificateurs ;

3° Pour ce qui concerne le pôle de compétences en radioprotection :

a) La qualification, les compétences et l'expérience professionnelle des personnes le constituant ;

b) Les exigences organisationnelles, notamment permettant d'assurer la confidentialité des données relatives à la surveillance dosimétrique individuelle ;

c) Les modalités et conditions d'approbation des pôles de compétences en radioprotection par les autorités compétentes mentionnées au 3° de l'article R. 4451-125 ;

d) Les exigences organisationnelles et de moyens nécessaires à l'exercice indépendant et objectif des missions prévues à l'article R. 4451-123 de celles de vérification initiale prévues aux articles R. 4451-40 et R. 4451-44.

Note Voir arrêté du 18 décembre 2019 (JO 21, entrée en vigueur le 01.01.2020) relatif aux modalités de formation de la personne compétente en radioprotection et de certification des organismes de formation et des organismes compétents en radioprotection.

SECTION 14 (réglementaire). Missions de l'Institut de radioprotection et de sûreté nucléaire

Sous-section 1. Gestion du système d'information et de surveillance de l'exposition aux rayonnements ionisants

Art. R. 4451-127. L'Institut de radioprotection et de sûreté nucléaire est chargé :

1° D'assurer la gestion du système d'information et de surveillance de l'exposition aux rayonnements ionisants et d'organiser les accès nécessaires pour l'application des dispositions de la section 6 du présent chapitre ;

2° De centraliser, vérifier et conserver au moins cinquante ans après la dernière exposition l'ensemble des résultats de la surveillance dosimétrique individuelle de l'exposition des travailleurs recueillis en application des dispositions de l'article R. 4451-66 ainsi que les données administratives relatives à chaque travailleur fournies par l'employeur, en vue notamment de les exploiter à des fins statistiques ou épidémiologiques.

Art. R. 4451-128. Lorsque, au vu des résultats de la surveillance dosimétrique individuelle, l'exposition d'un travailleur a dépassé l'une des valeurs limites de dose fixées à l'article R. 4451-6, l'Institut de radioprotection et de sûreté nucléaire informe sans délai l'employeur, le ministre chargé du travail, l'Autorité de sûreté nucléaire ou le délégué à la sûreté nucléaire et à la radioprotection pour les installations et activités intéressant la défense.

Art. R. 4451-129. L'Institut de radioprotection et de sûreté nucléaire établit un bilan annuel des résultats des mesures de l'exposition des travailleurs comprenant les niveaux d'exposition aux rayonnements ionisants, compte tenu notamment des activités professionnelles et de la nature des expositions ainsi qu'une analyse de ces données.

Ce rapport est transmis au ministre chargé du travail, à l'Autorité de sûreté nucléaire ou au délégué à la sûreté nucléaire et à la radioprotection pour les installations et activités intéressant la défense et est rendu accessible sur le site internet de l'Institut.

Art. R. 4451-130. L'Institut de radioprotection et de sûreté nucléaire peut, dans le respect des exigences liées à la défense nationale et celles liées au secret médical, communiquer les résultats de la surveillance dosimétrique qu'il détient à des organismes d'études et de recherche qui en font la demande et avec lesquels il conclut une convention.

Sous-section 2. Appui technique

Art. R. 4451-131. L'Institut de radioprotection et de sûreté nucléaire est chargé de:

1° Définir les modalités de communication des résultats des mesurages de la concentration d'activité du radon dans l'air prévue au II de l'article R. 4451-17;

2° Contribuer à la vérification de la qualité et la pertinence de la surveillance de l'exposition individuelle réalisée par l'organisme, le service et le laboratoire mentionnés à l'article R. 4451-65, notamment au moyen d'inter-comparaisons qu'il organise le cas échéant et d'avis qu'il rend au ministre chargé du travail;

3° Organiser, dans le respect des exigences liées à la défense nationale, l'accès pour les agents de contrôle de l'inspection du travail mentionnés à l'article L. 8112-1 aux relevés des sources et des appareils émettant des rayonnements ionisants qui lui sont transmis en application du II de l'article R. 1333-158 du code de la santé publique ainsi que pour les inspecteurs et agents mentionnés à l'article R. 4451-135.

Art. R. 4451-132. L'Institut de radioprotection et de sûreté nucléaire définit, après avis du ministre chargé du travail, les conditions organisationnelles et tarifaires dans lesquelles il exerce les missions qui lui sont confiées à l'article R. 4451-61.

Art. R. 4451-133. L'Institut de radioprotection et de sûreté nucléaire rend un avis technique sur les arrêtés pris en application du présent chapitre.

Sous-section 3. Dispositions particulières

Art. R. 4451-134. L'Institut de radioprotection et de sûreté nucléaire peut réaliser:

1° Les vérifications prévues à la section 6 du présent chapitre, par dérogation aux dispositions des articles R. 4451-40 et R. 4451-44, dans le respect des exigences organisationnelles et de moyen nécessaires à l'exercice indépendant et objectif définis au 6° de l'article R. 4451-51;

2° La fourniture des dosimètres, leur exploitation ainsi que les modélisations numériques, les mesures et les analyses prévues à l'article R. 4451-65.

SECTION 15 (réglementaire). Autres systèmes de contrôle

Art. R. 4451-135. L'employeur tient à la disposition des inspecteurs de la radioprotection mentionnés à l'article L. 1333-29 du code de la santé publique, des agents mentionnés à l'article L. 1333-30 du même code et des agents des services de prévention des organismes de sécurité sociale l'ensemble des informations et documents relatifs à la radioprotection auxquels a accès l'agent de contrôle de l'inspection du travail mentionné à l'article L. 8112-1.

CHAPITRE II (réglementaire) Prévention des risques d'exposition aux rayonnements optiques artificiels

Note Ce chapitre a été introduit par le décret 2010-750 du 2 juillet 2010, JO 4, qui a transposé la directive 2006/25/CE du 5 avril 2006 relative aux prescriptions minimales de sécurité et de santé relatives à l'exposition des travailleurs aux risques dus aux agents physiques (rayonnements optiques artificiels) (JOUE L 114 du 27.04.2006).

SECTION 1. Définitions

Art. R. 4452-1. Pour l'application du présent chapitre, on entend par:

1° Rayonnements optiques: tous les rayonnements électromagnétiques d'une longueur d'onde comprise entre 100 nanomètres et 1 millimètre. Le spectre des rayonnements optiques se subdivise en rayonnements ultraviolets, en rayonnements visibles et en rayonnements infrarouges:

a) Rayonnements ultraviolets: rayonnements optiques d'une longueur d'onde comprise entre 100 nanomètres et 400 nanomètres. Le domaine de l'ultraviolet se subdivise en rayonnements UVA (315-400 nanomètres), UVB (280-315 nanomètres) et UVC (100-280 nanomètres);

b) Rayonnements visibles: les rayonnements optiques d'une longueur d'onde comprise entre 380 nanomètres et 780 nanomètres;

c) Rayonnements infrarouges: les rayonnements optiques d'une longueur d'onde comprise entre 780 nanomètres et 1 millimètre. Le domaine de l'infrarouge se subdivise en rayonnements IRA (780-1 400 nanomètres), IRB (1 400-3 000 nanomètres) et IRC (3 000 nanomètres - 1 millimètre);

2° Laser (amplification de lumière par une émission stimulée de rayonnements): tout dispositif susceptible de produire ou d'amplifier des rayonnements électromagnétiques de longueur d'onde correspondant aux rayonnements optiques, essentiellement par le procédé de l'émission stimulée contrôlée;

3° Rayonnements laser: les rayonnements optiques provenant d'un laser;

4° Rayonnements incohérents: tous les rayonnements optiques autres que les rayonnements laser;

5° Valeurs limites d'exposition: les valeurs limites du niveau d'exposition aux rayonnements optiques, fondées directement sur des effets avérés sur la santé et des considérations biologiques, dont le respect garantit que les travailleurs exposés à des sources artificielles de rayonnement optique sont protégés de tout effet nocif connu sur la santé;

6° Éclairement énergétique (E) ou densité de puissance: puissance rayonnée incidente par superficie unitaire sur une surface, exprimée en watts par mètre carré (W.m-2);

7° Exposition énergétique (H): l'intégrale de l'éclairement énergétique par rapport au temps, exprimée en joules par mètre carré (J.m-2);

8° Luminance énergétique (L): le flux énergétique ou la puissance par unité d'angle solide et par unité de surface, exprimé en watts par mètre carré par stéradian (W.m-2.sr-1);

9° Niveau: la combinaison d'éclairement énergétique, d'exposition énergétique et de luminance énergétique à laquelle est exposé un travailleur.

SECTION 2. Principes de prévention

Art. R. 4452-2. L'employeur, par des mesures de prévention des risques à la source et en tenant compte du progrès technique, prend les dispositions visant à supprimer ou, à défaut, à réduire au minimum les risques résultant de l'exposition aux rayonnements optiques artificiels.

Art. R. 4452-3. L'employeur veille à ce que les travailleurs exposés à des rayonnements optiques artificiels reçoivent une information sur les risques éventuels liés à ce type de rayonnements.

Art. R. 4452-4. La réduction des risques d'exposition aux rayonnements optiques artificiels se fonde sur les principes généraux de prévention mentionnés à l'article L. 4121-2.

SECTION 3. Valeurs limites d'exposition professionnelle

Art. R. 4452-5. L'exposition des travailleurs ne peut dépasser les valeurs limites d'exposition aux rayonnements incohérents autres que ceux émis par les sources naturelles de rayonnement optique fixées à l'annexe I figurant à la fin du présent chapitre.

Art. R. 4452-6. L'exposition des travailleurs ne peut dépasser les valeurs limites d'exposition pour les rayonnements laser fixées à l'annexe II figurant à la fin du présent chapitre.

SECTION 4. Évaluation des risques

Art. R. 4452-7. L'employeur évalue les risques résultant de l'exposition aux rayonnements optiques artificiels, notamment afin de vérifier le respect des valeurs limites d'exposition définies aux articles R. 4452-5 et R. 4452-6. Si une évaluation à partir des données documentaires techniques disponibles ne permet pas de conclure à l'absence de risque, il calcule et, le cas échéant, mesure les niveaux de rayonnements optiques artificiels auxquels les travailleurs sont exposés.

Art. R. 4452-8. Lorsqu'il procède à l'évaluation des risques, l'employeur prend en considération:

1° Le niveau, le domaine des longueurs d'onde et la durée de l'exposition à des sources artificielles de rayonnement optique;

2° Les valeurs limites d'exposition définies aux articles R. 4452-5 et R. 4452-6;

3° Toute incidence sur la santé et la sécurité des travailleurs;

4° Toute incidence éventuelle sur la santé et la sécurité des travailleurs résultant d'interactions, sur le lieu de travail, entre des rayonnements optiques artificiels et des substances chimiques photosensibilisantes;

5° Tout effet indirect tel qu'un aveuglement temporaire, une explosion ou un incendie;

6° L'existence d'équipements de remplacement conçus pour réduire les niveaux d'exposition à des rayonnements optiques artificiels;

7° Dans la mesure du possible, les informations appropriées issues des recommandations des instances sanitaires;

8° L'exposition à plusieurs sources de rayonnements optiques artificiels;

9° Le classement d'un laser, conformément à une norme définie par l'arrêté mentionné à l'article R. 4452-12, dans la ou les classes de lasers intrinsèquement dangereux en cas d'exposition directe au faisceau ou d'exposition à ses réflexions;

10° L'information fournie par les fabricants de sources de rayonnements optiques artificiels et d'équipements de travail associés conformément à la réglementation applicable.

Art. R. 4452-9. L'évaluation des risques est réalisée par l'employeur après consultation du ***(D. 2017-1819 du 29 déc. 2017, art. 3, 43°, JO 30, entrée en vigueur le 01.01.2018)*** «comité social et économique», avec le concours, le cas échéant, du service de santé au travail.

Cette évaluation est renouvelée périodiquement, notamment lorsqu'une modification des installations ou des modes de travail est susceptible de faire varier les niveaux d'exposition aux rayonnements optiques artificiels et dans le cas prévu à l'article R. 4452-30.

En cas de mesurage des niveaux d'exposition, celui-ci est renouvelé au moins tous les cinq ans.

Art. R. 4452-10. Les résultats de l'évaluation des risques sont consignés dans le document unique d'évaluation des risques prévu à l'article R. 4121-1.

Ils sont communiqués par l'employeur au médecin du travail et au ***(D. 2017-1819 du 29 déc. 2017, art. 3, 45°, JO 30, entrée en vigueur le 01.01.2018)*** « comité social et économique ».

Ils sont également tenus, sur leur demande, à la disposition de l'inspection du travail, des agents des services de prévention des organismes de sécurité sociale et des organismes de santé, de sécurité et des conditions de travail mentionnés à l'article L. 4643-1.

Art. R. 4452-11. Lorsque les résultats de l'évaluation des risques mettent en évidence la moindre possibilité de dépassement des valeurs limites d'exposition des travailleurs, l'employeur détermine les mesures de prévention, de formation et de suivi ***(D. 2016-1908 du 27 déc. 2016, art. 15, 1°, JO 29, entrée en vigueur le 01.01.2017)*** « de l'état de santé » à prendre, conformément aux dispositions des sections 5, 6 et 7.

Art. R. 4452-12. Un arrêté conjoint des ministres chargés du travail et de l'agriculture précise les modalités de l'évaluation des risques et du calcul et du mesurage des niveaux de rayonnements optiques artificiels.

Note Voir arrêté du 1er mars 2016 (JO 18, entrée en vigueur le 01.04.2016) relatif aux modalités de l'évaluation des risques résultant de l'exposition aux rayonnements optiques artificiels en milieu de travail.

SECTION 5. Mesures et moyens de prévention

Art. R. 4452-13. La réduction des risques d'exposition aux rayonnements optiques artificiels se fonde notamment sur :

1° La mise en œuvre d'autres procédés de travail n'exposant pas aux rayonnements optiques artificiels ou entraînant une exposition moindre ;

2° Le choix d'équipements de travail appropriés émettant, compte tenu du travail à effectuer, le moins de rayonnements optiques artificiels possible ;

3° La limitation de la durée et de l'intensité des expositions ;

4° La conception, l'agencement des lieux et postes de travail et leur modification ;

5° Des moyens techniques pour réduire l'exposition aux rayonnements optiques artificiels en agissant sur leur émission, leur propagation, leur réflexion, tels qu'écrans, capotages ;

6° Des programmes appropriés de maintenance des équipements de travail et du lieu de travail ;

7° L'information et la formation adéquates des travailleurs.

Art. R. 4452-14. Les lieux de travail où, d'après les résultats de l'évaluation des risques définie à la section 4, les travailleurs sont susceptibles d'être exposés à des rayonnements optiques artificiels dépassant les valeurs limites d'exposition définies aux articles R. 4452-5 et R. 4452-6 font l'objet d'une signalisation appropriée. Ces lieux sont en outre circonscrits, lorsque cela est techniquement possible, et leur accès est limité.

Art. R. 4452-15. En liaison avec le médecin du travail, l'employeur adapte les mesures de prévention prévues à la présente section aux besoins des travailleurs appartenant à des groupes à risques particulièrement sensibles.

Art. R. 4452-16. Lorsqu'il n'est pas possible d'éviter les risques dus à l'exposition aux rayonnements optiques artificiels par d'autres moyens, des équipements de protection individuelle, appropriés et adaptés, sont mis à la disposition des travailleurs. Lorsque les niveaux d'exposition fixés aux articles R. 4452-5 et R. 4452-6 sont dépassés, l'employeur veille à leur port effectif.

Art. R. 4452-17. Les équipements de protection individuelle sont tels qu'ils réduisent les expositions à un niveau qui ne dépasse pas les valeurs limites d'exposition définies aux articles R. 4452-5 et R. 4452-6.

Ils sont adoptés après consultation du ***(D. 2017-1819 du 29 déc. 2017, art. 3, 43°, JO 30, entrée en vigueur le 01.01.2018)*** « comité social et économique », du médecin du travail et, éventuellement, avec le concours des agents des services de prévention des organismes de sécurité sociale et des organismes de santé, de sécurité et des conditions de travail mentionnés à l'article L. 4643-1. Ils sont choisis en concertation avec les travailleurs.

Art. R. 4452-18. Lorsqu'en dépit des mesures de prévention mises en œuvre en application de la présente section, des expositions dépassant les valeurs limites d'exposition sont constatées, l'employeur :

1° Prend immédiatement des mesures pour réduire l'exposition à un niveau inférieur à ces valeurs limites ;

2° Détermine les causes du dépassement des valeurs limites d'exposition et adapte en conséquence les mesures de protection et de prévention en vue d'éviter tout nouveau dépassement.

SECTION 6. Information et formation des travailleurs

Art. R. 4452-19. Les mesures de formation portent notamment sur :

1° Les sources de rayonnements optiques artificiels se trouvant sur le lieu de travail ;

2° Les risques pour la santé et la sécurité pouvant résulter d'une exposition excessive aux rayonnements optiques artificiels ainsi que les valeurs limites d'exposition applicables;

3° Les résultats de l'évaluation des risques définie à la section 4 ainsi que les mesures prises en application de la section 5 en vue de supprimer ou de réduire les risques résultant des rayonnements optiques artificiels;

4° Les précautions à prendre par les travailleurs pour assurer leur protection et celle des autres travailleurs présents sur le lieu de travail;

5° L'utilisation correcte des équipements de travail et des équipements de protection individuelle;

6° La conduite à tenir en cas d'accident;

7° La manière de repérer les effets nocifs d'une exposition sur la santé et de les signaler;

8° Les conditions dans lesquelles les travailleurs sont soumis à ***(D. 2016-1908 du 27 déc. 2016, art. 15, 2°, JO 29, entrée en vigueur le 01.01.2017)*** «un suivi individuel de leur état de santé».

Art. R. 4452-20. L'employeur établit une notice de poste pour chaque poste de travail ou situation de travail où, d'après les résultats de l'évaluation des risques définie à la section 4, les travailleurs sont susceptibles d'être exposés à des rayonnements optiques artificiels dépassant les valeurs limites d'exposition définies aux articles R. 4452-5 et R. 4452-6.

La notice est destinée à informer les travailleurs des risques auxquels leur travail peut les exposer et des dispositions prises pour les éviter.

Elle rappelle en particulier les règles de sécurité applicables et les consignes relatives à l'emploi des équipements de protection collective ou individuelle.

Art. R. 4452-21. Lorsqu'il est fait usage de lasers des classes mentionnées au 9° de l'article R. 4452-8, l'employeur s'assure qu'il dispose, par lui-même ou chez ses salariés, de la compétence appropriée pour la réalisation, sous sa responsabilité, des missions suivantes:

1° Participation aux évaluations des risques encourus par les travailleurs intervenant à proximité de machines ou d'appareils à laser;

2° Participation à la mise en œuvre sur le site de toutes les mesures propres à assurer la santé et la sécurité des travailleurs intervenant à proximité de machines ou d'appareils à laser;

3° Participation à l'amélioration continue de la prévention des risques à partir de l'analyse des situations de travail.

SECTION 7. Suivi des travailleurs et suivi individuel de l'état de santé

Art. R. 4452-22. L'employeur tient une liste actualisée des travailleurs susceptibles d'être exposés à des rayonnements optiques artificiels dépassant les valeurs limites d'exposition définies aux articles R. 4452-5 et R. 4452-6.

Cette liste précise la nature de l'exposition, sa durée ainsi que son niveau, tel qu'il est connu, le cas échéant, par les résultats du calcul ou du mesurage.

Art. R. 4452-23. L'employeur établit pour ces travailleurs une fiche d'exposition comprenant les informations suivantes:

1° La nature du travail accompli;

2° Les caractéristiques des sources émettrices auxquelles le travailleur est exposé;

3° La nature des rayonnements;

4° Le cas échéant, les résultats des mesurages des niveaux de rayonnements optiques artificiels;

5° Les périodes d'exposition.

Art. R. 4452-24. En cas d'exposition anormale, l'employeur porte sur la fiche d'exposition la durée et la nature de cette dernière.

Art. R. 4452-25. Une copie de la fiche d'exposition est remise au médecin du travail. Elle est tenue à disposition, sur sa demande, de l'inspection du travail.

Art. R. 4452-26. Chaque travailleur intéressé est informé de l'existence de la fiche d'exposition et a accès aux informations y figurant le concernant.

Art. R. 4452-29. Lorsqu'une exposition au-delà des valeurs limites est détectée ou lorsque ***(D. 2016-1908 du 27 déc. 2016, art. 15, 4°, JO 29, entrée en vigueur le 01.01.2017)*** «le suivi individuel» fait apparaître qu'un travailleur est atteint d'une maladie ou d'une anomalie susceptible de résulter d'une exposition à des rayonnements optiques artificiels, ***(D. 2016-1908 du 27 déc. 2016, art. 15, 4°, JO 29, entrée en vigueur le 01.01.2017)*** «les professionnels de santé mentionnés au premier alinéa de l'article L. 4624-1 informent sans délai le médecin du travail, qui» informe le travailleur des résultats le concernant et lui indique les suites médicales nécessaires. Il détermine la pertinence et la nature des examens éventuellement nécessaires pour les travailleurs ayant subi une exposition comparable.

Art. R. 4452-30. Quand une maladie ou une anomalie mentionnée à l'article R. 4452-29 lui est signalée par le médecin du travail, une nouvelle évaluation des risques est réalisée par l'employeur.

Art. R. 4452-31. ***(D. 2016-1908 du 27 déc. 2016, art. 15, 5°, JO 29, entrée en vigueur le 01.01.2017)*** « Le professionnel de santé mentionné au premier alinéa de l'article L. 4624-1 verse au dossier médical en santé au travail, qu'il ouvre le cas échéant », pour chaque travailleur susceptible d'être exposé à des rayonnements optiques artificiels dépassant les valeurs limites d'exposition définies aux articles R. 4452-5 et R. 4452-6 :

1° Une copie de la fiche d'exposition prévue à l'article R. 4452-23 ;

2° Les dates et les résultats ***(D. 2016-1908 du 27 déc. 2016, art. 15, 5°, JO 29, entrée en vigueur le 01.01.2017)*** « du suivi réalisé ».

ANNEXE I (Rayonnements optiques incohérents) et ANNEXE II (Rayonnements optiques lasers) au chapitre II du titre V du livre IV de la quatrième partie du code du travail (partie réglementaire).

Voir décret 2010-750 du 2 juillet 2010 (JO 4).

CHAPITRE III Prévention des risques d'exposition aux champs électromagnétiques

Art. L. 4453-1. ***(L. 2010-788 du 12 juil. 2010, art. 183, JO 13)*** Les règles de prévention des risques pour la santé et la sécurité des travailleurs exposés aux champs électromagnétiques sont déterminées par décret en Conseil d'État pris en application de l'article L. 4111-6.

Ce décret se conforme aux principes de prévention fixés aux articles L. 4121-1 et L. 4121-2.

SECTION 1 (réglementaire). Définitions

Note Les sections 1 à 9 ont été introduites par le décret 2016-1074 du 3 août 2016, art. 1er, JO 6, entrée en vigueur le 01.01.2017. Ce décret a été pris pour la transposition de la directive 2013/35/UE du 26 juin 2013 (JOUE L 179 du 29.6.2013, rectif. JOUE L 353 du 28.12.2013) concernant les prescriptions minimales de sécurité et de santé relatives à l'exposition des travailleurs aux risques dus aux agents physiques (champs électromagnétiques), qui a fixé notamment de nouvelles valeurs limites d'exposition.

Voir O. Cachard et J-M Gasser, « La protection du salarié contre l'exposition aux champs électromagnétiques », JCP éd. S 2017, 1367.

Art. R. 4453-1. Pour l'application du présent chapitre, on entend par :

1° Champs électromagnétiques : des champs électriques statiques, des champs magnétiques statiques et des champs électriques, magnétiques et électromagnétiques variant dans le temps, dont les fréquences vont de 0 Hertz à 300 Gigahertz ;

2° Valeur limite d'exposition : valeur exprimée, selon la fréquence, en termes d'induction magnétique externe (Bo), d'intensité de champ électrique interne, de débit d'absorption spécifique (DAS), d'absorption spécifique (AS) ou de densité de puissance (S) ;

3° Valeur déclenchant l'action : valeur exprimée, selon la fréquence, en termes d'intensité de champ électrique (E) ou d'induction magnétique (B), et le niveau de courant, indiqué en termes de courant induit dans les extrémités (IL) ou de courant de contact (Ic) ;

Les valeurs déclenchant l'action sont les niveaux d'exposition opérationnels au-delà desquels des mesures ou moyens de prévention prévus par le présent chapitre doivent être mis en œuvre et, pour celles concernant les effets biophysiques, en deçà desquels les valeurs limites d'exposition sont considérées comme respectées ;

4° Effets biophysiques directs : effets de type thermique ou non thermique sur l'organisme humain directement causés par sa présence dans un champ électromagnétique. Selon le niveau d'exposition et la gamme de fréquence, sont distingués des effets sensoriels et des effets nocifs sur la santé ;

5° Effets indirects : effets causés par la présence d'un objet dans un champ électromagnétique pouvant entraîner un risque pour la sécurité ou la santé.

SECTION 2 (réglementaire). Principes de prévention

Art. R. 4453-2. La réduction des risques liés à l'exposition aux champs électromagnétiques se fonde sur les principes généraux de prévention mentionnés à l'article L. 4121-2.

SECTION 3 (réglementaire). Valeurs limites

Art. R. 4453-3. L'exposition d'un travailleur à des champs électromagnétiques ne dépasse pas les valeurs limites d'exposition suivantes :

FREQUENCES (f) (1)	Effets biophysiques directs	VALEURS LIMITES D'EXPOSITION PROFESSIONNELLE — « Effets sensoriels » : Exposition localisée de la tête	« Effets sensoriels » : Exposition localisée des membres	« Effets sur la santé » : Exposition ensemble du corps	« Effets sur la santé » : Exposition localisée de la tête et du tronc	« Effets sur la santé » : Exposition localisée des membres
0 Hz ≤ f < 1 Hz (2)	Effets non thermiques	2 T	8 T	8 T	-	-
1 Hz ≤ f < 10 Hz (3)	Effets non thermiques	0,7/f V.m^{-1}	-	1,1 V.m^{-1}	-	-
10 Hz ≤ f < 25 Hz (3)	Effets non thermiques	0,07 V.m^{-1}	-		-	-
25 Hz ≤ f ≤ 400 Hz (3)	Effets non thermiques	0,0028 f V.m^{-1}	-		-	-
400 Hz < f < 3 kHz (3)	Effets non thermiques	-	-		-	-
3 kHz ≤ f < 100 kHz (3)	Effets non thermiques	-	-	3,8x10^{-4} f V.m^{-1}	-	-
100 kHz ≤ f < 10 MHz (3) (4) (5)	Effets non thermiques / Effets thermiques	-	-	3,8x10^{-4} f V.m^{-1} (non thermique) 0,4 W.kg^{-1} (thermique)	10 W.kg^{-1}	20 W.kg^{-1}
10 MHz ≤ f < 0,3 GHz (4)	Effets thermiques	-	-	0,4 W.kg^{-1}		
0,3 GHz ≤ f < 6 GHz (4) (6)	Effets thermiques	10 mJ.kg^{-1}	-			
6 GHz ≤ f ≤ 300 GHz (7)	Effets thermiques	-	-	50 W.m^{-2}	-	-

(1) La fréquence f est exprimée en hertz (Hz)
(2) Dans la gamme de fréquences comprises entre 0 et 1 hertz, les valeurs limites d'exposition sont des valeurs d'induction magnétique externe exprimées en tesla
(3) Dans la gamme de fréquences comprises entre 1 hertz et 10 mégahertz, les valeurs limites d'exposition sont des valeurs crête spatiale du champ électrique interne exprimées en volt par mètre
(4) Dans la gamme de fréquences comprises entre 100 kilohertz et 6 gigahertz, les valeurs limites d'exposition relatives aux effets sur la santé représentent l'énergie moyenne sur l'ensemble ou une partie du corps (tête, tronc, membres) exprimée en termes de débit d'absorption spécifique en watt par kilogramme
(5) Dans la gamme de fréquences comprises entre 100 kiloherz et 10 mégahertz, les effets thermiques et non thermiques agissant concomitamment, les valeurs limites d'exposition pour les deux types d'effets doivent être considérées
(6) Dans la gamme de fréquences comprises entre 0,3 et 6 gigahertz, la valeur limite d'exposition relative aux effets sensoriels représente l'énergie absorbée par unité de masse de tissus biologiques exprimée en termes d'absorption spécifique en joules par kilogramme
(7) Dans la gamme de fréquences comprises entre 6 et 300 gigahertz, la valeur limite d'exposition relative aux effets sur la santé représente une densité de puissance exprimée en watt par mètre carré

Art. R. 4453-4. Les valeurs déclenchant les actions prévues à la section 5 du présent chapitre sont les suivantes :

1° Valeurs déclenchant l'action liées aux effets biophysiques directs des champs électromagnétiques :

FREQUENCE (f) (1)	Effets biophysiques directs	VALEURS DECLENCHANT L'ACTION — Pour l'exposition aux champs électriques : VA (E_{eff}) (2) (3)	Pour l'exposition aux champs magnétiques — VA (B_{eff}) (4) : VA basse (6)	VA haute (6)	Exposition des membres à un champ magnétique localisé	Pour les courants induits — VA (I_{Leff}) (5) : Dans une extrémité quelconque
1 Hz ≤ f < 8 Hz	Effets non thermiques	2x10^4 V.m^{-1}	2x10^5/f^2 µT	3x10^5/f µT	9x10^5/f µT	-
8 Hz ≤ f < 25 Hz	Effets non thermiques		2,5x10^4/f µT			-
25 Hz ≤ f < 50 Hz	Effets non thermiques		1x10^3 µT			-
50 Hz ≤ f < 300 Hz	Effets non thermiques	1x10^6/f V.m^{-1}				-
300 Hz ≤ f < 1,64 kHz	Effets non thermiques		3x10^5/f µT			-
1,64 kHz ≤ f < 2,5 kHz	Effets non thermiques	6,1x10^2 V.m^{-1}				-
2,5 kHz ≤ f < 3 kHz	Effets non thermiques					-
3 kHz ≤ f < 100 kHz	Effets non thermiques		1x10^2 µT			-
100 kHz ≤ f < 1 MHz (7)	Effets non thermiques / Effets thermiques	6,1x10^2 V.m^{-1} (non thermique et thermique)	1x10^2 µT (non thermique) 2x10^6/f µT (thermique)		3x10^2 µT	-
1 MHz ≤ f < 10 MHz (7)	Effets non thermiques / Effets thermiques	6,1x10^2 V.m^{-1} (non thermique) 6,1.10^8/f V.m^{-1} (thermique)				-
10 MHz ≤ f < 110 MHz	Effets thermiques	61 V.m^{-1}	0,2 µT		-	100 mA
110 MHz ≤ f < 400 MHz	Effets thermiques				-	-
400 MHz ≤ f < 2 GHz	Effets thermiques	3x10^{-3} f$^{1/2}$ V.m^{-1}	1x10^{-5} f$^{1/2}$ µT		-	-
2 GHz ≤ f < 300 GHz	Effets thermiques	1,4x10^2 V.m^{-1}	4,5x10^{-1} µT		-	-

(1) La fréquence f est exprimée en hertz (Hz)
(2) Les valeurs déclenchant l'action pour une exposition aux champs électriques sont des valeurs d'intensité de champ électrique exprimées en volt par mètre.
(3) Sur la gamme de fréquences comprises entre 1 et 400 hertz, pour une exposition à des champs électriques, la valeur déclenchant l'action permet de respecter les valeurs limites d'exposition relatives aux effets sensoriels et aux effets sur la santé mentionnées à l'article R. 4453-2
(4) Les valeurs déclenchant l'action pour une exposition à des champs magnétiques sont des valeurs d'induction magnétique exprimées en microtesla
(5) La valeur déclenchant l'action pour les courants induits est exprimée en milliampère
(6) Sur la gamme de fréquences comprises entre 1 et 400 hertz, pour une exposition aux champs magnétiques, la valeur déclenchant l'action basse permet de respecter les valeurs limites d'exposition relatives aux effets sensoriels pour une exposition localisée de la tête tandis que la valeur déclenchant l'action haute permet de respecter les valeurs limites d'exposition relatives aux effets sur la santé mentionnées à l'article R. 4453-2
(7) Dans la gamme de fréquences comprises entre 100 kilohertz et 10 mégahertz, les effets thermiques et non thermiques agissant concomitamment pour les expositions à des champs électriques et à des champs magnétiques, les valeurs déclenchant l'action pour les deux types d'effets et les deux types de champs doivent être considérées

2° Valeurs déclenchant l'action liées à certains effets indirects des champs électromagnétiques :

FREQUENCE (f) (1)	VALEURS DECLENCHANT L'ACTION			
	pour le risque d'interférence avec des dispositifs actifs implantés	pour le risque d'attraction et de projection dans le champ périphérique de source de champs intenses (> 100 mT)	pour la limitation du risque de décharges d'étincelles	pour un courant de contact d'état stable
	AL(B_0) (2)	AL(B_0) (2)	VA($E_{eff.}$) (3)	VA(I_C) (4)
0 Hz ≤ f < 1 Hz	0,5 mT	3 mT	-	1 mA
1 Hz ≤ f < 25 Hz	-	-	$2x10^4$ V.m^{-1}	
25 Hz ≤ f < 2,5 kHz	-	-	$5x10^5$/f V.m^{-1}	
2,5 kHz ≤ f < 3 kHz	-	-		0,4 f mA
3 kHz ≤ f < 100 kHz	-	-	$1,7x10^2$ V.m^{-1}	
100 kHz ≤ f < 10 MHz	-	-		40 mA
10 MHz ≤ f ≤ 110 MHz	-	-	-	

(1) La fréquence f est exprimée en hertz (Hz) à l'exception de la valeur déclenchant l'action pour les courants de contact dans la gamme de fréquences comprises entre 2,5 et 100 kilohertz où elle est exprimée en kilohertz
(2) Les valeurs déclenchant l'action pour une exposition à des champs magnétiques statiques sont des valeurs d'induction magnétique exprimées en millitesla
(3) Les valeurs déclenchant l'action pour la limitation du risque de décharges d'étincelles sont des valeurs d'intensité de champ électrique exprimées en volt par mètre
(4) Les valeurs déclenchant l'action pour les courants de contact sont exprimées en milliampère

Art. R. 4453-5. Un arrêté conjoint des ministres chargés du travail et de l'agriculture précise les grandeurs physiques que représentent les valeurs limites d'exposition mentionnées à l'article R. 4453-3 et les valeurs déclenchant l'action mentionnées à l'article R. 4453-4 ainsi que les paramètres associés.

Note Voir arrêté du 5 décembre 2016 (JO 10, entrée en vigueur le 01.01.2017).

SECTION 4 (réglementaire). Évaluation des risques

Art. R. 4453-6. L'employeur évalue les risques résultant de l'exposition des travailleurs à des champs électromagnétiques.

Cette évaluation a notamment pour objectif :

1° D'identifier parmi les valeurs limites d'exposition et les valeurs déclenchant l'action fixées aux articles R. 4453-3 et R. 4453-4, celles pertinentes au regard de la situation de travail ;

2° De constater si, dans une situation donnée, l'une des valeurs mentionnées au 1° est susceptible d'être dépassée ;

3° De déterminer le cas échéant les mesures et moyens de prévention.

Art. R. 4453-7. Lorsque l'évaluation des risques réalisée à partir des données documentaires ne permet pas de conclure à l'absence de risque de dépassement des valeurs déclenchant l'action ou des valeurs limites d'exposition, l'employeur procède à la mesure, au calcul ou à la simulation numérique des niveaux de champs électromagnétiques auxquels les travailleurs sont susceptibles d'être exposés.

Art. R. 4453-8. Lorsqu'il procède à l'évaluation des risques, l'employeur prend en considération :

1° L'origine et les caractéristiques des émissions de champs électromagnétiques présents sur le lieu de travail ;

2° Les valeurs limites d'exposition et les valeurs déclenchant l'action fixées aux articles R. 4453-3 et R. 4453-4 ;

3° Le résultat des évaluations d'expositions réalisées en application de dispositions réglementaires relatives à la limitation de l'exposition du public aux champs électromagnétiques ;

4° Les informations sur les niveaux d'émission de champs électromagnétiques, fournis par le fabricant d'équipements de travail ou de dispositifs médicaux, en application des règles techniques de conception ou d'utilisation auxquels ils sont soumis, ou par le fabricant d'équipements conçus pour un usage public, s'ils sont utilisés conformément à l'usage auquel ils sont destinés ;

5° La fréquence, le niveau, la durée et le type d'exposition, y compris la répartition dans l'organisme du travailleur et dans l'espace de travail ;

6° Tout effet biophysique direct sur le travailleur ou tout effet indirect pouvant résulter de l'exposition aux champs électromagnétiques ;

7° Toute incidence sur la santé et la sécurité des travailleurs de moins de 18 ans et des travailleurs à risques particuliers, notamment les femmes enceintes et les travailleurs équipés de dispositifs médicaux implantés ou non, passifs ou actifs ;

8° Les informations fournies par ***(D. 2016-1908 du 27 déc. 2016, art. 16, 1°, JO 29, entrée en vigueur le 01.01.2017)*** « les professionnels de santé mentionnés au premier alinéa de l'article L. 4624-1 concernant le suivi » de l'état de santé des travailleurs pour ce type d'exposition ;

9° L'existence d'équipements de travail permettant de réduire le niveau d'exposition aux champs électromagnétiques et susceptibles d'être utilisés en remplacement ;

10° L'exposition simultanée à des champs de fréquences multiples.

Art. R. 4453-9. Lorsqu'il procède à l'évaluation des risques, l'employeur s'appuie sur le ou les salariés compétents mentionnés à l'article L. 4644-1 ou à défaut sur l'intervenant et les organismes mentionnés au même article.

Art. R. 4453-10. Les résultats de l'évaluation des risques ainsi que les valeurs limites d'exposition ou les valeurs déclenchant l'action identifiées en application de l'article R. 4453-6, sont consignés dans le document unique d'évaluation des risques prévu à l'article R. 4121-1.

Les résultats de l'évaluation des risques sont conservés sous une forme susceptible d'en permettre la consultation à une date ultérieure.

L'employeur les communique au médecin du travail ***(D. 2016-1908 du 27 déc. 2016, art. 16, 2°, JO 29, entrée en vigueur le 01.01.2017)*** «, aux professionnels de santé du service de santé au travail» et au ***(D. 2017-1819 du 29 déc. 2017, art. 3, 45°, JO 30, entrée en vigueur le 01.01.2018)*** «comité social et économique».

(D. 2016-1908 du 27 déc. 2016, art. 16, 2°, JO 29, entrée en vigueur le 01.01.2017) «Les travailleurs exposés à des champs électromagnétiques affectés à des postes pour lesquels les valeurs limites d'exposition fixées à l'article R. 4453-3 sont dépassées bénéficient d'une visite d'information et de prévention prévue aux articles R. 4624-10 à R. 4624-21 réalisée avant l'affectation au poste afin notamment d'orienter sans délai les travailleurs mentionnés au 7° de l'article R. 4453-8 vers le médecin du travail.»

Art. R. 4453-11. Lorsque les résultats de l'évaluation des risques mettent en évidence le dépassement des valeurs déclenchant l'action, l'employeur détermine et met en œuvre les mesures et moyens de prévention prévus à l'article R. 4453-13.

Ces dispositions ne sont pas exigées, lorsque les conditions cumulatives suivantes sont remplies:
1° Les valeurs déclenchant l'action ne concernent que les effets biophysiques directs;
2° L'employeur a démontré que les valeurs limites d'exposition ne sont pas dépassées;
3° Les risques pour la sécurité peuvent être écartés.

Art. R. 4453-12. Un arrêté conjoint des ministres chargés du travail et de l'agriculture précise les conditions de mesurage, de calcul et de simulation numérique des niveaux de champs électromagnétiques.

SECTION 5 (réglementaire). **Mesures et moyens de prévention**

Art. R. 4453-13. La réduction des risques liés à l'exposition aux champs électromagnétiques se fonde notamment sur:
1° La mise en œuvre d'autres procédés de travail n'exposant pas aux champs électromagnétiques ou entraînant une exposition moindre;
2° Le choix d'équipements de travail appropriés émettant, compte tenu du travail à effectuer, des champs électromagnétiques moins intenses;
3° La mise en œuvre de moyens techniques visant à réduire l'émission de champs électromagnétiques des équipements de travail;
4° La modification de la conception et de l'agencement des lieux et postes de travail visant à réduire l'exposition aux champs électromagnétiques;
5° Le choix d'une organisation du travail visant à réduire la durée et l'intensité des expositions;
6° Des programmes appropriés de maintenance des équipements de travail, des postes de travail et du lieu de travail;
7° La mise à disposition d'équipements de protection individuelle appropriés;
8° La mise en œuvre de mesures techniques et organisationnelles visant à éviter tout risque lié aux effets indirects.

Art. R. 4453-14. Les lieux de travail où les travailleurs sont susceptibles d'être exposés à des niveaux de champs électromagnétiques dépassant les valeurs déclenchant l'action sont identifiés et font l'objet d'une signalisation spécifique et appropriée. Leur accès est limité s'il y a lieu.

Ils font l'objet d'une restriction ou d'un contrôle d'accès lorsque les travailleurs sont susceptibles d'être exposés à des niveaux de champs électromagnétiques dépassant les valeurs limites d'exposition.

Lorsque l'accès à ces lieux est restreint au titre des risques d'origine électrique et que les travailleurs sont informés et formés conformément à l'article R. 4453-17, la signalisation et les restrictions d'accès propres aux champs électromagnétiques ne sont pas requises. Le ***(D. 2017-1819 du 29 déc. 2017, art. 3, 54°, JO 30, entrée en vigueur le 01.01.2018)*** «comité social et économique» est consulté sur cette organisation.

Art. R. 4453-15. Pour les travailleurs à risques particuliers mentionnés au 7° de l'article R. 4453-8, l'employeur adapte, en liaison avec le médecin du travail, les mesures de prévention prévues à la présente section.

Art. R. 4453-16. Lorsqu'en dépit des mesures de prévention mises en œuvre en application de la présente section, l'exposition d'un travailleur dépasse les valeurs limites d'exposition, l'employeur:
1° Prend immédiatement des mesures pour réduire l'exposition à un niveau inférieur à ces valeurs limites;

2° Détermine les causes du dépassement des valeurs limites d'exposition et adapte en conséquence les mesures de protection et de prévention en vue d'éviter tout nouveau dépassement;

3° Informe le ***(D. 2017-1819 du 29 déc. 2017, art. 3, 49°, JO 30, entrée en vigueur le 01.01.2018)*** «comité social et économique» ainsi que l'agent de contrôle de l'inspection du travail mentionné à l'article L. 8112-1 en précisant les circonstances, les causes présumées et les mesures envisagées pour éviter le renouvellement de ce dépassement.

SECTION 6 (réglementaire). Information et formation des travailleurs

Art. R. 4453-17. L'employeur veille à ce que chaque travailleur susceptible d'être exposé à un risque lié à des champs électromagnétiques reçoive toute l'information nécessaire et une formation en rapport avec les résultats de l'évaluation des risques réalisée conformément à la section 4.

Cette information et cette formation portent, notamment, sur:

1° Les caractéristiques des émissions de champs électromagnétiques;

2° Les effets biophysiques directs et les effets indirects pouvant résulter d'une exposition à des champs électromagnétiques;

3° Les mesures prises en application de la section 5 en vue de supprimer ou de réduire les risques résultant des champs électromagnétiques;

4° Les précautions à prendre par les travailleurs pour assurer la protection de leur santé et de leur sécurité et celle des autres travailleurs présents sur le lieu de travail, notamment l'importance de déclarer le plus précocement possible au médecin du travail ***(D. 2016-1908 du 27 déc. 2016, art. 16, 3°, JO 29, entrée en vigueur le 01.01.2017)*** «ou les professionnels de santé du service de santé au travail» qu'ils sont équipés de dispositifs médicaux implantés ou non, passifs ou actifs;

5° Les règles particulières établies pour les travailleurs à risques particuliers mentionnés au 7° de l'article R. 4453-8;

6° La conduite à tenir en cas d'apparition d'effets sensoriels ou sur la santé, d'accident ou d'exposition au-delà des valeurs limites d'exposition, ainsi que les modalités de leur signalement.

Art. R. 4453-18. L'employeur établit une notice de poste pour chaque poste de travail lorsque les travailleurs sont susceptibles d'être exposés à des champs électromagnétiques dépassant les valeurs déclenchant l'action identifiées en application de l'article R. 4453-6 ou présentant d'autres risques d'effets indirects.

La notice est destinée à informer les travailleurs des risques auxquels leur travail peut les exposer et des dispositions prises pour les éviter. Elle rappelle en particulier les règles de sécurité applicables et les consignes relatives aux mesures de protection collective et individuelle.

SECTION 7 (réglementaire). Suivi de l'état de santé des travailleurs

Art. R. 4453-19. Lorsqu'une exposition au-delà des valeurs limites d'exposition est détectée ou lorsqu'un effet indésirable ou inattendu sur la santé susceptible de résulter d'une exposition à des champs électromagnétiques est signalé par un travailleur, celui-ci bénéficie d'***(D. 2016-1908 du 27 déc. 2016, art. 16, 4°, JO 29, entrée en vigueur le 01.01.2017)*** «un examen médical complémentaire réalisé dans les conditions prévues aux articles R. 4624-35 à R. 4624-38».

SECTION 8 (réglementaire). Dispositions particulières encadrant le dépassement des valeurs limites d'exposition relatives aux effets sensoriels

Art. R. 4453-20. Sans préjudice des dispositions prévues aux sections 1 à 7 du présent chapitre, à l'exception de l'article R. 4453-16, lorsque les mesures et moyens de prévention mis en place par l'employeur au titre de l'article R. 4453-13 ne permettent pas de maintenir les expositions en deçà des valeurs limites d'exposition relatives aux effets sensoriels et lorsque la pratique de travail le nécessite, ces valeurs peuvent être temporairement dépassées.

L'exposition du travailleur ne dépasse pas les valeurs limites d'exposition relatives aux effets sur la santé.

Art. R. 4453-21. L'employeur démontre l'absence d'alternative possible au dépassement des valeurs limites d'exposition relatives aux effets sensoriels compte tenu de la pratique de travail et consigne la justification dans le document unique d'évaluation des risques.

L'employeur en informe le médecin du travail ***(D. 2016-1908 du 27 déc. 2016, art. 16, 5°, JO 29, entrée en vigueur le 01.01.2017)*** «, les professionnels de santé du service de santé au travail» et le ***(D. 2017-1819 du 29 déc. 2017, art. 3, 55°, JO 30, entrée en vigueur le 01.01.2018)*** «comité social et économique».

Art. R. 4453-22. L'employeur s'assure de la mise en œuvre de mesures et moyens de prévention complémentaires propres à garantir la santé et la sécurité des travailleurs.

Art. R. 4453-23. L'employeur désigne une personne chargée d'assurer la fonction de conseiller à la prévention des risques liés aux champs électromagnétiques. Cette personne peut être le salarié sur lequel s'appuie l'employeur au titre de l'article R. 4453-9 pour procéder à l'évaluation des risques.

Art. L. 4453-1

Sous la responsabilité de l'employeur, celle-ci participe notamment à :
1° L'évaluation des risques prévue à l'article R. 4453-6 ;
2° La mise en œuvre de toutes mesures propres à assurer la santé et la sécurité des travailleurs ;
3° L'amélioration continue de la prévention des risques à partir de l'analyse des situations de travail ;
4° L'information et la formation des travailleurs relatives aux risques liés aux champs électromagnétiques.

Art. R. 4453-24. En complément de la formation prévue à l'article R. 4453-17, l'employeur organise, pour chaque travailleur concerné, une formation renforcée sur les risques, les mesures et moyens de prévention spécifiques à prendre pendant cette exposition.

Art. R. 4453-25. L'employeur met en place un dispositif permettant aux travailleurs de signaler l'apparition de tout effet sensoriel.

Après chaque signalement, l'employeur met à jour, si nécessaire, l'évaluation des risques prévue à l'article R. 4453-6 et adapte les moyens et mesures de prévention mentionnés à l'article R. 4453-13.

Art. R. 4453-26. Pour chaque travailleur concerné, l'employeur identifie et transmet au médecin du travail ***(D. 2016-1908 du 27 déc. 2016, art. 16, 6°, JO 29, entrée en vigueur le 01.01.2017)*** « et aux professionnels de santé mentionnés au premier alinéa de l'article L. 4624-1 » les informations suivantes, qu'il réactualise en tant que de besoin :
1° La nature du travail ;
2° Les caractéristiques des champs électromagnétiques auxquelles le travailleur est exposé ;
3° Les niveaux d'exposition, et le cas échéant, les résultats des mesures, du calcul, ou de la simulation numérique des niveaux de champs électromagnétiques ;
4° La fréquence des expositions.

SECTION 9 (réglementaire). **Dispositions particulières applicables aux équipements d'imagerie par résonance magnétique destinés aux soins des patients dans le secteur de la santé ou à la recherche dans ce domaine encadrant le dépassement des valeurs limites d'exposition relatives aux effets sur la santé**

Art. R. 4453-27. Sans préjudice des dispositions prévues aux sections 1 à 8 du présent chapitre, à l'exception de l'article R. 4453-16, les dispositions de la présente section sont applicables à l'installation, à l'essai, à l'utilisation, au développement et à l'entretien des équipements d'imagerie par résonance magnétique destinés aux soins des patients dans le secteur de la santé ou à la recherche dans ce domaine lorsque les mesures de prévention mises en place par l'employeur au titre de l'article R. 4453-13 ne permettent pas de maintenir l'exposition des travailleurs en deçà des valeurs limites d'exposition relatives aux effets sur la santé.

Art. R. 4453-28. L'employeur démontre l'absence d'alternative possible au dépassement des valeurs limites d'exposition relatives aux effets sur la santé compte tenu de la pratique de travail et consigne la justification dans le document d'évaluation des risques.

L'employeur demande l'avis du médecin du travail et celui du ***(D. 2017-1819 du 29 déc. 2017, art. 3, 56°, JO 30, entrée en vigueur le 01.01.2018)*** « comité social et économique ».

Art. R. 4453-29. L'employeur définit les mesures et moyens de protection appropriés garantissant que :
1° Les travailleurs sont protégés contre les effets nocifs pour la santé et les risques pour la sécurité ;
2° L'exposition du travailleur ne soit que temporaire ;
3° Le travailleur ne fait l'objet d'aucune contre-indication médicale ;
4° L'accès au poste de travail fait l'objet d'une habilitation nominative délivrée par l'employeur, renouvelée si la pratique de travail le nécessite.

Art. R. 4453-30. L'employeur complète le dispositif prévu à l'article R. 4453-25 permettant aux travailleurs de signaler l'apparition de tout autre effet.

Après chaque signalement, l'employeur met à jour, si nécessaire, l'évaluation des risques prévue à l'article R. 4453-6 et adapte les moyens et mesures de prévention mis en œuvre au titre de la présente section.

Art. R. 4453-31. L'employeur demande l'autorisation de dépasser, dans les conditions prévues à la présente section, les valeurs limites d'exposition relatives aux effets sur la santé au ***(D. 2020-1545 du 9 déc. 2020, JO 10, entrée en vigueur le 01.04.2021)*** « directeur régional de l'économie, de l'emploi, du travail et des solidarités ».

Art. R. 4453-32. La demande d'autorisation comprend :
1° La dénomination et le siège social de l'entreprise et l'adresse de l'établissement ;
2° Le nom et l'adresse du service de santé au travail dont il relève ;

3° Le nom et la qualité du conseiller à la prévention des risques liés aux champs électromagnétiques désigné par l'employeur;

4° Le résultat de l'évaluation des risques d'exposition aux champs électromagnétiques;

5° Les circonstances qui justifient cette démarche;

6° Les mesures et moyens de protection envisagés;

7° La liste des postes de travail concernés;

8° Le cas échéant, les dispositions particulières prises dans le cadre de travaux réalisés par une entreprise extérieure;

9° L'avis du médecin du travail et l'avis du ***(D. 2017-1819 du 29 déc. 2017, art. 3, 47°, JO 30, entrée en vigueur le 01.01.2018)*** «comité social et économique».

Art. R. 4453-33. I. – Le ***(D. 2020-1545 du 9 déc. 2020, JO 10, entrée en vigueur le 01.04.2021)*** «directeur régional de l'économie, de l'emploi, du travail et des solidarités» saisi d'une demande d'autorisation, prend sa décision dans un délai de deux mois, après enquête de l'agent de contrôle de l'inspection du travail mentionné à l'article L. 8112-1.

II. – Le silence gardé par le ***(D. 2020-1545 du 9 déc. 2020, JO 10, entrée en vigueur le 01.04.2021)*** «directeur régional de l'économie, de l'emploi, du travail et des solidarités» pendant deux mois à la demande d'autorisation mentionnée au I vaut rejet de celle-ci.

Art. R. 4453-34. L'autorisation du ***(D. 2020-1545 du 9 déc. 2020, JO 10, entrée en vigueur le 01.04.2021)*** «directeur régional de l'économie, de l'emploi, du travail et des solidarités» peut être retirée lorsque les conditions ayant justifié sa délivrance ne sont plus réunies.

TITRE VI AUTRES RISQUES

CHAPITRE Ier Prévention des risques en milieu hyperbare

Note • Les dispositions réglementaires de ce chapitre sont issues du décret 2011-45 du 11 janvier 2011, JO 13.

• Voir notamment décret 90-277 du 28 mars 1990 (JO 29) modifié relatif à la protection des travailleurs intervenant en milieu hyperbare et arrêté du 28 janvier 1991 (JO 2 mars) modifié définissant les modalités de formation à la sécurité des personnels intervenant dans les opérations hyperbares.

Les titulaires de certificats d'aptitude à l'hyperbarie délivrés antérieurement au 14 janvier 2011 conservent le bénéfice des aptitudes définies dans ces certificats. Pour l'application du décret 2011-45, les intitulés des classes et les pressions relatives maximales mentionnées à l'article 3 du décret 90-277 du 28 mars 1990 ont pour équivalence les intitulés et pressions relatives maximales figurant en annexe au décret 2011-45 (décret précité, art. 5).

Art. L. 4461-1. ***(L. 2019-486 du 22 mai 2019, art. 11, VI, 9°, JO 23, entrée en vigueur le 01.01.2020)*** **Par dérogation aux articles L. 1111-2 et L. 1111-3, pour l'application du chapitre Ier du titre VI du livre IV de la quatrième partie de la partie réglementaire, un décret en Conseil d'État fixe les conditions dans lesquelles l'effectif salarié et les règles de franchissement des seuils d'effectif sont déterminés.**

SECTION 1 (réglementaire). Définitions et dispositions générales

Art. R. 4461-1. Les dispositions du présent chapitre s'appliquent dès lors que des travailleurs sont exposés à une pression relative supérieure à 100 hectopascals dans l'exercice des activités suivantes réalisées avec ou sans immersion:

1° Travaux hyperbares exécutés par des entreprises soumises à certification et dont la liste est fixée par l'arrêté prévu à l'article R. 4461-48, en tenant compte de la nature et de l'importance du risque, comprenant notamment les travaux industriels, de génie civil ou maritimes;

2° Interventions en milieu hyperbare réalisées à d'autres fins que celles des travaux mentionnés au 1°, notamment dans le cadre d'activités physiques ou sportives, culturelles, scientifiques, techniques, maritimes, aquacoles, ***(D. 2020-1531 du 7 déc. 2020, art. 1er, I, JO 9)*** «de santé», de sécurité ***(D. 2020-1531 du 7 déc. 2020, art. 1er, I, JO 9)*** «et de secours».

Note Voir arrêté du 29 septembre 2017 (JO 12 janv. 2018) relatif à la certification d'entreprises réalisant des travaux hyperbares.

Art. R. 4461-2. La pression relative considérée par le présent chapitre est la pression absolue au niveau des voies respiratoires du travailleur, au moment où elle atteint sa valeur maximale pendant la durée de travail, diminuée de la pression atmosphérique locale.

SECTION 2 (réglementaire). Évaluation des risques

Sous-section 1. Document unique

Art. R. 4461-3. Dans le cadre de l'évaluation des risques prévue à l'article R. 4121-1, l'employeur consigne en particulier les éléments suivants dans le document unique d'évaluation:

1° Le niveau, le type et la durée d'exposition au risque hyperbare des travailleurs;

2° L'incidence sur la santé et la sécurité des travailleurs exposés à ce risque;

3° L'incidence sur la santé et la sécurité des autres risques liés aux interventions et leurs interactions avec le risque hyperbare;

4° Les variables d'environnement tels que les courants, la météorologie, la température, la turbidité et tout autre élément ayant une incidence sur les conditions d'intervention;

5° Les caractéristiques techniques des équipements de travail;

6° Les recommandations spécifiques du médecin du travail concernant la surveillance de la santé des travailleurs.

Note Pour l'application de cet article et lorsqu'il s'agit d'interventions archéologiques sous-marines et subaquatiques, sont substitués au mot: «l'employeur» les mots: «le ministre chargé de la culture ou son représentant» (décret 2011-45, art. 7).

Sous-section 2. Conseiller à la prévention hyperbare

Art. R. 4461-4. I. – L'employeur désigne une personne chargée d'assurer la fonction de conseiller à la prévention hyperbare. Sous la responsabilité de l'employeur, ce conseiller participe notamment:

1° À l'évaluation des risques prévue à l'article R. 4461-3;

2° À la mise en œuvre de toutes les mesures propres à assurer la santé et la sécurité des travailleurs intervenant en milieu hyperbare;

3° À l'amélioration continue de la prévention des risques à partir de l'analyse des situations de travail.

II. – Ne peut être désigné en qualité de conseiller à la prévention hyperbare que le travailleur titulaire du certificat prévu au II de l'article R. 4461-27.

III. – Dans les entreprises de moins de ***(D. 2019-1586 du 31 déc. 2019, JO 1er janv. 2020, entrée en vigueur le 01.01.2020)*** «onze» salariés, l'employeur peut occuper cette fonction à la condition d'être titulaire du certificat mentionné au II ci-dessus.

(D. 2019-1586 du 31 déc. 2019, JO 1er janv. 2020, entrée en vigueur le 01.01.2020) «L'effectif salarié ainsi que le franchissement du seuil de onze salariés sont déterminés selon les modalités prévues à l'article L. 130-1 du code de la sécurité sociale.»

Note • Cet article a été modifié par le décret 2020-1531 du 7 décembre 2020, art. 1er, II, JO 9.

• Pour l'application des dispositions de cet article dans sa rédaction résultant du décret 2019-1586 précité, le II de l'article L. 130-1 du code de la sécurité sociale ne s'applique pas lorsque l'effectif de l'entreprise est, au 1er janvier 2020, supérieur ou égal au seuil déterminé à cet article et que cette entreprise était soumise, au titre de l'année 2019, aux dispositions applicables dans le cas d'un effectif supérieur ou égal au seuil applicable avant le 1er janvier 2020 (décret précité, art. 4, II).

• Pour l'application de cet article et lorsqu'il s'agit d'interventions archéologiques sous-marines et subaquatiques, sont substitués au mot: «l'employeur» les mots: «le ministre chargé de la culture ou son représentant» (décret 2011-45, art. 7).

Art. R. 4461-5. L'employeur porte à la connaissance de chaque travailleur amené à intervenir en milieu hyperbare le nom et les coordonnées du conseiller à la prévention hyperbare mentionné à l'article R. 4461-4.

SECTION 3 (réglementaire). Mesures et moyens de prévention

Sous-section 1. Organisation du travail en milieu hyperbare

§ 1. Procédures et méthodes d'intervention, procédures de secours et manuel de sécurité hyperbare

Art. R. 4461-6. Les procédures, et leurs paramètres, retenues pour les différentes méthodes d'intervention ou d'exécution de travaux sont fixées par des arrêtés conjoints du ministre chargé du travail et, chacun en ce qui le concerne, des ministres intéressés.

Chaque arrêté précise notamment:

1° Les gaz ou mélanges gazeux respiratoires autorisés, en application des dispositions de la sous-section 2 ci-après;

2° Les durées d'intervention ou d'exécution des travaux, tenant compte de l'exposition du travailleur;

3° Les caractéristiques et conditions d'utilisation des appareils respiratoires;

4° La composition des équipes lorsque, par dérogation aux dispositions de la section 5 du présent chapitre, il est nécessaire que celles-ci soient renforcées pour tenir compte des méthodes et conditions d'intervention ou d'exécution de travaux particulières, en milieu hyperbare;

5° Les prescriptions d'utilisation applicables aux enceintes pressurisées habitées, notamment aux caissons de recompression, aux systèmes de plongées à saturation, aux caissons hyperbares thérapeutiques, aux tourelles de plongées, aux bulles de plongées et aux caissons hyperbares des tunneliers;

6° Les procédures et moyens de compression et de décompression;

7° Les méthodes d'intervention et d'exécution de travaux ainsi que les procédures de secours et la conduite à tenir devant les accidents liés à l'exposition au risque hyperbare.

Note Voir arrêté du 21 avril 2016 (JO 7 mai) définissant les procédures d'accès, de séjour et de secours des activités hyperbares exécutées avec immersion dans le cadre de la mention B «archéologie sous-marine et subaquatique».

Voir arrêté du 21 décembre 2016 (JO 25 févr. 2017, rectif. JO 8 avril 2017) définissant les procédures d'interventions hyperbares exécutées avec immersion et les formations des travailleurs relevant de la mention B «secours et sécurité» option police nationale.

Voir arrêté du 14 mai 2019 (JO 24, entrée en vigueur le 01.07.2019) définissant les procédures d'accès, de séjour, de sortie et d'organisation du travail pour les interventions en milieu hyperbare exécutées avec immersion dans le cadre de la mention B «techniques, sciences, pêche, aquaculture, médias et autres interventions».

Voir arrêté du 14 mai 2019 (JO 24, entrée en vigueur le 01.07.2019) relatif aux travaux hyperbares effectués en milieu subaquatique (mention A).

Art. R. 4461-7. L'employeur établit, pour chacun de ses établissements, un manuel de sécurité hyperbare, en tenant compte des résultats de l'évaluation des risques consignés dans le document unique prévu à l'article R. 4461-3.

Ce manuel précise notamment:

1° Les fonctions, compétences et les rôles respectifs des différentes catégories de travailleurs intervenant lors des opérations;

2° Les équipements requis selon les méthodes d'intervention employées par l'entreprise et les vérifications devant être effectuées avant leur mise en œuvre;

3° Les règles de sécurité à observer au cours des différents types d'opérations ainsi que celles à respecter préalablement et ultérieurement à ces opérations, en particulier dans les déplacements entraînant des modifications de pression ayant des conséquences sur la santé et en cas d'intervention dans les conditions mentionnées à l'article R. 4461-49;

4° Les éléments devant être pris en compte par les travailleurs lors du déroulement des opérations tels que les caractéristiques des lieux, les variables d'environnement, les interférences avec d'autres opérations, la pression relative;

5° Les méthodes d'intervention et d'exécution des travaux;

6° Les procédures d'alerte et d'urgence, les moyens de secours extérieurs à mobiliser, les moyens de recompression disponibles et leur localisation.

Note Pour l'application de cet article et lorsqu'il s'agit d'interventions archéologiques sous-marines et subaquatiques, sont substitués au mot: «l'employeur» les mots: «le ministre chargé de la culture ou son représentant» (décret 2011-45, art. 7).

Art. R. 4461-8. Le manuel de sécurité hyperbare, établi en liaison avec le conseiller à la prévention hyperbare, est soumis à l'avis préalable du médecin du travail et du ***(D. 2017-1819 du 29 déc. 2017, art. 3, 43°, JO 30, entrée en vigueur le 01.01.2018)*** «comité social et économique».

Il est mis à jour périodiquement notamment à l'occasion de toute modification importante des conditions d'intervention ou d'exécution de travaux.

Note Pour l'application de cet article et lorsqu'il s'agit d'interventions archéologiques sous-marines et subaquatiques, sont substitués au mot: «l'employeur» les mots: «le ministre chargé de la culture ou son représentant» (décret 2011-45, art. 7).

Art. R. 4461-9. L'employeur remet un exemplaire du manuel de sécurité hyperbare au conseiller à la prévention hyperbare qui veille à la disponibilité de ce manuel sur le site d'intervention ou de travaux.

L'employeur le tient à la disposition des travailleurs et du ***(D. 2017-1819 du 29 déc. 2017, art. 3, 43°, JO 30, entrée en vigueur le 01.01.2018)*** «comité social et économique».

À bord des navires, le manuel de sécurité hyperbare est également tenu à la disposition des délégués de bord mentionnés à l'article L. 5543-2 du code des transports.

Art. R. 4461-10. L'employeur établit, sur la base de l'évaluation des risques réalisée pour chaque poste de travail et mentionnée à l'article R. 4461-3, une notice de poste remise à chaque travailleur afin de l'informer sur les risques auxquels son travail peut l'exposer et les dispositions prises pour les éviter ou les réduire. Cette notice, tenue à jour, rappelle les règles d'hygiène et de sécurité applicables ainsi que, le cas échéant, les consignes relatives à l'emploi des mesures de protection collective ou des équipements de protection individuelle.

(D. 2020-1531 du 7 déc. 2020, art. 1er, III, JO 9) «La notice de poste est accompagnée d'un livret de suivi des interventions ou d'exécution des travaux en milieu hyperbare, dénommé livret individuel hyperbare, remis au travailleur par l'employeur.»

Art. L. 4461-1

Note Pour l'application de cet article et lorsqu'il s'agit d'interventions archéologiques sous-marines et subaquatiques, sont substitués au mot: «l'employeur» les mots: «le ministre chargé de la culture ou son représentant» (décret 2011-45, art. 7).

Art. R. 4461-11. Lorsque le chef de l'entreprise utilisatrice fait intervenir une entreprise extérieure ou un travailleur indépendant, il assure la coordination générale des mesures de prévention qu'il prend et de celles prises par le chef de l'entreprise extérieure ou le travailleur indépendant, conformément aux dispositions des articles R. 4511-1 et suivants.

Il transmet les consignes particulières applicables à l'établissement en matière de prévention du risque hyperbare aux chefs des entreprises extérieures ou aux travailleurs indépendants auxquels il fait appel. Il leur remet notamment le manuel de sécurité hyperbare applicable à l'établissement au sein duquel ils sont appelés à intervenir.

Chaque chef d'entreprise est responsable, chacun en ce qui le concerne, de l'application des mesures de prévention nécessaires à la protection des travailleurs qu'il emploie, notamment de la fourniture, de l'entretien et du contrôle des appareils et mesures de protection collective et des équipements de protection individuelle.

Des accords peuvent être conclus entre le chef de l'entreprise utilisatrice et les chefs des entreprises extérieures ou les travailleurs indépendants concernant les modalités de mise à disposition des moyens de protection collective, des appareils et des équipements de protection individuelle, ainsi que des gaz respiratoires.

§ 2. Fiche de sécurité

Art. R. 4461-12. L'employeur s'assure de l'adéquation des qualifications et de l'aptitude médicale de chaque travailleur avec la fonction qu'il lui a confiée.

Art. R. 4461-13. Sur le site d'intervention ou de travaux hyperbares, pour chaque intervention à des fins de travaux ou à d'autres fins, l'employeur établit une fiche de sécurité sur laquelle il indique:

1° La date et le lieu de l'intervention ou des travaux;

2° L'identité des travailleurs concernés ainsi que leur fonction et, s'il s'agit de travailleurs indépendants ou de salariés d'une entreprise extérieure, l'identification de celle-ci;

3° Les paramètres relatifs à l'intervention ou aux travaux, notamment les durées d'exposition et les pressions relatives;

4° Les mélanges utilisés.

Un modèle de ce document est intégré dans le manuel de sécurité hyperbare.

Art. R. 4461-13-1. ***(D. 2020-1531 du 7 déc. 2020, art. 1er, IV, JO 9)*** Afin d'assurer la traçabilité de toute exposition aux risques inhérents au travail accompli dans les conditions mentionnées à l'article R. 4461-1, l'employeur conserve l'original de la fiche de sécurité et remet à chaque travailleur ayant pris part à l'intervention un exemplaire de cette fiche.

L'employeur transmet au service de santé au travail, au plus tard à l'occasion des visites et examens réalisés au titre du suivi individuel renforcé de l'état de santé du travailleur prévu à l'article R. 4624-22, les informations mentionnées sur l'exemplaire de la fiche de sécurité qui lui a été remis. La transmission est effectuée par tout moyen donnant date certaine à la réception.

Sous-section 2. **Règles techniques**

§ 1. Gaz et mélanges gazeux respiratoires

Sous-§ 1. Principes

Art. R. 4461-14. Sauf pour les interventions en apnée mentionnées à l'article R. 4461-42, les interventions et travaux en milieu hyperbare sont pratiqués en respirant de l'air, un autre mélange gazeux ou de l'oxygène pur dans les conditions fixées à la présente sous-section.

Art. R. 4461-15. L'employeur détermine le gaz respiratoire le plus approprié aux conditions de travail.

Art. R. 4461-16. La respiration d'air comprimé est autorisée jusqu'à la pression relative de 6 000 hectopascals. Au-delà de 6 000 hectopascals, des mélanges respiratoires spécifiques doivent être utilisés.

Sous-§ 2. Composition des gaz

Art. R. 4461-17. Sans préjudice des valeurs limites d'exposition professionnelle fixées aux articles R. 4222-10, R. 4412-149 et R. 4412-150, l'air ou les mélanges respirés au cours des interventions et travaux doivent présenter les caractéristiques suivantes:

1° S'agissant du gaz carbonique, une pression partielle inférieure à 10 hectopascals;

2° S'agissant du monoxyde de carbone, une pression partielle inférieure à ***(D. 2020-1531 du 7 déc. 2020, art. 1er, V, JO 9)*** «0,05 hectopascal»;

3° S'agissant de la vapeur d'eau, pour les expositions d'une durée supérieure à 24 heures, un degré hygrométrique compris entre 60 pour 100 et 80 pour 100;

4° S'agissant des vapeurs d'huile, une pression partielle exprimée en équivalent méthane inférieure à 0,5 hectopascal et une concentration inférieure à 0,5 mg/m³.

La masse volumique d'un mélange respiratoire ne doit pas excéder 9 grammes par litre à la pression d'utilisation.

Art. R. 4461-18. La pression partielle d'azote dans un mélange respiré doit être inférieure à 5 600 hectopascals.

Art. R. 4461-19. La pression partielle d'oxygène d'un mélange respiré ne doit pas:

I. – Être inférieure à 160 hectopascals et, dans une enceinte hyperbare de travail, être supérieure à 25 pour 100 de la pression ***(D. 2013-607 du 9 juil. 2013, JO 11)*** «absolue».

II. – Dépasser les valeurs suivantes:

1° En période d'activités physiques, en dehors des phases de compression et de décompression et pour des durées continues d'exposition n'excédant pas respectivement 3, 4, 5, 6 et 8 heures: 1 600 hectopascals, 1 400 hectopascals, 1 200 hectopascals, 1 000 hectopascals et 900 hectopascals;

2° Lors de la phase de décompression en immersion,1 600 hectopascals;

3° Lors de la phase de décompression au sec, 2 200 hectopascals pour une décompression d'une durée inférieure à 24 heures et 800 hectopascals pour une décompression d'une durée supérieure à 24 heures;

4° Lors des phases de compression ou de repos à saturation, entre 300 hectopascals et 450 hectopascals;

5° Lors d'une recompression d'urgence après un accident de décompression, 2 800 hectopascals, sauf prescription médicale différente.

Art. R. 4461-20. Par dérogation au I de l'article R. 4461-19, la respiration d'oxygène par sous pression avec un appareil de protection respiratoire individuel est autorisée durant les périodes de décompression conformément aux procédures de décompression définies au 6° de l'article R. 4461-6.

§ 2. Équipements de protection individuelle

Art. R. 4461-21. L'employeur met à disposition les équipements de protection individuelle spécifiques à la nature de l'intervention ou des travaux, comprenant notamment les appareils respiratoires, les appareils respiratoires de secours et les accessoires appropriés aux méthodes d'intervention et de secours.

Note Par dérogation aux articles R. 4461-21 et R. 4461-25 CT, l'employeur peut autoriser un travailleur titulaire d'un certificat d'aptitude à l'hyperbarie mention B «archéologie sous-marine et subaquatique» à utiliser son propre équipement de protection individuelle, après s'être assuré qu'il est approprié au travail à réaliser ou convenablement adapté à cet effet, conformément aux articles R. 4321-1 et s. CT (décret 2011-45, art. 7).

Art. R. 4461-22. Doivent être constamment disponibles pour prévenir une défaillance d'alimentation en gaz respirable:

1° Un réservoir de gaz de secours ou un moyen de contrôle continu de la pression permettant d'alerter le travailleur;

2° Un dispositif d'alimentation de secours.

§ 3. Contrôle des gaz et détendeurs

Art. R. 4461-23. L'employeur s'assure, en procédant ou en faisant procéder, par analyse, et avant leur utilisation, de:

1° La conformité des gaz respiratoires, fournis par des compresseurs, aux valeurs limites d'exposition professionnelle fixées par la présente sous-section;

2° La conformité de la teneur en oxygène des mélanges autres que l'air aux valeurs limites d'exposition professionnelle fixées par la présente sous-section;

3° En cas d'utilisation de mélanges binaires ou ternaires, la conformité de la teneur en azote et, le cas échéant, en hélium.

Art. R. 4461-24. L'employeur consigne les résultats des analyses mentionnées à l'article R. 4461-23 et les tient à disposition des personnes mentionnées à l'article R. 4121-4.

Lorsque les gaz sont destinés à être utilisés par une entreprise extérieure, ils sont accompagnés d'une fiche mentionnant le résultat de ces analyses.

Art. R. 4461-25. L'employeur assure la maintenance et le contrôle des détendeurs destinés à ramener la pression du gaz d'un réservoir à la pression d'utilisation.

Note Voir note sous article R. 4461-21 CT.

Art. R. 4461-26. Un arrêté conjoint du ministre chargé du travail et, chacun en ce qui le concerne, des ministres intéressés précise la périodicité et les modalités selon lesquelles sont effectuées:

1° Les analyses de gaz prévues à l'article R. 4461-23;

2° Les opérations de maintenance et de contrôle prévues à l'article R. 4461-25.

SECTION 4 (réglementaire). **Formation**

Note Voir arrêté du 12 décembre 2016 (JO 31) définissant les modalités de formation à la sécurité des travailleurs exposés au risque hyperbare.

Sous-section 1. **Certificat d'aptitude à l'hyperbarie et certificat de conseiller à la prévention hyperbare**

Art. R. 4461-27. I. – Seuls peuvent intervenir en milieu hyperbare les travailleurs titulaires d'un certificat d'aptitude à l'hyperbarie délivré à l'issue d'une formation dispensée dans les conditions prévues par la présente section.

II. – Seuls peuvent exercer les fonctions de conseiller à la prévention hyperbare ***(D. 2020-1531 du 7 déc. 2020, art. 1er, VI, JO 9)*** «mentionnées à l'article R. 4461-4» les travailleurs titulaires du certificat délivré ***(D. 2020-1531 du 7 déc. 2020, art. 1er, VI, JO 9)*** «à cet effet» à l'issue d'une formation dispensée dans les conditions prévues par la présente section.

III. – La durée de validité de ces certificats ainsi que les modalités et conditions de leur renouvellement sont fixées par les arrêtés prévus à l'article R. 4461-30.

L'obligation de détention de ces certificats n'est pas applicable aux travailleurs qui justifient d'une formation acquise de façon prépondérante dans l'Union, ou d'un diplôme, certificat ou autre titre délivré dans un État membre de l'Union européenne, ou délivré par une autorité d'un pays tiers, à condition que soit fournie une attestation de l'autorité compétente de l'État membre qui a reconnu le titre, certificat ou un autre titre attestant de la formation et de la qualification de cette personne par une autorité ou d'une formation acquise remplissant les mêmes objectifs pédagogiques que ceux figurant au I du R. 4461-30.

Note ***À compter du 01.01.2022,*** *l'article R. 4461-27 est ainsi modifié:*

Après le premier alinéa du III, il est inséré un IV ainsi rédigé:

«IV. - Les travaux subaquatiques mentionnés au 1° du III de l'article R. 4461-28 ne peuvent être accomplis que par des travailleurs détenant:

1° Soit le titre professionnel de scaphandrier de travaux publics, délivré par le ministre chargé de l'emploi en application de l'article R. 338-1 du code de l'éducation;

2° Soit le certificat sanctionnant celui des blocs de compétences constituant ce titre professionnel qui correspond à l'activité exercée;

3° Soit une certification professionnelle enregistrée dans le répertoire national des certifications professionnelles correspondant à l'activité exercée lorsqu'elle n'est pas accomplie en milieu subaquatique.

Un arrêté du ministre chargé du travail détermine la durée et les modalités des formations conduisant à l'obtention du titre professionnel de scaphandrier de travaux publics et des blocs de compétences constituant ce titre.»

Au dernier alinéa, les mots: ***«L'obligation de détention de ces certificats»*** *sont remplacés par les mots:* ***« V. - L'obligation de détention des certificats mentionnés aux I et II et du titre professionnel, du certificat sanctionnant un bloc de compétences ou de la certification professionnelle mentionné au IV»*** *(décret 2020-1531 précité, art. 1er, VI, 2° et 3°, et 5, I).*

Par dérogation aux dispositions du IV de l'article R. 4461-27 dans sa rédaction résultant du décret 2020-1531 précité, peuvent accomplir des travaux subaquatiques mentionnés au 1° du III de l'article R. 4461-28 les travailleurs qui détiennent au 1er janvier 2022 un certificat d'aptitude à l'hyperbarie portant la mention A en cours de validité et qui, à cette date, justifient d'au moins quinze heures de plongées effectives depuis le 1er janvier 2019 dans l'activité visée par un des blocs de compétences composant le titre professionnel de scaphandrier de travaux publics (décret précité, art. 5, II).

Art. R. 4461-28. ***(D. 2020-1531 du 7 déc. 2020, art. 1er, VII, JO 9)*** I. – Le certificat d'aptitude à l'hyperbarie indique notamment:

1° La mention correspondant à l'activité professionnelle exercée;

2° La classe définissant, compte tenu de la pression relative maximale, la zone dans laquelle le travailleur peut intervenir.

II. – Le certificat de conseiller à la prévention hyperbare indique notamment la mention correspondant à l'activité professionnelle exercée.

III. – Les mentions relatives aux activités professionnelles sont ainsi définies:

1° Mention A: Travaux subaquatiques effectués par des entreprises soumises à certification telle que définie à l'article R. 4461-43;

2° Mention B : Interventions subaquatiques :
a) Activités physiques ou sportives ;
b) Archéologie sous-marine et subaquatique ;
c) Secours et sécurité :
– option sécurité civile ;
– option police ;
d) Techniques, sciences, pêche, aquaculture, médias et autres interventions ;
3° Mention C : Interventions sans immersion effectuées dans le domaine de la santé ;
4° Mention D : Travaux sans immersion effectués par des entreprises soumises à certification telle que définie à l'article R. 4461-43.

IV. – Les classes sont définies comme suit :
1° Classe 0 : pour une pression relative maximale n'excédant pas 1200 hectopascals ;
2° Classe I : pour une pression relative maximale n'excédant pas 3000 hectopascals ;
3° Classe II : pour une pression relative maximale n'excédant pas 5000 hectopascals ;
4° Classe III : pour une pression relative supérieure à 5000 hectopascals.

Sous-section 2. Organisation de la formation

Art. R. 4461-29. Les formations réalisées en vue de la délivrance des certificats d'aptitude à l'hyperbarie et de conseiller à la prévention hyperbare le sont par :
1° Un organisme habilité dans les conditions et selon les modalités définies à la sous-section 3 ci-après, pour les formations donnant lieu à la délivrance d'un certificat d'aptitude à l'hyperbarie mention B, pour les activités suivantes :
a) Archéologie sous-marine et subaquatique ;
b) Secours et sécurité ;
2° Un organisme certifié par un organisme de certification accrédité dans les conditions prévues à l'article R. 4724-1, pour les autres formations.

Art. R. 4461-30. Pour la réalisation des formations, des arrêtés conjoints du ministre chargé du travail et, chacun en ce qui le concerne, des ministres intéressés, fixent :
I. – Pour la réalisation des formations, en tenant compte de l'ampleur et la nature du risque lié à chaque type d'intervention ou de travaux en milieu hyperbare :
1° Les objectifs pédagogiques, la durée des formations des travailleurs intéressés et les conditions d'accès aux formations ;
2° La qualification des personnes chargées de ces formations ;
3° Les modalités de contrôle des connaissances acquises à l'issue des formations ;
4° Les conditions d'organisation de la formation des travailleurs concernés.

II. – Pour la délivrance des certificats prévus aux articles R. 4461-4 et R. 4461-27 :
1° Les conditions de délivrance, la durée de validité et les modalités de renouvellement du certificat d'aptitude à l'hyperbarie et du certificat de conseiller à la prévention hyperbare ;
2° Les informations devant figurer sur le certificat d'aptitude à l'hyperbarie et sur le certificat de conseiller à la prévention hyperbare.

Note • Voir arrêté du 11 juin 2020 (JO 8 juil.) relatif aux modalités de formation des travailleurs exposés au risque hyperbare relevant de la mention B «archéologie sous-marine et subaquatique» avec ou sans l'option «travaux à des fins archéologiques».

• Annexe au décret 2011-45 du 11 janvier 2011 (JO 13).

Table de correspondance des classes et pressions relatives figurant dans les certificats d'aptitude à l'hyperbarie

CLASSES ET PRESSIONS RELATIVES figurant à l'article 3 du décret n° 90-277 du 28 mars 1990 abrogé relatif à la protection des travailleurs intervenant en milieu hyperbare	CLASSES ET PRESSIONS RELATIVES équivalentes fixées à l'article R. 4461-30 du code du travail
Classe I A : pour une pression relative maximale n'excédant pas 1 200 hectopascals (1,2 bar)	Classe 0 : pour une pression relative maximale n'excédant pas 1 200 hectopascals
Classe I B : pour une pression relative maximale n'excédant pas 4 000 hectopascals (4 bar)	Classe I : pour une pression relative maximale n'excédant pas 3 000 hectopascals
Classe II : pour une pression relative maximale n'excédant pas 6 000 hectopascals (6 bar)	Classe II : pour une pression relative maximale n'excédant pas 5 000 hectopascals
Classe III : pour une pression relative maximale supérieure à 6 000 hectopascals (6 bar)	Classe III : pour une pression relative supérieure à 5 000 hectopascals

• Voir arrêté du 31 juillet 2014 (JO 12 août) relatif aux interventions secours et sécurité en milieu aquatique et hyperbare.

Sous-section 3. Habilitation, accréditation et certification

§ 1. Habilitation

Art. R. 4461-32. *(D. 2020-733 du 15 juin 2020, art. 8, JO 17)* « I. – La demande d'habilitation des organismes de formation, mentionnés au 1° de l'article R. 4461-29, est adressée, par pli recommandé avec demande d'avis de réception :

1° Aux services centraux placés sous l'autorité du ministre *(D. 2020-1531 du 7 déc. 2020, art. 1er, IX, JO 9)* « de l'intérieur » pour ce qui concerne la mention B " secours et sécurité " ;

2° Aux services placés sous l'autorité du directeur du département des recherches archéologiques subaquatiques et sous-marines pour ce qui concerne la mention B " archéologie sous-marine et subaquatique ". »

II. – Ce dossier comprend des informations relatives :

1° À l'identification de l'organisme ;

2° Aux catégories d'intervention pour lesquelles l'habilitation est demandée ;

3° Aux moyens mis en œuvre ;

4° Aux modalités de financement de ces formations.

Le dossier est réputé complet, si le service instructeur a délivré un accusé de réception ou n'a pas fait connaître, dans le délai d'un mois à compter de sa réception, au demandeur, par lettre recommandée avec demande d'avis de réception, la liste des pièces manquantes ou incomplètes.

(D. 2020-733 du 15 juin 2020, art. 8, JO 17) « III. – Pour l'octroi d'une habilitation à un organisme de formation, l'autorité administrative compétente est :

1° Lorsque la demande d'habilitation relève des services mentionnés au 1° du I, le ministre *(D. 2020-1531 du 7 déc. 2020, art. 1er, IX, JO 9)* « de l'intérieur » ;

2° Lorsque la demande d'habilitation relève des services mentionnés au 2° du I, le directeur du département des recherches archéologiques subaquatiques et sous-marines.

IV. – L'autorité administrative compétente se prononce dans un délai de deux mois à compter de la présentation d'une demande complète. L'habilitation est réputée acquise au terme de ce délai. En cas d'octroi de l'habilitation, l'autorité administrative compétente en informe l'organisme désigné à l'article R. 4461-29.

L'habilitation est valable pour une durée de trois ans. Elle peut être renouvelée par l'autorité administrative compétente, pour une durée identique, sur demande du titulaire de l'habilitation adressée au plus tard quatre mois avant sa date d'expiration, par lettre recommandée avec demande d'avis de réception. Les dispositions du II s'appliquent à ces demandes de renouvellement. »

Art. R. 4461-33. Pour délivrer l'habilitation mentionnée au 1° de l'article R. 4461-29, l'autorité administrative compétente s'assure en particulier que les modalités et conditions d'organisation répondent aux exigences fixées par les arrêtés mentionnés à l'article R. 4461-30.

Lorsque les modalités et conditions d'organisation ne répondent plus aux exigences fixées par les arrêtés mentionnés à l'article R. 4461-30, l'autorité administrative compétente retire l'habilitation délivrée.

Le retrait est prononcé par décision motivée après l'expiration d'un délai de trente jours suivant la notification d'une mise en demeure au titulaire de l'habilitation précisant les griefs formulés à son encontre.

Art. R. 4461-34. Toutes les modifications portant sur les 2°, 3° et 4° du II de l'article R. 4461-32 sont subordonnées à une autorisation préalable après avoir été transmises à l'autorité administrative compétente par pli recommandé avec demande d'avis de réception. Le silence gardé par l'autorité administrative compétente pendant un délai de trente jours à compter de la date de délivrance de l'accusé de réception du pli recommandé vaut acceptation de ces modifications.

Les modifications portant sur le 1° du II de l'article R. 4461-32 font l'objet d'une déclaration annuelle.

Art. R. 4461-35. L'habilitation mentionnée au 1° de l'article R. 4461-29 délivrée par l'autorité administrative compétente devient caduque si :

1° L'organisme de formation n'a pas mis en œuvre de formation dans les douze mois qui suivent sa délivrance ;

2° L'organisme de formation n'a pas mis en œuvre de formation pendant douze mois consécutifs.

Toutefois, les dispositions des 1° et 2° ne trouvent pas à s'appliquer lorsque l'autorité administrative compétente prend une décision en ce sens en raison de circonstances particulières.

§ 2. Accréditation et certification

Art. R. 4461-36. Pour obtenir l'accréditation prévue au 2° de l'article R. 4461-29, l'organisme candidat doit remplir les conditions prévues par le référentiel d'accréditation défini par le Comité français d'accréditation (COFRAC) mentionné à l'article R. 4724-1.

Des arrêtés conjoints du ministre chargé du travail et, chacun en ce qui le concerne, des ministres intéressés déterminent les garanties minimales que doivent présenter les organismes de formation mentionnés au 2° de l'article R. 4461-29, notamment en ce qui concerne:

1° La qualification des personnes chargées de la formation;

2° Les méthodes et capacités pédagogiques adaptées au but poursuivi;

3° La capacité d'évaluation préalable des candidats au regard de leur compétence professionnelle ou de leur diplôme;

4° La capacité de se conformer au référentiel de formation comprenant les éléments figurant au I du R. 4461-30;

5° La capacité à assurer un contrôle des connaissances et des acquis.

SECTION 5 (réglementaire). Organisation des interventions et travaux en milieu hyperbare

Sous-section 1. Dispositions communes

Art. R. 4461-37. Les interventions et travaux en milieu hyperbare ne peuvent être effectués par une personne seule sans surveillance.

Art. R. 4461-38. En application des dispositions réglementaires qui s'appliquent à son établissement, prévues à l'article R. 4461-6, l'employeur adapte la composition de l'équipe d'intervention ou de travaux en fonction de la nature et de l'ampleur du risque.

Art. R. 4461-39. L'employeur s'assure que les méthodes et conditions d'intervention et d'exécution des travaux sont consignées sur le livret individuel hyperbare de chaque travailleur, mentionné ***(D. 2020-1531 du 7 déc. 2020, art. 1er, X, JO 9)*** «à l'article R. 4461-10».

Sous-section 2. Dispositions spécifiques aux interventions en milieu hyperbare

§ 1. Équipe d'intervention

Art. R. 4461-40. Les équipes réalisant une intervention en milieu hyperbare, mentionnée au 2° de l'article R. 4461-1, sont constituées d'au moins deux personnes:

1° Un opérateur intervenant en milieu hyperbare titulaire du certificat d'aptitude à l'hyperbarie;

2° Un surveillant, formé pour donner en cas d'urgence les premiers secours, qui veille à la sécurité des travailleurs intervenant en milieu hyperbare à partir d'un lieu adapté soumis à la pression atmosphérique locale et regroupant les moyens de communication, d'alerte et de secours.

Art. R. 4461-41. Au cours d'une intervention en milieu hyperbare, les travailleurs peuvent occuper alternativement des fonctions différentes au sein de l'équipe sous réserve qu'ils aient les compétences et aptitudes requises conformément au 1° de l'article R. 4461-7.

§ 2. Interventions en apnée

Art. R. 4461-42. I. – La pratique de l'apnée est autorisée pour les travailleurs disposant d'un certificat d'aptitude mention B «activités physiques ou sportives». Les conditions d'exercice de cette pratique sont celles déterminées au chapitre II du titre II du livre III du code du sport.

II. – Pour les travailleurs titulaires d'un certificat comportant une autre des mentions B visées au II de l'article R. 4461-28, la pratique de l'apnée est autorisée sous réserve que la pression relative d'exposition ne soit pas supérieure à 1 000 hectopascals.

Des arrêtés conjoints des ministres chargés du travail, et, chacun en ce qui le concerne, des ministres intéressés précisent les activités ouvertes à cette pratique et les conditions et modalités d'exercice des interventions en apnée.

Sous-section 3. Dispositions spécifiques aux travaux en milieu hyperbare

Art. R. 4461-43. Les travaux en milieu hyperbare, mentionnés au 1° de l'article R. 4461-1, ne peuvent être effectués que par des entreprises ayant obtenu un certificat délivré par un organisme de certification, accrédité dans les conditions de l'article R. 4724-1.

Art. R. 4461-44. Les entreprises de travail temporaire qui mettent à disposition des travailleurs pour la réalisation de travaux mentionnés à l'article R. 4461-43 sont soumises aux obligations de ce même article.

§ 1. Équipe de travaux

Art. R. 4461-45. ***(D. 2020-1531 du 7 déc. 2020, art. 1er, XI, JO 9)*** I. – Les équipes réalisant des travaux en milieu hyperbare mentionnés au 1° de l'article R. 4461-1 sont constituées d'au moins trois travailleurs, titulaires du certificat d'aptitude à l'hyperbarie mentionné à l'article R. 4461-27, entre lesquels sont réparties les fonctions suivantes:

1° Opérateur intervenant en milieu hyperbare;

2° Aide opérateur, chargé de l'environnement de travail de l'opérateur intervenant en milieu hyperbare et, en cas de situation anormale de travail, de prêter assistance à cet opérateur;

3° Surveillant, chargé de veiller à la sécurité des travailleurs intervenant en milieu hyperbare à partir d'un lieu adapté soumis à la pression atmosphérique locale et regroupant les moyens de communication, d'alerte et de secours. À ce titre, il assure notamment la gestion des paramètres du milieu hyperbare, la communication avec l'opérateur intervenant en milieu hyperbare et, en cas de situation anormale de travail, la mise en œuvre des moyens de secours.

II. – Au cours de travaux en milieu hyperbare, les travailleurs peuvent occuper alternativement des fonctions différentes au sein de l'équipe sous réserve qu'ils aient les compétences et aptitudes requises conformément au 1° de l'article R. 4461-7.

Art. R. 4461-46. *(D. 2020-1531 du 7 déc. 2020, art. 1er, XII, JO 9)* L'employeur désigne parmi les travailleurs mentionnés à l'article R. 4451-45 un chef d'opération hyperbare qui est chargé, sur le site et sous la responsabilité de l'employeur, de coordonner l'équipe en matière de sécurité hyperbare.

Le chef d'opération s'assure que les méthodes et conditions d'intervention sont consignées sur le livret individuel hyperbare.

§ 2. Équipements de travail

Art. R. 4461-47. L'équipement de travail s'entend comme comprenant l'ensemble des éléments permettant:

1° L'exécution de travaux en situation d'hyperbarie;

2° La surveillance des travailleurs en situation d'hyperbarie;

3° La production, le transfert, le stockage, la distribution et le contrôle des gaz respiratoires;

4° Les secours.

Un arrêté conjoint des ministres chargés du travail et de l'agriculture précise les spécifications techniques et opérationnelles auxquelles doivent satisfaire ces équipements.

§ 3. Dispositif de certification

Art. R. 4461-48. Un arrêté conjoint des ministres chargés du travail, de la mer, de l'intérieur, de l'agriculture et de la culture détermine:

1° Les modalités et conditions d'accréditation des organismes chargés de la certification;

2° Les modalités et conditions de certification des entreprises en tenant compte de leurs compétences techniques et du secteur d'activité dans lequel elles peuvent intervenir;

3° La liste des activités ou des catégories d'activités pour lesquelles cette certification est requise.

Note Voir arrêté du 29 septembre 2017 (JO 12 janv. 2018) relatif à la certification d'entreprises réalisant des travaux hyperbares.

SECTION 6 (réglementaire). Situations exceptionnelles d'interventions et de travaux exécutés en milieu hyperbare

Art. R. 4461-49. Dans le cas de la survenance d'un événement impromptu nécessitant la modification ponctuelle de l'organisation de travail initialement définie, l'employeur peut demander au travailleur de déroger aux pressions maximales autorisées par son certificat d'aptitude à l'hyperbarie, sous réserve de mettre en œuvre les mesures de sécurité nécessaires telles que définies au 3° de l'article R. 4461-7.

Il consigne cette intervention dans le livret individuel hyperbare du travailleur concerné.

Ce travailleur, qui accepte cette intervention, ne peut être conduit à dépasser les valeurs de pression relative maximale suivantes:

1° Pour la classe I: 4 000 hectopascals;

2° Pour la classe II: 6 000 hectopascals.

Le refus ne peut être constitutif d'une faute du salarié entraînant une sanction disciplinaire.

CHAPITRE II (réglementaire) Prévention du risque pyrotechnique

Note • Ce chapitre a été introduit par le décret 2013-973 du 29 octobre 2013, JO 31, entrée en vigueur le 01.07.2014. Les études de sécurité déjà approuvées à cette date restent valides. Ces études de sécurité sont réexaminées suivant les dispositions de l'article 1er de ce décret (art. R. 4462-3) dans un délai maximum de cinq ans à compter du 1er juillet 2014. Le décret 79-846 du 28 septembre 1979 portant règlement d'administration publique sur la protection des travailleurs contre les risques particuliers auxquels ils sont soumis dans les établissements pyrotechniques est abrogé depuis le 01.07.2014.

• Voir aussi décret 2005-1325 du 26 octobre 2005 (JO 28) relatif aux règles de sécurité applicables lors des travaux réalisés dans le cadre d'un chantier de dépollution pyrotechnique, modifié par décret 2010-1260 du 22 octobre 2010 (JO 24); arrêté du 20 avril 2007 (JO 16 mai), modifié par arrêtés des 11 septembre 2008 (JO 11 oct.) et 29 mai 2015 (JO 31), fixant les règles relatives à l'évaluation des risques et à la prévention des accidents dans les établissements pyrotechniques; arrêté du 12 septembre 2011 (JO 23 oct.) fixant les règles de détermination des distances d'isolement relatives aux chantiers de dépollution pyrotechnique.

Une instruction DGT/CT3/2017/235 du 26 juillet 2017 explicite le champ d'application de ce chapitre et la notion de sites pyrotechniques multi-employeurs, précise les relations entre les Direccte [Dreets] et l'inspecteur de l'armement pour les poudres et explosifs, en particulier pour l'approbation des études de sécurité (art. R. 4462-30) et pour l'examen et l'autorisation de dérogations spécifiques à certaines de ses dispositions (art. R. 4462-36).

SECTION 1. Champ d'application et définitions

Art. R. 4462-1. I. – Les dispositions du présent chapitre déterminent les prescriptions particulières s'appliquant à tous les employeurs mentionnés par l'article L. 4111-1 qui effectuent les activités pyrotechniques suivantes:

La fabrication, l'étude, l'expérimentation, le contrôle, le conditionnement, la conservation, la destruction de substances ou d'objets explosibles destinés à être utilisés pour les effets de leur explosion ou à des fins pyrotechniques, la démolition ou le démantèlement d'équipements ou de bâtiments pyrotechniques.

Ne relèvent pas des dispositions du présent chapitre les activités pyrotechniques suivantes:

1° La conservation, le montage ou le démontage d'objets pyrotechniques, dont le fonctionnement n'induit aucun effet pyrotechnique extérieur à leur enveloppe;

2° L'utilisation des substances ou d'objets explosifs pour les effets de leur fonctionnement.

II. – Sont exclues du champ d'application du présent chapitre les activités pyrotechniques se déroulant:

1° À bord des navires ou sur des plates-formes de forage en mer;

2° Lors des opérations de déminage, désobusage et débombage effectuées par le ministre de l'intérieur et le ministre de la défense en application du décret n° 76-225 du 4 mars 1976 modifié fixant les attributions respectives du ministre de l'intérieur et du ministre de la défense en matière de recherche, de neutralisation, d'enlèvement et de destruction des munitions et explosifs;

3° Dans les chantiers de dépollution pyrotechnique relevant de l'article 1er du décret n° 2005-1325 du 26 octobre 2005 modifié relatif aux règles de sécurité applicables lors des travaux réalisés dans le cadre d'un chantier de dépollution pyrotechnique;

4° Dans les espaces de vente des magasins auxquels sont applicables les dispositions relatives aux munitions et artifices du règlement de sécurité, contre les risques d'incendie et de panique dans les établissements recevant du public (ERP), approuvé en application de l'article R. 123-12 du code de la construction et de l'habitation;

5° Dans les installations de stockage momentané, dûment déclarées à l'autorité compétente, d'articles pyrotechniques avant un spectacle pyrotechnique, lorsque la quantité totale de matière active n'atteint pas le seuil du régime de la déclaration prévu à la rubrique 1311 de la colonne A de l'annexe à l'article R. 511-9 du code de l'environnement et lorsque la durée du stockage momentané n'excède pas quinze jours;

6° Dans les installations de stockage des munitions de la division de risque 1.4, telle que définie par la directive 2008/68/CE du 24 septembre 2008 relative au transport intérieur des marchandises dangereuses, qui relèvent du ministère de l'intérieur;

7° Dans les installations, autres que celles qui sont mentionnées au 6°, de stockage des munitions de la division de risque 1.4 S en emballage admis au transport et dont la quantité totale de matière active est inférieure à 20 kg;

8° Lors de l'armement et du désarmement des plates-formes de combat et des unités de combat.

Art. R. 4462-2. Pour l'application du présent chapitre, on entend par:

1° " Substance ou mélange explosible " toute substance ou tout mélange de substances solide ou liquide qui est en soi susceptible, par réaction chimique, de dégager des gaz à une température, une pression et une vitesse telles qu'il en résulte des dégâts dans la zone environnante. Les substances pyrotechniques sont incluses dans cette définition, même si elles ne dégagent pas de gaz;

2° " Substance ou mélange pyrotechnique " toute substance ou tout mélange de substances destiné à produire un effet calorifique, lumineux, sonore, gazeux ou fumigène, ou une combinaison de ces effets à la suite de réactions chimiques exothermiques autoentretenues non détonantes;

3° " Substance ou objet explosif " toute substance explosible ou tout objet contenant une ou plusieurs substances ou mélanges explosibles destiné à être utilisé pour les effets de leur explosion ou à des fins pyrotechniques;

4° " Poste de travail " toute zone affectée à l'exécution d'une tâche par un ou plusieurs travailleurs pouvant englober la zone de conservation temporaire des produits dans le flux associé;

5° " Emplacement de travail " toute zone dans laquelle un ou plusieurs travailleurs sont appelés à se déplacer pour effectuer un travail défini. Cette zone peut inclure un ou plusieurs postes de travail;

6° " Installation pyrotechnique " tout local, toute aire de chargement et de déchargement, de stationnement, de contrôle, d'expérimentation, de destruction, unité mobile de fabrication ou véhicule de transport, relevant de l'employeur, contenant ou mettant en œuvre une substance ou un objet explosif;

7° " Enceinte pyrotechnique " la partie parfaitement délimitée du site où sont implantées des installations pyrotechniques;

8° " Site " tout lieu où se situent une ou plusieurs installations relevant d'un employeur;

9° " Site pyrotechnique multiemployeurs " tout lieu dont l'accès est réglementé et surveillé en permanence dans lequel se situent plusieurs installations fixes relevant d'employeurs différents, et dont au moins une est une installation pyrotechnique;

10° " Événement pyrotechnique " toute détonation, déflagration, combustion ou décomposition de substances ou d'objets explosifs, non contrôlée;

11° " Effet pyrotechnique " tout phénomène physique de surpression ou de projection d'éclats, thermique, toxique et tellurique, survenant à la suite d'un événement pyrotechnique;

12° " Effet domino " tout événement pyrotechnique survenant dans une ou plusieurs installations dont les effets déclenchent un autre événement sur une autre installation, conduisant à une aggravation générale des effets du premier événement;

13° " Gravité " l'importance des dommages prévisibles subis par les personnes ou les biens exposés aux effets d'un événement pyrotechnique;

14° " Risque pyrotechnique " la combinaison de la probabilité d'être exposé aux effets pyrotechniques et de la gravité de ces effets;

15° " Siège potentiel d'événement pyrotechnique " tout lieu de présence de substance ou d'objet explosif;

16° " Siège exposé " tout emplacement de travail ou installation, à l'intérieur d'un site ou d'un site pyrotechnique multiemployeurs, exposé aux effets pyrotechniques survenant dans un siège potentiel d'événement pyrotechnique;

17° " Périmètre de sécurité " toute zone où la présence de toute personne est interdite, dans laquelle sont circonscrits l'ensemble des effets d'un événement pyrotechnique résultant du fonctionnement volontaire d'une substance ou d'un objet explosif lors d'une expérimentation ou d'un contrôle, ou survenant lors de la destruction d'une substance ou d'un objet explosif.

SECTION 2. **L'étude de sécurité**

Art. R. 4462-3. [I. –] En complément du document unique d'évaluation des risques prévu à l'article R. 4121-1, l'employeur rédige une étude de sécurité, pour chaque activité pyrotechnique mentionnée à l'article R. 4462-1 ainsi que pour les activités de chargement et de déchargement des substances ou objets explosifs afin de:

1° Déceler toutes les possibilités d'événements pyrotechniques et établir, dans chaque cas, leur nature et les risques encourus par les travailleurs;

2° Déterminer les mesures à prendre pour éviter les événements pyrotechniques et limiter leurs conséquences.

Chaque étude de sécurité justifie le dimensionnement des dispositifs de réduction des effets et définit l'étendue du périmètre de sécurité à retenir lors des tirs de contrôle, d'expérimentation ou de destruction.

Chaque étude de sécurité fait l'objet d'un examen par l'employeur au minimum tous les cinq ans afin de vérifier que les conditions de sécurité des travailleurs ne sont pas modifiées.

L'employeur consulte le ***(D. 2017-1819 du 29 déc. 2017, art. 3, 57°, JO 30, entrée en vigueur le 01.01.2018)*** «comité social et économique [qui peut]», en tant que de besoin, se faire assister d'un expert, sur toute étude de sécurité.

II. – Un arrêté des ministres chargés du travail et de l'agriculture précise le contenu de l'étude de sécurité, qui est adapté pour les unités mobiles de fabrication, et qui comprend:

1° Une description du site ou site pyrotechnique multiemployeurs, de chacune des installations pyrotechniques et de son voisinage;

2° Une description détaillée des substances ou objets explosifs, de leurs caractéristiques et de leurs sensibilités aux sollicitations accidentelles;

3° Une évaluation des risques permettant d'identifier les événements pyrotechniques susceptibles de se produire et d'analyser leurs causes;

4° Les mesures de prévention et de protection à prendre pour éviter la survenance de tels événements ou leur répétition et limiter leurs conséquences.

Note Voir arrêté du 7 novembre 2013 (JO 11 déc., entrée en vigueur le 01.07.2014) fixant le contenu de l'étude de sécurité du travail mentionnée à cet article.

Art. R. 4462-4. Toute modification apportée à l'activité ou aux équipements d'une installation pyrotechnique ou toute modification apportée à proximité d'une installation pyrotechnique fixe pouvant avoir un effet sur les mesures de prévention et de protection retenues dans cette installation fait l'objet d'une analyse de sécurité rédigée par l'employeur permettant de juger du caractère notable ou non de cette modification.

Une modification est considérée comme notable dans les cas suivants:

1° Présence de nouvelles substances ou de nouveaux objets explosifs au poste de travail;

2° Modification de l'étendue des zones d'effets pyrotechniques retenues pour l'installation pyrotechnique considérée;

3° Augmentation de la probabilité d'occurrence d'un événement pyrotechnique;

4° Création d'un nouveau poste de travail au sein de l'installation pyrotechnique considérée;

5° Augmentation du nombre de travailleurs exposés;

6° Création d'une situation de non-conformité.

Dès lors qu'une modification est considérée comme notable, chaque étude de sécurité concernée par cette modification fait l'objet d'une nouvelle approbation, conformément aux dispositions de l'article R. 4462-30.

Si la modification n'est pas considérée comme notable, l'analyse de sécurité rédigée par l'employeur est versée au dossier de sécurité défini à l'article R. 4462-34.

L'employeur informe le ***(D. 2017-1819 du 29 déc. 2017, art. 3, 49°, JO 30, entrée en vigueur le 01.01.2018)*** «comité social et économique» de toute analyse de sécurité visée par cet article.

Art. R. 4462-5. I. – Lorsque les travailleurs d'une entreprise extérieure réalisent une activité pyrotechnique mentionnée à l'article R. 4462-1, à l'intérieur du site d'une entreprise utilisatrice au sens de l'article R. 4511-1, l'étude de sécurité de cette activité est communiquée par l'employeur de l'entreprise extérieure à l'entreprise utilisatrice. Les conclusions de l'étude de sécurité effectuée par l'entreprise extérieure sont annexées au plan de prévention défini à l'article R. 4512-6.

Dans le cas où les travailleurs de l'entreprise extérieure et ceux de l'entreprise utilisatrice effectuent ensemble une même activité pyrotechnique, une seule étude de sécurité est rédigée par l'employeur de l'entreprise utilisatrice puis validée par l'employeur de l'entreprise extérieure.

Dans tous les cas mentionnés aux alinéas ci-dessus, les ***(D. 2017-1819 du 29 déc. 2017, art. 3, 58°, JO 30, entrée en vigueur le 01.01.2018)*** «comités sociaux et économiques» de l'entreprise extérieure et de l'entreprise utilisatrice sont consultés sur cette étude.

II. – Lorsque les travailleurs d'une entreprise extérieure réalisent une activité non pyrotechnique dans une installation pyrotechnique de l'entreprise utilisatrice au sens de l'article R. 4511-1, les conclusions de l'étude (ou des études) de sécurité de l'activité (ou des activités) pyrotechnique (s) de l'installation pyrotechnique sont reportées dans le plan de prévention défini à l'article R. 512-6.

III. – Pour les activités de chargement et de déchargement de substances ou d'objets explosifs effectuées par les travailleurs d'une entreprise extérieure, les conclusions de l'étude de sécurité relative aux activités de chargement et de déchargement de substances ou d'objets explosifs ainsi que les conclusions du document cité à l'article R. 4462-14 sont reportées dans le protocole de sécurité prévu à l'article R. 4515-4.

IV. – Pour l'ensemble des activités mentionnées au premier alinéa de l'article R. 4462-3 qui sont réalisées sur les chantiers de bâtiment ou de génie civil soumis à l'obligation de coordination prévue à l'article L. 4532-2, les conclusions de l'étude (ou des études) de sécurité sont annexées au plan particulier de sécurité et de protection de la santé prévu à l'article L. 4532-9.

SECTION 3. Mesures générales de sécurité

Art. R. 4462-6. L'employeur établit une consigne générale de sécurité qui définit les règles générales d'accès et de sécurité dans les enceintes pyrotechniques et qui comporte:

1° L'interdiction de porter tout article de fumeurs ainsi que l'interdiction, sauf autorisation délivrée par l'employeur, de porter des feux nus, des objets incandescents, des allumettes ou tout autre moyen de mise à feu;

2° L'interdiction d'introduire, sauf autorisation de l'employeur, des matériels autres que ceux prévus dans les consignes de sécurité relatives à chaque poste de travail pyrotechnique, notamment les matériels qui sont sources de rayonnements électromagnétiques;

3° L'interdiction pour chaque travailleur de se rendre à un emplacement de travail sans motif de service. Sous réserve de l'observation des consignes de sécurité, cette interdiction ne s'applique pas aux représentants du personnel dans l'exercice des fonctions qui leur sont confiées par les lois et règlements;

4° L'interdiction de procéder dans les installations pyrotechniques à des opérations non prévues par les consignes en vigueur, notamment à l'ouverture des emballages dans les bâtiments de stockage;

5° L'obligation pour les travailleurs de revêtir pendant les heures de travail les équipements de protection individuelle fournis par l'employeur;

6° L'interdiction pour les travailleurs d'emporter des substances ou des objets explosifs;

7° Les mesures à observer, à l'intérieur de l'enceinte pyrotechnique, pour la circulation des personnes et des véhicules de toute nature ainsi que pour leur stationnement;

8° Les dispositions générales à prendre en cas d'incendie ou d'explosion.

L'employeur porte cette consigne générale de sécurité à la connaissance des travailleurs et de toute personne pénétrant dans l'enceinte pyrotechnique.

Art. R. 4462-7. L'employeur établit également, compte tenu des conclusions des études de sécurité, avant la mise en œuvre des activités qu'elles concernent :

1° Les consignes de sécurité relatives à chaque installation pyrotechnique ;

2° Les consignes de sécurité relatives à chaque poste de travail pyrotechnique ;

3° Les modes opératoires relatifs à chaque poste de travail pyrotechnique.

Le contenu et les modalités d'affichage de chacune des consignes de sécurité mentionnées aux 1° et 2° ci-dessus sont fixés par un arrêté des ministres chargés du travail et de l'agriculture.

Note Voir arrêté du 7 novembre 2013 (JO 11 déc., entrée en vigueur le 01.07.2014) fixant le contenu des consignes de sécurité mentionnées à cet article.

Art. R. 4462-8. L'équipement des postes de travail pyrotechniques et le mode opératoire sont conçus en prenant en compte la nécessité d'une attention soutenue des travailleurs et de manière à empêcher les variations brusques de la cadence, notamment lorsque la tâche confiée aux travailleurs est répétitive.

Aucune forme de salaire n'incite les travailleurs affectés à ces postes à accomplir une production supérieure à celle qui est compatible avec l'équipement et le respect du mode opératoire ainsi définis.

Art. R. 4462-9. I. – Sans préjudice des dispositions des articles R. 4227-28 à R. 4227-33, les mesures de lutte contre l'incendie suivantes sont prises pour les installations fixes dans l'enceinte pyrotechnique :

1° Les abords immédiats des installations pyrotechniques sont désherbés et débroussaillés. Les produits utilisés pour le désherbage et le débroussaillage sont de nature telle qu'ils ne puissent provoquer des réactions dangereuses avec les matières utilisées dans l'enceinte pyrotechnique ;

2° Les installations pyrotechniques où l'on manipule des substances ou objets présentant en raison des opérations effectuées un risque élevé d'inflammation pouvant conduire à un incendie sont dotées d'un système d'extinction automatique compatible avec la nature des produits à éteindre. Ce système doit pouvoir en outre être commandé manuellement depuis un emplacement restant accessible et protégé en cas de début d'incendie sur l'installation concernée ;

3° Des dispositifs de détection automatique d'incendie commandant un système d'alarme à fonctionnement instantané sont installés dans les installations où fonctionnent sans surveillance permanente des appareils susceptibles de provoquer des incendies tels que des étuves ou séchoirs.

II. – Toutefois, sans préjudice des autres réglementations applicables en matière de lutte contre l'incendie, les dispositifs prévus par les 2° et 3° du I ne sont pas exigés si les incendies envisagés ne peuvent, par la nature ou la quantité des substances concernées :

1° Ni s'étendre à des installations voisines ;

2° Ni amorcer d'événement pyrotechnique ;

3° Ni provoquer de projections dangereuses ou le dégagement de quantités dangereuses de gaz ou de vapeurs toxiques.

SECTION 4. Implantation des installations et transports internes

Sous-section 1. Implantation des installations et des postes de travail

Art. R. 4462-10. Les installations pyrotechniques sont conçues, réalisées et implantées de manière telle qu'un événement pyrotechnique n'entraîne pas de risque important pour les travailleurs autres que ceux qui, du fait de leur activité, sont directement exposés aux effets de cet événement.

À l'intérieur du site, les distances d'isolement entre les sièges potentiels d'événement pyrotechnique et les sièges exposés sont telles que, en cas d'événement pyrotechnique, les travailleurs ne sont exposés qu'à un risque limité et la transmission ou propagation vers les autres installations pyrotechniques est peu probable.

Un arrêté des ministres chargés du travail, de l'agriculture, de la défense, des mines, de l'intérieur, des carrières et de l'industrie fixe les règles d'évaluation des risques permettant de déterminer les distances d'isolement minimales à respecter entre les emplacements de travail ou entre les installations, compte tenu notamment de la nature des activités exercées et des installations.

Art. R. 4462-11. Chaque enceinte pyrotechnique est matérialisée par une clôture ou, à défaut, par un système de signalisation bien visible de toute personne y pénétrant en quelque point que ce soit.

L'accès à ces enceintes est interdit à toute personne non concernée par les activités s'y déroulant. Cette interdiction ne s'applique pas aux représentants du personnel dans l'exercice des fonctions qui leur sont confiées par les lois et règlements, aux représentants de l'administration ainsi qu'aux personnes autorisées par l'employeur, sous réserve de l'observation des consignes de sécurité.

Art. R. 4462-12. I. – À l'intérieur de l'enceinte pyrotechnique, des installations pyrotechniques distinctes sont prévues pour :

1° L'étude, l'expérimentation et le contrôle des substances ou des objets explosifs ;

2° La fabrication et la manipulation des objets explosifs ;

3° La fabrication et la manipulation des substances explosives ;

4° La destruction des substances ou des objets explosifs ;

5° La conservation des substances ou des objets explosifs, à l'exception du stockage des quantités nécessaires aux fabrications en cours.

II. – Toutefois, la fabrication ou le contrôle d'objets explosifs peuvent être effectués dans les mêmes bâtiments que la fabrication des substances explosives sous les deux conditions suivantes :

1° La disposition des installations permet de réduire le nombre des travailleurs exposés au risque pyrotechnique, notamment en évitant des stockages ou des manutentions intermédiaires ;

2° L'étude de sécurité montre que le risque pyrotechnique auquel chaque travailleur est individuellement exposé n'est pas plus élevé que si les deux catégories d'installations se trouvaient dans des bâtiments distincts.

Art. R. 4462-13. Les installations présentant un risque caractérisé d'incendie ou d'explosion non pyrotechnique, telles que les dépôts de produits inflammables n'entrant pas dans la fabrication des substances ou objets explosifs, dépôts de bois ou de papiers, de pneumatiques et de cartons, menuiseries, dépôts de gaz comprimés, sont situées hors de l'enceinte pyrotechnique ou disposées de telle sorte que tout incident survenant dans l'une de ces installations n'affecte pas les conditions de sécurité dans l'enceinte pyrotechnique.

Sous-section 2. Transports de substances ou d'objets explosifs internes au site

Art. R. 4462-14. Pour les transports de substances ou d'objets explosifs à destination ou en provenance de la voie publique, l'employeur rédige un document qui, compte tenu de la nature du chargement, indique précisément les itinéraires autorisés dans le site et analyse les effets domino possibles entre le convoi et chaque installation. Ce document est versé au dossier de sécurité mentionné à l'article R. 4462-34.

Ces transports font l'objet, à leur entrée du site, d'un contrôle afin de vérifier que le chargement est conforme aux données figurant dans le document prévu au premier alinéa et de s'assurer de l'absence d'anomalie de nature à introduire un risque accru lors de la circulation interne.

Art. R. 4462-15. Pour les transports de substances ou d'objets explosifs internes au site, qui se font dans le respect des réglementations particulières relatives aux transports de marchandises dangereuses en vigueur ou présentent un niveau de sécurité que l'employeur évalue comme équivalent à celui d'un transport effectué conformément à ces réglementations, l'employeur rédige et tient à disposition des représentants de l'administration, un document tel que celui qui est défini au premier alinéa de l'article R. 4462-14.

Si ces transports internes ne se font pas dans les conditions de sécurité décrites dans l'alinéa précédent, ils sont alors couverts par une étude de sécurité telle que prévue à l'article R. 4462-3.

SECTION 5. Exigences de sécurité concernant les installations

Sous-section 1. Caractéristiques générales

Art. R. 4462-16. L'employeur s'assure que le mode de construction des bâtiments et la nature des matériaux utilisés sont tels qu'en cas d'événement pyrotechnique, le risque de projection de masses importantes soit aussi réduit que possible.

Il s'assure également que les matériaux constituant les parois, les portes, les fenêtres et en particulier les vitrages des bâtiments situés dans les zones d'effets et pouvant être occupés par des travailleurs, ne produisent pas des éclats tranchants s'ils sont susceptibles d'être brisés par une surpression interne ou externe.

Il prend des dispositions pour éviter, en cas d'événement pyrotechnique survenant dans une installation pyrotechnique voisine, la chute d'éléments importants de toiture ou de plafond d'un bâtiment habituellement occupé par des travailleurs.

Art. R. 4462-17. Les bâtiments où s'effectuent des activités pyrotechniques n'ont ni étage ni sous-sol, sauf si cet étage ou ce sous-sol contient uniquement les installations permettant d'abriter les servitudes de ces bâtiments.

Le présent article n'est pas applicable :

1° Aux activités pyrotechniques dont le mode opératoire nécessite des bâtiments comportant des postes de travail sur plusieurs niveaux, à l'intérieur ou à l'extérieur d'un bâtiment. Dans ce cas, ces postes de travail sont disposés de manière telle que les effets pyrotechniques survenant sur l'un des niveaux ne puissent affecter gravement les postes de travail situés sur les autres niveaux, à moins que les postes situés à des niveaux différents ne soient pas occupés simultanément ;

2° Aux travaux effectués sur des objets explosifs de grande hauteur nécessitant l'usage de plates-formes superposées. Dans ce dernier cas, plusieurs opérations indépendantes sur plusieurs niveaux différents peuvent être effectuées sur lesdits objets ou à proximité desdits objets, si l'étude de sécurité démontre que les effets d'un événement propre à un poste de travail survenant sur l'un des niveaux, autres que les effets d'un événement pyrotechnique lié auxdits objets, ne peuvent affecter gravement les autres postes de travail situés sur les autres niveaux;

3° Aux activités pyrotechniques autres que celles mentionnées au 1° et pour lesquelles l'étude de sécurité définie à l'article R. 4462-3 démontre que les effets d'un événement pyrotechnique n'affectent pas les étages voisins et les installations situées à proximité, y compris leurs voies d'accès.

Sous-section 2. Issues et dégagements

Art. R. 4462-18. Les portes des issues et dégagements, prévus aux articles R. 4227-4 à R. 4227-14, des locaux où s'effectuent des activités pyrotechniques, s'ouvrent vers l'extérieur par une simple poussée de l'intérieur et facilement de l'extérieur lorsque des travailleurs se trouvent dans le local.

Pour les locaux où s'effectuent des activités pyrotechniques munis uniquement de portes coulissantes, ces dernières doivent être immobilisées en position ouverte lorsqu'il y a des travailleurs à l'intérieur.

Art. R. 4462-19. Dans les locaux où s'effectuent des activités pyrotechniques, les issues et dégagements répondent aux prescriptions particulières suivantes:

1° Il ne peut y avoir moins de deux issues lorsque celles-ci doivent permettre le passage de plus de cinq personnes; pour un nombre de personnes allant de six à dix, la largeur totale des issues n'est pas inférieure à 1,80 mètre; elle est augmentée de 0,60 mètre par tranche de une à cinq personnes en plus des dix premières;

2° Pour un nombre de personnes allant de trois à cinq, s'il n'y a qu'une issue, sa largeur n'est pas inférieure à 1,40 mètre;

3° Les largeurs mentionnées aux 1° et 2° sont mesurées déduction faite des saillies et des obstacles.

Art. R. 4462-20. Aucun poste de travail où s'effectuent des activités pyrotechniques ne se trouve à plus de 7 mètres d'une issue ou d'un abri efficace. Cette distance est mesurée selon le trajet réel à parcourir entre le poste de travail pyrotechnique et l'issue. Elle ne s'applique pas aux bâtiments de stockage de substances ou d'objets explosifs ni, en cas d'impossibilité, aux bâtiments où le travail s'effectue sur des objets explosifs de grande dimension et aux installations pyrotechniques mobiles.

Art. R. 4462-21. Les bâtiments où s'effectuent des activités pyrotechniques comportant plusieurs niveaux mentionnés à l'article R. 4462-17 sont desservis, indépendamment des escaliers intérieurs, par un ou plusieurs escaliers extérieurs ou par des dispositifs équivalents, dont l'emplacement et la capacité de dégagement seront choisis de manière à assurer une évacuation rapide des travailleurs.

Art. R. 4462-22. Toute incompatibilité entre l'application des exigences du présent chapitre et celles qui sont fixées par d'autres réglementations en vue de la mise en œuvre d'impératifs de sécurité fait l'objet d'une demande de dérogation présentée par l'employeur, fondée sur une analyse spécifique et assortie d'une proposition visant à obtenir le niveau de sécurité des travailleurs le plus élevé possible par la mise en œuvre de mesures compensatoires. Cette demande de dérogation est soumise à l'autorité administrative compétente dans les conditions prévues aux II et III de l'article R. 4462-36.

Sous-section 3. Installations électriques et précaution contre l'électricité statique

Art. R. 4462-23. Tous les bâtiments où s'effectuent des activités pyrotechniques sont réputés constituer des locaux ou emplacements exposés à des risques d'incendie au sens de l'article R. 4215-12. Dans le cas d'atmosphère explosive, ils sont également réputés exposés à des risques d'explosion au sens du même article.

Aucune ligne électrique aérienne en conducteurs nus ne doit surplomber les installations de l'enceinte pyrotechnique.

Art. R. 4462-24. L'installation électrique de chaque bâtiment ou local où s'effectuent des activités pyrotechniques comporte un dispositif permettant de couper en cas d'urgence l'alimentation électrique du bâtiment ou du local. L'organe de manœuvre de ce dispositif est situé à l'extérieur et à proximité du bâtiment ou du local. Cet organe est aisément reconnaissable et facilement accessible.

Art. R. 4462-25. Lors de la manipulation de substances ou objets explosifs réputés sensibles à des décharges d'électricité statique, il convient, pour réduire la possibilité des décharges potentielles, d'organiser cette manipulation afin de favoriser l'écoulement des charges statiques et d'assurer le même niveau de potentiel électrique en tout point du poste de travail pyrotechnique.

Les travailleurs portent des vêtements de travail et des équipements de protection individuelle évitant l'accumulation de charges électrostatiques.

SECTION 6. Encadrement et formation

Art. R. 4462-26. L'employeur s'assure que les chefs de service et les chefs d'atelier, de laboratoire ou de chantier possèdent la compétence et l'autorité nécessaires pour organiser et diriger, conformément au présent chapitre et aux règles de l'art, les activités dont ils sont chargés dans l'enceinte pyrotechnique.

L'employeur vérifie également que les travailleurs chargés de conduire ou de surveiller les activités pyrotechniques, les activités de maintenance ainsi que les activités de transport interne de substances ou objets explosifs, sous la direction des chefs mentionnés au précédent alinéa, disposent des moyens nécessaires pour assurer la stricte application des consignes de sécurité et des modes opératoires.

Art. R. 4462-27. I. – La conduite et la surveillance, ou l'exécution, d'activités pyrotechniques déterminées, ainsi que d'activités déterminées de maintenance ou de transport interne de substances ou objets explosifs, ne sont confiées qu'à un travailleur habilité à cet effet par l'employeur à l'issue des formations initiales et complémentaires dispensées dans les conditions définies par le II et le III du présent article en application de l'article L. 4141-2.

II. – Une formation initiale à la sécurité est dispensée par l'employeur au bénéfice des travailleurs qu'il embauche, ou des travailleurs temporaires, appelés à conduire, à surveiller ou à exécuter des activités pyrotechniques, les activités de maintenance ainsi que les activités de transport interne de substances ou objets explosifs.

Cette formation comprend:

1° Un commentaire des prescriptions des articles R. 4462-1 à R. 4462-36;

2° Un commentaire de la consigne générale de sécurité prévue à l'article R. 4462-6, dont un exemplaire est remis à chaque travailleur suivant cette formation.

III. – Cette formation initiale est complétée, avant toute affectation à un poste de travail comportant les activités mentionnées au premier alinéa, par une formation particulière à ce poste, qui comprend notamment:

1° Une présentation du (ou des) poste (s) de travail et des risques associés;

2° Un commentaire des consignes de sécurité de l'installation et du poste, prévues à l'article R. 4462-7;

3° Une formation pratique au poste de travail.

IV. – À l'issue de ces formations initiales et complémentaires, et en vue de la délivrance de l'habilitation prévue au premier alinéa, l'employeur vérifie que le travailleur a les aptitudes nécessaires pour remplir les fonctions associées à son poste de travail.

L'habilitation fait l'objet d'un document signé par l'employeur et remis au travailleur.

Chaque habilitation est renouvelée par l'employeur tous les cinq ans après qu'il s'est assuré du maintien des ***(D. 2016-1908 du 27 déc. 2016, art. 17, I, JO 29, entrée en vigueur le 01.01.2017)*** «compétences» des travailleurs, compte tenu notamment des formations qu'ils ont suivies en application de l'article R. 4462-28.

Art. R. 4462-28. En application de l'article L. 4141-2, une formation continue des travailleurs affectés aux activités pyrotechniques ainsi qu'aux activités de transport interne de substances ou objets explosifs, y compris les chefs de service, chefs d'atelier, de laboratoire ou de chantier mentionnés à l'article R. 4462-26, est effectuée pendant l'horaire normal de travail.

Cette formation vise à maintenir et à perfectionner les connaissances des intéressés dans le domaine des risques pyrotechniques et de leur prévention. Chaque travailleur participe au moins une fois par trimestre à l'une des séances de formation au cours desquelles divers sujets concernant l'amélioration de la sécurité sont traités. Cette périodicité peut être adaptée pour des travailleurs qui ne sont pas affectés de façon permanente à des opérations pyrotechniques.

Un compte rendu indiquant les sujets traités auquel est annexée la liste d'émargement, signée par les participants, est établi pour chacune de ces séances.

SECTION 7. Dispositions administratives

Art. R. 4462-29. Pour l'application du présent chapitre aux établissements mentionnés aux articles R. 8111-9 et R. 8111-12, le ministre de la défense et les autorités qu'il désigne à cet effet sont substitués au ministre chargé du travail et aux ***(D. 2020-1545 du 9 déc. 2020, JO 10, entrée en vigueur le 01.04.2021)*** «directeurs régionaux de l'économie, de l'emploi, du travail et des solidarités».

Pour l'application du présent chapitre aux établissements de la gendarmerie, de la police et de la sécurité civile, le ministre de l'intérieur et les autorités qu'il désigne à cet effet sont substitués au ministre chargé du travail et aux ***(D. 2020-1545 du 9 déc. 2020, JO 10, entrée en vigueur le 01.04.2021)*** «directeurs régionaux de l'économie, de l'emploi, du travail et des solidarités»

Art. L. 4461-1

Pour l'application du présent chapitre aux sites du Commissariat à l'énergie atomique et aux énergies alternatives dont les activités sont liées à des applications militaires et qui sont mentionnées à l'article R. 1333-37 du code de la défense, le ministre de la défense et le directeur des applications militaires du Commissariat à l'énergie atomique et aux énergies alternatives sont substitués au ministre chargé du travail et aux ***(D. 2020-1545 du 9 déc. 2020, JO 10, entrée en vigueur le 01.04.2021)*** «directeurs régionaux de l'économie, de l'emploi, du travail et des solidarités».

Art. R. 4462-30. I. – Chacune des études de sécurité prévues à l'article R. 4462-3, à laquelle est joint le compte rendu de la consultation du ***(D. 2017-1819 du 29 déc. 2017, art. 3, 43°, JO 30, entrée en vigueur le 01.01.2018)*** «comité social et économique», est soumise pour approbation au ***(D. 2020-1545 du 9 déc. 2020, JO 10, entrée en vigueur le 01.04.2021)*** «directeur régional de l'économie, de l'emploi, du travail et des solidarités» ou à l'autorité qui lui est substituée en application des articles R. 8111-8 et R. 4462-29, et donne lieu à consultation de l'inspecteur de l'armement pour les poudres et explosifs.

II. – Le ***(D. 2020-1545 du 9 déc. 2020, JO 10, entrée en vigueur le 01.04.2021)*** «directeur régional de l'économie, de l'emploi, du travail et des solidarités» ou l'autorité qui lui est substituée fait connaître sa décision à l'employeur dans un délai de trois mois à compter de la date de réception de la demande d'approbation, par tout moyen permettant de donner date certaine à cette notification. Il peut toutefois, par décision motivée notifiée selon les mêmes modalités avant l'expiration du délai mentionné ci-dessus, fixer un nouveau délai si l'instruction du dossier l'exige, sans que le délai global puisse excéder six mois.

Il peut aussi, par décision motivée, notifiée selon les modalités prévues à l'alinéa précédent, demander à l'employeur de lui transmettre des compléments d'information ou d'effectuer ou de faire effectuer aux frais de l'entreprise par un organisme compétent les essais complémentaires nécessaires à l'appréciation des risques éventuels et de l'efficacité des moyens de protection envisagés. Cette demande suspend le cours du délai mentionné à l'alinéa précédent.

Le délai recommence à courir à partir du moment où le ***(D. 2020-1545 du 9 déc. 2020, JO 10, entrée en vigueur le 01.04.2021)*** «directeur régional de l'économie, de l'emploi, du travail et des solidarités» ou l'autorité qui lui est substituée a eu connaissance des compléments d'information demandés ou du résultat de ces essais.

En l'absence de réponse du ***(D. 2020-1545 du 9 déc. 2020, JO 10, entrée en vigueur le 01.04.2021)*** «directeur régional de l'économie, de l'emploi, du travail et des solidarités» ou de l'autorité qui lui est substituée dans le délai résultant de l'application du premier alinéa du II, l'employeur peut, dans les conditions qui résultent de l'étude de sécurité, mettre en œuvre les activités envisagées.

III. – Pour les unités mobiles de fabrication, l'autorité compétente pour l'approbation de l'étude de sécurité est le ***(D. 2020-1545 du 9 déc. 2020, JO 10, entrée en vigueur le 01.04.2021)*** «directeur régional de l'économie, de l'emploi, du travail et des solidarités» du siège de l'entreprise qui est propriétaire de l'unité mobile de fabrication.

IV. – Le présent article ne s'applique pas aux employeurs effectuant uniquement des activités de conservation de substances ou d'objets explosifs ne relevant pas des prescriptions de l'arrêté du ministre chargé de l'intérieur, du ministre chargé du travail et du ministre de la défense relatif aux installations pyrotechniques soumises à agrément technique, pris en application de l'article R. 2352-97 du code de la défense.

Art. R. 4462-31. L'employeur signale, dans les meilleurs délais, au ***(D. 2020-1545 du 9 déc. 2020, JO 10, entrée en vigueur le 01.04.2021)*** «directeur régional de l'économie, de l'emploi, du travail et des solidarités» ou à l'autorité qui lui est substituée en application des articles R. 8111-8 et R. 4462-29, et à l'inspection de l'armement pour les poudres et explosifs, tout événement pyrotechnique survenant dans le cadre de ses activités.

Art. R. 4462-32. I. – Dans le cas d'un site pyrotechnique multi-employeurs tel que défini à l'article R. 4462-2, les activités pyrotechniques du site ne peuvent être exercées que sur la base d'une convention établie et conclue par les différents employeurs présents.

Cette convention définit, dans le respect des dispositions du présent chapitre et de l'ensemble des dispositions législatives et réglementaires applicables aux activités du site pyrotechnique multi-employeurs, l'organisation mise en place sur le site entre les différents employeurs pour :

1° La gestion des effets pyrotechniques résultant de la coexistence sur le site des activités relevant des différents employeurs et ayant des conséquences sur les différentes installations du site pyrotechnique multi-employeurs ;

2° La gestion des secours vis-à-vis du risque pyrotechnique.

II. – Un arrêté du ministre chargé du travail précise le contenu de la convention, qui comporte :

1° Les règles de fonctionnement des instances de concertation et de décision traitant des questions de santé et de sécurité sur le site ;

2° Les règles internes au site d'implantation des installations ;

3° Les règles d'accès et de circulation sur le site ;

4° Les modalités communes de formation du personnel aux risques du site ;

5° Les modalités de résolution des désaccords éventuels;

6° Les modalités de prise en compte des modifications concernant la sécurité effectuées par un employeur et susceptibles d'avoir un impact sur les autres employeurs du site.

III. – La convention est transmise pour information au ***(D. 2020-1545 du 9 déc. 2020, JO 10, entrée en vigueur le 01.04.2021)*** «directeur régional de l'économie, de l'emploi, du travail et des solidarités» ou à l'autorité qui lui est substituée en application des articles R. 8111-8 et R. 4462-29.

IV. – Les employeurs élaborent également de façon conjointe, pour le site pyrotechnique multi-employeurs, la consigne générale du site mentionnée à l'article R. 4462-6.

V. – La convention, les procédures et les documents permettant de vérifier le respect des engagements qu'elle prévoit sont incorporés au dossier de sécurité défini par l'article R. 4462-34.

VI. – Chaque employeur présent sur le site pyrotechnique multi-employeurs est consulté sur les conclusions de chacune des études de sécurité réalisées par les employeurs mentionnés à l'article R. 4462-1 si celles-ci démontrent que ses travailleurs sont exposés aux effets pyrotechniques. Il consulte son ***(D. 2017-1819 du 29 déc. 2017, art. 3, 59°, JO 30, entrée en vigueur le 01.01.2018)*** «comité social et économique» sur les conclusions de chacune de ces études de sécurité.

Chaque employeur présent sur le site pyrotechnique multi-employeurs est informé des conclusions de chaque étude de sécurité, en particulier sur les zones d'effets et les risques correspondants.

Note Voir arrêté du 14 novembre 2013 (JO 18, entrée en vigueur le 01.07.2014) fixant le contenu de la convention mentionnée à cet article pour les sites pyrotechniques multi-employeurs.

Art. R. 4462-33. Pour l'application du présent chapitre, le ***(D. 2020-1545 du 9 déc. 2020, JO 10, entrée en vigueur le 01.04.2021)*** «directeur régional de l'économie, de l'emploi, du travail et des solidarités» ou l'autorité qui lui est substituée en application des articles R. 8111-8 et R. 4462-29 reçoit le concours de l'inspecteur de l'armement pour les poudres et explosifs du ministère de la défense. Ce dernier effectue, en accord avec le ***(D. 2020-1545 du 9 déc. 2020, JO 10, entrée en vigueur le 01.04.2021)*** «directeur régional de l'économie, de l'emploi, du travail et des solidarités» ou avec les autorités qui lui sont substituées, des inspections de sécurité pyrotechnique dans les sites des employeurs relevant du présent chapitre.

Art. R. 4462-34. L'employeur établit un dossier de sécurité qu'il tient constamment à jour en l'enrichissant sur la base des enseignements tirés des événements pyrotechniques et de toute observation ou information pouvant intéresser la sécurité. Ce dossier comprend:

1° Les études de sécurité prescrites à l'article R. 4462-3 auxquelles sont joints les résultats des essais qui ont été nécessaires à leur établissement;

2° Les analyses de sécurité citées à l'article R. 4462-4;

3° Les documents cités aux articles R. 4462-14 et R. 4462-15;

4° Les procès-verbaux des ***(D. 2017-1819 du 29 déc. 2017, art. 3, 73°, JO 30, entrée en vigueur le 01.01.2018)*** «comités sociaux et économiques» sur les études de sécurité citées à l'article R. 4462-3 et à l'article R. 4462-32;

5° Les consignes établies en application des dispositions des articles R. 4462-6 et R. 4462-7;

6° Les comptes-rendus des événements pyrotechniques et des incidents significatifs qui ont été constatés;

7° La liste des personnes habilitées à réaliser des opérations pyrotechniques;

8° Les comptes rendus et les listes d'émargement des formations cités à l'article R. 4462-28;

9° Pour les sites pyrotechniques multi-employeurs, la convention prévue à l'article R. 4462-32.

Art. R. 4462-35. Le dossier de sécurité prévu à l'article R. 4462-34 est tenu par l'employeur à la disposition du ***(D. 2020-1545 du 9 déc. 2020, JO 10, entrée en vigueur le 01.04.2021)*** «directeur régional de l'économie, de l'emploi, du travail et des solidarités» ou de l'autorité qui lui est substituée en application des articles R. 8111-8 et R. 4462-29, des agents en charge du contrôle de la législation du travail, des ingénieurs de prévention, du service de santé au travail, des services de prévention des organismes de sécurité sociale, des ***(D. 2017-1819 du 29 déc. 2017, art. 3, 60°, JO 30, entrée en vigueur le 01.01.2018)*** «comités sociaux et économiques».

Les personnes qui accèdent au dossier de sécurité en vertu des dispositions de l'alinéa précédent sont astreintes, en ce qui concerne les informations concernant les sites pyrotechniques qui figurent dans le dossier, aux obligations de secret et aux exigences de confidentialité, dans les conditions prévues par les textes qui leur sont applicables.

Art. R. 4462-36. I. – Sur demande motivée de l'employeur précisant les mesures compensatoires qu'il prévoit, le ***(D. 2020-1545 du 9 déc. 2020, JO 10, entrée en vigueur le 01.04.2021)*** «directeur régional de l'économie, de l'emploi, du travail et des solidarités» ou l'autorité qui lui est substituée en application des articles R. 8111-8 et R. 4462-29 peut, par décision prise après avis de l'inspecteur de l'armement pour les poudres et explosifs, accorder pour une ou plusieurs installations déterminées, et dans les conditions qu'il fixe, une dérogation aux dispositions figurant dans les articles du présent chapitre mentionnées ci-dessous:

1° Article R. 4462-10 - Absence de risque important sur un emplacement de travail en cas d'accident sur un emplacement de travail voisin;

2° Article R. 4462-13 - Exclusion d'installations non pyrotechniques de l'enceinte pyrotechnique;

3° Article R. 4462-17 - Interdiction des bâtiments à étage ou sous-sol et travail sur plusieurs niveaux;

4° Article R. 4462-18 - Immobilisation en position ouverte des portes coulissantes lorsqu'il y a des travailleurs à l'intérieur des locaux où s'effectuent des activités pyrotechniques qui sont munis uniquement de telles portes;

5° Article R. 4462-19 - Largeur des issues et des dégagements;

6° Article R. 4462-20 - Distance des postes de travail par rapport aux issues ou aux abris;

7° Article R. 4462-21 - Desserte par un ou plusieurs escaliers externes ou par des dispositifs équivalents des bâtiments où s'effectuent des activités pyrotechniques comportant plusieurs niveaux;

8° Article R. 4462-32 - Distance des installations dans un site pyrotechnique multi-employeurs.

II. – Le ***(D. 2020-1545 du 9 déc. 2020, JO 10, entrée en vigueur le 01.04.2021)*** «directeur régional de l'économie, de l'emploi, du travail et des solidarités» ou l'autorité qui lui est substituée en application des articles R. 8111-8 et R. 4462-29 peut également, sur demande motivée de l'employeur dans les situations mentionnées à l'article R. 4462-22, accorder une dérogation lorsque l'analyse effectuée par l'employeur démontre l'existence d'une incompatibilité entre une disposition du présent chapitre et des exigences fixées par d'autres réglementations en vue de la mise en œuvre d'impératifs de sécurité, et que la proposition présentée par l'employeur permet d'obtenir le niveau de sécurité des travailleurs le plus élevé possible par l'application de mesures compensatoires.

III. – La demande présentée par l'employeur en application des dispositions du I ou du II est accompagnée de l'avis du ***(D. 2017-1819 du 29 déc. 2017, art. 3, 43°, JO 30, entrée en vigueur le 01.01.2018)*** «comité social et économique».

IV. – La décision du ***(D. 2020-1545 du 9 déc. 2020, JO 10, entrée en vigueur le 01.04.2021)*** «directeur régional de l'économie, de l'emploi, du travail et des solidarités» ou de l'autorité qui lui est substituée est portée à la connaissance du ***(D. 2017-1819 du 29 déc. 2017, art. 3, 43°, JO 30, entrée en vigueur le 01.01.2018)*** «comité social et économique» par l'employeur.

LIVRE V

PRÉVENTION DES RISQUES LIÉS À CERTAINES ACTIVITÉS OU OPÉRATIONS

TITRE Ier TRAVAUX RÉALISÉS DANS UN ÉTABLISSEMENT PAR UNE ENTREPRISE EXTÉRIEURE

Note • Le décret 92-158 du 20 février 1992 (JO 22) (JCP éd. E 1992.I.169) a fixé les prescriptions particulières d'hygiène et de sécurité applicables aux travaux effectués dans un établissement par une entreprise extérieure. Voir circulaire d'application DRT 93-14 du 18 mars 1993 (BO TR 93/10, p. 73) et CE 12 juin 1995, n°s 150584 et 150585, Rec. Lebon, p. 240, annulant partiellement cette circulaire.

Le décret 77-1321 du 29 novembre 1977 modifié fixant les prescriptions particulières d'hygiène et de sécurité applicables aux travaux effectués dans un établissement par une entreprise extérieure est abrogé, excepté en ce qui concerne les travaux relatifs à la construction et à la réparation navales.

• L'État et les collectivités territoriales doivent respecter les mesures techniques contenues dans le décret du 20 février 1992 et cela, même s'ils ne sont pas visés expressément à l'article L. 231-1 (ancien) CT (lettre min. du 30 juillet 1993 «Les notes de la mission», cah. 23, oct. 93, doc. 3-609).

• Les prescriptions du décret du 29 novembre 1977, abrogé et remplacé par le décret du 20 février 1992, ne font pas obstacle à l'application des dispositions générales du code du travail relatives à l'hygiène, à la sécurité et aux conditions de travail (cass. crim. 8 novembre 1994, n° 93-81.274, B. crim. n° 355; RJS 1/95 n° 31).

• Les prescriptions particulières d'hygiène et de sécurité prévues par le décret du 29 novembre 1977, alors en vigueur, ne sont applicables qu'aux travaux exécutés dans un établissement d'une entreprise, ou dans ses dépendances ou chantiers, par une entreprise extérieure. Ont méconnu ce texte les juges qui ont écarté l'argumentation du directeur d'une société «E» faisant valoir que le décret précité n'était pas applicable aux faits de la cause, alors que l'intervention de la société «E» dans les locaux de la société «F» n'avait pas pour objet l'exécution de travaux, au sens de l'article 1er du décret du 29 novembre 1977, mais la fourniture d'une prestation de services (gestion du restaurant d'entreprise de la société «F») hors du champ d'application dudit décret (cass. crim. 5 mars 1997, n° 95-82.532, B. crim. n° 89).

• Les prescriptions du décret du 29 novembre 1977 abrogé et remplacé par le décret du 20 février 1992 n'exonèrent pas le sous-traitant de l'obligation de veiller au respect des prescriptions réglementaires assurant la protection de ses salariés lui incombant personnellement (cass. crim. 20 septembre 1994, n° 94-80.017, RJS 1/95 n° 30).

CHAPITRE Ier Dispositions générales

Art. L. 4511-1. Les règles de prévention des risques pour la santé et la sécurité des travailleurs, liés aux travaux réalisés dans un établissement par une entreprise extérieure, sont déterminées par décret en Conseil d'État pris en application des articles L. 4111-6 et L. 4611-8.

SECTION 1 (réglementaire). Champ d'application

Art. R. 4511-1. Les dispositions du présent titre s'appliquent au chef de l'entreprise utilisatrice et au chef de l'entreprise extérieure lorsqu'une entreprise extérieure fait intervenir des travailleurs pour exécuter ou participer à l'exécution d'une opération, quelle que soit sa nature, dans un établissement d'une entreprise utilisatrice, y compris dans ses dépendances ou chantiers.

Note Pour une application de l'article R. 4511-1, voir notamment cass. crim. 7 janvier 2020, n° 18-86.293, à paraître, RJS 3/20 n° 165; JSL n° 496-497, 05.05.2020, p. 4, R. Mesa.

Art. R. 4511-2. Les dispositions du présent titre ne s'appliquent pas aux travaux relatifs à la construction et à la réparation navales.

Art. R. 4511-3. Les dispositions du présent titre ne s'appliquent pas aux chantiers de bâtiment ou de génie civil soumis à l'obligation de coordination prévue à l'article L. 4532-2, ni aux autres chantiers clos et indépendants.

Toutefois, le chef de l'entreprise utilisatrice coopère avec le coordonnateur en matière de sécurité et de protection de la santé, dans les conditions fixées à l'article R. 4532-14.

Lorsque ces chantiers sont soumis à l'obligation d'établir un plan général de coordination en matière de sécurité et de protection de la santé prévu à l'article L. 4532-8, le chef de l'entreprise utilisatrice reçoit copie de ce plan et participe, sur sa demande, aux travaux du collège interentreprises de sécurité, de santé et des conditions de travail, s'il en existe un.

Art. R. 4511-4. On entend par opération, au sens du présent titre, les travaux ou prestations de services réalisés par une ou plusieurs entreprises afin de concourir à un même objectif.

SECTION 2 (réglementaire). Coordination de la prévention

Art. R. 4511-5. Le chef de l'entreprise utilisatrice assure la coordination générale des mesures de prévention qu'il prend et de celles que prennent l'ensemble des chefs des entreprises extérieures intervenant dans son établissement.

Art. R. 4511-6. Chaque chef d'entreprise est responsable de l'application des mesures de prévention nécessaires à la protection des travailleurs qu'il emploie.

Art. R. 4511-7. La coordination générale des mesures de prévention a pour objet de prévenir les risques liés à l'interférence entre les activités, les installations et matériels des différentes entreprises présentes sur un même lieu de travail.

Art. R. 4511-8. Au titre de la coordination générale des mesures de prévention, le chef de l'entreprise utilisatrice alerte le chef de l'entreprise extérieure intéressée lorsqu'il est informé d'un danger grave concernant un des travailleurs de cette entreprise, même s'il estime que la cause du danger est exclusivement le fait de cette entreprise, afin que les mesures de prévention nécessaires puissent être prises par l'employeur intéressé.

En outre, il demande au propriétaire de l'établissement les dossiers techniques regroupant les informations relatives à la recherche et à l'identification des matériaux contenant de l'amiante prévus ***(D. 2017-899 du 9 mai 2017, JO 10)*** «aux articles R. 1334-29-4 à R. 1334-29-6 du code de la santé publique et à l'article R. 111-45 du code de la construction et de l'habitation ou, le cas échéant, le rapport de repérage de l'amiante prévu à l'article R. 4412-97-5 du présent code». Il communique ces documents au chef de l'entreprise extérieure intervenant dans l'établissement.

Note Les dispositions de cet article, dans sa rédaction issue du décret 2017-899 précité, entrent en vigueur aux dates suivantes: 1° Immeubles bâtis: 1er mars 2019; 2° Autres immeubles tels que terrains, ouvrages de génie civil et infrastructures de transport: 1er octobre 2020; 3° Matériels roulants ferroviaires et autres matériels roulants de transports: 1er janvier 2020; 4° Navires, bateaux, engins flottants et autres constructions flottantes: 1er janvier 2020; 5° Aéronefs: 1er juillet 2020; 6° Installations, structures ou équipements concourant à la réalisation ou la mise en œuvre d'une activité: 1er juillet 2020 (décret précité, art. 2, modifié par décret 2019-251 du 27 mars 2019, art. 3, JO 30).

Art. R. 4511-9. Pour l'application des dispositions du présent titre, le chef de l'entreprise extérieure ne peut déléguer ses attributions qu'à un travailleur doté de l'autorité, de la compétence et des moyens nécessaires.

Ce dernier est désigné, lorsque c'est possible, parmi un des travailleurs appelés à participer à l'exécution des opérations prévues dans l'établissement de l'entreprise utilisatrice.

Art. R. 4511-10. Les chefs des entreprises extérieures font connaître par écrit à l'entreprise utilisatrice :

1° La date de leur arrivée et la durée prévisible de leur intervention ;

2° Le nombre prévisible de travailleurs affectés ;

3° Le nom et la qualification de la personne chargée de diriger l'intervention ;

4° Les noms et références de leurs sous-traitants, le plus tôt possible et en tout état de cause avant le début des travaux dévolus à ceux-ci ;

5° L'identification des travaux sous-traités.

Art. R. 4511-11. Le chef de l'entreprise utilisatrice et les chefs des entreprises extérieures tiennent les informations mentionnées à l'article R. 4511-10 à la disposition :

1° Du ***(D. 2017-1819 du 29 déc. 2017, art. 3, 70°, JO 30, entrée en vigueur le 01.01.2018)*** « comité social et économique » compétent ;

2° Des médecins du travail compétents ;

3° De l'inspection du travail ;

4° Des agents des services de prévention des organismes de sécurité sociale ;

5° Le cas échéant, des agents de l'Organisme professionnel de prévention du bâtiment et des travaux publics.

Art. R. 4511-12. Les chefs des entreprises extérieures fournissent à l'inspection du travail, sur sa demande, l'état des heures réellement passées à l'exécution de l'opération par les travailleurs qui y sont affectés.

CHAPITRE II (réglementaire) Mesures préalables à l'exécution d'une opération

SECTION 1. Dispositions générales

Art. R. 4512-1. Lorsque, après le début de l'intervention, une entreprise extérieure recourt à de nouveaux sous-traitants, les procédures prévues par le présent chapitre sont à nouveau applicables à ces derniers.

SECTION 2. Inspection commune préalable

Art. R. 4512-2. Il est procédé, préalablement à l'exécution de l'opération réalisée par une entreprise extérieure, à une inspection commune des lieux de travail, des installations qui s'y trouvent et des matériels éventuellement mis à disposition des entreprises extérieures.

Note Toutes les entreprises concourant à l'exécution d'une même opération, au sens de l'article R. 237-1, al. 5 (ancien) CT, doivent participer de manière simultanée à l'inspection préalable dont l'objet est d'assurer leur information réciproque dans l'intérêt de la sécurité des travailleurs (cass. crim. 16 février 1999, n° 97-86.290, B. crim. n° 24 ; RJS 4/99 n° 528).

Art. R. 4512-3. Au cours de l'inspection commune préalable, le chef de l'entreprise utilisatrice :

1° Délimite le secteur de l'intervention des entreprises extérieures ;

2° Matérialise les zones de ce secteur qui peuvent présenter des dangers pour les travailleurs ;

3° Indique les voies de circulation que pourront emprunter ces travailleurs ainsi que les véhicules et engins de toute nature appartenant aux entreprises extérieures ;

4° Définit les voies d'accès de ces travailleurs aux locaux et installations à l'usage des entreprises extérieures prévus à l'article R. 4513-8.

Art. R. 4512-4. Le chef de l'entreprise utilisatrice communique aux chefs des entreprises extérieures ses consignes de sécurité applicables aux travailleurs chargés d'exécuter l'opération, y compris durant leurs déplacements.

Art. R. 4512-5. Les employeurs se communiquent toutes informations nécessaires à la prévention des risques, notamment la description des travaux à accomplir, des matériels utilisés et des modes opératoires dès lors qu'ils ont une incidence sur la santé et la sécurité.

SECTION 3. Plan de prévention

Art. R. 4512-6. Au vu des informations et éléments recueillis au cours de l'inspection commune préalable, les chefs des entreprises utilisatrice et extérieures procèdent en commun à une analyse des risques pouvant résulter de l'interférence entre les activités, installations et matériels.

Lorsque ces risques existent, les employeurs arrêtent d'un commun accord, avant le début des travaux, un plan de prévention définissant les mesures prises par chaque entreprise en vue de prévenir ces risques.

Note • Voir arrêté du 26 juin 2013 (JO 6 juil.) relatif au repérage des matériaux et produits de la liste C contenant de l'amiante et au contenu du rapport de repérage.

• Le directeur d'un établissement, qui n'avait pas délégué ses pouvoirs en matière de sécurité, a commis une faute personnelle en relation avec le décès d'un salarié d'une entreprise effectuant des travaux de maintenance sur un mélangeur de l'établissement, en omettant d'établir un plan de prévention avec le dirigeant de l'entreprise extérieure préalablement à l'exécution des travaux et en ne fournissant pas d'instructions précises à l'ensemble des intervenants pour assurer la mise hors tension de cet appareil pendant toute la durée des travaux; il a pu être déclaré coupable d'homicide involontaire et d'infractions aux règles de sécurité (cass. crim. 12 mai 1998, n° 97-82.188, B. crim. n° 159; RJS 10/98 n° 1234).

• Une cour d'appel a pu condamner le président d'une entreprise utilisatrice pour homicide involontaire par inobservation des règlements, pour n'avoir pas établi par écrit un plan de prévention avec le responsable d'une société extérieure avant l'exécution des travaux. En effet, il résultait de ses constatations que l'établissement d'un plan de sécurité eût permis d'éviter l'accident et qu'en ne faisant pas établir ce plan, le prévenu avait commis une faute caractérisée au sens des dispositions de l'article 121-3, al. 4 c. pén. dans leur rédaction issue de la loi du 10 juillet 2000 (cass. crim. 10 octobre 2000, n° 99-87.280, RJS 4/01 n° 464). Sur la faute caractérisée du dirigeant d'une entreprise donneuse d'ordres poursuivi pour n'avoir pas préalablement aux travaux procédé à l'inspection des lieux, à l'analyse des risques et au plan de prévention des risques, voir aussi cass. crim. 2 octobre 2001, n° 00-86.917.

• Selon les articles 2 et 3 c. proc. pén., le droit d'exercer l'action civile devant la juridiction pénale n'appartient qu'à ceux qui ont personnellement souffert du dommage directement causé par l'infraction. Méconnaît ces dispositions la cour d'appel qui, dans des poursuites engagées contre le directeur de production d'une entreprise et le gérant de l'entreprise intervenante sur le fondement des articles R. 237-7 et R. 237-8 (anciens) CT pour absence d'analyse des risques et non-établissement d'un plan de prévention, admet la recevabilité de l'action civile des salariés au motif que cette infraction a été directement la cause de l'incendie ayant détruit les locaux de l'entreprise où ils étaient employés, alors qu'elle n'était pas la cause directe du préjudice invoqué par eux, lié à la perte de leur emploi (cass. crim. 13 mars 2001, n° 00-82.581, B. crim. n° 62; RJS 7/07 n° 876).

Art. R. 4512-7. Le plan de prévention est établi par écrit et arrêté avant le commencement des travaux dans les deux cas suivants:

1° Dès lors que l'opération à réaliser par les entreprises extérieures, y compris les entreprises sous-traitantes auxquelles elles peuvent faire appel, représente un nombre total d'heures de travail prévisible égal au moins à 400 heures sur une période inférieure ou égale à douze mois, que les travaux soient continus ou discontinus. Il en est de même dès lors qu'il apparaît, en cours d'exécution des travaux, que le nombre d'heures de travail doit atteindre 400 heures;

2° Quelle que soit la durée prévisible de l'opération, lorsque les travaux à accomplir sont au nombre des travaux dangereux figurant sur une liste fixée, respectivement, par arrêté du ministre chargé du travail et par arrêté du ministre chargé de l'agriculture.

Note • Voir arrêtés du 19 mars 1993 (JO 27), du 10 mai 1994 (JO 20) [établissements agricoles] et du 11 juin 2019 (JO 13) [mines et carrières] fixant la liste des travaux dangereux pour lesquels il est établi par écrit un plan de prévention.

• Il résulte de la combinaison des articles R. 237-1, dern. al., et R. 237-8, al. 2 (anciens) CT que les travaux dangereux visés par le second de ces textes concernent l'ensemble des prestations nécessaires à la réalisation de l'opération. Par ailleurs, les motifs de l'arrêt, dont il se déduit que l'utilisation du serre-joint défectueux, inadaptée en l'espèce, aurait été nécessairement écartée si le plan de prévention avait été établi, caractérisent le lien de causalité entre le non-respect de la réglementation spéciale de sécurité reproché au prévenu (non-établissement notamment d'un plan de prévention) et les dommages subis par le salarié en raison de la chute de la pièce (cass. crim. 4 août 1998, n° 97-85.021, B. crim. n° 223).

• Sur l'absence de plan de prévention écrit dans lequel auraient pu être définis les moyens de nature à éviter la chute de la victime lors d'un accident dû à l'impréparation du chantier, voir cass. crim. 3 avril 2002, n° 01-83.160, B. crim. n° 77.

• Encourt la cassation l'arrêt infirmant le jugement ayant déclaré coupables un employeur et son chef d'agence, alors qu'il appartenait à la cour de rechercher si, indépendamment de la faute retenue à la charge de la victime (déplacement, sans la replier, de l'échelle pour aller élaguer l'arbre suivant), que les juges ne qualifiaient pas d'exclusive, d'une part, l'absence sur le chantier de personne compétente ayant pour unique fonction de s'assurer que les salariés ne franchissaient pas la limite de la zone de travail et, d'autre part, le défaut de justification écrite des raisons impérieuses empêchant la mise hors tension des lignes électriques et d'établissement d'un plan de prévention écrit, n'avaient pas concouru à la réalisation de l'accident (cass. crim. 10 mai 2006, n° 05-85.387).

Art. R. 4512-8. Les mesures prévues par le plan de prévention comportent au moins les dispositions suivantes:

1° La définition des phases d'activité dangereuses et des moyens de prévention spécifiques correspondants;

2° L'adaptation des matériels, installations et dispositifs à la nature des opérations à réaliser ainsi que la définition de leurs conditions d'entretien;

3° Les instructions à donner aux travailleurs;

4° L'organisation mise en place pour assurer les premiers secours en cas d'urgence et la description du dispositif mis en place à cet effet par l'entreprise utilisatrice;

5° Les conditions de la participation des travailleurs d'une entreprise aux travaux réalisés par une autre en vue d'assurer la coordination nécessaire au maintien de la sécurité et, notamment, de l'organisation du commandement.

Art. R. 4512-9. Chaque entreprise concernée fournit la liste des postes occupés par les travailleurs susceptibles de relever ***(D. 2016-1908 du 27 déc. 2016, art. 17, II, JO 29, entrée en vigueur le 01.01.2017)*** «du suivi individuel renforcé prévu par les articles R. 4624-22 à R. 4624-28» ou, s'il s'agit d'un salarié agricole, par l'article R. 717-16 du code rural ***(Ord. 2010-462 du 6 mai 2010, JO 7)*** «et de la pêche maritime», en raison des risques liés aux travaux réalisés dans l'entreprise utilisatrice. Cette liste figure dans le plan de prévention.

Art. R. 4512-10. Le plan de prévention fixe la répartition des charges d'entretien entre les entreprises extérieures dont les travailleurs utilisent les locaux et installations prévus à l'article R. 4513-8 et mis à disposition par l'entreprise utilisatrice.

Art. R. 4512-11. Les dossiers techniques regroupant les informations relatives à la recherche et à l'identification des matériaux contenant de l'amiante prévus ***(D. 2017-899 du 9 mai 2017, JO 10)*** «aux articles R. 1334-29-4 à R. 1334-29-6 du code de la santé publique et à l'article R. 111-45 du code de la construction et de l'habitation ou, le cas échéant, le rapport de repérage de l'amiante prévu à l'article R. 4412-97-5 du présent code» sont joints au plan de prévention.

Note Les dispositions de cet article, dans sa rédaction issue du décret 2017-899 précité, entrent en vigueur aux dates suivantes: 1° Immeubles bâtis: 1er mars 2019; 2° Autres immeubles tels que terrains, ouvrages de génie civil et infrastructures de transport: 1er octobre 2020; 3° Matériels roulants ferroviaires et autres matériels roulants de transports: 1er janvier 2020; 4° Navires, bateaux, engins flottants et autres constructions flottantes: 1er janvier 2020; 5° Aéronefs: 1er juillet 2020; 6° Installations, structures ou équipements concourant à la réalisation ou la mise en œuvre d'une activité: 1er juillet 2020 (décret précité, art. 2, modifié par décret 2019-251 du 27 mars 2019, art. 3, JO 30).

Art. R. 4512-12. Lorsque l'établissement d'un plan de prévention par écrit est obligatoire, en application de l'article R. 4512-7:

1° Ce plan est tenu, pendant toute la durée des travaux, à la disposition de l'inspection du travail, des agents de prévention des organismes de sécurité sociale et, le cas échéant, de l'Organisme professionnel de prévention du bâtiment et des travaux publics;

2° Le chef de l'entreprise utilisatrice informe par écrit l'inspection du travail de l'ouverture des travaux.

SECTION 4. Travail isolé

Art. R. 4512-13. Lorsque l'opération est réalisée de nuit ou dans un lieu isolé ou à un moment où l'activité de l'entreprise utilisatrice est interrompue, le chef de l'entreprise extérieure intéressé prend les mesures nécessaires pour qu'aucun travailleur ne travaille isolément en un point où il ne pourrait être secouru à bref délai en cas d'accident.

Art. R. 4512-14. Pour les travaux accomplis dans un établissement agricole, les dispositions de l'article R. 4512-13 ne s'appliquent qu'aux travaux réalisés dans les locaux de l'exploitation, de l'entreprise ou de l'établissement ou à proximité de ceux-ci.

SECTION 5. Information des travailleurs

Art. R. 4512-15. Avant le début des travaux et sur le lieu même de leur exécution, le chef de l'entreprise extérieure fait connaître à l'ensemble des travailleurs qu'il affecte à ces travaux les dangers spécifiques auxquels ils sont exposés et les mesures de prévention prises en application du présent titre.

Il précise notamment les zones dangereuses ainsi que les moyens adoptés pour les matérialiser. Il explique l'emploi des dispositifs collectifs et individuels de protection.

Il montre à ces travailleurs les voies à emprunter pour accéder au lieu d'intervention et le quitter, pour accéder aux locaux et installations mis à leur disposition ainsi que, s'il y a lieu, les issues de secours.

Art. R. 4512-16. Le temps consacré à l'information des travailleurs est assimilé à du temps de travail effectif.

CHAPITRE III (réglementaire) Mesures à prendre pendant l'exécution des opérations

SECTION 1. Inspections et réunions périodiques de coordination

Art. R. 4513-1. Pendant l'exécution des opérations, chaque entreprise met en œuvre les mesures prévues par le plan de prévention.

Le chef de l'entreprise utilisatrice s'assure auprès des chefs des entreprises extérieures que les mesures décidées sont exécutées. Il coordonne les mesures nouvelles à prendre lors du déroulement des travaux.

Art. R. 4513-2. Le chef de l'entreprise utilisatrice organise, avec les chefs des entreprises extérieures qu'il estime utile d'inviter, des inspections et réunions périodiques, selon une périodicité qu'il définit, afin d'assurer, en fonction des risques ou lorsque les circonstances l'exigent :

1° Soit la coordination générale dans l'enceinte de l'entreprise utilisatrice ;

2° Soit la coordination des mesures de prévention pour une opération donnée ;

3° Soit la coordination des mesures rendues nécessaires par les risques liés à l'interférence entre deux ou plusieurs opérations.

Art. R. 4513-3. Les chefs des entreprises intéressées par les opérations en cause sont informés de la date à laquelle se tiennent les inspections et réunions périodiques de coordination.

Lorsqu'ils l'estiment nécessaire en fonction des risques, les chefs des entreprises extérieures qui ne sont pas conviés participent, sur leur demande, aux réunions et inspections organisées par l'entreprise utilisatrice.

En l'absence de réunion ou d'inspection, les chefs des entreprises extérieures peuvent, lorsqu'ils l'estiment nécessaire pour la sécurité des travailleurs, demander au chef de l'entreprise utilisatrice d'organiser de telles réunions ou inspections.

Art. R. 4513-4. Les mesures prises lors de la coordination font l'objet d'une mise à jour du plan de prévention.

Art. R. 4513-5. Lorsque l'ensemble des opérations des entreprises extérieures présentes dans l'établissement conduit à l'emploi de travailleurs pour une durée totale supérieure à 90 000 heures pour les douze mois à venir, les inspections et réunions périodiques de coordination se tiennent au moins tous les trois mois.

Ces dispositions s'appliquent, y compris lorsque sont mises en œuvre les dispositions des deuxième et troisième alinéas de l'article R. 4513-3.

Art. R. 4513-6. Lorsque de nouveaux travailleurs sont affectés à l'exécution des travaux en cours d'opération, le chef de l'entreprise extérieure en informe le chef de l'entreprise utilisatrice.

Le chef de l'entreprise ***(D. 2009-289 du 13 mars 2009, JO 15)*** « extérieure » est tenu, à l'égard de ces travailleurs, aux obligations d'information prévues à l'article R. 4512-15.

Art. R. 4513-7. Le chef de l'entreprise utilisatrice s'assure auprès des chefs des entreprises extérieures qu'ils ont donné aux travailleurs des instructions appropriées aux risques liés à la présence dans son établissement de plusieurs entreprises.

SECTION 2. Locaux et installations à l'usage des entreprises extérieures

Art. R. 4513-8. Les installations sanitaires, les vestiaires collectifs et les locaux de restauration sont mis par l'entreprise utilisatrice à la disposition des entreprises extérieures présentes dans l'établissement, excepté lorsque ces dernières mettent en place un dispositif équivalent.

Des installations supplémentaires sont mises en place, si nécessaire, sur la base de l'effectif moyen des travailleurs des entreprises extérieures devant être employés au cours de l'année à venir de manière habituelle dans l'établissement de l'entreprise utilisatrice.

SECTION 3. Suivi individuel de l'état de santé

Art. R. 4513-9. Lorsque l'établissement d'un plan de prévention par écrit est obligatoire, en application de l'article R. 4512-7, ce plan est tenu à la disposition du médecin du travail de l'entreprise utilisatrice et des médecins du travail des entreprises extérieures intéressées.

Ceux-ci sont informés de ses mises à jour.

Le plan de prévention et ses mises à jour leur sont communiqués sur leur demande.

Art. R. 4513-10. Le médecin du travail de l'entreprise extérieure communique au médecin du travail de l'entreprise utilisatrice, sur demande de ce dernier, les éléments du dossier médical individuel des travailleurs de l'entreprise extérieure qui lui sont nécessaires.

Le médecin du travail de l'entreprise utilisatrice fournit au médecin du travail de l'entreprise extérieure, sur demande de ce dernier, les indications sur les risques particuliers que présentent les travaux pour la santé des travailleurs intéressés de l'entreprise extérieure.

Art. R. 4513-11. Le médecin du travail de l'entreprise utilisatrice assure, pour le compte de l'entreprise extérieure, la réalisation des examens complémentaires rendus nécessaires par la nature et la durée des travaux réalisés par le travailleur de l'entreprise extérieure dans l'entreprise utilisatrice.

Les résultats sont communiqués au médecin du travail de l'entreprise extérieure.

Note Le second alinéa a été modifié par le décret 2016-1908 du 27 décembre 2016, art. 17, III, JO 29, entrée en vigueur le 01.01.2017.

Art. R. 4513-12. ***(D. 2012-135 du 30 janv. 2012, JO 31, entrée en vigueur le 01.07.2012)*** Par accord entre les chefs de l'entreprise utilisatrice et de l'entreprise extérieure et les médecins du travail intéressés, ***(D. 2016-1908 du 27 déc. 2016, art. 17, V, JO 29, entrée en vigueur le 01.01.2017)*** « le suivi individuel de l'état de santé » et pour les salariés agricoles, à l'article ***(D. 2017-1311 du 29 août 2017, JO 31)*** « R. 717-14 » du code rural et de la pêche maritime, peut être réalisé par le médecin du travail de l'entreprise utilisatrice pour le compte de l'entreprise extérieure. Cet accord peut également prévoir que le médecin du travail de l'entreprise utilisatrice et, le cas échéant, les autres membres de l'équipe pluridisciplinaire de santé au travail, mènent les actions sur le milieu de travail prévues aux articles R. 4624-1 et suivants pour le compte des salariés de l'entreprise extérieure.

Le médecin du travail de l'entreprise utilisatrice communique les résultats au médecin de l'entreprise extérieure.

Note Voir circulaire DGT n° 13 du 9 novembre 2012, 3e partie, IV (BO TR 2012/11 du 30.11.2012).

Art. R. 4513-13. Les conditions dans lesquelles le médecin du travail de l'entreprise extérieure a accès aux postes de travail occupés ou susceptibles d'être occupés par les travailleurs de l'entreprise extérieure sont fixées entre l'entreprise utilisatrice et l'entreprise extérieure, après avis des médecins du travail intéressés.

CHAPITRE IV (réglementaire) Rôle des institutions représentatives du personnel

SECTION 1. Dispositions communes

Art. R. 4514-1. Les ***(D. 2017-1819 du 29 déc. 2017, art. 3, 73°, JO 30, entrée en vigueur le 01.01.2018)*** « comités sociaux et économiques » de l'entreprise utilisatrice et des entreprises extérieures sont informés :

1° De la date de l'inspection commune préalable par les chefs des entreprises intéressées, dès qu'ils en ont connaissance et au plus tard trois jours avant qu'elle ait lieu. En cas d'urgence, ils sont informés sur le champ ;

2° De la date des inspections et réunions périodiques de coordination, au plus tard trois jours avant qu'elles aient lieu. En cas d'urgence, ils sont informés sur le champ ;

3° De toute situation d'urgence et de gravité mentionnée au 3° de l'article L. 4614-6.

Art. R. 4514-2. Lorsque l'établissement d'un plan de prévention par écrit est obligatoire, en application de l'article R. 4512-7, ce plan est tenu à la disposition du ***(D. 2017-1819 du 29 déc. 2017, art. 3, 70°, JO 30, entrée en vigueur le 01.01.2018)*** « comité social et économique » de l'entreprise utilisatrice et de ceux des entreprises extérieures.

Ces comités sont informés de ses mises à jour.

Ce plan et ses mises à jour leur sont communiqués sur leur demande.

Ils reçoivent toutes informations nécessaires à l'exercice de leurs missions.

Art. R. 4514-3. Le ***(D. 2017-1819 du 29 déc. 2017, art. 3, 70°, JO 30, entrée en vigueur le 01.01.2018)*** « comité social et économique » de l'entreprise utilisatrice compétent charge, s'il l'estime nécessaire, un ou plusieurs de ses membres appartenant à la délégation du personnel de participer à l'inspection commune préalable.

Les ***(D. 2017-1819 du 29 déc. 2017, art. 3, 73°, JO 30, entrée en vigueur le 01.01.2018)*** « comités sociaux et économiques » des entreprises extérieures intéressées participent, s'ils l'estiment nécessaire, à l'inspection commune préalable, dans les conditions prévues à l'article R. 4514-9.

Les membres des comités désignés pour participer à l'inspection commune préalable émettent un avis sur les mesures de prévention. Cet avis est porté sur le plan de prévention lorsque ce plan doit être établi par écrit.

Note En dehors des hypothèses régies par les articles R. 237-23, R. 237-24 et R. 237-28 [R. 4514-3 et 4; R. 4514-8, 9 et 10] CT, aucune disposition législative ou réglementaire ne donne compétence au CHSCT de l'entreprise extérieure pour intervenir dans l'enceinte de l'entreprise utilisatrice. Dès lors, en énonçant que «le CHSCT de l'entreprise extérieure a vocation à effectuer des enquêtes en cas de risques ou d'accident survenu à tout salarié de son entreprise, dans l'enceinte de l'entreprise utilisatrice» et en prévoyant les moyens d'accès à l'entreprise utilisatrice pour les CHSCT des entreprises extérieures, sans que cet accès soit subordonné à l'accord du chef d'entreprise dans les cas non prévus par le décret précité du 20 février 1992, la circulaire 93-14 du 18 mars 1993 édicte une disposition réglementaire entachée d'incompétence (CE 12 juin 1995, n°s 150584 et 150585, Rec. Lebon, p. 240; JCP éd. E 1995.II.713).

Art. R. 4514-4. Des inspections et réunions périodiques de coordination sont organisées à la demande motivée de deux représentants du personnel au ***(D. 2017-1819 du 29 déc. 2017, art. 3, 70°, JO 30, entrée en vigueur le 01.01.2018)*** «comité social et économique» de l'entreprise utilisatrice.

À la demande motivée de deux représentants du personnel au ***(D. 2017-1819 du 29 déc. 2017, art. 3, 70°, JO 30, entrée en vigueur le 01.01.2018)*** «comité social et économique» de l'entreprise extérieure, les dispositions prévues aux deuxième et troisième alinéas de l'article R. 4513-3 sont mises en œuvre par le chef de l'entreprise extérieure.

Art. R. 4514-5. Aux lieux d'entrée et de sortie du personnel de l'entreprise utilisatrice sont affichés:

1° Les noms et lieux de travail des membres du ***(D. 2017-1819 du 29 déc. 2017, art. 3, 70°, JO 30, entrée en vigueur le 01.01.2018)*** «comité social et économique» de l'entreprise utilisatrice et des entreprises extérieures;

2° Le nom du médecin du travail de l'entreprise utilisatrice;

3° Le lieu où est située l'infirmerie de l'entreprise utilisatrice.

SECTION 2. [Comité social et économique] de l'entreprise utilisatrice

Art. R. 4514-6. Le ***(D. 2017-1819 du 29 déc. 2017, art. 3, 70°, JO 30, entrée en vigueur le 01.01.2018)*** «comité social et économique» de l'entreprise utilisatrice charge, s'il l'estime nécessaire, un ou plusieurs de ses membres appartenant à la délégation du personnel de participer aux inspections et réunions périodiques de coordination.

Ces membres émettent un avis sur les mesures de prévention. Cet avis est porté sur le plan de prévention lorsque ce plan doit être établi par écrit.

Art. R. 4514-7. Lorsqu'il peut y avoir des risques liés à l'interférence entre les activités, les installations et matériels des différentes entreprises, le ***(D. 2017-1819 du 29 déc. 2017, art. 3, 70°, JO 30, entrée en vigueur le 01.01.2018)*** «comité social et économique» de l'entreprise utilisatrice procède, dans le cadre de ses missions, aux inspections et enquêtes prévues aux articles L. 4612-4 et L. 4612-5, sur les lieux de travail temporairement occupés par des travailleurs d'entreprises extérieures.

Art. R. 4514-7-1. ***(D. 2008-467 du 19 mai 2008, JO 21)*** Les représentants des entreprises extérieures au ***(D. 2017-1819 du 29 déc. 2017, art. 3, 70°, JO 30, entrée en vigueur le 01.01.2018)*** «comité social et économique» de l'entreprise utilisatrice, élargi en application de l'article L. 4523-11, ne sont pas considérés comme appartenant à la délégation du personnel du ***(D. 2017-1819 du 29 déc. 2017, art. 3, 70°, JO 30, entrée en vigueur le 01.01.2018)*** «comité social et économique» de l'entreprise utilisatrice.

SECTION 3. [Comité social et économique] de l'entreprise extérieure

Art. R. 4514-8. Le ***(D. 2017-1819 du 29 déc. 2017, art. 3, 70°, JO 30, entrée en vigueur le 01.01.2018)*** «comité social et économique» de l'entreprise extérieure charge, s'il l'estime nécessaire, un ou plusieurs de ses membres appartenant à la délégation du personnel de participer aux inspections et réunions périodiques de coordination, lorsqu'il est prévu que l'entreprise extérieure y participe.

Ces membres émettent un avis sur les mesures de prévention. Cet avis est porté sur le plan de prévention lorsque ce plan doit être établi par écrit.

Art. R. 4514-9. Avant le début des travaux, lorsqu'un représentant du personnel au ***(D. 2017-1819 du 29 déc. 2017, art. 3, 70°, JO 30, entrée en vigueur le 01.01.2018)*** «comité social et économique» est appelé à faire partie de l'équipe intervenant dans l'entreprise utilisatrice et que le comité entend participer à l'inspection commune préalable, en application du deuxième alinéa de l'article R. 4514-3, ce représentant du personnel est désigné pour participer à cette inspection.

Dans le cas contraire, le comité peut désigner un représentant du personnel élu titulaire d'un autre mandat, s'il est appelé à être affecté dans l'entreprise utilisatrice.

Art. R. 4514-10. Les dispositions de l'article R. 4514-9 s'appliquent pendant l'exécution des travaux lorsque le ***(D. 2017-1819 du 29 déc. 2017, art. 3, 70°, JO 30, entrée en vigueur le 01.01.2018)*** «comité social et économique» de l'entreprise extérieure entend faire application du premier alinéa de l'article R. 4514-8.

CHAPITRE V (réglementaire) Opérations de chargement et de déchargement

SECTION 1. Champ d'application

Art. R. 4515-1. Les dispositions du présent chapitre s'appliquent aux opérations de chargement ou de déchargement réalisées par des entreprises extérieures transportant des marchandises, en provenance ou à destination d'un lieu extérieur à l'enceinte de l'entreprise utilisatrice, dite " entreprise d'accueil ".

Elles dérogent aux dispositions relatives :

1° À la transmission à l'inspection du travail de l'état des heures passées à l'exécution de l'opération, prévue à l'article R. 4511-12 ;

2° À l'inspection commune préalable prévue aux articles R. 4512-2 à R. 4512-5 ;

3° Au plan de prévention prévu aux articles R. 4512-6 à R. 4512-11 ;

4° À l'information et à la communication au ***(D. 2017-1819 du 29 déc. 2017, art. 3, 70°, JO 30, entrée en vigueur le 01.01.2018)*** « comité social et économique » des renseignements et documents prévues aux articles R. 4514-1 et R. 4514-2.

Art. R. 4515-2. On entend par opération de chargement ou de déchargement, l'activité concourant à la mise en place ou à l'enlèvement sur ou dans un engin de transport routier, de produits, fonds et valeurs, matériels ou engins, déchets, objets et matériaux de quelque nature que ce soit.

Art. R. 4515-3. On entend par opérations de chargement ou de déchargement à caractère répétitif, celles qui portent sur des produits ou substances de même nature, sont accomplies sur les mêmes emplacements, selon le même mode opératoire, et mettent en œuvre les mêmes types de véhicules et de matériels de manutention.

SECTION 2. Protocole de sécurité

Art. R. 4515-4. Les opérations de chargement ou de déchargement, font l'objet d'un document écrit, dit « protocole de sécurité », remplaçant le plan de prévention.

Art. R. 4515-5. Le protocole de sécurité comprend les informations utiles à l'évaluation des risques de toute nature générés par l'opération ainsi que les mesures de prévention et de sécurité à observer à chacune des phases de sa réalisation.

Art. R. 4515-6. Pour l'entreprise d'accueil, le protocole de sécurité comprend, notamment, les informations suivantes :

1° Les consignes de sécurité, particulièrement celles qui concernent l'opération de chargement ou de déchargement ;

2° Le lieu de livraison ou de prise en charge, les modalités d'accès et de stationnement aux postes de chargement ou de déchargement accompagnées d'un plan et des consignes de circulation ;

3° Les matériels et engins spécifiques utilisés pour le chargement ou le déchargement ;

4° Les moyens de secours en cas d'accident ou d'incident ;

5° L'identité du responsable désigné par l'entreprise d'accueil, auquel l'employeur ***(D. 2009-289 du 13 mars 2009, JO 15)*** « délègue, le cas échéant, ses attributions ».

Art. R. 4515-7. Pour le transporteur, le protocole de sécurité décrit, notamment :

1° Les caractéristiques du véhicule, son aménagement et ses équipements ;

2° La nature et le conditionnement de la marchandise ;

3° Les précautions ou sujétions particulières résultant de la nature des substances ou produits transportés, notamment celles imposées par la réglementation relative au transport de matières dangereuses.

Art. R. 4515-8. Le protocole de sécurité est établi dans le cadre d'un échange entre les employeurs intéressés, préalablement à la réalisation de l'opération.

Chacune des opérations ne revêtant pas le caractère répétitif défini à l'article R. 4515-3 donne lieu à un protocole de sécurité spécifique.

Art. R. 4515-9. Les opérations de chargement ou de déchargement impliquant les mêmes entreprises et revêtant un caractère répétitif font l'objet d'un seul protocole de sécurité établi préalablement à la première opération.

Ce protocole de sécurité reste applicable aussi longtemps que les employeurs intéressés considèrent que les conditions de déroulement des opérations n'ont subi aucune modification significative, dans l'un quelconque de leurs éléments constitutifs.

Art. R. 4515-10. Lorsque le prestataire ne peut pas être identifié préalablement par l'entreprise d'accueil ou lorsque l'échange préalable n'a pas permis de réunir toutes les informations nécessaires, par dérogation aux dispositions de l'article R. 4515-8, l'employeur de l'entreprise d'accueil fournit et recueille par tout moyen approprié les éléments qui se rapportent au protocole de sécurité.

Art. R. 4515-11. Les chefs d'établissement des entreprises d'accueil et de transport tiennent un exemplaire de chaque protocole de sécurité, daté et signé, à la disposition :

1° Des *(D. 2017-1819 du 29 déc. 2017, art. 3, 73°, JO 30, entrée en vigueur le 01.01.2018)* « comités sociaux et économiques » des entreprises intéressées ;

2° De l'inspection du travail.

TITRE II INSTALLATIONS NUCLÉAIRES DE BASE ET INSTALLATIONS SUSCEPTIBLES DE DONNER LIEU À DES SERVITUDES D'UTILITÉ PUBLIQUE

CHAPITRE Ier Champ d'application

Art. L. 4521-1. Les dispositions du présent titre sont applicables dans les établissements comprenant au moins une installation nucléaire de base au sens de *(Ord. 2012-6 du 5 janv. 2012, art. 5, JO 6)* « l'article L. 593-1 du code de l'environnement ou une installation figurant sur la liste prévue *(L. 2013-619 du 16 juil. 2013, art. 11 et 46, JO 17, entrée en vigueur le 01.06.2015)* « à l'article L. 515-36 » du même code » ou soumise aux *(Ord. 2011-91 du 20 janv. 2011, art. 11, JO 25, entrée en vigueur le 01.03.2011)* « dispositions des articles L. 211-2 et L. 211-3, des titres II à VII et du chapitre II du titre VIII du livre II du code minier ».

CHAPITRE II Coordination de la prévention

Art. L. 4522-1. Dans les établissements mentionnés à l'article L. 4521-1, lorsqu'un travailleur ou le chef d'une entreprise extérieure ou un travailleur indépendant est appelé à réaliser une intervention pouvant présenter des risques particuliers en raison de sa nature ou de la proximité de cette installation, le chef d'établissement de l'entreprise utilisatrice et le chef de l'entreprise extérieure définissent conjointement les mesures de prévention prévues aux articles L. 4121-1 à L. 4121-4.

Le chef d'établissement de l'entreprise utilisatrice veille au respect par l'entreprise extérieure des mesures que celle-ci a la responsabilité d'appliquer, compte tenu de la spécificité de l'établissement, préalablement à l'exécution de l'opération, durant son déroulement et à son issue.

Art. L. 4522-2. L'employeur définit et met en œuvre au bénéfice des chefs d'entreprises extérieures et des travailleurs qu'ils emploient ainsi que des travailleurs indépendants, avant le début de leur première intervention dans l'enceinte de l'établissement, une formation pratique et appropriée aux risques particuliers que leur intervention peut présenter en raison de sa nature ou de la proximité de l'installation classée.

Cette formation est dispensée sans préjudice de celles prévues par les articles L. 4141-2 et L. 4142-1. Ses modalités de mise en œuvre, son contenu et les conditions de son renouvellement peuvent être précisés par convention ou accord collectif de branche ou par convention ou accord collectif d'entreprise ou d'établissement.

CHAPITRE III Comité social et économique

SECTION 1. Attributions particulières

Art. L. 4523-1. Les dispositions du présent chapitre s'appliquent sans préjudice de celles prévues *(Ord. 2017-1386 du 22 sept. 2017, art. 3, I, 2°, JO 23, entrée en vigueur au plus tard le 01.01.2018)* « au titre II du livre III de la deuxième partie relatives au comité social et économique ».

Art. L. 4523-2. *(Ord. 2017-1386 du 22 sept. 2017, art. 3, I, 3°, JO 23, entrée en vigueur au plus tard le 01.01.2018)* « Le comité social et économique » est consulté sur la liste des postes de travail liés à la sécurité de l'installation. Cette liste est établie par l'employeur dans des conditions déterminées par décret en Conseil d'État.

Le comité est également consulté avant toute décision de sous-traiter une activité, jusqu'alors réalisée par les salariés de l'établissement, à une entreprise extérieure appelée à réaliser une intervention pouvant présenter des risques particuliers en raison de sa nature ou de la proximité de l'installation.

Art. L. 4523-3. ***(Ord. 2017-1386 du 22 sept. 2017, art. 3, I, 3°, JO 23, entrée en vigueur au plus tard le 01.01.2018)*** «Le comité social et économique» est informé à la suite de tout incident qui aurait pu entraîner des conséquences graves. Il peut procéder à l'analyse de l'incident et proposer toute action visant à prévenir son renouvellement. Le suivi de ces propositions fait l'objet d'un examen ***(Ord. 2017-1386 du 22 sept. 2017, art. 3, I, 4°, JO 23, entrée en vigueur au plus tard le 01.01.2018)*** «dans le cadre de la présentation de bilan et de programme annuels, prévue à l'article ***(Ord. 2017-1718 du 20 déc. 2017, art. 1er, I, 138°, JO 21)*** « L. 2312-27».

Art. L. 4523-4. Dans les établissements comportant une ou plusieurs installations nucléaires de base, ***(Ord. 2017-1386 du 22 sept. 2017, art. 3, I, 3°, JO 23, entrée en vigueur au plus tard le 01.01.2018)*** «le comité social et économique» est informé par l'employeur de la politique de sûreté et peut lui demander communication des informations sur les risques liés à l'exposition aux rayonnements ionisants et sur les mesures de sûreté et de radioprotection prises pour prévenir ou réduire ces risques ou expositions, dans les conditions définies aux articles L. 124-1 à L. 124-6 du code de l'environnement.

Le comité est consulté par l'employeur sur la définition et les modifications ultérieures du plan d'urgence interne mentionné ***(Ord. 2016-128 du 10 févr. 2016, art. 42, V, 4°, JO 11, entrée en vigueur au plus tard le 01.07.2017)*** «à l'article L. 1333-12 du code de la santé publique». Il peut proposer des modifications de ce plan à l'employeur qui justifie auprès du comité les suites qu'il donne à ces propositions.

Un décret en Conseil d'État détermine le délai dans lequel le comité formule son avis.

Art. L. 4523-5. ***(Ord. 2017-1386 du 22 sept. 2017, art. 3, I, 3°, JO 23, entrée en vigueur au plus tard le 01.01.2018)*** «Le comité social et économique» peut faire appel à un expert en risques technologiques, dans des conditions déterminées par décret en Conseil d'État.

Toutefois, ces dispositions ne sont pas applicables dans les établissements comprenant au moins une installation nucléaire de base.

Note La possibilité reconnue au CHSCT d'avoir recours à un expert en risques technologiques ne pouvant résulter de la seule activité soumise à la législation sur les installations classées, une cour d'appel a accueilli à bon droit la demande d'une société aux fins d'annulation de la décision du CHSCT de mandater un cabinet pour réaliser une expertise en risques technologiques sur le fondement des articles L. 4523-5 et R. 4523-3 CT, faute pour le CHSCT d'avoir démontré l'existence d'un danger grave en rapport avec l'installation classée (cass. soc. 15 janvier 2013, n° 11-27.679, BC V n° 10; LS Jurispr. n° 20 du 29.01.2013; JCP éd. S 2013, 1103, note L. Dauxerre; RJS 3/13 n° 212).

Art. R. 4523-1. La liste des postes de travail liés à la sécurité de l'installation prévue à l'article L. 4523-2 précise, le cas échéant, au titre des actions de prévention prévues aux articles L. 4121-3 et L. 4121-4:

1° Les postes qui ne peuvent être confiés à des salariés titulaires d'un contrat de travail à durée déterminée ou à des salariés temporaires;

2° Les postes destinés à être occupés par les salariés de l'établissement;

3° Les postes dont les tâches exigent la présence d'au moins deux personnes qualifiées.

Art. R. 4523-2. ***(D. 2017-1819 du 29 déc. 2017, art. 4, I, 2°, JO 30, entrée en vigueur le 01.01.2018)*** «Le comité social et économique» peut décider de faire appel à l'expert en risques technologiques mentionné à l'article L. 4523-5 à l'occasion de la demande d'autorisation préfectorale prévue par l'article L. 512-1 du code de l'environnement et avant d'émettre l'avis prévu à l'article R. 4612-4.

Le comité peut prendre sa décision à compter de la réunion au cours de laquelle il est informé sur les documents joints à la demande d'autorisation communiquée au préfet.

Cet expert, choisi après consultation du service instructeur de la demande d'autorisation, remet son rapport au comité avant la clôture de l'enquête publique. Il le présente en réunion du comité avant la consultation de ce dernier sur l'ensemble du dossier.

Art. R. 4523-3. ***(D. 2017-1819 du 29 déc. 2017, art. 4, I, 2°, JO 30, entrée en vigueur le 01.01.2018)*** «Le comité social et économique» peut faire appel à l'expert en risques technologiques mentionné à l'article L. 4523-5 en cas de danger grave en rapport avec l'installation classée.

L'expert présente son rapport dans le délai de quarante-cinq jours à compter de sa saisine.

Art. R. 4523-4. Les représentants des entreprises extérieures mentionnés à l'article L. 4523-11 disposent d'une voix consultative ***(D. 2017-1819 du 29 déc. 2017, art. 4, I, 3°, JO 30, entrée en vigueur le 01.01.2018)*** «à la commission santé, sécurité et conditions de travail élargie».

Art. R. 4523-4-1. ***(D. 2009-289 du 13 mars 2009, JO 15)*** Les accidents du travail pour lesquels ***(D. 2017-1819 du 29 déc. 2017, art. 4, I, 4°, JO 30, entrée en vigueur le 01.01.2018)*** « la commission santé, sécurité et conditions de travail élargie est réunie », en application de l'article L. 4523-13, sont les accidents ayant entraîné ou ayant pu entraîner des conséquences graves.

SECTION 2. Composition

Art. L. 4523-6. Le nombre de représentants du personnel ***(Ord. 2017-1386 du 22 sept. 2017, art. 3, I, 5°, JO 23, entrée en vigueur au plus tard le 01.01.2018)*** « au comité social et économique » est augmenté par voie de convention collective ou d'accord collectif de travail entre l'employeur et les organisations syndicales représentatives dans l'entreprise.

SECTION 3. Fonctionnement

Art. L. 4523-7. ***(Ord. 2017-1386 du 22 sept. 2017, art. 3, I, 7°, JO 23, entrée en vigueur au plus tard le 01.01.2018)*** La commission santé, sécurité et conditions de travail, mentionnée aux articles L. 2315-36 et suivants, est créée au sein du comité social et économique.

Art. L. 4523-7-1. ***(Ord. 2017-1386 du 22 sept. 2017, art. 3, I, 6°, JO 23, entrée en vigueur au plus tard le 01.01.2018)*** À défaut d'accord, le nombre d'heures de délégation prévu à l'article ***(Ord. 2017-1718 du 20 déc. 2017, art. 1er, I, 139°, JO 21)*** « L. 2315-7 », accordé aux représentants du personnel au comité social et économique pour exercer leurs fonctions, est majoré de 30 %.

Art. L. 4523-8. ***(Ord. 2017-1386 du 22 sept. 2017, art. 3, I, 8°, JO 23, entrée en vigueur au plus tard le 01.01.2018)*** L'autorité chargée de la police des installations est invitée aux réunions du comité social et économique et de la commission santé, sécurité et conditions de travail dans les conditions prévues à l'article L. 2314-3.

Art. L. 4523-9. Les représentants du personnel ***(Ord. 2017-1386 du 22 sept. 2017, art. 3, I, 9°, JO 23, entrée en vigueur au plus tard le 01.01.2018)*** « au comité social et économique » sont informés par l'employeur de la présence de l'autorité chargée de la police des installations, lors de ses visites, et peuvent présenter leurs observations écrites.

SECTION 4. Formation des représentants

Art. L. 4523-10. Les représentants du personnel ***(Ord. 2017-1386 du 22 sept. 2017, art. 3, I, 9°, JO 23, entrée en vigueur au plus tard le 01.01.2018)*** « au comité social et économique », y compris, le cas échéant, les représentants des salariés des entreprises extérieures, bénéficient d'une formation spécifique correspondant aux risques ou facteurs de risques particuliers, en rapport avec l'activité de l'entreprise.

Les conditions dans lesquelles cette formation est dispensée et renouvelée peuvent être définies par convention ou accord collectif de branche, d'entreprise ou d'établissement.

SECTION 5. Commission santé, sécurité et conditions de travail élargie

Art. L. 4523-11. Lorsque la réunion ***(Ord. 2017-1386 du 22 sept. 2017, art. 3, I, 11°, JO 23, entrée en vigueur au plus tard le 01.01.2018)*** « du comité social et économique » a pour objet de contribuer à la définition des règles communes de sécurité dans l'établissement et à l'observation des mesures de prévention définies en application de l'article L. 4522-1, ***(Ord. 2017-1386 du 22 sept. 2017, art. 3, I, 11°, JO 23, entrée en vigueur au plus tard le 01.01.2018)*** « il s'appuie sur les travaux de la commission santé, sécurité et conditions de travail élargie » à une représentation des chefs d'entreprises extérieures et des travailleurs qu'ils emploient selon des conditions déterminées par convention ou accord collectif de branche, d'entreprise ou d'établissement. Cette convention ou cet accord détermine également les modalités de fonctionnement ***(Ord. 2017-1718 du 20 déc. 2017, art. 1er, I, 140°, JO 21)*** « de la commission élargie ».

À défaut de convention ou d'accord, ***(Ord. 2017-1386 du 22 sept. 2017, art. 3, I, 11°, JO 23, entrée en vigueur au plus tard le 01.01.2018)*** « la commission est élargie » et fonctionne dans des conditions déterminées par décret en Conseil d'État.

Note Voir décret 2008-467 du 19 mai 2008 (JO 21) et circulaire DGT 2009-18 du 16 juillet 2009 relative au CHSCT d'un établissement à risques technologiques ou comprenant une installation nucléaire.

Art. L. 4523-12. Les dispositions de l'article L. 4523-11 ne sont pas applicables aux établissements comprenant au moins une installation nucléaire de base dans lesquels les chefs d'entreprises extérieures et les représentants de leurs salariés sont associés à la prévention des risques particuliers liés à l'activité de l'établissement, selon des modalités mises en œuvre avant la publication de la loi n° 2006-686 du 13 juin 2006 relative à la transparence et à la sécurité en matière nucléaire et répondant à des caractéristiques définies par décret.

Art. L. 4523-13. ***(Ord. 2017-1386 du 22 sept. 2017, art. 3, I, 12°, JO 23, entrée en vigueur au plus tard le 01.01.2018)*** «La commission santé, sécurité et conditions de travail élargie» se réunit au moins une fois par an. Elle est également réunie lorsque s'est produit un accident du travail dont la victime est une personne extérieure intervenant dans l'établissement.

Art. L. 4523-14. La représentation des entreprises extérieures ***(Ord. 2017-1386 du 22 sept. 2017, art. 3, I, 13°, JO 23, entrée en vigueur au plus tard le 01.01.2018)*** «à la commission santé, sécurité et conditions de travail élargie» est fonction de la durée de leur intervention, de la nature de cette dernière et de leur effectif intervenant dans l'établissement.

Les salariés des entreprises extérieures sont désignés, parmi les salariés intervenant régulièrement sur le site, par ***(Ord. 2017-1386 du 22 sept. 2017, art. 3, I, 13°, JO 23, entrée en vigueur au plus tard le 01.01.2018)*** «le comité social et économique» de leur établissement ou, à défaut, par les membres de l'équipe appelés à intervenir dans l'établissement.

Art. L. 4523-15. L'employeur et les chefs des entreprises extérieures prennent respectivement les dispositions relevant de leurs prérogatives pour permettre aux salariés des entreprises extérieures désignés ***(Ord. 2017-1386 du 22 sept. 2017, art. 3, I, 14°, JO 23, entrée en vigueur au plus tard le 01.01.2018)*** «à la commission santé, sécurité et conditions de travail élargie» d'exercer leurs fonctions.

Le comité ***(Ord. 2017-1386 du 22 sept. 2017, art. 3, I, 14°, JO 23, entrée en vigueur au plus tard le 01.01.2018)*** «social et économique» peut inviter, à titre consultatif et occasionnel, le chef d'une entreprise extérieure.

Art. L. 4523-16. Les salariés d'entreprises extérieures qui siègent ou ont siégé en qualité de représentants du personnel dans ***(Ord. 2017-1386 du 22 sept. 2017, art. 3, I, 15°, JO 23, entrée en vigueur au plus tard le 01.01.2018)*** «une commission santé, sécurité et conditions de travail élargie» sont tenus à une obligation de discrétion à l'égard des informations présentant un caractère confidentiel et données comme telles par l'employeur.

Ils sont tenus au secret professionnel pour toutes les questions relatives aux procédés de fabrication.

Art. L. 4523-17. Les salariés d'entreprises extérieures qui siègent ou ont siégé en qualité de représentants du personnel dans ***(Ord. 2017-1386 du 22 sept. 2017, art. 3, I, 15°, JO 23, entrée en vigueur au plus tard le 01.01.2018)*** «une commission santé, sécurité et conditions de travail élargie» bénéficient de la protection prévue par le livre IV de la deuxième partie.

SECTION 2 (réglementaire). Dispositions relatives à l'élargissement du comité, applicables en l'absence de convention ou d'accord collectif

Note Cette section a été introduite par le décret 2008-467 du 19 mai 2008, JO 21.

Sous-section 1. Désignation des entreprises extérieures et de leurs représentants

Art. R. 4523-5. Pour élargir la composition ***(D. 2017-1819 du 29 déc. 2017, art. 4, I, 5°, JO 30, entrée en vigueur le 01.01.2018)*** «de la commission santé, sécurité et conditions de travail» de l'entreprise utilisatrice à une représentation des entreprises extérieures, en application de l'article L. 4523-11, il incombe:

1° Au chef d'établissement de l'entreprise utilisatrice d'identifier les entreprises extérieures répondant aux critères définis à l'article R. 4523-6 et de sélectionner parmi celles-ci les entreprises appelées à désigner un ou des représentants;

2° Au chef de chaque entreprise extérieure de désigner nominativement les représentants de son entreprise.

Art. R. 4523-6. L'identification et la sélection des entreprises extérieures par l'entreprise utilisatrice s'effectuent sur la base des trois critères cumulatifs suivants :

1° La nature des risques particuliers liés à l'intervention et susceptibles de porter atteinte à la sécurité des travailleurs présents au sein ou à proximité de l'installation, qui constitue le critère prépondérant ;

2° L'importance des effectifs intervenant ou appelés à intervenir, exprimée en nombre moyen d'hommes par jour présents au sein ou à proximité de l'installation durant une période de douze mois consécutifs ;

3° La durée des interventions prévisibles à compter du jour de la consultation ***(D. 2017-1819 du 29 déc. 2017, art. 4, I, 6°, JO 30, entrée en vigueur le 01.01.2018)*** « du comité social et économique », prévue à l'article R. 4523-8.

Art. R. 4523-7. Le chef d'établissement de l'entreprise utilisatrice classe la liste des entreprises extérieures répondant aux critères définis à l'article R. 4523-6 par ordre de pertinence. Il mentionne les entreprises qu'il envisage de sélectionner et, pour chacune d'elles, sa représentation soit par un ou des salariés, soit par un représentant de la direction, soit par une représentation des salariés et de la direction.

Le nombre total de représentants des salariés des entreprises extérieures est égal au nombre de représentants du personnel de l'entreprise utilisatrice, dans la limite de trois représentants par entreprise extérieure. Le nombre de représentants de la direction des entreprises extérieures est au plus égal au nombre d'entreprises sélectionnées pour désigner une représentation de salariés.

Art. R. 4523-8. Le chef d'établissement de l'entreprise utilisatrice communique cette liste au ***(D. 2017-1819 du 29 déc. 2017, art. 4, I, 7°, JO 30, entrée en vigueur le 01.01.2018)*** « comité social et économique », accompagnée des éléments qui justifient la composition retenue au regard des critères fixés à l'article R. 4523-6. Après un délai de trente jours au moins et soixante jours au plus suivant cette communication, le ***(D. 2017-1819 du 29 déc. 2017, art. 4, I, 7°, JO 30, entrée en vigueur le 01.01.2018)*** « comité social et économique » rend son avis sur la liste et la représentation mentionnées à l'article R. 4523-7.

Art. R. 4523-9. Dans les quinze jours suivant la consultation ***(D. 2017-1819 du 29 déc. 2017, art. 4, I, 8°, JO 30, entrée en vigueur le 01.01.2018)*** « du comité social et économique », le chef d'établissement de l'entreprise utilisatrice :

1° Communique aux chefs des entreprises extérieures figurant sur la liste mentionnée à l'article R. 4523-7 l'avis ***(D. 2017-1819 du 29 déc. 2017, art. 4, I, 8°, JO 30, entrée en vigueur le 01.01.2018)*** « du comité social et économique » prévu à l'article R. 4523-8 et les consulte avant d'arrêter la liste des entreprises extérieures appelées à désigner une représentation de leur direction ;

2° Arrête la liste des entreprises extérieures appelées à désigner une représentation de salariés et le nombre de représentants par entreprise ;

3° Envoie sa décision aux chefs des entreprises sélectionnées ;

4° ***(D. 2016-1417 du 20 oct. 2016, art. 12, JO 22)*** « Communique sa décision, à l'agent de contrôle de l'inspection du travail, à la demande de celui-ci », accompagnée des éléments qui la motivent et du procès-verbal de la réunion de consultation ***(D. 2017-1819 du 29 déc. 2017, art. 4, I, 8°, JO 30, entrée en vigueur le 01.01.2018)*** « du comité social et économique ».

Art. R. 4523-10. Dans les trente jours suivant l'envoi de la décision de sélection des entreprises extérieures, chaque chef d'entreprise extérieure sélectionnée :

1° Organise la désignation des représentants des salariés ou, selon les cas, de la direction de son entreprise ***(D. 2017-1819 du 29 déc. 2017, art. 4, I, 9°, JO 30, entrée en vigueur le 01.01.2018)*** « à la commission santé, sécurité et conditions de travail élargie » de l'entreprise utilisatrice, selon les modalités fixées à l'article R. 4523-11 ;

2° Transmet au chef d'établissement de l'entreprise utilisatrice les noms et adresses des représentants désignés.

Art. R. 4523-11. Les représentants des salariés des entreprises extérieures sont désignés parmi ceux qui sont intervenus régulièrement, sur ou à proximité de l'installation de l'entreprise utilisatrice, durant les douze derniers mois ou parmi ceux qui sont appelés à y intervenir régulièrement durant les douze prochains mois.

Ils sont désignés par ***(D. 2017-1819 du 29 déc. 2017, art. 4, I, 10°, JO 30, entrée en vigueur le 01.01.2018)*** « le comité social et économique » constitué dans leur établissement.

En l'absence ***(D. 2017-1819 du 29 déc. 2017, art. 4, I, 10°, JO 30, entrée en vigueur le 01.01.2018)*** « de comité social et économique », la représentation des salariés est désignée par les salariés qui, au jour du vote au scrutin secret, interviennent régulièrement dans l'établissement de l'entreprise utilisatrice depuis douze mois au moins ou sont appelés à y intervenir régulièrement au cours des douze prochains mois. Le procès-verbal de désignation des salariés, accompagné de la liste d'émargement datée et signée par les personnes ayant participé à la désignation et par leur employeur ou son représentant, est tenu à la disposition de l'inspecteur du travail.

Art. R. 4523-12. ***(D. 2016-1417 du 20 oct. 2016, art. 13, JO 22)*** Le chef de l'entreprise utilisatrice communique, à l'agent de contrôle de l'inspection du travail, à la demande de celui-ci, les noms des représentants des entreprises extérieures désignés selon les modalités prévues à l'article R. 4523-11.

Art. R. 4523-13. Le chef d'établissement de l'entreprise utilisatrice affiche la liste nominative des représentants des entreprises extérieures ***(D. 2017-1819 du 29 déc. 2017, art. 4, I, 11°, JO 30, entrée en vigueur le 01.01.2018)*** «à la commission santé, sécurité et conditions de travail élargie» au même emplacement que celui réservé aux informations mentionnées à l'article R. 4514-5. Il adresse cette liste, qui doit être actualisée au moins tous les deux ans selon les modalités fixées aux articles R. 4523-7 à R. 4523-12, à toutes les entreprises extérieures.

Sous-section 2. Fonctionnement de la commission élargie

Art. R. 4523-14. Les représentants des entreprises extérieures ***(D. 2017-1819 du 29 déc. 2017, art. 4, I, 13°, JO 30, entrée en vigueur le 01.01.2018)*** «à la commission santé, sécurité et conditions de travail» de l'entreprise utilisatrice sont désignés ***(D. 2017-1819 du 29 déc. 2017, art. 4, I, 13°, JO 30, entrée en vigueur le 01.01.2018)*** «pour une durée qui prend fin avec celle du mandat des membres élus du comité social et économique». Si, pendant la durée normale de son mandat, un représentant cesse ses fonctions, il est remplacé dans le délai d'un mois, pour la période du mandat restant à courir, sauf si cette période est inférieure à trois mois. Les modalités de ce remplacement sont celles fixées aux articles R. 4523-10 et R. 4523-11.

Art. R. 4523-15. Les réunions ***(D. 2017-1819 du 29 déc. 2017, art. 4, I, 14°, JO 30, entrée en vigueur le 01.01.2018)*** «de la commission santé, sécurité et conditions de travail» de l'entreprise utilisatrice en formation élargie se tiennent séparément de celles ***(D. 2017-1819 du 29 déc. 2017, art. 4, I, 14°, JO 30, entrée en vigueur le 01.01.2018)*** «de la commission» en formation ordinaire.

L'ordre du jour de la réunion ***(D. 2017-1819 du 29 déc. 2017, art. 4, I, 14°, JO 30, entrée en vigueur le 01.01.2018)*** «de la commission élargie» et les documents joints sont transmis par le président ***(D. 2017-1819 du 29 déc. 2017, art. 4, I, 14°, JO 30, entrée en vigueur le 01.01.2018)*** «de la commission, selon les modalités fixées à l'article L. 2315-30 et au quatrième alinéa de l'article L. 2315-27», au moins trente jours avant la date fixée pour la réunion.

Le temps passé en réunion ***(D. 2017-1819 du 29 déc. 2017, art. 4, I, 14°, JO 30, entrée en vigueur le 01.01.2018)*** «de la commission élargie» est considéré comme temps de travail et payé à l'échéance normale.

Art. R. 4523-16. Les procès-verbaux des réunions ***(D. 2017-1819 du 29 déc. 2017, art. 4, I, 15°, JO 30, entrée en vigueur le 01.01.2018)*** «de la commission élargie» sont transmis aux personnes qui y siègent et sont tenus à la disposition de toutes les entreprises extérieures.

Sous-section 3. Dérogation applicable aux établissements comprenant une installation nucléaire de base

Art. R. 4523-17. Les établissements comprenant une installation nucléaire de base qui ne sont pas soumis aux dispositions relatives ***(D. 2017-1819 du 29 déc. 2017, art. 4, I, 16°, JO 30, entrée en vigueur le 01.01.2018)*** «à la commission santé, sécurité et conditions de travail élargie», en application de l'article L. 4523-12, répondent aux caractéristiques suivantes:

1° Une instance est exclusivement dédiée au dialogue interentreprises dans le but d'améliorer la sécurité des travailleurs et de contribuer à la prévention des risques professionnels liés à l'interférence entre les activités, les installations et les matériels des différentes entreprises présentes sur un même lieu de travail. Elle se réunit au moins une fois par an;

2° La sélection des entreprises extérieures appelées à désigner des représentants pour siéger à cette instance fait l'objet d'une consultation de la représentation du personnel ou syndicale de l'entreprise utilisatrice;

3° Le critère prépondérant de sélection des entreprises extérieures est la nature des risques particuliers liés à l'intervention extérieure, qui sont susceptibles de porter atteinte à la sécurité des travailleurs présents au sein ou à proximité de l'installation nucléaire de base;

4° Les représentants des salariés des entreprises extérieures sont désignés parmi ceux qui interviennent régulièrement sur ou à proximité de l'installation nucléaire de base. Ils exercent leurs fonctions durant leur temps de travail;

5° Les président et secrétaire ***(D. 2017-1819 du 29 déc. 2017, art. 4, I, 16°, JO 30, entrée en vigueur le 01.01.2018)*** «de comité social et économique» des établissements de l'entreprise utilisatrice situés à proximité de l'installation nucléaire de base sont invités aux réunions de l'instance prévue au présent article;

6° Les procès-verbaux des réunions de cette instance sont tenus à la disposition de toutes les entreprises extérieures.

CHAPITRE IV Comité interentreprises de santé et de sécurité au travail

Art. L. 4524-1. Dans le périmètre d'un plan de prévention des risques technologiques mis en place en application de l'article L. 515-15 du code de l'environnement, un comité interentreprises de santé et de sécurité au travail est institué par l'autorité administrative.

Il assure la concertation entre ***(Ord. 2017-1386 du 22 sept. 2017, art. 3, II, JO 23, entrée en vigueur au plus tard le 01.01.2018)*** «les comités sociaux et économiques» des établissements comprenant au moins une installation figurant sur la liste prévue ***(L. 2013-619 du 16 juil. 2013, art. 11, JO 17, entrée en vigueur le 01.06.2015)*** «à l'article L. 515-36» du code de l'environnement ou soumise aux ***(Ord. 2011-91 du 20 janv. 2011, art. 11, JO 25, entrée en vigueur le 01.03.2011)*** «dispositions des articles L. 211-2 et L. 211-3, des titres II à VII et du chapitre II du titre VIII du livre II du code minier» situés dans ce périmètre.

Il contribue à la prévention des risques professionnels susceptibles de résulter des interférences entre les activités et les installations des différents établissements.

La composition du comité interentreprises, les modalités de sa création, de la désignation de ses membres et de son fonctionnement sont déterminées par décret en Conseil d'État.

SECTION 1 (réglementaire). **Mise en place**

Art. R. 4524-1. Lorsqu'un plan de prévention des risques technologiques a été prescrit en application de l'article L. 515-15 du code de l'environnement, le préfet met en place un comité interentreprises de santé et de sécurité au travail.

Ce comité représente tous les établissements comprenant au moins une installation susceptible de donner lieu à des servitudes d'utilité publique en application de l'article L. 515-8 du même code ou mentionnée aux articles 3-1 et 104 à 104-8 du code minier, situés dans le périmètre de ce plan.

Art. R. 4524-2. Lorsque le périmètre d'exposition au risque couvre tout ou partie du territoire de plusieurs départements, le préfet qui organise la mise en place du comité interentreprises de santé et de sécurité au travail est celui du département le plus exposé.

SECTION 2 (réglementaire). **Missions**

Art. R. 4524-3. Pour l'exercice de leur mission, les membres du comité interentreprises de santé et de sécurité au travail peuvent émettre des observations, des préconisations et proposer des actions de prévention.

Art. R. 4524-4. Le comité interentreprises de santé et de sécurité au travail est informé, par le préfet, des dispositions du plan de prévention des risques technologiques.

SECTION 3 (réglementaire). **Composition**

Art. R. 4524-5. Le comité interentreprises de santé et de sécurité au travail est composé du président de chacun ***(D. 2017-1819 du 29 déc. 2017, art. 4, II, JO 30, entrée en vigueur le 01.01.2018)*** «des comités sociaux et économiques» concernés et de représentants des salariés, à raison d'un membre titulaire et d'un membre suppléant.

Ses membres sont désignés, en son sein, par la délégation du personnel de chacun des comités.

Art. R. 4524-6. Les représentants du personnel au comité interentreprises sont désignés pour une durée de trois ans renouvelable.

Leur mandat prend fin dès qu'ils cessent d'être représentants des salariés ***(D. 2017-1819 du 29 déc. 2017, art. 4, III, JO 30, entrée en vigueur le 01.01.2018)*** «au comité social et économique» de leur établissement. Il est procédé à leur remplacement dans les conditions prévues à l'article R. 4524-5.

SECTION 4 (réglementaire). **Fonctionnement**

Art. R. 4524-7. Le comité interentreprises de santé et de sécurité au travail est présidé par le ***(D. 2020-1545 du 9 déc. 2020, JO 10, entrée en vigueur le 01.04.2021)*** «directeur régional de l'économie, de l'emploi, du travail et des solidarités» ou son représentant.

Lorsque le périmètre d'exposition au risque couvre tout ou partie du territoire de plusieurs départements, le comité est présidé par le ***(D. 2020-1545 du 9 déc. 2020, JO 10, entrée en vigueur le 01.04.2021)*** «directeur régional de l'économie, de l'emploi, du travail et des solidarités» du département le plus exposé.

Art. R. 4524-8. Le comité interentreprises de santé et de sécurité au travail est réuni par le président au moins une fois par an ou à la demande motivée d'un tiers de ses membres.

Seuls ses membres ont voix délibérative.

Art. R. 4524-9. Le préfet peut inviter les présidents et les secrétaires ***(D. 2017-1819 du 29 déc. 2017, art. 4, II, JO 30, entrée en vigueur le 01.01.2018)*** «des comités sociaux et économiques» constitués dans d'autres établissements et situés dans le périmètre de ce plan, à assister aux réunions du comité mis en place à cet effet en raison de risques particuliers liés à leur implantation ou à leur activité.

Art. L. 4525-1

Les inspecteurs du travail et les inspecteurs des installations classées, compétents pour contrôler ces établissements, sont invités à participer aux réunions du comité interentreprises.

Le président peut inviter toute personne susceptible d'éclairer les débats en raison de sa compétence.

Art. R. 4524-10. Les chefs d'établissement intéressés communiquent au comité interentreprises toutes les informations utiles à l'exercice de ses missions, notamment:

1° La politique de prévention des accidents majeurs qu'ils conduisent;

2° Les systèmes de gestion de la sécurité mis en œuvre dans chaque établissement et les résultats des contrôles de ces systèmes, audits et revues de direction, organisés par les chefs d'établissement;

3° Les risques d'accidents majeurs, identifiés comme susceptibles d'affecter les établissements voisins comportant des installations classées;

4° Les plans d'urgence et les exercices relatifs à ces plans d'urgence;

5° Les enseignements tirés du retour d'expérience des établissements concernés;

6° Les projets de modification ou d'extension des installations à l'origine du risque, le plus en amont possible.

CHAPITRE V Dispositions particulières en matière d'incendie et de secours

Art. L. 4525-1. Sans préjudice de l'application des autres mesures prévues par le présent code, relatives à la prévention des incendies et des explosions, des moyens appropriés, humains et matériels, de prévention, de lutte contre l'incendie et de secours sont prévus afin de veiller en permanence à la sécurité des personnes occupées dans l'enceinte de l'établissement.

L'employeur définit ces moyens en fonction du nombre de personnes employées dans l'enceinte de l'établissement et des risques encourus.

Il consulte ***(Ord. 2017-1386 du 22 sept. 2017, art. 3, III, JO 23, entrée en vigueur au plus tard le 01.01.2018)*** «le comité social et économique» sur la définition et la modification de ces moyens.

CHAPITRE VI Dispositions particulières en cas de danger grave et imminent et droit de retrait

Art. L. 4526-1. En cas de danger grave et imminent, l'employeur informe, dès qu'il en a connaissance, l'***(L. 2016-1088 du 8 août 2016, art. 113, III, 1°, JO 9)*** «agent de contrôle de l'inspection du travail mentionné à l'article L. 8112-1», le service de prévention des organismes de sécurité sociale et, selon le cas, l'Autorité de sûreté nucléaire, l'inspection des installations classées ou l'ingénieur chargé de l'exercice de la police des installations mentionnées à ***(Ord. 2011-91 du 20 janv. 2011, art. 11, JO 25, entrée en vigueur le 01.03.2011)*** «l'article L. 211-2 du code minier», de l'avis émis par le représentant ***(Ord. 2017-1386 du 22 sept. 2017, art. 3, IV, JO 23, entrée en vigueur au plus tard le 01.01.2018)*** «du comité social et économique» en application de l'article L. 4132-2.

L'employeur précise à cette occasion les suites qu'il entend donner à cet avis.

TITRE III BÂTIMENT ET GÉNIE CIVIL

Note • Sur le plan réglementaire, est intervenu un décret 94-1159 du 26 décembre 1994 (JO 29) concernant l'organisation de la coordination (Dr. Soc. 1995, p. 472: «Sur l'intégration de la sécurité du travail et l'organisation de la coordination sur les chantiers», G. Proutière-Maulion). Sont également intervenus un décret 95-543 du 4 mai 1995 (JO 6) relatif au collège interentreprises de sécurité, de santé et des conditions de travail, deux décrets 95-607 modifié et 95-608 du 6 mai 1995 (JO 7) applicables aux travailleurs indépendants et aux employeurs exerçant directement une activité sur les chantiers de bâtiment ou de génie civil, un décret 2003-68 du 24 janvier 2003 (JO 26) relatif à la coordination en matière de sécurité et de protection de la santé lors des opérations de bâtiment ou de génie civil.

• Voir aussi circulaire DRT 96-5 du 10 avril 1996 relative à la coordination sur les chantiers de bâtiment et de génie civil (BO TR 96/10, p. 21) dont les annexes rappellent notamment les documents obligatoires et leur objet ainsi que les différentes obligations des intervenants sur un chantier au moyen de tableaux synoptiques; circulaire DRT 2004-05 du 14 mai 2004 relative à la campagne européenne sur la santé et la sécurité dans le bâtiment (BO TR 2004/11, p. 229).

CHAPITRE Ier Principes de prévention

Note • La loi 93-1418 du 31 décembre 1993 (JO 1er janv.) a modifié les dispositions du code du travail applicables aux opérations de bâtiment et de génie civil en vue d'assurer la sécurité et de protéger la santé des travailleurs transposant ainsi la directive 92/57/CEE du 24 juin 1992 concernant les prescriptions minimales de sécurité et de santé à mettre en œuvre sur les chantiers temporaires ou mobiles (JOCE L 245 du 26.08.1992).

• Il résulte de l'article 3-1 du décret 90-277 du 28 mars 1990 relatif à la protection des travailleurs intervenant en milieu hyperbare que les travaux en milieu hyperbare ne peuvent être effectués que par des travailleurs titulaires d'un certificat d'aptitude à l'hyperbarie approprié à la nature des opérations et détenteurs d'un livret individuel. Selon la directive 92/57/CEE du 24 juin 1992 concernant les prescriptions minimales de sécurité et de santé à mettre en œuvre sur les chantiers temporaires ou mobiles, le respect des prescriptions minimales propres à garantir un meilleur niveau de sécurité et de santé sur lesdits chantiers constitue un impératif pour assurer la sécurité et la santé des travailleurs. Les indépendants et les employeurs, lorsqu'ils exercent eux-mêmes une activité professionnelle sur un chantier temporaire ou mobile, peuvent, par leurs activités, mettre en péril la sécurité et la santé des travailleurs. Dès lors, il y a lieu d'étendre aux indépendants et aux employeurs, lorsqu'ils exercent eux-mêmes une activité professionnelle sur le chantier, certaines dispositions pertinentes des directives 89/655 et 89/656 du 30 novembre 1989 concernant les prescriptions minimales de sécurité et de santé pour l'utilisation par les travailleurs au travail d'équipements de travail et de protection individuelle. Il résulte des dispositions combinées des textes susvisés que les conditions d'obtention du certificat d'aptitude à l'hyperbarie et du livret individuel, exigées pour l'exécution de travaux en milieu hyperbare sont applicables tant aux travailleurs salariés qu'aux entrepreneurs intervenant à titre indépendant (cass. soc. 12 octobre 1999, n° 96-20.361, BC V n° 379).

Art. L. 4531-1. Afin d'assurer la sécurité et de protéger la santé des personnes qui interviennent sur un chantier de bâtiment ou de génie civil, le maître d'ouvrage, le maître d'œuvre et le coordonnateur en matière de sécurité et de protection de la santé mentionné à l'article L. 4532-4 mettent en œuvre, pendant la phase de conception, d'étude et d'élaboration du projet et pendant la réalisation de l'ouvrage, les principes généraux de prévention énoncés aux 1° à 3° et 5° à 8° de l'article L. 4121-2.

Ces principes sont pris en compte notamment lors des choix architecturaux et techniques ainsi que dans l'organisation des opérations de chantier, en vue :

1° De permettre la planification de l'exécution des différents travaux ou phases de travail se déroulant simultanément ou successivement ;

2° De prévoir la durée de ces phases ;

3° De faciliter les interventions ultérieures sur l'ouvrage.

Art. L. 4531-2. Pour les opérations de bâtiment ou de génie civil entreprises par les communes ou groupements de communes de moins de 5 000 habitants, le maître d'œuvre peut se voir confier, sur délégation du maître d'ouvrage, l'application des principes généraux de prévention prévus au premier alinéa de l'article L. 4531-1 ainsi que les règles de coordination prévues au chapitre II.

Note • Sur la délégation du maître d'ouvrage au maître d'œuvre, pour les communes de moins de 5 000 habitants, voir notamment rép. QE 99, JO Sén. 1er janvier 1998, p. 33. L'intention du législateur de 1993 a été de permettre aux petites communes et à leurs maires, qui ne disposent pas de services techniques, de transférer leurs obligations en matière de coordination de sécurité (rép. QE 12640, JO AN 11 mai 1998, p. 2691).

• L'article L. 235-1 (ancien) CT, qui fixe les règles de prévention et de coordination applicables aux opérations de bâtiment et de génie civil, permet aux communes ou groupements de communes de moins de 5 000 habitants effectuant de telles opérations de confier au maître d'œuvre, par délégation, l'application des règles de prévention énumérées par ce texte. Justifie sa décision la cour d'appel qui, pour relaxer une commune de moins de 5 000 habitants poursuivie des chefs d'homicide involontaire et infractions à la sécurité du travail à la suite d'un accident mortel provoqué par la chute de matériaux entreposés devant le domicile d'un particulier en vue de travaux d'assainissement confiés par cette commune à une entreprise, énonce que l'infraction aux dispositions de l'article L. 235-1 (ancien) CT ne peut être retenue à l'égard de la commune, qui avait délégué ses obligations comme ce texte lui en donnait le pouvoir (cass. crim. 14 mars 2006, n° 05-82.834, B. crim. n° 73).

Art. L. 4531-3. Lorsque, sur un même site, plusieurs opérations de bâtiment ou de génie civil doivent être conduites dans le même temps par plusieurs maîtres d'ouvrage, ceux-ci se concertent afin de prévenir les risques résultant de l'interférence de ces interventions.

CHAPITRE II Coordination lors des opérations de bâtiment et de génie civil

SECTION 1. Déclaration préalable

Art. L. 4532-1. Lorsque la durée ou le volume prévus des travaux d'une opération de bâtiment ou de génie civil excède certains seuils, le maître d'ouvrage adresse avant le début des travaux une déclaration préalable :

1° À l'autorité administrative ;

2° À l'organisme professionnel de santé, de sécurité et des conditions de travail prévu par l'article L. 4111-6 dans la branche d'activité du bâtiment et des travaux publics ;

3° Aux organismes de sécurité sociale compétents en matière de prévention des risques professionnels.

Le texte de cette déclaration, dont le contenu est précisé par arrêté ministériel, est affiché sur le chantier.

Note Voir arrêté du 7 mars 1995 (JO 18) fixant le contenu de la déclaration préalable.

Art. R. 4532-1. Les opérations de bâtiment et de génie civil sont classées en trois catégories :

1° Première catégorie : opérations soumises à l'obligation de constituer un collège interentreprises de sécurité, de santé et des conditions de travail ;

2° Deuxième catégorie : opérations soumises à l'obligation de déclaration préalable prévue à l'article L. 4532-1 ne relevant pas de la première catégorie ;

3° Troisième catégorie : opérations soumises à l'obligation d'établir un plan général de coordination simplifié en application des articles R. 4532-52 et R. 4532-54 et autres opérations ne relevant pas des première et deuxième catégories.

Art. R. 4532-2. Les opérations de bâtiment ou de génie civil, soumises à l'obligation de déclaration préalable prévue à l'article L. 4532-1, sont celles pour lesquelles l'effectif prévisible des travailleurs doit dépasser vingt travailleurs à un moment quelconque des travaux et dont la durée doit excéder trente jours ouvrés, ainsi que celles dont le volume prévu des travaux doit être supérieur à 500 hommes-jours.

Art. R. 4532-3. La déclaration préalable est adressée à l'inspecteur du travail et aux organismes mentionnés à l'article L. 4532-1 territorialement compétents au lieu de l'opération.

Elle est adressée à la date de dépôt de la demande de permis de construire lorsque celui-ci est requis ou, lorsque celui-ci n'est pas requis, au moins trente jours avant le début effectif des travaux.

SECTION 2. Mission de coordination et coordonnateur en matière de sécurité et de protection de la santé

Art. L. 4532-2. Une coordination en matière de sécurité et de santé des travailleurs est organisée pour tout chantier de bâtiment ou de génie civil où sont appelés à intervenir plusieurs travailleurs indépendants ou entreprises, entreprises sous-traitantes incluses, afin de prévenir les risques résultant de leurs interventions simultanées ou successives et de prévoir, lorsqu'elle s'impose, l'utilisation des moyens communs tels que les infrastructures, les moyens logistiques et les protections collectives.

Note Une obligation générale de coordination doit être assurée, lorsque plusieurs travailleurs indépendants ou entreprises interviennent sur un même chantier, par un « coordonnateur » désigné par le maître d'ouvrage.

Ces dispositions ont une vocation plus spécifique (opérations de bâtiment et de génie civil) que les obligations générales de coordination, notamment celles prises sur le fondement combiné de l'article L. 230-2, I, dernier alinéa et des articles L. 231-2, al. 2 et L. 236-12 (anciens) CT. De même, le décret du 26 décembre 1994 et le décret 92-158 du 20 février 1992 ont des champs d'application respectifs et leur application combinée, dans le cadre d'une même opération, n'est pas possible (voir circ. DRT 96-5 du 10 avril 1996).

(...) Les chantiers de 3e catégorie visés à l'article R. 238-8 (ancien) sont soumis à l'application de l'article L. 235-3 (ancien) (...). Seuls les chantiers dont les travaux portent soit sur la structure même d'un ouvrage ou d'une construction soit sur des éléments « de clos et de couvert » qui font apparaître des risques de coactivité sont soumis à la désignation d'un coordonnateur. En revanche, les travaux d'entretien usuel, de réfection, d'électricité ou de plomberie n'entrent pas dans la catégorie susvisée et sont exclus du champ d'application de la loi. La circulaire d'application DRT 96-5 du 10 avril 1996 précise en facilitant la distinction entre les chantiers relevant de la coordination et ceux soumis au décret 92-158 du 20 février 1992, notamment pour les travaux de faible importance réalisés par les services communaux et plus précisément ceux de génie civil (rép. QE 14487, JO Sén. 16 mai 1996, p. 1220).

A violé l'article 111-3 c. pén. la cour d'appel qui, après avoir condamné un salarié pour homicide involontaire, l'a déclaré, en outre, coupable d'avoir, étant chargé de la coordination des travaux de deux entreprises sur le chantier où s'est produit l'accident, omis d'organiser convenablement la coordination en matière de sécurité, faits prévus et réprimés par les articles R. 238-18, 3°, et L. 235-3 (anciens) CT, alors que les textes visés, s'ils déterminent des obligations à l'égard du coordonnateur chargé de la sécurité de l'ouvrage, ne qualifient aucune sanction pénale et n'édictent aucune peine à l'égard du salarié investi de cette mission (cass. crim. 1er septembre 2005, n° 03-87.949).

Art. L. 4532-3. La coordination en matière de sécurité et de santé est organisée tant au cours de la conception, de l'étude et de l'élaboration du projet qu'au cours de la réalisation de l'ouvrage.

Art. L. 4532-4. Le maître d'ouvrage désigne un coordonnateur en matière de sécurité et de protection de la santé pour chacune des deux phases de conception et de réalisation ou pour l'ensemble de celles-ci.

Note Sur des manquements à l'obligation de désignation du coordinateur de sécurité, voir notamment cass. crim. 14 octobre 2003, n° 03-80.537; 23 avril 2003, n° 01-87.682.

Art. L. 4532-5. Sauf dans les cas prévus à l'article L. 4532-7, les dispositions nécessaires pour assurer aux personnes chargées d'une mission de coordination, l'autorité et les moyens indispensables à l'exercice de leur mission sont déterminées par voie contractuelle, notamment par les contrats de maîtrise d'œuvre.

Art. L. 4532-6. L'intervention du coordonnateur ne modifie ni la nature ni l'étendue des responsabilités qui incombent, en application des autres dispositions du présent code, à chacun des participants aux opérations de bâtiment et de génie civil.

Note Sur le problème de la responsabilité des maires, en leur qualité de maîtres d'ouvrage, et de celle de leurs agents exerçant une fonction de coordination du chantier, voir notamment rép. QE 96, JO AN 20 novembre 1997, p. 3220.

Art. L. 4532-7. Pour les opérations de bâtiment ou de génie civil entreprises par un particulier pour son usage personnel, celui de son conjoint, partenaire lié par un pacte civil de solidarité, concubin ou de ses ascendants ou descendants, la coordination est assurée:

1° Lorsqu'il s'agit d'opérations soumises à l'obtention d'un permis de construire, par la personne chargée de la maîtrise d'œuvre pendant la phase de conception, d'étude et d'élaboration du projet, et par la personne qui assure effectivement la maîtrise du chantier pendant la phase de réalisation de l'ouvrage;

2° Lorsqu'il s'agit d'opérations non soumises à l'obtention d'un permis de construire, par l'un des entrepreneurs présents sur le chantier au cours des travaux.

Note L'assuré qui a déclaré exercer son activité professionnelle dans un secteur qui l'expose à être légalement obligé, dans les conditions prévues à l'article L. 235-4, devenu L. 4532-7, alinéa 2, 1° CT, d'exercer une mission de coordonnateur en matière de sécurité et de santé des travailleurs lorsque, pendant la phase de réalisation de l'ouvrage, il assure effectivement la maîtrise d'un chantier de construction de maison individuelle soumis à l'obtention d'un permis de construire, bénéficie pour cette mission de la garantie souscrite pour l'activité déclarée dans laquelle elle est nécessairement incluse (cass. crim. 23 mai 2018, n° 15-80.549, à paraître).

Sous-section 1 (réglementaire). Obligations du maître d'ouvrage

Art. R. 4532-4. Le maître d'ouvrage désigne un coordonnateur en matière de sécurité et de protection de la santé dès le début de la phase d'élaboration de l'avant-projet sommaire, au sens de l'article 4 du décret n° 93-1268 du 29 novembre 1993 relatif aux missions de maîtrise d'œuvre confiées par des maîtres d'ouvrage publics à des prestataires de droit privé, ou de la phase d'élaboration de son équivalent, lorsque l'opération n'est pas soumise à une telle élaboration.

Art. R. 4532-5. Lorsque le maître d'ouvrage désigne, pour la phase de réalisation de l'ouvrage, un coordonnateur distinct de celui de la phase de conception, d'étude et d'élaboration du projet, cette désignation intervient avant le lancement de la consultation des entreprises.

Art. R. 4532-6. Afin notamment d'assurer au coordonnateur l'autorité et les moyens nécessaires au bon déroulement de sa mission, le maître d'ouvrage prévoit, dès les études d'avant-projet de l'ouvrage, la coopération entre les différents intervenants dans l'acte de construire et le coordonnateur.

Les modalités pratiques de cette coopération font l'objet d'un document joint aux contrats conclus avec les différents intervenants.

Art. R. 4532-7. Le maître d'ouvrage demande au propriétaire du bâtiment les dossiers techniques regroupant les informations relatives à la recherche et à l'identification des matériaux contenant de l'amiante prévus ***(D. 2017-899 du 9 mai 2017, JO 10)*** «aux articles R. 1334-29-4 à R. 1334-29-6 du code de la santé publique et à l'article R. 111-45 du code de la construction et de l'habitation ou, le cas échéant, le rapport de repérage de l'amiante prévu à l'article R. 4412-97-5 du présent code».

Il communique ces documents au maître d'œuvre et au coordonnateur.

Note Les dispositions de cet article, dans sa rédaction issue du décret 2017-899 précité, entrent en vigueur aux dates suivantes: 1° Immeubles bâtis: 1er mars 2019; 2° Autres immeubles tels que terrains, ouvrages de génie civil et infrastructures de transport: 1er octobre 2020; 3° Matériels roulants ferroviaires et autres matériels roulants de transports: 1er janvier 2020; 4° Navires, bateaux, engins flottants et autres constructions flottantes: 1er janvier 2020; 5° Aéronefs: 1er juillet 2020; 6° Installations, structures ou équipements concourant à la réalisation ou la mise en œuvre d'une activité: 1er juillet 2020 (décret précité, art. 2, modifié par décret 2019-251 du 27 mars 2019, art. 3, JO 30).

Art. R. 4532-8. Le maître d'ouvrage veille à ce que le coordonnateur soit associé pendant toutes les phases de l'opération à l'élaboration et à la réalisation du projet de l'ouvrage, en particulier en lui donnant accès à toutes les réunions organisées par le maître d'œuvre et en le rendant destinataire, dans un délai compatible avec l'exercice de sa mission, de toutes les études réalisées par celui-ci.

Art. R. 4532-9. Le maître d'ouvrage tient compte, lorsqu'il les estime justifiées, des observations du coordonnateur ou adopte des mesures d'une efficacité au moins équivalente.

Art. R. 4532-10. Dans le cas d'opérations entreprises par un particulier non soumises à l'obtention d'un permis de construire, prévu au 2° de l'article L. 4532-7, la coordination est assurée, pendant chacune de ses interventions sur le chantier, par l'entreprise dont la part de main-d'œuvre dans l'opération est la plus élevée.

Lorsque cette entreprise interrompt ou met fin à son intervention, l'entreprise qui répond à son tour au critère défini au premier alinéa prend en charge la coordination.

Chaque changement de titulaire de la mission de coordination donne préalablement lieu à concertation entre les entrepreneurs concernés.

Sous-section 2 (réglementaire). Coordonnateur en matière de sécurité et de protection de la santé

§ 1. *Missions du coordonnateur*

Art. R. 4532-11. Le coordonnateur veille, à ce que les principes généraux de prévention définis aux articles L. 4531-1 et L. 4535-1 soient effectivement mis en œuvre.

(D. 2009-289 du 13 mars 2009, JO 15) «Il exerce ses missions sous la responsabilité du maître d'ouvrage.»

Note • Il entre dans la mission du coordonnateur de veiller à la mise en œuvre effective des principes généraux de prévention des risques, en vérifiant que le chantier est exécuté selon les prescriptions techniques prévues lors de la conception du projet et en adaptant si nécessaire le plan général de coordination, afin d'assurer la sécurité de toutes les personnes intervenant sur ledit chantier, soit simultanément, soit successivement (cass. crim. 16 septembre 2008, n° 06-82.369, JCP éd. S 2009, 1006, note Th. Lahalle).

• Pour retenir la culpabilité du chef d'homicide involontaire d'une EURL coordinatrice en matière de sécurité et de son gérant, une cour d'appel a énoncé qu'en laissant un panneau d'affichage en position instable en appui contre un mur dans l'enceinte d'un chantier dont il avait omis d'interdire l'accès aux personnes non autorisées, le gérant n'avait pas accompli les diligences normales qui lui incombaient compte tenu de ses compétences, du pouvoir et des moyens dont il disposait ainsi que des prérogatives propres à la mission que la loi lui confiait, et avait commis une faute caractérisée ayant exposé autrui à un risque d'une particulière gravité qu'en sa qualité de coordonnateur de sécurité, titulaire d'une attestation de compétence, il ne pouvait ignorer; elle a ajouté que l'EURL était pénalement responsable du délit d'homicide involontaire commis pour son compte par son gérant. En statuant ainsi, et dès lors qu'il incombe au coordonnateur en matière de sécurité, dans la phase de réalisation de l'ouvrage, d'anticiper les situations de risque pouvant résulter notamment des dispositions prises par les entreprises intervenant sur le chantier, la cour d'appel a justifié sa décision (cass. crim. 9 juin 2009, n° 08-82.847, B. crim. n° 117; JCP éd. S 2010, 1068, note N. Rias).

Art. R. 4532-12. Le coordonnateur, au cours de la conception, de l'étude et de l'élaboration du projet de l'ouvrage:

1° Élabore le plan général de coordination lorsqu'il est requis;

2° Constitue le dossier d'intervention ultérieure sur l'ouvrage;

3° Ouvre un registre-journal de la coordination dès la signature du contrat ou de l'avenant spécifique;

4° Définit les sujétions relatives à la mise en place et à l'utilisation des protections collectives, des appareils de levage, des accès provisoires et des installations générales, notamment les installations électriques. Il mentionne dans les pièces écrites leur répartition entre les différents corps d'état ou de métier qui interviendront sur le chantier;

5° Assure le passage des consignes et la transmission des documents mentionnés aux 1° à 4° au coordonnateur de la phase de réalisation de l'ouvrage lorsque celui-ci est différent.

Art. R. 4532-13. Le coordonnateur, au cours de la réalisation de l'ouvrage:

1° Organise entre les entreprises, y compris sous-traitantes, qu'elles se trouvent ou non présentes ensemble sur le chantier, la coordination de leurs activités simultanées ou successives, les modalités de leur utilisation en commun des installations, matériels et circulations verticales et horizontales, leur information mutuelle ainsi que l'échange entre elles des consignes en matière de sécurité et de protection de la santé. À cet effet, il procède avec chaque entreprise, préalablement à l'intervention de celle-ci, à une inspection commune au cours de laquelle sont en particulier précisées, en fonction des caractéristiques des travaux que cette entreprise s'apprête à exécuter, les consignes à observer ou à transmettre et les observations particulières de sécurité et de santé prises pour l'ensemble de l'opération. Cette inspection commune est réalisée avant remise du plan particulier de sécurité et de protection de la santé lorsque l'entreprise est soumise à l'obligation de le rédiger;

2° Veille à l'application correcte des mesures de coordination qu'il a définies ainsi que des procédures de travail qui interfèrent;

3° Tient à jour et adapte le plan général de coordination et veille à son application;

4° Complète en tant que de besoin le dossier d'intervention ultérieure sur l'ouvrage.

Art. R. 4532-14. Le coordonnateur tient compte des interférences avec les activités d'exploitation sur le site à l'intérieur ou à proximité duquel est implanté le chantier et à cet effet, notamment:

1° Procède avec le chef de l'établissement en activité, préalablement au commencement des travaux, à une inspection commune visant à:

a) Délimiter le chantier;

b) Matérialiser les zones du secteur dans lequel se situe le chantier qui peuvent présenter des dangers spécifiques pour les travailleurs des entreprises appelées à intervenir;

(D. 2008-1382 du 19 déc. 2008, JO 24) «*c)* Préciser les voies de circulation que pourront emprunter les travailleurs, les véhicules et engins de toute nature des entreprises concourant à la réalisation des travaux, ainsi qu'à définir, pour les chantiers non clos et non indépendants, les installations sanitaires, les vestiaires, les locaux de restauration et le local ou les aménagements mentionnés à l'article R. 4534-142-1 auxquels auront accès leurs travailleurs;»

2° Communique aux entreprises appelées à intervenir sur le chantier les consignes de sécurité arrêtées avec le chef d'établissement et, en particulier, celles qu'elles devront donner à leurs travailleurs, ainsi que, s'agissant des chantiers non clos et non indépendants, l'organisation prévue pour assurer les premiers secours en cas d'urgence et la description du dispositif mis en place à cet effet dans l'établissement.

Art. R. 4532-15. Le coordonnateur préside le collège interentreprises de sécurité, de santé et des conditions de travail lorsque sa création est requise.

Art. R. 4532-16. Le coordonnateur prend les dispositions nécessaires pour que seules les personnes autorisées puissent accéder au chantier.

§ 2. Conditions et modalités d'exercice de la mission

Art. R. 4532-17. ***(D. 2009-289 du 13 mars 2009, JO 15)*** «Sauf dans les cas d'opérations entreprises par un particulier pour son usage personnel, prévus à l'article L. 4532-7, nul» ne peut exercer la fonction de coordonnateur s'il ne possède la compétence requise conformément aux dispositions des paragraphes 3 et 4.

Art. R. 4532-18. Une personne morale en mesure d'affecter à cette fonction une personne physique compétente peut être désignée en tant que coordonnateur.

Art. R. 4532-19. Une personne physique qui exerce la fonction de coordonnateur, en son nom propre ou au nom de l'organisme qui l'emploie, ne peut pas être chargée de la fonction de contrôleur technique prévue à l'article L. 111-23 du code de la construction et de l'habitation dans le cadre d'une même opération de bâtiment ou de génie civil.

(D. 2009-289 du 13 mars 2009, JO 15) «Sauf dans les cas d'opérations entreprises par un particulier pour son usage personnel, prévus à l'article L. 4532-7, cette» personne ne peut pas, lorsque l'opération excède le montant fixé par l'article R. 4533-1, être chargée d'une autre fonction dans le cadre de la même opération. Toutefois, cette disposition n'est pas applicable aux opérations de bâtiment ou de génie civil entreprises par les communes ou groupements de communes de moins de 5000 habitants, dans lesquels il est fait application de l'article L. 4531-2.

Art. R. 4532-20. La mission de coordination fait l'objet de contrats ou d'avenants spécifiques écrits.

Elle est rémunérée distinctement.

La rémunération tient compte, notamment, du temps passé sur le chantier par le coordonnateur et, le cas échéant, des frais de fonctionnement occasionnés par la mise en place du collège interentreprises de sécurité, de santé et des conditions de travail, en particulier, des frais de secrétariat.

Art. R. 4532-21. Lorsque le coordonnateur est employé par le maître d'ouvrage et lié à celui-ci par un contrat de travail, la mission de coordination fait l'objet d'un document écrit permettant d'individualiser chaque opération.

Art. R. 4532-22. Le contrat, l'avenant ou le document:

1° Définit le contenu de la mission confiée au coordonnateur, les moyens, notamment financiers, que le maître d'ouvrage met à la disposition de celui-ci ainsi que l'autorité qu'il lui confère par rapport à l'ensemble des intervenants dans l'opération, maître d'œuvre et entrepreneurs, employeurs ou travailleurs indépendants;

2° Précise les obligations du coordonnateur, notamment les modalités de sa présence aux réunions lors de la phase de conception, d'étude et d'élaboration du projet et aux réunions de chantier pendant la phase de réalisation de l'ouvrage.

Note Les dispositions du 2° sont applicables aux opérations de bâtiment et de génie civil dont la phase de conception, d'étude et d'élaboration a débuté après le 1er octobre 2003.

§ 3. Compétences

Note Le décret 2011-39 du 10 janvier 2011 (JO 12) relatif aux compétences et à la formation des coordonnateurs de sécurité et de protection de la santé est entré en vigueur le 1er juillet 2012. Les agréments délivrés après sa publication avaient une durée maximale d'un an. Les agréments en cours de validité à la date du 1er juillet 2012 demeuraient valables jusqu'à leur terme, sauf retrait dans les conditions prévues à l'article R. 4532-36 dans sa rédaction en vigueur au 12 janvier 2011 (décret 2011-39 précité, art. 3).

Art. R. 4532-23. Les trois niveaux de compétence de coordonnateur en matière de sécurité et de protection de la santé sont:

1° Niveau 1: aptitude à coordonner toutes opérations;
2° Niveau 2: aptitude à coordonner les opérations des deuxième et troisième catégories;
3° Niveau 3: aptitude à coordonner les opérations de troisième catégorie.

Art. R. 4532-24. Pour ce qui concerne les opérations des première et deuxième catégories, l'aptitude à coordonner est distincte pour la phase de conception, d'étude et d'élaboration du projet et pour la phase de réalisation de l'ouvrage.

Art. R. 4532-25. Est réputée compétente, pour exercer la fonction de coordonnateur durant la phase de conception, d'étude et d'élaboration du projet de l'ouvrage, la personne physique qui justifie à la fois:

(D. 2011-39 du 10 janv. 2011, JO 12, entrée en vigueur le 01.07.2012) « 1° Soit d'une expérience professionnelle en architecture, ingénierie ou maîtrise d'œuvre d'une durée minimale de cinq ans pour la compétence de niveaux 1 et 2 ou de trois ans pour la compétence de niveau 3, soit d'un diplôme de niveau au moins égal à la licence en architecture ou dans le domaine de la construction, du bâtiment et des travaux publics ou de la prévention des risques professionnels, pour la compétence de niveau 3;

2° D'une formation spécifique de coordonnateur en matière de sécurité et de protection de la santé adaptée, d'une part, à l'expérience professionnelle ou au diplôme du candidat et, d'autre part, au niveau de compétence défini à l'article R. 4532-23. Cette formation est actualisée tous les cinq ans, dans l'année civile qui suit l'échéance de la dernière attestation de compétence prévue à l'article R. 4532-31. »

Art. R. 4532-26. Est réputée compétente, pour exercer la fonction de coordonnateur durant la phase de réalisation de l'ouvrage la personne physique qui justifie à la fois:

(D. 2011-39 du 10 janv. 2011, JO 12, entrée en vigueur le 01.07.2012) « 1° Soit d'une expérience professionnelle en matière de contrôle des travaux, d'ordonnancement, de pilotage et de conduite des travaux ou de maîtrise de chantier ou en tant que coordonnateur ou agent en matière de sécurité, d'une durée minimale de cinq ans pour la compétence de niveaux 1 et 2 ou de trois ans pour la compétence de niveau 3, soit d'un diplôme de niveau au moins égal à la licence en architecture ou dans le domaine de la construction, du bâtiment et des travaux publics ou de la prévention des risques professionnels, pour la compétence de niveau 3;

2° D'une formation spécifique de coordonnateur en matière de sécurité et de protection de la santé adaptée, d'une part, à l'expérience professionnelle ou au diplôme du candidat et, d'autre part, au niveau de compétence défini à l'article R. 4532-23. Cette formation est actualisée tous les cinq ans, dans l'année civile qui suit l'échéance de la dernière attestation de compétence prévue à l'article R. 4532-31. »

Note N'a pas donné de base légale à sa décision la cour d'appel qui, pour débouter les parties civiles de leurs demandes après avoir relaxé la société maître d'ouvrage des chefs d'homicides et blessures involontaires, a énoncé notamment que cette société avait accompli les diligences normales en désignant un coordonnateur de sécurité de niveau correspondant à l'opération projetée et justifiant, par l'attestation de compétence produite, d'un stage de formation tenant compte de l'expérience professionnelle acquise, sans constater que le coordonnateur désigné par le maître d'ouvrage justifiait de l'expérience professionnelle visée à l'article R. 238-10, 2°, devenu les articles R. 4532-26, R. 4532-27, R. 4532-28 CT (cass. crim. 16 septembre 2008, n° 06-82.369, JCP éd. S 2009, 1006, note Th. Lahalle).

Art. R. 4532-27. Le coordonnateur qui a exercé pendant cinq ans sa fonction à un niveau de compétence donné peut se voir reconnaître le niveau de compétence immédiatement supérieur, s'il a préalablement acquis, à l'issue de la formation correspondante, l'attestation de compétence correspondant à ce niveau.

(D. 2011-39 du 10 janv. 2011, JO 12, entrée en vigueur le 01.07.2012) « S'il est titulaire de l'un des diplômes visés au 1° de l'article R. 4532-25 ou de l'article R. 4532-26, la condition de durée d'exercice mentionnée au premier alinéa est réduite à deux ans. »

Art. R. 4532-28. L'aptitude peut être étendue à la phase pour laquelle elle n'a pas été initialement prévue lorsque le coordonnateur apporte la preuve de l'acquisition de l'expérience professionnelle requise.

Cette expérience professionnelle est vérifiée par l'organisme de formation de son choix et portée par ce dernier sur l'attestation de compétence prévue à l'article R. 4532-31.

Art. R. 4532-29. Le maître d'ouvrage justifie, sur demande de l'inspection du travail, de la compétence du coordonnateur qu'il a désigné.

§ 4. Formation du coordonnateur et organisme de formation

Art. R. 4532-30. ***(D. 2011-39 du 10 janv. 2011, JO 12, entrée en vigueur le 01.07.2012)*** Peut exercer la fonction de formateur de coordonnateurs la personne physique qui justifie à la fois :

1° D'un niveau de compétence au moins égal à celui exigé pour les coordonnateurs aux articles R. 4532-25 et R. 4532-26, excepté lorsqu'elle fait partie du personnel qualifié de l'un des organismes de prévention mentionnés au 2° ;

2° Du suivi d'un stage de formation de formateurs auprès de l'Organisme professionnel de prévention dans le bâtiment et les travaux publics, de l'Institut national de recherche et de sécurité ou d'un organisme établi dans un autre État membre de l'Union européenne ou partie à l'accord sur l'Espace économique européen autorisé dans cet État à pratiquer une telle activité de formation, sous réserve que la formation dispensée soit reconnue équivalente à celle prévue en application du présent paragraphe.

Art. R. 4532-31. ***(D. 2011-39 du 10 janv. 2011, JO 12, entrée en vigueur le 01.07.2012)*** « La durée et le contenu de la formation des coordonnateurs et des formateurs sont adaptés au niveau de compétence recherché ainsi qu'à l'expérience professionnelle ou au diplôme des candidats. »

La formation donne lieu à un contrôle de capacité à l'issue du stage et à la délivrance, par l'organisme de formation, d'une attestation de compétence.

Art. R. 4532-32. L'admission à un stage de formation de coordonnateur ou de formateur est prononcée par l'organisme de formation, après qu'il a vérifié que les conditions d'expérience professionnelle ***(D. 2011-39 du 10 janv. 2011, JO 12, entrée en vigueur le 01.07.2012)*** « ou de diplôme » sont satisfaites.

Art. R. 4532-33. ***(D. 2011-39 du 10 janv. 2011, JO 12, entrée en vigueur le 01.07.2012)*** Le refus d'admission à un stage de formation de formateurs est motivé. Il peut faire l'objet, dans les formes et délai prévus à l'article R. 4723-1, d'une réclamation auprès du ministre chargé du travail, qui statue dans le délai prévu aux articles R. 4723-2 et R. 4723-3.

Art. R. 4532-34. ***(D. 2011-39 du 10 janv. 2011, JO 12, entrée en vigueur le 01.07.2012)*** Peuvent assurer la formation de coordonnateurs prévue aux articles R. 4532-25 et R. 4532-26 l'Organisme professionnel de prévention dans le bâtiment et les travaux publics et les organismes de formation certifiés, au vu d'un référentiel garantissant qu'ils satisfont aux exigences issues du présent code, par un organisme bénéficiant à cette fin d'une accréditation délivrée par un organisme mentionné au premier alinéa de l'article R. 4724-1.

Note Voir arrêté du 26 décembre 2012 (JO 30), modifié par arrêté du 4 novembre 2014 (JO 20, entrée en vigueur le 01.01.2015), relatif à la formation des coordonnateurs en matière de sécurité et de protection de la santé et à celle des formateurs de coordonnateurs ainsi qu'aux garanties minimales que doivent présenter les organismes en charge de ces formations dans le cadre de la procédure d'accréditation-certification. Il met en place la procédure de certification, le renforcement des conditions de vérification des candidatures pour l'accès à la formation spécifique, l'intégration dans la formation spécifique d'une étape préalable relative à la maîtrise des prérequis, l'organisation des formations que doivent suivre les coordonnateurs SPS (durée, référentiels de formation, évaluation).

Art. R. 4532-35. La formation des coordonnateurs est dispensée dans chaque organisme par des formateurs remplissant les conditions prévues à l'article R. 4532-30.

Toutefois, pour des domaines requérant des compétences particulières, ces organismes peuvent faire appel à d'autres personnes justifiant de la qualification adéquate, sous réserve que le volume horaire qui leur est imparti n'excède pas la moitié du volume horaire total du cycle de formation.

Art. R. 4532-37. ***(D. 2011-39 du 10 janv. 2011, JO 12, entrée en vigueur le 01.07.2012)*** Un arrêté conjoint des ministres chargés du travail et de l'agriculture détermine :

1° Les garanties minimales que doivent présenter les organismes de formation mentionnés à l'article R. 4532-34, relatives notamment aux méthodes et qualités pédagogiques des personnes chargées de la formation et à la capacité à évaluer les candidats au regard de leur compétence professionnelle ou de leur diplôme, à se conformer au référentiel de formation prévu au 2° et à assurer le contrôle des connaissances et des acquis ;

2° Le référentiel des formations prévues aux articles R. 4532-25 et R. 4532-26, précisant leurs objectifs, leur durée et leur contenu ;

3° Les indications à faire figurer sur l'attestation prévue à l'article R. 4532-31 ;

4° Les conditions d'organisation de la formation de formateurs par l'Organisme professionnel de prévention du bâtiment et des travaux publics et par l'Institut national de recherche et de sécurité et celles de leur contribution aux stages d'actualisation de la formation ;

5° Les conditions de reconnaissance du caractère équivalent de la formation mentionnée à l'article R. 4532-30.

Note Voir arrêté du 26 décembre 2012 (JO 30) modifié, précité sous l'article R. 4532-34.

Sous-section 3 (réglementaire). Registre-journal

Art. R. 4532-38. Le coordonnateur consigne sur le registre-journal de la coordination, au fur et à mesure du déroulement de l'opération :

1° Les comptes rendus des inspections communes, les consignes à transmettre et les observations particulières prévues au 1° de l'article R. 4532-13, qu'il fait viser par les entreprises concernées ;

2° Les observations ou notifications qu'il juge nécessaire de faire au maître d'ouvrage, au maître d'œuvre ou à tout autre intervenant sur le chantier, qu'il fait viser dans chaque cas par les intéressés avec leur réponse éventuelle ;

3° Dès qu'il en a connaissance, les noms et adresses des entrepreneurs contractants, cocontractants et sous-traitants, ainsi que la date approximative d'intervention de chacun d'eux sur le chantier, et, par entreprise, l'effectif prévisible des travailleurs affectés au chantier et la durée prévue des travaux. Cette liste est, si nécessaire, précisée au moment de l'intervention sur le chantier et tenue à jour ;

4° Le procès-verbal de passation de consignes avec le coordonnateur appelé à lui succéder.

Art. R. 4532-39. Une copie du procès-verbal de transmission du dossier d'intervention ultérieure sur l'ouvrage mentionné à l'article R. 4532-97 est annexée au registre-journal.

Art. R. 4532-40. Le coordonnateur présente le registre-journal, sur leur demande, au maître d'œuvre, à l'inspection du travail, aux agents des services de prévention des organismes de sécurité sociale, aux agents de l'Organisme professionnel de prévention du bâtiment et des travaux publics, et, lorsqu'il est constitué, aux membres du collège interentreprises de sécurité, de santé et des conditions de travail.

Art. R. 4532-41. Le registre-journal est conservé par le coordonnateur pendant une durée de cinq ans à compter de la date de réception de l'ouvrage.

SECTION 3. Plan général de coordination en matière de sécurité et de protection de la santé

Art. L. 4532-8. Lorsque plusieurs entreprises sont appelées à intervenir sur un chantier qui, soit fait l'objet de la déclaration préalable prévue à l'article L. 4532-1, soit nécessite l'exécution d'un ou de plusieurs des travaux inscrits sur une liste de travaux comportant des risques particuliers déterminée par arrêté des ministres chargés du travail et de l'agriculture, le maître d'ouvrage fait établir par le coordonnateur un plan général de coordination en matière de sécurité et de protection de la santé.

Ce plan est rédigé dès la phase de conception, d'étude et d'élaboration du projet et tenu à jour pendant toute la durée des travaux.

Note • Le plan général de coordination établi sur certains chantiers par le coordonnateur dès la phase de conception, d'étude, et d'élaboration du projet répond au souci d'une sécurité «intégrée».

• Voir arrêté du 25 février 2003 (JO 6 mars) fixant une liste de travaux comportant des risques particuliers.

Sous-section 1 (réglementaire). Opérations de première et deuxième catégories

Art. R. 4532-42. Le maître d'ouvrage, ou l'entrepreneur principal en cas de sous-traitance, mentionne dans les documents remis aux entrepreneurs, que le chantier sur lequel ils seront appelés à travailler en cas de conclusion d'un contrat est soumis à l'obligation de plan général de coordination en matière de sécurité et de protection de la santé.

Art. R. 4532-43. Le plan général de coordination est un document écrit qui définit l'ensemble des mesures propres à prévenir les risques découlant de l'interférence des activités des différents intervenants sur le chantier, ou de la succession de leurs activités lorsqu'une intervention laisse subsister après son achèvement des risques pour les autres entreprises.

Art. R. 4532-44. Le plan général de coordination est joint aux autres documents remis par le maître d'ouvrage aux entrepreneurs qui envisagent de contracter. Il énonce notamment:

1° Les renseignements d'ordre administratif intéressant le chantier, et notamment ceux complétant la déclaration préalable;

2° Les mesures d'organisation générale du chantier arrêtées par le maître d'œuvre en concertation avec le coordonnateur;

3° Les mesures de coordination prises par le coordonnateur en matière de sécurité et de santé et les sujétions qui en découlent concernant, notamment:

a) Les voies ou zones de déplacement ou de circulation horizontales ou verticales;

b) Les conditions de manutention des différents matériaux et matériels, en particulier pour ce qui concerne l'interférence des appareils de levage sur le chantier ou à proximité, ainsi que la limitation du recours aux manutentions manuelles;

c) La délimitation et l'aménagement des zones de stockage et d'entreposage des différents matériaux, en particulier s'il s'agit de matières ou de substances dangereuses;

d) Les conditions de stockage, d'élimination ou d'évacuation des déchets et des décombres;

e) Les conditions d'enlèvement des matériaux dangereux utilisés;

f) L'utilisation des protections collectives, des accès provisoires et de l'installation électrique générale;

g) Les mesures prises en matière d'interactions sur le site;

4° Les sujétions découlant des interférences avec des activités d'exploitation sur le site à l'intérieur ou à proximité duquel est implanté le chantier;

5° Les mesures générales prises pour assurer le maintien du chantier en bon ordre et en état de salubrité satisfaisant, notamment:

a) Pour les opérations de construction de bâtiment, les mesures arrêtées par le maître de l'ouvrage en application de l'article R. 4533-1;

b) Pour les opérations de génie civil, les dispositions prises par le maître d'ouvrage pour établir des conditions telles que les locaux destinés au personnel du chantier soient conformes aux prescriptions qui leur sont applicables en matière de santé, de sécurité et de conditions de travail;

6° Les renseignements pratiques propres au lieu de l'opération concernant les secours et l'évacuation des travailleurs ainsi que les mesures communes d'organisation prises en la matière;

7° Les modalités de coopération entre les entrepreneurs, employeurs ou travailleurs indépendants.

Art. R. 4532-45. Le plan général de coordination rappelle, dans le cas de la constitution d'un collège interentreprises de sécurité, de santé et des conditions de travail, la mission de ce collège en la matière.

Art. R. 4532-46. Les dossiers techniques regroupant les informations relatives à la recherche et à l'identification des matériaux contenant de l'amiante prévus aux articles R. 1334-22, R. 1334-27 et R. 1334-28 du code de la santé publique sont joints au plan général de coordination.

Art. R. 4532-47. Le plan général de coordination est complété et adapté en fonction de l'évolution du chantier et de la durée effective à consacrer aux différents types de travaux ou phases de travail.

Ces modifications sont portées à la connaissance des entreprises.

Art. R. 4532-48. Le plan général de coordination intègre, notamment, au fur et à mesure de leur élaboration et en les harmonisant, les plans particuliers de sécurité et de santé ainsi que, lorsqu'ils sont requis, les plans de prévention prévus par d'autres dispositions du code du travail.

Art. R. 4532-49. Dès la phase de consultation des entreprises, le maître d'ouvrage adresse le plan général de coordination, sur leur demande, à l'inspection du travail, à l'Organisme professionnel de prévention du bâtiment et des travaux publics et au service de prévention des organismes de sécurité sociale.

Art. R. 4532-50. Le plan général de coordination tenu sur le chantier peut être consulté par:

1° Les membres des ***(D. 2017-1819 du 29 déc. 2017, art. 3, 58°, JO 30, entrée en vigueur le 01.01.2018)*** «comités sociaux et économiques», appelés à intervenir sur le chantier;

2° Le médecin du travail;

3° Les membres du collège interentreprises de sécurité, de santé et des conditions de travail;

4° L'inspection du travail;

5° L'Organisme professionnel de prévention du bâtiment et des travaux publics;

6° Le service de prévention des organismes de sécurité sociale.

Art. R. 4532-51. Le plan général de coordination tenu sur le chantier est conservé par le maître d'ouvrage pendant une durée de cinq années à compter de la date de réception de l'ouvrage.

Sous-section 2 (réglementaire). Opérations de troisième catégorie

Art. R. 4532-52. Lorsqu'il est prévu, pour une opération de bâtiment ou de génie civil faisant intervenir plusieurs entreprises et n'appartenant pas à la première ou à la deuxième catégorie, d'exécuter des travaux présentant des risques particuliers inscrits sur la liste fixée par l'arrêté prévu par l'article L. 4532-8, le coordonnateur établit par écrit, avant la phase de consultation des entreprises, un plan général simplifié de coordination en matière de sécurité et de protection de la santé.

Ce plan prend en considération les mesures propres à prévenir les risques découlant de l'interférence de ces travaux avec les autres activités des différents intervenants sur le chantier, ou de la succession de leurs activités lorsqu'une intervention laisse subsister après son achèvement un des risques particuliers énumérés dans la même liste.

Art. R. 4532-53. Les dossiers techniques regroupant les informations relatives à la recherche et à l'identification des matériaux contenant de l'amiante prévus aux articles R. 1334-22, R. 1334-27 et R. 1334-28 du code de la santé publique sont joints au plan général simplifié de coordination.

Art. R. 4532-54. Lorsque, lors d'une opération de troisième catégorie, un coordonnateur a connaissance, après le début des travaux, de l'existence d'un ou plusieurs des travaux présentant des risques particuliers inscrits sur la liste fixée par l'arrêté prévu par l'article L. 4532-8, il prend toutes les mesures utiles afin de rédiger, avant toute poursuite des travaux, le plan général simplifié de coordination en matière de sécurité et de protection de la santé.

Les sujétions découlant de l'observation de ce plan sont définies, le cas échéant, par voie d'avenants aux différents contrats conclus avec les entreprises chargées de l'exécution des travaux.

Art. R. 4532-55. Sont applicables au plan général simplifié de coordination et, dès son élaboration, à celui établi en application de l'article R. 4532-54, les dispositions des articles R. 4532-42 et R. 4532-47 à R. 4532-51.

SECTION 4. Plan particulier de sécurité et de protection de la santé

Art. L. 4532-9. Sur les chantiers soumis à l'obligation d'établir un plan général de coordination, chaque entreprise, y compris les entreprises sous-traitantes, appelée à intervenir à un moment quelconque des travaux, établit, avant le début des travaux, un plan particulier de sécurité et de protection de la santé. Ce plan est communiqué au coordonnateur.

Toute entreprise appelée à exécuter seule des travaux dont la durée et le volume prévus excèdent certains seuils établit également ce plan. Elle le communique au maître d'ouvrage.

Note • Sur le président d'une société qui a commis une faute caractérisée, au sens de l'article 121-3, al. 4 c. pén. tel qu'issu de la loi du 10 juillet 2000, en n'ayant pas remis au coordonnateur des travaux le plan particulier de sécurité prévu par cet article et en ayant contrevenu aux prescriptions du décret du 8 janvier 1965 en laissant les salariés de sa société travailler à proximité d'une trémie sans que celle-ci ait été clôturée par des garde-corps ou obturée convenablement, ce qui avait concouru à l'accident mortel d'un salarié occupé à la mise en place de vitrages, voir cass. crim. 24 octobre 2000, n° 00-82.467, RJS 4/01 n° 464.

• Doit être cassé l'arrêt qui, pour rejeter la demande d'un architecte avec lequel une société civile immobilière, ayant entrepris la réalisation d'un immeuble, avait conclu une convention de coordination sécurité santé, en paiement de ses honoraires, a retenu que le registre journal était excessivement concis et ne correspondait pas précisément à l'objet de la mission du coordonnateur, que le plan particulier de sécurité et de protection de la santé était nettement insuffisant, et que l'architecte ne justifiait donc pas avoir réalisé complètement ses obligations contractuelles, alors que l'établissement du plan particulier de sécurité et de protection de la santé ne relève pas du coordonnateur mais des entrepreneurs (cass. civ., 3e ch., 11 mai 2006, n° 05-14.425, BC III n° 117).

Sous-section 1 (réglementaire). **Opérations de première et deuxième catégories**

Art. R. 4532-56. L'entrepreneur tenu de remettre un plan particulier de sécurité et de santé au coordonnateur ou au maître d'ouvrage, en application du premier alinéa de l'article L. 4532-9, dispose de trente jours à compter de la réception du contrat signé par le maître de l'ouvrage pour établir ce plan.

Art. R. 4532-57. L'entrepreneur qui intervient seul remet au maître d'ouvrage un plan particulier de sécurité, en application du deuxième alinéa de l'article L. 4532-9, lorsqu'il est prévu qu'il réalisera des travaux d'une durée supérieure à un an et qu'il emploiera, à un moment quelconque des travaux, plus de cinquante travailleurs pendant plus de dix jours ouvrés consécutifs.

Il dispose du délai prévu à l'article R. 4532-56.

Art. R. 4532-58. Dès la conclusion du contrat de l'entreprise, le coordonnateur communique à chacun des entrepreneurs appelés à intervenir sur un chantier soumis à l'obligation de plan général de coordination, les noms et adresses des entrepreneurs contractants.

Il transmet à chaque entrepreneur qui en fait la demande les plans particuliers de sécurité et de protection de la santé établis par les autres entrepreneurs.

Art. R. 4532-59. En cas d'opération de construction de bâtiment, le coordonnateur communique aux autres entrepreneurs les plans particuliers de sécurité et de santé des entrepreneurs chargés du gros œuvre ou du lot principal et de ceux ayant à exécuter des travaux présentant des risques particuliers, tels qu'énumérés sur la liste prévue à l'article L. 4532-8.

Art. R. 4532-60. L'entrepreneur qui fait exécuter le contrat conclu avec le maître d'ouvrage, en tout ou partie, par un ou plusieurs sous-traitants remet à ceux-ci :

1° Un exemplaire du plan général de coordination ;

2° Le cas échéant, un document précisant les mesures d'organisation générales qu'il a retenues pour la partie du chantier dont il a la responsabilité et qui sont de nature à avoir une incidence sur la santé et la sécurité des travailleurs.

Art. R. 4532-61. Pour l'élaboration du plan particulier de sécurité, le sous-traitant tient compte des informations fournies par l'entrepreneur, notamment de celles qui sont contenues dans le plan général de coordination.

Il tient également compte des informations contenues dans le document prévu au 2° de l'article R. 4532-60.

Art. R. 4532-62. À compter de la réception du contrat signé par l'entrepreneur, le sous-traitant dispose d'au moins trente jours pour établir le plan particulier de sécurité.

Ce délai est réduit à huit jours pour les travaux du second œuvre lorsqu'il s'agit d'une opération de bâtiment ou pour les lots ou travaux accessoires dans le cas d'une opération de génie civil, dès lors que ceux-ci ne figurent pas sur la liste des travaux comportant des risques particuliers prévue à l'article L. 4532-8.

Art. R. 4532-63. Le plan particulier de sécurité indique :

1° Les nom et adresse de l'entrepreneur ;

2° L'évolution prévisible de l'effectif sur le chantier ;

3° Le cas échéant, les noms et qualité de la personne chargée de diriger l'exécution des travaux.

Art. R. 4532-64. Le plan particulier de sécurité est adapté aux conditions spécifiques de l'intervention sur le chantier.

À cet effet, outre la prise en compte des mesures de coordination générale décidées par le coordonnateur et l'énumération des installations de chantier et des matériels et dispositifs prévus pour la réalisation de l'opération, le plan mentionne, en les distinguant :

1° Les mesures spécifiques prises par l'entreprise pour prévenir les risques spécifiques découlant :

a) De l'exécution par d'autres entreprises de travaux dangereux pouvant avoir une incidence sur la santé et la sécurité des travailleurs de l'entreprise ou du travailleur indépendant ;

b) Des contraintes propres au chantier ou à son environnement, en particulier en matière de circulations ou d'activités d'exploitation particulièrement dangereuses ;

2° La description des travaux et des processus de travail de l'entreprise pouvant présenter des risques pour la santé et la sécurité des autres intervenants sur le chantier, notamment lorsqu'il s'agit de travaux comportant des risques particuliers tels que ceux énumérés sur la liste prévue à l'article L. 4532-8 ;

3° Les dispositions à prendre pour prévenir les risques pour la santé et la sécurité que peuvent encourir les travailleurs de l'entreprise lors de l'exécution de ses propres travaux.

Art. R. 4532-65. Lorsqu'il ressort du plan général de coordination et de l'évaluation préalable des risques menée par l'entreprise que des mesures mentionnées à l'article R. 4532-64 n'ont pas à être prises du fait de l'absence de risques, résultant en particulier de l'exécution de travaux figurant sur la liste prévue à l'article L. 4532-8, l'employeur le mentionne expressément sur le plan.

Art. R. 4532-66. Le plan particulier de sécurité:

1° Analyse de manière détaillée les procédés de construction et d'exécution ainsi que les modes opératoires retenus dès lors qu'ils ont une incidence particulière sur la santé et la sécurité des travailleurs sur le chantier;

2° Définit les risques prévisibles liés aux modes opératoires, aux matériels, dispositifs et installations mis en œuvre, à l'utilisation de produits, aux déplacements des travailleurs, à l'organisation du chantier;

3° Indique les mesures de protection collective ou, à défaut, individuelle, adoptées pour parer à ces risques ainsi que les conditions dans lesquelles sont contrôlés l'application de ces mesures et l'entretien des moyens matériels qui s'y rattachent;

4° Précise les mesures prises pour assurer la continuité des solutions de protection collective lorsque celles-ci requièrent une adaptation particulière.

Art. R. 4532-67. Le plan particulier de sécurité comporte de manière détaillée:

1° Les dispositions en matière de secours et d'évacuation, notamment:

a) Les consignes de premiers secours aux victimes d'accidents et aux malades;

b) Le nombre de travailleurs du chantier formés pour donner les premiers secours en cas d'urgence;

c) Le matériel médical existant sur le chantier;

d) Les mesures prises pour évacuer, dans les moindres délais, dans un établissement hospitalier de toute victime d'accident semblant présenter des lésions graves;

2° Les mesures assurant l'hygiène des conditions de travail et celle des locaux destinés aux travailleurs. Il mentionne, pour chacune des installations prévues, leur emplacement sur le chantier et leur date de mise en service prévisible.

Art. R. 4532-68. Lorsque les dispositions en matière de secours et d'évacuation sont prévues par le plan général de coordination, mention peut être faite dans le plan particulier de sécurité du renvoi au plan général de coordination.

Art. R. 4532-69. Le plan particulier de sécurité peut être consulté pour avis, avant toute intervention sur le chantier, par le médecin du travail ainsi que par les membres des ***(D. 2017-1819 du 29 déc. 2017, art. 3, 58°, JO 30, entrée en vigueur le 01.01.2018)*** « comités sociaux et économiques ».

Art. R. 4532-70. L'entrepreneur chargé du gros œuvre ou du lot principal ainsi que celui appelé à exécuter des travaux présentant des risques particuliers figurant sur la liste de travaux prévue à l'article L. 4532-8, adressent à l'inspection du travail, au service de prévention des organismes de sécurité sociale et à l'Organisme professionnel de prévention du bâtiment et des travaux publics, avant toute intervention sur le chantier, un exemplaire du plan particulier de sécurité. Ils joignent les avis du médecin du travail et des membres du ***(D. 2017-1819 du 29 déc. 2017, art. 3, 43°, JO 30, entrée en vigueur le 01.01.2018)*** « comité social et économique », s'ils ont été donnés dans les conditions prévues à l'article R. 4532-69.

Art. R. 4532-71. Un exemplaire à jour du plan particulier de sécurité est tenu disponible en permanence sur le chantier. Sont joints, y compris pour les entrepreneurs non mentionnés à l'article R. 4532-70, les avis du médecin du travail et du ***(D. 2017-1819 du 29 déc. 2017, art. 3, 70°, JO 30, entrée en vigueur le 01.01.2018)*** « comité social et économique » prévus à l'article R. 4532-69.

Art. R. 4532-72. Lorsqu'une mesure de prévention prévue au plan n'a pu être appliquée, l'entrepreneur indique sur le plan les moyens d'une efficacité au moins équivalente qui ont été mis en œuvre. Cette substitution est portée à la connaissance du coordonnateur et des personnes et organismes mentionnés à l'article R. 4532-70.

Art. R. 4532-73. Le plan particulier de sécurité tenu sur le chantier peut être consulté par:

1° Les membres du collège interentreprises de sécurité, de santé et des conditions de travail;

2° Les membres du ***(D. 2017-1819 du 29 déc. 2017, art. 3, 49°, JO 30, entrée en vigueur le 01.01.2018)*** « comité social et économique »;

3° Le médecin du travail;

4° L'inspection du travail;

5° Le service de prévention des organismes de sécurité sociale;

6° L'Organisme professionnel de prévention du bâtiment et des travaux publics.

Art. R. 4532-74. Le plan particulier de sécurité tenu sur le chantier est conservé par l'entrepreneur pendant une durée de cinq années à compter de la date de réception de l'ouvrage.

Sous-section 2 (réglementaire). Opérations de troisième catégorie

Art. R. 4532-75. Pour les opérations soumises à l'obligation de plan général simplifié de coordination en matière de sécurité et de protection de la santé prévue aux articles R. 4532-52 et R. 4532-54, chaque entrepreneur appelé à exécuter des travaux présentant des risques particuliers figurant sur la liste de travaux prévue à l'article L. 4532-8 établit par écrit, préalablement à leur début ou à leur poursuite, un plan particulier simplifié de sécurité et de protection de la santé. Le plan évalue ces risques et décrit les consignes à observer ou à transmettre aux travailleurs appelés à intervenir sur le chantier et les conditions de santé et de sécurité dans lesquelles vont être exécutés les travaux.

Art. R. 4532-76. Sont applicables au plan particulier simplifié, les dispositions des articles R. 4532-56 à R. 4532-62, de l'article R. 4532-63, des 2° et 3° de l'article R. 4532-64 et des articles R. 4532-69 à R. 4532-74.

SECTION 5. Collège interentreprises de sécurité, de santé et des conditions de travail

Note Voir notamment «Le collège interentreprises de sécurité, de santé et des conditions de travail», B. Teyssié, JCP éd. S 2015, 1022.

Art. L. 4532-10. Lorsque le nombre des entreprises, travailleurs indépendants et entreprises sous-traitantes inclus, et l'effectif des travailleurs dépassent certains seuils, le maître d'ouvrage constitue un collège interentreprises de sécurité, de santé et des conditions de travail.

Art. L. 4532-11. Les opinions que les travailleurs employés sur le chantier émettent dans l'exercice de leurs fonctions au sein du collège interentreprises ne peuvent motiver une sanction ou un licenciement.

Art. L. 4532-12. Le maître d'ouvrage ainsi que l'entrepreneur qui entend sous-traiter une partie des travaux mentionnent dans les contrats conclus respectivement avec les entrepreneurs ou les sous-traitants l'obligation de participer à un collège interentreprises de sécurité, de santé et des conditions de travail.

Art. L. 4532-13. Le collège interentreprises de sécurité, de santé et des conditions de travail peut définir, notamment sur proposition du coordonnateur, certaines règles communes destinées à assurer le respect des mesures de sécurité et de protection de la santé applicables au chantier.

Il vérifie que l'ensemble des règles prescrites, soit par lui-même, soit par le coordonnateur, sont effectivement mises en œuvre.

Art. L. 4532-14. L'intervention du collège interentreprises de sécurité, de santé et des conditions de travail ne modifie pas la nature et l'étendue des responsabilités qui incombent aux participants à l'opération de bâtiment ou de génie civil en application des autres dispositions du présent code, ni les attributions des institutions représentatives du personnel compétentes en matière de santé, de sécurité et des conditions de travail.

Art. L. 4532-15. Les salariés désignés comme membres du collège interentreprises disposent du temps nécessaire, rémunéré comme temps de travail, pour assister aux réunions de ce collège.

Sous-section 1 (réglementaire). Conditions de mise en place

Art. R. 4532-77. Le maître d'ouvrage constitue un collège interentreprises de sécurité, de santé et des conditions de travail lorsque le chantier doit dépasser un volume de 10000 hommes-jours et que le nombre d'entreprises, travailleurs indépendants et entreprises sous-traitantes inclus, est supérieur à dix s'il s'agit d'une opération de bâtiment ou à cinq s'il s'agit d'une opération de génie civil.

Cette constitution est effective au plus tard vingt-et-un jours avant le début des travaux.

Sous-section 2 (réglementaire). Composition

Art. R. 4532-78. Le collège interentreprises de sécurité, de santé et des conditions de travail comprend:

1° Les coordonnateurs en matière de santé et de sécurité;
2° Le maître d'œuvre désigné par le maître d'ouvrage;
3° Les entrepreneurs;
4° Des salariés employés sur le chantier, avec voix consultative.

Art. R. 4532-79. Peuvent assister aux réunions du collège interentreprises à titre consultatif:

1° Les médecins du travail;

2° Les représentants de l'inspection du travail;

3° Les représentants de l'Organisme professionnel de prévention du bâtiment et des travaux publics;

4° Les représentants du service de prévention des organismes de sécurité sociale.

Art. R. 4532-80. Pendant la durée de son intervention sur le chantier, chaque entreprise est représentée au collège interentreprises par:

1° Le chef de l'entreprise ou son représentant habilité à cet effet;

2° Un salarié effectivement employé sur le chantier, désigné par le ***(D. 2017-1819 du 29 déc. 2017, art. 3, 62°, JO 30, entrée en vigueur le 01.01.2018)*** « comité social et économique ou, en son absence », choisi par les membres de l'équipe appelée à intervenir sur le chantier.

Art. R. 4532-81. Chaque entreprise communique les noms de ses deux représentants au président du collège interentreprises, au plus tard avant la réunion d'adoption de son règlement prévue à l'article R. 4532-92.

Art. R. 4532-82. Ne sont pas tenues de participer aux travaux du collège interentreprises les entreprises dont il est prévu qu'elles n'occuperont pas sur le chantier au moins dix travailleurs pendant au moins quatre semaines, dès lors qu'elles n'auront pas à exécuter l'un des travaux figurant sur la liste de travaux comportant des risques particuliers prévue à l'article L. 4532-8.

Art. R. 4532-83. La liste nominative des représentants des entreprises et des autres membres du collège interentreprises, ainsi que des personnes qui peuvent assister aux réunions du collège à titre consultatif, est tenue à jour et affichée sur le chantier par le coordonnateur.

Sous-section 3 (réglementaire). Fonctionnement

Art. R. 4532-84. Le collège interentreprises de sécurité, de santé et des conditions de travail est présidé par le coordonnateur en matière de sécurité et de protection de la santé désigné pour la phase de réalisation de l'ouvrage en application de l'article L. 4532-3.

Art. R. 4532-85. Le collège interentreprises se réunit pour la première fois dès que deux entreprises au moins sont effectivement présentes sur le chantier, puis au moins tous les trois mois sur convocation de son président.

En outre, il est réuni par celui-ci:

1° À la demande de la majorité des représentants ayant voix délibérative;

2° À la demande motivée du tiers des membres représentant les salariés;

3° À la suite de tout accident ayant eu ou ayant pu avoir des conséquences graves.

Art. R. 4532-86. Les réunions du collège interentreprises ont lieu sur le chantier dans un local approprié et, sauf cas exceptionnels justifiés par l'urgence, pendant les heures de travail.

Les réunions sont précédées par une inspection du chantier.

Art. R. 4532-87. L'ordre du jour des séances du collège interentreprises peut évoquer toute question entrant dans le cadre de ses missions, notamment, la formation et l'information des travailleurs.

La convocation et l'ordre du jour des séances sont établis par le président du collège interentreprises. Sauf en cas de réunion d'urgence, ils sont communiqués quinze jours au moins avant la date de réunion aux membres du collège, à l'inspection du travail, à l'Organisme professionnel de prévention du bâtiment et des travaux publics et au service de prévention des organismes de sécurité sociale. Le procès-verbal de la réunion précédente est joint à cet envoi.

Les membres du collège interentreprises peuvent demander par écrit au président de porter à l'ordre du jour toute question relevant de sa compétence dans les huit jours qui suivent la réception de la convocation.

Art. R. 4532-88. Les procès-verbaux des réunions du collège interentreprises sont consignés sur un registre tenu à la disposition de l'inspection du travail, de l'Organisme professionnel de prévention du bâtiment et des travaux publics et du service de prévention des organismes de sécurité sociale.

Les procès-verbaux font ressortir, notamment:

1° Les décisions prises par le collège interentreprises;

2° Le compte rendu des inspections du chantier;

3° Les formations à la sécurité dispensées par les entreprises en application de l'article L. 4141-2 ainsi que les formations à la sécurité complémentaires décidées par le collège interentreprises.

Art. R. 4532-89. Les membres du collège interentreprises peuvent consulter le registre des procès-verbaux de ses réunions à tout moment.

Le registre est conservé par le coordonnateur pendant une durée de cinq années à compter de la date de réception de l'ouvrage.

Art. R. 4532-90. Les règles de fonctionnement du collège interentreprises sont précisées par un règlement.

Ce règlement prévoit, notamment:

1° La fréquence accrue des réunions du collège en fonction de l'importance et de la nature des travaux;

2° Les procédures propres à assurer le respect des règles communes relatives à la santé, à la sécurité et aux conditions de travail;

3° Les conditions de la vérification de l'application des mesures prises par le coordonnateur ou par le collège interentreprises;

4° La procédure de règlement des difficultés qui pourraient s'élever entre ses membres;

5° Les attributions du président.

Art. R. 4532-91. Le projet de règlement du collège interentreprises est élaboré par le coordonnateur pendant la phase de conception, d'étude et d'élaboration du projet.

Il est annexé aux documents du dossier de consultation adressés par le maître d'ouvrage aux entrepreneurs et, en l'absence de consultation, à chaque marché ou contrat conclu pour une opération entrant dans les prévisions de l'article R. 4532-77.

En cas de sous-traitance, l'entrepreneur principal communique à chacun de ses sous-traitants le règlement du collège, ou son projet si le règlement n'a pas encore été adopté au moment de la conclusion du contrat de sous-traitance.

Art. R. 4532-92. Sur l'initiative de son président, le collège interentreprises est réuni, en temps utile, aux fins d'adoption du règlement du collège.

(D. 2016-1417 du 20 oct. 2016, art. 14, JO 22) «Le président communique le règlement ainsi que le procès-verbal de la séance au cours de laquelle il a été adopté, à leur demande, à l'agent de contrôle de l'inspection du travail, à l'Organisme professionnel de prévention du bâtiment et des travaux publics et au service de prévention des organismes de sécurité sociale. Ce procès-verbal mentionne les résultats du vote émis à l'occasion de cette adoption.»

Art. R. 4532-93. Lorsque, sur un chantier soumis à la présente section, il a été prévu de différer l'attribution de certains lots, les entreprises appelées à intervenir après la constitution du collège interentreprises ont l'obligation d'y participer dès leur intervention sur le chantier.

Elles se conforment également au règlement du collège et communiquent au président le nom de leurs représentants dans les conditions prévues à l'article R. 4532-81.

Art. R. 4532-94. Les ***(D. 2017-1819 du 29 déc. 2017, art. 3, 58°, JO 30, entrée en vigueur le 01.01.2018)*** «comités sociaux et économiques» des établissements appelés à intervenir sur le chantier reçoivent les copies des procès-verbaux du collège interentreprises et peuvent saisir par écrit le président de ce dernier de toute question relevant de sa compétence.

Le président répond par écrit aux observations formulées et en informe les membres du collège en temps utile et, au plus tard, lors de la réunion qui suit la demande des intéressés.

SECTION 6. Interventions ultérieures sur l'ouvrage

Art. L. 4532-16. Sauf dans les cas prévus à l'article L. 4532-7, au fur et à mesure du déroulement des phases de conception, d'étude et d'élaboration du projet puis de la réalisation de l'ouvrage, le maître d'ouvrage fait établir et compléter par le coordonnateur un dossier rassemblant toutes les données de nature à faciliter la prévention des risques professionnels lors d'interventions ultérieures.

Art. R. 4532-95. Le dossier d'intervention ultérieure sur l'ouvrage prévu à l'article L. 4532-16 rassemble, sous bordereau, tous les documents, tels que les plans et notes techniques, de nature à faciliter l'intervention ultérieure sur l'ouvrage, ainsi que le dossier technique regroupant les informations relatives à la recherche et à l'identification des matériaux contenant de l'amiante prévus aux articles R. 1334-22 et R. 1334-28 du code de la santé publique ***(D. 2017-899 du 9 mai 2017, JO 10)*** «ou, le cas échéant, le rapport de repérage de l'amiante prévu à l'article R. 4412-97-5 du présent code».

Il comporte notamment, s'agissant des bâtiments destinés à recevoir des travailleurs, le dossier de maintenance des lieux de travail prévu à l'article R. 4211-3;

Pour ce qui concerne les autres ouvrages, il comporte, notamment, les dispositions prévues aux 1° à 4° de l'article R. 4211-3 et à l'article R. 4211-4.

Note Les dispositions de cet article, dans sa rédaction issue du décret 2017-899 précité, entrent en vigueur aux dates suivantes: 1° Immeubles bâtis: 1er mars 2019; 2° Autres immeubles tels que terrains, ouvrages de génie civil et infrastructures de transport: 1er octobre 2020; 3° Matériels roulants ferroviaires et autres matériels roulants de transports: 1er janvier 2020; 4° Navires, bateaux, engins flottants et autres constructions flottantes: 1er janvier 2020; 5° Aéronefs: 1er juillet 2020; 6° Installations, structures ou équipements concourant à la réalisation ou la mise en œuvre d'une activité: 1er juillet 2020 (décret précité, art. 2, modifié par décret 2019-251 du 27 mars 2019, art. 3, JO 30).

Art. R. 4532-96. Le dossier d'intervention ultérieur est constitué dès la phase de conception de l'ouvrage par le coordonnateur qui en a la responsabilité et transmis au coordonnateur chargé de la phase de réalisation des travaux lorsque celui-ci est différent. Cette transmission fait l'objet d'un procès-verbal joint au dossier.

Art. R. 4532-97. Le dossier d'intervention ultérieure sur l'ouvrage est remis au maître d'ouvrage par le coordonnateur en fonctions lors de la réception de l'ouvrage. Cette transmission fait l'objet d'un procès-verbal joint au dossier.

Le dossier est joint aux actes notariés établis à chaque mutation de l'ouvrage.

Dans le cas d'une copropriété, un exemplaire du dossier est également remis au syndic de l'immeuble.

Art. R. 4532-98. Lors de toute nouvelle opération pour laquelle un coordonnateur en matière de sécurité et de santé est requis, un exemplaire du dossier d'intervention ultérieure sur l'ouvrage est remis au coordonnateur en matière de sécurité et de santé désigné par le maître de l'ouvrage.

Le coordonnateur apporte au dossier les modifications et compléments éventuels découlant des nouveaux travaux.

Les règles de transmission prévues à la présente section s'appliquent au dossier mis à jour.

SECTION 7. Travaux d'extrême urgence

Art. L. 4532-17. En cas de travaux d'extrême urgence dont l'exécution immédiate est nécessaire pour prévenir des accidents graves et imminents ou organiser des mesures de sauvetage, les obligations suivantes ne s'appliquent pas:

1° Envoi de la déclaration préalable prévue à l'article L. 4532-1;

2° Établissement d'un plan général de coordination en matière de sécurité et de protection de la santé prévu à l'article L. 4532-8;

3° Établissement et envoi d'un plan particulier de sécurité et de protection de la santé prévu à l'article L. 4532-9.

SECTION 8. Dispositions d'application

Art. L. 4532-18. Des décrets en Conseil d'État déterminent les conditions d'application du présent ***(L. 2009-526 du 12 mai 2009, JO 13)*** «chapitre».

CHAPITRE III (réglementaire) Prescriptions techniques applicables avant l'exécution des travaux

SECTION 1. Voies et réseaux divers

Art. R. 4533-1. Lorsque le montant d'une opération de construction de bâtiment excède 760 000 euros, le chantier relatif à cette opération dispose, en un point au moins de son périmètre, d'une desserte en voirie, d'un raccordement à des réseaux de distribution d'eau potable et d'électricité, d'une évacuation des matières usées, dans des conditions telles que les locaux destinés aux travailleurs du chantier soient conformes aux dispositions qui leur sont applicables en matière de santé et de sécurité au travail.

Le maître d'ouvrage prend les mesures nécessaires, avant toute intervention des entrepreneurs et des sous-traitants sur le chantier dans les conditions prévues à la présente section.

Art. R. 4533-2. Une voie d'accès au chantier est construite pour permettre aux véhicules et aux piétons de parvenir en un point au moins du périmètre d'emprise du chantier.

Cette voie est prolongée dans le chantier par d'autres voies permettant aux travailleurs d'accéder aux zones où sont installés les divers locaux qui leur sont destinés.

Les voies d'accès sont constamment praticables. Les eaux pluviales sont drainées et évacuées.

Ces voies sont convenablement éclairées.

Art. R. 4533-3. Le raccordement à un réseau de distribution d'eau potable est réalisé de manière à permettre une alimentation suffisante des divers points d'eau prévus dans les locaux destinés aux travailleurs.

Art. R. 4533-4. Le raccordement à un réseau de distribution électrique permet de disposer d'une puissance suffisante pour alimenter les divers équipements et installations prévus dans les locaux destinés aux travailleurs.

Art. R. 4533-5. Les matières usées sont évacuées conformément aux règlements sanitaires en vigueur.

SECTION 2. Dérogations

Art. R. 4533-6. Le ***(D. 2020-1545 du 9 déc. 2020, JO 10, entrée en vigueur le 01.04.2021)*** «directeur régional de l'économie, de l'emploi, du travail et des solidarités» peut, sur la demande du maître d'ouvrage, accorder des dérogations à titre exceptionnel:

1° Aux règles d'accès prévues à l'article R. 4533-2 lorsque la configuration du chantier ou son isolement s'oppose soit à l'aménagement de tout ou partie des voies prévues à cet article, soit au respect des conditions fixées par celui-ci;

2° Aux règles de raccordement prévues aux articles R. 4533-3 et R. 4533-4 lorsqu'il n'existe pas de réseau de distribution d'eau potable ou d'électricité à proximité du chantier.

Art. R. 4533-7. Les dérogations du ***(D. 2020-1545 du 9 déc. 2020, JO 10, entrée en vigueur le 01.04.2021)*** «directeur régional de l'économie, de l'emploi, du travail et des solidarités» sont accordées sous réserve de la mise en œuvre de mesures compensatrices d'hygiène et de sécurité.

Elles sont prises après consultation de l'Organisme professionnel de prévention du bâtiment et des travaux publics.

Elles fixent la durée de leur application.

CHAPITRE IV (réglementaire) Prescriptions techniques de protection durant l'exécution des travaux

SECTION 1. Champ d'application

Art. R. 4534-1. Les dispositions du présent chapitre s'appliquent aux employeurs du bâtiment et des travaux publics, dont les travailleurs accomplissent, même à titre occasionnel, des travaux de terrassement, de construction, d'installation, de démolition, d'entretien, de réfection, de nettoyage, toutes opérations annexes et tous autres travaux prévus par le présent chapitre, portant sur des immeubles par nature ou par destination.

Elles s'appliquent également aux autres employeurs dont les travailleurs accomplissent les mêmes travaux.

Art. R. 4534-2. Les dispositions du présent chapitre ne s'appliquent pas aux travaux de démontage, d'entretien ou de maintenance portant sur des immeubles par destination, y compris ceux mentionnés à l'article 524 du code civil, dès lors qu'ils sont soumis aux conditions d'installations des équipements de travail prévues aux articles R. 4323-7 à R. 4323-12.

SECTION 2. Mesures générales de sécurité

Sous-section 1. Chutes de personnes

Art. R. 4534-3. Les parties d'une construction qui ne sont pas livrables au service du chantier et dont l'accès présente des dangers pour les personnes sont nettement délimitées et visiblement signalées.

Leur accès est interdit par des dispositifs matériels.

Art. R. 4534-4. Les ouvertures d'une construction donnant sur le vide, telles que les baies, sont munies, une fois le gros œuvre d'un étage terminé, de garde-corps placés à 90 cm des planchers et de plinthes d'une hauteur de 15 cm au moins, sauf si ces ouvertures comportent des dispositifs de protection d'une efficacité au moins équivalente ou si leur accès a été interdit en application des dispositions de l'article R. 4534-3.

Art. R. 4534-5. Lorsque, pour l'exécution des travaux à l'intérieur d'une construction, sont installées des plates-formes coupant les ouvertures en bordure du vide dans leur hauteur, à une distance verticale de plus de 90 cm de la partie supérieure des ouvertures, un garde-corps et une plinthe sont établis au droit de ces ouvertures.

Art. R. 4534-6. Les orifices des puits, des galeries d'une inclinaison de plus de 45°, et les ouvertures, telles que celles qui sont prévues pour le passage des ascenseurs, ou telles que les trémies de cheminées ou les trappes, pouvant exister dans les planchers d'une construction ainsi que dans les planchers des échafaudages, passerelles ou toutes autres installations, sont clôturés ***(D. 2009-289 du 13 mars 2009, JO 15)*** «ou obturés»:

1° Soit par un garde-corps placé à une hauteur de 90 cm et une plinthe d'une hauteur minimale de 15 cm;

2° Soit par un plancher provisoire jointif convenablement fixé;
3° Soit par tout autre dispositif équivalent.

Note Voir notamment cass. crim. 11 juin 2014, n° 13-85.601.

Sous-section 2. **Rangement et éclairage du chantier**

Art. R. 4534-7. Les matériaux se trouvant sur le chantier sont empilés et disposés de manière à ne pas mettre des travailleurs en danger.

Art. R. 4534-8. Il est interdit de laisser à l'abandon sur le chantier des planches munies de pointes saillantes.

Art. R. 4534-9. Les lieux où sont exécutés des travaux, ainsi que leur accès, sont convenablement éclairés.

Sous-section 3. **Travaux faisant appel à des véhicules, appareils et engins de chantier**

Art. R. 4534-10. Lorsqu'un chantier comporte habituellement un important mouvement de camions ou de tous autres véhicules de transport, des pistes spécialement réservées à la circulation de ces véhicules et convenablement balisées sont aménagées.

Art. R. 4534-11. Lorsque le conducteur d'un camion exécute une manœuvre, notamment de recul, dans des conditions de visibilité insuffisantes, un ou plusieurs travailleurs dirigent le conducteur et avertissent, par la voix ou par des signaux conventionnels, les personnes survenant dans la zone où évolue le véhicule.

Les mêmes mesures sont prises lors du déchargement d'une benne de camion.

Art. R. 4534-12. Le véhicule, l'appareil ou l'engin de chantier mobile qui se trouve, sans son conducteur, à l'arrêt sur un terrain en pente est maintenu immobilisé par tout moyen approprié.

Art. R. 4534-13. Il est interdit d'entreprendre un travail sous la benne d'un camion ou sous une partie mobile d'un engin de chantier sans que soit utilisé un dispositif approprié pour empêcher un accident en cas de défaillance du dispositif normal de retenue.

Dans les bétonnières, le dispositif courant d'arrêt de la benne agissant sur le câble de manœuvre est doublé par un dispositif complémentaire d'immobilisation en position haute. Ce dispositif est indépendant du mécanisme de manœuvre, fixé en attente au châssis, et toujours prêt à être utilisé.

Art. R. 4534-14. Les crics sont munis d'un dispositif capable de s'opposer à un retour de manivelle.

Sous-section 4. **Examens, vérifications, registres**

Art. R. 4534-15. Le matériel, les engins, les installations et les dispositifs de protection de toute nature utilisés sur un chantier sont, avant leur mise ou remise en service, examinés dans toutes leurs parties en vue de s'assurer qu'ils sont conformes aux dispositions du présent chapitre.

Art. R. 4534-16. Les examens du matériel, des engins, des installations ou des dispositifs de ***(D. 2020-88 du 5 févr. 2020, art. 1er, 6°, JO 6)*** «protection» sont renouvelés aussi souvent que nécessaire, notamment:
1° Après chaque démontage ou modification, ou lorsque l'une de leurs parties a été remplacée;
2° À la suite de toute défaillance ayant entraîné ou non un accident;
3° Après tout effort anormal ou incident ayant pu provoquer un désordre dans les installations.

Art. R. 4534-17. Tant qu'il n'a pas été procédé aux examens et, éventuellement, aux réparations nécessaires, le matériel, l'engin, l'installation ou le dispositif de ***(D. 2020-88 du 5 févr. 2020, art. 1er, 6°, JO 6)*** «protection» dont l'état paraît défectueux est retiré du service.

Le matériel, l'engin, l'installation ou le dispositif réformé est définitivement retiré du service.

Art. R. 4534-18. L'employeur fait réaliser les examens par une personne compétente désignée à cet effet.

Le nom et la qualité de cette personne sont consignés sur un registre de sécurité. Ce registre est conservé sur le chantier ou, en cas d'impossibilité, au siège de l'établissement.

Art. R. 4534-19. Un registre d'observations est mis à la disposition des travailleurs et des membres du ***(D. 2017-1819 du 29 déc. 2017, art. 3, 43°, JO 30, entrée en vigueur le 01.01.2018)*** «comité social et économique».

Ceux-ci y consignent leurs observations relatives à l'état du matériel et des installations, l'existence de causes susceptibles d'en compromettre la solidité et l'application des dispositions du présent chapitre.

L'employeur peut également y consigner ses observations.

Art. R. 4534-20. Le registre d'observations est tenu à la disposition de l'inspection du travail, du médecin du travail, des agents de l'Organisme professionnel de prévention du bâtiment et des travaux publics, du service de prévention des organismes de sécurité sociale, ainsi que des membres du collège interentreprises de sécurité, de santé et des conditions de travail.

Il est conservé sur le chantier ou, en cas d'impossibilité, au siège de l'établissement.

SECTION 3. Opération de chargement ou de déchargement en hauteur

Art. R. 4534-21. Les recettes sont aménagées de telle sorte que les travailleurs chargés des opérations de chargement ou de déchargement ne soient pas obligés, pour tirer la charge, de se pencher au-dessus du vide.

Toutefois, pour le chargement ou le déchargement de matériaux ou d'objets d'un poids inférieur ou égal à 50 kilogrammes, il peut être mis à la disposition des travailleurs, d'une part, des crochets d'une longueur suffisante pour amener les charges à l'aplomb du plancher de la recette, ou tout autre dispositif équivalent, d'autre part, des appuis leur permettant d'assurer efficacement leur équilibre.

SECTION 4. Travaux de terrassement à ciel ouvert

Art. R. 4534-22. Afin de prendre s'il y a lieu les mesures de sécurité appropriées et avant de commencer des travaux de terrassement, l'employeur s'informe auprès du service de voirie compétent dans le cas de travaux sur le domaine public ou auprès du propriétaire dans le cas de travaux sur le domaine privé:

1° De l'existence éventuelle de terres rapportées;

2° De l'emplacement et de la nature des canalisations ou câbles souterrains pouvant se trouver dans la zone où les travaux seront entrepris;

3° Des risques d'imprégnation du sous-sol par des émanations ou produits nocifs.

Art. R. 4534-23. Les arbres, les blocs de pierre, ainsi que le matériel, les matériaux et objets de toute nature se trouvant à proximité de l'emplacement où des fouilles sont entreprises, sont enlevés ou solidement maintenus lorsqu'il apparaît que leur équilibre risque d'être compromis lors de l'exécution des travaux.

Art. R. 4534-24. Les fouilles en tranchée de plus de 1,30 mètre de profondeur et d'une largeur égale ou inférieure aux deux tiers de la profondeur sont, lorsque leurs parois sont verticales ou sensiblement verticales, blindées, étrésillonnées ou étayées.

Les parois des autres fouilles en tranchée, ainsi que celles des fouilles en excavation ou en butte sont aménagées, eu égard à la nature et à l'état des terres, de façon à prévenir les éboulements. À défaut, des blindages, des étrésillons ou des étais appropriés à la nature et à l'état des terres sont mis en place. Ces mesures de protection ne sont pas réduites ou supprimées lorsque les terrains sont gelés.

Ces mesures de protection sont prises avant toute descente d'un travailleur ou d'un employeur dans la fouille pour un travail autre que celui de la mise en place des dispositifs de ***(D. 2020-88 du 5 févr. 2020, art. 1er, 6°, JO 6)*** «protection».

Lorsque nul n'a à descendre dans la fouille, les zones situées à proximité du bord et qui présenteraient un danger pour les travailleurs sont nettement délimitées et visiblement signalées.

Note En s'abstenant d'établir le signalement des zones dangereuses, prévu à cet article (al. 4), dont le respect aurait permis d'éviter la chute de la victime dans la tranchée, cause de son décès, l'employeur a commis une faute caractérisée exposant autrui à un risque d'une particulière gravité qu'il ne pouvait ignorer, au sens de l'article 121-3 c. pén. Du fait de la faute ainsi commise pour son compte par son représentant, la responsabilité pénale de la personne morale est également engagée (cass. crim. 24 mai 2011, n° 10-82.285, JCP éd. S 2011, 1476, note A. Martinon).

Art. R. 4534-25. Pour la détermination de l'inclinaison à donner aux parois ou pour l'établissement des blindages, des étrésillons et des étais des fouilles en tranchée ou en excavation, il est tenu compte des surcharges dues aux constructions ou aux dépôts de toute nature, tels que matériaux divers, déblais, matériel, existant dans le voisinage, ainsi que des surcharges et des ébranlements prévisibles dus à la circulation sur les voies carrossables, les pistes de circulation et les voies ferrées se trouvant à proximité des fouilles.

Art. R. 4534-26. La reprise des fondations en sous-œuvre ne peut être exécutée que par petites portions et au fur et à mesure que les blindages, les étrésillons ou les étais mis en place assurent une sécurité suffisante.

Toutefois, cette prescription ne fait pas obstacle à l'emploi de procédés particuliers assurant aux travailleurs une sécurité au moins équivalente.

Art. R. 4534-27. Les pentes et les crêtes des parois sont débarrassées des éléments dont la chute présente un danger.

Art. R. 4534-28. Lorsque des parties en surplomb d'un terrain ne peuvent être abattues, des mesures appropriées, telles qu'étaiement et consolidation, sont prises pour empêcher leur éboulement.

Art. R. 4534-29. La mise en place des blindages, étrésillons ou étais est accomplie dès que l'avancement des travaux le permet.

Art. R. 4534-30. Lorsque les divers éléments d'un blindage sont assemblés hors de la fouille, la hauteur de ces éléments est au moins égale à la profondeur totale de la fouille.

Pour éviter tout renversement ou déplacement, le blindage, après avoir été descendu dans la fouille, est convenablement calé.

Art. R. 4534-31. Afin d'empêcher les chutes de déblais, de matériaux, d'outils ou d'objets de toute nature à l'intérieur des fouilles en tranchée de plus de 1,30 mètre de profondeur, celles-ci sont entourées de plinthes d'une hauteur de 15 centimètres au moins ou comportent un blindage dont les éléments constituants dépassent le niveau du sol d'une hauteur minimale de 15 centimètres.

Art. R. 4534-32. Des déblais ou du matériel ne peuvent être déposés le long d'une tranchée de plus de 1,30 mètre de profondeur que s'il est possible de ménager une berme d'une largeur de 40 centimètres au moins.

Cette berme reste constamment dégagée de tout dépôt.

Art. R. 4534-33. Des mesures, telles que le creusement de cunettes et l'exécution de drainages sont prises pour limiter les infiltrations provenant des eaux de ruissellement.

En outre, des mesures, telles que la mise en service de pompes, sont prévues pour remédier aux effets des infiltrations qui pourraient se produire.

Art. R. 4534-34. Après une période de pluie ou de gel, il est procédé à un examen du talus des fouilles en excavation ou en tranchée. S'il y a lieu, le blindage est consolidé.

L'employeur fait procéder à cet examen par une personne compétente. Le nom et la qualité de cette personne sont consignés sur le registre de sécurité.

Art. R. 4534-35. Les fouilles en tranchée ou en excavation comportent les moyens nécessaires à une évacuation rapide des travailleurs.

Art. R. 4534-36. Lorsque des travailleurs sont appelés à franchir une tranchée de plus de 40 centimètres de largeur, des moyens de passage sont mis en place.

Art. R. 4534-37. Il ne peut être procédé à l'enlèvement d'un blindage, d'un étrésillon ou d'un étai que lorsque des mesures de protection efficaces ont été prises contre les risques d'éboulement.

Art. R. 4534-38. L'abattage en sous-cave ne peut être réalisé qu'à l'aide d'engins mus mécaniquement et à condition qu'il n'en résulte aucun danger pour les travailleurs.

Lors de l'exécution de tels travaux, des mesures sont prises pour interdire l'accès de la zone dans laquelle l'éboulement est appelé à se produire.

Art. R. 4534-39. En cas de découverte d'un engin susceptible d'exploser, le travail est immédiatement interrompu au voisinage jusqu'à ce que les autorités compétentes aient fait procéder à l'enlèvement de l'engin.

SECTION 5. Travaux souterrains

Sous-section 1. Éboulements et chutes de blocs

Art. R. 4534-40. Dans tous les ouvrages souterrains, les risques d'éboulement ou de chutes de blocs sont prévenus, selon des modalités appropriées à la hauteur de l'ouvrage :

1° Soit au moyen d'un soutènement appuyé ou suspendu et d'un garnissage approprié à la nature des terrains ;

2° Soit grâce à la surveillance, au sondage et à la purge méthodique des parements et de la couronne.

Art. R. 4534-41. Les parois des puits et des galeries souterraines, le toit de ces dernières, ainsi que les travaux de consolidation réalisés ou les dispositifs de soutènement mis en place, sont examinés :

1° À la reprise de chaque poste de travail, sur toute la hauteur des puits et sur toute la longueur des galeries ;

2° Après chaque tir de mine, sur une longueur de 50 mètres au moins en arrière du front de tir.

Ces examens sont réalisés par une personne compétente choisie par l'employeur. Le nom et la qualité de cette personne sont consignés sur le registre de sécurité.

Art. R. 4534-42. Lorsqu'un puits ou une galerie souterraine sont destinés à recevoir un revêtement maçonné ou bétonné, les éléments du dispositif de soutènement ne sont enlevés qu'au fur et à mesure de l'avancement des travaux et seulement dans la mesure où, eu égard à la stabilité du terrain traversé, cet enlèvement ne peut nuire à la sécurité des travailleurs.

Des précautions similaires sont prises pour l'exécution de travaux d'abattage latéral ainsi que pour l'exécution de travaux de comblement.

Sous-section 2. Ventilation

Art. R. 4534-43. La qualité de l'air des galeries souterraines en cours de percement et des puits en cours de fonçage doit être compatible avec la santé et la sécurité des travailleurs.

Art. R. 4534-44. Lorsque l'aération naturelle d'une galerie en cours de percement est insuffisante, l'assainissement de l'atmosphère est obtenu au moyen d'une installation de ventilation mécanique.

Cette installation de ventilation assure au front de taille un débit minimal d'air de vingt-cinq litres par seconde et par homme.

L'air introduit est prélevé loin de toute source de pollution.

Art. R. 4534-45. Dans les galeries souterraines en cours de percement où il est fait usage d'explosifs, la ventilation est réalisée dans les conditions suivantes :

1° Il est introduit au front de taille, au moyen d'une installation de ventilation mécanique, 200 litres au moins d'air par seconde et par mètre carré de la plus grande section de galerie ventilée. L'air introduit est prélevé loin de toute source de pollution ;

2° Après chaque tir, une aspiration est réalisée le plus près possible du front de taille, afin d'éliminer au maximum les poussières en suspension ;

3° Éventuellement, une ventilation auxiliaire permet d'accélérer l'absorption du bouchon de tir.

Art. R. 4534-46. Lorsqu'il est fait usage de moteurs à combustion interne ou qu'il existe des émanations nocives, les quantités minimales d'air à introduire prévues par les articles R. 4534-44 et R. 4534-45 sont augmentées de telle sorte que la qualité de l'air demeure compatible avec la santé et la sécurité des travailleurs.

Art. R. 4534-47. Lorsqu'une galerie est percée ou lorsqu'un puits est foncé dans une roche renfermant de la silice libre, seuls des fleurets à injection d'eau ou munis d'un dispositif efficace pour le captage à sec des poussières sont utilisés.

Une consigne indique les postes de travail où il est nécessaire de renforcer les mesures de protection collective par l'utilisation d'un appareil respiratoire approprié. Cette consigne précise, en outre, pour chaque poste de travail, la durée maximale de port de l'appareil et les conditions de son entretien.

Art. R. 4534-48. Dans les travaux où il est fait usage d'explosifs ainsi que dans ceux qui sont exécutés dans des terrains renfermant de la silice libre, les déblais sont arrosés.

Art. R. 4534-49. Dans les galeries souterraines et les puits où des émanations de gaz susceptibles de former avec l'air un mélange détonant sont à craindre, l'usage de lampes ou d'appareils à feu nu est interdit.

Sous-section 3. Circulation

Art. R. 4534-50. Dans les puits dont la profondeur dépasse vingt-cinq mètres, les treuils utilisés pour le transport des travailleurs sont mus mécaniquement.

Art. R. 4534-51. Tant qu'il y a des travailleurs dans une galerie souterraine ou au fond d'un puits, la présence d'un travailleur est requise en permanence pour la manœuvre du treuil.

Lorsque la profondeur d'un puits dépasse six mètres, le service d'un treuil mû à la main est assuré par deux travailleurs au moins.

Art. R. 4534-52. Les puits dans lesquels est installée une descenderie par échelles, des paliers de repos d'une dimension suffisante pour accueillir au moins deux travailleurs sont établis à six mètres au plus les uns des autres. Les volées ainsi délimitées peuvent être verticales.

À chaque palier, des poignées fixes sont placées de façon à en permettre facilement l'accès.

Art. R. 4534-53. Lorsqu'une galerie est percée dans un terrain où des venues d'eau importantes et soudaines sont à craindre, cette galerie comporte des issues permettant une évacuation rapide des travailleurs. À défaut, des mesures appropriées, telles que l'aménagement de niches surélevées en nombre suffisant, sont mises en œuvre.

Lorsqu'un puits est foncé dans un terrain analogue à celui mentionné au premier alinéa, des échelles de secours sont installées du fond du puits à l'orifice au jour ou à un emplacement sûr.

Art. R. 4534-54. Dans les galeries souterraines où se trouvent disposées des voies ferrées, à défaut d'un espace libre de 55 centimètres mesuré entre la partie la plus saillante du matériel roulant et les parties les plus saillantes des parois de la galerie, il est aménagé, au fur et à mesure de l'avancement des travaux et tous les 10 mètres au plus, une niche de sûreté ayant des dimensions suffisantes pour abriter simultanément deux travailleurs et ayant au moins 60 centimètres de profondeur.

En cas d'impossibilité, la sécurité des travailleurs est assurée d'une autre manière par des mesures appropriées. L'employeur porte préalablement ces mesures à la connaissance de l'inspection du travail.

Sous-section 4. Signalisation et éclairage

Art. R. 4534-55. Les orifices des puits et des galeries d'une inclinaison de plus de 45° sont convenablement signalés la nuit.

Art. R. 4534-56. Les ouvertures ou dénivellations existant dans le sol d'une galerie, les passages resserrés, les abaissements de voûte ainsi que tous obstacles pouvant présenter un danger ou une gêne pour la circulation des travailleurs, des véhicules ou des convois sont convenablement signalés par des moyens appropriés, tels que la pose de feux de position ou de dispositifs réfléchissants d'une efficacité équivalente.

À défaut d'un éclairage suffisant, des dispositifs avertisseurs sont prévus, tels que chaînettes et fils pendants, balais souples, dont le contact permet de signaler aux travailleurs la présence d'un obstacle.

Art. R. 4534-57. À défaut d'un éclairage suffisant dans les galeries où circulent des véhicules ou des convois, les postes de travail sont signalés par des feux très visibles et les véhicules ou convois sont munis :

1° À l'avant, d'un feu blanc ;

2° À l'arrière, d'un feu rouge, soit d'un dispositif réfléchissant de même couleur ou d'une efficacité équivalente.

Art. R. 4534-58. Sauf dans les galeries pourvues d'un éclairage fixe suffisant, les véhicules sont munis d'un projecteur capable d'éclairer sur une distance au moins égale au parcours d'arrêt du véhicule ou du convoi.

Art. R. 4534-59. Lorsque les chantiers souterrains sont éclairés électriquement, un éclairage de sécurité destiné à être utilisé en cas d'arrêt du courant pendant le temps nécessaire pour assurer l'évacuation du chantier est mis à la disposition des travailleurs.

SECTION 6. Travaux de démolition

Art. R. 4534-60. Avant de commencer les travaux de démolition d'un ouvrage, l'employeur vérifie la résistance et de la stabilité de chacune des parties de cet ouvrage, notamment des planchers.

S'il y a lieu, des étaiements sûrs sont mis en place.

Art. R. 4534-61. Aucun travailleur ne peut être chargé d'un travail de démolition ou de démontage pour lequel il n'est pas compétent et qui comporte, pour lui ou pour les autres travailleurs du chantier, un risque anormal.

Art. R. 4534-62. Dès que les travaux nécessitent l'emploi de dix travailleurs, un chef d'équipe est exclusivement affecté à la surveillance des travaux.

Au moins un chef d'équipe est désigné pour dix travailleurs.

Lorsque des travaux nécessitent l'intervention simultanée de plusieurs équipes, les chefs de ces équipes sont placés sous l'autorité d'un chef unique.

Art. R. 4534-63. La démolition des ouvrages en béton armé ou en matériaux précontraints, ainsi que la démolition des ouvrages soutenus par une charpente métallique, ne peut être accomplie que sous la direction de travailleurs ayant l'expérience des techniques particulières mises en œuvre pour la démolition de ces ouvrages.

Art. R. 4534-64. Les travailleurs ne peuvent être employés à des hauteurs différentes que si les précautions sont prises pour assurer la sécurité de ceux qui travaillent dans les plans inférieurs.

Art. R. 4534-65. Les murs à abattre sont préalablement débarrassés de toutes les pièces de bois ou de fer en saillie qui ne sont pas scellées ou qui, bien que scellées, sont en saillie de plus de deux mètres.

Art. R. 4534-66. Lorsque, dans une construction, des éléments présentant une certaine élasticité sont soumis à des contraintes et qu'un fouettement peut résulter de leur rupture ou de leur brusque libération, ou que leur dépose peut avoir des conséquences graves sur la stabilité de tout ou partie de la construction, il ne peut être procédé à leur enlèvement que d'une manière sûre et, s'agissant de travailleurs, conformément aux directives de l'employeur.

Art. R. 4534-67. Lorsque la démolition d'un pan de mur ou de tout autre élément de construction est réalisée par des tractions exercées au moyen de câbles métalliques, de cordages ou de tous autres dispositifs similaires, la zone dans laquelle le pan de mur ou l'élément de construction viendra s'écrouler est délimitée avec soin.

Art. R. 4534-68. Lorsque la démolition d'un pan de mur ou de tout autre élément de construction est réalisée au moyen de poussées ou de chocs, des mesures appropriées sont prises pour empêcher l'écroulement du mur ou de l'élément de construction du côté où se trouvent les travailleurs.

Art. R. 4534-69. Lorsque à la suite de la démolition de certains éléments d'un ouvrage, l'équilibre des parties restantes ou des constructions voisines paraît compromis, des mesures, telles que la pose d'étais, sont prises pour prévenir tout risque d'écroulement.

Art. R. 4534-70. Le sapement d'un ouvrage au moyen d'un engin mû mécaniquement n'est autorisé que s'il n'en résulte aucun danger.

Art. R. 4534-71. Un plancher de travail est mis en place pour les travaux de démolition réalisés à une hauteur de plus de six mètres au-dessus du sol.

Le plancher situé en bordure du vide est clôturé par des garde-corps et des plinthes établis conformément aux dispositions de l'article R. 4534-78.

Art. R. 4534-72. Lorsque les travaux de démolition sont réalisés à une hauteur qui ne dépasse pas 6 mètres au-dessus du sol, l'installation d'un plancher de travail n'est pas obligatoire, sous réserve des dispositions suivantes :

1° Les travaux ne peuvent être confiés qu'à des travailleurs qualifiés ;

2° Il est interdit de laisser monter des travailleurs sur des murs à déraser de moins de 35 centimètres d'épaisseur.

Art. R. 4534-73. Le port du casque de protection est obligatoire pour les travaux de démolition.

SECTION 7. Utilisation de plates-formes de travail, passerelles et escaliers

Sous-section 1. Plates-formes de travail

Art. R. 4534-74. Les dispositions de la présente section ne font pas obstacle à celles applicables à l'exécution des travaux temporaires en hauteur et aux équipements de travail utilisés à cette fin prévues aux articles R. 4323-58 et suivants.

Art. R. 4534-75. Les plates-formes de travail, les passerelles et les escaliers sont :

1° Construits de manière qu'aucune de leurs parties ne puisse subir une flexion exagérée ou inégale ;

2° Construits et entretenus de manière à réduire autant que possible, compte tenu des conditions existantes, les risques de trébuchement ou de glissement de personnes ;

3° Maintenus libres de tout encombrement inutile ;

4° Constamment débarrassés de tous gravats et décombres.

Art. R. 4534-76. Les plates-formes de travail sont établies sur des parties solides de la construction.

Les plates-formes servant à l'exécution de travaux à l'intérieur des constructions prennent appui sur des traverses reposant sur des solives. Elles ne peuvent s'appuyer sur des hourdis de remplissage.

Art. R. 4534-77. Les plates-formes de travail et les boulins supportant leur plancher obéissent aux caractéristiques prévues pour les échafaudages aux articles R. 4323-69 et suivants.

Art. R. 4534-78. Les plates-formes de travail sont munies, sur les côtés extérieurs :

1° De garde-corps constitués par deux lisses placées l'une à un mètre, l'autre à 45 centimètres au-dessus du plancher ;

2° De plinthes d'une hauteur de 15 centimètres au moins.

Toutefois, ces dispositions ne font pas obstacle à l'établissement de dispositifs de protection d'une efficacité au moins équivalente.

Art. R. 4534-79. Les garde-corps des plates-formes de travail sont solidement fixés à l'intérieur des montants.

Art. R. 4534-80. Lorsque des plates-formes de travail reposent sur des chevalets ou des tréteaux, ces derniers ne sont pas espacés de plus de 2 mètres. Ils sont rigides, ont leurs pieds soigneusement étrésillonnés et reposent sur des points d'appui résistants.

Il est interdit de les surélever par des moyens de fortune, de les superposer et de les disposer sur le plancher d'un autre échafaudage ou d'une autre plate-forme.

Sous-section 2. Passerelles et escaliers

Art. R. 4534-81. Les planchers des passerelles obéissent aux dispositions relatives aux planchers des plates-formes de travail.

Art. R. 4534-82. Les passerelles ainsi que les diverses installations sur lesquelles circulent des personnes sont munies, en bordure du vide, de garde-corps placés à une hauteur de 90 centimètres et de plinthes de 15 centimètres de hauteur au moins ou de tous autres dispositifs de protection d'une efficacité au moins équivalente.

Art. R. 4534-83. Lorsque les passerelles sont rendues glissantes par suite de verglas, de gelée ou de neige, des mesures sont prises pour prévenir toute glissade.

Art. R. 4534-84. Les escaliers qui ne sont pas munis de leurs rampes définitives sont bordés, du côté du vide, de garde-corps et de plinthes.

SECTION 8. Travaux sur toitures

Art. R. 4534-85. Lorsque des travailleurs sont appelés à intervenir sur un toit présentant des dangers de chute de personnes ou de matériaux d'une hauteur de plus de trois mètres, des mesures appropriées sont prises pour éviter toute chute.

Note Justifie sa décision déclarant un gérant d'entreprise coupable d'infraction à la réglementation sur la sécurité des travailleurs et de blessures involontaires contraventionnelles la cour d'appel qui retient qu'en l'absence de points d'ancrage en nombre suffisant pour arrimer les systèmes de protection individuelle des ouvriers présents sur la toiture, il appartenait à l'employeur, chargé de veiller personnellement à la stricte et constante application des dispositions réglementaires destinées à assurer la sécurité de ses salariés, de prévoir un dispositif de protection contre les risques de chute de hauteur, un tel manquement ayant contribué à la réalisation du dommage (cass. crim. 17 février 2015, n° 14-80.422).

Art. R. 4534-86. Les échafaudages utilisés pour exécuter des travaux sur les toitures sont munis de garde-corps constitués par des éléments jointifs ou écartés de sorte qu'ils ne puissent permettre le passage d'un corps humain. Ces garde-corps ont une solidité suffisante pour s'opposer efficacement à la chute dans le vide d'une personne ayant perdu l'équilibre.

À défaut d'échafaudages appropriés, des dispositifs de protection collective d'une efficacité au moins équivalente sont mis en place.

Lorsque l'utilisation de ces dispositifs de protection est reconnue impossible, le port d'un système d'arrêt de chute est obligatoire.

Art. R. 4534-87. Lorsqu'il existe des dispositifs permanents de protection, tels que crochets de service, rambardes, mains courantes, ceux-ci ne peuvent être utilisés qu'après avoir été examinés en vue de s'assurer de leur solidité.

Ces examens sont accomplis par une personne compétente choisie par l'employeur. Le nom et la qualité de cette personne sont consignés sur le registre de sécurité.

Art. R. 4534-88. Les travailleurs intervenant sur des toitures en matériaux d'une résistance insuffisante, tels que vitres, plaques en agglomérés à base de ciment, tôles, ou vétustes, travaillent sur des échafaudages, plates-formes de travail, planches ou échelles leur permettant de ne pas prendre directement appui sur ces matériaux.

Les dispositifs ainsi interposés entre ces travailleurs et la toiture portent sur une étendue de toiture comprenant plusieurs éléments de charpente, dont un à chaque extrémité des dispositifs, et sont agencés de manière à prévenir tout effet de bascule.

Au fur et à mesure de l'avancement des travaux, ces dispositifs doivent pouvoir, le cas échéant, être déplacés sans que les travailleurs aient à prendre directement appui sur la couverture.

Art. R. 4534-89. Lorsque le respect des dispositions de l'article R. 4534-88 est impossible, des dispositifs propres à prévenir efficacement les conséquences d'une chute sont installés en dessous de la toiture.

Lorsque la mise en place de ces dispositifs est impossible, le port d'un système d'arrêt de chute est obligatoire.

Art. R. 4534-90. Lors des travaux de vitrage sur toiture, les débris de verre sont immédiatement enlevés.

Art. R. 4534-91. Les échelles plates, dites « échelles de couvreurs », sont fixées de manière à ne pouvoir ni glisser ni basculer.

Art. R. 4534-92. Les antennes de radio ou de télévision, les haubans ainsi que les obstacles de toute nature pouvant exister sur les parties de toiture sur lesquelles les travailleurs sont appelés à circuler sont signalés, pendant la durée des travaux, par les dispositifs visibles.

Art. R. 4534-93. Lorsque des travailleurs réalisent fréquemment, pendant plus d'une journée, sur des chéneaux, chemins de marche ou tous autres lieux de passage, des déplacements comportant des risques de chute sur une toiture en matériaux d'une résistance insuffisante, cette toiture, à défaut de garde-corps ou d'un dispositif permanent de protection, est recouverte de planches ou de tous autres dispositifs capables d'arrêter une personne ayant perdu l'équilibre.

Art. R. 4534-94. Il est interdit de travailler sur des toits rendus glissants par les circonstances atmosphériques, sauf s'il existe des dispositifs de protection installés à cet effet.

SECTION 9. Montage, démontage et levage de charpentes et ossatures

Art. R. 4534-95. Lors des travaux de montage, de démontage et de levage de charpentes et ossatures, toutes mesures sont prises pour réduire au minimum les travaux et déplacements en hauteur qui exposent les travailleurs à un risque de chute.

À cette fin, il est procédé, chaque fois que cela est possible, à l'assemblage des pièces au sol et à la mise en œuvre de dispositifs d'accrochage ou de décrochage à distance.

Art. R. 4534-96. Lorsque, dans les travaux de montage, de démontage et de levage de charpentes et ossatures, les travailleurs sont appelés à accéder à un poste de travail ou à circuler en se trouvant exposé à un risque de chute dans le vide, l'employeur prend l'une des mesures suivantes :

1° Installation d'échelles de service en nombre suffisant fixées en tête et au pied, et des paliers de repos convenablement aménagés ;

2° Installation de passerelles munies de garde-corps placés à une hauteur de 90 centimètres et de plinthes de 15 centimètres de hauteur au moins, susceptibles d'être déplacées à l'aide d'un appareil de levage ;

3° Élévation, dans les conditions prévues par l'article R. 4534-98, des travailleurs dans les nacelles, ou tous autres dispositifs similaires, suspendues à un appareil de levage.

Art. R. 4534-97. Lorsque, dans les travaux de montage, de démontage et de levage de charpentes et ossatures, des travailleurs sont appelés à intervenir en se trouvant exposé à un risque de chute dans le vide, l'employeur prend l'une des mesures suivantes :

1° Installation de planchers de travail fixes, munis de garde-corps placés à une hauteur de 90 centimètres et de plinthes de 15 centimètres de hauteur au moins ;

2° Mise en œuvre, dans les conditions prévues par l'article R. 4534-98, de plates-formes de travail mobiles, ou tous autres dispositifs similaires, suspendues à un appareil de levage.

Art. R. 4534-98. Les plates-formes de travail, nacelles et dispositifs similaires utilisés pour le transport ou le travail en élévation des travailleurs employés à des travaux mentionnés à la présente section, ainsi que les appareils de levage auxquels ces plates-formes, nacelles ou dispositifs similaires sont suspendus, obéissent aux dispositions relatives au levage des personnes prévues par les articles R. 4323-31 et R. 4323-32.

Art. R. 4534-99. À défaut de l'installation des dispositifs prévus par les articles R. 4534-96 et R. 4534-97, ou à défaut de l'utilisation de nacelles et de plates-formes de travail, ou tous autres dispositifs similaires, suspendues à un appareil de levage, sont installés :

1° Soit des auvents, éventails ou planchers propres à empêcher une chute libre de plus de trois mètres ;

2° Soit des filets, ou tous autres dispositifs présentant une élasticité au moins équivalente, propres à empêcher une chute libre de plus de six mètres.

Art. R. 4534-100. Les dispositifs prévus aux 1° et 2° de l'article R. 4534-99 sont agencés de manière à prévenir les effets de bascule ou de rebondissement.

Art. R. 4534-101. Lorsque la mise en œuvre des mesures de sécurité prévues par les articles R. 4534-96 à R. 4534-99 paraît impossible, le port d'un système d'arrêt de chute est obligatoire.

Art. R. 4534-102. Le port d'un casque de protection est obligatoire pour les travaux de montage, de démontage et de levage de charpentes et ossatures.

SECTION 10. Travaux de construction comportant la mise en œuvre d'éléments préfabriqués lourds ou de béton précontraint

Art. R. 4534-103. Lors de l'exécution des travaux de construction comportant la mise en œuvre d'éléments préfabriqués lourds, la stabilité de chacun de ces éléments est assurée, dès sa mise en place, par des dispositifs rigides appropriés.

L'enlèvement des dispositifs mis en œuvre ne peut être accompli que sur l'ordre du chef de chantier et sous son contrôle personnel.

Art. R. 4534-104. La mise en tension des armatures du béton précontraint ainsi que l'enlèvement des vérins utilisés pour cette opération ne peuvent être réalisés que sous la surveillance du chef de chantier ou d'un agent des cadres ou d'un ingénieur désigné par l'employeur en raison de sa compétence.

Art. L. 4532-18

Cet agent veille à la mise en place de dispositifs appropriés pour protéger efficacement les travailleurs contre le danger qui pourrait résulter d'une libération intempestive de l'énergie emmagasinée dans les armatures au cours de leur mise en tension.

SECTION 11. Étaiements, cintres et coffrages

Art. R. 4534-105. La conception des étaiements d'une hauteur de plus de six mètres est justifiée par une note de calcul et leur construction réalisée conformément à un plan de montage préalablement établi, sauf en cas d'urgence ou d'impossibilité. La note de calcul et le plan de montage sont conservés sur le chantier.

Ces dispositions ne sont pas applicables aux étaiements mis en œuvre pour l'exécution des travaux souterrains.

Art. R. 4534-106. L'enlèvement des cintres et des coffrages ainsi que l'enlèvement des charpentes soutenant ces installations ne peut être réalisé que sous le contrôle d'une personne compétente désignée par l'employeur.

SECTION 12. Travaux au voisinage de lignes, canalisations et installations électriques

Sous-section 1. Lignes, canalisations et installations intérieures et extérieures de haute tension et de basse tension B et lignes, canalisations et installations situées à l'extérieur de locaux et de basse tension A

§ 1. Champ d'application

Art. R. 4534-107. Les dispositions de la présente sous-section s'appliquent lors de l'exécution de travaux au voisinage de lignes, canalisations et installations électriques:

1° Situées à l'extérieur de locaux et du domaine basse tension A (BTA), c'est-à-dire dont la tension excède 50 volts, sans dépasser 500 volts en courant alternatif, ou excède 120 volts, sans dépasser 750 volts en courant continu lisse;

2° Situées à l'extérieur ou à l'intérieur de locaux et du domaine basse tension B (BTB), c'est-à-dire dont la tension excède 500 volts, sans dépasser 1 000 volts en courant alternatif, ou excède 750 volts, sans dépasser 1 500 volts en courant continu lisse;

3° Situées à l'extérieur ou à l'intérieur de locaux et du domaine haute tension A (HTA), c'est-à-dire dont la tension excède 1 000 volts en courant alternatif sans dépasser 50 000 volts ou excède 1 500 volts sans dépasser 75 000 volts en courant continu lisse;

4° Situées à l'extérieur ou à l'intérieur de locaux et du domaine haute tension B (HTB), c'est-à-dire dont la tension excède 50 000 volts en courant alternatif ou excède 75 000 volts en courant continu lisse.

Note Voir circulaire DGT 13 du 12 décembre 2013 relative aux travaux d'élagage dans l'environnement des lignes électriques aériennes.

§ 2. Distances minimales de sécurité

Art. R. 4534-108. L'employeur qui envisage d'accomplir des travaux au voisinage de lignes ou d'installations électriques s'informe auprès de l'exploitant, qu'il s'agisse du représentant local de la distribution d'énergie ou de l'exploitant de la ligne ou installation publique ou privée en cause, de la valeur des tensions de ces lignes ou installations. Au vu de ces informations, l'employeur s'assure qu'au cours de l'exécution des travaux les travailleurs ne sont pas susceptibles de s'approcher ou d'approcher les outils, appareils ou engins qu'ils utilisent, ou une partie quelconque des matériels et matériaux qu'ils manutentionnent, à une distance dangereuse des pièces conductrices nues normalement sous tension, notamment, à une distance inférieure à:

1° Trois mètres pour les lignes ou installations dont la plus grande des tensions, en valeur efficace pour le courant alternatif, existant en régime normal entre deux conducteurs quelconques est inférieure à 50 000 volts;

2° Cinq mètres pour les lignes ou installations dont la plus grande des tensions, en valeur efficace pour le courant alternatif, existant en régime normal entre deux conducteurs quelconques est égale ou supérieure à 50 000 volts.

Art. R. 4534-109. Il est tenu compte, pour déterminer les distances minimales à respecter par rapport aux pièces conductrices nues normalement sous tension:

1° De tous les mouvements possibles des pièces conductrices nues sous tension de la ligne, canalisation ou installation électrique;

2° De tous les mouvements, déplacements, balancements, fouettements, notamment en cas de rupture éventuelle d'un organe, ou chutes possibles des engins utilisés pour les travaux envisagés.

Art. R. 4534-110. L'employeur qui envisage de réaliser des travaux de terrassement, des fouilles, des forages ou des enfoncements s'informe, auprès du service de voirie compétent en cas de travaux sur le domaine public, auprès du propriétaire en cas de travaux sur le domaine privé et, dans tous les cas, auprès du représentant local de la distribution d'énergie électrique, s'il existe des canalisations électriques souterraines, qu'elles soient ou non enterrées, à l'intérieur du périmètre des travaux projetés ou à moins de 1,50 mètre à l'extérieur de ce périmètre.

§ 3. Travaux exécutés hors tension

Art. R. 4534-111. L'employeur ne peut accomplir les travaux qu'après la mise hors tension de l'installation électrique, à moins que l'exploitant ait fait connaître par écrit qu'il ne peut, pour une raison qu'il juge impérieuse, procéder à la mise hors tension.

Dans ce dernier cas, l'employeur se conforme aux prescriptions du paragraphe 4.

Art. R. 4534-112. Lorsqu'il a été convenu de mettre hors tension la ligne, la canalisation ou l'installation électrique, souterraine ou non, l'employeur demande à l'exploitant de faire procéder à cette mise hors tension.

Il fixe, après accord écrit de l'exploitant, les dates auxquelles les travaux pourront avoir lieu et, pour chaque jour, l'heure du début et de la fin des travaux. Ces indications, utiles pour l'organisation des travaux, ne dispensent pas d'établir et de remettre l'attestation de mise hors tension et l'avis de cessation de travail.

Art. R. 4534-113. Le travail ne peut commencer que lorsque l'employeur est en possession de l'attestation de mise hors tension écrite, datée et signée par l'exploitant.

Art. R. 4534-114. Lorsque le travail a cessé, qu'il soit interrompu ou terminé, l'employeur s'assure que les travailleurs ont évacué le chantier ou ne courent plus aucun risque. Il établit alors et signe l'avis de cessation de travail qu'il remet à l'exploitant, cette remise valant décharge.

Art. R. 4534-115. Lorsque l'employeur a délivré l'avis de cessation de travail, il ne peut reprendre les travaux que s'il est en possession d'une nouvelle attestation de mise hors tension.

Art. R. 4534-116. L'attestation de mise hors tension et l'avis de cessation de travail sont conformes à un modèle fixé par un arrêté du ministre chargé du travail.

La remise en mains propres de ces documents peut être remplacée par l'échange de messages téléphoniques ou électroniques enregistrés sur un carnet spécial et relus en retour, avec le numéro d'enregistrement, lorsque le temps de transmission d'un document écrit augmenterait dans une mesure excessive la durée de l'interruption de la distribution.

Art. R. 4534-117. En cas de travaux exécutés dans le voisinage d'une ligne, canalisation ou installation électrique du domaine basse tension A (BTA), et dans ce cas seulement, l'employeur peut, sous réserve de l'accord écrit de l'exploitant, procéder à la mise hors tension avant les travaux et au rétablissement de la tension après les travaux.

L'employeur :

1° N'ordonne le début du travail qu'après avoir vérifié que la mise hors tension est effective ;

2° Signale de façon visible la mise hors tension ;

3° Se prémunit contre le rétablissement inopiné de la tension pendant la durée des travaux, de préférence en condamnant, en position d'ouverture, les appareils de coupure ou de sectionnement correspondants ;

4° Ne rétablit la tension que lorsque les travaux ont cessé et que les travailleurs ne courent plus aucun danger.

§ 4. Travaux exécutés sous tension

Art. R. 4534-118. Lorsque l'exploitant a fait connaître par écrit qu'il ne peut, pour une raison qu'il juge impérieuse, mettre hors tension la ligne, la canalisation ou l'installation électrique au voisinage de laquelle les travaux seront accomplis, l'employeur arrête, avant le début des travaux et en accord avec l'exploitant, les mesures de sécurité à prendre.

L'employeur porte, au moyen de la consigne prévue par l'article R. 4534-125, ces mesures à la connaissance des travailleurs.

Art. R. 4534-119. Lorsque les travaux à réaliser se situent au voisinage d'une ligne ou d'une installation électrique autre qu'une canalisation souterraine et que l'exploitant, pour une raison qu'il juge impérieuse, estime qu'il ne peut mettre hors tension cette ligne ou cette installation, la consigne prévue par l'article R. 4534-125 précise les mesures à prendre pour mettre la ligne ou l'installation hors d'atteinte des travailleurs.

Si la ligne ou l'installation électrique est du domaine basse tension A (BTA), cette mise hors d'atteinte est réalisée :

1° Soit en mettant en place des obstacles efficaces solidement fixés ;

2° Soit en isolant par recouvrement les conducteurs ou autres pièces nus sous tension, ainsi que le neutre.

Art. R. 4534-120. S'il n'est pas possible de recourir aux mesures prévues à l'article R. 4534-119, la consigne prévue par l'article R. 4534-125 prescrit aux travailleurs de porter des gants isolants mis à leur disposition par l'employeur ainsi que des vêtements à manches longues et une coiffe. Ces mesures ne font pas obstacle aux mesures propres à isoler les travailleurs par rapport au sol.

Art. R. 4534-121. Lorsque la ligne ou l'installation électrique est des domaines basse tension B (BTB), haute tension A (HTA) et haute tension B (HTB), la mise hors d'atteinte de cette ligne ou de cette installation est réalisée en mettant en place des obstacles efficaces solidement fixés devant les conducteurs ou pièces nus sous tension, ainsi que devant le neutre.

Si cette mesure ne peut être envisagée, la zone de travail est délimitée matériellement, dans tous les plans possibles, par une signalisation très visible, telle que pancartes, barrières, rubans. La consigne prévue par l'article R. 4534-125 précise les conditions dans lesquelles cette délimitation est réalisée. En outre, l'employeur désigne une personne compétente ayant pour unique fonction de s'assurer que les travailleurs ne franchissent pas la limite de la zone de travail et de les alerter dans le cas contraire.

Les mises hors d'atteinte susceptibles d'amener des travailleurs à une distance dangereuse des pièces conductrices nues normalement sous tension, ainsi que l'intervention directe sur des lignes, installations électriques ou pièces nues normalement sous tension, ne peuvent être accomplies que par des travailleurs compétents et pourvus du matériel approprié.

Art. R. 4534-122. Lorsque des travaux de terrassement, des fouilles, des forages ou des enfoncements sont à réaliser au voisinage de canalisations électriques souterraines de quelque classe que ce soit, le parcours des canalisations et l'emplacement des installations sont balisés de façon très visible à l'aide de pancartes, banderoles, fanions, peintures ou tous autres dispositifs ou moyens équivalents. Ce balisage est réalisé en tenant compte des informations recueillies par application des articles R. 4534-110 à R. 4534-118. Il est accompli avant le début des travaux et maintenu pendant toute leur durée.

En outre, l'employeur désigne une personne compétente pour surveiller les travailleurs et les alerter dès qu'ils s'approchent ou approchent leurs outils à moins de 1,50 mètre des canalisations et installations électriques souterraines.

Art. R. 4534-123. Lorsque des engins de terrassement, de transport, de levage ou de manutention doivent être utilisés ou déplacés au voisinage d'une ligne, installation ou canalisation électrique de quelque classe que ce soit, et que l'exploitant, pour une raison qu'il juge impérieuse, estime qu'il ne peut mettre hors tension cette ligne, installation ou canalisation, les emplacements à occuper et les itinéraires à suivre par ces engins sont choisis, dans toute la mesure du possible, de manière à éviter qu'une partie quelconque des engins approche de la ligne, installation ou canalisation à une distance inférieure aux distances minimales de sécurité fixées par les articles R. 4534-108 et R. 4534-110.

S'il ne peut en être ainsi, la consigne prévue par l'article R. 4534-125 précise les précautions à prendre pour éviter de tels rapprochements, même s'il existe des limiteurs de déplacement des éléments mobiles ou si des dispositions appropriées d'avertissement ou d'arrêt ont été prises.

§ 5. Dispositions communes

Art. R. 4534-124. En cas de désaccord entre l'employeur et l'exploitant, soit sur la possibilité de mettre l'installation hors tension, soit, dans le cas où la mise hors tension est reconnue impossible, sur les mesures à prendre pour assurer la protection des travailleurs, les contestations sont portées par l'employeur devant l'inspecteur du travail, qui tranche le litige, en accord, s'il y a lieu, avec le service chargé du contrôle de la distribution d'énergie électrique en cause.

Art. R. 4534-125. En application des dispositions de la présente sous-section et avant le début des travaux, l'employeur :

1° Fait mettre en place les dispositifs protecteurs nécessaires ;

2° Informe les travailleurs, au moyen d'une consigne écrite, sur les mesures de protection à mettre en œuvre lors de l'exécution des travaux.

Sous-section 2. **Lignes, canalisations et installations situées à l'intérieur des locaux et de basse tension A**

Art. R. 4534-126. Les dispositions de la présente sous-section s'appliquent lors de l'exécution de travaux à l'intérieur de locaux ne comportant que des lignes ou installations électriques du domaine basse tension A (BTA) au sens de l'article R. 4534-107.

Art. R. 4534-127. Lorsque les travailleurs risquent, au cours de l'exécution des travaux, d'entrer directement ou indirectement en contact soit avec un conducteur ou pièce conductrice sous tension nu ou insuffisamment isolé, soit avec une masse métallique pouvant être mise accidentellement sous tension, les travaux ne sont réalisés que lorsque la ligne ou l'installation a été mise hors tension.

Excepté le cas où les travaux sont exécutés dans des locaux très conducteurs et le cas où les travailleurs sont susceptible d'avoir les pieds ou les mains humides, il peut être dérogé aux dispositions du premier alinéa lorsque l'exploitant a fait connaître par écrit qu'il ne peut, pour une raison qu'il juge impérieuse, mettre la ligne ou l'installation hors tension, sous réserve toutefois que les travaux soient exécutés dans les conditions fixées par les articles R. 4534-129 et R. 4534-130.

Art. R. 4534-128. En cas de mise hors tension de la ligne ou de l'installation, l'employeur demande à l'exploitant ou à l'usager de la ligne ou de l'installation de procéder à cette mise hors tension ou obtient de lui l'autorisation de la réaliser lui-même.

L'employeur :

1° N'ordonne le début du travail qu'après avoir vérifié que la mise hors tension est effective ;

2° Signale de façon visible la mise hors tension ;

3° Se prémunit contre le rétablissement inopiné de la tension pendant la durée des travaux, de préférence en condamnant, en position d'ouverture, les appareils de coupure ou de sectionnement correspondants ;

4° Ne rétablit la tension que lorsque les travaux ont cessé et que le personnel ne court plus aucun danger.

Art. R. 4534-129. Lorsque les travaux sont réalisés alors que la ligne ou l'installation demeure sous tension, les parties de la ligne ou de l'installation susceptibles de provoquer des contacts dangereux sont mises hors d'atteinte :

1° Soit en disposant des obstacles efficaces solidement fixés ;

2° Soit en faisant procéder ou en procédant à une isolation efficace par recouvrement des conducteurs et pièces nus ou insuffisamment isolés sous tension ou susceptibles d'y être portés.

Art. R. 4534-130. Les dispositions de l'article R. 4534-129 ne font pas obstacle à la mise en œuvre, en accord avec l'usager, de toute autre mesure de protection appropriée à chaque cas considéré, telle que l'isolation des travailleurs au moyen de vêtements, de gants, de coiffures ou de planchers isolants.

L'employeur porte, au moyen d'une consigne, à la connaissance des travailleurs intéressés les mesures de sécurité mises en œuvre.

SECTION 13. Travaux de soudage, de rivetage, de sablage ou de découpage

Art. R. 4534-131. Les travaux de soudage, de rivetage et de sablage ne peuvent être confiés qu'à des travailleurs compétents.

Des moyens de protection individuelle, tels que des gants, des guêtres ou cuissards, des tabliers ou gilets de protection, des baudriers « supports de tas », des masques ou cagoules, des lunettes de sûreté, sont mis à la disposition de ces travailleurs et de leurs aides, afin de les protéger contre les risques de brûlure ou de projections de matières.

Art. R. 4534-132. Des appareils respiratoires empêchant l'inhalation des vapeurs ou poussières nocives sont mis à la disposition des travailleurs qui réalisent des travaux de soudage, de rivetage ou de découpage sur des éléments recouverts de peinture au minium de plomb, ainsi qu'à la disposition des travailleurs qui réalisent des travaux de métallisation ou de sablage.

Ces appareils sont maintenus en bon état de fonctionnement et désinfectés avant d'être attribués à un nouveau titulaire.

Art. R. 4534-133. Lorsque des travaux de soudage à l'arc sont accomplis sur un chantier, des écrans masquent les arcs aux personnes autres que les soudeurs ou leurs aides, afin de supprimer les risques d'éblouissement et les dangers du rayonnement ultra-violet.

À défaut d'écrans protecteurs, les zones dangereuses sont délimitées et convenablement signalées.

SECTION 14. Travaux exposant à des risques de projection

Art. R. 4534-134. Des mesures sont prises pour éviter que les travailleurs puissent être blessés par des projections de béton, de mortier ou de ciment mis en œuvre par des moyens mécaniques ou pneumatiques.

Art. R. 4534-135. Le port de lunettes de sûreté est obligatoire pour tous travaux sur des matériaux durs susceptibles de produire des éclats.

SECTION 15. Travaux exposant à des risques de noyade

Art. R. 4534-136. Lorsque des travailleurs sont exposés à des risques de noyade, l'employeur prend, indépendamment des mesures de sécurité prescrites par le présent chapitre, les mesures particulières de protection suivantes :

1° Les travailleurs exposés sont munis de gilets de sauvetage ;

2° Un signal d'alarme est prévu;

3° Le cas échéant, une barque au moins, conduite par des mariniers sachant nager et plonger, est placée en permanence auprès des postes de travail les plus dangereux. Cette barque est équipée de gaffes, de cordages et de bouées de sauvetage. Le nombre de barques de sauvetage est en rapport avec le nombre de travailleurs exposés au risque de noyade;

4° Lorsque des travaux sont réalisés la nuit, des projecteurs orientables sont installés, afin de permettre l'éclairage de la surface de l'eau, et les mariniers sont munis de lampes puissantes;

5° Lorsqu'un chantier fixe occupant plus de vingt travailleurs pendant plus de quinze jours est éloigné de tout poste de secours, un appareil de respiration artificielle ou tout autre dispositif ou moyen d'une efficacité au moins équivalente est placé en permanence sur le chantier.

SECTION 16. **Mesures d'hygiène**

Art. R. 4534-137. Sous réserve de l'observation des dispositions correspondantes prévues par la présente section, il peut être dérogé, dans les chantiers dont la durée n'excède pas quatre mois, aux obligations relatives:

1° Aux installations sanitaires, prévues par les articles R. 4228-2 à R. 4228-7 et R. 4228-10 à R. 4228-18;

2° À la restauration, prévues par les articles R. 4228-22 à R. 4228-25.

Art. R. 4534-138. Les locaux de travail fermés qui appartiennent, sont loués ou sont gérés par les entreprises chargées des travaux ainsi que ceux mis à la disposition de ces entreprises sur les chantiers soumis à l'obligation de coordination en matière de sécurité et de protection de la santé, répondent aux dispositions suivantes:

1° Règles d'aération et d'assainissement prévues aux articles R. 4222-1 à R. 4222-17 et R. 4222-20 à R. 4222-22;

2° Règles relatives à l'ambiance thermique, au froid et aux intempéries prévues aux articles R. 4223-13 et R. 4223-15;

3° Règles relatives à la sécurité des lieux de travail prévues par les R. 4224-2 à R. 4224-18;

4° Règles relatives à [l]'aménagement des lieux de travail prévues à l'article R. 4225-5.

Art. R. 4534-139. L'employeur met à la disposition des travailleurs un local-vestiaire:

1° Convenablement aéré et éclairé, et suffisamment chauffé;

2° Nettoyé au moins une fois par jour et tenu en état constant de propreté;

3° Pourvu d'un nombre suffisant de sièges.

Il est interdit d'y entreposer des produits ou matériels dangereux ou salissants ainsi que des matériaux.

Lorsque l'exiguïté du chantier ne permet pas d'équiper le local d'armoires-vestiaires individuelles en nombre suffisant, le local est équipé de patères en nombre suffisant.

Pour les chantiers souterrains, le local est installé au jour.

Art. R. 4534-140. Lorsque les installations prévues à l'article R. 4534-139 ne sont pas adaptées à la nature du chantier, des véhicules de chantier spécialement aménagés à cet effet peuvent être utilisés pour permettre aux travailleurs d'assurer leur propreté individuelle, de disposer de cabinets d'aisances, de vestiaires et, si possible, de douches à l'abri des intempéries.

L'utilisation d'un local en sous-sol est exceptionnelle et n'est tolérée que s'il est possible de le tenir en état constant de propreté, de l'aérer et de l'éclairer convenablement.

Art. R. 4534-141. Les employeurs mettent à la disposition des travailleurs une quantité d'eau potable suffisante pour assurer leur propreté individuelle. Lorsqu'il est impossible de mettre en place l'eau courante, un réservoir d'eau potable d'une capacité suffisante est raccordé aux lavabos afin de permettre leur alimentation.

Dans les chantiers mentionnés à l'article R. 4534-137, sont installés des lavabos ou des rampes, si possible à température réglable, à raison d'un orifice pour dix travailleurs.

Des moyens de nettoyage et de séchage ou d'essuyage appropriés, entretenus et changés chaque fois que nécessaire, sont mis à disposition des travailleurs.

Art. R. 4534-142. Lorsque des travailleurs prennent leur repas sur le chantier, un local réfectoire est mis à leur disposition.

Ce local répond aux exigences suivantes:

1° Il est pourvu de tables et de chaises en nombre suffisant:

2° Il dispose d'au moins un appareil permettant d'assurer le réchauffage ou la cuisson des aliments et d'un garde-manger destiné à protéger les aliments d'une capacité suffisante et, si possible, d'un réfrigérateur;

3° Il est tenu en parfait état de propreté.

Art. R. 4534-142-1. ***(D. 2008-1382 du 19 déc. 2008, JO 24)*** Les travailleurs disposent soit d'un local permettant leur accueil dans des conditions de nature à préserver leur santé et leur sécurité en cas de survenance de conditions climatiques susceptibles d'y porter atteinte, soit d'aménagements de chantiers les garantissant dans des conditions équivalentes.

Art. R. 4534-143. L'employeur met à la disposition des travailleurs de l'eau potable et fraîche pour la boisson, à raison de trois litres au moins par jour et par travailleur.

Les conventions collectives nationales prévoient les situations de travail, notamment climatiques, pour lesquelles des boissons chaudes non alcoolisées sont mises gratuitement à la disposition des travailleurs.

Art. R. 4534-144. Sur les chantiers, des cabinets d'aisance conformes aux dispositions ***(D. 2009-289 du 13 mars 2009, JO 15)*** « des articles R. 4228-11 à R. 4228-15 » sont mis à la disposition des travailleurs.

Art. R. 4534-145. Lorsque la disposition des lieux ne permet pas de mettre en place les véhicules de chantier, le local réfectoire et les cabinets d'aisance, prévus aux articles R. 4534-140, R. 4534-142 et R. 4534-144, l'employeur recherche à proximité du chantier un local ou un emplacement offrant des conditions au moins équivalentes.

SECTION 17. Hébergement

Art. R. 4534-146. Dans les chantiers où sont logés des travailleurs, les locaux affectés au logement satisfont aux obligations de l'employeur en matière de prévention des risques d'incendies et d'évacuation, prévues aux articles R. 4227-1 à R. 4227-14, et d'hébergement, prévues aux articles R. 4228-26 à R. 4228-35.

Toutefois, s'agissant d'installations provisoires, ces dispositions ne font pas obstacle à l'utilisation de logements mobiles tels que voitures ou remorques routières, sous réserve que des mesures compensatrices soient mises en œuvre afin d'assurer aux travailleurs des conditions d'hébergement au moins équivalentes.

Art. R. 4534-147. Les voies d'accès aux logements des travailleurs sont entretenues de telle sorte qu'elles soient praticables et convenablement éclairées.

Art. R. 4534-148. Les ***(D. 2017-1819 du 29 déc. 2017, art. 3, 58°, JO 30, entrée en vigueur le 01.01.2018)*** « comités sociaux et économiques » des entreprises appelées à intervenir sur les chantiers où il est prévu de loger des travailleurs, ainsi que le comité interentreprises de sécurité, de santé et des conditions de travail, sont consultés sur les installations prévues.

Art. R. 4534-149. Les situations dans lesquelles les travailleurs déplacés sont logés à proximité du chantier et nourris sont déterminées par les conventions collectives nationales concernant ces travailleurs.

Art. R. 4534-150. Il est interdit à l'employeur de laisser les travailleurs loger sur le terrain mis à sa disposition par le maître d'ouvrage, à moins que les logements occupés présentent des garanties d'hygiène correspondant au moins à celles prévues par la présente section.

Art. R. 4534-151. L'inspecteur du travail peut accorder des dérogations lorsque l'application des mesures prévues par la présente section est rendue difficile par les conditions d'exploitation du chantier.

SECTION 18. Premiers secours

Art. R. 4534-152. Des mesures appropriées sont prises pour donner rapidement les premiers secours au travailleur blessé au cours du travail.

SECTION 19. Affichage et information

Art. R. 4534-153. Les obligations prévues par le présent chapitre sont affichées dans le local-vestiaire prévu par l'article R. 4534-139.

Elles sont affichées à une place convenable, aisément accessibles et tenues dans un bon état de lisibilité.

Art. R. 4534-154. Dans les chantiers où la durée des travaux dépasse une semaine, l'employeur indique, par un avis, l'adresse ou le numéro téléphonique du service d'urgence auquel s'adresser en cas d'accident.

Art. R. 4534-155. Dans les chantiers autres que ceux mentionnés à l'article R. 4534-137, un document rappelant les obligations prévues par le présent chapitre est remis à chaque travailleur intéressé.

SECTION 20. Dérogations

Art. R. 4534-156. Les ministres chargés du travail et de l'agriculture peuvent, par décision prise sur le rapport de l'inspecteur ou du contrôleur du travail, et après avis du ***(D. 2016-1834 du 22 déc.***

2016, JO 24) « Conseil d'orientation des conditions de travail », autoriser pour un ou des chantiers déterminés et, le cas échéant, pour une certaine nature de travaux, des dérogations temporaires et limitées à certaines dispositions du présent chapitre.

Ils peuvent également autoriser par arrêté, pour une durée déterminée, des dérogations de portée générale à certaines dispositions.

Ces décisions et arrêtés ne peuvent intervenir que sous réserve de prévoir des mesures compensatrices de sécurité.

CHAPITRE V **Dispositions applicables aux travailleurs indépendants**

Art. L. 4535-1. Les travailleurs indépendants, ainsi que les employeurs lorsqu'ils exercent directement une activité sur un chantier de bâtiment et de génie civil, mettent en œuvre, vis-à-vis des autres personnes intervenant sur le chantier comme d'eux-mêmes, les principes généraux de prévention fixés aux 1°, 2°, 3°, 5° et 6° de l'article L. 4121-2 ainsi que les dispositions des articles L. 4111-6, L. 4311-1, L. 4321-1, L. 4321-2, L. 4411-1 et L. 4411-6.

Note Voir décret 95-607 du 6 mai 1995 (JO 7) modifié (voir note sous Titre III du Livre V de la Partie 4) fixant la liste des prescriptions réglementaires que doivent respecter les travailleurs indépendants ainsi que les employeurs lorsqu'ils exercent directement une activité sur un chantier de bâtiment ou de génie civil et décret 95-608 (même date) modifiant le code du travail et divers textes réglementaires en vue de les rendre applicables à ces travailleurs indépendants et à ces employeurs.

SECTION 1 (réglementaire). **Prescriptions techniques durant l'exécution de travaux de bâtiment et de génie civil**

Art. R. 4535-1. Sous réserve des adaptations prévues par la présente section, les travailleurs indépendants ainsi que les employeurs qui exercent directement une activité sur un chantier de bâtiment et de génie civil sont soumis aux dispositions du chapitre IV à l'exception de celles relatives aux mesures générales d'hygiène, prévues par la section 16, et au logement provisoire des travailleurs, prévues par la section 17.

Art. R. 4535-2. Les travailleurs indépendants ainsi que les employeurs, lorsqu'ils exercent directement une activité sur un chantier de bâtiment et de génie civil, ne sont soumis aux dispositions prévues en matière d'examen du matériel, des engins, installations ou ***(D. 2020-88 du 5 févr. 2020, art. 1er, 7°, JO 6)*** « dispositifs de protection » par l'article R. 4534-18 que sur les chantiers soumis à obligation de coordination en matière de sécurité et de santé des travailleurs mentionnés à l'article L. 4532-2, à l'exception des opérations entreprises par un particulier pour son usage personnel mentionné au 2° de l'article L. 4532-7.

De même, le respect des dispositions des premier et deuxième alinéas de l'article R. 4534-86 et celles de l'article R. 4534-99 n'est pas obligatoire pour ces travailleurs, sous réserve qu'ils utilisent effectivement un système d'arrêt de chute.

Art. R. 4535-3. Pour les travaux au voisinage de lignes, canalisations et installations électriques, le travailleur indépendant peut suivre la procédure prévue à l'article R. 4534-117, sous réserve de respecter les prescriptions des 2° à 4° du même article.

Il suit la procédure prévue à l'article R. 4534-128 en respectant les prescriptions des 2° à 4° du même article.

Art. R. 4535-4. Lors des travaux mentionnés à l'article R. 4534-132, les travailleurs indépendants et les employeurs, lorsqu'ils exercent directement une activité sur un chantier de bâtiment et de génie civil, portent des appareils respiratoires appropriés et en bon état de fonctionnement.

Art. R. 4535-5. Lors des travaux exposant à des risques de noyade mentionnés à l'article R. 4534-136, les travailleurs indépendants et les employeurs, lorsqu'ils exercent directement une activité sur un chantier de bâtiment et de génie civil, portent des gilets de sauvetage.

SECTION 2 (réglementaire). **Utilisation d'équipements de travail et de protection individuelle**

Art. R. 4535-6. Lorsqu'ils utilisent des équipements de travail et des équipements de protection individuelle, les travailleurs indépendants ainsi que les employeurs qui exercent directement une activité sur un chantier de bâtiment et de génie civil sont soumis aux dispositions suivantes :

1° Règles générales d'utilisation des équipements de travail et des moyens de protection prévues aux articles R. 4321-1 à R. 4321-5 ;

2° Obligation de maintien en conformité prévue à l'article R. 4322-1 ;

3° Règles d'installation et d'utilisation des équipements de travail prévues aux articles R. 4323-6, R. 4323-14 et R. 4323-18 ;

4° Règles de vérification des équipements de travail prévues aux articles R. 4323-22 à R. 4323-28 ;

5° Dispositions particulières applicables aux équipements de travail servant au levage de charges prévues aux articles R. 4323-29 à R. 4323-36, R. 4323-39, R. 4323-40 et R. 4323-44 à R. 4323-49 ;

6° Dispositions particulières applicables aux équipements de travail mobiles prévues à l'article R. 4323-53 ;

7° Formation à la conduite prévue à l'article R. 4323-55 ;

8° Dispositions particulières applicables aux travaux en hauteur prévues aux articles R. 4323-58 à R. 4323-89 ;

9° Règles d'utilisation et de vérifications des équipements de protection individuelle prévues aux articles R. 4323-91 à R. 4323-94 et R. 4323-98 à R. 4323-103.

Art. R. 4535-7. S'ils répondent aux critères de qualification et de compétence définis par les articles R. 4323-24 et R. 4323-100, les travailleurs indépendants peuvent procéder eux-mêmes aux vérifications périodiques des équipements de travail et des équipements de protection individuelle.

Dans les situations prévues aux articles ***(D. 2020-88 du 5 févr. 2020, art. 1er, 8°, JO 6)*** « R. 4722-5 » et suivants, les travailleurs indépendants consignent les résultats de ces vérifications, ainsi que le nom et la qualité de la personne qui les a réalisées sur le registre prévu à l'article R. 4534-18.

SECTION 3 (réglementaire). Risques chimiques

Sous-section 1. Mesures générales de prévention des risques chimiques

Art. R. 4535-8. Lorsqu'ils sont exposés ou susceptibles d'être exposés à des agents chimiques dangereux autres que des agents cancérogènes, mutagènes ou toxiques pour la reproduction, les travailleurs indépendants ainsi que les employeurs qui exercent directement une activité sur un chantier de bâtiment et de génie civil sont soumis aux dispositions relatives aux risques d'exposition aux agents chimiques dangereux suivantes :

1° Champ d'application et définitions prévus aux articles R. 4412-1 à R. 4412-4 ;

2° Évaluation des risques prévue aux articles R. 4412-5 à R. 4412-8 et à l'article R. 4412-10 ;

3° Mesures et moyens de prévention prévus aux articles R. 4412-11 à R. 4412-22 à l'exception du 3° de l'article R. 4412-11 ;

4° Vérifications des installations et appareils de protection collective prévues aux articles R. 4412-23 et R. 4412-26 ;

5° Mesures en cas d'accident ou d'incident prévues aux articles R. 4412-33 à R. 4412-37 ;

6° Surveillance médicale prévue aux articles R. 4412-44 à R. 4412-57.

Sous-section 2. Agents cancérogènes, mutagènes ou toxiques pour la reproduction

Art. R. 4535-9. Lorsqu'ils sont exposés ou susceptibles d'être exposés à des agents chimiques dangereux cancérogènes, mutagènes ou toxiques pour la reproduction, les travailleurs indépendants ainsi que les employeurs qui exercent directement une activité sur un chantier de bâtiment et de génie civil sont soumis aux dispositions relatives aux risques d'exposition aux agents cancérogènes, mutagènes et toxiques pour la reproduction suivantes :

1° Champ d'application et définitions prévus aux articles R. 4412-59 à R. 4412-60 ;

2° Évaluation des risques prévue aux articles R. 4412-61 à R. 4412-65 à l'exception du premier alinéa de l'article R. 4412-64 ;

3° Mesures et moyens de prévention prévus aux articles R. 4412-66 à R. 4412-75 à l'exception du 2° de l'article R. 4412-70 ;

4° Mesures à prendre en cas d'accidents ou d'incidents prévues aux articles R. 4412-83 à R. 4412-85.

Ils sont également soumis aux dispositions relatives aux risques d'exposition aux agents chimiques dangereux suivantes :

1° Champ d'application et définitions prévus aux articles R. 4412-1 à R. 4412-4 ;

2° Mesures et dispositions à prendre contre les dangers découlant des propriétés chimiques et physico-chimiques des agents chimiques prévues aux articles R. 4412-7 et R. 4412-18 ;

3° Vérifications des installations et appareils de protection collective prévues aux articles R. 4412-23 à R. 4412-26 ;

4° Mesures en cas d'accident ou d'incident prévues aux articles R. 4412-33 à R. 4412-37 ;

5° Surveillance médicale prévue aux articles R. 4412-44 à R. 4412-57.

Sous-section 3. Activités de confinement et de retrait d'amiante et activités et interventions sur des matériaux et appareils susceptibles de libérer des fibres d'amiante

Art. R. 4535-10. Lorsqu'ils sont susceptibles d'être exposés à l'inhalation de poussières d'amiante à l'occasion d'activités de confinement et de retrait d'amiante ou d'activités ou interventions sur des matériaux et appareils susceptibles de libérer des fibres d'amiante, les travailleurs indépendants ainsi que les employeurs qui exercent directement une activité sur un chantier de bâtiment et de génie civil sont soumis aux dispositions particulières relatives aux risques d'exposition à l'amiante de la section 3 du chapitre II du titre Ier du livre IV, à l'exception des ***(D. 2012-639 du 4 mai 2012, JO 5)*** « articles ***(D. 2013-594 du 5 juil. 2013, JO 7)*** « R. 4412-116 » et R. 4412-118 ».

Ils sont également soumis aux dispositions de l'article R. 4535-9.

Note Les dispositions du titre Ier de l'arrêté du 23 février 2012 (JO 7 mars), modifié par arrêté du 20 avril 2015 (JO 23 sept.), définissant les modalités de la formation des travailleurs à la prévention des risques liés à l'amiante s'appliquent aux travailleurs indépendants et aux employeurs qui réalisent directement les travaux définis aux articles R. 4412-114 et R. 4412-139 conformément à l'article R. 4535-10 CT.

SECTION 4 (réglementaire). Risques électriques

Note • Les sections 4 et 5 ont été introduites par le décret 2013-607 du 9 juillet 2013, JO 11. Ce décret corrige notamment des erreurs de codification de dispositions du code du travail relatives aux risques électriques et au risque hyperbare.

• S'agissant des dispositions relatives aux travailleurs indépendants, voir circulaire DGT 2012/12 du 9 octobre 2012 relative à la prévention des risques électriques (IV-2).

Sous-section 1. Utilisation des installations électriques

Art. R. 4535-11. Les travailleurs indépendants et les employeurs qui exercent directement une activité sur un chantier de bâtiment et de génie civil sont soumis aux dispositions des articles R. 4226-1 à R. 4226-21.

Sous-section 2. Opérations sur ou au voisinage des installations électriques

Art. R. 4535-12. Les travailleurs indépendants ou les employeurs qui exercent directement une activité sur un chantier de bâtiment et de génie civil, lorsqu'ils effectuent des opérations sur les installations électriques ou dans leur voisinage, ont un niveau de connaissance des risques liés à l'électricité et des mesures à prendre pour intervenir en sécurité équivalant à celui des travailleurs auxquels sont confiées ces opérations.

SECTION 5 (réglementaire). Risque hyperbare

Art. R. 4535-13. Les travailleurs indépendants ainsi que les employeurs qui exercent directement une activité sur un chantier de bâtiment et de génie civil sont soumis aux dispositions du titre VI du livre IV du code du travail.

Note Cette disposition est issue du décret 2011-45 du 11 janvier 2011 (JO 13) modifié par le décret 2013-607 du 9 juillet 2013 (JO 11). Elle a été réintroduite sous une section 5 par le décret 2013-607 précité qui a aussi rectifié une erreur de codification.

TITRE IV AUTRES ACTIVITÉS ET OPÉRATIONS

CHAPITRE Ier Manutention des charges

Note Le décret 92-958 du 3 septembre 1992 (JO 9) relatif aux prescriptions minimales de sécurité et de santé concernant la manutention manuelle de charges comportant des risques, notamment dorso-lombaires, pour les travailleurs a transposé la directive 90/269/CEE du 29 mai 1990 (JOCE L 156 du 21.06.1990).

Art. L. 4541-1. Les règles de prévention des risques pour la santé et la sécurité des travailleurs résultant de la manutention des charges sont déterminées par décret en Conseil d'État pris en application de l'article L. 4111-6.

SECTION 1 (réglementaire). Dispositions générales

Art. R. 4541-1. Les dispositions du présent ***(D. 2009-289 du 13 mars 2009, JO 15)*** « chapitre » s'appliquent à toutes les manutentions dites manuelles comportant des risques, notamment dorso-lombaires, pour les travailleurs en raison des caractéristiques de la charge ou des conditions ergonomiques défavorables.

Note Une manutentionnaire de chariots-repas dans un hôpital ayant été reconnue atteinte d'une maladie professionnelle avec un taux d'incapacité permanente partielle a saisi une juridiction de sécurité sociale d'une demande d'indemnisation complémentaire en raison de la faute inexcusable de son employeur. Pour rejeter sa demande, une cour d'appel, après avoir énoncé que les dispositions de l'article R. 231-66 [R. 4541-1 et 2] CT imposent à l'employeur de prendre les mesures d'organisation appropriées ou d'utiliser les moyens adéquats pour éviter le recours à la manutention manuelle comportant des risques pour les travailleurs en raison de la charge ou des conditions ergonomiques défavorables, a retenu qu'en l'absence de précisions relatives aux charges pesant sur les poignets de la salariée, ces dispositions étaient insuffisantes, à elles seules, et en l'absence de prescriptions plus précises ou de mises en garde spécifiques du CHSCT ou du médecin du travail, pour considérer que l'hôpital aurait dû avoir conscience du danger que la manutention prolongée des plateaux pouvait entraîner pour les articulations des poignets de son employée. En statuant ainsi, alors que les dispositions de l'article R. 231-66 [R. 4541-1 et 2] CT visent l'ensemble des manutentions manuelles comportant tout risque pour les travailleurs en raison des caractéristiques de la charge ou des conditions ergonomiques défavorables, la cour d'appel a violé la loi (cass. civ., 2e ch., 18 novembre 2010, n° 09-17.275, BC II n° 191; JCP éd. S 2011, 1128, note Th. Tauran).

Art. R. 4541-2. On entend par manutention manuelle, toute opération de transport ou de soutien d'une charge, dont le levage, la pose, la poussée, la traction, le port ou le déplacement, qui exige l'effort physique d'un ou de plusieurs travailleurs.

SECTION 2 (réglementaire). Principes de prévention

Art. R. 4541-3. L'employeur prend les mesures d'organisation appropriées ou utilise les moyens appropriés, et notamment les équipements mécaniques, afin d'éviter le recours à la manutention manuelle de charges par les travailleurs.

Art. R. 4541-4. Lorsque la nécessité d'une manutention manuelle de charges ne peut être évitée, notamment en raison de la configuration des lieux où cette manutention est réalisée, l'employeur prend les mesures d'organisation appropriées ou met à la disposition des travailleurs les moyens adaptés, si nécessaire en combinant leurs effets, de façon à limiter l'effort physique et à réduire le risque encouru lors de cette opération.

SECTION 3 (réglementaire). Évaluation des risques

Art. R. 4541-5. Lorsque la manutention manuelle ne peut pas être évitée, l'employeur:

1° Évalue les risques que font encourir les opérations de manutention pour la santé et la sécurité des travailleurs;

2° Organise les postes de travail de façon à éviter ou à réduire les risques, notamment dorso-lombaires, en mettant en particulier à la disposition des travailleurs des aides mécaniques ou, à défaut de pouvoir les mettre en œuvre, les accessoires de préhension propres à rendre leur tâche plus sûre et moins pénible.

Art. R. 4541-6. Pour l'évaluation des risques et l'organisation des postes de travail, l'employeur tient compte:

1° Des caractéristiques de la charge, de l'effort physique requis, des caractéristiques du milieu de travail et des exigences de l'activité;

2° Des facteurs individuels de risque, définis par arrêté conjoint des ministres chargés du travail et de l'agriculture.

Note Voir arrêté du 29 janvier 1993 (JO 19 févr.).

SECTION 4 (réglementaire). Mesures et moyens de prévention

Art. R. 4541-7. L'employeur veille à ce que les travailleurs reçoivent des indications estimatives et, chaque fois que possible, des informations précises sur le poids de la charge et sur la position de son centre de gravité ou de son côté le plus lourd lorsque la charge est placée de façon excentrée dans un emballage.

Art. R. 4541-8. L'employeur fait bénéficier les travailleurs dont l'activité comporte des manutentions manuelles:

1° D'une information sur les risques qu'ils encourent lorsque les activités ne sont pas exécutées d'une manière techniquement correcte, en tenant compte des facteurs individuels de risque définis par l'arrêté prévu à l'article R. 4541-6;

2° D'une formation adéquate à la sécurité relative à l'exécution de ces opérations. Au cours de cette formation, essentiellement à caractère pratique, les travailleurs sont informés sur les gestes et postures à adopter pour accomplir en sécurité les manutentions manuelles.

Art. R. 4541-9. Lorsque le recours à la manutention manuelle est inévitable et que les aides mécaniques prévues au 2° de l'article R. 4541-5 ne peuvent pas être mises en œuvre, un travailleur ne peut être admis à porter d'une façon habituelle des charges supérieures à 55 kilogrammes qu'à condition d'y avoir été reconnu apte par le médecin du travail, sans que ces charges puissent être supérieures à 105 kilogrammes.

Toutefois, les femmes ne sont pas autorisées à porter des charges supérieures à 25 kilogrammes ou à transporter des charges à l'aide d'une brouette supérieures à 40 kilogrammes, brouette comprise.

Art. R. 4541-10. L'expéditeur de tout colis ou objet pesant 1 000 kilogrammes ou plus de poids brut destiné à être transporté par mer ou voie navigable intérieure porte, sur le colis, l'indication de son poids marquée à l'extérieur de façon claire et durable.

Dans les cas exceptionnels où il est difficile de déterminer le poids exact, le poids marqué peut être un poids maximum établi d'après le volume et la nature du colis.

À défaut de l'expéditeur, cette obligation incombe au mandataire chargé par lui de l'expédition du colis.

SECTION 5 (réglementaire). Surveillance médicale

Note L'article R. 4541-11 qui figurait dans cette section a été abrogé par le décret 2012-135 du 30 janvier 2012, art. 2, JO 31, entrée en vigueur le 01.07.2012.

CHAPITRE II (réglementaire) Utilisation d'écrans de visualisation

Note Ces dispositions sont issues du décret 91-451 du 14 mai 1991 (JO 16) relatif à la prévention des risques liés au travail sur des équipements de travail comportant des écrans de visualisation qui transpose la directive 90/270/CEE du 29 mai 1990 concernant les prescriptions minimales de sécurité et de santé relatives au travail sur des équipements à écran de visualisation (JOCE L 156 du 21.06.1990, rectif. JOCE L 171 du 4.07.1990).

SECTION 1. Champ d'application et définitions

Art. R. 4542-1. Les dispositions du présent chapitre s'appliquent aux travailleurs qui utilisent de façon habituelle et pendant une partie non négligeable du temps de travail des équipements de travail comportant des écrans de visualisation.

Toutefois, elles ne s'appliquent pas aux équipements suivants :

1° Les postes de conduite de véhicules ou d'engins ;

2° Les systèmes informatiques à bord d'un moyen de transport ;

3° Les systèmes informatiques destinés à être utilisés en priorité par le public ;

4° Les systèmes portables dès lors qu'ils ne font pas l'objet d'une utilisation soutenue à un poste de travail ;

5° Les machines à calculer, les caisses enregistreuses et tout équipement possédant un petit dispositif de visualisation de données ou de mesures nécessaires à l'utilisation directe de cet équipement.

Art. R. 4542-2. Pour l'application des dispositions du présent chapitre, on entend par écran de visualisation, un écran alphanumérique ou graphique quel que soit le procédé d'affichage utilisé.

On entend par poste de travail, l'ensemble comprenant un équipement de travail comportant notamment un écran de visualisation, un clavier ou un dispositif de saisies de données, des périphériques, un siège et une table ou une surface de travail, ainsi que l'environnement de travail immédiat.

SECTION 2. Évaluation des risques

Art. R. 4542-3. Après analyse des conditions de travail et évaluation des risques de tous les postes comportant un écran de visualisation, l'employeur prend les mesures appropriées pour remédier aux risques constatés.

SECTION 3. Mesures et moyens de prévention

Art. R. 4542-4. L'employeur organise l'activité du travailleur de telle sorte que son temps quotidien de travail sur écran soit périodiquement interrompu par des pauses ou par des changements d'activité réduisant la charge de travail sur écran.

Art. R. 4542-5. Pour l'élaboration, le choix, l'achat et la modification de logiciels ainsi que pour la définition des tâches impliquant l'utilisation d'écrans de visualisation, l'employeur prend en compte les facteurs suivants, dans la mesure où les exigences ou les caractéristiques intrinsèques de la tâche ne s'y opposent pas :

1° Le logiciel est adapté à la tâche à exécuter ;

2° Le logiciel est d'un usage facile et est adapté au niveau de connaissance et d'expérience de l'utilisateur ;

3° Les systèmes fournissent aux travailleurs des indications sur leur déroulement ;

4° Les systèmes affichent l'information dans un format et à un rythme adaptés aux opérateurs;
5° Les principes d'ergonomie sont appliqués en particulier au traitement de l'information par l'homme.

Art. R. 4542-6. L'écran de visualisation obéit aux caractéristiques suivantes:
1° Les caractères sont d'une bonne définition et formés d'une manière claire, d'une dimension suffisante et avec un espace adéquat entre les caractères et les lignes;
2° L'image est stable;
3° La luminance ou le contraste entre les caractères et le fond de l'écran sont facilement adaptables par l'utilisateur de terminaux à écrans et facilement adaptables aux conditions ambiantes;
4° L'écran est orientable et inclinable facilement pour s'adapter aux besoins de l'utilisateur. Il peut être installé sur un pied séparé ou sur une table réglable;
5° L'écran est exempt de reflets et de réverbérations susceptibles de gêner l'utilisateur.

Art. R. 4542-7. Le clavier de l'écran de visualisation obéit aux caractéristiques suivantes:
1° Il est inclinable et dissocié de l'écran pour permettre au travailleur d'avoir une position confortable qui ne provoque pas de fatigue des avant-bras ou des mains;
2° L'espace devant le clavier est suffisant pour permettre un appui pour les mains et les avant-bras de l'utilisateur;
3° Le clavier a une surface mate pour éviter les reflets;
4° La disposition du clavier et les caractéristiques des touches tendent à faciliter son utilisation;
5° Les symboles des touches sont suffisamment contrastés et lisibles à partir de la position de travail normale.

Art. R. 4542-8. L'espace de travail obéit aux caractéristiques suivantes:
1° Le plateau de la table ou de la surface de travail a une surface peu réfléchissante et de dimensions suffisantes pour permettre de modifier l'emplacement respectif de l'écran, du clavier, des documents et du matériel accessoire;
2° Le support de documents est stable et réglable. Il se situe de telle façon que les mouvements inconfortables de la tête, du dos et des yeux soient évités au maximum;
3° L'espace de travail est suffisant pour permettre une position confortable pour les travailleurs.

Art. R. 4542-9. Le siège est, s'il y a lieu, adaptable en hauteur et en inclinaison.

Un repose-pieds est mis à la disposition des travailleurs qui en font la demande.

Art. R. 4542-10. Les dimensions et l'aménagement du poste de travail assurent suffisamment de place pour permettre au travailleur de changer de position et de se déplacer.

Art. R. 4542-11. Les dispositions des articles R. 4542-6 à R. 4542-10 ne s'appliquent que dans la mesure où les éléments considérés existent dans le poste de travail et où les caractéristiques de la tâche en rendent l'application possible.

SECTION 4. Ambiance physique de travail

Art. R. 4542-12. Les équipements des postes de travail ne doivent pas produire un surcroît de chaleur susceptible de constituer une gêne pour les travailleurs.

Art. R. 4542-13. Les radiations, à l'exception de la partie visible du spectre électromagnétique, sont réduites à des niveaux négligeables pour la protection de la santé et de la sécurité des travailleurs.

Art. R. 4542-14. Un taux d'humidité satisfaisant est établi et maintenu dans les locaux affectés au travail sur écran de visualisation.

Art. R. 4542-15. Le bruit émis par les équipements du poste de travail est pris en compte lors de l'aménagement du poste de façon, en particulier, à ne pas perturber l'attention et l'audition.

SECTION 5. Information et formation des travailleurs

Art. R. 4542-16. L'employeur assure l'information et la formation des travailleurs sur les modalités d'utilisation de l'écran et de l'équipement de travail dans lequel cet écran est intégré.

Chaque travailleur en bénéficie avant sa première affectation à un travail sur écran de visualisation et chaque fois que l'organisation du poste de travail est modifiée de manière substantielle.

SECTION 6. Suivi individuel de l'état de santé

Art. R. 4542-17. Un travailleur ne peut être affecté à des travaux sur écran de visualisation que s'il a fait l'objet ***(D. 2016-1908 du 27 déc. 2016, art. 17, VI, 2°, JO 29, entrée en vigueur le 01.01.2017)*** «dans le cadre des visites d'information et de prévention» d'un examen approprié des yeux et de la vue.

(D. 2016-1908 du 27 déc. 2016, art. 17, VI, 2°, JO 29, entrée en vigueur le 01.01.2017) «Si le résultat de cet examen le nécessite, ils bénéficient d'un examen ophtalmologique complémentaire prescrit par le médecin du travail dans les conditions prévues aux articles R. 4624-35 à R. 4624-38.»

Art. R. 4542-18. L'employeur fait examiner par le médecin du travail tout travailleur se plaignant de troubles pouvant être dus au travail sur écran de visualisation.

Si les résultats des examens médicaux le rendent nécessaire, un examen ophtalmologique est pratiqué.

Art. R. 4542-19. Si les résultats de la surveillance médicale rendent nécessaire une correction et si les dispositifs de correction normaux ne peuvent être utilisés, les travailleurs sur écran de visualisation reçoivent des dispositifs de correction spéciaux en rapport avec le travail concerné.

Ces dispositifs ne peuvent entraîner aucune charge financière additionnelle pour les travailleurs.

CHAPITRE III (réglementaire) Interventions sur les équipements élévateurs et installés à demeure

Note • Ce chapitre a été introduit par le décret 2008-1325 du 15 décembre 2008, JO 17, entrée en vigueur le 18.12.2010.

• Les entreprises intervenantes concernées établissent, avant le 18 décembre 2010, la liste des monte-charges et des élévateurs de personnes n'excédant pas une vitesse de 0,15 mètre par seconde qui, en application de l'article R. 4543-2, doivent faire l'objet d'une étude de sécurité. Les études relatives aux équipements figurant sur cette liste doivent être réalisées, par tiers, dans les trois ans suivant cette date (décret 2008-1325 précité, art. 7).

• Voir arrêté du 29 décembre 2010 (JO 8 janv.) relatif aux vérifications générales périodiques portant sur les ascenseurs et les monte-charges ainsi que sur les élévateurs de personnes n'excédant pas une vitesse de 0,15 m/s, installés à demeure et circulaire DGT/2011/02 du 21 janvier 2011 concernant la mise en œuvre du décret 2008-1325 du 15 décembre 2008 relatif à la sécurité des ascenseurs, monte-charges et équipements assimilés sur les lieux de travail ainsi qu'à la sécurité des travailleurs intervenant sur ces équipements et de l'arrêté du 29 décembre 2010 précité.

SECTION 1. Champ d'application

Art. R. 4543-1. Les dispositions des sections 2 à 6 du présent chapitre sont applicables, sans préjudice de celles du titre Ier du présent livre, aux interventions de vérification, de maintenance, de contrôle technique ainsi qu'aux travaux de réparation et de transformation effectués sur les équipements installés à demeure suivants: ascenseurs, monte-charges, élévateurs de personnes dont la vitesse n'excède pas 0,15 mètre par seconde, escaliers mécaniques, trottoirs roulants ou installations de parcage automatique de véhicules.

SECTION 2. Étude de sécurité spécifique

Art. R. 4543-2. Les interventions et travaux mentionnés à l'article R. 4543-1 ne peuvent être réalisés sur un équipement qui n'a pas fait l'objet d'une étude de sécurité spécifique, effectuée par l'entreprise chargée de ces interventions et travaux, dénommée " entreprise intervenante ". Cette étude est réalisée dans les six semaines suivant la prise en charge de l'équipement par l'entreprise.

Art. R. 4543-3. L'étude est confiée à une personne compétente dans le domaine de la prévention des risques et connaissant les dispositions applicables aux interventions et travaux mentionnés à l'article R. 4543-1 ainsi que les dispositions réglementaires applicables aux équipements concernés.

Art. R. 4543-4. L'étude de sécurité spécifique est mise à jour, dans un délai de six semaines, lorsque survient un événement susceptible d'affecter l'évaluation des risques, notamment:

1° En cas de transformation importante;

2° À la réception, pour les ascenseurs, du rapport d'inspection du contrôleur technique;

3° Après l'intervention de mesures consécutives au signalement d'une situation de danger grave et imminent dans les conditions de l'article L. 4131-1.

Art. R. 4543-5. Le rapport de contrôle technique défini à l'article R. 125-2-4 du code de la construction et de l'habitation est réputé constituer l'étude de sécurité de l'entreprise intervenante qui réalise ce contrôle. Pour cette entreprise, il vaut étude de sécurité préalable aux vérifications qu'elle réalise ultérieurement sur le même équipement.

Art. R. 4543-6. Sauf dans le cas prévu à l'article R. 4543-5, l'étude de sécurité spécifique reste la propriété de l'entreprise intervenante. Il en est remis copie au propriétaire de l'appareil.

Art. R. 4543-7. Le chef de l'entreprise intervenante tient l'étude de sécurité à la disposition de l'inspecteur ou du contrôleur du travail, des agents des services de prévention des organismes de sécurité sociale, du médecin du travail et des membres du ***(D. 2017-1819 du 29 déc. 2017, art. 3, 63°, JO 30, entrée en vigueur le 01.01.2018)*** «comité social et économique».

Art. R. 4543-8. Lorsque le dossier de maintenance élaboré en application de l'article R. 4211-3 du code du travail existe, son détenteur met à la disposition de l'entreprise intervenante celles des pièces de ce dossier qui précisent les conditions d'accès aux équipements.

Art. R. 4543-9. Pour chaque équipement pris en charge dans le cadre de la réalisation d'interventions ou travaux mentionnés à l'article R. 4543-1, l'étude de sécurité spécifique complète le document unique d'évaluation des risques de l'entreprise intervenante, en tenant compte des caractéristiques particulières de l'équipement et des risques de chute ou d'écrasement.

Art. R. 4543-10. L'étude de sécurité comporte toutes les données permettant au chef de l'entreprise intervenante de définir et de mettre en œuvre les mesures de prévention qui s'imposent pour assurer la sécurité et préserver la santé des personnes chargées de l'intervention ou des travaux.

À ce titre, elle comporte notamment:

1° La description de l'équipement;

2° Les conditions d'accès aux différentes parties de l'équipement, et notamment la machinerie;

3° Le descriptif des dispositifs d'aide à la manutention;

4° L'évaluation de l'équipement et de son installation au regard de la sécurité des travailleurs chargés des interventions ou des travaux ainsi que les mesures de prévention, y compris les modes opératoires, pertinentes;

5° L'appréciation de la validité et de l'exhaustivité des documents techniques disponibles.

Art. R. 4543-11. Une fiche signalétique annexée à l'étude de sécurité spécifique récapitule l'ensemble des risques mis en évidence. Cette récapitulation peut être réalisée à l'aide de pictogrammes. Lorsque la nature du risque exige que des mesures particulières de prévention soient prises, la fiche signalétique renvoie, par tout moyen approprié, à la consultation de l'étude de sécurité pour la mise en œuvre de ces mesures.

SECTION 3. Information des travailleurs intervenants

Art. R. 4543-12. Le personnel de l'entreprise intervenante a accès à l'étude de sécurité spécifique, avant l'exécution des interventions ou des travaux.

Art. R. 4543-13. La fiche signalétique est tenue en permanence à la disposition des travailleurs de l'entreprise intervenante soit dans le local de machinerie de l'ascenseur ou du monte-charge, soit dans un lieu proche, pour les autres équipements.

Elle est communiquée par le propriétaire de l'équipement à toute personne appelée, du fait de ses fonctions, à pénétrer dans les parties normalement inaccessibles de l'appareil.

SECTION 4. Organisation de l'intervention

Art. R. 4543-14. Le chef de l'entreprise intervenante organise les interventions ou travaux de manière à assurer la sécurité et à préserver la santé des travailleurs qui les effectuent.

À ce titre, il prend les mesures de prévention appropriées en vue d'éviter tout risque pouvant résulter, pour les travailleurs et les autres personnes exposées, de l'éventuelle neutralisation des dispositifs de ***(D. 2020-88 du 5 févr. 2020, art. 1er, 6°, JO 6)*** «protection».

Art. R. 4543-15. Le chef de l'entreprise intervenante définit les interventions ou travaux nécessitant l'emploi de plus d'un travailleur, en fonction de leur caractère pénible, répétitif ou complexe.

Lors de l'intervention de deux ou plusieurs travailleurs, le chef de l'entreprise intervenante prend les mesures de prévention nécessaires pour éliminer les risques liés à la simultanéité de l'activité de ces travailleurs et pour assurer une communication satisfaisante entre eux.

Art. R. 4543-16. Lors de l'organisation des interventions ou travaux mentionnés à l'article R. 4543-15, le chef de l'entreprise intervenante définit les modes opératoires appropriés à la technologie de l'équipement et à son environnement.

Cette organisation prend en compte:

1° Les conséquences de l'introduction de nouvelles technologies;

2° Les conclusions tirées de l'expérience acquise et de l'analyse des accidents du travail;

3° Les formations et les qualifications professionnelles des personnels au regard de l'aptitude nécessaire à la réalisation des interventions ou travaux.

Art. R. 4543-17. Lorsqu'un ou plusieurs appareils circulent simultanément dans la même gaine, les interventions ou travaux sur l'un d'eux sont effectués lorsque les autres ont été mis à l'arrêt, sauf si la séparation entre les équipements permet d'assurer la sécurité des intervenants.

Art. R. 4543-18. Lorsque les interventions ou travaux exigent la présence d'un travailleur en toit de cabine et que l'équipement est doté du dispositif de commande de manœuvre d'inspection, ces interventions ou travaux ne peuvent être entrepris qu'après vérification du bon fonctionnement de ce dispositif selon une méthode permettant de s'assurer de la prise de contrôle.

SECTION 5. **Travailleurs isolés**

Art. R. 4543-19. Un travailleur isolé doit pouvoir signaler toute situation de détresse et être secouru dans les meilleurs délais.

Art. R. 4543-20. Un travailleur isolé ne peut réaliser des interventions ou travaux qui:

1° Comportent le port manuel d'une masse supérieure à 30 kg, la pose ou la dépose manuelle d'éléments d'appareils d'une masse supérieure à 50 kg, ou la pose ou la dépose des câbles de traction d'ascenseur;

2° Exigent le port d'un équipement de protection individuelle respiratoire isolant ou filtrant à ventilation assistée.

Art. R. 4543-21. Un travailleur isolé ne peut réaliser des interventions ou travaux qui conduisent à sa présence sur le toit de l'habitacle d'un équipement pendant son déplacement qu'aux conditions cumulatives suivantes:

1° L'équipement est doté d'un dispositif de commande de manœuvre d'inspection conçu et installé de manière à garantir la sécurité des intervenants;

2° La prévention du risque de chute est assurée:

a) Prioritairement, par la conception de l'installation ou par la mise en œuvre de mesures de protection collective;

b) À défaut, par le port d'un équipement de protection individuelle empêchant toute sortie du travailleur de la surface du toit de l'habitacle, sous réserve que cette protection soit adaptée à la nature du risque compte tenu de la technologie de l'équipement, de la nature et de la durée des interventions ou travaux ainsi que de la possibilité de les réaliser dans des conditions ergonomiques.

SECTION 6. **Formation des travailleurs**

Art. R. 4543-22. Tout travailleur effectuant les interventions ou travaux mentionnés à l'article R. 4543-1, y compris les travailleurs temporaires ou sous contrat à durée déterminée, reçoit de l'entreprise qui l'emploie une formation particulière. Cette formation est renouvelée aussi souvent que nécessaire, notamment lors de l'introduction de nouvelles technologies.

Cette formation porte notamment:

1° Sur l'évaluation du risque figurant dans l'étude de sécurité en vue de faciliter la compréhension des mesures d'organisation et techniques qu'elle préconise et leur mise en œuvre;

2° Sur les méthodes de travail et les procédures d'intervention applicables aux équipements sur lesquels le travailleur peut être amené à intervenir;

3° Sur les équipements de travail et les équipements de protection individuelle qui doivent être utilisés.

Art. R. 4543-23. La formation comporte une période d'exercices pratiques effectuée sous le contrôle d'un tuteur désigné par l'employeur. Ce tuteur dispose de la qualification nécessaire et connaît notamment les principes de sécurité applicables aux interventions ou travaux.

La durée de la période de tutorat est définie par l'employeur en fonction de la qualification et de l'expérience du travailleur. Elle permet à celui-ci d'acquérir les savoir-faire correspondant au contenu théorique de la formation.

Art. R. 4543-24. L'accomplissement de la formation spécifique prévue à la présente section fait l'objet d'une attestation nominative remise au travailleur par l'employeur, après une évaluation effectuée par ce dernier. Cette attestation porte la date à laquelle elle a été délivrée, et mentionne la durée de la formation.

L'employeur tient à la disposition de l'inspecteur ou du contrôleur du travail, ainsi que des agents des services de prévention des organismes de sécurité sociale les copies des attestations de formation spécifique qu'il a délivrées.

SECTION 7. **Montage et démontage des ascenseurs**

Art. R. 4543-25. Les dispositions de la présente section s'appliquent au montage et au démontage des ascenseurs, sans préjudice de celles du titre III du présent livre.

Art. R. 4543-26. Le montage et le démontage des ascenseurs sont réalisés en suivant une méthode sûre. Celle-ci est établie pour le montage et, le cas échéant, pour le démontage sur la base des éléments fournis par le constructeur.

La méthode de montage des ascenseurs tient, notamment, compte des documentations et indications prévues ***(D. 2016-550 du 3 mai 2016, JO 5)*** «à l'article R. 125-2-24 du code de la construction et de l'habitation».

Pendant toutes les phases de démontage d'un ascenseur, la stabilité de la cabine est assurée et son toit ne peut être utilisé comme poste de travail que s'il satisfait aux dispositions des articles R. 4323-58 à R. 4323-61.

Art. R. 4543-27. Toute opération de levage ou de maintien en hauteur de la cabine est effectuée au moyen d'un appareil de levage approprié.

Art. R. 4543-28. Tout salarié se déplaçant dans la trémie dispose des équipements de travail et des équipements de protection individuelle prévus par les articles R. 4323-62 et R. 4323-64.

CHAPITRE IV (réglementaire) Opérations sur les installations électriques ou dans leur voisinage

Note • Ce chapitre a été introduit par le décret 2010-1118 du 22 septembre 2010, JO 24, entrée en vigueur le 01.07.2011.

• S'agissant des dispositions relatives à l'exécution d'opérations sur des installations électriques ou dans leur voisinage, voir circulaire DGT 2012/12 du 9 octobre 2012 relative à la prévention des risques électriques (III).

SECTION 1. Champ d'application et définitions

Art. R. 4544-1. Les dispositions du présent chapitre comportent les prescriptions particulières aux opérations effectuées sur des installations électriques ou dans leur voisinage.

Elles ne s'appliquent pas aux installations des distributions d'énergie électrique régies par la loi du 15 juin 1906 sur les distributions d'énergie.

Dans le cas des installations de traction électrique, cette exclusion s'étend aux chantiers d'extension, de transformation et d'entretien de ces installations, aux équipements électriques du matériel roulant ferroviaire ainsi qu'aux installations techniques et de sécurité ferroviaires.

Art. R. 4544-2. Pour l'application des dispositions du présent chapitre, on entend par opérations sur les installations électriques :

1° Dans les domaines haute et basse tension, les travaux hors tension, les travaux sous tension, les manœuvres, les essais, les mesurages et les vérifications ;

2° Dans le domaine basse tension, les interventions.

On entend par opérations effectuées dans le voisinage d'installations électriques les opérations d'ordre électrique et non électrique effectuées dans une zone définie autour de pièces nues sous tension, dont les dimensions varient en fonction du domaine de tension. Un arrêté des ministres chargés du travail et de l'agriculture précise ces dimensions.

Note Voir arrêté du 9 juillet 2013 (JO 23) relatif aux dimensions de la zone de voisinage autour d'une pièce nue sous tension.

Art. R. 4544-3. La définition des opérations sur les installations électriques ou dans leur voisinage ainsi que les modalités recommandées pour leur exécution figurent dans les normes homologuées dont les références sont publiées au *Journal officiel* de la République française par arrêté des ministres chargés du travail et de l'agriculture.

Note Voir arrêté du 20 novembre 2017 (JO 30, entrée en vigueur le 01.01.2018) relatif aux normes définissant les modalités recommandées pour l'exécution des opérations sur les installations électriques ou dans leur voisinage.

SECTION 2. Obligations générales de l'employeur

Art. R. 4544-4. L'employeur définit et met en œuvre les mesures de prévention de façon à supprimer ou, à défaut, à réduire autant qu'il est possible le risque d'origine électrique lors des opérations sur les installations électriques ou dans leur voisinage. À cet effet, il s'assure que :

1° Les travaux sont effectués hors tension, sauf s'il ressort de l'évaluation des risques que les conditions d'exploitation rendent dangereuse la mise hors tension ou en cas d'impossibilité technique ;

2° Les opérations effectuées au voisinage de pièces nues sous tension sont limitées aux cas où il n'a pas été possible de supprimer ce voisinage soit en consignant l'installation ou la partie d'installation à l'origine de ce voisinage soit à défaut, en assurant la protection par éloignement, obstacle ou isolation ;

3° Les opérations d'ordre non électrique dans le voisinage de pièces nues sous tension sont limitées aux seules opérations qui concourent à l'exploitation et à la maintenance des installations électriques.

SECTION 3. Prescriptions particulières

Art. R. 4544-5. Les travaux hors tension sont réalisés dans les conditions suivantes :

1° La partie de l'installation sur laquelle ils sont effectués doit être préalablement identifiée et consignée, de telle façon que, pendant toute la durée des travaux, aucune tension ne subsiste, ne puisse apparaître ou réapparaître dans cette partie d'installation ;

2° La tension ne doit pouvoir être rétablie dans la partie d'installation considérée qu'après que l'installation a été déconsignée, et que si le rétablissement de la tension ne présente aucun risque.

Art. R. 4544-6. Dans le cas de travaux effectués au voisinage de parties actives nues sous tension des domaines HTA ou HTB mentionnés aux 3° et 4° de l'article R. 4226-2, une surveillance permanente est assurée par une personne habilitée, désignée à cet effet, qui veille à l'application des mesures de sécurité prescrites.

L'accès aux locaux ou emplacements à risques particuliers de choc électrique mentionnés à l'article R. 4226-9 est réservé aux personnes titulaires d'une habilitation appropriée. Toutefois, pour des opérations d'ordre non électrique, d'autres personnes peuvent être autorisées à y pénétrer, à la condition d'avoir été informées des instructions de sécurité à respecter vis-à-vis des risques électriques et d'être placées sous la surveillance constante d'une personne habilitée et désignée à cet effet.

Art. R. 4544-7. Les travaux sous tension, y compris lorsqu'ils sont confiés à une entreprise extérieure, ne peuvent être entrepris que sur un ordre écrit du chef de l'établissement dans lequel ils sont effectués, justifiant la nécessité de travailler sous tension.

Art. R. 4544-8. Pour la réalisation de travaux sous tension, l'employeur met en œuvre les mesures de prévention qui comprennent, compte tenu de l'évaluation des risques:

1° La définition des modes opératoires appropriés;

2° Le choix des équipements de travail appropriés aux conditions et caractéristiques des travaux à effectuer ainsi que des équipements de protection individuelle et des vêtements de travail, appropriés aux risques et aux conditions dans lesquelles les travaux sont effectués.

Ces mesures de prévention sont conformes aux normes homologuées dont les références sont précisées par arrêté des ministres chargés du travail et de l'agriculture.

SECTION 4. Travailleurs autorisés à effectuer des opérations sur les installations électriques ou dans leur voisinage

Art. R. 4544-9. Les opérations sur les installations électriques ou dans leur voisinage ne peuvent être effectuées que par des travailleurs habilités.

Art. R. 4544-10. Un travailleur est habilité dans les limites des attributions qui lui sont confiées. L'habilitation, délivrée par l'employeur, spécifie la nature des opérations qu'il est autorisé à effectuer.

Avant de délivrer l'habilitation, l'employeur s'assure que le travailleur a reçu la formation théorique et pratique qui lui confère la connaissance des risques liés à l'électricité et des mesures à prendre pour intervenir en sécurité lors de l'exécution des opérations qui lui sont confiées.

L'employeur délivre, maintient ou renouvelle l'habilitation selon les modalités contenues dans les normes mentionnées à l'article R. 4544-3.

L'employeur remet à chaque travailleur un carnet de prescriptions établi sur la base des prescriptions pertinentes de ces normes, complété, le cas échéant, par des instructions de sécurité particulières au travail effectué.

(D. 2016-1908 du 27 déc. 2016, art. 17, VII, JO 29, entrée en vigueur le 01.01.2017) «Tout travailleur habilité au titre du présent article bénéficie d'un suivi individuel renforcé prévu aux articles R. 4624-22 à R. 4624-28 en application du II de l'article R. 4624-23.»

Art. R. 4544-11. ***(D. 2016-1318 du 5 oct. 2016, JO 7, entrée en vigueur le 01.01.2017)*** I. – Tout travailleur qui effectue des travaux sous tension est titulaire d'une habilitation spécifique délivrée par l'employeur après l'obtention d'un document délivré par un organisme de formation agréé attestant qu'il a acquis les connaissances et les compétences nécessaires. Cette habilitation spécifique est délivrée, maintenue ou renouvelée selon les modalités contenues dans les normes mentionnées à l'article R. 4544-3.

II. – L'employeur s'assure avant toute formation que les travailleurs qui suivent la formation mentionnée au I ont les capacités et les compétences et expérience professionnelles requises dans le domaine des opérations d'ordre électrique.

III. – Les organismes de formation mentionnés au I sont agréés pour une durée d'au plus quatre ans par le ministre chargé du travail, au vu du rapport technique établi par un organisme expert compétent et après avis du conseil d'orientation des conditions de travail.

IV. – Un arrêté du ministre chargé du travail détermine la procédure et les modalités de délivrance ou de retrait d'agrément des organismes de formation et désigne l'organisme expert mentionné au III chargé d'établir un rapport technique sur toute demande d'agrément.

Note Cet article dans sa rédaction issue du décret 2016-1318 du 5 octobre 2016 est entré en vigueur à compter du 01.01.2017 sous réserve des dispositions suivantes:
– à compter du 1er janvier 2017, les habilitations délivrées par les employeurs aux travailleurs qui effectuent des travaux sous tension conservent leur validité selon les conditions de leur délivrance, et au plus tard au 1er janvier 2020;

– les organismes chargés de la formation et de l'évaluation des travailleurs mentionnés au III de cet article dans la rédaction issue du décret 2016-1318 précité qui exercent au 7 octobre 2016 sont autorisés à poursuivre cette activité jusqu'à la date de leur premier agrément, qui intervient au plus tard au 1er janvier 2018. Toutefois, par dérogation à cet article, l'agrément initial délivré par le ministre chargé du travail ne peut être supérieur à un an;
– les employeurs disposent d'un délai maximal de deux ans à compter du 1er janvier 2018 pour délivrer les habilitations spécifiques mentionnées au I de cet article aux travailleurs concernés (décret 2016-1318, art. 2).

Un arrêté du 21 novembre 2016 (JO 29, entrée en vigueur le 01.01.2017) précise la procédure et les modalités de l'agrément des organismes de formation aux travaux sous tension sur les installations électriques visés à cet article.

LIVRE VI

INSTITUTIONS ET ORGANISMES DE PRÉVENTION

TITRE II SERVICES DE SANTÉ AU TRAVAIL

Note • La loi 2002-73 du 17 janvier 2002, art. 193 (JO 18) a remplacé dans ce titre (titre IV du livre II ancien) les mots «services de médecine du travail» et «services médicaux du travail» par «services de santé au travail» et les mots «service médical du travail» par «service de santé au travail». Les décrets 2003-546 du 24 juin 2003 (JO 26) et 2004-760 du 28 juillet 2004 (JO 30) ont effectué ce changement dans la partie réglementaire du même titre.

• Voir notamment, sur la nature juridique de l'institution, Dr. Soc. 1980 «La médecine du travail: œuvre sociale», J. Pélissier, S. 23 et «Perspectives», P. Cabannes, S. 31; sur les obligations déontologiques des médecins du travail, se reporter notamment au décret 95-1000 du 6 septembre 1995 (JO 8) portant code de déontologie médicale; «L'évolution de la médecine du travail», L. Doré, Dr. Soc. 2004, p. 931; «Les perspectives de la médecine du travail – Réflexion à partir d'une réforme», M. Babin, Dr. Soc. 2005, p. 653.

Sur les conséquences du décret 2004-760 du 28 juillet 2004 relatif à la réforme de la médecine du travail, voir notamment rép. QE 47234, JO AN 13 décembre 2005, p. 11559.

Voir aussi plus récemment «La médecine du travail est-elle menacée ?» P. Frimat et F. Guillon, RDT 2011, p. 86; «Pénurie de médecins du travail et visites médicales obligatoires – Quelles responsabilités ? Quelles perspectives ?» M-C Amauger-Lattes, Dr. Soc. 2011, p. 351.

• La loi 2011-867 du 20 juillet 2011 (JO 24) relative à l'organisation de la médecine du travail a remanié la mission et le fonctionnement des services de santé au travail, dont les services interentreprises. Elle a prévu notamment une assistance de l'employeur dans sa mission de prévention des risques professionnels et renforce le rôle et la protection du médecin du travail. Voir notamment RF 15 sept. 2011, FH 3413, p. 23; JCP éd. S 2011, 1421, M. Caron et P-Y Verkindt, «La réforme de la médecine du travail n'est plus (tout à fait) un serpent de mer»; 1422, M. Babin, «La réforme de la médecine du travail: quels changements pour l'entreprise ?»; RDT, décembre 2011, ET, 682, «La loi 2011-867 du 20 juillet 2011 relative à l'organisation de la médecine du travail. Renforcement de la protection des salariés ou renforcement de l'autorité patronale sur les services de santé au travail», M. Véricel; JCP éd. S 2011, 1541, «Un avenir pour la santé au travail sans "aptitude périodique" est possible…», S. Fantoni-Quinton, G. Leclercq, P-Y Verkindt, P. Frimat; JCP éd. S 2012, 1314, «D'une médecine de l'aptitude à la médecine de prévention des risques professionnels», F. Pelletier et S. Marinier; RDT, avril 2012, ET, 200, «Les nouveaux visages de la médecine du travail», K. Chatzilaou, M. Alves Condé, B. Gomes et M. Roussel; JCP éd. S 2013, 1245, «La santé au travail: nouveaux enjeux, nouveau cadre réglementaire», J-L Crozafon; Dr. Soc. 2013, p. 1023, «Le système de santé au travail pourrait-il exister sans (in)aptitude ?», S. Fantoni-Quinton.

• Le décret 2012-137 du 30 janvier 2012 (JO 31) relatif à l'organisation et au fonctionnement des services de santé au travail, entré en vigueur le 1er juillet 2012, a déterminé les conditions d'organisation et de fonctionnement des services de santé au travail mentionnés à l'article L. 4622-17 CT, précisant, en particulier, les différentes formes possibles de services (service de santé au travail de groupe, d'entreprise, d'établissement, interentreprises, etc.), les conditions de leur création ainsi que leurs relations avec les Direccte [Dreets], le rôle et les modalités de fonctionnement de la commission médico-technique et des instances de surveillance et de consultation. Le décret 2012-135 du 30 janvier 2012 (JO 31) relatif à l'organisation de la médecine du travail, entré en vigueur le 1er juillet 2012, a précisé les missions des services de santé au travail interentreprises, notamment celles du médecin du travail et définit les actions et moyens des différents membres de l'équipe pluridisciplinaire. Il a prévu, en outre, les modalités du suivi individuel de l'état de santé du salarié (surveillances médicales périodique et renforcée) et a précisé les conditions d'exercice de la fonction d'intervenant en prévention des risques professionnels externes aux services de santé au travail.

S'agissant des services de santé au travail en agriculture, voir décrets 2012-706 du 7 mai 2012 (JO 8) et 2012-837 du 29 juin 2012 (JO 30).

Voir circulaire DGT n° 13 du 9 novembre 2012 (BO TR 2012/11 du 30.11.2012) sur les principaux apports et enjeux de la réforme de la médecine du travail et des services de santé au travail: une réforme en profondeur mais dans la continuité des précédents textes; le sens de la réforme issue de la loi du 20 juillet 2011 et des décrets du 30 janvier 2012 et ses principaux apports: une gouvernance et un pilotage améliorés des services de santé au travail, des missions et des moyens d'action renouvelés au service de la santé au travail (mise en œuvre effective de la pluridisciplinarité, amélioration du suivi individuel des salariés dans un contexte contraint), principaux repères pour l'action.

Sur le devenir de la médecine du travail dédiée à la santé des travailleurs, voir rép. QE 2230, JO Sén. 23 mai 2013, p. 1588.

• S'agissant du droit communautaire, se reporter à la recommandation de la Commission aux États membres du 20 juillet 1962 relative à la médecine du travail dans l'entreprise (JOCE 080 du 31.08.1962). Voir aussi directive 89/391/CEE du 12 juin 1989 relative à la mise en œuvre de mesures visant à promouvoir l'amélioration de la sécurité et de la santé des travailleurs au travail (JOCE L 183 du 29.06.1989).

• *Mayotte*. Les dispositions législatives de ce titre sont applicables à Mayotte:

1° À compter du 1er janvier 2018, pour les services de santé au travail nouvellement créés;

2° Au plus tard à compter du 1er janvier 2019, ou dès la délivrance d'un agrément selon les règles prévues par le chapitre IV de ce titre, pour les services de santé au travail existants à Mayotte (ordonnance 2017-1491 du 25 octobre 2017, art. 37, II, JO 26).

Les dispositions réglementaires de ce titre ne s'appliquent pas à Mayotte tant qu'un service de santé au travail n'est pas agréé dans les conditions déterminées par l'article 37 de l'ordonnance 2017-1491 précitée (décret 2018-953 du 31 octobre 2018, art. 60, JO 6 nov.).

• *Covid-19*. Voir ordonnances 2020-386 du 1er avril 2020, JO 2 et 2020-1502 du 2 décembre 2020, JO 3, et décrets 2021-24 du 13 janvier 2021, JO 14 et 2021-56 du 22 janvier 2021, JO 24, entrée en vigueur le 24.01.2021.

Sur *les services de santé en période de Covid-19*, voir notamment le «Questions - Réponses» accessible sur le site internet du ministère du Travail.

CHAPITRE Ier Champ d'application

Art. L. 4621-1. Les dispositions du présent livre sont applicables aux employeurs de droit privé ainsi qu'aux travailleurs.

(L. 2009-526 du 12 mai 2009, JO 13) «Elles sont également applicables aux établissements mentionnés aux 1°, 2° et 3° de l'article L. 4111-1.»

Note • Sont notamment assujettis à la médecine du travail les entreprises de transport dont le personnel est régi par un statut, les mines, minières et carrières (art. 218-1 à 29 c. minier et L. 180-1 et L. 351-1 nouv. c. minier), les entreprises de travail temporaire (art. R. 4625-2 à 20) [mais si l'activité exercée par un utilisateur de main-d'œuvre temporaire nécessite une surveillance médicale spéciale, c'est à ce dernier qu'il incombe de faire procéder aux examens y afférents (art. L. 1251-22)], les groupements d'employeurs (art. L. 1253-13), les entreprises foraines (art. R. 4622-18), les employeurs occupant des apprentis, les personnes occupant des concierges, employés d'immeubles à usage d'habitation ainsi que celles occupant des employés de maison (art. L. 7211-3, L. 7221-2 et R. 7214-1 à 21).

• La surveillance médicale de *catégories particulières de travailleurs* est précisée aux articles L. 4625-1 et 1-1 (salariés temporaires, salariés en contrat à durée déterminée, stagiaires de la formation professionnelle, travailleurs des associations intermédiaires, travailleurs exécutant habituellement leur contrat dans une entreprise autre que celle de leur employeur, travailleurs éloignés exécutant habituellement leur contrat dans un département différent de celui où se trouve l'établissement qui les emploie, travailleurs détachés temporairement par une entreprise non établie en France, travailleurs saisonniers) et L. 4625-2 (dérogations).

L'article R. 4624-23 liste précisément les salariés bénéficiant d'un suivi individuel renforcé.

• En ce qui concerne les gérants non salariés auxquels est applicable le statut fixé par les articles L. 7322-1 et s., le ministre chargé du travail a considéré qu'ils ne relevaient pas de la médecine du travail (lettre min. 75-135).

Art. L. 4621-2. ***(L. 2019-486 du 22 mai 2019, art. 11, VI, 10°, JO 23, entrée en vigueur le 01.01.2020)*** Par dérogation aux articles L. 1111-2 et L. 1111-3, pour l'application de la section 1 du chapitre III du titre II du livre VI de la quatrième partie de la partie réglementaire, un décret en Conseil d'État fixe les conditions dans lesquelles l'effectif salarié et les règles de franchissement des seuils d'effectif sont déterminés.

Art. R. 4621-1. ***(D. 2012-135 du 30 janv. 2012, JO 31, entrée en vigueur le 01.07.2012)*** Les dispositions du présent titre ne s'appliquent pas aux entreprises et établissements agricoles, dont les services de santé au travail sont régis par le livre VII du code rural et de la pêche maritime.

Note Voir articles L. 717-1 à 6 et D. 717-1 à R. 717-73 c. rur. et pêche mar.
Voir aussi arrêté du 6 mai 2013 (JO 12) relatif aux travaux agricoles nécessitant une surveillance médicale renforcée.

CHAPITRE II Missions et organisation

SECTION 1. Principes

Art. L. 4622-1. Les employeurs relevant du présent titre organisent des services de santé au travail.

Art. L. 4622-2. ***(L. 2011-867 du 20 juil. 2011, art. 1er, JO 24)*** Les services de santé au travail ont pour mission exclusive d'éviter toute altération de la santé des travailleurs du fait de leur travail. À cette fin, ils :

1° Conduisent les actions de santé au travail, dans le but de préserver la santé physique et mentale des travailleurs tout au long de leur parcours professionnel ;

2° Conseillent les employeurs, les travailleurs et leurs représentants sur les dispositions et mesures nécessaires afin d'éviter ou de diminuer les risques professionnels, d'améliorer les conditions de travail, de prévenir la consommation d'alcool et de drogue sur le lieu de travail, ***(L. 2012-954 du 6 août 2012, JO 7)*** « de prévenir le harcèlement sexuel ou moral, » de prévenir ou de réduire ***(Ord. 2017-1389 du 22 sept. 2017, JO 23, entrée en vigueur le 01.10.2017)*** « les effets de l'exposition ***(Ord. 2017-1718 du 20 déc. 2017, art. 1er, I, 142°, JO 21)*** « aux facteurs de risques professionnels mentionnés à l'article L. 4161-1 » et la désinsertion professionnelle et de contribuer au maintien dans l'emploi des travailleurs ;

3° Assurent la surveillance de l'état de santé des travailleurs en fonction des risques concernant leur ***(L. 2015-994 du 17 août 2015, art. 26, II, JO 18)*** « santé au travail et leur sécurité et celle des tiers » ***(Ord. 2017-1389 du 22 sept. 2017, JO 23, entrée en vigueur le 01.10.2017)*** « , des effets de l'exposition ***(Ord. 2017-1718 du 20 déc. 2017, art. 1er, I, 142°, JO 21)*** « aux facteurs de risques professionnels mentionnés à l'article L. 4161-1 » et de leur âge ;

4° Participent au suivi et contribuent à la traçabilité des expositions professionnelles et à la veille sanitaire.

Note Un employeur, adhérent à un service agréé de santé au travail interentreprises, avait cessé de payer ses cotisations en invoquant des dysfonctionnements récurrents du service dans la mise en œuvre des examens médicaux obligatoires. Sur opposition à l'injonction de payer délivrée à la demande de l'association, l'employeur demandait des dommages-intérêts d'un montant égal aux cotisations réclamées. Les juges, approuvés par la Cour de cassation, ont accueilli sa demande en ordonnant la compensation des créances après avoir relevé que le service de santé au travail n'avait procédé qu'à un seul des examens médicaux périodiques sur les cinq demandés par la société et n'avait pas respecté le délai de visite annuelle pour quatre des salariés soumis à une surveillance médicale renforcée et qu'en raison des défaillances du service de santé au travail l'employeur commettait une infraction pénale pour non-respect des règles relatives à la santé et à la sécurité et se trouvait confronté à un déficit d'informations déterminantes pour l'accomplissement des actions de prévention et le respect des obligations qui lui incombent en ce domaine. Ils en ont déduit que la société avait subi un préjudice qu'ils ont souverainement évalué à une somme égale au montant des cotisations annuelles dues par l'adhérente (cass. civ., 1re ch., 19 décembre 2013, n° 12-25.056, BC I n° 256 ; RJS 3/14 n° 233).

Art. L. 4622-3. Le rôle du médecin du travail est exclusivement préventif. Il consiste à éviter toute altération de la santé des travailleurs du fait de leur travail, notamment en surveillant leurs conditions d'hygiène au travail, les risques de contagion et leur état de santé ***(L. 2015-994 du 17 août 2015, art. 26, III, JO 18)*** « , ainsi que ***(L. 2016-1088 du 8 août 2016, art. 102, II, 1°, JO 9, entrée en vigueur au plus tard le 01.01.2017)*** « tout risque manifeste d'atteinte à la sécurité des tiers évoluant dans l'environnement immédiat de travail ».

Art. L. 4622-4

Art. L. 4622-4. ***(L. 2011-867 du 20 juil. 2011, art. 1er, JO 24)*** Dans les services de santé au travail autres que ceux mentionnés à l'article L. 4622-7, les missions définies à l'article L. 4622-2 sont exercées par les médecins du travail en toute indépendance. Ils mènent leurs actions en coordination avec les employeurs, les membres du ***(Ord. 2017-1386 du 22 sept. 2017, art. 4, 63°, JO 23, entrée en vigueur au plus tard le 01.01.2018)*** «comité social et économique» et les personnes ou organismes mentionnés à l'article L. 4644-1.

Note • Le syndicat national professionnel des médecins du travail n'est pas fondé à demander l'annulation du décret du 24 juin 2003 pris pour l'application de l'article L. 241-2 (ancien) CT. En premier lieu, l'instauration au profit d'intervenants en prévention des risques professionnels d'un statut protecteur analogue à celui dont bénéficient les salariés protégés relève des principes fondamentaux du droit du travail au sens de l'article 34 de la Constitution et, donc, de la compétence du législateur. En conséquence, elle ne pouvait figurer dans le décret. En deuxième lieu, les garanties reconnues à ces intervenants par les dispositions du décret ne sont pas incompatibles avec les objectifs de la directive 89/391/CEE du Conseil du 12 juin 1989 concernant la mise en œuvre de mesures visant à promouvoir l'amélioration de la sécurité et de la santé des travailleurs au travail. En troisième lieu, en ouvrant aux intervenants un droit d'accès aux informations relatives aux risques pour la santé dans des conditions de nature à garantir le caractère confidentiel des données individuelles, les dispositions du décret ne sauraient porter atteinte au respect du secret médical à l'égard des salariés, dont la garantie est assurée par les dispositions de l'article 226-13 c. pén. Enfin, les dispositions du décret qui précisent les relations entre le médecin du travail et les intervenants n'excluent pas que soient transmises aux médecins du travail toutes les informations relatives aux risques professionnels (CE 20 octobre 2004, n° 258379, RJS 1/05 n° 49).

• L'article 7 § 1 de la directive 89/391/CEE relatif aux services de protection et de prévention prévoit que l'employeur désigne un ou plusieurs travailleurs pour s'occuper des activités de protection et des activités de prévention des risques professionnels de l'entreprise et/ou de l'établissement. L'article 7 § 5 prévoit que les travailleurs désignés doivent avoir les capacités nécessaires et disposer des moyens requis pour prendre en charge des activités de protection et de prévention, en tenant compte de la taille de l'entreprise et/ou de l'établissement et/ou des risques auxquels les travailleurs sont exposés ainsi que de leur répartition dans l'ensemble de l'entreprise et/ou de l'établissement. L'article 7 § 8 dispose qu'il incombe aux États membres de définir ces capacités et aptitudes, sans toutefois renvoyer à des critères ou à d'autres éléments pour éclairer les États membres dans la transposition de cette disposition.

Il ne saurait être prétendu qu'il est nécessaire que la législation nationale transposant les dispositions en cause contienne une référence à une constatation objective de ce que l'intéressé a suivi une formation appropriée ou qu'il a effectivement acquis l'expérience et les connaissances requises pour les tâches en question que si l'objectif de protection de la sécurité et de la santé des travailleurs au travail ne saurait être atteint par d'autres moyens. Il y a lieu de vérifier si la définition des capacités et aptitudes retenue par le royaume de Suède satisfait aux exigences et aux objectifs de la directive. Il en ressort que l'employeur dispose d'indications suffisantes pour lui permettre de déterminer le niveau des capacités et aptitudes nécessaires aux travailleurs chargés de la sécurité, ainsi que du contenu de la formation dont ils doivent bénéficier le cas échéant. Au vu de ces considérations, il y a lieu de conclure que la Commission n'a pas établi que les dispositions suédoises définissant les capacités et aptitudes nécessaires pour les personnes désignées afin de mettre en œuvre les mesures de prévention et les mesures de protection en ce qui concerne la santé et la sécurité ne répondent pas à l'objectif spécifique de l'article 7 § 8 de la directive (CJCE 15 juin 2006, aff. C-459/04, rec. p. I-79; JOUE C 190/4 du 12.08.2006; JCP éd. S 2006, 1636, note J. Cavallini).

Art. L. 4622-5. Selon l'importance des entreprises, les services de santé au travail peuvent être propres à une seule entreprise ou communs à plusieurs.

Art. L. 4622-6. Les dépenses afférentes aux services de santé au travail sont à la charge des employeurs.

Dans le cas de services communs à plusieurs entreprises, ces frais sont répartis proportionnellement au nombre des salariés.

(L. 2016-925 du 7 juil. 2016, art. 43, JO 8) «Par dérogation au deuxième alinéa, dans le cas des dépenses effectuées pour les journalistes rémunérés à la pige relevant de l'article L. 7111-3, pour les salariés relevant des professions mentionnées à l'article L. 5424-22 et pour ceux définis à l'article L. 7123-2, ces frais sont répartis proportionnellement à la masse salariale.»

Note Selon le ministre du Travail, le coût de l'adhésion à un SSTI ne peut légalement reposer sur un autre critère que le nombre des salariés de l'entreprise. Les modes de facturation assis totalement ou partiellement sur la masse salariale sont irréguliers et doivent être abandonnés. Pour se mettre en conformité, au besoin au terme d'une période transitoire, les SSTI pourront être accompagnés par les Direccte [Dreets] (circ. DGT n° 13 du 9 novembre 2012, 1re partie, I, 1.2.2.; rép. QE 40809, JO AN 4 février 2014, p. 1126).

Voir aussi CE 30 juin 2014, n° 365071, LS Jurispr. n° 123 du 8.07.2014.

La Cour de cassation a précisé que la cotisation doit être fixée à une somme, par salarié équivalent temps plein de l'entreprise, correspondant au montant total des dépenses engagées par le service de santé interentreprises auquel adhère l'employeur rapporté au nombre total de salariés pris en charge par l'organisme et que seul peut être appliqué le cas échéant à ce calcul un coefficient déterminé correspondant au nombre de salariés nécessitant une surveillance médicale renforcée (cass. soc. 19 septembre 2018, n° 17-16.219, à paraître, LSQ n° 17657 du 24.09.2018; JCP éd. S 2018, 1345, note A-F Jover; RJS 12/18 n° 744; RDT, février 2019, CH, 116, M. Véricel).

SECTION 2. **Services de santé au travail interentreprises**

Art. L. 4622-7. Lorsque le service de santé au travail est assuré par un groupement ou organisme distinct de l'établissement employant les travailleurs bénéficiaires de ce service, les responsables de ce groupement ou de cet organisme sont soumis, dans les mêmes conditions que l'employeur et sous les mêmes sanctions, aux prescriptions du présent titre.

Art. L. 4622-8. ***(L. 2011-867 du 20 juil. 2011, art. 1er, JO 24)*** Les missions des services de santé au travail sont assurées par une équipe pluridisciplinaire de santé au travail comprenant des médecins du travail, ***(L. 2016-1088 du 8 août 2016, art. 102, II, 2°, JO 9, entrée en vigueur au plus tard le 01.01.2017)*** «des collaborateurs médecins, des internes en médecine du travail,» des intervenants en prévention des risques professionnels et des infirmiers. Ces équipes peuvent être complétées par des assistants de services de santé au travail et des professionnels recrutés après avis des médecins du travail. Les médecins du travail animent et coordonnent l'équipe pluridisciplinaire.

Note Le moyen tiré de ce que cet article, dans sa rédaction résultant de la loi du 20 juillet 2011, porte atteinte aux droits et libertés garantis par la Constitution, en ce qu'il ne garantit pas l'indépendance du médecin du travail dans les services de santé au travail interentreprises, créant ainsi une inégalité dans l'accès aux soins entre les salariés qui relèvent d'un service de santé au travail interentreprises et ceux qui relèvent d'un service de santé au travail autonome doit être écarté. En effet le principe de l'indépendance du médecin du travail dans l'exercice de son art s'impose également dans le cadre des services de santé au travail interentreprises, nonobstant l'absence de mention expresse à l'article L. 4622-8. Est à cet égard sans incidence la circonstance que, dans ces services, le médecin du travail exerce son activité au sein d'une équipe pluridisciplinaire. L'article L. 4623-8 CT, introduit par la même loi du 20 juillet 2011, rappelle d'ailleurs que, quelle que soit la nature du service de santé au travail concerné, le médecin du travail assure ses missions «dans les conditions d'indépendance professionnelle définies et garanties par la loi». La disposition législative litigieuse n'introduit dès lors, sur ce point, aucune différence de traitement entre les salariés, selon qu'ils relèvent d'un service de santé au travail autonome ou d'un service de santé au travail interentreprises (CE 25 juin 2012, n° 358108, LS Jurispr. n° 156 des 20-21.08.2012).

Art. L. 4622-9. ***(L. 2011-867 du 20 juil. 2011, art. 1er, JO 24)*** Les services de santé au travail comprennent un service social du travail ou coordonnent leurs actions avec celles des services sociaux du travail prévus à l'article L. 4631-1.

Art. L. 4622-10. ***(L. 2011-867 du 20 juil. 2011, art. 1er, JO 24)*** Les priorités des services de santé au travail sont précisées, dans le respect des missions générales prévues à l'article L. 4622-2, des orientations de la politique nationale en matière de protection et de promotion de la santé et de la sécurité au travail, d'amélioration des conditions de travail, ainsi que de son volet régional, et en fonction des réalités locales, dans le cadre d'un contrat pluriannuel d'objectifs et de moyens conclu entre le service, d'une part, l'autorité administrative et les organismes de sécurité sociale compétents, d'autre part, après avis des organisations d'employeurs, des organisations syndicales de salariés représentatives au niveau national et des agences régionales de santé.

Les conventions prévues à l'article L. 422-6 du code de la sécurité sociale sont annexées à ce contrat.

Art. L. 4622-11

La durée, les conditions de mise en œuvre et les modalités de révision des contrats d'objectifs et de moyens prévus au premier alinéa sont déterminées par décret.

Art. L. 4622-11. ***(L. 2011-867 du 20 juil. 2011, art. 3, JO 24)*** Le service de santé au travail est administré paritairement par un conseil composé:

1° De représentants des employeurs désignés par les entreprises adhérentes;

2° De représentants des salariés des entreprises adhérentes, désignés par les organisations syndicales représentatives au niveau national et interprofessionnel.

Le président, qui dispose d'une voix prépondérante en cas de partage des voix, est élu parmi les représentants mentionnés au 1°. Il doit être en activité.

Le trésorier est élu parmi les représentants mentionnés au 2°.

Les modalités d'application du présent article sont déterminées par décret.

Art. L. 4622-12. ***(L. 2011-867 du 20 juil. 2011, art. 4, JO 24)*** L'organisation et la gestion du service de santé au travail sont placées sous la surveillance:

1° Soit d'un ***(Ord. 2017-1386 du 22 sept. 2017, art. 4, 80°, JO 23, entrée en vigueur au plus tard le 01.01.2018)*** «comité social et économique interentreprises constitué par les comités sociaux et économiques intéressés»;

2° Soit d'une commission de contrôle composée pour un tiers de représentants des employeurs et pour deux tiers de représentants des salariés. Son président est élu parmi les représentants des salariés.

Art. L. 4622-13. ***(L. 2011-867 du 20 juil. 2011, art. 5, JO 24)*** Dans le service de santé au travail interentreprises, une commission médico-technique a pour mission de formuler des propositions relatives aux priorités du service et aux actions à caractère pluridisciplinaire conduites par ses membres.

Art. L. 4622-14. ***(L. 2011-867 du 20 juil. 2011, art. 5, JO 24)*** Le service de santé au travail interentreprises élabore, au sein de la commission médico-technique, un projet de service pluriannuel qui définit les priorités d'action du service et qui s'inscrit dans le cadre du contrat d'objectifs et de moyens prévu à l'article L. 4622-10. Le projet est soumis à l'approbation du conseil d'administration.

Art. L. 4622-15. ***(L. 2011-867 du 20 juil. 2011, art. 11, JO 24)*** Toute convention intervenant directement ou par personne interposée entre le service de santé au travail et son président, son directeur ou l'un de ses administrateurs doit être soumise à l'autorisation préalable du conseil d'administration.

Il en est de même des conventions auxquelles une des personnes visées au premier alinéa est indirectement intéressée.

Sont également soumises à autorisation préalable les conventions intervenant entre le service de santé au travail et une entreprise si le président, le directeur ou l'un des administrateurs du service de santé au travail est propriétaire, associé indéfiniment responsable, gérant, administrateur, membre du conseil de surveillance ou, de façon générale, dirigeant de cette entreprise.

Lorsque les trois premiers alinéas sont applicables au président du service de santé au travail ou à l'un de ses administrateurs, il ne peut prendre part au vote sur l'autorisation sollicitée.

Lorsque les conventions portent sur des opérations courantes ou conclues à des conditions usuelles, elles font uniquement l'objet d'une communication au président et aux membres du conseil d'administration.

Art. L. 4622-16. ***(L. 2011-867 du 20 juil. 2011, art. 13, JO 24)*** Le directeur du service de santé au travail interentreprises met en œuvre, en lien avec l'équipe pluridisciplinaire de santé au travail et sous l'autorité du président, les actions approuvées par le conseil d'administration dans le cadre du projet de service pluriannuel.

SECTION 3. **Dispositions d'application**

Art. L. 4622-17. Des décrets déterminent les conditions d'organisation et de fonctionnement des services de santé au travail ainsi que les adaptations à ces conditions dans les services de santé des établissements de santé, sociaux et médico-sociaux.

Note Cet article est l'ancien article L. 4622-8 (loi 2011-867 du 20 juillet 2011, art. 1er, 3°, JO 24). Voir décrets précités ci-avant sous Titre II «Services de santé au travail».

SECTION 1 (réglementaire). Organisation des services de santé au travail

Note • Les sections 1 à 4 ont été introduites par le décret 2012-135 du 30 janvier 2012, JO 31, entrée en vigueur le 01.07.2012.

• Voir circulaire DGT n° 13 du 9 novembre 2012, 1re partie, I (BO TR 2012/11 du 30.11.2012).

Art. D. 4622-1. ***(D. 2012-137 du 30 janv. 2012, JO 31, entrée en vigueur le 01.07.2012)*** Le service de santé au travail est organisé sous la forme:

1° Soit d'un service autonome, qui peut être un service de groupe au sens de l'article L. 2331-1, d'entreprise, inter-établissements, d'établissement ou commun aux entreprises constituant une unité économique et sociale;

2° Soit d'un service de santé au travail interentreprises.

Art. D. 4622-2. ***(D. 2012-137 du 30 janv. 2012, JO 31, entrée en vigueur le 01.07.2012)*** Lorsque, pour organiser le service de santé au travail, l'entreprise a le choix entre les deux formes de service prévues à l'article D. 4622-1, ce choix est fait par l'employeur.

Le ***(D. 2017-1819 du 29 déc. 2017, art. 3, 4°, JO 30, entrée en vigueur le 01.01.2018)*** «comité social et économique» préalablement consulté peut s'opposer à cette décision. L'opposition est motivée.

Art. D. 4622-3. ***(D. 2012-137 du 30 janv. 2012, JO 31, entrée en vigueur le 01.07.2012)*** Lorsque le ***(D. 2017-1819 du 29 déc. 2017, art. 3, 4°, JO 30, entrée en vigueur le 01.01.2018)*** «comité social et économique» s'est opposé à la décision de l'employeur, celui-ci saisit le ***(D. 2020-1545 du 9 déc. 2020, JO 10, entrée en vigueur le 01.04.2021)*** «directeur régional de l'économie, de l'emploi, du travail et des solidarités», qui se prononce sur la forme du service, après avis du médecin inspecteur du travail.

Art. R. 4622-4. Le choix par l'employeur de la forme du service est réputé approuvé par le ***(D. 2020-1545 du 9 déc. 2020, JO 10, entrée en vigueur le 01.04.2021)*** «directeur régional de l'économie, de l'emploi, du travail et des solidarités» si aucune opposition ne lui a été notifiée dans le délai d'un mois à compter de la réception de sa saisine.

SECTION 2 (réglementaire). Services autonomes de santé au travail

Sous-section 1. Services de santé au travail de groupe, d'entreprise ou d'établissement

Art. D. 4622-5. ***(D. 2012-137 du 30 janv. 2012, JO 31, entrée en vigueur le 01.07.2012)*** Un service de santé au travail de groupe, d'entreprise ou d'établissement peut être institué lorsque l'effectif de salariés suivis atteint ou dépasse 500 salariés.

Le service de santé au travail de groupe est institué par accord entre tout ou partie des entreprises du groupe.

Note À noter que la condition relative au nombre d'examens médicaux pratiqués a été supprimée par le décret 2012-137 précité.

Art. D. 4622-6. ***(D. 2012-137 du 30 janv. 2012, JO 31, entrée en vigueur le 01.07.2012)*** Le service de santé au travail d'entreprise ou d'établissement est administré par l'employeur sous la surveillance du ***(D. 2017-1819 du 29 déc. 2017, art. 3, 4°, JO 30, entrée en vigueur le 01.01.2018)*** «comité social et économique».

Le comité est consulté sur les questions relatives à l'organisation et au fonctionnement du service de santé au travail.

Art. D. 4622-7. ***(D. 2012-137 du 30 janv. 2012, JO 31, entrée en vigueur le 01.07.2012)*** Le ***(D. 2017-1819 du 29 déc. 2017, art. 3, 4°, JO 30, entrée en vigueur le 01.01.2018)*** «comité social et économique» est informé des observations formulées et des mises en demeure notifiées par l'inspection du travail dans le domaine de la santé au travail ainsi que des observations d'ordre technique faites par l'inspection médicale du travail.

Art. D. 4622-8. ***(D. 2012-137 du 30 janv. 2012, JO 31, entrée en vigueur le 01.07.2012)*** Des modalités particulières de gestion du service de santé au travail peuvent être établies par accord de groupe, d'entreprise ou à défaut par accord entre l'employeur et le ***(D. 2017-1819 du 29 déc. 2017, art. 3, 4°, JO 30, entrée en vigueur le 01.01.2018)*** «comité social et économique».

Dans le cas d'un service de santé au travail de groupe, l'accord prévoit les conditions dans lesquelles s'exercent la surveillance et la consultation prévues à l'article D. 4622-6.

Sous-section 2. Services de santé au travail interétablissements

Art. D. 4622-9. ***(D. 2012-137 du 30 janv. 2012, JO 31, entrée en vigueur le 01.07.2012)*** Un service de santé au travail inter-établissements peut être créé entre plusieurs établissements d'une entreprise lorsque l'effectif de salariés suivis atteint ou dépasse 500 salariés.

Art. L. 4622-17

La création de ce service est soumise aux dispositions de la section 1 ainsi qu'aux conditions d'agrément prévues à la sous-section 1 de la section 4.

Art. D. 4622-10. *(D. 2012-137 du 30 janv. 2012, JO 31, entrée en vigueur le 01.07.2012)* Le service de santé au travail inter-établissements est administré par l'employeur sous la surveillance du *(D. 2017-1819 du 29 déc. 2017, art. 3, 35°, JO 30, entrée en vigueur le 01.01.2018)* «comité social et économique central» et des *(D. 2017-1819 du 29 déc. 2017, art. 3, 37°, JO 30, entrée en vigueur le 01.01.2018)* «comités sociaux et économiques d'établissement» intéressés.

Art. D. 4622-11. *(D. 2012-137 du 30 janv. 2012, JO 31, entrée en vigueur le 01.07.2012)* Pour la surveillance du service de santé au travail inter-établissements, chaque *(D. 2017-1819 du 29 déc. 2017, art. 3, 36°, JO 30, entrée en vigueur le 01.01.2018)* «comité social et économique d'établissement» exerce les mêmes attributions que celles définies aux articles D. 4622-6 à D. 4622-8 pour ce qui concerne l'organisation et le fonctionnement du service de santé au travail dans l'établissement.

Sous-section 3. Services de santé au travail communs aux entreprises constituant une unité économique et sociale

Art. D. 4622-12. *(D. 2012-137 du 30 janv. 2012, JO 31, entrée en vigueur le 01.07.2012)* Lorsqu'une unité économique et sociale a été reconnue entre des entreprises distinctes dans les conditions prévues à l'article L. 2322-4 et que l'effectif de salariés suivis atteint ou dépasse 500 salariés, un service de santé au travail commun à ces entreprises peut être créé, après accord du *(D. 2017-1819 du 29 déc. 2017, art. 3, 4°, JO 30, entrée en vigueur le 01.01.2018)* «comité social et économique» commun.

Art. D. 4622-13. *(D. 2012-137 du 30 janv. 2012, JO 31, entrée en vigueur le 01.07.2012)* Sauf dans le cas où il est administré paritairement en application de l'accord conclu par l'employeur, le service de santé au travail est placé sous la surveillance du *(D. 2017-1819 du 29 déc. 2017, art. 3, 4°, JO 30, entrée en vigueur le 01.01.2018)* «comité social et économique» commun qui exerce alors les attributions prévues aux articles D. 4622-6 à D. 4622-8.

SECTION 3 (réglementaire). Services de santé au travail interentreprises

Note Les associations gérant un service interentreprises de médecine du travail doivent être regardées comme exerçant, dans le seul intérêt des entreprises adhérentes, une activité à caractère lucratif, et sont donc passibles de l'impôt sur les sociétés, de l'imposition forfaitaire annuelle, de la taxe d'apprentissage et de la taxe professionnelle. Ces associations sont assujetties à la TVA (CE 6 avril 1998, n° 173776).

Sous-section 1. Organisation du service de santé au travail

§ 1. Mise en place et administration

Art. D. 4622-14. *(D. 2012-137 du 30 janv. 2012, JO 31, entrée en vigueur le 01.07.2012)* Les entreprises et établissements qui ne relèvent pas d'un service autonome de santé au travail en application de la section 2 organisent ou adhèrent à un service de santé au travail interentreprises.

Toutefois, une entreprise ou un établissement, quel que soit son effectif, peut faire suivre ses salariés par un service de santé au travail d'entreprise dans les cas suivants:

1° L'entreprise ou l'établissement appartient à un groupe au sens de l'article L. 2331-1;

2° L'entreprise ou l'établissement intervient régulièrement en tant qu'entreprise extérieure auprès d'une entreprise, dans les conditions prévues à l'article R. 4511-1.

Dans les cas prévus aux 1° et 2°, une convention est conclue entre l'entreprise qui a organisé le service de santé au travail et l'entreprise ou l'établissement concerné. Le comité de l'entreprise ou de l'établissement concerné préalablement consulté peut s'y opposer. L'opposition est motivée.

Art. D. 4622-15. *(D. 2012-137 du 30 janv. 2012, JO 31, entrée en vigueur le 01.07.2012)* Le service de santé au travail interentreprises est constitué sous la forme d'un organisme à but non lucratif, doté de la personnalité civile et de l'autonomie financière.

Lorsqu'il comprend un service social du travail, ce dernier est animé par un assistant social du travail ou par un conseiller du travail. L'assistant social du travail est un assistant social diplômé d'État ayant acquis un diplôme équivalent à celui de conseiller du travail.

Art. D. 4622-16. *(D. 2012-137 du 30 janv. 2012, JO 31, entrée en vigueur le 01.07.2012)* Lorsqu'ils ont conclu un accord de coopération pour la mise en œuvre des mesures de prévention relatives à la santé et à la sécurité de leurs salariés, des établissements travaillant sur un même site et appartenant à des entreprises différentes peuvent constituer un service de santé au travail, par dérogation aux dispositions des articles D. 4622-5, D. 4622-9 et D. 4622-12.

La création de ce service est autorisée par le *(D. 2020-1545 du 9 déc. 2020, JO 10, entrée en vigueur le 01.04.2021)* «directeur régional de l'économie, de l'emploi, du travail et des solidarités», après consultation des *(D. 2017-1819 du 29 déc. 2017, art. 3, 32°, JO 30, entrée en vigueur le 01.01.2018)* «comités sociaux et économiques» intéressés et lorsque l'effectif des salariés suivis atteint ou dépasse 500 salariés.

Art. R. 4622-17. Le *(D. 2017-1819 du 29 déc. 2017, art. 3, 4°, JO 30, entrée en vigueur le 01.01.2018)* «comité social et économique» est consulté sur le choix du service de santé au travail interentreprises.

Art. R. 4622-18. *(D. 2016-1908 du 27 déc. 2016, art. 18, I, 1°, JO 29, entrée en vigueur le 01.01.2017)* Les entreprises foraines adhèrent à un service de santé au travail interentreprises territorialement compétent :

(D. 2017-1522 du 2 nov. 2017, art. 8, JO 4) «1° Soit pour la commune de résidence de l'employeur, soit pour la commune où se situe l'organisme auprès duquel il a fait élection de domicile dans les conditions prévues à l'article L. 264-1 du code de l'action sociale et des familles;»

2° Soit pour l'une des communes où l'entreprise exerce habituellement son activité.

Lorsqu'une entreprise foraine est appelée à embaucher un travailleur lors de son passage dans une localité éloignée d'un centre d'examen du service de santé au travail auquel elle est affiliée, l'examen médical d'aptitude ou la visite d'information et de prévention réalisés à l'embauche peuvent avoir lieu lors du prochain passage dans une localité où fonctionne un de ces centres dans un délai qui n'excède pas un an.

Art. D. 4622-19. *(D. 2012-137 du 30 janv. 2012, JO 31, entrée en vigueur le 01.07.2012)* Les représentants des employeurs au conseil d'administration du service de santé au travail interentreprises sont désignés par les entreprises adhérentes après avis des organisations professionnelles d'employeurs représentatives au plan national interprofessionnel ou professionnel.

En l'absence de dispositions statutaires particulières du service de santé au travail interentreprises, lorsque des candidats aux fonctions de président et de trésorier ont obtenu le même nombre de voix, le poste est attribué au plus âgé des candidats.

La durée du mandat des membres du conseil d'administration est de quatre ans.

Un compte rendu de chaque réunion du conseil d'administration est tenu à disposition du *(D. 2020-1545 du 9 déc. 2020, JO 10, entrée en vigueur le 01.04.2021)* «directeur régional de l'économie, de l'emploi, du travail et des solidarités».

Art. D. 4622-20. *(D. 2012-137 du 30 janv. 2012, JO 31, entrée en vigueur le 01.07.2012)* Le service de santé au travail interentreprises fait connaître au *(D. 2020-1545 du 9 déc. 2020, JO 10, entrée en vigueur le 01.04.2021)* «directeur régional de l'économie, de l'emploi, du travail et des solidarités», dans les trois mois, tout changement survenu dans son administration ou sa direction ainsi que toute modification apportée à ses statuts.

Art. D. 4622-21. *(D. 2012-137 du 30 janv. 2012, JO 31, entrée en vigueur le 01.07.2012)* Sauf avis contraire du *(D. 2020-1545 du 9 déc. 2020, JO 10, entrée en vigueur le 01.04.2021)* «directeur régional de l'économie, de l'emploi, du travail et des solidarités», un service de santé au travail interentreprises ne peut s'opposer à l'adhésion d'une entreprise relevant de sa compétence.

§ 2. Adhésion et cessation d'adhésion

Art. D. 4622-22. *(D. 2012-137 du 30 janv. 2012, JO 31, entrée en vigueur le 01.07.2012)* Les droits et obligations réciproques du service de santé au travail interentreprises et de ses adhérents sont déterminés dans les statuts ou le règlement intérieur de celui-ci. Ces statuts et ce règlement sont communiqués à l'entreprise, lors de la demande d'adhésion, avec la grille des cotisations du service de santé au travail interentreprises et un document détaillant les contreparties individualisées de l'adhésion.

(D. 2016-1908 du 27 déc. 2016, art. 18, I, 2°, JO 29, entrée en vigueur le 01.01.2017) «L'employeur adresse au service de santé au travail un document précisant le nombre et la catégorie des travailleurs à suivre et les risques professionnels auxquels ils sont exposés, notamment les risques mentionnés à l'article R. 4624-23, qui permettent au travailleur de bénéficier d'un suivi individuel renforcé de son état de santé. Ce document est établi en cohérence avec l'évaluation des risques prévue à l'article L. 4121-3 et le recensement des postes exposés à des facteurs de risques prévu à l'article R. 4624-46 après avis du ou des médecins du travail concernés ainsi que du *(D. 2017-1819 du 29 déc. 2017, art. 3, 64°, JO 30, entrée en vigueur le 01.01.2018)* «comité social et économique s'il existe».»

(D. 2014-799 du 11 juil. 2014, JO 13) «Ce document est mis à jour chaque année selon les mêmes modalités.»

Il est tenu à disposition du *(D. 2020-1545 du 9 déc. 2020, JO 10, entrée en vigueur le 01.04.2021)* «directeur régional de l'économie, de l'emploi, du travail et des solidarités».

Art. D. 4622-23. *(D. 2012-137 du 30 janv. 2012, JO 31, entrée en vigueur le 01.07.2012)* La cessation de l'adhésion à un service de santé au travail interentreprises est décidée par l'employeur, sauf opposition du *(D. 2017-1819 du 29 déc. 2017, art. 3, 70°, JO 30, entrée en vigueur le 01.01.2018)* «comité social et économique» préalablement consulté. L'opposition est motivée.

En cas d'opposition, la décision de l'employeur est subordonnée à l'autorisation du *(D. 2020-1545 du 9 déc. 2020, JO 10, entrée en vigueur le 01.04.2021)* «directeur régional de l'économie, de l'emploi, du travail et des solidarités» qui se prononce après avis du médecin inspecteur du travail.

Art. L. 4622-17

En l'absence d'opposition, l'employeur informe le ***(D. 2020-1545 du 9 déc. 2020, JO 10, entrée en vigueur le 01.04.2021)*** « directeur régional de l'économie, de l'emploi, du travail et des solidarités » de sa décision.

Note La cessation de l'adhésion au service médical interentreprises existant n'ayant pas été inscrite à l'ordre du jour de la réunion du comité d'entreprise, le comité ne pouvait valablement délibérer à ce sujet. Doit être cassé l'arrêt ayant rejeté la demande du comité tendant à la suspension de la procédure relative à la cessation de l'adhésion au service médical interentreprises et à la reprise d'une nouvelle consultation sans constater que, lors de la deuxième réunion, l'ordre du jour avait été arrêté par l'employeur et le secrétaire du comité ou que le comité était réuni à la majorité de ses membres sur cette question (cass. soc. 9 juillet 1996, n° 94-17.628, BC V n° 271; RJS 11/96 n° 1187).

Art. R. 4622-24. L'autorisation de cessation d'adhésion à un service de santé au travail interentreprises est réputée accordée par le ***(D. 2020-1545 du 9 déc. 2020, JO 10, entrée en vigueur le 01.04.2021)*** « directeur régional de l'économie, de l'emploi, du travail et des solidarités » si aucune opposition n'a été notifiée à l'employeur dans le délai d'un mois à compter de la réception de sa demande.

L'autorisation et le refus d'autorisation sont motivés. En cas d'autorisation implicite, les motifs sont fournis, sur demande, dans le délai d'un mois.

§ 3. Secteurs

Art. D. 4622-25. ***(D. 2012-137 du 30 janv. 2012, JO 31, entrée en vigueur le 01.07.2012)*** Le service de santé au travail interentreprises est organisé en secteurs géographiques, professionnels ou interprofessionnels.

Art. D. 4622-26. ***(D. 2012-137 du 30 janv. 2012, JO 31, entrée en vigueur le 01.07.2012)*** L'équipe pluridisciplinaire prévue à l'article L. 4622-8 intervient dans chacun des secteurs.

Le nombre de médecins du travail affectés à un secteur est déterminé par l'agrément prévu à la sous-section 1 de la section 4.

Art. D. 4622-27. ***(D. 2012-137 du 30 janv. 2012, JO 31, entrée en vigueur le 01.07.2012)*** Chaque secteur comporte au moins un centre médical fixe.

Dans chaque centre médical fixe ou mobile est affichée la liste nominative avec leurs coordonnées :
1° Des médecins du travail du secteur ;
2° Des autres membres de l'équipe pluridisciplinaire ;
3° Des membres de la commission de contrôle ou des membres du comité interentreprises.

Note Des locaux mis à disposition d'une association, une demi-journée par semaine et sans engagement de durée, ne peuvent être regardés comme constituant un centre médical fixe au sens des dispositions de cet article (CE 18 février 1991, n° 79696, Rec. Lebon, p. 52; RJS 4/91 n° 478).

Sous-section 2. Commission médico-technique

Art. D. 4622-28. ***(D. 2012-137 du 30 janv. 2012, JO 31, entrée en vigueur le 01.07.2012)*** La commission médico-technique prévue à l'article L. 4622-13 élabore le projet pluriannuel de service. Elle est informée de la mise en œuvre des priorités du service et des actions à caractère pluridisciplinaire.

Elle est en outre consultée sur les questions relatives :
1° À la mise en œuvre des compétences pluridisciplinaires au sein du service de santé au travail ;
2° À l'équipement du service ;
3° À l'organisation des actions en milieu de travail ***(D. 2016-1908 du 27 déc. 2016, art. 18, I, 4°, JO 29, entrée en vigueur le 01.01.2017)*** « et du suivi de l'état de santé des travailleurs » ;
(D. 2016-1908 du 27 déc. 2016, art. 18, I, 4°, JO 29, entrée en vigueur le 01.01.2017) « 3° *bis* À l'élaboration et à la mise en œuvre des protocoles prévus à l'article R. 4623-14 ; »
4° À l'organisation d'enquêtes et de campagnes ;
5° Aux modalités de participation à la veille sanitaire.

Elle peut également être consultée sur toute question relevant de sa compétence.

Art. D. 4622-29. ***(D. 2012-137 du 30 janv. 2012, JO 31, entrée en vigueur le 01.07.2012)*** La commission médico-technique est constituée à la diligence du président du service de santé au travail.

Elle est composée :
1° Du président du service de santé au travail ou de son représentant ;
2° Des médecins du travail du service ou, s'il y a lieu, de leurs délégués ***(D. 2014-799 du 11 juil. 2014, JO 13)*** « , élus à raison d'un titulaire et d'un suppléant pour huit médecins » ;
3° Des intervenants en prévention des risques professionnels du service ou, s'il y a lieu, de leurs délégués élus à raison d'un titulaire et d'un suppléant pour huit intervenants ;
4° Des infirmiers ou, s'il y a lieu, de leurs délégués élus à raison d'un titulaire et d'un suppléant pour huit infirmiers ;

5° Des assistants de services de santé au travail ou, s'il y a lieu, de leurs délégués élus à raison d'un titulaire et d'un suppléant pour huit assistants;

6° Des professionnels recrutés après avis des médecins du travail ou, s'il y a lieu, de leurs délégués élus à raison d'un titulaire et d'un suppléant pour huit professionnels.

Art. D. 4622-30. ***(D. 2012-137 du 30 janv. 2012, JO 31, entrée en vigueur le 01.07.2012)*** La commission médico-technique se réunit au moins trois fois par an.

Elle établit son règlement intérieur.

Elle communique ses conclusions au conseil d'administration et, selon le cas, au comité interentreprises ou à la commission de contrôle. Elle les tient à disposition du médecin inspecteur du travail.

Elle présente chaque année à ces instances l'état de ses réflexions et travaux.

Sous-section 3. Organes de surveillance et de consultation

§ 1. Dispositions communes

Art. D. 4622-31. ***(D. 2012-137 du 30 janv. 2012, JO 31, entrée en vigueur le 01.07.2012)*** Le comité interentreprises ou la commission de contrôle est consulté sur l'organisation et le fonctionnement du ***(D. 2014-799 du 11 juil. 2014, JO 13)*** «service de santé au travail, notamment sur»:

1° Le budget ainsi que l'exécution du budget du service de santé au travail;

2° La modification de la compétence géographique ou professionnelle du service de santé au travail;

3° Les créations, suppressions ou modifications de secteurs;

4° Les créations et suppressions d'emploi de médecin du travail, d'intervenant en prévention des risques professionnels ou d'infirmier;

5° Les recrutements de médecins du travail en contrat de travail à durée déterminée;

6° La nomination, le changement d'affectation, le licenciement, la rupture conventionnelle du contrat de travail, la rupture du contrat de travail à durée déterminée dans les cas prévus à l'article L. 4623-5-1 et le transfert d'un médecin du travail;

7° Le licenciement d'un intervenant en prévention des risques professionnels ou d'un infirmier.

Le comité ou la commission peut en outre être consulté sur toute question relevant de sa compétence.

Note • S'agissant du licenciement d'un intervenant en prévention des risques professionnels, la Cour de cassation a énoncé que la consultation préalable du comité interentreprises ou de la commission de contrôle constitue pour le salarié une garantie de fond dont la violation prive le licenciement de cause réelle et sérieuse (cass. soc. 14 novembre 2019, n° 18-20.307, à paraître, LS n° 17944 du 22.11.2019; JCP éd. S 2019, 1354, note L. Dauxerre; RJS 1/20 n° 24).

• S'agissant d'un médecin du travail qui avait fait l'objet d'une mise à pied en raison de son refus d'être affecté à une entreprise qui relevait de son secteur géographique, l'avis de la commission de contrôle, aux termes de cet article, ne s'imposait pas dès lors qu'il s'agissait de modifier, non le secteur, mais le groupe d'entreprises affecté au médecin du travail dans le secteur (cass. soc. 4 novembre 2003, n° 01-45.003, JSL n°s 135-136, 18.12.2003, p. 21).

Art. D. 4622-32. ***(D. 2012-137 du 30 janv. 2012, JO 31, entrée en vigueur le 01.07.2012)*** Le comité interentreprises ou la commission de contrôle est informé:

1° De tout changement de secteur ou d'affectation d'un médecin d'une entreprise ou d'un établissement de cinquante salariés et plus;

2° Des observations et des mises en demeure de l'inspection du travail relatives aux missions des services de santé au travail et des mesures prises pour s'y conformer;

3° Des observations d'ordre technique faites par l'inspection médicale du travail et des mesures prises pour s'y conformer;

4° Des suites données aux suggestions qu'il a formulées;

5° De l'état d'application des clauses des accords ou conventions collectifs relatives à l'activité et aux missions des services de santé au travail dès lors que ces accords ou conventions intéressent une ou plusieurs des entreprises adhérentes à ces services.

§ 2. Dispositions particulières à la commission de contrôle

Art. D. 4622-33. ***(D. 2012-137 du 30 janv. 2012, JO 31, entrée en vigueur le 01.07.2012)*** La commission de contrôle comprend neuf membres au moins et vingt et un membres au plus, issus des entreprises adhérant au service de santé au travail.

Art. D. 4622-34. ***(D. 2012-137 du 30 janv. 2012, JO 31, entrée en vigueur le 01.07.2012)*** La commission de contrôle est constituée puis renouvelée à la diligence du président du service de santé au travail.

Lorsque, par défaut de candidatures, la commission de contrôle n'a pas été constituée ou renouvelée, un procès-verbal est établi par le président. Celui-ci ***(D. 2016-1418 du 20 oct. 2016, JO 22)*** «communique, par tout moyen, le procès-verbal aux salariés». Il le transmet dans les quinze jours au *(D. 2020-1545 du 9 déc. 2020, JO 10, entrée en vigueur le 01.04.2021)* « directeur régional de l'économie, de l'emploi, du travail et des solidarités ».

Art. D. 4622-35. *(D. 2012-137 du 30 janv. 2012, JO 31, entrée en vigueur le 01.07.2012)* Les représentants des salariés sont désignés par les organisations syndicales de salariés représentatives au niveau national et interprofessionnel.

Les représentants des employeurs sont désignés par les entreprises adhérentes après avis des organisations professionnelles d'employeurs représentatives au plan national interprofessionnel ou professionnel.

La répartition des sièges pour les représentants des employeurs et les représentants des salariés fait l'objet respectivement d'un accord entre le président du service de santé au travail et les organisations professionnelles d'employeurs représentatives au plan national interprofessionnel ou professionnel et d'un accord *(D. 2014-799 du 11 juil. 2014, JO 13)* « , valide au sens de l'article L. 2232-2, » entre le président du service de santé au travail et les organisations syndicales de salariés représentatives au niveau national et interprofessionnel intéressées.

La fonction de trésorier du conseil d'administration est incompatible avec celle de président de la commission de contrôle.

Art. D. 4622-36. *(D. 2012-137 du 30 janv. 2012, JO 31, entrée en vigueur le 01.07.2012)* La composition de la commission de contrôle ainsi que toute modification intervenant dans cette composition sont communiquées, dans le délai d'un mois, au *(D. 2020-1545 du 9 déc. 2020, JO 10, entrée en vigueur le 01.04.2021)* « directeur régional de l'économie, de l'emploi, du travail et des solidarités ».

Art. D. 4622-37. *(D. 2012-137 du 30 janv. 2012, JO 31, entrée en vigueur le 01.07.2012)* Les difficultés soulevées par l'application des articles D. 4622-33 à D. 4622-36 sont tranchées par le *(D. 2020-1545 du 9 déc. 2020, JO 10, entrée en vigueur le 01.04.2021)* « directeur régional de l'économie, de l'emploi, du travail et des solidarités ».

(D. 2014-799 du 11 juil. 2014, JO 13) « Toutefois, le *(D. 2020-1545 du 9 déc. 2020, JO 10, entrée en vigueur le 01.04.2021)* « directeur régional de l'économie, de l'emploi, du travail et des solidarités » ne peut être saisi de difficultés liées à la répartition des sièges entre organisations au sein de la commission de contrôle qu'en l'absence d'accord mentionné au troisième alinéa de l'article D. 4622-35. »

Art. D. 4622-38. *(D. 2012-137 du 30 janv. 2012, JO 31, entrée en vigueur le 01.07.2012)* La durée du mandat des membres de la commission de contrôle est de quatre ans.

Art. D. 4622-39. *(D. 2012-137 du 30 janv. 2012, JO 31, entrée en vigueur le 01.07.2012)* Les membres de la commission de contrôle bénéficient, dans les trois mois qui suivent leur nomination, de la formation nécessaire à l'exercice de leur mandat, auprès de l'organisme de leur choix. Cette formation est à la charge du service de santé au travail.

En cas de renouvellement de leur mandat et lorsqu'ils ont exercé leurs fonctions pendant trois ans, consécutifs ou non, les membres de la commission de contrôle bénéficient, dans les mêmes conditions, d'un stage de perfectionnement et d'actualisation de leurs connaissances.

Le contenu et les conditions d'organisation de ces formations peuvent être précisés par accord collectif de branche.

Art. D. 4622-40. *(D. 2012-137 du 30 janv. 2012, JO 31, entrée en vigueur le 01.07.2012)* La commission élabore son règlement intérieur, qui précise notamment :

1° Le nombre de réunions annuelles de la commission ;

2° La possibilité et les modalités de réunions extraordinaires ;

3° Les modalités selon lesquelles les représentants des employeurs désignent parmi eux le secrétaire de la commission ;

4° Les conditions d'élaboration de l'ordre du jour de chaque réunion.

Art. D. 4622-41. *(D. 2012-137 du 30 janv. 2012, JO 31, entrée en vigueur le 01.07.2012)* L'ordre du jour des réunions de la commission de contrôle est arrêté par le président et le secrétaire de la commission.

Il est transmis par le président aux membres de la commission au moins quinze jours avant la date de la réunion, accompagné des documents correspondants.

Ce délai est porté à dix jours en cas de mise à pied d'un médecin du travail, dans le cadre de la procédure prévue au quatrième alinéa de l'article R. 4623-20.

L'ordre du jour est communiqué, dans les mêmes conditions, au *(D. 2020-1545 du 9 déc. 2020, JO 10, entrée en vigueur le 01.04.2021)* « directeur régional de l'économie, de l'emploi, du travail et des solidarités ».

Art. D. 4622-42. *(D. 2012-137 du 30 janv. 2012, JO 31, entrée en vigueur le 01.07.2012)* Le procès-verbal de chaque réunion, cosigné par le président et le secrétaire de la commission, est tenu à disposition du *(D. 2020-1545 du 9 déc. 2020, JO 10, entrée en vigueur le 01.04.2021)* « directeur régional de l'économie, de l'emploi, du travail et des solidarités » dans le délai d'un mois à compter de la date de la réunion.

Art. D. 4622-43. *(D. 2012-137 du 30 janv. 2012, JO 31, entrée en vigueur le 01.07.2012)* Les membres salariés de la commission de contrôle sont indemnisés intégralement par leur employeur de toute éventuelle perte de rémunération résultant de l'exercice de leur mandat. Cette indemnisation prend notamment en compte le temps de déplacement et les frais de transport.

Le service de santé au travail interentreprises rembourse à l'employeur les frais ainsi engagés.

Sous-section 4. Contractualisation

Note Voir circulaire DGT n° 13 du 9 novembre 2012, 2e partie, III (BO TR 2012/11 du 30.11.2012).

Art. D. 4622-44. *(D. 2012-137 du 30 janv. 2012, JO 31, entrée en vigueur le 01.07.2012)* Le contrat pluriannuel d'objectifs et de moyens mentionné à l'article L. 4622-10 est conclu entre chaque service de santé au travail agréé d'une part, le *(D. 2020-1545 du 9 déc. 2020, JO 10, entrée en vigueur le 01.04.2021)* « directeur régional de l'économie, de l'emploi, du travail et des solidarités » et les organismes de prévention des caisses de sécurité sociale d'autre part, après avis du *(D. 2016-1834 du 22 déc. 2016, JO 24)* « groupe permanent régional d'orientation des conditions de travail ».

Art. D. 4622-45. *(D. 2012-137 du 30 janv. 2012, JO 31, entrée en vigueur le 01.07.2012)* Le contrat pluriannuel définit des actions visant à :

1° Mettre en œuvre les priorités d'actions du projet de service pluriannuel prévu à l'article *(D. 2014-799 du 11 juil. 2014, JO 13)* « L. 4622-14 » et faire émerger des bonnes pratiques ;

2° Améliorer la qualité individuelle et collective de la prévention des risques professionnels et des conditions de travail ;

3° Mettre en œuvre les objectifs régionaux de santé au travail définis dans les plans régionaux de santé au travail ;

4° Promouvoir une approche collective et concertée et les actions en milieu de travail ;

5° Mutualiser, y compris entre les services de santé au travail, des moyens, des outils, des méthodes, des actions, notamment en faveur des plus petites entreprises ;

6° Cibler des moyens et des actions sur certaines branches professionnelles, en faveur de publics particuliers ou sur la prévention de risques spécifiques ;

7° Permettre le maintien dans l'emploi des salariés et lutter contre la désinsertion professionnelle.

Art. D. 4622-46. *(D. 2012-137 du 30 janv. 2012, JO 31, entrée en vigueur le 01.07.2012)* Le contrat pluriannuel indique les moyens mobilisés par les parties, la programmation des actions et les modalités de collaboration pour atteindre des objectifs chiffrés. Il détermine également les modalités de suivi, de contrôle et d'évaluation des résultats, à l'aide d'indicateurs quantitatifs et qualitatifs.

Art. D. 4622-47. *(D. 2012-137 du 30 janv. 2012, JO 31, entrée en vigueur le 01.07.2012)* Le contrat pluriannuel est conclu pour une durée maximale de cinq ans. Il peut être révisé par voie d'avenants.

SECTION 4 (réglementaire). Dispositions communes

Sous-section 1. Agréments

Note Voir circulaire DGT n° 13 du 9 novembre 2012, 2e partie, II (BO TR 2012/11 du 30.11.2012).

Art. D. 4622-48. *(D. 2012-137 du 30 janv. 2012, JO 31, entrée en vigueur le 01.07.2012)* Chaque service de santé au travail fait l'objet d'un agrément, pour une période de cinq ans, par le *(D. 2020-1545 du 9 déc. 2020, JO 10, entrée en vigueur le 01.04.2021)* « directeur régional de l'économie, de l'emploi, du travail et des solidarités », après avis du médecin inspecteur du travail.

Le directeur régional peut autoriser le rattachement, au service de santé au travail qu'il agrée, d'un établissement ou d'une entreprise situé dans le ressort d'une autre région, sous réserve de l'accord du directeur régional géographiquement compétent.

L'agrément fixe l'effectif maximal de travailleurs suivis par médecin du travail ou, pour les services de santé au travail interentreprises, par l'équipe pluridisciplinaire de santé au travail.

Art. D. 4622-49. *(D. 2012-137 du 30 janv. 2012, JO 31, entrée en vigueur le 01.07.2012)* L'agrément ne peut être refusé que pour des motifs tirés de la non-conformité aux prescriptions du présent titre *(D. 2014-799 du 11 juil. 2014, JO 13)* « ou des besoins en médecine du travail, appréciés au niveau régional ».

Tout refus d'agrément est motivé.

Art. D. 4622-50. *(D. 2012-137 du 30 janv. 2012, JO 31, entrée en vigueur le 01.07.2012)* La demande d'agrément ou de renouvellement d'agrément est accompagnée d'un dossier dont les éléments sont fixés par arrêté du ministre chargé du travail qui tient compte notamment de la couverture géographique assurée, professionnelle ou interprofessionnelle, des moyens affectés ainsi que des locaux et des équipements dédiés et, le cas échéant, de la mise en œuvre des dispositions du contrat pluriannuel d'objectifs et de moyens par le service de santé au travail interentreprises.

La demande de renouvellement d'agrément est présentée au moins quatre mois avant le terme de l'agrément en cours.

Note Voir arrêté du 2 mai 2012 (JO 8) relatif à la composition des dossiers de demande d'agrément ou de renouvellement d'agrément des services de santé au travail.

Art. D. 4622-51. ***(D. 2012-137 du 30 janv. 2012, JO 31, entrée en vigueur le 01.07.2012)*** Lorsque le ***(D. 2020-1545 du 9 déc. 2020, JO 10, entrée en vigueur le 01.04.2021)*** « directeur régional de l'économie, de l'emploi, du travail et des solidarités » constate que les conditions de fonctionnement du service de santé ne satisfont pas aux obligations résultant des dispositions du présent titre, il peut, après avis du médecin inspecteur du travail :

(D. 2014-799 du 11 juil. 2014, JO 13) « 1° En cas de demande d'agrément ou de renouvellement, délivrer un agrément pour une durée maximale de deux ans non renouvelable, sous réserve d'un engagement précis et daté de mise en conformité de la part du service de santé au travail. Lorsqu'à l'issue de cette période le service de santé au travail satisfait à ses obligations, l'agrément lui est accordé pour cinq ans ;

2° En cours d'agrément :

a) Soit mettre fin à l'agrément accordé et délivrer un agrément pour une durée maximale de deux ans non renouvelable, sous réserve d'un engagement précis et daté de mise en conformité de la part du service de santé au travail. Lorsqu'à l'issue de cette période le service de santé au travail satisfait à ces obligations, l'agrément lui est accordé pour cinq ans ;

b) Soit modifier ou retirer, par décision motivée, l'agrément délivré, ces mesures ne pouvant intervenir que lorsque le service de santé au travail, invité par tout moyen permettant de conférer date certaine à cet envoi à se mettre en conformité dans un délai fixé par le directeur régional dans la limite de six mois, n'a pas accompli dans ce délai les diligences nécessaires. »

Le président du service de santé au travail informe individuellement les entreprises adhérentes de la modification ou du retrait de l'agrément.

Note Une association interentreprises de médecine du travail est fondée à demander la suspension de l'exécution des décisions d'un directeur régional du travail, de l'emploi et de la formation professionnelle portant approbation de la compétence géographique et professionnelle de l'association et relatives notamment à son agrément pour divers secteurs médicaux de la région en tant que ces décisions ont pour effet de limiter la durée de l'approbation et des agréments délivrés (CE 30 mai 2005, n° 263153).

Art. R. 4622-52. Le silence gardé pendant plus de quatre mois sur une demande d'agrément ou de renouvellement d'agrément vaut décision d'agrément.

Le silence gardé pendant plus de quatre mois par le ministre chargé du travail saisi d'un recours hiérarchique sur une décision relative à l'agrément vaut décision d'agrément.

Note Pour les demandes d'agrément des services de santé au travail ou de renouvellement d'agrément en cours d'instruction au 01.01.2017, par exception aux dispositions du premier alinéa de cet article, le silence gardé par le Direccte [Dreets] vaut décision d'agrément à compter du 01.05.2017. Le Direccte [Dreets] informe le demandeur de la prolongation de la période d'instruction de son dossier (décret 2016-1908 du 27 décembre 2016, art. 20, V, JO 29).

Art. D. 4622-53. ***(D. 2012-137 du 30 janv. 2012, JO 31, entrée en vigueur le 01.07.2012)*** Chaque année, le ***(D. 2020-1545 du 9 déc. 2020, JO 10, entrée en vigueur le 01.04.2021)*** « directeur régional de l'économie, de l'emploi, du travail et des solidarités » présente la politique régionale d'agrément au ***(D. 2016-1834 du 22 déc. 2016, JO 24)*** « groupe permanent régional d'orientation des conditions de travail ».

Sous-section 2. Rapports

Art. D. 4622-54. ***(D. 2012-137 du 30 janv. 2012, JO 31, entrée en vigueur le 01.07.2012)*** L'employeur ou le président du service de santé au travail interentreprises établit et présente le rapport annuel relatif à l'organisation, au fonctionnement et à la gestion financière du service de santé au travail soit au ***(D. 2017-1819 du 29 déc. 2017, art. 3, 4°, JO 30, entrée en vigueur le 01.01.2018)*** « comité social et économique », soit au comité interentreprises ou à la commission de contrôle et au conseil d'administration.

Cette présentation est faite au plus tard à la fin du quatrième mois qui suit l'année pour laquelle il a été établi.

L'instance mentionnée au premier alinéa peut faire toute proposition relative à l'organisation, au fonctionnement, à l'équipement et au budget du service de santé au travail, notamment sur le financement des examens médicaux complémentaires prévus à l'article R. 4624-25.

Art. D. 4622-55. ***(D. 2012-137 du 30 janv. 2012, JO 31, entrée en vigueur le 01.07.2012)*** L'employeur ou le président du service de santé au travail interentreprises communique un exemplaire du rapport mentionné à l'article D. 4622-54 au ***(D. 2020-1545 du 9 déc. 2020, JO 10, entrée en vigueur le 01.04.2021)*** «directeur régional de l'économie, de l'emploi, du travail et des solidarités» chargé du contrôle du service.

Cette communication, accompagnée des observations de l'instance compétente selon le cas, est faite dans le délai d'un mois à compter de sa présentation devant l'instance intéressée.

Art. D. 4622-56. ***(D. 2012-137 du 30 janv. 2012, JO 31, entrée en vigueur le 01.07.2012)*** Un arrêté du ministre chargé du travail fixe le modèle de rapport annuel.

Art. D. 4622-57. ***(D. 2012-137 du 30 janv. 2012, JO 31, entrée en vigueur le 01.07.2012)*** Un rapport comptable d'entreprise, certifié par un commissaire aux comptes, est versé en complément du rapport prévu à l'article D. 4622-54 au plus tard avant la fin du premier semestre suivant l'exercice considéré.

CHAPITRE III Personnels concourant aux services de santé au travail

Note Voir circulaire DGT n° 13 du 9 novembre 2012, 1re partie, II (BO TR 2012/11 du 30.11.2012).

SECTION UNIQUE. Médecin du travail

Sous-section 1. Recrutement et conditions d'exercice

Art. L. 4623-1. Un diplôme spécial est obligatoire pour l'exercice des fonctions de médecin du travail.

(L. 2011-867 du 20 juil. 2011, art. 12, JO 24) «Par dérogation au premier alinéa, un décret fixe les conditions dans lesquelles les services de santé au travail peuvent recruter, après délivrance d'une licence de remplacement et autorisation par les conseils départementaux compétents de l'ordre des médecins, à titre temporaire, un interne de la spécialité qui exerce sous l'autorité d'un médecin du travail du service de santé au travail expérimenté.»

(L. 2016-41 du 26 janv. 2016, art. 36, JO 27) «Par dérogation au premier alinéa, un décret fixe les conditions dans lesquelles un collaborateur médecin, médecin non spécialiste en médecine du travail et engagé dans une formation en vue de l'obtention de cette qualification auprès de l'ordre des médecins, exerce, sous l'autorité d'un médecin du travail d'un service de santé au travail et dans le cadre d'un protocole écrit et validé par ce dernier, les fonctions dévolues aux médecins du travail.»

Art. L. 4623-2. Un décret détermine les conditions dans lesquelles les fonctions de médecins du travail peuvent être déclarées incompatibles avec l'exercice de certaines autres activités médicales.

Art. L. 4623-3. Le médecin du travail est un médecin autant que possible employé à temps complet qui ne pratique pas la médecine de clientèle courante.

Note • Est fondé le jugement du tribunal administratif annulant la décision de l'inspecteur du travail qui avait autorisé le licenciement d'un médecin du travail occupé à temps partiel et exerçant en clientèle privée, en considération du fait que des médecins ne pratiquant pas la médecine en clientèle courante avaient posé leur candidature aux fonctions de l'intéressé. En effet, les dispositions de l'article L. 241-8 [L. 4623-3] CT ne sont pas applicables aux entreprises qui, en raison de leurs effectifs, ne peuvent employer un médecin du travail à temps complet (CE 29 juillet 1983, n° 24533).

• Il résulte des articles L. 241-2 (ancien) CT et 99 du décret du 6 septembre 1995 portant code de déontologie médicale que les médecins du travail ne sont pas au nombre des médecins qui sont appelés à donner des soins aux patients au sens des dispositions de l'article L. 162-1-2 c. séc. soc. qui prévoient que «le carnet de santé ne peut être communiqué qu'aux médecins appelés à donner des soins au patient». Dès lors, en prévoyant que les médecins du travail ne pouvaient avoir accès au contenu dudit carnet, le ministre du Travail n'a pas méconnu le sens des dispositions sus-rappelées (CE 1er décembre 1997, nos 185361 et a.).

Sous-section 2. Protection

Art. L. 4623-4. Tout licenciement d'un médecin du travail envisagé par l'employeur est soumis pour avis, ***(Ord. 2017-1386 du 22 sept. 2017, art. 4, 81°, JO 23, entrée en vigueur au plus tard le 01.01.2018)*** «soit au comité social et économique, soit au comité social et économique interentreprises» ou à la commission de contrôle du service interentreprises.

Art. L. 4623-5

Dans les services interentreprises administrés paritairement, le projet de licenciement est soumis au conseil d'administration.

Art. L. 4623-5. Le licenciement d'un médecin du travail ne peut intervenir qu'après autorisation de l'inspecteur du travail dont dépend le service de santé au travail, après avis du médecin inspecteur du travail.

Toutefois, en cas de faute grave, l'employeur peut prononcer la mise à pied immédiate de l'intéressé dans l'attente de la décision définitive. En cas de refus de licenciement, la mise à pied est annulée et ses effets supprimés de plein droit.

Note • La loi 2002-73 du 17 janvier 2002 (JO 18) et le décret 2004-760 du 28 juillet 2004 (JO 30) ont modifié la procédure de licenciement du médecin du travail. Ce licenciement, qui doit obligatoirement être soumis pour avis à l'institution représentative du personnel compétente, ne peut intervenir que sur autorisation de l'inspecteur du travail, alors qu'auparavant cette autorisation n'était requise qu'à défaut d'accord de l'institution représentative du personnel. La jurisprudence rapportée ci-après, rendue dans le cadre de l'ancienne réglementation, conserve néanmoins son intérêt.

• **Champ d'application.** Les dispositions légales qui assurent une protection exceptionnelle et exorbitante du droit commun à certains salariés, en raison du mandat ou des fonctions qu'ils exercent dans l'intérêt de l'ensemble des travailleurs, s'appliquent à la rupture du contrat de travail à l'initiative de l'employeur pendant la période d'essai; il en est ainsi des dispositions relatives au médecin du travail (cass. soc. 26 octobre 2005, n° 03-44.585, BC V n° 306, arrêt n° 1; RJS 1/06 n° 63).

Les règles protectrices en matière de licenciement sont applicables en cas de mise à la retraite. La circulaire DRT 03 du 7 avril 2005 précitée précise que la mise à la retraite des médecins du travail à l'initiative de l'employeur est soumise à la mise en œuvre de la procédure spécifique, par analogie avec la jurisprudence relative à la mise à la retraite des représentants du personnel (voir cass. soc. 5 mars 1996, n° 92-42.490, BC V n° 84; 12 juillet 2006, n° 04-48.351, BC V n° 248; RJS 10/06 n° 1089). Il a été jugé par ailleurs que si la convention collective permettait à l'employeur de proposer la mise à la retraite du médecin, elle ne le dispensait pas, faute d'accord du médecin, d'obtenir l'agrément du comité d'entreprise (cass. crim. 2 février 1982, n° 81-91.352, B. crim. n° 38).

Le «statut d'Établissement public autonome aéroport de la ville de Paris» prévoit, dans ses dispositions générales, qu'il est applicable dans sa totalité au personnel propre de l'établissement et aucune disposition n'exclut les médecins du travail de son champ d'application. Si les conditions particulières de nomination, de licenciement et d'exercice des fonctions des médecins du travail, qui proviennent de la nature même de l'institution telle que déterminée par le code du travail, protègent leurs fonctions, elles n'empêchent pas l'application générale du statut aux médecins du travail liés par un contrat de travail à l'aéroport de Paris (cass. soc. 24 octobre 2000, n° 97-45.403, BC V n° 346).

La procédure prévue par la loi ne s'appliquant qu'à la nomination et au licenciement du médecin du travail, une cour d'appel a pu décider que la sanction disciplinaire de mise à pied, infligée, sans que cette procédure ait été observée, à un médecin du travail en raison de son refus d'être affectée à une entreprise qui relevait de son secteur géographique, était justifiée (cass. soc. 4 novembre 2003, n° 01-45.003, JSL n°s 135-136, 18.12.2003, p. 21).

• **Rôle de l'inspecteur du travail.** Saisi d'une demande d'autorisation de licenciement d'un médecin du travail, présentée par un employeur souhaitant adhérer à un service interentreprises, l'inspecteur du travail ne peut se contenter de «constater la nouvelle situation» mais doit rechercher si le licenciement de l'intéressé est ou non en rapport avec l'exercice normal de ses fonctions (CE 5 février 1988, n° 54534, JCP éd. G 1988, n° 50, note F. Moderne); lorsque le licenciement n'est pas sans rapport avec l'exercice des fonctions, l'inspecteur du travail est tenu de refuser l'autorisation de licenciement sollicitée (CE 6 mai 1996, n° 162343, RJS 7/96 n° 799). S'agissant d'une demande de licenciement fondée sur un motif de caractère économique, voir CAA Bordeaux 19 octobre 2006, n°s 05-969, 06-193, 1re ch., RJS 1/07 n° 70.

Lorsqu'une demande d'autorisation de licenciement d'un salarié bénéficiant d'une protection particulière est fondée sur des éléments qui se rattachent au comportement de l'intéressé et qui, sans caractériser l'existence d'une faute, rendraient impossible, selon l'employeur, la poursuite du contrat de travail, il appartient à l'inspecteur du travail et, éventuellement, au ministre compétent de rechercher, sous le contrôle du juge de l'excès de pouvoir, si ces éléments présentent un caractère objectif et si, en raison du niveau élevé des responsabilités exercées par le salarié, ils peuvent, eu égard à l'ensemble des règles applicables au contrat de travail et compte tenu des atteintes susceptibles d'être portées au fonctionnement de l'organisme en cause, justifier légalement l'octroi d'une autorisation de licenciement. En revanche, la perte de confiance de l'employeur envers le salarié ne peut jamais constituer, par elle-même, un motif pouvant servir de base à une autorisation de licenciement. À de nombreuses reprises, l'intéressé, médecin du travail, est entré en conflit tant avec la direction de la caisse de mutualité sociale agricole qu'avec le médecin-chef responsable de la section de médecine du travail; en particulier, il s'est opposé aux orientations définies par la caisse comme aux propositions du médecin-chef concernant le fonctionnement du service, il a fréquemment contesté l'autorité hiérarchique du médecin-chef, notamment en s'abstenant d'informer celui-ci de ses activités; ainsi, les faits retenus par l'inspecteur du travail à l'encontre du requérant étaient d'une gravité suffisante pour justifier l'octroi d'une autorisation de licenciement pour faute. Il en résulte que le médecin du travail n'est pas fondé à soutenir que le tribunal administratif a rejeté à tort sa demande tendant à l'annulation de la décision autorisant son licenciement (CE 21 décembre 2001, n° 224605, Rec. Lebon, p. 669; RJS 3/02 n° 304).

• **Motifs du licenciement.** Une faute grave ou lourde commise par le médecin du travail dans l'exercice de ses fonctions ou, en l'absence de toute faute, un motif réel et sérieux, peuvent justifier son licenciement (cass. soc. 16 mars 1978, n° 76-41.101, BC V n° 205; 5 octobre 1978, n° 77-40.295, BC V n° 643; 28 juin 1989, n° 86-42.542). Mais c'est à tort que, pour débouter un médecin du travail de ses demandes indemnitaires consécutives à son licenciement, une cour d'appel a retenu que l'interdiction temporaire d'activité prononcée à son encontre le privait du bénéfice de la protection légale et que les faits qui lui étaient reprochés (défaut d'information de l'employeur de cette interdiction temporaire) étaient constitutifs d'une faute lourde (cass. soc. 6 juillet 2011, n° 10-13.805, BC V n° 189; JCP éd. S 2011, 1456, note A. Barège). Le médecin du travail devant conserver intégralement sa liberté de décision sur l'inaptitude des salariés, présente un caractère abusif le licenciement d'un médecin du travail dès lors qu'il a pu être constaté que l'employeur avait fait pression sur l'intéressé qui s'était borné à revendiquer son indépendance (cass. soc. 23 février 1966, n° 64-40.665, BC IV n° 200) et avait repoussé les ingérences de son employeur (cass. soc. 10 octobre 1979, n° 78-12.275, BC V n° 703; Dr. Soc. 1980, n° spécial avril, S 109, obs. J. Savatier). Ne commet pas de faute dans l'exercice du droit de licenciement un service interentreprises qui met fin au contrat à durée indéterminée d'un médecin du travail occupé à temps plein, au motif que celui-ci voulait cumuler ses fonctions avec celles de P-DG d'une société commerciale, situation qui pouvait être de nature à compromettre son indépendance (cass. soc. 9 décembre 1964, BC IV n° 683).

• **Non-respect des dispositions protectrices. Incidence.** Le licenciement d'un médecin du travail sans que soient respectées les formes légales (en l'espèce non-consultation préalable de la commission de contrôle) est nul (cass. soc. 12 mai 1965, BC IV n° 374). Il constitue un trouble manifestement illicite justifiant la compétence du juge des référés (cass. soc. 7 mai 1987, n° 84-41.005, BC V n° 274).

Le médecin du travail licencié sans autorisation administrative et qui ne demande pas sa réintégration, a droit à une indemnité pour violation du statut protecteur égale aux salaires qu'il aurait dû percevoir entre son éviction et la fin de la période de protection, dans la limite de trente mois, durée de la protection minimale légale accordée aux représentants du personnel (cass. avis 15 décembre 2014, n° 14-70.009, BC n° 9; LS Jurispr. n° 21 du 3.02.2015; RJS 2/15 n° 106 et p. 87, concl. C. Courcol-Bouchard; voir aussi «L'indemnisation du médecin du travail licencié sans autorisation administrative», J. Mouly, Dr. Soc. 2015, p. 227; cass. soc. 14 décembre 2016, n° 15-23.884).

Action civile des syndicats. Le licenciement d'un médecin du travail au mépris des dispositions de l'article R. 241-31 (ancien) CT portant nécessairement préjudice à l'intérêt collectif de la profession, une cour d'appel a pu, statuant en référé, condamner une entreprise à verser au syndicat national professionnel des médecins du travail la somme d'un franc en réparation de son préjudice (cass. soc. 7 mai 1987, n° 84-41.005, précité).

Art. L. 4623-5-1. ***(L. 2011-867 du 20 juil. 2011, art. 7, JO 24)*** La rupture du contrat de travail à durée déterminée d'un médecin du travail avant l'échéance du terme en raison d'une faute grave ou de son inaptitude médicale, ou à l'arrivée du terme lorsque l'employeur n'envisage pas de renouveler un contrat comportant une clause de renouvellement, ne peut intervenir qu'après autorisation de l'inspecteur du travail dont dépend le service de santé au travail, après avis du médecin inspecteur du travail, dans les conditions prévues à l'article L. 4623-5.

Note Les articles L. 4623-5-1 à 5-3 et l'article L. 1237-15 complété renforcent la protection du médecin du travail.

Art. L. 4623-5-2. ***(L. 2011-867 du 20 juil. 2011, art. 8, JO 24)*** L'arrivée du terme du contrat de travail à durée déterminée n'entraîne sa rupture qu'après constatation par l'inspecteur du travail que celle-ci n'est pas en lien avec l'exercice des missions de médecin du travail et ne constitue pas une mesure discriminatoire.

L'employeur saisit l'inspecteur du travail un mois avant l'arrivée du terme.

L'inspecteur du travail statue avant la date du terme du contrat.

Art. L. 4623-5-3

Art. L. 4623-5-3. ***(L. 2011-867 du 20 juil. 2011, art. 9, JO 24)*** Le transfert d'un médecin du travail compris dans un transfert partiel de service de santé au travail par application de l'article L. 1224-1 ne peut intervenir qu'après autorisation de l'inspecteur du travail dont dépend le service de santé au travail, après avis du médecin inspecteur du travail. L'inspecteur du travail s'assure que le transfert n'est pas en lien avec l'exercice des missions du médecin du travail et ne constitue pas une mesure discriminatoire.

Art. L. 4623-6. Lorsque le ministre compétent annule, sur recours hiérarchique, la décision de l'inspecteur du travail autorisant le licenciement d'un médecin du travail, celui-ci a le droit, s'il le demande dans un délai de deux mois à compter de la notification de la décision, d'être réintégré dans son emploi ou dans un emploi équivalent conformément aux dispositions de l'article L. 2422-1.

Il en est de même lorsque le juge administratif a annulé une décision de l'inspecteur du travail ou du ministre compétent autorisant un tel licenciement.

Art. L. 4623-7. Lorsque l'annulation d'une décision d'autorisation est devenue définitive, le médecin du travail a droit au paiement d'une indemnité correspondant à la totalité du préjudice subi au cours de la période écoulée entre son licenciement et sa réintégration s'il a demandé cette dernière dans le délai de deux mois à compter de la notification de la décision.

L'indemnité correspond à la totalité du préjudice subi au cours de la période écoulée entre son licenciement et l'expiration du délai de deux mois s'il n'a pas demandé sa réintégration.

Ce paiement s'accompagne du versement des cotisations correspondant à cette indemnité qui constitue un complément de salaire.

Art. L. 4623-8. ***(L. 2011-867 du 20 juil. 2011, art. 1er, JO 24)*** Dans les conditions d'indépendance professionnelle définies et garanties par la loi, le médecin du travail assure les missions qui lui sont dévolues par le présent code.

Note • L'indépendance professionnelle d'un médecin lié dans son exercice par un contrat ou un statut à un autre médecin, une administration, une collectivité ou tout autre organisme public ou privé est précisée à l'article R. 4127-95 c. santé publ.

• Le médecin du travail, même salarié au sein de l'entreprise, assurant les missions qui lui sont dévolues aux termes de l'article L. 4623-8 dans les conditions d'indépendance professionnelle définies et garanties par la loi, le comportement du médecin du travail dans l'exercice de ses fonctions n'est pas susceptible de constituer un harcèlement moral de la part de l'employeur (cass. soc. 30 juin 2015, n° 13-28.201, BC V n° 134; LS Jurispr. n° 129 du 21.07.2015; JCP éd. S 2015, 1344, note P-Y Verkindt; RJS 10/15 n° 648).

SECTION 1 (réglementaire). Médecin du travail

Note Les sections 1 à 3 ont été introduites par le décret 2012-135 du 30 janvier 2012, JO 31, entrée en vigueur le 01.07.2012.

Sous-section 1. Missions du médecin du travail

Art. R. 4623-1. ***(D. 2016-1908 du 27 déc. 2016, art. 18, II, 1°, JO 29, entrée en vigueur le 01.01.2017)*** Le médecin du travail est le conseiller de l'employeur, des travailleurs, des représentants du personnel et des services sociaux. Dans le champ de ses missions:

1° Il participe à la prévention des risques professionnels et à la protection de la santé des travailleurs, notamment par:

a) L'amélioration des conditions de vie et de travail dans l'entreprise;

b) L'adaptation des postes, des techniques et des rythmes de travail à la santé physique et mentale, notamment en vue de préserver le maintien dans l'emploi des salariés;

c) La protection des travailleurs contre l'ensemble des nuisances, notamment contre les risques d'accidents du travail ou d'exposition à des agents chimiques dangereux;

d) L'amélioration de l'hygiène générale de l'établissement et l'hygiène dans les services de restauration;

e) La prévention et l'éducation sanitaires dans le cadre de l'établissement en rapport avec l'activité professionnelle;

f) La construction ou les aménagements nouveaux;

g) Les modifications apportées aux équipements;

h) La mise en place ou la modification de l'organisation du travail de nuit;

i) L'accompagnement en cas de réorganisation importante de l'entreprise;

2° Il conseille l'employeur, notamment en participant à l'évaluation des risques dans le cadre de l'élaboration de la fiche d'entreprise et dans le cadre de son action sur le milieu de travail, réalisées, conformément à sa mission définie à l'article L. 4622-3, au service de la prévention et du maintien dans l'emploi des travailleurs, qu'il conduit avec les autres membres de l'équipe pluridisciplinaire, qu'il anime et coordonne;

3° Il décide du suivi individuel de l'état de santé des travailleurs, qui a une vocation exclusivement préventive et qu'il réalise avec les personnels de santé mentionnés au premier alinéa de l'article L. 4624-1, qui exercent dans le cadre de protocoles et sous son autorité;

4° Il contribue à la veille épidémiologique et à la traçabilité.

Dans les services de santé au travail interentreprises, l'équipe pluridisciplinaire et, le cas échéant, le service social du travail, se coordonnent avec le service social du travail de l'entreprise.

Note • La participation du médecin du travail à une réunion d'information proposée par l'inspecteur du travail visant à exposer au personnel de l'entreprise les règles d'hygiène jusqu'alors méconnues relève principalement de son initiative et de son domaine personnel d'activité. Le fait pour le président du service médical interentreprises de s'y opposer caractérise une atteinte portée aux attributions propres du médecin du travail (cass. crim. 15 octobre 1985, n° 83-92.133, B. crim. n° 317; Dr. Soc. 1986, p. 793).

• S'agissant d'un chef d'entreprise déclaré coupable de la contravention de non-consultation du médecin du travail préalablement à l'exécution de la construction d'un nouvel atelier, voir cass. crim. 15 mars 1994, n° 93-82.109, B. crim. n° 100.

• Dans une lettre du 3 septembre 2012 en réponse à une question posée par la CFE-CGC sur les contrôles de consommation de stupéfiants par les salariés prévus par le règlement intérieur, contrôles aléatoires et obligatoires qui seraient pratiqués par le médecin du travail ou, dont les résultats lui sont obligatoirement soumis, l'Ordre national des médecins estime qu'«en aucun cas, les obligations du médecin du travail ne peuvent résulter du règlement intérieur d'une entreprise. Elles relèvent du code du travail, d'une réglementation spécifique dans certains domaines et du code de déontologie médicale». Pour lui, «ce dépistage, imposé par l'employeur ne paraît pas faire partie des missions du médecin du travail, même si ce dernier a un rôle de conseil dans la prévention de la consommation de drogues ou d'alcool sur le lieu de travail. De surcroît la participation du médecin du travail à une opération relevant du seul pouvoir disciplinaire de l'employeur est de nature à altérer la relation de confiance entre le salarié et le médecin du travail. Dans l'hypothèse où le médecin du travail n'effectuerait pas le dépistage mais en recevrait les résultats, non communicables à l'employeur, il lui appartiendrait en toute indépendance, d'en tirer les conséquences. En tout état de cause le médecin qui l'aurait effectué ne peut remettre, même avec le consentement du salarié, les résultats au médecin du travail, dans un cadre sans rapport avec sa prise en charge sanitaire. Il appartient au salarié de remettre lui-même les résultats au médecin du travail (Actuel ressources humaines, 28.09.2012).

Sous-section 2. Recrutement, nomination, affectation et conditions d'exercice

§ 1. Recrutement

Art. R. 4623-2. Seul un médecin remplissant l'une des conditions suivantes peut pratiquer la médecine du travail:

1° Être qualifié en médecine du travail;

2° Avoir été autorisé, à titre exceptionnel, à poursuivre son exercice en tant que médecin du travail en application de l'article 28 de la loi n° 98-535 du 1er juillet 1998 ou de l'article 189 de la loi n° 2002-73 du 17 janvier 2002 de modernisation sociale;

3° Être titulaire d'une capacité en médecine de santé au travail et de prévention des risques professionnels.

Note • «L'article 189 de la loi 2002-73 du 17 janvier 2002 (JO 18) a instauré un mécanisme visant à régulariser la situation de médecins exerçant la médecine du travail ou de prévention sans tous les titres requis. Ce dispositif prévoit que les intéressés continuent à exercer la médecine du travail ou de prévention sous réserve, d'une part, de suivre une formation théorique de 2 ans et, d'autre part, de satisfaire à des épreuves terminales de connaissance au plus tard avant la fin de l'année universitaire 2003-2004» (rép. QE 25978, JO AN 1er décembre 2003, p. 9177).

• Voir notamment arrêté du 21 octobre 2002 (JO 29) relatif à l'enseignement dispensé aux médecins admis à titre exceptionnel à exercer la médecine du travail et la médecine de prévention et arrêté du 28 mai 1997 (JO 1er juin) relatif au contenu de la formation spécifique des médecins du travail chargés de la surveillance médicale des travailleurs des entreprises extérieures intervenant dans les installations nucléaires de base.

Art. R. 4623-3. Le médecin du travail communique ses titres à l'inspection médicale du travail, dans le mois qui suit son entrée en fonction dans un service de santé au travail.

Art. R. 4623-4. Le médecin du travail est lié par un contrat de travail conclu avec l'employeur ou le président du service de santé au travail interentreprises, dans les conditions prévues par le code de déontologie médicale prévu à l'article L. 4127-1 du code de la santé publique.

Note • **Contrat type.** Le conseil national de l'Ordre des médecins dispose d'un pouvoir réglementaire pour la rédaction des clauses des «contrats types» établis sur le fondement de l'article 49 du décret du 28 novembre 1955 portant code de déontologie médicale, et dont les prescriptions s'imposent aux signataires de contrats ayant pour objet l'exercice de la médecine au service d'entreprises, de collectivités ou d'institutions de droit privé. Les «contrats types» constituent des actes réglementaires pouvant être l'objet d'un recours pour excès de pouvoir devant la juridiction administrative, au même titre que la décision du conseil national de l'Ordre d'en adopter les dispositions, qui en est indissociable (CE 13 mai 1987, n° 13751, Dr. Soc. 1987, p. 749, concl. J. de Clausade).

• **Salaires.** «L'individualisation des salaires du médecin du travail qui s'accompagnerait d'un contrôle du contenu de l'activité des médecins du travail pourrait porter atteinte aux règles d'exercice de la médecine du travail, à la déontologie médicale et à l'indépendance professionnelle du médecin [...]. Le comité d'entreprise, dans les services d'entreprise, et la commission de contrôle, dans les services médicaux interentreprises, doivent être consultés sur cette pratique qui peut remettre en cause les règles d'exercice de la médecine du travail» (rép. QE 34070, JO AN 8 avril 1996, p. 1949).

• Voir aussi L. Melennec, «Le médecin salarié. Les critères du salariat médical», Gaz. Pal. 8-9 avril 1998, p. 2.

§ 2. Nomination

Art. R. 4623-5. Le médecin du travail est nommé et affecté avec l'accord du ***(D. 2017-1819 du 29 déc. 2017, art. 3, 4°, JO 30, entrée en vigueur le 01.01.2018)*** «comité social et économique» ou, dans les services de santé au travail interentreprises, avec l'accord du comité interentreprises ou de la commission de contrôle, ainsi que du conseil d'administration.

Note Le comité d'entreprise est compétent pour donner son accord sur la nomination du médecin du travail et non sur le choix effectué par la direction entre les différents candidats (CE 20 avril 1984, n° 33691, Dr. Soc. 1984, p. 559).

Art. R. 4623-6. Les instances mentionnées à l'article R. 4623-5 se prononcent par un vote à bulletin secret, à la majorité de leurs membres, régulièrement convoqués, présents ou représentés. Chaque membre ne peut disposer du pouvoir que d'un seul autre membre.

Art. R. 4623-7. Les instances mentionnées à l'article R. 4623-5 ont communication des données suivantes:

1° L'effectif des salariés suivis par le médecin nommé;

2° Dans les services de santé au travail d'entreprise ou d'établissement, le secteur auquel le médecin du travail est affecté;

3° Dans les services de santé au travail de groupe, inter-établissements ou commun aux entreprises constituant une unité économique et sociale, la liste des entreprises ou établissements surveillés par le médecin du travail;

4° Dans les services de santé au travail interentreprises, la liste des entreprises surveillées par le médecin du travail.

Art. R. 4623-8. La consultation des instances mentionnées à l'article R. 4623-5 intervient au plus tard avant la fin de la période d'essai.

À défaut d'accord de ces instances, la nomination intervient sur autorisation de l'inspecteur du travail prise après avis du médecin inspecteur du travail.

Art. R. 4623-9. Lorsque l'effectif d'une entreprise, d'un établissement ou d'un service de santé au travail interentreprises correspond à l'emploi d'un seul médecin du travail à temps plein ou à temps partiel, il ne peut être fait appel à plusieurs médecins du travail.

Des dérogations peuvent être accordées, à titre exceptionnel, par le ***(D. 2020-1545 du 9 déc. 2020, JO 10, entrée en vigueur le 01.04.2021)*** «directeur régional de l'économie, de l'emploi, du travail et des solidarités» après avis du médecin inspecteur du travail.

Art. R. 4623-10. Dans les services de santé au travail interentreprises, une liste d'entreprises et d'établissements indiquant les effectifs de travailleurs correspondants et les risques professionnels auxquels ils sont exposés est attribuée à chaque médecin.

Art. R. 4623-11. Dans les services autonomes de santé au travail employant plusieurs médecins du travail, chacun d'eux est affecté à un secteur déterminé, défini par l'employeur et dont l'effectif salarié lui est communiqué.

§ 3. Changement d'affectation

Art. R. 4623-12. La procédure prévue à l'article R. 4623-5 s'applique également:

1° Dans les services autonomes de santé au travail, en cas de changement de secteur ou d'entreprise du groupe suivi par un médecin du travail, lorsque ce changement est contesté par l'intéressé ou par le ***(D. 2017-1819 du 29 déc. 2017, art. 3, 4°, JO 30, entrée en vigueur le 01.01.2018)*** « comité social et économique » concerné ;

2° Dans les services de santé au travail interentreprises :

a) En cas de changement d'affectation d'une entreprise ou d'un établissement à un médecin du travail, lorsque ce changement est contesté par le médecin du travail, par l'employeur ou par le ***(D. 2017-1819 du 29 déc. 2017, art. 3, 4°, JO 30, entrée en vigueur le 01.01.2018)*** « comité social et économique » concerné ;

b) En cas de changement de secteur d'un médecin du travail, lorsque ce changement est contesté par le médecin du travail, par le comité interentreprises ou la commission de contrôle du service ou son conseil d'administration.

Art. R. 4623-13. À défaut d'accord des instances mentionnées à l'article R. 4623-5 ou de l'employeur, les changements de secteur et d'affectation du médecin du travail interviennent sur autorisation de l'inspecteur du travail délivrée après avis du médecin inspecteur du travail.

Un document annuel faisant état de ces changements, ainsi que de tout autre changement d'affectation d'une entreprise ou d'un établissement ***(D. 2019-1586 du 31 déc. 2019, JO 1er janv. 2020, entrée en vigueur le 01.01.2020)*** « d'au moins » cinquante salariés, est tenu à disposition du ***(D. 2020-1545 du 9 déc. 2020, JO 10, entrée en vigueur le 01.04.2021)*** « directeur régional de l'économie, de l'emploi, du travail et des solidarités » ainsi que du médecin inspecteur du travail.

(D. 2019-1586 du 31 déc. 2019, JO 1er janv. 2020, entrée en vigueur le 01.01.2020) « L'effectif salarié ainsi que le franchissement du seuil de cinquante salariés sont déterminés selon les modalités prévues à l'article L. 130-1 du code de la sécurité sociale. Lorsque l'entreprise comporte plusieurs établissements, les effectifs sont décomptés par établissement. »

Note Pour l'application des dispositions de cet article dans sa rédaction résultant du décret 2019-1586 précité, le II de l'article L. 130-1 du code de la sécurité sociale ne s'applique pas lorsque l'effectif de l'entreprise est, au 1er janvier 2020, supérieur ou égal à un seuil déterminé à cet article et que cette entreprise était soumise, au titre de l'année 2019, aux dispositions applicables dans le cas d'un effectif supérieur ou égal au seuil applicable avant le 1er janvier 2020 (décret précité, art. 4, II).

§ 4. Modalités d'exercice

Art. R. 4623-14. Le médecin du travail assure personnellement l'ensemble de ses fonctions, dans le cadre des missions définies à l'article R. 4623-1. Elles sont exclusives de toute autre fonction dans les établissements dont il a la charge et dans le service interentreprises dont il est salarié.

Toutefois, le médecin du travail peut confier certaines activités, sous sa responsabilité, dans le cadre de protocoles écrits, ***(D. 2014-798 du 11 juil. 2014, JO 13)*** « aux collaborateurs médecins, aux internes, aux candidats à l'autorisation d'exercice, » aux infirmiers, aux assistants de service de santé au travail ou, lorsqu'elle est mise en place, aux membres de l'équipe pluridisciplinaire. Pour les professions dont les conditions d'exercice relèvent du code de la santé publique, ces activités sont exercées dans la limite des compétences respectives des professionnels de santé déterminées par les dispositions de ce code.

Note • **Exercice des fonctions.** Difficilement conciliable avec la pratique de la médecine de soins en clientèle, l'exercice de la médecine du travail est incompatible avec la pratique d'une spécialité médicale (CE 3 novembre 1967, n° 67822, Rec. Lebon, p. 406) et celle du contrôle médical des arrêts de travail des salariés effectué à l'initiative des employeurs.

• « (...) Un employeur ne peut en aucun cas recourir à un médecin de ville pour réaliser le suivi médical dont doivent bénéficier ses salariés. (...) Seuls les médecins du travail sont compétents pour apprécier l'aptitude d'un salarié au poste de travail auquel l'employeur envisage de l'affecter. » Un avis médical rendu sur ce point par un médecin de ville n'aurait aucune valeur juridique. Voir rép. QE 30476, JO AN 5 novembre 2001, p. 6328.

• **Secret médical.** Est fondé l'arrêt de cour d'appel qui estime qu'en paralysant par son attitude le fonctionnement du service médical (refus de remettre les clés des fichiers médicaux à un autre médecin du service de médecine du travail interentreprises auquel il appartenait), le médecin du travail licencié a commis une voie de fait génératrice d'un trouble manifestement illicite (cass. soc. 20 février 1986, n° 83-41.671, BC V n° 30).

• L'article L. 4622-3 CT prévoit que le rôle des médecins du travail est exclusivement préventif et l'article R. 4623-14 CT énonce que le médecin du travail assure personnellement l'ensemble de ses fonctions et que celles-ci sont exclusives de toute autre fonction dans les établissements dont il a la charge. Le code du travail a ainsi établi un régime d'incompatibilité entre les fonctions de médecine du travail et de médecine d'aptitude. En conséquence, une note du directeur des ressources humaines de la SNCF ne peut légalement prévoir que les examens d'aptitude prévus par l'arrêté du 30 juillet 2003 pour les personnels exerçant des fonctions de sécurité sur le réseau ferré national seront réalisés par les médecins du travail (CE 7 juin 2006, n° 279632, JCP éd. S 2006, 1792, note A. Noury).

Art. R. 4623-15. Le médecin du travail peut être remplacé durant son absence.

Lorsque la durée de l'absence excède trois mois, son remplacement est de droit.

Lorsque la durée de l'absence est inférieure à trois mois, le médecin du travail peut être remplacé par un médecin du travail, par un collaborateur médecin ou par un interne en médecine du travail dans les conditions mentionnées à l'article ***(D. 2014-798 du 11 juil. 2014, JO 13)*** « R. 4623-28 ».

Sous-section 3. Participation aux organes de surveillance et de consultation

Art. R. 4623-16. Lorsque l'ordre du jour comporte des questions relatives à l'organisation et au fonctionnement des services de santé au travail ou des questions qui concernent les missions des médecins telles que définies à l'article L. 4622-3, le médecin du travail ou, en cas de pluralité de médecins, le ou les délégués des médecins assistent, avec voix consultative, aux réunions :

1° Du ***(D. 2017-1819 du 29 déc. 2017, art. 3, 4°, JO 30, entrée en vigueur le 01.01.2018)*** « comité social et économique » lorsqu'ils relèvent d'un service autonome de santé au travail ;

2° Du comité interentreprises ou de la commission de contrôle ainsi que du conseil d'administration lorsqu'ils relèvent d'un service de santé au travail interentreprises.

Art. R. 4623-17. Dans les services autonomes de santé au travail, les délégués des médecins du travail sont élus à raison d'un titulaire et d'un suppléant pour huit médecins, dans la limite de quatre titulaires et quatre suppléants.

Dans les services interentreprises, ils sont élus à raison d'un titulaire et d'un suppléant par secteur, dans la limite de quatre titulaires et quatre suppléants.

La durée du mandat des délégués est de trois ans.

L'employeur ou le président du service de santé au travail organise l'élection.

Sous-section 4. Procédure d'autorisation applicable à la rupture ou au transfert du contrat

Art. R. 4623-18. Lorsqu'est envisagé le licenciement ou la rupture conventionnelle du contrat de travail d'un médecin du travail, ou en cas de rupture de son contrat de travail à durée déterminée dans les cas prévus à l'article L. 4623-5-1, le ***(D. 2017-1819 du 29 déc. 2017, art. 3, 4°, JO 30, entrée en vigueur le 01.01.2018)*** « comité social et économique », le comité interentreprises ou la commission de contrôle ainsi que le conseil d'administration, selon le cas, se prononcent après audition de l'intéressé. L'entretien préalable prévu à l'article L. 1232-2 précède la consultation de l'instance.

Art. R. 4623-19. Les instances mentionnées à l'article R. 4623-18 se prononcent par un vote à bulletin secret, à la majorité de leurs membres, régulièrement convoqués, présents ou représentés.

Chaque membre ne peut disposer du pouvoir que d'un seul autre membre.

Note Le comité d'entreprise se prononce à la majorité de ses membres présents ou absents (cass. crim. 9 mai 1978, n° 77-90.851, B. crim. n° 145 ; 4 mars 1980, n° 79-92.239, B. crim. n° 78 rendu dans la même affaire).

Art. R. 4623-20. ***(D. 2014-798 du 11 juil. 2014, JO 13)*** « La demande d'autorisation de licenciement d'un médecin du travail, de rupture du contrat de travail à durée déterminée dans les cas prévus à l'article L. 4623-5-1 ainsi que la demande de constatation de l'arrivée du terme du contrat dans le cas prévu à l'article L. 4623-5-2 sont adressées à l'inspecteur du travail dont dépend le service de santé au travail qui l'emploie par tout moyen permettant de conférer date certaine.

En cas de licenciement, de rupture anticipée ou de non-renouvellement du contrat de travail à durée déterminée, la demande en énonce les motifs. Elle est accompagnée du procès-verbal de la réunion des instances mentionnées à l'article R. 4623-18. »

La demande est transmise dans les quinze jours suivant la délibération des instances mentionnées à l'article R. 4623-18.

En cas de mise à pied, la consultation de ces instances a lieu dans un délai de dix jours à compter de la mise à pied.

La demande d'autorisation de licenciement ou de rupture du contrat à durée déterminée avant l'échéance du terme ou de non-renouvellement du contrat à durée déterminée est transmise à l'inspecteur du travail dans les quarante-huit heures suivant la délibération des instances mentionnées à l'article R. 4623-18.

Art. R. 4623-21. L'inspecteur du travail procède à une enquête contradictoire au cours de laquelle le médecin du travail peut, sur sa demande, se faire assister par une personne de son choix appartenant au personnel du service de santé au travail ou de l'entreprise.

L'inspecteur du travail prend sa décision dans un délai de quinze jours, réduit à huit jours en cas de mise à pied. Ce délai court à compter de la réception de la demande motivée présentée par l'employeur. Il n'est prolongé que si les nécessités de l'enquête le justifient.

Art. R. 4623-22. La décision de l'inspecteur du travail est motivée. Elle est notifiée ***(D. 2014-798 du 11 juil. 2014, JO 13)*** « par tout moyen permettant de lui conférer une date certaine » :

1° À l'employeur ;

2° Au médecin du travail ;

(D. 2014-798 du 11 juil. 2014, JO 13) « 3° Dans le cas d'un service autonome, au ***(D. 2017-1819 du 29 déc. 2017, art. 3, 4°, JO 30, entrée en vigueur le 01.01.2018)*** « comité social et économique » ;

4° Dans le cas d'un service interentreprises, au conseil d'administration et, selon le cas, soit au comité interentreprises, soit à la commission de contrôle. »

Note La décision par laquelle l'inspecteur du travail a autorisé le licenciement d'un médecin du travail se substitue entièrement à la délibération de la commission de contrôle du service interentreprises ayant refusé son accord au licenciement. Par suite, les moyens tirés d'irrégularités dont serait entachée la délibération de cette commission sont inopérants (CE 12 octobre 1990, n° 91532, RJS 2/91 n° 192).

Art. R. 4623-23. Lors du transfert partiel de l'entreprise ou de l'établissement auquel appartient le médecin du travail, seules les dispositions des articles R. 4623-21 et R. 4623-22 s'appliquent. La demande d'autorisation de transfert prévue à l'article L. 4623-5-3 est adressée à l'inspecteur du travail par lettre recommandée avec avis de réception quinze jours avant la date arrêtée pour le transfert.

Art. R. 4623-24. Le ministre peut annuler ou réformer la décision de l'inspecteur du travail mentionnée à l'article ***(D. 2014-798 du 11 juil. 2014, JO 13)*** « R. 4623-22 » sur le recours de l'employeur ou du médecin du travail.

Ce recours est introduit dans un délai de deux mois à compter de la notification de la décision de l'inspecteur.

Le silence gardé pendant plus de quatre mois sur ce recours vaut décision de rejet.

SECTION 2 (réglementaire). Collaborateur médecin

Art. R. 4623-25. Le service de santé au travail ou l'employeur peut recruter des collaborateurs médecins. Ces médecins s'engagent à suivre une formation en vue de l'obtention de la qualification en médecine du travail auprès de l'ordre des médecins. Ils sont encadrés par un médecin qualifié en médecine du travail qu'ils assistent dans ses missions.

(D. 2016-1358 du 11 oct. 2016, JO 13) « Les collaborateurs médecins communiquent leurs titres à l'inspection médicale du travail dans le mois qui suit leur embauche.

Ils exercent leurs fonctions dans les conditions fixées aux articles R. 4623-25-1 et R. 4623-25-2. »

Art. R. 4623-25-1. ***(D. 2014-798 du 11 juil. 2014, JO 13)*** Le collaborateur médecin remplit les missions que lui confie le médecin du travail qui l'encadre, dans le cadre du protocole écrit prévu par l'article R. 4623-14 et validé par ce dernier, en fonction des compétences et de l'expérience qu'il a acquises.

(D. 2016-1358 du 11 oct. 2016, JO 13) « Ce protocole définit notamment les conditions dans lesquelles le collaborateur médecin procède aux examens prévus dans le cadre du suivi individuel de l'état de santé du salarié. »

Note Voir décret 2014-1255 du 27 octobre 2014 (JO 29) relatif à l'amélioration du fonctionnement des services de médecine de prévention et des comités d'hygiène, de sécurité et des conditions de travail dans la fonction publique de l'État.

Art. R. 4623-25-2. ***(D. 2014-798 du 11 juil. 2014, JO 13)*** Le collaborateur médecin dispose du temps nécessaire et des moyens requis pour exercer ses missions et suivre la formation mentionnée à l'article R. 4623-25.

Il ne peut subir de discrimination en raison de l'exercice de ses missions.

SECTION 3 (réglementaire). Interne en médecine du travail

Art. R. 4623-26. Les services de santé au travail peuvent être agréés, dans les conditions prévues par l'article L. 632-5 du code de l'éducation, comme organismes extrahospitaliers accueillant en stage les internes inscrits au diplôme d'études spécialisées de médecine du travail ou les étudiants inscrits en deuxième cycle des études médicales.

Art. R. 4623-27. L'interne en médecine du travail est soumis aux dispositions relatives au régime de l'internat déterminé en application de l'article L. 6153-1 du code de la santé publique et à l'organisation du troisième cycle des études médicales fixée en application de l'article L. 632-2 du code de l'éducation.

Art. R. 4623-28. Peuvent être autorisés à exercer la médecine du travail en remplacement d'un médecin du travail temporairement absent, l'interne en médecine du travail disposant du niveau d'études requis par l'article L. 4131-2 du code de la santé publique et autorisé par le conseil départemental de l'ordre des médecins dans les conditions fixées par ce même article. L'interne en médecine du travail peut aussi être autorisé à exercer la médecine du travail dans l'attente de la prise de fonction d'un médecin du travail.

SECTION 4 (réglementaire). Médecin candidat à l'autorisation d'exercice

Note Cette section a été introduite par le décret 2014-798 du 11 juillet 2014, JO 13.

Art. R. 4623-25-3. I. – Le candidat à l'autorisation ministérielle d'exercice de la profession de médecin, dans la spécialité médecine du travail, prévue au I de l'article L. 4111-2 du code de la santé publique, lauréat des épreuves de vérification des connaissances, peut être recruté par un service de santé au travail, agréé comme organisme extrahospitalier accueillant en stage les internes inscrits au diplôme d'études spécialisées de médecine du travail, pour l'accomplissement des fonctions requises par les dispositions du même article.

Ces fonctions sont exercées à temps plein ou à temps partiel selon les dispositions prévues au quatrième alinéa du I de l'article L. 4111-2 du code de la santé publique ou à l'article 83 de la loi n° 2006-1640 du 21 décembre 2006 de financement de la sécurité sociale pour 2007 modifiée.

II. – Le candidat à l'autorisation d'exercice de la profession de médecin, dans la spécialité médecine du travail, prévue au II de l'article L. 4111-2 et à l'article L. 4131-1-1 du code de la santé publique, qui effectue un stage d'adaptation en application de l'article R. 4111-18 du même code, peut être recruté par un service de santé au travail pour l'accomplissement de ce stage.

Art. R. 4623-25-4. Le candidat à l'autorisation d'exercice est lié par un contrat de travail conclu avec l'employeur ou le président du service de santé au travail interentreprises.

La durée du contrat de travail est, selon le cas, soit conforme aux dispositions du second alinéa du I de l'article R. 4623-25-3, soit égale à la durée du stage prescrit en application de l'article R. 4111-17 du code de la santé publique, dans la limite de trois ans.

Le non-renouvellement du contrat à l'issue d'une période d'engagement est notifié avec un préavis de deux mois. Les démissions sont présentées avec le même préavis.

Art. R. 4623-25-5. Le médecin recruté en application des dispositions de l'article R. 4623-25-3 exerce sous la responsabilité d'un médecin qualifié en médecine du travail.

SECTION 5 (réglementaire). Personnel infirmier

Note • Les sections 5 à 7 ont été introduites par le décret 2012-135 du 30 janvier 2012, JO 31, entrée en vigueur le 01.07.2012.

• Voir circulaire DGT n° 13 du 9 novembre 2012 , 1re partie, 2.2.4. (BO TR 2012/11 du 30.11.2012).

Voir aussi Dr. Soc. 2014, p. 661, «Les relations médecins-infirmiers dans la loi du 20 juillet 2011, incertitudes et ambiguïtés», C. Higounenc et J-M Lattes.

Sous-section 1. Dispositions communes

Art. R. 4623-29. L'infirmier recruté dans un service de santé au travail est diplômé d'État ou a l'autorisation d'exercer sans limitation dans les conditions prévues par le code de la santé publique. Si l'infirmier n'a pas suivi une formation en santé au travail, l'employeur l'y inscrit au cours des douze mois qui suivent son recrutement et favorise sa formation continue.

Art. R. 4623-30. Dans le respect des dispositions des articles R. 4311-1 et suivants du code de la santé publique, l'infirmier exerce ses missions propres ainsi que celles définies par le médecin du travail, sur la base du protocole mentionné à l'article R. 4623-14 du présent code.

Art. R. 4623-31. Un entretien infirmier peut être mis en place pour réaliser les activités confiées à l'infirmier par le protocole prévu à l'article R. 4623-14. Cet entretien donne lieu à la délivrance d'une ***(D. 2016-1908 du 27 déc. 2016, art. 18, II, 2°, JO 29, entrée en vigueur le 01.01.2017)*** «attestation de suivi» qui ne comporte aucune mention relative à l'aptitude ou l'inaptitude médicale du salarié.

L'infirmier peut également, selon les mêmes modalités, effectuer des examens complémentaires et participer à des actions d'information collectives conçues en collaboration avec le médecin du travail et validées par lui dans le respect des règles liées à l'exercice de la profession d'infirmier déterminées en application de l'article L. 4311-1 du code de la santé publique.

Sous-section 2. Le personnel infirmier en entreprise

Art. R. 4623-32. Dans les établissements industriels de 200 à 800 salariés, est présent au moins un infirmier et, au-delà de cet effectif, un infirmier supplémentaire par tranche de 600 salariés.

Dans les autres établissements de 500 à 1 000 salariés, est présent au moins un infirmier et, au-delà de cet effectif, un infirmier supplémentaire par tranche de 1 000 salariés.

Note Pour déclarer un responsable d'entreprise coupable d'avoir omis, étant responsable d'une entreprise de plus de 200 salariés, au mépris d'une mise en demeure de l'inspecteur du travail et des dispositions de cet article, d'embaucher un personnel infirmier à temps complet, une cour d'appel retient notamment qu'il n'importe pas que la mise en demeure fût régulière ou irrégulière, dès lors que l'infraction est caractérisée par le défaut d'emploi d'une infirmière à temps complet. En l'état de ces seuls motifs, et dès lors que l'exigence d'une mise en demeure de l'inspection du travail préalable, prévue par les articles L. 234-1 et L. 241-10 (anciens) CT, n'est pas applicable à la contravention à l'article R. 241-35 [R. 4623-51] dudit code, qui ne concerne que l'effectif du personnel infirmier employé par l'entreprise, la cour d'appel a justifié sa décision (cass. crim. 3 septembre 2002, n° 01-87.422, JSL n° 111, 12.11.2002, p. 23).

Art. R. 4623-33. Dans les établissements industriels de moins de 200 salariés et dans les autres établissements de moins de 500 salariés, un infirmier est présent si le médecin du travail et le ***(D. 2017-1819 du 29 déc. 2017, art. 3, 4°, JO 30, entrée en vigueur le 01.01.2018)*** «comité social et économique» en font la demande.

Lorsque l'employeur conteste la demande, la décision est prise par l'inspecteur du travail après avis du médecin inspecteur du travail.

Art. R. 4623-34. ***(D. 2016-1908 du 27 déc. 2016, art. 18, II, 3°, JO 29, entrée en vigueur le 01.01.2017)*** L'infirmier assure ses missions de santé au travail sous l'autorité du médecin du travail de l'entreprise dans le cadre de protocoles écrits ou sous celle du médecin du service de santé interentreprises intervenant dans l'entreprise, dans le cadre de protocoles écrits. L'équipe pluridisciplinaire se coordonne avec l'infirmier de l'entreprise.

Sous-section 3. Le personnel infirmier au sein des services de santé au travail interentreprises

Art. R. 4623-35. L'infirmier est recruté après avis du ou des médecins du travail.

Art. R. 4623-36. Les missions de l'infirmier sont exclusivement préventives, à l'exception des situations d'urgence.

SECTION 6 (réglementaire). Intervenant en prévention des risques professionnels des services de santé au travail interentreprises

Note • Voir circulaire DGT n° 13 du 9 novembre 2012, 1re partie, II, 2.3.1. (BO TR 2012/11 du 30 novembre 2012).

• Voir arrêté du 24 décembre 2003 (JO 31) relatif à la mise en œuvre de l'obligation de pluridisciplinarité dans les services de santé au travail. Voir aussi circulaire DRT 2005-05 du 20 juin 2005 relative au dispositif d'habilitation des intervenants en prévention des risques professionnels et visant à favoriser la mise en œuvre de la pluridisciplinarité (BO TR 2005/8 du 30 août 2005, p. 28).

• Voir jurisprudence citée sous l'article L. 4622-4.

Art. R. 4623-37. L'intervenant en prévention des risques professionnels a des compétences techniques ou organisationnelles en matière de santé et de sécurité au travail. Il dispose du temps nécessaire et des moyens requis pour exercer ses missions.

Il ne peut subir de discrimination en raison de ses activités de prévention.

Il assure ses missions dans des conditions garantissant son indépendance.

Note S'agissant du licenciement de l'intervenant en prévention des risques professionnels, voir art. D. 4622-31 et sa note.

Art. R. 4623-38. L'intervenant en prévention des risques professionnels participe, dans un objectif exclusif de prévention, à la préservation de la santé et de la sécurité des travailleurs et à l'amélioration des conditions de travail. Dans ce cadre, il assure des missions de diagnostic, de conseil, d'accompagnement et d'appui, et communique les résultats de ses études au médecin du travail.

Art. R. 4623-39. Lorsque le service de santé au travail ne dispose pas des compétences techniques nécessaires à son intervention, il fait appel, le cas échéant, à un intervenant en prévention des risques professionnels enregistré en application des dispositions de l'article L. 4644-1.

SECTION 7 (réglementaire). Assistant de service de santé au travail

Art. R. 4623-40. Dans les services de santé au travail interentreprises, l'assistant de service de santé au travail apporte une assistance administrative au médecin du travail et aux autres membres de l'équipe pluridisciplinaire dans leurs activités.

Il contribue également à repérer les dangers et à identifier les besoins en santé au travail, notamment dans les entreprises de moins de vingt salariés. Il participe à l'organisation, à l'administration des projets de prévention et à la promotion de la santé au travail et des actions du service dans ces mêmes entreprises.

CHAPITRE IV Actions et moyens des membres des équipes pluridisciplinaires de santé au travail

Note La loi 2016-1088 du 8 août 2016 (JO 9) a réformé le suivi médical des salariés et la procédure liée à leur inaptitude.

Sur cette réforme, voir notamment RF 8 septembre 2016, FH 3657, 4-20 et s.

Voir aussi P-Y Verkindt, «La santé du travailleur une nouvelle fois sous le feu des projecteurs», JCP éd. S 2016, 1306; É. Jeansen, «L'avis d'inaptitude», JCP éd. S 2016, 1318; S. Fantoni, F. Héas et P-Y Verkindt, «La santé au travail après la loi du 8 août 2016», Dr. Soc. 2016, p. 921; F. Meyer, «La loi Travail: aspects concernant la médecine du travail», RDT, décembre 2016, CH, 821; C. Ferté, «La santé au travail après le 1er janvier 2017», JCP éd. S 2017, 1001; M. Ledoux et M-A Godefroy, «La sécurisation relative de la procédure d'inaptitude», RJS 2/17, chron. p. 91; A. Gardin, «La réforme des règles relatives à la santé au travail: entre ombres et lumières», RJS 4/17, chron. p. 275.

Art. L. 4624-1. ***(L. 2016-1088 du 8 août 2016, art. 102, II, 7°, JO 9, entrée en vigueur au plus tard le 01.01.2017)*** Tout travailleur bénéficie, au titre de la surveillance de l'état de santé des travailleurs prévue à l'article L. 4622-2, d'un suivi individuel de son état de santé assuré par le médecin du travail et, sous l'autorité de celui-ci, par le collaborateur médecin mentionné à l'article L. 4623-1, l'interne en médecine du travail et l'infirmier.

Ce suivi comprend une visite d'information et de prévention effectuée après l'embauche par l'un des professionnels de santé mentionnés au premier alinéa du présent article. Cette visite donne lieu à la délivrance d'une attestation. Un décret en Conseil d'État fixe le délai de cette visite. Le modèle de l'attestation est défini par arrêté.

Le professionnel de santé qui réalise la visite d'information et de prévention peut orienter le travailleur sans délai vers le médecin du travail, dans le respect du protocole élaboré par ce dernier.

Les modalités et la périodicité de ce suivi prennent en compte les conditions de travail, l'état de santé et l'âge du travailleur, ainsi que les risques professionnels auxquels il est exposé.

Tout travailleur qui déclare, lors de la visite d'information et de prévention, être considéré comme travailleur handicapé au sens de l'article L. 5213-1 du présent code et être reconnu par la commission des droits et de l'autonomie des personnes handicapées mentionnée à l'article L. 146-9 du code de l'action sociale et des familles, ainsi que tout travailleur qui déclare être titulaire d'une pension d'invalidité attribuée au titre du régime général de sécurité sociale ou de tout autre régime de protection sociale obligatoire, est orienté sans délai vers le médecin du travail et bénéficie d'un suivi individuel adapté de son état de santé.

Tout salarié peut, lorsqu'il anticipe un risque d'inaptitude, solliciter une visite médicale dans l'objectif d'engager une démarche de maintien dans l'emploi.

Tout travailleur de nuit bénéficie d'un suivi individuel régulier de son état de santé. La périodicité de ce suivi est fixée par le médecin du travail en fonction des particularités du poste occupé et des caractéristiques du travailleur, selon des modalités déterminées par décret en Conseil d'État.

Le rapport annuel d'activité, établi par le médecin du travail, pour les entreprises dont il a la charge, comporte des données présentées par sexe. Un arrêté du ministre chargé du travail fixe les modèles de rapport annuel d'activité du médecin du travail et de synthèse annuelle de l'activité du service de santé au travail.

Note
- Voir arrêté du 16 octobre 2017 (JO 21, entrée en vigueur le 01.11.2017) fixant le modèle d'attestation de suivi individuel de l'état de santé.
- S'agissant des salariés temporaires et des salariés en contrat à durée déterminée, voir art. L. 4625-1-1 et R. 4625-1 à 20.

Art. L. 4624-2. ***(L. 2016-1088 du 8 août 2016, art. 102, II, 8°, JO 9, entrée en vigueur au plus tard le 01.01.2017)*** I. – Tout travailleur affecté à un poste présentant des risques particuliers pour sa santé ou sa sécurité ou pour celles de ses collègues ou des tiers évoluant dans l'environnement immédiat de travail bénéficie d'un suivi individuel renforcé de son état de santé. Ce suivi comprend notamment un examen médical d'aptitude, qui se substitue à la visite d'information et de prévention prévue à l'article L. 4624-1.

II. – L'examen médical d'aptitude permet de s'assurer de la compatibilité de l'état de santé du travailleur avec le poste auquel il est affecté, afin de prévenir tout risque grave d'atteinte à sa santé ou à sa sécurité ou à celles de ses collègues ou des tiers évoluant dans l'environnement immédiat de travail. Il est réalisé avant l'embauche et renouvelé périodiquement. Il est effectué par le médecin du travail, sauf lorsque des dispositions spécifiques le confient à un autre médecin.

Note • Voir arrêté du 16 octobre 2017 (JO 21, entrée en vigueur le 01.11.2017) fixant le modèle d'avis d'aptitude.

• S'agissant des salariés temporaires et des salariés en contrat à durée déterminée, voir art. L. 4625-1-1 et R. 4625-1 à 20.

Art. L. 4624-2-1. ***(L. 2018-217 du 29 mars 2018, art. 13, JO 31)*** Les travailleurs bénéficiant du dispositif de suivi individuel renforcé prévu à l'article L. 4624-2, ou qui ont bénéficié d'un tel suivi au cours de leur carrière professionnelle sont examinés par le médecin du travail au cours d'une visite médicale, avant leur départ à la retraite.

Cet examen médical vise à établir une traçabilité et un état des lieux, à date, des expositions à un ou plusieurs facteurs de risques professionnels mentionnés à l'article L. 4161-1 auxquelles a été soumis le travailleur. Le médecin du travail a la faculté, s'il constate une exposition du travailleur à certains risques dangereux, notamment chimiques, mentionnés au *a* du 2° du I du même article L. 4161-1, de mettre en place une surveillance post-professionnelle en lien avec le médecin traitant.

Les modalités d'application du présent article sont précisées par décret en Conseil d'État.

Art. L. 4624-3. ***(L. 2016-1088 du 8 août 2016, art. 102, II, 8°, JO 9, entrée en vigueur au plus tard le 01.01.2017)*** Le médecin du travail peut proposer, par écrit et après échange avec le salarié et l'employeur, des mesures individuelles d'aménagement, d'adaptation ou de transformation du poste de travail ou des mesures d'aménagement du temps de travail justifiées par des considérations relatives notamment à l'âge ou à l'état de santé physique et mental du travailleur.

Note Voir arrêté du 16 octobre 2017 (JO 21, entrée en vigueur le 01.11.2017) fixant le modèle du document de proposition de mesures individuelles d'aménagement, d'adaptation ou de transformation du poste de travail ou de mesures d'aménagement du temps de travail.

Propositions de mesures individuelles avant la loi 2016-1088 du 8 août 2016 (Jurisprudence rendue au visa de l'article L. 4624-1 dans sa rédaction antérieure à la loi)

• **Caractère obligatoire.** L'employeur, tenu d'une obligation de sécurité de résultat en matière de protection de la santé et de la sécurité des travailleurs dans l'entreprise, doit en assurer l'effectivité en prenant en considération les mesures individuelles préconisées par le médecin du travail, même en l'absence d'avis d'inaptitude (cass. soc. 23 septembre 2009, n° 08-42.629, BC V n° 189; JCP éd. S 2009, 1494, note A. Martinon; RJS 12/09 n° 945; Dr. Soc. 2010, p. 80, note J. Savatier; RDT, janv. 2010, CH, 30, M. Véricel; voir aussi cass. soc. 17 octobre 2012, n° 11-18.648, RJS 1/13 n° 22). Ainsi, n'a pas respecté les prescriptions de l'article L. 241-10-1 [L. 4624-1 ancien] CT l'employeur qui, en présence d'un avis d'aptitude du médecin du travail portant la mention: «quand possibilités, un changement de poste avec moins de manutention serait préférable», n'a pas cherché à fournir au salarié un poste compatible avec ces recommandations et a prononcé un avertissement en raison de sa faible productivité, alors que les réserves du médecin du travail étaient de nature à expliquer l'insuffisance de résultats reprochée au salarié et que l'employeur ne pouvait ignorer les difficultés qu'il rencontrait (cass. soc. 19 décembre 2007, n° 06-43.918, BC V n° 216; JSL n° 226, 28.01.2008, p. 14, M-Ch. Haller; RJS 3/08 n° 295, 1re espèce).

En cas de refus de prendre en considération les recommandations du médecin du travail, l'employeur est tenu de faire connaître les motifs qui s'opposent à ce qu'il y soit donné suite. N'est donc pas légalement justifié l'arrêt d'une cour d'appel qui, pour décider qu'un employeur avait satisfait à ses obligations en proposant à une salariée d'être réintégrée à l'issue de son arrêt maladie dans l'agence où elle était précédemment affectée, a retenu que l'avis du médecin du travail était un avis d'aptitude assorti du simple souhait de voir proposer à la salariée un poste situé dans une autre agence, qui n'entraînait pour l'employeur aucune obligation, sans constater que l'employeur justifiait de motifs l'empêchant de suivre les recommandations du médecin du travail (cass. soc. 19 décembre 2007, n° 06-46.134, RJS 3/08 n° 295, 2e espèce).

Enfin, dans l'hypothèse où le salarié déclaré inapte par le médecin du travail, refuse le poste qui lui est proposé en contestant sa compatibilité avec les recommandations du médecin du travail, il appartient à l'employeur de solliciter à nouveau l'avis de ce dernier (cass. soc. 6 février 2008, n° 06-44.413, BC V n° 33; JCP éd. S 2008, 1185, note P-Y Verkindt; RJS 4/08 n° 440; RDT, avril 2008, CH, 232, J. Lévy-Amsallem; JSL n° 229, 12.03.2008, p. 11, J-E Tourreil; 23 septembre 2009, n° 08-42.525, BC V n° 206; RDT, décembre 2009, CH, 710, Th. Pasquier; RJS 12/09 n° 918; Dr. Soc. 2010, p. 80, note J. Savatier; 18 septembre 2013, n° 12-19.204, RJS 12/13 n° 809).

Lorsque le salarié, déclaré partiellement inapte à son poste à l'issue du premier examen médical de reprise par le médecin du travail, fait valoir que l'employeur n'a pas adapté son poste de travail conformément aux recommandations de ce médecin, il appartient à l'employeur, qui a réaffecté l'intéressé à son emploi habituel, de justifier de l'adaptation de son poste de travail ou des raisons pour lesquelles une telle adaptation était impossible (cass. soc. 14 octobre 2009, n° 08-42.878, BC V n° 221; RJS 12/09 n° 904; JCP éd. S 2010, 1009, note P-Y Verkindt).

À noter que les dispositions de l'article L. 4624-1 [ancien] CT ne font pas obstacle à ce que l'employeur puisse, sans manifester de désaccord, solliciter de nouveau l'avis du médecin du travail sur l'état de santé d'un salarié déclaré apte, sous certaines réserves, à reprendre une activité au sein de l'entreprise, notamment au vu des conditions dans lesquelles ce salarié exerce son activité à l'issue d'une absence pour cause de maladie (CE 20 novembre 2009, n° 315965, JCP éd. S 2010, 1010, note P-Y Verkindt).

• Non seulement le médecin du travail est habilité, par l'article L. 4624-1 [ancien] CT, à proposer des mesures individuelles telles que mutations ou transformations de postes, mais l'employeur doit, avant de procéder à un licenciement, solliciter de telles propositions si le médecin du travail a omis d'en formuler (cass. soc. 27 mars 1990, n° 87-41.391, RJS 6/90 n° 469; 28 mars 1995, n° 91-45.076; 9 mai 1995, n° 91-43.749, BC V n° 149; RJS 6/95 n° 638; 22 octobre 1996, n° 93-43.787, BC V n° 337).

• L'employeur est condamné pour licenciement sans cause réelle et sérieuse lorsque le caractère hâtif de sa décision de licenciement fait apparaître qu'il n'a pas pris en considération les propositions formulées par le médecin du travail (cass. soc. 7 avril 1987, n° 84-41.665, BC V n° 187) ou n'a pas cherché à les mettre en œuvre (cass. soc. 21 novembre 1995, n° 92-42.107), lorsqu'il licencie sans même que soient étudiées les modalités d'aménagement préconisées par le médecin du travail et sans qu'il soit tenu le moindre compte de ses recommandations (cass. soc. 29 janvier 1997, n° 94-45.386). Ainsi ne rapporte pas la preuve de son impossibilité de prendre en considération les propositions du médecin du travail recommandant une reprise d'emploi à mi-temps l'employeur qui, dès qu'il avait eu connaissance de l'inaptitude d'une salariée pour exercer son emploi à temps complet, lui avait immédiatement répondu qu'il ne pouvait lui proposer un emploi à temps partiel, alors qu'une autre salariée de l'entreprise avait sollicité à la même époque un emploi à mi-temps (cass. soc. 15 juin 1993, n° 90-42.892, BC V n° 168; RJS 10/93 n° 975). Voir aussi cass. soc. 15 juin 1993, n° 90-43.483: employeur ne rapportant pas la preuve qu'aucun des postes de travail identiques à celui auquel était apte le salarié n'avait été disponible entre la date d'avis du médecin du travail et celle du licenciement intervenu plusieurs mois plus tard; cass. soc. 9 avril 1996, n° 93-41.076: employeur n'établissant pas qu'il était dans l'impossibilité d'affecter le salarié à un poste compatible avec les contre-indications médicales, ce que la taille de l'entreprise et les compétences de l'intéressé auraient permis.

Dans une affaire où le médecin du travail avait conclu à l'inaptitude physique définitive d'un salarié dans le secteur du bâtiment, sans le déclarer inapte à tout emploi dans l'entreprise, une cour d'appel, après avoir énoncé que l'employeur doit prendre en considération, au besoin en les sollicitant, les propositions du médecin du travail en vue du reclassement du salarié, a constaté que la société avait d'autres secteurs d'activités en dehors de celui du bâtiment et que la procédure de licenciement avait été introduite le jour même de la délivrance du certificat du médecin du travail, sans recherche d'éventuelles solutions de reclassement, ni justification d'une impossibilité d'un tel reclassement et a pu décider que le licenciement intervenu dans ces conditions était sans cause réelle et sérieuse (cass. soc. 27 octobre 1993, n° 90-42.560, BC V n° 250; RJS 12/93 n° 1189).

• La consultation d'un médecin autre que le médecin du travail ne peut être substituée à celle de celui-ci (cass. soc. 28 juin 2006, n° 04-47.672, BC V n° 230; JCP éd. S 2006, 1793, note J-Y Frouin).

• Même lorsque la décision de licenciement n'intervient pas très rapidement après l'avis d'inaptitude et la proposition de mesures individuelles, l'employeur peut être condamné pour ne pas avoir pris réellement en considération les propositions du médecin du travail (voir notamment cass. soc. 14 janvier 1997, n° 93-46.633: employeur n'ayant pas, aux seuls motifs de l'inaptitude de la salariée et d'une indisponibilité de postes, tenté de procéder au reclassement de l'intéressée dans tous les emplois proposés par le médecin du travail).

En outre, même lorsque les propositions du médecin du travail sont imprécises, l'employeur doit les prendre en considération (cass. soc. 3 décembre 1992, n° 91-44.025: le médecin du travail avait émis un avis d'inaptitude en indiquant qu'un autre poste de travail pourrait être confié à ce salarié; l'employeur, qui avait licencié ce salarié, est, à juste titre, condamné pour licenciement sans cause réelle et sérieuse).

L'employeur qui a procédé au licenciement d'un salarié pour inaptitude sans prendre en considération les propositions du médecin du travail relatives à l'aménagement du poste de travail ni préciser pourquoi il lui était impossible de modifier les locaux et qui n'a pas saisi de la difficulté l'inspecteur du travail n'a pas satisfait aux obligations mises à sa charge par l'article L. 241-10-1 [L. 4624-1 ancien] CT (cass. soc. 19 juillet 1995, n° 91-44.544, BC V n° 254; RJS 10/95 n° 1016).

De même, l'employeur, qui a procédé de façon prématurée au licenciement pour inaptitude sans prendre en considération les propositions du médecin du travail relatives à l'intérêt de faire procéder à une étude ergonomique pour étudier les possibilités d'adapter le poste du salarié, partiellement inapte, à ses capacités physiques diminuées, sans saisir l'inspecteur du travail du recours prévu à l'article L. 241-10-1 [L. 4624-1 ancien] CT s'il était en désaccord avec les propositions du médecin du travail, n'a pas satisfait aux obligations mises à sa charge par l'article L. 122-32-5 (ancien) CT (cass. soc. 28 octobre 1998, n° 96-44.395, BC V n° 464; RJS 12/98 n° 1473).

Si l'exercice par le salarié du recours à l'inspecteur du travail prévu à l'article L. 241-10-1 [L. 4624-1 ancien] CT ne subordonne pas le licenciement de l'intéressé à une autorisation préalable de l'inspecteur du travail et ne suspend pas le délai d'un mois imparti à l'employeur pour procéder au licenciement du salarié déclaré par le médecin du travail inapte à son emploi, il résulte des constatations de la cour d'appel que l'employeur avait procédé de façon prématurée au licenciement sans prendre en considération la possibilité retenue par l'inspecteur du travail, saisi en raison de la contestation élevée par le salarié, de reclasser ce dernier sur un poste aménagé moyennant une aide financière de l'AGEFIPH qu'il lui appartenait de solliciter (cass. soc. 28 janvier 2004, n° 01-46.913, BC V n° 31; RJS 4/04 n° 401).

• L'employeur doit tirer rapidement les conséquences de la déclaration d'inaptitude par le médecin du travail (reclasser le salarié à un poste correspondant à ses capacités physiques restantes ou le licencier): «si le salarié n'est pas reclassé dans l'entreprise à l'issue d'un délai d'un mois à compter de la date de l'examen médical de reprise du travail ou s'il n'est pas licencié, l'employeur est tenu de verser à l'intéressé, dès l'expiration de ce délai, le salaire correspondant à l'emploi que celui-ci occupait avant la suspension de son contrat de travail» (voir art. L. 1226-4 et 11 et leurs notes et note sous art. R. 4624-42). Sur les difficultés d'application de la loi 92-1446 du 31 décembre 1992, voir notamment rép. QE 4738, JO AN 2 février 1998, p. 568.

Art. L. 4624-4. ***(L. 2016-1088 du 8 août 2016, art. 102, II, 8°, JO 9, entrée en vigueur au plus tard le 01.01.2017)*** Après avoir procédé ou fait procéder par un membre de l'équipe pluridisciplinaire à une étude de poste et après avoir échangé avec le salarié et l'employeur, le médecin du travail qui constate qu'aucune mesure d'aménagement, d'adaptation ou de transformation du poste de travail occupé n'est possible et que l'état de santé du travailleur justifie un changement de poste déclare le travailleur inapte à son poste de travail. L'avis d'inaptitude rendu par le médecin du travail est éclairé par des conclusions écrites, assorties d'indications relatives au reclassement du travailleur.

Note Voir arrêté du 16 octobre 2017 (JO 21, entrée en vigueur le 01.11.2017) fixant le modèle d'avis d'inaptitude.

Art. L. 4624-5. ***(L. 2016-1088 du 8 août 2016, art. 102, II, 8°, JO 9, entrée en vigueur au plus tard le 01.01.2017)*** Pour l'application des articles L. 4624-3 et L. 4624-4, le médecin du travail reçoit le salarié, afin d'échanger sur l'avis et les indications ou les propositions qu'il pourrait adresser à l'employeur.

Le médecin du travail peut proposer à l'employeur l'appui de l'équipe pluridisciplinaire ou celui d'un organisme compétent en matière de maintien en emploi pour mettre en œuvre son avis et ses indications ou ses propositions.

Art. L. 4624-6. ***(L. 2016-1088 du 8 août 2016, art. 102, II, 9°, JO 9, entrée en vigueur au plus tard le 01.01.2017)*** L'employeur est tenu de prendre en considération l'avis et les indications ou les propositions émis par le médecin du travail en application des articles L. 4624-2 à L. 4624-4. En cas de refus, l'employeur fait connaître par écrit au travailleur et au médecin du travail les motifs qui s'opposent à ce qu'il y soit donné suite.

Art. L. 4624-7

Art. L. 4624-7. ***(Ord. 2017-1387 du 22 sept. 2017, art. 8, JO 23, entrée en vigueur au plus tard le 01.01.2018)*** I. – Le salarié ou l'employeur peut saisir le conseil de prud'hommes ***(Ord. 2019-738 du 17 juil. 2019, art. 15, JO 18)*** «selon la procédure accélérée au fond» d'une contestation portant sur les avis, propositions, conclusions écrites ou indications émis par le médecin du travail reposant sur des éléments de nature médicale en application des articles L. 4624-2, L. 4624-3 et L. 4624-4. Le médecin du travail, informé de la contestation ***(L. 2018-217 du 29 mars 2018, art. 11, I, 23°, JO 31)*** «par l'employeur», n'est pas partie au litige.

II. – Le conseil de prud'hommes peut confier toute mesure d'instruction au médecin inspecteur du travail territorialement compétent pour l'éclairer sur les questions de fait relevant de sa compétence. Celui-ci, peut, le cas échéant, s'adjoindre le concours de tiers. À la demande de l'employeur, les éléments médicaux ayant fondé les avis, propositions, conclusions écrites ou indications émis par le médecin du travail peuvent être notifiés au médecin que l'employeur mandate à cet effet. Le salarié est informé de cette notification.

III. – La décision du conseil de prud'hommes se substitue aux avis, propositions, conclusions écrites ou indications contestés.

(L. 2018-217 du 29 mars 2018, art. 11, I, 23°, JO 31) «IV. – Le conseil de prud'hommes peut décider, par décision motivée, de ne pas mettre tout ou partie des honoraires et frais d'expertise à la charge de la partie perdante, dès lors que l'action en justice n'est pas dilatoire ou abusive. Ces honoraires et frais sont réglés d'après le tarif fixé par un arrêté conjoint des ministres chargés du travail et du budget.»

V. – Les conditions et les modalités d'application du présent article sont définies par décret en Conseil d'État.

Note • Les dispositions de cet article, dans sa rédaction issue de l'ordonnance 2019-738 précitée, s'appliquent aux demandes introduites depuis le 1er janvier 2020 (ordonnance précitée, art. 30).

• IV: Voir arrêté du 27 mars 2018 (JO 30) relatif au montant des honoraires dus aux médecins inspecteurs du travail en application du IV de l'article L. 4624-7.

• Voir l'article R. 4624-45 et sa note.

• Sur la modification de l'article L. 4624-7 par l'ordonnance 2017-1387 du 22 septembre 2017, voir RF 19 octobre 2017, FH 3712, 4-5 et s.; P-Y Verkindt, «La question de l'inaptitude médicale dans l'ordonnance n° 2017-1387 du 22 septembre 2017», JCP éd. S 2017, 1310; M. Boumendjel, A. Leduc et P. Massamba-Debat, «La nouvelle procédure de contestation de l'avis du médecin du travail», JCP éd. S 2017, 1320; P-Y Verkindt, «Les conditions de travail et la santé au travail dans les ordonnances du 22 septembre 2017: faut-il mouiller son mouchoir ?», Dr. Soc. 2018, p. 41.

Voir aussi N. Léger, «Contentieux de l'employeur contre les médecins du travail», RJS 4/20, p. 249; J-M Chonnier et P. Bailly, «La contestation par l'employeur des avis du médecin du travail à l'épreuve du secret médical», Dr. Soc. 2020, p. 648.

• La loi 2016-1088 du 8 août 2016 a modifié les règles de contestation de l'avis du médecin du travail: la saisine du conseil de prud'hommes statuant en la forme des référés a remplacé celle de l'inspecteur du travail.

Contestation de l'avis du médecin du travail avant la loi du 8 août 2016 (Jurisprudence rendue au visa de l'article L. 4624-1 dans sa rédaction antérieure à la loi)

– Recevabilité et objet du recours. Le recours administratif devant l'inspecteur du travail prévu par le dernier alinéa de l'article L. 241-10-1 [L. 4624-1 ancien] CT n'est ouvert qu'en cas de difficulté ou désaccord sur l'avis du médecin du travail portant sur l'inaptitude physique du salarié à son poste de travail antérieur, son aptitude physique au poste de reclassement proposé, la nécessité d'une adaptation des conditions de travail ou d'une réadaptation du salarié (cass. soc. 28 juin 2006, n° 04-45.600, BC V n° 234; JCP éd. S 2006, 1794, note P-Y Verkindt). Le recours du salarié portant sur l'avis du médecin du travail sur son aptitude à occuper son emploi peut même être introduit après que son licenciement ait pris effet (CE 27 juin 2011, n° 334834, RJS 10/11 n° 775; Dr. Soc. 2011, p. 1043, concl. R. Keller), peu important que le salarié ait eu la possibilité d'exercer un recours à l'encontre de l'avis du médecin du travail avant son licenciement et que la saisine tardive de l'inspecteur du travail soit de son fait (CE 2 mai 2012, n° 351129).

Ce recours s'applique que l'accident ou la maladie soit d'origine professionnelle ou non (CE 12 février 2003, n° 235869, RJS 6/03 n° 765).

De plus, il est ouvert à tous les salariés recrutés faisant l'objet d'une appréciation de leur aptitude par le médecin du travail et non pas seulement à ceux qui ont été définitivement recrutés au terme de leur période d'essai. Un inspecteur du travail a donc pu s'estimer compétemment saisi au titre des dispositions du dernier alinéa de l'article L. 241-10-1 [L. 4624-1 ancien] CT par une salariée qui a fait l'objet d'un avis d'inaptitude par le médecin du travail lors de sa visite médicale d'embauche (CE 17 juin 2009, n° 314729, Dr. Soc. 2009, p. 941., note Y. Struillou et p. 1137, obs. P. Chaumette; RDT, janvier 2010, CH, 30, M. Véricel; JSL n° 266, 25.11.2009, p. 19, M-Ch. Haller).

– **Compétence exclusive de l'inspecteur du travail.** L'avis du médecin du travail ne peut faire l'objet, tant de la part de l'employeur que de la part du salarié (CE 4 octobre 1991, n° 112032, RJS 12/91 n° 1326; 6 avril 2001, n° 217895, Rec. Lebon, p. 1213; RJS 7/01 n° 856), que d'un recours administratif devant l'inspecteur du travail (cass. soc. 2 février 1994, n° 88-42.711, BC V n° 43; Dr. Soc. 1994, p. 379; 29 janvier 1997, n° 93-46.443) et, en l'absence d'un tel recours, cet avis s'impose aux parties (cass. soc. 9 octobre 2001, n° 98-46.144, BC V n° 313; RJS 12/01 n° 1416; 16 septembre 2009, n° 08-42.212, BC V n° 185; Dr. Soc. 2009 p. 1190, note J. Savatier; JCP éd. S 2009, 1523, note P-Y Verkindt; RJS 11/09 n° 848) et au juge (cass. soc. 17 décembre 2014, n° 13-12.277, BC V n° 310; RJS 3/15 n° 183; JCP éd. S 2015, 1088, note P-Y Verkindt).

Aucune disposition législative ou réglementaire ni aucun principe général du droit n'imposent à l'inspecteur du travail de mettre en œuvre une enquête sur le lieu de travail ou une procédure contradictoire, à l'exception de l'avis du médecin inspecteur régional du travail, lorsqu'il est saisi, par l'employeur ou par le salarié, du recours prévu par les dispositions de l'article L. 4624-1 [ancien] CT (CAA Marseille, 7e ch., 13 novembre 2012, n° 10MA04253, JCP éd. S 2013, 1034, concl. S. Deliancourt).

Il n'appartient pas aux juges du fond de substituer leur appréciation à celle du médecin du travail sur l'aptitude d'un salarié à occuper un poste de travail (cass. soc. 10 novembre 2009, n° 08-42.674, BC V n° 253; JCP éd. S 2010, 1009, note P-Y Verkindt; RJS 1/10 n° 30; Dr. Soc. 2010, p. 243, obs. J. Savatier; 15 février 2011, n° 09-72.467) et le juge judiciaire ne peut pas ordonner une expertise aux fins de contrôler le bien-fondé de l'avis médical (cass. soc. 12 mars 1987, n° 85-16.121, BC V n° 165; Dr. Soc. 1987, p. 604; 2 février 1994, n° 88-42.711, précité). Par ailleurs, il n'appartient pas au juge judiciaire, saisi d'une contestation afférente à la licéité du licenciement d'un salarié déclaré inapte à son poste de travail, de se prononcer sur le respect par le médecin du travail de son obligation de procéder à une étude de poste et des conditions de travail dans l'entreprise (cass. soc. 19 décembre 2007, n° 06-46.147, BC V n° 222; RJS 3/08 n° 270; RDT, avril 2008, CH, 246, M. Véricel; Dr. Soc. 2008, p. 387, obs. J. Savatier).

– **Décision de l'inspecteur du travail.** Il résulte des dispositions de l'article L. 241-10-1 [L. 4624-1 ancien] CT qu'en cas de désaccord concernant les propositions du médecin du travail, il appartient à l'inspecteur du travail, éclairé par l'avis du médecin-inspecteur, de prendre la décision finale, sans pouvoir enjoindre au médecin du travail de formuler de nouvelles propositions après avoir annulé celles qu'il a déjà émises. Ainsi, a commis une erreur de droit la cour administrative d'appel qui a jugé que l'inspecteur du travail n'avait pas méconnu l'étendue de sa compétence en annulant, par sa décision, l'avis du médecin du travail. Il appartient à l'inspecteur du travail de se prononcer lui-même sur l'aptitude d'un salarié à tenir son poste de travail, sans pouvoir se borner à annuler les propositions du médecin du travail et à lui enjoindre d'en formuler de nouvelles (CE 27 septembre 2006, n° 275845, Rec. Lebon, p. 422; Dr. Soc. 2006, p. 1117, note J. Savatier; RJS 1/07 n° 69; voir aussi CE 31 juillet 2015, n° 383383, LS Jurispr. n° 164 du 15.09.2015, énonçant que l'appréciation de l'inspecteur du travail, qu'elle soit confirmative ou infirmative de l'avis du médecin du travail, se substitue à cet avis).

L'inspecteur du travail, saisi par l'une des parties, se prononce définitivement sur cette aptitude, et son appréciation, qu'elle soit confirmative ou infirmative de l'avis du médecin du travail, doit être regardée comme portée dès la date à laquelle cet avis a été émis (CE 16 avril 2010, n° 326553, Rec. Lebon, p. 125; Dr. Soc. 2010, p. 629, concl. G. Dumortier; RJS 7/10 n° 593).

Lorsque l'inspecteur du travail est amené, en cas de difficulté ou de désaccord, à décider de l'aptitude professionnelle du salarié, par application des dispositions de l'article L. 241-10-1 [L. 4624-1 ancien] CT, il doit, comme le médecin du travail, indiquer les considérations de fait de nature à éclairer l'employeur sur son obligation de proposer au salarié un emploi approprié à ses capacités et notamment les éléments objectifs portant sur ces capacités qui le conduisent à recommander certaines tâches en vue d'un éventuel reclassement dans l'entreprise ou, au contraire, à exprimer des contre-indications. Une telle obligation qui n'implique pas de faire état des considérations médicales qui justifient sa position, peut être mise en œuvre dans le respect du secret médical (CE 1er août 2013, n° 341604, LS Jurispr. n° 170 du 17.09.2013; JSL n° 352, 24.10.2013, p. 10, M. Hautefort). Ainsi, la décision rendue par un inspecteur du travail sur l'aptitude d'un salarié, qui se borne à faire référence à un avis du médecin-inspecteur du travail ne comportant aucune considération de fait propre à éclairer l'employeur et le salarié sur les tâches que ce dernier serait susceptible d'exercer dans l'entreprise, ne respecte pas les prescriptions de l'article L. 122-32-5 (ancien) CT (CE 3 décembre 2003, n° 254000, RJS 2/04 n° 200).

– Lorsque la décision administrative conclut à l'aptitude du salarié à son poste de travail, l'employeur, qui l'avait affecté à un autre emploi du fait de la déclaration d'inaptitude, doit le réintégrer dans ses précédentes fonctions et, en cas de difficultés, l'employeur est tenu de solliciter à nouveau l'avis du médecin (cass. soc. 28 janvier 2010, n° 08-42.702, RJS 4/10 n° 331).

En outre, l'annulation de l'avis d'inaptitude du médecin du travail ne fait pas disparaître rétroactivement l'obligation pour l'employeur de reprendre le paiement des salaires à l'issue du délai d'un mois après l'avis mais provoque, à la date du prononcé de l'annulation, une nouvelle suspension du contrat de travail de sorte que tant que le recours administratif n'a pas abouti, les salaires restent dus jusqu'à la nouvelle suspension du contrat de travail résultant de cette annulation (cass. soc. 28 avril 2011, n° 10-13.775, RJS 7/11 n° 598).

– La procédure légale de contestation de l'avis du médecin du travail prévue à cet article n'implique aucunement la suspension de l'exécution du contrat de travail (cass. soc. 14 janvier 1998, n° 95-42.155, RJS 4/98 n° 448). Mais à partir du moment où l'inspecteur du travail décide d'annuler les avis sur l'aptitude du salarié délivrés par le médecin du travail dans le cadre de la visite médicale de reprise du travail prévue à l'article R. 241-51 (ancien) CT, le contrat de travail est de nouveau suspendu, de sorte que le salarié ne peut prétendre au paiement des salaires (cass. soc. 10 novembre 2004, n° 02-44.926, BC V n° 281; RJS 1/05 n° 33).

– **Salariés protégés.** L'inspecteur du travail, lorsqu'il est saisi tout à la fois d'un recours formé par un salarié protégé sur le fondement de l'article L. 241-10-1 [L. 4624-1 ancien] et d'une demande d'autorisation de licencier ce salarié pour inaptitude physique, ne peut se prononcer sur la demande d'autorisation de licenciement sans avoir statué sur le recours, après avis du médecin-inspecteur. De même, le ministre, saisi d'un recours hiérarchique contre une décision de l'inspecteur du travail, ne peut autoriser le licenciement pour inaptitude physique du salarié sans disposer, lorsqu'a été exercé le recours prévu par l'article L. 241-10-1 [L. 4624-1 ancien], de la décision de l'inspecteur du travail statuant sur ce recours et de l'avis du médecin-inspecteur du travail ayant précédé cette décision. En l'absence d'une décision de l'inspecteur du travail, il appartient au ministre de saisir l'inspecteur aux fins que celui-ci se prononce sur le recours formé sur le fondement de l'article L. 241-10-1 [L. 4624-1 ancien] (CE 7 octobre 2009, n° 319107, JCP éd. S 2010, 1032, note P-Y Verkindt).

– **Procédure de contestation ayant abouti à un refus de reconnaître l'inaptitude du salarié.** Effets sur le licenciement prononcé. D'une part, le licenciement d'un salarié en raison de son inaptitude à tout emploi dans l'entreprise régulièrement constatée par le médecin du travail n'est pas subordonné à la décision préalable de l'inspecteur du travail (cass. soc. 8 avril 2004, n° 01-45.693, BC V n° 118; RJS 6/04 n° 681 et p. 435, chron. S. Bourgeot; 14 décembre 2005, n° 04-40.336). D'autre part, lorsque l'inspecteur du travail, saisi en application de l'article L. 241-10-1 [L. 4624-1 ancien] CT, décide de ne pas reconnaître l'inaptitude, ou que, sur recours contentieux, sa décision la reconnaissant est annulée, le licenciement n'est pas nul mais devient privé de cause (cass. soc. 26 novembre 2008, n° 07-43.598, BC V n° 233; JCP éd. S 2009, 1054, note P-Y Verkindt; RJS 2/09 n° 168; JSL n° 246, 24.12.2008, p. 9, M. Hautefort; Dr. Soc. 2009, p. 257, note J. Savatier, 2e espèce; 9 février 2005, n° 03-44.486, BC V n° 50; RJS 4/05 n° 395, 2e espèce; Dr. Soc. 2005, p. 696, obs. J. Savatier) et le salarié a droit, non à sa réintégration dans l'entreprise, mais à une indemnité qui ne peut être inférieure au salaire des six derniers mois prévue par l'article L. 122-14-4 (ancien) CT (cass. soc. 8 avril 2004, n° 01-45.693 et 14 décembre 2005, n° 04-40.336, précités).

Art. L. 4624-8. Un dossier médical en santé au travail, constitué par le médecin du travail, retrace dans le respect du secret médical les informations relatives à l'état de santé du travailleur, aux expositions auxquelles il a été soumis ainsi que les avis et propositions du médecin du travail, notamment celles formulées en application ***(L. 2016-1088 du 8 août 2016, art. 102, II, 3°, JO 9, entrée en vigueur au plus tard le 01.01.2017)*** «des articles L. 4624-3 et L. 4624-4». Ce dossier ne peut être communiqué qu'au médecin de son choix, à la demande de l'intéressé. En cas de risque pour la santé publique ou à sa demande, le médecin du travail le transmet au médecin inspecteur du travail. Ce dossier peut être communiqué à un autre médecin du travail dans la continuité de la prise en charge, sauf refus du travailleur. Le travailleur, ou en cas de décès de celui-ci toute personne autorisée par les articles L. 1110-4 et L. 1111-7 du code de la santé publique, peut demander la communication de ce dossier.

Note • ***À compter du 01.07.2021,*** *cet article est ainsi rédigé:*

Art. L. 4624-8. *Un dossier médical en santé au travail* **(L. 2019-774 du 24 juil. 2019, art. 51, II, 1°, JO 26, entrée en vigueur le 01.07.2021)** *«intégré au dossier médical partagé», constitué par le médecin du travail, retrace dans le respect du secret médical les informations relatives à l'état de santé du travailleur, aux expositions auxquelles il a été soumis ainsi que les avis et propositions du médecin du travail, notamment celles formulées en application* **(L. 2016-1088 du 8 août 2016, art. 102, II, 3°, JO 9, entrée en vigueur au plus tard le 01.01.2017)** *«des articles L. 4624-3 et L. 4624-4».* **(L. 2019-774 du 24 juil. 2019, art. 51, II, 2°, JO 26, entrée en vigueur le 01.07.2021)** *«Ce dossier est accessible aux professionnels de santé mentionnés aux articles L. 1111-15, L. 1111-16 et L. 1111-17 du code de la santé publique, sauf opposition de l'intéressé.» En cas de risque pour la santé publique ou à sa demande, le médecin du travail le transmet au médecin inspecteur du travail. Ce dossier peut être communiqué à un autre médecin du travail dans la continuité de la prise en charge, sauf refus du travailleur. Le travailleur, ou en cas de décès de celui-ci toute personne autorisée par les articles L. 1110-4 et L. 1111-7* **(L. 2019-774 du 24 juil. 2019, art. 51, II, 3°, JO 26, entrée en vigueur le 01.07.2021)** *«du même code», peut demander la communication de ce dossier.*

• Cet article est l'ancien article L. 4624-2 (loi 2016-1088 du 8 août 2016, art. 102, II, 3°, JO 9, entrée en vigueur au plus tard le 01.01.2017).

• À noter que l'ancien article L. 4624-2 était applicable aux expositions intervenues à compter d'une date fixée par décret et **au plus tard le 01.01.2012** (loi 2010-1330 du 9 novembre 2010, art. 118, IV, JO 10).

Art. L. 4624-9. I. – Lorsque le médecin du travail constate la présence d'un risque pour la santé des travailleurs, il propose par un écrit motivé et circonstancié des mesures visant à la préserver.

L'employeur prend en considération ces propositions et, en cas de refus, fait connaître par écrit les motifs qui s'opposent à ce qu'il y soit donné suite.

II. – Lorsque le médecin du travail est saisi par un employeur d'une question relevant des missions qui lui sont dévolues en application de l'article L. 4622-3, il fait connaître ses préconisations par écrit.

III. – Les propositions et les préconisations du médecin du travail et la réponse de l'employeur, prévues aux I et II du présent article, sont transmises au ***(Ord. 2017-1386 du 22 sept. 2017, art. 4, 64°, JO 23, entrée en vigueur au plus tard le 01.01.2018)*** «comité social et économique», à l'agent de contrôle de l'inspection du travail mentionné à l'article L. 8112-1, au médecin inspecteur du travail ou aux agents des services de prévention des organismes de sécurité sociale et des organismes mentionnés à l'article L. 4643-1.

Note Cet article est l'ancien article L. 4624-3 (loi 2016-1088 du 8 août 2016, art. 102, II, 4°, JO 9, entrée en vigueur au plus tard le 01.01.2017).

Art. L. 4624-10. Des décrets en Conseil d'État précisent les modalités d'action des personnels concourant aux services de santé au travail ainsi que les conditions d'application du présent chapitre ***(L. 2016-1088 du 8 août 2016, art. 102, II, 6°, JO 9, entrée en vigueur au plus tard le 01.01.2017)*** «, notamment les modalités du suivi individuel prévu à l'article L. 4624-1, les modalités d'identification des travailleurs mentionnés à l'article L. 4624-2 et les modalités du suivi individuel renforcé dont ils bénéficient».

Note Cet article est l'ancien article L. 4624-5 (loi 2016-1088 du 8 août 2016, art. 102, II, 6°, JO 9, entrée en vigueur au plus tard le 01.01.2017).

SECTION 1 (réglementaire). Actions sur le milieu de travail

Note Cette section a été introduite par le décret 2012-135 du 30 janvier 2012, JO 31, entrée en vigueur le 01.07.2012.

Art. R. 4624-1. Les actions sur le milieu de travail s'inscrivent dans la mission des services de santé au travail définie à l'article L. 4622-2. Elles comprennent notamment:

1° La visite des lieux de travail;

2° L'étude de postes en vue de l'amélioration des conditions de travail, de leur adaptation dans certaines situations ou du maintien dans l'emploi;

3° L'identification et l'analyse des risques professionnels;

4° L'élaboration et la mise à jour de la fiche d'entreprise;

5° La délivrance de conseils en matière d'organisation des secours et des services d'urgence;

6° La participation aux réunions du ***(D. 2017-1819 du 29 déc. 2017, art. 3, 70°, JO 30, entrée en vigueur le 01.01.2018)*** «comité social et économique»;

7° La réalisation de mesures métrologiques;

8° L'animation de campagnes d'information et de sensibilisation aux questions de santé publique en rapport avec l'activité professionnelle;

9° Les enquêtes épidémiologiques;

10° La formation aux risques spécifiques;

11° L'étude de toute nouvelle technique de production;

12° L'élaboration des actions de formation à la sécurité prévues à l'article L. 4141-2 et à celle des secouristes.

Art. R. 4624-2. Les actions sur le milieu de travail sont menées:

1° Dans les entreprises disposant d'un ***(D. 2014-798 du 11 juil. 2014, JO 13)*** «service autonome de santé au travail», par le médecin du travail, en collaboration avec les services chargés des activités de protection des salariés et de prévention des risques professionnels dans l'entreprise;

2° Dans les entreprises adhérant à un service de santé au travail interentreprises, par l'équipe pluridisciplinaire de santé au travail, sous la conduite du médecin du travail et dans le cadre des objectifs fixés par le projet pluriannuel prévu à l'article L. 4622-14.

Art. R. 4624-3. ***(D. 2016-1908 du 27 déc. 2016, art. 18, III, 1°, JO 29, entrée en vigueur le 01.01.2017)*** «Les professionnels de santé de l'équipe pluridisciplinaire» ont libre accès aux lieux de travail ***(D. 2016-1908 du 27 déc. 2016, art. 18, III, 1°, JO 29, entrée en vigueur le 01.01.2017)*** «, sous l'autorité du médecin du travail».

Il y réalise des visites soit à son initiative, soit à la demande de l'employeur ou du ***(D. 2017-1819 du 29 déc. 2017, art. 3, 43°, JO 30, entrée en vigueur le 01.01.2018)*** «comité social et économique».

Art. R. 4624-4. L'employeur ou le président du service interentreprises prend toutes mesures pour permettre au médecin du travail de consacrer à ses missions en milieu de travail le tiers de son temps de travail, dans le cadre des actions mentionnées à l'article R. 4624-1.

Ce temps comporte au moins cent cinquante demi-journées de travail effectif chaque année, pour un médecin à plein temps. Pour un médecin à temps partiel, cette obligation est calculée proportionnellement à son temps de travail. ***(D. 2016-1908 du 27 déc. 2016, art. 18, III, 2°, JO 29, entrée en vigueur le 01.01.2017)*** «Ce temps est également consacré par le médecin du travail à sa mission d'animation et de coordination de l'équipe pluridisciplinaire en santé au travail.»

Note En relevant qu'une médecin du travail avait, d'une part, reçu communication d'un emploi du temps hebdomadaire fixant avec précision les horaires qui lui étaient impartis pour assurer ses missions en milieu de travail dans les conditions prévues à cet article, d'autre part, consacré tout ou partie des horaires ainsi prévus à l'exercice de vacations rémunérées au profit d'un autre employeur, une cour n'a pas jugé qu'elle avait, de ce seul fait, commis une faute dans l'exécution de son contrat de travail, mais s'est bornée à constater des faits, au demeurant non contestés, de nature à faire présumer un tel manquement; dès lors, après avoir relevé, par une appréciation souveraine des faits, qu'aucune pièce du dossier n'était assortie d'éléments justificatifs suffisamment précis et probants de nature à établir que l'intéressée s'acquittait de l'intégralité de ses missions de prévention en milieu de travail, à son domicile ou en dehors des horaires habituels de travail, la cour a pu, sans méconnaître les règles gouvernant la charge de la preuve, juger que l'intéressée avait manqué aux obligations contractuelles qui la liaient à son employeur et que ce manquement constituait une faute suffisamment grave pour justifier son licenciement (CE 10 avril 2002, n° 220907, JSL n° 106, 30.07.2002, p. 24).

Art. R. 4624-4-1. Afin d'éviter toute altération de la santé des travailleurs du fait de leur travail, le médecin du travail ou, dans les services de santé au travail interentreprises, l'équipe pluridisciplinaire est informé:

1° De la nature et de la composition des produits utilisés ainsi que de leurs modalités d'emploi. L'employeur transmet notamment au médecin du travail les fiches de données de sécurité délivrées par le fournisseur de ces produits;

2° Des résultats de toutes les mesures et analyses réalisées dans les domaines mentionnés à l'article R. 4623-1.

Note • Du fait d'une erreur de numérotation, deux articles « R. 4624-4» figuraient dans le décret 2012-135 du 30 janvier 2012. Le second a été renuméroté en R. 4624-4-1 par le décret 2014-798 du 11 juillet 2014 (JO 13).

• Voir arrêté du 5 janvier 1993 (JO 7 févr.), modifié par arrêtés des 7 février 1997 (JO 21) et 9 novembre 2004 (JO 18), fixant les modalités d'élaboration et de transmission des fiches de données de sécurité. La circulaire DRT 13 du 24 mai 2006 précise les conditions d'application des dispositions du code du travail relatives à la fiche de données de sécurité (BO EM 2006/6 du 30.06.2006).

Art. R. 4624-5. Le médecin du travail ou, dans les services de santé au travail interentreprises, l'équipe pluridisciplinaire a accès à tous les documents non nominatifs rendus obligatoires par la présente partie.

Ce droit d'accès s'exerce dans des conditions garantissant le caractère confidentiel des données ainsi que la protection des informations mentionnées à l'article R. 4624-9.

Art. R. 4624-6. L'employeur prend en considération les avis présentés par le médecin du travail sur l'application des dispositions relatives à l'emploi des travailleurs handicapés. Il lui fait connaître les motifs qui s'opposent à ce qu'il y soit donné suite.

En cas de difficulté ou de désaccord, la décision est prise par l'inspecteur du travail, après avis du médecin inspecteur du travail.

Art. R. 4624-7. Dans l'exercice de ses fonctions, le médecin du travail peut, aux frais de l'employeur, réaliser ou faire réaliser des prélèvements et des mesures aux fins d'analyses. Il peut également faire procéder à des analyses ou mesures qu'il estime nécessaires par un organisme habilité. En cas de désaccord entre l'employeur et le médecin du travail, la décision est prise par l'inspecteur du travail, après avis du médecin inspecteur du travail.

Le médecin du travail avertit l'employeur, qui informe les travailleurs concernés ainsi que le ***(D. 2017-1819 du 29 déc. 2017, art. 3, 70°, JO 30, entrée en vigueur le 01.01.2018)*** «comité social et économique», des risques éventuels et des moyens de protection dont il doit être fait usage.

Art. R. 4624-8. Le médecin du travail communique à l'employeur les rapports et les résultats des études menées par lui ou, dans les services de santé au travail interentreprises, l'équipe pluridisciplinaire, dans le cadre de son action en milieu de travail. L'employeur porte ces rapports et résultats à la connaissance du ***(D. 2017-1819 du 29 déc. 2017, art. 3, 43°, JO 30, entrée en vigueur le 01.01.2018)*** «comité social et économique». Il les tient à disposition du médecin inspecteur du travail.

Art. R. 4624-9. Il est interdit au médecin du travail et, dans les services de santé au travail interentreprises, aux autres membres de l'équipe pluridisciplinaire, de révéler les secrets de fabrication et les procédés d'exploitation dont il pourrait prendre connaissance dans l'exercice de ses fonctions.

La méconnaissance de ces interdictions est punie conformément à l'article 226-13 du code pénal.

SECTION 2 (réglementaire). Le suivi individuel de l'état de santé du travailleur

Note • Cette section a été introduite par le décret 2016-1908 du 27 décembre 2016, art. 1er, I, JO 29, entrée en vigueur le 01.01.2017.

Au 01.01.2017 les dispositions de cette section s'appliquent à tous les travailleurs à compter de la première visite ou du premier examen médical effectué au titre de leur suivi individuel (décret 2016-1908 précité, art. 20, I).

• Jurisprudence, rendue dans le cadre de la législation antérieure à la loi 2016-1088 du 8 août 2016, relative:

- au caractère obligatoire des examens médicaux. Les examens médicaux s'imposent tant à l'employeur qu'au salarié. S'agissant des visites de reprise du travail, le ministre chargé du travail a indiqué qu'il appartenait à l'employeur de ne pas autoriser la reprise du travail avant d'avoir eu connaissance de l'avis du service médical (rép. QE 10970, JO AN 27 juin 1970, p. 331). La Cour de cassation a précisé que le fait pour un salarié de faire obstacle de façon réitérée à l'examen de reprise du médecin du travail constitue une faute grave (cass. soc. 29 novembre 2006, n° 04-47.302, BC V n° 361; JCP éd. S 2007, 1039, note P-Y Verkindt; RJS 2/07 n° 213; RDT, mars 2007, CH, 167, G. Auzero; Dr. Soc. 2007, p. 248, obs. J. Savatier; 14 décembre 2011, n° 10-19.997; 13 mai 2015, n° 13-23.606, RJS 7/15 n° 478). De même, le refus du salarié de se soumettre au contrôle médical annuel peut constituer une cause réelle et sérieuse de licenciement (cass. soc. 29 mai 1986, n° 83-45.409, BC V n° 262). Mais l'employeur qui envisage de licencier un salarié en raison de ses nombreuses absences pour maladie n'est pas tenu de requérir du médecin du travail un examen du salarié en vue de rechercher s'il est apte à occuper un autre emploi (cass. soc. 10 décembre 1985, n° 83-42.186, BC V n° 597).

- au rôle de l'employeur. Outre l'obligation de sécurité de résultat à laquelle il est tenu (voir cass. soc. 28 février 2006, n° 05-41.555 et 13 décembre 2006, n° 05-44.580 cités sous art. L. 4121-1 CT), l'employeur doit faire diligence pour que les salariés se soumettent aux examens obligatoires. S'agissant d'une visite de reprise après un arrêt de maladie, une cour d'appel a pu condamner un employeur à verser des indemnités de rupture et des dommages-intérêts pour licenciement sans cause réelle et sérieuse à une salariée à laquelle il avait refusé l'autorisation de reprendre son travail tant qu'elle n'aurait pas présenté un certificat «de reprise» de la médecine du travail: la cour d'appel a énoncé à bon droit que c'était à l'employeur de prendre l'initiative d'un tel contrôle médical et que le fait de ne pas l'avoir fait lui rendait imputable la rupture du contrat de travail (cass. soc. 12 mars 1987, n° 84-43.003). Un salarié n'ayant pu reprendre son travail dans des délais normaux en raison des carences de l'employeur qui avait tardé, d'une manière excessive, à prendre les dispositions nécessaires pour qu'il puisse bénéficier d'un examen par un médecin du travail, la rupture était imputable à l'employeur (cass. soc. 13 mai 1992, n° 89-40.625, BC V n° 301).

Voir aussi note sous article R. 4624-32.

- à la responsabilité pénale de l'employeur

Elle se trouve engagée dès lors que l'employeur n'organise pas un service de santé au travail.

Le fait pour un salarié, bien que convoqué par deux fois à une visite médicale d'embauche, de ne pas s'y rendre, ne constitue pas une circonstance exonératoire pour l'employeur dont la responsabilité se trouve engagée (cass. crim. 4 mai 1976, n° 75-92.127; Dr. Soc. 1977, p. 47, note J. Savatier). La décision prise par la Cour de cassation dans cet arrêt semble transposable dans le domaine des visites annuelles et des visites de reprise du travail en raison de la formulation quasi identique retenue par le code du travail en ce qui concerne les trois types de visite (en sens contraire, J. Savatier, Dr. Soc. 1977, n° 1, note sous l'arrêt du 4 mai 1976). On notera à cet égard que les examens complémentaires s'imposant au salarié, c'est à bon droit qu'en cas de refus du salarié de s'y soumettre, le médecin du travail émet un avis d'inaptitude définitive de l'intéressé à poursuivre ou reprendre son emploi et repose sur une cause réelle et sérieuse le licenciement d'un salarié décidé au vu d'un tel avis (cass. soc. 20 mai 1980, n° 78-41.741, BC V n° 435).

Engage sa responsabilité l'ETT qui omet de signaler à l'utilisateur l'inaptitude d'un intérimaire, signalée par le médecin du travail, à effectuer certains travaux (cass. crim. 23 janvier 1979, n° 77-91.278, B. crim. n° 31).

- à la responsabilité civile de l'employeur

Absence de visite médicale. Lorsque l'absence de visite médicale obligatoire due à une faute de l'employeur a causé un préjudice au salarié et que peut être établie l'existence d'un lien de causalité entre cette faute et ce préjudice, la responsabilité de l'employeur se trouve engagée (CA Paris 29 avril 1974). Mais l'employeur ne peut être tenu de réparer que les conséquences de son retard et non le dommage total de la maladie non imputable en elle-même au travail (cass. soc. 10 juin 1976, n° 75-40.329, BC V n° 360).

Fautes de technique médicale. En cas de faute commise par le médecin du travail qui peut engager sa responsabilité civile personnelle (voir notamment cass. soc. 8 décembre 1960, Dr. Soc. 1961, p. 314 et cass. civ. 16 février 1970, BC I n° 60), la responsabilité civile, délictuelle ou contractuelle, de l'employeur peut également être recherchée (cass. soc. 8 décembre 1960, précité; voir également étude de R. Jambu-Merlin et Dr Arondel, Dr. Soc. 1963, p. 334).

Sur la responsabilité civile du médecin du travail et de l'employeur des salariés, voir Dr. Soc. 1980, S. 77 «Médecine du travail et responsabilité civile», A. Jeammaud.

Sous-section 1. Dispositions relatives au suivi de l'état de santé des travailleurs

§ 1. Visite d'information et de prévention

Art. R. 4624-10. Tout travailleur bénéficie d'une visite d'information et de prévention, réalisée par l'un des professionnels de santé mentionnés au premier alinéa de l'article L. 4624-1 dans un délai qui n'excède pas trois mois à compter de la prise effective du poste de travail.

Note *Covid-19.* Voir décret 2020-410 du 8 avril 2020, art. 2, 4 et 5, JO 9, entrée en vigueur le 09.04.2020.

Visite médicale d'embauche. Cette visite, remplacée par la visite d'information et de prévention, a donné lieu à la jurisprudence rapportée ci-dessous.

• L'envoi à l'Urssaf de la déclaration unique d'embauche, comprenant une demande d'examen médical d'embauche, ne dispense pas l'employeur d'assurer l'effectivité de cet examen (cass. crim. 12 janvier 2016, n° 14-87.695, B. crim. n° 6; JSL n° 404, 17.02.2016, p. 7, Ph. Pacotte et G. Halimi; JCP éd. S 2016, 1078, note V. Prunevieille; RJS 3/16 n° 184, 2e espèce).

• Il appartient à l'employeur de prendre les dispositions nécessaires pour soumettre le salarié à la visite médicale d'embauche dans le délai légal. La carence de l'association interentreprises de la médecine du travail qu'il invoque ne libère pas l'employeur de son obligation et exclut la force majeure autorisant la rupture anticipée d'un contrat à durée déterminée (cass. soc. 28 mars 2001, n° 99-41.626, RJS 7/01 n° 840).

• En cas de non-respect par l'employeur de ses obligations relatives à la visite médicale d'embauche, le salarié doit, pour être indemnisé, démontrer l'existence d'un préjudice (cass. soc. 27 juin 2018, n° 17-15.438, RJS 10/18 n° 609).

• Le simple retard apporté par l'employeur, des années auparavant, à la mise en œuvre de la visite d'embauche ne constitue pas un manquement suffisamment grave pour faire produire à la démission d'une salariée les effets d'un licenciement sans cause réelle et sérieuse (cass. soc. 18 septembre 2013, n° 12-19.344). De même, l'absence de visite médicale d'embauche résultant d'une simple négligence de l'employeur ne justifie pas la rupture du contrat de travail (cass. soc. 18 février 2015, n° 13-21.804, LS Jurispr. n° 45 du 10.03.2015; RJS 5/15 n° 319, 1re espèce).

• Il appartient à l'employeur de provoquer la vérification spéciale d'aptitude physique du salarié nécessitée par sa qualité de travailleur handicapé; en l'espèce, le salarié n'ayant pas été soumis dès son embauche à l'examen médical prévu par cet article, l'employeur ne pouvait se prévaloir de l'inaptitude de ce dernier pour s'exonérer du paiement de l'indemnité de préavis (cass. soc. 10 juillet 2002, n° 00-41.238, BC V n° 241; Dr. Soc. 2002, p. 1008, obs. J. Savatier).

• Les renseignements relatifs à l'état de santé du candidat à un emploi ne peuvent être confiés qu'au médecin chargé de l'examen médical d'embauche. Lorsque l'employeur décide que le salarié recruté avec une période d'essai prendra ses fonctions avant l'accomplissement de cet acte médical, il ne peut se prévaloir d'un prétendu dol du salarié quant à son état de santé ou à son handicap, que ce dernier n'a pas à lui révéler (cass. soc. 21 septembre 2005, n° 03-44.855, BC V n° 262; JSL n° 176, 20.10.2005, p. 19, J-E Tourreil; JCP éd. S 2005, 1331, note P-Y Verkindt; RJS 12/05 n° 1163; Dr. Soc. 2006, p. 106, obs. J. Savatier).

Art. R. 4624-11. La visite d'information et de prévention dont bénéficie le travailleur est individuelle. Elle a notamment pour objet:

1° D'interroger le salarié sur son état de santé;

2° De l'informer sur les risques éventuels auxquels l'expose son poste de travail;

3° De le sensibiliser sur les moyens de prévention à mettre en œuvre;

4° D'identifier si son état de santé ou les risques auxquels il est exposé nécessitent une orientation vers le médecin du travail;

5° De l'informer sur les modalités de suivi de son état de santé par le service et sur la possibilité dont il dispose, à tout moment, de bénéficier d'une visite à sa demande avec le médecin du travail.

Art. R. 4624-12. Lors de cette visite, un dossier médical en santé au travail est ouvert par le professionnel de santé du service de santé au travail mentionné au premier alinéa de l'article L. 4624-1, sous l'autorité du médecin du travail dans les conditions prévues à l'article L. 4624-8.

Note • Le médecin du travail, qui paralyse par son attitude le fonctionnement du service de santé au travail et refuse que les dossiers des salariés soient mis, après son licenciement, à la disposition d'un autre médecin du travail, lié lui-même par le secret médical, commet une voie de fait génératrice d'un trouble manifestement illicite (cass. soc. 20 février 1986, n° 83-41.671, BC V n° 30; Dr. Soc. 1986, p. 792).

• En vertu des articles 9 c. civ., 4 et 96 du code de déontologie des médecins issu du décret 95-1000 du 6 septembre 1995 et R. 241-56 [D. 4624-46 ancien] CT, le dossier médical d'un salarié, couvert par le secret médical qui s'impose au médecin qui le tient, ne peut en aucun cas être communiqué à son employeur. Ce dernier ne peut, dès lors, se voir reprocher de ne pas avoir accompagné le dossier de reclassement d'une salariée des informations tirées de son dossier médical (cass. soc. 10 juillet 2002, n° 00-40.209, BC V n° 251; RJS 10/02 n° 1138).

• Commet une faute l'employeur qui fait établir et produit en justice une attestation du médecin du travail comportant les éléments tirés du dossier médical du salarié, hormis les informations que le médecin du travail est légalement tenu de communiquer à l'employeur (cass. soc. 30 juin 2015, n° 13-28.201, BC V n° 134; LS Jurispr. n° 134 du 28.07.2015; JCP éd. S 2015, 1344, note P-Y Verkindt; RJS 10/15 n° 648).

Art. R. 4624-13. À l'issue de toute visite d'information et de prévention, si elle n'a pas été réalisée par le médecin du travail, le professionnel de santé qui a effectué cette visite peut, s'il l'estime nécessaire, orienter sans délai le travailleur vers le médecin du travail dans le respect du protocole prévu au troisième alinéa de l'article L. 4624-1. Cette nouvelle visite, effectuée par le médecin du travail, a notamment pour objet de proposer, si elles sont nécessaires, des adaptations du poste ou l'affectation à d'autres postes.

Art. R. 4624-14. Le professionnel de santé délivre une attestation de suivi au travailleur et à l'employeur à l'issue de toute visite d'information et de prévention.

Art. R. 4624-15. Lorsque le travailleur a bénéficié d'une visite d'information et de prévention dans les cinq ans ou, pour le travailleur mentionné à l'article R. 4624-17, dans les trois ans précédant son embauche, l'organisation d'une nouvelle visite d'information et de prévention n'est pas requise dès lors que l'ensemble des conditions suivantes sont réunies:

1° Le travailleur est appelé à occuper un emploi identique présentant des risques d'exposition équivalents;

2° Le professionnel de santé mentionné au premier alinéa de l'article L. 4624-1 est en possession de la dernière attestation de suivi ou du dernier avis d'aptitude;

3° Aucune mesure formulée au titre de l'article L. 4624-3 ou aucun avis d'inaptitude rendu en application L. 4624-4 n'a été émis au cours des cinq dernières années ou, pour le travailleur mentionné à l'article R. 4624-17, au cours des trois dernières années.

§ 2. Périodicité du suivi individuel de l'état de santé des travailleurs

Art. R. 4624-16. Le travailleur bénéficie d'un renouvellement de la visite d'information et de prévention initiale, réalisée par un professionnel de santé mentionné au premier alinéa de l'article L. 4624-1, selon une périodicité qui ne peut excéder cinq ans. Ce délai, qui prend en compte les conditions de travail, l'âge et l'état de santé du salarié, ainsi que les risques auxquels il est exposé, est fixé par le médecin du travail dans le cadre du protocole mentionné à l'article L. 4624-1.

Note *Covid-19.* Voir décret 2020-410 du 8 avril 2020, art. 2, 4 et 5, JO 9, entrée en vigueur le 09.04.2020.

§ 3. Adaptation du suivi individuel de l'état de santé des travailleurs

Art. R. 4624-17. Tout travailleur dont l'état de santé, l'âge, les conditions de travail ou les risques professionnels auxquels il est exposé le nécessitent, notamment les travailleurs handicapés, les travailleurs qui déclarent être titulaires d'une pension d'invalidité et les travailleurs de nuit mentionnés à l'article L. 3122-5, bénéficie, à l'issue de la visite d'information et de prévention, de modalités de suivi adaptées déterminées dans le cadre du protocole écrit prévu au troisième alinéa de l'article L. 4624-1, selon une périodicité qui n'excède pas une durée de trois ans.

Art. R. 4624-18. Tout travailleur de nuit mentionné à l'article L. 3122-5 et tout travailleur âgé de moins de dix-huit ans bénéficie d'une visite d'information et de prévention réalisée par un professionnel de santé mentionné au premier alinéa de l'article L. 4624-1 préalablement à son affectation sur le poste.

Art. R. 4624-19. Toute femme enceinte, venant d'accoucher ou allaitante est, à l'issue de la visite d'information et de prévention, ou, à tout moment si elle le souhaite, orientée sans délai vers le médecin du travail dans le respect du protocole mentionné à l'article L. 4624-1. Cette nouvelle visite, effectuée par le médecin du travail, a notamment pour objet de proposer, si elles sont nécessaires, des adaptations du poste ou l'affectation à d'autres postes.

Art. R. 4624-20. Lors de la visite d'information et de prévention, tout travailleur handicapé ou qui déclare être titulaire d'une pension d'invalidité mentionné au cinquième alinéa de l'article L. 4624-1 est orienté sans délai vers le médecin du travail, qui peut préconiser des adaptations de son poste de travail. Le médecin du travail, dans le cadre du protocole mentionné à l'article L. 4624-1, détermine la périodicité et les modalités du suivi de son état de santé qui peut être réalisé par un professionnel de santé mentionné au premier alinéa de l'article L. 4624-1.

Art. R. 4624-21. Si le médecin du travail est informé et constate que le travailleur est affecté à un poste présentant des risques particuliers pour sa santé ou sa sécurité ou pour celles de ses collègues ou des tiers évoluant dans l'environnement immédiat de travail défini à l'article R. 4624-23, le travailleur bénéficie sans délai des modalités de suivi individuel renforcé prévues à la sous-section 2.

Sous-section 2. Suivi individuel renforcé de l'état de santé des travailleurs

Art. R. 4624-22. Tout travailleur affecté à un poste présentant des risques particuliers pour sa santé ou sa sécurité ou pour celles de ses collègues ou des tiers évoluant dans l'environnement immédiat de travail défini à l'article R. 4624-23 bénéficie d'un suivi individuel renforcé de son état de santé selon des modalités définies par la présente sous-section.

§ 1. Définition des postes à risque

Art. R. 4624-23. I. – Les postes présentant des risques particuliers mentionnés au premier alinéa de l'article L. 4624-2 sont ceux exposant les travailleurs :

1° À l'amiante ;

2° Au plomb dans les conditions prévues à l'article R. 4412-160 ;

3° Aux agents cancérogènes, mutagènes ou toxiques pour la reproduction mentionnés à l'article R. 4412-60 ;

4° Aux agents biologiques des groupes 3 et 4 mentionnés à l'article R. 4421-3 ;

5° Aux rayonnements ionisants ;

6° Au risque hyperbare ;

7° Au risque de chute de hauteur lors des opérations de montage et de démontage d'échafaudages.

II. – Présente également des risques particuliers tout poste pour lequel l'affectation sur celui-ci est conditionnée à un examen d'aptitude spécifique prévu par le présent code.

III. – S'il le juge nécessaire, l'employeur complète la liste des postes entrant dans les catégories mentionnées au I par des postes présentant des risques particuliers pour la santé ou la sécurité du travailleur ou pour celles de ses collègues ou des tiers évoluant dans l'environnement immédiat de travail mentionnés au premier alinéa de l'article L. 4624-2, après avis du ou des médecins concernés et du ***(D. 2017-1819 du 29 déc. 2017, art. 3, 64°, JO 30, entrée en vigueur le 01.01.2018)*** « comité social et économique s'il existe », en cohérence avec l'évaluation des risques prévue à l'article L. 4121-3 et, le cas échéant, la fiche d'entreprise prévue à l'article R. 4624-46. Cette liste est transmise au service de santé au travail, tenue à disposition du ***(D. 2020-1545 du 9 déc. 2020, JO 10, entrée en vigueur le 01.04.2021)*** « directeur régional de l'économie, de l'emploi, du travail et des solidarités » et des services de prévention des organismes de sécurité sociale et mise à jour tous les ans. L'employeur motive par écrit l'inscription de tout poste sur cette liste.

IV. – Le Conseil d'orientation des conditions de travail est consulté tous les trois ans sur la mise à jour éventuelle de la liste mentionnée au I du présent article.

§ 2. Examen médical d'aptitude à l'embauche

Art. R. 4624-24. Le suivi individuel renforcé comprend un examen médical d'aptitude, qui se substitue à la visite d'information et de prévention prévue à l'article R. 4624-10. Il est effectué par le médecin du travail préalablement à l'affectation sur le poste.

Cet examen a notamment pour objet :

1° De s'assurer que le travailleur est médicalement apte au poste de travail auquel l'employeur envisage de l'affecter, notamment en vérifiant la compatibilité du poste avec l'état de santé du travailleur qui y est affecté, afin de prévenir tout risque grave d'atteinte à sa santé ou à sa sécurité ou à celles de ses collègues ou des tiers évoluant dans l'environnement immédiat de travail ;

2° De rechercher si le travailleur n'est pas atteint d'une affection comportant un danger pour les autres travailleurs ;

3° De proposer éventuellement les adaptations du poste ou l'affectation à d'autres postes;

4° D'informer le travailleur sur les risques des expositions au poste de travail et le suivi médical nécessaire;

5° De sensibiliser le travailleur sur les moyens de prévention à mettre en œuvre.

Note *Covid-19.* Voir décret 2020-410 du 8 avril 2020, art. 2, JO 9, entrée en vigueur le 09.04.2020.

Art. R. 4624-25. Cet examen ainsi que son renouvellement donnent lieu à la délivrance par le médecin du travail d'un avis d'aptitude ou d'inaptitude rendu conformément aux dispositions de l'article L. 4624-4. Cet avis d'aptitude ou d'inaptitude est transmis au travailleur et à l'employeur et versé au dossier médical en santé au travail de l'intéressé.

Art. R. 4624-26. Lors de cette visite, un dossier médical en santé au travail est constitué par le médecin du travail dans les conditions prévues à l'article L. 4624-8.

Art. R. 4624-27. Lorsque le travailleur a bénéficié d'une visite médicale d'aptitude dans les deux ans précédant son embauche, l'organisation d'un nouvel examen médical d'aptitude n'est pas requise dès lors que l'ensemble des conditions suivantes sont réunies:

1° Le travailleur est appelé à occuper un emploi identique présentant des risques d'exposition équivalents;

2° Le médecin du travail intéressé est en possession du dernier avis d'aptitude du travailleur;

3° Aucune mesure formulée au titre de l'article L. 4624-3 ou aucun avis d'inaptitude rendu en application de L. 4624-4 n'a été émis au cours des deux dernières années.

§ 3. Périodicité du suivi individuel renforcé

Art. R. 4624-28. Tout travailleur affecté à un poste présentant des risques particuliers pour sa santé ou sa sécurité ou pour celles de ses collègues ou des tiers évoluant dans l'environnement immédiat de travail, tels que définis à l'article R. 4624-23, bénéficie, à l'issue de l'examen médical d'embauche, d'un renouvellement de cette visite, effectuée par le médecin du travail selon une périodicité qu'il détermine et qui ne peut être supérieure à quatre ans. Une visite intermédiaire est effectuée par un professionnel de santé mentionné au premier alinéa de l'article L. 4624-1 au plus tard deux ans après la visite avec le médecin du travail.

Note • *Covid-19.* Voir décret 2020-410 du 8 avril 2020, art. 2, 4 et 5, JO 9, entrée en vigueur le 09.04.2020.

• La circonstance que le médecin du travail est juge de la fréquence des examens que comporte la surveillance médicale renforcée ne permet pas d'éluder le renouvellement annuel des examens périodiques pratiqués dans le cadre de la surveillance médicale renforcée (art. R. 4624-17 et 19 dans leur rédaction antérieure au décret 2012-135 du 30 janvier 2012) (cass. soc. 26 octobre 2010, n° 09-42.634, BC V n° 249; RJS 1/11 n° 49; JSL n°s 289-290, 23.12.2010, p. 20, M. Hautefort; JCP éd. S 2011, 1187, note Ch. Willmann).

Sous-section 3. Visites de préreprise et de reprise du travail

Art. R. 4624-29. En vue de favoriser le maintien dans l'emploi des travailleurs en arrêt de travail d'une durée de plus de trois mois, une visite de préreprise est organisée par le médecin du travail à l'initiative du médecin traitant, du médecin conseil des organismes de sécurité sociale ou du travailleur.

Note • *Covid-19.* Voir décret 2020-410 du 8 avril 2020, art. 2, 4 et 5, JO 9, entrée en vigueur le 09.04.2020.

• L'article R. 4624-20 [ancien] CT rend l'examen de préreprise obligatoire pour les seuls salariés en arrêt de travail d'une durée de plus de trois mois. C'est cet examen qui permet de prononcer l'inaptitude du salarié en un seul examen médical, conformément à l'article R. 4624-31 [ancien] CT. Néanmoins, il est possible d'organiser ce type de visite pour des arrêts inférieurs à trois mois, mais sans aucune obligation, et sans qu'ils puissent permettre au médecin du travail de prononcer ensuite une inaptitude du salarié en un seul examen en application des dispositions de l'article R. 4624-31 [ancien] précité (rép. QE 19880, JO AN 3 sept. 2013, p. 9331).

• Le médecin du travail peut être appelé, notamment à la demande du salarié, à apprécier l'aptitude d'un salarié absent pour maladie avant que ne soit envisagée la reprise du travail. Une cour d'appel a décidé à bon droit que l'employeur, qui n'envisage pas de licencier le salarié pour inaptitude, n'a pas à prendre l'initiative d'un examen par le médecin du travail du salarié qui n'a pas demandé à reprendre le travail et qu'il appartient, éventuellement, au salarié de solliciter cet examen, s'il le juge utile (cass. soc. 18 juillet 1996, n° 95-45.264, BC V n° 298; RJS 10/96 n° 1035).

Si cet article prévoit la consultation du médecin du travail préalablement à la reprise du travail dans le but de faciliter la recherche des mesures nécessaires lorsqu'une modification de l'aptitude de l'intéressé est prévisible, cette visite ne constitue pas la visite de reprise qui seule met fin à la période de suspension du contrat de travail (voir notamment cass. soc. 11 juillet 2000, n° 98-40.901) et ne le dispense pas de l'examen imposé par ce texte lors de la reprise effective de son activité professionnelle. Une cour d'appel, qui a constaté que les avis du médecin du travail invoqués par une salariée avaient été délivrés en cours de suspension de son contrat de travail et que cette dernière avait, sans discontinuer, adressé à l'employeur des avis de prolongation d'arrêt de travail de son médecin traitant, sans jamais demander à reprendre le travail, a énoncé, à bon droit, que tant que la reprise effective du travail n'avait pas eu lieu et que la visite de reprise n'avait pas été effectuée, le contrat de travail demeurait suspendu et l'employeur n'était tenu à aucune obligation [cass. soc. 12 novembre 1997, n° 95-40.632, BC V n° 366; RJS 12/97 n° 1359, 2e espèce; 12 novembre 1997, n° 94-40.912, BC V n° 366; RJS 12/97 n° 1359, 1re espèce (salariée ayant refusé, lorsqu'elle y avait été invitée par l'employeur, de se soumettre à la visite de reprise à l'issue de la suspension)]. Voir aussi cass. soc. 4 juin 1998, n° 95-45.311, BC V n° 297; RJS 8-9/98 n° 977; 6 mai 1998, n° 96-40.506, BC V n° 226.

En revanche, ne constitue pas une visite de préreprise – mais la visite de reprise – l'examen médical au cours duquel le médecin du travail se prononce sur l'aptitude du salarié à reprendre son emploi, ce dont l'employeur a connaissance (cass. soc. 15 décembre 2004, n° 03-40.315).

• Le fait pour l'employeur de ne pas s'associer à la démarche du salarié de saisir le médecin du travail en application de l'article R. 241-51 (ancien) CT ne peut caractériser un manquement de l'employeur à son obligation de reclassement des salariés inaptes (cass. soc. 18 juin 2002 n° 00-41.138, RJS 10/02 n° 1108).

Art. R. 4624-30. Au cours de l'examen de préreprise, le médecin du travail peut recommander:

1° Des aménagements et adaptations du poste de travail;

2° Des préconisations de reclassement;

3° Des formations professionnelles à organiser en vue de faciliter le reclassement du travailleur ou sa réorientation professionnelle.

À cet effet, il s'appuie en tant que de besoin sur le service social du travail du service de santé au travail interentreprises ou sur celui de l'entreprise.

Il informe, sauf si le travailleur s'y oppose, l'employeur et le médecin conseil de ces recommandations afin que toutes les mesures soient mises en œuvre en vue de favoriser le maintien dans l'emploi du travailleur.

Art. R. 4624-31. Le travailleur bénéficie d'un examen de reprise du travail par le médecin du travail:

1° Après un congé de maternité;

2° Après une absence pour cause de maladie professionnelle;

3° Après une absence d'au moins trente jours pour cause d'accident du travail, de maladie ou d'accident non professionnel.

Dès que l'employeur a connaissance de la date de la fin de l'arrêt de travail, il saisit le service de santé au travail qui organise l'examen de reprise le jour de la reprise effective du travail par le travailleur, et au plus tard dans un délai de huit jours qui suivent cette reprise.

Note • *Covid-19.* Voir décret 2020-410 du 8 avril 2020, art. 3 à 5, JO 9, entrée en vigueur le 09.04.2020.

• Sur la localisation des visites médicales de reprise du travail, voir rép. QE 44674, JO AN du 30 mars 2010, p. 3749.

Art. R. 4624-32. L'examen de reprise a pour objet:

1° De vérifier si le poste de travail que doit reprendre le travailleur ou le poste de reclassement auquel il doit être affecté est compatible avec son état de santé;

2° D'examiner les propositions d'aménagement ou d'adaptation du poste repris par le travailleur ou de reclassement faites par l'employeur à la suite des préconisations émises le cas échéant par le médecin du travail lors de la visite de préreprise;

3° De préconiser l'aménagement, l'adaptation du poste ou le reclassement du travailleur;

4° D'émettre, le cas échéant, un avis d'inaptitude.

Note • L'employeur, tenu d'une obligation de sécurité de résultat en matière de protection de la santé et de la sécurité des travailleurs dans l'entreprise, doit en assurer l'effectivité; il ne peut dès lors laisser un salarié reprendre son travail après une période d'absence d'au moins huit jours pour cause d'accident du travail sans le faire bénéficier lors de la reprise du travail, ou au plus tard dans les huit jours de celle-ci, d'un examen par le médecin du travail destiné à apprécier son aptitude à reprendre son ancien emploi, la nécessité d'une adaptation des conditions de travail ou d'une réadaptation ou éventuellement de l'une et de l'autre de ces mesures; à défaut, l'employeur ne peut résilier le contrat de travail à durée indéterminée du salarié, dont le droit à la sécurité dans le travail a ainsi été méconnu, que s'il justifie soit d'une faute grave de ce dernier, soit de l'impossibilité où il se trouve, pour un motif non lié à l'accident, de maintenir ledit contrat (cass. soc. 28 février 2006, n° 05-41.555, BC V n° 87; RJS 5/06 n° 555; JSL n° 186, 28.03.2006, p. 21, J-E Tourreil; Dr. Soc. 2006, p. 514, note J. Savatier et p. 653, note S. Bourgeot et M. Blatman; 25 mars 2009, n° 07-44.408, BC V n° 82; JCP éd. S 2009, 1227, note P-Y Verkindt; Dr. Soc. 2009, p. 741, obs. J. Savatier; RJS 7/09 n° 626; 22 juin 2011, n° 10-14.316, RJS 10/11 n° 780).

En cas de non-respect par l'employeur de ses obligations relatives à la visite médicale de reprise, le salarié doit, pour être indemnisé, démontrer l'existence d'un préjudice (cass. soc. 17 mai 2016, n° 14-23.138).

Par ailleurs un tel manquement de l'employeur est suffisamment grave pour justifier la prise d'acte par le salarié de la rupture de son contrat de travail (cass. soc. 6 octobre 2010, n° 09-66.140, BC V n° 222; RJS 12/10 n° 921; JCP éd. S 2011, 1027, note P-Y Verkindt; 5 décembre 2012, n° 11-21.587; 19 octobre 2017, n° 15-26.950, RJS 1/18 n° 16, 1re espèce).

L'employeur ne peut pas non plus laisser un salarié reprendre son travail après une succession d'arrêts de travail pour maladie ni lui proposer une mutation géographique sans lui avoir fait passer une visite de reprise auprès du médecin du travail afin de s'assurer de son aptitude à l'emploi envisagé (cass. soc. 16 juin 2009, n° 08-41.519, BC V n° 147; JCP éd. S 2009, 1438, note P-Y Verkindt; RJS 8-9/09 n° 706; voir aussi cass. soc. 1er février 2012, n° 10-26.385, RJS 4/12 n° 330).

• Aucun salarié ne peut être licencié, sauf inaptitude constatée par le médecin du travail, en raison de son état de santé ou de son handicap. En l'absence de constatation par le médecin du travail de l'inaptitude du salarié à reprendre l'emploi précédemment occupé ou tout emploi dans l'entreprise, le licenciement prononcé au seul motif d'un classement en invalidité deuxième catégorie est nul et cause nécessairement au salarié un préjudice qu'il appartient aux juges du fond de réparer (cass. soc. 13 janvier 1998, n° 95-45.439, BC V n° 9. Voir aussi cass. soc. 4 juin 1998, n° 96-42.256; 28 juin 2000, n° 98-45.180).

Dès lors que le salarié informe son employeur de son classement en invalidité deuxième catégorie sans manifester la volonté de ne pas reprendre le travail, il appartient à l'employeur de prendre l'initiative de faire procéder à une visite de reprise, laquelle met fin à la suspension du contrat de travail (cass. soc. 25 janvier 2011, n° 09-42.766, BC V n° 30; RJS 4/11 n° 314; JCP éd. S 2011, 1152, note C. Leborgne-Ingelaere; 15 février 2011, n° 09-43.172, BC V n° 47; RJS 5/11 n° 415; 30 avril 2014, n° 12-28.827). Le classement en invalidité ne concerne que l'application de la législation sur la sécurité sociale et la suspension du contrat de travail ne prend fin que par la visite de reprise effectuée par le médecin du travail dans les conditions prévues aux articles R. 241-51 et R. 241-51-1 (anciens) CT (cass. soc. 12 octobre 1999, n° 97-40.835, BC V n° 376; RJS 11/99 n° 1365).

• Seul l'examen pratiqué par le médecin du travail dont doit bénéficier le salarié à l'issue des périodes de suspension lors de la reprise du travail, en application des alinéas 1 à 3 de l'article R. 241-51 (ancien) CT, met fin à la période de suspension du contrat de travail (cass. soc. 30 janvier 1991, n° 87-41.967, BC V n° 47; 12 novembre 1997, 2 arrêts, nos 95-40.632 et 94-40.912, BC V n° 366; RJS 12/97 n° 1359); il importe peu que le salarié ait continué à bénéficier d'un arrêt de travail de son médecin traitant (cass. soc. 6 avril 1999, n° 96-45.056, BC V n° 157; RJS 5/99 n° 659; 19 janvier 2005, n° 03-41.904, BC V n° 9; RJS 3/05 n° 267, 1re espèce et 19 janvier 2005, n° 03-41.479, BC V n° 8; RJS 3/05 n° 267, 2e espèce; 5 janvier 2011, n° 08-70.060, BC V n° 4; RJS 3/11 n° 229; JCP éd. S 2011, 1094, note P-Y Verkindt; 5 décembre 2012, n° 11-17.913, BC V n° 320; RJS 2/13 n° 108; JSL n° 337, 12.02.2013, p. 14, M. Hautefort); il importe peu également que le salarié ait été, à l'issue de la visite de reprise, déclaré par le médecin du travail apte à reprendre le travail dans le cadre d'un mi-temps thérapeutique (cass. soc. 26 octobre 1999, n° 97-41.314, BC V n° 410; RJS 12/99 n° 1457; 12 décembre 2000, n° 98-46.036, BC V n° 415; RJS 2/01 n° 191).

En l'absence de la visite de reprise prévue aux alinéas 1 à 3 de l'article R. 241-51 (ancien) CT, le contrat de travail se trouve toujours suspendu en conséquence de l'accident du travail dont a été victime un salarié, peu important qu'à la date de la rupture le salarié ait été déclaré consolidé de son accident par la caisse primaire d'assurance maladie et qu'il soit pris en charge par les organismes sociaux au titre de la maladie (cass. soc. 16 mai 2000, n° 98-42.942, BC V n° 180; RJS 7-8/00 n° 792; 23 septembre 2014, n° 13-12.473), peu important que la caisse primaire d'assurance maladie reconnaisse l'invalidité du salarié (cass. soc. 6 octobre 2015, n° 13-26.052, BC V n° 187; LS Jurispr. n° 188 du 20.10.2015; RJS 12/15 n° 770), peu important que le salarié ait repris son activité avant la visite de reprise (cass. soc. 12 mars 2002, n° 99-42.934, BC V n° 88; RJS 6/02 n° 671).

À noter cependant que lorsque la visite médicale de reprise est subie après un congé de maternité, elle a pour seul objet d'apprécier l'aptitude de l'intéressée à reprendre son ancien emploi, la nécessité d'une adaptation des conditions de travail ou d'une réadaptation de la salariée ou éventuellement de l'une et de l'autre de ces mesures, et n'a pas pour effet de différer jusqu'à cette date, la période de protection instituée par l'article L. 122-25-2 [L. 1225-4] CT (cass. soc. 29 septembre 2004, n° 02-42.461, BC V n° 239; RJS 12/04 n° 1274, 2e espèce; 15 décembre 2015, n° 14-15.283, RJS 2/16 n° 105; 21 octobre 2020, n° 19-20.570, LS Jurispr. n° 199 du 03.11.2020).

Le salarié dont le contrat de travail est suspendu pour maladie et qui reprend son travail avant d'avoir fait l'objet de la visite médicale de reprise est soumis au pouvoir disciplinaire de l'employeur (cass. soc. 16 novembre 2005, n° 03-45.000, BC V n° 323; Dr. Soc. 2006, p. 231, obs. J. Savatier; RJS 2/06 n° 194; 17 octobre 2012, n° 11-22.287, RJS 1/13 n° 21).

La circonstance que le salarié se trouve, à l'issue de l'arrêt de travail provoqué par l'accident du travail ou la maladie professionnelle, en arrêt de travail pour cause de maladie non professionnelle ne s'oppose pas à ce que le médecin du travail se prononce dans le cadre de la visite prévue aux trois premiers alinéas de l'article R. 241-51 (ancien) CT sur l'aptitude du salarié à reprendre l'emploi qu'il occupait antérieurement à l'accident du travail (cass. soc. 4 mai 1999, n° 97-40.547, BC V n° 185; RJS 6/99 n° 816). Il en va de même lorsque, trois jours après la fin d'un arrêt de travail pour maladie, le salarié est victime d'un accident du travail n'ayant pas entraîné de suspension immédiate du contrat de travail (cass. soc. 13 juin 2012, n° 11-12.152, RJS 8-9/12 n° 705).

Lorsque l'arrêt de travail pour maladie est immédiatement suivi d'une période de congés payés, le salarié doit bénéficier de la visite de reprise dans les huit jours suivant la fin de cette période (cass. soc. 13 juin 2012, n° 11-12.152, précité).

• La visite de reprise, dont l'initiative appartient normalement à l'employeur, peut aussi être sollicitée par le salarié soit auprès de son employeur, soit auprès du médecin du travail en avertissant l'employeur de cette demande (cass. soc. 12 novembre 1997, n° 94-43.839, BC V n° 365; RJS 12/97 n° 1361; 7 janvier 2015, n° 13-20.126, LSQ n° 16757 du 22.01.2015; RDT, juin 2015, CH, 409, M. Véricel). Mais la visite d'un salarié qui, à l'issue d'un arrêt de travail pour maladie, sans se présenter à son travail afin que l'employeur organise la visite de reprise, a pris l'initiative de se rendre chez un médecin du travail sans en avertir son employeur, ne remplit pas les conditions de l'article R. 241-51, al. 1 et 3, devenus R. 4624-2[2] et R. 4624-2[3] [anciens] CT pour être qualifiée de visite de reprise (cass. soc. 4 février 2009, n° 07-44.498, BC V n° 38; RJS 4/09 n° 333; 26 janvier 2011, n° 09-65.715; 15 décembre 2015, n° 14-13.528; voir aussi cass. soc. 8 février 2017, n° 15-27.492, RJS 4/17 n° 249, s'agissant d'un salarié n'ayant informé l'employeur de son rendez-vous avec le médecin du travail que par une lettre recommandée adressée le jour même de l'examen). En pareille hypothèse, la décision d'inaptitude prise par le médecin du travail ne s'impose pas à l'employeur et la prise d'acte par le salarié de la rupture de son contrat de travail en raison de l'absence de recherche de reclassement n'étant pas justifiée, elle s'analyse en une démission (cass. soc. 20 janvier 2010, n° 08-44.240, RJS 4/10 n° 333); en outre, l'examen médical ne constituant pas un examen de reprise opposable à l'employeur, ce dernier n'est pas tenu de prononcer un licenciement ou de reprendre, dans le délai d'un mois, le paiement des salaires (cass. soc. 9 juin 2010, n° 08-42.669, RJS 8-9/10 n° 660; voir aussi cass. soc. 12 décembre 2012, n° 11-30.312, RJS 2/13 n° 107).

À noter que l'examen au terme duquel un médecin du travail a rendu un avis d'inaptitude totale et définitive en visant l'existence d'un danger immédiat et l'article R. 241-51-1 (ancien) CT lui permettant de déclarer l'inaptitude du salarié après un seul examen, correspond à une visite de reprise (cass. soc. 26 janvier 2011, n° 09-68.544, BC V n° 31; RJS 4/11 n° 320; LS Jurispr. n° 33 du 15.02.2011).

Si en cas de carence de l'employeur, le salarié peut solliciter lui-même la visite de reprise à condition d'en aviser au préalable l'employeur, l'initiative de la saisine du médecin du travail appartient normalement à l'employeur dès que le salarié qui remplit les conditions pour en bénéficier en fait la demande et se tient à sa disposition pour qu'il y soit procédé (cass. soc. 21 mars 2012, n° 10-28.165; voir aussi cass. soc. 24 avril 2013, n° 12-15.595, JSL n° 345, 11.06.2013, p. 21, F. Lalanne) et le refus de l'employeur s'analyse en un licenciement (cass. soc. 12 octobre 1999, n° 97-40.835, BC V n° 376; RJS 11/99 n° 1365; 15 octobre 2003, n° 01-43.571; 28 octobre 2009, n° 08-43.251, BC V n° 233; JCP éd. S 2010, 1046, 2e espèce, note A. Martinon; RJS 1/10 n° 27). Ainsi le salarié, qui n'a pas pu reprendre le travail dans les délais normaux en raison des carences de l'employeur qui avait tardé, d'une manière excessive, à prendre les dispositions nécessaires pour qu'il puisse bénéficier d'un examen par le médecin du travail, peut notamment demander des dommages-intérêts pour rupture abusive, de telles circonstances rendant la rupture imputable à l'employeur (cass. soc. 19 janvier 1999, n° 96-44.954, BC V n° 27; RJS 3/99 n° 345). De même, lorsqu'un salarié se présente à l'entreprise à l'issue de son arrêt de travail pour maladie, mais que son employeur ne prend pas les dispositions nécessaires pour que soit assurée la visite médicale de reprise et se borne à l'affecter à des tâches de rangement ne correspondant pas à ses fonctions contractuelles, la rupture du contrat de travail qui en résulte s'analyse en un licenciement sans cause réelle et sérieuse (cass. soc. 26 janvier 2005, n° 03-40.893, BC V n° 24; RJS 4/05 n° 374). En revanche, lorsque l'employeur demande au salarié de patienter jusqu'au retour de congé du médecin pour qu'une solution soit trouvée à sa situation, le salarié ne peut pas demander de dommages-intérêts en réparation du préjudice fondé sur l'organisation tardive des visites médicales (cass. soc. 21 septembre 2011, n° 10-16.153, RJS 12/11 n° 963, 2e espèce).

L'employeur doit prendre l'initiative de cette visite médicale et convoquer le salarié par tous moyens. Un employeur n'ayant pas organisé lui-même la visite de reprise, une cour d'appel a pu en déduire que le salarié ne s'y étant pas présenté n'avait pas commis de manquement. En outre, le contrat de travail étant demeuré suspendu en raison de l'absence de visite de reprise, la cour a pu en déduire que le salarié qui ne s'était pas présenté à son poste n'avait pas commis de faute (cass. soc. 28 avril 2011, n° 09-40.487, BC V n° 99; JCP éd. S 2011, 1273, note Th. Lahalle; JSL n° 301, 17.06.2011, p. 17, M. Hautefort; RJS 7/11 n° 594).

Une cour d'appel, qui a constaté que le salarié avait repris le travail sans avoir été soumis à la visite médicale de reprise, a exactement décidé que le licenciement avait été prononcé au cours de la période de suspension du contrat de travail provoquée par l'accident du travail dont l'intéressé avait été victime (cass. soc. 10 novembre 1998, n° 96-43.811, BC V n° 481; RJS 12/98 n° 1472).

• Sur le comportement du salarié faisant obstacle à la visite médicale de reprise, voir note au-dessus de l'article R. 4624-10, rubrique «Caractère obligatoire des examens médicaux».

Art. R. 4624-33. Le médecin du travail est informé par l'employeur de tout arrêt de travail d'une durée inférieure à trente jours pour cause d'accident du travail afin de pouvoir apprécier, notamment, l'opportunité d'un nouvel examen médical et, avec l'équipe pluridisciplinaire, de préconiser des mesures de prévention des risques professionnels.

Sous-section 4. Visites à la demande de l'employeur, du travailleur ou du médecin du travail

Art. R. 4624-34. Indépendamment des examens d'aptitude à l'embauche et périodiques ainsi que des visites d'information et de prévention, le travailleur bénéficie, à sa demande ou à celle de l'employeur, d'un examen par le médecin du travail.

Le travailleur peut solliciter notamment une visite médicale, lorsqu'il anticipe un risque d'inaptitude, dans l'objectif d'engager une démarche de maintien en emploi et de bénéficier d'un accompagnement personnalisé.

La demande du travailleur ne peut motiver aucune sanction.

Le médecin du travail peut également organiser une visite médicale pour tout travailleur le nécessitant.

Sous-section 5. Examens complémentaires

Art. R. 4624-35. Le médecin du travail peut réaliser ou prescrire les examens complémentaires nécessaires:

1° À la détermination de la compatibilité entre le poste de travail et l'état de santé du travailleur, notamment au dépistage des affections pouvant entraîner une contre-indication à ce poste de travail;

2° Au dépistage d'une maladie professionnelle ou à caractère professionnel susceptible de résulter de l'activité professionnelle du travailleur;

3° Au dépistage des maladies dangereuses pour l'entourage professionnel du travailleur.

Note Ces examens médicaux complémentaires s'imposant au salarié, c'est à bon droit qu'en cas de refus du salarié de s'y soumettre, le médecin émet un avis d'inaptitude définitive du salarié à reprendre (ou poursuivre) son emploi et le licenciement d'un salarié, au vu d'un tel avis, repose sur une cause réelle et sérieuse, l'employeur ne pouvant passer outre l'avis du médecin du travail (cass. soc. 20 mai 1980, n° 78-41.741, BC V n° 435).

Art. R. 4624-36. Les examens complémentaires sont à la charge de l'employeur lorsqu'il dispose d'un service autonome de santé au travail et du service de santé au travail interentreprises dans les autres cas.

Le médecin du travail réalise ou fait réaliser ces examens au sein du service de santé au travail, ou choisit l'organisme chargé de pratiquer les examens.

Ces derniers sont réalisés dans des conditions garantissant le respect de leur anonymat.

Art. R. 4624-37. Dans le cadre du suivi des travailleurs de nuit, le médecin du travail peut prescrire, s'il le juge utile, des examens spécialisés complémentaires, qui sont à la charge de l'employeur.

Art. R. 4624-38. En cas de désaccord entre l'employeur et le médecin du travail sur la nature et la fréquence de ces examens, la décision est prise par le médecin inspecteur du travail.

Sous-section 6. Déroulement des visites et des examens médicaux

Art. R. 4624-39. Le temps nécessité par les visites et les examens médicaux, y compris les examens complémentaires, est soit pris sur les heures de travail des travailleurs sans qu'aucune retenue de salaire puisse être opérée, soit rémunéré comme temps de travail effectif lorsque ces examens ne peuvent avoir lieu pendant les heures de travail.

Le temps et les frais de transport nécessités par ces visites et ces examens sont pris en charge par l'employeur.

Art. R. 4624-40. Dans les établissements de 200 travailleurs et plus, le suivi individuel peut être réalisé dans l'établissement.

Art. R. 4624-41. Un arrêté du ministre chargé du travail détermine les caractéristiques auxquelles répondent les centres de visites et d'examens fixes ou mobiles et leurs équipements, en fonction de l'importance du service de santé au travail. Cet arrêté précise le matériel minimum nécessaire au médecin du travail, au collaborateur médecin, à l'interne ou à l'infirmier pour l'exercice de leurs missions.

Sous-section 7. Déclaration d'inaptitude

Art. R. 4624-42. Le médecin du travail ne peut constater l'inaptitude médicale du travailleur à son poste de travail que :

1° S'il a réalisé au moins un examen médical de l'intéressé, accompagné, le cas échéant, des examens complémentaires, permettant un échange sur les mesures d'aménagement, d'adaptation ou de mutation de poste ou la nécessité de proposer un changement de poste ;

2° S'il a réalisé ou fait réaliser une étude de ce poste ;

3° S'il a réalisé ou fait réaliser une étude des conditions de travail dans l'établissement et indiqué la date à laquelle la fiche d'entreprise a été actualisée ;

4° S'il a procédé à un échange, par tout moyen, avec l'employeur.

Ces échanges avec l'employeur et le travailleur permettent à ceux-ci de faire valoir leurs observations sur les avis et les propositions que le médecin du travail entend adresser.

S'il estime un second examen nécessaire pour rassembler les éléments permettant de motiver sa décision, le médecin réalise ce second examen dans un délai qui n'excède pas quinze jours après le premier examen. La notification de l'avis médical d'inaptitude intervient au plus tard à cette date.

Le médecin du travail peut mentionner dans cet avis que tout maintien du salarié dans un emploi serait gravement préjudiciable à sa santé ou que l'état de santé du salarié fait obstacle à tout reclassement dans un emploi.

Note • Les dispositions du décret 2010-244 du 9 mars 2010 (JO 11) relatif à l'indemnisation du salarié déclaré inapte suite à un accident du travail ou à une maladie professionnelle sont applicables aux victimes déclarées inaptes, conformément aux dispositions de l'article R. 4624-31 (ancien), à compter du 01.07.2010.

• L'article R. 4624-31 [ancien] n'imposant pas que la constatation de l'inaptitude soit faite lors d'un examen médical de reprise consécutif à une suspension du contrat de travail, le médecin du travail peut la constater après tout examen médical qu'il pratique au cours de l'exécution du contrat de travail (cass. soc. 8 avril 2010, n° 09-40.975, BC V n° 95 ; JSL n° 277, 21.05.2010, p. 14, J-E Tourreil ; RJS 6/10 n° 503 ; RDT, juil./août 2010, CH, 433, G. Auzero ; 21 septembre 2017, n° 16-16.549, BC V n° 162 ; JCP éd. S 2017, 1381, note M. Babin ; RJS 12/17 n° 787), y compris lors de la visite médicale d'embauche opérée après le recrutement du salarié (CE 17 juin 2009, n° 314729, Dr. Soc. 2009, p. 941, note Y. Struillou et p. 1137, obs. P. Chaumette ; RDT, janvier 2010, CH, 30, M. Véricel ; JSL n° 266, 25.11.2009, p. 19, M-Ch. Haller).

• Sauf dans le cas où le maintien du salarié à son poste de travail entraîne un danger immédiat pour la santé ou la sécurité de l'intéressé ou celles des tiers, le médecin du travail ne peut constater l'inaptitude du salarié à son poste de travail qu'après deux examens médicaux espacés de deux semaines. Il s'ensuit que cette inaptitude ne peut être déclarée après un seul examen médical que si la situation de danger résulte de l'avis du médecin du travail. En application de l'article L. 1132-1 CT, le licenciement prononcé pour inaptitude à la suite d'un seul examen médical ne portant pas mention du danger immédiat est nul (cass. soc. 4 juin 2002, n° 00-42.873, BC V n° 192 ; RJS 8-9/02 n° 964 ; voir aussi cass. soc. 29 mai 2013, n° 12-16.079). Lorsque le licenciement est nul, le salarié a droit à réintégration dans son emploi ou, à défaut, dans un emploi équivalent. Il en résulte qu'en cas de licenciement prononcé en raison de l'état de santé d'un salarié dont l'inaptitude n'a pas été constatée conformément aux exigences du double examen médical de reprise, la réintégration de l'intéressé doit être ordonnée s'il le demande (cass. soc. 26 mai 2004, n° 02-41.325, BC V n° 139 ; RJS 8-9/04 n° 903, 1re espèce).

• La carence de l'employeur de saisir, comme il le doit, après un premier examen, le médecin du travail pour faire pratiquer le second des examens exigés par l'article R. 241-51-1 [R. 4624-31 ancien] CT, constitue une faute dont il doit réparation (cass. soc. 12 mars 2008, n° 07-40.039, BC V n° 62 ; RJS 5/08 n° 535 ; Dr. Soc. 2008, p. 612, obs. J. Savatier ; JCP éd. S 2008, 1332, note P-Y Verkindt ; 30 juin 2015, n° 13-28.201, BC V n° 134 ; RJS 10/15 n° 648 ; 23 mai 2017, n° 15-26.941, BC V n° 94 ; RJS 8-9/17 n° 554) ; cette carence constitue un manquement grave justifiant la résiliation du contrat de travail aux torts de l'employeur (cass. soc. 5 mars 2014, n° 12-27.444). Dans ce cas, le salarié n'a pas à réintégrer l'entreprise ni à reprendre le travail et ne peut dès lors se voir reprocher une absence injustifiée (cass. soc. 28 avril 2011, n° 09-68.303, RJS 7/11 n° 596).

À noter que l'avis d'aptitude avec réserve (travaux de manutention) d'un médecin du travail, qui équivaut à une inaptitude à tout poste dans l'entreprise, ne doit pas priver le salarié des deux examens médicaux prévus par l'article R. 241-51-1 [R. 4624-31 ancien] (cass. soc. 9 octobre 2001, n° 98-46.099, BC V n° 307 ; RJS 12/01 n° 1417).

• Le fait pour un salarié de refuser de se soumettre au second examen exigé par l'article R. 4624-31 (ancien) constitue une faute grave (cass. soc. 16 mars 2016, n° 14-21.304, LS Jurispr. n° 73 du 19.04.2016 ; JSL n° 411, 10.06.2016, p. 29, S. Mayoux).

• Le licenciement prononcé en raison de l'état de santé d'un salarié dont l'inaptitude n'a pas été constatée à l'issue de deux examens médicaux espacés d'un délai minimum de deux semaines est nul en application de l'article L. 1132-1 CT (cass. soc. 20 septembre 2006, n° 05-40.241,

BC V n° 275; JCP éd. S 2006, 1890, note P-Y Verkindt; Dr. Soc. 2006, p. 1117; RDT, déc. 2006, CH, 385, G. Pignarre; RJS 11/06 n° 1169). Les deux examens médicaux devant être espacés de deux semaines, le délai fixé par ce texte court à partir de la date du premier de ces examens médicaux. Ainsi, lorsque le premier examen se tient le mardi 4 juillet, le second peut valablement avoir lieu le mardi 18 juillet suivant (cass. soc. 8 décembre 2004, n° 02-44.203, BC V n° 319; RJS 2/05 n° 146). Pour un exemple de non-respect du délai, voir cass. soc. 31 mai 2012, n° 11-10.958, RJS 8-9/12 n° 695; JSL n° 326, 19.07.2012, p. 22, Fr. Taquet; JCP éd. S 2012, 1444, note E. Jeansen.

• Aucune disposition du code du travail ne prévoyant la nullité du licenciement lorsque l'employeur engage la procédure de licenciement avant que le médecin du travail ne se soit prononcé définitivement sur l'aptitude du salarié à son poste de travail, le licenciement prononcé au vu des deux certificats établis par le médecin du travail dans le cadre de la visite médicale de reprise n'est pas nul. En revanche, dans une telle hypothèse, aucune tentative de reclassement n'a pu être effectuée et le licenciement est dépourvu de cause réelle et sérieuse (cass. soc. 26 janvier 2005, n° 03-40.332, BC V n° 25; JSL n° 162, 22.02.2005, p. 20, J-E Tourreil).

• *Rédaction du certificat médical d'inaptitude impliquant l'existence d'une situation de danger immédiat.* Selon l'article R. 241-51-1 [R. 4624-31 ancien] CT, sauf dans le cas où le maintien du salarié à son poste de travail entraîne un danger immédiat pour la santé ou la sécurité de l'intéressé ou celles des tiers, le médecin du travail ne peut constater l'inaptitude d'un salarié à son poste de travail qu'après deux examens médicaux espacés de deux semaines; il s'ensuit que cette inaptitude ne peut être déclarée après un seul examen médical que si la situation de danger résulte de l'avis du médecin du travail ou si cet avis indique, outre la référence à l'article R. 241-51-1 [R. 4624-31 ancien] CT, qu'une seule visite est effectuée (cass. soc. 1er décembre 2005, n° 04-48.607, BC V n° 345; RJS 2/06 n° 197; 20 janvier 2010, n° 08-45.270, BC V n° 19; JCP éd. S 2010, 1127, note P-Y Verkindt; RJS 4/10 n° 330; 28 avril 2011, n° 10-14.671). La seule mention de l'article R. 241-51-1 [R. 4624-31 ancien] CT ne suffit pas à caractériser la situation de danger immédiat qui permet au médecin du travail de constater l'inaptitude du salarié au terme d'un seul examen médical (cass. soc. 11 mai 2005, n° 03-45.174, BC V n° 155; JSL n° 169, 7.06.2005, p. 20, J-E Tourreil; RJS 7/05 n° 730; JCP éd. S 2005, 1070, note D. Asquinazi-Bailleux). De même, l'inaptitude physique n'est pas régulièrement constatée à la suite d'un avis qui, s'il indiquait bien qu'une seule visite était effectuée, ne faisait état d'aucun danger immédiat, même si cette situation de danger immédiat était précisée dans une lettre annexée (cass. soc. 21 mai 2008, n° 07-41.380, BC V n° 109; JCP éd. S 2008, 1434, note P-Y Verkindt; RJS 8-9/08 n° 884; voir aussi cass. soc. 16 décembre 2010, n° 09-66.954, BC V n° 300; JCP éd. S 2011, 1044, note P-Y Verkindt; RJS 2/11 n° 123; RDT, février 2011, CH, 126, E. Serverin et T. Grumbach) ou postérieure à l'avis (cass. soc. 19 octobre 2005, n° 03-48.383, BC V n° 292; JSL n° 178, 29.11.2005, p. 12, J-E Tourreil; RJS 1/06 n° 37; 21 septembre 2011, n° 10-14.692). Enfin, une cour d'appel ne pouvait pas refuser de déclarer nul le licenciement d'un salarié après avoir constaté que l'avis du médecin du travail ne mentionnait pas, outre la référence à l'article R. 4624-31 (ancien) CT, qu'une seule visite était effectuée, la mention d'une procédure d'urgence ne pouvant y suppléer (cass. soc. 20 janvier 2010, n° 08-45.270, précité).

• Le médecin du travail ayant déclaré une salariée temporairement inapte, le refus par l'employeur de la laisser accéder à son poste de travail ne constitue pas un trouble manifestement illicite ou une voie de fait. Dès lors, a violé l'article R. 516-31 [R. 1455-6] la cour d'appel qui, pour ordonner à l'employeur de laisser la salariée accéder à son poste de travail et de lui payer son salaire, a énoncé que ni la loi ni l'accord d'entreprise ne prévoyaient l'interdiction d'accès au lieu de travail d'un salarié ayant fait l'objet d'un avis d'aptitude différée (cass. soc. 21 janvier 1997, n° 93-43.617, BC V n° 27; RJS 3/97 n° 295).

• À noter que lorsqu'un salarié est déclaré inapte temporaire à son poste de travail à l'issue d'une visite de reprise et que, par la suite, l'activité de l'entreprise fait l'objet d'une cessation totale entraînant la suppression de tous les postes de travail et l'impossibilité du reclassement du salarié, le liquidateur, tenu de licencier le salarié dans les 15 jours suivant le jugement de liquidation, n'est plus obligé d'organiser un second examen médical avant de procéder au licenciement économique du salarié (cass. soc. 9 décembre 2014, n° 13-12.535, BC V n° 280; LS Jurispr. n° 12 du 20.01.2015; RJS 2/15 n° 88).

Art. R. 4624-43. Avant d'émettre son avis, le médecin du travail peut consulter le médecin inspecteur du travail.

Art. R. 4624-44. Les motifs de l'avis du médecin du travail sont consignés dans le dossier médical en santé au travail du travailleur.

Sous-section 8. Contestation des avis et mesures émis par le médecin du travail

Art. R. 4624-45. ***(D. 2017-1698 du 15 déc. 2017, JO 17)*** En cas de contestation portant sur les avis, propositions, conclusions écrites ou indications reposant sur des éléments de nature médicale émis par le médecin du travail mentionnés à l'article L. 4624-7, le conseil de prud'hommes statuant ***(D. 2019-1419 du 20 déc. 2019, art. 10, 7°, JO 22)*** «selon la procédure accélérée au fond» est saisi dans un délai de quinze jours à compter de leur notification. Les modalités de recours ainsi que ce délai sont mentionnés sur les avis et mesures émis par le médecin du travail.

Le conseil de prud'hommes statue ***(D. 2019-1419 du 20 déc. 2019, art. 10, 7°, JO 22)*** «selon la procédure accélérée au fond» dans les conditions prévues à l'article R. 1455-12.

Le médecin du travail informé de la contestation peut être entendu par le médecin-inspecteur du travail.

Note • Les dispositions des articles R. 4624-45 à R. 4624-45-2, dans leur rédaction issue du décret 2019-1419 précité, s'appliquent aux demandes introduites depuis le 01.01.2020 (décret précité, art. 24, II).

• Les dispositions des articles R. 4624-45 à R. 4624-45-2, dans leur rédaction issue du décret 2017-1698 précité, s'appliquent aux instances introduites en application de l'article L. 4624-7 CT depuis le 01.01.2018 (décret précité, art. 4, II).

• Voir l'article L. 4624-7 et sa note.

Art. R. 4624-45-1. ***(D. 2017-1008 du 10 mai 2017, JO 11)*** La provision des sommes dues au ***(D. 2017-1698 du 15 déc. 2017, JO 17)*** «médecin-inspecteur du travail» désigné en application de l'article L. 4624-7 est consignée à la Caisse des dépôts et consignations.

Le greffe est avisé de la consignation par la Caisse des dépôts et consignations.

(D. 2017-1698 du 15 déc. 2017, JO 17) «Le président du conseil de prud'hommes statuant ***(D. 2019-1419 du 20 déc. 2019, art. 10, 7°, JO 22)*** «selon la procédure accélérée au fond» fixe la rémunération du médecin-inspecteur du travail conformément au IV de l'article L. 4624-7.»

La libération des sommes consignées est faite par la Caisse des dépôts et consignations sur présentation de l'autorisation du président de la formation de référé.

Note Voir note sous article R. 4624-45.

Art. R. 4624-45-2. ***(D. 2017-1698 du 15 déc. 2017, JO 17)*** En cas d'indisponibilité du médecin-inspecteur du travail ou en cas de récusation de celui-ci, notamment lorsque ce dernier est intervenu dans les conditions visées à l'article R. 4624-43, le conseil de prud'hommes statuant ***(D. 2019-1419 du 20 déc. 2019, art. 10, 7°, JO 22)*** «selon la procédure accélérée au fond» peut désigner un autre médecin inspecteur du travail que celui qui est territorialement compétent.

Note Voir note sous article R. 4624-45.

SECTION 3 (réglementaire). Documents et rapports

Note Cette section a été introduite par le décret 2012-135 du 30 janvier 2012, JO 31, entrée en vigueur le 01.07.2012.

Sous-section 1. Fiche d'entreprise

Note • Les sous-sections 1 et 2 ont été introduites par le décret 2014-798 du 11 juillet 2014, JO 13.

• Les articles R. 4624-46 à 54 sont les anciens articles R. 4624-37 à 45 (décret 2016-1908 du 27 décembre 2016, art. 1er, II, 1°, JO 29, entrée en vigueur le 01.01.2017).

Au 01.01.2017 les dispositions de ces articles s'appliquent à tous les travailleurs à compter de la première visite ou du premier examen médical effectué au titre de leur suivi individuel (décret 2016-1908 précité, art. 20, I).

Art. R. 4624-46. Pour chaque entreprise ou établissement, le médecin du travail ou, dans les services de santé au travail interentreprises, l'équipe pluridisciplinaire établit et met à jour une fiche d'entreprise ou d'établissement sur laquelle figurent, notamment, les risques professionnels et les effectifs de salariés qui y sont exposés.

Art. R. 4624-47. Pour les entreprises adhérentes à un service de santé au travail interentreprises, la fiche d'entreprise est établie dans l'année qui suit l'adhésion de l'entreprise ou de l'établissement à ce service.

Art. R. 4624-48. La fiche d'entreprise est transmise à l'employeur.

Elle est présentée au ***(D. 2017-1819 du 29 déc. 2017, art. 3, 45°, JO 30, entrée en vigueur le 01.01.2018)*** «comité social et économique» en même temps que le bilan annuel prévu à l'article L. 4612-16.

Art. R. 4624-49. La fiche d'entreprise est tenue à la disposition du ***(D. 2020-1545 du 9 déc. 2020, JO 10, entrée en vigueur le 01.04.2021)*** «directeur régional de l'économie, de l'emploi, du travail et des solidarités» et du médecin inspecteur du travail.

Elle peut être consultée par les agents des services de prévention des organismes de sécurité sociale et par ceux des organismes professionnels de santé, de sécurité et des conditions de travail mentionnés à l'article L. 4643-1.

Art. R. 4624-50. Le modèle de fiche d'entreprise est fixé par arrêté du ministre chargé du travail.

Sous-section 2. Rapport annuel d'activité

Art. R. 4624-51. Le médecin du travail établit un rapport annuel d'activité pour les entreprises dont il a la charge.

Pour les services de santé au travail interentreprises, le directeur du service établit une synthèse annuelle de l'activité du service de santé au travail qui rend compte de la réalisation des actions approuvées par le conseil d'administration dans le cadre du projet pluriannuel de service, de la réalisation des actions sur le milieu de travail, définies à l'article R. 4624-1, et des actions menées pour assurer le suivi individuel de la santé des salariés, notamment à partir du rapport annuel établi par chaque médecin du travail pour les entreprises dont il a la charge.

La commission médico-technique prévue à l'article L. 4622-13 émet un avis sur cette synthèse, avant sa présentation aux organes de surveillance.

Un arrêté du ministre chargé du travail fixe les modèles de rapport annuel d'activité du médecin du travail et de synthèse annuelle de l'activité du service de santé au travail.

Note Voir arrêté du 13 décembre 1990 (JO 1er févr. 1991) fixant les modèles de rapport annuel du médecin du travail.

Art. R. 4624-52. Le rapport annuel d'activité est remis par le médecin du travail:

1° Pour les services autonomes, au ***(D. 2017-1819 du 29 déc. 2017, art. 3, 27°, JO 30, entrée en vigueur le 01.01.2018)*** «comité social et économique ou comité social et économique d'établissement» compétent;

2° Pour les services interentreprises, au conseil d'administration et, selon les cas, au comité interentreprises ou à la commission de contrôle.

Cette présentation intervient au plus tard à la fin du quatrième mois qui suit l'année pour laquelle le rapport a été établi.

Pour les services interentreprises, la synthèse annuelle mentionnée à l'article R. 4624-[51] est remise aux organes mentionnés au 2° dans les mêmes conditions.

Art. R. 4624-53. L'employeur ou le président du service de santé au travail transmet, dans le délai d'un mois à compter de sa présentation devant l'organe compétent, un exemplaire du rapport annuel d'activité de chaque médecin du travail et de la synthèse annuelle au ***(D. 2020-1545 du 9 déc. 2020, JO 10, entrée en vigueur le 01.04.2021)*** «directeur régional de l'économie, de l'emploi, du travail et des solidarités» et au médecin inspecteur du travail. Cette transmission est accompagnée des éventuelles observations formulées par l'organe de surveillance.

Art. R. 4624-54. Dans les entreprises ou établissements de plus de trois cents salariés, le médecin du travail établit un rapport annuel d'activité propre à l'entreprise. Ce rapport est transmis au ***(D. 2017-1819 du 29 déc. 2017, art. 3, 4°, JO 30, entrée en vigueur le 01.01.2018)*** «comité social et économique» dans les conditions prévues à l'article R. 4624-[52].

Il en est de même dans les autres entreprises ou établissements lorsque le comité en fait la demande.

Sous-section 3. Avis médicaux d'aptitude et d'inaptitude

Art. R. 4624-55. ***(D. 2016-1908 du 27 déc. 2016, art. 1er, II, 3°, JO 29, entrée en vigueur le 01.01.2017)*** L'avis médical d'aptitude ou d'inaptitude émis par le médecin du travail est transmis au salarié ainsi qu'à l'employeur par tout moyen leur conférant une date certaine. L'employeur le conserve pour être en mesure de le présenter à tout moment, sur leur demande, à l'inspecteur du travail et au médecin inspecteur du travail. Une copie de l'avis est versée au dossier médical en santé au travail du travailleur.

Note Au 01.01.2017 les dispositions des articles R. 4624-55 à 57 s'appliquent à tous les travailleurs à compter de la première visite ou du premier examen médical effectué au titre de leur suivi individuel (décret 2016-1908 précité, art. 20, I).

Art. R. 4624-56. ***(D. 2016-1908 du 27 déc. 2016, art. 1er, II, 3°, JO 29, entrée en vigueur le 01.01.2017)*** Lorsque le médecin du travail constate que l'inaptitude du salarié est susceptible d'être en lien avec un accident ou une maladie d'origine professionnelle, il remet à ce dernier le formulaire de demande prévu à l'article D. 433-3 du code de la sécurité sociale.

Art. R. 4624-57. ***(D. 2016-1908 du 27 déc. 2016, art. 1er, II, 3°, JO 29, entrée en vigueur le 01.01.2017)*** Le modèle d'avis d'aptitude ou d'inaptitude est fixé par arrêté du ministre chargé du travail.

Note Voir arrêté du 16 octobre 2017 (JO 21, entrée en vigueur le 01.11.2017) fixant les modèles d'avis d'aptitude et d'inaptitude.

SECTION 4 (réglementaire). Recherches, études et enquêtes

Note Cette section a été introduite par le décret 2014-798 du 11 juillet 2014, JO 13.

Art. R. 4624-58. Le médecin du travail participe, notamment en liaison avec le médecin inspecteur du travail, à toutes recherches, études et enquêtes, en particulier à caractère épidémiologique, entrant dans le cadre de ses missions.

Note Cet article est l'ancien article R. 4624-50 (décret 2016-1908 du 27 décembre 2016, art. 1er, II, 1°, JO 29, entrée en vigueur le 01.01.2017).

CHAPITRE V Surveillance médicale de catégories particulières de travailleurs

Art. L. 4625-1. ***(L. 2011-867 du 20 juil. 2011, art. 14, JO 24)*** Un décret détermine les règles relatives à l'organisation, au choix et au financement du service de santé au travail ainsi qu'aux modalités de surveillance de l'état de santé des travailleurs applicables aux catégories de travailleurs suivantes :

1° Salariés temporaires ;
2° Stagiaires de la formation professionnelle ;
3° Travailleurs des associations intermédiaires ;
4° Travailleurs exécutant habituellement leur contrat de travail dans une entreprise autre que celle de leur employeur ;
5° Travailleurs éloignés exécutant habituellement leur contrat de travail dans un département différent de celui où se trouve l'établissement qui les emploie ;
6° Travailleurs détachés temporairement par une entreprise non établie en France ;
7° Travailleurs saisonniers.

Ces travailleurs bénéficient d'une protection égale à celle des autres travailleurs.

Des règles et modalités de surveillance adaptées ne peuvent avoir pour effet de modifier la périodicité des examens médicaux définie par le présent code.

Des règles adaptées relatives à l'organisation du service de santé au travail ne peuvent avoir pour effet de modifier les modalités de composition et de fonctionnement du conseil d'administration prévues à l'article L. 4622-11.

Pour tenir compte de spécificités locales en matière de recours à des travailleurs saisonniers, l'autorité administrative peut approuver des accords adaptant les modalités définies par décret sous réserve que ces adaptations garantissent un niveau au moins équivalent de protection de la santé aux travailleurs concernés.

Art. L. 4625-1-1. ***(L. 2016-1088 du 8 août 2016, art. 102, II, 10°, JO 9, entrée en vigueur au plus tard le 01.01.2017)*** Un décret en Conseil d'État prévoit les adaptations des règles définies aux articles L. 4624-1 et L. 4624-2 pour les salariés temporaires et les salariés en contrat à durée déterminée.

Ces adaptations leur garantissent un suivi individuel de leur état de santé d'une périodicité équivalente à celle du suivi des salariés en contrat à durée indéterminée.

Ce décret en Conseil d'État prévoit les modalités d'information de l'employeur sur le suivi individuel de l'état de santé de son salarié et les modalités particulières d'hébergement des dossiers médicaux en santé au travail et d'échanges d'informations entre médecins du travail.

Art. L. 4625-2. ***(L. 2011-867 du 20 juil. 2011, art. 10, JO 24)*** Un accord collectif de branche étendu peut prévoir des dérogations aux règles relatives à l'organisation et au choix du service de santé au travail ainsi qu'aux modalités de surveillance de l'état de santé des travailleurs dès lors que ces dérogations n'ont pas pour effet de modifier la périodicité des examens médicaux définie par le présent code.

Ces dérogations concernent les catégories de travailleurs suivantes :

1° Artistes et techniciens intermittents du spectacle ;
2° Mannequins ;
3° Salariés du particulier employeur ;
4° Voyageurs, représentants et placiers.

L'accord collectif de branche étendu après avis du Conseil national de l'ordre des médecins peut prévoir que le suivi médical des salariés du particulier employeur et des mannequins soit effectué par des médecins non spécialisés en médecine du travail qui signent un protocole avec un service de santé au travail interentreprises. Ces protocoles prévoient les garanties en termes de formation des médecins non spécialistes, les modalités de leur exercice au sein du service de santé au travail ainsi que l'incompatibilité entre la fonction de médecin de soin du travailleur ou de l'employeur et le suivi médical du travailleur prévu par le protocole. Ces dispositions ne font pas obstacle à l'application de l'article L. 1133-3.

En cas de difficulté ou de désaccord avec les avis délivrés par les médecins mentionnés au septième alinéa du présent article, l'employeur ou le travailleur peut solliciter un examen médical auprès d'un médecin du travail appartenant au service de santé au travail interentreprises ayant signé le protocole.

Note Cet article ne s'applique pas aux VRP des exploitations, entreprises et établissements agricoles (art. L. 717-1 c. rur. et pêche mar.).

SECTION 1 (réglementaire). Modalités de suivi individuel applicables aux travailleurs titulaires de contrats à durée déterminée

Note Les sections 1 et 2 ont été introduites par le décret 2016-1908 du 27 décembre 2016, art. 2, JO 29, entrée en vigueur le 01.01.2017.

Au 01.01.2017 les dispositions de ces sections s'appliquent à tous les travailleurs à compter de la première visite ou du premier examen médical effectué au titre de leur suivi individuel (décret 2016-1908 précité, art. 20, I).

Art. R. 4625-1. Les dispositions des chapitres Ier à IV sont applicables aux travailleurs titulaires de contrats à durée déterminée. Ces travailleurs bénéficient d'un suivi individuel de leur état de santé d'une périodicité équivalente à celui des salariés en contrat à durée indéterminée, notamment des dispositions prévues aux articles R. 4624-15 et R. 4624-27.

SECTION 2 (réglementaire). Modalités de suivi individuel applicables aux travailleurs temporaires

Note Avant l'intervention du décret 2016-1908 du 27 décembre 2016 (JO 29), le chapitre V comportait une section 2 réglementaire intitulée «Salarié saisonnier» où figurait l'article D. 4625-22 qui, à notre sens, est toujours en vigueur; nous le rapportons ci-après dans sa rédaction issue du décret 2016-1908 précité.

Art. D. 4625-22. ***(D. 2012-137 du 30 janv. 2012, JO 31, entrée en vigueur le 01.07.2012)*** Un examen médical d'embauche est obligatoire pour les salariés saisonniers recrutés pour une durée au moins égale à quarante-cinq jours de travail effectif ***(D. 2016-1908 du 27 déc. 2016, art. 19, I, 2°, JO 29, entrée en vigueur le 01.01.2017)*** «affectés à des emplois présentant des risques particuliers mentionnés à l'article R. 4624-23,» sauf en ce qui concerne les salariés recrutés pour un emploi équivalent à ceux précédemment occupés si aucune inaptitude n'a été reconnue lors du dernier examen médical intervenu au cours des vingt-quatre mois précédents.

Pour les salariés saisonniers recrutés pour une durée inférieure à quarante-cinq jours ***(D. 2016-1908 du 27 déc. 2016, art. 19, I, 2°, JO 29, entrée en vigueur le 01.01.2017)*** «et ceux affectés à des emplois autres que ceux présentant des risques particuliers mentionnés à l'article R. 4624-23», le service de santé au travail organise des actions de formation et de prévention. Ces actions peuvent être communes à plusieurs entreprises.

Le ***(D. 2017-1819 du 29 déc. 2017, art. 3, 70°, JO 30, entrée en vigueur le 01.01.2018)*** «comité social et économique» est consulté sur ces actions.

Sous-section 1. Champ d'application

Art. R. 4625-2. Les dispositions des chapitres Ier à IV sont applicables aux travailleurs temporaires, sous réserve des modalités particulières prévues par la présente section.

Sous-section 2. Agrément du service de santé au travail

Art. R. 4625-3. Pour les entreprises de travail temporaire, la demande d'agrément et de renouvellement des services de santé au travail est accompagnée d'un dossier spécifique dont les éléments sont fixés par arrêté du ministre chargé du travail.

Art. R. 4625-4. Le service de santé au travail interentreprises agréé pour exercer les missions de santé au travail pour les travailleurs temporaires constitue un secteur à compétence géographique propre réservé à ces salariés.

Ce secteur peut être commun à plusieurs services de santé au travail interentreprises agréés pour exercer les missions de santé au travail pour les travailleurs temporaires.

Art. R. 4625-5. Le secteur réservé aux travailleurs temporaires n'est pas soumis à l'obligation de créer au moins un centre médical fixe. Lorsqu'aucun centre médical fixe n'est créé, ce secteur est rattaché au centre d'un autre secteur du même service.

Art. R. 4625-6. L'affectation d'un médecin du travail au secteur réservé aux travailleurs temporaires ne peut être faite à titre exclusif. Une dérogation peut être accordée après avis du médecin inspecteur du travail par le ***(D. 2020-1545 du 9 déc. 2020, JO 10, entrée en vigueur le 01.04.2021)*** « directeur régional de l'économie, de l'emploi, du travail et des solidarités », lorsque les caractéristiques particulières du secteur l'exigent.

Sous-section 3. Action sur le milieu de travail

Art. R. 4625-7. Les conditions dans lesquelles le médecin du travail et, sous son autorité, les professionnels de santé de l'entreprise de travail temporaire ont accès aux postes de travail utilisés ou susceptibles d'être utilisés par des travailleurs temporaires sont fixées entre l'entreprise utilisatrice et l'entreprise de travail temporaire, après avis des médecins du travail intéressés.

Sous-section 4. Suivi individuel de l'état de santé des travailleurs temporaires

§ 1. Dispositions communes

Art. R. 4625-8. Pour les travailleurs temporaires, les visites prévues par les sous-sections 1 et 2 de la section 2 du présent chapitre sont réalisées par le service de santé au travail de l'entreprise de travail temporaire. Les entreprises de travail temporaire ont également la possibilité de s'adresser, sous réserve de leur accord, aux services suivants pour faire réaliser ces visites :

1° Un service interentreprises de santé au travail proche du lieu de travail du salarié temporaire, d'un autre secteur ou professionnel ;

2° Le service autonome de l'entreprise utilisatrice auprès de laquelle est détaché le travailleur temporaire.

Les entreprises de travail temporaire informent le médecin inspecteur du travail qui les suit de leur intention de recourir à cette faculté.

Les entreprises de travail temporaire recourant à cette faculté communiquent au service de santé au travail concerné les coordonnées de leur service de médecine du travail habituel afin de faciliter l'échange d'informations entre les deux services dans le respect des obligations de confidentialité.

Art. R. 4625-9. Si le travailleur est affecté, le cas échéant en cours de mission, à un poste à risque mentionné à l'article R. 4624-23 pour lequel il n'a pas bénéficié du suivi individuel renforcé mentionné au paragraphe 3 de la présente sous-section, l'entreprise utilisatrice organise un examen médical d'aptitude pour ce poste.

Le médecin du travail de l'entreprise utilisatrice se prononce, le cas échéant, sur l'aptitude ou l'inaptitude du travailleur à occuper ce poste de travail.

Le médecin du travail de l'entreprise de travail temporaire est informé du résultat de cet examen.

§ 2. Suivi individuel de l'état de santé des travailleurs temporaires

Art. R. 4625-10. Les visites réalisées en application de la sous-section 1 de la section 2 du présent chapitre peuvent être effectuées pour plusieurs emplois, dans la limite de trois.

Art. R. 4625-11. Il n'est pas réalisé de nouvelle visite d'information et de prévention par le personnel de santé du service de santé au travail de l'entreprise de travail temporaire avant une nouvelle mission si l'ensemble des conditions suivantes sont réunies :

1° Le personnel de santé a pris connaissance d'une attestation de suivi délivrée pour un même emploi dans les deux années précédant l'embauche ;

2° Le travailleur est appelé à occuper un emploi identique présentant des risques d'exposition équivalents ;

3° Aucun avis médical formulé au titre des articles L. 4624-3 ou avis d'inaptitude rendu en application L. 4624-4 n'a été émis au cours des deux dernières années.

§ 3. Suivi individuel renforcé de l'état de santé des travailleurs temporaires

Art. R. 4625-12. Les examens médicaux d'aptitude réalisés en application de la sous-section 2 de la section 2 du présent chapitre peuvent être effectués pour plusieurs emplois, dans la limite de trois. Ils sont réalisés par le médecin du travail de l'entreprise de travail temporaire, dans les conditions mentionnées à l'article R. 4625-9.

Art. R. 4625-13. Il n'est pas réalisé de nouvel examen médical d'aptitude avant la nouvelle mission si les conditions suivantes sont réunies :

1° Le médecin du travail a pris connaissance d'un avis d'aptitude pour un même emploi dans les deux années précédant l'embauche ;

2° Le travailleur est appelé à occuper un emploi identique présentant des risques d'exposition équivalents ;

3° Aucun avis médical formulé au titre des articles L. 4624-3 ou avis d'inaptitude rendu en application L. 4624-4 n'a été émis au cours des deux dernières années.

Art. R. 4625-14. Lorsqu'un décret intéressant certaines professions, certains modes de travail ou certains risques pris en application au 3° de l'article L. 4111-6 prévoit la réalisation d'examens obligatoires destinés à vérifier l'aptitude à un emploi, notamment avant l'affectation, ces examens sont réalisés par le médecin du travail de l'entreprise utilisatrice, qui se prononce sur l'aptitude ou l'inaptitude du travailleur.

Sous-section 5. Documents et rapports

Art. R. 4625-15. Dans les entreprises de travail temporaire, le document prévu à l'article D. 4622-22 comporte des indications particulières, fixées par arrêté du ministre chargé du travail.

Art. R. 4625-16. Le rapport annuel relatif à l'organisation, au fonctionnement et à la gestion financière du service de santé au travail et les rapports d'activité du médecin du travail comportent des éléments particuliers consacrés au suivi individuel de l'état de santé des travailleurs temporaires.

Sous-section 6. Dossier médical

Art. R. 4625-17. Le médecin du travail ou, sous son autorité, les personnels de santé du service de santé au travail de l'entreprise de travail temporaire constituent et complètent le dossier médical en santé au travail prévu à l'article L. 4624-8. Le médecin du travail conserve ce dossier médical.

Sous-section 7. Communication d'informations entre entreprises de travail temporaire et entreprises utilisatrices

Art. R. 4625-18. Lors de la signature du contrat de mise à disposition du travailleur temporaire, l'entreprise de travail temporaire et l'entreprise utilisatrice se transmettent l'identité de leur service de santé au travail.

L'entreprise utilisatrice indique à l'entreprise de travail temporaire si le poste de travail occupé par le travailleur présente des risques particuliers mentionné à l'article L. 4624-2.

Les médecins du travail de l'entreprise de travail temporaire et de l'entreprise utilisatrice sont également informés.

Art. R. 4625-19. Les informations nécessaires à l'exercice des missions de médecine du travail au bénéfice des travailleurs temporaires sont communiquées par l'entreprise de travail temporaire à l'entreprise utilisatrice et aux autres entreprises de travail temporaire intéressées.

Art. R. 4625-20. Le médecin du travail de l'entreprise utilisatrice et le médecin du travail de l'entreprise de travail temporaire échangent les renseignements nécessaires à l'accomplissement de leur mission.

SECTION 3 (réglementaire). Travailleurs éloignés

Note Cette section a été introduite par le décret 2014-423 du 24 avril 2014, JO 26.

Sous-section 1. Champ d'application

Art. D. 4625-23. Les dispositions des chapitres Ier à IV sont applicables à la surveillance médicale des travailleurs éloignés définis à l'article L. 4625-1, sous réserve des modalités particulières prévues par la présente section.

Art. D. 4625-24. Pour l'application de la présente section, le service de santé au travail chargé du suivi des travailleurs de l'établissement est appelé: service de santé au travail principal.

Le service de santé au travail interentreprises chargé du suivi des travailleurs éloignés est appelé: service de santé au travail de proximité.

Sous-section 2. Adhésion à un service de santé au travail

Art. D. 4625-25. L'employeur peut adhérer à un ou plusieurs services de santé au travail de proximité situés dans le département où travaillent, à titre principal, ses travailleurs éloignés.

En cas d'adhésion à plusieurs services de santé au travail de proximité, ces derniers ne sont pas compétents sur le même secteur géographique.

Art. D. 4625-26. L'employeur peut adhérer à un service de santé au travail de proximité pour ses travailleurs éloignés:

1° Soit parce que l'affectation de ces travailleurs éloignés en dehors de l'établissement qui les emploie est suffisamment durable;

2° Soit parce que ces travailleurs éloignés ne se rendent pas habituellement au sein de l'établissement qui les emploie.

Art. D. 4625-27. L'employeur informe et consulte le ***(D. 2017-1819 du 29 déc. 2017, art. 3, 4°, JO 30, entrée en vigueur le 01.01.2018)*** «comité social et économique» sur le recours à un ou plusieurs services de santé au travail de proximité pour la surveillance médicale de ses travailleurs éloignés.

Art. D. 4625-28. Lors de son adhésion, l'employeur communique au service de santé au travail de proximité les informations suivantes :

1° La liste des travailleurs concernés, dont ceux relevant d'***(D. 2016-1908 du 27 déc. 2016, art. 19, I, 3°, JO 29, entrée en vigueur le 01.01.2017)*** « un suivi individuel renforcé » ;

2° L'adresse du site ou des sites à suivre ;

3° La fiche d'entreprise prévue à l'article R. 4624-[46] ;

4° Les coordonnées du service de santé au travail principal ***(D. 2016-1908 du 27 déc. 2016, art. 19, I, 3°, JO 29, entrée en vigueur le 01.01.2017)*** « , des médecins du travail et des professionnels de santé mentionnés au premier alinéa de l'article L. 4624-1 » compétents.

Sous-section 3. Échanges d'informations, documents et rapports

Art. D. 4625-29. Le service de santé au travail principal est informé, par l'employeur, dans le délai d'un mois après son adhésion au service de santé au travail de proximité :

1° Des coordonnées du service de santé au travail de proximité ;

2° Du nom et des coordonnées des médecins du travail ***(D. 2016-1908 du 27 déc. 2016, art. 19, I, 4°, JO 29, entrée en vigueur le 01.01.2017)*** « et des professionnels de santé mentionnés au premier alinéa de l'article L. 4624-1 » compétents ;

3° De la liste des travailleurs suivis par le service de santé au travail de proximité, dont ceux relevant d'***(D. 2016-1908 du 27 déc. 2016, art. 19, I, 4°, JO 29, entrée en vigueur le 01.01.2017)*** « un suivi individuel renforcé ».

Art. D. 4625-30. Le médecin du travail du service de santé au travail principal et le médecin du travail du service de santé au travail de proximité échangent les renseignements nécessaires à l'accomplissement de leur mission.

Art. D. 4625-31. Le rapport annuel propre à l'entreprise, prévu à l'article R. 4624-45, est élaboré par le médecin du travail du service de santé au travail principal. Ce rapport tient compte des informations communiquées par les médecins du travail de chacun des services de santé au travail de proximité compétents pour le suivi des travailleurs éloignés.

Art. D. 4625-32. La fiche d'entreprise prévue à l'article R. 4624-37 est complétée, le cas échéant, par les informations communiquées par le médecin du travail qui anime et coordonne l'équipe pluridisciplinaire de chacun des services de santé au travail de proximité compétents pour le suivi des travailleurs éloignés.

Sous-section 4. Dossier médical en santé au travail

Art. D. 4625-33. Le médecin du travail du service de santé au travail de proximité constitue, complète et conserve le dossier médical en santé au travail prévu à l'article ***(D. 2016-1908 du 27 déc. 2016, art. 19, I, 5°, JO 29, entrée en vigueur le 01.01.2017)*** « L. 4624-8 ».

Sous-section 5. Contestation des avis médicaux

Art. D. 4625-34. En cas de contestation d'un avis émis par le médecin du travail en application ***(D. 2016-1908 du 27 déc. 2016, art. 19, I, 6°, JO 29, entrée en vigueur le 01.01.2017)*** « de l'article L. 4624-7, le recours est adressé au conseil de prud'hommes dans le ressort duquel se trouve » l'établissement qui emploie le salarié.

(D. 2016-1908 du 27 déc. 2016, art. 19, I, 6°, JO 29, entrée en vigueur le 01.01.2017) « Le médecin inspecteur du travail saisi par le conseil de prud'hommes d'une consultation relative à la contestation est celui dont la compétence géographique couvre le service de santé au travail de proximité. »

CHAPITRE VI (réglementaire) Services de santé au travail des établissements de santé, sociaux et médico-sociaux

SECTION 1. Champ d'application

Art. D. 4626-1. Les dispositions des chapitres Ier à V s'appliquent aux établissements de santé, sociaux et médico-sociaux mentionnés à l'article 2 de la loi n° 86-33 du 9 janvier 1986 portant dispositions particulières relatives à la fonction publique hospitalière, sous réserve des dispositions du présent chapitre.

SECTION 2. Services de santé au travail

Sous-section 1. Organisation

Art. D. 4626-2. ***(D. 2015-1588 du 4 déc. 2015, JO 6, entrée en vigueur le 01.01.2016)*** Le service de santé au travail est organisé sous la forme :

1° Soit d'un service autonome de santé au travail propre à l'établissement ;

2° Soit d'un service autonome de santé au travail constitué par convention entre plusieurs établissements.

Toutefois, pour les établissements de moins de mille cinq cents agents, lorsque la création d'un service autonome de santé au travail se révélerait impossible, l'établissement peut passer convention avec :

– un service commun à plusieurs administrations prévu au deuxième alinéa de l'article 11 du décret n° 82-453 du 28 mai 1982 modifié relatif à l'hygiène et à la sécurité du travail ainsi qu'à la prévention médicale dans la fonction publique ;

– un service de santé au travail interentreprises tel que défini aux articles D. 4622-22 et suivants.

Art. D. 4626-3. ***(D. 2015-1588 du 4 déc. 2015, JO 6, entrée en vigueur le 01.01.2016)*** Lorsque le service autonome de santé au travail regroupe par convention plusieurs établissements, la convention fixe notamment les modalités de gestion du service et de répartition des charges. La gestion du service peut être confiée à l'un des établissements parties à la convention.

Art. D. 4626-4. L'effectif à prendre en considération pour l'organisation du service ***(D. 2015-1588 du 4 déc. 2015, JO 6, entrée en vigueur le 01.01.2016)*** « autonome » de santé au travail est ***(D. 2015-1588 du 4 déc. 2015, JO 6, entrée en vigueur le 01.01.2016)*** « l'effectif physique de l'ensemble des agents » y compris les personnels médicaux, employés dans l'établissement au 31 décembre de la dernière année civile.

Art. D. 4626-4-1. ***(D. 2015-1588 du 4 déc. 2015, JO 6, entrée en vigueur le 01.01.2016)*** Les caractéristiques auxquelles répondent les locaux médicaux et leurs équipements sont déterminées en fonction de l'importance du service autonome de santé au travail, après consultation du médecin du travail et du ***(D. 2017-1819 du 29 déc. 2017, art. 3, 70°, JO 30, entrée en vigueur le 01.01.2018)*** « comité social et économique » compétents.

Art. D. 4626-5. ***(D. 2015-1588 du 4 déc. 2015, JO 6, entrée en vigueur le 01.01.2016)*** Lorsque le service autonome de santé au travail regroupe par convention plusieurs établissements, le montant total des dépenses est réparti entre les établissements intéressés proportionnellement à l'effectif physique de l'ensemble des agents employés par chacun d'eux au 31 décembre de la dernière année civile.

Art. D. 4626-5-1. ***(D. 2015-1588 du 4 déc. 2015, JO 6, entrée en vigueur le 01.01.2016)*** Les services autonomes de santé au travail ne sont pas soumis aux dispositions des articles D. 4622-48 à D. 4622-53 du présent code.

L'établissement qui gère le service autonome de santé au travail adresse une déclaration décrivant l'organisation et le fonctionnement du service au ***(D. 2020-1545 du 9 déc. 2020, JO 10, entrée en vigueur le 01.04.2021)*** « directeur régional de l'économie, de l'emploi, du travail et des solidarités ». Dans un délai de quatre mois, celui-ci peut présenter ses observations à l'établissement sur l'organisation et le fonctionnement prévus du service.

Le contenu de la déclaration est précisé par arrêté conjoint des ministres chargés de la santé et du travail. La déclaration est actualisée tous les cinq ans.

Note Sur le contenu de la déclaration mentionnée à l'article D. 4626-5-1, voir arrêté du 24 décembre 2015 (JO 6 janv. 2016).

Sous-section 2. Rapport annuel

Art. D. 4626-6. ***(D. 2015-1588 du 4 déc. 2015, JO 6, entrée en vigueur le 01.01.2016)*** Le chef d'établissement établit chaque année un rapport sur l'organisation, le fonctionnement et la gestion financière du service autonome de santé au travail. Il est élaboré selon un modèle fixé par arrêté conjoint des ministres chargés de la santé et du travail.

Lorsque le service autonome de santé au travail regroupe par convention plusieurs établissements, un rapport commun est établi par le chef d'établissement hébergeant le service. Il retrace l'activité du service autonome de santé au travail dans chacun des établissements concernés. Un exemplaire de ce rapport est adressé à chaque établissement partie à la convention.

Art. D. 4626-7. ***(D. 2015-1588 du 4 déc. 2015, JO 6, entrée en vigueur le 01.01.2016)*** Le rapport annuel est présenté en même temps que le rapport mentionné à l'article D. 4626-32 et que le bilan social au comité technique d'établissement, à la commission médicale d'établissement et au ***(D. 2017-1819 du 29 déc. 2017, art. 3, 70°, JO 30, entrée en vigueur le 01.01.2018)*** « comité social et économique ». Il est transmis, assorti des observations éventuelles de ces instances, dans un délai d'un mois, au ***(D. 2020-1545 du 9 déc. 2020, JO 10, entrée en vigueur le 01.04.2021)*** « directeur régional de l'économie, de l'emploi, du travail et des solidarités ».

Art. D. 4626-8. Les dispositions de l'article D. 4626-7 s'appliquent lorsque l'établissement a conclu une convention avec un service de santé au travail interentreprises.

Note Cet article a été modifié par le décret 2015-1588 du 4 décembre 2015, JO 6, entrée en vigueur le 01.01.2016.

SECTION 3. Personnels concourant aux services de santé au travail

Sous-section 1. Médecin du travail

Art. R. 4626-9. Les médecins du travail sont recrutés parmi les médecins remplissant les conditions prévues à l'article R. 4623-2.

Art. R. 4626-10. Le certificat d'études spéciales de médecine du travail et le diplôme d'études spécialisés de médecine du travail ne sont pas obligatoires pour les médecins chargés d'un service de médecine préventive du personnel en fonction à la date du 8 septembre 1985.

Art. R. 4626-11. ***(D. 2015-1588 du 4 déc. 2015, JO 6, entrée en vigueur le 01.01.2016)*** Le médecin du travail est lié par un contrat conclu avec l'établissement chargé de la gestion du service de santé au travail conformément à un modèle de contrat établi par arrêté conjoint des ministres chargés de la santé et du travail.

Art. R. 4626-12. ***(D. 2015-1588 du 4 déc. 2015, JO 6, entrée en vigueur le 01.01.2016)*** L'établissement informe le comité technique d'établissement, le ***(D. 2017-1819 du 29 déc. 2017, art. 3, 70°, JO 30, entrée en vigueur le 01.01.2018)*** «comité social et économique» et le ***(D. 2020-1545 du 9 déc. 2020, JO 10, entrée en vigueur le 01.04.2021)*** «directeur régional de l'économie, de l'emploi, du travail et des solidarités» de la nomination ou du recrutement du médecin du travail.

Sans préjudice des dispositions réglementaires applicables en matière disciplinaire aux personnels visés à l'article L. 952-21 du code de l'éducation et au 1° de l'article L. 6152-1 du code de la santé publique, la décision de licenciement du médecin du travail, de rupture ou de non-renouvellement de son contrat à durée déterminée est prise après avis conforme de l'inspecteur du travail. Cet avis est rendu après consultation du ***(D. 2017-1819 du 29 déc. 2017, art. 3, 70°, JO 30, entrée en vigueur le 01.01.2018)*** «comité social et économique» compétent et avis du médecin inspecteur du travail.

Art. R. 4626-13. ***(D. 2015-1588 du 4 déc. 2015, JO 6, entrée en vigueur le 01.01.2016)*** Le médecin du travail assure personnellement l'ensemble de ses fonctions. Dans les établissements dont il a la charge, ces fonctions sont exclusives de toute autre fonction susceptible de remettre en cause l'indépendance du médecin du travail prévue à l'article L. 4622-4 ou qui déroge à l'article R. 4127-99 du code de la santé publique.

Toutefois, le médecin du travail peut confier certaines activités, sous sa responsabilité et dans le cadre de protocoles écrits, notamment aux collaborateurs médecins, aux internes, aux candidats à l'autorisation d'exercice, aux infirmiers, aux assistants de service de santé au travail. Pour les professions dont les conditions d'exercice relèvent du code de la santé publique, ces activités sont exercées dans la limite des compétences respectives des professionnels de santé déterminées par les dispositions du présent code.

Note Voir CE 9 février 1994, n° 99311, RJS 5/94 n° 560.

Art. R. 4626-13-1. ***(D. 2015-1588 du 4 déc. 2015, JO 6, entrée en vigueur le 01.01.2016)*** Dans les centres hospitaliers universitaires, les fonctions de médecin du travail peuvent être confiées à un professeur des universités-praticien hospitalier en médecine du travail dans les conditions définies aux articles R. 4626-12 et R. 4626-13. Dans ce cas, les dispositions des articles R. 4623-4 et R. 4626-9 ne sont pas applicables.

Art. R. 4626-14. ***(D. 2015-1588 du 4 déc. 2015, JO 6, entrée en vigueur le 01.01.2016)*** Le service autonome de santé au travail comprend au moins un médecin du travail employé à temps complet pour mille cinq cents agents.

Pour tout effectif ou fraction inférieure à mille cinq cents agents, il est fait appel à un médecin du travail employé à temps partiel.

Le seuil de mille cinq cents agents est porté à deux mille lorsque le service autonome de santé au travail est assisté de l'équipe pluridisciplinaire composée de l'ensemble des agents mentionnés aux 1° à 3° de l'article R. 4626-17.

Note Voir CE 9 février 1994, n° 99311, RJS 5/94 n° 560.

Art. R. 4626-15. Lorsque le service ***(D. 2015-1588 du 4 déc. 2015, JO 6, entrée en vigueur le 01.01.2016)*** «autonome» de santé au travail comprend plusieurs médecins, la coordination administrative de leurs activités peut être confiée à l'un d'entre eux.

Art. R. 4626-16. Dans le cas d'un ***(D. 2015-1588 du 4 déc. 2015, JO 6, entrée en vigueur le 01.01.2016)*** «service autonome de santé au travail constitué par convention entre plusieurs établissements», le temps consacré aux déplacements est compté dans le temps de travail du médecin.

Sous-section 2. Équipes pluridisciplinaires

Art. R. 4626-17. ***(D. 2015-1588 du 4 déc. 2015, JO 6, entrée en vigueur le 01.01.2016)*** Afin d'assurer la mise en œuvre des compétences médicales, techniques et organisationnelles nécessaires à la prévention des risques professionnels et à l'amélioration des conditions de travail, l'établissement met à disposition du service autonome de santé au travail les moyens nécessaires à son bon fonctionnement et à la réalisation de ses missions, notamment :

1° Du personnel infirmier ;

2° Du personnel assistant de service de santé au travail ;

3° Sur proposition du médecin du travail, de manière ponctuelle ou permanente, des personnes ou des organismes possédant des compétences nécessaires à la prévention des risques professionnels et à l'amélioration des conditions de travail.

L'équipe pluridisciplinaire ainsi constituée est animée et coordonnée par le médecin du travail.

Les membres de l'équipe pluridisciplinaire exercent leurs fonctions en toute indépendance.

L'indépendance des personnes et des organismes associés extérieurs à l'établissement est garantie dans le cadre d'une convention qui précise :

- les actions qui leur sont confiées et les modalités de leur exercice ;
- les moyens mis à leur disposition ainsi que les règles assurant leur accès aux lieux de travail et les conditions d'accomplissements de leurs missions, notamment celles propres à assurer la libre présentation de leurs observations et propositions.

Les services sociaux peuvent être associés à la mise en œuvre des actions menées par l'équipe du service autonome de santé au travail.

Note Voir arrêté du 11 juin 1990 (JO 14 juil.).

SECTION 4. Actions et moyens des membres de l'équipe pluridisciplinaire de santé au travail

Sous-section 1. Action sur le milieu de travail

Art. R. 4626-19. ***(D. 2015-1588 du 4 déc. 2015, JO 6, entrée en vigueur le 01.01.2016)*** Le médecin du travail est informé dans les meilleurs délais par le chef d'établissement de toute déclaration de maladie professionnelle, de maladie contractée pendant le travail et d'accident du travail.

Il établit, s'il l'estime nécessaire, un rapport sur les mesures à prendre pour éviter la répétition de tels faits. Ce rapport est adressé au ***(D. 2017-1819 du 29 déc. 2017, art. 3, 70°, JO 30, entrée en vigueur le 01.01.2018)*** « comité social et économique » ainsi qu'au chef d'établissement qui en adresse copie à l'autorité de tutelle, et il est tenu à la disposition de l'inspecteur du travail et du médecin inspecteur du travail.

Le médecin du travail est également informé de la saisine du comité médical ou de la commission départementale de réforme. Il rédige un rapport dans les conditions précisées à l'article 9 du décret n° 88-386 du 19 avril 1988 modifié relatif aux conditions d'aptitude physique et aux congés de maladie des agents de la fonction publique hospitalière.

Art. R. 4626-20. Le médecin du travail consacre à ses missions en milieu de travail le tiers de son temps de travail.

(D. 2015-1588 du 4 déc. 2015, JO 6, entrée en vigueur le 01.01.2016) « Le chef d'établissement prend toutes les mesures pour permettre au médecin du travail d'effectuer ce tiers-temps dans le cadre des actions mentionnées à l'article R. 4624-1. »

Art. R. 4626-21. ***(D. 2015-1588 du 4 déc. 2015, JO 6, entrée en vigueur le 01.01.2016)*** Le médecin du travail assiste, à titre consultatif, aux réunions du comité technique d'établissement et de la commission médicale d'établissement lorsque l'ordre du jour de ces instances comporte des questions intéressant la santé, la sécurité et les conditions de travail.

Sous-section 2. Examens médicaux

§ 1. Examen médical préalable à la prise de fonction et vaccinations

Art. R. 4626-22. L'agent fait l'objet, avant sa prise de fonction, d'un examen médical par le médecin du travail. Celui-ci est informé du poste auquel cet agent est affecté.

Art. R. 4626-23. ***(D. 2015-1588 du 4 déc. 2015, JO 6, entrée en vigueur le 01.01.2016)*** Le médecin du travail prévoit les examens complémentaires adaptés en fonction des antécédents de la personne, du poste qui sera occupé et dans une démarche de prévention des maladies infectieuses transmissibles.

Le médecin du travail procède ou fait procéder aux examens complémentaires prévus par les dispositions en vigueur pour certaines catégories de travailleurs exposés à des risques particuliers dans les conditions prévues à l'article R. 4626-31.

Art. R. 4626-25. Le médecin du travail veille, sous la responsabilité du chef d'établissement, à l'application des dispositions du code de la santé publique sur les vaccinations obligatoires.

Il procède lui-même ou fait procéder à ces vaccinations ainsi qu'à celles qui seraient imposées par une épidémie. Les agents peuvent les faire pratiquer par le médecin de leur choix. Ils fournissent un certificat détaillé.

Le médecin du travail est habilité à pratiquer les vaccinations qui sont recommandées en cas de risques particuliers de contagion.

Note Le premier alinéa de cet article a été modifié par le décret 2015-1588 du 4 décembre 2015, JO 6, entrée en vigueur le 01.01.2016.

§ 2. Examens périodiques

Art. R. 4626-26. ***(D. 2015-1588 du 4 déc. 2015, JO 6, entrée en vigueur le 01.01.2016)*** Les agents bénéficient d'un examen médical au moins tous les vingt-quatre mois.

Des examens médicaux ou, en application du premier alinéa de l'article R. 4623-31, des entretiens infirmiers peuvent être réalisés plus fréquemment, à l'appréciation du médecin du travail.

§ 3. Surveillance médicale renforcée

Art. R. 4626-27. ***(D. 2015-1588 du 4 déc. 2015, JO 6, entrée en vigueur le 01.01.2016)*** Bénéficient d'une surveillance médicale renforcée:

1° Les agents mentionnés à l'article R. 4624-18;

2° Les agents réintégrés après un congé de longue durée ou de longue maladie.

Art. R. 4626-28. ***(D. 2015-1588 du 4 déc. 2015, JO 6, entrée en vigueur le 01.01.2016)*** Le médecin du travail détermine les modalités de la surveillance médicale renforcée en tenant compte des recommandations de bonnes pratiques.

§ 4. Examens de pré-reprise et de reprise du travail

Art. R. 4626-29. ***(D. 2015-1588 du 4 déc. 2015, JO 6, entrée en vigueur le 01.01.2016)*** L'agent bénéficie d'un examen de reprise par le médecin du travail:

1° Après un congé de maternité;

2° Après une absence pour cause de maladie professionnelle;

3° Après une absence d'au moins trente jours pour cause d'accident du travail, de maladie ou d'accident non professionnel ou, à l'initiative du médecin du travail, pour une absence d'une durée inférieure à trente jours.

L'examen de reprise est organisé dans un délai de huit jours à compter de la reprise du travail par l'agent.

Art. R. 4626-29-1. ***(D. 2015-1588 du 4 déc. 2015, JO 6, entrée en vigueur le 01.01.2016)*** Un examen de pré-reprise peut être organisé dans les conditions prévues aux articles R. 4624-20 à R. 4624-21.

§ 5. Examens complémentaires

Art. R. 4626-30. ***(D. 2015-1588 du 4 déc. 2015, JO 6, entrée en vigueur le 01.01.2016)*** Le médecin du travail peut prescrire les examens complémentaires nécessaires:

1° À la détermination de l'aptitude de l'agent au poste de travail et notamment au dépistage des affections comportant une contre-indication à ce poste de travail;

2° Au dépistage d'une maladie professionnelle ou à caractère professionnel susceptible de résulter de l'activité professionnelle de l'agent;

3° Au dépistage des affections susceptibles d'exposer l'entourage de l'agent à des risques de contagion.

À cet effet, le médecin du travail est informé par le chef d'établissement, le plus tôt possible, de tout changement d'affectation et peut, à cette occasion, prendre l'initiative de procéder à un nouvel examen de l'agent.

§ 6. Déroulement des examens médicaux

Art. R. 4626-31. ***(D. 2015-1588 du 4 déc. 2015, JO 6, entrée en vigueur le 01.01.2016)*** Les examens médicaux prévus à la présente sous-section sont:

1° À la charge de l'établissement lorsqu'il dispose d'un service autonome de santé au travail ou lorsqu'il est lié par convention à un service commun à plusieurs administrations. L'établissement fournit au médecin du travail le moyen d'assurer le respect de l'anonymat des examens. Dans la mesure où ces examens ne peuvent être réalisés dans l'établissement, le médecin du travail choisit l'organisme chargé de les pratiquer;

2° À la charge du service de santé au travail interentreprises lorsque l'établissement fait appel à cette structure, sauf clause contraire figurant dans la convention signée avec le service de santé au travail interentreprises.

SECTION 5. Documents et rapports

Sous-section 1. Rapport annuel d'activité

Art. D. 4626-32. ***(D. 2015-1588 du 4 déc. 2015, JO 6, entrée en vigueur le 01.01.2016)*** Le médecin du travail établit chaque année, après consultation de l'équipe pluridisciplinaire, un rapport d'activité qui doit être annexé au bilan social.

Ce rapport annuel est présenté en même temps que celui mentionné à l'article D. 4626-6 et que le bilan social au comité technique d'établissement, à la commission médicale d'établissement et au ***(D. 2017-1819 du 29 déc. 2017, art. 3, 70°, JO 30, entrée en vigueur le 01.01.2018)*** «comité social et économique». Il est transmis assorti des observations éventuelles de ces instances dans un délai d'un mois au destinataire prévu à l'article D. 4626-7.

Sous-section 2. Dossier médical et fiche médicale d'aptitude

Art. R. 4626-33. ***(D. 2015-1588 du 4 déc. 2015, JO 6, entrée en vigueur le 01.01.2016)*** Un dossier médical en santé au travail est constitué par le médecin du travail dans les conditions prévues à l'article L. 4624-2 du code du travail.

Dans le respect des dispositions prévues aux articles L. 1110-4 et L. 1111-7 du code de la santé publique, le médecin du travail recueille et actualise avec l'agent et les services concernés les informations administratives, médicales et professionnelles nécessaires aux actions individuelles et collectives en santé au travail. Ces données sont conservées dans le dossier médical en santé au travail. Il en est de même des avis des différentes instances médicales formulés en application de l'article 71 de la loi n° 86-33 du 9 janvier 1986 modifiée portant dispositions statutaires relatives à la fonction publique hospitalière.

Lorsque l'agent quitte l'établissement, un double du dossier médical est remis, avec son accord, au médecin du travail de sa nouvelle affectation. En cas de refus de l'agent, seuls la liste des vaccinations pratiquées et les résultats des tests tuberculiniques sont transmis au médecin du travail.

Art. R. 4626-35. ***(D. 2015-1588 du 4 déc. 2015, JO 6, entrée en vigueur le 01.01.2016)*** Le médecin du travail établit, à l'issue de chacun des examens médicaux prévus à la sous-section 2 de la section 4, à l'exception de l'examen de pré-reprise mentionné à l'article R. 4626-29-1, une fiche médicale d'aptitude en triple exemplaire.

Il en remet un exemplaire à l'agent, classe un exemplaire dans son dossier médical en santé au travail et transmet le troisième à l'employeur par tout moyen conférant date certaine, qui le conserve dans le dossier administratif de l'agent. Cet exemplaire est présenté, à tout moment, sur leur demande, à l'inspecteur du travail et au médecin inspecteur du travail.

Cette fiche ne contient aucun renseignement sur la nature des affections dont l'agent serait ou aurait été atteint. Elle mentionne uniquement les contre-indications et les recommandations concernant l'affectation éventuelle à certains postes de travail.

TITRE III SERVICE SOCIAL DU TRAVAIL

CHAPITRE Ier Mise en place et missions

Art. L. 4631-1. Un service social du travail est organisé dans tout établissement employant habituellement ***(L. 2012-387 du 22 mars 2012, art. 43, 14°, JO 23)*** «au moins deux cent cinquante salariés».

Art. L. 4631-2. Le service social du travail agit sur les lieux mêmes du travail pour suivre et faciliter la vie personnelle des travailleurs.

Il collabore étroitement avec le service de santé au travail. Il se tient en liaison constante avec les organismes de prévoyance, d'assistance et de placement en vue de faciliter aux travailleurs l'exercice des droits que leur confère la législation sociale.

Art. D. 4631-1. Le service social agit sur les lieux mêmes du travail pour suivre et faciliter la vie personnelle des travailleurs, notamment des femmes, des jeunes et des travailleurs handicapés.

Il peut éventuellement agir en dehors des lieux de travail pour seconder l'action des services sociaux sur les questions en rapport avec l'activité professionnelle.

CHAPITRE II (réglementaire) Organisation et fonctionnement

Art. D. 4632-1. Dans l'exercice de ses missions dans le domaine social, le ***(D. 2017-1819 du 29 déc. 2017, art. 3, 4°, JO 30, entrée en vigueur le 01.01.2018)*** «comité social et économique» s'appuie sur le service social.

Art. L. 4631-2

Le comité établit chaque année un rapport sur l'organisation, le fonctionnement et la gestion financière du service social. ***(D. 2016-1418 du 20 oct. 2016, JO 22)*** « Ce rapport est communiqué, à sa demande, à l'agent de contrôle de l'inspection du travail dont dépend l'entreprise. »

Note Le régime juridique spécial prévu pour la gestion des services sociaux s'applique obligatoirement aux services dont la création est obligatoire et non aux services facultatifs. Le comité d'entreprise n'a pas à être consulté sur le maintien ou le licenciement de la personne dirigeant un service social facultatif créé par l'employeur, fonctionnant à l'aide d'un personnel recruté et rémunéré par lui et dont le comité d'entreprise n'avait jamais réclamé la gestion (cass. crim. 9 avril 1975, n° 74-91.668, B. crim. n° 87).

Si un comité d'entreprise revendique la gestion directe d'un service social facultatif créé par l'employeur, il peut demander que lui soient versés les fonds destinés au fonctionnement de ce service. Mais si le comité d'entreprise prend l'initiative de créer un service social facultatif, ce service reste complètement indépendant de l'employeur qui n'est pas tenu de verser une subvention particulière pour son fonctionnement.

Art. D. 4632-2. Lorsque plusieurs entreprises possèdent déjà ou envisagent de créer un service social commun et ont, par application de l'article R. 2323-33, créé un comité interentreprises chargé de sa gestion, celui-ci établit chaque année un rapport sur l'organisation, le fonctionnement et la gestion financière du service social. ***(D. 2016-1418 du 20 oct. 2016, JO 22)*** « Ce rapport est communiqué, sur sa demande, à l'agent de contrôle de l'inspection du travail. »

Les difficultés pouvant naître de l'application du présent article, notamment entre les employeurs et la délégation des salariés siégeant au comité, ou entre plusieurs entreprises ou des ***(D. 2017-1819 du 29 déc. 2017, art. 3, 32°, JO 30, entrée en vigueur le 01.01.2018)*** « comités sociaux et économiques », sont portées devant l'inspecteur du travail.

Art. D. 4632-3. Le service social du travail dispose d'un bureau au moins.

Art. D. 4632-4. Le service social est assuré par un conseiller du travail qui exerce les fonctions de conseiller technique pour les questions sociales auprès du ***(D. 2017-1819 du 29 déc. 2017, art. 3, 4°, JO 30, entrée en vigueur le 01.01.2018)*** « comité social et économique ». Le conseiller du travail peut être chargé par lui de l'organisation et de la direction des institutions sociales de l'entreprise.

Il assiste de droit, avec voix consultative, à toutes les réunions du comité ou des commissions spéciales consacrées, selon leur ordre du jour, à des questions sociales.

Il assure les tâches d'ordre social dévolues par l'employeur au service social sur le lieu de travail.

Il réalise, tous les trois mois, un compte rendu de son activité au ***(D. 2017-1819 du 29 déc. 2017, art. 3, 4°, JO 30, entrée en vigueur le 01.01.2018)*** « comité social et économique » et à l'employeur.

Note **Embauche et licenciement des conseillers du travail.** Voir cass. soc. 31 mai 1965, n° 63-40.231, BC IV n° 410 ; 20 novembre 1980, n° 78-41.236, BC V n° 838 ; cass. crim. 9 avril 1975, n° 74-91.668, B. crim. n° 87.

Art. D. 4632-5. Le conseiller du travail est désigné et maintenu en fonction après accord, selon le cas, entre l'employeur et le ***(D. 2017-1819 du 29 déc. 2017, art. 3, 4°, JO 30, entrée en vigueur le 01.01.2018)*** « comité social et économique » ou entre les employeurs et le comité interentreprises.

En cas de désaccord, la décision est prise par l'inspecteur du travail.

Art. D. 4632-6. Le conseiller du travail consacre au moins trois demi-journées par semaine pour chaque groupe de deux cent cinquante salariés.

Art. D. 4632-7. Le conseiller du travail doit être titulaire du diplôme spécial délivré par le ministre chargé du travail.

Art. D. 4632-8. Le conseiller du travail agit sur les lieux du travail afin :

1° De veiller au bien-être du travailleur dans l'entreprise et de faciliter son adaptation au travail ;

2° D'étudier plus particulièrement les problèmes soulevés par l'emploi des femmes, des jeunes et des travailleurs handicapés ;

3° De coordonner et de promouvoir les réalisations sociales décidées par l'employeur et par le ***(D. 2017-1819 du 29 déc. 2017, art. 3, 4°, JO 30, entrée en vigueur le 01.01.2018)*** « comité social et économique » et d'exercer auprès de ce dernier les fonctions de conseiller technique pour les questions sociales ;

4° De concourir à toute action d'ordre éducatif entreprise par le ***(D. 2017-1819 du 29 déc. 2017, art. 3, 4°, JO 30, entrée en vigueur le 01.01.2018)*** « comité social et économique ».

Art. D. 4632-9. Le conseiller du travail collabore avec le service de santé au travail de l'entreprise. Il recherche, en accord avec l'employeur et le ***(D. 2017-1819 du 29 déc. 2017, art. 3, 4°, JO 30, entrée en vigueur le 01.01.2018)*** « comité social et économique » ou le comité interentreprises, les améliorations susceptibles d'être apportées aux conditions de travail, au bien-être des travailleurs et au fonctionnement des œuvres sociales de l'entreprise ou interentreprises.

Art. D. 4632-10. Le conseiller du travail est en liaison constante avec les organismes de prévoyance, d'assistance, de placement, des diverses institutions sociales et les services sociaux de la sécurité sociale et de la santé publique en vue de faciliter aux travailleurs l'exercice des droits que lui confère la législation sociale et de les orienter, le cas échéant, vers les organismes compétents.

Art. D. 4632-11. Le conseiller du travail responsable, dans les entreprises ou les services interentreprises, de l'initiative, de l'étude et de la mise en place des réalisations sociales décidées par le ***(D. 2017-1819 du 29 déc. 2017, art. 3, 4°, JO 30, entrée en vigueur le 01.01.2018)*** « comité social et économique » et l'employeur exerce les fonctions de conseiller chef du travail.

TITRE IV INSTITUTIONS ET PERSONNES CONCOURANT À L'ORGANISATION DE LA PRÉVENTION

Note Sur l'entrée en vigueur de la loi 2011-867, voir note sous article L. 4644-1.

CHAPITRE Ier Conseil d'orientation des conditions de travail et comités régionaux d'orientation des conditions de travail

Note Ce chapitre a été introduit par la loi 2015-994 du 17 août 2015, art. 26, VIII, JO 18. Les dispositions réglementaires sont issues du décret 2016-1834 du 22 décembre 2016, JO 24.

Le mandat des membres du Conseil d'orientation sur les conditions de travail et des comités régionaux de prévention des risques professionnels, dans leur composition en vigueur à la date de la publication du décret précité, est prolongé jusqu'à l'installation du Conseil d'orientation des conditions de travail et des comités régionaux d'orientation des conditions de travail prévus aux articles R. 4641-1 et suivants dans leur rédaction issue de ce décret et au plus tard le 1er janvier 2017 (décret précité, art. 4).

À noter que les mandats en cours au 7 mars 2020 des membres du Conseil d'orientation des conditions de travail et des comités régionaux d'orientation des conditions de travail ont été prorogés jusqu'au 30 juin 2021 (décret 2020-222 du 6 mars 2020, JO 7, modifié par décret 2020-615 du 17 décembre 2020, JO 19).

SECTION 1. Conseil d'orientation des conditions de travail

Art. L. 4641-1. Le conseil d'orientation des conditions de travail est placé auprès du ministre chargé du travail. Il assure les missions suivantes en matière de santé et de sécurité au travail et d'amélioration des conditions de travail :

1° Il participe à l'élaboration des orientations stratégiques des politiques publiques nationales ;

2° Il contribue à la définition de la position française sur les questions stratégiques au niveau européen et international ;

3° Il est consulté sur les projets de textes législatifs et réglementaires concernant cette matière ;

4° Il participe à la coordination des acteurs intervenant dans ces domaines.

Art. L. 4641-2. Le conseil d'orientation des conditions de travail comprend des représentants de l'État, des représentants des organisations professionnelles d'employeurs représentatives au niveau national et des organisations syndicales de salariés représentatives au niveau national, des représentants des organismes nationaux de sécurité sociale, des représentants des organismes nationaux d'expertise et de prévention, ainsi que des personnalités qualifiées.

Art. L. 4641-3. Un décret en Conseil d'État détermine l'organisation, les missions, la composition et le fonctionnement des formations du conseil d'orientation des conditions de travail.

Sous-section 1 (réglementaire). Dispositions générales

§ 1. Missions

Art. R. 4641-1. Le Conseil d'orientation des conditions de travail est placé auprès du ministre chargé du travail.

I. – Il participe à l'élaboration des orientations des politiques publiques dans les domaines de la santé et de la sécurité au travail et de l'amélioration des conditions de travail, en particulier les stratégies nationales d'action et les projets de stratégies et d'instruments internationaux. Cette participation peut se faire en soumettant des avis et des propositions dans les domaines relevant de sa compétence et en diligentant à cette fin des études ou en établissant des rapports particuliers.

II. – Il est consulté sur les projets de textes législatifs et réglementaires qui concourent à la mise en œuvre de ces politiques publiques :

1° Les projets de loi ou d'ordonnance relatifs à la protection et à la promotion de la santé et de la sécurité au travail dans les établissements mentionnés aux articles L. 4111-1 et L. 4111-3 ;

2° Les projets de décrets et d'arrêtés pris relevant de la quatrième partie du présent code ou en application des textes mentionnés au 1° ci-dessus ;

3° Les projets de décrets et d'arrêtés pris en application des dispositions législatives des chapitres V, VI et VII du titre Ier du livre VII du code rural et de la pêche maritime.

Il constitue, pour le ministre chargé de l'agriculture, l'organisme mentionné à l'article R. 717-74 du code rural et de la pêche maritime consulté sur les projets de textes réglementaires applicables aux professions agricoles et sur les priorités nationales en santé et sécurité au travail conformément à l'article D. 717-33 de ce code.

Note La formalité de consultation du Conseil d'orientation des conditions de travail, requise en application du II de cet article dans sa rédaction issue du décret 2016-1834 du 22 décembre 2016, JO 24, est réputée avoir été satisfaite lorsque les projets de loi, d'ordonnance, de décret ou d'arrêté publiés postérieurement à l'installation dudit conseil ont fait l'objet, avant la date de cette installation, d'une consultation du Conseil d'orientation sur les conditions de travail, dans les conditions prévues aux articles R. 4641-2 et suivants CT, dans leur rédaction en vigueur antérieurement au 24 décembre 2016 (décret précité, art. 3).

Art. R. 4641-2. Le Conseil d'orientation des conditions de travail est constitué des formations suivantes :

1° Le Conseil national d'orientation des conditions de travail, présidé par le ministre chargé du travail, et le groupe permanent d'orientation des conditions de travail, qui exercent les fonctions d'orientation du Conseil d'orientation des conditions de travail ;

2° La commission générale, présidée par le président de la section sociale du Conseil d'État et les commissions spécialisées, qui exercent les fonctions consultatives du Conseil d'orientation des conditions de travail.

§ 2. Composition et désignation

Art. R. 4641-3. Chacune des formations du conseil, à l'exception du groupe permanent d'orientation, comprend :

1° Le collège des départements ministériels ;

2° Le collège des partenaires sociaux, comportant un nombre égal de représentants des salariés et des employeurs ;

3° Le collège des organismes nationaux de sécurité sociale, d'expertise et de prévention ;

4° Le collège des personnalités qualifiées.

Les membres des collèges mentionnés aux 2° et 4° sont nommés par arrêté du ministre chargé du travail pour un mandat de trois ans renouvelable au sein des différentes formations du conseil et par arrêté conjoint du ministre chargé du travail et du ministre chargé de l'agriculture pour la commission spécialisée chargée des questions relatives aux activités agricoles. Pour chacun des membres du collège mentionné au 2°, deux suppléants sont nommés dans les mêmes conditions.

§ 3. Fonctionnement

Art. R. 4641-4. Le vice-président du Conseil national d'orientation des conditions de travail est nommé par arrêté du ministre chargé du travail pour un mandat de trois ans renouvelable. Le secrétaire général, qui l'assiste dans ses missions, est nommé par arrêté du ministre chargé du travail. Il assure, sous l'autorité du vice-président, l'organisation et l'animation des travaux du Conseil national d'orientation des conditions de travail et du groupe permanent d'orientation des conditions de travail ainsi que l'établissement de leurs rapports. Il est membre de droit de chacune des formations du conseil dont il peut assurer, le cas échéant, la présidence en cas d'absence des présidents titulaire et suppléant.

La convocation et l'ordre du jour des réunions du Conseil national d'orientation des conditions de travail et du groupe permanent d'orientation sont établis par le secrétaire général du Conseil d'orientation des conditions de travail, qui en assure le secrétariat. La convocation et l'ordre du jour des réunions de la commission générale et des commissions spécialisées sont établis par le directeur général du travail ou son représentant, qui en assurent le secrétariat. Pour la commission spécialisée chargée des questions relatives aux activités agricoles, ces fonctions sont assurées par le directeur des affaires financières, sociales et logistiques du ministère chargé de l'agriculture ou son représentant.

Les positions du groupe permanent d'orientation sont adoptées par consensus.

Les avis des formations du Conseil d'orientation des conditions de travail requis en application du II de l'article R. 4641-1 sont retracés dans le compte rendu de séance établi par les services du ministère chargé du travail, et, pour la commission chargée des questions relatives aux activités agricoles, par les services du ministère chargé de l'agriculture. Ce compte rendu est signé par le président de séance.

S'il le juge nécessaire, le président des formations consultatives peut procéder à un vote. Les membres des formations du Conseil d'orientation des conditions de travail mentionnés au 2° de l'article R. 4641-3 disposent chacun d'une voix. Lorsqu'il n'est pas suppléé, chacun de ces membres peut donner mandat à un autre membre du même collège pour le représenter.

Le président de chaque formation du Conseil d'orientation des conditions de travail peut, dans le cadre des attributions de celle-ci, constituer et mandater des groupes de travail et faire appel à des experts afin d'apporter un avis technique sur une question particulière, formuler des recommandations ou diligenter des études. Dotés d'un mandat et d'un calendrier prévisionnel, ces groupes rapportent le résultat de leurs travaux devant la formation qui les a mandatés.

La participation aux réunions du Conseil d'orientation des conditions de travail ouvre droit aux indemnités pour frais de déplacement et de séjour dans les conditions prévues par le décret n° 2006-781 du 3 juillet 2006 fixant les conditions et les modalités de règlement des frais occasionnés par les déplacements temporaires des personnels civils de l'État.

Sous-section 2 (réglementaire). **Conseil national d'orientation des conditions de travail et groupe permanent d'orientation des conditions de travail**

§ 1. Conseil national d'orientation des conditions de travail

Art. R. 4641-5. Le Conseil national d'orientation des conditions de travail:

1° Participe à l'élaboration des orientations stratégiques nationales et internationales relatives à la santé et à la sécurité au travail, à l'amélioration des conditions de travail et à la prévention des risques professionnels, et notamment du plan santé au travail, le cas échéant sur la base des propositions du groupe permanent d'orientation ainsi qu'au suivi de leur mise en œuvre;

2° Examine le bilan annuel des conditions de travail établi par les services du ministère chargé du travail, qui comprend le bilan annuel des comités régionaux d'orientation des conditions de travail. Dans ce cadre, il organise un suivi des statistiques sur les conditions de travail et peut réaliser toute étude se rapportant aux conditions de travail;

3° Participe à la coordination des acteurs intervenant dans ces domaines.

Art. R. 4641-6. Le Conseil national d'orientation des conditions de travail est présidé par le ministre chargé du travail, ou en son absence, par le vice-président du conseil.

Il comprend:

1° Au titre du collège des partenaires sociaux:

a) Huit représentants des salariés, soit: deux sur proposition de la Confédération générale du travail (CGT), deux sur proposition de la Confédération française démocratique du travail (CFDT), deux sur proposition de la Confédération générale du travail-Force ouvrière (CGT-FO), un sur proposition de la Confédération française des travailleurs chrétiens (CFTC) et un sur proposition de la Confédération française de l'encadrement-Confédération générale des cadres (CFE-CGC);

b) Huit représentants des employeurs, soit: quatre sur proposition du Mouvement des entreprises de France (MEDEF), un sur proposition de la Confédération générale des petites et moyennes entreprises (CGPME), un sur proposition de l'Union professionnelle artisanale (UPA), un sur proposition conjointe de la Fédération nationale des syndicats d'exploitants agricoles (FNSEA) et de la Confédération nationale de la mutualité, de la coopération et du crédit agricoles (CNMCCA) et un sur proposition de l'Union nationale des professions libérales (UNAPL);

2° Au titre du collège des départements ministériels:

a) Le directeur général du travail ou son représentant;

b) Le directeur général de la santé ou son représentant;

c) Le directeur général des entreprises ou son représentant;

d) Le directeur général de la prévention des risques ou son représentant;

e) Le directeur des affaires financières, sociales et logistiques du ministère chargé de l'agriculture ou son représentant;

f) Le directeur général des infrastructures, des transports et de la mer ou son représentant;

g) Le directeur général de la fonction publique ou son représentant;

h) Le directeur général des collectivités locales ou son représentant;

i) Le directeur de la sécurité sociale ou son représentant;

j) Le directeur général de l'offre de soins ou son représentant;

k) Le chef du service de l'inspection générale des affaires sociales ou son représentant;

3° Au titre du collège des organismes nationaux de sécurité sociale, d'expertise et de prévention:

a) Le directeur de l'Agence nationale de sécurité sanitaire de l'alimentation, de l'environnement et du travail ou son représentant;

b) Le directeur de l'Agence nationale de santé publique ou son représentant;

c) Le directeur de l'Agence nationale pour l'amélioration des conditions de travail ou son représentant;

d) Le directeur de l'Institut national de recherche et de sécurité ou son représentant;

e) Le directeur des risques professionnels de la Caisse nationale ***(D. 2019-718 du 5 juil. 2019, art. 9, III, 3°, JO 7)*** «de l'assurance maladie» ou son représentant;

f) Le directeur de la santé et de la sécurité au travail de la Caisse centrale de la mutualité sociale agricole ou son représentant;

g) Le directeur de l'Organisme professionnel de prévention du bâtiment et des travaux publics ou son représentant;

h) Le directeur de l'Institut de radioprotection et de sûreté nucléaire ou son représentant;

4° Au titre du collège des personnalités qualifiées et des représentants d'associations ou des organisations professionnelles de prévention, quinze représentants:

a) Douze personnalités qualifiées, dont le président et les vice-présidents de la commission des accidents du travail et des maladies professionnelles de la Caisse nationale ***(D. 2019-718 du 5 juil. 2019, art. 9, III, 3°, JO 7)*** «de l'assurance maladie» et neuf personnalités, parmi lesquelles sont désignés les présidents des commissions spécialisées;

b) Trois représentants d'associations de victimes des risques professionnels et des organisations professionnelles de prévention.

Ce collège comporte au moins une personne spécialiste de médecine du travail.

§ 2. Groupe permanent d'orientation des conditions de travail

Art. R. 4641-7. Le groupe permanent d'orientation des conditions de travail:

1° Participe à l'élaboration du plan santé au travail, en proposant au ministre chargé du travail les orientations pour celui-ci;

2° Participe à l'orientation de la politique publique en santé sécurité au travail, en formulant des avis ou des propositions sur les questions particulières figurant dans son programme de travail annuel ou traitées à la demande du ministre chargé du travail ou encore de tout autre thème entrant dans son domaine de compétences;

3° Contribue à la définition de la position française sur les questions stratégiques au niveau européen ou international en matière de santé et de sécurité au travail;

4° Participe à la coordination des acteurs de la santé au travail, notamment en formulant des avis et des propositions visant à améliorer son pilotage;

5° Participe à la coordination et l'information des groupes permanents régionaux d'orientation des conditions de travail mentionnés aux articles R. 4641-21 et suivants;

6° Élabore une synthèse annuelle de l'évolution des conditions de travail.

Art. R. 4641-8. Le groupe permanent d'orientation des conditions de travail est présidé par le vice-président du Conseil d'orientation des conditions de travail et animé par son secrétaire général.

Il comprend:

1° Au titre du collège des partenaires sociaux: un représentant de chacune des organisations mentionnées au 1° de l'article R. 4641-6 relatif au Conseil national d'orientation des conditions de travail;

2° Au titre du collège des départements ministériels et du collège des organismes nationaux de sécurité sociale, d'expertise et de prévention:

a) Le directeur général du travail ou son représentant;

b) Le directeur des affaires financières, sociales et logistiques du ministère chargé de l'agriculture ou son représentant;

c) Le directeur des risques professionnels de la Caisse nationale ***(D. 2019-718 du 5 juil. 2019, art. 9, III, 3°, JO 7)*** «de l'assurance maladie» ou son représentant.

Le groupe permanent d'orientation établit un programme de travail annuel par consensus entre ses membres, sur la base d'une proposition élaborée par le secrétaire général.

En fonction des thèmes inscrits à l'ordre du jour, un expert ou un représentant d'un département ministériel figurant au sein du collège ministériel ne siégeant pas au groupe permanent d'orientation peut être sollicité à titre consultatif par le secrétaire général.

Les membres du collège des partenaires sociaux peuvent demander l'inscription d'un sujet à l'ordre du jour établi par le secrétaire général.

Sous-section 3 (réglementaire). **La commission générale et les commissions spécialisées**

§ 1. La commission générale

Art. R. 4641-9. La commission générale est consultée sur les projets de loi et d'ordonnance ainsi que sur les projets de décret pris sur le rapport du ministre chargé du travail. Sur ces textes, elle rend l'avis du Conseil d'orientation des conditions de travail.

Cet avis rend compte, s'il y a lieu, de la position de la commission spécialisée chargée des questions relatives aux activités agricoles pour les textes applicables aux activités agricoles.

Les travaux de la commission générale portant sur les projets de décret pris sur le rapport du ministre chargé du travail sont préparés par les commissions spécialisées.

Art. R. 4641-10. La commission générale est présidée par le président de la section sociale du Conseil d'État, ou, en son absence, par un président de commission spécialisée ou, en son absence, le directeur général du travail ou son représentant.

Elle comprend :

1° Au titre du collège des partenaires sociaux :

a) Cinq représentants des salariés, soit : un sur proposition de la Confédération générale du travail (CGT), un sur proposition de la Confédération française démocratique du travail (CFDT), un sur proposition de la Confédération générale du travail-Force ouvrière (CGT-FO), un sur proposition de la Confédération française des travailleurs chrétiens (CFTC) et un sur proposition de la Confédération française de l'encadrement-Confédération générale des cadres (CFE-CGC) ;

b) Cinq représentants des employeurs, soit : un sur proposition du Mouvement des entreprises de France (MEDEF), un sur proposition de la Confédération générale des petites et moyennes entreprises (CGPME), un sur proposition de l'Union professionnelle artisanale (UPA), un sur proposition conjointe de la Fédération nationale des syndicats d'exploitants agricoles (FNSEA) et de la Confédération nationale de la mutualité, de la coopération et du crédit agricoles (CNMCCA) et un sur proposition de l'Union nationale des professions libérales (UNAPL) ;

2° Au titre du collège des départements ministériels :

a) Le directeur général du travail ou son représentant ;

b) Le directeur général de la santé ou son représentant ;

c) Le directeur général de la prévention des risques ou son représentant ;

d) Le directeur des affaires financières, sociales et logistiques du ministère chargé de l'agriculture ou son représentant ;

e) Le directeur de la sécurité sociale ou son représentant ;

3° Au titre du collège des organismes nationaux de sécurité sociale, d'expertise et de prévention :

a) Le directeur de l'Agence nationale pour l'amélioration des conditions de travail ou son représentant ;

b) Le directeur de l'Institut national de recherche et de sécurité ou son représentant ;

c) Le directeur des risques professionnels de la Caisse nationale ***(D. 2019-718 du 5 juil. 2019, art. 9, III, 3°, JO 7)*** « de l'assurance maladie » ou son représentant ;

d) Le directeur de la santé et de la sécurité au travail de la Caisse centrale de la mutualité sociale agricole ou son représentant ;

e) Le directeur de l'Organisme professionnel de prévention du bâtiment et des travaux publics ou son représentant ;

4° Au titre du collège des personnalités qualifiées : huit personnalités désignées à raison de leurs compétences personnelles en santé au travail, dont les présidents des commissions spécialisées.

§ 2. Les commissions spécialisées

Art. R. 4641-11. Les commissions spécialisées :

1° Préparent les avis de la commission générale ;

2° Sont consultées sur les instruments internationaux et européens, les projets de décrets autres que ceux pris sur le rapport du ministre chargé du travail, ainsi que sur les projets d'arrêtés pris sur le rapport du ministre chargé du travail. Sur ces textes, elles rendent l'avis du Conseil d'orientation des conditions de travail prévu au II de l'article R. 4641-1.

Art. R. 4641-12. Les six commissions spécialisées, à l'exception de la commission spécialisée chargée des questions relatives aux activités agricoles, comprennent :

1° Au titre du collège des partenaires sociaux :

a) Cinq représentants des salariés, soit : un sur proposition de la Confédération générale du travail (CGT), un sur proposition de la Confédération française démocratique du travail (CFDT), un sur proposition de la Confédération générale du travail-Force ouvrière (CGT-FO), un sur proposition de la Confédération française des travailleurs chrétiens (CFTC) et un sur proposition de la Confédération française de l'encadrement-Confédération générale des cadres (CFE-CGC) ;

b) Cinq représentants des employeurs, soit : un sur proposition du Mouvement des entreprises de France (MEDEF), un sur proposition de la Confédération générale des petites et moyennes entreprises (CGPME), un sur proposition de l'Union professionnelle artisanale (UPA), un sur proposition conjointe de la Fédération nationale des syndicats d'exploitants agricoles (FNSEA) et de la Confédération nationale de la mutualité, de la coopération et du crédit agricoles (CNMCCA) et un sur proposition de l'Union nationale des professions libérales (UNAPL) ;

2° Au titre du collège des départements ministériels : cinq représentants des départements ministériels, désignés par décision du directeur général du travail parmi ceux désignés au 2° de l'article R. 4641-6 ;

3° Au titre du collège des organismes nationaux de sécurité sociale, d'expertise et de prévention : cinq représentants désignés par décision du directeur général du travail parmi ceux désignés au 3° de l'article R. 4641-6 ;

4° Au titre du collège des personnalités qualifiées : six personnalités désignées à raison de leurs compétences personnelles au regard des attributions de la commission.

Pour chaque commission spécialisée, à l'exception de la commission spécialisée chargée des questions relatives aux activités agricoles mentionnée à l'article R. 4641-14, un président est nommé au sein du collège des personnalités qualifiées, parmi ses membres visés au 4° de l'article R 4641-6. En son absence, la commission est présidée par un suppléant désigné au sein du collège mentionné au 4° du présent article ou un représentant du directeur général du travail.

Art. R. 4641-13. Les cinq premières commissions spécialisées formées au sein du Conseil d'orientation des conditions de travail sont les suivantes :

1° Une commission spécialisée relative aux questions transversales, aux études et à la recherche. Elle est notamment compétente sur la promotion et la diffusion de la culture de prévention, la formation, les risques relatifs à l'organisation du travail, les études, la recherche et les interventions des agences publiques dans ces domaines, notamment celles de l'Agence nationale de sécurité sanitaire de l'alimentation, de l'environnement et du travail et de l'Agence nationale pour l'amélioration des conditions de travail. Elle est également compétente sur les missions, l'organisation et le fonctionnement du Conseil d'orientation des conditions de travail et des comités régionaux d'orientation des conditions de travail. Elle est compétente sur les aspects transversaux et les orientations de la politique européenne et internationale ;

2° Une commission spécialisée relative à la prévention des risques physiques, chimiques et biologiques pour la santé au travail ;

3° Une commission spécialisée relative à la prévention des risques liés à la conception et à l'utilisation des équipements de travail, des équipements de protection individuelle et des locaux et lieux de travail temporaires ;

4° Une commission spécialisée relative aux pathologies professionnelles. Elle est notamment compétente sur les questions relatives à la connaissance de l'origine professionnelle des pathologies, aux maladies professionnelles et à l'articulation entre la réparation et la prévention des pathologies professionnelles ;

5° Une commission spécialisée relative aux acteurs de la prévention en entreprise. Elle est notamment compétente sur les services de santé au travail et médecins du travail, membres de l'équipe pluridisciplinaire et sur les ***(D. 2017-1819 du 29 déc. 2017, art. 3, 73°, JO 30, entrée en vigueur le 01.01.2018)*** « comités sociaux et économiques ».

Art. R. 4641-14. La commission spécialisée chargée des questions relatives aux activités agricoles est consultée, en application des dispositions de l'article R. 4641-1, sur les textes présentés sur le rapport du ministre chargé de l'agriculture.

Par exception aux dispositions de l'article R. 4641-11, elle peut être également saisie par le ministre chargé de l'agriculture soit d'autres projets de loi, d'ordonnance, de décret ou d'arrêté lorsqu'ils intéressent la santé et la sécurité des travailleurs en agriculture, soit de questions relatives à ces matières. Elle peut proposer à ce ministre toutes mesures susceptibles d'être prises en ce domaine. Le compte rendu de ses travaux est communiqué à la commission générale.

Cette commission spécialisée comprend :

1° Au titre du collège des partenaires sociaux :

a) Cinq représentants des salariés, soit : un sur proposition de la Confédération générale du travail (CGT), un sur proposition de la Confédération française démocratique du travail (CFDT), un sur proposition de la Confédération générale du travail-Force ouvrière (CGT-FO), un sur proposition de la Confédération française des travailleurs chrétiens (CFTC) et un sur proposition de la Confédération française de l'encadrement-Confédération générale des cadres (CFE-CGC) ;

b) Cinq représentants des employeurs, soit : un sur proposition de la Fédération nationale des syndicats d'exploitants agricoles (FNSEA), un sur proposition de la Fédération nationale des syndicats d'exploitants forestiers, scieurs et industriels du bois (FNB), un sur proposition de COOP de France, un sur proposition d'Entrepreneurs des territoires et un sur proposition de l'Union nationale des entrepreneurs du paysage (UNEP) ;

2° Au titre du collège des départements ministériels : cinq représentants ;

3° Au titre du collège des organismes nationaux de sécurité sociale, d'expertise et de prévention : cinq représentants ;

4° Au titre du collège des personnalités qualifiées : cinq personnalités désignées à raison de leurs compétences au regard des attributions de la commission.

La commission spécialisée chargée des questions relatives aux activités agricoles est présidée par une personne qualifiée mentionnée au *a* du 4° de l'article R. 4641-6, nommée par arrêté conjoint des ministres chargés de l'agriculture et du travail, ou, en son absence, par un représentant du ministre chargé de l'agriculture.

SECTION 2. Comités régionaux d'orientation des conditions de travail

Art. L. 4641-4. Un comité régional d'orientation des conditions de travail est placé auprès de chaque représentant de l'État dans la région.

Il participe à l'élaboration et au suivi des politiques publiques régionales en matière de santé, de sécurité au travail et de conditions de travail ainsi qu'à la coordination des acteurs intervenant dans cette matière au niveau régional.

Un décret en Conseil d'État détermine son organisation, ses missions, sa composition et son fonctionnement.

Sous-section 1 (réglementaire). Dispositions générales

§ 1. Missions

Art. R. 4641-15. Placé auprès du préfet de région, le comité régional d'orientation des conditions de travail participe à l'élaboration des orientations de la politique de santé et de sécurité au travail et d'amélioration des conditions de travail au plan régional.

Un groupe permanent régional d'orientation des conditions de travail est constitué en son sein. Il exerce une fonction d'orientation dans le domaine de la politique de santé et de sécurité au travail et d'amélioration des conditions de travail.

§ 2. Composition et désignation

Art. R. 4641-16. Les formations du comité régional d'orientation des conditions de travail, à l'exception du groupe régional d'orientation des conditions de travail, comprennent :

1° Le préfet de région ou son représentant, président ;

2° Un collège de représentants des administrations régionales de l'État ;

3° Un collège de représentants, en nombre égal, des organisations d'employeurs et de salariés représentatives au niveau national ;

4° Un collège des organismes régionaux de sécurité sociale, d'expertise et de prévention ;

5° Un collège de personnalités qualifiées, comprenant notamment :

a) Des personnalités désignées à raison de leurs compétences en santé au travail, dont, notamment, des experts scientifiques ou techniques de la prévention en entreprise ;

b) Des représentants d'associations de victimes de risques professionnels et d'organisations de professionnels de la prévention.

Les membres des collèges mentionnés aux 3° et 5° du présent article sont nommés par arrêté du préfet pour trois ans renouvelables au sein des différentes formations du comité régional. Les membres du collège mentionné au 3° du même article peuvent être représentés par leur suppléant nommé dans les mêmes conditions.

§ 3. Fonctionnement

Art. R. 4641-17. Les membres du comité régional mentionnés aux 3° et 5° de l'article R. 4641-16 remplissent et actualisent une déclaration individuelle d'intérêts déposée à la ***(D. 2020-1545 du 9 déc. 2020, JO 10, entrée en vigueur le 01.04.2021)*** « direction régionale de l'économie, de l'emploi, du travail et des solidarités ». Ils ne participent pas aux travaux susceptibles de comporter un conflit d'intérêts.

En tant que de besoin, tout représentant ministériel ou toute autre personne que le représentant de la ***(D. 2020-1545 du 9 déc. 2020, JO 10, entrée en vigueur le 01.04.2021)*** « direction régionale de l'économie, de l'emploi, du travail et des solidarités » estime utile à la réflexion sur les thèmes inscrits à l'ordre du jour.

Dans le cadre de ses attributions, le comité régional d'orientation des conditions de travail peut constituer et mandater des groupes de travail sur une question particulière pour accompagner et suivre la mise en œuvre du plan régional santé au travail, formuler des recommandations ou diligenter des études. Dotés d'un mandat et d'un calendrier prévisionnel, ces groupes rapportent le résultat de leurs travaux devant le comité régional.

Lorsqu'un vote est demandé soit par le président, soit par la moitié des représentants du collège des partenaires sociaux, il est acquis à la majorité des membres présents ayant voix délibérative. En cas de partage des voix, la voix du président est prépondérante.

La participation aux réunions du comité régional d'orientation des conditions de travail ouvre droit aux indemnités pour frais de déplacement et de séjour, au sein de la région, dans les conditions prévues par le décret n° 2006-781 du 3 juillet 2006 fixant les conditions et les modalités de règlement des frais occasionnés par les déplacements temporaires des personnels civils de l'État.

Sous-section 2 (réglementaire). Le comité régional d'orientation des conditions de travail

§ 1. Missions

Art. R. 4641-18. Placé auprès du préfet de région, le comité régional d'orientation des conditions de travail :

1° Participe à l'élaboration et à l'actualisation de diagnostics territoriaux portant sur les conditions de travail et la prévention des risques professionnels ;

2° Participe à l'élaboration et au suivi du plan régional santé au travail, qui décline à l'échelle régionale le plan santé au travail. Il constitue le programme de prévention des risques liés au travail du plan régional de santé publique, mentionné à l'article L. 1411-11 du code de la santé publique;

3° Est consulté sur la mise en œuvre régionale des politiques publiques intéressant la santé et la sécurité au travail ainsi que l'amélioration des conditions de travail, qui lui sont soumises par les autorités publiques;

4° Est consulté sur les actions coordonnées prévues à l'article D. 717-43-2 du code rural et de la pêche maritime adoptées après avis du comité technique régional visé à l'article R. 751-160 de ce code;

5° Est consulté sur les instruments régionaux d'orientation des politiques publiques en matière de santé et de sécurité au travail et est informé de la mise en œuvre des politiques publiques intéressant ces domaines;

6° Contribue à la coordination avec la commission de coordination des politiques de prévention de l'agence régionale de santé et à l'organisation territoriale de la politique de santé publique mentionnée à l'article L. 1411-11 du code de la santé publique;

7° Contribue à la coordination avec le comité régional d'orientation et de suivi (CROS) chargé de la mise en œuvre territoriale du plan Ecophyto conformément à l'article L. 253-6 du code rural et de la pêche maritime, dans ses actions relatives à la santé et sécurité au travail lors de l'utilisation des produits phytopharmaceutiques;

8° Adopte les avis du groupe permanent régional d'orientation.

§ 2. Composition

Art. R. 4641-19. Les membres du comité régional sont:

1° Au titre du collège des administrations régionales de l'État:

a) Le ***(D. 2020-1545 du 9 déc. 2020, JO 10, entrée en vigueur le 01.04.2021)*** «directeur régional de l'économie, de l'emploi, du travail et des solidarités» ou son représentant et trois autres membres de ce service qu'il désigne;

b) Le directeur général de l'Agence régionale de santé ou son représentant;

c) Le directeur régional de l'environnement, de l'aménagement et du logement ou son représentant;

2° Au titre du collège des partenaires sociaux:

a) Huit représentants des salariés, soit: deux sur proposition de la Confédération générale du travail (CGT), deux sur proposition de la Confédération française démocratique du travail (CFDT), deux sur proposition de la Confédération générale du travail-Force ouvrière (CGT-FO), un sur proposition de la Confédération française des travailleurs chrétiens (CFTC) et un sur proposition de la Confédération française de l'encadrement-Confédération générale des cadres (CFE-CGC);

b) Huit représentants des employeurs, soit: quatre sur proposition du Mouvement des entreprises de France (MEDEF), dont deux issus d'organisations de branche, deux sur proposition de la Confédération générale des petites et moyennes entreprises (CGPME), un sur proposition de l'Union professionnelle artisanale (UPA) et un sur proposition conjointe de la Fédération nationale des syndicats d'exploitants agricoles (FNSEA) et de la coopération et du crédit agricoles (CNMCCA);

3° Au titre du collège des représentants d'organismes de sécurité sociale, d'expertise et de prévention:

a) Le directeur de la caisse régionale d'assurance retraite et de la santé au travail de la circonscription régionale ou son représentant;

b) Le directeur de l'association régionale pour l'amélioration des conditions de travail ou son représentant;

c) Le médecin du travail, coordonnateur régional santé et sécurité au travail de la mutualité sociale agricole ou son représentant;

d) Le directeur du comité régional de l'Organisme professionnel de prévention du bâtiment et des travaux publics ou son représentant;

4° Au titre du collège des personnalités qualifiées:

a) Huit personnes physiques désignées par arrêté préfectoral;

b) Deux représentants de personnes morales désignés par arrêté préfectoral.

Ce collège comporte au moins une personne spécialiste en médecine du travail.

§ 3. Organisation et fonctionnement

Art. R. 4641-20. Le comité régional se réunit au moins une fois par an en séance plénière. Il se réunit également à l'initiative de son président ou à la demande d'une moitié, au moins, des représentants du collège des partenaires sociaux.

Seuls le président et les membres des collèges du comité régional mentionnés aux 1°, 2° et 3° de l'article R. 4641-19 ont voix délibérative.

Le compte rendu de chaque réunion, établi par les services de la ***(D. 2020-1545 du 9 déc. 2020, JO 10, entrée en vigueur le 01.04.2021)*** «direction régionale de l'économie, de l'emploi, du travail et des solidarités», rend compte de l'expression de tous les membres du comité. Il est diffusé aux membres du comité.

Sous-section 3 (réglementaire). Le groupe permanent régional d'orientation des conditions de travail

§ 1. Missions

Art. R. 4641-21. Le groupe permanent régional d'orientation des conditions de travail exerce une fonction d'orientation dans les domaines de la santé et de la sécurité au travail et de l'amélioration des conditions de travail dans le ressort du territoire régional. À ce titre, il:

1° Rend un avis sur toute question de nature stratégique dans le domaine de la santé au travail, des conditions de travail et des risques professionnels dont il se saisit;

2° Formule les orientations du plan régional santé au travail et participe au suivi de sa mise en œuvre;

3° Participe à l'élaboration du diagnostic territorial portant sur la santé au travail, les conditions de travail et la prévention des risques professionnels;

4° Favorise la coordination des orientations et des positions prises adoptées dans les principales instances paritaires régionales dans le champ de la santé au travail, en cohérence avec les orientations du groupe permanent d'orientation mentionné à l'article R. 4641-7;

5° Adresse au groupe permanent d'orientation un bilan annuel de son activité.

Il rend un avis, qu'il remet au comité régional d'orientation des conditions de travail:

a) Sur le contenu des contrats pluriannuels d'objectifs et de moyens des services de santé au travail prévus à l'article L. 4622-10;

b) Sur la politique régionale d'agrément prévue à l'article D. 4622-53.

Dans le cadre de son domaine de compétence, le groupe permanent régional peut, de sa propre initiative, soumettre des propositions et des avis et diligenter des analyses ou des études.

§ 2. Composition et fonctionnement

Art. R. 4641-22. Le groupe permanent régional d'orientation des conditions de travail est présidé par le préfet de région ou son représentant. Deux vice-présidents sont élus respectivement par les membres des collèges mentionnés aux *a* et *b* du 2° de l'article R. 4641-19, l'un au titre des représentants des salariés, l'autre au titre des représentants des employeurs. Le ***(D. 2020-1545 du 9 déc. 2020, JO 10, entrée en vigueur le 01.04.2021)*** « directeur régional de l'économie, de l'emploi, du travail et des solidarités » ou son représentant assure l'animation de ses travaux.

Le groupe permanent régional d'orientation des conditions de travail est formé au sein du comité régional d'orientations des conditions de travail. Il comprend:

1° Au titre du collège des partenaires sociaux: les représentants mentionnés au 2° de l'article R. 4641-19;

2° Un représentant de la caisse régionale d'assurance retraite et de la santé au travail de la circonscription régionale.

CHAPITRE II Agence nationale pour l'amélioration des conditions de travail

SECTION 1. Missions

Art. L. 4642-1. L'Agence nationale pour l'amélioration des conditions de travail a pour mission:

1° De contribuer au développement et à l'encouragement de recherches, d'expériences ou réalisations en matière d'amélioration des conditions de travail;

2° De rassembler et de diffuser les informations concernant, en France et à l'étranger, toute action tendant à améliorer les conditions de travail;

3° D'appuyer les démarches d'entreprise en matière d'évaluation et de prévention des risques professionnels.

SECTION 2. Composition

Art. L. 4642-2. L'Agence nationale pour l'amélioration des conditions de travail est administrée par un conseil d'administration qui comprend en nombre égal:

1° Des représentants des organisations d'employeurs représentatives au niveau national;

2° Des représentants des organisations syndicales de salariés représentatives au niveau national;

3° Des représentants des ministres intéressés et de personnes qualifiées.

En outre, participent au conseil d'administration, à titre consultatif, un représentant de chacune des commissions chargées des affaires sociales au Parlement, ainsi qu'un représentant de la section chargée des affaires sociales au *(L. 2010-704 du 28 juin 2010, JO 29)* «Conseil économique, social et environnemental».

SECTION 3. **Dispositions d'application**

Art. L. 4642-3. Un décret en Conseil d'État détermine les modalités d'application du présent chapitre.

SECTION 1 (réglementaire). **Missions de l'agence et de son réseau**

Art. R. 4642-1. *(D. 2015-968 du 31 juil. 2015, JO 5 août)* I. – L'Agence nationale pour l'amélioration des conditions de travail est un établissement public national à caractère administratif placé sous la tutelle du ministre chargé du travail.

Dans le cadre des missions qui lui sont confiées en application de l'article L. 4642-1, l'agence conduit des actions visant à agir sur les éléments déterminants des conditions de travail, notamment l'organisation du travail et les relations professionnelles, en vue de leur amélioration.

Ses champs d'intervention, dans le cadre des politiques publiques, couvrent notamment:

1° La promotion de la santé au travail et de la qualité de vie au travail, en particulier lors de la conception des organisations, des équipements et des installations de travail;

2° La prévention des risques professionnels dans le cadre de l'organisation du travail;

3° L'amélioration de l'environnement de travail par l'adaptation des postes, des lieux et des situations de travail.

L'agence met également à disposition son expertise pour faciliter l'expression des salariés sur les conditions de réalisation de leur travail, notamment lors de la conduite de projets de transformation des entreprises et des organisations, et pour aider au dialogue social sur les questions de conditions de travail.

Les activités conduites par l'agence dans le champ de l'amélioration des conditions de travail et de la qualité de vie au travail contribuent notamment à l'accès et au maintien en emploi durable des travailleurs, au développement des connaissances et des compétences des travailleurs tout au long de leur vie professionnelle et à l'égalité professionnelle.

II. – Pour mener à bien ses missions, l'agence:

1° Conduit des interventions à caractère expérimental dans les entreprises, les associations et les structures publiques;

2° Développe et produit à partir de ces expérimentations des outils et des méthodes susceptibles d'être utilisés par les employeurs, les travailleurs et leurs représentants;

3° Assure l'information, la diffusion et la formation nécessaires à l'utilisation de ces outils et méthodes;

4° Conduit une activité de veille, d'étude et de prospective sur les enjeux liés aux conditions de travail;

5° Développe des partenariats avec les autres acteurs intervenant dans le domaine des conditions de travail, au niveau national et international.

Les actions de l'agence, conduites au besoin par l'intermédiaire de tout acteur pertinent tel que les organisations professionnelles, consulaires ou de formation, bénéficient prioritairement aux petites et moyennes entreprises.

Ses interventions au sein des structures publiques sont subordonnées à la passation d'une convention de partenariat fixant notamment les conditions dans lesquelles la structure contribue financièrement à l'intervention.

L'agence conduit ses activités dans le respect des principes de neutralité et d'impartialité vis-à-vis des acteurs de l'entreprise, de l'association ou de la structure publique au sein de laquelle elle est amenée à intervenir.

Note • Voir décret 2014-21 du 9 janvier 2014 (JO 11) fixant les conditions contractuelles applicables aux agents de l'Agence nationale pour l'amélioration des conditions de travail (ANACT) et arrêté du 9 janvier 2014 (JO 11) portant application de l'article 9 de ce décret; décret 2014-22 du 9 janvier 2014 (JO 11) relatif au régime indemnitaire applicable aux agents de l'ANACT et arrêté d'application du 9 janvier 2014 (JO 11).

• Sur l'exercice des missions de l'ANACT en outre-mer, voir art. L. 4831-1.

Art. R. 4642-2. *(D. 2015-968 du 31 juil. 2015, JO 5 août)* Des associations régionales paritaires ayant pour objet l'amélioration des conditions de travail participent aux missions définies à l'article R. 4642-1. Elles constituent un réseau dont l'agence assure le pilotage.

L'appartenance au réseau est subordonnée à l'adhésion de l'association à la charte du réseau mentionnée à l'article R. 4642-4. Chaque association conclut avec l'agence une convention annuelle fixant ses actions et les financements correspondants.

Les services déconcentrés de l'État en charge du travail et de l'emploi peuvent également confier à ces associations la réalisation d'actions dans les domaines énumérés à l'article R. 4642-1, en lien avec les objectifs stratégiques de l'agence mentionnés à l'article R. 4642-4. Les obligations réciproques qui en résultent font l'objet de conventions spécifiques.

Chaque association est dotée d'un comité d'orientation composé de représentants des organisations d'employeurs et des organisations de salariés qui siègent au conseil d'administration de l'association, de représentants des institutions publiques participant au financement de l'association et de personnes qualifiées. Ce comité se prononce sur les orientations et la programmation des activités de l'association. Une commission de financement constituée en son sein se prononce sur la programmation des activités et l'affectation des ressources correspondantes.

SECTION 2 (réglementaire). **Organisation et fonctionnement**

Sous-section 1. **Conseil d'administration**

Art. R. 4642-3. ***(D. 2015-968 du 31 juil. 2015, JO 5 août)*** I. – L'Agence nationale pour l'amélioration des conditions de travail est administrée par un conseil d'administration et dirigée par un directeur général.

Le conseil d'administration comprend :

1° Neuf représentants des employeurs nommés dans les conditions suivantes :

a) Cinq représentants, sur proposition du Mouvement des entreprises de France (MEDEF) ;

b) Un représentant des entreprises publiques, après consultation du Mouvement des entreprises de France (MEDEF) ;

c) Un représentant, sur proposition de la ***(D. 2019-196 du 15 mars 2019, JO 17)*** « Confédération des petites et moyennes entreprises (CPME) » ;

d) Un représentant, sur proposition de la Fédération nationale des syndicats d'exploitants agricoles (FNSEA) ;

e) Un représentant, sur proposition de ***(D. 2019-196 du 15 mars 2019, JO 17)*** « l'Union des entreprises de proximité (U2P) » ;

2° Neuf représentants de salariés nommés dans les conditions suivantes :

a) Trois représentants, sur proposition de la Confédération générale du travail (CGT) ;

b) Deux représentants, sur proposition de la Confédération française démocratique du travail (CFDT) ;

c) Deux représentants, sur proposition de la Confédération générale du travail-Force ouvrière (CGT-FO) ;

d) Un représentant, sur proposition de la Confédération française de l'encadrement-Confédération générale des cadres (CFE-CGC) ;

e) Un représentant, sur proposition de la Confédération française des travailleurs chrétiens (CFTC) ;

3° Six représentants de l'État, membres de droit :

a) Le ministre chargé du travail ou son représentant ;

b) Le ministre chargé de l'emploi ou son représentant ;

c) Le ministre chargé de l'agriculture ou son représentant ;

d) Le ministre chargé de l'économie ou son représentant ;

e) Le ministre chargé du droit des femmes ou son représentant ;

f) Le ministre chargé de la fonction publique ou son représentant ;

4° Trois personnes qualifiées en matière de conditions de travail, dont l'une sur proposition de l'Association des régions de France.

II. – Outre les personnalités prévues au quatrième alinéa de l'article L. 4642-2, assistent avec voix consultative aux réunions du conseil d'administration :

1° Le directeur général et l'agent comptable de l'agence ou leurs représentants ;

2° Le président du conseil scientifique de l'agence ;

3° Le contrôleur budgétaire de l'agence ou son représentant ;

4° En tant que de besoin, les représentants des ministres qui ne siègent pas au conseil d'administration lorsque le conseil est appelé à connaître de questions entrant dans leurs attributions.

En outre, le conseil d'administration peut entendre toute personne dont il estime l'audition utile à son information.

III. – Le conseil d'administration élit un président parmi ses membres, à la majorité absolue. Son mandat est d'une durée de trois ans renouvelable. ***(D. 2019-196 du 15 mars 2019, JO 17)*** « La limite d'âge qui lui est applicable est fixée à soixante-dix ans. »

En cas d'absence ou d'empêchement du président, le ministre chargé du travail ou son représentant exerce ses prérogatives.

Les membres du conseil d'administration mentionnés aux 1°, 2° et 4° du I sont nommés pour trois ans renouvelables par arrêté du ministre chargé du travail.

Art. L. 4642-3

Les membres du conseil d'administration mentionnés aux 1° et 2° du même article peuvent être représentés par leur suppléant nommé dans les mêmes conditions.

Les fonctions de membre du conseil d'administration sont incompatibles avec la qualité de membre du conseil scientifique.

En cas de vacance d'un siège du fait de l'empêchement définitif de son titulaire ou de la perte par un membre de la qualité au titre de laquelle il a été désigné, il est procédé à la désignation d'un nouveau membre ou d'un nouveau président dans les conditions prévues au présent article. Le mandat de ce membre ou du président expire dans les mêmes délais que le mandat du membre ou du président qui est remplacé.

Note Les dispositions des I et III de cet article sont entrées en vigueur le 1er novembre 2015. Le conseil d'administration de l'Agence nationale pour l'amélioration des conditions de travail en fonction à la date d'entrée en vigueur du décret 2015-968 a continué à exercer ses fonctions jusqu'au 1er novembre 2015 (décret 2015-968 précité).

Art. R. 4642-4. ***(D. 2015-968 du 31 juil. 2015, JO 5 août)*** Le conseil d'administration fixe par ses délibérations les orientations générales de l'agence. Outre les attributions qu'il tient du titre III du décret n° 2012-1246 du 7 novembre 2012 relatif à la gestion budgétaire et comptable publique, il délibère notamment sur :

1° Les objectifs stratégiques pluriannuels, notamment ceux fixés dans le cadre du contrat d'objectifs et de performance conclu entre l'agence et l'État ;

2° Le programme de travail de l'agence ;

3° L'organisation générale de l'agence et son règlement intérieur ;

4° Le budget de l'agence et ses modifications, le compte financier, l'affectation des résultats, le tableau des emplois ainsi que les emprunts ;

5° Les conditions générales d'emploi et de recrutement du personnel ;

6° Les acquisitions, aliénations, échanges d'immeubles et les baux et locations concernant l'agence ;

7° L'acceptation ou le refus de dons et legs ;

8° L'approbation des conventions de partenariat dès lors que les recettes qu'elles procurent dépassent un montant fixé par le conseil d'administration ;

9° La participation à un groupement d'intérêt public ou tout autre organisme.

En outre, le conseil d'administration adopte la charte qui fixe les relations entre l'agence et les associations mentionnées à l'article R. 4642-2 et approuve les conventions mentionnées à ce même article ainsi que la synthèse annuelle budgétaire et financière de ces associations.

Il autorise le directeur général à ester en justice.

Il donne un avis sur toute question qui lui est soumise par le président du conseil d'administration ou par le ministre chargé du travail et, le cas échéant, par d'autres ministres.

Art. R. 4642-5. ***(D. 2015-968 du 31 juil. 2015, JO 5 août)*** Le conseil d'administration est réuni au moins quatre fois par an, sur convocation de son président. Il se réunit également sur demande du ministre chargé du travail, du directeur général de l'agence ou de la moitié de ses membres.

L'ordre du jour de chaque réunion est arrêté par le président sur proposition du directeur général. Toute question dont l'inscription a été demandée par le ministre chargé du travail ou par six membres au moins du conseil d'administration est portée à l'ordre du jour.

Les membres du conseil d'administration mentionnés au I de l'article R. 4642-3 disposent chacun d'une voix. Chaque membre du conseil d'administration peut donner mandat à un autre membre du conseil d'administration pour le représenter. Nul ne peut être porteur de plus d'un de ces mandats.

Le conseil d'administration ne délibère valablement que si la moitié au moins des membres est présente. Si le quorum n'est pas atteint, le conseil est convoqué sur le même ordre du jour au plus tard dans les quinze jours suivants. Il délibère alors valablement, quel que soit le nombre des membres présents.

Les délibérations du conseil d'administration sont prises à la majorité des membres présents. En cas de partage, la voix du président est prépondérante.

En cas d'urgence, les délibérations du conseil d'administration peuvent être adoptées selon les modalités prévues par l'ordonnance n° 2014-1329 du 6 novembre 2014 relative aux délibérations à distance des instances administratives à caractère collégial.

Les délibérations du conseil d'administration sont exécutoires dans un délai d'un mois suivant leur transmission au ministre chargé du travail dès lors qu'il n'a pas fait connaître son opposition motivée. Les délibérations portant sur le budget de l'agence et ses modifications, le compte financier, l'affectation des résultats, le tableau des emplois, les emprunts, les acquisitions, les aliénations, les échanges d'immeubles, les baux et locations, la participation à un groupement d'intérêt public ou tout autre organisme, les conventions mentionnées au 9° de l'article R. 4642-4, ainsi que les conventions et la synthèse annuelle budgétaire et financière mentionnées à l'avant-dernier alinéa de cet article, sont également transmises au ministre chargé du budget, qui peut, dans le même délai, faire connaître son opposition motivée. Le délai d'un mois est suspendu jusqu'à la production des informations ou documents complémentaires demandés, le cas échéant, par ces ministres.

Le procès-verbal de chaque séance, signé par le président, est approuvé lors de la séance suivante du conseil d'administration.

Les fonctions de membre du conseil d'administration sont exercées à titre gracieux. Elles ouvrent droit aux indemnités pour frais de déplacement et de séjour dans les conditions prévues par le décret n° 2006-781 du 3 juillet 2006 fixant les conditions et les modalités de règlement des frais occasionnés par les déplacements temporaires des personnels civils de l'État.

Sous-section 2. Directeur général et personnels de l'agence

Art. R. 4642-6. ***(D. 2015-968 du 31 juil. 2015, JO 5 août)*** Le directeur général est nommé pour une durée de trois ans renouvelable par arrêté du ministre en charge du travail.

Il exerce la direction générale de l'établissement.

Il accomplit tous les actes qui ne sont pas réservés au conseil d'administration en application de l'article R. 4642-4.

Il prépare les délibérations du conseil d'administration et en assure l'exécution.

Il propose au conseil d'administration les orientations stratégiques, le programme de travail et le bilan d'activité de l'établissement.

Il assure le fonctionnement des services de l'établissement. Il a autorité sur l'ensemble du personnel.

Il est ordonnateur des dépenses et des recettes.

Il assure la coordination et le pilotage du réseau mentionné à l'article R. 4642-2.

Il représente l'établissement en justice et dans tous les actes de la vie civile et dans ses rapports avec les tiers. Il passe, au nom de l'établissement, les contrats, les marchés et conventions ainsi que les actes d'acquisition et de vente et les transactions, sous réserve des attributions conférées au conseil d'administration par l'article R. 4642-4.

Il est assisté d'un secrétaire général qui le supplée en cas d'absence ou d'empêchement. Il peut déléguer sa signature à ceux de ses collaborateurs qui exercent une fonction de direction au sein de l'agence.

Art. R. 4642-7. ***(D. 2015-968 du 31 juil. 2015, JO 5 août)*** L'agence peut employer des agents contractuels dans les conditions prévues par le décret n° 2014-21 du 9 janvier 2014 fixant les conditions contractuelles applicables aux agents de l'Agence nationale pour l'amélioration des conditions de travail.

Sous-section 3. Conseil scientifique

Art. R. 4642-8. ***(D. 2015-968 du 31 juil. 2015, JO 5 août)*** I. – Le conseil scientifique comprend :

1° Huit membres, ayant voix délibérative, nommés sur proposition du directeur général de l'agence, choisis parmi les personnalités compétentes et reconnues dans le domaine d'intervention de celle-ci :

a) Six personnalités du monde de la recherche en sciences humaines, économiques et sociales ;

b) Deux personnalités ayant une expertise sur les questions d'organisation du travail en entreprise ;

2° Cinq membres, ayant voix consultative, représentants d'organismes ou d'administrations intervenant dans le domaine de compétence de l'agence :

a) Le directeur de l'animation de la recherche, des études et des statistiques au ministère chargé du travail ou son représentant ;

b) Le directeur du Centre d'études et de recherches sur les qualifications ou son représentant ;

c) Le directeur général de l'Institut national de recherche et de sécurité pour la prévention des accidents du travail et des maladies professionnelles ou son représentant ;

d) Le directeur général de l'Agence nationale de sécurité sanitaire de l'alimentation, de l'environnement et du travail ou son représentant ;

e) Le directeur de la Fondation de Dublin ou son représentant.

II. – Les membres du conseil scientifique sont nommés pour une durée de trois ans renouvelable par arrêté du ministre chargé du travail.

En cas de vacance d'un siège du fait de l'empêchement définitif de son titulaire ou de la perte par un membre de la qualité au titre de laquelle il a été désigné, il est procédé à la désignation d'un nouveau membre dans les conditions prévues au présent article. Le mandat de ce membre expire dans les mêmes délais que le mandat du membre qui est remplacé.

Le conseil scientifique élit son président pour trois ans parmi les membres mentionnés au 1° du I. Son mandat est renouvelable.

Le directeur général ou son représentant participe avec voix consultative aux séances du conseil scientifique.

Le conseil scientifique peut s'adjoindre le concours de tout collaborateur de son choix.

III. – Le conseil scientifique est chargé:

1° De donner un avis sur les orientations et sur le projet de programme de travail préalablement à la tenue des délibérations du conseil d'administration prévues à l'article R. 4642-4;

2° De contribuer au suivi et à l'évaluation des actions menées par l'agence;

3° D'assister l'agence dans ses missions d'anticipation de l'évolution des conditions de travail;

4° D'assister l'agence dans l'élaboration de projets.

En outre, le conseil scientifique donne un avis, à la demande du président du conseil d'administration, du directeur général ou de sa propre initiative, sur toute question scientifique ou technique entrant dans le champ de compétence de l'agence.

IV. – Le conseil scientifique est convoqué par son président, à la demande du directeur général, à la demande du conseil d'administration ou à l'initiative d'au moins un tiers de ses membres. Il se réunit au moins deux fois par an.

Les fonctions de membre du conseil scientifique sont exercées à titre gracieux. Elles ouvrent droit aux indemnités pour frais de déplacement et de séjour dans les conditions prévues à l'article R. 4642-5.

SECTION 3 (réglementaire). Régime financier et comptable

Art. R. 4642-9. ***(D. 2015-968 du 31 juil. 2015, JO 5 août)*** Le régime financier de l'agence est fixé, sous réserve des dispositions résultant du présent chapitre, par les titres Ier et III du décret n° 2012-1246 du 7 novembre 2012 relatif à la gestion budgétaire et comptable publique.

Le budget de l'agence comprend, d'une manière générale, toutes les recettes autorisées par les lois et les règlements et les dépenses prévues à l'article 178 du décret n° 2012-1246 du 7 novembre 2012 relatif à la gestion budgétaire et comptable publique.

Note Voir arrêté du 18 décembre 2014 (JO 26) relatif aux modalités d'exercice du contrôle budgétaire sur l'Agence nationale pour l'amélioration des conditions de travail.

Art. R. 4642-10. ***(D. 2015-968 du 31 juil. 2015, JO 5 août)*** Le Fonds pour l'amélioration des conditions de travail a pour objet d'inciter et d'aider les entreprises, notamment les petites et moyennes entreprises, les associations ou les branches professionnelles au moyen de subventions et dans le cadre de démarches participatives, à concevoir et à mettre en œuvre des projets d'expérimentation dans le champ des missions confiées à l'Agence nationale pour l'amélioration des conditions de travail. Les modalités d'attribution des subventions allouées au titre du fonds sont fixées par arrêté du ministre chargé du travail.

La gestion des crédits du Fonds pour l'amélioration des conditions de travail est confiée à l'Agence nationale pour l'amélioration des conditions de travail. Le cadre général d'intervention de l'agence fait l'objet d'une convention conclue entre l'État et l'agence.

Note Voir arrêté du 22 octobre 2015 (JO 30) fixant les modalités d'attribution des subventions du Fonds pour l'amélioration des conditions de travail (FACT).

CHAPITRE III Organismes et commissions de santé et de sécurité

SECTION 1. Organismes professionnels de santé, de sécurité et des conditions de travail

Art. L. 4643-1. Des organismes professionnels de santé, de sécurité et des conditions de travail sont constitués dans les branches d'activités présentant des risques particuliers.

Ces organismes sont chargés notamment:

1° De promouvoir la formation à la sécurité;

2° De déterminer les causes techniques des risques professionnels;

3° De susciter les initiatives professionnelles en matière de prévention;

4° De proposer aux pouvoirs publics toutes mesures dont l'expérience a fait apparaître l'utilité.

Art. L. 4643-2. Les organismes professionnels de santé, de sécurité et des conditions de travail associent les représentants des organisations professionnelles d'employeurs et de salariés représentatives.

Leur activité est coordonnée par l'Agence nationale pour l'amélioration des conditions de travail.

Art. L. 4643-3. Des décrets en Conseil d'État déterminent l'organisation, le fonctionnement ainsi que les modalités de participation des employeurs au financement des organismes prévus par la présente section.

Note Voir notamment décret 85-682 du 4 juillet 1985 modifié, codifié aux articles R. 4643-2 à 42, relatif à l'OPPBTP et arrêté du 10 décembre 2020 (JO 20) modifiant en dernier lieu l'arrêté du 16 décembre 1999 fixant le taux de cotisation des entreprises du bâtiment et des travaux publics à l'OPPBTP (pour 2021, 0,11 % du montant des salaires versés par l'employeur, y compris le montant des indemnités de congés payés pour lesquelles une cotisation est perçue par les caisses de congés payés instituées dans la branche) ainsi que le salaire de référence horaire de la contribution due au titre de l'emploi de travailleurs temporaires (13,15 €, y compris l'indemnité compensatrice de congés payés).

SECTION 2. Commissions de santé et de sécurité

Art. L. 4643-4. Des commissions de santé et de sécurité, instituées par conventions et accords collectifs de travail et composées de représentants des employeurs et des salariés, sont chargées de promouvoir la formation à la sécurité et de contribuer à l'amélioration des conditions de santé et de sécurité.

Ces dispositions ne sont pas applicables aux exploitations et aux entreprises agricoles qui ne disposent pas de ***(Ord. 2017-1386 du 22 sept. 2017, art. 4, 82°, JO 23, entrée en vigueur au plus tard le 01.01.2018)*** «comité social et économique». Ces exploitations et entreprises relèvent de l'article L. 717-7 du code rural ***(Ord. 2010-462 du 6 mai 2010, JO 7)*** «et de la pêche maritime», relatif aux commissions paritaires d'hygiène, de sécurité et des conditions de travail en agriculture.

À défaut de constitution de commissions dans les conditions prévues au premier alinéa, leur mission est assurée par des organismes professionnels de santé, de sécurité et des conditions de travail constitués dans les branches d'activité présentant des risques particuliers prévus à l'article L. 4643-1.

Note Voir décret 2012-1043 du 11 septembre 2012 (JO 13) relatif aux conditions de fonctionnement des commissions paritaires d'hygiène, de sécurité et des conditions de travail en agriculture (art. D. 717-76 à 76-4 c. rur. et pêche mar.).

SECTION 1 (réglementaire). Dispositions générales

Art. R. 4643-1. Dans les branches d'activité où existe un organisme professionnel de santé, de sécurité et des conditions de travail, prévu à l'article L. 4643-1, cet organisme est chargé de promouvoir la formation à la sécurité et d'apporter son concours technique pour sa mise en œuvre.

SECTION 2 (réglementaire). Organisme professionnel de prévention du bâtiment et des travaux publics

Note Les dispositions de cette section sont issues du décret 85-682 du 4 juillet 1985 (JO 9) relatif à l'organisme professionnel de prévention du bâtiment et des travaux publics.

Sous-section 1. Missions

Art. R. 4643-2. L'Organisme professionnel de prévention du bâtiment et des travaux publics a pour mission, notamment, de contribuer à la promotion de la prévention des accidents du travail et des maladies professionnelles ou à caractère professionnel ainsi qu'à l'amélioration des conditions de travail dans les entreprises adhérentes.

Art. R. 4643-3. Afin de remplir sa mission, l'Organisme professionnel de prévention du bâtiment et des travaux publics:

1° Participe à la veille en matière de risques professionnels;

2° Conduit les études relatives aux conditions de travail;

3° Analyse les causes des risques professionnels;

4° Suscite les initiatives des professionnels de la branche du bâtiment et des travaux publics ainsi que de toutes les personnes qui interviennent dans le processus de construction pour une meilleure prise en compte de la sécurité dans les procédés de fabrication;

5° Propose aux pouvoirs publics toutes mesures résultant du retour d'expérience organisé dans la profession;

6° Exerce des actions d'information et de conseil en matière de prévention;

7° Contribue à la formation à la sécurité;

8° Participe aux travaux menés dans le cadre de l'Union européenne dans son champ de compétences.

Sous-section 2. Composition

Art. R. 4643-4. Les entreprises qui relèvent des caisses de congés payés des professions du bâtiment et des travaux publics adhèrent à l'Organisme professionnel de prévention du bâtiment et des travaux publics.

Sous-section 3. Organisation et fonctionnement

§ 1. Comité national

Art. R. 4643-5. L'Organisme professionnel de prévention du bâtiment et des travaux publics comprend un comité national qui règle, par ses délibérations, les affaires de l'organisme.

À ce titre, le conseil du comité national:

1° Détermine les orientations de l'organisme, fixe le programme annuel et adopte le rapport d'activité, conformément à la politique générale de prévention et d'amélioration des conditions de travail définie par le ministre chargé du travail et en concertation avec les organismes chargés de la santé et de la sécurité et de l'amélioration des conditions de travail;

2° Anime, coordonne et contrôle l'action des comités régionaux de prévention prévus à l'article R. 4643-19;

3° Vote le budget;

4° Approuve le bilan et les comptes de résultats de l'exercice;

5° Autorise les acquisitions et les ventes de biens immobiliers ainsi que les emprunts. Le comité national peut déléguer cette compétence au bureau;

6° Se prononce sur les conditions générales de recrutement, d'emploi et de rémunération du personnel;

7° Nomme le secrétaire général;

8° Établit le règlement intérieur type du comité national et des comités régionaux de prévention.

Art. R. 4643-6. Le conseil du comité national comprend dix membres, dont cinq sont désignés par les organisations professionnelles d'employeurs représentatives au plan national et cinq par les organisations syndicales de salariés représentatives au plan national. Le ministre chargé du travail procède à la répartition des sièges entre les organisations.

Dix suppléants sont désignés dans les mêmes conditions.

Les désignations sont soumises à l'approbation du ministre chargé du travail. Le mandat d'un représentant peut prendre fin à la demande de l'organisation qui l'avait désigné.

Art. R. 4643-7. Le conseil du comité national élit, chaque année, en son sein, un bureau composé d'un président et d'un vice-président appelé à remplacer le président en cas d'absence ou d'empêchement.

Lorsque le président appartient à la catégorie des membres représentant les employeurs, le vice-président est choisi parmi les membres représentant les salariés et inversement.

Art. R. 4643-8. Le conseil du comité national se réunit sur la convocation de son président et sur l'ordre du jour fixé par lui. Il est également réuni à la demande de la majorité de ses membres ou du ministre chargé du travail.

Il ne peut délibérer que si trois membres au moins appartenant à chaque catégorie sont présents. À défaut, il est convoqué une nouvelle fois dans les quinze jours et sur le même ordre du jour, il délibère sans condition de nombre.

Art. R. 4643-9. Sauf convocation du conseil du comité national en cas d'urgence motivée, les dossiers relatifs à l'ordre du jour sont adressés aux membres ainsi qu'aux représentants avec voix consultative, quinze jours au moins avant la date fixée sur la convocation.

Art. R. 4643-10. Le secrétaire général prépare et exécute les délibérations du conseil comité national.

Il est le chef des services de l'organisme, recrute et dirige le personnel.

Il définit l'organisation opérationnelle de l'organisme qu'il propose au conseil du comité national pour accord.

Art. R. 4643-11. Le secrétaire général, un représentant de la Caisse nationale d'assurance maladie et le représentant du ministre chargé du travail assistent aux séances du comité national avec voix consultative. Ce dernier peut jouer le rôle d'arbitre en cas de nécessité.

Le comité national peut faire appel à toute personne qualifiée.

Art. R. 4643-12. Les délibérations du comité national, énumérées à l'article R. 4643-5 sont exécutoires de plein droit, à l'exception de celles portant sur le vote du budget.

Ces dernières sont adoptées et rendues exécutoires dans les conditions suivantes :

1° Le budget primitif, détaillé selon le plan comptable applicable aux établissements de droit privé, est adopté par le conseil du comité national au plus tard vingt et un jours avant le début de l'année auquel il s'applique. Il n'est exécutoire que si, dans le délai de vingt et un jours de son adoption, le ministre chargé du travail n'a pas fait connaître son opposition. L'adoption du budget primitif est précédée, dans le courant du mois d'octobre, d'un débat d'orientation au sein du comité national destiné à préparer le budget primitif de l'année suivante à la lumière, notamment, de l'exécution du budget en cours et du programme annuel envisagé pour l'année à venir ;

2° À défaut d'adoption du budget primitif dans le délai prévu ou d'approbation, le ministre chargé du travail peut autoriser l'organisme à reconduire le budget de l'exercice précédent selon la règle dite du douzième ;

3° Les modifications à apporter en cours d'exercice à l'exécution du budget primitif sont approuvées par le conseil du comité national. Elles ne sont exécutoires que si le ministre chargé du travail n'a pas fait connaître son opposition dans le délai de quinze jours de leur adoption.

Art. R. 4643-13. Le conseil du comité national est assisté, pour le suivi des questions financières, d'un comité financier.

Le comité financier comprend le président et le vice-président de l'Organisme professionnel de prévention du bâtiment et des travaux publics, un représentant désigné par chacun des deux collèges siégeant au comité national, le secrétaire général de l'organisme et le représentant désigné par le ministre chargé du travail.

Le président de l'organisme préside le comité financier.

Art. R. 4643-14. Le comité financier se réunit en tant que de besoin, et au moins deux fois par an, sur convocation du secrétaire général.

Art. R. 4643-15. Le comité financier donne son avis sur le projet de budget primitif de l'organisme, ainsi que sur les modifications de ce budget envisagées en cours de gestion, et sur le financement des investissements.

Au cours de ses réunions, il se prononce sur l'état de l'exécution du budget en cours qui lui est présenté par le secrétaire général de l'organisme.

Art. R. 4643-16. Les documents relatifs à l'ordre du jour du comité financier sont transmis, par le secrétaire général, aux membres du comité quinze jours avant sa tenue, sauf en cas d'urgence.

Art. R. 4643-17. Le secrétaire général porte à la connaissance du comité national les avis du comité financier lors de la première réunion qui suit celle de ce dernier.

Art. R. 4643-18. Le comité national s'adjoint, en qualité de conseiller technique, un médecin choisi parmi les médecins du travail assurant la surveillance médicale des salariés de la branche d'activité.

§ 2. Comités régionaux

Art. R. 4643-19. L'Organisme professionnel de prévention du bâtiment et des travaux publics comprend des comités régionaux de prévention chargés, notamment :

1° De conduire les actions en vue de l'amélioration de l'hygiène, de la santé, de la sécurité et des conditions de travail sur tous les lieux dans lesquels interviennent les entreprises adhérentes ;

2° De mettre en œuvre, sous le contrôle du comité national et conformément au programme d'actions adopté par le conseil du comité national, les programmes d'action de l'Organisme professionnel de prévention du bâtiment et des travaux publics dans leur champ de compétence territorial.

Art. R. 4643-20. Le conseil du comité régional de prévention assure l'organisation et le fonctionnement des services mis à sa disposition par le comité national, conformément aux orientations définies par celui-ci.

Il adopte le programme régional d'action annuel en cohérence avec celui défini par le conseil du comité national.

Il fixe ses prévisions de dépenses.

Il établit son règlement intérieur conformément au règlement intérieur type établi par le conseil du comité national.

Art. R. 4643-21. Le comité national fixe le nombre des comités régionaux de prévention.

Art. R. 4643-22. Chaque conseil de comité régional de prévention comprend dix membres nommés par le conseil du comité national, à raison de cinq sur proposition des organisations professionnelles d'employeurs représentatives au plan national et cinq sur proposition des organisations syndicales de salariés représentatives au plan national.

Dix suppléants sont désignés dans les mêmes conditions.

Art. R. 4643-23. Le conseil de comité régional de prévention élit, chaque année, en son sein, un bureau composé d'un président et d'un vice-président, lequel est chargé de remplacer le président en cas d'absence ou d'empêchement.

Lorsque le président appartient à la catégorie des membres désignés sur proposition des organisations professionnelles d'employeurs, le vice-président est choisi parmi les membres désignés sur proposition des organisations syndicales de salariés, et inversement.

Art. R. 4643-24. Le conseil de comité régional de prévention se réunit sur la convocation de son président et sur l'ordre du jour fixé par lui. Il est également réuni à la demande de la majorité de ses membres ou du ***(D. 2020-1545 du 9 déc. 2020, JO 10, entrée en vigueur le 01.04.2021)*** «directeur régional de l'économie, de l'emploi, du travail et des solidarités».

Il ne peut délibérer que si trois membres au moins appartenant à chaque catégorie sont présents. À défaut, convoqué une nouvelle fois dans les quinze jours et sur le même ordre du jour, il délibère sans condition de nombre.

Le responsable opérationnel du comité régional, un représentant de la caisse régionale d'assurance maladie et le ***(D. 2020-1545 du 9 déc. 2020, JO 10, entrée en vigueur le 01.04.2021)*** «directeur régional de l'économie, de l'emploi, du travail et des solidarités» siègent avec voix consultative. Ce dernier peut jouer le rôle d'arbitre en cas de nécessité.

Le conseil régional peut faire appel à toute personne qualifiée.

Art. R. 4643-25. Les responsables opérationnels régionaux préparent et exécutent les délibérations des conseils des comités régionaux de prévention.

Ils dirigent, par délégation du secrétaire général, les services et le personnel mis à leur disposition.

Art. R. 4643-26. Chaque comité régional s'adjoint, en qualité de conseiller technique, un médecin choisi parmi les médecins du travail assurant la surveillance médicale des salariés de la branche d'activité.

Art. R. 4643-27. L'action du comité régional de prévention est mise en œuvre notamment par des ingénieurs et des techniciens de prévention, dont les modalités de recrutement sont fixées par délibération du conseil du comité national.

§ 3. Membres des comités

Art. R. 4643-28. Nul ne peut appartenir au conseil du comité national ou à celui d'un comité régional de prévention s'il ne justifie de l'exercice, pendant cinq années au moins, d'une profession, d'un métier ou d'une activité salariée dans la branche du bâtiment et des travaux publics.

Art. R. 4643-29. L'employeur laisse aux salariés membres d'un conseil d'un comité de l'organisme le temps nécessaire à l'exercice de leurs fonctions.

L'organisme assure aux intéressés le maintien de leur rémunération pendant les absences correspondantes ou, le cas échéant, rembourse, à la demande de l'employeur, les charges supportées par lui à ce titre.

Art. R. 4643-30. Les membres du conseil du comité national et le secrétaire général, dûment mandatés par lui et les membres du personnel de l'organisme, mandatés par le secrétaire général, ont libre accès dans les établissements et chantiers des entreprises adhérentes.

Les membres du conseil du comité régional de prévention et le responsable opérationnel de ce comité, dûment mandatés par lui et les membres du personnel mandaté par ce responsable, ont libre accès dans les établissements et chantiers des entreprises adhérentes de la circonscription.

Dans ces établissements et chantiers, les personnes mentionnées aux premier et deuxième alinéas peuvent, au cours de leurs visites, demander communication des documents mentionnés à l'article L. 4711-1. Les représentants mandatés peuvent porter à la connaissance de l'inspecteur du travail les manquements répétés ou les infractions graves qu'ils constatent aux dispositions légales en matière de santé et sécurité au travail.

Art. R. 4643-31. De leur propre initiative ou à la demande d'un ***(D. 2017-1819 du 29 déc. 2017, art. 3, 38°, JO 30, entrée en vigueur le 01.01.2018)*** «membre [de] la délégation du personnel du comité social et économique», les personnes mentionnées aux premier et deuxième alinéas de l'article R. 4643-30 procèdent aux enquêtes techniques sur les causes des accidents du travail et des maladies professionnelles ou à caractère professionnel dans les entreprises qui ne disposent pas d'un ***(D. 2017-1819 du 29 déc. 2017, art. 3, 70°, JO 30, entrée en vigueur le 01.01.2018)*** «comité social et économique».

Dans les autres entreprises, ces personnes peuvent participer à ces enquêtes à la demande de l'employeur ou d'un membre du ***(D. 2017-1819 du 29 déc. 2017, art. 3, 70°, JO 30, entrée en vigueur le 01.01.2018)*** « comité social et économique ».

Art. R. 4643-32. ***(D. 2017-1819 du 29 déc. 2017, art. 3, 74°, JO 30, entrée en vigueur le 01.01.2018)*** Un représentant mandaté du comité régional de prévention est invité et assiste avec voix consultative :

1° Aux réunions de la commission santé, sécurité et conditions de travail ;

2° À l'initiative de l'employeur ou à la demande de la majorité de la délégation du personnel au comité social et économique aux réunions de ce comité mentionnées aux premier et deuxième alinéas de l'article L. 2315-27 :

3° Aux réunions du comité consécutives à un accident de travail ayant entraîné un arrêt de travail d'au moins huit jours ou à une maladie professionnelle ou à caractère professionnel.

Le calendrier prévisionnel et l'ordre du jour sont communiqués dans les conditions fixées respectivement au quatrième alinéa de l'article L. 2315-27 et à l'article L. 2315-30.

Art. R. 4643-33. Les membres du comité du conseil national et des comités des conseils régionaux ainsi que les salariés de l'Organisme professionnel de prévention du bâtiment et des travaux publics sont tenus de ne rien révéler des secrets dont ils pourraient avoir connaissance dans l'exercice de leurs fonctions.

Ils ne peuvent faire état de procédés de fabrication améliorant la prise en compte de la sécurité qu'avec l'accord exprès de l'employeur qui en dispose.

Art. R. 4643-34. Les employeurs des entreprises adhérentes déclarent au comité régional, dans les quarante-huit heures, tout accident grave.

On entend par accident grave, au sens du présent article, l'accident ayant entraîné la mort ou paraissant devoir entraîner une incapacité permanente ou ayant révélé l'existence d'un danger grave, même si les conséquences ont pu en être évitées, ainsi que toute maladie professionnelle ou à caractère professionnel.

Les employeurs communiquent au comité régional, à sa demande, tous renseignements statistiques nécessaires à l'exercice de sa mission, ainsi que toutes informations de nature à permettre un bon déroulement des enquêtes prévues à l'article R. 4643-31.

Ils transmettent au comité régional une copie de la déclaration d'ouverture de tout chantier ou autre lieu de travail à caractère temporaire prévue au second alinéa de l'article R. 8113-1.

§ 4. Dispositions financières

Art. R. 4643-35. Les ressources de l'Organisme professionnel de prévention du bâtiment et des travaux publics comprennent :

1° Les cotisations des entreprises adhérentes ;

2° À titre exceptionnel, la rémunération des services rendus qui par leur nature, leur importance ou leur durée excéderaient les limites habituelles des interventions de l'organisme ;

3° Le produit des ventes des productions et publications ;

4° Les produits financiers.

Art. R. 4643-36. Les cotisations sont constituées :

1° Par une fraction du montant des salaires versés aux salariés permanents par les entreprises adhérentes, augmenté des indemnités de congés payés pour lesquelles une cotisation est perçue par les caisses de congés payés instituées dans la branche du bâtiment et des travaux publics ;

2° Par une contribution au titre des salariés temporaires mis à la disposition de ces entreprises. Cette contribution est assise sur le produit obtenu en multipliant le nombre d'heures de travail accomplies par les salariés temporaires auxquels les entreprises adhérentes font appel par le salaire de référence fixé dans les conditions prévues à l'article R. 4643-38.

Art. R. 4643-37. Les entreprises dotées d'un ***(D. 2017-1819 du 29 déc. 2017, art. 3, 70°, JO 30, entrée en vigueur le 01.01.2018)*** « comité social et économique » peuvent être admises à cotiser à taux réduit par décision du comité régional de prévention dont elles relèvent, compte tenu de leurs résultats en matière de prévention tels qu'ils ressortent, notamment, des documents mentionnés à l'article L. 4612-16.

Art. R. 4643-38. Un arrêté du ministre chargé du travail, pris après avis du conseil du comité national de l'Organisme professionnel de prévention du bâtiment et des travaux publics, fixe le taux plein et le taux réduit des cotisations.

Il fixe le salaire de référence de la contribution due au titre de l'emploi de salariés temporaires, ainsi que les taux qui lui sont applicables.

Note Voir arrêté du 16 décembre 1999 modifié en dernier lieu par l'arrêté du 10 décembre 2020 (JO 20) cité sous l'article L. 4643-3.

Art. R. 4643-39. Le recouvrement des cotisations est assuré par les caisses de congés payés instituées dans la branche d'activité, dans les mêmes conditions que celui des cotisations de congés payés.

Le recouvrement de la contribution est assuré par trimestre civil sur la base des heures accomplies au cours du trimestre précédant la date du recouvrement.

Le montant des frais de recouvrement et de gestion des fonds est fixé par convention entre le comité national et les caisses intéressées.

Art. R. 4643-40. Le montant des cotisations recouvrées est versé à l'Union des caisses de France – Congés intempéries BTP et porté au crédit de l'Organisme professionnel de prévention du bâtiment et des travaux publics.

Art. R. 4643-41. L'Union des caisses de France – Congés intempéries BTP procède au règlement des dépenses figurant au budget de l'organisme suivant les ordres qu'elle reçoit à cet effet du secrétaire général. Elle transmet chaque année au comité national un état récapitulatif des opérations comptables effectuées pour le compte de l'organisme. L'organisme la met en mesure de connaître, préalablement à l'exécution des ordres, la situation des soldes comptables et bancaires.

Les opérations d'encaissement des cotisations et de règlement des dépenses de l'organisme font l'objet, dans les écritures de l'Union des caisses de France – Congés intempéries BTP, d'une comptabilité distincte.

Art. R. 4643-42. La gestion financière de l'Organisme professionnel de prévention du bâtiment et des travaux publics est soumise au contrôle du ministre chargé du travail.

CHAPITRE IV Aide à l'employeur pour la gestion de la santé et de la sécurité au travail

Note Ce chapitre a été introduit par la loi 2011-867 du 20 juillet 2011, art. 1er, 6°, JO 24, entrée en vigueur au plus tard le 01.06.2012.

Art. L. 4644-1. I. – L'employeur désigne un ou plusieurs salariés compétents pour s'occuper des activités de protection et de prévention des risques professionnels de l'entreprise.

Le ou les salariés ainsi désignés par l'employeur bénéficient, à leur demande, d'une formation en matière de santé au travail dans les conditions prévues aux articles L. 4614-14 à L. 4614-16.

À défaut, si les compétences dans l'entreprise ne permettent pas d'organiser ces activités, l'employeur peut faire appel, après avis du ***(Ord. 2017-1386 du 22 sept. 2017, art. 4, 67°, JO 23, entrée en vigueur au plus tard le 01.01.2018)*** « comité social et économique », aux intervenants en prévention des risques professionnels appartenant au service de santé au travail interentreprises auquel il adhère ou dûment enregistrés auprès de l'autorité administrative disposant de compétences dans le domaine de la prévention des risques professionnels et de l'amélioration des conditions de travail.

L'employeur peut aussi faire appel aux services de prévention des caisses de sécurité sociale avec l'appui de l'Institut national de recherche et de sécurité dans le cadre des programmes de prévention mentionnés à l'article L. 422-5 du code de la sécurité sociale, à l'organisme professionnel de prévention du bâtiment et des travaux publics et à l'Agence nationale pour l'amélioration des conditions de travail et son réseau.

Cet appel aux compétences est réalisé dans des conditions garantissant les règles d'indépendance des professions médicales et l'indépendance des personnes et organismes mentionnés au présent I. Ces conditions sont déterminées par décret en Conseil d'État.

II. – Les modalités d'application du présent article sont déterminées par décret.

Note Voir circulaire DGT n° 13 du 9 novembre 2012, 1re partie, II, 2.3.2. (BO TR 2012/11 du 30.11.2012).

SECTION 1 (réglementaire). Conditions d'exercice

Note Les sections 1 et 2 ont été introduites par le décret 2012-135 du 30 janvier 2012, JO 31, entrée en vigueur le 01.07.2012.

Art. R. 4644-1. Les personnes mentionnées au premier alinéa de l'article L. 4644-1 sont désignées après avis du ***(D. 2017-1819 du 29 déc. 2017, art. 3, 65°, JO 30, entrée en vigueur le 01.01.2018)*** « comité social et économique s'il existe ».

Elles disposent du temps nécessaire et des moyens requis pour exercer leurs missions.

Elles ne peuvent subir de discrimination en raison de leurs activités de prévention.

Art. R. 4644-2. L'intervention de l'intervenant en prévention des risques professionnels enregistré dans les conditions prévues à la section 2 est subordonnée à la conclusion d'une convention entre celui-ci et l'employeur ou le président du service de santé au travail interentreprises.

Cette convention précise:
1° Les activités confiées à l'intervenant ainsi que les modalités de leur exercice;
2° Les moyens mis à la disposition de l'intervenant ainsi que les règles définissant son accès aux lieux de travail et l'accomplissement de ses missions, notamment la présentation de ses propositions, dans des conditions assurant son indépendance.

Art. R. 4644-3. Lorsque l'employeur fait appel à un intervenant en prévention des risques professionnels enregistré ou aux organismes de prévention mentionnés à l'article L. 4644-1, il informe son service de santé au travail de cette intervention ainsi que des résultats des études menées dans ce cadre.

Art. R. 4644-4. La convention mentionnée à l'article R. 4644-2 ne peut comporter de clauses autorisant l'intervenant en prévention des risques professionnels enregistré à réaliser des actes relevant de la compétence du médecin du travail.

Art. R. 4644-5. L'intervenant en prévention des risques professionnels enregistré a accès à tous les documents non nominatifs rendus obligatoires par la présente partie.

Ce droit d'accès s'exerce dans des conditions garantissant le caractère confidentiel des données ainsi que la protection des informations mentionnées à l'article R. 4624-9.

SECTION 2 (réglementaire). **Enregistrement**

Art. D. 4644-6. ***(D. 2012-137 du 30 janv. 2012, JO 31, entrée en vigueur le 01.07.2012)*** Le dossier de l'enregistrement prévu à l'article L. 4644-1 est adressé au ***(D. 2020-1545 du 9 déc. 2020, JO 10, entrée en vigueur le 01.04.2021)*** «directeur régional de l'économie, de l'emploi, du travail et des solidarités» par lettre recommandée avec avis de réception. Il contient:
1° Les justificatifs attestant de la détention par le demandeur d'un diplôme d'ingénieur ***(D. 2014-799 du 11 juil. 2014, JO 13)*** «ou» d'un diplôme sanctionnant au moins deux ans d'études supérieures dans les domaines de la santé, de la sécurité ou de l'organisation du travail, d'un diplôme sanctionnant au moins trois ans d'études supérieures dans un domaine scientifique ou dans une matière relevant des sciences humaines et sociales et ***(D. 2014-799 du 11 juil. 2014, JO 13)*** «liés» au travail ou d'une expérience professionnelle dans le domaine de la prévention des risques professionnels d'au moins cinq ans;
2° Une déclaration d'intérêts dont le modèle est fixé par arrêté;
3° Un rapport d'activité de l'intervenant en prévention des risques professionnels concernant les cinq dernières années d'exercice lorsqu'il s'agit d'un renouvellement de l'enregistrement.

Art. D. 4644-7. ***(D. 2012-137 du 30 janv. 2012, JO 31, entrée en vigueur le 01.07.2012)*** Le ***(D. 2020-1545 du 9 déc. 2020, JO 10, entrée en vigueur le 01.04.2021)*** «directeur régional de l'économie, de l'emploi, du travail et des solidarités» enregistre l'intervenant en prévention des risques professionnels dans un délai d'un mois, à compter de la date de réception du dossier.

Art. D. 4644-8. ***(D. 2012-137 du 30 janv. 2012, JO 31, entrée en vigueur le 01.07.2012)*** L'enregistrement des intervenants en prévention des risques professionnels est renouvelé au terme d'un délai de cinq ans.

Il est valable pour l'ensemble du territoire national.

Art. D. 4644-9. ***(D. 2012-137 du 30 janv. 2012, JO 31, entrée en vigueur le 01.07.2012)*** Le ***(D. 2020-1545 du 9 déc. 2020, JO 10, entrée en vigueur le 01.04.2021)*** «directeur régional de l'économie, de l'emploi, du travail et des solidarités» peut mettre fin, à tout moment, à l'enregistrement d'un intervenant en prévention des risques professionnels lorsque celui-ci ne dispose pas des compétences nécessaires, qu'il ne respecte pas les prescriptions légales ou qu'il n'est plus en mesure d'assurer sa mission.

Art. D. 4644-10. ***(D. 2012-137 du 30 janv. 2012, JO 31, entrée en vigueur le 01.07.2012)*** L'intervenant en prévention des risques professionnels tient à disposition du ***(D. 2020-1545 du 9 déc. 2020, JO 10, entrée en vigueur le 01.04.2021)*** «directeur régional de l'économie, de l'emploi, du travail et des solidarités» les éléments permettant de justifier son activité.

Art. D. 4644-11. ***(D. 2012-137 du 30 janv. 2012, JO 31, entrée en vigueur le 01.07.2012)*** Une personne d'un État membre de l'Union européenne non établie en France peut effectuer de façon occasionnelle des prestations de prévention des risques professionnels si elle peut justifier de compétences ou de diplômes équivalents dans son pays d'origine.

LIVRE VII
CONTRÔLE

TITRE Ier DOCUMENTS ET AFFICHAGES OBLIGATOIRES

CHAPITRE UNIQUE

Art. L. 4711-1. Les attestations, consignes, résultats et rapports relatifs aux vérifications et contrôles mis à la charge de l'employeur au titre de la santé et de la sécurité au travail comportent des mentions obligatoires déterminées par voie réglementaire.

Art. L. 4711-2. Les observations et mises en demeure notifiées par l'inspection du travail en matière de santé et de sécurité, de médecine du travail et de prévention des risques sont conservées par l'employeur.

Art. L. 4711-3. Au cours de leurs visites, les ***(L. 2016-1088 du 8 août 2016, art. 113, III, 4°, JO 9)*** «agents de contrôle de l'inspection du travail mentionnés à l'article L. 8112-1» et les agents du service de prévention des organismes de sécurité sociale ont accès aux documents mentionnés aux articles L. 4711-1 et L. 4711-2.

Art. L. 4711-4. Les documents mentionnés aux articles L. 4711-1 et L. 4711-2 sont communiqués, dans des conditions déterminées par voie réglementaire, aux membres des ***(Ord. 2017-1386 du 22 sept. 2017, art. 4, 68°, JO 23, entrée en vigueur au plus tard le 01.01.2018)*** «comités sociaux et économiques», au médecin du travail et, le cas échéant, aux représentants des organismes professionnels d'hygiène, de sécurité et des conditions de travail prévues à l'article L. 4643-2.

Art. L. 4711-5. Lorsqu'il est prévu que les informations énumérées aux articles L. 4711-1 et L. 4711-2 figurent dans des registres distincts, l'employeur est autorisé à réunir ces informations dans un registre unique dès lors que cette mesure est de nature à faciliter la conservation et la consultation de ces informations.

Note *Registre unique de sécurité.* La possibilité – il s'agit d'une simple faculté et non d'une obligation – est donnée aux employeurs de réunir différents documents en un registre unique à condition qu'une telle mesure facilite la conservation et la consultation desdits documents (circ. DRT 90-16 du 27 juillet 1990 relative aux registres et affiches obligatoires).

Art. D. 4711-1. L'employeur affiche, dans des locaux normalement accessibles aux travailleurs, l'adresse et le numéro d'appel:

1° Du médecin du travail ou du service de santé au travail compétent pour l'établissement;
2° Des services de secours d'urgence;
3° De l'inspection du travail compétente ainsi que le nom de l'inspecteur compétent.

Note La loi 85-772 du 25 juillet 1985 (JO 26) a complété les affichages obligatoires (inspection du travail, médecine du travail, service de secours d'urgence, étant précisé que les numéros de téléphone doivent obligatoirement figurer dans l'affiche).

Services de secours d'urgence: il s'agit essentiellement des pompiers et du SAMU mais peuvent également être affichés les numéros d'appel d'un centre anti-poison, d'un hôpital, etc.

Art. D. 4711-2. Les attestations, consignes, résultats et rapports relatifs aux vérifications et contrôles mis à la charge de l'employeur au titre de la santé et de la sécurité au travail sont datés.

Ils mentionnent l'identité de la personne ou de l'organisme chargé du contrôle ou de la vérification ainsi que celle de la personne qui a réalisé le contrôle ou la vérification.

Art. D. 4711-3. Sauf dispositions particulières, l'employeur conserve les documents concernant les observations et mises en demeure de l'inspection du travail ainsi que ceux concernant les vérifications et contrôles mis à la charge des employeurs au titre de la santé et de la sécurité au travail des cinq dernières années et, en tout état de cause, ceux des deux derniers contrôles ou vérifications.

(D. 2009-289 du 13 mars 2009, JO 15) «Il conserve, pendant la même durée, les copies des déclarations d'accidents du travail déclarés à la caisse primaire d'assurance maladie.»

TITRE II MISES EN DEMEURE ET DEMANDES DE VÉRIFICATIONS

CHAPITRE Ier Mises en demeure

SECTION 1. Mises en demeure du directeur départemental du travail, de l'emploi et de la formation professionnelle

Art. L. 4721-1. Le *(L. 2011-525 du 17 mai 2011, art. 170, JO 18)* «[directeur régional de l'économie, de l'emploi, du travail et des solidarités]», sur le rapport de l'*(L. 2016-1088 du 8 août 2016, art. 113, III, 1°, JO 9)* «agent de contrôle de l'inspection du travail mentionné à l'article L. 8112-1» constatant une situation dangereuse, peut mettre en demeure l'employeur de prendre toutes mesures utiles pour y remédier, si ce constat résulte:

1° D'un non-respect par l'employeur des principes généraux de prévention prévus par les articles L. 4121-1 à L. 4121-5 et L. 4522-1;

2° D'une infraction à l'obligation générale de santé et de sécurité résultant des dispositions de l'article L. 4221-1.

Art. R. 4721-1. La mise en demeure du *(D. 2020-1545 du 9 déc. 2020, JO 10, entrée en vigueur le 01.04.2021)* «directeur régional de l'économie, de l'emploi, du travail et des solidarités», prévue au 2° de l'article L. 4721-1, peut être adressée à l'employeur lorsque la situation dangereuse créant un risque professionnel trouve son origine, notamment:

1° Dans les conditions d'organisation du travail ou d'aménagement du poste de travail;
2° Dans l'état des surfaces de circulation;
3° Dans l'état de propreté et d'ordre des lieux de travail;
4° Dans le stockage des matériaux et des produits de fabrication.

Note A entaché sa décision d'une erreur manifeste d'appréciation et commis une faute de nature à engager la responsabilité de l'État le directeur départemental du travail qui a mis en demeure une entreprise de déposer un faux plafond au motif qu'il pouvait mettre gravement en cause la sécurité des travailleurs en cas d'incendie, alors que le faux plafond était fait d'un matériau formellement reconnu ininflammable par le laboratoire national d'essais (CE 29 juin 1983, n° 36688, D. 1983, p. 544, note H. Seillan).

Art. R. 4721-2. Le délai d'exécution de la mise en demeure prévue au 2° de l'article L. 4721-1 ne peut être inférieur à quatre jours ouvrables.

Art. R. 4721-3. La mise en demeure du *(D. 2020-1545 du 9 déc. 2020, JO 10, entrée en vigueur le 01.04.2021)* «directeur régional de l'économie, de l'emploi, du travail et des solidarités» adressée à l'employeur est écrite, datée et signée.

Art. L. 4721-2. Les mises en demeure du *(L. 2011-525 du 17 mai 2011, art. 170, JO 18)* «[directeur régional de l'économie, de l'emploi, du travail et des solidarités]», établies selon des modalités déterminées par voie réglementaire, fixent un délai d'exécution tenant compte des difficultés de réalisation.

Si, à l'expiration de ce délai, l'*(L. 2016-1088 du 8 août 2016, art. 113, III, 1°, JO 9)* «agent de contrôle de l'inspection du travail mentionné à l'article L. 8112-1» constate que la situation dangereuse n'a pas cessé, il peut dresser procès-verbal à l'employeur.

Art. L. 4721-3. Les dispositions du 2° de l'article L. 4721-1 ne sont pas applicables aux établissements mentionnés aux 2° et 3° de l'article L. 4111-1.

SECTION 2. Mises en demeure de l'inspecteur du travail et du contrôleur du travail

Sous-section 1. Mise en demeure préalable au procès-verbal

Art. L. 4721-4. Lorsque cette procédure est prévue, *(L. 2016-1088 du 8 août 2016, art. 113, III, 6°, JO 9)* «les agents de contrôle de l'inspection du travail mentionnés à l'article L. 8112-1», avant de dresser procès-verbal, mettent l'employeur en demeure de se conformer aux prescriptions des décrets mentionnés aux articles L. 4111-6 et L. 4321-4.

Art. R. 4721-4. La mise en demeure préalable prévue à l'article L. 4721-4 est écrite, datée et signée.

Art. L. 4721-5. Par dérogation aux dispositions de l'article L. 4721-4, *(L. 2016-1088 du 8 août 2016, art. 113, III, 6°, JO 9)* «les agents de contrôle de l'inspection du travail mentionnés à l'article L. 8112-1» sont autorisés à dresser immédiatement procès-verbal, sans mise en demeure préalable, lorsque les faits qu'ils constatent présentent un danger grave ou imminent pour l'intégrité physique des travailleurs.

Le procès-verbal précise les circonstances de fait et les dispositions légales applicables à l'espèce.

Ces dispositions ne font pas obstacle à la mise en œuvre de la procédure de référé prévue aux articles L. 4732-1 et L. 4732-2.

Art. L. 4721-6. La mise en demeure indique les infractions constatées et fixe un délai à l'expiration duquel ces infractions doivent avoir disparu.

Ce délai est fixé en tenant compte des circonstances. Il est établi à partir du délai minimum prévu dans chaque cas par les décrets pris en application des articles L. 4111-6 et L. 4321-4. Il ne peut être inférieur à quatre jours.

Art. R. 4721-5. Le tableau ci-après détermine les dispositions de la présente partie qui donnent lieu à l'application de la procédure de mise en demeure préalable ainsi que le délai minimum d'exécution :

PRESCRIPTIONS POUR LESQUELLES LA MISE EN DEMEURE EST PRÉVUE	DÉLAI MINIMUM D'EXÉCUTION
Femmes enceintes, venant d'accoucher ou allaitant	
Local dédié à l'allaitement prévu à l'article L. 1225-32.	1 mois
Utilisation des lieux de travail	
Dispositions relatives aux obligations de l'employeur pour l'utilisation des lieux de travail du titre II du livre II à l'exception du deuxième alinéa de l'article R. 4224-7 et de l'article R. 4224-15.	8 jours
Obligation de former des secouristes dans les ateliers où sont accomplis des travaux dangereux prévue à l'article R. 4224-15.	1 mois
Conditions d'installation et de protection des cuves, bassins et réservoirs prévues au deuxième alinéa de l'article R. 4224-7	1 mois
Utilisation des équipements de travail	
Principes généraux d'utilisation des équipements de travail et des moyens de protection prévus aux articles R. 4321-1 à R. 4321-5.	8 jours
Mise à disposition des représentants du personnel de la documentation relative aux équipements de travail prévue à l'article R. 4323-5.	8 jours
Largeur, profil et état des passages et allées de circulation prévus à l'article R. 4323-12.	3 mois
Gabarit et profil des voies de circulation empruntées par les équipements de travail mobiles prévus à l'article R. 4323-50.	3 mois
Caractéristiques et conditions d'utilisation des équipements de protection individuelle prévues aux articles R. 4323-91 à R. 4323-94.	8 jours
Élaboration et mise à disposition des représentants du personnel de la consigne d'utilisation des équipements de protection individuelle prévues à l'article R. 4323-105.	8 jours
Risques chimiques	
Mesures contre les risques de débordement, d'éclaboussure et de déversement par rupture des cuves, bassins, réservoirs et récipients prévues au 2° de l'article R. 4412-17.	1 mois
Vibrations mécaniques	
Caractéristiques des équipements de protection individuelle contre les effets nuisibles des vibrations mécaniques prévues à l'article R. 4445-3.	8 jours
Travaux du bâtiment et du génie civil	
Dispositions relatives à l'hébergement des travailleurs prévues aux articles R. 4534-146 et R. 4534-147.	8 jours
Services de santé au travail	
Conditions de qualification exigées des médecins et des infirmiers des services de santé au travail, prévues aux articles R. 4623-2 et R. 4623-53.	1 mois
Modalités d'établissement du contrat de travail des médecins du travail, prévues à l'article R. 4623-4.	1 mois
Obligation pour le médecin du travail d'exercer personnellement ses fonctions, prévues à l'article R. 4623-16.	1 mois

PRESCRIPTIONS POUR LESQUELLES LA MISE EN DEMEURE EST PRÉVUE	DÉLAI MINIMUM D'EXÉCUTION
Présence dans l'établissement d'au moins un infirmier pendant les heures normales de travail, prévues à l'article R. 4623-56.	1 mois
Installation matérielle du service de santé au travail, prévues par l'arrêté mentionné à l'article R. 4624-[41].	1 mois
Service social du travail	
Dispositions du titre III du livre VI relatives à la mise en place, aux missions, à l'organisation et au fonctionnement du service social du travail.	1 mois

Art. L. 4721-7. Les dispositions de l'article L. 4721-4 ne sont pas applicables aux établissements mentionnés aux 2° et 3° de l'article L. 4111-1.

Sous-section 2. Mise en demeure préalable à l'arrêt temporaire d'activité

Art. L. 4721-8. ***(Ord. 2016-413 du 7 avril 2016, art. 2, JO 8, entrée en vigueur le 01.07.2016)*** «Lorsque l'agent de contrôle de l'inspection du travail mentionné à l'article L. 8112-1 constate que le travailleur est exposé à un agent chimique cancérogène, mutagène ou toxique pour la reproduction, et qu'il se trouve dans une situation dangereuse avérée résultant de l'une des infractions mentionnées au présent article, il met en demeure l'employeur de remédier à cette situation. Dans le cas où cette mise en demeure est infructueuse, il procède à un arrêt temporaire de l'activité en application de l'article L. 4731-2.

Les infractions justifiant les mesures mentionnées au premier alinéa sont:

1° Le dépassement d'une valeur limite d'exposition professionnelle déterminée par un décret pris en application de l'article L. 4111-6;

2° Le défaut ou l'insuffisance de mesures et moyens de prévention tels que prévus par le chapitre II du titre Ier du livre IV de la quatrième partie en ce qui concerne les agents chimiques cancérogènes, mutagènes ou toxiques pour la reproduction.»

La mise en demeure est établie selon des modalités prévues par voie réglementaire.

Art. R. 4721-6. Dès qu'il a constaté que les travailleurs se trouvent dans la situation dangereuse mentionnée à l'article L. 4721-8, l'***(D. 2016-510 du 25 avril 2016, JO 27, entrée en vigueur le 01.07.2016)*** «agent de contrôle de l'inspection du travail mentionné à l'article L. 8112-1» met l'employeur en demeure de remédier à cette situation. Cette mise en demeure se déroule selon les deux étapes suivantes:

1° Dès le constat de la situation dangereuse, l'***(D. 2016-510 du 25 avril 2016, JO 27, entrée en vigueur le 01.07.2016)*** «agent de contrôle de l'inspection du travail mentionné à l'article L. 8112-1» demande à l'employeur de lui transmettre par écrit, dans un délai de quinze jours, un plan d'action contenant les mesures correctives appropriées qu'il prend parmi celles prévues notamment aux articles R. 4412-66 à R. 4412-71 en vue de remédier à cette situation ainsi qu'un calendrier prévisionnel. Il lui notifie en même temps, si les circonstances l'exigent, l'obligation de prendre des mesures provisoires afin de protéger immédiatement la santé et la sécurité des travailleurs;

2° Dans un délai de quinze jours à compter de la réception de ce plan d'action, l'***(D. 2016-510 du 25 avril 2016, JO 27, entrée en vigueur le 01.07.2016)*** «agent de contrôle de l'inspection du travail mentionné à l'article L. 8112-1» met l'employeur en demeure de réaliser les mesures correctives. Il fixe un délai d'exécution et communique, le cas échéant, ses observations concernant le contenu du plan d'action.

Note Voir circulaire DGT 2007/15 du 6 décembre 2007 relative à l'arrêt temporaire d'activité mentionné au II de l'article L. 231-12 [L. 4721-8, L. 4731-2] CT.

Art. R. 4721-7. L'employeur informe sans délai les agents des services de prévention des organismes de sécurité sociale, le médecin du travail, le ***(D. 2017-1819 du 29 déc. 2017, art. 3, 49°, JO 30, entrée en vigueur le 01.01.2018)*** «comité social et économique», ainsi que les travailleurs intéressés, du constat de situation dangereuse effectué par l'inspecteur du travail en application du 1° de l'article R. 4721-6.

Art. R. 4721-8. Le plan d'action est établi par l'employeur après avis du médecin du travail, du ***(D. 2017-1819 du 29 déc. 2017, art. 3, 43°, JO 30, entrée en vigueur le 01.01.2018)*** «comité social et économique».

En l'absence d'avis, il est passé outre dès lors que le médecin du travail, le ***(D. 2017-1819 du 29 déc. 2017, art. 3, 49°, JO 30, entrée en vigueur le 01.01.2018)*** «comité social et économique», ont été régulièrement informés et convoqués pour cette consultation.

Art. R. 4721-9. L'employeur informe et consulte régulièrement le médecin du travail, le ***(D. 2017-1819 du 29 déc. 2017, art. 3, 43°, JO 30, entrée en vigueur le 01.01.2018)*** « comité social et économique » sur la mise en œuvre du plan d'action.

Art. R. 4721-10. À défaut de réception du plan d'action ou à l'issue du délai d'exécution fixé en application du 2° de l'article R. 4721-6, ***(D. 2016-510 du 25 avril 2016, JO 27, entrée en vigueur le 01.07.2016)*** « si l'agent de contrôle de l'inspection du travail mentionné à l'article L. 8112-1 » constate que la situation dangereuse persiste, il peut, après avoir entendu l'employeur, ordonner l'arrêt temporaire de l'activité ***(D. 2009-289 du 13 mars 2009, JO 15)*** « dans les conditions prévues aux articles ***(D. 2019-253 du 27 mars 2019, art. 2, 1°, JO 30)*** « R. 4731-10 » et suivants ».

Sous-section 3 (réglementaire). **Mise en demeure de réduction d'intervalle entre les vérifications périodiques**

Art. R. 4721-11. L'inspecteur ou le contrôleur du travail peut mettre l'employeur en demeure de réduire l'intervalle entre les vérifications des équipements de travail ou catégories d'équipements de travail prévues par les arrêtés mentionnés à l'article R. 4323-23 lorsque, en raison notamment des conditions ou de la fréquence d'utilisation, du mode de fonctionnement ou de la conception de certains organes, les équipements de travail sont soumis à des contraintes génératrices d'une usure prématurée susceptible d'être à l'origine de situations dangereuses.

Art. R. 4721-12. L'inspecteur ou le contrôleur du travail peut mettre l'employeur en demeure de réduire l'intervalle entre les vérifications des équipements de protection individuelle ou catégories d'équipements de protection individuelle prévues par les arrêtés mentionnés à l'article R. 4323-99 lorsque, en raison notamment des conditions de stockage ou d'environnement, du mode de fonctionnement ou de la conception de certains organes, les équipements de protection individuelle sont soumis à des contraintes susceptibles de nuire à leur fonction protectrice.

CHAPITRE II **Demandes de vérifications, de mesures et d'analyses**

Art. L. 4722-1. ***(Ord. 2016-413 du 7 avril 2016, art. 2, III, 1°, JO 8, entrée en vigueur le 01.07.2016)*** « L'agent de contrôle de l'inspection du travail mentionné à l'article L. 8112-1 » peut, dans des conditions déterminées par décret en Conseil d'État, demander à l'employeur de faire procéder à des contrôles techniques, consistant notamment :

1° À faire vérifier l'état de conformité de ses installations et équipements avec les dispositions qui lui sont applicables ;

2° À faire procéder à la mesure de l'exposition des travailleurs à des nuisances physiques, à des agents physiques, chimiques ou biologiques donnant lieu à des limites d'exposition ;

3° ***(Ord. 2016-413 du 7 avril 2016, art. 2, III, 2°, JO 8, entrée en vigueur le 01.07.2016)*** « À faire procéder à l'analyse de toutes matières, y compris substances, mélanges, matériaux, équipements, matériels ou articles susceptibles de comporter ou d'émettre des agents physiques, chimiques ou biologiques dangereux pour les travailleurs. »

Note Le fait pour l'employeur de ne pas se conformer aux décisions prises par l'agent de contrôle de l'inspection du travail en application de cet article est passible d'une amende administrative, voir art. L. 4752-2.

Art. L. 4722-2. Les vérifications ***(Ord. 2016-413 du 7 avril 2016, art. 2, IV, JO 8, entrée en vigueur le 01.07.2016)*** « , mesures et analyses prévues à » l'article L. 4722-1 sont réalisées par des organismes ou des personnes désignés dans des conditions déterminées par décret en Conseil d'État.

SECTION 1 (réglementaire). **Aération et assainissement des locaux de travail**

Art. R. 4722-1. L'inspecteur ou le contrôleur du travail peut demander à l'employeur de faire procéder par une personne ou un organisme agréé aux contrôles et aux mesures permettant de vérifier la conformité de l'aération et de l'assainissement des locaux de travail avec les dispositions des articles R. 4222-6 à R. 4222-17, R. 4222-20 et R. 4222-21.

Note • ***À compter de la date de publication de l'arrêté prévu à l'article R. 4724-2, dans sa rédaction issue du décret 2020-88, et au plus tard le 30.06.2021,*** *cet article est ainsi rédigé :*

***Art. R. 4722-1.* (D. 2020-88 du 5 févr. 2020, art. 1er, 9°, JO 6, entrée en vigueur au plus tard le 30.06.2021)** *L'agent de contrôle de l'inspection du travail mentionné à l'article L. 8112-1 peut demander à l'employeur de faire procéder par un organisme accrédité ou, à défaut d'or-*

ganisme accrédité, par un organisme désigné par arrêté des ministres chargé du travail et de l'agriculture, aux contrôles et aux mesures permettant de vérifier la conformité de l'aération et de l'assainissement des locaux de travail avec les dispositions des articles R. 4222-6 à R. 4222-17, R. 4222-20 et R. 4222-21.

Il fixe le délai dans lequel cet organisme doit être saisi.

Jusqu'à la date de publication de l'arrêté prévu à l'article R. 4724-2 et au plus tard le 30 juin 2021, les agréments demandés au titre de l'article R. 4722-1 sont accordés par le Direccte [Dreets] d'Île-de-France dans les conditions définies par un arrêté des ministres chargés du travail et de l'agriculture. Ces agréments prennent fin au plus tard le 31 décembre 2021.

Les organismes agréés au 6 février 2020 continuent d'exercer leurs missions jusqu'au 31 décembre 2021 (décret 2020-88 précité, art. 5, I).

• Un arrêté du 9 octobre 1987 (JO 22), complété par arrêté du 24 décembre 1993 (JO 29) et modifié par arrêté du 10 février 2020 (JO 19), fixe les conditions du contrôle de l'aération et de l'assainissement des locaux de travail prescrit par l'inspecteur du travail.

• La circonstance que, après un premier contrôle, l'exigence d'une aération par ventilation mécanique du local situé en sous-sol d'un magasin ait été abandonnée ne faisait pas obstacle à ce qu'il soit prescrit au gérant de la société, suite à un nouveau contrôle, de faire procéder aux contrôles et mesures permettant de vérifier le respect des dispositions des articles R. 232-5-3 à 9 (anciens) CT applicables dans les cas où l'aération doit être assurée par des dispositifs de ventilation (CE 26 juillet 1996, n° 161595).

Art. R. 4722-2. L'employeur justifie qu'il a saisi l'organisme agréé dans les quinze jours suivant la date de demande de vérification.

Il transmet à l'inspection du travail les résultats dans les dix jours qui suivent leur réception.

Note ***À compter de la date de publication de l'arrêté prévu à l'article R. 4724-2, dans sa rédaction issue du décret 2020-88, et au plus tard le 30.06.2021,*** *cet article est ainsi rédigé:*

***Art. R. 4722-2.* (D. 2020-88 du 5 févr. 2020, art. 1er, 9°, JO 6, entrée en vigueur au plus tard le 30.06.2021)** *L'employeur justifie qu'il a saisi l'organisme mentionné à l'article R. 4722-1 dans le délai qui lui a été imparti et transmet à l'agent de contrôle de l'inspection du travail, dès leur réception, les résultats des contrôles et mesures. (décret 2020-88 précité, art. 5, I).*

Voir note sous art. R. 4722-1.

SECTION 2 (réglementaire). Éclairage des lieux de travail

Art. R. 4722-3. L'inspecteur ou le contrôleur du travail peut demander à l'employeur de faire procéder à des relevés photométriques par une personne ou un organisme agréé, permettant de vérifier la conformité de l'éclairage des lieux de travail avec les dispositions des articles R. 4223-4 à R. 4223-8.

Note • ***À compter de la date de publication de l'arrêté prévu à l'article R. 4724-16, dans sa rédaction issue du décret 2020-88, et au plus tard le 30.06.2021,*** *cet article est ainsi rédigé:*

***Art. R. 4722-3.* (D. 2020-88 du 5 févr. 2020, art. 1er, 10°, JO 6, entrée en vigueur au plus tard le 30.06.2021)** *L'agent de contrôle de l'inspection du travail mentionné à l'article L. 8112-1 peut demander à l'employeur de faire procéder par un organisme accrédité ou, à défaut d'organisme accrédité, par un organisme désigné par un arrêté des ministres chargés du travail et de l'agriculture, à des relevés photométriques permettant de vérifier la conformité de l'éclairage des lieux de travail avec les dispositions des articles R. 4223-4 à R. 4223-8.*

Il fixe le délai dans lequel cet organisme doit être saisi.

Jusqu'à la date de publication de l'arrêté prévu à l'article R. 4724-16 et au plus tard le 30 juin 2021, les agréments demandés au titre de l'article R. 4722-3 sont accordés par le Direccte [Dreets] d'Île-de-France dans les conditions définies par un arrêté des ministres chargés du travail et de l'agriculture. Ces agréments prennent fin au plus tard le 31 décembre 2021.

Les organismes agréés au 6 février 2020 continuent d'exercer leurs missions jusqu'au 31 décembre 2021 (décret 2020-88 précité, art. 5, II).

• Voir arrêté du 23 octobre 1984 (JO 24 nov. NC), modifié par arrêté du 10 février 2020 (JO 19), relatif aux relevés photométriques sur les lieux de travail et aux conditions d'agrément des personnes et organismes pouvant procéder à ces contrôles.

Art. R. 4722-4. L'employeur transmet les résultats des relevés photométriques à l'inspection du travail dans les quinze jours qui suivent leur réception.

Note ***À compter de la date de publication de l'arrêté prévu à l'article R. 4724-16, dans sa rédaction issue du décret 2020-88, et au plus tard le 30.06.2021,*** *cet article est ainsi rédigé:*

***Art. R. 4722-4.* (D. 2020-88 du 5 févr. 2020, art. 1er, 10°, JO 6, entrée en vigueur au plus tard le 30.06.2021)** *L'employeur justifie qu'il a saisi l'organisme mentionné à l'article R. 4722-1 dans le délai qui lui a été imparti et transmet à l'agent de contrôle de l'inspection du travail, dès leur réception, les résultats des contrôles et mesures. (décret 2020-88 précité, art. 5, II).*

Voir note sous art. R. 4722-3.

SECTION 3 (réglementaire). Équipements de travail et moyens de protection

Art. R. 4722-5. ***(D. 2020-88 du 5 févr. 2020, art. 1er, 11°, JO 6)*** L'agent de contrôle de l'inspection du travail mentionné à l'article L. 8112-1 peut demander à l'employeur de faire vérifier, par un organisme accrédité, la conformité des équipements de travail mentionnés à l'article L. 4321-1 avec les dispositions qui leur sont applicables.

Il fixe le délai dans lequel cet organisme doit être saisi.

Note • Voir arrêté du 22 octobre 2009 (JO 5 nov., applicabilité depuis le 29.12.2009) relatif aux modalités de réalisation des vérifications de l'état de conformité des équipements de travail, à la demande de l'inspection du travail ainsi qu'aux conditions, modalités d'accréditation des organismes chargés de ces vérifications, circulaire DGT 2010-01 du 4 février 2010 concernant la mise en œuvre du décret du 7 novembre 2008 et note DGT/SAFSL 2010 du 9 mars 2010 sur le contrôle de la conformité des équipements de travail et la surveillance du marché.

• Voir note sous art. R. 4724-4.

• Les fonctionnaires de l'inspection du travail, dans l'exercice de leur mission de contrôle des conditions de travail dans l'entreprise, tiennent des articles L. 611-1 et L. 233-5-2 [L. 8112-1, R. 4722-5] CT le pouvoir de faire vérifier la conformité aux règles de sécurité des matériels utilisés par l'ensemble du personnel ; si, en raison de manquements techniques à la sécurité, ces fonctionnaires sont amenés à dresser un procès-verbal auquel le ministère public apprécie la suite à donner après avoir, le cas échéant, ordonné une enquête, un tel procès-verbal, établi en dehors de toute contrainte et ne préjugeant pas de la culpabilité, ne fait pas obstacle, en cas de poursuite ultérieure, à l'exercice des droits de la défense devant la juridiction de jugement. Le droit de ne pas contribuer à sa propre incrimination et de pouvoir bénéficier de l'assistance d'un avocat résultant des dispositions des articles 6 § 1 et 3 de la Convention européenne des droits de l'homme n'est donc pas méconnu lorsqu'à l'occasion d'un accident du travail, les fonctionnaires de l'inspection du travail demandent au chef d'établissement de faire procéder à la vérification de conformité du matériel utilisé, et qu'ils dressent ensuite, en vue de sa transmission au ministère public, un procès-verbal relevant des manquements à la sécurité (cass. crim. 6 novembre 2007, n° 07-80.031, B. crim. n° 265 ; RJS 3/08 n° 298 ; RDT, juillet/août 2008, CH, 464, J-Fr. Dreuille).

Art. R. 4722-6. ***(D. 2020-88 du 5 févr. 2020, art. 1er, 12°, JO 6)*** « L'agent de contrôle de l'inspection du travail mentionné à l'article L. 8112-1 » peut demander de faire vérifier, par un organisme ***(D. 2008-1156 du 7 nov. 2008, art. 12, JO 9)*** « accrédité », la conformité des équipements de travail et moyens de protection d'occasion soumis à la procédure de certification de conformité prévue par l'article ***(D. 2008-1156 du 7 nov. 2008, art. 12, JO 9)*** « R. 4313-14 » et faisant l'objet d'une des opérations mentionnées à l'article L. 4311-3, avec les dispositions techniques qui leur sont applicables.

Note • Voir arrêté du 22 octobre 2009 (JO 5 nov.) cité sous l'article R. 4722-5.

• S'agissant des dispositions relatives à la vérification des installations sur demande de l'inspection du travail, voir circulaire DGT 2012/12 du 9 octobre 2012 relative à la prévention des risques électriques (IV-3).

Art. R. 4722-7. ***(D. 2020-88 du 5 févr. 2020, art. 1er, 13°, JO 6)*** L'employeur ou le responsable de l'opération mentionnée à l'article L. 4311-3 justifie qu'il a saisi l'organisme accrédité dans le délai qui lui a été imparti et transmet à l'agent de contrôle de l'inspection du travail, dès leur réception, les résultats des vérifications de la conformité des équipements de travail.

Art. R. 4722-8. Une copie du rapport de l'organisme accrédité est adressée simultanément par l'employeur au service de prévention de l'organisme de sécurité social compétent.

SECTION 4 (réglementaire). Risques chimiques

Sous-section 1. Contrôle des valeurs limites d'exposition professionnelle

Note Cette sous-section a été introduite par le décret 2009-1570 du 15 décembre 2009, JO 17.

Art. R. 4722-12. L'inspecteur ou le contrôleur du travail peut demander à l'employeur de faire procéder à un contrôle technique des valeurs limites d'exposition professionnelle par un organisme accrédité conformément aux articles R. 4724-8 à R. 4724-13.

Il fixe le délai dans lequel l'organisme accrédité doit être saisi.

Art. R. 4722-13. L'employeur justifie qu'il a saisi l'organisme accrédité pendant le délai qui lui a été fixé et transmet à l'inspecteur ou au contrôleur du travail les résultats dès leur réception.

Sous-section 2. Amiante

Art. R. 4722-14. L'inspecteur ou le contrôleur du travail du travail peut demander à l'employeur exerçant une activité relevant de la section 3 du chapitre II du titre premier du livre IV, relatif à la prévention des risques d'exposition à l'amiante, de faire procéder à un contrôle des niveaux d'empoussièrement en fibres d'amiante par un laboratoire accrédité, qui procède au prélèvement et à l'analyse.

La demande de vérification fixe un délai d'exécution.

Art. R. 4722-15. L'employeur justifie qu'il a saisi le laboratoire accrédité pendant le délai d'exécution qui lui a été fixé.

Il transmet les résultats à l'inspection du travail dès leur réception.

SECTION 5 (réglementaire). Bruit

Art. R. 4722-16. L'inspecteur ou le contrôleur du travail peut demander à l'employeur de faire procéder à un mesurage de l'exposition au bruit par un organisme accrédité dans ce domaine, en vue de s'assurer du respect des obligations relatives à la prévention des risques d'exposition au bruit prévues par le titre III du livre IV.

Note Voir article R. 4724-18 et note sous cet article.

Art. R. 4722-17. L'employeur justifie qu'il a saisi l'organisme accrédité dans les quinze jours suivant la date de mise en demeure.

Il transmet à l'inspection du travail les résultats dans les dix jours qui suivent leur réception.

SECTION 6 (réglementaire). Vibrations mécaniques

Art. R. 4722-18. L'inspecteur ou le contrôleur du travail peut demander à l'employeur de faire procéder à un mesurage de l'exposition aux vibrations mécaniques par un organisme accrédité, en vue de s'assurer du respect des obligations relatives à la prévention des risques d'exposition aux vibrations mécaniques prévues au titre IV du livre IV.

Art. R. 4722-19. L'employeur justifie qu'il a saisi l'organisme accrédité dans les quinze jours suivant la date de mise en demeure.

Il transmet à l'inspection du travail les résultats dans les dix jours qui suivent leur réception.

SECTION 7 (réglementaire). Rayonnements

Art. R. 4722-20. ***(D. 2018-437 du 4 juin 2018, art. 2, JO 5, entrée en vigueur le 01.07.2018)*** L'agent de contrôle de l'inspection du travail mentionné à l'article L. 8112-1, l'inspecteur de la radioprotection mentionné à l'article L. 1333-29 du code de la santé publique ainsi que les agents mentionnés à l'article L. 1333-30 du même code peuvent demander à l'employeur de faire procéder aux mesurages prévus à l'article R. 4451-15 ou aux vérifications de l'efficacité des moyens de prévention prévues aux articles R. 4451-40 à R. 4451-48.

Ils fixent le délai dans lequel l'Institut de radioprotection et sûreté nucléaire ou l'organisme accrédité mentionné à l'article R. 4451-40 doit être saisi.

Art. R. 4722-20-1. ***(D. 2010-750 du 2 juil. 2010, JO 4)*** L'employeur justifie qu'il a saisi ***(D. 2018-437 du 4 juin 2018, art. 2, JO 5, entrée en vigueur le 01.07.2018)*** « l'organisme accrédité ou » l'Institut de radioprotection et de sûreté nucléaire pendant le délai qui lui a été fixé.

Il transmet les résultats à l'agent ayant demandé la vérification dès leur réception.

Art. R. 4722-21. ***(D. 2010-750 du 2 juil. 2010, JO 4) (D. 2019-1547 du 30 déc. 2019, JO 31)*** « L'agent de contrôle de l'inspection du travail mentionné à l'article L. 8112-1 peut demander à l'employeur de faire procéder aux mesurages des niveaux de rayonnements optiques artificiels prévus à l'article R. 4452-7 par un organisme accrédité ou à défaut, par le laboratoire national de métrologie et d'essais mentionné à l'article L. 823-1 du code de la consommation. »

Il fixe le délai dans lequel l'organisme accrédité ***(D. 2019-1547 du 30 déc. 2019, JO 31)*** « ou le laboratoire national de métrologie et d'essais » doit être saisi.

Note Voir article R. 4724-18 et note sous cet article.

Art. R. 4722-21-1. ***(D. 2010-750 du 2 juil. 2010, JO 4)*** L'employeur justifie qu'il a saisi l'organisme accrédité ***(D. 2019-1547 du 30 déc. 2019, JO 31)*** « ou, à défaut, le laboratoire national de métrologie et d'essais » pendant le délai qui lui a été fixé et transmet à l'***(D. 2019-1547 du 30 déc. 2019, JO 31)*** « agent de contrôle de l'inspection du travail mentionné à l'article L. 8112-1 » les résultats dès leur réception.

Art. R. 4722-21-2. ***(D. 2016-1074 du 3 août 2016, art. 2, JO 6, entrée en vigueur le 01.01.2017)*** L'agent de contrôle de l'inspection du travail mentionné à l'article L. 8112-1 peut demander à l'employeur de faire procéder à un contrôle technique des valeurs limites d'exposition aux champs électromagnétiques définies aux articles R. 4453-3 et R. 4453-4 par un organisme accrédité ***(D. 2020-88 du 5 févr. 2020, art. 1er, 15°, JO 6)*** « ou, à défaut, par un organisme désigné par arrêté des ministres chargés du travail et de l'agriculture ».

Art. R. 4722-21-3. ***(D. 2020-88 du 5 févr. 2020, art. 1er, 16°, JO 6)*** L'employeur justifie qu'il a saisi l'organisme mentionné à l'article R. 4722-21-2 dans le délai qui lui a été imparti et transmet à l'agent de contrôle de l'inspection du travail, dès leur réception, les résultats du contrôle technique.

SECTION 8 (réglementaire). Travaux du bâtiment et du génie civil

Note Les articles R. 4722-22 à 24 qui figuraient dans cette section ont été abrogés par le décret 2020-88 du 5 février 2020, art. 1er, 17°, JO 6.

SECTION 9 (réglementaire). Installations électriques

Note Les sections 9 et 10 ont été introduites par le décret 2010-1018 du 30 août 2010, JO 1er sept., entrée en vigueur le 01.07.2011.

Art. R. 4722-26. L'inspecteur du travail ou le contrôleur du travail peut demander à l'employeur de faire vérifier, par un organisme accrédité, la conformité de tout ou partie des installations électriques fixes ou temporaires aux dispositions qui leur sont applicables.

Note Voir arrêté du 21 décembre 2011 (JO 29) relatif aux modalités d'accréditation des organismes chargés des vérifications initiales des installations électriques et sur demande de l'inspection du travail et arrêté du 26 décembre 2011 (JO 29) précité sous l'article R. 4226-18.

Art. R. 4722-27. L'employeur justifie qu'il a saisi l'organisme accrédité dans les quinze jours suivant la date de demande de vérification.

Il transmet à l'inspecteur du travail, dans les dix jours qui suivent sa réception, le rapport établi par l'organisme.

Art. R. 4722-28. Une copie du rapport de l'organisme accrédité est adressée simultanément par l'employeur au service de prévention de l'organisme de sécurité sociale compétent.

SECTION 10 (réglementaire). Analyse de toutes matières ou d'équipements susceptibles de comporter ou d'émettre des agents physiques, chimiques ou biologiques dangereux

Note Cette section est issue du décret 2020-88 du 5 février 2020, art. 1er, 18°, JO 6.

Art. R. 4722-29. Sans préjudice du droit de prélèvement prévu à l'article L. 8113-3, l'agent de contrôle de l'inspection du travail mentionné à l'article L. 8112-1 peut demander à l'employeur de faire procéder, par un organisme accrédité ou, à défaut d'organisme accrédité, par un organisme désigné par arrêté des ministres du travail et de l'agriculture, à des analyses de toutes matières, y compris des substances, mélanges, matériaux, équipements, matériels ou articles susceptibles de comporter ou d'émettre des agents physiques, chimiques ou biologiques dangereux pour les travailleurs, en vue d'en connaître la composition et les effets sur l'organisme humain.

Il fixe dans sa demande le délai dans lequel le résultat des analyses doit lui être adressé par l'employeur.

SECTION 11 (réglementaire). Dispositions communes

Note Cette section est issue du décret 2020-88 du 5 février 2020, art. 1er, 19°, JO 6.

Art. R. 4722-30. Le prélèvement des échantillons et leur expédition à l'organisme choisi, ou l'analyse de l'équipement, de l'article ou du matériel sont réalisés sous le contrôle de l'agent qui a formulé la demande.

Art. R. 4722-31. L'employeur transmet les résultats des analyses à l'agent de contrôle de l'inspection du travail dès leur réception.

Art. R. 4722-32. Des arrêtés conjoints des ministres chargés du travail et de l'agriculture précisent les conditions d'accréditation et les méthodes de prélèvement et d'analyses prévus aux articles R. 4722-29 et R. 4722-30.

Art. R. 4722-33. Le coût des prestations liées aux contrôles et mesurages réalisés au titre du présent chapitre est à la charge de l'employeur.

CHAPITRE III Recours

Art. L. 4723-1. ***(L. 2011-525 du 17 mai 2011, art. 170, JO 18)*** S'il entend contester la mise en demeure prévue à l'article L. 4721-1, l'employeur exerce un recours devant le ministre chargé du travail.

S'il entend contester la mise en demeure prévue ***(Ord. 2016-413 du 7 avril 2016, art. 2, V, 1°, JO 8, entrée en vigueur le 01.07.2016)*** «aux articles L. 4721-4 ou L. 4721-8» ainsi que la demande de vérification ***(Ord. 2016-413 du 7 avril 2016, art. 2, V, 2°, JO 8, entrée en vigueur le 01.07.2016)*** «, de mesure et d'analyse» prévue à l'article L. 4722-1, l'employeur exerce un recours devant le [directeur régional de l'économie, de l'emploi, du travail et des solidarités].

Le refus opposé à ces recours est motivé.

Note • N'a pas été saisi hors délai le directeur régional du travail qui a reçu le texte de la réclamation en télécopie avant l'expiration du délai, même si ladite réclamation ne lui a été présentée par voie de lettre recommandée qu'après l'expiration du délai (CE 6 mai 1996, n° 143207, Rec. Lebon, p. 161; RJS 7/96 n° 825).

• Le chef d'établissement, auquel le directeur départemental du travail, de l'emploi et de la formation professionnelle a adressé une mise en demeure doit, préalablement à un recours contentieux contre cette décision, saisir le directeur régional de la réclamation prévue à l'article L. 231-5-1 (ancien). La décision de ce dernier se substitue à celle du directeur départemental (CE 13 novembre 2002, n° 232265, RJS 2/03 n° 205).

• Dans les départements d'outre-mer et dans la collectivité territoriale de Saint-Pierre-et-Miquelon, le ministre chargé du travail, et pour les salariés visés aux 1° à 7°, 9° et 10° de l'article 1144 [1° à 3°, 6° et 7° de l'article L. 722-20] du code rural, le ministre de l'Agriculture sont respectivement compétents pour statuer sur les réclamations prévues à l'article L. 231-5-1 (ancien) CT contre les mises en demeure prononcées sur le fondement des articles L. 230-5 et L. 231-5 (anciens) (décret 99-955 du 17 novembre 1999, art. 2, JO 20).

Art. R. 4723-1. Le recours contre les mises en demeure prévu ***(D. 2019-253 du 27 mars 2019, art. 2, 2°, JO 30)*** «au deuxième alinéa de l'article L. 4723-1» est formé devant le ***(D. 2020-1545 du 9 déc. 2020, JO 10, entrée en vigueur le 01.04.2021)*** «directeur régional de l'économie, de l'emploi, du travail et des solidarités» avant l'expiration du délai d'exécution fixé en application ***(D. 2019-253 du 27 mars 2019, art. 2, 2°, JO 30)*** «de l'article L. 4721-6» et, au plus tard, dans les quinze jours qui suivent la mise en demeure.

Le recours contre une demande de vérification prévu ***(D. 2019-253 du 27 mars 2019, art. 2, 2°, JO 30)*** «au deuxième alinéa de l'article L. 4723-1» est formé au plus tard dans les quinze jours suivants la demande de vérification.

Ces recours sont suspensifs.

Ils sont faits par lettre recommandée avec avis de réception.

Art. R. 4723-2. La date de présentation de la lettre recommandée adressée au ***(D. 2020-1545 du 9 déc. 2020, JO 10, entrée en vigueur le 01.04.2021)*** «directeur régional de l'économie, de l'emploi, du travail et des solidarités» constitue le point de départ du délai accordé à ce dernier pour prendre sa décision.

Art. R. 4723-3. Le ***(D. 2020-1545 du 9 déc. 2020, JO 10, entrée en vigueur le 01.04.2021)*** «directeur régional de l'économie, de l'emploi, du travail et des solidarités» prend sa décision dans un délai de vingt et un jours.

Si les nécessités de l'instruction de la réclamation l'exigent, ce délai peut être prolongé d'une nouvelle période de vingt et un jours. L'employeur en est informé par lettre recommandée avec avis de réception.

Art. R. 4723-4. La non-communication à l'employeur de la décision du ***(D. 2020-1545 du 9 déc. 2020, JO 10, entrée en vigueur le 01.04.2021)*** «directeur régional de l'économie, de l'emploi, du travail et des solidarités» dans le délai prévu à l'article R. 4723-3 vaut acceptation du recours.

Art. R. 4723-5. L'employeur qui conteste la nature, l'importance ou le délai imposé par l'inspecteur du travail d'une demande d'analyse de produit faite en application de l'article ***(D. 2020-88 du 5 févr. 2020, art. 1er, 20°, JO 6)*** « R. 4722-29», adresse son recours, dans les huit jours de la mise en demeure, au ***(D. 2020-1545 du 9 déc. 2020, JO 10, entrée en vigueur le 01.04.2021)*** «directeur régional de l'économie, de l'emploi, du travail et des solidarités».

Le recours est suspensif. Toutefois, il ne fait pas obstacle à l'exécution du prélèvement.

Art. R. 4723-6. ***(D. 2019-253 du 27 mars 2019, art. 2, 3°, JO 30)*** Le recours contre la mise en demeure du ***(D. 2020-1545 du 9 déc. 2020, JO 10, entrée en vigueur le 01.04.2021)*** «directeur régional de l'économie, de l'emploi, du travail et des solidarités» prévu au premier alinéa de l'article L. 4723-1 est formé devant le ministre chargé du travail avant l'expiration du délai d'exécution fixé en application de l'article L. 4721-2 et, au plus tard, dans les quinze jours qui suivent la mise en demeure.

Ce recours est suspensif. Il est transmis par lettre recommandée avec avis de réception.

Le silence gardé pendant plus deux mois sur ce recours vaut décision d'acceptation.

CHAPITRE IV (réglementaire) Organismes de mesures et de vérifications

SECTION 1. Accréditations

Art. R. 4724-1. ***(D. 2010-699 du 25 juin 2010, JO 27)*** Les accréditations sont délivrées par le Comité français d'accréditation ou par tout autre organisme d'accréditation désigné en application du règlement (CE) n° 765/2008 du Parlement européen et du Conseil du 9 juillet 2008 fixant les prescriptions relatives à l'accréditation et à la surveillance du marché pour la commercialisation des produits.

Un organisme d'un État membre de l'Union européenne non établi en France peut effectuer de façon occasionnelle des prestations de service mentionnées à l'article L. 4722-1 s'il dispose d'une accréditation attestant qu'il a été reconnu compétent pour mettre en œuvre toute méthode normalisée ou assimilée, applicable sur le territoire national, dans le domaine de compétence au titre duquel il intervient.

Note Voir arrêté du 15 décembre 2009 (JO 17) relatif aux contrôles techniques des valeurs limites d'exposition professionnelle sur les lieux de travail et aux conditions d'accréditation des organismes chargés des contrôles.

SECTION 2. Organismes de vérification en matière d'aération et d'assainissement des locaux de travail

Art. R. 4724-2. Des arrêtés conjoints des ministres chargés du travail et de l'agriculture fixent les conditions et modalités d'agrément des organismes mentionnés à l'article R. 4722-1.

Note ***À compter de la date de publication de l'arrêté prévu à l'article R. 4724-2, dans sa rédaction issue du décret 2020-88, et au plus tard le 30.06.2021,*** *cet article est ainsi rédigé:*

***Art. R. 4724-2.* (D. 2020-88 du 5 févr. 2020, art. 1er, 21°, JO 6, entrée en vigueur au plus tard le 30.06.2021)** *Un arrêté des ministres chargés du travail et de l'agriculture précise les conditions d'accréditation et les méthodes de mesure permettant de vérifier la conformité de l'aération et de l'assainissement des locaux de travail. (décret 2020-88 précité, art. 5, I).*

Voir note sous art. R. 4722-1.

Art. R. 4724-3. Le silence gardé pendant plus de quatre mois sur une demande d'agrément vaut décision de rejet.

Note **À compter de la date de publication de l'arrêté prévu à l'article R. 4724-2, dans sa rédaction issue du décret 2020-88, et au plus tard le 30.06.2021,** cet article est abrogé (décret 2020-88 du 5 février 2020, art. 1er, 22° et 5, I, JO 6).

Voir note sous art. R. 4722-1.

SECTION 3. Organismes de vérification des équipements de travail

Art. R. 4724-4. Pour l'application des articles R. 4722-5 et R. 4722-6, un arrêté des ministres chargés du travail et de l'agriculture fixe ***(D. 2008-1156 du 7 nov. 2008, art. 12, JO 9)*** «les conditions de recours à l'accréditation».

Note • Les dispositions de cet article, dans sa rédaction issue du décret 2008-1156 précité, sont applicables depuis le 29.12.2009 (décret précité, art. 16).

• Voir arrêté du 22 octobre 2009 (JO 5 nov., applicabilité depuis le 29.12.2009) relatif aux modalités de réalisation des vérifications de l'état de conformité des équipements de travail à la demande de l'inspection du travail ainsi qu'aux conditions et modalités d'accréditation des organismes chargés de ces vérifications. Au 29 décembre 2009, l'arrêté du 22 décembre 2000 (JO 31) relatif aux conditions et aux modalités d'agrément des organismes pour la vérification de l'état de conformité des équipements de travail est abrogé. Les organismes, accrédités au 29 décembre 2000 dans le cadre de la procédure d'agrément décrite dans l'arrêté du 22 décembre 2000 précité, sont compétents pour réaliser les vérifications d'état de conformité des équipements de travail à la demande de l'inspection du travail conformément aux dispositions de l'arrêté du 22 octobre 2009 jusqu'au prochain audit de suivi ou renouvellement du COFRAC (Comité français d'accréditation).

SECTION 4. Organismes de contrôle des risques chimiques

Sous-section 1. Contrôle des valeurs limites d'exposition professionnelle

Note Cette sous-section a été introduite par le décret 2009-1570 du 15 décembre 2009, JO 17.

Art. R. 4724-8. Les contrôles techniques destinés à vérifier, en application des articles R. 4412-27 et R. 4412-76, le respect des valeurs limites d'exposition professionnelle aux agents chimiques fixées par les articles R. 4412-149 et R. 4412-150 sont réalisés par un organisme accrédité dans ce domaine.

Note Voir note au-dessus de l'article R. 4724-15.

Art. R. 4724-9. L'organisme accrédité, dont le personnel est tenu au secret professionnel, est indépendant des établissements qu'il contrôle. Il possède les compétences spécifiques requises pour chacun des agents chimiques sur lesquels il opère des contrôles techniques.

Art. R. 4724-10. L'organisme accrédité établit la stratégie de prélèvement, après consultation de l'employeur, du médecin du travail et du ***(D. 2017-1819 du 29 déc. 2017, art. 3, 66°, JO 30, entrée en vigueur le 01.01.2018)*** «comité social et économique s'il existe». L'employeur lui communique toutes données utiles, notamment le résultat de l'évaluation des risques chimiques.

Les prélèvements sont faits par l'organisme accrédité sur des postes de travail en situation représentative de l'exposition.

Art. R. 4724-11. L'organisme accrédité qui établit la stratégie de prélèvement et effectue les prélèvements dans l'entreprise est maître d'œuvre du contrôle technique. Il peut sous-traiter la prestation d'analyse en la confiant à un autre organisme accrédité.

Art. R. 4724-12. Indépendamment de la communication du rapport prévue à l'article R. 4412-30, l'organisme maître d'œuvre du contrôle technique communique les résultats à un organisme national désigné par arrêté des ministres chargés du travail et de l'agriculture. Ce dernier les exploite, dans le respect de l'anonymat des entreprises concernées, à des fins d'études et d'évaluation.

Art. R. 4724-13. Des arrêtés des ministres chargés du travail et de l'agriculture précisent:

1° Les conditions d'accréditation des organismes chargés des contrôles techniques, qui comportent le respect des dispositions de l'article R. 4412-151, des articles R. 4724-9 à R. 4724-12 et des normes techniques européennes en vigueur, ainsi que la vérification de leur capacité d'intervention dans des délais appropriés pour réaliser les contrôles techniques;

2° Les modalités de communication des résultats à l'organisme national mentionné à l'article R. 4724-12.

Note Voir arrêté du 15 décembre 2009 (JO 17) relatif aux contrôles techniques de valeurs limites d'exposition professionnelle sur les lieux de travail et aux conditions d'accréditation des organismes chargés des contrôles.

Sous-section 2. Contrôle de la concentration en fibres d'amiante

Art. R. 4724-14. ***(D. 2012-639 du 4 mai 2012, JO 5)*** Un arrêté du ministre chargé du travail détermine:

1° Les conditions de mesurage des niveaux d'empoussièrement des processus mis en œuvre par les entreprises;

2° Les conditions de contrôle du respect de la valeur limite d'exposition professionnelle;

3° Les conditions d'accréditation des organismes procédant au mesurage des niveaux d'empoussièrement selon le référentiel technique défini par l'organisme chargé de l'accréditation pour la stratégie d'échantillonnage, le prélèvement et l'analyse.

Note
- Voir note sous Section 3 (réglementaire) «Risques d'exposition à l'amiante» du Chapitre II du Titre Ier du Livre IV (au-dessus de R. 4412-94) et sous article R. 4412-103.
- L'article R. 4724-14 dans sa rédaction antérieure au décret 2012-639 du 4 mai 2012 était ainsi rédigé:

Art. R. 4724-14. Un arrêté conjoint des ministres chargés du travail et de l'agriculture détermine:

1° Les organismes chargés de l'accréditation et les conditions d'accréditation des laboratoires habilités à analyser les échantillons permettant de mesurer la concentration en fibres d'amiante, mentionnés à l'article R. 4412-106, en tenant compte de leurs compétences techniques;

2° Les modalités de prélèvement, les méthodes et moyens à mettre en œuvre pour mesurer la concentration en fibres d'amiante.

Sous-section 3. Contrôle des valeurs limites biologiques

Note
- Cette sous-section a été introduite par le décret 2009-1570 du 15 décembre 2009, JO 17, entrée en vigueur le 01.01.2012.

• Jusqu'au 1er janvier 2012, les agréments délivrés en application de l'article R. 4724-15 l'étaient conformément aux dispositions des articles R. 4724-8 à R. 4724-12 CT dans leur rédaction antérieure à l'entrée en vigueur du décret 2009-1570 du 15 décembre 2009 (JO 17).

Art. R. 4724-15. Les analyses destinées à vérifier le respect des valeurs limites biologiques fixées par décret sont réalisées par un organisme accrédité dans ce domaine.

Art. R. 4724-15-1. L'organisme accrédité, dont le personnel est tenu au secret professionnel, est indépendant des établissements qu'il contrôle. Il possède les compétences spécifiques requises pour chacun des agents chimiques sur lesquels il conduit ses analyses.

Art. R. 4724-15-2. Un arrêté des ministres chargés du travail et de l'agriculture précise les conditions d'accréditation des organismes chargés des analyses, qui comportent le respect des dispositions des articles R. 4412-51-2 et R. 4724-15-1 et des normes techniques européennes en vigueur.

SECTION 5. Contrôle des ambiances physiques de travail

Art. R. 4724-16. Les conditions et les modalités de l'agrément prévu par l'article R. 4722-3 pour les relevés photométriques ainsi que les règles à suivre pour réaliser ces relevés sont fixées par arrêtés des ministres chargés du travail et de l'agriculture.

Note • ***À compter de la date de publication de l'arrêté prévu à l'article R. 4724-16, dans sa rédaction issue du décret 2020-88, et au plus tard le 30.06.2021,*** *cet article est ainsi rédigé:*

***Art. R. 4724-16.* (D. 2020-88 du 5 févr. 2020, art. 1er, 24°, JO 6, entrée en vigueur au plus tard le 30.06.2021)** *Un arrêté des ministres chargés du travail et de l'agriculture précise les conditions d'accréditation et les méthodes de mesure permettant de vérifier la conformité de l'éclairage des lieux de travail. (décret 2020-88 précité, art. 5, II).*

Voir note sous art. R. 4722-3.

• Voir arrêté du 23 octobre 1984 (JO 24 nov. NC) relatif aux relevés photométriques sur les lieux de travail et aux conditions d'agrément des personnes et organismes pouvant procéder à ces contrôles.

Art. R. 4724-17. Le silence gardé pendant plus de quatre mois sur une demande d'agrément vaut décision de rejet.

Note **À compter de la date de publication de l'arrêté prévu à l'article R. 4724-16, dans sa rédaction issue du décret 2020-88, et au plus tard le 30.06.2021,** les articles R. 4724-17 à 17-2 sont abrogés (décret 2020-88 du 5 février 2020, art. 1er, 25° et 5, II, JO 6).

Voir note sous art. R. 4722-3.

Art. R. 4724-17-1. ***(D. 2016-1074 du 3 août 2016, art. 3, JO 6, entrée en vigueur le 01.01.2017)*** Les conditions et les modalités de délivrance de l'agrément au laboratoire prévu par l'article R. 4722-21-2 pour le contrôle technique des valeurs limites d'exposition aux champs électromagnétiques ainsi que les règles à suivre pour réaliser ce contrôle sont fixées par arrêté des ministres chargés du travail et de l'agriculture.

Art. R. 4724-17-2. ***(D. 2016-1074 du 3 août 2016, art. 3, JO 6, entrée en vigueur le 01.01.2017)*** Le silence gardé pendant plus de quatre mois sur une demande d'agrément vaut décision de rejet.

Art. R. 4724-18. Des arrêtés conjoints des ministres chargés du travail et de l'agriculture précisent les conditions d'accréditation et les méthodes à utiliser pour le mesurage:

1° Du bruit;

2° Des vibrations mécaniques;

(D. 2010-750 du 2 juil. 2010, JO 4) «3° Des rayonnements optiques artificiels»;

(D. 2016-1074 du 3 août 2016, art. 4, JO 6, entrée en vigueur le 01.01.2017) «4° Des champs électromagnétiques.»

Note • Un arrêté du 11 décembre 2015 (JO 19) a précisé les conditions d'accréditation des organismes pouvant procéder aux mesurages de l'exposition au bruit en milieu de travail. Cet arrêté est entré en vigueur le 1er janvier 2016. Toutefois, jusqu'au 1er juillet 2017, les organismes déjà accrédités selon les modalités définies par l'arrêté du 19 juillet 2006 pris pour l'application des articles R. 231-126, R. 231-128 et R. 231-129 CT, étaient réputés satisfaire aux exigences de cet arrêté.

• Un arrêté du 1er mars 2016 (JO 18) a précisé les conditions d'accréditation des organismes pouvant procéder au mesurage de l'exposition aux rayonnements optiques artificiels en milieu de travail; cet arrêté est entré en vigueur le 1er juillet 2018 (arrêté du 18 décembre 2017, JO 23).

SECTION 6. Vérification des installations électriques

Note Cette section a été introduite par le décret 2010-1018 du 30 août 2010, JO 1er sept., entrée en vigueur le 01.07.2011.

Art. R. 4724-19. Les modalités de la vérification prévue à l'article R. 4722-26, ainsi que le contenu du rapport de vérification, sont fixés par arrêté des ministres chargés du travail et de l'agriculture.

Note Voir note sous art. R. 4722-26.

TITRE III MESURES ET PROCÉDURES D'URGENCE

CHAPITRE Ier Arrêts temporaires de travaux ou d'activité

Art. L. 4731-1. ***(Ord. 2016-413 du 7 avril 2016, art. 2, VII, 1°, JO 8, entrée en vigueur le 01.07.2016)*** «L'agent de contrôle de l'inspection du travail mentionné à l'article L. 8112-1» peut prendre toutes mesures utiles visant à soustraire immédiatement un ***(Ord. 2016-413 du 7 avril 2016, art. 2, VII, 1°, JO 8, entrée en vigueur le 01.07.2016)*** «travailleur» qui ne s'est pas retiré d'une situation de danger grave et imminent pour sa vie ou sa santé, constituant une infraction aux obligations des décrets pris en application ***(Ord. 2016-413 du 7 avril 2016, art. 2, VII, 1°, JO 8, entrée en vigueur le 01.07.2016)*** «des articles L. 4111-6, L. 4311-7 ou L. 4321-4», notamment en prescrivant l'arrêt temporaire de la partie des travaux ***(Ord. 2016-413 du 7 avril 2016, art. 2, VII, 1°, JO 8, entrée en vigueur le 01.07.2016)*** «ou de l'activité» en cause, lorsqu'il constate que la cause de danger résulte:

1° Soit d'un défaut de protection contre les chutes de hauteur;

2° Soit de l'absence de dispositifs de nature à éviter les risques d'ensevelissement;

3° Soit de l'absence de dispositifs de protection de nature à éviter les risques liés aux ***(Ord. 2016-413 du 7 avril 2016, art. 2, VII, 2°, JO 8, entrée en vigueur le 01.07.2016)*** «travaux de retrait ou d'encapsulage d'amiante et de matériaux, d'équipements et de matériels ou d'articles en contenant, y compris dans les cas de démolition, ainsi qu'aux interventions sur des matériaux, des équipements, des matériels ou des articles susceptibles de provoquer l'émission de fibres d'amiante».

(Ord. 2016-413 du 7 avril 2016, art. 2, VII, 3°, JO 8, entrée en vigueur le 01.07.2016) «4° Soit de l'utilisation d'équipements de travail dépourvus de protecteurs, de dispositifs de protection ou de composants de sécurité appropriés ou sur lesquels ces protecteurs, dispositifs de protection ou composants de sécurité sont inopérants;

5° Soit du risque résultant de travaux ou d'une activité dans l'environnement des lignes électriques aériennes ou souterraines;

6° Soit du risque de contact électrique direct avec des pièces nues sous tension en dehors des opérations prévues au chapitre IV du titre IV du livre V de la présente partie.»

Note • Selon le ministre du Travail, «l'arrêt temporaire des travaux a été parfaitement circonscrit, par le législateur, à des risques très graves et sans aucune équivoque possible» (rép. QE 53568, JO AN 8 juin 1992, p. 2608).

• Le fait pour l'employeur de ne pas se conformer aux décisions prises par l'agent de contrôle de l'inspection du travail en application de cet article ou de l'article L. 4731-2 est passible d'une amende administrative, voir art. L. 4752-1.

Art. L. 4731-2. Si, à l'issue du délai fixé dans une mise en demeure notifiée en application de l'article L. 4721-8 ***(Ord. 2016-413 du 7 avril 2016, art. 2, VIII, JO 8, entrée en vigueur le 01.07.2016)*** «, la situation dangereuse persiste, l'agent de contrôle de l'inspection du travail mentionné à l'article L. 8112-1» peut ordonner l'arrêt temporaire de l'activité concernée.

Note Voir circulaire DGT 2007/15 du 6 décembre 2007 relative à l'arrêt temporaire d'activité mentionné au II de l'article L. 231-12 [L. 4721-8, L. 4731-2] CT qui explicite les modalités de mise en œuvre de ce dispositif qui a vocation à s'inscrire pleinement dans le cadre de la réglementation relative à la prévention des risques chimiques.

Art. L. 4731-3. Lorsque toutes les mesures ont été prises pour faire cesser la situation de danger grave et imminent ou la situation dangereuse ayant donné lieu à un arrêt temporaire de travaux ou d'activité, l'employeur informe l'*(Ord. 2016-413 du 7 avril 2016, art. 2, IX, JO 8, entrée en vigueur le 01.07.2016)* «agent de contrôle de l'inspection du travail mentionné à l'article L. 8112-1».

Après vérification, l'*(Ord. 2016-413 du 7 avril 2016, art. 2, IX, JO 8, entrée en vigueur le 01.07.2016)* «agent de contrôle» autorise la reprise des travaux ou de l'activité concernée.

Art. L. 4731-4. En cas de contestation par l'employeur de la réalité du danger ou de la façon de le faire cesser, notamment à l'occasion de la mise en œuvre de la procédure d'arrêt des travaux ou de l'activité, celui-ci saisit le juge *(Ord. 2016-413 du 7 avril 2016, art. 2, X, JO 8, entrée en vigueur le 01.07.2016)* «administratif par la voie du référé».

Art. L. 4731-5. La décision d'arrêt temporaire de travaux *(Ord. 2016-413 du 7 avril 2016, art. 2, XI, JO 8, entrée en vigueur le 01.07.2016)* «ou d'activité» de l'*(Ord. 2016-413 du 7 avril 2016, art. 2, XI, JO 8, entrée en vigueur le 01.07.2016)* «agent de contrôle de l'inspection du travail mentionné à l'article L. 8112-1» prise en application du présent chapitre ne peut entraîner ni rupture, ni suspension du contrat de travail, ni aucun préjudice pécuniaire à l'encontre des salariés concernés.

Art. L. 4731-6. Un décret en Conseil d'État détermine les modalités d'application des articles L. 4731-1 à L. 4731-4.

SECTION 1 (réglementaire). Arrêt de travaux

Art. R. 4731-1. Pour l'application de l'article L. 4731-1, l'*(D. 2016-510 du 25 avril 2016, JO 27, entrée en vigueur le 01.07.2016)* «agent de contrôle de l'inspection du travail mentionné à l'article L. 8112-1» relève les éléments caractérisant la situation de danger grave et imminent et précise les mesures qu'il prend pour y remédier.

Sa décision, qui est d'application immédiate, fait l'objet d'un écrit.

Art. R. 4731-2. Lorsque l'employeur ou son représentant est présent, la décision lui est remise directement contre récépissé.

À défaut, elle est adressée d'urgence à l'employeur par tous moyens appropriés et confirmée au plus tard dans le délai d'un jour franc par lettre recommandée avec avis de réception.

Toutefois, cette décision, ou copie de celle-ci dans le cas où elle lui a déjà été adressée dans les formes prévues au premier alinéa, est remise directement, contre récépissé, à l'employeur qui s'est porté à la rencontre de l'inspecteur du travail. Cette procédure se substitue alors à celle définie au deuxième alinéa.

Note Le 1er alinéa de cet article a été modifié par le décret 2019-253 du 27 mars 2019, art. 2, 4°, JO 30.

Art. R. 4731-3. Lorsque la décision a été remise directement au représentant de l'employeur, copie en est adressée à ce dernier par lettre recommandée avec avis de réception dans le délai mentionné au deuxième alinéa de l'article R. 4731-2.

Art. R. 4731-4. L'employeur informe, *(D. 2019-253 du 27 mars 2019, art. 2, 5°, JO 30)* «par tout moyen donnant date certaine à la réception de cette information», l'*(D. 2016-510 du 25 avril 2016, JO 27, entrée en vigueur le 01.07.2016)* «agent de contrôle de l'inspection du travail mentionné à l'article L. 8112-1» des mesures qu'il a prises pour faire cesser la situation de danger grave et imminent.

Art. R. 4731-5. L'*(D. 2016-510 du 25 avril 2016, JO 27, entrée en vigueur le 01.07.2016)* «agent de contrôle de l'inspection du travail mentionné à l'article L. 8112-1» vérifie d'urgence, et au plus tard dans un délai de deux jours *(D. 2019-253 du 27 mars 2019, art. 2, 6°, JO 30)* «ouvrés» à compter de la date de remise ou de réception de la lettre de l'employeur ou de son représentant, le caractère approprié des mesures prises pour faire cesser la cause de danger grave et imminent.

Art. R. 4731-6. La décision d'autorisation ou de refus d'autorisation de reprise des travaux motivé par l'inadéquation ou l'insuffisance de mesures prises pour faire cesser la cause de danger grave et imminent est notifiée dans les formes et les délais définis aux articles R. 4731-2 et R. 4731-3.

SECTION 2 (réglementaire). Arrêt d'activité

Art. R. 4731-10. L'arrêt temporaire d'activité *(D. 2009-289 du 13 mars 2009, JO 15)* «faisant suite à la procédure de mise en demeure prévue aux articles R. 4721-6 et suivants» fait l'objet d'une décision motivée comportant les éléments de fait et de droit caractérisant la persistance de la situation dangereuse et l'injonction à l'employeur de prendre des mesures appropriées pour y remédier, ainsi que la voie de recours prévue par l'article L. 4731-4.

Cette décision est notifiée à l'employeur soit par remise en main propre contre décharge, soit par lettre recommandée avec avis de réception. Elle prend effet le jour de remise de la notification ou le jour de la présentation de la lettre recommandée.

Note Voir arrêté du 28 septembre 2007 (JO 30) relatif aux mentions figurant sur la décision prévue à cet article.

Art. R. 4731-11. L'employeur informe, ***(D. 2019-253 du 27 mars 2019, art. 2, 7°, JO 30)*** « par tout moyen donnant date certaine à la réception de cette information », l'***(D. 2016-510 du 25 avril 2016, JO 27, entrée en vigueur le 01.07.2016)*** « agent de contrôle de l'inspection du travail mentionné à l'article L. 8112-1 » des mesures qu'il a prises pour faire cesser la situation dangereuse et lui communique l'avis du médecin du travail, du ***(D. 2017-1819 du 29 déc. 2017, art. 3, 43°, JO 30, entrée en vigueur le 01.01.2018)*** « comité social et économique » concernant ces mesures.

Art. R. 4731-12. L'***(D. 2016-510 du 25 avril 2016, JO 27, entrée en vigueur le 01.07.2016)*** « agent de contrôle de l'inspection du travail mentionné à l'article L. 8112-1 » vérifie, au plus tard dans un délai de huit jours à compter de la date de remise ou de réception de la lettre de l'employeur, le caractère approprié des mesures prises par ce dernier pour faire cesser la situation dangereuse.

La décision d'autorisation ou la décision de refus d'autorisation de reprise de l'activité concernée motivée par l'inadéquation ou l'insuffisance de ces mesures est alors notifiée sans délai par l'***(D. 2016-510 du 25 avril 2016, JO 27, entrée en vigueur le 01.07.2016)*** « agent de contrôle de l'inspection du travail mentionné à l'article L. 8112-1 » dans les formes définies à l'article R. 4731-10.

CHAPITRE II Référé judiciaire

Art. L. 4732-1. Indépendamment de la mise en œuvre des dispositions de l'article L. 4721-5, l'inspecteur du travail saisit le ***(Ord. 2016-413 du 7 avril 2016, art. 2, XII, JO 8, entrée en vigueur le 01.07.2016)*** « juge judiciaire statuant en référé » pour voir ordonner toutes mesures propres à faire cesser le risque, telles que la mise hors service, l'immobilisation, la saisie des matériels, machines, dispositifs, produits ou autres, lorsqu'il constate un risque sérieux d'atteinte à l'intégrité physique d'un travailleur résultant de l'inobservation des dispositions suivantes de la présente partie ainsi que des textes pris pour leur application :

1° Titres Ier, III et IV et chapitre III du titre V du livre Ier ;
2° Titre II du livre II ;
3° Livre III ;
4° Livre IV ;
5° Titre Ier, chapitres III et IV du titre III et titre IV du livre V.

Le juge peut également ordonner la fermeture temporaire d'un atelier ou chantier.

Il peut assortir sa décision d'une astreinte qui est liquidée au profit du Trésor.

Art. L. 4732-2. Pour les opérations de bâtiment ou de génie civil, lorsqu'un risque sérieux d'atteinte à l'intégrité physique d'un intervenant sur le chantier résulte, lors de la réalisation des travaux, ou peut résulter, lors de travaux ultérieurs, de l'inobservation des dispositions incombant au maître d'ouvrage prévues au titre Ier du livre II et de celles du titre III du livre V ainsi que des textes pris pour leur application, l'inspecteur du travail saisit le ***(Ord. 2016-413 du 7 avril 2016, art. 2, XII, JO 8, entrée en vigueur le 01.07.2016)*** « juge judiciaire statuant en référé » pour voir ordonner toutes mesures propres à faire cesser ou à prévenir ce risque.

Ces mesures peuvent consister notamment en la mise en œuvre effective d'une coordination en matière de sécurité et de santé sur le chantier ou la détermination de délais de préparation et d'exécution des travaux compatibles avec la prévention des risques professionnels.

Le juge peut, en cas de non-respect des dispositions de l'article L. 4531-3, provoquer la réunion des maîtres d'ouvrage intéressés et la rédaction en commun d'un plan général de coordination.

Il peut ordonner la fermeture temporaire d'un atelier ou chantier.

Il peut assortir sa décision d'une astreinte liquidée au profit du Trésor.

La procédure de référé prévue au présent article s'applique sans préjudice de celle prévue à l'article L. 4732-1.

Art. L. 4732-3. Les décisions du ***(Ord. 2016-413 du 7 avril 2016, art. 2, XII, JO 8, entrée en vigueur le 01.07.2016)*** «juge judiciaire statuant en référé» prévues au présent chapitre ne peuvent entraîner ni rupture, ni suspension du contrat de travail, ni aucun préjudice pécuniaire à l'encontre des salariés concernés.

Art. L. 4732-4. Les dispositions du présent chapitre ne sont pas applicables aux établissements mentionnés aux 2° et 3° de l'article L. 4111-1.

CHAPITRE III Procédures d'urgences et mesures concernant les jeunes âgés de moins de dix-huit ans

Note Ce chapitre a été introduit par l'ordonnance 2016-413 du 7 avril 2016, art. 2, XIII, JO 8, entrée en vigueur le 01.07.2016 et ratifiée par la loi 2016-1088 du 8 août 2016, art. 118, JO 9.

SECTION 1. Retrait d'affectation à certains travaux

Art. L. 4733-1. Les jeunes travailleurs âgés de moins de dix-huit ans relevant de la présente section sont ceux mentionnés aux articles L. 4153-8 et L. 4153-9.

Art. L. 4733-2. Tout jeune travailleur de moins de dix-huit ans affecté à un ou plusieurs travaux interdits prévus à l'article L. 4153-8 est retiré immédiatement de cette affectation lorsque l'agent de contrôle de l'inspection du travail mentionné à l'article L. 8112-1 le constate.

Note Le fait pour l'employeur de ne pas se conformer aux décisions prises par l'agent de contrôle de l'inspection du travail en application de cet article ou de l'article L. 4733-3 est passible d'une amende administrative, voir art. L. 4753-1.

Art. L. 4733-3. Lorsque l'agent de contrôle de l'inspection du travail mentionné à l'article L. 8112-1 constate que, par l'affectation à un ou plusieurs travaux réglementés prévus à l'article L. 4153-9, un jeune travailleur âgé de moins de dix-huit ans est placé dans une situation l'exposant à un danger grave et imminent pour sa vie ou sa santé, il procède à son retrait immédiat.

Art. L. 4733-4. Les décisions de retrait prises en application des articles L. 4733-2 et L. 4733-3 ne peuvent entraîner aucun préjudice pécuniaire à l'encontre du jeune concerné ni la suspension ou la rupture du contrat de travail ou de la convention de stage.

Art. L. 4733-5. Lorsque toutes les mesures ont été prises pour faire cesser la situation de danger grave et imminent ayant donné lieu à la décision de retrait prévue à l'article L. 4733-3, l'employeur ou le chef d'établissement informe l'agent de contrôle de l'inspection du travail. Après vérification, l'agent de contrôle de l'inspection du travail autorise la reprise des travaux réglementés concernés.

Art. L. 4733-6. Les décisions prévues aux articles L. 4733-2 à L. 4733-5 peuvent être contestées devant le juge administratif par la voie du référé.

SECTION 2. Suspension et rupture du contrat de travail ou de la convention de stage

Art. L. 4733-7. Les jeunes concernés par la présente section sont les travailleurs mentionnés à l'article L. 4111-5 âgés de moins de dix-huit ans.

Art. L. 4733-8. Lorsque l'agent de contrôle de l'inspection du travail constate un risque sérieux d'atteinte à la santé, à la sécurité ou à l'intégrité physique ou morale du jeune dans l'entreprise, il peut proposer au [directeur régional de l'économie, de l'emploi, du travail et des solidarités] de suspendre le contrat de travail ou la convention de stage. Cette suspension s'accompagne du maintien par l'employeur de la rémunération ou de la gratification due au jeune. Elle ne peut pas entraîner la rupture du contrat de travail ou de la convention de stage.

Art. L. 4733-9. Dans le délai de quinze jours à compter du constat de l'agent de contrôle de l'inspection du travail, le [directeur régional de l'économie, de l'emploi, du travail et des solidarités] se prononce sur la reprise de l'exécution du contrat de travail ou de la convention de stage.

Le refus d'autoriser la reprise de l'exécution du contrat de travail ou de la convention de stage entraîne sa rupture à la date de notification du refus aux parties. Dans ce cas, l'employeur verse au jeune les sommes dont il aurait été redevable si le contrat de travail ou la convention de stage s'était poursuivi jusqu'à son terme.

En cas de recrutement du jeune sous contrat à durée indéterminée, l'employeur lui verse les sommes dont il aurait été redevable si le contrat de travail s'était poursuivi jusqu'au terme de la formation professionnelle suivie.

Art. L. 4733-10. La décision de refus du [directeur régional de l'économie, de l'emploi, du travail et des solidarités] peut s'accompagner de l'interdiction faite à l'employeur de recruter ou d'accueillir de nouveaux jeunes âgés de moins de dix-huit ans, travailleurs ou stagiaires, pour une durée qu'elle détermine.

Art. L. 4733-11. En cas de refus d'autoriser la reprise de l'exécution du contrat du travail ou de la convention de stage, l'établissement de formation où est inscrit le jeune est informé de cette décision afin de pouvoir prendre les dispositions nécessaires pour lui permettre de suivre provisoirement la formation dispensée par l'établissement et de trouver un nouvel employeur susceptible de contribuer à l'achèvement de sa formation.

Pour un jeune suivant une formation sous statut scolaire, l'établissement d'enseignement prend les dispositions nécessaires pour assurer la continuité de sa formation.

SECTION 3. Dispositions d'application

Art. L. 4733-12. Un décret en Conseil d'État détermine les modalités d'application du présent chapitre.

SECTION 1 (réglementaire). Dispositions générales

Note Les sections 1 à 4 ont été introduites par le décret 2019-253 du 27 mars 2019, JO 30.

Art. R. 4733-1. Pour l'application du présent chapitre, le chef d'établissement est le chef de l'établissement d'enseignement, le directeur du centre de formation d'apprentis ou de l'organisme de formation professionnelle, le directeur de l'établissement ou du service social ou médico-social mentionné au V de l'article L. 312-1 du code de l'action sociale et des familles.

SECTION 2 (réglementaire). Retrait d'affectation à certains travaux

Sous-section 1. Retrait d'affectation à un ou plusieurs travaux interdits

Art. R. 4733-2. Pour l'application de l'article L. 4733-2, la décision de l'agent de contrôle de l'inspection du travail mentionné à l'article L. 8112-1 portant retrait d'affectation est d'application immédiate. Elle est écrite.

Art. R. 4733-3. Lorsque l'employeur, le chef d'établissement ou leur représentant est présent, la décision lui est remise en main propre contre décharge.

À défaut, elle est adressée d'urgence à l'employeur ou au chef d'établissement par tous moyens appropriés et confirmée au plus tard dans le délai d'un jour franc par tout moyen donnant date certaine à sa réception.

Art. R. 4733-4. Lorsque la décision a été remise directement au représentant de l'employeur ou à celui du chef d'établissement, copie en est adressée à l'employeur ou au chef d'établissement par tout moyen donnant date certaine à sa réception dans le délai mentionné au deuxième alinéa de l'article R. 4733-3.

Sous-section 2. Retrait d'affectation à un ou plusieurs travaux réglementés

Art. R. 4733-5. Pour l'application de l'article L. 4733-3, l'agent de contrôle de l'inspection du travail mentionné à l'article L. 8112-1 relève les éléments caractérisant la situation de danger grave et imminent motivant sa décision de retrait.

Cette décision, précisant ces éléments, est d'application immédiate. Elle est écrite.

Art. R. 4733-6. Lorsque l'employeur, le chef d'établissement ou leur représentant est présent, la décision lui est remise en main propre contre décharge.

À défaut, elle est adressée d'urgence à l'employeur ou au chef d'établissement par tous moyens appropriés et confirmée au plus tard dans le délai d'un jour franc par tout moyen donnant date certaine à sa réception.

Art. R. 4733-7. Lorsque la décision a été remise directement au représentant de l'employeur ou à celui du chef d'établissement, copie en est adressée à l'employeur ou au chef d'établissement par tout moyen donnant date certaine à sa réception dans le délai mentionné au deuxième alinéa de l'article R. 4733-6.

Art. R. 4733-8. L'employeur ou le chef d'établissement informe l'agent de contrôle de l'inspection du travail mentionné à l'article L. 8112-1 des mesures qu'il a prises pour faire cesser la situation de danger grave et imminent, par tout moyen donnant date certaine à la réception de cette information.

Art. R. 4733-9. L'agent de contrôle de l'inspection du travail mentionné à l'article L. 8112-1 vérifie d'urgence, et au plus tard dans un délai de deux jours ouvrés à compter de la date de remise ou de réception des informations transmises par l'employeur ou par le chef d'établissement, ou leur représentant, le caractère approprié des mesures prises pour faire cesser la situation de danger grave et imminent et permettre la reprise des travaux réglementés par le jeune.

Art. R. 4733-10. La décision d'autorisation ou de refus de reprise des travaux réglementés concernés est notifiée dans les formes et les délais mentionnés aux articles R. 4733-6 et R. 4733-7.

SECTION 3 (réglementaire). Suspension et rupture du contrat de travail ou de la convention de stage

Art. R. 4733-11. La présente section ne s'applique pas aux apprentis âgés de moins de dix-huit ans. Ces derniers sont soumis aux dispositions de la section 3 du chapitre V du titre II du livre II de la sixième partie.

Art. R. 4733-12. En application de l'article L. 4733-8, l'agent de contrôle de l'inspection du travail mentionné à l'article L. 8112-1 peut proposer au ***(D. 2020-1545 du 9 déc. 2020, JO 10, entrée en vigueur le 01.04.2021)*** «directeur régional de l'économie, de l'emploi, du travail et des solidarités» la suspension de l'exécution du contrat de travail ou de la convention de stage, après avoir procédé, lorsque les circonstances le permettent, à une enquête contradictoire.

L'agent de contrôle en informe sans délai l'employeur.

Le ***(D. 2020-1545 du 9 déc. 2020, JO 10, entrée en vigueur le 01.04.2021)*** «directeur régional de l'économie, de l'emploi, du travail et des solidarités» se prononce au vu du rapport établi par l'agent de contrôle.

Art. R. 4733-13. Pour obtenir la levée de l'interdiction de recruter ou d'accueillir de nouveaux jeunes âgés de moins de dix-huit ans, travailleurs ou stagiaires, en application de l'article L. 4733-10, l'employeur peut demander au ***(D. 2020-1545 du 9 déc. 2020, JO 10, entrée en vigueur le 01.04.2021)*** «directeur régional de l'économie, de l'emploi, du travail et des solidarités» de mettre fin à cette interdiction.

L'employeur joint à sa demande toutes justifications de nature à établir qu'il a pris les mesures nécessaires pour supprimer tout risque d'atteinte à la santé ou à l'intégrité physique ou morale des jeunes âgés de moins de dix-huit ans.

Art. R. 4733-14. Le ***(D. 2020-1545 du 9 déc. 2020, JO 10, entrée en vigueur le 01.04.2021)*** «directeur régional de l'économie, de l'emploi, du travail et des solidarités», au vu des justifications présentées par l'employeur, statue sur la demande de levée de l'interdiction de recruter ou d'accueillir de nouveaux jeunes âgés de moins de dix-huit ans. Il notifie sa décision à l'employeur. Le silence gardé dans le délai de deux mois vaut rejet de cette demande.

SECTION 4 (réglementaire). Dispositions communes

Art. R. 4733-15. Une copie des décisions de retrait d'affectation, des décisions de refus ou d'autorisation de reprise des travaux réglementés, et des décisions de suspension ou de refus de reprise d'exécution du contrat de travail ou de la convention de stage est transmise sans délai au jeune, à son représentant légal et, le cas échéant au chef d'établissement mentionné à l'article R. 4733-1.

TITRE IV DISPOSITIONS PÉNALES

CHAPITRE Ier Infractions aux règles de santé et de sécurité

SECTION 1. Infractions commises par l'employeur ou son délégataire

Art. L. 4741-1. Est puni d'une amende de ***(Ord. 2016-413 du 7 avril 2016, art. 2, XIV, JO 8, entrée en vigueur le 01.07.2016)*** «10 000 €», le fait pour l'employeur ou ***(L. 2011-525 du 17 mai 2011, art. 170, JO 18)*** «son délégataire» de méconnaître par sa faute personnelle les dispositions suivantes et celles des décrets en Conseil d'État pris pour leur application :

1° Titres Ier, III et IV ainsi que section 2 du chapitre IV du titre V du livre Ier ;

2° Titre II du livre II ;

3° Livre III ;

4° Livre IV ;

5° Titre Ier, ***(Ord. 2016-413 du 7 avril 2016, art. 2, XIV, JO 8, entrée en vigueur le 01.07.2016)*** « chapitres II et IV à VI du titre II, chapitre IV » du titre III et titre IV du livre V ;

6° Chapitre II du titre II du présent livre.

La récidive est punie d'un emprisonnement d'un an et d'une amende de ***(Ord. 2016-413 du 7 avril 2016, art. 2, XIV, JO 8, entrée en vigueur le 01.07.2016)*** « 30 000 € ».

L'amende est appliquée autant de fois qu'il y a de ***(Ord. 2016-413 du 7 avril 2016, art. 2, XIV, JO 8, entrée en vigueur le 01.07.2016)*** « travailleurs » de l'entreprise concernés ***(L. 2011-525 du 17 mai 2011, art. 170, JO 18)*** « indépendamment du nombre d'infractions » relevées dans le procès-verbal prévu à l'article L. 8113-7.

Note • Le 1° de cet article a été modifié par la loi 2009-526 du 12 mai 2009, JO 13.

• **Faute personnelle de l'employeur**

Il résulte de l'obligation générale pesant sur les employeurs de veiller à la sécurité des travailleurs qu'ils occupent, que tout employeur est personnellement tenu :

1° De donner des consignes de sécurité, 2° De fournir le matériel adéquat nécessaire au respect des règles de sécurité, 3° De veiller à la stricte observation des règles de sécurité (voir notamment, à cet égard, cass. crim. 30 mai 2000, n° 99-87.578). Tout manquement à l'une de ces obligations est constitutif d'une « faute personnelle » et engage la responsabilité pénale de l'employeur, la seule possibilité d'exonération étant, dans la quasi-totalité des cas, la preuve de l'existence d'une délégation de pouvoirs valable, donnée par l'employeur à l'un de ses préposés (cass. crim. 8 juin 1993, n° 91-84.493).

Ne peuvent pas constituer des causes d'exonération de la responsabilité pénale du chef d'entreprise :

– la circonstance que les prescriptions du code du travail en matière d'hygiène et de sécurité rendraient plus difficile l'exécution du travail, les juges n'ayant ni à apprécier l'utilité ou l'efficacité de ces prescriptions ni à rechercher dans quelles conditions elles peuvent être mises en œuvre (cass. crim. 27 novembre 1990, n° 89-84.709, B. crim. n° 409) ;

– la faute de la victime, dès lors qu'elle n'est pas la cause unique et exclusive de l'accident (voir notamment cass. crim. 30 septembre 1997, n° 95-81.645 ; 19 octobre 1999, n° 98-87.598 ; 27 juin 2000, n° 99-85.225 ; 6 juin 2001, n° 00-86.965 ; 30 septembre 2003, n° 03-81.554 ; 17 février 2015, n° 14-80.422 ; voir aussi cass. crim. 27 février 2018, n° 16-87.147, B. crim. n° 37 ; JSL n° 452, 02.05.2018, p. 4, N. Farzam-Rochon et L. Genty ; 7 mai 2019, n° 18-80.418, à paraître, RJS 7/19 n° 437 ; JSL n° 479, 08.07.2019, p. 13, R. Mesa) ;

– la circonstance que le salarié n'ait pas fait un usage de la machine conforme à sa destination (travail effectué par le salarié pour son compte) dès lors que cette faute n'a pas été la cause exclusive du dommage (cass. crim. 30 juin 1998, n° 97-84.263, B. crim. n° 210) ;

– la compétence et l'expérience des victimes : elles ne sauraient exonérer leurs employeurs de l'obligation qui leur incombe de veiller à la sécurité du personnel et au respect par celui-ci des règlements en vigueur (cass. crim. 17 mai 1995, n° 94-81.366, B. crim. n° 179 ; 30 mai 2000, n° 99-87.578, précité) ;

– la seule circonstance que le chef d'entreprise ne soit pas présent sur les lieux (cass. crim. 20 septembre 1994, n° 94-80.017, RJS 1/95 n° 30) ;

– l'absence d'observations des agents de contrôle, par exemple, inspection du travail, CRAM (voir notamment cass. crim. 7 décembre 1993, n° 93-81.120, B. crim. n° 375) ;

– la faute commise par le constructeur de machine qui a délivré un certificat erroné de conformité à la réglementation du travail (cass. crim. 23 juin 1993, n° 88-82.938, RJS 10/93 n° 993 ; 6 juin 1990, n° 89-86.002, B. crim. n° 230) ;

– la circonstance que le sous-traitant ait commis une imprudence, cette dernière ne pouvant exonérer le président d'une société – qui avait conservé la maîtrise et la direction des travaux exécutés par le sous-traitant – de la responsabilité pénale résultant de sa faute personnelle (cass. crim. 5 octobre 1993, n° 92-86.293, RJS 2/94 n° 156) ;

– le fait que l'employeur de la victime (sous-traitant) ait conservé l'obligation de veiller à la sécurité de son personnel, ce fait n'étant pas de nature à exonérer le donneur d'ouvrage de la responsabilité pénale résultant de l'imprudence et de l'inobservation des règlements par lui commises (cass. crim. 3 février 1993, n° 91-83.341, B. crim. n° 60 ; voir aussi cass. crim. 16 septembre 1997, n° 96-82.618, B. crim. n° 299, retenant la responsabilité pénale du directeur d'une régie ayant mis un salarié à la disposition d'une société dès lors qu'il s'était immiscé dans les travaux confiés à la société et que la mise de son salarié à la disposition de cette société n'avait pas eu pour effet de le décharger de l'obligation de veiller personnellement à sa sécurité).

A méconnu l'article L. 31 du livre des procédures collectives selon lequel l'administrateur judiciaire est tenu, dans sa mission, au respect des obligations légales et conventionnelles incombant au chef d'entreprise, la cour d'appel qui a déclaré le président du directoire d'une société en état de redressement judiciaire coupable d'infraction à la réglementation relative à la sécurité du travail et de blessures involontaires, alors qu'à la date de l'accident, l'administrateur était seul investi des obligations incombant au chef d'entreprise (cass. crim. 3 mars 1998, n° 95-85.808, B. crim. n° 82). Mais le président du conseil d'administration d'une société en redressement judiciaire ne peut s'exonérer de la responsabilité des conditions de sécurité sur un chantier en se prétendant déchargé de toute obligation par la nomination d'un administrateur investi des pleins pouvoirs dans le cadre de la procédure de redressement judiciaire: l'intéressé s'étant comporté en gérant de fait, il restait tenu au respect des obligations légales et conventionnelles incombant au chef d'entreprise, susceptibles d'engager sa responsabilité pénale (cass. crim. 12 juin 1996, n° 94-85.598, B. crim. n° 251; voir aussi cass. crim. 17 juin 2008, n° 07-87.063, Dr. Soc. 2008, p. 1135, obs. Fr. Duquesne, approuvant les juges du fond qui, pour retenir la culpabilité du gérant de fait d'une société poursuivi pour blessures involontaires et pour infractions relatives à la sécurité des travailleurs énoncent que, le jour de l'accident, l'administrateur judiciaire de cette société ne pouvait ni connaître ni exécuter le jugement le désignant, cette décision lui ayant été notifiée à cette même date, ajoutent que la société était placée sous la responsabilité de fait du prévenu, lequel était en charge de la sécurité des salariés et en déduisent que le prévenu avait commis une faute caractérisée en relation avec le dommage subi par le salarié et exposé ce dernier à un risque d'une particulière gravité qu'il ne pouvait ignorer).

• **Loi 96-393 du 13 mai 1996 relative à la responsabilité pénale pour des faits d'imprudence ou de négligence (JO 14).** Cette loi a notamment modifié l'article 121-3 c. pén. disposant (al. 3) dès lors: «Il y a également délit, lorsque la loi le prévoit, en cas d'imprudence, de négligence ou de manquement à une obligation de prudence ou de sécurité prévue par la loi ou les règlements sauf si l'auteur des faits a accompli les diligences normales compte tenu, le cas échéant, de la nature de ses missions ou de ses fonctions, de ses compétences ainsi que du pouvoir et des moyens dont il disposait». Une circulaire du 27 août 1996 (BO min. Just. n° 63) a confirmé l'absence de conséquences de cette loi pour le contentieux pénal des accidents du travail (voir notamment «La loi du 13 mai 1996 et la responsabilité pénale du chef d'entreprise en cas d'accident du travail», J. Aguera, SSL 1996 n° 804, p. 3). Selon la circulaire, «un chef d'entreprise ne pourra invoquer comme moyens de défense le fait qu'il ne disposait pas des compétences, des pouvoirs ou des moyens suffisants pour faire respecter la réglementation en matière d'hygiène et de sécurité» puisque c'est à lui qu'«il incombe de faire respecter cette réglementation» et qu'«il commet une faute s'il n'est pas en mesure de le faire par lui-même, ou par l'intermédiaire d'un délégué» [...]. «Si les nouvelles dispositions de l'article 121-3 ne remettent pas en cause la jurisprudence relative à la responsabilité pénale des chefs d'entreprise, cette responsabilité ne pourra, comme par le passé, être établie qu'en cas de faute personnelle.»

La chambre criminelle a fait une première application de cette loi dans deux arrêts (cass. crim. 30 octobre 1996, n° 94-83.650, B. crim. n° 389; 19 novembre 1996, n° 95-85.945, B. crim. n° 413; RJS 2/97 n° 154). Si, dans cette dernière espèce, les juges du fond avaient pu estimer que la machine était conforme aux normes de sécurité alors en vigueur et relaxer en conséquence le dirigeant de l'infraction à la réglementation relative à la sécurité des travailleurs, «ils ne pouvaient le relaxer de surcroît du chef de blessures involontaires sans rechercher si, en tant qu'employeur pourvu de la compétence, de l'autorité et des moyens nécessaires à sa mission, il avait accompli les diligences normales lui incombant, au sens de l'article 121-3 du code pénal dans sa rédaction issue de la loi du 13 mai 1996, notamment en veillant à l'application effective des consignes écrites de sécurité, et sans constater que l'accident avait pour cause exclusive la faute de la victime». Dans un autre arrêt concernant le chef d'un département décapage-laminage, titulaire d'une délégation de pouvoirs en matière d'hygiène et de sécurité, pourvu de la compétence, de l'autorité et des moyens nécessaires à l'exercice de sa mission, qui n'avait pas accompli, avant son départ en congés annuels, les diligences normales lui incombant pour assurer le respect des règles relatives à la sécurité des travailleurs chargés d'effectuer en son absence les travaux prévus au cours de cette période et exigeant des précautions particulières, la chambre criminelle a, ce manquement ayant concouru à la survenance de l'accident (mort d'un salarié lors de la manœuvre d'un pont roulant), approuvé une cour d'appel d'avoir déclaré l'intéressé coupable d'homicide involontaire et d'infraction aux règles relatives à la sécurité des travailleurs, celle-ci ayant justifié sa décision, tant au regard des articles 319 (ancien) et 221-6 c. pén. que de son article 121-3, dans sa rédaction issue de la loi du 13 mai 1996 (cass. crim. 17 juin 1997, n° 95-83.010, B. crim. n° 237), «lequel n'institue aucun fait justificatif» (cass. crim. 14 octobre 1997, n° 96-83.356, B. crim. n° 334).

Voir aussi «Genèse et portée de la réforme de l'article 121-3 du code pénal», F. Doroy, SSL 1997 n° 826, p. 2.

• **Loi 2000-647 du 10 juillet 2000 tendant à préciser la définition des délits non intentionnels (JO 11).** Selon l'article 121-3 c. pén., «les personnes physiques qui n'ont pas causé directement le dommage, mais qui ont créé ou contribué à créer la situation qui a permis la réalisation du dommage ou qui n'ont pas pris les mesures permettant de l'éviter, sont responsables pénalement s'il est établi qu'elles ont, soit violé de façon manifestement délibérée une obligation particulière de prudence ou de sécurité prévue par la loi ou le règlement, soit commis une faute caractérisée et qui exposait autrui à un risque d'une particulière gravité qu'elles ne pouvaient ignorer». «L'objet de la loi du 10 juillet 2000 est de redéfinir les contours de la responsabilité pénale en matière d'infractions non intentionnelles (...). Elle s'inscrit dans le prolongement de la loi du 13 mai 1996 relative à la responsabilité pénale pour des faits d'imprudence ou de négligence, qui avait déjà modifié la rédaction de l'article 121-3 du code pénal, afin d'y inscrire le principe de l'appréciation *in concreto* de la faute d'imprudence, principe qui n'a pas été remis en cause par ce nouveau texte.» (circ. crim. 00-9/F1 du 11 octobre 2000).

Cette circulaire a apporté les précisions suivantes:

Faute d'imprudence ou de négligence n'ayant qu'un lien indirect avec le dommage

Les dispositions essentielles résultant de la nouvelle rédaction de l'article 121-3 du code pénal sont celles de son alinéa 4 qui combinent le critère du lien de causalité et celui de l'importance de la faute, en exigeant que la faute soit plus importante lorsque le lien de causalité est indirect.

...

En cas de causalité indirecte, le nouvel article 121-3 exige, pour permettre l'engagement de la responsabilité pénale des personnes physiques (mais cette exigence ne concerne pas les personnes morales), que soit établie à l'encontre de cette personne une faute particulière, qui doit consister, de façon alternative, en l'une des deux fautes suivantes:

– une faute de mise en danger délibérée;

– une faute caractérisée exposant à un risque grave.

1) La première consiste dans «une violation manifestement délibérée d'une obligation particulière de prudence ou de sécurité prévue par la loi ou le règlement». Elle est exactement celle actuellement exigée par l'article 223-1 du code pénal réprimant le délit de risque causé à autrui, et la jurisprudence ayant interprété cette disposition devra dès lors être appliquée en l'espèce.

La caractérisation de cette faute exigera donc:

– l'existence d'une obligation particulière de prudence ou de sécurité prévue par la loi ou le règlement (ce qui exclut les obligations générales, de même que les obligations qui ne sont pas prévues soit par une loi, soit par un décret ou un arrêté, qui seuls peuvent constituer «le» règlement, au sens administratif retenu par des dispositions);

– la démonstration que la personne, qui connaissait cette obligation de prudence ou de sécurité, a de façon manifestement délibérée choisi de ne pas la respecter.

2) Le comportement d'action ou d'omission de la personne auteur indirect d'un dommage pourra être également pénalement sanctionné s'il constitue «une faute caractérisée et qui exposait autrui à un risque d'une particulière gravité que cette personne ne pouvait ignorer». Cette faute pourra ainsi être établie, à la différence de la faute précédente, même en l'absence de violation manifestement délibérée, même s'il n'existait qu'une réglementation générale et non particulière, même si cette réglementation n'avait pas pour origine la loi ou un règlement au sens administratif, mais qu'elle provenait d'une circulaire ou du règlement intérieur d'une entreprise, et même, le cas échéant, en l'absence de réglementation écrite préexistante.

Elle supposera en revanche la réunion des trois éléments suivants, cumulativement exigés par la loi, une faute caractérisée, exposant autrui à un risque d'une particulière gravité, que la personne ne pouvait ignorer.

...

Faute d'imprudence ou de négligence ayant un lien direct avec le dommage

Si la loi du 10 juillet n'a pas apporté de modifications substantielles aux règles de la responsabilité pénale pour les délits d'imprudence en cas de causalité directe, le troisième alinéa de l'article 121-3, dont la rédaction était issue de la loi du 13 mai 1996, a toutefois été modifié sur trois points.

Il est tout d'abord expressément précisé que l'imprudence, la négligence ou les manquements aux réglementations constituent la «faute» exigée pour les infractions non intentionnelles (le texte parlant désormais de la «faute d'imprudence, de négligence ou de manquement...»).

Il est ensuite fait référence, dans un souci de rigueur et de cohérence juridique, aux seuls manquements aux règles de sécurité ou de prudence prévues par la loi ou «le» règlement, c'est-à-dire les décrets et les arrêtés, et non plus aux règles prévues par «les» règlements, comme une circulaire ou le règlement intérieur d'une entreprise.

Enfin, l'obligation d'apprécier *in concreto* la faute d'imprudence, qui est rappelée dans le code pénal depuis la loi du 13 mai 1996, est présentée de façon conforme au principe de la présomption d'innocence : c'est à l'accusation qu'il appartient de démontrer que le comportement de la personne est fautif, compte tenu des circonstances de fait, et non à cette dernière de démontrer qu'il ne l'est pas eu égard à ces mêmes circonstances.

L'alinéa 3 de l'article 121-3 continue de traiter de la définition de la faute pénale d'imprudence, en ce qu'elle constitue l'élément moral ou intellectuel d'une infraction non intentionnelle, de façon générale et dans toutes les hypothèses, que cette faute ait causé directement ou indirectement un dommage.

Autonomie de la faute civile

L'article 4-1 du code de procédure pénale précise que l'absence de faute pénale n'interdira pas la réparation du dommage par les juridictions civiles sur le fondement de la faute civile et également que l'absence de faute pénale n'exclut pas non plus que soit établie la faute inexcusable de l'employeur prévue par l'article L. 452-1 c. séc. soc., qui permet une indemnisation complémentaire de la victime d'un accident du travail ou d'une maladie professionnelle. Il sera dès lors possible que le tribunal de la sécurité sociale estime qu'une faute inexcusable est caractérisée là où le juge répressif estime qu'aucune faute pénale n'a été commise.

Accidents du travail

Sauf exception, il semble qu'il faille considérer qu'en matière d'accident du travail, la responsabilité de l'employeur ou des personnes bénéficiant d'une délégation de pouvoir en matière de sécurité n'est qu'indirecte, et que les dispositions du quatrième alinéa de l'article 121-3 du code pénal doivent recevoir application.

Toutefois, dans la plupart des cas, la faute de l'employeur est celle prévue par le premier alinéa de l'article L. 263-2 CT. Cette faute constitue ainsi un délit puni de 3 750 € d'amende, même en l'absence de tout dommage, ce qui montre qu'il s'agit d'une faute caractérisée en ce qu'elle revêt par nature une certaine gravité.

S'agissant par ailleurs de la violation de règles de sécurité, il ne sera le plus souvent pas possible, compte tenu de la nature de ces règles, que la personne chargée de les faire respecter puisse valablement soutenir que cette violation n'exposait pas autrui à un danger d'une particulière gravité et qu'elle ne pouvait ignorer.

Il en résulte que, dans la plupart des cas, la responsabilité pénale du chef d'entreprise ou de son délégué sera encourue si la faute de ce dernier a indirectement causé un accident du travail ou une maladie professionnelle (outre les hypothèses dans lesquelles il y aura mise en danger délibérée, par exemple lorsque l'inspection du travail aura précédemment averti l'employeur du non-respect de telle ou telle réglementation ou qu'il est établi que l'employeur avait donné instruction de ne pas respecter telle ou telle règle de sécurité).

Jurisprudence

A justifié sa décision la cour d'appel qui a déclaré un chef d'entreprise coupable d'homicide involontaire à la suite du décès d'un salarié dans l'éboulement d'une tranchée non étayée ou blindée, après avoir relevé que le prévenu avait pris la décision de ne pas utiliser le matériel de blindage dont l'installation était pourtant prescrite par le décret du 8 janvier 1965, une telle faute constituant une faute délibérée au sens des dispositions de l'article 121-3, al. 4 c. pén. dans leur rédaction issue de la loi du 10 juillet 2000 (cass. crim. 12 septembre 2000, n° 99-88.011, B. crim. n° 268).

Sur la violation d'une façon manifestement délibérée d'une obligation particulière de sécurité prévue par la loi ou le règlement, voir encore cass. crim. 3 décembre 2002, n° 01-85.109, B. crim. n° 219 ; 28 mars 2006, n° 05-82.975, B. crim. n° 91 ; RJS 8-9/06 n° 918 ; 12 juin 2007, n° 06-88.900, B. crim. n° 156 ; RJS 11/07 n° 1185 ; 12 mai 2009, n° 08-82.187 ; 4 janvier 2011, n° 10-82.622 ; 1er février 2011, n° 10-82.764.

Sur des fautes caractérisées exposant autrui à un risque d'une particulière gravité que le gérant ou le dirigeant d'une société ne pouvait ignorer, au sens de l'article 121-3 c. pén., voir notamment cass. crim. 16 janvier 2001, n° 00-82.274, B. crim. n° 14 ; 16 janvier 2001, n° 00-82.402, B. crim. n° 15 ; RJS 5/01 n° 615 ; 30 avril 2002, n° 01-84.958, B. crim. n° 94 ; 13 septembre 2005, n° 04-85.736, B. crim. n° 224 ; RJS 12/05 n° 1222 ; 31 janvier 2006, n° 05-81.858, JCP éd. G 2006. II.10079, note E. Dreyer, relevant une faille dans la hiérarchie des fautes pénales ; 25 avril 2006, n° 05-81.802 ; 23 octobre 2007, n° 06-89.497 ; 3 juin 2008, n° 07-86.640, Dr. Soc. 2008, p. 1134, obs. Fr. Duquesne ; 13 avril 2010, n° 09-81.504 ; 22 octobre 2013, n° 11-89.126 ; 11 mars 2014, n° 12-86.769, B. crim. n° 69 ; RJS 6/14 n° 488 : salarié décédé à la suite du renversement d'un tracteur sur lequel il était assis en violation des consignes de sécurité et à qui l'employeur n'avait pas veillé à prodiguer une formation spécifique à la sécurité dans une langue comprise par lui ; 5 novembre 2014, n° 13-83.911 ; 12 novembre 2014, n° 13-85.860.

S'agissant d'un salarié d'une entreprise de bâtiment mortellement blessé lors du basculement d'une dalle qu'il tentait de mettre en place, les juges ont retenu, pour condamner l'employeur des chefs d'homicide involontaire et d'infraction aux règles relatives à la sécurité des travailleurs, qu'il avait ordonné au grutier, pour faciliter la manœuvre, de détacher l'une des élingues retenant la dalle et qu'il avait tenté de l'ajuster en utilisant des barres à mine ; ils ont ajouté que l'employeur, au lieu d'avoir recours à un échafaudage, avait choisi une telle méthode par économie de temps et d'argent et n'avait pas interdit à son salarié, qui ne portait pas de harnais de sécurité, de venir le rejoindre sur la dalle et ont conclu que «l'ensemble de ces éléments démontre l'imprudence caractérisée de l'employeur et le manquement à ses obligations en matière de sécurité qui sont directement à l'origine de l'accident mortel dont a été victime son salarié». En l'état de ces constatations, dont il résulte que l'employeur a directement créé le dommage au sens de l'article 121-3 c. pén., les juges, qui n'avaient pas à rechercher s'il avait, en outre, commis une faute caractérisée qui exposait autrui à un risque d'une particulière gravité qu'il ne pouvait ignorer, ont justifié leur décision (cass. crim. 16 septembre 2008, n° 08-80.204, B. crim. n° 186; JCP éd. S 2008, 1596, note J-Fr. Cesaro; RJS 1/09 n° 48; RDT, janv. 2009, CH, 46, J-Fr. Dreuille; Dr. Soc. 2009, p. 490, obs. Fr. Duquesne).

Voir notamment «Responsabilité pénale de l'employeur» in «Prévention des risques professionnels», RF Social, janvier 2004, n° 27, p. 31; «La responsabilité pénale du chef d'entreprise», BS 9-10/2000, p. 429; «La loi 2000-647 du 10 juillet 2000. Retour vers l'imprudence pénale», Ph. Salvage, JCP éd. G 2000.I.281; «Responsabilité pénale et droit social, avant et après la loi du 10 juillet 2000», P. Morvan, RJS 4/01 p. 283. Voir aussi circulaire crim. 00-9/F1 du 11 octobre 2000 précitée.

• **Délégation de pouvoirs**

Voir notamment A. Meyrieux, Y. Mayne, «Délégation de pouvoirs: du droit pénal au droit social», JSL, 2.11.1999, n° 45-1; Th. Joffredo, «La délégation de pouvoir, le juge et l'entreprise», JCP éd. S 2006, 1886.

Principe. Hors le cas où la loi en dispose autrement, le chef d'entreprise, qui n'a pas personnellement pris part à la réalisation de l'infraction, peut s'exonérer de sa responsabilité pénale s'il rapporte la preuve qu'il a délégué ses pouvoirs à un préposé investi par lui et pourvu de la compétence, de l'autorité et des moyens nécessaires pour veiller efficacement au respect des dispositions en vigueur (cass. crim. 6 février 1990, n° 89-82.963, RJS 5/90 n° 380; 11 mars 1993, 5 arrêts, n°s 90-84.931, 91-83.655, 91-80.958, 91-80.598, 92-80.773, B. crim. n° 112; 7 juin 2006, n° 05-86.804, Dr. Soc. 2006, p. 1058, obs. Fr. Duquesne). Mais le chef d'entreprise qui a personnellement participé à la réalisation d'une infraction pénale ne peut s'exonérer de sa responsabilité pénale en invoquant une délégation de ses pouvoirs (cass. crim. 20 mai 2003, n° 02-84.307, B. crim. n° 101; RJS 10/03 n° 1181).

La constatation de l'existence d'une délégation de pouvoirs relève de l'appréciation souveraine des juges du fond (cass. crim. 25 avril 2006, n° 05-84.239).

S'agissant d'un directeur des ressources humaines auquel était confiée, par délégation du chef d'entreprise, la présidence du comité d'établissement, qui avait refusé de consulter ledit comité sur la question de l'abandon de l'horaire collectif prévu, au profit de l'instauration d'un horaire individualisé, une cour d'appel a justifié sa décision retenant sa culpabilité en l'état de motifs qui caractérisent sa participation personnelle à l'infraction et dès lors que constitue le délit d'entrave le refus, sans motif légitime et en violation de la loi, de consulter le comité d'établissement sur l'instauration d'horaires individualisés (cass. crim. 16 septembre 2003, n° 02-86.661, B. crim. n° 164; RJS 1/04 n° 72).

Pour être opérante, une délégation de pouvoirs doit, en toute hypothèse, être expresse et exempte d'ambiguïté (cass. crim. 8 mars 1988, n° 87-83.883) et avoir été donnée à une personne dotée de la compétence, de l'autorité et des moyens nécessaires pour exercer effectivement les pouvoirs qui lui ont été délégués (cass. crim. 26 mai 1994, n° 93-83.180, B. crim. n° 208; 8 décembre 2009, n° 09-82.183, B. crim. n° 210; RJS 3/10 n° 302). Si elle est exempte d'ambiguïté, il n'est pas nécessaire qu'une délégation de pouvoirs soit nominative (cass. crim. 2 mars 1988, n° 87-81.528).

La délégation de pouvoirs doit être connue et acceptée par le délégataire. En cas de différend entre un employeur et un prétendu délégataire, il appartient à l'employeur de prouver que la délégation a été acceptée par le délégataire, quelles que soient la compétence et l'autorité dont celui-ci jouit (cass. crim. 14 janvier 1988, n° 85-93.192).

Domaine de la délégation. Construction jurisprudentielle ancienne, la délégation de pouvoirs a connu un renouveau avec cinq arrêts rendus par la chambre criminelle le 11 mars 1993 (5 arrêts précités) qui ont consacré l'extension de la délégation de pouvoirs à l'ensemble des matières concernant l'entreprise (droit économique, par exemple) (voir notamment Gaz. Pal. 1993, II, 923, note D. Bayet).

À noter que la délégation de pouvoirs donnée dans un domaine étranger (hygiène et sécurité) aux infractions poursuivies (défaut d'affichage d'un permis de construire, absence de titres de travail des étrangers sur un chantier, etc.) ne saurait exonérer un employeur de sa responsabilité pénale (cass. crim. 9 novembre 1993, n° 92-86.101, RJS 3/94 n° 286).

La simple modification par l'employeur de l'étendue de la délégation de pouvoirs qu'il avait consentie au salarié ne constitue pas une modification du contrat de travail (cass. soc. 28 mars 2006, n° 04-43.963).

Niveau de la délégation. Si une délégation de pouvoirs peut, en principe, être donnée à tous les niveaux de la hiérarchie de l'entreprise, elle n'est valable que si elle est accordée à une personne pourvue de la compétence, de l'autorité et des moyens nécessaires (voir notamment cass. crim. 12 décembre 1989, n° 89-82.708, RJS 2/90 n° 123; 17 juin 1997, n° 95-83.010, précité). N'est pas valable la délégation de pouvoirs consentie à un chef d'équipe, victime d'un accident, titulaire d'un simple CAP, n'ayant bénéficié d'aucune formation spécifique à la sécurité et n'étant donc pas pourvu de la compétence nécessaire pour assumer les responsabilités incombant au chef d'entreprise (cass. crim. 16 décembre 1997, n° 96-86.539), celle résultant de la mission confiée à un intérimaire de signaler le caractère défectueux de l'engin utilisé, à l'origine d'un accident mortel, qui ne suffisait pas à le faire considérer comme pourvu de la compétence, des moyens et de l'autorité nécessaires (cass. crim. 3 avril 2013, n° 12-80.871; voir aussi cass. crim. 30 octobre 1996, n° 95-84.942: absence de délégation de pouvoirs certaine et exempte d'ambiguïté à la charge d'un chef d'établissement qui n'avait pas de surcroît les compétences nécessaires pour veiller efficacement à l'observation de la réglementation en matière de sécurité).

Même si la délégation consentie par contrat de travail remplissait formellement les trois conditions de validité fixées par la jurisprudence, les circonstances de fait permettaient de considérer ladite délégation inopérante, le délégataire n'exerçant pas ses attributions sur le site où la majorité du personnel était basée et ne disposant pas des moyens permettant un réel contrôle des conditions de travail des chauffeurs, de sorte que les infractions étaient imputables au gérant de la société coupable de prolongation excessive de la durée du travail journalier effectif (cass. crim. 18 avril 2000, n° 99-86.105).

Rien n'interdit au chef d'un groupe de sociétés, président de la société donneur d'ordre et dirigeant de la société sous-traitante, de déléguer ses pouvoirs en matière d'hygiène et de sécurité à un salarié d'une autre société du groupe sur lequel il exerce son autorité hiérarchique (cass. crim. 26 mai 1994, n° 93-83.180, précité; voir aussi cass. crim. 7 février 1995, n° 94-81.832, RJS 6/95 n° 657).

Cumul de délégations. L'employeur ne peut déléguer ses pouvoirs à plusieurs personnes pour l'exécution d'un même travail, un tel cumul étant de nature à restreindre l'autorité et à entraver les initiatives de chacun des prétendus délégataires (cass. crim. 6 juin 1989, n° 88-82.266, B. crim. n° 243; Dr. Ouvr. 1990, p. 458; voir aussi cass. crim. 2 octobre 1979, n° 78-93.334, B. crim. n° 267; 26 juin 1990, n° 89-82.022, RJS 8-9/90 n° 684; 25 novembre 1997, n° 96-84.371; 10 février 1998, n° 97-82.543; 13 février 2001, n° 00-83.038; 23 novembre 2004, n° 04-81.601, B. crim. n° 295; RJS 3/05 n° 330). La délégation opérée de manière floue au profit de plusieurs préposés rend incertaine la réalité d'une délégation à un préposé plutôt qu'à un autre (cass. crim. 29 février 2000, n° 99-83.241, B. crim. n° 89).

A justifié sa décision la cour d'appel, qui, pour écarter l'argumentation d'une société selon laquelle la victime de l'accident était titulaire d'une délégation de pouvoirs en matière de sécurité du travail émanant du «directeur de l'entreprise» et aurait dû, en conséquence, veiller elle-même à l'élaboration du plan de prévention, a énoncé qu'un autre salarié, «chargé d'affaires de la société», était également titulaire d'une telle délégation, émanant de la même personne et retenu que, compte tenu de son rang hiérarchique, ce dernier salarié, qui avait participé à l'inspection commune du chantier, avait seul l'obligation d'établir ce plan (cass. crim. 3 avril 2002, n° 01-83.160, B. crim. n° 77; RJS 7/02 n° 920).

Forme, contenu et preuve de la délégation. Pour exonérer le chef d'entreprise, la délégation de pouvoirs doit être expresse, certaine et précise.

Toutefois, aucune disposition légale n'exige que la délégation du pouvoir de licencier soit donnée par écrit (cass. soc. 18 novembre 2003, n° 01-43.608, BC V n° 287; RJS 1/04 n° 15).

La preuve d'une délégation de pouvoirs n'est soumise à aucune forme particulière (cass. crim. 16 mars 1999, n° 98-80.878). La délégation de pouvoirs peut donc résulter d'une lettre, d'une note de service ou tout autre document écrit (par exemple, l'attestation de conduite de chariots automoteurs, établie par le directeur de l'entreprise, au bénéfice du salarié décédé: cass. crim. 26 octobre 2004, n° 04-81.852), ou bien être implicite mais elle ne peut être opérante que si elle est *précise, certaine et dépourvue d'ambiguïté* (cass. crim. 30 mai 2000, n° 99-86.695) et ne saurait résulter:

– *d'un document non intitulé et rédigé en termes trop généraux* (cass. crim. 2 février 1993, n° 92-80.672), d'un document particulièrement laconique quant à la mission générale de surveillance du chantier et à l'organisation des mesures de sécurité où il n'est justifié ni de consignes précises ni des moyens donnés au préposé pour faire respecter ces consignes (cass. crim. 21 août 1995, n° 94-80.915), d'un écrit rédigé en termes généraux faisant référence à «des pouvoirs» attribués au délégataire «précisés par l'organisation de l'entreprise» sans qu'il existe de document décrivant cette organisation, ni aucune preuve de la transmission par le chef d'entreprise à son chef d'équipe «des droits et pouvoirs nécessaires à la mise en œuvre efficace des responsabilités en matière de sécurité» (cass. crim. 16 décembre 1997, n° 96-86.539, précité), d'un écrit à caractère insuffisamment précis, la prétendue délégation n'attribuant au

délégataire aucun pouvoir précis de sanction et ne précisant nullement les moyens mis à sa disposition (cass. crim. 4 juin 1998, n° 97-81.186);
– *de délégations écrites données après l'accident* ayant entraîné les poursuites (cass. crim. 2 février 1993, n° 92-80.672, précité);
– *de la seule déclaration d'un préposé* reconnaissant avoir reçu délégation de pouvoirs, faite seulement à l'occasion des poursuites engagées contre son employeur (cass. crim. 2 février 1993, n° 92-80.672, précité).

La preuve d'une délégation de pouvoirs incombe à celui qui l'invoque et une telle preuve ne saurait résulter d'une simple allégation relative à la structure d'une entreprise sans précision de l'identité ni des attributions du préposé prétendument délégataire (cass. crim. 22 octobre 1991, n° 90-84.618; 25 mai 1993, n° 92-85.822; 11 mars 1993, n° 91-83.655, B. crim. n° 112, arrêt n° 2).

S'agissant d'un salarié d'une société assumant la maîtrise d'ouvrage déléguée d'une opération de construction de logements, poursuivi devant le tribunal correctionnel pour avoir laissé une employée d'une entreprise de nettoyage utiliser un ascenseur non conforme lors de travaux préalables à la réception des appartements et involontairement causé à celle-ci des blessures entraînant une incapacité de travail supérieure à trois mois, la cour d'appel qui, par des motifs contradictoires, a, à la fois déclaré inopérante l'argumentation du salarié prise d'un défaut de délégation de pouvoirs de la part de son employeur et retenu à la charge du prévenu une infraction aux règles de sécurité ne pouvant, selon les dispositions de l'article L. 263-2, devenu l'article L. 4741-1 CT, être imputée qu'au seul chef d'établissement ou à son délégataire, n'a pas justifié sa décision déclarant le salarié coupable notamment d'infraction à la réglementation relative à l'hygiène et à la sécurité (cass. crim. 8 avril 2008, n° 07-80.535, B. crim. n° 96; JCP éd. S 2008, 1424, note J-Fr. Cesaro; RJS 7/08 n° 841; Dr. Soc. 2008, p. 809, obs. Fr. Duquesne).

L'existence d'une délégation de pouvoirs est un moyen de défense qui peut être invoqué pour la première fois en appel (cass. crim. 5 janvier 1993, n° 92-81.918, B. crim. n° 6; 19 octobre 1995, n° 94-83.884, B. crim. n° 317).

Portée de la délégation. La délégation de pouvoirs consentie à un préposé en vue de la présidence du comité d'entreprise ou d'établissement et du CHSCT ne saurait être étendue au-delà des limites qu'elle définit (cass. crim. 12 avril 2005, n° 04-83.101, B. crim. n° 129; Dr. Soc. 2005, p. 856, obs. Fr. Duquesne; RJS 11/05 n° 1114).

La délégation générale en matière d'hygiène et de sécurité du capitaine d'un navire ne décharge pas l'armateur de la responsabilité pénale qu'il encourt personnellement pour des actes et abstentions fautifs lui étant imputables et entretenant un lien certain de causalité avec le dommage (cass. crim. 25 juin 2013, n° 11-88.037, B. crim. n° 153; JCP éd. S 2013, 1337, note Fr. Duquesne).

Les juges sont souvent amenés à constater s'il y a eu effectivement ou non transfert de pouvoirs en matière de sécurité.

Dès lors que les juges constatent qu'une personne autre que le prévenu (P-DG) était le chef de l'établissement concerné (directeur général, président du CHSCT), il en résulte que celle-ci entrait dans les prévisions de l'article L. 263-2 (ancien) CT et avait nécessairement les pouvoirs et le devoir de faire respecter les obligations du code du travail en matière d'hygiène et de sécurité (cass. crim. 5 janvier 1993, n° 92-81.918, précité).

Si, pour être exonératoire, une délégation de pouvoirs doit être certaine et exempte d'ambiguïté, «il n'est nullement exigé qu'elle porte sur la totalité des pouvoirs propres au chef d'entreprise». Doit donc être cassé l'arrêt qui, pour retenir la culpabilité de l'employeur, énonce que, pour se décharger de sa propre faute, il aurait fallu que celui-ci «rapporte la preuve d'une totale délégation de ses pouvoirs» à son préposé (cass. crim. 22 janvier 1986, n° 84-95.210, B. crim. n° 30).

N'a pas justifié sa décision la cour d'appel qui a déclaré le salarié d'une société A (devenue par fusion-absorption la société A') responsable d'un établissement, coupable de prêt illicite de main-d'œuvre, sur le fondement d'une délégation de pouvoirs qui lui avait été consentie par le dirigeant de la société absorbée, sans rechercher si la fusion-absorption invoquée, qui avait donné lieu à la création d'une société distincte de la précédente et à un changement de dirigeant social, n'avait pas pour effet d'entraîner la caducité de la délégation de pouvoirs accordée pour la durée de la responsabilité du salarié intéressé au sein de la société absorbée (cass. crim. 20 juillet 2011, n° 10-87.348, LS Bref n° 15921 du 25.08.2011; RJS 11/11 n° 924).

Effets de la délégation de pouvoirs. Dès lors qu'il a reçu une délégation de pouvoirs le délégataire commet une faute personnelle s'il ne veille pas personnellement à l'utilisation par les salariés des dispositifs de sécurité mis à leur disposition. Une cour d'appel ne peut écarter la responsabilité pénale du délégataire en raison de négligences commises par la victime, sans rechercher si celles-ci n'étaient pas dues à un défaut de surveillance du chantier et à un manque d'organisation du travail imputables au délégataire de pouvoirs en matière de sécurité (cass. crim. 3 novembre 1998, n° 97-85.236, RJS 1/99 n° 53).

La délégation de pouvoirs exonère l'employeur de toute responsabilité pénale. En matière d'hygiène et de sécurité, la même infraction ne peut être retenue à la fois contre le chef d'entreprise et contre son délégataire, voire un subdélégataire (cass. crim. 14 octobre 1997, n° 96-83.196; 14 novembre 2006, n° 05-83.367, RJS 3/07 n° 403; JCP éd. S 2007, 1470, note J-Fr. Cesaro).

Une délégation comportant notamment la prise de décision et la mise en œuvre des mesures en matière d'hygiène, de sécurité et des conditions de travail, selon la réglementation en vigueur, il appartient au délégataire désigné de mettre en place, au besoin en faisant appel à d'autres concours, l'organisation du contrôle du matériel et de sa conformité aux règles de sécurité (cass. crim. 2 mars 1994, n° 93-83.458).

Mais un salarié titulaire d'une délégation de pouvoirs en matière de sécurité du travail ne peut se voir reprocher une faute dans l'accomplissement de la mission d'organisation et de surveillance qui lui a été confiée lorsque l'un de ses supérieurs hiérarchiques ou le chef d'entreprise s'immisce dans le déroulement des tâches en rapport avec cette mission, supprimant ainsi l'autonomie d'initiative inhérente à toute délégation effective (cass. soc. 21 novembre 2000, n° 98-45.420, BC V n° 384; RJS 2/01 n° 175).

Par ailleurs, le salarié d'une société, titulaire d'une délégation de pouvoirs en matière d'hygiène et de sécurité, est un représentant de la personne morale au sens de l'article 121-2 c. pén. Il engage donc la responsabilité pénale de celle-ci en cas d'atteinte involontaire à la vie ou à l'intégrité physique trouvant sa cause dans un manquement aux règles qu'il était tenu de faire respecter en vertu de sa délégation (cass. crim. 30 mai 2000, n° 99-84.212, B. crim. n° 206; 14 décembre 1999, n° 99-80.104, B. crim. n° 306).

Subdélégations. L'autorisation du chef d'entreprise dont émane la délégation de pouvoirs initiale n'est pas nécessaire à la validité des subdélégations de pouvoirs, dès lors que celles-ci sont régulièrement consenties et que les subdélégataires sont pourvus de la compétence, de l'autorité et des moyens propres à l'accomplissement de leur mission (cass. crim. 30 octobre 1996, n° 94.83-650, B. crim. n° 389; RJS 3/97 n° 296). La Cour de cassation a assoupli ainsi sa jurisprudence en abandonnant l'une des conditions de validité de la subdélégation – l'autorisation du chef d'entreprise, délégant initial – qu'elle semblait exiger jusqu'alors (voir notamment cass. crim. 8 février 1983, n° 82-92.364, B. crim. n° 48; 14 février 1991, n° 90-80.122, B. crim. n° 79: subdélégation régulière sans que cette condition soit évoquée).

Sur l'appréciation de la valeur et de la portée d'une subdélégation de pouvoirs consentie à une personne dont les juges ont déduit qu'elle ne disposait pas des pleins pouvoirs d'un chef d'établissement et que, dans le domaine limité de sa compétence, elle n'avait commis aucune faute en relation avec l'accident, voir cass. crim. 11 décembre 1996, n° 95-85.341.

• **Application des sanctions du code pénal** (articles 319 et 320, R. 40-4° anciens, devenus les articles 221-6, 222-19 et 222-20 c. pén.).

Les délits d'homicide ou de blessures involontaires prévus par le code pénal ne sont pas subordonnés à l'existence d'une infraction à la réglementation sur la sécurité des travailleurs légalement punissable (cass. crim. 28 juin 1972, n° 71-92.548, B. crim. n° 224). Mais la constatation d'une inobservation de la réglementation sur la sécurité du travail ayant causé un accident peut caractériser le délit d'homicide ou de blessures involontaires à la charge de l'employeur (cass. crim. 27 février 1973, n° 72-91.447, B. crim. n° 97).

En ce qui concerne l'homicide involontaire, les fautes que peuvent commettre des tiers ou la victime ne peuvent exonérer le prévenu des conséquences de sa propre faute, dès lors que celle-ci a concouru au dommage (cass. crim. 20 septembre 1994, n° 94-80.017, précité).

Si le chef d'entreprise, tenu de veiller personnellement à la stricte observation des règles protectrices de la sécurité des travailleurs, ne peut dégager sa responsabilité qu'en établissant qu'il a donné, à cet effet, une délégation de pouvoirs à un préposé pourvu de la compétence et de l'autorité nécessaires, ce principe ne saurait mettre obstacle à ce que des maladresses, imprudences, inattentions ou inobservations des règlements relevées à la charge d'autres membres de l'entreprise dans l'exécution des tâches qui leur sont confiées donnent lieu à des poursuites sur le fondement des articles 319, 320 ou R. 40-4° (anciens) c. pén. (cass. crim. 23 octobre 1984, n° 82-93.375, B. crim. n° 316; 18 décembre 1990, n° 89-83.686, RJS 2/91 n° 193; 8 décembre 1998, n° 97-84.539, RJS 4/99 n° 529).

Si peuvent être relevés, à la fois contre l'employeur et l'un de ses préposés, des négligences ou un défaut de surveillance, en relation de cause à effet avec un accident et caractérisant à leur charge le délit d'homicide ou de blessures involontaires, ceux-ci sont tous deux pénalement responsables (cass. crim. 23 janvier 1975, n° 73-92.615, B. crim. n° 30).

À noter qu'en déclarant une société coupable, à l'égard du même salarié, à la fois du délit d'homicide involontaire et d'infraction à la réglementation relative à la sécurité des travailleurs, une cour d'appel ne méconnaît pas le principe *Ne bis in idem*. En effet, ne procèdent pas de manière indissociable d'une action unique caractérisée par une seule intention coupable, d'une part, les atteintes involontaires à la vie ou à l'intégrité des personnes commises par la violation d'une obligation particulière de prudence ou de sécurité prévue par la loi ou le règlement, d'autre part, les délits ou contraventions qui sanctionnent le non-respect de ladite obligation (cass. soc. 9 avril 2019, n° 17-86.267, à paraître, RJS 6/19 n° 361; JCP éd. S 2019, 1180, note C-Fr. Pradel, P. Pradel-Boureux et V. Pradel; JSL n° 478, 21.06.2019, p. 15, R. Mesa).

Manquement à une obligation de sécurité ou de prudence imposée par la loi ou les règlements

Atteintes involontaires à la vie ou à l'intégrité physique de la personne (anciens délits d'homicide ou de blessures involontaires).

Le fait de causer (loi 2000-647 du 10 juillet 2000) «dans les conditions et selon les distinctions prévues à l'article 121-3» par maladresse, imprudence, inattention, négligence ou manquement à une obligation de prudence ou de sécurité imposée par la loi ou «le» règlement, la mort d'autrui (art. 221-6, al. 1er) ou une incapacité totale de travail pendant plus de trois mois (art. 222-19, al. 1er) est puni de trois ans d'emprisonnement et de 45 000 € d'amende (art. 221-6, al. 1er) ou de deux ans d'emprisonnement et de 30 000 € d'amende (art. 222-19, al. 1er).

Le fait de causer à autrui – de la même façon – une incapacité totale de travail d'une durée inférieure ou égale à trois mois est puni de l'amende prévue pour les contraventions de 5e classe (art. R. 625-2); celui de porter atteinte à l'intégrité d'autrui sans qu'il en résulte d'incapacité totale de travail est puni de l'amende prévue pour les contraventions de la 2e classe (art. R. 622-1, al. 1er).

Après avoir déclaré le président d'un conseil d'administration coupable notamment de blessures involontaires, la cour d'appel l'a condamné, pour ce délit, à une peine d'emprisonnement avec sursis et à une amende de 50 000 F. En prononçant ainsi une amende qui excède le maximum prévu par l'article 320 ancien du code pénal réprimant le délit reproché, la cour a méconnu le texte susvisé et le principe selon lequel une loi nouvelle portant aggravation des incriminations et des peines prévues par la loi antérieure n'est applicable qu'à des faits accomplis après son entrée en vigueur (cass. crim. 29 février 2000, n° 99-83.241, précité).

Manquement délibéré à une obligation de sécurité ou de prudence imposée par la loi ou les règlements

Atteintes à la vie ou à l'intégrité physique de la personne. Circonstances aggravantes nouvelles.

Le code pénal prévoit une aggravation des peines encourues lorsque le dommage résulte «d'une violation manifestement délibérée d'une obligation particulière de sécurité ou de prudence imposée par la loi ou le règlement» [trois ans d'emprisonnement et 45 000 € d'amende pour le délit de blessures involontaires (art. 222-19, al. 2); cinq ans d'emprisonnement et 75 000 € d'amende pour le délit d'homicide involontaire (art. 221-6, al. 2)].

«Est ainsi reconnue, par la création de cette circonstance aggravante nouvelle, la spécificité, entre l'imprudence et la faute intentionnelle, de la faute désignée par la doctrine sous le nom de «dol éventuel». Il est en effet apparu indispensable de sanctionner plus sévèrement celui qui cause la mort d'autrui après avoir pris délibérément ce risque en violant consciemment une obligation de sécurité ou de prudence (…)» (circ. 14 mai 1993). Des observations, des mises en demeure de l'administration du travail, la mise en œuvre de la procédure d'alerte pourront être des circonstances qui faciliteront l'administration de la preuve du manquement délibéré du chef d'entreprise ou de ses délégataires.

Par ailleurs, les atteintes involontaires à l'intégrité physique ayant entraîné une incapacité totale de travail inférieure ou égale à trois mois, qui sont normalement de nature contraventionnelle, deviennent un délit puni par l'article 222-20 d'un an d'emprisonnement et de 15 000 € d'amende lorsqu'elles sont commises avec la circonstance aggravante susmentionnée (circ. 14 mai 1993).

Enfin, une contravention de 5e classe (art. R. 625-3) réprime le fait, par la violation manifestement délibérée d'une obligation particulière de sécurité ou de prudence prévue par la loi ou le règlement, de porter atteinte à l'intégrité d'autrui sans qu'il en résulte d'incapacité totale de travail.

Violation manifestement délibérée d'une obligation particulière de sécurité ou de prudence imposée par la loi ou le règlement

Délit de risques causés à autrui.

Ce délit inséré dans un chapitre relatif à «la mise en danger de la personne», qui a notamment pour objet une meilleure prévention des accidents du travail, réprime le fait d'exposer directement autrui à un risque immédiat de mort ou de blessures de nature à entraîner une mutilation ou une infirmité permanente par la violation manifestement délibérée d'une obligation particulière de sécurité ou de prudence imposée par la loi ou le règlement (voir art. 223-1).

Sur les éléments constitutifs de cette infraction et sa comparaison avec les délits d'homicide ou de blessures involontaires en cas de circonstances aggravantes, voir notamment circ. du 14 mai 1993 et circ. DRT 7K-94 du 2 juin 1994 (BO TR 94/12, p. 63).

Le délit de mise en danger d'autrui n'est constitué que si le manquement défini par l'article 223-1 c. pén. a été la cause directe et immédiate du risque auquel a été exposé autrui. Si une cour d'appel n'est pas tenue de constater que l'auteur du délit de risques causés à autrui a eu connaissance de la nature du risque particulier effectivement causé par son manquement, il lui appartient de caractériser un lien immédiat entre la violation des prescriptions réglementaires et le risque auquel ont été exposés les salariés (cass. crim. 16 février 1999, n° 97-86.290, B. crim. n° 24; RJS 4/99 n° 528).

Le délit de mise en danger d'autrui ne peut, aux termes de l'article 223-1 c. pén., être caractérisé qu'en cas de violation manifestement délibérée d'une obligation particulière de sécurité ou de prudence prévue par la loi ou le règlement. A violé ce texte la cour d'appel qui a déclaré une société coupable de mise en danger d'autrui, alors qu'aucun règlement applicable dans la collectivité territoriale de Mayotte n'avait été pris en application des dispositions générales du code du travail local pour préciser les obligations particulières de protection de la sécurité des travailleurs dans les établissements qui mettent en œuvre des courants électriques (cass. crim. 17 septembre 2002, n° 01-84.381; 8 octobre 2002, n° 01-85.550, B. crim. n° 181).

Sur la culpabilité du chef de mise en danger d'autrui d'un directeur d'établissement et d'une société par violation manifestement délibérée des articles 3, 4, 5, 7, 28 et 30 du décret 93-98 du 7 février 1996 relatif à la protection des travailleurs contre les risques liés à l'inhalation de poussières d'amiante, voir CA Douai, 6e ch., 6 mars 2008, n° 07-2135 RJS 7/08 n° 796.

S'agissant d'une société coupable de blessures involontaires par la violation manifestement délibérée d'une obligation particulière de prudence ou de sécurité, en l'espèce en omettant d'assurer une formation renforcée à la sécurité, voir cass. crim. 5 novembre 2013, n° 12-85.193.

Responsabilité pénale des personnes morales

Innovation essentielle du nouveau code pénal (1er mars 1994), l'article 121-2, al. 1er a retenu le principe de la responsabilité pénale des personnes morales. À l'exclusion de l'État, les personnes morales étaient «responsables pénalement, selon les distinctions des articles 121-4 à 121-7 et dans les cas prévus par la loi ou le règlement, des infractions commises, pour leur compte, par leurs organes ou représentants».

Les peines applicables aux personnes morales sont mentionnées aux articles 131-37 à 131-49. Le taux maximum de l'amende correctionnelle et contraventionnelle est égal au quintuple de celui prévu pour les personnes physiques. Des peines complémentaires sont également prévues.

La responsabilité pénale devait être expressément prévue par le texte qui définissait et réprimait l'infraction. Le code pénal la retenait notamment en matière d'hygiène et de sécurité pour les atteintes involontaires à la vie ou à l'intégrité des personnes (art. 221-7, 222-21, R. 625-5, R. 622-1) et le délit de risques causés à autrui (art. 223-2).

La loi quinquennale l'avait aussi notamment étendue en matière d'emploi d'étrangers en situation irrégulière, de travail clandestin, de marchandage ou de prêt de main-d'œuvre illicite (voir note sous article L. 8224-1). La responsabilité pénale des personnes morales ne pouvait pas, par exemple, être engagée pour infraction aux prescriptions relatives à l'ordre des licenciements, aucune disposition légale ou réglementaire ne la prévoyant expressément (cass. crim. 18 avril 2000, n° 99-85.183, B. crim. n° 153).

Loi 2000-647 du 10 juillet 2000. Absence de modification quant aux règles de fond de la responsabilité pénale des personnes morales.

La circulaire du 11 octobre 2000 (crim. 00-9/F1) précise que les dispositions de l'article 121-3, issues de la loi 2000-647 du 10 juillet 2000, ont été rédigées de façon à n'avoir aucune conséquence en ce qui concerne l'étendue de la responsabilité pénale des personnes morales en cas d'infraction non intentionnelle. L'exigence d'une faute qualifiée en cas de lien de causalité indirecte posée par le quatrième alinéa de l'article 121-3 ne concerne en effet que les personnes physiques.

Il en résulte que le comportement d'une personne physique organe ou représentant d'une personne morale peut engager la responsabilité pénale de cette personne morale, sans que la personne physique soit elle-même pénalement responsable. Il en est ainsi lorsque la personne physique, agissant pour le compte de la personne morale, a indirectement causé un dommage en commettant une faute au sens des dispositions du troisième alinéa de l'article 121-3, mais ne répondant pas aux exigences du quatrième alinéa de l'article 121-3» (cass. crim. 24 octobre 2000, n° 00-80.378, B. crim. n° 308).

C'est la raison pour laquelle le dernier alinéa de l'article 121-2, qui indique que la responsabilité pénale des personnes morales n'exclut pas celle des personnes physiques auteur ou complice des mêmes faits, a été complété par la précision selon laquelle ce cumul de responsabilité interviendra " sous réserve des dispositions du quatrième alinéa de l'article 121-3 ", puisque cet alinéa limite la responsabilité pénale des personnes physiques.

Loi 2004-204 du 9 mars 2004. Généralisation de la responsabilité des personnes morales.

Depuis le 31 décembre 2005, la responsabilité pénale d'exception est devenue générale (art. 54 de la loi).

Ainsi, une personne morale peut voir sa responsabilité pénale engagée pour toute infraction commise pour son compte par ses organes ou représentants sans qu'elle soit prévue expressément par le texte d'incrimination (art. 121-2 modifié).

Les infractions commises avant le 31 décembre 2005 ne restent imputables à une personne morale que si le texte d'incrimination le prévoit. Les infractions commises après cette date peuvent être imputées à une personne morale, en l'absence de dispositions spécifiques, si les conditions de l'article 121-2 sont réunies.

Voir circulaire du garde des Sceaux du 13 février 2006; chronique «Généralisation de la responsabilité pénale des personnes morales», A. Cœuret, RJS 11/06, p. 843; «Responsabilité pénale de la personne morale pour accident du travail: vers la simplification ?», A. Cœuret, SSL nov. 2006, n° 1281, p. 7.

Jurisprudence

Est légalement justifié au regard des articles 121-2 et 3 c. pén. l'arrêt déclarant une société coupable d'homicide involontaire dès lors qu'il était relevé qu'elle aurait dû veiller à la mise en place d'un dispositif de protection qui aurait empêché la chute mortelle de son salarié; il résulte en effet de ces énonciations que le président de la société ou son délégataire en matière d'hygiène et de sécurité n'a pas accompli toutes les diligences normales pour faire respecter les prescriptions qui s'imposaient à la personne morale en ce domaine (cass. crim. 1er décembre 1998, n° 97-80.560, B. crim. n° 325).

Il résulte des articles 121-2 et 3 c. pén. que les personnes morales sont responsables pénalement de toute faute non intentionnelle de leurs organes ou représentants ayant entraîné une atteinte à l'intégrité physique, alors même qu'en l'absence de faute délibérée ou caractérisée au sens de l'article 121-3, al. 4, de ce code, la responsabilité pénale de ces derniers, en tant que personnes physiques, ne pourrait être recherchée. Dès lors justifie sa décision la cour d'appel qui, pour déclarer une société coupable d'homicide involontaire, après avoir relaxé son dirigeant, relève notamment que l'accident a eu lieu en raison d'un manquement aux règles de sécurité relatives à l'environnement de travail (cass. crim. 28 avril 2009, n° 08-83.843, B. crim. n° 80; Dr. Soc. 2009, p. 875, obs. Fr. Duquesne; JCP éd. S 2009, 1413, note Th. Tauran; 2 octobre 2012, n° 11-85.032, B. crim. n° 206; JCP éd. S 2012, 1546, note A. Cœuret; 5 novembre 2013, n° 12-85.380).

Selon l'article 121-2 c. pén., les personnes morales ne peuvent être déclarées pénalement responsables que s'il est établi qu'une infraction a été commise, pour leur compte, par leurs organes ou représentants. N'a pas légalement justifié sa décision au regard de ce texte la cour d'appel qui, pour déclarer une société coupable de blessures involontaires et d'infraction à la sécurité des travailleurs, à la suite d'un accident du travail subi par un salarié ayant œuvré sur un de ses chantiers, a retenu qu'à défaut d'avoir dispensé une formation pratique et appropriée, la personne morale avait créé la situation ayant permis la réalisation du dommage ou n'avait pas pris les mesures permettant de l'éviter, *sans mieux rechercher si les manquements relevés résultaient de l'abstention d'un des organes ou représentants de la société, et s'ils avaient été commis pour le compte de cette société* (cass. crim. 11 avril 2012, n° 10-86.974, B. crim. n° 94; RJS 7/12 n° 668 et p. 515, «Responsabilité des personnes morales: un tournant décisif ?», A. Cœuret et Fr. Duquesne; voir aussi 11 octobre 2013, n° 10-87.212, B. crim. n° 202; RJS 1/12 n° 93). La Cour de cassation revient ainsi sur une jurisprudence ancienne (cass. crim. 20 juin 2006, n° 05-85.255, B. crim. n° 188) qui considérait qu'une société ne saurait reprocher aux juges du fond de l'avoir déclarée coupable du délit d'homicide involontaire à la suite de l'accident du travail mortel survenu à l'un de ses salariés sans préciser l'identité de l'auteur des manquements constitutifs du délit, dès lors que cette infraction n'a pu être commise, pour le compte de la société, que par ses organes ou représentants.

Cette réorientation jurisprudentielle a été confirmée par la chambre criminelle dans un arrêt où elle censure une cour d'appel qui, pour condamner des chefs d'homicide et de blessures involontaires une des personnes morales appartenant à un groupement d'entreprises chargé de la construction d'un ensemble commercial, à la suite d'un accident du travail subi par deux salariés employés par d'autres sociétés du groupement, lui impute un défaut de conception dans l'acte de construire, sans mieux s'expliquer sur ce point, ni préciser en quoi les infractions retenues à l'encontre de la société prévenue avaient été commises pour son compte, par un de ses organes ou représentants (cass. crim. 22 janvier 2013, n° 12-80.022, B. crim. n° 24; JCP éd. S 2013, 1369, étude A. Cœuret; RJS 4/13 n° 338, 2e espèce; voir aussi cass. crim. 19 novembre 2013, n° 12-86.554, JCP éd. S 2014, 1062, note Fr. Duquesne; 25 mars 2014, n° 13-80.376, B. crim. n° 94; JCP éd. S 2014, 1217, note A. Cœuret et Fr. Duquesne; RJS 6/14 n° 532).

De même, dans une autre décision (cass. crim. 6 mai 2014, n° 13-82.677 B. crim. n° 126; JSL n° 368, 23.06.2014, p. 14, Ph. Pacotte et A-Ch. Renucci; RJS 7/14 n° 606, 3e espèce; JCP éd. S 2014, 1380, 1re espèce, note Fr. Duquesne), elle casse l'arrêt d'une cour d'appel ayant déclaré une société coupable de blessures involontaires, l'accident ayant sa cause dans la faute de la prévenue ayant consisté à mettre à la disposition du salarié un équipement de travail non approprié, sans avoir recherché si les manquements relevés résultaient de l'abstention de l'un des organes ou représentants de la société prévenue, et s'ils avaient été commis pour le compte de cette société. Voir aussi cass. crim. 31 octobre 2017, n° 16-83.683, B. crim. n° 241;

RJS 1/18 n° 85: lorsqu'ils constatent la matérialité d'une infraction non intentionnelle susceptible d'être imputée à une personne morale, il appartient aux juges d'identifier, au besoin en ordonnant un supplément d'information, celui des organes ou représentants de cette personne dont la faute, commise dans les conditions prévues au deuxième ou au troisième alinéa de l'article 121-3 du code pénal, est à l'origine du dommage; il en va ainsi du représentant légal qui omet de veiller lui-même à la stricte et constante mise en œuvre des dispositions édictées par le code du travail et les règlements pris pour son application en vue d'assurer la sécurité des travailleurs, à moins que ne soit apportée la preuve qu'il a délégué ses pouvoirs à un préposé investi par lui et pourvu de la compétence, de l'autorité et des moyens nécessaires au respect des dispositions en vigueur.

Le salarié d'une société, titulaire d'une délégation de pouvoir en matière d'hygiène et de sécurité et comme tel investi dans ce domaine de la compétence, de l'autorité et des moyens nécessaires à l'exercice de sa mission, est un représentant de la personne morale au sens de l'article 121-2 c. pén. et engage la responsabilité de celle-ci en cas d'atteinte involontaire à la vie ou à l'intégrité physique trouvant sa cause dans un manquement aux règles qu'il était tenu de faire respecter en vertu de sa délégation (cass. crim. 25 mars 2014, n° 13-80.376 précité; 30 mai 2000, n° 99-84.212, précité). S'agissant d'un subdélégataire, voir cass. crim. 26 juin 2001, n° 00-83.466, B. crim. n° 161. En cas d'accident du travail, les infractions en matière d'hygiène et de sécurité des travailleurs commises par le délégataire de pouvoirs désigné par chacune des sociétés constituant un groupement d'entreprises à l'occasion de l'attribution d'un marché engagent la responsabilité pénale de la seule personne morale, membre du groupement, qui est l'employeur de la victime (cass. crim. 13 octobre 2009, n° 09-80.857, B. crim. n° 169; Dr. Soc. 2010, p. 144, Fr. Duquesne; RJS 1/10, n° 105).

La relaxe devenue définitive du représentant légal d'une personne morale attrait devant la juridiction correctionnelle en son nom personnel ne peut mettre obstacle à ce que, conformément à l'article 706-43 c. proc. pén., il soit appelé à représenter ultérieurement celle-ci dans les poursuites engagées contre elle à raison des mêmes faits (cass. crim. 30 mai 2000, n° 99-84.212, précité).

Nul n'est responsable pénalement que de son propre fait; une société absorbante ne peut être déclarée responsable pénalement de faits commis par la société absorbée, l'absorption faisant perdre son existence juridique à la société absorbée (cass. crim. 14 octobre 2003, n° 02-86.376, B. crim. n° 189; RJS 2/04 n° 278).

Erreur sur le droit

L'article 122-3 a introduit une nouvelle cause d'irresponsabilité pénale en énonçant que «n'est pas pénalement responsable la personne qui justifie avoir cru, par une erreur sur le droit qu'elle n'était pas en mesure d'éviter, pouvoir légitimement accomplir l'acte». Il appartient à la jurisprudence de fixer les contours de cette notion mais le caractère «inévitable» de l'erreur restreint vraisemblablement les cas d'application de ce texte.

L'erreur de droit invoquée par un directeur général, portant sur l'interprétation de certaines dispositions de l'ordonnance du 16 janvier 1982 fixant la durée maximale journalière de travail, ne présente pas un caractère insurmontable et n'entre donc pas dans les prévisions de l'article 122-3 c. pén. (cass. crim. 5 mars 1997, n° 95-83.492, B. crim. n° 84).

Cumul des peines

Poursuite unique. Selon l'article 132-3, al. 1er «lorsque, à l'occasion d'une même procédure, la personne poursuivie est reconnue coupable de plusieurs infractions en concours, chacune des peines encourues peut être prononcée. Toutefois, lorsque plusieurs peines de même nature sont encourues, il ne peut être prononcé qu'une seule peine de cette nature dans la limite du maximum légal le plus élevé».

Cet article permet aux juridictions de prononcer toutes les peines encourues au regard de l'ensemble des infractions en concours, qu'il s'agisse de peines privatives de liberté, d'amende ou de peines complémentaires ou alternatives.

Nature de la peine. Les peines privatives de liberté sont donc désormais considérées comme étant de même nature (…). S'agissant des autres peines, sont de même nature toutes les peines qui ont le même contenu et le même effet: amende, interdiction d'émettre des chèques, confiscation, etc. Si les infractions en concours sont punies de plusieurs peines de même nature, la juridiction ne pourra prononcer qu'une seule peine de chaque nature (une seule peine privative de liberté, une seule peine d'amende, une seule peine d'interdiction des droits civiques, une seule peine d'interdiction de séjour…) en prenant soin de respecter le maximum légal le plus élevé prévu, pour chaque catégorie de peines, par les textes réprimant les infractions en concours (circ. du 14 mai 1993). Voir notamment cass. crim. 5 novembre 2013, n° 12-85.380, précité: une faute pénale unique ne peut être sanctionnée que par une seule peine.

Lorsque, à l'occasion d'une même procédure, la personne poursuivie est reconnue coupable de plusieurs infractions en concours, les unes visées par l'article L. 263-2, devenu l'article L. 4741-1 CT, les autres prévues par les articles 221-6, 222-19 et 222-20 c. pén., les peines de même nature se cumulent, dès lors que leur total n'excède pas le maximum légal de la peine la plus élevée qui est encourue (cass. crim. 2 mars 2010, n° 09-82.607, B. crim. n° 44; JCP éd. S 2010, 1242, note S. Brissy; Dr. Soc. 2010, p. 1125, obs. Fr. Duquesne; 13 septembre 2005, n° 04-85.736, B. crim. n° 224; RJS 12/05 n° 1222).

Poursuites séparées. Sur les règles applicables en cas de poursuites séparées, voir art. 132-4 et circ. du 14 mai 1993 précitée.

Cumul des peines d'amendes contraventionnelles. Les peines d'amende pour contraventions se cumulent entre elles et avec celles encourues ou prononcées pour des crimes ou délits en concours (art. 132-7).

• Sur l'application de l'amende, voir cass. crim. 9 avril 2019, n° 17-86.267, précité, précisant la notion de «travailleurs concernés» mentionnée au dernier alinéa de l'article L. 4741-1.

Art. L. 4741-2. Lorsqu'une des infractions énumérées à l'article L. 4741-1, qui a provoqué la mort ou des blessures dans les conditions définies aux articles 221-6, 222-19 et 222-20 du code pénal ou, involontairement, des blessures, coups ou maladies n'entraînant pas une incapacité totale de travail personnelle supérieure à trois mois, a été commise par un ***(L. 2011-525 du 17 mai 2011, art. 170, JO 18)*** «délégataire», la juridiction peut, compte tenu des circonstances de fait et des conditions de travail de l'intéressé, décider que le paiement des amendes prononcées sera mis, en totalité ou en partie, à la charge de l'employeur ***(L. 2011-525 du 17 mai 2011, art. 170, JO 18)*** «si celui-ci a été cité à l'audience».

Art. L. 4741-3. Le fait pour l'employeur de ne pas s'être conformé aux mesures prises par ***(Ord. 2016-413 du 7 avril 2016, art. 2, XV, JO 8, entrée en vigueur le 01.07.2016)*** «le [directeur régional de l'économie, de l'emploi, du travail et des solidarités] en application de l'article L. 4721-1 est puni» d'une amende de 3 750 €.

Art. L. 4741-3-1. ***(Ord. 2016-413 du 7 avril 2016, art. 2, XVI, JO 8, entrée en vigueur le 01.07.2016)*** Le fait pour l'employeur de ne pas s'être conformé aux mesures prises par l'agent de contrôle en application des articles L. 4731-1 ou L. 4731-2 est puni d'un emprisonnement d'un an et d'une amende de 3 750 euros.

Art. L. 4741-4. En cas d'infraction aux dispositions de l'article L. 4221-1, de celles du livre III ainsi que des articles L. 4411-7, L. 4525-1 et L. 4721-4 et des décrets pris en application, le jugement fixe, en outre, le délai dans lequel sont exécutés les travaux de sécurité et de salubrité imposés par ces dispositions. Ce délai ne peut excéder dix mois.

Art. L. 4741-5. En cas de condamnation prononcée en application de l'article L. 4741-1, la juridiction peut ordonner, à titre de peine complémentaire, l'affichage du jugement aux portes des établissements de la personne condamnée, aux frais de celle-ci, dans les conditions prévues à l'article 131-35 du code pénal, et son insertion, intégrale ou par extraits, dans les journaux qu'elle désigne. Ces frais ne peuvent excéder le montant de l'amende encourue.

En cas de récidive, la juridiction peut prononcer contre l'auteur de l'infraction l'interdiction d'exercer, pendant une durée maximale de cinq ans, certaines fonctions qu'elle énumère soit dans l'entreprise, soit dans une ou plusieurs catégories d'entreprises qu'elle définit.

Le fait de méconnaître cette interdiction est puni d'un emprisonnement de deux ans et d'une amende de 9 000 €.

Note • Les mesures de publicité et d'affichage des jugements ne constituent pas «des traitements dégradants» au sens de l'article 3 de la Convention européenne de sauvegarde des droits de l'homme et des libertés fondamentales (cass. crim. 29 mai 1990, n° 89-84.211, RJS 10/90 n° 778).

• Lorsque l'affichage d'une décision de condamnation est prononcé en application de cet article, il ne peut être effectué qu'aux emplacements prévus par ce texte et sa durée doit être précisée par les juges, dans la limite de deux mois fixée par l'article 51 c. pén. alors en vigueur, repris par l'alinéa 4 de l'article 131-35 c. pén. C'est donc à tort qu'une cour d'appel a ordonné, à titre de peine complémentaire, l'affichage de sa décision, non seulement aux portes de l'entreprise, mais encore à celles de chacun de ses chantiers et a omis de fixer la durée de l'affichage (cass. crim. 16 février 1993, n° 92-82.416, B. crim. n° 75; voir aussi cass. crim. 19 décembre 1995, n° 94-84.644).

• La juridiction qui ordonne la publication par extraits de la décision n'est pas légalement tenue de déterminer ces extraits (cass. crim. 21 août 1995, n° 94-80.915).

• Doit être cassé l'arrêt prononçant une peine complémentaire (interdiction du droit d'exercer une fonction juridictionnelle) non prévue par les articles L. 152-3, L. 263-2 et 6 (anciens) CT réprimant les infractions poursuivies (marchandage et infraction à la réglementation sur l'hygiène du travail) (cass. crim. 13 novembre 1996, n° 95-83.406).

• Les peines complémentaires prévues par cet article ne sont pas applicables aux délits d'entrave visés aux articles L. 263-2-2 (ancien) (CHSCT), L. 482-1 (ancien) (délégués du personnel) et L. 483-1 (ancien) (comité d'entreprise) (cass. crim. 27 septembre 1989, n° 88-85.727, B. crim. n° 333).

• S'agissant de la violation d'une interdiction d'exercer, voir aussi art. 434-40 c. pén.

Art. L. 4741-6. Les dispositions des articles L. 4741-1 à L. 4741-5 et L. 4741-9 à L. 4742-1 ne sont pas applicables aux établissements mentionnés aux 2° et 3° de l'article L. 4111-1.

Art. L. 4741-7. L'employeur est civilement responsable des condamnations prononcées contre ses directeurs, gérants ou ***(L. 2011-525 du 17 mai 2011, art. 170, JO 18)*** «délégataires».

Note La disposition de cet article concerne exclusivement les conséquences civiles de l'infraction, abstraction faite des frais et dépens envers l'État, et demeure étrangère à la sanction pénale (cass. crim. 3 mars 1981, n° 80-92.032, B. crim. n° 79).

Art. L. 4741-8. Le fait d'employer des mineurs à la mendicité habituelle, soit ouvertement, soit sous l'apparence d'une profession, est puni des peines prévues aux articles 225-12-6 et 227-29 du code pénal.

Art. R. 4741-1. Le fait de ne pas transcrire ou de ne pas mettre à jour les résultats de l'évaluation des risques, dans les conditions prévues aux articles R. 4121-1 et R. 4121-2, est puni de l'amende prévue pour les contraventions de cinquième classe.

La récidive est réprimée conformément aux articles 132-11 et 132-15 du code pénal.

Art. R. 4741-1-1. ***(D. 2015-1885 du 30 déc. 2015, JO 31)*** Le fait de ne pas remplir ou actualiser la fiche de suivi des expositions d'un travailleur mentionné au 2° du V de l'article L. 4161-1, dans les conditions prévues par l'article D. 4161-1-1, est puni de l'amende prévue pour les contraventions de la cinquième classe.

L'amende est appliquée autant de fois qu'il y a de travailleurs concernés par l'infraction.

La récidive est réprimée conformément aux articles 132-11 et 132-15 du code pénal.

Art. R. 4741-3. Le fait de méconnaître les dispositions des articles L. 4711-1 à L. 4711-5 ***(D. 2009-289 du 13 mars 2009, JO 15)*** «ainsi que celles des articles D. 4711-1 à D. 4711-3» relatives aux documents et affichages obligatoires est puni de l'amende prévue pour les contraventions de la quatrième classe.

L'amende est appliquée autant de fois qu'il y a de personnes employées dans des conditions susceptibles d'être sanctionnées au titre du présent article.

Art. R. 4741-3-1. ***(D. 2010-150 du 17 févr. 2010, JO 19)*** Le fait de ne pas donner aux travailleurs et à leurs représentants l'accès aux informations prévues à l'article 35 du règlement (CE) n° 1907/2006 est puni de l'amende prévue pour les contraventions de la cinquième classe.

L'amende est appliquée autant de fois qu'il y a de personnes employées dans les conditions susceptibles d'être sanctionnées au titre du présent article.

La récidive est réprimée conformément aux articles 132-11 et 132-15 du code pénal.

SECTION 2. Infractions commises par une personne autre que l'employeur ou son délégataire

Art. L. 4741-9. Est puni d'une amende de 3750 €, le fait pour toute personne autre que celles mentionnées à l'article L. 4741-1, de méconnaître par sa faute personnelle les dispositions des articles L. 4311-1 à L. 4311-4, L. 4314-1, L. 4321-2, L. 4321-3, ***(Ord. 2009-229 du 26 févr. 2009, JO 27)*** « L. 4411-1, L. 4411-2, L. 4411-4 à L. 4411-6» ***(L. 2016-1088 du 8 août 2016, art. 113, II, 2°, JO 9)*** «, L. 4412-2», ***(Ord. 2016-128 du 10 févr. 2016, art. 42, V, 5°, JO 11, entrée en vigueur au plus tard le 01.07.2017)*** « L. 4451-1 à L. 4451-4» et celles des décrets en Conseil d'État pris pour leur application.

La récidive est punie d'un emprisonnement d'un an et d'une amende de 9 000 €.

L'amende est appliquée autant de fois qu'il y a de salariés de l'entreprise concernés par la ou les infractions relevées dans le procès-verbal mentionné à l'article L. 8113-7.

Note Voir note sous art. L. 4741-1.

Art. L. 4741-10. En cas de condamnation prononcée en application de l'article L. 4741-9, la juridiction peut ordonner, à titre de peine complémentaire, l'affichage du jugement aux portes des établissements de la personne condamnée, aux frais de celle-ci, dans les conditions prévues à l'article 131-35 du code pénal, et son insertion, intégrale ou par extraits, dans les journaux qu'elle désigne. Ces frais ne peuvent excéder le montant maximum de l'amende encourue.

En cas de récidive, la juridiction peut prononcer contre l'auteur de l'infraction l'interdiction d'exercer, pendant une durée maximale de cinq ans, certaines fonctions qu'elle énumère soit dans l'entreprise, soit dans une ou plusieurs catégories d'entreprises qu'il définit.

Le fait de méconnaître cette interdiction est puni d'un emprisonnement de deux ans et d'une amende de 9 000 €.

Note Voir note sous art. L. 4741-5.

Art. R. 4741-4. Est puni de la peine d'amende prévue pour les contraventions de la cinquième classe le fait, pour un maître d'ouvrage:

1° De ne pas avoir mentionné dans les contrats, en méconnaissance de l'article L. 4532-12, l'obligation de participer à un collège interentreprises de sécurité, de santé et des conditions de travail;

2° De ne pas avoir constitué, en méconnaissance de l'article R. 4532-77, un collège interentreprises de sécurité, de santé et des conditions de travail;

3° De ne pas avoir annexé aux documents du dossier de consultation adressé aux entreprises, ou aux marchés ou contrats conclus avec elles, en méconnaissance de l'article R. 4532-91, le projet de règlement du collège;

4° De ne pas s'être assuré, en méconnaissance de l'article R. 4532-94 de l'envoi aux ***(D. 2017-1819 du 29 déc. 2017, art. 3, 67°, JO 30, entrée en vigueur le 01.01.2018)*** «[comités sociaux et économiques s'ils existent]» des entreprises ou établissements intervenant sur le chantier, des procès-verbaux des réunions du collège.

La récidive est réprimée conformément aux articles 132-11 et 132-15 du code pénal.

Art. R. 4741-5. Est puni de la peine d'amende prévue pour les contraventions de la cinquième classe le fait, pour l'entrepreneur ou le sous-traitant:

1° De ne pas avoir laissé les travailleurs émettre des opinions pendant les réunions du collège ou de les avoir sanctionnés ou licenciés, en méconnaissance de l'article L. 4532-11;

2° De ne pas avoir fait mentionner dans les contrats de sous-traitance l'obligation de participer à un collège interentreprises de sécurité, de santé et des conditions de travail, en méconnaissance de l'article L. 4532-12;

3° De ne pas avoir laissé aux travailleurs désignés comme membres du collège le temps nécessaire pour assister aux réunions du collège ou d'avoir refusé de rémunérer ce temps comme temps de travail en méconnaissance de l'article L. 4532-15;

4° De ne pas avoir désigné de représentants au collège en méconnaissance de l'article R. 4532-80;

5° De ne pas avoir participé ou d'avoir empêché son représentant de participer aux réunions du collège dans les conditions prévues aux articles R. 4532-85 et R. 4532-86.

La récidive est réprimée conformément aux articles 132-11 et 132-15 du code pénal.

SECTION 3. Dispositions particulières aux personnes morales

Art. L. 4741-11. Lorsqu'un accident du travail survient dans une entreprise où ont été relevés des manquements graves ou répétés aux règles de santé et sécurité au travail, la juridiction saisie, qui relaxe la ou les personnes physiques poursuivies sur le fondement des articles 221-6, [222-19 et 222-20] du code pénal, fait obligation à l'entreprise de prendre toutes mesures pour rétablir des conditions normales de santé et sécurité au travail.

À cet effet, la juridiction enjoint à l'entreprise de présenter, dans un délai qu'elle fixe, un plan de réalisation de ces mesures, accompagné de l'avis motivé du ***(Ord. 2017-1386 du 22 sept. 2017, art. 4, 48°, JO 23, entrée en vigueur au plus tard le 01.01.2018)*** «comité social et économique».

La juridiction adopte le plan présenté après avis du ***(L. 2011-525 du 17 mai 2011, art. 170, JO 18)*** «[directeur régional de l'économie, de l'emploi, du travail et des solidarités]». À défaut de présentation ou d'adoption d'un tel plan, elle condamne l'entreprise à exécuter, pendant une période qui ne peut excéder cinq ans, un plan de nature à faire disparaître les manquements mentionnés au premier alinéa.

Dans ce dernier cas, les dépenses mises à la charge de l'entreprise ne peuvent annuellement dépasser le montant annuel moyen des cotisations d'accidents du travail prélevé au cours des cinq années antérieures à celle du jugement, dans le ou les établissements où ont été relevés les manquements.

Le contrôle de l'exécution des mesures prescrites est exercé par l'inspecteur du travail. S'il y a lieu, celui-ci saisit le juge des référés, qui peut ordonner la fermeture totale ou partielle de l'établissement pendant le temps nécessaire pour assurer cette exécution.

L'employeur qui, dans les délais prévus, n'a pas présenté le plan mentionné au deuxième alinéa ou n'a pas pris les mesures nécessaires à la réalisation du plan arrêté par la juridiction en vertu du troisième alinéa, est puni d'une amende de 18 000 € ainsi que des peines prévues à l'article L. 4741-14.

Note Une ordonnance du juge d'instruction faisant obligation à l'entreprise, sur le fondement de l'article L. 263-3-1 (ancien), de prendre toutes mesures pour rétablir des conditions normales d'hygiène et de sécurité du travail excède les pouvoirs de ce magistrat (cass. crim. 24 février 1981, n° 80-92.759, B. crim. n° 73).

Art. L. 4741-12. Lorsqu'il a été fait application de l'article L. 4741-11, aucune infraction nouvelle ne peut être relevée pour la même cause durant le délai qui a été, le cas échéant, accordé.

En cas de récidive constatée par procès-verbal, après une condamnation prononcée en vertu de l'article précité, la juridiction peut ordonner la fermeture totale ou partielle, définitive ou temporaire, de l'établissement dans lequel n'ont pas été faits les travaux de sécurité ou de salubrité imposés par les dispositions légales.

Le jugement est susceptible d'appel. Dans ce cas, la juridiction statue d'urgence.

Art. L. 4741-13. Les condamnations prononcées en application de l'article L. 4741-12 ne peuvent, sous réserve des dispositions du second alinéa, entraîner ni rupture, ni suspension du contrat de travail, ni aucun préjudice pécuniaire à l'encontre des salariés concernés.

Lorsque la fermeture totale et définitive entraîne le licenciement du personnel, elle donne lieu, en dehors de l'indemnité de préavis et de l'indemnité de licenciement, aux dommages et intérêts prévus aux articles L. 1235-2 à L. 1235-5 en cas de rupture du contrat de travail.

Art. L. 4741-14. En cas de condamnation prononcée en application de l'article L. 4741-12, la juridiction peut ordonner, à titre de peine complémentaire, l'affichage du jugement aux portes des établissements de la personne condamnée, aux frais de celle-ci, dans les conditions prévues à l'article 131-35 du code pénal, et son insertion, intégrale ou par extraits, dans les journaux qu'elle désigne. Ces frais ne peuvent excéder le montant maximum de l'amende encourue.

En cas de récidive, la juridiction peut prononcer contre l'auteur de l'infraction l'interdiction d'exercer, pendant une durée maximale de cinq ans, certaines fonctions qu'elle énumère soit dans l'entreprise, soit dans une ou plusieurs catégories d'entreprises qu'elle définit.

Le fait de méconnaître cette interdiction est puni d'un emprisonnement de deux ans et d'une amende de 9000 €.

Note Voir note sous art. L. 4741-5.

CHAPITRE II Infractions aux règles de représentation des salariés

Art. L. 4742-1. Le fait de porter atteinte ou de tenter de porter atteinte soit à la constitution, soit à la libre désignation des membres du comité d'hygiène, de sécurité et des conditions de travail, notamment par la méconnaissance des dispositions du livre IV de la deuxième partie relatives à la protection des représentants du personnel à ce comité, est puni d'un emprisonnement d'un an et d'une amende de ***(L. 2015-990 du 6 août 2015, art. 262, JO 7)*** «7500 €».

(L. 2015-990 du 6 août 2015, art. 262, JO 7) «Le fait de porter atteinte au fonctionnement régulier du comité est puni d'une amende de 7500 €».

Note • Les dispositions pénales de l'article L. 263-2-2 (ancien) CT relatives aux entraves au fonctionnement régulier des CHSCT, qui sont d'interprétation stricte, ne s'appliquent qu'aux organismes énumérés par ce texte. Ces dispositions ne peuvent, faute de mention dans ce texte, être étendues au bénéfice du comité de coordination, créé conformément à l'article L. 236-6 (ancien) du même code (cass. crim. 12 avril 2005, n° 04-83.101, B. crim. n° 129; Dr. Soc. 2005, p. 856, obs. Fr. Duquesne; RJS 11/05 n° 1114).

• Pour relaxer l'ancien président du conseil d'administration de l'Opéra de Paris du délit d'omission de constitution d'un CHSCT, une cour d'appel a pu énoncer que le prévenu avait désigné un nouveau directeur avec mission d'organiser les élections professionnelles, que les divergences syndicales et les procédures judiciaires engagées avaient retardé la mise en place du comité et qu'aucune faute n'était caractérisée à l'encontre du prévenu (cass. crim. 1er juin 1999, n° 98-80.866).

• Un accident grave dont a été victime un salarié n'avait pas été évoqué lors de la réunion du CHSCT tenue après sa survenance. Le fait que le CHSCT n'ait été informé qu'après l'intervention de l'inspecteur du travail lors d'une réunion ayant eu lieu 2 mois et demi après la précédente caractérise une méconnaissance de l'obligation d'information du CHSCT en connaissance de cause constitutive d'entrave au fonctionnement du CHSCT (cass. crim. 10 octobre 2000, n° 99-87.611).

• N'a pas justifié sa décision la cour d'appel qui a déclaré coupable d'entrave un cadre administratif pour avoir omis de consulter le CHSCT avant de procéder à des travaux d'aménagement de locaux et de modification de l'outil de travail, en se fondant sur une délégation de pouvoirs inopérante et sans rechercher si, dans l'exercice de ses fonctions de président du CHSCT, il avait personnellement porté atteinte au fonctionnement régulier de cet organe (cass. crim. 14 octobre 2003, n° 03-81.366, B. crim. n° 190).

• Sur l'entrave au fonctionnement du CHSCT du fait de l'absence de consultation sur une décision d'aménagement importante modifiant les conditions de travail, voir cass. crim. 9 mai 2001, n° 00-82.030; sur l'entrave à la constitution et au fonctionnement d'un CHSCT par l'empêchement délibéré de son fonctionnement pendant plus de trois mois, dans l'attente de la décision à intervenir sur la contestation de l'élection des membres du CHSCT, voir cass. crim. 25 février 2003, n° 02-82.293, B. crim. n° 53; RJS 6/03 n° 764; sur l'entrave constituée par le refus de l'employeur de régler les frais de déplacement des représentants du personnel travaillant sur des sites éloignés, ayant entraîné la restriction de la participation de ces salariés aux réunions organisées à l'initiative de l'employeur au siège social de l'entreprise, voir cass. crim. 22 novembre 2005, n° 04-87.451, B. crim. n° 307; RJS 2/06 n° 224.

CHAPITRE III Infractions aux règles concernant le travail des jeunes et des femmes enceintes, venant d'accoucher ou allaitant

Art. L. 4743-1. En cas d'infraction aux dispositions relatives au travail des jeunes et des femmes enceintes, venant d'accoucher ou allaitant, l'affichage du jugement peut, suivant les circonstances et en cas de récidive seulement, être ordonné par la juridiction.

La juridiction peut également ordonner, dans le même cas, l'insertion du jugement, aux frais du contrevenant, dans un ou plusieurs journaux du département.

Art. L. 4743-2. ***(L. 2009-526 du 12 mai 2009, JO 13)*** Est puni d'un emprisonnement de cinq ans et d'une amende de 75 000 € le fait, pour le père, la mère, le tuteur ou l'employeur, et généralement toute personne ayant autorité sur un enfant ou en ayant la garde, de le placer sous la conduite de vagabonds, de personnes sans moyen de subsistance ou se livrant à la mendicité, en méconnaissance des dispositions de l'article L. 4153-7.

La condamnation entraîne de plein droit, pour les tuteurs, la destitution de la tutelle. Les pères et mères peuvent être privés de l'autorité parentale.

Art. L. 4743-3. ***(Ord. 2016-413 du 7 avril 2016, art. 2, XVII, JO 8, entrée en vigueur le 01.07.2016)*** Est puni d'un emprisonnement d'un an et d'une amende de 3 750 euros le fait de ne pas se conformer aux mesures prises par l'agent de contrôle en application de l'article L. 4733-2 ou de l'article L. 4733-3.

Art. R. 4743-1. Le fait d'employer une femme enceinte, venant d'accoucher ou allaitant à des travaux interdits, en méconnaissance de l'article L. 4152-1 et des décrets pris pour son application, est puni de l'amende prévue pour les contraventions de la cinquième classe.

La récidive est réprimée conformément aux articles 132-11 et 132-15 du code pénal.

Art. R. 4743-2. Le fait de méconnaître les dispositions des articles R. 4152-13 à R. 4152-28, relatives au local dédié à l'allaitement, est puni de l'amende prévue pour les contraventions de la cinquième classe, prononcée autant de fois qu'il y a de travailleurs concernés par l'infraction.

La récidive de la contravention prévue au présent article est réprimée conformément aux articles 132-11 et 132-15 du code pénal.

En cas de pluralité de contraventions entraînant les peines de la récidive, l'amende est appliquée autant de fois qu'il a été relevé de nouvelles infractions.

Art. R. 4743-3. Le fait d'employer un travailleur de moins de dix-huit ans à des travaux interdits, en méconnaissance de l'article L. 4153-8 et des décrets pris pour son application, est puni de l'amende prévue pour les contraventions de la cinquième classe.

La récidive est réprimée conformément aux articles 132-11 et 132-15 du code pénal.

Art. R. 4743-4. Le fait d'employer un travailleur de moins de dix-huit ans à des travaux mentionnés à l'article L. 4153-9, en méconnaissance des conditions énoncées à ce même article et de celles des décrets pris pour son application, est puni de l'amende prévue pour les contraventions de la cinquième classe.

La récidive est réprimée conformément aux articles 132-11 et 132-15 du code pénal.

Art. R. 4743-5. Le fait de méconnaître les dispositions relatives à l'âge d'admission prévues aux articles L. 4153-1 à L. 4153-5 ainsi que celles des décrets pris pour leur application, est puni de l'amende prévue pour les contraventions de la cinquième classe.

La récidive est réprimée conformément aux articles 132-11 et 132-15 du code pénal.

Art. R. 4743-6. L'amende prévue à l'article R. 4743-5 est appliquée autant de fois qu'il y a de personnes employées dans des conditions contraires aux prescriptions mentionnées à ce même article.

En cas de pluralité de contraventions entraînant les peines de la récidive, l'amende est appliquée autant de fois qu'il a été relevé de nouvelles infractions.

Art. R. 4743-7. Le fait, pour un exploitant d'un débit de boissons à consommer sur place, sans avoir obtenu l'agrément prévu à l'article R. 4153-8, d'employer ou de recevoir en stage des mineurs, à l'exception du conjoint du débitant ou de ses parents ou alliés jusqu'au quatrième degré inclusivement, est puni de l'amende prévue pour les contraventions de la cinquième classe.

La récidive est réprimée conformément aux articles 132-11 et 132-15 du code pénal.

CHAPITRE IV Opérations de bâtiment et de génie civil

Art. L. 4744-1. Le fait pour un maître d'ouvrage de faire construire ou aménager un ouvrage en méconnaissance des obligations mises à sa charge en application des articles L. 4211-1 et L. 4211-2 est puni des peines prévues aux articles L. 480-4 et L. 480-5 du code de l'urbanisme.

Note ***À compter d'une date fixée par décret en Conseil d'État, et au plus tard le 01.07.2021,*** *cet article est ainsi rédigé:*

Art. L. 4744-1. (Ord. 2020-71 du 29 janv. 2020, art. 7, V, 2°, JO 31, entrée en vigueur au plus tard le 01.07.2021) *Le fait pour un maître d'ouvrage de faire construire ou aménager un bâtiment ou une partie de bâtiment à usage professionnel en méconnaissance des obligations mises à sa charge par les dispositions des articles L. 112-2, L. 134-13 et L. 155-2 du code de la construction et de l'habitation, ainsi que par les dispositions réglementaires prises pour leur application est puni des peines prévues aux articles L. 480-4 et L. 480-5 du code de l'urbanisme.*

Art. L. 4744-2. Le fait pour un maître d'ouvrage de ne pas adresser à l'autorité administrative la déclaration préalable prévue à l'article L. 4532-1 est puni d'une amende de 4500 €.

Art. L. 4744-3. Le fait pour un maître d'ouvrage de faire ouvrir un chantier ne disposant pas de voies et réseaux divers satisfaisant aux dispositions ***(Ord. 2016-413 du 7 avril 2016, art. 2, XVIII, 1°, JO 8, entrée en vigueur le 01.07.2016)*** «réglementaires du chapitre III du titre III du livre V de la présente partie» est puni d'une amende de 22 500 €.

L'interruption du travail peut être ordonnée dans les conditions prévues à l'article L. 480-2 du code de l'urbanisme.

Art. L. 4744-4. Est puni d'une amende de ***(Ord. 2016-413 du 7 avril 2016, art. 2, XVIII, 2°, JO 8, entrée en vigueur le 01.07.2016)*** «10 000 €» le fait pour un maître d'ouvrage:

1° De ne pas désigner de coordonnateur en matière de sécurité et de santé, en méconnaissance de l'article L. 4532-4, ou de ne pas assurer au coordonnateur l'autorité et les moyens indispensables à l'exercice de sa mission, en méconnaissance de l'article L. 4532-5;

2° De désigner un coordonnateur ne répondant pas à des conditions définies par décret pris en application de l'article L. 4532-18;

3° De ne pas faire établir le plan général de coordination prévu à l'article L. 4532-8;

4° De ne pas faire constituer le dossier des interventions ultérieures sur l'ouvrage prévu à l'article L. 4532-16.

La récidive est punie d'un emprisonnement d'un an et d'une amende de 15 000 €. La juridiction peut, en outre, prononcer les peines prévues à l'article L. 4741-5.

Art. L. 4744-5. Le fait pour l'entrepreneur de ne pas remettre au maître d'ouvrage ou au coordonnateur le plan particulier de sécurité et de protection de la santé des travailleurs prévu à l'article L. 4532-9 est puni d'une amende de 9000 €.

La récidive est punie d'un emprisonnement d'un an et d'une amende de 15000 €. La juridiction peut, en outre, prononcer les peines prévues à l'article L. 4741-5.

Art. L. 4744-6. Le fait pour les travailleurs indépendants, ainsi que pour les employeurs lorsqu'ils exercent eux-mêmes une activité sur un chantier de bâtiment ou de génie civil, de ne pas mettre en œuvre les obligations qui leur incombent, ***(Ord. 2016-413 du 7 avril 2016, art. 2, XVIII, 3°, JO 8, entrée en vigueur le 01.07.2016)*** «[en application] des dispositions législatives et réglementaires du chapitre V du titre III du livre V de la présente partie», est puni d'une amende de 4 500 €.

Art. L. 4744-7. Outre les officiers de police judiciaire et les ***(L. 2016-1088 du 8 août 2016, art. 113, III, 4°, JO 9)*** «agents de contrôle de l'inspection du travail mentionnés à l'article L. 8112-1», les infractions définies aux articles L. 4744-1 à L. 4744-5 sont constatées par les personnes prévues à l'article L. 480-1 du code de l'urbanisme.

CHAPITRE V Infractions aux règles relatives à la médecine du travail

Art. L. 4745-1. Le fait de méconnaître les dispositions des articles L. 4621-1 à ***(L. 2011-867 du 20 juil. 2011, art. 16, JO 24)*** «***(L. 2016-1088 du 8 août 2016, art. 102, II, 11°, JO 9, entrée en vigueur au plus tard le 01.01.2017)*** « L. 4624-9» et L. 4644-1» et des règlements pris pour leur application est puni, en cas de récidive dans le délai de trois ans, d'un emprisonnement de quatre mois et d'une amende de 3750 €.

La juridiction peut également ordonner, à titre de peine complémentaire, l'affichage du jugement aux portes de l'établissement de la personne condamnée, aux frais de celle-ci, dans les conditions prévues à l'article 131-35 du code pénal, et son insertion, intégrale ou par extraits, dans les journaux qu'elle désigne. Ces frais ne peuvent excéder le montant maximum de l'amende encourue.

Art. R. 4745-1. Le fait de méconnaître les dispositions relatives aux missions et à l'organisation des services de santé au travail, prévues aux articles L. 4622-1 à ***(D. 2014-798 du 11 juil. 2014, JO 13)*** « L. 4622-17» ainsi que celles des décrets pris pour leur application, est puni de l'amende prévue pour les contraventions de la cinquième classe.

Art. R. 4745-2. Le fait de méconnaître les dispositions relatives au recrutement, aux conditions d'exercice ***(D. 2014-798 du 11 juil. 2014, JO 13)*** «, à la protection et à l'indépendance professionnelle» dont bénéficie le médecin du travail, prévues aux articles L. 4623-1 à ***(D. 2014-798 du 11 juil. 2014, JO 13)*** « L. 4623-8» ***(D. 2012-135 du 30 janv. 2012, JO 31, entrée en vigueur le 01.07.2012)*** «et L. 1237-15» et celles des décrets pris pour leur application, est puni de l'amende prévue pour les contraventions de la cinquième classe.

Art. R. 4745-3. Le fait de méconnaître les dispositions relatives à l'action du médecin du travail, prévues à l'article L. 4624-1 et celles des décrets pris pour leur application, est puni de l'amende prévue pour les contraventions de la cinquième classe.

Art. R. 4745-4. Le fait, pour un employeur ou son préposé, de ne pas avoir organisé des services sociaux du travail dans un établissement dont l'effectif est égal ou supérieur à deux cent cinquante, en méconnaissance de l'article L. 4631-1, est puni de l'amende prévue pour les contraventions de la quatrième classe.

Art. R. 4745-5. ***(D. 2014-798 du 11 juil. 2014, JO 13)*** Le fait de méconnaître les dispositions relatives à la surveillance médicale des catégories particulières de travailleurs prévues aux articles L. 4625-1 et L. 4625-2 et à celles des décrets pris pour leur application est puni de l'amende prévue pour les contraventions de la cinquième classe.

Art. R. 4745-6. ***(D. 2014-798 du 11 juil. 2014, JO 13)*** Le fait de méconnaître les dispositions relatives au personnel infirmier en entreprise prévues aux articles R. 4623-32 à R. 4623-33 ou, s'agissant des professions agricoles, à l'article R. 717-53 du code rural et de la pêche maritime est puni de l'amende prévue pour les contraventions de la cinquième classe.

TITRE V AMENDES ADMINISTRATIVES

Note Ce titre a été introduit par l'ordonnance 2016-413 du 7 avril 2016, art. 3, JO 8, entrée en vigueur le 01.07.2016.

CHAPITRE Ier Dispositions communes

Art. L. 4751-1. Les amendes prévues au présent titre sont prononcées et recouvrées par l'autorité administrative compétente dans les conditions définies aux articles L. 8115-4, L. 8115-5 et L. 8115-7, sur rapport de l'agent de contrôle de l'inspection du travail mentionné à l'article L. 8112-1.

La décision de l'autorité administrative peut être contestée conformément à l'article L. 8115-6.

Art. L. 4751-2. L'autorité administrative informe le ***(Ord. 2017-1386 du 22 sept. 2017, art. 4, 66°, JO 23, entrée en vigueur au plus tard le 01.01.2018)*** «comité social et économique», des amendes qu'elle prononce à l'encontre de l'employeur en application du présent titre.

CHAPITRE II Manquements aux décisions prises par l'inspection du travail en matière de santé et de sécurité au travail

Art. L. 4752-1. Le fait pour l'employeur de ne pas se conformer aux décisions prises par l'agent de contrôle de l'inspection du travail mentionné à l'article L. 8112-1 en application des articles L. 4731-1 ou L. 4731-2 est passible d'une amende au plus égale à 10 000 euros par travailleur concerné par l'infraction.

Art. L. 4752-2. Le fait pour l'employeur de ne pas se conformer aux demandes de vérifications, de mesures ou d'analyses prises par l'agent de contrôle de l'inspection du travail mentionné à l'article L. 8112-1 en application de l'article L. 4722-1 et aux dispositions réglementaires prises pour l'application du même article, est passible d'une amende maximale de 10 000 euros.

CHAPITRE III Manquements concernant les jeunes âgés de moins de dix-huit ans

Art. L. 4753-1. Le fait de ne pas se conformer aux décisions prises par l'agent de contrôle de l'inspection du travail mentionné à l'article L. 8112-1 en application de l'article L. 4733-2 ou de l'article L. 4733-3 est passible d'une amende au plus égale à 10 000 euros par jeune concerné.

Art. L. 4753-2. Le fait d'employer un travailleur âgé de moins de dix-huit ans à un ou plusieurs travaux interdits prévus à l'article L. 4153-8 et aux dispositions réglementaires prises pour son application ou à des travaux réglementés prévus à l'article L. 4153-9 en méconnaissance des conditions énoncées à ce même article et des dispositions réglementaires prises pour son application est passible d'une amende de 2 000 euros par travailleur concerné.

CHAPITRE IV Manquements aux règles concernant les repérages avant travaux

Note Ce chapitre est issu de la loi 2016-1088 du 8 août 2016, art. 113, II, 3°, JO 9.

Art. L. 4754-1. Le fait pour le donneur d'ordre, le maître d'ouvrage ou le propriétaire de ne pas se conformer aux obligations prévues à l'article L. 4412-2 et aux dispositions réglementaires prises pour son application est passible d'une amende maximale de 9 000 €.

LIVRE VIII

DISPOSITIONS RELATIVES À L'OUTRE-MER

TITRE Ier DISPOSITIONS GÉNÉRALES

CHAPITRE UNIQUE

Art. L. 4811-1. Les dispositions générales prévues par l'article L. 1511-1 sont également applicables aux dispositions du présent livre.

Note Quelle que soit la terminologie qu'il emploie, le code du travail ne trouve effet, sauf exception expresse, que dans les départements métropolitains ou d'outre-mer, à Saint-Barthélemy, à Saint-Martin et à Saint-Pierre-et-Miquelon.

TITRE II GUADELOUPE, GUYANE, MARTINIQUE, MAYOTTE, LA RÉUNION, SAINT-BARTHÉLEMY, SAINT-MARTIN ET SAINT-PIERRE-ET-MIQUELON

CHAPITRE Ier Dispositions générales

Art. L. 4821-1. Les dispositions générales prévues par ***(Ord. 2008-205 du 27 févr. 2008, JO 1er mars)*** «les articles L. 1521-1 à L. 1521-4» sont également applicables aux dispositions du présent titre.

CHAPITRE II Services de santé au travail

Art. L. 4822-1. À Saint-Pierre-et-Miquelon, en l'absence de médecin du travail, l'autorité administrative peut autoriser un médecin à y exercer l'activité de médecin du travail sans être titulaire du diplôme spécial prévu à l'article L. 4623-1.

Art. R. 4822-1. La décision prévue à l'article L. 4822-1 est prise par ***(D. 2020-88 du 5 févr. 2020, art. 1er, 26°, JO 6)*** « le préfet de Saint-Pierre-et-Miquelon sur la proposition du directeur de la cohésion sociale, du travail, de l'emploi et de la population » constatant l'absence de médecin du travail dans l'archipel.

TITRE III MESURES DE COORDINATION AVEC LES AUTRES COLLECTIVITÉS ULTRAMARINES

CHAPITRE UNIQUE

Art. L. 4831-1. L'Agence pour l'amélioration des conditions de travail ainsi que les organismes professionnels d'hygiène, de sécurité et des conditions de travail mentionnés à l'article L. 4643-2 dont elle coordonne l'activité peuvent exercer leurs missions à Wallis et Futuna et dans les Terres australes et antarctiques françaises.

Note Cet article a été modifié par l'ordonnance 2017-1491 du 25 octobre 2017, art. 5, 3°, JO 26, entrée en vigueur le 01.01.2018.

CINQUIÈME PARTIE

L'EMPLOI

LIVRE Ier

LES DISPOSITIFS EN FAVEUR DE L'EMPLOI

TITRE Ier POLITIQUE DE L'EMPLOI

Note • La **délégation générale à l'emploi et à la formation professionnelle** (DGEFP) a été créée par le décret 97-244 du 18 mars 1997 (JO 19). L'arrêté du 4 mai 2017 (JO 10), modifié par l'arrêté du 30 décembre 2019 (JO 31), porte organisation de cette direction d'administration centrale rattachée au ministre chargé de l'emploi.

• Le **Conseil d'orientation pour l'emploi** (COE) a été créé par le décret 2005-326 du 7 avril 2005 (JO 8), modifié par les décrets 2013-333 du 22 avril 2013 (JO 23), 2016-1688 du 8 décembre 2016 (JO 9), 2018-963 du 8 novembre 2018 (JO 10) et 2019-1087 du 25 octobre 2019 (JO 27). C'est une instance d'expertise et de concertation sur l'ensemble des questions de l'emploi, qui est composée de représentants des partenaires sociaux, des parlementaires et des collectivités territoriales, des directeurs des administrations et organismes publics concernés et d'experts des questions du travail et de l'emploi. Il a pour mission:
– de formuler, à partir des études et des analyses disponibles, un diagnostic sur les causes du chômage et d'établir un bilan du fonctionnement du marché du travail, ainsi que des perspectives à moyen et long terme pour l'emploi;
– d'évaluer les dispositifs existants d'aide à l'emploi, aux parcours professionnels et à la formation, en s'appuyant en particulier sur les expériences locales et les réformes menées à l'étranger, notamment dans les différents États de l'Union européenne;
– de formuler des propositions afin de lever les obstacles de toute nature à la création d'emplois, d'améliorer le fonctionnement du marché de l'emploi et d'accroître l'efficacité des différents dispositifs d'incitation au retour à l'emploi.

Le Conseil d'orientation pour l'emploi peut en outre être saisi de toute question par le Premier ministre et par les ministres chargés du travail et de l'économie. Les rapports et recommandations établis par le Conseil d'orientation pour l'emploi sont communiqués au Parlement et rendus publics.

• L'Acoss et le réseau des Urssaf mettent en ligne un guide récapitulatif des exonérations et contrats aidés sur le site *www.urssaf.fr*.

• Les collectivités territoriales peuvent subordonner les aides qu'elles accordent aux entreprises à l'engagement de celles-ci en matière de créations d'emplois, notamment à temps plein (loi 2008-1249 du 1er décembre 2008, art. 16, JO 3).

• ***Aides à l'emploi pour le secteur du spectacle.*** Le Fonds national pour l'emploi pérenne dans le spectacle (FONPEPS) a été créé par le gouvernement, en septembre 2016, pour soutenir l'emploi pérenne dans le spectacle vivant et enregistré, dans le secteur public comme dans le secteur privé. Destiné aux entreprises du spectacle vivant et enregistré, et aux artistes et techniciens qu'elles emploient, le fonds encourage la création d'emplois durables. Le fonds est financé et organisé par le ministère de la Culture et de la Communication. Il finance différentes aides à l'embauche:
– une aide à l'embauche d'un premier salarié en CDI pour les entreprises relevant des branches du spectacle de 4000 € annuels pendant deux ans (décret 2016-1764 du 16 décembre 2016, JO 18);
– une prime à l'emploi pérenne de salariés du spectacle pendant quatre ans de façon dégressive (10000 €, 8000 €, 6000 € puis 4000 € annuels) (décret 2016-1765 du 16 décembre 2016, JO 18), avec une majoration de la prime à l'emploi pérenne pour les artistes lyriques de chœurs permanents (décret 2018-1361 du 28 décembre 2018, art. 2, JO 30; voir aussi arrêté du 5 mars 2019, JO 3 avril, fixant la liste des structures éligibles, abrogé par arrêté du 25 novembre 2019, JO 19 déc.);
– une prime aux contrats de longue durée dans le secteur du spectacle de 500 € annuels pour un contrat à durée déterminée (CDD) de 2 mois à 4000 € annuels pour un CDD de 12 mois (décret 2016-1766 du 16 décembre 2016, JO 18), avec une majoration de la prime aux contrats de longue durée pour les artistes de la voix en résidence en milieu scolaire (décret 2018-1361 précité, art. 3, JO 30; voir aussi arrêté du 5 mars 2019, JO 3 avril, fixant la liste des structures éligibles, abrogé par arrêté du 25 novembre 2019, JO 19 déc.);

– une aide à l'embauche des jeunes artistes diplômés pour un emploi à temps plein, de 1 000 € par mois pendant 4 mois. Pour un même salarié, aide renouvelable tous les 12 mois suivant la date de début d'exécution du contrat ouvrant droit à l'aide, pendant les 3 ans qui suivent la délivrance du diplôme (décret 2017-57 du 19 janvier 2017, JO 21; arrêté du 19 janvier 2017, JO 21);
– un dispositif de soutien à l'emploi dans le secteur de l'édition phonographique. Il vise à favoriser l'emploi direct d'artistes pour des séances d'enregistrement en vue de la production d'un enregistrement phonographique (décret 2017-1046 du 10 mai 2017, JO 11).

Les trois premières aides étaient ouvertes pour des contrats dont la date de début d'exécution est comprise entre le 19.12.2016 et le 30.09.2019. La quatrième aide susvisée était ouverte pour une date de début d'exécution du contrat comprise entre le 22.01.2017 et le 30.09.2019 (décret 2019-545 du 29 mai 2019, art. 1er, JO 30). La cinquième aide susvisée est ouverte pour une date de début d'enregistrement comprise entre le 12.05.2017 et le 31.12.2022 (décret 2019-1011 du 1er octobre 2019, art. 8, JO 2, entrée en vigueur le 01.10.2019).

Les groupements d'employeurs peuvent bénéficier des trois premières aides susvisées dont auraient profité leurs entreprises adhérentes si elles avaient embauché directement les personnes mises à disposition (art. L. 1253-24, D. 1253-50 CT, arrêté du 16 décembre 2016, JO 18). Voir LSQ n° 17225 du 20.12.2016.

Depuis le 1er octobre 2019, les quatre premières aides susvisées ont été fusionnées et remplacées par une aide à l'embauche en CDI ou en CDD d'une durée d'au moins un mois (décret 2019-1011 précité). Le montant de cette aide, ouverte pour des contrats prévoyant un salaire annuel brut inférieur à 4 SMIC annuels bruts et dont la date de début d'exécution est comprise entre le 01.10.2019 et le 31.12.2022, s'élève à 10 000 € par an pendant 3 ans pour un CDI à temps plein (16 000 € pour l'embauche d'un artiste lyrique de chœur permanent) et, pour un CDD à temps plein, à:
– 200 € par mois pour un contrat d'une durée d'au moins 1 mois et inférieure à 4 mois;
– 300 € par mois pour un contrat d'une durée d'au moins 4 mois et inférieure à 8 mois;
– 400 € par mois pour un contrat d'une durée d'au moins 8 mois et inférieure à 12 mois;
– 500 € par mois pour un contrat d'une durée d'au moins 12 mois.

Pour plus de précisions sur les modalités de mise en œuvre de cette aide (dont peuvent également bénéficier les groupements d'employeurs), notamment les conditions d'éligibilité et les modalités de proratisation de son montant en fonction de la durée du travail du salarié, voir décret 2019-1011 précité, art. 1er à 6. Voir aussi arrêté du 25 novembre 2019 (JO 19 déc.), fixant la liste des structures éligibles à cette aide pour l'embauche en CDI d'un artiste lyrique de chœur permanent ou l'embauche en CDD d'un artiste de la voix en résidence en milieu scolaire.

Le FONPEPS a également institué un dispositif de soutien à l'emploi du plateau artistique de spectacles vivants diffusés dans des salles de petite jauge. Il vise à favoriser l'emploi direct du plateau artistique pour les spectacles vivants produits dans des salles de petite jauge, la notion de plateau artistique désignant les artistes du spectacle et, le cas échéant, le personnel technique attaché directement à la production. Le décret 2018-574 du 4 juillet 2018 (JO 5), modifié par le décret 2019-1011 du 1er octobre 2019 (art. 7, JO 2, entrée en vigueur le 01.10.2019), définit les conditions d'éligibilité de ce dispositif, ses modalités de mise en œuvre, son montant et ses modalités de gestion. Voir LSQ n° 17910 du 03.10.2019.

• Voir **circulaire du Premier ministre (NOR: PRMX1712918C 5929/SG) du 26 avril 2017 relative à l'application des règles européennes de concurrence relatives aux aides publiques aux activités économiques**. Cette circulaire vise à présenter la réglementation européenne sur les aides d'État au sens du droit européen et les instructions relatives à sa mise en œuvre, conformément aux obligations qui s'imposent à toutes autorités octroyant des financements publics. Six fiches généralistes sont jointes en annexe de la circulaire. Ces fiches abordent successivement la notion d'aides d'État, en explicitant les critères qui permettent de déterminer si l'aide est susceptible de relever de la réglementation européenne (fiche 1); cette réglementation est ensuite présentée en termes de principe et d'exceptions (fiche 2); les conditions d'octroi des aides d'État décrivent les différentes conditions qui devront être satisfaites en vue de leur compatibilité (fiche 3); la fiche concernant les règles procédurales expose les étapes à suivre lors de l'élaboration d'un dispositif d'aide, aussi bien en interne à l'administration qu'avec la Commission européenne (fiche 4); une fiche présente le contrôle des aides d'État, par les juges nationaux ou par la Commission européenne, et rappelle leur conséquence en termes de récupération d'aide incompatible ou illégale (fiche 5); la dernière fiche énumère les textes applicables en la matière (fiche 6).

• Voir également **circulaires du Premier ministre du 16 mai 2019 (NOR: PRMX1914668C) relative à la mobilisation nationale pour l'emploi et la transition écologique et numérique et du 2 août 2019 (NOR: PRMX1923448C) relative à la mobilisation nationale pour l'emploi et la transition écologique**.

• Voir CJCE 2 avril 2009, aff. C-415/07, rec. I-2599; «Les aides à l'emploi dans l'interprétation de la Cour de justice: la notion de "création d'emploi"», L. Tebano, RDT, juillet/août 2010, CH, 439.

• Voir Ch. Willmann, «Loi pour la croissance, l'activité et l'égalité des chances économiques... et l'emploi», Dr. Soc. 2015, p. 767.

CHAPITRE Ier Objet

Art. L. 5111-1. Les aides à l'emploi ont pour objet:

1° De faciliter la continuité de l'activité des salariés face aux transformations consécutives aux mutations économiques et de favoriser, à cette fin, leur adaptation à de nouveaux emplois en cas de changements professionnels dus à l'évolution technique ou à la modification des conditions de la production;

2° De favoriser la mise en place d'actions de prévention permettant de préparer l'adaptation professionnelle des salariés à l'évolution de l'emploi et des qualifications dans les entreprises et les branches professionnelles;

3° De favoriser la qualification et l'insertion de demandeurs d'emploi;

4° De contribuer à l'égalité professionnelle entre les femmes et les hommes.

Art. L. 5111-2. L'action des pouvoirs publics s'exerce en liaison avec celle des partenaires sociaux organisée par des accords professionnels ou interprofessionnels.

Art. L. 5111-3. Un décret en Conseil d'État détermine les conditions d'application du présent titre.

Art. R. 5111-1. Pour la mise en œuvre de la politique de l'emploi définie à l'article L. 5111-1, le ministre chargé de l'emploi est habilité à conclure des conventions de coopération avec les organismes professionnels ou interprofessionnels, les organisations syndicales et avec des entreprises.

Art. R. 5111-2. Les actions d'urgence conclues dans le cadre des conventions de coopération comportent, notamment:

1° Des mesures temporaires de formation professionnelle;

2° Des mesures temporaires assurant certaines garanties de ressources aux salariés privés de tout ou partie de leur rémunération par suite de circonstances économiques;

3° Des aides favorisant l'embauche et la mobilité professionnelle des salariés;

4° Des aides temporaires aux entreprises qui réalisent un programme de reclassement de leurs salariés en engageant des actions de réinsertion professionnelle préalables aux suppressions d'emplois et en accordant aux salariés intéressés un congé de conversion;

5° Des actions de reclassement de salariés licenciés pour motif économique ou menacés de l'être.

Note • Voir circulaire DGEFP 2011-12 du 1er avril 2011 (BO TR 2011/4) relative à la démarche d'appui aux mutations économiques, annexe V.

• ***Covid-19.*** Dans le cadre de la crise sanitaire Covid-19, le **FNE-Formation** a été renforcé de manière temporaire afin de répondre aux besoins des entreprises en activité partielle et en activité partielle de longue durée par la prise en charge des coûts pédagogiques. Au printemps 2020, le public cible a été élargi à l'ensemble des entreprises concernées par les conséquences de la crise. Les taux d'intervention ont été revus. Les outils de demande de subvention et contractualisation ont été simplifiés et modifiés en conséquence. Puis, à compter du 1er novembre 2020, le dispositif a été recentré sur les salariés en activité partielle de longue durée (APLD) ou non, et à compter du 27 janvier 2021, sur les entreprises en difficulté et celles en activité partielle / APLD.

Voir instruction DGEFP du 27 janvier 2021 relative à la mobilisation du FNE-Formation dans le cadre de parcours de formation. Elle présente les objectifs, paramètres et modalités de mise en place du FNE-Formation en 2021. Les entreprises éligibles sont les entreprises en difficulté ou en activité partielle / APLD. Le taux d'intensité de l'aide est modifié afin de le rendre progressif, selon la taille de l'entreprise. Les modalités de conventionnement reposent sur des conventions nationales avec les Opérateurs de compétences (OPCO, voir art. L. 6332-1 CT). Les actions de formation doivent prendre la forme d'un parcours structuré pour le salarié, afin d'acquérir des compétences spécifiques en lien avec le contexte Covid-19 (hors formations obligatoires), une certification ou un diplôme, ou des compétences permettant d'accompagner ou anticiper les mutations économiques. La durée de la formation ne peut pas excéder 12 mois. Les formations doivent être dispensées par un organisme de formation déclaré et externe à l'entreprise ou, lorsqu'elle en dispose, par un service de formation de l'entreprise (formation interne). S'agissant de la rémunération des stagiaires, pour les entreprises en activité partielle, les indemnités versées par l'employeur aux salariés n'entrent pas dans l'assiette des coûts admissibles, puisqu'elles sont déjà compensées par le mécanisme de remboursement à l'employeur sous forme d'allocations d'activité partielle. Pour les entreprises en difficulté, l'instruction envisage la prise en charge de tout ou partie des rémunérations des stagiaires par les OPCO au titre du plan de développement des compétences pour les entreprises de moins de 50 salariés. Les frais annexes (ex.: restauration, hébergement, transport) peuvent être partiellement pris en charge à la demande de l'entreprise, mais exclusivement de manière forfaitaire. L'OPCO versera à l'entreprise un forfait de 2 € HT (2,40 € TTC) pour chaque heure de formation en présentiel attestée par un certificat de réalisation, sans autre forme de justification. Dans le cadre de l'activité partielle, l'employeur s'engage à maintenir le salarié dans l'emploi dans les conditions prévues par les textes en vigueur et pendant toute la durée de la formation lorsqu'elle excède la période d'activité partielle, qu'elle soit de droit commun ou de longue durée. En ce qui concerne les entreprises en difficulté, l'employeur s'engage à maintenir le salarié dans l'emploi pendant toute la durée de la formation. Voir LSQ n° 18239 du 8.02.2021. Voir également le «Questions - Réponses» sur le FNE-Formation, ministère du Travail.

Art. R. 5111-3. Le ***(D. 2017-1819 du 29 déc. 2017, art. 3, 2°, JO 30, entrée en vigueur le 01.01.2018)*** «comité social et économique est consulté» sur les projets de convention mentionnés à l'article R. 5111-1.

Lorsque les conventions font partie des mesures prévues à l'occasion d'un projet de licenciement pour motif économique, elles sont soumises à l'une ou l'autre des réunions du ***(D. 2017-1819 du 29 déc. 2017, art. 3, 4°, JO 30, entrée en vigueur le 01.01.2018)*** «comité social et économique» prévues aux articles L. 1233-8 et L. 1233-28.

Art. R. 5111-4. Le comité de coordination régional de l'emploi et de la formation professionnelle est consulté sur les conditions générales de mise en œuvre dans la région des conventions et actions prévues à l'article R. 5111-1, notamment en ce qui concerne leur adaptation aux caractères spécifiques de la région concernée en matière d'emploi.

Art. R. 5111-5. Les conventions mentionnées à l'article R. 5111-1, à l'exception de celles conclues à l'occasion d'un projet de licenciement de moins de dix salariés dans une même période de trente jours, sont soumises, avant leur conclusion, pour avis:

1° ***(D. 2018-1262 du 26 déc. 2018, art. 1er, III, JO 28, entrée en vigueur le 01.01.2019)*** «À la Commission nationale de la négociation collective, de l'emploi et de la formation professionnelle» lorsqu'elles relèvent de la compétence du ministre chargé de l'emploi;

2° Au comité de coordination régional de l'emploi et de la formation professionnelle lorsqu'elles relèvent de la compétence du préfet de région;

3° À la commission départementale de l'emploi et de l'insertion lorsqu'elles relèvent de la compétence du préfet.

Art. R. 5111-6. Chaque année, avant l'examen du projet de loi de finances, le ministre chargé de l'emploi fournit au Parlement un rapport sur les mesures prises pour mettre en œuvre les aides à l'emploi prévues à l'article L. 5111-1.

CHAPITRE II Instances concourant à la politique de l'emploi

Art. L. 5112-1-1. ***(L. 2008-776 du 4 août 2008, art. 7, JO 5)*** L'administration chargée des dispositifs en faveur de l'emploi mentionnés dans le présent livre et définis par décret doit se prononcer de manière explicite sur toute demande formulée par un employeur sur une situation de fait au regard des dispositions contenues dans le présent livre, à l'exception de celles ayant un caractère purement fiscal ou social.

Note Le décret 2009-1696 du 29 décembre 2009 (JO 31) définit les conditions d'application de cet article. Voir *infra* articles R. 5112-23 et D. 5112-24.

Art. L. 5112-2. ***(L. 2008-126 du 13 févr. 2008, art. 16, JO 14)*** Un décret en Conseil d'État précise les conditions d'application ***(L. 2014-288 du 5 mars 2014, art. 24, II, 2°, JO 6)*** «du présent chapitre».

SECTION 2 (réglementaire). Commissions départementales

Sous-section 1. Missions

Art. R. 5112-11. Des commissions départementales de l'emploi et de l'insertion concourent à la mise en œuvre des orientations de la politique publique de l'emploi et de l'insertion professionnelle et des décisions du Gouvernement en la matière.

Elles sont régies par les dispositions des articles 8 et 9 du décret n° 2006-665 du 7 juin 2006.

Art. R. 5112-12. La commission départementale de l'emploi et de l'insertion est compétente en matière d'apprentissage en liaison avec le ***(D. 2020-372 du 30 mars 2020, art. 1er, JO 31)*** «comité régional de l'emploi, de la formation et de l'orientation professionnelles».

Art. R. 5112-13. La commission départementale de l'emploi et de l'insertion coordonne ses travaux avec ceux des commissions ou conseils placés auprès des collectivités territoriales dans le domaine de l'emploi et de l'insertion.

Elle émet, sur les demandes d'agrément, les avis prévus par les dispositions légales.

Sous-section 2. Composition et fonctionnement

Art. R. 5112-14. La commission départementale de l'emploi et de l'insertion est présidée par le préfet. Elle comprend:

1° Des représentants de l'État, notamment le ***(D. 2020-1545 du 9 déc. 2020, JO 10, entrée en vigueur le 01.04.2021)*** « directeur régional de l'économie, de l'emploi, du travail et des solidarités » et le ***(D. 2009-1484 du 3 déc. 2009, JO 14)*** « directeur départemental de la cohésion sociale et de la protection des populations ou directeur départemental de la cohésion sociale » ;

2° Des élus, représentants des collectivités territoriales et de leurs groupements, dont un membre du ***(D. 2013-938 du 18 oct. 2013, art. 1er, JO 20)*** « conseil départemental », élu par ce conseil, un membre du conseil régional, élu par ce conseil, et des élus, représentants de communes et des établissements publics de coopération intercommunale du département, sur proposition de l'association départementale des maires. En cas de pluralité d'associations, ces représentants sont désignés par accord des présidents d'associations des maires du département ou, à défaut d'accord, par le préfet ;

3° Des représentants des organisations professionnelles et interprofessionnelles d'employeurs ;

4° Des représentants des organisations syndicales de salariés, représentatives au niveau national, désignés par leurs confédérations respectives ;

5° Des représentants des chambres consulaires ;

6° Des personnes qualifiées désignées par le préfet en raison de leur compétence dans le domaine de l'emploi, de l'insertion et de la création d'entreprise.

Note Voir note sous article R. 5112-16.

Art. R. 5112-15. Au sein de la commission départementale de l'emploi et de l'insertion sont instituées deux formations spécialisées compétentes respectivement dans le domaine de l'emploi et dans le domaine de l'insertion par l'activité économique.

Art. R. 5112-16. La formation spécialisée compétente dans le domaine de l'emploi se compose de quinze membres :

1° Cinq représentants de l'État désignés par le préfet, dont le ***(D. 2020-1545 du 9 déc. 2020, JO 10, entrée en vigueur le 01.04.2021)*** « directeur régional de l'économie, de l'emploi, du travail et des solidarités » ;

2° Cinq représentants des organisations syndicales de salariés représentatives ;

3° Cinq représentants des organisations d'employeurs représentatives.

(D. 2013-703 du 1er août 2013, JO 3) « Le directeur départemental ou, le cas échéant, régional des finances publiques ou son représentant peut être entendu par la formation spécialisée compétente dans le domaine de l'emploi si elle le juge utile. »

Note • Cet article a été modifié par le décret 2008-1503 du 30 décembre 2008, JO 31.

• Les avis et propositions régulièrement émis par les organismes dont la composition est modifiée par le décret 2013-703 du 1er août 2013 (JO 3) demeurent valables pour l'édiction des décisions qu'ils préparent lorsque celles-ci interviennent après l'entrée en vigueur dudit décret.

Art. R. 5112-17. La formation spécialisée compétente en matière d'insertion par l'activité économique, dénommée conseil départemental de l'insertion par l'activité économique, comprend, outre le préfet :

1° Le ***(D. 2020-1545 du 9 déc. 2020, JO 10, entrée en vigueur le 01.04.2021)*** « directeur régional de l'économie, de l'emploi, du travail et des solidarités » ;

2° Le ***(D. 2009-1484 du 3 déc. 2009, JO 4)*** « directeur départemental de la cohésion sociale et de la protection des populations ou directeur départemental de la cohésion sociale » ;

(D. 2016-531 du 27 avril 2016, JO 30) « 3° Le directeur régional des services pénitentiaires » ;

4° Des élus, représentants des collectivités territoriales et de leurs groupements, dont un membre du ***(D. 2013-938 du 18 oct. 2013, art. 1er, JO 20)*** « conseil départemental », élu par ce conseil, un membre du conseil régional, élu par ce conseil, et des élus, représentants de communes et d'établissements publics de coopération intercommunale du département, sur proposition de l'association départementale des maires. En cas de pluralité d'associations, ces représentants sont désignés par accord des présidents d'associations des maires du département ou, à défaut d'accord, par le préfet ;

5° Un représentant de ***(D. 2014-524 du 22 mai 2014, art. 16, JO 24)*** « Pôle emploi » ;

6° Des représentants du secteur de l'insertion par l'activité économique ;

7° Des représentants des organisations professionnelles et interprofessionnelles d'employeurs ;

8° Des représentants des organisations syndicales représentatives des salariés, désignés par leurs confédérations respectives.

Art. R. 5112-18. Le conseil départemental de l'insertion par l'activité économique a pour missions :

1° D'émettre les avis relatifs aux demandes de conventionnement des employeurs mentionnés à l'article L. 5132-2 et aux demandes de concours du fonds départemental pour l'insertion prévu à l'article R. 5132-44 ;

2° De déterminer la nature des actions à mener en vue de promouvoir les actions d'insertion par l'activité économique. À cette fin, il élabore un plan d'action pour l'insertion par l'activité économique et veille à sa cohérence avec les autres dispositifs concourant à l'insertion, notamment le programme départemental d'insertion mentionné ***(D. 2018-953 du 31 oct. 2018, art. 6, 1°, JO 6 nov.)*** « à l'article L. 263-1 du code de l'action sociale et des familles » et les plans locaux pluriannuels pour l'insertion et l'emploi mentionnés à l'article L. 5131-2 du présent code.

SECTION 3 (réglementaire). Conseil régional de l'emploi

Note Les articles R. 5112-19 à 22 qui figuraient dans cette section ont été abrogés par le décret 2014-1055 du 16 septembre 2014, JO 18.

SECTION 4 (réglementaire). Demandes d'informations relatives à certains dispositifs d'aides à l'emploi

Note Cette section a été introduite par le décret 2009-1696 du 29 décembre 2009, JO 31, entrée en vigueur le 01.01.2010.

Art. R. 5112-23. Le préfet se prononce de façon motivée sur toute demande d'un employeur ayant pour objet de connaître l'application à sa situation de dispositions relatives aux dispositifs en faveur de l'emploi énumérés à l'article D. 5112-24.

Art. D. 5112-24. Les dispositifs en faveur de l'emploi auxquels s'appliquent les dispositions de l'article R. 5112-23 sont ceux qui sont définis aux articles L. 5121-3 à L. 5124-1, L. 5132-1 à L. 5132-17 et L. 5134-100 à L. 5134-109.

TITRE II MAINTIEN ET SAUVEGARDE DE L'EMPLOI

CHAPITRE Ier Aides à l'adaptation des salariés aux évolutions de l'emploi et des compétences et à la gestion des âges

SECTION 1. Aide au développement de l'emploi et des compétences

Art. L. 5121-1. L'État peut apporter une aide technique et financière à des organisations professionnelles de branche ou à des organisations interprofessionnelles par le moyen de conventions, dénommées «engagements de développement de l'emploi et des compétences», qui ont pour objet d'anticiper et d'accompagner l'évolution des emplois et des qualifications des actifs occupés.

Ces engagements sont annuels ou pluriannuels.

Note • Voir circulaire DGEFP 2011-12 du 1er avril 2011 (BO TR 2011/4) relative à la démarche d'appui aux mutations économiques, annexe IV.

• Voir instruction DGEFP/MADEC/2020/90 du 4 juin 2020 relative à la prestation «conseil en ressources humaines» pour les très petites entreprises (TPE) et les petites et moyennes entreprises (PME).

Art. L. 5121-2. Un décret détermine les modalités d'application de la présente section.

Art. D. 5121-1. Les conventions d'aide au développement de l'emploi et des compétences mentionnées à l'article L. 5121-1 déterminent en particulier:

1° Le champ de l'accord: branches professionnelles ou territoires;

2° L'objet de l'accord: étude prospective, diagnostic sectoriel ou territorial, actions de développement des compétences;

3° La durée d'application de l'accord;

4° Les objectifs à atteindre au terme de l'exécution de l'accord au regard, notamment, de la prévention des risques d'inadaptation à l'emploi et du maintien dans l'emploi des salariés en seconde partie de carrière;

5° Les moyens techniques et financiers de mise en œuvre;

6° Les modalités de suivi et de contrôle en cours d'exécution et au terme de l'engagement.

Art. D. 5121-2. Les conventions conclues au niveau national sont soumises à l'avis ***(D. 2018-1262 du 26 déc. 2018, art. 1er, III, JO 28, entrée en vigueur le 01.01.2019)*** «de la Commission nationale de la négociation collective, de l'emploi et de la formation professionnelle» et signées par le ministre chargé de l'emploi.

Les conventions conclues aux niveaux régional et local sont soumises à l'avis du ***(D. 2014-1055 du 16 sept. 2014, JO 18)*** «comité régional de l'emploi, de la formation [et] de l'orientation professionnelles» et signées par le préfet de région.

Art. D. 5121-3. Ces conventions précisent notamment les modalités de participation des organisations syndicales de salariés préalablement consultées en vue de leur élaboration au suivi et à l'évaluation des opérations prévues par ces conventions.

SECTION 2. Aide à l'élaboration d'un plan de gestion prévisionnelle des emplois et des compétences

Art. L. 5121-3. Les entreprises qui souhaitent élaborer un plan de gestion prévisionnelle des emplois et des compétences, peuvent bénéficier d'un dispositif d'appui à la conception de ce plan. Ce dispositif ouvre droit à une prise en charge financière par l'État.

Un décret détermine l'effectif maximal des entreprises éligibles et les conditions de prise en charge par l'État.

Note • Le deuxième alinéa de cet article a été supprimé par l'ordonnance 2017-1387 du 22 septembre 2017, art. 9, I, JO 23.

• L'aide au conseil GPEC a été mise en place par l'annexe 2 de la circulaire DGEFP 2011-12 du 1er avril 2011 relative à la démarche d'appui aux mutations économiques. Toutefois, cette prestation a été remplacée, en 2016, par la prestation «Conseil en ressources humaines TPE-PME», qui permettait de financer une prestation sollicitée par l'entreprise et dont la mise en œuvre était assurée par des prestataires externes (instruction DGEFP/MADE/2016/66 du 8 mars 2016). L'instruction de 2016 a été abrogée et remplacée par une instruction du 4 juin 2020 qui renforce la prestation pour accompagner les TPE-PME de moins de 250 salariés pendant la crise et la reprise de l'activité économique (instruction DGEFP/MADEC/2020/90 du 4 juin 2020 relative à la prestation «conseil en ressources humaines» pour les très petites entreprises et les petites et moyennes entreprises). Parmi les thématiques d'intervention des prestataires pour répondre aux besoins des PME figure la gestion prévisionnelle des emplois et des compétences (GPEC). Cependant, cette aide au conseil RH n'est pas encadrée par les dispositions législatives ou réglementaires relatives à la GPEC. Dans leur rédaction actuelle, elles ne peuvent pas fonder l'attribution de l'aide au conseil RH. Un décalage existe d'ailleurs concernant l'effectif maximal des entreprises éligibles entre l'aide à l'élaboration d'un plan de GPEC (moins de 300 salariés) et l'aide au conseil en RH (moins de 250 salariés).

Art. D. 5121-4. Le plan de gestion prévisionnelle des emplois et des compétences prévu à l'article L. 5121-3 comprend, notamment, des actions de formation destinées à assurer l'adaptation des salariés à l'évolution de leurs emplois ou des actions favorisant l'égalité professionnelle entre les femmes et les hommes, en particulier grâce à des mesures améliorant l'articulation entre l'activité professionnelle et la vie personnelle et familiale.

Art. D. 5121-5. L'État prend en charge une partie des frais liés aux études préalables à la conception du plan de gestion prévisionnelle des emplois et des compétences.

Art. D. 5121-6. L'État peut prendre en charge, dans la limite de 50 %, les coûts supportés par les entreprises pour la conception et l'élaboration d'un plan de gestion prévisionnelle des emplois et des compétences dans le cadre de conventions dénommées «conventions d'aide au conseil».

Note Le 2e alinéa de cet article a été abrogé par le décret 2017-1647 du 30 novembre 2017, JO 2 déc.

Art. D. 5121-7. Dans le cadre d'une convention conclue avec une seule entreprise, dont l'effectif ne peut excéder trois cents salariés, la participation financière de l'État est au maximum de 15 000 €. Cette convention est signée par le préfet.

Dans le cadre d'une convention conclue avec plusieurs entreprises, la participation financière de l'État est, au maximum, de 12 500 € par entreprise. Elle est conclue par le préfet de région lorsque les sièges sociaux des entreprises signataires sont situés dans plusieurs départements compris dans une même région.

Art. D. 5121-8. L'entreprise précise dans sa demande, adressée à l'autorité administrative compétente, les motifs de sa démarche de gestion prévisionnelle au regard, notamment:

1° De son organisation du travail;

2° De l'évolution des compétences des salariés et du maintien de leur emploi;

3° De sa gestion des âges;

4° Du développement du dialogue social;

5° De la prise en compte du principe d'égalité professionnelle entre les femmes et les hommes;

6° Des perspectives d'amélioration de l'articulation entre l'activité professionnelle et la vie personnelle et familiale de ses salariés;

7° De la promotion de la diversité.

Art. D. 5121-9. Le ***(D. 2017-1819 du 29 déc. 2017, art. 3, 2°, JO 30, entrée en vigueur le 01.01.2018)*** «comité social et économique est consulté» sur la conclusion de cette convention avec l'État. Ils sont consultés sur le contenu et les modalités de mise en œuvre du plan de gestion prévisionnelle des emplois et des compétences.

Art. D. 5121-10. L'État peut conclure avec des organismes professionnels ou interprofessionnels ou tout organisme représentant ou animant un réseau d'entreprises des conventions ayant pour objet de préparer les entreprises aux enjeux de la gestion prévisionnelle des emplois et des compétences.

Art. D. 5121-11. ***(D. 2020-88 du 5 févr. 2020, art. 1er, 27°, JO 6)*** Les conventions mentionnées à l'article D. 5121-10 sont signées par le préfet de région ou les préfets de département lorsqu'elles concernent, respectivement, des entreprises de la région ou du département.

Art. D. 5121-12. Ces conventions peuvent prévoir:
1° D'une part, des actions d'information, de communication et d'animation;
2° D'autre part, des actions de capitalisation, d'évaluation et de diffusion de bonnes pratiques.

Art. D. 5121-13. L'État peut prendre en charge jusqu'à 70 % du coût global des actions, en prenant en compte le nombre des entreprises visées, leurs effectifs et l'intérêt des actions envisagées.

SECTION 3. Aide aux actions de formation pour l'adaptation des salariés

Art. L. 5121-4. Afin de favoriser l'adaptation des salariés aux évolutions de l'emploi dans l'entreprise, notamment de ceux qui présentent des caractéristiques sociales les exposant plus particulièrement aux conséquences des mutations économiques, des accords d'entreprise ouvrant droit à une aide de l'État, conclus dans le cadre d'une convention de branche ou d'un accord professionnel sur l'emploi national, régional ou local, peuvent prévoir la réalisation d'actions de formation de longue durée.

Ces accords peuvent étendre le bénéfice de ces actions aux salariés dont l'entreprise envisage le reclassement externe, à condition que ce reclassement soit expressément accepté par le salarié et intervienne par contrat à durée indéterminée ou dans les conditions prévues pour l'emploi des salariés du secteur public ou des collectivités territoriales.

Note La mise en œuvre du dispositif de formation est définie dans la circulaire CDE 92/52 du 26 octobre 1992.

Art. L. 5121-5. Les entreprises dépourvues de représentants syndicaux bénéficient de l'aide de l'État lorsqu'elles appliquent une convention de branche ou un accord professionnel sur l'emploi qui en prévoit la possibilité et en détermine les modalités d'application directe.

L'aide est attribuée après avis du ***(Ord. 2017-1386 du 22 sept. 2017, art. 4, 33°, JO 23, entrée en vigueur au plus tard le 01.01.2018)*** «comité social et économique, s'il existe».

Sous-section 1 (réglementaire). Agrément

§ 1. Dispositions communes

Note Les articles R. 5121-14 à 18 qui figuraient dans ce paragraphe ont été abrogés par le décret 2020-88 du 5 février 2020, art. 1er, 28°, JO 6.

§ 2. Entreprises dépourvues de représentants syndicaux

Note Les articles R. 5121-19 à 22 qui figuraient dans ce paragraphe ont été abrogés par le décret 2020-88 du 5 février 2020, art. 1er, 28°, JO 6.

Sous-section 2 (réglementaire). Calcul de l'aide

Art. R. 5121-23. L'aide de l'État aux actions de formation pour l'adaptation des salariés, est calculée forfaitairement par salarié, en fonction de la durée de la formation.

Ce montant est majoré lorsque la formation est organisée au bénéfice de salariés âgés de quarante-cinq ans et plus.

Art. R. 5121-24. L'aide de l'État est attribuée sous les conditions suivantes:
1° Les actions de formation ont une durée minimale de cinq cents heures;
2° Les actions concernent des salariés justifiant d'une ancienneté de deux ans dans l'entreprise.

Art. R. 5121-25. Les modalités de calcul de l'aide de l'État sont fixées par arrêté conjoint des ministres chargés de l'emploi et du budget.

SECTION 4. Contrat de génération

Note Les dispositions législatives de cette section ont été abrogées par l'ordonnance 2017-1387 du 22 septembre 2017, art. 9, II, JO 23; les dispositions réglementaires l'ont été par les décrets 2017-1646 et 2017-1647 du 30 novembre 2017, JO 2 déc.

Les entreprises ayant conclu un contrat avec un jeune dans les conditions prévues à cette section avant le 23 septembre 2017, et ayant déposé leur demande dans un délai de trois mois suivant le premier jour d'exécution du contrat de travail, bénéficient de l'aide prévue aux anciens articles L. 5121-17 à L. 5121-21 dans les conditions prévues aux anciens articles R. 5121-26,

R. 5121-28 à R. 5121-38, R. 5121-40, R. 5121-41, R. 5121-43 et R. 5121-45 à R. 5121-55 (décret 2017-1646 précité, art. 2 et ordonnance 2017-1718 du 20 décembre 2017, art. 3, VI, JO 21).

SECTION 5. Dispositions d'application

Art. L. 5121-22. Sauf dispositions contraires, un décret en Conseil d'État détermine les conditions d'application du présent chapitre.

Note Cet article est l'ancien article L. 5121-7 (loi 2013-185 du 1er mars 2013, art. 1er, 2°, JO 3).

CHAPITRE II Aide aux salariés placés en activité partielle

Note • En relation avec l'accord national interprofessionnel signé le 11 janvier 2013 au service de la compétitivité des entreprises et de la sécurisation de l'emploi (art. 19, rapporté dans *Textes non codifiés*, rubrique «Emploi-chômage»), la loi 2013-504 du 14 juin 2013 (JO 16) et le décret 2013-551 du 26 juin 2013 (JO 28) ont concrétisé un dispositif d'indemnisation unique de l'activité partielle qui se substitue aux allocations spécifiques, conventionnelles de chômage partiel de longue durée et de congés payés antérieures. Ce dispositif d'indemnisation de l'activité partielle s'applique dans toutes les entreprises soumises au code du travail.

• Voir circulaire DGEFP 2013-12 du 12 juillet 2013 relative à la mise en œuvre de l'activité partielle (BO MT 2013/8 du 30 août 2013), mise à jour en juillet 2015.

• **Covid-19.** L'impact économique et social de la crise sanitaire liée à l'épidémie de covid-19 a amené les pouvoirs publics à renforcer et à mobiliser de façon massive le dispositif d'activité partielle par une série de mesures, pour certaines pérennes, pour d'autres temporaires. En parallèle, un dispositif d'activité partielle de longue durée (APLD) a été institué pour soutenir les entreprises confrontées à une réduction durable de leur activité.

Première vague de l'épidémie de covid-19. Lors de la première vague de l'épidémie au cours de l'année 2020, le gouvernement a pris une série de mesures dérogatoires par ordonnance afin d'adapter le régime l'activité partielle au contexte exceptionnel de la crise sanitaire. Ces mesures figurent dans une ordonnance 2020-346 du 27 mars 2020 (JO 28), qui a ensuite été modifiée à plusieurs reprises (ordonnances 2020-428 du 15 avril 2020, JO 16; 2020-460 du 22 avril 2020, JO 23; 2020-1255 du 14 octobre 2020, JO 15).

Voir décrets 2020-325 du 25 mars 2020 (JO 26) relatif à l'activité partielle, 2020-435 du 16 avril 2020 (JO 17) portant mesures d'urgence en matière d'activité partielle, 2020-794 du 26 juin 2020 (JO 28) relatif à l'activité partielle, 2020-810 du 29 juin 2020 (JO 30) modifié par décret 2020-1170 du 25 septembre 2020 (JO 26) portant modulation temporaire du taux horaire de l'allocation d'activité partielle, 2020-1319 du 30 octobre 2020 (JO 31) relatif à l'activité partielle.

Voir questions/réponses «Dispositif exceptionnel d'activité partielle», ministère du travail, (*https://travail-emploi.gouv.fr/le-ministere-en-action/coronavirus-covid-19/questions-reponses-par-theme/faq-chomage-partiel-activite-partielle*).

Voir également «Recourir à l'activité partielle», Cahier RF 1118, octobre 2020, §§ 3001 et s.; LS, Les thématiques, n° 84, décembre 2020; RDT, avril 2020, pp. 250 et s.: «L'activité partielle face à la crise», Fr. Géa; RDT juill-août 2020, pp. 471 et s.: «L'activité réduite pour le maintien en emploi», Fr. Géa.

Régime dérogatoire covid-19 prolongé et adapté pour 2021. Une ordonnance du 21 décembre 2020 a posé les bases de la prorogation en 2021 du dispositif exceptionnel d'activité partielle mis en place en 2020 pour aider les entreprises à faire face aux conséquences économiques de la crise sanitaire engendrée par l'épidémie de covid-19. Au vu du contexte sanitaire, les dispositions de l'ordonnance du 27 mars 2020 précitée sont prolongées jusqu'à une date fixée par décret et au plus tard le 31 décembre 2021 (ordonnance 2020-346 précitée, art. 12, modifié par ordonnance 2020-1639 du 21 décembre 2020, art. 1er).

Voir ordonnance 2020-1639 du 21 décembre 2020 (JO 23) portant mesures d'urgence en matière d'activité partielle; décret 2020-1628 du 21 décembre 2020 (JO 22) modifiant le décret 2020-810 du 29 juin 2020 portant modulation temporaire du taux horaire de l'allocation d'activité partielle; décret 2020-1681 du 24 décembre 2020 (JO 26) relatif à l'activité partielle; décret 2020-1786 du 30 décembre 2020 (JO 31) relatif à la détermination des taux et modalités de calcul de l'indemnité et de l'allocation d'activité partielle; décret 2021-70 du 27 janvier 2021 (JO 28) modifiant le décret 2020-810 du 29 juin 2020 portant modulation temporaire du taux horaire de l'allocation d'activité partielle; décret 2021-88 du 29 janvier 2021 (JO 30) modifiant le décret 2020-1316 du 30 octobre 2020 modifié relatif à l'activité partielle et au dispositif d'activité partielle spécifique en cas de réduction d'activité durable; décret 2021-89 du 29 janvier 2021 modifiant le décret 2020-810 du 29 juin 2020 portant modulation temporaire du taux horaire de l'allocation d'activité partielle et le décret 2020-1786 du 30 décembre 2020 (JO 30) relatif à la détermination des taux et modalités de calcul de l'indemnité et de l'allocation d'activité partielle. Voir questions - réponses «Dispositif exceptionnel d'activité partielle», ministère du travail, *https://travail-emploi.gouv.fr/le-ministere-en-action/coronavirus-covid-19/questions-reponses-par-theme/faq-chomage-partiel-activite-partielle*

Voir également RF 14 janvier 2021, FH 3874-2; FRS 2/21 du 8 janvier 2021, inf. 2; LSQ n° 18211 du 29.12.2020; SSL n° 1937 du 18 janvier 2021.

Maintien d'un système d'indemnisation modulé en fonction des secteurs d'activité jusqu'au 28 février 2021. Voir décret 2021-88 précité réaménageant le calendrier de baisse du taux de l'indemnité d'activité partielle due au salarié; décret 2021-89 précité réaménageant le calendrier de baisse du taux e remboursement aux entreprises des allocations d'activité partielle; voir décret 2021-70 précité modifiant la liste des secteurs protégés bénéficiant du taux majoré. Voir RF 4 février 2021, FH 3877; LSQ n° 18235 du 02.02.2021.

Maintien du régime d'exception applicable aux entreprises des secteurs protégés et des secteurs connexes jusqu'au 31 mars 2021. Voir décret 2021-89 précité, art. 2. Voir également RF 4 février 2021, FH 3877; LSQ n° 18235 du 02.02.2021.

Listes des secteurs protégés et connexes remaniées. Depuis le 1er juin 2020 et jusqu'au 31 mars 2021, peuvent prétendre en remboursement à des allocations d'activité partielle majorées les entreprises qui relèvent des secteurs du tourisme, de l'hôtellerie, de la restauration, du sport, de la culture, du transport aérien et de l'événementiel, etc, sans condition particulière (secteurs dits «annexe 1») et des secteurs «connexes», c'est-à-dire dont l'activité dépend de celles des secteurs précités (secteurs dits «annexe 2»), à condition d'avoir subi au moins 80 % de perte de chiffre d'affaires (CA) entre le 15 mars 2020 et le 15 mai 2020. Les listes des secteurs concernés ont été fixées par décret et modifiées à plusieurs reprises (décret 2020-810 du 29 juin 2020, modifié par décrets 2020-1123 du 10 septembre 2020, 2020-1319 du 30 octobre 2020, 2020-1628 du 21 décembre 2020, 2021-70 du 27 janvier 2021). Voir également RF 14 janvier 2021, FH 3874, § 2-23; RF 4 février 2021, FH 3877; LSQ n° 18234 du 01.02.2021.

Entreprises fermées ou soumises à des restrictions territoriales spécifiques: régime d'exception jusqu'au 30 juin 2021. L'ordonnance du 21 décembre 2020 précitée et les décrets des 24 et 30 décembre 2020 précités ont mis en place un régime d'activité partielle dérogatoire en faveur en faveur de certaines catégories d'entreprises. La première catégorie correspond aux entreprises dont l'activité principale implique l'accueil du public et qui font l'objet d'une fermeture administrative, totale ou partielle, dans le cadre de la lutte contre l'épidémie (ordonnance 2020-770 du 24 juin 2020 précitée, art. 1er, II, 1° modifié par ordonnance 2020-1639 du 21 décembre 2020, art. 4, 1°, *c*). La seconde catégorie repose sur un critère géographique (restrictions sanitaires territoriales) combiné à une baisse du chiffre d'affaires (ordonnance 2020-770 précitée, art. 1er, II, 2° modifié par ordonnance 2020-1639 précitée, art. 4, 1°, *c*; décret 2020-1786 précité, art. 5). Sur le taux d'indemnisation des salariés, voir décret 2020-1681 précité, art. 2. Sur le taux de remboursement aux entreprises, voir décret 2020-1786 précité, art. 8. Voir également RF 14 janvier 2021, FH 3874, §§ 2-9 à 2-11.

Activité partielle «garde d'enfant» et «personne vulnérable». Depuis le 1er mai 2020, les salariés contraints de rester à leur domicile et dans l'impossibilité de travailler, soit pour garder un enfant de moins de 16 ans ou handicapé isolé ou maintenu au domicile, soit en raison de leur vulnérabilité aux formes graves de covid-19, doivent sous certaines conditions être placés en activité partielle (loi 2020-473 du 25 avril 2020, art. 20). L'ordonnance du 21 décembre 2020 précitée a prolongé ce dispositif, jusqu'à une date fixée par décret et au plus tard jusqu'au 31 décembre 2021 (loi 2020-473 du 25 avril 2020, art. 20 modifié par ordonnance 2020-1639 du 21 décembre 2020, art. 2). Le décret 2020-1786 du 30 décembre 2020 précité modifié par l'article 2 du décret 2021-89 du 29 janvier 2021 précité précise le régime d'indemnisation et de remboursement applicable à cette hypothèse particulière d'activité partielle. Voir également RF 14 janvier 2021, FH 3874, §§ 2-16 à 2-18; RF 4 février 2021, FH 3877.

Saisi en référé, le Conseil d'État a décidé de suspendre les dispositions du décret 2020-1098 du 29 août 2020 (JO 30) ayant considérablement réduit la liste des personnes considérées comme vulnérables et pouvant, à ce titre, continuer à être placées en activité partielle. La juridiction administrative a en effet estimé que le gouvernement n'avait pas suffisamment justifié la cohérence des pathologies choisies par rapport à celles retenues dans le décret 2020-521 du 5 mai 2020 (JO 6) et qui trouvaient donc de nouveau à s'appliquer (le décret précité a été abrogé le 12 novembre 2020, date à laquelle l'état d'urgence sanitaire a pris fin en Guyane et à Mayotte) (CE 15 octobre 2020, n° 444425, LS n° 18164 du 19.10.2020; RJS 12/20 n° 611).

Zones de chalandise de stations de ski de décembre 2020 à juin 2021. Un régime particulier s'applique aux établissements situés dans une zone de chalandise d'une station de ski, pour les heures chômées de décembre 2020 à juin 2021 (ordonnance 2020-770 du 24 juin 2020, art. 1, II, 3° et 2, modifiés par ordonnance 2020-1639 du 21 décembre 2020, art. 4, 1°, c, et 2°, c; décret 2020-1786 du 30 décembre 2020, art. 6, 8, III, et 11). Voir RF 14 janv. 2021, FH 3874, §§ 2-12 à 2-14.

Activité partielle de longue durée. La crise sanitaire a conduit les pouvoirs publics à poser les bases d'un nouveau mécanisme d'activité partielle, dit «activité partielle de longue durée». La deuxième loi d'urgence relative au Covid-19 a posé les bases d'un nouveau mécanisme d'activité partielle, dit «activité réduite pour le maintien en emploi» (ARME), également désigné sous le terme d'«activité partielle de longue durée» (APLD) (loi 2020-734 du 17 juin 2020, art. 53, JO 18). Il peut être mobilisé par les entreprises pour une durée pouvant aller jusqu'à 24 mois, consécutifs ou non, sur 36 mois. La date à partir de laquelle l'employeur demande à bénéficier de l'APLD au titre d'un accord collectif ou d'un document unilatéral (voir ci-après) ne peut pas être antérieure au premier jour du mois civil au cours duquel la demande de validation ou d'homologation est transmise à la DIRECCTE (DREETS à compter du 01.04.2021). Entré en vigueur depuis le 31 juillet 2020, il s'applique aux accords collectifs et aux documents élaborés par l'employeur transmis à l'administration pour extension, validation ou homologation au plus tard le 30 juin 2022.

Voir décrets 2020-926 du 28 juillet 2020, JO 30; 2020-1188 du 29 septembre 2020, JO 30; 2020-1316 du 30 octobre 2020, art. 2 et 4, JO 31; 2020-1579 du 14 décembre 2020, JO 15; Questions - réponses relatives à l'activité partielle de longue durée (APLD), ministère du travail, (*https://travail-emploi.gouv.fr/le-ministere-en-action/relance-activite/faq-apld*).

Voir «Activité partielle de longue durée», cahier RF 1118, §§ 3032 à 3037, octobre 2020; LSQ, dossier juridique 154 du 27.08.2020; FRS 16/20 du 28 août 2020, inf 1: RF 8 octobre 2020, FH 3860-11; RF 5 novembre 2020, FH 3864-2; FRS 22/20 du 8 novembre 2020, inf 15; RF 24 décembre 2020, FH 3871-7.

La période du deuxième confinement n'a pas à être comptabilisée dans le décompte de la durée de recours à l'APLD (décrets 2020-926 précité, art. 9, V; 2020-1579 précité, art. 1er). Voir RF 24 décembre 2020, FH 3871-7; LSQ n° 18205 du 16.12.2020.

Le taux horaire de l'allocation est d'au moins 7,30 € (décret 2020-926 précité, art. 7, modifié par décret 2020-1786 précité, art. 10). Pour le taux horaire à Mayotte, voir note sous art. D. 5522-87 CT.

Pour chaque heure indemnisable, l'employeur perçoit en remboursement une allocation d'activité partielle égale à 60 % de la rémunération horaire brute de référence, retenue dans la limite de 4,5 SMIC, et ce, quelle que soit la date de transmission de l'accord à l'administration (décret 2020-926 précité, art. 7, modifié par décret 2020-1188 précité, art. 1er).

L'activité partielle de longue durée donne également droit à des points AGIRC-ARRCO, voir circ. AGIRC-ARRCO 2020-21 du 23 décembre 2020; RF 14 janvier 2021, FH 3874; FRS 2/21 du 8 janvier 2021, inf 17.

• **Lutte contre la fraude.** Le fait de bénéficier ou de tenter de bénéficier frauduleusement, ou le fait de faire obtenir frauduleusement ou de tenter de faire obtenir frauduleusement l'allocation d'activité partielle, est passible de 2 ans d'emprisonnement et de 30000 € d'amende (voir art. L. 5124-1; art. 441-6 c. pén.). Les fraudes ou fausses déclarations concernant cette allocation sont constitutives de travail illégal (voir art. L. 8211-1, 6° visant art. L. 5124-1). Ce qui permet, d'une part à la DIRECCTE (DREETS à compter du 01.04.2021), de refuser d'accorder cette aide à l'entreprise concernée pendant une durée maximale de 5 ans et, d'autre part, à l'agence de services et de paiement (ASP) de demander le remboursement de tout ou partie de l'allocation versée (art. L. 8272-1).

• Voir «Recourir à l'activité partielle», Cahier RF 1118, octobre 2020, §§ 3001 et s.; LS, Les thématiques, n° 84, déc. 2020.

Art. L. 5122-1. ***(L. 2009-1437 du 24 nov. 2009, art. 19, JO 25) (L. 2013-504 du 14 juin 2013, art. 16, III, JO 16)*** « I. –» Les salariés sont placés en position ***(L. 2013-504 du 14 juin 2013, art. 16, III, JO 16)*** «d'activité partielle, après autorisation expresse ou implicite de l'autorité administrative,» s'ils subissent une perte de ***(L. 2013-504 du 14 juin 2013, art. 16, III, JO 16)*** «rémunération» imputable:

- soit à la fermeture temporaire de leur établissement ou partie d'établissement;
- soit à la réduction de l'horaire de travail pratiqué dans l'établissement ou partie d'établissement en deçà de la durée légale de travail.

(L. 2013-504 du 14 juin 2013, art. 16, III, JO 16) «En cas de réduction collective de l'horaire de travail, les salariés peuvent être placés en position d'activité partielle individuellement et alternativement.»

(L. 2013-504 du 14 juin 2013, art. 16, III, JO 16) «II. – Les salariés reçoivent une indemnité horaire, versée par leur employeur, correspondant à une part de leur rémunération antérieure dont le pourcentage est fixé par décret en Conseil d'État. L'employeur perçoit une allocation financée conjointement par l'État et l'organisme gestionnaire du régime d'assurance chômage. Une convention conclue entre l'État et cet organisme détermine les modalités de financement de cette allocation.

Le contrat de travail des salariés placés en activité partielle est suspendu pendant les périodes où ils ne sont pas en activité.

III. – L'autorité administrative peut définir des engagements spécifiquement souscrits par l'employeur en contrepartie de l'allocation qui lui est versée, en tenant compte des stipulations de l'accord collectif d'entreprise relatif à l'activité partielle, lorsqu'un tel accord existe. Un décret en Conseil d'État fixe les modalités selon lesquelles sont souscrits ces engagements.»

(L. 2018-1317 du 28 déc. 2018, art. 272, I, 1°, JO 30) «IV. – Sont prescrites, au profit de l'État et de l'organisme gestionnaire de l'assurance chômage, les créances constituées au titre de l'allocation mentionnée au II pour lesquelles l'employeur n'a pas déposé de demande de versement auprès de l'autorité administrative dans un délai ***(L. 2020-1721 du 29 déc. 2020, art. 210, JO 30)*** «de six mois» à compter du terme de la période couverte par l'autorisation de recours à l'activité partielle.»

(L. 2020-1721 du 29 déc. 2020, art. 210, JO 30) «Les employeurs ayant mis en place un dispositif d'aménagement du temps de travail sur une période de référence supérieure au délai mentionné au premier alinéa du présent IV peuvent régulariser les demandes d'indemnisation correspondant à la période couverte par l'autorisation de recours à l'activité partielle dans un délai de six mois à compter de l'expiration du délai mentionné au même premier alinéa.»

Note • Les dispositions de cet article, dans sa rédaction issue de la loi 2018-1317 précitée, s'appliquent aux demandes de versement de l'allocation mentionnée à cet article pour lesquelles la demande préalable d'autorisation de recours à l'activité partielle a été déposée depuis le 24 septembre 2018 (loi précitée, art. 272, II).

• Voir **circulaire DGEFP 2013-12 du 12 juillet 2013** relative à la mise en œuvre de l'activité partielle (BO MT 2013/8 du 30 août 2013), mise à jour en juillet 2015.

• **Covid-19.** *Salariés protégés.* Voir ordonnance 2020-346 du 27 mars 2020, art. 6 et 12, JO 28 modifiés par ordonnances 2020-460 du 22 avril 2020, art. 8, JO 23 et 2020-1639 du 21 décembre 2020, art. 1er, JO 23 relatif à la règle selon laquelle l'activité partielle s'impose aux salariés protégés, par dérogation à la jurisprudence habituelle en la matière, dès lors qu'elle affecte, dans la même mesure, tous les salariés de l'entreprise, de l'établissement, du service ou de l'atelier d'affectation ou de rattachement. Voir également «Recourir à l'activité partielle», Cahier RF 1118, octobre 2020, § 3046.

Cadres dirigeants. En principe, les cadres dirigeants ne peuvent pas bénéficier de l'activité partielle puisqu'ils ne sont pas soumis aux dispositions légales et conventionnelles relatives à la durée du travail (art. L. 3111-2 CT). Par dérogation, du 12.03.2020 jusqu'à une date fixée par décret et au plus tard le 31.12.2021, la possibilité est ouverte de placer des cadres dirigeants en activité partielle, mais uniquement si cette période se traduit par une fermeture temporaire de leur établissement ou partie d'établissement (ordonnance 2020-346 précitée, art. 8 et 12 modifiés par ordonnances 2020-428 du 15 avril 2020, art. 6, JO 16 et 2020-1639 précitée, art. 1er).

Salariés portés en CDI. Du 12.03.2020 jusqu'à une date fixée par décret et au plus tard le 31.12.2021, les salariés portés titulaires d'un contrat à durée indéterminée (CDI) peuvent être placés en activité partielle au cours des périodes sans prestation à une entreprise cliente (ordonnance 2020-346 précitée, art. 8 *bis* et art. 12 modifiés par ordonnances 2020-428 précitée, art. 6 et 2020-1639 précitée, art. 1er).

Activité partielle individualisée. Voir décret 2020-794 du 26 juin 2020, art. 2, JO 28, modifié par décret 2020-1681 du 24 décembre 2020, art. 1er, JO 26 sur les dispositions relatives à l'activité partielle individualisée, qui permettent, par accord d'entreprise ou à défaut, après avis favorable du CSE, de placer une partie seulement des salariés en position d'activité partielle ou d'appliquer à ces salariés une répartition différente des heures travaillées et non travaillées, lorsque cette individualisation est nécessaire pour assurer le maintien ou la reprise d'activité.

Salariés employés à domicile par des particuliers employeurs et des assistants maternels. Voir ordonnance 2020-346 précitée, art. 7 et 12, modifiés par ordonnance 2020-1639 précitée, art. 1er.

Extension de l'activité partielle aux entreprises «étrangères» sans établissement en France, pour leurs salariés au titre desquels l'employeur est soumis aux contributions et cotisations sociales d'origine légale ou conventionnelle et à l'obligation d'affiliation à l'assurance chômage de la législation française. Voir ordonnance 2020-346 précitée, art. 9 et 12 modifiés par ordonnance 2020-1639 précitée, art. 1er.

Salariés travaillant à l'étranger. En principe, pour bénéficier de l'activité partielle, un établissement doit être soumis au code du travail, notamment à la législation sur la durée du temps de travail, et entretenir avec les salariés pour lesquels il sollicite le bénéfice de l'activité partielle des relations contractuelles soumises aux dispositions du code du travail (circ. DGEFP 2013-12 du 12 juillet 2013, annexe révisée 2015, fiche 2, § 2.2). Néanmoins, l'administration a été amenée à préciser sa doctrine dans le contexte de la crise sanitaire (rép. 28770, JO AN 12 mai 2020, p. 3380; Questions - réponses «Dispositif exceptionnel d'activité partielle», ministère du travail, mise à jour du 22 avril 2020).

Salariés des régies dotées de la seule autonomie financière qui gèrent un service public à caractère industriel et commercial de remontées mécaniques ou de pistes de ski ou de cure thermale non dotées de la personnalité morale ayant adhéré au régime de l'assurance chômage. Voir ordonnance 2020-346 précitée, art. 10 et 12, modifiés par ordonnance 2020-1639 précitée, art. 1er.

Maintien des garanties de prévoyance des salariés en activité partielle. Du 12.03.2020 au 30.06 2021, l'employeur est tenu de maintenir les garanties prévoyance (y inclus frais de santé) des salariés placés en activité partielle. Voir loi 2020-734 du 17 juin 2020, art. 12, JO 18, modifiée par loi 2020-1379 du 14 novembre 2020, art. 8, JO 15; RF 2 juillet 2020, FH 3849, §§ 1-15 à 1-19; RF 26 novembre 2020, FH 3867, § 3-4. La direction de la sécurité sociale a commenté ce dispositif dans une instruction interministérielle, voir instr. DSS/3C/5B 2020-197 du 16 novembre 2020; RF 3 décembre 2020, FH 3868, § 5; SSL n° 1931 du 30.11.2020, p. 6: «Maintien des garanties de PSC aux salariés en activité partielle», S. Blondeau et D. Coudreau; LSQ, dossier juridique, n° 229 du 17.12.2020.

Au-delà du 1er semestre 2021, il appartient aux branches professionnelles et aux employeurs d'adapter les actes juridiques existants (convention collective, décision unilatérale, etc.) pour prévoir le maintien des garanties de prévoyance complémentaire des salariés placés en activité partielle et en activité partielle de longue durée (instr. DSS/3C/5B 2020-197 du 16 novembre 2020).

• **Prise en compte des droits à retraite au titre de l'activité partielle**. Voir arrêté du 16 décembre 2020, JO 18.

• **Rescrit social.** L'employeur peut saisir l'administration, dans le cadre d'un rescrit social relatif aux mesures en faveur de l'emploi, sur toute question relative à l'activité partielle. Le préfet doit se prononcer sur cette demande de manière explicite (art. L. 5112-1-1, R. 5112-23 et D. 5112-24 CT).

• **Manœuvres frauduleuses, caractérisant le délit d'escroquerie.** Constituent des manœuvres frauduleuses, caractérisant le délit d'escroquerie, des demandes d'indemnisation d'heures chômées, à la suite d'un accord conclu avec l'administration, justifiées par de fausses déclarations mensuelles assorties d'états nominatifs par salariés non conformes à cet accord ni à celui, interne, de modulation du temps de travail, ni à la réalité de l'activité durant la période concernée, confortées par le non-établissement de documents qui auraient permis de contrôler leur régularité (cass. crim. 27 juin 2018, n° 17-81.980, RJS 10/18 n° 625).

• **Éligibilité des agents contractuels d'un service de remontées mécaniques.** Il résulte des articles L. 5122-1, R. 5122-1, R. 5122-2, L. 5424-1 et L. 5424-2 CT que, dès lors que les agents contractuels recrutés pour exercer dans un service de remontées mécaniques ou de pistes de ski sont soumis à un régime de droit privé, ils peuvent être placés en position d'activité partielle dans les conditions prévues au chapitre II du titre II du livre Ier de la cinquième partie du code du travail par leur employeur, sous réserve de l'adhésion de ce dernier au régime d'assurance chômage, le cas échéant en application du 1° de l'article L. 5424-2 CT. Est sans incidence à cet égard la circonstance que, par la loi 2016-1888 du 28 décembre 2016, le législateur ait, en raison des incertitudes qui demeuraient sur la possibilité pour les intéressés d'en bénéficier, instauré, pour une durée de trois ans, un dispositif expérimental permettant le placement en position d'activité partielle des salariés employés par les régies de communes ou de syndicats de communes dotées de la seule autonomie financière qui gèrent un service public à caractère industriel et commercial de remontées mécaniques ou de pistes de ski (CE 28 janvier 2021, n° 432340).

Jurisprudence relative à l'indemnisation du chômage partiel rendue au visa de l'article L. 5122-1 dans sa rédaction antérieure à la loi 2013-504 précitée

• **Fermeture temporaire d'un service.** N'entre pas dans le champ d'application de la loi la réduction du temps de travail qui présente un caractère structurel (CE 13 novembre 1995, n° 156339, Rec. Lebon p. 410; RJS 1/96 n° 52) ou qui est imputable à la fermeture définitive d'un service (CE 17 janvier 1990, n° 81790, RJS 4/90 n° 331).

• **Pas un seul salarié au chômage partiel.** Ces dispositions n'autorisent pas un employeur à mettre un seul salarié au chômage partiel (cass. soc. 19 juillet 1995, n° 91-45.676, BC V n° 253) ou une partie seulement du personnel (cass. soc. 30 janvier 2002, n° 00-40.805).

• **Salariés concernés.** Les dispositions tant légales que conventionnelles concernant l'indemnisation du chômage partiel sont applicables aux travailleurs à temps partiel et, par suite, aux travailleurs à domicile dont le contrat de travail comporte un horaire inférieur à la durée légale du travail (cass. soc. 22 juin 1994, n° 89-42.461, BC V n° 211; RJS 8-9/94 n° 1068; 30 juin 1998, n° 96-42.566, RJS 8-9/98 n° 1040). En revanche, elles ne sont pas applicables aux contrats qu'une entreprise de travail temporaire doit conclure avec les salariés qu'elle met à disposition des entreprises utilisatrices (CE 13 novembre 1995, n° 161708, RJS 1/96 n° 84). Pour les aides ménagères, voir rép. QE 2237, JO AN 22 décembre 1997, p. 4802.

• **Pas de modification du contrat de travail.** Pendant la période d'indemnisation prévue par cet article, la mise au chômage partiel ne constitue pas une modification des contrats de travail (cass. soc. 18 juin 1996, n° 94-44.654, BC V n° 252; RJS 8-9/96 n° 963; 9 mars 1999, n° 96-43.718, BC V n° 103; RJS 4/99 n° 524). Le refus du salarié de se soumettre aux nouveaux horaires est constitutif d'une faute grave (cass. soc. 2 février 1999, n° 96-42.831, BC V n° 47; RJS 3/99 n° 407). Sur la situation particulière des représentants du personnel, voir cass. soc. 18 juin 1996, n° 94-44.653, BC V n° 248; RJS 8-9/96 n° 944.

• **Pas de chômage partiel pour un représentant du personnel sans son accord.** Si le représentant du personnel refuse d'être mis en chômage partiel, l'employeur doit lui verser la partie du salaire perdue du fait de la mesure du chômage partiel (cass. soc. 18 juin 1996, n° 94-44.653, BC V n° 248, rectifié par cass. soc. 16 juillet 1996, n° 96-43.396; 19 janvier 2011, n° 09-43.194).

Pour éviter cette situation pendant la période de **crise sanitaire liée à l'épidémie Covid-19**, l'article 6 de l'ordonnance 2020-346 du 27 mars 2020 modifiée (JO 28, entrée en vigueur le 28.03.2020) dispose que la mise en activité partielle s'impose aux salariés protégés, sans que l'employeur ait à recueillir leur accord, dès lors qu'elle affecte tous les salariés de l'entreprise, de l'établissement, du service ou de l'atelier auquel est affecté ou rattaché l'intéressé. Cette mesure est entrée en vigueur le 28 mars 2020 et s'applique jusqu'à une date fixée par décret, au plus tard jusqu'au 31 décembre 2020 (ordonnance précitée, art. 12).

• **Réduction d'horaire.** Dès lors que, à la date décidée pour la réduction d'horaire, celle-ci se présente non comme une modification définitive du contrat de travail mais comme une mesure provisoire liée à la conjoncture et susceptible de révision, l'employeur doit mettre en œuvre la procédure de chômage partiel, sauf à devoir réparer le préjudice résultant de sa carence (cass. soc. 10 octobre 1995, n° 91-45.433, BC V n° 268). La Cour de cassation considère par ailleurs que le salarié qui n'a pu bénéficier de l'allocation prévue par cet article, faute de proposition donnée au versement de celle-ci par le directeur du travail et de l'emploi, ne saurait être privé des garanties de ressources prévues par la loi (cass. soc. 30 juin 1998, n° 96-42.566, précité). C'est à bon droit qu'une cour d'appel, qui a constaté que pour la période considérée le salarié n'avait pas été payé intégralement, a décidé que, faute d'avoir obtenu une décision autorisant la mise en chômage partiel, l'employeur devait régler le complément de salaire à l'intéressé (cass. soc. 26 novembre 1987, n° 85.41.426, BC V n° 694). Dans le même sens, voir cass. soc. 12 juillet 1989, n° 87-45.463, BC V n° 533; 12 mars 1991, n° 88-45.234, BC V n° 131; 25 mars 2010, n° 08-43.044, RJS 6/10 n° 542. En revanche, pendant la période prise en charge au titre du chômage partiel, les salariés peuvent prétendre au seul paiement des indemnités de chômage partiel, éventuellement augmentées d'allocations conventionnelles (cass. soc. 11 octobre 2005, n° 03-41.617, RJS 12/05 n° 1242).

• **Heures supplémentaires.** Les heures supplémentaires, c'est-à-dire les heures supérieures à la durée légale, ne donnent pas lieu à indemnisation au titre du chômage partiel (cass. soc. 28 octobre 2008, n° 07-40.865, BC V n° 202; RJS 1/09 n° 61).

• **Organisation de type «modulation» ou «cycle».** Un accord relatif à la modulation de la durée du travail ne faisant aucune mention des conditions de recours au chômage partiel pour les heures qui ne sont pas prises en compte dans la modulation n'est pas illégal, mais il induit la renonciation à la possibilité de recourir au chômage partiel, sauf à compléter l'accord par un avenant sur le sujet (CE 17 juin 2002, n° 226936, RJS 11/02 n° 1239).

• **Non-versement des allocations de chômage partiel: manquement de l'employeur à ses obligations.** Un salarié, tant que son contrat de travail est en cours, ne peut valablement renoncer aux avantages qu'il tire d'un accord collectif (accord national interprofessionnel sur l'indemnisation du chômage partiel en l'occurrence). La rupture du contrat de travail résultant du manquement de l'employeur à ses obligations, notamment celle de payer les indemnités de chômage partiel auxquelles le salarié pouvait prétendre, s'analyse en un licenciement (cass. soc. 30 mai 2000, n° 98-40.085, BC V n° 210; RJS 7-8/00 n° 844).

• **Au terme de la période de chômage partiel.** L'absence de fourniture de travail sans licenciement au terme de périodes de chômage partiel justifie l'octroi en référé d'une provision sur les salaires et congés payés y afférents (cass. soc. 25 mars 1998, n° 97-42.126). La poursuite du chômage partiel total au-delà de la période légale d'indemnisation équivaut à un licenciement ouvrant droit au paiement d'indemnités de préavis et de licenciement, et éventuellement à des dommages-intérêts pour rupture abusive (cass. soc. 7 mars 1989, n° 86-41.065, BC V n° 184; 8 juillet 1992, n° 88-40.835), ou en réparation du préjudice subi du fait du non-versement des salaires (cass. soc. 27 novembre 1991, n° 87-45.464, BC V n° 536). De la même manière, il y a lieu de considérer que le maintien en chômage partiel total de salariés qui avaient refusé cette mesure, décidé à la suite d'un refus d'autorisation administrative de licenciement, s'analyse en un licenciement de fait (cass. soc. 7 novembre 1990, n° 87-42.390).

• **Incidence sur l'indemnité de rupture.** La mise au chômage partiel n'ayant pas pour effet de modifier le contrat de travail, la rémunération servant de base au calcul de l'indemnité conventionnelle de licenciement doit être celle que le salarié aurait perçue s'il n'avait pas été au chômage partiel (cass. soc. 9 mars 1999, n° 96-44.439, BC V n° 110; RJS 4/99 n° 565).

• **Incidence sur les primes.** Les indemnités de chômage partiel se substituant aux salaires, l'indemnité de chômage partiel à la charge de l'État doit être incluse dans l'assiette des rémunérations servant au calcul de la prime de treizième mois et des primes d'ancienneté et d'assiduité (cass. soc. 4 juillet 2007, n° 06-42.322, RJS 10/07 n° 1054; 26 novembre 1996, n° 94-40.266,

BC V n° 403; RJS 1/97 n° 77). Il en va de même pour une prime d'ancienneté calculée sur les appointements réels du salarié (cass. soc. 16 janvier 1992, n° 88-43.631, BC V n° 13).

• **Incidence sur les congés payés.** Sur les congés payés. En revanche, sauf dispositions conventionnelles contraires, les périodes de chômage partiel n'étant pas assimilées à un temps de travail effectif par l'article L. 223-4 [L. 3121-1] CT, celles-ci ne sont pas considérées comme ayant donné lieu à rémunération en fonction de l'horaire de travail de l'établissement pour le calcul de l'indemnité de congés payés (cass. soc. 19 novembre 1997, n° 95-44.093, BC V n° 389; RJS 1/98 n° 52). L'accord national interprofessionnel du 13 janvier 2012 sur le chômage partiel, agréé par arrêté du 4 mai 2012 (JO 8) prend en compte la totalité des périodes de chômage pour l'acquisition des droits à congés payés. Statuant sur saisine d'une juridiction allemande, la CJUE a jugé que n'est pas contraire au droit communautaire une disposition ou pratique nationale, tel le plan social conclu entre une entreprise et son comité d'entreprise, prévoyant le calcul du droit au congé annuel payé d'un travailleur dont le temps de travail est réduit, selon la règle du *prorata temporis* (CJUE 8 novembre 2012, aff. C-229/11 et C-230/11, JOUE C 9/14 du 12.1.2013; RJS 1/13, pp. 15 et s., chron. H. Tissandier (I. A.) et n° 84; JCP éd. S 2013, 1110, note L. Crevel).

Art. R. 5122-1. ***(D. 2012-1271 du 19 nov. 2012, JO 21)*** « L'employeur peut placer ses salariés en position ***(D. 2013-551 du 26 juin 2013, art. 1er, JO 28)*** « d'activité partielle » lorsque l'entreprise est contrainte de réduire ou de suspendre temporairement son activité pour l'un des motifs suivants : »

1° La conjoncture économique ;
2° Des difficultés d'approvisionnement en matières premières ou en énergie ;
3° Un sinistre ou des intempéries de caractère exceptionnel ;
4° La transformation, restructuration ou modernisation de l'entreprise ;
5° Toute autre circonstance de caractère exceptionnel.

Note Il revient à l'administration, saisie par un service de remontées mécaniques ou de pistes de ski d'une demande d'autorisation d'activité partielle motivée par un déficit d'enneigement le contraignant à réduire ou à suspendre temporairement son activité, d'apprécier, sous le contrôle du juge, si ce déficit peut être regardé, au regard du niveau d'enneigement habituel, comme présentant un caractère exceptionnel pour l'application de l'article R. 5122-1 CT (CE 28 janvier 2021, n° 432340).

Art. R. 5122-2. ***(D. 2013-551 du 26 juin 2013, art. 4, JO 28)*** L'employeur adresse au préfet du département où est implanté l'établissement concerné une demande préalable d'autorisation d'activité partielle.

La demande précise :
1° Les motifs justifiant le recours à l'activité partielle ;
2° La période prévisible de sous-activité ;
3° Le nombre de salariés concernés.

(D. 2020-794 du 26 juin 2020, JO 28) « Elle est accompagnée, lorsque l'entreprise compte au moins cinquante salariés, de l'avis rendu préalablement par le comité social et économique en application de l'article L. 2312-8. » ***(D. 2020-325 du 25 mars 2020, JO 26)*** « Par dérogation, dans les cas prévus au 3° ou au 5° de l'article R. 5122-1, cet avis peut être recueilli postérieurement à la demande mentionnée au premier alinéa, et transmis dans un délai d'au plus deux mois à compter de cette demande. »

(D. 2020-1316 du 30 oct. 2020, JO 31) « Dans les entreprises d'au moins cinquante salariés, le comité social et économique est informé à l'échéance de chaque autorisation des conditions dans lesquelles l'activité partielle a été mise en œuvre.

Lorsque la demande d'autorisation préalable d'activité partielle et, le cas échéant, la demande de renouvellement d'autorisation portent, pour le même motif et la même période, sur au moins cinquante établissements implantés dans plusieurs départements, l'employeur peut adresser une demande unique au titre de l'ensemble des établissements au préfet du département où est implanté l'un quelconque des établissements concernés.

Dans ce cas, le contrôle de la régularité des conditions de placement en activité partielle des salariés est confié au représentant de l'État dans le département où est implanté chacun des établissements concernés. »

Lorsque la demande s'effectue sur le fondement du II de l'article R. 5122-9, elle mentionne les engagements que l'employeur propose de souscrire.

La demande d'autorisation est adressée par voie dématérialisée ***(D. 2014-740 du 30 juin 2014, JO 1er juil.)*** « dans les conditions fixées par l'article R. 5122-26 ».

Note • Les dispositions de cet article, dans sa rédaction issue du décret 2020-325 précité, s'appliquent aux demandes d'indemnisation adressées ou renouvelées à l'Agence de services et de paiement en application de l'article R. 5122-5 à compter du 27 mars 2020, au titre du placement en position d'activité partielle de salariés depuis le 1er mars 2020 (décret précité, art. 2, I).

• Dans le cadre du recours à l'activité partielle en raison de circonstances exceptionnelles (art. R. 5122-1, 5° CT) ou en cas d'activité partielle liée à un sinistre ou des intempéries de caractère exceptionnel (art. R. 5122-1, 3° CT), l'employeur peut d'abord mettre les salariés en activité partielle, puis accomplir les formalités requises. L'entreprise dispose ainsi d'un délai de 30 jours, à compter du placement des salariés en activité partielle pour adresser sa demande (art. R. 5122-3 CT). En cas d'autorisation, expresse ou tacite, celle-ci produit effet rétroactivement. De même, l'employeur peut recueillir l'avis du comité social et économique après le placement en activité partielle. Il transmet cet avis dans les deux mois suivant sa demande d'activité partielle. Voir RF 2 avril 2020, FH 3836 § 6.

• *Demande d'autorisation pour au moins 50 établissements implantés dans plusieurs départements.* Les dispositions de cet article, dans sa rédaction issue du décret 2020-325 précité pérennisent une règle initialement mise en place à titre provisoire dans le cadre de l'épidémie de covid-19 (décret 2020-794 du 26 juin 2020, art. 4, JO 28). Voir RF 9 juillet 2020, FH 3850, § 1-4; RF 5 novembre 2020, FH 3864, § 2-7.

• La procédure sous forme dématérialisée, mentionnée aux articles R. 5122-2, R. 5122-4 et 5 et R. 5122-20 à 25 CT, est applicable depuis le 1er octobre 2014. Pour accéder aux démarches en ligne, il faut se connecter sur *https://activitepartielle.emploi.gouv.fr* (décret 2014-740 du 30 juin 2014, art. 6, JO 1er juil.; arrêté du 24 juillet 2014, JO 1er août; circulaire DGEFP 2013-12 du 12 juillet 2013 relative à la mise en œuvre de l'activité partielle, fiche 1.2 documentation technique mise à jour juillet 2015). L'arrêté du 24 juillet 2014 précise le rôle des DIRECCTE ou DIECCTE, agissant par délégation du préfet et de l'Agence de services et de paiement (ASP), dans le cadre du processus de gestion dématérialisé du dispositif d'activité partielle.

• Une estimation du remboursement peut être effectuée sur le site *www.simulateurap.emploi.gouv.fr*.

• Le remboursement par l'État des allocations de chômage partiel versées par une entreprise à ses salariés n'est pas subordonné à la mise en œuvre ou à la recherche préalables de solutions de gestion alternatives (CE 23 juillet 2003, n° 241874, RJS 11/03 n° 1303).

Art. R. 5122-3. ***(D. 2020-325 du 25 mars 2020, JO 26)*** Par dérogation à l'article R. 5122-2, l'employeur dispose d'un délai de trente jours à compter du placement des salariés en activité partielle pour adresser sa demande par tout moyen donnant date certaine à sa réception :

1° En cas de suspension d'activité due à un sinistre ou à des intempéries prévues au 3° de l'article R. 5122-1 ;

2° En cas de circonstance de caractère exceptionnel prévue au 5° de l'article R. 5122-1.

Note Cet article s'applique aux demandes d'indemnisation adressées ou renouvelées à l'Agence de services et de paiement en application de l'article R. 5122-5 à compter du 27 mars 2020, au titre du placement en position d'activité partielle de salariés depuis le 1er mars 2020 (décret 2020-325 précité, art. 2, I).

Art. R. 5122-4. ***(D. 2012-1271 du 19 nov. 2012, JO 21)*** La décision d' ***(D. 2013-551 du 26 juin 2013, art. 6, JO 28)*** « autorisation » ou de refus ***(D. 2014-740 du 30 juin 2014, JO 1er juil.)*** « , signée par le préfet, » est notifiée à l'employeur dans un délai de quinze jours à compter de la date de réception de la demande d'autorisation.

(D. 2014-740 du 30 juin 2014, JO 1er juil.) « La décision d'autorisation précise notamment les coordonnées bancaires de l'employeur. »

L'absence de décision dans un délai de quinze jours vaut acceptation implicite de la demande.

La décision de refus est motivée.

(D. 2013-551 du 26 juin 2013, art. 6, JO 28) « La décision du préfet est notifiée par voie dématérialisée à l'employeur. Celui-ci en informe le ***(D. 2017-1819 du 29 déc. 2017, art. 3, 28°, JO 30, entrée en vigueur le 01.01.2018)*** « comité social et économique ». »

Art. R. 5122-5. ***(D. 2013-551 du 26 juin 2013, art. 7, JO 28)*** En cas de décision d'autorisation expresse ou tacite prévue à l'article R. 5122-4, l'employeur peut adresser à l'Agence de services et de paiement une demande d'indemnisation au titre de l'allocation d'activité partielle prévue à l'article L. 5122-1.

Cette demande comporte :

1° Des informations relatives à l'identité de l'employeur ;

2° La liste nominative des salariés concernés ainsi que le numéro d'inscription au répertoire national d'identification des personnes physiques ;

3° Les états nominatifs précisant notamment le nombre d'heures chômées par salarié.

Pour les établissements appliquant un accord d'aménagement du temps de travail sur une période supérieure à la semaine et inférieure à l'année, l'employeur y joint, dans le cas où il ne souhaite pas un remboursement à la fin de la période, une demande de remboursement mensuel.

La demande est adressée par voie dématérialisée ***(D. 2014-740 du 30 juin 2014, JO 1er juil.)*** « à l'Agence de services et de paiement qui se charge d'en assurer la conservation selon des modalités garantissant l'intégrité des informations reçues ».

Après vérification, l'Agence de services et de paiement liquide l'allocation d'activité partielle selon les modalités fixées aux articles R. 5122-14 à R. 5122-17.

Note Les décisions d'autorisation ou de refus de placer les salariés en activité partielle sont signées électroniquement par le DIRECCTE (DREETS à compter du 01.04.2021) depuis le 1er octobre 2014 (décret 2014-740 du 30 juin 2014, art. 6, JO 1er juil.). C'est cette mise en place d'un système de signature électronique qui permet au DIRECCTE de certifier à l'Agence de services et de paiement (ASP) que les informations transmises par l'employeur dans le cadre de sa demande d'indemnisation sont authentiques (arrêté du 24 juillet 2014, JO 1er août).

Art. R. 5122-6. L'allocation ***(D. 2013-551 du 26 juin 2013, art. 8, JO 28)*** « d'activité partielle » est attribuée dans la limite d'un contingent annuel d'heures indemnisables fixé, en tenant compte de la situation économique, par arrêté du ministre chargé de l'emploi.

Cette limite ne peut être dépassée que dans des cas exceptionnels résultant de la situation particulière de l'entreprise, sur décision conjointe des ministres chargés de l'emploi et du budget.

Note Le contingent annuel d'heures indemnisables au titre de l'allocation d'activité partielle est fixé à 1 000 heures par salarié par an (arrêté du 26 août 2013, JO 6 sept.).

Par dérogation à l'article premier de l'arrêté du 26 août 2013 précité, le contingent annuel d'heures indemnisables au titre de l'allocation d'activité partielle est fixé à 1 607 heures par salarié jusqu'au 31 décembre 2020 (arrêté du 31 mars 2020, JO 3 avril).

Art. R. 5122-7. Au sein du contingent annuel d'heures indemnisables, l'arrêté du ministre chargé de l'emploi fixe le nombre d'heures pouvant être indemnisées en cas ***(D. 2020-325 du 25 mars 2020, JO 26)*** « d'activité partielle justifiée par l'un des motifs prévus au 4° de l'article R. 5122-1 ».

Cette limite ne peut être dépassée que dans des cas exceptionnels résultant de la situation particulière de l'entreprise, sur décision conjointe du préfet ***(D. 2013-551 du 26 juin 2013, art. 9, JO 28)*** « de département et du directeur départemental des finances publiques ».

Note • Les dispositions de cet article, dans sa rédaction issue du décret 2020-325 précité, s'appliquent aux demandes d'indemnisation adressées ou renouvelées à l'Agence de services et de paiement en application de l'article R. 5122-5 à compter du 27 mars 2020, au titre du placement en position d'activité partielle de salariés depuis le 1er mars 2020 (décret précité, art. 2, I).

• Un arrêté du 26 août 2013 (JO 6 sept.) a fixé à 100 heures par salarié par an le nombre d'heures pouvant être indemnisées dans ce cas.

Art. R. 5122-8. ***(D. 2020-325 du 25 mars 2020, JO 26)*** Ne peuvent bénéficier de l'allocation et de l'indemnité d'activité partielle les employeurs et leurs salariés quand la réduction ou la suspension de l'activité est provoquée par un différend collectif de travail intéressant l'établissement dans lequel ces salariés sont employés. Toutefois, dans le cas d'une fermeture de l'entreprise ou d'un service décidée par l'employeur suite à une grève, le versement des allocations et des indemnités peut être autorisé par décision du ministre chargé de l'emploi, si la fermeture se prolonge plus de trois jours.

Note • Cet article s'applique aux demandes d'indemnisation adressées ou renouvelées à l'Agence de services et de paiement en application de l'article R. 5122-5 à compter du 27 mars 2020, au titre du placement en position d'activité partielle de salariés depuis le 1er mars 2020 (décret 2020-325 précité, art. 2, I).

• Antérieurement au décret 2020-35, les salariés en convention de forfait en heures ou en jours sur l'année ne pouvaient bénéficier de l'indemnité d'activité partielle qu'en cas de fermeture totale de l'établissement ou d'une partie de l'établissement dont ils relevaient.

• *Jurisprudence rendue au visa de l'article R. 5122-8 dans sa rédaction antérieure au décret 2020-325.* L'exclusion définie au 1° ne concerne que le chômage [activité partielle] provoqué par des conflits du travail internes et non ceux qui affectent une entreprise distincte (CE 9 octobre 1992, n° 86977, RJS 1/93 n° 63). Sur le rejet d'une demande d'indemnité compensatrice de salaire correspondant à une période de chômage technique, dans une situation contraignante non imputable à l'employeur et rendant impossible la fourniture de travail aux salariés non grévistes, voir cass. soc. 22 février 2005, n° 02-45.879, BC V n° 57; *a contrario*, en l'absence de situation contraignante, voir cass. soc. 30 septembre 2005, n° 04-40.193, BC V n° 277; RJS 12/05 n° 1247; JSL n° 177, 10.11.2005, p. 15, M-Ch. Haller.

Art. R. 5122-9. ***(D. 2013-551 du 26 juin 2013, art. 11, JO 28) (D. 2020-1316 du 30 oct. 2020, JO 31)*** « I. – Une autorisation d'activité partielle peut être accordée pour une durée maximum de trois mois. Elle peut être renouvelée dans les conditions fixées au II et dans la limite de six mois, consécutifs ou non, sur une période de référence de douze mois consécutifs.

Par dérogation à l'alinéa précédent, lorsque l'employeur place ses salariés en position d'activité partielle en application du 3° de l'article R. 5122-1, l'autorisation d'activité partielle peut être accordée pour une durée maximum de six mois. Cette autorisation peut être renouvelée dans les conditions fixées au II. »

II. – Lorsque l'employeur a, préalablement à sa demande, déjà placé ses salariés en activité partielle au cours des trente-six mois précédant la date de dépôt de la demande d'autorisation, celle-ci mentionne les engagements souscrits par l'employeur.

Ces engagements peuvent notamment porter sur :
1° Le maintien dans l'emploi des salariés pendant une durée pouvant atteindre le double de la période d'autorisation ;
2° Des actions spécifiques de formation pour les salariés placés en activité partielle ;
3° Des actions en matière de gestion prévisionnelle des emplois et des compétences ;
4° Des actions visant à rétablir la situation économique de l'entreprise.

L'autorité administrative fixe ces engagements en tenant compte de la situation de l'entreprise, d'un éventuel accord collectif sur les conditions du recours à l'activité partielle ou, à défaut, des propositions figurant dans la demande d'autorisation ainsi que de la récurrence du recours à l'activité partielle dans l'établissement.

III. – Les engagements sont notifiés dans la décision d'autorisation.

IV. – L'autorité administrative s'assure du respect des engagements souscrits par l'employeur.

Note Les dispositions de cet article, dans sa rédaction issue du décret 2020-1316 précité, s'appliquent aux demandes d'autorisation préalables adressées à l'autorité administrative à compter du 01.03.2021. Lorsque l'employeur a bénéficié d'une autorisation d'activité partielle avant cette date, il n'est pas tenu compte de cette période pour l'application du premier alinéa de cet article, dans sa rédaction résultant du décret précité (décret précité, art. 4, I, modifié par décret 2020-1681 du 24 décembre 2020, art. 2, 1°, JO 26). Voir RF 5 novembre 2020, FH 3864, § 2-5.

Art. R. 5122-10. ***(D. 2013-551 du 26 juin 2013, art. 12, JO 28) (D. 2020-794 du 26 juin 2020, JO 28)*** « L'autorité administrative demande à l'employeur le remboursement à l'Agence de service et de paiement, dans un délai ne pouvant être inférieur à trente jours, des sommes versées au titre de l'allocation d'activité partielle en cas de trop perçu ou en cas de non-respect par l'entreprise, sans motif légitime, des engagements mentionnés au II de l'article R 5122-9. »

Le remboursement peut ne pas être exigé s'il est incompatible avec la situation économique et financière de l'entreprise.

Art. R. 5122-11. ***(D. 2013-551 du 26 juin 2013, art. 13, JO 28)*** Les heures non travaillées au titre de l'activité partielle font l'objet du versement de l'allocation dans la limite de la durée légale ou, lorsqu'elle est inférieure, la durée collective du travail ou la durée stipulée au contrat sur la période considérée. Au-delà de la durée légale ou, lorsqu'elle est inférieure, la durée collective du travail ou la durée stipulée au contrat sur la période considérée, les heures non travaillées au titre de l'activité partielle sont considérées comme chômées mais n'ouvrent pas droit au versement par l'État à l'employeur de l'allocation d'activité partielle et au versement par l'employeur au salarié de l'indemnité prévues à l'article L. 5122-1.

La totalité des heures chômées est prise en compte pour le calcul de l'acquisition des droits à congés payés. ***(D. 2020-1316 du 30 oct. 2020, JO 31)*** « Lorsqu'ils sont dus sous la forme d'une indemnité compensatrice, cette indemnité est versée en sus de l'indemnité d'activité partielle. La totalité des heures chômées » est également prise en compte pour la répartition de la participation et de l'intéressement lorsque cette répartition est proportionnelle à la durée de présence du salarié. Lorsque cette répartition est proportionnelle au salaire, les salaires à prendre en compte sont ceux qu'aurait perçus le salarié s'il n'avait pas été placé en activité partielle.

Note • Voir circulaire DGEFP 2013-12 du 12 juillet 2013 relative à la mise en œuvre de l'activité partielle (BO MT 2013/8 du 30 août 2013), Fiche 5 de la documentation technique, mise à jour en juillet 2015.

• **Union européenne.** L'article 7, § 1er, de la directive 2003/88/CE du Parlement européen et du Conseil, du 4 novembre 2003, concernant certains aspects de l'aménagement du temps de travail, ainsi que l'article 31, § 2, de la charte des droits fondamentaux de l'Union européenne doivent être interprétés en ce sens qu'ils s'opposent à une réglementation nationale, telle que celle en cause au principal, qui, aux fins du calcul de l'indemnité de congés payés, permet de prévoir par convention collective la prise en compte des réductions de rémunération résultant de l'existence, au cours de la période de référence, de jours où, en raison d'un chômage partiel, aucun travail effectif n'est fourni, ce qui a pour conséquence que le salarié perçoit, pour la durée du congé annuel minimum dont il bénéficie au titre de cet article 7, § 1er, une indemnité de congés payés inférieure à la rémunération ordinaire qu'il reçoit pendant les périodes de travail. Il appartient à la juridiction de renvoi d'interpréter la réglementation nationale, dans toute la mesure du possible, à la lumière du texte ainsi que de la finalité de la directive 2003/88, de manière à ce que **l'indemnité de congés payés versée aux travailleurs, au titre du congé minimum prévu audit article 7, § 1er, ne soit pas inférieure à la moyenne de la rémunération ordinaire perçue par ceux-ci pendant les périodes de travail effectif** (CJUE 13 décembre 2018, aff. C-385/17, LS Jurispr. n° 5 du 08.01.2019 ; JCP éd. S 2019, 1037, note J. Cavallini ; JSL n° 469, 11.02.2019, p. 27 ; RDT, février 2019, AC, 78 ; RJS 4/19 n° 266 et p. 253, chron. H. Nasom-Tissandier). La réglementation française est conforme à cette solution : les périodes d'activité partielle sont intégralement prises en compte pour l'acquisition des droits à congés payés.

Art. R. 5122-12. ***(D. 2020-325 du 25 mars 2020, JO 26)*** Le taux horaire de l'allocation d'activité partielle versée à l'employeur correspond, pour chaque salarié autorisé à être placé en activité partielle, à un pourcentage de la rémunération horaire antérieure brute calculée dans les conditions du II de l'article L. 3141-24 et ***(D. 2020-1316 du 30 oct. 2020, JO 31)*** «des premier et troisième alinéas» de l'article R. 5122-18. Un décret détermine ce pourcentage, ainsi que le minimum de ce taux horaire et la rémunération maximale prise en compte pour le calcul de l'allocation.

Note • Les dispositions de cet article, dans sa rédaction issue du décret 2020-1316 précité, s'appliquent aux heures chômées par les salariés à compter du 01.03.2021 (décret précité, art. 4, II modifié par décrets 2020-1681 du 24 décembre 2020, art. 2, 2°, JO 26 et 2021-89 du 29 janvier 2021, art. 1er, JO 30).

• Cet article s'applique aux demandes d'indemnisation adressées ou renouvelées à l'Agence de services et de paiement en application de l'article R. 5122-5 à compter du 27 mars 2020, au titre du placement en position d'activité partielle de salariés depuis le 1er mars 2020 (décret 2020-325 précité, art. 2, I).

Art. D. 5122-13. ***(D. 2020-325 du 25 mars 2020, JO 26)*** Le taux horaire de l'allocation d'activité partielle est égal pour chaque salarié concerné à ***(D. 2020-1319 du 30 oct. 2020, JO 31)*** «36 %» de la rémunération horaire brute telle que calculée à l'article R. 5122-12, limitée à 4,5 fois le taux horaire du salaire minimum interprofessionnel de croissance.

Ce taux horaire ne peut être inférieur à ***(D. 2020-1319 du 30 oct. 2020, JO 31, modifié par D. 2020-1786 du 30 déc. 2020, art. 3, JO 31)*** «7,30» euros. Ce minimum n'est pas applicable dans les cas mentionnés ***(D. 2020-1319 du 30 oct. 2020, JO 31)*** «au cinquième alinéa» de l'article R. 5122-18.

Note • Les dispositions de cet article, dans sa rédaction issue du décret 2020-1319 précité, s'appliquent aux demandes d'indemnisation adressées à l'autorité administrative au titre des heures chômées par les salariés à compter du 01.03.2021 (décret précité, art. 3, modifié par décrets 2020-1786 précité, art. 3 et 2021-89 du 29 janvier 2021, art. 2, JO 30).

• Cet article s'applique aux demandes d'indemnisation adressées ou renouvelées à l'Agence de services et de paiement en application de l'article R. 5122-5 à compter du 27 mars 2020, au titre du placement en position d'activité partielle de salariés depuis le 01.03.2020 (décret 2020-325 précité, art. 2, I).

• En pratique, pour les heures chômées à partir du 01.03.2021, le remboursement aux employeurs est, dans le cas général, ramené à 36 % de la rémunération horaire de référence limitée à 4,5 SMIC, soit une allocation maximale de 16,61 € par heure (décret 2021-89 précité, art. 2, modifiant le décret 2020-1786 précité, art. 3). Hors cas particuliers (ex.: apprentis en pourcentage du SMIC), le montant de l'allocation plancher est de 7,30 €.

• Le minimum de 7,30 € n'est pas applicable aux salariés en contrat d'apprentissage ou de professionnalisation rémunérés en pourcentage du SMIC. L'allocation remboursée à l'employeur ne peut pas, en effet, être supérieure à l'indemnité versée au salarié (art. D. 5122-18 CT).

• La réglementation antérieure au décret 2020-325 prévoyait que l'employeur percevait une somme de 7,74 € ou 7,23 € par heure indemnisable, selon l'effectif.

• **Covid-19.** *Sur le calendrier de sortie des règles dérogatoires en matière d'activité partielle* et de la baisse du taux de remboursement des entreprises jusqu'à 36 %, voir décret 2020-810 du 29 juin 2020, art. 2, JO 30 modifié par décrets 2020-1786 précité, art. 4 et 2021-89, précité, art. 1er; voir également RF 14 janvier 2021, FH 3874, §§ 2-3, 2-4, 2-8, 2-11 et 2-14; RF 4 février 2021, FH 3877.

Montant remboursé pour les entreprises fermées et situées dans certaines zones: taux de 70 % jusque fin juin 2021. Voir note sous le chapitre II du titre II du livre 1er de la présente partie.

Montant remboursé pour les entreprises fermées ou soumises à des restrictions territoriales spécifiques: taux de 70 % jusque fin juin 2021. Voir note sous le chapitre II du titre II du livre 1er de la présente partie.

Montant majoré sous conditions pour les établissements situés dans la zone de chalandise d'une station de ski. Voir note sous le chapitre II du titre II du livre 1er de la présente partie.

Lutte contre la fraude. Dans le contexte du covid-19, le Gouvernement a lancé un plan de contrôle des entreprises, avec pour objectif de distinguer les entreprises qui, de bonne foi, ont fait des erreurs dans leur demande d'indemnisation, et celles qui ont fraudé. Dans le premier cas, la doctrine est de permettre aux entreprises de régulariser des demandes d'indemnisation mal renseignées, en application du principe du droit à l'erreur (art. L. 123-1 CRPA). Il pourra y avoir des régularisations en faveur ou en défaveur des entreprises. Dans le second cas, en cas de fraude avérée (travail ou télétravail pendant des heures d'activité partielle, salarié fictif, etc.), les entreprises encourent des sanctions administratives et pénales. Sur le plan pénal, le fait de bénéficier ou de tenter de bénéficier frauduleusement, ou le fait de faire obtenir frauduleusement ou de tenter de faire obtenir frauduleusement l'allocation d'activité partielle, est passible de 2 ans d'emprisonnement et de 30 000 € d'amende (art. L. 5124-1 CT; art. 441-6 c. pén.). Sur le plan des sanctions administratives, l'employeur qui recourt frauduleusement à l'activité par-

tielle encourt les sanctions prévues en cas de travail illégal (art. L. 8211-1 CT). Dans ce cadre, plusieurs sanctions administratives peuvent être prononcées (art. L. 8272-1 et D. 8272-1 CT):
– exclusion pour durée maximale de 5 ans, de l'accès à certaines aides publiques en matière d'emploi et de formation professionnelle, dont l'aide demandée au titre de l'activité partielle;
– remboursement des aides accordées dans les 12 mois précédant l'établissement du procès-verbal constatant la fraude.

Précisons enfin qu'un contrôle *a posteriori* des autorisations d'activité partielle sera également conduit et le DIRECCTE (DREETS à compter du 01.04.2021) pourra être amené à revenir sur son autorisation si elle a été accordée par erreur ou après un examen sommaire (du fait de l'afflux des demandes et de la validation automatique au bout de 48 h). Ce retrait n'est possible que si la décision d'autorisation est illégale (ex.: autorisation accordée à une structure non éligible à l'activité partielle) et doit intervenir dans les quatre mois suivant la décision d'autorisation (art. L. 242-1 CRPA). Le retrait implique le remboursement par l'employeur des sommes déjà perçues sur le fondement de cette autorisation.

Art. R. 5122-14. ***(D. 2013-551 du 26 juin 2013, art. 16, JO 28)*** L'allocation d'activité partielle est liquidée mensuellement par l'Agence de services et de paiement pour le compte de l'État et de l'organisme gestionnaire du régime d'assurance chômage.

Les indemnités mentionnées au II de l'article L. 5122-1 sont versées aux salariés à la date normale de paie par l'employeur.

Art. R. 5122-16. En cas de procédure de sauvegarde ou de redressement ou de liquidation judiciaire, ou de difficultés financières de l'employeur, le préfet, ou sur délégation le ***(D. 2020-1545 du 9 déc. 2020, JO 10, entrée en vigueur le 01.04.2021)*** «directeur régional de l'économie, de l'emploi, du travail et des solidarités», peut faire procéder ***(D. 2020-794 du 26 juin 2020, JO 28)*** «au paiement de l'allocation d'activité partielle par l'Agence de services et de paiement:

1° Soit directement aux salariés;

2° Soit, le cas échéant, au mandataire judiciaire chargé du versement des indemnités aux salariés ou à l'association mentionnée à l'article L. 3253-14 lorsque cette dernière assure le versement des indemnités au mandataire judiciaire.»

La procédure de paiement direct ***(D. 2013-551 du 26 juin 2013, art. 17, JO 28)*** «par l'Agence de services et de paiement» de l'allocation aux salariés peut également être employée pour assurer, sous le contrôle des services de l'emploi, l'indemnisation des travailleurs à domicile habituellement employés par plusieurs employeurs.

(D. 2020-794 du 26 juin 2020, JO 28) «Dans les cas mentionnés au premier alinéa, l'allocation d'activité partielle peut, sur décision de l'autorité administrative, être liquidée par l'Agence de services et de paiement avant l'échéance du mois, lorsque l'entreprise est dans l'impossibilité d'assurer le paiement mensuel des indemnités d'activité partielle aux salariés.»

Art. R. 5122-17. ***(D. 2020-325 du 25 mars 2020, JO 26)*** Dans les cas prévus à l'article R. 5122-16, un document comportant les mentions prévues au 16° de l'article R. 3243-1 est remis au salarié par l'Agence de services et de paiement.

Note Cet article s'applique aux demandes d'indemnisation adressées ou renouvelées à l'Agence de services et de paiement en application de l'article R. 5122-5 à compter du 27 mars 2020, au titre du placement en position d'activité partielle de salariés depuis le 1er mars 2020.

Pendant une période de douze mois à compter du 27 mars 2020, les employeurs pouvaient continuer d'appliquer les dispositions de l'article R. 5122-17, dans leur rédaction antérieure au décret 2020-325 précité, en lieu et place des dispositions du 16° de l'article R. 3243-1 (décret précité, art. 2, I et II).

Art. R. 5122-18. ***(D. 2013-551 du 26 juin 2013, art. 19, JO 28)*** Le salarié placé en activité partielle reçoit une indemnité horaire, versée par son employeur, correspondant à ***(D. 2020-1316 du 30 oct. 2020, JO 31)*** «60 %» de sa rémunération brute servant d'assiette de l'indemnité de congés payés telle que prévue au II de l'article ***(D. 2016-1551 du 18 nov. 2016, art. 6, V, 21°, JO 19, entrée en vigueur le 01.01.2017)*** «L. 3141-24» ramenée à un montant horaire sur la base de la durée légale du travail applicable dans l'entreprise ou, lorsqu'elle est inférieure, la durée collective du travail ou la durée stipulée au contrat de travail.

(D. 2020-1316 du 30 oct. 2020, JO 31) «La rémunération maximale prise en compte pour le calcul de l'indemnité horaire est égale à 4,5 fois le taux horaire du salaire minimum interprofessionnel de croissance.

Pour les salariés qui bénéficient d'éléments de rémunération variables ou versés selon une périodicité non mensuelle, le salaire de référence servant au calcul de l'indemnité et de l'allocation d'activité partielle tient compte de la moyenne de ces éléments de rémunération perçus au cours des douze mois civils, ou sur la totalité des mois travaillés si le salarié a travaillé moins de douze mois civils, précédant le premier jour de placement en activité partielle de l'entreprise.»

Pendant les actions de formation mentionnées à l'article L. 5122-2 mises en œuvre pendant les heures chômées, cette indemnité horaire est portée à 100 % de la rémunération nette antérieure du salarié.

Pour les salariés en contrat d'apprentissage ou de professionnalisation, l'allocation mentionnée à l'article L. 5122-1 ne peut être supérieure au montant de l'indemnité horaire due par l'employeur.

(D. 2020-1316 du 30 oct. 2020, JO 31) « L'indemnité nette versée par l'employeur ne peut excéder la rémunération nette horaire habituelle du salarié. L'indemnité et la rémunération nettes s'entendent après déduction des cotisations et contributions obligatoires retenues par l'employeur. »

Note • Les dispositions de cet article, dans sa rédaction issue du décret 2020-1316 précité, s'appliquent aux heures chômées par les salariés à compter du 01.03.2021 (décret précité, art. 4, II modifié par décrets 2020-1681 du 24 décembre 2020, art. 2, 2°, JO 26 et 2021-89 du 29 janvier 2021, art. 1er, JO 30).

• En pratique, l'indemnité du salarié sera limitée à 27,68 € en mars 2021 (60 % × 10,25 € × 4,5).

• **Covid-19.** *Sur le calendrier de sortie des règles dérogatoires en matière d'activité partielle* et de la baisse du taux de l'indemnité d'activité partielle jusqu'à 60 %, voir décret 2020-1316 précité modifié par décret 2020-1681 et 2021-89 précités. Voir également RF 5 novembre 2020, FH 3864, §§ 2-8 à 2-11; RF 14 janvier 2021, FH 3874, §§ 2-16 à 2-18; RF 4 février 2021, FH 3877.

Secteurs «protégés» et «connexes». Voir note sous le chapitre II du titre II du livre 1er de la présente partie.

Indemnité majorée en cas de formation: règle temporairement suspendue. L'article 5 de l'ordonnance 2020-346 du 27 mars 2020 modifiée (JO 28, entrée en vigueur le 28.03.2020) a suspendu le versement de l'indemnité horaire d'activité partielle majorée pour les formations auxquelles l'employeur a donné son accord après le 28.03.2020. Les intéressés sont indemnisés dans les conditions de droit commun (indemnité de 70 % puis 60 % du taux horaire de référence, application de la rémunération mensuelle minimale s'il y a lieu, etc.). Cette disposition est applicable du 28.03.2020 jusqu'à une date fixée par décret, et au plus tard jusqu'au 31.12.2021 (ordonnance 2020-346 précitée, art. 12 modifié par ordonnance 2020-1639 du 21 décembre 2020, art. 1er, JO 23).

Entreprises fermées ou soumises à des restrictions territoriales spécifiques: régime renforcé jusqu'au 30 juin 2021. Voir note sous le chapitre II du titre II du livre 1er de la présente partie.

Indemnité minimale due au salarié. La règle de la rémunération mensuelle minimale (RMM) intervient pour les salariés à temps plein, lorsque le cumul de rémunération nette d'activité et des indemnités nettes d'activité partielle est inférieur à la RMM, à savoir en substance au SMIC net (art. L. 3232-3 et L. 3232-5 CT). L'employeur doit alors verser au salarié une allocation complémentaire égale à la différence entre la RMM et le cumul du salaire net et des allocations nettes. Elle est versée en même temps que le salaire et les indemnités d'activité partielle. Le gouvernement a étendu le bénéfice de cette garantie aux salariés à temps partiel et aux travailleurs temporaires des entreprises d'intérim du 12.03.2020 jusqu'à une date fixée par décret, et au plus tard jusqu'au 31.12. 2021 (ordonnance 2020-346 précitée, art. 3, 8 *ter* et 12 modifiés par ordonnances 2020-428 du 15 avril 2020, art. 6, JO 16 et 2020-1639 précitée art. 1er).

Activité partielle «garde d'enfant» et «personne vulnérable». Voir note sous le chapitre II du titre II du livre 1er de la présente partie.

Apprentis et contrat de professionnalisation. Des règles dérogatoires et temporaires sont applicables aux salariés en contrat d'apprentissage ou de professionnalisation, pour la période allant du 12.03.2020 jusqu'à une date fixée par décret, et au plus tard jusqu'au 31.12.2021 (ordonnance 2020-346 précitée, art. 12 modifié par ordonnances 2020-1255 du 14 octobre 2020, art. 3, JO 15 et 2020-1639 précitée, art. 5). Pour ceux de ces salariés dont la rémunération est inférieure au SMIC (ex.: 70 % du SMIC), l'indemnité horaire d'activité partielle est d'un montant égal au pourcentage du SMIC qui leur est applicable au titre des dispositions du code du travail et, s'il y a lieu, des dispositions conventionnelles applicables à l'entreprise (ordonnance 2020-346 précitée, art. 4). Ainsi, l'indemnisation versée, égale à la rémunération antérieure, couvre à la fois le salaire applicable au titre des dispositions légales et la part conventionnelle, si par exemple la convention collective prévoit un pourcentage du SMIC plus élevé. Pour les apprentis et salariés dont la rémunération est supérieure ou égale au SMIC, l'indemnité horaire d'activité partielle se calcule dans les conditions de droit commun.

Monétisation des jours de repos. La deuxième loi d'urgence prise dans le cadre de la crise sanitaire a institué deux mécanismes mis en œuvre par accord collectif afin de compléter la rémunération des salariés placés en activité partielle (lois 2020-734 du 17 juin 2020, art. 6, JO 18 et 2020-1379 du 14 novembre 2020, art. 8, JO 15):
– un système de solidarité «forcée» entre salariés en activité partielle, via la monétisation de certains jours de repos et de congés;
– la possibilité pour les salariés de demander la monétisation de certains jours de repos et de congés. Ils peuvent s'appliquer de manière rétroactive à compter du 12.03.2020 et jusqu'au 30.06.2021.

L'AGS peut avancer le montant des allocations d'activité partielle aux entreprises. L'Association pour la gestion du régime de garantie des créances des salariés (AGS) ne garantit, pour les salariés ayant été placés en activité partielle, que le reste à charge pour l'employeur. Toutefois, elle peut, de manière exceptionnelle, accorder l'avance des fonds correspondant à l'allocation d'activité partielle dès lors que ces sommes lui sont ensuite remboursées (Guide pratique de l'AGS mis en ligne le 22 janvier 2021, *https://www.ags-garantie-salaires.org*). Voir également LSQ n° 18236 du 3.02.2021.

• L'annexe 1 de la documentation technique (mise à jour en juillet 2015) de la circulaire DGEFP 2013-12 du 12 juillet 2013 relative à la mise en œuvre de l'activité partielle précise que tout salarié en arrêt de travail pour maladie ne peut bénéficier concomitamment des indemnités journalières de la sécurité sociale et de l'indemnité qui pourrait lui être versée au titre de l'activité partielle. Ainsi, un salarié en arrêt de travail pour cause de maladie, alors que son établissement est placé en suspension partielle ou totale d'activité, ne pourra bénéficier que de la seule indemnisation due au titre de son arrêt maladie.

Art. R. 5122-19. ***(D. 2013-551 du 26 juin 2013, art. 20, JO 28)*** Le nombre d'heures pouvant justifier de l'attribution de l'allocation d'activité partielle correspond à la différence entre la durée légale du travail sur la période considérée ou, lorsqu'elle est inférieure, la durée collective du travail ou la durée stipulée au contrat, et le nombre d'heures travaillées sur ladite période.

Lorsque la durée du travail du salarié est fixée par forfait en heures ou en jours sur l'année, en application des articles ***(D. 2016-1551 du 18 nov. 2016, art. 6, V, 22°, JO 19, entrée en vigueur le 01.01.2017)*** « L. 3121-56 et L. 3121-58 », est prise en compte la durée légale correspondant aux jours de fermeture de l'établissement ***(D. 2020-325 du 25 mars 2020, JO 26)*** « ou aux jours de réduction de l'horaire de travail pratiquée dans l'établissement, à due proportion de cette réduction ».

Lorsque le salarié est employé dans le cadre d'un régime d'équivalence tel que prévu ***(D. 2016-1551 du 18 nov. 2016, art. 6, V, 22°, JO 19, entrée en vigueur le 01.01.2017)*** « aux articles L. 3121-13 à L. 3121-15 », est déduit de la durée légale mentionnée au premier alinéa le nombre d'heures rémunérées sur la période considérée.

Pour l'application du présent article, la durée légale du travail et la durée stipulée au contrat sont définies sur la période considérée en tenant compte du nombre de mois entiers, du nombre de semaines entières et du nombre de jours ouvrés.

Note Les dispositions de cet article, dans sa rédaction issue du décret 2020-325 précité, s'appliquent aux demandes d'indemnisation adressées ou renouvelées à l'Agence de services et de paiement en application de l'article R. 5122-5 à compter du 27 mars 2020, au titre du placement en position d'activité partielle de salariés depuis le 1er mars 2020 (décret précité, art. 2, I).

Covid-19

Sur l'indemnisation des heures d'équivalence perdues, pour les secteurs et emplois concernés, voir décret 2020-794 du 26 juin 2020, art. 2, JO 28, modifié par décret 2020-1681 du 24 décembre 2020, art. 1er, JO 26. Voir également «Recourir à l'activité partielle», Cahier RF 1118, octobre 2020, § 3016.

Sur l'indemnisation des heures supplémentaires structurelles chômées, lorsqu'elles sont comprises dans le volume d'une convention individuelle de forfait conclue avant le 24.04.2020 ou d'une durée collective de travail supérieure à 35 h fixée en application d'une convention ou d'un accord collectif antérieur à cette même date, voir décret 2020-794 précité, art. 2, modifié par décret 2020-1681 précité, art. 1er. Voir également «Recourir à l'activité partielle», Cahier RF 1118, octobre 2020, § 3012.

Sur les règles dérogatoires permettant de couvrir et d'indemniser les salariés non soumis aux règles de durée du travail ainsi que certaines catégories particulières (cadres dirigeants en cas d'activité partielle sous forme de fermeture de l'établissement, VRP, travailleurs à domicile, intermittents du spectacle et mannequins, journalistes pigistes, marins pêcheurs rémunérés à la part, salariés portés en CDI, personnel navigant de l'aviation civile et des exploitants d'hélicoptères), voir décrets 2020-435 du 16 avril 2020, art. 1er, JO 17 et 2020-1786 du 30 décembre 2020, art. 2 , JO 31. Ces règles s'appliquent au titre des salariés placés en activité partielle du 12.03.2020 jusqu'à une date qui sera fixée par décret et au plus tard le 31.12.2021 (décret 2020-435 précité, art. 4; ordonnance 2020-346 du 27 mars 2020, art. 12, JO 28, modifié; ordonnance 2020-1639 du 21 décembre 2020, art. 1er, JO 23).

Sur les règles de calcul des heures indemnisables pour les salariés en forfait annuel en jours ou en heures (elles sont fixées par décret), voir décret 2020-1786 précité, art. 2.

Art. R. 5122-20. ***(D. 2014-740 du 30 juin 2014, JO 1er juil.)*** L'Agence de services et de paiement est autorisée à mettre en œuvre un traitement automatisé des données à caractère personnel contenues dans les demandes préalables d'autorisation de placement en position d'activité partielle et les demandes d'indemnisation en application des articles R. 5122-2 et R. 5122-5.

Le traitement automatisé a pour finalité:

1° La gestion, le contrôle et le suivi des demandes préalables d'autorisation de placement en position d'activité partielle de salariés et des demandes d'indemnisation;

2° Le calcul et le paiement de l'allocation d'activité partielle versée à l'établissement ou au salarié en cas de paiement direct selon les modalités prévues à l'article R. 5122-16;

3° L'élaboration de données statistiques et financières anonymisées.

Art. R. 5122-21. *(D. 2014-740 du 30 juin 2014, JO 1er juil.)* Les catégories de données à caractère personnel enregistrées sont les suivantes:

1° En cas de paiement de l'allocation de l'activité partielle à l'établissement *(D. 2020-794 du 26 juin 2020, JO 28)* «, au mandataire judiciaire ou à l'association mentionnée à l'article L. 3253-14»:

a) Les identifiants de connexion;

b) Le nom d'usage et le prénom des salariés;

c) Le numéro d'inscription au répertoire national d'identification des personnes physiques;

d) La catégorie socioprofessionnelle;

e) Les coordonnées bancaires de l'établissement *(D. 2020-794 du 26 juin 2020, JO 28)* «, du mandataire judiciaire ou de l'association mentionnée à l'article L. 3253-14»;

f) Le mode d'aménagement du temps de travail de chaque salarié, le nombre d'heures chômées et celles ouvrant droit à indemnisation sur la période considérée, dans les conditions prévues à l'article R. 5122-11;

(D. 2020-325 du 25 mars 2020, JO 26) «*g)* Les données inscrites dans le bulletin de paie mentionnées aux 4° à 7°, 10° à 12° ainsi qu'aux 14° et 16° de l'article R. 3243-1.»

2° En cas de paiement direct aux salariés de l'allocation d'activité partielle dans le cadre des articles R. 5122-16 et R. 5122-17:

a) Les identifiants de connexion;

b) Les nom d'usage, nom de famille, prénom, civilité, date de naissance, commune de naissance, code INSEE de la commune de naissance des salariés;

c) Le numéro d'inscription au répertoire national d'identification des personnes physiques;

d) L'adresse des salariés, le code postal et la commune;

e) Les coordonnées bancaires des salariés;

f) Le mode d'aménagement du temps de travail de chaque salarié, le nombre d'heures chômées et celles ouvrant droit à indemnisation sur la période considérée, dans les conditions prévues à l'article R. 5122-11;

(D. 2020-325 du 25 mars 2020, JO 26) «*g)* Les données inscrites dans le bulletin de paie mentionnées aux 4° à 7°, 10° à 12° ainsi qu'aux 14° et 16° de l'article R. 3243-1.»

Note Les dispositions de cet article, dans sa rédaction issue du décret 2020-325 précité, s'appliquent aux demandes d'indemnisation adressées ou renouvelées à l'Agence de services et de paiement en application de l'article R. 5122-5 à compter du 27 mars 2020, au titre du placement en position d'activité partielle de salariés depuis le 1er mars 2020 (décret précité, art. 2, I).

Art. R. 5122-22. *(D. 2014-740 du 30 juin 2014, JO 1er juil.)* À l'exception du numéro d'inscription au répertoire national d'identification des personnes physiques, sont destinataires des données du traitement pour les nécessités liées aux seules finalités mentionnées aux 1°, 2° et 3° de l'article R. 5122-20, les agents des administrations et organismes mentionnés ci-après, désignés et habilités par l'autorité responsable de ces administrations et organismes:

1° La délégation générale à l'emploi et à la formation professionnelle;

2° L'organisme gestionnaire du régime d'assurance chômage;

3° Les services déconcentrés du ministère chargé de l'emploi.

Art. R. 5122-23. *(D. 2014-740 du 30 juin 2014, JO 1er juil.)* Les agents des services statistiques du ministère chargé de l'emploi désignés et habilités par l'autorité responsable de ces services sont destinataires des données, à l'exception du nom de famille et, le cas échéant, du nom d'usage, ainsi que du numéro d'inscription au répertoire national d'identification des personnes physiques, pour les nécessités liées à la seule finalité mentionnée au 3° de l'article R. 5122-20.

Art. R. 5122-24. *(D. 2014-740 du 30 juin 2014, JO 1er juil.)* Les données à caractère personnel ne peuvent être conservées au-delà de cinq ans. Toutefois, en cas de contentieux relatif à une demande d'indemnisation, les données correspondantes sont conservées jusqu'au règlement définitif de l'affaire.

L'enregistrement, l'utilisation, la conservation et la transmission de ces données sont réalisés selon des modalités propres à garantir leur confidentialité.

Art. R. 5122-25. *(D. 2014-740 du 30 juin 2014, JO 1er juil.)* Les droits d'accès et de rectification prévus aux articles 39 et 40 de la loi n° 78-17 du 6 janvier 1978 relative à l'informatique, aux fichiers et aux libertés s'exercent auprès de l'Agence de services et de paiement.

Art. R. 5122-26. *(D. 2014-740 du 30 juin 2014, JO 1er juil.)* I. – La demande d'autorisation mentionnée à l'article R. 5122-2 adressée par voie dématérialisée est établie sur un site accessible en ligne, par l'intermédiaire du réseau internet, offrant les fonctionnalités nécessaires à la dématérialisation des échanges d'information entre l'employeur et le préfet de manière sécurisée et confidentielle.

Les conditions générales d'utilisation de ce site précisent notamment les règles relatives à l'identification de l'auteur de la demande d'autorisation, à l'intégrité, à la lisibilité et à la fiabilité de la transmission, à sa date et à son heure, à l'assurance de sa réception ainsi qu'à sa conservation.

Pour adhérer à ces conditions générales d'utilisation, l'employeur fournit les informations nécessaires à son identification ainsi que le nom de la personne physique, dûment habilitée, chargée de procéder à la demande d'autorisation et une adresse électronique, afin que puissent lui être communiquées les informations permettant d'authentifier l'auteur de la demande d'autorisation.

Art. L. 5122-2

L'adhésion par l'employeur donne lieu à la délivrance d'un récépissé électronique établi dans des conditions de nature à permettre sa conservation garantissant son intégrité sur la durée.

Cette adhésion lui ouvre l'accès au dépôt de sa demande dématérialisée d'activité partielle.

II. – La demande d'autorisation, qui comporte notamment les coordonnées bancaires du compte sur lequel sera payée l'allocation mentionnée à l'article L. 5122-1, donne lieu à la délivrance d'un récépissé électronique de dépôt établi dans des conditions de nature à permettre sa conservation garantissant son intégrité sur la durée. Ce récépissé récapitule notamment les informations relatives à l'identification de l'auteur de la demande, la date et l'heure de la réception de celle-ci et le délai au terme duquel l'absence de décision vaut acceptation implicite de la demande d'autorisation.

La transmission de ce récépissé est assurée de manière sécurisée.

Note Depuis le 1er octobre 2014, toute nouvelle demande d'activité partielle doit être faite sur: *https://activitepartielle.emploi.gouv.fr.*

Art. L. 5122-2. ***(L. 2013-504 du 14 juin 2013, art. 16, IV, JO 16)*** Les salariés placés en activité partielle peuvent bénéficier, pendant les périodes où ils ne sont pas en activité, de l'ensemble des actions et de la formation mentionnées aux articles L. 6313-1 et L. 6314-1 réalisées notamment dans le cadre du plan de formation.

Dans ce cas, le pourcentage mentionné au II de l'article L. 5122-1 est majoré dans des conditions prévues par décret en Conseil d'État.

Note **Covid-19.** *Indemnité majorée en cas de formation: règle temporairement suspendue.* En principe, l'employeur verse une indemnité horaire d'activité partielle majorée (100 % de la rémunération nette antérieure) si le salarié suit, pendant les heures chômées, des actions de formations réalisées notamment dans le cadre du plan de développement des compétences (art. R. 5122-18). L'article 5 de l'ordonnance 2020-346 du 27 mars 2020 modifiée (JO 28, entrée en vigueur le 28.03.2020) a suspendu cette règle pour les formations auxquelles l'employeur a donné son accord après le 28 mars 2020. Les intéressés ont été indemnisés dans les conditions de droit commun (indemnité de 70 % du taux horaire de référence, application de la rémunération mensuelle minimale s'il y a lieu, etc.). Cette disposition est applicable du 28 mars 2020 jusqu'à une date fixée par décret, et au plus tard jusqu'au 31 décembre 2021 (ordonnance précitée, art. 12 modifié par ordonnance 2020-1639 du 21 décembre 2020, art. 1er, JO 23).

Prise en charge de coûts pédagogiques de la formation par le FNE-Formation. Dans le cadre de la crise du covid-19, le FNE-Formation a été renforcé de manière temporaire afin de répondre aux besoins de l'ensemble des entreprises en activité partielle par la prise en charge de coûts pédagogiques. En 2021, les entreprises éligibles sont les entreprises en difficulté ou en activité partielle / APLD. Le taux d'intensité de l'aide est modifié afin de le rendre progressif, selon la taille de l'entreprise. Les modalités de conventionnement reposent sur des conventions nationales avec les opérateurs de compétences (OPCO). Les actions de formation doivent prendre la forme d'un parcours structuré pour le salarié, afin d'acquérir des compétences spécifiques en lien avec le contexte covid-19 (hors formations obligatoires), une certification ou un diplôme, ou des compétences permettant d'accompagner ou anticiper les mutations économiques. Voir instruction ministère du travail du 27 janvier 2021 relative à la mobilisation du FNE-Formation dans le cadre de parcours de formation.

Art. L. 5122-4. ***(L. 2020-1576 du 14 déc. 2020, art. 8, III, 4°, JO 15)*** «L'indemnité légale d'activité partielle est un revenu de remplacement au sens de l'article L. 136-1-2 du code de la sécurité sociale et est assujettie à la contribution mentionnée à l'article L. 136-1 du même code dans les conditions définies au 1° du II de l'article L. 136-8 dudit code. Le régime fiscal applicable aux contributions mentionnées à l'article L. 5422-10 du présent code est applicable à l'indemnité versée au salarié.»

(L. 2013-504 du 14 juin 2013, art. 16, VI, JO 16) «Cette indemnité est cessible et saisissable dans les mêmes conditions et limites que les salaires.»

Note • Les dispositions de cet article, dans sa rédaction issue de la loi 2020-1576 précitée, s'appliquent aux avantages dus à compter du 01.01.2021 (loi précitée, art. 8, VII).

• **Indemnités légales: pérennisation du régime covid-19.** La loi 2020-1576 précitée a supprimé définitivement les dispositifs d'exonération totale de CSG/CRDS ou de CSG à taux réduit de 3,80 % sur les indemnités légales d'activité partielle liés au revenu fiscal de référence du salarié (loi précitée, art. 8, I modifiant les art. L. 136-1-2 et L. 136-8 c. séc. soc.). Le gouvernement avait suspendu ces dispositifs au printemps 2020 pendant l'épidémie de covid-19, pour une durée allant initialement jusqu'à la fin de l'année 2020 (ordonnance 2020-346 du 27 mars 2020 modifiée, art. 11 et 12, JO 28).

Depuis le 01.01.2021, les indemnités légales d'activité partielle sont soumises de manière pérenne à la CSG/CRDS au titre des revenus de remplacements aux taux respectifs de 6,2 % et

0,5 %, après abattement d'assiette de 1,75 % (art. L. 136-8 c. séc. soc.). S'il y a lieu, l'employeur doit appliquer le mécanisme d'écrêtement prévu par le code de la sécurité sociale (art. L. 136-1-2, II, 4° c. séc. soc.). Selon cette règle, le prélèvement de la CSG/CRDS ne peut pas avoir pour effet de ramener le montant net cumulé des indemnités d'activité partielle et de la rémunération d'activité en dessous du SMIC brut calculé sur la base de la durée légale du travail. Si nécessaire, ce dispositif conduit à ne pas prélever la CSG/CRDS, ou à ne prélever ces contributions que partiellement (d'où l'expression «écrêtement»).

• **Indemnités complémentaires des employeurs: prolongation en 2021 du régime covid-19.** Lors de la première vague de l'épidémie de covid-19, le gouvernement avait mis en place, du 01.04.2020 au 31.12.2020, un régime social spécifique pour les indemnités complémentaires d'activité partielle versées par les employeurs (ordonnance 2020-346 précitée, art. 11 modifié par ordonnance 2020-460 du 22 avril 2020, art. 5, JO 23). La loi de financement de la sécurité sociale pour 2021 a prolongé ce régime social d'un an, pour les périodes d'emploi de l'année 2021 (loi 2020-1576 précitée, art. 8, IV). Selon ces règles, les indemnités complémentaires versées par les employeurs, en application d'un accord collectif ou d'une décision unilatérale, en complément des indemnités légales d'activité partielle, suivent le même régime social que les indemnités d'activité partielle obligatoire (exonération de cotisations, CSG/CRDS sur les revenus de remplacement à 6,20 et 0,50 %, écrêtement s'il y a lieu). Toutefois, lorsque la somme de l'indemnité légale d'activité partielle et de l'indemnité complémentaire versée par l'employeur est supérieure à 3,15 fois le SMIC horaire (soit 31,97 € par heure indemnisable sur la base du SMIC 2020 ou 32,29 € par heure indemnisable sur la base du SMIC 2021), la part de l'indemnité complémentaire versée au-delà de ce montant est assujettie aux contributions et cotisations sociales comme du salaire.

Art. L. 5122-5. Un décret en Conseil d'État détermine les autres conditions d'application du présent chapitre.

CHAPITRE III Aides aux actions de reclassement et de reconversion professionnelle

Art. L. 5123-1. Dans les territoires ou à l'égard des professions atteints ou menacés d'un grave déséquilibre de l'emploi, l'autorité administrative engage des actions de reclassement, de placement et de reconversion professionnelle. Elle en assure ou coordonne l'exécution.

Les maisons de l'emploi prévues à l'article L. 5313-1 participent à la mise en œuvre des actions de reclassement prévues au présent chapitre.

Art. L. 5123-2. Dans les cas prévus à l'article L. 5123-1, peuvent être attribuées par voie de conventions conclues entre l'État et les organismes professionnels ou interprofessionnels, les organisations syndicales ou avec les entreprises:

1° Des allocations temporaires dégressives en faveur des travailleurs qui ne peuvent bénéficier d'un stage de formation et ne peuvent être temporairement occupés que dans des emplois entraînant un déclassement professionnel;

2° (Abrogé);

3° Des allocations de conversion en faveur des salariés auxquels est accordé un congé en vue de bénéficier d'actions destinées à favoriser leur reclassement et dont le contrat de travail est, à cet effet, temporairement suspendu;

4° Des allocations en faveur des salariés dont l'emploi à temps plein est transformé, avec leur accord, en emploi à temps partiel dans le cadre d'une convention d'aide au passage à temps partiel conclue en vue d'éviter des licenciements économiques. Le montant des ressources nettes garanties des salariés adhérents à ces conventions ne pourra dépasser 90 % de leur rémunération nette antérieure.

Note • Voir instruction DGEFP 12 du 30 juillet 2008 (BO TR 2008/10) relative à l'accompagnement des restructurations, au reclassement des salariés licenciés et à la revitalisation des bassins d'emploi. Voir également circulaire DGEFP 2011-12 du 1er avril 2011 (BO TR 2011/4) relative à la démarche d'appui aux mutations économique.

• La participation financière du Fonds national de l'emploi à la mise en œuvre d'un plan social [plan de sauvegarde de l'emploi] constitue une aide de l'État susceptible de fausser la concurrence au sens de l'article 92 § 1 du traité de Rome (CJCE 26 septembre 1996, aff. C-241/94, rec. I-4551; RJS 1/97 n° 108, et chron. J-Y Chérot, M-A Moreau, p. 3). Sur les conséquences d'une aide attribuée irrégulièrement, voir également CJCE 20 mars 1997, aff. C-24/95, rec. I-1591; RJS 5/97 n° 629 et 5 octobre 1999, aff. C-251/97, rec. I-6639, RJS 11/99 n° 1413.

• Sur le caractère administratif d'une subvention de l'État pour la mise en place d'un plan social justifiant la compétence de la seule juridiction administrative, voir Trib. confl. 23 octobre 2000, n° 3208, Dr. Soc. 2001, p. 101, concl. R. Schwartz.

• Sur la protection contre les accidents du travail et les maladies professionnelles des bénéficiaires des allocations mentionnées à l'article L. 5123-2 CT pour les accidents survenus par le fait ou à l'occasion des actions favorisant leur reclassement; voir articles L. 412-8, 2° *d)* et D. 412-91 et s. c. séc. soc.

Art. L. 5123-3. L'autorité administrative peut accorder des aides individuelles au reclassement en faveur de certaines catégories de travailleurs sans emploi reprenant un emploi à temps partiel.

Art. L. 5123-4. Les allocations versées en application du présent chapitre sont cessibles et saisissables dans les mêmes conditions et limites que les salaires.

Art. L. 5123-5. Les contributions des employeurs aux allocations prévues par le présent chapitre ne sont passibles ni de la taxe sur les salaires, ni des cotisations ***(Ord. 2018-474 du 12 juin 2018, art. 6, 4°, JO 13)*** «et des contributions» de sécurité sociale.

Note Les dispositions de cet article, dans sa rédaction issue de l'ordonnance 2018-474 précitée, s'appliquent aux cotisations et contributions dues pour les périodes courant depuis le 01.09.2018 (ordonnance précitée, art. 16).

Art. L. 5123-6. Lorsqu'une indemnisation résultant d'accords professionnels ou interprofessionnels, nationaux ou régionaux, vise à permettre à certains salariés de bénéficier d'un avantage de préretraite, elle doit, pour ouvrir droit au bénéfice des exonérations et déductions prévues à l'article L. 5422-10, être mise en œuvre dans le respect de conditions déterminées par décret en Conseil d'État, liées à l'âge et aux caractéristiques, notamment ***(Ord. 2017-1389 du 22 sept. 2017, JO 23, entrée en vigueur le 01.10.2017)*** «les effets de l'exposition à certains facteurs de risques professionnels», de l'activité des bénéficiaires.

Note Voir articles R. 5123-22 et s.

Art. L. 5123-8. La pénalité administrative prévue à l'article L. 5426-5 est applicable en cas de déclarations délibérément inexactes ou incomplètes faites pour le bénéfice des allocations prévues par le présent chapitre et en cas d'absence de déclaration d'un changement dans la situation justifiant le bénéfice de ces allocations, ayant abouti à des versements indus.

Art. L. 5123-9. Un décret détermine les conditions dans lesquelles les maisons de l'emploi participent à la mise en œuvre des actions de reclassement prévues au présent chapitre.

Les autres dispositions du présent chapitre sont déterminées par décret en Conseil d'État.

SECTION 1 (réglementaire). Dispositions générales

Art. R. 5123-1. Le ministre chargé de l'emploi engage les actions de reclassement, de placement et de reconversion professionnelle prévues à l'article L. 5123-1 et peut accorder les aides individuelles au reclassement mentionnées aux articles L. 5123-2 et L. 5123-3 après avis ***(D. 2018-1262 du 26 déc. 2018, art. 1er, III, JO 28, entrée en vigueur le 01.01.2019)*** «de la Commission nationale de la négociation collective, de l'emploi et de la formation professionnelle».

Art. R. 5123-2. Pour l'application du 4° de l'article R. 5111-2, le congé de conversion accordé aux salariés doit être d'une durée au moins égale à quatre mois et leur garantir une allocation de conversion au moins égale à 65 % de la rémunération brute moyenne des douze mois précédant l'entrée en congé, et à 85 % du salaire minimum de croissance.

Les conventions de congé de conversion sont conformes à une convention type fixée par arrêté conjoint des ministres chargés de l'économie et de l'emploi.

Note • Les conventions de congés de conversion concernent particulièrement les entreprises non soumises à l'obligation de proposition d'un congé de reclassement (art. L. 1233-71 à 76) (circ. DGEFP-DRT-DSS 2002-1 du 5 mai 2002).

• Le licenciement pour motif économique d'un salarié, dont le contrat de travail est temporairement suspendu pendant la durée du congé de conversion qui lui est accordé en application de l'article L. 322-4, 4° CT, ne peut intervenir, s'il est prononcé, qu'à l'issue du congé, par l'envoi d'une lettre de licenciement répondant aux exigences de l'article L. 122-14-2 CT (cass. soc. 5 février 2002, n° 99-44.558, BC V n° 51; RJS 5/02 n° 608).

SECTION 2 (réglementaire). Convention de coopération pour la mise en œuvre des cellules de reclassement

Art. R. 5123-3. Pour l'application du 5° de l'article R. 5111-2, la convention de coopération détermine la nature des actions de reclassement, leur champ d'application et le montant de la participation de l'État au financement des cellules chargées de les mettre en œuvre.

Le taux maximal de cette participation et la durée maximale pendant laquelle les intéressés peuvent bénéficier de ces actions sont fixés par arrêté conjoint des ministres chargés de l'emploi et de l'économie.

Note • Pour l'application de cet article, sont intervenus les arrêtés du 11 septembre 1989 (JO 14), lui-même modifié par arrêté du 30 octobre 2000 (JO 1er nov.) et du 1er avril 1992 (JO 2).

• L'instruction DGEFP 2011-24 du 21 octobre 2011 (BO TR 2011/12; LS Bref n° 15969 du 4.11.2011) relative à l'articulation du contrat de sécurisation professionnelle et des cellules de reclassement indique qu'il n'y a plus lieu d'apporter un financement public pour les cellules de reclassement, sauf «circonstances exceptionnelles» appréciées par la DGEFP.

Lorsque la convention visée à l'article R. 5123-3 CT a pour objectif de mettre en place un accompagnement collectif renforcé afin de favoriser le retour à l'emploi de salariés licenciés pour motif économique dans des entreprises en redressement ou liquidation judiciaire, l'État peut, sur décision du ministre en charge de l'emploi, participer financièrement au coût de la prestation dans la limite de 4 000 € (TTC) par salarié. La contribution de l'État tient compte de la capacité contributive de l'entreprise (arrêté du 22 janvier 2014, JO 29).

• La circulaire DGEFP 2003-25 du 9 octobre 2003 (BO TR 2003/18-24, p. 79) indique les différents niveaux et le plafond de la participation de l'État au financement des cellules de reclassement. Voir également circulaire DGEFP 2007-20 du 17 juillet 2007 (BO TR 2007/9) relative aux conventions FNE de cellules de reclassement d'entreprise ou interentreprises.

Art. D. 5123-4. Les maisons de l'emploi mentionnées à l'article L. 5313-1 peuvent, pour la mise en œuvre de cellules de reclassement interentreprises, conclure avec l'État une convention de coopération portant sur les actions prévues au 5° de l'article R. 5111-2.

SECTION 3 (réglementaire). Convention de formation

Art. R. 5123-5. Les conventions prévoyant des mesures temporaires de formation professionnelle mentionnées au 1° de l'article R. 5111-2 sont conclues pour une durée limitée en vue d'organiser:

1° Des actions de conversion;

2° Des actions d'adaptation;

3° Des actions de prévention.

Note La circulaire CDE 96-11 du 6 mai 1996 (BO TR 96/11, p. 99) définit les conditions d'intervention des conventions de formation et d'adaptation professionnelle du FNE en faveur des salariés. Sur le contenu de la convention, voir circulaire DGEFP 2007-20 du 17 juillet 2007 (BO TR 2007/9) relative aux conventions FNE de cellules de reclassement d'entreprise ou interentreprises, chap. 4.

Art. R. 5123-6. Ces conventions peuvent prévoir:

1° Soit l'organisation de sections temporaires homogènes de formation;

2° Soit l'accomplissement du stage aux postes mêmes de travail, sous la direction de moniteurs.

Art. R. 5123-7. Les conventions de formation déterminent notamment:

1° L'objet, la nature et la durée de la formation dispensée ainsi que le nombre prévu de stagiaires;

2° Les conditions de création et de fonctionnement des stages;

3° Le contrôle technique permettant notamment de fixer le temps de formation servant de base à la participation de l'État aux dépenses de fonctionnement;

4° Les conditions de prise en charge des frais de formation pédagogique des moniteurs et de leur rémunération;

5° La participation de l'État aux dépenses de matières d'œuvre et d'amortissement des machines, et éventuellement, pour les sections homogènes de formation, sa participation à l'équipement en matériel et à l'aménagement des locaux;

6° La partie de la rémunération et des charges sociales des stagiaires pris en charge par l'État dans le cas des stages d'adaptation ou de prévention, conformément aux dispositions des articles L. 6341-2, L. 6341-9 et R. 6341-10.

Art. R. 5123-8. Le salarié qui suit une action de conversion ayant fait l'objet d'une convention est rémunéré dans les conditions fixées par l'article L. 6341-4.

SECTION 4 (réglementaire). Convention d'allocation temporaire dégressive

Art. R. 5123-9. Les conventions mentionnées au 2° de l'article R. 5111-2 peuvent prévoir le versement d'une allocation temporaire dégressive aux salariés ayant fait l'objet d'un licenciement économique et reclassés dans un emploi comportant une rémunération inférieure à celle qu'ils recevaient au titre de leur emploi antérieur.

Note • Voir arrêté du 26 mai 2004 (JO 12 juin) modifié par arrêté du 19 septembre 2005 (JO 15 oct.) relatif aux conventions d'allocations temporaires dégressives et circulaire DGEFP 2005-45 du 22 décembre 2005 (BO TR 2006/2).

• Voir instruction DGEFP 2012/07 du 28 mars 2012 relative à la modification de l'abattement d'assiette pour la CSG et la CRDS applicable aux allocations temporaires dégressives.

• L'attribution des allocations temporaires dégressives est subordonnée à la condition que le bénéficiaire ait la qualité de salarié (CE 3 mars 1997, n° 155078, RJS 5/97 n° 588).

Art. R. 5123-10. Les conventions d'allocation temporaire dégressive garantissent à leurs bénéficiaires, pour une période qui ne peut excéder deux ans, le versement d'une allocation évaluée au moment de l'embauche et calculée forfaitairement en prenant en compte l'écart existant entre le salaire net moyen perçu au cours des douze derniers mois au titre du dernier emploi, à l'exclusion de la rémunération des heures supplémentaires et des primes et indemnités n'ayant pas le caractère d'un complément de salaire, et le salaire net de l'emploi de reclassement.

Art. R. 5123-11. La participation de l'État ne peut excéder 75 % du montant de l'allocation, ni dépasser un montant maximum par salarié fixé par arrêté conjoint des ministres chargés de l'emploi et du budget.

SECTION 5 (réglementaire). Convention d'allocation spéciale pour les travailleurs âgés

Note Ces dispositions réglementaires sont devenues caduques depuis l'abrogation au 01.01.2012 des conventions d'allocation spéciale du FNE par la loi 2011-1977 du 28 décembre 2011, art. 152, I, JO 29.

Art. R. 5123-12. La convention mentionnée au 2° de l'article L. 5123-2 peut prévoir l'attribution d'une allocation spéciale pour les travailleurs âgés faisant l'objet d'un licenciement pour motif économique qui, selon des modalités fixées par chaque convention, ont été déclarés non susceptibles d'un reclassement.

Art. R. 5123-13. La convention détermine le montant de la contribution financière due par l'entreprise signataire.

Art. R. 5123-14. Le salaire de référence servant de base à la détermination de l'allocation spéciale est fixé d'après les rémunérations sur lesquelles ont été assises les contributions au régime d'assurance chômage au titre des douze derniers mois civils précédant le dernier jour de travail payé à l'intéressé, dans la limite du double du plafond prévu à l'article L. 241-3 du code de la sécurité sociale. Il est calculé selon les règles définies dans le cadre du régime d'assurance chômage prévu au chapitre II du titre II du livre IV de la partie V du présent code.

Art. R. 5123-15. Le montant total de l'allocation spéciale est égal à 65 % du salaire journalier de référence dans la limite du plafond prévu à l'article L. 241-3 du code de la sécurité sociale, auxquels s'ajoutent 50 % du salaire de référence pour la part de ce salaire comprise entre une et deux fois ce même plafond.

Art. R. 5123-16. Le montant de l'allocation spéciale ne peut être inférieur au montant minimum de l'allocation d'assurance chômage prévue à l'article L. 5422-3.

Le montant de l'allocation journalière garantie ne peut excéder 85 % du salaire de référence.

Art. R. 5123-17. L'allocation spéciale est attribuée au plus tard jusqu'à ***(D. 2011-620 du 31 mai 2011, art. 7, JO 2 juin)*** «l'âge prévu au 1° de l'article L. 351-8 du code de la sécurité sociale». Les conditions dans lesquelles elle peut être éventuellement cumulée avec une pension de retraite et les modalités de ce cumul sont déterminées par décret.

Art. R. 5123-18. Le versement de l'allocation spéciale est suspendu en cas de reprise d'une activité professionnelle.

Art. R. 5123-19. Cependant, à titre exceptionnel et pour certaines tâches d'intérêt général accomplies pour le compte d'organismes privés à but non lucratif ou de collectivités publiques ayant à cet effet conclu une convention avec le préfet, le versement de l'allocation spéciale peut être maintenu en tenant compte des rémunérations éventuellement perçues par l'intéressé.

Art. R. 5123-20. Le salaire de référence et le montant minimum de l'allocation sont revalorisés dans des conditions et suivant des modalités définies par décret.

Art. R. 5123-21. Un arrêté conjoint des ministres chargés de l'emploi et du budget précise notamment les conditions d'adhésion des salariés aux conventions, les modalités de calcul du salaire de référence et les modalités de détermination de la contribution financière des entreprises.

SECTION 6 (réglementaire). Convention d'allocation pour cessation anticipée d'activité

Sous-section 1. Convention

Art. R. 5123-22. L'État peut prendre partiellement en charge le revenu de remplacement versé aux salariés bénéficiant d'avantages de préretraite, en application d'un accord professionnel national ouvrant droit à une exonération des cotisations de sécurité sociale dans les conditions prévues aux articles L. 5123-6 et L. 5422-10 et d'un accord d'entreprise dans les conditions définies ci-après, lorsque les salariés connaissent des difficultés d'adaptation à l'évolution de leur emploi liées à des conditions spécifiques d'exercice de leur activité.

Note • Sur l'application de l'exonération des cotisations de sécurité sociale aux seules allocations résultant d'accords nationaux, voir cass. civ., 2e ch., 21 juin 2012, n° 11-18.802, RJS 10/12 n° 839: en l'état d'un accord de branche accordant une allocation de remplacement égale à 65 % de la rémunération n'excédant pas le plafond de sécurité sociale, l'employeur ne peut bénéficier de cette exonération sur la part complémentaire qu'il verse en application d'un accord d'entreprise qui a porté le montant de l'allocation à 70 % de la rémunération de référence.

• Sous réserve de répondre à certaines conditions (voir articles suivants), les allocations résultant d'accords nationaux, sont exonérées des cotisations patronales et salariales, de la contribution solidarité autonomie, ainsi que du précompte maladie (lettre-circ. Acoss 2005-63 du 1er avril 2005). En revanche, elles sont soumises à la CSG et la CRDS comme les allocations de chômage (art. L. 131-2, L. 136-1, L. 136-2, L. 136-8 c. séc. soc.; circ. DGEFP 2000-23 du 10 octobre 2000; lettre-circ. Acoss 2005-56 du 31 mars 2005), ainsi qu'à la contribution additionnelle de solidarité pour l'autonomie. Des exonérations partielles ou totales de CSG et de CRDS sont toutefois possibles. Voir Cahier RF 1115, «Sommes versées en cas de chômage, préretraite et retraite» §§ 825 et s, «CSG et CRDS sur revenus de remplacement», §§ 3055 et s., juin 2020.

• Voir Cahier RF 1118, «Dispositifs de préretraite», §§ 1380 et s., octobre 2020.

Art. R. 5123-23. La prise en charge partielle par l'État du revenu de remplacement dans le cadre d'une convention d'allocation pour cessation anticipée d'activité ne peut être accordée que si l'accord professionnel national a déterminé:

1° Son champ d'application;

2° Les conditions d'ouverture pour les salariés du droit à la cessation d'activité;

3° Les conditions d'âge pour en bénéficier;

4° Le montant de l'allocation servie au bénéficiaire ainsi que les modalités de son versement;

5° Les conditions de reprise d'activité dans l'entreprise par les salariés intéressés;

6° La période pendant laquelle les salariés peuvent adhérer aux mesures de cessation d'activité, l'État ne pouvant s'engager que si la durée de cette période n'excède pas cinq ans.

Art. R. 5123-24. La prise en charge de l'allocation par l'État ne peut intervenir que si l'entreprise a prévu par convention ou accord collectif de travail des dispositions relatives à la gestion prévisionnelle de l'emploi, au développement des compétences de ses salariés et à leur adaptation à l'évolution de leur emploi. La convention ou l'accord collectif de travail détermine également le nombre maximum de bénéficiaires de l'allocation pour la période d'adhésion définie par l'accord professionnel.

Art. R. 5123-25. L'employeur consulte, avant la conclusion d'une convention de cessation d'activité, le ***(D. 2017-1819 du 29 déc. 2017, art. 3, 5°, JO 30, entrée en vigueur le 01.01.2018)*** «comité social et économique». Il s'engage également à leur présenter annuellement un bilan de l'application de la convention relative à la cessation d'activité.

Art. R. 5123-26. Une convention conclue entre l'État, l'entreprise et, l'organisme gestionnaire désigné par l'accord professionnel pour effectuer, au nom de l'entreprise, le versement de l'allocation aux bénéficiaires de la cessation d'activité indique le nombre maximum de salariés susceptibles d'être placés en cessation d'activité pendant la période prévue au 6° de l'article R. 5123-23.

Art. R. 5123-27. La convention prévoit que, chaque année, l'entreprise fait connaître par une déclaration à l'autorité signataire de la convention le nombre de salariés répartis par âge qui sont susceptibles d'adhérer au dispositif pendant l'année suivant celle au cours de laquelle cette déclaration est établie. Cette déclaration n'est pas susceptible de modification.

Le revenu de remplacement versé au salarié ne peut faire l'objet d'une prise en charge partielle par l'État si l'adhésion de l'intéressé n'est pas prévue dans la déclaration visée au premier alinéa.

La convention prévoit également que l'entreprise transmet annuellement à l'autorité signataire de la convention un état de la réalisation des engagements qu'elle a souscrits dans l'accord d'entreprise ainsi qu'un bilan précisant le nombre de bénéficiaires ayant effectivement opté pour le dispositif.

La convention stipule que, pendant la période prévue au 6° de l'article R. 5123-23, l'entreprise s'engage à ne solliciter aucune convention tendant à l'attribution de l'allocation spéciale pour les travailleurs âgés prévue à l'article R. 5123-12.

Art. R. 5123-28. Aucune convention au titre de la cessation d'activité ne peut être conclue avec une entreprise ayant déjà conclu une convention en vue de l'attribution de l'allocation spéciale pour les travailleurs âgés, durant la période pendant laquelle les salariés peuvent adhérer à cette dernière convention.

Sous-section 2. Conditions d'attribution relatives au salarié

Art. R. 5123-29. Pour bénéficier de la prise en charge partielle de l'allocation pour cessation anticipée d'activité par l'État, le salarié remplit les conditions suivantes :

1° Le salarié a adhéré personnellement au dispositif de cessation d'activité ;

2° Son contrat de travail est suspendu pendant la durée du versement effectif de l'allocation ;

3° Il est âgé d'au moins cinquante-sept ans ;

4° Il a adhéré au dispositif, au plus tôt, à cinquante-cinq ans et, au plus tard, avant son soixante-cinquième anniversaire ;

5° Il a été salarié de l'entreprise de manière continue pendant un an au moins avant son adhésion au dispositif ;

6° Il a :

a) Soit accompli quinze ans de travail à la chaîne au sens du c de l'article 70-3 du décret du 29 décembre 1945 dans sa rédaction issue du décret n° 76-404 du 10 mai 1976 ou de travail en équipes successives, soit avoir travaillé habituellement deux cents nuits ou plus par an pendant quinze ans ;

b) Soit, s'il est travailleur handicapé au sens de l'article L. 5212-13 à la date d'entrée en vigueur de l'accord professionnel mentionné à l'article R. 5123-22, justifié d'au moins quarante trimestres valables pour la retraite au sens des articles R. 351-3, R. 351-4, R. 351-12 et R. 351-15 du code de la sécurité sociale, dans un ou plusieurs régimes de sécurité sociale de salariés ;

7° Il n'a pas réuni les conditions nécessaires à la validation d'une retraite à taux plein au sens ***(D. 2008-1555 du 31 déc. 2008, JO 1er janv.)*** « de l'article R. 351-27 » du code de la sécurité sociale ;

8° Il n'exerce aucune autre activité professionnelle ;

9° Il ne bénéficie ni d'un avantage vieillesse à caractère viager acquis à titre personnel liquidé après l'entrée dans le dispositif, ni d'une indemnisation versée en application des articles L. 5421-2, R. 5123-12 ou de la loi n° 96-126 du 21 février 1996 portant création d'un fonds paritaire en faveur de l'emploi.

Un arrêté du ministre chargé de l'emploi détermine les modalités selon lesquelles il est vérifié que le salarié remplit les conditions ci-dessus.

Note • Voir note sous article R. 5123-32 CT.

• Les salariés, qui, au moment où l'adhésion à ce dispositif est envisagée, peuvent bénéficier d'une retraite à taux plein avant l'âge légal dans le cadre d'une retraite anticipée pour les «longues carrières», ne peuvent pas adhérer à ce dispositif. La vérification du respect de cette condition relève de la responsabilité de l'entreprise (sauf délégation expresse à l'organisme gestionnaire, dans le cadre de la convention de gestion conclue entre l'entreprise et l'organisme gestionnaire désigné par l'accord professionnel dont relève l'entreprise). Cette dernière doit vérifier les conditions d'éligibilité tenant aux conditions d'activité salariée, d'appartenance à l'entreprise et de cumul avec le versement d'une pension de vieillesse à taux plein (arrêté du 28 janvier 2005, art. 2, JO 29).

• Ayant constaté que le dispositif de l'accord CATS avait été détourné de son objet et en ayant déduit que les départs anticipés n'auraient pas dû avoir lieu dans le cadre de cet accord, mais dans celui d'une réduction d'effectif pour motif économique, la cour d'appel a justifié sa décision d'allouer aux salariés, à titre d'indemnité de départ en retraite, une somme calculée par référence à l'indemnité de licenciement économique (cass. soc. 16 septembre 2008, n° 07-41.658, RJS 11/08 n° 1114).

Sous-section 3. Calcul et paiement de l'allocation

Art. R. 5123-30. Pendant la durée de la suspension du contrat de travail du salarié, l'entreprise lui assure le versement d'une allocation pour cessation anticipée d'activité dont le montant minimum est déterminé par l'accord professionnel.

Art. R. 5123-31. Le versement de l'allocation est interrompu en cas de reprise d'une activité professionnelle par le salarié.

L'allocation cesse d'être versée lorsque, à partir de ***(D. 2011-620 du 31 mai 2011, art. 7, JO 2 juin)*** « l'âge prévu à l'article L. 161-17-2 du code de la sécurité sociale », les bénéficiaires remplissent les conditions nécessaires à la validation d'une retraite à taux plein au sens ***(D. 2008-1555 du 31 déc. 2008, JO 1er janv.)*** « de l'article R. 351-27 » du code de la sécurité sociale.

Art. R. 5123-32. L'État participe au financement de l'allocation versée aux bénéficiaires dans les conditions suivantes :

1° La participation de l'État n'est due qu'après l'expiration d'un délai courant à compter de la date de suspension du contrat de travail et comprenant un nombre de jours correspondant aux indemnités compensatrices de congés payés versées par l'employeur ;

2° L'assiette prise en compte pour la détermination de la participation financière de l'État est égale à l'allocation définie par l'accord professionnel national, dans la limite de 65 % du salaire de référence pour la part du salaire n'excédant pas le plafond prévu à l'article L. 241-3 du code de la sécurité sociale auxquels s'ajoutent 50 % du salaire de référence pour la part de ce salaire comprise entre une et deux fois ce même plafond;

3° Le montant de la participation de l'État au financement de l'allocation est égal à une proportion, fixée par arrêté conjoint des ministres chargés de l'emploi et des finances, de l'assiette définie au 2° ci-dessus. Cette proportion croît dans les conditions précisées par cet arrêté en fonction de l'âge auquel le salarié a bénéficié de la cessation d'activité.

Note • Les conditions d'application de l'article R. 322-7-2 (ancien) CT sont fixées par arrêté du 28 janvier 2005 (JO 29):

«Art. 1er. - Le montant de la participation de l'État au financement de l'allocation est fixé en fonction de l'âge des salariés à la date d'adhésion au dispositif mentionnée au 1° du IV de l'article R. 322-7-2 selon les taux mentionnés dans le tableau annexé au présent arrêté.

«Toutefois, lorsque le bénéficiaire poursuit ou reprend une activité au sein de l'entreprise, l'âge pris en compte pour la détermination du taux est l'âge à la date prévue ci-dessus augmenté de la durée calculée en équivalent temps plein de la ou des périodes de travail postérieures à l'adhésion de l'intéressé.

«Art. 2. - L'entreprise ou, le cas échéant, l'organisme gestionnaire reçoit les adhésions des salariés. Elle vérifie les conditions d'éligibilité tenant aux conditions d'activité salariée, d'appartenance à l'entreprise, de cumul avec le versement d'une pension de vieillesse au taux plein. Elle détermine le salaire de référence du bénéficiaire ainsi que le montant du revenu de remplacement conformément aux dispositions du VII de l'article R. 322-7-2 du code du travail. Elle fait connaître au ministre chargé de l'emploi les décisions individuelles d'admission au bénéfice du dispositif de cessation d'activité qu'elle prend, en détaillant pour les salariés répondant aux conditions d'éligibilité à la participation financière de l'État les informations sur la base desquelles elle a établi cette éligibilité.

«Elle tient à la disposition du directeur départemental du travail, de l'emploi et de la formation professionnelle [Direccte] tout justificatif nécessaire. La nature et la liste des pièces justificatives qui devront être fournies par l'entreprise sont fixées par la convention entre l'État et l'entreprise.

«L'État verse trimestriellement à terme échu le montant de sa participation financière au vu d'un justificatif du nombre de bénéficiaires indemnisés et des montants des revenus de remplacement versés.

«L'État ne peut prendre en charge un nombre de bénéficiaires supérieur au nombre maximum fixé par la convention et dans la limite des taux de participation fixés par cette même convention.»

Annexe

Taux de prise en charge par l'État des allocations de cessation partielle d'activité

Âge du bénéficiaire	55 ans	56 ans	57 ans et plus
Taux de prise en charge par l'État	20 %	35 %	50 %

• Les modalités d'application du dispositif ont été précisées par la circulaire DGEFP 2000-23 du 10 octobre 2000 (BO TR 2001/1, p. 65), modifiée par la circulaire DGEFP 2002-55 du 13 décembre 2002 (BO TR 2003/3, p. 115) et complétée par les circulaires DGEFP 2004-04 du 30 janvier 2004 (BO TR 2004/4, p. 61) (règles en cas de modification juridique affectant l'entreprise) et 2005-22 du 30 mai 2005 (BO TR 2005/07 du 30 juillet 2005). Voir également arrêté du 25 janvier 2005 (JO 11 févr.) portant création d'un traitement automatisé d'informations nominatives «CATS».

Art. R. 5123-33. Le salaire de référence est déterminé d'après les rémunérations sur lesquelles ont été assises les contributions au régime d'assurance chômage au titre des douze derniers mois civils précédant l'adhésion au dispositif de cessation d'activité.

Il est calculé selon les règles définies dans le cadre du régime d'assurance chômage prévu au chapitre II du titre II du livre IV. Il est revalorisé selon les règles définies aux deuxième et troisième alinéas de l'article L. 161-23-1 du code de la sécurité sociale. La première revalorisation ne peut intervenir que dès lors que les rémunérations qui composent le salaire de référence sont intégralement afférentes à des périodes de plus de six mois à la date de revalorisation.

Le salaire de référence pour les salariés bénéficiant d'une préretraite progressive est celui qui a servi de base au versement des allocations de préretraite progressive, revalorisé le cas échéant dans les conditions prévues aux articles 1er et 2 du décret n° 98-1024 du 12 novembre 1998 portant application de l'article R. 322-7 du code du travail.

Art. R. 5123-34. L'État rembourse l'entreprise en versant à l'organisme gestionnaire désigné par l'accord professionnel la participation financière qui est à sa charge.

Ce remboursement s'effectue trimestriellement à terme échu.

Sous-section 4. Suspension ou dénonciation de la convention

Art. R. 5123-35. La convention de cessation d'activité peut être totalement ou partiellement suspendue en cas de non-respect par l'entreprise des dispositions des accords professionnel ou d'entreprise ou des dispositions de la convention.

Art. R. 5123-36. La convention peut être dénoncée en cas de dénonciation des accords professionnel ou d'entreprise.

Art. R. 5123-37. La suspension de la convention entraîne la suspension du versement de la participation financière de l'État à compter du premier jour du mois suivant celui au cours duquel le manquement a été constaté. Elle n'a pas pour effet de prolonger la durée de la convention.

Toutefois, l'autorité signataire de la convention peut, après appréciation de la gravité des manquements de l'entreprise, de sa situation et des nouveaux engagements pris par l'employeur, conclure un avenant à la convention prévoyant le maintien d'une partie de la participation financière de l'État.

Art. R. 5123-38. La dénonciation de la convention entraîne la cessation définitive du versement de la participation financière de l'État, à compter du premier jour du mois suivant celui au cours duquel l'accord cesse de produire effet.

Art. R. 5123-39. L'accord professionnel national et l'accord d'entreprise ne peuvent délier l'entreprise des engagements pris à l'égard des salariés et notamment du versement de l'allocation lorsque la participation financière de l'État est suspendue ou interrompue en application des dispositions de la présente sous-section.

SECTION 7 (réglementaire). Convention d'aide au passage à temps partiel

Art. R. 5123-40. L'allocation complémentaire mentionnée au 4° de l'article L. 5123-2 est accordée aux salariés acceptant la transformation de leur emploi à temps plein en emploi dont la durée de travail est inférieure d'au moins un cinquième à la durée légale du travail afin d'éviter des licenciements pour motif économique.

Art. R. 5123-41. Cette allocation dégressive est versée pendant une durée maximale de deux ans. Son montant, sa durée et les règles de détermination de la participation respective de l'État et de l'employeur à son financement, ainsi que les conditions d'adhésion et les garanties complémentaires dont bénéficient les salariés intéressés, notamment en cas de licenciement, pendant la période de versement ou à son issue, sont fixés par arrêté conjoint des ministres chargés de l'emploi et du budget.

Note Voir arrêté du 12 avril 1994 (JO 22) pris en application de l'article R. 322-7-1 [R. 5123-40 et 41] CT et circulaire CDE 94/22 du 28 juin 1994 (BO TR 94/16).

CHAPITRE IV Dispositions pénales

Art. L. 5124-1. ***(L. 2013-1203 du 23 déc. 2013, art. 86, VI, JO 24)*** Sauf constitution éventuelle du délit d'escroquerie, défini et sanctionné à l'article 313-1, au 5° de l'article 313-2 et à l'article 313-3 du code pénal, le fait de bénéficier ou de tenter de bénéficier frauduleusement des allocations mentionnées ***(L. 2018-1317 du 28 déc. 2018, art. 272, I, 2°, JO 30)*** «aux articles L. 5122-1 et L. 5123-2» du présent code est puni des peines prévues à l'article 441-6 du code pénal. Le fait de faire obtenir frauduleusement ou de tenter de faire obtenir frauduleusement ces allocations est puni de la même peine.

Note • Les dispositions de cet article, dans sa rédaction issue de la loi 2018-1317 précitée, s'appliquent aux demandes de versement de l'allocation mentionnée à l'article L. 5122-1 pour lesquelles la demande préalable d'autorisation de recours à l'activité partielle a été déposée depuis le 24 septembre 2018 (loi précitée, art. 272, II).

• Les peines prévues à l'article 441-6 c. pén. sont de deux ans d'emprisonnement et de 30 000 € d'amende.

• Les fraudes ou fausses déclarations concernant les allocations mentionnées aux articles L. 5122-1 et L. 5123-2 sont constitutives de travail illégal, voir article L. 8211-1, 6°.

TITRE III AIDES À L'INSERTION, À L'ACCÈS ET AU RETOUR À L'EMPLOI

Note • Un **haut-commissaire à l'inclusion dans l'emploi et à l'engagement des entreprises** est institué, auprès du ministre du travail, un haut-commissaire à l'inclusion dans l'emploi et à l'engagement des entreprises (décret 2020-265 du 17 mars 2020, JO 18). Il apporte son concours à la définition et la mise en œuvre des politiques conduites en matière d'insertion par l'activité

économique, d'emploi des personnes handicapées, d'engagement des entreprises en matière d'inclusion et d'innovation sociale en matière d'emploi. À cette fin, il a pour missions :
– d'assurer le déploiement du pacte d'ambition pour l'insertion par l'activité économique ;
– d'assurer le déploiement de l'engagement national de développement des entreprises adaptées «Cap vers l'entreprise inclusive 2018-2022», et plus généralement de proposer des mesures, le cas échéant expérimentales, favorisant l'accès à l'emploi des personnes en situation de handicap ;
– de promouvoir les innovations sociales et les démarches inclusives portées par les entreprises et d'assurer la coordination de l'action de l'État et de ses opérateurs en faveur du développement de l'inclusion dans l'emploi et de la mobilisation des entreprises dans le cadre du déploiement de l'initiative nationale «La France, une chance, les entreprises s'engagent».

Il apporte son concours à la conception et au déploiement du service public de l'insertion.

• Le **revenu de solidarité active (RSA)** a pour objet d'assurer à ses bénéficiaires des moyens convenables d'existence, afin de lutter contre la pauvreté, encourager l'exercice ou le retour à une activité professionnelle et aider à l'insertion sociale des bénéficiaires (voir art. L. 262-1 et s. c. act. soc. fam.). Le RSA remplace le revenu minimum d'insertion, l'allocation de parent isolé et les différents mécanismes d'intéressement à la reprise d'activité (loi 2008-1249 du 1er décembre 2008 généralisant le revenu de solidarité active et réformant les politiques d'insertion, art. 1er, JO 3, applicable le 1er juin 2009). Depuis le 1er avril 2020, le montant forfaitaire mensuel du RSA pour un allocataire est égal à 564,78 € (une revalorisation annuelle a lieu au 1er avril) (décret 2020-490 du 29 avril 2020, JO 30) et à 282,39 € à Mayotte (décret 2020-615 du 22 mai 2020, JO 23).

• Le 1er janvier 2016, la **prime d'activité** est entrée en vigueur afin «d'inciter les travailleurs aux ressources modestes, qu'ils soient salariés ou non salariés, à l'exercice ou à la reprise d'une activité professionnelle et de soutenir leur pouvoir d'achat». Cette prime remplace le volet «activité» du RSA et la prime pour l'emploi (loi 2015-994 du 17 août 2015, art. 57 et 60, JO 18 ; art. L. 841-1 c. séc. soc. ; décrets 2015-1709 et 2015-1710 du 21 décembre 2015, JO 22, décrets 2017-122 et 123 du 1er février 2017, JO 3). Voir ASH 2016, n° 2962, dossier juridique «La prime d'activité».

Depuis le 1er avril 2020, le **montant forfaitaire mensuel de la prime d'activité** (art. D. 843-1 et D. 843-3 c. séc. soc.) applicable à un foyer composé d'une seule personne est égal à 553,16 € (loi 2019-1479 du 28 décembre 2019, art. 200, JO 29 ; décret 2020-491 du 29 avril 2020, JO 30) et à 276,58 € à Mayotte (décret 2020-616 du 22 mai 2020, JO 23). Depuis le 1er janvier 2019, le **montant maximum de la bonification individuelle** de la prime d'activité conçue pour accompagner la reprise d'activité (art. D. 843-2 c. séc. soc.) est de 160,49 € (décret 2018-1197 du 21 décembre 2018, JO 22). Par dérogation à l'avant-dernier alinéa de l'article L. 842-3 c. séc. soc., le montant maximal de la bonification principale est également revalorisé de 0,3 % le 1er avril 2020 (loi 2019-1479 précitée, art. 200).

• Voir également décret 2017-811 du 5 mai 2017 (JO 7) relatif aux modalités de calcul du **revenu de solidarité active et de la prime d'activité pour les travailleurs non salariés**.

• ***Covid-19.*** Voir décret 2020-519 du 5 mai 2020 (JO 6, entrée en vigueur le 06.05.2020) portant attribution d'une aide exceptionnelle de solidarité liée à l'urgence sanitaire aux ménages les plus précaires, notamment les bénéficiaires du RSA et de la prime d'activité, modifié par décrets 2020-627 du 25 mai 2020 (JO 26), 2020-769 du 24 juin 2020 (JO 25, entrée en vigueur le 25.06.2020) portant attribution d'une aide exceptionnelle de solidarité liée à l'urgence sanitaire aux jeunes de moins de vingt-cinq ans les plus précaires et 2020-1453 du 27 novembre 2020 (JO 28) portant attribution d'une aide exceptionnelle de solidarité liée à la crise sanitaire aux ménages et aux jeunes de moins de vingt-cinq ans les plus précaires.

Voir également loi 2020-935 du 30 juillet 2020 JO 31), décret 2020-982 du 5 août 2020 (JO 6) modifié par article 2 du décret 2021-94 du 30 janvier 2021 (JO 31) instituant une **aide à l'embauche des jeunes de moins de 26 ans**, entre le 1er août 2020 et le 31 mars 2021, soit en contrat de travail à durée indéterminée (CDI), soit en contrat à durée déterminée (CDD) d'au moins 3 mois, et dont la rémunération prévue au contrat est d'au plus 2 SMIC. L'aide est égale à 4 000 € au maximum pour un même salarié. Elle est due à compter du premier jour d'exécution du contrat de travail. Elle est versée à terme échu, à un rythme trimestriel à raison de 1 000 € au maximum par trimestre dans la limite d'un an. Le montant de l'aide est proratisé en fonction de la quotité de temps de travail du salarié et de la durée effective du contrat de travail. Voir Questions - réponses relatives à la mise en œuvre du décret du 5 août 2020 instituant une aide à l'embauche des jeunes de moins de 26 ans, ministère du Travail ; LSQ n° 18139, dossier juridique, n° 165 du 14.09.2020 ; RF 15 octobre 2020, FH 3861-2 ; FRS 20/20 du 20 octobre 2020, inf. 5.

• Les organismes assurant l'accueil et l'hébergement de personnes en difficultés et qui ne relèvent pas de l'article L. 312-1 c. act. soc. fam. peuvent faire participer ces personnes à des **activités d'économie solidaire** afin de favoriser leur insertion sociale et professionnelle. Si elles se soumettent aux règles de vie communautaire qui définissent un cadre d'accueil comprenant la participation à un travail destiné à leur insertion sociale, elles ont un statut qui est **exclusif de tout lien de subordination** (art. L. 265-1 c. act. soc. fam.).

• **Emplois francs.** Du 1er avril 2018 au 31 décembre 2019, un dispositif «emplois francs» a été institué à titre expérimental (loi 2017-1837 du 30 décembre 2017, art. 175, JO 31; voir RF 29 décembre 2017, FH 3722 § 4-24). Étaient concernées les entreprises disposant d'un établissement sur le territoire français et qui embauchent, soit en CDI soit en CDD d'au moins six mois, un demandeur d'emploi et adhérents au contrat de sécurisation professionnelle (CSP), résidant dans l'un des quartiers prioritaires de la politique de la ville (QPV) d'une liste fixée par arrêté du 30 mars 2018 (JO 31). Les modalités de ce dispositif ont été définies par le **décret 2018-230 du 30 mars 2018 (JO 31) modifié par le décret 2019-365 du 24 avril 2019 (JO 26).** L'arrêté du 30 mars 2018 (JO 30) a fixé la liste des territoires éligibles au dispositif expérimental «emplois francs», Le champ territorial de l'expérimentation a été modifié et étendu par arrêté du 22 mars 2019 (JO 27). Voir Questions - réponses du ministère du Travail du 25 octobre 2018 sur les emplois francs. Voir également LSQ n° 17620 du 26.07.2018; RF 12 avril 2018, FH 3737; RF 29 novembre 2018, FH 3767; LSQ, dossier juridique, n° 102 du 5.06.2019; LSQ n° 17830 du 6.06.2019; «Emplois francs», Cahier RF 1105, §§ 5670 et s., juin 2019.

Le **décret 2019-1471 du 26 décembre 2019** (JO 28) modifié par l'article 1er des décrets 2020-1278 du 21 octobre 2020 (JO 22) et 2021-94 du 30 janvier 2021 (JO 31) a prolongé ce dispositif jusqu'au 31 mars 2021, tout en élargissant son champ d'application. Il a généralisé les emplois francs à l'ensemble des QPV: le demandeur d'emploi ou l'adhérent au CSP doit résider dans un QPV, quel qu'il soit, pour que l'employeur bénéficie de l'aide. Par ailleurs, l'embauche d'un jeune établi dans un QPV et suivi par une mission locale ouvre droit à l'aide, même si l'intéressé n'est pas inscrit comme demandeur d'emploi. Les sociétés d'économie mixte ne sont plus exclues du dispositif (les établissements publics administratifs et les établissements publics industriels et commerciaux ainsi que les particuliers employeurs demeurent inéligibles). L'attribution de l'aide suppose que l'employeur réponde à plusieurs conditions de fond: être à jour de ses obligations déclaratives et de paiement à l'égard de l'administration fiscale et des organismes de recouvrement des cotisations et des contributions de sécurité sociale ou d'assurance chômage (ou avoir souscrit et respecter un plan d'apurement); ne pas avoir procédé, dans les 6 mois précédant l'embauche, à un licenciement pour motif économique sur le poste pourvu par le recrutement en emploi franc; ne pas bénéficier d'une autre aide de l'État à l'insertion, à l'accès ou au retour à l'emploi versée au salarié recruté en emploi franc, sauf exceptions; le salarié recruté en emploi franc ne doit pas avoir appartenu à l'effectif de l'entreprise au cours des 6 derniers mois précédant la date d'embauche, sauf de prolongation de versement de l'aide. Le contrat de travail doit être conclu du 1er janvier 2020 au 31 décembre 2021.

Pour une embauche en CDI, à temps plein, l'aide s'élève à 5 000 € par an pendant 3 ans, soit au final un montant maximum de 15 000 € . Pour une embauche en CDD d'au moins 6 mois, l'aide s'élève à 2 500 € par an pendant 2 ans, soit au final un montant maximum de 5 000 €. Une aide bonifiée a été instaurée pour le recrutement de jeunes de moins de 26 ans résidant en QPV (dite «Emploi franc +») afin de maintenir l'attractivité des emplois francs pour les jeunes. Elle s'applique aux contrats signés du 15 octobre 2020 au 31 mars 2021 inclus. Pour l'embauche en CDI à temps plein, l'aide s'élève à 7 000 € la première année, puis 5 000 € les années suivantes, dans la limite de 3 ans (soit jusqu'à 17 000 € sur 3 ans); pour une embauche en CDD d'au moins 6 mois: 5 500 € la première année, puis 2 500 € l'année suivante (soit 8 000 € maximum). Pour inciter l'employeur à prolonger la relation de travail, idéalement par un CDI «emploi franc», le versement de l'aide, y compris «emploi franc +», peut être prolongé en cas de transformation d'un CDD ayant ouvert droit au bénéfice de l'aide en CDI, si la limite totale de 3 ans et avec application du montant revalorisé (5 000 € ou 7 000 € par an) à compter de la date d'exécution du CDI ou en cas de reconduction du CDD ayant ouvert droit à l'aide dans le cadre d'un nouveau CDD d'au moins 6 mois, dans la limite totale de 2 ans.

Sur les règles de cumul et non-cumul, voir Questions - réponses, Emplois francs, ministère du travail et délib. PE 2020-07 du 21 janvier 2020, BO PE 2020-07 du 27 janvier 2020.

Les emplois francs sont déclinés sous une forme particulière sur le territoire de La Réunion, jusqu'au 31 décembre 2022. Le décret 2019-1471 précité ajoute aux publics visés ci-avant les personnes issues, depuis moins de 3 mois, de l'un des dispositifs de parcours d'insertion dont la liste sera fixée par arrêté préfectoral, sans condition d'inscription à Pôle emploi ni de résidence dans un QPV (décret précité, art. 12).

Voir RF 1er janvier 2020, FH 3822; FRS 2/20, § 4 du 10.01.2020; LSQ n° 17980 du 17.01.2020; Cahier RF 1115, §§ 5670 et s., juin 2020.

Sur la majoration des montants versés pour l'embauche de jeunes de moins de 26 ans «emploi franc +», voir RF 29 octobre 2020, FH 3863; LSQ n° 18168 du 23.10.2020; FRS 21/20 du 6.11.2020, inf. 8; RF 11 février 2021, FH 3878.

Le décret 2019-1471 modifié précité est rapporté dans les *Textes non codifiés*.

• **Expérimentation du contrat d'accès à l'entreprise.** Le décret 2019-658 du 27 juin 2019 (JO 28), pris pour l'application de l'article 88 de la loi 2018-771 du 5 septembre 2018 (JO 6) définit les modalités de mise en œuvre de l'expérimentation du contrat d'accès à l'entreprise.

Cette expérimentation d'une durée de trois ans a pour objet de favoriser l'insertion professionnelle des personnes sans emploi rencontrant des difficultés sociales et professionnelles particulières d'accès à l'emploi. Le contrat d'accès à l'entreprise est conclu avec une collectivité territoriale volontaire dans les régions volontaires définies par arrêté du ministre chargé du travail. Il se traduit par la mise en place d'un parcours d'insertion professionnelle pour le salarié recruté, qui peut prendre la forme de mises à disposition à titre gratuit auprès d'une ou plusieurs entreprises d'accueil et d'actions d'accompagnement et de formation.

• Voir P. Morvan, «Travailleurs pauvres, RSA», Dr. Soc. 2009, p. 292; M. Borgetto, «L'activation de la solidarité: d'hier à aujourd'hui», Dr. Soc. 2009, p. 104.

• Voir également circulaire du Premier ministre (NOR: PRMX1712918C 5929/SG) du 26 avril 2017 sur l'application des règles européennes de concurrence relatives aux aides publiques aux activités économiques.

CHAPITRE Ier Accompagnement personnalisé pour l'accès à l'emploi

SECTION 1. Objet et conventions

Art. L. 5131-1. L'accompagnement personnalisé pour l'accès à l'emploi a pour objet de faciliter l'accès et le maintien dans l'emploi des personnes qui, rencontrant des difficultés particulières d'insertion professionnelle, ont besoin d'un accompagnement social ***(L. 2018-771 du 5 sept. 2018, art. 29, JO 6)*** «et d'une formation».

À cette fin, l'État peut conclure des conventions avec des organismes compétents.

Note • Les dispositions de cet article, dans sa rédaction issue de la loi 2018-771 précitée, sont applicables depuis le 1er janvier 2019 (loi précitée, art. 46, I).

• Un contrat d'insertion régi par l'article L. 5131-1 CT n'ouvre pas droit au paiement de l'indemnité de fin de contrat à durée déterminée (cass. soc. 20 octobre 2010, n° 08-44.933, BC V n° 236; RJS 1/11 n° 65).

Art. R. 5131-1. Les personnes mentionnées à l'article L. 5131-1 sont, notamment:

1° Les jeunes de dix-huit à vingt-cinq ans révolus rencontrant des difficultés particulières d'accès à l'emploi;

2° Les chômeurs de longue durée;

3° Les chômeurs âgés de plus de cinquante ans;

4° Les bénéficiaires du revenu minimum d'insertion;

5° Les personnes handicapées.

Art. R. 5131-2. Les conventions mentionnées au second alinéa de l'article L. 5131-1 peuvent prévoir des aides de l'État.

Les modalités de ces conventions et, notamment, le montant des aides sont fixées par décret.

SECTION 2. Plan local pluriannuel pour l'insertion et l'emploi

Art. L. 5131-2. Afin de faciliter l'accès à l'emploi des personnes en grande difficulté d'insertion sociale et professionnelle dans le cadre de parcours individualisés en associant accueil, accompagnement social, orientation, formation, insertion et suivi, les communes et leurs groupements peuvent établir des plans locaux pluriannuels pour l'insertion et l'emploi dans le ressort géographique le plus approprié à la satisfaction des besoins locaux.

Les autres collectivités territoriales, les entreprises et les organismes intervenant dans le secteur de l'insertion et de l'emploi peuvent s'associer à ces plans.

Art. R. 5131-3. L'État apporte son concours, pour une durée maximale de cinq ans, à la mise en œuvre des plans locaux pluriannuels pour l'insertion et l'emploi, dans le cadre d'accords conclus avec les collectivités intéressées et les agences d'insertion mentionnées à l'article L. 522-1 du code de l'action sociale et des familles.

Note Voir circulaire DGEFP 99-40 du 21 décembre 1999 relative au développement des plans pluriannuels pour l'insertion et l'emploi (BO TR 2000/3, p. 159), complétée par additif 2004-12 du 5 mai 2004 (BO TR 2004/12, p. 235) et instruction 2004-27 du 10 novembre 2004 (BO TR 2004/23, p. 51).

SECTION 3. Droit à l'accompagnement des jeunes vers l'emploi et l'autonomie

Note • La loi 2016-1088 du 8 août 2016, art. 46, JO 9, a supprimé la subdivision de cette section en sous-sections, applicabilité depuis le 01.01.2017; les contrats d'insertion dans la vie sociale prévus à l'ancienne sous-section 2 et conclus antérieurement continuent à produire leurs effets dans les conditions applicables avant cette date, jusqu'à leur terme.

• Il a été créé un **fonds d'appui aux expérimentations en faveur des jeunes**. Ce fonds est doté de contributions de l'État et de toute personne morale de droit public ou privé qui s'associent pour définir, financer et piloter un ou plusieurs programmes expérimentaux visant à améliorer l'insertion sociale et professionnelle des jeunes de 16 à 25 ans. La gestion de ce fonds est assurée par la Caisse des dépôts et consignations (loi 2008-1249 du 1er décembre 2008 modifiée généralisant le revenu de solidarité active et réformant les politiques d'insertion, art. 25 et 28, JO 3. Voir décret 2011-1603 du 21 novembre 2011, JO 23, modifié par décrets 2012-1247 du 7 novembre 2012, art. 49 et 2015-1771 du 24 décembre 2015, art. 6).

• La loi 2016-1088 précitée a procédé à une remise à plat des dispositifs d'accompagnement des jeunes vers le marché du travail. Elle a posé le principe d'un **droit à l'accompagnement vers l'emploi et l'autonomie des jeunes de 16 à 25 ans** révolus se trouvant en difficulté et confrontés à un risque d'exclusion professionnelle (loi 2016-1088 précitée, art. 47).

Voir RF 8 septembre 2016, FH 3657, §§ 5-40 et s.; FRS n° 18 du 29 juillet 2016, § 55; LSQ n° 17231 du 28.12.2016; ASH 6 janvier 2017, n° 2991, p. 38.

• **«Garantie jeunes» et «parcours contractualisé vers l'emploi et l'autonomie».** En 2013, dans le cadre du plan pluriannuel contre la pauvreté, le Gouvernement a décidé d'expérimenter une «Garantie jeunes». Cette garantie jeunes se compose d'un accompagnement par les missions locales et d'une garantie de ressources. Voir décret 2013-880 du 1er octobre 2013 (JO 2) relatif à l'expérimentation d'une prestation d'un montant équivalent au revenu de solidarité active et d'un accompagnement pour les jeunes en grande précarité, arrêté du même jour (JO 2) fixant la liste des territoires concernés et arrêté du 11 décembre 2014 (JO 20) fixant une liste complémentaire (entrée en vigueur le 01.01.2015). Le décret 2015-1890 du 30 décembre 2015 (JO 31) a modifié le décret 2013-880 précité. Il prorogeait cette expérimentation jusqu'au 31 décembre 2017.

Toutefois, le dispositif a été généralisé à toute la France à compter du 01.01.2017 par l'article 46 de la loi 2016-1088 du 8 août 2016 (JO 9) et le décret 2016-1855 du 23 décembre 2016 (JO 27). La garantie jeunes constitue une modalité spécifique du parcours contractualisé vers l'emploi et l'autonomie (PACEA). Ce parcours est constitué de phases d'accompagnement pouvant comporter des périodes de formation, des mises en situations professionnelles ou des actions spécifiques. Le jeune signe un contrat d'engagements avec les missions locales pour une durée déterminée pouvant aller, renouvellement inclus, jusqu'à 24 mois consécutifs. Ce délai peut être dépassé si le jeune intègre en cours de parcours la garantie jeunes. Voir décret 2016-1951 du 28 décembre 2016 (JO 30) relatif au parcours contractualisé d'accompagnement vers l'emploi et l'autonomie et à la garantie jeunes à Mayotte et instruction DGEFP/SDPAE/2018/124 du 17 mai 2018 relative à la mise en œuvre du parcours contractualisé d'accompagnement vers l'emploi et l'autonomie (PACEA) et de la garantie jeunes (NOR: MTRD1813653J) (BO TR n° 2018/9 du 30 septembre 2018).

Voir ASH 3 mars 2017, n° 3000, p. 58, dossier juridique «Le nouveau parcours d'accompagnement vers l'emploi des jeunes»; ASH 10 mars 2017, n° 3001, p. 51, dossier juridique «La garantie jeunes».

• **Covid-19.** Dans le cadre du plan de relance #1jeune1solution, lancé le 23 juillet 2020, le gouvernement a augmenté pour le second semestre 2020 et pour l'année 2021, les moyens financiers alloués aux missions locales pour permettre une hausse du nombre d'entrées en PACEA et en garantie jeunes.

Art. L. 5131-3. Tout jeune de seize à vingt-cinq ans révolus en difficulté et confronté à un risque d'exclusion professionnelle a droit à un accompagnement ***(L. 2016-1088 du 8 août 2016, art. 46, I, 3°, JO 9, entrée en vigueur le 01.01.2017)*** «vers l'emploi et l'autonomie», organisé par l'État.

Art. L. 5131-4. ***(L. 2016-1088 du 8 août 2016, art. 46, I, 4°, JO 9, entrée en vigueur le 01.01.2017)*** L'accompagnement mentionné à l'article L. 5131-3 peut prendre la forme d'un parcours contractualisé d'accompagnement vers l'emploi et l'autonomie conclu avec l'État, élaboré avec le jeune et adapté à ses besoins identifiés lors d'un diagnostic. Ce parcours est mis en œuvre par les organismes mentionnés à l'article L. 5314-1. Toutefois, par dérogation, un autre organisme peut être désigné par le représentant de l'État dans le département, lorsque cela est justifié par les besoins de la politique d'insertion sociale et professionnelle des jeunes. Le contrat d'engagements est signé préalablement à l'entrée dans le parcours contractualisé d'accompagnement vers l'emploi et l'autonomie.

Art. L. 5131-5. ***(L. 2016-1088 du 8 août 2016, art. 46, I, 5°, JO 9, entrée en vigueur le 01.01.2017)*** Afin de favoriser son insertion professionnelle, le jeune qui s'engage dans un parcours contractualisé d'accompagnement vers l'emploi et l'autonomie peut bénéficier d'une allocation versée par l'État et modulable en fonction de la situation de l'intéressé.

Cette allocation est incessible et insaisissable.

Elle peut être suspendue ou supprimée en cas de non-respect par son bénéficiaire des engagements du contrat.

Note Voir décret 2020-1788 du 30 décembre 2020 (JO 31) instituant une aide financière à titre exceptionnel à destination des jeunes bénéficiant d'un accompagnement individuel intensif par Pôle emploi ou par l'Association pour l'emploi des cadres. Cette aide peut être attribuée, depuis le 18 janvier 2021 et au plus tard le 31 décembre 2021, par Pôle emploi, au nom et pour le compte de l'État, en fonction de la situation et des besoins de l'intéressé, pendant les périodes durant lesquelles ce dernier ne perçoit pas de sommes excédant un montant mensuel total de 300 € au titre de la rémunération d'un emploi ou d'un stage ou d'une autre allocation. Voir également instruction PE 2021-4 du 13 janvier 2021 (BO PE 2021-6 du 19 janvier 2021) relative à la création d'une aide financière exceptionnelle à destination des jeunes demandeurs d'emploi bénéficiant d'un accompagnement individuel intensif. Voir également LSQ n° 18231 du 27.01.2021.

Art. L. 5131-6. ***(L. 2016-1088 du 8 août 2016, art. 46, I, 6°, JO 9, entrée en vigueur le 01.01.2017)*** La garantie jeunes est une modalité spécifique du parcours contractualisé d'accompagnement vers l'emploi et l'autonomie.

Elle est mise en œuvre par les organismes mentionnés à l'article L. 5314-1. Toutefois, par dérogation, un autre organisme peut être désigné par le représentant de l'État dans le département, lorsque cela est justifié par les besoins de la politique d'insertion sociale et professionnelle des jeunes.

Elle comporte un accompagnement intensif du jeune, ainsi qu'une allocation dégressive en fonction de ses ressources d'activité, dont le montant est défini par décret. Cette allocation est incessible et insaisissable. Elle peut être suspendue ou supprimée en cas de non-respect par son bénéficiaire des engagements du contrat.

La garantie jeunes est un droit ouvert aux jeunes de seize à vingt-cinq ans qui vivent hors du foyer de leurs parents ou au sein de ce foyer sans recevoir de soutien financier de leurs parents, qui ne sont pas étudiants, ne suivent pas une formation et n'occupent pas un emploi et dont le niveau de ressources ne dépasse pas un montant fixé par décret, dès lors qu'ils s'engagent à respecter les engagements conclus dans le cadre de leur parcours contractualisé d'accompagnement vers l'emploi et l'autonomie.

Note Voir instruction DGEFP/SDPAE/2018/124 du 17 mai 2018 relative à la mise en œuvre du parcours contractualisé d'accompagnement vers l'emploi et l'autonomie (PACEA) et de la garantie jeunes (NOR: MTRD1813653J) (BO TR n° 2018/9 du 30 septembre 2018).

Voir également ASH 3 mars 2017, n° 3000, p. 58, dossier juridique «Le nouveau parcours d'accompagnement vers l'emploi des jeunes»; ASH 10 mars 2017, n° 3001, p. 51, Dossier juridique «La garantie jeunes».

Art. L. 5131-6-1. ***(L. 2017-86 du 27 janv. 2017, art. 67, II, JO 28)*** Tout bénéficiaire de l'allocation mentionnée à l'article L. 5131-6 est éligible de droit, sous réserve de ne pas bénéficier de caution parentale ou d'un tiers, au dispositif de la caution publique mis en place pour les prêts délivrés par les établissements de crédit ou les sociétés de financement dans le cadre de l'aide au financement de la formation à la conduite et à la sécurité routière prévue par le décret n° 2005-1225 du 29 septembre 2005 instituant une aide au financement de la formation à la conduite et à la sécurité routière.

Sous-section 1 (réglementaire). **Droit à l'accompagnement**

Note • Les sous-sections 1 à 3 ont été introduites par le décret 2016-1855 du 23 décembre 2016, JO 27, entrée en vigueur le 01.01.2017.

Les contrats d'engagements réciproques conclus dans le cadre de la garantie jeunes antérieurement au 1er janvier 2017 continuent à produire leurs effets dans les conditions applicables avant cette date, jusqu'à leur terme (décret précité, art. 2, II).

• Voir ASH 3 mars 2017, n° 3000, p. 58, Dossier juridique «Le nouveau parcours d'accompagnement vers l'emploi des jeunes»; ASH 10 mars 2017, n° 3001, p. 51, Dossier juridique «La garantie jeunes».

Art. R. 5131-4. L'État établit, en concertation avec la région, des orientations stratégiques relatives à la mise en œuvre du droit à l'accompagnement des jeunes confrontés à un risque d'exclusion professionnelle mentionné à l'article L. 5131-3. Il associe à ces travaux les départements, les communes et leurs groupements.

Ces orientations s'inscrivent dans le cadre du schéma prévisionnel de développement du service public régional de l'orientation mentionné au 5° de l'article L. 214-13 du code de l'éducation et de la stratégie régionale coordonnée en matière d'emploi, d'orientation et de formation professionnelles mentionnée à l'article L. 6123-4-1 du code du travail.

Ces orientations font l'objet d'une concertation préalable au sein du comité régional de l'emploi, de la formation et de l'orientation professionnelles, qui en assure également le suivi.

Ces orientations précisent notamment les conditions de mobilisation par les missions locales des acteurs de l'éducation, de l'information, de l'orientation, de l'insertion, de la formation et de l'emploi au bénéfice de l'accompagnement des jeunes.

Art. R. 5131-5. Dans le cadre des orientations stratégiques définies à l'article R. 5131-4, les missions locales mettent en œuvre le droit à l'accompagnement, en lien avec l'ensemble des organismes susceptibles d'y contribuer, dans le cadre du conseil en évolution professionnelle mentionné à l'article L. 6111-6.

Art. R. 5131-6. L'État conclut avec les missions locales des conventions pluriannuelles d'objectifs. Les collectivités territoriales et leurs groupements signent également ces conventions lorsqu'ils participent au financement des missions locales.

Au vu des orientations stratégiques mentionnées à l'article R. 5131-4, ces conventions précisent:

1° Les jeunes susceptibles de bénéficier prioritairement du parcours d'accompagnement contractualisé vers l'emploi et l'autonomie;

2° Les objectifs à atteindre en termes d'accès à l'emploi et à l'autonomie des jeunes;

3° L'offre de services proposée et les moyens mobilisés afin d'identifier les modalités du parcours contractualisé les plus adaptées pour ses bénéficiaires;

4° L'offre de services proposée aux entreprises dans leurs processus de recrutement;

5° Les financements accordés pour la mise en œuvre des dispositifs nationaux de la politique de l'emploi;

6° Leurs modalités de suivi et d'évaluation.

Les conseils départementaux signataires des conventions pluriannuelles d'objectifs peuvent confier l'accompagnement des bénéficiaires du revenu de solidarité active et de leur conjoint, concubin ou partenaire lié par un pacte civil de moins de vingt-cinq ans révolus aux missions locales, qui l'assureront dans le cadre du parcours contractualisé d'accompagnement vers l'emploi et l'autonomie.

Art. R. 5131-7. Les cas de dérogation prévus aux articles L. 5131-4 et L. 5131-6 concernent les cas d'absence d'une mission locale sur tout ou partie du territoire ou de cessation d'activité d'une mission locale et les cas où une mission locale ne serait pas sur un territoire en mesure d'accompagner seule les jeunes dans le cadre du parcours contractualisé d'accompagnement vers l'emploi et l'autonomie et de la garantie jeunes. Dans ces cas, un autre organisme peut être désigné par le représentant de l'État dans le département, après consultation du comité régional de l'emploi, de la formation et de l'orientation professionnelles, pour mettre en œuvre le parcours contractualisé d'accompagnement vers l'emploi et l'autonomie et la garantie jeunes. L'État, la région et les autres collectivités territoriales qui participent au financement de l'organisme désigné définissent par convention son cadre d'intervention et notamment la durée de l'intervention, son périmètre et les moyens mobilisés par chaque partie.

Les organismes désignés dans ce cadre mettent en œuvre les dispositions de la présente section dans les mêmes conditions que les missions locales.

Sous-section 2 (réglementaire). Parcours contractualisé d'accompagnement vers l'emploi et l'autonomie

§ 1. *Modalités du parcours*

Art. R. 5131-8. Le diagnostic prévu à l'article L. 5131-4 résulte d'une analyse menée avec le jeune de sa situation, de ses demandes, de ses projets et de ses besoins. Ce diagnostic formalisé permet notamment d'identifier et valoriser les compétences. Il fonde l'orientation du jeune vers la modalité la plus adaptée du parcours contractualisé d'accompagnement vers l'emploi et l'autonomie.

Art. R. 5131-9. Le parcours contractualisé d'accompagnement vers l'emploi et l'autonomie est constitué de phases d'accompagnement pouvant varier dans leur durée et leur intensité. Chaque phase fait l'objet d'objectifs définis avec le jeune et d'une évaluation à son terme, en vue de mesurer la progression du jeune vers l'accès à l'emploi et l'autonomie et de s'assurer que les objectifs de la phase ont été atteints. Chaque phase d'accompagnement peut comporter:

1° Des périodes de formation;

2° Des situations professionnelles, y compris des périodes de mise en situation en milieu professionnel mentionnées aux articles L. 5131-5 et suivants;

3° Des actions spécifiques dans le cadre de l'accompagnement social et professionnel;

4° Des actions portées par d'autres organismes susceptibles de contribuer à l'accompagnement.

Note • Voir instruction DGEFP/SDPAE/2018/124 du 17 mai 2018 relative à la mise en œuvre du parcours contractualisé d'accompagnement vers l'emploi et l'autonomie (PACEA) et de la garantie jeunes (NOR: MTRD1813653J) (BO TR n° 2018/9 du 30 septembre 2018).

• Voir ASH 3 mars 2017, n° 3000, p. 58, dossier juridique «Le nouveau parcours d'accompagnement vers l'emploi des jeunes».

Art. R. 5131-10. Le contrat d'engagements est signé un mois au plus tard après la réalisation du diagnostic, d'une part, au nom de l'État, par le représentant légal de la mission locale, ou tout salarié dûment habilité par lui et, d'autre part, par le bénéficiaire de l'accompagnement.

Il mentionne:

1° Les phases du parcours, leurs objectifs et leur durée définis par le bénéficiaire et le conseiller référent;

2° Les engagements de chaque partie au contrat pour chaque phase. Parmi ces engagements figurent pour le bénéficiaire la participation active aux différentes actions prévues au sein des phases d'accompagnement ainsi que la sincérité et l'exactitude des informations communiquées, notamment au titre de l'article R. 5131-13;

3° Le cas échéant, l'attribution d'une allocation, son montant et sa durée prévisionnels.

La première phase du parcours débute au plus tard un mois après la signature du contrat.

Le contrat peut être modifié en fonction des évaluations mentionnées à l'article R. 5131-9 ou de l'évolution de la situation du jeune.

§ 2. Fin du contrat et sanctions

Art. R. 5131-11. Le contrat d'engagements du parcours contractualisé est conclu pour une durée déterminée et peut être renouvelé dans la limite de vingt-quatre mois consécutifs.

Toutefois, lorsque le bénéficiaire du parcours contractualisé intègre en cours de parcours la garantie jeunes, le contrat d'engagements peut être prolongé jusqu'à la fin de la garantie jeunes.

Le contrat d'engagements prend fin:

1° Lorsque l'autonomie du jeune est considérée comme acquise, au vu des évaluations mentionnées à l'article R. 5131-9 ou de l'évolution de la situation du jeune;

2° Lorsque son bénéficiaire atteint son vingt-sixième anniversaire;

3° À la demande expresse de son bénéficiaire;

4° En cas de manquement du bénéficiaire à ses engagements contractuels.

Art. R. 5131-12. En cas de manquement du bénéficiaire à ses engagements contractuels, le représentant légal de la mission locale, après avoir mis à même l'intéressé de présenter ses observations, peut procéder à:

1° La suspension du paiement de l'allocation;

2° La suppression du paiement de l'allocation;

3° La rupture du contrat.

Il notifie sa décision, dûment motivée, par tout moyen conférant date certaine au bénéficiaire de l'accompagnement ou à ses représentants légaux lorsque celui-ci est mineur ou fait l'objet d'une mesure de protection juridique.

§ 3. Montant et modalités de versement de l'allocation

Art. R. 5131-13. Le bénéfice de l'allocation prévue à l'article L. 5131-5 peut être accordé par le représentant de la mission locale, au nom et pour le compte de l'État, à compter de la signature du contrat d'engagements, en fonction de la situation et des besoins de l'intéressé pendant les périodes durant lesquelles ce dernier ne perçoit ***(D. 2020-1783 du 30 déc. 2020, JO 31)*** «pas, au titre de la rémunération d'un emploi ou d'un stage ou d'une autre allocation, des sommes excédant un montant mensuel total de 300 euros».

Note Voir LSQ n° 18216 du 6.01.2021.

Art. R. 5131-14. Le montant de l'allocation et sa durée prévisionnelle sont fixés dans le contrat d'engagements et peuvent être révisés à l'issue des évaluations de chaque phase ou en cas d'évolution de la situation de l'intéressé.

Le montant mensuel de l'allocation ne peut pas excéder le montant mensuel du revenu de solidarité active mentionné à l'article L. 262-2 du code de l'action sociale et des familles pour une personne seule, déduction faite de la fraction mentionnée au 1° de l'article R. 262-9 du même code. L'allocation versée au bénéficiaire est plafonnée à ***(D. 2020-1783 du 30 déc. 2020, JO 31)*** «six» fois ce montant par an.

Art. R. 5131-15. L'allocation est versée mensuellement et à terme échu, au nom de l'État, par l'Agence de services et de paiement, qui transmet au ministre chargé de l'emploi les éléments d'information nécessaires au suivi statistique des bénéficiaires de l'allocation, à la connaissance des crédits engagés ainsi qu'à l'évaluation de la mesure.

Sous-section 3 (réglementaire). **Garantie jeunes**

Art. R. 5131-16. La garantie jeunes est une modalité spécifique du parcours contractualisé vers l'emploi et l'autonomie. Elle constitue une phase d'accompagnement du parcours contractualisé d'une durée de douze mois. Cette durée peut être prolongée jusqu'à six mois sur décision de la commission mentionnée à l'article R. 5131-17.

Les articles R. 5131-8, R. 5131-9, R. 5131-10, R. 5131-11 et R. 5131-15 sont applicables à la garantie jeunes.

Note • Voir instruction DGEFP/SDPAE/2018/124 du 17 mai 2018 relative à la mise en œuvre du parcours contractualisé d'accompagnement vers l'emploi et l'autonomie (PACEA) et de la garantie jeunes (NOR: MTRD1813653J) (BO TR n° 2018/9 du 30 septembre 2018).

• Voir également ASH 10 mars 2017, n° 3001, p. 51, dossier juridique «La garantie jeunes».

Art. R. 5131-17. Les missions locales s'assurent que les jeunes demandant à bénéficier de la garantie jeunes respectent les conditions d'entrée fixées à l'article L. 5131-6.

Une commission locale, présidée par le représentant de l'État dans le département, réunissant les acteurs impliqués dans l'insertion sociale et professionnelle des jeunes et les signataires de la convention pluriannuelle d'objectifs, est chargée du suivi des parcours en garantie jeunes et prend, dans ce cadre, les décisions de prolongation. Elle prend également les décisions en cas de manquement du bénéficiaire à ses engagements contractuels mentionnées à l'article R. 5131-18. Elle peut prendre des décisions d'admission à titre conservatoire pour les jeunes apportant des éléments de nature à démontrer qu'ils satisfont aux conditions d'éligibilité mentionnées à l'article L. 5131-6 mais ne disposant pas de l'ensemble des pièces justificatives permettant d'en attester, ainsi que des décisions d'admission à titre dérogatoire pour les jeunes dont les ressources dépassent le niveau mentionné au même article, lorsque leur situation le justifie et sans pouvoir dépasser ce niveau de ressources de plus de 30 %.

Art. R. 5131-18. En cas de manquement du bénéficiaire à ses engagements contractuels, la commission mentionnée à l'article R. 5131-17, après avoir mis à même l'intéressé de présenter ses observations, peut procéder à:

1° La suspension du paiement de l'allocation;

2° La suppression du bénéfice de la garantie jeunes.

Elle notifie sa décision, dûment motivée, par tout moyen conférant date certaine au bénéficiaire de la garantie jeunes ou à ses représentants légaux lorsque celui-ci est mineur ou fait l'objet d'une mesure de protection juridique.

Art. D. 5131-19. I. – Le niveau de ressources ouvrant droit à la garantie jeunes, pour l'application de l'article L. 5131-6, correspond au montant forfaitaire du revenu de solidarité active mentionné à l'article L. 262-2 du code de l'action sociale et des familles pour une personne seule, déduction faite de la fraction mentionnée au 1° de l'article R. 262-9 du même code.

II. – Sont pris en compte pour la détermination du niveau de ressources ouvrant droit au bénéfice de la garantie jeunes:

1° Les revenus mentionnés aux articles R. 844-1 et R. 844-2 du code de la sécurité sociale;

2° Les bourses d'études ainsi que l'allocation pour la diversité dans la fonction publique;

3° Les revenus tirés de stages réalisés en application de l'article L. 124-1 du code de l'éducation;

4° L'allocation aux adultes handicapés mentionnée aux articles L. 821-1 et L. 821-2 du code de la sécurité sociale;

5° L'allocation temporaire d'attente mentionnée à l'article L. 5423-8 du code du travail;

6° Le revenu de solidarité active mentionné à l'article L. 262-1 du code de l'action sociale et des familles;

7° La prime d'activité mentionnée à l'article L. 841-1 du code de la sécurité sociale.

Art. D. 5131-20. La garantie jeunes ouvre droit à une allocation forfaitaire, d'un montant mensuel équivalent à celui du revenu de solidarité active mentionné à l'article L. 262-2 du code de l'action sociale et des familles pour une personne seule, déduction faite de la fraction mentionnée au 1° de l'article R. 262-9 du même code.

Art. R. 5131-21. L'allocation est intégralement cumulable avec les ressources d'activité du jeune tant que celles-ci ne dépassent pas un montant mensuel net de 300 euros. Au-delà, l'allocation est dégressive linéairement et s'annule lorsque le total des ressources d'activité du jeune équivaut à 80 % du montant mensuel brut du salaire minimum interprofessionnel de croissance.

Art. R. 5131-22. Sont considérés comme des ressources d'activité, pour l'application de l'article L. 5131-6:

1° Les revenus mentionnés à l'article R. 844-1 du code de la sécurité sociale;

2° Les allocations versées aux travailleurs privés d'emploi en application du titre II du livre IV de la cinquième partie du code du travail, ainsi que de l'article L. 1233-68 du même code;

3° Les bourses d'études ainsi que l'allocation pour la diversité dans la fonction publique;

4° Les revenus tirés de stages réalisés en application de l'article L. 124-1 du code de l'éducation.

L'allocation est entièrement cumulable avec les autres ressources perçues par le bénéficiaire, sous réserve des articles R. 5131-23 à R. 5131-25.

Note Cet article a été modifié par le décret 2019-796 du 26 juillet 2019, JO 28, entrée en vigueur le 01.11.2019.

Art. R. 5131-23. L'allocation n'est cumulable ni avec l'indemnité de service civique ni avec l'allocation temporaire d'attente. Le cas échéant, le versement de l'allocation est suspendu pendant la période durant laquelle le jeune perçoit ces prestations.

Art. R. 5131-24. L'allocation n'est pas cumulable avec la prime d'activité mentionnée à l'article L. 841-1 du code de la sécurité sociale, sauf pour les personnes à charge mentionnées à l'article R. 842-3 du même code. Le versement de l'allocation prend fin, le cas échéant, à compter de l'ouverture du droit à la prime d'activité. Toutefois, lorsqu'un droit à la prime d'activité est ouvert au titre d'une activité antérieure à l'entrée dans la garantie jeunes, la prime correspondant à cette période d'activité demeure cumulable avec l'allocation.

Art. R. 5131-25. L'allocation n'est pas cumulable avec le revenu de solidarité active mentionné à l'article L. 262-1 du code de l'action sociale et des familles, sauf pour les personnes à charge mentionnées à l'article R. 262-3 du même code. Les bénéficiaires du revenu de solidarité active et leur conjoint, concubin ou partenaire lié par un pacte civil de solidarité qui sont accompagnés en garantie jeunes dans le cadre fixé à l'article R. 5131-6 ne bénéficient pas de l'allocation prévue à l'article L. 5131-6.

SECTION 4. Dispositions d'application

Art. L. 5131-7. ***(L. 2016-1088 du 8 août 2016, art. 46, I, 7°, JO 9, entrée en vigueur le 01.01.2017)*** Un décret en Conseil d'État détermine les modalités d'application du présent chapitre, en particulier:

1° Les modalités du parcours contractualisé d'accompagnement vers l'emploi et l'autonomie, ainsi que la nature des engagements de chaque partie au contrat;

2° Les modalités de fixation de la durée et de renouvellement du parcours contractualisé d'accompagnement vers l'emploi et l'autonomie;

3° Les modalités d'orientation vers les différentes modalités du parcours contractualisé d'accompagnement vers l'emploi et l'autonomie, ainsi que leurs caractéristiques respectives;

4° Les modalités d'attribution, de modulation, de suppression et de versement de l'allocation prévue aux articles L. 5131-5 et L. 5131-6.

CHAPITRE II Insertion par l'activité économique

Note • Voir instruction DGEFP 2014-2 du 5 février 2014 relative au pilotage des dispositifs de l'insertion par l'activité économique et 5 fiches en annexe [modalités de financement à partir de l'année transitoire 2014 (fiche 1), principales orientations pour le conventionnement des structures de l'insertion par l'activité économique (fiche 2), cadre rénové de la gouvernance locale du secteur (fiche 4), organisation des dialogues de gestion (fiche 3) et de la bourse aux postes (fiche 5)].

• Voir ASH 2015, n° 2914, cahier 2, les numéros juridiques «L'insertion par l'activité économique».

• Voir fiche 2 consacrée à «l'insertion par l'activité économique» de la circulaire DGEFP/MIP/METH/MPP/2020/32 du 28 février 2020 (NOR: MTRD2005122C) relative au Fonds d'inclusion dans l'emploi en faveur des personnes les plus éloignées du marché du travail (parcours emploi compétences, insertion par l'activité économique, entreprises adaptées, groupements d'employeurs pour l'insertion et la qualification).

• Voir arrêté du 7 avril 2020 (JO 5 mai) portant création d'un traitement automatisé de données à caractère personnel relatif à un téléservice visant à faciliter la mise en œuvre des parcours d'insertion par l'activité économique dénommé «plateforme de l'inclusion», modifié par arrêté du 15 juin 2020 (JO 1er juil.).

• **Covid-19.** Voir instruction DGEFP/SDPAE/MIP-METH/2020/140 du 14 août 2020 (NOR: MTRD2021934J) relative à la mobilisation des fonds de développement de l'inclusion (FDI) et du fonds d'accompagnement à la transformation des entreprises adaptées en soutien aux entreprises sociales inclusives qui précise les modalités opérationnelles de mobilisation du FDI pour soutenir les SIAE (structures d'insertion par l'activité économique) dans le contexte de la crise sanitaire.

SECTION 1. Objet

Art. L. 5132-1. L'insertion par l'activité économique a pour objet de permettre à des personnes sans emploi, rencontrant des difficultés sociales et professionnelles particulières, de bénéficier de contrats de travail en vue de faciliter leur insertion professionnelle. Elle met en œuvre des modalités spécifiques d'accueil et d'accompagnement.

Art. L. 5132-1

(L. 2008-1249 du 1er déc. 2008, art. 20, JO 3, entrée en vigueur le 01.06.2009) « L'insertion par l'activité économique, notamment par la création d'activités économiques, contribue également au développement des territoires. »

Note • **Conseil de l'inclusion dans l'emploi.** Le Conseil national de l'insertion par l'activité économique a été remplacé par le conseil de l'inclusion dans l'emploi depuis le 21.11.2018 (loi 2018-771 du 5 septembre 2018, art. 85, JO 6). Le conseil de l'inclusion dans l'emploi est chargé notamment de formuler des propositions et de concourir à la conception, à l'élaboration et au suivi des politiques d'inclusion dans l'emploi, en réalisant des évaluations et en diffusant les bonnes pratiques de l'inclusion dans l'emploi. Le décret 2018-1002 du 19 novembre 2018 (JO 20) en précise les missions, la composition et les modalités de fonctionnement. Voir LSQ n° 17709 du 7.12.2018, dossier juridique «Loi avenir professionnel: emplois et contrat de travail, CDII, IAE», § 3.

• Depuis le 01.05.2016, les **personnes détenues dans un établissement pénitentiaire peuvent accéder au dispositif d'insertion par l'activité économique**. Le conventionnement avec l'État ainsi que les financements associés sont ouverts aux entreprises d'insertion (EI) et aux ateliers et chantiers d'insertion (ACI) qui envisagent de s'implanter dans les établissements pénitentiaires, afin de proposer un parcours d'insertion associant mise en situation de travail et actions d'accompagnement social et professionnel aux personnes détenues et de favoriser ainsi leur insertion ou leur réinsertion durable sur le marché du travail (décret 2016-531 du 27 avril 2016, JO 30).

Le dispositif d'accès des détenus aux activités d'insertion par l'activité a été complété par deux décrets en date du 23 décembre 2016.

Le décret 2016-1850 du 23 décembre 2016 (JO 27) relatif à l'insertion par l'activité économique des personnes détenues précise que ce dispositif est mis en œuvre dans les établissements pénitentiaires par des structures d'insertion par l'activité économique offrant des modalités spécifiques d'accueil et d'accompagnement en vue de faciliter une réinsertion socio-professionnelle. Il prévoit que l'insertion par l'activité économique fait partie des activités faisant l'objet de l'obligation prévue à l'article 27 de la loi 2009-1436 du 24 novembre 2009 (JO 25) pénitentiaire, qui doivent faire l'objet d'une consultation en vertu de l'article 29 de la même loi. Il complète les mentions devant figurer dans l'acte d'engagement lorsque celui-ci se rapporte à l'insertion par l'activité économique.

Le décret 2016-1853 du 23 décembre 2016 (JO 27) relatif à l'implantation de structures d'insertion par l'activité économique en milieu pénitentiaire permettant l'accès des personnes détenues à l'insertion par l'activité économique prévoit la possibilité pour les personnes détenues d'accéder aux activités proposées par les structures d'insertion par l'activité économique et de bénéficier des modalités spécifiques d'accueil et d'un accompagnement à ce titre, en vue de faciliter une réinsertion socio-professionnelle. Il précise l'encadrement dont font l'objet ces activités et les modalités dans lesquelles les personnes détenues peuvent en être suspendues ou déclassées. Il fixe également le taux horaire minimum auquel ces activités sont rémunérées et détermine les éléments devant figurer dans le contrat d'implantation des structures d'insertion par l'activité économique dans les établissements pénitentiaires. Il expose les missions du service de l'emploi pénitentiaire.

L'aide financière par poste de travail prévue aux articles R. 5132-8 et R. 5132-38 versée aux structures d'insertion implantées dans les établissements pénitentiaires, comprend un montant socle et un montant modulé exprimé en pourcentage du montant socle. Le nombre de postes de travail par établissement pénitentiaire ouvrant droit au versement de l'aide financière par l'État est limité à dix. Depuis le 01.01.2020 (arrêté du 7 février 2020, art. 5, JO 12):
– le montant socle de l'aide est fixé à 6 388 € pour les entreprises d'insertion et à 12 265 € pour les ateliers et chantiers d'insertion. Le montant de l'aide est réduit à due proportion de l'occupation du poste de travail;
– le montant de la part modulée de cette aide est fixé à 5 % du montant socle.

Voir le paragraphe 8 de la fiche 2 de la circulaire DGEFP/MIP/METH/MPP/2020/32 du 28 février 2020 relative au Fonds d'inclusion dans l'emploi en faveur des personnes les plus éloignées du marché du travail.

Voir également décret 2018-1098 du 7 décembre 2018 (JO 9) portant création d'un service à compétence nationale dénommé **«Agence du travail d'intérêt général et de l'insertion professionnelle des personnes placées sous main de justice»**. Cette agence est notamment chargée de proposer au garde des sceaux, ministre de la justice, en lien avec les autres ministères concernés, et notamment le ministère du Travail, une stratégie nationale du travail d'intérêt général, de l'emploi pénitentiaire et de l'insertion professionnelle et par l'activité économique.

• **Entreprises d'insertion par l'activité économique par le travail indépendant.** Une expérimentation, réalisée sur l'ensemble du territoire national pour une durée de trois ans à compter du 23 décembre 2018, a pour objet de permettre à des personnes sans emploi, rencontrant des difficultés sociales et professionnelles particulières, d'exercer une activité professionnelle en bénéficiant d'un accompagnement réalisé par une entreprise d'insertion par le travail indépendant (loi 2018-771 précitée, art. 83, modifié par loi 2020-1577 du 14 décembre 2020, art. 1er,

II, JO 15). Le décret 2018-1198 du 20 décembre 2018 (JO 22) définit les modalités de mise en œuvre de l'expérimentation de l'élargissement des formes d'insertion par l'activité économique au travail indépendant. Le paragraphe 9 de la fiche 2 de la circulaire DGEFP/MIP/METH/MPP/2020/32 du 28 février 2020 relative au Fonds d'inclusion dans l'emploi en faveur des personnes les plus éloignées du marché du travail explicite cette mise en œuvre. Voir LSQ n° 17709 du 7.12.2018, dossier juridique «Loi avenir professionnel: emplois et contrat de travail, CDDI, IAE», § 3; RF 13 septembre 2018, FH 3756, § 7-24.

L'aide financière pour les entreprises d'insertion par le travail indépendant, prévue à l'article 6 du décret 2018-1198 précité, est fixée pour un volume horaire travaillé de 1 505 heures; son montant maximum par travailleur indépendant s'élève à 5 614 € (arrêté du 7 février 2020, art. 2, JO 12).

• **Aide à l'embauche des personnes éligibles à un parcours d'insertion par l'activité économique en contrat de professionnalisation.** Afin de faciliter l'accès à la formation des salariés en insertion et de renforcer la logique d'alternance d'insertion, l'accès des structures d'insertion par l'activité économique (art. L. 5132-4 CT) au contrat de professionnalisation a été facilité. La loi Avenir professionnel de 2018 a créé à titre expérimental un contrat de professionnalisation assoupli visant à cibler les salariés plus éloignés de l'emploi, pouvant être conclu en vue d'acquérir des compétences définies par l'employeur et l'opérateur de compétences (OPCO), en accord avec le salarié (loi 2018-771 du 5 septembre 2018, art. 28, VI, JO 6). Cette expérimentation, qui devait initialement durer 3 ans, a été prolongée et durera 5 ans (loi 2020-1577 du 14 décembre 2020, art. 17, JO 15). Le décret 2020-1741 du 29 décembre 2020 (JO 30) est venu renforcer ce dispositif en instaurant, pour les contrats conclus à compter du 1er janvier 2021, une aide à l'embauche des personnes éligibles à un parcours d'insertion par l'activité économique en contrat de professionnalisation par une structure d'insertion par l'activité économique et en définit les modalités. Le montant de l'aide, versée par Pôle emploi pour le compte de l'État, s'élève au plus à 4000 € par salarié. Le décret précité ouvre également le bénéfice du tutorat dans le cadre du contrat de professionnalisation aux associations intermédiaires. Voir également LSQ n° 18216 du 6.01.2021.

• **Expérimentation «contrat passerelle».** Pour une durée de 3 ans à compter de la publication de la loi relative au renforcement de l'inclusion dans l'emploi par l'activité économique et à l'expérimentation «territoire zéro chômeur de longue durée» (soit jusqu'au 15 décembre 2023), cette loi met en place une expérimentation visant à faciliter le recrutement par les entreprises de droit commun de personnes en fin de parcours d'insertion. Elle permettra à un ou plusieurs salariés engagés dans un parcours d'insertion par l'activité économique depuis au moins 4 mois dans une entreprise d'insertion ou un atelier et chantier d'insertion d'être mis à disposition d'une entreprise utilisatrice de droit commun, pour une durée de 3 mois renouvelable une fois, dans les conditions prévues pour les opérations de prêt de main-d'œuvre à but non lucratif (art. L. 8241-2 CT). À l'issue de la mise à disposition, le salarié réintégrera la structure d'insertion. Mais si à l'issue de la période de mise à disposition, l'entreprise utilisatrice embauche le salarié dans un emploi en correspondance avec les activités qui lui avaient été confiées, il est dispensé de toute période d'essai. Les modalités de cette expérimentation seront précisées par décret. Voir article 5 de la loi 2020-1577 du 14 décembre 2020 (JO 15) relative au renforcement de l'inclusion dans l'emploi par l'activité économique et à l'expérimentation «territoire zéro chômeur de longue durée», rapportée dans les *Textes non codifiés.*

SECTION 2. Conventions

Art. L. 5132-2. L'État peut conclure des conventions prévoyant, le cas échéant, des aides financières avec:

1° Les employeurs dont l'activité a spécifiquement pour objet l'insertion par l'activité économique;

2° Les employeurs autorisés à mettre en œuvre, pour l'application des dispositions prévues à l'article L. 5132-15, un atelier ou un chantier d'insertion;

3° Les organismes relevant des articles L. 121-2, L. 222-5 et L. 345-1 du code de l'action sociale et des familles pour mettre en œuvre des actions d'insertion sociale et professionnelle au profit des personnes bénéficiant de leurs prestations;

4° Les régies de quartiers.

(L. 2013-1278 du 29 déc. 2013, art. 142, JO 30) «Lorsque le département participe au financement de ces aides financières, le président du conseil général conclut une convention avec la structure concernée, selon des modalités fixées par décret.»

Note • ***À compter d'une date fixée par décret, et au plus tard le 15.06.2021,*** *au dernier alinéa, le mot: «général» est remplacé par le mot: «départemental» (loi 2020-1577 du 14 décembre 2020, art. 1er, I, 1° et III, JO 15).*

• Le décret 2001-576 du 3 juillet 2001 (JO 4) détermine les conditions de fonctionnement et de financement des centres d'hébergement et de réinsertion sociale.

Art. L. 5132-3. Seules les embauches de personnes agréées par l'*(L. 2008-126 du 13 févr. 2008, JO 14)* «institution mentionnée à l'article L. 5312-1» ouvrent droit:

1° Aux aides relatives aux contrats d'accompagnement dans l'emploi pour les ateliers et chantiers d'insertion;

(L. 2008-1249 du 1er déc. 2008, art. 18, JO 3, entrée en vigueur le 01.06.2009) «2° Aux aides financières aux entreprises d'insertion, aux entreprises de travail temporaire d'insertion et aux ateliers et chantiers d'insertion mentionnées au premier alinéa de l'article L. 5132-2;»

(L. 2018-771 du 5 sept. 2018, art. 28, I, 1°, JO 6) «3° À la possibilité pour les structures définies à l'article L. 5132-4 de conclure un contrat de professionnalisation dans le cadre du conventionnement.»

Note • ***À compter d'une date fixée par décret, et au plus tard le 15.06.2021,*** *cet article est ainsi rédigé:*

Art. L. 5132-3. **(L. 2020-1577 du 14 déc. 2020, art. 1er, I, 2° et III, JO 15, entrée en vigueur au plus tard le 15.06.2021)** *Seules les embauches de personnes éligibles à un parcours d'insertion par l'activité économique ouvrent droit aux aides financières aux entreprises d'insertion, aux entreprises de travail temporaire d'insertion, aux associations intermédiaires ainsi qu'aux ateliers et chantiers d'insertion mentionnées au premier alinéa de l'article L. 5132-2.*

L'éligibilité des personnes à un parcours d'insertion par l'activité économique est appréciée soit par un prescripteur dont la liste est fixée par arrêté du ministre chargé de l'emploi, soit par une structure d'insertion par l'activité économique mentionnée à l'article L. 5132-4.

Un décret en Conseil d'État fixe les modalités d'application du présent article, notamment:
1° Les modalités de bénéfice des aides de l'État mentionnées au premier alinéa du présent article;
2° Les modalités spécifiques d'accueil et d'accompagnement;
3° Les modalités de collecte, de traitement et d'échange des informations et des données à caractère personnel, parmi lesquelles le numéro d'inscription au répertoire des personnes physiques, nécessaires à la détermination de l'éligibilité d'une personne à un parcours d'insertion par l'activité économique, ainsi qu'au suivi de ces parcours et des aides financières afférentes;
4° Les modalités d'appréciation de l'éligibilité d'une personne à un parcours d'insertion par l'activité économique et de contrôle par l'administration;
5° Les conditions dans lesquelles peut être limitée, suspendue ou retirée à une structure d'insertion par l'activité économique la capacité de prescrire un parcours d'insertion en cas de non-respect des règles prévues au présent article.

Sur la fin de l'agrément des publics éligibles à l'IAE, voir LSQ n° 18216 du 6.01.2021; RF 11 février 2021, FH 3878, § 6-4.

• Les dispositions de cet article, dans sa rédaction issue de la loi 2018-771 précitée, sont applicables depuis le 1er janvier 2019 (loi précitée, art. 46, I).

Art. L. 5132-3-1. *(L. 2013-1278 du 29 déc. 2013, art. 142, JO 30)* La convention annuelle d'objectifs et de moyens signée avec l'État, prévue à l'article L. 5134-19-4, comporte un volet relatif au cofinancement par le département des aides financières prévues à l'article L. 5132-2.

En cas d'accord des parties, ce volet fixe le nombre prévisionnel d'aides cofinancées par le département, la manière dont ces aides sont attribuées aux structures d'insertion par l'activité économique et les montants financiers associés. Il peut également prévoir des modalités complémentaires de coordination des financements attribués au secteur de l'insertion par l'activité économique.

À défaut d'accord des parties sur ces points, le conseil général participe au financement des aides financières mentionnées à l'article L. 5132-2, pour les employeurs relevant du 4° de l'article L. 5132-4 lorsque ces aides sont attribuées pour le recrutement de salariés qui étaient, avant leur embauche, bénéficiaires du revenu de solidarité active financé par le département.

La participation mentionnée au troisième alinéa du présent article est déterminée, dans des conditions fixées par décret, par référence au montant forfaitaire mentionné ***(L. 2015-994 du 17 août 2015, art. 59, V et 60, I, JO 18, entrée en vigueur le 01.01.2016)*** «à» l'article L. 262-2 du code de l'action sociale et des familles applicable à une personne isolée. Dans ce cas, la convention prévoit le nombre prévisionnel d'aides attribuées aux ateliers et chantiers d'insertion au titre de l'embauche de ces personnes.

Note • ***À compter d'une date fixée par décret, et au plus tard le 15.06.2021,*** *au troisième alinéa, le mot: «général» est remplacé par le mot: «départemental» (loi 2020-1577 du 14 décembre 2020, art. 1er, I, 3° et III, JO 15).*

• Voir décret 2017-202 du 17 février 2017 (JO 19) relatif au fonds d'appui aux politiques d'insertion; arrêté du 20 février 2017 (JO 2 mars) fixant le modèle de convention d'appui aux politiques d'insertion et instruction interministérielle DGCS/SD1C/DGFIP/DGEFP/2017/73 du 2 mars 2017 relative à la mise en œuvre du fonds d'appui aux politiques d'insertion (NOR: AFSA1706890J).

• Le décret 2019-675 du 28 juin 2019 (JO 29) relatif à la répartition du fonds de mobilisation départementale pour l'insertion au titre des contrats de travail aidés cofinancés par les départements précise les modalités de répartition du fonds de mobilisation départementale pour l'insertion au titre des contrats de travail aidés [notamment les contrats à durée déterminée d'insertion (CDDI)] cofinancés par les départements entre les départements de Guadeloupe et de La Réunion, la collectivité territoriale de Martinique et les collectivités de Saint-Barthélemy, de Saint-Martin et de Saint-Pierre-et-Miquelon. Il précise également les modalités de répartition du fonds de mobilisation départementale pour l'insertion au titre des contrats de travail aidés (CDDI) cofinancés par les départements entre les départements de métropole.

Art. D. 5132-41. ***(D. 2014-728 du 27 juin 2014, JO 29, entrée en vigueur le 01.07.2014)*** Pour l'application du troisième alinéa de l'article L. 5132-3-1, la participation mensuelle du département aux aides financières est égale, pour chaque salarié en insertion qui était, avant son embauche, bénéficiaire du revenu de solidarité active financé par le département, à 88 % du montant forfaitaire mentionné ***(D. 2015-1710 du 21 déc. 2015, art. 4, IV, JO 22, entrée en vigueur le 01.01.2016)*** «à» l'article L. 262-2 du code de l'action sociale et des familles applicable à un foyer composé d'une seule personne, dans la limite de la durée de conventionnement avec la structure d'insertion par l'activité économique concernée.

SECTION 3. Mise en œuvre des actions d'insertion par l'activité économique

Sous-section 1. Structures d'insertion par l'activité économique

Art. L. 5132-4. Les structures d'insertion par l'activité économique pouvant conclure des conventions avec l'État sont:

1° Les entreprises d'insertion;

2° Les entreprises de travail temporaire d'insertion;

3° Les associations intermédiaires;

4° Les ateliers et chantiers d'insertion.

Note • Voir décret 99-106 du 18 février 1999 modifié (JO 19) relatif à l'agrément par l'Agence nationale pour l'emploi des personnes embauchées dans les organismes d'insertion par l'activité économique.

• Le conventionnement avec l'État ainsi que les financements associés sont ouverts aux entreprises d'insertion (EI) et aux ateliers et chantiers d'insertion (ACI) qui envisagent de s'implanter dans les établissements pénitentiaires, afin de proposer un parcours d'insertion associant mise en situation de travail et actions d'accompagnement social et professionnel aux personnes détenues et de favoriser ainsi leur insertion ou leur réinsertion durable sur le marché du travail (décrets 2016-531 du 27 avril 2016, JO 30, 2016-1850 et 2016-1853 du 23 décembre 2016, JO 27). Voir note sous L. 5132-1.

• L'article 29, II de l'ordonnance 2016-65 du 29 janvier 2016 (JO 30) relative aux contrats de concession (ratifiée par l'article 40 de la loi 2016-1691 du 9 décembre 2016, JO 10) prévoit que des contrats de concession peuvent être réservés à des structures d'insertion par l'activité économique mentionnées à l'article L. 5132-4 et à des structures équivalentes, lorsqu'elles emploient une proportion minimale, fixée par voie réglementaire, de travailleurs défavorisés.

• Voir arrêté du 7 avril 2020 (JO 5 mai) portant création d'un traitement automatisé de données à caractère personnel relatif à un téléservice visant à faciliter la mise en œuvre des parcours d'insertion par l'activité économique dénommé «plateforme de l'inclusion», modifié par arrêté du 15 juin 2020 (JO 1er juil.).

• **Expérimentation des commissions insertion organisée par les CSE des structures d'insertion.** Les CSE des structures d'insertion par l'activité comprenant au moins 11 salariés peuvent depuis le 15 décembre 2020 et pour une durée expérimentale de 3 ans, mettre en place une commission insertion. Elle est composée d'un représentant de l'employeur et d'un membre du CSE ainsi que de salariés en parcours d'insertion désignés par le CSE. La composition et les modalités de fonctionnement de cette commission sont fixées par un accord collectif majoritaire (sans possibilité de le faire valider un accord minoritaire par référendum) (art. L. 2232-12, al. 1 CT). En l'absence d'accord ces modalités sont définies par le règlement intérieur du CSE dans les entreprises d'au moins 50 salariés ou par un accord entre l'employeur et les représentants du personnel dans celles de moins de 50 salariés. La commission est chargée de préparer les réunions et les délibérations du CSE sur les questions d'insertion. Elle contribue également à promouvoir les dispositions légales et stipulations conventionnelles applicables aux salariés en parcours d'insertion. Elle débat sur les conditions de travail de ces salariés ainsi que sur la qualité des parcours proposés par la structure en matière d'insertion. Voir article 18 de la loi

2020-1577 du 14 décembre 2020 (JO 15) relative au renforcement de l'inclusion dans l'emploi par l'activité économique et à l'expérimentation «territoire zéro chômeur de longue durée», rapportée dans les *Textes non codifiés.*

Sous-section 2. Entreprises d'insertion

Art. L. 5132-5. ***(L. 2008-1249 du 1er déc. 2008, art. 18, JO 3, entrée en vigueur le 01.06.2009)*** Les entreprises d'insertion concluent avec des personnes sans emploi rencontrant des difficultés sociales et professionnelles particulières des contrats à durée déterminée en application de l'article L. 1242-3.

(L. 2014-288 du 5 mars 2014, art. 20, I, 8°, JO 6) «Pendant l'exécution de ces contrats, une ou plusieurs conventions conclues en vertu de l'article L. 5135-4 peuvent prévoir une période de mise en situation en milieu professionnel auprès d'un autre employeur dans les conditions prévues au chapitre V du présent titre.»

La durée de ces contrats ne peut être inférieure à quatre mois ***(L. 2015-994 du 17 août 2015, art. 46, JO 18)*** «, sauf pour les personnes ayant fait l'objet d'une condamnation et bénéficiant d'un aménagement de peine».

Ces contrats peuvent être renouvelés dans la limite d'une durée totale de vingt-quatre mois.

À titre dérogatoire, ces contrats peuvent être renouvelés au-delà de la durée maximale prévue en vue de permettre d'achever une action de formation professionnelle en cours de réalisation à l'échéance du contrat. La durée de ce renouvellement ne peut excéder le terme de l'action concernée.

À titre exceptionnel, lorsque des salariés âgés de cinquante ans et plus ou des personnes reconnues travailleurs handicapés rencontrent des difficultés particulières qui font obstacle à leur insertion durable dans l'emploi, ce contrat de travail peut être prolongé au-delà de la durée maximale prévue. Cette prolongation peut être accordée par l'institution mentionnée à l'article L. 5312-1 après examen de la situation du salarié au regard de l'emploi, de la capacité contributive de l'employeur et des actions d'accompagnement et de formation conduites dans le cadre de la durée initialement prévue du contrat.

La durée hebdomadaire de travail du salarié embauché dans ce cadre ne peut être inférieure à vingt heures ***(L. 2020-1577 du 14 déc. 2020, art. 6, II, 1°, JO 15)*** «, sauf en cas de cumul avec un autre contrat de travail à temps partiel, afin d'atteindre une durée globale d'activité correspondant à un temps plein ou au moins égale à la durée mentionnée à l'article L. 3123-27». Elle peut varier sur tout ou partie de la période couverte par le contrat sans dépasser la durée légale hebdomadaire. Les périodes travaillées permettent de valider des trimestres de cotisations d'assurance vieillesse dans les conditions de l'article L. 351-2 du code de la sécurité sociale.

Ce contrat peut être suspendu, à la demande du salarié, afin de lui permettre:

1° En accord avec son employeur, d'effectuer une ***(L. 2014-288 du 5 mars 2014, art. 20, I, 8°, JO 6)*** «période de mise en situation en milieu professionnel dans les conditions prévues au chapitre V du présent titre» ou une action concourant à son insertion professionnelle;

2° D'accomplir une période d'essai afférente à une offre d'emploi visant une embauche en contrat de travail à durée indéterminée ou à durée déterminée au moins égale à six mois.

En cas d'embauche à l'issue de cette ***(L. 2014-288 du 5 mars 2014, art. 20, I, 8°, JO 6)*** «période de mise en situation en milieu professionnel, d'une action concourant à son insertion professionnelle,» ou de cette période d'essai, le contrat est rompu sans préavis.

(L. 2015-994 du 17 août 2015, art. 46, JO 18) «Par dérogation aux dispositions relatives à la rupture avant terme du contrat de travail à durée déterminée prévues à l'article L. 1243-2, le contrat peut être rompu avant son terme, à l'initiative du salarié, lorsque la rupture a pour objet de lui permettre de suivre une formation conduisant à une qualification prévue à l'article L. 6314-1.»

(L. 2020-1577 du 14 déc. 2020, art. 6, II, 2°, JO 15) «Un décret définit les conditions dans lesquelles la dérogation à la durée hebdomadaire de travail minimale prévue au septième alinéa du présent article peut être accordée.»

Note • ***À compter d'une date fixée par décret, et au plus tard le 15.06.2021,*** *à la seconde phrase du sixième alinéa, les mots: «l'institution mentionnée à l'article L. 5312-1» sont remplacés par les mots: «un prescripteur mentionné à l'article L. 5132-3 ou, en cas de recrutement direct, par une entreprise d'insertion,» (loi 2020-1577 précitée, art. 1er, I, 4° et III).*

• **Covid-19.** Sur l'ouverture, à titre temporaire à compter du 12 mars 2020, de la possibilité de conclure ou renouveler des contrats à durée déterminée pour une durée totale de 36 mois, par dérogation au 4e alinéa de cet article, voir loi 2020-734 du 17 juin 2020, art. 5, I, JO 18, modifié par ordonnance 2020-1639 du 21 décembre 2020, JO 23, entrée en vigueur le 01.01.2021.

• C'est à tort qu'une cour d'appel a requalifié en contrat à durée indéterminée le contrat de travail à durée déterminée d'une année qui indiquait, d'une part, l'objet de l'activité de l'employeur, lequel était de manière spécifique l'insertion sociale et professionnelle des personnes sans emploi rencontrant des difficultés sociales et professionnelles particulières et, d'autre part, la nature du poste lié à l'activité d'insertion pour laquelle le salarié avait été recruté, emportant ainsi définition précise de son motif (cass. soc. 11 janvier 2006, n° 04-42.870, BC V n° 11; RJS 3/06 n° 370).

Art. L. 5132-5-1. ***(L. 2020-1577 du 14 déc. 2020, art. 2, 1°, JO 15)*** **Les entreprises d'insertion peuvent conclure des contrats à durée indéterminée avec des personnes âgées d'au moins cinquante-sept ans rencontrant des difficultés sociales et professionnelles particulières, selon des modalités définies par décret.**

Note Voir LSQ n° 18216 du 6.01.2021; RF 11 février 2021, FH 3878, § 6-7.

Sous-section 1 (réglementaire). Convention

Art. R. 5132-1. Après consultation du conseil départemental de l'insertion par l'activité économique, et en tenant compte de l'offre existante pour assurer un développement équilibré des actions d'insertion, le préfet peut conclure les conventions prévues à l'article L. 5132-2 avec des ***(D. 2014-197 du 21 févr. 2014, art. 1er, JO 23)*** «entreprises candidates au conventionnement d'entreprise d'insertion», quelle que soit leur forme juridique, ***(D. 2014-197 du 21 févr. 2014, art. 1er, JO 23)*** «contribuant à l'insertion professionnelle des personnes» mentionnées à l'article L. 5132-1.

Art. R. 5132-2. ***(D. 2014-197 du 21 févr. 2014, art. 2, JO 23)*** La convention conclue avec une entreprise d'insertion comporte notamment:

1° Une présentation du projet d'insertion de la structure précisant:

a) Les caractéristiques générales de la structure;

b) Les principales caractéristiques des personnes en difficulté embauchées ***(D. 2016-531 du 27 avril 2016, JO 30)*** «ou des personnes détenues ayant signé un acte d'engagement tel que défini à l'article R. 57-9-2 du code de procédure pénale»;

c) Les modalités d'accompagnement des salariés en insertion et de collaboration avec, d'une part, ***(D. 2014-524 du 22 mai 2014, art. 16, JO 24)*** «Pôle emploi» et, d'autre part, les organismes chargés de l'insertion sociale et professionnelle de ces personnes;

d) Le cas échéant, la mention de l'existence d'une autre convention au titre d'une structure de l'insertion par l'activité économique;

e) L'adéquation du projet économique et social de la structure avec l'environnement local et l'offre d'insertion déjà existante;

2° La présentation des moyens en personnel ainsi que des moyens matériels et financiers mobilisés pour mettre en œuvre le projet d'insertion de la structure et accomplir les tâches administratives et les obligations comptables résultant de l'activité de l'entreprise d'insertion;

3° Le nombre de postes d'insertion ouvrant droit à l'aide financière prévue à l'article R. 5132-7;

4° Les engagements d'insertion pris par la structure et les indicateurs destinés à rendre compte des actions et des résultats;

5° Les modalités de dépôt des offres d'emploi auprès de ***(D. 2014-524 du 22 mai 2014, art. 16, JO 24)*** «Pôle emploi»;

6° La nature et le montant des autres aides publiques directes ou privées dont la structure a bénéficié les années antérieures;

7° Les règles selon lesquelles sont rémunérés les salariés en insertion ***(D. 2016-531 du 27 avril 2016, JO 30)*** «ou les personnes détenues ayant signé un acte d'engagement» et, le cas échéant, la nature des différents contrats proposés;

8° La durée collective de travail applicable dans la structure;

9° Les modalités de suivi, de contrôle et d'évaluation de la convention;

(D. 2016-531 du 27 avril 2016, JO 30) «10° Lorsque l'entreprise d'insertion exerce son activité dans un établissement pénitentiaire, le contrat d'implantation conclu à ce titre.»

Art. R. 5132-3. ***(D. 2014-197 du 21 févr. 2014, art. 3, JO 23)*** La convention peut être conclue pour une durée maximale de trois ans avec des structures présentant des perspectives de viabilité économique; elle peut être renouvelée selon la même procédure.

Les stipulations financières des conventions pluriannuelles font l'objet d'avenants annuels.

La structure transmet chaque année au préfet ses comptes annuels et un bilan d'activité précisant pour les salariés en insertion ***(D. 2016-531 du 27 avril 2016, JO 30)*** «ou les personnes détenues ayant signé un acte d'engagement», les actions mises en œuvre et leurs résultats à l'issue du parcours dans la structure.

Ce document précise les réalisations en termes de suivi, d'accompagnement social et professionnel, d'encadrement des personnes présentant des difficultés sociales et professionnelles particulières, comportant notamment les mentions suivantes:

1° Les moyens humains et matériels affectés à la réalisation de ces actions;

2° Les caractéristiques des personnes embauchées et de leur contrat de travail ***(D. 2016-531 du 27 avril 2016, JO 30)*** «ou des personnes détenues ayant signé un acte d'engagement»;

3° La nature, l'objet, la durée des actions de suivi individualisé et d'accompagnement social et professionnel des personnes;

4° Le cas échéant, les propositions d'action sociale faites à la personne pendant la durée de l'action et avant la sortie de la structure;

5° Les propositions d'orientation professionnelle, de formation préqualifiante ou qualifiante, ou d'emploi faites aux personnes ainsi que les suites qui leur auront été données;

6° Les résultats en termes d'accès et de retour à l'emploi des personnes sorties de la structure.

Note Pour l'année 2021, la totalité des avenants financiers 2020 d'aide au poste mentionnés à cet article relevant d'une convention financière pluriannuelle en vigueur au 1er janvier 2021 sont reconduits automatiquement pour une période de quatre mois. À cette fin, l'Agence de services et de paiement met en place une duplication automatique des avenants arrivés à échéance au 31 décembre 2020, permettant la continuité des versements sur la base du montant conventionné en 2020. En cas de non-transmission à l'Agence de services et de paiement pour validation des avenants financiers au 30 avril 2021, les paiements aux structures seront suspendus (arrêté du 22 décembre 2020, JO 31).

Art. R. 5132-4. ***(D. 2014-197 du 21 févr. 2014, art. 4, JO 23)*** Le préfet contrôle l'exécution de la convention. L'employeur lui fournit, à sa demande, tout élément permettant de vérifier la bonne exécution de la convention, la réalité des actions d'insertion mises en œuvre ainsi que leurs résultats.

Art. R. 5132-5. En cas de non-respect des dispositions de la convention par l'employeur, le préfet l'informe par lettre recommandée de son intention de résilier la convention. Celui-ci dispose d'un délai, qui ne peut être inférieur à ***(D. 2014-197 du 21 févr. 2014, art. 5, JO 23)*** «un mois», pour faire connaître ses observations.

Le préfet peut alors demander le reversement des sommes indûment perçues.

Art. R. 5132-6. ***(D. 2014-197 du 21 févr. 2014, art. 6, JO 23)*** Lorsque l'aide financière est obtenue à la suite de fausses déclarations ou lorsque la convention est détournée de son objet, le préfet résilie la convention après avoir observé la procédure prévue à l'article R. 5132-5. Les sommes indûment perçues donnent alors lieu à reversement.

Sous-section 2 (réglementaire). **Aide financière**

Art. R. 5132-7. L'embauche des personnes mentionnées à l'article L. 5132-1 ***(D. 2016-531 du 27 avril 2016, JO 30)*** «ou l'emploi des personnes détenues ayant signé un acte d'engagement» par les entreprises d'insertion ouvre droit, dans la limite du nombre de postes d'insertion fixé par la convention, à une ***(D. 2014-197 du 21 févr. 2014, art. 7, JO 23)*** «aide financière».

(D. 2014-197 du 21 févr. 2014, art. 7, JO 23) «Cette aide comprend un montant socle et un montant modulé. Le montant modulé est déterminé chaque année par le préfet, dans les conditions fixées par l'article R. 5132-8, en tenant compte:

- des caractéristiques des personnes embauchées ***(D. 2016-531 du 27 avril 2016, JO 30)*** «et le cas échéant des personnes détenues ayant signé un acte d'engagement»;
- des actions et des moyens d'insertion mis en œuvre;
- des résultats constatés à la sortie de la structure.»

Note Voir instruction DGEFP/SDPAE-MIP/2016-222 du 4 juillet 2016 sur la mise en œuvre des modalités de calcul du montant modulé de l'aide au poste (NOR: ETSD1619081J) (BO TR 2016-09 du 30 septembre 2016).

Art. R. 5132-8. ***(D. 2014-197 du 21 févr. 2014, art. 8, JO 23)*** L'aide financière est versée à l'entreprise d'insertion pour chaque poste de travail occupé à temps plein. Le cas échéant, le montant de l'aide est réduit à due proportion de l'occupation des postes.

Son montant socle, le montant maximum de la part modulée dans la limite d'un pourcentage du montant socle et ses conditions de versement sont fixés par arrêté conjoint des ministres chargés de l'emploi et du budget ***(D. 2016-531 du 27 avril 2016, JO 30)*** «respectivement pour les salariés en insertion recrutés sous contrat de travail et pour les personnes détenues ayant signé un acte d'engagement». Un arrêté conjoint du ministre chargé de l'emploi et du ministre chargé du budget revalorise, chaque année, cette aide en fonction de l'évolution du salaire minimum de croissance à compter du 1er janvier 2015.

(D. 2015-1435 du 5 nov. 2015, JO 7) «En cas de modification de la situation juridique de l'employeur au sens de l'article L. 1224-1, le nouvel employeur est substitué dans les droits et obligations de l'employeur initial résultant de la convention prévue à l'article R. 5132-2.»

Note • **L'aide par poste de travail occupé à temps plein** prévue aux articles R. 5132-8, R. 5132-10-12, R. 5132-23 et R. 5132-37 CT comprend un montant socle et un montant modulé exprimé en pourcentage du montant socle. Depuis le 01.01.2020 (circ. DGEFP/SDPA E/MIP/MPP/2018/11 du 11 janvier 2018 relative aux parcours emploi compétences et au Fonds d'inclusion dans l'emploi en faveur des personnes les plus éloignées de l'emploi (NOR: MTRD1801071C), fiche 2 § 2; arrêté du 7 février 2020, art. 1er, JO 12):
– le montant socle de l'aide est fixé à 10 646 € pour les entreprises d'insertion, à 4 299 € pour les entreprises de travail temporaire d'insertion, à 1 383 € pour les associations intermédiaires et à 20 441 € pour les ateliers et chantiers d'insertion dont 1 034 € au titre des missions d'accompagnement socioprofessionnel et d'encadrement technique. Le montant de l'aide est réduit à due proportion de l'occupation du poste de travail;
– le montant de la part modulée de cette aide peut varier de 0 % à 10 % du montant socle en fonction des résultats atteints au regard des critères mentionnés aux articles R. 5132-8, R. 5132-10-12, R. 5132-23 et R. 5132-37.

L'instruction DGEFP/SDPAE/MIP/2018/239 du 22 octobre 2018 détaille la mise en œuvre de la modulation de l'aide aux postes des structures de l'insertion par l'activité économique (IAE) en 2018 et 2019 (NOR: MTRD1829068J). Elle complète sur ces points la circulaire DGEFP/SDPAE/MIP/MPP/2018/11 du 11 janvier 2018 précitée.

Le montant socle versé en cours de mois par l'Agence de services et de paiement correspond au 12e du montant total des aides aux postes d'insertion indiqué dans la convention. Ce montant peut être régularisé en fonction du niveau réel d'occupation des postes tout au long de l'année aux 5e, 8e et 11e mois de la période couverte par l'annexe financière à la convention. La régularisation de fin d'exercice est pour sa part effectuée le mois suivant la fin de la période de référence de l'annexe financière. Le montant de la part modulée est versé à la structure par l'Agence de services et de paiement en une seule fois, sur notification de la décision de l'administration (arrêté du 7 février 2020, art. 3, JO 12).

• **Pour Mayotte,** voir article R. 5522-91.

Art. R. 5132-9. ***(D. 2014-197 du 21 févr. 2014, art. 9, JO 23)*** L'aide financière mentionnée à l'article R. 5132-7 est versée, pour le compte de l'État, par l'Agence de services et de paiement.

Cette aide ne peut se cumuler pour un même poste avec une autre aide à l'emploi financée par l'État.

Art. R. 5132-10. Lorsque la durée du travail prévue au contrat de travail du salarié ***(D. 2016-531 du 27 avril 2016, JO 30)*** «ou dans l'acte d'engagement de la personne détenue» est inférieure à trente-cinq heures par semaine, le montant de l'aide au poste qu'il occupe est réduit par application du rapport entre la durée prévue au contrat ***(D. 2016-531 du 27 avril 2016, JO 30)*** «ou dans l'acte d'engagement» et:

1° La durée collective applicable à l'organisme employeur si cette durée est au moins égale à trente-cinq heures par semaine;

2° La durée de trente-cinq heures si la durée collective du travail applicable à l'organisme employeur est inférieure à trente-cinq heures par semaine.

Sous-section 3 (réglementaire). Périodes de mise en situation en milieu professionnel

Note • Cette sous-section a été introduite par le décret 2014-1360 du 13 novembre 2014, art. 4, JO 15. Voir arrêté du 13 novembre 2014 (JO 15) relatif au modèle de déclaration des conventions de mise en situation en milieu professionnel; décret 2014-1757 du 31 décembre 2014 (JO 1er janv. 2015) relatif à la protection contre les accidents du travail et les maladies professionnelles des bénéficiaires d'actions d'aide à la création d'entreprise, d'orientation, d'évaluation ou d'accompagnement dans la recherche d'emploi; circ. DGEFP 01/15 du 14 janvier 2015 relative à la mise en œuvre des périodes de mise en situation en milieu professionnel avec un document questions - réponses n° 3 du 11 février 2016.

• Voir circulaire DGEFP/MIP/METH/MPP/2020/32 du 28 février 2020 (NOR: MTRD2005122C) relative au Fonds d'inclusion dans l'emploi en faveur des personnes les plus éloignées du marché du travail), fiche 2, § 6 pour les périodes de mise en situation en milieu professionnel (PMSMP) des salariés en insertion.

Art. D. 5132-10-1. La convention mentionnée à l'article L. 5132-2 peut prévoir la possibilité pour l'entreprise d'insertion signataire de mettre en place des périodes de mise en situation en milieu professionnel pour ses salariés recrutés dans le cadre de contrats conclus en application de l'article L. 5132-5.

Dans ce cas, la convention précise:

1° Le nombre prévisionnel de salariés concernés;

2° Les structures d'accueil auprès desquelles ces salariés peuvent effectuer des périodes de mise en situation en milieu professionnel;

3° Les modalités d'accompagnement spécifiques prévues par l'entreprise d'insertion pendant ces périodes;

4° Le ou les objets, parmi ceux mentionnés à l'article L. 5135-1, pour lesquels il pourra être mis en œuvre des périodes de mise en situation en milieu professionnel.

Art. D. 5132-10-2. Chaque période de mise en situation en milieu professionnel prescrite, en accord avec son employeur, pour un salarié en insertion, fait l'objet d'une convention selon les modalités prévues au chapitre V du présent titre, sous réserve des dispositions prévues par la présente sous-section.

Art. D. 5132-10-3. La durée cumulée de l'ensemble des périodes de mise en situation en milieu professionnel effectuées au cours du contrat conclu en application de l'article L. 5132-5 ne peut représenter plus de 25 % de la durée totale du contrat.

Art. D. 5132-10-4. L'entreprise d'insertion transmet à l'Agence de services et de paiement une copie de la convention mentionnée à l'article D. 5135-2.

Sous-section 3. Entreprises de travail temporaire d'insertion

Art. L. 5132-6. Les entreprises de travail temporaire ***(L. 2020-1577 du 14 déc. 2020, art. 3, JO 15)*** «d'insertion» dont l'activité exclusive consiste à faciliter l'insertion professionnelle des personnes ***(L. 2020-1577 du 14 déc. 2020, art. 3, JO 15)*** «éligibles à un parcours d'insertion tel que défini à l'article L. 5132-3 et qui consacrent l'intégralité de leurs moyens humains et matériels à cette fin» concluent avec ces personnes des contrats de mission. ***(L. 2013-504 du 14 juin 2013, art. 12, X, JO 16)*** «Une durée de travail hebdomadaire inférieure à la durée ***(L. 2016-1088 du 8 août 2016, art. 8, XI, 4°, JO 9)*** «minimale mentionnée à l'article L. 3123-6» peut être proposée à ces personnes lorsque le parcours d'insertion le justifie.»

L'activité des entreprises de travail temporaire d'insertion est soumise à l'ensemble des dispositions relatives au travail temporaire prévues au chapitre Ier du titre V du livre II de la première partie ***(L. 2020-1577 du 14 déc. 2020, art. 2, 2°, JO 15)*** «, à l'exclusion de la section 4 *bis*». Toutefois, par dérogation aux dispositions ***(Ord. 2017-1718 du 20 déc. 2017, art. 1er, I, 144°, JO 21)*** «des articles L. 1251-12 et L. 1251-12-1», la durée des contrats de mission peut être portée à vingt-quatre mois, renouvellement compris.

Note **Covid-19.** Sur l'ouverture, à titre temporaire à compter du 12 mars 2020, de la possibilité de conclure ou renouveler des contrats de mission pour une durée totale de 36 mois, par dérogation au dernier alinéa de cet article, voir loi 2020-734 du 17 juin 2020, art. 5, I, JO 18, modifié par ordonnance 2020-1639 du 21 décembre 2020, JO 23, entrée en vigueur le 01.01.2021.

Art. L. 5132-6-1. ***(L. 2020-1577 du 14 déc. 2020, art. 2, 3°, JO 15)*** Par dérogation aux dispositions de l'article L. 5132-6, les entreprises de travail temporaire d'insertion peuvent conclure des contrats à durée indéterminée, tels que mentionnés à l'article L. 1251-58-1, avec des personnes âgées d'au moins cinquante-sept ans rencontrant des difficultés sociales et professionnelles particulières, selon des modalités définies par décret. Dans ce cadre, la durée totale d'une mission ne peut excéder trente-six mois.

Note Voir RF 11 février 2021, FH 3878, § 6-7.

Sous-section 1 (réglementaire). Convention

Note Les sous-sections 1 et 2 ont été introduites par le décret 2014-197 du 21 février 2014, art. 10, JO 23.

Art. R. 5132-10-6. Après consultation du conseil départemental de l'insertion par l'activité économique, et en tenant compte de l'offre existante pour assurer un développement équilibré des actions d'insertion, le préfet peut conclure les conventions prévues à l'article L. 5132-2 avec des entreprises candidates au conventionnement d'entreprise de travail temporaire d'insertion, quelle que soit leur forme juridique, contribuant à l'insertion professionnelle des personnes mentionnées à l'article L. 5132-1.

Art. R. 5132-10-7. La convention conclue avec une entreprise de travail temporaire d'insertion comporte notamment :

1° Une présentation du projet d'insertion de la structure précisant :

a) Les caractéristiques générales de la structure ;

b) Les principales caractéristiques des personnes en difficulté embauchées ;

c) Les modalités d'accompagnement des salariés en insertion et de collaboration avec, d'une part, ***(D. 2014-524 du 22 mai 2014, art. 16, JO 24)*** «Pôle emploi» et, d'autre part, les organismes chargés de l'insertion sociale et professionnelle de ces personnes ;

d) Le cas échéant, la mention de l'existence d'une autre convention au titre d'une structure de l'insertion par l'activité économique ;

e) L'adéquation du projet économique et social de la structure avec l'environnement local et l'offre d'insertion déjà existante;

2° La présentation des moyens en personnel ainsi que des moyens matériels et financiers mobilisés pour mettre en œuvre le projet d'insertion de la structure et accomplir les tâches administratives et les obligations comptables résultant de l'activité de l'entreprise de travail temporaire d'insertion;

3° Le nombre de postes d'insertion ouvrant droit à l'aide financière prévue à l'article ***(D. 2015-1435 du 5 nov. 2015, JO 7)*** « R. 5132-10-12 »;

4° Les engagements d'insertion pris par la structure et les indicateurs destinés à rendre compte des actions et des résultats;

5° Les modalités de dépôt des offres d'emploi auprès de ***(D. 2014-524 du 22 mai 2014, art. 16, JO 24)*** « Pôle emploi »;

6° La nature et le montant des autres aides publiques directes ou privées dont la structure a bénéficié les années antérieures;

7° Les modalités de suivi, de contrôle et d'évaluation de la convention.

Art. R. 5132-10-8. La convention peut être conclue pour une durée maximale de trois ans avec des structures présentant des perspectives de viabilité économique; elle peut être renouvelée selon la même procédure.

Les stipulations financières des conventions pluriannuelles font l'objet d'avenants annuels.

La structure transmet chaque année ses comptes annuels et un bilan d'activité précisant pour les salariés en insertion, les actions mises en œuvre et leurs résultats à l'issue du parcours dans la structure.

Ce document précise les réalisations en termes de suivi, d'accompagnement social et professionnel, d'encadrement des personnes présentant des difficultés sociales et professionnelles particulières, comportant notamment les mentions suivantes:

1° Les moyens humains et matériels affectés à la réalisation de ces actions;

2° Les caractéristiques des personnes embauchées et de leur contrat de travail;

3° La nature, l'objet, la durée des actions de suivi individualisé et d'accompagnement social et professionnel des personnes;

4° Le cas échéant, les propositions d'action sociale faites à la personne pendant la durée de l'action et avant la sortie de la structure;

5° Les propositions d'orientation professionnelle, de formation préqualifiante ou qualifiante, ou d'emploi faites aux personnes ainsi que les suites qui leur auront été données;

6° Les résultats en termes d'accès et de retour à l'emploi des personnes sorties de la structure.

Note Pour l'année 2021, la totalité des avenants financiers 2020 d'aide au poste mentionnés à cet article relevant d'une convention financière pluriannuelle en vigueur au 1er janvier 2021 sont reconduits automatiquement pour une période de quatre mois. À cette fin, l'Agence de services et de paiement met en place une duplication automatique des avenants arrivés à échéance au 31 décembre 2020, permettant la continuité des versements sur la base du montant conventionné en 2020. En cas de non-transmission à l'Agence de services et de paiement pour validation des avenants financiers au 30 avril 2021, les paiements aux structures seront suspendus (arrêté du 22 décembre 2020, JO 31).

Art. R. 5132-10-9. Le préfet contrôle l'exécution de la convention. L'employeur lui fournit, à sa demande, tout élément permettant de vérifier la bonne exécution de la convention, la réalité des actions d'insertion mises en œuvre ainsi que leurs résultats.

Art. R. 5132-10-10. En cas de non-respect des dispositions de la convention par l'employeur, le préfet l'informe par lettre recommandée de son intention de résilier la convention. Celui-ci dispose d'un délai, qui ne peut être inférieur à un mois, pour faire connaître ses observations.

Le préfet peut alors demander le reversement des sommes indûment perçues.

Art. R. 5132-10-11. Lorsque l'aide financière est obtenue à la suite de fausses déclarations ou lorsque la convention est détournée de son objet, le préfet résilie la convention après avoir observé la procédure prévue à l'article R. 5132-10-10. Les sommes indûment perçues donnent alors lieu à reversement.

Sous-section 2 (réglementaire). **Aide financière**

Art. R. 5132-10-12. L'embauche des personnes mentionnées à l'article L. 5132-1 par les entreprises de travail temporaire d'insertion ouvre droit, dans la limite du nombre de poste d'insertion fixé par la convention, à une aide financière. Cette aide comprend un montant socle et un montant modulé. Le montant modulé est déterminé chaque année par le préfet, dans les conditions fixées par l'article R. 5132-10-13, en tenant compte:

- des caractéristiques des personnes embauchées;
- des actions et des moyens d'insertion mis en œuvre;
- des résultats constatés à la sortie de la structure.

Note Voir instruction DGEFP/SDPAE-MIP/2016-222 du 4 juillet 2016 sur la mise en œuvre des modalités de calcul du montant modulé de l'aide au poste (NOR: ETSD1619081J) (BO TR 2016/9 du 30 septembre 2016).

Art. R. 5132-10-13. L'aide financière est versée à l'entreprise de travail temporaire d'insertion pour chaque poste de travail occupé à temps plein. Le cas échéant, le montant de l'aide est réduit à due proportion de l'occupation des postes.

Son montant socle, le montant maximum de la part modulée dans la limite d'un pourcentage du montant socle et ses conditions de versement sont fixés par arrêté conjoint des ministres chargés de l'emploi et du budget. Un arrêté conjoint du ministre chargé de l'emploi et du ministre chargé du budget revalorise, chaque année, cette aide en fonction de l'évolution du salaire minimum de croissance à compter du 1er janvier 2015.

Note Voir arrêté du 7 février 2020 (JO 12) cité dans la note sous l'article R. 5132-8.

Art. R. 5132-10-14. L'aide financière mentionnée à l'article R. 5132-10-12 est versée, pour le compte de l'État, par l'Agence de services et de paiement.

Cette aide ne peut se cumuler pour un même poste avec une autre aide à l'emploi financée par l'État.

Sous-section 4. Associations intermédiaires

Art. L. 5132-7. Les associations intermédiaires sont des associations conventionnées par l'État ayant pour objet l'embauche des personnes sans emploi, rencontrant des difficultés sociales et professionnelles particulières, en vue de faciliter leur insertion professionnelle en les mettant à titre onéreux à disposition de personnes physiques ou de personnes morales.

L'association intermédiaire assure l'accueil des personnes ainsi que le suivi et l'accompagnement de ses salariés en vue de faciliter leur insertion sociale et de rechercher les conditions d'une insertion professionnelle durable.

(L. 2013-504 du 14 juin 2013, art. 12, X, JO 16) «Une durée de travail hebdomadaire inférieure à la durée ***(L. 2016-1088 du 8 août 2016, art. 8, XI, 4°, JO 9)*** «minimale mentionnée à l'article L. 3123-6» peut être proposée aux salariés lorsque le parcours d'insertion le justifie.»

Une association intermédiaire ne peut mettre une personne à disposition d'employeurs ayant procédé à un licenciement économique sur un emploi équivalent ou de même qualification dans les six mois précédant cette mise à disposition.

Note • Voir notamment Guide RF «Guide des associations», 14e éd. 2021, §§ 2203 et s.

• Une association intermédiaire qui a bénéficié de l'**exonération de cotisations patronales** calculées sur la rémunération versée à ses salariés pour 750 heures de travail par année ne peut, au cours de la même année, bénéficier également de la réduction unique dégressive (cass. soc. 23 janvier 2003, n° 01-20.926, BC V n° 18; RJS 4/03 n° 521).

La loi 2018-1203 du 22 décembre 2018 (art. 8, I, 8°, JO 23) a abrogé l'article L. 241-11 c. séc. soc. et a supprimé, pour les périodes courant depuis le 1er janvier 2019, l'exonération de cotisations applicable dans la limite de 750 heures par an propre aux associations intermédiaires. À la place des exonérations supprimées, les employeurs concernés par cette suppression peuvent appliquer la **réduction générale de cotisations patronales** (art. L. 241-13 c. séc. soc.; loi précitée, art. 8, IX, B; décret 2018-1356 du 28 décembre 2018, JO 30; instr. intermin. DSS/5B 2019-141 du 19 juin 2019). Voir RF 28 décembre 2018, FH 3771, §§ 1-8, 1 et 1-13 et «Réduction générale de cotisations patronales», cahier RF 1115, §§ 5460 et s., mai 2020.

• Voir décret 2014-1757 du 31 décembre 2014 (JO 1er janv. 2015) relatif à la **protection contre les accidents du travail et les maladies professionnelles** des bénéficiaires d'actions d'aide à la création d'entreprise, d'orientation, d'évaluation ou d'accompagnement dans la recherche d'emploi.

• Les contrats de travail conclus en application des articles L. 5132-7 à L. 5132-14 CT, dans leur version antérieure à celle issue de la loi 2013-504 du 14 juin 2013, par les associations intermédiaires, en vue de mettre un salarié à la disposition d'une personne physique ou morale ne sont pas soumis aux dispositions du code du travail régissant les contrats de travail à durée déterminée. Une association intermédiaire, dont l'objet est l'embauche des personnes sans emploi, rencontrant des difficultés sociales et professionnelles particulières, en vue de faciliter leur insertion professionnelle en les mettant à titre onéreux à la disposition de personnes physiques ou de personnes morales, est tenue, lorsqu'elle conclut un contrat à durée déterminée à cette fin, d'assurer le **suivi et l'accompagnement du salarié mis à disposition**. Cette obligation constitue une des conditions du dispositif d'insertion par l'activité professionnelle à défaut de laquelle la relation de travail doit être requalifiée en contrat de travail de droit commun à durée indéterminée. Ayant constaté que l'employeur s'était borné à faire suivre à la salariée quatre journées de formation, dans le cadre d'un module repassage, à lui organiser trois rencontres avec un accompagnateur, une cour d'appel a pu en déduire que l'employeur n'avait pas accompli sa mission d'assurer l'accompagnement de la salariée en vue de faciliter son insertion sociale et de rechercher les conditions d'une insertion professionnelle durable, en sorte que l'intéressée était bien fondée à solliciter la requalification de la relation de travail en contrat à durée indéterminée (cass. soc. 5 juin 2019, n° 17-30.984, à paraître, JCP éd. S 2019, 1275, note G. Vachet).

De même, l'augmentation du nombre d'heures travaillées et la délivrance d'un certificat de validation des compétences professionnelles ne sont pas de nature à établir que l'association intermédiaire a accompli sa mission d'assurer l'**accompagnement de la salariée** en vue de favoriser une réinsertion professionnelle durable (cass. soc. 23 mai 2013, n° 12-14.027, BC V n° 129; JCP éd. S 2013, 260, 2e espèce, act. L. Dauxerre; D. 2013, act. 1354; JCP éd. G 2013, 682, act. C. Lefranc-Hamoniaux; RDT, juillet/août 2013, AC, 449; RJS 8-9/13 n° 643, 2e espèce; JCP éd. S 2013, 1371, 1re espèce, note S. Molla).

• Il importe peu que les personnes employées par des associations intermédiaires aient pu être occupées à des activités déjà assurées par l'initiative privée ou l'action des collectivités publiques, dès lors que les dispositions de l'article L. 128 (ancien) CT excluant ces activités du champ d'intervention des associations intermédiaires n'ont pas été reprises à l'article L. 322-4-16-3 issu de la loi 98-657 du 29 juillet 1998. Ces dispositions nouvelles moins sévères doivent seules recevoir application. La cour d'appel n'avait pas à apprécier si les éléments constitutifs du marchandage étaient réunis, dès lors que le seul constat que les associations intermédiaires avaient exercé leur activité dans les limites de leur objet, tel que défini par la loi, excluait nécessairement la répression, conformément aux articles L. 128 (ancien) et L. 322-4-16-3 [L. 5132-2, L. 5132-7 à 14] CT (cass. crim. 30 mai 2000, n° 99-82.639, RJS 9-10/00 n° 1019). Dans le même sens, contre une **requalification des contrats temporaires en contrats à durée indéterminée** sur le fondement des articles L. 124-1, L. 124-3 et L. 124-4 (anciens) CT, voir cass. soc. 23 février 2005, n° 02-40.913, BC V n° 71; RJS 5/05 n° 583; TPS juin 2005, comm. 171, p. 14, note P-Y Verkindt; Dr. Soc. 2005, p. 817, obs. Cl. Roy-Loustaunau. Par ailleurs, les contrats de travail conclus par les associations intermédiaires en application de cet article, en vue de mettre un salarié à la disposition d'une personne physique ou morale, ne sont pas soumis aux dispositions des articles régissant les contrats à durée déterminée (cass. soc. 14 juin 2006, n° 05-40.995, BC V n° 213; RJS 8-9/06 n° 997).

• **La mise à disposition** d'employeurs personnes physiques ne peut intervenir que pour des activités ne relevant pas de leur exercice professionnel; en cas de non-respect de ces dispositions, le salarié peut faire valoir auprès de l'utilisateur les droits tirés d'un contrat à durée indéterminée (cass. soc. 23 mai 2013, n° 12-10.002, BC V n° 130; RJS 8-9/13 n° 643; JCP éd. S 2013, 1371, 2e espèce, note S. Molla).

• Si les dispositions de cet article permettent à des associations intermédiaires agréées d'engager des personnes sans emploi rencontrant des difficultés sociales et professionnelles particulières afin de faciliter leur insertion professionnelle en les mettant à titre onéreux à la disposition d'un employeur ayant conclu avec l'État une convention, cette mise à disposition ne peut intervenir que pour l'**exécution d'une tâche précise et temporaire** et non pour l'occupation d'un emploi lié à l'activité normale et permanente de l'entreprise utilisatrice, le salarié mis à disposition pouvant, dans ce dernier cas, faire valoir auprès de cette entreprise les droits tirés d'un contrat à durée indéterminée (cass. soc. 2 mars 2011, n° 09-43.290, BC V n° 63; RJS 5/11 n° 472).

• L'**absence de convention** entre l'État et l'association intermédiaire ne peut avoir pour effet de dispenser les bénéficiaires des travaux ou des prestations de leur paiement à l'association (cass. soc. 30 mars 2005, n° 03-12.057, BC V n° 113; JCP éd. S 2005, 1049, note Ch. Willmann; RJS 6/05 n° 683).

• **Contrat de professionnalisation: double tutorat dans les associations intermédiaires.** Afin de faciliter le recours au contrat de professionnalisation par les associations intermédiaires, le décret 2020-1741 du 29 décembre 2020 (JO 30) leur a ouvert le bénéfice du système de «double tutorat». Ce système de tutorat adapté au cadre de la mise à disposition permet la désignation de deux tuteurs attachés au contrat de professionnalisation, l'un désigné par l'entreprise utilisatrice et l'autre par l'entreprise d'origine, voir art. D. 6325-10 CT.

Art. L. 5132-8. Une convention de coopération peut être conclue entre l'association intermédiaire et l'*(L. 2008-126 du 13 févr. 2008, JO 14)* «institution mentionnée à l'article L. 5312-1» définissant notamment les conditions de recrutement *(L. 2018-771 du 5 sept. 2018, art. 28, I, 2°, JO 6)* «, de mise à disposition et de formation des salariés de l'association intermédiaire.»

Cette convention de coopération peut également porter sur l'organisation des fonctions d'accueil, de suivi et d'accompagnement des salariés.

Cette convention peut mettre en œuvre des actions expérimentales d'insertion ou de réinsertion.

Art. L. 5132-9

Note • ***À compter d'une date fixée par décret, et au plus tard le 15.12.2021,*** *pour les associations intermédiaires mentionnées au premier alinéa de l'article L. 5132-9 CT et dont les mises à disposition de salariés ne relèvent pas du 1° du même article L. 5132-9, dans sa rédaction antérieure à la loi 2020-1577 du 14 décembre 2020, JO 15, au premier alinéa, les mots: «l'institution mentionnée à l'article L. 5312-1» sont remplacés par les mots: «l'un des prescripteurs mentionnés à l'article L. 5132-3» (loi précitée, art. 1er, I, 5° et 8). Jusqu'à cette date, les associations intermédiaires demeurent régies par les dispositions de la sous-section 4 de la section 3 du chapitre II du titre III du livre Ier de la cinquième partie du code du travail, dans leur rédaction antérieure à la loi 2020-1577 précitée, à l'exception des dispositions du 4° de l'article 2 (art. L. 5132-14-1) et de l'article 4 (seconde phrase du 2° de l'article L. 5132-9) de cette loi, qui leur sont applicables le lendemain de la publication de cette loi (loi précitée, art. 8).* Voir RF 11 février 2021, FH 3878, § 6-6.

• Les dispositions de cet article, dans sa rédaction issue de la loi 2018-771 précitée, sont applicables depuis le 1er janvier 2019 (loi précitée, art. 46, I).

Art. L. 5132-9. Seules les associations intermédiaires qui ont conclu une convention de coopération avec l'***(L. 2008-126 du 13 févr. 2008, JO 14)*** «institution mentionnée à l'article L. 5312-1» peuvent effectuer des mises à disposition auprès des employeurs mentionnés à l'article L. 2212-1 dans les conditions suivantes:

1° La mise à disposition pour l'exécution d'une tâche précise et temporaire d'une durée supérieure à un seuil déterminé par décret en Conseil d'État n'est autorisée que pour les personnes ayant fait l'objet de l'agrément de l'***(L. 2008-126 du 13 févr. 2008, JO 14)*** «institution mentionnée à l'article L. 5312-1» mentionné à l'article L. 5132-3;

(L. 2008-1249 du 1er déc. 2008, art. 19, JO 3, entrée en vigueur le 01.06.2009) «2° La durée totale des mises à disposition d'un même salarié ne peut excéder une durée déterminée par décret, pour une durée de vingt-quatre mois à compter de la première mise à disposition. ***(L. 2020-1577 du 14 déc. 2020, art. 4, JO 15)*** «Dans des conditions définies par décret, le représentant de l'État dans le département peut autoriser une association intermédiaire à déroger à ce plafond, pour une durée maximale de trois ans renouvelable, en tenant compte des activités exercées par les entreprises de travail temporaire d'insertion installées dans le département et à condition que la qualité des parcours d'insertion soit garantie.»

Ces dispositions ne sont pas applicables en cas de mise à disposition auprès de personnes physiques pour des activités ne ressortissant pas à leurs exercices professionnels et de personnes morales de droit privé à but non lucratif.

Note ***À compter d'une date fixée par décret, et au plus tard le 15.12.2021,*** *pour les associations intermédiaires mentionnées au premier alinéa de l'article L. 5132-9 CT et dont les mises à disposition de salariés ne relèvent pas du 1° du même article L. 5132-9, dans sa rédaction antérieure à la loi 2020-1577 précitée, au premier alinéa, au début, le mot: «Seules» est supprimé et les mots: «qui ont conclu une convention de coopération avec l'institution mentionnée à l'article L. 5312-1» sont supprimés et après le mot: «disposition», la fin du 1° est ainsi rédigée: «n'est autorisée que pour l'exécution d'une tâche précise et temporaire;» (loi précitée, art. 1er, I, 6° et 8). Jusqu'à cette date, les associations intermédiaires demeurent régies par les dispositions de la sous-section 4 de la section 3 du chapitre II du titre III du livre Ier de la cinquième partie du code du travail, dans leur rédaction antérieure à la loi 2020-1577 précitée, à l'exception des dispositions du 4° de l'article 2 (art. L. 5132-14-1) et de l'article 4 (seconde phrase du 2° de l'article L. 5132-9) de cette loi, qui leur sont applicables le lendemain de la publication de cette loi (loi précitée, art. 8).* Voir RF 11 février 2021, FH 3878, § 6-6.

Sur la seconde phrase du 2° de l'article L. 5132-9, voir LSQ n° 18197 du 4.12.2020; RF 11 février 2021, FH 3878, § 6-8.

Art. L. 5132-10. Une personne mise à disposition par une association intermédiaire ne peut en aucun cas être embauchée pour accomplir des travaux particulièrement dangereux qui figurent sur une liste établie par l'autorité administrative.

Art. L. 5132-11. Pour les mises à disposition entrant dans le champ de l'article L. 5132-9, la rémunération du salarié, au sens de l'article L. 3221-3, ne peut être inférieure à celle que percevrait un salarié de qualification équivalente occupant le même poste de travail dans l'entreprise, après période d'essai.

Le salarié d'une association intermédiaire peut être rémunéré soit sur la base du nombre d'heures effectivement travaillées chez l'utilisateur, soit sur la base d'un nombre d'heures forfaitaire déterminé dans le contrat pour les activités autres que celles mentionnées à l'article L. 5132-9.

Le paiement des jours fériés est dû au salarié d'une association intermédiaire mis à disposition des employeurs mentionnés à l'article L. 221[1]-1 dès lors que les salariés de cette personne morale en bénéficient.

Art. L. 5132-11-1. ***(L. 2008-1249 du 1er déc. 2008, art. 18, JO 3, entrée en vigueur le 01.06.2009)*** Les associations intermédiaires peuvent conclure avec des personnes sans emploi rencontrant des difficultés sociales et professionnelles particulières des contrats à durée déterminée en application de l'article L. 1242-3.

(L. 2014-288 du 5 mars 2014, art. 20, I, 9°, JO 6) «Pendant l'exécution de ces contrats, une ou plusieurs conventions conclues en vertu de l'article L. 5135-4 peuvent prévoir une période de mise en situation en milieu professionnel auprès d'un autre employeur dans les conditions prévues au chapitre V du présent titre.»

La durée de ces contrats ne peut être inférieure à quatre mois ***(L. 2015-994 du 17 août 2015, art. 46, JO 18)*** «, sauf pour les personnes ayant fait l'objet d'une condamnation et bénéficiant d'un aménagement de peine».

Ces contrats peuvent être renouvelés dans la limite d'une durée totale de vingt-quatre mois.

À titre dérogatoire, ces contrats peuvent être renouvelés au-delà de la durée maximale prévue en vue de permettre d'achever une action de formation professionnelle en cours de réalisation à l'échéance du contrat. La durée de ce renouvellement ne peut excéder le terme de l'action concernée.

À titre exceptionnel, lorsque des salariés âgés de cinquante ans et plus ou des personnes reconnues travailleurs handicapés rencontrent des difficultés particulières qui font obstacle à leur insertion durable dans l'emploi, ce contrat de travail peut être prolongé au-delà de la durée maximale prévue. Cette prolongation peut être accordée par l'institution mentionnée à l'article L. 5312-1 après examen de la situation du salarié au regard de l'emploi, de la capacité contributive de l'employeur et des actions d'accompagnement et de formation conduites dans le cadre de la durée initialement prévue du contrat.

La durée hebdomadaire de travail du salarié embauché dans ce cadre ne peut être inférieure à vingt heures ***(L. 2020-1577 du 14 déc. 2020, art. 6, II, 1°, JO 15)*** «, sauf en cas de cumul avec un autre contrat de travail à temps partiel, afin d'atteindre une durée globale d'activité correspondant à un temps plein ou au moins égale à la durée mentionnée à l'article L. 3123-27». Elle peut varier sur tout ou partie de la période couverte par le contrat sans dépasser la durée légale hebdomadaire. Les périodes travaillées permettent de valider des trimestres de cotisations d'assurance vieillesse dans les conditions de l'article L. 351-2 du code de la sécurité sociale.

Ce contrat peut être suspendu, à la demande du salarié, afin de lui permettre:

1° En accord avec son employeur, d'effectuer une ***(L. 2014-288 du 5 mars 2014, art. 20, I, 9°, JO 6)*** «période de mise en situation en milieu professionnel dans les conditions prévues au chapitre V du présent titre» ou une action concourant à son insertion professionnelle;

2° D'accomplir une période d'essai afférente à une offre d'emploi visant une embauche en contrat de travail à durée indéterminée ou à durée déterminée au moins égale à six mois.

En cas d'embauche à l'issue de cette ***(L. 2014-288 du 5 mars 2014, art. 20, I, 9°, JO 6)*** «période de mise en situation en milieu professionnel, d'une action concourant à son insertion professionnelle,» ou de cette période d'essai, le contrat est rompu sans préavis.

(L. 2015-994 du 17 août 2015, art. 46, JO 18) «Par dérogation aux dispositions relatives à la rupture avant terme du contrat de travail à durée déterminée prévues à l'article L. 1243-2, le contrat peut être rompu avant son terme, à l'initiative du salarié, lorsque la rupture a pour objet de lui permettre de suivre une formation conduisant à une qualification prévue à l'article L. 6314-1.»

(L. 2020-1577 du 14 déc. 2020, art. 6, II, 3°, JO 15) «Un décret définit les conditions dans lesquelles la dérogation à la durée hebdomadaire de travail minimale prévue au neuvième alinéa du présent article peut être accordée.»

Note • ***À compter d'une date fixée par décret, et au plus tard le 15.12.2021,*** *pour les associations intermédiaires mentionnées au premier alinéa de l'article L. 5132-9 CT et dont les mises à disposition de salariés ne relèvent pas du 1° du même article L. 5132-9, dans sa rédaction antérieure à la loi 2020-1577 précitée, le sixième alinéa est remplacé par trois alinéas ainsi* *rédigés: «À titre exceptionnel, ce contrat de travail peut être prolongé par un prescripteur tel que mentionné à l'article L. 5132-3, au-delà de la durée maximale prévue, après examen de la situation du salarié au regard de l'emploi, de la capacité contributive de l'employeur et des actions d'accompagnement et de formation conduites dans le cadre de la durée initialement prévue du contrat: a) Lorsque des salariés âgés de cinquante ans et plus ou des personnes reconnues travailleurs handicapés rencontrent des difficultés particulières qui font obstacle à leur insertion durable dans l'emploi, quel que soit leur statut juridique; b) Lorsque des salariés rencontrent des difficultés particulièrement importantes dont l'absence de prise en charge ferait obstacle à leur insertion professionnelle, par décisions successives d'un an au plus, dans la limite de soixante mois.» (loi précitée, art. 1er, I, 7° et 8). Jusqu'à cette date, les associations intermédiaires demeurent régies par les dispositions de la sous-section 4 de la section 3 du chapitre II du titre III du livre Ier de la cinquième partie du code du travail, dans leur rédaction antérieure à la loi 2020-1577 précitée, à l'exception des dispositions du 4° de l'article 2 (art. L. 5132-14-1) et de l'article 4 (seconde phrase du 2° de l'article L. 5132-9) de cette loi, qui leur sont applicables le lendemain de la publication de cette loi (loi précitée, art. 8).*

• Voir LSQ n° 18197 du 4.12.2020.

• **Covid-19.** Sur l'ouverture, à titre temporaire à compter du 12 mars 2020, de la possibilité de conclure ou renouveler des contrats à durée déterminée pour une durée totale de 36 mois, par dérogation au 4e alinéa de cet article, et sur l'adaptation des modalités de détermination de l'indemnité d'activité partielle au bénéfice des salariés des associations intermédiaires titulaires de contrats à durée déterminée, voir loi 2020-734 du 17 juin 2020, art. 5, I et II, JO 18, modifié par ordonnance 2020-1639 du 21 décembre 2020, JO 23, entrée en vigueur le 01.01.2021. Sur les mesures prises en matière d'activité partielle pour faire face à l'épidémie de Covid-19, voir aussi note introductive du chapitre II du titre II du livre Ier de la cinquième partie relatif à l'aide aux salariés placés en activité partielle.

Art. L. 5132-13. Les salariés des associations intermédiaires ont droit à la formation professionnelle continue:

1° Soit à l'initiative de l'employeur, dans le cadre du plan de formation de l'association ou des actions de formation en alternance;

2° Soit à l'initiative du salarié, dans le cadre d'un ***(Ord. 2019-861 du 21 août 2019, art. 1er, 4°, JO 22)*** «congé spécifique mentionné à l'article L. 6323-17-1» ou d'un congé de bilan de compétences.

Note • Au 01.01.2019, le plan de formation est devenu le **«plan de développement des compétences»**, voir article L. 6312-1 modifié par la loi 2018-771 du 5 septembre 2018, art. 8, I, 1°, JO 6.

• Le congé spécifique mentionné à l'article L. 6323-17-1 CT est le congé de transition professionnel qui est adossé au **compte personnel de formation de transition professionnelle**.

Art. L. 5132-14. Lorsque l'activité de l'association intermédiaire est exercée dans les conditions de la présente sous-section, ne sont pas applicables:

1° Les sanctions relatives au travail temporaire, prévues aux articles ***(L. 2016-1088 du 8 août 2016, art. 85, VI, JO 9)*** « L. 1255-1 à L. 1255-12»;

2° Les sanctions relatives au marchandage, prévues aux articles L. 8234-1 et L. 8234-2;

3° Les sanctions relatives au prêt illicite de main-d'œuvre, prévues aux articles L. 8243-1 et L. 8243-2.

Les sanctions prévues en cas de non-respect des dispositions auxquelles renvoie l'article L. 8241-2, relatives aux opérations de prêt de main-d'œuvre à but non lucratif, sont applicables.

Art. L. 5132-14-1. ***(L. 2020-1577 du 14 déc. 2020, art. 2, 4°, JO 15)*** Les associations intermédiaires peuvent conclure des contrats à durée indéterminée avec des personnes âgées d'au moins cinquante-sept ans rencontrant des difficultés sociales et professionnelles particulières, selon des modalités définies par décret.

Sous-section 1 (réglementaire). Convention

Art. R. 5132-11. ***(D. 2014-197 du 21 févr. 2014, art. 11, JO 23, entrée en vigueur le 01.07.2014)*** Après consultation du conseil départemental de l'insertion par l'activité économique et en tenant compte de l'offre existante pour assurer un développement équilibré des actions d'insertion, le préfet peut conclure les conventions prévues à l'article L. 5132-7 avec des associations candidates au statut d'association intermédiaire contribuant à l'insertion professionnelle des personnes mentionnées à l'article L. 5132-1. Cette convention peut porter sur tout ou partie des activités d'insertion des associations candidates.

Art. R. 5132-12. ***(D. 2014-197 du 21 févr. 2014, art. 12, JO 23, entrée en vigueur le 01.07.2014)*** La convention conclue avec une association intermédiaire comporte notamment :

1° Une présentation du projet d'insertion de la structure précisant :

a) Les caractéristiques générales de la structure ;

b) Les principales caractéristiques des personnes en difficulté embauchées ;

c) Les modalités d'accompagnement des personnes accueillies et des salariés en insertion ainsi que les modalités de collaboration avec, d'une part, Pôle emploi et, d'autre part, les organismes chargés de l'insertion sociale et professionnelle de ces personnes ;

d) Le cas échéant, la mention de l'existence d'une autre convention au titre d'une structure de l'insertion par l'activité économique ;

e) L'adéquation du projet économique et social de la structure avec l'environnement local et l'offre d'insertion déjà existante ;

f) Le territoire dans lequel l'association se propose d'exercer son activité ;

2° La présentation des moyens en personnel ainsi que des moyens matériels et financiers mobilisés pour :

a) Accomplir les tâches administratives et les obligations comptables résultant de l'activité de l'association ;

b) Mettre en œuvre le projet d'insertion de la structure ;

c) Assurer une permanence d'une durée au moins équivalente à trois jours par semaine pour l'accueil des publics et la réception des offres d'activité ;

3° Le nombre de postes d'insertion, ouvrant droit à l'aide financière prévue à l'article R. 5132-23 ;

4° Les engagements d'insertion pris par la structure et les indicateurs destinés à rendre compte des actions et des résultats ;

5° Les conditions de coopération envisagées avec l'institution mentionnée à l'article L. 5312-1 [Pôle emploi] afin de favoriser l'insertion dans l'emploi des personnes dont l'association assure le suivi ainsi que les modalités de dépôt des offres d'emploi auprès de cette institution [cet établissement] ;

6° La nature et le montant des autres aides publiques directes ou privées dont la structure a bénéficié les années antérieures ;

7° Les modalités de suivi, de contrôle et d'évaluation de la convention.

Note Un changement de terminologie a été effectué dans la version de cet article antérieure au 01.07.2014 par le décret 2014-524 du 22 mai 2014 (JO 24).

Art. R. 5132-13. ***(D. 2014-197 du 21 févr. 2014, art. 13, JO 23, entrée en vigueur le 01.07.2014)*** La convention peut être conclue pour une durée maximale de trois ans avec des structures présentant des perspectives de viabilité économique ; elle peut être renouvelée selon la même procédure.

Les stipulations financières des conventions pluriannuelles font l'objet d'avenants annuels.

La structure transmet chaque année ses comptes annuels et un bilan d'activité précisant pour les salariés en insertion, les actions mises en œuvre et leurs résultats à l'issue du parcours dans la structure.

Ce document précise les réalisations en termes de suivi, d'accompagnement social et professionnel, d'encadrement des personnes présentant des difficultés sociales et professionnelles particulières, comportant notamment les mentions suivantes :

1° Les moyens humains et matériels affectés à la réalisation de ces actions ;

2° Les caractéristiques des personnes embauchées et de leur contrat de travail ;

3° La nature, l'objet, la durée des actions de suivi individualisé et d'accompagnement social et professionnel des personnes ;

4° Le cas échéant, les propositions d'action sociale faites à la personne pendant la durée de l'action et avant la sortie de la structure ;

5° Les propositions d'orientation professionnelle, de formation préqualifiante ou qualifiante, ou d'emploi faites aux personnes ainsi que les suites qui leur auront été données ;

6° Les résultats en termes d'accès et de retour à l'emploi des personnes sorties de la structure.

Note Pour l'année 2021, la totalité des avenants financiers 2020 d'aide au poste mentionnés à cet article relevant d'une convention financière pluriannuelle en vigueur au 1er janvier 2021 sont reconduits automatiquement pour une période de quatre mois. À cette fin, l'Agence de services et de paiement met en place une duplication automatique des avenants arrivés à échéance au 31 décembre 2020, permettant la continuité des versements sur la base du montant conventionné en 2020. En cas de non-transmission à l'Agence de services et de paiement pour validation des avenants financiers au 30 avril 2021, les paiements aux structures seront suspendus (arrêté du 22 décembre 2020, JO 31).

Art. R. 5132-15. ***(D. 2014-197 du 21 févr. 2014, art. 14, JO 23, entrée en vigueur le 01.07.2014)*** Le préfet contrôle l'exécution de la convention. L'employeur lui fournit, à sa demande, tout élément permettant de vérifier la bonne exécution de la convention, la réalité des actions d'insertion mises en œuvre ainsi que leurs résultats.

Art. R. 5132-16. ***(D. 2014-197 du 21 févr. 2014, art. 15, JO 23, entrée en vigueur le 01.07.2014)*** En cas de non-respect des dispositions de la convention par l'employeur, le préfet l'informe par lettre recommandée de son intention de résilier la convention. Celui-ci dispose d'un délai, qui ne peut être inférieur à un mois, pour faire connaître ses observations.

Le préfet peut alors demander le reversement des sommes indûment perçues.

Sous-section 2 (réglementaire). Convention de coopération et mise à disposition

Art. R. 5132-17. La convention de coopération prévue à l'article L. 5132-8 comporte, notamment :

1° Les modalités de mise en relation des candidats avec l'association intermédiaire ;

2° Les modalités selon lesquelles l'association informe l'agence locale pour l'emploi de toute évolution de la situation de ses salariés justifiant son intervention ;

3° Les actions susceptibles d'être réalisées par l'agence pour faciliter l'accès à l'emploi des personnes salariées de l'association ;

4° Le cas échéant, les conditions dans lesquelles l'association intermédiaire réalise des prestations pour le compte de ***(D. 2014-524 du 22 mai 2014, art. 16, JO 24)*** « Pôle emploi », ainsi que les conditions de financement de ces prestations.

Art. R. 5132-18. En application de l'article L. 5132-9, les conditions suivantes doivent être respectées :

1° Le seuil prévu au 1° de l'article précité est de 16 heures ;

2° La durée totale mentionnée au 2° de ce même article est de ***(D. 2014-197 du 21 févr. 2014, art. 16, JO 23, entrée en vigueur le 01.07.2014)*** « 480 heures ».

Art. R. 5132-19. L'association intermédiaire ne peut pas mettre ses salariés à disposition d'employeurs pour des activités situées hors du territoire défini dans la convention conclue par elle avec l'État.

Art. R. 5132-20. Un contrat est établi par écrit entre l'association intermédiaire et la personne, dite l'utilisateur, à la disposition de laquelle elle met un ou plusieurs salariés.

Le contrat comporte notamment :

1° Le nom des salariés mis à disposition ;

2° Les tâches à remplir ;

3° Le lieu où elles s'exécutent ;

4° Le terme de la mise à disposition ;

5° Lorsque l'utilisateur est une entreprise, le montant de la rémunération avec ses différentes composantes, y compris, s'il en existe, les primes et accessoires de salaire que percevrait après période d'essai un salarié de qualification équivalente occupant le même poste de travail ;

6° La nature des équipements de protection individuelle que le salarié doit utiliser en précisant, le cas échéant, s'ils sont fournis par l'association intermédiaire.

Art. R. 5132-21. Les travaux particulièrement dangereux figurant sur la liste prévue à l'article L. 5132-10 sont ceux mentionnés à l'article D. 4154-1.

Art. R. 5132-22. La convention conclue avec l'État peut être résiliée par le préfet si l'association intermédiaire effectue des mises à disposition pour la réalisation de travaux particulièrement dangereux pour lesquels il ne peut être fait appel à des salariés sous contrat de travail à durée déterminée, en application de l'article L. 1242-6, ou ne respecte pas les conditions de mise à disposition mentionnées à l'article L. 5132-9.

Sous-section 3 (réglementaire). Aide financière

Art. R. 5132-23. ***(D. 2014-197 du 21 févr. 2014, art. 17, JO 23, entrée en vigueur le 01.07.2014)*** L'embauche des personnes mentionnées à l'article L. 5132-1 par les associations intermédiaires ouvre droit, dans la limite du nombre de postes d'insertion fixé par la convention, à une aide financière.

Cette aide comprend un montant socle et un montant modulé. Le montant modulé est déterminé chaque année par le préfet, dans les conditions fixées par l'article R. 5132-24, en tenant compte :

- des caractéristiques des personnes embauchées ;
- des actions et des moyens d'insertion mis en œuvre ;
- des résultats constatés à la sortie de la structure.

Note Voir instruction DGEFP/SDPAE-MIP/2016-222 du 4 juillet 2016 sur la mise en œuvre des modalités de calcul du montant modulé de l'aide au poste (NOR : ETSD1619081J) (BO TR 2016/9 du 30 septembre 2016).

Art. R. 5132-24. ***(D. 2014-197 du 21 févr. 2014, art. 18, JO 23, entrée en vigueur le 01.07.2014)*** L'aide financière est versée à l'association intermédiaire pour chaque poste de travail occupé à temps plein. Le cas échéant, le montant de l'aide est réduit à due proportion de l'occupation des postes.

Son montant socle, le montant maximum de la part modulée dans la limite d'un pourcentage du montant socle et ses conditions de versement sont fixés par arrêté conjoint des ministres chargés de l'emploi et du budget. Un arrêté conjoint du ministre chargé de l'emploi et du ministre chargé du budget revalorise, chaque année, cette aide en fonction de l'évolution du salaire minimum de croissance à compter du 1er janvier 2015.

Note Voir arrêté du 7 février 2020 (JO 12) cité dans la note sous l'article R. 5132-8 CT.

Art. R. 5132-25. ***(D. 2014-197 du 21 févr. 2014, art. 19, JO 23, entrée en vigueur le 01.07.2014)*** L'aide financière mentionnée à l'article R. 5132-23 est versée, pour le compte de l'État, par l'Agence de services et de paiement.

Cette aide ne peut se cumuler pour un même poste avec une autre aide à l'emploi financée par l'État.

(D. 2015-1435 du 5 nov. 2015, JO 7) « En cas de modification de la situation juridique de l'employeur au sens de l'article L. 1224-1, le nouvel employeur est substitué dans les droits et obligations de l'employeur initial résultant de la convention prévue à l'article R. 5132-12. »

Art. R. 5132-26. ***(D. 2014-197 du 21 févr. 2014, art. 20, JO 23, entrée en vigueur le 01.07.2014)*** Lorsque l'aide financière est obtenue à la suite de fausses déclarations ou lorsque la convention est détournée de son objet, le préfet résilie la convention après avoir observé la procédure prévue à l'article R. 5132-16. Les sommes indûment perçues donnent alors lieu à reversement.

Sous-section 4 (réglementaire). **Périodes de mise en situation en milieu professionnel**

Note • Cette sous-section a été introduite par le décret 2014-1360 du 13 novembre 2014, art. 5, JO 15.

• Voir arrêté du 13 novembre 2014 (JO 15) relatif au modèle de déclaration des conventions de mise en situation en milieu professionnel ; décret 2014-1757 du 31 décembre 2014 (JO 1er janv. 2015) relatif à la protection contre les accidents du travail et les maladies professionnelles des bénéficiaires d'actions d'aide à la création d'entreprise, d'orientation, d'évaluation ou d'accompagnement dans la recherche d'emploi ; circulaire DGEFP 01/15 du 14 janvier 2015 relative à la mise en œuvre des périodes de mise en situation en milieu professionnel avec un document questions - réponses n° 3 du 11 février 2016.

• Voir circulaire DGEFP/MIP/METH/MPP/2020/32 du 28 février 2020 (NOR : MTRD2005122C) relative au Fonds d'inclusion dans l'emploi en faveur des personnes les plus éloignées du marché du travail, fiche 2, § 6 pour les périodes de mise en situation en milieu professionnel (PMSMP) des salariés en insertion.

Art. D. 5132-26-1. La convention mentionnée à l'article L. 5132-2 peut prévoir la possibilité, pour l'association intermédiaire signataire, de mettre en place des périodes de mise en situation en milieu professionnel pour ses salariés recrutés dans le cadre de contrats conclus en application de l'article L. 5132-11-1.

Dans ce cas, la convention précise :

1° Le nombre prévisionnel de salariés concernés ;

2° Les structures d'accueil auprès desquelles ces salariés peuvent effectuer des périodes de mise en situation en milieu professionnel ;

3° Les modalités d'accompagnement spécifiques prévues par l'association intermédiaire pendant ces périodes ;

4° Le ou les objets, parmi ceux mentionnés à l'article L. 5135-1, pour lesquels il pourra être mis en œuvre des périodes de mise en situation en milieu professionnel.

Art. D. 5132-26-2. Chaque période de mise en situation en milieu professionnel prescrite, en accord avec son employeur, pour un salarié en insertion fait l'objet d'une convention selon les modalités prévues au chapitre V du présent titre, sous réserve des dispositions prévues par la présente sous-section.

Art. D. 5132-26-3. La durée cumulée de l'ensemble des périodes de mise en situation en milieu professionnel effectuées au cours du contrat conclu en application de l'article L. 5132-11-1 ne peut représenter plus de 25 % de la durée totale du contrat.

Art. D. 5132-26-4. L'association intermédiaire transmet à l'Agence de services et de paiement une copie de la convention mentionnée à l'article D. 5135-2.

Sous-section 5 (réglementaire). **Suivi de l'état de santé des salariés de l'association intermédiaire**

Note • Cette sous-section a été introduite par le décret 2012-135 du 30 janvier 2012, JO 31, entrée en vigueur le 01.07.2012.

• Voir circulaire DGT 13 du 9 novembre 2012, 3e partie, II.

• Il appartient à l'employeur, tenu d'une obligation de sécurité de résultat à l'égard des salariés, de prendre les mesures propres à en assurer l'effectivité et, en cas de contestation, de justifier qu'il a accompli à cette fin les diligences qui lui incombent légalement (cass. soc. 23 mai 2013, n° 12-14.027, BC V n° 129 ; RJS 8-9/13 n° 643 ; JCP éd. S 2013, 1371, 1re espèce, note S. Molla).

Art. R. 5132-26-6. L'association intermédiaire assure le suivi ***(D. 2016-1908 du 27 déc. 2016, art. 19, II, 2°, JO 29, entrée en vigueur le 01.01.2017)*** « de l'état de santé » des personnes mises à disposition d'un utilisateur par un service de santé au travail interentreprises.

Art. R. 5132-26-7. ***(D. 2016-1908 du 27 déc. 2016, art. 19, II, 3°, JO 29, entrée en vigueur le 01.01.2017)*** «La visite d'information et de prévention et l'examen médical d'embauche» de la personne mise à disposition d'un utilisateur ***(D. 2016-1908 du 27 déc. 2016, art. 19, II, 3°, JO 29, entrée en vigueur le 01.01.2017)*** «sont organisés» par l'association intermédiaire, dès sa première mise à disposition ou au plus tard dans le mois suivant.

Note Les 2e et 3e alinéas de cet article ont été supprimés par le décret 2016-1908 précité, art. 19, II, 3°.

Art. R. 5132-26-8. ***(D. 2016-1908 du 27 déc. 2016, art. 19, II, 4°, JO 29, entrée en vigueur le 01.01.2017)*** Les visites réalisées en application des sous-sections 1 et 2 de la section 2 du chapitre IV du titre II du livre VI de la quatrième partie du présent code peuvent être effectuées pour plusieurs emplois, dans la limite de trois.

Sous-section 5. Ateliers et chantiers d'insertion

Art. L. 5132-15. Les ateliers et chantiers d'insertion conventionnés par l'État sont organisés par les employeurs figurant sur une liste.

Ils ont pour mission:

1° D'assurer l'accueil, l'embauche et la mise au travail sur des actions collectives des personnes sans emploi rencontrant des difficultés sociales et professionnelles particulières;

2° D'organiser le suivi, l'accompagnement, l'encadrement technique et la formation de leurs salariés en vue de faciliter leur insertion sociale et de rechercher les conditions d'une insertion professionnelle durable.

Art. L. 5132-15-1. ***(L. 2008-1249 du 1er déc. 2008, art. 18, JO 3, entrée en vigueur le 01.06.2009)*** Les ateliers et chantiers d'insertion ***(L. 2014-288 du 5 mars 2014, art. 20, I, 15°, JO 6)*** «, quel que soit leur statut juridique,» peuvent conclure avec des personnes sans emploi rencontrant des difficultés sociales et professionnelles particulières des contrats à durée déterminée en application de l'article L. 1242-3.

(L. 2014-288 du 5 mars 2014, art. 20, I, 10°, JO 6) «Pendant l'exécution de ces contrats, une ou plusieurs conventions conclues en vertu de l'article L. 5135-4 peuvent prévoir une période de mise en situation en milieu professionnel auprès d'un autre employeur dans les conditions prévues au chapitre V du présent titre.»

La durée de ces contrats ne peut être inférieure à quatre mois ***(L. 2015-994 du 17 août 2015, art. 46, JO 18)*** «, sauf pour les personnes ayant fait l'objet d'une condamnation et bénéficiant d'un aménagement de peine».

Ces contrats peuvent être renouvelés dans la limite d'une durée totale de vingt-quatre mois.

À titre dérogatoire, ces contrats peuvent être renouvelés au-delà de la durée maximale prévue en vue de permettre d'achever une action de formation professionnelle en cours de réalisation à l'échéance du contrat. La durée de ce renouvellement ne peut excéder le terme de l'action concernée.

(L. 2016-1088 du 8 août 2016, art. 53, JO 9) «À titre exceptionnel, ce contrat de travail peut être prolongé par Pôle emploi, au-delà de la durée maximale prévue, après examen de la situation du salarié au regard de l'emploi, de la capacité contributive de l'employeur et des actions d'accompagnement et de formation conduites dans le cadre de la durée initialement prévue du contrat:

a) Lorsque des salariés âgés de cinquante ans et plus ou des personnes reconnues travailleurs handicapés rencontrent des difficultés particulières qui font obstacle à leur insertion durable dans l'emploi, quel que soit leur statut juridique;

b) Lorsque des salariés rencontrent des difficultés particulièrement importantes dont l'absence de prise en charge ferait obstacle à leur insertion professionnelle, par décisions successives d'un an au plus, dans la limite de soixante mois.»

La durée hebdomadaire de travail du salarié embauché dans ce cadre ne peut être inférieure à vingt heures, ***(L. 2014-288 du 5 mars 2014, art. 20, I, 15°, JO 6)*** «sauf lorsque le contrat le prévoit pour prendre en compte les difficultés particulièrement importantes de l'intéressé» ***(L. 2020-1577 du 14 déc. 2020, art. 6, II, 4°, JO 15)*** «ou en cas de cumul avec un autre contrat de travail à temps partiel, afin d'atteindre une durée globale d'activité correspondant à un temps plein ou au moins égale à la durée mentionnée à l'article L. 3123-27». Elle peut varier sur tout ou partie de la période couverte par le contrat sans dépasser la durée légale hebdomadaire. Les périodes travaillées permettent de valider des trimestres de cotisations d'assurance vieillesse dans les conditions de l'article L. 351-2 du code de la sécurité sociale.

Ce contrat peut être suspendu, à la demande du salarié, afin de lui permettre:

1° En accord avec son employeur, d'effectuer une ***(L. 2014-288 du 5 mars 2014, art. 20, I, 10°, JO 6)*** «période de mise en situation en milieu professionnel dans les conditions prévues au chapitre V du présent titre» ou une action concourant à son insertion professionnelle;

2° D'accomplir une période d'essai afférente à une offre d'emploi visant une embauche en contrat de travail à durée indéterminée ou à durée déterminée au moins égale à six mois.

En cas d'embauche à l'issue de cette ***(L. 2014-288 du 5 mars 2014, art. 20, I, 10°, JO 6)*** «période de mise en situation en milieu professionnel, d'une action concourant à son insertion professionnelle,» ou de cette période d'essai, le contrat est rompu sans préavis.

(L. 2014-288 du 5 mars 2014, art. 20, I, 15°, JO 6) «Un décret définit les conditions dans lesquelles la dérogation à la durée hebdomadaire de travail minimale prévue au septième alinéa peut être accordée.»

(L. 2015-994 du 17 août 2015, art. 46, JO 18) «Par dérogation aux dispositions relatives à la rupture avant terme du contrat de travail à durée déterminée prévues à l'article L. 1243-2, le contrat peut être rompu avant son terme, à l'initiative du salarié, lorsque la rupture a pour objet de lui permettre de suivre une formation conduisant à une qualification prévue à l'article L. 6314-1.»

Note ***À compter d'une date fixée par décret, et au plus tard le 15.06.2021,*** *au sixième alinéa, les mots: «Pôle emploi,» sont remplacés par les mots: «un prescripteur mentionné à l'article L. 5132-3 ou, en cas de recrutement direct, par un atelier et chantier d'insertion» et à l'avant-dernier alinéa, la référence: «septième alinéa» est remplacée par la référence: «neuvième alinéa du présent article» (loi 2020-1577 précitée, art. 1er, I, 8° et 9° et III).*

• **Covid-19.** Sur l'ouverture, à titre temporaire à compter du 12 mars 2020, de la possibilité de conclure ou renouveler des contrats à durée déterminée pour une durée totale de 36 mois, par dérogation au 4e alinéa de cet article, voir loi 2020-734 du 17 juin 2020, art. 5, I, JO 18, modifié par ordonnance 2020-1639 du 21 décembre 2020, JO 23, entrée en vigueur le 01.01.2021.

• Les embauches réalisées en contrat à durée déterminée en application de cet article et ouvrant droit au versement de l'aide mentionnée à l'article L. 5132-2 donnent lieu, sur la part de la rémunération inférieure ou égale au salaire minimum de croissance, pendant la durée d'attribution de cette aide, à une exonération: 1° Pour les employeurs publics mettant en place des ateliers et chantiers d'insertion conventionnés par l'État en application de l'article L. 5132-15 CT, des cotisations à la charge de l'employeur au titre des assurances sociales et des allocations familiales; 2° De la taxe sur les salaires; 3° De la taxe d'apprentissage; 4° Des participations dues par les employeurs au titre de l'effort de construction (loi 2013-1203 du 23 décembre 2013, art. 20, IV, A, JO 24, modifié par loi 2018-1203 du 22 décembre 2018, art. 8, VIII, JO 23).

Depuis le 1er janvier 2019, seuls les employeurs publics mettant en place des ateliers et chantiers d'insertion (ACI) peuvent prétendre à cette exonération. Pour les autres employeurs, la loi 2018-1203 du 22 décembre 2018 précitée a supprimé l'exonération de cotisations patronales d'assurances sociales (maladie, vieillesse) et d'allocations familiales spécifique aux ACI (loi 2018-1203 précitée, art. 8, VIII, 2° et art. 20, IV, A, 1° modifié).

À la place des exonérations supprimées, les employeurs concernés par cette suppression peuvent appliquer la réduction générale de cotisations patronales (art. L. 241-13 c. séc. soc.; loi 2018-1203 précitée, art. 8, IX, B; décret 2018-1356 du 28 décembre 2018, JO 30; instr. intermin. DSS/5B 2019-141 du 19 juin 2019). Voir RF 28 décembre 2018, FH 3771, §§ 1-8, 1 et 1-1.

• Le taux de la cotisation d'accidents du travail et de maladies professionnelles due pour l'emploi dans les ateliers et chantiers d'insertion des salariés en contrat à durée déterminée conclu en application des articles L. 1242-3 et L. 5132-15-1 CT est fixé à 1,5 % (arrêté du 22 décembre 2014, JO 31).

• Sur l'allongement de la durée du contrat à durée déterminée d'insertion introduit par la loi 2016-1088 précitée, voir RF 8 septembre 2016, FH 3657, §§ 5-28 et s.

Art. L. 5132-15-1-1. ***(L. 2020-1577 du 14 déc. 2020, art. 2, 5°, JO 15)*** Les ateliers et chantiers d'insertion peuvent conclure des contrats à durée indéterminée avec des personnes âgées d'au moins cinquante-sept ans rencontrant des difficultés sociales et professionnelles particulières, selon des modalités définies par décret.

Sous-section 1 (réglementaire). Conventions

Art. R. 5132-27. ***(D. 2014-197 du 21 févr. 2014, art. 21, JO 23, entrée en vigueur le 01.07.2014)*** Après consultation du conseil départemental de l'insertion par l'activité économique et en tenant compte de l'offre existante pour assurer un développement équilibré des actions d'insertion sociale et professionnelle, le préfet peut conclure des conventions pour la mise en place d'un ou plusieurs ateliers et chantiers d'insertion avec :

1° Un organisme de droit privé à but non lucratif ayant pour objet l'embauche de personnes mentionnées à l'article L. 5132-1 ***(D. 2016-531 du 27 avril 2016, JO 30)*** « ou l'emploi de personnes détenues ayant signé un acte d'engagement » afin de faciliter leur insertion sociale et professionnelle en développant des activités ayant principalement un caractère d'utilité sociale ;

2° Un centre communal ou intercommunal d'action sociale ;

3° Une commune ;

4° Un établissement public de coopération intercommunale ;

5° Un syndicat mixte ;

6° Les départements ;

7° Une chambre d'agriculture ;

8° Un établissement d'enseignement professionnel et d'enseignement agricole de l'État ;

9° L'Office national des forêts.

Art. R. 5132-28. ***(D. 2014-197 du 21 févr. 2014, art. 22, JO 23, entrée en vigueur le 01.07.2014)*** La convention conclue pour la mise en place d'un ou plusieurs ateliers et chantiers d'insertion comporte notamment :

1° Une présentation du projet d'insertion de l'organisme conventionné précisant :

a) Le statut juridique de l'organisme porteur ;

b) Le nombre, l'objet, la durée et les caractéristiques des ateliers et chantiers d'insertion ;

c) Les modalités d'accompagnement des salariés en insertion ***(D. 2016-531 du 27 avril 2016, JO 30)*** « ou des personnes détenues ayant signé un acte d'engagement » et de collaboration avec, d'une part, l'institution mentionnée à l'article L. 5312-1 du code du travail et, d'autre part, les organismes chargés de l'insertion sociale et professionnelle de ces personnes ;

d) Le cas échéant, la mention de l'existence d'une autre convention au titre d'une structure de l'insertion par l'activité économique ;

e) L'adéquation du projet économique et social des ateliers et chantiers d'insertion avec l'environnement local et l'offre d'insertion déjà existante ;

f) Le territoire dans lequel les ateliers et chantiers d'insertion sont réalisés ;

(D. 2016-531 du 27 avril 2016, JO 30) « *g)* Lorsque l'activité est réalisée dans un établissement pénitentiaire, le contrat d'implantation conclu à ce titre ; »

2° La présentation des moyens en personnel ainsi que des moyens matériels et financiers mobilisés pour mettre en œuvre le projet d'insertion de l'organisme conventionné et accomplir les tâches administratives et les obligations comptables résultant de l'activité de l'organisme conventionné ;

3° Le nombre de postes d'insertion susceptibles d'être conventionnés ouvrant droit à l'aide financière prévue à l'article R. 5132-37 et, le cas échéant, leur affectation entre les différents ateliers et chantiers d'insertion ;

4° Les engagements d'insertion pris par l'organisme conventionné et les indicateurs destinés à rendre compte des actions et des résultats ;

5° Les modalités de dépôt des offres d'emploi auprès de l'institution précitée ;

6° La nature et le montant des aides publiques et privées dont l'organisme conventionné est susceptible de bénéficier pour réaliser des ateliers et chantiers d'insertion et, pour ceux qui ont une activité de commercialisation, le montant des ressources tirées de la commercialisation des biens et services produits ;

7° Les modalités de suivi, de contrôle et d'évaluation de la convention.

Art. R. 5132-29. ***(D. 2014-197 du 21 févr. 2014, art. 23, JO 23, entrée en vigueur le 01.07.2014)*** La convention pour la mise en place d'un ou plusieurs chantiers d'insertion peut être conclue pour une durée maximale de trois ans avec des organismes présentant des perspectives de viabilité économique ; elle peut être renouvelée selon la même procédure.

Les stipulations financières des conventions pluriannuelles font l'objet d'avenants annuels.

L'organisme conventionné au titre d'un atelier ou chantier d'insertion transmet chaque année ses comptes annuels et un bilan d'activité précisant ***(D. 2016-531 du 27 avril 2016, JO 30)*** « respectivement » pour les salariés en insertion ***(D. 2016-531 du 27 avril 2016, JO 30)*** « et les personnes détenues ayant signé un acte d'engagement », les actions mises en œuvre et leurs résultats à l'issue du parcours dans la structure.

Ce document précise les réalisations en termes de suivi, d'accompagnement social et professionnel, d'encadrement des personnes présentant des difficultés sociales et professionnelles particulières, comportant notamment les mentions suivantes :

1° Les moyens humains et matériels affectés à la réalisation de ces actions ;

2° Les caractéristiques des personnes embauchées et de leur contrat de travail ***(D. 2016-531 du 27 avril 2016, JO 30)*** « et le cas échéant des personnes détenues ayant signé un acte d'engagement » ;

3° La nature, l'objet, la durée des actions de suivi individualisé et d'accompagnement social et professionnel des personnes ;

4° Le cas échéant, les propositions d'action sociale faites à la personne pendant la durée de l'action et avant la sortie de la structure ;

5° Les propositions d'orientation professionnelle, de formation préqualifiante ou qualifiante, ou d'emploi faites aux personnes ainsi que les suites qui leur auront été données ;

6° Les résultats en termes d'accès et de retour à l'emploi des personnes sorties de la structure.

Note Pour l'année 2021, la totalité des avenants financiers 2020 d'aide au poste mentionnés à cet article relevant d'une convention financière pluriannuelle en vigueur au 1er janvier 2021 sont reconduits automatiquement pour une période de quatre mois. À cette fin, l'Agence de services et de paiement met en place une duplication automatique des avenants arrivés à échéance au 31 décembre 2020, permettant la continuité des versements sur la base du montant conventionné en 2020. En cas de non-transmission à l'Agence de services et de paiement pour validation des avenants financiers au 30 avril 2021, les paiements aux structures seront suspendus (arrêté du 22 décembre 2020, JO 31).

Art. D. 5132-30. Après avis favorable du conseil départemental de l'insertion par l'activité économique, un organisme conventionné au titre d'un atelier ou chantier d'insertion peut également être conventionné au titre d'une entreprise d'insertion ou d'une association intermédiaire.

Les activités réalisées par l'organisme conventionné au titre de chacune des deux conventions font alors l'objet d'une comptabilité distincte et donnent lieu à une information sectorielle distincte donnée en annexe des comptes.

Art. D. 5132-31. Lorsque l'organisme conventionné au titre de l'article L. 5132-15 est une association, elle établit les comptes annuels conformément au règlement ***(Ord. 2009-79 du 22 janv. 2009, JO 23)*** « de l'Autorité des normes comptables » en vigueur pour les comptes annuels des associations.

Art. R. 5132-32. ***(D. 2014-197 du 21 févr. 2014, art. 24, JO 23, entrée en vigueur le 01.07.2014)*** En cas de non-respect des dispositions de la convention par l'employeur, le préfet l'informe par lettre recommandée de son intention de résilier la convention. Celui-ci dispose d'un délai, qui ne peut être inférieur à un mois, pour faire connaître ses observations.

Le préfet peut alors demander le reversement des sommes indûment perçues.

Sous-section 2 (réglementaire). Mise en œuvre des actions

Art. D. 5132-34. La commercialisation des biens et des services produits dans le cadre des ateliers et des chantiers d'insertion est possible lorsqu'elle contribue à la réalisation et au développement des activités d'insertion sociale et professionnelle des personnes mentionnées à l'article L. 5132-1.

Toutefois, les recettes tirées de cette commercialisation ne peuvent couvrir qu'une part inférieure à 30 % des charges liées à ces activités.

Cette part peut être augmentée sur décision du préfet, dans la limite de 50 %, après avis favorable du conseil départemental de l'insertion par l'activité économique, si les activités développées ne sont pas déjà assurées et satisfaites par les entreprises locales.

Note Voir circulaire DGEFP/MIP/METH/MPP/2020/32 du 28 février 2020 (NOR: MTRD2005122C) relative au Fonds d'inclusion dans l'emploi en faveur des personnes les plus éloignées du marché du travail, fiche 2 § 5.

Art. R. 5132-35. ***(D. 2014-197 du 21 févr. 2014, art. 25, JO 23, entrée en vigueur le 01.07.2014)*** Le préfet contrôle l'exécution de la convention conclue pour la mise en place d'un ou plusieurs ateliers et chantiers d'insertion. L'employeur lui fournit, à sa demande, tout élément permettant de vérifier la bonne exécution de la convention, la réalité des actions d'insertion mises en œuvre ainsi que leurs résultats.

Sous-section 3 (réglementaire). Aide financière

Art. R. 5132-37. ***(D. 2014-197 du 21 févr. 2014, art. 26, JO 23, entrée en vigueur le 01.07.2014)*** L'embauche des personnes mentionnées à l'article L. 5132-1 ***(D. 2016-531 du 27 avril 2016, JO 30)*** « ou l'emploi des personnes détenues ayant signé un acte d'engagement » par les organismes conventionnés au titre d'un atelier ou chantier d'insertion ouvre droit, dans la limite du nombre de postes d'insertion fixé par la convention, à une aide financière.

Cette aide comprend un montant socle et un montant modulé. Le montant modulé est déterminé chaque année par le préfet, dans les conditions fixées par l'article R. 5132-38, en tenant compte :

- des caractéristiques des personnes embauchées ***(D. 2016-531 du 27 avril 2016, JO 30)*** « et, le cas échéant, des personnes détenues ayant signé un acte d'engagement » ;
- des actions et des moyens d'insertion mis en œuvre ;
- des résultats constatés à la sortie de la structure.

Note Voir instruction DGEFP/SDPAE-MIP/2016-222 du 4 juillet 2016 sur la mise en œuvre des modalités de calcul du montant modulé de l'aide au poste (NOR: ETSD1619081J) (BO TR 2016/9 du 30 septembre 2016).

Art. R. 5132-38. ***(D. 2014-197 du 21 févr. 2014, art. 27, JO 23, entrée en vigueur le 01.07.2014)*** L'aide financière est versée à l'organisme conventionné au titre d'un atelier ou chantier d'insertion pour chaque poste de travail occupé à temps plein. Le cas échéant, le montant de l'aide est réduit à due proportion de l'occupation des postes.

Son montant socle, le montant maximum de la part modulée dans la limite d'un pourcentage du montant socle et ses conditions de versement sont fixés par arrêté conjoint des ministres chargés de l'emploi et du budget ***(D. 2016-531 du 27 avril 2016, JO 30)*** « respectivement pour les salariés en insertion recrutés sous contrat de travail et pour les personnes détenues ayant signé un acte d'engagement ». Un arrêté conjoint du ministre chargé de l'emploi et du ministre chargé du budget revalorise, chaque année, cette aide en fonction de l'évolution du salaire minimum de croissance à compter du 1er janvier 2015.

Note Voir arrêté du 7 février 2020 (JO 12) cité dans la note sous l'article R. 5132-8.

Art. R. 5132-40. ***(D. 2014-197 du 21 févr. 2014, art. 28, JO 23, entrée en vigueur le 01.07.2014)*** L'aide financière mentionnée à l'article R. 5132-37 est versée, pour le compte de l'État, par l'Agence de services et de paiement.

Cette aide ne peut se cumuler pour un même poste avec une autre aide à l'emploi financée par l'État.

(D. 2015-1435 du 5 nov. 2015, JO 7) « En cas de modification de la situation juridique de l'employeur au sens de l'article L. 1224-1, le nouvel employeur est substitué dans les droits et obligations de l'employeur initial résultant de la convention prévue à l'article R. 5132-28. »

Art. R. 5132-43. ***(D. 2014-197 du 21 févr. 2014, art. 29, JO 23, entrée en vigueur le 01.07.2014)*** Lorsque l'aide financière est obtenue à la suite de fausses déclarations ou lorsque la convention est détournée de son objet, le préfet résilie la convention après avoir observé la procédure prévue à l'article R. 5132-32. Les sommes indûment perçues donnent alors lieu à reversement.

Sous-section 4 (réglementaire). Périodes de mise en situation en milieu professionnel

Note • Cette sous-section a été introduite par le décret 2014-1360 du 13 novembre 2014, art. 6, JO 15.

• Voir arrêté du 13 novembre 2014 (JO 15) relatif au modèle de déclaration des conventions de mise en situation en milieu professionnel; décret 2014-1757 du 31 décembre 2014 relatif à la protection contre les accidents du travail et les maladies professionnelles des bénéficiaires d'actions d'aide à la création d'entreprise, d'orientation, d'évaluation ou d'accompagnement dans la recherche d'emploi (JO 1er janv. 2015); circ. DGEFP 01/15 du 14 janvier 2015 relative à la mise en œuvre des périodes de mise en situation en milieu professionnel avec un document questions - réponses n° 3 du 11 février 2016.

• Voir circulaire DGEFP/MIP/METH/MPP/2020/32 du 28 février 2020 (NOR: MTRD2005122C) relative au Fonds d'inclusion dans l'emploi en faveur des personnes les plus éloignées du marché du travail, fiche 2, § 6 pour les périodes de mise en situation en milieu professionnel (PMSMP) des salariés en insertion.

Art. D. 5132-43-1. La convention mentionnée à l'article L. 5132-2 peut prévoir la possibilité pour l'organisme conventionné en tant qu'atelier et chantier d'insertion signataire de mettre en place des périodes de mise en situation en milieu professionnel pour ses salariés recrutés dans le cadre de contrats conclus en application de l'article L. 5132-15-1.

Dans ce cas, la convention précise:

1° Le nombre prévisionnel de salariés concernés;

2° Les structures auprès desquelles ces salariés peuvent effectuer des périodes de mise en situation en milieu professionnel;

3° Les modalités d'accompagnement spécifiques prévues par l'organisme conventionné en tant qu'atelier et chantier d'insertion pendant ces périodes;

4° Le ou les objets, parmi ceux mentionnés à l'article L. 5135-1, pour lesquels il pourra être mis en œuvre des périodes de mise en situation en milieu professionnel.

Art. D. 5132-43-2. Chaque période de mise en situation en milieu professionnel prescrite, en accord avec son employeur, pour un salarié en insertion fait l'objet d'une convention selon les modalités prévues au chapitre V du présent titre, sous réserve des dispositions prévues par la présente sous-section.

Art. D. 5132-43-3. La durée cumulée de l'ensemble des périodes de mise en situation en milieu professionnel effectuées au cours du contrat conclu en application de l'article L. 5132-15-1 ne peut représenter plus de 25 % de la durée totale du contrat.

Art. D. 5132-43-4. L'organisme conventionné en tant qu'atelier et chantier d'insertion transmet à l'Agence de services et de paiement une copie de la convention mentionnée à l'article D. 5135-2.

Sous-section 5 (réglementaire). **Dérogation à la durée hebdomadaire de travail**

Note Cette sous-section a été introduite par le décret 2015-1435 du 5 novembre 2015, JO 7.

Art. R. 5132-43-5. La dérogation à la durée hebdomadaire de travail du titulaire d'un contrat à durée déterminée conclu en application de l'article L. 1242-3 dans les ateliers et chantiers d'insertion intervient après examen par Pôle emploi de la situation de l'intéressé.

La période durant laquelle il peut être dérogé à la durée hebdomadaire minimale de vingt heures ne peut excéder six mois.

Cette période peut être prolongée après un bilan établi par l'employeur de la situation du salarié au regard de l'emploi, des actions d'accompagnement et de formation dont il a bénéficié, le cas échéant en coopération avec Pôle emploi et les organismes chargés de l'insertion sociale et professionnelle de cette personne.

La prolongation doit permettre d'achever les actions d'accompagnement et de formation prescrite lors de la demande initiale. Sa durée ne peut excéder la durée de l'action ou de l'atelier et chantier conventionné.

La demande de dérogation intervient soit à l'initiative de l'employeur avant l'embauche, soit à l'initiative du salarié en accord avec son employeur.

Note Le décret 2015-1435 du 5 novembre 2015 (JO 7) relatif à la durée minimale de travail en atelier et chantier d'insertion et portant diverses mesures relatives à l'insertion par l'activité économique détermine et organise les conditions de la dérogation à la durée minimale de travail hebdomadaire de vingt heures qui peut être accordée dans un atelier et chantier d'insertion (ACI). Il s'agit de permettre, en début de parcours, à des personnes en grande difficulté (sans domicile fixe, personnes sous-main de justice, personnes n'ayant jamais exercé d'emploi…) qui ne peuvent travailler immédiatement 20 heures par semaine de reprendre une activité professionnelle avec une durée de travail réduite pouvant évoluer ensuite progressivement et par paliers [la durée de travail pourrait augmenter en fonction de l'évolution du salarié dans son environnement de travail et de la résolution de ses problématiques sociales (addiction, absence de logement, dettes par exemple)]. Le schéma retenu permet:
– en amont de l'embauche: à l'employeur et au prescripteur de droit ou habilité de recourir au cas par cas à une durée de travail inférieure à vingt heures, en fonction de la situation de la personne à accompagner;
– durant le parcours: au salarié en insertion de demander, à tout moment et en accord avec son employeur, le bénéfice d'une durée hebdomadaire de travail inférieure à vingt heures pour faire face notamment à des contraintes personnelles.

Dans les deux cas de figure, le décret prévoit un double encadrement de la mesure:
– par les caractéristiques des personnes ciblées: la dérogation reste circonscrite à des personnes rencontrant des difficultés notamment sociales, professionnelles particulièrement importantes qui caractérisent un risque de grande exclusion en l'absence de prise en charge;
– dans le temps: la période initiale de la dérogation ne peut excéder six mois et son renouvellement ne peut être porté au-delà du terme des actions d'accompagnement renforcées ou de formation qui ont servi de fondement à la dérogation. Dans tous les cas de figure, l'employeur doit donc avoir une feuille de route. Il est attendu une collaboration entre l'employeur, Pôle emploi et les autres référents sociaux des personnes bénéficiaires pour réaliser un diagnostic préalable à l'embauche et établir le bilan des actions mises en place pour chaque bénéficiaire [circ. DGEFP/MIP/METH/MPP/2020/32 du 28 février 2020 (NOR: MTRD2005122C) relative au Fonds d'inclusion dans l'emploi en faveur des personnes les plus éloignées du marché du travail fiche 2, § 6 ii].

Art. R. 5132-43-6. Lorsqu'un employeur envisage de conclure un contrat de travail dérogeant à la durée hebdomadaire minimale de vingt heures, il fournit à Pôle emploi avant l'embauche:

1° Tout document visant à établir que la situation de la personne recrutée présente les caractéristiques mentionnées à l'article R. 5132-43-7 et justifie le recours à cette dérogation;

2° Un document répertoriant les actions d'accompagnement et de formation qu'il envisage de mettre en œuvre pendant la période dérogatoire.

Lorsqu'un salarié envisage de passer à une durée de travail hebdomadaire inférieure à la durée minimale de vingt heures, il fait une demande écrite et motivée à son employeur qui, s'il accepte cette demande, saisit Pôle emploi dans les conditions prévues ci-dessus.

Art. R. 5132-43-7. En application des dispositions de l'article L. 5132-15-1, le diagnostic de la situation des personnes susceptibles de bénéficier d'une durée de travail inférieure à vingt heures doit permettre d'établir que leurs difficultés particulièrement importantes caractérisent un risque de grande exclusion dont l'absence de prise en charge ferait obstacle à leur insertion professionnelle.

Ce diagnostic est réalisé par Pôle emploi, le cas échéant en collaboration avec les organismes chargés de l'insertion sociale et professionnelle de la personne concernée, avant son embauche.

Sous-section 6. **Groupes économiques solidaires**

Note Cette sous-section a été introduite par la loi 2008-1249 du 1er décembre 2008, art. 20, JO 3, entrée en vigueur le 01.06.2009.

Art. L. 5132-15-2. Afin de favoriser la coordination, la complémentarité et le développement économique du territoire et de garantir la continuité des parcours d'insertion, une personne morale de droit privé peut porter ou coordonner une ou plusieurs actions d'insertion telles que visées à la sous-section 1 de la présente section.

SECTION 4 (réglementaire). **Fonds départemental d'insertion**

Art. R. 5132-44. Dans chaque département, un fonds pour l'insertion finance le développement et la consolidation des initiatives locales en matière d'insertion par l'activité économique.

Note • Le fonds départemental de l'insertion est renommé fonds de développement de l'inclusion conformément à la circulaire DGEFP/MIP/METH/MPP/2020/32 du 28 février 2020 (MTRD2005122C) relative au Fonds d'inclusion dans l'emploi en faveur des personnes les plus éloignées du marché du travail.

• Voir circulaire DGEFP 2005/28 du 28 juillet 2005 relative aux fonds départementaux d'insertion.

• **Covid-19.** Voir instruction DGEFP/SDPAE/MIP-METH/2020/140 du 14 août 2020 (NOR: MTRD2021934J) relative à la mobilisation des fonds de développement de l'inclusion (FDI) et du fonds d'accompagnement à la transformation des entreprises adaptées en soutien aux entreprises sociales inclusives qui précise les modalités opérationnelles de mobilisation du FDI pour soutenir les SIAE (structures d'insertion par l'activité économique) dans le contexte de la crise sanitaire.

Art. R. 5132-45. Le fonds départemental pour l'insertion est géré par le préfet qui arrête le montant des aides accordées.

Art. R. 5132-46. Le fonds départemental pour l'insertion a pour objet de concourir au financement:

1° D'aides au conseil nécessaires à l'identification, à l'élaboration et au suivi des projets de développement d'activités des organismes mentionnés à l'article L. 5132-2;

2° D'aides au démarrage, au développement et, à titre exceptionnel, à la consolidation de l'activité de ces organismes.

Art. R. 5132-47. Après avis du conseil départemental de l'insertion par l'activité économique, les concours du fonds départemental pour l'insertion sont attribués par le préfet, qui en détermine le montant. Ils font l'objet de conventions entre l'État et l'organisme, qui mentionnent notamment la nature, la durée et l'objet de l'action financée.

Le préfet peut subordonner l'attribution de ces aides à des engagements de l'organisme concernant le suivi des actions financées.

SECTION 4. **Dispositions d'application**

Art. L. 5132-16. Sous réserve des dispositions de l'article L. 5132-17, un décret en Conseil d'État détermine les conditions d'application du présent chapitre, notamment:

1° Les conditions d'exécution, de suivi, de renouvellement et de contrôle des conventions conclues avec l'État et les modalités de leur suspension ou de leur dénonciation;

2° Les conditions d'application de l'article L. 5132-3. Ce décret précise les modalités spécifiques d'accueil et d'accompagnement ainsi que les modalités des aides de l'État.

Note ***À compter d'une date fixée par décret, et au plus tard le 15.06.2021,*** *cet article est ainsi rédigé:*

***Art. L. 5132-16.* (L. 2020-1577 du 14 déc. 2020, art. 1er, I, 10° et III, JO 15, entrée en vigueur au plus tard le 15.06.2021)** *Sous réserve des dispositions de l'article L. 5132-17, un décret en Conseil d'État détermine les conditions d'application du présent chapitre, notamment les conditions d'exécution, de suivi, de renouvellement et de contrôle des conventions conclues avec l'État ainsi que les modalités de leur suspension ou de leur dénonciation.*

Art. L. 5132-17. ***(L. 2011-867 du 20 juil. 2011, art. 16, JO 24)*** Un décret détermine la liste des employeurs habilités à mettre en œuvre les ateliers et chantiers d'insertion mentionnée à l'article L. 5132-15.

CHAPITRE III Prime de retour à l'emploi et aide personnalisée de retour à l'emploi

SECTION 1 (réglementaire). Prime de retour à l'emploi

Note Depuis le 1er janvier 2011, la loi 2010-1657 du 29 décembre 2010 précitée ayant abrogé les dispositions législatives relatives à la prime de retour à l'emploi, les articles R. 5133-1 à 8 sont devenus caducs.

Art. R. 5133-1. Pour ouvrir droit à la prime de retour à l'emploi instituée par l'article L. 5133-1, la durée minimale de l'activité professionnelle exercée par le bénéficiaire de l'une des allocations mentionnées à ce même article est de quatre mois consécutifs.

Lorsque cette activité est salariée, la durée contractuelle résultant de la conclusion d'un ou plusieurs contrats de travail est au moins égale à soixante-dix-huit heures mensuelles.

Art. R. 5133-2. La liste des justificatifs exigés pour l'ouverture du droit à la prime et attestant l'effectivité de la reprise d'activité est fixée par arrêté des ministres chargés de l'action sociale ***(D. 2009-289 du 13 mars 2009, JO 15)*** « et de l'emploi ».

Art. R. 5133-3. Le montant de la prime de retour à l'emploi est de 1 000 €.

Art. R. 5133-4. Lorsque la reprise d'activité résulte de la conclusion d'un ou plusieurs contrats de travail à durée indéterminée ou d'un ou plusieurs contrats de travail à durée déterminée de plus de six mois, la prime est, à la demande de l'intéressé, versée par anticipation dès la fin du premier mois d'activité.

Dans les autres cas, la prime est versée à compter de la fin du quatrième mois d'activité professionnelle.

Art. R. 5133-5. Le bénéfice de la prime de retour à l'emploi ne peut être accordé plus d'une fois dans un délai de dix-huit mois, courant à compter du premier des quatre mois d'activité mentionnés à l'article R. 5133-1.

Art. R. 5133-6. Lorsqu'une personne bénéficie simultanément de l'allocation solidarité spécifique et du revenu minimum d'insertion ou de l'allocation de parent isolé, la prime lui est versée en sa qualité de bénéficiaire de l'allocation de solidarité spécifique.

Lorsqu'une personne bénéficie simultanément du revenu minimum d'insertion et de l'allocation de parent isolé, la prime lui est versée en sa qualité de bénéficiaire de l'allocation parent isolé.

Art. R. 5133-7. Tout paiement indu de la prime est récupéré par remboursement en un ou plusieurs versements.

La créance peut être réduite ou remise en cas de précarité de la situation du débiteur, sauf en cas de manœuvre frauduleuse ou de fausse déclaration.

Art. R. 5133-8. La récupération de l'indu sur la prime de retour à l'emploi intervient après information écrite de l'intéressé sur la source de l'erreur et expiration du délai de recours.

SECTION 2. Aide personnalisée de retour à l'emploi

Note • Cette section a été introduite par la loi 2008-1249 du 1er décembre 2008, art. 8, JO 3, entrée en vigueur le 01.06.2009.

• L'aide personnalisée de retour à l'emploi (APRE) vise à faciliter l'insertion des personnes bénéficiaires du revenu de solidarité active (RSA) à la recherche d'un emploi. L'APRE est une aide de l'État versée et gérée par le département et Pôle emploi.

• Voir circulaire interministérielle DGCS/SD1C/DGEFP 2010-404 du 16 décembre 2010 relative aux conditions et modalités de prescription de l'APRE (NOR : SCSA1030761C) (BO Santé 2011/2 du 15 mars 2011)

• Voir également rapport d'information n° 94 du 23 octobre 2013, É. Bocquet, au nom de la commission des finances du Sénat, sur l'aide personnalisée de retour à l'emploi.

Art. L. 5133-8. Une aide personnalisée de retour à l'emploi peut être attribuée par l'organisme au sein duquel le référent mentionné à l'article L. 262-27 du code de l'action sociale et des familles a été désigné. Elle a pour objet de prendre en charge tout ou partie des coûts exposés par l'intéressé lorsqu'il débute ou reprend une activité professionnelle.

L'aide personnalisée de retour à l'emploi est incessible et insaisissable.

Art. L. 5133-9. ***(L. 2016-1917 du 29 déc. 2016, art. 152, III, 1°, JO 30, entrée en vigueur le 01.01.2017)*** L'aide personnalisée de retour à l'emploi est financée par l'État. Les crédits affectés à l'aide sont répartis entre les organismes au sein desquels les référents mentionnés à l'article L. 262-27 du code de l'action sociale et des familles sont désignés.

Art. L. 5133-10

Note Voir circulaires DGAS/DGEFP 2009-130 du 12 mai 2009 et DGCS/SD5C 2010-118 du 12 avril 2010 relatives aux conditions d'emploi des crédits de l'aide personnalisée du retour à l'emploi (APRE); circulaire interministérielle DGCS/SD1C/DGEFP 2010-404 du 16 décembre 2010 relative aux conditions et modalités de prescription de l'APRE.

Art. L. 5133-10. Un décret en Conseil d'État détermine les modalités d'application de la présente section.

Art. R. 5133-9. ***(D. 2009-404 du 15 avril 2009, JO 16, entrée en vigueur le 01.06.2009)*** Une fraction des crédits du Fonds national des solidarités actives, définie chaque année par arrêté des ministres chargés du budget, de l'action sociale et de l'emploi, est consacrée à l'aide personnalisée de retour à l'emploi.

Art. R. 5133-10. ***(D. 2009-404 du 15 avril 2009, JO 16, entrée en vigueur le 01.06.2009)*** L'aide personnalisée de retour à l'emploi peut être attribuée aux bénéficiaires du revenu de solidarité active tenus à l'obligation prévue à l'article L. 262-28 du code de l'action sociale et des familles.

Elle a pour objet de prendre en charge tout ou partie des coûts exposés à l'occasion de la prise ou la reprise d'une activité professionnelle, que ce soit sous la forme d'un emploi, du suivi d'une formation ou de la création d'une entreprise.

Art. R. 5133-11. ***(D. 2009-404 du 15 avril 2009, JO 16, entrée en vigueur le 01.06.2009)*** Les dépenses mentionnées à l'article R. 5133-10 justifiant le versement de l'aide sont notamment celles découlant du retour à l'emploi, en matière de transport, d'habillement, de logement, d'accueil des jeunes enfants, d'obtention d'un diplôme, licence, certification ou autorisation qu'implique une activité professionnelle.

Art. R. 5133-12. ***(D. 2009-404 du 15 avril 2009, JO 16, entrée en vigueur le 01.06.2009)*** L'aide personnalisée de retour à l'emploi est versée:

1° Soit au bénéficiaire, pour couvrir tout ou partie de dépenses exposées par lui-même;

2° Soit à un prestataire en paiement direct d'une dépense.

Le montant de l'aide est attribué sur la base de justificatifs, selon les modalités et dans la limite d'un plafond fixé par la convention mentionnée à l'article L. 262-32 du code de l'action sociale et des familles.

Art. R. 5133-13. ***(D. 2009-404 du 15 avril 2009, JO 16, entrée en vigueur le 01.06.2009)*** Une convention entre le président du conseil de gestion du Fonds national des solidarités actives et Pôle emploi détermine les conditions dans lesquelles l'aide personnalisée de retour à l'emploi intervient pour abonder les aides et mesures attribuées par cet organisme aux bénéficiaires du revenu de solidarité active, en cas de reprise d'activité professionnelle.

Art. R. 5133-14. ***(D. 2009-404 du 15 avril 2009, JO 16, entrée en vigueur le 01.06.2009)*** Le montant des crédits attribués par département au titre de l'aide personnalisée de retour à l'emploi est arrêté par le président du conseil de gestion du Fonds national des solidarités actives en fonction du nombre prévisionnel de bénéficiaires du revenu de solidarité active relevant des dispositions de l'article L. 262-28 du code de l'action sociale et des familles. Ce montant est notifié au préfet avant le 31 mars de chaque année.

Art. R. 5133-15. ***(D. 2009-404 du 15 avril 2009, JO 16, entrée en vigueur le 01.06.2009)*** Sur la base de la convention d'orientation prévue à l'article L. 262-32 du code de l'action sociale et des familles, le préfet arrête la répartition des crédits entre les organismes au sein desquels peuvent être désignés des référents en application de l'article L. 262-27 du code de l'action sociale et des familles. Cette répartition tient compte, notamment, du nombre des bénéficiaires suivis par l'organisme, de l'objet des aides versées et du retour à l'emploi des bénéficiaires effectivement constaté. La convention détermine les modalités de versement et de suivi des dépenses. Le préfet notifie les sommes attribuées à chaque organisme.

Les crédits ainsi répartis sont versés par le Fonds national des solidarités actives sur la base de l'arrêté du préfet.

Art. R. 5133-16. ***(D. 2009-404 du 15 avril 2009, JO 16, entrée en vigueur le 01.06.2009)*** Avant la fin de chaque exercice budgétaire, le préfet procède à l'estimation des crédits engagés pour le service de l'aide personnalisée de retour à l'emploi. Il peut procéder à une répartition modificative de ces crédits entre organismes, sur la base des besoins constatés.

Art. R. 5133-17. ***(D. 2009-404 du 15 avril 2009, JO 16, entrée en vigueur le 01.06.2009)*** En l'absence de convention d'orientation prévue à l'article L. 262-32 du code de l'action sociale et des familles, le préfet répartit les crédits qui lui sont notifiés au titre de l'article R. 5133-14 du présent code entre les organismes chargés du service du revenu de solidarité active.

L'aide personnalisée de retour à l'emploi est alors servie par les organismes aux bénéficiaires du revenu de solidarité active relevant des dispositions de l'article L. 262-28 du code de l'action sociale et des familles et qui ont débuté ou repris une activité professionnelle au cours de l'année.

Les dispositions des articles L. 262-45 à L. 262-53 du même code sont applicables.

CHAPITRE IV Contrats de travail aidés

SECTION 1 (réglementaire). Contrat emploi-jeune

Sous-section 1. Objet

Art. D. 5134-1. La condition d'activité prévue au 2° de l'article L. 5134-1 est appréciée à compter de la fin de la scolarité et à l'exclusion des périodes de travail accomplies en exécution des contrats de travail suivants :

1° Le contrat d'apprentissage ;

2° Le contrat d'accompagnement dans l'emploi ;

3° Le contrat initiative-emploi ;

4° Le contrat de professionnalisation ;

5° (Abrogé) ;

6° Les contrats conclus avec un employeur relevant des dispositions de l'article L. 5132-1 relatif à l'insertion par l'activité économique.

Note • Le 5° de cet article a été abrogé par le décret 2015-1723 du 21 décembre 2015, JO 23, entrée en vigueur le 01.01.2016.

• Les dispositions réglementaires de cette section sont dépourvues de support législatif depuis l'entrée en vigueur le 8 août 2015 de l'article 276, I, 1° de la loi 2015-990 du 6 août 2015 (JO 7) qui a abrogé les dispositions législatives relatives au contrat emploi-jeune.

Sous-section 2. Convention

Art. D. 5134-2. Les conventions pluriannuelles mentionnées à l'article L. 5134-3 répondent aux exigences d'un cahier des charges qui comporte notamment les conditions prévisibles de la pérennisation des activités et les dispositions de nature à assurer la professionnalisation des emplois.

Elles comportent également des dispositions relatives aux objectifs de qualification, aux conditions de la formation professionnelle et, selon les besoins, aux modalités du tutorat.

Les régions, dans le cadre de leurs compétences, ainsi que d'autres personnes morales peuvent participer à l'effort de formation.

Art. D. 5134-3. La convention emploi-jeune mentionnée au 1° de l'article L. 5134-2 précise notamment :

1° La description des activités prévues ;

2° Le nombre de postes et la nature des contrats de travail ouvrant droit à l'aide dont la création est envisagée ;

3° La fixation de la période, de douze mois au plus à compter de la conclusion de la convention, pendant laquelle les postes peuvent être créés ;

4° La durée collective de travail applicable dans l'organisme employeur ;

5° Pour chaque poste, la durée du travail fixée au contrat de travail du salarié occupant le poste ;

6° Les objectifs fixés pour assurer la professionnalisation des activités envisagées et, le cas échéant, les actions de formation et de qualification professionnelle des salariés exerçant ces activités ;

7° La convention collective éventuellement applicable ;

8° Le montant et les modalités de versement de l'aide de l'État ;

9° Les modalités du contrôle de l'application de la convention.

Art. D. 5134-4. Aucune embauche ne peut intervenir avant la date de la signature de la convention.

Note Un contrat emploi-jeune conclu le 1er janvier 2000, avant la signature de la convention avec l'État intervenue le 4 janvier suivant, doit être requalifié en contrat à durée indéterminée (cass. soc. 3 février 2010, n° 08-41.872, BC V n° 29 ; RJS 4/10 n° 365).

Art. D. 5134-5. Le préfet contrôle l'exécution de la convention. À cette fin, l'employeur fournit à sa demande tout élément permettant de vérifier la bonne exécution de la convention et la réalité des emplois créés.

Art. D. 5134-6. Les conventions conclues, en application de l'article L. 5134-3, avec les établissements d'enseignement, publics ou sous contrat, sont instruites, signées et résiliées par les autorités académiques et exécutées sous leur contrôle, lorsque les activités envisagées participent directement à l'action éducatrice.

Les conventions relatives aux activités périscolaires relèvent de la compétence du préfet, qui consulte les autorités académiques sur les projets de convention concernés.

Sous-section 3. Contrat de travail

Art. D. 5134-7. L'autorité administrative mentionnée à l'article L. 5134-11 est le préfet, signataire de la convention.

Sous-section 4. Aide financière

Art. D. 5134-8. L'aide prévue par la convention pluriannuelle est versée pendant une durée de soixante mois à compter de la création du poste de travail, pour les périodes pendant lesquelles le poste est effectivement occupé par une personne remplissant les conditions prévues à l'article L. 5134-1.

Art. D. 5134-9. Le montant annuel de l'aide par poste de travail est fixé à 15 924,55 €.

L'aide est versée mensuellement et par avance à l'organisme employeur.

Art. D. 5134-10. Lorsque le paiement de l'aide a été suspendu à la suite d'une vacance de poste due à une rupture du contrat de travail, il n'y a pas de reprise du versement de l'aide de l'État.

Le versement de l'aide peut cependant être repris pour les postes pour lesquels les conventions initiales ont fait l'objet d'un avenant portant la durée de l'aide à une période supérieure à soixante mois.

Les personnes morales qui en sollicitent la reprise en font la demande au préfet qui vérifie les conditions d'exécution de la convention à la date de la demande.

Art. D. 5134-11. Pour chaque poste, les conventions conclues avec les organismes de droit privé à but non lucratif peuvent faire l'objet d'avenants prévoyant, au cours d'une durée additionnelle de trente-six mois, le versement d'une partie de l'aide initiale ainsi que l'octroi d'une prime de consolidation d'un montant maximum de 15 245 €.

Art. D. 5134-12. En cas de résiliation des avenants, les sommes que l'employeur aurait dû percevoir au titre de l'aide initiale s'il n'avait pas opté pour le versement différé de cette aide lui sont reversées.

Art. D. 5134-13. Lorsque la durée du travail prévue au contrat de travail du salarié est inférieure à trente-cinq heures par semaine, le montant de l'aide est réduit par application du rapport entre la durée prévue au contrat et la durée collective applicable à l'organisme employeur où est créé le poste.

SECTION 1-1. Contrat unique d'insertion

Note • Cette section a été introduite par la loi 2008-1249 du 1er décembre 2008, art. 21, JO 3, entrée en vigueur le 01.01.2010.

• **La circulaire DGEFP/SDPAE/MIP/MPP/2018/11 du 11 janvier 2018** relative aux parcours emploi compétences et au Fonds d'inclusion dans l'emploi en faveur des personnes les plus éloignées de l'emploi détaille les modalités selon lesquelles le gouvernement entend recentrer la politique d'intervention de l'État en faveur des publics les plus éloignés de l'emploi (NOR: MTRD1801071C) (BO TR 2018/3 du 30 mars 2018). Ce document précise notamment la ligne appliquée à compter de l'année 2018 en matière de contrat unique d'insertion (CUI) et d'emplois d'avenir. Voir également questions - réponses DGEFP relatif à la mise en œuvre de la circulaire du 11 janvier 2018.

Le recours aux emplois d'avenir n'est plus autorisé depuis le 01.01.2018, y compris pour les renouvellements. Les contrats en cours iront à leur terme (circ. précitée, fiche 3, § 1.1).

Dans le secteur marchand, l'accès au CUI-contrat initiative emploi (CUI-CIE), pour les publics âgés de plus de 26 ans, est limité à trois cas en 2020 (circ. DGEFP/MIP/METH/MPP/2020/32 du 28 février 2020, fiche 7, § 1.1):
– les contrats prescrits par les conseils départementaux dans le cadre des conventions annuelles d'objectifs et de moyens passées avec des organismes du secteur non-marchand (CAOM), sous réserve que le coût soit nul pour l'État et que les conseils départementaux s'engagent à cofinancer à bon niveau ces contrats;
– les contrats prescrits dans les départements d'outre-mer, dans la limite de l'enveloppe budgétaire allouée par une circulaire annuelle au titre des parcours emplois compétences (PEC);
– les contrats prescrits sur des territoires délimités, à des fins expérimentales dans les départements du Nord et des Pyrénées-Orientales.

En dehors de ces cas dérogatoires, aucun CUI-CIE ne sera prescrit en 2020, et les CIE antérieurs se poursuivront jusqu'à la date de leur échéance, sans pouvoir être renouvelés (circ. du 28 février 2020 précitée, fiche 7, § 1.1).

S'agissant du secteur non marchand, le CUI-contrat d'accompagnement dans l'emploi (CUI-CAE) est désormais envisagé dans une nouvelle approche, dite du «**parcours emploi compétences**», reposant sur une logique de parcours de l'individu et de sélection des employeurs (circ. du 11 janvier 2018 précitée, fiche 1). Le cadre juridique est inchangé (obligation d'accompagnement et de formation), mais rendu plus effectif, via en particulier:
– l'automaticité d'un entretien tripartite préalable (employeur, organisme prescripteur, bénéficiaire) au moment de la signature de l'aide;
– un entretien de sortie entre le salarié et le prescripteur entre un et trois mois avant la fin du contrat;
– la formalisation des engagements de l'employeur.

Les prescriptions de CUI-CAE sont recentrées sur les publics les plus éloignés du marché du travail, avec néanmoins une attention particulière accordée à certains publics (travailleurs handicapés, résidents des quartiers prioritaires de la ville, jeunes). Quant à la sélection des employeurs, elle est centrée autour de certains critères (capacité d'accompagnement, formation, etc.).

Par ailleurs un Fonds d'inclusion dans l'emploi a été créé donnant aux préfets de région la possibilité d'une gestion globale des contrats aidés et de l'insertion par l'activité économique réunis dans un même fonds.

Le Conseil d'État a validé la circulaire du 11 janvier 2018 précitée, à la fois quant à la compétence des ministres pour la prendre, et quant à sa conformité aux dispositions législatives relatives aux contrats aidés (CE 23 mai 2018, n° 413911, RJS 8-9/18 n° 559) : l'aide à l'insertion professionnelle au titre du contrat unique d'insertion ne constitue pas un droit pour les employeurs entrant dans son champ d'application et les autorités chargées de l'attribuer, pour le compte de l'État, doivent le faire, sans méconnaître le principe d'égalité devant la loi ni porter atteinte au principe de libre concurrence, dans la limite de l'enveloppe financière qui leur a été notifiée, en tenant compte des objectifs et des moyens de la politique de l'emploi. À cette fin, le ministre du travail, responsable de la gestion des crédits des programmes mis à sa disposition, a compétence pour fixer la programmation, les objectifs et les priorités retenues en vue de la conclusion de contrats uniques d'insertion. Dès lors, il n'y a pas lieu d'annuler pour excès de pouvoir la décision ministérielle révélée par le courriel et la circulaire du délégué général à l'emploi demandant aux préfets de région de cesser toute attribution de contrat initiative-emploi et de réserver les contrats d'accompagnement dans l'emploi à certains publics prioritaires.

La **circulaire DGEFP/SDPAE/MIP/METH/MPP/2019/17 du 31 janvier 2019** (NOR : MTRD1902567C) a confirmé le positionnement des contrats aidés en parcours emploi compétences autour du triptyque emploi-formation-accompagnement. Cette circulaire a consolidé pour 2019 les dispositions introduites par la circulaire du 11 janvier 2018 précitée. Elle a été abrogée par la circulaire DGEFP/MIP/METH/MPP/2020/32 du 28 février 2020.

La fiche 1 sur le parcours emploi compétences de la **circulaire DGEFP/MIP/METH/MPP/2020/32 du 28 février 2020** (NOR : MTRD2005122C) actualise pour 2020 les dispositions introduites par la circulaire du 11 janvier 2018 précitée. Cette circulaire a été complétée par la **circulaire DGEFP/MIP/MPP/2020/163 du 28 septembre 2020** (NOR : MTRD2025802C) relative à la mise en œuvre des mesures du plan #1jeune1solution concernant les parcours emploi compétences et la création du « CIE Jeunes ».

• **Calcul des effectifs.** Les salariés en CUI sont exclus des effectifs pour la durée de versement de l'aide attachée au contrat. Ils ne sont pris en compte que pour le calcul de la tarification « accident du travail » (art. L. 1111-3 CT). Toutefois, pour le calcul des effectifs enregistrés dans les entreprises depuis le 01.01.2019, **les salariés en CUI sont pris en compte dans le calcul des effectifs de l'entreprise enregistrés pour l'application des dispositions relatives aux institutions représentatives du personnel** (ex. : seuil de mise en place d'un CSE) (art. L. 2301-1 CT). Cette règle vaut qu'il s'agisse d'un CUI sous forme de CIE ou de CAE. Cette mesure, issue de la loi 2018-771 du 5 septembre 2018 (art. 82, JO 6), fait suite à une décision de la Cour de justice de l'Union européenne qui avait jugé l'article L. 1111-3 précité contraire au droit de l'Union européenne en ce qu'il excluait du calcul de l'effectif les apprentis et les titulaires d'un contrat de professionnalisation ou d'un CUI (charte des droits fondamentaux et directive 2002/14/CE du 11 mars 2002 sur l'information et la consultation des travailleurs) (CJUE 15 janvier 2014, aff. C-176/12, JOUE C 85/3 du 22.3.2014 ; JCP éd. S 2014, 1140, note R. Milchior et É. Pujol ; RJS 5/14 n° 448). La Cour de cassation s'était, par la suite, alignée sur la CJUE, tout en précisant qu'en raison de l'absence d'effet direct de la charte et de la directive, l'application de l'article L. 1111-3, bien que contraire au droit européen, ne pouvait pas être écartée (sauf cas particulier non détaillé ici) (cass. soc. 9 juillet 2014, n° 11-21.609, BC V n° 193 ; RJS 10/14 n° 700 ; JCP éd. S 2014, 1429, note Y. Pagnerre). En pratique, l'absence d'effet direct de la directive fait que, dans le cas général, un salarié ou un syndicat ne peut pas reprocher à un employeur de continuer à exclure les salariés en cause des effectifs. En revanche, il leur est possible d'engager la responsabilité de l'État pour ne pas avoir mis le droit national en conformité et obtenir réparation du préjudice subi (CJCE 19 novembre 1991, aff. C-6/90 et C-9/90). Mais là, l'employeur n'est pas directement concerné… On notera que, dans un jugement du 17 juillet 2018, le Tribunal administratif de Paris a condamné l'État à verser à plusieurs syndicats une somme de 1 000 € pour sa carence dans la transposition de la directive européenne (TA Paris 17 juillet 2018, n° 1609631/3-1). En incluant les contrats uniques d'insertion dans les effectifs pour les règles de représentation du personnel, les pouvoirs publics ont souhaité mettre le droit français en conformité avec le droit européen. Partiellement cependant, car la loi précitée ne change rien concernant les apprentis et les salariés en contrat de professionnalisation, qui restent exclus des effectifs, y compris en matière de représentation du personnel.

• **La formation du salarié, l'orientation professionnelle et la validation des acquis étant inhérents aux contrats d'insertion,** l'absence d'actions de l'employeur à cette fin en modifie la nature et les transforme en contrats de travail de droit commun à durée indéterminée (cass. soc. 12 décembre 2012, n° 11-23.922, RJS 2/13 n° 154 ; 12 février 2013, n° 11-15.560,

RJS 4/13 n° 313; 11 mai 2017, n° 16-13.051). Il appartient à l'employeur de mettre en œuvre effectivement ces formations. Par exemple, il ne saurait se borner à informer le salarié de leur existence et de la nécessité de les suivre, ni se contenter de lui exposer les possibilités et modalités d'accès aux formations proposées pour les contrats aidés, sans avoir mis en œuvre une action de formation ou d'accompagnement, peu important que l'intéressé ne justifie pas d'une démarche dont l'importance lui avait été rappelée (cass. soc. 5 juin 2013, n° 11-21.255, BC V n° 146; JCP éd. S 2013, 1322, note L. Cailloux-Meurice; RJS 8-9/13 n° 629; 18 juin 2014, n° 13-14.916, BC V n° 148; RJS 10/14 n° 718; 7 juillet 2015, n° 14-11.919, RJS 11/15 n° 724).

• **Le refus de renouvellement d'un CUI par le salarié n'est pas un motif de chômage volontaire s'opposant à l'ouverture de droits aux allocations de chômage.** Le règlement général annexé à la convention du 19 février 2009 relative à l'indemnisation du chômage dispose que sont involontairement privés d'emploi ou assimilés les salariés dont la cessation du contrat de travail résulte de la fin de leur contrat de travail à durée déterminée dont notamment les contrats à objet défini. C'est donc à tort qu'une cour d'appel a retenu, pour dire que la perte d'emploi présentait un caractère volontaire et que la salariée ne pouvait prétendre au paiement des allocations de chômage, que celle-ci s'est trouvée privée d'emploi à la suite de son refus de la proposition de renouvellement de son contrat à durée déterminée et qu'il n'est pas établi que le motif du refus invoqué par l'intéressée présente un caractère légitime permettant de considérer qu'elle a été involontairement privée d'emploi. Dans cette affaire, la cour d'appel a violé l'article L. 5421-3 et l'article 2 du règlement général annexé à la convention du 19 février 2009 relative à l'indemnisation du chômage (cass. soc. 16 janvier 2019, n° 17-11.975, à paraître, LS Jurispr. n° 24 du 05.02.2019; JCP éd. S 2019, 1090, note Fr. Bousez; RJS 4/19 n° 243, 1re espèce).

• Voir circulaire DGEFP 2009-42 du 5 novembre 2009 et lettre circulaire Acoss 2010-080 du 22 juillet 2010 (LS Bref n° 15659 du 28.07.2010) pour les règles applicables **pour les contrats conclus antérieurement au 01.01.2018.**

• Voir également «Contrats aidés: exonérations et aides à l'employeur», cahier RF 1115, juin 2020, §§ 5600 et s. et «Le contrat unique d'insertion», cahier RF 1116, juillet 2020, §§ 900 et s.

Art. L. 5134-19-1. ***(L. 2012-1189 du 26 oct. 2012, art. 7, JO 27, entrée en vigueur le 01.11.2012)*** Le contrat unique d'insertion est un contrat de travail conclu entre un employeur et un salarié dans les conditions prévues à la sous-section 3 des sections 2 et 5 du présent chapitre, au titre duquel est attribuée une aide à l'insertion professionnelle dans les conditions prévues à la sous-section 2 des mêmes sections 2 et 5. La décision d'attribution de cette aide est prise par:

1° Soit, pour le compte de l'État, l'institution mentionnée à l'article L. 5312-1, les organismes mentionnés à l'article L. 5314-1 ou, selon des modalités fixées par décret, un des organismes mentionnés au 1° *bis* de l'article L. 5311-4;

2° Soit le président du ***(L. 2013-403 du 17 mai 2013, art. 1er, JO 18)*** «conseil départemental» lorsque cette aide concerne un bénéficiaire du revenu de solidarité active financé par le département;

3° Soit, pour le compte de l'État, ***(L. 2019-791 du 26 juil. 2019, art. 54, V, JO 28, entrée en vigueur le 01.01.2020)*** «l'autorité académique» pour les contrats mentionnés au I de l'article L. 5134-125.

Le montant de cette aide résulte d'un taux, fixé par l'autorité administrative, appliqué au salaire minimum de croissance.

Note • Voir arrêté du 31 octobre 2012 (JO 1er nov.) fixant le montant de l'aide de l'État pour les emplois d'avenir.

• Voir aussi instruction DGEFP 2014-2 du 5 février 2014 relative au pilotage des dispositifs de l'insertion par l'activité économique citée *supra* sous Chapitre II.

• Voir décret 2014-724 du 27 juin 2014 (JO 29) relatif aux conditions de recrutement et d'emploi des accompagnants des élèves en situation de handicap.

Art. L. 5134-19-2. Le président du ***(L. 2013-403 du 17 mai 2013, art. 1er, JO 18)*** «conseil départemental» peut déléguer tout ou partie ***(L. 2012-1189 du 26 oct. 2012, art. 7, JO 27, entrée en vigueur le 01.11.2012)*** «de la décision d'attribution de l'aide à l'insertion professionnelle mentionnée à» l'article L. 5134-19-1 à l'institution mentionnée à l'article L. 5312-1 ou à tout autre organisme qu'il désigne à cet effet.

Art. L. 5134-19-3. Le contrat unique d'insertion prend la forme:

1° Pour les employeurs du secteur non marchand mentionnés à l'article L. 5134-21, du contrat d'accompagnement dans l'emploi défini par la section 2;

2° Pour les employeurs du secteur marchand mentionnés à l'article L. 5134-66, du contrat initiative-emploi défini par la section 5.

Note • Les actions de formation destinées aux personnes bénéficiant d'un contrat d'accompagnement dans l'emploi mentionné à l'article L. 5134-19-3 CT dans les collectivités territoriales ou les établissements publics en relevant peuvent être financées, pour tout ou partie, au moyen de la cotisation obligatoire versée par les collectivités territoriales et leurs établissements publics en application de l'article 12-2 de la loi 84-53 du 26 janvier 1984 portant dispositions statutaires relatives à la fonction publique territoriale (loi 2008-1249 du 1er décembre 2008, art. 22, II, JO 3, entrée en vigueur le 01.01.2010).

• Voir la circulaire DGEFP/SDPAE/MIP/MPP/2018/11 du 11 janvier 2018 relative aux parcours emploi compétences et au Fonds d'inclusion dans l'emploi en faveur des personnes les plus éloignées de l'emploi détaille les modalités selon lesquelles le gouvernement entend recentrer la politique d'intervention de l'État en faveur des publics les plus éloignés de l'emploi (NOR: MTRD1801071C) (BO TR 2018/3 du 30 mars 2018). Ce document précise notamment la ligne appliquée à compter de 2018 en matière de contrat unique d'insertion (CUI) et d'emplois d'avenir; voir également la note sous Section 1-1 du présent chapitre. Cette position administrative a été confirmée en 2020, voir circulaires DGEFP/MIP/METH/MPP/2020/32 du 28 février 2020 (NOR: MTRD2005122C) et DGEFP/MIP/MPP/2020/163 du 28 septembre 2020 (NOR: MTRD2025802C).

Art. L. 5134-19-4. ***(L. 2012-1189 du 26 oct. 2012, art. 7, JO 27, entrée en vigueur le 01.11.2012)*** «Le président du ***(L. 2013-403 du 17 mai 2013, art. 1er, JO 18)*** «conseil départemental» signe, préalablement à ***(L. 2012-1189 du 26 oct. 2012, art. 7, JO 27, entrée en vigueur le 01.11.2012)*** «l'attribution des aides à l'insertion professionnelle prévues à» l'article L. 5134-19-1 ***(L. 2013-1278 du 29 déc. 2013, art. 142, JO 30)*** «et à la signature des conventions prévues à l'article L. 5132-2», une convention annuelle d'objectifs et de moyens avec l'État.

Cette convention fixe:

1° Le nombre prévisionnel ***(L. 2012-1189 du 26 oct. 2012, art. 7, JO 27, entrée en vigueur le 01.11.2012)*** «d'aides à l'insertion professionnelle attribuées» au titre de l'embauche, dans le cadre d'un contrat unique d'insertion, de bénéficiaires du revenu de solidarité active financé par le département;

2° Les modalités de financement des ***(L. 2012-1189 du 26 oct. 2012, art. 7, JO 27, entrée en vigueur le 01.11.2012)*** «aides à l'insertion professionnelle» et les taux d'aide applicables.

Lorsque le département participe au financement de l'aide, les taux mentionnés au dernier alinéa de l'article L. 5134-19-1 peuvent être majorés, en fonction des critères énoncés aux 1°, 2° et 4° des articles L. 5134-30 et L. 5134-72.

Lorsque l'aide est en totalité à la charge du département, le conseil général en fixe le taux sur la base des critères mentionnés aux articles L. 5134-30 et L. 5134-72, dans la limite du plafond prévu aux articles L. 5134-30-1 et L. 5134-72-1;

3° Les actions d'accompagnement et les autres actions ayant pour objet de favoriser l'insertion durable des salariés embauchés en contrat unique d'insertion ***(L. 2013-1278 du 29 déc. 2013, art. 142, JO 30)*** «et dans les structures d'insertion par l'activité économique».

À l'occasion de chaque renouvellement de la convention annuelle d'objectifs et de moyens, l'État et le département procèdent au réexamen de leur participation financière au financement du contrat unique d'insertion ***(L. 2013-1278 du 29 déc. 2013, art. 142, JO 30)*** «et des aides financières aux structures d'insertion par l'activité économique,» en tenant compte des résultats constatés en matière d'insertion durable des salariés embauchés dans ce cadre ainsi que des contraintes économiques qui pèsent sur certains territoires.

Note • Voir décret 2017-202 du 17 février 2017 (JO 19) relatif au fonds d'appui aux politiques d'insertion; arrêté du 20 février 2017 (JO 2 mars) fixant le modèle de convention d'appui aux politiques d'insertion et instruction interministérielle DGCS/SD1C/DGFIP/DGEFP/2017/73 du 2 mars 2017 relative à la mise en œuvre du fonds d'appui aux politiques d'insertion (NOR: AFSA1706890J) (BO TR 2017/4 du 30 avril 2017).

• Voir la fiche 7 de la circulaire DGEFP/MIP/METH/MPP/2020/32 du 28 février 2020 (NOR: MTRD2005122C) sur les principes de gestion du Fonds d'inclusion dans l'emploi.

• Le décret 2019-675 du 28 juin 2019 (JO 29) relatif à la répartition du fonds de mobilisation départementale pour l'insertion au titre des contrats de travail aidés cofinancés par les départements précise les modalités de répartition du fonds de mobilisation départementale pour l'insertion au titre des contrats de travail aidés (CUI-CAE, CUI-CIE, EAV et CDDI)] cofinancés par les départements entre les départements de Guadeloupe et de La Réunion, la collectivité territoriale de Martinique et les collectivités de Saint-Barthélemy, de Saint-Martin et de Saint-Pierre-et-Miquelon. Il précise également les modalités de répartition du fonds de mobilisation départementale pour l'insertion au titre des contrats de travail aidés (CUI-CAE, CUI-CIE, EAV et CDDI) cofinancés par les départements entre les départements de métropole.

Art. L. 5134-19-5. Le président du ***(L. 2013-403 du 17 mai 2013, art. 1er, JO 18)*** «conseil départemental» transmet à l'État, dans des conditions fixées par décret, toute information permettant le suivi du contrat unique d'insertion.

Sous-section 1 (réglementaire). Dispositions générales

Note Les sous-sections 1 et 2 ont été introduites par le décret 2009-1442 du 25 novembre 2009, JO 26, entrée en vigueur le 01.01.2010.

Art. R. 5134-14. ***(D. 2014-524 du 22 mai 2014, art. 16, JO 24)*** «Pôle emploi,» ***(D. 2012-1211 du 31 oct. 2012, JO 1er nov.)*** «les organismes mentionnés à l'article L. 5314-1 et au 1° *bis* de l'article L. 5311-4, ainsi que les recteurs d'académie pour les contrats mentionnés à l'article L. 5134-125, peuvent attribuer pour le compte de l'État des aides à l'insertion professionnelle en application» de l'article L. 5134-19-1, dans le cadre des missions d'insertion professionnelle que l'État leur confie par une convention ou par un marché et dans la limite de l'enveloppe financière qu'il notifie annuellement à chaque organisme.

Art. R. 5134-15. Lorsque les organismes mentionnés ***(D. 2012-1211 du 31 oct. 2012, JO 1er nov.)*** «à l'article L. 5314-1 et au 1° *bis* de l'article L. 5311-4, ainsi que les recteurs d'académie pour les contrats mentionnés à l'article L. 5134-125» prennent des décisions ou ***(D. 2012-1211 du 31 oct. 2012, JO 1er nov.)*** «attribuent des aides à l'insertion professionnelle» pour le compte de l'État en application de l'article L. 5134-19-1, ils statuent également au nom de l'État en cas de recours gracieux formés contre ces décisions. Les recours hiérarchiques sont portés devant le préfet de région.

Art. R. 5134-16. La convention annuelle d'objectifs et de moyens prévue à l'article L. 5134-19-4 comporte une annexe, dont le modèle est fixé par arrêté du ministre chargé de l'emploi, faisant apparaître la liste des taux de prise en charge de l'aide financière définis en application du dernier alinéa de l'article L. 5134-19-1, du cinquième et du sixième alinéa de l'article L. 5134-19-4. Cette annexe mentionne également le nombre prévisionnel ***(D. 2012-1211 du 31 oct. 2012, JO 1er nov.)*** «d'aides à l'insertion professionnelle attribuées» par le président du ***(D. 2013-938 du 18 oct. 2013, art. 1er, JO 20)*** «conseil départemental», selon que l'aide est financée pour partie ou en totalité par le département.

La convention annuelle d'objectifs et de moyens peut être modifiée en cours d'année par avenant.

Note Voir arrêté du 4 janvier 2010 (JO 15) relatif au modèle d'annexe à la convention annuelle d'objectifs et de moyens pour la mise en œuvre du contrat unique d'insertion (formulaire Cerfa n° 13999*03).

Art. R. 5134-17. La ***(D. 2012-1211 du 31 oct. 2012, JO 1er nov.)*** «demande d'aide à l'insertion professionnelle», dont le modèle est fixé par arrêté du ministre chargé de l'emploi, comporte:

1° Des informations relatives à l'identité du bénéficiaire et à sa situation au regard de l'emploi, des allocations dont il bénéficie et de sa qualification;

2° Des informations relatives à l'identité et aux caractéristiques de l'employeur;

3° Des informations relatives à la nature, aux caractéristiques et au contenu du contrat de travail conclu avec le salarié;

4° Les modalités de mise en œuvre de ***(D. 2012-1211 du 31 oct. 2012, JO 1er nov.)*** «l'aide à l'insertion professionnelle», notamment:

a) La nature des actions prévues au cours du contrat d'accompagnement dans l'emploi ou du contrat initiative-emploi, respectivement, en matière d'orientation et d'accompagnement professionnel, de formation professionnelle et de validation des acquis de l'expérience, en application de l'article L. 5134-22, et en matière d'accompagnement professionnel et, le cas échéant, de formation, en application de l'article L. 5134-65;

b) Le cas échéant, l'indication qu'une ou plusieurs périodes d'immersion auprès d'un autre employeur sont prévues au cours du contrat, en application de l'article L. 5134-20;

c) Le nom du référent mentionné aux articles R. 5134-37 et R. 5134-60 et l'organisme dont il relève;

d) Le nom et la fonction du tuteur mentionné aux articles R. 5134-38 et R. 5134-61;

e) Le taux de prise en charge servant au calcul de l'aide versée à l'employeur et le nombre d'heures de travail auquel il s'applique;

f) L'identité de l'organisme ou des organismes en charge du versement de l'aide financière et les modalités de versement;

g) Les modalités de contrôle par l'autorité ***(D. 2012-1211 du 31 oct. 2012, JO 1er nov.)*** «attribuant l'aide de la mise en œuvre de l'aide».

(D. 2012-1211 du 31 oct. 2012, JO 1er nov.) «Les conditions d'attribution de l'aide peuvent être modifiées avant le terme prévu par la décision avec l'accord de l'employeur, du salarié et de l'autorité visée à l'article R. 5134-14 ayant attribué l'aide».

Note La demande d'aide est établie sur un formulaire réglementaire (Cerfa n° 14818*02, «*http://travail-emploi.gouv.fr/demarches-et-fiches-pratiques/formulaires-et-teledeclarations/entreprises/article/formulaires-contrat-unique-d-insertion*»). Dans le cadre du parcours emploi compétences, qui remplace les contrats uniques d'insertion depuis le 1er janvier 2018, les engagements de l'employeur en matière d'accompagnement et de formation sont déclinés dans un nouveau Cerfa, sous la forme de compétences à développer (savoir-faire, savoir et savoir-être). Ces éléments sont inscrits dans une annexe papier au Cerfa n° 14818*02 (circ. DGEFP/SDPAE/MIP/MPP 2018-11 du 11 janvier 2018, fiche 5). La transformation des contrats aidés se matérialise principalement par la prise en compte, à titre principal, de la notion d'acquisition de compétences valorisables. En effet, l'expérience professionnelle, couplée à des actions d'accompagnement et de formation, doit permettre d'acquérir des compétences qui permettront à son bénéficiaire de les valoriser et ainsi de s'insérer sur le marché du travail. Dans une volonté de responsabilisation des prescripteurs, l'annexe est gérée par ceux-ci et, selon les prescripteurs, elle est dématérialisée au sein de leur logiciel de suivi des demandeurs d'emploi. En effet, il appartient au conseiller référent de compléter l'annexe sur la base du diagnostic global du bénéficiaire et de l'entretien tripartite avec le futur salarié en CUI-CAE et son employeur. Il n'est pas prévu de transmission à l'ASP (questions - réponses DGEFP relatif à la mise en œuvre de la circulaire du 11 janvier 2018).

Art. R. 5134-17-1. ***(D. 2012-1211 du 31 oct. 2012, JO 1er nov.)*** La décision d'attribution de l'aide à l'insertion professionnelle est transmise par l'autorité signataire à l'Agence de services et de paiement.

Elle comprend l'ensemble des éléments indiqués à l'article R. 5134-17.

Sous-section 2 (réglementaire). Suivi financier et statistique

Art. R. 5134-18. L'Agence de services et de paiement est autorisée à mettre en œuvre un traitement automatisé des données à caractère personnel contenues dans les ***(D. 2012-1211 du 31 oct. 2012, JO 1er nov.)*** « décisions d'attribution de l'aide à l'insertion professionnelle ».

Le traitement automatisé a pour finalité :

1° La gestion, le contrôle et le suivi des ***(D. 2012-1211 du 31 oct. 2012, JO 1er nov.)*** « aides à l'insertion professionnelle » ;

2° Le calcul et le paiement de l'aide versée à l'employeur ;

3° L'identification des cas dans lesquels l'allocation de revenu de solidarité active est intégralement à la charge du Fonds national des solidarités actives en application du troisième alinéa du I de l'article L. 262-24 du code de l'action sociale et des familles ;

4° L'élaboration de données statistiques et financières anonymes ;

(D. 2012-657 du 4 mai 2012, JO 6) « 5° La réalisation d'enquêtes permettant d'étudier la situation des personnes en contrats aidés et leur parcours professionnel. »

Note Pour permettre la réalisation des opérations prévues aux 1° et 2° de cet article (contrat unique d'insertion et emploi d'avenir), à l'article 3 du décret 2015-773 du 29 juin 2015 (JO 30) (aide en faveur des très petites entreprises embauchant des jeunes apprentis), aux articles 3 et 4 du décret 2015-806 du 3 juillet 2015 (JO 4) (aide à l'embauche d'un premier salarié) et aux articles 4 et 5 du décret 2016-40 du 25 janvier 2016 (JO 26) (aide à l'embauche dans les petites et moyennes entreprises) est autorisée la création par l'Agence de services et de paiement (ASP) d'un téléservice dénommé «système de libre accès des employeurs» (SYLAE; *https://sylae.asp-public.fr/sylae*) (arrêté du 26 novembre 2012, JO 13 déc., modifié par arrêtés des 12 octobre 2015, JO 18 et 8 avril 2016, JO 16). Il permet la saisie en ligne, par l'employeur, des états de présence des salariés embauchés dans le cadre de ces dispositifs d'aides à l'embauche. L'employeur indique notamment les périodes d'absences sans maintien de rémunération ou nombre d'absences le cas échéant.

Art. R. 5134-19. Les catégories de données à caractère personnel enregistrées sont les suivantes :

1° Le nom de famille et, le cas échéant, le nom ***(D. 2012-1211 du 31 oct. 2012, JO 1er nov.)*** « d'usage », les prénoms, le sexe et la date de naissance ;

2° La nationalité, sous l'une des formes suivantes :
- français ;
- ressortissant d'un État membre de l'Union européenne ;
- ressortissant d'un État tiers.

3° Le numéro d'inscription au répertoire national d'identification des personnes physiques ;

4° Le niveau de formation ;

5° L'adresse ;

6° Le cas échéant, le numéro d'inscription sur la liste des demandeurs d'emploi et la durée de cette inscription ;

7° Le cas échéant, l'indication de la qualité de bénéficiaire du revenu de solidarité active financé par le département, le numéro d'allocataire, l'organisme en charge du versement et la durée pendant laquelle il a bénéficié de cette allocation ;

8° Le cas échéant, l'indication de la qualité de bénéficiaire de l'allocation de solidarité spécifique, de l'allocation aux adultes handicapés ou de l'allocation temporaire d'attente et la durée pendant laquelle il a bénéficié de cette allocation ;

9° Le cas échéant, l'indication ***(D. 2012-1211 du 31 oct. 2012, JO 1er nov.)*** « de la reconnaissance de la qualité de bénéficiaire de l'obligation d'emploi des travailleurs handicapés, pour les personnes mentionnées à l'article L. 5212-13 » ;

10° Les données mentionnées aux 2°, 3° et 4° de l'article R. 5134-17.

Art. R. 5134-20. Pour les nécessités liées à la seule finalité mentionnée au 3° de l'article R. 5134-18 les agents des organismes mentionnés à l'article L. 262-16 du code de l'action sociale et des familles désignés et habilités par l'autorité responsable de ces organismes sont destinataires des données du traitement relatives aux personnes bénéficiaires du revenu de solidarité active financé par le département et portant sur:

1° Le nom et l'adresse des intéressés;

2° Leur numéro d'inscription au répertoire national d'identification des personnes physiques;

3° Leur numéro d'allocataire;

4° La date de leur embauche.

Art. R. 5134-21. À l'exception du numéro d'inscription au répertoire national d'identification des personnes physiques et, le cas échéant, du numéro d'allocataire du revenu de solidarité active financé par le département, sont destinataires des données du traitement pour les nécessités liées aux seules finalités mentionnées aux 1°, 2° et 4° de l'article R. 5134-18 les agents des administrations et organismes mentionnés ci-après, désignés et habilités par l'autorité responsable de ces administrations et organismes:

1° Les services déconcentrés du ministre chargé de l'emploi dans le département;

2° Les ***(D. 2012-657 du 4 mai 2012, JO 6)*** «agences» locales de Pôle emploi;

3° Les organismes mentionnés à l'article D. 5134-14, pour les ***(D. 2012-1211 du 31 oct. 2012, JO 1er nov.)*** «aides attribuées» au nom de l'État;

4° Le cas échéant, le département, lorsque le président du ***(D. 2013-938 du 18 oct. 2013, art. 1er, JO 20)*** «conseil départemental» le demande, pour les ***(D. 2012-1211 du 31 oct. 2012, JO 1er nov.)*** «aides qu'il a attribuées».

Art. R. 5134-22. ***(D. 2012-657 du 4 mai 2012, JO 6)*** Pour permettre aux agents des services statistiques du ministre chargé de l'emploi désignés et habilités par l'autorité responsable de ces services de conduire les opérations prévues aux 4° et 5° de l'article R. 5134-18, ces derniers sont destinataires des données du traitement, à l'exception du numéro d'inscription au répertoire national d'identification des personnes physiques.

Ces données ne peuvent être conservées par les services statistiques du ministre chargé de l'emploi au-delà de la période nécessaire à la conduite de ces opérations et au plus tard cinq ans après ***(D. 2012-1211 du 31 oct. 2012, JO 1er nov.)*** «le terme de l'aide à l'insertion professionnelle».

Art. R. 5134-23. Les données à caractère personnel ne peuvent être conservées au-delà de la période nécessaire à la conduite des opérations prévues à l'article R. 5134-18 et au maximum un an après ***(D. 2012-1211 du 31 oct. 2012, JO 1er nov.)*** «le terme de l'aide à l'insertion professionnelle».

Toutefois, en cas de contentieux relatif à une ***(D. 2012-1211 du 31 oct. 2012, JO 1er nov.)*** «aide à l'insertion professionnelle», les données correspondantes sont conservées jusqu'à une décision de justice devenue définitive.

L'enregistrement, l'utilisation, la conservation et la transmission de ces données sont réalisés selon des modalités propres à garantir leur confidentialité.

Art. R. 5134-24. Les droits d'accès et de rectification prévus aux articles 39 et 40 de la loi n° 78-17 du 6 janvier 1978 relative à l'informatique, aux fichiers et aux libertés s'exercent auprès de l'Agence de services et de paiement.

SECTION 2. Contrat d'accompagnement dans l'emploi

Note

• Sur le service civique, voir art. L. 120-1 et s. c. serv. nat.

• Voir circulaire DGEFP 2009-42 du 5 novembre 2009 relative à l'entrée en vigueur du contrat unique d'insertion au 1er janvier 2010.

• Voir également «Le contrat unique d'insertion», cahier RF 1106, juillet 2019, §§ 939 et s.

• **La circulaire DGEFP/SDPAE/MIP/MPP/2018/11 du 11 janvier 2018** relative aux parcours emploi compétences et au Fonds d'inclusion dans l'emploi en faveur des personnes les plus éloignées de l'emploi détaille les modalités selon lesquelles le gouvernement entend recentrer la politique d'intervention de l'État en faveur des publics les plus éloignés de l'emploi (NOR: MTRD1801071C) (BO TR 2018/3 du 30 mars 2018). Voir questions - réponses DGEFP relatif à la mise en œuvre de la circulaire du 11 janvier 2018.

Le CUI-contrat d'accompagnement dans l'emploi (CUI-CAE) est désormais envisagé dans une nouvelle approche, dite du **«parcours emploi compétences»**, reposant sur une logique de parcours de l'individu et de sélection des employeurs (circ. précité, fiche 1). Le cadre juridique est inchangé (obligation d'accompagnement et de formation), mais rendu plus effectif, via en particulier:

– l'automaticité d'un entretien tripartite préalable (employeur, organisme prescripteur, bénéficiaire) au moment de la signature de l'aide;

– un entretien de sortie entre le salarié et le prescripteur entre 1 et 3 mois avant la fin du contrat;

– la formalisation des engagements de l'employeur.

Les prescriptions de CUI-CAE sont recentrées sur les publics les plus éloignés du marché du travail, avec néanmoins une attention particulière accordée à certains publics (travailleurs handicapés, résidents des quartiers prioritaires de la ville, jeunes). Quant à la sélection des employeurs, elle est centrée autour de certains critères (capacité d'accompagnement, formation, etc.). Dans le cadre du «parcours emploi compétences», le montant de l'aide, exprimé en pourcentage du SMIC brut, peut être modulé entre 30 % et 60 %, dans la limite des enveloppes financières. Les durées des contrats initiaux CUI-CAE ne pouvaient être fixées, en 2020, sous le seuil des 9 mois, sauf circonstances exceptionnelles, voir fiche 1 de la **circulaire DGEFP/MIP/METH/MPP/2020/32 du 28 février 2020** (NOR: MTRD2005122C). Voir également **circulaire DGEFP/MIP/MPP/2020/163 du 28 septembre 2020** (NOR: MTRD2025802C) relative à la mise en œuvre des mesures du plan #1jeune1solution concernant les parcours emploi compétences.

Jurisprudence relative aux contrats emploi-solidarité, contrats emploi consolidé et contrats d'avenir (articles L. 322-4-7 et L. 322-4-10 [L. 5431-20 et 35] CT)

• Le refus opposé par le préfet à la conclusion d'une convention peut être contesté devant le juge administratif (CE 18 mars 1998, n° 156392, RJS 6/98 n° 774: détournement de pouvoir non établi, l'association se proposant d'organiser des stages et non de recruter sur des emplois réels répondant à des besoins collectifs non satisfaits).

• L'article L. 322-4-7 interdisant le recrutement de salariés par contrat emploi-solidarité (CES) pour pourvoir des emplois dans les services de l'État, fût-ce par le biais d'associations, est irrégulier et doit être requalifié en contrat de droit commun à durée indéterminée le contrat emploi-solidarité conclu entre une salariée et une association d'action sociale des personnels et agents du ministère de l'Intérieur pour occuper un poste de secrétaire dans une préfecture (cass. soc. 10 juillet 2002, n° 99-45.870, BC V n° 234; RJS 10/02 n° 1158).

• Les contrats emploi-solidarité peuvent être contractés pour des emplois liés à l'activité normale et permanente des collectivités, organismes et personnes morales concernées (cass. soc. 16 mars 1999, n° 97-40.271, BC V n° 113; RJS 4/99 n° 563; 29 juin 1999, n° 97-41.034, RJS 8-9/99 n° 1119; CE 23 juin 2004, n° 260945, RJS 11/04 n° 1179). La validité du contrat emploi-solidarité doit être appréciée uniquement dans les rapports entre la CCI, employeur, et la salariée, peu important que celle-ci soit mise à la disposition d'un autre organisme (cass. soc. 5 juin 2001, n° 99-41.289, BC V n° 205; RJS 8-9/01 n° 1051).

• Si, aux termes du décret du 30 janvier 1990, la durée du contrat emploi-solidarité est comprise entre 3 et 12 mois, avec possibilité de deux renouvellements sans que la durée totale du contrat excède 24 mois, aucun texte ne fait obligation, dans le cadre d'un renouvellement, de prévoir une nouvelle durée minimale de 3 mois (cass. soc. 13 décembre 2006, n° 05-40.606, BC V n° 376; RJS 2/07 n° 259).

• L'absence de mention de la répartition de l'horaire de travail dans le contrat emploi-solidarité ne pouvait, dans le cadre alors applicable, justifier la requalification du CES à temps partiel en contrat à temps complet (cass. soc. 13 décembre 2007, n° 06-41.754, RJS 4/08 n° 466).

• Un organisme ayant déjà conclu avec l'État des conventions de contrat emploi-solidarité n'a aucun droit acquis à la signature de nouveaux contrats de ce type (CE 3 février 1999, n° 156586, RJS 5/99 n° 713).

• Les litiges nés de la conclusion, de l'exécution et de la rupture d'un contrat emploi-solidarité, qui a la nature juridique d'un contrat de droit privé, relèvent de la compétence de l'autorité judiciaire, même si l'employeur est une personne publique gérant un service public à caractère administratif, sauf renvoi de question préjudicielle lorsque la légalité de la convention passée entre l'État et l'employeur est contestée (Trib. confl. 24 septembre 2007, 2 espèces, n^{os} C3645 et C3597, concl. J. Duplat, Dr. Soc. 2008, p. 94; 7 juin 1999, n° 03152, RJS 8-9/99 n° 1120; cass. soc. 16 mars 1999, n° 97-40.271, BC V n° 113; RJS 4/99 n° 563; 27 mars 2008, n° 06-45.929, BC V n° 74; RJS 6/08 n° 701; voir également A. de Senga, «CES: quel juge pour quelle loi ?», Dr. Ouvr. 1999, p. 357). Le juge administratif est seul compétent pour tirer les conséquences d'une éventuelle requalification d'un contrat s'il apparaît que celui-ci n'entre en réalité pas dans les prévisions de l'article L. 322-4-7 (Trib. confl. 18 juin 2001, n° 3258 et CE avis 16 mai 2001, n° 229811, RJS 10/01 n° 1219). Il en est de même lorsque la requalification effectuée par le juge judiciaire, pour un autre motif, a pour conséquence non la réparation du préjudice résultant de la rupture du contrat, mais la poursuite d'une relation contractuelle entre le salarié et la personne morale de droit public gérant un service public administratif au-delà du terme du contrat (Trib. confl. 20 octobre 2008, n° 3670, JCP éd. G 2009.II.10003, note M-Ch. Rouault et Fr. Duquesne; 23 novembre 2009, n° 3733, RJS 2/10 n° 212).

• Le litige résultant de la rupture du contrat emploi consolidé, qui, en vertu de la loi, a la nature juridique d'un contrat de droit privé, relève de la compétence de la juridiction judiciaire (Trib. confl. 20 octobre 1997, n° 03086, RJS 3/98 n° 348; 15 novembre 2004, n° 04-03.422, BC n° 25). Voir également chron. Cl. Roy-Loustaunau, RJS 11/98, p. 803 et cass. soc. 16 décembre 2009, n° 05-44.850, RJS 3/10 n° 284, dans un litige relatif à l'indemnisation du chômage.

• Les litiges nés à propos de la conclusion, de l'exécution, de la rupture ou de l'échéance des contrats d'avenir, contrats de travail de droit privé, relèvent en principe de la compétence du juge judiciaire, ainsi que les litiges relatifs à l'indemnisation du chômage, alors même que l'employeur (public) n'a pas adhéré au régime d'assurance chômage (cass. soc. 23 octobre 2013, n° 12-17.635, RJS 1/14 n° 67).

• L'employeur ne peut demander au salarié d'effectuer des travaux autres que ceux précisés dans la convention signée avec l'État (cass. soc. 25 mars 1997, n° 94-41.828, BC V n° 123; RJS 5/97 n° 580). Il ne peut être conclu un avenant au contrat qui modifie la nature des activités faisant l'objet du contrat et le montant de la rémunération correspondante (cass. soc. 24 mars 2010, n° 07-44.541, BC V n° 73; RJS 6/10 n° 541).

• En l'absence de contrat écrit, le contrat emploi-solidarité, comme le contrat emploi consolidé à durée déterminée, doit être requalifié en contrat à durée indéterminée (cass. soc. 22 février 2006, n° 04-42.863, BC V n° 77; RJS 5/06 n° 615; 30 novembre 2004, n° 02-42.284, BC V n° 306; RJS 2/05 n° 128). Le contrat emploi consolidé à durée déterminée dont la durée initiale a été supérieure aux 12 mois fixés par les textes doit être requalifié en contrat à durée indéterminée (cass. soc. 30 novembre 2004, n° 02-44.083, BC V n° 304; Dr. Soc. 2005, p. 214).

• Les contrats emploi-solidarité et contrats emploi consolidé doivent être requalifiés en contrats à durée indéterminée dès lors que l'employeur n'a pas respecté les obligations relatives à la formation et à l'orientation professionnelle (cass. soc. 30 novembre 2004, n° 01-45.613, BC V n° 305; RJS 3/05 n° 190; 23 mai 2012, n° 11-12.792; 5 mars 2014, n° 12-26.477). Voir également cass. soc. 26 mars 2014, n° 12-25.455, BC V n° 90; RJS 6/14 n° 507, écartant la question préjudicielle relative à la régularité de la convention entre l'État et l'employeur à ce sujet. Dans le même sens, s'agissant d'un contrat d'avenir, cass. soc. 28 mai 2014, n° 13-16.235, BC V n° 126; RJS 8-9/14 n° 647).

• Le contrat emploi consolidé à durée déterminée ne peut être conclu, en vertu d'une convention avec l'État, que pour une durée initiale de 12 mois renouvelable chaque année par avenant dans la limite d'une durée totale de 60 mois, en sorte que sa rupture anticipée ne peut donner lieu à indemnisation que jusqu'au terme de la période de 12 mois au cours de laquelle il a été conclu ou renouvelé (cass. soc. 28 septembre 2005, n° 03-46.974, BC V n° 270; RJS 12/05 n° 1241).

• Dès lors que les dispositions de la convention collective s'appliquaient à tout nouveau salarié sans distinction et qu'elles n'étaient pas expressément exclues par l'article L. 322-4-8-1, la salariée sous contrat emploi consolidé devait être titularisée au-delà d'une période de 1 an (cass. soc. 31 mai 2005, n° 02-45.862, BC V n° 184; RJS 8-9/05 n° 885; 3 novembre 2005, n° 03-47.092, BC V n° 309; RJS 1/06 n° 72).

• Le contrat emploi consolidé étant un contrat de droit privé, il ne saurait être fait application au salarié engagé dans ce cadre du régime de durée du travail et de rémunération prévu pour les agents publics d'un centre communal d'action sociale par son conseil d'administration (cass. soc. 11 juillet 2007, n° 05-42.517, BC V n° 117; RJS 10/07 n° 1069).

• Le contrat d'avenir à durée déterminée conclu au titre des dispositions légales destinées à favoriser le recrutement de certaines catégories de personnes sans emploi doit prévoir des actions de formation et d'accompagnement au profit de son titulaire qui peuvent être menées pendant le temps de travail et en dehors de celui-ci. À défaut de remplir cette obligation, le contrat d'avenir doit être requalifié en contrat à durée indéterminée (cass. soc. 11 mai 2017, n° 16-13.051).

• La réalisation d'une formation en interne suffit pour que soit considérée comme remplie l'obligation de formation et d'accompagnement vis-à-vis du titulaire d'un contrat d'avenir (cass. soc. 28 juin 2018, 2 arrêts, n°s 15-19.007 et 17-17.842, à paraître).

Sous-section 1. Objet

Art. L. 5134-20. ***(L. 2008-1249 du 1er déc. 2008, art. 22, JO 3, entrée en vigueur le 01.01.2010)*** Le contrat d'accompagnement dans l'emploi a pour objet de faciliter l'insertion professionnelle des personnes sans emploi rencontrant des difficultés sociales et professionnelles particulières d'accès à l'emploi. À cette fin, il comporte des actions d'accompagnement professionnel. ***(L. 2014-288 du 5 mars 2014, art. 20, I, 11°, JO 6)*** «Pendant l'exécution de ces contrats, une ou plusieurs conventions conclues en vertu de l'article L. 5135-4 peuvent prévoir une période de mise en situation en milieu professionnel auprès d'un autre employeur dans les conditions prévues au chapitre V du présent titre.» Un décret détermine la durée et les conditions d'agrément et d'exécution de cette période d'immersion.

Note • Cet article a été modifié par la loi 2012-1189 du 26 octobre 2012, art. 7, JO 27, entrée en vigueur le 01.11.2012.

• Depuis le 01.01.2017, **les collectivités territoriales et leurs établissements publics versent une contribution pour la formation** de leurs salariés employés sous la forme d'un contrat d'accompagnement dans l'emploi au profit du Centre national de la fonction publique territoriale (CNFPT). La cotisation est assise sur les rémunérations de ces salariés (loi 2008-1249 précitée, art. 28, V, modifié par loi 2016-1088 du 8 août 2016, art. 98, JO 9). Le décret 2016-1856 du 23 décembre 2016, JO 27, fixe le taux de la cotisation à 0,5 % de la masse des rémunérations brutes versées à ces agents salariés. Les rémunérations brutes sont constituées des gains et rémunérations versées au sens de l'article L. 242-1 c. séc. soc.

• Les **parcours emploi compétences** applicables depuis le 01.01.2018 (voir note sous section 2 du présent chapitre) sont destinés aux publics les plus éloignés du marché du travail (ex.: travailleurs handicapés, résidents des quartiers prioritaires de la ville). Cette orientation repose avant tout sur le diagnostic réalisé par le conseiller du service public de l'emploi. La circulaire DGEFP/SDPAE/MIP/MPP 2018-11 du 11 janvier 2018 préconise de sortir du raisonnement par catégorie administrative, il faut donc s'appuyer sur le diagnostic global de la situation de la personne réalisé par le conseiller référent (questions - réponses DGEFP relatif à la mise en œuvre de la circulaire du 11 janvier 2018).

Voir circulaire DGEFP/MIP/METH/MPP/2020/32 du 28 février 2020 (NOR: MTRD2005122C) pour les préconisations de l'année 2020.

Voir également circulaire DGEFP/MIP/MPP/2020/163 du 28 septembre 2020 (NOR: MTRD2025802C) relative à la mise en œuvre des mesures du plan #1jeune1solution concernant les parcours emploi compétences.

Sous-section 2. Décision d'attribution de l'aide à l'insertion professionnelle

Art. L. 5134-21. ***(L. 2012-1189 du 26 oct. 2012, art. 7, JO 27, entrée en vigueur le 01.11.2012)*** «Les aides à l'insertion professionnelle au titre d'un contrat d'accompagnement dans l'emploi peuvent être accordées aux employeurs suivants:»

(L. 2008-1249 du 1er déc. 2008, art. 22, JO 3, entrée en vigueur le 01.01.2010) «1° Les collectivités territoriales;

2° Les autres personnes morales de droit public;

3° Les organismes de droit privé à but non lucratif;

4° Les personnes morales de droit privé chargées de la gestion d'un service public»;

(L. 2014-856 du 31 juil. 2014, art. 34, JO 1er août) «5° Les sociétés coopératives d'intérêt collectif.»

Note Pour le **parcours emploi compétences**, applicable depuis le 1er janvier 2018 (voir note sous section 2 du présent chapitre), la priorité est à la sélection des employeurs en fonction de leurs capacités à proposer les conditions d'un parcours insérant; par exemple (questions - réponses DGEFP relatif à la mise en œuvre de la circulaire DGEFP/SDPAE/MIP/MPP 2018-11 du 11 janvier 2018):

– le poste doit permettre de développer la maîtrise de comportements professionnels et des compétences techniques répondant à des besoins du bassin d'emploi, ou qui sont transférables à d'autres métiers qui recrutent. La déclinaison, dans le Cerfa, du poste proposé en compétences doit permettre d'en appréhender l'intérêt au regard de l'objectif d'insertion sur le marché de l'emploi du bénéficiaire;

– l'employeur doit démontrer une capacité à accompagner au quotidien la personne;

– il doit s'engager en termes de formation (les employeurs proposant des formations préqualifiantes doivent être prioritaires) – le CAE pouvant être une 1re étape débouchant sur une formation qualifiante;

– peut être examinée, le cas échéant, la capacité de l'employeur à pérenniser le poste.

Cette sélection s'applique également aux secteurs sur lesquels est demandée une vigilance particulière: urgences sanitaires et sociales, communes rurales en difficulté, éducation nationale pour l'accompagnement des élèves en situation de handicap.

Les nouvelles orientations mises en œuvre dans le cadre du parcours emploi compétences ne remettent pas en question l'éligibilité des groupements d'employeurs (GE) aux CUI-CAE, le cadre juridique étant inchangé. Ainsi, les GE constitués sous forme associative sont éligibles aux CUI-CAE pour recruter sur leurs fonctions support. Pour recruter des salariés aux fins de leur mise à disposition des entreprises adhérentes, ces groupements sont éligibles aux parcours emploi compétences dès lors que les mises à disposition s'effectuent uniquement auprès d'associations ou d'autres employeurs du secteur non marchand. En revanche, les GE sous forme de société coopérative ne sont pas éligibles aux CUI-CAE (questions - réponses DGEFP relatif à la mise en œuvre de la circulaire DGEFP/SDPAE/MIP/MPP 2018-11 du 11 janvier 2018).

Ces préconisations administratives ont été confirmées en 2020, voir circulaire DGEFP/MIP/METH/MPP/2020/32 du 28 février 2020 (NOR: MTRD2005122C) et circulaire DGEFP/MIP/MPP/2020/163 du 28 septembre 2020 (NOR: MTRD2025802C) relative à la mise en œuvre des mesures du plan #1jeune1solution concernant les parcours emploi compétences.

Art. L. 5134-21-1. ***(L. 2012-1189 du 26 oct. 2012, art. 7, JO 27, entrée en vigueur le 01.11.2012)*** «La décision d'attribution d'une nouvelle aide à l'insertion professionnelle» ***(L. 2008-1249 du 1er déc. 2008, art. 22, JO 3, entrée en vigueur le 01.01.2010)*** «mentionnée à l'article L. 5134-19-1 est subordonnée au bilan préalable des actions d'accompagnement et des actions visant à l'insertion durable des salariés, réalisées dans le cadre d'un contrat aidé antérieur.»

Art. L. 5134-21-2. ***(L. 2012-1189 du 26 oct. 2012, art. 7, JO 27, entrée en vigueur le 01.11.2012)*** Il ne peut être attribué d'aide à l'insertion professionnelle dans les cas suivants:

1° Lorsque l'embauche vise à procéder au remplacement d'un salarié licencié pour un motif autre que la faute grave ou lourde. S'il apparaît que l'embauche a eu pour conséquence le licenciement d'un autre salarié, la décision d'attribution de l'aide est retirée par l'État ou par le président du ***(L. 2012-403 du 17 mai 2013, art. 1er, JO 18)*** «conseil départemental». La décision de retrait de l'attribution de l'aide emporte obligation pour l'employeur de rembourser l'intégralité des sommes perçues au titre de l'aide;

2° Lorsque l'employeur n'est pas à jour du versement de ses cotisations et contributions sociales.

Art. L. 5134-22. ***(L. 2008-1249 du 1er déc. 2008, art. 22, JO 3, entrée en vigueur le 01.01.2010)*** La ***(L. 2012-1189 du 26 oct. 2012, art. 7, JO 27, entrée en vigueur le 01.11.2012)*** «demande d'aide à l'insertion professionnelle indique» les modalités d'orientation et d'accompagnement professionnel de la personne sans emploi et prévoit des actions de formation professionnelle et de validation des acquis de l'expérience nécessaires à la réalisation de son projet professionnel.

Les actions de formation peuvent être menées pendant le temps de travail ou en dehors de celui-ci.

Note • Il résulte de cet article que l'**obligation pour l'employeur d'assurer des actions de formation, d'orientation professionnelle et de validation des acquis** destinées à réinsérer durablement le salarié constitue une des conditions d'existence du contrat d'accompagnement dans l'emploi à défaut de laquelle il doit être requalifié en contrat à durée indéterminée (cass. soc. 12 décembre 2012, n° 11-23.922, RJS 2/13 n° 154; 11 juillet 2012, n° 11-13.827, RJS 11/12 n° 893; 7 juillet 2015, n° 14-11.919, RJS 11/15 n° 724). Le non-respect par l'employeur de son obligation à mettre en œuvre ces actions d'accompagnement professionnel est de nature à causer au salarié un préjudice dont ce dernier peut lui demander réparation (cass. soc. 30 septembre 2014, n° 13-14.804, BC V n° 220; JCP éd. S 2014, 1490, note D. Simonneau). Dans le même sens, voir cass. soc. 25 septembre 2013, n° 12-17.285, RJS 12/13 n° 841 et 28 mai 2014, n° 13-16.235, BC V n° 126; RJS 8-9/14 n° 647, requalification d'un contrat d'avenir en contrat à durée indéterminée devant la carence de l'employeur dans l'exécution de son obligation de formation.

Il appartient à l'employeur de mettre en œuvre effectivement ces formations. Il ne saurait se borner à informer le salarié de leur existence et de la nécessité de les suivre. Il ne peut pas être fait grief au salarié de n'avoir effectué aucune démarche en ce sens (cass. soc. 7 juillet 2015, n° 14-11.919, RJS 11/15 n° 724). Le même principe a été retenu à plusieurs reprises à propos de l'obligation générale de maintien de l'employabilité des salariés incombant à l'employeur (cass. soc. 5 juin 2013, n° 11-21.255, BC V n° 146; JCP éd. S 2013, 1322, note L. Cailloux-Meurice; RJS 8-9/13 n° 629; 18 juin 2014, n° 13-14.916, BC V n° 148; RJS 10/14 n° 718).

Voir également cass. soc. 12 février 2013, n° 11-15.560, RJS 4/13 n° 313: dans le cadre d'une demande de dommages-intérêts, recherche par le juge si des actions de formation avaient ou non été effectivement mises en place par l'employeur; cass. soc. 9 avril 2015, n° 14-14.745, LS Jurispr. n° 78 du 28.04.2015 : en cas de carence partielle de l'employeur dans l'exécution de son obligation de formation; et D. Simonneau: «De l'obligation de formation en matière de contrat d'accompagnement dans l'emploi», JCP éd. S 2014, 1490.

Une attestation d'expérience professionnelle mentionnant les actions de formation réalisées ou une attestation émanant de l'inspection académique démontrant qu'avaient été mises en œuvre une action d'accompagnement d'aide à la prise de poste et une action de formation d'adaptation au poste du travail, telles que définies dans les conventions d'insertion du salarié, peuvent emporter la preuve que l'employeur a satisfait à son obligation de formation et d'accompagnement (cass. soc. 10 octobre 2018, 2 arrêts, nos 17-11.499 et 17-12.509).

• Pour faire du **parcours emploi compétences** (voir note sous section 2 du présent chapitre) un emploi tremplin permettant d'acquérir des compétences valorisables, trois leviers cumulatifs doivent être mis en œuvre (circ. DGEFP/SDPAE/MIP/MPP 2018-11 du 11 janvier 2018, fiche 1; circ. DGEFP/MIP/METH/MPP/2020/32 du 28 février 2020, fiche 1; circ. DGEFP/MIP/MPP/2020/163 du 28 septembre 2020):

– définir de façon tripartite (prescripteur bénéficiaire employeur) les compétences qui devront être développées au cours du parcours emploi compétences pour permettre de combler la distance de la personne au marché du travail sur la base du référentiel compétences de Pôle emploi;

– conditionner réellement la validation d'une demande d'aide à l'engagement de l'employeur à proposer des actions de développement de ces compétences sous la forme d'actions de formation (remise à niveau, pré-qualification, période de professionnalisation, acquisition de nouvelles compétences, VAE) et d'accompagnement (aide à la prise de poste, évaluation des compétences, PMSMP, aide à la construction du projet professionnel, aide à la recherche d'emploi à la sortie);
– formaliser ces engagements dans le cadre d'un entretien tripartite (prescripteur – salarié – employeur) donnant lieu à la signature de la demande d'aide et définir les conditions de suivi de ces engagements.

Pour produire son plein effet, le parcours emploi compétences doit faire l'objet d'un accompagnement par le prescripteur. Cet accompagnement s'articule en quatre phases complémentaires:
– le diagnostic: cette action n'est pas spécifique au dispositif de parcours emploi compétences dès lors qu'elle concerne l'ensemble des demandeurs d'emploi inscrits à Pôle emploi ou accompagnés par les missions locales ou Cap emploi;
– l'entretien tripartite: il réunit le référent prescripteur, l'employeur et le futur salarié au moment de la signature de la demande d'aide. Il doit permettre la formalisation des engagements ainsi que la déclinaison des compétences que le poste doit permettre d'acquérir parmi les compétences définies;
– le suivi pendant la durée du contrat qui peut prendre la forme d'un livret de suivi dématérialisé en cours de développement par Pôle emploi ou d'entretiens ciblés dans leur contenu;
– selon les situations, l'entretien de sortie, 1 à 3 mois avant la fin du contrat: il doit permettre de maintenir le bénéficiaire dans une posture de recherche active d'emploi, de faire le point sur les compétences acquises, d'évaluer le cas échéant l'opportunité d'un renouvellement de l'aide au regard de l'intérêt pour le bénéficiaire et des actions de formation engagées, de mobiliser des prestations, ou encore d'enclencher une action de formation complémentaire aux compétences acquises pendant le parcours notamment dans le cadre du plan d'investissement compétences.

Art. L. 5134-23. ***(L. 2008-1249 du 1er déc. 2008, art. 22, JO 3, entrée en vigueur le 01.01.2010)*** La durée de ***(L. 2012-1189 du 26 oct. 2012, art. 7, JO 27, entrée en vigueur le 01.11.2012)*** «l'aide à l'insertion professionnelle attribuée au titre» du contrat d'accompagnement dans l'emploi ne peut excéder le terme du contrat de travail.

(L. 2012-1189 du 26 oct. 2012, art. 7, JO 27, entrée en vigueur le 01.11.2012) «L'attribution de l'aide» peut être prolongée dans la limite d'une durée totale de vingt-quatre mois.

Note **Covid-19.** Sur l'ouverture, à titre temporaire à compter du 12 mars 2020, de la possibilité de bénéficier des aides à l'insertion professionnelle attribuées au titre des CUI-CAE pour une durée totale de 36 mois, par dérogation à cet article, voir loi 2020-734 du 17 juin 2020, art. 5, I, JO 18, modifié par ordonnance 2020-1639 du 21 décembre 2020, art. 3, JO 23, entrée en vigueur le 01.01.2021.

Art. L. 5134-23-1. ***(L. 2008-1249 du 1er déc. 2008, art. 22, JO 3, entrée en vigueur le 01.01.2010)*** Il peut être dérogé, selon des modalités fixées par voie réglementaire, à la durée maximale ***(L. 2012-1189 du 26 oct. 2012, art. 7, JO 27, entrée en vigueur le 01.11.2012)*** «pour laquelle est attribuée une aide à l'insertion professionnelle», soit lorsque celle-ci concerne un salarié âgé de cinquante ans et plus ***(L. 2015-994 du 17 août 2015, art. 43, 1°, JO 18)*** «rencontrant des difficultés particulières qui font obstacle à son insertion durable dans l'emploi» ou une personne reconnue travailleur handicapé, soit pour permettre d'achever une action de formation professionnelle en cours de réalisation et ***(L. 2012-1189 du 26 oct. 2012, art. 7, JO 27, entrée en vigueur le 01.11.2012)*** «prévue au titre de l'aide attribuée». La durée de cette prolongation ne peut excéder le terme de l'action concernée.

Note • Depuis le 01.07.2014, le second alinéa de cet article est supprimé (loi 2014-288 du 5 mars 2014, art. 20, I, 17°, JO 6).

• Avant le 19.08.2015 (entrée en vigueur de la loi 2015-994 du 17 août 2015, art. 43, 1°, JO 18), seuls étaient concernés les salariés âgés de 50 ans et plus bénéficiaires du revenu de solidarité active, de l'allocation de solidarité spécifique (ASS), de l'allocation temporaire d'attente ou de l'allocation aux adultes handicapés. Afin de favoriser l'insertion des séniors, la loi relative au dialogue social et à l'emploi a étendu cette dérogation à tout salarié âgé de 50 ans et plus rencontrant des difficultés particulières qui font obstacle à leur insertion durable dans l'emploi.

Art. L. 5134-23-2. ***(L. 2008-1249 du 1er déc. 2008, art. 22, JO 3, entrée en vigueur le 01.01.2010)*** La prolongation de ***(L. 2012-1189 du 26 oct. 2012, art. 7, JO 27, entrée en vigueur le 01.11.2012)*** «l'attribution de l'aide à l'insertion professionnelle» et, s'il est à durée déterminée, du contrat de travail ***(L. 2012-1189 du 26 oct. 2012, art. 7, JO 27, entrée en vigueur le 01.11.2012)*** «au titre duquel l'aide est attribuée» est subordonnée à l'évaluation des actions réalisées au cours du contrat en vue de favoriser l'insertion durable du salarié.

Sous-section 1 (réglementaire). Aide à l'insertion professionnelle

Note Les sous-sections 1 et 3 ont été introduites par le décret 2009-1442 du 25 novembre 2009, JO 26, entrée en vigueur le 01.01.2010.

Art. R. 5134-26. *(D. 2012-1211 du 31 oct. 2012, JO 1er nov.)* L'aide à l'insertion professionnelle est attribuée préalablement à la conclusion du contrat de travail mentionné à l'article L. 5134-24.

Art. R. 5134-27. *(D. 2012-1211 du 31 oct. 2012, JO 1er nov.)* L'employeur qui effectue une nouvelle demande d'aide à l'insertion professionnelle transmet à l'autorité appelée à attribuer cette aide les éléments nécessaires à l'établissement du bilan mentionné à l'article L. 5134-21-1.

Art. R. 5134-28. L'employeur informe, dans un délai franc de sept jours, de toute suspension ou rupture du contrat de travail qui interviendrait avant la fin de *(D. 2012-1211 du 31 oct. 2012, JO 1er nov.)* «l'attribution de l'aide à l'insertion professionnelle»:

1° L'autorité *(D. 2012-1211 du 31 oct. 2012, JO 1er nov.)* «ayant attribué l'aide»;
2° Le ou les organismes chargés du versement des aides.

Un arrêté du ministre chargé de l'emploi fixe le modèle de fiche de signalement, par l'employeur, des suspensions ou ruptures du contrat de travail.

Note Voir arrêté du 1er mars 2010 (JO 19) relatif au modèle de fiche de signalement par l'employeur des suspensions ou ruptures du contrat d'accompagnement dans l'emploi ou du contrat initiative-emploi.

Art. R. 5134-29. *(D. 2012-1211 du 31 oct. 2012, JO 1er nov.)* En cas de non-respect par l'employeur des dispositions de la décision d'attribution de l'aide à l'insertion professionnelle, l'aide à l'insertion professionnelle n'est pas due et les sommes versées font l'objet d'un remboursement.

L'autorité attribuant l'aide informe l'employeur de son intention de procéder à la récupération de l'indu.

L'employeur dispose d'un délai franc de sept jours pour faire connaître ses observations.

Tout paiement indu donne lieu à remboursement par l'employeur de la totalité des aides perçues.

L'autorité attribuant l'aide informe l'organisme de recouvrement des cotisations sociales de la procédure.

Art. R. 5134-30. En cas de modification de la situation juridique de l'employeur au sens de l'article L. 1224-1, le nouvel employeur est substitué dans les droits de l'employeur en ce qui concerne le contrat de travail. Le nouvel employeur est également substitué dans les droits de l'employeur initial en ce qui concerne *(D. 2012-1211 du 31 oct. 2012, JO 1er nov.)* «l'aide à l'insertion professionnelle, sous réserve de l'accord de l'autorité ayant attribué l'aide, au regard des engagements du nouvel employeur».

Art. R. 5134-31. En application de l'article L. 5134-23-2, l'employeur qui souhaite prolonger une *(D. 2012-1211 du 31 oct. 2012, JO 1er nov.)* «aide à l'insertion professionnelle» au titre d'un contrat d'accompagnement dans l'emploi adresse à l'autorité *(D. 2012-1211 du 31 oct. 2012, JO 1er nov.)* «qui a attribué l'aide» initiale une demande préalable.

Cette demande motivée est accompagnée d'un bilan des actions réalisées en matière d'accompagnement et de formation, notamment des actions d'aide à la prise de poste, de remise à niveau, d'acquisition de nouvelles compétences, de formation qualifiante, ou de la réalisation d'une période d'immersion. L'employeur joint également à sa demande un document répertoriant les actions d'accompagnement et de formation qu'il envisage de mettre en œuvre pendant la période de prolongation.

Art. R. 5134-32. La durée maximale de *(D. 2012-1211 du 31 oct. 2012, JO 1er nov.)* «l'aide à l'insertion professionnelle», fixée à vingt-quatre mois par l'article L. 5134-23, peut être prolongée, en application du premier alinéa de l'article L. 5134-23-1, pour la durée de la formation suivie par le salarié restant à courir et dans la limite de soixante mois.

La demande de prolongation déposée par l'employeur est accompagnée:

1° De tous justificatifs visant à établir que l'action de formation professionnelle qualifiante visée à l'article L. 6314-1 et *(D. 2012-1211 du 31 oct. 2012, JO 1er nov.)* «prévue au titre de l'aide attribuée» initiale est en cours de réalisation et que le terme de cette action dépasse le terme de *(D. 2012-1211 du 31 oct. 2012, JO 1er nov.)* «l'aide»;

2° Des éléments d'organisation des actions de formation permettant de s'assurer qu'elles pourront être réalisées durant la période de prolongation.

Art. R. 5134-33. La durée maximale de vingt-quatre mois de *(D. 2012-1211 du 31 oct. 2012, JO 1er nov.)* «l'aide à l'insertion professionnelle» peut, pour les personnes mentionnées au premier alinéa de l'article L. 5134-23-1, être portée, par *(D. 2012-1211 du 31 oct. 2012, JO 1er nov.)* «décisions de prolongation successives» d'un an au plus, à soixante mois.

La condition d'âge mentionnée au premier alinéa des articles L. 5134-23-1 et L. 5134-25-1 s'apprécie à l'échéance de la durée maximale de *(D. 2012-1211 du 31 oct. 2012, JO 1er nov.)* «l'aide».

Art. R. 5134-35. En application de l'article L. 2323-48, les institutions représentatives du personnel des organismes employeurs, lorsqu'elles existent, sont informées des contrats d'accompagnement dans l'emploi conclus.

Sous-section 3 (réglementaire). **Accompagnement**

Art. R. 5134-37. L'autorité ***(D. 2012-1211 du 31 oct. 2012, JO 1er nov.)*** «qui attribue l'aide à l'insertion professionnelle» désigne en son sein ou auprès d'un organisme chargé de l'accompagnement ou de l'insertion, en le mentionnant dans la ***(D. 2012-1211 du 31 oct. 2012, JO 1er nov.)*** «décision d'attribution initiale de l'aide», un référent chargé d'assurer le suivi du parcours d'insertion professionnelle du salarié en contrat d'accompagnement dans l'emploi.

Dans le cas où ce salarié est bénéficiaire du revenu de solidarité active, le référent peut être le même que celui désigné en application de l'article L. 262-27 du code de l'action sociale et des familles.

Art. R. 5134-38. Dès la ***(D. 2012-1211 du 31 oct. 2012, JO 1er nov.)*** «transmission de la demande d'aide à l'insertion professionnelle», l'employeur désigne un tuteur parmi les salariés qualifiés et volontaires pour assumer cette fonction.

Ce dernier doit justifier d'une expérience professionnelle d'au moins deux ans. Exceptionnellement, sur autorisation de l'autorité ***(D. 2012-1211 du 31 oct. 2012, JO 1er nov.)*** «qui attribue l'aide», l'employeur peut assurer lui-même le tutorat. Le tuteur ne peut suivre plus de trois salariés en contrat d'accompagnement dans l'emploi.

Art. R. 5134-39. Les missions du tuteur sont les suivantes:

1° Participer à l'accueil, aider, informer et guider le salarié en contrat d'accompagnement dans l'emploi;

2° Contribuer à l'acquisition des savoir-faire professionnels;

3° Assurer la liaison avec le référent mentionné à l'article R. 5134-37;

4° Participer à l'établissement de l'attestation d'expérience professionnelle prévue à l'article L. 5134-28-1 avec le salarié concerné et l'employeur.

Sous-section 3. **Contrat de travail**

Art. L. 5134-24. ***(L. 2008-1249 du 1er déc. 2008, art. 22, JO 3, entrée en vigueur le 01.01.2010)*** Le contrat de travail, associé à ***(L. 2012-1189 du 26 oct. 2012, art. 7, JO 27, entrée en vigueur le 01.11.2012)*** «une aide à l'insertion professionnelle attribuée au titre d'un» contrat d'accompagnement dans l'emploi, est un contrat de travail de droit privé, soit à durée déterminée, conclu en application de l'article L. 1242-3, soit à durée indéterminée. Il porte sur des emplois visant à satisfaire des besoins collectifs non satisfaits.

Il ne peut être conclu pour pourvoir des emplois dans les services de l'État.

Note Voir note sous article L. 5131-1.

Art. L. 5134-25. La durée du contrat d'accompagnement dans l'emploi ne peut être inférieure à six mois, ou trois mois pour les personnes ayant fait l'objet d'une condamnation et bénéficiant d'un aménagement de peine.

Les dispositions relatives au nombre maximum des renouvellements, prévues ***(Ord. 2017-1718 du 20 déc. 2017, art. 1er, I, 18°, JO 21)*** «aux articles L. 1243-13 et L. 1243-13-1», ne sont pas applicables.

Note La circulaire DGEFP/SDPAE/MIP/MPP/2018/11 du 11 janvier 2018 relative aux parcours emploi compétences et au Fonds d'inclusion dans l'emploi en faveur des personnes les plus éloignées de l'emploi (NOR: MTRD1801071C) (voir note sous section 2 du présent chapitre) a précisé qu'en 2018, dans le cadre du «parcours emploi compétences», les durées des contrats initiaux CUI-CAE ne pouvaient être fixées sous le seuil des 9 mois, sauf circonstances exceptionnelles. Voir également fiche 1 de la **circulaire DGEFP/MIP/METH/MPP/2020/32 du 28 février 2020** (NOR: MTRD2005122C).

Art. L. 5134-25-1. ***(L. 2008-1249 du 1er déc. 2008, art. 22, JO 3, entrée en vigueur le 01.01.2010)*** Le contrat de travail, associé à ***(L. 2012-1189 du 26 oct. 2012, art. 7, JO 27, entrée en vigueur le 01.11.2012)*** «l'attribution d'une aide à l'insertion professionnelle au titre d'un» contrat d'accompagnement dans l'emploi, conclu pour une durée déterminée, peut être prolongé dans la limite d'une durée totale de vingt-quatre mois, ou de cinq ans pour les salariés âgés de cinquante ans et plus ***(L. 2015-994 du 17 août 2015, art. 43, 2°, JO 18)*** «rencontrant des difficultés particulières qui font obstacle à leur insertion durable dans l'emploi», ainsi que pour les personnes reconnues travailleurs handicapés.

À titre dérogatoire, ce contrat de travail peut être prolongé au-delà de la durée maximale prévue, en vue de permettre d'achever une action de formation professionnelle en cours de réalisation à l'échéance du contrat et ***(L. 2012-1189 du 26 oct. 2012, art. 7, JO 27, entrée en vigueur le 01.11.2012)*** «prévue au titre de l'aide attribuée» ***(L. 2015-994 du 17 août 2015, art. 43, 2°, JO 18)*** «, sans que cette prolongation puisse excéder le terme de l'action concernée ou, pour les salariés âgés de cinquante-huit ans ou plus, jusqu'à la date à laquelle ils sont autorisés à faire valoir leurs droits à la retraite».

Note • **Covid-19.** Sur l'ouverture, à titre temporaire à compter du 12 mars 2020, de la possibilité de conclure ou renouveler des CUI-CAE pour une durée totale de 36 mois, par dérogation à cet article, voir loi 2020-734 du 17 juin 2020, art. 5, I, JO 18, modifié par ordonnance 2020-1639 du 21 décembre 2020, JO 23, entrée en vigueur le 01.01.2021.

• Depuis le 01.07.2014, le dernier alinéa de cet article est supprimé (loi 2014-288 du 5 mars 2014, art. 20, I, 17°, JO 6).

Art. L. 5134-26. La durée hebdomadaire du travail du titulaire d'un contrat d'accompagnement dans l'emploi ne peut être inférieure à vingt heures, sauf lorsque ***(L. 2012-1189 du 26 oct. 2012, art. 7, JO 27, entrée en vigueur le 01.11.2012)*** «la décision d'attribution de l'aide» le prévoit en vue de répondre aux difficultés particulièrement importantes de l'intéressé.

(L. 2008-1249 du 1er déc. 2008, art. 22, JO 3, entrée en vigueur le 01.01.2010) «Lorsque le contrat de travail, associé à ***(L. 2012-1189 du 26 oct. 2012, art. 7, JO 27, entrée en vigueur le 01.11.2012)*** «l'attribution d'une aide à l'insertion professionnelle accordée au titre d'un» contrat d'accompagnement dans l'emploi, a été conclu pour une durée déterminée avec une collectivité territoriale ou une autre personne de droit public, la durée hebdomadaire du travail peut varier sur tout ou partie de la période couverte par le contrat, sans être supérieure à la durée légale hebdomadaire. Cette variation est sans incidence sur le calcul de la rémunération due au salarié.»

Note • Avant l'intervention de la loi 2008-1249 du 1er décembre 2008, cet article n'autorisait pas l'employeur à faire varier la durée hebdomadaire du travail sur tout ou partie de la période du contrat d'accompagnement dans l'emploi et la clause contractuelle prévoyant une telle modulation était inopposable au salarié (cass. soc. 12 octobre 2011, n° 09-42.640, RJS 12/11 n° 1011; 25 janvier 2012, n° 09-42.985, BC V n° 26; RJS 4/12 n° 311).

• La durée de travail d'un salarié à temps partiel ne peut pas, en principe, être inférieure à la durée minimale de travail hebdomadaire (L. 3123-7, L. 3123-19 et L. 3123-27). Le ministère du Travail a précisé que cette durée minimale ne s'appliquait pas en présence d'une disposition spécifique prévoyant une autre durée (rép. QE 50900, JO AN 27 mai 2014, p. 4376). Tel est le cas, notamment, du CAE, qui est soumis à une durée plancher de 20 heures par semaine, selon des dispositions qui lui sont propres.

Art. R. 5134-36. ***(D. 2009-1442 du 25 nov. 2009, JO 26, entrée en vigueur le 01.01.2010)*** En application de l'article L. 5134-26, pour le calcul de la rémunération, le nombre d'heures hebdomadaires de travail accomplies est réputé égal à la durée du travail contractuelle.

Le programme prévisionnel de la répartition de la durée du travail sur l'année ou sur la période couverte par le contrat de travail est indiqué dans le contrat de travail.

Ce programme prévisionnel peut être modifié à la condition que cette possibilité ait été prévue dans le contrat de travail. En ce cas, sa modification éventuelle respecte un délai de prévenance de quinze jours au moins.

Art. L. 5134-27. Le titulaire d'un contrat d'accompagnement dans l'emploi perçoit un salaire au moins égal au produit du montant du salaire minimum de croissance par le nombre d'heures de travail accomplies.

Note • Cet article a été modifié par la loi 2012-1189 du 26 octobre 2012, art. 7, JO 27, entrée en vigueur le 01.11.2012.

• Il résulte des termes de cet article que le salarié, engagé selon un contrat d'accompagnement dans l'emploi, doit bénéficier de l'ensemble des dispositions des conventions et accords collectifs applicables dans l'organisme employeur (cass. soc. 6 avril 2011, n° 10-11.051, BC V n° 92; RJS 6/11 n° 544; JCP éd. S 2011, 1271, note S. Brissy).

Art. L. 5134-28. Par dérogation aux dispositions relatives à la rupture avant terme du contrat de travail à durée déterminée prévues à l'article L. 1243-2, le contrat d'accompagnement dans l'emploi peut être rompu avant son terme, à l'initiative du salarié, lorsque la rupture a pour objet de lui permettre:

1° D'être embauché par un contrat de travail à durée indéterminée;

2° D'être embauché par un contrat de travail à durée déterminée d'au moins six mois;

3° De suivre une formation conduisant à une qualification prévue à l'article L. 6314-1.

Art. L. 5134-28-1. ***(L. 2008-1249 du 1er déc. 2008, art. 22, JO 3, entrée en vigueur le 01.01.2010)*** Une attestation d'expérience professionnelle est établie par l'employeur et remise au salarié à sa demande ou au plus tard un mois avant la fin du contrat d'accompagnement dans l'emploi.

Art. L. 5134-29. ***(L. 2008-1249 du 1er déc. 2008, art. 22, JO 3, entrée en vigueur le 01.01.2010)*** Le contrat d'accompagnement dans l'emploi peut être suspendu, à la demande du salarié, afin de lui permettre :

1° En accord avec son employeur, d'effectuer une ***(L. 2014-288 du 5 mars 2014, art. 20, I, 12°, JO 6)*** «période de mise en situation en milieu professionnel dans les conditions prévues au chapitre V du présent titre» ou une action concourant à son insertion professionnelle ;

2° D'accomplir une période d'essai afférente à une offre d'emploi visant une embauche en contrat de travail à durée indéterminée ou à durée déterminée au moins égale à six mois.

En cas d'embauche à l'issue de cette ***(L. 2014-288 du 5 mars 2014, art. 20, I, 12°, JO 6)*** «période de mise en situation en milieu professionnel, d'une action concourant à son insertion professionnelle,» ou de cette période d'essai, le contrat est rompu sans préavis.

Note Le cas des salariés en contrat CAE dont le contrat est suspendu pour effectuer un emploi de quelques semaines dans une entreprise pour répondre à un marché public entre dans le champ du 2° de cet article. Si le salarié est embauché par l'entreprise dans le cadre de son parcours d'insertion, le CAE est rompu de fait ; si le salarié n'est pas embauché par l'entreprise, il réintègre l'atelier chantier d'insertion (ACI) pour le nombre de mois restant à courir dans le cadre de son CAE, son contrat étant simplement suspendu pendant la période en entreprise (rép. QE 3545, JO Sén. 26 septembre 2013, p. 2831).

Sous-section 4. Aide financière et exonérations

Art. L. 5134-30. ***(L. 2012-1189 du 26 oct. 2012, art. 7, JO 27, entrée en vigueur le 01.11.2012)*** «L'aide à l'insertion professionnelle attribuée au titre d'un contrat d'accompagnement dans l'emploi» ***(L. 2008-1249 du 1er déc. 2008, art. 22, JO 3, entrée en vigueur le 01.01.2010)*** «peut être modulée en fonction :

1° De la catégorie et du secteur d'activité de l'employeur ;

2° Des actions prévues en matière d'accompagnement professionnel et des actions visant à favoriser l'insertion durable du salarié ;

3° Des conditions économiques locales ;

4° Des difficultés d'accès à l'emploi antérieurement rencontrées par le salarié».

Art. L. 5134-30-1. ***(L. 2008-1249 du 1er déc. 2008, art. 22, JO 3, entrée en vigueur le 01.01.2010)*** Le montant de ***(L. 2012-1189 du 26 oct. 2012, art. 7, JO 27, entrée en vigueur le 01.11.2012)*** «l'aide à l'insertion professionnelle versée au titre d'un contrat d'accompagnement dans l'emploi» ne peut excéder 95 % du montant brut du salaire minimum de croissance par heure travaillée, dans la limite de la durée légale hebdomadaire du travail. Elle n'est soumise à aucune charge fiscale.

(Supprimé par L. 2013-1278 du 29 déc. 2013, art. 142, I, 4°, JO 30) (L. 2009-1673 du 30 déc. 2008, art. 139, JO 31) «Toutefois, pour les ateliers et chantiers d'insertion conventionnés par l'État au titre de l'article L. 5132-2, le montant de ***(L. 2012-1189 du 26 oct. 2012, art. 7, JO 27, entée en vigueur le 01.11.2012)*** «l'aide à l'insertion professionnelle versée au titre d'un contrat d'accompagnement dans l'emploi» peut être porté jusqu'à 105 % du montant brut du salaire minimum de croissance par heure travaillée, dans la limite de la durée légale hebdomadaire du travail.»

Note • Le second alinéa de cet article, dans sa rédaction antérieure à la loi 2013-1278 précitée, demeure applicable aux contrats de travail conclus avant le 01.07.2014 (loi précitée, art. 142, II).

• Un arrêté du 19 janvier 2012 (JO 24) précise que le montant de l'aide financière est d'office fixé à 95 % du montant du SMIC pour 7 heures de travail lorsqu'une convention individuelle de CAE conclue pour une durée déterminée, avec un salarié qui était avant son embauche bénéficiaire du RSA, fixe une durée hebdomadaire de travail de 7 heures. Voir aussi circulaire DGCS/SD1C/DGEFP 2012-11 du 20 janvier 2012 (NOR : SCSA1201242C) (BO Santé 2012/2 du 15 mars 2012).

• Voir instruction DGEFP 2014-2 du 5 février 2014 relative au pilotage des dispositifs de l'insertion par l'activité économique citée *supra* sous Chapitre II.

• En ce qui concerne les parcours emploi compétences (PEC), le montant de l'aide correspondant au taux de prise en charge du SMIC brut peut être modulé, entre 30 % et 60 % dans la limite des enveloppes financières (circ. DGEFP/SDPAE/MIP/MPP 2018-11 du 11 janvier 2018, fiche 3; circ. DGEFP/MIP/METH/MPP/2020/32 du 28 février 2020, fiche 7). Les critères de modulation des taux sont définis par le code du travail (Q/R DGEFP relatif à la mise en œuvre de la circulaire du 11 janvier 2018).

• Les «PEC Jeunes» bénéficient d'un taux de prise en charge de l'État majoré par rapport à celui accordé pour les autres publics. Ainsi, le taux unique applicable à ces contrats s'élève à 65 % du SMIC horaire brut sur l'ensemble du territoire, alors que pour les autres publics s'applique un taux moyen de 45 % en France métropolitaine et de 55 % dans les DOM. Aucune durée particulière n'étant spécifiée, ces contrats doivent donc être conclus pour la durée moyenne de droit commun de 11 mois (circ. DGEFP/MIP/MPP/2020/163 du 28 septembre 2020).

Art. L. 5134-30-2. ***(L. 2008-1249 du 1er déc. 2008, art. 22, JO 3, entrée en vigueur le 01.01.2010)*** Lorsque ***(L. 2012-1189 du 26 oct. 2012, art. 7, JO 27, entrée en vigueur le 01.11.2012)*** «l'aide à l'insertion professionnelle prévue à la sous-section 2 de la présente section a été attribuée pour le recrutement d'un» salarié qui était, avant son embauche, bénéficiaire du revenu de solidarité active financé par le département, le département participe au financement de l'aide mentionnée à l'article L. 5134-19-1. Cette participation est déterminée, dans des conditions fixées par décret, par référence au montant forfaitaire mentionné ***(L. 2015-994 du 17 août 2015, art. 59, V et 60, I, JO 18, entrée en vigueur le 01.01.2016)*** «à» l'article L. 262-2 du code de l'action sociale et des familles applicable à une personne isolée et en fonction de la majoration des taux prévue par la convention mentionnée à l'article L. 5134-19-4.

§ 1 (réglementaire). Aide financière

Note Ce paragraphe a été introduit par le décret 2009-1442 du 25 novembre 2009, JO 26, entrée en vigueur le 01.01.2010.

Art. R. 5134-40. L'aide mentionnée à l'article L. 5134-30 est versée mensuellement:

1° Par l'Agence de services et de paiement pour le compte de l'État;

2° Par le département ou par tout organisme qu'il mandate à cet effet, lorsque ***(D. 2012-1211 du 31 oct. 2012, JO 1er nov.)*** «l'aide à l'insertion professionnelle est attribuée pour» un bénéficiaire du revenu de solidarité active financé par le département.

L'employeur communique aux organismes mentionnés au 1° ou au 2° les justificatifs attestant de l'effectivité de l'activité du salarié.

Art. D. 5134-41. Pour l'application de l'article L. 5134-30-2, la participation mensuelle du département au financement de l'aide est égale à 88 % du montant forfaitaire mentionné ***(D. 2015-1710 du 21 déc. 2015, art. 4, IV, JO 22, entrée en vigueur le 01.01.2016)*** «à» l'article L. 262-2 du code de l'action sociale et des familles, applicable à un foyer composé d'une seule personne, dans la limite de l'aide effectivement versée.

(D. 2011-1999 du 27 déc. 2011, JO 29) «Toutefois, lorsque la convention individuelle de contrat d'accompagnement dans l'emploi prévoit une prise en charge de la durée hebdomadaire de travail égale à sept heures en application de la dérogation prévue à l'article L. 5134-26, le taux de la participation mensuelle du département mentionné à l'alinéa précédent est réduit à 45 %.»

Art. R. 5134-42. Les taux de prise en charge déterminant le montant de l'aide financière mentionné à l'article L. 5134-30-1 sont fixés par un arrêté du préfet de région, en fonction des critères énumérés à l'article L. 5134-30 et compte tenu, le cas échéant, des statistiques publiques de l'emploi dans la région.

Art. R. 5134-43. Lorsque, en application du cinquième alinéa de l'article L. 5134-19-4, le département majore les taux de l'aide à l'employeur mentionnés à l'article R. 5134-42, le coût induit par cette majoration est à la charge du département. Cette contribution du département s'ajoute au montant de sa participation telle que définie à l'article D. 5134-41.

Art. R. 5134-44. Lorsque le contrat d'accompagnement dans l'emploi est suspendu sans que soit maintenue la rémunération du salarié, l'aide afférente à la période de suspension n'est pas versée.

Lorsque, au cours de la période de suspension, la rémunération est maintenue en totalité ou partiellement, l'aide afférente à la période de suspension est versée au prorata de la rémunération effectivement versée par l'employeur.

Art. R. 5134-45. En cas de rupture du contrat de travail à l'initiative de l'employeur avant la fin de ***(D. 2012-1211 du 31 oct. 2012, JO 1er nov.)*** «l'aide à l'insertion professionnelle, celle-ci n'est pas due».

Sous réserve des cas mentionnés aux articles R. 5134-46 et R. 5134-47, l'employeur reverse alors à l'Agence de services et de paiement ou, le cas échéant, au département ou à l'organisme désigné par lui dans le cadre de l'article R. 5134-40 l'intégralité des sommes déjà perçues au titre de ***(D. 2012-1211 du 31 oct. 2012, JO 1er nov.)*** «l'aide à l'insertion professionnelle».

Art. R. 5134-46. Les *(D. 2012-1211 du 31 oct. 2012, JO 1er nov.)* «montants perçus au titre de l'aide à l'insertion professionnelle» ne font pas l'objet d'un reversement et l'employeur conserve le bénéfice des aides correspondant au nombre de jours travaillés par le salarié dont le contrat d'accompagnement dans l'emploi est un contrat à durée indéterminée dans les cas suivants:

1° Licenciement pour faute grave du salarié;

2° Licenciement pour force majeure;

3° Licenciement pour inaptitude médicalement constatée;

4° Licenciement pour motif économique notifié dans le cadre d'une procédure de redressement ou de liquidation judiciaire;

5° Rupture du contrat au cours de la période d'essai;

6° Rupture conventionnelle intervenue dans le cadre de l'article L. 1237-11.

Art. R. 5134-47. Les *(D. 2012-1211 du 31 oct. 2012, JO 1er nov.)* «montants perçus au titre de l'aide à l'insertion professionnelle» ne font pas l'objet d'un reversement, et l'employeur conserve le bénéfice des aides correspondant au nombre de jours travaillés par le salarié dont le contrat d'accompagnement dans l'emploi est un contrat à durée déterminée, en cas de:

1° Rupture anticipée résultant de la volonté claire et non équivoque des parties;

2° Rupture anticipée pour faute grave;

3° Rupture anticipée pour force majeure;

4° Rupture anticipée au cours de la période d'essai.

Art. L. 5134-31. Les embauches réalisées en contrat d'accompagnement dans l'emploi donnent droit à l'exonération:

1° ***(L. 2018-1203 du 22 déc. 2018, art. 8, VI, 1°, JO 23, entrée en vigueur le 01.01.2019)*** «Pour les personnes morales mentionnées aux 1° et 2° de l'article L. 5134-21 du présent code,» des cotisations à la charge de l'employeur au titre des assurances sociales et des allocations familiales, pendant la durée ***(L. 2012-1189 du 26 oct. 2012, art. 7, JO 27, entrée en vigueur le 01.11.2012)*** «d'attribution de l'aide à l'insertion professionnelle», sans qu'il soit fait application des dispositions de l'article L. 131-7 du code de la sécurité sociale. Toutefois, les cotisations afférentes à la partie de la rémunération qui excède un montant fixé par décret ne donnent pas lieu à exonération;

2° De la taxe sur les salaires;

3° De la taxe d'apprentissage;

4° Des participations dues par les employeurs au titre de l'effort de construction.

Note La loi 2018-1203 précitée (art. 8, VI, 1°) a supprimé, pour les périodes courant depuis le 1er janvier 2019, l'exonération des cotisations patronales de sécurité sociale attachée aux contrats unique d'insertion conclus sous forme de contrat d'accompagnement dans l'emploi pour les employeurs du secteur privé. Seules les collectivités territoriales et les personnes morales de droit public peuvent continuer à en bénéficier.

À la place des exonérations supprimées, les employeurs concernés par cette suppression peuvent appliquer la réduction générale de cotisations patronales étendue aux contributions AGIRC-ARRCO au 1er janvier 2019, puis étendue aux contributions d'assurance chômage au 1er octobre 2019 (art. L. 241-13 c. séc. soc.; loi précitée, art. 8, IX, A; décret 2018-1356 du 28 décembre 2018, JO 30). Voir RF 28 décembre 2018, FH 3771, §§ 1-8, 1-9 et 1-13; instr. intermin. DSS/5B 2019-141 du 19 juin 2019, questions - réponses 2.7; «Réduction générale de cotisations patronales», cahier RF 1115, §§ 5460 et s., mai 2020.

§ 2 (réglementaire). Exonérations

Note • Ce paragraphe a été introduit par le décret 2009-1442 du 25 novembre 2009, JO 26, entrée en vigueur le 01.01.2010.

• Voir lettre-circulaire ACOSS 2010-80 du 22 juillet 2010.

• Voir également «Contrats aidés: exonérations et aides à l'employeur», cahier RF 1095, juin 2018, §§ 5648 et s. pour les règles relatives aux exonérations de cotisations sociales patronales antérieures au 1er janvier 2019.

Art. D. 5134-48. Le montant de l'exonération prévue au 1° de l'article L. 5134-31 est égal à celui des cotisations patronales au titre des assurances sociales et des allocations familiales correspondant à la fraction de la rémunération n'excédant pas le produit du salaire minimum de croissance par le nombre d'heures rémunérées, dans la limite de la durée légale du travail calculée sur le mois ou, si elle est inférieure, de la durée conventionnelle applicable dans l'établissement.

Art. R. 5134-49. En cas de suspension du contrat de travail avec maintien total ou partiel de la rémunération mensuelle brute du salarié, le nombre d'heures rémunérées pris en compte pour le calcul de l'exonération est égal au produit de la durée de travail que le salarié aurait accomplie s'il avait continué à travailler et de la part de la rémunération restée à la charge de l'employeur et soumise à cotisation. Le nombre d'heures rémunérées ainsi déterminé ne peut excéder au titre du mois civil considéré la durée légale du travail calculée sur le mois ou, si elle est inférieure, la durée conventionnelle applicable dans l'établissement.

Art. R. 5134-50. En cas de rupture du contrat d'accompagnement dans l'emploi à l'initiative de l'employeur avant la fin de ***(D. 2012-1211 du 31 oct. 2012, JO 1er nov.)*** « l'aide à l'insertion professionnelle » dans un cas autre que ceux mentionnés aux articles R. 5134-46 et R. 5134-47, l'employeur verse le montant des cotisations et contributions sociales patronales dont il a été exonéré en application de l'article L. 5134-31.

Ces cotisations et contributions sont versées au plus tard à la première date d'exigibilité des cotisations et contributions sociales qui suit la date d'effet de la rupture du contrat de travail.

Art. L. 5134-32. L'État peut contribuer au financement des actions de formation professionnelle et de validation des acquis de l'expérience prévues à l'article L. 5134-22.

Art. L. 5134-33. Les aides et les exonérations prévues par la présente sous-section ne peuvent être cumulées avec une autre aide de l'État à l'emploi.

Sous-section 5 (réglementaire). Périodes de mise en situation en milieu professionnel

Note • Cette sous-section a été introduite par le décret 2014-1360 du 13 novembre 2014, art. 2, JO 15.

• Voir arrêté du 13 novembre 2014 (JO 15) relatif au modèle de déclaration des conventions de mise en situation en milieu professionnel; décret 2014-1757 du 31 décembre 2014 (JO 1er janv. 2015) relatif à la protection contre les accidents du travail et les maladies professionnelles des bénéficiaires d'actions d'aide à la création d'entreprise, d'orientation, d'évaluation ou d'accompagnement dans la recherche d'emploi; circulaire DGEFP 01/15 du 14 janvier 2015 relative à la mise en œuvre des périodes de mise en situation en milieu professionnel avec un document questions - réponses n° 3 du 11 février 2016.

• La circulaire DGEFP/SDPAE/MIP/MPP/2018/11 du 11 janvier 2018 relative aux «parcours emploi compétence» et au Fonds d'inclusion dans l'emploi en faveur des personnes les plus éloignées de l'emploi détaille les modalités selon lesquelles le gouvernement a entendu recentrer, à compter de l'année 2018, la politique d'intervention de l'État en faveur des publics les plus éloignés de l'emploi (NOR: MTRD1801071C) (BO TR 2018/3 du 30.03.2018). Sur les périodes de mise en situation en milieu professionnel des salariés en «parcours emploi compétence», voir circulaire précitée, fiche 1, § 3.1 et circulaire DGEFP/MIP/METH/MPP/2020/32 du 28 février 2020 (NOR: MTRD2005122C).

Art. D. 5134-50-1. Une ou plusieurs périodes de mise en situation en milieu professionnel peuvent être prescrites à un salarié en contrat d'accompagnement dans l'emploi, avec son accord et celui de son employeur.

Chacune de ces périodes fait l'objet d'une convention selon les modalités prévues au chapitre V du présent titre, sous réserve des dispositions prévues par la présente sous-section.

Art. D. 5134-50-2. La durée cumulée de l'ensemble des périodes de mise en situation en milieu professionnel effectuées au cours du contrat d'accompagnement dans l'emploi ne peut représenter plus de 25 % de la durée totale du contrat.

Art. D. 5134-50-3. L'organisme prescripteur de la mise en situation en milieu professionnel en application de l'article L. 5135-2 transmet à l'Agence de services et de paiement une copie de la convention mentionnée à l'article D. 5135-2.

Sous-section 5. Dispositions d'application

Art. L. 5134-34. Un décret en Conseil d'État détermine les conditions d'application de la présente section.

SECTION 5. Contrat initiative-emploi

Note • **La circulaire DGEFP/SDPAE/MIP/MPP/2018/11 du 11 janvier 2018** relative aux parcours emploi compétences et au Fonds d'inclusion dans l'emploi en faveur des personnes les plus éloignées de l'emploi détaille les modalités selon lesquelles le gouvernement entend recentrer la politique d'intervention de l'État en faveur des publics les plus éloignés de l'emploi (NOR: MTRD1801071C) (BO TR 2018/3 du 30.03.2018). Ce document précise notamment la ligne appliquée à compter de 2018 en matière de contrat unique d'insertion (CUI) et d'emplois d'avenir. La direction générale à l'Emploi et à la Formation professionnelle (DGEFP) a publié un «questions - réponses» relatif à la mise en œuvre de la circulaire du 11 janvier 2018.

Dans le secteur marchand, **l'accès au CUI-contrat initiative emploi (CUI-CIE) est fermé depuis 2018**, sauf dans trois cas (circ. DGEFP/MIP/METH/MPP/2020/32 du 28 février 2020, NOR: MTRD2005122C, fiche 7, § 1.1):

– les contrats prescrits par les conseils départementaux dans le cadre des conventions annuelles d'objectifs et de moyens passées avec des organismes du secteur non-marchand (CAOM), sous réserve que le coût soit nul pour l'État et que les conseils départementaux s'engagent à cofinancer à bon niveau ces contrats;
– les contrats prescrits dans les départements d'outre-mer, dans la limite de l'enveloppe budgétaire allouée par la circulaire;
– les contrats prescrits sur des territoires délimités, à des fins expérimentales dans les départements du Nord et des Pyrénées-Orientales.

Les CUI-CIE antérieurs à 2018 se poursuivront jusqu'à la date de leur échéance, mais ne seront pas renouvelés.

• **CIE Jeunes.** Pour répondre aux difficultés sur le marché du travail des jeunes liées à la crise sanitaire du covid-19, le plan «un jeune, une solution» a notamment prévu la mobilisation de contrats aidés en faveur des jeunes (CIE Jeunes). Ces contrats s'adressent aux publics âgés de moins de 26 ans, à l'exception des bénéficiaires en situation de handicap, pour lesquels la limite d'âge est portée à 30 ans. Certaines filières, et notamment les filières stratégiques identifiées dans le plan France Relance, font l'objet d'une attention particulière pour le CIE Jeunes (le secteur social et médico-social, la transition écologique, la transition numérique, la culture et le sport). La prescription du CIE Jeunes est centrée sur les publics éloignés du marché du travail au sens des personnes sans emploi rencontrant des difficultés sociales et professionnelles particulières d'accès à l'emploi pour lesquelles la formation, seule (le frein à l'accès à l'emploi ne relève pas d'un défaut de qualification mais plutôt d'expérience et de savoir-être professionnels, d'une rupture trop forte avec le monde de l'école et de la formation etc.), ainsi que les mesures spécifiquement dédiées aux jeunes à travers un accompagnement intensif [la Garantie jeunes, modalité du parcours d'accompagnement contractualisé vers l'emploi et l'autonomie (PACEA) portée par les missions locales, l'accompagnement intensif des jeunes porté par Pôle Emploi, etc.], ou bien encore l'alternance (apprentissage, contrat de professionnalisation) ne constituent pas des outils adaptés. Les raisons de l'éloignement de l'emploi ne relèvent pas de freins périphériques lourds justifiant d'un parcours dans une structure dédiée à l'insertion (type structure d'insertion par l'activité économique, entreprise adaptée). La durée hebdomadaire de travail est de 30 heures; la durée des contrats de 9 mois; le taux de prise en charge par l'État de ces CIE Jeunes est unique et s'élève à 47 % sur l'ensemble du territoire, en France métropolitaine et dans les DOM. Voir circ. DGEFP/MIP/MPP/2020/163 du 28 septembre 2020 (NOR: MTRD2025802C) relative à la mise en œuvre des mesures du plan #1jeune1solution concernant les parcours emploi compétences, complétant la circulaire DGEFP/MIP/METH/MPP/2020/32 du 28 février 2020 relative au Fonds d'inclusion dans l'emploi en faveur des personnes les plus éloignées du marché du travail (parcours emploi compétences, insertion par l'activité économique, entreprises adaptées, groupements d'employeurs pour l'insertion et la qualification).

• Voir également «Le contrat unique d'insertion», cahier RF 1116, juillet 2020, §§ 915 et s.

Sous-section 1. Objet

Art. L. 5134-65. ***(L. 2008-1249 du 1er déc. 2008, art. 23, JO 3, entrée en vigueur le 01.01.2010)*** Le contrat initiative-emploi a pour objet de faciliter l'insertion professionnelle des personnes sans emploi rencontrant des difficultés sociales et professionnelles d'accès à l'emploi. À cette fin, il comporte des actions d'accompagnement professionnel. Les actions de formation nécessaires à la réalisation du projet professionnel de la personne peuvent être mentionnées dans la ***(L. 2012-1189 du 26 oct. 2012, art. 7, JO 27, entrée en vigueur le 01.11.2012)*** «demande d'aide à l'insertion professionnelle»; elles sont menées dans le cadre défini à l'article L. 6312-1.

Note **CIE Starter.** Une déclinaison spécifique du CIE, baptisée «CIE-Starter» par les pouvoirs publics ciblait les jeunes de moins de 30 ans en difficulté (circ. intermin. du 25 mars 2015 relative à la mise en œuvre des mesures en faveur des quartiers prioritaires de la politique de la ville dans le champ du développement de l'activité économique et de l'emploi). Le «CIE-Starter» s'inscrit dans le cadre juridique du CIE. Il relevait des mêmes règles. Le CIE-Starter était ouvert aux entreprises du secteur marchand, aux employeurs de pêche maritime et aux groupements d'employeur pour l'insertion et la qualification (GEIQ). Comme pour tout CIE, l'employeur devait répondre aux conditions suivantes: ne pas avoir procédé dans l'établissement à un licenciement économique dans les 6 mois précédant la date d'embauche et ne pas embaucher en CIE-Starter pour remplacer un salarié licencié pour un motif autre que la faute grave ou lourde et être à jour du versement de ses cotisations et contributions sociales. Le CIE-Starter s'adressait aux jeunes de moins de 30 ans, sans emploi, rencontrant des difficultés particulières d'accès à l'emploi (sociales et/ou professionnelles) et correspondant à l'un des six profils suivants:
– résidence dans un quartier prioritaire de la politique de la ville (QPV);
– allocataire du revenu de solidarité active (RSA);
– demandeur d'emploi de longue durée;

– qualité de travailleur handicapé;
– bénéficiaire d'un suivi dans le cadre d'un dispositif deuxième chance (garantie jeunes, écoles de la deuxième chance, EPIDe, formation deuxième chance);
– jeune ayant bénéficié d'un emploi d'avenir dans le secteur non-marchand.

Le CIE-Starter pouvait prendre la forme d'un contrat à durée déterminée (CDD de 6 à 24 mois) ou à durée indéterminée (CDI), à temps plein ou à temps partiel (20 heures hebdomadaires minimum). Pendant la durée du contrat, l'employeur s'engageait à mettre en œuvre les actions prévues dans la demande d'attribution de l'aide (formation, accompagnement, VAE, etc.) favorisant l'accès rapide à un emploi durable. Les bénéficiaires du CIE-Starter sont des salariés à part entière. Ils bénéficiaient des mêmes conditions de travail que les autres salariés de l'entreprise et de l'ensemble des conventions et accords collectifs de l'entreprise. Ils étaient exclus des effectifs pendant la durée de la période «aidée», sauf pour la tarification de la cotisation Accident du travail/Maladie professionnelle. Les salariés en CIE-starter étaient rémunérés conformément aux dispositions conventionnelles de l'entreprise. Cette rémunération était au moins égale au SMIC horaire ou au minimum conventionnel. Il n'y a pas d'indemnité de fin de contrat au terme d'un CIE-Starter conclu sous la forme d'un CDD. L'employeur bénéficiait de l'aide à l'insertion attachée au CIE pendant une durée pouvant aller jusqu'à 24 mois. Pour le CIE-Starter, l'aide était fixé à 45 % du SMIC horaire brut par heure travaillée. Elle est versée mensuellement à l'employeur par l'Agence de services et de paiement (ASP), sur la base des attestations de présence (déclaration en ligne ou envoi papier).

Depuis le 1er janvier 2018, les contrats aidés ont été transformés en **parcours emploi compétences (PEC)** dans le but d'inclure durablement dans l'emploi les personnes les plus éloignées du marché du travail. **Les CIE starter sont supprimés au 1er janvier 2018.** Toutefois, les contrats en cours continuent de produire leurs effets jusqu'à leur terme (circ. DGEFP/SDPAE/MIP/MPP/2018/11 du 11 janvier 2018, NOR: MTRD1801071C, fiche 3, § 1.1).

Sous-section 2. Décision d'attribution de l'aide à l'insertion professionnelle

Art. L. 5134-66. ***(L. 2012-1189 du 26 oct. 2012, art. 7, JO 27, entrée en vigueur le 01.11.2012)*** «Les aides à l'insertion professionnelle au titre d'un contrat initiative-emploi peuvent être accordées aux employeurs suivants:»

1° Les employeurs mentionnés à l'article L. 5422-13 et aux 3° et 4° de l'article L. 5424-1;

2° Les groupements d'employeurs ***(L. 2014-288 du 5 mars 2014, art. 20, IV, 2°, JO 6)*** «pour l'insertion et la qualification mentionnés à l'article L. 1253-1»;

3° Les employeurs de pêche maritime non couverts par l'article L. 5422-13, les 3° et 4° de l'article L. 5424-1 et l'article L. 1253-1.

Note • En vertu des articles L. 5134-65, L. 5134-66 et L. 5134-72 CT, la conclusion d'une convention individuelle pour permettre l'embauche, dans le cadre d'un contrat initiative-emploi, d'une personne sans emploi rencontrant des difficultés sociales et professionnelles d'accès à l'emploi ouvre droit à une aide financière versée à l'employeur. Un litige opposant un employeur à l'administration pour le bénéfice de cette aide ne peut être regardé comme relevant des litiges relatifs aux prestations, allocations ou droits attribués en faveur des travailleurs privés d'emploi au sens de l'article R. 811-1 c. justice adm. (CE 9 février 2018, n° 410100).

• Les salariés recrutés en contrat d'accès à l'entreprise (voir note sous Titre III du Livre Ier de la présente Partie) peuvent être mis à disposition, avec leur accord, d'une ou plusieurs entreprises d'accueil mentionnées à l'article L. 5134-66 CT établies en France, répondant aux critères d'accès des employeurs à cette mise à disposition déterminés par délibération de la collectivité volontaire (décret 2019-658 du 27 juin 2019, art. 1er, III, JO 28).

Art. L. 5134-66-1. ***(L. 2012-1189 du 26 oct. 2012, art. 7, JO 27, entrée en vigueur le 01.11.2012)*** «La décision d'attribution d'une nouvelle aide à l'insertion professionnelle» ***(L. 2008-1249 du 1er déc. 2008, art. 23, JO 3, entrée en vigueur le 01.01.2010)*** «est subordonnée au bilan préalable des actions d'accompagnement et des actions visant à l'insertion durable des salariés, réalisées dans le cadre d'un contrat aidé antérieur».

Art. L. 5134-67. Les particuliers employeurs ***(L. 2012-1189 du 26 oct. 2012, art. 7, JO 27, entrée en vigueur le 01.11.2012)*** «ne sont pas éligibles aux aides attribuées au titre d'un contrat initiative-emploi».

Art. L. 5134-67-1. ***(L. 2008-1249 du 1er déc. 2008, art. 23, JO 3, entrée en vigueur le 01.01.2010)*** La durée de ***(L. 2012-1189 du 26 oct. 2012, art. 7, JO 27, entrée en vigueur le 01.11.2012)*** «l'aide à l'insertion professionnelle attribuée au titre» du contrat initiative-emploi ne peut excéder le terme du contrat de travail.

(L. 2012-1189 du 26 oct. 2012, art. 7, JO 27, entrée en vigueur le 01.11.2012) «L'attribution de l'aide» peut être prolongée dans la limite d'une durée totale de vingt-quatre mois.

Il peut être dérogé, selon des modalités fixées par voie réglementaire, à la durée maximale *(L. 2012-1189 du 26 oct. 2012, art. 7, JO 27, entrée en vigueur le 01.11.2012)* «pour laquelle est attribuée une aide à l'insertion professionnelle», soit lorsque celle-ci concerne un salarié âgé de cinquante ans et plus *(L. 2015-994 du 17 août 2015, art. 43, 3°, JO 18)* «rencontrant des difficultés particulières qui font obstacle à son insertion durable dans l'emploi» ou une personne reconnue travailleur handicapé, soit pour permettre d'achever une action de formation professionnelle en cours de réalisation et *(L. 2012-1189 du 26 oct. 2012, art. 7, JO 27, entrée en vigueur le 01.11.2012)* «prévue au titre de l'aide attribuée». La durée de cette prolongation ne peut excéder le terme de l'action concernée.

Note **Covid-19.** Sur l'ouverture, à titre temporaire à compter du 12 mars 2020, de la possibilité de bénéficier des aides à l'insertion professionnelle attribuées au titre des CUI-CIE pour une durée totale de 36 mois, par dérogation à cet article, voir loi 2020-734 du 17 juin 2020, art. 5, I, JO 18, modifié par ordonnance 2020-1639 du 21 décembre 2020, JO 23, entrée en vigueur le 01.01.2021.

Art. L. 5134-67-2. *(L. 2008-1249 du 1er déc. 2008, art. 23, JO 3, entrée en vigueur le 01.01.2010)* La prolongation de *(L. 2012-1189 du 26 oct. 2012, art. 7, JO 27, entrée en vigueur le 01.11.2012)* «l'attribution de l'aide à l'insertion professionnelle» et, s'il est à durée déterminée, du contrat de travail *(L. 2012-1189 du 26 oct. 2012, art. 7, JO 27, entrée en vigueur le 01.11.2012)* «au titre duquel l'aide est attribuée» est subordonnée à l'évaluation des actions réalisées au cours du contrat en vue de favoriser l'insertion durable du salarié.

Art. L. 5134-68. *(L. 2008-1249 du 1er déc. 2008, art. 23, JO 3, entrée en vigueur le 01.01.2010)* Il ne peut être *(L. 2012-1189 du 26 oct. 2012, art. 7, JO 27, entrée en vigueur le 01.11.2012)* «attribué d'aide à l'insertion professionnelle» dans les cas suivants:

1° Lorsque l'établissement a procédé à un licenciement économique dans les six mois précédant la date d'embauche;

2° Lorsque l'embauche vise à procéder au remplacement d'un salarié licencié pour un motif autre que la faute grave ou lourde. S'il apparaît que l'embauche a eu pour conséquence le licenciement d'un autre salarié, *(L. 2012-1189 du 26 oct. 2012, art. 7, JO 27, entrée en vigueur le 01.11.2012)* «la décision d'attribution de l'aide peut être retirée» par l'État ou par le président du *(L. 2013-403 du 17 mai 2013, art. 1er, JO 18)* «conseil départemental». *(L. 2012-1189 du 26 oct. 2012, art. 7, JO 27, entrée en vigueur le 01.11.2012)* «La décision de retrait de l'attribution de l'aide» emporte obligation pour l'employeur de rembourser l'intégralité des sommes perçues;

3° Lorsque l'employeur n'est pas à jour du versement de ses cotisations et contributions sociales.

Sous-section 1 (réglementaire). Aide à l'insertion professionnelle

Note Les sous-sections 1 et 2 ont été introduites par le décret 2009-1442 du 25 novembre 2009, JO 26, entrée en vigueur le 01.01.2010.

Art. R. 5134-51. *(D. 2012-1211 du 31 oct. 2012, JO 1er nov.)* L'aide à l'insertion professionnelle est attribuée préalablement à la conclusion du contrat de travail mentionné à l'article L. 5134-69.

Art. R. 5134-52. *(D. 2012-1211 du 31 oct. 2012, JO 1er nov.)* L'employeur qui effectue une nouvelle demande d'aide à l'insertion professionnelle transmet à l'autorité appelée à attribuer cette aide les éléments nécessaires à l'établissement du bilan mentionné à l'article L. 5134-66-1.

Art. R. 5134-53. L'employeur informe, dans un délai franc de sept jours, de toute suspension ou rupture du contrat de travail qui interviendrait avant la fin de *(D. 2012-1211 du 31 oct. 2012, JO 1er nov.)* «l'attribution de l'aide à l'insertion professionnelle»:

1° L'autorité *(D. 2012-1211 du 31 oct. 2012, JO 1er nov.)* «ayant attribué l'aide»;

2° Le ou les organismes chargés du versement des aides.

Un arrêté du ministre chargé de l'emploi fixe le modèle de fiche de signalement, par l'employeur, des suspensions ou ruptures du contrat de travail.

Note Voir arrêté du 1er mars 2010 (JO 19) relatif au modèle de fiche de signalement par l'employeur des suspensions ou ruptures du contrat d'accompagnement dans l'emploi ou du contrat initiative-emploi.

Art. R. 5134-54. *(D. 2012-1211 du 31 oct. 2012, JO 1er nov.)* En cas de non-respect par l'employeur des dispositions de la décision d'attribution de l'aide à l'insertion professionnelle, cette aide n'est pas due et les sommes versées font l'objet d'un remboursement.

Art. L. 5134-68

L'autorité attribuant l'aide informe l'employeur de son intention de procéder à la récupération de l'indu.

L'employeur dispose d'un délai franc de sept jours pour faire connaître ses observations.

Tout paiement indu donne lieu à remboursement par l'employeur de la totalité des aides perçues.

L'autorité attribuant l'aide informe l'organisme de recouvrement des cotisations sociales de la procédure.

Art. R. 5134-55. En cas de modification de la situation juridique de l'employeur au sens de l'article L. 1224-1, le nouvel employeur est substitué dans les droits de l'employeur en ce qui concerne le contrat de travail. Le nouvel employeur est substitué également dans les droits de l'employeur initial en ce qui concerne ***(D. 2012-1211 du 31 oct. 2012, JO 1er nov.)*** «l'aide à l'insertion professionnelle sous réserve de l'accord de l'autorité ayant attribué l'aide, au regard des engagements du nouvel employeur» et à condition qu'il n'entre pas dans un des cas mentionnés à l'article L. 5134-68.

Art. R. 5134-56. En application de l'article L. 5134-67-2, l'employeur qui souhaite prolonger une ***(D. 2012-1211 du 31 oct. 2012, JO 1er nov.)*** «aide à l'insertion professionnelle» au titre du contrat initiative-emploi adresse à l'autorité ***(D. 2012-1211 du 31 oct. 2012, JO 1er nov.)*** «qui a attribué l'aide» initiale une demande préalable.

Cette demande motivée est accompagnée d'un bilan des actions réalisées en matière d'accompagnement et de formation, notamment des actions d'aide à la prise de poste, de remise à niveau, d'acquisition de nouvelles compétences et de formation qualifiante. L'employeur joint également à sa demande un document répertoriant les actions d'accompagnement et de formation qu'il envisage de mettre en œuvre pendant la période de prolongation.

Art. R. 5134-57. La durée maximale de ***(D. 2012-1211 du 31 oct. 2012, JO 1er nov.)*** «l'aide à l'insertion professionnelle», fixée à vingt-quatre mois par l'article L. 5134-67-1, peut être prolongée, en application du troisième alinéa du même article, pour la durée de la formation suivie par le salarié restant à courir et dans la limite de soixante mois.

La demande de prolongation faite par l'employeur est accompagnée:

1° De tous justificatifs visant à établir que l'action de formation professionnelle qualifiante visée à l'article L. 6314-1 ***(D. 2012-1211 du 31 oct. 2012, JO 1er nov.)*** «prévue au titre de l'aide attribuée» initiale est en cours de réalisation et que le terme de cette action dépasse le terme de ***(D. 2012-1211 du 31 oct. 2012, JO 1er nov.)*** «l'aide»;

2° Des éléments d'organisation des actions de formation permettant de s'assurer qu'elles pourront être réalisées durant la période de prolongation.

Art. R. 5134-58. La durée maximale de vingt-quatre mois de ***(D. 2012-1211 du 31 oct. 2012, JO 1er nov.)*** «l'aide à l'insertion professionnelle» peut, pour les personnes mentionnées au troisième alinéa de l'article L. 5134-67-1, être portée, par ***(D. 2012-1211 du 31 oct. 2012, JO 1er nov.)*** «décisions de prolongation successives» d'un an au plus, à soixante mois.

La condition d'âge mentionnée au troisième alinéa de l'article L. 5134-67-1 et à l'article L. 5134-69-1 s'apprécie à l'échéance de la durée maximale de ***(D. 2012-1211 du 31 oct. 2012, JO 1er nov.)*** «l'aide».

Art. R. 5134-59. En application de l'article L. 2323-48, les institutions représentatives du personnel des organismes employeurs, lorsqu'elles existent, sont informées des contrats initiative-emploi conclus.

Sous-section 2 (réglementaire). Accompagnement

Art. R. 5134-60. L'autorité ***(D. 2012-1211 du 31 oct. 2012, JO 1er nov.)*** «qui attribue l'aide à l'insertion professionnelle» désigne en son sein ou auprès d'un organisme chargé de l'accompagnement ou de l'insertion, en le mentionnant dans la ***(D. 2012-1211 du 31 oct. 2012, JO 1er nov.)*** «décision d'attribution initiale de l'aide», un référent chargé d'assurer le suivi du parcours d'insertion professionnelle du salarié en contrat initiative-emploi.

Dans le cas où ce salarié est bénéficiaire du revenu de solidarité active, le référent peut être le même que celui désigné en application de l'article L. 262-27 du code de l'action sociale et des familles.

Art. R. 5134-61. L'employeur, dès la ***(D. 2012-1211 du 31 oct. 2012, JO 1er nov.)*** «transmission de la demande d'aide à l'insertion professionnelle», désigne un tuteur parmi les salariés qualifiés et volontaires pour assumer cette fonction.

Ce dernier doit justifier d'une expérience professionnelle d'au moins deux ans. Exceptionnellement, sur autorisation de l'autorité ***(D. 2012-1211 du 31 oct. 2012, JO 1er nov.)*** «qui attribue l'aide», l'employeur peut assurer lui-même le tutorat. Le tuteur ne peut suivre plus de trois salariés en contrat initiative-emploi.

Art. R. 5134-62. Les missions du tuteur sont les suivantes:

1° Participer à l'accueil, aider, informer et guider le salarié en contrat initiative-emploi;

2° Contribuer à l'acquisition des savoir-faire professionnels;

3° Assurer la liaison avec le référent mentionné à l'article R. 5134-60 ;
4° Participer à l'établissement de l'attestation d'expérience professionnelle prévue à l'article L. 5134-70-2 avec le salarié concerné et l'employeur.

Sous-section 3. **Contrat de travail**

Art. L. 5134-69. Le contrat initiative-emploi est un contrat de travail de droit privé à durée indéterminée ou à durée déterminée conclu en application de l'article L. 1242-3.

Lorsqu'il est conclu pour une durée déterminée les règles de renouvellement prévues ***(Ord. 2017-1718 du 20 déc. 2017, art. 1er, I, 18°, JO 21)*** «aux articles L. 1243-13 et L. 1243-13-1» ne sont pas applicables.

Note • Le contrat à durée déterminée qui ne précise pas qu'il s'agit d'un contrat initiative-emploi ne comporte pas de définition précise de son motif et doit être requalifié (cass. soc. 4 janvier 2000, n° 97-41.374, BC V n° 2 ; RJS 2/00 n° 154 ; 23 octobre 2001, n° 99-44.574, BC V n° 329 ; RJS 1/02 n° 17 ; 26 février 2002, n° 00-40.758, RJS 5/02 n° 537 : le remplacement d'un salarié absent ne peut justifier le recours à un contrat initiative-emploi ; 11 février 2004, n° 02-40.744, BC V n° 46 ; RJS 4/04 n° 385 ; 20 février 2007, n° 00-41.655). En revanche, la seule mention «contrat initiative-emploi» suffit à l'exigence de définition du motif (cass. soc. 17 octobre 2000, n° 97-45.439, BC V n° 326 ; RJS 12/00 n° 1272).

• Lorsqu'il est conclu pour une durée déterminée, le contrat initiative-emploi peut, par exception au régime de droit commun des contrats à durée déterminée, avoir pour objet de pourvoir un emploi lié à l'activité normale et permanente de l'entreprise (cass. soc. 18 novembre 2003, n° 01-46.408, BC V n° 284 ; RJS 2/04 n° 245 ; 26 janvier 2005, n° 02-46.639, BC V n° 22 ; RJS 4/05 n° 426 ; Dr. Soc. 2005, p. 467, obs. Cl. Roy-Loustaunau).

• Le contrat de travail est réputé conclu pour une durée indéterminée lorsqu'il a commencé à s'exécuter avant d'être établi par écrit (cass. soc. 13 mars 2002, n° 00-42.014, RJS 7/02 n° 791 ; 5 novembre 2003, n° 01-44.145, RJS 1/04 n° 50). La régularisation par avenant d'un contrat à durée déterminée consistant à préciser le motif est exclusive de toute intention de nover et ne peut faire obstacle à la requalification justifiée par l'irrégularité initiale (cass. soc. 17 décembre 2003, n° 01-44.500). La notification du contrat à durée déterminée, en l'absence de mention du contrat du retour à l'emploi, ne peut être remise en cause par la convention entre l'employeur et l'État à laquelle le salarié n'est pas partie (cass. soc. 17 juillet 2001, n° 98-41.800, BC V n° 272 ; RJS 11/01 n° 1320).

• La proposition d'un nouvel engagement à durée indéterminée à des conditions différentes de celles du contrat initiative-emploi qui a pris fin ne caractérise pas, à elle seule, un abus de droit de l'employeur (cass. soc. 9 juillet 2008, n° 07-40.365, RJS 11/08 n° 1111).

• Lorsque la croyance erronée de l'employeur en l'aptitude du salarié à pouvoir bénéficier d'un contrat initiative-emploi a été la cause déterminante de l'embauche, la rupture du contrat n'ouvre pas droit à dommages-intérêts en application de l'article L. 122-3-8 (ancien) CT (cass. soc. 4 juin 2002, n° 99-41.164).

Art. L. 5134-69-1. ***(L. 2008-1249 du 1er déc. 2008, art. 23, JO 3, entrée en vigueur le 01.01.2010)*** Le contrat de travail associé à une ***(L. 2012-1189 du 26 oct. 2012, art. 7, JO 27, entrée en vigueur le 01.11.2012)*** «aide à l'insertion professionnelle attribuée au titre d'un» contrat initiative-emploi, conclu pour une durée déterminée, peut être prolongé dans la limite d'une durée totale de vingt-quatre mois, ou de cinq ans pour les salariés âgés de cinquante ans et plus ***(L. 2015-994 du 17 août 2015, art. 43, 4°, JO 18)*** «rencontrant des difficultés particulières qui font obstacle à leur insertion durable dans l'emploi», ainsi que pour les personnes reconnues travailleurs handicapés.

(L. 2015-994 du 17 août 2015, art. 43, 4°, JO 18) «À titre dérogatoire, pour les salariés âgés de cinquante-huit ans ou plus, ce contrat de travail peut être prolongé jusqu'à la date à laquelle ils sont autorisés à faire valoir leurs droits à la retraite».

Note • **Covid-19.** Sur l'ouverture, à titre temporaire à compter du 12 mars 2020, de la possibilité de conclure ou renouveler des CUI-CIE pour une durée totale de 36 mois, par dérogation à cet article, voir loi 2020-734 du 17 juin 2020, art. 5, I, JO 18, modifié par ordonnance 2020-1639 du 21 décembre 2020, JO 23, entrée en vigueur le 01.01.2021.

• Avant le 19.08.2015 (entrée en vigueur de la loi 2015-994 du 17 août 2015, art. 43, 1°, JO 18), seuls étaient concernés les salariés âgés de 50 ans et plus bénéficiaires du revenu de solidarité active, de l'allocation de solidarité spécifique (ASS), de l'allocation temporaire d'attente ou de l'allocation aux adultes handicapés. Afin de favoriser l'insertion des séniors, la loi relative au dialogue social et à l'emploi a étendu cette dérogation à tout salarié âgé de 50 ans et plus rencontrant des difficultés particulières qui font obstacle à leur insertion durable dans l'emploi.

Art. L. 5134-69-2

• La **circulaire DGEFP/SDPAE/MIP/MPP/2018/11 du 11 janvier 2018** relative aux parcours emploi compétences et au Fonds d'inclusion dans l'emploi en faveur des personnes les plus éloignées de l'emploi détaille les modalités selon lesquelles le gouvernement a entendu recentrer, à compter de l'année 2018, la politique d'intervention de l'État en faveur des publics les plus éloignés de l'emploi (NOR: MTRD1801071C) (BO TR 2018/3 du 30 mars 2018). Ce document précise notamment la ligne appliquée en matière de contrat unique d'insertion (CUI). L'accès au CUI-contrat initiative emploi (CUI-CIE) est fermé depuis 2018, sauf dans trois cas dérogatoires (voir note sous Section 5 du présent chapitre). Les CUI-CIE antérieurs à 2018 se poursuivront jusqu'à la date de leur échéance, mais ne seront pas renouvelés (circ. précitée, fiche 3, § 1.1). Voir fiche 1 de la **circulaire DGEFP/MIP/METH/MPP/2020/32 du 28 février 2020** (NOR: MTRD2005122C). Voir également **circulaire DGEFP/MIP/MPP/2020/163 du 28 septembre 2020** (NOR: MTRD2025802C) relative à la mise en œuvre des mesures du plan #1jeune1solution concernant les parcours emploi compétences (CIE Jeunes).

Art. L. 5134-69-2. ***(L. 2008-1249 du 1er déc. 2008, art. 23, JO 3, entrée en vigueur le 01.01.2010)*** La durée du contrat initiative-emploi ne peut être inférieure à six mois, ou trois mois pour les personnes ayant fait l'objet d'une condamnation et bénéficiant d'un aménagement de peine.

Art. L. 5134-70. Par dérogation aux dispositions relatives à la rupture avant le terme du contrat de travail à durée déterminée prévues à l'article L. 1243-2, le contrat initiative emploi peut être rompu avant son terme, à l'initiative du salarié, lorsque la rupture a pour objet de lui permettre:

1° D'être embauché par un contrat à durée déterminée d'au moins six mois;

2° D'être embauché par un contrat à durée indéterminée;

3° De suivre une formation conduisant à une qualification telle que prévue à l'article L. 6314-1.

Art. L. 5134-70-1. ***(L. 2008-1249 du 1er déc. 2008, art. 23, JO 3, entrée en vigueur le 01.01.2010)*** La durée hebdomadaire du travail ***(L. 2015-994 du 17 août 2015, art. 43, 5°, JO 18)*** «du titulaire d'un contrat initiative-emploi ne peut être inférieure à vingt heures, sauf lorsque la décision d'attribution de l'aide le prévoit pour répondre aux besoins d'un salarié âgé de soixante ans ou plus et éligible à un dispositif d'intéressement à la reprise d'activité des bénéficiaires des allocations du régime de solidarité.»

Note La durée de travail d'un salarié à temps partiel ne peut pas, en principe, être inférieure à la durée minimale de travail hebdomadaire (L. 3123-7, L. 3123-19 et L. 3123-27). Le ministère du Travail a précisé que cette durée minimale ne s'appliquait pas en présence d'une disposition spécifique prévoyant une autre durée (rép. QE 50900, JO AN 27 mai 2014. p. 4376). Tel est le cas, notamment, du CIE qui est soumis à une durée plancher de 20 heures par semaine, selon des dispositions qui lui sont propres.

Art. L. 5134-70-2. ***(L. 2008-1249 du 1er déc. 2008, art. 23, JO 3, entrée en vigueur le 01.01.2010)*** Une attestation d'expérience professionnelle est établie par l'employeur et remise au salarié à sa demande ou au plus tard un mois avant la fin du contrat initiative-emploi.

Art. L. 5134-71. ***(L. 2008-1249 du 1er déc. 2008, art. 23, JO 3, entrée en vigueur le 01.01.2010)*** Le contrat initiative-emploi peut être suspendu, à la demande du salarié, afin de lui permettre:

1° En accord avec son employeur, d'effectuer une ***(L. 2014-288 du 5 mars 2014, art. 20, I, 13°, JO 6)*** «période de mise en situation en milieu professionnel dans les conditions prévues au chapitre V du présent titre» ou une action concourant à son insertion professionnelle;

2° D'accomplir une période d'essai afférente à une offre d'emploi visant une embauche en contrat de travail à durée indéterminée ou à durée déterminée au moins égale à six mois.

En cas d'embauche à l'issue de cette ***(L. 2014-288 du 5 mars 2014, art. 20, I, 13°, JO 6)*** «période de mise en situation en milieu professionnel, d'une action concourant à son insertion professionnelle,» ou de cette période d'essai, le contrat est rompu sans préavis.

Sous-section 4. Aide financière

Art. L. 5134-72. ***(L. 2012-1189 du 26 oct. 2012, art. 7, JO 27, entrée en vigueur le 01.11.2012)*** «L'aide à l'insertion professionnelle attribuée au titre d'un contrat initiative-emploi»

(L. 2008-1249 du 1er déc. 2008, art. 23, JO 3, entrée en vigueur le 01.01.2010) «peut être modulée en fonction:

1° De la catégorie et du secteur d'activité de l'employeur;

2° Des actions prévues en matière d'accompagnement professionnel et des actions visant à favoriser l'insertion durable du salarié;

3° Des conditions économiques locales;

4° Des difficultés d'accès à l'emploi antérieurement rencontrées par le salarié».

Note Voir article L. 5522-2-2 pour l'application de l'article L. 5134-72 en Guadeloupe, en Guyane, en Martinique, à La Réunion, à Saint-Barthélemy, à Saint-Martin, à Saint-Pierre-et-Miquelon et Mayotte.

Art. L. 5134-72-1. ***(L. 2008-1249 du 1er déc. 2008, art. 23, JO 3, entrée en vigueur le 01.01.2010)*** Le montant de ***(L. 2012-1189 du 26 oct. 2012, art. 7, JO 27, entrée en vigueur le 01.11.2012)*** «l'aide à l'insertion professionnelle versée au titre d'un contrat initiative-emploi» ne peut excéder 47 % du montant brut du salaire minimum de croissance par heure travaillée, dans la limite de la durée légale hebdomadaire du travail.

Art. L. 5134-72-2. ***(L. 2008-1249 du 1er déc. 2008, art. 23, JO 3, entrée en vigueur le 01.01.2010)*** Lorsque ***(L. 2012-1189 du 26 oct. 2012, art. 7, JO 27, entrée en vigueur le 01.11.2012)*** «l'aide à l'insertion professionnelle a été attribuée pour le recrutement d'un» salarié qui était, avant son ***(L. 2012-1189 du 26 oct. 2012, art. 7, JO 27, entrée en vigueur le 01.11.2012)*** «recrutement», bénéficiaire du revenu de solidarité active financé par le département, le département participe au financement de l'aide mentionnée à l'article L. 5134-19-1. Cette participation est déterminée, dans des conditions fixées par décret, par référence au montant forfaitaire mentionné ***(L. 2015-994 du 17 août 2015, art. 59, V et 60, I, JO 18, entrée en vigueur le 01.01.2016)*** «à» l'article L. 262-2 du code de l'action sociale et des familles applicable à une personne isolée et en fonction de la majoration des taux prévue par la convention mentionnée à l'article L. 5134-19-4.

Sous-section 3 (réglementaire). Aide financière

Note Cette sous-section a été introduite par le décret 2009-1442 du 25 novembre 2009, JO 26, entrée en vigueur le 01.01.2010.

Art. R. 5134-63. L'aide mentionnée à l'article L. 5134-72 est versée mensuellement:

1° Par l'Agence de services et de paiement pour le compte de l'État;

2° Par le département ou par tout organisme qu'il mandate à cet effet, lorsque ***(D. 2012-1211 du 31 oct. 2012, JO 1er nov.)*** «l'aide à l'insertion professionnelle est attribuée pour» un bénéficiaire du revenu de solidarité active financé par le département.

L'employeur communique aux organismes mentionnés au 1° ou au 2° les justificatifs attestant de l'effectivité de l'activité du salarié.

Art. D. 5134-64. Pour l'application de l'article L. 5134-72-2, la participation mensuelle du département au financement de l'aide est égale à 88 % du montant forfaitaire mentionné ***(D. 2015-1710 du 21 déc. 2015, art. 4, IV, JO 22, entrée en vigueur le 01.01.2016)*** «à» l'article L. 262-2 du code de l'action sociale et des familles, applicable à un foyer composé d'une seule personne, dans la limite du montant de l'aide effectivement versée.

Note Le second alinéa de cet article a été supprimé par le décret 2015-1723 du 21 décembre 2015, JO 23, entrée en vigueur le 01.01.2016.

Art. R. 5134-65. Les taux de prise en charge déterminant le montant de l'aide financière mentionné à l'article L. 5134-72-1 sont fixés par un arrêté du préfet de région, en fonction des critères énumérés à l'article L. 5134-72 et compte tenu, le cas échéant, des statistiques publiques de l'emploi dans la région.

Art. R. 5134-66. Lorsque, en application du cinquième alinéa de l'article L. 5134-19-4, le département majore les taux de prise en charge mentionnés à l'article R. 5134-65, le coût induit par cette majoration est à la charge du département. Cette contribution du département s'ajoute au montant de sa participation telle que définie à l'article D. 5134-64.

Art. R. 5134-67. Lorsque le contrat initiative-emploi est suspendu sans que soit maintenue la rémunération du salarié, l'aide afférente à la période de suspension n'est pas versée.

Lorsque, au cours de la période de suspension, la rémunération est maintenue en totalité ou partiellement, l'aide afférente à la période de suspension est versée au prorata de la rémunération effectivement versée par l'employeur.

Art. R. 5134-68. En cas de rupture du contrat de travail à l'initiative de l'employeur avant la fin de *(D. 2012-1211 du 31 oct. 2012, JO 1er nov.)* « l'aide à l'insertion professionnelle, celle-ci n'est pas due ».

Sous réserve des cas mentionnés aux articles R. 5134-69 et R. 5134-70, l'employeur reverse alors à l'Agence de services et de paiement ou, le cas échéant, au département ou à l'organisme désigné par lui dans le cadre de l'article R. 5134-63 l'intégralité des sommes déjà perçues au titre de *(D. 2012-1211 du 31 oct. 2012, JO 1er nov.)* « l'aide à l'insertion professionnelle ».

Art. R. 5134-69. Les *(D. 2012-1211 du 31 oct. 2012, JO 1er nov.)* « montants perçus au titre de l'aide à l'insertion professionnelle » ne font pas l'objet d'un reversement et l'employeur conserve le bénéfice des aides correspondant au nombre de jours travaillés par le salarié dont le contrat initiative-emploi est un contrat à durée indéterminée, dans les cas suivants :

1° Licenciement pour faute grave du salarié ;

2° Licenciement pour force majeure ;

3° Licenciement pour inaptitude médicalement constatée ;

4° Licenciement pour motif économique notifié dans le cadre d'une procédure de redressement ou de liquidation judiciaire ;

5° Rupture du contrat au cours de la période d'essai ;

6° Rupture conventionnelle intervenue dans le cadre de l'article L. 1237-11.

Art. R. 5134-70. Les *(D. 2012-1211 du 31 oct. 2012, JO 1er nov.)* « montants perçus au titre de l'aide à l'insertion professionnelle » ne font pas l'objet d'un reversement, et l'employeur conserve le bénéfice des aides correspondant au nombre de jours travaillés par le salarié dont le contrat initiative-emploi est un contrat à durée déterminée, dans les cas suivants :

1° Rupture anticipée résultant de la volonté claire et non équivoque des parties ;

2° Rupture anticipée pour faute grave ;

3° Rupture anticipée pour force majeure ;

4° Rupture anticipée au cours de la période d'essai.

Sous-section 4 (réglementaire). **Périodes de mise en situation en milieu professionnel**

Note Cette sous-section a été introduite par le décret 2014-1360 du 13 novembre 2014, art. 3, JO 15. Voir arrêté du 13 novembre 2014 (JO 15) relatif au modèle de déclaration des conventions de mise en situation en milieu professionnel ; décret 2014-1757 du 31 décembre 2014 (JO 1er janv. 2015) relatif à la protection contre les accidents du travail et les maladies professionnelles des bénéficiaires d'actions d'aide à la création d'entreprise, d'orientation, d'évaluation ou d'accompagnement dans la recherche d'emploi ; circulaire DGEFP 01/15 du 14 janvier 2015 relative à la mise en œuvre des périodes de mise en situation en milieu professionnel avec un document questions - réponses n° 4 du 15.12.2016.

Art. D. 5134-71-1. Une ou plusieurs périodes de mise en situation en milieu professionnel peuvent être prescrites à un salarié en contrat initiative-emploi, avec son accord et celui de son employeur.

Chacune de ces périodes fait l'objet d'une convention selon les modalités prévues au chapitre V du présent titre, sous réserve des dispositions prévues par la présente sous-section.

Art. D. 5134-71-2. La durée cumulée de l'ensemble des périodes de mise en situation en milieu professionnel effectuées au cours du contrat initiative-emploi ne peut représenter plus de 25 % de la durée totale du contrat.

Art. D. 5134-71-3. L'organisme prescripteur de la mise en situation en milieu professionnel en application de l'article L. 5135-2 transmet à l'Agence de services et de paiement une copie de la convention mentionnée à l'article D. 5135-2.

Sous-section 5. **Dispositions d'application**

Art. L. 5134-73. Un décret en Conseil d'État détermine les conditions d'application de la présente section.

SECTION 7. **Contrat relatif aux activités d'adultes-relais**

Note Ces dispositions ont été introduites par la loi 2001-1275 du 28 décembre 2001, art. 149 (JO 29). Le décret 2002-374 du 20 mars 2002 (JO 21) modifié par le décret 2006-1788 du 23 décembre 2006 (JO 31) en a fixé les conditions d'application. Le décret 2002-374 précité a été abrogé par l'article 2 du décret 2013-54 du 15 janvier 2013 (JO 17). Toutefois, les dispositions du décret 2002-374 précité demeurent applicables aux conventions en cours au 17 janvier 2013 conclues sur le fondement du 1° de l'article L. 5134-100 CT, jusqu'à leur expiration ou leur renouvellement.

Voir circulaire DIV/DPT-IEDE 2002-283 du 3 mai 2002 relative à la mise en œuvre du programme adultes-relais (NOR : MESC0230656C) (BO MASTS 2003/13) ; circulaire DIV/ACSE du 18 décembre 2006 relative à la gestion du dispositif adultes-relais - médiateurs de ville.

Voir également «Le contrat adultes-relais, un dispositif de la politique de la ville à préserver», rapport d'information sénatorial 128 (2016-2017) de D. Raoul, fait au nom de la Commission des finances, déposé le 17 novembre 2016; Guide RF «Guide des associations», 14e éd. 2021, §§ 2077 et s.

Sous-section 1. Objet

Art. L. 5134-100. Le contrat relatif aux activités d'adultes-relais a pour objet d'améliorer, dans les ***(L. 2014-173 du 21 févr. 2014, art. 26, I, JO 22, entrée en vigueur le 01.01.2015)*** «quartiers prioritaires de la politique de la ville» et les autres territoires prioritaires des contrats de ville, les relations entre les habitants de ces quartiers et les services publics, ainsi que les rapports sociaux dans les espaces publics ou collectifs.

Il donne lieu:

1° À la conclusion d'une convention entre l'État et l'employeur dans les conditions prévues à la sous-section 2;

2° À la conclusion d'un contrat de travail entre l'employeur et le bénéficiaire de la convention dans les conditions prévues à la sous-section 3;

3° À l'attribution d'une aide financière dans les conditions prévues à la sous-section 4.

Note • Sur l'entrée en vigueur de l'article 26 de la loi 2014-173 précitée, voir décret 2014-767 du 3 juillet 2014, JO 5.

• Le décret 2002-374 du 20 mars 2002 portant application de l'article L. 12-10-1 est abrogé. Toutefois, ses dispositions demeurent applicables aux conventions en cours à la date du 17 janvier 2013 (décret 2013-54 du 15 janvier 2013, JO 17) conclues sur le fondement du 1° de l'article L. 5134-100, jusqu'à leur expiration ou leur renouvellement (décret précité, art. 2).

Art. D. 5134-145. Les adultes-relais mentionnés à l'article L. 5134-100 assurent des missions de médiation sociale et culturelle. Les activités de ces adultes-relais consistent notamment à:

1° Accueillir, écouter, exercer toute activité qui concourt au lien social;

2° Informer et accompagner les habitants dans leurs démarches, faciliter le dialogue entre services publics et usagers, et notamment établir des liens entre les parents et les services qui accueillent leurs enfants;

3° Contribuer à améliorer ou préserver le cadre de vie;

4° Prévenir et aider à la résolution des petits conflits de la vie quotidienne par la médiation et le dialogue;

5° Faciliter le dialogue entre les générations, accompagner et renforcer la fonction parentale par le soutien aux initiatives prises par les parents ou en leur faveur;

6° Contribuer à renforcer la vie associative locale et développer la capacité d'initiative et de projet dans le quartier et la ville.

Art. D. 5134-146. Les adultes-relais ne peuvent accomplir aucun acte relevant du maintien de l'ordre public et ne peuvent être employés à des fonctions dont le seul objet est d'assurer les services au domicile des personnes physiques mentionnés à l'article L. 7231-1.

Les personnes morales de droit public et les personnes morales de droit privé chargées d'un service public ne peuvent pas embaucher d'adultes-relais pour des missions relevant de leur activité normale.

Sous-section 2. Convention

Art. L. 5134-101. L'État peut conclure des conventions ouvrant droit au bénéfice de contrats relatifs à des activités d'adultes-relais avec:

1° Les collectivités territoriales et les établissements publics de coopération intercommunale, ainsi que leurs établissements publics;

2° Les établissements publics locaux d'enseignement;

3° Les établissements publics de santé;

4° Les offices publics d'habitations à loyer modéré et les offices publics d'aménagement et de construction;

5° Les organismes de droit privé à but non lucratif;

6° Les personnes morales de droit privé chargées de la gestion d'un service public.

Art. D. 5134-147. Les personnes morales mentionnées à l'article L. 5134-101 qui sollicitent le bénéfice d'une convention ouvrant droit au bénéfice de contrats relatifs à des activités d'adultes-relais en font la demande au préfet.

Art. D. 5134-148. La demande de convention se traduit par le dépôt d'un dossier qui comprend notamment:

1° La présentation de l'organisme employeur, de son projet et de ses objectifs;

2° Le nombre et les caractéristiques des postes;
3° Les zones urbaines sensibles ou les autres territoires prioritaires des contrats de ville au bénéfice duquel le projet doit se mettre en place;
4° Pour les organismes privés à but non lucratif, les statuts et les comptes pour le dernier exercice complet ou le compte de résultat et le bilan lorsque celui-ci est établi;
5° Le budget prévisionnel de l'action, précisant notamment les contributions financières au titre de la rémunération, de la formation ou de l'encadrement obtenues en dehors de l'État.

Art. D. 5134-149. Les projets retenus font l'objet d'une convention par poste signée entre l'employeur et l'État, représenté par le préfet, et en présence de l'Agence nationale pour la cohésion sociale et l'égalité des chances, représentée par son délégué départemental.

Art. D. 5134-150. La durée pour laquelle la convention est signée ne peut excéder trois ans.

La convention peut être renouvelée par accord exprès des parties.

Art. D. 5134-151. La convention précise:
1° La nature du projet;
2° La durée hebdomadaire de travail;
3° Les caractéristiques du poste et de l'activité engagée au regard des besoins à satisfaire;
4° Le montant et les modalités de versement de l'aide versée, au nom de l'État, par l'agence et les modalités du contrôle de l'application de la convention;
5° Le cas échéant, la dérogation du préfet sur le lieu de résidence de l'adulte-relais lorsque ce dernier ne réside pas en zone urbaine sensible mentionnée à l'article L. 5134-102.

Note Selon les articles L. 5134-102, D. 5134-151 et D. 5134-155 CT, la dérogation préfectorale, qui est le cas échéant accordée dans le cadre de la convention que l'État doit passer avec une personne morale mentionnée à l'article L. 5134-101 pour l'autoriser à souscrire un contrat de travail relatif à l'activité «d'adulte-relais», n'est possible qu'au titre du lieu de résidence de l'adulte concerné (cass. soc. 21 novembre 2012, n° 11-13.391, LS Jurispr. n° 226 du 4.12.2012).

Art. D. 5134-152. Aucune embauche ne peut intervenir avant la date de la signature de la convention.

Art. D. 5134-153. Le préfet contrôle l'exécution de la convention. À cette fin, l'employeur lui fournit, à sa demande, tout élément de nature à permettre de vérifier la bonne exécution de la convention et la réalité des emplois créés.

Art. D. 5134-154. La convention peut être résiliée par le préfet, notamment en cas de non-respect par l'employeur des clauses de la convention. Le préfet, en sa qualité de délégué de l'agence, peut demander le reversement des sommes indûment perçues.

Lorsque l'aide est obtenue à la suite de fausses déclarations ou lorsque la convention est détournée de son objet, celle-ci est résiliée d'office. Les sommes indûment perçues donnent lieu à reversement.

La convention est également résiliée d'office lorsque l'employeur n'a pas, sans justification, transmis pendant deux trimestres consécutifs les pièces prévues à la convention.

La convention peut être résiliée par l'employeur. Celui-ci en avertit le préfet avec un préavis de deux mois.

Sous-section 3. Contrat de travail

Art. L. 5134-102. Le contrat de travail relatif à des activités d'adultes-relais peut être conclu avec des personnes âgées d'au moins trente ans, sans emploi ou bénéficiant, sous réserve qu'il soit mis fin à ce contrat, ***(L. 2015-990 du 6 août 2015, art. 298, II, JO 7)*** «d'un contrat d'accompagnement dans l'emploi» et résidant ***(L. 2014-173 du 21 févr. 2014, art. 26, VI, JO 22, entrée en vigueur le 01.01.2015)*** «dans un quartier prioritaire de la politique de la ville» ou dans un autre territoire prioritaire des contrats de ville.

Note Sur l'entrée en vigueur de l'article 26 de la loi 2014-173 précitée, voir décret 2014-767 du 3 juillet 2014, JO 5.

Art. L. 5134-103. Le contrat relatif à des activités d'adultes-relais est un contrat de travail de droit privé à durée indéterminée ou à durée déterminée conclu en application du 1° de l'article L. 1242-3 dans la limite d'une durée de trois ans renouvelable une fois.

Les collectivités territoriales et les autres personnes morales de droit public mentionnées à l'article L. 5134-101, à l'exception des établissements publics industriels et commerciaux, ne peuvent conclure que des contrats de travail à durée déterminée dans les conditions mentionnées à la présente section.

Le contrat à durée déterminée comporte une période d'essai d'un mois renouvelable une fois.

Note • Il résulte de la combinaison des articles L. 1242-3, L. 1242-11, L. 1245-1 et L. 5134-103 que le contrat «adultes-relais» à durée déterminée doit être établi par écrit et comporter la définition précise de son motif. À défaut, il est réputé conclu pour une durée indéterminée (cass. soc. 13 juin 2012, n° 11-10.198, BC V n° 180; RJS 8-9/12 n° 731). La sanction de l'irrégularité (remise tardive du contrat au salarié, absence de formation) d'un contrat adultes-relais ne peut être que sa requalification en contrat de travail à durée indéterminée et non en un contrat à durée déterminée de droit commun (cass. soc. 8 juillet 2015, n° 13-25.209, BC V n° 143; LS Jurispr. n° 134 du 28.07.2015; RJS 10/15 n° 655; RDT, octobre 2015, CH, 604, G. Auzero).

• Aucun texte n'impose une durée minimale lorsque les parties concluent un contrat de travail à durée déterminée relatif à des activités d'adultes-relais. Dès lors, le contrat conclu pour une durée de douze mois, puis renouvelé pour la même période, doit être considéré comme ayant valablement pris fin par l'arrivée du terme, et non par l'effet de l'exercice par l'employeur de la faculté de rupture anticipée dans les conditions prévues par l'article L. 5134-104 (cass. soc. 18 janvier 2018, n° 16-18.956, BC V n° 3; LS Jurispr. n° 20 du 30.01.2018; RJS 3/18 n° 165; JCP éd. S 2018, 1085, note Fr. Bousez).

Art. L. 5134-104. Sans préjudice des cas prévus aux articles L. 1243-1 et L. 1243-2, le contrat de travail relatif à des activités d'adultes-relais peut être rompu, à l'expiration de chacune des périodes annuelles de leur exécution, à l'initiative du salarié, sous réserve du respect d'un préavis de deux semaines, ou de l'employeur, s'il justifie d'une cause réelle et sérieuse.

Dans ce dernier cas, les dispositions relatives à l'entretien préalable au licenciement, prévues aux articles L. 1232-2 à L. 1232-4, L. 1233-11 à L. 1233-13 et L. 1233-38, et celles relatives au préavis, prévues à l'article L. 1234-1, sont applicables.

Art. L. 5134-105. L'employeur qui décide de rompre le contrat du salarié pour une cause réelle et sérieuse notifie cette rupture par lettre recommandée avec avis de réception. Cette lettre ne peut être expédiée au salarié moins de deux jours francs après la date fixée pour l'entretien préalable. La date de présentation de la lettre fixe le point de départ du préavis.

Art. L. 5134-106. Le salarié dont le contrat est rompu par son employeur dans les conditions prévues à l'article L. 5134-104 bénéficie d'une indemnité calculée sur la base de la rémunération perçue.

Le montant retenu pour le calcul de cette indemnité ne peut cependant excéder le montant perçu par le salarié au titre des dix-huit derniers mois d'exécution de son contrat de travail. Son taux est identique à celui de l'indemnité de fin de contrat prévue à l'article L. 1243-8.

Note Ayant estimé que l'article 7 du contrat de travail fixant les conditions pour le bénéfice du salarié à une indemnité de précarité renvoyait aux conditions prévues par l'article 6 du contrat, lequel reproduisait les dispositions de l'article L. 5134-104, la cour d'appel, qui a retenu que le contrat n'avait pas été rompu par l'employeur dans les conditions prévues par l'article 6 du contrat, en a justement déduit que le salarié ne pouvait prétendre à l'indemnité de précarité prévue par l'article 7 du contrat (cass. soc. 25 janvier 2011, n° 09-72.834, BC V n° 29; RJS 4/11 n° 319).

Art. L. 5134-107. Par dérogation aux dispositions de l'article L. 1243-2, la méconnaissance par l'employeur des dispositions relatives à la rupture du contrat de travail à durée déterminée prévues par la présente sous-section ouvre droit pour le salarié à des dommages et intérêts correspondant au préjudice subi.

Il en est de même lorsque la rupture du contrat intervient suite au non-respect de la convention mentionnée à l'article L. 5134-101 ayant entraîné sa dénonciation.

Art. D. 5134-155. Le contrat de travail est conclu avec une personne remplissant à la date de la signature les conditions de l'article L. 5134-102.

Art. D. 5134-156. Le contrat de travail, lorsqu'il est conclu à temps partiel, ne peut être inférieur à un mi-temps.

Sous-section 4. Aide financière

Art. L. 5134-108. Les employeurs mentionnés à l'article L. 5134-101 bénéficient d'une aide financière de l'État.

Cette aide n'est pas imposable pour les personnes non assujetties à l'impôt sur les sociétés.

Cette aide ne peut être cumulée avec une autre aide de l'État à l'emploi.

Art. D. 5134-157. L'aide financière de l'État mentionnée à l'article L. 5134-108, forfaitaire, est versée par l'Agence nationale pour la cohésion sociale et l'égalité des chances.

L'agence peut confier, dans le cadre d'une convention, la gestion de cette aide ***(D. 2009-340 du 27 mars 2009, JO 29)*** « à l'Agence de services et de paiement ».

Art. D. 5134-158. L'aide de l'État est versée à compter de la création du poste d'adulte-relais pour les périodes pendant lesquelles le poste est effectivement occupé.

Pour un emploi à temps partiel, elle est versée à due proportion du temps de travail prévu à la convention par rapport à un emploi à temps plein.

Art. D. 5134-159. Sous réserve des cas de résiliation de la convention mentionnés à l'article D. 5134-154 et de la production des documents justificatifs prévus dans la convention, l'aide est versée pendant la durée de la convention.

Art. D. 5134-160. Le montant annuel de l'aide par poste de travail à temps plein est fixé par décret.

Ce montant est revalorisé annuellement au 1er juillet, proportionnellement à l'évolution du salaire minimum de croissance depuis le 1er juillet de l'année précédente et arrondi au dixième d'euro le plus proche.

Note Le montant annuel de l'aide financière de l'État par poste de travail à temps plein pour les contrats conclus depuis le 8 octobre 2015 en application de l'article L. 5134-100 a été fixé à 18 823,09 € (décret 2015-1235 du 2 octobre 2015, art. 1er, JO 7). Ce montant revalorisé s'élève à 19 875,06 € depuis le 1er juillet 2020.

Sous-section 5. Dispositions d'application

Art. L. 5134-109. Un décret détermine les conditions d'application de la présente section.

SECTION 8. Emploi d'avenir

Note • Les sections 8 et 9 ont été introduites par la loi 2012-1189 du 26 octobre 2012, art. 1er et 4, JO 27, entrée en vigueur le 01.11.2012.

• Voir **circulaire DGEFP/SDPAE/MIP/MPP/2018/11 du 11 janvier 2018** relative aux parcours emploi compétences et au Fonds d'inclusion dans l'emploi en faveur des personnes les plus éloignées de l'emploi, détaillant les modalités selon lesquelles le gouvernement a entendu recentrer, pour l'année 2018, la politique d'intervention de l'État en faveur des publics les plus éloignés de l'emploi (NOR: MTRD1801071C) (BO TR 2018/3 du 30 mars 2018). Ce document précise notamment la ligne appliquée en 2018 en matière de contrat unique d'insertion (CUI) et d'emplois d'avenir. Le recours aux **emplois d'avenir n'est plus autorisé depuis le 01.01.2018**, y compris pour les renouvellements. Les contrats en cours iront à leur terme (circ. précitée, fiche 3, § 1.1).

• Voir Ch. Willmann, « Le contrat "emploi-jeune d'avenir" », Dr. Soc. 2013, p. 24 et « Le contrat unique d'insertion », cahier RF 1006, juillet 2018, §§ 957 et s.

Sous-section 1. Dispositions générales

Art. L. 5134-110. I. – L'emploi d'avenir a pour objet de faciliter l'insertion professionnelle et l'accès à la qualification des jeunes sans emploi âgés de seize à vingt-cinq ans au moment de la signature du contrat de travail soit sans qualification, soit peu qualifiés et rencontrant des difficultés particulières d'accès à l'emploi, par leur recrutement dans des activités présentant un caractère d'utilité sociale ou environnementale ou ayant un fort potentiel de création d'emplois. Les personnes bénéficiant de la reconnaissance de la qualité de travailleur handicapé et remplissant ces mêmes conditions peuvent accéder à un emploi d'avenir lorsqu'elles sont âgées de moins de trente ans.

II. – L'emploi d'avenir est destiné en priorité aux jeunes mentionnés au I qui résident soit dans les ***(L. 2014-173 du 21 févr. 2014, art. 26, VI, JO 22, entrée en vigueur le 01.01.2015)*** « quartiers prioritaires de la politique de la ville » ou les zones de revitalisation rurale au sens de l'article 1465 A du code général des impôts, soit ***(Ord. 2017-1491 du 25 oct. 2017, art. 6, 1°, JO 26, entrée en vigueur le 01.01.2018)*** « en Guadeloupe, en Guyane, en Martinique, à Mayotte, à La Réunion », à Saint-Barthélemy, à Saint-Martin ou à Saint-Pierre-et-Miquelon, soit dans les territoires dans lesquels les jeunes connaissent des difficultés particulières d'accès à l'emploi.

Art. L. 5134-111. L'aide relative à l'emploi d'avenir peut être attribuée aux employeurs suivants :

1° Les organismes de droit privé à but non lucratif ;
2° Les collectivités territoriales et leurs groupements ;

3° Les autres personnes morales de droit public, à l'exception de l'État;

4° Les groupements d'employeurs ***(L. 2014-288 du 5 mars 2014, art. 20, IV, 2°, JO 6)*** «pour l'insertion et la qualification mentionnés à l'article L. 1253-1»;

5° Les structures d'insertion par l'activité économique mentionnées à l'article L. 5132-4;

6° Les personnes morales de droit privé chargées de la gestion d'un service public;

(L. 2014-856 du 31 juil. 2014, art. 34, JO 1er août) «7° Les sociétés coopératives d'intérêt collectif.»

Par exception, lorsqu'ils ne relèvent pas d'une des catégories mentionnées aux 1° à ***(L. 2014-856 du 31 juil. 2014, art. 34, JO 1er août)*** «7°» du présent article, les employeurs relevant de l'article L. 5422-13 et des 3° et 4° de l'article L. 5424-1 sont éligibles à l'aide relative aux emplois d'avenir s'ils remplissent les conditions fixées par décret en Conseil d'État relatives à leur secteur d'activité et au parcours d'insertion et de qualification proposé au futur bénéficiaire.

Les particuliers employeurs ne sont pas éligibles à l'aide attribuée au titre d'un emploi d'avenir.

Pour être éligible à une aide relative à l'emploi d'avenir, l'employeur doit pouvoir justifier de sa capacité, notamment financière, à maintenir l'emploi au moins le temps de son versement.

Art. L. 5134-112. L'emploi d'avenir est conclu sous la forme, selon le cas, d'un contrat d'accompagnement dans l'emploi régi par la section 2 du présent chapitre ou d'un contrat initiative-emploi régi par la section 5 du même chapitre. Les dispositions relatives à ces contrats s'appliquent à l'emploi d'avenir, sous réserve des dispositions spécifiques prévues par la présente section.

Un suivi personnalisé professionnel et, le cas échéant, social du bénéficiaire d'un emploi d'avenir est assuré pendant le temps de travail par l'institution mentionnée à l'article L. 5312-1 ou par l'un des organismes mentionnés à l'article L. 5314-1 ou au 1° *bis* de l'article L. 5311-4 ou par la personne mentionnée au 2° de l'article L. 5134-19-1. Un bilan relatif au projet professionnel du bénéficiaire et à la suite donnée à l'emploi d'avenir est notamment réalisé deux mois avant l'échéance de l'aide relative à l'emploi d'avenir.

Art. R. 5134-161. ***(D. 2012-1210 du 31 oct. 2012, JO 1er nov., entrée en vigueur le 01.11.2012)*** Peuvent être recrutés en emploi d'avenir les jeunes sans emploi de seize à vingt-cinq ans et les personnes handicapées de moins de trente ans sans emploi, à la date de la signature du contrat, qui:

1° Soit ne détiennent aucun diplôme du système de formation initiale;

2° Soit sont titulaires uniquement d'un diplôme ou d'un titre à finalité professionnelle enregistré au répertoire national des certifications professionnelles prévu à l'article L. 335-6 du code de l'éducation et classé au niveau V de la nomenclature interministérielle des niveaux de formation mentionnée à l'article R. 335-13 du code de l'éducation, et totalisent une durée de six mois minimum de recherche d'emploi au cours des douze derniers mois. ***(D. 2014-188 du 20 févr. 2014, JO 22)*** «Sur appréciation des organismes mentionnés aux 1° et 2° de l'article L. 5134-19-1, cette durée peut être inférieure à six mois si le parcours de formation des intéressés, leurs perspectives locales d'accès à l'emploi au regard de leur qualification ou des difficultés sociales particulières le justifient»;

3° Soit, à titre exceptionnel, s'ils résident dans une zone urbaine sensible, dans une zone de revitalisation rurale ou dans un département d'outre-mer, à Saint-Barthélemy, à Saint-Martin ou à Saint-Pierre-et-Miquelon, ont atteint au plus le niveau du premier cycle de l'enseignement supérieur, et totalisent une durée de douze mois minimum de recherche d'emploi au cours des dix-huit derniers mois. ***(D. 2014-188 du 20 févr. 2014, JO 22)*** «Sur appréciation des organismes mentionnés aux 1° et 2° de l'article L. 5134-19-1, cette durée peut être inférieure à douze mois si le parcours de formation des intéressés, leurs perspectives locales d'accès à l'emploi au regard de leur qualification ou des difficultés sociales particulières le justifient.»

Note Le décret 2014-188 précité a autorisé les organismes prescripteurs d'emplois d'avenir à déroger aux critères d'éligibilité liés à la durée de recherche d'emploi, dans les cas où ils constatent qu'un jeune rencontre des difficultés particulièrement importantes.

Art. R. 5134-162. ***(D. 2012-1210 du 31 oct. 2012, JO 1er nov., entrée en vigueur le 01.11.2012)*** I. – Le schéma d'orientation régional définit la stratégie territoriale de mise en œuvre des emplois d'avenir, notamment:

1° Les filières et secteurs d'activité prioritaires pour le déploiement des emplois d'avenir, en particulier les secteurs qui présentent un fort potentiel de création d'emplois ou offrent des perspectives de développement d'activités nouvelles, en cohérence avec les stratégies de développement économique et de développement des compétences au niveau régional;

2° Les principaux parcours d'insertion et de qualification qui peuvent être proposés dans ces différents filières et secteurs.

II. – Le schéma d'orientation régional tient compte des modalités d'accès des jeunes à la formation définies au contrat de plan régional de développement des formations professionnelles adopté au titre de l'article L. 214-13 du code de l'éducation.

Art. R. 5134-163. ***(D. 2012-1210 du 31 oct. 2012, JO 1er nov., entrée en vigueur le 01.11.2012)*** I. – Chaque année, le ***(D. 2014-1055 du 16 sept. 2014, JO 18)*** « comité régional de l'emploi, de la formation [et] de l'orientation professionnelles » est consulté sur le schéma d'orientation régional mentionné à l'article R. 5134-162 et, s'il y a lieu, sur le bilan des emplois d'avenir au titre de l'année écoulée.

II. – Le projet de schéma d'orientation régional mentionné à l'article R. 5134-162 est établi par le préfet de région, après consultation du président du conseil régional. Il est soumis pour avis au ***(D. 2014-1055 du 16 sept. 2014, JO 18)*** « comité régional de l'emploi, de la formation [et] de l'orientation professionnelles » et fait l'objet, avant son adoption, d'une publication sous forme électronique sur le site de la préfecture de région. Les ***(D. 2013-938 du 18 oct. 2013, art. 1er, JO 20)*** « conseils départementaux », les communes, ***(D. 2014-524 du 22 mai 2014, JO 24)*** « Pôle emploi », les missions locales pour l'insertion professionnelle et sociale des jeunes mentionnées à l'article L. 5314-1 ainsi que la chambre régionale de l'économie sociale et solidaire peuvent faire connaître leur avis au préfet de région dans un délai d'un mois à compter de cette publication.

III. – À l'issue de la procédure de consultation définie au II, le préfet de région publie le schéma d'orientation régional au recueil des actes administratifs de la préfecture de région.

Art. R. 5134-164. ***(D. 2012-1210 du 31 oct. 2012, JO 1er nov., entrée en vigueur le 01.11.2012)*** I. – Est éligible à l'aide à l'emploi d'avenir l'employeur relevant du huitième alinéa de l'article L. 5134-111 qui :

1° Propose au titulaire d'un emploi d'avenir une perspective de qualification et d'insertion professionnelle durable ;

2° Appartient à un secteur d'activité présentant un fort potentiel de création d'emplois ou offrant des perspectives de développement d'activités nouvelles.

II. – Les secteurs mentionnés au 2° du I sont fixés par arrêté du préfet de région, compte tenu des secteurs prioritaires définis au schéma d'orientation régional en application de l'article R. 5134-162.

Art. R. 5134-165. ***(D. 2012-1210 du 31 oct. 2012, JO 1er nov., entrée en vigueur le 01.11.2012)*** L'emploi d'avenir est conclu sous la forme, selon le cas :

1° S'agissant d'un employeur mentionné au 2° ou au 3° de l'article L. 5134-111, d'un contrat d'accompagnement dans l'emploi à durée déterminée, d'au moins douze mois et d'au plus trente-six mois, régi par les dispositions de la section première-1 et de la section 2 du présent chapitre, sous réserve des dispositions spécifiques prévues par la présente section ;

2° S'agissant des autres employeurs mentionnés à l'article L. 5134-111, selon leur situation, d'un contrat d'accompagnement dans l'emploi régi par les dispositions de la section première-1 et de la section 2 du présent chapitre ou d'un contrat initiative-emploi régi par les dispositions de la section première-1 et de la section 3 du présent chapitre, sous réserve des dispositions spécifiques prévues par la présente section.

Sous-section 2. Aide à l'insertion professionnelle

Art. L. 5134-113. L'aide relative à l'emploi d'avenir est accordée pour une durée minimale de douze mois et pour une durée maximale de trente-six mois, sans pouvoir excéder le terme du contrat de travail.

Lorsque l'aide a été initialement accordée pour une durée inférieure à trente-six mois, elle peut être prolongée jusqu'à cette durée maximale.

À titre dérogatoire, afin de permettre au bénéficiaire d'achever une action de formation professionnelle, une prolongation de l'aide au-delà de la durée maximale de trente-six mois peut être autorisée par les personnes mentionnées aux 1° et 2° de l'article L. 5134-19-1. La durée de la prolongation ne peut excéder le terme de l'action concernée.

Art. L. 5134-114. L'aide relative à l'emploi d'avenir est attribuée au vu des engagements de l'employeur sur le contenu du poste proposé et sa position dans l'organisation de la structure employant le bénéficiaire de l'emploi d'avenir, sur les conditions d'encadrement et de tutorat ainsi que sur la qualification ou les compétences dont l'acquisition est visée pendant la période en emploi d'avenir. Ces engagements portent obligatoirement sur les actions de formation, réalisées prioritairement pendant le temps de travail, ou en dehors de celui-ci, qui concourent à l'acquisition de cette qualification ou de ces compétences et les moyens à mobiliser pour y parvenir. Ils précisent les modalités d'organisation du temps de travail envisagées afin de permettre la réalisation des actions de formation. Ces actions de formation privilégient l'acquisition de compétences de base et de compétences transférables permettant au bénéficiaire de l'emploi d'avenir d'accéder à un niveau de qualification supérieur.

L'aide est également attribuée au vu des engagements de l'employeur sur les possibilités de pérennisation des activités et les dispositions de nature à assurer la professionnalisation des emplois.

En cas de non-respect de ses engagements par l'employeur, notamment en matière de formation, le remboursement de la totalité des aides publiques perçues est dû à l'État.

La décision d'attribution d'une nouvelle aide à l'insertion professionnelle mentionnée à l'article L. 5134-113 est subordonnée au contrôle du respect par l'employeur des engagements qu'il avait souscrits au titre d'une embauche antérieure en emploi d'avenir.

Art. R. 5134-166. ***(D. 2012-1210 du 31 oct. 2012, JO 1er nov., entrée en vigueur le 01.11.2012)*** Par dérogation selon le cas aux articles R. 5134-42 ou R. 5134-65, un arrêté du ministre chargé de l'emploi et du ministre chargé du budget fixe les taux de prise en charge déterminant le montant de l'aide financière relative à l'emploi d'avenir.

Note Le montant de l'aide de l'État pour les emplois d'avenir conclus sous forme de contrats d'accompagnement dans l'emploi (CAE) était fixé à 75 % du taux horaire brut du salaire minimum de croissance et à 35 % du taux horaire brut du salaire minimum de croissance pour les emplois d'avenir conclus sous forme de contrats initiative-emploi (CIE) dans le cas général. Pour les groupements d'employeurs pour l'insertion et la qualification et les entreprises d'insertion qui étaient éligibles au contrat initiative-emploi, le taux de prise en charge était fixé à 47 % du taux horaire brut du salaire minimum de croissance (arrêté du 31 octobre 2012, JO 1er nov.).

Les montants de l'aide de l'État pour les emplois d'avenir dans le département de Mayotte étaient fixés par un arrêté spécifique (arrêté du 20 novembre 2012, JO 13 janv. 2013).

Art. R. 5134-167. ***(D. 2012-1210 du 31 oct. 2012, JO 1er nov., entrée en vigueur le 01.11.2012)*** La durée maximale de l'aide, fixée à trente-six mois par l'article L. 5134-113, peut être prolongée, sur autorisation de l'autorité délivrant la décision d'attribution, afin de permettre au bénéficiaire d'achever la formation professionnelle qu'il a engagée, dans la limite d'une durée totale de soixante mois. La demande de prolongation faite par l'employeur est accompagnée des documents mentionnés selon le cas aux articles R. 5134-32 et R. 5134-57.

Note Les prescriptions d'emplois d'avenir ne sont plus autorisées depuis le 1er janvier 2018, y compris pour les renouvellements. Les contrats en cours iront à leur terme [circ. DGEFP/SDPAE/MIP/MPP/2018/11 du 11 janvier 2018 (NOR: MTRD1801071C) (BO TR 2018/3 du 30 mars 2018), fiche 3].

Art. R. 5134-168. ***(D. 2012-1210 du 31 oct. 2012, JO 1er nov., entrée en vigueur le 01.11.2012)*** L'exécution des engagements de l'employeur, notamment en matière de formation, est examinée par l'autorité délivrant la décision d'attribution de l'aide à chaque échéance annuelle. En cas de non-respect de ces engagements, l'aide fait l'objet d'un remboursement selon la procédure prévue selon le cas aux articles R. 5134-29 et R. 5134-54.

Sous-section 3. **Contrat de travail**

Art. L. 5134-115. Le contrat de travail associé à un emploi d'avenir peut être à durée indéterminée ou à durée déterminée.

Lorsqu'il est à durée déterminée, il est conclu pour une durée de trente-six mois.

En cas de circonstances particulières liées soit à la situation ou au parcours du bénéficiaire, soit au projet associé à l'emploi, il peut être conclu initialement pour une durée inférieure, qui ne peut être inférieure à douze mois.

S'il a été initialement conclu pour une durée inférieure à trente-six mois, il peut être prolongé jusqu'à cette durée maximale.

Sans préjudice des dispositions de l'article L. 1243-1, il peut être rompu à l'expiration de chacune des périodes annuelles de son exécution à l'initiative du salarié, moyennant le respect d'un préavis de deux semaines, ou de l'employeur, s'il justifie d'une cause réelle et sérieuse, moyennant le respect d'un préavis d'un mois et de la procédure prévue à l'article L. 1232-2.

Dans le cas prévu au dernier alinéa de l'article L. 5134-113, les personnes mentionnées aux 1° et 2° de l'article L. 5134-19-1 peuvent autoriser une prolongation du contrat au-delà de la durée maximale de trente-six mois, sans que cette prolongation puisse excéder le terme de l'action de formation concernée.

Le bénéficiaire d'un emploi d'avenir en contrat à durée déterminée bénéficie d'une priorité d'embauche durant un délai d'un an à compter du terme de son contrat. L'employeur l'informe de tout emploi disponible et compatible avec sa qualification ou ses compétences. Le salarié ainsi recruté est dispensé de la période d'essai mentionnée à l'article L. 1221-19.

Note La DGEFP a apporté des précisions sur les modalités pratiques de la **rupture anticipée** d'un emploi d'avenir. La date de cette rupture devait intervenir le lendemain de la date anniversaire de signature du contrat. L'employeur qui souhaitait rompre l'emploi d'avenir doit effectuer un entretien préalable. Le préavis de l'employeur débutait au moins un mois avant la date anniversaire du contrat et le préavis du jeune au moins deux semaines avant cette date. Faute de respect de ces règles, l'employeur s'expose à un contentieux avec requalification du contrat en CDI et le jeune à un contentieux pour rupture abusive du contrat avec versement de dommages et intérêts. Lorsque la rupture était à l'initiative de l'employeur, l'employeur devait, s'il y a lieu, verser au jeune une indemnité compensatrice de congés payés, mais pas d'indemnités de licenciement (il s'agit d'une rupture, non d'un licenciement). Le jeune ayant déjà travaillé un an en emploi d'avenir remplit les conditions d'accès à l'allocation d'assurance chômage. Lorsque la rupture était à l'initiative du jeune, celle-ci n'est considérée comme une démission légitime que si la rupture a pour objet d'occuper un CDI ou un CDD d'une durée de plus de 6 mois ou de suivre une formation qualifiante. Dans les autres cas, le jeune n'a pas droit aux allocations de chômage (Questions - réponses DGEFP actualisées au 6 février 2015, question III-3).

Art. L. 5134-116. Le bénéficiaire d'un emploi d'avenir occupe un emploi à temps plein.

Toutefois, lorsque le parcours ou la situation du bénéficiaire le justifient, notamment pour faciliter le suivi d'une action de formation, ou lorsque la nature de l'emploi ou le volume de l'activité ne permettent pas l'emploi d'un salarié à temps complet, la durée hebdomadaire de travail peut être fixée à temps partiel, avec l'accord du salarié, après autorisation des personnes mentionnées aux 1° et 2° de l'article L. 5134-19-1. Elle ne peut alors être inférieure à la moitié de la durée hebdomadaire de travail à temps plein. Dès lors que les conditions rendent possible une augmentation de la durée hebdomadaire de travail, le contrat ainsi que la demande associée peuvent être modifiés en ce sens avec l'accord des personnes mentionnées aux mêmes 1° et 2°.

Sous-section 4. Reconnaissance des compétences acquises

Art. L. 5134-117. Les compétences acquises dans le cadre de l'emploi d'avenir sont reconnues par une attestation de formation, une attestation d'expérience professionnelle ou une validation des acquis de l'expérience prévue à l'article L. 6411-1. Elles peuvent également faire l'objet d'une certification inscrite au répertoire national des certifications professionnelles.

La présentation à un examen pour acquérir un diplôme ou à un concours doit être favorisée pendant ou à l'issue de l'emploi d'avenir.

À l'issue de son emploi d'avenir, le bénéficiaire qui souhaite aboutir dans son parcours d'accès à la qualification peut prétendre aux contrats de travail mentionnés au livre II et au chapitre V du titre II du livre III de la sixième partie ainsi qu'aux actions de formation professionnelle mentionnées à l'article L. 6313-1, selon des modalités définies dans le cadre d'une concertation annuelle du comité de coordination régional de l'emploi et de la formation professionnelle.

Sous-section 5. Dispositions d'application

Art. L. 5134-118. Un décret en Conseil d'État fixe les conditions d'application de la présente section, notamment les niveaux de qualification et les critères d'appréciation des difficultés particulières d'accès à l'emploi mentionnés au I de l'article L. 5134-110, qui peuvent différer selon que les jeunes résident ou non dans des ***(L. 2014-173 du 21 févr. 2014, art. 26, I, JO 22, entrée en vigueur le 01.01.2015)*** «quartiers prioritaires de la politique de la ville» ou des zones de revitalisation rurale ou ***(Ord. 2017-1491 du 25 oct. 2017, art. 6, 1°, JO 26, entrée en vigueur le 01.01.2018)*** «en Guadeloupe, en Guyane, en Martinique, à Mayotte, à La Réunion», à Saint-Barthélemy, à Saint-Martin ou à Saint-Pierre-et-Miquelon.

À titre exceptionnel, ***(Ord. 2017-1491 du 25 oct. 2017, art. 6, 1°, JO 26, entrée en vigueur le 01.01.2018)*** «en Guadeloupe, en Guyane, en Martinique, à Mayotte, à La Réunion», à Saint-Barthélemy, à Saint-Martin et à Saint-Pierre-et-Miquelon, dans les ***(L. 2014-173 du 21 févr. 2014, art. 26, I, JO 22, entrée en vigueur le 01.01.2015)*** «quartiers prioritaires de la politique de la ville» et les zones de revitalisation rurale, les jeunes ayant engagé des études supérieures et confrontés à des difficultés particulières d'insertion professionnelle peuvent être recrutés en emploi d'avenir, sur décision de l'autorité administrative compétente.

Note Sur l'entrée en vigueur de l'article 26 de la loi 2014-173 précitée, voir décret 2014-767 du 3 juillet 2014, JO 5.

Art. L. 5134-119. Les autres textes encadrant la mise en œuvre des emplois d'avenir comportent :

1° Des mesures de nature à favoriser une répartition équilibrée des femmes et des hommes par secteur d'activité ;

2° Des dispositions particulières applicables aux emplois d'avenir créés dans le secteur de l'aide aux personnes handicapées ou aux personnes âgées dépendantes, de nature à favoriser l'amélioration de la qualité de vie de ces personnes ;

3° Les adaptations nécessaires pour tenir compte de la situation particulière des collectivités territoriales d'outre-mer entrant dans son champ d'application.

SECTION 9. Emploi d'avenir professeur

Sous-section 1. Dispositions générales

Art. L. 5134-120. I. – Pour faciliter l'insertion professionnelle et la promotion sociale des jeunes dans les métiers du professorat, les établissements publics locaux d'enseignement et les établissements publics locaux d'enseignement et de formation professionnelle agricoles peuvent proposer des emplois d'avenir professeur.

II. – L'emploi d'avenir professeur est destiné à des étudiants titulaires de bourses de l'enseignement supérieur relevant du chapitre Ier du titre II du livre VIII de la troisième partie du code de l'éducation inscrits en deuxième année de licence ou, le cas échéant, en troisième année de licence ou en première année de master dans un établissement d'enseignement supérieur, âgés de vingt-cinq ans au plus et se destinant aux métiers du professorat. La limite d'âge est portée à trente ans lorsque l'étudiant présente un handicap reconnu par la commission des droits et de l'autonomie des personnes handicapées.

III. – Les étudiants mentionnés au II bénéficient d'une priorité d'accès aux emplois d'avenir professeur lorsqu'ils effectuent leurs études dans une académie ou dans une discipline connaissant des besoins particuliers de recrutement et qu'ils justifient :

1° Soit d'avoir résidé pendant une durée minimale dans ***(L. 2014-173 du 21 févr. 2014, art. 26, VI, JO 22, entrée en vigueur le 01.01.2015)*** « un quartier prioritaire de la politique de la ville », dans une zone de revitalisation rurale au sens de l'article 1465 A du code général des impôts, ***(Ord. 2017-1491 du 25 oct. 2017, art. 6, 1°, JO 26, entrée en vigueur le 01.01.2018)*** « en Guadeloupe, en Guyane, en Martinique, à Mayotte, à La Réunion », à Saint-Barthélemy, à Saint-Martin ou à Saint-Pierre-et-Miquelon ;

2° Soit d'avoir effectué pendant une durée minimale leurs études secondaires dans un établissement situé dans l'une de ces zones ou relevant de l'éducation prioritaire.

Les durées minimales mentionnées aux 1° et 2° du présent III sont fixées par décret.

Note Une note ministérielle de l'enseignement supérieur (note DGRH-B1-3 n° 0235 du 22 juin 2015) a informé les universités de la fin de la campagne de recrutement d'emplois avenir professeurs. Au titre de l'année scolaire 2015-2016, le recrutement en contrat d'emploi d'avenir professeur (EAP) n'était proposé qu'aux seuls étudiants déjà bénéficiaires d'un contrat et qui présentaient une demande de renouvellement.

Depuis la rentrée 2015, l'emploi d'avenir professeur est remplacé par le dispositif « étudiant apprenti professeur », voir circulaire du 8 avril 2015 relative à la mise en œuvre de l'apprentissage dans le secteur public non industriel et commercial (NOR : RDFF1507087C).

Art. L. 5134-121. Les bénéficiaires des emplois d'avenir professeur sont recrutés par les établissements publics locaux d'enseignement ou les établissements publics locaux d'enseignement et de formation professionnelle agricoles, après avis d'une commission chargée de vérifier leur aptitude. Lorsqu'ils sont recrutés par un établissement public local d'enseignement, ils peuvent exercer leurs fonctions dans les conditions fixées au ***(L. 2019-791 du 26 juil. 2019, art. 35, II, JO 28)*** « III » de l'article L. 421-10 du code de l'éducation.

Sous-section 2. Aide à la formation et à l'insertion professionnelle

Art. L. 5134-122. Les établissements publics locaux d'enseignement et les établissements publics locaux d'enseignement et de formation professionnelle agricoles qui concluent des contrats pour le recrutement d'un étudiant au titre d'un emploi d'avenir professeur bénéficient d'une aide financière et des exonérations déterminées dans les conditions prévues à la sous-section 4 de la section 2 du présent chapitre.

Art. L. 5134-123. La demande d'aide à la formation et à l'insertion professionnelle décrit le contenu du poste proposé, sa position dans l'organisation de l'établissement d'affectation ainsi que les compétences dont l'acquisition est visée pendant la durée du contrat. Elle mentionne obligatoirement la formation dans laquelle est inscrit l'étudiant concerné et le ou les concours de recrutement d'enseignants du premier ou du second degré organisés par l'État auxquels il se destine. L'étudiant bénéficie d'un tutorat au sein de l'établissement dans lequel il exerce son activité. Les modalités d'organisation du tutorat sont fixées par décret.

Art. L. 5134-124. L'aide définie à l'article L. 5134-123 est accordée pour une durée de douze mois, renouvelable chaque année, dans la limite d'une durée totale de trente-six mois, sans pouvoir excéder le terme du contrat de travail.

Sous-section 3. Contrat de travail

Art. L. 5134-125. I. – Le contrat associé à un emploi d'avenir professeur est conclu, sous réserve des dispositions spécifiques prévues par la présente section, sous la forme d'un contrat d'accompagnement dans l'emploi régi par la section 2 du présent chapitre.

II. – Le contrat associé à un emploi d'avenir professeur est conclu pour une durée de douze mois, renouvelable s'il y a lieu, dans la limite d'une durée totale de trente-six mois, en vue d'exercer une activité d'appui éducatif compatible, pour l'étudiant bénéficiaire, avec la poursuite de ses études universitaires et la préparation aux concours.

Le bénéficiaire d'un emploi d'avenir professeur s'engage à poursuivre sa formation dans un établissement d'enseignement supérieur et à se présenter à un des concours de recrutement d'enseignants du premier ou du second degré organisés par l'État. En cas de réussite au concours, le contrat prend fin de plein droit, avant son échéance normale, à la date de nomination dans des fonctions d'enseignement.

Art. L. 5134-126. Le bénéficiaire d'un emploi d'avenir professeur effectue une durée hebdomadaire de travail adaptée à la poursuite de ses études et à la préparation des concours auxquels il se destine. Le contrat de travail mentionne la durée de travail moyenne hebdomadaire, qui ne peut excéder la moitié de la durée fixée à l'article ***(L. 2016-1088 du 8 août 2016, art. 8, XI, 15°, JO 9)*** « L. 3121-27 ».

Le contrat de travail peut prévoir que la durée hebdomadaire peut varier sur tout ou partie de la période couverte par le contrat.

Art. L. 5134-127. La rémunération versée au titre d'un emploi d'avenir professeur est cumulable avec les bourses de l'enseignement supérieur dont l'intéressé peut par ailleurs être titulaire.

À sa demande, le bénéficiaire d'un emploi d'avenir professeur se voit délivrer une attestation d'expérience professionnelle.

Sous-section 4. Dispositions applicables aux établissements d'enseignement privés ayant passé un contrat avec l'État

Art. L. 5134-128. Les sous-sections 1 à 3 de la présente section sont applicables aux établissements d'enseignement privés mentionnés aux articles L. 442-5 et L. 442-12 du code de l'éducation et à l'article L. 813-1 du code rural et de la pêche maritime, sous réserve des adaptations nécessaires fixées, le cas échéant, par décret en Conseil d'État.

Sous-section 5. Dispositions d'application

Art. L. 5134-129. Un décret en Conseil d'État détermine les conditions d'application de la présente section.

Art. R. 5134-169. ***(D. 2013-50 du 15 janv. 2013, JO 17)*** L'étudiant bénéficiaire d'un emploi d'avenir professeur doit posséder la qualité de boursier de l'enseignement supérieur au titre de l'année universitaire durant laquelle il est recruté.

Sa qualité de boursier est vérifiée à chaque renouvellement de contrat.

Art. R. 5134-170. ***(D. 2013-50 du 15 janv. 2013, JO 17)*** La liste des académies et la liste des disciplines connaissant des besoins particuliers justifiant la priorité de recrutement prévue au III de l'article L. 5134-120 sont fixées par arrêté conjoint du ministre chargé de l'éducation nationale et du ministre chargé de l'enseignement agricole.

Art. R. 5134-171. ***(D. 2013-50 du 15 janv. 2013, JO 17)*** Dans chaque académie concernée, une commission présidée par le recteur ***(D. 2019-1554 du 30 déc. 2019, art. 2, IV, JO 31, entrée en vigueur le 01.01.2020)*** «d'académie» ou son représentant vérifie si les candidats à un emploi d'avenir professeur remplissent les conditions leur permettant d'en bénéficier.

Le recteur ***(D. 2019-1554 du 30 déc. 2019, art. 2, IV, JO 31, entrée en vigueur le 01.01.2020)*** «d'académie» désigne les membres de la commission qui comprend:

1° Au moins deux et au maximum six enseignants-chercheurs, dont au moins un président d'université ou de pôle de recherche et d'enseignement supérieur ou un directeur de grand établissement, ou leur représentant;

2° Au moins un directeur académique des services de l'éducation nationale;

3° Au moins quatre et au maximum six membres des corps d'inspection et chefs d'établissement, dont au moins un chef d'établissement d'enseignement privé ayant passé un contrat avec l'État.

La commission comprend également le directeur régional de l'alimentation, de l'agriculture et de la forêt ou son représentant.

Art. R. 5134-172. ***(D. 2013-50 du 15 janv. 2013, JO 17)*** Sur la base d'un dossier de candidature dont le contenu est fixé par arrêté du ministre chargé de l'éducation nationale, la commission donne un avis sur l'aptitude des candidats à un emploi d'avenir professeur.

L'avis rendu par la commission tient compte, notamment, du projet professionnel de l'étudiant et de ses résultats universitaires.

À partir de la liste des candidats établie par la commission, le recteur ***(D. 2019-1554 du 30 déc. 2019, art. 2, IV, JO 31, entrée en vigueur le 01.01.2020)*** «d'académie» propose aux établissements publics locaux d'enseignement et aux établissements d'enseignement privés ayant passé un contrat avec l'État le nom d'un ou plusieurs candidats à un recrutement au titre d'un emploi d'avenir professeur dans le premier ou le second degré.

S'agissant de l'enseignement agricole, le directeur régional de l'alimentation, de l'agriculture et de la forêt propose aux établissements publics locaux d'enseignement et de formation professionnelle agricoles et aux établissements d'enseignement privé agricole ayant passé un contrat avec l'État le nom d'un ou plusieurs candidats à un recrutement au titre d'un emploi d'avenir professeur.

Art. R. 5134-173. ***(D. 2013-50 du 15 janv. 2013, JO 17)*** Un arrêté conjoint du ministre chargé de l'emploi, du ministre chargé du budget, du ministre chargé de l'éducation nationale ou du ministre chargé de l'enseignement agricole fixe les taux de prise en charge déterminant le montant de l'aide financière relative à l'emploi d'avenir professeur.

Note Le montant de l'aide de l'État pour les emplois d'avenir professeur conclus sous forme de contrats d'accompagnement dans l'emploi est fixé à 75 % du taux horaire brut du salaire minimum de croissance (arrêté du 5 février 2013, JO 10). Les dispositions de cet arrêté s'appliquent aux demandes d'aide acceptées depuis le 18 janvier 2013, date d'entrée en vigueur du décret 2013-50 précité.

Art. R. 5134-174. ***(D. 2013-50 du 15 janv. 2013, JO 17)*** Le salaire mensuel du bénéficiaire d'un emploi d'avenir professeur est égal au produit du montant du salaire minimum interprofessionnel de croissance par le nombre moyen mensuel d'heures de travail.

Art. R. 5134-175. ***(D. 2013-50 du 15 janv. 2013, JO 17)*** I. – Le contrat conclu pour le recrutement d'un étudiant sur un emploi d'avenir professeur précise l'établissement ou l'école au sein duquel l'étudiant exerce ses fonctions, la durée du contrat, la durée hebdomadaire moyenne de travail et les modalités de variation de celle-ci au cours de l'année scolaire.

Le contrat comporte également l'engagement de l'étudiant de suivre la formation universitaire dans laquelle il est inscrit et de se présenter à un des concours de recrutement d'enseignants du premier ou du second degré organisés par l'État.

II. – La durée moyenne hebdomadaire de travail est fixée par arrêté conjoint du ministre chargé de l'éducation nationale et du ministre chargé de l'enseignement agricole dans la limite de la moitié de la durée fixée à l'article ***(D. 2016-1551 du 18 nov. 2016, art. 6, V, 23°, JO 19, entrée en vigueur le 01.01.2017)*** « L. 3121-27 ».

Le même arrêté détermine les critères de variation de la durée hebdomadaire de travail afin de prendre en compte, notamment, le calendrier de la formation universitaire et le temps nécessaire à la préparation et aux épreuves du concours ainsi que l'organisation du temps de travail de l'école ou de l'établissement scolaire dans lequel l'étudiant exerce.

Note Voir arrêté du 18 janvier 2013 (JO 26) fixant la durée hebdomadaire moyenne de travail de l'étudiant recruté sur un emploi d'avenir professeur et déterminant les critères de sa variation durant tout ou partie du contrat.

Art. R. 5134-176. ***(D. 2013-50 du 15 janv. 2013, JO 17)*** Les étudiants recrutés sur des emplois d'avenir professeur accomplissent, dans les établissements d'enseignement et dans les écoles, sous la direction des autorités chargées de l'organisation du service, des fonctions d'appui éducatif.

En appui des enseignants, ils peuvent participer aux séquences d'enseignement, aux actions de soutien scolaire ainsi qu'à toute activité de nature éducative organisée au sein de l'établissement ou de l'école.

Les étudiants recrutés sur des emplois d'avenir professeur peuvent également assister à certains conseils de l'établissement ou de l'école.

Art. D. 5134-177. *(D. 2013-52 du 15 janv. 2013, JO 17)* Pour bénéficier de la priorité de recrutement fixée au III de l'article L. 5134-120, les étudiants doivent avoir résidé au moins deux ans dans l'une des zones mentionnées ou avoir effectué au moins deux années d'études secondaires dans un établissement situé dans l'une de ces zones ou dans un établissement relevant de l'éducation prioritaire.

Art. D. 5134-178. *(D. 2013-52 du 15 janv. 2013, JO 17)* Le tutorat des étudiants recrutés sur des emplois d'avenir professeur est assuré par un enseignant désigné par le recteur d'académie.

Dans l'enseignement agricole, le directeur régional de l'alimentation, de l'agriculture et de la forêt désigne l'enseignant chargé du tutorat.

L'enseignant suit et accompagne l'étudiant dans sa formation progressive au métier du professorat notamment en l'associant à la préparation et à la conduite de séquences d'enseignement, à la gestion de classe et au suivi des élèves.

CHAPITRE V Périodes de mise en situation en milieu professionnel

Note • Ce chapitre a été introduit par la loi 2014-288 du 5 mars 2014, art. 20, I, 7°, JO 6. Cette loi a ouvert la possibilité, à toute personne faisant l'objet d'un accompagnement social ou professionnel, de bénéficier, au cours d'un parcours d'insertion, de périodes de mise en situation en milieu professionnel (PMSMP). Ce dispositif doit permettre aux bénéficiaires de se confronter à des situations réelles de travail pour:
- découvrir un métier ou un secteur d'activité;
- confirmer un projet professionnel;
- initier une démarche de recrutement.

• Voir arrêté du 13 novembre 2014 (JO 15) relatif au modèle de déclaration des conventions de mise en situation en milieu professionnel et circulaire DGEFP 01/2015 du 14 janvier 2015 relative à la mise en œuvre des périodes de mise en situation en milieu professionnel et annexes (conditions de mobilisation de ces périodes, mise en œuvre et couverture du risque accidents du travail et maladies professionnelles pendant ces périodes); «Questions - Réponses» sur les périodes de mise en situation en milieu professionnel, ministère du Travail et modèle de Cerfa 13912*02. Voir également LSQ n° 16759 du 26.01.2015.

• Voir circulaire DGEFP/MIP/METH/MPP/2020/32 du 28 février 2020 (NOR: MTRD2005122C), fiche 1.

• Pendant toute la durée du contrat d'accès à l'entreprise (voir note sous Titre III du Livre Ier de la présente Partie), le salarié, mis à disposition d'une ou plusieurs entreprises d'accueil, bénéficie d'actions de formation ou d'accompagnement favorisant sa qualification, son insertion ou sa transition professionnelle. Il peut bénéficier de périodes de mise en situation en milieu professionnel prévues aux articles L. 5135-1 à L. 5135-8 CT (décret 2019-658 du 27 juin 2019, art. 2, III, JO 28).

• Voir Dr. Soc. 2020, p. 860: «Les conventions de mise en situation en milieu professionnel: un régime de chausse-trappes», L. Duclos et J-Y Kerbourc'h.

Art. L. 5135-1. *(L. 2014-288 du 5 mars 2014, art. 20, I, 7°, JO 6)* Les périodes de mise en situation en milieu professionnel ont pour objet de permettre à un travailleur, privé ou non d'emploi, ou à un demandeur d'emploi:

1° Soit de découvrir un métier ou un secteur d'activité;
2° Soit de confirmer un projet professionnel;
3° Soit d'initier une démarche de recrutement.

Art. L. 5135-2. *(L. 2014-288 du 5 mars 2014, art. 20, I, 7°, JO 6)* Les périodes de mise en situation en milieu professionnel sont ouvertes à toute personne faisant l'objet d'un accompagnement social ou professionnel personnalisé, sous réserve d'être prescrites par l'un des organismes suivants:

1° L'institution mentionnée à l'article L. 5312-1;
2° Les organismes mentionnés à l'article L. 5314-1;
3° Les organismes mentionnés au 1° *bis* de l'article L. 5311-4;
4° Les organismes mentionnés au 2° du même article L. 5311-4;
(L. 2020-1577 du 14 déc. 2020, art. 7, JO 15) «4° *bis* Le conseil départemental, par l'intermédiaire de son président;

4° *ter* Les organismes mentionnés au dernier alinéa de l'article L. 6313-6;»

5° Les organismes employant ou accompagnant des bénéficiaires de périodes de mise en situation en milieu professionnel, lorsqu'ils sont liés à l'un des organismes mentionnés aux 1° à 3° ***(L. 2020-1577 du 14 déc. 2020, art. 7, JO 15)*** «et 4° *bis*» du présent article par une convention leur ouvrant la possibilité de prescrire ces périodes dans des conditions définies par décret.

Note Sur la protection contre les accidents du travail et les maladies professionnelles des personnes bénéficiant d'actions d'aide à la création d'entreprise, d'orientation, d'évaluation ou d'accompagnement dans la recherche d'emploi, dispensées ou prescrites par Pôle emploi ou les missions locales pour l'insertion professionnelle et sociale des jeunes, les organismes de placement spécialisés dans l'insertion professionnelle des personnes handicapées ou les structures ayant conclu une convention avec les acteurs du service public de l'emploi, voir articles L. 412-8, 11° et D. 412-91 et s. c. séc. soc.

Art. L. 5135-3. ***(L. 2014-288 du 5 mars 2014, art. 20, I, 7°, JO 6)*** Le bénéficiaire d'une période de mise en situation en milieu professionnel conserve le régime d'indemnisation et le statut dont il bénéficiait avant cette période. Il n'est pas rémunéré par la structure dans laquelle il effectue une période de mise en situation en milieu professionnel.

Il a accès dans la structure d'accueil aux moyens de transport et aux installations collectifs dont bénéficient les salariés.

Lorsqu'il est salarié, le bénéficiaire retrouve son poste de travail à l'issue de cette période.

Art. L. 5135-4. ***(L. 2014-288 du 5 mars 2014, art. 20, I, 7°, JO 6)*** Les périodes de mise en situation en milieu professionnel font l'objet d'une convention entre le bénéficiaire, la structure dans laquelle il effectue la mise en situation en milieu professionnel, l'organisme prescripteur de la mesure mentionné à l'article L. 5135-2 et la structure d'accompagnement, lorsqu'elle est distincte de l'organisme prescripteur. Un décret détermine les modalités de conclusion de cette convention et son contenu.

Note Voir arrêté du 13 novembre 2014 (JO 15) relatif au modèle de déclaration des conventions de mise en situation en milieu professionnel mentionnées à cet article.

Art. L. 5135-5. ***(L. 2014-288 du 5 mars 2014, art. 20, I, 7°, JO 6)*** Une période de mise en situation en milieu professionnel dans une même structure ne peut être supérieure à une durée définie par décret.

(L. 2018-1317 du 28 déc. 2018, art. 270, I, JO 30) «Pendant cette durée, les modalités de tarification ou de financement de l'organisme employant ou accueillant le bénéficiaire de la période de mise en situation en milieu professionnel restent inchangées.»

Art. L. 5135-6. ***(L. 2014-288 du 5 mars 2014, art. 20, I, 7°, JO 6)*** La personne effectuant une période de mise en situation en milieu professionnel suit les règles applicables aux salariés de la structure dans laquelle s'effectue la mise en situation pour ce qui a trait:

1° Aux durées quotidienne et hebdomadaire de présence;

2° À la présence de nuit;

3° Au repos quotidien, au repos hebdomadaire et aux jours fériés;

4° À la santé et à la sécurité au travail.

Art. L. 5135-7. ***(L. 2014-288 du 5 mars 2014, art. 20, I, 7°, JO 6)*** Aucune convention de mise en situation en milieu professionnel ne peut être conclue pour exécuter une tâche régulière correspondant à un poste de travail permanent, pour faire face à un accroissement temporaire de l'activité de la structure d'accueil, pour occuper un emploi saisonnier ***(L. 2016-1088 du 8 août 2016, art. 86, III, JO 9)*** «défini au 3° de l'article L. 1242-2» ou pour remplacer un salarié en cas d'absence ou de suspension de son contrat de travail.

Art. L. 5135-8. ***(L. 2014-288 du 5 mars 2014, art. 20, I, 7°, JO 6)*** Le bénéficiaire d'une période de mise en situation en milieu professionnel bénéficie des protections et droits mentionnés aux articles L. 1121-1, L. 1152-1 et L. 1153-1, dans les mêmes conditions que les salariés.

Art. D. 5135-1. ***(D. 2014-1360 du 13 nov. 2014, art. 1er, JO 15)*** Lorsque le bénéficiaire est salarié, son employeur est également partie à la convention de mise en situation en milieu professionnel mentionnée à l'article L. 5135-4.

Art. D. 5135-2. ***(D. 2014-1360 du 13 nov. 2014, art. 1er, JO 15)*** La convention mentionnée à l'article L. 5135-4, dont le modèle est fixé par arrêté du ministre chargé de l'emploi, comporte notamment les indications suivantes :

1° La dénomination, l'adresse et la forme juridique de l'organisme prescripteur ;

2° Les nom, prénom, adresse et date de naissance du bénéficiaire, sa situation professionnelle, l'indication, le cas échéant, de sa qualité de bénéficiaire du revenu de solidarité active financé par le département, et, s'il est salarié, les coordonnées de son employeur ;

3° La dénomination, l'adresse, la forme juridique, le numéro et la date d'immatriculation de la structure d'accueil, son activité principale et, le cas échéant, la convention collective dont elle relève, ainsi que le nom et la fonction de la personne en charge de l'accueil et du suivi du bénéficiaire et de la transmission des consignes d'hygiène et de sécurité ;

4° La dénomination, l'adresse et la forme juridique de la structure d'accompagnement, ainsi que le nom et la fonction du conseiller référent du bénéficiaire ;

5° Les dates de début et de fin de la ou des périodes de mise en situation, le nombre d'heures de présence, le lieu d'exécution, l'objet assigné à cette période parmi ceux mentionnés à l'article L. 5135-1 ainsi que le ou les objectifs précis fixés dans ce cadre et les modalités prévues pour évaluer leur réalisation ;

6° La description des tâches confiées au bénéficiaire dans le but de développer les compétences recherchées ainsi que les horaires de présence dans la structure d'accueil.

Note Voir arrêté du 13 novembre 2014 (JO 15) relatif au modèle de déclaration des conventions de mise en situation en milieu professionnel mentionnées à l'article L. 5135-4 CT.

Art. D. 5135-3. ***(D. 2014-1360 du 13 nov. 2014, art. 1er, JO 15)*** La convention mentionnée à l'article L. 5135-4 est conclue pour une durée ne pouvant excéder un mois de date à date, que la présence du bénéficiaire au sein de la structure d'accueil soit continue ou discontinue.

Lorsque le ou les objectifs fixés conformément au 5° de l'article D. 5135-2 n'ont pas été atteints, la convention peut être renouvelée une fois, pour le même objet et les mêmes objectifs que ceux initialement fixés et pour une durée au plus égale à celle mentionnée au premier alinéa du présent article.

Il peut être conclu, avec un même bénéficiaire et au cours d'une période de douze mois consécutifs, au plus deux conventions de mise en situation en milieu professionnel dans la même structure d'accueil, sous réserve que ces conventions comportent des objets ou des objectifs différents et sans que la durée totale de ces conventions, renouvellements compris, n'excède soixante jours sur la même période.

Art. D. 5135-4. ***(D. 2014-1360 du 13 nov. 2014, art. 1er, JO 15)*** Pendant la durée de la période de mise en situation en milieu professionnel, le bénéficiaire observe le règlement intérieur de la structure d'accueil et les mesures en matière d'hygiène et de sécurité propres aux activités prévues par la convention mentionnée à l'article D. 5135-2.

Art. D. 5135-5. ***(D. 2014-1360 du 13 nov. 2014, art. 1er, JO 15)*** Pendant la période de mise en situation en milieu professionnel, la structure d'accueil désigne une personne chargée d'aider, d'informer, de guider et d'évaluer le bénéficiaire.

En cas d'accident survenant au cours ou sur le lieu de la mise en situation en milieu professionnel, ou pendant le trajet effectué par le bénéficiaire, la structure d'accueil informe au plus tard dans les vingt-quatre heures la structure d'accompagnement. La structure d'accompagnement transmet l'information sans délai à l'employeur, si le bénéficiaire est salarié ou, dans le cas contraire, au prescripteur, qui procèdent l'un ou l'autre dans les quarante-huit heures à la déclaration d'accident du travail.

Art. D. 5135-6. ***(D. 2014-1360 du 13 nov. 2014, art. 1er, JO 15)*** L'organisme prescripteur s'assure de la pertinence de la période de mise en situation en milieu professionnel envisagée et établit le projet de convention mentionné à l'article D. 5135-2.

La structure d'accompagnement assure la mise en œuvre de la période de mise en situation en milieu professionnel et en réalise le bilan et l'évaluation.

Art. D. 5135-7. ***(D. 2014-1360 du 13 nov. 2014, art. 1er, JO 15)*** Les organismes mentionnés aux 1° à 3° de l'article L. 5135-2 peuvent conclure avec un organisme employant ou accompagnant des bénéficiaires de mise en situation en milieu professionnel des conventions autorisant ce dernier organisme à prescrire pour ces bénéficiaires des périodes de mise en situation en milieu professionnel.

Cette autorisation ne peut être liée à aucune clause financière et l'organisme qui l'a accordée peut la suspendre ou la retirer sans préavis.

Art. D. 5135-8. ***(D. 2014-1360 du 13 nov. 2014, art. 1er, JO 15)*** La convention mentionnée à l'article D. 5135-7 comporte notamment les indications suivantes :

1° La dénomination, l'adresse, la forme juridique de chaque partie à la convention, ainsi que le nom et la fonction de chaque signataire ;

2° Les catégories de personnes pouvant se voir prescrire des périodes de mise en situation parmi celles employées ou accompagnées par l'organisme prescripteur ;

3° La durée de la convention.

TITRE IV AIDES À LA CRÉATION D'ENTREPRISE ET APPUI AUX ENTREPRISES

CHAPITRE Ier Aides à la création ou à la reprise d'entreprise

Note • Un portail *guichet-entreprises.fr* permet d'effectuer en ligne l'ensemble des formalités administratives de création d'une entreprise.

• Voir note sous L. 5135-2 au sujet de la protection contre les accidents du travail et maladies professionnelles.

• L'interdiction de diriger, administrer ou contrôler une entreprise prononcée en application de l'article 192 de la loi du 25 janvier 1985 fait obstacle à l'attribution de l'aide à la création d'entreprise (CE 18 mars 1998, n° 170534, RJS 6/98 n° 773).

• En l'absence de dispositions prises en la matière pour l'application du décret du 30 avril 1955, la justification d'une situation régulière en matière fiscale et sociale ne constitue pas une condition d'attribution de l'aide à la création d'entreprise (CE 1er mars 1996, n° 161670, RJS 6/96 n° 701).

• Sur le refus justifié de l'aide lorsque la constitution de la société se rapporte à une activité exercée antérieurement en relation avec d'autres sociétés, familiales ou non, voir CE 28 décembre 1992, n° 110583, RJS 3/93 n° 299; 8 septembre 1995, n° 146394, RJS 11/95 n° 1157; 18 octobre 1995, n° 132345, RJS 12/95 n° 1269. À l'inverse, sur un cas de société nouvelle ne s'identifiant pas à l'activité antérieurement déployée dans le cadre de l'entreprise individuelle du père du demandeur, voir CE 31 janvier 1994, n° 122891, RJS 4/94 n° 446.

• Le bénéfice de l'aide ne peut être accordé pour l'exercice d'une activité de magnétiseur constitutive d'un exercice illégal de la médecine (CE 8 novembre 1993, n° 110724, RJS 1/94 n° 65) ni pour la création d'un centre d'amaigrissement et d'esthétique impliquant pour partie l'exercice de la médecine (CE 12 janvier 1996, n° 131629, RJS 3/96 n° 320). En revanche, l'activité des magasins dits «sex-shops» n'est pas constitutive d'une activité commerciale illicite contradictoire avec l'octroi de l'aide (CE 8 septembre 1995, n° 155287, RJS 11/95 n° 1156).

• Sur l'aide à la reprise ou à la création d'entreprise (ARCE) qui peut être attribuée aux allocataires du régime d'assurance chômage au moment de la reprise ou de la création de leur entreprise qui justifient de l'obtention de l'exonération de cotisations sociales de début d'activité prévue par le code de la sécurité sociale (ACRE, art. L. 131-6-4 c. séc. soc.), voir décret 2019-797 modifié du 26 juillet 2019, annexe A, règlement assurance chômage, art. 35 et circulaire Unédic 2019-12 du 1er novembre 2019, fiche 8, § 2 pour les dispositions applicables sur la période comprise entre le 1er novembre 2019 et le 31 juillet 2020. Sur les dispositions applicables sur la période comprise entre le 1er août 2020 et le 31 mars 2021, voir circulaire Unédic 2020-12 du 6 octobre 2020, fiche 8, § 2 et circulaire Unédic 2021-01 du 8 janvier 2021, § 1.

SECTION 1 (réglementaire). Dispositions communes

Sous-section 1. Nature et bénéfice des aides

Art. R. 5141-1. Les aides destinées aux personnes qui créent ou reprennent une entreprise, ou qui entreprennent l'exercice d'une autre profession non salariée, prévues au présent chapitre, comprennent:

1° L'exonération de cotisations sociales prévue à l'article L. 161-1-1 du code de la sécurité sociale. Cette exonération peut être cumulée avec les allocations mentionnées à l'article 9 de la loi n° 98-657 du 29 juillet 1998 d'orientation relative à la lutte contre les exclusions;

2° L'avance remboursable prévue à l'article L. 5141-2. La dotation aux jeunes agriculteurs accordée en application des articles R. 343-3 et suivants du code rural ***(Ord. 2010-462 du 6 mai 2010, JO 7)*** «et de la pêche maritime» n'est pas cumulable avec cette avance remboursable;

3° Le versement par l'État, aux bénéficiaires des exonérations prévues au 1°, effectué conformément aux dispositions de l'article L. 5141-3. Pour les personnes admises au bénéfice de ces exonérations au cours de leur période d'indemnisation au titre de l'allocation d'assurance, le bénéfice de l'allocation de solidarité spécifique prévue à l'article L. 5423-1 est maintenu jusqu'au terme du bénéfice de ces exonérations;

4° Le financement partiel par l'État des actions de conseil ***(D. 2010-1642 du 23 déc. 2010, JO 28)*** «et» d'accompagnement au bénéfice des créateurs ou repreneurs d'entreprises ***(D. 2010-1642 du 23 déc. 2010, JO 28)*** «en application de l'article L. 5141-5 du code du travail».

Art. R. 5141-2. Pour l'application des dispositions de l'article L. 5141-1, sont considérés comme remplissant la condition de contrôle effectif de l'entreprise créée ou reprise lorsqu'elle est constituée sous la forme de société:

1° Le demandeur du bénéfice de ces dispositions qui détient, personnellement ou avec son conjoint, son partenaire lié par un pacte civil de solidarité ou son concubin, ses ascendants et descendants, plus de la moitié du capital de la société, sans que sa part personnelle puisse être inférieure à 35 % de celui-ci;

2° Le demandeur qui a la qualité de dirigeant de la société et qui détient, personnellement ou avec son conjoint, son partenaire lié par un pacte civil de solidarité, ses ascendants et descendants, au moins un tiers du capital de celle-ci, sans que sa part personnelle puisse être inférieure à 25 % et sous réserve qu'un autre actionnaire ou porteur de parts ne détienne pas directement ou indirectement plus de la moitié du capital;

3° Les demandeurs qui détiennent ensemble plus de la moitié du capital de la société, à condition qu'un ou plusieurs d'entre eux aient la qualité de dirigeant et que chaque demandeur détienne une part de capital égale à un dixième au moins de la part détenue par le principal actionnaire ou porteur de parts.

Note • Pour l'application des dispositions de l'article L. 131-6-4 c. séc. soc. relatif à l'exonération de début d'activité de création ou reprise d'entreprise sont considérées comme exerçant le contrôle effectif de l'entreprise lorsqu'elle est constituée sous la forme de société les personnes remplissant l'une des conditions prévues aux 1° à 3° de l'article R. 5141-2 (art. D. 131-6-4 c. séc. soc.).

• Le bénéfice de l'aide est à bon droit rejeté lorsque l'activité que le demandeur d'emploi se propose d'exercer relève exclusivement de son ancien employeur vis-à-vis duquel il se trouve dans une situation de dépendance exclusive ne permettant pas de le regarder comme exerçant effectivement le contrôle de l'entreprise (CE 8 novembre 1993, n° 114674, Rec. Lebon, p. 1071; RJS 1/94 n° 68) ou lorsque cette activité s'inscrit dans le cadre, quasi exclusif, d'un contrat de sous-traitance le plaçant dans une situation de dépendance et de subordination, alors même que les conditions relatives à l'organisation interne d'une société fixées à l'article R. 341-42 étaient remplies (CE 8 novembre 1993, n° 128981, Rec. Lebon, p. 1071; RJS 1/94 n° 68; 18 octobre 1995, n° 144494, RJS 12/95 n° 1269).

• Le contrat de gérance libre, même avec une durée de bail d'une année renouvelable par tacite reconduction, n'exclut pas le contrôle effectif de l'entreprise (note tech. CDE 92/41 du 1er octobre 1992, BO TR 93/1). Dans le même sens, pour une location-gérance, CE 15 février 1995, n° 126196, RJS 4/95 n° 409.

• Un contrat de concession conclu selon un modèle type n'est pas exclusif d'une réelle autonomie dans l'exercice de l'activité caractérisant le contrôle de l'entreprise (CE 8 septembre 1995, n° 151962, Rec. Lebon, p. 341; RJS 11/95 n° 1158). Dans le même sens, pour un contrat de franchise portant sur le transport rapide de courrier et colis, CAA Nantes, 26 décembre 2002, n° 01732, RJS 10/03 n° 1201.

Art. R. 5141-3. Lorsqu'une personne a obtenu le bénéfice d'une aide à la création, à la reprise d'entreprise ou pour l'exercice d'une autre profession non salariée, elle ne peut obtenir à nouveau cette aide qu'à l'expiration d'un délai de trois ans suivant la précédente décision du préfet ou de l'organisme habilité prévu à l'article R. 5141-22.

(D. 2010-1642 du 23 déc. 2010, JO 28) «Les dispositions du premier alinéa ne s'appliquent pas à l'aide prévue au 4° de l'article R. 5141-1.»

Sous-section 2. Retrait des aides

Art. R. 5141-4. S'il est établi que l'aide a été obtenue à la suite de fausses déclarations ou si la condition de contrôle effectif de la société créée ou reprise cesse d'être remplie dans les deux ans suivant la création ou la reprise, et sous réserve de l'article R. 5141-6:

1° Le bénéfice des exonérations de cotisations sociales mentionnées au 1° de l'article R. 5141-1 est retiré par décision de l'Union de recouvrement des cotisations de sécurité sociale et d'allocations familiales (URSSAF);

2° Le bénéfice de l'avance remboursable mentionnée au 2° de l'article précité est retiré par décision de l'organisme habilité ou du préfet, qui en informe l'URSSAF.

Art. R. 5141-5. Dans le cas prévu à l'article R. 5141-4, le bénéficiaire acquitte auprès des organismes de sécurité sociale concernés les cotisations dont il a été exonéré, en application des articles L. 161-1-1 et L. 161-24 du code de la sécurité sociale, et rembourse le montant de l'aide financière déjà perçue.

Art. R. 5141-6. Par dérogation aux articles R. 5141-4 et R. 5141-5, lorsque la perte du contrôle effectif résulte de la cessation de l'activité créée ou reprise, ou de la cession de l'entreprise dans le cadre d'une procédure de sauvegarde, de redressement ou de liquidation judiciaire, le remboursement de l'aide financière ainsi que le versement des cotisations sociales dont le bénéficiaire a été exonéré peuvent ne pas être exigés, sur décision motivée du préfet.

SECTION 1. Bénéficiaires

Art. L. 5141-1. Peuvent bénéficier ***(L. 2017-1836 du 30 déc. 2017, art. 13, III, JO 31)*** «d'aides à la création ou à la reprise d'entreprise, dans les conditions prévues au présent chapitre,» lorsqu'elles créent ou reprennent une activité économique, industrielle, commerciale, artisanale, agricole ou libérale, soit à titre individuel, soit sous la forme d'une société, à condition d'en exercer effectivement le contrôle, ou entreprennent l'exercice d'une autre profession non salariée:

1° Les demandeurs d'emploi indemnisés;

2° Les demandeurs d'emploi non indemnisés inscrits à l' ***(L. 2008-126 du 13 févr. 2008, JO 14)*** «institution mentionnée à l'article L. 5312-1» six mois au cours des dix-huit derniers mois;

3° Les bénéficiaires de l'allocation de solidarité spécifique ou ***(L. 2008-1249 du 1er déc. 2008, art. 24, JO 3)*** «du revenu de solidarité active»;

(L. 2015-1702 du 21 déc. 2015, art. 21, IV, JO 22) «4° Les personnes âgées de 18 ans à moins de 26 ans;

5° Les personnes de moins de 30 ans handicapées mentionnées à l'article L. 5212-13 ou qui ne remplissent pas la condition de durée d'activité antérieure pour ouvrir des droits à l'allocation d'assurance mentionnée à l'article L. 5422-1;»

6° Les personnes salariées ou les personnes licenciées d'une entreprise soumise à l'une des procédures de sauvegarde, de redressement ou de liquidation judiciaires prévues aux titres II, III et IV du livre VI du code de commerce qui reprennent tout ou partie ***(L. 2016-1827 du 23 déc. 2016, art. 6, JO 24)*** «d'une entreprise»;

7° Les personnes ayant conclu un contrat d'appui au projet d'entreprise mentionné à l'article L. 127-1 du code de commerce, sous réserve qu'elles remplissent l'une des conditions prévues aux 1° à 6° à la date de conclusion de ce contrat;

8° Les personnes physiques créant ***(L. 2016-1827 du 23 déc. 2016, art. 6, JO 24)*** «ou reprenant» une entreprise implantée au sein ***(L. 2014-173 du 21 févr. 2014, art. 26, VI, JO 22, entrée en vigueur le 01.01.2015)*** «d'un quartier prioritaire de la politique de la ville»;

9° Les bénéficiaires du complément de libre choix d'activité mentionné à l'article L. 531-4 du code de la sécurité sociale.

Note • Les dispositions de cet article, dans sa rédaction issue de la **loi 2017-1836** précitée, s'appliquent aux cotisations et contributions sociales dues au titre des périodes courant depuis le 01.01.2019 pour les créations et reprises d'entreprise intervenues depuis cette même date (loi précitée, art. 13, IV).

Pour soutenir les entrepreneurs lors de la création de leur activité ou de la reprise d'une entreprise, **la loi de financement de la sécurité sociale pour 2018** a étendu à tous les créateurs et repreneurs d'entreprise le bénéfice de l'exonération de cotisations sociales, en conservant les mêmes modalités. L'idée est de leur accorder une «année blanche» afin de faciliter l'amorçage des nouvelles entreprises et de soutenir les modèles économiques encore fragiles. Ainsi, à compter du 01.01.2019, tous les entrepreneurs ayant, au titre de leur première année d'exercice, un revenu ou une rémunération annuel net inférieur au plafond annuel de la sécurité sociale (PASS) ont pu bénéficier du dispositif d'exonération de cotisations sociales de l'aide à la création et à la reprise d'entreprise (ACRE), rebaptisé **«Exonération de début d'activité de création ou reprise d'entreprise»** (art. L. 131-6-4 c. séc. soc.). Voir RF 29 décembre 2017, FH 3722 §§ 1-17 et s.; FRS 8 décembre 2017, n° 25 § 20.

Toutefois, **la loi de finances pour 2020** a restreint l'accès à l'exonération de cotisations attachée à l'ACRE, à compter du 01.01.2020, pour les micro-entrepreneurs qui relèvent du régime micro-social (loi 2019-1479 du 28 décembre 2019, art. 274, JO 29; art. L. 131-6-4 c. séc. soc.). Voir RF 16 janvier 2020, FH 3722 § 7; FRS 10 janvier 2020, n° 3 § 34.

• Les dispositions de cet article, dans sa rédaction issue de la **loi 2016-1827** précitée, se sont appliquées aux cotisations sociales dues au titre des périodes courant depuis le 01.01.2017 pour les créations et reprises d'entreprise intervenues depuis cette même date (loi précitée, art. 6, III).

• Les 4° et 5° de cet article ont été abrogés par la loi 2015-990 du 6 août 2015, art. 276, JO 7. **La loi de financement de la sécurité sociale pour 2016** a rétabli comme bénéficiaires de l'aide aux chômeurs créateurs ou repreneurs d'entreprise (ACCRE) des personnes qui en avaient été exclues de façon involontaire par une disposition de coordination de la loi Macron (rapport Sénat n° 191 du 25 novembre 2015). Sont visées (loi 2015-1702 du 21 décembre 2015, art. 21, IV, JO 22):
– les personnes âgées de 18 ans à moins de 26 ans;
– les personnes de moins de 30 ans reconnues handicapées ou bien qui ne remplissent pas la condition de durée d'activité antérieure pour ouvrir droit à l'allocation d'assurance chômage.

Ces dispositions sont applicables aux cotisations et contributions sociales dues au titre des périodes courant depuis le 01.01.2015 (loi 2015-1702 précitée, art. 21, V).

• Les articles L. 131-6-1, R. 131-1 et R. 243-1-1 c. séc. soc. définissent les **modalités de versement différé des cotisations sociales personnelles** dues au titre des 12 premiers mois d'activité. Voir circulaire DSS/SDFSS/5 B et 5 C 2004-224 du 17 mai 2004.

• Pour l'application à Mayotte, voir article L. 5522-27-1.

Art. R. 5141-7. Peuvent être admis au bénéfice des exonérations de cotisations et des droits à prestation prévus aux articles L. 161-1-1 et L. 161-24 du code de la sécurité sociale :

1° Les personnes privées d'emploi percevant l'allocation d'assurance chômage mentionnée à l'article L. 5422-1 et l'allocation de solidarité spécifique de l'article L. 5423-1 ;

2° Les personnes remplissant les conditions pour percevoir l'allocation d'assurance ou l'allocation prévue en cas de convention de reclassement prévue à l'article L. 1233-65 ;

3° Les bénéficiaires de l'allocation de revenu ***(D. 2015-1709 du 21 déc. 2015, art. 3, IX, JO 22, entrée en vigueur le 01.01.2016)*** « de solidarité active » ou leur conjoint ou concubin ainsi que les bénéficiaires de l'allocation prévue à l'article L. 524-1 du code de la sécurité sociale ;

4° Les demandeurs d'emploi non indemnisés inscrits depuis plus de six mois au cours des dix-huit derniers mois et n'appartenant pas aux catégories mentionnées aux 2° et 3 ;

5° Les personnes mentionnées aux 4° à 9° de l'article L. 5141-1 ;

6° Les personnes mentionnées au premier alinéa de l'article L. 5141-2.

Note • Le 1° de cet article a été modifié par le décret 2017-826 du 5 mai 2017, JO 7, entrée en vigueur le 01.09.2017.

• Depuis le 01.01.2019, l'article L. 161-1-1 précité a été transféré et est devenu l'article L. 131-6-4 (loi 2017-1836 du 30 décembre 2017, art. 13, I, JO 31). L'article L. 161-24 précité a été abrogé par la loi 2007-1786 du 19 décembre 2007, art. 22, JO 21.

• **La loi de financement de la sécurité sociale pour 2018** a étendu, depuis le 01.01.2019, le bénéfice de l'exonération de cotisations sociales à toutes les personnes qui créent ou reprennent une activité professionnelle ou entreprennent l'exercice d'une autre profession non salariée soit à titre indépendant, soit sous la forme d'une société (art. L. 131-6-4 c. séc. soc. ; lois 2017-1836 précitée, art. 13 et 2018-1203 du 22 décembre 2018, art. 10, JO 23). Les personnes éligibles à l'exonération relevaient donc soit d'un régime de travailleurs non-salariés (agricole ou non), soit du régime général de la sécurité sociale ou du régime de protection sociale des salariés des professions agricoles (gérant minoritaire de SARL, président de société par actions simplifiées…). Voir RF 29 décembre 2017, FH 3722 §§ 1-18 et s. ; FRS 8 décembre 2017, n° 25 § 20-4.

• **La loi de Finances pour 2020** a limité les bénéficiaires de l'exonération de cotisations attachée à l'aide à la création et à la reprise d'entreprise (ACRE) (loi 2019-1479 du 28 décembre 2019, art. 274, JO 29). Depuis le 01.01.2020, peuvent bénéficier de cette exonération les personnes qui créent ou reprennent une activité professionnelle ou entreprennent l'exercice d'une autre profession non salariée, soit à titre indépendant, soit sous la forme d'une société (art. L. 131-6-4 c. séc. soc.) :

– qui ne relèvent ni du régime micro-social (micro-entrepreneurs) ni du régime simplifié pour les professionnels médicaux (médecins remplaçants) (art. L. 613-7 et L. 642-4-2 c. séc. soc.) ;

– ou bien qui relèvent simultanément du régime micro-social et de l'une des catégories de bénéficiaires de l'ACRE accordée par l'État prévue par le code du travail (voir ci-dessus) (art. L. 5141-1 CT).

L'accès à l'ACRE est donc restreint, à partir de 2020, pour les micro-entrepreneurs qui relèvent du régime micro-social. En effet, pour ces derniers, seules les catégories visées par l'exonération ACRE avant 2019 (principalement les demandeurs d'emploi) peuvent désormais bénéficier de l'exonération de début d'activité. Ils doivent, par ailleurs, formuler une demande d'exonération auprès de l'URSSAF, lors de leur création d'activité (loi précitée, art. 274, I, 2°, *b)* ; art. L. 131-6-4, I c. séc. soc.). Ces dispositions visent à recentrer le dispositif d'exonération de cotisations et contributions sociales des créateurs et repreneurs d'entreprises sur le public initialement visé, c'est-à-dire les créateurs et repreneurs d'entreprise donnant lieu à une activité économique nouvelle. Voir RF 16 janvier 2020, FH 3722 § 7 ; FRS 10 janvier 2020, n° 3 § 34.

La possibilité de prolonger, par décret, la durée de l'exonération au titre de l'ACRE (24 mois au-delà de 12 mois), lorsque l'entreprise créée ou reprise entre dans le champ du régime fiscal de la micro-entreprise (micro-BIC et micro-BNC), a été supprimée (loi précitée, art. 274, I, 2°, *a)* ; art. L. 131-6-4 c. séc. soc.). Un décret du 20 novembre 2019 avait déjà supprimé à compter du 01.01.2020, au niveau réglementaire, cette prolongation de l'exonération en deuxième et troisième années d'activité pour les travailleurs indépendants relevant du régime fiscal micro-entreprise mais ne relevant du dispositif micro-social (décret 2019-1215 du 20 novembre 2019, art. 2, I, JO 22 ; art. D. 131-6-2 c. séc. soc. abrogé). Toutefois, elle continuera de s'appliquer aux cotisations sociales dues par les travailleurs indépendants ayant débuté leur activité avant le 01.01.2020 dans les conditions actuelles (décret précité, art. 2, II). Par ailleurs, il a été prévu que pour les créateurs ou repreneurs qui relèvent de ce dispositif, les taux seront réduits de 50 % seulement pendant un an à compter du 01.01.2020 (art. D. 131-6-3 c. séc. soc. ; décret précité, art. 1er). Des dispositions transitoires sont prévues pour les travailleurs indépendants ayant débuté leur activité avant le 01.01.2020 (décret précité, art. 2, III).

Pour les créations et reprises d'entreprise intervenues depuis le 01.01.2020, les conjoints collaborateurs des travailleurs indépendants qui ne relèvent pas du régime micro-social et qui bénéficient de l'exonération au titre de l'ACRE peuvent également bénéficier de cette exonération. Ne sont pas visés les conjoints collaborateurs des avocats ayant opté pour le calcul de leurs cotisations sur une assiette partagée avec le chef d'entreprise (art. L. 662-1, 3° c. séc. soc.) (loi précitée, art. 274, I, 2°, *c)*; art. L. 131-6-4, II c. séc. soc.). Le revenu pris en compte pour déterminer le montant de l'exonération accordée correspond à la fraction du revenu du chef d'entreprise attribuée au conjoint collaborateur. Cette fraction est déduite du revenu permettant de déterminer le montant d'exonération applicable aux cotisations du chef d'entreprise.

Voir «Aides à la création d'entreprise», Cahier RF 1115, § 6410 et s., juin 2020.

Art. R. 5141-8. La demande d'attribution d'exonérations de cotisations sociales mentionnées au 1° de l'article R. 5141-1 est adressée au centre de formalités des entreprises.

Elle peut être introduite dès le dépôt de la déclaration de création ou de reprise d'entreprise.

Elle est introduite au plus tard le quarante-cinquième jour qui suit ce dépôt.

Art. R. 5141-9. Par dérogation à l'article R. 5141-8, les personnes qui se sont vu octroyer l'avance remboursable mentionnée au 2° de l'article R. 5141-1 sont dispensées de présenter la demande d'attribution d'exonérations de cotisations sociales.

Art. R. 5141-10. Un arrêté du ministre chargé de l'emploi définit la composition du dossier de demande d'attribution d'exonérations de cotisations sociales.

Note La composition du dossier est définie par l'arrêté du 8 novembre 2007 (JO 23).

Art. R. 5141-11. Lorsque le dossier de demande d'attribution d'exonérations de cotisations sociales est complet, le centre de formalités des entreprises délivre au demandeur un récépissé indiquant que la demande a été enregistrée. Il informe les organismes sociaux concernés de l'enregistrement de cette demande et transmet, dans les vingt-quatre heures, le dossier de demande et une copie du récépissé ***(D. 2017-864 du 9 mai 2017, JO 10)*** «aux organismes mentionnés aux articles L. 213-1 et L. 752-4 du code de la sécurité sociale» qui, au nom de l'État, ***(D. 2017-864 du 9 mai 2017, JO 10)*** «statuent» sur la demande dans un délai d'un mois à compter de la date du récépissé.

Note
- Cet article a été modifié par le décret 2019-718 du 5 juillet 2019, art. 2, III, 3°, JO 7.
- Les dispositions des articles R. 5141-11 et R. 5141-12, dans leur rédaction issue du décret 2017-864 précité, sont applicables aux cotisations d'assurance maladie et d'allocations familiales, aux contributions sociales et à la contribution à la formation professionnelle dues par les professions libérales depuis le 1er janvier 2018 (décret précité, art. 7, I).
- Voir circulaire DGEFP/DSS 2007-27 du 30 novembre 2007 (NOR: ECEF0710760C) (BO MT 2007/12 du 30 décembre 2007) relative à la gestion de l'aide aux chômeurs créateurs ou repreneurs d'entreprise (ACCRE) par l'URSSAF à compter du 1er décembre 2007 et lettre-circulaire ACOSS 2010-086 du 4 août 2010 (LS Bref n° 15668 du 12.08.2010) relative aux modalités de traitement des demandes d'ACCRE dans le cadre du guichet unique.
- La décision du centre de formalités des entreprises de ne pas transmettre une demande constitue un acte administratif faisant grief susceptible de recours administratif ou contentieux (rép. QE 76751, JO AN 21 septembre 2010, p. 10325).
- Le juge administratif exerce un contrôle minimum sur les décisions administratives en matière d'aide à la création d'entreprise (CE 10 février 1992, n° 105235, RJS 5/92 n° 649).
- Le centre de formalités des entreprises n'a pas qualité pour décider aux lieu et place de l'URSSAF du rejet d'un dossier pour forclusion de la demande (cass. civ., 2e ch., 10 novembre 2011, n° 10-23.100, BC II n° 206; RJS 1/12 n° 71).

Art. R. 5141-12. Lorsque les conditions d'octroi sont remplies, ***(D. 2017-864 du 9 mai 2017, JO 10)*** «les organismes mentionnés aux articles L. 213-1 et L. 752-4 du code de la sécurité sociale délivrent» à l'intéressé une attestation d'admission au bénéfice de l'exonération mentionnée à l'article L. 161-1-1 du code de la sécurité sociale.

Lorsque ces conditions ne sont pas réunies, ***(D. 2017-864 du 9 mai 2017, JO 10)*** «ils notifient» au demandeur la décision de rejet de sa demande et en informe les organismes sociaux concernés.

Le silence gardé par ***(D. 2017-864 du 9 mai 2017, JO 10)*** «les organismes mentionnés à l'article R. 5141-11» pendant plus d'un mois à compter de la date du récépissé vaut décision d'acceptation.

SECTION 2. Avance remboursable

Note Depuis le 1er juillet 2020, l'avance remboursable prend la forme du prêt d'honneur (PH) solidaire et a pris la relève du dispositif NACRE. Il est financé par Bpifrance, et non plus par la Caisse des dépôts (voir *https://bpifrance-creation.fr/encyclopedie/pret-dhonneur-solidaire-ph-solidaire*). Il s'agit d'un prêt d'honneur à taux zéro accordé au porteur de projet à titre personnel dans le cadre de sa création ou reprise d'entreprise:
- sans garantie sur les actifs de l'entreprise ou de son dirigeant;
- d'une durée flexible: entre 1 et 5 ans avec un différé d'amortissement modulable entre 0 et 18 mois;
- d'un montant compris entre 1000 et 8000 €.

Art. L. 5141-2

Pour en bénéficier, le créateur ou repreneur d'entreprise doit: - être accompagné par un opérateur désigné par la région du porteur de projet; - obtenir un prêt bancaire complémentaire d'un montant au moins égal et d'une durée de remboursement au moins équivalente, afin de constituer les fonds propres de l'entreprise. Ce prêt bancaire ne peut être assorti d'une caution personnelle excédant 50 % de son montant, y compris frais et accessoires.

Art. L. 5141-2. Les personnes remplissant l'une des conditions mentionnées aux 3° à 7° de l'article L. 5141-1 ainsi que les personnes de cinquante ans et plus inscrites sur la liste des demandeurs d'emploi peuvent bénéficier d'une aide financière de l'État.

La décision d'attribution de cette aide emporte décision d'attribution des droits mentionnés à l'article ***(L. 2017-1836 du 30 déc. 2017, art. 13, III, JO 31)*** « L. 131-6-4 » du code de la sécurité sociale.

Note • Les dispositions de cet article, dans sa rédaction issue de la loi 2017-1836 précitée, s'appliquent aux cotisations et contributions sociales dues au titre des périodes courant depuis le 01.01.2019 pour les créations et reprises d'entreprise intervenues depuis cette même date (loi précitée, art. 13, IV).

• Voir RF 29 décembre 2017, FH 3722 §§ 1-17 et s.; FRS 8 décembre 2017, n° 25 § 20.

Sous-section 1 (réglementaire). Nature et conditions d'octroi

Art. R. 5141-13. L'avance remboursable est un prêt sans intérêt financé par l'État et attribué, après expertise du projet de création ou de reprise d'entreprise, à une ou à plusieurs personnes physiques qui s'engagent à intégrer son montant au capital de la société créée ou reprise ou à l'utiliser pour le fonctionnement de l'entreprise individuelle créée ou reprise.

Art. R. 5141-14. Pour bénéficier de l'avance remboursable mentionnée au 2° de l'article R. 5141-1, le demandeur doit présenter un projet de création ou de reprise réel, consistant et viable au regard de l'environnement économique local, des moyens mobilisés et de ses compétences.

Art. R. 5141-15. La demande est préalable à la création ou reprise d'entreprise ou à l'exercice de la nouvelle activité. Elle est accompagnée d'un dossier justifiant que le demandeur remplit les conditions d'attribution de cette avance.

Un arrêté du ministre chargé de l'emploi définit la composition de ce dossier.

Art. R. 5141-16. Lorsqu'il n'y a pas dans le département d'organisme mandaté, en application de l'article L. 5141-6, la demande tendant à l'octroi de l'avance remboursable est adressée au préfet.

Le préfet délivre au demandeur un accusé de réception et statue sur la demande dans un délai de deux mois à compter de la date de sa réception. Sa décision est notifiée au demandeur.

En cas de non-réponse dans le délai de deux mois, la demande est réputée rejetée.

Art. R. 5141-17. La décision d'attribution de l'avance remboursable emporte attribution simultanée des aides prévues aux 1° et 3° de l'article R. 5141-1.

Art. R. 5141-18. L'attribution de l'avance remboursable est subordonnée à l'obtention d'un financement complémentaire.

Art. R. 5141-19. Le montant de l'avance remboursable varie en fonction des caractéristiques financières du projet et du nombre de personnes physiques bénéficiaires de l'aide au titre de ce projet.

Art. R. 5141-20. Le montant maximum de l'aide attribuée à un projet, selon que celui-ci est individuel, collectif ou concerne les salariés repreneurs de leur entreprise en difficulté prévus au 6° de l'article L. 5141-1, ainsi que les caractéristiques du financement complémentaire mentionné à l'article R. 5141-18, sont déterminés par arrêté conjoint des ministres chargés de l'emploi, de l'économie et du budget.

Art. R. 5141-21. L'avance est remboursable dans le délai maximum de cinq ans.

Le premier remboursement intervient, au plus tard, douze mois après son versement.

Sous-section 2 (réglementaire). Organismes habilités pour accorder et gérer l'avance

Art. R. 5141-22. Le préfet peut mandater des organismes, dont il fixe la liste par arrêté, afin d'accorder et gérer l'avance remboursable mentionnée au 2° de l'article R. 5141-1.

Lorsque la demande du créateur vise les avantages prévus aux 2, 3° et 4° de l'article R. 5141-1, le mandataire se prononce sur l'octroi de chacun d'entre eux par une décision distincte.

Art. R. 5141-23. Lorsque l'avance remboursable est relative aux projets présentés par plus de dix demandeurs ou donnant lieu à une demande d'avance remboursable d'un montant supérieur à un seuil fixé par arrêté conjoint des ministres chargés de l'emploi, de l'économie et du budget, la décision d'attribution et la gestion de celle-ci peuvent être confiées, sous forme d'un mandat de gestion, à des organismes dont la liste est fixée par arrêté du ministre chargé de l'emploi.

Art. R. 5141-24. Dans les cas prévus aux articles R. 5141-22 et R. 5141-23, le dossier de demande d'avance remboursable est adressé à l'organisme habilité qui délivre au demandeur une attestation de dépôt et statue sur la demande dans un délai de deux mois à compter de la date du dépôt.

Il notifie sa décision au demandeur et en informe simultanément le préfet et l'URSSAF.

En cas de non-réponse dans le délai de deux mois, la demande est réputée rejetée.

Art. R. 5141-25. Seuls peuvent être titulaires d'une habilitation les organismes ayant pour objet exclusif de participer, par le versement d'aides financières, à la création ou à la reprise d'entreprise et ceux définis par les articles L. 511-1 et suivants du code monétaire et financier.

Ces organismes sont contrôlés par un commissaire aux comptes, tel que défini par les articles ***(D. 2016-1026 du 26 juil. 2016, art. 92, JO 28)*** « L. 822-1 » et suivants du code de commerce.

Pour être habilités, les organismes justifient des caractéristiques suivantes :

1° Leur capacité et leur savoir-faire en matière d'accueil et de conseil des créateurs ou repreneurs d'entreprise ;

2° Une compétence reconnue en matière financière ;

3° Une expérience en matière de mobilisation de financements complémentaires ;

4° Des moyens techniques adaptés à l'exercice de ce mandat.

Art. R. 5141-26. Le préfet ou le ministre chargé de l'emploi peut procéder à tout contrôle, sur pièces et sur place, de l'utilisation des fonds gérés par un organisme habilité par l'État.

Art. R. 5141-27. L'organisme habilité communique au préfet ou au ministre chargé de l'emploi, un rapport d'activité semestriel comprenant notamment la liste des projets aidés, les conditions de leur réalisation, le montant des aides financières accordées, ainsi que le montant et la nature des financements complémentaires mobilisés.

L'organisme habilité communique également au préfet un rapport annuel d'évaluation portant notamment sur la consolidation et le développement des projets aidés.

SECTION 3. Maintien d'allocations

Art. L. 5141-3. ***(L. 2016-1827 du 23 déc. 2016, art. 6, JO 24)*** « Les personnes qui remplissent l'une des conditions mentionnées aux 1° à 9° de l'article L. 5141-1 » et qui perçoivent l'allocation de solidarité spécifique ou l'allocation veuvage prévue à l'article L. 356-1 du code de la sécurité sociale reçoivent une aide de l'État, attribuée pour une durée courant à compter de la date de création ou de reprise d'une entreprise.

Note Pour l'application à Mayotte, voir article L. 5522-27-1.

Art. R. 5141-28. L'aide de l'État prévue à l'article L. 5141-3 est attribuée pour une durée d'un an à compter de la date de création ou de reprise d'une entreprise.

Note Les créateurs/repreneurs d'entreprise bénéficiaires du dispositif ACCRE au cours de leur indemnisation en ASS se voient appliquer un dispositif d'intéressement spécifique appelé « ACCRE-ASS ». Ils bénéficient d'une aide, pour une durée d'un an versée mensuellement, de l'État d'un montant égal à cette allocation au taux plein (circ. DGEFP 2005-16 du 11 avril 2005).

Art. L. 5141-4. ***(L. 2016-1827 du 23 déc. 2016, art. 6, JO 24)*** « Les personnes qui remplissent l'une des conditions mentionnées aux 1° à 9° de l'article L. 5141-1 » et qui perçoivent l'allocation d'insertion ou l'allocation de veuvage ont droit au maintien du versement de leur allocation dans des conditions prévues par décret.

Note Pour l'application à Mayotte, voir article L. 5522-27-1.

SECTION 4. Financement d'actions de conseil, de formation et d'accompagnement

Note Dès lors que le ministre de l'Économie, de l'Industrie et de l'Emploi ne tenait d'aucune disposition législative la compétence pour créer, à la place du pouvoir réglementaire, un nouveau dispositif, dénommé NACRE, d'aide d'État pour l'accompagnement des créateurs et repreneurs d'entreprise, les dispositions de la circulaire DGEFP 2008-20 du 4 décembre 2008 sont entachées d'incompétence et doivent être annulées, y compris celles des dispositions, qui en sont indivisibles, relatives au régime de labellisation des opérateurs (CE 14 mai 2012, n° 324818, RJS 8-9/12 n° 730).

Art. L. 5141-5. ***(L. 2015-991 du 7 août 2015, art. 7, II, JO 8, entrée en vigueur le 01.01.2017)*** « La région participe, par convention, » au financement d'actions d'accompagnement et de conseil organisées avant la création ou la reprise d'une entreprise et pendant les trois années suivantes. Ces actions ***(L. 2015-991 du 7 août 2015, art. 7, II, JO 8, entrée en vigueur le 01.01.2017)*** « bénéficient » à des personnes sans emploi ou rencontrant des difficultés pour s'insérer durablement dans l'emploi, pour lesquelles la création ou la reprise d'entreprise est un moyen d'accès, de maintien ou de retour à l'emploi.

Note • Pour le **financement des actions** prévues à l'article L. 5141-5, les collectivités territoriales visées reçoivent une compensation financière dans les conditions prévues à l'article 133 de la loi 2015-991 précitée (loi précitée, art. 7, IV, JO 8, entrée en vigueur le 01.01.2017).

• Les opérateurs conventionnés avec l'État [la région désormais] pour réaliser les actions de conseil et d'accompagnement au bénéfice des créateurs ou repreneurs d'entreprise en application de l'article L. 5141-5 agissent dans ce cadre par délégation de l'État [la région] et disposent à cette fin de financements publics. Les décisions prises par ces opérateurs dans ce cadre, notamment sur les demandes de prêt sans intérêt garantis sur ressources budgétaires de l'État [la région] dont ils sont saisis, doivent donc être regardées comme l'étant au nom et pour le compte de l'État [la région]. Par suite, une action en responsabilité fondée sur une faute commise lors de l'instruction d'une telle demande de prêt relève de la compétence de la juridiction administrative, alors même que l'opérateur agissant par délégation est une personne morale de droit privé (CE 28 juillet 2017, n° 398048).

SECTION 5 (réglementaire). Organisation et labellisation d'actions de conseil et d'accompagnement

Note Cette section a été introduite par le décret 2010-1642 du 23 décembre 2010, JO 28.

Sous-section 1. Organisation du parcours d'accompagnement pour la création ou la reprise d'entreprise

Art. R. 5141-29. Les actions de conseil et d'accompagnement mentionnées au 4° de l'article R. 5141-1 sont réalisées par un opérateur avec lequel l'État passe à cet effet une convention.

Les actions sont réalisées dans le cadre d'un parcours comportant les trois phases suivantes:

1° Une phase d'aide au montage, d'une durée maximum de quatre mois pour un projet de création et de six mois pour un projet de reprise d'entreprise;

2° Une phase d'aide à la structuration financière, d'une durée maximum de quatre mois pour un projet de création d'entreprise et de six mois pour un projet de reprise d'entreprise;

3° Une phase d'accompagnement du démarrage et du développement de l'activité de l'entreprise d'une durée fixe de trente-six mois.

La convention peut porter sur tout ou partie des phases mentionnées aux 1° à 3°. Toutefois, un opérateur conventionné pour la phase d'aide à la structuration financière doit l'être également pour la phase d'accompagnement du démarrage et du développement de l'activité de l'entreprise.

Des expertises spécialisées répondant à un besoin particulier du projet peuvent également être réalisées au cours des phases mentionnées aux 1° et 3°, dans des conditions définies par la convention.

Note Le 3° de cet article a été modifié par le décret 2015-731 du 24 juin 2015, art. 3, JO 26.

Art. R. 5141-30. Les personnes mentionnées à l'article L. 5141-5 peuvent solliciter auprès des opérateurs conventionnés de leur choix le bénéfice des actions de conseil et d'accompagnement prévues à l'article R. 5141-29. Elles peuvent demander à entrer dans le parcours à n'importe laquelle des phases prévues par cet article. Elles peuvent s'adresser pour chaque phase à un opérateur différent de celui qui les a accompagnées au cours de la phase précédente.

La demande est adressée à l'opérateur conventionné par tout moyen permettant d'établir avec certitude la date de sa réception. L'opérateur délivre à la personne un accusé de réception comportant les mentions prévues par le décret du 6 juin 2001 susvisé.

L'opérateur conventionné peut refuser d'accompagner une personne:

1° Soit en raison de l'absence de difficultés particulières du demandeur dans l'accès, le maintien ou le retour à l'emploi;

2° Soit en raison du manque de consistance ou de viabilité économique du projet de création ou de reprise d'entreprise;

L'opérateur peut également refuser la demande lorsqu'il ne dispose pas de moyens d'accompagnement suffisants.

Art. R. 5141-31. En cas d'acceptation de la demande, l'opérateur conclut avec la personne, par délégation de l'État, un contrat d'accompagnement indiquant, parmi les trois phases définies à l'article R. 5141-29, la phase par laquelle commence l'accompagnement. Les phases d'aide au montage et d'aide à la structuration financière peuvent être réalisées concomitamment ou successivement.

Le contrat d'accompagnement définit les engagements réciproques de l'opérateur et de la personne accompagnée.

L'opérateur peut résilier le contrat d'accompagnement lorsque la personne ne respecte pas, sans motif légitime, les engagements qui y sont stipulés. L'opérateur qui envisage de résilier le contrat le notifie à la personne, par tout moyen permettant d'attester la réception de la notification. La notification informe la personne de la possibilité de présenter ses observations par écrit ou dans le cadre d'un entretien, au cours duquel elle peut se faire assister d'une personne de son choix.

La décision de résiliation est notifiée à la personne par tout moyen permettant d'établir avec certitude la date de sa réception. La décision est motivée et comporte la mention des voies et délais de recours.

Art. R. 5141-32. Les décisions de refus d'accompagnement et de résiliation du contrat d'accompagnement peuvent faire l'objet d'un recours hiérarchique devant le préfet de région.

Art. R. 5141-33. Un arrêté du ministre chargé de l'emploi fixe la composition du dossier de demande et le modèle de contrat d'accompagnement.

Sous-section 2. Modalités de délivrance d'un label

Art. R. 5141-34. Il est créé un label attestant de la capacité d'une personne physique ou morale à assurer une ou plusieurs des phases de conseil et d'accompagnement des créateurs et repreneurs d'entreprise mentionnées à l'article R. 5141-29.

La décision d'accorder le label, pour une ou pour l'ensemble des phases mentionnées à l'article R. 5141-29, est prise par le préfet de région.

Les conditions d'octroi du label, sa durée de validité ainsi que les conditions de renouvellement et de prorogation sont définies par un arrêté du ministre chargé de l'emploi.

SECTION 5. Dispositions d'application

Art. L. 5141-6. Un décret en Conseil d'État détermine les conditions d'application du présent chapitre, notamment les conditions dans lesquelles la décision d'attribution des aides peut être déléguée à des organismes habilités par l'État.

CHAPITRE II Contrat d'appui au projet d'entreprise

Note • Ce chapitre est issu de la loi 2003-721 du 1er août 2003, JO 5.

• Sur la déclaration d'activité des personnes dispensées d'immatriculation au RCS ou au répertoire des métiers, en application de l'article L. 123-1-1 c. com., et bénéficiaires d'un contrat d'appui au projet d'entreprise, voir article R. 123-237-1 c. com. (décret 2008-1488 du 30 décembre 2008 portant diverses mesures destinées à favoriser le développement des petites entreprises, pris en application de la loi 2008-776 du 4 août 2008 de modernisation de l'économie).

• Les caractéristiques et le contenu du contrat d'appui au projet d'entreprise sont définis aux articles L. 127-1 à 7 et R. 127-1 à 3 c. com.

Art. L. 5142-1. La personne physique liée par un contrat d'appui au projet d'entreprise pour la création ou la reprise d'une activité économique, dans les conditions prévues à l'article L. 127-1 du code de commerce, bénéficie des dispositions de la quatrième partie relative à la santé et à la sécurité au travail, à l'exclusion de celles figurant au titre IV du livre VII, ainsi que des dispositions du titre II du livre IV relatives aux garanties de ressources du travailleur privé d'emploi. Cette personne bénéficie également des dispositions du code de la sécurité sociale prévues aux articles L. 311-3 et L. 412-8.

Les obligations mises à la charge de l'employeur par les dispositions mentionnées au premier alinéa incombent à la personne morale responsable de l'appui qui a conclu le contrat prévu aux articles L. 127-1 à L. 127-7 du code de commerce.

Note • Une circulaire Unédic 2007-06 du 16 avril 2007 précise les incidences de ce dispositif au regard de l'assurance chômage: contributions à la charge de la structure accompagnatrice, droit à l'indemnisation au terme du contrat. Le «Capé», bénéficiaire de l'allocation d'aide au retour à l'emploi ou de l'allocation spécifique de solidarité peut, selon sa situation et dans les mêmes conditions que les autres créateurs ou repreneurs d'entreprise, cumuler son allocation de chômage avec ses revenus. En règle générale, la période passée en contrat d'appui au projet d'entreprise constitue l'exercice d'une activité professionnelle non salariée, pouvant donner lieu à la perception éventuelle de rémunérations (circ. Unédic 2020-12 du 6 octobre 2020, annexe aux fiches 7 et 8, § 3.2; circ. Unédic 2021-01 du 8 janvier 2021). Dans certains cas, la période passée en contrat d'appui au projet d'entreprise donne lieu à la conclusion d'un contrat de travail; dans ce cas, les règles applicables sont celles du cumul de l'allocation de chômage avec une rémunération salariée (circ. Unédic 2020-12 du 6 octobre 2020, fiche 7; circ. Unédic 2021-01 du 8 janvier 2021).

• Un arrêté du 18 février 2008 (JO 27) fixe la cotisation accidents du travail et maladies professionnelles due pour les personnes bénéficiaires du contrat d'appui au projet d'entreprise. Sur la protection contre les risques «accidents du travail» et «maladies professionnelles», voir articles L. 412-8, 14° et D. 412-99 à D. 412-99-2 c. séc. soc.

• Pour l'application à Mayotte, voir article L. 5522-27-2.

Art. L. 5142-2. Les aides de l'État et des collectivités publiques peuvent être mobilisées au bénéfice de l'appui et de la préparation à la création ou la reprise d'une activité économique défini à l'article L. 127-1 du code de commerce.

Note Voir circulaires DGEFP 2006-28 du 5 septembre 2006 (BO TR 2006/10) et 2008-07 du 4 avril 2008 (BO TR 2008/5) modifiant certaines fiches annexées à la circulaire du 5 septembre 2006, et lettre-circulaire Acoss 2008-66 du 28 juillet 2008.

Art. L. 5142-3. Un décret en Conseil d'État précise les modalités d'application du présent chapitre.

Art. R. 5142-1. Dès la conclusion du contrat d'appui au projet d'entreprise prévu à l'article L. 5142-1, la personne morale responsable de l'appui informe, d'une part l'Union de recouvrement des cotisations de sécurité sociale et d'allocations familiales (URSSAF) ***(D. 2008-1010 du 29 sept. 2008, art. 7, JO 30)*** « ou la Caisse générale de sécurité sociale (CGSS) », d'autre part ***(D. 2014-524 du 22 mai 2014, art. 16, JO 24)*** « Pôle emploi » de la conclusion du contrat d'appui et du terme prévu.

Elle les informe de ses renouvellements ou de sa rupture anticipée.

Art. R. 5142-2. Lorsque le bénéficiaire procède à l'immatriculation de son entreprise et qu'il effectue la déclaration prévue à l'annexe II du décret n° 96-650 du 19 juillet 1996, le centre de formalités des entreprises transmet aux organismes auxquels le bénéficiaire du contrat est tenu, le cas échéant, de s'affilier, à l'issue de ce contrat, une copie de celui-ci portant mention de son terme prévu.

La personne responsable de l'appui informe ces organismes des renouvellements ou de la rupture anticipée de celui-ci.

Art. R. 5142-3. Sont considérés comme rémunération, au sens de l'article L. 242-1 du code de la sécurité sociale, et par dérogation aux dispositions du sixième alinéa de l'article R. 242-1 de ce code, les revenus correspondant aux recettes hors taxe dégagées par l'activité du bénéficiaire du contrat d'appui et à la rémunération prévue au 7° de l'article 1er du décret n° 2005-505 du 19 mai 2005 relatif au contrat d'appui au projet d'entreprise pour la création ou la reprise d'une activité économique, déduction faite des frais liés à l'exercice de l'activité du bénéficiaire et des frais mentionnés au deuxième alinéa de l'article L. 127-3 du code de commerce.

Art. R. 5142-4. Le recouvrement des cotisations et contributions de sécurité sociale s'effectue dans les conditions prévues au titre III et aux chapitres III et IV du titre IV du livre II du code de la sécurité sociale.

Par dérogation à l'article R. 243-6 du code de la sécurité sociale, les cotisations et les contributions de sécurité sociale dues à raison des rémunérations payées au cours d'un trimestre civil sont versées dans les quinze premiers jours du trimestre civil suivant à l'organisme chargé du recouvrement dans la circonscription de laquelle se trouve la personne morale responsable de l'appui.

Note • Voir décret 2008-121 du 7 février 2008 (JO 10) relatif à la protection contre les accidents du travail et les maladies professionnelles des bénéficiaires du contrat d'appui au projet d'entreprise (CAPE).

• Si aucune rémunération n'est versée, les cotisations ne sont pas dues, à l'exception de la cotisation accidents du travail-maladies professionnelles (AT/MP). En l'absence de rémunération versée au bénéficiaire du CAPE, la cotisation AT/MP due par la structure d'appui est calculée sur une assiette forfaitaire identique à celle servant de base au calcul de la cotisation AT/MP des stagiaires de la formation professionnelle continue (art. D. 412-99 c. séc. soc.; arrêté du 24 décembre 2014, JO 31; lettre-circulaire Acoss 2015-13 du 4 mars 2015). Ce montant doit être multiplié par le taux AT applicable à la structure d'appui (lettre-circulaire Acoss 2008-66 du 28 juillet 2008). Les bénéficiaires d'un CAPE sont réputés accomplir la durée mensuelle légale du travail et tout mois commencé est considéré comme entièrement accompli (arrêté du 18 février 2008, JO 27).

Cette base horaire s'élève à 1,74 € au 01.01.2021. L'assiette forfaitaire mensuelle s'élève donc pour 2020 à 1,74 € × 151,67 heures soit 264 €. Le taux de la cotisation accidents du travail-maladies professionnelles applicable à cette assiette est celui de la structure d'appui.

Art. R. 5142-5. Pour le calcul de l'allocation d'assurance et la détermination des contributions prévues aux articles L. 5422-9 à L. 5422-11, la rémunération est calculée selon les modalités fixées à l'article R. 5142-3.

Art. R. 5142-6. À compter du début d'activité économique, au sens de l'article L. 127-4 du code de commerce, et jusqu'à la fin du contrat d'appui, l'exonération prévue au 7° de l'article L. 5141-1 porte sur les cotisations de sécurité sociale calculées selon les modalités fixées par l'article R. 5142-3 et versées par la personne morale responsable de l'appui pour le compte du bénéficiaire du contrat.

CHAPITRE III Appui aux entreprises

Note Ce chapitre est issu de la loi 2016-1088 du 8 août 2016, art. 61, JO 9.

Art. L. 5143-1. Tout employeur d'une entreprise de moins de trois cents salariés a le droit d'obtenir une information précise et délivrée dans un délai raisonnable lorsqu'il sollicite l'administration sur une question relative à l'application d'une disposition du droit du travail ou des stipulations des accords et conventions collectives qui lui sont applicables.

Ce droit à l'information peut porter sur les démarches et les procédures légales à suivre face à une situation de fait. Si la demande est suffisamment précise et complète, le document formalisant la prise de position de l'administration peut être produit par l'entreprise en cas de contentieux pour attester de sa bonne foi.

Pour assurer la mise en œuvre de ce droit, un service public territorial de l'accès au droit est mis en place par le [directeur régional de l'économie, de l'emploi, du travail et des solidarités], qui y associe des représentants des organisations syndicales et professionnelles, les chambres consulaires mentionnées à l'article L. 710-1 du code de commerce, à l'article L. 511-1 du code rural et de la pêche maritime et à l'article 5-1 du code de l'artisanat, les commissions paritaires interprofessionnelles mentionnées à l'article L. 23-111-1 du présent code, les conseils départementaux de l'accès au droit mentionnés à l'article 54 de la loi n° 91-647 du 10 juillet 1991 relative à l'aide juridique et toute autre personne compétente.

Note Voir RF 8 septembre 2016, FH 3657 «Dossier loi Travail», §§ 4-50 et s.

TITRE V COMPTE PERSONNEL D'ACTIVITÉ

Note • Ce titre a été introduit par la loi 2016-1088 du 8 août 2016, art. 39, I, JO 9, entrée en vigueur le 01.01.2017.

Les dispositions de ce titre sont applicables à Mayotte depuis le 01.01.2019 (ordonnance 2017-1491 du 25 octobre 2017, art. 33, 1°, JO 26 et décret 2018-953 du 31 octobre 2018, art. 58, I, *a*, JO 6 nov.).

• Prévu par la loi 2015-994 du 17 août 2015 (JO 18) relative au dialogue social et à l'emploi, le compte personnel d'activité (CPA) a été créé par la loi 2016-1088 précitée relative au travail, à la modernisation du dialogue social et à la sécurisation des parcours professionnels. **Le CPA comprend trois comptes**:

- le compte personnel de formation (CPF);
- le compte professionnel de prévention (C2P);
- le compte d'engagement citoyen (CEC).

L'objectif affiché du CPA est de **sécuriser le parcours professionnel des salariés en leur permettant de disposer d'un compte unique qui rassemble tous les comptes dont il bénéficie**. Le CPA pose les bases d'un droit universel à la formation. Le portail *www.moncompteactivite.gouv.fr* permet, au titulaire d'un CPA, de consulter les droits qu'il a acquis sur chacun des comptes, d'être informé sur leur utilisation possible et de bénéficier de services pour l'aider à construire son projet professionnel.

• Voir Dossier «Compte personnel d'activité», Dr. Soc. 2016, pp. 788 et s.; RF 8 septembre 2016, FH 3657, «Mesures pour l'emploi de la loi Travail», §§ 5-1 et s.; ASH 23 décembre 2016, n° 2989, cahier 2, «La réforme de la formation professionnelle», p. 32; LSQ n° 17235 du 3.01.2017, «Le CPA est entré en vigueur le 1.01.2017»; LSQ n° 17243 du 13.01.2017 «Le coup d'envoi du CPA est donné»; «Premier bilan sur le CPA» SSL n° 1766, 24.04.2017, p. 2; Cahier RF 1116 «Compte personnel de formation et compte personnel d'activité», juillet 2020, § 3975 et s.

• Voir également ordonnances 2017-43 du 19 janvier 2017 (JO 20) mettant en œuvre le compte personnel d'activité pour **différentes catégories d'agents des chambres d'agriculture, des chambres de commerce et des chambres de métiers et de l'artisanat** et 2017-53 du 19 janvier 2017 (JO 20) portant diverses dispositions relatives au compte personnel d'activité, à la formation et à la santé et la sécurité au travail dans la fonction publique; décret 2017-928 du 6 mai 2017 (JO 10) relatif à la mise en œuvre du compte personnel d'activité dans la **fonction publique** et à la formation professionnelle tout au long de la vie modifié par décret 2019-1392 du 17 décembre 2019 (JO 19); circulaire du 10 mai 2017 relative aux modalités de mise en œuvre du compte personnel d'activité dans la fonction publique (NOR: RDFF1713973C); décret 2017-1877 du 29 décembre 2017 (JO 31) relatif aux traitements de données à caractère personnel liés au compte personnel d'activité des agents des trois fonctions publiques, de différentes catégories d'agents des chambres d'agriculture, des chambres de commerce et d'industrie et des chambres de métiers et de l'artisanat et de certains salariés.

Art. L. 5151-1

• La loi pour la liberté de choisir son avenir professionnel a opéré, à compter du 01.01.2019, les coordinations juridiques rendues nécessaires par les modifications apportées au CPF (loi 2018-771 du 5 septembre 2018, art. 2, I et III, JO 6 ; art. L. 5151-2 modifié et L. 5151-4 abrogé).

CHAPITRE UNIQUE

SECTION 1. Dispositions générales

Art. L. 5151-1. Le compte personnel d'activité a pour objectifs, par l'utilisation des droits qui y sont inscrits, de renforcer l'autonomie et la liberté d'action de son titulaire et de sécuriser son parcours professionnel en supprimant les obstacles à la mobilité. Il contribue au droit à la qualification professionnelle mentionné à l'article L. 6314-1. Il permet la reconnaissance de l'engagement citoyen.

Le titulaire du compte personnel d'activité décide de l'utilisation de ses droits dans les conditions définies au présent chapitre, au chapitre III du titre II du livre III de la sixième partie ainsi qu'au chapitre II du titre VI du livre Ier de la quatrième partie.

Le titulaire du compte personnel d'activité a droit à un accompagnement global et personnalisé destiné à l'aider à exercer ses droits pour la mise en œuvre de son projet professionnel. Cet accompagnement est fourni notamment dans le cadre du conseil en évolution professionnelle mentionné à l'article L. 6111-6.

Art. L. 5151-2. Un compte personnel d'activité est ouvert pour toute personne âgée d'au moins seize ans se trouvant dans l'une des situations suivantes :

1° Personne occupant un emploi, y compris lorsqu'elle est titulaire d'un contrat de travail de droit français et qu'elle exerce son activité à l'étranger ;

2° Personne à la recherche d'un emploi ou accompagnée dans un projet d'orientation et d'insertion professionnelles ;

3° Personne accueillie dans un établissement et service d'aide par le travail mentionné au a du 5° du I de l'article L. 312-1 du code de l'action sociale et des familles ;

4° Personne ayant fait valoir l'ensemble de ses droits à la retraite.

Par dérogation au premier alinéa du présent article, un compte personnel d'activité est ouvert dès l'âge de quinze ans pour le jeune qui signe un contrat d'apprentissage sur le fondement du deuxième alinéa de l'article L. 6222-1 du présent code.

Les personnes âgées d'au moins seize ans mais ne relevant pas des situations mentionnées aux 1° à 3° du présent article peuvent ouvrir un compte personnel d'activité afin de bénéficier du compte d'engagement citoyen et d'accéder aux services en ligne mentionnés à l'article L. 5151-6.

Le compte est fermé à la date du décès de la personne. ***(L. 2018-771 du 5 sept. 2018, art. 2, I, 1°, JO 6, entrée en vigueur le 01.01.2019)*** « Lorsque son titulaire remplit l'une des conditions mentionnées aux 1° à 3° de l'article L. 5421-4 », le compte personnel de formation cesse d'être alimenté, sauf en application de l'article L. 5151-9.

Note Les dispositions de cet article, dans sa rédaction issue de la loi 2018-771 précitée, sont applicables depuis le 1er janvier 2019 (loi précitée, art. 46, I).

Art. L. 5151-3. Les droits inscrits sur le compte personnel d'activité, y compris en cas de départ du titulaire à l'étranger, demeurent acquis par leur titulaire jusqu'à leur utilisation ou à la fermeture du compte.

Art. L. 5151-5. Le compte personnel d'activité est constitué :

1° Du compte personnel de formation ;

2° Du compte ***(Ord. 2017-1389 du 22 sept. 2017, JO 23, entrée en vigueur le 01.10.2017)*** « professionnel de prévention » ;

3° Du compte d'engagement citoyen.

Il organise la conversion des droits selon les modalités prévues par chacun des comptes le constituant.

Note • Le **compte personnel de formation** (CPF) permet à toute personne active d'acquérir des droits monétisés pour une formation et de les mobiliser tout au long de sa vie professionnelle ; voir articles L. 6323-1 et s.

• Le **compte professionnel de prévention** (C2P) permet d'accumuler des points en fonction de l'exposition à certains facteurs professionnels définis par décret et dont l'exposition dépasse un certain seuil, afin d'abonder son CPF pour des actions de formation en vue d'accéder à un emploi moins pénible ou non exposé, pour réduire sa durée du travail tout en maintenant sa rémunération pendant une certaine durée ou, à partir de 55 ans, pour financer une majoration de sa durée d'assurance et partir à la retraite avant l'âge légal. Voir articles L. 4163-1 et s.

• Le **compte d'engagement citoyen** (CEC) recense les activités de bénévolat ou de volontariat. Certaines de ces activités permettent d'acquérir des droits à la formation; voir articles L. 5151-7 et s.

• Pour l'application à Mayotte, voir article L. 5522-29.

Art. L. 5151-6. I. – Chaque titulaire d'un compte personnel d'activité peut consulter les droits inscrits sur celui-ci et peut les utiliser en accédant à un service en ligne gratuit. Ce service en ligne est géré par la Caisse des dépôts et consignations, sans préjudice de l'article L. 4162-11. La Caisse des dépôts et consignations et la Caisse nationale d'assurance vieillesse concluent une convention définissant les modalités d'articulation des différents comptes et de mobilisation par leur titulaire.

II. – Chaque titulaire d'un compte a également accès à une plateforme de services en ligne qui:

1° Lui fournit une information sur ses droits sociaux et la possibilité de les simuler;

2° Lui donne accès à un service de consultation de ses bulletins de paie, lorsqu'ils ont été transmis par l'employeur sous forme électronique dans les conditions mentionnées à l'article L. 3243-2;

3° Lui donne accès à des services utiles à la sécurisation des parcours professionnels et à la mobilité géographique et professionnelle.

Le gestionnaire de la plateforme met en place des interfaces de programmation permettant à des tiers de développer et de mettre à disposition ces services.

III. – Un décret en Conseil d'État, pris après avis de la Commission nationale de l'informatique et des libertés, détermine les conditions dans lesquelles les données à caractère personnel afférentes au compte personnel de formation et au compte ***(Ord. 2017-1389 du 22 sept. 2017, JO 23, entrée en vigueur le 01.10.2017)*** «professionnel de prévention», ainsi que celles issues de la déclaration sociale nominative mentionnée à l'article L. 133-5-3 du code de la sécurité sociale, peuvent être utilisées pour fournir les services mentionnés aux I et II du présent article.

Note • Cet article a été modifié par l'ordonnance 2018-470 du 12 juin 2018, art. 9, III, 6°, JO 13.

• La plate-forme de services permet au titulaire du compte personnel d'activité (CPA) de **consulter tous ses bulletins de paie émis sous forme électronique**. L'employeur (ou le prestataire agissant pour son compte) doit garantir l'accessibilité des bulletins de paie émis sous forme électronique par ce service en ligne. Cette possibilité de consultation via le CPA ne se confond pas avec le service de mise à disposition des bulletins de paye dématérialisés mis en œuvre par les employeurs. Les bulletins de salaire sont simplement affichés sur le CPA, sans y être stockés. Voir articles L. 3243-2 et R. 3243-9 CT; voir également RF 29 décembre 2016, FH 3673-4.

• Voir **décret 2017-351 du 20 mars 2017** (JO 21), modifié par décret 2018-466 du 11 juin 2018 (JO 12), portant création du traitement de données à caractère personnel dénommé «portail numérique des droits sociaux» (PNDS). Ce décret autorise la création d'un traitement de données à caractère personnel pour donner aux assurés **un accès centralisé à leurs droits sociaux** mis en œuvre par la Caisse centrale de la mutualité sociale agricole (CCMSA).

Art. R. 5151-1. ***(D. 2016-1950 du 28 déc. 2016, JO 30, entrée en vigueur le 01.01.2017)*** Le compte personnel d'activité est mis en œuvre au moyen du traitement automatisé défini par la présente section.

Les dispositions de la présente section s'appliquent sans préjudice des dispositions régissant les systèmes d'information mis en œuvre pour le compte personnel de formation, le compte ***(D. 2017-1768 du 27 déc. 2017, JO 28)*** «professionnel de prévention» et le compte d'engagement citoyen.

Art. R. 5151-2. ***(D. 2016-1950 du 28 déc. 2016, JO 30, entrée en vigueur le 01.01.2017)*** Conformément aux dispositions de l'article L. 5151-6, est autorisée la création, par le ministre chargé de l'emploi, d'un traitement automatisé de données à caractère personnel dénommé "Système d'information du compte personnel d'activité" (SI-CPA).

Ce traitement automatisé est mis en œuvre et géré par la Caisse des dépôts et consignations.

Art. R. 5151-3. ***(D. 2016-1950 du 28 déc. 2016, JO 30, entrée en vigueur le 01.01.2017)*** Le système d'information du compte personnel d'activité a pour finalités de permettre:

1° La consultation par le titulaire du compte et l'utilisation, dans le compte personnel d'activité, des droits inscrits ou mentionnés sur le compte personnel de formation, le compte ***(D. 2017-1768*** *du 27 déc. 2017, JO 28)* «professionnel de prévention» ou le compte d'engagement citoyen, dans le cadre du service en ligne mentionné au I de l'article L. 5151-6;

2° L'accès des titulaires du compte à un service de consultation de leurs bulletins de paie, lorsqu'ils ont été transmis par l'employeur sous forme électronique dans les conditions prévues par l'article L. 3243-2 au moyen de la plateforme de services en ligne mentionnée au II de l'article L. 5151-6;

3° L'accès des titulaires du compte à des services utiles à la sécurisation des parcours professionnels et à la mobilité géographique et professionnelle, au moyen de la même plateforme ainsi que l'accompagnement des titulaires dans l'utilisation de ces services;

4° Le partage entre titulaires de compte de tout ou partie des données de leur espace personnel dans les conditions prévues au II de l'article R. 5151-6 afin de favoriser les échanges sur des questions liées à la sécurisation des parcours professionnels et à la mobilité géographique et professionnelle;

5° L'analyse de l'utilisation et l'évaluation de la mise en œuvre du compte personnel d'activité, notamment par le biais de la statistique.

Art. R. 5151-4. ***(D. 2016-1950 du 28 déc. 2016, JO 30, entrée en vigueur le 01.01.2017)*** Dans la mesure où leur exploitation est nécessaire à la poursuite des finalités définies à l'article R. 5151-3, les catégories de données à caractère personnel pouvant être enregistrées dans le traitement automatisé sont les suivantes:

1° Des données issues du système d'information du compte personnel de formation, y compris celles relevant du compte d'engagement citoyen;

2° Des données issues du système d'information du compte ***(D. 2017-1768 du 27 déc. 2017, JO 28)*** «professionnel de prévention»;

3° Des données à caractère personnel librement renseignées par le titulaire du compte et des données issues de l'utilisation par celui-ci des services en ligne mentionnés au I et aux 2° et 3° du II de l'article L. 5151-6 relatives aux éléments suivants:

a) Les données relatives au parcours professionnel du titulaire du compte: activités professionnelles exercées ou ayant été exercées, activités d'engagement citoyen exercées ou ayant été exercées, études et formations initiales et continues suivies, diplômes et certifications obtenus, qualifications détenues et exercées;

b) Les données relatives aux compétences professionnelles du titulaire du compte: aptitudes et compétences, permis de conduire, langues étrangères;

c) Les données issues de l'utilisation des services en ligne susmentionnés;

d) Les données relatives au projet professionnel du titulaire du compte: métiers envisagés ou recherchés, formations envisagées ou recherchées, région de résidence actuelle ou recherchée, région du lieu de travail actuel et du lieu de travail recherché;

e) Les données issues du profil professionnel du titulaire du compte: dénomination de la branche professionnelle d'origine, code APE de l'employeur;

f) Les données relatives aux coordonnées du titulaire de compte: adresse électronique.

Art. R. 5151-5. ***(D. 2016-1950 du 28 déc. 2016, JO 30, entrée en vigueur le 01.01.2017)*** Le titulaire du compte personnel d'activité accède directement aux données à caractère personnel le concernant.

Dans la mesure nécessaire à l'exercice de leurs missions, les personnels de la Caisse des dépôts et consignations assurant la gestion du traitement accèdent directement à tout ou partie des données à caractère personnel du système d'information du compte personnel d'activité, pour la gestion des services en ligne mentionnés au I et au 2° et au 3° du II de l'article L. 5151-6.

Les agents des organismes de conseil en évolution professionnelle mentionnés à l'article L. 6111-6 sont habilités, lorsque le titulaire y consent, à accéder aux données mentionnées au c du 3° de l'article R. 5151-4 se rapportant à ses profils, parcours, compétences et projets professionnels dans les limites strictement nécessaires à l'exercice de leurs missions.

Art. R. 5151-6. ***(D. 2016-1950 du 28 déc. 2016, JO 30, entrée en vigueur le 01.01.2017)*** I. – Sont destinataires de tout ou partie des données à caractère personnel incluses dans le traitement automatisé, dans les limites strictement nécessaires à l'exercice de leurs missions:

1° Les agents de la direction de l'animation de la recherche, des études et des statistiques du ministère chargé de l'emploi, et des organismes qu'elle mandate au moyen de conventions de recherche, pour leur exploitation à des fins statistiques destinées à la recherche ou à l'évaluation du "Système d'information du compte personnel d'activité" (SI-CPA);

2° Les agents de la délégation générale à l'emploi et à la formation professionnelle;

3° Les agents de la direction générale du travail;

4° Les agents de la direction de la sécurité sociale;

5° Les agents de la direction de la jeunesse, de l'éducation populaire et de la vie associative.

II. – Dans le cadre de la finalité mentionnée au 4° de l'article R. 5151-3, le titulaire du compte peut décider de rendre accessibles aux autres titulaires de compte tout ou partie des données issues de son espace personnel dans des conditions garantissant qu'ils ne font pas l'objet d'une indexation par des moteurs de recherche. Il peut, à tout moment, revenir sur cette décision.

Art. R. 5151-7. ***(D. 2016-1950 du 28 déc. 2016, JO 30, entrée en vigueur le 01.01.2017)*** I. – Une information conforme aux dispositions de l'article 32 de la loi n° 78-17 du 6 janvier 1978 relative à l'informatique, aux fichiers et aux libertés figure sur le service en ligne mentionné au I de l'article L. 5151-6.

II. – Le droit d'opposition prévu à l'article 38 de la même loi ne s'applique pas au système d'information du compte personnel d'activité.

III. – Le droit d'accès et de rectification prévu aux articles 39 et 40 de la même loi s'exerce auprès de la Caisse des dépôts et consignations.

Art. R. 5151-8. ***(D. 2016-1950 du 28 déc. 2016, JO 30, entrée en vigueur le 01.01.2017)*** Les données à caractère personnel et les informations enregistrées dans le système d'information du compte personnel d'activité sont conservées pendant toute la durée d'ouverture du compte et pendant une durée de trois ans à compter de la date du décès du titulaire du compte. En cas de contentieux, ce délai est prorogé jusqu'à l'intervention d'une décision juridictionnelle définitive.

Art. R. 5151-9. ***(D. 2016-1950 du 28 déc. 2016, JO 30, entrée en vigueur le 01.01.2017)*** Toute opération relative au système d'information du compte personnel d'activité fait l'objet d'un enregistrement comprenant l'identification de l'utilisateur, la date, l'heure et la nature de l'intervention dans ce traitement. Ces informations sont conservées pendant une durée d'un an.

Art. R. 5151-10. ***(D. 2016-1950 du 28 déc. 2016, JO 30, entrée en vigueur le 01.01.2017)*** I. – Les personnes morales de droit public et les personnes morales de droit privé chargées d'une mission de service public qui développent et mettent à disposition les services en ligne mentionnés au 3° du II de l'article L. 5151-6 sont autorisées à créer les traitements de données à caractère personnel nécessaires dans les conditions définies au présent article.

La personne morale qui développe et met à disposition le service en ligne est responsable du traitement de données à caractère personnel correspondant.

Le traitement de données à caractère personnel doit avoir reçu le consentement du titulaire du compte personnel d'activité.

Conformément au IV de l'article 26 de la loi du 6 janvier 1978 précitée, la mise en œuvre de chaque traitement est subordonnée à l'envoi préalable à la Commission nationale de l'informatique et des libertés, d'un engagement de conformité aux dispositions du présent article. Cet engagement est accompagné d'un dossier technique sommaire décrivant le traitement mis en œuvre et les mesures prises pour en assurer la sécurité.

II. – Dans la mesure où elles sont strictement nécessaires à la fourniture du service en ligne, peuvent être collectées, traitées et conservées les données mentionnées à l'article R. 5151-4, à l'exception des données suivantes :

1° Les ***(D. 2017-1768 du 27 déc. 2017, JO 28)*** « données relatives à l'exposition aux facteurs de risques professionnels » mentionnées aux 3° à 6° du I de l'article 2 du décret du 11 août 2016 autorisant la création d'un traitement de données à caractère personnel dénommé compte ***(D. 2017-1813 du 29 déc. 2017, JO 30, entrée en vigueur le 01.01.2018)*** « professionnel de prévention » ;

2° Les données relatives aux activités bénévoles ou de volontariat enregistrées en application de l'article L. 5151-8, lorsqu'elles relèvent des données énumérées par l'article 8 de la loi du 6 janvier 1978 précitée.

III. – Un arrêté du ministre chargé de l'emploi, pris après avis motivé et publié de la Commission nationale de l'informatique et des libertés, précise les conditions techniques d'accès aux données.

IV. – Peuvent être destinataires des données mentionnées au II, à condition d'avoir été spécifiquement habilités à cette fin, les employés et agents des organismes mentionnés au I de même nature que ceux mentionnés aux articles R. 5151-5 et R. 5151-6.

V. – Chaque responsable de traitement conserve les données mentionnées au II pour la durée des opérations requises par la fourniture du service en ligne. Cette durée ne peut excéder un mois après l'achèvement des opérations.

VI. – Chaque responsable du traitement procède, conformément aux dispositions du I de l'article 32 de la loi du 6 janvier 1978 précitée, à l'information des personnes dans le cadre du service en ligne. Cette information mentionne notamment l'identité du responsable de traitement, la finalité poursuivie par le traitement, les destinataires des données et les modalités d'exercice des droits des personnes.

Les droits d'opposition, d'accès et de rectification s'exercent, conformément aux articles 38 à 40 de la même loi, auprès des services désignés par le responsable de traitement dans l'engagement de conformité mentionné au I.

SECTION 1 *BIS* (réglementaire). **Compte personnel d'activité des travailleurs indépendants, des membres des professions libérales et des professions non salariées, de leurs conjoints collaborateurs et des artistes auteurs**

Note Cette section a été introduite par le décret 2016-1999 du 30 décembre 2016, JO 31, entrée en vigueur le 01.01.2018.

Art. D. 5151-10-1. Conformément à l'article L. 5151-2 du code du travail, un compte personnel d'activité est ouvert pour toute personne assujettie à la contribution prévue aux articles L. 6331-48, L. 6331-53 et L. 6331-65 et à l'article L. 718-2-1 du code rural et de la pêche maritime. Il est constitué:

1° Du compte personnel de formation, dans les conditions définies par les articles L. 6323-25 à L. 6323-31 et les dispositions prises pour leur application;

2° Du compte d'engagement citoyen, dans les conditions définies par les articles L. 5151-7 à L. 5151-11 et les dispositions prises pour leur application.

Note Cet article est l'ancien article D. 5151-10 issu du décret 2016-1999 du 30 décembre 2016, JO 31 (décret 2017-1058 du 10 mai 2017, JO 11).

SECTION 2. Compte d'engagement citoyen

Art. L. 5151-7. Le compte d'engagement citoyen recense les activités bénévoles ou de volontariat de son titulaire. Il permet d'acquérir:

1° Des ***(L. 2018-771 du 5 sept. 2018, art. 2, I, 3°, JO 6, entrée en vigueur le 01.01.2019)*** «droits» sur le compte personnel de formation à raison de l'exercice de ces activités;

2° Des jours de congés destinés à l'exercice de ces activités.

Note • Les dispositions des articles L. 5151-7 à 11, dans leur rédaction issue de la loi 2018-771 précitée, sont applicables depuis le 1er janvier 2019 (loi précitée, art. 46, I).

• Voir RF 13 septembre 2018, FH 3756, § 2-16.

Art. L. 5151-8. Les activités bénévoles ou de volontariat sont recensées dans le cadre du traitement de données à caractère personnel mentionné au II de l'article L. 6323-8.

Le titulaire du compte décide des activités qu'il souhaite y recenser.

Art. L. 5151-9. Les activités bénévoles ou de volontariat permettant d'acquérir des ***(L. 2018-771 du 5 sept. 2018, art. 2, I, 4°, JO 6, entrée en vigueur le 01.01.2019)*** «droits comptabilisés en euros, inscrits» sur le compte personnel de formation sont:

1° Le service civique mentionné à l'article L. 120-1 du code du service national;

2° La réserve militaire ***(L. 2017-86 du 27 janv. 2017, art. 9, I, 1°, JO 28, entrée en vigueur le 01.01.2017)*** «opérationnelle» mentionnée à l'article L. 4211-1 du code de la défense;

(L. 2017-86 du 27 janv. 2017, art. 9, I, 1°, JO 28, entrée en vigueur le 01.01.2017) «2° *bis* Le volontariat de la réserve civile de la police nationale mentionné aux 2° et 3° de l'article L. 411-7 du code de la sécurité intérieure;»

(L. 2017-86 du 27 janv. 2017, art. 9, I, 1°, JO 28, entrée en vigueur le 01.01.2017) «3° La réserve civique mentionnée à l'article 1er de la loi n° 2017-86 du 27 janvier 2017 relative à l'égalité et à la citoyenneté, et les réserves thématiques qu'elle comporte;»

4° La réserve sanitaire mentionnée à l'article L. 3132-1 du code de la santé publique;

5° L'activité de maître d'apprentissage mentionnée à l'article L. 6223-5 du présent code;

6° Les activités de bénévolat associatif, lorsque les conditions suivantes sont remplies:

(L. 2017-86 du 27 janv. 2017, art. 9, I, 1°, JO 28, entrée en vigueur le 01.01.2017) «*a)* L'association est régie par la loi du 1er juillet 1901 relative au contrat d'association ou inscrite au registre des associations en application du code civil local applicable dans les départements du Bas-Rhin, du Haut-Rhin et de la Moselle, est déclarée depuis trois ans au moins et l'ensemble de ses activités est mentionné au b du 1 de l'article 200 du code général des impôts;»

b) Le bénévole siège dans l'organe d'administration ou de direction de l'association ou participe à l'encadrement d'autres bénévoles, dans des conditions, notamment de durée, fixées par décret;

(L. 2018-771 du 5 sept. 2018, art. 2, I, 4°, JO 6, entrée en vigueur le 01.01.2019) «7° L'aide apportée à une personne en situation de handicap ou à une personne âgée en perte d'autonomie dans les conditions prévues à l'article L. 113-1 du code de l'action sociale et des familles, lorsque les conditions suivantes sont remplies:

a) Un accord collectif de branche détermine les modalités permettant d'acquérir les droits à la formation;

b) Les droits à la formation acquis à ce titre font l'objet d'une prise en charge mutualisée par les employeurs de la branche professionnelle concernée;»

(L. 2016-1867 du 27 déc. 2016, art. 7, JO 28, entrée en vigueur le 01.01.2017) «8° Le volontariat dans les corps de sapeurs-pompiers mentionné aux articles L. 723-3 à L. 726-20 du code de la sécurité intérieure et dans la loi n° 96-370 du 3 mai 1996 relative au développement du volontariat dans les corps de sapeurs-pompiers.»

Toutefois, les activités mentionnées au présent article ne permettent pas d'acquérir des ***(L. 2018-771 du 5 sept. 2018, art. 2, I, 4°, JO 6, entrée en vigueur le 01.01.2019)*** «droits inscrits» sur le compte personnel de formation lorsqu'elles sont effectuées dans le cadre des formations secondaires mentionnées au code de l'éducation.

Un décret en Conseil d'État définit les modalités d'application du 6° du présent article.

Art. L. 5151-10. Un décret définit, pour chacune des activités mentionnées à l'article L. 5151-9, ***(L. 2018-771 du 5 sept. 2018, art. 2, I, 5°, JO 6, entrée en vigueur le 01.01.2019)*** «le montant des droits acquis en fonction de la durée consacrée à cette activité, dans la limite d'un plafond».

Note Voir article D. 5151-14.

Art. L. 5151-11. La mobilisation des ***(L. 2018-771 du 5 sept. 2018, art. 2, I, 6°, JO 6, entrée en vigueur le 01.01.2019)*** «droits mentionnés» à l'article L. 5151-10 est financée:

1° Par l'État, pour les activités mentionnées aux 1°, 2° ***(L. 2017-86 du 27 janv. 2017, art. 9, I, 2°, JO 28, entrée en vigueur le 01.01.2017)*** «, 2° *bis*», 5° ***(L. 2017-86 du 27 janv. 2017, art. 9, I, 2°, JO 28, entrée en vigueur le 01.01.2017)*** «et 6°» de l'article L. 5151-9 ***(L. 2017-86 du 27 janv. 2017, art. 9, I, 2°, JO 28, entrée en vigueur le 01.01.2017)*** «, ainsi que pour l'activité mentionnée au 3° du même article L. 5151-9, à l'exception de la réserve communale de sécurité civile mentionnée ***(L. 2018-771 du 5 sept. 2018, art. 2, I, 6°, JO 6, entrée en vigueur le 01.01.2019)*** «au chapitre IV du titre II du livre VII» du code de la sécurité intérieure»;

2° Par la commune, ***(L. 2017-86 du 27 janv. 2017, art. 9, I, 2°, JO 28, entrée en vigueur le 01.01.2017)*** «pour la réserve communale de sécurité civile»;

3° Par l'établissement public chargé de la gestion de la réserve sanitaire, mentionné à l'article L. 1413-1 du code de la santé publique, pour l'activité mentionnée au 4° de l'article L. 5151-9 du présent code.

(L. 2016-1867 du 27 déc. 2016, art. 7, JO 28) «4° Par l'autorité de gestion du sapeur-pompier volontaire, soit l'État, le service d'incendie et de secours, la commune ou l'établissement public de coopération intercommunale, pour l'activité mentionnée au 8° du même article L. 5151-9.»

(L. 2019-1479 du 28 déc. 2019, art. 206, 1°, JO 29) «Les ressources destinées au financement des droits mentionnés à l'article L. 5151-10 sont versées à l'organisme mentionné à l'article L. 6333-1.»

Art. L. 5151-12. L'employeur a la faculté d'accorder des jours de congés payés consacrés à l'exercice d'activités bénévoles ou de volontariat. Ces jours de congés peuvent être retracés sur le compte d'engagement citoyen.

Sous-section 1 (réglementaire). Dispositions générales

Note • Les sous-sections 1 et 2 ont été introduites par le décret 2016-1970 du 28 décembre 2016, JO 30.

• Les heures acquises au titre du compte d'engagement citoyen au 31 décembre 2018 sont converties en euros selon un taux de conversion horaire de 12 € correspondant au plafond horaire de remboursement (décret 2018-1349 du 28 décembre 2018, art. 1er, JO 30, entrée en vigueur le 01.01.2019). Voir RF 31 janvier 2019, FH 3777 § 10-25; FRS 18 janvier 2019, n° 5 § 8.

Art. D. 5151-11. Les ***(D. 2018-1349 du 28 déc. 2018, art. 2, JO 30, entrée en vigueur le 01.01.2019)*** «droits acquis» au titre de l'engagement citoyen sont ***(D. 2018-1349 du 28 déc. 2018, art. 2, JO 30, entrée en vigueur le 01.01.2019)*** «mobilisés» après utilisation des ***(D. 2018-1349 du 28 déc. 2018, art. 2, JO 30, entrée en vigueur le 01.01.2019)*** «droits inscrits» sur le compte personnel de formation, sous réserve des dispositions prévues au ***(D. 2018-1349 du 28 déc. 2018, art. 3, JO 30, entrée en vigueur le 01.01.2019)*** «5° du II» de l'article L. 6323-6.

Art. D. 5151-12. L'action financée en tout ou partie par les ***(D. 2018-1349 du 28 déc. 2018, art. 2, JO 30, entrée en vigueur le 01.01.2019)*** «droits acquis» au titre de l'engagement citoyen est prise en charge dans les conditions définies par le chapitre III du titre II du livre III de la sixième partie du présent code.

Lorsque le titulaire du compte d'engagement citoyen ne relève pas de l'une des situations mentionnées aux 1° à 3° de l'article L. 5151-2, un ***(D. 2018-1349 du 28 déc. 2018, art. 4, JO 30, entrée en vigueur le 01.01.2019)*** «organisme» désigné par arrêté du ministre chargé de la formation professionnelle assure cette prise en charge.

Art. D. 5151-13. Lorsque, en application de l'article L. 5151-11, plusieurs personnes morales financent les ***(D. 2018-1349 du 28 déc. 2018, art. 2, JO 30, entrée en vigueur le 01.01.2019)*** «droits mobilisés» au titre de l'engagement citoyen, elles ***(D. 2018-1349 du 28 déc. 2018, art. 5, JO 30, entrée en vigueur le 01.01.2019)*** «versent leur financement à l'organisme qui assure la prise en charge par ordre d'antériorité de la date de déclaration des activités ayant ouvert» ***(D. 2017-1058 du 10 mai***

2017, JO 11) « ces *(D. 2018-1349 du 28 déc. 2018, art. 2, JO 30, entrée en vigueur le 01.01.2019)* « droits » à la Caisse des dépôts et consignations ».

La Caisse des dépôts et consignations transmet, selon une périodicité définie par arrêté des ministres chargés de la formation professionnelle, de la vie associative, des collectivités territoriales de la santé, de la sécurité civile, *(D. 2017-1058 du 10 mai 2017, JO 11)* « de la police nationale, des affaires étrangères, de l'éducation nationale, » de la défense et du budget, les informations nécessaires aux personnes morales mentionnées à l'article L. 5151-11.

Note • Les dispositions de cet article, dans sa rédaction issue du décret 2018-1349 précité, sont applicables depuis le 1er janvier 2019.

• Les dispositions de cet article, dans sa rédaction issue du décret 2017-1058 précité, sont applicables aux activités réalisées depuis le 1er janvier 2017. Par dérogation, elles sont applicables aux activités réalisées depuis le 1er janvier 2018 pour les activités de réserve civique, de réserve citoyenne de la police nationale et de réserve citoyenne de l'éducation nationale (décret précité, art. 5).

• Avant le 1er janvier 2019, le plafond horaire du remboursement par les personnes morales mentionnées à l'article L. 5151-11 à l'organisme ayant assuré la prise en charge de l'action financée en tout ou partie par les heures acquises au titre de l'engagement citoyen était fixé à 12 €, à l'exception des formations destinées à permettre aux bénévoles et aux volontaires en service civique d'acquérir les compétences nécessaires à l'exercice de leurs missions, ainsi que celles destinées à permettre aux sapeurs-pompiers volontaires d'acquérir des compétences nécessaires à l'exercice de leurs missions (visées au 4° du III de l'article L. 6323-6), pour lesquelles le plafond était fixé à 7 € (arrêté du 1er septembre 2017, JO 7). Le taux de conversion prévu par le décret 2018-1349 précité permet donc de maintenir le niveau de financement existant, et même de l'améliorer pour les formations qui étaient remboursées sur une base de 7 €/h.

Sous-section 2 (réglementaire). **Acquisition des droits**

Art. D. 5151-14. I. – La durée minimale nécessaire à l'acquisition de *(D. 2018-1349 du 28 déc. 2018, art. 6, JO 30, entrée en vigueur le 01.01.2019)* « 240 euros » sur le compte personnel de formation correspond à :

1° Pour le service civique, une durée de six mois continus ;

2° Pour la réserve militaire opérationnelle, une durée d'activités accomplies de quatre-vingt-dix jours ;

(D. 2017-1058 du 10 mai 2017, JO 11) « 3° Pour la réserve citoyenne de défense et de sécurité, une durée continue de cinq ans d'engagement ; »

4° Pour la réserve communale de sécurité civile, une durée d'engagement de cinq ans ;

5° Pour la réserve sanitaire, une durée *(D. 2017-1058 du 10 mai 2017, JO 11)* « d'emploi de trente jours » ;

6° Pour l'activité de maître d'apprentissage, une durée de six mois, quel que soit le nombre d'apprentis accompagnés ;

7° Pour les activités de bénévolat associatif, une durée de 200 heures, réalisées dans une ou plusieurs associations, dont au moins 100 heures dans une même association.

(D. 2017-1058 du 10 mai 2017, JO 11) « 8° Pour la réserve citoyenne de l'éducation nationale, une durée d'engagement continue d'un an ayant donné lieu à au moins vingt-cinq interventions ; »

(D. 2017-828 du 5 mai 2017, JO 7) « 9° Pour l'activité de sapeur-pompier volontaire, la signature de l'engagement de cinq ans ; »

(D. 2017-1058 du 10 mai 2017, JO 11) « 10° Pour les réservistes de la réserve civile de la police nationale mentionnés aux 2° et 3° de l'article L. 411-7 du code de la sécurité intérieure, une durée continue de trois ans d'engagement ayant donné lieu à la réalisation de soixante-quinze vacations par an ;

11° Pour la réserve citoyenne de la police nationale, une durée continue de trois ans d'engagement ayant donné lieu à la réalisation de trois cent cinquante heures par an ;

12° Pour la réserve civique et ses réserves thématiques à l'exception de celles mentionnées aux 3°, 4°, 8° et au 11°, une durée d'activité annuelle d'au moins quatre-vingts heures. »

II. – Pour les activités mentionnées *(D. 2017-1058 du 10 mai 2017, JO 11)* « aux 2°, 5° et au 7° » du I, la durée est appréciée sur l'année civile écoulée. La déclaration à la Caisse des dépôts et consignations intervient à l'issue de cette année civile.

Pour les activités mentionnées *(D. 2017-1058 du 10 mai 2017, JO 11)* « aux 1°, 6°, 8° et au 12° » du I, la durée est appréciée sur l'année civile écoulée et sur l'année précédente. La déclaration à la Caisse des dépôts et consignations intervient à l'issue de l'année civile écoulée.

Pour les activités mentionnées *(D. 2017-1058 du 10 mai 2017, JO 11)* « au 4° » du I, la durée est appréciée au vu du contrat d'engagement signé par le réserviste. La déclaration à la Caisse des dépôts et consignations intervient à l'issue de l'année civile au cours de laquelle le contrat d'engagement a été signé.

(D. 2017-828 du 5 mai 2017, JO 7) « Pour l'activité mentionnée au 9°, la durée est appréciée au vu de la signature de l'engagement du sapeur-pompier volontaire. La déclaration à la Caisse des dépôts et consignations intervient à l'issue de l'année civile au cours de laquelle l'arrêté de nomination a été notifié au sapeur-pompier volontaire. »

(D. 2017-1058 du 10 mai 2017, JO 11) « Pour les activités mentionnées au 3° du I, la durée est appréciée au terme d'une durée continue de cinq ans d'engagement. La déclaration à la Caisse des dépôts et consignations intervient au début de l'année civile suivante.

Pour les activités mentionnées au 10° et au 11° du I, la durée est appréciée au terme d'une durée continue de trois ans d'engagement ayant donné lieu respectivement à soixante-quinze vacations par an et à la réalisation de trois cent cinquante heures par an. La déclaration à la Caisse des dépôts et consignations intervient au début de l'année civile suivante. »

III. – ***(D. 2018-1349 du 28 déc. 2018, art. 6, JO 30, entrée en vigueur le 01.01.2019)*** « Le montant des droits acquis au titre du compte d'engagement citoyen ne peut excéder le plafond de 720 euros ».

Note • Les dispositions de cet article, dans sa rédaction issue du décret 2017-828 précité, sont entrées en vigueur au titre des activités de sapeur-pompier volontaire exercées depuis le 1er janvier 2017 (décret précité, art. 3).

• Les dispositions de cet article, dans sa rédaction issue du décret 2017-1058 précité, sont applicables aux activités réalisées depuis le 1er janvier 2017. Par dérogation, elles sont applicables aux activités réalisées depuis le 1er janvier 2018 pour les activités de réserve civique, de réserve citoyenne de la police nationale et de réserve citoyenne de l'éducation nationale (décret précité, art. 5).

• Avant le 1er janvier 2019 (décret 2018-1349 précité), il était possible d'acquérir 20 heures maximum sur le CEC au titre d'une même année civile et d'une même catégorie d'engagement (bénévole, volontaire, réserviste ou maître d'apprentissage). Le total des heures acquises au titre du CEC était limité à 60 heures.

Le montant et le plafond des droits acquis au titre du CEC depuis le 1er janvier 2019 sont fixés sur la base du taux de conversion de 12 € de l'heure. Désormais, les durées minimales fixées par le code du travail pour chaque catégorie d'activité permettent chacune d'acquérir 240 € sur le CPF (et non plus 20 heures). Notons que si, antérieurement, cet article précisait qu'on ne pouvait pas acquérir plus de 20 heures pour une même catégorie d'activité au titre d'une même année civile, cette restriction a été levée.

Sous-section 3 (réglementaire). **Déclaration de l'engagement associatif bénévole**

Note • Les dispositions de cette sous-section ont été introduites par le décret 2016-1826 du 21 décembre 2016, JO 23, entrée en vigueur le 01.01.2017; elles s'appliquent aux activités de bénévolat associatif réalisées à compter de cette date. Voir LSQ n° 17230 du 27.12.2016.

• Les modalités de déclaration des activités de bénévolat associatif, afin d'acquérir des droits à formation dans le cadre du CEC, ont été modifiées par le décret 2018-1164 du 17 décembre 2018, JO 19, avec la mise en place de téléservices (voir art. R. 5151-19). Voir RF 31 janvier 2019, FH 3777, § 10-27; FRS 18 janvier 2019, n° 5 § 8-3.

Art. R. 5151-16. Le titulaire du compte personnel d'activité souhaitant acquérir des ***(D. 2018-1164 du 17 déc. 2018, JO 19, entrée en vigueur le 01.01.2019)*** « droits inscrits » sur son compte personnel de formation au titre des activités mentionnées au 6° de l'article L. 5151-9 déclare à la Caisse des dépôts et consignations, au plus tard le 30 juin de chaque année, le nombre d'heures qu'il a réalisées au cours de l'année civile précédente en tant que bénévole siégeant dans l'organe d'administration ou de direction de l'association ou participant à l'encadrement d'autres bénévoles.

Note Par dérogation aux dispositions des articles R. 5151-16 et R. 5151-17, le titulaire du compte pouvait déclarer ses activités de bénévolat associatif réalisées au titre de l'année 2017 au plus tard le 28 février 2019. L'exactitude de ces données pouvait être attestée au plus tard le 19 mars 2019 (décret 2018-1164 précité, art. 4).

Art. R. 5151-17. L'exactitude des données figurant dans la déclaration mentionnée à l'article R. 5151-16 est attestée, auprès de la Caisse des dépôts et consignations, par l'une des personnes chargées de l'administration ou de la direction de l'association au plus tard le 31 décembre de l'année au cours de laquelle la déclaration a été effectuée.

Art. R. 5151-18. Les activités faisant l'objet d'une déclaration ou d'une attestation au-delà des dates prévues aux articles R. 5151-16 et R. 5151-17 ne sont pas prises en compte pour le calcul de la durée d'activité nécessaire à l'acquisition ***(D. 2018-1164 du 17 déc. 2018, JO 19, entrée en vigueur le 01.01.2019)*** « des droits inscrits » sur le compte personnel formation mentionnée à l'article L. 5151-10.

Art. R. 5151-19. ***(D. 2018-1164 du 17 déc. 2018, JO 19)*** Un téléservice national dénommé: "Le Compte Bénévole", placé sous la responsabilité du ministère chargé de la vie associative, permet la déclaration prévue à l'article R. 5151-16 et sa transmission à l'une des personnes chargées de l'administration ou de la direction de l'association pour l'attestation de l'exactitude des données prévue à l'article R. 5151-17.

Un téléservice national dénommé: "Le Compte Asso", placé sous la responsabilité du ministère chargé de la vie associative permet cette attestation et la transmission des données prévues à l'alinéa précédent à la Caisse des dépôts et consignations.

LIVRE II
DISPOSITIONS APPLICABLES À CERTAINES CATÉGORIES DE TRAVAILLEURS

TITRE Ier TRAVAILLEURS HANDICAPÉS

Note • **Obligation d'emploi. La loi pour la liberté de choisir son avenir professionnel** a eu pour objectif de rendre l'obligation d'emploi des travailleurs handicapés plus efficace, en privilégiant leur emploi direct quelles qu'en soient les modalités. Ces dispositions s'appliquent, sauf exception, depuis le 1er janvier 2020 (loi 2018-771 du 5 septembre 2018, JO 6; C. constit. 4 septembre 2018, n° 2018-769 DC, JO 6):
– depuis le 01.01.2020, tous les employeurs, quel que soit leur effectif, doivent établir une déclaration d'emploi des travailleurs handicapés;
– l'obligation d'employer au moins 6 % de travailleurs handicapés s'applique à toute entreprise d'au moins 20 salariés (et non plus aux seuls établissements d'au moins 20 salariés);
– le taux d'emploi de travailleurs handicapés, fixé à 6 %, peut être révisé tous les 5 ans;
– l'OETH passe en priorité par l'emploi direct de bénéficiaires dans l'entreprise, avec notamment un allégement des conditions de prise en compte des stagiaires;
– les accords agréés ne permettent aux entreprises de s'acquitter de leur obligation d'emploi que pendant 6 ans au plus;
– les contrats avec le secteur protégé ne sont plus pris en considération dans l'accomplissement de l'obligation d'emploi, mais permettent de minorer la contribution AGEFIPH;
– les différents mécanismes de minoration de la contribution AGEFIPH disparaissent au profit d'un seul dispositif, qui consiste à prendre en compte les efforts de l'employeur en faveur des bénéficiaires qui rencontrent des difficultés particulières de maintien dans l'emploi;
– la liste des emplois exigeants des conditions d'aptitude particulières (ECAP) devrait être revue;
– la contribution AGEFIPH est versée à l'URSSAF.

• **DOETH 2020 : délai pour la première transmission via la DSN.** Depuis l'OETH 2020 (à déclarer en 2021), la DOETH s'effectue par l'intermédiaire de la DSN (voir RF 1109, Travailleurs handicapés: les obligations de l'entreprise, § 3348). En principe, elle doit être réalisée à l'occasion de la DSN relative au mois de février de l'année suivant celle au titre de laquelle l'OETH est effectuée. Ainsi, pour la DOETH 2020, il devrait s'agir, en principe, de la DSN relative au mois de février 2021, à souscrire au plus tard pour le 5 ou 15 mars selon les cas. Le décret 2020-1350 accorde toutefois, à titre dérogatoire, un délai pour cette première DOETH déclarée par le biais de la DSN. Elle devra être transmise via la DSN afférente au mois de mai 2021, à souscrire pour le 5 ou 15 juin (voir décret 2020-1350 du 5 novembre 2020, art. 3, 2°, JO 6).

• **Mesures facilitant l'accès au travail.** En marge de l'obligation d'emploi, la loi précitée a pris diverses mesures visant à favoriser le travail et l'insertion professionnelle des personnes handicapées: accès facilité au télétravail, désignation d'un référent à partir de 250 salariés, etc. (voir art. L. 1222-9, L. 5212-13 et L. 5213-6-1).

• **Accords agréés sur l'emploi des travailleurs handicapés.** Voir instruction DGEFP/METH/2021/11 du 7 janvier 2021 (NOR: MTRD2100596J). Cette instruction remplace la circulaire DGEFP 2009-16 du 27 mai 2009.

• **Compte personnel de formation.** La loi précitée a aménagé le compte personnel de formation (CPF) à destination des personnes handicapées: une majoration de l'alimentation du compte (voir art. L. 6323-11) et l'absence de condition d'ancienneté pour bénéficier du CPF de transition professionnelle (voir art. L. 6323-17-2).

• **Doctrine.** Voir RF 13 septembre 2018, FH 3756, §§ 4-1 et s.; LSQ n° 17689 du 9.11.2018; RF 19 septembre 2019, FH 3807; RF 3 octobre 2019, FH 3809; LSQ n° 17926 du 25.10.2019; RF 26 novembre 2020, FH 3867; LSQ n° 18236 du 03.02.2021.

• **Sites internet.** *www.service-public.fr/professionnels-entreprises/vosdroits*; Urssaf (*www.urssaf.fr/portail/home/actualites/toute-lactualite-employeur/obligation-demploi*), guide détaillé en ligne sur les obligations déclaratives; Agefiph (*www.agefiph.fr/services-et-aides-financieres*)

CHAPITRE Ier Objet des politiques en faveur de l'emploi des personnes handicapées

Art. L. 5211-1. Le reclassement des travailleurs handicapés comporte:
1° La réadaptation fonctionnelle, complétée éventuellement par un réentraînement à l'effort;

2° L'orientation;
3° La rééducation ou la formation professionnelle pouvant inclure un réentraînement scolaire;
4° Le placement.

Art. L. 5211-2. ***(L. 2014-288 du 5 mars 2014, art. 21, I, 1° et 27, II, JO 6, entrée en vigueur le 01.01.2015)*** «La région est chargée, dans le cadre du service public régional de la formation professionnelle défini à l'article L. 6121-2, de l'accès à la formation et à la qualification professionnelle des personnes handicapées.

Elle définit et met en œuvre un programme régional d'accès à la formation et à la qualification professionnelle des personnes handicapées en concertation avec:»
1° L'État;
2° Le service public de l'emploi;
3° L'association de gestion du fonds pour l'insertion professionnelle des handicapés;
4° Le fonds pour l'insertion des personnes handicapées dans la fonction publique;
5° (Abrogé);
6° Les organismes de protection sociale;
7° Les organisations syndicales et associations représentatives des personnes handicapées.

Art. D. 5211-1. Pour la mise en œuvre des politiques d'accès à la formation et à la qualification prévues à l'article L. 5211-2, une programmation pluriannuelle de l'accueil en formation garantit un ensemble complet de services aux personnes handicapées.

Cette offre respecte la possibilité de libre choix de ces personnes tout en tenant compte de l'analyse des besoins et de la proximité des lieux de formation.

Art. L. 5211-3. ***(L. 2014-288 du 5 mars 2014, art. 21, I, 2°, JO 6, entrée en vigueur le 01.01.2015)*** «Le programme régional d'accès à la formation et à la qualification professionnelle des personnes handicapées a pour objectif de répondre à leurs besoins de développement de compétences afin de faciliter leur insertion professionnelle.

Il recense et quantifie les besoins en s'appuyant sur le diagnostic intégré dans le plan régional pour l'insertion des travailleurs handicapés défini à l'article L. 5211-5 et l'analyse contenue dans le contrat de plan régional de développement des formations et de l'orientation professionnelles défini au I de l'article L. 214-13 du code de l'éducation.»

(L. 2014-288 du 5 mars 2014, art. 21, I, 2°, JO 6, entrée en vigueur le 01.01.2015) «Il favorise» l'utilisation efficiente des différents dispositifs en facilitant la coordination entre les organismes de formation ordinaires et les organismes spécialement conçus pour la compensation des conséquences du handicap ou la réparation du préjudice.

(L. 2014-288 du 5 mars 2014, art. 21, I, 2°, JO 6, entrée en vigueur le 01.01.2015) «Il est soumis pour avis au comité régional de l'emploi, de la formation et de l'orientation professionnelles.

Les établissements et services sociaux et médico-sociaux de réadaptation, de préorientation et de rééducation professionnelle mentionnés au *b* du 5° du I de l'article L. 312-1 du code de l'action sociale et des familles participent au service public régional de la formation professionnelle dans le cadre du programme régional.»

Art. L. 5211-4. Afin de tenir compte des contraintes particulières des personnes handicapées ou présentant un trouble de santé invalidant, les actions de formation professionnelle prévues à la sixième partie prévoient un accueil à temps partiel ou discontinu ainsi qu'une durée et des modalités adaptées de validation de la formation professionnelle, dans des conditions déterminées par décret.

Art. D. 5211-2. En application de l'article L. 5211-4, les organismes de formation ordinaires, ceux spécialement conçus pour la compensation des conséquences du handicap ou la réparation du préjudice et les acteurs mentionnés à l'article D. 6312-1 mettent en œuvre, au titre de la formation professionnelle continue, un accueil à temps partiel ou discontinu, une durée adaptée de formation et des modalités adaptées de validation de la formation professionnelle pour les personnes handicapées mentionnées à l'article L. 5212-13 du présent code et à l'article L. 114 du code de l'action sociale et des familles.

Art. D. 5211-3. Les adaptations mentionnées à l'article D. 5211-2 peuvent être individuelles ou collectives pour un groupe de personnes ayant des besoins similaires. Elles portent également sur les méthodes et les supports pédagogiques et peuvent recourir aux technologies de l'information et de la communication.

Art. D. 5211-4. *(D. 2009-289 du 13 mars 2009, JO 15)* « Les adaptations sont mises en œuvre sur la base des informations fournies par : »

(D. 2009-289 du 13 mars 2009, JO 15) « 1° » La personne handicapée ;

(D. 2009-289 du 13 mars 2009, JO 15) « 2° » Le service public de l'emploi ;

(D. 2009-289 du 13 mars 2009, JO 15) « 3° » Les organismes de placement spécialisés qui l'accompagnent dans son parcours d'accès à l'emploi ;

(D. 2009-289 du 13 mars 2009, JO 15) « 4° » La commission des droits et de l'autonomie des personnes handicapées ;

(D. 2009-289 du 13 mars 2009, JO 15) « 5° » Les organismes participant à l'élaboration de son projet d'insertion sociale et professionnelle.

Art. D. 5211-5. L'adaptation de la validation de la formation professionnelle porte sur les aménagements des modalités générales d'évaluation des connaissances et des compétences acquises au cours de la formation.

Art. D. 5211-6. Les organismes dispensant des formations professionnelles et les institutions délivrant des diplômes, titres professionnels ou certificats de qualification professionnelle mettent en œuvre les adaptations, notamment en faisant évoluer leur propre réglementation.

Art. L. 5211-5. *(L. 2011-901 du 28 juil. 2011, art. 11, JO 30)* Tous les cinq ans, le service public de l'emploi élabore, sous l'autorité du représentant de l'État dans la région, un plan régional pour l'insertion des travailleurs handicapés. Ce plan, coordonné avec *(L. 2014-288 du 5 mars 2014, art. 21, I, 3° et 27, II, JO 6, entrée en vigueur le 01.01.2015)* « le programme régional défini à l'article L. 5211-3 », comprend :

1° Un diagnostic régional englobant les diagnostics locaux établis avec la collaboration des référents pour l'insertion professionnelle des maisons départementales des personnes handicapées ;

2° Un plan d'action régional pour l'insertion des travailleurs handicapés comportant des axes d'intervention et des objectifs précis ;

3° Des indicateurs régionaux de suivi et d'évaluation des actions menées au niveau régional.

(L. 2014-288 du 5 mars 2014, art. 21, I, 3° et 27, II, JO 6, entrée en vigueur le 01.01.2015) « Les conventions prévues à l'article L. 6123-4 contribuent à mettre en œuvre ce plan. »

CHAPITRE II Obligation d'emploi des travailleurs handicapés, mutilés de guerre et assimilés

Note La loi pour la liberté de choisir son avenir professionnel a eu pour objectif de rendre l'obligation d'emploi des travailleurs handicapés plus efficace, en privilégiant leur emploi direct quelles qu'en soient les modalités. Les dispositions de la loi précitée, entrées en vigueur au 1er janvier 2020, sont applicables aux obligations portant sur les périodes courant depuis cette date, c'est-à-dire depuis l'obligation d'emploi 2020, à déclarer en 2021 (loi 2018-771 du 5 septembre 2018, JO 6 ; C. constit. 4 septembre 2018, n° 2018-769 DC, JO 6).

Voir RF 19 septembre 2019, FH 3807 ; RF 3 octobre 2019, FH 3809 ; RF 26 novembre 2020, FH 3867 ; LSQ n° 17926 du 25.10.2019.

SECTION 1. Champ d'application

Art. L. 5212-1. *(L. 2018-771 du 5 sept. 2018, art. 67, I, 1°, JO 6, entrée en vigueur le 01.01.2020)* La mobilisation en faveur de l'emploi des travailleurs handicapés concerne tous les employeurs. À ce titre, ces derniers déclarent l'effectif total des bénéficiaires de l'obligation d'emploi mentionnés à l'article L. 5212-13 qu'ils emploient, selon des modalités fixées par décret.

Les articles L. 5212-2 à L. 5212-17 s'appliquent à tout employeur occupant au moins vingt salariés, y compris les établissements publics industriels et commerciaux.

(L. 2019-486 du 22 mai 2019, art. 11, VI, 11°, JO 23, entrée en vigueur le 01.01.2020) « Pour l'application des dispositions du présent chapitre, l'effectif salarié et le franchissement de seuil sont déterminés selon les modalités prévues à l'article L. 130-1 du code de la sécurité sociale. Toutefois, dans les entreprises de travail temporaire, les entreprises de portage salarial et les groupements d'employeurs, l'effectif salarié ne prend pas en compte les salariés mis à disposition ou portés.

Le nombre de bénéficiaires de l'obligation d'emploi est déterminé selon les modalités prévues au même article L. 130-1, sous réserve des dispositions particulières prévues aux articles L. 5212-6 à L. 5212-7-2 du présent code. »

Note • Les dispositions de cet article, dans sa rédaction issue de la loi 2018-771 précitée, s'appliquent aux obligations portant sur les périodes courant depuis le 01.01.2020 (loi précitée, art. 67, III, A).

• **Loi 2018-771.** Tous les employeurs sont soumis à une obligation déclarative. Cette mesure vise notamment à identifier les pratiques des très petites entreprises (TPE) en matière d'emploi des personnes handicapées, afin de développer une offre de services qui leur soit adaptée (première lecture de la loi Avenir professionnel à l'Assemblée nationale, amdt 2246).

Mais l'introduction de cette obligation déclarative ne change rien au fait que seuls les employeurs de 20 salariés et plus sont juridiquement soumis à l'obligation d'emploi. Sauf précision contraire, les dispositions de la loi pour la liberté de choisir son avenir professionnel sont entrées en vigueur le 01.01.2020 et sont applicables aux obligations portant sur les périodes courant à compter de cette date (obligation d'emploi 2020, à déclarer en 2021).

Voir RF du 13 septembre 2018, FH 3756, §§ 4-1 et s.; JCP éd. S 2018, 1315, étude M. Bidaux et A. Lançon.

• **Loi 2019-486.** En application de la loi PACTE, depuis le 01.01.2020, il convient d'appliquer les règles de calcul de l'effectif «sécurité sociale» pour déterminer si le seuil d'assujettissement de 20 salariés est atteint ou dépassé.

Il en résulte que l'effectif ne sera plus mesuré au 31 décembre, mais en moyenne sur l'année (art. L. 130-1 c. séc. soc.; voir FH 3793, § 1-5).

Voir RF du 19 septembre 2019, FH 3807, §§ 3-3 et 3-18; LSQ n° 17926 du 25.10.2019.

• **Jusqu'au 31.12.2019.** Voir RF 15 février 2018, FH 3729, §§ 5-1 et s., LSQ n° 17511 du 15.02.2018.

SECTION 2. **Obligation d'emploi**

Art. L. 5212-2. ***(L. 2018-771 du 5 sept. 2018, art. 67, I, 2°, JO 6, entrée en vigueur le 01.01.2020)*** Tout employeur emploie des bénéficiaires de l'obligation d'emploi mentionnés à l'article L. 5212-13 dans la proportion minimale de 6 % de l'effectif total de ses salariés.

Ce taux est révisé tous les cinq ans, en référence à la part des bénéficiaires de l'obligation d'emploi dans la population active et à leur situation au regard du marché du travail, après avis du conseil mentionné à l'article L. 146-1 du code de l'action sociale et des familles.

Note • **Périodes courant depuis le 01.01.2020.** Cet article s'applique aux obligations portant sur les périodes courant depuis le 01.01.2020 (loi 2018-771 précitée, art. 67, III, A).

• **Loi 2018-771.** Tout employeur d'au moins 20 salariés, y compris les établissements publics industriels et commerciaux, doit compter dans son effectif au moins 6 % de bénéficiaires de l'obligation d'emploi des travailleurs handicapés (OETH). Avec la loi précitée, l'obligation d'emploi s'applique au niveau de l'entreprise et non plus de l'établissement (voir art. L. 5212-3). Cela a notamment pour conséquence de faire basculer dans le champ de l'OETH des entreprises qui n'y étaient auparavant pas assujetties, en l'occurrence, les entreprises comportant plusieurs établissements de moins de 20 salariés, mais dont l'effectif global est égal ou supérieur à 20 salariés.

Voir RF 13 septembre 2018, FH 3756, §§ 4-1 et s.; JCP éd. S 2018, 1315, étude M. Bidaux et A. Lançon; RF 19 septembre 2019, FH 3807; RF 3 octobre 2019, FH 3809; RF 26 novembre 2020, FH 3867.

• **Jusqu'au 31.12.2021.** Pour l'application de cet article à **Mayotte**, jusqu'au 31 décembre 2021, le taux de «6 %» est remplacé par les taux suivants: «2 %» au titre de l'année 2018; «3 %» au titre de l'année 2019; «4 %» au titre de l'année 2020; «5 %» au titre de l'année 2021 (décret 2018-1337 du 28 décembre 2018, art. 20, I, JO 30).

• **Site internet.** Voir le site officiel de l'administration *www.service-public.fr/professionnels-entreprises*.

• **HALDE.** Voir délibération de la Halde 2010-126 du 14 juin 2010 relative à l'accès à l'emploi des personnes handicapées dans le secteur privé au regard des principes d'égalité de traitement et de non-discrimination sous article L. 5213-6.

• **Jurisprudence.** Les dispositions régissant l'emploi des travailleurs handicapés ont été adoptées dans l'intérêt exclusif de ceux-ci. Par conséquent, le fait pour un salarié de ne pas révéler à l'employeur sa qualité de travailleur handicapé reconnue par la commission des droits et de l'autonomie des personnes handicapées [CDAPH (ex-Cotorep)] ne revêt pas un caractère fautif (cass. soc. 6 mai 2003, n° 01-41.370, RJS 8-9/03 n° 1083; 21 septembre 2005, n° 03-44.855, 7 novembre 2006, n° 05-41.380 et 18 septembre 2013, n° 12-17.159, cités sous art. L. 5213-9).

Sur la proposition de confier au médecin du travail le rôle d'informer l'employeur du nombre de salariés bénéficiaires de l'obligation d'emploi des travailleurs handicapés (OETH) présents dans son entreprise, voir rép. QE 11415, JO Sén. 14 avril 2011, p. 964. Le ministre du Travail a précisé que la demande de reconnaissance de la qualité de bénéficiaire de l'OETH résulte d'une démarche personnelle et volontaire de l'intéressé, de même que sa décision de porter à la connaissance de l'employeur ou du médecin du travail sa condition de bénéficiaire de cette obligation. La communication aux entreprises assujetties à l'OETH du nombre de leurs salariés bénéficiaires de cette obligation pourrait les amener à rechercher ces bénéficiaires pour les inciter à se faire connaître. Une telle disposition remettrait en cause le principe de protection de leur vie privée.

• **Rescrit propre à l'obligation d'emploi des travailleurs handicapés** a été mis en place, depuis le 28 octobre 2016. Il permet aux employeurs de saisir l'AGEFIPH sur l'application à leur situation de la législation sur les points suivants (art. L. 5212-5-1 abrogé par ordonnance 2019-861 du 21 août 2019, art. 1er, 7°, JO 22, application depuis le 1er janvier 2020; voir RF 15 février 2018, FH 3729, §§ 5-1 et s.):
– effectif d'assujettissement à l'obligation d'emploi;
– mise en œuvre de l'obligation d'emploi;
– modalités d'acquittement de l'obligation d'emploi;
– bénéficiaires de l'obligation d'emploi.

Pour les obligations et le traitement des demandes des employeurs ayant pour objet de connaître l'application à leur situation de la législation applicable relative à l'obligation d'emploi des travailleurs handicapés et les pénalités associées à cette obligation, et portant sur les périodes antérieures au 1er janvier 2020, les dispositions de l'article L. 5212-5-1 sont applicables dans leur rédaction antérieure à l'ordonnance 2019-861 précitée (ordonnance précitée, art. 9, I).

Les modalités pratiques de ce dispositif ont été fixées par le décret 2016-1435 du 25 octobre 2016 (JO 27). Voir articles R. 5212-2-3 à 2-5.

Art. L. 5212-3. Dans les entreprises à établissements multiples, l'obligation d'emploi s'applique ***(L. 2018-771 du 5 sept. 2018, art. 67, I, 3°, JO 6, entrée en vigueur le 01.01.2020)*** «au niveau de l'entreprise».

Note • **Lois 2018-771 et 2019-486.** Les dispositions de cet article, dans sa rédaction issue de la loi 2018-771 précitée, s'appliquent aux obligations portant sur les périodes courant depuis le 01.01.2020 (loi précitée, art. 67, III, A).

Cet article a été modifié par la loi 2019-486 du 22 mai 2019, art. 11, VI, 12°, JO 23, entrée en vigueur le 01.01.2020.

• **Calcul au niveau de l'entreprise.** Depuis l'obligation d'emploi 2020, l'effectif d'assujettissement se mesure au niveau de l'entreprise, et non plus de l'établissement (c. trav. art. L. 5212-3). Par conséquent, des entreprises qui n'étaient jusqu'alors pas concernées se trouvent assujetties à l'OETH, tandis que d'autres voient leur obligation d'emploi se renforcer, puisque les 6 % de travailleurs handicapés sont calculés sur une base plus large (voir FH 3756, § 4-6).

Voir aussi RF 19 septembre 2019, FH 3807, § 3-2.

• **Jusqu'à l'obligation d'emploi 2019.** Sur l'application du critère tiré de l'autonomie de gestion pour caractériser les établissements distincts, voir CE 10 novembre 1999, n° 196837, RJS 1/00 n° 120.

Art. L. 5212-4. Toute entreprise qui occupe ***(L. 2012-387 du 22 mars 2012, art. 43, 4°, JO 23)*** «au moins vingt salariés» au moment de sa création dispose, pour se mettre en conformité avec l'obligation d'emploi, d'un délai ***(L. 2019-486 du 22 mai 2019, art. 11, VI, 13°, JO 23, entrée en vigueur le 01.01.2020)*** «de cinq ans».

Note Cet article, dans sa rédaction antérieure à la loi 2019-486 précitée, continue à s'appliquer aux entreprises bénéficiaires de ses dispositions au 31 décembre 2019 (loi précitée, art. 11, XII).

Voir RF 19 septembre 2019, FH 3807, § 3-4.

Art. L. 5212-5. ***(L. 2010-1657 du 29 déc. 2010, art. 208, JO 30) (L. 2018-771 du 5 sept. 2018, art. 67, I, 4°, JO 6, entrée en vigueur le 01.01.2020)*** «L'employeur déclare sa situation au regard de l'obligation d'emploi à laquelle il est soumis en application de l'article L. 5212-2 du présent code au moyen de la déclaration prévue à l'article L. 133-5-3 du code de la sécurité sociale.»

À défaut de toute déclaration, l'employeur est considéré comme ne satisfaisant pas à l'obligation d'emploi.

(L. 2018-771 du 5 sept. 2018, art. 67, I, 4°, JO 6, entrée en vigueur le 01.01.2020) «Les informations contenues dans cette déclaration sont confidentielles. Elles ne peuvent être communiquées à un autre employeur auprès duquel un bénéficiaire de l'obligation d'emploi que la déclaration concerne sollicite un emploi.»

Note • **Périodes courant depuis le 01.01.2020.** Les dispositions de cet article, dans sa rédaction issue de la loi 2018-771 précitée, s'appliquent aux obligations portant sur les périodes courant depuis le 01.01.2020 (loi précitée, art. 67, III, A).

• **Loi 2018-771.** *Avec la loi 2018-771,* depuis l'obligation d'emploi 2020, l'obligation d'emploi s'applique au niveau de l'entreprise et non plus de l'établissement (voir note sous art. L. 5212-2). La déclaration d'emploi des travailleurs handicapés s'effectue par l'intermédiaire de la déclaration sociale nominative (DSN). Le contenu de la DSN est modifié en conséquence : la déclaration doit ainsi préciser «les caractéristiques de l'emploi» de chaque salarié (loi précitée, art. 71 ; art. L. 133-5-3 c. séc. soc.).

Décret 2020-1350 du 5 novembre 2020 (JO 6). À titre dérogatoire, le décret précité accorde un délai pour la DOETH 2020 un délai pour transmettre la déclaration par la DSN. Elle doit être transmise via la DSN afférente au mois de mai 2021, à souscrire pour le 5 ou le 15 juin (décret art. 3, 2°). Voir RF 26 novembre 2020, FH 3867.

• **Jusqu'au 31.12.2019.** Dans les entreprises à établissements multiples, l'obligation d'emploi s'applique dans chaque établissement employant au moins 20 salariés.

Le décret 2012-1354 du 4 décembre 2012 (JO 6) a organisé les modalités du transfert à l'AGEFIPH de la gestion de la déclaration annuelle obligatoire d'emploi des travailleurs handicapés. Voir note sous art. R. 5212-1 et ancien D. 5212-5-1. La liste des employeurs qui n'ont pas rempli leurs obligations est transmise par courrier par l'AGEFIPH au préfet compétent pour notifier la pénalité prévue à l'article L. 5212-12 (arrêté du 14 décembre 2012, art. 2, JO 26).

• **Doctrine.** Voir RF 15 février 2018, FH 3729, §§ 5-1 et s. ; LSQ n° 17511 du 15.02.2018 ; RF 26 novembre 2020, FH 3867.

Art. D. 5212-1. ***(D. 2019-522 du 27 mai 2019, JO 28, entrée en vigueur le 01.01.2020)*** L'assujettissement à l'obligation d'emploi mentionnée au premier alinéa de l'article L. 5212-2 est déterminé en fonction de l'effectif calculé selon les modalités fixées à l'article L. 130-1 du code de la sécurité sociale.

Dans les entreprises de travail temporaire, les groupements d'employeurs et les entreprises de portage salarial, cet effectif ne prend pas en compte les salariés mis à disposition ou portés.

Note Voir RF 19 septembre 2019, FH 3807, § 3-5.

Art. D. 5212-2. ***(D. 2019-522 du 27 mai 2019, JO 28, entrée en vigueur le 01.01.2020)*** Le nombre de bénéficiaires de l'obligation d'emploi devant être employés résulte du produit de l'effectif d'assujettissement par le taux d'obligation d'emploi défini à l'article L. 5212-2, arrondi à l'entier inférieur.

Note Voir RF 19 septembre 2019, FH 3807, § 3-6.

Art. D. 5212-3. ***(D. 2019-522 du 27 mai 2019, JO 28, entrée en vigueur le 01.01.2020)*** L'effectif des bénéficiaires de l'obligation d'emploi mentionné à l'article L. 5212-13 prend en compte l'ensemble des travailleurs mentionnés à l'article L. 5212-13, quelles que soient la durée et la nature de leur contrat, y compris les stagiaires, les personnes en période de mise en situation en milieu professionnel et les personnes mises à disposition par les entreprises de travail temporaire ou les groupements d'employeurs.

Pour les entreprises de travail temporaire, les groupements d'employeurs et les entreprises de portage salarial, les salariés portés ou mis à disposition ne sont pas pris en compte dans les effectifs de bénéficiaires de l'obligation d'emploi.

L'effectif des bénéficiaires de l'obligation d'emploi est calculé, sous les réserves découlant des alinéas précédents, selon les modalités fixées à l'article L. 130-1 du code de la sécurité sociale.

Le nombre des bénéficiaires de l'obligation d'emploi âgés d'au moins 50 ans pris en compte dans le calcul de l'effectif total des bénéficiaires de l'obligation d'emploi est égal au produit du nombre de bénéficiaires de l'obligation d'emploi âgés d'au moins 50 ans par 1,5. Pour l'établissement de ce calcul, sont pris en compte les bénéficiaires qui atteignent l'âge de 50 ans au cours de l'année civile.

Un bénéficiaire de l'obligation d'emploi ne peut pas être pris en compte plusieurs fois dans le calcul au motif qu'il entre dans plusieurs catégories de bénéficiaires mentionnées à l'article L. 5212-13.

Note **Prise en compte de chaque bénéficiaire une seule fois.** Voir RF 19 septembre 2019, FH 3807, §§ 3-8, 3-9 et 3-10.

Art. D. 5212-4. ***(D. 2019-522 du 27 mai 2019, JO 28, entrée en vigueur le 01.01.2020)*** Tout employeur, quels que soient ses effectifs, identifie dans la déclaration sociale nominative, mentionnée à l'article L. 133-5-3 du code de la sécurité sociale, les informations relatives aux bénéficiaires de l'obligation d'emploi.

Note Le cahier technique de la DSN applicable au 01.01.2020 (version 2020.1.1) comporte une rubrique «bénéficiaire de l'obligation d'emploi des travailleurs handicapés» (BOETH S21. G00.40.072), à renseigner pour le contrat concerné dans la période déclarée (cahier technique 2020.1.1 – 28 mars 2019, p. 175).

Voir RF 19 septembre 2019, FH 3807, § 3-18.

Art. D. 5212-5. ***(D. 2019-522 du 27 mai 2019, JO 28, entrée en vigueur le 01.01.2020)*** Pour l'établissement de la déclaration relative à l'obligation d'emploi, les organismes mentionnés aux articles L. 213-1 et L. 752-4 du code de la sécurité sociale ou à l'article L. 723-2 du code rural et de la pêche maritime transmettent à l'employeur, au plus tard le 31 janvier de l'année suivant celle au titre de laquelle cette déclaration est effectuée, les informations suivantes:

- l'effectif d'assujettissement, mentionné à l'article D. 5212-1;
- le nombre de bénéficiaires de l'obligation d'emploi devant être employés au titre de l'obligation d'emploi, calculé selon les modalités fixées à l'article D. 5212-2;
- l'effectif de bénéficiaires de l'obligation d'emploi mentionnés par l'article L. 5212-13, hors salariés mis à disposition par les entreprises de travail temporaire et les groupements d'employeurs, calculé selon les modalités fixées à l'article D. 5212-3;
- l'effectif de salariés relevant d'un emploi exigeant des conditions d'aptitude particulière, calculé selon les modalités fixées à l'article D. 5212-1 pour l'effectif d'assujettissement.

Art. D. 5212-6. ***(D. 2019-522 du 27 mai 2019, JO 28, entrée en vigueur le 01.01.2020)*** Au plus tard le 31 janvier de l'année suivant celle au titre de laquelle la déclaration relative à l'obligation d'emploi est effectuée, les entreprises de travail temporaire et les groupements d'employeurs transmettent à chaque employeur une attestation annuelle portant sur le nombre de bénéficiaires de l'obligation d'emploi mis à disposition, calculés selon les modalités définies à l'article D. 5212-3, selon un modèle défini par arrêté du ministre chargé du travail.

Note **Modèle d'attestation.** Voir arrêté du 19 novembre 2020 (JO 29, application aux déclarations relatives à l'obligation d'emploi des travailleurs handicapés exigibles depuis le 01.01.2021).

Art. D. 5212-7. ***(D. 2019-522 du 27 mai 2019, JO 28, entrée en vigueur le 01.01.2020)*** Au plus tard le 31 janvier de l'année suivant celle au titre de laquelle la déclaration relative à l'obligation d'emploi est effectuée, les entreprises adaptées, les établissements ou services d'aide par le travail ***(D. 2020-1350 du 5 nov. 2020, JO 6)*** «, les travailleurs indépendants handicapés et les entreprises de portage salarial lorsque le salarié porté est reconnu bénéficiaire de l'obligation d'emploi prévue à l'article L. 5212-13, » adressent à leurs entreprises clientes une attestation annuelle, selon un modèle défini par arrêté du ministre chargé du travail.

Cette attestation indique:

- le montant du prix hors taxes des fournitures, travaux ou prestations figurant aux contrats réglés par l'entreprise au cours de l'année considérée;
- le montant de la différence entre ce prix hors taxe et les coûts des matières premières, des produits, des matériaux, de la sous-traitance, des consommations intermédiaires et des frais de vente et de commercialisation, effectivement payé dans l'année;
- le montant de la déduction avant plafonnement prévue au premier alinéa de l'article D. 5212-22.

Note • **Depuis l'obligation 2020.** Les dispositions de cet article, dans sa rédaction issue du décret 2020-1350 précité, s'appliquent aux déclarations relatives à l'obligation d'emploi des travailleurs handicapés exigibles depuis le 01.01.2021 (c'est-à-dire depuis l'obligation d'emploi 2020) (décret précité, art. 3, 1°).

• **Modèle d'attestation.** Voir arrêté du 19 novembre 2020 (JO 29, application aux déclarations relatives à l'obligation d'emploi des travailleurs handicapés exigibles depuis le 01.01.2021).

Art. D. 5212-8. ***(D. 2019-522 du 27 mai 2019, JO 28, entrée en vigueur le 01.01.2020)*** L'employeur assujetti à l'obligation d'emploi mentionnée au deuxième alinéa de l'article L. 5212-1 renseigne annuellement, dans la déclaration prévue à l'article L. 133-5-3 du code de la sécurité sociale, effectuée pour la période d'emploi du mois de février de l'année suivant celle au titre de laquelle la déclaration relative à l'obligation d'emploi est effectuée:

- le nombre de salariés handicapés mis à sa disposition par une entreprise de travail temporaire ou un groupement d'employeurs;
- le montant de la contribution initialement due, avant déductions prévues aux articles L. 5212-10-1, L. 5212-11 et au troisième alinéa de l'article L. 5212-9, calculée conformément aux dispositions de l'article D. 5212-20;
- le montant de la déduction non plafonnée liée à la conclusion de contrats de fourniture, de sous-traitance ou de prestations de service avec des entreprises adaptées, des établissements ou services d'aide par le travail ***(D. 2020-1350 du 5 nov. 2020, JO 6)*** «, des travailleurs indépendants handicapés ou avec les entreprises de portage salarial lorsque le salarié porté est reconnu bénéficiaire de l'obligation d'emploi prévue à l'article L. 5212-13», calculé conformément aux dispositions de l'article D. 5212-22;
- le montant de la déduction non plafonnée liée aux dépenses déductibles, calculé conformément aux dispositions de l'article D. 5212-23;
- le montant de la déduction non plafonnée liée au nombre de salariés de l'entreprise exerçant des emplois exigeant des conditions d'aptitude particulière, conformément aux dispositions du troisième alinéa de l'article L. 5212-9;
- le montant de la contribution mentionnée à l'article L. 5212-9;
- le cas échéant, s'il s'acquitte de l'obligation d'emploi par la conclusion d'un accord agréé de branche, de groupe, ou d'entreprise mentionné à l'article L. 5212-8.

Lorsqu'un montant de contribution est dû, l'employeur procède à son versement à la date de la déclaration mentionnée au premier alinéa.

Lorsque l'entreprise comprend plusieurs établissements, la déclaration et le versement sont effectués par un seul de ses établissements.

Note • **Depuis l'obligation 2020.** Les dispositions de cet article, dans sa rédaction issue du décret 2020-1350 précité, s'appliquent aux déclarations relatives à l'obligation d'emploi des travailleurs handicapés exigibles depuis le 01.01.2021 (c'est-à-dire depuis l'obligation d'emploi 2020) (décret précité, art. 2 et 3, 1°).

Par dérogation au premier alinéa de cet article, au titre de la déclaration relative à l'obligation d'emploi des travailleurs handicapés établie au titre de l'année 2020, l'employeur renseigne les informations mentionnées à cet article dans la déclaration prévue à l'article L. 133-5-3 c. séc. soc., afférente à la période d'emploi du mois de mai 2021 (décret 2020-1350 précité, art. 3, 2°).

• **Exemple.** Pour l'obligation d'emploi relative à l'année N, il s'agira donc de la DSN relative au mois de février de l'année N + 1, à souscrire au plus tard pour le 5 ou 15 mars N + 1 selon les cas.

• **Doctrine.** Voir RF 19 septembre 2019, FH 3807, § 3-19; RF du 26 novembre 2020, FH 3867, §§ 5-1 et s.; RF 1109, Travailleurs handicapés: les obligations de l'entreprise, §§ 3347 et s.

Art. D. 5212-9. ***(D. 2019-522 du 27 mai 2019, JO 28, entrée en vigueur le 01.01.2020)*** L'employeur porte à la connaissance du comité social et économique la déclaration annuelle mentionnée à l'article L. 5212-5, à l'exclusion de la liste nominative des bénéficiaires de l'obligation d'emploi.

SECTION 3. Modalités de mise en œuvre de l'obligation

Note • **Cadre légal.** La *loi 2005-102 du 11 février 2005 (JO 12)* pour l'égalité des droits et des chances, la participation et la citoyenneté des personnes handicapées a rénové la législation en faveur de l'emploi des travailleurs handicapés. En conformité avec ce cadre, *la loi 2011-901 du 28 juillet 2011* (JO 30) a amélioré le fonctionnement des maisons départementales des personnes handicapées tout en portant diverses dispositions relatives à la politique du handicap. Le décret 2009-1367 du 6 novembre 2009 (JO 10) a créé le comité interministériel du handicap. Une circulaire du Premier ministre du 4 septembre 2012 (JO 5) relative à la prise en compte du handicap dans les projets de loi prévoit la rédaction d'une fiche «diagnostic handicap» dans l'étude d'impact de chaque projet.

La *loi 2018-771 du 5 septembre 2018 (JO 6)* a incité fortement les entreprises à privilégier l'emploi direct de travailleurs handicapés, d'une part en facilitant leur prise en compte et, d'autre part, en restreignant les mesures alternatives. Les dispositions de cette loi sont entrées en vigueur, sauf exceptions, au 01.01.2020. Voir RF 13 septembre 2018, FH 3756, §§ 4-1 et s.; JCP éd. S 2018, 1315, étude M. Bidaux et A. Lançon.

Voir aussi RF 19 septembre 2019, FH 3807; RF 3 octobre 2019, FH 3809; RF 26 novembre 2020, FH 3867.

• **Définition de la notion de handicap.** Voir CJUE 11 avril 2013, aff. C-335/11 et C-337/11, JOUE C 156/6 du 01.06.2013; RJS 7/13 n° 576, chron. H. Tissandier p. 440; 4 juillet 2013, aff. C-312/11, JOUE C 245/2 du 24.08.2013; RJS 11/13 n° 768, comm. H. Tissandier p. 651.

• **Obligation d'emploi.** Les entreprises d'au moins 20 salariés ont l'obligation d'employer au moins 6 % de travailleurs handicapés (L. 5212-1 et 2 CT). La loi Macron 2015-990 du 6 août 2015 (JO 7) pour la croissance, l'activité et l'égalité des chances économiques a créé trois nouvelles possibilités de remplir partiellement son obligation d'emploi de travailleurs handicapés. Voir RF, FH 3606 du 27 août 2015, § 10-36; FRS n° 15 du 28 juillet 2015, p. 40; LSQ n° 16975 du 11.12.2015, dossier pratique «L'obligation d'emploi de travailleurs handicapés». Le décret 2016-60 du 28 janvier 2016 (JO 30) a précisé les modalités et limites de ces modes d'acquittement partiel de l'obligation d'emploi des travailleurs handicapés. Voir RF 15 février 2018, FH 3729, §§ 5-1 et s.; LSQ n° 17511 du 15.02.2018.

• **Reconnaissance de la lourdeur du handicap.** La procédure de reconnaissance de la lourdeur du handicap a été simplifiée depuis le 1er juillet 2016 (décret 2016-100 du 2 février 2016, JO 4 et arrêté du 2 février 2016, JO 4, abrogé et remplacé par arrêté du 9 septembre 2019, JO 13). La liste des justificatifs demandés à l'employeur a été allégée et le renouvellement facilité en cas de situation inchangée. Les modalités de calcul de l'aide à l'emploi ont été également modifiées. Pour rappel, cette procédure permet de bénéficier d'une aide à l'emploi ou de réduire sa contribution au titre de l'obligation d'emploi des personnes handicapées.

• **Aide temporaire à l'embauche des travailleurs handicapés.** Cette aide concerne les contrats conclus entre le 01.09.2020 et le 28.02.2021. Sur les conditions d'éligibilité, le montant et le versement de cette aide, voir décret 2020-1223 du 6 octobre 2020 (JO 7). Voir LSQ n° 18191 du 26.11.2020; RF 15 octobre 2020, FH 3861, §§ 3-1 et s.

• **Interdiction de discrimination fondée sur le handicap.** L'interdiction de discrimination directe ou de harcèlement en raison d'un handicap prévue par la directive 2000/78/CE du 27 novembre 2000 n'est pas limitée aux seules personnes qui sont elles-mêmes handicapées (CJCE 17 juillet 2008, aff. C-303/06, rec. I-5603; JOUE C 223/6 du 30.08.2008; RJS 11/08 n° 1135). Ce faisant, la Cour de justice reconnaît la «discrimination par association». Ainsi, lorsqu'un employeur traite un employé n'ayant pas lui-même un handicap de manière moins favorable qu'un autre employé ne l'est, ne l'a été ou ne le serait dans une situation comparable, et qu'il est prouvé que le traitement défavorable dont cet employé est victime est fondé sur le handicap de son enfant auquel il dispense les soins dont celui-ci a besoin, un tel traitement est contraire aux interdictions de discrimination et de harcèlement énoncées à l'article 2 de la directive 2000/78/CE.

Une personne licenciée pour cause de maladie ne relève pas du cadre général établi en vue de lutter contre la discrimination fondée sur le handicap par la directive 2000/78 du 27 novembre 2000 portant création d'un cadre général en faveur de l'égalité de traitement en matière d'emploi et de travail (CJCE 11 juillet 2006, aff. C-13/05, Rec. I-6467; JOUE C 224/9 du 16.09.2006; RJS 10/06 n° 1138, chron. Fr. Kessler, p. 757 sur certaines incidences possibles en droit français: définition du handicap, mesures appropriées au bénéfice du handicapé; Dr. Soc. 2006, p. 1117 (1°): «État de santé et travail: jurisprudence récente», J. Savatier).

• **Site internet.** *www.agefiph.fr*

Sous-section 1. **Mise en œuvre par l'emploi de travailleurs handicapés**

Art. L. 5212-6. ***(L. 2018-771 du 5 sept. 2018, art. 67, I, 6°, JO 6, entrée en vigueur le 01.01.2020)*** L'employeur s'acquitte de son obligation d'emploi en employant les bénéficiaires mentionnés à l'article L. 5212-13, quelles que soient la durée et la nature de leur contrat.

Note • Cet article s'applique aux obligations portant sur les périodes courant depuis le 01.01.2020 (loi 2018-771 précitée, art. 67, III, A).

• **Loi 2018-771.** *Prise en compte de tout type de contrat.* La loi précitée pose pour principe que l'employeur s'acquitte de son obligation en employant des personnes bénéficiaires de l'obligation d'emploi des travailleurs handicapés (OETH) quel que soit le type de contrat. Pour rappel, la législation ancienne permettait déjà, sous certaines conditions, de comptabiliser certains personnels indépendamment de leur statut ou contrat: stagiaires, personnes en période de mise en situation en milieu professionnel (PMSMP), salariés mis à disposition (y compris les intérimaires et les salariés de groupements d'employeurs), etc. (circ. DGEFP 2006-6 du 22 février 2006; voir «Statuts particuliers de certains salariés», RF 1089, § 3398).

Sort des contrats avec le secteur protégé ou les entreprises adaptées. À compter de l'obligation d'emploi 2020, ces contrats ne sont plus considérés comme une des possibilités de s'acquitter de l'obligation d'emploi. Ils interviennent néanmoins en aval, en déduction de la contribution AGEFIPH restant éventuellement due par l'entreprise (voir note sous art. L. 5212-10-1).

Voir RF 13 septembre 2018, FH 3756, §§ 4-1 et s.; JCP éd. S 2018, 1315, étude M. Bidaux et A. Lançon.

• **Notion de «travailleur indépendant handicapé».** Pour la 4e catégorie de cocontractants (4°), voir RF, FH 3680 du 16 février 2017, § 3-1-5; FRS n° 18 du 29 juillet 2016, p. 93.

• **Montant de l'exonération partielle.** Voir art. L. 5212-2 et R. 5212-9; RF 15 février 2018, FH 3729, §§ 5-1 et s.; LSQ n° 17511 du 15.02.2018.

Art. L. 5212-7. ***(L. 2018-771 du 5 sept. 2018, art. 67, I, 6°, JO 6, entrée en vigueur le 01.01.2020)*** L'employeur peut s'acquitter de son obligation d'emploi:

1° En accueillant en stage les bénéficiaires mentionnés à l'article L. 5212-13, quelle qu'en soit la durée, ainsi que les jeunes de plus de seize ans bénéficiaires de droits à la prestation de compensation du handicap, de l'allocation compensatrice pour tierce personne ou de l'allocation d'éducation de l'enfant handicapé qui disposent d'une convention de stage;

2° En accueillant les bénéficiaires mentionnés au même article L. 5212-13 pour des périodes de mise en situation en milieu professionnel dans les conditions fixées au chapitre V du titre III du livre Ier de la présente partie;

3° En employant les bénéficiaires mentionnés à l'article L. 5212-13 mis à disposition par les entreprises de travail temporaire et par les groupements d'employeurs.

Les modalités de prise en compte des bénéficiaires mentionnés au présent article sont fixées par décret.

Note • **Loi 2018-771.** Cet article s'applique aux obligations portant sur les périodes courant depuis le 01.01.2020 (loi 2018-771 précitée, art. 67, III, A).

L'employeur a la possibilité de s'acquitter de son obligation en accueillant des stagiaires handicapés ou des personnes handicapées en période de mise en situation en milieu professionnel (PMSMP). À partir de 2020, toutes ces personnes sont prises en compte, quel que soit leur nombre, alors que, jusqu'au 31.12.2019, elles ne pouvaient pas représenter plus de 2 % de l'effectif total de l'entreprise.

À partir de l'obligation d'emploi 2020, les stagiaires et les personnes en PMSMP sont comptabilisés quelle que soit la durée du stage ou de la période. Pour rappel, dans le régime ancien, la durée du stage ou de la PMSMP devait être d'au moins 35 heures (voir ancien art. R. 5212-10).

Voir RF 13 septembre 2018, FH 3756, §§ 4-1 et s.; JCP éd. S 2018, 1315, étude M. Bidaux et A. Lançon; RF 18 septembre 2019, FH 3807, § 3-7.

• **Mayotte.** Pour l'application de cet article à Mayotte, jusqu'au 31 décembre 2021, le taux de «2 %» est remplacé par les taux suivants: «1 %» au titre des années 2018 et 2019; «1,5 %» au titre des années 2020 et 2021 (décret 2018-1337 du 28 décembre 2018, art. 20, II, JO 30).

• **Jusqu'au 31.12.2019.** Voir circulaire DGEFP 2009-41 du 21 octobre 2009 (LS Bref n° 15470 du 26.10.2009).

Sur la prise en compte des stagiaires handicapés en période d'observation (2e al.), voir RF 15 février 2018, FH 3729, §§ 5-1 et s.; LSQ n° 17511 du 15.02.2018.

Art. L. 5212-7-2. ***(L. 2018-771 du 5 sept. 2018, art. 67, I, 6°, JO 6, entrée en vigueur le 01.01.2020)*** Peut être pris en compte, dans le calcul du nombre de bénéficiaires de l'obligation d'emploi mentionnés à l'article L. 5212-13, l'effort consenti par l'entreprise en faveur des bénéficiaires qui rencontrent des difficultés particulières de maintien en emploi, selon des modalités fixées par décret.

Sous-section 2. Mise en œuvre par application d'un accord

Art. L. 5212-8. ***(L. 2018-771 du 5 sept. 2018, art. 67, I, 7°, JO 6, entrée en vigueur le 01.01.2020)*** L'employeur peut s'acquitter de son obligation d'emploi en faisant application d'un accord de branche, de groupe ou d'entreprise agréé prévoyant la mise en œuvre d'un programme pluriannuel en faveur des travailleurs handicapés pour une durée maximale de trois ans, renouvelable une fois.

Les mentions obligatoires de cet accord et les conditions dans lesquelles cet accord est agréé par l'autorité administrative sont fixées par décret en Conseil d'État.

Note • **Périodes courant depuis le 01.01.2020.** Cet article s'applique aux obligations portant sur les périodes courant depuis le 01.01.2020 (loi 2018-771 précitée, art. 67, III, A).

• **Accords mentionnés à cet article agréés et entrés en vigueur avant le 1er janvier 2020.** Ils continuent à produire leurs effets jusqu'à leur terme et peuvent être renouvelés une fois pour une durée maximale de trois ans, à l'exception des accords d'établissement qui ne peuvent pas être renouvelés (loi 2018-771 précitée, art. 67, IV, modifié par ordonnance 2019-861 du 21 août 2019, art. 7, 6°, JO 22). Voir RF 3 octobre 2019, FH 3809, § 3-13.

• **Loi 2018-771.** *Limitation dans le temps des effets des accords agréés.* La loi précitée a prévu qu'un accord agréé est valable au plus six ans (trois ans renouvelables une fois). Au terme de l'accord, sauf négociation d'un texte entièrement nouveau, l'entreprise n'a donc pas d'autre choix que de s'engager dans une démarche d'emploi direct, conformément au droit commun. Les travaux parlementaires laissent entendre que cette mesure contraindrait les entreprises à abandonner la formule de l'accord agréé (rapport Sénat n° 609, tome I, p. 361). Néanmoins, la possibilité de conclure des accords agréés reste inscrite dans le code du travail et, à notre sens, rien n'interdit, au terme de l'accord initial, de conclure un nouvel accord. De fait, en prohibant les accords à durée indéterminée, la loi contraint les entreprises qui concluent ce type d'accord à se repencher sur la question au moins tous les six ans et à réexaminer leur politique «handicap».

L'OETH s'appréciant au niveau de l'entreprise (voir note sous art. L. 5212-5), la possibilité de signer des accords agréés d'établissement est supprimée. Par ailleurs, le programme prévu par l'accord est nécessairement pluriannuel (alors que, auparavant, il pouvait aussi s'agir d'un programme annuel).

Doctrine. Voir RF 13 septembre 2018, FH 3756, §§ 4-1 et s.; JCP éd. S 2018, 1315, étude M. Bidaux et A. Lançon. Voir aussi RF 19 septembre 2019, FH 3807, § 3-11; LSQ n° 18236 du 03.02.2021.

Administration. Voir instruction DGEFP/METH/2021/11 du 7 janvier 2021 (NOR: MTRD2100596J).

• **Jusqu'au 31.12.2019.** Voir circulaire DGEFP 2009-16 du 27 mai 2009 (NOR: ECED0912194C) (BO TR 2009/8 du 30 août 2009) relative à l'évaluation des accords de groupe, d'entreprise et d'établissement sur l'insertion professionnelle des travailleurs handicapés.

Art. R. 5212-12. ***(D. 2019-521 du 27 mai 2019, JO 28, entrée en vigueur le 01.01.2020)*** Pour que l'accord mentionné à l'article L. 5212-8 soit agréé, le programme pluriannuel qu'il prévoit doit comporter un plan d'embauche et un plan de maintien dans l'emploi dans l'entreprise.

Ces documents sont assortis d'objectifs, au nombre desquels doivent notamment figurer, pour chaque année d'exécution du programme, le nombre de bénéficiaires de l'obligation d'emploi mentionnés à l'article L. 5212-13 rapporté à l'effectif d'assujettissement et le nombre de ces bénéficiaires dont le recrutement est envisagé. Ils précisent en outre le financement prévisionnel des différentes actions programmées.

Le montant du financement par l'employeur du programme pluriannuel est au moins égal, par année, au montant de la contribution mentionnée à l'article L. 5212-10 due au titre de cette même année, à l'exclusion des dépenses mentionnées à l'article L. 5212-11 prises en compte au titre de la déduction prévue par ce même article.

Lorsque le programme comporte des actions de sensibilisation des salariés de l'entreprise ou des actions de pilotage et de suivi, les sommes consacrées au financement de ces actions ne peuvent excéder 25 % du total des sommes consacrées au financement des actions prévues par l'accord.

Le programme pluriannuel est établi par année civile.

Note • **Périodes courant depuis le 01.01.2020.** Les articles R. 5212-12 à 19 s'appliquent aux obligations portant sur les périodes courant depuis le 01.01.2020 (décret 2019-521 précité, art. 3, I). Voir RF 19 septembre 2019, FH 3807, §§ 3-12 et 3-13.

• **Montant des sommes consacrées au financement des actions prévues par les accords.** Le montant des sommes consacrées au financement des actions prévues par les accords d'entreprise, d'établissement, de groupe ou de branche agréés avant le 1er janvier 2020 est évalué, depuis le 1er janvier 2020, selon les modalités de calcul de la contribution définies à la sous-section 3 de la section III du chapitre II du titre premier du livre deuxième [de la cinquième partie] du code du travail (décret 2019-521 précité, art. 3, II).

Art. R. 5212-13. ***(D. 2019-521 du 27 mai 2019, JO 28, entrée en vigueur le 01.01.2020)*** Le montant du financement par l'employeur mentionné à l'article R. 5212-12 est révisé chaque année sur la base du montant de la contribution qui aurait dû être versée l'année précédente, à l'exclusion des déductions mentionnées à l'article L. 5212-11.

Les montants de financement annuels prévus au titre du programme qui n'ont pas été dépensés sont reportés sur l'année suivante.

Art. R. 5212-14. ***(D. 2019-521 du 27 mai 2019, JO 28, entrée en vigueur le 01.01.2020)*** L'accord est transmis pour agrément à l'autorité administrative compétente par la partie la plus diligente au plus tard le 31 mars de la première année de mise en œuvre du programme, selon des modalités définies par arrêté du ministre chargé de l'emploi.

Note • **Procédure d'agrément.** Si l'accord commence à s'appliquer en 2020 (année d'entrée en vigueur de la nouvelle réglementation), sa transmission doit donc intervenir au plus tard le 31 mars 2020. Voir RF 19 septembre 2019, FH 3807, § 3-14.

• **Modalités de demande d'agrément d'accords.** Sur les pièces devant être jointes lors de la demande de l'agrément, voir arrêté du 25 novembre 2019 (art. 1er, JO 3 déc.).

Art. R. 5212-15. ***(D. 2019-521 du 27 mai 2019, JO 28, entrée en vigueur le 01.01.2020)*** Les autorités administratives compétentes pour délivrer l'agrément sont :

1° Pour l'accord de branche, le ministre chargé de l'emploi ;

2° Pour l'accord d'entreprise, le préfet du département où est situé le siège de l'entreprise ;

3° Pour les accords de groupe, le préfet du département où est situé le siège de l'entreprise dominante définie à l'article L. 2331-1 du code du travail.

L'agrément est délivré pour la durée de validité de l'accord. L'autorité administrative compétente prend en compte la nature, la portée et la cohérence des différentes actions envisagées ainsi que le respect des conditions mentionnées à l'article R. 5212-12.

Note Voir arrêté cité sous l'article R. 5212-14 (art. 3).

Art. R. 5212-16. ***(D. 2019-521 du 27 mai 2019, JO 28, entrée en vigueur le 01.01.2020)*** L'employeur dresse un bilan annuel de la mise en œuvre de l'accord qu'il présente, selon les cas, au comité social et économique ou au comité de groupe.

La mise en œuvre des accords de branche fait également l'objet d'un bilan annuel.

Art. R. 5212-17. ***(D. 2019-521 du 27 mai 2019, JO 28, entrée en vigueur le 01.01.2020)*** Dans les deux mois qui suivent le terme de l'accord, l'employeur ou la branche transmet à l'autorité administrative compétente mentionnée à l'article R. 5212-15 :

1° Les bilans annuels et le bilan récapitulatif des actions réalisées dans le cadre de l'accord, précisant leur financement ;

2° Le solde des dépenses exposées pour la mise en œuvre du programme au regard du montant des contributions mentionnées à l'article L. 5212-10.

L'employeur ou la branche communique également, à la demande de l'autorité administrative compétente, les pièces justificatives nécessaires au contrôle du bilan récapitulatif des actions réalisées.

Art. R. 5212-18. ***(D. 2019-521 du 27 mai 2019, JO 28, entrée en vigueur le 01.01.2020)*** L'agrément de l'accord peut être renouvelé une fois par l'autorité compétente mentionnée à l'article R. 5212-15 pour une durée maximale de trois ans, selon des modalités définies par arrêté du ministre chargé de l'emploi.

Le renouvellement de l'agrément est accordé après présentation, selon les cas, au comité social et économique ou au comité de groupe, ou après examen par la branche, du bilan du programme exécuté et de la demande de renouvellement.

Le renouvellement de l'agrément est apprécié au regard du bilan quantitatif et qualitatif du programme réalisé et du nouveau programme pluriannuel élaboré.

Note **Modalités de renouvellement des agréments.** Sur les pièces devant être jointes lors de la demande de renouvellement de l'agrément, voir arrêté du 25 novembre 2019 (art. 2, JO 3 déc.).

Art. R. 5212-19. ***(D. 2019-521 du 27 mai 2019, JO 28, entrée en vigueur le 01.01.2020)*** I. – Si les dépenses réalisées pour la durée du programme sont inférieures au montant total des contributions, à l'exclusion du montant des dépenses déduites au titre de l'article L. 5212-11, l'employeur procède au versement aux organismes mentionnés aux articles L. 213-1 et L. 752-4 du code de la sécurité sociale et à l'article L. 723-2 du code rural et de la pêche maritime des sommes équivalentes aux dépenses prévues par l'accord et non réalisées.

II. – Si l'autorité administrative compétente fait droit à la demande de renouvellement, elle peut autoriser le report total ou partiel de ce solde sur le nouveau programme.

À défaut de renouvellement de l'agrément, cette autorité adresse à l'employeur, par tout moyen permettant de donner date certaine à sa réception par le destinataire, une notification du montant à régler.

III. – Une copie de cette notification est adressée à l'organisme de recouvrement des cotisations de sécurité sociale dont dépend l'employeur.

Le montant dû est déclaré et versé par l'employeur à l'organisme chargé du recouvrement des cotisations de sécurité sociale. Ce versement est effectué à la première date d'échéance des cotisations et contributions sociales dont il est redevable auprès de cet organisme intervenant à l'issue d'un délai de deux mois suivant la réception de la notification.

Note Voir RF 19 septembre 2019, FH 3807, § 3-17.

Sous-section 3. Mise en œuvre par le versement d'une contribution annuelle

Art. L. 5212-9. L'employeur peut s'acquitter de l'obligation d'emploi en versant au fonds de développement pour l'insertion professionnelle des handicapés prévu à l'article L. 5214-1 une contribution annuelle pour chacun des bénéficiaires de l'obligation qu'il aurait dû employer. ***(L. 2018-771 du 5 sept. 2018, art. 67, I, 8°, JO 6, entrée en vigueur le 01.01.2020)*** «Tout employeur qui n'a pas satisfait à l'obligation mentionnée à l'article L. 5212-2 est tenu de s'en acquitter en versant une contribution annuelle, dans des conditions fixées par décret, pour chacun des bénéficiaires de l'obligation qu'il aurait dû employer. Cette contribution est recouvrée ***(Ord. 2019-861 du 21 août 2019, art. 1er, 8°, JO 22)*** «et contrôlée» par les organismes mentionnés à l'article L. 213-1 du code de la sécurité sociale ou à l'article L. 752-4 du même code ou à l'article L. 723-2 du code rural et de la pêche maritime dont relève l'employeur, ***(Ord. 2019-861 du 21 août 2019, art. 1er, 8°, JO 22)*** «selon les règles et sous les garanties et sanctions applicables au recouvrement des cotisations du régime général de la sécurité sociale et du régime de protection sociale des personnes salariées des professions agricoles».»

Le montant de cette contribution peut être modulé en fonction de l'effectif de l'entreprise et des emplois, déterminés par décret ***(L. 2018-771 du 5 sept. 2018, art. 67, I, 9°, JO 6, entrée en vigueur le 01.01.2020)*** «, après avis du conseil mentionné à l'article L. 146-1 du code de l'action sociale et des familles», exigeant des conditions d'aptitude particulières, occupés par des salariés de l'entreprise.

(Ord. 2019-861 du 21 août 2019, art. 1er, 8°, JO 22) «La modulation de la contribution prenant en compte les emplois exigeant des conditions d'aptitude particulière occupés par des salariés de l'entreprise peut prendre la forme d'une déduction du montant de la contribution annuelle.»

Art. L. 5212-10

Note • **Textes. *Ordonnance 2019-861.*** Les dispositions de cet article, dans sa rédaction issue de l'ordonnance 2019-861 précitée, s'appliquent depuis le 1er janvier 2020 (ordonnance précitée, art. 9, I).

Loi 2018-771. *Disparition des minorations, mais prise en compte des difficultés particulières de maintien dans l'emploi.* La réforme (applicable depuis l'obligation d'emploi 2020) a supprimé le mécanisme des minorations, qui permet de réduire le nombre de bénéficiaires de l'obligation d'emploi manquants (et donc d'alléger la contribution AGEFIPH). Voir FH 19 septembre 2019, FH 3807, § 3-25.

Montant de la déduction au titre des ECAP. La prise en compte des emplois exigeant des conditions d'aptitude particulière (ECAP) (ex.: dockers, conducteurs d'engins lourds de manœuvre ou de levage) pour l'OETH s'effectue via une déduction au montant de la contribution AGEFIPH et non plus via l'application d'un coefficient de minoration proportionnel à l'effectif d'ECAP. De tels emplois pénalisent en effet l'entreprise, puisqu'il est a priori plus difficile de les confier à des personnes handicapées. Or, la liste des ECAP établie en 1987, est considérée comme obsolète (voir D. 5212-25 CT). Elle devrait être révisée et faire l'objet d'un décret ultérieur, pris à l'issue des négociations des branches professionnelles sur ce sujet. Voir RF 26 novembre 2020, FH 3867, § 5-3.

Recouvrement de la contribution AGEFIPH par les URSSAF. Auparavant directement collectée par l'AGEFIPH, la contribution est recouvrée par les URSSAF et les caisses de mutualité sociale agricole.

Voir RF 13 septembre 2018, FH 3756, §§ 4-1 et s.; JCP éd. S 2018, 1315, étude M. Bidaux et A. Lançon.

• **Emploi d'un jeune.** La minoration pour l'emploi d'un jeune est applicable jusqu'à son 26e anniversaire (CE 27 février 2017, n° 403490, RJS 5/17 n° 383). Voir ASH du 31 mars 2017, n° 3004, p. 58.

Voir RF 19 septembre 2019, FH 3807, § 3-23.

Art. L. 5212-10. Les modalités de calcul de la contribution annuelle, qui ne peut excéder la limite de 600 fois le salaire horaire minimum de croissance par bénéficiaire non employé, sont déterminées par décret.

Pour les entreprises qui n'ont occupé aucun bénéficiaire de l'obligation d'emploi, n'ont passé aucun contrat prévu à l'article ***(L. 2018-771 du 5 sept. 2018, art. 67, I, 11°, JO 6, entrée en vigueur le 01.01.2020)*** « L. 5212-10-1 » ***(L. 2011-901 du 28 juil. 2011, art. 18, JO 30)*** «d'un montant supérieur à un montant fixé par décret» ou n'appliquent aucun accord collectif mentionné à l'article L. 5212-8 pendant une période supérieure à trois ans, la limite de la contribution est portée, dans des conditions définies par décret, à 1 500 fois le salaire horaire minimum de croissance.

Note • Les dispositions de cet article, dans sa rédaction issue de la loi 2018-771 précitée, s'appliquent aux obligations portant sur les périodes courant depuis le 01.01.2020 (loi précitée, art. 67, III, A).

• **Loi 2018-771.** À compter de l'obligation d'emploi 2020, les dépenses correspondant aux contrats de fourniture, de sous-traitance ou de prestations de services avec des entreprises adaptées, des ESAT ou des travailleurs indépendants handicapés peuvent être déduites de la contribution AGEFIPH. Voir RF 13 septembre 2018, FH 3756, §§ 4-1 et s.; JCP éd. S 2018, 1315, étude M. Bidaux et A. Lançon.

• **Jusqu'au 31.12.2019.** Voir ancien art. D. 5212-5-1. Voir aussi RF 15 février 2018, FH 3729, §§ 5-1 et s.; LSQ n° 17511 du 15.02.2018.

Art. L. 5212-10-1. ***(L. 2018-771 du 5 sept. 2018, art. 67, I, 12°, JO 6, entrée en vigueur le 01.01.2020)*** Peuvent être déduites du montant de la contribution annuelle les dépenses supportées directement par l'entreprise afférentes à des contrats de fourniture, de sous-traitance ou de prestations de services qu'elle passe avec:

1° Des entreprises adaptées;

2° Des établissements ou services d'aide par le travail;

3° Des travailleurs indépendants handicapés reconnus bénéficiaires de l'obligation d'emploi au sens de l'article L. 5212-13. Est présumée travailleur indépendant au sens du présent article toute personne remplissant les conditions mentionnées au I de l'article L. 8221-6 ou à l'article L. 8221-6-1;

(Ord. 2019-861 du 21 août 2019, art. 1er, 9°, JO 22) «4° Des entreprises de portage salarial lorsque le salarié porté est reconnu bénéficiaire de l'obligation d'emploi au sens de l'article L. 5212-13.»

La nature des dépenses mentionnées au premier alinéa du présent article ainsi que les conditions dans lesquelles celles-ci peuvent être déduites du montant de la contribution sont déterminées par décret.

Note **Depuis l'OETH 2020.** Les contrats de fournitures, de sous-traitance ou de prestations de services ne sont plus pris en compte comme une modalité d'accomplissement de l'obligation d'emploi, mais viennent en déduction de la contribution AGEFIPH éventuellement due. Voir art. D. 5212-22 CT; RF 19 septembre 2019, FH 3807, § 3-23; RF 26 novembre 2020, FH 3867, § 5-2.

Art. L. 5212-11. Peuvent être déduites du montant de la contribution annuelle des dépenses supportées directement par l'entreprise et destinées à favoriser l'accueil, l'insertion ou le maintien dans l'emploi des travailleurs handicapés qui ne lui incombent pas en application d'une disposition législative ou réglementaire.

L'avantage représenté par cette déduction ne peut se cumuler avec une aide accordée pour le même objet par l'association mentionnée à l'article L. 5214-1.

La nature des dépenses mentionnées au premier alinéa ainsi que les conditions dans lesquelles celles-ci peuvent être déduites du montant de la contribution sont déterminées par décret.

Note Le 1er alinéa de cet article a été modifié par la loi 2018-771 du 5 septembre 2018, art. 67, I, 13°, JO 6, entrée en vigueur le 01.01.2020; cette modification s'applique aux obligations portant sur les périodes courant depuis le 01.01.2020 (loi précitée, art. 67, III, A).

Art. D. 5212-20. ***(D. 2019-523 du 27 mai 2019, JO 28, entrée en vigueur le 01.01.2020)*** La contribution annuelle, avant déductions prévues aux articles L. 5212-10-1, L. 5212-11 et au troisième alinéa de l'article L. 5212-9, est égale au produit:

1° du nombre de travailleurs handicapés bénéficiaires de l'obligation d'emploi manquants, résultant de l'écart entre le nombre de bénéficiaires de l'obligation d'emploi devant être employés calculé en application des dispositions de l'article D. 5212-2 et le nombre de bénéficiaires de l'obligation d'emploi employés calculé en application des dispositions de l'article D. 5212-3;

2° par les montants suivants, déterminés en fonction de l'effectif d'assujettissement de l'entreprise:

1° 400 fois le salaire horaire minimum de croissance brut pour les entreprises de 20 à moins de 250 salariés;

2° 500 fois le salaire horaire minimum de croissance brut pour les entreprises de 250 à moins de 750 salariés;

3° 600 fois le salaire horaire minimum de croissance brut pour les entreprises de 750 salariés et plus.

Le salaire horaire minimum de croissance brut applicable mentionné au deuxièmement est le salaire applicable au 31 décembre de l'année au titre de laquelle la contribution est due.

Note • **Depuis l'obligation d'emploi 2020.** Les articles D. 5212-20 à 23 s'appliquent aux obligations portant sur les périodes courant depuis le 01.01.2020 (décret 2019-523 précité, art. 2, 1°).

• **Période transitoire.** Conformément au 2° de l'article 2 du décret 2019-523 précité:

À titre transitoire, pour les années 2020 à 2024, le montant de la contribution annuelle due au titre de l'obligation d'emploi des travailleurs handicapés fait l'objet d'une modulation selon les modalités suivantes:

a) En 2020, la hausse de la contribution par rapport à l'année précédente est réduite de: 30 % jusqu'à 10 000 €; 50 % au-delà de 10 000 € et jusqu'à 100 000 €; 70 % au-delà de 100 000 €.

b) De 2021 à 2024, la hausse de la contribution par rapport à l'année précédente est réduite de: 80 % en 2021; 75 % en 2022; 66 % en 2023; 50 % en 2024.

Cette mesure vise à compenser le fait que, à partir de 2020, l'OETH ne s'appliquera plus au niveau des établissements autonomes d'au moins 20 salariés, mais au niveau des entreprises d'au moins 20 salariés. En effet, cette mesure pourra entraîner une hausse de l'obligation d'emploi, calculée sur une base plus large et, ipso facto, une contribution plus élevée pour les entreprises qui ne parviendraient pas à satisfaire à l'OETH. Le mécanisme de modulation permettra donc d'atténuer la hausse, si hausse il y a (voir RF 19 septembre 2019, FH 3807, § 3-31).

• **En cas d'application d'un accord.** Lorsqu'une entreprise comprend un ou plusieurs établissements ayant signé un accord mentionné à l'article L. 5212-8 et en vigueur au-delà du 1er janvier 2020, le calcul de la contribution due au titre de l'obligation d'emploi des travailleurs handicapés exclut les effectifs du ou des établissements ayant signé un accord pendant la durée de son application (décret 2019-523 précité, art. 2, 3°).

Art. D. 5212-21. ***(D. 2019-523 du 27 mai 2019, JO 28, entrée en vigueur le 01.01.2020)*** Pour les employeurs n'ayant employé aucun travailleur handicapé bénéficiaire de l'obligation d'emploi ou n'ayant pas conclu de contrats de fournitures, de sous-traitance ou de services dans les conditions prévues à l'article L. 5212-10-1 ou n'ayant pas conclu d'accord mentionné à l'article L. 5212-8 pendant une période supérieure à trois ans, le montant mentionné au 2° de l'article D. 5212-20 est fixé à 1 500 fois le salaire horaire minimum de croissance, quel que soit le nombre de salariés employés.

Art. L. 5212-11

Le montant du prix hors taxes payé des contrats de fournitures, de sous-traitance ou de services mentionnés à l'article L. 5212-10-1, duquel sont déduits les coûts des matières premières, des produits, des matériaux, de la sous-traitance, des consommations intermédiaires et des frais de vente et de commercialisation, doit être supérieur, sur quatre ans, à 600 fois le salaire horaire minimum de croissance brut.

Art. D. 5212-22. ***(D. 2019-523 du 27 mai 2019, JO 28, entrée en vigueur le 01.01.2020)*** Le montant de la déduction mentionnée à l'article L. 5212-10-1 résultant de la conclusion de contrats de fournitures, de sous-traitance ou de prestations de services avec des entreprises adaptées, des établissements ou services d'aide par le travail ***(D. 2020-1350 du 5 nov. 2020, JO 6)*** «, des travailleurs indépendants handicapés ou avec les entreprises de portage salarial lorsque le salarié porté est reconnu bénéficiaire de l'obligation d'emploi prévue à l'article L. 5212-13» est calculé en appliquant un taux de 30 % au prix hors taxes des fournitures, travaux ou prestations figurant au contrat, duquel sont déduits les coûts des matières premières, des produits, des matériaux, de la sous-traitance, des consommations intermédiaires et des frais de vente et de commercialisation.

Lorsqu'il emploie moins de 50 % du taux mentionné à l'article L. 5212-2 de travailleurs handicapés bénéficiaires de l'obligation d'emploi dans ses effectifs, l'employeur peut soustraire du montant de sa contribution la déduction mentionnée à l'alinéa précédent dans la limite de 50 % du montant de la contribution calculé conformément aux dispositions de l'article D. 5212-20. Cette limite est portée à 75 % lorsqu'il emploie au moins 50 % du taux mentionné à l'article L. 5212-2 de bénéficiaires de l'obligation d'emploi dans ses effectifs.

En cas de contrats conclus par un groupement d'achats, le montant de la déduction est réparti entre les différents employeurs membres du groupement d'achat à due proportion de leurs dépenses respectives.

Note **Depuis l'obligation d'emploi 2020.** Les dispositions de cet article, dans sa rédaction issue du décret 2020-1350 précité, s'appliquent aux déclarations relatives à l'obligation d'emploi des travailleurs handicapés exigibles à compter du 01.01.2021 (décret précité, art. 3, 1°).

Art. D. 5212-23. ***(D. 2019-523 du 27 mai 2019, JO 28, entrée en vigueur le 01.01.2020)*** Les dépenses déductibles mentionnées à l'article L. 5212-11 sont relatives :

1° À la réalisation de diagnostics et de travaux afin de rendre les locaux de l'entreprise accessibles aux bénéficiaires de l'obligation d'emploi ;

2° Au maintien dans l'emploi au sein de l'entreprise et à la reconversion professionnelle de bénéficiaires de l'obligation d'emploi par la mise en œuvre de moyens humains, techniques ou organisationnels compensatoires à la situation de handicap, à l'exclusion des dépenses déjà prises en charge ou faisant l'objet d'aides financières délivrées par d'autres organismes ;

3° Aux prestations d'accompagnement des bénéficiaires de l'obligation d'emploi, aux actions de sensibilisation et de formation des salariés réalisées par d'autres organismes pour le compte de l'entreprise afin de favoriser la prise de poste et le maintien en emploi des bénéficiaires de l'obligation d'emploi.

L'employeur peut déduire du montant de sa contribution annuelle ces dépenses ***(D. 2020-1350 du 5 nov. 2020, JO 6)*** «, au prix hors taxes, » dans la limite de 10 % du montant de la contribution annuelle calculée en application de l'article D. 5212-20.

Note • **Depuis l'obligation d'emploi 2020.** Les dispositions de cet article, dans sa rédaction issue du décret 2020-1350 précité, s'appliquent aux déclarations relatives à l'obligation d'emploi des travailleurs handicapés exigibles à compter du 01.01.2021 (décret précité, art. 3, 1°).

• **Jusqu'au 31 décembre 2024.** En complément des déductions prévues à cet article et dans les conditions prévues par son 5e alinéa, peuvent être déduites de sa contribution annuelle en application de l'article L. 5212-11 CT les dépenses exposées par l'employeur assujetti à l'obligation d'emploi des travailleurs handicapés au titre :
– de la participation à des événements promouvant l'accueil, l'embauche directe et le maintien dans l'emploi de travailleurs handicapés dans l'entreprise ;
– du partenariat, par voie de convention ou d'adhésion, avec des associations ou des organismes œuvrant pour la formation, l'insertion sociale et professionnelle de personnes handicapées que l'employeur accueille ou embauche, à l'exclusion des participations aux opérations de mécénat ;
– des actions concourant à la professionnalisation des dirigeants ou des travailleurs des entreprises adaptées, des travailleurs des établissements ou services d'aide par le travail ou des travailleurs indépendants handicapés, ainsi qu'au développement des achats auprès de ces acteurs (décret 2020-1350 précité, art. 3, 3°).

Voir RF 26 novembre 2020, FH 3867, § 5-4.

Art. D. 5212-24. ***(D. 2020-1350 du 5 nov. 2020, JO 6)*** Le montant de la déduction du montant de la contribution annuelle mentionnée au dernier alinéa de l'article L. 5212-9 est égal au produit de l'effectif, défini selon les modalités fixées à l'article L. 5212-1, de l'entreprise occupant un ou plusieurs emplois qui relèvent des catégories exigeant des conditions d'aptitude particulières mentionnées à l'article D. 5212-25, par 17 fois le salaire horaire minimum de croissance brut.

Note Cet article s'applique aux déclarations relatives à l'obligation d'emploi des travailleurs handicapés exigibles à compter du 01.01.2021 (décret 2020-1350 précité, art. 3, 1°).

Art. D. 5212-25. Les catégories d'emploi exigeant des conditions d'aptitude particulières sont énumérées dans la liste ci-dessous :

NUMÉRO DE LA NOMENCLATURE	INTITULÉ DE LA NOMENCLATURE DES PROFESSIONS ET CATÉGORIES socioprofessionnelles-emplois salariés d'entreprise (PCS-ESE)
389b	Officiers et cadres navigants techniques et commerciaux de l'aviation civile.
389c	Officiers et cadres navigants techniques de la marine marchande.
480b	Maîtres d'équipage de la marine marchande et de la pêche.
526e	Ambulanciers.
533a	Pompiers.
533b	Agents techniques forestiers, gardes des espaces naturels, exclusivement pour les gardes-chasse et les gardes-pêche.
534a	Agents civils de sécurité et de surveillance, excepté les gardiens d'usine et les gardiens de nuit.
534b	Convoyeurs de fonds, gardes du corps, enquêteurs privés et métiers assimilés.
546a	Contrôleurs des transports (personnels roulants).
546b	Hôtesses de l'air et stewards.
546e	Autres agents et hôtesses d'accompagnement (transports, tourisme).
553b	Vendeurs polyvalents des grands magasins.
624d	Monteurs qualifiés en structures métalliques.
621a	Chefs d'équipe du gros œuvre et des travaux publics.
621b	Ouvriers qualifiés du travail en béton.
621c	Conducteurs qualifiés d'engins de chantiers du bâtiment et des travaux publics.
621e	Autres ouvriers qualifiés des travaux publics.
621g	Mineurs de fond qualifiés et autres ouvriers qualifiés des industries d'extraction (carrières, pétrole, gaz...).
632a	Maçons qualifiés.
632c	Charpentiers en bois qualifiés.
632e	Couvreurs qualifiés.
641a	Conducteurs routiers et grands routiers.
641b	Conducteurs de véhicules routiers de transport en commun.
643a	Conducteurs livreurs et coursiers.
651a	Conducteurs d'engins lourds de levage.
651b	Conducteurs d'engins lourds de manœuvre.
652b	Dockers.
654b	Conducteurs qualifiés d'engins de transport guidés (sauf remontées mécaniques).
654c	Conducteurs qualifiés de systèmes de remontées mécaniques.
656b	Matelots de la marine marchande.
656c	Capitaines et matelots timoniers de la navigation fluviale.
671c	Ouvriers non qualifiés des travaux publics et du travail du béton.
671d	Aides-mineurs et ouvriers non qualifiés de l'extraction.
681a	Ouvriers non qualifiés du gros œuvre du bâtiment.
691a	Conducteurs d'engins agricoles ou forestiers.
692a	Marins pêcheurs et ouvriers de l'aquaculture.

Note Le fait qu'il y ait dans l'entreprise de nombreux ECAP rend naturellement plus difficile l'embauche de travailleurs handicapés. C'est la raison pour laquelle la formule de calcul de la contribution AGEFIPH prend en considération ce type de contrainte : le nombre de bénéficiaires manquants (nombre de travailleurs handicapés que l'entreprise devrait employer, c'est-à-dire 6 % de l'effectif, diminué du nombre de travailleurs handicapés effectivement employés) est ainsi affecté d'un coefficient de minoration qui conduit, au final, à réduire le montant de la contribution (voir RF 3 octobre 2019, FH 3809, § 3-14).

Une révision de la liste des ECAP est attendue et devrait faire l'objet d'un décret à l'issue des négociations des branches professionnelles sur ce sujet (voir RF 26 novembre 2020, FH 3867, § 5-3).

Sous-section 4. Sanction administrative

Note L'article L. 5212-12 qui figurait dans cette sous-section a été abrogé par l'ordonnance 2019-861 du 21 août 2019, art. 1er, 7°, JO 22; cette abrogation s'applique depuis le 1er janvier 2020 (ordonnance précitée, art. 9, I).

Pour les obligations et le traitement des demandes des employeurs ayant pour objet de connaître l'application à leur situation de la législation applicable relative à l'obligation d'emploi des travailleurs handicapés et les pénalités associées à cette obligation, et portant sur les périodes antérieures au 1er janvier 2020, les dispositions de cet article sont applicables dans leur rédaction antérieure à l'ordonnance 2019-861 précitée (ordonnance précitée, art. 9, I).

Art. R. 5212-31. ***(D. 2012-1354 du 4 déc. 2012, JO 6)*** La liste des employeurs qui n'ont pas rempli les obligations définies aux articles L. 5212-2 et L. 5212-6 à L. 5212-11 est transmise par l'association mentionnée à l'article L. 5214-1 au préfet de département compétent pour prononcer la pénalité prévue à l'article L. 5212-12. Les modalités de cette transmission sont précisées par arrêté du ministre chargé de l'emploi.

La pénalité est notifiée à l'employeur défaillant par décision motivée:

1° Du préfet du département où est situé l'établissement;

2° Du préfet du département où est situé chaque établissement en cas d'application d'un accord mentionné à l'article L. 5212-8;

3° Du préfet du département où est situé le siège de l'entreprise dans le cas des entreprises ayant conclu un accord concernant des établissements situés dans plusieurs départements.

Le préfet établit un titre de perception pour la somme correspondante.

Il transmet ce titre au ***(D. 2014-551 du 27 mai 2014, art. 29, JO 29)*** «directeur départemental ou, le cas échéant, régional des finances publiques» qui en assure le recouvrement.

Note La liste des employeurs qui n'ont pas rempli leurs obligations est transmise par courrier par l'AGEFIPH au préfet compétent pour notifier la pénalité (arrêté du 14 décembre 2012, art. 2, JO 26).

SECTION 4. Bénéficiaires de l'obligation d'emploi

Sous-section 1. Catégories de bénéficiaires

Art. L. 5212-13. Bénéficient de l'obligation d'emploi instituée par l'article L. 5212-2:

1° Les travailleurs reconnus handicapés par la commission des droits et de l'autonomie des personnes handicapées mentionnée à l'article L. 146-9 du code de l'action sociale et des familles;

2° Les victimes d'accidents du travail ou de maladies professionnelles ayant entraîné une incapacité permanente au moins égale à 10 % et titulaires d'une rente attribuée au titre du régime général de sécurité sociale ou de tout autre régime de protection sociale obligatoire;

3° Les titulaires d'une pension d'invalidité attribuée au titre du régime général de sécurité sociale, de tout autre régime de protection sociale obligatoire ou au titre des dispositions régissant les agents publics à condition que l'invalidité des intéressés réduise au moins des deux tiers leur capacité de travail ou de gain;

(L. 2008-492 du 26 mai 2008, JO 27, entrée en vigueur au plus tard le 31.12.2009) «4° Les bénéficiaires mentionnés à l'article ***(Ord. 2015-1781 du 28 déc. 2015, JO 29, entrée en vigueur au plus tard le 01.01.2017)*** « L. 241-2» du code des pensions militaires d'invalidité et des victimes de la guerre;

5° Les bénéficiaires mentionnés aux articles ***(Ord. 2015-1781 du 28 déc. 2015, JO 29, entrée en vigueur au plus tard le 01.01.2017)*** « L. 241-3 et L. 241-4» du même code;»

6° (Abrogé);

7° (Abrogé);

8° (Abrogé);

9° Les titulaires d'une allocation ou d'une rente d'invalidité attribuée dans les conditions définies par la loi n° 91-1389 du 31 décembre 1991 relative à la protection sociale des sapeurs-pompiers volontaires en cas d'accident survenu ou de maladie contractée en service;

10° Les titulaires de la ***(L. 2016-1321 du 7 oct. 2016, art. 107, VII, JO 8, entrée en vigueur le 01.01.2017)*** «carte "mobilité inclusion" portant la mention "invalidité"» définie à l'article L. 241-3 du code de l'action sociale et des familles;

11° Les titulaires de l'allocation aux adultes handicapés.

Note Voir RF 15 février 2018, FH 3729, §§ 5-1 et s.; LSQ n° 17511 du 15.02.2018; RF 19 septembre 2019, FH 3807, § 3-8.

Sous-section 2. Calcul du nombre de bénéficiaires

Art. L. 5212-15. Les titulaires d'un emploi réservé attribué en application des dispositions [des chapitres Ier et II du titre IV du livre II] du code des pensions militaires d'invalidité et des victimes de la guerre sont pris en compte pour le calcul du nombre de bénéficiaires de l'obligation d'emploi.

SECTION 5. Actions en justice

Art. L. 5212-16. Les associations ayant pour objet principal la défense des intérêts des bénéficiaires du présent chapitre peuvent exercer une action civile fondée sur l'inobservation des dispositions de ce même chapitre, lorsque cette inobservation porte un préjudice certain à l'intérêt collectif qu'elles représentent.

SECTION 6. Dispositions d'application

Art. L. 5212-17. Un décret en Conseil d'État détermine les modalités d'application du présent chapitre.

Note Cet article a été modifié par la loi 2018-771 du 5 septembre 2018, art. 67, I, 16°, JO 6, entrée en vigueur le 01.01.2020; cette modification s'applique aux obligations portant sur les périodes courant depuis le 01.01.2020 (loi précitée, art. 67, III, A).

CHAPITRE III Reconnaissance et orientation des travailleurs handicapés

SECTION 1. Reconnaissance de la qualité de travailleur handicapé

Art. L. 5213-1. Est considérée comme travailleur handicapé toute personne dont les possibilités d'obtenir ou de conserver un emploi sont effectivement réduites par suite de l'altération d'une ou plusieurs fonctions physique, sensorielle, mentale ou psychique.

Note Un salarié reconnu travailleur handicapé n'est pas tenu d'informer son employeur (cass. soc. 6 mai 2003, n° 01-41.370; 18 septembre 2013, n° 12-17.159, LSQ n° 16433 du 26.09.2013; JSL n° 352, 24.10.2013, p. 29). Voir aussi LSQ n° 17535 du 31.03.2019.

Art. L. 5213-2. ***(L. 2008-1425 du 27 déc. 2008, art. 182, JO 28)*** La qualité de travailleur handicapé est reconnue par la commission des droits et de l'autonomie des personnes handicapées mentionnée à l'article L. 241-5 du code de l'action sociale et des familles. Cette reconnaissance s'accompagne d'une orientation vers un établissement ou service d'aide par le travail, vers le marché du travail ou vers un centre de rééducation professionnelle. L'orientation vers un établissement ou service d'aide par le travail, vers le marché du travail ou vers un centre de rééducation professionnelle vaut reconnaissance de la qualité de travailleur handicapé. ***(L. 2018-771 du 5 sept. 2018, art. 67, I, 17°, JO 6, entrée en vigueur le 01.01.2020)*** «Lorsque le handicap est irréversible, la qualité de travailleur handicapé est attribuée de façon définitive.»

Note • **Qualité de travailleur handicapé.** Seul peut être considéré comme travailleur handicapé au sens de cet article celui qui a été reconnu comme tel par la CDAPH (ex-Cotorep) (cass. soc. 19 juin 1991, n° 89-43.206, BC V n° 317). Le fait pour une personne qui, ayant exercé les fonctions de professeur puis de cadre administratif, a une vision de l'œil gauche inférieure à 1/10 ne suffit pas pour qu'elle soit reconnue travailleur handicapé, cette baisse de l'acuité visuelle ne constituant pas, pour ce salarié, eu égard notamment à sa formation et aux emplois qu'il a vocation d'exercer, un handicap au sens de l'article L. 323-10 (CE 13 octobre 1989, n° 75717).

Sur l'exigence d'un handicap susceptible de réduire de façon durable la possibilité d'obtenir ou de conserver un emploi, voir CE 22 février 1991, n° 65847, Rec. Lebon, p. 64.

Sur les notions distinctes d'aptitude au travail, appréciée par la Cotorep, et d'aptitude au poste, appréciée par le médecin du travail, voir rép. QE 16613, JO AN 1er février 1999, p. 625. Sur l'assimilation à la reconnaissance de la qualité de travailleur handicapé pour la retraite anticipée prévue à l'article L. 351-1-3 c. séc. soc., voir lettre CNAV 6 septembre 2012.

La reconnaissance de la qualité de travailleur handicapé n'est pas subordonnée à l'absence d'activité professionnelle des intéressés (CE 30 juin 2000, n° 196673). La circonstance qu'un accidenté du travail peut bénéficier de l'obligation d'emploi instituée aux articles L. 323-1 et 3 (anciens) ne peut fonder un refus de la qualité de travailleur handicapé qui emporte d'autres avantages pour l'intéressé (CE 25 octobre 1996, n° 162572, Rec. Lebon p. 411; RJS 12/96 n° 1334).

Art. L. 5213-2-1

• **Décisions de la CDAPH et recours.** Depuis le 1er janvier 2019, les litiges relatifs aux décisions de la CDAPH portant sur le placement dans un établissement ou service d'accueil ou sur l'attribution de la prestation de compensation du handicap relèvent de la compétence du juge judiciaire; les litiges relatifs aux décisions de la CDAPH en matière de reconnaissance de la qualité de travailleur handicapé et à celles portant sur l'orientation et le placement des adultes handicapés prises dans le domaine de la rééducation professionnelle, du travail adapté ou protégé relèvent de la compétence du juge administratif (art. L. 241-9 c. action. soc. et fam.; art. L. 142-2, 5° et L. 142-8 c. séc. soc.; art. L. 211-16, 2° c. org. judiciaire; voir décret 2018-772 du 4 septembre 2018, JO 6).

La commission départementale des travailleurs handicapés et mutilés de guerre ne peut se fonder sur la circonstance qu'une personne a travaillé pendant plusieurs années dans des conditions normales pour rejeter sa requête contre la décision de la Cotorep refusant de lui reconnaître la qualité de travailleur handicapé (CE 30 juin 2000, n° 197908).

• **Loi 2018-771: situation de handicap irréversible.** Voir RF 13 septembre 2018, FH 3756, §§ 4-1 et s.; JCP éd. S 2018, 1315, étude M. Bidaux et A. Lançon.

Art. L. 5213-2-1. ***(L. 2016-1088 du 8 août 2016, art. 52, II, JO 9)*** I. – Les travailleurs handicapés reconnus au titre de l'article L. 5213-2 peuvent bénéficier d'un dispositif d'emploi accompagné comportant un accompagnement médico-social et un soutien à l'insertion professionnelle, en vue de leur permettre d'accéder et de se maintenir dans l'emploi rémunéré sur le marché du travail. Sa mise en œuvre comprend un soutien et un accompagnement du salarié, ainsi que de l'employeur.

Ce dispositif, mis en œuvre par une personne morale gestionnaire qui respecte les conditions d'un cahier des charges prévu par décret, peut être sollicité tout au long du parcours professionnel par le travailleur handicapé et, lorsque celui-ci occupe un emploi, par l'employeur.

Le dispositif d'emploi accompagné est mobilisé en complément des services, aides et prestations existants.

II. – Le dispositif d'emploi accompagné est mis en œuvre sur décision de la commission mentionnée à l'article L. 146-9 du code de l'action sociale et des familles en complément d'une décision d'orientation ***(L. 2020-935 du 30 juil. 2020, art. 74, JO 31)*** «ou sur prescription» des organismes désignés aux articles L. 5214-3-1, L. 5312-1 et L. 5314-1 du présent code. Cette commission ***(L. 2020-935 du 30 juil. 2020, art. 74, JO 31)*** «ou ces organismes désignent», après accord de l'intéressé ou de ses représentants légaux, un dispositif d'emploi accompagné.

Une convention individuelle d'accompagnement conclue entre la personne morale gestionnaire du dispositif d'emploi accompagné, la personne accompagnée ou son représentant légal et son employeur, précise notamment les modalités d'accompagnement et de soutien du travailleur handicapé et de l'employeur, notamment sur le lieu de travail.

III. – Pour la mise en œuvre du dispositif, la personne morale gestionnaire du dispositif d'emploi accompagné conclut une convention de gestion:

1° D'une part, avec l'un des organismes désignés aux articles L. 5214-3-1, L. 5312-1 et L. 5314-1;

2° Et, d'autre part, lorsqu'il ne s'agit pas d'un établissement ou service mentionné aux 5° ou 7° du I de l'article L. 312-1 du code de l'action sociale et des familles, avec au moins une personne morale gestionnaire d'un de ces établissement ou service.

Cette convention précise les engagements de chacune des parties.

IV. – Le décret mentionné au I du présent article précise notamment les modalités de mise en œuvre du dispositif d'emploi accompagné, de contractualisation entre le salarié, l'employeur et la personne morale gestionnaire du dispositif, les financements pouvant être mobilisés dans ce cadre, ainsi que les conditions dans lesquelles la personne morale gestionnaire du dispositif d'emploi accompagné ou, le cas échéant, la personne morale gestionnaire d'un établissement ou service conclut avec le directeur de l'agence régionale de santé une convention de financement ou un avenant au contrat mentionné à l'article L. 313-11 du code de l'action sociale et des familles. Le modèle de ces conventions est fixé par arrêté des ministres chargés des affaires sociales et de l'emploi.

Note • **Base légale.** La loi relative au travail, à la modernisation du dialogue social et à la sécurisation des parcours professionnels, dite «loi Travail», a donné une base légale au dispositif dit d'«emploi accompagné» des personnes en situation de handicap. Voir LSQ n° 17167 du 26.09.2016; ASH du 8 décembre 2017, n° 3037 «Cahier juridique».

• **Modalités de mise en œuvre.** Le dispositif d'emploi accompagné a été mis en œuvre par voie réglementaire (décret 2016-1899 du 27 décembre 2016, JO 29 et décret 2017-473 du 3 avril 2017, JO 5) et par une convention nationale de cadrage signée le 21 mars 2017 par l'État, l'Agefiph et le FIPHFP. Voir LSQ n° 17235 du 3.01.2017; n° 17294 du 27 mars 2017, n° 17333 du 24.05.2017 et n° 17462 du 6.12.2017; ASH du 14 avril 2017, n° 3009, p. 37, du 2 juin 2017, n° 3013, p. 34 et ASH du 8 décembre 2017, n° 3037 «Cahier juridique».

Voir la circulaire interministérielle DGCS/3B/5A/DGEFP/METH/2017/125 du 14 avril 2017 (NOR: AFSA1711452C); LSQ du 24.05.2017, n° 17333; ASH du 2 juin 2017, n° 3013, p. 34.

Voir aussi l'arrêté du 23 novembre 2017 (JO 2 déc.) relatif aux modèles de conventions de gestion des dispositifs d'emploi accompagné et de financement mentionnées aux III et IV de l'article L. 5[2]13-2-1 CT.

Art. D. 5213-88. ***(D. 2016-1899 du 27 déc. 2016, JO 29, entrée en vigueur le 01.01.2017)*** Le dispositif d'emploi accompagné mentionné à l'article L. 5213-2-1 est mis en œuvre aux fins d'insertion dans le milieu ordinaire de travail, par une personne morale gestionnaire qui organise, au moyen de la convention de gestion mentionnée au III du même article, le soutien à l'insertion professionnelle et l'accompagnement médico-social du travailleur handicapé ainsi que l'accompagnement de son employeur. Il s'inscrit dans le cadre du plan régional d'insertion des travailleurs handicapés défini à l'article L. 5211-5.

La personne morale gestionnaire est:

1° Soit un établissement ou un service mentionnés aux 5° ou 7° de l'article L. 312-1 du code de l'action sociale et des familles ayant conclu une convention de gestion avec l'un au moins des organismes mentionnés aux articles L. 5214-3-1, L. 5312-1 et L. 5314-1 du présent code;

2° Soit un organisme ***(D. 2017-473 du 3 avril 2017, JO 5)*** «, notamment un établissement ou service mentionnés aux 1° ou 2° de l'article L. 312-1 du code de l'action sociale et des familles,» ayant conclu une convention de gestion avec un établissement ou service mentionné à l'alinéa précédent et avec au moins un des organismes mentionnés au même alinéa.

Art. D. 5213-89. ***(D. 2016-1899 du 27 déc. 2016, JO 29, entrée en vigueur le 01.01.2017)*** Peuvent être bénéficiaires du dispositif d'emploi accompagné, donnant lieu à l'accompagnement de leur employeur:

1° Les travailleurs handicapés reconnus au titre de l'article L. 5213-2 ayant un projet d'insertion en milieu ordinaire de travail;

2° Les travailleurs handicapés accueillis dans un établissement ou service d'aide par le travail mentionné au a du 5° du I de l'article L. 312-1 du code de l'action sociale et des familles ayant un projet d'insertion en milieu ordinaire de travail;

3° Les travailleurs handicapés en emploi en milieu ordinaire de travail qui rencontrent des difficultés particulières pour sécuriser de façon durable leur insertion professionnelle.

Le dispositif d'emploi accompagné est ouvert dès l'âge de seize ans.

Art. D. 5213-90. ***(D. 2016-1899 du 27 déc. 2016, JO 29, entrée en vigueur le 01.01.2017)*** I. – La personne morale gestionnaire chargée de mettre en œuvre le dispositif d'emploi accompagné respecte un cahier des charges défini, pour chaque personne gestionnaire, par l'agence régionale de santé, conjointement avec la ***(D. 2020-1545 du 9 déc. 2020, JO 10, entrée en vigueur le 01.04.2021)*** «direction régionale de l'économie, de l'emploi, du travail et des solidarités», après consultation du Fonds de développement pour l'insertion professionnelle des handicapés mentionné à l'article L. 5214-1 et du Fonds d'insertion des personnes handicapées dans la fonction publique.

II. – Le cahier des charges comprend notamment:

1° La description des activités et des prestations de soutien à l'insertion professionnelle et des prestations d'accompagnement médico-social proposées, ainsi que les modalités d'entrée et de sortie du dispositif. Ces activités et prestations sont adaptées aux besoins du travailleur handicapé et couvrent toutes les périodes durant lesquelles l'accompagnement est nécessaire. Cet accompagnement comporte ***(D. 2017-473 du 3 avril 2017, JO 5)*** «au moins les» quatre modules suivants:

a) L'évaluation de la situation du travailleur handicapé, en tenant compte de son projet professionnel, de ses capacités et de ses besoins, ainsi que, le cas échéant, des besoins de l'employeur;

b) La détermination du projet professionnel et l'aide à sa réalisation, en vue de l'insertion dans l'emploi en milieu ordinaire de travail dans les meilleurs délais;

c) L'assistance du bénéficiaire dans sa recherche d'emploi en lien avec les entreprises susceptibles de le recruter;

d) L'accompagnement dans l'emploi afin de sécuriser le parcours professionnel du travailleur handicapé en facilitant notamment l'accès à la formation et aux bilans de compétences, incluant si nécessaire une intermédiation entre la personne handicapée et son employeur, ainsi que des modalités d'adaptation ou d'aménagement de l'environnement de travail aux besoins de la personne handicapée, en lien notamment avec les acteurs de l'entreprise, notamment le médecin de travail;

2° La description de la nature des activités et des prestations visant à répondre aux besoins des employeurs, pouvant inclure l'appui ponctuel du référent emploi accompagné de la personne handicapée pour prévenir ou pallier les difficultés rencontrées dans l'exercice des missions confiées au travailleur handicapé, pour s'assurer des modalités d'adaptation au collectif de travail notamment par la sensibilisation et la formation des équipes de travail, pour évaluer et adapter le poste et l'environnement de travail, ainsi que pour faciliter la gestion des compétences et le parcours du travailleur handicapé en lien avec les acteurs de l'entreprise dont le médecin du travail;

3° La présentation des entreprises avec lesquelles la personne morale gestionnaire du dispositif d'emploi accompagné envisage d'intervenir sur le territoire considéré, ainsi que sa démarche de sensibilisation auprès de nouvelles entreprises susceptibles de recruter des travailleurs handicapés;

4° La présentation des moyens mobilisés pour la mise en œuvre des actions prévues aux alinéas précédents, notamment les effectifs, leur qualification et les compétences mobilisées, l'organisation retenue pour l'accompagnement du travailleur handicapé et de l'employeur par un même référent emploi accompagné au regard du nombre de personnes susceptibles d'être accompagnées au titre d'une année;

5° La convention de gestion mentionnée au III de l'article L. 5213-2-1;

6° Les modalités de suivi et d'évaluation du dispositif d'emploi accompagné, comportant des données quantitatives et qualitatives relatives aux profils des travailleurs handicapés et des employeurs accompagnés, à la file active, à la durée effective des accompagnements, aux sorties du dispositif et à leurs motifs, à la nature des prestations mobilisées ainsi qu'aux difficultés rencontrées, le cas échéant, à chacune des étapes d'accompagnement. Le suivi des indicateurs est réalisé par la personne morale gestionnaire conformément à un référentiel national élaboré selon les modalités précisées dans la convention prévue à l'article D. 5213-91.

Note Le décret 2017-473 du 3 avril 2017 a durci le cahier des charges que doit respecter l'organisme gestionnaire. Avant le 6 avril 2017, le cahier des charges devait comporter, au titre de l'accompagnement médico-social de la personne handicapée, au moins un module, parmi les quatre proposés par la réglementation.

Art. D. 5213-91. ***(D. 2016-1899 du 27 déc. 2016, JO 29, entrée en vigueur le 01.01.2017)*** La convention de financement conclue en application du IV de l'article L. 5213-2-1 peut notamment associer le Fonds de développement pour l'insertion professionnelle des handicapés mentionné à l'article L. 5214-1 et le Fonds d'insertion des personnes handicapées dans la fonction publique mentionné à l'article L. 323-8-6-1 dans les conditions prévues par une convention nationale conclue, le cas échéant, entre l'État et ces deux fonds.

Art. D. 5213-92. ***(D. 2016-1899 du 27 déc. 2016, JO 29, entrée en vigueur le 01.01.2017)*** Le dispositif d'emploi accompagné fait l'objet d'un appel à candidatures de l'agence régionale de santé, qui définit le ou les territoires d'intervention du dispositif dans le respect du cahier des charges mentionné à l'article D. 5213-90. Pour l'instruction des candidatures, l'agence régionale de santé peut associer la ***(D. 2020-1545 du 9 déc. 2020, JO 10, entrée en vigueur le 01.04.2021)*** «direction régionale de l'économie, de l'emploi, du travail et des solidarités» et consulter le Fonds de développement pour l'insertion professionnelle des handicapés et le Fonds d'insertion des personnes handicapées dans la fonction publique.

À l'issue de la procédure d'appel à candidatures, l'agence régionale de santé informe la commission mentionnée à l'article L. 146-9 du code de l'action sociale et des familles de la ou des personnes morales gestionnaires sélectionnées.

Art. D. 5213-93. ***(D. 2016-1899 du 27 déc. 2016, JO 29, entrée en vigueur le 01.01.2017)*** I. – La décision d'admission du travailleur handicapé dans le dispositif, prise après accord de l'intéressé, est rendue par la commission mentionnée à l'article L. 146-9 du code de l'action sociale et des familles conformément aux dispositions de l'article L. 241-6 du même code.

Le dispositif d'emploi accompagné et la maison départementale des personnes handicapées compétente organisent, le cas échéant dans le cadre d'une convention, les modalités de partenariat et d'échanges permettant à la commission mentionnée à l'article L. 146-9 précité de prononcer une décision en urgence au titre du 5° de l'article R. 241-28 du même code.

II. – En amont des décisions mentionnées au I, une évaluation préliminaire peut être réalisée à la demande du travailleur handicapé ou de la maison départementale des personnes handicapée dont il relève afin de déterminer si, au regard de son projet professionnel, de ses capacités et de ses besoins, ainsi que des besoins de l'employeur, le travailleur handicapé peut entrer dans le dispositif. Pour les besoins de cette évaluation, peuvent être mobilisées les ressources et les prestations des partenaires parties prenantes à la convention de gestion mentionnée au I de l'article D. 5[2]13-88, du Fonds de développement pour l'insertion professionnelle des handicapés et du Fonds d'insertion des personnes handicapées dans la fonction publique.

III. – La décision est notifiée à l'intéressé, au gestionnaire du dispositif d'emploi accompagné aux fins de l'élaboration de la convention individuelle prévue au II de l'article L. 5213-2-1 et, le cas échéant, à l'employeur.

SECTION 1 (réglementaire). Orientation et placement

Art. R. 5213-1. Le pilotage des actions du service public de l'emploi et des organismes de placement spécialisés en matière d'insertion professionnelle des personnes handicapées associe:

1° L'État;

2° Le service public de l'emploi;

3° L'association chargée de la gestion du fonds de développement pour l'insertion professionnelle des handicapés;
4° Le Fonds de développement pour l'insertion professionnelle des handicapés dans la fonction publique;
5° Les organismes de placement spécialisés.

Art. R. 5213-1-1. *(D. 2018-850 du 5 oct. 2018, JO 6)* Toute demande de renouvellement de la reconnaissance de la qualité de travailleur handicapé, formée auprès de la maison départementale des personnes handicapées, proroge les effets du bénéfice de la reconnaissance de cette qualité délivrée au titre de la précédente décision par la commission des droits et de l'autonomie des personnes handicapées jusqu'à ce qu'il soit statué à nouveau sur son renouvellement avant l'expiration du délai mentionné à l'article R. 241-33 du code de l'action sociale et des familles, dès lors qu'elle a été déposée avant l'échéance du droit en cours par tout moyen permettant de conférer date certaine à la réception de cette demande. Le bénéfice de cette prorogation demeure acquis indépendamment du sort de la demande en cours d'instruction.

Art. R. 5213-2. Des centres de préorientation contribuent à l'orientation professionnelle des travailleurs handicapés.

Ils accueillent, sur décision motivée de la commission des droits et de l'autonomie des personnes handicapées, des travailleurs reconnus handicapés dont l'orientation professionnelle présente des difficultés particulières qui n'ont pu être résolues par l'équipe technique de cette commission.

Art. R. 5213-3. Les centres de préorientation ont une compétence interdépartementale ou régionale et peuvent être rattachés à des établissements de réadaptation fonctionnelle ou de rééducation professionnelle. Dans ce cas, ils ont une gestion autonome et une comptabilité distincte.

Art. R. 5213-4. La préorientation est opérée dans le cadre d'un stage dont la durée est en moyenne et par stagiaire de huit semaines sans pouvoir excéder douze semaines.

À cet effet, l'agrément du stage prévu à l'article L. 6341-4 est exprimé en nombre de semaines-stagiaires. Ce dernier est au plus égal au produit du nombre de places par le nombre annuel de semaines ouvrées.

Art. R. 5213-5. Pendant son séjour en centre de préorientation, la personne handicapée est mise dans des situations de travail caractéristiques de catégories de métiers nettement différentes les unes des autres. Elle est informée des perspectives professionnelles que lui offrent ces métiers et mise en état de pouvoir élaborer un projet professionnel en liaison avec les services de *(D. 2014-524 du 22 mai 2014, art. 16, JO 24)* « Pôle emploi ».

Art. R. 5213-6. À l'issue de la période de préorientation, le centre adresse à la commission des droits et de l'autonomie des personnes handicapées un rapport détaillé sur les souhaits et sur les capacités d'adaptation intellectuelles et physiques de la personne observée à l'exercice ou à l'apprentissage d'un métier. La commission se prononce au vu de ce rapport.

Art. R. 5213-7. Des organismes de placement spécialisés, en charge de la préparation, de l'accompagnement et du suivi durable dans l'emploi des personnes handicapées, participent au dispositif d'insertion professionnelle et d'accompagnement particulier pendant la période d'adaptation au poste de travail des travailleurs handicapés mis en œuvre par l'État, le service public de l'emploi, l'association chargée de la gestion du fonds de développement pour l'insertion professionnelle des handicapés et le gestionnaire du fonds pour l'insertion professionnelle des handicapés dans la fonction publique.

Ils sont conventionnés à cet effet et peuvent, à cette condition, recevoir l'aide de l'association et du fonds mentionnés au premier alinéa.

Les conventions sont conformes aux orientations fixées par la convention d'objectifs conclue entre l'État et l'association chargée de la gestion du fonds de développement pour l'insertion professionnelle des handicapés.

Art. R. 5213-8. Les centres de préorientation et les organismes de placement spécialisés concluent une convention avec la maison départementale des personnes handicapées mentionnée à l'article L. 146-3 du code de l'action sociale et des familles afin de coordonner leurs interventions auprès des personnes handicapées.

SECTION 2. Réadaptation, rééducation et formation professionnelle

Art. L. 5213-3. Tout travailleur handicapé peut bénéficier d'une réadaptation, d'une rééducation ou d'une formation professionnelle.

Art. L. 5213-4. Le travailleur handicapé bénéficie des aides financières accordées aux stagiaires de la formation professionnelle et prévues par le titre IV du livre III de la sixième partie, sous réserve d'adaptations à leur situation particulière.

Art. L. 5213-5

(L. 2010-1657 du 29 déc. 2010, art. 208, III, JO 30, entrée en vigueur le 01.01.2011) « En outre, le travailleur handicapé peut bénéficier, à l'issue de son stage, de primes destinées à faciliter son reclassement dont le montant et les conditions d'attribution sont déterminés par l'association mentionnée à l'article L. 5214-1. »

Ces primes ne se cumulent pas avec les primes de même nature dont le travailleur handicapé pourrait bénéficier au titre de la législation dont il relève.

Art. L. 5213-5. Tout établissement ou groupe d'établissements appartenant à une même activité professionnelle de plus de cinq mille salariés assure, après avis médical, le ré-entraînement au travail et la rééducation professionnelle de ses salariés malades et blessés.

Les ***(L. 2016-1088 du 8 août 2016, art. 113, III, 4°, JO 9)*** « agents de contrôle de l'inspection du travail mentionnés à l'article L. 8112-1 » peuvent mettre les chefs d'entreprise en demeure de se conformer à ces prescriptions.

Note • Dès lors que n'est pas établie l'existence de liens entre les établissements exploités par une société employant 750 salariés et d'autres établissements de nature à former un ensemble appartenant à une même activité professionnelle, cette société n'entre pas dans le champ d'application de l'article L. 5213-5 CT (cass. soc. 29 mai 2013, n° 12-13.594, RJS 8-9/13 n° 646).

• L'obligation de réentraînement au travail et de rééducation professionnelle n'implique pas nécessairement la reprise du travail par le salarié après la reconnaissance de son statut de travailleur handicapé (cass. soc. 23 novembre 2016, n° 14-29.592, BC V n° 221 ; LSQ n° 17215 du 6.12.2016 ; JCP éd. S 2017, 1080, note E. Jeansen ; RJS 2/17 n° 157).

• Il appartient au juge de rechercher si l'établissement ou le groupe d'établissements emploie plus de 5 000 salariés et de réparer le préjudice qu'a pu causer au salarié licencié pour inaptitude le manquement de l'employeur à l'obligation prévue à l'article L. 323-17 (ancien) CT (cass. soc. 16 mai 2000, n° 97-40.660, BC V n° 188 ; RJS 7-8/00 n° 791).

• Les dispositions de l'article L. 5213-5 CT, incluses dans un chapitre du code du travail relatif à la reconnaissance et à l'orientation des travailleurs handicapés sous un titre intitulé « travailleurs handicapés », ne concernent que les salariés blessés ou malades reconnus comme travailleurs handicapés (cass. soc. 12 janvier 2011, n° 09-70.634, BC V n° 13 ; RJS 3/11 n° 277).

• L'obligation prévue par l'article L. 5213-5 CT ne se confond pas avec celle résultant de l'article L. 1226-10 CT et est susceptible de causer au salarié un préjudice distinct que le juge doit réparer (cass. soc. 17 février 2010, n° 08-45.476, RJS 5/10 n° 475 ; Dr. Soc. 2010, p. 974, B. Legros et S. Fantoni : « La juxtaposition des obligations en cas d'inaptitude et/ou de handicap »).

Sous-section 1 (réglementaire). Centres d'éducation, de rééducation et de formation professionnelle

Art. R. 5213-9. L'éducation ou la rééducation professionnelle des travailleurs handicapés est assurée par :

1° Les centres d'éducation ou de rééducation professionnelle créés par l'État, par une collectivité publique ou par un établissement public, et notamment les écoles de reconversion mentionnées par l'article ***(D. 2016-1903 du 28 déc. 2016, JO 29, entrée en vigueur le 01.01.2017)*** « D. 614-2 » du code des pensions militaires d'invalidité et des victimes de guerre ;

2° Les centres d'éducation ou de rééducation professionnelle créés par les organismes de sécurité sociale ;

3° Les centres d'éducation ou de rééducation professionnelle privés autres que ceux qui sont mentionnés au 2° ;

4° Les employeurs au titre d'actions d'éducation ou de rééducation professionnelle ;

5° Les organismes de formation au titre d'actions agréées en application de l'article L. 6341-4.

Note Le 6e alinéa de cet article est supprimé et le 6° devient le 5° (décret 2020-88 du 5 février 2020, art. 1er, 29°, JO 6).

Art. R. 5213-10. La commission des droits et de l'autonomie des personnes handicapées est consultée sur toutes les demandes ou propositions de rééducation ou de réadaptation d'un travailleur handicapé.

Art. R. 5213-11. En cas d'urgence, l'organisme de prise en charge du travailleur handicapé peut, à titre provisoire, prononcer l'admission de l'intéressé, sous réserve de transmettre dans les trois jours son dossier à la commission des droits et de l'autonomie des personnes handicapées. En ce cas, celle-ci statue en urgence.

Art. R. 5213-12. La commission des droits et de l'autonomie des personnes handicapées donne également son avis sur la nature, les modalités et la durée de la réadaptation, rééducation ou formation professionnelle appropriée.

En cas de prolongation de la période de stage ou en cas de mutation de section, la commission est saisie à nouveau pour avis. Elle est tenue informée avant la fin du stage des résultats de celui-ci. Ces informations sont portées sans délai à la connaissance de la commission par l'intermédiaire du ***(D. 2020-1545 du 9 déc. 2020, JO 10, entrée en vigueur le 01.04.2021)*** «directeur régional de l'économie, de l'emploi, du travail et des solidarités» du département où se trouve situé le centre en cause de l'entreprise.

Art. R. 5213-13. Les demandes de subvention présentées par les centres collectifs de réadaptation, de rééducation ou de formation professionnelle ou par des entreprises du chef de leurs centres accueillant des travailleurs handicapés dans les conditions prévues à l'article R. 5213-9 à R. 5213-12 sont soumises pour avis à la section permanente du conseil supérieur pour le reclassement professionnel et social des travailleurs handicapés.

Art. R. 5213-14. L'attribution d'une aide financière fait l'objet d'une convention conclue entre le ministre chargé du travail et l'organisation ou l'établissement intéressé. Il est tenu compte, lors de cette attribution, des autres subventions que ce centre pourrait recevoir.

La convention détermine notamment :

1° Le nombre de bénéficiaires ;
2° La nature et les types de programmes ;
3° La durée des stages de réadaptation, de rééducation ou de formation professionnelle ;
4° Les modalités du contrôle technique et financier exercé sur le centre.

Sous-section 3 (réglementaire). Réentraînement au travail

Art. R. 5213-22. Le réentraînement au travail prévu à l'article L. 5213-5 a pour but de permettre au salarié qui a dû interrompre son activité professionnelle à la suite d'une maladie ou d'un accident, de reprendre son travail et de retrouver après une période de courte durée son poste de travail antérieur ou, le cas échéant, d'accéder directement à un autre poste de travail.

Art. R. 5213-23. Les obligations d'assurer le réentraînement au travail et la rééducation professionnelle sont satisfaites par :

1° La création d'un atelier spécial de rééducation et de réentraînement au travail ;
2° L'aménagement dans l'entreprise de postes spéciaux de rééducation et de réentraînement ;
3° La mise en œuvre simultanée de ces deux types de mesures.

Art. R. 5213-24. Le médecin du travail et le ***(D. 2017-1819 du 29 déc. 2017, art. 3, 70°, JO 30, entrée en vigueur le 01.01.2018)*** «comité social et économique» sont consultés sur les moyens les mieux adaptés aux conditions d'exploitation et à la nature des activités professionnelles visant le réentraînement au travail et la rééducation professionnelle.

Art. R. 5213-25. Les modalités de réentraînement et de rééducation retenues sont communiquées à l'inspecteur du travail qui peut mettre l'employeur en demeure d'adopter, dans un délai déterminé, l'une ou l'autre des mesures énoncées à l'article R. 5213-23 ou de compléter les dispositions prises.

Art. R. 5213-26. L'affectation du travailleur handicapé aux ateliers ou postes spéciaux prévus à l'article R. 5213-23 est prononcée sur avis du médecin du travail.

SECTION 3 (réglementaire). Agrément et contrôle des centres de préorientation et d'éducation professionnelle

Art. R. 5213-27. Les centres de préorientation définis à l'article R. 5213-2 et les centres d'éducation ou de rééducation professionnelle définis aux 1° à 3° de l'article R. 5213-9 sont agréés par le préfet de région.

Note Les circulaires DSS/DAS/DE 96-53 du 30 janvier 1996 (BO TR 96/6, p. 93) et DGEFP 97-17 du 10 juillet 1997 (BO TR 97/18, p. 21) précisent les modalités d'agrément et de financement des centres.

Art. R. 5213-28. La demande d'agrément est adressée par la personne responsable du projet au préfet de la région dans laquelle est situé l'établissement. Elle est accompagnée d'un dossier dont la composition est fixée par arrêté conjoint des ministres chargés des personnes handicapées et de l'emploi et qui comprend, notamment, les programmes de formation projetés.

Cette demande est soumise pour avis aux organismes d'assurance maladie intéressés, au comité de coordination régional de l'emploi et de la formation professionnelle et au conseil régional.

Art. R. 5213-29. L'extension d'un centre doit faire l'objet d'un nouvel agrément pris dans les conditions fixées aux articles R. 5213-27 et R. 5213-28.

La modification des programmes de formation est agréée par le préfet de région, après consultation du comité de coordination régional de l'emploi et de la formation professionnelle.

Art. R. 5213-30. L'agrément peut être retiré dans les formes et après les consultations prévues aux articles R. 5213-27 et R. 5213-28. L'institution gestionnaire est alors mise à même de présenter ses observations.

En cas d'urgence, l'agrément peut être suspendu par le préfet de région.

Art. R. 5213-31. Les centres de préorientation sont placés sous le contrôle des ministres chargés de la sécurité sociale, de l'action sociale, de l'emploi, de la formation professionnelle et, le cas échéant, de l'agriculture ainsi que du ministre chargé de la défense en ce qui concerne les établissements gérés par l'Office national des anciens combattants.

Les centres adressent chaque année un rapport d'activité aux ministres intéressés par l'intermédiaire du préfet de région.

SECTION 3. Orientation en milieu professionnel

Sous-section 1. Droits et garanties des travailleurs handicapés

Art. L. 5213-6. Afin de garantir le respect du principe d'égalité de traitement à l'égard des travailleurs handicapés, l'employeur prend, en fonction des besoins dans une situation concrète, les mesures appropriées pour permettre aux travailleurs mentionnés aux 1° à 4° et 9° à 11° de l'article L. 5212-13 d'accéder à un emploi ou de conserver un emploi correspondant à leur qualification, de l'exercer ou d'y progresser ou pour qu'une formation adaptée à leurs besoins leur soit dispensée.

(L. 2016-1088 du 8 août 2016, art. 56, JO 9, entrée en vigueur au plus tard le 08.08.2019) «L'employeur s'assure que les logiciels installés sur le poste de travail des personnes handicapées et nécessaires à leur exercice professionnel sont accessibles. Il s'assure également que le poste de travail des personnes handicapées est accessible en télétravail.»

Ces mesures sont prises sous réserve que les charges consécutives à leur mise en œuvre ne soient pas disproportionnées, compte tenu de l'aide prévue à l'article L. 5213-10 qui peuvent compenser en tout ou partie les dépenses supportées à ce titre par l'employeur.

Le refus de prendre des mesures au sens du premier alinéa peut être constitutif d'une discrimination au sens de l'article ***(L. 2008-496 du 27 mai 2008, art. 6, JO 28)*** «L. 1133-3».

Note • **Définition de la notion de handicap.** Sur le handicap et l'obligation de l'employeur de mettre en place, en fonction des besoins dans des situations concrètes, des aménagements raisonnables, voir CJUE 11 avril 2013, aff. C-335/11 et C-337/11, JOUE C 156/6 du 1.6.2013; RJS 7/13 n° 576, chron. H. Tissandier p. 440; 4 juillet 2013, aff. C-312/11, JOUE C 245/2 du 24.8.2013; RJS 11/13 n° 768, comm. H. Tissandier p. 651; ASH du 23 septembre 2016, n° 2986, «La mise en accessibilité du poste de travail», p. 50.

• **Mesures appropriées en vue d'accéder à l'emploi.** *Dès l'embauche.* L'employeur est tenu de prendre les mesures appropriées à l'emploi de personnes handicapées dès la procédure d'embauche. Il est recommandé aux recruteurs d'informer systématiquement l'ensemble des candidats sélectionnés, lors de la convocation à l'entretien ou au test d'embauche, de la possibilité de solliciter des aménagements et de veiller à la mise en place des conditions permettant l'expression de ces besoins sur la base d'une information éclairée. L'effectivité du principe d'égalité à l'égard des personnes handicapées suppose que les mesures appropriées soient mises en place dès la prise de poste, et pour toute la durée de l'essai. Le principe de non-discrimination à l'égard des personnes handicapées s'oppose à toute rupture de la période d'essai qui serait fondée sur le motif que le salarié n'est pas compétent, alors même que les mesures appropriées n'auraient pas été mises en place. En revanche, les offres d'emploi réservées aux personnes handicapées sont interdites par les articles 225-1 et 225-2 c. pén. La Halde (aujourd'hui, le défenseur des droits) considère que l'employeur peut émettre une offre sur un site spécialisé dès lors que ce n'est pas le seul canal de diffusion de l'offre. Cette ouverture n'est cependant pas incompatible avec des actions de communication plus ciblées, par exemple par le canal des associations actives dans l'insertion professionnelle des personnes handicapées. La procédure d'embauche doit répondre aux trois principes d'objectivation, de transparence et de traçabilité. La sélection des candidatures, lors du tri des *curriculum vitae* puis lors des entretiens d'embauche, doit être centrée uniquement sur les compétences du candidat et leur adéquation avec le poste offert (Halde, délibération 2010-126 du 14 juin 2010). Voir également «L'emploi des personnes handicapées en milieu protégé et adapté», ASH du 20 mars 2015, n° 2902, numéro juridique.

En cours de poste. Le refus de consulter un organisme spécialisé d'aide au reclassement rend le licenciement nul car constitutif d'une discrimination fondée sur le handicap (cass. soc. 3 juin 2020, n° 18-21.993, à paraître). Voir LSQ n° 18087 du 24.06.2020.

• **Mesures appropriées en vue de préserver l'emploi.** L'employeur doit prendre les mesures nécessaires pour préserver l'emploi des travailleurs handicapés. Peu importe qu'il ne soit informé du handicap d'un salarié que lors de l'entretien préalable au licenciement: même à ce stade, l'obligation de préservation de l'emploi joue pleinement. Aussi ne pas respecter l'obligation de préserver l'emploi des travailleurs handicapés est une discrimination sanctionnée par la nullité du licenciement (cass. soc. 14 décembre 2016, n° 15-26.417).

Le poste de travail d'un salarié handicapé ne constitue pas par lui-même un élément du contrat de travail et peut être modifié (cass. soc. 15 novembre 2006, n° 04-48.632).

• **Site internet.** *defenseurdesdroits.fr.*

Art. L. 5213-6-1. ***(L. 2018-771 du 5 sept. 2018, art. 69, JO 6)*** Dans toute entreprise employant au moins deux cent cinquante salariés, est désigné un référent chargé d'orienter, d'informer et d'accompagner les personnes en situation de handicap.

(L. 2019-486 du 22 mai 2019, art. 11, VI, 16°, JO 23, entrée en vigueur le 01.01.2020) «Pour l'application du présent article, l'effectif salarié et le franchissement du seuil de deux cent cinquante salariés sont déterminés selon les modalités prévues à l'article L. 130-1 du code de la sécurité sociale.»

Note **Référent obligatoire dans toutes les entreprises d'au moins 250 salariés.** Cette disposition est entrée en vigueur le 7 septembre 2018. Le référent visé par la loi précitée peut être désigné au sein des services RH des entreprises concernées.

Voir RF 13 septembre 2018, FH 3756, §§ 4-1 et s.; JCP éd. S 2018, 1315, étude M. Bidaux et A. Lançon.

Art. L. 5213-7. Le salaire des bénéficiaires mentionnés à l'article L. 5212-13 ne peut être inférieur à celui qui résulte de l'application des dispositions légales ou des stipulations de la convention ou de l'accord collectif de travail.

Note Depuis le 1er janvier 2011, le cumul de l'allocation aux adultes handicapés et des revenus professionnels est intégral pendant six mois. L'allocation est ensuite partiellement réduite, le montant étant réévalué tous les trois mois (art. D. 821-9 c. séc. soc.; décret 2010-1403 du 12 novembre 2010, JO 16).

Art. L. 5213-8. Les travailleurs handicapés embauchés en application des dispositions du chapitre II ne peuvent, en cas de rechute de l'affection invalidante, bénéficier des avantages spéciaux accordés en cas de maladie par un statut particulier ou une convention ou accord collectif de travail.

Toutefois, ces statuts ou conventions collectives peuvent prévoir des dérogations aux dispositions mentionnées au premier alinéa.

Dans le cas d'accident ou de maladie autre que l'affection invalidante, les intéressés peuvent bénéficier des avantages spéciaux dès leur embauche dans les mêmes conditions que les autres membres du personnel.

Lorsque l'affection du travailleur handicapé est dite consolidée, celui-ci peut, s'il est à nouveau atteint de la maladie qui était à l'origine de son invalidité, bénéficier des avantages spéciaux mentionnés au premier alinéa à l'expiration d'un délai d'un an, à compter de la date de la consolidation.

Art. L. 5213-9. En cas de licenciement, la durée du préavis déterminée en application de l'article L. 1234-1 est doublée pour les bénéficiaires du chapitre II, sans toutefois que cette mesure puisse avoir pour effet de porter au-delà de trois mois la durée de ce préavis.

Toutefois, ces dispositions ne sont pas applicables lorsque les conventions ou accords collectifs de travail ou, à défaut, les usages prévoient un préavis d'une durée au moins égale à trois mois.

Note • **Condition d'application liée à l'entreprise.** Le doublement de l'indemnité de préavis prévu par cet article s'applique à tout employeur qui licencie un salarié handicapé, et ce, quel que soit l'effectif de l'entreprise (moins de 20 salariés ou 20 salariés et plus). Peu importe que l'entreprise soit ou non soumise à l'obligation des travailleurs handicapés (cass. soc. 4 juin 2009, n° 08-40.666, RJS 8-9/09 n° 749).

Devant le manquement de l'employeur à son obligation de reclassement, le salarié handicapé déclaré inapte doit bénéficier du doublement de la durée du préavis (cass. soc. 25 janvier 2012, n° 10-30.637, RJS 4/12, n° 396).

• **Condition d'application liée au salarié.** Dès lors que le salarié licencié a été reconnu travailleur handicapé par la CDAPH (ex-Cotorep), il doit bénéficier de la durée du préavis (ex-délai-congé) prévue à l'article L. 323-7 [L. 5213-9] CT (cass. soc. 15 juillet 1998, n° 94-44.584, BC V n° 379; RJS 10/98 n° 1205; 13 mars 2001, n° 98-43.022, BC V n° 82; RJS 5/01 n° 680).

Le salarié n'étant pas tenu de révéler son état de santé (cass. soc. 21 septembre 2005, n° 03-44.855, BC V n° 262; Dr. Soc. 2006, p. 106, note J. Savatier; JCP éd. S 2005, 1331, note P-Y Verkindt; D. 2006 Jurispr. 204: «La neutralisation du dol du salarié», Gr. Loiseau), il importe peu que l'employeur ait ignoré le handicap lors de l'engagement de la procédure de licenciement pour motif économique (cass. soc. 7 novembre 2006, n° 05-41.380, BC V n° 326; RJS 1/07 n° 119).

Les renseignements relatifs à l'état de santé du salarié ne peuvent être confiés qu'au médecin du travail. N'ayant commis aucune faute en ne révélant pas sa qualité de travailleur handicapé avant la notification de son licenciement, le salarié ne pouvait se voir privé des droits qu'il tenait de cet article L. 5213-9 CT (doublement du préavis) (cass. soc. 18 septembre 2013, n° 12-17.159, LSQ n° 16433 du 26.09.2013; JSL n° 352, 24.10.2013, p. 29).

• **Date de reconnaissance de la qualité de travailleur handicapé.** La qualité de travailleur handicapé doit être reconnue par la CDAPH (ex-Cotorep) à la date de notification du licenciement (cass. soc. 25 janvier 2006, n° 04-42.124, RJS 4/06 n° 501). Une cour d'appel ne saurait accorder à un salarié une indemnité de licenciement conventionnelle majorée pour les travailleurs handicapés dès lors que la reconnaissance de ce statut est intervenue postérieurement à la date de rupture du contrat de travail (cass. soc. 26 septembre 2007, n° 06-43.033, BC V n° 135; RJS 12/07 n° 1283).

• **Cas de non-application du doublement de l'indemnité de préavis.** L'article L. 5213-9 n'est pas applicable à l'indemnité compensatrice prévue à L. 1226-14 CT en cas d'inaptitude déclarée par le médecin du travail suite à un accident du travail (cass. soc. 10 mars 2009, n° 08-42.249, BC V n° 64; RJS 5/09 n° 429; voir aussi cass. soc. 18 février 2015, n° 13-24.201, LS Jurispr. n° 45 du 10.03.2015; 27 janvier 2016, n° 14-12.710).

Sous-section 2. Aides financières

Note L'employeur peut bénéficier d'aides à l'emploi versées par l'État ou par les collectivités territoriales. De son côté, l'AGEFIPH propose aux employeurs toute une série d'aides financières au titre de l'embauche, de la formation et du maintien dans l'emploi des travailleurs handicapés. L'offre de l'AGEFIPH a été refondue dans un document à effet au 23 avril 2018 (voir LSQ, dossier juridique, n° 17616 du 20.07.2018).

Art. L. 5213-10. L'État peut attribuer une aide financière du fonds de développement pour l'insertion professionnelle des handicapés à tout employeur soumis à l'obligation d'emploi de travailleurs handicapés afin de faciliter la mise ou la remise au travail en milieu ordinaire de production des personnes handicapées.

Cette aide peut également être destinée à compenser les charges supplémentaires d'encadrement.

Art. L. 5213-11. Pour l'application des dispositions de l'article L. 5213-7 relatives au salaire du travailleur handicapé, une aide financée par le fonds de développement pour l'insertion professionnelle des handicapés peut être attribuée sur décision de ***(L. 2010-1657 du 29 déc. 2010, art. 208, II B et VIII, JO 30, entrée en vigueur le 01.07.2011)*** «l'association mentionnée à l'article L. 5214-1».

Cette aide, demandée par l'employeur, peut être allouée en fonction des caractéristiques des bénéficiaires.

Note Le 3e alinéa de cet article a été supprimé par la loi 2018-771 du 5 septembre 2018, art. 67, I, 18°, JO 6, entrée en vigueur le 01.01.2020; cette suppression s'applique aux obligations portant sur les périodes courant depuis le 01.01.2020 (loi précitée, art. 67, III, A).

Art. L. 5213-12. Les travailleurs handicapés qui font le choix d'exercer une activité professionnelle non salariée peuvent bénéficier d'une aide du fonds de développement pour l'insertion professionnelle des handicapés lorsque, du fait de leur handicap, leur productivité se trouve notoirement diminuée.

§ 1 (réglementaire). Aide pour l'adaptation du lieu de travail

Art. R. 5213-32. L'aide financière prévue à l'article L. 5213-10 peut concerner, notamment:

1° L'adaptation des machines ou des outillages;

2° L'aménagement de postes de travail, y compris l'équipement individuel nécessaire aux travailleurs handicapés pour occuper ces postes;

3° Les accès aux lieux de travail.

Art. R. 5213-33. La demande d'aide financière présentée au titre de l'article R. 5213-32 est adressée au préfet du département où est situé l'établissement.

Elle est accompagnée d'une description technique du projet et d'un devis estimatif ainsi que de l'avis du ***(D. 2017-1819 du 29 déc. 2017, art. 3, 70°, JO 30, entrée en vigueur le 01.01.2018)*** «comité social et économique».

Art. R. 5213-34. Le montant de l'aide financière susceptible d'être accordée ne peut excéder 80 % du coût de l'adaptation ou de l'aménagement envisagé.

Art. R. 5213-35. Le préfet statue sur la demande d'aide financière.

Toutefois, lorsque l'aide susceptible d'être accordée excède un montant fixé par arrêté conjoint des ministres chargés du budget et de l'emploi, l'arrêté du préfet est, avant mise à exécution, transmis au ministre chargé de l'emploi, qui dispose d'un délai de quinze jours à compter de la réception de cet arrêté pour évoquer le dossier et statuer sur la demande.

Note Le montant maximal visé à l'article R. 323-117 [R. 5213-35] CT est fixé à 6 100 € (arrêté du 14 décembre 2001, JO 21).

§ 2 (réglementaire). Aide pour le renforcement de l'encadrement

Art. R. 5213-36. Lorsque la demande d'aide financière concerne la compensation des charges supplémentaires d'encadrement, elle est adressée au préfet du département où est situé l'établissement.

Elle est accompagnée de la justification des dépenses correspondant à ce supplément d'encadrement ainsi que de l'avis du ***(D. 2017-1819 du 29 déc. 2017, art. 3, 70°, JO 30, entrée en vigueur le 01.01.2018)*** «comité social et économique».

Art. R. 5213-37. L'aide financière susceptible d'être accordée ne peut concerner que la seule période durant laquelle la présence d'un encadrement supplémentaire est nécessaire pour assurer l'adaptation à l'emploi des travailleurs handicapés et ne peut excéder 50 % des dépenses d'encadrement supplémentaire correspondant à cette période.

Art. R. 5213-38. Le préfet statue sur la demande d'aide financière.

Toutefois, lorsque l'aide susceptible d'être accordée excède un montant fixé par arrêté conjoint des ministres chargés du budget et de l'emploi, l'arrêté du préfet est, avant mise à exécution, transmis au ministre chargé de l'emploi, qui dispose d'un délai de quinze jours à compter de la réception de cet arrêté pour évoquer le dossier et statuer sur la demande.

Note Voir circulaire DGEFP 2006/07 du 22 février 2006 (BO TR 2006/3) relative à la reconnaissance de la lourdeur du handicap en vue de la modulation de la contribution au fonds pour l'insertion professionnelle des handicapés ou du versement de l'aide à l'emploi et aux modalités d'attribution de cette aide [avant transfert à l'AGEFIPH].

§ 3 (réglementaire). Compensation de la lourdeur du handicap

Note Voir circulaire DGEFP 2006/07 du 22 février 2006 (BO TR 2006/3) relative à la reconnaissance de la lourdeur du handicap en vue de la modulation de la contribution au fonds pour l'insertion professionnelle des handicapés ou du versement de l'aide à l'emploi et aux modalités d'attribution de cette aide [avant transfert à l'AGEFIPH].

Art. R. 5213-39. ***(D. 2016-100 du 2 févr. 2016, JO 4, entrée en vigueur le 01.07.2016)*** La reconnaissance de la lourdeur du handicap mentionnée à l'article L. 5212-9 et l'attribution de l'aide mentionnée à l'article L. 5213-11 font l'objet de décisions de l'association mentionnée à l'article L. 5214-1.

Note Voir notes de service DGEFP 2006-22 du 5 juillet 2006 (BO TR 2006/8) et 2006-32 du 25 octobre 2006 (BO TR 2006/11) relative aux conditions d'intervention du médecin du travail dans la procédure de reconnaissance de la lourdeur du handicap.

Art. R. 5213-40. La modulation de la contribution annuelle et l'attribution de l'aide à l'emploi prévues aux articles L. 5212-9 et L. 5213-11 ont pour objet de compenser la lourdeur du handicap d'un bénéficiaire de l'obligation d'emploi.

La lourdeur du handicap est évaluée, au regard du poste de travail, après aménagement optimal de ce dernier.

Art. R. 5213-42. ***(D. 2016-100 du 2 févr. 2016, JO 4, entrée en vigueur le 01.07.2016)*** La demande de reconnaissance de la lourdeur du handicap est présentée par l'employeur au moyen d'un formulaire dont le modèle est fixé par arrêté conjoint des ministres chargés de l'emploi et des personnes handicapées.

Ce formulaire, dûment renseigné et signé, est accompagné des pièces suivantes :

1° L'un des justificatifs de la qualité de bénéficiaire de l'obligation d'emploi dont la liste figure à l'article L. 5212-13 du code du travail ;

(D. 2016-1908 du 27 déc. 2016, art. 19, II, 5°, JO 29, entrée en vigueur le 01.01.2017) «2° L'avis d'aptitude ou l'attestation de suivi délivrés par les professionnels de santé du service de santé au travail» ;

3° Le contrat de travail du bénéficiaire et, le cas échéant, le ou les avenants à ce contrat ;

4° Le dernier bulletin de salaire du bénéficiaire ;

5° Les justificatifs des coûts supportés par l'employeur dans le cadre de l'aménagement optimal du poste et de l'environnement de travail du bénéficiaire ;

6° Les justificatifs des coûts supportés par l'employeur au titre des charges pérennes induites par le handicap.

Art. L. 5213-12

Note **Modèles de formulaire de demande de reconnaissance de la lourdeur du handicap.** Les modèles sont mis à disposition sur le site Internet de l'Agefiph : *https://www.agefiph.fr/articles/article/demande-de-reconnaissance-de-la-lourdeur-du-handicap-formulaires* (voir arrêté du 9 septembre 2019, JO 13).

Art. R. 5213-43. L'employeur informe le salarié du dépôt de la demande de la reconnaissance de la lourdeur de son handicap.

Art. R. 5213-44. ***(D. 2016-100 du 2 févr. 2016, JO 4, entrée en vigueur le 01.07.2016)*** Lorsque la demande émane d'un bénéficiaire de l'obligation d'emploi exerçant une activité professionnelle non salariée, elle est présentée au moyen d'un formulaire dont le modèle est fixé par arrêté conjoint des ministres chargés de l'emploi et des personnes handicapées.

Ce formulaire, dûment renseigné et signé, est accompagné des pièces suivantes :

1° L'un des justificatifs de la qualité de bénéficiaire de l'obligation d'emploi dont la liste figure à l'article L. 5212-13 du code du travail ;

2° Un justificatif d'immatriculation ou d'inscription attestant de l'activité de travailleur non salarié ;

3° Un justificatif des revenus professionnels de la dernière année écoulée ;

4° Les justificatifs des coûts supportés par le bénéficiaire dans le cadre de l'aménagement optimal de son poste et de son environnement de travail ;

5° Les justificatifs des coûts supportés par le bénéficiaire au titre des charges pérennes induites par son handicap.

Note Voir note sous article R. 5213-42.

Art. R. 5213-45. ***(D. 2016-100 du 2 févr. 2016, JO 4, entrée en vigueur le 01.07.2016)*** L'association mentionnée à l'article L. 5214-1 détermine le montant annuel des charges pérennes induites par le handicap mentionnées au 6° de l'article R. 5213-42 ou au 5° de l'article R. 5213-44, en application des modalités de calcul fixées par arrêté conjoint des ministres chargés de l'emploi et des personnes handicapées.

La reconnaissance de la lourdeur du handicap est accordée comme suit :

1° Pour les salariés, lorsque le montant déterminé par l'association est supérieur ou égal à 20 % du produit du salaire horaire minimum de croissance par un nombre d'heures correspondant, sur une base annuelle, soit à la durée collective du travail applicable dans l'établissement, soit à la durée de travail inscrite au contrat en cas de temps partiel, dans la limite d'une durée correspondant à l'application, sur une base annuelle, de la durée légale du travail fixée à l'article ***(D. 2016-1551 du 18 nov. 2016, art. 6, V, 23°, JO 19, entrée en vigueur le 01.01.2017)*** « L. 3121-27 » ;

2° Pour les bénéficiaires de l'obligation d'emploi qui exercent une activité professionnelle non salariée, lorsque le montant déterminé par l'association est supérieur ou égal à 20 % du produit du salaire horaire minimum de croissance par un nombre d'heures correspondant à l'application, sur une base annuelle, de la durée légale du travail fixée à l'article ***(D. 2016-1551 du 18 nov. 2016, art. 6, V, 23°, JO 19, entrée en vigueur le 01.01.2017)*** « L. 3121-27 ».

Note **Modalités de calcul des charges pérennes induites par le handicap.** Voir arrêté du 9 septembre 2019 (art. 7 et 8, JO 13).

Art. R. 5213-46. ***(D. 2016-100 du 2 févr. 2016, JO 4, entrée en vigueur le 01.07.2016)*** La décision prise par l'association mentionnée à l'article L. 5214-1 est motivée, puis notifiée au demandeur. Lorsque celui-ci est l'employeur, il en informe aussitôt le bénéficiaire de l'obligation d'emploi.

Cette décision prend effet à compter de la date du dépôt de la demande. Elle est accordée pour une durée de trois ans. Si le contrat de travail, ou l'activité professionnelle du travailleur non salarié, se termine ou est interrompu avant cette échéance, la décision de reconnaissance de la lourdeur du handicap prend fin à cette même date.

Pour les personnes âgées de 50 ans révolus et plus à la date du dépôt de la demande, la décision de reconnaissance de la lourdeur du handicap est valable jusqu'à la fin de l'activité professionnelle pour laquelle elle a été obtenue, sauf si elles se trouvent dans un des cas prévus à l'article R. 5213-46-2, et sans préjudice de l'article R. 5213-48.

Note L'information du bénéficiaire de l'obligation d'emploi est une obligation pour le demandeur employeur depuis le 1er juillet 2016 (voir RF, FH 3631 du 18 février 2016, § 2-13).

Art. R. 5213-46-1. ***(D. 2016-100 du 2 févr. 2016, JO 4, entrée en vigueur le 01.07.2016)*** Pour les personnes présentant un taux d'invalidité ou d'incapacité permanente égal ou supérieur à 80 %, dans le cas d'une première demande ou d'une demande de révision, la décision de reconnaissance de la lourdeur du handicap peut être accordée pour une durée d'un an, sur présentation de la liste des prévisions d'aménagement du poste et de l'environnement de travail. Ces aménagements sont à réaliser au cours de l'année qui suit le dépôt de la demande. À l'expiration de cette décision, la demande de reconnaissance de la lourdeur du handicap devra être faite dans les conditions fixées aux articles R. 5213-42 ou R. 5213-44.

Art. R. 5213-46-2. ***(D. 2016-100 du 2 févr. 2016, JO 4, entrée en vigueur le 01.07.2016)*** Pour les salariés ouvrant droit à l'aide au poste sortant d'entreprises adaptées ***(D. 2018-1334 du 28 déc. 2018, art. 2, III, JO 30, entrée en vigueur le 01.01.2019)*** « mentionnées » à l'article L. 5213-13 du code du travail, et les usagers sortant d'établissements et services d'aide par le travail mentionnés à l'article L. 344-2 du code de l'action sociale et des familles, recrutés par une entreprise du milieu ordinaire de travail autre qu'une entreprise adaptée, la première décision de reconnaissance de la lourdeur du handicap est prise sur présentation du justificatif établi par la structure du milieu adapté ou protégé, attestant de la sortie depuis moins d'un an à la date du dépôt de la demande. Cette première décision ouvre droit à une aide à l'emploi à taux majoré ou le cas échéant à une modulation de la contribution annuelle prévue à l'article L. 5212-9 dans les conditions prévues à l'article R. 5213-51. Le modèle de formulaire contenant l'attestation susmentionnée est fixé par arrêté conjoint des ministres chargés de l'emploi et des personnes handicapées. Ce formulaire, dûment renseigné et signé par l'employeur ou le travailleur non salarié demandeur de la reconnaissance de la lourdeur du handicap, est accompagné des justificatifs prévus aux 1°, 2° et 3° de l'article R. 5213-42 ou aux 1° et 2° de l'article R. 5213-44.

Note • **Formulaire spécifique.** Voir arrêté du 9 septembre 2019 (art. 5, JO 13) relatif aux modèles de formulaire de demande de reconnaissance de la lourdeur du handicap.

• **Procédure allégée.** La procédure allégée ne vaut que pour la première demande de reconnaissance de la lourdeur du handicap. La liste des documents à fournir est réduite par rapport à la procédure classique (voir art. R. 5213-42) : l'employeur n'a pas à communiquer les justificatifs des coûts supportés par l'entreprise dans le cadre de l'aménagement du poste et des charges pérennes induites par le handicap.

Art. R. 5213-47. ***(D. 2016-100 du 2 févr. 2016, JO 4, entrée en vigueur le 01.07.2016)*** La reconnaissance de la lourdeur du handicap peut être renouvelée, à l'expiration de la décision, sur présentation d'une nouvelle demande.

Si la décision de reconnaissance de la lourdeur du handicap, venue à expiration, a été faite dans les conditions fixées à l'article R. 5213-42 ou à l'article R. 5213-44, et dans le cas où la demande de renouvellement n'inclut pas une demande de révision au titre de l'article R. 5213-48 et si la personne handicapée est âgée de moins de 50 ans à la date du dépôt de cette nouvelle demande, la décision de l'association mentionnée à l'article L. 5214-1 est prise au vu d'un formulaire simplifié dont le modèle est fixé par arrêté conjoint des ministres chargés de l'emploi et des personnes handicapées, accompagné des pièces prévues aux 1°, 2° et 4° de l'article R. 5213-42 ou aux 1° et 3° de l'article R. 5213-44. Cette demande de renouvellement simplifiée doit être présentée dans un délai de six mois maximum à compter de la date de fin de la décision précédente.

Note **Modèles de formulaire de demande de renouvellement.** Les modèles sont mis à disposition sur le site Internet de l'Agefiph : *https:/www.agefiph.fr/articles/article/demande-de-reconnaissance-de-la-lourdeur-du-handicap-formulaires* (voir arrêté du 9 septembre 2019, art. 3 et 4, JO 13).

Art. R. 5213-48. ***(D. 2016-100 du 2 févr. 2016, JO 4, entrée en vigueur le 01.07.2016)*** Lorsqu'une décision de reconnaissance de la lourdeur du handicap est en cours et que le bénéficiaire de l'obligation d'emploi change de poste au sein de l'entreprise ou d'activité non salariée, ou lorsque son handicap ou son environnement de travail évolue, l'employeur ou le bénéficiaire non salarié présente une demande de révision dans les conditions fixées aux articles R. 5213-42 ou R. 5213-44.

Art. R. 5213-49. ***(D. 2016-100 du 2 févr. 2016, JO 4, entrée en vigueur le 01.07.2016)*** Un arrêté conjoint des ministres chargés de l'emploi et des personnes handicapées fixe le montant de l'aide à l'emploi, ainsi qu'un montant majoré. Ce montant majoré est applicable lorsque le montant annuel des charges pérennes induites par le handicap est supérieur ou égal à 50 % du produit résultant du calcul déterminé en application des alinéas 3 ou 4 de l'article R. 5213-45.

Note **Montant annuel et modalités de versement de l'aide à l'emploi.** Le montant annuel de l'aide à l'emploi octroyée aux employeurs et aux travailleurs non salariés en application de cet article est fixé, par poste de travail occupé à temps plein, à 550 fois le SMIC horaire brut. Le montant annuel majoré de cette aide est de 1 095 fois le SMIC horaire brut. Cette aide est versée trimestriellement sur déclaration, par l'employeur ou le travailleur non salarié, des heures de travail accomplies mensuellement (arrêté du 9 septembre 2019, art. 9, 10 et 11, JO 13).

L'arrêté précise en quoi consistent les heures en question : heures de travail réalisées dans la limite de la durée collective de travail applicable dans l'établissement, heures de congés payés et, le cas échéant, heures non travaillées mais rémunérées en compensation du handicap (temps de repos à domicile, absences pour soins, temps de pause supplémentaires, etc.).

Ce faisant, il n'est plus imposé d'envoyer le bulletin de salaire de décembre (ou, pour un non-salarié, la déclaration annuelle de revenus professionnels). Il faut seulement pouvoir adresser tout justificatif à l'AGEFIPH si elle en fait la demande.

Voir RF 9 septembre 2019, FH 3807.

Art. L. 5213-12

Formulaires et «portail de services en ligne RLH». Les formulaires à utiliser (selon que la personne handicapée est salariée ou non salariée, qu'il s'agit d'une demande initiale ou d'une demande de renouvellement, etc.) ont été actualisés. La demande peut être adressée en recommandé avec avis de réception ou, par l'intermédiaire d'un téléservice («portail de services en ligne RLH», sur le site de l'AGEFIPH) (voir arrêté du 9 septembre 2019, JO 13).

Art. R. 5213-50. L'aide à l'emploi est calculée à due proportion du temps de travail accompli par rapport à la durée collective du travail applicable dans l'établissement, ou, pour le bénéficiaire de l'obligation d'emploi non salarié, par rapport à la durée légale du travail.

Note • **Montant de l'aide à l'emploi.** Voir note sous art. R. 5213-49.

• **Modalités de versement.** L'aide est versée trimestriellement par l'AGEFIPH, sur déclaration, par l'employeur ou le travailleur non salarié, des heures de travail accomplies mensuellement. Pour les salariés, le temps de travail accompli comprend les heures de travail réalisées dans la limite de la durée collective du travail applicable dans l'établissement, les heures de congés payés et, le cas échéant, les heures non travaillées mais rémunérées en compensation du handicap tel que prévu par le contrat de travail (notamment les temps de repos à domicile, les absences pour soin, les temps de pause supplémentaires). Pour les bénéficiaires de l'obligation d'emploi qui exercent une activité professionnelle non salariée, le temps de travail accompli comprend les heures de travail déclarées dans la limite de la durée légale du travail (arrêté du 9 septembre 2019, art. 11, JO 13).

Art. R. 5213-51. ***(D. 2016-100 du 2 févr. 2016, JO 4, entrée en vigueur le 01.07.2016)*** Dans le mois qui suit la date de notification de la décision, l'employeur soumis à l'obligation d'emploi peut opter pour la modulation de la contribution annuelle prévue à l'article L. 5212-9.

Faute d'avoir notifié son option pour la modulation, dans ce délai d'un mois, l'employeur est censé avoir opté, pour toute la durée de la décision, pour le versement de l'aide à l'emploi.

Dans le cas où, pendant la durée de la décision, l'employeur ayant opté pour la modulation ne serait plus assujetti à l'obligation d'emploi ou remplirait cette obligation, l'aide à l'emploi se substituerait, à sa demande, à la modulation de la contribution.

Note • **Option modulation.** L'éventuelle option pour la minoration de la contribution doit être adressée à l'AGEFIPH par l'intermédiaire d'un téléservice ou par LRAR (voir arrêté du 9 septembre 2019, art. 6, JO 13).

Par définition, cette option n'est pas ouverte aux travailleurs non salariés bénéficiant d'une décision de reconnaissance de la lourdeur du handicap. Dans la mesure où ils ne sont pas assujettis à l'obligation d'emploi, ils peuvent uniquement bénéficier de l'aide à l'emploi (voir RF, FH 3680 du 16 février 2017, § 3-14).

• **Option aide à l'emploi.** Si l'employeur n'a pas notifié son option pour la modulation dans ce délai d'un mois, il est censé avoir opté, pour toute la durée de validité la décision de reconnaissance de la lourdeur du handicap, pour le versement de l'aide à l'emploi (voir RF, FH 3680 du 16 février 2017, § 3-14).

§ 4 (réglementaire). Subvention à l'installation pour l'exercice d'une activité indépendante

Art. R. 5213-52. La personne handicapée pour laquelle la commission des droits et de l'autonomie des personnes handicapées prononce une orientation vers le marché du travail et qui se dirige vers une activité indépendante peut bénéficier d'une subvention d'installation.

Cette subvention, dont le montant et les conditions d'attribution sont fixés par décret, contribue à l'achat et à l'installation de l'équipement nécessaire à cette activité.

Art. D. 5213-53. Pour prétendre à la subvention d'installation, le travailleur handicapé répond aux conditions suivantes :

1° Il n'a subi aucune des condamnations prévues par le chapitre VIII du titre II du livre premier du code de commerce ;

2° Il présente toutes les garanties de moralité nécessaires ;

3° S'il ne possède pas la nationalité française ou celle d'un État membre de l'Union européenne, il réside en France depuis trois ans au moins au moment de la demande ;

4° Il dispose d'un local permettant l'exercice de la profession et remplit les conditions habituelles d'exploitation ;

5° Il justifie des diplômes éventuellement exigés pour l'exercice de la profession ;

6° Il est inscrit au répertoire des métiers au registre du commerce et aux ordres professionnels, lorsque cette inscription est nécessaire pour l'exercice de la profession.

Art. D. 5213-54. La demande de subvention est adressée par l'intéressé au secrétariat de la commission des droits et de l'autonomie des personnes handicapées de son lieu de résidence, au plus tard dans les douze mois qui suivent la fin du stage de formation ou de la sortie de l'université.

La commission instruit la demande et la transmet avec son avis motivé au préfet de département de résidence de l'intéressé, qui prend la décision.

Art. D. 5213-55. La subvention est attribuée dans la limite des crédits délégués par le ministère chargé de l'emploi.

Son montant maximum est fixé par arrêté conjoint des ministres chargés de l'emploi et du budget.

Note Le montant maximum de la subvention d'installation est fixé à 2290 € (arrêté du 14 décembre 2001, JO 21).

Art. D. 5213-56. Le versement de la subvention est subordonné à l'établissement d'une convention précisant son objet et les modalités de contrôle exercé par la collectivité publique.

Art. D. 5213-57. La subvention est affectée à l'achat ou à l'installation de l'équipement nécessaire à l'exercice de la profession indépendante vers laquelle le travailleur handicapé a été dirigé par la commission des droits et de l'autonomie des personnes handicapées.

Art. D. 5213-58. La profession indépendante exercée est choisie dans une des branches déterminées par arrêté du ministre chargé de l'emploi sur avis des ministres chargés de l'industrie, de l'économie, du commerce et de l'artisanat ainsi que de l'agriculture si la subvention est destinée à l'équipement d'une entreprise du secteur agricole.

Art. D. 5213-59. Pour bénéficier de la subvention d'installation, le travailleur handicapé s'engage à exploiter personnellement l'entreprise indépendante ainsi qu'à exercer personnellement la profession libérale en vue de laquelle la subvention est sollicitée.

Art. D. 5213-60. Le remboursement de la subvention est exigible en cas d'utilisation à des fins autres que celles pour lesquelles elle a été consentie, de non-exploitation du fonds ou d'abandon non justifié de la profession par l'intéressé.

Art. D. 5213-61. L'inspection du travail est habilitée à contrôler l'utilisation de la subvention.

Sous-section 3. Entreprises adaptées

Note • **Loi 2018-771 du 5 septembre 2018.** La loi précitée ne fait plus référence aux centres de distribution de travail à domicile (CDTD). Voir note sous art. L. 5213-13.

• **À titre expérimental du 01.01.2019 au 31.12.2022.** *Les entreprises adaptées (EA) peuvent se constituer entreprises de travail temporaire (EATT).* L'EATT constitue une personne morale distincte de l'EA qui l'a créée. Son activité est exclusivement consacrée à l'accès à l'emploi durable des travailleurs handicapés sans emploi ou qui courent le risque de perdre leur emploi en raison de leur handicap, en mettant en œuvre un accompagnement professionnel renforcé durant le contrat de mission et en intermission (loi 2018-771 du 5 septembre 2018, art. 79, JO 6; décret 2019-360 du 24 avril 2019, JO 25; voir aussi arrêté du 14 février 2020 (JO 14 mars) portant approbation du cahier des charges «Expérimentation des entreprises adaptées de travail temporaire», ce cahier des charges et ses annexes étant consultables sur le site *www.travail-emploi.gouv.fr*). Voir, en dernier lieu, arrêté du 26 novembre 2020 (JO 11 déc.) fixant la liste des organismes habilités à créer une entreprise adaptée de travail temporaire.

Les dispositions du deuxième alinéa de l'article D. 5212-1, du premier et du deuxième alinéa de l'article D. 5212-3, du quatrième alinéa de l'article D. 5212-5, de l'article D. 5212-6 et du deuxième alinéa de l'article D. 5212-8 CT, dans sa rédaction issue du décret 2019-522 du 27 mai 2019, sont applicables aux EA autorisées à mettre en œuvre une activité exclusive de travail temporaire dans le cadre de cette expérimentation (décret 2020-1350 du 5 novembre 2020, art. 2, JO 6).

Aide financière. L'EATT bénéficie d'une aide financière de l'État destinée à compenser les surcoûts liés à l'emploi de travailleurs handicapés, dont le montant annuel est revalorisé chaque année en fonction de l'évolution du SMIC par arrêté ministériel. Pour 2021, l'aide est de 4 570 € (3 450 € pour Mayotte) par équivalent temps plein accompagné (arrêté du 1er janvier 2021, JO 30). Ce montant est réduit en fonction du temps de travail effectif. L'EATT est soumise à l'ensemble des règles régissant le travail temporaire, à l'exception de la durée du contrat de mission qui peut être portée à 24 mois, renouvellement inclus. Voir RF 7 mai 2019, FH 3791.

Pour l'année 2021, la totalité des avenants financiers 2020 mentionnés à l'article 2 du décret 2019-360 précité relevant d'un contrat valant agrément entreprises adaptées, dupliqué sous la forme de contrat pluriannuel d'objectifs et de moyens, en vigueur sont reconduits automatiquement à titre provisoire pour une période de six mois maximum à compter du 1er janvier 2021 (arrêté du 1er janvier 2021, JO 30).

• *Administration.* Voir instruction DGEFP/METH/2019/42 du 21 février 2019 relative au cadre de référence des entreprises adaptées issu de la loi 2018-771 (agrément, conventionnement, accompagnement, financement, expérimentations).

Art. L. 5213-13. ***(L. 2018-771 du 5 sept. 2018, art. 76, II, JO 6, entrée en vigueur le 01.01.2019)*** L'État agrée en qualité d'entreprise adaptée des structures qui répondent aux critères prévus à l'article L. 5213-13-1. Il conclut avec elles des contrats pluriannuels d'objectifs et de moyens valant agrément.

Art. L. 5213-13-1

Les entreprises adaptées sont constituées par des collectivités territoriales ou des organismes publics ou privés. Lorsqu'elles sont constituées par des sociétés commerciales, elles prennent la forme de personnes morales distinctes.

Note • Les contrats d'objectifs triennaux conclus avant le 1er janvier 2019 continuent de produire leurs effets jusqu'à leur terme (loi 2018-771 précitée, art. 76, X).

• **Loi 2018-771.** La loi précitée ne fait plus référence aux centres de distribution de travail à domicile (CDTD). Elle a en effet supprimé la notion de CDTD, «dont le mode d'intervention sera assuré par les entreprises adaptées (EA)», si l'on s'en tient aux rapports parlementaires (rapport AN n° 1019, tome II, p. 388). Concrètement, ces centres sont une forme d'EA dont la spécificité est de fournir aux travailleurs handicapés des travaux manuels ou intellectuels à effectuer à domicile.

Voir RF 13 septembre 2018, FH 3756, §§ 4-1 et s.; JCP éd. S 2018, 1315, étude M. Bidaux et A. Lançon.

Art. L. 5213-13-1. ***(L. 2018-771 du 5 sept. 2018, art. 76, III, JO 6, entrée en vigueur le 01.01.2019)*** Les entreprises adaptées contribuent au développement des territoires et promeuvent un environnement économique inclusif favorable aux femmes et aux hommes en situation de handicap.

Elles concluent des contrats de travail avec des travailleurs reconnus handicapés par la commission des droits et de l'autonomie des personnes handicapées mentionnée à l'article L. 241-5 du code de l'action sociale et des familles qui se trouvent sans emploi ou qui courent le risque de perdre leur emploi en raison de leur handicap. Elles permettent à leurs salariés d'exercer une activité professionnelle dans un environnement adapté à leurs possibilités, afin qu'ils obtiennent ou conservent un emploi.

Ces entreprises emploient des proportions minimale et maximale, fixées par décret, de travailleurs reconnus handicapés, qu'elles recrutent soit sur proposition du service public de l'emploi, soit directement, en application de critères déterminés par arrêté du ministre chargé de l'emploi.

Elles mettent en œuvre pour ces salariés un accompagnement spécifique destiné à favoriser la réalisation de leur projet professionnel, la valorisation de leurs compétences et leur mobilité au sein de l'entreprise elle-même ou vers d'autres entreprises.

Le premier alinéa de l'article L. 1224-2 n'est pas applicable à l'entreprise cédante ni au repreneur à la suite d'une reprise de marché ou à la suite d'une entreprise adaptée.

Note • **Entreprises adaptées.** Les entreprises adaptées (EA) sont des structures qui permettent à des personnes handicapées d'occuper un emploi en milieu ordinaire (par opposition aux structures en milieu protégé que sont les ESAT), dans des conditions adaptées à leurs possibilités.

Depuis la loi 2011-901 du 28 juillet 2011 (JO 30), la définition de l'objet des EA ne fait plus mention de la notion de personne handicapée à «efficience réduite», non définie par la loi et source de difficultés d'appréciation lors du recrutement.

• **Loi 2018-771.** La proportion de travailleurs handicapés que les entreprises adaptées doivent employer est définie par voie réglementaire. Jusqu'au 31.12.2018, cette proportion était fixée par la loi au minimum à 80 % (voir art. L. 5213-13 dans sa version antérieure au 01.01.2019). Voir RF 13 septembre 2018, FH 3756, §§ 4-1 et s.; JCP éd. S 2018, 1315, étude M. Bidaux et A. Lançon.

• **Aides financières de l'État.** Voir arrêtés du 2 octobre 2019 (JO 16, rectif. JO 26).

Art. L. 5213-14. Les dispositions du présent code sont applicables aux travailleurs handicapés salariés des entreprises adaptées.

Note • **Loi 2018-771.** Cet article a été modifié par la loi 2018-771 du 5 septembre 2018, art. 76, VIII, 2°, JO 6. La loi précitée a, en effet, supprimé la référence aux centres de distribution de travail à domicile. Voir note sous art. L. 5213-13.

• **Période d'essai.** Depuis la loi du 11 février 2005, la CDAPH (ex-Cotorep) ne peut plus assortir ses décisions d'orientation professionnelle d'une période d'essai. Les entreprises adaptées peuvent toutefois assortir toute embauche d'un travailleur handicapé d'une période d'essai réglementée par le droit commun (voir RJS 4/07 n° 498; JCP éd. S 2007, 1203, note P-Y Verkindt; RDT mai 2007, CH, 323, M. Véricel).

• **Modification du classement en invalidité.** La décision de la CDAPH (ex-Cotorep) de modifier le classement en invalidité d'un travailleur handicapé employé par une entreprise adaptée (ex-atelier protégé) et de le réorienter vers un centre d'aide par le travail, constitue une cause réelle et sérieuse de licenciement (cass. soc. 20 septembre 2006, n° 05-41.501, BC V n° 273; RJS 12/06 n° 1328; JCP éd. S 2006, 1919, note P-Y Verkindt).

• **Mise en œuvre d'un accord collectif en cas de perte d'un marché et la reprise du personnel d'une entreprise adaptée par une entreprise ordinaire.** Les travailleurs handicapés employés dans une entreprise adaptée, titulaire d'un marché de nettoyage, ne peuvent pas être transférés de plein droit (en application de l'annexe VII de la convention collective des entreprises de propreté) dans l'entreprise ordinaire qui reprend le marché. En effet, l'affectation des travailleurs handicapés dans une entreprise adaptée qui dépend d'une décision de la CDAPH et le statut de ce type d'entreprises et de leur personnel handicapé n'est pas compatible avec la poursuite de leur contrat par un autre employeur, non habilité par une décision de la CDAPH (cass. soc. 11 mars 2009, n° 07-41.636, BC V n° 78; RJS 5/09 n° 477). Ce faisant, cette décision modifie la jurisprudence antérieure de la Cour de cassation qui avait jugé que, si les entreprises exploitant un atelier protégé sont tenues d'y employer des personnes handicapées à concurrence d'au moins 80 % de leurs effectifs, elles ne sont pas pour autant exclues du champ d'application de l'annexe VII de la convention collective du nettoyage; elles doivent reprendre les contrats de travail lorsqu'elles succèdent à un prestataire de services sur un marché du nettoyage (cass. soc. 29 juin 1994, n° 92-43.667, RJS 10/94 n° 1221).

• **Reprise par une entreprise adaptée d'un marché jusqu'alors confié à une entreprise ordinaire.** La substitution à un service de restauration assuré sur place par un atelier d'apprentissage professionnel destiné aux travailleurs handicapés d'un service de plats préparés par un traiteur extérieur modifie la nature et l'objet de l'entreprise. Ce faisant, il n'y a pas matière à appliquer l'article L. 1224-1 CT (cass. soc. 12 juillet 2010, n° 09-41.403, BC V n° 164; RJS 10/10 n° 723).

• **Régime d'assurance chômage.** Les travailleurs handicapés employés par des entreprises adaptées ou des centres de distribution de travail à domicile contribuent au régime d'assurance chômage comme les autres salariés (depuis le 01.01.2007) (circ. Unédic 2006-22 du 7 septembre 2006).

Art. L. 5213-15. Le travailleur handicapé employé dans une entreprise adaptée reçoit un salaire fixé compte tenu de l'emploi qu'il occupe et de sa qualification par référence aux dispositions légales ou stipulations conventionnelles applicables dans la branche d'activité.

Ce salaire ne peut être inférieur au salaire minimum de croissance déterminé en application des articles L. 3231-1 et suivants.

Le travailleur en entreprise adaptée bénéficie en outre des dispositions prévues au livre III de la troisième partie relatives à l'intéressement, à la participation et à l'épargne salariale.

Note • Sur la portée des obligations s'imposant à l'employeur, notamment en matière de rémunération, voir cass. soc. 8 juin 1994, n° 90-45.703, BC V n° 193. Sur le droit à une prime d'ancienneté prévue par la convention collective, voir cass. soc. 28 janvier 1998, n° 96-44.456, RJS 3/98 n° 388; 29 juin 1999, n° 97-44.333, BC V n° 316; RJS 8-9/99 n° 1164.

• La prime de vacances prévue par la convention collective est due au salarié en sus du salaire minimum. Le litige ayant pour seul objet la fixation de la rémunération devant être versée au travailleur handicapé en application des dispositions de l'article L. 323-32 [L. 5213-15] CT et le juge judiciaire n'ayant pas à se prononcer sur la participation de l'État à la charge liée à la garantie de ressources, il n'y a pas lieu à question préjudicielle au profit de la juridiction administrative (cass. soc. 24 novembre 2004, n° 02-45.662, BC V n° 299; RJS 2/05 n° 233; voir également cass. soc. 12 janvier 2005, n° 02-45.822).

• Le délai qui s'est écoulé entre la publication de la loi du 17 janvier 2002 et la publication de son décret d'application du 23 décembre 2004 revêt, eu égard à la nature des mesures à prendre, un caractère fautif et justifie la condamnation de l'État à indemniser une association du préjudice subi de ce fait (CE 27 juillet 2005, n° 261694, RJS 11/05 n° 1152).

Art. L. 5213-16. ***(L. 2018-771 du 5 sept. 2018, art. 76, IV, JO 6, entrée en vigueur le 01.01.2019)*** «Pour favoriser la réalisation de leur projet professionnel,» un ou plusieurs travailleurs handicapés employés dans une entreprise adaptée peuvent être mis à la disposition provisoire d'un autre employeur ***(L. 2018-771 du 5 sept. 2018, art. 76, IV, JO 6, entrée en vigueur le 01.01.2019)*** «pour une durée déterminée, en vue de leur éventuelle embauche,» dans des conditions prévues par l'article L. 8241-2 et suivant des modalités précisées par décret.

(L. 2018-771 du 5 sept. 2018, art. 76, IV, JO 6, entrée en vigueur le 01.01.2019) «Pour faciliter leur accès à un emploi durable, l'entreprise adaptée met en œuvre un appui individualisé pour l'entreprise utilisatrice et des actions d'accompagnement professionnel et de formation pour les travailleurs handicapés. La prestation d'appui individualisée est rémunérée par l'entreprise utilisatrice et est distincte de la mise à disposition.»

Art. L. 5213-17. En cas de départ volontaire vers l'entreprise ordinaire, le salarié handicapé démissionnaire bénéficie, au cas où il souhaiterait réintégrer l'entreprise adaptée, d'une priorité d'embauche dont les modalités sont déterminées par décret.

Art. L. 5213-18. ***(L. 2018-771 du 5 sept. 2018, art. 76, VIII, 3°, JO 6, entrée en vigueur le 01.01.2019)*** Les entreprises adaptées bénéficient de l'ensemble des dispositifs prévus au livre Ier de la présente partie.

Art. L. 5213-19. ***(L. 2018-771 du 5 sept. 2018, art. 76, V, JO 6, entrée en vigueur le 01.01.2019)*** Seul l'emploi des travailleurs qui remplissent les conditions mentionnées aux deuxième et troisième alinéas de l'article L. 5213-13-1 ouvre droit au bénéfice d'aides financières contribuant à compenser les conséquences du handicap et des actions engagées liées à leur emploi. Ces aides sont attribuées dans la limite des crédits fixés annuellement par la loi de finances.

Note • **Recrutement direct des travailleurs handicapés par l'entreprise adaptée.** Les critères d'attribution de l'aide au poste et de la subvention spécifique ont été révisés suite à la suppression de la notion d'«efficience réduite» (voir note sous art. L. 5213-13-1).

• **Conditions de versement des aides financières de l'État.** Les personnes reconnues travailleurs handicapés sans emploi qui sont recrutées soit sur proposition du service public de l'emploi, soit directement par les entreprises adaptées doivent remplir selon l'un ou l'autre de ces cas certaines conditions listées exhaustivement par voie réglementaire (voir arrêtés du 2 octobre 2019, JO 16, rectif. JO 26).

Art. L. 5213-19-1. ***(L. 2018-771 du 5 sept. 2018, art. 76, VI, JO 6, entrée en vigueur le 01.01.2019)*** Un décret en Conseil d'État détermine les conditions d'application de la présente sous-section, notamment :

1° Les conditions d'exécution, de suivi, de renouvellement et du contrôle des contrats pluriannuels d'objectifs et de moyens mentionnés à l'article L. 5213-13 ainsi que leurs modalités de suspension ou de dénonciation ;

2° Les modalités de l'accompagnement spécifique mentionné à l'article L. 5213-13-1 ;

3° Les modalités de détermination, d'attribution et de versement des aides financières de l'État mentionnées à l'article L. 5213-19 et les règles de non-cumul.

§ 1 (réglementaire). Contrat pluriannuel d'objectifs et de moyens

Art. R. 5213-62. ***(D. 2018-1334 du 28 déc. 2018, art. 1er, II, 2°, JO 30, entrée en vigueur le 01.01.2019)*** Le préfet de région, en tenant compte des besoins économiques et sociaux et de l'offre existante sur son territoire, peut conclure avec une structure présentant un projet économique et social viable en faveur de l'emploi de travailleurs handicapés un contrat pluriannuel d'objectifs et de moyens valant agrément en qualité d'entreprise adaptée dans la région d'implantation.

Lorsqu'une entreprise adaptée est implantée dans plusieurs régions et sollicite un agrément, sa demande est adressée au préfet de la région dans laquelle elle a son siège social. Le préfet de la région d'implantation du siège social coordonne l'instruction de la demande avec les autres préfets de région concernés qui lui transmettent leurs avis. Le préfet de la région d'implantation du siège social notifie la décision. Le contrat est conclu entre l'entreprise et le préfet de région du ressort de chaque établissement.

Art. D. 5213-63. ***(D. 2019-39 du 23 janv. 2019, JO 25, entrée en vigueur le 01.01.2019)*** I. – Pour la conclusion du contrat pluriannuel d'objectifs et de moyens prévu au quatrième alinéa de l'article L. 5213-13 valant agrément des entreprises adaptées, les proportions minimale et maximale de travailleurs reconnus handicapés dans les effectifs salariés s'établissent respectivement à 55 % et 100 %.

Ces proportions sont déterminées par le rapport, calculé en pourcentage, entre le nombre en équivalents temps plein, de personnes mentionnées au deuxième alinéa de l'article L. 5213-13-1, et l'effectif salarié annuel de l'entreprise adaptée.

II. – L'effectif salarié annuel de l'entreprise adaptée est déterminé conformément aux dispositions de l'article R. 130-1 du code de la sécurité sociale.

Note Voir LSQ n° 17743 du 29.01.2019.

Art. D. 5213-63-1. ***(D. 2019-39 du 23 janv. 2019, JO 25, entrée en vigueur le 01.01.2019)*** Le montant total annuel d'aide versée à l'entreprise adaptée au titre de l'enveloppe financière mentionnée à l'article R. 5213-76 est calculé sur la base d'une proportion de travailleurs qui ne peut être supérieure à 75 % de l'effectif salarié annuel de l'entreprise.

Ce pourcentage est égal au rapport, du nombre en équivalents temps plein, des personnes mentionnées au deuxième alinéa de l'article L. 5213-13-1, dont l'emploi ouvre droit à une aide financière et de l'effectif salarié annuel de l'entreprise.

Les travailleurs reconnus handicapés ayant conclu un contrat à durée déterminée dans les conditions visées à l'article 78 de la loi n° 2018-771 susvisée sont exclus du calcul.

Note • Conformément à l'article 2 du décret 2019-39 précité :

L'Agence de services et de paiement assure, pour le compte de l'État, le versement et les contrôles des aides mentionnées à l'article L. 5213-19 CT. Elle procède notamment :
a) Aux régularisations des montants payés à l'entreprise adaptée en cours d'année en application des dispositions prévues au premier alinéa de l'article D. 5213-63-1 CT ;
b) Au contrôle des conditions d'octroi de l'aide, notamment du respect de l'article D. 5213-63-1 ;
c) À la vérification du respect des règles européennes relatives aux aides d'État.

• Par dérogation au premier alinéa de cet article, pour les entreprises adaptées agréées avant le 1er janvier 2019, la proportion de travailleurs handicapés mentionnée à cet article ne peut être supérieure respectivement à 90 % pour l'année 2019, 85 % pour l'année 2020, 80 % pour l'année 2021, et 75 % pour l'année 2022 (décret 2019-39 précité, art. 5).

• Voir LSQ n° 17743 du 29.01.2019.

Art. R. 5213-64. ***(D. 2018-1334 du 28 déc. 2018, art. 1er, II, 2°, JO 30, entrée en vigueur le 01.01.2019)*** Le contrat pluriannuel d'objectifs et de moyens mentionné à l'article L. 5213-13-1 comprend :

1° Une présentation du projet économique et social de la structure visant à favoriser l'accès à l'emploi des travailleurs reconnus handicapés précisant :

a) Les données relatives à l'identification de l'entreprise et un descriptif de ses activités ;

b) Les modalités de suivi et d'accompagnement des salariés handicapés dans leur projet professionnel ;

2° La présentation des moyens mobilisés pour mettre en œuvre le projet économique et social de l'entreprise adaptée ;

3° Le nombre de travailleurs reconnus handicapés ouvrant droit à l'aide financière mentionnée à l'article L. 5213-19 ;

4° Les documents administratifs, comptables et financiers à transmettre au préfet de région ;

5° Les modalités de suivi, d'évaluation et de résiliation du contrat pluriannuel d'objectifs et de moyens.

Art. R. 5213-65. ***(D. 2018-1334 du 28 déc. 2018, art. 1er, II, 3°, JO 30, entrée en vigueur le 01.01.2019)*** Le contrat pluriannuel d'objectifs et de moyens peut être conclu pour une durée maximale de cinq ans. Les stipulations financières du contrat conclu avec le préfet de région font l'objet d'avenants annuels. Chaque avenant fixe le montant des aides financières affectées à l'entreprise adaptée.

Le préfet de région peut réviser en cours d'année par voie d'avenant, à la hausse ou à la baisse, les aides affectées pour tenir compte d'un changement de situation de l'entreprise adaptée.

Art. R. 5213-66. ***(D. 2018-1334 du 28 déc. 2018, art. 1er, II, 3°, JO 30, entrée en vigueur le 01.01.2019)*** Afin de favoriser la réalisation des projets professionnels des salariés, la valorisation de leurs compétences et leur mobilité professionnelle au sein de l'entreprise adaptée elle-même ou vers d'autres employeurs, l'entreprise adaptée met en œuvre, au titre de l'accompagnement spécifique, un parcours d'accompagnement individualisé qui tient compte des besoins et capacités des travailleurs handicapés qu'elle emploie. Cet accompagnement peut comprendre, notamment, une aide à la définition du projet professionnel, des actions de formation professionnelle et des actions d'évaluation des compétences.

Art. R. 5213-67. ***(D. 2018-1334 du 28 déc. 2018, art. 1er, II, 3°, JO 30, entrée en vigueur le 01.01.2019)*** L'entreprise adaptée transmet au préfet de région du ressort de chaque établissement ses comptes annuels et un bilan annuel d'activité présentant, pour les travailleurs reconnus handicapés qu'elle accompagne, les actions mises en œuvre et leurs résultats ainsi que les moyens affectés à la réalisation de ces actions.

Il précise les réalisations menées en termes d'accompagnement individualisé, notamment en matière de formation et d'encadrement destiné à favoriser le projet professionnel, ainsi que les résultats constatés en matière d'accès et de maintien dans l'emploi des travailleurs handicapés.

Art. R. 5213-68. ***(D. 2018-1334 du 28 déc. 2018, art. 1er, II, 3°, JO 30, entrée en vigueur le 01.01.2019)*** I. – Le préfet contrôle l'exécution du contrat pluriannuel d'objectifs et de moyens. L'entreprise adaptée lui fournit, à sa demande, tout élément permettant de vérifier la bonne exécution du contrat, la réalité des actions mises en œuvre, ainsi que leurs résultats.

II. – En cas de non-respect des stipulations du contrat par l'entreprise adaptée, le préfet l'informe par tout moyen conférant date certaine de son intention de résilier le contrat. L'entreprise adaptée dispose d'un délai d'un mois pour faire connaître ses observations. Le préfet demande le reversement des sommes indûment perçues.

En cas de manquement aux règles du droit du travail constaté par l'inspection du travail, le préfet peut suspendre le contrat conclu avec l'entreprise adaptée si celle-ci n'a pas régularisé la situation dans le délai accordé par l'inspection du travail. Dans ce cas, le préfet prononce cette suspension à l'issue de ce délai et pour une durée identique.

III. – Lorsque l'aide financière est obtenue à la suite de fausses déclarations, le préfet résilie le contrat après avoir observé la procédure mentionnée au 1er alinéa du II. Les sommes indûment perçues donnent lieu à reversement.

Art. L. 5213-19-1

Art. R. 5213-69. L'avenant financier annuel fait état de l'avancement de la réalisation des objectifs du contrat triennal, actualise les données relatives à la situation de l'entreprise adaptée ou du centre de distribution de travail à domicile et fixe le nombre et le montant des aides au poste.

§ 2 (réglementaire). Fonctionnement

Art. R. 5213-70. Chaque entreprise adaptée est placée sous l'autorité d'un responsable, sans préjudice des responsabilités incombant à l'organisme gestionnaire.

Quand une section d'entreprise adaptée est annexée à un établissement ou service d'aide par le travail, elle peut être placée sous l'autorité du même responsable.

Note Cet article a été modifié par le décret 2018-1334 du 28 décembre 2018, art. 2, IV, 1°, JO 30, entrée en vigueur le 01.01.2019.

Art. R. 5213-71. Chaque entreprise adaptée fait l'objet d'une comptabilité distincte tenue conformément aux prescriptions du plan comptable général.

Note Cet article a été modifié par le décret 2018-1334 du 28 décembre 2018, art. 2, IV, 2°, JO 30, entrée en vigueur le 01.01.2019.

Art. R. 5213-72. L'entreprise adaptée dispose de ses propres locaux.

Note Le 2e alinéa de cet article a été supprimé par le décret 2018-1334 du 28 décembre 2018, art. 2, IV, 3°, JO 30, entrée en vigueur le 01.01.2019.

Art. R. 5213-73. Les organismes gestionnaires des entreprises adaptées se soumettent au contrôle des agents des services du travail et de l'emploi. Ceux-ci peuvent se faire présenter tous les documents relatifs à la gestion, notamment les livres et registres dont la tenue est prescrite aux employeurs par les dispositions légales.

Note Cet article a été modifié par le décret 2018-1334 du 28 décembre 2018, art. 2, IV, 2°, JO 30, entrée en vigueur le 01.01.2019.

§ 3 (réglementaire). Aides financières

Art. R. 5213-76. ***(D. 2018-1334 du 28 déc. 2018, art. 1er, III, 2°, JO 30, entrée en vigueur le 01.01.2019)*** L'emploi des personnes mentionnées à l'article L. 5213-13-1 par les entreprises adaptées ouvre droit à une aide financière dans la limite de l'enveloppe financière fixée par l'avenant au contrat conclu avec le préfet de région.

Le montant de l'aide financière contribuant à compenser les conséquences du handicap et des actions engagées liées à l'emploi des travailleurs reconnus handicapés peut varier pour tenir compte de l'impact du vieillissement de ces travailleurs. L'aide est versée mensuellement à l'entreprise pour chaque poste de travail occupé en proportion du temps de travail effectif ou assimilé. Le cas échéant, le montant de l'aide est réduit à due proportion du temps de travail effectif ou assimilé d'occupation des postes.

Un arrêté conjoint du ministre chargé de l'emploi et du ministre chargé du budget revalorise chaque année cette aide en fonction de l'évolution du salaire minimum de croissance. Cet arrêté peut fixer à Mayotte un montant spécifique des aides financières en fonction de l'évolution du salaire minimum de croissance en vigueur à Mayotte.

Note • **Date d'application.** Le 3e alinéa de cet article est entré en vigueur au 01.01.2020 (décret 2018-1334 précité, art. 3).

• **Montant et modalités de versement de l'aide financière.** L'aide financière est une aide au poste. Sur son montant, voir arrêté du 1er janvier 2021 (JO 5 févr., entrée en vigueur le 01.01.2021).

Pour l'année 2021, la totalité des avenants financiers 2020 mentionnés à cet article relevant d'un contrat valant agrément entreprises adaptées, dupliqué sous la forme de contrat pluriannuel d'objectifs et de moyens, en vigueur sont reconduits automatiquement à titre provisoire pour une période de six mois maximum à compter du 1er janvier 2021. À cette fin, l'Agence de services et de paiement met en place une duplication automatique des contrats valant agrément entreprises adaptées et des avenants financiers arrivés à échéance au 31 décembre 2020, permettant la continuité des versements sur la base du montant conventionné en 2020. En l'absence de transmission, au plus tard le 30 juin 2021, des conventions financières pluriannuelles et avenants financiers conclus au titre de l'année 2021 à l'Agence de services et de paiement pour validation, les paiements aux structures seront suspendus et les sommes déjà versées seront susceptibles d'être mises en recouvrement (arrêté du 1er janvier 2021, JO 30).

Art. R. 5213-77. ***(D. 2018-1334 du 28 déc. 2018, art. 1er, III, 3°, JO 30, entrée en vigueur le 01.01.2019)*** Sont considérés comme du temps de travail effectif, quand ils sont rémunérés, les trois premiers jours d'absence justifiée par l'incapacité résultant de maladie ou d'accident.

Une aide minorée est versée à l'entreprise, lorsque l'employeur est tenu, en application de dispositions légales ou conventionnelles, de maintenir la rémunération pendant les périodes donnant lieu au versement de l'indemnité journalière prévue à l'article L. 321-1 du code de la sécurité sociale.

Le montant de cette aide minorée est calculé sur la base de 30 % du salaire horaire minimum de croissance brut. Il tient compte de la durée du travail applicable ou de la durée inscrite au contrat en cas de travail à temps partiel, dans la limite de la durée légale du travail. Lorsque l'absence ne recouvre pas un mois civil entier, l'aide est réduite au prorata du nombre d'indemnités journalières versées.

Note **Montant et modalités de versement de l'aide minorée.** Voir arrêté du 1er janvier 2021 (JO 5 févr., entrée en vigueur le 01.01.2021).

Art. R. 5213-78. ***(D. 2018-1334 du 28 déc. 2018, art. 1er, III, 3°, JO 30, entrée en vigueur le 01.01.2019)*** L'État confie à l'Agence de services et de paiement le versement et les contrôles des aides mentionnées à l'article L. 5213-19 du code du travail dans les conditions suivantes :

a) Les aides sont attribuées dans la limite des crédits inscrits dans la loi de finances, à des entreprises adaptées qui ont conclu un contrat pluriannuel d'objectifs et de moyens mentionné à l'article L. 5213-13 ;

b) Les aides susmentionnées ne peuvent se cumuler pour un même poste, avec une autre aide de même nature et ayant le même objet, versée par l'État ;

c) La vérification des proportions minimale et maximale de travailleurs reconnus handicapés dans les effectifs salariés des entreprises adaptées, ainsi que le respect par des règles européennes relatives aux aides d'État, s'effectuent notamment à partir des déclarations réalisées sous forme dématérialisée par l'intermédiaire d'un téléservice.

§ 5 (réglementaire). Mises à disposition dans une autre entreprise

Art. D. 5213-81. Le travailleur handicapé employé dans une entreprise adaptée peut, avec son accord et en vue d'une embauche éventuelle, être mis à la disposition d'un autre employeur, dans le cadre du contrat de mise à disposition prévu à l'article D. 5213-84.

(D. 2019-39 du 23 janv. 2019, JO 25, entrée en vigueur le 01.01.2019) « Le travailleur reconnu handicapé mis à disposition auprès d'un employeur autre qu'une entreprise adaptée, ouvre droit à une aide financière versée à l'entreprise adaptée au titre de l'accompagnement professionnel individualisé visant à favoriser la réalisation de son projet professionnel et faciliter son embauche.

Le montant de cette aide est fixé par arrêté conjoint du ministre chargé de l'emploi et du ministre chargé du budget. Il est revalorisé, chaque année, en fonction de l'évolution du salaire minimum de croissance. Cet arrêté peut fixer à Mayotte un montant spécifique en fonction de l'évolution du salaire minimum de croissance en vigueur à Mayotte.

L'aide est versée mensuellement. Elle est réduite au prorata du temps de travail effectif ou assimilé.

L'embauche d'un travailleur handicapé par l'entreprise adaptée, pour remplacer le travailleur mis à disposition d'un autre employeur, ouvre droit à une aide financière dans les conditions prévues à l'article R. 5213-76.

L'entreprise adaptée peut réaliser auprès de l'entreprise utilisatrice une prestation d'appui individualisée qui consiste notamment à l'accompagnement de l'intégration de travailleurs handicapés, à l'adaptation de l'environnement de travail. Cette prestation est facturée par l'entreprise adaptée à l'entreprise utilisatrice de manière distincte de la mise à disposition. »

Note **Montant et modalités de versement de l'aide à l'accompagnement.** Voir arrêté du 1er janvier 2021 (JO 5 févr., entrée en vigueur le 01.01.2021).

Art. D. 5213-82. Les conditions de la mise à disposition du travailleur handicapé sont fixées par des contrats écrits que l'entreprise adaptée conclut, d'une part, avec l'employeur utilisateur et, d'autre part, avec le travailleur handicapé.

Note Cet article a été modifié par le décret 2019-39 du 23 janvier 2019, JO 25, entrée en vigueur le 01.01.2019.

Art. D. 5213-83. Les contrats de mise à disposition ***(D. 2019-39 du 23 janv. 2019, JO 25, entrée en vigueur le 01.01.2019)*** « auprès d'un même employeur » sont conclus pour une durée maximale d'un an, renouvelable une fois.

(D. 2019-39 du 23 janv. 2019, JO 25, entrée en vigueur le 01.01.2019) « À titre exceptionnel, cette durée peut être prolongée d'un an avec l'accord du salarié, lorsque des difficultés particulièrement importantes liées à la situation de handicap du salarié ont fait obstacle à la réalisation de la mise à disposition.

Ils sont transmis pour information à l'inspecteur du travail et donnent lieu à une consultation du comité social et économique, ou à défaut des délégués du personnel, de l'entreprise utilisatrice. »

Note L'entreprise utilisatrice n'a plus à soumettre la convention de mise à disposition « au visa » de l'inspecteur du travail depuis le 01.01.2019. Une simple information suffit. Par ailleurs, la convention continue à donner lieu à la consultation des élus du personnel mais uniquement dans l'entreprise utilisatrice.

Art. D. 5213-84. *(D. 2019-39 du 23 janv. 2019, JO 25, entrée en vigueur le 01.01.2019)* Une convention de mise à disposition entre l'entreprise adaptée prêteuse et l'entreprise utilisatrice précise notamment :

1° L'identité et la qualification du salarié concerné ;

2° La durée, l'horaire et le lieu de la mise à disposition ;

3° Les caractéristiques des travaux à accomplir et de l'environnement de travail ;

4° Le mode de détermination des salaires, des charges sociales et des frais professionnels qui seront facturés à l'entreprise utilisatrice par l'entreprise adaptée prêteuse.

Art. D. 5213-85. *(D. 2019-39 du 23 janv. 2019, JO 25, entrée en vigueur le 01.01.2019)* Le salarié signe avec l'entreprise adaptée un avenant au contrat de travail qui précise notamment :

1° Le travail confié au sein de l'entreprise utilisatrice, les horaires et le lieu d'exécution du travail, ainsi que les caractéristiques particulières du poste de travail ;

2° Les éléments et les modalités de paiement de la rémunération due ;

3° Les conditions d'une offre d'embauche au sein de l'entreprise utilisatrice.

Art. D. 5213-86. Le salarié handicapé qui a démissionné d'une entreprise adaptée pour travailler dans une entreprise ordinaire bénéficie, dans le délai d'un an à compter de la rupture de son contrat, de la priorité d'embauche mentionnée à l'article L. 5213-17 s'il manifeste le souhait de réintégrer l'entreprise adaptée.

Dans ce cas, l'entreprise adaptée l'informe de tout emploi disponible compatible avec *(D. 2019-39 du 23 janv. 2019, JO 25, entrée en vigueur le 01.01.2019)* « sa situation ».

SECTION 5 (réglementaire). Autres orientations

Art. R. 5213-87. Lorsque la commission des droits et de l'autonomie des personnes handicapées envisage l'orientation sur le marché du travail ou vers un établissement ou service d'aide par le travail, elle se prononce par une décision motivée, en tenant compte des possibilités réelles d'insertion dans le marché du travail ou au sein d'un tel établissement ou service.

SECTION 5. Actions en justice

Art. L. 5213-21. Les associations ayant pour objet principal la défense des intérêts des bénéficiaires du présent chapitre peuvent exercer une action civile fondée sur l'inobservation des dispositions des articles L. 5213-7 et L. 5213-9 à L. 5213-12, lorsque cette inobservation porte un préjudice certain à l'intérêt collectif qu'elles représentent.

SECTION 6. Dispositions d'application

Art. L. 5213-22. Un décret en Conseil d'État détermine les modalités d'application du présent chapitre.

CHAPITRE IV Institutions et organismes concourant à l'insertion professionnelle des handicapés

Note Avant intervention de la loi 2011-901 du 28 janvier 2011 (JO 30), la circulaire DGEFP 2009-15 du 26 mai 2009 (BO TR 2009/8) détaillait les modalités de mise en place et de fonctionnement des plans régionaux pour l'insertion professionnelle des travailleurs handicapés (PRITH), ainsi que leur déclinaison au niveau territorial.

SECTION 1 A. Pilotage des politiques en faveur de l'emploi des personnes handicapées

Note Cette section a été introduite par la loi 2011-901 du 28 juillet 2011, art. 12, JO 30.

Art. L. 5214-1 A. L'État assure le pilotage de la politique de l'emploi des personnes handicapées. Il fixe, en lien avec le service public de l'emploi, *(L. 2014-288 du 5 mars 2014, art. 21, I, 4° et 27, II, JO 6, entrée en vigueur le 01.01.2015)* « les régions chargées du service public régional de la formation professionnelle, » l'association chargée de la gestion du fonds de développement pour l'insertion professionnelle des handicapés et le fonds d'insertion des personnes handicapées dans la fonction publique, les objectifs et priorités de cette politique.

Art. L. 5214-1 B. Une convention pluriannuelle d'objectifs et de moyens est conclue entre l'État, l'institution mentionnée à l'article L. 5312-1, l'association chargée de la gestion du fonds de développement pour l'insertion professionnelle des handicapés, le fonds d'insertion des personnes handicapées dans la fonction publique et la Caisse nationale de solidarité pour l'autonomie.

Cette convention prévoit:

1° Les modalités de mise en œuvre par les parties à la convention des objectifs et priorités fixés en faveur de l'emploi des personnes handicapées;

2° Les services rendus aux demandeurs d'emploi bénéficiaires de l'obligation d'emploi et aux employeurs privés et publics qui souhaitent recruter des personnes handicapées;

3° Les modalités de mise en œuvre de l'activité de placement et les conditions du recours aux organismes de placement spécialisés mentionnés à l'article L. 5214-3-1, en tenant compte de la spécificité des publics pris en charge;

4° Les actions, prestations, aides ou moyens mis à disposition du service public de l'emploi et des organismes de placement spécialisés par l'association et le fonds mentionnés au premier alinéa du présent article;

5° Les modalités du partenariat que les maisons départementales des personnes handicapées mettent en place avec le service public de l'emploi, l'association et le fonds mentionnés au premier alinéa et les moyens qui leur sont alloués dans ce cadre pour leur permettre de s'acquitter de leur mission d'évaluation et d'orientation professionnelles;

6° Les conditions dans lesquelles un comité de suivi, composé des représentants des parties à la convention, assure l'évaluation des actions dont elle prévoit la mise en œuvre.

(L. 2014-288 du 5 mars 2014, art. 21, I, 5° et 27, II, JO 6, entrée en vigueur le 01.01.2015) «Avant sa signature, la convention est transmise pour avis [à la Commission nationale de la négociation collective, de l'emploi et de la formation professionnelle].»

Pour son application, la convention fait l'objet de déclinaisons régionales associant les maisons départementales des personnes handicapées et l'ensemble des acteurs concourant à l'insertion des personnes les plus éloignées de l'emploi. Les organismes de placement spécialisés sont consultés pour avis. Ces conventions régionales s'appuient sur les plans régionaux d'insertion professionnelle des travailleurs handicapés.

SECTION 1. Fonds de développement pour l'insertion professionnelle des handicapés

Art. L. 5214-1. Le fonds de développement pour l'insertion professionnelle des handicapés a pour objet d'accroître les moyens consacrés à l'insertion des handicapés en milieu ordinaire de travail.

La gestion de ce fonds est confiée à une association administrée par des représentants des salariés, des employeurs et des personnes handicapées ainsi que par des personnalités qualifiées.

Les statuts de l'association sont agréés par l'autorité administrative.

Note Voir *supra* articles R. 5212-1-2 à 4.

Art. L. 5214-2. Une convention d'objectifs est conclue, tous les trois ans, entre l'État et l'association chargée de la gestion du fonds de développement pour l'insertion professionnelle des handicapés.

Art. L. 5214-3. Les ressources du fonds de développement pour l'insertion professionnelle des handicapés sont destinées à favoriser toutes les formes d'insertion professionnelle des handicapés en milieu ordinaire de travail.

Elles sont affectées notamment:

1° À la compensation du coût supplémentaire des actions de formation et au financement d'actions d'innovation et de recherche dont bénéficient les intéressés dans l'entreprise;

(L. 2016-1088 du 8 août 2016, art. 101, JO 9, entrée en vigueur le 01.01.2018) «2° À des mesures nécessaires à l'insertion professionnelle, au suivi durable et au maintien dans l'emploi des travailleurs handicapés dans l'objectif de favoriser la sécurisation de leurs parcours professionnels;»

(L. 2014-288 du 5 mars 2014, art. 21, I, 7°, JO 6, entrée en vigueur le 01.01.2015) «3° Au financement de tout ou partie des actions de formation professionnelle préqualifiantes et certifiantes des demandeurs d'emploi handicapés.»

Les actions définies au présent article peuvent concerner les entreprises non assujetties à l'obligation d'emploi prévue par l'article L. 5212-2 lorsqu'elles emploient des bénéficiaires de cette obligation, ainsi que les travailleurs handicapés qui exercent une activité indépendante.

Art. L. 5214-3-1

Note Voir ASH n° 2976 du 23 septembre 2016, p. 45: «Loi relative au travail. Droits des travailleurs handicapés».

Art. R. 5214-19. Les statuts de l'association chargée de la gestion du Fonds de développement pour l'insertion professionnelle des handicapés mentionnée à l'article L. 5214-1 sont agréés par le ministre chargé de l'emploi.

Art. R. 5214-20. L'association procède annuellement à l'évaluation des actions qu'elle conduit pour l'insertion professionnelle des personnes handicapées en milieu ordinaire.

Elle publie un rapport d'activité annuel et est soumise au contrôle administratif et financier de l'État.

Art. R. 5214-21. L'association transmet au ministre chargé de l'emploi, pour approbation, le projet de répartition des contributions pour l'année en cours, au plus tard au 31 mars de chaque année.

Elle lui adresse également le rapport d'utilisation des contributions pour l'année écoulée.

Art. R. 5214-22. Dans le respect des missions prévues à l'article L. 5214-3, la convention d'objectifs détermine notamment:

1° Les engagements réciproques contribuant à la cohérence entre les mesures de droit commun de l'emploi et de la formation professionnelle et les mesures spécifiques arrêtées par l'association et les moyens financiers nécessaires à l'atteinte de ces objectifs;

2° Les priorités et les grands principes d'intervention du service public de l'emploi et des organismes de placement spécialisés.

Art. R. 5214-23. Une convention de coopération est conclue entre l'association chargée de la gestion du fonds de développement pour l'insertion professionnelle des handicapés et le fonds pour l'insertion professionnelle des handicapés dans la fonction publique.

Elle détermine notamment les obligations respectives des parties à l'égard des organismes de placement spécialisés.

SECTION 1 *BIS*. Organismes de placement spécialisés dans l'insertion professionnelle des personnes handicapées

Note Cette section a été introduite par la loi 2011-901 du 28 juillet 2011, art. 14, JO 30.

Art. L. 5214-3-1. Des organismes de placement spécialisés, chargés de la préparation, de l'accompagnement ***(L. 2016-1088 du 8 août 2016, art. 101, JO 9, entrée en vigueur le 01.01.2018)*** «, du suivi durable et du maintien» dans l'emploi des personnes handicapées, participent au dispositif d'insertion professionnelle et d'accompagnement spécifique prévu pour les travailleurs handicapés mis en œuvre par l'État, le service public de l'emploi, l'association chargée de la gestion du fonds de développement pour l'insertion professionnelle des handicapés et le fonds pour l'insertion professionnelle des personnes handicapées dans la fonction publique.

Ils sont conventionnés à cet effet et peuvent, à cette condition, mobiliser les aides, actions et prestations proposées par l'association et le fonds mentionnés au premier alinéa.

Les organismes de placement spécialisés assurent, en complémentarité avec l'institution mentionnée à l'article L. 5312-1, une prise en charge adaptée des demandeurs d'emploi bénéficiaires de l'obligation d'emploi dans des conditions définies par une convention.

SECTION 2. Actions en justice

Art. L. 5214-4. Les associations ayant pour objet principal la défense des intérêts des bénéficiaires du présent chapitre peuvent exercer une action civile fondée sur l'inobservation des dispositions de ce même chapitre, lorsque cette inobservation porte un préjudice certain à l'intérêt collectif qu'elles représentent.

SECTION 3. Dispositions d'application

Art. L. 5214-5. Un décret en Conseil d'État détermine les modalités d'application du présent chapitre, notamment:

1° (Abrogé);

2° Les modalités du contrôle de la répartition et de l'utilisation des contributions versées au fonds de développement pour l'insertion professionnelle des handicapés.

SECTION 1 (réglementaire). Coordination

Art. R. 5214-1. Le ministre chargé de l'emploi est chargé de coordonner l'activité des organismes et services publics ou privés qui, à quelque titre que ce soit, concourent à l'une des opérations prévues aux articles L. 5212-6 et suivants et de définir les modalités de liaison entre ces organismes et services.

CHAPITRE V Dispositions pénales

Art. L. 5215-1. En cas de méconnaissance des dispositions de l'article L. 5213-5 relatives au réentraînement au travail et à la rééducation professionnelle des malades et blessés, les dispositions des articles L. 4741-4, L. 4741-5 et L. 4741-12 sont applicables.

Art. R. 5215-1. Le fait de ne pas respecter l'obligation de réentraînement au travail et de rééducation professionnelle des salariés malades et blessés, en méconnaissance des dispositions de l'article L. 5213-5, est puni de l'amende prévue pour les contraventions de la quatrième classe.

TITRE II TRAVAILLEURS ÉTRANGERS

CHAPITRE Ier Emploi d'un salarié étranger

Note • **Textes.** ***Régime de droit commun.*** Celui-ci résulte de l'ordonnance 45-2658 du 2 novembre 1945 relative aux conditions d'entrée et de séjour des étrangers en France, modifiée en dernier lieu par la loi 2006-911 du 24 juillet 2006 (JO 25).

La partie législative du code de l'entrée et du séjour des étrangers et du droit d'asile est issue de l'ordonnance 2004-1248 du 24 novembre 2004 (JO 25). Les décrets 2006-1377 et 2006-1378 du 14 novembre 2006 (JO 15) en définissent la partie réglementaire. Voir aussi décrets 2007-373 du 21 mars 2007 (JO 22) et 2007-801 du 11 mai 2007 (JO 12) pris pour l'application de la loi 2006-911 du 24 juillet 2006 précitée.

Loi du 7 mars 2016. La loi 2016-274 du 7 mars 2016 (JO 8) relative au droit des étrangers en France a modifié les règles de délivrance des cartes de séjour permettant aux étrangers d'exercer une activité professionnelle sur le territoire national. À cet effet, elle a simplifié le régime de la carte de séjour temporaire, a généralisé la carte de séjour pluriannuelle et a créé une carte destinée aux talents internationaux.

La loi du 7 mars 2016 a limité l'obligation d'obtenir une autorisation de travail aux seuls étrangers souhaitant exercer une activité professionnelle d'une durée supérieure à 3 mois (voir art. L. 5221-2-1). En d'autres termes, les étrangers effectuant un séjour professionnel en France d'une durée de 3 mois ou moins sont dispensés de solliciter une autorisation de travail sous réserve que l'activité professionnelle envisagée figure sur la liste fixée par voie réglementaire (voir décrets 2016-1456, 2016-1461 et 2016-1643 du 28 octobre; arrêté du 28 octobre 2016, JO 30; circ. min. du 2 novembre 2016 relative au droit des étrangers en France, NOR: INTV1631686J).

La plupart de ces dispositions sont entrées en vigueur le 1er novembre 2016.

Voir circ. min. du 8 mars 2016 (NOR: INTK1604556J) et 2 novembre 2016 (NOR: INTV1631686J).

Voir aussi FRS n° 24 du 12 novembre 2016, p. 16; LSQ n° 17194 du 4.11.2016; ASH n° 2982 du 4 novembre 2016, p. 43.

Loi du 10 septembre 2018. La loi 2018-778 du 10 septembre 2018 (JO 11) pour une immigration maîtrisée, un droit d'asile effectif et une intégration réussie a eu pour objectif de renforcer les formations linguistiques et la mise en place d'actions d'insertion professionnelle pour les primo-arrivants (voir instruction du ministère de l'Intérieur relative aux orientations pour l'année 2019 de la politique d'accueil et d'intégration des étrangers en France du 17 janvier 2019, NOR: INTV1900478J).

• **Brexit.** ***Loi 2019-30 du 19 janvier 2019.*** Cette loi publiée au *Journal officiel* du 20 janvier 2019 a habilité le gouvernement à légiférer par ordonnances pour tirer les conséquences d'une éventuelle sortie du Royaume-Uni de l'Union européenne sans accord de retrait (loi 2019-30 du 19 janvier 2019, JO 20; site du gouvernement français sur le Brexit *https://brexit.gouv.fr/sites/brexit/accueil*): voir ordonnance 2019-76 du 6 février 2019 (JO 7) portant diverses mesures relatives à l'entrée, au séjour, aux droits sociaux et à l'activité professionnelle, applicables en cas d'absence d'accord sur le retrait du Royaume-Uni de l'Union européenne; voir aussi décret 2019-264 du 2 avril 2019 (JO 3) et décret 2019-265 du 3 avril 2019 (JO 4) pris pour l'application de l'ordonnance précitée.

Ratification de l'accord de retrait en date du 17 octobre 2019. Le Royaume-Uni a, à la suite de la ratification de l'accord de retrait conclu le 17 octobre 2019, officiellement quitté l'Union européenne le 31 janvier 2020 à minuit. Cet accord prévoyait une période transitoire allant du 1er février 2020 au 31 décembre 2020, pendant laquelle le Royaume-Uni, bien que n'en faisant plus partie, continuait à appliquer le droit de l'Union européenne. Durant la période transitoire, le Brexit n'a entraîné aucun changement pour les employeurs et les salariés.

Accord de commerce et de coopération du 24 décembre 2020. L'accord de commerce avec le Royaume-Uni s'applique de manière provisoire dès le 1er janvier 2021 et détermine les règles applicables aux relations entre le Royaume-Uni et l'Union européenne dans un certain nombre de domaines.

Depuis le 1er janvier 2021. Bien qu'un accord commercial ait été signé, les règles européennes ne s'appliquent plus au Royaume-Uni et des changements importants interviennent pour les entreprises et les salariés (britannique en France ou employé(e) français(e) au Royaume-Uni). Sur le Brexit en pratique, voir ci-après.

• **Ressortissants européens.** Les ressortissants de l'UE, de l'Espace économique européen ainsi que de la Suisse bénéficient d'un accès facilité au marché de l'emploi précisé par le décret 2007-371 du 21 mars 2007 (JO 22) relatif à leur droit de séjour en France (art. R. 121-1 et s. CESEDA). Les ressortissants des États membres de l'Union européenne entrés en dernier (hors Chypre et Malte) bénéficient du même régime depuis le terme d'une période transitoire de deux à cinq ans. Voir J-Ph. Lhernould, «L'Europe sociale après l'élargissement», RJS 11/04, chron. p. 771. Voir arrêté du 18 janvier 2008 (JO 20) modifié par arrêtés des 24 juin 2008 (JO 27), 1er octobre 2012 (JO 14), 28 juin 2013 (JO 30 juil., effet au 01.07.2013) et 12 décembre 2013 (JO 31). Plus aucun État membre de l'Union Européenne n'est soumis à des mesures transitoires. En effet, la période transitoire applicable aux travailleurs roumains et bulgares a cessé depuis le 1er janvier 2014 (arrêté du 12 décembre 2013, JO 31) et celle applicable aux Croates depuis le 1er juillet 2015 (voir FRS n° 24 du 12.11.2016, p. 16).

L'article 39 du Traité instituant la Communauté européenne garantissant la libre circulation des travailleurs à l'intérieur de la Communauté européenne et l'exercice d'une activité salariée par une ressortissante communautaire ne pouvant être subordonné à la justification d'un titre de séjour en cours de validité, la non-présentation de ce document ne constitue pas une faute justifiant le licenciement (cass. soc. 12 juin 2007, n° 05-45.320, BC V n° 95; RJS 8-9/07 n° 1002).

Une entreprise publique d'un État membre ne peut, à l'occasion du recrutement de son personnel, refuser de tenir compte de l'ancienneté, de l'expérience et des qualifications acquises antérieurement dans un domaine d'activité comparable, au service d'une entreprise publique d'un autre État membre (cass. soc. 11 mars 2009, n° 08-40.381, BC V n° 71; RJS 5/09 n° 410).

• **Ressortissants turcs.** La circonstance qu'un ressortissant turc a été autorisé à entrer sur le territoire d'un État membre en qualité de personne au pair ou d'étudiant ne saurait priver celui-ci de la qualité de travailleur et l'empêcher d'appartenir au marché régulier de l'emploi de cet État membre au sens des dispositions de l'accord d'association entre la CEE et la Turquie. Cette circonstance ne saurait empêcher ce ressortissant de se prévaloir de ces dispositions afin d'obtenir le renouvellement de son permis de travail et de bénéficier du droit au séjour corrélatif à celui-ci (CJCE 24 janvier 2008, aff. C-294/06, rec. I-203; JOUE C 64/10 du 8.03.2008; RJS 6/08, chron. Fr. Kessler, p. 501).

• **Aide au retour et à la réinsertion des travailleurs étrangers.** Voir art. L. 331-1, D. 331-1 à 7 ainsi que L. 512-5 et R. 512-1-2 CESEDA. Voir *http://www.ofii.fr/retour-et-reinsertion*.

• **Jurisprudence.** *Conditions d'entrée et de séjour des étrangers en France.* Les étrangers se trouvent placés dans une situation différente de celle des nationaux, aucun principe ni aucune règle de valeur constitutionnelle n'assurant aux étrangers des droits de caractère général et absolu d'accès et de séjour sur le territoire national; le législateur peut ainsi prendre, à l'égard des étrangers, des dispositions spécifiques dans le respect des libertés et droits fondamentaux de valeur constitutionnelle reconnus à tous ceux qui résident sur le territoire de la République (C. constit. 13 août 1993, n° 93-325 DC, JO 18; Dr. Soc. 1994, p. 69). Les dispositions législatives qui concernent l'accès au travail des étrangers placent ceux-ci dans une situation différente de celle des travailleurs français (CE 29 décembre 1993, n° 131789, RJS 4/94 n° 482). Sans incompatibilité avec la Convention européenne de sauvegarde des droits de l'homme et des libertés fondamentales, la loi française subordonne à la condition de régularité du séjour en France le bénéfice de l'affiliation obligatoire à un régime de sécurité sociale (CE 6 novembre 2000, n° 204784, RJS 3/01 n° 374), celui de l'allocation aux adultes handicapés (CE 12 décembre 2003, n° 235234, RJS 4/04 n° 470) et l'accès à l'aide sociale (CE 7 juin 2006, n° 285576, RJS 11/06 n° 1235).

• **Office français de protection des réfugiés et apatrides et Commission des recours des réfugiés.** Voir art. L. 721-1 à L. 723-5 et R. 721-1 à R. 723-5 CESEDA.

• **Sites internet. *OFII (Office français de l'immigration et de l'intégration)*** est l'unique opérateur de l'État en charge de l'immigration légale, notamment de l'intégration des migrants durant les 5 premières années de leur séjour en France: *www.ofii.fr* et *www.ofii.fr/retour-et-reinsertion*.

Aides aux entreprises: le Brexit en pratique. Un site Internet officiel (*www.brexit.gouv.fr*) a été mis en place pour apporter des éléments de réponses aux questions que peuvent se poser les employeurs ou les salariés dans ce contexte. Il répond aux questions pratiques les plus fréquentes que peut se poser un employeur. Il est aussi possible d'adresser un mail (Brexit@ travail.gouv.fr). De son côté, le ministère du travail fournit sur son site des informations aux employeurs (*https://travail-emploi.gouv.fr/ministere/europe-et-international/brexit-vos-questions-nos-reponses/*).

• **Doctrine.** Guide RF, Mobilité internationale, décembre 2017; RF 1109, Embaucher des travailleurs étrangers, §§ 3510 et s.; SSL du 21 décembre 2020, n° 1934-1935; LSQ du 14 janvier 2021, n° 18222.

SECTION 1. Accords internationaux

Art. L. 5221-1. Les dispositions du présent titre sont applicables, sous réserve de celles des traités, conventions ou accords régulièrement ratifiés ou approuvés et publiés, et notamment des traités instituant les communautés européennes ainsi que de celles des actes des autorités de ces communautés pris pour l'application de ces traités.

SECTION 2. Introduction d'un travailleur étranger

Art. L. 5221-2. Pour entrer en France en vue d'y exercer une profession salariée, l'étranger présente:

1° Les documents et visas exigés par les conventions internationales et les règlements en vigueur;

2° Un contrat de travail visé par l'autorité administrative ou une autorisation de travail.

Note • **Conditions légales pour l'obtention d'une autorisation de travail.** Pour exercer en France une activité professionnelle salariée, les étrangers doivent se conformer aux articles L. 1261-1, L. 5221-1 à 3, L. 5221-5, L. 5221-7, L. 5523-1 à 3 et L. 8323-2 CT ainsi qu'aux articles L. 311-13 et 14 du présent code (art. L. 322-1 CESEDA).

Le préfet de département, en matière de délivrance des autorisations de travail des ressortissants étrangers, peut donner délégation de signature aux chefs de service des Direccte et aux responsables de leurs unités territoriales (CE avis 5 juillet 2013, n° 365886, JO 10).

• **Traitement automatisé.** Il est créé un traitement automatisé de données nominatives appelé «FRAMIDE» (France migration détachement) relatif à la gestion des procédures de demandes d'autorisation de travail des étrangers et à la réception des déclarations de détachement des salariés dont l'employeur est établi hors de France (arrêté du 3 mars 2009, JO 28 avril).

• **Cas de dispense d'autorisation de travail.** Par dérogation, sont dispensés d'obtenir une autorisation de travail:
– les travailleurs détachés (voir art. L. 1262-1 et L. 1262-12);
– les travailleurs étrangers entrant en France pour y exercer une activité salariée pour une durée inférieure ou égale à 3 mois (voir art. L. 5221-2-1). Ce faisant, pour bénéficier de cette dérogation, l'étranger doit exercer une activité salariée dans l'un des domaines fixés par le décret 2016-1461 du 28 octobre 2016 (voir art. D. 5221-2-1).

Voir circulaire du 2 novembre 2016 relative au droit des étrangers en France (NOR: INTV1631686J), §§ 2.1 et 2.2; FRS n° 24 du 12 novembre 2016, p. 14; LSQ n° 17194 du 4.11.2016; ASH du 4 novembre 2016, n° 2982, p. 43.

Art. L. 5221-2-1. *(L. 2019-774 du 24 juil. 2019, art. 70, VII, JO 26)* Par dérogation à l'article L. 5221-2, n'est pas soumis à la condition prévue au 2° du même article L. 5221-2:

1° L'étranger qui entre en France afin d'y exercer une activité salariée pour une durée inférieure ou égale à trois mois dans un domaine figurant sur une liste fixée par décret;

2° Le praticien étranger titulaire d'un diplôme, d'un certificat ou d'un autre titre permettant l'exercice dans le pays d'obtention de ce diplôme, de ce certificat ou de ce titre, sur présentation de la décision d'affectation du ministre chargé de la santé dans un établissement de santé, prévue aux articles L. 4111-2 et L. 4221-12 du code de la santé publique, ainsi que, à titre transitoire, les médecins, chirurgiens-dentistes, sages-femmes et pharmaciens mentionnés à l'article 83 de la loi n° 2006-1640 du 21 décembre 2006 de financement de la sécurité sociale pour 2007, sur présentation de la décision du ministre chargé de la santé d'affectation dans un établissement de santé prévue au même article 83.

Note Voir note sous art. L. 5221-2 CT.

Art. L. 5221-3. L'étranger qui souhaite entrer en France en vue d'y exercer une profession salariée et qui manifeste la volonté de s'y installer durablement atteste d'une connaissance suffisante de la langue française sanctionnée par une validation des acquis de l'expérience ou s'engage à l'acquérir après son installation en France.

Art. L. 5221-4. Sous réserve des accords internationaux, il est interdit à une entreprise de travail temporaire de mettre à la disposition de quelque personne que ce soit des travailleurs étrangers si la prestation de service s'effectue hors du territoire français.

Note Un contrat de travail temporaire ne peut permettre ni l'introduction en France d'un travailleur étranger ni l'obtention par un étranger d'un titre de travail (carte ou autorisation provisoire de travail) en vue de l'occupation d'un premier emploi. Les ETT ne peuvent donc, en principe, recruter, en qualité de travailleur temporaire, que des étrangers déjà régulièrement introduits dans le marché français du travail, mais une lettre d'embauchage émanant d'une ETT permet la mise en œuvre de la procédure de renouvellement de la carte de travail ou de celle d'«admission au travail» (circ. min. 3 février 1977). Voir également note sous art. R. 5221-20.

Des travailleurs étrangers ressortissants non communautaires recrutés par une ETT établie dans l'un des pays de la CEE autre que la France ne peuvent être admis à effectuer une mission en France sans avoir obtenu préalablement l'autorisation d'y travailler (circ. min. 3 février 1977).

SECTION 3. Conditions d'exercice d'une activité salariée

Art. L. 5221-5. Un étranger autorisé à séjourner en France ne peut exercer une activité professionnelle salariée en France sans avoir obtenu au préalable l'autorisation de travail mentionnée au 2° de l'article L. 5221-2.

(L. 2009-1437 du 24 nov. 2009, JO 25) «L'autorisation de travail est accordée de droit à l'étranger autorisé à séjourner en France pour la conclusion d'un contrat d'apprentissage ou de professionnalisation à durée déterminée.» ***(L. 2018-778 du 10 sept. 2018, art. 50, JO 11)*** «Cette autorisation est accordée de droit aux mineurs isolés étrangers pris en charge par l'aide sociale à l'enfance, sous réserve de la présentation d'un contrat d'apprentissage ou de professionnalisation.»

L'autorisation de travail peut être retirée si l'étranger ne s'est pas fait délivrer un certificat médical dans les trois mois suivant la délivrance de cette autorisation.

Note • **Accès aux contrats d'apprentissage et de professionnalisation.** Depuis le 12.09.2018, les mineurs non accompagnés (MNA) étrangers pris en charge par l'ASE qui justifient d'un contrat d'apprentissage ou de professionnalisation se voient accorder, de droit, une autorisation de travail. Cette mesure tire les conséquences d'une ordonnance de référé du Conseil d'État du 15 février 2017 (n° 407355, Rec. Lebon, p. 47) qui a consacré le principe de la délivrance de plein droit d'une autorisation de travail pour ce public (instruction du ministère de l'Intérieur du 11 septembre 2018).

À noter. Le législateur n'établit pas de distinction selon que le mineur a été placé dans le service de l'ASE avant 16 ans ou entre 16 et 18 ans, comme pouvait le faire jusqu'alors l'autorité administrative (CE 15 février 2017, n° 407355) (rapport Sénat n° 552 du 6 juin 2018).

• **Contrôle médical.** L'arrêté du 11 janvier 2006 (JO 24) définit les modalités du contrôle médical des étrangers autorisés à séjourner en France.

• **Cas particulier.** Sur la délivrance d'un titre de travail à un ressortissant de pays tiers en cas d'enfants en bas âge nés dans le pays européen et ayant le statut de citoyen de l'Union, dans la mesure où des décisions de refus de séjour ou de travail au père priveraient ces enfants de la jouissance effective de l'essentiel des droits attachés au statut de citoyen de l'Union contrairement à l'article 20 TFUE, voir CJUE 8 mars 2011, aff. C-34/09, Rec. I-01177 ; JOUE C 130/2 du 30.4.2011 ; RJS 6/11 n° 566 et chron. D. Martin, p. 450.

Art. L. 5221-6. La délivrance d'un titre de séjour ouvre droit, dans les conditions fixées ***(Ord. 2020-1733 du 16 déc. 2020, art. 16, JO 30, entrée en vigueur le 01.05.2021)*** «au titre II du livre IV» du code de l'entrée et du séjour des étrangers et du droit d'asile, à l'exercice d'une activité professionnelle salariée.

Note Voir LSQ n° 18217 du 07.01.2021.

Art. L. 5221-7. L'autorisation de travail peut être limitée à certaines activités professionnelles ou zones géographiques.

L'autorisation délivrée en France métropolitaine ne confère de droits qu'en France métropolitaine.

Pour l'instruction de la demande d'autorisation de travail, l'autorité administrative peut échanger tous renseignements et documents relatifs à cette demande avec les organismes concourant au service public de l'emploi mentionnés à l'article L. 5311-2, avec les organismes gérant un régime de protection sociale, avec l'établissement mentionné à l'article L. 767-1 du code de la sécurité sociale ainsi qu'avec les caisses de congés payés prévues à l'article ***(L. 2016-1088 du 8 août 2016, art. 8, XI, 7°, JO 9)*** « L. 3141-32».

Art. L. 5221-8. L'employeur s'assure auprès des administrations territorialement compétentes de l'existence du titre autorisant l'étranger à exercer une activité salariée en France, sauf si cet étranger est inscrit sur la liste des demandeurs d'emploi tenue par l' ***(L. 2008-126 du 13 févr. 2008, JO 14)*** «institution mentionnée à l'article L. 5312-1».

Note • **Brexit.** Voir note sous le titre II du chapitre 1er (Emploi d'un salarié étranger).

• **Contrôle de l'employeur.** *Vérifications relatives à l'identité et à l'autorisation de travailler en France.* Les dispositions de l'article L. 341-6 (ancien) CT impliquent nécessairement que l'employeur s'informe de la nationalité de celui qu'il embauche et vérifie, dans le cas où il s'agit d'un étranger, s'il est titulaire du titre précité (cass. crim. 29 mars 1994, n° 93-82.178, B. crim. n° 121; 14 mai 1996, n° 94-85.616).

Pas d'effet rétroactif d'une régularisation ultérieure. La régularisation ultérieure d'une situation irrégulière par l'obtention d'une autorisation provisoire de travail n'a pas d'effet rétroactif, et ne fait pas disparaître l'infraction (cass. crim. 19 novembre 2002, n° 02-81.749). La responsabilité de l'utilisateur dans le cadre d'un prêt de main-d'œuvre illicite est engagée (cass. crim. 3 décembre 1991, n° 90-86.763, B. crim. n° 458; 12 octobre 1993, n° 93-80.533; 27 septembre 1994, n° 93-85.285).

Conséquences financières en cas d'accident du travail. Un employeur qui embauche un salarié étranger sous une fausse identité encourt un risque financier d'autant plus grand en cas d'accident du travail (cass. crim. 8 août 2018, n° 17-84.920, B. crim. n° 135). Dans cette affaire, l'employeur s'était contenté à tort de la photocopie d'une pièce d'identité, sans demander à voir l'original comme il le faisait habituellement, et n'avait pas vérifié la situation de cette personne qui était en réalité dépourvue de tout titre l'autorisant à travailler en France. Le lendemain de cette embauche, le salarié avait eu un accident de travail. L'employeur avait alors procédé à la déclaration adéquate auprès de la CPAM en se basant sur la fausse identité du salarié. Alors que ce dernier lui avait avoué, dès son hospitalisation, qu'il ne s'agissait pas de sa véritable identité, l'employeur n'en avait pas averti la CPAM. Dans ces circonstances, l'employeur a été déclaré coupable, d'une part, des faits d'emploi d'un étranger non muni d'une autorisation de travail salarié et d'autre part, des faits de déclaration mensongère à une administration publique (la CPAM) en vue d'obtenir un avantage indu.

• **Doctrine.** RF 1109, Embaucher des travailleurs étrangers, §§ 3510 et s.

Art. L. 5221-9. L'embauche d'un salarié étranger titulaire de la carte de séjour temporaire prévue ***(Ord. 2020-1733 du 16 déc. 2020, art. 16, JO 30, entrée en vigueur le 01.05.2021)*** «aux articles L. 422-1, L. 422-2, L. 422-4 ou L. 422-5» du code de l'entrée et du séjour des étrangers et du droit d'asile ne peut intervenir qu'après déclaration nominative effectuée par l'employeur auprès de l'autorité administrative.

Note Voir LSQ n° 18217 du 07.01.2021.

Art. L. 5221-11. Un décret en Conseil d'État détermine les modalités d'application des articles L. 5221-3 et L. 5221-5 à L. 5221-8.

SECTION 1 (réglementaire). Catégories d'autorisation de travail et activités professionnelles autorisées

Note • **Textes.** ***Loi du 7 mars 2016.*** Sur les apports de cette loi, voir supra note introductive sous chapitre Ier. Voir circ. min. du 8 mars 2016 (NOR INTK1604556J) et du 2 novembre 2016 (NOR INTV1631686J).

Ordonnance 2020-1733 et décret 2020-1734 du 16 décembre 2020. Ces deux textes recodifient, sans modifier le fond du droit, les parties législatives et réglementaires du Code de l'entrée et du séjour des étrangers et du droit d'asile (Ceseda), en application de la loi Asile et immigration 2018-778 du 10 septembre 2018. Cette refonte vise un «objectif de simplification et d'accessibilité» et «intervient à droit constant, sous la réserve de modifications rendues nécessaires pour assurer le respect de la hiérarchie des normes et la cohérence rédactionnelle de l'ensemble des dispositions du code, harmoniser l'état du droit, remédier aux éventuelles erreurs et abroger des dispositions devenues sans objet» (Rapport au président de la République relatif à l'ordonnance). Voir LSQ n° 18217 du 07.01.2021.

• **Jurisprudence.** ***Autorisations de travail et admission au séjour d'étrangers en situation irrégulière.*** La régularisation ultérieure de la situation irrégulière ne peut avoir pour effet de faire disparaître l'infraction (cass. crim. 19 novembre 2002, n° 02-81.750).

Prestations de services au sein de l'Union européenne. Une entreprise établie dans un État membre, qui fournit des prestations de services dans un autre État membre, peut se déplacer avec son propre personnel et l'État d'accueil ne peut exiger l'embauche de main-d'œuvre sur place (CJCE 27 mars 1990, aff. C-113/89, JOCE 12 mai, rec. I-1417). Les articles 59 et 60 du Traité doivent être interprétés en ce sens qu'ils s'opposent à ce qu'un État membre oblige les entreprises qui, établies dans un autre État membre, se rendent sur son territoire afin d'y prester des services et qui emploient de façon régulière et habituelle des ressortissants d'États tiers à obtenir, pour ces travailleurs, une autorisation de travail auprès d'un organisme national d'immigration et à payer les frais y afférents, sous peine de se voir infliger une amende administrative [CJCE 9 août 1994, aff. C-43/93, rec. p. I-3803; RJS 12/94 n° 1446; 21 octobre 2004, aff. C-445/03, rec. I-10191; JOUE C 300/22 du 04.12.2004; RJS 3/05 n° 322 et chron. J-Ph. Lhernould, p. 191; 19 janvier 2006, aff. C-244/04, rec. I-885; chron. J-Ph. Lhernould, RJS 5/06, p. 361 (B); 21 septembre 2006, aff. C-168/04, rec. I-9041; JOUE C 281/04 du 18.11.2006; chron. J-Ph. Lhernould, RJS 1/07, p. 22 (E)].

Art. R. 5221-1. Pour exercer une activité professionnelle ***(D. 2016-1456 du 28 oct. 2016, art. 20, JO 30, entrée en vigueur le 01.11.2016)*** «salariée» en France, les personnes suivantes ***(D. 2008-634 du 30 juin 2008, JO 1er juil.)*** «doivent détenir» une autorisation de travail et ***(D. 2016-1456 du 28 oct. 2016, art. 20, JO 30, entrée en vigueur le 01.11.2016)*** «, lorsqu'elles doivent le produire,» le certificat médical mentionné ***(D. 2020-1734 du 16 déc. 2020, art. 14, JO 30, entrée en vigueur le 01.05.2021)*** «à l'article R. 431-18» du code de l'entrée et du séjour des étrangers et du droit d'asile ***(D. 2008-634 du 30 juin 2008, JO 1er juil.)*** «qui leur est remis à l'issue de la visite médicale à laquelle elles se soumettent au plus tard trois mois après la délivrance de l'autorisation de travail»:

1° Étranger non ressortissant d'un État membre de l'Union européenne, d'un autre État partie à l'Espace économique européen ou de la Confédération suisse;

2° Étranger ressortissant d'un État membre de l'Union européenne pendant la période d'application des mesures transitoires relatives à la libre circulation des travailleurs.

Art. R. 5221-2. ***(D. 2016-1456 du 28 oct. 2016, art. 20, JO 30, entrée en vigueur le 01.11.2016)*** Sont dispensés de l'autorisation de travail prévue à l'article R. 5221-1:

1° Le salarié, détaché dans les conditions prévues aux articles L. 1262-1 et L. 1262-2 et travaillant de façon régulière et habituelle pour le compte d'un employeur établi sur le territoire d'un État membre de l'Union européenne, d'un autre État partie à l'accord sur l'Espace économique européen ou de la Confédération suisse;

2° Le salarié, ressortissant d'un État membre de l'Union européenne pendant la période d'application des mesures transitoires, dans les conditions prévues ***(D. 2020-1734 du 16 déc. 2020, art. 14, JO 30, entrée en vigueur le 01.05.2021)*** «à l'article L. 233-4» du code de l'entrée et du séjour des étrangers et du droit d'asile;

3° L'étranger, entré en France pour exercer une activité professionnelle salariée pour une durée inférieure ou égale à trois mois, dans les conditions prévues à l'article L. 5221-2-1;

(D. 2019-141 du 27 févr. 2019, art. 36, JO 28) «4° L'étudiant ayant été admis au séjour dans un autre État membre de l'Union européenne et séjournant en France, après notification de sa mobilité aux autorités administratives compétentes, pour effectuer une partie de ses études dans les conditions prévues à l'article ***(D. 2020-1734 du 16 déc. 2020, art. 14, JO 30, entrée en vigueur le 01.05.2021)*** « L. 422-4» du code de l'entrée et du séjour des étrangers et du droit d'asile et qui exerce une activité professionnelle à titre accessoire dans les conditions prévues à l'article R. 5221-26;

5° Le chercheur ayant été admis au séjour dans un autre État membre de l'Union européenne et séjournant en France, après notification de sa mobilité aux autorités administratives compétentes, pour mener une partie de ses travaux de recherche et, le cas échéant, dispenser un enseignement dans les conditions prévues à l'article ***(D. 2020-1734 du 16 déc. 2020, art. 14, JO 30, entrée en vigueur le 01.05.2021)*** « L. 421-15» du code de l'entrée et du séjour des étrangers et du droit d'asile. Cette dispense est également accordée au conjoint et aux enfants du couple admis au séjour dans les mêmes conditions que le chercheur en cas de mobilité de longue durée.»

Note

• **Travail régulier et habituel.** Depuis le 01.11.2016, l'exigence «d'un travail régulier et habituel» a remplacé celle «d'autorisation de travail» et la notion «d'emploi similaire à celui qu'il va occuper en France» a disparu (voir circ. min. INTV1631686J du 2 novembre 2016 relative au droit des étrangers en France, § 2-2).

• **Disparition des mesures transitoires.** Plus aucun État membre de l'Union Européenne n'est soumis à des mesures transitoires. La période transitoire applicable aux travailleurs roumains et bulgares a cessé depuis le 1er janvier 2014 (arrêté du 12 décembre 2013, JO 31) et celle applicable aux Croates le 1er juillet 2015 (voir FRS du 12 novembre 2016, n° 24, p. 16).

Art. D. 5221-2-1. ***(D. 2016-1461 du 28 oct. 2016, JO 30)*** En application de l'article L. 5221-2-1 du code du travail, n'est pas soumis à la condition prévue au 2° de l'article L. 5221-2 du même code l'étranger qui entre en France afin d'y exercer une activité salariée pour une durée inférieure ou égale à trois mois dans les domaines suivants:

1° Les manifestations sportives, culturelles, artistiques et scientifiques;

2° Les colloques, séminaires et salons professionnels;

3° La production et la diffusion cinématographiques, audiovisuelles, du spectacle et de l'édition phonographique, lorsqu'il est artiste du spectacle ou personnel technique attaché directement à la production ou à la réalisation;

4° Le mannequinat et la pose artistique;

5° Les services à la personne et les employés de maison pendant le séjour en France de leurs employeurs particuliers;

6° Les missions d'audit et d'expertise en informatique, gestion, finance, assurance, architecture et ingénierie, lorsqu'il est détaché en application des dispositions de l'article L. 1262-1 du code du travail;

7° Les activités d'enseignement dispensées, à titre occasionnel, par des professeurs invités.

Note Voir note sous l'article L. 5221-2 CT.

Art. R. 5221-3. ***(D. 2020-1734 du 16 déc. 2020, art. 14, JO 30, entrée en vigueur le 01.05.2021)*** L'autorisation de travail peut être constituée par l'un des documents suivants:

1° Une carte de résident prévue par le titre II du livre IV du code de l'entrée et du séjour des étrangers et du droit d'asile.

Elle permet l'exercice de toute activité professionnelle salariée;

2° La carte de séjour pluriannuelle portant la mention "passeport talent", "passeport talent - carte bleue européenne", "passeport talent - chercheur" ou "passeport talent - chercheur - programme de mobilité" délivrée en application des articles L. 421-9, L. 421-10, L. 421-11, L. 421-13, L. 421-14, L. 421 20 ou L. 421-21 du code de l'entrée et du séjour des étrangers et du droit d'asile ou le visa de long séjour valant titre de séjour mentionné au 10° de l'article R. 431-16 du même code.

Elle permet l'exercice de l'activité professionnelle salariée ayant justifié la délivrance du titre de séjour.

Lorsqu'elle est délivrée en application des articles L. 421-9, L. 421-10 ou L. 421-11, elle autorise à exercer toute activité salariée à l'issue de sa deuxième année de validité sous réserve du respect de ses conditions de délivrance.

Lorsqu'elle est délivrée en application de l'article L. 421-13, elle permet l'exercice d'une activité professionnelle salariée dans le cadre de la mission ayant justifié sa délivrance.

Lorsqu'elle est délivrée en application de l'article L. 421-14, elle permet l'exercice d'une activité salariée dans le cadre de la convention d'accueil ayant justifié sa délivrance;

Lorsqu'elle est délivrée en application de l'article L. 421-21, elle permet l'exercice de toute activité professionnelle salariée;

3° La carte de séjour pluriannuelle portant la mention "passeport-talent (famille)", délivrée en application des articles L. 421-22, L. 421-23 ou L. 422-13, du code de l'entrée et du séjour des étrangers et du droit d'asile ou le visa de long séjour valant titre de séjour correspondant mentionné au 10° de l'article R. 431-16 du même code.

Elle permet l'exercice de toute activité professionnelle salariée;

3° *bis* La carte de séjour temporaire portant la mention "stagiaire ICT (famille)" délivrée en application de l'article L. 421-32 du code de l'entrée et du séjour des étrangers et du droit d'asile.

Elle permet l'exercice de toute activité professionnelle salariée;

4° La carte de séjour pluriannuelle portant la mention "travailleur saisonnier", délivrée en application de l'article L. 421-34 du code de l'entrée et du séjour des étrangers et du droit d'asile, accompagné du contrat de travail visé.

Elle permet l'exercice d'une activité salariée dans les conditions prévues aux articles R. 5221-23, R. 5221-24 et R. 5221-25 du code du travail;

5° La carte de séjour pluriannuelle portant la mention "salarié détaché ICT", "salarié détaché mobile ICT", "salarié détaché ICT (famille)" ou "salarié détaché mobile ICT (famille)" délivrée en application des articles L. 421-26, L. 421-27, L. 421-28 ou L. 421-29 du code de l'entrée et du séjour des étrangers et du droit d'asile.

Lorsqu'elle est délivrée en application des articles L. 421-26 ou L. 421-27, elle permet l'exercice d'une activité professionnelle salariée dans le cadre du détachement ayant justifié sa délivrance.

Lorsqu'elle est délivrée en application des articles L. 421-28 ou L. 421-29 elle permet l'exercice de toute activité professionnelle salariée;

6° La carte de séjour pluriannuelle portant la mention "salarié", délivrée en application de l'article L. 421-1 du code de l'entrée et du séjour des étrangers et du droit d'asile.

Elle permet l'exercice de toute activité professionnelle salariée;

7° La carte de séjour temporaire ou pluriannuelle portant la mention "étudiant" ou "étudiant – programme de mobilité", délivrée en application du 3° de l'article L. 233-1 ou des articles L. 422-1, L. 422-2 ou L. 422-5 du code de l'entrée et du séjour des étrangers et du droit d'asile ainsi que le visa de long séjour valant titre de séjour mentionné au 13° de l'article R. 431-16 du même code.

Elle permet l'exercice de toute activité professionnelle salariée dans les conditions prévues aux articles R. 5221-26 et R. 5221-27 du code du travail;

8° La carte de séjour temporaire portant la mention "salarié", délivrée en application de l'article L. 421-1 du code de l'entrée et du séjour des étrangers et du droit d'asile ou le visa de long séjour valant titre de séjour mentionné au 7° de l'article R. 431-16 du même code, accompagné du contrat de travail visé.

Elle autorise à exercer une activité professionnelle salariée dans le respect des termes de l'autorisation de travail accordée.

À l'issue de la deuxième année de validité, elle autorise à exercer toute activité professionnelle salariée.

Lorsqu'elle a été délivrée dans les conditions prévues à l'article L. 426-11 du code de l'entrée et du séjour des étrangers et du droit d'asile, elle permet l'exercice de toute activité professionnelle salariée après un séjour de douze mois continus à compter de sa délivrance;

9° La carte de séjour temporaire portant la mention "travailleur temporaire", délivrée en application de l'article L. 421-3 du code de l'entrée et du séjour des étrangers et du droit d'asile ou le visa de long séjour valant titre de séjour mentionné au 8° de l'article R. 431-16 du même code, accompagné du contrat de travail visé.

Elle permet l'exercice de l'activité professionnelle salariée dans le respect des termes de l'autorisation de travail accordée;

10° La carte de séjour temporaire ou pluriannuelle portant la mention "vie privée et familiale", délivrée en application des articles L. 423-1, L. 423-7, L. 423-13, L. 423-14, L. 423-15, L. 423-21, L. 423-22, L. 423-23, L. 425-1, L. 425-6, L. 425-7, L. 425-9 ou L. 426-5 du code de l'entrée et du séjour des étrangers et du droit d'asile ou le visa de long séjour valant titre de séjour mentionné aux 6° et 15° de l'article R. 431-18 du même code.

Elle permet l'exercice de toute activité professionnelle salariée sous réserve des dispositions du deuxième alinéa de l'article L. 426-12 et du troisième alinéa de l'article L. 426-13 du même code;

11° L'attestation de première demande ou de demande de renouvellement d'un titre de séjour portant la mention "autorise son titulaire à travailler".

Elle permet l'exercice d'une activité professionnelle salariée;

12° La carte de séjour temporaire portant la mention "recherche d'emploi ou création d'entreprise" délivrée en application des articles L. 422-10 ou L. 422-14 du code de l'entrée et du séjour des étrangers et du droit d'asile.

Elle permet l'exercice de toute activité professionnelle salariée;

13° La carte de séjour délivrée au ressortissant d'un État membre de l'Union européenne soumis à des mesures transitoires par son traité d'adhésion ou au membre de sa famille portant la mention "Toutes activités professionnelles". Elle permet l'exercice d'une activité professionnelle salariée dans le respect des termes de l'autorisation de travail accordée.

Lorsqu'elle est délivrée sur le fondement du troisième alinéa de l'article R. 233-5 ou des articles R. 233-6, R. 234-1 ou R. 234-2 du code de l'entrée et du séjour des étrangers et du droit d'asile, elle permet l'exercice de toute activité professionnelle salariée;

14° L'autorisation provisoire de travail, d'une durée maximale de douze mois renouvelable, délivrée soit à l'étranger salarié qui, par la nature de son séjour ou de son activité, ne relève pas du champ d'application des autorisations de travail précitées, soit à l'étudiant qui, en raison de son cursus, dépasse la durée annuelle de travail prévue par les articles L. 422-1, L. 422-4 et L. 422-5 du code de l'entrée et du séjour des étrangers et du droit d'asile.

Elle permet l'exercice de l'activité professionnelle salariée dans le respect des termes de l'autorisation provisoire de travail accordée;

15° L'autorisation provisoire de séjour, délivrée en application de l'article L. 425-10 du code de l'entrée et du séjour des étrangers et du droit d'asile;

15° *bis* L'autorisation provisoire de séjour délivrée en application de l'article L. 425-4 du code de l'entrée et du séjour des étrangers et du droit d'asile.

Elle permet l'exercice de toute activité professionnelle salariée;

16° Le formulaire de demande d'autorisation de travail revêtu du visa accordée par le préfet, dans l'attente de la délivrance de la carte de séjour mentionnée au 8° ou 9° du présent article (salarié et travailleur temporaire).

Il permet l'exercice de l'activité professionnelle salariée dans le respect des termes de l'autorisation de travail accordée;

17° Le visa d'une durée supérieure à trois mois prévu au 4 de l'article R. 431-16 du code de l'entrée et du séjour des étrangers et du droit d'asile.

Il permet l'exercice de toute activité professionnelle salariée;

18° La carte de séjour portant la mention "Carte de séjour de membre de la famille d'un citoyen de l'Union/EEE/Suisse - toutes activités professionnelles" délivrée au salarié non ressortissant d'un État membre de l'Union européenne ou de l'un des États mentionnées à l'article L. 200-3 du code de l'entrée et du séjour des étrangers, en application de l'article R. 223-15.

Elle permet l'exercice de toute activité professionnelle salariée;

19° La carte de séjour pluriannuelle portant la mention "bénéficiaire de la protection subsidiaire" ou "membre de la famille d'un bénéficiaire de la protection subsidiaire", délivrée en application des articles L. 424-9 ou L. 424-11 du code de l'entrée et du séjour des étrangers et du droit d'asile.

Elle permet l'exercice de toute activité professionnelle salariée;

20° La carte de séjour pluriannuelle portant la mention "bénéficiaire du statut d'apatride" ou "membre de la famille d'un bénéficiaire du statut d'apatride", délivrée en application des articles L. 424-18 ou L. 424-19 du code de l'entrée et du séjour des étrangers et du droit d'asile.

Elle permet l'exercice de toute activité professionnelle salariée.

Note L'employeur qui sollicite une autorisation de travail relevant des 4°, 8°, 9° (à l'exception des cas de détachement), 13° et 14° de cet article doit produire, à l'appui de sa demande, outre le formulaire CERFA correspondant à la situation du ressortissant étranger, la liste des pièces prévues par l'arrêté du 28 octobre 2016 (JO 30).

Art. R. 5221-4. L'autorisation de travail permet à l'étranger d'exercer ***(D. 2016-1456 du 28 oct. 2016, art. 20, JO 30, entrée en vigueur le 01.11.2016)*** «une activité professionnelle salariée, dans les conditions prévues à l'article R. 5221-3», sous réserve de la justification des conditions d'exercice de cette activité lorsqu'elle est soumise à une réglementation particulière.

Art. R. 5221-6. ***(D. 2016-1456 du 28 oct. 2016, art. 20, JO 30, entrée en vigueur le 01.11.2016)*** Sous réserve des dispositions de l'article R. 5221-22, le contrat de travail conclu dans le cadre de dispositifs en faveur de l'emploi prévus au livre I de la cinquième partie ou dans le cadre de la formation professionnelle tout au long de la vie prévue à la sixième partie du présent code ne permet pas la délivrance de l'une des autorisations de travail mentionnées aux 2°, 4°, au deuxième alinéa du 5°, aux 8°, 9°, 13 et 14° de l'article R. 5221-3 du présent code et ne peuvent être conclus par les titulaires des documents de séjour mentionnés aux 7°, 15° et 17° de l'article R. 5221-3 du même code.

Art. R. 5221-7. ***(D. 2016-1456 du 28 oct. 2016, art. 20, JO 30, entrée en vigueur le 01.11.2016)*** Par dérogation à l'article R. 5221-6, peut conclure un contrat d'apprentissage ou de professionnalisation relevant de la formation professionnelle tout au long de la vie l'étudiant étranger, titulaire du document de séjour visé au 7° de l'article R. 5221-3 du présent code, à l'issue d'une première année de séjour.

Pour pouvoir exercer une activité salariée dont la durée excède le nombre d'heures prévu à l'article R. 5221-26 du présent code, une autorisation provisoire de travail prévue ***(D. 2018-1335 du 28 déc. 2018, art. 7, 2°, JO 30, entrée en vigueur le 01.01.2019)*** «au 14°» de l'article R. 5221-3 lui est délivrée de plein droit lorsqu'il a signé un tel contrat.

Note • **Accès aux contrats d'apprentissage et de professionnalisation.** Depuis le 01.11.2016, un étranger titulaire d'une carte de séjour «étudiant» peut avoir accès, à l'issue de la première année de séjour, au contrat d'apprentissage et de professionnalisation, et ce, sans condition de diplôme. Une autorisation de travail lui est, dans ce cas, délivrée de plein droit. Voir art. L. 5221-5 CT et circ. min. du 2 novembre 2016 relative au droit des étrangers en France (NOR: INTV1631686J), § 2-2.

Sur l'application de la dérogation aux mineurs étrangers, voir note sous article L. 5221-5.

• **2^{d} alinéa.** Le nombre d'heures a été fixé à 964 par an (décret 2016-1456 du 28 octobre 2016, JO 30). Voir art. R. 5221-26 CT.

Art. R. 5221-8. ***(D. 2016-1456 du 28 oct. 2016, art. 20, JO 30, entrée en vigueur le 01.11.2016)*** Sous réserve de l'article R. 5221-8-1, les autorisations de travail mentionnées aux 1°, 2°, 3°, 7°, 10° de l'article R. 5221-3 sont valables sur l'ensemble du territoire métropolitain.

Art. R. 5221-8-1. ***(D. 2011-1049 du 6 sept. 2011, JO 7)*** L'autorisation de travail mentionnée ***(D. 2016-1456 du 28 oct. 2016, art. 20, JO 30, entrée en vigueur le 01.11.2016)*** «au troisième alinéa du 2°, aux 13° et 18°» de l'article R. 5221-3 est valable sur l'ensemble du territoire métropolitain ainsi que dans les départements d'outre-mer.

Art. R. 5221-9. La validité des autorisations de travail mentionnées aux 6°, 7°, 8°, 9°, 11° et 13° de l'article R. 5221-3 est déterminée pour une, plusieurs ou toutes les zones géographiques du territoire métropolitain en fonction de la situation de l'emploi.

SECTION 2 (réglementaire). Procédure de demande

Art. R. 5221-11. La demande d'autorisation de travail relevant des ***(D. 2016-1456 du 28 oct. 2016, art. 21, JO 30, entrée en vigueur le 01.11.2016)*** «4°, 8°, 9°, 13° et 14°» de l'article R. 5221-3 est faite par l'employeur.

Elle peut également être présentée par une personne habilitée à cet effet par un mandat écrit de l'employeur.

Art. R. 5221-12. La liste des documents à présenter à l'appui d'une demande d'autorisation de travail est fixée par un arrêté conjoint des ministres chargés de l'immigration et du travail.

Note La liste des pièces à fournir à l'appui d'une demande d'autorisation de travail est fixée par l'arrêté du 28 octobre 2016 (JO 30).

Art. R. 5221-14. Peut faire l'objet de la demande prévue à l'article R. 5221-11 l'étranger résidant hors du territoire national ou, lorsque la détention d'un titre de séjour est obligatoire, l'étranger résidant en France sous couvert d'une carte de séjour, d'un récépissé de demande ou de renouvellement de carte de séjour ou d'une autorisation provisoire de séjour.

Art. R. 5221-15. Lorsque l'étranger est déjà présent sur le territoire national, la demande d'autorisation de travail mentionnée à l'article R. 5221-11 est adressée au préfet de son département de résidence.

Art. R. 5221-15-1. ***(D. 2018-335 du 4 mai 2018, art. 9, JO 6)*** Par dérogation à l'article R. 5221-15, le préfet du département des Bouches-du-Rhône est compétent pour prendre les décisions relatives aux demandes d'autorisation de travail relevant des 4°, 6°, 8°, 9°, 11°, 14° et 16° de l'article R. 5221-3 qui lui sont adressées par l'un des employeurs mentionnés ***(D. 2020-1734 du 16 déc. 2020, art. 14, JO 30, entrée en vigueur le 01.05.2021)*** «aux 1° à 3° de l'article R. 431-22» du code de l'entrée et du séjour des étrangers et du droit d'asile.

Note Cet article ne s'applique pas à Saint-Barthélemy et à Saint-Martin (décret 2018-335 précité, art. 10).

Art. R. 5221-16. Lorsque l'étranger ne réside pas sur le territoire national, la demande est adressée:

1° Lorsque l'employeur est établi en France, au préfet du département dans lequel se trouve l'établissement auquel l'étranger sera rattaché ou dans lequel se trouve le domicile du particulier qui se propose de l'embaucher;

2° Lorsque l'employeur est établi hors de France, soit au préfet du département où se trouve le cocontractant de l'employeur lorsque l'étranger est détaché dans le cadre du 1° de l'article L. 1262-1, soit au préfet du département de l'établissement d'accueil lorsque l'étranger est détaché dans le cadre soit du 2° de l'article L. 1262-1, soit de l'article L. 1262-2. Si l'étranger exerce un emploi itinérant, la demande est adressée au préfet du département de son premier lieu d'emploi. Dans les autres cas, la demande est adressée au préfet du département du lieu d'emploi.

Note Le 1er alinéa de cet article a été modifié par le décret 2008-634 du 30 juin 2008, JO 1er juil.

SECTION 3 (réglementaire). Délivrance des autorisations de travail

Art. R. 5221-17. La décision relative à la demande d'autorisation de travail mentionnée à l'article R. 5221-11 est prise par le préfet. Elle est notifiée à l'employeur ou au mandataire qui a présenté la demande, ainsi qu'à l'étranger.

Note Le silence gardé pendant deux mois par l'administration vaut décision de rejet pour les demandes d'autorisation de travail (décret 2014-1292 du 23 octobre 2014, JO 1er nov., applicable aux demandes présentées depuis le 12.11.2014).

Art. R. 5221-18. En cas d'accord, le préfet adresse les autorisations de travail portant sur des contrats d'une durée supérieure à trois mois ou sur des contrats de travail saisonniers à l' ***(D. 2009-331 du 25 mars 2009, JO 27)*** «Office français de l'immigration et de l'intégration».

Art. R. 5221-19. Les recours hiérarchiques dirigés contre les décisions mentionnées aux articles R. 5221-17, R. 5221-32 et suivants sont formés auprès du ministre chargé de l'immigration.

Note Cet article a été modifié par le décret 2016-1456 du 28 octobre 2016, art. 22, 1°, JO 30, entrée en vigueur le 01.11.2016.

Art. R. 5221-20. Pour accorder ou refuser l'une des autorisations de travail mentionnées à l'article R. 5221-11, le préfet prend en compte les éléments d'appréciation suivants:

1° La situation de l'emploi dans la profession et dans la zone géographique pour lesquelles la demande est formulée, compte tenu des spécificités requises pour le poste de travail considéré, et les recherches déjà accomplies par l'employeur auprès des ***(D. 2016-1456 du 28 oct. 2016, art. 22, 2°, JO 30, entrée en vigueur le 01.11.2016)*** «organismes concourant au service public de l'emploi» pour recruter un candidat déjà présent sur le marché du travail;

2° L'adéquation entre la qualification, l'expérience, les diplômes ou titres de l'étranger et les caractéristiques de l'emploi auquel il postule;

(D. 2016-1456 du 28 oct. 2016, art. 22, 3°, JO 30, entrée en vigueur le 01.11.2016) «Lorsque la demande concerne un étudiant ayant achevé son cursus sur le territoire français cet élément s'apprécie au regard des seules études suivies et seuls diplômes obtenus en France»;

3° Le respect par l'employeur ***(D. 2008-634 du 30 juin 2008, JO 1er juil.)*** «, l'utilisateur mentionné à l'article L. 1251-1» ou l'entreprise d'accueil de la législation relative au travail et à la protection sociale;

4° Le cas échéant, le respect par ***(D. 2008-634 du 30 juin 2008, JO 1er juil.)*** «l'employeur, l'utilisateur, l'entreprise d'accueil ou» le salarié des conditions réglementaires d'exercice de l'activité considérée;

5° Les conditions d'emploi et de rémunération offertes à l'étranger, qui sont comparables à celles des salariés occupant un emploi de même nature dans l'entreprise ou, à défaut, ***(D. 2016-1456 du 28 oct. 2016, art. 22, 4°, JO 30, entrée en vigueur le 01.11.2016)*** «conformes aux rémunérations pratiquées sur le marché du travail pour l'emploi sollicité»;

6° Le salaire proposé à l'étranger qui, même en cas d'emploi à temps partiel, est au moins équivalent à la rémunération minimale mensuelle mentionnée à l'article L. 3232-1;

7° Le cas échéant, lorsque l'étranger réside hors de France au moment de la demande et lorsque l'employeur ou l'entreprise d'accueil pourvoit à son hébergement, les dispositions prises par l'employeur pour assurer ou faire assurer, dans des conditions normales, le logement de l'étranger directement ou par une personne entrant dans le champ d'application de la loi n° 73-548 du 27 juin 1973 relative à l'hébergement collectif. Ces dispositions s'appliquent également lorsque l'étranger change d'employeur avant l'expiration du délai de six mois prévu à l'article R. 5221-23.

Note • **Conditions de délivrance des autorisations de travail.** Depuis le 1er novembre 2016, le critère d'adéquation «emploi/diplôme» doit être apprécié au regard des seules études suivies et seuls diplômes obtenus en France (voir circ. min. INTV1631686J du 2 novembre 2016 relative au droit des étrangers en France, § 2-2).

Par le passé, les études faites à l'étranger sans rapport avec celles suivies en France et /ou les emplois accessoires durant les études entraient dans le champ du critère d'adéquation (CE 13 janvier 2016, n° 386416; 18 mai 2016, n° 389115).

• **Contrôle du juge administratif.** Le juge administratif exerce le contrôle minimum sur les décisions administratives relatives aux titres de travail (CE 8 juillet 1988, n° 85194, Rec. Lebon, p. 278). N'est pas justifiée la décision qui se réfère au seul nombre des demandes d'emploi non satisfaites dans la profession sans mentionner la situation des offres d'emploi dans cette profession et dans la zone géographique (CE 12 février 1993, n° 127875, RJS 4/93 n° 444) ou qui ne prend pas en compte la spécificité de l'activité que l'intéressé entend exercer (relations avec la clientèle étrangère: CE 19 juin 1992, n°s 126380, 126401, RJS 10/92 n° 1171; connaissances techniques approfondies: CE 19 novembre 1993, n° 116939, RJS 2/94 n° 196; emploi de secrétariat insuffisamment identifié: CE 23 février 1994, n° 127874, RJS 4/94 n° 481; spécificités techniques et linguistiques: CE 31 mars 1995, n° 117845, RJS 6/95 n° 726). La décision administrative doit prendre en compte la situation de l'emploi à venir et non seulement la situation présente dans la profession (CE 10 juin 1992, n° 114830, RJS 10/92 n° 1172; 22 mars 1993, n° 108105, RJS 6/93 n° 677); l'ampleur de l'écart constaté entre les offres d'emploi et les demandes d'emploi dans la profession contient nécessairement une appréciation sur la situation à venir de l'emploi (CE 29 décembre 1993, n° 131789, RJS 4/94 n° 482). En faisant référence à la situation de l'emploi dans le département et non dans la seule localité où l'intéressé comptait exercer son activité, le préfet ne méconnaît pas les stipulations de l'accord franco-algérien (CE 12 juillet 1993, n° 117478, D. 1994 somm. 245).

• **Refus d'autorisation de travail.** Ne commet pas d'erreur de droit le directeur départemental du travail et de l'emploi qui refuse une autorisation provisoire de travail à un étranger en se fondant sur le motif que l'engagement de travail produit par l'intéressé était signé par un entrepreneur de travail temporaire et non par un employeur déterminé au sens des dispositions de l'article R. 341-7 [R. 5221-3] CT (CE 3 juillet 1992, n° 107223). Les étrangers bénéficiant d'une autorisation provisoire de travail ne peuvent être considérés, en principe, à l'expiration de leur contrat, comme autorisés à procéder à la recherche d'un nouvel emploi sur le marché du travail en France (CE 29 décembre 2000, n° 210231, RJS 5/01 n° 679).

Sur l'emploi d'un travailleur étranger sans autorisation caractérisant des conditions d'application de la réglementation insatisfaisantes qui justifient un refus de titre de travail, voir CE 19 décembre 1994, n° 116462, RJS 3/95 n° 314.

• **Contractuel de droit public.** Application du contrôle fondé sur la situation de l'emploi à l'exercice d'une activité salariée en qualité de contractuel de droit public, voir CE 6 octobre 1995, n° 115639, RJS 1/96 n° 80; note DPM/DM2-3 96-331 du 28 mai 1996 (BO TR 96/12, p. 57).

Art. R. 5221-21. ***(D. 2016-1456 du 28 oct. 2016, art. 22, 5°, JO 30, entrée en vigueur le 01.11.2016)*** Les éléments d'appréciation mentionnés au 1° de l'article R. 5221-20 ne sont pas opposables lorsque la demande d'autorisation de travail est présentée au bénéfice de:

1° L'étranger visé ***(D. 2020-1734 du 16 déc. 2020, art. 14, JO 30, entrée en vigueur le 01.05.2021)*** « au deuxième alinéa de l'article L. 233-4 » du code de l'entrée et du séjour des étrangers et du droit d'asile ou ***(D. 2020-1734 du 16 déc. 2020, art. 14, JO 30, entrée en vigueur le 01.05.2021)*** « au premier alinéa de l'article L. 421-4 » du même code lorsque l'emploi sollicité figure sur l'une des listes visées par ces dispositions;

(D. 2019-141 du 27 févr. 2019, art. 38, JO 28) « 2° L'étranger, titulaire d'une carte de séjour temporaire portant la mention "recherche d'emploi ou création d'entreprise" délivrée en application ***(D. 2020-1734 du 16 déc. 2020, art. 14, JO 30, entrée en vigueur le 01.05.2021)*** « des articles L. 422-10 ou L. 422-14 » du code de l'entrée et du séjour des étrangers et du droit d'asile et qui présente un contrat de travail en relation avec sa formation ou ses recherches et assorti d'une rémunération supérieure à un montant fixé par décret; »

3° L'étudiant visé ***(D. 2020-1734 du 16 déc. 2020, art. 14, JO 30, entrée en vigueur le 01.05.2021)*** « au second alinéa de l'article L. 421-4 » du code de l'entrée et du séjour des étrangers et du droit d'asile qui, titulaire d'un diplôme obtenu dans l'année, justifie d'un contrat de travail en relation avec sa formation et assorti d'une ***(D. 2019-141 du 27 févr. 2019, art. 38, JO 28)*** « rémunération supérieure à un montant fixé par décret »;

4° Le mineur étranger, pris en charge par l'aide sociale à l'enfance, lorsqu'il remplit les conditions de l'article R. 5221-22 du code du travail.

Note • **Situation de l'emploi non opposable.** Cet article regroupe l'ensemble des cas dans lesquels la situation de l'emploi n'est pas opposable (circ. min. du 2 novembre 2016 relative au droit des étrangers en France, NOR: INTV1631686J, § 2-1).

• **Étudiants.** La non-opposabilité de l'emploi pour les étudiants demeure subordonnée au respect d'un seuil de rémunération conforme au niveau d'études et à la condition de trouver un emploi en lien avec les études suivies (circ. min. du 2 novembre 2016 relative au droit des étrangers en France, NOR: INTV1631686J, § 1.2.1).

Art. D. 5221-21-1. ***(D. 2016-1463 du 28 oct. 2016, JO 30, entrée en vigueur le 01.11.2016)*** Le seuil de rémunération ***(D. 2019-151 du 28 févr. 2019, JO 1er mars)*** « mentionné aux 2° et 3° de l'article R. 5221-21 et ***(D. 2020-1734 du 16 déc. 2020, art. 14, JO 30, entrée en vigueur le 01.05.2021)*** « à l'article L. 422-11 » et ***(D. 2020-1734 du 16 déc. 2020, art. 14, JO 30, entrée en vigueur le 01.05.2021)*** « au second alinéa de l'article L. 421-4» du code de l'entrée et du séjour des étrangers et du droit d'asile est fixé à une fois et demie le montant de la rémunération minimale mensuelle.

Art. R. 5221-22. Lorsque l'autorisation de travail est demandée en vue de la conclusion d'un contrat d'apprentissage ou d'un contrat de professionnalisation, la situation de l'emploi ne peut être opposée à la demande d'un étranger qui a été pris en charge par le service de l'aide sociale à l'enfance mentionné à l'article L. 221-1 du code de l'action sociale et des familles avant qu'il ait atteint l'âge de seize ans et qui l'est toujours au moment où il présente sa demande.

(D. 2011-1049 du 6 sept. 2011, JO 7) «La situation de l'emploi ne peut être opposée lorsque l'autorisation de travail est demandée par un étranger confié à l'aide sociale à l'enfance entre l'âge de seize ans et l'âge de dix-huit ans, dès lors qu'il satisfait les conditions fixées à l'article ***(D. 2020-1734 du 16 déc. 2020, art. 14, JO 30, entrée en vigueur le 01.05.2021)*** « L. 435-3» du code de l'entrée et du séjour des étrangers et du droit d'asile pour obtenir ***(D. 2020-1734 du 16 déc. 2020, art. 14, JO 30, entrée en vigueur le 01.05.2021)*** «une carte de séjour temporaire portant la mention "salarié" ou "travailleur temporaire"».»

SECTION 4 (réglementaire). Travailleurs saisonniers, étudiants, salariés en mission et travailleurs hautement qualifiés

Sous-section 1. Travailleurs saisonniers

Art. R. 5221-23. Un étranger peut occuper un ou plusieurs emplois saisonniers dont la durée cumulée ne peut excéder six mois par an.

Art. R. 5221-24. L'étranger justifiant d'un contrat de travail d'une durée d'au moins trois mois obtient, sous réserve du respect des conditions mentionnées aux articles R. 5221-20 et R. 5221-21, l'autorisation de travail correspondant au premier emploi saisonnier et prenant la forme d'une carte de séjour ***(D. 2016-1456 du 28 oct. 2016, art. 23, 1°, JO 30, entrée en vigueur le 01.11.2016)*** «pluriannuelle» portant la mention «travailleur saisonnier».

Note • **Administration.** Voir circ. min. du 2 novembre 2016 relative au droit des étrangers en France (NOR: INTV1631686J), § 1.3.2.5; FRS n° 24 du 12 novembre 2016, p. 15.

• **Covid-19.** Pour faire face à l'épidémie de Covid-19, des mesures de contrôle aux frontières ont été mises en place. Les travailleurs saisonniers agricoles ont la possibilité de continuer à entrer sur le territoire français, mais dans des conditions particulières (instruction du Premier Ministre du 20 mai 2020 relative aux travailleurs saisonniers, NOR: PRMX2012805C). Voir LSQ n° 18074 du 05.06.2020.

Art. R. 5221-25. Le contrat de travail saisonnier de l'étranger est visé, avant son entrée en France, par le préfet territorialement compétent selon les critères mentionnés à l'article R. 5221-16 et sous réserve des conditions d'appréciation mentionnées aux articles R. 5221-20 et R. 5221-21.

(D. 2008-634 du 30 juin 2008, JO 1er juil.) «La procédure de visa par le préfet s'applique également lors du renouvellement de ce contrat et lors de la conclusion d'un nouveau contrat de travail saisonnier en France.»

Sous-section 2. Étudiants

Art. R. 5221-26. L'étranger titulaire du titre de séjour ***(D. 2009-477 du 27 avril 2009, JO 29, entrée en vigueur le 01.06.2009)*** «ou du visa pour un séjour d'une durée supérieure à trois mois mentionné au ***(D. 2016-1456 du 28 oct. 2016, art. 23, 2°, JO 30, entrée en vigueur le 01.11.2016)*** «7°» de l'article R. 5221-3» portant la mention «étudiant» est autorisé à exercer une activité salariée, à titre accessoire, dans la limite d'une durée annuelle de travail égale à 964 heures.

(D. 2019-141 du 27 févr. 2019, art. 39, JO 28) «Il en est de même pour l'étudiant ayant été admis au séjour dans un autre État membre de l'Union européenne et séjournant en France, après notification de sa mobilité aux autorités administratives compétentes, pour effectuer une partie de ses études dans les conditions prévues à l'article L. 313-7.»

Art. R. 5221-27. La déclaration nominative préalable prévue à l'article L. 5221-9 est adressée par l'employeur au préfet qui a accordé à l'étranger le titre de séjour mentionné à l'article R. 5221-26 ***(D. 2009-477 du 27 avril 2009, JO 29, entrée en vigueur le 01.06.2009)*** «ou, s'agissant d'un étranger titulaire d'un visa pour un séjour d'une durée supérieure à trois mois mentionné au ***(D. 2016-1456 du 28 oct. 2016, art. 23, 2°, JO 30, entrée en vigueur le 01.11.2016)*** «7°» de l'article R. 5221-3, au préfet du département du lieu de résidence de l'étranger», au moins deux jours ouvrables avant la date d'effet de l'embauche. Cette formalité est accomplie soit par lettre datée, signée et recommandée avec avis de réception, soit par courrier électronique.

Art. R. 5221-28. La déclaration nominative comporte la transmission d'une copie du titre produit par l'étranger ou, à la demande du préfet, le document original.

La déclaration comporte également les indications suivantes:

1° La dénomination sociale ou les nom et prénoms de l'employeur, l'adresse de l'employeur, le numéro du système d'identification du répertoire des entreprises et de leurs établissements ou, à défaut, le numéro sous lequel les cotisations de sécurité sociale sont versées;

2° Les nom de famille, prénoms, nationalité, date et lieu de naissance du salarié ;

3° Le numéro du titre de séjour de l'étranger ***(D. 2009-477 du 27 avril 2009, JO 29, entrée en vigueur le 01.06.2009)*** « ou le numéro du visa pour un séjour d'une durée supérieure à trois mois mentionné au ***(D. 2016-1456 du 28 oct. 2016, art. 23, 2°, JO 30, entrée en vigueur le 01.11.2016)*** « 7° » de l'article R. 5221-3 » ;

4° La nature de l'emploi, la durée du contrat et le nombre d'heures de travail annuel ;

5° La date prévue d'embauche.

SECTION 5 (réglementaire). Renouvellement de l'autorisation de travail

Sous-section 1. Procédure de renouvellement

Art. R. 5221-32. Le renouvellement d'une autorisation de travail mentionnée à l'article R. 5221-11 est sollicité dans le courant des deux mois précédant son expiration.

La demande de renouvellement est accompagnée de documents dont la liste est fixée par arrêté conjoint des ministres chargés de l'immigration et du travail.

L'autorisation de travail est renouvelée dans la limite de la durée du contrat de travail restant à courir ou de la mission restant à accomplir en France.

Note La liste des pièces à fournir à l'appui d'une demande de renouvellement d'une autorisation de travail est fixée par l'arrêté du 28 octobre 2016 (JO 30).

Art. R. 5221-33. Par dérogation à l'article R. 5221-32, la validité ***(D. 2016-1456 du 28 oct. 2016, art. 23, 5°, JO 30, entrée en vigueur le 01.11.2016)*** « de l'autorisation de travail mentionnée au 8° » de l'article R. 5221-3 est prorogée d'un an lorsque l'étranger se trouve involontairement privé d'emploi à la date de la première demande de renouvellement.

Si, au terme de cette période de prorogation, l'étranger est toujours privé d'emploi, il est statué sur sa demande compte tenu de ses droits au regard du régime d'indemnisation des travailleurs involontairement privés d'emploi.

Art. R. 5221-34. Le renouvellement d'une des autorisations de travail mentionnées aux articles R. 5221-32 et R. 5221-33 peut être refusé en cas de non-respect des termes de l'autorisation par l'étranger ou en cas de non respect par l'employeur :

1° De la législation relative au travail ou à la protection sociale ;

2° Des conditions d'emploi, de rémunération ou de logement fixées par cette autorisation.

Art. R. 5221-35. Les critères mentionnés à l'article R. 5221-20 sont également opposables lors du premier renouvellement de l'une de ces autorisations de travail lorsque l'étranger demande à occuper un emploi dans un métier ou une zone géographique différents de ceux qui étaient mentionnés sur l'autorisation de travail initiale.

Art. R. 5221-36. Le premier renouvellement peut également être refusé lorsque le contrat de travail a été rompu dans les douze mois suivant l'embauche sauf en cas de privation involontaire d'emploi.

Sous-section 2. Taxe

Note Les articles D. 5221-37 à 40 qui figuraient dans cette sous-section ont été abrogés par le décret 2009-2 du 2 janvier 2009, JO 4.

SECTION 6 (réglementaire). Contrôle des autorisations de travail

Art. R. 5221-41. Pour s'assurer de l'existence de l'autorisation de travail d'un étranger qu'il se propose d'embaucher, en application de l'article L. 5221-8, l'employeur adresse au préfet du département du lieu d'embauche ou, à Paris, au préfet de police une lettre datée, signée et recommandée avec avis de réception ou un courrier électronique, comportant la transmission d'une copie du document produit par l'étranger. À la demande du préfet, il peut être exigé la production par l'étranger du document original.

Art. R. 5221-42. La demande de l'employeur est adressée au préfet au moins deux jours ouvrables avant la date d'effet de l'embauche.

Le préfet notifie sa réponse à l'employeur par courrier, télécopie ou courrier électronique dans un délai de deux jours ouvrables à compter de la réception de la demande. À défaut de réponse dans ce délai, l'obligation de l'employeur de s'assurer de l'existence de l'autorisation de travail est réputée accomplie.

Art. R. 5221-43. Les dispositions des articles R. 5221-41 et R. 5221-42 s'appliquent lorsque l'autorisation de travail produite par l'étranger est matérialisée par l'un des documents mentionnés à l'article R. 5221-3.

Elles ne s'appliquent pas lorsque l'étranger produit à l'employeur un justificatif d'inscription sur la liste des demandeurs d'emploi délivré par ***(D. 2014-524 du 22 mai 2014, art. 16, JO 24)*** « Pôle emploi» ou lorsqu'il se trouve dans le cas prévu au ***(D. 2016-1456 du 28 oct. 2016, art. 24, 1°, JO 30, entrée en vigueur le 01.11.2016)*** «2°» de l'article R. 5221-2.

Art. R. 5221-44. Lorsqu'une entreprise de travail temporaire s'est assurée de l'existence de l'autorisation de travail dans les conditions prévues à l'article R. 5221-41, cette formalité est réputée remplie pour la durée de validité du titre de séjour et pour tout contrat de mission, conclu entre l'étranger et cette entreprise de travail temporaire.

Art. R. 5221-45. La déclaration de l'employeur accomplie en application de l'article R. 5221-27 pour l'embauche d'un étranger titulaire de la carte de séjour temporaire ***(D. 2009-477 du 27 avril 2009, JO 29, entrée en vigueur le 01.06.2009)*** «ou du visa pour un séjour d'une durée supérieure à trois mois mentionné au ***(D. 2016-1456 du 28 oct. 2016, art. 24, 2°, JO 30, entrée en vigueur le 01.11.2016)*** «7°» de l'article R. 5221-3,» portant la mention «étudiant» vaut accomplissement de la vérification de l'existence des autorisations de travail, à défaut de réponse du préfet dans un délai de deux jours ouvrables à compter de la réception de cette déclaration.

Art. R. 5221-46. L'autorisation de travail est présentée sans délai à toute demande des autorités mentionnées à l'article L. 8271-17.

SECTION 7 (réglementaire). **Inscription sur la liste des demandeurs d'emploi**

Art. R. 5221-47. Pour demander son inscription sur la liste des demandeurs d'emploi, le travailleur étranger doit satisfaire aux conditions d'inscription prévues par la section 1 du chapitre premier du titre premier du livre IV, et notamment à celles mentionnées ***(D. 2015-1264 du 9 oct. 2015, JO 14)*** «aux articles R. 5411-2 et R. 5411-3» et au 5° de l'article R. 5411-6 relatives à la justification de la régularité de sa situation au regard des dispositions qui réglementent l'exercice d'activités professionnelles par les étrangers.

Art. R. 5221-48. ***(D. 2020-1734 du 16 déc. 2020, art. 14, JO 30, entrée en vigueur le 01.05.2021)*** Pour être inscrit, le travailleur étranger doit être titulaire de l'un des titres de séjour suivants:

1° La carte de résident délivrée en application des articles L. 421-12, L. 421-25, L. 423-6, L. 423-10, L. 423-11, L. 423-12, L. 423-16, L. 424-1, L. 424-3, L. 424-5, L. 424-13, L. 424-14, L. 424-21, L. 425-3, L. 425-6, L. 425-7, L. 426-1, L. 426-2, L. 426-3, L. 426-4, L. 426-6, L. 426-7, L. 426-10 ou L. 426-17 du code de l'entrée et du séjour des étrangers et du droit d'asile;

2° La carte de séjour pluriannuelle portant la mention "salarié" mentionnée au 6° de l'article R. 5221-3 du code du travail;

3° La carte de séjour pluriannuelle portant la mention "passeport talent", "passeport talent - carte bleue européenne", "passeport talent - chercheur", "passeport talent - chercheur - programme de mobilité" ou "passeport talent (famille)" délivrée en application des articles L. 421-9, L. 421-10, L. 421-11, L. 421-14, L. 421-20, L. 421-22, L. 421-23 ou L. 422-12 du code de l'entrée et du séjour des étrangers et du droit d'asile, ainsi que le visa de long séjour valant titre de séjour correspondant à ces motifs de séjour;

4° La carte de séjour temporaire portant la mention "salarié" mentionnée au 8° et au 13° de l'article R. 5221-3 du code du travail;

5° L'un des documents mentionnés au 9° ou l'autorisation provisoire de travail mentionnée au 14° de l'article R. 5221-3, lorsque le contrat de travail, conclu avec un employeur établi en France, a été rompu avant son terme, du fait de l'employeur, pour un motif qui lui est imputable ou pour un cas de force majeure;

6° La carte de séjour temporaire ou pluriannuelle portant la mention "vie privée et familiale", délivrée en application de l'article L. 423-1, L. 423-7, L. 423-13, L. 423-14, L. 423-15, L. 423-21, L. 423-22, L. 423-23, L. 425-1, L. 425-9 ou L. 426-5 du code de l'entrée et du séjour des étrangers et du droit d'asile ou le visa de long séjour valant titre de séjour mentionné aux 6° et 15° de l'article R. 431-16 du même code;

7° Le récépissé mentionné au 11° de l'article R. 5221-3 du présent code;

8° Les visas de long séjour valant titre de séjour mentionnés aux 8°, 10° et 12° de l'article R. 5221-3;

9° L'autorisation provisoire de séjour délivrée en application de l'article L. 425-4 du code de l'entrée et du séjour des étrangers et du droit d'asile;

10° La carte de séjour temporaire portant la mention "recherche d'emploi ou création d'entreprise" mentionnée aux articles L. 422-10 ou L. 422-14 du code de l'entrée et du séjour des étrangers et du droit d'asile;

11° La carte de séjour pluriannuelle portant la mention "bénéficiaire de la protection subsidiaire" ou "membre de la famille d'un bénéficiaire de la protection subsidiaire", mentionnée aux articles L. 424-9 ou L. 424-11 du code de l'entrée et du séjour des étrangers et du droit d'asile;

12° La carte de séjour pluriannuelle portant la mention "bénéficiaire du statut d'apatride" ou "membre de la famille d'un bénéficiaire du statut d'apatride", mentionnée aux articles L. 424-18 ou L. 424-19 du code de l'entrée et du séjour des étrangers et du droit d'asile.

CHAPITRE II Interdictions

Art. L. 5222-1. Il est interdit, sous réserve des dispositions de l'article L. 7121-18 de se faire remettre ou tenter de se faire remettre, de manière occasionnelle ou renouvelée, des fonds, des valeurs ou des biens mobiliers en vue ou à l'occasion de l'introduction en France d'un travailleur étranger ou de son embauche.

Art. L. 5222-2. Il est interdit à tout employeur de se faire rembourser la redevance forfaitaire qu'il a versée à l' ***(D. 2009-331 du 25 mars 2009, JO 27)*** «Office français de l'immigration et de l'intégration» ou les frais de voyage qu'il a réglés pour la venue d'un travailleur étranger en France ainsi que d'opérer sur le salaire de celui-ci des retenues, sous quelque dénomination que ce soit, à l'occasion de son embauche.

Note Le travailleur étranger ne peut faire l'objet d'aucune retenue sur son salaire: loyer représenté par la mise à disposition d'un appartement (cass. soc. 17 juillet 2001, n° 98-43.981, BC V n° 275; RJS 11/01 n° 1370).

CHAPITRE III Office français de l'immigration et de l'intégration

Note Les articles L. 5223-1 à 6 et R. 5223-1 à 39 qui figuraient dans ce chapitre ont été abrogés par l'ordonnance 2020-1733 du 16 décembre 2020, art. 16, JO 30, entrée en vigueur le 01.05.2021, et le décret 2020-1734 du 16 décembre 2020, art. 14, JO 30, entrée en vigueur le 01.05.2021.

CHAPITRE IV Dispositions pénales

Art. L. 5224-1. Le fait de méconnaître les dispositions de l'article L. 5221-4 est puni d'une amende de 3000 €.

La juridiction peut également prononcer à titre de peines complémentaires:

1° L'interdiction d'exercer l'activité d'entrepreneur de travail temporaire pour une durée de dix ans au plus;

2° L'affichage du jugement aux frais de la personne condamnée dans les conditions prévues à l'article 131-35 du code pénal et son insertion, intégrale ou par extraits, dans les journaux qu'elle désigne. Ces frais ne peuvent excéder le montant maximum de l'amende encourue.

Art. L. 5224-2. Le fait de méconnaître les dispositions de l'article L. 5222-1 est puni d'un emprisonnement de trois ans et d'une amende de 45000 €.

La juridiction peut également prononcer à titre de peines complémentaires:

1° L'interdiction, pour une durée de cinq ans au plus, d'exercer directement ou par personne interposée l'activité professionnelle dans l'exercice ou à l'occasion de l'exercice de laquelle l'infraction a été commise, selon les modalités prévues par l'article 131-27 du code pénal;

2° L'exclusion des marchés publics pour une durée de cinq ans au plus;

3° La confiscation des objets ayant servi, directement ou indirectement, à commettre l'infraction ou qui ont été utilisés à cette occasion, à quelque personne qu'ils appartiennent dès lors que leur propriétaire ne pouvait en ignorer l'utilisation frauduleuse, ainsi que des objets qui sont le produit de l'infraction et qui appartiennent au condamné;

4° L'affichage du jugement aux frais de la personne condamnée dans les conditions prévues à l'article 131-35 du code pénal et son insertion, intégrale ou par extraits, dans les journaux qu'elle désigne. Ces frais ne peuvent excéder le montant maximum de l'amende encourue;

5° L'interdiction, suivant les modalités prévues par l'article 131-26 du code pénal, des droits civiques, civils et de la famille;

6° L'interdiction de séjour pour une durée de cinq ans au plus.

Art. L. 5224-3. L'interdiction du territoire français peut être prononcée, dans les conditions prévues par les articles 131-30 à 131-30-2 du code pénal, pour une durée de dix ans au plus ou à titre définitif à l'encontre de tout étranger coupable des infractions définies à l'article L. 5224-2.

Art. L. 5224-4. Le fait de méconnaître les dispositions de l'article L. 5222-2 est puni d'un emprisonnement de deux ans et d'une amende de 3000 €.

Art. L. 5311-1

La juridiction peut également ordonner, à titre de peine complémentaire, l'affichage du jugement aux frais de la personne condamnée dans les conditions prévues à l'article 131-35 du code pénal et son insertion, intégrale ou par extraits, dans les journaux qu'elle désigne. Ces frais ne peuvent excéder le montant maximum de l'amende encourue.

Art. R. 5224-1. Le fait de ne pas s'assurer de l'existence de l'autorisation de travail ou de ne pas accomplir une déclaration nominative de l'étranger, en méconnaissance des dispositions des articles L. 5221-8 et L. 5221-9, est puni de l'amende prévue pour les contraventions de la 5e classe.

La récidive de la contravention prévue au présent article est réprimée conformément aux articles 132-11 et 132-15 du code pénal.

LIVRE III

SERVICE PUBLIC DE L'EMPLOI ET PLACEMENT

TITRE Ier LE SERVICE PUBLIC DE L'EMPLOI

Note Voir M. Véricel, «La loi du 13 février 2008 et la nouvelle réforme de l'organisation du service de l'emploi», Dr. Soc. 2008, p. 406; Y. Rousseau: «Réflexions comparées sur la réforme de l'APEC et de l'AFPA, et sur le financement du Pôle emploi par l'Unédic», Dr. Soc. 2011, p. 437; M. Véricel: «Recréer un véritable service public de l'emploi pour une action efficace en matière d'insertion professionnelle, Dr. Soc. 2013, p. 1031.

Voir également accord national interprofessionnel du 11 janvier 2008 relatif à la modernisation du marché du travail (LSQ n° 22 du 28.01.2008; Ch. Willmann, «Emploi-chômage: une modernisation du marché du travail prometteuse, mais inaboutie», Dr. Soc. 2008, p. 335; Ch. Willmann, «L'autonomie des partenaires sociaux en débat: Pôle emploi et la convention d'assurance chômage du 19 février 2009», Dr. Soc. 2009, p. 830).

CHAPITRE Ier Missions et composantes du service public de l'emploi

Art. L. 5311-1. ***(L. 2008-126 du 13 févr. 2008, art. 16, JO 14)*** Le service public de l'emploi a pour mission l'accueil, l'orientation, la formation et l'insertion; il comprend le placement, le versement d'un revenu de remplacement, l'accompagnement des demandeurs d'emploi et l'aide à la sécurisation des parcours professionnels de tous les salariés.

Art. L. 5311-2. Le service public de l'emploi est assuré par:

1° Les services de l'État chargés de l'emploi et de l'égalité professionnelle;

(L. 2008-126 du 13 févr. 2008, art. 16, JO 14) «2° L'institution publique mentionnée à l'article L. 5312-1;»

3° ***(Ord. 2016-1519 du 10 nov. 2016, art. 7, JO 11, entrée en vigueur au plus tard le 01.01.2017)*** «L'établissement mentionné à l'article L. 5315-1 du code du travail».

Il est également assuré par ***(L. 2008-126 du 13 févr. 2008, art. 16, JO 14)*** «l'organisme gestionnaire du régime d'assurance chômage mentionné à l'article L. 5427-1 dans le cadre des dispositions légales qui lui» sont propres.

Note Voir instruction du Gouvernement (NOR ETSD1417006J) du 15 juillet 2014 relative à l'organisation et au rôle du service public de l'emploi (SPE) dans les territoires; elle précise le rôle et l'organisation du SPE et les articulations entre ses différents niveaux.

L'institution publique mentionnée à l'article L. 5312-1 est Pôle emploi.

L'établissement mentionné à l'article L. 5315-1 est l'Agence nationale pour la formation professionnelle des adultes (AFPA).

Art. L. 5311-3. ***(L. 2015-991 du 7 août 2015, art. 6, I, 1°, JO 8)*** La région participe à la coordination des acteurs du service public de l'emploi sur son territoire, dans les conditions prévues aux articles L. 6123-3 et L. 6123-4.

Les départements, les communes et leurs groupements peuvent concourir au service public de l'emploi, dans les conditions prévues aux articles L. 5322-1 à L. 5322-4.

Note Voir instruction (NOR ETSD162537J DGEFP/DAT/2016/275) du 14 octobre 2016 relative à la mise en œuvre des dispositions des articles 6 et 7 de la loi portant Nouvelle Organisation Territoriale de la République (NOTRe) du 7 août 2015 et de la plate-forme État-Régions signée le 30 mars 2016.

Art. L. 5311-3-1. ***(L. 2015-991 du 7 août 2015, art. 7, I, JO 8)*** L'État peut déléguer à la région, dans les conditions prévues à l'article L. 1111-8-1 du code général des collectivités territoriales et après avis du comité régional de l'emploi, de la formation et de l'orientation professionnelles, la mission de veiller à la complémentarité et de coordonner l'action des différents intervenants, notamment les missions locales, les plans locaux pluriannuels pour l'insertion et l'emploi, Cap emploi et les maisons de l'emploi, ainsi que de mettre en œuvre la gestion prévisionnelle territoriale des emplois et des compétences, sans préjudice des prérogatives de l'institution mentionnée à l'article L. 5312-1 du présent code. La région évalue le taux d'insertion dans l'emploi.

La convention de délégation signée entre les présidents des régions délégataires et le représentant de l'État précise les objectifs et les conditions d'exercice et de suivi de la délégation, notamment les conditions de transfert par l'État aux régions délégataires des crédits affectés hors dispositifs nationaux des politiques de l'emploi.

Note Voir instruction DGEFP/DAT/2016/275 du 14 octobre 2016 relative à la mise en œuvre des dispositions des articles 6 et 7 de la loi portant Nouvelle Organisation Territoriale de la République (NOTRe) du 7 août 2015 et de la plate-forme État-Régions signée le 30 mars 2016 (NOR ETSD162537J); elle comporte quatre annexes relatives:
– à la stratégie coordonnée en matière d'emploi, d'orientation et de formation professionnelles entre l'État et la Région (SCEOFP);
– à la commission «emploi» du comité régional de l'emploi, de la formation et de l'orientation professionnelles (CREFOP);
– aux procédures et modalités de la délégation de compétences;
– au fonds social européen.

Art. L. 5311-4. Peuvent également participer au service public de l'emploi:

1° Les organismes publics ou privés dont l'objet consiste en la fourniture de services relatifs au placement, à l'insertion, à la formation et à l'accompagnement des demandeurs d'emploi;

(L. 2011-901 du 28 juil. 2011, art. 12, JO 30) «1° *bis* Les organismes de placement spécialisés dans l'insertion professionnelle des personnes handicapées, avec avis consultatif;»

2° Les organismes liés à l'État par une convention mentionnée à l'article L. 5132-2, relative à l'insertion par l'activité économique de personnes rencontrant des difficultés sociales et professionnelles particulières;

3° Les entreprises de travail temporaire.

Note Sur la protection contre les accidents du travail et les maladies professionnelles des personnes bénéficiant d'actions d'aide à la création d'entreprise, d'orientation, d'évaluation ou d'accompagnement dans la recherche d'emploi, dispensées ou prescrites par Pôle emploi, les missions locales pour l'insertion professionnelle et sociale des jeunes, les organismes de placement spécialisés dans l'insertion professionnelle des personnes handicapées ou les structures ayant conclu une convention avec les acteurs du service public de l'emploi, voir article L. 412-8, 11° et D. 412-91 et s. c. séc. soc.

Art. L. 5311-6. Des décrets en Conseil d'État déterminent les conditions d'application du présent chapitre, notamment les modalités de coordination des actions des services de l'État, de l' ***(L. 2008-126 du 13 févr. 2008, art. 16, JO 14)*** «institution mentionnée à l'article L. 5312-1» et de l' ***(L. 2008-126 du 13 févr. 2008, art. 16, JO 14)*** «organisme gestionnaire du régime d'assurance chômage» en l'absence de la convention pluriannuelle prévue à l'article L. 5311-5.

CHAPITRE II Placement et accompagnement des demandeurs d'emploi

Note • Ce chapitre a été introduit par la loi 2008-126 du 13 février 2008, art. 16, JO 14.

• Pôle emploi [institution mentionnée à l'article L. 5312-1] est assujetti au décret 2001-601 du 9 juillet 2001 pris pour l'application de la loi 95-115 du 4 février 1995 d'orientation pour l'aménagement et le développement du territoire et relatif au plan global et intercommunal d'organisation de certains services publics, modifiée (JO 10). Voir également loi 2005-157 du 23 février 2005 relative au développement des territoires ruraux, art. 106 (JO 24).

• Voir «Le service public de l'emploi et le droit de la concurrence», D. Soldini, Dr. Soc. 2006, p. 599; M. Véricel: «Après la loi du 23 juillet 2010: la libéralisation totale du marché du placement des demandeurs d'emploi», Dr. Soc. 2010, p. 1176. Voir également «Le droit à l'accompagnement», Fr. Petit, Dr. Soc. 2008, p. 413; «Peut-on dire du droit à l'accompagnement qu'il est un droit subjectif ?», Fr. Petit, JCP éd. S 2014, 1249.

• Sur les aides à la recherche d'emploi, à la reprise d'un emploi, à la mobilité, à la garde des enfants, au développement des compétences pour les personnes en situation de recherche d'emploi, voir délibération PE 2008-04 du 19 décembre 2008 du conseil d'administration de Pôle emploi (BO PE 2008-1 du 19 décembre 2008) fixant la nature et les conditions d'attributions des aides et mesures accordées par Pôle emploi, actualisées sur *www.pole-emploi.fr* et *www.bo-pole-emploi.org* (bulletin officiel de Pôle emploi). Sur l'accompagnement renforcé des demandeurs d'emploi de très longue durée, voir instr. DGEFP/DGPE 2012-03 du 10 février 2012, LS Bref n° 16048 du 24.02.2012. Sur la mobilisation des dépenses d'intervention pour la mise en place de dispositifs locaux en faveur des demandeurs d'emploi, voir délibération PE 2015-44 du 16 septembre 2015 du conseil d'administration de Pôle emploi (BO PE 2015-81 du 23 septembre 2015). Sur la rémunération des formations Pôle emploi, voir délibération PE 2020-44 du 7 juillet 2020 (BO PE 2020-56 du 10 juillet 2020).

Art. L. 5312-1. ***(L. 2014-288 du 5 mars 2014, art. 20, I, 16°, JO 6)*** «Pôle emploi est» une institution nationale publique dotée de la personnalité morale et de l'autonomie financière ***(L. 2014-288 du 5 mars 2014, art. 20, I, 16°, JO 6)*** «qui» a pour mission de:

1° Prospecter le marché du travail, développer une expertise sur l'évolution des emplois et des qualifications, procéder à la collecte des offres d'emploi, aider et conseiller les entreprises dans leur recrutement, assurer la mise en relation entre les offres et les demandes d'emploi et participer activement à la lutte contre les discriminations à l'embauche et pour l'égalité professionnelle;

2° Accueillir, informer, orienter et accompagner les personnes, qu'elles disposent ou non d'un emploi, à la recherche d'un emploi, d'une formation ou d'un conseil professionnel, prescrire toutes actions utiles pour développer leurs compétences professionnelles et améliorer leur employabilité, favoriser leur reclassement et leur promotion professionnelle, faciliter leur mobilité géographique et professionnelle et participer aux parcours d'insertion sociale et professionnelle. ***(L. 2019-791 du 26 juil. 2019, art. 15, II, 1°, JO 28, entrée en vigueur le 01.09.2020)*** «À ce titre, Pôle emploi concourt à la mise en œuvre de l'obligation de formation définie à l'article L. 114-1 du code de l'éducation;»

3° Procéder aux inscriptions sur la liste des demandeurs d'emploi, tenir celle-ci à jour dans les conditions prévues au titre Ier du livre IV de la présente partie et assurer le contrôle de la recherche d'emploi dans les conditions prévues au chapitre VI du titre II du livre IV;

4° Assurer, pour le compte de l'organisme gestionnaire du régime d'assurance chômage, le service de l'allocation d'assurance ***(L. 2018-771 du 5 sept. 2018, art. 51, II, 1°, JO 6, entrée en vigueur le 01.01.2019)*** «et de l'allocation des travailleurs indépendants» et, pour le compte de l'État, le service des allocations de solidarité prévues à la section 1 du chapitre III du titre II du livre IV de la présente partie, des allocations mentionnées à l'article ***(L. 2017-1837 du 30 déc. 2017, art. 112, I, JO 31)*** « L. 5424-21, de l'aide prévue au II de l'article 136 de la loi n° 96-1181 du 30 décembre 1996 de finances pour 1997, des sommes restant dues au titre du versement de l'allocation équivalent retraite prévue à l'article L. 5423-18, dans sa rédaction antérieure au 1er janvier 2009, et des sommes restant dues au titre de la prime forfaitaire prévue à l'article L. 5425-3, dans sa rédaction antérieure au 1er septembre 2017, ainsi que le service» de toute autre allocation ou aide dont l'État lui confierait le versement par convention;

(L. 2018-771 du 5 sept. 2018, art. 60, I, 2°, JO 6, entrée en vigueur le 01.01.2019) «4° *bis* Décider de la suppression du revenu de remplacement et du prononcé de la pénalité administrative, et de recouvrer cette pénalité, dans les conditions prévues aux sections 2 et 3 du chapitre VI du titre II du livre IV de la présente partie;»

5° Recueillir, traiter, diffuser et mettre à la disposition des services de l'État et de l'organisme gestionnaire du régime d'assurance chômage les données relatives au marché du travail et à l'indemnisation des demandeurs d'emploi;

6° Mettre en œuvre toutes autres actions qui lui sont confiées par l'État, les collectivités territoriales et l'organisme gestionnaire du régime d'assurance chômage en relation avec sa mission.

(L. 2014-288 du 5 mars 2014, art. 20, I, 16°, JO 6) «Pôle emploi» agit en collaboration avec les instances territoriales intervenant dans le domaine de l'emploi, en particulier les maisons de l'emploi, ainsi qu'avec les associations nationales et les réseaux spécialisés d'accueil et d'accompagnement, par des partenariats adaptés.

Note • Les dispositions de cet article, dans sa rédaction issue de la loi 2017-1837 précitée, s'appliquent aux **revenus perçus depuis le 01.01.2018** (loi précitée, art. 112, IV).

• **Transfert de compétences depuis le 01.01.2019.** Le pouvoir de prononcer la suppression du revenu de remplacement et de prononcer et recouvrer des pénalités administratives (voir articles L. 5426-2 et L. 5426-5) a été transféré, au 01.01.2019, du préfet à Pôle emploi (loi 2018-771 précitée, art. 60, I, 2°).

• Par arrêté de la ministre de l'Économie, de l'Industrie et de l'Emploi et du ministre du Budget, des Comptes publics et de la Fonction publique en date du 19 décembre 2008 (JO 20), la mission du service du contrôle général économique et financier des organismes chargés de l'emploi et de la formation professionnelle est désignée pour exercer le contrôle budgétaire de l'État sur l'institution mentionnée à l'article L. 5312-1.

• **Compétence de l'ordre administratif de juridiction pour les aides «Pôle emploi».** Le contentieux portant sur l'attribution d'une aide créée par une délibération de Pôle emploi, établissement public à caractère administratif, dans le cadre de ses compétences et de sa mission propres de service public telles que prévues au 3° de l'article L. 5312-7 et la responsabilité encourue par l'établissement public du fait d'une décision afférente à une telle prestation ressortit à la compétence de la juridiction administrative (Trib. confl. 9 décembre 2013, n° 3924, RJS 2/14 n° 157). La rémunération des formations Pôle emploi constitue une aide aux demandeurs d'emploi créée par le conseil d'administration de Pôle emploi dans le cadre de ses compétences propres et de sa mission de service public, telles que prévues au 2° de l'article L. 5312-1 et au 3° de l'article L. 5312-7 CT. Si les demandeurs d'emploi qui en bénéficient sont regardés comme des stagiaires de la formation professionnelle, elle n'est pas pour autant au nombre des rémunérations et indemnités prévues par le chapitre Ier du titre IV du livre III de la sixième partie du code du travail, qui sont subordonnées à l'agrément du stage par l'État ou les régions – ou, désormais, les opérateurs de compétence – et dont l'article L. 6341-11 CT prévoit que les litiges auxquels elles donnent lieu relèvent de la compétence du juge judiciaire. Par suite, la juridiction administrative est compétente pour connaître de l'opposition formée par le requérant à la contrainte délivrée par le directeur régional de Pôle afin d'obtenir le remboursement d'une somme qui lui avait été versée au titre de la rémunération des formations Pôle emploi (CE 21 octobre 2019, n° 421250).

• **Ordre de juridiction compétent selon la nature des prestations servies.** Il résulte des articles L. 5312-1 et L. 5312-12, éclairés par les travaux préparatoires de la loi 2008-126 du 13 février 2008 de laquelle ils sont issus, que le législateur a souhaité que la réforme, qui s'est notamment caractérisée par la substitution de Pôle emploi à l'Agence nationale pour l'emploi et aux associations pour l'emploi dans l'industrie et le commerce (Assédic), reste sans incidence sur le régime juridique des prestations et sur la juridiction compétente pour connaître du droit aux prestations, notamment sur la compétence de la juridiction judiciaire s'agissant des prestations servies au titre du régime d'assurance chômage. En revanche, un litige relatif aux prestations servies au titre du régime de solidarité relève de la compétence de la juridiction administrative, qu'il porte sur le droit aux prestations ou sur les modalités de leur versement ou, dès lors que n'est pas en cause la régularité d'un acte de poursuite, sur leur récupération en cas d'indu (cass. soc. 7 mai 1996, n° 92-21.991; 22 février 2005, n° 03-13.942, BC V n° 61; 12 octobre 2017, n° 15-28.874; cass. avis 18 octobre 2018, n° 18-70.009, à paraître; CE avis 4 mars 2015, n° 386397; 14 décembre 2016, n° 403478; CE 10 mai 2017, n° 397502; 26 avril 2018, n° 408049; Trib. confl. 3 juillet 2017, n° C4088; CE 21 octobre 2019, n° 421250).

• **Pouvoirs et devoirs du juge.** Lorsqu'il statue sur un recours dirigé contre une décision refusant ou ne faisant que partiellement droit à une demande de remise gracieuse d'un indu d'une prestation ou d'une allocation versée au titre de l'aide ou de l'action sociale, du logement ou en faveur des travailleurs privés d'emploi, il appartient au juge administratif, eu égard tant à la finalité de son intervention qu'à sa qualité de juge de plein contentieux, non de se prononcer sur les éventuels vices propres de la décision attaquée, mais d'examiner si une remise gracieuse totale ou partielle est susceptible d'être accordée, en se prononçant lui-même sur la demande au regard des dispositions applicables et des circonstances de fait dont il est justifié par l'une et l'autre parties à la date de sa propre décision (CE 3 juin 2019, n° 415040, Rec. Lebon, p. 187; JSL n° 482, 26.09.2019, p. 19).

• **Mission d'accompagnement de Pôle emploi et situation d'urgence caractérisée.** Si les démarches de Pôle emploi à l'égard d'un demandeur d'emploi n'ont pas permis à celui-ci de retrouver un emploi, la situation dans laquelle il se trouve, quelles que soient les difficultés qu'il rencontre, ne saurait faire apparaître, compte tenu des attributions confiées par la loi à Pôle emploi, une situation d'urgence caractérisée dans les relations de l'intéressé avec l'institution Pôle emploi permettant au juge des référés de prendre, dans un délai de 48 heures, des mesures de sauvegarde utiles. Il en résulte que c'est à tort que le juge des référés du tribunal administratif (TA Paris 11 septembre 2012, n° 1216080/9, RJS 11/12 n° 895) a fait droit à sa demande qui ne répondait pas à la condition d'urgence particulière définie par l'article L. 521-2 c. justice adm. Pôle emploi est en conséquence fondé à demander l'annulation de l'ordonnance attaquée [qui enjoignait Pôle emploi de recevoir l'intéressé dans les huit jours, de mettre à jour son projet personnalisé d'accès à l'emploi et de l'accompagner dans sa recherche d'emploi, en lui adressant régulièrement, dans la mesure du possible, des offres d'emploi en lien avec ses compétences, voire de lui proposer des formations ou une reconversion adaptées] (CE 4 octobre 2012, n° 362948, D. 2012, act. 2526, «Pôle emploi: pas d'urgence pour le Conseil d'État», M-Ch. de Montecler; RJS 12/12 n° 979).

• **Obligation d'assurer l'information complète des demandeurs d'emploi.** Alors qu'elle était en situation de verser deux types d'allocations, l'Assédic [devenue Pôle emploi] n'ayant donné que l'information relative à l'allocation de solidarité spécifique (ASS) a manqué à l'obligation qu'ont les organismes d'assurance chômage d'assurer l'information complète des demandeurs d'emploi (cass. soc. 8 février 2012, n° 10-30.892, BC V n° 65; RJS 5/12 n° 493). Il résulte des articles L. 5312-1 et R. 5411-4 CT que, dans le cadre de sa mission de service du revenu de remplacement, outre qu'il est tenu de répondre aux demandes d'information dont il est saisi, Pôle emploi doit, d'une part, à tout moment et notamment en cas de création ou de modification substantielle des conditions d'octroi d'une allocation, diffuser une information générale à l'attention des personnes à la recherche d'un emploi sur les allocations dont il assure le service à ce titre et, d'autre part, lorsqu'une personne s'inscrit en qualité de demandeur d'emploi ou parvient à la fin de ses droits à l'allocation d'assurance, l'informer personnellement de celles de ces allocations auxquelles elle est susceptible d'avoir droit (CE 18 mars 2019, n° 414814).

• **Carences de Pôle emploi dans l'exercice de ses missions de placement et d'accompagnement des demandeurs d'emploi.** Il résulte des articles L. 5411-1, L. 5411-2, L. 5411-6, L. 5411-6-1, L. 5411-6-2, L. 5411-6-3 CT, de l'article R. 5411-14 du même code dans sa rédaction applicable et de la convention tripartite pour 2012 à 2014 signée le 11 janvier 2012 entre l'État, l'Unedic et Pôle emploi, qu'il incombe à Pôle emploi, au titre de ses missions de placement et d'accompagnement des demandeurs d'emploi par lesquelles il contribue au service public de l'emploi, de mettre en œuvre un accompagnement personnalisé de chaque demandeur d'emploi pour l'aider à retrouver un emploi, précisé au moyen du projet personnalisé d'accès à l'emploi, en tenant compte de ses besoins, déterminés notamment en fonction de sa formation et de son expérience professionnelle, de l'autonomie dont il dispose dans sa recherche et de la durée qui s'est écoulée depuis son dernier emploi, ainsi que des demandes qu'il exprime. Les carences de Pôle emploi, dans l'exercice de ces missions, sont susceptibles de constituer des fautes de nature à engager sa responsabilité. Il appartient toutefois au juge saisi d'une demande d'indemnisation du préjudice qu'un demandeur d'emploi soutient avoir subi du fait de ces défaillances de tenir compte, le cas échéant, du comportement de l'intéressé et, en particulier, de la manière dont il a lui-même satisfait aux obligations qui lui incombent (CE 28 décembre 2018, n° 411846, JSL n° 471, 11.03.2019, p. 18).

• **Service civique et indemnisation du chômage.** Au sujet de l'impact du service civique sur l'indemnisation des demandeurs d'emploi, voir instruction PE 2012-67 du 4 avril 2012, BO PE 2012-35.

• Sur la mise en œuvre de la **convention tripartite État – Cnaf – Pôle emploi** sur l'accompagnement au retour à l'emploi des allocataires de la PreParE (prestation partagée d'éducation de l'enfant) et du CLCA (complément de libre choix d'activité) hors congé parental d'éducation, voir instruction PE 2015-19 du 6 mars 2015, BO PE 2015-25.

• **Obligations des demandeurs d'emploi.** Sur les manquements aux obligations des demandeurs d'emploi et les sanctions applicables, voir décret 2018-1335 du 28 décembre 2018 (JO 30) et instruction PE 2019-1 du 3 janvier 2019, BO PE 2019-1.

• Voir M. Véricel: «La responsabilité de Pôle emploi en cas de défaillance dans l'exercice de ses missions», Dr. Soc. 2020, p. 181.

Art. L. 5312-2. L'institution mentionnée à l'article L. 5312-1 est administrée par un conseil d'administration et dirigée par un directeur général.

Art. L. 5312-3. ***(L. 2015-991 du 7 août 2015, art. 6, I, 2°, JO 8)*** «Après concertation au sein [de la Commission nationale de la négociation collective, de l'emploi et de la formation professionnelle],» une convention pluriannuelle conclue entre l'État, l'organisme gestionnaire du régime d'assurance chômage mentionné à l'article L. 5427-1 et l'institution publique mentionnée à l'article L. 5312-1 définit les objectifs assignés à celle-ci au regard de la situation de l'emploi et au vu des moyens prévisionnels qui lui sont alloués par l'organisme gestionnaire du régime d'assurance chômage et l'État.

Elle précise notamment:

1° Les personnes devant bénéficier prioritairement des interventions de l'institution mentionnée à l'article L. 5312-1;

2° Les objectifs d'amélioration des services rendus aux demandeurs d'emploi et aux entreprises et en particulier le nombre de demandeurs d'emplois suivis en moyenne par conseiller et les objectifs de réduction de ce ratio;

3° L'évolution de l'organisation territoriale de l'institution;

(L. 2015-991 du 7 août 2015, art. 6, I, 2°, JO 8) «3° *bis* Les conditions dans lesquelles l'institution coopère au niveau régional avec les autres intervenants du service public de l'emploi, le cas échéant au moyen des conventions régionales pluriannuelles de coordination de l'emploi, de l'orientation et de la formation;»

4° Les conditions de recours aux organismes privés exerçant une activité de placement mentionnés à l'article L. 5311-4;

5° Les conditions dans lesquelles les actions de l'institution sont évaluées à partir d'indicateurs de performance qu'elle définit.

Un comité de suivi veille à l'application de la convention et en évalue la mise en œuvre.

Note • La convention tripartite État – Unédic – Pôle emploi du 20 décembre 2019 a fixé les orientations de Pôle emploi pour la période 2019-2022. Trois orientations sont fixées à Pôle Emploi pour cette période:
– accélérer et faciliter le retour à l'emploi durable des demandeurs d'emploi, en adaptant la personnalisation et l'intensification de l'accompagnement aux besoins de chacun, tout au long de son parcours;
– lutter plus efficacement contre les difficultés de recrutement des entreprises, en répondant de manière personnalisée et réactive aux besoins des entreprises, notamment des petites et moyennes entreprises;
– développer et valoriser les compétences et les qualifications des demandeurs d'emploi afin de favoriser les recrutements, en proposant notamment des formations plus pertinentes, plus personnalisées, plus lisibles et plus rapidement accessibles.

• Une convention Unédic – Pôle emploi relative aux délégations de service et à la coopération institutionnelle a été signée le 21 décembre 2012.

Art. R. 5311-1. ***(D. 2008-1010 du 29 sept. 2008, art. 3, JO 30)*** La convention pluriannuelle prévue à l'article L. 5312-3 est conclue entre l'État, représenté par le ministre chargé de l'emploi, l'organisme gestionnaire de l'assurance chômage, représenté par son président, son vice-président et son directeur général et ***(D. 2014-524 du 22 mai 2014, art. 16, JO 24)*** «Pôle emploi, représenté» par le président de son conseil d'administration et son directeur général.

Sans préjudice des dispositions de l'article L. 5312-3, cette convention détermine:

1° Les orientations relatives aux mesures que ***(D. 2014-524 du 22 mai 2014, art. 16, JO 24)*** «l'établissement» met en œuvre destinées à faciliter les opérations de recrutement des entreprises, à favoriser l'insertion, le reclassement, la promotion professionnelle et la mobilité géographique et professionnelle des personnes, qu'elles disposent ou non d'un emploi;

2° Les modalités de constitution du dossier unique du demandeur d'emploi et de l'accès à ce dossier;

3° Les échanges de données et d'informations nécessaires à l'accomplissement des missions de l'État, de l'organisme d'assurance chômage mentionné à l'article L. 5427-1 et de ***(D. 2014-524 du 22 mai 2014, art. 16, JO 24)*** «Pôle emploi» et répondant à leurs besoins.

Art. R. 5311-2. ***(D. 2008-1010 du 29 sept. 2008, art. 3, JO 30)*** Le comité de suivi prévu à l'article L. 5312-3 comprend:

1° Trois représentants de l'État désignés par le ministre chargé de l'emploi;

2° Le directeur général et deux représentants du conseil d'administration, nommés sur proposition de ce conseil, de l'organisme gestionnaire de l'assurance chômage mentionné à l'article L. 5427-1;

3° Le président du conseil d'administration et le directeur général de ***(D. 2014-524 du 22 mai 2014, art. 16, JO 24)*** «Pôle emploi».

Le président du comité de suivi est désigné en son sein par le ministre chargé de l'emploi.

Les membres et le président du comité de suivi sont nommés par arrêté du ministre chargé de l'emploi.

Le comité de suivi se réunit au moins deux fois par an sur convocation de son président.

Le représentant ***(D. 2012-1247 du 7 nov. 2012, art. 2, JO 10)*** «du contrôleur budgétaire» assiste aux réunions du comité de suivi.

Art. R. 5311-3. ***(D. 2008-1010 du 29 sept. 2008, art. 3, JO 30)*** Le comité de suivi remet chaque année ***(D. 2018-1262 du 26 déc. 2018, art. 1er, III, JO 28, entrée en vigueur le 01.01.2019)*** «à la Commission nationale de la négociation collective, de l'emploi et de la formation professionnelle» un rapport annuel sur la mise en œuvre de la convention pluriannuelle prévue à l'article L. 5312-3.

Ce rapport est rendu public.

Art. L. 5312-4. Le conseil d'administration comprend:

1° Cinq représentants de l'État;

2° Cinq représentants des employeurs et cinq représentants des salariés;

3° Deux personnalités qualifiées choisies en raison de leurs compétences dans les domaines d'activité de l'institution;

(L. 2015-991 du 7 août 2015, art. 6, I, 3°, JO 8) «4° Un représentant des régions, désigné sur proposition de l'Association des régions de France;

5° Un représentant des autres collectivités territoriales, désigné sur proposition conjointe des associations des collectivités concernées.»

Les représentants des employeurs et les représentants des salariés sont désignés par les organisations syndicales d'employeurs et de salariés représentatives au niveau national et interprofessionnel, mentionnées à l'article L. 5422-22.

Les personnalités qualifiées sont désignées par le ministre chargé de l'emploi.

Le président est élu par le conseil d'administration en son sein.

Art. L. 5312-5. Le conseil d'administration règle par ses délibérations les affaires relatives à l'objet de l'institution.

Les décisions relatives au budget et aux emprunts ainsi qu'aux encours maximaux des crédits de trésorerie sont prises à la majorité des deux tiers des membres présents ***(L. 2018-771 du 5 sept. 2018, art. 87, 1°, JO 6)*** «ou représentés».

Le conseil d'administration désigne en son sein un comité d'audit et un comité d'évaluation.

Art. L. 5312-6. Le directeur général exerce la direction de l'institution dans le cadre des orientations définies par le conseil d'administration; il prépare les délibérations de ce conseil et en assure l'exécution.

Le directeur général est nommé par décret, après avis du conseil d'administration. Le conseil d'administration peut adopter, à la majorité des deux tiers de ses membres, une délibération demandant sa révocation.

Art. L. 5312-7. Le budget de l'institution comporte quatre sections non fongibles qui doivent chacune être présentées à l'équilibre:

1° La section "Assurance chômage" retrace en dépenses les allocations d'assurance prévues à la section 1 du chapitre II du titre II du livre IV de la présente partie, qui sont versées pour le compte de l'organisme gestionnaire du régime d'assurance chômage, ainsi que les cotisations sociales afférentes à ces allocations dans les conditions prévues par les lois et règlements en vigueur, et en recettes une contribution de l'organisme gestionnaire du régime d'assurance chômage prévue à l'article L. 5422-20 permettant d'assurer l'équilibre;

2° La section "Solidarité" retrace en dépenses les allocations et aides versées pour le compte de l'État, ainsi que les cotisations sociales afférentes à ces allocations dans les conditions prévues par les lois et règlements en vigueur, et en recettes une contribution de l'État permettant d'assurer l'équilibre;

3° La section "Intervention" comporte en dépenses les dépenses d'intervention concourant au placement, à l'orientation, à l'insertion professionnelle, à la formation et à l'accompagnement des demandeurs d'emploi;

4° La section "Fonctionnement et investissement" comporte en dépenses les charges de personnel et de fonctionnement, les charges financières et les charges exceptionnelles et les dépenses d'investissement.

Le financement de ces deux dernières sections est assuré par une contribution de l'État et une contribution de l'organisme gestionnaire du régime d'assurance chômage dans les conditions prévues à l'article L. 5422-24 ainsi que, le cas échéant, les subventions des collectivités territoriales et autres organismes publics et les produits reçus au titre des prestations pour services rendus, toutes autres recettes autorisées par les lois et règlements en vigueur, les produits financiers et les produits exceptionnels.

L'institution peut en outre créer toute autre section pour compte de tiers.

La contribution de l'État et la contribution de l'organisme gestionnaire du régime d'assurance chômage sont fixées à un niveau compatible avec la poursuite des activités de l'institution, compte tenu de l'évolution du marché du travail.

L'institution est autorisée à placer ses fonds disponibles dans des conditions fixées par les ministres chargés de l'emploi et du budget.

Note
- Cet article a été modifié en dernier lieu par la loi 2017-1837 du 30 décembre 2017, art. 112, I, JO 31; cette modification s'applique aux revenus perçus depuis le 01.01.2018 (loi précitée, art. 112, IV).
- Voir Trib. confl. 9 décembre 2013, n° 3924, cité sous l'article L. 5312-1.

Art. L. 5312-8. L'institution est soumise en matière de gestion financière et comptable aux règles applicables aux entreprises industrielles et commerciales. ***(Ord. 2020-1496 du 2 déc. 2020, JO 3, entrée en vigueur le 01.10.2021)*** «Dans des conditions et à compter d'une date fixée par arrêté du ministre chargé des finances, ses disponibilités sont, à l'exception des fonds issus de dons, legs ou libéralités, déposées à titre principal au Trésor et ne donnent lieu à aucune rémunération.»

Elle est soumise à l'ordonnance n° 2005-649 du 6 juin 2005 relative aux marchés passés par certaines personnes publiques ou privées non soumises au code des marchés publics.

Art. L. 5312-9. Les agents de l'institution nationale, qui sont chargés d'une mission de service public, sont régis par le présent code dans les conditions particulières prévues par une convention collective étendue agréée par les ministres chargés de l'emploi et du budget. Cette convention comporte des stipulations, notamment en matière de stabilité de l'emploi et de protection à l'égard des influences extérieures, nécessaires à l'accomplissement de cette mission.

Les règles relatives aux relations collectives de travail prévues par la deuxième partie du présent code s'appliquent à tous les agents de l'institution, sous réserve des garanties justifiées par la situation particulière de ceux qui restent contractuels de droit public. Ces garanties sont définies par décret en Conseil d'État.

Note Voir décret 2009-1128 du 17 septembre 2009 (JO 19) portant adaptation des dispositions applicables aux agents contractuels de droit public de Pôle emploi; arrêté du 21 décembre 2009 (JO 27) portant agrément de la convention collective nationale de Pôle emploi du 21 novembre 2009 et arrêté d'extension du 19 février 2010 (JO 24).

Art. L. 5312-10. ***(L. 2018-771 du 5 sept. 2018, art. 87, 2°, JO 6)*** «Pôle emploi est composé d'une direction générale, de directions régionales et, sur décision de son conseil d'administration, d'établissements à compétence nationale ou spécifique.»

Au sein de chaque direction régionale, une instance paritaire, composée de représentants des employeurs et des salariés désignés par les organisations syndicales d'employeurs et de salariés représentatives au niveau national et interprofessionnel, veille à l'application ***(L. 2016-1088 du 8 août 2016, art. 121, JO 9)*** «des accords d'assurance chômage prévus» à l'article L. 5422-20 ***(L. 2016-1088 du 8 août 2016, art. 121, JO 9)*** «, statue dans les cas prévus par ces accords selon les modalités d'examen qu'ils définissent» et est consultée sur la programmation des interventions au niveau territorial.

(L. 2016-1088 du 8 août 2016, art. 121, JO 9) «Il peut, en outre, être créé au sein de Pôle emploi, par délibération de son conseil d'administration, des instances paritaires territoriales ou spécifiques exerçant tout ou partie des missions prévues au deuxième alinéa du présent article.»

Note Voir délibération PE 2019-12 du 12 mars 2019 portant organisation générale de Pôle emploi (BO PE 2019-23).

Art. L. 5312-12. Les litiges relatifs aux prestations dont le service est assuré par l'institution, pour le compte de l'organisme chargé de la gestion du régime d'assurance chômage ***(L. 2016-1918 du 29 déc. 2016, art. 143, I, 9°, JO 30, entrée en vigueur le 01.01.2018)*** «ou de l'État» sont soumis au régime contentieux qui leur était applicable antérieurement à la création de cette institution.

Note • Les dispositions de cet article, dans sa rédaction issue de la loi 2016-1918 précitée, s'appliquent aux créances non prescrites au 01.01.2018 (loi précitée, art. 143, III).

• La substitution de Pôle emploi à l'ANPE et aux Assédic est sans incidence sur le régime juridique des prestations et sur la compétence de la juridiction judiciaire s'agissant des prestations servies au titre du régime d'assurance chômage. Les oppositions aux contraintes délivrées par Pôle emploi sur le fondement de la loi 2011-1977 du 28 décembre 2011 de finances pour 2012 (art. L. 5426-8-2 CT), postérieurement à l'entrée en vigueur des dispositions de l'article L. 5312-12 CT, relèvent de la compétence de la juridiction administrative (CE avis 25 novembre 2013, n° 369051, JO 28, Rec. Lebon, p. 299; RJS 2/14 n° 157).

Il résulte des articles L. 5312-1 et L. 5312-12 issus de la loi du 13 février 2008 que le législateur a souhaité que la réforme de l'organisation du service public de l'emploi, qui s'est notamment caractérisée par la substitution de Pôle emploi à l'Agence nationale pour l'emploi et aux Assédic, reste sans incidence sur le régime juridique des prestations et sur la juridiction compétente pour connaître du droit aux prestations, notamment sur la compétence de la juridiction judiciaire s'agissant des prestations servies au titre du régime d'assurance chômage. Cette compétence ainsi maintenue s'étend nécessairement aux actions en responsabilité formées à l'encontre de Pôle emploi en raison des manquements qu'aurait pu commettre cette institution en assurant le service de ces allocations d'assurance chômage, notamment de l'allocation d'aide au retour à l'emploi (CE avis 4 mars 2015, n° 386397, LS Jurispr. n° 50 du 17.03.2015).

• Voir Trib. confl. 9 décembre 2013, n° 3924, cité sous l'article L. 5312-1.

• La question prioritaire de constitutionnalité relative à la conformité de l'article L. 5312-12 CT n'est pas recevable (cass. soc., QPC, 18 juin 2014, n° 14-40.021, BC V n° 149; RJS 10/14 n° 722).

Art. L. 5312-12-1. ***(L. 2008-758 du 1er août 2008, JO 2)*** Il est créé, au sein de l'institution mentionnée à l'article L. 5312-1, un médiateur national dont la mission est de recevoir et de traiter les réclamations individuelles relatives au fonctionnement de cette institution, sans préjudice des voies de recours existantes. Le médiateur national, placé auprès du directeur général, coordonne l'activité de médiateurs régionaux, placés auprès de chaque directeur régional, qui reçoivent et traitent les réclamations dans le ressort territorial de la direction régionale. Les réclamations doivent avoir été précédées de démarches auprès des services concernés.

Le médiateur national est le correspondant du ***(L. 2011-334 du 29 mars 2011, art. 17, JO 30)*** «Défenseur des droits».

Il remet chaque année au conseil d'administration de l'institution mentionnée à l'article L. 5312-1 un rapport dans lequel il formule les propositions qui lui paraissent de nature à améliorer le fonctionnement du service rendu aux usagers. Ce rapport est transmis au ministre chargé de l'emploi, [à la Commission nationale de la négociation collective, de l'emploi et de la formation professionnelle mentionnée à l'article L. 2271-1] et au ***(L. 2011-334 du 29 mars 2011, art. 17, JO 30)*** «Défenseur des droits».

(L. 2011-334 du 29 mars 2011, art. 15, JO 30) «En dehors de celles qui mettent en cause l'institution mentionnée à l'article L. 5312-1, les réclamations qui relèvent de la compétence du Défenseur des droits en application de la loi organique n° 2011-333 du 29 mars 2011 relative au Défenseur des droits sont transmises à ce dernier.»

La saisine du ***(L. 2011-334 du 29 mars 2011, art. 17, JO 30)*** «Défenseur des droits», dans son champ de compétences, met fin à la procédure de réclamation.

Note • Sur le rôle, l'activité et la saisine du médiateur de Pôle emploi, voir instruction PE 2009-170 du 12 juin 2009, BO PE 2009-44.

• Sur la gestion et le traitement des réclamations à Pôle emploi, voir instruction PE 2013-61 du 17 juillet 2013, BO PE 2015-52.

Art. L. 5312-12-2. ***(L. 2018-727 du 10 août 2018, art. 21, V, 2°, JO 11)*** Pôle emploi se prononce de manière explicite sur toute demande d'un employeur concernant un de ses mandataires sociaux ou d'une personne titulaire d'un mandat social ayant pour objet de déterminer son assujettissement à l'obligation d'assurance contre le risque de privation d'emploi prévue à l'article L. 5422-13.

La décision ne s'applique qu'à la personne objet de cette demande et est opposable pour l'avenir à son employeur, à Pôle emploi et aux organismes en charge du recouvrement des contributions d'assurance chômage tant que la situation de fait exposée dans la demande ou la législation au regard de laquelle la situation a été appréciée n'a pas été modifiée.

Pour toute la période couverte par une décision explicite de Pôle emploi concluant au non-assujettissement à l'obligation d'assurance, il ne peut être procédé à la mise en œuvre d'une action, d'une poursuite ou d'un recouvrement prévu à l'article L. 5422-16.

Lorsque Pôle emploi entend modifier pour l'avenir sa réponse, il en informe le demandeur selon des conditions et des modalités fixées par décret en Conseil d'État.

Note Voir articles R. 5312-5-1 et 5-2; RF 17 janvier 2019, FH 3775, §§ 4-6 à 4-9.

La loi 2018-727 précitée a posé les bases d'une procédure de «rescrit», qui permet aux employeurs de demander à Pôle emploi de se prononcer «explicitement» sur l'assujettissement ou non des mandataires sociaux ou de personnes titulaires d'un mandat social à l'assurance chômage. Notons que la demande de rescrit peut aussi émaner directement d'un mandataire social.

Art. L. 5312-13. Les biens immobiliers de l'institution mentionnée à l'article L. 5312-1 relèvent en totalité de son domaine privé. Sont déclassés les biens immobiliers qui lui sont transférés, lorsqu'ils appartiennent au domaine public. Lorsqu'un ouvrage ou terrain appartenant à l'institution est nécessaire à la bonne exécution de ses missions de service public ou au développement de celles-ci, l'État peut s'opposer à sa cession, à son apport, sous quelque forme que ce soit, à la création d'une sûreté sur cet ouvrage ou terrain, ou subordonner la cession, la réalisation de l'apport ou la création de la sûreté à la condition qu'elle ne soit pas susceptible de porter préjudice à l'accomplissement de ces missions. Est nul de plein droit tout acte de cession, apport ou création de sûreté réalisé sans que l'État ait été mis à même de s'y opposer, en violation de son opposition ou en méconnaissance des conditions fixées à la réalisation de l'opération.

Art. L. 5312-13-1. ***(L. 2011-267 du 14 mars 2011, art. 105, JO 15)*** Au sein de ***(L. 2018-771 du 5 sept. 2018, art. 64, III, 1°, JO 6, entrée en vigueur le 01.01.2019)*** «Pôle emploi», des agents chargés de la prévention des fraudes sont assermentés et agréés dans des conditions définies par arrêté du ministre chargé de l'emploi. Ces agents ont qualité pour dresser, en cas d'infraction aux dispositions du présent code entrant dans le champ de compétence de ladite institution, des procès-verbaux faisant foi jusqu'à preuve du contraire. Ils les transmettent, aux fins de poursuite, au procureur de la République s'il s'agit d'infractions pénalement sanctionnées.

Le fait de faire obstacle à l'accomplissement des fonctions des agents mentionnés au premier alinéa, quel que soit leur cadre d'action, est puni de six mois d'emprisonnement et de 7 500 € d'amende.

Note Voir arrêté du 16 juin 2011 (JO 30) relatif aux conditions d'agrément et d'assermentation des agents de Pôle emploi en charge de la prévention des fraudes.

Art. L. 5312-13-2. ***(L. 2020-1721 du 29 déc. 2020, art. 268, JO 30)*** Les agents chargés de la prévention des fraudes agréés et assermentés mentionnés à l'article L. 5312-13-1 bénéficient d'un droit de communication qui permet d'obtenir, sans que s'y oppose le secret professionnel, les documents et informations nécessaires au contrôle de la sincérité et de l'exactitude des déclarations souscrites ainsi que de l'authenticité des pièces produites en vue de l'attribution et du paiement des allocations, des aides ainsi que de toute autre prestation servies par Pôle emploi.

Le droit prévu au premier alinéa du présent article peut porter sur des informations relatives à des personnes non identifiées, dans des conditions fixées par décret en Conseil d'État pris après avis de la Commission nationale de l'informatique et des libertés.

Le droit prévu au même premier alinéa s'exerce quel que soit le support utilisé pour la conservation des documents et peut s'accompagner de la prise immédiate d'extraits et de copies.

Les documents et informations sont communiqués à titre gratuit dans les trente jours qui suivent la réception de la demande.

La communication des documents et informations est effectuée par voie numérique.

Le silence gardé ou le refus de déférer à une demande relevant dudit premier alinéa est puni d'une amende de 1 500 € par cotisant ou allocataire concerné, sans que le total de l'amende puisse être supérieur à 10 000 €.

Le silence gardé ou le refus de déférer à une demande relevant du deuxième alinéa est puni d'une amende de 5 000 €. Cette amende s'applique pour chaque demande, dès lors que tout ou partie des documents ou renseignements sollicités n'est pas communiqué.

Ces montants sont doublés en cas de récidive de refus ou de silence gardé du tiers dans le délai de cinq ans à compter de l'expiration du délai de trente jours octroyé au tiers pour faire droit à la première demande de Pôle emploi.

Sans préjudice des autres dispositions législatives applicables en matière d'échanges d'informations, le droit de communication défini au présent article est exercé dans les conditions prévues et auprès des personnes mentionnées à la section I du chapitre II du titre II du livre des procédures fiscales, à l'exception des personnes mentionnées aux articles L. 82 C, L. 83 A à L. 83 E, L. 84 à L. 84 E, L. 89 à L. 91, L. 95, L. 96, L. 96 B à L. 96 CA, L. 96 F à L. 96 H et L. 96 J du même livre.

Lorsqu'une procédure de recouvrement ou de suppression totale ou partielle d'une allocation, d'une aide ou de toute autre prestation est engagée à l'encontre d'une personne physique ou morale, suite à l'usage du droit mentionné au premier alinéa du présent article, Pôle emploi est tenu d'informer cette personne de la teneur et de l'origine des informations et documents obtenus auprès de tiers sur lesquels est fondée cette décision. Il communique une copie des documents mentionnés au présent alinéa à la personne qui en fait la demande.

Art. L. 5312-14. Un décret en Conseil d'État précise les modalités d'application du présent chapitre.

SECTION 1 (réglementaire). Statut et missions de Pôle emploi

Art. R. 5312-1. ***(D. 2014-524 du 22 mai 2014, art. 2, JO 24)*** Pôle Emploi est un établissement public à caractère administratif.

Note Compte tenu des missions que la loi lui confie, qui sont de nature administrative, et des ressources qu'elle lui alloue, qui ont le caractère de prélèvements obligatoires, le pouvoir réglementaire a exactement qualifié Pôle emploi d'établissement public à caractère administratif, alors même qu'il est largement soumis à des règles de droit privé (CE 12 novembre 2014, n° 382925).

Art. R. 5312-1-1. ***(D. 2014-524 du 22 mai 2014, art. 2, JO 24)*** Dans le cadre des missions mentionnées à l'article L. 5312-1, Pôle emploi apporte son concours à l'orientation et au placement des travailleurs handicapés.

Art. R. 5312-2. Les préfets de région et de département, assistés des ***(D. 2020-1545 du 9 déc. 2020, JO 10, entrée en vigueur le 01.04.2021)*** « directeurs régionaux de l'économie, de l'emploi, du travail et des solidarités », coordonnent l'action de ***(D. 2014-524 du 22 mai 2014, art. 16, JO 24)*** « Pôle emploi » avec celle des autres services et organismes chargés de la mise en œuvre de la politique de l'emploi définie par les pouvoirs publics.

Art. R. 5312-3. ***(D. 2014-524 du 22 mai 2014, art. 16, JO 24)*** « Pôle emploi rend compte au ministre chargé de l'emploi, aux préfets de région et de département et aux ***(D. 2020-1545 du 9 déc. 2020, JO 10, entrée en vigueur le 01.04.2021)*** « directeurs régionaux de l'économie, de l'emploi, du travail et des solidarités » des activités du service public de l'emploi qu'il » assure avec le concours des organismes visés aux articles L. 5311-2 à L. 5311-4 et L. 5322-2.

Art. R. 5312-4. ***(D. 2014-524 du 22 mai 2014, art. 3, JO 24)*** Lorsque Pôle emploi prend des décisions ou conclut des conventions pour le compte de l'État, il statue également, au nom de l'État, en cas de recours administratifs formés contre ces décisions ou ces conventions.

Note Cet article a été modifié par le décret 2017-1747 du 22 décembre 2017, art. 7, JO 24, en raison de la liquidation du Fonds de solidarité.

Art. R. 5312-5. ***(D. 2014-524 du 22 mai 2014, art. 16, JO 24)*** « Pôle emploi » ***(D. 2008-1010 du 29 sept. 2008, art. 4, JO 30)*** « représente l'État devant les juridictions administratives compétentes en cas de litiges relatifs à des décisions prises ou à des conventions conclues ***(D. 2014-524 du 22 mai 2014, art. 4, JO 24)*** « pour ***(D. 2017-1747 du 22 déc. 2017, art. 7, JO 24)*** « son » compte ».

Art. R. 5312-5-1. ***(D. 2018-1227 du 24 déc. 2018, art. 6, I, 4°, JO 26)*** La demande de rescrit, émanant d'un employeur concernant un de ses mandataires sociaux ou d'une personne titulaire d'un mandat social, prévue à l'article L. 5312-12-2 comporte une présentation précise et complète de la situation de fait de nature à permettre à Pôle emploi d'apprécier si les conditions requises sont satisfaites pour la détermination de l'assujettissement à l'assurance chômage.

La demande, accompagnée de toutes les informations et pièces nécessaires, est présentée à Pôle emploi par tout moyen conférant date certaine à sa réception.

Si la demande est incomplète, Pôle emploi invite son auteur, dans les mêmes formes, à fournir les éléments complémentaires nécessaires. En l'absence de réponse dans un délai de deux mois à compter de la date de réception de cette demande de renseignements complémentaires, la demande est réputée caduque.

Pôle emploi se prononce dans un délai de deux mois à compter de la date de réception de la demande de rescrit, ou des éléments complémentaires demandés.

La décision sur la demande de rescrit est notifiée à l'employeur et à la personne concernée. Elle ne fait pas obstacle à la régularisation de la situation contributive de l'employeur au titre de l'assurance chômage dans la limite du délai de prescription applicable.

Note Voir RF 17 janvier 2019, FH 3775, §§ 4-6 à 4-9.

Art. R. 5312-5-2. ***(D. 2018-1227 du 24 déc. 2018, art. 6, I, 4°, JO 26)*** Toute modification d'une décision prise en application de l'article R. 5312-5-1 tenant à un changement de la situation de fait de la personne concernée ou de l'analyse de cette situation est notifiée par Pôle emploi à l'employeur et à la personne concernée.

Cette modification prend effet à la date du changement de la situation de fait ou, s'agissant d'un changement d'analyse de cette situation, à la date de sa notification.

SECTION 2 (réglementaire). Organisation et fonctionnement de Pôle emploi

Note Cette section a été introduite par le décret 2008-1010 du 29 septembre 2008, art. 5, JO 30.
Sur l'organisation générale de Pôle emploi, voir délibération PE 2019-12 du 12 mars 2019, BO PE 2019-23

Sous-section 1. Conseil d'administration

§ 1. Attributions

Art. R. 5312-6. Le conseil d'administration règle les affaires relatives à l'objet de ***(D. 2014-524 du 22 mai 2014, art. 5, JO 24)*** « Pôle emploi ». Il délibère sur :

1° Les orientations annuelles et les plans de développement des activités ;

2° Les mesures destinées à faciliter les opérations de recrutement des entreprises, à favoriser l'insertion, le reclassement, la promotion professionnelle et la mobilité géographique et professionnelle des personnes, qu'elles disposent ou non d'un emploi, en application de la convention tripartite mentionnée à l'article L. 5312-3 ;

(D. 2014-524 du 22 mai 2014, art. 5, JO 24) « 3° Les conditions de mise en œuvre par Pôle emploi des dispositifs de la politique publique de l'emploi ;

4° La nature des conventions soumises à délibération préalable et spéciale du conseil, dans la limite, le cas échéant, d'un montant qu'il détermine ; »

5° Les conditions de recours à des prestataires spécialisés pour l'exécution d'actions organisées en faveur des demandeurs d'emploi ou des entreprises, dans le cadre des orientations fixées par la convention tripartite mentionnée à l'article L. 5312-3 ;

6° Le rapport annuel d'activité ;

7° Les conditions générales d'organisation et de fonctionnement de ***(D. 2014-524 du 22 mai 2014, art. 5, JO 24)*** « Pôle emploi, en particulier la création ou la suppression d'établissements à compétence nationale ou spécifique » ;

8° Le programme des implantations territoriales ;

9° Les conditions générales d'emploi et de rémunération du personnel ;

10° Le règlement intérieur de ***(D. 2014-524 du 22 mai 2014, art. 5, JO 24)*** « Pôle emploi », qui prévoit notamment le régime des frais de déplacement applicable à ses personnels ;

11° Le budget initial et ses révisions ;

12° Les comptes annuels ;

13° Les emprunts et encours maximum des crédits de trésorerie ;

14° L'acceptation des dons et legs ;

15° ***(D. 2014-524 du 22 mai 2014, art. 5, JO 24)*** « Les prises » de participation financière, de participation à des groupements d'intérêt économique, à des groupements d'intérêt public ou à des groupements européens de coopération territoriale ;

16° Les conditions générales de tarification pour services rendus ;

17° La nature ***(D. 2014-524 du 22 mai 2014, art. 5, JO 24)*** « des actions en justice, des transactions et des remises de dette » pour lesquelles le directeur général peut agir sans délibération préalable et spéciale du conseil, dans la limite, le cas échéant, d'un montant ***(D. 2014-524 du 22 mai 2014, art. 5, JO 24)*** « que le conseil détermine » ;

18° La désignation des commissaires aux comptes ;

19° Le règlement intérieur des marchés, ainsi que la composition de la commission des marchés ;

20° La nature des marchés que le directeur général peut conclure sans délibération préalable et spéciale du conseil, dans la limite, le cas échéant, d'un montant ***(D. 2014-524 du 22 mai 2014, art. 5, JO 24)*** « que le conseil détermine ».

Il autorise le président du conseil d'administration et le directeur général à signer la convention pluriannuelle mentionnée à l'article L. 5312-3.

Lors de chaque réunion, le conseil d'administration examine le compte rendu d'activité et de gestion de ***(D. 2014-524 du 22 mai 2014, art. 5, JO 24)*** « Pôle emploi » préparé par le directeur général.

§ 2. Composition, nomination et mandat

Art. R. 5312-7. Le conseil d'administration de ***(D. 2014-524 du 22 mai 2014, art. 6, JO 24)*** « Pôle emploi » est ainsi composé :

1° Cinq représentants de l'État :

– un représentant désigné par le ministre chargé de l'emploi ;
– un représentant désigné par le ministre chargé du budget ;
– un représentant désigné par le ministre chargé de l'éducation nationale ;
– un représentant désigné par le ministre chargé de l'intérieur ;
– un représentant désigné par le ministre chargé ***(D. 2014-524 du 22 mai 2014, art. 6, JO 24)*** « des affaires sociales » ;

2° Cinq représentants des organisations syndicales de salariés interprofessionnelles représentatives au niveau national :

a) Un représentant nommé sur proposition de la Confédération générale du travail (CGT) ;

b) Un représentant nommé sur proposition de la Confédération française démocratique du travail (CFDT) ;

c) Un représentant nommé sur proposition de la Confédération générale du travail-Force ouvrière (CGT-FO);

d) Un représentant nommé sur proposition de la Confédération française des travailleurs chrétiens (CFTC);

e) Un représentant nommé sur proposition de la Confédération française de l'encadrement-CGC (CFE-CGC);

3° Cinq représentants des organisations professionnelles d'employeurs représentatives au niveau national et interprofessionnel:

a) Trois représentants nommés sur proposition du Mouvement des entreprises de France (MEDEF);

b) Un représentant nommé sur proposition de la Confédération générale des petites et moyennes entreprises (CGPME);

c) Un représentant nommé sur proposition de l'Union professionnelle artisanale (UPA);

4° Deux personnalités qualifiées désignées par le ministre chargé de l'emploi;

(D. 2015-1192 du 28 sept. 2015, JO 30) «5° Un représentant des régions, désigné sur proposition de l'Association des régions de France;

6° Un représentant des autres collectivités territoriales, désigné sur proposition conjointe de l'Association des départements de France et l'Association des maires de France.»

Art. R. 5312-8. Le président est élu par le conseil d'administration en son sein à la majorité absolue des suffrages exprimés. Il est assisté par deux vice-présidents élus par le conseil d'administration.

Art. R. 5312-9. Les membres du conseil d'administration sont nommés par arrêté du ministre chargé de l'emploi.

Chaque membre, à l'exception des personnalités qualifiées, peut se faire représenter par un suppléant, nommé dans les mêmes conditions.

Art. R. 5312-10. Le directeur général et le représentant du contrôle général économique et financier [contrôleur budgétaire] participent aux séances du conseil d'administration avec voix consultative.

Art. R. 5312-11. La durée du mandat des membres titulaires et suppléants du conseil d'administration est de trois ans renouvelable.

Le mandat des membres du conseil d'administration est gratuit, sous réserve du remboursement des frais de déplacement et de séjour, ainsi que, le cas échéant, de perte de salaire, dans les conditions prévues par le règlement intérieur mentionné à l'article R. 5312-14.

Art. R. 5312-12. Les membres décédés, démissionnaires ou qui ont perdu la qualité au titre de laquelle ils ont été nommés sont remplacés dans un délai de trois mois. Dans ce cas, le mandat des nouveaux membres expire à la date à laquelle aurait normalement pris fin celui de leur prédécesseur.

§ 3. Fonctionnement et réunions

Art. R. 5312-13. Le conseil d'administration est convoqué par son président. Il se réunit au minimum six fois par an.

Art. R. 5312-14. Le conseil d'administration se dote d'un règlement intérieur relatif à son fonctionnement.

Ce règlement intérieur détermine notamment la composition et les attributions du comité d'audit prévu à l'article L. 5312-5, auquel assiste le représentant du ***(D. 2012-1247 du 7 nov. 2012, art. 2, JO 10)*** «contrôle budgétaire», et du comité d'évaluation prévu à l'article L. 5312-5 ainsi que les conditions dans lesquelles ceux-ci peuvent avoir recours à des compétences extérieures.

Art. R. 5312-15. L'ordre du jour de chaque réunion est arrêté par le président, après consultation des vice-présidents, et sur proposition du directeur général.

La convocation est de droit si elle est demandée par le ministre chargé de l'emploi, le directeur général ou la majorité des membres, sur un ordre du jour déterminé.

Art. R. 5312-16. Le conseil d'administration ne peut valablement délibérer que si au moins dix de ses membres sont présents. Si ce nombre n'est pas atteint, le conseil est convoqué à nouveau dans un délai de quinze jours. Il peut alors délibérer valablement quel que soit le nombre des membres présents.

(D. 2014-524 du 22 mai 2014, art. 7, JO 24) «Le vote par procuration est admis. Un membre du conseil ne peut être porteur que d'une procuration.»

Les décisions sont prises à la majorité des membres présents ***(D. 2014-524 du 22 mai 2014, art. 7, JO 24)*** «ou représentés», à l'exception de celles relatives aux matières mentionnées aux 11° et 13° de l'article R. 5312-6 qui le sont à la majorité des deux tiers des membres présents ***(D. 2014-524 du 22 mai 2014, art. 7, JO 24)*** «ou représentés». En cas de partage égal de voix, celle du président est prépondérante.

Art. R. 5312-17. Le secrétariat du conseil d'administration est assuré à la diligence du directeur général. Un exemplaire du procès-verbal de chaque réunion du conseil d'administration, signé par le président, est transmis aux membres du conseil d'administration ainsi qu'au représentant du contrôle général économique et financier [contrôleur budgétaire].

Sous-section 2. Directeur général

Art. R. 5312-18. Le directeur général est nommé pour une durée de trois ans. Son mandat est renouvelable.

Art. R. 5312-19. Le directeur général prépare les délibérations du conseil d'administration et en assure l'exécution. Il prend toutes les décisions autres que celles qui relèvent de la compétence de ce conseil.

Il représente ***(D. 2014-524 du 22 mai 2014, art. 8, JO 24)*** « Pôle emploi » en justice et dans les actes de la vie civile, sous réserve des dispositions des articles R. 5312-23 et R. 5312-26.

Il a autorité sur l'ensemble du personnel de ***(D. 2014-524 du 22 mai 2014, art. 8, JO 24)*** « Pôle emploi ». Il nomme les directeurs régionaux ***(D. 2014-524 du 22 mai 2014, art. 8, JO 24)*** « ainsi que les directeurs des établissements créés sur le fondement du 7° de l'article R. 5312-6 ».

Il peut déléguer sa signature aux personnels placés sous son autorité. Il peut déléguer ses pouvoirs dans le cadre fixé par une délibération du conseil d'administration.

Note Le directeur général de Pôle emploi a décidé que « Pôle emploi services » dispose d'une compétence nationale exclusive concernant certaines missions, voir décision DG PE 2015-161 du 4 décembre 2015, BO PE 2015-104. Sur les missions pour lesquelles Pôle emploi services dispose d'une compétence nationale exclusive, voir DG PE 2018-113 du 29 novembre 2018, BO PE 2018-103.

Sous-section 3. Dispositions économiques et financières

Art. R. 5312-20. Les comptes de ***(D. 2014-524 du 22 mai 2014, art. 16, JO 24)*** « Pôle emploi » sont certifiés par deux commissaires aux comptes.

Art. R. 5312-21. ***(D. 2014-524 du 22 mai 2014, art. 16, JO 24)*** « Pôle emploi est soumis » au ***(D. 2012-1247 du 7 nov. 2012, art. 2, JO 10)*** « contrôle budgétaire de l'État dans les conditions prévues par le décret n° 2012-1246 du 7 novembre 2012 relatif à la gestion budgétaire et comptable publique ».

(D. 2014-524 du 22 mai 2014, art. 16, JO 24) « Pôle emploi » est soumis au contrôle de la Cour des comptes.

Note Un arrêté du 9 avril 2009 (JO 21) fixe les modalités spéciales d'exercice du contrôle économique et financier [contrôle budgétaire] de l'État sur Pôle emploi.

Art. R. 5312-22. Les opérations de dépenses et de recettes des deux premières sections du budget de ***(D. 2014-524 du 22 mai 2014, art. 16, JO 24)*** « Pôle emploi » sont présentées en compte de tiers.

Les conventions relatives aux mandats confiés à ***(D. 2014-524 du 22 mai 2014, art. 16, JO 24)*** « Pôle emploi » définissent les dispositions assurant la neutralité des opérations pour le budget et la trésorerie de ***(D. 2014-524 du 22 mai 2014, art. 16, JO 24)*** « Pôle emploi ».

Une délibération du conseil d'administration précise les modalités de présentation du budget.

(D. 2014-524 du 22 mai 2014, art. 16, JO 24) « Pôle emploi » tient une comptabilité analytique dont les principes de présentation sont délibérés par le conseil d'administration.

Dans le cas où, avant le début de l'exercice, le budget n'a pas été voté par le conseil d'administration, les opérations de recettes et de dépenses sont effectuées sur la base du budget de l'exercice précédent.

Art. R. 5312-23. Le règlement intérieur des marchés et des achats précise notamment les marchés pour lesquels les directeurs régionaux exercent le pouvoir adjudicateur.

Art. R. 5312-24. ***(D. 2014-524 du 22 mai 2014, art. 16, JO 24)*** « Pôle emploi n'est pas soumis » au chapitre II du titre II du livre Ier de la partie réglementaire du code du domaine de l'État et aux dispositions du décret n° 86-455 du 14 mars 1986 relatif à la suppression des commissions des opérations immobilières et de l'architecture et modalités de consultation du service des domaines.

Les projets de cession, d'apport ou de création de sûreté portant sur un ouvrage ou terrain répondant aux caractéristiques de l'article L. 5312-13 sont communiqués aux ministres chargés de l'emploi et du budget, accompagnés du projet de convention avec le cessionnaire, le destinataire de l'apport ou le bénéficiaire de la sûreté. Ces ministres disposent d'un délai de trois mois à compter de la réception du projet pour faire connaître leur décision motivée d'opposition ou, le cas échéant, les conditions particulières auxquelles ils subordonnent la réalisation de l'opération.

Sous-section 4. Directeur régional ou d'établissement

Art. R. 5312-25. ***(D. 2014-524 du 22 mai 2014, art. 10, JO 24)*** « Sous l'autorité du directeur général, le directeur régional ou le directeur d'un établissement créé sur le fondement du 7° de l'article

R. 5312-6 anime et contrôle l'activité de Pôle emploi dans la région ou dans le ressort de l'établissement.»

Il a autorité sur l'ensemble du personnel ***(D. 2014-524 du 22 mai 2014, art. 10, JO 24)*** «affecté à la région ou à l'établissement».

Il peut déléguer sa signature aux personnels placés sous son autorité. Il peut déléguer ses pouvoirs dans le cadre fixé par une délibération du conseil d'administration.

Art. R. 5312-26. Le directeur régional représente ***(D. 2014-524 du 22 mai 2014, art. 11, JO 24)*** «Pôle emploi» dans ses relations avec, les usagers, ***(D. 2014-524 du 22 mai 2014, art. 11, JO 24)*** «les agents» et les tiers et dans les actions en justice et les actes de la vie civile intéressant la région, en particulier ceux relatifs aux acquisitions, échanges et aliénations de biens immobiliers conformément au programme des implantations territoriales voté par le conseil d'administration et mis en œuvre par le directeur général. ***(D. 2014-524 du 22 mai 2014, art. 11, JO 24)*** «Il prend l'ensemble des décisions en matière de gestion de la liste des demandeurs d'emploi, notamment les décisions mentionnées aux articles R. 5411-18, R. 5412-1 et R. 5412-8.» ***(D. 2018-1335 du 28 déc. 2018, art. 2, JO 30, entrée en vigueur le 01.01.2019)*** «Il décide de la suppression du revenu de remplacement et du prononcé de la pénalité administrative dans les conditions prévues aux sections 2 et 3 du chapitre VI du titre II du livre IV de la présente partie.»

(D. 2014-524 du 22 mai 2014, art. 11, JO 24) «Le directeur d'un établissement créé sur le fondement du 7° de l'article R. 5312-6 représente Pôle emploi dans ses relations avec les usagers, les agents et les tiers et dans les actes de la vie civile relevant des attributions de l'établissement.» ***(D. 2019-796 du 26 juil. 2019, JO 28)*** «Il décide le cas échéant de la radiation et de la suppression du revenu de remplacement et du prononcé de la pénalité administrative dans les conditions prévues au chapitre II du titre I, et aux sections 2 et 3 du chapitre VI du titre II du livre IV de la présente partie.»

Art. R. 5312-27. ***(D. 2014-524 du 22 mai 2014, art. 16, JO 24)*** Le directeur régional transmet au préfet de région les informations nécessaires à l'analyse et au suivi des actions de Pôle Emploi dans la région.

Sous-section 5. Instance paritaire régionale

Art. R. 5312-28. L'instance paritaire régionale prévue à l'article L. 5312-10 comprend cinq membres représentant les employeurs et cinq membres représentant les salariés désignés par les organisations syndicales de salariés et d'employeurs représentatives au plan national et interprofessionnel mentionnées à l'article L. 5422-22.

Les membres de l'instance paritaire régionale sont désignés pour trois ans. Ce mandat est renouvelable. Pour chacun d'entre eux, un suppléant, chargé de le remplacer en cas d'empêchement, est désigné dans les mêmes conditions. Les suppléants peuvent assister aux réunions de l'instance.

Tous les ans, au cours de la première réunion de l'exercice, l'instance paritaire désigne parmi ses membres un président et un vice-président, qui ne peuvent appartenir au même collège.

Les membres décédés, démissionnaires ou qui ont perdu la qualité au titre de laquelle ils ont été désignés sont remplacés dans un délai de trois mois. Dans ce cas, le mandat des nouveaux membres expire à la date à laquelle aurait normalement pris fin celui de leur prédécesseur.

Le mandat de l'instance paritaire est gratuit, sous réserve du remboursement des frais de déplacement et de séjour, ainsi que, le cas échéant, de perte de salaire, dans les conditions prévues par le règlement intérieur de ***(D. 2014-524 du 22 mai 2014, art. 16, JO 24)*** «Pôle emploi».

Note • L'organisation des instances paritaires régionales (IPR) et territoriales (IPT) au sein des directions régionales de Pôle emploi, à compter du 1er janvier 2019, a été arrêtée par le conseil d'administration de Pôle emploi, voir délibération PE 2018-142 du 21 novembre 2018, BO PE 2018-96.

• Voir délibération PE 2018-08 du 24 janvier 2018 (BO PE 2018-8 du 26 janvier 2018) sur la création d'une instance paritaire à Mayotte et la modification du règlement intérieur des instances paritaires régionales et territoriales.

• Les instances paritaires sont compétentes pour examiner les catégories de cas énumérées à l'article 46 bis du règlement d'assurance chômage (décret 2019-797 du 26 juillet 2019 modifié, annexe A, règlt. ass. chôm., art. 46 *bis*, JO 28). Elles doivent alors procéder à un examen particulier des situations et énoncer les circonstances prises en considération (décret 2019-797 précité, annexe A, règlt. ass. chôm., art. 46).

Voir également circulaires Unédic 2020-12 du 6 octobre 2020, fiches 1, § 6.5.1 et 12, § 2.3, et 2021-01 du 8 janvier 2021.

Art. R. 5312-29. L'instance paritaire régionale de ***(D. 2014-524 du 22 mai 2014, art. 16, JO 24)*** «Pôle emploi» est réunie sur convocation de son président, qui arrête l'ordre du jour.

Art. R. 5312-30. Un exemplaire du procès-verbal de chaque réunion de l'instance paritaire, signé par le président, est transmis :

1° Aux membres de l'instance paritaire ;

2° Au directeur régional de *(D. 2014-524 du 22 mai 2014, art. 16, JO 24)* « Pôle emploi » ;
3° Au préfet de région ;
4° Au président du conseil d'administration et au directeur général de *(D. 2014-524 du 22 mai 2014, art. 16, JO 24)* « Pôle emploi » ;
5° Au président, au vice-président et au directeur général de l'organisme gestionnaire de l'assurance chômage mentionné à l'article L. 5427-1.

SECTION 3 (réglementaire). Transmissions à Pôle emploi d'une liste nominative des bénéficiaires du revenu de solidarité active et de l'allocation aux adultes handicapés

Note Cette section a été introduite par le décret 2011-2096 du 30 décembre 2011, JO 31.

Art. R. 5312-32. Est autorisée la création par la Caisse nationale des allocations familiales, d'une part, et la Caisse centrale de la mutualité sociale agricole, d'autre part, de traitements de données à caractère personnel dénommés "transmissions à Pôle emploi de données relatives aux bénéficiaires du revenu de solidarité active *(D. 2015-1863 du 29 déc. 2015, JO 31)* « , de la prime d'activité » et de l'allocation aux adultes handicapés". Ces traitements ont pour finalité l'identification, parmi les demandeurs d'emploi, des bénéficiaires de ces allocations. Ces données sont enregistrées par Pôle emploi dans ses traitements automatisés de données relatives à la gestion de la demande d'emploi, afin de lui permettre de :
1° Remplir ses missions prévues à l'article L. 5312-1 du code du travail ;
2° Satisfaire aux obligations posées à l'article L. 262-42 du code de l'action sociale et des familles ;
3° Mettre en œuvre des dispositions particulières prévues aux articles L. 5132-5, L. 5134-23-1 et L. 5134-25-1 du code du travail.

Art. R. 5312-33. Les données à caractère personnel collectées sont celles permettant d'identifier le bénéficiaire ainsi que, le cas échéant, son conjoint, concubin ou partenaire lié par un pacte civil de solidarité, soit, pour chacun d'eux :
1° Le nom de famille et, le cas échéant, le nom marital, le prénom, la date de naissance, la commune de résidence ;
2° Le numéro d'inscription au répertoire national d'identification des personnes physiques ;
3° Le numéro de la caisse de rattachement, le numéro d'allocataire et l'allocation perçue ;
4° Pour le revenu de solidarité active *(D. 2015-1863 du 29 déc. 2015, JO 31)* « et la prime d'activité », la date d'ouverture des droits, la date de la demande, la nature de l'allocation perçue et la date de sortie de l'allocation.

Art. R. 5312-34. Pôle emploi conserve les données à caractère personnel collectées dans le cadre des traitements mis en place par l'article R. 5312-32 jusqu'à l'extinction du droit du demandeur d'emploi au revenu de solidarité active *(D. 2015-1863 du 29 déc. 2015, JO 31)* « , à la prime d'activité » ou à l'allocation aux adultes handicapés.

Art. R. 5312-35. Sont destinataires des données à caractère personnel mentionnées aux 3° et 4° de l'article R. 5312-33, pour les nécessités liées aux seules finalités mentionnées à l'article R. 5312-32, les agents de Pôle emploi désignés et habilités par l'autorité responsable de cet organisme pour accéder aux traitements de données relatives à la gestion de la demande d'emploi mentionnés au premier alinéa de l'article R. 5312-32.

Art. R. 5312-36. Les droits d'accès et de rectification prévus par les articles 39 et 40 de la loi n° 78-17 du 6 janvier 1978 relative à l'informatique, aux fichiers et aux libertés s'exercent auprès de l'organisme chargé du service de l'allocation dont bénéficie l'intéressé parmi celles mentionnées à l'article R. 5312-32.

Note Voir instruction PE 2020-26 du 23 novembre 2020 (BO PE 2020-93 du 30.11.2020) relative au droit d'accès des personnes à leurs données à caractère personnel.

Art. R. 5312-37. Le droit d'opposition prévu au premier alinéa de l'article 38 de la loi n° 78-17 du 6 janvier 1978 relative à l'informatique, aux fichiers et aux libertés ne s'applique pas aux traitements prévus par la présente section.

SECTION 4 (réglementaire). Système d'information concernant les demandeurs d'emploi et les salariés

Note Cette section a été introduite par le décret 2016-729 du 1er juin 2016, JO 3. Elle a pour objet de mettre le système d'information de Pôle emploi en conformité avec les exigences de la Commission nationale de l'informatique et des libertés (CNIL) concernant notamment l'accompagnement, le suivi et le contrôle des personnes en recherche d'emploi, et la gestion de toute allocation ou aide versée par cet organisme.

Art. R. 5312-38. Est autorisée la création par Pôle emploi d'un traitement automatisé de données à caractère personnel dénommé "Système d'information concernant les demandeurs d'emploi et salariés".

Il a pour finalités :

1° L'information, l'accueil, l'orientation et l'accompagnement des personnes à la recherche d'un emploi, d'une formation ou d'un conseil professionnel et leur mise en relation avec des employeurs ;

2° L'inscription, le non-renouvellement de l'inscription, les changements de situation sur la liste des demandeurs d'emploi, l'actualisation et la radiation de cette liste ;

3° L'élaboration et le suivi du projet personnalisé d'accès à l'emploi, le contrôle de la recherche d'emploi ;

4° L'attribution et le versement d'allocations et d'aides, la répétition des sommes indûment perçues ;

5° La gestion des réclamations et des contentieux ;

6° La gestion électronique des documents ;

7° L'échange de données avec des organismes de sécurité sociale ou de retraite complémentaire afin de garantir les droits sociaux des demandeurs d'emploi et d'éviter les cumuls indus d'allocations et aides avec des prestations sociales ou un salaire ;

8° Le partage de données entre les acteurs des services publics de l'emploi, de l'orientation et de la formation ainsi qu'avec l'Agence de services et de paiement visée à l'article L. 313-1 du code rural et de la pêche maritime, afin de permettre l'exercice des missions légales de chacun ;

9° La prévention et la lutte contre la fraude ;

10° L'alimentation et l'agrégation des données afin de produire les statistiques afférentes aux missions prévues à l'article L. 5312-1 et les indicateurs permettant le pilotage des activités de Pôle emploi.

Art. R. 5312-39. Dans le cadre des finalités mentionnées à l'article R. 5312-38, est également mis à disposition par Pôle emploi un téléservice permettant d'accomplir, à travers un espace personnel sur le site internet de Pôle emploi ou à travers toute autre technologie de l'information et de la communication, des démarches et formalités visant notamment à :

1° Être mis en relation avec un employeur ;

2° Créer ou télécharger un curriculum vitae et le transmettre à des employeurs ou à des partenaires de Pôle emploi ;

3° S'inscrire à une prestation ou faire une demande d'aide ;

4° S'inscrire sur la liste des demandeurs d'emploi, faire une demande d'allocation, préparer le premier entretien du parcours personnalisé d'accès à l'emploi et télécharger des documents justificatifs ;

5° Actualiser sa situation sur la liste des demandeurs d'emploi, actualiser son projet personnalisé d'accès à l'emploi, faire une demande d'aide ou une réclamation ;

6° Être en contact avec un conseiller par messagerie électronique ou instantanée, par visioconférence ou par téléphone ;

7° Effectuer des modules de conseil ou de formation en ligne et participer à des forums.

Les démarches et formalités mentionnées au 4° sont accomplies uniquement par l'usage d'un téléservice, avec l'assistance du personnel de Pôle emploi dans les conditions définies par l'article R. 5411-2 du code du travail.

Art. R. 5312-40. Outre les données directement collectées auprès des personnes concernées, le système d'information est alimenté, dans le cadre des finalités mentionnées à l'article R. 5312-38 et dans la stricte limite des informations nécessaires, par :

1° Le traitement de données à caractère personnel dénommé "Déclaration sociale nominative" mentionné par l'article 3 du décret n° 2013-266 du 28 mars 2013 relatif à la déclaration sociale nominative ;

2° La déclaration préalable à l'embauche mentionnée à l'article R. 1221-17 ;

3° Le traitement automatisé de données à caractère personnel dénommé "Système d'information du compte personnel de formation" mentionné à l'article R. 6323-13 ;

4° Un fichier d'annonces légales permettant d'identifier les entreprises et leurs dirigeants.

Note Le 3° de cet article est applicable à Mayotte depuis le 01.01.2019 (décret 2018-953 du 31 octobre 2018, art. 58, I, *b*, JO 6 nov.).

Art. R. 5312-41. Dans le cadre des finalités mentionnées à l'article R. 5312-38, le système d'information est mis en relation, aux fins de vérification et de mise à jour, avec :

1° Le système national de gestion des identifiants mis en œuvre par la Caisse nationale d'assurance vieillesse des travailleurs salariés, mentionné à l'article L. 114-12-1 du code de la sécurité sociale, pour identifier de manière unique les demandeurs d'emploi et les salariés par la certification de leur numéro d'inscription au répertoire national d'identification des personnes physiques (NIR) ;

2° L'application de gestion des dossiers des ressortissants étrangers en France (AGDREF2) mentionnée à l'article ***(D. 2020-1734 du 16 déc. 2020, art. 14, JO 30, entrée en vigueur le 01.05.2021)*** « R. 142-11 » du code de l'entrée et du séjour des étrangers en France pour vérifier la validité du titre de séjour, l'accès au marché du travail et le droit de s'inscrire ***(D. 2018-1335 du 28 déc. 2018, art. 7, 4°, JO 30, entrée en vigueur le 01.01.2019)*** « et de demeurer inscrit » sur la liste des demandeurs d'emploi ;

3° Le fichier national des comptes bancaires (FICOBA2), mentionné par l'article 2 de l'arrêté du 14 juin 1982 relatif à l'extension d'un système automatisé de gestion du fichier des comptes bancaires, pour vérifier que les coordonnées bancaires sont celles du demandeur d'emploi;

4° Les fichiers des organismes mentionnés aux 7° et 8° de l'article R. 5312-38;

5° Un fichier d'annonces légales, afin de vérifier si l'usager exerce un mandat social, et ainsi fiabiliser les données issues de la demande d'inscription sur la liste des demandeurs d'emploi, de la demande d'allocation de chômage ou de toute demande d'aide à l'emploi pouvant être accordée au demandeur d'emploi ou à l'employeur.

Art. R. 5312-42. Les catégories de données à caractère personnel traitées dans le système d'information sont:

1° Concernant les demandeurs d'emploi et salariés:

a) Données d'identification: numéro d'inscription au répertoire national d'identification des personnes physiques (NIR), noms, prénoms, sexe, date et lieu de naissance, adresse, domiciliation fiscale, nationalité, photographie de la personne, caractéristiques physiques pour les mannequins et artistes interprètes, numéros d'identifiant internes à Pôle emploi, régime de protection sociale, numéro d'enregistrement dans l'AGDREF2, date d'expiration et référence réglementaire du titre de séjour, numéros de téléphone, adresses de messagerie électronique;

b) Données relatives à la vie personnelle: situation familiale, nombre d'enfants à charge;

c) Données relatives à la vie professionnelle: formation, qualification, expérience professionnelle, périodes de travail, périodes et motifs d'inscription sur la liste des demandeurs d'emploi, caractéristiques des emplois recherchés, *curriculum vitae* correspondant au modèle téléchargeable sur le téléservice de Pôle emploi au titre du 2° de l'article R. 5312-39, projet personnalisé d'accès à l'emploi, suivi des actions menées avec le demandeur d'emploi ou le salarié, informations sur les contacts et relations entre le demandeur d'emploi ou le salarié et Pôle emploi, périodes d'indisponibilité pour la recherche d'un emploi, reconnaissance de la qualité de travailleur handicapé;

d) Données d'ordre économique et financier: coordonnées bancaires, revenus, allocations ou aides versées par Pôle emploi, périodes de perception de pensions d'invalidité ou vieillesse, d'indemnités journalières de sécurité sociale, d'allocations parentales liées à une suspension d'activité professionnelle ou toutes autres allocations ou prestations sociales, bénéfice du revenu de solidarité active, montant des pensions d'invalidité ou de retraites, charges et revenus du foyer, sommes indûment perçues;

e) Données relatives aux contentieux et à l'exécution des décisions liées à l'inscription et au suivi du demandeur d'emploi, à l'attribution et au versement des aides et allocations, à la discrimination, à la fausse déclaration et à la fraude;

f) Données relatives aux personnes sous main de justice aptes à exercer un emploi et disponibles dans un délai de six mois: données enregistrées sous une forme codifiée (PMJ), numéros d'écrou, catégories administratives du quartier d'affectation, dates de transfert, dates prévisibles et effectives de libération, dates d'éligibilité à un aménagement de peine, dates et types d'aménagement de peine demandés et décidés, dates de placement sous surveillance électronique et dates de fin de peine;

2° Concernant les huissiers et avocats: nom, prénom, adresse professionnelle, téléphone, adresse électronique;

3° Concernant les correspondants de Pôle emploi au sein des organismes de formation, des prestataires, des partenaires ou des entreprises: nom, prénom, adresse professionnelle, téléphone, adresse électronique, identification de l'entreprise;

4° Concernant les agents de Pôle emploi: nom, prénom, adresse professionnelle, téléphone et adresse électronique professionnels, identifiants de connexion et traces des actions effectuées.

Art. R. 5312-43. Les catégories de destinataires de tout ou partie des données à caractère personnel incluses dans le système d'information sont:

1° À raison de leurs attributions respectives et dans la stricte limite des informations dont ils ont à connaître dans le cadre de l'exercice de leurs missions:

a) Les membres du service public de l'emploi;

b) Les partenaires, organismes ou établissements liés à Pôle emploi par une convention;

c) Les collectivités territoriales compétentes en matière d'emploi, formation, orientation et insertion sociale;

d) Les organismes participant au financement de la formation professionnelle;

e) Les organismes de formation;

f) Les employeurs mentionnés à l'article L. 5424-1 dans le cadre de la gestion de l'assurance chômage de leurs anciens agents;

g) Les employeurs dans le cadre du placement et de la gestion des contrats aidés;

h) Les organismes de sécurité sociale et de retraite complémentaire;

i) Les huissiers et avocats;

j) Les services ministériels ou déconcentrés de l'État;

k) Les institutions des États membres de l'Union européenne compétentes pour la mise en œuvre du règlement portant sur la coordination des systèmes de sécurité sociale;

l) Le Fonds social européen;

2° Les demandeurs d'emploi pour les noms, prénoms, numéro de téléphone et l'adresse électronique professionnelle du conseiller chargé de leur accompagnement ou de leur indemnisation.

Art. R. 5312-44. Les données à caractère personnel et les informations enregistrées dans le système d'information sont conservées pendant une durée maximum de vingt années à compter de la cessation d'inscription sur la liste des demandeurs d'emploi, sans préjudice des durées de conservation fixées dans les traitements comportant une durée inférieure.

Les données à caractère personnel et les informations enregistrées dans le système d'information relatives à l'incarcération des personnes sous main de justice visées au *f* du 1° de l'article R. 5312-42 sont conservées pendant une durée de trois mois à compter de la fin de l'incarcération de ces personnes.

Pour toute personne ne sollicitant pas son inscription sur la liste des demandeurs d'emploi ayant accompli des démarches auprès de Pôle emploi en utilisant le téléservice mentionné à l'article R. 5312-39, les données à caractère personnel et les informations enregistrées sont conservées pendant une durée de treize mois à compter de l'absence d'utilisation du téléservice.

Art. R. 5312-45. Les droits d'accès et de rectification prévus par les articles 39 et 40 de la loi n° 78-17 du 6 janvier 1978 modifiée relative à l'informatique, aux fichiers et aux libertés s'exercent à l'agence Pôle emploi où ils sont inscrits pour les demandeurs d'emploi et, pour les autres personnes, auprès du correspondant informatique et libertés de Pôle emploi à la direction générale de Pôle emploi.

Note Voir instruction PE 2020-26 du 23 novembre 2020 (BO PE 2020-93 du 30.11.2020) relative au droit d'accès des personnes à leurs données à caractère personnel.

Art. R. 5312-46. Le droit d'opposition prévu à l'article 38 de la loi n° 78-17 du 6 janvier 1978 modifiée relative à l'informatique, aux fichiers et aux libertés ne s'applique pas au traitement visé à l'article R. 5312-38.

CHAPITRE III Maisons de l'emploi

Art. L. 5313-1. ***(L. 2008-126 du 13 févr. 2008, art. 16, JO 14)*** Les maisons de l'emploi, dont le ressort, adapté à la configuration des bassins d'emploi, ne peut excéder la région ou, en Corse, la collectivité territoriale, concourent à la coordination des politiques publiques et du partenariat local des acteurs publics et privés qui agissent en faveur de l'emploi, de la formation, de l'insertion et du développement économique.

À partir d'un diagnostic partagé, elles exercent notamment une mission d'observation de la situation de l'emploi et d'anticipation des mutations économiques.

Elles contribuent à la coordination des actions du service public de l'emploi et participent en complémentarité avec l'institution mentionnée à l'article L. 5312-1, les réseaux spécialisés et les acteurs locaux dans le respect des compétences des régions et des départements :

- à l'accueil, l'information, l'orientation et l'accompagnement des personnes à la recherche d'une formation ou d'un emploi ;
- au maintien et au développement de l'activité et de l'emploi ainsi qu'à l'aide à la création et à la reprise d'entreprise.

En lien avec les entreprises, les partenaires sociaux, les chambres consulaires et les branches professionnelles, elles contribuent au développement de la gestion territorialisée des ressources humaines. Elles mènent également des actions d'information et de sensibilisation aux phénomènes des discriminations à l'embauche et dans l'emploi ainsi que relatives à l'égalité professionnelle et à la réduction des écarts de rémunération entre les femmes et les hommes.

Les maisons de l'emploi qui respectent les missions qui leur sont attribuées bénéficient d'une aide de l'État selon un cahier des charges dans des conditions fixées par décret en Conseil d'État.

Art. L. 5313-2. Les maisons de l'emploi associent obligatoirement l'État, l' ***(L. 2008-126 du 13 févr. 2008, art. 16, JO 14)*** « institution mentionnée à l'article L. 5312-1 » et au moins une collectivité territoriale ou un établissement public de coopération intercommunale.

Art. L. 5313-3. ***(L. 2011-525 du 17 mai 2011, art. 119, JO 18)*** Les maisons de l'emploi peuvent prendre la forme de groupements d'intérêt public régis par le chapitre II de la loi n° 2011-525 du 17 mai 2011 de simplification et d'amélioration de la qualité du droit.

Art. L. 5313-5. Des décrets en Conseil d'État déterminent les conditions d'application du présent chapitre.

SECTION 1 (réglementaire). Actions d'information et de sensibilisation

Art. R. 5313-1. Les maisons de l'emploi mentionnées à l'article L. 5313-1 conduisent auprès des employeurs privés et publics des actions d'information et de sensibilisation aux phénomènes des discriminations à l'embauche et dans l'emploi.

Art. R. 5313-2. Les maisons de l'emploi et, pour les Français établis hors de France, les conseils consulaires conduisent auprès des employeurs privés et publics en activité dans leur ressort des actions d'information et de sensibilisation relatives à l'égalité professionnelle et à la réduction des écarts de rémunération entre les femmes et les hommes.

SECTION 2 (réglementaire). Aide de l'État et conventions

Art. R. 5313-3. *(D. 2009-1593 du 18 déc. 2009, JO 20, entrée en vigueur le 01.01.2010)* L'aide de l'État mentionnée à l'article L. 5313-1 est attribuée, par le préfet de région, aux maisons de l'emploi, pour la mise en œuvre, à partir d'un diagnostic territorial, des actions suivantes :

1° Participation à l'anticipation des mutations économiques ;

2° Contribution au développement de l'emploi local ;

3° Réduction des obstacles culturels ou sociaux à l'accès à l'emploi.

Cette aide ne peut être attribuée qu'à la condition que la maison de l'emploi se constitue sous forme d'association ou sous forme de groupement d'intérêt public.

Les membres fondateurs à titre obligatoire doivent disposer de la majorité des voix au sein du conseil d'administration et du bureau.

Art. R. 5313-4. *(D. 2009-1593 du 18 déc. 2009, JO 20, entrée en vigueur le 01.01.2010)* Les maisons de l'emploi ne peuvent bénéficier de l'aide de l'État que si elles remplissent les conditions figurant dans un cahier des charges, pris par arrêté du ministre chargé de l'emploi, qui précise les relations avec leurs partenaires et les modalités de leur financement par l'État.

Note Un arrêté du 18 décembre 2013 (JO 28, entrée en vigueur le 01.01.2014) porte avenant au cahier des charges des maisons de l'emploi annexé à l'arrêté du 21 décembre 2009 (JO 10).

Art. R. 5313-5. *(D. 2009-1593 du 18 déc. 2009, JO 20, entrée en vigueur le 01.01.2010)* La participation de l'État ne peut excéder un pourcentage du budget de fonctionnement de la maison de l'emploi et un plafond fixés par arrêté du ministre chargé de l'emploi.

L'aide de l'État ne peut porter que sur les dépenses de fonctionnement.

Art. R. 5313-6. *(D. 2009-1593 du 18 déc. 2009, JO 20, entrée en vigueur le 01.01.2010)* Une convention est conclue entre le préfet de région et la maison de l'emploi. Cette convention précise les objectifs à atteindre, les moyens mis en œuvre, la durée du conventionnement et le budget de la maison de l'emploi, ainsi que le montant et les conditions de contrôle de l'utilisation de l'aide allouée.

Le préfet de région présente la convention au conseil régional de l'emploi.

Art. R. 5313-7. *(D. 2009-1593 du 18 déc. 2009, JO 20, entrée en vigueur le 01.01.2010)* Les maisons de l'emploi adressent chaque année au préfet de région un compte rendu financier et un bilan d'activité mettant en évidence les contributions apportées au fonctionnement du service public de l'emploi et du marché de l'emploi sur leur territoire d'intervention.

SECTION 3 (réglementaire). Organisation sous forme de groupement d'intérêt public

Art. R. 5313-8. Lorsque la maison de l'emploi prend la forme d'un groupement d'intérêt public, elle est administrée par un conseil d'administration composé de représentants de ses membres constitutifs. Ce conseil élit son président en son sein.

Le directeur du groupement, nommé par le conseil d'administration, assure, sous l'autorité du conseil et de son président, le fonctionnement du groupement.

CHAPITRE IV Missions locales pour l'insertion professionnelle et sociale des jeunes

Art. L. 5314-1. Des missions locales pour l'insertion professionnelle et sociale des jeunes peuvent être constituées entre l'État, des collectivités territoriales, des établissements publics, des organisations professionnelles et syndicales et des associations.

Elles prennent la forme d'une association ou d'un groupement d'intérêt public. Dans ce dernier cas, elles peuvent recruter des personnels qui leur sont propres, régis par le présent code.

Note Le décret 2016-1371 du 12 octobre 2016 (JO 15), modifiant le décret 2013-727 du 12 août 2013 (JO 14), a créé une fonction de délégué ministériel aux missions locales, placé auprès du secrétaire général des ministères sociaux. Il définit ses missions. L'action du délégué ministériel s'appuie en particulier sur le programme national d'animation et d'évaluation du réseau des missions locales (*www.unml.info*), approuvé par les présidents des associations œuvrant pour l'animation des missions locales au niveau régional, qu'il est chargé d'élaborer et de mettre en œuvre.

Art. L. 5314-2. Les missions locales pour l'insertion professionnelle et sociale des jeunes, dans le cadre de leur mission de service public pour l'emploi, ont pour objet d'aider les jeunes de seize à vingt-cinq ans révolus à résoudre l'ensemble des problèmes que pose leur insertion professionnelle et sociale en assurant des fonctions d'accueil, d'information, d'orientation et d'accompagnement ***(L. 2014-288 du 5 mars 2014, art. 21, I, 8° et 27, II, JO 6, entrée en vigueur le 01.01.2015)*** «à l'accès à la formation professionnelle initiale ou continue, ou à un emploi».

Elles favorisent la concertation entre les différents partenaires en vue de renforcer ou compléter les actions conduites par ceux-ci, notamment pour les jeunes rencontrant des difficultés particulières d'insertion professionnelle et sociale.

(L. 2019-791 du 26 juil. 2019, art. 15, II, 2°, JO 28, entrée en vigueur le 01.09.2020) «Elles concourent à la mise en œuvre de l'obligation de formation définie à l'article L. 114-1 du code de l'éducation.»

Elles contribuent à l'élaboration et à la mise en œuvre, dans leur zone de compétence, d'une politique locale concertée d'insertion professionnelle et sociale des jeunes.

(L. 2016-41 du 26 janv. 2016, art. 6, JO 27) «À ce titre, les missions locales sont reconnues comme participant au repérage des situations qui nécessitent un accès aux droits sociaux, à la prévention et aux soins, et comme mettant ainsi en œuvre les actions et orientant les jeunes vers des services compétents qui permettent la prise en charge du jeune concerné par le système de santé de droit commun et la prise en compte par le jeune lui-même de son capital santé.»

(L. 2009-1437 du 24 nov. 2009, JO 25) «Les résultats obtenus par les missions locales en termes d'insertion professionnelle et sociale, ainsi que la qualité de l'accueil, de l'information, de l'orientation et de l'accompagnement qu'elles procurent aux jeunes sont évalués dans des conditions qui sont fixées par convention avec l'État, ***(L. 2014-288 du 5 mars 2014, art. 21, I, 8° et 27, II, JO 6, entrée en vigueur le 01.01.2015)*** «la région et les autres» collectivités territoriales qui les financent. Les financements accordés tiennent compte de ces résultats.»

Note

- Voir circulaire DGEFP 2007-26 du 12 octobre 2007 (BO TR 2007/11) relative au financement par l'État du réseau des missions locales et PAIO, circulaire DGEFP 2008-15 du 29 septembre 2008 (BO TR 2009/01) relative au financement des structures chargées du programme régional d'animation du réseau des missions locales et circulaire DGEFP 2011-03 du 19 janvier 2011 relative à la mise en œuvre des mesures en faveur de l'insertion professionnelle des jeunes. Voir également note sous article R. 5131-4.
- Voir l'accord-cadre du 11 février 2015 relatif au partenariat renforcé entre l'État, Pôle emploi, le conseil national des missions locales (CNML) et l'union nationale des missions locales (UNML) et ses avenants.
- Voir circulaire Premier ministre du 29 septembre 2015 relative aux relations partenariales entre les pouvoirs publics et les associations (NOR: PRMX1523174C).
- Voir instruction DGEFP/MIJ/2015/367 du 17 décembre 2015 relative à la mise en œuvre de la convention pluriannuelle d'objectifs entre l'État et les Missions locales pour la période 2015-2018 (NOR: ETSD1531622J). Elle définit le cadre de cette convention pluriannuelle d'objectifs et les principes de sa mise en œuvre, notamment au travers du cadre de référence du parcours d'accompagnement des jeunes en missions locales et du cadre rénové du pilotage des missions locales par les services de l'État.
- Voir instruction DGEFP/SDPAE/2017/331 du 28 novembre 2017 relative au conventionnement pluriannuel d'objectifs avec les associations régionales des missions locales (NOR: MTRD1733648J). Elle fixe, sur la base des fonctions structurelles de représentation et d'appui technique des associations régionales des missions locales (ARML), les objectifs qui pourront faire prioritairement l'objet d'un financement de l'État dans le cadre du droit à l'accompagnement rénové.

Art. L. 5314-4. Des décrets en Conseil d'État déterminent les conditions d'application du présent chapitre.

Art. D. 5314-0. ***(D. 2010-485 du 12 mai 2010, JO 13)*** Les missions locales pour l'insertion professionnelle et sociale des jeunes assurent par tout moyen à leur disposition une information sur le service civique créé par la loi n° 2010-241 du 10 mars 2010.

CHAPITRE V Établissement public chargé de la formation professionnelle des adultes

Note • Ce chapitre est issu de l'**ordonnance 2016-1519 du 10 novembre 2016**, JO 11, dont les dispositions sont entrées en vigueur à la date d'effet de la décision portant **dissolution de l'Association nationale pour la formation professionnelle des adultes (AFPA)**, soit le 1er janvier 2017 (décision du Conseil d'Administration et du Conseil d'Orientation de l'AFPA du 22 décembre 2016). **La loi 2017-204 du 21 février 2017, JO 22, a ratifié l'ordonnance 2016-1519** portant création au sein du service public de l'emploi de l'établissement public chargé de la formation professionnelle des adultes.

• L'ordonnance précitée acte la transformation de l'AFPA en établissement public à caractère industriel et commercial (EPIC). Les nouvelles missions de service public de cet EPIC, son organisation et son fonctionnement sont détaillées ainsi que les dispositions transitoires inhérentes à la dissolution de l'Association et à la création de ce nouvel établissement public chargé de la formation professionnelle des adultes au sein du service public de l'emploi (dévolution biens mobiliers et immobiliers, transfert des contrats de travail, prorogation des mandats des représentants élus du personnel, modalités d'arrêt des comptes de l'Association).

• Le **décret 2016-1539 du 15 novembre 2016**, JO 17, apporte des précisions sur l'organisation et le fonctionnement du nouvel établissement.

• Le Conseil d'Administration et le Conseil d'Orientation de l'Association nationale pour la formation professionnelle des adultes ont constaté, le 22 décembre 2016, le transfert universel du patrimoine de l'Association à l'EPIC (Agence nationale pour la formation professionnelle des adultes) ainsi que la dissolution de l'Association.

• L'**Agence nationale pour la formation professionnelle des adultes** (AFPA) se voit confier, principalement, quatre missions de service public :
– l'ingénierie de certification pour le compte du ministère du Travail et d'autres ministères certificateurs, ainsi que la certification de candidats formés par d'autres organismes de formation ;
– le repérage des compétences émergentes et la conception et l'expérimentation de formations anticipatrices ;
– le développement d'une expertise prospective de l'évolution des compétences sur le marché de l'emploi ;
– l'appui aux opérateurs chargés des activités de conseil en évolution professionnelle.

Art. L. 5315-1. Un établissement public de l'État à caractère industriel et commercial contribue au service public de l'emploi mentionné à l'article L. 5311-1. À ce titre :

1° Il participe à la formation et à la qualification des personnes les plus éloignées de l'emploi et contribue à leur insertion sociale et professionnelle ;

2° Il contribue à la politique de certification menée par le ministre chargé de l'emploi ;

3° Il contribue à l'égal accès des femmes et des hommes à la formation professionnelle et à la promotion de la mixité des métiers ;

4° Il contribue à l'égal accès, sur l'ensemble du territoire, aux services publics de l'emploi et de la formation professionnelle.

Note Voir arrêté du 28 décembre 2016 (JO 31) relatif à la liste des biens immobiliers transférés à l'établissement public chargé de la formation professionnelle des adultes.

Art. L. 5315-2. Dans le respect des compétences des régions chargées du service public régional de la formation professionnelle, l'établissement mentionné à l'article L. 5315-1 a également pour missions :

1° De contribuer à l'émergence et à l'organisation de nouveaux métiers et de nouvelles compétences, notamment par le développement d'une ingénierie de formation adaptée aux besoins ;

2° De développer une expertise prospective de l'évolution des compétences adaptées au marché local de l'emploi ;

3° De fournir un appui aux opérateurs chargés des activités de conseil en évolution professionnelle mentionné à l'article L. 6111-6 ;

4° D'exercer les activités qui constituent le complément normal de ses missions de service public et sont directement utiles à l'amélioration des conditions d'exercice de celles-ci, notamment :

a) En contribuant à la politique de certification de l'État exercée par d'autres ministres que celui chargé de l'emploi, en application du chapitre V du titre III du livre III de la deuxième partie du code de l'éducation ;

b) En participant à la formation des personnes en recherche d'emploi ;

c) En participant à la formation des personnes en situation d'emploi ;

Les activités prévues aux *b* et *c* sont mises en œuvre au moyen des filiales créées dans les conditions mentionnées à l'article L. 5315-6;

5° De contribuer au développement des actions de formation en matière de développement durable et de transition énergétique.

Note Le 5° de cet article a été modifié par la loi 2018-771 du 5 septembre 2018, art. 4, IV, 2°, JO 6; cette modification est applicable depuis le 1er janvier 2019 (loi précitée, art. 46, I).

Art. L. 5315-3. L'établissement public est dirigé par un directeur général nommé par décret, après avis [de la Commission nationale de la négociation collective, de l'emploi et de la formation professionnelle].

Il est administré par un conseil d'administration composé de représentants de l'État, des régions, des organisations syndicales de salariés et des organisations professionnelles d'employeurs représentatives au niveau national et interprofessionnel, de personnalités qualifiées et de représentants du personnel. Pour la détermination du nombre de représentants de cette dernière catégorie, il peut être dérogé au cinquième alinéa de l'article 5 de la loi n° 83-675 du 26 juillet 1983 relative à la démocratisation du secteur public.

À l'exception de son président, nommé par décret parmi les personnalités qualifiées, les membres du conseil d'administration sont nommés par arrêté des ministres de tutelle.

Les représentants de l'État et des régions disposent chacun d'au plus deux voix.

Art. L. 5315-4. Un médiateur national est chargé au sein de l'établissement public d'instruire les réclamations individuelles des usagers, sans préjudice des voies de recours existantes.

Le médiateur national est le correspondant du Défenseur des droits.

Art. L. 5315-5. Les ressources de l'établissement public sont constituées par des dotations de l'État, des redevances pour service rendu, le produit des ventes et des locations ainsi que par des emprunts autorisés, dons et legs et recettes diverses.

Les dotations de l'État sont calculées pour compenser au plus la charge financière des missions et sujétions de service public résultant de l'application de l'article L. 5315-1 et des 1° à 3° et du *a* du 4° de l'article L. 5315-2.

Art. L. 5315-6. L'établissement public peut créer des filiales ou prendre des participations dans des sociétés, groupements ou organismes en vue de réaliser toute opération utile à ses missions.

Art. L. 5315-7. Les biens de l'établissement public relèvent de son domaine privé. Ils peuvent être librement gérés et aliénés dans les conditions du droit commun.

Lorsqu'un bien appartenant à l'établissement public est nécessaire à la bonne exécution de ses missions de service public ou au développement de celles-ci, l'État peut s'opposer à la disposition de ce bien par cession ou apport sous quelque forme que ce soit, à la création d'une sûreté sur ce bien, ou subordonner la cession, la réalisation de l'apport ou la création de la sûreté à la condition qu'elle ne soit pas susceptible de porter préjudice à l'accomplissement de ces missions. Est nul de plein droit tout acte de cession, apport ou création de sûreté réalisé sans que l'État ait été mis à même de s'y opposer, en violation de son opposition ou en méconnaissance des conditions fixées à la réalisation de l'opération.

Le produit des cessions des biens immobiliers transférés à l'établissement public, mentionnés dans l'arrêté prévu à l'article 2 de l'ordonnance n° 2016-1519 du 10 novembre 2016 est exclusivement réservé au financement des investissements destinés à l'exercice de la mission de service public prévue au 4° de l'article L. 5315-1 ou, à défaut, affecté au budget de l'État.

Il en est de même des produits des cessions des biens immobiliers financés en remploi du produit des ventes des biens visés au troisième alinéa.

Toutefois les produits issus de la réalisation des sûretés réelles portant sur des biens mentionnés au troisième alinéa sont destinés aux créanciers.

Art. L. 5315-8. Les organismes de formation bénéficiant d'une habilitation au titre de l'article L. 6121-2-1 ont accès aux locaux et équipements de l'établissement public dans des conditions objectives, transparentes et non discriminatoires, selon des modalités fixées par une convention signée entre l'État, la région et l'établissement public.

Cette convention est conforme à la stratégie coordonnée de la région et de l'État prévue à l'article L. 6123-4-1.

Cette convention est conclue dans le respect d'un cahier des charges défini par décret en Conseil d'État qui fixe notamment les modalités du versement par l'organisme bénéficiaire à l'établissement public d'une redevance pour service rendu. Cette redevance est fixée en fonction du coût d'entretien et de fonctionnement des installations, après déduction des coûts liés aux actifs immobiliers mentionnés à l'article L. 5315-7.

Art. L. 5315-9. Pour la mise en œuvre des dispositions prévues au 2° de l'article L. 5315-1 et au 1° de l'article L. 5315-2, les organismes de formation concourant au service public régional de la formation professionnelle défini à l'article L. 6121-2 ont accès aux locaux et équipements mentionnés à l'article L. 5315-7 dans des conditions objectives, transparentes et non discriminatoires selon un cahier des charges, défini par décret en Conseil d'État. Ce cahier des charges détermine notamment les modalités du versement par l'organisme bénéficiaire d'une redevance pour service rendu à l'établissement public.

Art. L. 5315-10. Un décret en Conseil d'État définit les modalités d'application du présent chapitre.

SECTION 1 (réglementaire). Organisation et fonctionnement

Note Les sections 1 et 2 sont issues du décret 2016-1539 du 15 novembre 2016, JO 17, dont les dispositions sont entrées en vigueur à la date d'effet de la décision portant dissolution de l'Association nationale pour la formation professionnelle des adultes, soit le 01.01.2017.

Sous-section 1. Conseil d'administration

Art. R. 5315-1. L'établissement mentionné à l'article L. 5315-1 est placé sous la tutelle conjointe des ministres chargés de l'emploi, de la formation professionnelle et du budget.

Art. R. 5315-2. Le conseil d'administration de l'établissement est composé des membres suivants:

1° Neuf représentants de l'État, disposant chacun de deux voix, désignés selon les modalités suivantes:

a) Deux représentants désignés par le ministre chargé de l'emploi;

b) Deux représentants désignés par le ministre chargé du budget;

c) Un représentant désigné par le ministre chargé de la formation professionnelle;

d) Un représentant désigné par le ministre chargé de l'économie;

e) Un représentant désigné par le ministre chargé de l'éducation nationale;

f) Un représentant désigné par le ministre chargé des affaires sociales;

g) Un représentant désigné par le ministre chargé de l'intérieur;

2° Quatre personnalités qualifiées, dont au moins une personne choisie parmi les représentants des usagers, nommées sur proposition conjointe des ministres chargés de l'emploi, de la formation professionnelle et du budget;

3° Quatre représentants élus des conseils régionaux, nommés sur proposition de l'Association des régions de France. Chaque représentant dispose de deux voix;

4° Un représentant de chaque organisation syndicale de salariés représentative au plan national et interprofessionnel, désigné par chacune d'elles;

5° Un représentant de chaque organisation professionnelle d'employeurs représentative au plan national et interprofessionnel, désigné par chacune d'elles;

6° Deux représentants du personnel, désignés dans les conditions prévues au chapitre II du titre II de la loi n° 83-675 du 26 juillet 1983 relative à la démocratisation du secteur public.

Les membres mentionnés au 1° peuvent se faire représenter.

La durée du mandat des membres du conseil d'administration est de cinq ans renouvelable une fois.

(D. 2018-660 du 26 juil. 2018, JO 27) «Le président du conseil d'administration ne peut être âgé de plus de soixante-dix ans le jour de sa nomination.»

Le directeur général, l'autorité chargée du contrôle économique et financier et le secrétaire du ***(D. 2017-1819 du 29 déc. 2017, art. 3, 35°, JO 30, entrée en vigueur le 01.01.2018)*** «comité social et économique central» participent aux séances du conseil d'administration avec voix consultative.

Art. R. 5315-3. Le conseil d'administration règle les affaires de l'établissement. Il délibère notamment sur:

1° Les orientations annuelles et pluriannuelles, notamment celles prévues dans le contrat d'objectifs et de performance signé entre l'État et l'établissement public, représenté, sur son autorisation, par le président et le directeur général;

2° Les plans de développement des activités, les mesures destinées à favoriser l'insertion, la qualification et à accompagner la promotion et la mobilité des personnes, qu'elles disposent ou non d'un emploi;

3° Les conditions de mise en œuvre par l'établissement des dispositifs des politiques publiques concourant au service public de l'emploi pour le compte de l'État selon les orientations fixées par le contrat d'objectifs et de performance ;

4° La nature des conventions soumises à délibération préalable et spéciale du conseil, dans la limite, le cas échéant, d'un montant qu'il détermine ;

5° Les conditions générales d'organisation et de fonctionnement de l'établissement, en particulier la création ou la suppression de filiales ;

6° Le programme des implantations territoriales ;

7° Les projets d'achat d'immeubles et les baux à long terme ;

8° Les projets d'aliénation de biens immobiliers ;

9° Les conditions générales d'emploi et de rémunération du personnel ;

10° Le règlement intérieur de l'établissement ;

11° Les règlements intérieurs du conseil d'administration et de ses comités mentionnés à l'article R. 5315-5 ;

12° Le rapport annuel d'activité et le rapport social ;

13° Le budget initial, les autorisations d'emplois ainsi que leurs rectifications ;

14° Les comptes annuels ;

15° Les emprunts autorisés et encours maximum des crédits de trésorerie ;

16° L'octroi de cautions, garanties et autres sûretés personnelles ;

17° La constitution de sûretés sur les biens de l'établissement public ;

18° L'acceptation des dons et legs ;

19° Les prises de participation financière, de participation à des groupements d'intérêt économique, groupements d'intérêt public et organismes ;

20° La nature des actions en justice, des transactions et des remises de dette pour lesquelles le directeur général peut agir sans délibération préalable et spéciale du conseil, dans la limite, le cas échéant, d'un montant que le conseil détermine ;

21° La désignation des commissaires aux comptes ;

22° Les principes de présentation de la comptabilité analytique prévue à l'article R. 5315-10, qu'il approuve après avis du comité d'audit mentionné au 1° de l'article R. 5315-5.

Après avis du comité d'audit mentionné au 1° de l'article R. 5315-5, le conseil d'administration examine lors de chaque réunion, le compte rendu d'activité et de gestion de l'établissement préparé par le directeur général.

Note • Voir arrêtés du 29 décembre 2017 (JO 5 janv. 2018) portant approbation de la décision de l'établissement public chargé de la formation professionnelle des adultes de réaliser un apport à la société AFPA Entreprises, s'accompagnant d'une prise de participation financière de l'établissement public chargé de la formation professionnelle des adultes au capital d'AFPA Entreprises et portant approbation de la décision de l'établissement public chargé de la formation professionnelle des adultes de réaliser un apport à la société AFPA Accès à l'Emploi, s'accompagnant d'une prise de participation financière de l'établissement public chargé de la formation professionnelle des adultes au capital d'AFPA Accès à l'Emploi.

• Il résulte de cet article que le «contrat d'objectifs et de performance» visé au 1° a notamment pour objet de formaliser les relations entre un établissement public de l'État et son autorité de tutelle. Un tel acte relève, par nature, de la compétence du juge administratif (CE 25 septembre 2019, n° 428508).

Art. R. 5315-4. Le président du conseil d'administration :

1° Préside les débats du conseil d'administration. Il a voix prépondérante en cas de partage égal des voix ;

2° Convoque le conseil d'administration, arrête son ordre du jour sur proposition du directeur général, signe les procès-verbaux des séances du conseil d'administration et veille à ce qu'ils soient adressés sans délai aux ministres de tutelle ;

3° S'assure de la mise en œuvre de ses délibérations, dont le directeur général rend compte régulièrement ;

4° Signe, conjointement avec le directeur général, le contrat d'objectifs et de performance mentionné au 1° de l'article R. 5315-2.

Art. R. 5315-5. Afin d'assister le président du conseil d'administration et le directeur général dans la conduite de l'établissement, sont institués au sein du conseil d'administration :

1° Un comité d'audit ;

2° Un comité stratégique ;

3° Un comité des nominations et des rémunérations.

Les membres de chaque comité sont désignés par le conseil d'administration sur proposition du président. L'autorité chargée du contrôle économique et financier assiste aux réunions de ces comités.

Art. R. 5315-6. Le conseil d'administration se réunit sur convocation de son président au moins trois fois par an.

Il est en outre réuni de plein droit, à la demande écrite d'un tiers de ses membres ou à celle de l'un des ministres de tutelle, sur les points de l'ordre du jour déterminés par eux, dans le délai d'un mois suivant la demande.

L'ordre du jour ainsi que les documents nécessaires à la préparation des questions devant faire l'objet d'une délibération sont portés à la connaissance des membres du conseil d'administration au moins dix jours avant la réunion, sauf en cas d'urgence motivée. Dans ce cas, le délai ne peut être inférieur à quarante-huit heures.

Le conseil d'administration délibère valablement si la moitié au moins de ses membres sont présents.

Le conseil d'administration entend les ministres de tutelle à leur demande.

Le conseil d'administration, à son initiative ou à celle de son président, peut entendre toute personne dont l'audition lui paraît utile.

Lorsque le conseil d'administration délibère sur une décision dans laquelle un des membres a, directement ou indirectement, un intérêt quelconque, le membre intéressé n'assiste pas à la délibération. Les délibérations prises en violation de cette obligation sont nulles de plein droit.

Il est établi un procès-verbal de chaque séance du conseil d'administration.

Le mandat d'administrateur est gratuit, sans préjudice du remboursement par l'établissement public des frais exposés pour l'exercice de ce mandat.

Art. R. 5315-7. Sous réserve de l'alinéa suivant et des dispositions de l'article R. 5315-12 en ce qui concerne les délibérations relevant du 8° de l'article R. 5315-3, les délibérations du conseil d'administration sont exécutoires quinze jours après leur réception par les ministres de tutelle si ceux-ci ne s'y sont pas opposés. Elles peuvent être immédiatement exécutées, en cas d'urgence déclarée par le conseil d'administration, après autorisation des ministres de tutelle.

Les délibérations relevant des 4°, 6°, 7°, 9°, 13°, 14°, 15°, 16°, 19° et 20° de l'article R. 5315-3 sont exécutoires après approbation conjointe des ministres de tutelle. Dans le cas où aucune décision expresse n'a été notifiée dans le délai d'un mois après leur réception par ces autorités, ces décisions sont réputées approuvées. Lorsqu'un ministre de tutelle demande par écrit des informations ou documents complémentaires, ce délai est suspendu jusqu'à la production de ces informations ou documents.

Sous-section 2. Directeur général

Art. R. 5315-8. Le directeur général est nommé par décret sur proposition conjointe des ministres de tutelle.

Le directeur général :

1° Prépare, cosigne et exécute le contrat d'objectifs et de performance prévu au 1° de l'article R. 5315-3 ;

2° Prépare les délibérations du conseil d'administration et en assure l'exécution ;

3° Prépare et exécute le budget de l'établissement ;

4° Est ordonnateur des recettes et des dépenses ;

5° A autorité sur l'ensemble des personnels de l'établissement et en assure la gestion. À ce titre, il recrute, nomme et gère le personnel ;

6° Préside le ***(D. 2017-1819 du 29 déc. 2017, art. 3, 35°, JO 30, entrée en vigueur le 01.01.2018)*** « comité social et économique central » ;

7° Conclut les conventions et marchés se rapportant aux missions de l'établissement dans les limites fixées par le conseil d'administration ;

8° Représente l'établissement en justice et dans les actes de la vie civile dans les conditions prévues par le conseil d'administration en application du 20° de l'article R. 5315-3 ;

9° Établit le rapport annuel d'activité ainsi que le rapport social ;

10° Rend compte de sa gestion au conseil d'administration.

Il peut déléguer sa signature aux personnels placés sous son autorité.

Sous-section 3. Règles financières et comptables

Art. R. 5315-9. L'établissement public est soumis :

1° En matière de gestion financière et comptable, aux règles applicables aux entreprises industrielles et commerciales ;

2° Au contrôle économique et financier de l'État, dans les conditions fixées par les décrets n° 53-707 du 9 août 1953 relatif au contrôle de l'État sur les entreprises publiques nationales et certains organismes ayant un objet d'ordre économique ou social et n° 55-733 du 26 mai 1955 relatif au contrôle économique et financier de l'État ;

3° Au contrôle de la Cour des comptes.

Note Voir arrêté du 8 mars 2017 (JO 18) fixant les modalités spéciales d'exercice du contrôle économique et financier de l'État sur l'établissement public chargé de la formation professionnelle des adultes.

Art. R. 5315-10. L'établissement public tient une comptabilité analytique permettant de répondre aux exigences de gestion des services d'intérêt économique général et d'évaluation des obligations de service public donnant lieu à compensation.

Art. R. 5315-11. Le budget de l'établissement comporte un compte de résultat prévisionnel et un état prévisionnel de l'évolution de la situation patrimoniale en droits constatés. Les crédits concernant les dépenses de personnel, à l'exception des personnels recrutés à titre temporaire ou occasionnel, sont limitatifs.

Dans le cas où, avant le début de l'exercice, le budget n'a pas été voté par le conseil d'administration ou n'a pas été approuvé par les ministres de tutelle à la date d'ouverture de l'exercice, l'ordonnateur peut être autorisé par les ministres de tutelle à exécuter temporairement les opérations de recettes et de dépenses strictement nécessaires à la continuité de l'activité.

Art. R. 5315-12. Les projets de cession, d'apport ou de création de sûreté portant sur un bien mentionné au deuxième alinéa de l'article L. 5315-7 sont communiqués aux ministres de tutelle, accompagnés du projet de convention avec le cessionnaire, le destinataire de l'apport ou le bénéficiaire de la sûreté. Ces ministres disposent d'un délai de trois mois à compter de la réception du projet pour faire connaître leur décision conjointe, soit d'approbation, soit d'opposition motivée ou, le cas échéant, les conditions particulières auxquelles ils subordonnent la réalisation de l'opération. Dans le cas où aucune décision expresse n'a été notifiée dans le délai précité après leur réception, ces projets sont réputés rejetés.

Concernant les biens meubles, un arrêté conjoint des ministres de tutelle détermine les conditions dans lesquelles il peut être dérogé à ces dispositions.

Note Voir arrêté du 19 février 2020 (JO 3 mars) relatif aux dérogations au contrôle de l'État sur les cessions, apports et constitution de sûretés des biens meubles de l'établissement public chargé de la formation professionnelle des adultes.

Sous-section 4. Organisation territoriale

Art. R. 5315-13. L'établissement public est composé d'une direction nationale et de directions régionales.

Le directeur régional est placé sous l'autorité du directeur général. Pour les activités conduites dans le cadre du service public de l'emploi, il rend également compte au préfet de région et au comité régional de l'emploi, de la formation et de l'orientation professionnelles mentionné à l'article L. 6123-3.

SECTION 2 (réglementaire). Médiateur

Art. R. 5315-14. Le médiateur mentionné à l'article L. 5315-4 remet chaque année au conseil d'administration de l'établissement un rapport dans lequel il formule les propositions qui lui paraissent de nature à améliorer le fonctionnement du service rendu aux usagers. Ce rapport est transmis aux ministres chargés de l'emploi, de la formation professionnelle et du budget et au Défenseur des droits.

En dehors de celles qui mettent en cause l'établissement public, les réclamations qui relèvent de la compétence du Défenseur des droits sont transmises directement à ce dernier.

La saisine du Défenseur des droits, dans son champ de compétences, met fin à la procédure de réclamation.

TITRE II PLACEMENT

CHAPITRE Ier Principes

Art. L. 5321-1. L'activité de placement consiste à fournir, à titre habituel, des services visant à rapprocher les offres et les demandes d'emploi, sans que la personne assurant cette activité ne devienne partie aux relations de travail susceptibles d'en découler.

(L. 2010-853 du 23 juil. 2010, art. 29, JO 24) «La fourniture de services de placement peut être exercée à titre lucratif. Les entreprises de travail temporaire peuvent fournir des services de placement au sens du présent article.»

Note Sur l'articulation des concepts de placement et de recrutement, voir le rapport remis au ministre du Travail, de l'Emploi et de la Formation professionnelle par le professeur G. Lyon-Caen, «Les libertés publiques et l'emploi» (décembre 1991). Voir également «Le service public de l'emploi et la jurisprudence de la CJCE», Y. Rousseau, Dr. Soc. 2002, p. 974 et «Avons-nous besoin d'agences privées d'emploi ?», A. de la Tour et Y. Rousseau, RDT, octobre 2008, 568.

Art. L. 5321-2. Aucun service de placement ne peut être refusé à une personne à la recherche d'un emploi ou à un employeur fondé sur l'un des motifs de discrimination énumérés à l'article L. 1132-1. Aucune offre d'emploi ne peut comporter de référence à l'une des caractéristiques mentionnées à cet article.

Note • **Discrimination.** L'article 225-2 c. pén. (ancien article 416) prévoit que «la discrimination définie à l'article 225-1» (toute distinction opérée entre les personnes physiques ou morales, sur le fondement de leur origine, de leur sexe, de leur situation de famille, de leur grossesse, de leur apparence physique, de la particulière vulnérabilité résultant de leur situation économique, apparente ou connue de son auteur, de leur patronyme, de leur lieu de résidence, de leur état de santé, de leur perte d'autonomie, de leur handicap, de leurs caractéristiques génétiques, de leurs mœurs, de leur orientation sexuelle, de leur identité de genre, de leur âge, de leurs opinions politiques, de leurs activités syndicales, de leur capacité à s'exprimer dans une langue autre que le français, de leur appartenance ou de leur non-appartenance, vraie ou supposée, à une ethnie, une Nation, une prétendue race ou une religion déterminée – voir exceptions art. 225-3) «commise à l'égard d'une personne physique ou morale, est punie de trois ans d'emprisonnement et de 45 000 € d'amende lorsqu'elle consiste… 3° À refuser d'embaucher, à sanctionner ou à licencier une personne; … 5° À subordonner une offre d'emploi (…) à une condition fondée sur l'un des éléments visés à l'article 225-1 ou prévue à l'article 225-1-1». Voir «La recherche de main-d'œuvre», Cahier RF 1116, § 14 et s., juillet 2020.

Exemple: pas de référence à la nationalité. L'offre d'emploi ne peut pas indiquer qu'une personne de telle nationalité est recherchée (ex.: nationalité française). Elle ne peut donc pas demander de «fournir une carte d'électeur» car cela implique que la personne doit être française, le droit de vote étant réservé aux nationaux et, dans une certaine mesure, aux ressortissants de l'Union européenne (cass. crim. 20 janvier 2009, n° 08-83710, B. crim. n° 19; RJS 4/09 n° 311; D. 2009 EC 997, note S. Detraz; JCP éd. S 2009, 1266, note Fr. Bousez). Il convient aussi d'être attentif aux mentions demandant un certain niveau linguistique (ex.: bilingue russe ou langue maternelle française). Cela peut être constitutif d'une discrimination indirecte fondée sur la nationalité si cette exigence professionnelle n'est pas nécessaire pour le poste (CA Chambéry 9 juin 2011, n° 10-2311).

La recherche d'animatrices commerciales sur la base de critères d'origine et de couleur (profil BBR «Bleu Blanc Rouge», indiquant que la personne recrutée ne devait pas être typée mais être de «race blanche»), alors que les produits à promouvoir ne justifiaient pas l'exclusion de ces personnes, constitue le délit d'offre d'emploi discriminatoire au sens de l'article L. 225-2, 5° c. pén. et non le délit de refus d'embauche (art. L. 225-2, 3° c. pén) en l'absence de victimes suffisamment identifiées. La responsabilité pénale des sociétés a pu être retenue au regard d'agissements commis par les représentants des personnes morales poursuivies et pour leur compte (cass. crim. 23 juin 2009, n° 07-85.109, B. crim. n° 126; JCP éd. S 2009, act. 417; RJS 10/09 n° 819; JSL n° 263, 5 octobre 2009, p. 16: "Le délit d'offre d'emploi discriminatoire est caractérisé par la mention BBR", J-E Tourreil; JCP éd. S 2009, 1502, note Y. Pagnerre; Dr. Soc. 2009, pp. 1171 et s.: "L'imputation du délit de discrimination à la personne morale - À propos de l'indépendance des culpabilités", Fr. Duquesne). Voir également cass. crim. 30 septembre 2008, n° 07-87.734, B. crim. n° 199; RDT, février 2009, CH, 109, P. Eckly.

• Pour promouvoir l'**égalité dans les recrutements**, les intermédiaires de l'emploi (Pôle emploi, APEC, Confédération nationale handicap et emploi des organismes de placement spécialisés, Conseil national des missions locales, Prism'emploi, Syntec conseil en recrutement, À compétences égales) ont signé le 7 octobre 2013 avec le Défenseur des droits une charte d'engagements pour une politique active de promotion de l'égalité des chances et de refus des pratiques discriminatoires (site: *www.defenseurdesdroits.fr*).

• La circulaire DGEFP 98-36 du 21 octobre 1998 (BO TR 98/21) relative à la lutte contre les discriminations raciales sur le marché du travail demandait à l'ANPE [Pôle emploi] de veiller à ne répondre à aucune offre d'emploi discriminatoire, à n'en diffuser aucune et à saisir le procureur en cas de difficulté. Doit être, comme complice, condamné aux mêmes peines que celles infligées aux employeurs auteurs d'offres d'emploi discriminatoires (exclusion des demandeurs d'origine nord-africaine) le directeur de l'ANPE qui laisse afficher dans les locaux de l'agence qu'il dirige de telles offres dont il ne pouvait méconnaître le caractère discriminatoire (cass. crim. 18 juillet 1985, JS 1985, F 87; 30 janvier 1990, n° 86-92.690).

• Sur la **protection des candidats à l'embauche lors des procédures de recrutement**, voir également art. L. 1121-1, L. 1132-1, L. 1221-6, 8 et 9 et L. 1222-2, 3 et 4 CT, et accord national interprofessionnel sur la diversité dans l'entreprise du 11 octobre 2006, étendu par arrêté du 22 février 2008 (JO 1er mars).

Art. L. 5321-3. Aucune rétribution, directe ou indirecte, ne peut être exigée des personnes à la recherche d'un emploi en contrepartie de la fourniture de services de placement, sous réserve des dispositions:

1° *(Ord. 2015-1682 du 17 déc. 2015, art. 15, JO 18, entrée en vigueur le 01.01.2016)* «De l'article L. 7121-9», relatives aux conditions de placement, à titre onéreux, des artistes du spectacle;

2° De l'article L. 222-6 du code du sport, relatives aux conditions d'exercice de l'activité d'agent sportif.

CHAPITRE II Rôle des collectivités territoriales

Art. L. 5322-1. Dans les localités où il n'existe pas de bureau de l' *(L. 2008-126 du 13 févr. 2008, JO 14)* «institution mentionnée à l'article L. 5312-1» ou de bureau des organismes ayant conclu une convention avec l' *(L. 2008-126 du 13 févr. 2008, JO 14)* «institution mentionnée à l'article L. 5312-1» en application des dispositions de l'article L. 5312-3, les maires sont chargés de recevoir et de consigner les déclarations des demandeurs d'emploi et de les transmettre à ces organismes ou, en l'absence de convention, à l' *(L. 2008-126 du 13 févr. 2008, JO 14)* «institution mentionnée à l'article L. 5312-1».

Note L'action en responsabilité du chef du refus du maire d'une commune dépourvue d'agence locale pour l'emploi de recevoir la demande d'inscription formulée par un demandeur d'emploi doit être dirigée à l'encontre de l'État (CE 6 février 1998, n° 176922, RJS 5/98 n° 624).

Art. L. 5322-2. Les communes peuvent recevoir des offres d'emploi et réaliser des opérations de placement en faveur de leurs administrés à la recherche d'un emploi, après avoir conclu à cet effet une convention avec l'État et l' *(L. 2008-126 du 13 févr. 2008, JO 14)* «institution mentionnée à l'article L. 5312-1».

Art. L. 5322-3. À leur demande, les maires, pour les besoins du placement ou pour la détermination des avantages sociaux auxquels peuvent prétendre les intéressés, ont communication de la liste des demandeurs d'emploi domiciliés dans leur commune.

Art. L. 5322-4. Des décrets en Conseil d'État déterminent les conditions d'application du présent chapitre, notamment les conditions de transmission aux maires de la liste des demandeurs d'emploi inscrits sur leur commune, en application de l'article L. 5322-3.

Art. R. 5322-1. Lorsqu'une commune souhaite réaliser des opérations de placement, elle adresse sa demande de convention au préfet et à *(D. 2014-524 du 22 mai 2014, art. 16, JO 24)* «Pôle emploi».

Une copie de la délibération du conseil municipal autorisant le maire à conclure une convention avec *(D. 2014-524 du 22 mai 2014, art. 16, JO 24)* «l'établissement» et l'État est jointe à la demande.

Art. R. 5322-2. Le projet de convention est soumis par le préfet à l'avis de l'instance paritaire régionale prévue à l'article L. 5312-10.

Art. R. 5322-3. La convention par laquelle une commune devient correspondant de *(D. 2014-524 du 22 mai 2014, art. 16, JO 24)* «Pôle emploi», est conclue compte tenu des moyens que la commune est disposée à mettre en œuvre au profit des usagers du service public du placement.

Cette convention est signée par le préfet et par le directeur régional.

Art. R. 5322-4. Lorsque des informations sont communiquées au maire au titre de l'article L. 5322-3, elles comprennent les noms, prénoms et adresses des demandeurs d'emploi et, le cas échéant, l'indication qu'un revenu de remplacement mentionné à l'article L. 5421-1 est versé.

Art. R. 5322-5. Les informations reçues par le maire en application de l'article L. 5322-3 ne peuvent être partagées par lui qu'avec ses adjoints ayant reçu délégation en matière de placement, ou d'attribution d'avantages sociaux ainsi qu'avec les services municipaux compétents dans l'un de ces domaines.

Art. R. 5322-6. Les dépenses occasionnées par la communication au maire de la liste des demandeurs d'emploi sont réparties entre *(D. 2014-524 du 22 mai 2014, art. 16, JO 24)* «Pôle emploi» et la commune dans les conditions fixées par arrêté des ministres chargés des collectivités locales, du budget et de l'emploi.

CHAPITRE III (réglementaire) Placement privé

Note • La loi 2010-853 du 23 juillet 2010, art. 29 (JO 24) a abrogé les articles L. 5323-2 et L. 5323-3. L'article L. 5324-1 (ancien) a été renuméroté en L. 5323-1 dans le nouveau chapitre III «Contrôle» (ancien chapitre IV). Les dispositions réglementaires relatives à la déclaration préalable d'exercice d'une activité de placement ont été abrogées par le décret 2012-539 du 20 avril 2012 (JO 22).

• La Convention 181 de l'OIT relative aux agences d'emploi privées adoptée à Genève le 19 juin 1997 (entrée en vigueur le 10 mai 2000) et ratifiée par la France par la loi 2015-278 du 13 mars 2015 a été publiée au *Journal officiel* du 1er décembre 2016 (décret 2016-1629 du 29 novembre 2016). Elle énonce les principes généraux régissant l'activité des agences d'emploi privées. L'objet de la convention 181 de l'OIT ne se limite pas aux seules agences de placement, mais donne une définition englobante des agences d'emploi privées. Aux termes de cette convention, les agences d'emploi privées désignent toute personne physique ou morale, indépendante des autorités publiques, qui fournit un ou plusieurs des services suivants :
– services visant à rapprocher offres et demandes d'emploi, sans que l'agence d'emploi privée ne devienne partie aux relations de travail susceptibles d'en découler. Il s'agit ici des services de placement, au sens de la législation et de la jurisprudence française ;
– services consistant à employer des travailleurs dans le but de les mettre à la disposition de tierce personne physique ou morale qui fixe leurs tâches et en supervise l'exécution. Il s'agit là de l'activité exercée par les entreprises de travail temporaire (ETT) dont le régime est en droit français prévu par les articles L. 1251-1 et s. Ces services ne sont pas considérés par la loi française comme une activité de placement, mais comme une activité de mise à disposition de travailleurs. Toutefois, les ETT, en vertu de la réglementation en vigueur, peuvent également exercer une activité de placement ;
– autres services ayant trait à la recherche d'emplois tel que la fourniture d'informations, sans pour autant viser à rapprocher une offre et une demande spécifiques. Il s'agit ici des différents services d'aides à la recherche d'emploi (y compris les services externalisés par Pôle emploi et mis en œuvre par ses prestataires) ou au recrutement qui ne font pas, en l'état du droit, l'objet d'un régime particulier.

La convention 181 autorise la création d'agences d'emploi privées mais elle exige la détermination d'un cadre juridique et des conditions d'exercice de leurs activités garantissant une protection adéquate aux travailleurs faisant usage de leurs services. Elle énonce un principe de non discrimination des travailleurs à l'accès aux services des agences d'emploi privées, tout en prévoyant la possibilité à ces agences de se spécialiser ou d'offrir des services spécifiques aux travailleurs les plus défavorisés. La convention énonce également un principe d'interdiction de mise à la charge des travailleurs des frais des services fournis, en prévoyant des dérogations nationales à ce principe pour des catégories de services spécifiquement identifiés et dès lors que ces dérogations sont motivées par l'intérêt des travailleurs concernés. La convention oblige à définir des conditions propres à promouvoir la coopération entre le service public de l'emploi et les agences d'emploi privées et définit également une obligation statistique à la charge des agences privées (étude d'impact, loi 2015-278 du 13 mars 2015).

• Voir « La recherche de main d'œuvre », Cahier RF 1116, §§ 8 et s., juillet 2020.

SECTION 1. Transmission d'informations

Art. R. 5323-7. L'agence de placement privée adresse régulièrement au préfet des renseignements d'ordre statistique sur son activité de placement.

Art. R. 5323-8. L'organisme de droit privé exerçant une fonction de placement adresse au préfet chaque année, avant le 31 mars de l'année suivante, et selon un modèle fixé par arrêté du ministre chargé de l'emploi :

1° Le chiffre d'affaires relatif au placement, réalisé sur l'année écoulée, rapporté s'il y a lieu au chiffre d'affaires total ;

2° Le nombre des personnes à la recherche d'un emploi, réparties selon le sexe et l'âge :

a) Reçues au cours de l'année ;

b) Placées au cours de l'année ;

c) Inscrites dans les fichiers de l'organisme au 31 décembre.

Note Le 1er alinéa de cet article a été modifié par le décret 2012-539 du 20 avril 2012, JO 22.

Art. R. 5323-9. L'organisme privé de placement peut collecter les données à caractère personnel relatives aux personnes à la recherche d'un emploi dans la mesure où elles sont nécessaires à l'activité de placement, à l'exception du numéro d'inscription au répertoire national d'identification des personnes physiques.

Art. R. 5323-10. La collecte, l'utilisation, la conservation et la transmission des données à caractère personnel sont réalisées dans le respect du principe de non-discrimination mentionné aux articles L. 1132-1 à L. 1132-4 et de la loi n° 78-17 du 6 janvier 1978 relative à l'informatique, aux fichiers et aux libertés.

Art. R. 5323-11. Les données relatives aux personnes à la recherche d'un emploi enregistrées dans un traitement de données mis en œuvre par les seuls organismes privés de placement ne peuvent être conservées au-delà d'un délai de six ans à compter de leur enregistrement.

SECTION 2. Contrats de prestations

Art. R. 5323-12. L'organisme privé de placement qui a conclu un contrat de prestations de services avec l'un des organismes participant au service public de l'emploi mentionnés à l'article L. 5311-2 pour la prise en charge de demandeurs d'emploi est destinataire du projet personnalisé d'accès à l'emploi prévu par les articles R. 5411-14 à R. 5411-16.

Art. R. 5323-13. L'organisme privé de placement adresse à l'organisme du service public de l'emploi commanditaire de la prestation de placement et, dans tous les cas, à ***(D. 2014-524 du 22 mai 2014, art. 16, JO 24)*** «Pôle emploi», les informations relatives au demandeur d'emploi qui sont nécessaires, notamment :

1° À l'adaptation dans le temps du projet personnalisé d'accès à l'emploi du demandeur d'emploi ;
2° À l'actualisation de la liste des demandeurs d'emploi ;
3° À l'indemnisation des demandeurs d'emploi ;
4° À l'exercice effectif des opérations de suivi de la recherche d'emploi prévues aux articles L. 5426-1 à L. 5426-4.

Art. R. 5323-14. Les échanges d'informations prévus à l'article R. 5323-13 sont réalisés par la transmission du dossier unique du demandeur d'emploi et selon les modalités fixées par la convention conclue entre l'État, ***(D. 2014-524 du 22 mai 2014, art. 16, JO 24)*** «Pôle emploi» et les organismes gestionnaires du régime d'assurance chômage.

Ces échanges d'informations sont conformes à des normes définies par arrêté du ministre chargé de l'emploi.

CHAPITRE III Contrôle

Art. L. 5323-1. ***(L. 2010-853 du 23 juil. 2010, art. 29, JO 24)*** «Les fonctionnaires et agents chargés du contrôle de l'application du droit du travail sont habilités à constater les manquements aux dispositions du chapitre Ier».

Lorsque l'activité de placement est exercée en méconnaissance de ces dispositions ou en cas d'atteinte à l'ordre public, l'autorité administrative peut, après mise en demeure, ordonner la fermeture de l'organisme en cause pour une durée n'excédant pas trois mois.

Art. R. 5324-1. Lorsque des manquements à la réglementation ont été constatés dans les conditions fixées à l'article L. 5324-1, l'organisme privé de placement est invité à présenter ses observations dans un délai de quinze jours.

Au-delà de ce délai, le préfet peut adresser à l'organisme une mise en demeure de se mettre en conformité. Cette mise en demeure, notifiée par lettre recommandée avec avis de réception, énonce les manquements constatés.

Passé un délai qui ne peut être inférieur à quinze jours, le préfet peut ordonner la fermeture de l'organisme pour une durée n'excédant pas trois mois.

CHAPITRE IV Dispositions pénales

Art. L. 5324-1. Le fait d'exiger une rétribution, directe ou indirecte, des personnes à la recherche d'un emploi, en contrepartie de la fourniture de services de placement, en méconnaissance des dispositions de l'article L. 5321-3, est puni d'un emprisonnement de six mois et d'une amende de 3750 €.

TITRE III DIFFUSION ET PUBLICITÉ DES OFFRES ET DEMANDES D'EMPLOI

Note
- Sur la publicité et les effets juridiques de l'offre d'emploi, voir Y. Rousseau, «Les offres d'emploi», Dr. Soc. 1992, p. 323.
- Voir «La recherche de main-d'œuvre», Cahier RF 1116, §§ 10 et s., juill. 2020.

CHAPITRE Ier Interdictions

Art. L. 5331-1. Il est interdit de vendre des offres ou des demandes d'emploi, quel que soit le support utilisé.

Toutefois, cette interdiction ne fait pas obstacle à l'insertion, à titre onéreux, d'offres ou de demandes d'emploi dans une publication ou un autre moyen de communication payant.

Art. L. 5331-2. Il est interdit de faire publier dans un journal, revue ou écrit périodique ou de diffuser par tout autre moyen de communication accessible au public une insertion d'offres d'emploi ou d'offres de travaux à domicile comportant la mention d'une limite d'âge supérieure exigée du postulant à un emploi.

Cette interdiction ne concerne pas les offres qui fixent des conditions d'âge imposées par les dispositions légales.

Art. L. 5331-3. Il est interdit de faire publier dans un journal, revue ou écrit périodique ou de diffuser par tout autre moyen de communication accessible au public une insertion d'offres d'emploi ou d'offres de travaux à domicile comportant des allégations fausses ou susceptibles d'induire en erreur et portant en particulier sur un ou plusieurs éléments suivants :

1° L'existence, le caractère effectivement disponible, l'origine, la nature et la description de l'emploi ou du travail à domicile offert ;

2° La rémunération et les avantages annexes proposés ;

3° Le lieu du travail.

Art. L. 5331-4. Il est interdit de faire publier dans un journal, revue ou écrit périodique ou de diffuser par tout autre moyen de communication accessible au public une insertion d'offres d'emploi ou d'offres de travaux à domicile comportant un texte rédigé en langue étrangère.

Lorsque l'emploi ou le travail offert ne peut être désigné que par un terme étranger sans correspondant en français, le texte français en comporte une description suffisamment détaillée pour ne pas induire en erreur au sens de l'article L. 5331-3.

Ces prescriptions s'appliquent aux services à exécuter sur le territoire français, quelle que soit la nationalité de l'auteur de l'offre ou de l'employeur, et aux services à exécuter hors du territoire français lorsque l'auteur de l'offre ou l'employeur est français, alors même que la parfaite connaissance d'une langue étrangère serait une des conditions requises pour tenir l'emploi proposé.

Toutefois, les directeurs de publications et les personnes responsables de moyens de communication utilisant, en tout ou partie, une langue étrangère peuvent, en France, recevoir des offres d'emploi rédigées dans cette langue.

Art. L. 5331-5. Il est interdit de faire publier dans un journal, revue ou écrit périodique, ou de diffuser par tout autre moyen de communication accessible au public une insertion de prestation de services concernant les offres d'emploi ou les carrières et comportant des allégations fausses ou susceptibles d'induire en erreur, notamment sur le caractère gratuit de ce service.

Art. L. 5331-6. Des décrets en Conseil d'État déterminent les conditions d'application du présent chapitre.

CHAPITRE II Conditions de publication et de diffusion des offres d'emploi

Art. L. 5332-1. Toute offre d'emploi publiée ou diffusée est datée.

Art. L. 5332-2. Tout employeur qui fait insérer dans un journal, revue ou écrit périodique ou fait diffuser par tout autre moyen de communication accessible au public une offre anonyme d'emploi fait connaître son nom ou sa raison sociale et son adresse au directeur de la publication ou au responsable du moyen de communication.

Lorsque l'insertion est demandée par une agence de publicité, un organisme de sélection ou tout autre intermédiaire, celui-ci fournit au directeur de la publication ou au responsable du moyen de communication les renseignements concernant l'employeur mentionnés au premier alinéa.

Art. L. 5332-3. Les publicités faites en faveur d'une ou plusieurs entreprises de travail temporaire et les offres d'emploi provenant de celles-ci mentionnent expressément leur dénomination et leur caractère d'entreprise de travail temporaire.

Art. L. 5332-4. Dans le cas d'offre anonyme, l'autorité administrative et les services de l' ***(L. 2008-126 du 13 févr. 2008, JO 14)*** «institution mentionnée à l'article L. 5312-1» peuvent, sur simple demande de leur part, obtenir du directeur de la publication ou du responsable du moyen de communication le nom ou la raison sociale et l'adresse de l'employeur.

Ces renseignements peuvent être utilisés pour l'information des candidats éventuels à l'offre d'emploi publiée ou diffusée.

Art. L. 5332-5. Des décrets en Conseil d'État déterminent les conditions d'application du présent chapitre, notamment, les conditions d'utilisation des informations nominatives que les organismes exerçant une activité de placement peuvent demander, détenir, conserver, diffuser et céder pour les besoins de cette activité.

Art. R. 5332-1. L'autorité administrative mentionnée à l'article L. 5332-4 est le ***(D. 2020-1545 du 9 déc. 2020, JO 10, entrée en vigueur le 01.04.2021)*** « directeur régional de l'économie, de l'emploi, du travail et des solidarités ».

Art. R. 5332-2. La transmission des offres d'emploi au ***(D. 2020-1545 du 9 déc. 2020, JO 10, entrée en vigueur le 01.04.2021)*** « directeur régional de l'économie, de l'emploi, du travail et des solidarités » n'est faite que sur demande expresse de celui-ci précisant le numéro ou la date de la publication auxquels ces offres se rapportent.

CHAPITRE III Contrôle

Art. L. 5333-1. Les agents de la concurrence, de la consommation et de la répression des fraudes sont habilités à rechercher et constater, dans les conditions prévues à l'article ***(Ord. 2016-301 du 14 mars 2016, art. 21, JO 16)*** « L. 511-5 » du code de la consommation :

1° Les infractions aux dispositions de l'article L. 5331-3 ;
2° Les infractions aux dispositions de l'article L. 5331-5.

Art. L. 5333-2. Des décrets en Conseil d'État déterminent les conditions d'application du présent chapitre.

CHAPITRE IV Dispositions pénales

Art. L. 5334-1. Le fait d'insérer une offre d'emploi ou une offre de travaux à domicile, en méconnaissance des dispositions de l'article L. 5331-3, est puni d'un emprisonnement d'un an et d'une amende de 37 500 €.

Le fait d'insérer une offre de service concernant les emplois et carrières, en méconnaissance des dispositions de l'article L. 5331-5, est puni des mêmes peines.

L'annonceur qui a demandé la diffusion de l'offre est responsable de l'infraction commise. Le directeur de la publication ou le fournisseur du service ayant communiqué l'offre au public est responsable lorsqu'il a agi sans demande expresse d'insertion de l'offre émanant de l'annonceur.

Art. R. 5334-1. Le fait de méconnaître les dispositions des articles ***(D. 2009-289 du 13 mars 2009, JO 15)*** « L. 5331-1, L. 5331-2, L. 5331-4, L. 5332-1 et L. 5332-3 », relatives aux conditions de publication et de diffusion des offres d'emploi, est puni de l'amende prévue pour les contraventions de la 3e classe.

Note Le montant de l'amende est de 450 € au plus pour les contraventions de la 3e classe (art. 131-13 c. pén.).

LIVRE IV

LE DEMANDEUR D'EMPLOI

TITRE Ier DROITS ET OBLIGATIONS DU DEMANDEUR D'EMPLOI

CHAPITRE Ier Inscription du demandeur d'emploi et recherche d'emploi

SECTION 1. Inscription sur la liste des demandeurs d'emploi

Art. L. 5411-1. A la qualité de demandeur d'emploi toute personne qui recherche un emploi et demande son inscription sur la liste des demandeurs d'emploi auprès de ***(L. 2018-771 du 5 sept. 2018, art. 64, III, 1°, JO 6, entrée en vigueur le 01.01.2019)*** « Pôle emploi ».

Note • Voir «Qu'est-ce qu'un chômeur ?», L. Casaux-Labrunée, Dr. Soc. 1996, p. 577 et «L'activité bénévole du chômeur», Ch. Willmann, Dr. Soc. 1999, p. 162; «Droits et devoirs des demandeurs d'emploi», M. Véricel, RDT 2009, 101; «Le demandeur d'emploi à la recherche de ses obligations», L. Camaji, Dr. Soc. 2010, p. 666; «Les droits du chômeur, usager du service public de l'emploi», L. Camaji, Dr. Ouvr. février 2013; «Le droit à l'emploi», D. Baugard, Dr. Soc. 2014, p. 332; «La formation des demandeurs d'emploi, enjeu de la réforme de la formation professionnelle ?», C. Beauvois, Dr. Soc. décembre 2014, p. 992.

• Les dispositions du code du travail, qui soumettent le travailleur inscrit sur la liste des demandeurs d'emploi tenue par l'ANPE [Pôle emploi] à des obligations telles que, notamment, le renouvellement de la demande d'inscription, l'acceptation d'un emploi ou d'une action de formation proposés, ou la réponse à des convocations, font obstacle à ce que cette inscription ait un caractère rétroactif (CE 14 octobre 1994, n° 88929; 23 juin 2004, n° 259412).

• **Union européenne.** Voir recommandation du Conseil 2016/C 67/01 du 15 février 2016 relative à l'intégration des chômeurs de longue durée sur le marché du travail (JOUE C 67/1 du 20.02.2016).

• **Expérimentation territoriale visant à résorber le chômage de longue durée.** Une loi d'expérimentation territoriale dite «**Zéro Chômage de longue durée**» a mis en place, à compter du 01.06.2016, un cadre juridique pour mener une expérimentation d'une durée de 5 ans (soit le 30.06.2021) visant, dans certains territoires à aider les entreprises de l'économie sociale et solidaire (ESS) à embaucher des chômeurs de longue durée en contrat à durée indéterminée (**loi 2016-231 du 29 février 2016**, JO 1er mars, modifiée par ordonnance 2019-861 du 21 août 2019, art. 8, IV, JO 22). Un fonds d'expérimentation territoriale contre le chômage de longue durée est chargé de financer une fraction de la rémunération des salariés embauchés dans le cadre de ce dispositif, ainsi qu'une fraction de leur indemnité de licenciement, s'ils sont licenciés au terme de l'expérimentation dans l'hypothèse où celle-ci ne serait pas renouvelée. Le décret 2016-1027 du 27 juillet 2016 (JO 28) détermine notamment les règles d'organisation et de fonctionnement de l'association gestionnaire du fonds national d'expérimentation ainsi que les modalités de versement des aides aux entreprises participant à l'expérimentation. L'arrêté du 24 novembre 2016 (JO 22) a dressé la liste des 10 territoires retenus pour mener cette expérimentation territoriale. En application de l'article 16 du décret précité, le montant de la participation de l'État au financement de la contribution au développement de l'emploi est fixé, au titre de l'année 2020, à 95 % du montant brut horaire du salaire minimum de croissance, appliqué au nombre d'équivalents temps plein correspondant aux personnes mentionnées à l'article 2 de la loi du 29 février 2016 précitée embauchées par les entreprises conventionnées avant le 31 décembre 2020 (arrêté du 11 février 2020, JO 16).

La loi du 29 février 2016, le décret du 27 juillet 2016 et l'arrêté du 24 novembre 2016 précités sont rapportés dans les *Textes non codifiés*. Voir «L'expérimentation territoires zéro chômage de longue durée» ASH n° 2988, décembre 2016, pp. 57 et s.; LSQ n° 17132 des 1er et 2.08.2016; RF 29 septembre 2016, FH 3660 § 4

L'expérimentation a été prolongée sur une nouvelle base législative (**loi 2020-1577 du 14 décembre 2020**, JO 15), tout en l'étendant à de nouveaux territoires, 50 supplémentaires, soit un total de 60 territoires. Ces territoires habilités seront désignés par arrêté. La loi du 14 décembre 2020 prévoit d'abroger celle de 2016 et met en place un dispositif dont les grands principes antérieurs demeurent (loi 2020-1577 précitée, art. 9 à 11). Un décret en précisera les modalités (loi 2020-1577 précitée, art. 11, VI). Le nouveau cadre juridique entrera en vigueur à une date fixée par décret et au plus tard le 01.07.2021 (loi 2020-1577 précitée, art. 11, VII). L'expérimentation est prévue pour une durée de 5 ans à compter de la date d'entrée en vigueur fixée par décret (loi 2020-1577 précitée, art. 9, II).

Les conventions signées dans le cadre de la loi de 2016 seront reconduites à l'entrée en vigueur de la nouvelle mouture de l'expérimentation. Quant aux contrats de travail conclus par les entreprises dans les 10 territoires d'origine en application de la loi de 2016, ils se poursuivent dans les conditions prévues par la loi du 14 décembre 2020 (loi 2020-1577 précitée, art. 11, III).

La loi 14 décembre 2020 précitée est rapportée dans les *Textes non codifiés*. Voir LSQ n° 18197 du 4.12.2020; RF 11 février 2021, FH 3878, § 6-15 et s.

• **Covid-19.** Voir décret 2020-1789 du 30 décembre 2020 (JO 31) instituant une aide financière à titre exceptionnel à destination des jeunes diplômés en recherche d'emploi anciennement boursiers de l'enseignement supérieur. Voir également LSQ n° 18216 du 6.01.2021.

Art. L. 5411-2. Les demandeurs d'emploi renouvellent périodiquement leur inscription selon des modalités fixées par arrêté du ministre chargé de l'emploi et la catégorie dans laquelle ils ont été inscrits.

Ils portent également à la connaissance de ***(L. 2018-771 du 5 sept. 2018, art. 64, III, 1°, JO 6, entrée en vigueur le 01.01.2019)*** «Pôle emploi» les changements affectant leur situation susceptibles d'avoir une incidence sur leur inscription comme demandeurs d'emploi.

Note • Un arrêté du 5 février 1992 (JO 6), modifié par arrêtés des 5 mai 1995 (JO 7) et 13 janvier 1997 (JO 15 mars), relatif au renouvellement de la demande d'emploi précise les conditions dans lesquelles doit s'effectuer ce renouvellement. L'arrêté du 22 décembre 2015 (JO 27) fixe, à compter de l'actualisation du mois de janvier 2016, le **calendrier d'actualisation de la demande d'emploi**.

• **Expérimentation territoriale visant à l'amélioration de l'accompagnement des demandeurs d'emploi.** À titre expérimental, dans les régions désignées par arrêté du ministre chargé de l'emploi, le maintien de l'inscription sur la liste des demandeurs d'emploi est subordonné, en complément des conditions fixées à l'article L. 5411-2 CT, au 2° de l'article L. 5411-10 CT et des changements prévus à l'article R. 5411-6 du même code, au renseignement par les demandeurs d'emploi, à l'occasion du renouvellement périodique de leur inscription, des rubriques constitutives du «**journal de la recherche d'emploi**» relatives à l'état d'avancement de leur recherche d'emploi et aux actions engagées et réalisées en matière de formation, de préparation et de recherche d'emploi ou de création, de reprise et de développement d'entreprise.

L'obligation de renseignement du journal de la recherche d'emploi est introduite dans les régions concernées, de manière progressive par département ou agence Pôle emploi, selon un calendrier défini par arrêté du ministre chargé de l'emploi.

L'expérimentation tient compte de la situation des personnes handicapées et de la maîtrise de la langue française par les demandeurs d'emploi. L'expérimentation est mise en œuvre pour une durée de quarante-quatre mois à compter du 1er juin 2019. Un décret en Conseil d'État définit les modalités de l'expérimentation et de son évaluation (loi 2018-771 du 5 septembre 2018, art. 58 modifié par loi 2020-1577 du 14 décembre 2020, art. 13, JO 15; décret 2019-796 du 26 juillet 2019, art. 7, JO 28, entrée en vigueur le 01.11.2019; arrêté du 16 octobre 2019, JO 23). Voir FRS 17/18 du 3.08.2018, § 30-9; LSQ, dossier juridique, n° 170 du 19.09.2018, «Loi Avenir professionnel: le volet assurance chômage»; LSQ n° 17925 du 24.10.2019.

Les deux premières régions désignées pour conduire cette expérimentation ont été la Bourgogne – Franche-Comté et le Centre-Val de Loire (arrêté du 16 octobre 2019 précité, art. 1er).

Le renseignement du journal de la recherche d'emploi est requis depuis (arrêté du 16 octobre 2019 précité, art. 2):
– le 1er novembre 2019 pour les départements Indre et Haute-Saône;
– le 1er janvier 2020 pour les départements Indre-et-Loire, Eure-et-Loir, Doubs, Nièvre, Territoire de Belfort et Jura;
– le 1er février 2020 pour les départements Cher, Loiret, Loir-et-Cher, Côte-d'Or, Yonne et Saône-et-Loire.

Cette expérimentation sera évaluée par le ministère chargé de l'emploi. Cette évaluation porte sur l'impact de la mise en place du «journal de la recherche d'emploi» dans les régions retenues et mesure les effets de l'obligation de renseignement complémentaire sur l'accompagnement du demandeur d'emploi, le retour à l'emploi, la prévention du décrochage dans la recherche d'emploi et sur la liste des demandeurs d'emploi. Elle identifie aussi l'appropriation du dispositif par les demandeurs d'emploi, en particulier pour les personnes en situation de handicap et pour les demandeurs d'emploi rencontrant des difficultés dans la maîtrise de la langue française (décret 2019-796 précité, art. 7, II).

Art. L. 5411-3. Les personnes inscrites sur la liste des demandeurs d'emploi sont classées dans des catégories déterminées par arrêté du ministre chargé de l'emploi en fonction de l'objet de leur demande et de leur disponibilité pour occuper un emploi.

Note Un arrêté du 5 février 1992 (JO 6), modifié par arrêté du 5 mai 1995 (JO 7), a défini les catégories de demandeurs d'emploi. Une nouvelle classification statistique des demandeurs d'emploi, comportant cinq catégories (voir *www.insee.fr*), est entrée en vigueur en mars 2009.

Art. L. 5411-4. Lors de l'inscription d'une personne étrangère sur la liste des demandeurs d'emplois, ***(L. 2018-771 du 5 sept. 2018, art. 64, III, 2°, JO 6, entrée en vigueur le 01.01.2019)*** «Pôle emploi» vérifie la validité de ses titres de séjour et de travail.

(L. 2018-771 du 5 sept. 2018, art. 64, III, 2°, JO 6, entrée en vigueur le 01.01.2019) «Pôle emploi» peut avoir accès aux fichiers des services de l'État pour obtenir les informations nécessaires à cette vérification ***(L. 2018-771 du 5 sept. 2018, art. 64, III, 2°, JO 6, entrée en vigueur le 01.01.2019)*** «, y compris lors du renouvellement des titres de séjour et de travail afin de s'assurer du maintien de l'intéressé sur la liste des demandeurs d'emploi».

Lorsque ces informations sont conservées sur support informatique, elles peuvent faire l'objet d'une transmission ***(Ord. 2018-1125 du 12 déc. 2018, art. 25, JO 13, entrée en vigueur au plus tard le 01.06.2019)*** «dans le respect des dispositions» de la loi n° 78-17 du 6 janvier 1978 relative à l'informatique, aux fichiers et aux libertés.

Note L'ANPE [Pôle emploi] est fondée à refuser de faire droit à une demande d'inscription émanant d'un étranger titulaire de simples autorisations provisoires de séjour ne lui permettant pas de travailler (CE 9 septembre 1996, n° 134139, RJS 11/96 n° 1212).

Art. L. 5411-5. Les personnes invalides mentionnées aux 2° et 3° de l'article L. 341-4 du code de la sécurité sociale, bénéficiaires à ce titre d'un avantage social lié à une incapacité totale de travail, ne peuvent être inscrites sur la liste des demandeurs d'emploi pendant la durée de leur incapacité.

Note • Sur l'inopposabilité des dispositions du 2e alinéa de l'article L. 311-5 [L. 5411-5] CT aux titulaires d'une pension d'invalidité de 2e ou 3e catégorie qui ont conservé ou repris une activité professionnelle, voir rép. QE 44319, JO AN 18 décembre 2000, p. 7174.

• Cet article n'est pas applicable à Mayotte, voir art. L. 5524-1.

Art. R. 5411-1. La liste des demandeurs d'emploi est tenue par ***(D. 2014-524 du 22 mai 2014, art. 16, JO 24)*** «Pôle emploi».

Art. R. 5411-2. ***(D. 2015-1264 du 9 oct. 2015, JO 14)*** L'inscription sur la liste des demandeurs d'emploi est faite par voie électronique auprès de Pôle emploi. Le travailleur recherchant un emploi qui demande son inscription déclare sa domiciliation et transmet les informations permettant de procéder à son identification.

À défaut de parvenir à s'inscrire lui-même par voie électronique, le travailleur recherchant un emploi peut procéder à cette inscription dans les services de Pôle emploi, également par voie électronique, et bénéficier le cas échéant de l'assistance du personnel de Pôle emploi.

Les modalités d'application du présent article sont déterminées par un arrêté du ministre chargé de l'emploi.

Note • Voir arrêté du 24 décembre 2015 (JO 17 janv. 2016).

• L'inscription sur la liste des demandeurs d'emploi, prévue par l'article L. 5411-1 CT, constitue, en vertu de l'article L. 5421-3 du même code, une **condition nécessaire au bénéfice du revenu de remplacement** auquel ont droit les travailleurs privés d'emploi. Par suite, le recours formé contre une décision de refus d'inscription sur cette liste est au nombre des litiges relatifs aux prestations, allocations ou droits en faveur des travailleurs privés d'emploi sur lesquels, en application de l'article R. 811-1 c. justice adm., le tribunal administratif statue en premier et dernier ressort (CE 7 janvier 2015, n° 384009).

• Voir «La compétence liée de l'administration dans le cas de refus d'inscription rétroactive d'une personne sur la liste des demandeurs d'emploi», TA Marseille, 1re ch., 5 octobre 2010, M. Vitale, concl. V. Muller, Dr. Soc. 2011, p. 196.

• L'instruction Pôle emploi 2016-33 du 6 octobre 2016 (BO PE 2016-80 du 17 janvier 2016) récapitule les **modalités d'inscription sur la liste des demandeurs d'emploi** suite à la dématérialisation de la procédure via le site *www.pole-emploi.fr*. Elle comporte trois fiches déclinées comme suit: fiche 1 sur les conditions générales de l'inscription (condition de recherche d'emploi, accès au marché de l'emploi, identification du demandeur d'emploi, déclaration de domicile); fiche 2 sur la procédure d'inscription dématérialisée (procédure d'inscription dématérialisée, l'assistance de Pôle emploi, la date d'effet de l'inscription, le renouvellement mensuel de l'inscription, la réinscription du demandeur d'emploi); fiche 3 sur les effets de l'inscription 1 (le classement des demandeurs d'emploi dans les différentes catégories d'inscription, les droits du demandeur d'emploi, les obligations du demandeur d'emploi). Cette instruction s'applique à l'ensemble du territoire métropolitain et des départements d'Outre-Mer (hors Mayotte). L'annexe 4 (liste des titres de séjour, des autorisations, des visas et des pièces d'identité) à l'instruction précitée a été mise à jour suite au décret 2016-1456 du 28 octobre 2016 pris pour l'application de la loi 2016-274 du 7 mars 2016 relative à l'entrée, au séjour et au travail des étrangers en France (BO PE 2017-50 du 12 juin 2017).

Art. R. 5411-3. Le travailleur étranger justifie de la régularité de sa situation au regard des dispositions réglementant l'exercice d'activités professionnelles salariées par les étrangers.

Note Pôle emploi est autorisé à collecter auprès des demandeurs d'emploi leur numéro d'inscription au Répertoire national d'identification des personnes physiques (décret 87-1025 du 17 décembre 1987, JO 22, modifié). Voir instruction Pôle emploi 2014-45 du 4 juin 2014 (BO PE 2014-62) sur la vérification de l'identité des demandeurs d'emploi et la procédure de certification de l'identité du demandeur d'emploi par Pôle emploi.

Art. R. 5411-4. Lors de son inscription, le travailleur recherchant un emploi est informé de ses droits et obligations.

SECTION 2 (réglementaire). Changement de situation

Art. R. 5411-6. Les changements affectant la situation au regard de l'inscription ou du classement du demandeur d'emploi et devant être portés à la connaissance de ***(D. 2014-524 du 22 mai 2014, art. 16, JO 24)*** « Pôle emploi », en application du second alinéa de l'article L. 5411-2, sont les suivants :

1° L'exercice de toute activité professionnelle, même occasionnelle ou réduite et quelle que soit sa durée ;

2° Toute période d'indisponibilité due à une maladie, une maternité, à un accident de travail, une incorporation dans le cadre du service national ou une incarcération ;

3° La participation à une action de formation, rémunérée ou non ;

4° L'obtention d'une pension d'invalidité au titre des 2° et 3° de l'article L. 341-4 du code de la sécurité sociale ;

5° Pour le travailleur étranger, l'échéance de son titre de travail.

Note • En l'absence de renouvellement de la demande d'inscription sur la liste des demandeurs d'emploi à l'expiration d'un arrêt maladie, la personne radiée n'est plus inscrite sur cette liste (CE 21 février 1997, n° 150949, D. 1998 somm. 235). En l'absence de demande de la part de la personne au chômage, l'ANPE ne peut légalement procéder d'office à l'inscription (CE 14 octobre 1994, n° 88929). En l'absence d'information de l'ANPE sur son changement d'adresse, le demandeur d'emploi est mal fondé à contester la radiation consécutive à l'absence d'actualisation mensuelle de sa situation (CE 16 octobre 1998, n° 161094, D. 2000 SC 349).

• La reprise d'une activité dépassant 78 heures par mois entraîne soit un transfert de catégorie, soit une cessation d'inscription (rép. QE 39344, JO AN 19 octobre 2004, p. 8179).

Art. R. 5411-7. Le demandeur d'emploi porte à la connaissance de ***(D. 2014-524 du 22 mai 2014, art. 16, JO 24)*** « Pôle emploi » les changements de situation le concernant dans un délai de soixante-douze heures.

Art. R. 5411-8. Le demandeur d'emploi informe, dans un délai de soixante-douze heures, les services de ***(D. 2014-524 du 22 mai 2014, art. 16, JO 24)*** « Pôle emploi » de toute absence de sa résidence habituelle d'une durée supérieure à sept jours et de tout changement de domicile.

SECTION 2. Recherche d'emploi

Art. L. 5411-6. ***(L. 2008-758 du 1er août 2008, JO 2)*** Le demandeur d'emploi immédiatement disponible pour occuper un emploi est orienté et accompagné dans sa recherche d'emploi par ***(L. 2018-771 du 5 sept. 2018, art. 64, III, 1°, JO 6, entrée en vigueur le 01.01.2019)*** « Pôle emploi ». Il est tenu de participer à la définition et à l'actualisation du projet personnalisé d'accès à l'emploi mentionné à l'article L. 5411-6-1, d'accomplir des actes positifs et répétés de recherche d'emploi et d'accepter les offres raisonnables d'emploi telles que définies aux articles L. 5411-6-2 et L. 5411-6-3.

Note Un ordinateur utilisé pour la recherche d'un emploi doit être assimilé à un instrument nécessaire à l'exercice personnel d'une activité professionnelle et ne peut être saisi (cass. civ., 2e ch., 28 juin 2012, n° 11-15.055, BC II n° 126 ; RJS 11/12 n° 894).

Art. L. 5411-6-1. ***(L. 2008-758 du 1er août 2008, JO 2)*** Un projet personnalisé d'accès à l'emploi est élaboré et actualisé conjointement par le demandeur d'emploi et ***(L. 2018-771 du 5 sept. 2018, art. 59, I, JO 6, entrée en vigueur le 01.01.2019)*** « Pôle emploi » ou, lorsqu'une convention passée avec ***(L. 2018-771 du 5 sept. 2018, art. 59, I, JO 6, entrée en vigueur le 01.01.2019)*** « Pôle emploi » le prévoit, un organisme participant au service public de l'emploi. Le projet personnalisé d'accès à l'emploi et ses actualisations sont alors transmis pour information à ***(L. 2018-771 du 5 sept. 2018, art. 59, I, JO 6, entrée en vigueur le 01.01.2019)*** « Pôle emploi ».

Ce projet précise, en tenant compte de la formation du demandeur d'emploi, de ses qualifications, de ses connaissances et compétences acquises au cours de ses expériences professionnelles, de sa situation personnelle et familiale ainsi que de la situation du marché du travail local, la nature et les caractéristiques de l'emploi ou des emplois recherchés, la zone géographique privilégiée et le niveau de salaire attendu. ***(L. 2018-771 du 5 sept. 2018, art. 59, I, JO 6, entrée en vigueur le 01.01.2019)*** « Il intègre, le cas échéant, le projet de reconversion professionnelle mentionné au 2° du II de l'article L. 5422-1. »

Le projet personnalisé d'accès à l'emploi retrace les actions que ***(L. 2018-771 du 5 sept. 2018, art. 59, I, JO 6, entrée en vigueur le 01.01.2019)*** « Pôle emploi » s'engage à mettre en œuvre dans le cadre du service public de l'emploi, notamment en matière d'accompagnement personnalisé et, le cas échéant, de formation et d'aide à la mobilité.

(L. 2018-771 du 5 sept. 2018, art. 59, I, JO 6, entrée en vigueur le 01.01.2019) «La notification du projet personnalisé d'accès à l'emploi adressée au demandeur d'emploi précise ses droits concernant l'acceptation ou le refus des offres raisonnables d'emploi qui lui sont soumises et, notamment, les voies et délais de recours en cas de sanction par Pôle emploi.»

Note • Sur les modifications apportées au projet personnalisé d'accès à l'emploi par la loi 2018-771 précitée, et notamment sur l'information sur les droits du demandeur d'emploi, voir FRS 17/18 du 3.08.2018, § 30-2 à 5; LSQ, dossier juridique, n° 170 du 19.09.2018, «Loi Avenir professionnel: le volet assurance chômage».

Voir également instruction PE 2019-1 du 3 janvier 2019, partie 1, sur les manquements aux obligations des demandeurs d'emploi et les sanctions applicables (BO PE 2019-1 du 3 janvier 2019).

• Si les démarches de Pôle emploi à l'égard d'un demandeur d'emploi n'ont pas permis à celui-ci de retrouver un emploi, la situation dans laquelle il se trouve, quelles que soient les difficultés qu'il rencontre, ne saurait faire apparaître, compte tenu des attributions confiées par la loi à Pôle emploi, une situation d'urgence caractérisée dans les relations de l'intéressé avec l'institution Pôle emploi permettant au juge des référés de prendre, dans un délai de 48 heures, des mesures de sauvegarde utiles (CE 4 octobre 2012, n° 362948, RJS 12/12 n° 979, cité sous l'article L. 5312-1).

• Le **bénéficiaire du revenu de solidarité active** orienté vers l'institution mentionnée à l'article L. 5312-1 élabore conjointement avec le référent désigné au sein de cette institution ou d'un autre organisme participant au service public de l'emploi le projet personnalisé d'accès à l'emploi mentionné à l'article L. 5411-6-1 (art. L. 262-34 c. act. soc. et fam.).

Le bénéficiaire du revenu de solidarité active orienté vers un organisme participant au service public de l'emploi autre que l'institution mentionnée à l'article L. 5312-1 CT conclut avec le département, représenté par le président du conseil départemental, sous un délai d'un mois après cette orientation, un contrat librement débattu énumérant leurs engagements réciproques en matière d'insertion professionnelle. Ce contrat précise les actes positifs et répétés de recherche d'emploi que le bénéficiaire s'engage à accomplir. Il précise également, en tenant compte de la formation du bénéficiaire, de ses qualifications, de ses connaissances et compétences acquises au cours de ses expériences professionnelles, de sa situation personnelle et familiale ainsi que de la situation du marché du travail local, la nature et les caractéristiques de l'emploi ou des emplois recherchés, la zone géographique privilégiée et le niveau de salaire attendu. Le bénéficiaire ne peut refuser plus de deux offres raisonnables d'emploi ainsi définies. Le contrat retrace les actions que l'organisme vers lequel il a été orienté s'engage à mettre en œuvre dans le cadre du service public, notamment en matière d'accompagnement personnalisé et, le cas échéant, de formation et d'aide à la mobilité. Lorsque le bénéficiaire ne respecte pas une stipulation de ce contrat, l'organisme vers lequel il a été orienté le signale au président du conseil départemental (art. L. 262-35 c. act. soc. et fam.).

Sauf décision prise au regard de la situation particulière du bénéficiaire, le versement du revenu de solidarité active est suspendu, en tout ou partie, par le président du conseil départemental: 1° Lorsque, du fait du bénéficiaire et sans motif légitime, le projet personnalisé d'accès à l'emploi ou l'un des contrats mentionnés aux articles L. 262-35 et L. 262-36 ne sont pas établis dans les délais prévus ou ne sont pas renouvelés; 2° Lorsque, sans motif légitime, les dispositions du projet personnalisé d'accès à l'emploi ou les stipulations de l'un des contrats mentionnés aux articles L. 262-35 et L. 262-36 ne sont pas respectées par le bénéficiaire; 3° Lorsque le bénéficiaire du revenu de solidarité active, accompagné par l'institution mentionnée à l'article L. 5312-1, a été radié de la liste mentionnée à l'article L. 5411-1; 4° Ou lorsque le bénéficiaire refuse de se soumettre aux contrôles. Cette suspension ne peut intervenir sans que le bénéficiaire, assisté à sa demande par une personne de son choix, ait été mis en mesure de faire connaître ses observations aux équipes pluridisciplinaires mentionnées à l'article L. 262-39 dans un délai qui ne peut excéder un mois (…) (art. L. 262-37 et s. c. act. soc. et fam.).

Le président du conseil départemental constitue des équipes pluridisciplinaires composées notamment de professionnels de l'insertion sociale et professionnelle, en particulier des agents de l'institution mentionnée à l'article L. 5312-1 CT dans des conditions précisées par la convention mentionnée à l'article L. 262-32, de représentants du département et des maisons de l'emploi ou, à défaut, des personnes morales gestionnaires des plans locaux pluriannuels pour l'insertion et l'emploi et de représentants des bénéficiaires du revenu de solidarité active. Les équipes pluridisciplinaires sont consultées préalablement aux décisions de réorientation vers les organismes d'insertion sociale ou professionnelle et de réduction ou de suspension du revenu de solidarité active qui affectent le bénéficiaire (art. L. 262-39 c. act. soc. et fam.).

Art. L. 5411-6-2. ***(L. 2008-758 du 1er août 2008, JO 2)*** La nature et les caractéristiques de l'emploi ou des emplois recherchés, la zone géographique privilégiée et le salaire attendu, tels que mentionnés dans le projet personnalisé d'accès à l'emploi, sont constitutifs de l'offre raisonnable d'emploi.

Art. L. 5411-6-3. ***(L. 2008-758 du 1er août 2008, JO 2)*** Le projet personnalisé d'accès à l'emploi est actualisé périodiquement. Lors de cette actualisation, les éléments constitutifs de l'offre raisonnable d'emploi sont révisés, notamment pour accroître les perspectives de retour à l'emploi.

Note Les trois derniers alinéas de cet article ont été supprimés par la loi 2018-771 du 5 septembre 2018, art. 59, II, JO 6. Voir LSQ, dossier juridique, n° 170 du 19.09.2018, «Loi Avenir professionnel: le volet assurance chômage».

Art. L. 5411-6-4. ***(L. 2018-771 du 5 sept. 2018, art. 59, III, JO 6, entrée en vigueur le 01.01.2019)*** Les dispositions de la présente section et du 2° de l'article L. 5412-1 ne peuvent obliger un demandeur d'emploi à accepter:

1° Un niveau de salaire inférieur au salaire normalement pratiqué dans la région et pour la profession concernée, sans préjudice des autres dispositions légales et des stipulations conventionnelles en vigueur, notamment celles relatives au salaire minimum de croissance;

2° Un emploi à temps partiel, lorsque le projet personnalisé d'accès à l'emploi prévoit que le ou les emplois recherchés sont à temps complet;

3° Un emploi qui ne soit pas compatible avec ses qualifications et ses compétences professionnelles.

Note Voir FRS 17/18 du 3 août 2018, § 30-3; LSQ, dossier juridique, n° 170 du 19.09.2018, «Loi Avenir professionnel: le volet assurance chômage».

Art. L. 5411-7. Lorsqu'elles satisfont à des conditions déterminées par décret en Conseil d'État, les personnes qui ne peuvent occuper sans délai un emploi, notamment en raison d'une activité occasionnelle ou réduite ou d'une formation, peuvent être réputées immédiatement disponibles.

Sous-section 1 (réglementaire). **Disponibilité du demandeur d'emploi**

Art. R. 5411-9. Est considérée comme immédiatement disponible pour occuper un emploi, pour l'application de l'article L. 5411-6, la personne qui n'exerce aucune activité professionnelle, qui ne suit aucune action de formation professionnelle et dont la situation personnelle lui permet d'occuper sans délai un emploi.

Art. R. 5411-10. Est réputée immédiatement disponible pour occuper un emploi, au sens de l'article L. 5411-7 ***(D. 2008-1056 du 13 oct. 2008, art. 2, JO 14)*** «et pour l'application de l'article L. 5411-6», la personne qui, au moment de son inscription à ***(D. 2014-524 du 22 mai 2014, art. 16, JO 24)*** «Pôle emploi» ou du renouvellement de sa demande d'emploi:

1° Exerce ou a exercé au cours du mois précédent une activité occasionnelle ou réduite n'excédant pas soixante-dix-huit heures par mois;

2° Suit une action de formation n'excédant pas au total quarante heures ou dont les modalités d'organisation, notamment sous forme de cours du soir ou par correspondance, lui permettent d'occuper simultanément un emploi;

3° S'absente de son domicile habituel, après en avoir avisé ***(D. 2014-524 du 22 mai 2014, art. 16, JO 24)*** «Pôle emploi», dans la limite de trente-cinq jours dans l'année civile;

4° Est en congé de maladie ou en incapacité temporaire de travail, pour une durée n'excédant pas quinze jours;

5° Est incarcérée pour une durée n'excédant pas quinze jours;

6° Bénéficie d'un congé de paternité.

Note • Voir Y. Rousseau, «Le suivi du chômage et des personnes tenues de rechercher un emploi après les lois de 2008», Dr. Soc. 2009, p. 1101.

• En énonçant que la disponibilité immédiate suppose que le demandeur d'emploi n'exerce aucune activité professionnelle rémunérée ou non, l'instruction du directeur général de l'ANPE du 25 mars 1991 ajoute aux dispositions de l'article R. 311-3-3 [R. 5411-10] et se trouve annulée (CE 13 mai 1994, n° 137753).

Sous-section 2 (réglementaire). **Obligation d'actes positifs de recherche d'emploi**

Art. R. 5411-11. Sous réserve des dispenses prévues à l'article L. 5411-8 et au deuxième alinéa de l'article L. 5421-3, le demandeur d'emploi immédiatement disponible accomplit de manière permanente, tant sur proposition de l'un des organismes mentionnés à l'article L. 5311-2, en particulier dans le cadre du projet personnalisé d'accès à l'emploi prévu ***(D. 2008-1056 du 13 oct. 2008, art. 2, JO 14)*** «à l'article L. 5411-6-1», que de leur propre initiative, des actes positifs et répétés en vue de retrouver un emploi, de créer ***(D. 2018-1335 du 28 déc. 2018, art. 1er, 1°, JO 30, entrée en vigueur le 01.01.2019)*** «, reprendre ou développer» une entreprise.

Note Voir instruction PE 2019-1 du 3 janvier 2019, partie 1, § 3 (BO PE 2019-1 du 3.01.2019).

Art. R. 5411-12. Le caractère réel et sérieux des démarches entreprises par le demandeur d'emploi est apprécié compte tenu de la situation du demandeur et de la situation ***(D. 2008-1056 du 13 oct. 2008, art. 11, JO 14)*** «du marché du travail local».

Sous-section 3 (réglementaire). **Projet personnalisé d'accès à l'emploi et offre raisonnable d'emploi**

Note L'article R. 5411-15 a été abrogé par le décret 2018-1335 du 28 décembre 2018, art. 1er, 2°, JO 30, entrée en vigueur le 01.01.2019.

Art. R. 5411-14. ***(D. 2014-524 du 22 mai 2014, art. 12, JO 24)*** Le projet personnalisé d'accès à l'emploi est élaboré conjointement par le demandeur d'emploi et Pôle emploi ou un des organismes mentionnés à l'article L. 5411-6-1 lors de l'inscription sur la liste des demandeurs d'emploi ou au plus tard dans les ***(D. 2015-1264 du 9 oct. 2015, JO 14)*** «trente» jours suivant cette inscription. Il est actualisé selon la périodicité et les modalités définies avec le demandeur d'emploi. À l'issue de l'élaboration ou de l'actualisation du projet, Pôle emploi ou l'un des organismes mentionnés à l'article L. 5411-6-1 le communique au demandeur d'emploi.

Note Il résulte des articles L. 5411-1, L. 5411-2, L. 5411-6, L. 5411-6-1, L. 5411-6-2, L. 5411-6-3 et de l'article R. 5411-14 et de la convention tripartite pour 2012 à 2014 signée le 11 janvier 2012 entre l'État, l'Unédic et Pôle Emploi, qu'il incombe à Pôle emploi, au titre de ses missions de placement et d'accompagnement des demandeurs d'emploi par lesquelles il contribue au service public de l'emploi, de mettre en œuvre un accompagnement personnalisé de chaque demandeur d'emploi pour l'aider à retrouver un emploi, précisé au moyen du projet personnalisé d'accès à l'emploi, en tenant compte de ses besoins, déterminés notamment en fonction de sa formation et de son expérience professionnelle, de l'autonomie dont il dispose dans sa recherche et de la durée qui s'est écoulée depuis son dernier emploi, ainsi que des demandes qu'il exprime. Les carences de Pôle emploi, dans l'exercice de ces missions, sont susceptibles de constituer des fautes de nature à engager sa responsabilité. Il appartient toutefois au juge saisi d'une demande d'indemnisation du préjudice qu'un demandeur d'emploi soutient avoir subi du fait de ces défaillances de tenir compte, le cas échéant, du comportement de l'intéressé et, en particulier, de la manière dont il a lui-même satisfait aux obligations qui lui incombent (CE 28 décembre 2018, n° 411846).

Art. R. 5411-16. ***(D. 2008-1056 du 13 oct. 2008, art. 4, JO 14)*** Les conventions conclues entre ***(D. 2014-524 du 22 mai 2014, art. 16, JO 24)*** «Pôle emploi» et les organismes participant au service public de l'emploi mentionnés à l'article L. 5311-4 définissent, conformément aux dispositions prévues par la convention pluriannuelle mentionnée à l'article L. 5312-3:

1° Les règles d'élaboration et d'actualisation du projet personnalisé d'accès à l'emploi des demandeurs d'emploi dont l'accompagnement et le placement sont confiés à ces organismes;

2° L'offre de service adaptée que ces organismes proposent;

3° Les modalités de mise en œuvre du suivi de la recherche d'emploi;

4° Les modalités d'échange d'information, d'évaluation et de suivi des résultats.

Les conventions prévoient également que, lorsque ces organismes constatent des faits susceptibles de constituer un des manquements mentionnés aux articles L. 5412-1 ***(D. 2018-1335 du 28 déc. 2018, art. 1er, 3°, JO 30, entrée en vigueur le 01.01.2019)*** «, L. 5412-2, L. 5426-2 et L. 5426-5», ils en informent ***(D. 2014-524 du 22 mai 2014, art. 16, JO 24)*** «Pôle emploi».

Note Sauf détournement de la finalité de la convention ayant pour objet l'évaluation en milieu de travail, les demandeurs d'emploi, qui ne sont pas placés sous la subordination du chef d'entreprise auprès duquel ils effectuent leur stage, sont dans une situation légale, exclusive de l'existence d'un contrat de travail (cass. soc. 18 juillet 2001, n° 99-42.525, BC V n° 278; RJS 11/01 n° 1242; 21 septembre 2005, n° 03-46.431). La référence à une convention d'évaluation en milieu de travail dont il n'est pas démontré la conclusion avec Pôle emploi alors que le salarié justifiait d'une promesse d'embauche et avait commencé à exécuter une prestation de travail ne peut justifier l'absence d'une déclaration d'embauche (cass. soc. 23 octobre 2013, n° 12-13.899).

SECTION 3. Représentation du demandeur d'emploi

Art. L. 5411-9. Afin d'améliorer l'information des demandeurs d'emploi et leur capacité à exercer leurs droits, l'État ainsi que les organismes chargés du placement et de la formation des demandeurs d'emploi fixent les règles de constitution de comités de liaison auprès de leurs échelons locaux dans lesquels siègent des demandeurs d'emploi représentant les organisations syndicales représentatives au plan national et les organisations ayant spécifiquement pour objet la défense des intérêts ou l'insertion des personnes privées d'emploi.

SECTION 4. Dispositions d'application

Art. L. 5411-10. Un décret en Conseil d'État détermine les conditions d'application du présent chapitre, notamment:

1° La liste des changements affectant la situation des demandeurs d'emploi que ceux-ci sont tenus de signaler à ***(L. 2018-771 du 5 sept. 2018, art. 64, III, 1°, JO 6, entrée en vigueur le 01.01.2019)*** «Pôle emploi»;

2° Les conditions dans lesquelles cessent d'être inscrites sur la liste des demandeurs d'emploi les personnes:

a) Qui ne renouvellent pas leur demande d'emploi;

b) Pour lesquelles l'employeur ou l'organisme compétent informe ***(L. 2018-771 du 5 sept. 2018, art. 64, III, 1°, JO 6, entrée en vigueur le 01.01.2019)*** «Pôle emploi» d'une reprise d'emploi ou d'activité, d'une entrée en formation ou de tout changement affectant leur situation au regard des conditions d'inscription.

SECTION 4 (réglementaire). **Cessation d'inscription sur la liste des demandeurs d'emploi**

Art. R. 5411-17. Cesse d'être inscrit sur la liste des demandeurs d'emploi ou est transféré dans la catégorie correspondant à sa nouvelle situation, le demandeur d'emploi:

1° Soit qui ne satisfait pas à l'obligation de renouvellement périodique de sa demande d'emploi;

2° Soit pour lequel l'employeur ou un organisme lui assurant une indemnisation, un avantage social ou une formation porte à la connaissance de ***(D. 2014-524 du 22 mai 2014, art. 16, JO 24)*** «Pôle emploi» une reprise d'emploi ou d'activité, une entrée en formation ou tout autre changement affectant sa situation au regard des conditions d'inscription ou de classement dans une catégorie.

Art. R. 5411-18. La décision motivée par laquelle ***(D. 2014-524 du 22 mai 2014, art. 13, JO 24)*** «le directeur régional de Pôle emploi» constate la cessation d'inscription sur la liste des demandeurs d'emploi ou le changement de catégorie est notifiée à l'intéressé.

La personne qui entend la contester forme un recours préalable dans les conditions prévues à l'article R. 5412-8.

Note La cessation d'inscription doit faire l'objet d'une décision du chef de l'agence locale pour l'emploi (cass. soc. 11 janvier 2006, n° 02-18.303, BC V n° 12; RJS 3/06 n° 372). Un demandeur d'emploi qui a signalé son changement de domicile ne peut être radié de la liste des demandeurs d'emploi alors même qu'il ne s'est pas immédiatement manifesté auprès des services de l'ANPE de son nouveau domicile (CE 23 février 1998, n° 163579, RJS 5/98 n° 625). En revanche, le renouvellement automatique de la demande n'est pas acquis en l'absence de toute démarche du demandeur d'emploi qui soutient ne pas avoir reçu le document d'actualisation (CE 15 octobre 2001, n° 226713, Rec. Lebon, p. 469; RJS 1/02 n° 72).

CHAPITRE II **Radiation de la liste des demandeurs d'emploi**

Art. L. 5412-1. ***(L. 2008-758 du 1er août 2008, JO 2)*** Est radiée de la liste des demandeurs d'emploi, dans des conditions déterminées par un décret en Conseil d'État, la personne qui:

1° Soit ne peut justifier de l'accomplissement d'actes positifs et répétés en vue de retrouver un emploi, de créer ***(L. 2018-771 du 5 sept. 2018, art. 60, II, 1°, JO 6, entrée en vigueur le 01.01.2019)*** «, reprendre ou développer» une entreprise;

2° Soit, sans motif légitime, refuse à deux reprises une offre raisonnable d'emploi mentionnée à l'article L. 5411-6-2;

3° Soit, sans motif légitime:

a) Refuse d'élaborer ou d'actualiser le projet personnalisé d'accès à l'emploi prévu à l'article L. 5411-6-1;

(L. 2018-771 du 5 sept. 2018, art. 60, II, 2° et 3°, JO 6, entrée en vigueur le 01.01.2019) «*b)* Est absente à une action de formation ou abandonne celle-ci;

c) Est absente à un rendez-vous avec les» services et organismes mentionnés à l'article L. 5311-2 ou mandatés par ces services et organismes;

d) Refuse de se soumettre à une visite médicale destinée à vérifier son aptitude au travail ou à certains types d'emploi;

(L. 2018-771 du 5 sept. 2018, art. 60, II, 5° et 6°, JO 6, entrée en vigueur le 01.01.2019) «*e)* Refuse de suivre ou abandonne une action d'aide à la recherche d'une activité professionnelle;

f) Ne peut justifier, sans motif légitime, de la réalité des démarches mentionnée au II de l'article L. 5426-1-2.»

Note • **Sur la modification de la liste des motifs de radiation** apportée par la loi 2018-771 précitée, voir FRS 17/18 du 3.08.2018, § 30-8; LSQ, dossier juridique, n° 170 du 19.09.2018, «Loi Avenir professionnel: le volet assurance chômage». Voir également instruction PE 2019-1 du

3 janvier 2019 sur les manquements aux obligations des demandeurs d'emploi et les sanctions applicables (BO PE 2019-1 du 3.01.2019).

• **Sanctions respectant les normes internationales.** Les sanctions en cas de méconnaissance par le demandeur d'emploi de ses obligations ne sauraient être regardées comme créant une situation de travail forcé ou comme portant une atteinte à la liberté du travail au sens de la Déclaration universelle des droits de l'homme, de la Charte des droits fondamentaux de l'Union européenne, de la Charte sociale européenne ou des conventions de l'Organisation internationale du travail (CE 9 avril 2010, n° 323246, RJS 7/10 n° 615).

• **Date d'effet de la radiation.** La décision de radiation prend effet à sa date de notification (instruction Pôle emploi 2012-166 du 10 décembre 2012, BO PE 2012-131). La radiation d'une personne de la liste des demandeurs d'emploi prononcée sur le fondement du 3° de l'article L. 5412-1 a le caractère d'une sanction que l'administration inflige à un administré. Par suite, elle ne peut légalement prendre effet avant la notification à l'intéressé de la décision initiale par laquelle le directeur régional de Pôle emploi la prononce (CE 24 février 2016, n° 378257).

• **Recours formé contre une décision de radiation.** L'inscription sur la liste des demandeurs d'emploi, prévue par l'article L. 5411-1 constitue, en vertu de l'article L. 5421-3 du même code, une condition nécessaire au bénéfice du revenu de remplacement auquel ont droit les travailleurs privés d'emploi. Par suite, le recours formé contre une décision de radiation de cette liste, prononcée dans les cas prévus aux articles L. 5412-1 et L. 5412-2 de ce code, est au nombre des litiges relatifs aux prestations, allocations ou droits en faveur des travailleurs privés d'emploi sur lesquels, en application de l'article R. 811-1 c. justice adm., le tribunal administratif statue en premier et dernier ressort (CE 7 janvier 2015, n° 384009).

• **Refus sans motif légitime.** Il résulte des dispositions du 3° de l'article L. 5412-1 que le refus, sans motif légitime, de répondre à une convocation d'un organisme mandaté par Pôle emploi relève du *c)* de ce 3°, quand bien même la convocation avait pour objet le suivi d'une action de formation ou d'aide à la recherche d'emploi (CE 24 février 2016, n° 382688).

Art. L. 5412-2. ***(L. 2008-758 du 1er août 2008, JO 2)*** Est radiée de la liste des demandeurs d'emploi, dans des conditions déterminées par un décret en Conseil d'État, la personne qui a fait de fausses déclarations pour être ou demeurer inscrite sur cette liste.

Art. R. 5412-1. ***(D. 2014-524 du 22 mai 2014, art. 14, JO 24)*** «Le directeur régional de Pôle emploi» radie les personnes de la liste des demandeurs d'emploi dans les cas prévus ***(D. 2008-1056 du 13 oct. 2008, art. 5, JO 14)*** «aux articles L. 5412-1 et L. 5412-2».

Note • Le 2e alinéa de cet article a été supprimé par le décret 2008-1056 du 13 octobre 2008, art. 5, JO 14.

• Voir X. Prétot, «Le contrôle des demandeurs d'emploi», Dr. Soc. 2005, p. 1179.

• Un **abandon de stage sans motif légitime** peut être assimilé à un refus de formation (instr. ANPE du 25 mars 1991, CE 13 mai 1994, n° 137753). En revanche, en limitant les motifs légitimes de refus, l'instruction considérée restreint illégalement la portée des dispositions de l'article L. 311-3-5 et se trouve annulée sur ce point (même arrêt).

• L'**attribution par la CPAM d'une pension d'invalidité** n'est pas de nature, en l'absence de toute autre disposition législative ou réglementaire, à justifier la radiation de la liste des demandeurs d'emploi d'un demandeur d'emploi reconnu handicapé par la Cotorep [commission des droits et de l'autonomie des personnes handicapées (CDAPH)] et orienté vers un placement direct en milieu ordinaire de travail (CE 18 janvier 1991, n° 64038, RJS 3/91 n° 366).

• La convocation par l'ANPE [Pôle emploi] à une visite médicale destinée à vérifier l'aptitude au travail doit être écrite (CE 3 novembre 1997, n° 171133, D. 1998 somm. 236).

• Sauf décision prise au regard de la situation particulière du bénéficiaire, **le versement du revenu de solidarité active est suspendu, en tout ou partie, par le président du conseil départemental**: 1° Lorsque, du fait du bénéficiaire et sans motif légitime, le projet personnalisé d'accès à l'emploi ou l'un des contrats mentionnés aux articles L. 262-35 et L. 262-36 c. act. soc. et fam. ne sont pas établis dans les délais prévus ou ne sont pas renouvelés; 2° Lorsque, sans motif légitime, les dispositions du projet personnalisé d'accès à l'emploi ou les stipulations de l'un des contrats mentionnés aux articles L. 262-35 et L. 262-36 c. act. soc. et fam. ne sont pas respectées par le bénéficiaire; 3° Lorsque le bénéficiaire du revenu de solidarité active, accompagné par l'institution mentionnée à l'article L. 5312-1, a été radié de la liste mentionnée à l'article L. 5411-1; 4° Ou lorsque le bénéficiaire refuse de se soumettre aux contrôles. Cette suspension ne peut intervenir sans que le bénéficiaire, assisté à sa demande par une personne de son choix, ait été mis en mesure de faire connaître ses observations aux équipes pluridisciplinaires mentionnées à l'article L. 262-39 dans un délai qui ne peut excéder un mois (…) (voir art. L. 262-37 et s. c. act. soc. et fam.). Voir note sous art. L. 5411-6-1.

Art. R. 5412-4. Le retrait du bénéfice du revenu de remplacement pour l'un des motifs énumérés à l'article R. 5426-3 entraîne pour l'intéressé la radiation de la liste des demandeurs d'emploi.

Art. R. 5412-5. ***(D. 2018-1335 du 28 déc. 2018, art. 3, 2°, JO 30, entrée en vigueur le 01.01.2019)*** La radiation de la liste des demandeurs d'emploi entraîne l'impossibilité d'obtenir une nouvelle inscription :

1° Pendant une période d'un mois lorsqu'est constaté pour la première fois le manquement mentionné au *c* du 3° de l'article L. 5412-1. En cas de deuxième manquement, cette période est portée à une durée de deux mois consécutifs. À partir du troisième manquement, cette période est portée à une durée de quatre mois consécutifs ;

2° Pendant une période d'un mois lorsque sont constatés pour la première fois les manquements mentionnés aux 1°, 2° et *a*, *b*, *d* et *e* du 3° de l'article précité. En cas de deuxième manquement au sein de ce groupe de manquements, cette période est portée à une durée de deux mois consécutifs. À partir du troisième manquement au sein de ce groupe de manquements, cette période est portée à une durée de quatre mois consécutifs ;

(D. 2019-796 du 26 juil. 2019, JO 28, entrée en vigueur le 01.11.2019) « 2° *bis* Pendant une période de quatre mois consécutifs lorsqu'est constaté le manquement mentionné au *f* du 3° de l'article précité ; »

3° Pendant une période dont la durée est comprise entre six et douze mois consécutifs lorsque sont constatées les fausses déclarations mentionnées à l'article L. 5412-2.

L'appréciation du caractère répété des manquements tient compte des nouveaux manquements constatés dans un délai de deux ans à compter du jour de la notification de la radiation concernant le premier manquement.

Note • Le décret 2018-1335 précité a révisé l'échelle des sanctions de la radiation de la liste des demandeurs d'emploi selon la nature des manquements et leur répétition. Sur la gradation des sanctions et la notion de manquements répétés applicables depuis le 1er janvier 2019, voir instruction PE 2019-1 du 3 janvier 2019, partie 2, § 2.2 (BO PE 2019-1 du 3.01.2019). Voir également LSQ n° 17727 du 7.01.2019.

• Sur le 2° *bis*, voir LSQ n° 17868 du 31.07.2019.

• Jusqu'au 31 décembre 2018, le demandeur d'emploi qui ne se rendait pas au rendez-vous prévu avec son conseiller Pôle emploi encourait deux mois de radiation et une suspension de ses droits.

Art. R. 5412-6. Lorsque la radiation est prononcée en application des dispositions de l'article R. 5412-4, sa durée ***(D. 2018-1335 du 28 déc. 2018, art. 3, 3°, JO 30, entrée en vigueur le 01.01.2019)*** « est égale à la durée » de la suppression du revenu de remplacement.

(D. 2018-1335 du 28 déc. 2018, art. 3, 3°, JO 30, entrée en vigueur le 01.01.2019) « En cas de suppression définitive du revenu de remplacement, la durée de la radiation est comprise entre six et douze mois consécutifs. Toutefois, lorsque la suppression définitive concerne un manquement lié à une activité non déclarée d'une durée très brève, la durée de la radiation est de six mois. »

Note Voir LSQ n° 17727 du 7.01.2019 et instruction PE 2019-1 du 3 janvier 2019 (BO PE 2019-1 du 3.01.2019).

Art. R. 5412-7. ***(D. 2018-1335 du 28 déc. 2018, art. 3, 4°, JO 30, entrée en vigueur le 01.01.2019)*** Lorsqu'il envisage de prendre une décision de radiation, le directeur mentionné à l'article R. 5312-26 informe préalablement par tout moyen donnant date certaine l'intéressé des faits qui lui sont reprochés et de la durée de radiation envisagée, en lui indiquant qu'il dispose d'un délai de dix jours pour présenter des observations écrites ou, s'il le souhaite, pour demander à être entendu, le cas échéant assisté d'une personne de son choix.

Note Le délai de dix jours s'entend en jours calendaires révolus. Pour déterminer la date limite à laquelle le demandeur d'emploi peut faire parvenir ses observations, il est généralement admis un délai de tolérance de cinq jours supplémentaires afin de prendre en compte le délai d'acheminement du courrier ainsi que les dimanches et jours fériés. Un avertissement avant sanction ne peut pas directement faire l'objet d'un recours contentieux devant le tribunal administratif de la part du demandeur d'emploi. En effet, il ne s'agit pas d'une décision pouvant faire grief, mais d'un simple document à caractère informatif sur l'engagement d'une procédure de sanction et préparatoire à une éventuelle décision future (instruction PE 2019-1 du 3 janvier 2019, partie 2, § 1.1.1, BO PE 2019-1 du 3.01.2019).

Le droit d'accompagnement reconnu au demandeur d'emploi lui permet, s'il le souhaite, de se faire assister par une personne de son choix. À titre d'exemple, celle-ci peut être : un représentant d'un syndicat de salariés, d'une organisation de chômeurs ou d'une association, un avocat, un interprète, un simple particulier. Le droit d'être entendu et d'être accompagné pour tout demandeur d'emploi qui le souhaite ne dispense pas de faire valoir ses observations écrites avant le terme du délai de la phase contradictoire et avant que ne soit prise la décision. Si l'entretien (accompagné ou non) a lieu avant que l'intéressé n'ait produit ses observations écrites, Pôle emploi l'invite à les formaliser, que ce soit par lui-même ou par l'intermédiaire de la personne qui l'accompagne. En cas de refus de l'intéressé de les formaliser à l'occasion de l'entretien, il peut toujours faire parvenir ses observations écrites, dans la limite des dix jours qui lui sont accordés pour ce faire. Enfin, le droit d'accompagnement n'emporte pas celui de représentation qui permettrait à une personne de se présenter au lieu et place du demandeur d'emploi. Le demandeur d'emploi doit se présenter personnellement. Pôle emploi n'est pas tenu de satisfaire les demandes d'audition abusives, notamment par leur nombre, leur caractère répétitif ou systématique (instruction PE 2019-1 du 3 janvier 2019, partie 2, § 1.1.2, BO PE 2019-1 du 3.01.2019).

Art. R. 5412-7-1. ***(D. 2018-1335 du 28 déc. 2018, art. 3, 5°, JO 30, entrée en vigueur le 01.01.2019)*** Le directeur mentionné à l'article R. 5312-26 se prononce dans un délai de quinze jours à compter de l'expiration du délai de dix jours dans lequel l'intéressé peut présenter des observations écrites ou, si l'intéressé demande à être entendu, à compter de la date de l'audition.

La décision, notifiée à l'intéressé, est motivée. Elle indique la durée de la radiation et mentionne les voies et délais de recours.

Note Sur la décision de sanction de radiation de la liste des demandeurs d'emploi, applicable depuis le 1er janvier 2019, voir instruction PE 2019-1 du 3 janvier 2019, partie 2, § 1.2 (BO PE 2019-1 du 3.01.2019).

Art. R. 5412-8. La personne qui entend contester une décision de radiation de la liste des demandeurs d'emploi forme un recours préalable devant ***(D. 2014-524 du 22 mai 2014, art. 15, JO 24)*** « le directeur régional de Pôle emploi ».

(D. 2008-1056 du 13 oct. 2008, art. 5, JO 14) « Ce recours n'est pas suspensif. »

Note • En prenant les dispositions du décret du 13 octobre 2008, le pouvoir réglementaire n'a pas méconnu le principe du respect des droits de la défense (CE 9 avril 2010, n° 323246, RJS 7/10 n° 615).

• **Recours administratif.** Le recours administratif est, en matière de radiation de la liste des demandeurs d'emploi, un recours préalable obligatoire. Lorsqu'il entend contester une décision de radiation, le demandeur d'emploi doit en premier lieu saisir Pôle emploi d'un recours préalable. Le demandeur d'emploi dispose d'un délai de deux mois à compter de la notification de la décision qui lui fait grief pour exercer son recours préalable obligatoire. Au sein de Pôle emploi, ce recours est examiné par le hiérarchique de l'auteur de la décision sanctionnant le demandeur d'emploi. L'autorité compétente pour examiner les recours des demandeurs d'emploi, dispose d'un délai de deux mois pour répondre. L'absence de réponse au bout de deux mois vaut rejet implicite du recours (art. L. 231-4 CRPA). La décision prise par Pôle emploi suite à un recours préalable obligatoire doit être motivée et signée par son émetteur. Cette décision peut soit confirmer la sanction prise à l'encontre du demandeur d'emploi, soit l'annuler pour ainsi rétablir le demandeur d'emploi dans ses droits (instruction PE 2019-1 du 3 janvier 2019, partie 2, § 1.3, BO PE 2019-1 du 3.01.2019).

• **Recours contentieux.** Le demandeur d'emploi, qui conteste une décision de sanction prononcée par Pôle emploi, peut déposer un recours contentieux devant le tribunal administratif. Cependant, lorsqu'il entend contester une décision de radiation ou une décision de radiation et de suppression du revenu de remplacement auprès du juge administratif, le demandeur d'emploi doit préalablement saisir Pôle emploi d'un recours préalable (voir-ci avant). La saisine directe du juge administratif est irrecevable (instruction PE 2019-1 du 3 janvier 2019, partie 2, § 1.3.2, BO PE 2019-1 du 3.01.2019).

• **Expérimentation d'une procédure de médiation préalable obligatoire du 1er avril 2018 au 18 décembre 2021.** Pour les trois régions concernées par l'expérimentation de la médiation préalable obligatoire (Occitanie, Auvergne-Rhône-Alpes et Pays-de-la-Loire) le recours contentieux devra être précédé d'une saisine du Médiateur de Pôle emploi qui doit intervenir après le recours préalable obligatoire (décret 2018-101 du 16 février 2018, art. 2, 3 et 9, JO 17, modifié par décrets 2018-1335 du 28 décembre 2018, art. 9, JO 30, 2019-772 du 24 juillet 2019, art. 27, JO 25 et 2020-1303 du 27 octobre 2020, art. 1er, JO 28; arrêté du 6 mars 2018, art. 2, JO 8, modifié par arrêté du 4 février 2019, art. 1er, JO 7).

CHAPITRE III Dispositions pénales

Art. L. 5413-1. Le fait d'établir de fausses déclarations ou de fournir de fausses informations pour être ou demeurer inscrit sur la liste des demandeurs d'emploi mentionnée à l'article L. 5411-1 est puni ***(L. 2013-1203 du 23 déc. 2013, art. 86, VI, JO 24)*** « des peines prévues à l'article 441-6 du code pénal ».

Note • Cet article a été modifié par la loi 2018-771 du 5 septembre 2018, art. 64, III, 3°, JO 6: la première occurrence du mot « inscrit » a été supprimée.

• Voir note sous article L. 5124-1.

• En raison de l'indépendance et de la différence d'objet des poursuites pénales pour fraude ou fausse déclaration en vue d'obtenir d'un organisme de protection sociale une allocation ou une prestation indue et de l'action exercée devant le juge administratif tendant à l'annulation d'une décision d'exclusion définitive du bénéfice des allocations chômage, le juge répressif n'est pas tenu de surseoir à statuer jusqu'à la décision de la juridiction administrative, laquelle ne peut en outre avoir au pénal l'autorité de la chose jugée et ne saurait s'imposer à la juridiction correctionnelle (cass. crim. 11 juillet 2017, n° 16-83.733, RJS 11/17 n° 760).

TITRE II INDEMNISATION DES TRAVAILLEURS PRIVÉS D'EMPLOI

Note • **Régime d'assurance et régime de solidarité.** Le régime d'indemnisation des travailleurs involontairement privés d'emploi comporte :
– d'une part, un régime d'assurance, géré par les partenaires sociaux et financé en partie par les cotisations d'assurance chômage, versant un revenu de remplacement aux demandeurs d'emploi ayant une condition minimale d'activité d'au moins 130 jours travaillés ou 910 heures travaillées au cours d'une période de référence de 24 ou 36 mois selon l'âge du demandeur d'emploi ;
– d'autre part, un régime de solidarité, financé par l'État mais dont la gestion a été confiée à Pôle emploi, prenant notamment en charge les chômeurs de longue durée, à l'issue de la période d'indemnisation par l'assurance chômage, et ceux qui ont travaillé très peu de temps et se trouvant dans des situations particulières. Ce régime est subsidiaire au régime d'assurance chômage.

• **Covid-19.** *Sur les mesures d'urgence en matière de revenus de remplacement,* voir ordonnance 2020-324 du 25 mars 2020 (JO 26, entrée en vigueur le 26.03.2020) modifiée par loi 2020-734 du 17 juin 2020 (JO 18) et ordonnance 2020-1442 du 25 novembre 2020 (JO 26) ; décret 2020-425 du 14 avril 2020 (JO 15) modifié par décrets 2020-928 et 2020-929 du 29 juillet 2020 (JO 30) et 2020-1716 du 28 décembre 2020 (JO 29) ; arrêtés du 16 avril 2020 (JO 16, abrogé), du 22 juillet 2020 (JO 26), du 9 décembre 2020 (JO 12), du 23 décembre 2020 (JO 27), du 12 janvier 2021 (JO 13) et du 30 janvier 2021 (JO 31). S'agissant des intermittents du spectacle, voir décret 2020-928 du 29 juillet 2020 (JO 30). Voir circulaire Unédic 2021-01 du 8 janvier 2021, § 3. Voir également FRS 2/21 du 8 janvier 2021, inf. 10 ; LSQ n° 18213 du 31.12.2020.

Sur la prolongation exceptionnelle de la durée d'indemnisation, voir l'article 1er de l'ordonnance 2020-324 précitée, modifié par loi 2020-734 précitée, art. 50 et ordonnance 2020-1442 précitée, qui a prévu que pour les demandeurs d'emploi épuisant leur droit à l'allocation de retour à l'emploi, à compter du 01.03.2020 et jusqu'au 31.05.2020 (arrêté du 22 juillet 2020, art. 1er, JO 26), la durée pendant laquelle l'allocation est accordée peut être prolongée à titre exceptionnel. Le décret 2020-425 précité a défini les règles de cette prolongation temporaire (art. 1er). L'ordonnance 2020-1442 précitée (art. 1er *bis*) prévoit une nouvelle prolongation exceptionnelle de la durée d'indemnisation, à compter du 01.10.2020, pendant une période dont la durée est fixée par arrêté (arrêté du 9 décembre 2020, JO 12 modifié par arrêté du 23 décembre 2020, JO 27, et arrêté du 30 janvier 2021, JO 31). Voir circulaire Unédic 2021-01 du 8 janvier 2021, § 3.1.

Sur l'aménagement temporaire de la condition d'affiliation minimale, voir décret 2020-425 précité, art. 7-1 modifié par décret 2020-1716 précité, art. 3. Voir également circulaire Unédic 2021-01 du 8 janvier 2021, § 2.1.

Sur la suspension temporaire de la dégressivité de l'allocation de chômage, voir décret 2020-425 précité, art. 7, III modifié par décret 2020-1716 précité, art. 3. Voir également circulaire Unédic 2021-01 du 8 janvier 2021, § 3.2.

Sur l'allongement de la période de référence affiliation, voir décret 2020-425 précité, art. 5 modifié par décret 2020-1716 précité, art. 3 et arrêté du 12 janvier 2021 précité, art. 1er, V. Voir également circulaire Unédic 2021-01 du 8 janvier 2021, § 3.2.

Sur l'allongement du délai de forclusion au cours duquel le demandeur d'emploi doit procéder à son inscription auprès de Pôle emploi, voir décret 2020-425 précité, art. 7, II modifié par décret 2020-1716 précité, art. 3. Voir également circulaire Unédic 2021-01 du 8 janvier 2021, § 3.2.

Sur la création temporaire de 2 nouveaux cas de démission légitime en cas de mobilité professionnelle, voir décret 2020-425 précité, art. 9 modifié par décret 2020-1716 précité, art. 3 et arrêté du 12 janvier 2021 précité, art. 1er, V. Ces cas constituent une adaptation temporaire du cas de démission légitime prévu à l'article 2, l) du règlement d'assurance chômage annexé au décret 2019-797 précité, se traduisant par un élargissement du champ des salariés concernés (la condition de 3 années d'affiliation au régime d'assurance chômage n'est pas exigée et la mesure est ouverte aux salariés reprenant une activité à durée déterminée d'au moins 3 mois). Voir également circulaire Unédic 2021-01 du 8 janvier 2021, § 2.

• **Décret 2019-797 du 26 juillet 2019 modifié applicable depuis le 1er novembre 2019.** L'article 4 du décret précité modifié a abrogé, au 1er novembre 2019, l'agrément de la convention d'assurance chômage du 14 avril 2017 et de ses textes associés. Le règlement d'assurance chômage annexé au décret précité détermine la réglementation relative aux modalités d'indemnisation des travailleurs privés d'emploi et aux contributions d'assurance chômage. La réglementation d'assurance chômage issue du décret précité est entrée en vigueur le 1er novembre 2019. Sur l'entrée en vigueur des dispositions du décret précité, voir l'article 5 du décret modifié et la fiche 14 de la circulaire Unédic 2019-12 du 1er novembre 2019. Voir Cahier RF 1118, §§ 2300 et s. «Conditions pour bénéficier des allocations de chômage», octobre 2020; LSQ, dossier juridique, n° 209 du 18.11.2019, «La réforme de l'assurance chômage»; FRS 23/19 du 8.11.2019.

• **Maintien temporaire de certaines dispositions issues de la convention d'assurance chômage du 14 avril 2017.** L'article 5 du décret 2019-797 précité modifié par l'article 1er du décret 2020-1716 précité, reporte l'application de certaines de ses dispositions au 1er avril 2021. Durant la période transitoire entre le 1er novembre 2019 et le 31 mars 2021, certaines dispositions du règlement général annexé à la convention du 14 avril 2017 relative à l'assurance chômage et de ses textes associés (annexes) demeurent applicables. L'ensemble du règlement d'assurance chômage (hors contributions) est applicable à compter du 1er avril 2021, pour toutes les fins de contrat de travail intervenues à compter de cette date et les procédures de licenciement engagées à compter de cette date. Sur l'entrée en vigueur des dispositions du décret 2019-797 précité, voir circulaire Unédic 2020-12 du 6 octobre 2020, fiche 14 et circulaire Unédic 2021-01 du 8 janvier 2021, § 1.

• Voir **convention du 14 avril 2017 relative à l'assurance chômage** et ses textes d'application (arrêté du 4 mai 2017 portant agrément de ces textes, JO 6) pour les fins de contrat de travail intervenues antérieurement au 1er novembre 2019 (circulaire Unédic 2019-12 du 1er novembre 2019, fiche 14, § 2.1.1).

• La législation européenne sur la **coordination des régimes de sécurité sociale** est applicable depuis le 1er mai 2010, le règlement CEE 1408/71 relatif à l'application des régimes de sécurité sociale aux travailleurs et aux membres de leur famille qui se déplacent à l'intérieur de la Communauté étant remplacé par le règlement CE 883/2004 du 29 avril 2004 (règlement de base). Voir circulaire Unédic 2010-23 du 17 décembre 2010 relative à la mise en œuvre du règlement communautaire 883/2004.

Sur la **délivrance du document nécessaire au versement des allocations de chômage dans un autre État membre**, il résulte de l'article 64 du règlement (CE) 883/2004 du Parlement européen et du Conseil du 29 avril 2004 portant sur la coordination des systèmes de sécurité sociale que la personne en chômage complet qui satisfait aux conditions requises par la législation de l'État membre compétent pour avoir droit aux prestations et qui se rend dans un autre État membre pour y chercher un emploi peut conserver, sous certaines conditions, pendant une durée de trois mois, susceptible d'être étendue jusqu'à six mois, le droit aux prestations de chômage en espèces. En vertu de l'article 55 du règlement (CE) 987/2009 du Parlement européen et du Conseil du 16 septembre 2009, qui en fixe les modalités d'application, pour bénéficier de ces dispositions, «le chômeur qui se rend dans un autre État membre informe l'institution compétente avant son départ et lui demande un document attestant qu'il continue à avoir droit aux prestations», aux conditions prévues par le règlement (CE 4 mars 2020, n° 424892).

Sur les prestations sociales pour les chômeurs européens entrés dans un État pour y chercher un emploi, voir CJCE 4 juin 2009, aff. C-22/08, rec. I-4585; RJS 11/09 n° 893 et chron. J-Ph. Lhernould, p. 739.

Voir instruction Pôle emploi 2011-123 du 19 juillet 2011 sur la mise en œuvre du règlement (UE) 1231/2010 du parlement européen et du conseil du 24 novembre 2010 visant à étendre le règlement (CE) 883/2004 et le règlement CE 987/2009 aux ressortissants de pays tiers qui ne sont pas déjà couverts par ces règlements uniquement en raison de leur nationalité (BO PE 2012-7 du 2 janvier 2012) et chronique J-Ph. Lhernould: «À quelles conditions les règles de coordination s'appliquent aux ressortissants d'États tiers ?», RJS 2/11, p. 106.

Voir également CJCE 1er février 1996, aff. C-308/94, rec. I-207; RJS 7/96 n° 862; 15 mars 2001, aff. C-444/98, rec. I-2229; RJS 6/01 n° 813 (travailleur frontalier; chron. J-Ph. Lhernould, RJS 7/06, p. 557); 21 février 2002, aff. C-215/00, rec. I-1817; RJS 6/02 n° 758 (l'appréciation de la question de savoir à quelles conditions une personne peut être considérée comme étant restée à la disposition des services de l'emploi de l'État compétent au sens de l'article 69 du règlement 1408/71 doit être faite en fonction des règles du droit national de cet État); 23 mars 2004, aff. C-138/02, rec. I-2703; RJS 6/04 n° 774 (déplacement dans un autre État membre pour y rechercher un premier emploi; chron. J-Ph. Lhernould et Fr. Kessler, «Les droits du chômeur ressortissant de l'Union européenne non indemnisé», RJS 6/04 p. 444); 11 septembre 2008, aff. C-228/07, rec. I-6989; comm. J-Ph. Lhernould, RJS 1/09, p. 16; cass. soc. 19 décembre 2000, n° 98-42.919, BC V n° 435; RJS 3/01 n° 371 (cotisations versées sur le lieu de travail); 5 juin 2001, n° 98-46.422, BC V n° 208; RJS 8-9/01 n° 1102 (obligation pour l'employeur d'assurer le salarié contre le risque de privation d'emploi, même si l'assurance doit être souscrite auprès d'un organisme étranger); 29 octobre 2013, n° 12-22.303, cité sous l'article L. 5421-1 CT.

• Pour les **travailleurs frontaliers**, voir également CJUE 13 décembre 2012, aff. C-379/11, RJS 3/13 n° 245, chron. J-Ph. Lhernould, p. 166; 11 avril 2013, aff. C-443/11, chron. J-Ph. Lhernould, RJS 7/13, p. 446; cass. soc. 21 janvier 2014, n° 12-28.833, cité sous l'article L. 5421-1 CT.

• La circulaire DGEFP 2003-06 du 25 mars 2003 (BO TR 2003/8, p. 97) commente l'application, en matière de chômage, de l'accord du 21 juin 1999 entre la Communauté européenne et ses États membres, d'une part, et la Confédération suisse, d'autre part, sur la libre circulation des personnes.

• Voir «Assurance chômage: un nouveau modèle ?», dossier coordonné par Ch. Willmann, Dr. Soc. 2018, p. 580; «La réforme de l'assurance chômage: quelles orientations ?», RDT, septembre 2018, CH, 598, L. Malfettes; «Le rôle des partenaires sociaux dans la détermination des règles applicables à l'assurance chômage et à la formation professionnelle», RDT, septembre 2018, ET, 590, Fr. Guiomard.

CHAPITRE Ier Dispositions générales

Art. L. 5421-1. ***(L. 2018-771 du 5 sept. 2018, art. 49, I, JO 6, entrée en vigueur le 01.01.2019)*** En complément des mesures tendant à faciliter leur reclassement ou leur conversion, les personnes aptes au travail et recherchant un emploi ont droit à un revenu de remplacement dans les conditions fixées au présent titre.

Note • Le revenu de remplacement est fixé par le **règlement d'assurance chômage annexé au décret 2019-797 du 26 juillet 2019** (modifié par décrets 2019-1106 du 30 octobre 2019, JO 31, 2020-361 du 27 mars 2020, JO 29, 2020-741 du 16 juin 2020, JO 18, 2020-929 du 29 juillet 2020, JO 30, 2020-1550 du 8 décembre 2020, JO 10 et 2020-1716 du 28 décembre 2020, JO 29) pour les travailleurs privés d'emploi (décret précité, art. 5, I et III, 3°):
– dont la fin de contrat de travail intervient à compter du 1er novembre 2019;
– dont la procédure de licenciement a été engagée à compter du 1er novembre 2019.

Selon l'article 5 du décret précité, par engagement de la procédure, il convient d'entendre, selon le cas, la date de l'entretien préalable (art. L. 1232-2 et L. 1233-11 CT) ou la date de présentation de la lettre de convocation à la première réunion des instances représentatives du personnel (art. L. 1233-28 à L. 1233-30 CT).

Toutefois, l'article 5 du décret précité modifié par l'article 1er des décrets 2020-361, 2020-929 et 2020-1716 précités reporte l'application de certaines de ses dispositions au 1er avril 2021. Durant la **période transitoire entre le 1er novembre 2019 et le 31 mars 2021**, certaines dispositions du règlement général annexé à la convention du 14 avril 2017 relative à l'assurance chômage et de ses textes associés (annexes) demeurent applicables. L'ensemble du règlement d'assurance annexé au **décret 2019-797** précité (hors contributions) est applicable à compter du 1er avril 2021. Voir circulaire Unédic 2021-01 du 8 janvier 2021, § 1.

Sur l'entrée en vigueur des dispositions du décret précité, voir l'article 5 du décret modifié et la fiche 14 de la circulaire Unédic 2020-12 du 6 octobre 2020.

• Le revenu de remplacement est fixé par le règlement général annexé à la convention d'assurance chômage du 14 avril 2017 et ses textes associés pour les travailleurs privés d'emploi dont la fin de contrat de travail est intervenue avant le 1er novembre 2019 (décret 2019-797 précité, art. 5, III, 1°) et pour les dispositions susvisées.

• **Le conseil de prud'hommes** a seul compétence pour statuer sur la réalité et la validité d'un contrat de travail par une décision opposable à l'Assédic [Pôle emploi] et aux organismes de sécurité sociale qui refusent de reconnaître au demandeur la qualité de salarié (cass. soc. 9 avril 2002, n° 00-42.657, RJS 6/02 n° 710).

• **Sur la compétence des tribunaux de l'ordre judiciaire** pour apprécier la légalité des délibérations de l'ancienne commission paritaire nationale instituée par le régime d'assurance chômage, voir Trib. confl. 23 octobre 2000, n° 3091, RJS 2/01 n° 223.

• Il résulte des articles L. 5312-1 et L. 5312-12 issus de la loi du 13 février 2008 que le législateur a souhaité que la réforme de l'organisation du service public de l'emploi, qui s'est notamment caractérisée par la substitution de Pôle emploi à l'Agence nationale pour l'emploi et aux Assédic, reste sans incidence sur le régime juridique des prestations et sur la juridiction compétente pour connaître du droit aux prestations, notamment sur la **compétence de la juridiction judiciaire** s'agissant des prestations servies au titre du régime d'assurance chômage. Cette compétence ainsi maintenue s'étend nécessairement aux actions en responsabilité formées à l'encontre de Pôle emploi en raison des manquements qu'aurait pu commettre cette institution en assurant le service de ces allocations d'assurance chômage, notamment de l'allocation d'aide au retour à l'emploi (CE avis 4 mars 2015, n° 386397, LS Jurispr. n° 50 du 17.03.2015).

• Pôle emploi est en droit de refuser d'indemniser un salarié dont le contrat de travail a pris fin à la suite d'une **rupture conventionnelle non homologuée** par l'administration, alors même que le caractère involontaire de la rupture est établi (CA Paris, 6 avril 2012, n° 11/06828, RJS 6/12 n° 546). En revanche, doit être indemnisé un salarié travaillant en Belgique involontairement privé d'emploi dans le cadre d'une rupture conventionnelle pour laquelle la procédure d'homologation prévue en droit français n'est pas applicable (cass. soc. 29 octobre 2013, n° 12-22.303, BC V n° 255; RJS 1/14 n° 69).

• **Le travailleur frontalier** qui est en chômage complet bénéficie des prestations selon les dispositions de la législation de l'État membre sur le territoire duquel il réside, comme s'il avait été soumis à cette législation au cours de son dernier emploi; cependant les conditions d'attribution des prestations de chômage doivent être mises en œuvre en tenant compte des particularités du régime de la rupture du contrat de travail résultant de la loi étrangère applicable au contrat et il ne peut être imposé au travailleur de justifier d'une condition incompatible avec la loi étrangère dont relève le contrat (cass. soc. 21 janvier 2014, n° 12-28.833, BC V n° 30; RJS 4/14 n° 340).

• **Pôle emploi est fondé à invoquer l'irrégularité du contrat de travail** du membre du directoire d'une société dont il est le fondateur, dès lors que les pouvoirs dont il dispose lui permettent de s'opposer à toute décision de la direction de l'entreprise et excluent un état de subordination dans l'exécution de ses fonctions (cass. soc. 22 septembre 2011, n° 10-30.516, RJS 1/12 n° 85). Sur les effets attachés au contrat à durée déterminée d'un ancien administrateur de la société employeur en l'absence de contestation du rapport de subordination, voir cass. soc. 2 octobre 2001, n° 99-14.369, BC V n° 297; RJS 12/01 n° 1466. Les dirigeants d'entreprise, titulaires d'un contrat de mandat, sont en principe exclus du régime d'assurance chômage, sauf s'ils associent à leur contrat de mandat un contrat de travail dans le respect des dispositions de l'article L. 225-22 c. com. (cass. soc. 10 janvier 2006, n° 04-14.319, RJS 3/06 n° 382). Le juge doit vérifier si le fait que l'artiste est titulaire de la licence d'entrepreneur de spectacles n'exclut pas tout lien de subordination avec l'association dont il est le représentant légal (cass. soc. 25 septembre 2012, n° 10-27.236, BC V n° 232; JCP éd. S 2013, 1038, note Ch. Willmann).

• **Sur la situation de salariés démissionnaires de leur emploi afin de reprendre une autre activité salariée sous contrat à durée indéterminée pour laquelle la période d'essai n'est pas concluante,** voir rép. QE 29937, JO AN 21 février 2000, p. 1163 et 65767, JO AN 25 octobre 2005, p. 9969. Sur la non-application des dispositions du règlement d'assurance chômage dans le cas où le salarié exerce cumulativement plusieurs emplois et démissionne de l'un avant que l'autre soit rompu par un licenciement, voir cass. soc. 22 septembre 2010, n° 08-21.936, RJS 12/10 n° 969.

• Sur l'indemnisation d'un salarié accompagnant son conjoint muté à l'étranger, voir rép. QE 17890, JO AN 22 décembre 2003, p. 9811.

• Sur l'appréciation, en vue de l'inscription comme demandeur d'emploi, de la date de la rupture du contrat de travail d'une personne licenciée, mais placée en attente de reclassement, voir cass. soc. 19 mai 1998, n° 94-20.263, BC V n° 272; RJS 7/98 n° 892.

• **L'attribution d'une pension d'invalidité de la deuxième catégorie** par un organisme de sécurité sociale n'implique pas que son bénéficiaire soit inapte au travail au sens de l'article L. 351-1 [L. 5421-1] CT qui accorde un revenu de remplacement aux travailleurs involontairement privés d'emploi, aptes au travail et recherchant un emploi (cass. soc. 22 février 2005, n° 03-11.467, BC V n° 60; RJS 5/05 n° 552; Dr. Soc. 2005, p. 591, obs. P-Y Verkindt; cass. civ., 2e ch., 8 avril 2010, n° 08-70.464, BC II n° 79; RJS 6/10 n° 555). Dans un sens contraire, s'agissant du bénéfice de l'allocation de solidarité spécifique, voir CE 17 mai 1999, n° 168206, RJS 8-9/99 n° 1118, et, s'agissant de l'allocation spécifique de reclassement, rép. QE 28309, JO AN 21 octobre 2008, p. 9107. La convention d'assurance chômage du 6 mai 2011 prévoyait que l'allocation d'aide au retour à l'emploi peut être cumulée, sous certaines conditions, avec la pension d'invalidité de 2e ou 3e catégorie (rép. QE 88676 JO AN du 6 septembre 2011, p. 9632).

• **Le salarié qui a volontairement renoncé au revenu qu'il aurait dû percevoir de son employeur pendant le préavis** ne peut prétendre au revenu de remplacement entre la date de la fin de son contrat de travail et la date de la fin théorique de son préavis (cass. soc. 26 juin 2008, n° 07-15.478, BC V n° 142; RJS 10/08 n° 1017).

• **Un fonctionnaire territorial qui, à l'expiration de la période pendant laquelle il a été placé, sur sa demande, en disponibilité,** est maintenu d'office dans cette position, ne peut prétendre au bénéfice des allocations d'assurance chômage que si ce maintien résulte de motifs indépendants de sa volonté. Tel n'est pas le cas du fonctionnaire qui a refusé un emploi, répondant aux conditions définies par les dispositions statutaires applicables, qui lui a été proposé par la collectivité en vue de sa réintégration (CE 24 février 2016, n° 380116). Voir circulaire Unédic 2019-12 du 1er novembre 2019., fiche 10 sur les périodes de suspension du contrat de travail et disponibilités des trois fonctions publiques.

• **Le refus de renouvellement d'un contrat unique d'insertion par le salarié n'est pas un motif de chômage volontaire s'opposant à l'ouverture de droits aux allocations de chômage.** Le règlement général annexé à la convention du 19 février 2009 relative à l'indemnisation du chômage dispose que sont involontairement privés d'emploi ou assimilés les salariés dont la cessation du contrat de travail résulte de la fin de leur contrat de travail à durée déterminée dont notamment les contrats à objet défini. C'est donc à tort qu'une cour d'appel a retenu, pour dire que la perte d'emploi présentait un caractère volontaire et que la salariée ne pouvait prétendre au paiement des allocations de chômage, que celle-ci s'est trouvée privée d'emploi à la suite de son refus de la proposition de renouvellement de son contrat à durée déterminée et qu'il n'est pas établi que le motif du refus invoqué par l'intéressée présente un caractère légitime permettant de considérer qu'elle a été involontairement privée d'emploi. Dans cette affaire, la cour d'appel a violé l'article L. 5421-3 et l'article 2 du règlement général annexé à la convention du 19 février 2009 relative à l'indemnisation du chômage (cass. soc. 16 janvier 2019, n° 17-11.975, à paraître, LS Jurispr. n° 24 du 05.02.2019; Dr. Soc. 2019, p. 271, act. J. Mouly; JCP éd. S 2019, 1090, note Fr. Bousez; RJS 4/19 n° 243, 1re espèce).

Art. L. 5421-2. ***(L. 2018-771 du 5 sept. 2018, art. 49, I, JO 6, entrée en vigueur le 01.01.2019)*** Le revenu de remplacement prend, selon le cas, la forme:

1° D'une allocation d'assurance, prévue au chapitre II du présent titre;

2° Des allocations de solidarité, prévues au chapitre III;

3° De l'allocation des travailleurs indépendants et des autres allocations et indemnités régies par les régimes particuliers, prévues au chapitre IV.

Note ***Covid-19.*** Sur les mesures d'urgence en matière de revenus de remplacement, voir ordonnance 2020-324 du 25 mars 2020 (JO 26, entrée en vigueur le 26.03.2020) modifiée par loi 2020-734 du 17 juin 2020 (JO 18) et ordonnance 2020-1442 du 25 novembre 2020 (JO 26); décret 2020-425 du 14 avril 2020 (JO 15) modifié par décrets 2020-928 et 2020-929 du 29 juillet 2020 (JO 30); décret 2020-1716 du 28 décembre 2020 (JO 29); arrêtés du 16 avril 2020 (JO 16, abrogé), du 22 juillet 2020 (JO 26), du 9 décembre 2020 (JO 12), du 23 décembre 2020 (JO 27), du 12 janvier 2021 (JO 13) et du 30 janvier 2021 (JO 31). S'agissant des intermittents du spectacle, voir décret 2020-928 du 29 juillet 2020 (JO 30). Voir circulaire Unédic 2021-01 du 8 janvier 2021, § 3. Voir également FRS 2/21 du 8 janvier 2021, inf. 10; LSQ n° 18213 du 31.12.2020.

Voir décret 2020-1785 du 30 décembre 2020 (JO 31) instituant une *prime exceptionnelle à destination de certains demandeurs d'emploi.* La prime exceptionnelle, versée sous certaines conditions au titre des mois de novembre 2020 à février 2021, permet aux demandeurs d'emploi qui ont travaillé au moins 138 jours au cours de l'année 2019, dont une partie dans le cadre de contrats de travail à durée déterminée ou de contrats d'intérim, de bénéficier d'une garantie de revenus minimum par mois pour cette même période. Voir instruction PE 2021-3 du 11 janvier 2021 (BO PE 2021-7 du 21 janvier 2021) sur la mise en œuvre de la prime exceptionnelle à destination de certains demandeurs d'emploi alternant des périodes d'emploi et de chômage en 2019. Voir LSQ n° 18233 du 29.01.2021.

Art. L. 5421-3. La condition de recherche d'emploi requise pour bénéficier d'un revenu de remplacement est satisfaite dès lors que les intéressés sont inscrits comme demandeurs d'emploi et accomplissent, à leur initiative ou sur proposition de l'un des organismes mentionnés à l'article L. 5311-2, des actes positifs et répétés en vue de retrouver un emploi, de créer ***(L. 2018-771 du 5 sept. 2018, art. 60, III, JO 6, entrée en vigueur le 01.01.2019)*** «, reprendre ou développer» une entreprise.

Un décret en Conseil d'État détermine les mesures d'application du présent article.

Note • Voir article 4, *a)* et *b)* du règlement d'assurance chômage annexé au décret 2019-797 du 26 juillet 2019 modifié et circulaire Unédic 2019-12 du 1er novembre 2019, fiche 1, § 2 pour les dispositions applicables sur la période comprise entre le 1er novembre 2019 et le 31 juillet 2020. Sur les dispositions applicables pour la période comprise entre le 1er août et le 31 décembre 2020, voir circulaire Unédic 2020-12 du 6 octobre 2020, fiche 1, § 2. Sur celles applicables du 1er janvier au 31 mars 2021, voir circulaire Unédic 2021-01 du 8 janvier 2021, § 1.

• Voir également instruction Pôle emploi 2010-149 du 23 août 2010 (BO PE 2010-58).

• Si l'existence d'actes positifs et répétés accomplis en vue de retrouver un emploi est une condition mise par les dispositions combinées des articles L. 351-16 à L. 351-18, L. 311-5 et R. 351-28 CT, reprises par les articles L. 5421-3, L. 5426-1, L. 5426-3, L. 5411-6 et R. 5426-3, au maintien de l'allocation d'aide au retour à l'emploi, elle ne saurait conditionner l'ouverture du droit à cette allocation (CE 7 février 2020, n° 405921, JSL n° 494, 23.03.2020, p. 28).

Art. R. 5421-2. Le bénéficiaire d'une dispense de recherche d'emploi informe, dans un délai de soixante-douze heures, l'organisme qui lui verse le revenu de remplacement de tout changement susceptible d'affecter sa situation au regard du paiement du revenu de remplacement, notamment de toute reprise d'activité, salariée ou non, rémunérée ou non.

Art. R. 5421-3. Le travailleur étranger bénéficie du revenu de remplacement prévu à l'article L. 5421-1 dans les mêmes conditions que le travailleur français s'il se trouve en situation régulière au regard des dispositions réglementant son activité professionnelle salariée.

Art. L. 5421-4. Le revenu de remplacement cesse d'être versé:

1° Aux allocataires ***(L. 2010-1330 du 9 nov. 2010, art. 32, JO 10)*** «ayant atteint l'âge prévu à l'article L. 161-17-2 du code de la sécurité sociale» justifiant de la durée d'assurance, définie au deuxième alinéa de l'article L. 351-1 du code de la sécurité sociale, requise pour l'ouverture du droit à une pension de vieillesse à taux plein;

2° Aux allocataires atteignant l'âge ***(L. 2010-1330 du 9 nov. 2010, art. 32, JO 10)*** «prévu à l'article L. 161-17-2 du même code augmenté de cinq ans»;

(L. 2014-40 du 20 janv. 2014, art. 21, JO 21) « 3° Aux allocataires bénéficiant d'une retraite attribuée en application des articles L. 161-17-4, L. 351-1-1, L. 351-1-3 ***(L. 2018-771 du 5 sept. 2018, art. 51, II, 2°, JO 6, entrée en vigueur le 01.01.2019)*** « , L. 351-1-4 et des II et III des articles L. 643-3 et L. 723-10-1 du code de la sécurité sociale, des articles L. 732-18-1 à L. 732-18-3 du code rural et de la pêche maritime » et des troisième et septième alinéas du I de l'article 41 de la loi de financement de la sécurité sociale pour 1999 (n° 98-1194 du 23 décembre 1998). »

Note • Voir article 25 du règlement d'assurance chômage annexé au décret 2019-797 du 26 juillet 2019 modifié et circulaire Unédic 2019-12 du 1er novembre 2019, fiche 5 § 2, sur les causes de cessation de paiement des allocations de chômage, pour les dispositions applicables sur la période comprise entre le 1er novembre 2019 et le 31 juillet 2020. Sur les dispositions applicables pour la période comprise entre le 1er août et le 31 décembre 2020, voir circulaire Unédic 2020-12 du 6 octobre 2020, fiche 5, § 2. Sur celles applicables du 1er janvier au 31 mars 2021, voir circulaire Unédic 2021-01 du 8 janvier 2021, § 1.

• Voir instruction Pôle emploi 2015-40 du 21 mai 2015 sur les retraites interrompant le versement des allocations chômage (BO PE 2015-52 du 24 juin 2015).

• Sur les règles de validation des périodes assimilées au titre du chômage à compter du 1er novembre 2019, voir circulaire CNAV 2020-18 du 20 mars 2020.

• Pour l'application à Mayotte, voir article L. 5524-2.

CHAPITRE II Régime d'assurance

SECTION 1. Conditions et modalités d'attribution de l'allocation d'assurance

Sous-section 1. Conditions d'attribution

Art. L. 5422-1. ***(L. 2018-771 du 5 sept. 2018, art. 49, II, JO 6, entrée en vigueur le 01.01.2019)*** I. – Ont droit à l'allocation d'assurance les travailleurs aptes au travail et recherchant un emploi qui satisfont à des conditions d'âge et d'activité antérieure, et dont :

1° Soit la privation d'emploi est involontaire, ou assimilée à une privation involontaire par les accords relatifs à l'assurance chômage mentionnés à l'article L. 5422-20 ;

2° Soit le contrat de travail a été rompu conventionnellement selon les modalités prévues aux articles L. 1237-11 à L. 1237-16 du présent code ou à l'article L. 421-12-2 du code de la construction et de l'habitation ;

3° Soit le contrat de travail a été rompu d'un commun accord selon les modalités prévues aux articles L. 1237-17 à L. 1237-19-14 du présent code.

II. – Ont également droit à l'allocation d'assurance les travailleurs dont la privation d'emploi volontaire résulte d'une démission au sens de l'article L. 1237-1, sans préjudice du 1° du I du présent article, aptes au travail et recherchant un emploi qui :

1° Satisfont à des conditions d'activité antérieure spécifiques ;

2° Poursuivent un projet de reconversion professionnelle nécessitant le suivi d'une formation ou un projet de création ou de reprise d'une entreprise. Ce projet doit présenter un caractère réel et sérieux attesté par la commission paritaire interprofessionnelle régionale mentionnée à l'article L. 6323-17-6, dans des conditions fixées par décret en Conseil d'État.

Note • **Covid-19**. *Prolongation exceptionnelle de la durée d'indemnisation.* L'article 1er de l'ordonnance 2020-324 du 25 mars 2020 (JO 26, entrée en vigueur le 26.03.2020, modifié par loi 2020-734 du 17 juin 2020, art. 50, JO 18 et ordonnance 2020-1442 du 25 novembre 2020, JO 26) portant mesures d'urgence en matière de revenus de remplacement a prévu que pour les demandeurs d'emploi épuisant leur droit à l'allocation de retour à l'emploi, à compter du 01.03.2020 et jusqu'au 31.05.2020 (arrêté du 22 juillet 2020, art. 1er, JO 26), la durée pendant laquelle l'allocation est accordée peut être prolongée à titre exceptionnel. Le décret 2020-425 du 14 avril 2020 (art. 1er, JO 15) a défini les règles de cette prolongation temporaire. L'ordonnance 2020-1442 précitée (art. 1er *bis*) prévoit une nouvelle prolongation exceptionnelle de la durée d'indemnisation, à compter du 01.10.2020, pendant une période dont la durée est fixée par arrêté (arrêté du 9 décembre 2020, JO 12, modifié par arrêtés du 23 décembre 2020, JO 27, et du 30 janvier 2021, JO 31). Voir circulaire Unédic 2021-01 du 8 janvier 2021, § 3.1.

Sur la création temporaire de 2 nouveaux cas de démission légitime en cas de mobilité professionnelle. Ces cas constituent une adaptation temporaire du cas de démission légitime prévu à l'article 2, l) du règlement d'assurance chômage annexé au décret 2019-797 du 26 juillet 2019, se traduisant par un élargissement du champ des salariés concernés (la condition de 3 années d'affiliation au régime d'assurance chômage n'est pas exigée et la mesure est ouverte aux salariés reprenant une activité à durée déterminée d'au moins 3 mois). Voir décret 2020-425 précité, art. 9, modifié par décret 2020-1716 du 28 décembre 2020, art. 3, JO 29. Voir également circulaire Unédic 2021-01 du 8 janvier 2021, § 2.

• La loi 2018-771 précitée (art. 49, II) a institué, à partir du 1er janvier 2019, un **droit à indemnisation chômage pour les salariés démissionnaires** ayant soit un projet de reconversion professionnelle nécessitant une formation, soit un projet de création ou de reprise d'une entreprise. L'objectif affiché est de faciliter la mobilité professionnelle. En amont de son éventuelle démission, le salarié devra passer par une phase de formalisation de son projet, dans le cadre d'un conseil en évolution professionnelle (voir art. L. 5422-1-1 CT). Le calcul de l'allocation et la durée de l'indemnisation relèvent des règles de droit commun de l'assurance chômage. Voir article 2 § 4 du règlement d'assurance chômage annexé au décret 2019-797 du 26 juillet 2019 modifié et circulaire Unédic 2019-12 du 1er novembre 2019, fiche 2 *bis* pour les dispositions applicables sur la période comprise entre le 1er novembre 2019 et le 31 juillet 2020. Sur les dispositions applicables sur la période comprise entre le 1er août 2020 et 31 mars 2021, voir circulaire Unédic 2020-12 du 6 octobre 2020, fiche 2 *bis* et circulaire Unédic 2021-01 du 8 janvier 2021, § 1. Voir également RF 14 novembre 2019, FH 3815-1.

• Voir articles 3 à 8 du règlement d'assurance chômage annexé au décret 2019-797 du 26 juillet 2019 modifié et circulaire Unédic 2019-12 du 1er novembre 2019, fiche 1, sur les **conditions d'attribution de l'allocation d'assurance chômage** pour les dispositions applicables sur la période comprise entre le 1er novembre 2019 et le 31 juillet 2020. Sur les dispositions applicables sur la période comprise entre le 1er août 2020 et 31 mars 2021, voir circulaire Unédic 2020-12 du 6 octobre 2020, fiche 2 bis et circulaire Unédic 2021-01 du 8 janvier 2021, § 1.

• **Ne répond pas à la condition d'activité antérieure** visée à l'article L. 351-3 [L. 5422-1] le salarié dont le contrat de travail s'est trouvé suspendu, en raison d'un changement volontaire d'activité, pendant la période servant de base à la détermination de l'ouverture des droits au bénéfice du régime institué par la convention d'assurance chômage ; cessant de percevoir des rémunérations fondées sur l'exécution d'un travail salarié, l'intéressé cesse, par là même, de remplir les conditions d'affiliation audit régime ; l'erreur ne pouvant être créatrice de droits, la seule circonstance que l'Assédic [Pôle emploi] ait, sur la foi d'indications erronées, continué de percevoir des contributions au titre de cette affiliation n'est pas de nature à modifier les droits résultant pour l'intéressé des dispositions légales et conventionnelles applicables (cass. soc. 5 octobre 1994, n° 92-14.430, BC V n° 261 ; RJS 11/94 n° 1314).

Les agents de la SNCF qui relèvent d'un régime spécial de sécurité sociale bénéficient des mêmes prestations d'assurance chômage que les autres salariés du secteur privé. Un agent mis à la retraite d'office à l'âge de 55 ans alors qu'il ne justifie pas de la durée d'assurance requise pour avoir droit à une retraite à taux plein a vocation à bénéficier des allocations de chômage dans la mesure où il a été involontairement privé d'emploi (cass. soc. 25 janvier 2012, n° 10-19.135, BC V n° 36 ; RJS 4/12 n° 395).

• Lorsque, pendant la période de fermeture d'un établissement excédant la durée des congés légaux annuels, le salarié n'a pas été rémunéré normalement, cette période non rémunérée ne doit pas être prise en compte dans la **période de référence servant au calcul des allocations de chômage** (cass. soc. 8 juillet 2003, n° 01-10.672, BC V n° 222 ; RJS 10/03 n° 1204).

• **La nullité du licenciement** n'a pas pour effet de priver rétroactivement un travailleur du droit à l'allocation d'assurance que l'Assédic [Pôle emploi] lui a servie pendant la période comprise entre son licenciement et sa réintégration où il était involontairement privé d'emploi, apte au travail et à la recherche d'un emploi (cass. soc. 11 mars 2009, n° 07-43.336, BC V n° 75 ; voir également cass. soc. 23 mai 2012, n° 11-30.106 ; 26 mai 2015, n° 13-22.866). Toutefois, un salarié protégé dont le licenciement est nul n'est pas fondé à cumuler une indemnité compensatrice avec des allocations d'assurance de chômage (cass. soc. 9 mars 1989, n° 87-18.177, BC V n° 198). Dans ses rapports avec l'organisme d'assurance chômage, le salarié dont le licenciement est nul pour avoir été prononcé sans autorisation administrative ou malgré un refus d'autorisation, n'est pas fondé à cumuler les allocations de chômage avec ses rémunérations ou une indemnité équivalente à celles-ci (cass. soc. 19 novembre 2014, n° 13-23.643, BC V n° 268 ; LSQ n° 16720 du 26.11.2014 ; Dr. Soc. 2015, p. 93, act. J. Mouly ; RJS 2/15 n° 122 ; JSL n° 380, 29.01.2015, pp. 14 et s., Ph. Pacotte et S. Castano ; JCP éd. S 2015, 1044, note J-Y Kerbourc'h).

Le juge doit rechercher si l'indemnité globale prévue par une transaction inclut des sommes inhérentes à la rupture du contrat de travail, quelle que soit leur nature, excédant les indemnités légalement obligatoires avant de considérer qu'elle est cumulable avec les allocations de chômage (cass. soc. 21 décembre 2006, n° 04-16.680, RJS 3/07 n° 369). Les dommages-intérêts alloués en cas de violation d'une clause de garantie d'emploi insérée dans un contrat à durée indéterminée, qui sont équivalents aux rémunérations qu'aurait perçues le salarié jusqu'au terme de cette période de garantie, ne peuvent se cumuler avec les allocations de chômage (cass. ass. plén. 13 décembre 2002, n° 00-17.143, BC n° 3 ; RJS 2/03 n° 227 ; cass. soc. 28 février 2006, n° 04-41.380, BC V n° 86 ; RJS 5/06 n° 584 ; 21 décembre 2006, n° 04-40.793, RJS 3/07 n° 306). Ce principe n'a vocation à s'appliquer que dans les rapports entre le salarié et l'organisme d'assurance chômage (cass. soc. 23 octobre 2007, n° 06-42.994, BC V n° 172; RJS 2/08 n° 2; 14 mars 2012, n° 07-44.941, RJS 5/12 n° 423). Il en est de même de l'indemnité correspondant au préjudice subi au cours de la période qui s'est écoulée entre le licenciement et la réintégration d'un représentant du personnel après annulation définitive de la décision autorisant son licenciement (cass. soc. 28 octobre 2003, n° 01-40.762, BC V n° 263; RJS 1/04 n° 91).

• Le salarié licencié pour **inaptitude physique d'origine non professionnelle** peut, comme le salarié licencié pour inaptitude physique d'origine professionnelle, prétendre à une prise en charge au lendemain de la notification du licenciement, sous réserve des différés d'indemnisation et du délai d'attente (instruction Pôle Emploi 2012-173 du 21 décembre 2012, BO PE 2013-1 du 4 janvier 2013).

• **L'acte positif de recherche d'emploi n'est pas une condition d'ouverture du droit à allocation.** Si l'existence d'actes positifs et répétés accomplis en vue de retrouver un emploi est une condition au maintien de l'allocation d'aide au retour à l'emploi, elle ne saurait conditionner l'ouverture du droit à cette allocation (CE 7 février 2020, n° 405921, JSL n° 494, 23.03.2020, p. 28).

Art. L. 5422-1-1. ***(L. 2018-771 du 5 sept. 2018, art. 50, I, JO 6, entrée en vigueur le 01.01.2019)*** Pour bénéficier de l'allocation d'assurance au titre du II de l'article L. 5422-1, le travailleur salarié demande, préalablement à sa démission, un conseil en évolution professionnelle auprès des institutions, organismes ou opérateurs mentionnés à l'article L. 6111-6, à l'exception de Pôle emploi et des organismes mentionnés à l'article L. 5314-1, dans les conditions prévues à l'article L. 6111-6. Le cas échéant, l'institution, l'organisme ou l'opérateur en charge du conseil en évolution professionnelle informe le travailleur salarié des droits qu'il pourrait faire valoir pour mettre en œuvre son projet dans le cadre de son contrat de travail.

Le travailleur salarié établit avec le concours de l'institution, de l'organisme ou de l'opérateur le projet de reconversion professionnelle mentionné au 2° du II de l'article L. 5422-1.

Note Voir FRS 17/18 du 3 août 2018, § 27; LSQ, dossier juridique, n° 170 du 19.09.2018, «Loi Avenir professionnel: le volet assurance chômage»; RF 13 septembre 2018, FH 3756 §§ 5-4 et 5-5; «Démission», Cahier RF 1118, § 1863., oct 2020

Sur la mise en œuvre du Conseil en évolution professionnelle (CEP), voir circulaire Unédic 2019-12 du 1er novembre 2019, fiche 2 *bis*, § 1.1.2.1 pour les dispositions applicables sur la période comprise entre le 1er novembre 2019 et le 31 juillet 2020. Sur les dispositions applicables pour la période comprise entre le 1er août et le 31 décembre 2020, voir circulaire Unédic 2020-12 du 6 octobre 2020, fiche 2 *bis*, § 1.1.2.1. Sur celles applicables du 1er janvier au 31 mars 2021, voir circulaire Unédic 2021-01 du 8 janvier 2021, § 1.

Art. L. 5422-2. L'allocation d'assurance est accordée pour des durées limitées qui tiennent compte de l'âge des intéressés et de leurs conditions d'activité professionnelle antérieure. ***(L. 2018-771 du 5 sept. 2018, art. 64, III, 4°, JO 6, entrée en vigueur le 01.01.2019)*** «Ces durées peuvent également tenir compte, le cas échéant, du suivi d'une formation par les intéressés. Elles» ne peuvent être inférieures aux durées déterminées par décret en Conseil d'État.

Art. L. 5422-2-1. ***(L. 2013-504 du 14 juin 2013, art. 10, I, JO 16)*** Les droits à l'allocation d'assurance non épuisés, issus de périodes antérieures d'indemnisation, sont pris en compte, en tout ou partie, dans le calcul de la durée et du montant des droits lors de l'ouverture d'une nouvelle période d'indemnisation, dans les conditions définies dans les accords relatifs à l'assurance chômage mentionnés à l'article L. 5422-20.

Note • Voir article 26 du règlement d'assurance chômage annexé au décret 2019-797 du 26 juillet 2019 modifié et circulaire Unédic 2019-12 du 1er novembre 2019, fiche 6,

pour les dispositions applicables sur la période comprise entre le 1er novembre 2019 et le 31 juillet 2020. Sur les dispositions applicables pour la période comprise entre le 1er août et le 31 décembre 2020, voir circulaire Unédic 2020-12 du 6 octobre 2020, fiche 3. Sur celles applicables du 1er janvier au 31 mars 2021, voir circulaire Unédic 2021-01 du 8 janvier 2021, § 1.

• **Ancienne procédure de réadmission.** N'est pas en situation de réadmission, le salarié privé d'emploi ayant reçu notification de ses droits à l'allocation de retour à l'emploi mais qui, ayant retrouvé un emploi, n'a perçu aucune allocation (cass. soc. 23 septembre 2015, n° 14-14.202, BC V n° 179; RJS 12/15 n° 799; JCP éd. S 2016, 1009, note Ch. Willmann).

Art. R. 5422-1. ***(D. 2017-692 du 2 mai 2017, JO 3)*** «La durée pendant laquelle l'allocation prévue à l'article L. 5422-2 est accordée» ne peut être inférieure ***(D. 2019-796 du 26 juil. 2019, JO 28, entrée en vigueur le 01.11.2019)*** «à cent quatre-vingt-deux jours calendaires».

(D. 2014-670 du 24 juin 2014, JO 25) « Cette durée est diminuée, le cas échéant, de la durée du contrat de sécurisation professionnelle dont l'intéressé a bénéficié à la fin du même contrat de travail en application de l'article L. 1233-65. »

Note • Les articles R. 5422-1 et 2 ne sont pas applicables à Mayotte, voir article R. 5524-3.

• Voir articles 9 à 10 du règlement d'assurance chômage annexé au décret 2019-797 du 26 juillet 2019 modifié par l'article 2 du décret 2020-361 du 27 mars 2020 et circulaire Unédic 2019-12 du 1er novembre 2019, fiche 3, sur la durée d'indemnisation, pour les dispositions applicables sur la période comprise entre le 1er novembre 2019 et le 31 juillet 2020. Sur les dispositions applicables pour la période comprise entre le 1er août et le 31 décembre 2020, voir circulaire Unédic 2020-12 du 6 octobre 2020, fiche 3. Sur celles applicables du 1er janvier au 31 mars 2021, voir circulaire Unédic 2021-01 du 8 janvier 2021, § 1.

Art. R. 5422-2. ***(D. 2014-670 du 24 juin 2014, JO 25, entrée en vigueur le 01.10.2014)*** I. – Lorsque l'intéressé a exercé une activité salariée alors qu'il n'avait pas encore épuisé les droits à l'allocation d'assurance qui lui avaient été précédemment accordés, il bénéficie, en cas de perte de cette nouvelle activité, de la reprise du versement du reliquat de ses droits jusqu'à leur épuisement.

Si l'intéressé justifie d'une durée d'affiliation d'au moins ***(D. 2019-796 du 26 juil. 2019, JO 28, entrée en vigueur le 01.11.2019)*** « neuf cent-dix heures ou cent trente jours » au titre d'activités exercées antérieurement à la date d'épuisement des droits mentionnés à l'alinéa précédent, il bénéficie, à cette date, de droits à l'allocation d'assurance dont la durée et le montant prennent en compte ces activités.

(D. 2015-922 du 27 juil. 2015, JO 29) « II. – Lorsque l'intéressé n'a pas épuisé les droits à l'allocation d'assurance qui lui ont été précédemment accordés et qu'il remplit les conditions qui permettraient une ouverture de nouveaux droits, il peut, par dérogation aux dispositions du I du présent article, opter pour une durée, et le montant d'indemnisation auquel il a droit en fonction de cette durée, prenant exclusivement en compte ces nouveaux droits si :

1° Le ***(D. 2019-796 du 26 juil. 2019, JO 28, entrée en vigueur le 01.11.2019)*** « montant global du droit » de son reliquat est inférieur ou égal à un montant fixé dans l'accord relatif à l'assurance chômage prévu à l'article L. 5422-20 ;

2° Ou le ***(D. 2019-796 du 26 juil. 2019, JO 28, entrée en vigueur le 01.11.2019)*** « montant global du droit » qui lui aurait été servi en l'absence de reliquat est supérieur au ***(D. 2019-796 du 26 juil. 2019, JO 28, entrée en vigueur le 01.11.2019)*** « montant global du droit » du reliquat d'au moins une fraction fixée dans l'accord relatif à l'assurance chômage prévu à l'article L. 5422-20. »

(D. 2015-922 du 27 juil. 2015, JO 29) « III. » – Lorsque l'intéressé n'a pas épuisé les droits à l'allocation d'assurance qui lui ont été précédemment accordés au titre des contrats prévus aux articles L. 6221-1 et L. 6325-1, et qu'il remplit les conditions qui permettraient une ouverture de nouveaux droits, il peut, par dérogation aux dispositions du I du présent article, opter pour une durée et un montant d'indemnisation prenant exclusivement en compte ces nouveaux droits.

Note • **Sur la reprise et le paiement de l'allocation d'aide au retour à l'emploi,** voir article 26 du règlement d'assurance chômage annexé au décret 2019-797 du 26 juillet 2019 modifié et circulaire Unédic 2019-12 du 1er novembre 2019, fiche 6, § 1, pour les dispositions applicables sur la période comprise entre le 1er novembre 2019 et le 31 juillet 2020. Sur les dispositions applicables pour la période comprise entre le 1er août et le 31 décembre 2020, voir circulaire Unédic 2020-12 du 6 octobre 2020, fiche 6, § 1. Sur celles applicables du 1er janvier au 31 mars 2021, voir circulaire Unédic 2021-01 du 8 janvier 2021, § 1.

• **Concernant le III (droit d'option) :** voir article 26 § 3 du règlement d'assurance chômage annexé au décret 2019-797 du 26 juillet 2019 modifié et circulaire Unédic 2019-12 du 1er novembre 2019, fiche 6, § 2, pour les dispositions applicables sur la période comprise entre le 1er novembre 2019 et le 31 juillet 2020. Sur les dispositions applicables pour la période comprise entre le 1er août et le 31 décembre 2020, voir circulaire Unédic 2020-12 du 6 octobre 2020, fiche 6, § 2. Sur celles applicables du 1er janvier au 31 mars 2021, voir circulaire Unédic 2021-01 du 8 janvier 2021, § 1.

Afin de ne pas pénaliser l'allocataire qui pourrait prétendre au bénéfice d'une ouverture de droits avec un montant d'allocation supérieur à celui résultant de la reprise du reliquat de son droit existant, un aménagement au principe de versement du droit à l'allocation jusqu'à son épuisement est prévu. Ainsi, les demandeurs d'emploi qui remplissent certaines conditions disposent d'un droit d'option ; ils peuvent, s'ils en font la demande, opter pour une nouvelle ouverture de droits telle qu'elle aurait été calculée en lieu et place de la reprise de leur droit normalement applicable. En effet, dans certains cas, un nouveau droit déterminé sur la base d'emploi(s) repris par l'allocataire peut être plus favorable que le droit qui lui a été initialement ouvert et qui devrait en principe lui être versé jusqu'à épuisement ; cette situation peut se présenter notamment lorsque le ou les emplois repris par l'allocataire ont été mieux rémunérés que ceux sur la base desquels a été calculé son droit initial. Si les intéressés ne remplissent pas les conditions requises pour exercer l'option ou décident finalement de ne pas l'exercer, ils continuent de bénéficier du droit qui leur a été précédemment ouvert. S'ils remplissent les conditions requises pour exercer l'option et décident de l'exercer, ils renoncent irrévocablement à leur reliquat de droits, qui est alors déchu, et bénéficient d'une nouvelle ouverture de droits qui prend effet à compter de la date de la demande de l'allocataire.

Le droit d'option fait l'objet d'aménagements en cas d'allocation affectée par le coefficient de dégressivité, voir article 17 *bis*, § 3 du règlement d'assurance chômage annexé au décret 2019-797 du 26 juillet 2019 modifié et circulaire Unédic 2019-12 du 1er novembre 2019, fiches 2, §§ 5.3 et 6, § 2.1.2, pour les dispositions applicables sur la période comprise entre le 1er novembre 2019 et le 31 juillet 2020. Sur les dispositions applicables pour la période comprise entre le 1er août et le 31 décembre 2020, voir circulaire Unédic 2020-12 du 6 octobre 2020, fiches 2, §§ 5.3 et 6, § 2.1.2. Sur celles applicables du 1er janvier au 31 mars 2021, voir circulaire Unédic 2021-01 du 8 janvier 2021, §§ 1 et 2.2. Notons que, la mesure de dégressivité de l'allocation, entrée en vigueur le 1er novembre 2019, prévoit un décompte de 182 jours d'indemnisation à l'issue duquel l'allocation journalière est affectée d'un coefficient de dégressivité. La mise en œuvre de ce décompte est suspendue et, en conséquence, neutralisée entre le 1er mars 2020 et le 31 mars 2021 (décret 2020-425 du 14 avril 2020, art. 7, JO 15 modifié par décrets 2020-928 et 2020-929 du 29 juillet 2020, art. 2, JO 30 et 2020-1716 du 28 décembre 2020, art. 3, JO 29)

• **Concernant le second alinéa du I (droit rechargeable):** voir article 28 du règlement d'assurance chômage annexé au décret 2019-797 du 26 juillet 2019 modifié et circulaire Unédic 2019-12 du 1er novembre 2019, fiche 6, § 3, pour les dispositions applicables sur la période comprise entre le 1er novembre 2019 et le 31 juillet 2020. Sur les dispositions applicables pour la période comprise entre le 1er août et le 31 décembre 2020, voir circulaire Unédic 2020-12 du 6 octobre 2020, fiche 6, § 3. Sur celles applicables du 1er janvier au 31 mars 2021, voir circulaire Unédic 2021-01 du 8 janvier 2021, § 1.

À l'épuisement du droit qui lui a été ouvert, l'allocataire du régime d'assurance chômage bénéficie du rechargement de ses droits dès lors qu'il en remplit les conditions (130 jours travaillés ou 910 heures travaillées). En cas d'impossibilité de rechargement à la date d'épuisement des droits, le droit est alors effectivement épuisé. Une nouvelle ouverture de droits sera alors possible postérieurement à la date d'épuisement des droits dès lors que les conditions d'ouverture de droit résultant des articles 3 et 4 du règlement d'assurance chômage précité seront remplies.

• **Épuisement des droits.** Une cour d'appel, ayant relevé que la salariée n'avait pas épuisé ses droits à l'allocation chômage acquis lors de la première rupture du contrat de travail qui la liait à son employeur assurant la charge et la gestion de l'allocation d'assurance chômage, a exactement décidé, par application des dispositions de l'article R. 5422-2 CT, que celui-ci restait débiteur des droits acquis jusqu'à leur épuisement (cass. soc. 26 juin 2019, n° 17-15.430, à paraître).

• **Covid-19.** *Concernant le I: condition d'affiliation minimale de 88 jours travaillés ou 610 heures jusqu'au 31.03.2021.* Voir décret 2020-425 du 14 avril 2020 (JO 15) portant mesures d'urgence en matière de revenus de remplacement mentionnés à l'article L. 5421-2 CT, modifié par décrets 2020-929 du 29 juillet 2020 (JO 30) et 2020-1716 du 28 décembre 2020 (JO 29) portant diverses mesures relatives au régime d'assurance chômage, art. 7-1. Voir également circ. Unédic 2021-01 du 8 janvier 2021, § 2.1.

Art. R. 5422-2-1. ***(D. 2019-796 du 26 juil. 2019, JO 28, entrée en vigueur le 01.11.2019)*** I. – La demande d'attestation du caractère réel et sérieux du projet professionnel mentionné au 2° du II de l'article L. 5422-1 est adressée par le salarié, par tout moyen donnant date certaine à sa réception, à la commission paritaire interprofessionnelle régionale mentionnée à l'article L. 6323-17-6, agréée dans la région de son lieu de résidence principale ou de son lieu de travail.

Cette demande est recevable dès lors que le salarié n'a pas démissionné de son emploi préalablement à la demande de conseil en évolution professionnelle mentionnée à l'article L. 5422-1-1.

Un arrêté du ministre chargé de l'emploi précise le contenu de la demande d'attestation et la liste des pièces justificatives devant être transmis par le salarié.

II. – La commission paritaire interprofessionnelle régionale procède à l'examen du dossier du salarié et se prononce sur le caractère réel et sérieux de son projet professionnel:

1° Pour les projets de reconversion professionnelle nécessitant le suivi d'une formation, au regard de la cohérence et de la pertinence des informations suivantes et de leur connaissance par le salarié:
- le projet de reconversion;
- les caractéristiques du métier souhaité;
- la formation envisagée et les modalités de financement envisagées;
- les perspectives d'emploi à l'issue de la formation;

2° Pour les projets de création ou de reprise d'une entreprise, au regard de la cohérence et de la pertinence des informations suivantes et de leur connaissance par le salarié:
- les caractéristiques et les perspectives d'activité du marché de l'entreprise à créer ou à reprendre;
- les besoins de financement et les ressources financières de l'entreprise à créer ou à reprendre;
- les moyens techniques et humains de l'entreprise à créer ou à reprendre.

Note Voir arrêté du 23 octobre 2019 (JO 29, entrée en vigueur le 01.11.2019) relatif au contenu de la demande d'attestation du caractère réel et sérieux des projets professionnels des salariés démissionnaires. Voir également circulaire Unédic 2019-12 du 1er novembre 2019, fiche 2 *bis* § 1.1.2.1 pour les dispositions applicables sur la période comprise entre le 1er novembre 2019 et le 31 juillet 2020. Sur les dispositions applicables pour la période comprise entre le 1er août et le 31 décembre 2020, voir circulaire Unédic 2020-12 du 6 octobre 2020, fiche 2 *bis* § 1.1.2.1. Sur celles applicables du 1er janvier au 31 mars 2021, voir circulaire Unédic 2021-01 du 8 janvier 2021, § 1. Voir RF 14.11.2019, FH 3815-1.

Art. R. 5422-2-2. ***(D. 2019-796 du 26 juil. 2019, JO 28, entrée en vigueur le 01.11.2019)*** La commission paritaire interprofessionnelle régionale notifie sa décision au salarié par tout moyen donnant date certaine à la réception de cette notification et l'informe, le cas échéant, des raisons motivant le refus d'attester du caractère réel et sérieux de son projet professionnel. Elle l'informe également de la possibilité d'exercer un recours gracieux contre cette décision, dans un délai de deux mois à compter de sa notification. Ce recours est examiné dans les conditions fixées au deuxième alinéa de l'article R. 6323-16.

La décision prise sur le recours gracieux est notifiée au salarié par tout moyen donnant date certaine à la réception de cette notification. En cas de confirmation du refus d'attester du caractère réel et sérieux du projet professionnel, elle est motivée.

Note Voir circulaire Unédic 2019-12 du 1er novembre 2019, fiche 2 *bis* § 1.1.2.2 pour les dispositions applicables sur la période comprise entre le 1er novembre 2019 et le 31 juillet 2020. Sur les dispositions applicables pour la période comprise entre le 1er août et le 31 décembre 2020, voir circulaire Unédic 2020-12 du 6 octobre 2020, fiche 2 *bis* § 1.1.2.2. Sur celles applicables du 1er janvier au 31 mars 2021, voir circulaire Unédic 2021-01 du 8 janvier 2021, § 1.

Art. R. 5422-2-3. ***(D. 2019-796 du 26 juil. 2019, JO 28, entrée en vigueur le 01.11.2019)*** En cas d'attestation par la commission paritaire interprofessionnelle régionale du caractère réel et sérieux de son projet professionnel, le salarié dispose d'un délai de six mois à compter de la notification de la décision pour déposer auprès de Pôle emploi une demande d'allocation d'assurance au titre du II de l'article L. 5422-1.

Note Voir circulaire Unédic 2019-12 du 1er novembre 2019, fiche 2 *bis* § 1.1.3 pour les dispositions applicables sur la période comprise entre le 1er novembre 2019 et le 31 juillet 2020. Sur les dispositions applicables pour la période comprise entre le 1er août et le 31 décembre 2020, voir circulaire Unédic 2020-12 du 6 octobre 2020, fiche 2 *bis* § 1.1.3. Sur celles applicables du 1er janvier au 31 mars 2021, voir circulaire Unédic 2021-01 du 8 janvier 2021, § 1.

Sous-section 2. Modalités de calcul et de paiement

Art. L. 5422-3. L'allocation d'assurance est calculée soit en fonction de la rémunération antérieurement perçue dans la limite d'un plafond, soit en fonction de la rémunération ayant servi au calcul des contributions mentionnées ***(L. 2018-771 du 5 sept. 2018, art. 51, II, 3°, JO 6, entrée en vigueur le 01.01.2019)*** «au 1° de l'article L. 5422-9 et à l'article L. 5422-11».

Elle ne peut excéder le montant net de la rémunération antérieurement perçue.

Elle peut comporter un taux dégressif en fonction de l'âge des intéressés et de la durée de l'indemnisation.

Note • **Travailleurs privés d'emploi dont la fin du contrat de travail intervient entre le 01.11.2019 et le 31.03.2021.** Concernant la détermination de l'allocation journalière d'assurance chômage, certaines dispositions du règlement général annexé à la convention d'assurance chômage du 14 avril 2017 relative à l'assurance chômage restent applicables (règlement assurance chômage du 14 avril 2017, art. 11, § 1, art. 12, §§ 1 et 3 et art. 13, al. 1; le § 7 de l'accord d'application n° 1; les accords d'application nos 5 et 6; le § 2 de l'accord d'application n° 12 et le § 2 de l'accord d'application n° 18; les dispositions correspondantes de l'annexe I, du chapitre 2 de l'annexe II, des annexes III à VII, des chapitres 1er et 4 de l'annexe IX et de l'annexe XI de ce règlement général; les deux premiers alinéas du § 2 de l'article 3 de l'annexe V de ce règlement général) pour les travailleurs privés d'emploi dont la fin de contrat de travail intervient entre le 1er novembre 2019 et le 31 mars 2021 ou ayant fait l'objet d'une procédure de licenciement engagée dans cet intervalle (décret 2019-797 du 26 juillet 2019, art. 5, III, 3°, modifié par décrets 2020-361 du 27 mars 2020, art. 1er, JO 29, 2020-929 du 29 juillet 2020, art. 1er, JO 30 et 2020-1716 du 28 décembre 2020, art. 1er, JO 29).

Pour les travailleurs privés d'emploi dont la fin de contrat de travail intervient à compter du 1er novembre 2019 jusqu'au 31 mars 2021 ou ayant fait l'objet d'une procédure de licenciement engagée dans cet intervalle, le salaire journalier moyen de référence calculé en application du premier alinéa de l'article 13 du règlement général annexé à la convention d'assurance chômage du 14 avril 2017 relative à l'assurance chômage est affecté d'un coefficient, limité à 1, correspondant au quotient du nombre de jours travaillés sur la période de référence mentionnée à cet article par 130, lorsque le salarié justifie uniquement en heures de la condition d'affiliation mentionnée au § 1 de l'article 3 ou au § 1 de l'article 28 du même règlement général (décret 2019-797 précité, art. 5, III, 3°, modifié par décret 2020-361 précité, art. 1er, 2020-929 précité, art. 1er et 2020-1716 précité, art. 1er). Voir circulaire Unédic 2020-12 du 6 octobre 2020, fiche 2 et circulaire Unédic 2021-01 du 8 janvier 2021, § 1. À compter du 1er avril 2021, les nouvelles règles (concertation en cours à l'heure où nous mettons sous presse) relatives au calcul de l'allocation d'aide au retour à l'emploi, à la durée d'indemnisation et au point de départ de versement de l'allocation, issues du règlement annexé au décret 2019-797 précité, devraient entrer en vigueur (circ. Unédic 2021-01 du 8 janvier 2021, § 1).

• **Calcul du salaire journalier de référence prévu par l'annexe A du décret du 26 juillet 2019 contraire au principe d'égalité**. Le Conseil d'État a annulé l'article 13 (salaire journalier de référence) du règlement d'assurance chômage annexé au décret 2019-797 précité, au motif qu'il crée une rupture d'égalité, ainsi que les dispositions indivisibles (décret précité, annexe A, règlement assurance chômage, art. 9 § 1 al. 1 à 9, 9 § 2, 11 § 1, 12 §§ 1, 3 et 4) (CE 25 novembre 2020, n° 434920, LSQ n° 18192 du 27.11.2020; RJS 2/21 n° 108; FRS 23-20 du 4.12.2020, inf. 13; SSL n° 1931 du 30.11.2020; RF 3.12.2020, FH 3868). Le décret 2020-1716 précité (art. 1er et 2, II) a tiré les conséquences de cet arrêt.

• **Dégressivité de l'allocation pour les hauts salaires.** Le décret 2019-797 précité modifié a instauré un système de dégressivité de l'allocation de chômage pour les salariés touchant en moyenne au moins 4 500 € bruts par mois, applicable au 1er novembre 2019 (sont visées les fins de contrat à compter du 1er novembre 2019 ou les procédures de licenciement engagées à compter du 1er novembre 2019). À compter du 183e jour d'indemnisation (soit au bout de 6 mois d'indemnisation), ces salariés se verront affecter un coefficient de dégressivité de 0,7. Un montant plancher d'indemnisation après dégressivité est fixé à 84,33 € par jour (environ 2 530 € bruts par mois). À noter que cette mesure ne concerne pas les salariés âgés de 57 ans et plus. Par ailleurs, le délai de 6 mois est suspendu si le salarié effectue une action de formation, soit inscrite dans son projet personnalisé d'accès à l'emploi, soit non inscrite mais financée par son compte personnel de formation, dans des conditions fixées par arrêté ministériel (décret 2019-797 du 26 juillet 2019, annexe A, règlement assurance chômage, art. 17 *bis*; arrêté du 11 mars 2020, JO 27). Voir circulaire Unédic 2019-12 du 1er novembre 2019, fiche 2, § 5.

Le § 2 de l'article 17 *bis* du règlement d'assurance chômage annexé au décret 2019-797 du 26 juillet 2019 modifié est applicable aux travailleurs privés d'emploi accomplissant une action de formation, soit inscrite dans le projet personnalisé d'accès à l'emploi, soit non inscrite dans ce projet mais financée, en tout ou partie, par la mobilisation du compte personnel de formation, dont la prescription est intervenue depuis le 1er avril 2020 (décret 2019-797 précité modifié, art. 5, III, 3° *bis*).

L'accomplissement par les travailleurs privés d'emploi d'une action de formation, soit inscrite dans le projet personnalisé d'accès à l'emploi, soit non inscrite dans ce projet mais financée, en tout ou partie, par la mobilisation du compte personnel de formation, dont la prescription intervient du 1er novembre 2019 au 31 mars 2020, suspend, pour la durée correspondante, le délai de 182 jours mentionné au premier alinéa du § 1er de l'article 17 *bis* du règlement d'assurance chômage (décret 2019-797 précité modifié, art. 5, III, 3° *bis*).

Covid-19. La mise en œuvre du décompte de 182 jours d'indemnisation à l'issue duquel l'allocation journalière est affectée d'un coefficient de dégressivité est suspendue et, en conséquence, neutralisée entre le 1er mars 2020 et le 31 mars 2021 (décret 2020-425 du 14 avril 2020, art. 7, JO 15 modifié par décrets 2020-928 et 2020-929 du 29 juillet 2020, art. 2, JO 30 et 2020-1716 du 28 décembre 2020, art. 3, JO 29). Voir circulaire Unédic 2021-01 du 8 janvier 2021, § 2.2.

Jurisprudence relative aux modes de détermination de l'allocation de chômage dans le cadre des anciennes conventions d'assurance chômage

• Devait être prise en compte dans le salaire de référence pour la fixation de l'allocation de chômage l'indemnité compensatrice conventionnelle de jours de congé liés à la réduction du temps de travail non pris par le salarié à la date de la rupture de son contrat de travail, qui correspondait à l'acquisition d'heures de travail accomplies entre la 35e et la 39e heure de chaque semaine et ouvrait droit à une bonification de 10 %, en sorte qu'elle présentait le caractère d'une rémunération habituelle et normale du salarié et n'avait pas pour seule origine la rupture du contrat de travail. Par ailleurs, cette indemnité ne devait pas être prise en compte dans la détermination du délai de carence (cass. soc. 31 octobre 2007, n° 04-17.096, BC V n° 179; JSL n° 222, 27.11.2007, p. 17, M-Ch. Haller; RJS 1/08 n° 60).

• L'allocation d'assurance est calculée en fonction du salaire effectivement perçu par le salarié pendant la période précédant le dernier jour de travail payé à l'intéressé ayant servi au calcul de l'assiette des contributions; le comportement fautif de l'employeur à l'origine d'une diminution de rémunération ouvre seulement droit à des dommages et intérêts (cass. soc. 9 février 2010 n° 08-16.170, RJS 4/10 n° 366).

Art. L. 5422-4

• En l'absence de disposition du règlement annexé à la convention d'assurance-chômage du 1er janvier 1997 assimilant à une période d'affiliation une période de suspension du contrat de travail liée à l'exercice d'un mandat social, celle-ci ne peut être prise en considération pour le calcul de l'allocation d'assurance (cass. soc. 30 mars 2011, n° 09-71.347).

Art. L. 5422-4. La demande en paiement de l'allocation d'assurance est déposée auprès de ***(L. 2018-771 du 5 sept. 2018, art. 64, III, 5°, JO 6, entrée en vigueur le 01.01.2019)*** «Pôle emploi» par le travailleur privé d'emploi dans un délai de deux ans à compter de sa date d'inscription comme demandeur d'emploi.

(L. 2018-771 du 5 sept. 2018, art. 61, JO 6, entrée en vigueur le 01.01.2019) «La notification de la décision relative à la demande en paiement de l'allocation d'assurance prise par Pôle emploi mentionne, à peine de nullité, les délais et voies de recours.»

L'action en paiement est précédée du dépôt de la demande en paiement. Elle se prescrit par deux ans à compter de la date de notification de la décision prise par ***(L. 2018-771 du 5 sept. 2018, art. 64, III, 5°, JO 6, entrée en vigueur le 01.01.2019)*** «Pôle emploi».

Note • Ayant constaté que le travailleur n'avait pas été dans l'impossibilité d'agir dans le délai de la prescription dès lors qu'il pouvait lui-même invoquer l'illégalité des dispositions de la convention d'assurance chômage, une cour d'appel a pu décider que son action en paiement d'un rappel d'allocations était prescrite (cass. soc. 22 février 2005, n° 03-13.346, BC V n° 59; RJS 5/05 n° 555).

• L'envoi d'une télecopie ne constitue pas une notification au sens de l'article L. 5422-4 (cass. soc. 25 septembre 2012, n° 10-27.236, BC V n° 232; RJS 12/12 n° 980).

• Voir circulaire Unédic 2019-12 du 1er novembre 2019, fiche 13 sur les demandes d'allocations et informations du salarié privé d'emploi, pour les dispositions applicables sur la période comprise entre le 1er novembre 2019 et le 31 juillet 2020. Sur les dispositions applicables pour la période comprise entre le 1er août et le 31 décembre 2020, voir circulaire Unédic 2020-12 du 6 octobre 2020, fiche 13. Sur celles applicables du 1er janvier au 31 mars 2021, voir circulaire Unédic 2021-01 du 8 janvier 2021, § 1.

Art. L. 5422-5. L'action en remboursement de l'allocation d'assurance indûment versée se prescrit par trois ans.

En cas de fraude ou de fausse déclaration, elle se prescrit par dix ans.

Ces délais courent à compter du jour de versement de ces sommes.

Note • Voir circulaire Unédic 2019-12 du 1er novembre 2019, fiche 12, sur les prestations indues, pour les dispositions applicables sur la période comprise entre le 1er novembre 2019 et le 31 juillet 2020. Sur les dispositions applicables pour la période comprise entre le 1er août et le 31 décembre 2020, voir circulaire Unédic 2020-12 du 6 octobre 2020, fiche 12. Sur celles applicables du 1er janvier au 31 mars 2021, voir circulaire Unédic 2021-01 du 8 janvier 2021, § 1.

• Le point de départ du délai de l'action en répétition de l'indu engagée par l'Assédic [Pôle emploi] n'a pu commencer à courir qu'à la date d'exigibilité de l'obligation qui lui a donné naissance, en l'occurrence la date du jugement condamnant définitivement l'employeur pour licenciement sans cause réelle et sérieuse (cass. soc. 30 janvier 2007, n° 05-15.391, RJS 4/07 n° 467). Dès lors que l'Assédic [Pôle emploi] était dans l'impossibilité d'agir en restitution des allocations de chômage en raison de la nullité du licenciement, tant que cette nullité n'avait pas été prononcée, son action en tierce opposition ne pouvait être déclarée prescrite (cass. soc. 21 septembre 2005, n° 03-45.024, BC V n° 266; RJS 12/05 n° 1198).

• L'Assédic [Pôle emploi] peut, dans la limite prescrite par les articles L. 352-3 [L. 5428-1] et R. 145-1 [R. 3252-1] CT, procéder à la compensation entre la dette de l'allocataire et le montant des allocations de chômage revenant à celui-ci (cass. soc. 7 avril 1993, n° 90-13.769, BC V n° 110; RJS 5/93 n° 534).

Art. L. 5422-6. Lorsque, du fait des modalités particulières d'exercice d'une profession, les conditions d'activité antérieure pour l'admission à l'allocation d'assurance ne sont pas remplies, des aménagements peuvent être apportés à ces conditions d'activité ainsi qu'à la durée d'indemnisation et aux taux de l'allocation dans des conditions fixées selon le cas par l'accord prévu à l'article L. 5422-20 ou par décret en Conseil d'État.

Note • **Annexes I, II, III, V, VI, VII, VIII, IX, X et XI.** La situation des catégories professionnelles particulières fait l'objet d'annexes au règlement d'assurance chômage annexé au décret 2019-797 du 26 juillet 2019 modifié par décrets 2019-1106 du 30 octobre 2019 (JO 31), 2020-361 du 27 mars 2020 (JO 29), 2020-741 du 16 juin 2020 (JO 18), 2020-1550 du 8 décembre 2020 (JO 10) et 2020-1716 du 28 décembre 2020 (JO 29).

Des dispositions particulières s'appliquent aux VRP, aux journalistes, aux personnels navigants de l'aviation civile, aux assistantes maternelles et assistants familiaux, aux bûcherons-tâcherons ou aux agents rémunérés à la commission (annexe I), aux gens de la mer et aux marins pêcheurs(annexe II), aux ouvriers dockers (annexe III), aux travailleurs à domicile (annexe V), aux bénéficiaires d'un projet de transition professionnelle (annexe VI), aux ouvriers et techniciens de l'édition d'enregistrement sonore, de la production cinématographique et audiovisuelle, de la radio, de la diffusion, du spectacle et de la prestation technique au service de la création et de l'événement (annexe VIII), aux salariés occupés hors de France et aux régimes facultatifs d'assurance chômage (annexe VIII), aux artistes du spectacle (annexe X) ainsi qu'aux apprentis et titulaires d'un contrat de professionnalisation (annexe XI).

• Pour les **fins de contrat de travail intervenues antérieurement au 01.11.2019**, ce sont les annexes au règlement général annexé à la convention du 14 avril 2017 relative à l'assurance chômage qui s'appliquent. Voir circulaire Unédic 2018-06 du 20 février 2018 relative aux annexes I, II, III, V, VI, VII, IX et XI au règlement général annexé à la convention du 14 avril 2017 et circulaire Unédic 2018-04 du 7 février 2018 relative aux annexes VIII et X au règlement général annexé à la convention du 14 avril 2017.

Art. L. 5422-7. Les travailleurs privés d'emploi bénéficient de l'allocation d'assurance, indépendamment du respect par l'employeur des obligations qui pèsent sur lui en application de la section 3, des dispositions réglementaires et des stipulations conventionnelles prises pour son exécution.

Art. L. 5422-8. Par dérogation aux dispositions des articles L. 5421-1 et L. 5421-3, le bénéfice de l'allocation d'assurance peut être maintenu, sur leur demande, aux travailleurs étrangers involontairement privés d'emploi qui quittent la France pour s'installer dans leur pays d'origine.

Le versement du revenu de remplacement se fait alors en une fois, dans la limite maximum des droits constitués à la date du départ.

Les mesures d'application du présent article sont prises par l'accord prévu à l'article L. 5422-20.

SECTION 2. Financement de l'allocation d'assurance

Art. L. 5422-9. ***(L. 2018-771 du 5 sept. 2018, art. 54, I, JO 6, entrée en vigueur le 01.01.2019)*** «L'allocation d'assurance et l'allocation des travailleurs indépendants prévue à la section 4 du chapitre IV du présent titre sont financées par:

1° Des contributions des employeurs;

2° Le cas échéant, des contributions des salariés relevant des professions de la production cinématographique, de l'audiovisuel ou du spectacle mentionnées à la section 3 du même chapitre IV;

3° Le cas échéant, des contributions de salariés expatriés ***(Ord. 2019-861 du 21 août 2019, art. 1er, 10°, JO 22)*** «qui adhèrent individuellement au régime d'assurance et» dont l'employeur ne relève pas du champ d'application de l'article L. 5422-13;

4° Le cas échéant, des contributions des salariés ***(Ord. 2019-861 du 21 août 2019, art. 1er, 10°, JO 22)*** «, à l'exception des salariés expatriés,» relevant de l'extension du champ d'application des accords mentionnés à l'article L. 5422-20 hors du territoire national;

5° Les impositions de toute nature qui sont affectées en tout ou partie à l'organisme mentionné au premier alinéa de l'article L. 5427-1, notamment pour le financement de l'allocation des travailleurs indépendants.

Les contributions mentionnées aux 1° à 3° sont assises sur les rémunérations brutes dans la limite d'un plafond.»

Toutefois, l'assiette des contributions peut être forfaitaire pour les catégories de salariés pour lesquelles les cotisations à un régime de base de sécurité sociale sont ou peuvent être calculées sur une assiette forfaitaire.

Note • **Sur les contributions d'assurance chômage,** voir articles 47 à 55 du règlement d'assurance chômage annexé au décret 2019-797 du 26 juillet 2019 modifié et circulaire Unédic 2019-11 du 14 octobre 2019. Voir également LSQ n° 17925 du 24.10.2019; RF 07.11.2019, FH 3814-2.

• **Suppression de la contribution salariale d'assurance chômage depuis le 1er janvier 2019.** La loi 2017-1836 du 30 décembre 2017 (art. 8, JO 31) a mis en place, au titre de l'année 2018, une exonération partielle puis totale des contributions salariales d'assurance chômage. Ces exonérations ont été compensées intégralement par l'Acoss auprès de l'Unédic sans que cela n'affecte ses recettes. La loi 2018-771 précitée a supprimé les contributions salariales d'assurance chômage à compter du 1er janvier 2019. Pour compenser cette suppression, la loi 2018-1203 du 22 décembre 2018 (art. 26, JO 23) a affecté à l'Unédic 1,47 % de CSG recouvrée sur les revenus d'activité. Voir circulaire Unédic 2019-03 du 9 janvier 2019 sur la mise en œuvre de la suppression des contributions salariales d'assurance chômage.

• **Maintien des cotisations salariales d'assurance chômage pour certains salariés.** Voir circulaire Unédic 2019-11 du 14 octobre 2019, §§ 1 et 3.

• Le **plafond des contributions à l'assurance chômage** est fixé à 13 712 € par mois du 1er janvier au 31 décembre 2021. Le plafond annuel des contributions à l'assurance chômage est égal à 164 544 € pour 2021.

• Selon l'article L. 5422-9, al. 1er CT, dans sa rédaction applicable à la date d'exigibilité des sommes litigieuses, l'allocation d'assurance est financée par des contributions des employeurs et des salariés assises sur les rémunérations brutes dans la limite d'un plafond, lesquelles doivent s'entendre de l'ensemble des gains et rémunérations au sens de l'article L. 242-1 c. séc. soc. (cass. civ., 2e ch., 12 mars 2020, n° 18-20.729, à paraître, RJS 6/20 n° 313).

• L'indemnité pour violation du statut protecteur, qui n'est pas au nombre des indemnités non imposables au titre de l'impôt sur le revenu des personnes physiques limitativement énumérées par l'article 80 *duodecies* CGI, est soumise aux cotisations sociales et d'assurance chômage (cass. civ., 2e ch., 12 février 2015, n° 14-10.886, BC II n° 27 ; RJS 4/15 n° 275).

• **Définition de l'assiette spécifique des contributions des employeurs et de certains salariés pour certaines professions.** Par dérogation à l'article 49 du règlement d'assurance chômage annexé au décret 2019-797 du 26 juillet 2019 modifié, l'assiette des contributions des employeurs et, le cas échéant, des salariés mentionnés aux 2° et 3° de l'article L. 5422-9, pour certaines professions, est déterminée dans les conditions fixées par l»annexe VII au règlement d'assurance chômage précité.

• Les juridictions de droit commun demeurent compétentes pour connaître des différends afférents aux contributions chômage exigibles à une date antérieure au 1er janvier 2011, peu important la date à laquelle la juridiction a été saisie (cass. civ., 2e ch., 18 décembre 2014, n° 13-24.449, BC II n° 255 ; RJS 3/15 n° 205).

• Sur la suppression, à compter du 01.01.2020, de la taxe forfaitaire sur les contrats à durée déterminée d'usage issue de l'article 145 de la loi 2019-1479 du 28 décembre 2019 de finances pour 2020, voir circulaire 2020-11 du 1er septembre 2020.

• Sur la majoration des salaires forfaitaires servant de base de calcul des contributions des armateurs, des cotisations et de certaines prestations des marins du commerce, de la plaisance, de la pêche et des cultures marines, voir arrêté du 24 mars 2020 (JO 26) et circulaire Unédic 2020-07 du 11 mai 2020.

• **Covid-19.** Sur les mesures de soutien aux entreprises prévues par l'article 65 de la loi 2020-935 du 30 juillet 2020 de finances rectificative pour 2020, voir circulaire Unédic 2020-14 du 29 octobre 2020.

Art. L. 5422-10. Les contributions des employeurs ***(L. 2020-1576 du 14 déc. 2020, art. 8, III, 5°, JO 15)*** «sont exclues de l'assiette de la contribution mentionnée à l'article L. 136-1 du code de la sécurité sociale». Elles sont déductibles des bénéfices industriels et commerciaux, agricoles ou non commerciaux pour l'établissement de l'impôt sur le revenu ou de l'impôt sur les sociétés dû par ces employeurs.

Les contributions payées ***(L. 2018-771 du 5 sept. 2018, art. 54, II, 1°, JO 6, entrée en vigueur le 01.01.2019)*** «par les travailleurs, mentionnées aux 2° et 3° de l'article L. 5422-9 ***(L. 2020-1576 du 14 déc. 2020, art. 8, III, 6°, JO 15)*** «du présent code»,» sont déductibles pour l'établissement de l'impôt sur le revenu des personnes physiques dû par les intéressés.

Note • Les dispositions de cet article, dans sa rédaction issue de la loi 2020-1576 précitée, s'appliquent aux avantages dus à compter du 01.01.2021 (loi précitée, art. 8, VII).

• La contribution mentionnée à l'article L. 136-1 c. séc. soc. est la contribution sociale sur les revenus d'activité et sur les revenus de remplacement.

Art. L. 5422-11. L'allocation d'assurance peut être financée par des contributions forfaitaires à la charge de l'employeur à l'occasion de la fin d'un contrat de travail dont la durée permet l'ouverture du droit à l'allocation.

Ces contributions forfaitaires ne sont pas applicables :

1° Au contrat d'apprentissage, au contrat d'accompagnement dans l'emploi et au contrat de professionnalisation ;

2° Au contrat conclu par une personne physique pour un service rendu à son domicile ;

3° Au contrat conclu par une personne physique pour un emploi d'assistant maternel agréé.

Art. L. 5422-12. Les taux des contributions et de l'allocation sont calculés de manière à garantir l'équilibre financier du régime.

(L. 2018-771 du 5 sept. 2018, art. 52, JO 6, entrée en vigueur le 01.01.2019) «Le taux de contribution de chaque employeur peut être minoré ou majoré en fonction:

1° Du nombre de fins de contrat de travail et de contrats de mise à disposition mentionnés au 1° de l'article L. 1251-1, à l'exclusion des démissions ***(L. 2020-1577 du 14 déc. 2020, art. 12, III, entrée en vigueur le 01.01.2021)*** «, des contrats de travail et des contrats de mise à disposition conclus avec une structure d'insertion par l'activité économique mentionnée à l'article L. 5132-4» et des contrats de mission mentionnés au 2° ***(L. 2020-1577 du 14 déc. 2020, art. 12, III, entrée en vigueur le 01.01.2021)*** «de l'» article L. 1251-1, et sous réserve de l'inscription des personnes concernées par ces fins de contrat sur la liste des demandeurs d'emploi mentionnée à l'article L. 5411-1;

2° De la nature du contrat de travail, de sa durée ou du motif de recours à un contrat d'une telle nature;

3° De l'âge du salarié;

4° De la taille de l'entreprise;

5° Du secteur d'activité de l'entreprise.»

Note • Les dispositions de cet article, dans sa rédaction issue de la loi 2020-1577 précitée, sont applicables à Saint-Pierre-et-Miquelon (loi précitée, art. 12, IV).

• **Taux des contributions.** Le taux de la contribution patronale d'assurance chômage est fixé à 4,05 % dans la limite de 4 fois le plafond de la sécurité sociale (décret 2019-797 du 26 juillet 2019, annexe A, règlement assurance chômage, art. 50-1; circulaire Unédic 2019-11 du 14 octobre 2019, § 1.2). Il convient de se référer aux taux et plafonds applicables en vigueur au cours de la période de travail au titre de laquelle les rémunérations sont dues (art. R. 242-1 c. séc. soc.; circ. Unédic 2019-11 du 14 octobre 2019, § 1.4).

Dans le département de Mayotte, le taux des contributions est spécifique et est fixé par le règlement d'assurance chômage applicable à Mayotte (décret 2019-797 du 26 juillet 2019, annexe B, art. 38; circulaire Unédic 2019-11 du 14 octobre 2019, § 1.2).

• **Principe d'un bonus-malus posé par la loi 2018-771 précitée.** Jusqu'à la loi précitée, la convention d'assurance chômage négociée par les partenaires sociaux pouvait majorer (malus) ou minorer (bonus) les taux de contributions patronales d'assurance chômage en fonction de la nature du contrat de travail, de sa durée, du motif de recours, de l'âge du salarié ou de la taille de l'entreprise (voir art. 4 «Contributions/Ressources» de la convention d'assurance chômage du 14 avril 2017 et circ. Unédic 2017-21 du 24 juillet 2017). Afin de lutter contre la pratique des contrats successifs de très courte durée, la loi 2018-771 du 5 septembre 2018 précitée a ajouté de nouveaux critères à la liste:

– le secteur d'activité de l'entreprise;

– le nombre de fins de contrat de travail, à l'exclusion des démissions, sous réserve de l'inscription des personnes concernées sur la liste des demandeurs d'emploi.

Ce dispositif n'est pas entré en vigueur au 1er janvier 2019. Son application était soumise au résultat de la négociation anticipée entre les partenaires sociaux sur la prochaine convention d'assurance chômage (loi précitée, art. 57; document de cadrage sur l'assurance chômage remis aux partenaires sociaux le 25 septembre 2018). Voir FRS 17/18 du 03.08.2018, §§ 26 et 27; LSQ, dossier juridique, n° 170 du 19.09.2018, «Loi Avenir professionnel: le volet assurance chômage»; RF 13 septembre 2018, FH 3756 §§ 5-1 et 5-12.

• **Report de l'application d'un bonus-malus.** Le règlement d'assurance chômage issu du décret du 26 juillet 2019 modifié précisait que ce dispositif dit de «bonus-malus» s'appliquerait à partir du 1er janvier 2021 pour les cotisations patronales d'assurance chômage dues par les employeurs de 11 salariés et plus appartenant à 7 secteurs d'activité fixés par arrêté (décret 2019-797 du 26 juillet 2019, JO 28, modifié; règlt ass. chôm. annexe A, art. 1er, 6°, 50-2 à 51). Ce dispositif de bonus-malus a été retoqué le 25 novembre 2020 par le Conseil d'État pour des raisons de forme et les articles du règlement d'assurance chômage l'instituant ont été annulés (CE 25 novembre 2020, n° 434920, LSQ n° 18192 du 27.11.2020; RJS 2/21 n° 108; FRS 23-20 du 4.12.2020, inf. 13; RF 3.12.2020, FH 3868). La disposition d'entrée en vigueur du bonus-malus au 1er janvier 2021 figurant initialement dans le décret du 26 juillet 2019 précité a, en conséquence, été supprimée (décret 2020-1716 du 28 décembre 2020, art. 1er, 5°, JO 29; règlt ass. chôm. annexe A, art. 1er, 6°, al. 2 supprimé). Le décret 2020-1716 précité n'a, toutefois, pas réintroduit le bonus-malus dans le règlement d'assurance chômage qui est annexé au décret de juillet 2019 précité.

• **Covid-19.** Indépendamment de l'annulation par le Conseil d'État du dispositif de bonus-malus, le gouvernement avait décidé à l'automne 2020 d'en reporter la mise en œuvre compte tenu des conséquences économiques de la crise sanitaire pour les entreprises. Au moment où nous mettons sous presse, des concertations sont en cours entre les partenaires sociaux et le gouvernement sur l'adaptation de certaines règles du règlement d'assurance chômage et notamment de nouvelles conditions de mise en œuvre d'un bonus-malus.

SECTION 3. Obligations d'assurance et de déclaration des rémunérations

Art. L. 5422-13. Sauf dans les cas prévus à l'article L. 5424-1, dans lesquels l'employeur assure lui-même la charge et la gestion de l'allocation d'assurance, tout employeur assure contre le risque de privation d'emploi tout salarié, y compris les travailleurs salariés détachés à l'étranger ainsi que les travailleurs salariés français expatriés.

L'adhésion au régime d'assurance ne peut être refusée.

Note • Les annexes A et B au décret 2019-797 du 26 juillet 2019 modifié s'appliquent aux travailleurs salariés mentionnés à l'article L. 5422-13 CT (décret 2019-797 du 26 juillet 2019 modifié, art. 1er, III, JO 28).

• Voir chapitre 1er de l'annexe IX au règlement d'assurance chômage annexé au décret 2019-797 précité modifié relatif à l'affiliation obligatoire des salariés expatriés.

• Voir chapitre 3 de l'annexe IX au règlement d'assurance chômage annexé au décret 2019-797 précité modifié relatif à l'affiliation facultative des employeurs.

• L'inexécution par l'employeur de son obligation d'assurer un salarié, même si l'assurance doit être souscrite auprès d'un organisme étranger ou si elle a peu de chances d'aboutir, est fautive et ouvre droit pour le salarié à obtenir réparation du préjudice qui en résulte (cass. soc. 5 juin 2001, n° 98-46.422, BC V n° 208; RJS 8-9/01 n° 1102; 26 novembre 2002, n° 00-46.740, RJS 2/03 n° 226).

• L'affiliation du **salarié détaché ou expatrié** n'est pas subordonnée à l'existence d'un unique contrat de travail avec la société mère établie en France et est obligatoire, nonobstant l'existence d'un contrat de travail avec la filiale (cass. soc. 1er avril 2003, n° 00-44.231, BC V n° 127; RJS 6/03 n° 814).

• Doit être assujettie au régime d'assurance chômage la salariée qui exerce son activité professionnelle pour le compte d'un employeur qui dispose d'un établissement en France (cass. soc. 13 décembre 2007, n° 06-45.921, RJS 2/08 n° 212).

• Tous les **employeurs habituels d'intermittents du spectacle** relevant du centre de recouvrement national géré par Pôle emploi et les employeurs occasionnels relevant du guichet unique pour le spectacle occasionnel (GUSO) visé aux articles L. 7122-22 et s. CT sont tenus d'affilier leurs salariés mineurs de moins de 16 ans au régime d'assurance chômage et au régime de garantie des créances des salariés (AGS) conformément à l'article L. 3253-6. Il en est de même pour les employeurs publics, tenus d'affilier leurs salariés intermittents du spectacle au régime d'assurance chômage conformément à l'article L. 5424-3 CT (circ. Unédic 2017-1 du 5 janvier 2017).

Art. L. 5422-14. Les employeurs soumis à l'obligation d'assurance déclarent les rémunérations servant au calcul ***(L. 2018-771 du 5 sept. 2018, art. 54, II, 2°, JO 6, entrée en vigueur le 01.01.2019)*** «des contributions mentionnées aux 1° et 2° de l'article L. 5422-9».

Ces contributions sont dues à compter de la date d'embauche de chaque salarié.

Art. R. 5422-5. Pour satisfaire à son obligation d'affiliation définie à l'article L. 5422-13, l'employeur qui embauche pour la première fois un salarié qu'il est tenu d'assurer contre le risque de privation d'emploi, adresse un bordereau d'affiliation à ***(D. 2014-524 du 22 mai 2014, art. 16, JO 24)*** «Pôle emploi».

(D. 2008-1010 du 29 sept. 2008, art. 8, JO 30 et 2009-1708 du 30 déc. 2009, JO 31, entrée en vigueur le 01.01.2011) «Il est réputé s'être acquitté de cette obligation par l'accomplissement de la déclaration mentionnée à l'article L. 1221-16.»

Quelle que soit la date à laquelle ***(D. 2008-1010 du 29 sept. 2008, art. 8, JO 30 et 2009-1708 du 30 déc. 2009, JO 31, entrée en vigueur le 01.01.2011)*** «ces formalités déclaratives ont été accomplies», l'affiliation prend effet à la date d'embauche du premier salarié.

Note Les caisses de mutualité sociale agricole tiennent de la loi la possibilité de conclure des conventions avec des organismes administrés paritairement en vue du recouvrement, pour le compte de ces organismes, des cotisations qui leur sont dues; sous condition de conclusion de telles conventions, elles se trouvent légalement habilitées à déclarer les dépenses correspondantes sans être tenues de justifier d'un pouvoir particulier (cass. ass. plén. 26 mars 2010, n° 09-12.843, BC n° 2; RJS 7/10 n° 623).

Art. R. 5422-6. L'employeur adresse à l'organisme de recouvrement compétent une déclaration comportant, pour chaque salarié, le montant total des rémunérations payées et les périodes de travail correspondantes.

Art. R. 5422-7. La déclaration prévue à l'article R. 5422-6 et le paiement des cotisations correspondant aux rémunérations déclarées sont faits aux mêmes dates que le paiement des cotisations dues au régime général de sécurité sociale.

Note Depuis le 1er janvier 2011 (décret 2009-1708 du 30 décembre 2009, JO 31), le second alinéa de cet article est abrogé (décret 2008-1010 du 29 septembre 2008, art. 8, JO 30).

Art. R. 5422-8. L'employeur ***(D. 2008-1010 du 29 sept. 2008, art. 8, JO 30 et 2009-1708 du 30 déc. 2009, JO 31, entrée en vigueur le 01.01.2011)*** « déclare à l'organisme de recouvrement compétent mentionné à l'article L. 5427-1 » l'ensemble des rémunérations payées à ses salariés.

Il joint à ***(D. 2008-1010 du 29 sept. 2008, art. 8, JO 30 et 2009-1708 du 30 déc. 2009, JO 31, entrée en vigueur le 01.01.2011)*** « cette déclaration », le cas échéant, le versement ***(D. 2008-1010 du 29 sept. 2008, art. 8, JO 30 et 2009-1708 du 30 déc. 2009, JO 31, entrée en vigueur le 01.01.2011)*** « des cotisations correspondant aux rémunérations déclarées ».

SECTION 4. Modalités de recouvrement et de contrôle des contributions

Note Sur les procédures de remise de dettes, voir art. L. 626-6, D. 626-9 et s. c. com. (décret 2009-385 du 6 avril 2009, JO 8).

Art. L. 5422-15. Toute action ou poursuite intentée contre un employeur pour manquement aux dispositions du présent titre, à l'exception de celles des articles L. 5422-10, L. 5422-21, L. 5422-22 et L. 5422-24 ainsi que de celles du chapitre IV, est précédée d'une mise en demeure.

Les modalités d'application du présent article sont déterminées par décret en Conseil d'État.

Art. R. 5422-9. La mise en demeure de l'organisme de recouvrement prévue à l'article L. 5422-15 est adressée par lettre recommandée avec avis de réception.

Note Depuis le 1er janvier 2011 (décret 2009-1708 du 30 décembre 2009, JO 31), le dernier alinéa de cet article est abrogé (décret 2008-1010 du 29 septembre 2008, art. 8, JO 30).

Art. L. 5422-16. ***(L. 2012-1189 du 26 oct. 2012, art. 9, JO 27, entrée en vigueur le 01.01.2013)*** « Les contributions prévues aux ***(L. 2018-771 du 5 sept. 2018, art. 64, III, 6°, JO 6, entrée en vigueur le 01.01.2019)*** « 1° à 3° de l'article L. 5422-9 ainsi qu'aux articles L. 5422-11 » et L. 5424-20 sont recouvrées et contrôlées par les organismes » ***(L. 2008-126 du 13 févr. 2008, art. 17, JO 14)*** « chargés du recouvrement mentionnés à l'article L. 5427-1 pour le compte de l'organisme gestionnaire du régime d'assurance chômage mentionné à ce même article, selon les règles et sous les garanties et sanctions applicables au recouvrement des cotisations du régime général de la sécurité sociale assises sur les rémunérations. ***(L. 2011-525 du 17 mai 2011, art. 41, I, JO 18)*** « Pour l'application des dispositions prévues aux ***(L. 2012-1189 du 26 oct. 2012, art. 9, JO 27, entrée en vigueur le 01.01.2013)*** « articles L. 1233-66, L. 1233-69 ainsi qu'aux » *a* et *e* de l'article L. 5427-1, le directeur de ***(L. 2018-771 du 5 sept. 2018, art. 64, III, 1°, JO 6, entrée en vigueur le 01.01.2019)*** « Pôle emploi » dispose de la faculté prévue à l'article L. 244-9 du code de la sécurité sociale. » Les différends relatifs au recouvrement de ces contributions relèvent du contentieux de la sécurité sociale.

Par dérogation à l'alinéa précédent :

1° Les contributions dues au titre de l'emploi des salariés mentionnés à l'article L. 722-20 du code rural ***(Ord. 2010-462 du 6 mai 2010, JO 7)*** « et de la pêche maritime » sont recouvrées et contrôlées selon les règles et sous les garanties et sanctions applicables au recouvrement des cotisations dues au titre des assurances sociales agricoles obligatoires, dans des conditions définies par convention entre l'organisme gestionnaire du régime d'assurance chômage et la Caisse centrale de la mutualité sociale agricole ;

2° Les différends relatifs au recouvrement des contributions dues au titre de l'emploi de salariés à Saint-Pierre-et-Miquelon relèvent de la compétence des juridictions mentionnées à l'article 8 de l'ordonnance n° 77-1102 du 26 septembre 1977 portant extension et adaptation au département de Saint-Pierre-et-Miquelon de diverses dispositions relatives aux affaires sociales.

Une convention conclue entre l'Agence centrale des organismes de sécurité sociale et l'organisme gestionnaire du régime d'assurance chômage mentionné à l'article L. 5427-1 précise les conditions garantissant à ce dernier la pleine autonomie de gestion, notamment de sa trésorerie grâce à une remontée quotidienne des fonds, ainsi que l'accès aux données nécessaires à l'exercice de ses activités. Elle fixe également les conditions dans lesquelles est assuré le suivi de la politique du recouvrement et définit les objectifs de la politique de contrôle et de lutte contre la fraude. Elle prévoit enfin les modalités de rémunération du service rendu par les organismes chargés du recouvrement des cotisations du régime général.»

Note Voir note sous articles L. 1233-66 et L. 5427-1.

Voir également «Paiement des cotisations chômage», Cahier RF 1115, §§ 6950 et s., juin 2020.

SECTION 5. Accords relatifs à l'assurance chômage

Art. L. 5422-20. Les mesures d'application des dispositions du présent chapitre, ***(L. 2008-126 du 13 févr. 2008, art. 17, JO 14; D. 2009-1708 du 30 déc. 2009, JO 31, entrée en vigueur le 01.01.2011)*** «à l'exception des articles ***(L. 2018-771 du 5 sept. 2018, art. 56, I, JO 6, entrée en vigueur le 01.01.2019)*** «de la présente section, du 5° de l'article L. 5422-9, des articles L. 5422-10,» L. 5422-14 à L. 5422-16» ***(L. 2014-1653 du 29 déc. 2014, JO 30)*** «et de l'article L. 5422-25», font l'objet d'accords conclus entre les organisations représentatives d'employeurs et de salariés.

Ces accords sont agréés dans les conditions définies par la présente section.

En l'absence d'accord ou d'agrément de celui-ci, les mesures d'application sont déterminées par décret en Conseil d'État.

Note • Suite à l'échec des négociations menées par les partenaires sociaux et conformément au dernier alinéa du présent article, l'article 4 du **décret 2019-797 du 26 juillet 2019** (JO 28) modifié a abrogé, au 1er novembre 2019, l'agrément de la convention d'assurance chômage du 14 avril 2017 et de ses textes associés.

Le décret précité détermine les mesures d'application du régime d'assurance chômage. Sa structure est la suivante:
– le corps du décret, prévoyant notamment des dispositions relatives au champ d'application des mesures d'application, à la contribution globale mentionnée à l'article L. 5422-24, I CT, à l'abrogation de différents arrêtés d'agrément de la réglementation antérieure et à l'entrée en vigueur des dispositions contenues dans les annexes;
– deux annexes: une annexe A relative au règlement d'assurance chômage intégrant les anciens accords d'application de la convention d'assurance chômage et les différentes annexes relatives aux professions particulières et une annexe B relative au règlement d'assurance chômage applicable à Mayotte, et les différentes annexes relatives aux professions particulières.

• **Le règlement d'assurance chômage annexé au décret 2019-797 précité modifié** a fixé la réglementation relative aux modalités d'indemnisation des travailleurs privés d'emploi et aux contributions d'assurance chômage. Les dispositions du décret sont applicables jusqu'au 1er novembre 2022. En principe, la nouvelle réglementation d'assurance chômage issue du décret précité **est entrée en vigueur le 1er novembre 2019**. Toutefois, l'article 5 du décret du 26 juillet 2019 précité modifié par l'article 1er du décret du 23 décembre 2020 (JO 27), reporte l'application de certaines de ses dispositions au 1er avril 2021. Durant la période transitoire entre le 1er novembre 2019 et le 31 mars 2021, certaines dispositions du règlement général annexé à la convention du 14 avril 2017 relative à l'assurance chômage et de ses textes associés (annexes) demeurent applicables. L'ensemble du règlement d'assurance chômage (hors contributions) est applicable à compter du 1er avril 2021, pour toutes les fins de contrat de travail intervenues à compter de cette date et les procédures de licenciement engagées à compter de cette date. Sur l'entrée en vigueur des dispositions du décret précité, voir circulaire Unédic 2020-12 du 6 octobre 2020, fiche 14 et circulaire Unédic 2021-01 du 8 janvier 2021, § 1.

La circulaire Unédic 2019-12 du 1er novembre 2019 et ses 15 fiches techniques précisent les règles issues du règlement d'assurance chômage annexé au décret 2019-797 précité la période comprise entre le 1er novembre 2019 et le 31 juillet 2020. Sur les dispositions applicables pour la période comprise entre le 1er août 2020 et le 31 mars 2021, voir circulaire Unédic 2020-12 du 6 octobre 2020, fiche 12 et circulaire Unédic 2021-01 du 8 janvier 2021, § 1.

Voir Cahier RF 1118, §§ 2300 et s. «Conditions pour bénéficier des allocations de chômage», octobre 2020; LSQ, dossier juridique, n° 209 du 18.11.2019; FRS 23/19 du 8.11.2019; JCP éd. S 2019, 1333, étude Th. Lahalle «La réforme de l'assurance chômage».

• **Pour les fins de contrats de travail intervenues avant le 1er novembre 2019,** voir convention du 14 avril 2017 relative à l'assurance chômage et ses textes associés (convention assurance chômage du 14 avril 2017; règlement et annexes à la convention; accords d'application 1 à 26; circulaires Unédic 2017-20, 2017-21 du 24 juillet 2017 et 2018-06 du 20 février 2018). Cette convention est entrée en vigueur le 1er octobre 2017 (convention assurance chômage du 14 avril 2017, art. 13). Les dispositions relatives aux contributions d'assurance chômage prévues par cette convention sont entrées en vigueur à compter du 1er octobre 2017 pour les rémunérations versées à compter de cette date (circ. Unédic 2017-21 du 24 juillet 2017). Le décret 2019-797 précité a abrogé, au 1er novembre 2019, l'agrément de la convention d'assurance chômage du 14 avril 2017 et de ses textes associés.

Voir «La nouvelle convention sur l'assurance chômage du 14 avril 2017», RDT mai 2017, CH, 327, L. Joly; «Chômage: les nouvelles règles d'indemnisation. Application de la convention du 14 avril 2017», dossier juridique, LSQ n° 17449 du 17.11.2017; «Conditions pour bénéficier des allocations de chômage», Cahier RF 1098, oct. 2018, §§ 2300 et s.

• **Négociation anticipée de la convention d'assurance chômage du 14 avril 2017.** Sur la renégociation anticipée de convention du 14 avril 2017 précitée, voir note sous article L. 5422-25.

Voir RF 13 septembre 2018, FH 3756 § 5-11; FRS 17/18 du 3 août 2018 § 29; LSQ n° 170 du 19.09.2018, «Loi Avenir professionnel: le volet assurance chômage»; Dr. Soc. 2018, p. 580, «Assurance chômage: un nouveau modèle ?», dossier coordonné par Ch. Willmann; RDT, septembre 2018, ET, 590, «Le rôle des partenaires sociaux dans la détermination des règles applicables à l'assurance chômage et à la formation professionnelle» Fr. Guiomard.

• Voir **ANI du 22 février 2018 relatif à la réforme de l'assurance chômage** qui a servi de base aux réformes relatives à l'assurance chômage contenues dans la loi 2018-771 précitée, voir LSQ, dossier juridique, n° 64 du 5.04.2018.

• **Il appartient au juge judiciaire d'apprécier la validité des conventions d'assurance chômage** qui ont le caractère de conventions de droit privé pour être conclues exclusivement entre personnes de droit privé. Les parties à la négociation d'une convention, qui ne sont habilitées par l'article L. 351-8 [L. 5422-20] CT qu'à prendre des mesures d'application des dispositions légales relatives à l'assurance chômage ne peuvent, sans excéder leurs pouvoirs, prévoir le versement d'une partie de la contribution des employeurs et des salariés à une association ayant notamment pour objet de financer les dépenses des régimes de retraite complémentaire des salariés (cass. soc. 10 octobre 2006, n° 03-15.835, BC V n° 298; RJS 12/06 n° 1305; Dr. Soc. 2006, p. 1203, obs. J. Barthélémy). Le juge judiciaire a compétence pour apprécier la validité d'une telle convention et peut en écarter, le cas échéant, l'application, alors même que l'arrêté qui l'agrée n'aurait pas été contesté devant le juge administratif (CE 8 novembre 2019, n° 424424, RJS 1/20 n° 42). Toutefois, compte tenu de la nature particulière de ces conventions, auxquelles le législateur a confié le soin de définir les mesures prises pour l'application de la loi et dont il a subordonné l'entrée en vigueur à l'intervention d'un arrêté ministériel d'agrément, le juge administratif, compétemment saisi d'une contestation mettant en cause la légalité de cet agrément, a également compétence pour se prononcer sur les moyens mettant en cause la validité de la convention (CE 8 novembre 2019, n° 424424, précité).

La nullité d'une convention ou d'un accord collectif est encourue lorsque toutes les organisations syndicales n'ont pas été convoquées à sa négociation, ou si l'existence de négociations séparées est établie, ou encore si elles n'ont pas été mises à même de discuter les termes du projet soumis à la signature en demandant, le cas échéant, la poursuite des négociations jusqu'à la procédure prévue pour celle-ci. Concernant les négociations de la convention de 2014, une cour d'appel a constaté que lors de la réunion conclusive qui s'est ouverte le 20 mars 2014, un nouveau projet d'accord a été débattu. Si, pendant la suspension de séance du 21 mars, des échanges bilatéraux ont eu lieu entre les organisations d'employeurs et les organisations de salariés, auxquels la CGT a été conviée mais a refusé de participer, un dernier projet d'accord a été soumis à l'ensemble des partenaires sociaux après reprise de la séance le 22 mars 2014, faisant ainsi ressortir qu'il n'y a pas eu de négociations séparées et que la CGT a été mise à même de discuter les termes dudit projet et de faire valoir ses droits, en a exactement déduit que la CGT n'établissait pas avoir été victime de manquements caractérisant une déloyauté des autres parties et que la négociation avait donc été régulièrement menée (cass. soc. 8 mars 2017, n° 15-18.080, BC V n° 46; LS Jurispr. n° 55 du 21.03.2017; RDT, juin 2017, CH, 434, I. Odoul-Asorey; JCP éd. S 2017, 1183, note S. Béal et C. Terrenoire; RJS 5/17 n° 355).

• Une **circulaire de l'Unédic** prise pour l'application du régime conventionnel d'assurance chômage **ne présente pas le caractère d'un acte administratif** susceptible d'être déféré devant le juge de l'excès de pouvoir (CE 27 juin 2001, n° 221535, RJS 10/10 n° 1172).

• Sur la contestation sérieuse que peut soulever la délégation de certains pouvoirs à l'**ancienne commission paritaire nationale** instituée par les conventions d'assurance chômage précédentes, voir CE 6 octobre 2000, n° 209312, Rec. Lebon, pp. 1187-1273; Dr. Soc. 2001, p. 36, concl. S. Boissard et 29 juillet 2002, n° 229981, RJS 11/02 n° 1273, ainsi que TGI Paris 2 juillet 2002, n° 01-4552, RJS 10/02 n° 1161.

• Dès lors qu'il peut lui-même invoquer l'illégalité des dispositions de la convention d'assurance chômage, **un travailleur privé d'emploi doit agir dans le cadre du délai de la prescription** (cass. soc. 22 février 2005, n° 03-13.346, BC V n° 59; RJS 5/05 n° 555).

• Le décret prévu au 3e alinéa n'a pas à être précédé de l'avis du comité supérieur de l'emploi (CE 11 juillet 2001, n° 224586 et a., Rec. Lebon, p. 363; RJS 10/01 n° 1167).

• Le gouvernement pouvait s'approprier les stipulations de la précédente convention d'assurance chômage et les délibérations de la commission paritaire nationale prises avant le décret du 30 juin 2000. En revanche, la reprise de stipulations définissant une règle de prescription, intervenant donc dans le champ de compétence réservé au législateur, est illégale (CE 27 juillet 2005, n° 270666, RJS 11/05 n° 1130; décret 2000-601 du 30 juin 2000, JO 12 janv. 2006).

• **L'arrêté d'agrément ministériel du 25 juin 2014 relatif à la convention d'assurance chômage du 14 mai 2014 a été annulé,** le 5 octobre 2015, par le Conseil d'État (CE 5 octobre 2015, n° 383956, Rec. Lebon, p. 334; RDT, novembre 2015, CH, 686, L. Joly; JSL n° 398, 30.11.2015, p. 24; RJS 12/15 n° 798). Cette décision concerne les modalités de récupération des trop-perçus et les conséquences des périodes de travail non déclarées, une telle **compétence ne relevant pas des partenaires sociaux** ainsi que la prise en compte des indemnités prud'homales dans le calcul du différé spécifique d'indemnisation, son application privant certains allocataires de leurs droits à réparation du préjudice subi en cas de licenciement abusif.

• **Compétence des partenaires sociaux pour subordonner le paiement du revenu de remplacement à la résidence du bénéficiaire sur le territoire relevant du champ d'application du régime d'assurance chômage.** Les organisations syndicales d'employeurs et de travailleurs auxquelles les articles L. 351-8 [L. 5422-20] et L. 352-2, alors en vigueur, donnent compétence pour négocier et conclure des accords ayant pour objet de déterminer les mesures d'application des dispositions légales relatives au régime d'assurance chômage, ne méconnaissent pas leur pouvoir en insérant au règlement annexé à une convention d'assurance chômage des dispositions qui prévoient, dès lors que le législateur donne au service public de l'emploi pour mission l'accueil, l'orientation, la formation, l'insertion et l'accompagnement des demandeurs d'emploi, que l'attribution et le paiement de l'allocation d'aide au retour à l'emploi est subordonné à la résidence du bénéficiaire sur le territoire relevant du champ d'application du régime d'assurance chômage.

Une cour d'appel a retenu à bon droit que les articles 4f et 34f du règlement annexé à la convention du 1er janvier 2004 relative à l'aide au retour à l'emploi et à l'indemnisation du chômage ne portaient pas atteinte à la liberté d'aller et venir des salariés privés d'emploi, lesquels demeurent libres de se déplacer à l'intérieur et à l'extérieur du territoire national et de s'y établir, et que l'interruption du service de l'allocation d'aide au retour à l'emploi du jour où le bénéficiaire cessait de résider sur le territoire national ne constituait pas un empêchement à une résidence à l'étranger, faisant ressortir que cette interruption était proportionnée au but poursuivi par le service public de l'emploi. Ayant relevé que l'allocataire avait, durant la période indemnisée, eu sa résidence aux États-Unis, la cour d'appel a exactement décidé que Pôle emploi Picardie était bien fondé à réclamer la répétition des sommes indûment versées (cass. soc. 28 février 2018, n° 15-24.181, BC V n° 31; LS Jurispr. n° 54 du 20.03.2018; JCP éd. S 2018, 1140, note Ch. Willmann; JSL n° 452, 02.05.2018, pp. 20 et s., Fr. Taquet; RJS 5/18 n° 358).

Art. L. 5422-20-1. ***(L. 2018-771 du 5 sept. 2018, art. 56, II, JO 6, entrée en vigueur le 01.01.2019)*** Préalablement à la négociation de l'accord mentionné à l'article L. 5422-20 dont l'agrément arrive à son terme ou à celle de l'accord mentionné à l'article L. 5422-25 et après concertation avec les organisations syndicales de salariés et les organisations professionnelles d'employeurs représentatives au niveau national et interprofessionnel, le Premier ministre transmet à ces organisations un document de cadrage. Ce document est transmis concomitamment au Parlement.

Ce document précise les objectifs de la négociation en ce qui concerne la trajectoire financière, le délai dans lequel cette négociation doit aboutir et, le cas échéant, les objectifs d'évolution des règles du régime d'assurance chômage.

Il détaille les hypothèses macroéconomiques sur lesquelles se fonde la trajectoire financière, ainsi que le montant prévisionnel, pour les trois exercices à venir, du produit des impositions de toute nature mentionnées au 5° de l'article L. 5422-9, sans préjudice des dispositions des prochaines lois de finances et lois de financement de la sécurité sociale.

Un décret en Conseil d'État détermine les conditions d'application du présent article.

Note • Voir articles R. 5422-10 et 11 sur le contenu du document de cadrage.

• Voir FRS 17/18 du 3 août 2018, § 29; LSQ, dossier juridique, n° 170 du 19.09.2018, «Loi Avenir professionnel: le volet assurance chômage»; RF 13 septembre 2018, FH 3756 § 5-11.

• Voir également document de cadrage sur l'assurance chômage remis aux partenaires sociaux le 25 septembre 2018.

Art. L. 5422-20-2. ***(L. 2018-771 du 5 sept. 2018, art. 56, II, JO 6, entrée en vigueur le 01.01.2019)*** Pôle emploi et l'organisme chargé de la gestion de l'assurance chômage mentionné à l'article L. 5427-1 fournissent aux services de l'État toutes les informations nécessaires à l'élaboration du document de cadrage mentionné aux articles L. 5422-20-1 et L. 5422-25 ainsi qu'au suivi des négociations.

Art. L. 5422-21. L'agrément rend obligatoires les dispositions de l'accord pour tous les employeurs et salariés compris dans le champ d'application professionnel et territorial de cet accord.

L'agrément est délivré pour la durée de la validité de l'accord.

Les accords présentés à l'agrément ***(L. 2018-771 du 5 sept. 2018, art. 56, III, JO 6, entrée en vigueur le 01.01.2019)*** «du Premier ministre» sont soumis aux conditions de publicité des arrêtés d'extension et d'élargissement des conventions et accords collectifs de travail.

Note Il n'y a pas lieu de renvoyer au Conseil constitutionnel la question de constitutionnalité portant sur l'article L. 5422-21 CT, celle-ci ne présentant pas un caractère sérieux en ce qu'elle ne porte pas sur les articles L. 5422-6 et L. 5422-20 CT qui permettent de prévoir par accord des aménagements au régime d'assurance chômage (cass. soc., QPC, 13 juin 2014, n° 13-26.502, BC V n° 146; RJS 10/14 n° 721).

Art. L. 5422-22. ***(L. 2018-771 du 5 sept. 2018, art. 56, IV, JO 6, entrée en vigueur le 01.01.2019)*** Pour être agréés, les accords mentionnés à l'article L. 5422-20 doivent avoir été négociés et conclus sur le plan national et interprofessionnel entre organisations d'employeurs et de salariés représentatives au niveau national et interprofessionnel.

Ces accords doivent être conformes aux dispositions légales et réglementaires en vigueur. Ils doivent également être compatibles avec la trajectoire financière et, le cas échéant, les objectifs d'évolution des règles du régime d'assurance-chômage définis dans le document de cadrage mentionné à l'article L. 5422-20-1.

Note • Voir RDT, septembre 2018, ET, 590, «Le rôle des partenaires sociaux dans la détermination des règles applicables à l'assurance chômage et à la formation professionnelle», Fr. Guiomard.

• **Compétence du juge dans le cadre d'un recours contre l'arrêté ministériel d'agrément.** Les conventions d'assurance chômage, conclues entre les organisations représentatives d'employeurs et de salariés, ont le caractère de conventions de droit privé. Toutefois, leur entrée en vigueur est subordonnée à l'intervention d'un arrêté ministériel d'agrément, qui a le caractère d'un acte administratif réglementaire et qui les rend obligatoires pour tous les employeurs et salariés compris dans leur champ d'application. D'une part, le juge judiciaire a compétence pour apprécier la validité d'une telle convention et peut en écarter, le cas échéant, l'application, alors même que l'arrêté qui l'agrée n'aurait pas été contesté devant le juge administratif. D'autre part, compte tenu de la nature particulière de ces conventions, auxquelles le législateur a confié le soin de définir les mesures prises pour l'application de la loi et dont il a subordonné l'entrée en vigueur à l'intervention d'un arrêté ministériel d'agrément, le juge administratif, compétemment saisi d'une contestation mettant en cause la légalité de cet agrément, a également compétence pour se prononcer sur les moyens mettant en cause la validité de la convention (CE 8 novembre 2019, n° 424424, RJS 1/20 n° 42).

• **Effet de l'annulation d'un arrêté d'agrément à une date ultérieure.** Si l'annulation d'un acte administratif implique, en principe, que cet acte est réputé n'être jamais intervenu, il appartient au juge administratif de reporter exceptionnellement l'effet de l'annulation à une date ultérieure, sous réserve des actions contentieuses déjà engagées, lorsque l'effet rétroactif de l'annulation est de nature à emporter des conséquences manifestement excessives en raison tant des effets que cet acte a produits et des situations qui ont pu se constituer lorsqu'il était en vigueur que de l'intérêt général pouvant s'attacher à un maintien temporaire de ses effets (CE 11 mai 2004, n° 255886, RJS 7/04 n° 841).

• L'arrêté du 18 février 1997 agréant la convention du 1er janvier 1997 relative à l'assurance chômage avait été annulé en tant qu'il agréait l'article 50 de la convention relatif à un cumul d'allocations qui relevait de la **compétence du pouvoir réglementaire** (CE 18 mai 1998, nos 187836 et a., RJS 8-9/98 n° 1041).

• L'agrément d'un **avenant n'est pas illégal du seul fait qu'il n'a pas été signé par l'ensemble des organisations syndicales** signataires de l'accord initial (CE 29 mars 2000, nos 206898, 207368, 207444, RJS 7-8/00 n° 846). En revanche, les organisations signataires de la convention d'assurance chômage ne peuvent réserver à elles seules la négociation et la conclusion d'avenants à cette convention (CE 11 juillet 2001, nos 228361 et a., précité). Les signataires de ces accords ne peuvent légalement renvoyer le soin d'en modifier ou compléter les stipulations à des actes à la négociation desquels ne participeraient pas l'ensemble des organisations syndicales les plus représentatives d'employeurs et de travailleurs et qui ne feraient pas l'objet d'un agrément ministériel (CE 11 mai 2004, n° 255886, précité).

• Les accords conclus en vertu des articles L. 352-1 et s. [L. 5422-21 et 22] pour l'application des dispositions relatives à l'assurance chômage **ne peuvent restreindre les droits que les travail-**

leurs privés d'emploi tiennent de la loi, laquelle ne prévoit aucune réduction des allocations de chômage pour les allocataires âgés de moins de 60 ans bénéficiaires d'un avantage vieillesse ou d'une pension militaire (cass. soc. 2 février 1999, n° 96-20.696, BC V n° 53; RJS 3/99 n° 408).

• L'article 21 du règlement général annexé à la convention d'assurance chômage du 14 mai 2014 prévoyait que la prise en charge d'un travailleur privé d'emploi était, s'il y avait lieu, reportée à l'expiration d'un différé d'indemnisation spécifique calculé à raison des indemnités inhérentes à la rupture de son contrat de travail, y compris les indemnités allouées à un salarié licencié sans cause réelle et sérieuse excédant le minimum prévu par le 2e alinéa de l'article L. 1235-3 En cas d'indemnités allouées par le juge prud'homal pour licenciement abusif, les indemnités prises en compte dans le différé d'indemnisation variaient selon l'ancienneté du salarié (2 ans et plus ou moins de 2 ans) et la taille de l'entreprise (11 salariés et plus ou moins de 11 salariés). Un salarié avec moins de 2 ans d'ancienneté ou licencié d'une entreprise de moins de 11 salariés voyait la totalité des indemnités prud'homales allouées pour préjudice subi prise en compte dans le calcul du différé spécifique. Eu égard à l'objectif d'intérêt général poursuivi par les parties à la convention, qui ont la responsabilité d'assurer l'équilibre financier du régime, le Conseil d'État a estimé qu'il leur était loisible de prévoir qu'une part de ces indemnités, appréciée de façon forfaitaire, serait prise en compte pour déterminer le point de départ du versement de l'allocation d'assurance. En revanche, en prenant en compte l'intégralité de ces indemnités pour le calcul du différé d'indemnisation des salariés licenciés alors qu'ils comptaient moins de 2 ans d'ancienneté ou qu'ils étaient employés par une entreprise comptant moins de 11 salariés, elles ont adopté des stipulations aboutissant à ce que certains salariés victimes d'un licenciement dépourvu de cause réelle et sérieuse puissent être privés de l'intégralité des sommes destinées à assurer la réparation du préjudice qui en résulte. **Elles ont ainsi porté atteinte au droit de ces salariés d'en obtenir réparation.** Le Conseil d'État a donc considéré illégales ces stipulations et l'arrêté en tant qu'il les agrée (CE 5 octobre 2015, n° 383956, Rec. Lebon, p. 334; RDT, novembre 2015, CH, 686, L. Joly; RJS 12/15 n° 798).

• L'article 27 du règlement général annexé à la convention relative à l'indemnisation du chômage du 14 mai 2014 prévoyait que: «§ 1er - Les personnes qui ont indûment perçu des allocations ou des aides prévues par le présent règlement doivent les rembourser (...) / § 2 - Dès sa constatation, l'indu est notifié à l'allocataire par courrier (...) / À la suite de cette notification, il est procédé à la retenue d'une fraction des allocations à payer, sans que cette retenue ne puisse excéder la partie saisissable des allocations. / Une contestation portant sur l'existence, le motif ou le montant du versement indu peut être formée par l'allocataire dans les 30 jours suivant la notification. Ce recours n'est pas suspensif (...)».

Le Conseil d'État a considéré que la détermination des **modalités de récupération forcée d'un tel indu et de contestation d'une telle récupération ne peut être regardée comme une mesure d'application des règles édictées par le code du travail**. Les parties à la convention n'étaient pas compétentes pour prévoir que les allocations de chômage indûment versées seraient recouvrées par retenues sur les allocations à verser, y compris en cas de contestation par l'intéressé du bien-fondé de l'indu ainsi recouvré, et que le recours que celui-ci est susceptible de former n'est pas suspensif. Ainsi, ces stipulations ne pouvaient légalement faire l'objet d'un agrément (CE 5 octobre 2015, n° 383956, précité).

• Les partenaires sociaux signataires de la convention d'assurance chômage du 14 mai 2014 n'étaient **pas compétents pour prévoir une réduction des droits des travailleurs privés d'emploi qui auraient omis de déclarer**, dans les conditions prévues par un accord d'application, **des périodes d'activité**. Il en résulte que ces stipulations ne pouvaient légalement faire l'objet d'un agrément (CE 5 octobre 2015, n° 383956, précité).

• La légalité d'un arrêté ministériel portant agrément d'un des accords mentionnés par l'article L. 352-2 [L. 5422-22] est nécessairement subordonnée à la validité des stipulations de l'accord en cause. Lorsqu'une contestation sérieuse s'élève sur les conditions de conclusion de la convention ou sur l'interprétation de la commune intention des parties, la juridiction administrative est tenue, eu égard au caractère de droit privé que présente l'accord, de renvoyer à l'autorité judiciaire l'examen de cette question préjudicielle (CE 29 juillet 1994, n° 118327, Rec. Lebon, p. 389; RJS 10/94 n° 1165; 21 juin 1996, nos 112844 et a., RJS 8-9/96 n° 964; 6 octobre 2000, n° 209312, Rec. Lebon, pp. 1187-1273; RJS 2/01 n° 225; 11 juillet 2001, nos 228361 et a., précité; 19 octobre 2001, nos 150523 et a., RJS 1/02 n° 69; 13 novembre 2002, n° 229965, RJS 2/03 n° 225). Lorsqu'il n'est pas sérieusement contesté que les accords et la décision agréés n'ont pas été négociés et adoptés régulièrement, le juge administratif peut annuler l'arrêté ministériel (CE 30 juillet 1997, n° 143924, RJS 10/97 n° 1121).

• **Le ministre n'est pas tenu d'accorder l'agrément d'un accord** et il conserve un pouvoir d'appréciation qui lui permet de s'opposer à celui-ci pour des motifs d'intérêt général tirés notamment de la nécessité de garantir l'équilibre financier du régime ou de la protection des droits des travailleurs privés d'emploi. Le ministre ne peut exclure de l'agrément les clauses qui forment un tout indivisible avec les autres stipulations de cet accord ou avec celles d'un autre accord entre les mêmes parties; il doit au contraire ne pas tenir compte de cette indivisibilité lorsqu'elle fait l'objet d'une stipulation expresse incompatible avec la législation en vigueur (CE 11 juillet 2001, n°s 224586 et a., Rec. Lebon, p. 363; RJS 10/01 n° 1167).

• **L'agrément prend effet à la date d'application de l'accord** stipulée par les signataires (CE 6 octobre 2000, n°s 209238 et a., Rec. Lebon, pp. 822-1274; RJS 2/01 n° 224).

• Les bénéficiaires du régime d'assurance chômage au cours de la période justifient d'un intérêt leur donnant qualité pour agir à l'encontre de l'arrêté d'agrément de la convention, ou d'un avenant ayant pour objet sa prolongation, applicable pour la période considérée (CE 29 juillet 2002, n°s 220182 et 229981, RJS 11/02 n° 1273).

• **Sur la loyauté de la négociation relative à l'assurance chômage,** voir cass. soc. 8 mars 2017, n° 15-18.080, BC V n° 46; LS Jurispr. n° 55 du 21.03.2017; RDT, juin 2017, CH, 434, I. Odoul-Asorey; JCP éd. S 2017, 1183, note S. Béal et C. Terrenoire; RJS 5/17 n° 355.

Art. L. 5422-23. Lorsque l'accord prévu à l'article L. 5422-20 n'a pas été signé par la totalité des organisations représentatives d'employeurs et de salariés, le ***(L. 2018-771 du 5 sept. 2018, art. 56, V, JO 6, entrée en vigueur le 01.01.2019)*** «Premier ministre» peut procéder à son agrément selon une procédure déterminée par décret en Conseil d'État, en l'absence d'opposition exprimée dans des conditions prévues par ce même décret.

Art. L. 5422-24. ***(L. 2008-126 du 13 févr. 2008, art. 16, JO 14) (L. 2018-771 du 5 sept. 2018, art. 54, II, 3°, JO 6, entrée en vigueur le 01.01.2019)*** « I. – Les ressources» mentionnées aux articles L. 5422-9, L. 5422-11 et L. 5424-20 financent, pour la part définie par la convention mentionnée à l'article L. 5422-20 et qui ne peut être inférieure à 10 % ***(L. 2018-771 du 5 sept. 2018, art. 54, II, 3°, JO 6, entrée en vigueur le 01.01.2019)*** «du montant des ressources précitées», une contribution globale versée à la section "Fonctionnement et investissement" et à la section "Intervention" du budget de ***(L. 2018-771 du 5 sept. 2018, art. 54, II, 3°, JO 6, entrée en vigueur le 01.01.2019)*** «Pôle emploi», dont la répartition est décidée annuellement par le conseil d'administration de cette institution.

(L. 2018-771 du 5 sept. 2018, art. 54, II, 3°, JO 6, entrée en vigueur le 01.01.2019) «II. – Pour l'application du I du présent article, l'appréciation des contributions des employeurs mentionnées au 1° de l'article L. 5422-9 s'entend avant application des exonérations et réductions applicables à ces contributions.»

Note La contribution globale mentionnée au I de l'article L. 5422-24 CT correspond à 10 % des ressources mentionnées aux articles L. 5422-9, L. 5422-11 et L. 5424-20 du même code. Cette contribution globale est majorée d'un point au titre du renforcement de l'accompagnement des demandeurs d'emploi (décret 2019-797 du 26 juillet 2019 modifié, art. 3).

Sous-section 1 (réglementaire). Contenu du document de cadrage

Note Les sous-sections 1 à 3 sont issues du décret 2018-791 du 14 septembre 2018, JO 15, entrée en vigueur le 01.01.2019; toutefois, pour l'application de l'article 57 de la loi 2018-771, les dispositions de ce décret entrent en vigueur le lendemain de sa publication, à l'exception des modifications apportées aux articles R. 5422-16 et 17 relatives au Conseil national de l'emploi, de la formation et de l'orientation professionnelles [remplacée par la Commission nationale de la négociation collective, de l'emploi et de la formation professionnelle] (décret précité, art. 4).

Voir FRS 17/18 du 3 août 2018, § 29; LSQ n° 17646 du 7.09.2018; dossier juridique, n° 170 du 19.09.2018, «Loi Avenir professionnel: le volet assurance chômage»; RF 13 septembre 2018, FH 3756 § 5-11.

Art. R. 5422-10. Le document de cadrage mentionné à l'article L. 5422-20-1 comprend:

1° Des objectifs en matière de trajectoire financière, exprimés selon les conventions de la comptabilité nationale;

2° Le délai dans lequel la négociation doit aboutir;

3° Le cas échéant, des objectifs d'évolution des règles du régime d'assurance chômage.

Art. R. 5422-11. Le document de cadrage intègre un état des hypothèses macroéconomiques, cohérent avec les prévisions de la loi de finances, de la loi de financement de la sécurité sociale et de la loi de programmation des finances publiques, ainsi que des hypothèses d'évolution du nombre prévisionnel de demandeurs d'emploi indemnisés, sur les trois prochains exercices à venir.

Sous-section 2 (réglementaire). Agrément des accords d'assurance chômage

Art. R. 5422-16. L'agrément des accords mentionnés à l'article L. 5422-22 est délivré par ***(D. 2018-791 du 14 sept. 2018, JO 15, entrée en vigueur le 01.01.2019)*** «le Premier ministre», après avis ***(D. 2018-791 du 14 sept. 2018, JO 15, entrée en vigueur le 01.01.2019)*** «de la Commission nationale de la négociation collective, de l'emploi et de la formation professionnelle. Le document de cadrage mentionné à l'article L. 5422-20-1 est annexé à l'arrêté d'agrément.

Art. L. 5422-25

Il peut être abrogé lorsque les stipulations de l'accord ou ses conditions d'application cessent d'être en conformité avec les dispositions légales et réglementaires ou dans le cas prévu au dernier alinéa de l'article L. 5422-25. »

Note Depuis le 1er janvier 2019, l'agrément est de la compétence du Premier ministre et non plus du ministre chargé de l'emploi (décret 2018-791 précité, art. 2). Voir LSQ n° 17646 du 7.09.2018.

Art. R. 5422-17. Dans le cas prévu à l'article L. 5422-23, ***(D. 2018-791 du 14 sept. 2018, JO 15, entrée en vigueur le 01.01.2019)*** « le Premier ministre » peut procéder à l'agrément de l'accord lorsque l'avis motivé favorable ***(D. 2018-791 du 14 sept. 2018, JO 15, entrée en vigueur le 01.01.2019)*** « de la Commission nationale de la négociation collective, de l'emploi et de la formation professionnelle » a été émis sans l'opposition écrite et motivée, soit de deux organisations d'employeurs, soit de deux organisations de salariés représentées à ***(D. 2018-791 du 14 sept. 2018, JO 15, entrée en vigueur le 01.01.2019)*** « cette commission ».

En cas d'opposition, ***(D. 2018-791 du 14 sept. 2018, JO 15, entrée en vigueur le 01.01.2019)*** « le Premier ministre » peut à nouveau consulter ***(D. 2018-791 du 14 sept. 2018, JO 15, entrée en vigueur le 01.01.2019)*** « la Commission nationale de la négociation collective, de l'emploi et de la formation professionnelle » à partir d'un rapport qui précise la portée des dispositions en cause, ainsi que les conséquences de l'agrément.

(D. 2018-791 du 14 sept. 2018, JO 15, entrée en vigueur le 01.01.2019) « Le Premier ministre » peut délivrer l'agrément au vu du nouvel avis émis par ***(D. 2019-796 du 26 juil. 2019, JO 28)*** « la commission ». Cette décision est motivée.

Note Depuis le 1er janvier 2019, la Commission nationale de la négociation collective est devenue la Commission nationale de la négociation collective, de l'emploi et de la formation professionnelle et exerce un rôle consultatif dans le champ de l'emploi, de l'orientation et de la formation professionnelles, voir articles L. 2271-1 et R. 2271-1.

Sous-section 3 (réglementaire). Modification des accords d'assurance chômage agréés

Art. R. 5422-18. Les accords d'assurance chômage agréés peuvent être modifiés par avenant agréé dans les conditions fixées à l'article L. 5422-22, sous réserve que cet avenant soit compatible avec les objectifs fixés dans le document de cadrage établi préalablement à l'agrément initial de l'accord en vigueur.

SECTION 6. Suivi financier du régime d'assurance chômage

Note Cette section a été introduite par la loi 2014-1653 du 29 décembre 2014, art. 29, JO 30.

Art. L. 5422-25. ***(L. 2018-771 du 5 sept. 2018, art. 56, VI, JO 6, entrée en vigueur le 01.01.2019)*** Le Gouvernement transmet chaque année au Parlement et aux partenaires sociaux gestionnaires de l'organisme mentionné à l'article L. 5427-1, au plus tard le 15 octobre, un rapport sur la situation financière de l'assurance chômage, précisant notamment les mesures mises en œuvre pour contribuer à l'atteinte de l'équilibre financier à moyen terme et celles susceptibles de l'être.

Si ce rapport fait état d'un écart significatif entre la trajectoire financière du régime d'assurance chômage et la trajectoire financière prévue par l'accord mentionné à l'article L. 5422-20, ou si la trajectoire financière décidée par le législateur dans le cadre de la loi de programmation des finances publiques évolue significativement, le Premier ministre peut demander aux organisations d'employeurs et de salariés représentatives au niveau national et interprofessionnel de prendre les mesures nécessaires pour corriger cet écart en modifiant l'accord mentionné au même article L. 5422-20, dans un délai qu'il détermine. À cette fin, le Premier ministre transmet un document de cadrage aux organisations précitées dans les conditions fixées à l'article L. 5422-20-1.

Les dispositions de la section 5 du présent chapitre sont applicables à la modification de l'accord mentionné à l'article L. 5422-20 opérée dans le cadre des dispositions du présent article.

Lorsqu'aucun accord remplissant les conditions du second alinéa de l'article L. 5422-22 n'est conclu, le Premier ministre peut mettre fin à l'agrément de l'accord qu'il avait demandé aux organisations d'employeurs et de salariés représentatives au niveau national et interprofessionnel de modifier. Il est alors fait application du dernier alinéa de l'article L. 5422-20.

Note **Exemple de renégociation anticipée de la convention d'assurance chômage du 14 avril 2017.** « À compter de la publication de la loi 2018-771 du 5 septembre 2018 précitée et après concertation avec les organisations syndicales de salariés et les organisations professionnelles d'employeurs représentatives au niveau national et interprofessionnel, le Gouvernement transmet à ces organisations un document de cadrage afin qu'elles négocient les accords mentionnés aux articles L. 5422-20 du code du travail. Ces accords sont négociés dans un délai de quatre mois et agréés dans les conditions fixées au titre II du livre IV de la cinquième partie du même code dans sa rédaction résultant de l'article 56 de la présente loi, notamment le dernier alinéa de l'article L. 5422-25 dudit code. Le document de cadrage mentionné au premier alinéa du présent article répond aux conditions mentionnées à l'article L. 5422-20-1 du même code et prévoit des objectifs d'évolution des règles de l'assurance chômage permettant de lutter contre la précarité et d'inciter les demandeurs d'emploi au retour à l'emploi. Il propose de revoir l'articulation entre assurance et solidarité, le cas échéant par la création d'une allocation chômage de longue durée attribuée sous condition de ressources» (loi 2018-771 précitée, art. 57). Voir FRS 17/18 du 3 août 2018, § 29; LSQ, dossier juridique, n° 170 du 19.09.2018, «Loi Avenir professionnel: le volet assurance chômage»; RF 13 septembre 2018, FH 3756 § 5-12.

Voir également document de cadrage sur l'assurance chômage remis aux partenaires sociaux le 25 septembre 2018.

Suite à l'échec des négociations menées par les partenaires sociaux, l'article 4 du décret 2019-797 du 26 juillet 2019 (JO 28) a abrogé, au 1er novembre 2019, l'agrément de la convention d'assurance chômage du 14 avril 2017 et de ses textes associés. Le règlement d'assurance chômage annexé au décret précité fixe la réglementation relative aux modalités d'indemnisation des travailleurs privés d'emploi et aux contributions d'assurance chômage.

CHAPITRE III Régime de solidarité

SECTION 1. Allocations

Note Voir arrêté du 18 février 2005 (JO 5 mars) relatif aux pièces justificatives à présenter (carte d'assurance maladie) pour l'ouverture des droits aux allocations du régime de solidarité.

Sous-section 1. Allocation de solidarité spécifique

Art. L. 5423-1. Ont droit à une allocation de solidarité spécifique les travailleurs privés d'emploi qui ont épuisé leurs droits à l'allocation d'assurance ***(Ord. 2019-861 du 21 août 2019, art. 1er, 11°, JO 22)*** «, qui ne satisfont pas aux conditions pour bénéficier de l'allocation des travailleurs indépendants prévue à l'article L. 5424-25» et qui satisfont à des conditions d'activité antérieure et de ressources.

Note • Cet article a été modifié par la loi 2018-771 du 5 septembre 2018, art. 51, II, 4°, JO 6, entrée en vigueur le 01.01.2019.

• **Covid-19.** L'article 1er de l'ordonnance 2020-324 du 25 mars 2020 (JO 26, entrée en vigueur le 26.03.2020, modifié par loi 2020-734 du 17 juin 2020, art. 50, JO 18 et ordonnance 2020-1442 du 25 novembre 2020, JO 26) portant mesures d'urgence en matière de revenus de remplacement a prévu que pour les demandeurs d'emploi épuisant leur droit à l'allocation de solidarité spécifique, à compter du 1er mars 2020 et jusqu'au 31 mai 2020 (arrêté du 22 juillet 2020, art. 1er, JO 26), la durée pendant laquelle l'allocation est accordée peut être prolongée à titre exceptionnel. Le décret 2020-425 du 14 avril 2020 (JO 15) a défini les règles de cette prolongation temporaire (art. 2). L'ordonnance 2020-1442 précitée (art. 1er *bis*) prévoit une nouvelle prolongation exceptionnelle de la durée d'indemnisation, à compter du 01.10.2020, pendant une période dont la durée est fixée par arrêté (arrêté du 9 décembre 2020, JO 12 modifié par arrêtés du 23 décembre 2020, JO 27 et du 30 janvier 2021, JO 31).

Voir aussi décret 2020-519 du 5 mai 2020 (JO 6, entrée en vigueur le 06.05.2020) portant attribution d'une aide exceptionnelle de solidarité liée à l'urgence sanitaire aux ménages les plus précaires, notamment les bénéficiaires de l'allocation de solidarité spécifique, modifié par décret 2020-627 du 25 mai 2020 (JO 26), et décret 2020-1453 du 27 novembre 2020 (JO 28) portant attribution d'une aide exceptionnelle de solidarité liée à la crise sanitaire aux ménages et aux jeunes de moins de vingt-cinq ans les plus précaires.

• Voir circulaire DGEFP 2004-8 du 20 février 2004 (BO TR 2004/6, p. 67; LS Bref n° 14085 du 01.03.2004), «Questions - réponses», juillet 2001 du ministère de l'Emploi et de la Solidarité (DGEFP) (LS Législ. soc. n° 8226 du 13.11.2001).

• Les personnes dont les droits à l'allocation de solidarité spécifique visée à l'article L. 351-10 [L. 5423-1 et 2] viennent à expiration bénéficient, en priorité, d'un contrat emploi-solidarité [contrat d'accompagnement dans l'emploi] ou d'un contrat initiative-emploi lorsqu'elles ne remplissent pas les conditions d'ouverture des droits au versement du revenu minimum d'insertion (loi 2003-1200 du 18 décembre 2003, art. 49, JO 19).

• Le droit à l'allocation de solidarité spécifique prend effet à la date à laquelle l'allocataire remplit toutes les conditions auxquelles est subordonné ce droit, et non à la date à laquelle il justifie remplir ces conditions (CE 29 juillet 1994, n° 106012, Rec. Lebon, p. 1220).

• Alors qu'elle était en situation de verser deux types d'allocations, l'Assédic [Pôle emploi] n'ayant donné que l'information relative à l'ASS a manqué à l'obligation qu'ont les organismes d'assurance chômage d'assurer l'information complète des demandeurs d'emploi (cass. soc. 8 février 2012, n° 10-30.892, BC V n° 65; RJS 5/12 n° 493).

• Le décret 2015-860 du 15 juillet 2015 (JO 16) prévoyait le versement d'une **prime transitoire de solidarité (PTS)** pour les bénéficiaires de l'allocation de solidarité spécifique (ASS) et du revenu de solidarité active (RSA), aux demandeurs nés entre le 1er janvier 1954 et le 31 décembre 1955 ayant atteint l'âge de 60 ans et qui ont validé le nombre de trimestres requis au titre du régime d'assurance vieillesse pour l'ouverture d'une pension de retraite à taux plein à l'extinction de leur droit à l'allocation d'assurance chômage. Ce dispositif a pris effet depuis le 1er juin 2015. Cette prime d'un montant de 300 € est versée mensuellement aux intéressés qui remplissent certaines conditions d'attribution, notamment au regard de l'âge, du nombre de trimestres requis pour la retraite à taux plein. Aucune condition de ressources n'est prévue pour bénéficier de la prime transitoire de solidarité. Voir Instruction Pôle emploi 2015-51 du 4 septembre 2015 (BO PE 2015-84 du 2.10.2015). La date limite de dépôt de la demande de paiement de la prime transitoire de solidarité était le 31 décembre 2017 (décret précité, art. 6). Le bénéficiaire de la PTS (né en 1954 ou en 1955) la perçoit cependant jusqu'à la liquidation de sa retraite (décret précité, art. 3).

• Le décret 2017-826 du 5 mai 2017 (JO 7) a simplifié le **dispositif d'intéressement propre à l'allocation de solidarité spécifique (ASS)**. Les bénéficiaires de cette allocation reprenant une activité peuvent intégralement cumuler la rémunération tirée d'une ou de plusieurs activités professionnelles avec le versement de l'ASS pendant une période de trois mois, consécutifs ou non. Ils bénéficient par ailleurs d'un accès facilité à la prime d'activité. Les dispositions des articles 2, 3 et 4 de ce décret sont entrées vigueur le 1er septembre 2017 (décret précité, art. 5, I).

Les bénéficiaires de l'ASS ayant, au 1er septembre 2017 des droits ouverts à la prime forfaitaire, mentionnée aux articles L. 5425-3 à L. 5425-7 et aux articles L. 327-41 à L. 327-44 CT applicable à Mayotte dans leur rédaction antérieure à l'article 87 de la loi 2016-1917 du 29 décembre 2016 de finances pour 2017, continuent à percevoir cette prime, dans les conditions prévues avant l'entrée en vigueur de la loi précitée et des articles 2, 3 et 4 du décret précité, et jusqu'à expiration de leurs droits (décret précité, art. 5, II).

Les bénéficiaires de l'allocation de solidarité spécifique et de l'allocation temporaire d'attente ayant, au 1er septembre 2017, des droits ouverts au dispositif d'intéressement mentionné aux articles R. 5425-1 à R. 5425-8 et aux articles R. 327-33 à R. 327-40 CT applicable à Mayotte dans leur rédaction antérieure au décret 2017-826 précité, continuent à percevoir cet intéressement dans les conditions prévues avant l'entrée en vigueur des dispositions des articles 2, 3 et 4 de ce décret et jusqu'à expiration de leurs droits (décret précité, art. 5, III).

Voir LSQ n° 17389 du 23.08.2017.

• **Expérimentation d'une procédure de médiation préalable obligatoire du 1er avril 2018 au 18 décembre 2021.** Pour les trois régions concernées par l'expérimentation de la médiation préalable obligatoire (Occitanie, Auvergne-Rhône-Alpes et Pays-de-la-Loire) le recours contentieux devra être précédé d'une saisine du Médiateur de Pôle emploi qui doit intervenir après le recours préalable obligatoire (décret 2018-101 du 16 février 2018, art. 2, 3 et 9, JO 17, modifié par décrets 2018-1335 du 28 décembre 2018, art. 9, JO 30; 2019-772 du 24 juillet 2019, art. 27, JO 25; 2020-1303 du 27 octobre 2020, art. 1, JO 28; arrêté du 6 mars 2018, art. 2, JO 8, modifié par arrêté du 4 février 2019, art.1, JO 7).

Art. L. 5423-2. Ont également droit à l'allocation de solidarité spécifique les bénéficiaires de l'allocation d'assurance âgés de cinquante ans au moins qui satisfont aux conditions mentionnées à l'article L. 5423-1 et qui optent pour la perception de cette allocation.

Dans ce cas, le versement de l'allocation d'assurance est interrompu.

Art. L. 5423-3. Les artistes non salariés, dès lors qu'ils ne peuvent prétendre au bénéfice de l'allocation d'assurance, ont également droit à l'allocation de solidarité spécifique, selon des conditions d'âge et d'activité antérieure.

Art. L. 5423-5. ***(L. 2011-1977 du 28 déc. 2011, art. 61, JO 29)*** «Sous réserve des dispositions prévues aux articles L. 5426-8-1 à L. 5426-8-3, l'allocation» de solidarité spécifique est incessible et insaisissable.

Les blocages de comptes courants de dépôts ou d'avances ne peuvent avoir pour effet de faire obstacle à son insaisissabilité.

Nonobstant toute opposition, le bénéficiaire dont l'allocation est versée sur un compte courant de dépôts ou d'avances peut effectuer mensuellement des retraits de ce compte dans la limite du montant de son allocation.

Art. L. 5423-6. Le taux de l'allocation de solidarité spécifique est ***(L. 2015-1785 du 29 déc. 2015, art. 67, III, 1°, JO 30, entrée en vigueur le 01.01.2016)*** «revalorisé le 1er avril de chaque année par application du coefficient mentionné à l'article L. 161-25 du code de la sécurité sociale» et est fixé par décret.

Note • Le montant journalier de l'allocation de solidarité spécifique est fixé à 16,89 € à compter du 1er avril 2020 (décret 2020-669 du 2 juin 2020, JO 4).

• Pour l'application à Mayotte, voir articles L. 5524-4 et 5.

Art. L. 5423-7. ***(L. 2016-1917 du 29 déc. 2016, art. 87, V, A, JO 30, entrée en vigueur le 01.01.2017)*** L'allocation de solidarité spécifique ne peut être cumulée avec l'allocation aux adultes handicapés mentionnée aux articles L. 821-1 et L. 821-2 du code de la sécurité sociale dès lors qu'un versement a été effectué au titre de cette dernière allocation et tant que les conditions d'éligibilité à celle-ci demeurent remplies.

Pour la récupération des sommes trop perçues à ce titre, l'institution mentionnée à l'article L. 5312-1 du présent code est subrogée dans les droits du bénéficiaire vis-à-vis des organismes payeurs mentionnés à l'article L. 821-7 du code de la sécurité sociale.

Note Voir instruction PE 2017-4 du 9 janvier 2017 (BO PE 2017-10 du 27.01.2017) sur la mise en œuvre de la mesure de non-cumul de l'allocation de solidarité spécifique (ASS) et l'allocation aux adultes handicapés (AAH).

§ 1 (réglementaire). Conditions d'attribution

Art. R. 5423-1. Pour bénéficier de l'allocation de solidarité spécifique, les personnes mentionnées à l'article L. 5423-1 :

1° Justifient de cinq ans d'activité salariée dans les dix ans précédant la fin du contrat de travail à partir de laquelle ont été ouverts leurs droits aux allocations d'assurance. En ce qui concerne les personnes ayant interrompu leur activité salariée pour élever un enfant, cette durée est réduite, dans la limite de trois ans, d'un an par enfant à charge ou élevé dans les conditions fixées à l'article R. 342-2 du code de la sécurité sociale ;

2° Sont effectivement à la recherche d'un emploi au sens de l'article L. 5421-3, sous réserve des dispositions de l'article R. 5421-1 ;

3° Justifient, à la date de la demande, de ressources mensuelles inférieures à un plafond correspondant à 70 fois le montant journalier de l'allocation pour une personne seule et 110 fois le même montant pour un couple.

Note • Une instruction DGEFP 2002-44 du 16 octobre 2002 indique les conditions de réadmission à l'allocation de solidarité spécifique après un contrat aidé (NOR: MESF0210153J) (BO TR 2002/21 du 20.11.2002).

• Le bénéfice de l'allocation aux adultes handicapés n'est pas exclusif du bénéfice de l'allocation de remplacement (CE 11 juin 2003, n° 238562, RJS 10/03 n° 1230).

Art. R. 5423-2. Les ressources prises en considération pour l'application du plafond prévu au 3° de l'article R. 5423-1 comprennent l'allocation de solidarité ainsi que les autres ressources de l'intéressé et, le cas échéant, de son conjoint, partenaire lié par un pacte civil de solidarité ou concubin, telles qu'elles doivent être déclarées à l'administration fiscale pour le calcul de l'impôt sur le revenu avant déduction des divers abattements. Toutefois ces dispositions ne s'appliquent pas lorsque le conjoint, partenaire lié par un pacte civil de solidarité ou concubin du demandeur est dirigeant d'une entreprise entrant dans le champ d'application de l'article 50-0 du code général des impôts.

Le montant pris en compte est le douzième du total des ressources perçues pendant les douze mois précédant celui au cours duquel la demande a été présentée.

Les ressources perçues hors du territoire national sont prises en compte comme si elles avaient été perçues sur ce territoire.

Note L'évaluation des ressources inclut les revenus professionnels du conjoint sans déduction particulière pour frais professionnels (CE 1er décembre 1997, n° 145848, RJS 3/98 n° 350).

Art. R. 5423-3. Ne sont pas prises en compte pour la détermination du droit à l'allocation de solidarité spécifique, les ressources suivantes :

1° L'allocation d'assurance précédemment perçue par l'intéressé ;

2° La majoration de l'allocation de solidarité ;

3° Les prestations familiales ;

4° La prime exceptionnelle de retour à l'emploi instituée par le décret n° 2005-1054 du 29 août 2005 créant une prime exceptionnelle de retour à l'emploi en faveur de certains bénéficiaires de minima sociaux ;

5° La prime de retour à l'emploi instituée par l'article L. 5133-1 ;

6° Les primes forfaitaires instituées respectivement par les articles L. 5425-3 du présent code, L. 262-11 du code de l'action sociale et des familles et L. 524-5 du code de la sécurité sociale ;

7° L'allocation de logement prévue aux articles L. 831-1 et suivants du code de la sécurité sociale; ***(D. 2019-796 du 26 juil. 2019, JO 28, entrée en vigueur le 01.11.2019)*** « 8° L'allocation des travailleurs indépendants mentionnée à l'article L. 5424-25 précédemment perçue par l'intéressé. »

Art. R. 5423-4. La pension alimentaire ou la prestation compensatoire fixée par ***(D. 2016-1907 du 28 déc. 2016, art. 13, JO 29, entrée en vigueur le 01.01.2017)*** « une convention de divorce ***(D. 2019-1380 du 17 déc. 2019, art. 13, JO 19)*** « ou de séparation de corps » par consentement mutuel prévue à l'article 229-1 du code civil, un acte reçu en la forme authentique par un notaire, une convention de divorce homologuée par le juge ou par » une décision de justice devenue exécutoire est déduite des ressources de celui qui la verse.

Art. R. 5423-5. Il n'est pas tenu compte, pour la détermination des ressources, des allocations de solidarité, ***(D. 2009-289 du 13 mars 2009, JO 15)*** « des allocations d'assurance », des rémunérations de stage ou des revenus d'activité perçus pendant la période de référence lorsqu'il est justifié que leur perception est interrompue de manière certaine à la date de la demande et que le bénéficiaire de ces ressources ne peut prétendre à un revenu de substitution.

Lorsque le bénéficiaire peut prétendre à un revenu de substitution, un abattement de 30 % est appliqué sur la moyenne des ressources auxquelles ce revenu se substitue.

Art. R. 5423-6. Lorsque le total des ressources prises en considération excède le plafond mentionné au 3° de l'article R. 5423-1, l'allocation n'est versée qu'à concurrence d'un montant global de ressources égal au plafond.

§ 2 (réglementaire). Versement, renouvellement et prolongation

Art. R. 5423-8. L'allocation de solidarité spécifique est attribuée pour une période de six mois renouvelable.

Toutefois, l'allocation est attribuée par périodes d'un an renouvelables aux bénéficiaires de la dispense de recherche d'emploi prévue à l'article L. 5421-3.

Note Voir circulaire DGEFP 2007-13 du 10 avril 2007 (NOR: SOCF0710660C) (BO TR 2007/5 du 30.05.2007).

Art. R. 5423-9. Le renouvellement de l'allocation est subordonné aux mêmes conditions que son attribution initiale.

Art. R. 5423-12. Le délai dans lequel doit être présentée la demande de paiement de l'allocation solidarité spécifique, est fixé à deux ans à compter du jour où les personnes intéressées remplissent l'ensemble des conditions exigées pour pouvoir prétendre au bénéfice de cette allocation.

Art. R. 5423-13. Dans les cas où la condition de ressources est applicable aux bénéficiaires, l'allocation solidarité spécifique n'est pas versée lorsque le montant mensuel dû est inférieur au taux journalier de cette allocation.

Sous-section 3. Allocation temporaire d'attente

Note • Les dispositions législatives de cette sous-section ont été abrogées par la loi 2016-1917 du 29 décembre 2016, art. 87, IV, A, JO 30 et les dispositions réglementaires l'ont été par le décret 2017-826 du 5 mai 2017, art. 3, I, 1°, JO 7, entrée en vigueur le 01.09.2017.

• Les personnes qui, au 1er septembre 2017, avaient des droits ouverts à l'allocation temporaire d'attente continuent à bénéficier de cette allocation dans les conditions antérieures à la loi 2016-1917 précitée jusqu'à expiration de leurs droits (loi 2016-1917 précitée, art. 87, IV, E; instruction PE 2017-33 du 19 juillet 2017, BO PE 2017-66 du 3.08.2017).

• Les bénéficiaires de l'allocation temporaire d'attente ayant, au 1er septembre 2017, des droits ouverts au dispositif d'intéressement mentionné aux articles R. 5425-1 à R. 5425-8 CT et aux articles R. 327-33 à R. 327-40 CT applicable à Mayotte dans leur rédaction antérieure au décret 2017-826 précité, continuent à percevoir cet intéressement dans les conditions prévues avant le 1er septembre 2017, et jusqu'à expiration de leurs droits (décret 2017-826 précité, art. 5, III, JO 7).

• Le montant journalier de l'allocation temporaire d'attente est fixé à 11,90 €. Ce montant est applicable depuis le 1er avril 2020 (décret 2020-669 du 2 juin 2020, JO 4).

Sous-section 5. Allocation équivalent retraite

Note • Les demandeurs d'emploi qui bénéficiaient au 31 décembre 2010 de l'allocation équivalent retraite continuent d'en bénéficier jusqu'à l'âge prévu à l'article L. 351-1 c. séc. soc. (loi 2010-1330 du 9 novembre 2010, art. 106, JO 10).

• Voir décrets 2009-608 du 29 mai 2009 (JO 31) et 2010-458 du 6 mai 2010 (JO 7) instituant à titre exceptionnel une allocation équivalent retraite pour certains demandeurs d'emploi déposant une demande avant le 31 décembre 2010. Le montant journalier de l'allocation est de 36,50 € depuis 1er avril 2020 (décret 2020-669 du 2 juin 2020, JO 4).

• Les décrets 2011-1421 du 2 novembre 2011 (JO 3) et 2013-187 du 4 mars 2013 (JO 5) instituaient à titre exceptionnel une allocation transitoire de solidarité pour certains demandeurs d'emploi. Son montant journalier était fixé à 35,09 € à compter du 1er janvier 2015 (décret 2014-1719 du 30 décembre 2014, JO 31). Voir note sous art. L. 5421-4 et rép. QE 7594, JO AN 11 juin 2013, p. 6229 rappelant l'extinction du dispositif fin 2015.

SECTION 2. Financement des allocations

Note Cette section a été abrogée par la loi 2017-1837 du 30 décembre 2017, art. 112, I, JO 31; cette abrogation s'applique aux revenus perçus depuis le 1er janvier 2018 (loi précitée, art. 112, IV).

Sous-section 1 (réglementaire). Fonds de solidarité

Note L'article R. 5423-48 qui figurait dans cette sous-section a été abrogé au 01.01.2018 par le décret 2017-1747 du 22 décembre 2017, art. 7, JO 24.

SECTION 3. Dispositions d'application

Art. L. 5423-33. Un décret en Conseil d'État détermine les conditions d'application du présent chapitre, notamment:

1° Les délais après l'expiration desquels l'inscription comme demandeur d'emploi est réputée tardive pour l'ouverture du droit à indemnisation;

2° Le délai au terme duquel le reliquat des droits antérieurement constitués ne peut plus être utilisé;

3° Le délai dans lequel doit être présentée la demande de paiement de cette indemnisation;

4° Le montant au-dessous duquel l'indemnisation différentielle n'est plus versée;

5° Le montant au-dessous duquel l'indemnisation indûment versée ne donne pas lieu à remboursement.

CHAPITRE IV Régimes particuliers

SECTION 1. Dispositions particulières à certains salariés

Art. L. 5424-1. Ont droit à une allocation d'assurance ***(Ord. 2019-861 du 21 août 2019, art. 1er, 12°, JO 22)*** «, lorsque leur privation d'emploi est involontaire ou assimilée à une privation involontaire ou en cas de cessation d'un commun accord de leur relation de travail avec leur employeur, et lorsqu'ils satisfont à des conditions d'âge et d'activité antérieure,» dans les conditions prévues aux articles L. 5422-2 et L. 5422-3:

1° Les agents fonctionnaires et non fonctionnaires de l'État et de ses établissements publics administratifs, les agents titulaires des collectivités territoriales ainsi que les agents statutaires des autres établissements publics administratifs ainsi que les militaires;

2° Les agents non titulaires des collectivités territoriales et les agents non statutaires des établissements publics administratifs autres que ceux de l'État et ceux mentionnés au 4° ainsi que les agents non statutaires des groupements d'intérêt public;

3° Les salariés des entreprises inscrites au répertoire national des entreprises contrôlées majoritairement par l'État, les salariés relevant soit des établissements publics à caractère industriel et commercial des collectivités territoriales, soit des sociétés d'économie mixte dans lesquelles ces collectivités ont une participation majoritaire;

4° Les salariés non statutaires des chambres de métiers, des chambres d'agriculture, ainsi que les salariés des établissements et services d'utilité agricole de ces chambres; ***(L. 2019-486 du 22 mai 2019, art. 52, 1°, JO 23)*** «4° *bis* Les personnels des chambres de commerce et d'industrie;»

5° Les fonctionnaires de France Télécom placés hors de la position d'activité dans leurs corps en vue d'assurer des fonctions soit dans l'entreprise, en application du cinquième alinéa de l'article 29 de la loi n° 90-568 du 2 juillet 1990 relative à l'organisation du service public de la poste et des télécommunications, soit dans l'une de ses filiales;

(L. 2010-1488 du 7 déc. 2010, art. 26, JO 8) «6° Les salariés des entreprises de la branche professionnelle des industries électriques et gazières soumis au statut national du personnel des industries électriques et gazières»;

(L. 2019-486 du 22 mai 2019, art. 151, II, 1°, JO 23) «7° Dans le cas où l'État ne détiendrait plus la majorité du capital de La Poste, les personnels de la société anonyme La Poste.»

Note • **Covid-19.** L'article 1er de l'ordonnance 2020-324 du 25 mars 2020 (JO 26, entrée en vigueur le 26.03.2020, modifié par loi 2020-734 du 17 juin 2020, art. 50, JO 18 et ordonnance 2020-1442 du 25 novembre 2020, JO 26) portant mesures d'urgence en matière de revenus de remplacement a prévu que pour les demandeurs d'emploi épuisant leur droit à l'allocation de retour à l'emploi, à compter du 1er mars 2020 et jusqu'au 31 mai 2020 (arrêté du 22 juillet 2020, art. 1er, JO 26), la durée pendant laquelle l'allocation est accordée peut être prolongée à titre exceptionnel. Le décret 2020-425 du 14 avril 2020 (JO 15) a défini les règles de cette prolongation temporaire (art. 1er). L'ordonnance 2020-1442 précitée (art. 1er *bis*) prévoit une nouvelle prolongation exceptionnelle de la durée d'indemnisation, à compter du 01.10.2020, pendant une période dont la durée est fixée par arrêté (arrêté du 9 décembre 2020, JO 12 modifié par arrêtés du 23 décembre 2020, JO 27 et du 30 janvier 2021, JO 31). Voir circulaire Unédic 2021-01 du 8 janvier 2021, § 3.1.

• Voir **décret 2020-741 du 16 juin 2020** (JO 18) relatif au régime particulier d'assurance chômage applicable à certains agents publics et salariés du secteur public. Ce décret définit les modalités d'indemnisation des agents relevant des trois versants de la fonction publique, d'Orange et de La Poste lorsqu'ils sont privés d'emploi. Ces demandeurs d'emploi sont soumis, en fonction de leur statut, aux règles de l'assurance chômage et aux dispositions spécifiques de ce décret. Il précise, notamment, les cas de privations d'emploi ouvrant droit à l'allocation chômage, spécifiques aux agents publics qui, par définition, ne relèvent pas de contrats de travail conclus en application du code du travail. Il adapte, également, certaines règles d'indemnisation afin de tenir compte des situations de suspension de la relation de travail (disponibilité par exemple), des modalités de rémunération de ces agents ainsi que des dispositions statutaires qui leur sont applicables.

• Voir circulaire Unédic 2019-12 du 1er novembre 2019, fiche 10 relative aux **périodes de suspension du contrat de travail et de la relation du travail des trois fonctions publiques** pour les dispositions applicables sur la période comprise entre le 1er novembre 2019 et le 31 juillet 2020. Sur les dispositions applicables pour la période comprise entre le 1er août 2020 et le 31 mars 2021, voir circulaire Unédic 2020-12 du 6 octobre 2020, fiche 10 et circulaire Unédic 2021-01 du 8 janvier 2021, § 1.

• Voir décret 2017-1733 du 22 décembre 2017 (JO 23), modifié par décret 2020-461 du 21 avril 2020 (JO 23), relatif au **parcours d'accompagnement personnalisé proposé aux collaborateurs parlementaires en cas de licenciement pour un motif autre que personnel**. La loi 2017-1339 du 15 septembre 2017 pour la confiance dans la vie politique prévoit un parcours d'accompagnement personnalisé au profit des collaborateurs parlementaires licenciés pour un motif autre que personnel. Le décret précité prévoit les modalités spécifiques d'adhésion à ce dispositif et les conditions de son financement. Il fixe également les conditions d'indemnisation et d'articulation avec l'assurance chômage et les modalités d'accompagnement des bénéficiaires.

• Conformément à l'article 244 de la loi 2018-1317 du 28 décembre 2018 (JO 30), l'article L. 5424-1 s'applique aux personnels mentionnés aux 1°, 2° et 5° de ce même article, à l'exception de ceux relevant de l'article L. 4123-7 c. défense, lorsque ces personnels sont involontairement privés de leur emploi. Un décret en Conseil d'État fixe les conditions d'application de cet article, y compris les cas dans lesquels la privation d'emploi est assimilée à une privation involontaire ainsi que les éléments de rémunération pris en compte pour le calcul de l'allocation mentionnée au premier alinéa de l'article L. 5424-1 CT.

• Voir notes sous articles L. 5422-1 CT.

• «4° *bis* Les personnels des chambres de commerce et d'industrie»: voir note sous article L. 5424-5-1 CT.

• Voir articles D. 514-12 et s. c. rur. et pêche mar. relatifs au Fonds national d'aide à la gestion de l'emploi des chambres d'agriculture qui a pour objet «de prendre en charge la gestion et le versement des allocations d'assurance chômage dues par ces établissements publics à leurs agents involontairement privés d'emploi, pour garantir à ceux-ci le paiement desdites allocations dans les conditions définies par les dispositions du chapitre Ier du titre V du livre III du code du travail, et les mesures d'application prévues dans son article L. 351-8 c. rur. et pêche mar.».

• Voir l'instruction Pôle emploi 2015-16 du 21 mai 2015 (BO PE 2015-50 du 18.06.2015) qui précise les **règles de coordination pour l'indemnisation entre le régime d'assurance chômage et le régime d'auto-assurance** ouvert aux employeurs publics.

• Un étudiant ayant exercé les fonctions d'interne dans un centre hospitalier ne s'est pas trouvé **«involontairement privé d'emploi»** à l'issue de cette période de formation, ses fonctions prenant fin de plein droit (CE 9 octobre 1992, nos 101021, 101846, Gaz. Pal. 1993 pan. dr. adm. pp. 74 et 75). Un militaire qui, à l'expiration de son contrat, décide de ne pas souscrire le nouvel engagement qui lui est proposé ne peut être regardé comme involontairement privé d'emploi (CE 2 juin 1995, n° 102491, Rec. Lebon, p. 876; RJS 8-9/95 n° 927). En revanche, un fonctionnaire stagiaire licencié en fin de stage peut prétendre aux allocations d'assurance prévues pour les travailleurs privés d'emploi (CE 11 mars 1994, n° 105385, RJS 5/94 n° 590). Tel n'est pas le cas d'un agent exclu temporairement de ses fonctions pour un motif disciplinaire (rép. QE 3247, JO AN 1er décembre 1997, p. 4377). Sur les maîtres d'internat et surveillants d'externat dans l'Éducation nationale, voir CE 7 février 1994, n°s 126841 et 127029, Gaz. Pal. 1994 pan. dr. adm. p. 137 et CE 2 mai 1994, n° 135773. Un agent de bureau territorial à l'OPAC maintenu en disponibilité en dépit de ses demandes de réintégration doit être considéré comme involontairement privé d'emploi et poursuivant la recherche d'un emploi et a droit aux allocations d'assurance chômage (CE 28 juillet 2004, n° 243387; pour un agent titulaire de la fonction publique hospitalière, CE 30 septembre 2002, n° 216912, Rec. Lebon, p. 954). Par contre, dès lors que la mise en disponibilité initiale d'un agent a été renouvelée annuellement, à la demande de celui-ci et qu'il n'a sollicité sa réintégration qu'à l'issue de sa période de disponibilité, il ne peut être regardé comme ayant été involontairement privé d'emploi pour la période antérieure (cass. soc. 16 janvier 2019, n° 17-11.975, à paraître, LS Jurispr. n° 24 du 05.02.2019; JSL n° 471, 11.03.2019, p. 18; Dr. Soc. 2019, p. 271, act. J. Mouly; JCP éd. S 2019, 1090, note Fr. Bousez; RJS 4/19 n° 243, 1re espèce). De même, l'agent mentionné à l'article L. 5424-1 CT, qui refuse la transformation de son contrat à durée déterminée (CDD) en contrat à durée indéterminée (CDI), ne peut être regardé comme involontairement privé d'emploi, à moins que ce refus soit fondé sur un motif légitime. Un tel motif peut être lié notamment à des considérations d'ordre personnel ou au fait que le contrat a été modifié de façon substantielle par l'employeur sans justification (CE 8 novembre 2019, n° 408514).

• Le litige entre un agent contractuel de droit public et l'organisme employeur qui n'a pas adhéré au régime d'assurance chômage relève de la **compétence de la juridiction administrative** (Trib. confl. 18 octobre 1999, n° 3173, RJS 12/99 n° 1530).

• **Sur la suspension du bénéfice du revenu de remplacement,** voir note sous art. L. 5426-3. Sur le rejet à tort d'une demande d'allocations de chômage d'un agent titulaire des collectivités territoriales qui, s'il n'était plus à même d'exercer son activité antérieure, n'était pas physiquement inapte à tout emploi et, inscrit comme demandeur d'emploi, était à la recherche permanente et effective d'un travail, voir CE 26 novembre 1999, n° 145077.

• En vertu des dispositions des articles L. 5422-1 et L. 5422-2, applicables aux agents publics des collectivités territoriales en vertu de l'article L. 5424-1, un agent public d'une collectivité territoriale a droit, dans les conditions qu'elles définissent, au versement de l'allocation d'assurance qu'elles prévoient, dès lors qu'il doit être regardé comme ayant été involontairement privé d'emploi. Il ne saurait être privé de ce droit au seul motif que la décision prononçant son licenciement a été postérieurement annulée par le juge administratif (CE 11 décembre 2015, n° 386441).

Art. L. 5424-2. Les employeurs mentionnés à l'article L. 5424-1 assurent la charge et la gestion de l'allocation d'assurance. ***(L. 2008-126 du 13 févr. 2008, art. 16, JO 14)*** «Ceux-ci peuvent, par convention conclue avec ***(L. 2018-771 du 5 sept. 2018, art. 64, III, 1°, JO 6, entrée en vigueur le 01.01.2019)*** «Pôle emploi», pour le compte de l'organisme mentionné à l'article L. 5427-1, lui confier cette gestion.»

Toutefois, peuvent adhérer au régime d'assurance:

1° Les employeurs mentionnés au 2° de l'article L. 5424-1;

2° Par une option irrévocable, les employeurs mentionnés aux 3° ***(L. 2010-1488 du 7 déc. 2010, art. 26, JO 8)*** «, 4°» ***(L. 2019-486 du 22 mai 2019, art. 52, 2°, JO 23)*** «, 4° *bis*» ***(L. 2019-486 du 22 mai 2019, art. 151, II, 2°, JO 23)*** «, 6° et 7°» de ce même article;

3° Pour leurs agents non titulaires, les établissements publics d'enseignement supérieur et les établissements publics à caractère scientifique et technologique;

4° Pour les assistants d'éducation, les établissements d'enseignement mentionnés à l'article L. 916-1 du code de l'éducation.

(L. 2010-1488 du 7 déc. 2010, art. 26, JO 8) «Les entreprises de la branche professionnelle des industries électriques et gazières soumises au statut national du personnel des industries électriques et gazières, adhérentes, avant leur assujettissement au statut national, au régime d'assurance chômage prévu par les articles L. 5422-1 et suivants, ainsi que les entreprises en création sont considérées comme ayant exercé leur option irrévocable mentionnée au 2°.»

Note Par décision 2018-732 QPC du 21 septembre 2018 (JO 22), le Conseil constitutionnel a jugé conforme à la Constitution la référence «3» figurant au 2° de cet article, dans sa rédaction résultant de la loi 2010-1488 du 7 décembre 2010 portant nouvelle organisation du marché de l'électricité.

Par exception, l'article L. 5424-2 prévoit que les employeurs publics ainsi que certains employeurs privés dont le capital est pour partie public assurent eux-mêmes la charge et la gestion de l'allocation d'assurance chômage. Cependant, certains d'entre eux peuvent adhérer, sur option, au régime de l'assurance chômage. Cette option est révocable ou irrévocable, selon la nature juridique de l'employeur. Le 2° de l'article L. 5424-2 lui confère ainsi un caractère irrévocable lorsqu'elle est exercée par les employeurs mentionnés au 3° de l'article L. 5424-1. En conférant ce caractère irrévocable, le législateur a, d'une part, entendu éviter que certains employeurs, intervenant dans le secteur concurrentiel, puissent révoquer leur adhésion au régime de l'assurance chômage afin d'optimiser le coût de la prise en charge de l'allocation due à leurs anciens agents ou salariés, le cas échéant au détriment de l'équilibre financier de ce régime. D'autre part, il a entendu limiter l'avantage compétitif procuré à ces employeurs par le caractère facultatif de leur adhésion, par rapport à leurs concurrents pour lesquels cette adhésion est obligatoire. Ce faisant, il a poursuivi un objectif d'intérêt général. L'atteinte portée à la liberté d'entreprendre par le caractère irrévocable de l'adhésion n'est pas disproportionnée au regard de l'objectif poursuivi (C. constit. 21 septembre 2018, n° 2018-732 QPC précitée; RJS 12/18 n° 759).

Art. L. 5424-3. Les employeurs mentionnés à la présente section adhèrent au régime d'assurance pour les salariés engagés à titre temporaire qui relèvent des professions de la production cinématographique, de l'audiovisuel ou du spectacle, lorsque l'activité exercée bénéficie de l'aménagement des conditions d'indemnisation prévues par l'article L. 5424-20.

Art. L. 5424-4. Un décret en Conseil d'État fixe les règles de coordination applicables pour l'indemnisation des travailleurs dont les activités antérieures prises en compte pour l'ouverture des droits ont été exercées auprès d'employeurs relevant les uns de l'article L. 5422-13, les autres de la présente section.

Art. L. 5424-5. Les litiges résultant de l'adhésion au régime d'assurance ***(L. 2008-126 du 13 févr. 2008, art. 17, JO 14; D. 2009-1708 du 30 déc. 2009, JO 31, entrée en vigueur le 01.01.2011)*** «suivent les règles de compétence prévues à l'article L. 5422-16».

Art. L. 5424-5-1. ***(L. 2019-486 du 22 mai 2019, art. 52, 3°, JO 23)*** Les employeurs mentionnés au 4° *bis* de l'article L. 5424-1 ayant eu recours à l'option mentionnée au 2° de l'article L. 5424-2 s'acquittent, en sus de la contribution prévue au 1° de l'article L. 5422-9, pour une durée limitée, d'une contribution spécifique assise sur la rémunération brute de leurs agents statutaires et non statutaires dans la limite d'un plafond, dans des conditions fixées par décret.

Note La **circulaire Unédic 2020-03 du 4 février 2020** fait le point sur la mise en œuvre, à compter du 01.01.2020, du dispositif d'adhésion des chambres de commerce et d'industrie (CCI) au régime d'assurance chômage. Afin que cette mesure soit neutre financièrement pour le régime d'assurance chômage, cette adhésion est assortie d'un financement spécifique pour compenser auprès de l'Unédic, la charge financière nouvelle induite par l'indemnisation des personnels statutaires des CCI. Une contribution spécifique est mise à la charge:

– des CCI qui adhèrent par une option irrévocable à compter du 1er janvier 2020 (nouvelles adhésions) pour l'ensemble de leurs personnels;

– des CCI qui ont adhéré par une option irrévocable pour leurs personnels salariés non statutaires des services à caractère industriel et commercial avant la loi Pacte (anciennes adhésions) et qui étendent l'adhésion à l'ensemble de leurs personnels à compter du 1er janvier 2020. La demande d'extension doit être formalisée par écrit auprès de l'Urssaf.

Ainsi l'employeur doit acquitter, en supplément de la contribution patronale de droit commun de 4,05 %, une contribution spécifique de 0,2 % assise sur les rémunérations des personnels, dans la limite du plafond applicable aux contributions d'assurance chômage de droit commun, voir article D. 5424-6-1 CT.

Art. R. 5424-2. Lorsque, au cours de la période retenue pour l'application de l'article L. 5422-2, la durée totale d'emploi accomplie pour le compte d'un ou plusieurs employeurs affiliés au régime d'assurance a été plus longue que l'ensemble des périodes d'emploi accomplies pour le compte d'un ou plusieurs employeurs relevant de l'article L. 5424-1, la charge de l'indemnisation incombe à ***(D. 2014-524 du 22 mai 2014, art. 16, JO 24)*** «Pôle emploi» ***(D. 2008-1010 du 29 sept. 2008, art. 7, JO 30)*** «pour le compte de l'organisme mentionné à l'article L. 5427-1». Dans le cas contraire, cette charge incombe à l'employeur relevant de l'article L. 5424-1, ou à celui des employeurs relevant de cet article qui a employé l'intéressé durant la période la plus longue.

Note • Les dispositions des articles L. 5424-4 et R. 5424-2 CT ne concernent que les hypothèses où le salarié privé d'emploi a été employé pendant la période de référence visée par ces textes par plusieurs employeurs et non un seul (cass. soc. 4 décembre 2012, n° 11-23.498, BC V n° 315; RJS 2/13 n° 155).

• Sur la situation d'un agent de collectivité locale retraité ayant repris une activité puis licencié, voir rép. QE 32634, JO Sén. 2 mai 2002, p. 1281. En faveur de la prise en compte de la période d'activité auprès d'un employeur public lorsque l'intéressé y a mis fin volontairement mais a ensuite travaillé dans une entreprise privée suffisamment pour s'ouvrir des droits, voir CE 30 décembre 2002, n° 224462, RJS 6/03 n° 784 et 10 mai 2006, n° 265280, JCP éd. S 2006, 1846, note Ch. Willmann; en sens contraire, pour la perte du bénéfice des allocations incombant à l'employeur public lorsque la personne a volontairement quitté cet emploi avant de reprendre un emploi auprès d'un employeur de droit privé, cass. soc. 11 mars 2003, n° 00-21.249, BC V n° 90; RJS 6/03 n° 784. Voir également rép. QE 65767, JO AN 25 octobre 2005, p. 9969.

• Sur la situation d'une salariée qui n'avait pas épuisé ses droits à l'allocation chômage acquis lors de la première rupture du contrat de travail qui la liait à un organisme assurant la charge et la gestion de l'allocation d'assurance chômage, une cour d'appel a exactement décidé que celui-ci restait débiteur des droits acquis jusqu'à leur épuisement (cass. soc. 26 juin 2019, n° 17-15.430, à paraître).

• Il résulte des dispositions de cet article que la collectivité territoriale qui a employé un agent, au cours de la période de vingt-huit mois précédant la fin de son dernier emploi, pendant une durée inférieure à celle qui a été accomplie auprès d'un ou plusieurs autres employeurs affiliés au régime d'assurance ne saurait supporter la charge de l'allocation d'aide au retour à l'emploi qui lui est due. Il n'est pas tenu compte, à cet égard, de la période au cours de laquelle l'intéressé a, le cas échéant, été réintégré à titre rétroactif à la suite de l'annulation de son licenciement par cette collectivité territoriale, si aucune rémunération ou indemnisation ne lui ont été accordées à ce titre (CE 7 février 2020, n° 405921, JSL n° 494, 23.03.2020, p. 28).

Art. R. 5424-3. Lorsque, au cours de la période retenue pour l'application de l'article L. 5422-2, les durées d'emploi accomplies pour le compte d'un ou plusieurs employeurs relevant de l'article L. 5424-1 et pour le compte d'un ou plusieurs employeurs affiliés au régime d'assurance sont égales, la charge de l'indemnisation incombe :

1° À l'employeur relevant de l'article L. 5424-1 ou à celui des employeurs relevant de cet article qui a employé l'intéressé pendant la durée la plus longue, si le dernier contrat de travail ou engagement liait l'intéressé à un tel employeur ;

2° Au régime d'assurance si le dernier employeur est affilié à ce régime.

À égalité de durée d'emploi pour le compte de plusieurs employeurs relevant de l'article L. 5424-1, la charge de l'indemnisation incombe à l'employeur auquel l'intéressé a été lié par le dernier contrat de travail ou engagement.

Art. R. 5424-4. Le calcul des périodes d'emploi s'effectue, le cas échéant, après application à chacune d'elles d'un coefficient égal au rapport entre la durée hebdomadaire de travail de l'intéressé, fixée par son contrat de travail ou engagement, pendant la période d'emploi et la durée légale de travail ou la durée de travail conventionnelle lorsque celle-ci est inférieure à la durée légale, applicable à l'employeur pendant cette période d'emploi.

Toutefois, ce correctif n'est appliqué que lorsque la durée hebdomadaire de travail de l'intéressé est inférieure à la moitié de la durée de travail légale ou conventionnelle précédemment mentionnée pendant la période d'emploi.

Note Selon les cas, la charge de l'indemnisation du chômage des demandeurs d'emploi ayant travaillé successivement pour un ou des employeurs publics en auto assurance et une entreprise privée relève soit de leur ancien employeur public, soit de Pôle emploi en fonction de la durée des contrats de travail chez l'employeur (public ou privé) et de la période retenue pour la détermination de la durée d'indemnisation. La circulaire 2012-01 du 3 janvier 2012 (BO TR 2012/1 du 30.01.2012) relative à l'indemnisation du chômage des agents du secteur public reprend, dans son paragraphe relatif aux modalités de calcul des durées d'emploi en vue de la coordination entre secteur public et privé, les dispositions de l'article R. 5424-4. Elle précise que, lorsque la durée hebdomadaire de travail de l'intéressé est inférieure à la moitié de la durée de travail légale ou conventionnelle, un correctif est appliqué sous forme d'un coefficient égal au rapport entre la durée hebdomadaire de travail de l'intéressé, fixée par son contrat de travail ou engagement, et la durée légale ou conventionnelle de travail. Dans l'hypothèse où aucun horaire de travail n'est indiqué sur le contrat de travail, il convient de se référer aux attestations (art. R. 1234-9) qui ont été remises au salarié par ses anciens employeurs à chaque fin de contrat de travail. Ce document contient les données relatives au temps de travail du salarié au cours des 12 derniers mois; il permet l'ouverture des droits au titre de l'indemnisation du chômage. Ces données suffisent, en l'absence d'informations sur le contrat de travail, à comparer de manière satisfaisante les durées d'emploi tel que prévu par les articles R. 5424-2 à 6. Toutefois, afin de pallier, de manière plus générale, les difficultés de coordination entre secteur public et privé que les demandeurs d'emploi peuvent rencontrer, des réflexions sont en cours entre les services de Pôle emploi et les services de l'État en vue de renforcer les dispositions de la circulaire 2012-01 du 3 janvier 2012 (rép. QE 87826, JO AN 12 janvier 2016, p. 382).

Art. R. 5424-5. Pour l'ouverture des droits à indemnisation, la durée totale des activités salariées accomplies par un même travailleur pour le compte d'employeurs relevant des articles L. 5422-13 ou L. 5424-1 est prise en compte.

(D. 2020-741 du 16 juin 2020, art. 4, JO 18) « Il est également tenu compte des périodes de suspension de la relation de travail durant lesquelles les personnels sont indemnisés en application, selon le cas, des dispositions statutaires applicables aux personnels concernés ou du régime de sécurité sociale dont relèvent ces personnels. Les périodes de suspension de la relation de travail durant lesquelles les personnels ne sont ni rémunérés ni indemnisés ne sont pas prises en compte. »

Art. L. 5424-6

Note Les dispositions de cet article, dans sa rédaction issue du décret 2020-741 précité, s'appliquent aux personnels qui sont privés d'emploi depuis le 17.06.2020 (décret précité, art. 11).

Art. R. 5424-6. ***(D. 2014-670 du 24 juin 2014, JO 25, entrée en vigueur le 01.10.2014)*** Lorsque l'intéressé a épuisé les droits ouverts lors d'une précédente admission et qu'il remplit les conditions lui permettant de bénéficier de droits au titre d'une ou de plusieurs activités exercées antérieurement à la fin des droits, en application du I de l'article R. 5422-2, l'allocation est à la charge de l'employeur ou de l'institution mentionnée à l'article L. 5312-1 pour le compte de l'organisme mentionné à l'article L. 5427-1 qui décide de la nouvelle admission, après, le cas échéant, application des dispositions des articles R. 5424-2 à R. 5424-5.

Art. D. 5424-6-1. ***(D. 2019-1550 du 30 déc. 2019, JO 31)*** La contribution spécifique mentionnée à l'article L. 5424-5-1 est fixée à 0,2 %, dans la limite du plafond prévu à l'article L. 5422-9.

Cette contribution spécifique est acquittée par l'employeur pour une durée de 24 mois, à compter du mois suivant la date de l'adhésion ou de la date de l'extension de l'adhésion au régime d'assurance pour les personnels mentionnés au 4° *bis* de l'article L. 5424-1.

SECTION 2. Entreprises du bâtiment et des travaux publics privées d'emploi par suite d'intempéries

Art. L. 5424-6. Les dispositions de la présente section déterminent les règles suivant lesquelles les entreprises du bâtiment et des travaux publics relevant de certaines activités professionnelles déterminées par décret indemnisent les travailleurs qu'elles occupent habituellement en cas d'arrêt de travail occasionné par les intempéries.

Note • L'exposition au risque de chômage temporaire lié aux intempéries n'est pas le critère de l'obligation d'affiliation à une caisse de congés payés (cass. soc. 29 mai 1990, n° 88-19.548, BC V n° 250).

• Lorsqu'une entreprise exerce simultanément plusieurs activités, les cotisations versées aux caisses de congés payés doivent être assises sur l'ensemble des salaires versés à tout le personnel qui est occupé dans la branche d'activité donnant lieu à assujettissement, sans que puissent être exclus de l'assiette des cotisations les salaires versés aux travailleurs dont l'activité n'est de nature à être affectée qu'indirectement par le «risque intempéries» (cass. soc. 8 juillet 1980, n° 78-14.701, BC V n° 631). Elles doivent également être assises sur l'ensemble des salaires versés au personnel s'il apparaît que celui-ci est affecté indistinctement aux deux activités de l'entreprise, quoique l'une seulement relève du régime chômage-intempéries (cass. soc. 1er mars 1984, n° 82-16.931, BC V n° 89). Voir aussi, s'agissant d'un entrepreneur de construction ayant recours à des sous-traitants, cass. crim. 16 février 1988, n° 87-82.097, B. crim. n° 79.

• Voir «Chômage-intempéries», Cahier RF 1118, octobre 2020, §§ 3064 et s.

Art. L. 5424-7. Dans les zones où les conditions climatiques entraînent un arrêt saisonnier pour diverses catégories d'entreprises mentionnées à l'article L. 5424-6, l'autorité administrative, après avis des organisations d'employeurs et de salariés, intéressées, détermine par région pour chaque catégorie d'entreprises les périodes où il n'y a pas lieu à l'indemnisation du fait de l'arrêt habituel de l'activité.

Art. L. 5424-8. Sont considérées comme intempéries, les conditions atmosphériques et les inondations lorsqu'elles rendent dangereux ou impossible l'accomplissement du travail eu égard soit à la santé ou à la sécurité des salariés, soit à la nature ou à la technique du travail à accomplir.

Note La notion d'intempérie au sens de cet article ne se réduit pas à la durée des conditions atmosphériques anormales telles que gel ou pluies, non plus qu'à la seule impossibilité de l'exécution physique par le salarié de son travail, mais s'entend plus largement des circonstances extérieures qui rendent effectivement l'accomplissement du travail impossible, eu égard notamment à la nature ou à la technique du travail à accomplir, ce qui peut éventuellement couvrir une période de temps plus longue que celle des conditions atmosphériques anormales proprement dites (cass. soc. 8 juillet 1997, n° 95-12.870, BC V n° 258).

Art. L. 5424-9. L'arrêt du travail en cas d'intempéries est décidé par l'entrepreneur ou par son représentant sur le chantier après consultation ***(Ord. 2017-1386 du 22 sept. 2017, art. 4, 72°, JO 23, entrée en vigueur au plus tard le 01.01.2018)*** «du comité social et économique».

Lorsque les travaux sont exécutés pour le compte d'une administration, d'une collectivité publique, d'un service concédé ou subventionné, le représentant du maître d' ***(L. 2009-526 du 12 mai 2009, JO 13)*** «ouvrage» sur le chantier peut s'opposer à l'arrêt du travail.

Art. L. 5424-10. Les salariés bénéficient de l'indemnisation pour intempéries, quels que soient le montant et la nature de leur rémunération.

Art. L. 5424-11. Le salarié a droit à l'indemnisation pour intempéries s'il justifie avoir accompli avant l'arrêt du travail un nombre minimum d'heures de travail durant une période déterminée dans l'une des entreprises définies à l'article L. 5424-6.

Art. L. 5424-12. L'indemnité journalière d'intempéries est due pour chaque heure perdue après expiration d'un délai de carence fixé par décret.

Ce décret détermine également:

1° La limite d'indemnisation des heures perdues en fonction du salaire afférent à ces heures;

2° Le nombre maximum des indemnités journalières susceptibles d'être attribuées au cours d'une année civile.

Art. L. 5424-13. L'indemnité journalière d'intempéries est versée au salarié par son entreprise à l'échéance normale de la paie dans les mêmes conditions que cette dernière.

Elle n'est pas due au salarié momentanément inapte.

Elle ne se cumule pas avec les indemnités journalières d'accident du travail, de maladie, des assurances sociales et de congés payés.

Elle est exclusive de toute indemnité de chômage.

Elle cesse d'être due dans le cas où le salarié exerce une autre activité salariée pendant la période d'arrêt du travail.

Art. L. 5424-14. Les indemnités journalières d'intempéries ne constituent pas un salaire et ne donnent pas lieu en conséquence au versement de cotisations sociales, à l'exception de celles concernant l'application de la législation sur les congés payés et de celles qui sont prévues à l'article 6 de la loi n° 82-1 du 4 janvier 1982 portant diverses mesures d'ordre social.

Toutefois, les dispositions des titres III, IV et V du livre II de la troisième partie du présent code et de l'article 2101 du code civil sont applicables au paiement des indemnités d'intempéries.

En vue de la détermination du droit des intéressés aux diverses prestations de la sécurité sociale, les périodes pour lesquelles ils ont bénéficié des indemnités journalières d'intempéries sont assimilées à des périodes de chômage involontaire.

Art. L. 5424-15. La charge du paiement des indemnités journalières d'intempéries, y compris les charges sociales, [est répartie] au plan national entre les entreprises prévues à l'article L. 5424-6 en fonction des salaires payés par celles-ci à leurs salariés.

La péréquation des charges est opérée par des organismes et dans des conditions déterminés par décret.

Note Sur la péréquation des charges, voir ci-après article D. 5424-41.

Art. L. 5424-16. Le contrôle de l'application par les employeurs des dispositions de la présente section est confié aux ***(L. 2016-1088 du 8 août 2016, art. 113, III, 4°, JO 9)*** «agents de contrôle de l'inspection du travail mentionnés à l'article L. 8112-1» et aux contrôleurs des caisses de congés payés du bâtiment.

Art. L. 5424-17. En cas de retard dans le paiement des cotisations et dans la production des déclarations de salaires servant d'assiette aux cotisations, les cotisations échues et non payées ou correspondant aux déclarations non produites en temps utile sont majorées selon un taux et dans des conditions fixées par décret.

Art. L. 5424-18. En cas d'arrêt pour cause d'intempéries, les salariés que leur employeur ne peut occuper peuvent être mis par leur entreprise à la disposition de collectivités publiques pour l'exécution de travaux d'intérêt général.

Dans ce cas, les intéressés perçoivent le salaire correspondant aux travaux accomplis auquel s'ajoutent, le cas échéant, une indemnité égale à la différence entre le salaire servant de base au calcul de l'indemnité d'intempéries et le salaire perçu pour ces travaux occasionnels.

Art. L. 5424-19. Un décret détermine les modalités d'application de la présente section, notamment les conditions dans lesquelles les contestations nées de son application peuvent être soumises à des organismes paritaires de conciliation dont il peut rendre l'intervention obligatoire.

Sous-section 1 (réglementaire). Champ d'application

Art. D. 5424-7. Les dispositions des articles L. 5424-6 à L. 5424-19 sont applicables:

1° Aux travailleurs appartenant aux activités professionnelles mentionnées par le décret n° 59-534 du 9 avril 1959 relatif à la nomenclature des activités économiques sous les numéros ci-après:

330.
331.
332 (à l'exception des entreprises de fabrication de décors de théâtre).
333.
334.
335 (à l'exclusion de 335-2).
336 (à l'exclusion de 336-22 et de 336-23).
337-03.
338.
34 (à l'exclusion de 348-22 et de 348-3).

2° Aux carrières à ciel ouvert extrayant des matériaux destinés au bâtiment et aux travaux publics et qui sont directement exploitées par les entreprises du bâtiment et des travaux publics.

Sous-section 2 (réglementaire). Périodes d'arrêt saisonnier

Art. D. 5424-8. Les périodes d'arrêt saisonnier de travail prévues à l'article L. 5424-7 sont déterminées par le ***(D. 2020-1545 du 9 déc. 2020, JO 10, entrée en vigueur le 01.04.2021)*** « directeur régional de l'économie, de l'emploi, du travail et des solidarités » après avis d'une commission composée comme suit:

1° Quatre membres employeurs et quatre membres salariés désignés respectivement par les organisations d'employeurs et de salariés représentatives pour les activités professionnelles mentionnées à l'article D. 5424-7 ;

2° Le ***(D. 2009-1484 du 3 déc. 2009, JO 4)*** « directeur départemental des territoires ou directeur départemental des territoires et de la mer » ;

3° L' ***(D. 2009-1106 du 10 sept. 2009, JO 12)*** « ingénieur en chef des ponts, des eaux et des forêts » du service ordinaire.

Peut également être appelée à siéger, en tant que de besoin, toute personne dont la compétence est jugée utile par les membres de la commission.

Art. D. 5424-9. Les périodes d'arrêt saisonnier peuvent varier selon la nature des professions énumérées à l'article D. 5424-7. Elles peuvent, chaque année, faire l'objet d'une révision intervenant avant le 1er août.

Art. D. 5424-10. La décision du ***(D. 2020-1545 du 9 déc. 2020, JO 10, entrée en vigueur le 01.04.2021)*** « directeur régional de l'économie, de l'emploi, du travail et des solidarités » est soumise à l'approbation du ministre chargé de l'emploi.

Sous-section 3 (réglementaire). Conditions d'attribution de l'indemnité

Art. D. 5424-11. Le nombre minimum d'heures de travail ouvrant droit à l'indemnisation pour intempéries prévu à l'article L. 5424-11 est fixé à 200 heures durant les deux mois précédant l'arrêt de travail.

Art. D. 5424-12. L'indemnité journalière d'intempéries est due pour chaque heure perdue à partir de la deuxième au cours d'une même semaine ou au cours d'une période continue d'arrêt.

Art. D. 5424-13. La limite d'indemnisation prévue à l'article L. 5424-12 est fixée aux trois quarts du salaire.

Le nombre maximum d'heures de travail pouvant être indemnisées est fixé à neuf heures par jour dans la limite de quarante-cinq heures par semaine.

Art. D. 5424-14. Le nombre maximum des indemnités journalières susceptibles d'être attribuées au cours d'une année civile est fixé à cinquante-cinq.

Sous-section 4 (réglementaire). Calcul de l'indemnité

Art. D. 5424-15. Le montant de l'indemnité horaire versée en application des articles L. 5424-12 et L. 5424-13 est calculé en prenant pour base le salaire horaire perçu par le salarié à la veille de l'interruption du travail y compris, le cas échéant, les primes accessoires du salaire et les primes de rendement. Les primes représentatives de frais ou de risque et des majorations pour heures supplémentaires sont exclues.

Art. D. 5424-16. La partie du salaire dépassant la somme correspondant au salaire limite prévu pour le calcul des cotisations de sécurité sociale majoré de 20 % n'est pas prise en compte pour la fixation de la base de calcul de l'indemnité.

Sous-section 5 (réglementaire). **Situation des salariés**

Art. D. 5424-17. Les heures de travail effectuées en remplacement des heures perdues pour cause d'intempéries sont rémunérées conformément à la réglementation sans tenir compte de l'indemnisation à laquelle elles ont donné lieu au titre des articles L. 5424-6 à L. 5424-19.

Art. D. 5424-18. Le salarié bénéficiant du régime chômage intempéries reste à la disposition de l'entreprise qui l'employait au moment de l'arrêt de travail pendant toute la période de l'inactivité du chantier.

Art. D. 5424-19. Le salarié perd son droit à indemnisation s'il refuse d'exécuter les travaux qui lui sont demandés par son entreprise, lorsque ces travaux peuvent être accomplis pendant l'intempérie, notamment en atelier ou bureau.

Art. D. 5424-20. L'employeur qui occupe le salarié pendant l'intempérie lui maintient, pendant la durée des travaux, le salaire qu'il percevait avant l'arrêt de travail dû aux intempéries.

Les heures ainsi rémunérées sont déduites des heures chômées donnant lieu à indemnisation.

Art. D. 5424-21. La date de reprise de travail pour le salarié mis en chômage est décidée par l'employeur ou le représentant du maître d'œuvre sur les chantiers.

Elle est portée à la connaissance du salarié par un avis affiché au siège ou au bureau de l'entreprise ou à l'entrée du chantier.

Le salarié qui ne reprend pas le travail dès la réouverture du chantier cesse d'avoir droit à l'indemnité à partir de la date de cette réouverture.

Art. D. 5424-22. L'entreprise ne peut, sauf en cas de faute grave de l'intéressé ou en cas d'arrêt des travaux par le maître d'œuvre dans les chantiers de travaux publics, licencier un salarié au cours de la période d'inactivité du chantier sur lequel celui-ci est employé.

Toutefois, ces dispositions ne portent pas atteinte aux effets découlant de l'expiration du préavis au cours de la période d'inactivité lorsque le préavis a été donné avant le début de cette période.

Art. D. 5424-23. Lorsque l'employeur met à la disposition de collectivités publiques les salariés, en application du premier alinéa de l'article L. 5424-18, il dépose, à la demande de la mairie de la commune du lieu du chantier, l'effectif et la spécialité des salariés dont l'activité est interrompue.

Art. D. 5424-24. L'indemnité différentielle prévue au second alinéa de l'article L. 5424-18 est remboursée aux collectivités publiques par les caisses de congés payés.

Sous-section 6 (réglementaire). **Remboursement de l'employeur**

Art. D. 5424-25. L'entreprise est remboursée par les caisses de congés payés des indemnités versées à ses salariés au titre de la législation sur les intempéries qui sont calculées en affectant le montant de chaque indemnité versée d'un coefficient égal au rapport entre le montant des salaires servant de base à la cotisation versée par l'entreprise en application de l'article D. 5424-36 et le montant de ces salaires avant déduction de l'abattement prévu à ce même article.

Art. D. 5424-26. Il est versé à l'employeur 85 % du montant obtenu à l'article D. 5424-25 lorsque la masse salariale dépasse trois fois le montant de l'abattement prévu au même article et 90 % lorsque la masse salariale est au plus égale à trois fois le montant de cet abattement.

Art. D. 5424-27. Pour les six premières heures indemnisées suivant l'heure de carence prévue à l'article D. 5424-12, il est versé de façon uniforme à l'employeur 10 % du montant obtenu à l'article D. 5424-25.

Art. D. 5424-28. L'employeur adresse le bordereau de déclaration d'arrêt de travail et de demande de remboursement des indemnités versées aux salariés à la caisse des congés payés mentionnée à l'article D. 5424-32 dans un délai fixé par arrêté du ministre chargé de l'emploi.

Le modèle de ce bordereau est établi par la caisse nationale de surcompensation.

L'employeur transmet aux ***(D. 2017-1819 du 29 déc. 2017, art. 3, 39°, JO 30, entrée en vigueur le 01.01.2018)*** «membres de la délégation du personnel du comité social et économique», à leur demande, les informations du bordereau relatives au nombre des heures perdues pour cause d'intempéries et à leurs dates.

Note Voir arrêté du 27 juin 2003 (JO 29) modifiant l'arrêté du 18 février 2003 (JO 21). L'entreprise déclare l'arrêt de travail sur un bordereau unique comportant les éléments nécessaires au calcul des indemnités versées aux salariés et à la détermination du montant des remboursements demandés par l'entreprise. Ce bordereau doit comporter une liste de mentions arrêtée par le conseil d'administration de la Caisse nationale de surcompensation et figurant dans le modèle national de règlement intérieur des caisses de congés payés. Il doit permettre à l'employeur, par sa transmission, d'affirmer le caractère sincère et véritable de sa déclaration, de certifier que l'intempérie a bien rendu le travail impossible pendant la période d'arrêt, d'attester que les conditions posées notamment par les articles L. 731-8 [L. 5424-9] et R. 731-3 et 4 [D. 5424-11 à 14] CT ont été respectées et de certifier que les travailleurs remplissent les conditions fixées par la loi pour l'obtention de l'indemnité et qu'ils ont effectivement perçu celle-ci. Il doit également préciser que le déclarant reconnaît avoir été averti qu'une fausse déclaration l'exposerait aux sanctions de l'article L. 793-1 [L. 5429-3] CT. Ce bordereau doit parvenir à la caisse dans un délai d'un mois à compter de la reprise du travail. Un délai de tolérance peut être accordé aux entreprises dans les conditions fixées par délibération du conseil d'administration de la Caisse nationale de surcompensation. Ce dernier est chargé d'établir les formules de déclaration de salaire ainsi que le modèle visé à l'article R. 731-5, al. 2 [D. 5424-28, al. 2] CT.

Sous-section 7 (réglementaire). Cotisations et péréquation des charges

Art. D. 5424-29. Les dépenses d'indemnisation du chômage-intempéries sont couvertes au moyen d'une cotisation mise à la charge des entreprises exerçant une ou plusieurs activités professionnelles mentionnées à l'article D. 5424-7.

Art. D. 5424-30. Les services créés au sein des caisses de congés payés en vue de l'attribution de l'indemnité journalière d'intempéries définie à l'article L. 5424-12 ont une comptabilité distincte de celle des autres services de la caisse de compensation.

Art. D. 5424-31. L'employeur délivre au salarié qui quitte l'entreprise un certificat indiquant le nombre d'heures et les périodes pendant lesquelles il a bénéficié de l'indemnité chômage-intempéries pendant la période de l'année civile en cours durant laquelle il a été employé dans l'entreprise.

Art. D. 5424-32. L'employeur verse les cotisations de l'assurance intempérie à la caisse de compensation dont il dépend déjà pour l'application de la législation sur les congés payés.

Art. D. 5424-33. Pour les entreprises énumérées au 2° de l'article D. 5424-7 qui, au titre de la législation sur les congés payés, ne sont pas tenues de s'affilier à une caisse de compensation du bâtiment ou des travaux publics, l'employeur verse ses cotisations à la caisse de compensation compétente pour les entreprises du bâtiment et la localité du siège de l'entreprise.

Art. D. 5424-34. L'employeur se conforme aux obligations découlant du règlement établi pour l'application de la présente section par la caisse à laquelle il est affilié.

Art. D. 5424-35. L'affiliation prévue aux articles D. 5424-32 et D. 5424-33 prend effet à la date à laquelle l'entreprise a commencé à employer des salariés.

Art. D. 5424-36. Les cotisations versées par l'employeur aux caisses de congés payés sont assises sur l'ensemble des salaires pris en compte pour le calcul des cotisations de sécurité sociale, déduction faite pour chacun d'eux d'un abattement dont le montant est fixé annuellement par un arrêté conjoint des ministres chargés de l'emploi et du budget. Cet abattement ne peut être inférieur à 8 000 fois le salaire horaire d'un manœuvre de l'industrie du bâtiment.

Note Le montant de l'abattement à défalquer du total des salaires servant de base au calcul de la cotisation due par les employeurs aux caisses de congés payés est fixé, pour la période du 1er avril 2020 au 31 mars 2021, à 81 204 € (arrêté du 18 décembre 2020, art. 1er, JO 27).

Art. D. 5424-37. La cotisation comporte deux taux distincts applicables l'un aux entreprises du gros œuvre et des travaux publics, l'autre aux entreprises n'entrant pas dans cette catégorie.

L'entreprise qui, du fait de ses activités, appartient simultanément à ces deux catégories est rattachée à celle qui correspond à son activité principale sauf lorsqu'elle dispose d'établissements distincts pour chaque catégorie.

Art. D. 5424-38. Les taux de cotisations sont calculés de façon à assurer entre toutes les entreprises assujetties une péréquation des charges sur le plan national, tout en tenant compte des particularités propres à chacune des deux catégories définies à l'article D. 5424-37.

Art. D. 5424-39. Des arrêtés des ministres chargés de l'emploi et de l'économie, pris après avis de la Caisse nationale de surcompensation du bâtiment et des travaux publics, répartissent les entreprises entre les deux catégories d'après la nomenclature des activités économiques et fixent le montant de l'abattement prévu à l'article D. 5424-36.

Art. D. 5424-40. Les arrêtés mentionnés à l'article D. 5424-39 fixent chaque année les taux de cotisations mises à la charge des entreprises et le montant du fonds de réserve destiné à assurer le remboursement des indemnités journalières d'intempéries. Lorsque ce montant est dépassé, le conseil d'administration de la Caisse nationale de surcompensation peut, lorsque les ministres chargés de l'emploi et de l'économie, préalablement informés, n'ont pas fait connaître leur opposition dans un délai d'un mois à compter de la réception de cette information, réduire pour le reste de l'année les cotisations des entreprises dans la limite de 20 % des taux initialement fixés.

Note Le taux de cotisation du régime intempéries est fixé, pour la période du 1er avril 2020 au 31 mars 2021, à 0,74 % du montant des salaires à prendre en compte déduction faite de l'abattement défini à l'article D. 5424-36 pour les entreprises appartenant à la catégorie du gros œuvre et des travaux publics et à 0,15 % du montant des salaires pris en compte après déduction de l'abattement pour les entreprises n'entrant pas dans la catégorie du gros œuvre et des travaux publics. Le montant minimum du fonds de réserve prévu à cet article est fixé, pour la même période, à 151 666 752 € (arrêté du 18 décembre 2020, art. 2 et 3, JO 27).

Art. D. 5424-41. La péréquation des charges mentionnées à l'article L. 5424-15 est opérée par ***(D. 2009-289 du 13 mars 2009, JO 15)*** « l'Union des caisses de France-Congés intempérie BTP » et par les caisses des congés payés prévues par l'article D. 3141-12, dans les conditions fixées par arrêté du ministre chargé de l'emploi pris sur proposition de la caisse de surcompensation.

Note Un arrêté du 18 février 2003 (JO 21), modifié par arrêtés des 14 mai 2007 (JO 16), 24 février 2015 (JO 11 mars) et 6 avril 2016 (JO 20), a fixé les modalités de déclaration de l'état des salaires servant d'assiette à la cotisation ainsi que les règles applicables au fonds de réserve détenu par la Caisse nationale de surcompensation [l'Union des caisses de France – Congés intempérie BTP].

Art. D. 5424-42. ***(D. 2009-289 du 13 mars 2009, JO 15)*** « L'Union des caisses de France-Congés intempérie BTP » est autorisée à se procurer, par des emprunts à court terme, les sommes nécessaires pour permettre aux caisses de congés payés, en attendant le recouvrement des cotisations des entreprises, d'effectuer des remboursements.

Art. D. 5424-43. En cas de retard dans le paiement des cotisations et dans la production des déclarations de salaires, le taux de majoration prévu à l'article L. 5424-17 est de 1 % par jour de retard.

Cette majoration ne peut être appliquée qu'après mise en demeure par la caisse des congés payés à l'employeur d'effectuer le versement des cotisations ou les déclarations de salaires.

Sous-section 8 (réglementaire). Contrôles et contestations

Art. D. 5424-44. L'employeur présente à tout moment aux contrôleurs des caisses de congés payés les bulletins de paye en vue de leur permettre de contrôler l'exactitude du montant des salaires servant d'assiette au calcul de la cotisation ainsi que toutes pièces justifiant le versement effectif de la cotisation et des indemnités prévues.

Note Une cour d'appel a pu considérer que les indemnités d'intempéries qu'une société disait avoir versées à ses salariés ne figurant ni sur le livre de paye, ni sur les bulletins de salaire, ni sur les certificats de congé prévus par l'article D. 732-8 [D. 3141-34] CT, il n'était pas établi que l'employeur avait effectivement versé à ses salariés des indemnités de chômage pour intempéries (cass. soc. 11 décembre 1990, n° 89-10.981, BC V n° 644).

Art. D. 5424-45. Les contestations collectives résultant de l'application de la présente section, sauf en ce qui concerne les salariés employés en régie par l'État, sont soumises à une commission paritaire de conciliation.

Cette commission est composée de quatre membres employeurs et de quatre membres salariés désignés respectivement par les organisations d'employeurs et de salariés représentatives pour l'ensemble des activités professionnelles énumérées à l'article D. 5424-7.

Elle siège sous la présidence du ***(D. 2020-1545 du 9 déc. 2020, JO 10, entrée en vigueur le 01.04.2021)*** « directeur régional de l'économie, de l'emploi, du travail et des solidarités » en présence, le cas échéant, des représentants des administrations intéressées.

Sous-section 9 (réglementaire). Salariés employés en régie par l'État

Art. D. 5424-46. En ce qui concerne les salariés employés en régie par l'État, les ministres intéressés peuvent, en tant que de besoin, prévoir des modalités spéciales pour l'application de la présente section.

Art. D. 5424-47. Les heures de travail accomplies pour l'exécution en régie des travaux publics ou de bâtiment pour le compte de l'État entrent dans le calcul du minimum d'heures prévu à l'article D. 5424-11.

Art. D. 5424-48. Les journées directement indemnisées par l'État, au titre des intempéries, entrent en compte pour le calcul du maximum de soixante jours prévus à l'article D. 5424-14.

Art. D. 5424-49. Le préfet délivre aux salariés intéressés quittant le service un certificat portant les indications prévues à l'article D. 5424-31.

SECTION 3. Professions de la production cinématographique, de l'audiovisuel ou du spectacle

Note Les dispositions de la section 3 du chapitre IV du titre II du livre IV de la cinquième partie du code du travail (partie réglementaire) ne sont pas applicables à Mayotte (art. R. 5524-10).

Sous-section 1. Contributions et allocations

Note Les sous-sections 1 et 2 ont été introduites par la loi 2015-994 du 17 août 2015, art. 34, I, JO 18.

Art. L. 5424-20. Du fait de l'aménagement de leurs conditions d'indemnisation, l'allocation d'assurance versée aux travailleurs privés d'emploi relevant des professions de la production cinématographique, de l'audiovisuel ou du spectacle peut, en sus de la contribution ***(L. 2018-771 du 5 sept. 2018, art. 54, II, 4°, JO 6, entrée en vigueur le 01.01.2019)*** «des employeurs prévue au 1° de l'article L. 5422-9», être financée par une contribution spécifique à la charge des employeurs, y compris ceux mentionnés à l'article L. 5424-3 et des salariés relevant de ces professions, assise sur la rémunération brute dans la limite d'un plafond, dans des conditions fixées par l'accord prévu à l'article L. 5422-20.

(L. 2008-126 du 13 févr. 2008, art. 16, 29°, a, et art. 5, III, JO 14; D. 2009-1708 du 30 déc. 2009, JO 31, entrée en vigueur le 01.01.2011, modifié par D. 2010-1736 du 30 déc. 2010, JO 31 et D. 2011-972 du 16 août 2011, JO 18) «La contribution spécifique est recouvrée et contrôlée par les organismes chargés du recouvrement mentionnés à l'article L. 5427-1 selon les règles applicables aux contributions mentionnées ***(L. 2018-771 du 5 sept. 2018, art. 54, II, 4°, JO 6, entrée en vigueur le 01.01.2019)*** «aux 1° à 3° de l'article L. 5422-9». Les différends relatifs au recouvrement de cette contribution suivent les règles de compétence prévues à l'article L. 5422-16.»

(L. 2018-771 du 5 sept. 2018, art. 54, II, 4°, JO 6, entrée en vigueur le 01.01.2019) «Les fins de contrat de travail des travailleurs relevant de la contribution spécifique prévue au présent article ne sont pas prises en compte au titre du 1° de l'article L. 5422-12 et la majoration ou la minoration de contributions qui résulte de l'application du même 1° n'est pas applicable à ces contrats.»

Note • **Annexes VIII et X au règlement d'assurance chômage annexé au décret 2019-797 du 26 juillet 2019 modifié.** Suite à l'échec des négociations anticipées de la convention d'assurance chômage menées par les partenaires sociaux en février 2019, l'article 4 du décret précité a abrogé, au 1er novembre 2019, l'agrément de la convention d'assurance chômage du 14 avril 2017 et de ses textes associés. Les annexes VIII (ouvriers et techniciens du spectacle) et X (artistes du spectacle) au règlement d'assurance chômage annexé au décret précité fixent, depuis le 1er novembre 2019, la réglementation relative aux modalités d'indemnisation des travailleurs privés d'emploi et aux contributions d'assurance chômage applicable aux artistes et techniciens intermittents du spectacle.

Voir également RDT, octobre 2019, 612, «Le régime des intermittents du spectacle: le régime du salariat de demain ?», J. Dirringer et D. Gravouil.

• **Contribution d'assurance chômage spécifique.** Un taux spécifique de cotisations est appliqué pour les personnes relevant des annexes VIII et X au règlement d'assurance chômage (décret 2019-797 du 26 juillet 2019, annexe A, règlement assurance chômage, annexes VIII et X, art. 50; circulaire Unédic 2019-11 du 14 octobre 2019, § 1.3). Ce taux s'établit à 11,45 % (9,05 % à la charge des employeurs et 2,40 % à la charge des salariés). Les contributions d'assurance chômage des artistes et intermittents du spectacle sont composées de deux taux:
– un taux destiné au financement de l'indemnisation résultant de l'application des règles de droit commun de l'assurance chômage de 4,05 % (à la seule charge des employeurs);
– un taux destiné au financement de l'indemnisation résultant de l'application de règles dérogatoires et spécifiques à ces professions de 7,40 % (5 % à la charge des employeurs et 2,40 % à la charge des salariés).

Par dérogation, depuis le 1er janvier 2020, la contribution à la charge de l'employeur est fixée à 4,55 % pour les **contrats de travail à durée déterminée dit d'usage de 3 mois ou moins** (art. L. 1242-2, 3° CT; décret précité, art. 5, III, 6°; règlement assurance chômage, annexes VIII et X, art. 50, § 2; circulaire Unédic 2019-11 du 14 octobre 2019, § 2.1.1), excepté pour les emplois à caractère saisonnier d'une durée inférieure ou égale à 3 mois.

La part de la contribution à la charge de l'employeur demeure fixée à 4,05 %:
– dès lors que le salarié est embauché par l'employeur en contrat à durée indéterminée à l'issue du contrat à durée déterminée;
– pour tous les contrats de travail temporaires (art. L. 1251-1 CT) et les contrats de travail à durée déterminée pour remplacement ou accroissement temporaire d'activité (art. L. 1242-2, 1°, 2°, 4° et 5° CT).

Les fins de contrats des intermittents du spectacle ne seront pas prises en compte dans le futur mécanisme de bonus/malus qui s'appliquera aux employeurs de 11 salariés et plus dans certains secteurs d'activité pour les contributions dues sur les périodes d'emploi effectuées à partir du 1er mars 2021 (art. L. 5424-20, dern. al. CT), ni pour la taxe forfaitaire de 10 € en cas de contrat à durée déterminée dits «d'usage» (CDDU) (loi 2019-1479 du 28 décembre 2019, art. 145, JO 29).

Réglementations applicables aux pertes d'emplois antérieures au 1er novembre 2019

• **Le décret 2016-961 du 13 juillet 2016** (JO 14) a fixé, à compter du 1er août 2016, les règles applicables aux travailleurs involontairement privés d'emploi relevant des professions de la production cinématographique, de l'audiovisuel ou du spectacle (annexe VIII au règlement général annexé à la convention modifiée du 14 mai 2014 relative à l'indemnisation du chômage pour les ouvriers et techniciens de l'édition d'enregistrement sonore, de la production cinématographique et audiovisuelle, de la radio, de la diffusion et du spectacle et annexe X au règlement général annexé à la convention du 14 mai 2014 relative à l'indemnisation du chômage pour les artistes du spectacle) telles que résultant de l'accord du 28 avril 2016 relatif à l'indemnisation du chômage dans les branches du spectacle complété par avenant du 23 mai 2016.

• **Le décret 2016-1749 du 16 décembre 2016** (JO 17) a modifié le décret 2016-961 précité relatif au régime d'assurance chômage des travailleurs involontairement privés d'emploi. Il a apporté plusieurs précisions visant à expliciter l'**interprétation qui devait prévaloir depuis le 1er août 2016** de certaines règles d'indemnisation du chômage applicables aux travailleurs involontairement privés d'emploi relevant des professions de la production cinématographique, de l'audiovisuel ou du spectacle.

• **Le décret 2016-1093 du 11 août 2016** (JO 12) était relatif à la **liste de fonctions** prévue à l'article 3 du décret 2016-961 précité. Il avait pour objet de réviser la liste de fonctions 4B annexée à l'annexe VIII à la convention du 14 mai 2014 relative à l'indemnisation du chômage dans sa rédaction issue de l'accord du 28 avril 2016 relatif à l'indemnisation du chômage dans les branches du spectacle et son avenant d'interprétation du 23 mai 2016. Les techniciens intermittents du spectacle devaient pour être éligibles au régime défini par l'annexe VIII de la convention relative à l'indemnisation du chômage, avoir été engagés par des employeurs relevant des secteurs de la production cinématographique, de l'audiovisuel et du spectacle et exercer une fonction figurant sur une des listes annexées à l'annexe VIII précitée. Cette modification résultait de l'avenant 8 du 9 septembre 2015 à la convention collective des entreprises techniques au service de la création et de l'événement. Le **décret 2017-321 du 10 mars 2017** (JO 12) a révisé la **liste de fonctions** prévue à l'article 3 du décret 2016-961 précité modifié.

• **Les annexes VIII et X au règlement d'assurance chômage**, applicables aux professions de la production cinématographique, de l'audiovisuel ou du spectacle, ont continué de s'appliquer dans leur version en vigueur au 30 juin 2016 pour les travailleurs involontairement privés d'emploi **dont la fin de contrat de travail était antérieure au 1er août 2016** et qui réunissaient les conditions pour être indemnisés au titre de ces annexes (dispositions prorogées par article 2, 3° du décret 2016-961 précité; ces annexes demeuraient régies par les dispositions du protocole du 18 avril 2006 relatif à la prise en charge des professionnels intermittents du cinéma, de l'audiovisuel, de la diffusion et du spectacle, complétées par les dispositions de l'accord national interprofessionnel du 11 janvier 2013 et de l'accord national interprofessionnel du 22 mars 2014; concernant ces professions, voir circulaire Unédic 2016-08 du 27 janvier 2016).

Pour les travailleurs involontairement privés d'emploi **dont la fin de contrat de travail était intervenue à compter du 1er août 2016**, les annexes VIII et X se sont appliquées dans leur rédaction issue de l'accord du 28 avril 2016 relatif à l'indemnisation du chômage dans les branches du spectacle et son avenant d'interprétation du 23 mai 2016 (décret 2016-961 précité, art. 4).

Les annexes VIII et X, relatives aux règles spécifiques d'indemnisation des professionnels intermittents du cinéma, de l'audiovisuel, de la diffusion et du spectacle, fixées par les décrets 2016-961, 2016-1093, 2016-1749, 2017-321 précités, sont demeurées applicables, tout en étant adaptées afin d'intégrer certaines évolutions issues du protocole d'accord du 28 mars 2017 relatif à l'assurance chômage et de l'actualisation des dispositions légales et réglementaires (conv. ass. chôm. du 14 avril 2017, art. 6, § 2; annexes VIII et X au règlement annexé à la convention du 14 avril 217 relative à l'assurance chômage, arrêté du 4 mai 2017, JO 6). **Ces aménagements se sont appliqués aux travailleurs involontairement privés d'emploi dont la fin de contrat de travail est intervenue à compter du 1er novembre 2017** (convention assurance chômage du 14 avril 2017, art. 14; circulaire Unédic 2017-20 du 24 juillet 2017, fiches 14).

Voir **circulaire Unédic 2018-04 du 7 février 2018** sur l'indemnisation du chômage dans les branches du spectacle prévue par annexes VIII et X au règlement général annexé à la convention du 14 avril 2017 relative à l'assurance chômage.

• **Annulation de l'arrêté du 4 mai 2017 précité en tant qu'il agrée les stipulations de l'annexe VIII au règlement général annexé à la convention 14 avril 2017 relatives à la certification sociale.** Le Conseil d'État s'est prononcé, le 18 juillet 2018, sur l'agrément de la convention du 14 avril 2017 précitée et de ses textes associés. L'arrêté précité a été annulé en tant qu'il agrée les stipulations de l'annexe VIII précitée qui subordonnaient son bénéfice à la certification sociale de certains employeurs, mentionnés à la liste 4A (audiovisuelle et cinéma) annexée à l'annexe VIII, relevant de la convention collective nationale des entreprises techniques au service de la création et de l'événement du 21 février 2008 (IDCC 2717) et titulaires des codes NAF 59.11 C, 59.12 Z ou 59.20 Z (CE 18 juillet 2018, n° 412217). Sur les conséquences juridiques et pratiques de cette annulation, voir circulaire Unédic 2018-16 du 26 juillet 2018. Voir également «Indemnisation, chômage des intermittents et certification sociale de l'entreprise», RDT, septembre 2018, ET, 582, concl. R. Decout-Paolini.

Art. L. 5424-21. Les travailleurs privés d'emploi et qui ont épuisé leurs droits à l'assurance chômage au titre des dispositions spécifiques relatives aux artistes du spectacle et aux ouvriers et techniciens de l'édition d'enregistrement sonore, de la production cinématographique et audiovisuelle, de la radio, de la diffusion et du spectacle, annexées au règlement général annexé à la convention relative à l'aide au retour à l'emploi et à l'indemnisation du chômage peuvent bénéficier d'allocations spécifiques d'indemnisation du chômage au titre de la solidarité nationale dans les conditions suivantes:

1° Ne pas satisfaire aux conditions pour bénéficier de ***(Ord. 2019-861 du 21 août 2019, art. 1er, 13°, JO 22)*** «l'allocation des travailleurs indépendants prévue à l'article L. 5424-25 ni aux conditions pour bénéficier de» l'allocation de solidarité spécifique prévue à l'article L. 5423-1;

2° Satisfaire à des conditions d'activité professionnelle antérieure et de prise en charge au titre d'un revenu de remplacement.

Ces allocations sont à la charge ***(L. 2016-1918 du 29 déc. 2016, art. 143, I, 11°, JO 30, entrée en vigueur le 01.01.2018)*** «de l'État». Leur gestion est assurée par ***(L. 2018-771 du 5 sept. 2018, art. 64, III, 8°, JO 6, entrée en vigueur le 01.01.2019)*** «Pôle emploi» dans les conditions prévues par une convention conclue avec l'État.

Ces allocations sont cessibles et saisissables dans les mêmes conditions et limites que les salaires.

Un décret détermine les modalités d'application du présent article.

Note • Les dispositions de cet article, dans sa rédaction issue de la loi 2016-1918 précitée, s'appliquent aux créances non prescrites au 01.01.2018 (loi précitée, art. 143, III).

• ***Covid-19.*** L'article 1er de l'ordonnance 2020-324 du 25 mars 2020 (JO 26, entrée en vigueur le 26.03.2020, modifié par loi 2020-734 du 17 juin 2020, art. 50, JO 18 et ordonnance 2020-1442 du 25 novembre 2020, JO 26) portant mesures d'urgence en matière de revenus de remplacement a prévu que, pour les demandeurs d'emploi épuisant leur droit aux allocations mentionnées à L. 5424-21 CT, à compter du 1er mars 2020 et jusqu'au 31 mai 2020 (arrêté du 22 juillet 2020, art. 1er, JO 26), la durée pendant laquelle l'allocation est accordée peut être prolongée à titre exceptionnel. Le décret 2020-425 du 14 avril 2020 (JO 15) a défini les règles de cette prolongation temporaire (art. 3). L'ordonnance 2020-1442 précitée (art. 1er *bis*) prévoit une nouvelle prolongation exceptionnelle de la durée d'indemnisation, à compter du 01.10.2020, pendant une période dont la durée est fixée par arrêté (arrêté du 9 décembre 2020, JO 12 modifié par arrêtés du 23 décembre 2020, JO 27 et du 30 janvier 2021, JO 31). Cette prolongation exceptionnelle est également applicable aux bénéficiaires de APS (allocation de professionnalisation) et de l'AFD (allocation de fin de droits) (circ. Unédic 2021-01 du 8 janvier 2021, § 3.1).

Pour l'application de l'ordonnance 2020-324 précitée, sont considérés comme épuisant leur droit aux allocations mentionnées à l'article L. 5424-21 CT (décret 2020-425 du 14 avril 2020, art. 3, JO 15):

– 1° Les allocataires mentionnés à l'article D. 5424-51 du même code qui arrivent au terme des durées maximales telles qu'elles sont prévues à l'article D. 5424-52 du même code;

– 2° Les allocataires mentionnés à l'article D. 5424-53 du même code qui arrivent au terme des durées maximales telles qu'elles sont prévues à l'article D. 5424-59 du même code.

Sur l'allongement des périodes de référence au cours desquelles est recherchée la durée d'affiliation requise pour le bénéfice de l'allocation de professionnalisation et de solidarité et de l'allocation de fin de droits, voir décret 2020-425 précité, art. 6 modifié par décret 2020-1716 du 28 décembre 2020, art. 3, JO 29.

Lorsque l'allocataire ne peut prétendre au bénéfice de la clause de rattrapage dans les conditions prévues au III de l'article 2 du décret 2020-928 du 29 juillet 2020 (JO 30), le droit aux allocations de solidarité mentionnées à l'article L. 5424-21 CT est examiné dans les conditions prévues aux articles D. 5424-51 et D. 5424-53 du même code. Par dérogation, lorsque l'allocataire ne peut justifier de la durée d'affiliation de 507 heures prévues par ces articles, cette durée d'affiliation est recherchée au cours d'une période de référence allongée dans les conditions prévues au II. Peuvent être prises en compte les heures de travail retenues au titre d'une précédente ouverture de droits ou réadmission (décret précité, art. 2, IV).

Sous-section 1 (réglementaire). **Allocation de professionnalisation et de solidarité et allocation de fin de droits**

Art. D. 5424-50. Les allocations spécifiques d'indemnisation du chômage mentionnées à l'article L. 5424-21 prennent, selon le cas, la forme:

1° D'une allocation de professionnalisation et de solidarité;

2° D'une allocation de fin de droits.

Art. D. 5424-51. ***(D. 2017-1023 du 10 mai 2017, JO 11)*** « I. –» L'allocation de professionnalisation et de solidarité est attribuée selon les règles définies ***(D. 2017-1023 du 10 mai 2017, JO 11)*** «par les annexes au règlement général annexé à la convention relative à l'indemnisation du chômage et applicables aux artistes du spectacle et aux ouvriers et techniciens de l'édition d'enregistrement sonore, de la production cinématographique et audiovisuelle, de la radio, de la diffusion et du spectacle mentionnées à l'article L. 5424-21, dans les conditions définies au présent article et aux articles D. 5424-51-1 et D. 5424-52».

(D. 2017-1023 du 10 mai 2017, JO 11) «II. – Bénéficie de l'allocation de professionnalisation et de solidarité le travailleur involontairement privé d'emploi qui:

1° Ne remplit pas les conditions pour bénéficier de la clause de rattrapage prévue aux annexes mentionnées au I;

2° Et justifie de 507 heures de travail au cours des douze mois précédant la fin de contrat de travail immédiatement antérieure à la date anniversaire prévue aux annexes mentionnées au I ou à la date de dépôt de la demande d'allocation d'assurance.

III. – Bénéficie également de l'allocation de professionnalisation et de solidarité le travailleur involontairement privé d'emploi qui justifie de 507 heures de travail au cours des dix-huit mois qui précèdent la date de fin de la période d'indemnisation ouverte au titre de la clause de rattrapage prévue aux annexes mentionnées au I.»

(D. 2017-1023 du 10 mai 2017, JO 11) «IV. –» Outre les périodes mentionnées dans ***(D. 2017-1023 du 10 mai 2017, JO 11)*** «les annexes mentionnées au I», sont pris en compte pour la recherche de la condition d'activité antérieure:

1° Les congés maladie de trois mois ou plus. Ces périodes sont assimilées à des heures d'activité à raison de cinq heures de travail par jour de congé;

(D. 2017-1023 du 10 mai 2017, JO 11) «2° Les heures prises en compte pour l'ouverture de la clause de rattrapage prévue aux annexes mentionnées au I»;

3° Dans la limite de 120 heures, les heures d'enseignement dispensées dans des établissements d'enseignement ou de formation dans lesquels les intéressés interviennent au titre de leur profession pour transmettre leurs compétences. La liste de ces établissements est fixée par arrêté du ministre chargé de l'emploi. Ces heures d'enseignement réduisent à due proportion le nombre d'heures de formation assimilables conformément aux annexes précitées.

Note • Les dispositions issues du décret 2017-1023 précité sont applicables aux allocataires en fin de droit à l'allocation d'assurance au 1er décembre 2017 et à toute demande d'allocation d'assurance déposée à compter de cette date. Ce décret a procédé aux adaptations des conditions d'accès à l'allocation de professionnalisation et de solidarité et à l'allocation de fin de droits rendues nécessaires par les modifications introduites dans les modalités d'accès aux annexes VIII et X au règlement général de l'assurance chômage dans leur rédaction issue de l'accord professionnel du 28 avril 2016 relatif à l'indemnisation du chômage dans les branches du spectacle; voir note sous article L. 5424-20. Voir LSQ n° 17331 du 22.05.2017.

• Par dérogation au 2° du II de l'article D. 5424-51, bénéficie également de l'allocation de professionnalisation et de solidarité le travailleur involontairement privé d'emploi qui justifie de 507 heures de travail au cours des douze mois précédents la fin de contrat de travail immédiatement antérieure à la date d'épuisement du droit ouvert sur le fondement des annexes alors en vigueur, lorsque cette fin de contrat est antérieure au 1er août 2016 (décret 2017-1023 précité, art. 7).

• Voir arrêté du 23 mars 2017 (JO 30) relatif à la liste des établissements visée au 3° du IV. Voir LSQ n° 17303 du 07.04.2017.

• ***Covid-19.*** Par dérogation au 3° du IV de l'article D. 5424-51 CT, les heures d'enseignement dispensées dans des établissements d'enseignement ou de formation figurant sur la liste fixée par l'arrêté prévu au IV de cet article sont prises en compte dans la limite de 170 heures pour la recherche de la condition d'activité antérieure au titre des allocations de solidarité mentionnées à l'article L. 5424-21 du même code (décret 2020-928 du 29 juillet 2020, art. 3, III, JO 30). Sur l'application des dispositions de cet article, voir décret 2020-928 précité, art. 3, IV.

Art. D. 5424-51-1. ***(D. 2017-1023 du 10 mai 2017, JO 11)*** Les dispositions des annexes mentionnées au I de l'article D. 5424-51 relatives au différé d'indemnisation et au délai d'attente ne sont pas applicables à l'allocation de professionnalisation et de solidarité.

À l'issue de la période d'indemnisation au titre de cette allocation, le reliquat éventuel de franchise prévue aux annexes mentionnées au I de l'article D. 5424-51 ne donne lieu à aucune régularisation.

Art. L. 5424-21

Note Voir note sous l'article D. 5424-51.

Art. D. 5424-52. Le versement de l'allocation de professionnalisation et de solidarité cesse définitivement au titre de la même ouverture de droits dès lors que l'allocataire justifie des conditions d'attribution de l'allocation d'assurance chômage.

(D. 2017-1023 du 10 mai 2017, JO 11) « Lorsque l'allocataire bénéficie de l'allocation de professionnalisation et de solidarité au titre du II de l'article D. 5424-51, la durée maximale de versement est de douze mois à compter :

1° Du lendemain de la date anniversaire prévue aux annexes mentionnées au I de l'article D. 5424-51 ;

2° Ou de la demande d'allocation d'assurance au titre des annexes mentionnées au I de l'article D. 5424-51.

Lorsque l'allocataire bénéficie l'allocation de professionnalisation et de solidarité au titre du III de l'article D. 5424-51, la durée maximale de versement est de six mois à compter la date de fin de la période d'indemnisation ouverte au titre de la clause de rattrapage prévue aux annexes mentionnées au I de l'article D. 5424-51. »

Note • Voir note sous l'article D. 5424-51.

• Par dérogation au 1° de l'article D. 5424-52, la durée maximale de versement de l'allocation de professionnalisation et de solidarité est de douze mois à compter de la date d'épuisement du droit ouvert à la suite d'une fin de contrat de travail antérieure au 1er août 2016, sur le fondement des annexes alors en vigueur (décret 2017-1023 précité, art. 7).

Art. D. 5424-53. Bénéficie de l'allocation de fin de droits, le travailleur involontairement privé d'emploi qui :

1° A épuisé ses droits à l'allocation d'assurance mentionnée à l'article L. 5422-1 ou à l'allocation de professionnalisation et de solidarité ;

2° Ne satisfait pas à nouveau aux conditions d'attribution de l'allocation d'assurance chômage ou de l'allocation de professionnalisation et de solidarité ;

3° Justifie de 507 heures de travail selon les règles définies à l'article D. 5424-51 au cours des douze mois précédant la fin de contrat de travail immédiatement antérieure ***(D. 2017-1023 du 10 mai 2017, JO 11)*** « à la date anniversaire ou à la demande d'allocation d'assurance ;

4° Ne remplit pas les conditions pour bénéficier de la clause de rattrapage prévue par les annexes mentionnées au I de l'article D. 5424-51. »

Note • Voir note sous l'article D. 5424-51.

• Par dérogation au 3° de l'article D. 5424-53, bénéficie également de l'allocation de fin de droits le travailleur involontairement privé d'emploi qui justifie de 507 heures de travail selon les règles définies à l'article D. 5424-51 au cours des douze mois précédents la fin de contrat de travail immédiatement antérieure à la date d'épuisement du droit ouvert sur le fondement des annexes alors en vigueur, lorsque cette fin de contrat est antérieure au 1er août 2016 (décret 2017-1023 précité, art. 7).

Art. D. 5424-54. ***(D. 2017-1023 du 10 mai 2017, JO 11)*** Les franchises prévues par les annexes mentionnées au I de l'article D. 5424-51 sont applicables à l'allocation de fin de droits.

À l'issue de la période d'indemnisation au titre de cette allocation, le reliquat éventuel de franchise prévue aux annexes mentionnées au I de l'article D. 5424-51 ne donne lieu à aucune régularisation.

Note Voir note sous l'article D. 5424-51.

Art. D. 5424-55. La durée de versement de l'allocation de fin de droits varie en fonction d'une ancienneté continue de prise en charge dans le régime d'assurance chômage spécifique aux artistes et techniciens du spectacle prévu à l'article L. 5424-20 ou dans le régime d'indemnisation du chômage prévu à l'article L. 5424-21 ainsi qu'au titre du fonds spécifique provisoire et du fonds transitoire, dans les conditions fixées aux articles D. 5424-58 à D. 5424-61.

Les périodes de congés de maladie ou de maternité n'interrompent pas la durée d'ancienneté. Elles ne sont pas prises en compte pour le calcul de celle-ci.

La durée d'ancienneté s'apprécie au terme du dernier contrat de travail retenu pour l'ouverture des droits à l'allocation de fin de droits.

Art. D. 5424-56. Les travailleurs involontairement privés d'emploi mentionnés à l'article L. 5424-21 peuvent bénéficier :

1° D'une seule ouverture de droits au titre de l'allocation de fin de droits lorsqu'ils justifient d'une ancienneté continue inférieure à cinq ans ;

2° De deux ouvertures de droits au titre de l'allocation de fin de droits, entre la date à laquelle ils ont acquis cinq ans d'ancienneté et la date à laquelle ils acquièrent dix ans d'ancienneté lorsque :

a) Ils justifient d'une ancienneté continue comprise entre cinq ans et moins de dix ans ;

b) Ils ont été admis au bénéfice de l'allocation d'assurance mentionnée à l'article L. 5422-1 entre deux prises en charge au titre de l'allocation de fin de droits ;

3° De trois ouvertures de droits à l'allocation de fin de droits, postérieurement à la date à laquelle ils ont acquis dix ans d'ancienneté lorsque :

a) Ils justifient d'une ancienneté continue de dix ans ou plus ;

b) Ils ont été admis au bénéfice de l'allocation d'assurance mentionnée à l'article L. 5422-1 entre deux prises en charge au titre de l'allocation de fin de droits.

Art. D. 5424-57. Le travailleur involontairement privé d'emploi qui a cessé de bénéficier de l'allocation de fin de droits, alors que la période d'indemnisation n'était pas épuisée, et qui n'a pas acquis de nouveaux droits au titre de l'allocation d'assurance mentionnée à l'article L. 5422-1 ou au titre de l'allocation de professionnalisation et de solidarité, bénéficie d'une reprise de ses droits à l'allocation de fin de droits dès lors que le temps écoulé depuis la date d'admission à la période d'indemnisation considérée n'est pas supérieur à la durée de cette période augmentée de trois ans de date à date.

Art. D. 5424-58. Le montant journalier de l'allocation de fin de droits est fixé à 30 €.

Art. D. 5424-59. La durée d'indemnisation de l'allocation de fin de droits est de :

1° 61 jours lorsque le travailleur privé d'emploi justifie de moins de cinq ans d'ancienneté au sens de l'article D. 5424-55 ;

2° 92 jours lorsque le travailleur privé d'emploi justifie d'au moins cinq ans d'ancienneté ou plus ;

3° 182 jours lorsque le travailleur privé d'emploi justifie de dix ans d'ancienneté ou plus.

Art. D. 5424-60. L'allocation de fin de droits est partiellement cumulable avec les revenus tirés d'une activité professionnelle.

Le nombre de jours indemnisables au cours d'un mois civil est égal à la différence entre le nombre de jours calendaires du mois civil concerné et le nombre de jours correspondant au montant des rémunérations brutes mensuelles divisé par cinquante.

Art. D. 5424-61. Le versement de l'allocation de fin de droits cesse définitivement au titre de la même ouverture de droits dès lors que l'allocataire justifie des conditions d'attribution de l'allocation d'assurance chômage ou de l'allocation de professionnalisation et de solidarité.

Sous-section 2 (réglementaire). Allocation de solidarité spécifique

Art. D. 5424-62. Bénéficient de l'allocation de solidarité spécifique, dans les conditions et selon les modalités fixées aux 2° et 3° de l'article R. 5423-1 et aux articles R. 5423-12 à R. 5423-14 et R. 5425-1 :

1° Les artistes auteurs d'œuvres, mentionnés au titre V du livre VI du code de la sécurité sociale ;

2° Les artistes du spectacle qui ne sont pas réputés salariés, au sens de l'article L. 762-1, à condition qu'ils justifient d'un exercice professionnel et qu'ils aient retiré de cet exercice des moyens d'existence réguliers pendant au moins trois ans.

Pour les artistes auteurs d'œuvres, cette condition est réputée satisfaite lorsqu'ils justifient de leur affiliation au régime général de la sécurité sociale, conformément au titre V du livre VI du code de la sécurité sociale.

Art. D. 5424-63. Pour bénéficier de l'allocation de solidarité spécifique, les intéressés doivent être âgés d'au moins dix-huit ans.

Art. D. 5424-64. L'allocation de solidarité spécifique est attribuée pour une période maximale de 274 jours.

À l'expiration de cette durée, de nouveaux droits peuvent être ouverts à l'intéressé s'il satisfait à nouveau aux conditions fixées par la présente sous-section.

Sous-section 3 (réglementaire). Actions en recouvrement

Art. D. 5424-65. Par dérogation à la règle de compétence territoriale énoncée à l'article R. 5422-11, l'opposition du débiteur faisant l'objet de la contrainte mentionnée à l'article L. 5422-16 est formée auprès du tribunal dans le ressort duquel l'organisme créancier a son siège lorsque la contrainte a été délivrée pour le recouvrement de contributions et de majorations de retard dues pour l'emploi de salariés intermittents relevant des professions de la production cinématographique, de l'audiovisuel ou du spectacle.

Sous-section 2. Règles spécifiques en matière de négociation des accords relatifs à l'assurance chômage

Art. L. 5424-22. *(L. 2015-994 du 17 août 2015, art. 34, I, JO 18)* I. – Pour tenir compte des modalités particulières d'exercice des professions de la production cinématographique, de l'audiovisuel ou du spectacle, les accords relatifs au régime d'assurance chômage mentionnés à l'article L. 5422-20 comportent des règles spécifiques d'indemnisation des artistes et des techniciens intermittents du spectacle, annexées au règlement général annexé à la convention relative à l'indemnisation du chômage.

II. – Les organisations d'employeurs et de salariés représentatives de l'ensemble des professions mentionnées à l'article L. 5424-20 négocient entre elles les règles spécifiques définies au I du présent article. À cette fin, dans le cadre de la négociation des accords relatifs au régime d'assurance chômage mentionnés à l'article L. 5422-20, les organisations professionnelles d'employeurs et les organisations syndicales de salariés représentatives au niveau national et interprofessionnel leur transmettent en temps utile un document de cadrage.

Ce document précise les objectifs de la négociation en ce qui concerne la trajectoire financière et le respect de principes généraux applicables à l'ensemble du régime d'assurance chômage ***(L. 2018-771 du 5 sept. 2018, art. 56, VII, JO 6, entrée en vigueur le 01.01.2019)*** «, en respectant les objectifs et la trajectoire financière définis dans le document de cadrage mentionné à l'article L. 5422-20-1». Il fixe le délai dans lequel cette négociation doit aboutir.

Les règles spécifiques prévues par un accord respectant les objectifs définis par le document de cadrage et conclu dans le délai fixé par le même document sont reprises dans les accords relatifs au régime d'assurance chômage mentionnés à l'article L. 5422-20. À défaut de conclusion d'un tel accord, les organisations professionnelles d'employeurs et les organisations syndicales de salariés représentatives au niveau national et interprofessionnel fixent les règles d'indemnisation du chômage applicables aux artistes et aux techniciens intermittents du spectacle ***(L. 2018-771 du 5 sept. 2018, art. 56, VII, JO 6, entrée en vigueur le 01.01.2019)*** «, dans le respect des conditions définies au second alinéa de l'article L. 5422-22».

Note • La loi 2015-994 du 17 août 2015 relative au dialogue social et à l'emploi (art. 34, II, III et IV) avait fixé un échéancier de la sécurisation du régime d'assurance chômage de l'intermittence.

• Un accord a été conclu le 28 avril 2016 relatif à l'indemnisation du chômage dans les branches du spectacle complété par avenant du 23 mai 2016. Ces textes ont été repris par le décret 2016-961 modifié du 13 juillet 2016 (JO 14), voir note sous art. L. 5424-20.

Voir notamment «Le régime d'assurance chômage des intermittents du spectacle», D. Baugard, Dr. Soc. 2015, p. 915; «La loi Rebsamen sécurise l'assurance chômage des intermittents du spectacle», LSQ n° 16881 du 27.07.2015; «Pérennisation du régime d'assurance chômage des intermittents du spectacle», RF 10 septembre 2015, FH 3608, 6-47 à 6-53.

• «Considérant que le protocole d'accord du 28 mars 2017 relatif à l'assurance chômage constitue l'aboutissement des négociations engagées en mars 2016, les parties signataires de la présente convention ont convenu avec les organisations professionnelles représentatives des professions de la production cinématographique, de l'audiovisuel ou du spectacle mentionnées à l'article L. 5424-22, II du code du travail, que les règles spécifiques comprises aux annexes VIII et X ne nécessitaient pas l'ouverture d'une nouvelle négociation en mars 2017.» (conv. ass. chôm. du 14 avril 2017, art. 14 § 2). Voir note sous art. L. 5424-20.

• Suite à l'échec des négociations anticipées de la convention d'assurance chômage menées par les partenaires sociaux en février 2019, l'article 4 du décret 2019-797 du 26 juillet 2019 (JO 28) a abrogé, au 1er novembre 2019, l'agrément de la convention d'assurance chômage du 14 avril 2017 et de ses textes associés. Les annexes VIII et X au règlement d'assurance chômage annexé au décret 2019-797 précité fixent, depuis le 1er novembre 2019, la réglementation relative aux modalités d'indemnisation des travailleurs privés d'emploi et aux contributions d'assurance chômage applicable aux artistes et techniciens intermittents du spectacle.

• **Covid-19**. *Année blanche pour les intermittents du spectacle.* Une «année blanche» a été instaurée pour les allocataires relevant des annexes VIII et X au règlement d'assurance chômage en prolongeant leurs droits à indemnisation au plus tard jusqu'au 31 août 2021 (ordonnance 2020-324 du 25 mars 2020, art. 1er, al. 2, JO 26, modifié par ordonnance 2020-1442 du 25 novembre 2020, art. 1er, JO 26). Cette prolongation concerne les intermittents arrivant en fin de droits entre le 1er mars 2020 et le 31 août 2021 (arrêté du 22 juillet 2020, JO 26). Le décret 2020-928 du 29 juillet 2020 organise, à l'issue de la prolongation de leurs droits à indemnisation jusqu'au 31 août 2021, les conditions d'ouverture et modalités d'examen des droits au chômage des intermittents du spectacle ayant bénéficié à titre exceptionnel de cette prolongation. Il décale au 31 août 2021 la durée d'indemnisation de tous les intermittents du spectacle indemnisés arrivant à épuisement de leurs droits au titre des annexes VIII et X au règlement d'assurance chômage et bénéficiant de cette prolongation de droits. Il prévoit également les conditions spécifiques dans lesquels les droits à réadmission seront examinés à l'issue de cette prolongation.

Voir arrêté du 22 juillet 2020 (JO 26) portant mesures d'urgence en matière de revenus de remplacement mentionnés à l'article L. 5421-2 CT, décret 2020-928 du 29 juillet 2020 (JO 30) portant mesures d'urgence en matière de revenus de remplacement des artistes et techniciens intermittents du spectacle et décret 2020-929 du 29 juillet 2020 (JO 30) portant diverses mesures relatives au régime d'assurance chômage.

Sur l'allongement de la période de référence affiliation des allocataires relevant des annexes VIII et X, voir décret 2020-425 du 14 avril 2020, art. 6, JO 15 modifié par décret 2020-1716 du 28 décembre 2020, art. 3, JO 29; arrêté du 16 avril 2020, art. 4, JO 16, abrogé et arrêté du 12 janvier 2021, art. 1er, V, JO 13. Voir circulaire Unédic 2021-01 du 8 janvier 2021, § 3.2. Compte tenu de la mesure exceptionnelle de prolongation des droits jusqu'au 31 août 2021 exposée ci-avant, cette mesure d'allongement de la période de référence n'est applicable qu'aux allocataires qui ouvrent un droit au titre des annexes VIII et X (primo-entrants) et aux allocataires bénéficiant d'une réadmission sur demande expresse avant le 31 août 2021, hors bénéficiaires du «dispositif d'année blanche» (décret 2020-425 précité, art. 6, al. 6).

Art. L. 5424-23. ***(L. 2015-994 du 17 août 2015, art. 34, I, JO 18)*** I. – Il est créé un comité d'expertise sur les règles spécifiques applicables en matière d'indemnisation des artistes et des techniciens intermittents du spectacle, composé de représentants de services statistiques de l'État, de ***(L. 2018-771 du 5 sept. 2018, art. 56, VIII, JO 6, entrée en vigueur le 01.01.2019)*** «Pôle emploi» et de l'organisme chargé de la gestion du régime d'assurance chômage mentionné à l'article L. 5427-1, ainsi que de personnalités qualifiées. Ces représentants sont désignés par l'État. Un décret précise les modalités de désignation des membres du comité ainsi que ses règles de fonctionnement.

II. – Le comité évalue toutes les propositions qui lui sont transmises en cours de négociation par une organisation d'employeurs ou de salariés représentative de l'ensemble des professions mentionnées à l'article L. 5424-20. Il peut également être saisi d'une telle demande d'évaluation par une organisation professionnelle d'employeurs ou par une organisation syndicale de salariés représentative au niveau national et interprofessionnel. Le décret mentionné au I du présent article détermine les modalités de communication de cette évaluation.

III. – Lorsque les organisations d'employeurs et de salariés représentatives de l'ensemble des professions mentionnées à l'article L. 5424-20 ont conclu un accord, le comité évalue le respect par celui-ci de la trajectoire financière figurant dans ***(L. 2018-771 du 5 sept. 2018, art. 56, VIII, JO 6, entrée en vigueur le 01.01.2019)*** «les documents de cadrage mentionnés» au II de l'article L. 5424-22 ***(L. 2018-771 du 5 sept. 2018, art. 56, VIII, JO 6, entrée en vigueur le 01.01.2019)*** «et à l'article L. 5422-20-1», dans un délai fixé par le décret mentionné au I du présent article.

IV. – ***(L. 2018-771 du 5 sept. 2018, art. 56, VIII, JO 6, entrée en vigueur le 01.01.2019)*** «Pôle emploi» et l'organisme chargé de la gestion de l'assurance chômage mentionné à l'article L. 5427-1 fournissent au comité d'expertise les informations nécessaires à l'exercice de ses missions.

Sous-section 4 (réglementaire). **Composition et fonctionnement du comité d'expertise sur les règles spécifiques applicables en matière d'indemnisation des artistes et des techniciens intermittents du spectacle**

Art. D. 5424-66. ***(D. 2015-1889 du 30 déc. 2015, JO 31)*** Le comité d'expertise est composé:

1° Du directeur de l'animation de la recherche, des études et des statistiques du ministère en charge de l'emploi ou de son représentant;

2° Du chef du département des études, de la prospective et des statistiques du ministère en charge de la culture ou de son représentant;

3° Du directeur des statistiques, des études et de l'évaluation de Pôle emploi ou de son représentant;

4° Du directeur des études et analyses de l'organisme chargé de la gestion du régime d'assurance chômage mentionné à l'article L. 5427-1 ou de son représentant;

5° De quatre personnalités qualifiées nommées par arrêté conjoint du ministre chargé de l'emploi et du ministre chargé de la culture.

Le président du comité d'expertise est désigné par l'arrêté mentionné au 5° parmi les quatre personnalités qualifiées qui y siègent.

Le mandat des personnalités qualifiées prend fin neuf mois avant la fin de validité des accords prévus à l'article L. 5422-20. Toute vacance ou perte de qualité au titre de laquelle elles ont été désignées donne lieu à remplacement pour la durée du mandat restant à courir.

Art. D. 5424-67. ***(D. 2015-1889 du 30 déc. 2015, JO 31)*** Le comité d'expertise se réunit sur convocation de son président.

Le secrétariat du comité d'expertise est conjointement assuré par le ministère chargé de l'emploi et le ministère chargé de la culture.

Art. L. 5424-24

Le comité d'expertise adopte un règlement intérieur.

Les membres du comité d'expertise sont tenus au respect de la confidentialité sur les informations qui leur sont transmises et sur les délibérations du comité.

Art. D. 5424-68. ***(D. 2015-1889 du 30 déc. 2015, JO 31)*** Le comité est saisi dans les conditions prévues au II de l'article L. 5424-23. Il transmet le résultat de son évaluation à l'organisation qui l'a saisi. Cette dernière peut communiquer le résultat de cette évaluation.

Le délai prévu au III de l'article L. 5424-23 est fixé à vingt jours à compter de la réception de l'accord par le président du comité d'expertise. Le résultat de l'évaluation de l'accord est rendu public par le président du comité d'expertise.

Les informations mentionnées au IV de l'article L. 5424-23 du code du travail sont transmises par Pôle emploi et l'organisme chargé de la gestion de l'assurance chômage mentionné à l'article L. 5427-1 au comité d'expertise dans les formes et délais que ce dernier précise.

Art. D. 5424-69. ***(D. 2015-1889 du 30 déc. 2015, JO 31)*** Les personnalités qualifiées qui n'ont pas la qualité de fonctionnaire ou d'agent de l'État bénéficient du remboursement de leurs frais de déplacement dans les conditions prévues par le décret n° 66-619 du 10 août 1966.

SECTION 4. **Allocation des travailleurs indépendants**

Note Cette section a été introduite par la loi 2018-771 du 5 septembre 2018, art. 51, I, JO 6, entrée en vigueur le 01.01.2019.

Voir FRS 17/18 du 3 août 2018, § 28; LSQ, dossier juridique, n° 170 du 19.09.2018, «Loi Avenir professionnel: le volet assurance chômage»; Dr. Soc. 2018, p. 614, «Quelle assurance chômage pour les travailleurs indépendants ?», E. Robert et C. Cadoret, p. 598, «L'élargissement de l'assurance chômage aux travailleurs indépendants»; RF 13 septembre 2018, FH 3756 §§ 5-6 et s.; «Allocation chômage des travailleurs indépendants», Cahier RF HS 2019-2, §§ 2900 et s., septembre 2019.

Des précisions administratives ont été apportées par la circulaire Unédic 2019-13 du 1er novembre 2019.

Art. L. 5424-24. Pour l'application de la présente section, sont regardées comme travailleurs indépendants les personnes mentionnées à l'article L. 611-1 du code de la sécurité sociale, aux articles L. 722-1 et L. 731-23 du code rural et de la pêche maritime, aux 4° à 6°, 11°, 12°, 23°, 30° et 35° de l'article L. 311-3 du code de la sécurité sociale et à l'article L. 382-1 du même code.

Note Les travailleurs indépendants susceptibles de percevoir cette allocation sont:
- les travailleurs non-salariés non agricoles mentionnés à l'article L. 611-1 c. séc. soc.;
- les travailleurs non-salariés agricoles mentionnés aux articles L. 722-1 et L. 731-23 c. rur. et pêche mar.;
- les mandataires d'assurance et dirigeants de société mentionnés aux 4° à 6°, 11°, 12°, 23°, 30° et 35° de l'article L. 311-3 c. séc. soc. (sous agents d'assurance, dirigeants de société, gérants non salariés, de coopératives, présidents des sociétés coopératives de banques, etc.);
- les artistes auteurs mentionnées à l'article L. 382-1 c. séc. soc.

Voir RF 17.10.2019, FH 3811-2, § 2-1 et circulaire Unédic 2019-13 du 1er novembre 2019.

Art. L. 5424-25. Ont droit à l'allocation des travailleurs indépendants les travailleurs qui étaient indépendants au titre de leur dernière activité, qui satisfont à des conditions de ressources, de durée antérieure d'activité et de revenus antérieurs d'activité et:

1° Dont l'entreprise a fait l'objet d'un jugement d'ouverture de liquidation judiciaire dans les conditions prévues à l'article L. 641-1 du code de commerce, à l'exception des cas prévus à l'article L. 640-3 du même code;

2° Ou dont l'entreprise a fait l'objet d'une procédure de redressement judiciaire dans les conditions prévues au titre III du livre VI dudit code, lorsque l'adoption du plan de redressement est subordonnée par le tribunal au remplacement du dirigeant conformément à l'article L. 631-19-1 du même code.

Art. L. 5424-26. Les articles L. 5422-4 et L. 5422-5 sont applicables à l'allocation des travailleurs indépendants.

Art. L. 5424-27. Les mesures d'application de la présente section, notamment les conditions de ressources, de durée antérieure d'activité et de revenus antérieurs d'activité auxquelles est subordonné le droit à l'allocation des travailleurs indépendants sont fixées par décret en Conseil d'État. Toutefois:

1° Le montant de l'allocation, qui est forfaitaire, et sa durée d'attribution sont fixés par décret;

2° Les mesures d'application relatives à la coordination de l'allocation des travailleurs indépendants avec l'allocation d'assurance sont fixées par les accords mentionnés à l'article L. 5422-20.

Note L'allocation est versée par Pôle emploi, voir articles L. 5312-1 et L. 5427-1. Les règles de demande de paiement de l'allocation sont celles de l'allocation d'assurance chômage «classique», voir article L. 5422-6 renvoyant à article L. 5422-4.

Les règles de l'allocation d'assurance chômage «classique» sont également applicables concernant le délai dans lequel Pôle emploi peut engager une action en remboursement de l'allocation en cas de versement indu, voir article L. 5422-6 renvoyant à article L. 5422-5.

Art. L. 5424-28. L'allocation des travailleurs indépendants est financée exclusivement par les impositions de toute nature mentionnées au 5° de l'article L. 5422-9.

Sous-section 1 (réglementaire). Conditions d'attribution

Note Cette sous-section est issue du décret 2019-796 du 26 juillet 2019, JO 28, entrée en vigueur le 01.11.2019; les dispositions de cette sous-section sont applicables aux travailleurs indépendants dont l'entreprise fait l'objet d'un jugement d'ouverture de liquidation judiciaire ou d'une procédure de redressement judiciaire, prononcée ou engagée conformément à l'article L. 5424-25 depuis le 1er novembre 2019 (décret précité, art. 8, II).

Voir FRS 18/19 du 30.08.2019; LSQ n° 17868 du 31.07.2019; RF 17.10.2019, FH 3811-2; FRS 23/19 du 08.11.2019 et circulaire Unédic 2019-13 du 1er novembre 2019.

Art. R. 5424-70. Pour bénéficier de l'allocation des travailleurs indépendants, les personnes mentionnées à l'article L. 5424-24:

1° Justifient d'une activité non salariée pendant une période minimale ininterrompue de deux ans au titre d'une seule et même entreprise, dont le terme est la date du fait générateur d'ouverture du droit prévu à l'article L. 5424-25.

Les personnes mentionnées à l'article L. 382-1 du code de la sécurité sociale sont réputées remplir cette condition lorsqu'elles justifient d'une affiliation au régime général de sécurité sociale dans les conditions prévues aux articles L. 382-1 et R. 382-1 du code de la sécurité sociale pendant une période minimale de deux ans dont le terme est la date du fait générateur d'ouverture du droit prévu à l'article L. 5424-25;

2° Sont effectivement à la recherche d'un emploi au sens de l'article L. 5421-3;

3° Justifient, au titre de l'activité non salariée mentionnée à l'article L. 5424-25, de revenus antérieurs d'activité égaux ou supérieurs à 10 000 euros par an;

4° Justifient d'autres ressources prévues à l'article R. 5424-72 inférieures au montant forfaitaire mensuel mentionné à l'article L. 262-2 du code de l'action sociale et des familles, applicable à un foyer composé d'une personne seule.

Note • **Sur les conditions d'attribution de l'allocation des travailleurs indépendants.** Voir circulaire Unédic 2019-13 du 1er novembre 2019, § 2.

• **Coordination entre l'allocation d'aide au retour à l'emploi et l'allocation des travailleurs indépendants (ATI).** L'examen d'une demande d'ouverture d'un droit à l'ATI est obligatoirement précédé d'un examen des conditions d'ouverture ou de reprise d'un droit à l'allocation d'aide au retour à l'emploi (ARE) (décret 2019-797 du 26 juillet 2019, annexe A, règlt ass. chôm. art. 63, § 1, JO 28). L'article 63 précité distingue à cet effet trois situations d'examen des droits:
– § 1: examen en vue d'une ouverture de droits à l'allocation des travailleurs indépendants en présence d'un droit ARE;
– § 2: examen en vue d'une reprise du reliquat de droits non épuisés à l'allocation des travailleurs indépendants;
– § 3: examen en vue d'une ouverture de droits à l'ARE en cours d'indemnisation au titre de l'ATI.

Voir RF 17.10.2019, FH 3811-2, §§ 2-19 et s et circulaire Unédic 2019-13 du 1er novembre 2019, § 5.

Art. R. 5424-71. Pour l'application de la condition de revenus antérieurs d'activité mentionnée au 3° de l'article R. 5424-70, sont pris en compte les revenus déclarés par le travailleur indépendant à l'administration fiscale au titre de l'impôt sur le revenu et correspondant à l'activité non salariée mentionnée à l'article L. 5424-25.

S'agissant des travailleurs indépendants relevant des régimes d'imposition prévus aux articles 50-0 *ter* et 102 *ter* du code général des impôts, sont pris en compte les chiffres d'affaires ou recettes déclarés, diminués des abattements mentionnés aux mêmes articles. S'agissant des travailleurs indépendants soumis au régime d'imposition défini à l'article 64 *bis* du code général des impôts, sont prises en compte les recettes de l'année d'imposition diminuées de l'abattement mentionné au même article.

Art. L. 5424-28

S'agissant des personnes mentionnées à l'article L. 382-1 du code de la sécurité sociale soumises au régime de la déclaration contrôlée et qui exercent l'option de l'article 100 *bis* du code général des impôts, est prise en compte la moyenne des recettes de l'année de l'imposition et des deux années précédentes diminuée de la moyenne des dépenses de ces mêmes années.

S'agissant des personnes mentionnées à l'article L. 382-1 du code de la sécurité sociale relevant du régime d'imposition prévu au 9 de l'article 93 du code général des impôts, sont pris en compte leurs bénéfices, diminués de l'abattement mentionné au même article.

La condition de revenus antérieurs d'activité s'apprécie sur la base de la moyenne des revenus ayant fait l'objet des deux dernières déclarations fiscales correspondant chacune à une année complète d'activité. Lorsqu'une seule déclaration fiscale correspondant à une année complète d'activité est disponible, la condition de revenus antérieurs d'activité s'apprécie sur la base des revenus ayant fait l'objet de cette déclaration. Lorsqu'aucune déclaration fiscale correspondant à une année complète d'activité n'est disponible, la condition de revenus antérieurs d'activité s'apprécie sur la base des revenus ayant fait l'objet de la dernière déclaration fiscale, recalculés pour correspondre à une année complète d'activité.

Note Voir circulaire Unédic 2019-13 du 1er novembre 2019, § 2.3.

Art. R. 5424-72. Les ressources prises en considération pour l'application du plafond prévu au 4° de l'article R. 5424-70 comprennent l'ensemble des revenus de l'intéressé déclarés à l'administration fiscale pour le calcul de l'impôt sur le revenu, à l'exception des revenus déclarés au titre de l'activité non salariée mentionnée à l'article L. 5424-25, de l'allocation d'assurance et de l'allocation de solidarité spécifique, et avant déduction des divers abattements.

Le montant pris en compte est le douzième du total des ressources perçues pendant les douze mois précédant celui au cours duquel la demande a été présentée.

Les ressources perçues hors du territoire national sont prises en compte comme si elles avaient été perçues sur ce territoire.

Note Voir circulaire Unédic 2019-13 du 1er novembre 2019, § 2.4.

Art. R. 5424-73. Les droits à l'allocation des travailleurs indépendants sont ouverts à compter de la fin d'activité non salariée, qui doit se situer dans un délai de 12 mois précédant la veille de l'inscription comme demandeur d'emploi ou, le cas échéant, le premier jour du mois au cours duquel la demande d'allocation a été déposée.

Note **Délai de déchéance.** L'allocation des travailleurs indépendants est servie sous réserve que le droit ne soit pas déchu. Le versement de cette allocation ne peut être réalisé qu'à la condition qu'il intervienne dans un délai de trois ans, augmenté de la durée d'indemnisation initialement notifiée, c'est-à-dire 182 jours, à compter de la date d'admission à l'allocation (art. R. 5425-1 CT). Délai de déchéance de l'allocation = 3 ans + 182 jours à compter de la date d'admission à l'ATI (circulaire Unédic 2019-13 du 1er novembre 2019, § 3.5).

Sous-section 2 (réglementaire). Détermination du montant et de la durée de l'allocation et versement de l'allocation

Note Cette sous-section est issue du décret 2019-976 du 20 septembre 2019, JO 22, entrée en vigueur le 01.11.2019.

Voir RF 17.10.2019, FH 3811-2 et circulaire Unédic 2019-13 du 1er novembre 2019, § 3.

Art. D. 5424-74. Le montant journalier de l'allocation des travailleurs indépendants mentionnée à l'article L. 5424-25 est fixé comme suit :

1° En métropole, en Guadeloupe, en Guyane, en Martinique, à La Réunion, à Saint-Barthélemy, à Saint-Martin et à Saint-Pierre-et-Miquelon, il est fixé à 26,30 euros ;

2° À Mayotte, il est fixé à 19,73 euros.

Note Le montant journalier mentionné au 1° correspond à un montant forfaitaire de 800 € en moyenne par mois sur l'année. En effet, s'agissant d'une allocation journalière, son montant mensuel varie en fonction du nombre de jours calendaires du mois et des évènements susceptibles d'en modifier le calcul (maladies indemnisées par les IJSS…). L'allocation des travailleurs indépendants est soumise à la CSG et la CRDS, s'agissant d'un revenu de remplacement, et à l'impôt sur le revenu (prélèvement à la source). La perception d'un avantage de vieillesse ou d'une pension d'invalidité n'impacte pas le montant de l'ATI. En effet, ces avantages et pensions sont pris en compte dans l'application du plafond de ressources (art. R. 5424-72 CT) et ne sont donc pas déduits du montant de l'ATI (circulaire Unédic 2019-13 du 1er novembre 2019, § 3.1).

Art. D. 5424-75. L'allocation des travailleurs indépendants mentionnée à l'article L. 5424-25 est attribuée pour une période de cent quatre-vingt-deux jours calendaires.

Note Sur les causes de cessation du paiement de l'allocation des travailleurs indépendants, voir circulaire Unédic 2019-13 du 1er novembre 2019, § 3.4.

Art. D. 5424-76. La période mentionnée à l'article D. 5424-75 court à compter de la date d'inscription sur la liste des demandeurs d'emploi ou, lorsque la personne est déjà inscrite sur cette liste, de la date du premier jour du mois au cours duquel la demande d'allocation a été déposée.

Note Il n'y a aucun différé d'indemnisation ou délai d'attente prévu par les textes (circulaire Unédic 2019-13 du 1er novembre 2019, § 2.4).

CHAPITRE V Maintien des droits au revenu de remplacement du demandeur indemnisé

SECTION 1. Cumul d'un revenu de remplacement avec d'autres revenus

Art. L. 5425-1. Les allocations du présent titre, à l'exception de celles prévues à la section 2 du chapitre IV, pour les salariés du bâtiment et des travaux publics privés d'emploi par suite d'intempéries, peuvent se cumuler avec les revenus tirés d'une activité occasionnelle ou réduite ainsi qu'avec les prestations de sécurité sociale ou d'aide sociale dans les conditions et limites fixées :

1° Pour l'allocation d'assurance ***(L. 2018-771 du 5 sept. 2018, art. 51, II, 5°, JO 6, entrée en vigueur le 01.01.2019)*** « et l'allocation des travailleurs indépendants », par l'accord prévu à l'article L. 5422-20 ;

2° Pour les allocations de solidarité, par décret en Conseil d'État.

Ces dispositions s'appliquent notamment au cas des revenus tirés de travaux saisonniers.

Note • Sur la poursuite d'une activité accessoire, voir cass. soc. 6 avril 1999, n° 96-20.382, BC V n° 164 ; Dr. Soc. 1999, p. 645.

• L'activité commerciale en rapport avec le mandat de gérant d'une société en commandite simple ne permettant pas, pendant la période de chômage indemnisée, d'effectuer une recherche effective et permanente d'emploi, il y a matière à remboursement des allocations (cass. soc. 5 juillet 2011, n° 10-14.673).

• Voir articles 30 à 34 du règlement d'assurance chômage annexé au décret 2019-797 du 26 juillet 2019 modifié et circulaire Unédic 2019-12 du 1er novembre 2019, fiches 7 et 8 sur le cumul total ou partiel de l'allocation d'assurance chômage avec les rémunérations procurées par une activité professionnelle salariée ou avec les revenus issus de l'exercice d'une activité non salariée.

• Voir article 64 du règlement d'assurance chômage annexé au décret 2019-797 du 26 juillet 2019 modifié et § 4 de la circulaire Unédic 2019-13 du 1er novembre 2019 sur le cumul de l'allocation des travailleurs indépendants avec les revenus tirés d'une activité professionnelle.

• La reprise d'une activité à temps réduit assortie du maintien du revenu de remplacement ne prive pas l'assuré du maintien de ses droits lorsque les revenus tirés de cette activité ne sont pas suffisants pour lui ouvrir les droits aux prestations d'assurance maladie, maternité, invalidité et décès, voir cass. civ., 2e ch., 9 novembre 2017, n° 16-19.926, BC II n° 211 ; RJS 1/18 n° 65.

Art. L. 5425-2. Les personnes mentionnées à l'article L. 5421-4 de moins de soixante-cinq ans et ne pouvant percevoir qu'une pension de vieillesse à taux plein calculée sur une durée de cotisation inférieure à 150 trimestres bénéficient sous condition de ressources d'une allocation complémentaire à la charge de l'État jusqu'à la date à laquelle elles peuvent faire liquider au taux plein l'ensemble des pensions auxquelles elles peuvent prétendre, dans des conditions déterminées par décret en Conseil d'État.

La période pendant laquelle cette allocation complémentaire est versée n'est pas prise en considération en vue de l'ouverture de droits à pension.

Note • Voir décret 84-344 du 7 mai 1984 pris pour l'application de l'article L. 351-19 [L. 5421-4 et L. 5425-2] du code du travail (JO 10).

• Le règlement du régime d'assurance chômage faisant référence à l'ensemble des trimestres mentionnés à l'article L. 351-1 c. séc. soc., l'Assédic [Pôle emploi] était en droit de cesser le versement des allocations de l'assurance chômage à celui qui justifiait, à l'âge de 60 ans, de plus de 150 trimestres de cotisations réelles ou par équivalence, de sorte qu'il pouvait prétendre au versement d'une pension de retraite à taux plein (cass. soc. 2 mars 2000, n° 98-19.112, BC V n° 83 ; RJS 4/00 n° 429).

• Sur la compatibilité des dispositions de l'article L. 351-19 [L. 5421-4 et L. 5425-2] CT avec celles du règlement CEE 1408/71, voir cass. soc. 11 juillet 2002, n° 00-17.152, BC V n° 267 ; Dr. Soc. 2002, p. 1034, obs. J-Ph. Lhernould.

Sous-section 1 (réglementaire). Exercice d'une activité professionnelle

Note Les bénéficiaires de l'allocation de solidarité spécifique et de l'allocation temporaire d'attente ayant, au 1er septembre 2017, des droits ouverts au dispositif d'intéressement mentionné aux articles R. 5425-1 à R. 5425-8 CT et aux articles R. 327-33 à R. 327-40 du code du travail applicable à Mayotte dans leur rédaction antérieure au décret 2017-826 du 5 mai 2017 (JO 7), continuent à percevoir cet intéressement dans les conditions prévues avant le 1er septembre 2017 et jusqu'à expiration de leurs droits (décret précité, art. 5).

Art. R. 5425-1. L'exercice d'une activité professionnelle ou le fait de suivre une formation rémunérée ne fait pas obstacle à la reprise du versement ***(D. 2017-826 du 5 mai 2017, JO 7, entrée en vigueur le 01.09.2017)*** «de l'allocation de solidarité spécifique» ***(D. 2019-796 du 26 juil. 2019, JO 28, entrée en vigueur le 01.11.2019)*** «ou de l'allocation des travailleurs indépendants.

S'agissant de l'allocation de solidarité spécifique», ce versement ne peut être réalisé qu'à l'expiration des droits éventuels aux allocations d'assurance chômage et à la condition qu'il n'intervienne pas plus de quatre ans après la date d'admission à l'allocation considérée ou la date de son dernier renouvellement.

(D. 2019-796 du 26 juil. 2019, JO 28, entrée en vigueur le 01.11.2019) «S'agissant de l'allocation des travailleurs indépendants, ce versement ne peut être réalisé qu'à la condition qu'il intervienne dans un délai de trois ans à compter de la date d'admission à l'allocation, augmenté de la durée d'indemnisation initialement notifiée.»

Note Sur le délai de déchéance de l'allocation des travailleurs indépendants, voir circulaire Unédic 2019-13 du 1er novembre 2019, § 3.5.

Art. R. 5425-2. ***(D. 2017-826 du 5 mai 2017, JO 7, entrée en vigueur le 01.09.2017)*** Lorsque le bénéficiaire de l'allocation de solidarité spécifique reprend une activité professionnelle salariée ou non salariée, la rémunération tirée de l'exercice de cette activité est intégralement cumulée avec le versement de l'allocation de solidarité spécifique pendant une période de trois mois, consécutifs ou non, dans la limite des droits aux allocations restants.

Tout mois civil au cours duquel une activité même occasionnelle ou réduite a été exercée est pris en compte pour le calcul de cette période.

Note Voir instruction PE 2017-32 du 19 juillet 2017 (BO PE 2017-66 du 3.08.2017) sur les nouvelles règles de cumul de l'allocation de solidarité spécifique (ASS) avec les rémunérations d'activités reprises à compter du 1er septembre 2017. Voir également LSQ n° 17389 du 23.08.2017.

Art. R. 5425-6. Lorsque le bénéficiaire ***(D. 2017-826 du 5 mai 2017, JO 7, entrée en vigueur le 01.09.2017)*** «de l'allocation de solidarité spécifique» interrompt son activité professionnelle pendant une durée minimale de ***(D. 2017-826 du 5 mai 2017, JO 7, entrée en vigueur le 01.09.2017)*** «trois» mois, il peut bénéficier à nouveau et dans leur intégralité des dispositions de la présente sous-section.

Art. R. 5425-7. Lorsque le bénéficiaire ***(D. 2017-826 du 5 mai 2017, JO 7, entrée en vigueur le 01.09.2017)*** «de l'allocation de solidarité spécifique» cesse son activité pendant ou au terme de la période de versement de l'allocation, il n'est pas fait application du délai de quatre ans institué à l'article R. 5425-1 s'il sollicite la reprise du versement de l'allocation dont il bénéficiait avant la fin du mois suivant la cessation d'activité.

Art. R. 5425-8. Les revenus procurés par les activités professionnelles mentionnées aux articles ***(D. 2017-826 du 5 mai 2017, JO 7, entrée en vigueur le 01.09.2017)*** « R. 5425-2, R. 5425-6 et R. 5425-7 » sont pris en compte pour l'application des conditions de ressources prévues pour le bénéfice de l'allocation de solidarité spécifique.

Sous-section 2 (réglementaire). Bénéficiaires d'un contrat d'insertion par l'activité

Note Le contrat d'insertion par l'activité (CIA) est abrogé depuis le 1er janvier 2016 (ordonnance 2015-1578 du 3 décembre 2015, art. 2, JO 4: art. L. 522-1, 4° et L. 522-8 c. act. soc. et fam., abrogés; art. L. 522- 9 c. act. soc. et fam., al. 2 supprimé).

Art. R. 5425-9. Par dérogation aux dispositions de la sous-section 1, le bénéficiaire du contrat d'insertion par l'activité mentionné à l'article L. 522-8 du code de l'action sociale et des familles peut cumuler la rémunération perçue au titre de ce contrat avec le versement de l'allocation de solidarité spécifique pendant toute la durée de ce contrat. Le nombre des allocations journalières est réduit à proportion de 60 % du quotient, par le montant journalier de l'allocation, de la rémunération brute perçue.

Note Cet article a été modifié par le décret 2017-826 du 5 mai 2017, JO 7, entrée en vigueur le 01.09.2017.

Art. R. 5425-10. Les revenus procurés par les activités professionnelles mentionnées à l'article R. 5425-9 sont pris en compte pour l'application des conditions de ressources prévues pour le bénéfice de l'allocation de solidarité spécifique.

Note Cet article a été modifié par le décret 2017-826 du 5 mai 2017, JO 7, entrée en vigueur le 01.09.2017.

SECTION 2. Accès des bénéficiaires de l'allocation de solidarité spécifique à la prime d'activité

Note • Cette section est issue de la loi 2016-917 du 29 décembre 2016, art. 87, III, C, 3°, JO 30, entrée en vigueur le 01.09.2017.

• Depuis le 1er septembre 2017, les demandeurs d'emploi bénéficient d'un accès facilité à la prime d'activité, sous réserve d'en remplir les conditions d'attribution, notamment les conditions de ressources. À cet effet, Pôle emploi adressera un courrier aux demandeurs d'emploi, à la fin du 6e mois suivant la reprise d'activité, pour les informer sur cette possibilité de percevoir la prime d'activité en complément de leur activité professionnelle et sur les modalités pratiques d'accès. Les ressources perçues au titre de l'allocation de solidarité spécifique sont prises en compte pour l'examen de la prime d'activité. Cette prime d'activité est versée par la Caisse d'allocations familiales (CAF) ou la Mutualité sociale agricole (MSA) (instruction PE 2017-32 du 19 juillet 2017, BO PE 2017-66 du 3 août 2017).

• Les bénéficiaires de l'allocation de solidarité spécifique, ayant au 1er septembre 2017, des droits ouverts à la prime forfaitaire, mentionnée aux articles L. 5425-3 à L. 5425-7 CT et aux articles L. 327-41 à L. 327-44 du code du travail applicable à Mayotte dans leur rédaction antérieure à l'article 87 de la loi 2016-1917 de finances pour 2017 précitée, continuent à percevoir cette prime, dans les conditions prévues avant le 1er septembre 2017, et jusqu'à expiration de leurs droits (loi 2016-1917 précitée, art. 87, III, E; décret 2017-826 du 5 mai 2017, art. 5, II, JO 7).

• Sur la prime d'activité, voir note sous Titre III, du Livre Ier de la présente Partie.

Art. L. 5425-3. Lorsqu'il exerce, prend ou reprend une activité professionnelle, le bénéficiaire de l'allocation de solidarité spécifique est réputé avoir formulé une demande de prime d'activité mentionnée à l'article L. 841-1 du code de la sécurité sociale, sauf mention contraire de sa part.

SECTION 3. Exercice d'une activité bénévole

Art. L. 5425-8. Tout demandeur d'emploi peut exercer une activité bénévole.

Cette activité ne peut s'accomplir chez un précédent employeur, ni se substituer à un emploi salarié, et doit rester compatible avec l'obligation de recherche d'emploi.

L'exercice d'une activité bénévole n'est pas considéré comme un motif légitime pour écarter l'application des dispositions prévues par l'article L. 5426-2.

Note • La sanction émanant de l'Assédic [Pôle emploi] ne peut recevoir application pour l'exercice de fonctions bénévoles, générales et réduites au sein de deux associations, accompagné de la justification des recherches pour la reprise d'un emploi (cass. soc. 17 décembre 2003, n° 01-46.729, RJS 3/04 n° 333).

• Sur l'**absence d'incompatibilité entre l'exercice d'un mandat de président d'association et la recherche permanente d'un emploi**, voir rép. QE 25878, JO AN 15 novembre 1999, p. 6587. Voir également «Activités bénévoles et statut de chômeur», J. Savatier, Dr. Soc. 1996, p. 593 et «L'activité bénévole du chômeur», Ch. Willmann, Dr. Soc. 1999, p. 162.

• Le fait d'être **gérant bénévole de sociétés civiles** n'implique pas nécessairement, et en soi, l'exercice d'une activité professionnelle interdisant la recherche effective et permanente d'un emploi, laquelle doit dès lors être examinée (cass. soc. 10 novembre 1998, n° 96-22.103, BC V n° 488; RJS 12/98 n° 1562). L'activité exercée en tant que gérant majoritaire non salarié d'une société ne fait pas obstacle au service de l'allocation d'assurance chômage si le demandeur d'emploi avait en dernier lieu un autre employeur et n'était pas salarié de cette société (CE 7 octobre 2015, n° 382612).

• **L'activité bénévole doit rester compatible avec l'obligation de recherche d'emploi:** une activité au sein d'une association de modélisme dont l'intéressé était le président de fait doit être tenue pour bénévole, il n'en reste pas moins que, par son caractère permanent, notamment la circonstance qu'il s'occupait, à temps plein, de la discothèque et du service de restauration exploités par cette association elle l'a placé dans l'impossibilité de rechercher un autre emploi, en méconnaissance des conditions posées par l'article L. 351-1 CT [devenu L. 5425-8] (cass. crim. 27 février 1996, n° 93-85.619, B. crim. n° 96; RJS 4/96 n° 1431). Voir aussi cass. soc. 10 novembre 1998, n° 96-22103, BC V n° 488; 17 décembre 2003, n° 01-16.729.

• **L'activité bénévole ne peut pas s'effectuer chez un précédent employeur,** dès lors une cour d'appel peut décider qu'un salarié qui, après une période d'embauche rémunérée, a continué la même activité à titre bénévole auprès du même employeur, ne peut prétendre au bénéfice d'allocations de chômage (cass. soc. 29 juin 1999, n° 97-14.581, BC V n° 312). Une cour d'appel ne saurait débouter Pôle emploi de sa demande de remboursement des allocations d'aide au retour à l'emploi versées au demandeur d'emploi, alors qu'elle a constaté que ce dernier a exercé une activité bénévole auprès de son ancien employeur après son licenciement (cass. soc. 23 mai 2017, n° 15-25.377, RJS 8-9/17 n° 607).

• **Les fonctions de mandataire social d'une société commerciale ne peuvent être regardées comme une activité bénévole** au sens de l'article L. 351-17-1 [devenu article L. 5425-8]: une personne avait déclaré, dans sa demande d'allocation d'assurance chômage du 8 janvier 2008, avoir occupé en dernier lieu et jusqu'au 31 décembre 2007 un emploi de salarié et ayant indiqué ne plus exercer aucune activité professionnelle, salariée ou non, ni être mandataire de société, alors même qu'à compter de l'assemblée générale extraordinaire du 20 décembre 2007, il était gérant majoritaire d'une société à responsabilité limitée exploitant un commerce de détail de vêtements. Il n'a pas plus déclaré cette activité à l'occasion de ses déclarations périodiques en vue de l'actualisation de sa situation ni lors de sa demande d'allocation de solidarité spécifique en novembre 2009. D'une part, ces fonctions de gérant d'une société commerciale n'étaient pas au nombre de celles dont l'article L. 351-17-1 [L. 5425-8] permettent l'exercice à titre bénévole. D'autre part, si l'article L. 351-30 [L. 5425-1] permet de cumuler le revenu de remplacement avec les revenus tirés d'une activité occasionnelle ou réduite, c'est dans les conditions et limites fixées, pour l'allocation d'assurance, par l'accord relatif à l'assurance chômage et, pour les allocations de solidarité, par décret en Conseil d'État et, plus particulièrement, s'agissant d'une activité professionnelle non salariée, par les dispositions des II et III des articles R. 351-35 [R. 5425-4 et R. 5425-5] alors applicables, lesquelles ne permettent que la reprise d'une activité, pendant une période limitée, quels que soient les revenus perçus. Le préfet a donc considéré à bon droit que l'intéressé avait omis de déclarer aux services de Pôle emploi une activité professionnelle pour percevoir indûment le revenu de remplacement, alors même qu'il n'en aurait tiré aucune rémunération (CE 26 mars 2018, n° 402044, RJS 6/18 n° 450).

• Sur la notion d'activité bénévole au regard de la réglementation d'assurance chômage, voir circulaire Unédic 2019-12 du 1er novembre 2019, annexe aux fiches 7 et 8, § 1.3 pour les dispositions applicables sur la période comprise entre le 1er novembre 2019 et le 31 juillet 2020. Sur les dispositions applicables sur la période comprise entre le 1er août 2020 et le 31 mars 2021, voir circulaire Unédic 2020-12 du 6 octobre 2020, annexe aux fiches 7 et 8, § 1.3 et circulaire Unédic 2021-01 du 8 janvier 2021, § 1.

SECTION 4. Exercice d'une activité d'intérêt général

Art. L. 5425-9. Les travailleurs privés d'emploi, bénéficiaires d'un revenu de remplacement, peuvent accomplir pendant une durée limitée des tâches d'intérêt général agréées par l'autorité administrative.

Leur indemnisation peut être complétée par une rémunération directement versée par l'organisme qui les emploie.

Un décret en Conseil d'État détermine les mesures d'application du présent article.

Note Le 1er alinéa de cet article a été modifié par la loi 2018-771 du 5 septembre 2018, art. 49, III, JO 6, entrée en vigueur le 01.01.2019.

Art. R. 5425-19. Le travailleur privé d'emploi bénéficiaire du revenu de remplacement peut accomplir des tâches d'intérêt général prévues à l'article L. 5425-9 pendant une durée maximale de cinquante heures par mois lorsque les tâches en question donnent lieu à une rémunération et de quatre-vingts heures par mois dans le cas contraire.

La durée pendant laquelle le travailleur peut participer à des tâches d'intérêt général ne peut excéder six mois.

Note • Cet article a été modifié par le décret 2019-796 du 26 juillet 2019, JO 28, entrée en vigueur le 01.11.2019.

• **Covid-19.** À titre dérogatoire, et jusqu'au 31 décembre 2021, la limite de 50 heures par mois ne s'applique pas aux tâches d'intérêt général réalisées dans le cadre de la gestion de la crise sanitaire et de la lutte contre la covid-19. En d'autres termes, le cumul de l'allocation d'aide au retour à l'emploi est possible avec les revenus tirés de ces tâches en lien avec la crise sanitaire, quelle que soit l'intensité horaire de ces activités. La liste des tâches d'intérêt général réalisées dans le cadre de la lutte contre l'épidémie de Covid-19 est établie avant le 31 mars 2021 par arrêté du ministre chargé de l'emploi. Ces dispositions s'appliquent à compter du 30 décembre 2020 et jusqu'au 31 décembre 2021 (décret 2020-425 du 14 avril 2020, art. 9-1, JO 15 modifié par décret 2020-1716 du 28 décembre 2020, art. 3, 6°, JO 29). Voir circulaire Unédic 2021-01 du 8 janvier 2021, § 3.2.

Art. R. 5425-20. Sont réputées tâches d'intérêt général les tâches qui, sur proposition d'une collectivité publique ou d'un organisme privé à but non lucratif, ont fait l'objet d'un agrément par le préfet du département dans le ressort duquel se trouve la collectivité publique ou le siège de l'organisme intéressé.

La décision fixe la durée de l'agrément ainsi que les conditions dans lesquelles sont accomplies les tâches d'intérêt général qui font l'objet de cet agrément.

CHAPITRE VI Contrôle et sanctions

SECTION 1. Agents chargés du contrôle de la recherche d'emploi

Art. L. 5426-1. ***(L. 2008-126 du 13 févr. 2008, art. 16, JO 14)*** Le contrôle de la recherche d'emploi est exercé par les agents de ***(L. 2018-771 du 5 sept. 2018, art. 64, III, 1°, JO 6, entrée en vigueur le 01.01.2019)*** «Pôle emploi».

SECTION 1 (réglementaire). Agents chargés du contrôle de la condition d'aptitude au travail et de recherche d'emploi

Art. R. 5426-1. Le contrôle de la condition d'aptitude au travail prévu à l'article L. 5421-1 relève de la compétence du préfet.

Art. R. 5426-2. Les agents chargés des opérations de contrôle peuvent se faire communiquer par ***(D. 2014-524 du 22 mai 2014, art. 16, JO 24)*** «Pôle emploi» tous documents et informations nécessaires à l'accomplissement de leur mission de contrôle.

Note En l'absence d'une consultation préalable régulière de la CNIL réunie en formation plénière, le décret 2005-1624 du 22 décembre 2005 (JO 24) a été annulé (CE 2 juillet 2007, n° 290593, Rec. Lebon p. 293; RJS 10/07 n° 1102).

SECTION 1 *BIS*. Périodes d'activité non déclarées

Note Cette section a été introduite par la loi 2016-1088 du 8 août 2016, art. 119, II, JO 9.

Art. L. 5426-1-1. I. – Les périodes d'activité professionnelle d'une durée supérieure à trois jours, consécutifs ou non, au cours du même mois civil, non déclarées par le demandeur d'emploi à Pôle emploi au terme de ce mois ne sont pas prises en compte pour l'ouverture ou le rechargement des droits à l'allocation d'assurance. Les rémunérations correspondant aux périodes non déclarées ne sont pas incluses dans le salaire de référence.

II. – Sans préjudice de l'exercice d'un recours gracieux ou contentieux par le demandeur d'emploi, lorsque l'application du I du présent article fait obstacle à l'ouverture ou au rechargement des droits à l'allocation d'assurance, le demandeur d'emploi peut saisir l'instance paritaire de Pôle emploi mentionnée à l'article L. 5312-10.

Note Voir RF 8 septembre 2016, FH 3657, §§ 5-48 et s.; FRS 29 juillet 2016, n° 18, § 65. Voir également circulaire Unédic 2019-12 du 1er novembre 2019, fiche 11 sur les activités professionnelles non déclarées pour les dispositions applicables sur la période comprise entre le 1er novembre 2019 et le 31 juillet 2020. Sur les dispositions applicables sur la période comprise entre le 1er août 2020 et le 31 mars 2021, voir circulaire Unédic 2020-12 du 6 octobre 2020, fiche 11 et circulaire Unédic 2021-01 du 8 janvier 2021, § 1.

SECTION 1 *TER*. Dispositions particulières applicables aux bénéficiaires de l'allocation d'assurance à la suite d'une démission

Note Cette section a été introduite par la loi 2018-771 du 5 septembre 2018, art. 50, II, JO 6, entrée en vigueur le 01.01.2019.

Art. L. 5426-1-2. I. – Par dérogation à l'article L. 5421-3, durant la période de mise en œuvre du projet mentionné au 2° du II de l'article L. 5422-1, la condition de recherche d'emploi requise pour bénéficier de l'allocation d'assurance au titre du même II est satisfaite dès lors que les intéressés sont inscrits comme demandeurs d'emploi et accomplissent les démarches nécessaires à la mise en œuvre de leur projet.

II. – La réalité des démarches accomplies en vue de la mise en œuvre du projet mentionné au 2° du II de l'article L. 5422-1 est contrôlée par Pôle emploi au plus tard à l'issue d'une période de six mois suivant l'ouverture du droit à l'allocation d'assurance.

La personne qui ne peut justifier, sans motif légitime, de la réalité de ces démarches est radiée de la liste des demandeurs d'emploi, dans les conditions mentionnées au *f* du 3° de l'article L. 5412-1. L'allocation d'assurance cesse alors d'être due.

Art. L. 5426-2

Les accords relatifs à l'assurance chômage mentionnés à l'article L. 5422-20 définissent les conditions dans lesquelles l'allocataire peut bénéficier de la reprise du versement du reliquat de ses droits à l'allocation d'assurance.

Note Voir FRS 17/18 du 3 août 2018 § 27; LSQ, dossier juridique, n° 170 du 19.09.2018, «Loi Avenir professionnel: le volet assurance chômage»; RF 13 septembre 2018, FH 3756 §§ 5-4 et s.

L'article 26 du règlement d'assurance chômage annexé au décret 2019-797 du 26 juillet 2019 modifié précise les conditions permettant, à l'issue de la suppression du revenu de remplacement, la reprise de l'indemnisation. Voir également circulaire Unédic 2019-12 du 1er novembre 2019, fiche 2 *bis*, § 4 pour les dispositions applicables sur la période comprise entre le 1er novembre 2019 et le 31 juillet 2020. Sur les dispositions applicables sur la période comprise entre le 1er août 2020 et le 31 mars 2021, voir circulaire Unédic 2020-12 du 6 octobre 2020, fiche 2 *bis*, § 4 et circulaire Unédic 2021-01 du 8 janvier 2021, § 1.

Art. R. 5426-2-1. ***(D. 2019-796 du 26 juil. 2019, JO 28, entrée en vigueur le 01.11.2019)*** Le motif de radiation mentionné au *f* du 3° de l'article L. 5412-1 ne peut être invoqué par Pôle emploi que dans le cadre du contrôle mentionné au II de l'article L. 5426-1-2.

SECTION 2. Suppression du revenu de remplacement

Art. L. 5426-2. ***(L. 2018-771 du 5 sept. 2018, art. 60, IV, 2°, JO 6, entrée en vigueur le 01.01.2019)*** «Le revenu de remplacement est supprimé par Pôle emploi dans les cas mentionnés aux 1° à 3° de l'article L. 5412-1, à l'article L. 5412-2 et au II de l'article L. 5426-1-2.»

Il est également supprimé en cas de fraude ou de fausse déclaration. Les sommes indûment perçues donnent lieu à remboursement.

Note • **Transfert de compétences depuis le 1er janvier 2019.** Le pouvoir de prononcer la suppression du revenu de remplacement et de prononcer et recouvrer des pénalités administratives (voir art. L. 5312-1) a été transféré, au 1er janvier 2019, du préfet à Pôle emploi (loi 2018-771 précitée, art. 60, I, 2°).

• Voir Instruction PE 2019-1 du 3 janvier 2019 sur les manquements aux obligations des demandeurs d'emploi et les sanctions applicables (BO PE 2019-01 du 3.01.2019).

• Les sanctions en cas de méconnaissance par le demandeur d'emploi de ses obligations ne sauraient être regardées comme créant une situation de travail forcé ou comme portant une atteinte à la liberté du travail au sens de la Déclaration universelle des droits de l'homme, de la Charte des droits fondamentaux de l'Union européenne, de la Charte sociale européenne ou des conventions de l'Organisation internationale du travail (CE 9 avril 2010, n° 323246, RJS 7/10 n° 615).

• Voir RDT, mars 2019, CH, 185, L. Malfettes: «Le nouveau barème de sanctions des demandeurs d'emploi».

• **Jurisprudence antérieure au transfert de compétence à Pôle emploi.** L'autorité administrative est seule compétente pour contrôler le respect des conditions requises pour le maintien du droit à un revenu de remplacement (cass. soc. 3 juillet 1990, n° 88-13.414, BC V n° 340; RJS 10/90 n° 800; 19 mars 1997, n° 95-17.091, RJS 5/97 n° 586). La décision du préfet, qui constitue un acte administratif individuel, s'impose à la juridiction judiciaire qui ne peut, sans méconnaître le principe de la séparation des pouvoirs, en apprécier elle-même ni la légalité ni le bien-fondé (cass. soc. 22 octobre 2008, n° 07-14.972, RJS 1/09 n° 62; 12 avril 2012, n° 11-10.610).

Il appartient exclusivement au préfet ou au chef des services déconcentrés du travail et de l'emploi par délégation de prendre à l'égard d'un agent d'un établissement public local privé d'emploi une mesure de suspension du bénéfice du revenu de remplacement (CE 17 mars 1993, n° 96646, Gaz. Pal. 1993 pan. dr. adm. 177).

Il résulte des dispositions des articles L. 5426-2 (en vigueur antérieurement au 01.01.2019) R. 5412-1 et R. 5426-3, que seul le préfet est habilité à supprimer le revenu de remplacement mentionné à l'article L. 5421-1 de manière temporaire ou définitive, ou en réduire le montant, en cas de manquements visés aux articles L. 5412-1 et L. 5412-2 (en vigueur antérieurement au 01.01.2019) et en cas d'absence de déclaration, ou de déclaration mensongère du demandeur d'emploi, faites en vue de percevoir indûment le revenu de remplacement, et ce suivant la procédure prévue aux dispositions des articles R. 5426-6 et s. (cass. soc. 28 mars 2018, n° 15-25.654).

Art. R. 5426-3. ***(D. 2018-1335 du 28 déc. 2018, art. 4, 2°, JO 30, entrée en vigueur le 01.01.2019)*** Le directeur mentionné à l'article R. 5312-26 supprime le revenu de remplacement mentionné à l'article L. 5421-1 pour une durée limitée ou définitivement selon les modalités suivantes:

1° En cas de deuxième manquement mentionné au *c* du 3° de l'article L. 5412-1, il supprime le revenu de remplacement pour une durée de deux mois consécutifs. À partir du troisième manquement, le revenu de remplacement est supprimé pour une durée de quatre mois consécutifs;

2° En cas de manquement mentionné aux 1°, 2° et *a*, *b*, *d*, et *e* du 3° de l'article précité, il supprime le revenu de remplacement pour une durée d'un mois. En cas de deuxième manquement au sein de ce groupe de manquements, le revenu de remplacement est supprimé pour une durée de deux mois consécutifs. À partir du troisième manquement au sein de ce groupe de manquements, le revenu de remplacement est supprimé pour une durée de quatre mois consécutifs ;

(D. 2019-796 du 26 juil. 2019, JO 28, entrée en vigueur le 01.11.2019) « 2° *bis* En cas de manquement mentionné au *f* du 3° de l'article précité, il supprime le revenu de remplacement pour une durée de quatre mois consécutifs ; »

3° En cas de manquement mentionné à l'article L. 5412-2 et, en application du deuxième alinéa de l'article L. 5426-2, en cas d'absence de déclaration, ou de déclaration mensongère du demandeur d'emploi, faites en vue de percevoir indûment le revenu de remplacement, il supprime ce revenu de façon définitive. Toutefois, lorsque ce manquement est lié à une activité non déclarée d'une durée très brève, le revenu de remplacement est supprimé, en cas de premier manquement, pour une durée de deux à six mois et, en cas de manquements répétés, de façon définitive.

L'appréciation du caractère répété des manquements tient compte des nouveaux manquements constatés dans un délai de deux ans à compter du jour de la notification de la décision de radiation ou de suppression du revenu de remplacement concernant le premier manquement.

Note • Sur la gradation des sanctions et la notion de manquements répétés applicables depuis le 1er janvier 2019, voir instruction PE 2019-1 du 3 janvier 2019, partie 2, § 2.2 (BO PE 2019-01 du 3.01.2019). Voir également LSQ n° 17727 du 7.01.2019.

• Sur la sanction de l'autorité administrative ou du juge pénal en cas d'activités professionnelles non déclarées applicables jusqu'au 31 décembre 2018, voir circulaire Unédic 2019-12 du 1er novembre 2019, fiche 11 § 2.4 pour les dispositions applicables sur la période comprise entre le 1er novembre 2019 et le 31 juillet 2020. Sur les dispositions applicables sur la période comprise entre le 1er août 2020 et le 31 mars 2021, voir circulaire Unédic 2020-12 du 6 octobre 2020, fiche 11 et circulaire Unédic 2021-01 du 8 janvier 2021, § 1.

Jurisprudence antérieure à l'application du décret 2018-1335 précité

• Est fondée la décision excluant du bénéfice de l'allocation de solidarité spécifique le demandeur d'emploi qui ne s'est pas rendu à une convocation adressée par pli recommandé et n'a fourni aucune explication à son absence (CE 19 janvier 1994, n° 149895, RJS 4/94 n° 449) ; l'autorité administrative doit établir que l'intéressé a reçu les convocations qui lui ont été adressées (CE 21 février 1994, n° 107339, RJS 4/94 n° 449).

• Lorsqu'elle ne se borne pas à tirer les conséquences, pour une période déterminée, de ce qu'une personne ne satisfait pas aux conditions légales auxquelles le droit au bénéfice du revenu de remplacement est subordonné, une mesure d'exclusion de ce bénéfice revêt, en raison des effets qui lui sont attachés, le caractère d'une sanction ; une telle mesure ne peut être manifestement disproportionnée au regard des faits qui lui servent de fondement (CE 23 février 1998, n° 161143, RJS 5/98 n° 623 ; J-L Rey, « Revenu de remplacement : la double nature des décisions d'exclusion des demandeurs d'emploi », RJS 11/98 p. 808 ; 21 mars 2007, n° 284656, RJS 6/07 n° 767).

• Les actes de recherche d'emploi effectués sur proposition de l'ANPE [Pôle emploi] ne dispensent pas le demandeur d'emploi d'accomplir en outre des démarches de sa propre initiative (CE 12 juin 1995, n° 158466, RJS 8-9/95 n° 928). Les actes de recherche d'emploi ne peuvent qu'être regardés comme notoirement insuffisants s'ils sont dépourvus d'une chance raisonnable d'aboutir (CE 9 septembre 1994, n° 135303) ; des recherches d'emplois ne correspondant ni aux compétences ni à l'expérience de l'intéressé sont dépourvues de crédibilité (CE 8 avril 1994, n° 132170, Gaz. Pal. 7-9 août 1994) ; *a contrario* pour des démarches jugées crédibles, voir CE 10 février 1992, n° 98770, RJS 5/92 n° 652 ; 21 février 1994, 2 espèces, nos 107161 et 136182, RJS 4/94 n° 450 ; pour la prise en compte d'actes de recherche d'emploi effectués en Allemagne, voir CAA Nancy 9 décembre 1999, RJS 2/00 n° 222.

• L'exercice d'une activité non déclarée à l'ANPE [Pôle emploi] entraîne l'extinction du droit à bénéficier du revenu de remplacement, quelles que soient les recherches d'emploi alléguées (CE 11 mars 1994, 2 espèces, nos 108300 et 141127, RJS 5/94 n° 591) et alors même que le versement d'une rémunération n'est pas établi (CE 13 mai 1994, n° 112942, Rec. Lebon, p. 1219 ; 31 mai 1995, n° 140267, RJS 1/96 n° 54) ou que la contrepartie du travail est la mise à disposition gratuite d'un logement (CE 2 février 1996, n° 99985, RJS 4/96 n° 430). Toutefois, le préfet ne peut exclure du bénéfice du revenu de remplacement le demandeur qui a omis de déclarer à l'ANPE [Pôle emploi] une activité professionnelle, même occasionnelle ou réduite, que dans le cas où cette omission avait pour but la perception de ce revenu alors que celle-ci était indue (CE 9 avril 2015, n° 382366). L'accomplissement d'un nombre très réduit de tâches administratives ponctuelles comme gérante de SARL tout en continuant activement à rechercher un emploi ne peut être regardé comme un emploi de nature à priver du revenu de remplacement (CE 21 mars 2007, n° 284655, RJS 6/07 n° 767). Voir également notes sous les articles L. 5425-8 et L. 5429-1.

• Le refus réitéré, sans motif légitime, de participer à une action de formation peut fonder une exclusion définitive du bénéfice du revenu de remplacement (CE 28 juillet 2004, n° 253858).

Art. L. 5426-2

L'inscription à une formation non rémunérée n'étant pas au nombre des motifs d'exclusion de la liste des allocataires du revenu de remplacement, le préfet commet une erreur de droit en se fondant sur ce motif sans rechercher si l'intéressé avait effectué sur la période des démarches de recherche d'emploi (CE 10 décembre 1993, n° 104895, Rec. Lebon, p. 855; RJS 3/94 n° 292). L'accord conclu entre les partenaires sociaux, même ayant fait l'objet d'un agrément par arrêté ministériel, ne saurait prévaloir sur les dispositions des articles L. 351-17 et R. 351-28 (cass. soc. 18 mars 1997, n° 95-11.627, BC V n° 115; RJS 5/97 n° 585). En excluant du bénéfice du revenu de remplacement un demandeur d'emploi à la suite de son entrée en stage de formation à la profession d'avocat rémunéré au titre du livre IX du code du travail, l'autorité administrative commet une erreur de droit (CE 24 février 1999, n° 165111, RJS 5/99 n° 715).

• Les démarches accomplies en vue de la création d'une entreprise constituent des actes positifs de recherche d'emploi, le versement des allocations d'assurance chômage étant appelé à cesser au moment du commencement de l'activité (cass. soc. 18 mars 1997, n° 95-11.127, BC V n° 114; RJS 6/97 n° 720; CAA Nantes, 6 février 2003, RJS 10/03 n° 1205).

• Le cumul d'allocations de chômage et d'indemnités journalières dans un cas d'accident du travail et l'absence de déclaration à l'ANPE [Pôle emploi] des incapacités temporaires de travail sont de nature à fonder l'exclusion du bénéfice du revenu de remplacement (CE 17 décembre 1997, n° 170677).

• L'autorité administrative n'est pas liée par les motifs d'un jugement de relaxe tirés de ce que les faits reprochés ne sont pas établis ou de ce qu'un doute subsiste sur leur réalité; dans ce cas, il lui appartient d'apprécier si les mêmes faits sont suffisamment établis et, dans l'affirmative, s'ils justifient l'application d'une sanction ou entraînent l'extinction d'un droit, sous réserve du contrôle qu'exerce le juge de l'excès de pouvoir, en l'état des éléments qui lui sont soumis et qui peuvent, d'ailleurs, être différents de ceux qu'avait connus le juge pénal, tant sur l'exactitude matérielle des faits retenus que sur leur qualification juridique (CE 21 mars 2007, n° 284656, précité).

Art. R. 5426-8. ***(D. 2018-1335 du 28 déc. 2018, art. 4, 4°, JO 30, entrée en vigueur le 01.01.2019)*** Lorsqu'il envisage de prendre une décision de suppression du revenu de remplacement, le directeur mentionné à l'article R. 5312-26 informe préalablement l'intéressé par tout moyen donnant date certaine des faits qui lui sont reprochés et de la durée de la suppression envisagée, en lui indiquant qu'il dispose d'un délai de dix jours pour présenter des observations écrites ou, s'il le souhaite, pour demander à être entendu, le cas échéant assisté d'une personne de son choix.

Note Le délai de dix jours s'entend en jours calendaires révolus. Pour déterminer la date limite à laquelle le demandeur d'emploi peut faire parvenir ses observations, il est généralement admis un délai de tolérance de cinq jours supplémentaires afin de prendre en compte le délai d'acheminement du courrier ainsi que les dimanches et jours fériés. Un avertissement avant sanction ne peut pas directement faire l'objet d'un recours contentieux devant le tribunal administratif de la part du demandeur d'emploi. En effet, il ne s'agit pas d'une décision pouvant faire grief, mais d'un simple document à caractère informatif sur l'engagement d'une procédure de sanction et préparatoire à une éventuelle décision future (instruction PE 2019-1 du 3 janvier 2019, partie 2, § 1.1.1, BO PE 2019-01 du 3 janvier 2019).

Le droit d'accompagnement reconnu au demandeur d'emploi lui permet, s'il le souhaite, de se faire assister par une personne de son choix. À titre d'exemple, celle-ci peut être: un représentant d'un syndicat de salariés, d'une organisation de chômeurs ou d'une association, un avocat, un interprète; un simple particulier. Le droit d'être entendu et d'être accompagné pour tout demandeur d'emploi qui le souhaite ne le dispense pas de faire valoir ses observations écrites avant le terme du délai de la phase contradictoire et avant que ne soit prise la décision. Si l'entretien (accompagné ou non) a lieu avant que l'intéressé n'ait produit ses observations écrites, Pôle emploi l'invite à les formaliser, que ce soit par lui-même ou par l'intermédiaire de la personne qui l'accompagne. En cas de refus de l'intéressé de les formaliser à l'occasion de l'entretien, il peut toujours faire parvenir ses observations écrites, dans la limite des dix jours qui lui sont accordés pour ce faire. Enfin, le droit d'accompagnement n'emporte pas celui de représentation qui permettrait à une personne de se présenter au lieu et place du demandeur d'emploi. Le demandeur d'emploi doit se présenter personnellement. Pôle emploi n'est pas tenu de satisfaire les demandes d'audition abusives, notamment par leur nombre, leur caractère répétitif ou systématique (instruction PE 2019-1 du 3 janvier 2019, partie 2, § 1.1.2, BO PE 2019-01 du 3 janvier 2019).

Art. R. 5426-10. ***(D. 2018-1335 du 28 déc. 2018, art. 4, 5°, JO 30, entrée en vigueur le 01.01.2019)*** Le directeur mentionné à l'article R. 5312-26 se prononce dans un délai de quinze jours à compter de l'expiration du délai de dix jours dans lequel l'intéressé peut présenter des observations écrites ou, si l'intéressé demande à être entendu, à compter de la date de l'audition.

La décision, notifiée à l'intéressé, est motivée. Elle indique la durée de la suppression et mentionne les voies et délais de recours.

Note Sur la décision de sanction de radiation de la liste des demandeurs d'emploi, applicable depuis le 1er janvier 2019, voir instruction PE 2019-1 du 3 janvier 2019, partie 2, § 1.2 (BO PE 2019-01 du 3 janvier 2019).

Art. R. 5426-11. ***(D. 2008-1056 du 13 oct. 2008, art. 8, JO 14)*** « Le demandeur d'emploi intéressé » forme, lorsqu'il entend contester la décision ***(D. 2018-1335 du 28 déc. 2018, art. 4, 6°, JO 30, entrée en vigueur le 01.01.2019)*** « de suppression du revenu de remplacement », un recours préalable ***(D. 2018-1335 du 28 déc. 2018, art. 4, 6°, JO 30, entrée en vigueur le 01.01.2019)*** « devant le directeur mentionné à l'article R. 5312-26 ».

Ce recours n'est pas suspensif.

Note • À compter du 1er janvier 2019, les préfets et les préfets de région demeurent compétents pour connaître des recours administratifs et défendre en cas de recours juridictionnel formé à l'encontre des décisions de suppression du revenu de remplacement et de pénalité administrative antérieures au 1er janvier 2019 (décret 2018-1335 précité, art. 10, II).

• **Recours administratif préalable.** Le recours administratif est, en matière de suppression du revenu de remplacement, un recours préalable obligatoire. Lorsqu'il entend contester une décision de radiation, le demandeur d'emploi doit en premier lieu saisir Pôle emploi d'un recours préalable. Le demandeur d'emploi dispose d'un délai de deux mois à compter de la notification de la décision qui lui fait grief pour exercer son recours préalable obligatoire. Au sein de Pôle emploi, ce recours est examiné par le hiérarchique de l'auteur de la décision sanctionnant le demandeur d'emploi. L'autorité compétente pour examiner les recours des demandeurs d'emploi, dispose d'un délai de deux mois pour répondre. L'absence de réponse au bout de deux mois vaut rejet implicite du recours (art. L. 231-4 CRPA). La décision prise par Pôle emploi suite à un recours préalable obligatoire doit être motivée et signée par son émetteur. Cette décision peut soit confirmer la sanction prise à l'encontre du demandeur d'emploi, soit l'annuler pour ainsi rétablir le demandeur d'emploi dans ses droits (instruction PE 2019-1 du 3 janvier 2019, partie 2, § 1.3.1, BO PE 2019-01 du 3 janvier 2019).

Le recours administratif préalable n'est pas incompatible avec les stipulations de l'article 6 § 1 de la Convention européenne de sauvegarde des droits de l'homme et des libertés fondamentales (CE 26 février 2003, n° 237297, RJS 8-9/03 n° 1050).

La décision prise sur ce recours gracieux à caractère obligatoire se substitue à la décision initiale (CE 11 mars 1994, 2 arrêts, nos 108300 et 141127, RJS 5/94 n° 591 ; 9 septembre 1994, n° 135303 ; 17 décembre 1997, n° 170677). La seconde décision qui vise expressément la décision qu'elle confirme, qui était régulièrement motivée et dont elle s'approprie tant les motifs que le dispositif, satisfait aux exigences de motivation de la loi du 11 juillet 1979 (CE 14 octobre 1996, n° 146907).

La légalité de la décision prise à la suite du recours préalable doit être examinée au regard des éléments d'appréciation dont dispose l'autorité administrative lorsqu'elle statue (CE 29 novembre 1993, n° 119949, RJS 2/94 n° 172 ; 11 mars 1994, 2 arrêts, nos 108300 et 141127, précités).

Des démarches de recherche d'emploi postérieures à la décision sur recours gracieux sont sans influence sur la légalité de celle-ci (CE 9 septembre 1994, n° 135303, précité).

• **Recours contentieux.** Le demandeur d'emploi, qui conteste une décision de sanction prononcée par Pôle emploi, peut déposer un recours contentieux devant le tribunal administratif. Cependant, lorsqu'il entend contester une décision de radiation et de suppression du revenu de remplacement auprès du juge administratif, le demandeur d'emploi doit préalablement saisir Pôle emploi d'un recours préalable (voir ci-avant). La saisine directe du juge administratif est irrecevable (instruction PE 2019-1 du 3 janvier 2019, partie 2, § 1.3.2, BO PE 2019-01 du 3 janvier 2019).

• **Expérimentation d'une procédure de médiation préalable obligatoire du 1er avril 2018 au 18 décembre 2021.** Pour les trois régions concernées par l'expérimentation de la médiation préalable obligatoire (Occitanie, Auvergne-Rhône-Alpes et Pays-de-la-Loire) le recours contentieux devra être précédé d'une saisine du Médiateur de Pôle emploi qui doit intervenir après le recours préalable obligatoire (décret 2018-101 du 16 février 2018, art. 2, 3 et 9, JO 17, modifié par décrets 2018-1335 du 28 décembre 2018, art. 9, JO 30 ; 2019-772 du 24 juillet 2019, art. 27, JO 25 ; 2020-1303 du 27 octobre 2020, art. 1, JO 28 ; arrêté du 6 mars 2018, art. 2, JO 8, modifié par arrêté du 4 février 2019, art.1, JO 7).

SECTION 3. Pénalité administrative

Art. L. 5426-5. Sans préjudice des actions en récupération des allocations indûment versées et des poursuites pénales, l'inexactitude ou le caractère incomplet, lorsqu'ils sont délibérés, des déclarations faites pour le bénéfice des allocations d'aide aux travailleurs privés d'emploi, ainsi que l'absence de déclaration d'un changement dans la situation justifiant ce bénéfice, ayant abouti à des versements indus, peuvent être sanctionnés par une pénalité prononcée par ***(L. 2018-771 du 5 sept. 2018, art. 60, IV, 3°, JO 6, entrée en vigueur le 01.01.2019)*** « Pôle emploi ».

Le montant de la pénalité ne peut excéder 3 000 €.

Art. L. 5426-6

Note • Le 1er alinéa de cet article a été modifié par la loi 2016-1917 du 29 décembre 2016, art. 87, III, C, 4°, JO 30, entrée en vigueur au plus tard le 01.09.2017.

• Le 1er alinéa de cet article a été modifié par la loi 2010-1657 du 29 décembre 2010, art. 202, JO 30, entrée en vigueur le 01.01.2011.

• **Transfert de compétences depuis le 1er janvier 2019.** Le pouvoir de prononcer la suppression du revenu de remplacement et de prononcer et recouvrer des pénalités administratives (voir art. L. 5312-1) a été transféré, au 1er janvier 2019, du préfet à Pôle emploi (loi 2018-771 précitée, art. 60, I, 2°).

• Sur la pénalité administrative, voir instruction PE 2019-1 du 3 janvier 2019, partie 3 (BO PE 2019-01 du 3 janvier 2019).

Art. L. 5426-6. La pénalité est recouvrée par ***(L. 2018-771 du 5 sept. 2018, art. 60, IV, 4°, JO 6, entrée en vigueur le 01.01.2019)*** «Pôle emploi. Les dispositions de l'article L. 5426-8-2 sont applicables au recouvrement de la pénalité.»

Art. L. 5426-7. Aucune pénalité ne peut être prononcée à raison de faits remontant à plus de deux ans, ni lorsque la personne intéressée a, pour les mêmes faits, déjà été définitivement condamnée par le juge pénal ou a bénéficié d'une décision définitive de non-lieu ou de relaxe déclarant que la réalité de l'infraction n'est pas établie ou que cette infraction ne lui est pas imputable.

Si une telle décision de non-lieu ou de relaxe intervient postérieurement au prononcé d'une pénalité par ***(L. 2018-771 du 5 sept. 2018, art. 60, IV, 3°, JO 6, entrée en vigueur le 01.01.2019)*** «Pôle emploi», la révision de cette pénalité est de droit.

Si, à la suite du prononcé d'une pénalité par ***(L. 2018-771 du 5 sept. 2018, art. 60, IV, 3°, JO 6, entrée en vigueur le 01.01.2019)*** «Pôle emploi», une amende pénale est infligée pour les mêmes faits, la pénalité s'impute sur cette amende.

Art. L. 5426-8. La personne à l'égard de laquelle est susceptible d'être prononcée la pénalité est informée préalablement des faits qui lui sont reprochés et de la pénalité envisagée, afin qu'elle puisse présenter ses observations écrites et orales, le cas échéant assistée d'une personne de son choix, dans un délai qui ne peut être inférieur à un mois.

Art. R. 5426-15. Le ***(D. 2018-1335 du 28 déc. 2018, art. 5, 1°, JO 30, entrée en vigueur le 01.01.2019)*** «directeur mentionné à l'article R. 5312-26» peut prononcer pour des faits présentant un caractère délibéré et selon les modalités fixées par l'article L. 5426-5 et suivants, la pénalité prévue à cet article.

Lorsqu'il envisage de prononcer cette pénalité, il informe préalablement par écrit ***(D. 2018-1335 du 28 déc. 2018, art. 5, 1°, JO 30, entrée en vigueur le 01.01.2019)*** «l'intéressé» des faits qui lui sont reprochés et de la pénalité envisagée, en lui indiquant qu'***(D. 2018-1335 du 28 déc. 2018, art. 5, 1°, JO 30, entrée en vigueur le 01.01.2019)*** «il» dispose d'un délai d'un mois pour présenter ***(D. 2018-1335 du 28 déc. 2018, art. 5, 1°, JO 30, entrée en vigueur le 01.01.2019)*** «des» observations écrites ou pour demander à être ***(D. 2018-1335 du 28 déc. 2018, art. 5, 1°, JO 30, entrée en vigueur le 01.01.2019)*** «entendu», le cas échéant ***(D. 2018-1335 du 28 déc. 2018, art. 5, 1°, JO 30, entrée en vigueur le 01.01.2019)*** «assisté» d'une personne de son choix.

Note Sur la pénalité administrative, voir instruction PE 2019-1 du 3 janvier 2019, partie 3 (BO PE 2019-01 du 3 janvier 2019).

Art. R. 5426-17. ***(D. 2018-1335 du 28 déc. 2018, art. 5, 3°, JO 30, entrée en vigueur le 01.01.2019)*** Le directeur mentionné à l'article R. 5312-26 se prononce par tout moyen donnant date certaine dans un délai de quinze jours à compter de l'expiration du délai d'un mois dans lequel l'intéressé peut présenter des observations écrites ou, si l'intéressé demande à être entendu, à compter de la date de l'audition.

La décision, notifiée à l'intéressé, est motivée. Elle indique le montant de la pénalité et mentionne les voies et délais de recours.

Art. R. 5426-17-1. ***(D. 2018-1335 du 28 déc. 2018, art. 5, 4°, JO 30, entrée en vigueur le 01.01.2019)*** Le demandeur d'emploi intéressé forme, lorsqu'il entend contester la décision de pénalité administrative, un recours préalable devant le directeur mentionné à l'article R. 5312-26.

Ce recours n'est pas suspensif.

Note À compter du 1er janvier 2019, les préfets et les préfets de région demeurent compétents pour connaître des recours administratifs et défendre en cas de recours juridictionnel formé à l'encontre des décisions de suppression du revenu de remplacement et de pénalité administrative antérieures au 1er janvier 2019 (décret 2018-1335 précité, art. 10, II).

SECTION 4. **Répétition des prestations indues**

Note Cette section a été introduite par la loi 2011-1977 du 28 décembre 2011, art. 61, JO 29.

Art. L. 5426-8-1. Pour le remboursement des allocations, aides, ainsi que de toute autre prestation indûment versées par ***(L. 2016-1088 du 8 août 2016, art. 119, I, 1°, JO 9)*** «Pôle emploi», pour son propre compte, pour le compte de l'État ou des employeurs mentionnés à l'article L. 5424-1, ***(L. 2016-1088 du 8 août 2016, art. 119, I, 1°, JO 9)*** «Pôle emploi» peut, si le débiteur n'en conteste pas le caractère indu, procéder par retenues sur les échéances à venir dues à quelque titre que ce soit ***(L. 2016-1088 du 8 août 2016, art. 119, I, 1°, JO 9)*** «, à l'exclusion des allocations mentionnées au deuxième alinéa du présent article».

(L. 2016-1088 du 8 août 2016, art. 119, I, 1°, JO 9) «Pour le remboursement des allocations indûment versées par Pôle emploi pour le compte de l'organisme chargé de la gestion du régime d'assurance chômage mentionné à l'article L. 5427-1, Pôle emploi peut, si le débiteur n'en conteste pas le caractère indu, procéder par retenues sur les échéances à venir dues à ce titre.

Le montant des retenues prévues aux deux premiers alinéas du présent article ne peut dépasser un plafond fixé selon des modalités définies par voie réglementaire, sauf en cas de remboursement intégral de la dette en un seul versement si le bénéficiaire opte pour cette solution.»

Note • Cet article a été modifié par la loi 2016-1918 du 29 décembre 2016, art. 143, I, 10°, JO 30, entrée en vigueur le 01.01.2018; cette modification s'applique aux créances non prescrites à cette date (loi précitée, art. 143, III).

• L'article 27 du règlement général annexé à la convention relative à l'indemnisation du chômage du 14 mai 2014 prévoyait que: «§ 1er – Les personnes qui ont indûment perçu des allocations ou des aides prévues par le présent règlement doivent les rembourser (...) / § 2 – Dès sa constatation, l'indu est notifié à l'allocataire par courrier (...) / À la suite de cette notification, il est procédé à la retenue d'une fraction des allocations à payer, sans que cette retenue ne puisse excéder la partie saisissable des allocations. / Une contestation portant sur l'existence, le motif ou le montant du versement indu peut être formée par l'allocataire dans les 30 jours suivant la notification. Ce recours n'est pas suspensif (...)».

Le Conseil d'État a considéré que la détermination des modalités de récupération forcée d'un tel indu et de contestation d'une telle récupération ne peut être regardée comme une mesure d'application des règles édictées par le code du travail. Les parties à la convention n'étaient pas compétentes pour prévoir que les allocations de chômage indûment versées seraient recouvrées par retenues sur les allocations à verser, y compris en cas de contestation par l'intéressé du bien-fondé de l'indu ainsi recouvré, et que le recours que celui-ci est susceptible de former n'est pas suspensif. Ainsi, les stipulations des deuxième et troisième alinéas du paragraphe 2 de l'article 27 du règlement général annexé à la convention ne pouvaient légalement faire l'objet d'un agrément. Les dispositions de l'arrêté du 25 juin 2014 (JO 26) agréant ces stipulations sont divisibles du reste de l'arrêté et annulées rétroactivement au jour de la lecture de la décision (CE 5 octobre 2015, n° 383956, Rec. Lebon, p. 334; RDT, novembre 2015, CH, 686, L. Joly; RJS 12/15 n° 798). Les dispositions relatives aux modalités de recouvrement des trop-perçus et à la prise en compte des périodes non déclarées ont été supprimées dans le règlement d'assurance chômage du 14 mai 2014 par les partenaires sociaux gestionnaires du régime d'assurance chômage (avenant du 18 décembre 2015 à la convention du 14 mai 2014 relative à l'indemnisation du chômage et à ses textes associés, arrêté du 19 février 2016, JO 28; circulaire Unédic 2016-10 du 29 février 2016, fiches 1 et 2).

Le gouvernement a tiré les conséquences de la décision du Conseil d'État du 5 octobre 2015. Les règles relatives à la récupération des indus et à la sanction du défaut d'activité ainsi que le rôle de Pôle emploi dans ces procédures ont désormais un caractère législatif (art. L. 5426-8-1 et 8-2 CT).

Voir RF 8 septembre 2016, FH 3657, §§ 5-48 et s.; FRS 29 juillet 2016, n° 18, § 65.

• Voir article 27 du règlement d'assurance chômage annexé au décret 2019-797 du 26 juillet 2019 modifié et circulaire Unédic 2019-12 du 1er novembre 2019, fiche 12 sur les prestations indues pour les dispositions applicables sur la période comprise entre le 1er novembre 2019 et le 31 juillet 2020. Sur les dispositions applicables pour la période comprise entre le 1er août 2020 et le 31 mars 2021, voir circulaire Unédic 2020-12 du 6 octobre 2020, fiche 12 et circulaire Unédic 2021-01 du 8 janvier 2021, § 1.

Art. L. 5426-8-2. Pour le remboursement des allocations, aides, ainsi que de toute autre prestation indûment versées par l'institution prévue à l'article L. 5312-1, pour son propre compte, ***(L. 2016-1088 du 8 août 2016, art. 119, JO 9)*** «pour le compte de l'organisme chargé de la gestion du régime d'assurance chômage mentionné à l'article

L. 5427-1,» pour le compte de l'État ou des employeurs mentionnés à l'article L. 5424-1, le directeur général de ***(L. 2016-1088 du 8 août 2016, art. 119, JO 9)*** «Pôle emploi» ou la personne qu'il désigne en son sein peut, dans les délais et selon les conditions fixés par voie réglementaire, et après mise en demeure, délivrer une contrainte qui, à défaut d'opposition du débiteur devant la juridiction compétente, comporte tous les effets d'un jugement et confère le bénéfice de l'hypothèque judiciaire.

Note • Cet article a été modifié par la loi 2016-1918 du 29 décembre 2016, art. 143, I, 10°, JO 30, entrée en vigueur le 01.01.2018; cette modification s'applique aux créances non prescrites à cette date (loi précitée, art. 143, III).

• Il résulte des articles L. 5426-8-1 et 8-2 que Pôle emploi ne peut légalement récupérer des sommes indûment versées à un allocataire au titre de l'allocation de solidarité spécifique (ASS) en procédant par retenues sur des échéances à venir lorsque le débiteur conteste le caractère indu des sommes ainsi recouvrées, seule la mise en œuvre des dispositions de l'article L. 5426-8-2 étant alors possible (CE 26 avril 2018, n° 408049).

• Sur la mise en œuvre du pouvoir de **contrainte par Pôle emploi pour le remboursement des allocations de chômage** par l'employeur à la suite d'un jugement prud'homal, voir articles R. 1235-1 et s. CT modifiés par décret 2019-252 du 27 mars 2019 (JO 30) et instruction PE 2019-28 du 10.09.2019, BO PE 2019-82 du 17.10.2019. Voir également LSQ n° 17789 du 03.04.2019; «Les cotisations sociales de l'entreprise», Cahier RF 1105, §§ 4742 et s., juin 2019.

Sur la compétence du tribunal judiciaire en matière d'opposition à contrainte dans le cadre d'une procédure de remboursement des allocations de chômage, voir articles R. 2315-1 et s. CT; R. 211-3-27 c. org. jud. et décret 2019-912 du 30 août 2019, art. 2, JO 1er sept.

Art. L. 5426-8-3. ***(L. 2018-771 du 5 sept. 2018, art. 64, III, 10°, JO 6, entrée en vigueur le 01.01.2019)*** «Pôle emploi est autorisé» à différer ou à abandonner la mise en recouvrement des allocations, aides, ainsi que de toute autre prestation indûment versées pour son propre compte, pour le compte de l'État ou des employeurs mentionnés à l'article L. 5424-1.

Note Cet article a été modifié par la loi 2016-1918 du 29 décembre 2016, art. 143, I, 10°, JO 30, entrée en vigueur le 01.01.2018; cette modification s'applique aux créances non prescrites à cette date (loi précitée, art. 143, III).

SECTION 4 (réglementaire). Répétition des prestations indues et recouvrement de la pénalité administrative

Note Cette section a été introduite par le décret 2012-1066 du 18 septembre 2012, JO 20.

Art. R. 5426-18. ***(D. 2014-524 du 22 mai 2014, art. 16, JO 24)*** «Pôle emploi» peut, si le débiteur n'en conteste pas le caractère indu, procéder au recouvrement par retenue des paiements indus mentionnés à l'article L. 5426-8-1 sur les prestations à venir, dans la limite de 20 % de leur montant pour celles prévues ***(D. 2017-826 du 5 mai 2017, JO 7, entrée en vigueur le 01.09.2017)*** «à l'article L. 5423-1».

Art. R. 5426-19. Le débiteur qui conteste le caractère indu des prestations qui lui sont réclamées forme un recours gracieux préalable devant le directeur général de ***(D. 2014-524 du 22 mai 2014, art. 16, JO 24)*** «Pôle emploi» ***(D. 2016-1592 du 24 nov. 2016, JO 26)*** «dans un délai de deux mois à compter de la date de notification de l'indu par Pôle emploi.

Conformément aux dispositions de l'article L. 411-7 du code des relations entre le public et l'administration, lorsque la décision du directeur général de Pôle emploi sur ce recours gracieux n'a pas été portée à la connaissance du requérant dans le délai de deux mois, l'intéressé peut considérer sa contestation comme rejetée. Il peut alors, s'il le souhaite, se pourvoir devant le juge compétent.»

Note • **Expérimentation d'une procédure de médiation préalable obligatoire du 1er avril 2018 au 18 décembre 2021.** Pour les trois régions concernées par l'expérimentation de la médiation préalable obligatoire (Occitanie, Auvergne-Rhône-Alpes et Pays-de-la-Loire) le recours contentieux devra être précédé d'une saisine du Médiateur de Pôle emploi qui doit intervenir après le recours préalable obligatoire (décret 2018-101 du 16 février 2018, art. 2, 3 et 9, JO 17, modifié par décrets 2018-1335 du 28 décembre 2018, art. 9, JO 30, 2019-772 du 24 juillet 2019, art. 27, JO 25 et 2020-1303 du 27 octobre 2020, art. 1er, JO 28; arrêté du 6 mars 2018, art. 2, JO 8, modifié par arrêté du 4 février 2019, art. 1er, JO 7).

• **Pouvoirs et devoirs du juge.** Lorsqu'il statue sur un recours dirigé contre une décision refusant ou ne faisant que partiellement droit à une demande de remise gracieuse d'un indu d'une prestation ou d'une allocation versée au titre de l'aide ou de l'action sociale, du logement ou en faveur des travailleurs privés d'emploi, il appartient au juge administratif, eu égard tant à la finalité de son intervention qu'à sa qualité de juge de plein contentieux, non de se prononcer sur les éventuels vices propres de la décision attaquée, mais d'examiner si une remise gracieuse totale ou partielle est susceptible d'être accordée, en se prononçant lui-même sur la demande au regard des dispositions applicables et des circonstances de fait dont il est justifié par l'une et l'autre parties à la date de sa propre décision (CE 3 juin 2019, n° 415040, Rec. Lebon, p. 187; JSL n° 482, 26.09.2019, p. 19).

Art. R. 5426-20. La contrainte prévue à l'article L. 5426-8-2 est délivrée après que le débiteur a été mis en demeure de rembourser l'allocation, l'aide ou toute autre prestation indue mentionnée à l'article L. 5426-8-1 ***(D. 2018-1335 du 28 déc. 2018, art. 6, 2°, JO 30, entrée en vigueur le 01.01.2019)*** «ou de s'acquitter de la pénalité administrative mentionnée à l'article L. 5426-6».

Le directeur général de ***(D. 2014-524 du 22 mai 2014, art. 16, JO 24)*** «Pôle emploi» lui adresse, par lettre recommandée avec demande d'avis de réception, une mise en demeure qui comporte le motif, la nature et le montant des sommes demeurant réclamées, la date du ou des versements indus donnant lieu à recouvrement ***(D. 2018-1335 du 28 déc. 2018, art. 6, 2°, JO 30, entrée en vigueur le 01.01.2019)*** «ou la date de la pénalité administrative» ainsi que, le cas échéant, le motif ayant conduit à rejeter totalement ou partiellement le recours formé par le débiteur.

Si la mise en demeure reste sans effet au terme du délai d'un mois à compter de sa notification, le directeur général de ***(D. 2014-524 du 22 mai 2014, art. 6, JO 24)*** «Pôle emploi» peut décerner la contrainte prévue à l'article L. 5426-8-2.

Art. R. 5426-21. La contrainte est notifiée au débiteur par lettre recommandée avec demande d'avis de réception ou lui est signifiée par acte d'huissier de justice. À peine de nullité, l'acte d'huissier ou la lettre recommandée mentionne:

1° La référence de la contrainte;

2° Le montant des sommes réclamées et la nature des allocations, aides et autres prestations en cause ***(D. 2018-1335 du 28 déc. 2018, art. 6, 3°, JO 30, entrée en vigueur le 01.01.2019)*** «ou la date de la pénalité administrative»;

3° Le délai dans lequel l'opposition doit être formée;

4° L'adresse du tribunal compétent et les formes requises pour sa saisine.

L'huissier de justice avise dans les huit jours l'organisme créancier de la date de signification.

Art. R. 5426-22. Le débiteur peut former opposition par inscription au secrétariat du tribunal compétent dans le ressort duquel il est domicilié ou par lettre recommandée avec demande d'avis de réception adressée au secrétariat dudit tribunal dans les quinze jours à compter de la notification.

L'opposition est motivée. Une copie de la contrainte contestée y est jointe.

Cette opposition suspend la mise en œuvre de la contrainte.

La décision du tribunal, statuant sur opposition, est exécutoire de droit à titre provisoire.

Art. R. 5426-23. Le secrétariat du tribunal informe le directeur général de ***(D. 2014-524 du 22 mai 2014, art. 16, JO 24)*** «Pôle emploi» dans les huit jours de la réception de l'opposition.

Dès qu'il a connaissance de l'opposition, le directeur général adresse au tribunal une copie de la contrainte, accompagnée d'une copie de la mise en demeure comportant l'indication du montant des sommes réclamées qui a servi de base à l'établissement de la contrainte, ainsi que l'avis de réception, par le débiteur, de cette mise en demeure.

Art. R. 5426-24. Les allocations, aides et autres prestations mentionnées à l'article L. 5426-8-1 d'un montant inférieur à 77 € indûment versées par ***(D. 2014-524 du 22 mai 2014, art. 16, JO 24)*** «Pôle emploi» ne donnent pas lieu à récupération.

SECTION 5. Dispositions d'application

Art. L. 5426-9. Un décret en Conseil d'État détermine les modalités d'application du présent chapitre, notamment:

1° Les conditions dans lesquelles les agents chargés du contrôle ont accès, pour l'exercice de leur mission, aux renseignements détenus par les administrations sociales et fiscales;

2° Les conditions dans lesquelles ***(L. 2018-771 du 5 sept. 2018, art. 60, IV, 5°, JO 6, entrée en vigueur le 01.01.2019)*** «et la durée pendant laquelle» le revenu de remplacement peut être supprimé en application du premier alinéa de l'article L. 5426-2;

(L. 2011-1977 du 28 déc. 2011, art. 61, JO 29) «3° Les conditions dans lesquelles ***(L. 2018-771 du 5 sept. 2018, art. 60, IV, 5°, JO 6, entrée en vigueur le 01.01.2019)*** «Pôle emploi» procède à la répétition des prestations indues en application des articles L. 5426-8-1 à L. 5426-8-3 ainsi que la part des échéances mensuelles mentionnée au même article L. 5426-8-1;»

4° Les conditions dans lesquelles ***(L. 2018-771 du 5 sept. 2018, art. 60, IV, 5°, JO 6, entrée en vigueur le 01.01.2019)*** «Pôle emploi prononce et recouvre» la pénalité prévue à l'article L. 5426-5.

CHAPITRE VII Organismes gestionnaires du régime d'assurance chômage

SECTION 1. Gestion confiée à des organismes de droit privé par voie d'accord ou de convention

Art. L. 5427-1. ***(L. 2008-126 du 13 févr. 2008, art. 16, JO 14)*** Les parties signataires de l'accord prévu à l'article L. 5422-20 confient la gestion du régime d'assurance chômage à un organisme de droit privé de leur choix.

Le service de l'allocation d'assurance ***(L. 2018-771 du 5 sept. 2018, art. 51, II, 6°, JO 6, entrée en vigueur le 01.01.2019)*** «et de l'allocation des travailleurs indépendants» est assuré, pour le compte de cet organisme, par l'institution mentionnée à l'article L. 5312-1.

(L. 2012-1189 du 26 oct. 2012, art. 9, JO 27, entrée en vigueur le 01.01.2013) «Le recouvrement des contributions mentionnées ***(L. 2018-771 du 5 sept. 2018, art. 54, II, 5°, JO 6, entrée en vigueur le 01.01.2019)*** «aux 1° à 3° de l'article L. 5422-9 et à l'article L. 5422-11» est assuré, pour le compte de cet organisme, par les unions pour le recouvrement des cotisations de sécurité sociale et d'allocations familiales et les caisses générales de sécurité sociale mentionnées aux articles L. 213-1 et L. 752-1 du code de la sécurité sociale.»

Par dérogation, le recouvrement de ces contributions est assuré pour le compte de l'organisme gestionnaire du régime d'assurance chômage:

a) Par ***(L. 2018-771 du 5 sept. 2018, art. 54, II, 5°, JO 6, entrée en vigueur le 01.01.2019)*** «Pôle emploi», lorsqu'elles sont dues au titre des salariés expatriés, des travailleurs frontaliers résidant en France et ne remplissant pas les conditions pour bénéficier des dispositions du règlement ***(L. 2018-771 du 5 sept. 2018, art. 54, II, 5°, JO 6, entrée en vigueur le 01.01.2019)*** «(CE) n° 883/2004 du Parlement européen et du Conseil du 29 avril 2004 sur la coordination des systèmes de sécurité sociale», notamment en matière d'assurance chômage, et des marins embarqués sur des navires battant pavillon d'un État étranger autre qu'un État membre de l'Union européenne, de l'Espace économique européen ou de la Confédération helvétique, ressortissants de ces États, inscrits à un quartier maritime français et admis au bénéfice de l'Établissement national des invalides de la marine;

b) Par les organismes mentionnés à l'article L. 723-1 du code rural ***(Ord. 2010-462 du 6 mai 2010, JO 7)*** «et de la pêche maritime», lorsqu'elles sont dues au titre de l'emploi de salariés mentionnés à l'article L. 722-20 du même code;

c) (Abrogé);

d) Par la caisse de prévoyance sociale prévue par l'ordonnance n° 77-1102 du 26 septembre 1977 portant extension et adaptation au département de Saint-Pierre-et-Miquelon de diverses dispositions relatives aux affaires sociales, lorsqu'elles sont dues au titre de l'emploi de salariés à Saint-Pierre-et-Miquelon;

e) Par ***(L. 2018-771 du 5 sept. 2018, art. 54, II, 5°, JO 6, entrée en vigueur le 01.01.2019)*** «Pôle emploi», lorsqu'elles sont dues au titre des salariés engagés à titre temporaire qui relèvent des professions de la production cinématographique, de l'audiovisuel ou du spectacle et lorsque l'activité exercée bénéficie de l'aménagement des conditions d'indemnisation mentionné à l'article L. 5424-20;

(Ord. 2017-1491 du 25 oct. 2017, art. 6, 2°, JO 26, entrée en vigueur le 01.01.2018) «*f)* Par la caisse de sécurité sociale prévue par l'ordonnance n° 96-1122 du 20 décembre 1996, relative à l'amélioration de la santé publique, à l'assurance maladie, maternité, invalidité et décès, au financement de la sécurité sociale à Mayotte et à la Caisse de sécurité sociale de Mayotte, lorsqu'elles sont dues au titre de l'emploi de salariés à Mayotte.»

Note • Le *c)* de cet article a été abrogé par la loi 2018-771 précitée, art. 54, II, 5°, JO 6.

• Il résulte des articles L. 5312-1 et L. 5312-12 issus de la loi du 13 février 2008 que le législateur a souhaité que la réforme de l'organisation du service public de l'emploi, qui s'est notamment caractérisée par la substitution de Pôle emploi à l'Agence nationale pour l'emploi et aux Assédic, reste sans incidence sur le régime juridique des prestations et sur la juridiction compétente pour connaître du droit aux prestations, notamment sur la **compétence de la juridiction judiciaire s'agissant des prestations servies au titre du régime d'assurance chômage.** Cette compétence ainsi maintenue s'étend nécessairement aux actions en responsabilité formées à l'encontre de Pôle emploi en raison des manquements qu'aurait pu commettre cette institution en assurant le service de ces allocations d'assurance chômage, notamment de l'allocation d'aide au retour à l'emploi (CE avis 4 mars 2015, n° 386397, LS Jurispr. n° 50 du 17.03.2015).

• L'ancien *f)* de cet article a été abrogé par la loi 2015-1702 du 21 décembre 2015, art. 16, II, 1°, JO 22.

• Depuis le 1er janvier 2011, **le recouvrement des contributions et cotisations d'assurance chômage est assuré par le réseau des URSSAF**, sous réserve des exceptions visés au *a)* à *e)* de cet article :
– Pôle emploi pour les salariés expatriés et certains travailleurs frontaliers ;
– Pôle emploi pour les intermittents du spectacle, de l'audiovisuel, du cinéma ;
– les caisses de mutualité sociale agricole pour les salariés des professions agricoles ;
– la Caisse de prévoyance sociale pour les salariés de Saint-Pierre-et-Miquelon ;
– la Caisse de sécurité sociale de Mayotte lorsqu'elles sont dues au titre de l'emploi de salariés à Mayotte.

La caisse de compensation des services sociaux de Monaco est compétente pour les contributions dues par les employeurs monégasques au titre des salariés employés sur le territoire de la Principauté (circulaire Unédic 2011-14 du 9 mars 2011).

Voir note sous article L. 1233-66 CT pour le recouvrement des contributions relatives au contrat de sécurisation professionnelle et circulaire Unédic 2016-08 du 27 janvier 2016, titre 2, § 6, relative au contrat de sécurisation professionnelle.

Voir également circulaire Unédic 2019-11 du 14 octobre 2019 sur les règles relatives aux contributions prévues par décret 2019-797 du 26 juillet 2019 modifié ; lettre-circulaire Acoss 2014-34 du 5 septembre 2014 sur le recouvrement des contributions et cotisations d'assurance chômage par le réseau des URSSAF et « Paiement des cotisations d'assurance chômage », Cahier RF 1115, juin 2020, §§ 6950 et s.

• **Intermittents du spectacle, de l'audiovisuel, du cinéma.** Pôle emploi est compétent pour affilier et recouvrer les contributions des employeurs habituels de salariés relevant des professions des annexes VIII et X du règlement d'assurance chômage (intermittents du spectacle) (décret 2019-797 du 26 juillet 2019, annexe A, règlement assurance chômage, annexes VIII et X, art. 53, § 2) y compris les intermittents du spectacle de moins de 16 ans (circulaire Unédic 2017-01 du 5 janvier 2017). Le Guichet unique de spectacle occasionnel (GUSO) est compétent pour affilier et recouvrer les contributions dues par les employeurs non professionnels, sauf ceux qui sont situés à Monaco (circulaire Unédic 2018-04 du 7 février 2018, fiche 1, §§ 4.2.3.1 et 4.2.3.2), au titre des intermittents du spectacle qu'ils emploient (circulaire Unédic 2018-04 du 7 février 2018, fiche 1, § 4.3), y compris les intermittents du spectacle de moins de 16 ans (circulaire Unédic 2017-01 du 5 janvier 2017).

• **Le recouvrement et le contrôle sont effectués selon les règles et sous les garanties et sanctions applicables au recouvrement des cotisations de sécurité sociale,** sous réserve de quelques exceptions (voir art. L. 5422-16 CT). Hormis ces dérogations, les règles d'exigibilité, de prescription du paiement des cotisations, du remboursement des cotisations indues, des majorations de retard et de l'action en recouvrement sont, en principe, celles des cotisations URSSAF. Il en va de même pour les règles de contrôle (art. L. 5422-16 CT ; L. 243-7 c. séc. soc.). Les URSSAF (CGSS dans les DOM) sont compétentes pour procéder au contrôle des cotisations d'assurance chômage recouvrées par Pôle emploi pour les intermittents du spectacle.

Art. L. 5427-2. ***(L. 2008-126 du 13 févr. 2008, art. 16, JO 14)*** Les agents des organismes de sécurité sociale peuvent communiquer à ***(L. 2018-771 du 5 sept. 2018, art. 64, III, 1°, JO 6, entrée en vigueur le 01.01.2019)*** « Pôle emploi » les renseignements nécessaires au calcul des prestations.

Note Cet article a été modifié par la loi 2009-1674 du 30 décembre 2009, art. 17, JO 31.

Art. L. 5427-3. ***(L. 2008-126 du 13 févr. 2008, art. 16, JO 14)*** Les informations détenues par les organismes de sécurité sociale peuvent être rapprochées de celles détenues par ***(L. 2018-771 du 5 sept. 2018, art. 64, III, 1°, JO 6, entrée en vigueur le 01.01.2019)*** « Pôle emploi » pour garantir le respect des règles d'inscription et vérifier les droits des salariés au revenu de remplacement prévu à l'article L. 5421-2.

Note Le rapprochement d'informations prévu par l'article L. 351-21, al. 4 [L. 5427-3] CT est l'objet du décret 93-1319 du 13 décembre 1993 (JO 22) modifié par décret 2005-368 du 19 avril 2005 (JO 22).

Art. L. 5427-4. ***(L. 2008-126 du 13 févr. 2008, art. 16, JO 14)*** Pour procéder à la vérification des droits des salariés au revenu de remplacement prévu à l'article L. 5421-2, les informations détenues par la caisse de congés payés des professions de la production cinématographique et audiovisuelle et des spectacles ainsi que par les institutions des régimes complémentaires de retraite de ces professions peuvent être rapprochées de celles détenues par ***(L. 2018-771 du 5 sept. 2018, art. 64, III, 1°, JO 6, entrée en vigueur le 01.01.2019)*** « Pôle emploi ».

Art. L. 5427-5. ***(L. 2008-126 du 13 févr. 2008, art. 16, JO 14)*** La caisse de congés payés des professions de la production cinématographique et audiovisuelle et des spectacles,

les institutions des régimes complémentaires de retraite de ces professions et les organismes de sécurité sociale se communiquent les informations nécessaires à la vérification des droits des salariés et des demandeurs d'emploi, et des obligations des employeurs.

Art. L. 5427-6. Un décret en Conseil d'État, pris après avis de la Commission nationale de l'informatique et des libertés, détermine les conditions d'application des articles L. 5427-1 à L. 5427-5.

Art. R. 5427-1. ***(D. 2014-524 du 22 mai 2014, art. 16, JO 24)*** «Pôle emploi» communique aux organismes de sécurité sociale les renseignements nécessaires à la garantie des droits sociaux des bénéficiaires du revenu de remplacement.

SECTION 2. Gestion confiée à un établissement public en l'absence de convention

Art. L. 5427-7. En l'absence de la convention prévue au ***(L. 2008-126 du 13 févr. 2008, art. 16, JO 14)*** «premier» alinéa de l'article L. 5427-1, un établissement public national à caractère administratif exerce les compétences définies au premier alinéa de cet article.

Les missions nécessaires à l'exercice de ces compétences peuvent être confiées, en tout ou partie, à un ou des organismes ayant conclu avec l'établissement public une convention délibérée par le conseil d'administration et approuvée dans les conditions déterminées par décret.

Le décret portant création de l'établissement public détermine, en outre, l'ensemble des règles d'organisation et de fonctionnement nécessaires à l'application du présent article.

Note En écartant implicitement le recours à la création d'un établissement public *ad hoc* pour la gestion du régime d'assurance chômage au profit de la dévolution aux organismes Unédic et Assédic, conformément à l'option ouverte par cet article, le gouvernement ne commet pas d'erreur de droit (CE 11 juillet 2001, n°s 224586 et a., Rec. Lebon, p. 363; RJS 10/01 n° 1167).

Art. L. 5427-8. Le conseil d'administration de l'établissement public mentionné par l'article L. 5427-7 comprend un nombre égal de représentants des travailleurs et des employeurs, désignés par le ministre chargé de l'emploi sur proposition des organisations syndicales représentatives au plan national.

Le conseil d'administration élit son président parmi ses membres.

Art. L. 5427-9. Les conditions du contrôle auquel est soumis l'organisme ***(L. 2008-126 du 13 févr. 2008, art. 16, JO 14)*** «mentionné à l'article L. 5427-1» sont déterminées par voie réglementaire.

Art. D. 5427-2. Le conseil d'administration de l'établissement public mentionné à l'article L. 5427-7 règle par ses délibérations les affaires de l'établissement.

À l'exclusion de celles qui présentent le caractère d'actes d'administration courante, ces délibérations ne sont exécutoires qu'en l'absence d'opposition des ministres chargés de l'emploi ou du budget, dans un délai fixé par décret.

Art. D. 5427-3. Deux commissaires du Gouvernement, représentant respectivement les ministres chargés de l'emploi et du budget, assistent aux séances du conseil d'administration et sont entendus chaque fois qu'ils le demandent.

Art. D. 5427-4. Les associations pour l'emploi dans l'industrie et le commerce (Assédic) et l'Union nationale interprofessionnelle pour l'emploi dans l'industrie et le commerce (Unédic) tiennent leur comptabilité selon un plan comptable approuvé par le ministre chargé des finances, après avis ***(Ord. 2009-79 du 22 janv. 2009, JO 23)*** «de l'Autorité des normes comptables».

Les instructions relatives à la tenue de la comptabilité sont soumises à l'agrément préalable du ministre chargé des finances.

Art. D. 5427-5. Les organismes énumérés à l'article D. 5427-4 procèdent aux opérations de recettes et de dépenses selon les règles en usage dans le commerce.

Ces opérations sont toujours effectuées sous double signature, celle du président du conseil d'administration et celle du directeur de l'organisme ou, à leur défaut, les personnes habilitées à cet effet par le conseil d'administration.

Art. D. 5427-6. Les organismes énumérés à l'article D. 5427-4 sont soumis aux vérifications de l'inspection générale des finances et à celles des ***(D. 2014-552 du 27 mai 2014, art. 17, JO 29)*** «comptables de la direction générale des finances publiques».

Ces derniers arrêtent la caisse, s'assurent de la régularité des écritures et de l'exacte application de l'article D. 5427-10 ainsi que de l'arrêté prévu par l'article L. 5427-10.

Art. D. 5427-7. Les organismes énumérés à l'article D. 5427-4, établissent à la fin de chaque exercice un compte d'exploitation un compte des pertes et profits et un bilan.

Après approbation de ces documents par le conseil d'administration, une expédition en est adressée au ***(D. 2014-552 du 27 mai 2014, art. 17, JO 29)*** « directeur départemental ou, le cas échéant, régional des finances publiques » chargé des vérifications ainsi qu'au ***(D. 2012-1247 du 7 nov. 2012, art. 2, JO 10)*** « contrôleur budgétaire » prévu à l'article D. 5427-11.

Art. D. 5427-8. Les pièces justificatives de recettes et de dépenses sont conservées pendant un délai minimum de cinq ans après la clôture de l'exercice pour être présentées à toute réquisition.

Art. D. 5427-9. L'Unédic établit, à la fin de chaque mois et de chaque année, un état faisant ressortir, pour chacun des organismes énumérés à l'article D. 5427-4, les renseignements d'ordre statistique et financier permettant de suivre leur fonctionnement.

Art. D. 5427-10. Les fonds disponibles des Assédic sont versés à l'Unédic qui les gère dans les conditions fixées par l'arrêté prévu à l'article L. 5427-10.

Art. D. 5427-11. Un ***(D. 2012-1247 du 7 nov. 2012, art. 2, JO 10)*** « contrôleur budgétaire » exerce son contrôle sur les organismes prévus à l'article D. 5427-4 dans les conditions et selon les modalités prévues par le décret n° 55-763 du 26 mai 1955.

Art. D. 5427-12. Un décret pris sur le rapport du ministre chargé des finances détermine le montant et les modalités des versements que doivent faire les organismes contrôlés pour assurer la couverture des frais nécessités par l'exercice du contrôle.

Art. D. 5427-13. Le ministre chargé de l'emploi reçoit communication des états prévus à l'article D. 5427-9.

Il reçoit également communication des délibérations des circulaires de portée générale concernant l'application de la convention et de ses annexes.

Art. D. 5427-14. Les délibérations de la commission paritaire instituée par l'article 2 de la convention du 31 décembre 1958 et relatives au champ d'application de la convention agréée sont soumises à l'approbation du ministre chargé de l'emploi.

À défaut de décision expresse dans un délai de trois semaines à dater du dépôt de la délibération auprès des services du ministère chargé du travail, celle-ci est considérée comme approuvée.

Art. D. 5427-15. Les services centraux et extérieurs de la Délégation générale à l'emploi et à la formation professionnelle sont habilités à s'assurer auprès des organismes énumérés à l'article D. 5427-4 du respect des dispositions légales mentionnées aux articles L. 5422-21 et L. 5422-22.

SECTION 3. Dispositions communes

Art. L. 5427-10. Les mesures propres à assurer la sécurité et la liquidité des fonds de l' ***(L. 2008-126 du 13 févr. 2008, JO 14)*** « organisme gestionnaire du régime d'assurance chômage » et de l'établissement public mentionné à l'article L. 5427-7 sont déterminées par arrêté conjoint du ministre chargé du budget et du ministre chargé de l'emploi.

CHAPITRE VIII Dispositions financières

Art. L. 5428-1. ***(L. 2018-771 du 5 sept. 2018, art. 64, III, 11°, JO 6, entrée en vigueur le 01.01.2019)*** « Sous réserve des dispositions prévoyant leur incessibilité ou leur insaisissabilité, les allocations, aides ainsi que toute autre prestation versées par Pôle emploi sont cessibles et saisissables dans les mêmes conditions et limites que les salaires. »

Ces prestations ainsi que ***(L. 2013-504 du 14 juin 2013, art. 16, X, JO 16)*** « l'indemnité d'activité partielle » ***(L. 2018-771 du 5 sept. 2018, art. 64, III, 11°, JO 6, entrée en vigueur le 01.01.2019)*** « et l'allocation de solidarité spécifique » sont exonérées de la taxe sur les salaires et des cotisations de sécurité sociale, sous réserve de l'application des dispositions des articles L. 131-2, L. 241-2, L. 242-13 et L. 711-2 du code de la sécurité sociale et de l'article L. 741-9 du code rural ***(L. 2010-462 du 6 mai 2010, JO 7)*** « et de la pêche maritime ».

Les règles fixées au 5 de l'article 158 du code général des impôts sont applicables.

Note • Pour l'application à Mayotte, voir article L. 5524-6.
• Voir Instruction PE 2019-41 du 13 décembre 2019 (BO PE 2019-102 du 23 décembre 2019) relative à la saisie et cession des prestations versées par Pôle emploi.

CHAPITRE IX Dispositions pénales

Art. L. 5429-1. ***(L. 2013-1203 du 23 déc. 2013, art. 86, VI, JO 24)*** Sauf constitution éventuelle du délit d'escroquerie défini et sanctionné à l'article 313-1, au 5° de l'article 313-2 et à l'article 313-3 du code pénal, le fait de bénéficier ou de tenter de bénéficier frauduleusement des allocations d'aide aux travailleurs privés d'emploi définies au présent livre, est puni des peines prévues à l'article 441-6 du code pénal. Le fait de faire obtenir frauduleusement ou de tenter de faire obtenir frauduleusement ces allocations et cette prime est puni de la même peine.

Note • Cet article a été modifié par la loi 2016-1917 du 29 décembre 2016, art. 87, III, C, 5°, JO 30, entrée en vigueur le 01.09.2017.

• Voir circulaire Unédic 2019-12 du 1er novembre 2019, fiche 11 sur les activités professionnelles non déclarées pour les dispositions applicables sur la période comprise entre le 1er novembre 2019 et le 31 juillet 2020. Sur les dispositions applicables sur la période comprise entre le 1er août 2020 et le 31 mars 2021, voir circulaire Unédic 2020-12 du 6 octobre 2020, fiche 11 et circulaire Unédic 2021-01 du 8 janvier 2021, § 1.

• L'article 441-6, al. 2 c. pén. punit de deux ans d'emprisonnement et de 30 000 € d'amende le fait de fournir une déclaration mensongère en vue d'obtenir d'une administration publique ou d'un organisme chargé d'une mission de service public une allocation, un paiement ou un avantage indu.

• Est constitutive de travail illégal, la fraude ou fausse déclaration prévue à l'article L. 5429-1, voir article L. 8211-1, 6°.

• Le fait, pour un bénéficiaire des allocations d'aide aux travailleurs privés d'emploi, de ne pas déclarer à Pôle emploi l'exercice d'une activité professionnelle caractérise la fraude en vue d'obtenir lesdites allocations (cass. crim. 27 mars 2007, n° 06-87.415, B. crim. n° 95; RJS 7/07 n° 883; 27 mars 2007, n° 06-87.490; cass. crim., 11 juillet 2017, n° 16-83.733, RJS 11/17 n° 760).

• Le délit prévu à l'article L. 365-1 [L. 5429-1] CT est constitué par l'exercice, dans un but intéressé et à plein temps, d'une activité professionnelle, même non salariée, qui met le bénéficiaire des prestations dans l'impossibilité de rechercher un autre emploi, peu important qu'il ait ou non perçu des revenus provenant de cette activité (cass. crim. 7 avril 1994, n° 93-81.361, B. crim. n° 145; RJS 10/94 n° 1166; 27 février 1996, n° 93-85.619, B. crim. n° 95; Dr. Soc. 1996, p. 597: activité bénévole de caractère permanent au sein d'une association; 10 février 1998, n° 97-80.642; 30 janvier 2007, n° 06-81.248). Avant de relaxer et débouter les parties civiles de leurs demandes, le juge doit rechercher si l'activité exercée par le chômeur indemnisé lui permettait d'accomplir des actes positifs de recherche d'emploi (cass. crim. 20 mars 2007, n° 06-86.269, B. crim. n° 87; RJS 7/07 n° 883). Sur une fraude d'un étranger ayant regagné son pays d'origine et de fausses déclarations constitutives de ce délit, voir respectivement (cass. crim. 18 décembre 1990, n° 88-82.408, RJS 2/91 n° 230 et 1er février 1994, n° 93-81.359).

• Le caractère indu des allocations ne peut se déduire de la seule fausseté de la déclaration effectuée par le prévenu qui exerçait la gérance de plusieurs sociétés commerciales et civiles (cass. crim. 16 juin 2004, n° 03-83.255, BC V n° 161; RJS 11/04 n° 1183).

• Le fait de ne pas déclarer l'exercice d'une activité professionnelle constitue un acte positif de prise de la fausse qualité de travailleur privé d'emploi justifiant des poursuites pour escroquerie et tentative d'escroquerie (cass. crim. 26 avril 1994, n° 93-84.880, B. crim. n° 149). Sur une escroquerie caractérisée par l'inscription en qualité de demandeur d'emploi, après avoir été prétendument licencié d'une société dont son épouse était la gérante, afin de percevoir des allocations de chômage tout en poursuivant une activité au sein de la société, et sur la complicité de celle qui a procédé au licenciement après avoir substantiellement augmenté les rémunérations et qui ne pouvait ignorer la poursuite d'activité, voir cass. crim. 5 novembre 2014, n° 13-84.085.

• Est coupable de fraude l'allocataire qui n'avise pas l'ANPE et l'Assédic [Pôle emploi] de sa prise en charge par la sécurité sociale au titre des prestations en espèces (cass. crim. 11 mai 2000, n° 99-87.612, RJS 11/00 n° 1124; 30 octobre 2002, n° 01-85.538).

• La fraude reprochée doit être considérée comme une opération délictueuse unique dont la prescription ne commence à courir qu'à compter de la dernière allocation encaissée (cass. crim. 30 octobre 2002, n° 01-85.538, précité).

• En raison de l'indépendance et de la différence d'objet des poursuites pénales pour fraude ou fausse déclaration en vue d'obtenir d'un organisme de protection sociale une allocation ou une prestation indue et de l'action exercée devant le juge administratif tendant à l'annulation d'une décision d'exclusion définitive du bénéfice des allocations chômage, le juge répressif n'est pas tenu de surseoir à statuer jusqu'à la décision de la juridiction administrative, laquelle ne peut en outre avoir au pénal l'autorité de la chose jugée et ne saurait s'imposer à la juridiction correctionnelle (cass. crim. 11 juillet 2017, n° 16-83.733, RJS 11/17 n° 760).

Art. L. 5429-2. En cas de récidive dans le délai de trois ans, l'employeur qui a indûment retenu la contribution prévue ***(L. 2018-771 du 5 sept. 2018, art. 54, II, 6°, JO 6, entrée en vigueur le 01.01.2019)*** «au 2° de l'article» L. 5422-9 et précomptée sur le salaire est puni ***(L. 2018-771 du 5 sept. 2018, art. 54, II, 6°, JO 6, entrée en vigueur le 01.01.2019)*** «des peines prévues par l'article L. 244-6 du code de la sécurité sociale».

Art. R. 5429-1. Le fait de méconnaître les dispositions du premier alinéa de l'article L. 5422-13 et des articles L. 5422-14 et R. 5422-5 à R. 5422-8 est puni de l'amende prévue pour les contraventions de la cinquième classe.

Art. R. 5429-2. L'employeur qui a indûment retenu la contribution du salarié prévue à l'article L. 5422-9 et précomptée sur le salaire est puni de l'amende prévue pour les contraventions de la cinquième classe.

Art. R. 5429-3. Le fait de ne pas donner suite à la mise en demeure prévue à l'article D. 5424-43 dans le délai de quinze jours est puni de l'amende prévue pour les contraventions de la troisième classe prononcée, sans préjudice de la condamnation, par le même jugement, au paiement de la somme représentant les cotisations ainsi qu'au paiement des intérêts de retard.

L'amende est appliquée autant de fois qu'il y a de personnes pour lesquelles les déclarations de salaires ou les versements de cotisations n'ont pas été effectués.

LIVRE V

DISPOSITIONS RELATIVES À L'OUTRE-MER

TITRE Ier DISPOSITIONS GÉNÉRALES

CHAPITRE UNIQUE

Art. L. 5511-1. Les dispositions générales prévues par l'article L. 1511-1 sont également applicables aux dispositions du présent livre.

Art. R. 5511-1. ***(D. 2014-551 du 27 mai 2014, art. 29, JO 29)*** Pour l'application du présent livre à Saint-Pierre-et-Miquelon, les références au «directeur départemental ou, le cas échéant, régional des finances publiques» sont remplacées par la référence au «directeur chargé de la direction des finances publiques de Saint-Pierre-et-Miquelon».

TITRE II GUADELOUPE, GUYANE, MARTINIQUE, MAYOTTE, LA RÉUNION, SAINT-BARTHÉLEMY, SAINT-MARTIN ET SAINT-PIERRE-ET-MIQUELON

CHAPITRE Ier Dispositions générales

Note • Voir loi 2009-594 du 27 mai 2009 (JO 28), modifiée, pour le développement économique des outre-mer et loi 2015-1268 du 14 octobre 2015 (JO 15) d'actualisation du droit des outre-mer (art. 76). Voir aussi LSQ n° 17209, dossier juridique «Les aides à l'emploi spécifiques à l'outre-mer».

• L'ordonnance 2017-1491 du 25 octobre 2017 (JO 26) a étendu et adapté la partie législative du code du travail, et diverses dispositions relatives au travail, à l'emploi et à la formation professionnelle à Mayotte. Le code du travail applicable à Mayotte est ainsi abrogé depuis le 1er janvier 2018, sous réserve de dispositions particulières (ordonnance précitée, art. 31).

Art. L. 5521-1. Les dispositions générales prévues par ***(Ord. 2008-205 du 27 févr. 2008, JO 1er mars)*** «les articles L. 1521-1 à L. 1521-4» sont également applicables aux dispositions du présent titre.

Art. L. 5521-2. ***(Ord. 2017-1491 du 25 oct. 2017, art. 6, 4°, JO 26, entrée en vigueur le 01.01.2018)*** Pour l'application des articles L. 5132-11-1 et L. 5132-15-1 à Mayotte, les mots: "l'article L. 351-2 du code de la sécurité sociale" sont remplacés par les mots: "l'article 7 de l'ordonnance n° 2002-411 du 27 mars 2002 relative à la protection sanitaire et sociale à Mayotte".

SECTION 1 (réglementaire). FEDOM

Sous-section 1. État annuel

Art. D. 5521-5. Les dépenses en faveur de l'emploi correspondent aux actions suivantes:

1° (Abrogé);
2° (Abrogé);
3° (Abrogé);
4° (Abrogé);
5° Le financement des primes à la création d'emploi;
6° (Abrogé);
7° (Abrogé);
8° Le financement des contrats emploi-jeune;
9° Le financement du projet initiative-jeune;
10° Le financement de l'allocation de retour à l'activité prévue par l'article L. 5524-1, et du congé solidarité prévu par l'article 15 de la loi n° 2000-1207 du 13 décembre 2000 d'orientation pour l'outre-mer;
11° L'évaluation et le suivi des actions en faveur de l'emploi.

Note Les 1°, 2°, 3°, 4°, 6° et 7° de cet article ont été abrogés par le décret 2015-1723 du 21 décembre 2015, JO 23, entrée en vigueur le 01.01.2016.

Sous-section 2. Comité directeur

Art. R. 5521-6. Le comité directeur est consulté sur les orientations et sur les objectifs de la politique pour l'emploi conduite par l'État ***(D. 2018-953 du 31 oct. 2018, art. 6, 3°, JO 6 nov.)*** «en Guadeloupe, en Guyane, en Martinique, à Mayotte, à La Réunion», à Saint-Barthélemy, à Saint-Martin et à Saint-Pierre-et-Miquelon.

Il donne son avis sur l'état mentionné à l'article R. 5521-1, et notamment sur la répartition entre les collectivités de ces interventions. Il est informé de l'emploi de ces crédits et des résultats obtenus.

Art. D. 5521-7. Le comité directeur est informé à chacune de ses réunions:

1° Par le ministre chargé de la lutte contre l'exclusion, de la situation en matière d'insertion, de pauvreté et de précarité ***(D. 2018-953 du 31 oct. 2018, art. 6, 4°, JO 6 nov.)*** «en Guadeloupe, en Guyane, en Martinique, à Mayotte, à La Réunion», à Saint-Barthélemy, à Saint-Martin et à Saint-Pierre-et-Miquelon;
2° Par le ministre chargé de l'emploi, de la situation de l'emploi et de la formation professionnelle ***(D. 2018-953 du 31 oct. 2018, art. 6, 4°, JO 6 nov.)*** «en Guadeloupe, en Guyane, en Martinique, à Mayotte, à La Réunion», à Saint-Barthélemy, à Saint-Martin et à Saint-Pierre-et-Miquelon;
3° Par le président de leur conseil d'administration, de l'activité des agences d'insertion;
4° Par le ministre chargé de l'outre-mer, de l'activité de l'agence mahoraise pour le développement d'activités d'utilité sociale.

Art. D. 5521-8. Sont membres du comité directeur:

1° Le ministre chargé de l'outre-mer ou son représentant, président;
2° Les ministres chargés de l'économie et des finances, du travail, de l'emploi et de la formation professionnelle, de la sécurité sociale, de la lutte contre l'exclusion, et du budget ou leurs représentants;
3° Huit députés désignés par le président de l'Assemblée nationale et représentant chacune des huit collectivités intéressées;
4° Trois sénateurs désignés par le président du Sénat parmi les représentants de ces collectivités;
5° Les préfets de région, préfets ***(D. 2018-953 du 31 oct. 2018, art. 6, 5°, JO 6 nov.)*** «de Guadeloupe, de Guyane, de Martinique, de Mayotte, de La Réunion» ou leur représentant et les représentants de l'État à Saint-Barthélemy, à Saint-Martin et à Saint-Pierre-et-Miquelon ou leurs représentants;
6° Le délégué général à l'emploi et à la formation professionnelle ou son représentant;
7° Le ***(D. 2010-95 du 25 janv. 2010, JO 26)*** «directeur général de la cohésion sociale» ou son représentant;
8° Le directeur du budget ou son représentant;
9° Le directeur général de ***(D. 2014-524 du 22 mai 2014, art. 16, JO 24)*** «Pôle emploi» ou son représentant;
10° Le directeur des affaires économiques, sociales et culturelles de l'outre-mer ou son représentant.

Art. D. 5521-9. Le mandat des parlementaires membres du comité directeur prend fin de plein droit à l'expiration du mandat électif au titre duquel ils ont été désignés.

Art. D. 5521-10. Le comité directeur se réunit au moins une fois par an, sur convocation de son président qui en fixe l'ordre du jour.

CHAPITRE II Dispositifs en faveur de l'emploi

Note • La loi généralisant le revenu de solidarité active et réformant les politiques d'insertion est entrée en vigueur dans les départements d'outre-mer et les collectivités de Saint-Barthélemy, Saint-Martin et Saint-Pierre-et-Miquelon le 1er janvier 2011. Voir décret 2010-1783 du 31 décembre 2010 (JO 1er janv. 2011) portant extension et adaptation du RSA dans les départements d'outre-mer, à Saint-Barthélemy, Saint-Martin et Saint-Pierre-et-Miquelon, et décret 2009-602 du 27 mai 2009 (JO 29) modifié relatif au revenu supplémentaire temporaire d'activité.

• Voir décret 2020-616 du 22 mai 2020 (JO 23) portant **revalorisation du montant forfaitaire de la prime d'activité à Mayotte** et décret 2019-71 du 4 février 2019 (JO 5) relatif à la revalorisation exceptionnelle de la bonification individuelle de la prime d'activité à Mayotte. Sur la prime d'activité, voir note sous Titre III du Livre Ier de la présente Partie («Aides à l'insertion, à l'accès et au retour à l'emploi»).

• Voir article 12 du décret 2019-1471 du 26 décembre 2019 (JO 28) portant généralisation des **emplois francs** et création d'une expérimentation à La Réunion. À titre expérimental, l'éligibilité à l'emploi franc (voir note sous Titre III du Livre Ier de la présente Partie «Aides à l'insertion, à l'accès et au retour à l'emploi») est ouverte à des publics issus d'un parcours d'insertion sur le territoire de La Réunion pour une durée de trois ans (jusqu'au 31.12.2022).

SECTION 1. Aides à l'insertion, à l'accès et au retour à l'emploi

Sous-section 1 (réglementaire). Contrat jeune en entreprise

Art. D. 5522-1. La demande de bénéfice de l'aide prévue dans le cadre du contrat jeune en entreprise, mentionnée à l'article L. 5522-3, est déposée auprès de l'organisme gestionnaire après l'embauche du salarié et au plus tard trois mois après celle-ci.

Elle est transmise par l'organisme gestionnaire au directeur du travail, de l'emploi et de la formation professionnelle, à Saint-Pierre-et-Miquelon au chef du service du travail, de l'emploi et de la formation professionnelle et, à Saint-Barthélemy et Saint-Martin, au représentant de l'État.

Note Les articles L. 5522-3 et 4 relatifs au contrat jeune en entreprise ont été abrogés par la loi 2009-594 du 27 mai 2009, art. 54, JO 28. Leurs dispositions continuent de produire leurs effets pour les contrats conclus antérieurement à la publication de la loi précitée (loi précitée, art. 54).

Art. D. 5522-2. La demande d'aide comporte:

1° L'engagement de l'employeur de respecter les conditions générales d'attribution de l'aide;

2° Les documents permettant de vérifier le respect des conditions prévues à l'article L. 5522-3, et notamment la copie du diplôme du salarié.

Art. D. 5522-3. Pour les salariés à temps plein dont la rémunération est égale au salaire minimum de croissance, le montant de l'aide est fixé à 225 € par mois.

Art. D. 5522-4. Pour les rémunérations supérieures au montant fixé à l'article D. 5522-3, le montant de l'aide est déterminé en multipliant le montant de 225 € par le rapport entre, d'une part, la rémunération et, d'autre part, le salaire minimum de croissance, dans la limite de 292,50 €.

Art. D. 5522-5. Lorsque la durée du travail prévue par le contrat de travail est inférieure à la durée collective de travail applicable dans l'entreprise, le montant de l'aide est réduit par l'application d'un coefficient égal au rapport entre la durée du travail prévue par ce contrat et la durée collective de travail applicable dans l'entreprise.

Art. D. 5522-6. Pour les professions affiliées aux caisses de congés prévues à l'article ***(D. 2016-1553 du 18 nov. 2016, art. 7, IV, 6°, JO 19, entrée en vigueur le 01.01.2017)*** « L. 3141-32 », le montant de l'aide est majoré de 10 %.

Art. D. 5522-7. L'aide de l'État est due pour une durée de trois années consécutives à compter de la date d'embauche.

Un abattement de 50 % lui est appliqué au titre de la troisième année du contrat.

Art. D. 5522-8. Le montant de l'aide est versé à l'employeur trimestriellement, à terme échu.

Art. D. 5522-9. Le versement de l'aide est interrompu pour toute suspension du contrat de travail d'une durée au moins égale à quinze jours. Ces interruptions reportent d'autant ce versement.

Art. D. 5522-10. Toute rupture, suspension ou modification du contrat jeune en entreprise qui ouvre droit au versement de l'aide entraînant un changement de son montant ou l'interruption de son paiement est communiquée par l'employeur à l'organisme gestionnaire. Ce dernier transmet cette information au directeur du travail, de l'emploi et de la formation professionnelle, à Saint-Pierre-et-Miquelon au chef du service du travail, de l'emploi et de la formation professionnelle et, à Saint-Barthélemy et Saint-Martin, au représentant de l'État.

Art. D. 5522-11. En cas de rupture du contrat de travail à l'initiative de l'employeur avant le terme de la période mentionnée à l'article D. 5522-7, le montant de l'aide est intégralement reversé par l'employeur à l'État.

Toutefois, le reversement n'est pas dû en cas de:
1° Rupture intervenant au cours de la période d'essai;
2° Licenciement pour faute grave ou faute lourde du salarié;
3° Force majeure;
4° Inaptitude professionnelle ou médicalement constatée;
5° Motif économique.

Sous-section 2. Contrat unique d'insertion

Note • Cette sous-section a été introduite par l'ordonnance 2010-686 du 24 juin 2010, art. 4, JO 25, entrée en vigueur le 01.01.2011.

• **Le contrat d'accès à l'emploi (CAE-DOM) est supprimé depuis le 1er janvier 2016** (ordonnance 2015-1578 du 3 décembre 2015, art. 1er et 4, I, JO 4). Depuis cette date, il est remplacé par le contrat initiative-emploi (CIE) (art. L. 5134-19-1) en tant que volet «secteur marchand» du contrat unique d'insertion dans les départements d'outre-mer (sauf Mayotte), à Saint-Barthélemy, à Saint-Martin et à Saint-Pierre-et-Miquelon. Les dispositions réglementaires relatives au CIE ont été étendues et adaptées à ces territoires (décrets 2015-1722 et 2015-1723 du 21 décembre 2015, JO 23). L'ordonnance 2015-1578 précitée a abrogé la sous-section 4 de la section 1 du présent chapitre contenant les articles L. 5522-5 à 20 relatifs au contrat d'accès à l'emploi. Le décret 2015-1722 précité a abrogé les dispositions réglementaires de la sous-section 3 de la section 1 du présent chapitre contenant les articles R. 5522-12 à D. 5522-44 relatifs au contrat d'accès à l'emploi.

• **Les contrats d'accès à l'emploi conclus avant le 1er janvier 2016** continuent à produire leurs effets dans les conditions applicables antérieurement à cette date jusqu'au terme fixé par la décision d'attribution de l'aide à l'insertion professionnelle qui leur est attachée. Ces contrats peuvent être renouvelés sous la forme et selon les critères d'éligibilité des contrats initiative-emploi (ordonnance 2015-1578 du 3 décembre 2015, art. 4, II, JO 4).

• **La circulaire DGEFP/SDPAE/MIP/MPP/2018/11) du 11 janvier 2018 relative aux parcours emploi compétences et au Fonds d'inclusion dans l'emploi en faveur des personnes les plus éloignées de l'emploi** (NOR: MTRD1801071C) détaille les modalités selon lesquelles le gouvernement entend recentrer, à compter de l'année 2018, la politique d'intervention de l'État en faveur des publics les plus éloignés de l'emploi. Ce document précise notamment la ligne appliquée en 2018 en matière de contrat unique d'insertion (CUI) et d'emplois d'avenir. Le recours aux emplois d'avenir n'est plus autorisé depuis le 01.01.2018, y compris pour les renouvellements. Les contrats en cours vont à leur terme (circ. précitée, fiche 3, § 1.1). Dans le secteur marchand, l'accès au CUI-contrat initiative emploi (CUI-CIE) pour les publics âgés de plus de 26 ans, est limité à trois cas en 2020, dont les contrats prescrits dans les départements d'outre-mer, dans la limite de l'enveloppe budgétaire allouée par la circulaire (circ. DGEFP/MIP/METH/MPP/2020/32 du 28 février 2020, fiche 7, § 1.1).

• **Le décret 2019-675 du 28 juin 2019 (JO 29)** relatif à la répartition du fonds de mobilisation départementale pour l'insertion au titre des contrats de travail aidés cofinancés par les départements précise les modalités de répartition du fonds de mobilisation départementale pour l'insertion au titre des contrats de travail aidés (CUI-CAE, CUI-CIE, et CDDI)] cofinancés par les départements entre les départements de Guadeloupe et de La Réunion, la collectivité territoriale de Martinique et les collectivités de Saint-Barthélemy, de Saint-Martin et de Saint-Pierre-et-Miquelon. Il précise également les modalités de répartition du fonds de mobilisation départementale pour l'insertion au titre des contrats de travail aidés (CUI-CAE, CUI-CIE, et CDDI) cofinancés par les départements entre les départements de métropole.

Art. L. 5522-2. ***(L. 2012-1189 du 26 oct. 2012, art. 8, JO 27, entrée en vigueur le 01.11.2012)*** Pour son application ***(Ord. 2017-1491 du 25 oct. 2017, art. 6, 5°, JO 26, entrée en vigueur le 01.01.2018)*** «en Guadeloupe, en Guyane, en Martinique, à Mayotte, à La Réunion», à Saint-Barthélemy, à Saint-Martin et à Saint-Pierre-et-Miquelon, l'article L. 5134-19-1 est ainsi rédigé:

"Art. L. 5134-19-1. – Le contrat unique d'insertion est un contrat de travail conclu entre un employeur et un salarié dans les conditions prévues à la sous-section 3 des sections 2 et 5 du présent chapitre et au paragraphe 3 de la sous-section 4 de la section 1 du chapitre II du titre II du livre V, au titre duquel est attribuée une aide à l'insertion professionnelle dans les conditions prévues à la sous-section 2 des sections 2 et 5 du présent chapitre et au paragraphe 2 de la sous-section 4 de la section 1 du chapitre II du titre II du livre V. La décision d'attribution de cette aide est prise par:

1° Soit, pour le compte de l'État, l'institution mentionnée à l'article L. 5312-1, les organismes mentionnés à l'article L. 5314-1 ou, selon des modalités fixées par décret, un des organismes mentionnés au 1° *bis* de l'article L. 5311-4;

2° Soit le président du conseil général lorsque cette aide concerne un bénéficiaire du revenu de solidarité active financé par le département;

3° Soit, pour le compte de l'État, les recteurs d'académie pour les contrats mentionnés au I de l'article L. 5134-125.

Le montant de cette aide résulte d'un taux, fixé par l'autorité administrative, appliqué au salaire minimum de croissance."

Art. L. 5522-2-1. Pour son application ***(Ord. 2017-1491 du 25 oct. 2017, art. 6, 5°, JO 26, entrée en vigueur le 01.01.2018)*** «en Guadeloupe, en Guyane, en Martinique, à Mayotte, à La Réunion», à Saint-Barthélemy, à Saint-Martin et à Saint-Pierre-et-Miquelon, l'article L. 5134-19-3 est ainsi rédigé:

" Art. L. 5134-19-3. – Le contrat unique d'insertion prend la forme:

1° Pour les employeurs du secteur non marchand mentionnés à l'article L. 5134-21, du contrat d'accompagnement dans l'emploi défini par la section 2 du chapitre IV du titre III du livre Ier de la présente partie;

(L. 2012-1189 du 26 oct. 2012, art. 8, JO 27, entrée en vigueur le 01.11.2012) «2° Pour les employeurs du secteur marchand» ***(Ord. 2015-1578 du 3 déc. 2015, JO 4, entrée en vigueur le 01.01.2016)*** «mentionnés à l'article L. 5134-66, du contrat initiative-emploi défini par la section 5 du même chapitre IV.»"

Art. L. 5522-2-2. ***(Ord. 2015-1578 du 3 déc. 2015, JO 4, entrée en vigueur le 01.01.2016)*** Pour son application en Guadeloupe, en Guyane, en Martinique, ***(Ord. 2017-1491 du 25 oct. 2017, art. 6, 6°, JO 26, entrée en vigueur le 01.01.2018)*** «à Mayotte,» à La Réunion, à Saint-Barthélemy, à Saint-Martin et à Saint-Pierre-et-Miquelon, l'article L. 5134-72 est complété par deux alinéas ainsi rédigés:

"Lorsque le contrat initiative-emploi associe l'exercice d'une activité professionnelle et le bénéfice d'une formation liée à cette activité et dispensée pendant le temps de travail, l'État peut prendre en charge tout ou partie des frais engagés pour dispenser cette formation, selon des modalités déterminées par décret.

Sauf disposition contraire, un décret en Conseil d'État détermine les modalités d'application du présent article."

Art. L. 5522-2-3. ***(L. 2012-1189 du 26 oct. 2012, art. 8, JO 27, entrée en vigueur le 01.11.2012)*** La section 5 du chapitre IV du titre III du livre Ier de la présente partie ne s'applique ***(Ord. 2017-1491 du 25 oct. 2017, art. 6, 7°, JO 26, entrée en vigueur le 01.01.2018)*** «en Guadeloupe, en Guyane, en Martinique, à Mayotte, à La Réunion», à Saint-Barthélemy, à Saint-Martin et à Saint-Pierre-et-Miquelon que dans le cadre des emplois d'avenir prévus à la section 8 du même chapitre IV.

Art. R. 5522-12. ***(D. 2015-1722 du 21 déc. 2015, JO 23, entrée en vigueur le 01.01.2016)*** Pour son application en Guadeloupe, en Guyane, à la Martinique, à La Réunion, à Saint-Barthélemy, à Saint-Martin et à Saint-Pierre-et-Miquelon, l'article R. 5134-63 est complété par un alinéa ainsi rédigé:

"Lorsque l'État concourt à la prise en charge d'une formation au titre de l'article L. 5522-2-2, sont précisés dans la décision d'attribution de l'aide à l'insertion professionnelle ou une décision modificatrice prise ultérieurement:

1° La nature de cette formation, sa durée et les modalités de son organisation;

2° La période pendant laquelle elle est dispensée;

3° Le nom et la qualification professionnelle de la personne chargée au sein de l'entreprise de suivre le déroulement de la formation;

4° La nature de la sanction de la formation dispensée;

5° Le montant et les modalités de la prise en charge de cette formation par l'État."

Art. R. 5522-13. ***(D. 2015-1722 du 21 déc. 2015, JO 23, entrée en vigueur le 01.01.2016)*** Lorsqu'une formation est prévue par la décision d'attribution de l'aide à l'insertion professionnelle ou par une décision modificatrice ultérieure à celle-ci, elle peut faire l'objet d'une aide de l'État sous réserve d'avoir une durée de 200 heures au minimum et d'être dispensée dans le cadre d'une convention avec un organisme de formation mentionné à l'article L. 6351-1.

Art. R. 5522-14. ***(D. 2015-1722 du 21 déc. 2015, JO 23, entrée en vigueur le 01.01.2016)*** Les frais de formation pris en charge par l'État au titre de l'article R. 5222-12 sont calculés sur une base forfaitaire par heure de formation dispensée et dans la limite de mille heures.

Un premier versement égal à 50 % du coût de la formation est réalisé à la date du début de la formation. Le solde est versé au terme de la formation sur présentation d'une attestation de l'organisme de formation, de l'employeur et du salarié.

Art. R. 5522-15. ***(D. 2015-1722 du 21 déc. 2015, JO 23, entrée en vigueur le 01.01.2016)*** Lorsque le contrat de travail est rompu avant le terme de la formation mentionnée à l'article R. 5522-12, les sommes déjà versées à l'employeur correspondant à des heures de formation non réalisées font l'objet d'un reversement.

Lorsque l'aide à l'insertion professionnelle ou une décision modificatrice ultérieure a prévu des heures de formation dispensées en entreprise, ces heures sont réputées être également réparties sur la période de formation.

Art. D. 5522-16. ***(D. 2015-1723 du 21 déc. 2015, JO 23, entrée en vigueur le 01.01.2016)*** Le montant horaire de l'aide forfaitaire pour les frais de formation mentionnés à l'article R. 5522-14 est fixé à 7,62 €.

Sous-section 3 (réglementaire). Dispositions relatives à Mayotte

Note Cette sous-section est issue du décret 2018-953 du 31 octobre 2018, art. 6, 6°, JO 6 nov.

Art. R. 5522-17. Pour l'application à Mayotte de l'article R. 5134-171, les 1° à 3° sont remplacés par des 1° et 2° ainsi rédigés:

"1° Le directeur du centre universitaire de formation et de recherche de Mayotte, ou son représentant;

2° De deux à quatre membres des corps d'inspection et chefs d'établissement, dont au moins un chef d'établissement d'enseignement privé ayant passé un contrat avec l'État."

SECTION 2. Aides à la création d'entreprise

Sous-section 1. Aide au conseil et à la formation

Art. L. 5522-21. ***(Ord. 2017-1491 du 25 oct. 2017, art. 6, 5°, JO 26, entrée en vigueur le 01.01.2018)*** «En Guadeloupe, en Guyane, en Martinique, à Mayotte, à La Réunion» ***(Ord. 2008-205 du 27 févr. 2008, JO 1er mars)*** «, à Saint-Barthélemy, à Saint-Martin» et à Saint-Pierre-et-Miquelon, pour l'application ***(L. 2015-991 du 7 août 2015, art. 7, III, JO 8, entrée en vigueur le 01.01.2017)*** «de l'article L. 5141-1 relatif» à la création ou à la reprise d'entreprise, l'État peut participer au financement des actions de conseil ou de formation à la gestion d'entreprise qui sont organisées avant la création ou la reprise d'entreprise et pendant trois années après.

(L. 2015-991 du 7 août 2015, art. 7, III, JO 8, entrée en vigueur le 01.01.2017) «Pour l'application de l'article L. 5141-5, la région ou la collectivité territoriale régie par l'article 73 de la Constitution ***(L. 2017-256 du 28 févr. 2017, art. 74, JO 1er mars, entrée en vigueur le 01.01.2018)*** «, la collectivité d'outre-mer de Saint-Barthélemy, celle de Saint-Martin ou celle de Saint-Pierre-et-Miquelon participent», par convention, au financement d'actions d'accompagnement et de conseil organisées avant la création ou la reprise d'une entreprise et pendant les trois années suivantes».

Note Pour le financement des actions prévues au second alinéa de l'article L. 5522-21, les collectivités territoriales visées reçoivent une compensation financière dans les conditions prévues à l'article 133 de la loi 2015-991 précitée (loi précitée, art. 7, IV, JO 8, entrée en vigueur le 01.01.2017).

Sous-section 1 (réglementaire). Prime à la création d'emploi

§ 1. Conditions d'attribution

Art. R. 5522-45. Les entreprises, dont l'un au moins des établissements est implanté dans un département d'outre-mer, à Saint-Barthélemy, à Saint-Martin ou à Saint-Pierre-et-Miquelon et qui contribuent à l'accroissement et à la diversification des débouchés commerciaux matériels et immatériels, peuvent bénéficier d'une prime à la création d'emploi.

Art. R. 5522-46. La prime est versée aux entreprises agréées par le représentant de l'État dans le département qui, après avis du président du conseil régional, s'assure que l'activité de l'entreprise présente un intérêt pour le développement économique du département.

Art. R. 5522-47. Dès réception de la demande d'agrément prévu à l'article R. 5522-46, le représentant de l'État saisit le président du conseil régional en vue de recueillir son avis, qui, à défaut de réponse explicite, est réputé avoir été donné dans un délai de quatre semaines à compter de la saisine.

Art. R. 5522-48. Les pièces et informations transmises dans la demande d'agrément sont définies par arrêté des ministres chargés de l'emploi et de l'outre-mer.

Le représentant de l'État peut solliciter des éléments d'information complémentaire nécessaires à l'appréciation du projet.

Note Voir arrêté du 20 juillet 2001 (JO 19 sept.) relatif aux pièces et informations à transmettre en vue de l'agrément et du versement de la prime à la création d'emploi et circulaire DGEFP/DAESC 206 du 20 juillet 2001 relative à la prime à la création d'emploi (BO TR 2001/18, p. 99).

Art. R. 5522-49. L'agrément précise l'effectif de référence des salariés.

Art. R. 5522-50. Pour percevoir la prime à la création d'emplois, l'entreprise agréée :

1° Transmet au représentant de l'État les informations sur les effectifs et le développement de l'entreprise dont le contenu et la date de transmission sont déterminés par arrêté des ministres chargés de l'emploi et de l'outre-mer ;

2° S'acquitte de ses obligations fiscales et sociales, le cas échéant dans le cadre d'un plan d'apurement ;

3° Accroît ses effectifs salariés par rapport à l'effectif de référence.

Art. R. 5522-51. L'effectif de référence est l'effectif moyen de l'année civile précédant celle au cours de laquelle est accordé l'agrément. Il est calculé conformément à l'article L. 1111-2 et arrondi à l'entier le plus voisin, à l'exclusion des contrats d'accès à l'emploi.

§ 2. *Versement*

Art. R. 5522-52. La prime est versée pendant dix ans, de façon dégressive, pour les créations nettes d'emplois postérieures à la date de l'agrément.

Art. D. 5522-53. La prime à la création d'emplois, d'un montant de 34 650 €, est versée annuellement selon le barème suivant :

1° Au cours de chacune des trois premières années civiles : 5 500 € ;

2° Au cours de chacune des trois années civiles suivantes : 3 650 € ;

3° Au cours de chacune des quatre années civiles restant à courir : 1 800 €.

Art. R. 5522-54. La prime est versée pour chaque emploi supplémentaire créé dans le département ou la collectivité territoriale, en équivalent temps plein, au-delà de l'effectif de référence.

Les fractions d'emploi ne sont pas prises en compte.

Art. R. 5522-55. En cas de réduction de l'effectif, le versement des primes correspondant aux plus récentes créations d'emplois est suspendu à due concurrence de cette baisse d'effectif.

Art. R. 5522-56. La moitié du montant de la prime est versée dès que l'emploi créé est pourvu à temps plein. Le solde est versé au plus tard le 31 mars de l'année suivante, après vérification de l'effectif moyen.

Chaque année, l'aide pour les emplois créés au cours des années précédentes fait l'objet d'un versement de 50 % de son montant avant le 30 juin, le solde dû étant versé avant le 31 mars de l'année qui suit.

Sous-section 2. Aide au projet initiative-jeune

Note Cette sous-section a été introduite par la loi 2009-594 du 27 mai 2009, art. 51, JO 28.

Art. L. 5522-22. ***(Ord. 2017-1491 du 25 oct. 2017, art. 6, 5°, JO 26, entrée en vigueur le 01.01.2018)*** « En Guadeloupe, en Guyane, en Martinique, à Mayotte, à La Réunion », à Saint-Barthélemy, à Saint-Martin et à Saint-Pierre-et-Miquelon, en vue de faciliter la réalisation d'un projet professionnel, les jeunes âgés de dix-huit à trente ans peuvent bénéficier d'une aide financière de l'État dénommée « aide au projet initiative-jeune ».

Note Cet article a été modifié par la loi 2015-990 du 6 août 2015, art. 276, I, JO 7.

Art. L. 5522-23. L'aide au projet initiative-jeune bénéficie aux jeunes qui créent ou reprennent une entreprise à but lucratif dont le siège et l'établissement principal sont situés ***(Ord. 2017-1491 du 25 oct. 2017, art. 6, 8°, JO 26, entrée en vigueur le 01.01.2018)*** « en Guadeloupe, en Guyane, en Martinique, à Mayotte, à La Réunion », à Saint-Barthélemy, à Saint-Martin ou à Saint-Pierre-et-Miquelon et dont ils assurent la direction effective.

Art. L. 5522-24. L'aide prévue à l'article L. 5522-23, dont le montant maximum est déterminé par décret, est versée à compter de la date de la création ou de la reprise effective de l'entreprise.

Art. L. 5522-25. L'aide prévue à l'article L. 5522-23 est exonérée de toutes charges sociales et fiscales.

Art. L. 5522-26. Les jeunes bénéficiant ou ayant bénéficié de l'aide au projet initiative-jeune au titre de la présente sous-section peuvent également bénéficier des aides à la création ou à la reprise d'entreprise prévues au titre IV du livre Ier de la présente partie.

Art. L. 5522-27. Un décret en Conseil d'État détermine les conditions d'application de la présente sous-section, notamment celles du versement, de la suspension ou de la suppression de l'aide, ainsi que celles relatives au non-cumul de cette aide avec d'autres aides publiques.

§ 1 (réglementaire). Dispositions communes

Sous-§ 1. Demande d'aide

Art. R. 5522-57. La demande tendant au bénéfice de l'aide au projet initiative-jeune, prévue l'article L. 5522-22, est adressée au préfet préalablement à la réalisation de ce projet professionnel.

Elle est accompagnée d'un dossier:

1° Justifiant que le demandeur appartient à l'une des catégories énumérées à l'article précité;

2° Permettant d'apprécier la réalité et la consistance du projet répondant à l'une ou l'autre des aides énumérées à l'article L. 5522-23, ainsi que sa viabilité.

Art. R. 5522-58. Un arrêté des ministres chargés de l'emploi et de l'outre-mer précise la composition du dossier de demande d'aide au projet initiative-jeune et les modalités de son dépôt.

Note Voir arrêté du 13 avril 2001 (JO 24), modifié par arrêté du 29 novembre 2004 (JO 9 déc.), fixant les modalités de dépôt et la composition des dossiers de demande d'aide et des dossiers d'agrément pour la formation ou l'accompagnement.

Art. R. 5522-59. Pour l'élaboration de son projet en vue de réaliser une formation en mobilité, le demandeur bénéficie du concours, le cas échéant, d'un organisme agréé dans les conditions des articles R. 5522-80 et R. 5522-82.

Sous-§ 2. Instruction, attribution et versement des aides

Art. R. 5522-60. L'instruction du dossier de demande d'aide au projet initiative-jeune est assurée:

1° Pour la création d'entreprise, dans les mêmes conditions que pour les aides prévues aux articles L. 5141-1, L. 5141-2 et L. 5141-5. Le dossier peut être examiné conjointement à celles-ci;

2° Pour la formation en mobilité, par le délégué régional de l'Agence nationale pour l'insertion et la promotion des travailleurs d'outre-mer ou par le ***(D. 2014-524 du 22 mai 2014, art. 16, JO 24)*** «directeur régional de Pôle emploi ou son représentant» ou par le responsable de l'organisme agréé à cet effet selon les modalités prévues aux articles R. 5522-80 et R. 5522-82.

Art. R. 5522-61. La décision d'attribution de l'aide est prise par le préfet, qui apprécie la réalité, la consistance et la viabilité du projet.

Art. R. 5522-62. La gestion des crédits et le versement de l'aide en capital ainsi que des mensualités pour la formation en mobilité sont confiés ***(D. 2009-340 du 27 mars 2009, JO 29)*** «à l'Agence de services et de paiement».

Art. R. 5522-63. Les modalités de la gestion par l'organisme gestionnaire mentionné à l'article R. 5522-62 sont précisées par une convention conclue avec le ministre chargé de l'outre-mer.

Sous-§ 3. Suspension ou suppression du versement de l'aide

Art. R. 5522-64. Le bénéfice du versement de l'aide au projet initiative-jeune est suspendu par décision du préfet lorsque le projet professionnel n'est plus conforme au projet initial ainsi que dans les cas suivants:

1° En cas d'aide à la création d'entreprise, lorsque l'entreprise a cessé son activité, en cas de procédure de sauvegarde, de redressement ou de liquidation judiciaire, ou si la condition de direction effective de l'entreprise créée ou reprise cesse d'être remplie;

2° En cas d'aide à la formation en mobilité pour manque d'assiduité à la formation professionnelle prévue.

Art. R. 5522-65. Le bénéfice du versement de l'aide est supprimé par décision du préfet en l'absence de modification de la situation du bénéficiaire à l'expiration d'un délai de trois mois suivant la notification de la décision par laquelle l'aide a été suspendue ou en cas de fausse déclaration du bénéficiaire de l'aide. Dans le cas de déclarations frauduleuses, le bénéficiaire rembourse à l'organisme gestionnaire l'aide versée.

§ 2 (réglementaire). Aide de création ou reprise d'entreprise

Art. R. 5522-66. Dans le cas prévu au 1° de l'article L. 5522-23, l'aide de l'État prend la forme d'un capital versé en deux ou plusieurs fractions.

Art. R. 5522-67. Est considéré comme remplissant la condition de direction effective de l'entreprise créée ou reprise, le demandeur qui, sous sa propre responsabilité, assure la direction de l'entreprise et la représente dans ses rapports avec les tiers.

Art. R. 5522-68. L'aide à la création d'entreprise ne peut être cumulée avec :
1° Un contrat d'apprentissage ;
2° Un contrat d'accompagnement dans l'emploi ;
3° Un contrat emploi-jeune ;
4° (Abrogé) ;
5° Un contrat de professionnalisation ;
6° (Abrogé).

Note Les 4° et 6° de cet article ont été abrogés par le décret 2015-1722 du 21 décembre 2015, JO 23, entrée en vigueur le 01.01.2016.

Art. D. 5522-69. Le montant maximum de l'aide est de 7 320 €.

Art. D. 5522-70. Lorsque l'aide est destinée à la création d'entreprise, 15 % maximum de son montant est consacré à des actions de conseil ou de formation à la gestion d'entreprise.

§ 3 (réglementaire). Aide à la formation en mobilité

Art. R. 5522-71. Le délai dont dispose le préfet pour statuer sur la demande d'aide à la formation en mobilité, prévue au 2° de l'article L. 5522-23, est d'un mois.

Le silence gardé pendant plus d'un mois sur cette demande vaut décision de rejet.

Art. R. 5522-72. L'aide à la formation en mobilité comprend :

1° Une allocation mensuelle, dans la limite de deux ans et d'un montant maximum fixé par décret qui varie en fonction du lieu où est dispensée la formation par rapport au centre des intérêts du bénéficiaire ;

2° Une prise en charge des frais liés à la formation, notamment des frais d'installation, dans la limite d'un montant fixé par ce même décret.

Art. D. 5522-73. Le montant maximum de l'allocation mensuelle est de 305 €. Lorsque la mobilité a lieu à l'intérieur de l'archipel de la Guadeloupe, il est de 152,50 €.

Les frais liés à la formation peuvent faire l'objet d'une prise en charge forfaitaire d'un montant maximum de 762 €.

Art. R. 5522-74. L'allocation mensuelle est versée dans la limite de vingt-quatre mensualités à compter du premier jour du mois où débute la formation, et jusqu'au premier jour du mois civil suivant celui où a pris fin la formation, ou le cas échéant, sur justification de l'inscription sur la liste des demandeurs d'emploi, jusqu'au terme d'une période de deux mois à l'issue de la formation s'il est attesté d'une recherche effective d'emploi au sens de l'article L. 5421-3.

Art. R. 5522-75. Lorsque la formation en mobilité se déroule à l'étranger, la gestion des crédits et le versement des aides peuvent être confiés à un organisme, qui conclut une convention à cet effet, dans les conditions prévues à l'article R. 5522-77.

Art. R. 5522-76. La gestion de l'aide pour les frais liés à la formation est assurée par l'Agence nationale pour l'insertion et la promotion des travailleurs d'outre-mer ou un organisme agréé dans les conditions des articles R. 5522-80 à R. 5522-82.

Art. R. 5522-77. Les modalités de la gestion par les organismes gestionnaires mentionnés aux articles R. 5522-75 et R. 5522-76 sont précisées par une convention qu'ils concluent avec le ministre chargé de l'outre-mer.

Art. R. 5522-78. La formation en mobilité est dispensée sous forme :
1° D'un contrat d'apprentissage ;
2° De l'une des actions de formation énumérées à l'article L. 6313-1 ;
3° D'un contrat en alternance ;
4° D'un stage en entreprise accompli en France ou à l'étranger.

Art. R. 5522-79. L'aide à la formation en mobilité ne peut être cumulée avec :
1° Un contrat d'accompagnement dans l'emploi ;
2° Un contrat emploi-jeune ;
3° (Abrogé) ;
4° (Abrogé) ;
5° L'allocation de retour à l'activité prévue à l'article L. 5524-1.

Note Les 3° et 4° de cet article ont été abrogés par le décret 2015-1722 du 21 décembre 2015, JO 23, entrée en vigueur le 01.01.2016.

Art. R. 5522-80. Peut être agréé au titre du 2° de l'article L. 5522-23, un organisme public ou privé ayant la capacité de proposer, ou faire accéder à une formation professionnelle, en France ou à l'étranger, ainsi que d'assurer un accompagnement du stagiaire.

Art. R. 5522-81. L'agrément est délivré par le préfet pour une durée de un à trois ans, renouvelable.

Art. R. 5522-82. Un arrêté des ministres chargés de l'emploi et de l'outre-mer précise la composition du dossier, les modalités de dépôt ainsi que les conditions d'agrément.

Note Voir arrêté du 13 avril 2001 (JO 24) cité sous l'article R. 5522-58.

Sous-section 3. Autres dispositions

Note Cette sous-section est issue de l'ordonnance 2017-1491 du 25 octobre 2017, art. 6, 9°, JO 26, entrée en vigueur le 01.01.2018.

Art. L. 5522-27-1. I. – Pour l'application à Mayotte de l'article L. 5141-1, le 9° est supprimé.

II. – Pour l'application à Mayotte des articles L. 5141-3 et L. 5141-4, la référence: "9°" est remplacée par la référence: "8°".

Note **À compter du 01.01.2022,** cet article est abrogé (ordonnance 2017-1491 précitée, art. 32).

Art. L. 5522-27-2. Pour l'application à Mayotte de l'article L. 5142-1, les mots: "aux articles L. 311-3 et L. 412-8" sont remplacés par les mots: "à l'article L. 412-8".

Art. R. 5522-83. ***(D. 2018-953 du 31 oct. 2018, art. 6, 7°, JO 6 nov.)*** Pour l'application à Mayotte de l'article R. 5141-7, au 5°, les mots: "aux 4° à 9° de l'article L. 5141-1" sont remplacés par les mots: "aux 4° à 8° de l'article L. 5141-1".

Art. R. 5522-84. ***(D. 2018-953 du 31 oct. 2018, art. 6, 7°, JO 6 nov.)*** Pour l'application à Mayotte de l'article R. 5142-3, les mots: "au sens de l'article L. 242-1 du code de la sécurité sociale" sont remplacés par les mots: "au sens de l'article 28-1 de l'ordonnance n° 96-1122 du 20 décembre 1996 relative à l'amélioration de la santé publique, à l'assurance maladie, maternité, invalidité et décès, au financement de la sécurité sociale à Mayotte et à la caisse de sécurité sociale de Mayotte".

SECTION 3 (réglementaire). Dispositions relatives à Mayotte

Note Cette section est issue du décret 2018-953 du 31 octobre 2018, art. 6, 8°, JO 6 nov.

Sous-section 1. Instances concourant à la politique de l'emploi

Art. R. 5522-85. Pour l'application à Mayotte de l'article R. 5112-17, les mots: "le directeur départemental des affaires sanitaires et sociales" sont remplacés par les mots: "le directeur de l'immigration, de l'intégration et de la citoyenneté".

Sous-section 2. Aide aux salariés placés en activité partielle

Art. R. 5522-86. Un taux spécifique de l'allocation d'activité partielle peut être fixé à Mayotte dans les conditions prévues à l'article R. 5122-12 du code du travail.

Art. D. 5522-87. ***(D. 2020-1071 du 18 août 2020, JO 20)*** Pour l'application à Mayotte des dispositions de l'article D. 5122-13, le taux horaire de l'allocation d'activité partielle ne peut être inférieur à ***(D. 2021-101 du 1er févr. 2021, JO 2)*** «7,09» euros.

Si le salarié perçoit une rémunération déterminée en pourcentage du salaire minimum interprofessionnel de croissance applicable à Mayotte et qu'une convention collective ou qu'un accord de branche ou d'entreprise ne s'applique pas, le taux horaire de l'allocation d'activité partielle est plafonné à la rémunération horaire brute du salarié.

Note
- Les dispositions de cet article, dans sa rédaction issue du décret 2021-101 précité, s'appliquent aux demandes d'indemnisation adressées à l'autorité administrative au titre des heures chômées par les salariés à compter du 01.01.2021 (décret précité, art. 3).
- Le taux horaire minimum de l'allocation d'activité partielle de longue durée concernant Mayotte est, à compter du 01.01.2021, de 6,38 €. Ce minimum n'est pas applicable aux salariés en contrat d'apprentissage ou de professionnalisation payés en pourcentage du SMIC (décret 2020-1318 du 30 octobre 2020, art. 2, JO 31, modifié par décret 2021-101 précité, art. 2). Sur l'allocation d'activité partielle de longue durée (APLD), voir note sous le chapitre II du titre II du livre Ier de la présente partie.

Sous-section 3. Aides aux actions de reclassement et de reconversion professionnelle

Art. R. 5522-88. Pour l'application à Mayotte de l'article R. 5123-17, les mots: "au 1° de l'article L. 351-8 du code de la sécurité sociale" sont remplacés par les mots: "au deuxième alinéa de l'article 6 de l'ordonnance n° 2002-411 du 27 mars 2002 relative à la protection sanitaire et sociale à Mayotte".

Art. R. 5522-89. Pour l'application à Mayotte de l'article R. 5123-29:

1° Le 6° est abrogé;

2° Les mots: "de l'article R. 351-27 du code de la sécurité sociale" sont remplacés par les mots: "de l'article 12 de l'ordonnance n° 2002-411 du 27 mars 2002 relative à la protection sanitaire et sociale à Mayotte".

Art. R. 5522-90. Pour l'application à Mayotte de l'article R. 5123-31, le deuxième alinéa est ainsi rédigé:

"L'allocation cesse d'être versée lorsqu'à partir de l'âge prévu à l'article 2 de l'ordonnance n° 2002-411 du 27 mars 2002 relative à la protection sanitaire et sociale à Mayotte les bénéficiaires remplissent les conditions nécessaires à la validation d'une retraite à taux plein au sens de l'article 10 du décret n° 2003-589 du 1er juillet 2003 portant application des dispositions du titre II (Assurance vieillesse) et du chapitre Ier du titre VI (Allocation spéciale pour les personnes âgées) de l'ordonnance n° 2002-411 du 27 mars 2002 relative à la protection sanitaire et sociale à Mayotte."

SOUS-SECTION 4. Insertion par l'activité économique

Art. R. 5522-91. Un arrêté conjoint des ministres chargés du budget, de l'emploi et des outre-mer peut fixer à Mayotte un montant spécifique des aides financières prévues aux articles R. 5132-8, R. 5132-10-13, D. 5132-34 et R. 5132-37.

Un arrêté conjoint des ministres chargés du budget, de l'emploi et des outre-mer revalorise chaque année les montants spécifiques à Mayotte des aides prévues aux articles R. 5132-8, R. 5132-10-13, R. 5132-34 et R. 5132-37 en fonction de l'évolution du salaire minimum interprofessionnel de croissance en vigueur à Mayotte.

Note Les montants des aides financières applicables à Mayotte depuis le 1er janvier 2020 sont les suivants (arrêté du 7 février 2020, art. 4, JO 12):
– le montant socle de l'aide par poste de travail occupé à temps plein sur une durée légale hebdomadaire de 35 heures est fixé à 8 035 € pour les entreprises d'insertion, à 3 245 € pour les entreprises de travail temporaire d'insertion, à 1 044 € pour les associations intermédiaires et à 15 428 € pour les ateliers et chantiers d'insertion, dont 780 € au titre des missions d'accompagnement socioprofessionnel et d'encadrement technique. Le montant de l'aide est réduit à due proportion de l'occupation du poste de travail;
– le montant de la part modulée de cette aide peut varier de 0 % à 10 % du montant socle en fonction des résultats atteints au regard des critères mentionnés aux articles R. 5132-8, R. 5132-10-12, R. 5132-23 et R. 5132-37 CT;
– le montant maximum de l'aide financière par travailleur indépendant est fixé à 4 237 € pour les entreprises d'insertion par le travail indépendant pour un volume horaire travaillé de 1 505 heures.

Art. R. 5522-92. Pour l'application à Mayotte de l'article R. 5133-10, il est ajouté, après les mots: " L. 262-28 du code de l'action sociale et des familles", les mots: "sous réserve des adaptations figurant au XII de l'article L. 542-6 du même code".

Art. R. 5522-93. Pour l'application à Mayotte de l'article R. 5133-17, il est ajouté à la dernière phrase, après les mots: "sont applicables", les mots: "sous réserve des adaptations figurant au XII et au XXI de l'article R. 542-6 du même code."

SECTION 3. Dispositions pénales

Art. L. 5522-28. Le fait de bénéficier ou de tenter de bénéficier frauduleusement de l'aide au projet initiative-jeune, en méconnaissance des dispositions des articles L. 5522-22 à L. 5522-25, est puni des peines prévues aux articles 313-1 à 313-3 du code pénal.

SECTION 4. Compte personnel d'activité

Note Cette section est issue de l'ordonnance 2017-1491 du 25 octobre 2017, art. 6, 10°, JO 26, entrée en vigueur le 01.01.2018.

Art. L. 5522-29. Pour l'application à Mayotte de l'article L. 5151-5, les mots: "2° Du compte professionnel de prévention" sont supprimés.

Note Cet article est applicable depuis le 01.01.2019 (ordonnance 2017-1491 précitée, art. 33, 1°).
À compter du 01.01.2022, cet article est abrogé (ordonnance 2017-1491 précitée, art. 32).

CHAPITRE III Dispositions applicables à certaines catégories de travailleurs

Art. L. 5523-1. À l'exception des dispositions du deuxième alinéa de l'article L. 5221-7, les dispositions du titre II du livre II relatives aux travailleurs étrangers sont applicables *(Ord. 2017-1491 du 25 oct. 2017, art. 6, 5°, JO 26, entrée en vigueur le 01.01.2018)* «en Guadeloupe, en Guyane, en Martinique, à Mayotte, à La Réunion».

Art. L. 5523-2. *(L. 2016-274 du 7 mars 2016, art. 61, III, JO 8, entrée en vigueur le 01.11.2016)* L'autorisation de travail accordée à l'étranger est limitée au département ou à la collectivité dans lequel elle a été délivrée lorsqu'il s'agit:

1° De la carte de séjour temporaire portant la mention "vie privée et familiale" *(Ord. 2020-1733 du 16 déc. 2020, art. 16, JO 30, entrée en vigueur le 01.05.2021)* «prévue aux articles L. 423-1, L. 423-7, L. 423-13, L. 423-14, L. 423-15, L. 423-21, L. 423-22, L. 423-23, L. 425-9, L. 426-5, L. 426-12 ou L. 426-13» du code de l'entrée et du séjour des étrangers et du droit d'asile;

2° De la carte de séjour temporaire portant la mention "stagiaire ICT (famille)" et "stagiaire mobile ICT (famille)", *(Ord. 2020-1733 du 16 déc. 2020, art. 16, JO 30, entrée en vigueur le 01.05.2021)* «prévues aux articles L. 421-32 et L. 421-33» du même code;

3° *(Ord. 2020-1733 du 16 déc. 2020, art. 16, JO 30, entrée en vigueur le 01.05.2021)* «De la carte de séjour pluriannuelle portant la mention "passeport talent (famille)" prévue aux articles L. 421-22, L. 421-23 ou L. 422-13» dudit code;

4° De la carte de séjour pluriannuelle portant la mention "salarié détaché ICT (famille)" et "salarié détaché mobile ICT (famille)", *(Ord. 2020-1733 du 16 déc. 2020, art. 16, JO 30, entrée en vigueur le 01.05.2021)* «prévues aux articles L. 421-28 et L. 421-29» du même code;

5° De la carte de résident *(Ord. 2020-1733 du 16 déc. 2020, art. 16, JO 30, entrée en vigueur le 01.05.2021)* «prévue aux articles L. 421-12, L. 421-25, L. 423-6, L. 423-10, L. 423-11, L. 423-12, L. 423-16, L. 424-1, L. 424-3, L. 424-5, L. 424-13, L. 424-14, L. 424-21, L. 425-3, L. 426-1, L. 426-2, L. 426-3, L. 426-6, L. 426-7, L. 426-10 ou L. 426-17 ainsi que de la carte de résident délivrée en Nouvelle-Calédonie» du même code.

Note Voir circulaire du 2 novembre 2016 sur l'application de la loi du 7 mars 2016 relative au droit des étrangers en France (dispositions applicables à compter du 1er novembre 2016 et 1er janvier 2017) (NOR: INTV1631686J).

Art. L. 5523-3. L'autorisation de travail accordée à l'étranger lui confère le droit d'exercer, sur le territoire du département *(Ord. 2008-205 du 27 févr. 2008, JO 1er mars)* «ou de la collectivité», toute activité professionnelle salariée de son choix dans le cadre de la législation en vigueur.

Art. L. 5523-5. *(Ord. 2017-1491 du 25 oct. 2017, art. 6, 12°, JO 26, entrée en vigueur le 01.01.2018)* Un décret prévoit les conditions dans lesquelles les taux prévus aux articles L. 5212-2 et L. 5212-7 sont atteints à Mayotte.

Le taux fixé de manière transitoire pour l'application à Mayotte de l'article L. 5212-2 ne peut être inférieur à 2 %.

Note • **À compter du 01.01.2022,** cet article est abrogé (ordonnance 2017-1491 précitée, art. 32).

• **Jusqu'au 31.12.2021.** Pour l'application de l'article L. 5212-2 à Mayotte, jusqu'au 31 décembre 2021, le taux de «6 %» est remplacé par les taux suivants: «2 %» au titre de l'année 2018; «3 %» au titre de l'année 2019; «4 %» au titre de l'année 2020; «5 %» au titre de l'année 2021 (décret 2018-1337 du 28 décembre 2018, art. 20, I, JO 30).

Pour l'application de l'article L. 5212-7 à Mayotte, jusqu'au 31 décembre 2021, le taux de «2 %» est remplacé par les taux suivants: «1 %» au titre des années 2018 et 2019; «1,5 %» au titre des années 2020 et 2021 (décret 2018-1337 du 28 décembre 2018, art. 20, II, JO 30).

Art. L. 5523-6. *(L. 2018-771 du 5 sept. 2018, art. 100, JO 6)* L'étranger qui entre à Saint-Pierre-et-Miquelon afin d'y exercer une activité salariée pour une durée inférieure ou égale à trois mois dans un domaine figurant sur la liste fixée par le décret pris pour l'application de l'article L. 5221-2-1 n'est pas soumis à la condition de détention de l'autorisation de travail mentionnée à l'article L. 8323-2.

SECTION 1 (réglementaire). Travailleurs handicapés

Art. R. 5523-1. Le préfet soumet pour avis chaque accord de groupe *(D. 2019-521 du 27 mai 2019, JO 28, entrée en vigueur le 01.01.2020)* «ou d'entreprise» mettant en œuvre l'application de l'obligation d'emploi prévue à l'article L. 5212-2:

1° Au comité de coordination régional de l'emploi et de la formation professionnelle dans les départements d'outre-mer, à Saint-Barthélemy et à Saint-Martin;

2° Au comité de coordination de l'emploi et de la formation professionnelle de Saint-Pierre-et-Miquelon.

Note Les dispositions de cet article, dans sa rédaction issue du décret 2019-521 précité, s'appliquent aux obligations portant sur les périodes courant depuis le 01.01.2020 (décret précité, art. 3, I).

Art. R. 5523-2. À Saint-Pierre-et-Miquelon, l'autorité administrative compétente pour conclure un contrat d'objectifs des entreprises adaptées mentionnée à l'article L. 5213-13, est le représentant de l'État dans la collectivité.

Note • Cet article a été modifié par le décret 2018-1334 du 28 décembre 2018, art. 2, V, JO 30, entrée en vigueur le 01.01.2019.

• La loi 2005-102 du 11 février 2005 (art. 93, JO 12) modifiée par l'ordonnance 2008-859 du 28 août 2008 (JO 29) s'applique à Saint-Pierre-et-Miquelon sous réserve de certaines adaptations et à l'exception de ses articles 14, 30, 41, 43, 44, 45 III à V, 49, 50, 85 I et II.

Art. R. 5523-2-2. ***(D. 2018-953 du 31 oct. 2018, art. 6, 9°, JO 6 nov.)*** Pour l'application à Mayotte de l'article R. 5213-76, les mots : "à l'article L. 321-1 du code de la sécurité sociale" sont remplacés par les mots : "au 7° de l'article 20-1 de l'ordonnance n° 96-1122 du 20 décembre 1996 relative à l'amélioration de la santé publique, à l'assurance maladie, maternité, invalidité et décès, au financement de la sécurité sociale à Mayotte et à la caisse de sécurité sociale de Mayotte".

SECTION 2 (réglementaire). Travailleurs étrangers

Art. R. 5523-3. Pour exercer une activité professionnelle salariée à Saint-Pierre-et-Miquelon, le travailleur étranger est titulaire d'une autorisation de travail en cours de validité.

Art. R. 5523-4. L'autorisation de travail est délivrée par le préfet de Saint-Pierre-et-Miquelon. Elle autorise l'étranger à exercer les activités professionnelles salariées de son choix dans cette collectivité.

Art. R. 5523-5. À Saint-Pierre-et-Miquelon, l'autorisation de travail est présentée, sur demande, aux autorités chargées du contrôle des conditions de travail.

Art. R. 5523-6. À Saint-Pierre-et-Miquelon, l'autorisation de travail peut être délivrée sous la forme :

1° D'une carte de résident ;

2° D'une carte de séjour temporaire portant la mention "salarié" ;

3° D'une autorisation provisoire de travail.

Art. R. 5523-7. À Saint-Pierre-et-Miquelon, la carte de résident confère le droit d'exercer toute activité professionnelle salariée dans le cadre de la législation en vigueur.

Art. R. 5523-8. À Saint-Pierre-et-Miquelon, la carte de séjour temporaire portant la mention "salarié" autorise à exercer une ou plusieurs activités professionnelles salariées dans le cadre de la législation en vigueur.

Sa durée est au plus égale à un an. Elle est renouvelable.

Art. R. 5523-9. À Saint-Pierre-et-Miquelon, une autorisation provisoire de travail peut être délivrée à l'étranger qui ne peut prétendre ni à la carte de séjour temporaire portant la mention "salarié", ni à la carte de résident et qui est appelé à exercer chez un employeur déterminé, pendant une période dont la durée initialement prévue n'excède pas un an, une activité présentant, par sa nature ou les circonstances de son exercice, un caractère temporaire.

La durée de validité de cette autorisation, dont les caractéristiques sont fixées par arrêté du ministre chargé des travailleurs immigrés, ne peut dépasser neuf mois. Elle est renouvelable.

Art. R. 5523-10. L'étranger qui souhaite exercer une activité professionnelle salariée à Saint-Pierre-et-Miquelon joint à sa première demande d'autorisation de travail le contrat ou la promesse d'embauche, précisant la profession, le salaire offert et la durée hebdomadaire de travail, revêtus du visa du chef du service du travail et de l'emploi qu'il a dû obtenir avant son entrée dans cette collectivité.

Art. R. 5523-11. Par dérogation à l'article R. 5523-10, l'étranger qui séjourne régulièrement à Saint-Pierre-et-Miquelon peut être autorisé à y travailler. Il joint à sa demande un contrat de travail.

Art. R. 5523-12. Pour les marins, les autorisations mentionnées à l'article R. 5523-10 sont délivrées par l'autorité maritime dans les conditions fixées au code du travail maritime.

Art. R. 5523-13. À Saint-Pierre-et-Miquelon, sauf s'il est titulaire d'une carte de résident, l'étranger qui sollicite le renouvellement de l'autorisation de travail joint à sa demande un contrat ou une promesse de contrat de travail précisant la profession, le salaire offert et la durée hebdomadaire de travail.

Art. R. 5523-14. Pour accorder ou refuser l'autorisation de travail sollicitée, le préfet de Saint-Pierre-et-Miquelon prend notamment en considération :

1° La situation de l'emploi présente et à venir dans la profession demandée par le travailleur étranger ;

2° Les conditions d'application par l'employeur de la réglementation relative au travail ;

3° Les conditions d'emploi et de rémunération offertes au travailleur étranger, qui doivent être identiques à celles dont bénéficient les travailleurs français ;

4° Les dispositions prises par l'employeur pour assurer ou faire assurer, dans des conditions normales, le logement du travailleur étranger.

Art. R. 5523-15. Seuls les éléments d'appréciation mentionnés aux 2° et 3° de l'article R. 5523-14 sont pris en considération pour l'examen des demandes présentées par les réfugiés et par les apatrides.

CHAPITRE IV Indemnisation des travailleurs involontairement privés d'emploi

SECTION 1. Dispositions relatives à Mayotte

Note Cette section est issue de l'ordonnance 2017-1491 du 25 octobre 2017, art. 6, 14°, JO 26, entrée en vigueur le 01.01.2018.

Art. L. 5524-1. L'article L. 5411-5 n'est pas applicable à Mayotte.

Art. L. 5524-2. Pour l'application à Mayotte de l'article L. 5421-4, les mots : “à l'article L. 161-17-2 du code de la sécurité sociale” sont remplacés par les mots : “au premier alinéa de l'article 6 de l'ordonnance ***(L. 2018-771 du 5 sept. 2018, art. 63, I, JO 6, entrée en vigueur le 01.01.2019)*** «n° 2002-411 du 27 mars 2002 relative à la protection sanitaire et sociale à Mayotte»”, les mots : “au deuxième alinéa de l'article L. 351-1 du code de la sécurité sociale” sont remplacés par les mots : “au même alinéa” et les mots : “attribuée en application des articles L. 161-17-4, L. 351-1-1, L. 351-1-3 et L. 351-1-4 du code de la sécurité sociale et des troisième et septième alinéas du I de l'article 41 de la loi de financement de la sécurité sociale pour 1999 (n° 98-1194 du 23 décembre 1998)” sont remplacés par les mots : “anticipée attribuée en application de la législation sociale applicable à Mayotte”.

Art. L. 5524-3. Mayotte peut faire l'objet d'accords spécifiques conclus en application de l'article L. 5422-20 ***(L. 2018-771 du 5 sept. 2018, art. 63, II, JO 6, entrée en vigueur le 01.01.2019)*** «, dans les conditions fixées aux articles L. 5422-20-1 et L. 5422-20-2».

Les dispositions de la section 3 du chapitre IV du titre II du livre IV de la présente partie ne sont pas applicables à ces accords. Ces accords peuvent prévoir des règles spécifiques d'indemnisation des artistes et des techniciens intermittents du spectacle, en vue de l'alignement progressif de ces règles avec celles appliquées en métropole, en Guadeloupe, en Guyane, en Martinique, à La Réunion, à Saint-Barthélemy, à Saint-Martin et à Saint-Pierre-et-Miquelon ***(L. 2018-771 du 5 sept. 2018, art. 63, II, JO 6, entrée en vigueur le 01.01.2019)*** «, dans les conditions fixées aux articles L. 5422-20-1 et L. 5422-20-2.»

Note
- La **convention du 24 mars 2016** relative à l'indemnisation du chômage à Mayotte (arrêté du 17 mai 2016, JO 21) s'est appliquée du 01.05.2016 au 30.04.2019. Elle a poursuivi l'adaptation des règles d'indemnisation spécifiques à Mayotte afin de les rapprocher du régime général applicable dans les autres départements. Voir circulaire Unédic 2016-18 du 24 mai 2016 sur les règles issues de la convention du 24 mars 2016.
- Pour assurer la continuité des règles d'assurance chômage à Mayotte, le **décret 2019-374 du 26 avril 2019** (JO 28) a prévu, à compter du 01.05.2019, les règles d'indemnisation du chômage à Mayotte. Le règlement annexé au décret a repris les dispositions de la convention de mars 2016 et les accords d'application associés, sous réserve des quelques aménagements. Voir LSQ n° 17808 du 2.05.2019.

  L'article 4, IV du décret 2019-797 du 26 juillet 2019 (JO 28) a abrogé le décret 2019-374 précité à compter du 01.11.2019.
- **Depuis le 01.11.2019,** les mesures d'application du régime d'assurance chômage applicable à Mayotte prévues à l'article L. 5524-3 CT sont déterminées à l'**annexe B du décret 2019-797 du 26 juillet 2019** (décret précité, art. 1er, II et 5). L'annexe B précitée s'applique aux travailleurs salariés mentionnés à l'article L. 5422-13 CT (décret précité, art. 1er, III).

  Les dispositions de l'annexe B du décret précité sont applicables aux travailleurs privés d'emploi dont la fin du contrat de travail est intervenue depuis le 01.11.12019 (décret précité, art. 5, IV).
- **Covid-19.** Sur la prolongation exceptionnelle de la durée d'indemnisation, voir l'article 1er de l'ordonnance 2020-324 du 25 mars 2020 (JO 26, entrée en vigueur le 26.03.2020, modifié par loi 2020-734 du 17 juin 2020, art. 50, JO 18 et ordonnance 2020-1442 du 25 novembre

2020, JO 26) portant mesures d'urgence en matière de revenus de remplacement a prévu que pour les demandeurs d'emploi épuisant leur droit à l'allocation de retour à l'emploi, à compter du 1er mars 2020 et jusqu'au 31 mai 2020 (arrêté du 22 juillet 2020, art. 1er, JO 26), la durée pendant laquelle l'allocation est accordée peut être prolongée à titre exceptionnel. Le décret 2020-425 du 14 avril 2020 (JO 15) a défini les règles de cette prolongation temporaire (art. 1er). L'ordonnance 2020-1442 précitée (art. 1er) prévoit une nouvelle prolongation exceptionnelle de la durée d'indemnisation, à compter du 01.10.2020, pendant une période dont la durée est fixée par arrêté (arrêté du 9 décembre 2020, JO 12 modifié par arrêtés du 23 décembre 2020, JO 27 et 30 janvier 2021, JO 31). Les dispositions du premier alinéa de l'article 1er du décret 2020-425 précité s'appliquent que l'allocataire remplisse ou non, à la date à laquelle il arrive au terme de sa durée d'indemnisation, les conditions, selon sa situation, d'un rechargement de ses droits, d'une réadmission si sa situation est régie par le régime applicable à Mayotte (décret précité, art. 1er, al. 2). Voir circulaire Unédic 2021-01 du 8 janvier 2021, § 3.1.

• Sur la **revalorisation** au 1er juillet 2020 des salaires de référence de l'assurance chômage et des allocations d'assurance chômage à Mayotte, voir circulaire Unédic 2020-10 du 1er juillet 2020.

• Les caractéristiques de l'allocation d'assurance chômage à laquelle ont droit les personnels mentionnés au IV de l'article 72 de la loi 2019-828 du 6 août 2019 de transformation de la fonction publique (JO 7) sont définies par les mesures d'application du régime d'assurance chômage déterminées dans les conditions définies aux articles L. 5422-20 et L. 5524-3 CT et par les dispositions du décret 2020-741 du 16 juin 2020 (décret précité, art. 1er, JO 18).

Art. L. 5524-4. Le taux de l'allocation de solidarité spécifique à Mayotte est revalorisé par décret, en vue de réduire la différence de taux de l'allocation avec celui appliqué, en métropole, en Guadeloupe, en Guyane, en Martinique, à La Réunion, à Saint-Barthélemy, à Saint-Martin et à Saint-Pierre-et-Miquelon.

Note Le montant journalier de l'allocation de solidarité spécifique à Mayotte est fixé à 8,45 € depuis le 1er avril 2020 (décret 2020-670 du 2 juin 2020, JO 4).

Art. L. 5524-5. Pour l'application à Mayotte de l'article ***(Ord. 2019-861 du 21 août 2019, art. 1er, 14°, JO 22)*** « L. 5423-7 », les mots : "aux articles L. 821-1 et L. 821-2 du code de la sécurité sociale" sont remplacés par les mots : "à l'article 35 de l'ordonnance n° 2002-411 du 27 mars 2002 relative à la protection sanitaire et sociale à Mayotte" et les mots : "à l'article L. 821-7 du code de la sécurité sociale" sont remplacés par les mots : "à l'article 19 de l'ordonnance n° 2002-149 du 7 février 2002 relative à l'extension et à la généralisation des prestations familiales et de la protection sociale dans la collectivité départementale de Mayotte".

Art. L. 5524-6. Pour l'application à Mayotte de l'article L. 5428-1, les mots : "sous réserve de l'application des dispositions des articles L. 131-1, L. 241-2, L. 242-13 et L. 711-2 du code de la sécurité sociale" sont remplacés par les mots : "sous réserve des dispositions de l'article 28-7 de l'ordonnance n° 96-1122 du 20 décembre 1996 relative à l'amélioration de la santé publique, à l'assurance maladie, maternité, invalidité et décès, au financement de la sécurité sociale à Mayotte et à la caisse de sécurité sociale de Mayotte".

Sous-section 1 (réglementaire). Droits et obligations du demandeur d'emploi

Note Les sous-sections 1 à 3 sont issues du décret 2018-953 du 31 octobre 2018, art. 6, 10°, JO 6 nov.

Art. R. 5524-1. Pour l'application à Mayotte de l'article R. 5411-6, les mots : "au titre des 2° et 3° de l'article L. 341-4 du code de la sécurité sociale" sont remplacés par les mots : "à l'article 20-8-1 de l'ordonnance n° 96-1122 du 20 décembre 1996 relative à l'amélioration de la santé publique, à l'assurance maladie, maternité, invalidité et décès, au financement de la sécurité sociale à Mayotte et à la caisse de sécurité sociale de Mayotte".

Art. R. 5524-2. À Mayotte, lorsque le bénéficiaire est marié sous le régime du statut civil de droit local, dans sa version antérieure à l'ordonnance n° 2010-590 du 3 juin 2010 portant dispositions relatives au statut civil de droit local applicable à Mayotte et aux juridictions compétentes, le plafond de ressources applicable est celui prévu à l'article R. 5423-1, pour les bénéficiaires en couple. Seules ses ressources ainsi que celles de sa première épouse sont prises en compte pour l'application de l'article R. 5423-2.

Ses épouses peuvent, le cas échéant, bénéficier à titre personnel de l'allocation de solidarité spécifique dans les conditions prévues aux articles R. 5423-1 et R. 5423-2.

Sous-section 2 (réglementaire). Indemnisation du demandeur d'emploi

Art. R. 5524-3. Les articles R. 5422-1 et R. 5422-2 ne sont pas applicables à Mayotte.

Art. R. 5524-4. Pour les salariés justifiant d'une durée d'affiliation de cent quatre-vingt-deux jours ou mille quatorze heures au cours des vingt-quatre mois précédant la fin de contrat de travail, la durée pendant laquelle l'allocation d'assurance est accordée ne peut être inférieure à cent quatre-vingt-deux jours.

Art. R. 5524-5. Par dérogation à l'article R. 5524-4, lorsque l'intéressé n'a pas épuisé les droits à l'allocation d'aide au retour à l'emploi qui lui ont été précédemment octroyés et qu'il remplit les conditions permettant une nouvelle ouverture de droits, la durée d'indemnisation est établie de manière à permettre le versement du montant global de droits le plus élevé et du montant de l'allocation d'aide au retour à l'emploi calculée à partir du salaire journalier de référence le plus élevé, selon des modalités définies dans l'accord relatif à l'assurance chômage prévu à l'article L. 5524-3.

Ces durées sont diminuées, le cas échéant, de la durée du contrat de sécurisation professionnelle conclu en application de l'article L. 1233-65 du code du travail dont l'intéressé a bénéficié à la fin du même contrat de travail.

Art. R. 5524-6. Pour l'application à Mayotte de l'article R. 5422-16, la référence : " L. 5422-22 " est remplacée par la référence : " L. 5524-3 ".

Art. R. 5524-7. Pour l'application à Mayotte de l'article R. 5422-17, la référence : " L. 5422-23 " est remplacée par la référence : " L. 5524-3 ".

Sous-section 3 (réglementaire). Régimes particuliers

Art. R. 5524-8. Pour l'application à Mayotte de l'article R. 5424-2, il est ajouté, après les mots : " affiliés au régime d'assurance ", les mots : " applicable à Mayotte ".

Art. R. 5524-9. Pour l'application à Mayotte de l'article R. 5424-3 :

1° Au premier alinéa, après les mots : " régime d'assurance ", il est inséré les mots : " applicable à Mayotte " ;

2° Au 2°, après les mots : " régime d'assurance ", il est inséré les mots : " applicable à Mayotte ".

Art. R. 5524-10. Les dispositions de la section 3 du chapitre IV du titre II du livre IV de la cinquième partie du code du travail (partie réglementaire) ne sont pas applicables à Mayotte.

Art. R. 5524-11. ***(D. 2019-796 du 26 juil. 2019, JO 28, entrée en vigueur le 01.11.2019)*** Les dispositions de la section 4 du chapitre IV du titre II du livre IV de la cinquième partie du code du travail (partie réglementaire) sont applicables à Mayotte, sous réserve des adaptations suivantes :

1° Le montant des revenus antérieurs d'activité mentionnés au 3° de l'article R. 5424-70 est fixé à 7 500 euros par an ;

2° Au 4° de l'article R. 5424-70, les mots " inférieures au montant forfaitaire mensuel " sont remplacés par les mots " inférieures à 75 % du montant forfaitaire mensuel ".

SECTION 2. Autres dispositions d'adaptation

Art. L. 5524-10. Un décret en Conseil d'État apporte aux dispositions du titre II du livre IV, relatives à l'indemnisation des travailleurs privés d'emploi, les adaptations nécessaires à leur application ***(Ord. 2017-1491 du 25 oct. 2017, art. 6, 5°, JO 26, entrée en vigueur le 01.01.2018)*** «en Guadeloupe, en Guyane, en Martinique, à Mayotte, à La Réunion» ***(Ord. 2008-205 du 27 févr. 2008, JO 1er mars)*** «, à Saint-Barthélemy, à Saint-Martin» et à Saint-Pierre-et-Miquelon.

Note Cet article a été modifié par la loi 2018-771 du 5 septembre 2018, art. 63, III, JO 6, entrée en vigueur le 01.01.2019.

TITRE III MESURES DE COORDINATION AVEC LES AUTRES COLLECTIVITÉS ULTRAMARINES

CHAPITRE UNIQUE

Art. L. 5531-1. ***(L. 2018-771 du 5 sept. 2018, art. 63, IV, JO 6, entrée en vigueur le 01.01.2019)*** «Pôle emploi» peut exercer ses missions à Wallis-et-Futuna et dans les Terres australes et antarctiques françaises.

SIXIÈME PARTIE

LA FORMATION PROFESSIONNELLE TOUT AU LONG DE LA VIE

Note **Évolutions législatives**

• Les dispositions originelles du code du travail ont été profondément modifiées avec l'intervention des lois **78-754 du 17 juillet 1978 et 84-130 du 24 février 1984** (JO 25) portant réforme de la formation professionnelle continue.

Puis sont intervenues successivement les lois **90-579 du 4 juillet 1990** (JO 7) relative au crédit-formation, à la qualité et au contrôle de la formation professionnelle continue, **90-613 du 12 juillet 1990** (JO 14) favorisant la stabilité de l'emploi par l'adaptation du régime des contrats précaires, **91-1 du 3 janvier 1991** (JO 5) pour l'application du 3e plan pour l'emploi, **91-1405 du 31 décembre 1991** (JO 4 janv. 1992) relative à la formation professionnelle et à l'emploi, transcription législative de l'**accord national interprofessionnel du 3 juillet 1991** relatif à la formation et au perfectionnement professionnels [modifié par l'avenant du 8 novembre 1991 et étendu (arrêté d'extension du 2 octobre 1992, JO 3)] que, sur plusieurs points, elle a précisé, complété ou élargi et première étape d'une réforme plus globale de la formation professionnelle qui s'est poursuivie avec la loi **92-675 du 17 juillet 1992** (JO 19) portant diverses dispositions relatives à l'apprentissage et à la formation professionnelle, la loi quinquennale **93-1313 du 20 décembre 1993** (JO 21) relative au travail, à l'emploi et à la formation professionnelle – précédée par la loi **93-953 du 27 juillet 1993** (JO 28) relative au développement de l'emploi et de l'apprentissage –, la loi **95-116 du 4 février 1995** (JO 5) portant diverses mesures d'ordre social.

La loi **96-376 du 6 mai 1996** (JO 7) a réformé le financement de l'apprentissage et une loi **97-940 du 16 octobre 1997** (JO 17) est intervenue pour le développement d'activités pour l'emploi des jeunes. La loi **2002-73 du 17 janvier 2002** (JO 18) a introduit notamment un système de «validation des acquis de l'expérience».

La loi **2004-391 du 4 mai 2004** (JO 5) relative à la formation professionnelle tout au long de la vie et au dialogue social a repris en grande partie les dispositions de l'**accord national interprofessionnel du 20 septembre 2003** signé par l'ensemble des partenaires sociaux. Elle a prévu notamment la création d'un droit individuel à la formation (DIF), la fusion des différents contrats en alternance en un contrat de professionnalisation et la mise en place d'une période de professionnalisation, le relèvement de la contribution financière des entreprises, a défini le plan de formation, a aménagé la négociation sur la formation et étendu le contrôle de la formation (voir rapport parlementaire sur l'application de la loi du 4 mai 2004 présenté le 7 juillet 2005 par J-P Anciaux devant la commission des affaires culturelles de l'Assemblée nationale).

À noter que les dispositions de l'**accord national interprofessionnel du 20 septembre 2003** et celles maintenues en vigueur de l'**accord national interprofessionnel du 3 juillet 1991** ont été rassemblées au sein de l'**accord national interprofessionnel du 5 décembre 2003** étendu par arrêté du 17 décembre 2004 (JO 24). Voir avenants à l'**ANI du 20 juillet 2005** sur l'entretien professionnel, le passeport-formation et la VAE.

Les partenaires sociaux ont finalisé, le 7 janvier 2009, un accord national interprofessionnel sur la formation qu'ils ont signé. L'**accord national interprofessionnel du 5 octobre 2009** sur le développement de la formation tout au long de la vie professionnelle, la professionnalisation et la sécurisation des parcours professionnels en réunit les dispositions et celles – modifiées ou non – de l'accord national interprofessionnel du 5 décembre 2003.

• La loi **2009-1437 du 24 novembre 2009** (JO 25) relative à l'orientation et à la formation professionnelle tout au long de la vie a repris en grande partie les dispositions de l'ANI du 7 janvier 2009 sur la formation professionnelle et concerne notamment le renforcement de la portabilité du droit individuel à la formation (DIF), l'extension du congé individuel de formation, le bilan d'étape professionnel, le passeport formation et des mesures concernant les stages et les apprentis.

• La loi Cherpion **2011-893 du 28 juillet 2011** (JO 29) a visé au développement de l'alternance et à la sécurisation des parcours professionnels.

• La loi **2013-504 du 14 juin 2013** (JO 16) de sécurisation de l'emploi qui a fait suite à l'ANI du 11 janvier 2013 a notamment mis en place les fondations d'un compte personnel de formation (L. 6111-1) destiné, à terme, à se substituer au droit individuel à la formation, et l'accompagnement de tout salarié, en dehors de l'entreprise, par les services d'un conseil en évolution professionnelle (L. 6314-3).

• Le 14 décembre 2013, les partenaires sociaux sont parvenus à un accord national interprofessionnel (ANI) sur la formation professionnelle. Cet accord a été transposé dans la **loi 2014-288 du 5 mars 2014** (JO 6) relative à la formation professionnelle, à l'emploi et à la démocratie sociale. Outre la traduction du contenu de l'accord du 14 décembre, la loi du 5 mars 2014 a fait plus largement évoluer les politiques de l'emploi, du travail et de la formation professionnelle en s'appuyant sur le dialogue social et le dialogue territorial.

Elle a organisé la mise en œuvre du compte personnel de formation (CPF) en posant ses principes et modalités essentielles de fonctionnement. Le compte personnel de formation remplace le droit individuel à la formation (DIF) depuis le 1er janvier 2015. Les heures non consommées au titre du DIF restaient utilisables jusqu'en 2021 dans les conditions définies pour le compte personnel de formation.

Le financement de la formation a aussi été remanié. Une contribution minimale unique était versée à l'organisme paritaire collecteur agréé (OPCA) compétent. Le taux était de 0,55 % (entreprises de moins de 11 salariés) ou de 1 % (entreprises de 11 salariés et plus) de la masse salariale. Cependant, l'entreprise pouvait réduire sa contribution de 1 % à 0,8 % en concluant un accord d'entreprise triennal de gestion interne du CPF. Cet accord devait prévoir que l'entreprise consacre au financement du CPF au moins 0,2 % des rémunérations versées pendant chacune des années couvertes par l'accord, voir «Participation à la formation professionnelle», cahier RF 1085, juin 2017, §§ 3605 et s.

La définition et les missions des organismes collecteurs paritaires agréés ont été actualisées. Les OPCA sont devenus des organismes collecteurs globaux des fonds de la formation professionnelle. La loi a défini les missions des OPCA en tant qu'organismes pouvant prendre en charge directement ou indirectement (par le biais d'autres organismes) le financement des formations relevant du plan de formation, du congé individuel de formation, des formations financées au titre du compte personnel de formation, des périodes de professionnalisation et de la préparation opérationnelle à l'emploi. Ils n'assuraient en revanche plus aucun financement direct ou indirect des organisations syndicales de salariés et des organisations professionnelles d'employeurs. Leur rôle en matière de qualité des formations était renforcé et consacré comme l'une de leurs missions à part entière.

En complément de la réforme de la taxe d'apprentissage engagée dans la loi de finances rectificative pour 2013, la loi comportait un volet non financier de la réforme de l'apprentissage, complété par d'autres mesures en faveur de l'emploi, notamment sur l'insertion par l'activité économique ou le contrat de génération.

La loi 2014-288 du 5 mars 2014 a traité par ailleurs des questions de gouvernance des politiques nationales et régionales en faveur de l'emploi et de la formation professionnelle et a achevé la décentralisation aux régions des compétences de l'État en matière de formation professionnelle de publics spécifiques privés d'emploi.

Elle a renforcé également les moyens de contrôle et les sanctions applicables en matière d'apprentissage et de formation professionnelle continue.

Voir notamment «La réforme de la formation professionnelle», J-M Luttringer, Dr. Soc. 2014, p. 968; «Le rôle de la jurisprudence dans le droit de la formation», J. Barthélémy, Dr. Soc. 2014, p. 1007. Voir aussi «Réforme de la formation professionnelle», sur le site du ministère du Travail, de l'emploi, de la formation professionnelle et du dialogue social (*https://travail-emploi.gouv.fr*); voir RF 20 mars 2014, FH 3537.

• La loi **2015-991 du 7 août 2015** (JO 8) portant nouvelle organisation territoriale de la République (NOTRe) a renforcé les compétences de la région en matière de formation professionnelle, qui a dorénavant une compétence exclusive en matière d'aides aux entreprises et de soutien aux actions de développement économique. Depuis 2016, les outils territoriaux du service public de l'emploi (missions locales, maisons de l'emploi, Plie, agences Cap emploi, écoles de la deuxième chance) sont sous pilotage des Conseils régionaux.

• La loi **2015-994 du 17 août 2015** (JO 18) relative au dialogue social et à l'emploi a modifié le statut de l'AFPA, adopté des dispositions relative à la valorisation des parcours professionnels des élus et des titulaires d'un mandat syndical, apporté des aménagements au contrat de professionnalisation et au contrat d'apprentissage, précisé l'utilisation par les OPCA des fonds de la professionnalisation, instauré un dispositif de contrôle des organismes prestataires de formation en sécurité privée, a réformé le réseau des organismes collecteurs de la taxe d'apprentissage (OCTA) et clarifié le circuit d'indemnisation du congé de formation économique, sociale et syndicale; voir RF 10 septembre 2015, FH 3608, §§ 6-1 à 6-4, 6-15 à 6-17, 6-22 à 6-25, 6-30 à 6-32, 6-37 à 6-38.

• La loi **2016-1088 du 8 août 2016** (JO 9) dite «Loi Travail» contenait un volet formation ayant pour objectif, notamment, d'inciter les travailleurs à recourir aux différents dispositifs mis à leur disposition. Elle a, notamment, aménagé le compte personnel de formation, complété le dispositif de validation des acquis de l'expérience par une série de mesures visant à encourager les salariés à y recourir, pris des mesures visant à développer l'apprentissage, a retouché la notion de réalisation des actions de formation, amélioré la transparence et l'information sur la formation professionnelle ou modernisé le système d'information sur la formation professionnelle; voir notamment RF 8 septembre 2016, FH 3657 «Mesures pour l'emploi de la loi Travail», §§ 5-14 à 5-27 et 6-1 et s.; «Loi du 8 août 2016, volet santé au travail, formation professionnelle et sécurisation des parcours professionnels», JCP ed. S 2016, 1307 et 1308; J-M Luttringer «La formation dans la loi Travail, décryptage», Dr. Soc. 2016, pp. 1019 et s.

• La loi **2016-1321 du 7 octobre 2016** (JO 8) pour une République numérique a, notamment, inscrit les actions en faveur de l'apprentissage de compétences numériques dans le champ de la formation professionnelle tout au long de la vie (art. L. 6111-2 CT). Elle a offert la possibilité à l'employeur de proposer des formations participant au développement des compétences numériques, notamment des actions d'évaluation et de formation permettant l'accès au socle de connaissances et de compétences (L. 6321-1 CT); voir RF 20 octobre 2016, FH 3663 «Loi pour une République numérique», § 4-8.

• La loi **2016-1888 du 28 décembre 2016** (JO 29) de modernisation, de développement et de protection des territoires de montagne a prévu que les établissements de formation professionnelle situés en zone de montagne tiennent compte, dans l'élaboration de leur offre de formation, des spécificités de l'économie montagnarde. Ils répondent aux enjeux de la pluriactivité, notamment en encourageant la bi-qualification, et aux enjeux, le cas échéant, des activités transfrontalières (art. 11 modifié de la loi 85-30 du 9 janvier 1985 relative au développement et à la protection de la montagne).

• La loi **2017-86 du 27 janvier 2017** (JO 28) relative à l'égalité et à la citoyenneté comportait un certain nombre de dispositions relatives à la jeunesse et plus particulièrement aux alternants, et notamment l'ouverture de la mobilité internationale pour les apprentis et l'accès des alternants à la fonction publique via le «troisième concours». Cette loi a complété la liste des activités bénévoles ou de volontariat recensées dans le compte d'engagement citoyen permettant d'acquérir des heures inscrites sur le compte personnel de formation y ajoutant les activités dans la réserve militaire opérationnelle, le volontariat de la réserve civile de la police nationale et la réserve civique. La préparation de l'épreuve théorique du code de la route et de l'épreuve pratique du permis de conduire des véhicules du groupe léger sont devenues des formations éligibles au compte personnel de formation. Cette loi a introduit également l'obligation à une formation à la non-discrimination obligatoire: dans toute entreprise employant au moins 300 salariés et dans toute entreprise spécialisée dans le recrutement, les employés chargés des missions de recrutement devront recevoir une formation à la non-discrimination à l'embauche au moins une fois tous les cinq ans. Par ailleurs, les actions de formation tendant à l'amélioration de la maîtrise de la langue française ont été intégrées au champ de la formation professionnelle continue; voir notamment RF 9 février 2017, FH 3679 «Mesures sociales et fiscales de la loi "égalité et citoyenneté"», §§ 8-1 à 8-17; LSQ n° 17229 du 26.12.2016 et n° 17255 du 31.01.2017.

• Le 22 février 2018, les partenaires sociaux ont signé un accord national interprofessionnel (ANI) pour l'accompagnement des évolutions professionnelles, l'investissement dans les compétences et le développement de l'alternance (voir LSQ, dossier conv. collect., n° 74 du 19.04.2018). Cet accord a été en grande partie transposé dans la loi **2018-771 du 5 septembre 2018** (JO 6) pour la liberté de choisir son avenir professionnel. Avec cette loi, la formation professionnelle a fait l'objet d'une nouvelle réforme d'envergure.

La gouvernance de la formation et de l'apprentissage a été redessinée: création de France compétences, instance nationale quadripartite pivot central du système de formation et d'alternance, des opérateurs de compétences (OPCO) qui ont remplacé les organismes paritaires collecteurs agréés (OPCA) et sont devenus la clef de voûte du financement de l'alternance à la place des régions, gestion du compte personnel de formation géré par la caisse des dépôts et consignations.

L'accès à la formation a été repensé: la liste des catégories d'actions de formation est supprimée au profit d'une notion plus vaste: celle d'action concourant au développement des compétences, le plan de formation a été renommé «plan de développement des compétences». Il n'a plus à être construit par catégorie d'actions de formation.

Le compte personnel de formation (CPF) est devenu l'unique outil de mobilisation de la formation à l'initiative du salarié via une application numérique et sans intermédiation.

En remplacement du congé individuel de formation (CIF), le CPF de transition professionnelle a été créé permettant au bénéficiaire de financer une formation certifiante destinée à lui permettre de changer de métier ou de profession, après validation du projet par une commission paritaire.

Le régime du contrat d'apprentissage a été assoupli: pour les contrats conclus depuis le 01.01.2019, certains secteurs d'activité pourront faire travailler les moins de 18 ans plus de 35 heures par semaine et plus de 8 heures par jour, le dispositif d'initiation aux métiers de l'alternance (DIMA) a été remplacé par une troisième «prépa-métiers» qui permettra de familiariser les collégiens avec l'apprentissage, l'entrée en apprentissage a été permise jusqu'à 30 ans, à partir de 2020, le contrat d'apprentissage n'est plus enregistré par les chambres consulaires, mais déposé auprès de l'opérateur de compétences.

La loi 2018-771 précitée a opéré une profonde transformation de l'architecture financière du système de formation professionnelle en fusionnant dans une contribution unique, taxe d'apprentissage et contribution à la formation professionnelle, qui sera versée aux URSSAF à compter de 2021. Une période de transition sur les collectes de 2019 et 2020 de la nouvelle contribution unique a été prévue. La contribution CIF-CDD, qui est devenue CPF-CDD, et la contribution supplémentaire à l'apprentissage ont été maintenues.

Voir FRS 17/18 du 3 août 2018; FRS 5/19 du 18 janvier 2019; JCP ed. S 2018, 1302 à 1305, études S. Dougados, J. Poyau, F. du Pradel et E. Jeansen «La réforme de la formation professionnelle et de l'apprentissage»; LSQ, dossier juridique, n° 172 du 21.09.2018, «Loi avenir professionnel: réforme des droits à formation»; LSQ, dossier juridique, n° 186 du 12.10.2018, «Loi avenir professionnel: l'accès à la formation repensé»; LSQ, dossier juridique, n° 208 du 16.11.2019, «Loi avenir professionnel: le financement de la formation»; LSQ, dossier juridique, n° 223 du 10.12.2018, «Loi avenir professionnel: la gouvernance de la formation»; RF 13 septembre 2018, FH 3756 «Dossier: loi avenir professionnel»; RF 17 janvier 2019, FH 3775-1; RF 24 janvier 2019, FH 3776-2 (décrets relatifs à la réforme du contrat d'apprentissage: ce qu'il faut retenir); RF 31 janvier 2019, FH 3777-10 (compte personnel de formation: la réforme est opérationnelle) et 3777-11 (contributions formation et taxe d'apprentissage: l'échéancier de la période transitoire 2019-2020); Dr. Soc. 2018, p. 960: «Réforme de la formation professionnelle et de l'apprentissage», J-M. Luttringer; Dr. Soc. 2019, p. 250: «Chronique de droit de la formation professionnelle»,Y. Pagnerre et S. Dougados; LSQ, Les thématiques, n° 70 et 71, juillet et septembre 2019.

• L'ordonnance **2019-861 du 21 août 2019** (JO 22) dite «coquilles» a finalisé la réforme de l'apprentissage, et de la formation professionnelle mise en œuvre par la loi 2018-771 du 5 septembre 2018 précitée. Outre la correction d'erreurs rédactionnelles et d'incohérences, elle a apporté plusieurs précisions de fond, notamment sur la durée du contrat d'apprentissage, le maître d'apprentissage qui peut être le conjoint collaborateur de l'employeur, le solde acquis au titre du DIF, les conditions d'accès et de prise en charge du CPF de transition professionnelle adaptées pour les intérimaires et les intermittents du spectacle, la période de pro-A réalisée dans le cadre d'une VAE ou la prise en charge par l'OPCO de la rémunération du salarié en période de pro-A. Voir FRS 18/19 du 30 août 2019, §§ 3 à 6; LSQ n° 17880 du 26.08.2019; RF 3 octobre 2019, FH 3809-3; Dr. Soc. 2019, pp. 878 et 967: «Chronique de droit de la formation professionnelle», Y. Pagnerre et S. Dougados.

• ***Covid-19.*** Voir ordonnance 2020-387 du 1er avril 2020 (JO 2) portant mesures d'urgence en matière de formation professionnelle; décret 2020-894 du 22 juillet 2020 (JO 23) portant diverses mesures en matière de formation professionnelle; décret 2020-1434 du 24 novembre 2020 (JO 25) portant diverses dispositions relatives à la formation professionnelle; arrêté du 24 juillet 2020 (JO 29) portant modification des arrêtés du 6 juin 2019 relatifs aux modalités d'audit associées au référentiel national qualité et aux exigences pour l'accréditation des organismes certificateurs.

Union européenne

• Dans le cadre de la Communauté européenne, une ***directive 2005/36/CE du 7 septembre 2005*** *modifiée* relative à la reconnaissance des qualifications professionnelles (JOUE L 255 du 30.09.2005, rectif. JOUE L 271 du 16.10.2007; L 93 du 4.04.2008) prévoit une simplification de la structure du système de reconnaissance des qualifications. Les États membres avaient deux ans pour transposer cette directive, entrée en vigueur le 20 octobre 2005, dans leur droit interne. Elle abroge (art. 62), avec effet à partir du 20 octobre 2007, en les regroupant dans un seul texte, notamment les directives 89/48/CEE du 21 décembre 1988 modifiée (JOCE L 19 du 24.01.1989) relative à un système général de reconnaissance des diplômes d'enseignement supérieur qui sanctionnent des formations professionnelles d'une durée minimale de trois ans, 92/51/CEE du 18 juin 1992 modifiée (JOCE L 209 du 24.07.1992) relative à un deuxième système général de reconnaissance des formations professionnelles, ainsi que la directive 1999/42/CE du 7 juin 1999 (JOCE L 201 du 31.07.1999) instituant un mécanisme de reconnaissance des diplômes pour les activités professionnelles couvertes par les directives de libéralisation et les directives concernant des professions spécifiques.

Voir **ordonnance 2008-507 du 30 mai 2008** portant transposition de la directive 2005/36/CE précitée et rapport au président de la République relatif à cette ordonnance (JO 31).

• **Recommandation (UE) 2017/761 de la Commission du 26 avril 2017** sur le socle européen des droits sociaux (JOUE L 113 du 29.04.2017): la formation et l'apprentissage tout au long de la vie font partie intégrante du premier chapitre consacré à l'égalité des chances et accès au marché du travail.

• **Directive (UE) 2019/1152 du 20 juin 2019 du Parlement européen et du Conseil** sur les conditions de travail transparentes et prévisibles dans l'Union européenne (JOUE L 186/105 du 11.07.2019): la formation est un des thèmes sur lequel l'employeur doit informer le travailleur (considérants 17 et 37; art. 4 *h)* et 13).

LIVRE Ier

PRINCIPES GÉNÉRAUX ET ORGANISATION INSTITUTIONNELLE DE LA FORMATION ET DE L'ORIENTATION PROFESSIONNELLES

TITRE Ier PRINCIPES GÉNÉRAUX

CHAPITRE Ier Objectifs et contenu de la formation et de l'orientation professionnelles

SECTION 1. La formation professionnelle tout au long de la vie

Art. L. 6111-1. La formation professionnelle tout au long de la vie constitue une obligation nationale. ***(L. 2009-1437 du 24 nov. 2009, art. 1er, JO 25)*** «Elle vise à permettre à chaque personne, indépendamment de son statut, d'acquérir et d'actualiser des connaissances et des compétences favorisant son évolution professionnelle, ainsi que de progresser d'au moins un niveau de qualification au cours de sa vie professionnelle. ***(L. 2013-504 du 14 juin 2013, art. 5, JO 16)*** «Elle constitue un élément déterminant de sécurisation des parcours professionnels et de la promotion des salariés.» Une stratégie nationale coordonnée est définie et mise en œuvre par l'État, les régions et les partenaires sociaux», ***(L. 2014-288 du 5 mars 2014, art. 24, II, 4°, JO 6, entrée en vigueur le 01.01.2015)*** «dans les conditions prévues au 2° de l'article L. 6123-1. Cette stratégie est déclinée dans chaque région dans le cadre du comité régional de l'emploi, de la formation et de l'orientation professionnelles.»

Elle comporte une formation initiale, comprenant notamment l'apprentissage, et des formations ultérieures, qui constituent la formation professionnelle continue, destinées aux adultes et aux jeunes déjà engagés dans la vie active ou qui s'y engagent.

En outre, toute personne engagée dans la vie active est en droit de faire valider les acquis de son expérience, notamment professionnelle ***(L. 2019-1461 du 27 déc. 2019, art. 110, JO 28)*** «, liée à l'exercice d'un mandat d'élu au sein d'une collectivité territoriale» ***(L. 2008-789 du 20 août 2008, art. 7, JO 21)*** «ou liée à l'exercice de responsabilités syndicales».

(L. 2013-504 du 14 juin 2013, art. 5, JO 16) «Afin de favoriser son accès à la formation professionnelle tout au long de la vie, chaque personne dispose dès son entrée sur le marché du travail ***(L. 2014-288 du 5 mars 2014, art. 1er, I, 1°, JO 6, entrée en vigueur le 01.01.2015)*** «et jusqu'à la retraite», indépendamment de son statut, d'un compte personnel de formation ***(L. 2014-288 du 5 mars 2014, art. 1er, I, 1° JO 6, entrée en vigueur le 01.01.2015)*** «qui contribue à l'acquisition d'un premier niveau de qualification ou au développement de ses compétences et de ses qualifications en lui permettant, à son initiative, de bénéficier de formations».

Peuvent être mobilisés en complément du compte les autres dispositifs de formation auxquels son titulaire peut prétendre.»

Note • Le 3° inséré à l'ancien article L. 6111-1 par la loi 2014-40 du 20 janvier 2014, art. 12, JO 21, à compter du 01.01.2015, a été abrogé par la loi 2014-288 du 5 mars 2014, art. 1er, 1°, *c)*, JO 6.

• **Compte personnel de formation.** La loi 2014-288 relative à la formation professionnelle, à l'emploi et à la démocratie sociale (art. 1er) a organisé la mise en œuvre du compte personnel de formation. Le compte personnel de formation remplace le droit individuel à la formation (DIF) depuis le 01.01.2015. La loi 2016-1088 du 8 août 2016 (JO 9) a aménagé le compte personnel de formation (art. 39).

Avec la loi 2018-771, le CPF est devenu l'unique outil de mobilisation de la formation, sans intermédiaire, à l'initiative du salarié et est crédité en euros, et non plus en heures. Voir articles L. 6323-1 à 42; R. 6323-1 à D. 6323-44 CT.

Voir «Compte personnel de formation», cahier RF 1116, juillet 2020, §§ 3930 et s.

• **Intégration dans le CPA depuis le 1er janvier 2017.** Le compte personnel d'activité (CPA) regroupe les droits issus du CPF (voir note sous Titre V «Compte personnel d'activité» du livre Ier de la partie 5, art. L. 5151-1 et s. CT).

• Sur le **comité régional de l'emploi, de la formation et de l'orientation professionnelle**, voir article L. 6123-3.

• Voir notamment P. Caillaud, «Un "droit à la qualification" enfin effectif ?», Dr. Soc. 2014, p. 1000; J-P Willems, «De quoi la formation est-elle le nom ?», Dr. Soc. 2016, pp. 994 et s.

• Voir également LSQ, Les thématiques, n° 71, septembre 2019.

Art. L. 6111-2. ***(L. 2009-1437 du 24 nov. 2009, art. 2, JO 25)*** «Les connaissances et les compétences mentionnées au premier alinéa de l'article L. 6111-1 prennent appui sur le socle mentionné à l'article L. 122-1-1 du code de l'éducation, qu'elles développent et complètent.»

(L. 2017-86 du 27 janv. 2017, art. 157, 1°, JO 28) «Les actions de lutte contre l'illettrisme et en faveur de l'apprentissage et de l'amélioration de la maîtrise de la langue française ainsi que des compétences numériques font partie de la formation professionnelle tout au long de la vie. Tous les services publics, les collectivités territoriales et leurs groupements, les entreprises et leurs institutions sociales, les associations et les organisations syndicales et professionnelles concourent à l'élaboration et la mise en œuvre de ces actions dans leurs domaines d'action respectifs.»

Note Dans le domaine de la formation professionnelle, une cohérence est ainsi instaurée entre les actions de lutte contre l'illettrisme et celles en faveur de l'apprentissage et de l'amélioration de la maîtrise de la langue française, afin que des actions puissent être entreprises et financées tout au long de la vie professionnelle des personnes en difficulté du point de vue linguistique (loi 2017-86 du 27 janvier 2017 précitée, rapport AN n° 3851).

SECTION 2. L'orientation professionnelle tout au long de la vie

Art. L. 6111-3. ***(L. 2009-1437 du 24 nov. 2009, art. 4, JO 25) (L. 2017-86 du 27 janv. 2017, art. 54, II, 1°, JO 28)*** « I. –» Toute personne dispose du droit à être informée, conseillée et accompagnée en matière d'orientation professionnelle, au titre du droit à l'éducation garanti à chacun par l'article L. 111-1 du code de l'éducation.

Le service public de l'orientation tout au long de la vie ***(L. 2014-288 du 5 mars 2014, art. 22, II, 3°, JO 6, entrée en vigueur le 01.01.2015)*** «garantit» à toute personne l'accès à une information gratuite, complète et objective sur les métiers, les formations, les certifications, les débouchés et les niveaux de rémunération, ainsi que l'accès à des services de conseil et d'accompagnement en orientation de qualité et organisés en réseaux. ***(L. 2014-288 du 5 mars 2014, art. 22, II, 3°, JO 6, entrée en vigueur le 01.01.2015)*** «Il concourt à la mixité professionnelle en luttant contre les stéréotypes de genre.»

(L. 2014-288 du 5 mars 2014, art. 22, II, 3°, JO 6, entrée en vigueur le 01.01.2015) «L'État et les régions assurent le service public de l'orientation tout au long de la vie ***(L. 2017-86 du 27 janv. 2017, art. 54, II, 1°, JO 28)*** «et garantissent à tous les jeunes l'accès à une information généraliste, objective, fiable et de qualité ayant trait à tous les aspects de leur vie quotidienne».

L'État définit, au niveau national, la politique d'orientation des élèves et des étudiants dans les établissements scolaires et les établissements d'enseignement supérieur. Avec l'appui, notamment, des centres publics d'orientation scolaire et professionnelle et des services communs internes aux universités chargés de l'accueil, de l'information et de l'orientation des étudiants mentionnés, respectivement, aux articles L. 313-5 et L. 714-1 du même code, il met en œuvre cette politique dans ces établissements scolaires et d'enseignement supérieur et délivre à cet effet l'information nécessaire sur toutes les voies de formation aux élèves et aux étudiants ***(L. 2018-771 du 5 sept. 2018, art. 18, I, 1° et 2°, JO 6)*** «ainsi que l'accompagnement utile aux élèves, étudiants ou apprentis pour trouver leur voie de formation.

La région organise des actions d'information sur les métiers et les formations aux niveaux régional, national et européen ainsi que sur la mixité des métiers et l'égalité professionnelle entre les femmes et les hommes en direction des élèves et de leurs familles, des apprentis ainsi que des étudiants, notamment dans les établissements scolaires et universitaires. Lorsque ces actions ont lieu dans un établissement scolaire, elles sont organisées en coordination avec les psychologues de l'éducation nationale et les enseignants volontaires formés à cet effet. Pour garantir l'unité du service public de l'orientation et favoriser l'égalité d'accès de l'ensemble des élèves, des apprentis et des étudiants à cette information sur les métiers et les formations, un cadre national de référence est établi conjointement entre l'État et les régions. Il précise les rôles respectifs de l'État et des régions et les principes guidant l'intervention des régions dans les établissements.» La région coordonne les actions des autres organismes participant au service public régional de l'orientation et met en place un réseau de centres de conseil sur la validation des acquis de l'expérience. ***(L. 2018-771 du 5 sept. 2018, art. 18, I, 4°, JO 6)*** «Avec le concours de l'établissement public national mentionné à l'article L. 313-6 dudit code, elle élabore la documentation de portée régionale sur les enseignements et les professions et, en lien avec les services de l'État, diffuse l'information et la met à disposition des établissements de l'enseignement scolaire et supérieur, selon des modalités fixées par décret.»

Les organismes mentionnés ***(L. 2018-771 du 5 sept. 2018, art. 3, I, 1°, JO 6, entrée en vigueur le 01.01.2019)*** «à l'avant-dernier» alinéa de l'article L. 6111-6 du présent code ainsi que les organismes consulaires participent au service public régional de l'orientation.

Une convention annuelle conclue entre l'État et la région dans le cadre du contrat de plan régional de développement des formations et de l'orientation professionnelles prévu au I de l'article L. 214-13 du code de l'éducation détermine les conditions dans lesquelles l'État et la région coordonnent l'exercice de leurs compétences respectives dans la région.»

(L. 2017-86 du 27 janv. 2017, art. 54, II, 1°, JO 28) «II. – La région coordonne également, de manière complémentaire avec le service public régional de l'orientation et sous réserve des missions de l'État, les initiatives des collectivités territoriales, des établissements publics de coopération intercommunale et des personnes morales, dont une ou plusieurs structures d'information des jeunes sont labellisées par l'État dans les conditions et selon les modalités prévues par décret. Ces structures visent à garantir à tous les jeunes l'accès à une information généraliste, objective, fiable et de qualité touchant tous les domaines de leur vie quotidienne.»

(L. 2018-771 du 5 sept. 2018, art. 18, II, JO 6) «La région établit annuellement un rapport publié rendant compte des actions mises en œuvre par les structures en charge de l'orientation professionnelle et garantissant la qualité de l'information disponible auprès des jeunes, notamment en termes de lutte contre les stéréotypes et les classifications sexistes.»

Note • Les dispositions de cet article, dans sa rédaction issue de la loi 2018-771 précitée, sont applicables depuis le 1er janvier 2019 (loi précitée, art. 46, I).

Voir LSQ, dossier juridique, n° 223 du 10.12.2018, § 2.

• Voir décret 2019-10 du 4 janvier 2019 (JO 6) relatif aux **modalités de compensation financière du transfert de compétences des DRONISEP** pris en application du VII de l'article 18 de la loi 2018-771 précitée et décret 2019-830 du 5 août 2019 (JO 7) relatif à la **convention type de mise à disposition de parties de services des DRONISEP** prévue au VI de ce même article. La date et les modalités des transferts définitifs des services ou d'une partie de services des DRONISEP sont prévues par le décret 2019-1552 du 30 décembre 2019 (JO 31).

• La région organise des actions d'information sur les métiers et les formations ainsi que sur la mixité des métiers et l'égalité professionnelle entre les femmes et les hommes en direction des élèves et de leur famille, des apprentis et étudiants notamment dans les établissements scolaires et universitaires. Voir décret 2019-218 du 21 mars 2019 (JO 23) relatif aux nouvelles compétences des régions en matière d'information sur les métiers et les formations.

En application du VIII de l'article 18 de la loi 2018-771 précitée, les régions peuvent, pour une durée expérimentale de 3 ans à compter du 1er janvier 2019, bénéficier, à leur demande, de la **mise à disposition de fonctionnaires et agents de l'État exerçant tout ou partie de leurs missions au sein des centres d'information et d'orientation** ou exerçant des fonctions se rapportant à l'information des élèves sur les métiers et les formations, au sein d'un service académique ou d'un établissement public local d'enseignement. Les conditions de cette expérimentation et de mise à disposition sont fixées par le décret 2019-375 du 26 avril 2019 (JO 28).

Voir également **Cadre national de référence relatif à la mise en œuvre des compétences de l'État et des régions en matière d'information et d'orientation pour les publics scolaire, étudiant et apprenti**, signé le 28 mai 2019, qui définit les rôles respectifs de l'État et des régions. Ce document a pour objet de garantir l'unité du service public de l'orientation et de favoriser l'égalité d'accès de l'ensemble des élèves, des apprentis et des étudiants à cette information sur les métiers et les formations.

Une convention annuelle conclue entre l'État et chaque région dans le cadre du contrat de plan régional de développement des formations et de l'orientation professionnelles (CPRDFOP) détermine également les conditions de coordination de l'exercice de leurs compétences respectives dans la région.

• **Sur les transferts de compétence à titre définitif** mentionnés au III de l'article 13 et aux articles 21 et 22 de la loi 2014-288 précitée, voir art. 27, I de ladite loi rapporté au-dessus de

L. 6121-1, applicable depuis le 01.01.2015. Voir décret 2015-1694 du 17 décembre 2015 relatif à la convention type de mise à disposition de services de l'État chargés des compétences transférées aux conseils régionaux dans le cadre de la loi 2014-288 (JO 19).

• Voir décrets 2014-1453 et 1454 du 5 décembre 2014 (JO 7) relatifs à la durée complémentaire de formation qualifiante des jeunes sortant sans qualification professionnelle du système éducatif (art. D. 122-3-1 à 3-8 c. éduc.).

• Voir également accord cadre État-ARF (association des régions de France) du 28 novembre 2014 relatif à la mise en œuvre du service public régional d'orientation tout au long de la vie (SPRO) et à la prise en charge des jeunes sortant du système de formation initiale sans un diplôme national ou une certification professionnelle.

Art. D. 6111-8. ***(D. 2019-1303 du 6 déc. 2019, JO 7, modifié par D. 2020-19 du 9 janv. 2020, JO 11)*** Les régions organisent la publication et transmettent la liste et les coordonnées des centres de conseil sur la validation des acquis de l'expérience mentionnés au I de l'article L. 6111-3 au portail national dématérialisé dédié à la validation des acquis de l'expérience.

Art. L. 6111-4. ***(L. 2009-1437 du 24 nov. 2009, art. 4, JO 25, entrée en vigueur le 01.01.2015)*** Il est créé un service dématérialisé gratuit et accessible à toute personne, lui permettant:

1° De disposer d'une première information et d'un premier conseil personnalisé en matière d'orientation et de formation professionnelles;

2° D'être orientée vers les structures susceptibles de lui fournir les informations et les conseils nécessaires à sa bonne orientation professionnelle.

Une convention peut être conclue entre l'État, les régions et le fonds visé à l'article L. 6332-18 pour concourir au financement de ce service.

Note • Cet article a été modifié par la loi 2014-288 du 5 mars 2014, art. 22, II, 4°, JO 6.

• Ce service dématérialisé d'orientation se structure autour de deux pôles:
– un site internet national (*www.orientation-pour-tous.fr*);
– une plateforme téléphonique.

• Il a été également créé un service dématérialisé gratuit (*www.alternance.emploi.gouv.fr*) favorisant le développement de la formation en alternance. Ce service vise notamment à faciliter la prise de contact entre les employeurs et les personnes recherchant un contrat en alternance, en complémentarité avec le service prévu à l'article L. 6111-4, à les aider à la décision grâce à des outils de simulation et à développer la dématérialisation des formalités liées à l'emploi et à la rémunération des personnes en alternance. Voir arrêté du 18 mai 2012 (JO 4 juil.), modifié par arrêté du 5 décembre 2019 (JO 10 janv. 2020), portant autorisation de traitements automatisés de données à caractère personnel relatives au service dématérialisé de l'alternance mis à disposition des usagers.

• Voir décret 2011-1773 du 5 décembre 2011 (JO 7) relatif aux missions de l'association Centre pour le développement de l'information sur la formation permanente (Centre Inffo) qui assure, d'une part, la mise en œuvre d'un système d'information national sur l'offre de formation comportant notamment des fonctionnalités permettant de rendre opérationnelle la prescription en ligne de l'offre de formation et les potentialités de financement par les différents opérateurs de l'État et, d'autre part, la mission de chef de projet ayant en charge, sous l'autorité du délégué à l'information et à l'orientation, la maîtrise d'ouvrage du portail constituant l'accès dématérialisé internet du service public de l'orientation mentionné à l'article L. 6111-4, puis sa maîtrise d'œuvre.

Art. L. 6111-5. ***(L. 2014-288 du 5 mars 2014, art. 22, II, 5°, JO 6, entrée en vigueur le 01.01.2015)*** «Sur le fondement de normes de qualité élaborées par la région à partir d'un cahier des charges qu'elle arrête, peuvent être reconnus comme participant au service public régional de l'orientation tout au long de la vie les organismes qui proposent à toute personne un ensemble de services lui permettant:»

1° De disposer d'une information exhaustive et objective sur les métiers, les compétences et les qualifications nécessaires pour les exercer, les dispositifs de formation et de certification, ainsi que les organismes de formation et les labels de qualité dont ceux-ci bénéficient;

(L. 2017-86 du 27 janv. 2017, art. 54, II, 2°, JO 28) «2° S'agissant des jeunes de seize ans à trente ans, de disposer d'une information sur l'accès aux droits sociaux et aux loisirs;

3°» De bénéficier de conseils personnalisés afin de pouvoir choisir en connaissance de cause un métier, une formation ou une certification adapté à ses aspirations, à ses aptitudes et aux perspectives professionnelles liées aux besoins prévisibles de la société, de l'économie et de l'aménagement du territoire et, lorsque le métier, la formation ou la certification envisagé fait l'objet d'un service d'orientation ou d'accompagnement spécifique assuré par un autre organisme, d'être orientée de manière pertinente vers cet organisme.

SECTION 3. Le conseil en évolution professionnelle

Art. L. 6111-6. ***(L. 2018-771 du 5 sept. 2018, art. 3, I, 2°, JO 6, entrée en vigueur le 01.01.2019)*** Toute personne peut bénéficier tout au long de sa vie professionnelle d'un conseil en évolution professionnelle, dont l'objectif est de favoriser l'évolution et la sécurisation de son parcours professionnel.

Le conseil est gratuit et est mis en œuvre dans le cadre du service public régional de l'orientation mentionné à l'article L. 6111-3. L'opérateur du conseil en évolution professionnelle accompagne la personne dans la formalisation et la mise en œuvre de ses projets d'évolution professionnelle, en lien avec les besoins économiques et sociaux existants et prévisibles dans les territoires. Il facilite l'accès à la formation, en identifiant les compétences de la personne, les qualifications et les formations répondant aux besoins qu'elle exprime ainsi que les financements disponibles.

Il accompagne les salariés dans le cadre de leurs projets de transition professionnelle prévus à l'article L. 6323-17-1.

L'offre de service du conseil en évolution professionnelle est définie par un cahier des charges arrêté par le ministre chargé de la formation professionnelle.

Sous réserve de l'article L. 6111-6-1, le conseil en évolution professionnelle est assuré par les institutions et organismes mentionnés au 1° *bis* de l'article L. 5311-4 et à l'article L. 5314-1, par Pôle emploi, par l'institution chargée de l'amélioration du fonctionnement du marché de l'emploi des cadres créée par l'accord national interprofessionnel du 12 juillet 2011 relatif à l'Association pour l'emploi des cadres ainsi que par les opérateurs désignés au titre du 4° de l'article L. 6123-5, après avis du bureau du comité régional de l'emploi, de l'orientation et de la formation professionnelles mentionné à l'article L. 6123-3. Les opérateurs régionaux sont financés par France compétences et sélectionnés ***(Ord. 2019-861 du 21 août 2019, art. 1er, 15°, JO 22)*** «par un marché public».

Ces institutions, organismes et opérateurs assurent l'information directe des personnes sur les modalités d'accès à ce conseil et sur son contenu, selon des modalités définies par voie réglementaire.

Note • Les articles L. 6111-6 et 6-1 sont applicables depuis le 1er janvier 2019 (loi 2018-771 précitée, art. 46, I).

Voir RF 13 septembre 2018, FH 3756 §§ 2-32 et s.; FRS 17/18 du 3 août 2018, § 9; LSQ, dossier juridique, n° 172 du 21.09.2018; LSQ, Les thématiques, n° 71, septembre 2019, chap. 1.

• **Missions du CEP élargies depuis le 1er janvier 2019.** La loi 2018-771 du 5 septembre 2018 précitée a conservé la finalité du conseil en évolution professionnelle (CEP) et la gratuité de ce service est réaffirmée. L'offre de service CEP a été, toutefois, complètement réaménagée: au-delà des qualifications et des formations adaptées aux besoins de l'intéressé, ainsi que des financements disponibles, le CEP permet également d'identifier plus largement les compétences de la personne accompagnée. Le CEP a pour mission d'accompagner la personne «dans la formalisation et la mise en œuvre» de ses projets d'évolution professionnelle, en lien avec les besoins économiques et sociaux existants et prévisibles dans les territoires. Il vise à faciliter l'accès à la formation, en identifiant les compétences de la personne, les qualifications et les formations répondant aux besoins qu'elle exprimera, ainsi que les financements disponibles.

L'accompagnement des personnes tout au long de leur vie professionnelle constitue un levier essentiel au service de la sécurisation des parcours des actifs, du développement de l'autonomie des personnes et ainsi de leur capacité à choisir leur avenir professionnel (arrêté du 29 mars 2019, annexe, JO 30).

• **Cahier des charges.** L'annexe de l'arrêté du 29 mars 2019 (JO 30) fixe le cahier des charges mentionné au troisième alinéa du présent article Les dispositions de cet arrêté s'appliquent depuis le 1er janvier 2020. Le cahier des charges établit:
- les finalités et les publics bénéficiaires du conseil en évolution professionnelle;
- l'offre de services du conseil en évolution professionnelle;
- les principes et les modalités de mise en œuvre du conseil en évolution professionnelle;
- la promotion, la coordination des acteurs;
- le suivi du conseil en évolution professionnelle.

Voir LSQ n° 17790 du 4.04.2019.

• **Mise en œuvre du CEP.** Le conseil en évolution professionnelle est délivré par (arrêté du 29 mars 2019 précité, annexe, § 3.2):
- les opérateurs nationaux habilités à dispenser l'accompagnement (Pôle emploi pour les demandeurs d'emploi, l'Apec pour les cadres, Cap emploi pour les personnes handicapées et les Missions locales pour les jeunes);

– les opérateurs régionaux sélectionnés par France compétences conformément aux règles de la commande publique, après avis du bureau du comité régional de l'emploi, de l'orientation et de la formation professionnelles. Les opérateurs régionaux sont financés par France compétences et accompagnent les actifs occupés, hors agents publics.

Depuis le 1er janvier 2020, en plus des opérateurs nationaux historiques du CEP (voir ci-dessus), ce dernier est délivré pour les actifs occupés par des opérateurs régionaux financés et sélectionnés par France compétences, sur la base d'un appel d'offres national (délibérations France compétences 2019-10-199 du 17 octobre 2019, 2019-11-304 du 5 novembre 2019 et 2019-12-319 du 19 décembre 2019):
– dans 8 régions (AURA, Nouvelle Aquitaine, Grand-Est, Occitanie, PACA, Bourgogne-Franche-Comté, Guadeloupe, Mayotte), le service est délivré par des groupements dont le mandataire est un CIBC (Centre interinstitutionnel de bilan de compétences);
– dans 6 régions (Île-de-France, Hauts-de-France, Centre Val de Loire, Pays de la Loire, Normandie, Bretagne), il est délivré par un groupement associant les cabinets Tingari et Catalys Conseil;
– la région Martinique a été confiée au cabinet Aksis, constitué en groupement avec un cabinet spécialisé dans l'accompagnement et la formation;
– en Corse, le cabinet Anthéa RH a été sélectionné;
– en Guyane est désignée la Boutique de Gestion (BGE) de Guyane et à la Réunion, les attributaires désignés sont: Retravailler EGP et APIFPAM fédération nationale des CIBC.

• **Désignation des prestataires de contrôle du service fait (CSF) du service de conseil CEP.** Voir délibération France compétences 2019-12-320 du 19 décembre 2019.

• **Accompagnement dans le cadre du CPA.** Le compte personnel d'activité (CPA) a pour objectifs de renforcer l'autonomie et la liberté d'action de son titulaire et de sécuriser son parcours professionnel en supprimant les obstacles à la mobilité. Il contribue au droit à la qualification professionnelle et permet la reconnaissance de l'engagement citoyen (art. L. 5151-1 CT). Le titulaire du CPA a droit à un accompagnement global et personnalisé destiné à l'aider à exercer ses droits pour la mise en œuvre de son projet professionnel. Cet accompagnement est fourni notamment dans le cadre du conseil en évolution professionnelle (art. L. 5151-1, al. 3 CT). L'offre de service du conseil en évolution professionnelle peut être proposée à distance dans des conditions définies par le cahier des charges (loi 2016-1088 du 8 août 2016, art. 39, IV).

• **Accompagnement dans le cadre du dispositif «Transitions collectives».** Voir Instruction DGEFP/SDPFC/MDFF 2021-13 du 11 janvier 2021 (NOR: MTRD 2100967J) relative au déploiement du dispositif «Transitions collectives».

• Le CEP peut aussi intervenir en amont d'un projet de transition professionnelle, dans le cadre du **CPF de transition professionnelle** (art. L. 6323-17-2, II CT).

• La loi 2018-771 du 5 septembre 2018 pour la liberté de choisir son avenir professionnel (art. L. 5422-1-1 CT) dispose qu'ont droit à l'allocation d'assurance chômage, les salariés qui démissionnent dans le cadre d'un **projet de reconversion professionnelle nécessitant le suivi d'une formation ou d'un projet de création ou de reprise d'une entreprise**. Préalablement à sa démission, l'intéressé doit demander un CEP, dans les conditions fixées à l'article L. 5422-1-1 CT, en vue d'être accompagné dans la préparation de son projet de reconversion professionnelle. Le CEP se demande auprès des institutions, organismes ou opérateurs mentionnés à l'article L. 6111-6 CT, à l'exception de Pôle emploi et des missions locales. Le travailleur salarié établit avec le concours de l'institution, de l'organisme ou de l'opérateur, le projet de reconversion professionnelle ou de création ou reprise d'entreprise mentionné à l'article L. 5422-1 II. 2° CT. Voir circulaire Unédic 2020-12 du 6 octobre 2020, fiche 2 *bis*, § 1.1.2.1.

• Voir également «Le conseil en évolution professionnelle, nouvel espace public de construction de projet», Ph. Dole, Dr. Soc. 2014, p. 986.

Art. L. 6111-6-1. ***(L. 2018-771 du 5 sept. 2018, art. 3, I, 3°, JO 6, entrée en vigueur le 01.01.2019)*** Les organismes chargés du conseil en évolution professionnelle partagent les données relatives à leur activité de conseil dans les conditions prévues à l'article L. 6353-10.

Ceux d'entre eux qui ne remplissent pas cette obligation perdent le bénéfice des dispositions mentionnées à l'article L. 6111-6, dans des conditions précisées par décret en Conseil d'État.

Art. R. 6111-5. ***(D. 2019-657 du 27 juin 2019, JO 28, entrée en vigueur le 01.01.2020)*** I. – Lorsque le ministre chargé de la formation professionnelle constate que les institutions et organismes mentionnés au 1° *bis* de l'article L. 5311-4 et à l'article L. 5314-1, Pôle emploi et l'institution chargée de l'amélioration du fonctionnement du marché de l'emploi des cadres créée par l'accord national interprofessionnel du 12 juillet 2011 relatif à l'Association pour l'emploi des cadres, chargés de délivrer le conseil en évolution professionnelle au titre de l'article L. 6111-6 ne fournissent pas, pendant une durée supérieure à six mois, les données relatives au parcours professionnel et au parcours de formation du bénéficiaire prévues l'article R. 6323-34, ainsi que les données relatives à leur activité de conseil prévues à l'article L. 6111-6-1, il les met en demeure de se mettre en conformité avec les obligations mentionnées à l'article L. 6111-6-1 dans un délai de deux mois. À l'expiration de ce délai, si les organismes ne se sont pas mis en conformité avec leurs obligations, ils ne bénéficient plus des dispositions de l'article L. 6111-6. Le ministre chargé de la formation professionnelle, leur en fait notification, par tout moyen donnant date certaine à cette notification et en informe France compétences.

II. – Lorsque le conseil d'administration de France compétences constate que les opérateurs chargés de délivrer le conseil en évolution professionnelle désignés au titre du 4° de l'article L. 6123-5 ne fournissent pas, dans les conditions prévues à l'article L. 6111-6-1, pendant une durée supérieure à six mois, les données relatives au parcours professionnel et au parcours de formation du bénéficiaire prévues à l'article R. 6323-34, ainsi que les données relatives à leur activité de conseil prévues à l'article L. 6111-6-1, il les met en demeure de se mettre en conformité avec ces obligations dans un délai de deux mois. À l'expiration de ce délai, si les organismes ne se sont pas mis en conformité avec leurs obligations, France compétences résilie le contrat conclu avec les opérateurs. France compétences, leur notifie cette résiliation, par tout moyen donnant date certaine à cette notification, et en informe le ministre chargé de la formation professionnelle.

Note Voir LSQ n° 17846 du 1.07.2019.

Art. D. 6111-6. Les institutions, organismes et opérateurs mentionnés à l'article L. 6111-6 assurent le conseil en évolution professionnelle.

Ils assurent l'information directe des personnes sur les modalités d'accès à ce conseil et sur son contenu, notamment en organisant des sessions d'information des personnes en activité professionnelle et des demandeurs d'emploi au titre du conseil en évolution professionnelle.

Ces institutions, organismes et opérateurs informent les personnes dès leur premier entretien sur les modalités d'accès et le contenu du conseil en évolution professionnelle, selon les modalités prévues par l'arrêté mentionné à l'article L. 6111-6.

Note Les articles D. 6111-6 et 7 sont les anciens articles D. 6111-5 et 6 (décret 2019-657 du 27 juin 2019, art. 1er, *b)*, JO 28, entrée en vigueur le 01.01.2020). Les anciens articles D. 6111-5 et 6 étaient issus du décret 2018-1234 du 24 décembre 2018, JO 26, entrée en vigueur le 01.01.2019.

Art. D. 6111-7. Les institutions, organismes et opérateurs chargés de délivrer le conseil en évolution professionnelle évaluent l'apport du conseil sur leurs bénéficiaires et partagent ces données dans les conditions prévues à l'article L. 6353-10 du code du travail.

SECTION 4. Supports d'information

Art. L. 6111-7. ***(L. 2018-771 du 5 sept. 2018, art. 1er, III, JO 6, entrée en vigueur le 01.01.2019)*** Les informations relatives à l'offre de formation, définies par un arrêté du ministre chargé de la formation professionnelle, sont collectées au sein d'un système d'information national géré par la Caisse des dépôts et consignations, dont les conditions de mise en œuvre sont précisées par décret.

Ce système est alimenté par :
1° Les organismes mentionnés à l'article L. 6316-1 ;
2° Les prestataires d'actions mentionnés à l'article L. 6351-1.

France compétences communique à la Caisse des dépôts et consignations la liste des opérateurs du conseil en évolution professionnelle qu'elle finance.

Ce système d'information identifie les formations éligibles au compte personnel de formation mentionnées à l'article L. 6323-6. Ce système d'information national est publié en ligne, dans un standard ouvert aisément réutilisable.

Note • Cet article a été modifié par l'ordonnance 2019-861 du 21 août 2019, art. 1er, 16°, JO 22.

• Les articles L. 6111-7 et 8 sont applicables depuis le 1er janvier 2019 (loi 2018-771 précitée, art. 46, I).

Voir FRS 17/18 du 3 août 2018, § 9-15.

Art. L. 6111-8. ***(L. 2018-771 du 5 sept. 2018, art. 24, I, JO 6)*** Chaque année, pour chaque centre de formation d'apprentis et pour chaque lycée professionnel, sont rendus publics quand les effectifs concernés sont suffisants :
1° Le taux d'obtention des diplômes ou titres professionnels ;
2° Le taux de poursuite d'études ;
3° Le taux d'interruption en cours de formation ;
4° Le taux d'insertion professionnelle des sortants de l'établissement concerné, à la suite des formations dispensées ;
5° La valeur ajoutée de l'établissement.

Art. L. 6112-1

Pour chaque centre de formation d'apprentis, est également rendu public chaque année le taux de rupture des contrats d'apprentissage conclus.

Les modalités de diffusion des informations publiées sont déterminées par arrêté conjoint des ministres chargés de la formation professionnelle et de l'éducation nationale.

Note Les établissements scolaires du second degré et les CFA doivent rendre public le taux d'insertion professionnelle des élèves, par diplôme, dans les 12 mois suivant l'obtention des diplômes auxquels ils les préparent. Par conséquent, un élève ou apprenti ne pourra pas s'inscrire dans un cycle ou une formation sans avoir préalablement pris connaissance des taux de réussite et d'insertion professionnelle correspondants (art. L. 401-2-1 c. éduc.).

SECTION 1 (réglementaire). Système d'information relatif à l'offre de formation professionnelle

Note Cette section a été introduite par le décret 2015-742 du 24 juin 2015, JO 27, entrée en vigueur le 01.01.2016.

Art. R. 6111-1. Le système d'information national prévu à l'article L. 6111-7 utilise un langage de référence commun dénommé "Langage harmonisé d'échange d'informations sur l'offre de formation - LHÉO".

Art. R. 6111-2. Le langage de référence mentionné à l'article R. 6111-1 est défini par arrêté du ministre en charge de la formation professionnelle, pris après avis ***(D. 2018-1262 du 26 déc. 2018, art. 1er, III, JO 28, entrée en vigueur le 01.01.2019)*** «de la Commission nationale de la négociation collective, de l'emploi et de la formation professionnelle» et publié au *Journal officiel* de la République française. Il est actualisé de façon régulière.

Il est mis à disposition du public par voie dématérialisée.

Art. R. 6111-3. L'information préalable relative aux sessions de formation prévue au premier alinéa de l'article L. 6121-5 et l'information relative à l'offre de formation professionnelle continue sur le territoire par la région déterminée à l'article L. 6121-6 sont diffusées selon le langage de référence mentionné à l'article L. 6111-1.

Le système d'information du compte personnel de formation défini au II de l'article L. 6323-8 recense l'offre de formation professionnelle selon le même langage.

Art. R. 6111-4. Les membres du service public de l'emploi, les opérateurs du conseil en évolution professionnelle ainsi que les organismes mentionnés aux 3° et 4° du II de l'article L. 6323-4 sont destinataires des informations mentionnées au premier alinéa de l'article R. 6111-3.

CHAPITRE II Égalité d'accès à la formation

SECTION 1. Égalité d'accès entre les femmes et les hommes

Art. L. 6112-1. Pour l'application de la présente partie, aucune distinction entre les femmes et les hommes ne peut être faite.

Note
- Cet article a été modifié par la loi 2014-288 du 5 mars 2014, art. 2, JO 6.
- Voir notamment, directive 2006/54/CE du 5 juillet 2006 (JOUE L 204 du 26.07.2006) relative à la mise en œuvre du principe de l'égalité des chances et de l'égalité de traitement entre hommes et femmes en matière d'emploi et de travail.

Art. D. 6112-1. Toute personne concourant à la formation professionnelle tout au long de la vie est formée aux règles relatives à l'égalité professionnelle entre les femmes et les hommes et contribue, dans l'exercice de son activité, à favoriser cette égalité.

Art. L. 6112-2. Le principe de non-discrimination énoncé à l'article L. 6112-1 ne fait pas obstacle à l'intervention, à titre transitoire, par voie réglementaire ou conventionnelle, de mesures prises au seul bénéfice des femmes en vue d'établir l'égalité des chances entre les femmes et les hommes en matière de formation.

Ces mesures sont destinées notamment à corriger les déséquilibres constatés au détriment des femmes dans la répartition des femmes et des hommes dans les actions de formation et à favoriser l'accès à la formation des femmes souhaitant reprendre une activité professionnelle interrompue pour des motifs familiaux.

SECTION 2. Égalité d'accès des personnes handicapées et assimilées

Art. L. 6112-3. Les personnes handicapées et assimilées, mentionnées à l'article L. 5212-13, ont accès à l'ensemble des dispositifs de formation prévus dans la présente partie dans le respect du principe d'égalité de traitement, en prenant les mesures appropriées.

Elles bénéficient, le cas échéant, d'actions spécifiques de formation ayant pour objet de permettre leur insertion ou leur réinsertion professionnelle ainsi que leur maintien dans l'emploi, de favoriser le développement de leurs compétences et l'accès aux différents niveaux de la qualification professionnelle et de contribuer au développement économique et culturel et à la promotion sociale.

(L. 2013-504 du 14 juin 2013, art. 5, JO 16) «La stratégie nationale définie à l'article L. 6111-1 comporte un volet consacré à l'accès et au développement de la formation professionnelle des personnes en situation de handicap.»

SECTION 3. Égalité d'accès des représentants du personnel et des délégués syndicaux

Art. L. 6112-4. ***(L. 2015-994 du 17 août 2015, art. 5, JO 18)*** Les ministres chargés du travail et de la formation professionnelle établissent une liste des compétences correspondant à l'exercice d'un mandat de représentant du personnel ou d'un mandat syndical. Après avis de la ***(L. 2018-771 du 5 sept. 2018, art. 45, I, 5°, JO 6)*** «commission de France compétences en charge de la certification professionnelle», ces compétences font l'objet d'une certification inscrite ***(L. 2018-771 du 5 sept. 2018, art. 45, I, 5°, JO 6)*** «au répertoire spécifique mentionné à l'article L. 6113-6». La certification est enregistrée en blocs de compétences qui permettent d'obtenir des dispenses dans le cadre notamment d'une démarche de validation des acquis de l'expérience permettant, le cas échéant, l'obtention d'une autre certification.

Un recensement des certifications ou parties de certification comportant ces compétences et enregistrées au répertoire national des certifications professionnelles est annexé à la liste mentionnée au premier alinéa du présent article.

Note • Les dispositions de cet article, dans sa rédaction issue de la loi 2018-771 précitée, sont applicables depuis le 1er janvier 2019 (loi précitée, art. 46, I).

• Voir arrêté du 18 juin 2018 (JO 26) portant création de la certification relative aux compétences acquises dans l'exercice d'un mandat de représentant du personnel ou d'un mandat syndical.

• Le ministère du Travail a publié sur son site, le 31 janvier 2019, un guide relatif à la certification des compétences des représentants du personnel et des mandataires syndicaux. L'objectif est de présenter les atouts de la démarche, les conditions d'éligibilité et d'obtention de la certification et de détailler les différentes étapes pour y parvenir (*https://travail-emploi.gouv.fr/IMG/pdf/guide_certification_des_mandates_janv2019-2.pdf*).

Art. D. 6112-2. ***(D. 2019-1422 du 20 déc. 2019, art. 1er, JO 22)*** Les actions de formation certifiantes nécessaires à l'obtention de la certification relative aux compétences acquises dans l'exercice d'un mandat de représentant du personnel ou d'un mandat syndical, notamment les actions de positionnement, d'accompagnement et d'évaluation des compétences, constituent un temps de travail effectif et donnent lieu pendant leur déroulement au maintien par l'entreprise de la rémunération, conformément aux dispositions de l'article L. 6321-6, dès lors qu'elles ne relèvent pas des exceptions prévues aux 1° et 2° de ce même article.

Note Voir LSQ n° 17969 du 2.01.2020; RF 6 janvier 2020, FH 3823.

CHAPITRE III La certification professionnelle

Note Ce chapitre a été introduit par la loi 2018-771 du 5 septembre 2018, art. 31, I, JO 6; les dispositions issues de cette loi sont applicables depuis le 1er janvier 2019 (loi précitée, art. 46, I).

SECTION 1. Principes généraux

Art. L. 6113-1. Un répertoire national des certifications professionnelles est établi et actualisé par l'institution nationale dénommée France compétences mentionnée à l'article L. 6123-5.

Les certifications professionnelles enregistrées ***(Ord. 2019-861 du 21 août 2019, art. 1er, 17°, JO 22)*** «dans le répertoire national» des certifications professionnelles permettent une validation des compétences et des connaissances acquises nécessaires à l'exercice d'activités professionnelles. Elles sont définies notamment par un référentiel d'activités qui décrit les situations de travail et les activités exercées, les métiers ou emplois visés, un référentiel de compétences qui identifie les compétences et les connaissances, y compris transversales, qui en découlent et un référentiel d'évaluation qui définit les critères et les modalités d'évaluation des acquis.

Les certifications professionnelles sont classées par niveau de qualification et domaine d'activité. La classification par niveau de qualification est établie selon un cadre national des certifications ***(Ord. 2019-861 du 21 août 2019, art. 1er, 17°, JO 22)*** «professionnelles» défini par décret qui détermine les critères de gradation des compétences au regard des emplois et des correspondances possibles avec les certifications des États appartenant à l'Union européenne.

Les certifications professionnelles sont constituées de blocs de compétences, ensembles homogènes et cohérents de compétences contribuant à l'exercice autonome d'une activité professionnelle et pouvant être évaluées et validées.

Note • Par dérogation à cet article et jusqu'à l'échéance de leur enregistrement, l'obligation de classement par niveau de qualification ne s'applique pas aux certificats de qualification professionnelle enregistrés, au 1er janvier 2019, dans le répertoire national des certifications professionnelles (loi 2018-771 du 5 septembre 2018, art. 31, IV, JO 6, modifié par ordonnance 2019-861 précitée, art. 7, 3°).

• Voir note France compétences du 15 novembre 2019 relative au cadre national des certifications professionnelles.

• Voir Dr. Soc. 2018, p. 1016: «La refonte du système des diplômes et des certifications professionnelles», P. Caillaud; LSQ, Les thématiques, n° 71, septembre 2019, chap. 2; Dr. Soc. 2019, pp. 878 et 967: «Chronique de droit de la formation professionnelle», Y. Pagnerre et S. Dougados.

Art. L. 6113-2. Les ministères, les commissions paritaires nationales de l'emploi de branches professionnelles, les organismes et les instances à l'origine de l'enregistrement d'une ou plusieurs certifications professionnelles enregistrées ***(Ord. 2019-861 du 21 août 2019, art. 1er, 18°, JO 22)*** «dans le répertoire national» des certifications professionnelles ou d'une ou plusieurs certifications ou habilitations enregistrées ***(Ord. 2019-861 du 21 août 2019, art. 1er, 18°, JO 22)*** «dans le répertoire spécifique» mentionné à l'article L. 6113-6 sont dénommés ministères et organismes certificateurs.

Note Voir note France compétences du 28 février 2020 relative à la qualité d'organisme certificateur.

SECTION 2. Diplômes et titres à finalité professionnelle et certificats de qualification professionnelle

Art. L. 6113-3. I. – Des commissions professionnelles consultatives ministérielles, composées au moins pour moitié de représentants d'organisations syndicales de salariés représentatives au niveau national et interprofessionnel et d'organisations professionnelles d'employeurs représentatives ***(Ord. 2019-861 du 21 août 2019, art. 1er, 19°, JO 22)*** «au niveau national et interprofessionnel ou au niveau national et multiprofessionnel», peuvent être créées afin d'examiner les projets de création, de révision ou de suppression de diplômes et titres à finalité professionnelle et de leurs référentiels, à l'exception des diplômes de l'enseignement supérieur régis par les articles L. 613-1, L. 641-4 et L. 641-5 du code de l'éducation. La composition, les règles d'organisation et les règles de fonctionnement de ces commissions sont fixées par décret en Conseil d'État.

Les projets de création, de révision ou de suppression de diplômes de l'enseignement supérieur à finalité professionnelle régis par les mêmes articles L. 613-1, L. 641-4 et L. 641-5 font l'objet d'une concertation spécifique, selon des modalités fixées par voie réglementaire, avec les organisations syndicales de salariés représentatives au niveau national et interprofessionnel et les organisations professionnelles d'employeurs représentatives ***(Ord. 2019-861 du 21 août 2019, art. 1er, 19°, JO 22)*** «au niveau national et interprofessionnel ou au niveau national et multiprofessionnel».

II. – La création, la révision ou la suppression de diplômes et titres à finalité professionnelle et de leurs référentiels, à l'exception des modalités de mise en œuvre de l'évaluation des compétences et connaissances en vue de la délivrance de ces diplômes et titres, est décidée après avis conforme des commissions professionnelles consultatives ministérielles.

Lorsque la décision porte sur un diplôme ou titre à finalité professionnelle requis pour l'exercice d'une profession en application d'une ***(Ord. 2019-861 du 21 août 2019, art. 1er, 19°, JO 22)*** «norme» internationale ou d'une ***(Ord. 2019-861 du 21 août 2019, art. 1er, 19°, JO 22)*** «disposition législative ou réglementaire», la commission professionnelle consultative ministérielle compétente émet un avis simple.

Note • Les avis rendus, avant le 1er janvier 2019, par les commissions professionnelles consultatives ministérielles sur les projets de création, de révision ou de suppression de diplômes et titres à finalité professionnelle constituent des avis au sens des dispositions du II de cet article (décret 2018-1172 du 18 décembre 2018, art. 3, JO 20).

• Sur la co-construction des diplômes et titres à finalité professionnelle, voir LSQ, dossier juridique, n° 223 du 10.12.2018, § 3.

• Voir décret 2019-1119 du 31 octobre 2019 (JO 3 nov.) modifiant la composition et les règles de fonctionnement des commissions professionnelles chargées de donner un avis sur la création, la révision ou la suppression de diplômes et titres à finalité professionnelle.

Voir aussi décret 2020-272 du 17 mars 2020 (JO 19) modifiant le décret 2001-295 du 4 avril 2001 portant création de la commission d'évaluation des formations et diplômes de gestion.

Art. L. 6113-4. Les certificats de qualification professionnelle sont établis par une ou plusieurs commissions paritaires nationales de l'emploi de branche professionnelle.

Ces commissions déterminent à l'occasion de la création de cette certification professionnelle la personne morale détentrice des droits de sa propriété intellectuelle. Elles peuvent, dans les mêmes formes et à tout moment, désigner une nouvelle personne morale qui se substitue à la précédente détentrice des droits de propriété de ce certificat.

Ces certificats sont transmis à France compétences et à la Caisse des dépôts et consignations.

Ils peuvent faire l'objet d'une demande d'enregistrement ***(Ord. 2019-861 du 21 août 2019, art. 1er, 20°, JO 22)*** «dans le répertoire national» des certifications professionnelles dans les conditions prévues à l'article L. 6113-5 ou ***(Ord. 2019-861 du 21 août 2019, art. 1er, 20°, JO 22)*** «dans le répertoire spécifique» prévu à l'article L. 6113-6 dans les conditions prévues au même article L. 6113-6.

Note Sur les certificats de qualification professionnelle (CQP), voir LSQ, dossier juridique, n° 223 du 10.12.2018, § 3 et FRS 17/18 du 3 août 2018, § 6-11.

SECTION 3. Enregistrement dans les répertoires nationaux

Art. L. 6113-5. I. – Sont enregistrés par France compétences, pour une durée ***(Ord. 2019-861 du 21 août 2019, art. 1er, 22°, JO 22)*** «maximale» de cinq ans, ***(Ord. 2019-861 du 21 août 2019, art. 1er, 22°, JO 22)*** «dans le répertoire national» des certifications professionnelles les diplômes et titres à finalité professionnelle délivrés au nom de l'État créés par décret et organisés par arrêté des ministres compétents, après avis des commissions professionnelles consultatives ministérielles compétentes rendu dans les conditions prévues au II de l'article L. 6113-3, ainsi que ceux délivrés au nom de l'État prévus aux articles L. 613-1, L. 641-4 et L. 641-5 du code de l'éducation.

II. – Sont enregistrés par France compétences, pour une durée maximale de cinq ans, ***(Ord. 2019-861 du 21 août 2019, art. 1er, 22°, JO 22)*** «dans le répertoire national» des certifications professionnelles, sur demande des ministères et organismes certificateurs les ayant créés et après avis conforme de la commission de France compétences en charge de la certification professionnelle, les diplômes et titres à finalité professionnelle ne relevant pas du I et les certificats de qualification professionnelle.

Un décret en Conseil d'État définit les modalités d'enregistrement des titres, diplômes et certificats mentionnés au I et au présent II ainsi que les conditions simplifiées d'enregistrement des certifications professionnelles portant sur des métiers identifiés par la commission de France compétences en charge de la certification professionnelle comme particulièrement en évolution ou en émergence.

Note Les diplômes et titres à finalité professionnelle mentionnés au I de cet article enregistrés dans le répertoire national des certifications professionnelles au 7 septembre 2018 le demeurent jusqu'au 1er janvier 2024 au plus tard (loi 2018-771 du 5 septembre 2018, art. 31, III, JO 6, modifié par ordonnance 2019-861 précitée, art. 7, 3°).

Sur les modalités d'enregistrements des certifications issues de la loi 2018-771 précitée, voir LSQ, dossier juridique, n° 223 du 10.12.2018, § 3 et FRS 17/18 du 3 août 2018, § 6-9.

Art. L. 6113-6. Sont enregistrées pour une durée maximale de cinq ans, dans un répertoire spécifique établi par France compétences, sur demande des ministères et organismes certificateurs les ayant créées et après avis conforme de la commission de France compétences en charge de la certification professionnelle, les certifications et habilitations correspondant à des compétences professionnelles complémentaires aux certifications professionnelles. Ces certifications et habilitations peuvent, le cas échéant, faire l'objet de correspondances avec des blocs de compétences de certifications professionnelles.

(Ord. 2019-861 du 21 août 2019, art. 1er, 23°, JO 22) «Les certifications et habilitations établies par l'État requises pour l'exercice d'une profession ou une activité sur le territoire national en application d'une norme internationale ou d'une disposition législative ou réglementaire sont enregistrées de droit dans le répertoire spécifique.»

Note • Les certifications et habilitations recensées à l'inventaire spécifique mentionné au dixième alinéa du II de l'article L. 335-6 c. éduc. en vigueur jusqu'à l'intervention de la loi 2018-771 du 5 septembre 2018, JO 6, sont enregistrées de plein droit jusqu'au 31 décembre 2021 dans le répertoire spécifique mentionné à l'article L. 6113-6 (loi précitée, art. 31, V, modifié par ordonnance 2020-387 du 1er avril 2020, art. 1er, I, 2°, JO 2, entrée en vigueur le 02.04.2020).

• Le répertoire spécifique des certifications et habilitations (RSCH) remplace, depuis le 01.01.2019, l'inventaire pour le recensement des compétences et des connaissances transversales.

• Voir note du 16 avril 2019 de la commission de la certification professionnelle de France compétences relative au répertoire spécifique. Cette note précise le périmètre du répertoire spécifique (RS) par rapport au RNCP afin de permettre l'orientation ad hoc des demandes d'enregistrement vers l'un ou l'autre répertoire.

• Les chambres de métiers et de l'artisanat et les chambres de commerce et d'industrie sont tenues de proposer aux chefs d'entreprises exerçant une activité artisanale et commerciale respectivement le stage de préparation à l'installation et le stage d'initiation à la gestion. Ces stages prévus à l'article 59 de la loi 73-1193 du 27 décembre 1973 d'orientation du commerce et de l'artisanat (modifié par l'article 4 de la loi 2019-486 du 22 mai 2019 relative à la croissance et à la transformation des entreprises) sont enregistrés au répertoire spécifique établi par France compétences dans les conditions prévues aux articles L. 6113-6 et R. 6113-11 (décret 2019-1272 du 2 décembre 2019, art. 1er, JO 3).

Art. L. 6113-7. La commission de France compétences en charge de la certification professionnelle peut adresser aux ministères et organismes certificateurs une demande tendant à la mise en place de correspondances totales ou partielles entre la certification professionnelle dont ils sont responsables ***(Ord. 2019-861 du 21 août 2019, art. 1er, 24°, JO 22)*** «et» les certifications professionnelles équivalentes et de même niveau de qualification et leurs blocs de compétences. À défaut pour ***(Ord. 2019-861 du 21 août 2019, art. 1er, 24°, JO 22)*** «le ministère ou» l'organisme certificateur de satisfaire cette demande, France compétences procède au retrait de la certification professionnelle délivrée par l'organisme du répertoire.

Art. L. 6113-8. Les ministères et organismes certificateurs procèdent à la communication des informations relatives aux titulaires des certifications délivrées au système d'information du compte personnel de formation prévu au II de l'article L. 6323-8, selon les modalités de mise en œuvre fixées par décret en Conseil d'État.

Un décret en Conseil d'État définit les conditions dans lesquelles ***(Ord. 2019-861 du 21 août 2019, art. 1er, 25°, JO 22)*** «France compétences» vérifie les conditions d'honorabilité professionnelle des organismes certificateurs et s'assure qu'ils ne poursuivent pas des buts autres que ceux liés à la certification professionnelle.

Note Voir articles R. 6113-17-1 à 17-4.

Art. L. 6113-9. Les personnes qui appartiennent aux promotions prises en compte dans le cadre de la procédure d'instruction pour enregistrement ***(Ord. 2019-861 du 21 août 2019, art. 1er, 18°, JO 22)*** «dans le répertoire national» des certifications professionnelles ainsi que celles qui appartiennent à la promotion en cours et ayant obtenu la certification peuvent se prévaloir de l'inscription de cette certification ***(Ord. 2019-861 du 21 août 2019, art. 1er, 18°, JO 22)*** «dans le répertoire national» des certifications professionnelles.

Les personnes dont la candidature a été déclarée recevable à une démarche de validation des acquis de l'expérience au sens de l'article L. 6412-2 ou les personnes suivant une formation visant à l'acquisition d'une certification professionnelle en cours de validité au moment de leur entrée en formation peuvent, après obtention de la certification, se prévaloir de l'inscription de celle-ci ***(Ord. 2019-861 du 21 août 2019, art. 1er, 18°, JO 22)*** «dans le répertoire national» des certifications professionnelles.

Note Voir note France compétences du 5 juillet 2019 relative à l'évaluation de l'impact économique et social d'un projet de certification professionnelle.

Art. L. 6113-10. Un décret en Conseil d'État détermine les modalités d'application du présent chapitre.

SECTION 1 (réglementaire). Commission de la certification professionnelle

Note Les sections 1 et 2 ont été introduites par le décret 2018-1172 du 18 décembre 2018, JO 20, entrée en vigueur le 01.01.2019. La commission de la certification professionnelle remplace, depuis le 01.01.2019, la commission nationale de la certification professionnelle, supprimée depuis cette date (art. L. 335-6 c. éduc abrogé au 01.01.2019).

Art. R. 6113-1. I. – La commission de France compétences en charge de la certification professionnelle prévue à l'article L. 6113-6 est dénommée : " Commission de la certification professionnelle ". Elle est composée, outre de son président, des membres suivants, nommés pour une durée de cinq ans par arrêté du ministre chargé de la formation professionnelle :

1° Huit représentants de l'État, désignés respectivement par le ministre chargé de la formation professionnelle, le ministre chargé de l'éducation nationale, le ministre chargé de l'enseignement supérieur, le ministre chargé de la santé, le ministre chargé des sports, le ministre chargé de l'agriculture, le ministre chargé des affaires sociales et le ministre chargé de la culture ;

2° Deux représentants de conseils régionaux ou d'assemblées délibérantes ultramarines exerçant les compétences dévolues aux conseils régionaux en matière de formation professionnelle, désignés par le ministre chargé de la formation professionnelle, sur proposition de l'Association des régions de France ;

3° Un représentant de chaque organisation syndicale de salariés représentative au niveau national et interprofessionnel, sur proposition de leur organisation respective ;

4° Un représentant de chaque organisation professionnelle d'employeurs représentative au niveau national et interprofessionnel, sur proposition de leur organisation respective.

II. – Participent aux débats, sans voix délibérative :

1° À la demande des ministres concernés, un représentant du ministre chargé de l'économie, un représentant du ministre chargé du développement durable, un représentant du ministre chargé du travail, un représentant du ministre chargé de la jeunesse et un représentant du ministre de la défense ;

2° Les rapporteurs, auprès de la commission, des demandes d'enregistrement prévues au II de l'article L. 6113-5 et à l'article L. 6113-6, des projets des demandes prévues à l'article L. 6113-7 et du projet de liste annuelle des métiers considérés comme particulièrement en évolution ou en émergence prévue à l'article R. 6113-1[0] ;

3° Toute personne dont l'audition est de nature à éclairer les débats, sur invitation du président.

Art. R. 6113-2. Pour chaque membre titulaire de la commission, à l'exception du président, un suppléant de l'autre sexe est désigné et nommé dans les mêmes conditions qu'à l'article R. 6113-1.

Art. R. 6113-3. Lorsqu'un membre décède, démissionne ou perd la qualité au titre de laquelle il a été désigné, il est remplacé pour la durée du mandat restant à courir par une personne désignée dans les mêmes conditions et, sauf s'il s'agit du président, du même sexe.

En cas d'empêchement temporaire du président, la commission est présidée par un membre élu à la majorité simple des voix exprimées par les membres présents.

Art. R. 6113-4. Avec l'accord du président, les membres de la commission peuvent participer aux débats au moyen d'une conférence téléphonique ou audiovisuelle.

Lorsqu'il n'est pas suppléé, un membre empêché peut donner son mandat à un autre membre ayant voix délibérative. Un membre ne peut détenir plus d'un mandat. Le mandat n'est valable que pour la séance pour laquelle il a été donné.

Les avis de la commission sont adoptés à la majorité simple des voix exprimées. Le président a voix prépondérante en cas de partage égal des voix.

Le quorum est atteint lorsque la moitié au moins des membres composant la commission sont présents, y compris les membres prenant part aux débats au moyen d'une conférence téléphonique ou audiovisuelle, ou ont donné mandat. Lorsque le quorum n'est pas atteint, la commission délibère valablement sans condition de quorum après une nouvelle convocation portant sur le même ordre du jour et spécifiant qu'aucun quorum ne sera exigé.

Art. R. 6113-5. La commission élabore son règlement intérieur qui précise notamment les règles de prévention des conflits d'intérêts. Ce règlement est applicable après son approbation par le conseil d'administration de France compétences.

Note Voir délibération France compétences 2019-04-181 du 4 avril 2019 relative au règlement intérieur de la Commission de la certification professionnelle de France compétences.

Art. R. 6113-6. La commission se réunit sur convocation de son président, qui arrête son programme de travail annuel et fixe l'ordre du jour de chaque séance.

Le président peut solliciter, en tant que de besoin, l'avis ou l'expertise d'autorités publiques pour l'appréciation des critères d'examen des demandes d'enregistrement dans les répertoires nationaux fixés aux articles R. 6113-9 et R. 6113-11.

Art. R. 6113-7. Dans l'exercice de ses missions définies aux articles L. 6113-4 à L. 6113-8, la commission :

1° Contribue à l'harmonisation de la terminologie employée par les ministères et organismes certificateurs pour l'intitulé des certifications professionnelles, les activités qu'elles visent et les compétences qu'elles attestent ;

2° Veille à la qualité de l'information, à destination des personnes et des entreprises, relative aux certifications professionnelles et certifications et habilitations enregistrées dans les répertoires nationaux et aux certifications reconnues dans les États membres de l'Union européenne ou parties à l'accord sur l'Espace économique européen et s'assure notamment que les référentiels des certifications professionnelles enregistrées dans le répertoire national des certifications professionnelles sont accessibles au public ;

3° Contribue aux travaux internationaux sur la qualité des certifications ;

4° Peut être saisie par les ministères et les commissions paritaires nationales de l'emploi de branches professionnelles de toute question relative aux certifications professionnelles.

Pour l'exercice de ses missions, la commission tient compte des travaux des observatoires de l'emploi et des qualifications régionaux, nationaux et internationaux, du centre d'études et de recherches sur les qualifications et des observatoires prospectifs des métiers et des qualifications mis en place par les commissions paritaires nationales de l'emploi de branches professionnelles. Elle peut solliciter le conseil d'administration de France compétences pour la réalisation de toute action qu'elle juge nécessaire en matière d'évaluation de la politique de certification professionnelle.

SECTION 2 (réglementaire). Enregistrement dans les répertoires nationaux

Sous-section 1. Conditions de l'enregistrement aux répertoires nationaux

Note Cette sous-section a été introduite par le décret 2019-1490 du 27 décembre 2019, art. 1er et 3, JO 29, entrée en vigueur le 01.07.2021, modifiés par décret 2020-894 du 22 juillet 2020, art. 4, JO 23, entrée en vigueur le 23.07.2020, et comprend les articles R. 6113-8 à R. 6113-17 préexistants.

Art. R. 6113-8. Pour permettre l'enregistrement d'une certification professionnelle ou d'une certification ou habilitation dans les répertoires nationaux au titre des procédures prévues aux articles L. 6113-5 et L. 6113-6, les ministères ou organismes certificateurs transmettent au directeur général de France compétences les informations dont la liste et le contenu sont fixés par arrêté du ministre chargé de la formation professionnelle.

Note Voir arrêté du 4 janvier 2019 (JO 15). Voir également LSQ n° 17721 du 27.12.2018.

Art. R. 6113-9. Les demandes d'enregistrement dans le répertoire national des certifications professionnelles au titre du II de l'article L. 6113-5 sont examinées selon les critères suivants :

1° L'adéquation des emplois occupés par rapport au métier visé par le projet de certification professionnelle s'appuyant sur l'analyse d'au moins deux promotions de titulaires du projet de certification professionnelle ;

2° L'impact du projet de certification professionnelle en matière d'accès ou de retour à l'emploi, apprécié pour au moins deux promotions de titulaires et comparé à l'impact de certifications visant des métiers similaires ou proches ;

3° La qualité du référentiel d'activités, du référentiel de compétences et du référentiel d'évaluation ;

4° La mise en place de procédures de contrôle de l'ensemble des modalités d'organisation des épreuves d'évaluation ;

5° La prise en compte des contraintes légales et réglementaires liées à l'exercice du métier visé par le projet de certification professionnelle ;

6° La possibilité d'accéder au projet de certification professionnelle par la validation des acquis de l'expérience ;

7° La cohérence des blocs de compétences constitutifs du projet de certification professionnelle et de leurs modalités spécifiques d'évaluation ;

8° Le cas échéant, la cohérence des correspondances totales ou partielles mises en place avec des certifications professionnelles équivalentes et de même niveau de qualification et leurs blocs de compétences ;

9° Le cas échéant, les modalités d'association des commissions paritaires nationales de l'emploi de branches professionnelles dans l'élaboration ou la validation des référentiels.

Note Sur le 7° : voir note du 24 septembre 2019 de la Commission de la certification professionnelle de France compétences relative aux blocs de compétences.

Art. R. 6113-10. En application du II de l'article L. 6113-5, la commission de la certification professionnelle établit, selon une périodicité annuelle et sur proposition d'un comité scientifique composé du président de la commission et de trois personnalités qualifiées nommées par arrêté du ministre chargé de la formation professionnelle, une liste des métiers considérés comme particulièrement en évolution ou en émergence.

Les demandes d'enregistrement portant sur un projet de certification professionnelle relatif à un métier figurant sur la liste mentionnée au précédent alinéa ne sont pas soumises aux critères d'examen prévus aux 1° et 2° de l'article R. 6113-9.

L'enregistrement effectué au titre de la procédure du présent article est d'une durée maximale de trois ans.

Art. R. 6113-11. Les demandes d'enregistrement des projets de certifications et habilitations au titre de l'article L. 6113-6 sont examinées selon les critères suivants:

1° L'adéquation des connaissances et compétences visées par rapport aux besoins du marché du travail;

2° La qualité du référentiel de compétences et du référentiel d'évaluation;

3° La mise en place de procédures de contrôle de l'ensemble des modalités d'organisation des épreuves d'évaluation;

4° La prise en compte des contraintes légales et réglementaires liées à l'exercice des compétences professionnelles visées par le projet de certification ou d'habilitation;

5° Le cas échéant, la cohérence des correspondances mises en place avec des blocs de compétences de certifications professionnelles enregistrées dans le répertoire national des certifications professionnelles;

6° Le cas échéant, les modalités d'association des commissions paritaires nationales de l'emploi de branches professionnelles dans l'élaboration ou la validation des référentiels.

Note Voir note du 27 juin 2019 de la Commission de la certification professionnelle de France compétences relative aux référentiels d'activités, de compétences et d'évaluation.

Art. R. 6113-12. Le directeur général de France compétences prononce, par décision publiée au *Journal officiel* de la République française et mise en ligne sur le site internet de France compétences, l'enregistrement des certifications professionnelles dans le répertoire national des certifications professionnelles au titre de la procédure prévue au II de l'article L. 6113-5 et l'enregistrement des certifications et habilitations dans le répertoire spécifique au titre de la procédure prévue à l'article L. 6113-6.

Art. R. 6113-13. Les demandes tendant à la mise en place de correspondances totales ou partielles en application de l'article L. 6113-7 sont notifiées aux ministères et organismes certificateurs par le président de la commission de la certification professionnelle.

Les ministères et organismes certificateurs disposent d'un délai de deux mois à compter de cette notification pour faire part de leurs observations écrites.

Au terme de ce délai et au vu des observations produites, la commission de la certification professionnelle confirme, modifie ou infirme sa demande initiale. Cette demande est notifiée par son président aux ministères et organismes certificateurs.

Le ministère ou l'organisme certificateur dispose d'un délai d'un an à compter de cette notification pour se conformer à la demande de la commission de la certification professionnelle et l'en informer. À défaut de mise en conformité, le directeur général de France compétences notifie au ministère ou à l'organisme certificateur le retrait de la certification professionnelle du répertoire national de la certification professionnelle.

Art. R. 6113-14. Nul ne peut exercer, en droit ou en fait, une fonction de direction ou d'administration dans un organisme certificateur au sens de l'article L. 6113-2 s'il a fait l'objet d'une condamnation pour crime ou délit contraire à la probité et aux bonnes mœurs.

Cette condition d'honorabilité s'apprécie au moment de la demande d'enregistrement d'un projet de certification professionnelle ou de certification ou habilitation dans les répertoires nationaux et à tout moment pendant la période d'enregistrement.

Le bulletin n° 3 du casier judiciaire ayant moins de trois mois de date des personnes mentionnées au premier alinéa est annexé au dossier de demande d'enregistrement adressé au directeur général de France compétences. L'absence de transmission de ce bulletin à l'échéance d'un délai d'un mois à compter de la notification d'une mise en demeure par le directeur général de France compétences entraîne l'irrecevabilité de la demande d'enregistrement.

En cas de changement du personnel de direction au cours de la période d'enregistrement, le bulletin n° 3 du casier judiciaire ayant moins de trois mois de date des personnes concernées est adressé au directeur général de France compétences. L'absence de transmission de ce bulletin à l'échéance d'un délai de deux mois à compter de la notification d'une mise en demeure par le directeur général de France compétences entraîne le retrait de la certification professionnelle du répertoire national de la certification professionnelle ou de la certification ou habilitation du répertoire spécifique.

En cas de signalement identifiant un risque imminent et sérieux d'atteinte à l'intégrité physique ou morale des candidats à l'acquisition d'une certification professionnelle ou d'une certification ou habilitation enregistrée dans les répertoires nationaux, le directeur général de France compétences peut procéder, à titre conservatoire, à la suspension de l'enregistrement de la certification professionnelle ou de la certification ou habilitation.

Art. R. 6113-15. Les ministères et organismes certificateurs communiquent au directeur général de France compétences, au minimum tous les deux ans, les données statistiques portant sur l'insertion professionnelle des titulaires des certifications professionnelles enregistrées dans le répertoire national des certifications professionnelles au titre du II de l'article L. 6113-5.

Art. R. 6113-16. Les ministères et organismes certificateurs communiquent au directeur général de France compétences toute modification portant sur les habilitations qu'ils délivrent à des organismes pour préparer à acquérir, évaluer ou délivrer les certifications professionnelles et les certifications et habilitations, selon des modalités définies par arrêté du ministre chargé de la formation professionnelle.

Art. R. 6113-17. I. – Le directeur général de France compétences peut, notamment en cas de signalement effectué sur le fondement du dernier alinéa de l'article R. 6113-14, demander tous documents et pièces lui permettant de s'assurer, pendant la durée de l'enregistrement, du respect de la condition d'honorabilité prévue à l'article R. 6113-14 ou du respect des critères mentionnés aux articles R. 6113-9 et R. 6113-11 au regard desquels ont été enregistrées les certifications professionnelles et les certifications ou habilitations.

Au regard des éléments transmis au titre du premier alinéa, un rapport d'observation peut être notifié aux organismes certificateurs par le directeur général de France compétences avec l'indication du délai dont ils disposent pour présenter des observations écrites et demander, le cas échéant, à être entendus. Ce délai ne peut être inférieur à trente jours à compter de la date de la notification.

II. – Sans préjudice des dispositions du dernier alinéa de l'article R. 6113-14, en cas de non-respect de la condition d'honorabilité prévue à l'article R. 6113-14 ou d'atteintes graves et avérées à l'intégrité physique ou morale des candidats à l'acquisition d'une certification professionnelle ou d'une certification ou habilitation enregistrée dans les répertoires nationaux, le directeur général de France compétences prononce, à l'issue de la procédure prévue au I et après avis de la commission de la certification professionnelle, en fonction de la gravité des manquements constatés, et par une décision motivée qu'il notifie à l'organisme certificateur, la suspension ou le retrait des répertoires nationaux de certaines ou de l'ensemble des certifications professionnelles ou certifications ou habilitations délivrées par l'organisme concerné.

III. – À l'issue de la procédure prévue au I, en cas de non-respect des critères mentionnés aux articles R. 6113-9 et R. 6113-11 au regard desquels ont été enregistrées les certifications professionnelles et les certifications ou habilitations, ou de l'obligation prévue à l'article R. 6113-15, une mise en demeure est notifiée aux organismes certificateurs par le directeur général de France compétences avec l'indication du délai dont ils disposent pour se mettre en conformité avec leurs obligations. Les organismes certificateurs peuvent présenter des observations écrites et demander, le cas échéant, à être entendus. Ce délai ne peut être inférieur à soixante jours à compter de la date de la notification.

En l'absence de mise en conformité dans le délai prévu à l'alinéa précédent, le directeur général de France compétences prononce, par une décision motivée qu'il notifie à l'organisme certificateur, le retrait des répertoires nationaux, selon la gravité des faits, de certaines ou de l'ensemble des certifications professionnelles ou certifications ou habilitations délivrées par l'organisme concerné.

La décision de retrait du directeur de France compétences peut être assortie d'une interdiction de présenter un nouveau projet de certification professionnelle ou de certification ou habilitation pendant un délai d'un an.

La décision ne peut être prononcée qu'au vu des observations écrites et après audition, le cas échéant, de l'intéressé, à moins qu'aucun document ni aucune demande d'audition n'aient été présentés avant l'expiration des délais prévus aux alinéas précédents.

Sous-section 2. **Transmission au système d'information du compte personnel de formation des informations relatives aux titulaires des certifications enregistrées aux répertoires nationaux**

Note Cette sous-section a été introduite par le décret 2019-1490 du 27 décembre 2019, art. 1er et 3, JO 29, entrée en vigueur le 01.07.2021, modifiés par décret 2020-894 du 22 juillet 2020, art. 4, JO 23, entrée en vigueur le 23.07.2020. Voir LSQ n° 17970 du 3.01.2020 et n° 18109 du 28.07.2020.

Art. R. 6113-17-1. Les informations relatives aux titulaires des certifications professionnelles enregistrées au répertoire national des certifications professionnelles mentionné à l'article L. 6113-5 et des certifications ou habilitations enregistrées au répertoire spécifique mentionné à l'article L. 6113-6 qui sont transmises au système d'information du compte personnel de formation en application de l'article L. 6113-8 relèvent des catégories suivantes :

1° Les données relatives à l'identification des personnes, à l'exception du numéro d'inscription des personnes au répertoire national d'identification des personnes physiques ;

2° Les données relatives aux certifications professionnelles et aux certifications ou habilitations obtenues.

Art. R. 6113-17-2. Les ministères et organismes certificateurs mentionnés à l'article L. 6113-2 transmettent au système d'information du compte personnel de formation les données mentionnées à l'article R. 6113-17-1 dans un délai de trois mois à compter de la date de délivrance des certifications professionnelles ou des certifications ou habilitations.

Art. R. 6113-17-3. I. – Lorsqu'il constate un manquement à l'obligation de transmission des informations prévue à l'article R. 6113-17-1, le directeur général de la Caisse des dépôts et consignations notifie au ministère ou à l'organisme certificateur, par tout moyen donnant date certaine à sa réception, une mise en demeure indiquant le délai dont il dispose pour se mettre en conformité avec ses obligations, lequel ne peut être inférieur à soixante jours à compter de la date de notification de la mise en demeure. Le directeur général informe le ministère ou l'organisme certificateur qu'il peut présenter des observations écrites et demander à être entendu.

En l'absence de mise en conformité dans le délai imparti, le directeur général de la Caisse des dépôts et consignations en informe le directeur général de France compétences en lui transmettant, le cas échéant, les observations écrites ou le procès-verbal d'audition du ministère ou de l'organisme certificateur. Le directeur général de France compétences peut, selon la nature et la gravité du manquement, notifier au ministère ou à l'organisme certificateur :

1° La suspension ou le retrait des répertoires nationaux de la certification professionnelle ou de la certification ou habilitation concernée ;

2° La suspension ou le retrait des répertoires nationaux de l'ensemble des certifications professionnelles ou certifications ou habilitations délivrées par le ministère ou l'organisme concerné.

II. – Les personnes dont la candidature a été déclarée recevable à une démarche de validation des acquis de l'expérience au sens de l'article L. 6412-2 et les personnes inscrites dans un parcours de formation au moment de la suspension ou du retrait de la certification professionnelle ou de la certification ou habilitation visée peuvent, après son obtention, se prévaloir de l'enregistrement de celle-ci au répertoire national des certifications professionnelles ou au répertoire spécifique. Les personnes qui ont obtenu une certification professionnelle ou une certification ou habilitation avant la date d'effet de sa suspension ou de son retrait peuvent se prévaloir de l'enregistrement de celle-ci au répertoire national des certifications professionnelles ou au répertoire spécifique.

Art. R. 6113-17-4. Un arrêté du ministre chargé de la formation professionnelle précise les données mentionnées à l'article R. 6113-17-1 et leurs modalités de transmission au système d'information du compte personnel de formation.

SECTION 3 (réglementaire). Cadre national des certifications professionnelles

Note Cette section a été introduite par le décret 2019-14 du 8 janvier 2019, JO 9.

Conformément à l'article 2 du décret précité :

I. – Les certifications professionnelles classées selon la nomenclature en vigueur antérieurement à ce décret sont classées conformément au cadre national des certifications professionnelles défini à l'article D. 6113-19 CT selon la correspondance suivante :

Nomenclature approuvée le 21 mars 1969 par le groupe permanent de la formation professionnelle et de la promotion sociale	Cadre national des certifications professionnelles
Niveau V	Niveau 3
Niveau IV	Niveau 4
Niveau III	Niveau 5
Niveau II	Niveau 6

II. – Sous réserve des dispositions prévues au IV de l'article 31 de la loi 2018-771 du 5 septembre 2018 [voir note sous article L. 6113-1], les certifications professionnelles classées, à la date d'entrée en vigueur de ce décret (le 10.01.2019), dans le répertoire national des certifications professionnelles au niveau I de la nomenclature en vigueur antérieurement à ce décret sont classées, au plus tard le 1er janvier 2020, au niveau 7 ou au niveau 8 mentionnés au III de l'article D. 6113-19.

Ce classement est effectué, au plus tard le 1er janvier 2020, par les ministères certificateurs pour les diplômes ou titres à finalité professionnelle enregistrés de droit au répertoire national des certifications professionnelles et par France compétences pour les titres à finalité professionnelle enregistrés sur demande au sein du même répertoire.

Art. D. 6113-18. Le cadre national des certifications professionnelles prévu à l'article L. 6113-1 définit le niveau de qualification associé à chaque certification professionnelle en fonction de critères de gradation des compétences nécessaires à l'exercice d'activités professionnelles.

Ces critères permettent d'évaluer :

1° La complexité des savoirs associés à l'exercice de l'activité professionnelle ;

2° Le niveau des savoir-faire, qui s'apprécie notamment en fonction de la complexité et de la technicité d'une activité dans un processus de travail ;

3° Le niveau de responsabilité et d'autonomie au sein de l'organisation de travail.

Art. D. 6113-19. I. – Le cadre national des certifications professionnelles comprend huit niveaux de qualification. Il précise la gradation des compétences associées à chacun de ces niveaux.

II. – Le niveau 1 du cadre national des certifications professionnelles correspond à la maîtrise des savoirs de base.

III. – Les autres niveaux de qualification sont définis comme suit :

1° Le niveau 2 atteste la capacité à effectuer des activités simples et résoudre des problèmes courants à l'aide de règles et d'outils simples en mobilisant des savoir-faire professionnels dans un contexte structuré. L'activité professionnelle associée s'exerce avec un niveau restreint d'autonomie ;

2° Le niveau 3 atteste la capacité à effectuer des activités et résoudre des problèmes en sélectionnant et appliquant des méthodes, des outils, des matériels et des informations de base, dans un contexte connu, ainsi que la capacité à adapter les moyens d'exécution et son comportement aux circonstances ;

3° Le niveau 4 atteste la capacité à effectuer des activités nécessitant de mobiliser un éventail large d'aptitudes, d'adapter des solutions existantes pour résoudre des problèmes précis, à organiser son travail de manière autonome dans des contextes généralement prévisibles mais susceptibles de changer, ainsi qu'à participer à l'évaluation des activités. Le diplôme national du baccalauréat est classé à ce niveau du cadre national ;

4° Le niveau 5 atteste la capacité à maîtriser des savoir-faire dans un champ d'activité, à élaborer des solutions à des problèmes nouveaux, à analyser et interpréter des informations, en mobilisant des concepts, à transmettre le savoir-faire et des méthodes ;

5° Le niveau 6 atteste la capacité à analyser et résoudre des problèmes complexes imprévus dans un domaine spécifique, à formaliser des savoir-faire et des méthodes et à les capitaliser. Les diplômes conférant le grade de licence sont classés à ce niveau du cadre national ;

6° Le niveau 7 atteste la capacité à élaborer et mettre en œuvre des stratégies alternatives pour le développement de l'activité professionnelle dans des contextes professionnels complexes, ainsi qu'à évaluer les risques et les conséquences de son activité. Les diplômes conférant le grade de master sont classés à ce niveau du cadre national ;

7° Le niveau 8 atteste la capacité à identifier et résoudre des problèmes complexes et nouveaux impliquant une pluralité de domaines, en mobilisant les connaissances et les savoir-faire les plus avancés, à concevoir et piloter des projets et des processus de recherche et d'innovation. Le diplôme national de doctorat est classé à ce niveau du cadre national.

IV. – Les critères relatifs aux savoirs, aux savoir-faire et aux niveaux de responsabilité et d'autonomie prévus à l'article D. 6113-18 sont fixés, pour les niveaux de qualification mentionnés au III, par arrêté conjoint des ministres chargés de la santé, des affaires sociales, de la formation professionnelle, de l'éducation nationale, de l'enseignement supérieur, de la culture, de l'enseignement agricole, des sports et de la mer.

Note Voir arrêté du 8 janvier 2019 (JO 9) fixant les critères associés aux niveaux de qualification du cadre national des certifications professionnelles.

Art. D. 6113-20. Les ministères certificateurs prévus à l'article L. 6113-2 déterminent, en fonction des critères de gradation du cadre national des certifications professionnelles, le niveau de qualification des diplômes et titres à finalité professionnelle enregistrés au répertoire national des certifications professionnelles au titre de la procédure prévue au I de l'article L. 6113-5.

SECTION 4 (réglementaire). **Commissions professionnelles consultatives**

Note Cette section a été introduite par le décret 2018-1230 du 24 décembre 2018, JO 26, entrée en vigueur le 01.09.2019. Elle précise la composition, les règles d'organisation et les règles de fonctionnement des commissions professionnelles consultatives chargées d'examiner les projets de création, de révision ou de suppression de diplômes et titres à finalité professionnelle et leurs référentiels.

Art. R. 6113-21. Des commissions professionnelles consultatives peuvent être instituées, par un décret qui ***(D. 2019-1119 du 31 oct. 2019, art. 4, JO 3 nov.)*** « en précise la composition et » en définit les modalités d'organisation et de fonctionnement, auprès d'un ou de plusieurs ministres certificateurs, selon un périmètre qui permet une analyse des diplômes et titres à finalité professionnelle cohérente en matière d'activité professionnelle et d'organisation économique.

Sous réserve des dispositions du deuxième alinéa du II de l'article L. 6113-3, ces commissions émettent des avis conformes sur la création, la révision ou la suppression de diplômes et titres à finalité professionnelle et de leurs référentiels, dans le ou les champs professionnels relevant de leurs compétences.

Ces avis tiennent compte de l'évolution des qualifications, de leur usage dans le ou les champs professionnels concernés et de l'objectif de mise en cohérence des certifications professionnelles existantes.

Les commissions professionnelles consultatives peuvent également être saisies par le ministre ou les ministres auprès desquels elles sont instituées de toute question générale ou particulière relative aux diplômes et titres à finalité professionnelle.

Note Voir décret 2019-958 du 13 septembre 2019 (JO 15) instituant les commissions professionnelles consultatives chargées d'examiner les projets de création, de révision ou de suppression de diplômes et titres à finalité professionnelle délivrés au nom de l'État. Voir LSQ n° 17902 du 23.09.2019.

Art. R. 6113-22. Les commissions professionnelles consultatives sont composées des membres suivants, nommés pour une durée maximale de cinq ans par arrêté du ou des ministres auprès desquels elles sont instituées:

1° Un représentant de chaque organisation syndicale de salariés représentative au niveau national et interprofessionnel, sur proposition de leur organisation respective;

2° Un représentant de chaque organisation professionnelle d'employeurs représentative au niveau national et interprofessionnel, sur proposition de leur organisation respective;

3° Deux représentants désignés soit par ***(D. 2019-1119 du 31 oct. 2019, art. 4, JO 3 nov.)*** «des organisations professionnelles d'employeurs représentatives au niveau national et multiprofessionnel» ou au niveau d'une ou plusieurs branches professionnelles, soit par ***(D. 2019-1119 du 31 oct. 2019, art. 4, JO 3 nov.)*** «des organisations représentant les employeurs publics» intervenant dans le ou les champs professionnels de la commission professionnelle consultative concernée;

(D. 2019-1119 du 31 oct. 2019, art. 4, JO 3 nov.) «4° Six représentants de l'État, dont:

a) Un représentant désigné par le ministre chargé de la formation professionnelle;

b) Un représentant désigné par le ministre chargé de l'éducation nationale;

c) Un représentant désigné par le ministre chargé de l'enseignement supérieur;

d) Trois représentants désignés, pour chaque commission professionnelle consultative, dans des conditions définies par décret;»

5° Cinq membres associés n'ayant pas voix délibérative, représentant les organisations intervenant dans les champs professionnels dont relèvent les titres ou diplômes concernés ou ayant une expertise en matière de formation et d'emploi, ***(D. 2019-1119 du 31 oct. 2019, art. 4, JO 3 nov.)*** «sur proposition de leur organisation respective».

Pour chaque membre titulaire de la commission, un suppléant est désigné et nommé dans les mêmes conditions.

Les commissions professionnelles consultatives sont présidées ***(D. 2019-1119 du 31 oct. 2019, art. 4, JO 3 nov.)*** «alternativement, pour la moitié de la durée pour laquelle les membres de la commission ont été nommés, par un membre élu par et parmi les membres mentionnés au 1° et par un membre élu par et parmi les membres mentionnés aux 2° et 3°».

Art. R. 6113-23. Lorsqu'il n'est pas suppléé, un membre empêché peut donner son mandat à un autre membre ayant voix délibérative. Un membre ne peut détenir plus de deux mandats. Le mandat n'est valable que pour la séance pour laquelle il a été donné.

Art. R. 6113-24. Le secrétariat de chaque commission est assuré par les services du ou des ministères auprès desquels elle est instituée.

Le secrétariat établit le règlement intérieur de la commission, qui fixe les conditions de son fonctionnement et précise les règles de procédure applicables devant elle.

La commission se réunit sur convocation de son secrétariat, qui fixe l'ordre du jour.

Le secrétariat arrête, au plus tard le 31 janvier de chaque année, le programme biennal ***(D. 2019-1119 du 31 oct. 2019, art. 4, JO 3 nov.)*** «prévisionnel» des commissions, qu'il publie au bulletin officiel du ou des ministères concernés.

Dans un délai de six mois à compter de cette publication, les commissions paritaires nationales de l'emploi de branches professionnelles peuvent, à condition d'en avoir informé le secrétariat des commissions professionnelles consultatives dans un délai de deux mois à compter de cette publication, lui transmettre des propositions de création de tout ou partie d'un projet de diplôme ou titre à finalité professionnelle. Si le ou les ministres certificateurs décident de ne pas retenir tout ou partie de ces propositions, ils informent les commissions professionnelles consultatives des raisons de leurs choix.

Art. R. 6113-25. Des groupes de travail, temporaires ou permanents, sont mis en place auprès des commissions professionnelles consultatives par leur secrétariat, afin d'en préparer les travaux et les avis.

Ces groupes de travail sont composés de personnes dont la présence paraît utile aux travaux entrepris en raison de leur activité, de leurs travaux ou de leur implication dans le système de certification, notamment des représentants d'organisations syndicales de salariés ou d'organisations professionnelles d'employeurs représentatives au niveau d'une branche professionnelle.

Art. R. 6113-26. ***(D. 2019-1119 du 31 oct. 2019, art. 4, JO 3 nov.)*** Les frais occasionnés par la participation aux travaux des commissions professionnelles consultatives et de leurs groupes de travail sont pris en charge selon des modalités définies par décret.

SECTION 5 (réglementaire). Concertation avec les partenaires sociaux en vue de l'enregistrement de diplômes de l'enseignement supérieur délivrés au nom de l'État

Note Cette section a été introduite par le décret 2019-434 du 10 mai 2019, JO 12.

Art. D. 6113-27. Les projets de création, de révision ou de suppression des diplômes de l'enseignement supérieur inscrits au répertoire national des certifications professionnelles au titre du

I de l'article L. 6113-5 sont soumis à une concertation préalable conformément au I de l'article L. 6113-3 selon les modalités suivantes :

1° Les diplômes nationaux, les diplômes conférant un grade universitaire relevant de l'article L. 613-1 du code de l'éducation et les diplômes relevant des articles L. 641-4 ou L. 641-5 du code de l'éducation autres que ceux mentionnés aux 2° et 4° du présent article sont examinés par l'instance chargée des consultations conduisant à la révision périodique des nomenclatures des mentions de ces diplômes. Pour chaque diplôme, un binôme composé d'un enseignant-chercheur ou d'un enseignant et d'une personnalité du domaine socio-économique correspondant présente la certification au sein de cette instance ; le calendrier de concertation est présenté annuellement à cette instance ;

2° Les titres d'ingénieurs diplômés relevant des articles L. 641-4 et L. 641-5 du code de l'éducation sont examinés par la commission mentionnée à l'article L. 642-3 du même code ;

3° Les diplômes universitaires de technologie régis par les articles L. 641-4 et D. 643-61 du code de l'éducation sont examinés par les commissions instituées par l'article D. 643-60 ;

4° Les diplômes de gestion relevant des articles L. 641-4 et L. 641-5 et revêtus d'un visa de l'État sont examinés par la commission instituée par le décret n° 2001-295 du 4 avril 2001 portant création de la commission d'évaluation des formations et diplômes de gestion.

Note Voir décret 2020-272 du 17 mars 2020 (JO 19) modifiant le décret 2001-295 susvisé relatif à la composition de la commission d'évaluation des formations et diplômes de gestion.

Art. D. 6113-28. Les instances mentionnées à l'article D. 6113-27 se fondent, lors de l'examen de chaque diplôme, sur les critères définis à l'article R. 6113-9.

SECTION 6 (réglementaire). Socle de connaissances et de compétences professionnelles

Note Cette section a été introduite par le décret 2019-14 du 8 janvier 2019, JO 9. Avant ce décret, le socle de connaissances et de compétences était régi par le décret 2015-172 du 13 février 2015 (art. D. 6113-1 à D. 6113-5, en vigueur jusqu'au 09.01.2019). La suppression au 01.01.2019 du Comité paritaire interprofessionnel national pour l'emploi et la formation (Copanef), à l'origine de la certification CléA, a nécessité la révision des dispositions relatives au socle de connaissances et de compétences. Les missions du Copanef ont été reprises par France compétences (voir art. L. 6123-5).

Art. D. 6113-29. Le socle de connaissances et de compétences mentionné aux articles L. 6121-2, L. 6324-1 et L. 6323-6 est constitué de l'ensemble des connaissances et des compétences qu'il est utile pour un individu de maîtriser afin de favoriser son accès à la formation professionnelle et son insertion professionnelle. Ce socle doit être apprécié dans un contexte professionnel. Ces connaissances et compétences sont également utiles à la vie sociale, civique et culturelle de l'individu.

Note Voir LSQ n° 17734 du 16.01.2019.

Art. D. 6113-30. I. – Le socle de connaissances et de compétences professionnelles comprend :

1° La communication en français ;

2° L'utilisation des règles de base de calcul et du raisonnement mathématique ;

3° L'utilisation des techniques usuelles de l'information et de la communication numérique ;

4° L'aptitude à travailler dans le cadre de règles définies d'un travail en équipe ;

5° L'aptitude à travailler en autonomie et à réaliser un objectif individuel ;

6° La capacité d'apprendre à apprendre tout au long de la vie ;

7° La maîtrise des gestes et postures et le respect des règles d'hygiène, de sécurité et environnementales élémentaires.

II. – Au socle de connaissances et de compétences professionnelles mentionné au I, peuvent s'ajouter des modules complémentaires définis dans le cadre du service public régional de la formation professionnelle, pour lutter contre l'illettrisme et favoriser l'accès à la qualification.

III. – À l'utilisation des techniques usuelles de l'information et de la communication numérique mentionnée au 3° du I, s'ajoute un module complémentaire ayant pour objet l'acquisition des connaissances et des compétences relatives aux usages fondamentaux du numérique au sein d'un environnement de travail. Ce module permet l'acquisition et l'exploitation de l'information, la prise en compte des principes de la sécurité numérique et la gestion collaborative des projets.

Note « La commission paritaire interprofessionnelle régionale organise des actions d'information sur la certification relative au socle de connaissances et de compétences professionnelles mentionné au I de l'article D. 6113-30 et des sessions de validation de cette certification dans la région. » (article D. 6323-20-4, 6° CT).

Art. D. 6113-31. Le socle de connaissances et de compétences professionnelles mentionné au I de l'article D. 6113-30 et le module complémentaire mentionné au III du même article font chacun l'objet d'une certification, sur proposition des organisations syndicales de salariés représentatives au niveau national et interprofessionnel et des organisations professionnelles d'employeurs représentatives au niveau national et interprofessionnel dans les conditions définies par arrêté du ministre chargé de la formation professionnelle.

Chacune de ces certifications s'appuie sur un référentiel qui précise les connaissances et les compétences attendues et sur un référentiel d'évaluation qui détermine les modalités d'évaluation des acquis.

Le référentiel d'évaluation prévoit les principes directeurs permettant une mise en perspective du socle de connaissances et [de] compétences et du module complémentaire mentionné au III de l'article D. 6113-30 pour prendre en compte les spécificités des différents secteurs d'activité professionnelle.

Les modalités de la délivrance de chacune de ces certifications sont définies par les organisations syndicales de salariés représentatives au niveau national et interprofessionnel et les organisations professionnelles d'employeurs représentatives au niveau national et interprofessionnel dans les conditions prévues par l'arrêté mentionné à l'article D. 6113-3. Dans ce cadre, elles s'assurent notamment que la délivrance de ces certifications s'effectue dans le respect :
1° De la transparence de l'information donnée au public ;
2° De la qualité du processus de certification.

Ces certifications sont enregistrées au répertoire spécifique prévu à l'article L. 6113-6.

Note • **Référentiel de certification « CléA » élaboré avant la réforme issue de loi 2018-771 du 5 septembre 2018.** Le comité paritaire interprofessionnel national pour l'emploi et la formation (Copanef) avait élaboré un référentiel de certification dénommée « CléA ». Ce référentiel était applicable à tous les publics, à tous les secteurs. Le dispositif CléA était une certification unique, interprofessionnelle et reconnue au niveau national, elle devait garantir l'acquisition d'un socle de connaissances et de compétences commun à tous, avec un niveau d'exigence homogène sur tout le territoire et dans tous les secteurs d'activité.

• **« CléA » et « CléA numérique » : les deux certifications interprofessionnelles du socle de connaissances et de compétences.** La suppression au 01.01.2019 du Copanef, à l'origine de la certification CléA, a nécessité une réécriture des dispositions relatives au socle de connaissances et de compétences. Il est dorénavant précisé que le socle de connaissances et de compétences professionnelles et le module complémentaire " Compétences numérique " font chacun l'objet d'une certification, sur proposition des organisations syndicales de salariés représentatives au niveau national et interprofessionnel et des organisations professionnelles d'employeurs représentatives au niveau national et interprofessionnel dans les conditions définies par arrêté du ministre chargé de la Formation professionnelle. Voir LSQ n° 17734 du 16.01.2019.

• Voir **arrêté du 19 février 2019 (JO 26)** relatif au socle de connaissances et de compétences professionnelles. Il prévoit que la propriété de « CléA » est attribuée à l'association pour la certification paritaire interprofessionnelle et l'évolution professionnelle, créée par les partenaires sociaux en décembre 2018. Voir LSQ n° 17770 du 7.03.2019.

• Le rapport Janin/Hinnekint relatif à la lutte contre l'illettrisme remis le 29 novembre 2019 à la ministre du Travail préconise l'évaluation préalable « CléA » comme outil clé de lutte contre l'illettrisme. Voir LSQ n° 17962 du 18.12.2019.

Art. D. 6113-32. Les modules complémentaires mentionnés au II de l'article D. 6113-30 sont définis par arrêté du ministre chargé de la formation professionnelle sur proposition de l'Association des régions de France.

Art. D. 6113-33. Les formations relatives à l'acquisition des compétences et connaissances peuvent être proposées indépendamment les unes des autres. Elles peuvent comprendre une évaluation préalable des compétences et des connaissances des bénéficiaires de l'action de formation. La modularisation des formations et l'évaluation préalable visent, par une bonne utilisation des acquis de la personne, à permettre l'adaptation de l'action de formation aux besoins de celle-ci.

TITRE II RÔLE DES RÉGIONS, DE L'ÉTAT ET DES INSTITUTIONS DE LA FORMATION PROFESSIONNELLE

CHAPITRE Ier Rôle des régions

Note • L'article 21 de la **loi 2014-288 du 5 mars 2014** relative à la formation professionnelle, à l'emploi et à la démocratie sociale a renforcé les compétences des régions en matière de formation professionnelle. Il a précisé les conditions dans lesquelles la région organise et finance le service public régional de la formation professionnelle, afin de garantir l'accès à la qualification. Ce chapitre Ier modifié issu de l'article 21, II de la loi est applicable depuis le 01.01.2015.

« Les transferts de compétences à titre définitif mentionnés au III de l'article 13 et aux articles 21 et 22 de la présente loi et ayant pour conséquence d'accroître les charges des collectivités territoriales ouvrent droit à une compensation financière dans les conditions fixées, selon le cas, aux articles L. 1614-l à L. 1614-7 et L. 4332-1 du code général des collectivités territoriales pour ce qui concerne les dispositions relatives au fonds régional de l'apprentissage et de la formation professionnelle continue.

Les ressources attribuées au titre de cette compensation sont équivalentes aux dépenses consacrées par l'État, à la date du transfert, à l'exercice des compétences transférées, diminuées du montant des éventuelles réductions brutes de charges ou des augmentations de ressources entraînées par les transferts.

Le droit à compensation des charges d'investissement transférées par la présente loi est égal à la moyenne des dépenses actualisées constatées, hors taxes et hors fonds de concours, sur une période d'au moins cinq ans précédant le transfert de compétences.

Le droit à compensation des charges de fonctionnement transférées par la présente loi est égal à la moyenne des dépenses actualisées constatées sur une période maximale de trois ans précédant le transfert de compétences» (loi 2014-288 précitée, art. 27, I).

Voir décret 2015-1694 du 17 décembre 2015 (JO 19) relatif à la convention type de mise à disposition de services de l'État chargés des compétences transférées aux conseils régionaux dans le cadre de la loi 2014-288 du 5 mars 2014 relative à la formation professionnelle, à l'emploi et à la démocratie sociale.

• **La loi du 5 mars 2014** précitée a donné aux Régions une base législative afin que celles-ci mettent en œuvre un service public régional de la formation professionnelle (SPRF). Elle a également mis en place le service public régional de l'orientation (SPRO) tout au long de la vie professionnelle. Cette politique régionale de formation fait l'objet d'un contrat de plan régional de développement des formations et de l'orientation professionnelles (CPRDFOP). Voir accord cadre État-ARF (association des régions de France) du 28.11.14 relatif à la mise en œuvre du SPRO et à la prise en charge des jeunes sortant du système de formation initiale sans un diplôme national ou une certification professionnelle.

• La loi portant nouvelle organisation territoriale de la République (NOTRe) (**loi 2015-991 du 7 août 2015**, JO 17) a encore renforcé le rôle de la région. La région voit ses compétences élargies dans les domaines de l'emploi et de l'économie. La région devient la collectivité territoriale responsable, sur son territoire, de la définition des orientations en matière de développement économique. Elle a élaboré ainsi un schéma régional de développement économique, d'innovation et d'internationalisation (SRDEII), en collaboration avec les intercommunalités et les chambres consulaires. La loi NOTRe est entrée en vigueur au 1er janvier 2017, à l'exception de certaines dispositions applicables depuis 2016. Dès 2016, les outils territoriaux du service public de l'emploi (missions locales, maisons de l'emploi, Plie, agences Cap emploi, écoles de la deuxième chance) ont relevé du pilotage des Conseils régionaux. Voir instruction NOR ETSD1625736J DGEFP/DAT/2016-275 du 14 octobre 2016 relative à la mise en œuvre des dispositions des articles 6 et 7 de la loi portant Nouvelle Organisation Territoriale de la République (NOTRe) du 7 août 2015 précitée de la plateforme État-Régions signée le 30 mars 2016, notamment les annexes 1 et 2 relatives à la stratégie coordonnée en matière d'emploi, d'orientation et de formation professionnelles entre l'État et la Région (SCEOFP) et à la commission «emploi» du comité régional de l'emploi, de la formation et de l'orientation professionnelles (CREFOP).

Voir instruction NOR INTB1531125J du Gouvernement du 22 décembre 2015 relative à la nouvelle répartition des compétences en matière d'interventions économiques des collectivités territoriales et de leurs groupements issue de l'application de la 2015-991 précitée et instruction NOR RDFB1520836N du Gouvernement du 22 décembre 2015 relative aux incidences de la suppression de la clause de compétence générale des départements et des régions sur l'exercice des compétences des collectivités territoriales; circulaire NOR ARCC1632028J du ministre de l'aménagement du territoire, de la ruralité et des collectivités territoriales du 3 novembre 2016 relatives aux conséquences de la nouvelle répartition des compétences en matière de développement économique sur les interventions des conseils départementaux (précisions sur les possibilités de délégation de compétences entre catégories de collectivités territoriales pour les aides aux entreprises) et instruction NOR ARCC1702552J du Gouvernement du 26 janvier 2017 relative à l'exercice du contrôle de légalité sur les actions des collectivités territoriales en matière de développement et d'aides aux entreprises.

Voir également «La consécration légale des services publics régionaux de formation professionnelle», D. Soldini, Dr. Soc. 2014, p. 1045.

• La loi relative à la transition énergétique pour la croissance verte (**loi 2015-992 du 17 août 2015**, art. 182, JO 18) a précisé que la région est garante de la bonne adéquation entre l'offre de formation des établissements de formation initiale et les besoins des entreprises pour répondre aux défis techniques de construction en matière de transition énergétique. Un programme régional pour l'efficacité énergétique devra inclure des actions pour la convergence des initiatives publiques et privées en matière de formation des professionnels du bâtiment, en vue d'assurer la présence, en nombre suffisant, de professionnels qualifiés sur l'ensemble du territoire régional.

• La **loi 2018-771 du 5 septembre 2018** (art. 18, JO 6) pour la liberté de choisir son avenir professionnel a étendu aux régions les missions en matière d'orientation pour accompagner le parcours de formation des jeunes, quel que soit le projet professionnel visé. Dans le cadre du service public de l'orientation, la région peut intervenir de manière plus approfondie dans le champ de l'orientation, notamment à destination des élèves, dès le collège, et des étudiants, en intégrant la mission d'information sur les métiers et les évolutions de l'emploi dans les missions du SPRO. Les missions exercées par les délégations régionales de l'Onisep (Dronisep) en matière de diffusion de la documentation ainsi que d'élaboration des publications à portée régionale relatives à l'orientation scolaire et professionnelle des élèves et des étudiants ont donc été transférées aux régions (décrets 2019-10 du 4 janvier 2019, JO 6; 2019-830 du 5 août 2019, JO 7; 2019-1552 du 30 décembre 2019, JO 31).

L'article 34 de la loi précitée a restreint le rôle de régulation des régions en matière d'apprentissage (organisation et financement) et de financeurs d'actions de formation en faveur des demandeurs d'emploi au profit des opérateurs de compétences et de France compétences.

Voir décret 2019-218 du 21 mars 2019 (JO 23) relatif aux nouvelles compétences des régions en matière d'information sur les métiers et les formations.

Voir également LSQ, dossier juridique, n° 223 du 10.12.2018, § 2.

SECTION 1. Compétences des régions

Note Les sections 1 et 2 ont été introduites par la loi 2014-288 du 5 mars 2014, art. 21, II, JO 6, entrée en vigueur le 01.01.2015.

Art. L. 6121-1. Sans préjudice des compétences de l'État en matière de formation professionnelle initiale des jeunes sous statut scolaire et universitaire et en matière de service militaire adapté prévu à l'article L. 4132-12 du code de la défense, la région est chargée de la politique régionale d'accès à l'apprentissage et à la formation professionnelle des jeunes et des adultes à la recherche d'un emploi ou d'une nouvelle orientation professionnelle.

Elle assure, dans le cadre de cette compétence, les missions suivantes:

1° Conformément aux orientations précisées à l'article L. 6111-1 du présent code, elle définit et met en œuvre la politique d'apprentissage et de formation professionnelle, élabore le contrat de plan régional de développement des formations et de l'orientation professionnelles défini au I de l'article L. 214-13 du code de l'éducation et adopte la carte régionale des formations professionnelles initiales ***(L. 2018-771 du 5 sept. 2018, art. 34, II, 1°, JO 6, entrée en vigueur le 01.01.2020)*** «hors apprentissage» prévue au troisième alinéa de l'article L. 214-13-1 du même code;

2° Dans le cadre du service public régional défini à l'article L. 6121-2 du présent code, elle peut accorder des aides individuelles à la formation et coordonne les interventions contribuant au financement d'actions de formation au bénéfice du public mentionné au premier alinéa du présent article;

3° Elle conclut, avec les départements qui souhaitent contribuer au financement de formations collectives pour la mise en œuvre de leur programme départemental d'insertion prévu à l'article L. 263-1 du code de l'action sociale et des familles, une convention qui détermine l'objet, le montant et les modalités de ce financement;

4° Elle organise l'accompagnement des jeunes et des adultes à la recherche d'un emploi qui sont candidats à la validation des acquis de l'expérience et participe à son financement. Cet accompagnement recouvre les actions d'assistance et de préparation de ces candidats après la recevabilité de leur dossier de candidature. Un décret en Conseil d'État en définit les modalités;

5° Elle pilote la concertation sur les priorités de sa politique et sur la complémentarité des interventions en matière de formation professionnelle et d'apprentissage, notamment au sein du bureau du comité régional de l'emploi, de la formation et de l'orientation professionnelles mentionné à l'article L. 6123-3;

(L. 2018-771 du 5 sept. 2018, art. 34, II, 1°, JO 6, entrée en vigueur le 01.01.2020) «6° Elle contribue à l'évaluation de la politique de formation professionnelle continue pour les jeunes et les personnes à la recherche d'un emploi;

7° Elle contribue à la mise en œuvre du développement de l'apprentissage de manière équilibrée sur son territoire selon les modalités prévues à l'article L. 6211-3.»

Note • **La loi 2014-288** précitée relative à la formation professionnelle (art. 23) a simplifié la procédure d'adoption du **contrat de plan régional de développement des formations et de l'orientation professionnelles**, enrichit ses thématiques et inscrit ce support contractuel plus fortement dans une logique de négociation quadripartite, les représentants des organisations syndicales de salariés et d'employeurs pouvant en devenir dorénavant signataires.

« I. – Le contrat de plan régional de développement des formations et de l'orientation professionnelles a pour objet l'analyse des besoins à moyen terme du territoire régional en matière d'emplois, de compétences et de qualifications et la programmation des actions de formation professionnelle des jeunes et des adultes, compte tenu de la situation et des objectifs de développement économique du territoire régional.

Ce contrat de plan définit, sur le territoire régional et, le cas échéant, par bassin d'emploi:
1° Les objectifs dans le domaine de l'offre de conseil et d'accompagnement en orientation, dans le cadre de l'article L. 6111-3, afin d'assurer l'accessibilité aux programmes disponibles;
2° Les objectifs en matière de filières de formation professionnelle initiale et continue. Ces objectifs tiennent compte de l'émergence de nouvelles filières et de nouveaux métiers dans le domaine de la transition écologique et énergétique;
3° Dans sa partie consacrée aux jeunes, un schéma de développement de la formation professionnelle initiale, favorisant une représentation équilibrée des femmes et des hommes dans chacune des filières, incluant le cycle d'enseignement professionnel initial dispensé par les établissements d'enseignement artistique et valant schéma régional des formations sociales et schéma régional des formations sanitaires. Ce schéma comprend des dispositions relatives à l'hébergement et à la mobilité de ces jeunes, destinées à faciliter leur parcours de formation;
4° Dans sa partie consacrée aux adultes, les actions de formation professionnelle ayant pour but de favoriser l'accès, le maintien et le retour à l'emploi;
5° Un schéma prévisionnel de développement du service public régional de l'orientation;
6° Les priorités relatives à l'information, à l'orientation et à la validation des acquis de l'expérience.

Les conventions annuelles conclues en application de l'article L. 214-13-1 du présent code, s'agissant des cartes régionales des formations professionnelles initiales, et de l'article L. 6121-3 du code du travail et du IV du présent article, s'agissant des conventions sectorielles, concourent à la mise en œuvre de la stratégie définie par le contrat de plan régional.

II. – Le contrat de plan régional de développement des formations et de l'orientation professionnelles est élaboré par la région au sein du comité régional de l'emploi, de la formation et de l'orientation professionnelles mentionné à l'article L. 6123-3 du code du travail sur la base des documents d'orientation présentés par le président du conseil régional, le représentant de l'État dans la région, les autorités académiques, les organisations syndicales de salariés et les organisations professionnelles d'employeurs. Le comité procède à une concertation avec les collectivités territoriales concernées, l'institution mentionnée à l'article L. 5312-1 du même code, les organismes consulaires, des représentants de structures d'insertion par l'activité économique et des représentants d'organismes de formation professionnelle, notamment l'Association nationale pour la formation professionnelle des adultes.

Le contrat de plan régional est établi dans l'année qui suit le renouvellement du conseil régional.

Le contrat de plan régional adopté par le comité régional de l'emploi, de la formation et de l'orientation professionnelles est signé par le président du conseil régional après consultation des départements et approbation par le conseil régional, ainsi que par le représentant de l'État dans la région et par les autorités académiques. Il est proposé à la signature des organisations syndicales de salariés et des organisations professionnelles d'employeurs représentées au sein du comité régional de l'emploi, de la formation et de l'orientation professionnelles.

Un décret en Conseil d'État, pris après avis du Conseil national de l'emploi, de la formation et de l'orientation professionnelles (CNEFOP) mentionné à l'article L. 6123-1 dudit code, fixe les modalités du suivi et de l'évaluation des contrats de plan régionaux.» (L. 214-13, I et II c. éduc.).

Il est à noter que la loi 2018-771 précitée a supprimé le CNEFOP et a transféré la mission consultative à la **Commission nationale de la négociation collective, de l'emploi et de la formation professionnelle (CNNCEFP)** (décret 2018-1262 du 26 décembre 2018, JO 28). Voir LSQ n° 17725 du 3.01.2019.

• Depuis la loi 2014-288 précitée, le contrat de plan régional de développement des formations professionnelles (CPRDFP) est devenu le contrat de plan régional de développement des formations et de l'orientation professionnelles **(CPRDFOP)**.

Voir «Recommandations méthodologiques pour l'élaboration concertée des CPRDFOP 2016/2022», commission Territoire du CNEFOP, janvier 2016.

• Voir instruction DGEFP/DAT/2016-275 du 14 octobre 2016 relative à la mise en œuvre des dispositions des articles 6 et 7 de la loi 2015-991 portant **Nouvelle Organisation Territoriale de la République (NOTRe)** du 7 août 2015 (NOR: ETSD1625736J) (BO TR 2016/11 du 30.11.2016):
– annexe 1 – la stratégie coordonnée en matière d'emploi, d'orientation et de formation professionnelles entre l'État et la Région (SCEOFP);
– annexe 2 – la commission «emploi» du comité régional de l'emploi, de la formation et de l'orientation professionnelles (CREFOP);
– annexe 3 – procédures et modalités de la délégation de compétences;
– annexe 4 – fonds social européen.

• Voir décret 2016-1499 du 7 novembre 2016 (JO 8) créant la **commission nationale de conciliation** pour la mise à disposition des services ou parties de services de l'État chargés des compétences transférées aux régions prévue à l'article 27 de la loi 2014-288 du 5 mars 2014 précitée. Voir également arrêté du 8 novembre 2016 (JO 9) portant nomination à cette commission nationale de conciliation.

• Voir décret 2016-1878 du 26 décembre 2016 (JO 28) relatif aux dates et aux modalités de transfert définitif des services ou parties de services de l'État chargés des compétences transférées aux régions par la loi 2014-288 du 5 mars 2014 précitée.

• Voir décret 2019-218 du 21 mars 2019 (JO 23) relatif aux **nouvelles compétences des régions en matière d'information sur les métiers et les formations**.

Art. L. 6121-2. I. – La région organise et finance le service public régional de la formation professionnelle selon les principes ci-après.

Toute personne cherchant à s'insérer sur le marché du travail dispose, quel que soit son lieu de résidence, du droit d'accéder à une formation professionnelle afin d'acquérir un premier niveau de qualification, de faciliter son insertion professionnelle, sa mobilité ou sa reconversion. À cette fin, la région assure, selon des modalités définies par décret, l'accès gratuit à une formation professionnelle conduisant à un diplôme ou à un titre à finalité professionnelle classé au plus ***(Ord. 2019-861 du 21 août 2019, art. 1er, 26°, JO 22)*** «au niveau 4» et enregistré au répertoire national des certifications professionnelles prévu à l'article ***(L. 2018-771 du 5 sept. 2018, art. 45, I, 6°, JO 6)*** « L. 6113-1».

Des conventions conclues entre les régions concernées ou, à défaut, un décret fixent les conditions de la prise en charge par la région de résidence du coût de la formation et, le cas échéant, des frais d'hébergement et de restauration d'une personne accueillie dans une autre région.

II. – La région exerce, dans le cadre du service public régional de la formation professionnelle, les missions spécifiques suivantes:

1° En application de l'article L. 121-2 du code de l'éducation, la région contribue à la lutte contre l'illettrisme sur le territoire régional, en organisant des actions de prévention et d'acquisition d'un socle de connaissances et de compétences défini par décret;

2° Elle favorise l'égal accès des femmes et des hommes aux filières de formation et contribue à développer la mixité de ces dernières;

3° Elle assure l'accès des personnes handicapées à la formation, dans les conditions fixées à l'article L. 5211-3 du présent code;

4° Elle finance et organise la formation professionnelle des personnes sous main de justice. Une convention conclue avec l'État précise les conditions de fonctionnement du service public régional de la formation professionnelle au sein des établissements pénitentiaires;

5° Elle finance et organise la formation professionnelle des Français établis hors de France et l'hébergement des bénéficiaires. Une convention conclue avec l'État précise les modalités de leur accès au service public régional de la formation professionnelle;

6° Elle peut conduire des actions de sensibilisation et de promotion de la validation des acquis de l'expérience et contribuer au financement des projets collectifs mis en œuvre sur le territoire afin de favoriser l'accès à cette validation.

Note • Les dispositions de cet article, dans sa rédaction issue de la loi 2018-771 précitée, sont applicables depuis le 1er janvier 2019 (loi précitée, art. 46, I).

• La loi 2014-288 du 5 mars 2014 (JO 6) a fourni une base législative permettant aux régions de mettre en œuvre un service public régional de la formation professionnelle (SPRF).

• 1° du II de cet article: voir décret 2019-14 du 8 janvier 2019 (JO 9) relatif au socle de connaissances et de compétences professionnelles (art. D. 6113-29 à 33).

• Le 4° du II de cet article, dans sa rédaction résultant de la loi du 5 mars 2014 précitée, s'applique depuis le 01.01.2015 et, concernant les établissements dans lesquels la gestion de la formation professionnelle fait l'objet d'un contrat en cours de délégation à une personne morale tierce, à compter de la date d'expiration de ce contrat (loi 2014-288 du 5 mars 2014, art. 21, IX et 27, II, JO 6).

Art. L. 6121-2-1. Dans le cadre du service public régional de la formation professionnelle défini à l'article L. 6121-2 et sous réserve des compétences du département, la région peut financer des actions d'insertion et de formation professionnelle à destination des jeunes et des adultes rencontrant des difficultés d'apprentissage ou d'insertion, afin de leur permettre de bénéficier, à titre gratuit, d'un parcours individualisé comportant un accompagnement à caractère pédagogique, social ou professionnel.

Art. L. 6121-4

À cette fin, elle peut, par voie de convention, habiliter des organismes chargés de mettre en œuvre ces actions, en contrepartie d'une juste compensation financière. L'habilitation, dont la durée ne peut pas excéder cinq ans, précise notamment les obligations de service public qui pèsent sur l'organisme.

Cette habilitation est délivrée, dans des conditions de transparence et de non-discrimination et sur la base de critères objectifs de sélection, selon une procédure définie par décret en Conseil d'État.

SECTION 2. Coordination avec les branches professionnelles, le service public de l'emploi et le service public de l'orientation

Art. L. 6121-4. ***(L. 2018-771 du 5 sept. 2018, art. 34, II, 3°, JO 6)*** Pôle emploi attribue des aides individuelles à la formation.

Lorsqu'il procède ou contribue à l'achat de formations collectives, il le fait dans le cadre d'une convention conclue avec la région, qui en précise l'objet et les modalités. Il peut procéder ou contribuer à l'achat de formations mentionnées aux I et II de l'article L. 6122-1, dans les conditions prévues aux mêmes I et II.

Note • Les articles L. 6121-4 à 6 sont applicables depuis le 1er janvier 2019 (loi 2018-771 précitée, art. 46, I).

• Sur l'aide individuelle à la formation (AIF) qui peut être attribuée par Pôle emploi afin de financer ou cofinancer les frais pédagogiques des formations suivies par des demandeurs d'emploi, voir instruction 2017-5 du 10 janvier 2017, BO PE 2017-65 du 28 juillet 2017.

Art. L. 6121-5. ***(L. 2018-771 du 5 sept. 2018, art. 34, II, 4°, JO 6)*** Les prestataires mentionnés à l'article L. 6351-1 informent Pôle emploi ainsi que les missions locales et les Capemploi, dans des conditions fixées par décret, de l'entrée effective en formation, de l'interruption et de la sortie effective d'une personne inscrite sur la liste des demandeurs d'emploi ou bénéficiant d'un accompagnement personnalisé au sein des structures mentionnées au présent article.

Note Voir décret 2017-1019 du 9 mai 2017 (JO 11) relatif à l'information de Pôle emploi de l'entrée et de la sortie de la formation professionnelle des personnes inscrites sur la liste des demandeurs d'emploi.

L'article 1er de ce décret, modifié par le décret 2019-1386 du 17 décembre 2019 (JO 19), dispose que :

I. – L'information de l'entrée effective en formation, de l'interruption et de la sortie effective de la formation prévue à l'article L. 6121-5 et au premier alinéa de l'article L. 6353-10 CT est assurée, dans les trois jours par les organismes de formation mentionnés à l'article L. 6351-1 du même code, sous forme dématérialisée.

Ces organismes de formation s'assurent auprès des organismes financeurs de leur habilitation à accéder au système d'information permettant la transmission dématérialisée de ces événements. À défaut, ces informations sont transmises dans les trois jours sous format papier.

II. – Un arrêté du ministre chargé de la formation professionnelle précise les modalités techniques de mise en œuvre de transmission des informations prévues au I.

Voir arrêté du 19 mai 2020 (JO 18 juin) relatif au référentiel des données de l'emploi, de l'orientation et de la formation professionnelle.

Art. L. 6121-6. ***(L. 2018-771 du 5 sept. 2018, art. 34, II, 5°, JO 6)*** La région organise sur son territoire, en coordination avec l'État et les membres du comité régional de l'emploi, de la formation et de l'orientation professionnelles, et en lien avec les organismes de formation, la diffusion de l'information relative à l'offre de formation professionnelle continue.

Art. L. 6121-7. ***(L. 2014-288 du 5 mars 2014, art. 21, II et 27, II, JO 6, entrée en vigueur le 01.01.2015)*** Un décret en Conseil d'État détermine les modalités de mise en œuvre du présent chapitre.

SECTION 1 (réglementaire). Procédure d'habilitation des organismes chargés d'actions d'insertion et de formation professionnelle

Note Cette section a été introduite par le décret 2014-1390 du 21 novembre 2014, JO 23, entrée en vigueur le 01.01.2015.

Art. R. 6121-1. L'habilitation prévue à l'article L. 6121-2-1 est insérée dans une convention conclue entre la région et un organisme, qui confie à celui-ci un mandat de service d'intérêt économique général.

Elle charge cet organisme, en contrepartie d'une juste compensation financière, de mettre en œuvre des actions d'insertion et de formation professionnelle à destination des jeunes et des adultes rencontrant des difficultés d'apprentissage ou d'insertion, visant leur accès au marché du travail.

Elle est délivrée selon la procédure prévue aux articles R. 6121-2 à R. 6121-7. Le code des marchés publics ne lui est pas applicable.

Art. R. 6121-2. La procédure d'habilitation s'effectue dans le respect des principes de transparence et d'égalité de traitement des candidats.

Elle est ouverte après l'établissement d'un dossier d'habilitation et le lancement d'un appel public à propositions.

Art. R. 6121-3. Le dossier d'habilitation comporte notamment les informations suivantes:

1° La définition de la mission, en référence aux besoins de formation;

2° La nature et le contenu des obligations de service public;

3° La nature des actions d'insertion et de formation professionnelle comportant un accompagnement à caractère pédagogique, social ou professionnel devant être mises en œuvre par l'organisme, le public concerné ainsi qu'une estimation des éléments quantitatifs caractérisant ces actions;

4° Le territoire concerné;

5° La nature des partenariats à développer et leur contenu;

6° Les paramètres de calcul, de contrôle et de révision de la juste compensation financière mentionnée à l'article L. 6121-2-1, qui peut être fixée en fonction des coûts prévisionnels ou des coûts réels. Les coûts prévisionnels peuvent tenir lieu de plafonds de dépenses;

7° Les modalités de paiement, ainsi que les modalités de remboursement éventuel, notamment dans le cas d'une surcompensation;

8° La durée de la convention d'habilitation, qui peut être fractionnée en périodes reconductibles sans pouvoir excéder cinq ans;

9° Les modalités de conclusion d'un avenant à la convention d'habilitation et de sa résiliation, dans les conditions fixées à l'article R. 6121-6;

10° Les modalités de suivi et d'évaluation de l'exercice de la mission, fondée sur des indicateurs et des modalités de contrôle reposant notamment sur la vérification des comptes de la mission confiée et sur l'imputation des coûts de structure, ainsi que le régime des pénalités;

11° Une référence à la décision 2012/21/UE de la Commission du 20 décembre 2011 relative à l'application de l'article 106, paragraphe 2, du traité sur le fonctionnement de l'Union européenne aux aides d'État sous forme de compensations de service public octroyées à certaines entreprises chargées de la gestion de services d'intérêt économique général ainsi que, le cas échéant, les droits exclusifs ou spéciaux octroyés par la région.

Art. R. 6121-4. Le mode de publicité préalable relève de la responsabilité de la région. Il comprend les éléments suivants:

1° Les informations à fournir par le candidat, relatives à ses capacités financières, notamment à ses comptes annuels, à ses bilans, comptes de résultat et annexes, aux moyens qui seront mis en œuvre pour l'accomplissement de la mission, au budget prévisionnel de celle-ci et aux autres éléments sollicités en fonction des critères de sélection. Le candidat indique s'il se présente seul ou en groupement;

2° Le dossier d'habilitation prévu à l'article R. 6121-3;

3° La date de clôture du dépôt des propositions par les candidats et leur durée de validité;

4° La procédure de sélection des candidats, comprenant les critères objectifs de sélection des propositions, notamment la qualité des réponses, leur capacité à répondre aux besoins, aux obligations de service public et aux critères prévus dans l'appel à propositions, ainsi que les modalités de consultation éventuelle des candidats.

Art. R. 6121-5. Après le dépôt des propositions des candidats, la région peut solliciter de leur part des éléments autres que ceux mentionnés à l'article R. 6121-4, en fonction des critères de sélection retenus. Elle peut également demander à un candidat de compléter son dossier et en informe alors les autres candidats.

Elle peut autoriser les candidats à proposer des variantes au dossier d'habilitation mentionné à l'article R. 6121-3, sous réserve du respect des exigences minimales qu'elle définit.

Elle peut demander aux candidats de préciser, améliorer ou adapter leur proposition afin de mieux répondre aux obligations de service public mentionnées dans le dossier d'habilitation. Si elle choisit de ne faire cette demande qu'à certains candidats, elle en informe les autres candidats en leur en donnant la raison.

Art. R. 6121-6. Dès que le choix de l'organisme a été effectué et notifié à celui-ci, ce choix et le rejet motivé des autres candidatures sont notifiés aux candidats par tout moyen permettant d'établir la date de sa réception.

La région peut déclarer la procédure de sélection infructueuse en motivant sa décision et en la notifiant aux candidats.

Art. R. 6121-7. I. – La convention d'habilitation contient les informations figurant aux 1° à 11° de l'article R. 6121-3 et mentionne les droits et les engagements de l'organisme retenu.

Elle est signée par celui-ci puis par le président du conseil régional. Sa notification au candidat retenu permet son exécution.

II. – Lorsque la compensation financière est d'un montant égal ou supérieur à 207 000 euros HT, la convention d'habilitation fait l'objet d'un avis d'attribution transmis à l'office des publications officielles de l'Union européenne.

III. – Au plus tard six mois avant l'échéance de la convention d'habilitation, l'organisme signataire fournit à la région les éléments lui permettant d'évaluer quantitativement et qualitativement la réalisation de la mission de service public qu'il assure, au regard des objectifs de celle-ci et des indicateurs mentionnés au 10° de l'article R. 6121-3.

Art. R. 6121-8. La région peut résilier la convention d'habilitation :

1° Pour un motif d'intérêt général, sous réserve des droits à indemnités de l'organisme titulaire ;

2° Du fait d'une inexécution partielle ou totale par l'organisme titulaire de ses obligations, après une mise en demeure mentionnant les obligations non respectées à laquelle il n'est pas donné suite dans un délai de trente jours. La résiliation est prononcée par une décision mentionnant expressément son motif et sa date d'effet. Un décompte des dépenses engagées est produit selon les principes fixés à l'article R. 6121-3 et donne lieu à un paiement.

SECTION 2 (réglementaire). Service public régional de la formation professionnelle

Note Cette section a été introduite par le décret 2016-153 du 12 février 2016, JO 14.

Art. R. 6121-9. *(D. 2016-380 du 29 mars 2016, JO 31)* La gratuité de la formation professionnelle, financée par la région en application du deuxième alinéa du I de l'article L. 6121-2 au bénéfice de toute personne cherchant à s'insérer sur le marché du travail, s'entend des dépenses liées aux frais pédagogiques de cette formation et aux frais de la procédure d'acquisition de la certification professionnelle classée au plus au niveau IV auquel elle conduit.

Elle peut également s'étendre à la prise en charge par la région des frais d'inscription et d'éventuels frais annexes, notamment des frais d'hébergement ou de restauration.

Art. R. 6121-10. *(D. 2016-380 du 29 mars 2016, JO 31)* La région fixe, dans le cadre du programme régional d'apprentissage et de formation professionnelle continue mentionné au VI de l'article L. 214-13 du code de l'éducation, les modalités de la gratuité des formations professionnelles qu'elle finance, conformément aux dispositions de l'article R. 6121-9 du présent code.

Art. D. 6121-11. Sans préjudice des dispositions de l'article du 5° du II de l'article L. 6121-2, l'accès au service public régional de la formation professionnelle est garanti dans les mêmes conditions quel que soit le lieu de résidence de la personne.

À défaut de conclusion des conventions prévues au troisième alinéa de l'article L. 6121-2, la région contribue au financement des actions de formation du programme régional de formation et des droits associés mis en œuvre sur son territoire sans distinction du lieu de résidence de la personne.

Le financement des aides individuelles à la formation prévues au 2° de l'article L. 6121-1 relève de la compétence de la région de résidence de la personne.

CHAPITRE II Rôle de l'État

Art. L. 6122-1. *(L. 2016-1691 du 9 déc. 2016, art. 126, JO 10)* « I. – L'État peut organiser et financer, au profit des personnes à la recherche d'un emploi, des formations dont le faible développement ou le caractère émergent justifient, temporairement ou durablement, des actions définies au niveau national pour répondre aux besoins de compétences. »

(L. 2018-771 du 5 sept. 2018, art. 34, II, 6°, JO 6) « II. – Pour la mise en œuvre d'un programme national défini par l'État et destiné à répondre à un besoin additionnel de qualification au profit de jeunes sortis du système scolaire sans qualification et des personnes à la recherche d'emploi disposant d'un niveau de qualification inférieur ou égal au baccalauréat, en insistant en priorité sur les personnes en situation d'illettrisme, avec ou sans activité professionnelle, l'État engage une procédure de conventionnement avec la région.

Ce conventionnement peut être prévu dans le contrat de plan régional de développement des formations et de l'orientation professionnelles mentionné à l'article L. 214-13 du code de l'éducation.

En l'absence de conventionnement, l'État peut organiser et financer ces actions de formation avec Pôle emploi ou l'une des institutions mentionnées à l'article L. 5311-4 du présent code. Ces actions peuvent notamment prendre en compte les besoins spécifiques des quartiers prioritaires de la politique de la ville.

III. –» Lorsque l'État contribue au financement des actions de formation professionnelle, à travers les dépenses de rémunération des stagiaires, de financement des stages ou d'investissement des centres, il conclut avec les organismes des conventions qui prennent en compte les types d'actions de formation définis à l'article L. 6313-1, les publics accueillis, les objectifs poursuivis et les résultats obtenus, notamment en matière d'insertion professionnelle. Les modalités particulières de ces conventions sont définies par décret.

Lorsque ces conventions concernent des centres de formation gérés par une ou plusieurs entreprises, elles font l'objet d'une consultation du ou des ***(Ord. 2017-1386 du 22 sept. 2017, art. 4, 54°, JO 23, entrée en vigueur au plus tard le 01.01.2018)*** «comités sociaux et économiques» intéressés, conformément à l'article ***(L. 2015-994 du 17 août 2015, art. 18, XIV, 17°, JO 18, entrée en vigueur le 01.01.2016)*** « L. 2323-15».

Note • Les dispositions de cet article, dans sa rédaction issue de la loi 2018-771 précitée, sont applicables depuis le 1er janvier 2019 (loi précitée, art. 46, I).

• Conformément à l'article 35 de la loi 2018-771 précitée:

Lorsque l'État met en œuvre un programme national dans les conditions définies au II de l'article L. 6122-1, la Caisse des dépôts et consignations peut assurer la gestion administrative et financière des fonds pour le compte de l'État, de ses établissements publics ou des collectivités territoriales. Pour chaque action financée par des crédits ouverts au titre du programme national, une convention de gestion est conclue entre la Caisse des dépôts et consignations et, selon le cas, l'État, ses établissements publics ou la collectivité territoriale concernée, après avis de la commission de surveillance.

Les fonds sont déposés chez un comptable du Trésor pour le compte de l'État ou des autres organismes mentionnés au premier alinéa du présent article. Les commissions chargées des finances de l'Assemblée nationale et du Sénat sont informées annuellement de la situation et des mouvements des comptes correspondants.

• Voir circulaire du Premier ministre 5929/SG du 26 avril 2017 sur l'application des règles européennes de concurrence relatives aux aides publiques aux activités économiques.

Art. L. 6122-3. Afin de faciliter l'accès aux fonctions de chef d'entreprise du secteur des métiers et d'assurer le perfectionnement et la qualification professionnelle des chefs d'entreprise de ce secteur et de leurs salariés, l'État concourt, dans les conditions fixées au présent titre, au financement des stages qui leur sont destinés.

En outre, l'État peut participer au financement des fonds d'assurance-formation de non-salariés prévus à l'article L. 6332-9 créés pour ce secteur professionnel.

Art. L. 6122-4. L'État concourt financièrement, dans le cadre de conventions conclues en application de l'article L. 6353-2, à la formation des travailleurs du secteur des métiers mentionnés à l'article L. 6122-3 du code du travail et à l'article L. 718-2-2 du code rural ***(Ord. 2010-462 du 6 mai 2010, JO 7)*** «et de la pêche maritime», appelés à exercer des responsabilités dans des organisations syndicales ou professionnelles.

Cette formation peut être assurée par des centres créés par les organisations professionnelles ou syndicales ou reconnus par celles-ci, sous réserve que ces centres obtiennent la délivrance d'un agrément des ministères intéressés.

SECTION 1 (réglementaire). Financement des actions de formation professionnelle continue

Art. D. 6122-1. Chaque année, le gouvernement présente au Parlement un document:

1° Regroupant les crédits demandés pour l'année suivante et l'emploi de ceux accordés pour l'année antérieure et pour l'année en cours;

2° Retraçant l'emploi de la participation des employeurs au développement de la formation professionnelle continue, prévue à l'article L. 6331-1, notamment en matière de contrats de professionnalisation pour les jeunes, et de conditions de mise en œuvre de la formation professionnelle continue dans les entreprises de moins de ***(D. 2017-249 du 27 févr. 2017, JO 28)*** «onze» salariés selon les secteurs d'activité. Ce rapport fait apparaître les situations propres à chacun des secteurs intéressés de l'artisanat, du commerce et des professions libérales;

3° Comportant un état des ressources et des dépenses des fonds régionaux de l'apprentissage et de la formation professionnelle continue pour l'année antérieure et pour l'année en cours.

Art. D. 6122-2. L'État met à disposition du Parlement, ***(D. 2018-1262 du 26 déc. 2018, art. 1er, III, JO 28, entrée en vigueur le 01.01.2019)*** « de la Commission nationale de la négociation collective, de l'emploi et de la formation professionnelle », des syndicats professionnels, du Conseil supérieur pour le reclassement professionnel et social des travailleurs handicapés et du Conseil national consultatif des personnes handicapées, les résultats de l'exploitation des données recueillies auprès des ***(L. 2018-771 du 5 sept. 2018, art. 45, II, JO 6)*** « opérateurs de compétences » mentionnés à l'article L. 6332-1 et du fonds national de péréquation mentionné à l'article L. 6332-18.

Art. D. 6122-3. L'État assure la publication régulière des données qui lui sont transmises par les ***(L. 2018-771 du 5 sept. 2018, art. 45, II, JO 6)*** « opérateurs de compétences » et le fonds national de péréquation, en application de l'article L. 6332-23.

SECTION 2 (réglementaire). Convention de formation professionnelle continue

Art. D. 6122-4. Les conventions de formation professionnelle continue conclues en application du premier alinéa de l'article L. 6122-1 sont arrêtées conformément à l'un des modèles annexés à la fin du présent livre.

Art. D. 6122-5. Les conventions de formation professionnelle continue renseignent avec les mentions appropriées les articles figurant dans les " dispositions communes applicables aux conventions de formation professionnelle comportant une aide de l'État ", annexées à la fin du présent livre.

Art. D. 6122-6. Les conventions de formation professionnelle continue ouvrent droit au concours de l'État dans les conditions qu'elles prévoient.

ANNEXE

DÉFINISSANT LES MODÈLES DE CONVENTION DE FORMATION PROFESSIONNELLE CONTINUE PRÉVUS PAR LES ARTICLES D. 6122-4 ET D. 6122-5

Convention de formation professionnelle prévoyant une aide financière de l'État au fonctionnement des stages

Entre le (ministre ou préfet de région) ....
et le (dénomination du centre) ....

Il est convenu ce qui suit :

Art. 1er. La présente convention est conclue en application des livres premier et III de la partie VI du code du travail.

Les dispositions prévues par l'annexe mentionnée aux articles D. 6122-4 et D. 6122-5 du code du travail lui sont applicables, à l'exclusion des articles 9 (2, c) et 11.

Art. 2. En exécution de la présente convention, le centre s'engage à s'organiser les cycles de formation prévus à l'annexe pédagogique et dans les conditions fixées par cette annexe.

Art. 3. En application des articles L. 6341-1 et suivants du code du travail, l'État apporte son aide à la rémunération des stagiaires dans la limite des effectifs prévus par l'annexe jointe,

ou

Il n'est prévu aucune aide de l'État à la rémunération des stagiaires.

Art. 4. L'État apporte au centre l'aide technique prévue à l'article 9-1 de l'annexe mentionnée aux articles D. 6122-4 et D. 6122-5 du code du travail (préciser s'il y a lieu).

L'État apporte au centre une aide financière, dans les conditions prévues par la réglementation en vigueur et dont le montant est fixé chaque année par une annexe financière.

Art. 5. Le contrôle pédagogique, technique et financier sera exercé par …

Art. 6. La présente convention prend effet à compter du …

Convention de formation professionnelle prévoyant une aide de l'État à l'équipement du centre

Entre le (ministre ou préfet de région) ....
et le (dénomination du centre) ....

Il est convenu ce qui suit :

Art. 1er. La présente convention est conclue en application des livres Ier et III de la partie VI du code du travail.

Les dispositions prévues par les articles 1er, 2, 5, 8, 9 (2 c) et 11 de l'annexe mentionnée aux articles D. 6122-4 et D. 6122-5 du code du travail lui sont également applicables.

Art. 2. Le centre organisera les formations prévues à l'annexe jointe.

Art. 3. L'État apportera une aide financière à la construction et à l'équipement du centre dans les conditions prévues par la réglementation en vigueur et pour un montant de …

Art. 4. Le contrôle technique et financier sera exercé par …

DISPOSITIONS COMMUNES À L'ENSEMBLE DES CONVENTIONS DE FORMATION PROFESSIONNELLE COMPORTANT UNE AIDE DE L'ÉTAT

I. - Objet et organisation du centre et des cycles de formation

Art. 1er. Pour bénéficier d'une aide de l'État, le centre organise une ou plusieurs actions de formation professionnelle répondant aux orientations prioritaires et aux critères d'intervention définis par les instances de la formation professionnelle.

Art. 2. *Le conseil de centre.* Le centre de formation est doté d'un conseil auquel participent notamment les employeurs et salariés désignés par les organismes ou organisations professionnels, ou, le cas échéant, par les entreprises et travailleurs intéressés.

Dans des conditions fixées par le conseil, des représentants des stagiaires seront appelés à participer aux réunions du conseil.

Lorsqu'un accord conclu entre les organisations d'employeurs et de salariés prévoit la composition et les modalités de fonctionnement de ce conseil, ce sont les dispositions de cet accord qui s'appliquent.

Lorsque la gestion du centre est assurée par une entreprise ou un groupe d'entreprises de cinquante salariés et plus, le ou les ***(D. 2017-1819 du 29 déc. 2017, art. 3, 32°, JO 30, entrée en vigueur le 01.01.2018)*** « comités sociaux et économiques » intéressés exercent les attributions que leur confère la réglementation en vigueur. Ils doivent, en particulier, avoir délibéré sur les problèmes propres à l'entreprise relatifs à la formation professionnelle continue et sur les actions pour lesquelles l'aide de l'État est accordée.

Art. 3. *Organisation des cycles.* La formation est délivrée par le centre au moyen de cycles de formation qui peuvent comporter des stages à temps plein ou à temps partiel, ainsi que des cours de types divers.

L'objet du cycle, les types de stage, le lieu, la durée, le nombre de stagiaires prévus, le niveau de la formation dispensée et la sanction prévue sont définis pour chaque cycle dans une annexe pédagogique jointe à la convention.

Les règles particulières aux stages qui pourraient être mis en place ultérieurement sont fixées par avenant.

Les parties peuvent demander des modifications dans les conditions prévues à l'article 12 ci-après.

Pour les actions s'adressant à des stagiaires sous contrat de travail, la formation dispensée à temps partiel est, en principe, donnée pendant les heures normales de travail. Cependant, l'organisation des stages à temps partiel pourra tenir compte des situations particulières relatives aux conditions et aux horaires de travail ainsi qu'à la nature des formations dispensées et à la situation des stagiaires au regard du droit à congé de formation.

Art. 4. *Personnel du centre.* Le personnel assurant un enseignement au centre peut comprendre des personnels à temps plein et des personnels à temps partiel.

Ce personnel est choisi par le responsable du centre, après avis du conseil du centre.

La rémunération des personnes dispensant un enseignement au centre, ainsi que celle du personnel de direction et d'administration, est assurée par le centre.

II. - Stagiaires

Art. 5. *Recrutement.* Les stagiaires sont recrutés parmi les candidats qui adressent à titre individuel leur demande d'admission au centre, et notamment ceux auxquels les services de l'emploi ainsi que les organismes d'information et d'orientation compétents peuvent apporter leur concours ou parmi les candidats présentés par les entreprises ou les organisations professionnelles et syndicales.

Le choix des stagiaires est opéré sur des critères et dans les conditions arrêtées en accord avec l'autorité cosignataire.

Lorsque les stagiaires sont envoyés par leur entreprise, aucune participation financière ne doit leur être demandée.

Art. 6. *Rémunération.* Les stagiaires présentés au centre par leur employeur bénéficient, de la part de ce dernier, du maintien intégral de la rémunération qu'ils percevaient avant leur entrée en stage. Lorsque les conditions prévues par la législation en vigueur sont remplies, l'État peut prendre en charge une partie de la rémunération maintenue.

Les autres stagiaires peuvent bénéficier, sous réserve de remplir les conditions prévues, du versement de la rémunération prévu par les articles L. 6341-1 et suivants du code du travail.

Dans tous les cas, l'aide de l'État ne peut intervenir que si elle est prévue expressément par la convention ou par un avenant à la convention.

Art. 7. *Protection sociale.* Le centre s'assure que les stagiaires bénéficient d'une protection sociale.

Il prend les dispositions appropriées pour assurer la couverture des risques sociaux et notamment des accidents du travail pour les stagiaires qui ne seraient pas couverts par la réglementation en vigueur.

Art. 8. *Reconnaissance de la formation acquise.* Le centre s'engage à rechercher auprès des employeurs intéressés les modalités propres à assurer la reconnaissance de la formation acquise par les stagiaires du centre.

III. - Aide de l'État

Art. 9. L'État peut apporter :

1. Une aide technique :

a) Concours à la formation des personnels appelés à assurer un enseignement au centre ;

b) Mise à disposition de locaux et installations ;

c) Mise à disposition de documents d'ordre technique et pédagogique ;

d) Mise à disposition de personnel d'enseignement.

2. Une aide financière :

L'État peut verser au centre :

a) Une subvention destinée à permettre la mise au point des différents cycles ;

b) Une subvention forfaitaire de fonctionnement.

Le montant de cette subvention est calculé, pour chaque exercice, dans les conditions fixées par le ministre chargé de la formation professionnelle, après avis du Conseil national de la formation professionnelle tout au long de la vie.

Dans tous les cas, il est tenu une comptabilité distincte pour les cycles et stagiaires relevant de la convention.

Dans l'hypothèse où les effectifs réellement présents ou la durée des formations seraient inférieurs aux prévisions, le montant de la subvention sera réduit à due concurrence.

Si le montant des différentes ressources perçues au titre des cycles conventionnés excède le montant des dépenses effectivement exposées pour le fonctionnement de ces cycles, cet excédent devra être déduit de la subvention due au titre de l'exercice suivant ou reversé au Trésor.

c) Une subvention destinée à couvrir une partie du coût de construction et d'équipement du centre.

Les conditions d'attribution de cette subvention, ainsi que les modalités selon lesquelles elle est calculée, sont fixées par le ministre chargé de la formation professionnelle, après avis du Conseil national de la formation professionnelle tout au long de la vie.

Le montant de cette subvention ne peut être augmenté si le coût réel des travaux réalisés dépasse le montant du devis prévisionnel, que ce dépassement résulte d'une sous-estimation du coût des travaux, d'une actualisation du prix de l'opération ou d'une hausse de prix contractuelle.

Le centre bénéficiaire d'une subvention d'équipement est tenu, au cas où il serait mis fin aux formations prévues par la convention ou si les équipements réalisés ne sont pas utilisés conformément aux stipulations de la convention, de rembourser la subvention reçue, proportionnellement au nombre d'années restant à courir sur les délais d'amortissement : cinq ans pour le matériel, dix ans pour les aménagements immobiliers, vingt ans pour les constructions ou achats d'immeubles. Lorsque l'aide de l'État a porté sur l'acquisition du terrain, cette participation doit être remboursée intégralement.

De même, si la capacité de formation est inférieure à celle prévue par la convention, le centre rembourse la subvention reçue proportionnellement au nombre de places prévues et non réalisées.

3. Une aide technique et financière :

Les aides prévues aux 1 et 2 ci-dessus peuvent se cumuler. Dans ce cas, les aides techniques font l'objet d'une évaluation financière et sont déduites du monde de la subvention.

IV. - Contrôle de l'État

Art. 10. *Aide au fonctionnement*

a) Contrôle pédagogique et technique.

Le centre est soumis au contrôle pédagogique exercé par les services et organismes compétents désignés par l'autorité cosignataire. Il porte sur l'objet de la formation, les méthodes, les programmes et la qualité des enseignements dispensés. Le conseil de centre est consulté à l'occasion de ce contrôle.

b) Contrôle financier.

Le responsable du centre adresse chaque année un compte rendu des résultats qu'ont permis d'obtenir les cycles de formation organisés, un bilan financier des dépenses et ressources réellement constatées et un budget annuel ; ces différents documents sont transmis avec l'avis du conseil du centre.

Sans préjudice des contrôles que l'État peut exercer en vertu de la réglementation en vigueur sur les organismes et entreprises recevant des subventions sur fonds publics, les services ou organismes désignés par l'autorité cosignataire, compétents pour effectuer des inspections administratives, financières et techniques, ont accès dans les locaux du centre. Ils peuvent en outre se faire communiquer toutes pièces nécessaires permettant de contrôler l'activité du centre [de] l'assiduité des stagiaires, et notamment les situations d'effectifs et les emplois du temps.

Art. 11. *Aide à l'équipement.* Pendant l'exécution des travaux, le service chargé du contrôle peut s'assurer de leur conformité avec les plans et devis présentés.

Lorsque les travaux sont achevés ou les matériels acquis, l'autorité cosignataire pourra s'assurer à tout moment que la capacité créée et l'utilisation des équipements sont bien conformes à la destination prévue par l'annexe à la convention.

À cet effet, les services désignés par cette autorité ont accès dans les locaux du centre et peuvent se faire communiquer toutes précisions nécessaires permettant de contrôler son activité.

V. - Application et durée de la convention

Art. 12. *Modification de la convention.* L'autorité cosignataire peut, à tout moment, mettre fin sans délai à la convention dans le cas où le contrôle exercé sur le centre fait apparaître que l'organisation des cycles de formation ou les conditions de sa gestion ne répondent pas aux conditions définies dans la convention.

L'autorité cosignataire peut également demander, à tout moment, au responsable du centre de modifier les conditions d'organisation ou de fonctionnement d'un cycle de formation en cours lorsque celui-ci [celles-ci] apparaissent défectueuses.

Dans ces deux cas, le conseil du centre est consulté.

En dehors de ces cas, chacune des parties porte à la connaissance de l'autre, au moins deux mois à l'avance, les modifications éventuelles qu'elle désire voir apporter aux dispositions de la convention ou de ses annexes.

C'est notamment le cas lorsqu'il apparaît nécessaire d'adapter l'objet des cycles ou les méthodes de formation aux exigences ou aux possibilités nouvelles que ferait apparaître l'évolution de l'emploi et des moyens de formation existant[s].

Les modifications arrêtées d'un commun accord et après consultation du conseil du centre font l'objet d'un avenant.

Art. 13. *Résiliation de la convention.* La convention peut être résiliée par l'une ou l'autre des parties sur préavis de trois mois.

Lorsqu'il est mis fin à la convention, des dispositions particulières sont prises, le conseil du centre ayant été consulté pour sauvegarder les intérêts des stagiaires en cours de formation.

CHAPITRE III Coordination et régulation des politiques de l'emploi, de l'orientation et de la formation professionnelle

Note Ce chapitre a été introduit par la loi 2014-288 du 5 mars 2014, art. 24, I, JO 6.

SECTION 2. Comité régional de l'emploi, de la formation et de l'orientation professionnelles

Art. L. 6123-3. Le comité régional de l'emploi, de la formation et de l'orientation professionnelles a pour mission d'assurer la coordination entre les acteurs des politiques d'orientation, de formation professionnelle et d'emploi et la cohérence des programmes de formation dans la région.

Il comprend le président du conseil régional, des représentants de la région ***(Ord. 2016-1562 du 21 nov. 2016, art. 24, JO 22, entrée en vigueur le 01.01.2018)*** «, ou, en Corse, le président du conseil exécutif et des conseillers à l'Assemblée de Corse élus en son sein», des représentants de l'État dans la région ***(Ord. 2016-1562 du 21 nov. 2016, art. 24, JO 22, entrée en vigueur le 01.01.2018)*** «ou, en Corse, dans la collectivité,» et des représentants des organisations syndicales de salariés et des organisations professionnelles d'employeurs représentatives au niveau national et interprofessionnel ou multi-professionnel, ou intéressées, et des chambres consulaires, ainsi que, avec voix consultative, des représentants des principaux opérateurs de l'emploi, de l'orientation et de la formation professionnelles. Pour chaque institution ou organisation pour laquelle le nombre de représentants est supérieur à un, le principe de parité entre les femmes et les hommes doit être respecté.

Il est présidé conjointement par le président du conseil régional et le représentant de l'État dans la région ***(Ord. 2016-1562 du 21 nov. 2016, art. 24, JO 22, entrée en vigueur le 01.01.2018)*** «, ou, en Corse, par le président du conseil exécutif et le représentant de l'État dans la collectivité de Corse». La vice-présidence est assurée par un représentant des organisations professionnelles d'employeurs et par un représentant des organisations syndicales de salariés.

Il est doté d'un bureau, composé de représentants de l'État, de la région ***(Ord. 2016-1562 du 21 nov. 2016, art. 24, JO 22, entrée en vigueur le 01.01.2018)*** «, ou, en Corse, de la collectivité de Corse», de représentants régionaux des organisations syndicales de salariés et des organisations professionnelles d'employeurs représentatives au niveau national et interprofessionnel.

(L. 2015-991 du 7 août 2015, art. 6, I, 5°, JO 8) «Il est doté également d'une commission chargée de la concertation relative aux politiques de l'emploi sur le territoire, qui assure la coordination des acteurs du service public de l'emploi défini à l'article L. 5311-1 en fonction de la stratégie prévue à l'article L. 6123-4-1.»

(Ord. 2019-861 du 21 août 2019, art. 1er, 27°, JO 22) «Le bureau rend également l'avis prévu au cinquième alinéa de l'article L. 6111-6».

Un décret en Conseil d'État précise la composition, le rôle et le fonctionnement du bureau.

Note • Voir articles R. 6123-3 à 3-15 CT.

• Les premier et avant-dernier alinéas de cet article ont été modifiés par la loi 2018-771 du 5 septembre 2018, art. 36, V, 3°, JO 6 ; ces modifications sont applicables depuis le 1er janvier 2019 (loi précitée, art. 46, I).

• Voir instruction DGEFP/DAT/2016-275 du 14 octobre 2016 relative à la mise en œuvre des dispositions des articles 6 et 7 de la loi du 7 août 2015 portant nouvelle organisation territoriale de la République (NOTRe) et de la plateforme État-régions signée le 30 mars 2016 (NOR : ETSD1625736J) (BO TR 2016/11 du 30.11.2016), notamment l'annexe 2 relative à la commission «emploi» du comité régional de l'emploi, de la formation et de l'orientation professionnelles (CREFOP).

• Voir article L. 214-13, II c. éduc. sur l'élaboration du contrat de plan régional de développement des formations et de l'orientation professionnelle par la région au sein du CREFOP.

Art. L. 6123-4. Le président du conseil régional et le représentant de l'État dans la région ***(Ord. 2016-1562 du 21 nov. 2016, art. 24, JO 22, entrée en vigueur le 01.01.2018)*** «ou, en Corse, le président du conseil exécutif et le représentant de l'État dans la collectivité de Corse» signent avec ***(L. 2018-771 du 5 sept. 2018, art. 36, V, 4°, JO 6)*** «Pôle emploi», les représentants régionaux des missions locales mentionnées à l'article L. 5314-1 ***(L. 2015-991 du 7 août 2015, art. 6, I, 6°, JO 8)*** «, des organismes spécialisés dans l'insertion professionnelle des personnes handicapées et des présidents de maisons de l'emploi et de structures gestionnaires de plans locaux pluriannuels pour l'insertion et l'emploi» une convention régionale pluriannuelle de coordination de l'emploi, de l'orientation et de la formation.

(L. 2018-771 du 5 sept. 2018, art. 36, V, 4°, JO 6) «Cette convention détermine pour chaque signataire, en cohérence avec les orientations définies par l'État et par la région dans le schéma régional de développement économique, d'innovation et d'internationalisation, avec les plans de convergence mentionnés à l'article 7 de la loi n° 2017-256 du 28 février 2017 de programmation relative à l'égalité réelle outre-mer et portant autres dispositions en matière sociale et économique, dans le respect de ses missions et, s'agissant de Pôle emploi, de la convention tripartite pluriannuelle mentionnée à l'article L. 5312-3 :»

1° Les conditions dans lesquelles il mobilise de manière coordonnée les outils des politiques de l'emploi et de la formation professionnelle de l'État et de la région ***(Ord. 2016-1562 du 21 nov. 2016, art. 24, JO 22, entrée en vigueur le 01.01.2018)*** «, ou, en Corse, de la collectivité de Corse», au regard de la situation locale de l'emploi et dans le cadre de la politique nationale de l'emploi ;

2° Les conditions dans lesquelles il participe ***(L. 2015-991 du 7 août 2015, art. 6, I, 6°, JO 8)*** «, le cas échéant,» au service public régional de l'orientation ;

3° Les conditions dans lesquelles il conduit ***(L. 2015-991 du 7 août 2015, art. 6, I, 6°, JO 8)*** «, le cas échéant,» son action au sein du service public régional de la formation professionnelle ;

4° Les modalités d'évaluation des actions entreprises.

(L. 2015-991 du 7 août 2015, art. 6, I, 6°, JO 8) «Un plan de coordination des outils qui concourent au service public de l'emploi et à la mise en œuvre de ses objectifs, visant à rationaliser et à mutualiser les interventions à l'échelle des bassins d'emploi, est inscrit dans la convention régionale pluriannuelle.»

Note Les dispositions de cet article, dans sa rédaction issue de la loi 2018-771 précitée, sont applicables depuis le 1er janvier 2019 (loi précitée, art. 46, I).

Sous-section 1 (réglementaire). **Missions**

Note • Les sous-sections 1 à 3 ont été introduites par le décret 2014-1055 du 16 septembre 2014, JO 18.

• Les comités régionaux de l'emploi, de la formation et de l'orientation professionnelles (CREFOP), créés par la loi 2014-288 du 5 mars 2014, sont issus de la fusion du conseil régional de l'emploi et du comité de coordination régional de l'emploi et de la formation professionnelle.

Art. R. 6123-3. I. – Le comité régional de l'emploi, de la formation et de l'orientation professionnelles est chargé des fonctions de diagnostic, d'étude, de suivi et d'évaluation des politiques nécessaires pour assurer la coordination entre les acteurs des politiques d'orientation, de formation professionnelle et d'emploi et la cohérence des programmes de formation dans la région, en lien avec ***(D. 2018-1262 du 26 déc. 2018, art. 1er, III, JO 28, entrée en vigueur le 01.01.2019)*** «la Commission nationale de la négociation collective, de l'emploi et de la formation professionnelle» mentionnée à l'article [L. 2271-1].

II. – Pour l'exercice de ces fonctions, le comité régional de l'emploi, de la formation et de l'orientation professionnelles s'appuie en tant que de besoin sur les études et les travaux d'observation réalisés notamment par :

1° Les collectivités territoriales ressortissant du territoire régional ;

2° Le Conseil économique, social et environnemental régional ;

3° Pôle emploi ;

4° Les services statistiques de l'État et les organismes publics d'étude et de recherche ;

5° Les organismes paritaires de gestion et d'observation des branches professionnelles, présents dans la région ;

6° Le Centre d'animation, de ressources et d'information sur la formation-observatoire régional de l'emploi et de la formation professionnelle.

III. – Le comité régional de l'emploi, de la formation et de l'orientation professionnelles est informé :

1° Chaque année, par les services compétents de l'État, du montant des sommes collectées au titre de la taxe d'apprentissage et de leurs affectations, ainsi que du financement des contrats de professionnalisation ;

2° Des projets d'investissement et des moyens d'intervention dont disposent les services régionaux de Pôle emploi.

Il est, en outre, destinataire des comptes rendus des séances plénières et des commissions ***(D. 2018-1262 du 26 déc. 2018, art. 1er, III, JO 28, entrée en vigueur le 01.01.2019)*** « de la Commission nationale de la négociation collective, de l'emploi et de la formation professionnelle », ainsi que de ses études et travaux.

Note • Voir décret 2018-1262 du 26 décembre 2018 (JO 28) sur les attributions et la composition de la **Commission nationale de la négociation collective, de l'emploi et de la formation professionnelle** afin de lui permettre d'exercer pleinement son rôle consultatif dans le champ de l'emploi, de l'orientation et de la formation professionnelles (transfert de la mission consultative de l'ancien Conseil national de l'emploi, de la formation et de l'orientation professionnelles) depuis le 1er janvier 2019, voir article L. 2271-1 rapporté *supra*. Voir LSQ n° 17725 du 3.01.2019.

• Voir instr. DGEFP/SDPFC/MDFF 2021-13 du 11 janvier 2021, § V-1 (NOR : MTRD2100967J) sur le rôle des CREFOP dans le déploiement du dispositif « Transitions collectives ».

Art. R. 6123-3-1. Chaque année, le comité régional de l'emploi, de la formation et de l'orientation professionnelles établit un bilan régional des actions financées au titre de l'emploi, de la formation et de l'orientation professionnelles selon une méthodologie définie par ***(D. 2018-1262 du 26 déc. 2018, art. 1er, III, JO 28, entrée en vigueur le 01.01.2019)*** « la Commission nationale de la négociation collective, de l'emploi et de la formation professionnelle ».

Art. R. 6123-3-2. Le comité régional de l'emploi, de la formation et de l'orientation professionnelles émet, avant leur adoption ou leur conclusion, un avis sur :

1° Les conventions régionales pluriannuelles de coordination de l'emploi, de l'orientation et de la formation relevant de l'article L. 6123-4 ;

2° La carte régionale des formations professionnelles initiales mentionnée à l'article L. 214-13-1 du code de l'éducation ;

3° Les programmes relevant du service public régional de formation professionnelle dont celui prévu à l'article L. 5211-3, ainsi que le projet de convention élaboré en application de l'article L. 6121-4 ;

4° Le cahier des charges prévu à l'article L. 6111-5, fixant des normes de qualité aux organismes participant au service public régional de l'orientation ;

5° La convention annuelle de coordination relative au service public de l'orientation professionnelle conclue entre l'État et la région prévue à l'article L. 6111-3.

Les avis sont rendus publics par le comité et sont transmis ***(D. 2018-1262 du 26 déc. 2018, art. 1er, III, JO 28, entrée en vigueur le 01.01.2019)*** « à la Commission nationale de la négociation collective, de l'emploi et de la formation professionnelle ».

Sous-section 2 (réglementaire). Composition

Art. R. 6123-3-3. Le comité régional de l'emploi, de la formation et de l'orientation professionnelles est composé, outre le préfet de région et le président du conseil régional, de membres nommés par arrêté du préfet de région :

1° Six représentants de la région désignés par le conseil régional ;

2° Six représentants de l'État :

a) ***(D. 2015-1616 du 10 déc. 2015, art. 10, JO 11, entrée en vigueur le 01.01.2016)*** « Le recteur de région académique » ;

b) c) Le ***(D. 2020-1545 du 9 déc. 2020, JO 10, entrée en vigueur le 01.04.2021)*** « directeur régional de l'économie, de l'emploi, du travail et des solidarités » ;

d) Le directeur régional de l'alimentation, de l'agriculture et de la forêt (DRAAF) ;

e) Les autres représentants de l'État restant à nommer après application des *a* à *d*, désignés par le préfet de région ;

3° Des représentants des organisations syndicales de salariés et professionnelles d'employeurs sur proposition de leur organisation respective :

a) Un représentant de chaque organisation syndicale de salariés, représentative au plan national et interprofessionnel ;

b) Un représentant de chaque organisation professionnelle d'employeurs, représentative au plan national et interprofessionnel ;

c) Un représentant de chaque organisation professionnelle d'employeurs représentative au plan national et multi professionnel ;

d) Deux représentants des organisations syndicales intéressées. Ces organisations sont déterminées par l'arrêté du ministre en charge de l'emploi et de la formation professionnelle prévu à l'article R. 6123-1-8 ;

4° Un représentant pour chacun des trois réseaux consulaires sur proposition de leur organisation respective ;

5° Des représentants des principaux opérateurs de l'emploi, de la formation et de l'orientation professionnelles dans la région, dont un représentant du regroupement d'établissements d'enseignement supérieurs constitué en application des dispositions combinées de l'article L. 718-2 et du 2° de l'article L. 718-3 du code de l'éducation, le directeur régional de Pôle emploi, le délégué régional de l'association de gestion du fonds pour l'insertion professionnelle des personnes handicapées, le représentant régional des Cap emploi, le directeur du fonds de gestion du congé individuel de formation, le président de l'association régionale des missions locales, le délégué en région de l'association pour l'emploi des cadres mentionné au L. 6111-6, le directeur du centre d'animation, de ressources et d'information sur la formation et observatoire régional de l'emploi et de la formation professionnelle ainsi que le directeur régional de l'office national d'information des enseignements et des professions.

Les représentants désignés en application du 1° comprennent un nombre égal de femmes et d'hommes, conformément au principe de parité tel que défini à l'article L. 6123-3. Les représentants désignés au titre du *e* du 2° comprennent un nombre égal de femmes et d'hommes s'ils sont en nombre pair, et au moins une personne de chaque sexe si leur nombre est impair et au moins égal à deux.

Les membres mentionnés au 5° du présent article siègent sans voix délibératives.

Art. R. 6123-3-4. Les collectivités départementales du ressort de la région sont associées aux réflexions et travaux conduits par le comité en matière d'insertion professionnelle, selon des modalités définies dans son règlement intérieur.

Art. R. 6123-3-5. Pour chaque représentant, un suppléant est désigné dans les mêmes conditions que le titulaire.

Les suppléants peuvent assister avec les titulaires aux séances du comité régional de l'emploi, de la formation et de l'orientation professionnelles. Ils ne délibèrent qu'en l'absence des membres titulaires.

Pour les représentants ayant la qualité de membres du bureau du comité régional de l'emploi, de la formation et de l'orientation professionnelles, mentionné à l'article R. 6123-3-9, un second suppléant peut être désigné dans les mêmes conditions que pour le titulaire.

Art. R. 6123-3-6. Les membres du comité régional de l'emploi, de la formation et de l'orientation professionnelles sont nommés pour une durée de trois ans.

Toute vacance ou perte de la qualité au titre de laquelle ils ont été désignés donne lieu à remplacement pour la durée du mandat restant à courir.

Art. R. 6123-3-7. Avant de procéder à la nomination des membres du comité en application de l'article R. 6123-3-3, le préfet de région consulte le président du conseil régional sur la nomination, au titre du 5° de cet article, de représentants d'opérateurs qui n'y sont pas mentionnés, dans la limite de trois.

Sous-section 3 (réglementaire). **Organisation et fonctionnement**

Art. R. 6123-3-8. Le comité régional de l'emploi, de la formation et de l'orientation professionnelles ainsi que son bureau sont présidés conjointement par le préfet de région et le président du conseil régional.

La vice-présidence du comité et de son bureau est assurée conjointement par :

a) Un représentant des organisations professionnelles d'employeurs, désigné par les représentants mentionnés au *b* du 3° de l'article R. 6123-3-3 pour le comité et au 3° de l'article R. 6123-3-10 pour le bureau ;

b) Un représentant des organisations syndicales de salariés, désigné par les représentants mentionnés au *a* du 3° de l'article R. 6123-3-3 pour le comité et par les représentants mentionnés au 3° de l'article R. 6123-3-10 pour le bureau.

Art. R. 6123-3-9. Le bureau prépare les réunions du comité régional. Il oriente et suit les travaux des commissions prévues mentionnées à l'article R. 6123-3-13.

Art. L. 6123-4

Il est chargé de la concertation entre l'État, la région et les organisations professionnelles et syndicales représentatives au plan national et interprofessionnel sur les sujets mentionnés aux articles L. 6111-6, L. 6121-1, L. 6241-3, L. 6241-10. L. 6323-3, L. 6323-16 et L. 6323-21.

Il favorise dans ce cadre la définition et la mise en œuvre d'une stratégie régionale concertée en matière d'orientation professionnelle, de développement de l'alternance et de formation professionnelle des salariés comme des demandeurs d'emploi.

Art. R. 6123-3-10. Le bureau comprend:

1° Quatre représentants de l'État, dont le préfet de région et trois représentants désignés par lui parmi ceux mentionnés au 2° de l'article R. 6123-3-3, dont le ***(D. 2020-1545 du 9 déc. 2020, JO 10, entrée en vigueur le 01.04.2021)*** «directeur régional de l'économie, de l'emploi, du travail et des solidarités» et ***(D. 2015-1616 du 10 déc. 2015, art. 10, JO 11, entrée en vigueur le 01.01.2016)*** «le recteur de région académique»;

2° Quatre représentants de la région, dont le président du conseil régional et trois représentants désignés par le conseil régional parmi ceux mentionnés au 1° de l'article R. 6123-3-3;

3° Un représentant dans la région de chaque organisation syndicale de salariés et de chaque organisation professionnelle d'employeurs mentionnés aux *a* et *b* du 3° de l'article R. 6123-3-3, représentative au plan national et interprofessionnel.

Art. R. 6123-3-11. En tant que de besoin, le président du conseil régional et le préfet de région peuvent inviter conjointement des représentants de collectivités territoriales ou d'opérateurs ne faisant pas partie du comité régional de l'emploi, de la formation et de l'orientation professionnelles, ou des personnalités qualifiées, à participer aux séances plénières du comité sans prendre part aux délibérations relatives aux avis mentionnés à l'article R. 6123-3-2, à celles du bureau ou celles des commissions mentionnées à l'article R. 6123-3-13.

Art. R. 6123-3-12. Le comité régional de l'emploi, de la formation et de l'orientation professionnelles adopte un règlement intérieur qui fixe l'organisation de ses travaux.

Art. R. 6123-3-13. Le comité régional de l'emploi, de la formation et de l'orientation professionnelles se dote des commissions nécessaires à son fonctionnement ainsi que d'un secrétariat permanent.

Art. R. 6123-3-14. Le comité régional de l'emploi, de la formation et de l'orientation professionnelles se réunit au moins deux fois par an, sur convocation conjointe du préfet de région et du président du conseil régional qui fixent l'ordre du jour, ou à la demande de la majorité de ses membres.

La convocation est accompagnée des documents relatifs aux points inscrits à l'ordre du jour.

Art. R. 6123-3-15. La convocation du bureau du comité est effectuée conjointement par le préfet de région et le président du conseil régional au moins cinq jours avant sa réunion. Elle est accompagnée des documents relatifs aux points inscrits à l'ordre du jour.

Dans les cas d'urgence définis conjointement par le préfet de région et le président du conseil régional pour la mise en œuvre des dispositions du cinquième alinéa de l'article L. 6123-3, le délai mentionné au premier alinéa est ramené à 48 heures.

Le bureau est réputé s'être prononcé à l'expiration du délai mentionné au précédent alinéa.

SECTION 3. France compétences

Note • Cette section a été introduite par la loi 2018-771 du 5 septembre 2018, art. 36, V, 6°, JO 6; les dispositions issues de cette loi sont applicables depuis le 1er janvier 2019 (loi précitée, art. 46, I).

France compétences est l'instance principale de la gouvernance du système de formation professionnelle et d'alternance. Elle se substitue et remplace le Conseil national de l'emploi, de la formation et de l'orientation professionnelle (CNEFOP), le Comité paritaire interprofessionnel national pour l'emploi et la formation (COPANEF) et le Fonds paritaire de sécurisation des parcours professionnel (FPSPP).

France compétences a des missions en matière de financement, de gestion du conseil en évolution professionnelle, de détermination du coût des formations et de leur surveillance, de la régulation du système assurant la qualité des actions de formation, de l'identification des besoins des employeurs en compétences, d'établissement du répertoire national des certifications professionnelles (RNCP) et du répertoire spécifique des certifications et habilitations (RSCH) et de mise en œuvre d'actions de formation professionnelle continue et d'apprentissage qui pourraient être confiées par l'État, les régions ou les organisations professionnelles d'employeurs et syndicales de salariés représentatives au niveau national et interprofessionnel.

• Conformément aux VII à IX de l'article 36 de la loi 2018-771 précitée, modifié par l'article 7, 4° de l'ordonnance 2019-861 du 21 août 2019, JO 22:

VII. – A. – **France compétences est substituée au Fonds paritaire de sécurisation des parcours professionnels** dans les droits et obligations de toute nature qui pèsent sur cette association depuis le 1er janvier 2019. Pour les besoins de la collecte au titre de la masse salariale 2018, l'association gestionnaire du Fonds paritaire de sécurisation des parcours professionnels perçoit les versements au titre de l'article 37 de la présente loi et les affecte conformément aux dispositions législatives, réglementaires et conventionnelles en vigueur au 31 décembre 2018. Cette association est dissoute au plus tard le 30 juin 2019.

Cette substitution est réalisée de plein droit, nonobstant toute disposition ou stipulation contraire. Elle n'a aucune incidence sur ces droits et obligations et n'entraîne ni la modification des contrats et conventions en cours conclus par le Fonds paritaire de sécurisation des parcours professionnels, ni leur résiliation, ni, le cas échéant, le remboursement anticipé des dettes qui en constituent l'objet. Elle entraîne le transfert de plein droit et sans formalité des accessoires des créances cédées et des sûretés réelles et personnelles les garantissant.

B. – Dans les conditions prévues à l'article L. 1224-3, France compétences se substitue au Fonds paritaire de sécurisation des parcours professionnels en tant qu'employeur des personnels titulaires d'un contrat de travail conclu antérieurement.

VIII. – Le directeur général de France compétences prend toutes les mesures utiles à l'exercice des missions et activités de l'institution jusqu'à l'installation du conseil d'administration. Il rend alors compte de sa gestion à ce dernier.

IX. – Les transferts mentionnés au VII sont réalisés à titre gratuit et ne donnent lieu au paiement d'aucune indemnité ou perception de droits ou taxes, ni à aucun versement de la contribution prévue à l'article 879 CGI ou d'honoraires au profit d'agents de l'État.

• La mission consultative du CNEFOP est transférée, depuis le 1er janvier 2019, à **la Commission nationale de la négociation collective, de l'emploi et de la formation professionnelle**. Voir décret 2018-1262 du 26 décembre 2018 (JO 28) sur les attributions et la composition de la Commission nationale de la négociation collective, de l'emploi et de la formation professionnelle afin de lui permettre d'exercer pleinement son rôle consultatif dans le champ de l'emploi, de l'orientation et de la formation professionnelles (transfert de la mission consultative de l'ancien Conseil national de l'emploi, de la formation et de l'orientation professionnelles) depuis le 1er janvier 2019, voir article L. 2271-1 rapporté *supra*. Voir LSQ n° 17725 du 3.01.2019.

• Voir JCP éd. S 2018, 1303, étude S. Dougados, «Formation professionnelle: une nouvelle gouvernance»; LSQ, dossier juridique, n° 223 du 10.12.2018, § 1; Dr. Soc. 2018, p. 965, «La régulation dans le système de formation professionnelle – Les changements nés de la création de France compétences et les évolutions du rôle de l'État», C. Puydebois.

Art. L. 6123-5. France compétences est une institution nationale publique dotée de la personnalité morale et de l'autonomie financière. Elle a pour mission:

1° De verser aux opérateurs de compétences mentionnés à l'article L. 6332-1 des fonds pour un financement complémentaire des contrats d'apprentissage et de professionnalisation et des reconversions ou promotions par alternance mentionnées à l'article L. 6324-1, au titre de la péréquation ***(Ord. 2019-861 du 21 août 2019, art. 1er, 28°, JO 22)*** «inter-branches» ainsi que d'assurer le financement de l'aide au permis de conduire, selon des modalités fixées par décret;

2° De verser aux régions des fonds pour le financement des centres de formation d'apprentis, au titre de l'article L. 6211-3, selon des ***(Ord. 2019-861 du 21 août 2019, art. 1er, 28°, JO 22)*** «modalités définies» par décret en Conseil d'État, pris après concertation avec les régions;

3° D'assurer la répartition et le versement des fonds ***(Ord. 2019-861 du 21 août 2019, art. 1er, 28°, JO 22)*** «issus des contributions dédiées au financement de la formation professionnelle», en fonction ***(Ord. 2019-861 du 21 août 2019, art. 1er, 28°, JO 22)*** «des conditions d'utilisation des ressources allouées,» des effectifs et des catégories de public, dans des conditions fixées par décret:

a) À la Caisse des dépôts et consignations, pour le financement du compte personnel de formation;

b) À l'État, pour la formation des demandeurs d'emploi;

c) Aux opérateurs de compétences, ***(Ord. 2019-861 du 21 août 2019, art. 1er, 28°, JO 22)*** «selon leur champ d'intervention» pour l'aide au développement des compétences au bénéfice des entreprises de moins de cinquante salariés et pour le financement de l'alternance ***(Ord. 2019-861 du 21 août 2019, art. 1er, 28°, JO 22)*** «selon des modalités fixées par décret»;

(Ord. 2019-861 du 21 août 2019, art. 1er, 28°, JO 22) «*d)* Aux régions;

e) À l'opérateur assurant le versement de l'aide au permis de conduire;

f) Aux opérateurs chargés de la mise en œuvre du conseil en évolution professionnelle désignés au titre du 4°;

g) Aux commissions paritaires interprofessionnelles régionales mentionnées à l'article L. 6323-17-6;

h) Aux fonds d'assurance-formation de non-salariés mentionnés à l'article L. 6332-9;»

4° D'organiser et de financer le conseil en évolution professionnelle à destination de l'ensemble des actifs occupés, hors agents publics, selon des modalités fixées par décret;

(L. 2020-1721 du 29 déc. 2020, art. 239, JO 30) «4° *bis* De prendre toute mesure visant à l'équilibre du budget dont elle a la charge, notamment en révisant les recommandations mentionnées aux *a* et *f* du 10° du présent article. L'équilibre du budget est réputé atteint lorsque les dépenses totales n'excèdent pas les recettes existantes, y compris reports à nouveau et hors emprunt bancaire;»

5° De verser aux commissions paritaires interprofessionnelles régionales mentionnées à l'article L. 6323-17-6 des fonds pour le financement de projets de transition professionnelle mentionnés à l'article L. 6323-17-1 selon des modalités fixées par décret;

6° D'assurer la veille, l'observation et la transparence des coûts et des règles de prise en charge en matière de formation professionnelle, lorsque les prestataires perçoivent un financement d'un opérateur de compétences, de la commission mentionnée à l'article L. 6323-17-6, des fonds d'assurances formation de non-salariés, de l'État, des régions, de la Caisse des dépôts et consignations, de Pôle emploi et de l'institution mentionnée à l'article L. 5214-1, de collecter à cette fin les informations transmises par les prestataires de formation et de publier des indicateurs permettant d'apprécier la valeur ajoutée des actions de formation. À ce titre, elle est ***(Ord. 2019-861 du 21 août 2019, art. 1er, 28°, JO 22)*** «associée à la mise en œuvre du» partage d'informations prévu à l'article L. 6353-10 et ***(Ord. 2019-861 du 21 août 2019, art. 1er, 28°, JO 22)*** «rend compte» annuellement de l'usage des fonds de la formation professionnelle et du conseil en évolution professionnelle. Les centres de formation d'apprentis ont l'obligation de transmettre à France compétences tout élément relatif à la détermination de leurs coûts;

7° De contribuer au suivi et à l'évaluation de la qualité des actions de formation dispensées. À ce titre, elle émet un avis sur le référentiel national mentionné à l'article L. 6316-3;

8° D'établir le répertoire national des certifications professionnelles prévu à l'article L. 6113-1 et le répertoire spécifique prévu à l'article L. 6113-6;

9° De suivre la mise en œuvre des contrats de plan régionaux de développement des formations et de l'orientation professionnelles définis au I de l'article L. 214-13 du code de l'éducation. France compétences est destinataire, à cet effet, de ces contrats de plans régionaux de développement des formations et de l'orientation professionnelles ainsi que de leurs conventions annuelles d'application;

10° D'émettre des recommandations sur:

a) Le niveau et les règles de prise en charge du financement de l'alternance afin de favoriser leur convergence ***(L. 2020-1721 du 29 déc. 2020, art. 239, JO 30)*** «et de concourir à l'objectif d'équilibre financier du système de la formation professionnelle continue et de l'apprentissage»;

b) La qualité des formations effectuées, notamment au regard de leurs résultats en matière d'accès à l'emploi et à la qualification;

c) L'articulation des actions en matière d'orientation, de formation professionnelle et d'emploi;

d) La garantie de l'égal accès de tous les actifs à la formation professionnelle continue et à l'apprentissage;

e) Toute question relative à la formation professionnelle continue et à l'apprentissage, notamment à leurs modalités d'accès et à leur financement;

f) Les modalités et règles de prise en charge des financements alloués au titre du compte personnel de formation mentionné à l'article L. 6323-17-1 du présent code, en vue de leur harmonisation sur l'ensemble du territoire ***(L. 2020-1721 du 29 déc. 2020, art. 239, JO 30)*** «et de la soutenabilité du système de la formation professionnelle continue et de l'apprentissage»;

11° De mettre en œuvre toutes autres actions en matière de formation professionnelle continue et d'apprentissage qui lui sont confiées par l'État, les régions et les organisations syndicales de salariés et les organisations professionnelles d'employeurs représentatives au niveau national et interprofessionnel;

12° De signaler tout dysfonctionnement identifié dans le cadre de ses missions en matière de formation professionnelle aux services de contrôle de l'État;

13° De consolider, d'animer et de rendre publics les travaux des observatoires prospectifs des métiers et des qualifications mentionnés à l'article L. 2241-4;

14° De financer des enquêtes de satisfaction pour évaluer la qualité de l'offre de service, au regard notamment des missions des opérateurs de compétences mentionnées au 1° du I de l'article L. 6332-1. Ces enquêtes sont réalisées auprès d'une partie significative des entreprises couvertes par les accords collectifs des branches adhérentes à chaque opérateur de compétences ainsi qu'auprès des organismes de formation que l'opérateur finance. Ces enquêtes sont transmises à l'État, afin que leurs résultats soient pris en compte dans le cadre de l'élaboration et de l'évaluation des conventions d'objectifs et de moyens mentionnées au même article L. 6332-1.

Note • Jusqu'au 31 décembre 2021, dans le cadre des versements mentionnés au 1° de cet article, France compétences peut attribuer des fonds au bénéfice des centres de formation des apprentis ayant des besoins de développement ou de trésorerie consécutifs à des projets de renforcement ou d'extension de leur offre de formation (loi 2018-771 du 5 septembre 2018, art. 39, X, JO 6).

• Pour 2021, le versement à France compétences d'une subvention sur le fondement du premier alinéa de l'article L. 6123-12 CT est subordonné au vote par le conseil d'administration de l'institution, au plus tard le 30 novembre 2021, d'un budget à l'équilibre pour 2022 dans les conditions fixées au 4° *bis* de l'article L. 6123-5 CT (loi 2020-1721 du 29 décembre 2020, art. 239, I, A, JO 30).

• Le rapport concernant la formation professionnelle présenté par le Gouvernement sous forme d'annexes générales au projet de loi de finances de l'année comporte une analyse de la situation financière de France compétences. Il précise notamment les mesures mises en œuvre pour contribuer à l'atteinte de l'équilibre budgétaire pour l'année en cours et l'année à venir (loi 2019-1479 du 28 décembre 2019, art. 179, I, 8° modifié par loi 2020-1721 du 29 décembre 2020, art. 239, II).

• **1°**: voir décret 2019-1 du 3 janvier 2019 (JO 4) relatif à l'aide au financement du permis de conduire pour les apprentis. Voir également délibération France compétences 2020-12-150 du 17 décembre 2020 sur les modalités de répartition de la dotation relative au financement de l'alternance au titre de la péréquation inter-branches.

• Voir délibération France compétences 2020-12-147 du 17 décembre 2020 relative à l'affectation de la part du produit des contributions légales des employeurs pour la formation professionnelle et l'alternance reversée à France compétences au titre de l'année 2021.

• Voir également décret 2019-1492 du 27 décembre 2019 (JO 29) relatif à la mise en œuvre par France compétences du système d'information national commun aux commissions paritaires interprofessionnelles régionales.

• Voir LSQ, dossier juridique, n° 223 du 10.12.2018, § 1.

Art. L. 6123-6. France compétences est administrée par un conseil d'administration et dirigée par un directeur général.

Note Voir article R. 6123-6 rapporté *infra*.

Art. L. 6123-7. Le conseil d'administration de France compétences comprend:

1° Un collège de représentants de l'État;

2° Un collège de représentants des organisations syndicales de salariés représentatives au niveau national et interprofessionnel;

3° Un collège de représentants des organisations professionnelles d'employeurs représentatives au niveau national et interprofessionnel;

4° Un collège de représentants des régions;

5° Un collège de personnalités qualifiées désignées par le ministre chargé de la formation professionnelle.

Le président du conseil d'administration est nommé par décret du président de la République parmi le collège des personnalités qualifiées.

La fonction de membre du conseil d'administration est exercée à titre gratuit.

La composition et le fonctionnement du conseil d'administration sont déterminés par décret en Conseil d'État.

Note Voir arrêté du 9 décembre 2020 (JO 13) portant nomination du président du conseil d'administration par intérim de France compétences.

Art. L. 6123-8. Le directeur général exerce la direction de l'institution dans le cadre des orientations définies par le conseil d'administration. Il prépare les délibérations de ce conseil et en assure l'exécution.

Le directeur général est nommé par décret, après avis du conseil d'administration, sur le rapport du ministre chargé de la formation professionnelle. Il est auditionné par le Parlement avant sa nomination et durant l'exercice de ses fonctions. Le conseil d'administration peut adopter, à la majorité des deux tiers de ses membres, une délibération demandant sa révocation.

Note Voir décret du 26 février 2019 (JO 28) portant nomination du directeur général de France compétences.

Art. L. 6123-9. Les agents de l'institution nationale, qui sont chargés d'une mission de service public, sont régis par le présent code.

Les règles relatives aux relations collectives de travail prévues par la deuxième partie du présent code s'appliquent à tous les agents de l'institution.

Note Cet article a été modifié par l'ordonnance 2019-861 du 21 août 2019, art. 1er, 29°, JO 22.

Art. L. 6123-10. Les recommandations mentionnées au 10° de l'article L. 6123-5 sont adoptées par le conseil d'administration de France compétences. Elles sont rendues publiques et transmises ***(Ord. 2019-861 du 21 août 2019, art. 1er, 30°, JO 22)*** «, en fonction de leur objet,» aux ministres chargés de la formation professionnelle, de l'éducation nationale, de l'enseignement supérieur et de l'enseignement agricole, aux présidents des conseils régionaux, aux présidents des commissions nationales paritaires pour l'emploi et aux présidents des opérateurs de compétences ***(Ord. 2019-861 du 21 août 2019, art. 1er, 30°, JO 22)*** «concernés».

Art. L. 6123-11. Une convention triennale d'objectifs et de performance est conclue entre l'État et France compétences. Cette convention est rendue publique à sa signature et à son renouvellement. Elle définit les modalités de financement, la mise en œuvre des missions et les modalités de suivi de l'activité. Un rapport d'activité est remis chaque année au Parlement et au ministre chargé de la formation professionnelle pour indiquer la mise en œuvre des missions dévolues à France compétences.

L'institution est soumise en matière de gestion financière et comptable aux règles applicables aux entreprises industrielles et commerciales. ***(Ord. 2019-861 du 21 août 2019, art. 1er, 31°, JO 22)*** «Elle est soumise aux dispositions du code de la commande publique.» ***(Ord. 2020-1496 du 2 déc. 2020, JO 3, entrée en vigueur le 01.10.2021)*** «À l'exception des fonds issus de dons, legs ou libéralités, ses disponibilités sont déposées au Trésor et ne donnent lieu à aucune rémunération.»

Note Voir Convention d'objectifs et de performance 2020-2022 du 1er avril 2020.

Art. L. 6123-12. Les recettes de France compétences sont constituées d'impositions de toutes natures, de subventions, de redevances pour service rendu, du produit des ventes et des locations ainsi que de dons et legs et recettes diverses.

Un pourcentage assis sur ces recettes permet de financer la mise en œuvre des missions de l'institution.

Les recettes et leurs modalités d'affectation sont précisées par décret.

Art. L. 6123-13. Lorsque ***(Ord. 2019-861 du 21 août 2019, art. 1er, 32°, JO 22)*** «la commission paritaire nationale de l'emploi ou la commission paritaire de la branche concernée» ne ***(Ord. 2019-861 du 21 août 2019, art. 1er, 32°, JO 22)*** «fixe» pas les modalités de prise en charge du financement de l'alternance ou lorsque le niveau retenu ne converge pas vers le niveau identifié par les recommandations mentionnées au *a* du 10° de l'article L. 6123-5, le niveau de prise en charge des contrats de professionnalisation ou d'apprentissage est fixé par décret.

Art. L. 6123-14. Un décret en Conseil d'État détermine les conditions d'application de la présente section, notamment :

1° La nature des disponibilités et des charges mentionnées au 6° de l'article L. 6332-6 ;

2° Les documents et pièces relatifs à leur gestion que les opérateurs de compétences communiquent à France compétences et ceux qu'ils présentent aux personnes commissionnées par cette dernière pour les contrôler. Ces dispositions s'appliquent sans préjudice des contrôles exercés par les agents mentionnés à l'article L. 6361-5.

Note Cet article a été modifié par l'ordonnance 2019-861 du 21 août 2019, art. 1er, 33°, JO 22.

Sous-section 1 (réglementaire). Dispositions générales

Note Les sous-sections 1 à 5 ont été introduites par le décret 2018-1331 du 28 décembre 2018, JO 30, entrée en vigueur le 01.01.2019.

Art. R. 6123-5. L'institution nationale publique dénommée France compétences, définie à l'article L. 6123-5, est un établissement public national à caractère administratif placé sous la tutelle du ministre chargé de la formation professionnelle.

Sous-section 2 (réglementaire). **Organisation de l'établissement**

§ 1. Conseil d'administration

Art. R. 6123-6. Le conseil d'administration comprend quinze membres nommés par arrêté du ministre chargé de la formation professionnelle selon la répartition suivante:

1° Un collège composé de trois représentants de l'État disposant de quarante-cinq voix, désignés selon la répartition suivante:

a) Un représentant désigné par le ministre chargé de la formation professionnelle, disposant de quinze voix;

b) Un représentant désigné par le ministre chargé du budget, disposant de quinze voix;

c) Un représentant désigné conjointement par le ministre chargé de l'éducation nationale, par le ministre chargé de l'enseignement supérieur et par le ministre en charge de l'agriculture, disposant de quinze voix;

2° Un collège composé de cinq représentants des organisations syndicales de salariés représentatives au niveau national et interprofessionnel, désignés par chacune d'elles et disposant de vingt voix. Au sein de ce collège, chaque organisation syndicale dispose d'un nombre de voix fixé, par arrêté du ministre chargé de la formation professionnelle, en proportion de son audience au niveau national et interprofessionnel;

3° Un collège composé de trois représentants des organisations professionnelles d'employeurs représentatives au niveau national et interprofessionnel, désignés par chacune d'elles et disposant de vingt voix. Au sein de ce collège, chaque organisation professionnelle d'employeurs dispose d'un nombre de voix fixé, par arrêté du ministre chargé de la formation professionnelle, en proportion de son audience au niveau national et interprofessionnel;

4° Un collège composé de deux représentants des conseils régionaux, désignés par le ministre chargé de la formation professionnelle, sur proposition [de] l'Association Régions de France, disposant chacun de sept voix et demie;

5° Un collège composé de deux personnalités qualifiées, de sexe différent, dont au moins une personne titulaire d'un mandat électif local et dont l'une après avis du ministre chargé du handicap, désignées par le ministre chargé de la formation professionnelle, disposant chacune de cinq voix;

Les membres du conseil d'administration, à l'exception des personnalités qualifiées, peuvent être représentés par un suppléant, nommé dans les mêmes conditions.

La durée du mandat des membres du conseil d'administration est de trois ans.

Le directeur général, ainsi que toute personne dont la présence est jugée utile par le président, assistent aux réunions du conseil d'administration.

Art. R. 6123-7. I. – Les frais exposés par les membres du conseil d'administration pour l'exercice de leur mandat sont remboursés par l'établissement dans les conditions prévues par le décret n° 2006-781 du 3 juillet 2006 fixant les conditions et les modalités de règlement des frais occasionnés par les déplacements temporaires des personnels civils de l'État.

II. – Lorsque le conseil d'administration délibère sur une décision dans laquelle un des membres a, directement ou indirectement, un intérêt quelconque, le membre intéressé n'assiste pas à la délibération. Les délibérations prises en violation de cette obligation sont nulles de plein droit.

Art. R. 6123-8. I. – Le conseil d'administration délibère sur:

1° La fixation d'un niveau maximal de prise en charge éligible à la péréquation inter-branche mentionnée au 1° de l'article ***(D. 2019-1326 du 10 déc. 2019, JO 11)*** « L. 6123-5 »;

2° Le suivi et l'évaluation de la qualité des actions de formation mentionnés au 7° de l'article L. 6123-5, notamment sur le référentiel national prévu par l'article L. 6316-3;

3° Les recommandations mentionnées au 10° de l'article L. 6123-5 conformément aux dispositions de l'article L. 6123-10;

4° Les actions mises en œuvre en application du 11° de l'article L. 6123-5;

5° La reconnaissance d'instances de labellisation prévues par l'article L. 6316-2, sur le fondement du référentiel national mentionné à l'article L. 6316-3;

6° Le rapport annuel d'activité destiné au Parlement et au ministre chargé de la formation professionnelle continue, conformément aux dispositions de l'article L. 6123-11;

7° La convention triennale d'objectifs et de performance conclue avec l'État en application de l'article L. 6123-11;

8° L'affectation des excédents constatés auprès des opérateurs de compétences et des commissions paritaires interprofessionnelles régionales, dans le cadre d'une ou des sections financières mentionnées à l'article R. 6123-15;

9° Le budget initial de l'établissement et les budgets rectificatifs;

10° Le bilan annuel, le compte de résultat, les principes de comptabilité analytique et les décisions relatives à la fixation, à l'affectation des résultats de l'exercice et à la constitution de réserves;

11° La conclusion d'emprunts, dont le terme ne peut être supérieur à douze mois, à partir d'un seuil défini par le règlement du conseil;

12° Les marchés et autres contrats comportant, de la part de l'établissement, un engagement financier dont la valeur excède un seuil défini par le règlement du conseil ou pris au titre du 4° et du 14° de l'article L. 6123-5;

13° L'acquisition ou l'aliénation des biens immobiliers;

14° Le schéma pluriannuel de stratégie immobilière;

15° Les actions en justice et transactions supérieures à un montant fixé par le règlement intérieur du conseil;

16° Le schéma directeur des systèmes d'information;

17° La désignation des commissaires aux comptes;

18° L'octroi d'avances à des organismes ou sociétés ayant pour objet de contribuer à l'exécution des missions de l'établissement;

19° La participation à un groupement d'intérêt public ou à toute autre forme de groupement public ou privé;

20° Le règlement du conseil d'administration, le règlement intérieur de la commission en charge de la certification professionnelle prévue à l'article L. 6113-6 et la charte déontologique applicable aux membres du conseil d'administration et au personnel de l'établissement;

21° La création de commissions spécialisées au sein de l'établissement et leurs règlements intérieurs.

II. – Le conseil d'administration est tenu informé:

1° Des travaux des commissions et des instances créées au sein de l'établissement;

2° Des signalements de dysfonctionnements mentionnés au 12° de l'article L. 6123-5;

3° De la consolidation, de l'animation et de la publicité des travaux des observatoires prospectifs des métiers et des qualifications au titre du 13° de l'article L. 6123-5;

4° Des comptes rendus annuels d'exécution du projet d'établissement et de la convention triennale d'objectifs et de performance;

5° Des conditions générales d'organisation et de fonctionnement de l'établissement, notamment les conditions générales d'emploi et de rémunération des personnels;

6° Des emprunts, dont le terme ne peut être supérieur à douze mois, d'un montant inférieur au seuil mentionné au 11° du I;

7° Du plan pluriannuel d'action achats et des marchés et autres contrats non couverts autres que ceux mentionnés au 12° du I;

8° Des baux et locations d'immeubles;

9° De l'état d'avancement du schéma pluriannuel de stratégie immobilière, du schéma directeur des systèmes d'information et du plan d'actions achats.

Note • Conformément à l'article 4 du décret 2019-1326 précité modifié par l'article 2 du décret 2020-1739 du 29 décembre 2020 (JO 30):

I. – Le conseil d'administration de France compétences peut délibérer, pour l'année 2020, sur l'octroi d'avances remboursables aux opérateurs de compétences manifestant un besoin de trésorerie au titre du 1° du I de l'article R. 6332-15 CT, sur présentation des pièces permettant l'analyse comptable par France compétences et pour une durée maximum de trois mois renouvelable.

II. – Pour l'année 2020, dans le cas d'un recours à l'emprunt par France compétences, le remboursement, principal et intérêts, intervient avant le 30 septembre 2021.

• Voir délibérations France compétences 2020-12-147 du 17 décembre 2020 relative à l'affectation de la part du produit des contributions légales des employeurs pour la formation professionnelle et l'alternance reversée à France compétences au titre de l'année 2021; 2020-12-149 du 17 décembre 2020 relative aux modalités de répartition de la dotation relative au financement des projets de transition professionnelle au titre de l'exercice 2021; 2020-12-145 du 17 décembre 2020 relative aux règles de prise en charge des financements alloués aux projets de transition professionnelle engagés au titre du compte personnel de formation; 2020-12-154 du 17 décembre 2020 sur la recommandation relative aux modalités de prise en charge des financements alloués aux projets de transition professionnelle engagés au titre du compte personnel de formation; 2020-12-153 du 17 décembre 2020 sur la recommandation relative aux priorités de prise en charge des financements alloués aux projets de transition professionnelle engagés au titre du compte personnel de formation; 2020-12-155 du 17 décembre 2020 sur la recommandation relative aux conditions et modalités de mobilisation des financements alloués au titre de la dotation complémentaire de France Relance aux projets de transition professionnelle engagés au titre du compte personnel de formation; 2020-12-150 du 17 décembre 2020 relative aux modalités de répartition de la dotation relative au financement de l'alternance au titre de la péréquation inter-branches.

Art. R. 6123-9. Le conseil d'administration peut déléguer au directeur général certaines de ses attributions dans les limites qu'il détermine, à l'exclusion de celles mentionnées aux 2°, 3°, 5°, 7°, 9°, 10°, 11°, 12°, 13°, 16°, 17° et 20° du I de l'article R. 6123-8.

Le directeur général rend compte des décisions qu'il a prises en vertu de cette délégation lors de la séance suivante du conseil d'administration.

Art. R. 6123-10. Le conseil administration se réunit sur convocation de son président au moins six fois par an.

Il est en outre réuni de plein droit, sur un ordre du jour déterminé, à la demande écrite du représentant du ministre chargé de la formation professionnelle ou de la majorité des membres du conseil d'administration, dans le délai d'un mois suivant la demande.

Il est établi un procès-verbal de chaque séance du conseil d'administration.

Le procès-verbal est adressé sans délai au ministre chargé de la formation professionnelle, ainsi qu'à l'autorité chargée du contrôle économique et financier.

Art. R. 6123-11. Les délibérations du conseil d'administration relevant des 8°, 9°, 10°, 11°, 13° et 19° du I de l'article R. 6123-8 sont exécutoires de plein droit quinze jours après leur réception par les ministres chargé de la formation professionnelle et chargé du budget, à moins que l'un d'entre eux n'y fasse opposition dans ce délai.

Les autres délibérations sont exécutoires à compter de la signature du relevé des délibérations par le président de séance.

Les délibérations sont transmises sans délai à l'autorité chargée du contrôle économique et financier.

§ 2. Le président du conseil d'administration

Art. R. 6123-12. I. – Le président du conseil d'administration est nommé, dans les conditions prévues à l'article L. 6123-7, pour trois ans.

II. – Le président du conseil d'administration:

1° Préside les débats du conseil d'administration;

2° Convoque le conseil d'administration, arrête son ordre du jour sur proposition du directeur général, signe les procès-verbaux des séances du conseil d'administration et veille à ce qu'ils soient adressés sans délai au ministre de tutelle et à l'autorité chargée du contrôle économique et financier conformément aux articles R. 6123-10 et R. 6123-11;

3° S'assure de la mise en œuvre de ses délibérations, dont le directeur général rend compte régulièrement;

4° Signe, conjointement avec le directeur général, la convention triennale d'objectifs et de performance mentionnée à l'article L. 6123-11.

(D. 2019-1326 du 10 déc. 2019, JO 11) «III. – En cas de partage égal des voix, la délibération du conseil d'administration est renvoyée à une nouvelle séance du conseil d'administration. Le président du conseil d'administration dispose alors d'une voix prépondérante.»

§ 3. Le directeur général

Art. R. 6123-13. Le directeur général:

1° Prépare, signe conjointement avec le président du conseil administration et exécute la convention triennale d'objectifs et de performance prévue à l'article L. 6123-10;

2° Prépare les délibérations du conseil d'administration et en assure l'exécution;

3° Prépare et exécute le budget de l'établissement;

4° Exécute les recettes et les dépenses, dans les conditions prévues au règlement intérieur;

5° A autorité sur l'ensemble des personnels de l'établissement et en assure la gestion. À ce titre, il recrute, nomme et gère le personnel;

6° Préside les instances de dialogue social de l'établissement;

7° Négocie et conclut les conventions et marchés se rapportant aux missions de l'établissement dans les limites fixées, le cas échéant, par le conseil d'administration;

8° Représente l'établissement en justice et dans les actes de la vie civile dans les conditions prévues le cas échéant par le conseil d'administration;

9° Établit le rapport annuel d'activité au Parlement et au ministre chargé de la formation professionnelle;

10° Assure la publication de la liste actualisée des certifications professionnelles enregistrées au répertoire national des certifications professionnelles au titre de la procédure prévue au II de l'article L. 6113-5 ainsi que des certifications et habilitations recensées dans le répertoire spécifique au titre de la procédure prévue à l'article L. 6113-6;

11° Prépare et exécute les délibérations prévues au I de l'article R. 6123-8;

12° Rend compte de sa gestion au conseil d'administration et au ministre chargé de la formation professionnelle. Il rend également compte de sa gestion devant le Parlement en application de l'article L. 6123-8.

Il peut déléguer sa signature aux personnels placés sous son autorité.

§ 4. Médiateur

Art. R. 6123-14. Un médiateur est chargé au sein de France compétences d'instruire les réclamations individuelles des usagers relatives au conseil en évolution professionnelle mentionné au 4° de l'article L. 6123-5 et aux projets de transition professionnelle mentionnés à l'article L. 6323-17-6.

Il établit un rapport annuel dans lequel il formule les propositions qui lui paraissent de nature à améliorer le fonctionnement de France compétences et le service rendu aux usagers. Ce rapport est transmis au conseil d'administration de France compétences, au ministre chargé de la formation professionnelle et au Défenseur des droits.

La saisine du Défenseur des droits, dans son champ de compétences, met fin à la procédure de réclamation introduite auprès du médiateur.

Sous-section 3 (réglementaire). Règles financières et comptables

Art. R. 6123-15. Le budget comprend :

1° En recettes :

a) Les versements de l'État, de l'Union européenne et les fonds mentionnés aux articles L. 6331-2, L. 6331-4 et L. 6241-3 ;

b) Les remboursements d'avances et de prêts ;

c) Le produit du placement des fonds disponibles ;

d) Les dons et legs ;

e) Les revenus procurés par les participations financières ;

f) Le produit des cessions et de location ;

g) Le produit des redevances pour services rendus ;

h) D'une manière générale, toute autre recette provenant de l'exercice de ses activités ou autorisées par les lois et règlements ;

2° En dépenses :

a) Les dépenses de personnel ;

b) Les dépenses de fonctionnement ;

c) Les dépenses d'investissement ;

d) Les dépenses d'intervention autres que celles gérées en compte de tiers.

Art. R. 6123-16. Le budget de l'établissement comporte sept sections financières :

1° Une section dédiée au financement de l'alternance, divisée en quatre sous-sections :

a) Une sous-section dédiée à la péréquation entre les opérateurs de compétences mentionnée au 1° de l'article L. 6123-5 ;

b) Une sous-section dédiée au financement de l'aide au permis de conduire mentionnée au 1° du même article ;

c) Une sous-section dédiée au versement aux régions des fonds pour le financement des centres de formation d'apprentis au titre du 2° du même article ;

d) Une sous-section dédiée aux opérateurs de compétences pour le financement de l'alternance mentionné *c* du 3° de l'article L. 6123-5 ;

2° Une section dédiée au financement du compte personnel de formation mentionné au *a* du 3° du même article ;

3° Une section dédiée au financement de la formation des demandeurs d'emploi mentionné au *b* du 3° du même article ;

4° Une section dédiée au financement de l'aide au développement des compétences au bénéfice des entreprises de moins de cinquante salariés mentionné au *c* du 3° du même article ;

5° Une section dédiée au financement du conseil en évolution professionnelle au titre du 4° du même article ;

6° Une section dédiée au financement des projets de transition professionnelle mentionné au 5° du même article ;

7° Une section dédiée au fonctionnement et aux investissements de l'établissement :

a) Une sous-section dédiée aux dépenses de fonctionnement ;

b) Une sous-section dédiée aux dépenses d'investissement ;

France compétences peut créer toute autre section pour compte de tiers.

Art. R. 6123-17. France compétences tient une comptabilité analytique dont les principes de présentation sont fixés par le conseil d'administration.

Art. R. 6123-18. Le budget de l'établissement comporte un compte de résultat prévisionnel et un état prévisionnel de l'évolution de la situation patrimoniale en droits constatés. Les crédits concernant les dépenses de personnel, à l'exception des personnels recrutés à titre temporaire ou occasionnel, sont limitatifs, et fixés dans le respect des stipulations de la convention triennale d'objectifs et de performance visée à l'article L. 6123-11.

Art. R. 6123-19. Le budget de l'année est soumis au vote du conseil d'administration avant le 30 novembre de l'année précédente.

Dans le cas où, avant le début de l'exercice, le budget n'a pas été voté par le conseil d'administration à la date d'ouverture de l'exercice, les opérations de recettes et de dépenses sont effectuées sur la base et dans la limite de 80 % du budget voté de l'exercice précédent.

Art. R. 6123-20. France compétence est soumis au contrôle économique et financier de l'État dans les conditions prévues par le décret n° 55-733 du 26 mai 1955 relatif au contrôle économique et financier de l'État.

France compétences est tenu de déposer ses fonds au Trésor.

(D. 2019-1326 du 10 déc. 2019, JO 11) « Toutefois, par décision du ministre chargé de l'économie et du ministre chargé du budget, France compétences peut être autorisé à ouvrir un compte bancaire auprès d'un établissement de crédit. Une telle autorisation est valable pour une durée maximale de trois ans. »

Sous-section 4 (réglementaire). **Fonctionnement**

§ 1. *Charte déontologique*

Art. R. 6123-21. Les membres du conseil d'administration et les agents de France compétences exercent leurs fonctions dans le respect de principes fixés dans une charte déontologique, préparée par le directeur général et adoptée par le conseil d'administration.

Cette charte comprend des dispositions spécifiques applicables aux agents affectés aux missions relatives à la certification prévue au 8° de l'article L. 6123-5, à la médiation prévue à l'article *(D. 2019-1326 du 10 déc. 2019, JO 11)* « R. 6123-14 » et aux missions relatives à l'évaluation et aux recommandations mentionnées au 7°, 10° et 12° de l'article L. 6123-5.

§ 2. *Dotations financières versées par France compétences*

Note Sur l'application des articles R. 6123-24 à 28 CT dans le cadre des dispositions transitoires prévues par l'article 4 du décret 2018-1331 du 28 décembre 2018, JO 30, entrée en vigueur le 01.01.2019, voir note sous article L. 6131-1.

Art. R. 6123-24. France compétences verse à l'État une dotation annuelle pour le financement de la formation des demandeurs d'emploi en application du *b* du 3° de l'article L. 6123-5.

Le montant de cette dotation est fixé par décret en Conseil d'État.

Note Le montant de la dotation mentionnée à cet article est fixé à 1,632 milliard d'euros pour l'année 2021 et à 1,684 milliard d'euros pour l'année 2022 (décret 2018-1331 du 28 décembre 2018, art. 4, VIII, JO 30, entrée en vigueur le 01.01.2019).

Art. R. 6123-25. I. – France compétences affecte, chaque année, le produit des contributions des employeurs qui lui sont reversées au titre des 2°, 3° et 4° du I de l'article L. 6131-1, déduction faite du versement mentionné à l'article R. 6123-24, et détermine le montant des différentes dotations dans les conditions suivantes :

1° *(D. 2020-1739 du 29 déc. 2020, JO 30)* « Entre 5 % et 35 % » à la Caisse des dépôts et consignations pour le financement du compte personnel de formation mentionné au *a* du 3° de l'article L. 6123-5 ;

2° *(D. 2020-1739 du 29 déc. 2020, JO 30)* « Entre 4 % et 30 % » aux opérateurs de compétences pour l'aide au développement des compétences au bénéfice des entreprises de moins de cinquante salariés mentionnée au *c* du 3° de l'article L. 6123-5 ;

3° *(D. 2020-1739 du 29 déc. 2020, JO 30)* « Entre 3 % et 25 % » aux commissions paritaires interprofessionnelles régionales mentionnées à l'article L. 6323-17-6 pour le financement des projets de transition professionnelle ;

4° *(D. 2020-1739 du 29 déc. 2020, JO 30)* « Entre 0,5 % et 6 % » aux opérateurs du conseil en évolution professionnelle. Ces montants sont augmentés de la seconde fraction mentionnée à l'article L. 6332-11 de la collecte des travailleurs indépendants ;

5° *(D. 2020-1739 du 29 déc. 2020, JO 30)* « Entre 55 % et 83 % » pour les dépenses relatives à l'alternance. Ce versement se répartit ainsi :

(D. 2020-1476 du 30 nov. 2020, JO 1er déc.) « *a)* Deux montants affectés aux régions pour le financement respectivement des dépenses de fonctionnement et des dépenses d'investissement des centres de formation d'apprentis et justifiés par des besoins d'aménagement du territoire et de développement économique, fixés par arrêté du ministre chargé de la formation professionnelle ; »

b) Le solde restant est versé selon les modalités suivantes :

- *(D. 2020-1739 du 29 déc. 2020, JO 30)* « entre 8 % et 55 % » de ce solde aux opérateurs de compétences dans le cadre de la péréquation permettant l'aide à la prise en charge des contrats en alternance selon les besoins des structures au vu de leurs capacités financières et des niveaux de prise en charge déterminés selon les modalités mentionnées à l'article L. 6332-14 ;
- *(D. 2020-1739 du 29 déc. 2020, JO 30)* « jusqu'à » 1 % du même solde au titre du financement de l'aide au permis de conduire mentionnée au 1° de l'article L. 6123-5 dans le cadre d'une convention avec le gestionnaire de l'aide ;
- la part restante de ce même solde aux opérateurs de compétences pour le financement des dépenses de la section des actions de financement de l'alternance mentionnée au 1° de l'article L. 6332-3. Cette part est attribuée aux opérateurs de compétences en fonction des contributions des entreprises relevant des branches adhérentes à l'opérateur de compétences ou, à défaut, des entreprises relevant du champ interprofessionnel dans les conditions prévues à l'article L. 6332-1-1. *(D. 2020-1739 du 29 déc. 2020, JO 30)* « Sur la base des besoins de financement prévisionnels, des niveaux d'engagements réalisés lors des exercices précédents et des ressources financières dédiées à l'alternance, France compétences détermine pour chaque opérateur de compétences

la part pouvant être affectée aux autres dépenses que celles définies au 2° de l'article R. 6123-31 dans la limite d'un plafond de 10 %.»

II. – L'ensemble des parts mentionnées aux 1° à 5° du I et la part des ressources dédiée au financement de la mise en œuvre des missions de France compétences fixée par la convention mentionnée au deuxième alinéa de l'article L. 6123-12 représentent la totalité des contributions qui lui sont reversées au titre des 2°, 3° et 4° du I de l'article L. 6131-1, déduction faite du versement mentionné à l'article R. 6123-24.

(D. 2019-1326 du 10 déc. 2019, JO 11) «Les montants prévisionnels» des versements mentionnés au I sont fixés, chaque année, par délibération du conseil d'administration de France compétences avant le ***(D. 2019-1326 du 10 déc. 2019, JO 11)*** «30 novembre» de l'année précédant le versement. ***(D. 2019-1326 du 10 déc. 2019, JO 11)*** «Après cette date et en l'absence de cette délibération, ces montants sont fixés par arrêté du ministre chargé de la formation professionnelle.»

(D. 2020-1476 du 30 nov. 2020, JO 1er déc.) «Les montants mentionnés au *a* du 5° du I sont versés aux régions avant le 1er juin de chaque année.»

Note • Voir arrêté du 21 octobre 2019 (JO 27) fixant le montant du fonds de soutien aux régions et à la collectivité de Corse et arrêté du 2 décembre 2020 (JO 6) fixant le montant et la répartition de l'enveloppe investissement prévue à l'article L. 6211-3 CT aux régions et à la collectivité de Corse (pris en application du *a* du 5° de cet article).

• Voir délibération France compétences 2020-12-147 du 17 décembre 2020 relative à l'affectation de la part du produit des contributions légales des employeurs pour la formation professionnelle et l'alternance reversée à France compétences au titre de l'année 2021.

• *Covid-19.* Par dérogation aux dispositions du II de cet article, dans sa rédaction issue de l'article 1er du décret 2020-1476 précité, le versement des montants mentionnés au *a* du 5° du I du même article a été effectué pour l'année 2020 avant le 30 novembre (décret 2020-1476 précité, art. 4).

Par dérogation aux dispositions du deuxième alinéa du II de cet article, la délibération du conseil d'administration de France compétences relative aux montants prévisionnels des versements mentionnés au I de ce même article pour l'année 2021 intervient avant le 31 décembre 2020 (décret 2020-1434 du 24 novembre 2020, art. 3, JO 25; délibération France compétences 2020-12-147 précitée).

Art. R. 6123-26. I. – France compétences verse:

1° La dotation relative à l'aide au développement des compétences des entreprises de moins de cinquante salariés, mentionnée au 2° du I de l'article R. 6123-25, aux opérateurs de compétences en fonction du nombre d'entreprises de moins de cinquante salariés adhérentes et de salariés couverts;

2° La dotation relative au financement des projets de transition professionnelle, mentionnée au 3° du I de l'article R. 6123-25, aux commissions paritaires interprofessionnelles régionales en fonction de la masse salariale des établissements par région, dans le respect des recommandations qu'elle a fixées, en application du 10° de l'article L. 6123-5, en ce qui concerne les modalités et règles de prise en charge de ces projets.

II. – France compétences fixe les modalités de répartition des dotations mentionnées au I par délibération de son conseil d'administration.

France compétences communique aux opérateurs de compétences mentionnés au 1° du I, avant le 30 septembre de l'année précédant le versement, les modalités de répartition et une estimation des montants correspondants.

Note • Voir délibération France compétences 2020-09-043 du 10 septembre 2020 sur les modalités de répartition de la dotation relative à l'aide au développement des compétences des entreprises de moins de cinquante salariés, entre les opérateurs de compétence, pour l'exercice 2021.

• Voir délibération France compétences 2020-12-149 du 17 décembre 2020 sur les modalités de répartition de la dotation relative au financement des projets de transition professionnelle aux Transitions Pro au titre de l'exercice 2021.

Art. R. 6123-27. France compétences sélectionne tous les quatre ans, dans le cadre ***(D. 2020-1739 du 29 déc. 2020, JO 30)*** «du marché public» prévu par l'article L. 6111-6, les opérateurs chargés du conseil en évolution professionnelle susceptibles de bénéficier de ses dotations.

Art. R. 6123-28. Les dotations mentionnées aux articles R. 6123-24 et R. 6123-25 sont versées par trimestre.

(D. 2020-1739 du 29 déc. 2020, JO 30) «Les dotations mentionnées à l'article R. 6123-25 sont affectées et versées en tenant compte notamment des besoins de financement et des situations de trésorerie transmis par les attributaires à France compétences.

Le cas échéant et sous réserve des montants minimaux de dotations prévus au I de l'article R. 6123-25, les versements peuvent être inférieurs aux montants fixées par la délibération prévue au deuxième alinéa du II de cet article, au vu notamment des besoins de financement et des niveaux d'engagements transmis par les attributaires à France compétences.

La liste et les modalités de transmission des informations nécessaires, transmises en application du deuxième alinéa, sont définies par délibération du conseil d'administration de France compétences.»

Par dérogation au premier alinéa, le calendrier de versement des dotations relatives, d'une part, au financement de l'alternance par les opérateurs de compétences et, d'autre part, au financement du conseil en évolution professionnelle est défini par délibération du conseil d'administration de France compétences.

§ 3. Missions d'évaluation et de qualité de France compétences

Art. R. 6123-29. France compétences, point national de référence qualité pour la France auprès de l'Union européenne, participe au réseau du cadre européen de référence pour l'assurance de la qualité dans l'enseignement et la formation professionnels. Il en promeut les principes, les critères de référence et les indicateurs auprès de l'ensemble des financeurs et des dispensateurs de formation.

Art. R. 6123-30. I. – Le rapport d'activité annuel mentionné à l'article L. 6123-11 retrace l'ensemble des activités de France compétences au titre de ses missions énumérées à l'article L. 6123-5.

II. – Chaque année, à l'occasion de la remise du rapport au Parlement et au ministre chargé de la formation professionnelle, le président du conseil d'administration de France compétences présente l'activité de l'établissement et ses perspectives de travail, devant une assemblée composée, outre les administrateurs de l'établissement, des membres suivants :

1° Douze représentants de l'État, désignés respectivement par le ministre en charge de la jeunesse et des sports, le ministre en charge de la santé, le ministre en charge des affaires sociales, le ministre en charge de la défense, le ministre en charge des collectivités territoriales, le ministre en charge de l'industrie, le ministre en charge de la mer et le ministre en charge de l'outre-mer ;

2° Un représentant de chaque organisation professionnelle d'employeurs représentative au plan national multiprofessionnel sur proposition de leur organisation respective ;

3° Trois représentants au titre des organisations syndicales de salariés intéressées sur proposition de leur organisation respective. Ces organisations sont déterminées par arrêté du ministre en charge de l'emploi et de la formation ;

4° Un représentant pour chaque réseau consulaire, sur proposition de CCI France, de l'Assemblée permanente des chambres d'agriculture et de ***(D. 2019-56 du 30 janv. 2019, art. 8, JO 31)*** « CMA France » ;

5° Un représentant de la Conférence des présidents d'université.

Sous-section 5 (réglementaire). Péréquation

Note Sur l'application des articles R. 6123-31 à 33 CT dans le cadre des dispositions transitoires prévues par l'article 4 du décret 2018-1331 du 28 décembre 2018, JO 30, entrée en vigueur le 01.01.2019, voir note sous article L. 6131-1.

Art. R. 6123-31. France compétences verse à un opérateur de compétences, au titre de la péréquation inter-branches mentionnée au 1° de l'article L. 6123-5, une dotation complémentaire pour le financement de l'alternance lorsque :

1° Les fonds affectés à la section financière mentionnée au 1° de l'article L. 6332-3 sont insuffisants pour prendre en charge les dépenses mentionnées au I de l'article L. 6332-14 ;

2° L'opérateur de compétences a affecté au moins 90 % de ses fonds destinés à financer des actions de formation relatives aux contrats d'apprentissage, et à ses frais annexes, notamment d'hébergement et de restauration, ainsi que des actions de formation relatives aux contrats de professionnalisation et aux reconversions ou promotions par alternance mentionnées à l'article L. 6324-1.

Note Voir délibération France compétences 2020-12-150 du 17 décembre 2020 relative aux modalités de répartition de la dotation relative au financement de l'alternance au titre de la péréquation inter-branches.

Art. R. 6123-32. La part de la dotation de financement complémentaire affectée, en application du second alinéa de l'article R. 6123-31, aux contrats de professionnalisation et aux reconversions ou promotions par alternance est versée dans la limite d'un plafond fixé par arrêté du ministre chargé de la formation professionnelle, en fonction, notamment, de leurs coûts moyens observés et de majorations liées à des publics prioritaires, pris après avis de France compétences.

Note Voir arrêté du 2 septembre 2020 (JO 26) relatif au plafonnement des versements effectués au titre de la péréquation des contrats de professionnalisation et aux reconversions ou promotions par alternance.

Art. R. 6123-33. Pour l'accomplissement de la mission de péréquation, France compétences attribue aux opérateurs de compétences la dotation complémentaire mentionnée à l'article R. 6123-31 en fonction de prévisions d'activité démontrant une insuffisance de couverture.

Les prévisions d'activité détaillent les besoins d'engagements nouveaux et anciens.

La dotation tient compte de la moyenne d'annulation des engagements constatés au cours des quatre dernières années pour les contrats d'apprentissage et des trois dernières années pour les contrats de professionnalisation et les reconversions ou promotions par alternance. Elle exclut du besoin de couverture les engagements anciens de plus de quatre ans pour les contrats d'apprentissage et de plus de trois ans pour les contrats de professionnalisation et les reconversions ou promotions par alternance.

TITRE III FINANCEMENT DE LA FORMATION PROFESSIONNELLE

Note Ce titre a été introduit par la loi 2018-771 du 5 septembre 2018, art. 37, I, JO 6; les dispositions issues de cette loi sont applicables depuis le 1er janvier 2019 (loi précitée, art. 46, I).

CHAPITRE UNIQUE Financement de la formation professionnelle

Art. L. 6131-1. I. – Les employeurs concourent, chaque année, au développement de la formation professionnelle et de l'apprentissage par:

1° Le financement direct des actions de formation de leurs salariés;

2° Le versement de la contribution unique à la formation professionnelle et à l'alternance mentionnée à l'article L. 6131-2;

3° Le versement de la contribution supplémentaire à l'apprentissage mentionnée à l'article L. 6241-1;

4° Le versement de la contribution dédiée au financement du compte personnel de formation pour les titulaires d'un contrat à durée déterminée mentionnée à l'article L. 6331-6.

II. – Le I ne s'applique pas à l'État, aux collectivités territoriales et à leurs établissements publics à caractère administratif.

III. – À l'exception du 1° du I du présent article et du solde mentionné au II de l'article L. 6241-2, ces contributions sont recouvrées par les unions pour le recouvrement des cotisations de sécurité sociale et d'allocations familiales et les caisses générales de sécurité sociale mentionnées aux articles L. 213-1 et L. 752-1 du code de la sécurité sociale et par les organismes mentionnés à l'article L. 723-1 du code rural et de la pêche maritime selon les règles et sous les garanties et sanctions applicables en matière de cotisations et de contributions de sécurité sociale. Elles sont reversées à France compétences selon les modalités prévues à l'article L. 6123-5 ***(L. 2019-1479 du 28 déc. 2019, art. 81, IV, JO 29, entrée en vigueur le 01.01.2020)*** «et, s'agissant de la contribution mentionnée au 2° du I, dans la limite du plafond prévu au I de l'article 46 de la loi n° 2011-1977 du 28 décembre 2011 de finances pour 2012».

Note • ***À compter de la date d'entrée en vigueur de l'ordonnance relative à la collecte des contributions des employeurs au titre du financement de la formation professionnelle et de l'apprentissage prévue au I de l'article 41 de la loi 2018-771 du 5 septembre 2018, et au plus tard le 01.01.2022,*** *au premier alinéa du I, les mots: «, chaque année,» sont supprimés; le II est complété par les mots: «ainsi qu'aux employeurs dont l'entreprise ne comporte pas d'établissement en France mentionnés à l'article L. 243-1-2 du code de la sécurité sociale»; à la seconde phrase du III, les mots: «à France compétences selon les modalités prévues à l'article L. 6123-5» sont remplacés par les mots: «par les organismes mentionnés à l'article L. 225-1-1 du code de la sécurité sociale et à l'article L. 723-11 du code rural et de la pêche maritime à l'organisme mentionné à l'article L. 6123-5 du présent code selon les modalités définies par convention entre ces organismes, approuvée par le ministre chargé de la sécurité sociale» (loi 2020-1721 du 29 décembre 2020, art. 159, IV, 1°, JO 30).*

• **Conformément au III de l'article 37 de la loi 2018-771 du 5 septembre 2018,** JO 6, modifié par l'article 136, IV, 1° de la loi 2018-1317 du 28 décembre 2018, JO 30, entrée en vigueur le 01.01.2019, et l'article 190, IV, 1° de la loi 2019-1479 du 28 décembre 2019, JO 29:

A. – **La collecte des contributions dues au titre des rémunérations versées en 2018** était assurée:

1° Par les organismes mentionnés aux articles L. 6242-1 et L. 6242-2 CT, pour les contributions mentionnées à l'article L. 6241-1 CT;

2° Par les organismes mentionnés à L. 6332-1 CT pour les contributions mentionnées au 2° de l'article L. 6331-1 CT et à l'article L. 6322-37 CT, dans leur rédaction en vigueur au 31 décembre 2018. Ces contributions sont collectées, contrôlées, gérées, affectées et les défauts ou insuffisances de versement recouvrés, selon les dispositions légales, réglementaires et conventionnelles applicables au titre de l'année 2018.

[La collecte des sommes dues au titre des rémunérations 2018 s'est effectuée selon les modalités et aux échéances antérieures à la réforme (voir RF 13 septembre 2018, FH 3756, § 1-17). La participation à formation professionnelle, le 1 % CIF-CDD, la taxe d'apprentissage (y inclus

la contribution supplémentaire s'il y a lieu) ont été versées aux organismes collecteurs OPCA-OCTA, rebaptisés opérateurs de compétences (OPCO)].

B. – Par dérogation au III de l'article L. 6131-1 CT, **du 1er janvier 2019 jusqu'à la date d'entrée en vigueur de l'ordonnance relative à la collecte des contributions des employeurs au titre du financement de la formation professionnelle et de l'apprentissage prévue à l'article 41 de la présente loi ou au plus tard le 31 décembre 2021**:
1° À l'exception du solde de la taxe d'apprentissage mentionné au II de l'article L. 6241-2 CT dans sa rédaction résultant de la présente loi, la collecte des contributions mentionnées aux 2° à 4° du I de l'article L. 6131-1 CT est assurée par les opérateurs de compétences mentionnés à l'article L. 6332-1 CT dans sa rédaction résultant de la présente loi et qui sont agréés à cet effet;
2° Lorsqu'un employeur n'a pas opéré le versement dans les conditions prévues par le décret mentionné à l'article L. 6131-3 CT ou a opéré un versement insuffisant d'une des contributions mentionnées aux 2° à 4° du I de l'article L. 6131-1 CT, la contribution concernée est majorée de l'insuffisance constatée.

L'employeur verse au Trésor public, auprès du comptable public du lieu du siège de la direction de l'entreprise ou, à défaut, du principal lieu d'exercice de la profession ou du lieu du principal établissement ou, pour les exploitants agricoles, du lieu d'exploitation ou du siège de la direction en cas de pluralité d'exploitations, accompagné du bordereau établi selon un modèle fixé par l'administration indiquant la désignation et l'adresse de l'entreprise, la nature et les montants des sommes restant dues augmentées de la majoration qui leur est applicable, et déposé au plus tard le 30 avril de l'année qui suit celle du versement des rémunérations, un montant égal à la différence constatée entre sa contribution ainsi majorée et le versement déjà effectué à l'organisme agréé.

Le montant de ce versement supplémentaire est établi et recouvré selon les modalités ainsi que sous les sûretés, garanties et sanctions applicables en matière de taxe sur le chiffre d'affaires.

Le contrôle et le contentieux des contributions mentionnées aux 2° à 4° du I de l'article L. 6131-1 CT sont opérés selon les règles applicables en matière de taxe sur le chiffre d'affaires.

Toutefois, les dispositions du présent B ne s'appliquent pas aux litiges relatifs à la réalité et à la validité des versements effectués au titre de la participation des employeurs au développement de la formation professionnelle.

C. – Par dérogation aux dispositions de l'article 46 de la présente loi, la taxe d'apprentissage mentionnée à l'article L. 6241-1 CT n'est pas due au titre des rémunérations versées en 2019. La contribution supplémentaire à l'apprentissage prévue à l'article 1609 *quinvicies* CGI reste due au titre des rémunérations versées en 2019.

• **Conformément aux I à VII de l'article 4 du décret 2018-1331 du 28 décembre 2018,** JO 30, entrée en vigueur le 01.01.2019, modifié par l'article 3, 2° du décret 2019-1326 du 10 décembre 2019, JO 11 et l'article 1er, I du décret 2020-1434 du 24 novembre 2020, JO 25:

I. – En application du B du III de l'article 37 de la loi 2018-771 du 5 septembre 2018 précitée, **les opérateurs de compétences assurent le recouvrement des contributions mentionnées aux 2° à 4° du I de l'article L. 6131-1 CT,** à l'exception du solde de la taxe d'apprentissage mentionné au II de l'article L. 6241-2 CT, jusqu'à la date d'entrée en vigueur de l'ordonnance relative à la collecte des contributions des employeurs au titre du financement de la formation professionnelle et de l'alternance mentionnée à l'article 41 de cette même loi. Les articles R. 6123-24 à R. 6123-28 et R. 6123-31 à R. 6123-33 s'appliquent, sauf en ce qu'ils ont de contraire avec les dispositions du présent article.

II. – **Au titre de l'année 2019, les employeurs de moins de onze salariés** s'acquittent des contributions mentionnées aux 2° à 4° de l'article L. 6131-1 CT avant le 1er mars 2020. Cette contribution est mutualisée dès réception et répartie dans les sections financières afférentes selon les parts suivantes:
1° 51 % de la collecte sont affectés au financement de l'alternance;
2° 32 % de la collecte sont affectés au compte personnel de formation;
3° 17 % de la collecte sont affectés aux actions de développement des compétences des entreprises de moins de cinquante salariés.

III. – A. – **Au titre de l'année 2019, les employeurs de onze salariés et plus** s'acquittent de la contribution mentionnée au 2° de l'article L. 6131-2 CT par un acompte de 75 % effectué avant le 15 septembre 2019. L'assiette sur laquelle cet acompte est calculé est la masse salariale de 2018, ou, si besoin, en cas de création d'entreprise, une projection de la masse salariale de 2019.

B. – Une part correspondant à 80 % de l'acompte mentionné au A est versée à France compétences avant le 15 octobre 2019. Ce versement est réparti dans les sections financières afférentes de la façon suivante:
1° 1,532 milliard d'euros est affecté à la dotation de l'État pour le financement de la formation des demandeurs d'emploi mentionnée au *b* du 3° de l'article L. 6123-5 CT. Cette dotation est versée avant le 31 octobre 2019;

2° La part restante est répartie de la façon suivante :

a) Entre 37 % et 45 % de cette part sont affectés au financement de l'alternance. Cette dotation est répartie en deux enveloppes dédiées respectivement aux opérateurs de compétences au titre de la péréquation interbranche et aux gestionnaires de l'aide au permis de conduire mentionnée au 1° de l'article L. 6123-5. L'enveloppe affectée au gestionnaire de permis de conduire des apprentis est comprise entre un minimum de 3 % et un maximum de 10 % de cette dotation. Les modalités de répartition sont définies par délibération du conseil d'administration de France compétences ;

b) Entre 1 % et 5 % de cette part sont affectés au financement du compte personnel de formation au titre du *a* du 3° de l'article L. 6123-5 CT. Ces fonds sont versés avant le 31 octobre 2019 ;

c) Entre 10 % et 14 % de cette part sont affectés au financement de l'aide au développement des compétences au bénéfice des entreprises de moins de cinquante salariés au titre du *c* du 3° de l'article L. 6123-5 CT. Cette dotation est répartie selon les modalités prévues à l'article R. 6123-26 CT avant le 30 novembre 2019 ;

d) Entre 3 % et 6 % de cette part sont affectés au financement du conseil en évolution professionnelle au titre du 4° de l'article L. 6123-5 CT. Ces fonds sont versés avant le 31 octobre 2019 aux organismes paritaires mentionnés au III de l'article 3 de la loi du 5 septembre 2018 précitée en tenant notamment compte du périmètre des contributions gérées au titre du congé individuel de formation et de l'activité réalisée au titre du conseil en évolution professionnelle en 2017 et 2018 ;

e) Entre 38 % et 44 % de cette part sont affectés au financement des projets de transition professionnelle au titre du 5° de l'article L. 6123-5 CT. Ces fonds sont versés avant le 31 octobre 2019 aux organismes paritaires mentionnés au B du VII de l'article 1er de la loi du 5 septembre 2018 précitée ;

f) Entre 0,5 % et 1,7 % de cette part sont affectés au fonctionnement et aux investissements de France compétences.

C. – Le solde éventuel de la part mentionnée au B est affecté aux opérateurs de compétences pour le financement de l'alternance, en proportion des sommes versées au titre de la part de l'acompte mentionné au premier alinéa du A avant le 30 novembre 2019.

D. – Les opérateurs de compétences conservent 20 % de l'acompte 2019 et l'affectent aux sections financières correspondantes selon la répartition suivante :

1° 60 % de la collecte sont dédiés au financement de l'alternance ;

2° 20 % de la collecte sont dédiés au compte personnel de formation ;

3° 20 % de la collecte sont dédiés aux actions de développement des compétences des entreprises de moins de cinquante salariés.

E. – Le solde de la contribution des employeurs de onze salariés et plus mentionnée au A, modifié le cas échéant pour tenir compte du montant effectivement dû, est versé avant le 1er mars 2020.

L'opérateur de compétences affecte le solde de cette contribution aux sections financières afférentes selon la répartition suivante :

1° 51 % de la collecte sont affectés au financement de l'alternance ;

2° 32 % de la collecte sont affectés au compte personnel de formation ;

3° 17 % de la collecte sont affectés aux actions de développement des compétences des entreprises de moins de cinquante salariés.

F. – **Au titre de l'année 2019, les employeurs de onze salariés et plus** s'acquittent des contributions mentionnées aux 3° et 4° de l'article L. 6131-1 avant le 1er mars 2020.

Le produit de la contribution mentionnée au 3° de l'article L. 6131-1 est affecté au financement de l'alternance.

Le produit de la contribution mentionnée au 4° de l'article L. 6131-1 est affecté dans les conditions fixées au E.

G. – Les dépenses de fonctionnement des centres de formation d'apprentis prises en charge par les opérateurs de compétences et mentionnées à l'article 3 du décret 2018-1342 du 28 décembre 2018 relatif aux modalités de prise en charge des dépenses par les sections financières des opérateurs de compétences prévues aux articles L. 6332-14 et L. 6332-17 CT sont éligibles au titre de la péréquation interbranche mentionnée au 1° de l'article L. 6123-5.

IV. – **Au titre de l'année 2020, les employeurs de moins de onze salariés** s'acquittent de la contribution mentionnée aux 2° et 4° de l'article L. 6131-1 CT avant le 1er mars 2021. Cette contribution est mutualisée dès réception et répartie dans les sections financières afférentes selon les parts suivantes :

1° 65 % de la collecte sont affectés au financement de l'alternance ;

2° 9 % de la collecte sont affectés au compte personnel de formation. Cette part est reversée à France compétences avant le 1er avril 2021 ;

3° 26 % de la collecte sont affectés aux actions de développement des compétences des entreprises de moins de cinquante salariés.

V. – A. – **Au titre de l'année 2020, les employeurs de onze salariés et plus** s'acquittent de la contribution mentionnée au 2° de l'article L. 6131-1 CT par deux acomptes. L'assiette sur laquelle ces deux acomptes sont calculés est la masse salariale de 2019, ou, si besoin, en cas de la création d'une entreprise, une projection de la masse salariale de 2020.
1° Un premier acompte de 60 % du montant dû est versé avant le 1er mars 2020;
2° Un second acompte de 38 % du montant dû est versé avant 15 septembre 2020.

B. – Une part représentant 65 % de l'acompte mentionné au 1° du A est reversée à France compétences avant le 1er avril 2020. Ce versement est réparti dans les sections financières afférentes de la façon suivante:
1° 843,2 millions d'euros sont affectés à la dotation de l'État pour le financement de la formation des demandeurs d'emploi mentionnée au *b* du 3° de l'article L. 6123-5 CT. Cette dotation est versée avant le 30 avril 2020;
2° La part restante de cet acompte est répartie de la façon suivante:
a) Entre 39 % et 55 % de cette part sont affectés au financement de l'alternance. Cette dotation est répartie en trois enveloppes dédiées respectivement aux régions pour le financement des centres de formation d'apprentis pour un montant fixé par arrêté du ministre chargé de la formation professionnelle, aux opérateurs de compétences au titre de la péréquation interbranche et aux gestionnaires de l'aide au permis de conduire mentionnée au 1° de l'article L. 6123-5 CT. L'enveloppe affectée au gestionnaire de permis de conduire des apprentis est comprise entre un minimum de 3 % et un maximum de 10 % de cette dotation. Les modalités de répartition sont définies par délibération du conseil d'administration de France compétences;
b) Entre 26 % et 31 % de cette part sont affectés au financement du compte personnel de formation au titre du *a* du 3° de l'article L. 6123-5 CT. Ce financement est reversé avant le 31 mai 2020;
c) Entre 2 % et 7 % de cette part sont affectés au financement du conseil en évolution professionnelle au titre du 4° de l'article L. 6123-5 CT. Ces financements sont reversés aux opérateurs chargés du conseil en évolution professionnelle;
d) Entre 16 % et 21 % de cette part sont affectés au financement des projets de transition professionnelle au titre du 5° de l'article L. 6123-5 CT. Ce financement est reversé avant le 31 mai 2020 aux commissions paritaires interprofessionnelles régionales mentionnées au B du VII de l'article 1er de la loi du 5 septembre 2018 précitée;
e) Entre 0,5 % et 0,7 % de cette part sont affectés au fonctionnement et aux investissements de France compétences.

Les taux mentionnés de *a* à *e* au 2° du B sont fixés en fonction des besoins identifiés et des prévisions de France compétences, par délibération de son conseil d'administration avant le 30 avril 2020, en tenant compte pour le taux mentionné au *e* de la part fixée par la convention d'objectifs et de performance mentionnée à l'article L. 6123-11 CT ou par tout document anticipant cette convention et adopté dans les mêmes conditions. Ils représentent au maximum 100 % du montant défini au premier alinéa du B.

C. – Le solde éventuel de la part mentionnée au B est versé aux opérateurs de compétences pour le financement de l'alternance, en proportion des sommes versées au titre de la part de l'acompte mentionné au 1° du A avant le 31 mai 2020.

D. – L'opérateur de compétences conserve 35 % de l'acompte mentionné au 1° du A et l'affecte aux sections financières afférentes selon la répartition suivante:
1° 92 % de la collecte sont dédiés au financement de l'alternance;
2° 8 % de la collecte sont dédiés aux actions de développement des compétences des entreprises de moins de cinquante salariés.

E. – Une part représentant 65 % de l'acompte mentionné au 2° du A est reversée à France compétences avant le 15 octobre 2020. Ce versement est réparti dans les sections financières afférentes de la façon suivante:
1° 737,8 millions d'euros sont affectés à la dotation à l'État pour le financement de la formation des demandeurs d'emploi mentionnée au *b* du 3° de l'article L. 6123-5 CT. Cette dotation est versée avant le 15 novembre 2020;
2° La part restante de cet acompte est répartie de la façon suivante:
a) Entre 39 % et 55 % de cet acompte sont affectés au financement de l'alternance pour les opérateurs de compétences au titre de la péréquation interbranche;
b) Entre 26 % et 31 % de cette part sont affectés au financement du compte personnel de formation au titre du *a* du 3° de l'article L. 6123-5 CT;
c) Entre 2 % et 7 % de cette part sont affectés au financement du conseil en évolution professionnelle au titre du 4° de l'article L. 6123-5 CT. Ces financements sont reversés aux opérateurs chargés du conseil en évolution professionnelle;
d) Entre 16 % et 21 % de cette part sont affectés au financement des projets de transition professionnelle au titre du 5° de l'article L. 6123-5 CT. Ces financements sont reversés avant le 31 décembre 2020 aux commissions paritaires interprofessionnelles régionales mentionnées au B du VII de l'article 1er de la loi du 5 septembre 2018 précité;
e) Entre 0,5 % et 0,7 % de cette part sont affectés au fonctionnement et aux investissements de France compétences.

Les taux mentionnés de *a* à *e* au 2° sont fixés en fonction des besoins identifiés et des prévisions de France compétences, par délibération de son conseil d'administration avant le 31 octobre 2020 en tenant compte pour le taux mentionné au *e* de la part fixée par la convention d'objectifs et de performance mentionnée à l'article L. 6123-11 CT ou par tout document anticipant cette convention et adopté dans les mêmes conditions. Ils représentent au maximum 100 % du montant défini au premier alinéa du E.

F. – Le solde éventuel de la part mentionnée au E est versé aux opérateurs de compétences pour le financement de l'alternance, en proportion des sommes versées au titre de la part de l'acompte mentionné au *b* du A avant le 31 décembre 2020.

G. – L'opérateur de compétences conserve 35 % du second acompte 2020 et l'affecte aux sections financières correspondantes selon la répartition suivante:
1° 8 % de la collecte sont dédiés aux actions de développement des compétences des entreprises de moins de cinquante salariés;
2° 92 % de la collecte sont dédiés au financement de l'alternance.

H. – Le solde de la contribution des employeurs de onze salariés et plus mentionnée au A, modifié le cas échéant pour tenir compte du montant effectivement dû, est versé avant le 1er mars 2021. L'opérateur de compétences affecte ce solde aux sections financières correspondantes selon la répartition suivante:
1° 65 % de la collecte sont affectés au financement de l'alternance;
2° 9 % de la collecte sont affectés au compte personnel de formation;
3° 26 % de la collecte sont affectés aux actions de développement des compétences des entreprises de moins de cinquante salariés.

I. – Au titre de l'année 2020, les employeurs de onze salariés et plus s'acquittent des contributions mentionnées aux 3° et 4° de l'article L. 6131-1 avant le 1er mars 2021.

Le montant de la contribution mentionnée au 3° de l'article L. 6131-1 est affecté au financement de l'alternance.

Le montant de la contribution mentionnée au 4° de l'article L. 6131-1 est affecté dans les conditions fixées au H.

VI. **– L'opérateur de compétences communique à France compétences, avant le 1er avril 2021,** le montant des sommes collectées au titre de l'année 2020 pour le financement des actions de développement des compétences des entreprises de moins de cinquante salariés, ainsi que les informations lui permettant de calculer la répartition mentionné à l'article R. 6123-26 CT.

Avant le 1er mai 2021, France compétences communique aux opérateurs de compétences les montants que ces derniers lui reversent dans le cas où la répartition fait apparaître un montant de dotation inférieur aux sommes qu'il a collectées au titre des actions de développement des compétences des entreprises de moins de cinquante salariés.

Avant le 1er juin 2021, France compétences verse aux opérateurs de compétences les montants qu'il leur doit dans le cas où la répartition fait apparaître un montant de dotation supérieur aux sommes qu'il a collectées au titre des actions de développement des compétences des entreprises de moins de cinquante salariés.

VII. – Les sommes collectées au titre du financement du compte personnel de formation pour l'année 2020 sont versées par les opérateurs de compétences à France compétences avant le 1er avril 2021.

• **Conformément au II de l'article 1er du décret 2020-1434 du 24 novembre 2020,** JO 25:

II. – Afin de faire face aux conséquences économiques, financières et sociales de la propagation de la covid-19, les employeurs mentionnés au A du V de l'article 4 du décret [2018-1331] du 28 décembre 2018 précité qui ne se sont pas acquittés du versement de l'acompte mentionné au 2° du même A sont autorisés à verser les sommes dues à ce titre au plus tard le 25 novembre 2020. L'acompte est calculé au regard de la masse salariale de 2019 ou, si celle-ci est plus faible, de la projection de la masse salariale pour 2020.

Les sanctions prévues au 2° du B du III de l'article 37 de la loi [2018-771] du 5 septembre 2018 précitée ne peuvent être appliquées qu'au regard des dates résultant des dispositions du présent décret.

Dès réception des sommes mentionnées au premier alinéa du présent II et au plus tard le 30 novembre 2020, les opérateurs de compétences reversent à France compétences la part de l'acompte mentionnée au premier alinéa du E du V de l'article 4 du décret du 28 décembre 2018 précité.

La délibération du conseil d'administration de France compétences prévue par le dernier alinéa du 2° du E de ce même article 4 intervient avant le 30 novembre 2020.

• **Conformément à l'article 2 du décret 2020-1434 du 24 novembre 2020,** JO 25:

1° Les reports à nouveau constatés au 1er janvier 2020 par les opérateurs de compétences mentionnés à l'article L. 6332-1-1 CT dans les sections financières relatives aux contributions

des employeurs affectées au financement du congé individuel de formation et au financement du congé individuel de formation des salariés titulaires de contrats à durée déterminée sont reversés selon le calendrier et les modalités suivantes :
a) Une part représentant 60 % de ces sommes est versée à la section financière dédiée à l'alternance avant le 25 novembre 2020 ;
b) Une part représentant le solde est versée à la section financière dédiée à l'alternance au plus tard le 30 juin de l'année suivant l'extinction des derniers congés individuels de formation engagés avant le 1er janvier 2019 ;

2° Les reports à nouveau constatés le 1er janvier 2020 par les commissions paritaires interprofessionnelles régionales mentionnées à l'article L. 6323-17-6 CT dans les sections financières relatives aux contributions des employeurs affectées au financement du congé individuel de formation et au financement du congé individuel de formation des salariés titulaires de contrats à durée déterminée sont reversés selon le calendrier et les modalités suivantes :
a) Une part représentant 60 % de ces sommes est versée par les commissions paritaires interprofessionnelles régionales à France compétences avant le 25 novembre 2020 ;
b) Une part représentant le solde est versée par les commissions paritaires interprofessionnelles régionales à France compétences au plus tard le 30 juin de l'année suivant l'extinction des derniers congés individuels de formation engagés avant le 1er janvier 2019.

• **Conformément à l'article 3 du décret 2020-1739 du 29 décembre 2020,** JO 30 :

I. - Par dérogation aux dispositions du code du travail à l'exception des articles R. 6123-26, R. 6123-28 et R. 6123-31 à R. 6123-33 CT qui s'appliquent sous réserve des dispositions prévues par le présent article, le recouvrement et l'affectation des contributions mentionnées à l'article L. 6131-1 CT dues au titre de l'année 2021 sont régis par les dispositions du présent article.

II. - A. - **Au titre de l'année 2021, les employeurs de moins de onze salariés** s'acquittent des contributions mentionnées aux 2° et 4° de l'article L. 6131-1 CT par un acompte versé avant le 15 septembre 2021. L'assiette sur laquelle l'acompte est calculé est la masse salariale de 2020, ou, si besoin, en cas de création d'une entreprise, une projection de la masse salariale de 2021.

Cet acompte est de 40 % du montant dû et est affecté au financement de l'alternance.

B. - Le solde des contributions mentionnées au A, modifié le cas échéant pour tenir compte du montant effectivement dû, est versé avant le 1er mars 2022. Ce solde est mutualisé dès réception et réparti dans les sections financières afférentes selon les parts suivantes :
1° 42 % de la collecte est affecté au financement de l'alternance ;
2° 15 % de la collecte est affecté au compte personnel de formation. Cette part est reversée à France compétences avant le 1er avril 2022 ;
3° 43 % de la collecte est affecté aux actions de développement des compétences des entreprises de moins de cinquante salariés.

III. - A. - **Au titre de l'année 2021, les employeurs de onze salariés et plus** s'acquittent de la contribution mentionnée au 2° de l'article L. 6131-1 CT par deux acomptes. L'assiette sur laquelle le premier acompte est calculé est la masse salariale de 2020, ou, si besoin, en cas de création d'une entreprise, une projection de la masse salariale de 2021. L'assiette sur laquelle le second acompte est calculé est une projection de la masse salariale de 2021. Ce versement tient compte des montants versés au titre du premier acompte selon les modalités suivantes :
1° Un acompte de 60 % du montant dû est versé avant le 1er mars 2021 ;
2° Un acompte de 38 % du montant dû est versé avant le 15 septembre 2021.

B. - Une part représentant 65 % de l'acompte mentionné au 1° du A est reversée à France compétences avant le 1er avril 2021. Ce versement est réparti dans les sections financières afférentes selon les modalités suivantes :
1° 870 040 000 € sont affectés à la dotation de l'État pour le financement de la formation des demandeurs d'emploi mentionnée au b du 3° de l'article L. 6123-5 CT. Cette dotation est versée avant le 30 avril 2021 ;
2° La part restante de cet acompte est répartie de la façon suivante :
a) Entre 20 % et 70 % de cette part sont affectés au financement de l'alternance. Cette dotation est répartie selon des modalités de répartition définies par délibération du conseil d'administration de France compétences aux attributaires suivants :
– les régions pour le financement des centres de formation d'apprentis pour un montant fixé par arrêté du ministre chargé de la formation professionnelle ;
– les opérateurs de compétences au titre de la péréquation inter-branches ;
– les gestionnaires de l'aide au permis de conduire mentionnée au 1° de l'article L. 6123-5 CT. La part affectée à ce dispositif est définie par une délibération du conseil d'administration au vu des besoins de financement prévisionnels et de la consommation des exercices précédents ;
b) Entre 10 % et 45 % de cette part sont affectés au financement du compte personnel de formation au titre du a du 3° de l'article L. 6123-5 CT ;
c) Entre 1 % et 12 % de cette part sont affectés au financement du conseil en évolution professionnelle au titre du 4° de l'article L. 6123-5 CT. Ces sommes sont reversées aux opérateurs chargés du conseil en évolution professionnelle ;

d) Entre 8 % et 35 % de cette part sont affectés au financement des projets de transition professionnelle au titre du 5° de l'article L. 6123-5 CT. Ces sommes sont reversées avant le 31 mai 2021 aux commissions paritaires interprofessionnelles régionales mentionnées au B du VII de l'article 1er de la loi 2018-771 du 5 septembre 2018;

e) Entre 0,4 % et 0,8 % de cette part sont affectées au fonctionnement et aux investissements de France compétences.

Les taux mentionnés aux a à e du 2° du B sont fixés en fonction des besoins identifiés, des sommes mises en paiement et des prévisions de dépenses de France compétences, par délibération de son conseil d'administration avant le 30 avril 2021 en tenant compte, pour le taux mentionné au e, de la part fixée par la convention d'objectifs et de performance mentionnée à l'article L. 6123-11 CT ou par tout document anticipant cette convention et adopté dans les mêmes conditions.

Ces taux représentent au maximum 100 % du montant défini au premier alinéa du B. Le solde éventuel de ce montant est affecté au financement de l'alternance au titre de la péréquation inter-branches mentionnée à l'article L. 6123-5 CT ou à la constitution de réserves si aucun besoin au titre de la péréquation n'est avéré.

C. - L'opérateur de compétences affecte 35 % de l'acompte mentionné au 1° du A aux sections financières afférentes selon la répartition suivante:

1° 92 % sont dédiés au financement de l'alternance;

2° 8 % sont dédiés aux actions de développement des compétences des entreprises de moins de cinquante salariés.

D. - Une part représentant 65 % de l'acompte mentionné au 2° du A est reversée à France compétences avant le 15 octobre 2021. Ce versement est réparti dans les sections financières selon le calendrier et les modalités suivantes:

1° 761960000 euros sont affectés à la dotation à l'État pour le financement de la formation des demandeurs d'emploi mentionnée au b du 3° de l'article L. 6123-5 CT. Cette dotation est versée avant le 15 novembre 2021;

2° La part restante de cet acompte est répartie de la façon suivante:

a) Entre 20 % et 70 % sont affectés au financement de l'alternance pour les opérateurs de compétences au titre de la péréquation inter-branches;

b) Entre 10 % et 45 % de cette part sont affectés au financement du compte personnel de formation au titre du a du 3° de l'article L. 6123-5 CT;

c) Entre 1 % et 12 % de cette part sont affectés au financement du conseil en évolution professionnelle au titre du 4° de l'article L. 6123-5 CT. Ces sommes sont reversées aux opérateurs chargés du conseil en évolution professionnelle;

d) Entre 8 % et 35 % de cette part sont affectés au financement des projets de transition professionnelle au titre du 5° de l'article L. 6123-5 CT. Ces sommes sont reversées avant le 30 novembre 2021 aux commissions paritaires interprofessionnelles régionales mentionnées au B du VII de l'article 1er de la loi 2018-771 du 5 septembre 2018;

e) Entre 0,4 % et 0,8 % de cette part sont affectés au fonctionnement et aux investissements de France compétences.

Les taux mentionnés aux a à e du 2° sont fixés en fonction des besoins identifiés, des sommes mises en paiement et des prévisions de dépenses de France compétences, par délibération de son conseil d'administration avant le 30 novembre 2021 en tenant compte, pour le taux mentionné au e, de la part fixée par la convention d'objectifs et de performance mentionnée à l'article L. 6123-11 CT ou par tout document anticipant cette convention et adopté dans les mêmes conditions.

Ces taux représentent au maximum 100 % du montant défini au premier alinéa du E. Le solde éventuel de ce montant est affecté au financement de l'alternance au titre de la péréquation inter-branches mentionnée à l'article L. 6123-5 CT ou à la constitution de réserves si aucun besoin au titre de la péréquation n'est avéré.

E. - L'opérateur de compétences affecte 35 % de l'acompte mentionné au 2° du A aux sections financières correspondantes selon la répartition suivante:

1° 8 % est dédié aux actions de développement des compétences des entreprises de moins de cinquante salariés;

2° 92 % est dédié au financement de l'alternance.

F. - Le solde de la contribution mentionné au A, modifié le cas échéant pour tenir compte du montant effectivement dû, est versé avant le 1er mars 2022. L'opérateur de compétences affecte ce solde aux sections financières correspondantes selon la répartition suivante:

1° 65 % est affecté au financement de l'alternance;

2° 9 % est affecté au compte personnel de formation;

3° 26 % est affecté aux actions de développement des compétences des entreprises de moins de cinquante salariés.

IV. - Dans le cadre des reversements à France compétences mentionnés au B du II, ainsi qu'aux B et D du III, l'opérateur de compétences communique, dans les délais fixés par France compétences, les informations permettant l'identification des employeurs s'étant acquittés des contributions, dont les personnes publiques mentionnées à l'article L. 6323-20-1 CT.

V. - **Au titre de l'année 2021, les employeurs de onze salariés et plus** s'acquittent des contributions mentionnées aux 3° et 4 ° de l'article L. 6131-1 CT avant le 1er mars 2022. Le produit de ces contributions est réparti selon les modalités suivantes:

1° Le montant de la contribution mentionnée au 3° de l'article L. 6131-1 CT est affecté au financement de l'alternance;

2° Le montant de la contribution mentionnée au 4° de l'article L. 6131-1 CT est affecté dans les conditions fixées au F du III.

VI. - L'opérateur de compétences communique à France compétences, avant le 1er avril 2022, le montant des sommes collectées au titre de l'année 2021 pour le financement des actions de développement des compétences des entreprises de moins de cinquante salariés ainsi que les informations lui permettant de calculer la répartition de la dotation mentionnée au 1° du I de l'article R. 6123-26 CT.

Avant le 1er mai 2022, France compétences communique aux opérateurs de compétences les montants dus par ces opérateurs lorsque le montant de la répartition mentionnée au premier alinéa est inférieur aux sommes recouvrées par l'opérateur de compétences au titre des actions de développement des compétences des entreprises de moins de cinquante salariés.

Avant le 1er juin 2022, France compétences verse aux opérateurs de compétences les montants dus au titre de la répartition mentionnée au premier alinéa lorsque son montant est supérieur aux sommes recouvrées par l'opérateur de compétences au titre des actions de développement des compétences des entreprises de moins de cinquante salariés.

VII. - Les sommes recouvrées au titre du financement du compte personnel de formation pour l'année 2021 sont versées par les opérateurs de compétences à France compétences avant le 1er avril 2022.

• La loi du 5 septembre 2018 a opéré une profonde **transformation de l'architecture financière du système de formation professionnelle** en fusionnant dans une contribution unique, taxe d'apprentissage et contribution à la formation professionnelle et en prévoyant, à terme, sa collecte par l'Urssaf et la MSA. Avant que ce transfert de collecte ne soit effectif, une période de transition sur les collectes de la nouvelle contribution unique de 2019, 2020 et 2021 est prévue par les textes.

Dès 2019, la nouvelle contribution unique à la formation professionnelle et à l'apprentissage due par les entreprises a financé les nouveaux dispositifs prévus par la loi du 5 septembre 2018 selon des répartitions qui varient en fonction du seuil d'effectif des entreprises.

Le **décret 2018-1331 du 28 décembre 2018** distingue le traitement de la collecte selon le type de contribution: contribution unique à la formation professionnelle et à l'alternance (se composant de la taxe d'apprentissage et de la contribution formation professionnelle); contribution supplémentaire à l'apprentissage (CSA); contribution dédiée au financement du compte personnel de formation pour les titulaires d'un contrat à durée déterminée (1 % CPF-CDD). Ce décret a été modifié par le **décret 2019-1326 du 10 décembre 2019** (art. 3, 2°, *c)*, JO 11) qui a augmenté le volume des acomptes que les employeurs de 11 salariés et plus doivent verser pour la fin février 2020 et la mi-septembre 2020. Voir RF 19 décembre 2019, FH 3820-2; LSQ n° 17969 du 2.01.2020.

• **Recouvrement par l'Urssaf et la MSA à l'horizon 2022.** La loi Avenir professionnel a prévu, au plus tard le 1er janvier 2022, que les employeurs devront payer à l'Urssaf et à la MSA les sommes suivantes, selon les mêmes règles de recouvrement que les cotisations de sécurité sociale (même périodicité, etc.) (voir loi 2018-771 du 5 septembre 2018, art. 37, III B, modifié par loi 2019-1479 du 28 décembre 2019, art. 190, IV, 1°, JO 29 et 41; art. L. 6241-3; art. 1609 *quinvicies* CGI; voir RF 13 septembre 2018, FH 3756, § 1-17; RF 6 janvier 2020, FH 3756, § 8-5):

– la contribution unique à la formation professionnelle (0,55 % ou 1 % selon l'effectif);

– le 1 % CPF-CDD (ex-1 % CIF-CDD);

– la taxe d'apprentissage correspondant au quota (à l'exception, hors Alsace-Moselle, de la fraction de 13 %, qui n'est pas à verser aux Urssaf, mais à consacrer à des dépenses libératoires directes auprès des établissements admis à recevoir des subventions, voir art. L. 6241-2, II CT);

– et la contribution supplémentaire à la taxe d'apprentissage (employeurs de 250 salariés n'ayant pas au moins 5 % d'alternants à l'effectif).

En pratique, les modalités du transfert du recouvrement au réseau des Urssaf seront organisées et précisées par ordonnance (en principe, au plus tard début mars 2021) (loi 2018-771 du 5 septembre 2018, art. 41, I, 1°, JO 6, modifié par lois 2019-1479 du 28 décembre 2019, art. 190, IV, 2°, JO 29 et 2020-1721 du 29 décembre 2020, art. 159, VI, 1°, JO 30). Voir RF 6 janvier 2020, FH 3756, § 8-7.

Cette ordonnance, qui organisera le recouvrement Urssaf / MSA devra également prévoir le transfert du recouvrement de la fraction solde de 13 % (dite «hors quota») destinée à des dépenses libératoires. Les employeurs devront donc également verser cette somme aux Urssaf (loi 2018-771 du 5 septembre 2018, art. 41, I, JO 6, modifié par lois 2019-1479 du 28 décembre

2019, art. 190, IV, 2°, JO 29 et 2020-1721 du 29 décembre 2020, art. 159, VI, JO 30). Voir RF 6 janvier 2020, FH 3756, § 8-6.

L'article 159 de la loi 2020-1721 du 29 décembre 2020 (JO 30) a programmé la simplification de plusieurs règles qui n'entrent pas dans le champ de la future ordonnance, essentiellement dans le champ de la taxe d'apprentissage, mais aussi de la contribution formation. Ces mesures auront vocation à s'appliquer à partir du moment où les Urssaf seront en charge du recouvrement, à savoir en principe au 1er janvier 2022. Voir RF 8 janvier 2021, FH 3873, §§ 7-11 à 7-15.

Indépendamment de ces mesures spécifiques, l'article 159 de la loi 2020-1721 précitée a prévu deux mesures transversales, concernant tant les contributions formation que la taxe d'apprentissage. Il sera expressément précisé que les employeurs dont l'entreprise ne comporte pas d'établissement en France (art. L. 243-1-2 c. séc. soc.) ne seront pas assujettis à la contribution à la formation professionnelle, au 1 % CPF-CDD et à la taxe d'apprentissage (y inclus la contribution supplémentaire) (loi 2020-1721 précitée, art. 159, IV, 1°; art. L. 6131-1 CT modifié au 1er janvier 2022). Par ailleurs, une mesure vise à simplifier le recouvrement des sommes dues par les employeurs affiliés à des caisses de congés payés au titre de la contribution formation (y inclus 1 % CPF-CDD) et de la taxe d'apprentissage (y inclus contribution supplémentaire) dont ils sont redevables sur les indemnités de congés payés versées à leurs salariés par des caisses. À l'horizon 2022, ils s'acquitteront de ces sommes sous la forme d'une majoration proportionnelle des contributions et de la taxe dont ils seront redevables aux Urssaf sur les rémunérations versées à leurs salariés (loi 2020-1721 art. 159, III; art. L. 243-1-3 c. séc. soc. modifié au 1er janvier 2022). Un décret précisera le taux de cette majoration. En pratique, ce système, qui évitera d'isoler une assiette spécifique aux indemnités de congés payés versées par les caisses, devrait être analogue à celui qui existe déjà pour le FNAL et le versement mobilité; voir cahier RF 1115, mai 2020, § 6601. Voir RF 8 janvier 2021, FH 3873, § 7-11.

• Voir RF 13 septembre 2018, FH 3756 § 1-11 et s; RF 31 janvier 2019, FH 3777-11; LSQ, dossier juridique, n° 208 du 16.11.2018; FRS 17/18 du 3 août 2018, § 7; FRS 5/19 du 18 janvier 2019, §§ 29 et s.; «Contribution à la formation professionnelle», cahier RF 1115, mai 2020, §§ 3670 et 3671.

Art. L. 6131-2. La contribution unique à la formation professionnelle et à l'alternance mentionnée au 2° de l'article L. 6131-1 est composée:

1° De la taxe d'apprentissage mentionnée à l'article L. 6241-1;

2° De la contribution à la formation professionnelle mentionnée aux articles L. 6331-1 et L. 6331-3.

Note • **Contribution unique à la formation professionnelle.** La loi 2018-771 du 5 septembre 2018 a opéré une profonde transformation de l'architecture financière du système de formation professionnelle en fusionnant dans une contribution unique, taxe d'apprentissage et contribution à la formation professionnelle et en prévoyant, à terme, sa collecte par l'Urssaf et la MSA. Avant que ce transfert de collecte ne soit effectif, une période de transition sur les collectes de la nouvelle contribution unique de 2019, 2020 et 2021 est prévue (voir note sous art. L. 6131-1 CT). Voir «Contribution à la formation professionnelle», cahier RF 1115, mai 2020, §§ 3600 à 3671.

• **Taxe d'apprentissage.** Hors Alsace-Moselle, la taxe d'apprentissage recouvre deux composantes: une fraction destinée au financement de l'apprentissage (87 % de la taxe), que l'on peut comparer à l'ancien quota d'apprentissage, et une fraction solde de 13 %, que l'employeur doit consacrer à des dépenses libératoires directes, à rapprocher de l'ancien hors quota (voir art. L. 6241-2 CT). En Alsace-Moselle, comme antérieurement, l'intégralité de la taxe est destinée au financement de l'apprentissage (art. 1599 *ter* J CGI; L. 6261-2 et R. 6261-13 CT). Il n'y a donc pas de fraction de 13 %, comme il n'y avait pas de hors quota comme antérieurement à la loi 2018-771 du 5 septembre 2018. En pratique, la totalité de la taxe de 0,44 % relève donc du régime de la fraction de 87 % (voir RF 13 septembre 2018, FH 3756 §§ 1-13 et s.). Voir également «Taxe d'apprentissage», cahier RF 1115, mai 2020, §§ 3740 à 3821 et RF du 4 février 2021, FH 3877-10.

• **Pas de taxe d'apprentissage proprement dite au titre de 2019.** À titre dérogatoire, la taxe d'apprentissage n'était pas due au titre des salaires 2019 (loi 2018-771 du 5 septembre 2018, art. 37, III, C). Cette dérogation est cantonnée à la taxe proprement dite. En effet, la loi de finances pour 2019 a expressément précisé que les employeurs de 250 salariés et plus n'ayant pas au moins 5 % d'alternants à l'effectif au titre de 2019 sont restés redevables de la contribution supplémentaire (loi 2018-771 du 5 septembre 2018, art. 37, III, C, modifié par loi 2018-1317 du 28 décembre 2018, art. 136, IV, 1°, *b)*; voir RF 4 janvier 2019, FH 3772, § 5-25).

• **Contribution à la formation professionnelle.** La contribution à la formation professionnelle a remplacé, depuis le 1er janvier 2019, la participation au développement de la formation professionnelle continue mais en conserve globalement l'ensemble des attributs. Pour les employeurs de moins de onze salariés, le taux de la contribution reste fixé à 0,55 %, tandis que pour les employeurs de onze salariés et plus, il est maintenu à 1 % (voir art. L. 6331-1 et 3 CT). La loi 2018-771 précitée a repris le mécanisme de lissage de l'effet de seuil pour les employeurs atteignant ou franchissant pour la première fois le seuil de onze salariés. Pour l'année du franchissement du seuil (N) et les deux années suivantes (N + 1 et N + 2), ces employeurs continuent à relever du régime des «moins de onze salariés» (0,55 %).

L'assiette de la contribution formation reste fixée par référence à l'assiette des cotisations de sécurité sociale. Les rémunérations exonérées de la taxe sur les salaires au titre de l'article 231 *bis* L CGI et, pour les employeurs de moins de onze salariés, les rémunérations versées aux apprentis ne sont pas soumises à la contribution (art. L. 6331-1 et 3 CT; 231 *bis* L CGI).

La contribution formation est dédiée au financement de l'alternance, du conseil en évolution professionnelle, du plan de développement des compétences des entreprises de moins de 50 salariés, de la formation des demandeurs d'emploi et du compte personnel de formation. La clé de répartition de la contribution est fixée par décret (art. L. 6131-3 CT). Voir «Contribution à la formation professionnelle», cahier RF 1115, mai 2020, §§ 3600 à 3671 et RF 4 février 2021, FH 3877-9.

• Voir RF 13 septembre 2018, FH 3756 §§ 1-11 et s.; RF 3777-11 du 31 janvier 2019; LSQ, dossier juridique, n° 208 du 16.11.2018; FRS 17/18 du 3 août 2018, § 7; FRS 5/19 du 18 janvier 2019, § 29; «Contribution à la formation professionnelle et taxe d'apprentissage», cahier RF 1115, mai 2020, §§ 3670 à 3821; LSQ, Les thématiques, n° 70, juillet 2019, chap. 5.; Dr. Soc. 2019, p. 967: «Chronique de droit de la formation professionnelle»,Y. Pagnerre et S. Dougados.

Art. L. 6131-3. Un décret en Conseil d'État détermine les dispositions d'application du présent chapitre, notamment l'organisation, les modalités et les critères d'affectation ainsi que les modalités et conditions de recouvrement des différentes contributions.

LIVRE II

L'APPRENTISSAGE

TITRE Ier DISPOSITIONS GÉNÉRALES

CHAPITRE UNIQUE

Note • **Principales lois sur l'apprentissage**

Jusqu'à la loi 2014-288 du 5 mars 2014. Le régime de l'apprentissage résulte essentiellement des lois du 16 juillet 1971 portant réforme de l'apprentissage, 87-572 du 23 juillet 1987 (JO 24), 92-675 du 17 juillet 1992 (JO 19) qui s'inscrit dans le projet de développement concerté de l'apprentissage et de la formation en alternance sous statut scolaire, 93-953 du 27 juillet 1993 (JO 28) relative au développement de l'emploi et de l'apprentissage, 93-1313 du 20 décembre 1993 (JO 21) relative au travail, à l'emploi et à la formation professionnelle, 95-882 du 4 août 1995 (JO 5) relative aux mesures d'urgence pour l'emploi et la sécurité sociale, 96-376 du 6 mai 1996 (JO 7) portant réforme du financement de l'apprentissage, 97-940 du 16 octobre 1997 (JO 17) relative au développement d'activités pour l'emploi des jeunes, 98-1266 du 30 décembre 1998 (JO 31), 2000-1352 du 30 décembre 2000 (JO 31), 2001-1246 du 21 décembre 2001 (JO 26), 2002-73 du 17 janvier 2002 de modernisation sociale, 2004-391 du 4 mai 2004 (JO 5) relative à la formation professionnelle et au dialogue social, de l'ordonnance 2004-602 du 24 juin 2004 (JO 26) relative à la simplification du droit dans les domaines du travail, de l'emploi et de la formation professionnelle, des lois 2004-1484 du 30 décembre 2004 de finances pour 2005 (JO 31), 2005-32 du 18 janvier 2005 (JO 19) visant notamment à la modernisation et au développement de l'apprentissage, 2005-882 du 2 août 2005 (JO 3) en faveur des petites et moyennes entreprises, 2006-396 du 31 mars 2006 (JO 2 avril) sur l'égalité des chances, 2009-1437 du 24 novembre 2009 (JO 25) relative à l'orientation et à la formation professionnelle tout au long de la vie et 2011-893 du 28 juillet 2011 (JO 29) pour le développement de l'alternance et la sécurisation des parcours professionnels.

Loi 2014-288 du 5 mars 2014. Le chapitre II du titre Ier de la loi 2014-288 du 5 mars 2014 relative à la formation professionnelle, à l'emploi et à la démocratie sociale traite de la réforme de l'apprentissage (réforme de la taxe d'apprentissage reprise et précisée pour une entrée en vigueur le 01.01.2015; mise en place par la région d'une politique de l'apprentissage correspondant aux besoins du territoire régional, gratuité de la conclusion du contrat d'apprentissage, renforcement des missions confiées aux CFA, questions financières relatives aux coûts de formation et au circuit de la collecte de la taxe d'apprentissage, etc.).

Voir notamment note n° 19, décembre 2014, du Conseil d'analyse économique (CAE) «L'apprentissage au service de l'emploi» (P. Cahuc et M. Ferracci) proposant une réforme en profondeur de l'alternance et recommandant notamment d'unifier apprentissage et contrat de professionnalisation ainsi que le financement et la collecte.

Décret 2015-773 du 29 juin 2015. Une aide «TPE jeunes apprentis» peut être attribuée aux entreprises de moins de 11 salariés (au 31 décembre de l'année précédant la conclusion du contrat d'apprentissage) au titre des apprentis recrutés depuis le 1er juin 2015. Voir instruction DGEFP 2016-75 du 29 février 2016 (diffusée le 29 mars) (*http://circulaire.legifrance.gouv.fr*).

Loi 2015-994 du 17 août 2015. La loi sur le dialogue social et l'emploi a adopté des mesures destinées à faciliter l'embauche d'un apprenti: aide au recrutement pour les entreprises de moins de 250 salariés sans accord de branche et réaménagement de la période d'essai de l'apprenti (loi 2015-994 du 17 août 2015, JO 18).

Loi 2015-1541 du 27 novembre 2015. En vue de favoriser l'accès à l'apprentissage aux sportifs de haut niveau, la loi 2015-1541 du 27 novembre 2015 (JO 28) a aménagé les dispositions du code du travail via la non application de la limite d'âge de 25 ans aux sportifs de haut niveau et divers assouplissements an matière de durée du contrat de travail et du temps de travail. En matière de taxe d'apprentissage, la loi précitée a ouvert la voie aux dons en matériels pédagogiques au profit des CFA et sections d'apprentissage dans le cadre du hors-quota.

Loi 2016-1088 du 8 août 2016. La loi relative au travail, à la modernisation du dialogue social et à la sécurisation des parcours professionnels, dite «loi travail», a mis en place diverses mesures en vue de développer l'apprentissage, via notamment l'élargissement de la liste des établissements auprès desquels les entreprises peuvent se libérer du «hors quota», la possibilité de délivrer à distance tout ou partie de la formation effectuée par le CFA ou d'autres établissements habilités et l'expérimentation du recul de la limite d'âge maximale d'entrée en apprentissage.

Loi 2017-86 du 27 janvier 2017. La loi relative à la citoyenneté a élargi la mobilité internationale des apprentis.

Loi 2018-771 du 5 septembre 2018. La loi «avenir professionnel» a facilité et simplifié le recours au contrat d'apprentissage. Depuis le 01.01.2019, le dispositif d'initiation aux métiers de l'alternance (DIMA) est remplacé par une troisième «prépa-métiers» qui vise à permettre de familiariser les collégiens avec l'apprentissage. Pour les contrats conclus depuis le 01.01.2019, l'entrée en apprentissage est permise jusqu'à 30 ans, au lieu de 25 ans. La loi précitée a complété le mécanisme de mobilité internationale des apprentis en l'ouvrant notamment sur les pays situés en dehors de l'Union européenne. Depuis le 01.01.2020, le contrat d'apprentissage n'est plus enregistré par les chambres consulaires, mais déposé auprès de l'opérateur de compétences. À titre expérimental, du 01.01.2019 au 31.12.2021, la visite d'information et de prévention de l'apprenti peut être réalisée auprès d'un médecin de ville (voir décret 2018-1340 du 28 décembre 2018, JO 30 et arrêté du 24 avril 2019, JO 2 mai). La loi précitée a programmé également la suppression des diverses aides associées à l'apprentissage au profit d'une aide unique, réservée aux entreprises de moins de 250 salariés, au titre des apprentis préparant un diplôme ou un titre équivalant, au plus, au baccalauréat.

Ordonnance 2019-861 du 21 août 2019. L'ordonnance 2019-861 du 21 août 2019 (JO 22) dite «coquilles» a finalisé la réforme de l'apprentissage, et de la formation professionnelle mise en œuvre par la loi 2018-771 du 5 septembre 2018 précitée. Outre la correction d'erreurs rédactionnelles et d'incohérences, elle a apporté plusieurs précisions de fond, notamment sur la durée du contrat d'apprentissage, le maître d'apprentissage qui peut être le conjoint collaborateur de l'employeur, le solde acquis au titre du DIF, les conditions d'accès et de prise en charge du CPF de transition professionnelle adaptées pour les intérimaires et les intermittents du spectacle, la période de pro-A réalisée dans le cadre d'une VAE ou la prise en charge par l'OPCO de la rémunération du salarié en période de pro-A. Voir FRS 18/19 du 30 août 2019, §§ 3 à 6; LSQ n° 17880 du 26.08.2019; RF 3 octobre 2019, FH 3809-3; Dr. Soc. 2019, pp. 878 et 967: «Chronique de droit de la formation professionnelle», Y. Pagnerre et S. Dougados.

• **Covid-19.** Plusieurs mesures ont aménagé le régime de l'apprentissage pour atténuer les répercussions de la crise sanitaire liée à l'épidémie de covid-19 (ordonnance 2020-387 du 1er avril 2020, JO 2, portant mesures d'urgence en matière de formation professionnelle; ordonnance 2020-428 du 15 avril 2020, JO 16; décret 2020-894 du 22 juillet 2020, JO 23, portant diverses mesures en matière de formation professionnelle; décret 2020-1434 du 24 novembre 2020, JO 25, portant diverses dispositions relatives à la formation professionnelle). Voir RF, FH 3837, § 11-3, FH 3839, § 16-1, FH 3845, § 4-1.

• **Secteurs d'activité.** Les dispositions concernant l'apprentissage s'appliquent dans les secteurs industriel, commercial, artisanal et agricole et, à titre expérimental, au secteur public non industriel et commercial.

• **Guichet numérique.** Voir le Portail de l'Alternance, un Guichet numérique unique d'information, de recherche et de simplification des formalités administratives pour les futurs alternants et les entreprises (*www.alternance.emploi.gouv.fr*).

Art. L. 6211-1. L'apprentissage concourt aux objectifs éducatifs de la nation. ***(L. 2018-771 du 5 sept. 2018, art. 11, II, 1°, JO 6)*** «Il contribue à l'insertion professionnelle.»

Il a pour objet de donner à des travailleurs, ayant satisfait à l'obligation scolaire, une formation générale, théorique et pratique, en vue de l'obtention d'une qualification professionnelle sanctionnée par un diplôme ou un titre à finalité professionnelle enregistré au répertoire national des certifications professionnelles.

(L. 2018-771 du 5 sept. 2018, art. 11, II, 1°, JO 6) «La formation est gratuite pour l'apprenti et pour son représentant légal.»

Note • **Loi 2018-771.** Les dispositions de cet article, dans sa rédaction issue de la loi 2018-771 précitée, sont applicables aux contrats conclus depuis le 01.01.2019 (loi précitée, art. 46, II).

• **Cadre européen.** La décision 2241/2004/CE du 15 décembre 2004 a instauré un cadre communautaire unique pour la transparence des qualifications et des compétences (rép. QE 36932, JO AN 6 mars 2000, p. 1448).

• **Certification professionnelle.** Sur les modalités d'accès aux titres professionnels par la voie de l'apprentissage, voir les conditions fixées par arrêté ministériel (décret 2016-954 du 11 juillet 2016, JO 13; arrêté du 11 juillet 2016, JO 13).

Art. L. 6211-2. L'apprentissage est une forme d'éducation alternée associant:

1° Une formation dans une ou plusieurs entreprises, fondée sur l'exercice d'une ou plusieurs activités professionnelles en relation directe avec la qualification objet du contrat entre l'apprenti et l'employeur;

(L. 2018-771 du 5 sept. 2018, art. 24, II, 1°, JO 6) «2° Des enseignements dispensés pendant le temps de travail dans un centre de formation d'apprentis, dont tout ou partie peut être effectué à distance.

La durée de formation en centre de formation tient compte des exigences propres à chaque niveau de qualification et des orientations prévues par les conventions ou les accords de branches nationaux ou conclus à d'autres niveaux territoriaux mentionnés à l'article L. 2261-23.

Sous réserve, le cas échéant, des règles fixées par l'organisme certificateur du diplôme ou titre à finalité professionnelle visé, cette durée ne peut être inférieure à 25 % de la durée totale du contrat.»

(L. 2018-771 du 5 sept. 2018, art. 24, II, 2°, JO 6) «Les formations par apprentissage conduisant à l'obtention d'un diplôme sont soumises à un contrôle pédagogique associant les corps d'inspection ou les agents publics habilités par les ministres certificateurs et des représentants désignés par les branches professionnelles et les chambres consulaires, selon des modalités déterminées par décret en Conseil d'État.»

Note • **Loi 2016-1088.** Depuis le 10 août 2016 (date du lendemain de la publication de la loi 2016-1088 du 8 août 2016, JO 9), la formation dispensée par le CFA ou autres établissements habilités peut être effectuée en tout ou partie à distance. Voir RF du 8 septembre 2016, FH n° 3657, § 6-12; FRS 18/16 du 29 juillet 2016, § 49.

• **Loi 2018-771.** Les dispositions de cet article, dans sa rédaction issue de la loi 2018-771 précitée, sont applicables depuis le 01.01.2019 (loi précitée, art. 46, I). Voir le «questions - réponses» sur la mise en œuvre de la réforme dans les CFA, décembre 2019, rapporté dans les *Textes non codifiés.*

Art. L. 6211-3. ***(L. 2018-771 du 5 sept. 2018, art. 34, II, 8°, JO 6, entrée en vigueur le 01.01.2020)*** I. – La région peut contribuer au financement des centres de formation d'apprentis quand des besoins d'aménagement du territoire et de développement économique qu'elle identifie le justifient. Elle peut:

1° En matière de dépenses de fonctionnement, majorer la prise en charge des contrats d'apprentissage assurée par les opérateurs de compétences, dans les conditions prévues à l'article L. 6332-14;

2° En matière de dépenses d'investissement, verser des subventions.

II. – Le montant des dépenses engagées et mandatées en matière de fonctionnement et d'investissement mentionnées au I du présent article ainsi qu'un état détaillé de leur affectation font l'objet d'un débat annuel en conseil régional sur la base d'un rapport présenté par le président du conseil régional. Ce débat peut également porter sur les autres dépenses engagées par la région en matière d'apprentissage. Le rapport, comprenant une annexe présentant les montants des dépenses engagées et mandatées et l'état détaillé de leur affectation, est transmis pour information au représentant de l'État dans la région et à France compétences. Les ressources allouées à la région pour les dépenses d'investissement mentionnées au 2° du même I sont déterminées et réparties sur la base des dépenses d'investissement constatées au titre des exercices ***(L. 2019-1479 du 28 déc. 2019, art. 76, IV, 1°, JO 29)*** «2017 et 2018».

III. – Les dépenses mentionnées au II s'inscrivent dans les orientations du contrat de plan régional de développement des formations et de l'orientation professionnelles mentionné à l'article L. 214-13 du code de l'éducation. À ce titre, elles peuvent faire l'objet de conventions d'objectifs et de moyens avec les opérateurs de compétences agissant pour le compte des branches adhérentes.

Art. L. 6211-4. ***(L. 2018-771 du 5 sept. 2018, art. 11, II, 2°, JO 6, entrée en vigueur le 01.01.2020)*** Les chambres de commerce et d'industrie, les chambres de métiers et de l'artisanat et les chambres d'agriculture exercent leurs attributions en matière d'apprentissage dans le cadre du présent livre. Elles participent à la formation professionnelle initiale ou continue, notamment grâce aux établissements publics et privés d'enseignement qu'elles créent, gèrent ou financent.

Elles contribuent au développement de l'apprentissage en accomplissant les missions:

1° D'accompagner les entreprises qui le souhaitent, notamment pour la préparation du contrat d'apprentissage, préalablement à son dépôt dans les conditions prévues à l'article L. 6224-1. À ce dernier titre, les chambres consulaires peuvent être chargées par les opérateurs de compétences de participer à la mission définie au même article L. 6224-1;

2° D'assurer la médiation définie à l'article L. 6222-39;

3° De participer à la formation des maîtres d'apprentissage. Dans ce cadre, elles peuvent conclure avec les opérateurs de compétences des conventions de partenariat;

4° De participer au service public régional de l'orientation conformément à l'article L. 6111-3;

5° De participer à la gouvernance régionale de l'apprentissage conformément à l'article L. 214-13 du code de l'éducation.

SECTION 1 (réglementaire). Enseignements à distance

Art. D. 6211-2. ***(D. 2020-373 du 30 mars 2020, JO 31)*** Lorsque les enseignements prévus au 2° de l'article L. 6211-2 sont effectués en tout ou partie à distance, ils sont mis en œuvre selon les modalités prévues à l'article D. 6313-3-1. La réalisation de l'action de formation par apprentissage est justifiée par tout élément probant.

Note Cet article s'applique aux contrats conclus depuis le 01.04.2020 (décret 2020-373 précité, art. 5).

SECTION 2 (réglementaire). Rôle des acteurs de l'apprentissage

Art. D. 6211-3. Les chambres consulaires adressent à la commission départementale de l'emploi et de l'insertion tout avis sur l'apprentissage dans le département.

Note • Cet article est l'ancien article D. 6211-4; il s'applique aux contrats conclus depuis le 01.04.2020 (décret 2020-373 du 30 mars 2020, art. 1er et 5, JO 31).

• Les dispositions relatives aux commissions, conseils, comités et procédures supprimés, modifiés ou dont les compétences sont transférées à d'autres commissions, conseils ou comités en application des articles 13 à 16, 18, 23, 26, 28 à 32, 34, 34-3, 34-4 et 34-5 de l'ordonnance 2004-637 du 1er juillet 2004 et par le titre Ier du présent décret sont demeurées en vigueur jusqu'au 30 juin 2006 (...).

Art. R. 6211-4. ***(D. 2020-1476 du 30 nov. 2020, JO 1er déc.)*** I. – Les ressources allouées aux régions pour les dépenses de fonctionnement mentionnées au 1° du I de l'article L. 6211-3 sont réparties proportionnellement à la moyenne des dépenses constatées pour chaque région pour le fonctionnement des centres de formation des apprentis au titre des exercices 2016, 2017 et 2018. Leur montant par région est fixé par arrêté du ministre chargé de la formation professionnelle.

II. – Les ressources allouées aux régions au titre des dépenses d'investissement mentionnées au 2° du I de l'article L. 6211-3 sont réparties proportionnellement à la moyenne des dépenses constatées mentionnées au dernier alinéa du II du même article. Leur montant par région est fixé par arrêté du ministre chargé de la formation professionnelle.

Note **I.** Voir arrêté du 2 décembre 2020 (JO 6) fixant la répartition du fonds de soutien à l'apprentissage aux régions et à la collectivité de Corse.

II. Voir arrêté du 2 décembre 2020 (JO 6) fixant le montant et la répartition de l'enveloppe investissement prévue à l'article L. 6211-3 du code du travail aux régions et à la collectivité de Corse.

SECTION 3 (réglementaire). Rôle des instances consultatives

Art. R. 6211-6. Conformément au [2° de l'article L. 2271-1], ***(D. 2018-1262 du 26 déc. 2018, art. 1er, III, JO 28, entrée en vigueur le 01.01.2019)*** «la Commission nationale de la négociation collective, de l'emploi et de la formation professionnelle» est consultée sur les projets de dispositions réglementaires prévus par le présent livre.

Le Conseil supérieur de l'éducation est consulté sur les projets de décret en Conseil d'État prévus par le présent livre et sur les projets de décret prévus à l'article L. 6241-2.

Le décret en Conseil d'État prévu à l'article L. 6222-33 est pris après avis des commissions professionnelles consultatives compétentes.

TITRE II CONTRAT D'APPRENTISSAGE

Note • **Textes.** *La **loi 2014-288 du 5 mars 2014*** (JO 6) relative à la formation professionnelle, à l'emploi et à la démocratie sociale (art. 14) a précisé les modalités de mise en œuvre de la gratuité de la conclusion du contrat d'apprentissage, la possibilité de conclure un contrat d'apprentissage dans le cadre d'un contrat à durée indéterminée (une fois la période d'apprentissage terminée, le contrat se poursuit comme tout contrat à durée indéterminée); elle permet aussi la généralisation progressive d'une formation adaptée des maîtres d'apprentissage, dans le cadre d'accord collectif d'entreprise ou de branche.

*La **loi 2015-994 du 17 août 2015*** (JO 18) relative au dialogue social et à l'emploi (art. 53) a réaménagé la période d'essai de l'apprenti. Celle-ci est passée de 2 mois à 45 jours et est appréciée sur la durée passée effectivement dans l'entreprise.

*La **loi 2015-1541 du 27 novembre 2015*** (JO 28) visant à protéger les sportifs de haut niveau et professionnels et à sécuriser leur situation juridique et sociale a adapté les modalités d'exécution du contrat d'apprentissage pour les sportifs de haut niveau ainsi que les modalités de temps de travail en entreprise au profit des travailleurs handicapés.

*La **loi 2016-1088 du 8 août 2016*** (JO 9) a relevé la limite d'âge maximale dans certaines régions.

*Le **décret 2017-267 du 28 février 2017*** (JO 28) a institué une aide financière ponctuelle (335 €) en faveur des jeunes apprentis âgés de moins de 21 ans à la date du début d'exécution du contrat d'apprentissage (celle-ci devant être comprise entre le 1er juin 2016 et le 31 mai 2017).

*Le **décret 2017-1548 du 8 novembre 2017*** (JO 10) a organisé l'apprentissage à distance, en prévoyant en particulier que cette possibilité doit figurer dans les annexes pédagogiques des conventions de création des CFA, sections d'apprentissage et unité de formation par l'apprentissage.

*La **loi 2018-771 du 5 septembre 2018*** (JO 6) a eu pour objectif de faciliter et de simplifier le recours au contrat d'apprentissage. Le dispositif d'initiation aux métiers de l'alternance (DIMA) a été remplacé par une troisième «prépa-métiers» permettant de familiariser les collégiens avec l'apprentissage. Pour les contrats conclus depuis le 1er janvier 2019, l'entrée en apprentissage est possible jusqu'à 30 ans (au lieu de 25 ans). La loi précitée a complété le mécanisme de mobilité internationale des apprentis en l'ouvrant notamment sur les pays situés en dehors de l'Union européenne. Depuis le 1er janvier 2020, le contrat d'apprentissage n'est plus enregistré par les chambres consulaires, mais déposé auprès de l'opérateur de compétences. La loi précitée a programmé la suppression des diverses aides associées à l'apprentissage au profit d'une aide unique, réservée aux entreprises de moins de 250 salariés, au titre des apprentis préparant un diplôme ou un titre équivalant, au plus, au baccalauréat.

*L'**ordonnance 2019-861 du 21 août 2019*** (JO 22) a finalisé la réforme de l'apprentissage mise en œuvre par la loi Avenir professionnel. Elle a apporté deux précisions de fond: la durée du contrat d'apprentissage peut être supérieure à celle du cycle de formation sous certaines conditions et le maître d'apprentissage peut être le conjoint collaborateur de l'employeur.

Une série de décrets (septembre et décembre 2019) a précisé la possibilité pour les apprentis d'effectuer une partie de leur formation à l'étranger, dans ou hors de l'Union européenne ainsi que les modalités du dépôt du contrat d'apprentissage et le rôle joué par l'OPCO.

• **Covid-19.** Plusieurs mesures ont aménagé le régime de l'apprentissage pour atténuer les répercussions de la crise sanitaire liée à l'épidémie de covid-19 (ordonnance 2020-387 du 1er avril 2020, JO 2, portant mesures d'urgence en matière de formation professionnelle; ordonnance 2020-428 du 15 avril 2020, JO 16; décret 2020-894 du 22 juillet 2020, JO 23, portant diverses mesures en matière de formation professionnelle; décret 2020-1434 du 24 novembre 2020, JO 25, portant diverses dispositions relatives à la formation professionnelle). Voir RF, FH 3837, § 11-3, FH 3839, § 16-1, FH 3845, § 4-1. Voir aussi notes ss L. 6221-1 et L. 6222-12-1 CT.

CHAPITRE Ier Définition et régime juridique

Art. L. 6221-1. Le contrat d'apprentissage est un contrat de travail de type particulier conclu entre un apprenti ou son représentant légal et un employeur.

Art. L. 6221-2

L'employeur s'engage, outre le versement d'un salaire, à assurer à l'apprenti une formation professionnelle complète, dispensée pour partie en entreprise et pour partie en centre de formation d'apprentis ou section d'apprentissage.

L'apprenti s'oblige, en retour, en vue de sa formation, à travailler pour cet employeur, pendant la durée du contrat, et à suivre cette formation.

Note • **Covid-19.** Dans le cadre de l'épidémie liée au covid-19, le gouvernement a pris un certain nombre de mesures temporaires afin d'aménager et d'adapter les contrats d'apprentissage : voir ordonnance 2020-387 du 1er avril 2020, art. 3, JO 2, entrée en vigueur le 02.04.2020, modifié par ordonnance 2020-428 du 15 avril 2020, art. 7, JO 16. L'ordonnance du 1er avril 2020 a permis la prolongation des contrats d'apprentissage.

Pour les contrats s'achevant entre le 12.03.2020 et le 31.07.2020 sans que le cycle de formation ait été entièrement accompli en raison de reports ou d'annulations de sessions de formation ou d'examens, les parties peuvent conclure un avenant prolongeant le contrat jusqu'à la fin du cycle de formation (ordonnance 2020-387 précitée, art. 3, 1°). L'ordonnance du 15 avril 2020 a précisé que, pour les contrats ainsi prolongés, les règles suivantes ne sont pas applicables : durées du contrat (L. 6222-7-1 et L. 6325-11), âge maximal de l'alternant (L. 6222-1 et L. 6325-1), durées de formation (L. 6211-2 et L. 6325-13).

Pour les contrats d'apprentissage en cours au 12.03.2020 et qui devaient s'achever avant le 01.09.2020, les règles relatives aux durées de formation ne sont pas applicables. Il s'agit de tenir compte de la fermeture des centres de formation d'apprentis (CFA) et des organismes de formation, qui de ce fait peuvent être empêchés d'assurer les formations prévues (ordonnance 2020-428 précitée, art. 7).

En raison de la prorogation de l'état d'urgence jusqu'au 16 février 2021, le gouvernement a été habilité à prendre des ordonnances afin de réactiver ou proroger des mesures sociales dérogatoires et temporaires (loi 2020-1379 du 14 novembre 2020, JO 15).

• **Risque en cas de détournement de l'objet du contrat d'apprentissage.** Une personne embauchée dans le cadre d'un contrat d'apprentissage, régulièrement intégrée dans les équipes au même titre qu'un salarié de l'entreprise dont il devait réaliser le travail, n'était pas en situation d'apprentissage mais exerçait des fonctions d'agent à part entière et était dans l'impossibilité matérielle de recevoir une formation professionnelle sérieuse. Ayant retenu que l'employeur n'avait pas satisfait à son obligation de formation et avait détourné le contrat d'apprentissage de son objet, une cour d'appel a requalifié à bon droit la convention en contrat de travail à durée indéterminée ; le préjudice subi par l'intéressé du fait de sa formation incomplète pendant l'exécution du contrat étant distinct de celui de la rupture, la cour a pu lui allouer des dommages-intérêts en sus de ceux accordés au titre de son licenciement sans cause réelle et sérieuse (cass. soc. 12 février 2013, n° 11-27.525, LS Jurispr. n° 50 du 12.03.2013 ; RJS 4/13 n° 311).

• **Fin du crédit d'impôt apprentissage.** La loi 2018-771 du 5 septembre 2018 (art. 27, III, JO 6) a supprimé le crédit d'impôt dont peuvent bénéficier les entreprises qui emploient certains apprentis (art. 244 *quater* G CGI). Pour rappel, le montant de ce crédit d'impôt, calculé par année civile, s'obtient en principe en multipliant la somme de 1 600 € (2 200 € dans certains cas) par le nombre moyen annuel des apprentis concernés dont le contrat a été conclu depuis au moins un mois. La suppression du crédit d'impôt s'applique aux périodes d'imposition et exercices ouverts depuis le 01.01.2019.

Art. L. 6221-2. ***(L. 2014-288 du 5 mars 2014, art. 14, III, 1° JO 6)*** Aucune contrepartie financière ne peut être demandée ni à l'apprenti ***(L. 2018-771 du 5 sept. 2018, art. 11, II, 3°, JO 6, entrée en vigueur le 01.01.2020)*** «ou à son représentant légal» à l'occasion de la conclusion, ***(L. 2018-771 du 5 sept. 2018, art. 11, II, 3°, JO 6, entrée en vigueur le 01.01.2020)*** «du dépôt» ou de la rupture du contrat d'apprentissage, ni à l'employeur à l'occasion ***(L. 2018-771 du 5 sept. 2018, art. 11, II, 3°, JO 6, entrée en vigueur le 01.01.2020)*** «du dépôt» du contrat d'apprentissage.

CHAPITRE II Contrat de travail et conditions de travail

SECTION 1. Formation, exécution et rupture du contrat de travail

Sous-section 1. Conditions de formation du contrat

Art. L. 6222-1. Nul ne peut être engagé en qualité d'apprenti s'il n'est âgé de seize ans au moins à ***(L. 2018-771 du 5 sept. 2018, art. 13, II, 1°, JO 6)*** «vingt-neuf ans révolus» au début de l'apprentissage.

(L. 2011-893 du 28 juil. 2011, art. 19, JO 29) «Toutefois, les jeunes âgés d'au moins quinze ans peuvent ***(L. 2018-771 du 5 sept. 2018, art. 13, II, 1°, JO 6)*** «débuter» un contrat d'apprentissage s'ils justifient avoir accompli la scolarité du premier cycle de l'enseignement secondaire».

(L. 2014-288 du 5 mars 2014, art. 14, III, 2° JO 6) «Les jeunes qui atteignent l'âge de quinze ans avant le terme de l'année civile peuvent être inscrits, sous statut scolaire, dans un lycée professionnel ou dans un centre de formation d'apprentis pour débuter leur formation, dans des conditions fixées par décret en Conseil d'État.»

Note • **Contrats conclus avant le 01.01.2019.** Les dispositions des articles L. 6222-1 et 2, dans leur rédaction issue de la loi 2018-771 précitée, ne sont pas applicables aux contrats conclus avant le 01.01.2019 (loi précitée, art. 46, II).

• **1er alinéa: extension de la limite d'âge (contrats conclus depuis le 01.01.2019).** La loi 2018-771 précitée a étendu l'apprentissage aux personnes ayant jusqu'à 29 ans révolus (donc 30 ans) au début de l'apprentissage. Cette mesure concerne les contrats conclus depuis le 01.01.2019. Voir RF 13 septembre 2018, FH 3756, § 3-5; FRS 17/18; JCP éd. S 2018, 1302, étude S. Dougados et J. Poyau.

Ce faisant, la loi Avenir professionnel a pérennisé et généralisé une expérimentation menée dans neuf régions, en application de la loi Travail (loi 2016-1088 du 8 août 2016, art. 77, JO 9; arrêté du 17 janvier 2017, JO 11 févr.; voir RF 1096, § 702; LSQ n° 17238 du 6.01.2017, dossier pratique, p. 5; ASH du 6 janvier 2017, n° 2991, p. 40 et du 17 février 2017, n° 2998, p. 40).

Cette limite d'âge ne s'applique pas dans un certain nombre de cas: candidat à l'apprentissage ayant la qualité de travailleur handicapé, sportif de haut niveau, etc. (voir art. L. 6222-2).

Pour rappel, les contrats conclus avant le 01.01.2019 étaient ouverts aux jeunes âgés d'au moins 16 ans et d'au plus 25 ans.

• **2e alinéa.** Le 2e alinéa de cet article a été modifié par la loi 2018-771 précitée, remplaçant «souscrire» par «débuter» un contrat d'apprentissage.

Cet alinéa avait été déjà modifié par la **loi 2013-595 du 8 juillet 2013**. Cette loi a, en effet, remplacé "jeunes âgés d'au moins quinze ans au cours de l'année civile" par "jeunes d'au moins quinze ans". Ce faisant, cette loi a modifié le dispositif d'initiation aux métiers en alternance (DIMA) (loi précitée, art. 56, JO 9).

Voir article L. 337-3-1 c. éduc. (dans sa rédaction issue de la loi 2013-595 précitée, art. 56): «Les centres de formation d'apprentis peuvent accueillir, pour une durée maximale d'un an, les élèves ayant au moins atteint l'âge de quinze ans pour leur permettre de suivre, sous statut scolaire, une formation en alternance destinée à leur faire découvrir un environnement professionnel correspondant à un projet d'entrée en apprentissage tout en leur permettant de poursuivre l'acquisition du socle commun de connaissances, de compétences et de culture mentionné à l'article L. 122-1-1.

À tout moment, l'élève peut:
– soit signer un contrat d'apprentissage, sous la réserve d'avoir atteint l'âge de seize ans ou d'avoir accompli la scolarité du premier cycle de l'enseignement secondaire, conformément à l'article L. 6222-1 CT;
– soit reprendre sa scolarité dans un collège ou un lycée.

Les stages en milieu professionnel sont organisés dans les conditions prévues au chapitre III du titre V du livre Ier de la quatrième partie du code du travail.

Un décret détermine les modalités d'application du présent article.»

La circulaire 2013-143 du 10 septembre 2013 (NOR: MENE1322775C) (BO EN n° 33 du 12.09.2013) a précisé que l'origine scolaire des élèves est sans incidence (classe de 4e, 3e, etc.) et a rappelé que l'entrée en DIMA peut s'effectuer en cours d'année pour les élèves qui n'auraient pas atteint 15 ans à la date de la rentrée scolaire.

Le **DIMA** a été créé par le décret 2010-1780 du 31 décembre 2010 (JO 1er janv. 2011), dispositif précisé par les décrets 2012-566 du 24 avril 2012 (JO 26) et 2013-769 du 26 août 2013 (JO 28) relatifs à l'accès à ce dispositif (art. D. 337-172 à 182 c. éduc.). Voir «Embauche et contrat de travail», RF 1096, § 702; circulaire 2011-009 du 19 janvier 2011 (NOR: MENE1100012C) (BO EN n° 5 du 3.02.2011).

Attention. La classe «prépa-métiers» a remplacé le dispositif DIMA. Le principe d'une classe de troisième «prépa-métiers» constitue une porte d'entrée vers la voie professionnelle et l'apprentissage. Cette classe propose notamment des périodes d'immersion en milieu professionnel et des périodes d'immersion dans des centres de formation d'apprentis, des sections d'apprentissage ou des unités de formation par apprentissage. Cette mesure s'applique à compter du 01.01.2019, sous réserve de la publication de son décret d'application (loi 2018-771 précitée, art. 14 et 46; art. L. 337-3-1 c. éduc.) (voir RF 13 septembre 2018, FH 3756, § 3-5).

• **3e alinéa.** La **loi 2014-288 du 5 mars 2014** a ajouté un 3e alinéa qui a assoupli la condition d'âge concernant l'ouverture de l'apprentissage dont les modalités ont été fixées par le décret 2014-1031 du 10 septembre 2014, JO 12 (voir notamment art. R. 6222-1-1).

Art. R. 6222-1-1. ***(D. 2014-1031 du 10 sept. 2014, JO 12)*** En application du troisième alinéa de l'article L. 6222-1, les jeunes qui atteignent l'âge de quinze ans avant le terme de l'année civile peuvent être inscrits, sous statut scolaire, dans un lycée professionnel ou dans un centre de formation d'apprentis pour débuter leur formation, dans les conditions suivantes :

1° L'élève a accompli la scolarité du premier cycle de l'enseignement secondaire ;

2° L'élève est inscrit, soit dans un lycée professionnel, soit dans un centre de formation d'apprentis sous statut scolaire, pour commencer une formation conduisant à la délivrance d'un diplôme ou d'un titre à finalité professionnelle enregistré au répertoire national des certifications professionnelles. La formation comprend des périodes de formation en milieu professionnel, qui sont régies par les articles D. 331-3, D. 331-4 et D. 331-15 du code de l'éducation et R. 715-1 et R. 715-1-5 du code rural et de la pêche maritime.

Art. D. 6222-1-2. ***(D. 2020-373 du 30 mars 2020, JO 31)*** L'âge de l'apprenti ne fait pas obstacle à la conclusion d'un nouveau contrat d'apprentissage dans les conditions fixées au 2° de l'article L. 6222-11.

Note Cet article s'applique aux contrats conclus depuis le 01.04.2020 (décret 2020-373 précité, art. 5). Voir RF 4 juin 2020, FH 3845, § 4-1.

Art. L. 6222-2. La limite d'âge de ***(L. 2018-771 du 5 sept. 2018, art. 13, II, 2°, JO 6)*** **«vingt-neuf ans révolus»** n'est pas applicable dans les cas suivants :

(L. 2014-288 du 5 mars 2014, art. 14, III, 4°, JO 6) «1° Lorsque le contrat ou la période d'apprentissage proposés fait suite à un contrat ou à une période d'apprentissage précédemment exécutés et conduit à un niveau de diplôme supérieur à celui obtenu à l'issue du contrat ou de la période d'apprentissage précédents ;»

2° Lorsqu'il y a eu rupture de contrat pour des causes indépendantes de la volonté de l'apprenti ou suite à une inaptitude physique et temporaire de celui-ci ;

3° Lorsque le contrat d'apprentissage est souscrit par une personne à laquelle la qualité de travailleur handicapé est reconnue ;

4° Lorsque le contrat d'apprentissage est souscrit par une personne qui a un projet de création ou de reprise d'entreprise dont la réalisation est subordonnée à l'obtention du diplôme ou titre sanctionnant la formation poursuivie ;

(L. 2015-1541 du 27 nov. 2015, art. 10, JO 28) «5° Lorsque le contrat d'apprentissage est souscrit par une personne inscrite en tant que sportif de haut niveau sur la liste mentionnée au premier alinéa de l'article L. 221-2 du code du sport.»

Note **Avant la loi 2018-771 précitée :**

• Le 3° de cet article a été modifié par la loi 2008-1425 du 27 décembre 2008, art. 187, JO 28 qui a supprimé la limite d'âge de 30 ans des travailleurs handicapés pour conclure un contrat d'apprentissage.

• La loi 2004-391 du 4 mai 2004 (JO 5) a permis de déroger à la limite d'âge supérieure, c'est-à-dire après 25 ans, pour conclure un contrat d'apprentissage. L'âge de l'apprenti ne pouvait être cependant supérieur à 30 ans.

Un décret 2005-129 du 15 février 2005 (JO 17) a précisé les causes indépendantes de la volonté de l'apprenti, en cas de rupture (voir art. D. 6222-1).

• La loi 2015-1541 du 27 novembre 2015 (JO 28) a ajouté un 5e alinéa aménageant le contrat d'apprentissage lorsqu'il est souscrit par un sportif de haut niveau, et ce, en vue de conduire un double projet : sport de niveau et obtention d'une qualification professionnelle.

Voir également art. L. 6222-7 et L. 6222-7-1, L. 6222-24, L. 6222-40 et L. 6222-41.

Art. D. 6222-1. Les dérogations à la limite d'âge supérieure, prévue à l'article L. 6222-2, sont applicables dans les conditions suivantes :

1° Pour les dérogations prévues aux ***(D. 2009-596 du 26 mai 2009, JO 8)*** «1° et 2°», l'âge de l'apprenti au moment de la conclusion du contrat est de ***(D. 2020-373 du 30 mars 2020, JO 31)*** «trente-cinq» ans au plus ;

2° Pour les dérogations prévues aux 1° et 2°, le contrat d'apprentissage doit être souscrit dans un délai maximum d'un an après l'expiration du précédent contrat ;

3° Pour la dérogation prévue au 2°, les causes indépendantes de la volonté de l'apprenti ayant entraîné la rupture du contrat d'apprentissage sont les suivantes :

a) La cessation d'activité de l'employeur ;

b) La faute de l'employeur ou les manquements répétés à ses obligations ;

c) La mise en œuvre de la procédure de suspension de l'exécution du contrat d'apprentissage, prévue aux articles L. 6225-4 et suivants ;

4° Pour l'inaptitude physique et temporaire de l'apprenti constatée dans les conditions prévues ***(D. 2020-373 du 30 mars 2020, JO 31)*** «à l'article L. 6222-18».

Note **Textes.** Les dispositions de cet article ont été édictées sous l'empire de la législation antérieure à la loi 2018-771 du 5 septembre 2018 (JO 6).

Décret 2020-373. Les dispositions de cet article, dans sa rédaction issue du décret 2020-373 précité, s'appliquent aux contrats conclus depuis le 01.04.2020 (décret précité, art. 5). Voir RF 4 juin 2020, FH 3845, § 4-1.

Art. L. 6222-3. Un décret détermine les conditions d'application des dérogations prévues à l'article L. 6222-2, notamment le délai maximum dans lequel le contrat d'apprentissage mentionné au 1° de ce même article est souscrit après l'expiration du contrat précédent.

Les autres mesures d'application de la présente sous-section sont déterminées par décret en Conseil d'État.

Sous-section 2. Conclusion du contrat

Art. L. 6222-4. Le contrat d'apprentissage est un contrat écrit qui comporte des clauses et des mentions obligatoires.

Il est signé par les deux parties contractantes préalablement à l'emploi de l'apprenti.

Note • **Formulaire Cerfa.** Un formulaire Cerfa de contrat d'apprentissage, accompagné d'une notice explicative, peut être téléchargé sur le site internet «service public» (*https://www.service-public.fr/particuliers/vosdroits/R1319*; Cerfa 10103*07) ou par l'intermédiaire du site du ministère du Travail (*https://travail-emploi.gouv.fr*, rubrique «formation professionnelle», puis «formation en alternance» et «apprentissage»).

• **Sanction du défaut de contrat écrit.** *À défaut d'écrit, le contrat est nul.* Bien que la loi ne le précise pas, l'écrit constitue une condition de validité du contrat et ne saurait être considéré comme simple moyen de preuve. En l'absence d'écrit, le contrat est nul. La Cour de cassation a estimé que, dès lors que le contrat ne répond pas aux exigences des articles L. 117-12 et s. [L. 6222-4 et s.], l'employeur a l'obligation de verser au salarié la rémunération due, en vertu de l'article R. 141-1 [D. 3231-3], aux jeunes travailleurs de moins de 18 ans et de capacité physique normale (cass. soc. 21 février 1990, n° 86-42.695; 28 mars 1996, n° 93-41.139; voir aussi cass. soc. 9 décembre 2010, n° 09-42.655; cass. soc. 22 mars 2016, n° 15-10.530).

Absence d'écrit et promesse d'embauche. Ayant constaté que, après s'être engagée à employer le salarié sous contrat d'apprentissage à compter du 1er septembre 2002, une société n'avait, à cette date, pas procédé aux formalités administratives préalables et qu'aucun contrat d'apprentissage écrit n'avait été remis à l'intéressé, une cour d'appel a pu en déduire que la rupture de la promesse d'embauche était fautive (cass. soc. 13 décembre 2007, n° 06-45.343).

• **Nullité du contrat conclu pendant la période de cessation des paiements.** Un contrat d'apprentissage conclu pendant la période de cessation de paiement n'est pas valable lorsque les contrats sont conclus sans véritable contrepartie ou lorsque cette dernière est dérisoire (cass. soc. 12 juin 2019, n° 18-10.788). Dans cette affaire, la société employeur, alors qu'elle était en état de cessation des paiements n'était pas en mesure, à la date de la conclusion du contrat d'apprentissage, de s'engager financièrement, sur une durée de trois années, à verser une rémunération en constante augmentation. Ces éléments ont ainsi caractérisé l'existence d'un déséquilibre entre les prestations des parties au contrat d'apprentissage, justifiant que ce dernier soit déclaré nul.

Art. L. 6222-5. Lorsque l'apprenti mineur est employé par un ascendant, le contrat d'apprentissage est remplacé par une déclaration souscrite par l'employeur. Cette déclaration est assimilée dans tous ses effets à un contrat d'apprentissage.

Elle comporte l'engagement de satisfaire aux conditions prévues par les articles:

1° L. 6221-1, relatif à la définition et au régime juridique du contrat;

2° L. 6222-1 à L. 6222-3, relatifs aux conditions de formation du contrat;

3° L. 6222-4, relatif à la conclusion du contrat;

4° L. 6222-11 et L. 6222-12, relatifs à la durée du contrat;

5° L. 6222-16, relatif au contrat d'apprentissage suivi d'un contrat de travail à durée indéterminée;

6° L. 6222-27 à L. 6222-29, relatifs au salaire;

7° L. 6223-1 à L. 6223-8, relatifs aux obligations de l'employeur en matière d'organisation de l'apprentissage et de formation;

8° L. 6225-1, relatif à l'opposition à l'engagement d'apprentis;

9° L. 6225-4 à L. 6225-7, relatifs à la suspension de l'exécution du contrat et à l'interdiction de recruter de nouveaux apprentis.

Art. L. 6222-5-1

L'ascendant verse une partie du salaire à un compte ouvert à cet effet au nom de l'apprenti.

Note Tous les employeurs, quel que soit leur statut, peuvent dispenser un apprentissage familial.

Art. L. 6222-5-1. ***(L. 2011-893 du 28 juil. 2011, art. 6, JO 29)*** Par dérogation à l'article L. 6221-1 et au second alinéa de l'article L. 6222-4 et pour l'exercice d'activités saisonnières au sens du 3° de l'article L. 1242-2, deux employeurs peuvent conclure conjointement un contrat d'apprentissage avec toute personne éligible à ce contrat en application des articles L. 6222-1 et L. 6222-2. Par dérogation à l'article L. 6211-1, ce contrat peut avoir pour finalité l'obtention de deux qualifications professionnelles sanctionnées par un diplôme ou un titre à finalité professionnelle enregistré au répertoire national des certifications professionnelles.

Une convention tripartite signée par les deux employeurs et l'apprenti est annexée au contrat d'apprentissage. Elle détermine :

1° L'affectation de l'apprenti entre les deux entreprises au cours du contrat selon un calendrier prédéfini, ainsi que le nombre d'heures effectuées dans chaque entreprise ;

2° Les conditions de mise en place du tutorat entre les deux entreprises ;

3° La désignation de l'employeur tenu de verser la rémunération due au titre de chaque période consacrée par l'apprenti à la formation dispensée dans les centres de formation d'apprentis et les sections d'apprentissage.

Le premier alinéa de l'article L. 6222-18 est applicable, à l'initiative de l'apprenti ou de l'un des employeurs.

L'apprenti bénéficie d'un maître d'apprentissage, au sens de l'article L. 6223-5, dans chacune des entreprises.

Le contrat peut être rompu, dans les conditions prévues à l'article L. 6222-18, à l'initiative des deux employeurs ou de l'un d'entre eux, lequel prend en charge les conséquences financières d'une rupture à ses torts.

Note
- Cet article a été modifié par la loi 2015-994 du 17 août 2015, art. 53, II, JO 18. Voir note sous l'article L. 6222-18.
- Voir décret 2012-197 du 8 février 2012 (JO 10) modifiant les articles D. 337-21 et D. 337-90 c. éduc. pour l'application des articles L. 6222-5-1 et L. 6325-4-1 CT.

Art. L. 6222-6. Un décret en Conseil d'État détermine les conditions d'application de la présente sous-section.

Art. R. 6222-2. Le contrat d'apprentissage est établi par écrit.

Chaque exemplaire est signé par l'employeur, l'apprenti et, le cas échéant, son représentant légal.

Note
- **Décret 2020-372.** Cet article a été modifié par le décret 2020-372 du 30 mars 2020, art. 2, 1°, JO 31.
- **Contrat en deux exemplaires.** L'obligation d'établir le contrat d'apprentissage «en trois exemplaires originaux» a disparu. En conséquence, il faut établir deux exemplaires (un pour l'employeur, un pour l'apprenti). Mais il n'est a priori pas nécessaire d'établir un original pour l'opérateur de compétences (OPCO), l'administration autorisant les dépôts par voie dématérialisée (L. 6224-1). Voir RF 4 juin 2020, FH 3845, § 4-3.

Art. R. 6222-3. ***(D. 2020-372 du 30 mars 2020, art. 2, 2°, JO 31)*** Le contrat d'apprentissage précise :

1° Les nom et prénom de l'employeur ou la dénomination de l'entreprise ;

2° L'effectif de l'entreprise, au sens de l'article L. 130-1 du code de la sécurité sociale ;

3° Le diplôme ou le titre préparé par l'apprenti ;

4° Les nom, prénom et date de naissance du maître d'apprentissage ;

5° L'attestation de l'employeur précisant que le maître d'apprentissage remplit les conditions de compétence professionnelle imposées par l'article L. 6223-8-1.

Note
- **Décret 2020-372.** Ce décret «remonte» au niveau réglementaire un certain nombre de mentions, qui, jusqu'alors, figuraient simplement dans le modèle de contrat d'apprentissage fixé par arrêté (arrêté du 6 juillet 2012, JO 18).

  Il supprime les dispositions fixant les mentions de la déclaration de l'employeur relative à l'organisation de l'apprentissage, lesquelles sont en pratique déjà intégrées dans le Cerfa du contrat d'apprentissage.

  Voir RF 4 juin 2020, FH 3845, § 4-2.
- **Mentions du contrat.** Le contrat d'apprentissage doit prévoir outre les mentions obligatoires prévues par cet article la date du début de l'exécution du contrat d'apprentissage, de la période

de formation pratique chez l'employeur et de la période de formation en centre de formation d'apprentis (CFA), ainsi que le salaire dû à l'apprenti (L. 6222-12 et R. 6222-4 CT).

• **Modèle Cerfa 10103*07.** Voir note sous L. 6222-4 CT. Le Cerfa 10103*07 vaut déclaration de l'employeur (R. 6223-1 CT).

Art. R. 6222-4. Le contrat d'apprentissage fixe le salaire dû à l'apprenti pour chacune des années ***(D. 2014-1031 du 10 sept. 2014, JO 12)*** «du contrat ou de la période d'apprentissage». Ce salaire ne peut être inférieur aux taux prévus par ***(D. 2020-372 du 30 mars 2020, art. 2, 3°, JO 31)*** «les articles D. 6222-26 à D. 6222-32».

Lorsque des avantages en nature sont accordés, le contrat fixe, dans des limites prévues par décret, les conditions dans lesquelles ils sont déduits du salaire.

Sous-section 3. Durée du contrat

Art. L. 6222-7. ***(L. 2014-288 du 5 mars 2014, art. 14, III, 6°, JO 6)*** Le contrat d'apprentissage peut être conclu pour une durée limitée ou pour une durée indéterminée.

Lorsqu'il est conclu pour une durée indéterminée, le contrat débute par la période d'apprentissage, pendant laquelle il est régi par le présent titre. À l'issue de cette période, la relation contractuelle est régie par les titres II et III du livre II de la première partie, à l'exception de l'article L. 1221-19.

Art. L. 6222-7-1. ***(L. 2018-771 du 5 sept. 2018, art. 13, II, 3°, JO 6)*** La durée du contrat d'apprentissage, lorsqu'il est conclu pour une durée limitée, ou de la période d'apprentissage, lorsque le contrat d'apprentissage est conclu pour une durée indéterminée, varie entre six mois et trois ans, sous réserve des cas de prolongation prévus à l'article L. 6222-11.

Elle est égale à la durée du cycle de formation préparant à la qualification qui fait l'objet du contrat, laquelle est fixée en fonction du type de profession et du niveau de qualification préparés.

Par dérogation au deuxième alinéa du présent article, la durée du contrat ou de la période d'apprentissage peut être inférieure ***(Ord. 2019-861 du 21 août 2019, art. 1er, 34°, JO 22)*** «ou supérieure» à celle du cycle de formation préparant à la qualification qui fait l'objet du contrat, compte tenu du niveau initial de compétences de l'apprenti ou des compétences acquises, le cas échéant, lors d'une mobilité à l'étranger, telle que prévue à l'article L. 6222-42, lors d'une activité militaire dans la réserve opérationnelle prévue au livre II de la quatrième partie du code de la défense, lors d'un service civique défini au II de l'article L. 120-1 du code du service national, lors d'un volontariat militaire prévu à l'article L. 121-1 du même code ou lors d'un engagement comme sapeur-pompier volontaire en application de l'article L. 723-3 du code de la sécurité intérieure. Cette durée est alors fixée par une convention tripartite signée par le centre de formation, l'employeur et l'apprenti ou son représentant légal, annexée au contrat d'apprentissage.

Note • **Durée du contrat ou de la période d'apprentissage.** *Pour les contrats conclus avant le 01.01.2019.* Les dispositions des articles L. 6222-7-1 à 12-1, dans leur rédaction issue de la loi 2018-771 précitée, ne sont pas applicables aux contrats conclus avant le 01.01.2019 (loi précitée, art. 46, II).

Pour les contrats conclus depuis le 01.01.2019. La durée peut varier entre six mois et trois ans (le régime antérieur prévoyait une durée entre un et trois ans, avec des aménagements).

La durée du contrat d'apprentissage (CDD) ou de la période d'apprentissage (CDI), correspond en principe au cycle de formation. Il est toujours possible de prévoir une durée inférieure à celle du cycle de formation, notamment compte tenu du niveau initial de compétences de l'apprenti, mais sans qu'il y ait à solliciter l'autorisation du service de l'inspection de l'apprentissage compétent.

Il est possible de prévoir un contrat d'apprentissage plus long que le cycle de formation. Selon le rapport qui accompagne l'ordonnance 2019-861, il s'agit de «mieux tenir compte du parcours du jeune, comme par exemple de l'intégration d'apprentis au sein du service national universel».

• **Modèle de convention tripartite (CFA, employeur, apprenti).** Voir arrêté du 14 septembre 2020 (JO 25) portant modèle de convention tripartite de réduction ou d'allongement de la durée du contrat d'apprentissage.

• **Doctrine.** Voir RF 13 septembre 2018, FH 3756, § 3-14; FRS 17/18; JCP éd. S 2018, 1302, étude S. Dougados et J. Poyau; RF 3 octobre 2019, FH 3809, § 3-2; «questions - réponses» sur la mise en œuvre de la réforme dans les CFA, décembre 2019, rapporté dans les *Textes non codifiés.* Voir aussi RF 4 juin 2020, FH 3845, § 4-6.

Art. R. 6222-6. ***(D. 2020-372 du 30 mars 2020, art. 2, 5°, JO 31)*** La durée du contrat ou de la période d'apprentissage peut être réduite ou allongée par la convention prévue au dernier aliéna de l'article L. 6222-7-1, après évaluation par le centre de formation d'apprentis du niveau initial de compétence de l'apprenti ou de ses compétences acquises.

La convention ne peut pas conduire à une durée du contrat ou de la période d'apprentissage inférieure à six mois ou supérieure à trois ans.

Dans le cadre d'un centre de formation d'apprentis interne à l'entreprise, la convention est signée par l'employeur et l'apprenti ou son représentant légal.

Art. R. 6222-7. ***(D. 2020-372 du 30 mars 2020, art. 2, 5°, JO 31)*** Un arrêté du ministre chargé de la formation professionnelle détermine le modèle de la convention tripartite prévue au dernier alinéa de l'article L. 6222-7-1.

Art. R. 6222-8. ***(D. 2020-372 du 30 mars 2020, art. 2, 5°, JO 31)*** La convention tripartite prévue au dernier alinéa de l'article L. 6222-7-1 est conclue sans préjudice du respect des obligations fixées par l'organisme certificateur pour l'inscription au diplôme ou titre à finalité professionnelle mentionné dans le contrat d'apprentissage.

Art. R. 6222-9. ***(D. 2020-372 du 30 mars 2020, art. 2, 5°, JO 31)*** La conclusion de la convention tripartite prévue au dernier alinéa de l'article L. 6222-7-1 n'est pas requise dans les cas prévus aux articles L. 6222-11 et L. 6222-12-1, au 2° de l'article L. 6222-37 et au 1° de l'article L. 6222-40.

Art. R. 6222-10. ***(D. 2020-372 du 30 mars 2020, art. 2, 5°, JO 31)*** Une convention tripartite peut être conclue pour allonger la durée du contrat ou de la période d'apprentissage en cas de suspension de celui-ci ou de celle-ci pour une raison indépendante de la volonté de l'apprenti. La durée du contrat ou de la période d'apprentissage est alors prolongée jusqu'à l'expiration du cycle de formation suivant.

Art. L. 6222-11. En cas d'échec à ***(L. 2018-771 du 5 sept. 2018, art. 13, II, 5°, JO 6)*** «l'obtention du diplôme ou du titre professionnel visé», l'apprentissage peut être prolongé pour une durée d'un an au plus:

1° Soit par prorogation du contrat initial ***(L. 2014-288 du 5 mars 2014, art. 14, III, 10°, JO 6)*** «ou de la période d'apprentissage»;

2° Soit par conclusion d'un nouveau contrat avec un autre employeur dans des conditions fixées par décret.

Note **Loi 2018-771.** La loi précitée a remplacé la notion d'échec «à l'examen» par celle d'échec «à l'obtention du diplôme ou du titre professionnel visé».

Art. L. 6222-12. ***(L. 2018-771 du 5 sept. 2018, art. 13, II, 6°, JO 6)*** Le contrat d'apprentissage porte mention de la date du début de l'exécution du contrat d'apprentissage, de la période de formation pratique chez l'employeur et de la période de formation en centre de formation d'apprentis.

La date de début de la formation pratique chez l'employeur ne peut être postérieure de plus de trois mois au début d'exécution du contrat.

La date de début de la période de formation en centre de formation d'apprentis ne peut être postérieure de plus de trois mois au début d'exécution du contrat.

Note • **Principe.** La formation en entreprise et la formation en CFA doivent démarrer à peu près au même moment.

• **Début de l'apprentissage pour les contrats conclus depuis le 01.01.2019.** La loi 2018-771 précitée prend comme référence la date de début d'exécution du contrat. Auparavant, la référence correspondait au début du cycle du CFA. Selon l'étude d'impact du projet de loi (p. 95), cette mesure a pour but de permettre l'embauche d'apprentis tout au long de l'année sans être contraint par le rythme scolaire.

La possibilité de dérogation dans des conditions déterminées par décret a disparu.

Voir RF 13 septembre 2018, FH 3756, § 3-12; FRS 17/18; JCP éd. S 2018, 1302, étude S. Dougados et J. Poyau.

• **Suspension du contrat.** En cas de suspension du contrat d'apprentissage causée pour une raison indépendante de la volonté de l'apprenti (ex.: accident ou maladie) compromettant sa formation, le contrat est prolongé à la demande de l'apprenti jusqu'au terme du cycle suivant de formation (cass. soc. 1er juillet 1998, n° 96-41.014, BC V n° 353; RJS 8-9/98 n° 1038).

Art. L. 6222-12-1. ***(L. 2018-771 du 5 sept. 2018, art. 13, II, 7°, JO 6)*** Par dérogation à l'article L. 6222-12, toute personne âgée de seize à vingt-neuf ans révolus, ou ayant au moins quinze ans et justifiant avoir accompli la scolarité du premier cycle de l'enseignement secondaire, peut, à sa demande, si elle n'a pas été engagée par un employeur, débuter un cycle de formation en apprentissage dans la limite d'une durée de trois mois.

Elle bénéficie pendant cette période du statut de stagiaire de la formation professionnelle et le centre de formation d'apprentis dans lequel elle est inscrite l'assiste dans la recherche d'un employeur. Les coûts de formation correspondants peuvent faire l'objet d'une prise en charge par les opérateurs de compétences selon des modalités déterminées par décret.

À tout moment, le bénéficiaire du présent article peut signer un contrat d'apprentissage. Dans ce cas, la durée du contrat ou de la période d'apprentissage est réduite du nombre de mois écoulés depuis le début du cycle de formation.

Note • **Covid-19.** Compte tenu des circonstances sanitaires qui ne facilitent pas la recherche d'un employeur, *les jeunes en cours de formation au 12.03.2020* peuvent rester en CFA pendant 3 mois supplémentaires après la fin du premier délai de 3 mois. De même, pour *les apprentis qui étaient en cours de contrat au 12.03.2020*, l'obligation de débuter leur formation en CFA et leur formation en entreprise dans les 3 mois suivant le début du contrat ne s'applique pas (L. 6222-12): voir ordonnance 2020-387 du 1er avril 2020, art. 3, JO 2, entrée en vigueur le 02.04.2020, modifié par ordonnance 2020-428 du 15 avril 2020, art. 7, JO 16.

Pour les *personnes âgées de 16 ans* (ou 15 par dérogation) *à 29 ans révolus*, la durée maximale du cycle de formation en CFA sans avoir conclu de contrat d'apprentissage avec un employeur est portée, entre le 01.08.2020 et le 31.12.2020, à 6 mois (au lieu de 3 mois hors période covid-19): voir loi 2020-935 du 30 juillet 2020, art. 75, JO 31 et décret 2020-1086 du 24 août 2020, JO 25. Pendant cette période de formation, la personne a le statut de stagiaire de la formation professionnelle et bénéficie de la protection sociale des personnes prises en charge par l'État (L. 6342-3). Le CFA quant à lui bénéficie d'une prise en charge forfaitaire des frais de formation par l'OPCO de 500 € par mois.

Modalités de prise en charge financière du cycle de formation en centre de formation d'apprentis pour les personnes sans contrat d'apprentissage: voir arrêté du 29 septembre 2020, JO 4 oct.

• **Formation sans contrat d'apprentissage: au plus trois mois.** Depuis la réforme de la formation intervenue en 2014 (loi 2014-288 du 5 mars 2014, art. 14, JO 6), un apprenti n'ayant pas trouvé d'employeur peut malgré tout suivre une formation en centre de formation des apprentis (CFA) ou en section d'apprentissage, dans la limite d'un an, afin de préparer une qualification professionnelle (voir RF 1096, § 747).

La **loi 2018-771** a abaissé la durée maximale du cycle de formation à trois mois.

Art. L. 6222-13. Lorsqu'un salarié est titulaire d'un contrat de travail à durée indéterminée, ce contrat peut, par accord entre le salarié et l'employeur, être suspendu pendant la durée d'un contrat d'apprentissage conclu avec le même employeur.

La durée de la suspension du contrat de travail est égale à la durée de la formation nécessaire à l'obtention de la qualification professionnelle recherchée, prévue à l'article L. 6233-8.

Note Cet article, introduit par la loi 2004-391 du 4 mai 2004 (JO 5), permet à un jeune salarié déjà engagé dans la vie professionnelle sous contrat à durée indéterminée de bénéficier d'une formation qualifiante grâce à un contrat d'apprentissage.

Art. L. 6222-14. Un décret en Conseil d'État détermine les conditions d'application de la présente sous-section.

Sous-section 4. Succession de contrats

Art. L. 6222-15. Tout jeune travailleur peut souscrire des contrats d'apprentissage successifs pour préparer des diplômes ou titres sanctionnant des qualifications différentes.

Lorsque l'apprenti a déjà conclu deux contrats successifs de même niveau, il doit obtenir l'autorisation du directeur du dernier centre de formation d'apprentis qu'il a fréquenté pour conclure un troisième contrat d'apprentissage du même niveau.

Il n'est exigé aucune condition de délai entre deux contrats.

Art. L. 6222-16. Si le contrat d'apprentissage est suivi de la signature d'un contrat de travail à durée indéterminée, ***(L. 2011-893 du 28 juil. 2011, art. 8, JO 29)*** «d'un contrat à durée déterminée ou d'un contrat de travail temporaire» dans la même entreprise, aucune période d'essai ne peut être imposée, sauf dispositions conventionnelles contraires.

La durée du contrat d'apprentissage est prise en compte pour le calcul de la rémunération et l'ancienneté du salarié.

Art. L. 6222-17

Note Une convention collective ne peut pas faire obstacle à l'application de cet article en considérant que la prise en compte de l'ancienneté ne pouvait débuter qu'à compter de l'obtention du diplôme professionnel requis pour la profession considérée. Par conséquent, le salarié était, en l'espèce, fondé à demander dès sa classification comme éducateur spécialisé le bénéfice d'un coefficient correspondant à une ancienneté acquise au titre de la durée de son contrat d'apprentissage (cass. soc. 27 mars 2013, n° 11-23.967, BC V n° 90; JCP éd. S 2013, 1215, note L. Flament; RJS 6/13 n° 479).

Art. L. 6222-17. Un décret en Conseil d'État détermine les mesures d'application de la présente sous-section.

Sous-section 5. Rupture du contrat

Art. L. 6222-18. Le contrat d'apprentissage peut être rompu par l'une ou l'autre des parties ***(L. 2015-994 du 17 août 2015, art. 53, I, JO 18)*** «jusqu'à l'échéance des quarante-cinq premiers jours, consécutifs ou non, de formation pratique en entreprise effectuée par l'apprenti».

(L. 2018-771 du 5 sept. 2018, art. 16, 1°, JO 6) «Passé ce délai, le contrat peut être rompu par accord écrit signé des deux parties.

À défaut, le contrat peut être rompu en cas de force majeure, de faute grave de l'apprenti, d'inaptitude constatée par le médecin du travail dans les conditions définies à l'article L. 4624-4 ou en cas de décès d'un employeur maître d'apprentissage dans le cadre d'une entreprise unipersonnelle. La rupture prend la forme d'un licenciement prononcé selon les modalités prévues aux articles L. 1232-2 à L. 1232-6 et L. 1332-3 à L. 1332-5. En cas d'inaptitude constatée par le médecin du travail, l'employeur n'est pas tenu à une obligation de reclassement.

Au-delà de la période prévue au premier alinéa du présent article, la rupture du contrat d'apprentissage peut intervenir à l'initiative de l'apprenti et après respect d'un préavis, dans des conditions déterminées par décret. L'apprenti doit, au préalable, solliciter le médiateur mentionné à l'article L. 6222-39 ou, pour les apprentis du secteur public non industriel et commercial, le service désigné comme étant chargé de la médiation. Si l'apprenti est mineur, l'acte de rupture doit être conjointement signé par son représentant légal. Lorsque l'apprenti mineur ne parvient pas à obtenir de réponse de son représentant légal, il peut solliciter le médiateur mentionné au même article L. 6222-39. Le médiateur intervient, dans un délai maximum de quinze jours calendaires consécutifs à la demande de l'apprenti, afin d'obtenir l'accord ou non du représentant légal sur l'acte de rupture du contrat. Une copie de cet acte est adressée, pour information, à l'établissement de formation dans lequel l'apprenti est inscrit.

En cas de liquidation judiciaire sans maintien de l'activité ou lorsqu'il est mis fin au maintien de l'activité en application du dernier alinéa de l'article L. 641-10 du code de commerce et qu'il doit être mis fin au contrat d'apprentissage, le liquidateur notifie la rupture du contrat à l'apprenti. Dans cette hypothèse, les dispositions de l'article L. 1243-4 du présent code s'appliquent, à l'exception de celles relatives à l'indemnité prévue à l'article L. 1243-8.»

Note • **Loi 2018-771.** Les dispositions de cet article, dans sa rédaction issue de la **loi 2018-771** précitée, sont **applicables aux contrats conclus depuis le 01.01.2019** (loi précitée, art. 46, II). Voir RF 13 septembre 2018, FH 3756, §§ 3-16 et s.; RF 24 janvier 2019, FH 3776, § 2-10; FRS n° 5 du 18 janvier 2019; JCP éd. S 2018, 1302, étude S. Dougados et J. Poyau.

• **Article L. 6222-18 dans sa rédaction antérieure à la loi précitée. *Alinéa 1.*** La modification issue de la loi 2015-994 (la «période d'essai» d'un apprenti passe de 2 mois à 45 jours) s'applique aux contrats d'apprentissage conclus après sa publication, c'est-à-dire conclus depuis le 19 août 2015 (loi 2015-994 du 17 août 2015, art. 53, III, JO 18). Les règles de forme posées par la jurisprudence antérieure à la loi 2015-994 demeurent, à notre sens, inchangées (RF, FH 3608 du 10 septembre 2015, § 6-24).

Alinéa 3. Cet alinéa issu de l'ordonnance 2014-326 précitée n'est pas applicable aux procédures collectives en cours au 01.07.2014 (art. 116).

Alinéa 4. Lorsque, après la rupture d'un contrat d'apprentissage, un nouveau contrat d'apprentissage est conclu avec un nouvel employeur, il est possible de prévoir une période d'essai en respectant les règles de droit commun prévues pour les contrats à durée déterminée et indéterminée (loi 2014-288 du 5 mars 2014, art. 14, III, 18°, JO 6). Cet alinéa intègre les règles du contrat à durée indéterminée, possibilité créée par la loi 2014-288.

• **Principe lié à la résiliation du contrat d'apprentissage.** Le contrat d'apprentissage, conclu pour une durée limitée ou pour une durée indéterminée, ne peut être résilié que dans les cas et conditions prévus par cet article.

La rupture d'un contrat d'apprentissage, en dehors des cas prévus par la loi, est sans effet (cass. soc. 6 février 2001, n° 98-44.133, BC V n° 38; RJS 4/01 n° 482; 10 mai 2012, n° 11-11.621: la prise d'acte de son contrat d'apprentissage par un apprenti au-delà du délai légal de deux mois en raison de manquements graves de l'employeur est sans effet). Dès lors, sauf en cas de mise à pied, l'employeur est tenu de payer les salaires jusqu'au jour où le conseil de prud'hommes, saisi par l'une des parties, statue sur la résiliation (cass. soc. 4 mai 1999, n° 97-40.049, BC V n° 183; RJS 6/99 n° 838) ou, s'il est parvenu à expiration, jusqu'au terme du contrat (cass. soc. 4 juillet 2006, n° 04-45.576, RDT, octobre 2006, CH, 239, B. Lardy-Pélissier). Voir dans le même sens cass. soc. 8 novembre 2011, n° 10-22.828, précisant que le juge peut fixer la date de résiliation au jour où l'une des parties a manqué gravement à ses obligations.

• **Résiliation unilatérale d'un contrat d'apprentissage au cours des 45 premiers jours**

Rupture du contrat à l'initiative de l'apprenti ou de l'employeur. L'employeur ou l'apprenti (ou, si celui-ci est mineur, son représentant légal) peut rompre le contrat d'apprentissage jusqu'à l'échéance des 45 premiers jours, consécutifs ou non, de formation pratique en entreprise effectuée par l'apprenti (loi 2015-994 du 17 août 2015, art. 53). La durée de cette période correspondant à la «période d'essai» du contrat d'apprentissage est modifiée depuis le 19 août 2015: elle est passée de 2 mois à 45 jours (RF, FH 3608 du 10 septembre 2015, § 6-24).

Les contrats d'apprentissage conclus avant le 19 août 2015 pouvaient être rompus par l'employeur ou l'apprenti pendant les deux premiers mois du contrat.

Peu importe que le contrat soit ou non déjà enregistré à la date de la résiliation. Cette faculté s'appliquait dès la signature du contrat et non dès son enregistrement (cass. soc. 30 septembre 2009, n° 08-40362, BC V n° 216). Il devrait en aller de même concernant le dépôt des contrats d'apprentissage (procédure remplaçant l'enregistrement depuis le 01.01.2020).

Suspension de la «période d'essai» en cas de maladie ou d'accident. Le délai pendant lequel l'une ou l'autre des parties peut résilier le contrat d'apprentissage est suspendu pendant les périodes d'absence pour maladie de l'apprenti (cass. soc. 16 mars 2004, n° 01-44.456, BC V n° 86; RJS 5/04 n° 584). Il est également suspendu en cas d'arrêt de travail consécutif à un accident du travail ou à une maladie professionnelle. Par conséquent, le contrat d'apprentissage, conclu pour une durée limitée, ne peut pas, dans ce cas, être résilié de façon unilatérale pendant la période d'essai. La rupture intervenant dans ce cadre est nulle (cass. soc. 31 mai 2006, n° 04-41.528, RJS 8-9/06 n° 984; 6 mai 2014, n° 12-22.881, LSQ n° 16591 du 15.05.2014; RJS 7/14 n° 582; JSL n° 370, 21.07.2014, p. 22, Fr. Taquet). Si le contrat d'apprentissage est conclu pour une durée indéterminée, le contrat débute par une période d'apprentissage. Pendant celle-ci, l'ensemble de la réglementation spécifique aux apprentis s'applique et donc, à notre sens, cette règle.

Succession de contrats d'apprentissage. Le droit à la rupture unilatérale n'est pas applicable quand, après la rupture d'un contrat d'apprentissage, un nouveau contrat est conclu entre l'apprenti et un nouvel employeur pour achever la formation. Dans cette hypothèse, seule une période d'essai pouvait être prévue, et ce, dans les conditions de droit commun de la période d'essai (cass. soc. 25 octobre 2017, n° 16-19.608, BC V n° 189; LSQ n° 17445 du 13.11.2017; JSL n° 443-444, 15.12.2017, pp. 28 et s., S. Daguerre et Ph. Pacotte; RJS 1/18 n° 12).

Notification de la rupture de la «période d'essai». La décision unilatérale de rompre le contrat d'apprentissage, pendant la période d'essai, doit être notifiée par écrit à l'autre partie. La rupture du contrat d'apprentissage se situe à la date où l'employeur a manifesté sa volonté d'y mettre fin, par l'envoi de la lettre notifiant la rupture (cass. soc. 29 janvier 2008, n° 06-43.906, BC V n° 25; JCP éd. S 2008, 1200, note Fr. Dumont; RJS 4/08 n° 463). Elle doit être constatée par écrit, notifiée au directeur du CFA ainsi qu'au service ayant enregistré le contrat. Si l'employeur ne justifie pas avoir porté par écrit à la connaissance de l'apprenti sa décision de rompre unilatéralement le contrat, dans le délai des deux premiers mois du contrat d'apprentissage, le juge prononce à bon droit la résiliation judiciaire du contrat d'apprentissage aux torts de l'employeur (cass. soc. 29 septembre 2014, n° 11-26.453, BC V n° 212; JCP éd. S 2014, 1443, note L. Drai; RJS 12/14 n° 881).

• **Résiliation d'un contrat d'apprentissage après les 45 premiers jours**

Rupture d'un commun accord. Au-delà de la «période d'essai» de 45 jours, le contrat d'apprentissage peut être résilié par accord exprès et bilatéral entre l'employeur et l'apprenti (cass. soc. 5 février 1992, n° 88-44.370, BC V n° 63; RJS 3/92 n° 326). Lorsque la résiliation du contrat d'apprentissage intervient sur accord exprès des parties, elle doit être constatée par écrit signé par l'employeur, par l'apprenti ainsi que, s'il est mineur, par son représentant légal (cass. soc. 1er février 2005, n° 03-40.605, BC V n° 40; RJS 4/05 n° 424; Dr. Soc. 2005, p. 682, obs. Cl. Roy-Loustaunau; 2 juillet 2014, n° 13-13.527, RJS 10/14 n° 717; JSL n° 374, 23.10.2014, p. 23, Fr. Taquet).

Le salarié qui ne prouve pas que son consentement a été vicié ne peut pas revenir sur l'accord écrit de rupture du contrat d'apprentissage qu'il a signé (cass. soc. 15 décembre 2010, n° 09-42.783).

Mais un employeur peut être condamné au paiement de dommages-intérêts pour harcèlement moral s'il est constaté qu'il avait fait, à plusieurs reprises, pression sur une apprentie, dont il connaissait l'état de santé, pour lui faire accepter une résiliation amiable du contrat d'apprentissage (cass. soc. 6 juin 2012, n° 11-17.489, BC V n° 171; Dr. Soc. 2012, p. 848, obs. Ch. Radé; RJS 8-9/12 n° 681; JCP éd. S 2012, 1463, note D. Chenu).

Dès lors que l'employeur et son apprenti signent un acte de résiliation du contrat d'apprentissage, le motif de la rupture (ex.: la démission) importe peu. En effet, dans ce cas, la rupture est effectivement expresse et bilatérale (cass. soc. 5 juillet 2011, n° 10-11.659, RJS 10/11 n° 830).

Rupture à l'initiative de l'employeur. ***Contrat signé depuis le 01.01.2019.*** La loi 2018-771 précitée a modifié en profondeur le régime des ruptures unilatérales après le délai de 45 jours puisqu'il n'y a plus à passer par le conseil de prud'hommes. Ces nouvelles règles s'appliquent aux contrats conclus depuis le 01.01.2019. L'employeur peut rompre le contrat de travail signé depuis le 01.01.2019 pour faute grave (comme par le passé), à la suite de l'inaptitude de l'apprenti, valablement constatée par le médecin du travail (étant précisé que l'employeur n'a plus à chercher à reclasser l'intéressé), en cas de décès d'un employeur maître d'apprentissage dans le cadre d'une entreprise unipersonnelle (nouveau motif de rupture) ou en cas de force majeure (motif qui n'avait jusqu'alors jamais été expressément formalisé par le code du travail).

La loi précitée a également créé un nouveau cas de rupture à l'initiative de l'employeur: la rupture consécutive à l'exclusion de l'apprenti par le CFA. Ce cas de rupture du contrat d'apprentissage (signé depuis le 01.01.2019) obéit à des règles spécifiques (voir art. L. 6222-18-1).

En cas de rupture du contrat d'apprentissage dans les cas évoqués ci-avant (pour les seuls contrats signés depuis le 01.01.2019), le CFA dans lequel est inscrit l'apprenti doit prendre les dispositions nécessaires pour lui permettre de suivre sa formation théorique pendant six mois et contribuer à lui trouver un nouvel employeur susceptible de lui permettre d'achever son cycle de formation (voir art. L. 6222-18-2).

Contrat signé avant le 01.01.2019. Au-delà de la «période d'essai» de 45 jours, la résiliation du contrat d'apprentissage signé avant le 01.01.2019 peut être prononcée par le juge soit en raison de l'inaptitude de l'apprenti à exercer le métier auquel il voulait se préparer, soit en cas de faute grave ou de manquements répétés de l'une des parties à ses obligations, le juge pouvant dans ce cas fixer la date de résiliation au jour du manquement (cass. soc. 8 novembre 2011, n° 10-22.828, précité).

Compte tenu de la spécificité des contrats d'apprentissage, l'employeur n'a pas à rechercher le reclassement d'un apprenti déclaré inapte par le médecin du travail, ni a fortiori à reprendre le versement de son salaire lorsqu'il n'est pas reclassé un mois après la reconnaissance de l'inaptitude (cass. soc. 9 mai 2019, n° 18-10.618, à paraître, LS n° 17819 du 20.05.2019; JCP éd. S 2019, 1168, note E. Jeansen; RJS 7/19 n° 407; JSL n° 479, 08.07.2019, pp. 7 et s., M. Hautefort; RDT, Juillet/Août 2019, CH, 480, L. Thomas). Cette jurisprudence conduit, en quelque sorte à appliquer à des contrats antérieurs à la loi Avenir professionnel la règle codifiée par celle-ci selon laquelle l'employeur n'a pas d'obligation de reclassement.

La loi 2014-288 du 5 mars 2014 (JO 6) visant à accélérer la résiliation judiciaire du contrat d'apprentissage a ouvert la possibilité aux parties de saisir le conseil de prud'hommes en procédure de référé.

Seul le juge peut apprécier si les manquements invoqués justifient la résiliation du contrat d'apprentissage (par exemple, manquements répétés de l'apprenti à ses obligations: cass. soc. 7 mai 1996, n° 93-40.926, BC V n° 176; RJS 6/96 n° 697; abandon de poste: cass. soc. 27 juin 2007, n° 06-40.992, RJS 10/07 n° 1094). L'employeur peut, si la gravité des fautes commises par l'apprenti le justifie, prononcer sa mise à pied dans l'attente de la décision judiciaire à venir (voir références précitées), mais il ne peut pas de lui-même rompre le contrat (cass. soc. 30 mars 1994, n° 90-43.809, BC V n° 112; Dr. Soc. 1994, p. 557).

L'aptitude de l'apprenti peut faire l'objet d'une vérification prévue aux articles R. 117-19 [R. 6222-36 et 37] et R. 117-20 [R. 6222-38 à 40]. Cependant, le juge n'est pas tenu de procéder à cette vérification (cass. soc. 5 mai 1999, n° 97-41.970, RJS 6/99 n° 839).

La résiliation judiciaire est justifiée:
– en cas de voies de fait exercées sur l'apprenti (cass. soc. 28 novembre 2006, n° 05-41.925, RJS 2/07 n° 254) par une personne à laquelle le maître d'apprentissage avait délégué son autorité (cass. soc. 5 février 1992, n° 88-40.597, BC V n° 64; RJS 3/92 n° 325);
– lorsque la seule personne capable d'assurer la formation de l'apprenti était tombée malade sans qu'il soit possible de prévoir la durée de son indisponibilité (cass. soc. 6 mars 1985, n° 82-40.242, BC V n° 142).

À l'inverse, elle n'est pas justifiée:
– dans le cas d'une absence pour maladie, dès lors que si l'employeur n'avait pas été prévenu des prolongations successives, il avait été averti téléphoniquement la veille du jour de la reprise du travail (cass. soc. 23 mars 1989, n° 86-41.191, BC V n° 245);

– en cas de dénonciation d'un harcèlement par l'apprenti. Ce motif ne peut pas, sauf mauvaise foi, être pris en considération dans l'appréciation des fautes de nature à justifier la résiliation judiciaire du contrat aux torts de l'apprenti (cass. soc. 10 juin 2015, n° 14-13.318, BC V n° 116; LSQ n° 16855 du 17.06.2015; RJS 8-9/15 n° 539, 2e espèce; JCP éd. S 2015, 1345, 1re espèce, note C. Leborgne-Ingelaere; JSL n° 393, 03.09.2015, pp. 6 et s., H. Tissandier).

Rupture à l'initiative de l'apprenti. ***Contrat signé depuis le 01.01.2019.*** La loi 2018-771 précitée a ouvert la possibilité pour l'apprenti de rompre son contrat de travail au-delà des 45 premiers jours de formation pratique en entreprise, consécutifs ou non, sous réserve de respecter un préavis (voir art. D. 6222-21-1). Auparavant, une saisine du conseil de prud'hommes s'imposait. Voir RF 13 septembre 2018, FH 3756, § 3-20; FRS n° 5 du 18 janvier 2019.

Contrat signé avant le 01.01.2019. En cas d'obtention par l'apprenti du diplôme ou du titre préparé, le contrat d'apprentissage peut, à l'initiative de l'apprenti, prendre fin avant son terme (voir art. L. 6222-19 et R. 6222-23). En dehors de cette hypothèse, une démission de l'apprenti intervenue après les deux premiers mois d'apprentissage ne met pas fin au contrat (cass. soc. 23 septembre 2008, n° 07-41.748, BC V n° 172; JCP éd. S 2008, 1612, note S. Brissy; RJS 12/08 n° 1225; RDT, décembre 2008, CH, 735, Ch. Vigneau). C'est à l'employeur d'exercer une action en résiliation du contrat pour manquement de l'apprenti à ses obligations.

En cas de cessation d'activité de l'employeur, l'apprenti peut demander la résiliation judiciaire de son contrat; il peut aussi demander réparation du préjudice qu'il subit nécessairement par suite de l'inexécution du contrat jusqu'à son terme du fait de l'employeur (cass. soc. 6 avril 2004, n° 02-40.727, RJS 6/04 n° 727).

• **Opposition à l'engagement d'apprenti.** La procédure d'opposition à l'engagement d'apprenti peut conduire à la rupture du contrat (voir art. L. 6225-3).

• **Atteinte à la santé ou à l'intégrité de l'apprenti.** La procédure de suspension du contrat d'apprentissage en cas d'atteinte à la santé ou à l'intégrité de l'apprenti peut conduire à la rupture de ce contrat (voir art. L. 6225-5).

• **Inaptitude.** La loi Avenir professionnel a mis fin à la possibilité de rompre le contrat de travail «en raison de l'inaptitude de l'apprenti à exercer le métier auquel il voulait se préparer» (inaptitude non médicale) (L. 6222-18, dans sa version antérieure au 1er janvier 2019). Le décret 2020-372 en a tiré les conséquences et a supprimé, au niveau réglementaire, la procédure attachée à cette inaptitude non médicale (R. 6222-36 à R. 6222-40 abrogés). L'employeur peut licencier un apprenti pour inaptitude physique valablement constatée par le médecin du travail et que, par exception au droit commun de l'inaptitude, il n'a pas à chercher à le reclasser.

• **Obtention du diplôme.** L'apprenti peut rompre son contrat avant le terme initialement fixé, en cas d'obtention du diplôme ou du titre de l'enseignement technologique préparé (voir art. L. 6222-19).

• **Rupture conventionnelle.** Employeur et apprenti ne peuvent pas convenir d'une rupture conventionnelle homologuée pour rompre le contrat d'apprentissage, celui-ci n'étant pas un contrat à durée indéterminée (circ. DGT 2009-4 du 17 mars 2009). Cette règle a été posée par l'administration avant la création du contrat d'apprentissage à durée indéterminée. Passé le cycle de formation, le contrat d'apprentissage à durée indéterminée se poursuit mais pourrait, dès lors, être rompu, à notre avis, une rupture conventionnelle.

• **Décès de l'une des parties.** Le décès de l'apprenti entraîne de plein droit la résiliation du contrat. À l'inverse, le décès de l'employeur ne fait pas obstacle au maintien du contrat, excepté dans le cas où il entraîne la cessation d'activité de l'entreprise. Sur le devenir du contrat suite au décès du maître d'apprentissage, voir cass. soc. 14 novembre 2018, n° 17-24.464, à paraître, LS Jurispr. n° 219 du 04.12.2018; JCP éd. S 2018, 1406, note E. Jeansen; RJS 1/19 n° 8. À noter que depuis la loi 2018-771 précitée, le décès de l'employeur maître d'apprentissage dans le cadre d'une entreprise unipersonnelle peut constituer un motif de rupture du contrat d'apprentissage.

• **Modification dans la situation juridique de l'employeur.** Le contrat d'apprentissage se poursuit avec le nouvel employeur. Le licenciement prononcé par le cédant est dépourvu de cause et l'existence d'une collusion frauduleuse des deux employeurs en vue de faire échec aux droits de l'apprenti entraînera la condamnation des deux sociétés à réparer les conséquences de la rupture abusive du contrat d'apprentissage (cass. soc. 7 mars 2001, n° 99-40.976, RJS 5/01 n° 570).

• **Liquidation judiciaire.** En cas de liquidation judiciaire sans maintien de l'activité ou lorsqu'il est mis fin au maintien de l'activité et qu'il doit être mis fin au contrat d'apprentissage, le liquidateur notifie la rupture du contrat à l'apprenti. ***Si le contrat d'apprentissage a été conclu avant le 01.01.2019,*** cette rupture ouvre droit pour l'apprenti à des dommages et intérêts (DI) d'un montant au moins égal aux rémunérations qu'il aurait perçues jusqu'au terme du contrat (ordonnance 2014-326 du 12 mars 2014, art. 114, JO 14). ***Si le contrat d'apprentissage a été conclu depuis le 01.01.2019,*** cette rupture ouvre droit pour l'apprenti à des dommages et intérêts prévus en cas de rupture anticipée du CDD en dehors des cas autorisés (voir art. L. 1243-4). Ces DI sont au moins égaux aux rémunérations qui auraient été perçues jusqu'au terme du contrat, étant précisé que l'apprenti ne peut pas prétendre à l'indemnité de précarité.

Art. L. 6222-18-1

Quid lorsque le contrat d'apprentissage a été conclu à durée indéterminée ? L'ordonnance 2014-326 du 12 mars 2014 n'a pas, en effet, envisagé le cas du contrat d'apprentissage à durée indéterminée créé par la loi 2014-288 du 5 mars 2014, si bien que l'on peut se demander si les dispositions de l'article L. 6222-18 CT concernant la liquidation judiciaire s'appliquent dans ce cas. Si l'on considère qu'elles doivent s'appliquer, l'apprenti en contrat à durée indéterminée aurait droit, à notre sens, à des dommages-intérêts correspondant aux rémunérations qu'il aurait perçues jusqu'à la fin de la période d'apprentissage.

• **Saisine d'un médiateur.** Sur la possibilité de désignation d'un médiateur pouvant être sollicité par les parties pour la résolution de litiges afférents à l'exécution ou à la résiliation du contrat d'apprentissage, voir article L. 6222-39.

Art. L. 6222-18-1. ***(L. 2018-771 du 5 sept. 2018, art. 16, 2°, JO 6)*** Lorsque le centre de formation d'apprentis prononce l'exclusion définitive de l'apprenti, l'employeur peut engager à son encontre une procédure de licenciement. Cette exclusion constitue la cause réelle et sérieuse du licenciement, qui est prononcé dans les conditions prévues par les dispositions du code du travail relatives à la rupture du contrat de travail pour motif personnel. Le centre de formation d'apprentis ou l'apprenti peut saisir le médiateur mentionné à l'article L. 6222-39 et, pour les apprentis du secteur public non industriel et commercial, le service désigné comme étant chargé de la médiation.

À défaut pour l'apprenti d'être inscrit dans un nouveau centre de formation d'apprentis dans un délai de deux mois à compter de son exclusion définitive, son maintien dans l'entreprise est subordonné à la conclusion soit d'un contrat de travail dans les conditions du droit commun, soit d'un avenant mettant fin à la période d'apprentissage lorsque le contrat d'apprentissage est conclu pour une durée indéterminée.

Note • **Contrats conclus avant le 01.01.2019.** Les articles L. 6222-18-1 et 18-2 ne sont pas applicables aux contrats conclus avant le 01.01.2019 (loi 2018-771 précitée, art. 46, II).

• **Contrats conclus depuis le 01.01.2019.** La loi 2018-771 précitée a créé un nouveau cas de rupture à l'initiative de l'employeur obéissant à des règles spécifiques. Le fait que le centre de formation d'apprentis (CFA) prononce l'exclusion définitive de l'apprenti constitue une cause réelle et sérieuse de licenciement et autorise donc l'employeur à engager la rupture du contrat de travail, selon les règles du licenciement pour motif personnel (non disciplinaire): convocation à un entretien préalable, possibilité pour l'apprenti de se faire assister, notification motivée du licenciement au plus tôt deux jours après la date prévue pour l'entretien, etc. (voir art. L. 1232-1 à 14). La rupture du contrat d'apprentissage n'est pas une obligation immédiate pour l'employeur. Le contrat d'apprentissage peut se poursuivre avec l'employeur sous réserve d'une inscription de l'apprenti dans un autre CFA au plus tard dans les deux mois suivant son exclusion définitive.

Voir RF 13 septembre 2018, FH 3756, § 3-19; FRS 17/18; JCP éd. S 2018, 1302, étude S. Dougados et J. Poyau.

Art. L. 6222-18-2. ***(L. 2018-771 du 5 sept. 2018, art. 16, 2°, JO 6)*** En cas de rupture du contrat d'apprentissage en application de l'article L. 6222-18, le centre de formation dans lequel est inscrit l'apprenti prend les dispositions nécessaires pour lui permettre de suivre sa formation théorique pendant six mois et contribue à lui trouver un nouvel employeur susceptible de lui permettre d'achever son cycle de formation.

(Ord. 2019-861 du 21 août 2019, art. 1er, 35°, JO 22) «L'apprenti bénéficie pendant cette période du statut de stagiaire de la formation professionnelle.»

Note Voir note sous article L. 6222-18-1; voir aussi RF 3 octobre 2019, FH 3809, § 3-9.

Art. L. 6222-19. En cas d'obtention du diplôme ou du titre préparé, le contrat d'apprentissage peut prendre fin, à l'initiative de l'apprenti, avant le terme fixé initialement, à condition d'en avoir informé l'employeur.

Note • Voir note sous article L. 6222-18 (résiliation d'un contrat d'apprentissage après les 45 premiers jours / rupture à l'initiative de l'apprenti).

• La loi 2014-288 du 5 mars 2014 qui a créé le contrat d'apprentissage à durée indéterminée n'a pas adapté la rédaction de l'article L. 6222-19, si bien que l'on peut se demander si cet article s'applique lorsque le contrat d'apprentissage a été conclu pour une durée indéterminée.

Art. L. 6222-21. La rupture pendant ***(L. 2018-771 du 5 sept. 2018, art. 16, 3°, JO 6)*** «la période prévue au premier alinéa de l'article L. 6222-18» ne peut donner lieu à indemnité à moins d'une stipulation contraire dans le contrat.

Note • Les dispositions de cet article, dans sa rédaction issue de la loi 2018-771 précitée, ne sont pas applicables aux contrats conclus avant le 01.01.2019 (loi précitée, art. 46, II).

• Sauf stipulation contractuelle contraire, l'apprenti n'a droit à aucune indemnité en cas de rupture au cours de la période de 45 jours (et non plus des deux premiers mois). La loi 2018-771 précitée ne fait ici que réparer un oubli. En effet, la période de rupture sans formalités ni motif était de deux mois avant que la loi du 17 août 2015 relative au dialogue social ne la réduise à 45 jours (loi 2015-994 du 17 août 2015, art. 53, JO 18). Les dispositions du code du travail qui posaient le principe de la non-indemnisation du salarié n'avaient cependant pas été modifiées en conséquence.

Art. L. 6222-22. Un décret en Conseil d'État détermine les mesures d'application de la présente sous-section.

Art. R. 6222-21. ***(D. 2020-372 du 30 mars 2020, art. 2, 6°, JO 31)*** La rupture anticipée du contrat d'apprentissage ou de la période d'apprentissage fait l'objet d'un document écrit, dans les conditions prévues aux articles L. 6222-18 à L. 6222-19.

Elle est notifiée au directeur du centre de formation d'apprentis ainsi qu'à l'organisme chargé du dépôt du contrat.

Note • **Décret 2020-372.** L'écrit doit être notifié au directeur du CFA (sans changement) et à l'OPCO (et non plus à l'organisme ayant enregistré le contrat). Voir RF 4 juin 2020, FH 3845, § 4-11.

• **Jurisprudence.** Des mentions portées sur le registre d'audience tenu par le greffier du conseil de prud'hommes ne peuvent pas constituer l'écrit exigé par ce texte du code du travail (cass. soc. 11 juillet 2006, n° 04-42.134, RJS 10/06 n° 1103).

Voir aussi cass. soc. 1er février 2005, n° 03-40.605 et 2 juillet 2014, n° 13-13.527 cités sous L. 6222-18 (résiliation bilatérale).

Art. D. 6222-21-1. ***(D. 2018-1231 du 24 déc. 2018, JO 26)*** Dans un délai qui ne peut être inférieur à cinq jours calendaires à compter de la saisine du médiateur prévue à l'article L. 6222-18, l'apprenti informe l'employeur de son intention de rompre le contrat par tout moyen conférant date certaine.

La rupture du contrat d'apprentissage ne peut intervenir qu'après un délai qui ne peut être inférieur à sept jours calendaires après la date à laquelle l'employeur a été informé de l'intention de l'apprenti de rompre son contrat.

Note Cet article est applicable aux contrats conclus depuis le 01.01.2019 (décret 2018-1231 précité, art. 2).

Art. R. 6222-23. L'apprenti qui souhaite rompre son contrat en cas d'obtention du diplôme ou du titre préparé, en application de l'article L. 6222-19, en informe l'employeur, par écrit, au moins ***(D. 2020-372 du 30 mars 2020, art. 2, 8°, JO 31)*** «un» mois avant la fin du contrat.

Note Depuis le 1er avril 2020, l'apprenti doit communiquer cette information à l'employeur un mois au plus tard avant la fin du contrat (et non plus deux mois comme par le passé).

Art. R. 6222-23-1. ***(D. 2020-372 du 30 mars 2020, art. 2, 9°, JO 31)*** Afin de permettre la signature d'un nouveau contrat d'apprentissage en application de l'article L. 6222-18-2, il peut être dérogé à la durée minimale du contrat d'apprentissage mentionnée au premier alinéa de l'article L. 6222-7-1 et à la durée minimale de formation en centre de formation d'apprentis mentionnée au cinquième alinéa de l'article L. 6211-2.

La signature de la convention de réduction de durée prévue à l'article L. 6222-7-1 n'est pas nécessaire.

Sous-section 6. Contrat d'apprentissage préparant au baccalauréat professionnel

Note Cette sous-section a été introduite par la loi 2011-893 du 28 juillet 2011, art. 24, JO 29.

Art. L. 6222-22-1. Un apprenti engagé dans la préparation d'un baccalauréat professionnel peut, à sa demande ou à celle de son employeur, au terme de la première année du contrat, poursuivre sa formation en vue d'obtenir un certificat d'aptitude professionnelle, un certificat d'aptitude professionnelle agricole ou un brevet professionnel agricole.

Lorsque la spécialité du certificat d'aptitude professionnelle, du certificat d'aptitude professionnelle agricole ou du brevet professionnel agricole appartient au même domaine professionnel que celle du baccalauréat professionnel initialement visée, la durée du contrat ***(L. 2014-288 du 5 mars 2014, art. 14, III, 8°, JO 6)*** «ou de la période d'apprentissage» est réduite d'une année.

Un avenant au contrat d'apprentissage précisant le diplôme préparé et la durée du contrat ***(L. 2014-288 du 5 mars 2014, art. 14, III, 9°, JO 6)*** «ou de la période d'apprentissage» correspondante est signé entre l'apprenti, ou son représentant légal, et l'employeur.

Art. L. 6222-23

Il est *(L. 2018-771 du 5 sept. 2018, art. 11, II, 4°, JO 6, entrée en vigueur le 01.01.2020)* «déposé» dans les conditions fixées au chapitre IV du présent titre.

Note Voir *supra* articles R. 6222-16-1, 17 et 18.

SECTION 2. Conditions de travail de l'apprenti

Sous-section 1. Garanties

Art. L. 6222-23. L'apprenti bénéficie des dispositions applicables à l'ensemble des salariés dans la mesure où elles ne sont pas contraires à celles qui sont liées à sa situation de jeune travailleur en formation.

Note • **Application de la législation sociale.** L'apprenti bénéficie des dispositions applicables à l'ensemble des salariés sauf si elles sont contraires à son statut, et ce, pendant tout le temps de sa formation, pratique et théorique (cass. soc. 24 juin 2009, n° 08-40.207).

• **Application des conventions et des accords collectifs : principe et tempérament.** Les apprentis bénéficient, en principe, des conventions ou accords collectifs de travail applicables dans la branche ou l'entreprise considérée. Ils ne peuvent donc pas être exclus par une disposition générale du champ d'application d'une convention ou d'un accord collectif, d'un usage ou d'un engagement unilatéral de l'employeur.

À titre d'exemples, lorsqu'une prime de vacances profite, selon les dispositions d'une convention collective, à l'ensemble des salariés, cette prime est due aux apprentis (cass. soc. 12 juillet 1999, n° 97-43.400, BC V n° 342; Dr. Soc. 1999, p. 249, obs. J. Savatier et Cl. Roy-Loustaunau).

Ils doivent également bénéficier des dispositions d'un accord d'intéressement applicables à l'ensemble des salariés et qui sont compatibles avec leur situation de jeune travailleur en première formation (cass. soc. 27 juin 2000, n° 98-11.909, BC V n° 252; RJS 11/00 n° 1120 et conclusions conformes de l'avocat général P. Lyon-Caen, p. 716).

Les seules dispositions dont les apprentis ne peuvent pas réclamer le bénéfice sont celles qui s'avèrent incompatibles avec leur situation de jeunes en première formation ou bien celles qui reposent sur des conditions objectives d'attribution qu'ils ne rempliraient pas (voir arrêt précité).

Sous-section 2. Durée du travail

Art. L. 6222-24. Le temps consacré par l'apprenti à la formation dispensée dans les centres de formation d'apprentis est compris dans l'horaire de travail, sauf lorsqu'il s'agit de modules complémentaires au cycle de formation, librement choisis par l'apprenti et acceptés par le centre de formation d'apprentis.

Pour le temps restant, et dans la limite de l'horaire de travail applicable dans l'entreprise, l'apprenti accomplit le travail qui lui est confié par l'employeur. Ce travail doit être en relation directe avec la formation professionnelle prévue au contrat.

Note Les heures d'école doivent être prises en compte pour le calcul des heures supplémentaires (cass. soc. 11 juillet 2000, n° 98-41.825, RJS 11/00 n° 1122).

Art. L. 6222-25. *(L. 2018-771 du 5 sept. 2018, art. 13, III, 2°, JO 6)* La durée du temps de travail de l'apprenti de moins de dix-huit ans est déterminée dans les conditions fixées à l'article L. 3162-1.

Note • **Contrats conclus avant le 01.01.2019.** Cet article n'est pas applicable aux contrats conclus avant le 01.01.2019 (loi 2018-771 précitée, art. 46, II).

En toute hypothèse, aujourd'hui comme hier, un jeune apprenti ne peut en aucun cas travailler au-delà de la durée quotidienne ou hebdomadaire normale du travail des adultes employés dans l'établissement (voir art. L. 3162-1).

• **Contrats conclus depuis le 01.01.2019.** Les apprentis ne peuvent pas travailler plus de 8 heures par jour, ni plus de 35 heures par semaine. La loi 2018-771 précitée a maintenu ce principe mais a assoupli les dérogations possibles, en créant notamment un mécanisme d'exception par décret à destination de certains secteurs d'activité. Cet assouplissement des durées maximales de travail ne s'applique qu'aux contrats conclus depuis le 01.01.2019. Voir RF 13 septembre 2018, FH 3756, § 3-1; FRS 17/18; JCP éd. S 2018, 1302, étude S. Dougados et J. Poyau.

• **Rappel.** *Durée du travail.* La loi du 4 mai 2004 (JO 5) relative à la formation professionnelle et au dialogue social a porté, sauf dérogations exceptionnelles, la durée maximale quotidienne de travail de l'apprenti à 8 heures (au lieu de 7 heures auparavant).

Horaire de travail. Le temps consacré par l'apprenti aux enseignements et activités dispensés dans les CFA est compris dans l'horaire de travail (art. L. 6222-24) et ne peut en aucun cas être inférieur à 400 heures par an (art. R. 6233-52). Les heures de formation dépassant la durée légale applicable à l'entreprise correspondent à du temps de travail effectif et doivent être traitées comme telles (circulaire DGEFP 2000-26 du 17 octobre 2000 relative à la réduction du temps de travail et à l'alternance, NOR: MESF0016166C, BO TR 2000/23 du 20.12.2000; LS n° 8122 du 23.11.2000).

Art. L. 6222-26. Le travail de nuit défini à l'article L. 3163-1 est interdit pour l'apprenti de moins de dix-huit ans.

Toutefois, des dérogations peuvent être accordées dans les conditions prévues à l'article L. 3163-2 pour les établissements mentionnés à ce même article.

Art. R. 6222-24. La dérogation à l'interdiction du travail de nuit des apprentis, prévue à l'article L. 6222-26, est accordée par l'inspecteur du travail pour une durée maximale d'une année, renouvelable. Celui-ci apprécie les caractéristiques particulières de l'activité mentionnée à l'article R. 3163-1 justifiant cette dérogation.

L'absence de réponse dans le délai d'un mois à compter du dépôt de la demande vaut décision d'acceptation.

Note **Apprentis de moins de 16 ans.** Pour ces apprentis, le travail est interdit entre 20 heures et 6 heures (voir art. L. 3163-1).

Art. R. 6222-25. Le travail de nuit des apprentis de moins de dix-huit ans, accompli dans les conditions prévues à l'article R. 6222-24, est réalisé sous la responsabilité du maître d'apprentissage.

Sous-section 3. Salaire

Art. L. 6222-27. Sous réserve de dispositions contractuelles ou conventionnelles plus favorables, l'apprenti ***(L. 2018-771 du 5 sept. 2018, art. 13, VIII, JO 6)*** «ne peut percevoir un salaire inférieur à un montant» déterminé en pourcentage du salaire minimum de croissance et ***(L. 2018-771 du 5 sept. 2018, art. 13, VIII, JO 6)*** «variant» en fonction de l'âge du bénéficiaire et de sa progression dans le ou les cycles de formation faisant l'objet de l'apprentissage.

Note • **Contrats conclus depuis le 01.01.2019.** Les dispositions de cet article, dans sa rédaction issue de la loi 2018-771 précitée, ne sont pas applicables aux contrats conclus avant le 01.01.2019 (loi précitée, art. 46, II). Les contrats antérieurs continuent de relever des anciennes règles.

• **Rappel.** Le salaire de base doit être calculé compte tenu du temps de travail effectif dans l'entreprise et du temps consacré par l'apprenti aux enseignements et activités du centre de formation qu'il fréquente.

L'administration a précisé la réglementation applicable à la rémunération des apprentis par un «questions - réponses» DGEFP, août 2019, *https://travail-emploi.gouv.fr/IMG/pdf/qr-remu-apperntis-defpdf*. La circulaire DGEFP-DGT 2007-4 du 24 janvier 2007 (NOR: SOCF0710623C, BO TR 2007/2 du 28.02.2007) sera remplacée par une autre (à paraître).

Art. L. 6222-28. Les modalités de rémunération des heures supplémentaires sont celles applicables aux salariés de l'entreprise.

Note Le calcul de la majoration pour heures supplémentaires se fait sur la base du salaire de l'apprenti déterminé en pourcentage du SMIC, compte tenu de l'âge du bénéficiaire et du taux fixé réglementairement en application des articles L. 117-10, al. 2 et L. 212-5 (anciens) CT (cass. soc. 30 mars 1993, n° 89-41.621, RJS 6/93 n° 640; les textes alors applicables prévoyaient des augmentations semestrielles).

Art. L. 6222-29. Un décret détermine le montant du salaire prévu à l'article L. 6222-27 et les conditions dans lesquelles les avantages en nature peuvent être déduits du salaire.

Art. D. 6222-26. ***(D. 2018-1347 du 28 déc. 2018, JO 30)*** Le salaire minimum perçu par l'apprenti prévu à l'article L. 6222-29 pendant le contrat ou la période d'apprentissage est fixé:

1° Pour les jeunes âgés de seize à dix-sept ans:

a) À 27 % du salaire minimum de croissance pendant la première année d'exécution du contrat;

b) À 39 % du salaire minimum de croissance pendant la deuxième année d'exécution du contrat;

c) À 55 % du salaire minimum de croissance pendant la troisième année d'exécution du contrat;

2° Pour les jeunes âgés de dix-huit à vingt ans:

a) À 43 % du salaire minimum de croissance pendant la première année d'exécution du contrat;

b) À 51 % du salaire minimum de croissance pendant la deuxième année d'exécution du contrat;

c) À 67 % du salaire minimum de croissance pendant la troisième année d'exécution du contrat;

3° Pour les jeunes âgés de vingt-et-un ans à vingt-cinq ans:

a) À 53 % du salaire minimum de croissance ou, s'il est supérieur, du salaire minimum conventionnel correspondant à l'emploi occupé pendant la première année d'exécution du contrat;

b) À 61 % du salaire minimum de croissance ou, s'il est supérieur, du salaire minimum conventionnel correspondant à l'emploi occupé pendant la deuxième année d'exécution du contrat;

c) À 78 % du salaire minimum de croissance ou, s'il est supérieur, du salaire minimum conventionnel correspondant à l'emploi occupé pendant la troisième année d'exécution du contrat;

4° Pour les jeunes âgés de 26 ans et plus, à 100 % du salaire minimum de croissance ou, s'il est supérieur, du salaire minimum conventionnel correspondant à l'emploi occupé pendant la durée d'exécution du contrat d'apprentissage.

Note • **Contrats conclus depuis le 01.01.2019.** Cet article s'applique aux contrats d'apprentissage conclus depuis le 01.01.2019 (décret 2018-1347 précité, art. 2). Dans la mesure où la loi Avenir professionnel a relevé l'âge maximum d'entrée en apprentissage à 29 ans révolus depuis le 1er janvier 2019 une nouvelle catégorie de rémunération minimale a été créée: celle des apprentis âgés de 26 ans et plus.

• **Rappel.** Le salaire minimum conventionnel correspondant à l'emploi occupé s'applique s'il est plus favorable que le SMIC.

Le décret 2016-510 a corrigé une erreur de recodification de 2008 (censée avoir été effectuée à droit constant) relatives aux modalités de détermination du salaire minimum pour les apprentis de 21 ans et plus: la référence au minimum conventionnel à partir de 21 ans avait, en effet, disparu du code du travail (voir LSQ n° 17072 du 29.04.2016, p. 3). Sur la tranche de rémunération pour les apprentis visés par l'expérimentation liée au relèvement de l'âge d'entrée, voir arrêté du 17 janvier 2017 (JO 11 févr.).

Art. D. 6222-27. Les jeunes apprentis de moins de seize ans bénéficient d'une rémunération identique à celle prévue pour les apprentis âgés de seize à dix-sept ans.

Art. D. 6222-28. Lorsque l'apprentissage est prolongé, par application de l'article L. 6222-11, le salaire minimum applicable pendant la prolongation est celui correspondant à la dernière année précédant cette prolongation.

Note Cet article a été modifié par le décret 2018-1347 du 28 décembre 2018, JO 30; cette modification s'applique aux contrats d'apprentissage conclus depuis le 01.01.2019 (décret précité, art. 2).

Art. D. 6222-28-1. ***(D. 2020-373 du 30 mars 2020, JO 31)*** Lorsque la durée du contrat ou de la période d'apprentissage est inférieure à celle du cycle de formation préparant à la qualification qui fait l'objet du contrat en application du troisième alinéa des articles L. 6222-7-1 ou L. 6222-12-1, ou en application de l'article R. 6222-23-1, l'apprenti est considéré, en ce qui concerne sa rémunération, comme ayant accompli une durée d'apprentissage égale à ce cycle de formation.

Note **Contrats conclus depuis le 01.04.2020.** Les articles D. 6222-28-1 et 28-2 s'appliquent aux contrats conclus depuis le 01.04.2020 (décret 2020-373 précité, art. 5).

Le décret 2020-373 reprend les préconisations formulées par le ministère du Travail dans un document questions/réponses diffusé à l'été 2019 (*https://travail-emploi.gouv.fr/IMG/pdf/qr-remu-apprentis-def.pdf*), avec notamment un de ses exemples: si un contrat d'apprentissage est conclu par un jeune de 19 ans pour les deux dernières années du baccalauréat professionnel (lequel se prépare en principe en 3 ans) et qu'il n'a jamais fait d'apprentissage auparavant, la rémunération sera celle d'une 2e et 3e année d'exécution, soit respectivement 51 et 67 % du SMIC.

Voir RF 4 juin 2020, FH 3845, § 4-8.

Art. D. 6222-28-2. ***(D. 2020-373 du 30 mars 2020, JO 31)*** Lorsque la durée du contrat ou de la période d'apprentissage est supérieure à celle du cycle de formation préparant à la qualification qui fait l'objet du contrat, en application du troisième alinéa de l'article L. 6222-7-1, le salaire minimum applicable pendant la prolongation est celui correspondant à la dernière année d'exécution du contrat précédant cette prolongation selon les modalités prévues à l'article D. 6222-26.

Art. D. 6222-29. ***(D. 2018-1347 du 28 déc. 2018, JO 30)*** Lorsqu'un apprenti conclut un nouveau contrat d'apprentissage avec le même employeur, sa rémunération est au moins égale à celle qu'il percevait lors de la dernière année d'exécution du contrat précédent lorsque ce dernier a conduit à l'obtention du titre ou du diplôme ainsi préparé, sauf quand l'application des rémunérations prévues à la présente sous-section en fonction de son âge est plus favorable.

Lorsqu'un apprenti conclut un nouveau contrat d'apprentissage avec un employeur différent, sa rémunération est au moins égale à celle à laquelle il pouvait prétendre lors de la dernière année d'exécution du contrat précédent, lorsque ce dernier a conduit à l'obtention du titre ou du diplôme ainsi préparé, sauf quand l'application des rémunérations prévues à la présente sous-section en fonction de son âge est plus favorable.

Note Cet article s'applique aux contrats d'apprentissage conclus depuis le 01.01.2019 (décret 2018-1347 précité, art. 2).

La règle de fond n'a pas été modifiée (rémunération minimale de la dernière année d'exécution du contrat précédent, sauf si l'application de la rémunération en fonction de l'âge est plus favorable). Il a été cependant précisé que cette règle ne joue que si le contrat précédent a conduit à l'obtention du titre ou du diplôme préparé.

Voir RF 24 janvier 2019, FH 3776, § 2-12.

Art. D. 6222-30. ***(D. 2018-1347 du 28 déc. 2018, JO 30)*** Lorsqu'un contrat d'apprentissage est conclu pour une durée inférieure ou égale à un an pour préparer un diplôme ou un ***(D. 2020-373 du 30 mars 2020, JO 31)*** « titre » de même niveau que celui précédemment obtenu, lorsque la nouvelle qualification recherchée est en rapport direct avec celle qui résulte du diplôme ou du titre précédemment obtenu, une majoration de 15 points est appliquée à la rémunération prévue à l'article D. 6222-26.

Dans ce cas, les jeunes issus d'une voie de formation autre que celle de l'apprentissage sont considérés, en ce qui concerne leur rémunération minimale, comme ayant accompli la durée d'apprentissage pour l'obtention de leur diplôme ou titre.

Note • **Décret 2018-1347.** Les dispositions de cet article, dans sa rédaction issue du décret 2018-1347 précité, s'appliquent aux contrats d'apprentissage conclus depuis le 01.01.2019 (décret précité, art. 2).

• **Décret 2020-373.** Les dispositions de cet article, dans sa rédaction issue du décret 2020-373 précité, s'appliquent aux contrats conclus depuis le 01.04.2020 (décret précité, art. 5).

Art. D. 6222-31. Les montants des rémunérations prévues ***(D. 2020-373 du 30 mars 2020, JO 31)*** « à la présente sous-section » sont majorés à compter du premier jour du mois suivant le jour où l'apprenti atteint dix-huit ans ou vingt et un ans ***(D. 2018-1347 du 28 déc. 2018, JO 30)*** « ou vingt-six ans ».

(D. 2020-373 du 30 mars 2020, JO 31) « Sous réserve de dispositions contractuelles ou conventionnelles plus favorables, les majorations prévues à la présente sous-section ne peuvent conduire l'apprenti à percevoir un salaire supérieur à 100 % du salaire minimum de croissance. »

Les années du contrat exécutées avant que l'apprenti ait atteint l'âge de dix-huit ans ou vingt et un ans ***(D. 2018-1347 du 28 déc. 2018, JO 30)*** « ou vingt-six ans » sont prises en compte pour le calcul de ces montants de rémunération.

Note • **Décret 2018-1347.** Cet article est l'ancien article D. 6222-34; les dispositions de cet article, dans sa rédaction issue du décret 2018-1347 précité, s'appliquent aux contrats d'apprentissage conclus depuis le 01.01.2019 (décret précité, art. 1er, VI et 2).

• **Décret 2020-373.** Les dispositions de cet article, dans sa rédaction issue du décret 2020-373 précité, s'appliquent aux contrats conclus depuis le 01.04.2020 (décret précité, art. 5).

Art. D. 6222-32. ***(D. 2020-373 du 30 mars 2020, JO 31)*** La rémunération minimale perçue par l'apprenti préparant une licence professionnelle pendant le contrat ou la période d'apprentissage correspond à celle fixée pour la deuxième année d'exécution du contrat dans les conditions prévues à l'article D. 6222-26.

Note **Contrats conclus depuis le 01.04.2020.** Cet article s'applique aux contrats conclus depuis le 01.04.2020 (décret 2020-373 précité, art. 5).

Cette disposition reprend les préconisations du ministère du Travail dans son document questions/réponses diffusé à l'été 2019 (*https://travail-emploi.gouv.fr/IMG/pdf/qr-remu-apprentis-def.pdf*). Voir RF 4 juin 2020, FH 3845, § 4-9.

Art. D. 6222-33. Excepté dans le cas où un taux moins élevé est prévu par une convention ou un contrat particulier, les avantages en nature dont bénéficie l'apprenti peuvent être déduits du salaire dans la limite de 75 % de la déduction autorisée, pour les autres travailleurs, par la réglementation applicable en matière de sécurité sociale.

Ces déductions ne peuvent excéder, chaque mois, un montant égal aux trois quarts du salaire.

Note Cet article est l'ancien article D. 6222-32; il s'applique aux contrats conclus depuis le 01.04.2020 (décret 2020-373 du 30 mars 2020, art. 1er et 5, JO 31).

Sous-section 4. Santé et sécurité

Art. L. 6222-30. Il est interdit d'employer l'apprenti à des travaux dangereux pour sa santé ou sa sécurité.

Art. L. 6222-31. ***(L. 2009-1437 du 24 nov. 2009, art. 26, JO 25)*** Pour certaines formations professionnelles limitativement énumérées par décret et dans des conditions fixées par ce décret, l'apprenti peut accomplir tous les travaux que peut nécessiter sa formation, sous la responsabilité de l'employeur.

L'employeur adresse à cette fin une déclaration à la [direction régionale de l'économie, de l'emploi, du travail et des solidarités].

Ces dispositions s'appliquent sans préjudice des pouvoirs de contrôle en cours d'exécution du contrat de travail par l'inspection du travail.

Art. L. 6222-32. Lorsque l'apprenti fréquente le centre de formation, il continue à bénéficier du régime de sécurité sociale sur les accidents du travail et les maladies professionnelles dont il relève en tant que salarié.

Note Lorsque le titulaire d'un contrat d'apprentissage est victime, lors de sa formation en CFA, d'un accident de travail, l'employeur peut être tenu de la faute inexcusable imputée au CFA (cass. civ., 2e ch., 11 février 2016, n° 14-29.502).

Art. R. 6222-36. L'apprenti bénéficie d'une visite d'information et de prévention prévue aux articles R. 4624-10 à R. 4624-15 ou d'un examen médical d'embauche prévu aux articles R. 4624-22 à R. 4624-27 au plus tard dans les deux mois qui suivent son embauche.

Note
- Cet article est l'ancien article R. 6222-40-1 (décret 2020-372 du 30 mars 2020, art. 2, 10°, JO 31).
- Depuis le 1er janvier 2017, la visite d'information et de prévention a remplacé la visite médicale d'embauche.
- Sur l'expérimentation de la réalisation de cette visite par un médecin de ville pour les apprentis, voir note introductive du chapitre unique du titre Ier du livre II de la sixième partie.

Sous-section 5. Dispositions d'application

Art. L. 6222-33. Les mesures d'application de la présente section sont déterminées par décret en Conseil d'État, notamment les conditions dans lesquelles l'apprenti peut accomplir des travaux dangereux ainsi que les formations spécifiques à la sécurité que doit dispenser le centre de formation d'apprentis.

SECTION 3. Présentation et préparation aux examens

Art. L. 6222-34. L'apprenti est tenu de se présenter aux épreuves du diplôme ou du titre prévu par le contrat d'apprentissage.

Art. L. 6222-35. ***(L. 2009-1437 du 24 nov. 2009, art. 25, JO 25)*** «Pour la préparation directe des épreuves, l'apprenti a droit à un congé supplémentaire de cinq jours ouvrables. Il doit suivre les enseignements spécialement dispensés dans le centre de formation d'apprentis dès lors que la convention mentionnée à l'article L. 6232-1 en prévoit l'organisation.»

Ce congé, qui donne droit au maintien du salaire, est situé dans le mois qui précède les épreuves. Il s'ajoute au congé payé prévu à l'article L. 3141-1 et au congé annuel pour les salariés de moins de vingt et un ans prévu à l'article L. 3164-9, ainsi qu'à la durée de formation en centre de formation d'apprentis fixée par le contrat.

Art. L. 6222-36. Un décret en Conseil d'État détermine les mesures d'application de la présente section.

SECTION 3 *BIS*. Carte d'étudiant des métiers

Note Cette section a été introduite par la loi 2011-893 du 28 juillet 2011, art. 1er, JO 29.

Art. L. 6222-36-1. Une carte portant la mention : “ Étudiant des métiers ” est délivrée à l'apprenti par l'organisme qui assure sa formation. Cette carte permet à l'apprenti de faire valoir sur l'ensemble du territoire national la spécificité de son statut auprès des tiers, notamment en vue d'accéder à des réductions tarifaires identiques à celles dont bénéficient les étudiants de l'enseignement supérieur.

La carte d'étudiant des métiers est établie conformément à un modèle déterminé par voie réglementaire.

Note Voir arrêté du 30 décembre 2011 (JO 31) relatif à la carte d'étudiant des métiers.

Art. D. 6222-42. Une carte ***(D. 2011-2001 du 28 déc. 2011, JO 29)*** «d'étudiant des métiers» est délivrée à l'apprenti par le centre qui assure sa formation ***(D. 2011-2001 du 28 déc. 2011, JO 29)*** «dans les trente jours qui suivent l'inscription par le centre de formation d'apprentis. En cas de rupture du contrat d'apprentissage, la carte est remise à l'établissement de formation, qui assure sa destruction.»

Art. D. 6222-43. La carte permet à l'apprenti de faire valoir la spécificité de son statut auprès des tiers, notamment en vue d'accéder, le cas échéant, à des réductions tarifaires.

Elle est valable sur l'ensemble du territoire national.

Art. D. 6222-44. ***(D. 2011-2001 du 28 déc. 2011, JO 29)*** La carte d'étudiant des métiers comporte les mentions suivantes:

Au recto:
- la photo du titulaire, tête découverte;
- la date de début et de fin de la formation pour laquelle la carte est délivrée;
- le nom et le prénom du titulaire;
- la date de naissance du titulaire;
- la signature du titulaire;
- les mentions: " Carte d'étudiant des métiers " et " Cette carte est strictement personnelle ";
- le logo du ministère chargé de la formation professionnelle.

Au verso:
- le nom, l'adresse et les coordonnées téléphoniques de l'établissement délivrant la formation;
- les nom, prénom et signature du directeur de l'établissement délivrant la formation;
- les mentions: " Carte d'étudiant des métiers " et " Merci de retourner cette carte à l'adresse indiquée ci-dessus ".

Le modèle de la carte d'étudiant des métiers est déterminé par arrêté du ministre chargé de la formation professionnelle.

Note Voir arrêté du 30 décembre 2011 (JO 31) relatif à la carte d'étudiant des métiers.

SECTION 4. Aménagements en faveur des personnes handicapées

Art. L. 6222-37. En ce qui concerne les personnes handicapées, des aménagements sont apportés aux dispositions des articles:

1° L. 6222-1 à L. 6222-3, relatifs aux conditions de formation du contrat d'apprentissage;

2° L. 6222-7 à L. 6222-10, relatifs à la durée du contrat;

3° L. 6222-15, relatif à la succession de contrats d'apprentissage;

4° L. 6222-19, relatif à la rupture du contrat avant le terme fixé en cas d'obtention du diplôme ou du titre préparé;

5° L. 6223-3 et L. 6223-4, relatifs aux obligations de l'employeur en matière de formation;

(L. 2014-288 du 5 mars 2014, art. 14, III, 13°, JO 6) «6° Et du second alinéa de l'article L. 6222-24, relatif à la durée du temps de travail dans l'entreprise.»

Note **6°.** La réglementation est aménagée en conséquence (voir décret 2016-1711 du 12 décembre 2016; art. R. 6222-49-1 CT).

Art. L. 6222-38. ***(L. 2018-771 du 5 sept. 2018, art. 27, II, JO 6)*** Un décret en Conseil d'État détermine les aménagements prévus à l'article L. 6222-37 pour les personnes handicapées.

Note Cet article est applicable depuis le 01.01.2019 (loi 2018-771 précitée, art. 46, I).

Sous-section 1 (réglementaire). Champ d'application

Art. R. 6222-45. Les dispositions de la présente section s'appliquent aux personnes auxquelles la qualité de travailleur handicapé est reconnue et qui souscrivent un contrat d'apprentissage en application du 1° du I de l'article L. 241-6 du code de l'action sociale et des familles.

Sous-section 2 (réglementaire). Durée du contrat et temps de travail

Art. R. 6222-46. La durée du contrat d'apprentissage du travailleur handicapé peut être portée à quatre ans.

Art. R. 6222-47. Lorsque l'état de l'apprenti handicapé l'exige, l'enseignement dispensé dans le centre de formation d'apprentis en vue de conduire au diplôme prévu au contrat est réparti sur une période de temps égale à la durée normale d'apprentissage pour la formation considérée, augmentée d'un an au plus.

Note Cet article a été modifié par le décret 2020-372 du 30 mars 2020, art. 2, 12°, JO 31.

Art. R. 6222-48. Dans le cas prévu à l'article R. 6222-47, la durée de l'apprentissage est prolongée d'un an au plus, sans faire obstacle à la conclusion, s'il y a lieu, d'un nouveau contrat avec un autre employeur en application du 2° de l'article L. 6222-11.

(D. 2018-1163 du 17 déc. 2018, JO 19, entrée en vigueur le 01.01.2019) «Lorsque la durée du contrat d'apprentissage est ainsi prolongée, il est appliqué au salaire minimum qui s'impose au contrat une majoration uniforme de quinze points aux pourcentages correspondant à la dernière année de la durée du contrat. »

Note Les dispositions de cet article, dans sa rédaction issue du décret 2018-1163 précité, sont applicables aux contrats conclus depuis le 01.01.2019 (décret précité, art. 2).

Art. R. 6222-49. ***(D. 2016-1711 du 12 déc. 2016, JO 14)*** Les dispositions des articles ***(D. 2020-372 du 30 mars 2020, art. 2, 12°, JO 31)*** « R. 6222-46, » R. 6222-47, R. 6222-48 et R. 6222-50 sont également applicables aux apprentis auxquels la qualité de travailleur handicapé est reconnue au cours de leur apprentissage.

Art. R. 6222-49-1. ***(D. 2016-1711 du 12 déc. 2016, JO 14)*** Le médecin du travail peut proposer un aménagement du temps de travail de l'apprenti reconnu travailleur handicapé. ***(D. 2020-372 du 30 mars 2020, art. 2, 12°, JO 31)*** « Il en informe le référent chargé de l'intégration des personnes en situation de handicap désigné par le centre de formation d'apprentis en application du 1° de l'article L. 6231-2 et, le cas échéant, le référent chargé d'orienter, d'informer et d'accompagner les personnes en situation de handicap de l'entreprise désigné conformément à l'article L. 5213-6-1. »

Sous-section 3 (réglementaire). Aménagements de la formation

Note Cette sous-section est issue du décret 2020-372 du 30 mars 2020, art. 2, 13°, JO 31.

Art. R. 6222-50. I. – Lorsque l'apprenti en situation de handicap est en mesure de suivre l'enseignement du centre de formation d'apprentis, moyennant un aménagement spécifique de la pédagogie appliquée dans ce centre, cet aménagement est mis en œuvre par le référent chargé de l'intégration des personnes en situation de handicap désigné par le centre en application du 1° de l'article L. 6231-2 après avis de son médecin traitant ou du médecin de la maison départementale des personnes handicapées.

II. – Lorsque l'apprenti n'est pas en mesure, en raison de son handicap, de fréquenter le centre de formation d'apprentis correspondant à la formation prévue au contrat, il peut être autorisé :

1° Soit à suivre cette formation à distance ;

2° Soit à suivre à distance une formation ou un enseignement pratique et théorique équivalents à celui dispensé en centre.

Ces aménagements sont mis en œuvre par le référent mentionné au I après avis du médecin traitant de l'apprenti ou du médecin de la maison départementale des personnes handicapées.

III. – Les aménagements de la formation mentionnés au II sont inscrits dans la convention de formation mentionnée à l'article L. 6353-1.

Art. R. 6222-51. Pour assurer la formation des personnes en situation de handicap, les conventions prévues aux articles L. 6232-1 et L. 6233-1 peuvent être conclues par le centre de formation d'apprentis avec, selon le cas, des établissements d'enseignement, des organismes de formation ou des entreprises dont l'organisation et la pédagogie sont adaptées aux personnes en situation de handicap.

Elles contiennent les aménagements nécessaires pour tenir compte de la spécificité des formations.

SECTION 5. Médiateur consulaire

Art. L. 6222-39. Dans les entreprises ressortissant des chambres consulaires, un médiateur désigné par celles-ci peut être sollicité par les parties pour résoudre les différends entre les employeurs et les apprentis ou leur famille, au sujet de l'exécution ou de la rupture du contrat d'apprentissage.

SECTION 6. Aménagements en faveur des sportifs de haut niveau

Note • Cette section a été introduite par la loi 2015-1541 du 27 novembre 2015, art. 10, JO 28.
• Voir note sous art. L. 6222-2.

Art. L. 6222-40. En ce qui concerne les sportifs de haut niveau, des aménagements sont apportés :

1° Aux articles L. 6222-7 à L. 6222-10, relatifs à la durée du contrat ;

2° Et au second alinéa de l'article L. 6222-24, relatif à la durée du temps de travail dans l'entreprise.

Note La réglementation est aménagée en conséquence (voir décret 2016-1711 du 12 décembre 2016 ; art. R. 6222-60 à 65 CT).

Art. L. 6222-41. Un décret en Conseil d'État détermine les aménagements prévus à l'article L. 6222-40 pour les sportifs de haut niveau.

Sous-section 1 (réglementaire). Champ d'application

Note Les sous-sections 1 à 3 ont été introduites par le décret 2016-1711 du 12 décembre 2016, JO 14.

Art. R. 6222-59. Les dispositions de la présente section s'appliquent aux sportifs de haut niveau figurant sur la liste mentionnée au premier alinéa de l'article L. 221-2 du code du sport qui concluent un contrat d'apprentissage.

Sous-section 2 (réglementaire). Durée du contrat

Art. R. 6222-60. La durée du contrat d'apprentissage du sportif de haut niveau peut être portée à quatre ans.

Dans ce cas, la rémunération de l'apprenti au titre de la quatrième année d'exécution du contrat est identique à celle prévue à l'article D. 6222-26 pour la troisième année.

Art. R. 6222-61. Lorsque les activités sportives de l'apprenti l'exigent, l'enseignement dispensé dans l'établissement de formation en vue de conduire au diplôme ou au titre à finalité professionnelle prévu au contrat est réparti sur une période de temps égale à la durée normale d'apprentissage pour la formation considérée, augmentée d'un an au plus.

Note Cet article a été modifié par le décret 2020-372 du 30 mars 2020, art. 2, 14°, JO 31.

Art. R. 6222-62. Dans le cas prévu à l'article R. 6222-61, la durée de l'apprentissage est prolongée d'un an au plus, sans faire obstacle à la conclusion, s'il y a lieu, d'un nouveau contrat avec un autre employeur.

Art. R. 6222-63. Les dispositions des articles R. 6222-61 et R. 6222-62 sont également applicables aux apprentis auxquels la qualité de sportif de haut niveau est reconnue au cours de leur apprentissage.

Sous-section 3 (réglementaire). Aménagement de la formation pratique et théorique

Art. R. 6222-64. L'employeur de l'apprenti s'engage à libérer ce dernier pour ses activités sportives, et prend l'attache de la fédération sportive dont dépend le sportif de haut niveau afin d'organiser son temps de formation pratique.

Sauf dispositions particulières prévues par le contrat, les périodes consacrées à ces activités sportives n'emportent pas rémunération de l'apprenti.

Art. R. 6222-65. L'établissement de formation dans lequel est inscrit l'apprenti prend l'attache de la fédération sportive dont dépend le sportif de haut niveau afin d'adapter l'organisation de l'enseignement théorique au calendrier des activités sportives.

SECTION 7. Mobilité internationale et européenne des apprentis

Note • Cette section est issue de la loi 2018-217 du 29 mars 2018, art. 23, I, 1°, JO 31.

• La loi 2018-771 du 5 septembre 2018 (JO 6) a complété ce mécanisme de mobilité (internationale et européenne). Ces mesures sont applicables aux contrats conclus depuis le 01.01.2019 (loi 2018-771 précitée, art. 46, II).

Art. L. 6222-42. ***(L. 2018-771 du 5 sept. 2018, art. 13, V, 1°, JO 6)*** « I. –» Le contrat d'apprentissage peut être exécuté en partie à l'étranger pour une durée qui ne peut excéder un an.

(L. 2018-771 du 5 sept. 2018, art. 13, V, 2°, JO 6) «La durée d'exécution du contrat en France doit être au minimum de six mois.

Pendant la période de mobilité à l'étranger, les dispositions de l'article L. 6211-2 ne s'appliquent pas.»

(L. 2018-771 du 5 sept. 2018, art. 13, V, 3°, JO 6) «II. –» Pendant la période de mobilité dans un État membre de l'Union européenne autre que la France ***(L. 2018-771 du 5 sept. 2018, art. 13, V, 4°, JO 6)*** «ou hors de l'Union européenne», l'entreprise ou le centre de formation d'accueil est seul responsable des conditions d'exécution du travail de l'apprenti, telles qu'elles sont déterminées par les dispositions légales et conventionnelles en vigueur dans le pays d'accueil, notamment ce qui a trait:

1° À la santé et à la sécurité au travail;
2° À la rémunération;
3° À la durée du travail;
4° Au repos hebdomadaire et aux jours fériés.

Pendant la période de mobilité dans ***(L. 2018-771 du 5 sept. 2018, art. 13, V, 5°, JO 6)*** «ou hors de» l'Union européenne, l'apprenti relève de la sécurité sociale de l'État d'accueil, sauf lorsqu'il ne bénéficie pas du statut de salarié ou assimilé dans cet État. Dans ce cas, sa couverture sociale est régie par le code de la sécurité sociale pour ce qui concerne les risques maladie, vieillesse, ***(L. 2018-771 du 5 sept. 2018, art. 13, V, 6°, JO 6)*** «maternité,» accidents du travail et maladies professionnelles et invalidité. ***(L. 2018-771 du 5 sept. 2018, art. 13, V, 7°, JO 6)*** «Cette couverture est assurée en dehors de l'Union européenne, sous réserve des dispositions des ***(Ord. 2019-861 du 21 août 2019, art. 1er, 36°, JO 22)*** «règlements européens et des» conventions internationales de sécurité sociale, par une adhésion à une assurance volontaire.»

Par dérogation à l'article L. 6221-1 et au second alinéa de l'article L. 6222-4, une convention peut être conclue entre l'apprenti, l'employeur en France, l'employeur à l'étranger, le centre de formation en France et, le cas échéant, le centre de formation à l'étranger pour la mise en œuvre de cette mobilité dans ***(L. 2018-771 du 5 sept. 2018, art. 13, V, 8°, JO 6)*** «ou hors de» l'Union européenne.

(L. 2018-771 du 5 sept. 2018, art. 13, V, 9°, JO 6) «III. – Pour les périodes de mobilité n'excédant pas quatre semaines, une convention de mise à disposition organisant la mise à disposition d'un apprenti peut être conclue entre l'apprenti, l'employeur en France, le centre de formation en France et le centre de formation à l'étranger ainsi que, le cas échéant, l'employeur à l'étranger.»

Note • **Contrats conclus depuis le 01.01.2019.** La loi 2018-771 précitée a notamment élargi la mobilité des apprentis, qui n'est plus cantonnée à l'Union européenne: elle a, en effet, mentionné expressément la mobilité «hors de l'Union européenne».

Voir RF 13 septembre 2018, FH 3756, § 3-9; FRS 17/18; JCP éd. S 2018, 1302, étude S. Dougados et J. Poyau. Voir LSQ n° 17930 du 31.10.2019; RF 31 octobre 2019, FH 3813; Dr. Soc. 2019, pp. 878 et 967, étude Y. Pagnerre et S. Dougados.

Sur les modèles de conventions, voir note sous art. R. 6222-66 et 67.

• **Dispositif expérimental.** La loi 2018-771 précitée a mis en place un mécanisme expérimental, applicable trois ans à compter de la date de promulgation de la loi (donc jusqu'au 5 septembre 2021), spécifique aux départements et régions d'outre-mer, destiné à faciliter l'exécution du contrat d'apprentissage dans des pays étrangers appartenant au même «environnement géographique» (ex.: pour la Martinique et la Guadeloupe, cet environnement géographique englobe les États ou territoires de la Caraïbe et les États ou territoires du continent américain voisins de la Caraïbe) (loi précitée, art. 13, XI).

• **Contrats conclus avant le 01.01.2019.** Les dispositions des articles L. 6222-42 et 44, dans leur rédaction issue de la loi 2018-771 précitée, ne sont pas applicables aux contrats conclus avant le 01.01.2019 (loi précitée, art. 46, II).

Le dispositif initial prévoyait que le contrat d'apprentissage pouvait être exécuté en partie à l'étranger, pour une durée maximale d'un an, mais n'encadrait son exécution qu'au sein de l'Union européenne.

Art. L. 6222-43. Les apprentis originaires d'un État membre de l'Union européenne effectuant une période de mobilité en France bénéficient des dispositions du présent livre. En raison du caractère temporaire de cette mobilité, les dispositions suivantes ne leur sont pas applicables:

1° L'article L. 6211-1, relatif à la finalité du contrat d'apprentissage;

2° L'article L. 6222-7-1, relatif à la durée du contrat d'apprentissage;

3° Le deuxième alinéa de l'article L. 6222-12, relatif aux conditions d'intégration d'une formation en apprentissage;

4° L'article ***(Ord. 2019-861 du 21 août 2019, art. 1er, 37°, JO 22)*** « L. 6211-2», relatif à la durée de la formation en apprentissage.

Art. L. 6222-44. Le contenu des relations conventionnelles qui lient ***(L. 2018-771 du 5 sept. 2018, art. 13, VI, JO 6)*** «l'apprenti, l'employeur en France, l'employeur à l'étranger, le centre de formation en France et le centre de formation à l'étranger» est fixé par décret en Conseil d'État.

Note • Cet article est l'ancien article L. 6211-5 (loi 2018-217 du 29 mars 2018, art. 23, I, 2°, JO 31).

• **Lois 2018-217 et 2018-771: mobilité internationale.** Voir note sous art. L. 6222-42.

Art. R. 6222-66. ***(D. 2019-1086 du 24 oct. 2019, JO 26)*** La convention conclue entre l'apprenti et ses représentants légaux pour les mineurs, l'employeur en France, l'employeur à l'étranger, le centre de formation en France et, le cas échéant, le centre de formation à l'étranger, en application du II de l'article L. 6222-42, précise, notamment:

1° La date de début et de fin de la période de mobilité;

2° L'objet de la formation et la nature des tâches confiées à l'apprenti en lien avec la certification visée, objet du contrat d'apprentissage;

3° Les lieux de travail et le cas échéant, de formation;

4° Le nom et la qualification des personnes chargées d'en suivre le déroulement en France, au sein du centre de formation d'apprentis et dans le pays d'accueil ainsi que les modalités de suivi;

5° Les équipements et produits utilisés;

6° Les horaires de travail, la durée du travail, les repos hebdomadaires, les congés et les jours fériés;

7° Le cas échéant, les modalités de prise en charge de la rémunération et des frais annexes générés par la mobilité;

8° Le cas échéant, les modalités d'évaluation et de validation des compétences acquises à l'étranger;

9° Les dispositions applicables à l'apprenti dans le pays d'accueil en matière de santé et sécurité au travail;

10° L'information relative aux garanties prises en matière de responsabilité civile ou de couverture de risques équivalents dans le pays concerné, par l'apprenti, l'entreprise d'accueil et, le cas échéant, le centre de formation d'accueil.

Un arrêté du ministre chargé de la formation professionnelle détermine le modèle de cette convention.

Note Sur le modèle de convention, voir arrêté du 22 janvier 2020 (JO 31). Ce modèle est accompagné d'une notice d'aide à la rédaction.

Art. R. 6222-67. ***(D. 2019-1086 du 24 oct. 2019, JO 26)*** La convention conclue entre l'apprenti et ses représentants légaux pour les mineurs, l'employeur en France, l'employeur à l'étranger, le centre de formation d'apprentis en France et, le cas échéant, le centre de formation à l'étranger, en application du III de l'article L. 6222-42, précise, notamment:

1° La date de début et de fin de la période de mobilité;

2° L'objet de la formation et la nature des tâches confiées à l'apprenti en lien avec la certification visée, objet du contrat d'apprentissage;

3° Les lieux de travail et le cas échéant de formation;

4° Le nom et la qualification de la personne chargée d'en suivre le déroulement en France et dans le pays d'accueil ainsi que les modalités de suivi;

5° Les équipements utilisés et produits;

6° Les horaires de travail, la durée du travail, les repos hebdomadaires, les congés et les jours fériés;

7° Le cas échéant, les modalités de prise en charge des frais annexes générés par la mobilité;

8° Le cas échéant, les modalités d'évaluation et de validation des compétences acquises à l'étranger;

9° Les dispositions applicables à l'apprenti dans le pays d'accueil en matière de santé et sécurité au travail;

10° L'information relative aux garanties prises en matière de responsabilité civile ou de couverture de risques équivalents dans le pays concerné, par l'apprenti, l'entreprise d'accueil et, le cas échéant, le centre de formation d'accueil.

Un arrêté du ministre chargé de la formation professionnelle détermine le modèle de cette convention.

Note Sur le modèle de convention, voir arrêté du 22 janvier 2020 (JO 31). Ce modèle est accompagné d'une notice d'aide à la rédaction.

Art. R. 6222-68. ***(D. 2019-1086 du 24 oct. 2019, JO 26)*** Avant la conclusion de la convention prévue à l'article R. 6222-66 le centre de formation d'apprentis adresse à l'opérateur de compétences de l'employeur en France, le projet de convention avec une demande de prise en charge des frais générés par la mobilité hors du territoire national de l'apprenti en application du 3° du II de l'article L. 6332-14 et du 5e alinéa de l'article D. 6332-83. ***(D. 2020-372 du 30 mars 2020, art. 2, 15°, JO 31)*** «L'opérateur de compétences se prononce sur la prise en charge financière et informe le ministère chargé de la formation professionnelle, sous forme dématérialisée, des conventions qui lui sont transmises ainsi que des modifications qui leur sont apportées.»

Dès sa conclusion, la convention prévue à l'article R. 6222-66, est adressée par le centre de formation d'apprentis à l'opérateur de compétences de l'employeur en France.

Ces dispositions ne s'appliquent pas aux conventions relatives à la mobilité des apprentis relevant des dispositions de l'article L. 6227-1.

Art. R. 6222-69. ***(D. 2019-1086 du 24 oct. 2019, JO 26)*** Avant la conclusion de la convention prévue à l'article R. 6222-67, l'employeur adresse à son opérateur de compétences, le projet de convention avec une demande de prise en charge des frais générés par la mobilité hors du territoire national de l'apprenti en application du 3° du II de l'article L. 6332-14 et du 5e alinéa de l'article D. 6332-83. ***(D. 2020-372 du 30 mars 2020, art. 2, 16°, JO 31)*** «L'opérateur de compétences se prononce sur la prise en charge financière et informe le ministère chargé de la formation professionnelle, sous forme dématérialisée, des conventions qui lui sont transmises ainsi que des modifications qui leur sont apportées.»

Art. L. 6223-1

Dès sa conclusion, la convention prévue à l'article R. 6222-67, est adressée par l'employeur à son opérateur de compétences.

Ces dispositions ne s'appliquent pas aux conventions relatives à la mobilité des apprentis relevant des dispositions de l'article L. 6227-1.

CHAPITRE III Obligations de l'employeur

SECTION 1. Organisation de l'apprentissage

Art. L. 6223-1. Toute entreprise peut engager un apprenti si l'employeur déclare à l'autorité administrative prendre les mesures nécessaires à l'organisation de l'apprentissage et s'il garantit que l'équipement de l'entreprise, les techniques utilisées, les conditions de travail, de santé et de sécurité, les compétences professionnelles et pédagogiques ainsi que la moralité des personnes qui sont responsables de la formation sont de nature à permettre une formation satisfaisante.

Cette déclaration devient caduque si l'entreprise n'a pas conclu de contrat d'apprentissage dans la période de cinq ans écoulée à compter de sa notification.

Note Les déclarations prévues à cet article (L. 117-5 ancien) ainsi que les décisions mentionnées au II de l'article R. 117-5 [R. 6225-8 et 12] CT, prises avant la date d'entrée en vigueur du décret 2006-920 du 26 juillet 2006 (JO 27) et en cours de validité, sont transmises aux organismes chargés de l'enregistrement par les DIRECCTE. Les dispositions du présent décret ne s'appliquent pas à Saint-Pierre-et-Miquelon (décret 2006-920 précité, art. 18 et 19).

Sous-section 1 (réglementaire). Obligations envers l'administration

Note Cette sous-section est issue du décret 2020-372 du 30 mars 2020, art. 3, 1°, JO 31.

Art. R. 6223-1. Pendant la durée du contrat d'apprentissage, l'employeur fournit, à la demande de l'inspection du travail, de la mission chargée du contrôle pédagogique mentionnée à l'article R. 6251-1 ou des organismes en charge du dépôt du contrat d'apprentissage, les pièces permettant d'attester du respect des déclarations figurant dans le contrat d'apprentissage prévu à l'article L. 6222-4, la convention de formation prévue à l'article L. 6353-1 et, le cas échéant, la convention d'aménagement de la durée du contrat d'apprentissage prévue à l'article L. 6222-7-1.

Note La mission chargée du contrôle pédagogique a succédé à l'inspection de l'apprentissage.

Sous-section 2 (réglementaire). Nombre maximal d'apprentis

Art. R. 6223-6. Le nombre maximal d'apprentis pouvant être accueillis simultanément dans une entreprise ou un établissement est fixé à deux par maître d'apprentissage.

Le maître d'apprentissage peut également, en application de l'article L. 6222-11, accueillir un apprenti ***(D. 2018-1138 du 13 déc. 2018, JO 14)*** « supplémentaire » dont la formation est prolongée en cas d'échec à l'examen.

Note Les dispositions de cet article, dans sa rédaction issue du décret 2018-1138 précité, s'appliquent aux contrats conclus depuis le 01.01.2019 (décret précité, art. 2).

Art. R. 6223-7. La commission départementale de l'emploi et de l'insertion peut délivrer des dérogations individuelles au plafond de deux apprentis lorsque la qualité de la formation dispensée dans l'entreprise et les possibilités d'insertion professionnelle dans la branche considérée le justifient.

Ces dérogations sont valables pour cinq ans au plus, renouvelables.

Note Voir note sous art. D. 6211-4.

Art. R. 6223-8. Pour une branche professionnelle déterminée, un arrêté interministériel, pris après avis de la Commission professionnelle consultative nationale compétente pour la branche considérée, peut fixer des plafonds d'emplois simultanés, différents de celui prévu au premier alinéa de l'article R. 6223-6.

Ces plafonds sont fixés en tenant compte du rapport qui doit être maintenu entre le nombre d'apprentis et celui des personnes possédant les qualifications prévues ***(D. 2020-372 du 30 mars 2020, art. 3, 2°, JO 31)*** « en application de l'article L. 6223-8 ».

Sous-section 3 (réglementaire). Obligations envers les représentants de l'apprenti

Art. R. 6223-9. L'employeur prévient les représentants légaux de l'apprenti mineur, en cas de maladie ou d'absence, ou de tout fait de nature à motiver leur intervention.

Sous-section 4 (réglementaire). **Conventionnement avec une entreprise d'accueil**

Art. R. 6223-10. ***(D. 2012-627 du 2 mai 2012, JO 4)*** I. – Afin de permettre à l'apprenti de compléter sa formation, en application de l'article L. 6221-1, une partie de sa formation pratique peut être dispensée dans d'autres entreprises que celle qui l'emploie notamment pour recourir à des équipements ou des techniques qui ne sont pas utilisés dans celle-ci.

L'accueil de l'apprenti dans d'autres entreprises que celle qui l'emploie ne peut excéder la moitié du temps de formation en entreprise prévu par le contrat d'apprentissage. Le nombre d'entreprises d'accueil autres que celle qui l'emploie ne peut être supérieur à deux au cours de l'exécution d'un même contrat d'apprentissage.

II. – En application des dispositions de l'article L. 6223-5, un maître d'apprentissage est nommé au sein de chaque entreprise d'accueil.

Pour l'application de l'article R. 6223-6 à chaque entreprise d'accueil, l'apprenti est pris en compte dans le calcul du nombre maximal d'apprentis par maître d'apprentissage.

La dérogation à l'interdiction du travail de nuit des apprentis, prévue à l'article L. 6222-26, est accomplie sous la responsabilité du maître d'apprentissage nommé au sein de l'entreprise d'accueil.

III. – Pour l'application ***(D. 2020-372 du 30 mars 2020, art. 3, 3°, JO 31)*** « du 3° du I de l'article L. 6131-1 », l'apprenti est pris en compte au prorata de son temps de travail dans chaque entreprise d'accueil.

Art. R. 6223-11. ***(D. 2012-627 du 2 mai 2012, JO 4)*** « L'accueil de l'apprenti dans une autre entreprise que celle qui l'emploie fait l'objet d'une convention tripartite conclue entre l'employeur, l'entreprise d'accueil et l'apprenti. »

La convention précise, notamment :

(D. 2012-627 du 2 mai 2012, JO 4) « 1° Le titre ou le diplôme préparé par l'apprenti ;

2° La durée de la période d'accueil ;

3° La nature des tâches confiées à l'apprenti, qui doivent être en relation directe avec la formation professionnelle prévue au contrat d'apprentissage ;

4° Les horaires et le lieu de travail ;

5° Le nom du maître d'apprentissage désigné au sein de l'entreprise avec laquelle a été signé le contrat d'apprentissage ;

(D. 2020-372 du 30 mars 2020, art. 3, 4°, JO 31) « 6° Le nom du maître d'apprentissage désigné au sein de l'entreprise d'accueil et les pièces attestant du respect des conditions imposées par l'article L. 6223-8-1 ; »

7° Les modalités selon lesquelles l'entreprise d'accueil informe l'employeur de l'apprenti du déroulement de la formation professionnelle de l'apprenti en son sein ;

8° Les modalités selon lesquelles est organisée la liaison entre les maîtres d'apprentissage et le centre de formation des apprentis ;

9° Les modalités de partage, entre l'employeur et l'entreprise d'accueil, des charges, rémunérations et avantages liés à l'emploi de l'apprenti ;

10° Les modalités de prise en charge par l'employeur ou l'entreprise d'accueil de l'apprenti des frais de transport et d'hébergement ; »

(D. 2012-627 du 2 mai 2012, JO 4) « 11° » L'obligation pour l'entreprise d'accueil de se garantir en matière de responsabilité civile.

Art. R. 6223-12. ***(D. 2020-372 du 30 mars 2020, art. 3, 5°, JO 31)*** Dès sa conclusion, la convention est adressée par l'employeur au directeur du centre de formation d'apprentis, à l'organisme en charge du dépôt ainsi que, le cas échéant, à la mission chargée du contrôle pédagogique mentionnée à l'article R. 6251-1.

Art. R. 6223-14. Pendant l'exécution de la convention, l'apprenti continue de suivre les enseignements dispensés par le centre de formation auquel il est inscrit. Il se conforme au règlement intérieur de l'entreprise d'accueil.

Note Cet article a été modifié par le décret 2020-372 du 30 mars 2020, art. 3, 6°, JO 31.

Art. R. 6223-15. L'entreprise d'accueil est responsable du respect des dispositions relatives à la durée du travail ainsi qu'à la santé et la sécurité au travail.

Lorsque l'activité exercée par l'apprenti dans l'entreprise d'accueil nécessite ***(D. 2016-1908 du 27 déc. 2016, art. 19, III, 2°, JO 29, entrée en vigueur le 01.01.2017)*** « un suivi individuel renforcé », les obligations correspondantes sont à la charge de cette entreprise.

Art. R. 6223-16. L'engagement d'apprentis par une entreprise peut faire l'objet d'une décision d'opposition selon la procédure prévue à l'article L. 6225-1, lorsqu'il s'avère que les conditions dans lesquelles une partie de la formation est dispensée dans une ou plusieurs autres entreprises ne permettent pas le bon déroulement du contrat d'apprentissage.

SECTION 2. Engagements dans le cadre de la formation

Art. L. 6223-2. L'employeur inscrit l'apprenti dans un centre de formation d'apprentis assurant l'enseignement correspondant à la formation prévue au contrat.

Le choix du centre de formation d'apprentis est précisé par le contrat d'apprentissage.

Art. L. 6223-3. L'employeur assure dans l'entreprise la formation pratique de l'apprenti. Il lui confie notamment des tâches ou des postes permettant d'exécuter des opérations ou travaux conformes à une progression annuelle définie par accord entre le centre de formation d'apprentis et les représentants des entreprises qui inscrivent des apprentis dans celui-ci.

Note À titre expérimental sur l'ensemble du territoire national et pour une durée de trois ans à compter de la promulgation de la loi 2018-771 du 5 septembre 2018 (soit jusqu'au 5 septembre 2021), lorsque l'employeur de l'apprenti est un groupement d'employeurs, la formation pratique peut être dispensée chez trois de ses membres; le suivi de l'apprentissage s'effectue sous la tutelle d'une personne tierce, appartenant au groupement (loi 2018-771 précitée, art. 11, IV).

Art. L. 6223-4. L'employeur s'engage à faire suivre à l'apprenti la formation dispensée par le centre et à prendre part aux activités destinées à coordonner celle-ci et la formation en entreprise.

Il veille à l'inscription et à la participation de l'apprenti aux épreuves du diplôme ou du titre sanctionnant la qualification professionnelle prévue par le contrat.

Note Le versement de l'aide prévue à l'article L. 118-7 (ancien) peut être refusé lorsque le directeur du centre de formation ou le responsable de l'établissement n'a pas attesté du suivi régulier de la formation par l'apprenti ou lorsqu'il existe un écart entre le nombre d'heures prévues et le nombre d'heures réalisées. Il ne peut être envisagé de verser cette aide au prorata de la durée de formation théorique suivie (rép. QE 68859, JO AN 4 mars 2002, p. 1253).

SECTION 3. Maître d'apprentissage

Art. L. 6223-5. La personne directement responsable de la formation de l'apprenti et assumant la fonction de tuteur est dénommée maître d'apprentissage.

Le maître d'apprentissage a pour mission de contribuer à l'acquisition par l'apprenti dans l'entreprise des compétences correspondant à la qualification recherchée et au titre ou diplôme préparés, en liaison avec le centre de formation d'apprentis.

(L. 2016-1088 du 8 août 2016, art. 91, JO 9) «Lorsque l'apprenti est recruté par un groupement d'employeurs mentionné aux articles L. 1253-1 à L. 1253-23, les dispositions relatives au maître d'apprentissage sont appréciées au niveau de l'entreprise utilisatrice membre de ce groupement.»

Note **Certification des compétences.** Un arrêté a créé une certification des compétences de maître d'apprentissage. Cet arrêté précise les modalités d'examen et les conditions de délivrance de la certification et des domaines de compétence qui la constituent (arrêté du 17 décembre 2018, JO 26).

Art. L. 6223-6. La fonction tutorale peut être partagée entre plusieurs salariés.

Note Seule une personne majeure peut être maître d'apprentissage.

L'idée d'équipe tutorale a été introduite par la loi 2005-32 du 18 janvier 2005 (JO 19). Par équipe tutorale, il faut comprendre que le tutorat est exercé par plusieurs salariés, l'un d'entre eux étant désigné comme maître d'apprentissage référent chargé des questions de coordination et de liaison avec le centre de formation d'apprentis.

Art. R. 6223-23. Lorsque la fonction tutorale est partagée entre plusieurs salariés constituant une équipe tutorale, un maître d'apprentissage référent est désigné.

Il assure la coordination de l'équipe et la liaison avec le centre de formation d'apprentis.

Art. L. 6223-7. L'employeur permet au maître d'apprentissage de dégager sur son temps de travail les disponibilités nécessaires à l'accompagnement de l'apprenti et aux relations avec le centre de formation d'apprentis.

Art. L. 6223-8. L'employeur veille à ce que le maître d'apprentissage bénéficie de formations lui permettant d'exercer correctement sa mission et de suivre l'évolution du contenu des formations dispensées à l'apprenti et des diplômes qui les valident.

(L. 2014-288 du 5 mars 2014, art. 14, III, 19°, JO 6) «Un accord collectif d'entreprise ou de branche peut définir les modalités de mise en œuvre et de prise en charge de ces formations.»

Art. L. 6223-8-1. *(L. 2018-771 du 5 sept. 2018, art. 13, VII, JO 6)* Le maître d'apprentissage doit être salarié de l'entreprise, volontaire, majeur et offrir toutes garanties de moralité. Le cas échéant, l'employeur *(Ord. 2019-861 du 21 août 2019, art. 1er, 38°, JO 22)* «ou le conjoint collaborateur» peut remplir cette fonction.

Les conditions de compétence professionnelle exigées d'un maître d'apprentissage en application de l'article L. 6223-1 sont déterminées par convention ou accord collectif de branche.

À défaut d'un tel accord, les conditions de compétence professionnelle exigées d'un maître d'apprentissage sont déterminées par voie réglementaire.

Pour les contrats conclus en application de l'article L. 6227-1, les conditions de compétence professionnelle exigées d'un maître d'apprentissage sont déterminées par voie réglementaire.

Note • **Contrats conclus depuis le 01.01.2019.** *Statut des maîtres d'apprentissage.* La loi 2018-771 précitée a codifié le statut de maître d'apprentissage. Ce faisant, elle a repris certaines exigences déjà fixées par voie réglementaire (voir art. R. 6223-22 dans sa rédaction antérieure au décret 2018-1138 du 13 décembre 2018, JO 14).

Elle a précisé le statut du maître d'apprentissage, en indiquant qu'il s'agissait a priori d'un salarié, mais que l'employeur pouvait aussi remplir cette fonction, ce qui n'avait encore jamais été écrit noir sur blanc, même si la pratique l'admettait de longue date (voir RF 1106, § 712). L'ordonnance précitée ajoute que le conjoint de l'employeur est également en mesure d'endosser le rôle de maître d'apprentissage, à condition qu'il ait le statut de conjoint collaborateur. Voir RF 3 octobre 2019, FH 3809, § 3-3.

S'agissant des compétences professionnelles exigées du maître d'apprentissage, il appartient depuis le 01.01.2019 à la branche de définir par convention ou par accord collectif.

Les critères réglementaires sont maintenus, mais ne s'appliquent qu'en l'absence d'accord de branche sur le sujet. Ils ont donc une valeur supplétive.

Domaines agricole / jeunesse et sports. Les conditions spécifiques liées à ces deux domaines ont été supprimées. Dans ces secteurs, les maîtres d'apprentissage relèvent depuis le 01.01.2019, des règles de droit commun.

Par ailleurs, la réforme facilite l'accès des maîtres d'apprentissage à la validation des acquis de l'expérience (VAE). En effet, le maître d'apprentissage qui aura formé au moins trois apprentis ayant obtenu leur certification sera automatiquement dispensé de justifier du diplôme habituellement requis pour préparer la VAE (loi 2018-771 précitée, art. 13, IX; art. L. 335-5 c. éduc.).

Voir RF 13 septembre 2018, FH 3756, § 3-15; RF 24 janvier 2019, FH 3776; FRS 17/18 du 3.08.2018; JCP éd. 2018, 1302, étude S. Dougados et J. Poyau.

• **Contrats conclus avant le 01.01.2019.** Cet article n'est pas applicable aux contrats conclus avant le 01.01.2019 (loi 2018-771 précitée, art. 46, II).

Les compétences requises pour être maître d'apprentissage sont fixées par la réglementation, en fonction du niveau de diplôme ou de la qualification et de l'expérience professionnelle (art. R. 6223-24 ancien CT; voir RF 1096, § 707).

Art. R. 6223-22. *(D. 2018-1138 du 13 déc. 2018, JO 14)* À défaut de convention ou accord collectif de branche fixant les conditions de compétence professionnelle exigées d'un maître d'apprentissage, sont réputées remplir la condition de compétence professionnelle exigée d'un maître d'apprentissage en application de l'article L. 6223-8-1 :

1° Les personnes titulaires d'un diplôme ou d'un titre relevant du domaine professionnel correspondant à la finalité du diplôme ou du titre préparé par l'apprenti et d'un niveau au moins équivalent, justifiant d'une année d'exercice d'une activité professionnelle en rapport avec la qualification préparée par l'apprenti ;

2° Les personnes justifiant de deux années d'exercice d'une activité professionnelle en rapport avec la qualification préparée par l'apprenti.

Les stages et les périodes de formation effectués en milieu professionnel, dans le cadre d'une formation initiale, y compris sous contrat d'apprentissage, ou d'une formation continue qualifiante prévue à l'article L. 6314-1, ne sont pas pris en compte dans le décompte de la durée d'expérience requise.

Note Cet article s'applique aux contrats conclus depuis le 01.01.2019 (décret 2018-1138 précité, art. 2).

SECTION 4. **Dispositions d'application**

Art. L. 6223-9. Un décret en Conseil d'État détermine les mesures d'application du présent chapitre.

CHAPITRE IV Dépôt du contrat

Art. L. 6224-1. ***(L. 2018-771 du 5 sept. 2018, art. 11, II, 6°, JO 6, entrée en vigueur le 01.01.2020)*** Le contrat d'apprentissage ou, le cas échéant, la déclaration mentionnée à l'article L. 6222-5 est ***(Ord. 2019-861 du 21 août 2019, art. 1er, 39°, JO 22)*** «transmis à l'opérateur de compétences, qui procède à son dépôt» dans des conditions fixées par voie réglementaire.

Note • **Depuis le 01.01.2020.** *Le contrat d'apprentissage est «transmis» à l'OPCO* pour dépôt (et non plus adressé pour enregistrement à la chambre consulaire). Voir RF 16 janvier 2020, FH 3825, § 6-1; LSQ n° 17971 du 06.01.2020; les Cahiers Lamy du DRH n° 271, janvier 2020.

Le décret 2020-373 a officialisé, sur le plan réglementaire, l'abandon de la procédure d'enregistrement et le retrait des chambres consulaires (D. 6211-3 à D. 6211-5 abrogés).

Site internet du ministère du Travail. Le dépôt auprès de l'OPCO peut s'effectuer par voie dématérialisée (*https://travail-emploi.gouv.fr*, rubrique «formation professionnelle», puis «formation en alternance» et «apprentissage»).

• **Jusqu'au 31.12.2019, procédure d'enregistrement du contrat d'apprentissage.** Le régime actuel impose de faire enregistrer le contrat d'apprentissage auprès de la chambre consulaire du lieu d'exécution du contrat.

La mention «revêtu de la signature de l'employeur et de l'apprenti ou de son représentant légal» a été supprimée par la loi 2014-288 du 5 mars 2014, art. 14, III, 14°, JO 6. Par conséquent, l'exemplaire du contrat d'apprentissage transmis pour enregistrement n'a pas à être obligatoirement signé par l'employeur et par l'apprenti ou son représentant légal. Cette mesure ne dispense pas, en revanche, les parties concluant un contrat d'apprentissage de signer les exemplaires qui leur sont destinés.

L'existence d'un contrat d'apprentissage étant subordonnée à son enregistrement, l'exécution d'un tel contrat ne peut se poursuivre au-delà du terme fixé par l'autorité ayant procédé à cette formalité substantielle (cass. soc. 18 février 1988, n° 85-40.241, BC V n° 113).

Lorsque le contrat d'apprentissage est nul, il ne peut recevoir exécution et ne peut être requalifié; le jeune travailleur peut prétendre au paiement des salaires sur la base du SMIC ou du salaire minimum conventionnel pour la période où le contrat a cependant été exécuté ainsi qu'à l'indemnisation du préjudice résultant de la rupture des relations de travail (cass. soc. 28 mai 2008, n° 06-44.327, BC V n° 118; RJS 8-9/08 n° 919; JCP éd. S 1535, note C. Puigelier; 11 février 2015, n° 13-27.616).

Le retard dans l'envoi de la demande d'enregistrement n'entraîne pas la nullité du contrat d'apprentissage (cass. soc. 28 octobre 2015, n° 14-13.274, BC V n° 210; LSQ n° 16950 du 5.11.2015; JCP éd. S 2015, 1470, note Th. Lahalle; RJS 1/16 n° 50).

Art. D. 6224-1. ***(D. 2019-1489 du 27 déc. 2019, JO 29, entrée en vigueur le 01.01.2020)*** Au plus tard dans les cinq jours ouvrables qui suivent le début de l'exécution du contrat d'apprentissage, l'employeur transmet ce contrat, accompagné de la convention mentionnée à l'article L. 6353-1 et, le cas échéant, de la convention tripartite prévue au troisième alinéa de l'article L. 6222-7-1, à l'opérateur de compétences.

Lorsque la formation de l'apprenti est confiée à un centre de formation d'apprentis, service interne de l'entreprise, mentionné à l'article D. 6241-30, l'employeur transmet à l'opérateur de compétences le contrat, accompagné le cas échéant de la convention tripartite mentionnée à l'alinéa précédent, et une annexe pédagogique et financière précisant l'intitulé, l'objectif et le contenu de l'action de formation, les moyens prévus, la durée et la période de réalisation, les modalités de déroulement, de suivi et de sanction de l'action et le prix.

Les transmissions prévues au présent article peuvent se faire par voie dématérialisée.

Note • **Envoi au plus tard 5 jours ouvrables après le début du contrat.** Il est conseillé à l'employeur de transmettre le contrat d'apprentissage à l'OPCO avant le début d'exécution du contrat, afin de s'assurer de sa conformité et de la prise en charge des dépenses de formation. Voir RF 16 janvier 2020, FH 3825, § 6-1.

• **Envoi dématérialisé.** L'envoi peut être réalisé par voie dématérialisée, sur le «portail de l'alternance» du ministère du Travail (*https://www.alternance.emploi.gouv.fr/portail_alternance/*).

Art. D. 6224-2. ***(D. 2019-1489 du 27 déc. 2019, JO 29, entrée en vigueur le 01.01.2020)*** À réception du contrat, l'opérateur de compétences se prononce sur la prise en charge financière. Il vérifie à cet effet que le contrat satisfait aux conditions posées par:

1° L'article L. 6211-1 relatif aux formations éligibles à l'apprentissage;

2° Les articles L. 6222-1 à L. 6222-3 relatifs à l'âge de l'apprenti;
3° Le premier alinéa de l'article L. 6223-8-1 relatif au maître d'apprentissage;
4° L'article D. 6222-26 relatif à la rémunération des apprentis.

S'il constate la méconnaissance d'une ou plusieurs de ces conditions, l'opérateur de compétences refuse la prise en charge financière du contrat par une décision motivée qu'il notifie aux parties ainsi qu'au centre de formation d'apprentis. La notification peut être faite par voie dématérialisée.

Art. R. 6224-3. ***(D. 2019-1489 du 27 déc. 2019, JO 29, entrée en vigueur le 01.01.2020)*** L'opérateur de compétences statue sur la prise en charge financière dans un délai de vingt jours à compter de la réception de l'ensemble des documents mentionnés à l'article D. 6224-1. Son silence fait naître, au terme de ce délai, une décision implicite refusant la prise en charge.

Note Si l'OPCO constate la non-conformité du contrat d'apprentissage avant l'expiration du délai de 20 jours, l'employeur peut, à notre avis, procéder aux corrections nécessaires et renvoyer un avenant en veillant à ne pas dépasser le délai (voir RF 16 janvier 2020, FH 3825, § 6-4).

Art. D. 6224-4. ***(D. 2019-1489 du 27 déc. 2019, JO 29, entrée en vigueur le 01.01.2020)*** L'opérateur de compétences dépose le contrat, par voie dématérialisée, auprès des services du ministre en charge de la formation professionnelle. Le cas échéant, il informe simultanément ces services de son refus de prise en charge financière, ainsi que des motifs de ce refus.

Note **En cas de refus de prise en charge financière.** Dans l'attente de précisions de l'administration, il est possible, à notre avis, de se reporter aux règles applicables au contrat de professionnalisation (circ. DGEFP 2012-15 du 19 juillet 2012). En effet, l'objectif de la réforme était d'aligner (avec quelques différences) les règles du contrat d'apprentissage sur celles du contrat de professionnalisation (étude d'impact du projet de loi Avenir professionnel, p. 95). Si l'on raisonne par analogie, l'OPCO effectue un contrôle «non suspensif» du contrat d'apprentissage. S'il refuse sa prise en charge financière en raison de sa non-conformité, le contrat ne devrait pas être qualifié de contrat d'apprentissage et devrait se poursuivre selon les règles de droit commun du contrat de travail (voir RF 16 janvier 2020, FH 3825, § 6-5).

Art. D. 6224-5. ***(D. 2019-1489 du 27 déc. 2019, JO 29, entrée en vigueur le 01.01.2020)*** Toute modification d'un élément essentiel du contrat fait l'objet d'un avenant transmis à l'opérateur de compétences pour dépôt dans les conditions fixées au présent chapitre. À réception de l'avenant, l'opérateur de compétences statue soit sur la prise en charge financière, s'il l'avait refusée initialement, soit sur le maintien de cette prise en charge.

Art. D. 6224-6. ***(D. 2019-1489 du 27 déc. 2019, JO 29, entrée en vigueur le 01.01.2020)*** Lorsque le contrat d'apprentissage est rompu avant son terme, l'employeur notifie sans délai la rupture à l'opérateur de compétences, qui informe les services du ministre chargé de la formation professionnelle. La notification peut être faite par voie dématérialisée.

Art. D. 6224-7. ***(D. 2019-1489 du 27 déc. 2019, JO 29, entrée en vigueur le 01.01.2020)*** Le dépôt du contrat d'apprentissage ne donne lieu à aucun frais.

Art. R. 6224-8. ***(D. 2020-372 du 30 mars 2020, art. 4, JO 31)*** Lorsqu'un apprenti mineur est employé par un ascendant, la déclaration prévue à l'article L. 6222-5, souscrite par l'ascendant employeur, est revêtue de la signature de l'apprenti et est visée par le directeur du centre de formation d'apprentis.

Elle est transmise à l'opérateur de compétences et soumise à la procédure de dépôt dans les conditions prévues au présent chapitre.

CHAPITRE V Procédures d'opposition, de suspension et d'interdiction de recrutement

SECTION 1. Opposition à l'engagement d'apprentis

Art. L. 6225-1. L'autorité administrative peut s'opposer à l'engagement d'apprentis par une entreprise lorsqu'il est établi par les autorités chargées du contrôle de l'exécution du contrat d'apprentissage que l'employeur méconnaît les obligations mises à sa charge, soit par le présent livre, soit par les autres dispositions du présent code applicables aux jeunes travailleurs ou aux apprentis, soit par le contrat d'apprentissage.

Note
- Le préfet du département peut s'opposer à l'engagement d'apprentis par une décision motivée. La circulaire DGEFP 2002-237 du 19 juillet 2002 (BO TR 2002/16, p. 65) donne des exemples de violation par l'employeur d'obligations mises à sa charge; violation des obligations de formation ou d'infractions au code du travail et ne permettant pas d'assurer au jeune un milieu favorable à son insertion professionnelle sans mettre en jeu sa sécurité ou sa santé.
- En cas d'opposition à l'engagement d'apprentis, l'employeur devra rembourser les sommes perçues au titre de l'indemnité compensatrice (circ. DFP 96-9 du 13 juin 1996, BO TR 96/14, p. 409).

Art. L. 6225-2. En cas d'opposition à l'engagement d'apprentis, l'autorité administrative décide si les contrats en cours peuvent ***(L. 2014-288 du 5 mars 2014, art. 14, III, 15°, JO 6)*** «continuer à être exécutés».

Il en va de même en cas de transfert des contrats de travail dans le cas prévu à l'article L. 1224-1, en l'absence de déclaration par l'employeur de la nouvelle entreprise.

Note L'article L. 1224-1 (continuation des contrats de travail en cours en cas de modification de la situation juridique de l'employeur) s'applique au contrat d'apprentissage; le fait que le nouvel employeur n'a pas encore, au moment de la cession, reçu l'agrément (ancienne procédure) n'entraîne pas la caducité du contrat d'apprentissage (cass. soc. 4 mars 1982, n° 80-40.256, BC V n° 146). Les dispositions de l'article L. 122-12, al. 2 [L. 1224-1] CT sont en effet d'ordre public (cass. soc. 28 mars 1996, n° 93-40.716, BC V n° 125; RJS 5/96 n° 582; 7 mars 2001, n° 99-40.976, RJS 5/01 n° 570).

Le contrat d'apprentissage est transmis de plein droit au cessionnaire; la convention conclue entre le cédant et l'apprenti, postérieure à la cession du fonds, est inopposable au cessionnaire.

Art. L. 6225-3. Lorsque l'autorité administrative décide que les contrats en cours ne peuvent ***(L. 2014-288 du 5 mars 2014, art. 14, III, 16°, JO 6)*** «continuer à être exécutés», la décision entraîne la rupture des contrats à la date de notification de ce refus aux parties en cause.

L'employeur verse aux apprentis les sommes dont il aurait été redevable si le contrat s'était poursuivi jusqu'à son terme ***(L. 2014-288 du 5 mars 2014, art. 14, III, 16°, JO 6)*** «ou jusqu'au terme de la période d'apprentissage».

Art. L. 6225-3-1. ***(L. 2018-771 du 5 sept. 2018, art. 16, 4°, JO 6)*** En cas de rupture du contrat d'apprentissage en application de l'article L. 6225-3, le centre de formation dans lequel est inscrit l'apprenti prend les dispositions nécessaires pour lui permettre de suivre sa formation théorique pendant six mois et contribue à lui trouver un nouvel employeur susceptible de lui permettre d'achever son cycle de formation.

Note Cet article est applicable aux contrats conclus depuis le 01.01.2019 (loi 2018-771 précitée, art. 46, II).

SECTION 1 (réglementaire). Mise en demeure préalable à l'opposition

Art. R. 6225-1. ***(D. 2020-372 du 30 mars 2020, art. 5, 1°, JO 31)*** Lorsqu'il est constaté lors d'un contrôle de l'inspection du travail, ou lors de la transmission du contrat auprès de l'organisme chargé du dépôt du contrat ou au service mentionné à l'article D. 6275-1, ou lors de la mission de contrôle pédagogique de l'apprentissage mentionnée à l'article R. 6251-1, que l'employeur méconnaît les obligations mentionnées à l'article L. 6225-1, l'inspecteur du travail met l'employeur en demeure de régulariser la situation et de prendre les mesures ou d'assurer les garanties de nature à permettre une formation satisfaisante.

Art. R. 6225-2. Lorsqu'il est constaté, par les services mentionnés à l'article R. 6225-1, qu'un maître d'apprentissage, autre que l'employeur, méconnaît les obligations mises à sa charge par le contrat d'apprentissage ou ne présente plus les garanties de moralité requises, l'inspecteur du travail met l'employeur en demeure de désigner un autre maître d'apprentissage et d'informer de ses nom, prénoms et compétences professionnelles, l'organisme chargé ***(D. 2020-372 du 30 mars 2020, art. 5, 2°, JO 31)*** «du dépôt» du contrat.

Note Cet article a été modifié par le décret 2008-1503 du 30 décembre 2008, JO 31.

Art. R. 6225-3. Lorsqu'il est constaté par les services mentionnés à l'article R. 6225-1 qu'un employeur, en tant que maître d'apprentissage, méconnaît les obligations mises à sa charge par le contrat d'apprentissage ou ne présente plus les garanties de moralité requises, l'inspecteur du travail le met en demeure de régulariser la situation et de prendre les mesures ou d'assurer les garanties de nature à permettre une formation satisfaisante.

Note Cet article a été modifié par le décret 2020-372 du 30 mars 2020, art. 5, 3°, JO 31.

SECTION 2 (réglementaire). Opposition à l'engagement d'apprentis

Art. R. 6225-4. Dans les cas prévus à la section 1, la décision d'opposition du préfet à l'engagement d'apprenti intervient, s'il y a lieu, dans un délai de trois mois à compter de l'expiration du délai fixé par la mise en demeure de l'inspecteur du travail.

Note Cet article a été modifié par le décret 2020-372 du 30 mars 2020, art. 5, 4°, JO 31.

Art. R. 6225-5. ***(D. 2020-372 du 30 mars 2020, art. 5, 5°, JO 31)*** La décision d'opposition à l'engagement d'apprentis est communiquée à l'inspecteur du travail, au comité social et économique, à l'organisme chargé du dépôt du contrat ainsi que, le cas échéant, à la mission chargée du contrôle pédagogique mentionnée à l'article R. 6251-1.

Art. R. 6225-6. Lorsque le préfet prend une décision d'opposition à l'engagement d'apprentis, en application de l'article L. 6225-1 ou de l'article R. 6223-16, l'employeur peut lui demander de mettre fin à cette opposition.

Il joint à sa demande toutes justifications de nature à établir qu'il remplit les obligations mises à sa charge par le présent code ou par d'autres dispositions légales applicables aux jeunes travailleurs et aux apprentis.

Art. R. 6225-7. Lorsque le préfet, au vu des justifications de l'employeur, décide de mettre fin à l'opposition, il notifie sa décision à l'employeur.

L'employeur peut à nouveau procéder à ***(D. 2020-372 du 30 mars 2020, art. 5, 6°, JO 31)*** «l'engagement d'apprentis».

Art. R. 6225-8. ***(D. 2020-372 du 30 mars 2020, art. 5, 7°, JO 31)*** La décision de levée d'opposition, prise en application de l'article R. 6225-7, est communiquée sans délai à l'organisme chargé du dépôt du contrat et, le cas échéant, à la mission chargée du contrôle pédagogique mentionnée à R. 6251-1.

SECTION 2. Suspension de l'exécution du contrat et interdiction de recrutement

Art. L. 6225-4. En cas de risque sérieux d'atteinte à la santé ou à l'intégrité physique ou morale de l'apprenti, l'***(L. 2016-1088 du 8 août 2016, art. 113, III, 1°, JO 9)*** «agent de contrôle de l'inspection du travail mentionné à l'article L. 8112-1» ou le fonctionnaire de contrôle assimilé propose au ***(L. 2011-525 du 17 mai 2011, art. 170, JO 18)*** «[directeur régional de l'économie, de l'emploi, du travail et des solidarités]» la suspension du contrat d'apprentissage.

Cette suspension s'accompagne du maintien par l'employeur de la rémunération de l'apprenti.

Note La loi 2002-73 du 17 janvier 2002, art. 196 (JO 18) a visé à protéger l'apprenti contre les risques sérieux d'atteinte à sa santé ou à son intégrité physique ou morale. Le décret 2002-596 du 24 avril 2002 (JO 27) a ajouté la possibilité pour le DIRECCTE de suspendre le contrat d'apprentissage. La circulaire DGEFP 2002-37 du 19 juillet 2002 (NOR: MESF0210131C) (BO TR 2002/16 du 5.09.2002) a précisé la mise en œuvre de la procédure d'urgence. Ces dispositions permettent de mieux différencier la procédure de droit commun prévue par l'article L. 6225-1 visant à sanctionner l'employeur en cas de violation d'obligations mises à sa charge de la procédure d'urgence prévue par cet article qui a pour but de soustraire l'apprenti d'une situation dangereuse pour sa santé ou son intégrité physique ou morale.

Art. R. 6225-9. En application de l'article L. 6225-4, l'inspecteur du travail propose la suspension de l'exécution du contrat d'apprentissage, après qu'il ait été procédé, lorsque les circonstances le permettent, à une enquête contradictoire. Il en informe sans délai l'employeur et adresse cette proposition au ***(D. 2020-1545 du 9 déc. 2020, JO 10, entrée en vigueur le 01.04.2021)*** «directeur régional de l'économie, de l'emploi, du travail et des solidarités».

Ce dernier se prononce sans délai et, le cas échéant, dès la fin de l'enquête contradictoire.

Note Dès le constat des faits pouvant entraîner un danger pour l'apprenti, le contrôleur ou l'inspecteur du travail, ou le chef de service assimilé, doit procéder à une enquête contradictoire pour déterminer l'importance du danger encouru par l'apprenti et le degré de responsabilité de l'employeur. La circulaire DGEFP 2002-37 du 19 juillet 2002 (NOR: MESF0210131C) (BO TR 2002/16 du 5.09.2002) rappelle que, en cas de danger grave ou imminent, l'agent de contrôle n'est pas tenu de procéder à cette enquête.

Art. L. 6225-5. Dans le délai de quinze jours à compter du constat de l'agent de contrôle, le ***(L. 2011-525 du 17 mai 2011, art. 170, JO 18)*** «[directeur régional de l'économie, de l'emploi, du travail et des solidarités]» se prononce sur la reprise de l'exécution du contrat d'apprentissage.

Le refus d'autoriser la reprise de l'exécution du contrat d'apprentissage entraîne la rupture de ce contrat à la date de notification du refus aux parties. Dans ce cas, l'employeur verse à l'apprenti les sommes dont il aurait été redevable si le contrat s'était poursuivi jusqu'à son terme ***(L. 2014-288 du 5 mars 2014, art. 14, III, 17°, JO 6)*** «ou jusqu'au terme de la période d'apprentissage».

Note La circulaire DGEFP 2002-37 du 19 juillet 2002 (NOR: MESF0210131C) (BO TR 2002/16 du 5.09.2002) précise notamment que:
– la décision de refus d'autoriser la reprise de l'exécution du contrat entraîne de plein droit la rupture de celui-ci à compter de sa notification aux parties et le retrait d'office du titre de maître d'apprentissage confirmé;

– malgré la suspension de son contrat, l'apprenti conservera sa rémunération sans avoir à démontrer une quelconque faute ou négligence de l'employeur.

L'exercice d'un recours hiérarchique ou contentieux concernant la suspension ou la reprise de l'exécution du contrat n'a pas d'effet suspensif sur le versement de la rémunération. Le centre de formation d'apprentis devra assurer une formation à l'apprenti dont le contrat est suspendu et l'aider dans la recherche d'un nouvel employeur.

Art. L. 6225-6. La décision de refus du *(L. 2011-525 du 17 mai 2011, art. 170, JO 18)* «[directeur régional de l'économie, de l'emploi, du travail et des solidarités]» peut s'accompagner de l'interdiction faite à l'employeur de recruter de nouveaux apprentis ainsi que des jeunes titulaires d'un contrat d'insertion en alternance, pour une durée qu'elle détermine.

Art. R. 6225-10. Lorsque le *(D. 2020-1545 du 9 déc. 2020, JO 10, entrée en vigueur le 01.04.202)* «directeur régional de l'économie, de l'emploi, du travail et des solidarités» a interdit le recrutement de nouveaux apprentis, en application de l'article L. 6225-6, l'employeur peut lui demander de mettre fin à cette interdiction.

L'employeur joint à sa demande toutes justifications de nature à établir qu'il a pris les mesures nécessaires pour supprimer tout risque d'atteinte à la santé ou à l'intégrité physique ou morale des apprentis dans l'entreprise.

Art. R. 6225-11. Lorsque le *(D. 2020-1545 du 9 déc. 2020, JO 10, entrée en vigueur le 01.04.2021)* «directeur régional de l'économie, de l'emploi, du travail et des solidarités» décide, au vu des justifications présentées par l'employeur, de mettre fin à l'interdiction de recruter de nouveaux apprentis, il notifie sa décision à l'employeur.

L'employeur peut à nouveau procéder à *(D. 2020-372 du 30 mars 2020, art. 5, 8°, JO 31)* «l'engagement d'apprentis».

Art. R. 6225-12. *(D. 2020-372 du 30 mars 2020, art. 5, 9°, JO 31)* «Sont communiquées sans délai à l'organisme chargé du dépôt du contrat et, le cas échéant, à la mission chargée du contrôle pédagogique mentionnée à l'article R. 6251-1 :»

1° La décision d'interdiction de recruter de nouveaux apprentis, prise en application de l'article L. 6225-6 ;

2° La décision de levée d'interdiction de recruter de nouveaux apprentis, prise en application de l'article R. 6225-11.

Art. L. 6225-7. En cas de refus d'autoriser la reprise de l'exécution du contrat d'apprentissage, le centre de formation d'apprentis où est inscrit l'apprenti prend les dispositions nécessaires pour lui permettre de suivre provisoirement la formation dispensée par le centre et de trouver un nouvel employeur susceptible de contribuer à l'achèvement de sa formation.

SECTION 3. Dispositions d'application

Art. L. 6225-8. Un décret en Conseil d'État détermine les mesures d'application du présent chapitre.

CHAPITRE VI Entreprises de travail temporaire

Note Ce chapitre a été introduit par la loi 2011-893 du 28 juillet 2011, art. 7, JO 29.

Art. L. 6226-1. Les entreprises de travail temporaire mentionnées à l'article L. 1251-45 peuvent conclure des contrats d'apprentissage. Ces contrats assurent à l'apprenti une formation professionnelle dispensée pour partie en entreprise dans le cadre des missions de travail temporaire définies au chapitre Ier du titre V du livre II de la première partie et pour partie en centre de formation d'apprentis ou section d'apprentissage dans les conditions prévues à l'article L. 1251-57.

La durée minimale de chaque mission de travail temporaire effectuée dans le cadre de l'apprentissage est de six mois. Le temps consacré aux enseignements dispensés en centre de formation d'apprentis ou en section d'apprentissage et afférents à ces missions est pris en compte dans cette durée.

La fonction tutorale mentionnée à l'article L. 6223-6 est assurée par un maître d'apprentissage dans l'entreprise de travail temporaire et par un maître d'apprentissage dans l'entreprise utilisatrice.

SECTION 1 (réglementaire). **Dispositions générales**

Note Les sections 1 et 2 ont été introduites par le décret 2012-472 du 11 avril 2012, JO 13.

Art. R. 6226-1. Le contrat d'apprentissage conclu avec une entreprise de travail temporaire précise notamment le nom du maître d'apprentissage nommé dans cette dernière et la durée de son expérience en entreprise de travail temporaire.

Art. R. 6226-2. Le contrat de mise à disposition de l'apprenti au sein de l'entreprise utilisatrice précise :

1° Le titre ou diplôme préparé par l'apprenti ;

2° La nature des travaux confiés à l'apprenti, qui doivent être en relation directe avec la formation professionnelle prévue au contrat d'apprentissage ;

3° Le nom du maître d'apprentissage désigné au sein de l'entreprise de travail temporaire ;

(D. 2020-372 du 30 mars 2020, art. 6, 1°, JO 31) « 4° Le nom du maître d'apprentissage désigné au sein de l'entreprise utilisatrice et les informations attestant du respect des conditions imposées par l'article L. 6223-8-1 ; »

5° Les modalités selon lesquelles l'entreprise utilisatrice informe l'entreprise de travail temporaire du déroulement de la formation professionnelle de l'apprenti en son sein ;

6° Les modalités selon lesquelles est organisée la liaison entre les maîtres d'apprentissage et le centre de formation des apprentis.

Art. R. 6226-3. I. – Les mentions figurant sur le contrat de mission en application de l'article L. 1251-16 sont complétées par les mentions du contrat de mise à disposition de l'apprenti prévues à l'article R. 6226-2.

II. – L'entreprise de travail temporaire adresse le contrat de mission de l'apprenti, dès sa conclusion, au directeur du centre de formation d'apprentis. Elle l'informe de tout changement concernant le maître d'apprentissage désigné au sein de l'entreprise utilisatrice.

III. – La suspension du contrat d'apprentissage, en application des dispositions de l'article L. 6225-4, emporte la suspension du contrat de mission de l'apprenti. La rupture du contrat d'apprentissage, en application des dispositions de l'article L. 6225-5, emporte la rupture du contrat de mission de l'apprenti.

Note Cet article a été modifié par le décret 2020-372 du 30 mars 2020, art. 6, 2°, JO 31.

Art. R. 6226-4. Pour la formation de l'apprenti qu'elle emploie, l'entreprise de travail temporaire ne peut pas conclure de convention avec une entreprise d'accueil en application de l'article R. 6223-10 ni avec une entreprise d'un autre État membre de ***(D. 2020-372 du 30 mars 2020, art. 6, 3°, JO 31)*** « l'Union » européenne susceptible d'accueillir temporairement l'apprenti en application de l'article ***(D. 2020-372 du 30 mars 2020, art. 6, 3°, JO 31)*** « L. 6222-42 ».

SECTION 2 (réglementaire). **Maîtres d'apprentissage**

Art. R. 6226-5. Le maître d'apprentissage désigné au sein de l'entreprise de travail temporaire assure le suivi de l'apprenti tout au long de sa formation et veille à sa progression, en liaison avec le centre de formation des apprentis et les maîtres d'apprentissage nommés dans les entreprises utilisatrices.

Est réputée remplir la condition de compétence professionnelle exigée, en application de l'article L. 6223-1, d'un maître d'apprentissage nommé dans une entreprise de travail temporaire une personne justifiant d'une expérience professionnelle minimale de deux années dans ce type d'entreprise.

Par dérogation aux dispositions de l'article R. 6223-6, le nombre maximal d'apprentis pouvant être accueillis simultanément dans une entreprise de travail temporaire est fixé à cinq par maître d'apprentissage.

Art. R. 6226-6. En application de l'article L. 6223-5, le maître d'apprentissage nommé au sein de l'entreprise utilisatrice contribue à l'acquisition par l'apprenti dans cette entreprise des compétences correspondant à la qualification recherchée et au titre ou diplôme préparé, en liaison avec le maître d'apprentissage désigné au sein de l'entreprise de travail temporaire et avec le centre de formation d'apprentis.

(D. 2020-372 du 30 mars 2020, art. 6, 4°, JO 31) « Le maître d'apprentissage nommé au sein de l'entreprise utilisatrice doit remplir les conditions imposées par l'article L. 6223-8-1. »

Pour l'application de l'article R. 6223-6 à l'entreprise utilisatrice, l'apprenti mis à disposition par une entreprise de travail temporaire est pris en compte dans le calcul du nombre maximal d'apprentis par maître d'apprentissage.

La dérogation à l'interdiction du travail de nuit des apprentis, prévue à l'article L. 6222-26, est accomplie sous la responsabilité du maître d'apprentissage nommé au sein de l'entreprise utilisatrice.

CHAPITRE VII Développement de l'apprentissage dans le secteur public non industriel et commercial

Note • **Loi 2016-1088.** Ce chapitre est issu de la loi 2016-1088 du 8 août 2016, art. 73, JO 9. Ce faisant, la loi 92-675 du 17 juillet 1992 qui encadrait le recrutement des apprentis dans le secteur précité a été abrogée.

Voir LSQ n° 17167 du 26.09.2016, p. 4.

• **Covid-19.** Sur le versement d'une aide financière exceptionnelle pour le recrutement d'apprentis par les collectivités territoriales et les établissements publics en relevant, voir loi 2020-935 du 30 juillet 2020, art. 76, III, JO 31 et décret 2020-1622 du 18 décembre 2020, JO 20.

Art. L. 6227-1. Les personnes morales de droit public dont le personnel ne relève pas du droit privé peuvent conclure des contrats d'apprentissage selon les modalités définies au présent titre, sous réserve du présent chapitre.

(L. 2019-828 du 6 août 2019, art. 18, III, JO 7) «Les organismes publics ne disposant pas de la personnalité morale peuvent, sous réserve d'avoir la capacité juridique de recruter des personnels, conclure des contrats d'apprentissage dans les mêmes conditions que celles prévues au premier alinéa.»

Art. L. 6227-2. Par dérogation à l'article L. 6222-7, le contrat d'apprentissage est conclu pour une durée limitée.

Art. L. 6227-3. Les personnes morales mentionnées à l'article L. 6227-1 peuvent conclure avec une autre personne morale de droit public ou avec une entreprise des conventions prévoyant qu'une partie de la formation pratique est dispensée par cette autre personne morale de droit public ou par cette entreprise. Un décret fixe les clauses que comportent ces conventions ainsi que les autres dispositions qui leur sont applicables.

Art. L. 6227-4. Les conditions générales d'accueil et de formation des apprentis font l'objet d'un avis du comité technique ou de toute autre instance compétente au sein de laquelle siègent les représentants du personnel. Cette instance examine annuellement un rapport sur l'exécution des contrats d'apprentissage.

Art. L. 6227-5. Pour la mise en œuvre du présent chapitre, un centre de formation d'apprentis peut conclure avec un ou plusieurs centres de formation gérés par une personne mentionnée à l'article L. 6227-1 ou avec le Centre national de la fonction publique territoriale une convention aux termes de laquelle ces établissements assurent une partie des formations normalement dispensées par le centre de formation d'apprentis et peut mettre à sa disposition des équipements pédagogiques ou d'hébergement. Dans ce cas, les centres de formation d'apprentis conservent la responsabilité administrative et pédagogique des enseignements dispensés.

Art. L. 6227-6. Les personnes morales mentionnées à l'article L. 6227-1 prennent en charge les coûts de la formation de leurs apprentis dans les centres de formation d'apprentis qui les accueillent, sauf lorsque ces personnes morales sont redevables de la taxe d'apprentissage. À cet effet, elles concluent une convention avec ces centres pour définir les conditions de cette prise en charge.

Art. L. 6227-8. L'apprenti est affilié au régime général de la sécurité sociale pour tous les risques et au régime complémentaire de retraite institué au profit des agents non titulaires de l'État et des collectivités territoriales ou au profit des agents des autres personnes morales de droit public mentionnées à l'article L. 6227-1. Les validations de droit à l'assurance vieillesse sont opérées selon les conditions fixées ***(L. 2018-1203 du 22 déc. 2018, art. 8, VI, 3°, JO 23, entrée en vigueur le 01.01.2019)*** «au dernier alinéa de l'article L. 6243-3».

Art. L. 6227-8-1. ***(L. 2018-1203 du 22 déc. 2018, art. 8, VI, 4°, JO 23, entrée en vigueur le 01.01.2019)*** L'employeur de l'apprenti est exonéré de la totalité des cotisations sociales d'origine légale et conventionnelle qui sont à sa charge, à l'exclusion de celles dues au titre des accidents du travail et des maladies professionnelles.

Note **Loi 2018-1203.** Si la loi précitée a supprimé l'exonération de cotisations patronales attachée aux contrats d'apprentissage depuis le 01.01.2019 dans le secteur privé (voir note sous art. L. 6243-2), les employeurs publics continuent, dans le secteur non industriel et commercial, à bénéficier d'une exonération spécifique de cotisations patronales pour leur personnel ne relevant pas du droit privé.

Voir RF 28 décembre 2018, FH 3771, § 1-14.

Art. L. 6227-9. L'État prend en charge les cotisations d'assurance sociale et les allocations familiales dues par l'employeur ainsi que les cotisations et contributions salariales d'origine légale et conventionnelle rendues obligatoires par la loi dues au titre des salaires versés aux apprentis, y compris les contributions d'assurance chômage versées par l'employeur qui a adhéré au régime mentionné à l'article L. 5422-13. Par dérogation, cette adhésion peut être limitée aux apprentis.

Art. L. 6227-10. Les services accomplis par l'apprenti au titre de son ou de ses contrats d'apprentissage ne peuvent ni être pris en compte comme services publics au sens des dispositions applicables aux fonctionnaires, aux agents publics ou aux agents employés par les personnes morales mentionnées à l'article L. 6227-1, ni au titre de l'un des régimes spéciaux de retraite applicables à ces agents.

Art. L. 6227-11. Le contrat d'apprentissage est ***(L. 2018-771 du 5 sept. 2018, art. 11, II, 8°, JO 6, entrée en vigueur le 01.01.2020)*** «déposé auprès du» représentant de l'État dans le département du lieu d'exécution du contrat.

Art. L. 6227-12. ***(L. 2018-771 du 5 sept. 2018, art. 11, II, 9°, JO 6)*** L'ensemble des dispositions relatives à l'apprentissage est applicable au secteur public non industriel et commercial, à l'exception des articles L. 6222-5, L. 6222-13, L. 6222-16, L. 6222-31, L. 6222-39, L. 6223-1, L. 6224-1, L. 6225-1 à L. 6225-3-1, L. 6243-1 et L. 6243-1-2.

Les modalités de mise en œuvre du présent chapitre sont déterminées par voie réglementaire.

Note Cet article est applicable aux contrats conclus depuis le 01.01.2019 (loi 2018-771 précitée, art. 46, II).

Art. D. 6271-1. ***(D. 2017-199 du 16 févr. 2017, JO 18) (D. 2020-478 du 24 avril 2020, JO 26)*** «Lorsque l'employeur public mentionné» à l'article L. 6227-1 n'est pas en mesure de proposer des tâches ou ne dispose pas des équipements ou techniques recouvrant l'ensemble des besoins de formation pratique nécessaires à l'obtention du diplôme ou du titre à finalité professionnelle inscrit au répertoire national des certifications professionnelles préparé par l'apprenti ***(D. 2020-478 du 24 avril 2020, JO 26)*** «qu'il emploie, il peut» conclure une convention avec ***(D. 2020-478 du 24 avril 2020, JO 26)*** «un autre employeur public mentionné à l'article L. 6227-1 ou une entreprise privée» afin de permettre à l'apprenti de compléter sa formation pratique.

(D. 2020-478 du 24 avril 2020, JO 26) «Il doit» toutefois assurer plus de la moitié de la durée de la formation pratique exigée par le diplôme ou le titre préparé par l'apprenti.

Pendant l'exécution de la convention, l'apprenti continue de suivre les enseignements dispensés par le centre de formation d'apprentis auquel il est inscrit et doit se conformer au règlement intérieur qui s'applique dans la structure d'accueil au sein de laquelle il effectue sa formation pratique.

Note Les articles D. 6271-1 à 3 s'appliquent aux contrats d'apprentissage en cours d'exécution au 19 février 2017 (décret 2017-199 précité, art. 3).

Art. D. 6271-2. ***(D. 2017-199 du 16 févr. 2017, JO 18)*** La convention est conclue, en début ou en cours de contrat, ***(D. 2020-478 du 24 avril 2020, JO 26)*** «entre l'employeur public mentionné à l'article L. 6227-1, l'autre employeur public ou l'entreprise qui assure l'accueil de l'apprenti».

Elle doit préciser:

1° La durée de la période d'accueil;

2° L'objet de la formation ***(D. 2020-478 du 24 avril 2020, JO 26)*** «et le titre ou diplôme préparé par l'apprenti»;

(D. 2020-478 du 24 avril 2020, JO 26) «3° La nature des tâches qui sont confiées à l'apprenti qui doivent être en relation directe avec la formation professionnelle prévue au contrat d'apprentissage;»

4° Les horaires et le lieu de travail;

(D. 2020-478 du 24 avril 2020, JO 26) «5° Le nom du maître d'apprentissage et les informations attestant du respect des conditions de compétences professionnelles prévues à l'article D. 6273-1;»

6° Les modalités de prise en charge par ***(D. 2020-478 du 24 avril 2020, JO 26)*** «l'établissement d'accueil» des frais de transport et d'hébergement résultant pour l'apprenti de l'exécution de la formation pratique;

7° L'obligation pour ***(D. 2020-478 du 24 avril 2020, JO 26)*** «l'établissement d'accueil» de se garantir en matière de responsabilité civile.

(D. 2020-478 du 24 avril 2020, JO 26) «8° Les modalités de partage, entre l'employeur public mentionné à l'article L. 6227-1 et l'établissement d'accueil, des rémunérations;

9° Les modalités selon lesquelles l'établissement d'accueil informe l'employeur de l'apprenti du déroulement de la formation.»

(D. 2020-478 du 24 avril 2020, JO 26) «Dès sa conclusion, la convention est adressée par l'employeur au directeur du centre de formation d'apprentis qui la transmet au représentant de l'État mentionné à l'article L. 6227-11.»

Art. D. 6271-3. ***(D. 2017-199 du 16 févr. 2017, JO 18)*** Lorsque l'employeur d'accueil est soumis aux dispositions du code du travail, celui-ci est responsable du respect des dispositions relatives à la durée du travail prévues au livre Ier de la troisième partie, ainsi qu'à l'hygiène, à la sécurité et aux conditions de travail prévues à la quatrième partie et, le cas échéant, du code rural et de la pêche marine. Si l'activité exercée par l'apprenti dans la structure d'accueil nécessite une surveillance médicale spéciale au sens de la réglementation relative à la médecine du travail, les obligations correspondantes sont à la charge de cet employeur.

Lorsque l'employeur d'accueil est une personne morale de droit public, celui-ci est responsable du respect des dispositions relatives à l'hygiène, à la sécurité et à la médecine préventive définies par le décret n° 82-453 du 28 mai 1982 modifié relatif à l'hygiène et à la sécurité du travail ainsi qu'à la prévention médicale dans la fonction publique.

Art. D. 6272-1. ***(D. 2020-478 du 24 avril 2020, JO 26)*** Le salaire perçu par l'apprenti en application de l'article L. 6222-27 est fixé selon les modalités définies à la sous-section 2 de la section 2 du chapitre II du titre II du présent livre.

Note Les articles D. 6272-1 et 2 s'appliquent aux contrats d'apprentissage conclus depuis le 27.04.2020 (décret 2020-478 précité, art. 6).

Art. D. 6272-2. ***(D. 2020-478 du 24 avril 2020, JO 26)*** Les employeurs publics peuvent majorer la rémunération prévue par l'article D. 6222-26 de 10 points ou 20 points.

Art. D. 6273-1. ***(D. 2019-32 du 18 janv. 2019, JO 20)*** Pour les contrats conclus en application de l'article L. 6227-1 sont réputées remplir la condition de compétence professionnelle exigée d'un maître d'apprentissage en application de l'article L. 6223-8-1 :

1° Les personnes titulaires d'un diplôme ou d'un titre relevant du domaine professionnel correspondant à la finalité du diplôme ou du titre préparé par l'apprenti et d'un niveau au moins équivalent, justifiant d'une année d'exercice d'une activité professionnelle en rapport avec la qualification préparée par l'apprenti ;

2° Les personnes justifiant de deux années d'exercice d'une activité professionnelle en rapport avec la qualification préparée par l'apprenti.

Note Cet article s'applique aux contrats d'apprentissage conclus depuis le 01.01.2019 (décret 2019-32 précité, art. 3).

Art. D. 6274-1. ***(D. 2019-32 du 18 janv. 2019, JO 20)*** Pour les ***(D. 2020-478 du 24 avril 2020, JO 26)*** «employeurs publics mentionnés» à l'article L. 6227-1, un médiateur est désigné pour résoudre les différends entre l'employeur et l'apprenti ou son représentant légal au sujet de l'exécution ou de la rupture du contrat d'apprentissage.

La médiation prévue par l'article L. 6222-18 est assurée soit par le médiateur soit par le service de ressources humaines de proximité dont relève l'apprenti. Cette médiation est mise en œuvre dans les conditions prévues à l'article D. 6222-21-1.

Note Cet article s'applique aux contrats d'apprentissage conclus depuis le 01.01.2019 (décret 2019-32 précité, art. 3).

Art. D. 6275-1. ***(D. 2019-1489 du 27 déc. 2019, JO 29, entrée en vigueur le 01.01.2020)*** Au plus tard dans les cinq jours ouvrables qui suivent le début de l'exécution du contrat d'apprentissage, l'employeur public mentionné à l'article L. 6227-1 transmet ce contrat, accompagné de la convention mentionnée à l'article L. 6227-6 et, le cas échéant, de la convention tripartite mentionnée au troisième alinéa de l'article L. 6222-7-1, à ***(D. 2020-1545 du 9 déc. 2020, JO 10, entrée en vigueur le 01.04.2021)*** «la direction départementale de l'emploi, du travail et des solidarités» compétente.

Cette transmission peut se faire par voie dématérialisée.

Art. D. 6275-2. ***(D. 2019-1489 du 27 déc. 2019, JO 29, entrée en vigueur le 01.01.2020)*** À réception du contrat, ***(D. 2020-1545 du 9 déc. 2020, JO 10, entrée en vigueur le 01.04.2021)*** «la direction départementale de l'emploi, du travail et des solidarités» vérifie qu'il satisfait aux conditions posées par :

1° L'article L. 6211-1 relatif aux formations éligibles à l'apprentissage ;

2° Les articles L. 6222-1 à L. 6222-3 relatifs à l'âge de l'apprenti ;

3° Les articles D. 6222-26 à D. 6222-33 relatifs à la rémunération des apprentis.

S'il est constaté que l'une au moins de ces conditions n'est pas satisfaite, le dépôt du contrat d'apprentissage est refusé. Ce refus est notifié aux parties ainsi qu'au centre de formation d'apprentis. La notification précise le motif du refus. Elle peut être faite par voie dématérialisée.

Art. R. 6275-3. ***(D. 2019-1489 du 27 déc. 2019, JO 29, entrée en vigueur le 01.01.2020) (D. 2020-1545 du 9 déc. 2020, JO 10, entrée en vigueur le 01.04.2021)*** «La direction départementale de l'emploi, du travail et des solidarités» se prononce dans un délai de vingt jours à compter de la réception de l'ensemble des documents mentionnés à l'article D. 6275-1. Son silence fait naître, au terme de ce délai, une décision implicite acceptant le dépôt du contrat.

Art. D. 6275-4. ***(D. 2019-1489 du 27 déc. 2019, JO 29, entrée en vigueur le 01.01.2020)*** Toute modification d'un élément essentiel du contrat fait l'objet d'un avenant transmis à ***(D. 2020-1545 du 9 déc.***

2020, JO 10, entrée en vigueur le 01.04.2021) « la direction départementale de l'emploi, du travail et des solidarités » compétente pour dépôt dans les conditions fixées au présent chapitre.

Art. D. 6275-5. ***(D. 2019-1489 du 27 déc. 2019, JO 29, entrée en vigueur le 01.01.2020)*** Lorsque le contrat d'apprentissage est rompu avant son terme, l'employeur notifie sans délai la rupture, et par tout moyen approprié, à ***(D. 2020-1545 du 9 déc. 2020, JO 10, entrée en vigueur le 01.04.2021)*** « la direction départementale de l'emploi, du travail et des solidarités ».

CHAPITRE VII (réglementaire) Dispositions pénales

Note Ce chapitre VII est l'ancien chapitre VI. Les articles R. 6226-1 à 10 ont été renumérotés R. 6227-1 à 10.

Art. R. 6227-1. Le fait, pour l'employeur, de méconnaître les dispositions des articles L. 6222-1, L. 6222-2, L. 6222-11, L. 6222-24, L. 6223-2 à L. 6223-8, R. 6223-9, R. 6223-22 et R. 6223-23, est puni de l'amende prévue pour les contraventions de la quatrième classe.

Note Cet article a été modifié par le décret 2009-289 du 13 mars 2009, JO 15.

Art. R. 6227-2. Le fait d'employer un apprenti à un travail effectif excédant huit heures par jour ou la durée légale hebdomadaire fixée par l'article ***(D. 2016-1551 du 18 nov. 2016, art. 6, V, 23°, JO 19, entrée en vigueur le 01.01.2017)*** « L. 3121-27 » du code du travail et par l'article L. 713-2 du code rural ***(Ord. 2010-462 du 6 mai 2010, JO 7)*** « et de la pêche maritime », en méconnaissance des dispositions de l'article L. 6222-25, est puni de l'amende prévue pour les contraventions de la quatrième classe.

Note Cet article a été modifié par le décret 2018-1139 du 13 décembre 2018, JO 14; cette modification est applicable aux contrats conclus depuis le 01.01.2019 (décret précité, art. 3).

Art. R. 6227-3. Le fait d'employer un apprenti âgé de moins de dix-huit ans à un travail de nuit, en méconnaissance des dispositions de l'article L. 6222-26, est puni de l'amende prévue pour les contraventions de la cinquième classe.

La récidive est réprimée conformément aux articles 132-11 et 132-15 du code pénal.

Art. R. 6227-4. Le fait de verser un salaire à l'apprenti inférieur au minimum prévu par l'article L. 6222-27, est puni de l'amende prévue pour les contraventions de la cinquième classe.

L'amende est appliquée autant de fois qu'il y a d'apprentis rémunérés dans des conditions illégales.

La récidive est réprimée conformément aux articles 132-11 et 132-15 du code pénal.

Art. R. 6227-5. Le fait d'employer un apprenti à des travaux dangereux pour sa santé ou sa sécurité, en méconnaissance des dispositions de l'article L. 6222-30, est puni de l'amende prévue pour les contraventions de la cinquième classe.

La récidive est réprimée conformément aux articles 132-11 et 132-15 du code pénal.

Art. R. 6227-6. Le fait de ne pas présenter l'apprenti aux épreuves du diplôme ou du titre prévu par le contrat d'apprentissage, en méconnaissance des dispositions de l'article L. 6222-34, est puni de l'amende prévue pour les contraventions de la cinquième classe.

La récidive est réprimée conformément aux articles 132-11 et 132-15 du code pénal.

Art. R. 6227-7. Le fait de ne pas accorder un congé supplémentaire de cinq jours à l'apprenti pour lui permettre de préparer les épreuves dans un centre de formation d'apprentis, ou de ne pas maintenir le salaire de l'apprenti pendant ce congé en méconnaissance des dispositions de l'article L. 6222-35, est puni de l'amende prévue pour les contraventions de la cinquième classe.

La récidive est réprimée conformément aux articles 132-11 et 132-15 du code pénal.

Art. R. 6227-8. Le fait, pour l'employeur, de méconnaître les dispositions de l'article L. 6223-1, est puni de l'amende prévue pour les contraventions de la cinquième classe.

Art. R. 6227-9. Le fait, pour l'employeur, de méconnaître les dispositions de l'article L. 6225-1, est puni de l'amende prévue pour les contraventions de la cinquième classe.

TITRE III DISPOSITIONS SPÉCIFIQUES APPLICABLES AUX CENTRES DE FORMATION D'APPRENTIS

Note • **Textes.** Ce titre est issu de la **loi 2018-771** du 5 septembre 2018, art. 24, VI, JO 6; les dispositions issues de cette loi sont applicables depuis le 01.01.2019 (loi précitée, art. 46, I).

Conformément aux VIII à XI de l'article 24 de la **loi 2018-771** précitée, modifié par l'article 7, 2° de l'**ordonnance 2019-861** du 21 août 2019, JO 22:

VIII. – Les centres de formation d'apprentis existants à la date de publication de la présente loi ont jusqu'au 31 décembre 2021 pour se mettre en conformité avec les dispositions de la présente loi. Jusqu'à cette mise en conformité, ils sont autorisés à poursuivre leur activité et sont réputés satisfaire aux obligations résultant de la présente loi applicables aux centres de formations d'apprentis, notamment aux critères de qualité mentionnés à l'article L. 6316-1 CT.

IX. – Les reports de taxe d'apprentissage et de contribution supplémentaire à l'apprentissage constatés au 31 décembre 2019, excédant le tiers des charges de fonctionnement constatées de l'organisme au titre du dernier exercice clos, sont reversés à l'établissement France compétences. Au titre de sa mission mentionnée au 1° de l'article L. 6123-5 CT, France compétences les affecte au financement de centres de formation d'apprentis pour garantir, au delà de cette date, la continuité de leur activité pédagogique en matière d'apprentissage. En cas de cessation de l'activité de formation par apprentissage, les excédents constatés à ce titre sont reversés à France compétences.

X. – Les articles L. 6232-1 à L. 6232-9 CT et le 2° de l'article L. 6232-10 CT dans leur rédaction antérieure à la présente loi sont applicables aux centres de formations d'apprentis et aux sections d'apprentissage créés entre le 1er janvier 2019 et le 31 décembre 2019.

Pendant cette période, il peut être dérogé aux articles L. 6232-1 à L. 6232-4 CT dans leur rédaction antérieure à la présente loi pour créer un centre de formation d'apprentis répondant aux objectifs de l'article L. 6211-1 CT dans sa rédaction antérieure à la présente loi.

Le centre de formation d'apprentis ainsi créé peut percevoir les fonds issus de la taxe d'apprentissage prévus à l'article L. 6241-4 CT dans sa rédaction antérieure à la présente loi mais n'est pas éligible au financement de la région dans laquelle le centre ou la section est implanté ou dans laquelle les formations sont réalisées. Les dispositions des deux premiers alinéas sont applicables dès la publication de la loi.

XI. – Jusqu'au 1er janvier 2020, les articles L. 6233-1 à L. 6233-2 CT dans leur rédaction antérieure à la présente loi demeuraient applicables aux centres de formation d'apprentis et aux sections d'apprentissage.

Conformément à l'article 10 du **décret 2019-1143** du 7 novembre 2019, JO 8 :

I. – Les centres de formation d'apprentis existants à la date de publication de la loi du 5 septembre 2018 doivent, au plus tard le 31 décembre 2021, se mettre en conformité avec les dispositions du présent décret.

II. – Les dispositions des articles R. 6232-1 à D. 6232-25 CT, dans leur rédaction antérieure au présent décret, sont applicables aux centres de formations d'apprentis et aux sections d'apprentissage créés avant le 1er janvier 2020.

III. – Les dispositions des articles R. 6233-1 à R. 6233-11 CT, dans leur rédaction antérieure au présent décret, demeurent applicables aux centres de formation d'apprentis et aux sections d'apprentissage jusqu'au 31 décembre 2019.

• **Covid-19.** Sur les conséquences pour les CFA, voir questions/réponses du ministère du Travail : ***https://travail-emploi.gouv.fr/le-ministere-en-action/coronavirus-covid-19/questions-reponses-par-theme/article/apprentissage-apprentis-et-organismes-de-formation-cfa.***

Voir LSQ n° 18184 du 17.11.2020.

CHAPITRE Ier Missions et obligations des centres de formation d'apprentis

Art. L. 6231-1. Le titre V du livre III de la présente partie, à l'exception des articles L. 6353-3 à L. 6353-7, s'applique aux centres de formation d'apprentis.

Les dispositions spécifiques applicables à ces organismes sont prévues au présent titre.

Art. L. 6231-2. Les centres de formation dispensant les actions mentionnées au 4° de l'article L. 6313-1 ont pour mission :

1° D'accompagner les personnes, y compris celles en situation de handicap, souhaitant s'orienter ou se réorienter par la voie de l'apprentissage, en développant leurs connaissances et leurs compétences et en facilitant leur intégration en emploi, en cohérence avec leur projet professionnel. Pour les personnes en situation de handicap, le centre de formation d'apprentis appuie la recherche d'un employeur et facilite leur intégration tant en centre de formation d'apprentis qu'en entreprise en proposant les adaptations nécessaires au bon déroulement de leur contrat d'apprentissage. Pour accomplir cette mission, le centre de formation d'apprentis désigne un référent chargé de l'intégration des personnes en situation de handicap ;

2° D'appuyer et d'accompagner les postulants à l'apprentissage dans leur recherche d'un employeur ;

3° D'assurer la cohérence entre la formation dispensée en leur sein et celle dispensée au sein de l'entreprise, en particulier en organisant la coopération entre les formateurs et les maîtres d'apprentissage ;

4° D'informer, dès le début de leur formation, les apprentis de leurs droits et devoirs en tant qu'apprentis et en tant que salariés et des règles applicables en matière de santé et de sécurité en milieu professionnel ;

5° De permettre aux apprentis en rupture de contrat la poursuite de leur formation pendant six mois tout en les accompagnant dans la recherche d'un nouvel employeur, en lien avec le service public de l'emploi. Les apprentis en rupture de contrat sont affiliés à un régime de sécurité sociale et peuvent bénéficier d'une rémunération, en application des dispositions prévues respectivement aux articles L. 6342-1 et L. 6341-1 ;

6° D'apporter, en lien avec le service public de l'emploi, en particulier avec les missions locales, un accompagnement aux apprentis pour prévenir ou résoudre les difficultés d'ordre social et matériel susceptibles de mettre en péril le déroulement du contrat d'apprentissage ;

7° De favoriser la mixité au sein de leurs structures en sensibilisant les formateurs, les maîtres d'apprentissage et les apprentis à la question de l'égalité entre les femmes et les hommes ainsi qu'à la prévention du harcèlement sexuel au travail et en menant une politique d'orientation et de promotion des formations qui met en avant les avantages de la mixité. Ils participent à la lutte contre la répartition sexuée des métiers ;

8° D'encourager la mixité des métiers et l'égalité professionnelle entre les femmes et les hommes en organisant des actions d'information sur ces sujets à destination des apprentis ;

9° De favoriser, au-delà de l'égalité entre les femmes et les hommes, la diversité au sein de leurs structures en sensibilisant les formateurs, les maîtres d'apprentissage et les apprentis à l'égalité des chances et à la lutte contre toutes formes de discriminations et en menant une politique d'orientation et de promotion des formations qui mette en avant les avantages de la diversité ;

10° D'encourager la mobilité nationale et internationale des apprentis en nommant un personnel dédié, qui peut comprendre un référent mobilité mobilisant, au niveau national, les ressources locales et, au niveau international, les programmes de l'Union européenne, et en mentionnant, le cas échéant, dans le contenu de la formation, la période de mobilité ;

11° D'assurer le suivi et l'accompagnement des apprentis quand la formation prévue au 2° de l'article L. 6211-2 est dispensée en tout ou partie à distance ;

12° D'évaluer les compétences acquises par les apprentis, y compris sous la forme d'un contrôle continu, dans le respect des règles définies par chaque organisme certificateur ;

13° D'accompagner les apprentis ayant interrompu leur formation et ceux n'ayant pas, à l'issue de leur formation, obtenu de diplôme ou de titre à finalité professionnelle vers les personnes et les organismes susceptibles de les accompagner dans la définition d'un projet de poursuite de formation ;

14° D'accompagner les apprentis dans leurs démarches pour accéder aux aides auxquelles ils peuvent prétendre au regard de la législation et de la réglementation en vigueur.

Les centres de formation peuvent confier certaines de ces missions aux chambres consulaires dans des conditions déterminées par décret.

Note Voir JCP éd. S 2019, act. 424, aperçu rapide, S. Dougados et F. du Pradel.

Art. L. 6231-3. Tout centre de formation d'apprentis prévoit l'institution d'un conseil de perfectionnement dont la fonction est de veiller à son organisation et à son fonctionnement.

Note Voir le « questions - réponses » sur la mise en œuvre de la réforme dans les CFA, décembre 2019, rapporté dans les *Textes non codifiés*.

Art. L. 6231-4. Tout centre de formation d'apprentis a l'obligation de mettre en place une comptabilité analytique. Les règles de mise en œuvre de cette comptabilité analytique ainsi que le seuil à partir duquel cette obligation s'applique sont fixés par arrêté du ministre chargé de la formation professionnelle.

Note **Règles de mise en œuvre.** Voir arrêté (et son annexe) du 21 juillet 2020 (JO 29).

Art. L. 6231-5

Art. L. 6231-5. Les statuts de l'organisme de formation qui dispense des actions au titre du 4° de l'article L. 6313-1 mentionnent expressément dans leur objet l'activité de formation en apprentissage.

(Ord. 2019-861 du 21 août 2019, art. 1er, 40°, JO 22) «Cette obligation ne s'applique pas au centre de formation d'apprentis d'entreprise mentionné au I de l'article L. 6241-2.»

Note En l'absence de statut, cet article ne s'applique pas aux travailleurs indépendants (voir le «questions - réponses» sur la mise en œuvre de la réforme dans les CFA, décembre 2019, rapporté dans les *Textes non codifiés*).

Art. L. 6231-6. Il est interdit de donner le nom de centre de formation d'apprentis à un organisme dont la déclaration d'activité n'a pas été enregistrée par l'autorité administrative conformément à l'article L. 6351-1 et dont les statuts ne font pas référence à l'apprentissage ***(Ord. 2019-861 du 21 août 2019, art. 1er, 40° bis, JO 22)*** «sans préjudice des dispositions de l'article L. 6231-5».

Le fait de contrevenir aux dispositions du premier alinéa du présent article est puni de 4 500 € d'amende.

Art. L. 6231-7. La devise de la République, le drapeau tricolore et le drapeau européen sont apposés sur la façade des centres de formation d'apprentis. La Déclaration des droits de l'homme et du citoyen du 26 août 1789 est affichée de manière visible dans les locaux des mêmes établissements.

SECTION 1 (réglementaire). Missions des centres de formation d'apprentis

Note Les sections 1 et 2 sont issues du décret 2019-1143 du 7 novembre 2019, art. 1er, JO 8.

Art. R. 6231-1. Le directeur de l'organisme de formation délivrant des formations par apprentissage est chargé de la mise en œuvre des missions et obligations du centre de formation d'apprentis.

Art. R. 6231-2. Les centres de formation d'apprentis peuvent confier par convention aux chambres consulaires une ou plusieurs des missions mentionnées aux 1° à 14° de l'article L. 6231-2.

La convention comporte les mentions suivantes:

1° La désignation de la chambre consulaire signataire;

2° Les missions confiées;

3° Les moyens mis en œuvre pour réaliser la ou les missions;

4° Les modalités de financement;

5° Les modalités choisies pour suivre, contrôler et évaluer la réalisation de la mission;

6° La durée de validité de la convention.

SECTION 2 (réglementaire). Conseil de perfectionnement

Art. R. 6231-3. Le conseil de perfectionnement prévu à l'article L. 6231-3 est placé auprès du directeur de l'organisme de formation délivrant des formations par apprentissage.

Note Voir JCP éd. S 2019, act. 424, aperçu rapide, S. Dougados et F. du Pradel.

Art. R. 6231-4. Le conseil de perfectionnement examine et débat des questions relatives à l'organisation et au fonctionnement du centre de formation d'apprentis, notamment sur:

1° Le projet pédagogique du centre de formation d'apprentis;

2° Les conditions générales d'accueil, d'accompagnement des apprentis, notamment des apprentis en situation de handicap, de promotion de la mixité et de la mobilité nationale et internationale;

3° L'organisation et le déroulement des formations;

4° Les conditions générales de préparation et de perfectionnement pédagogique des formateurs;

5° L'organisation des relations entre les entreprises accueillant des apprentis et le centre;

6° Les projets de convention à conclure, en application des articles L. 6232-1 et L. 6233-1, avec des établissements d'enseignement, des organismes de formation ou des entreprises;

7° Les projets d'investissement;

8° Les informations publiées chaque année en application de l'article L. 6111-8.

Art. R. 6231-5. La présidence du conseil de perfectionnement est assurée par le directeur de l'organisme de formation délivrant des formations par apprentissage ou son représentant. Toutefois, pour les centres de formation d'apprentis des établissements mentionnés à l'article L. 811-8 du code rural et de la pêche maritime, le deuxième alinéa de l'article R. 811-46 du même code est applicable.

Le règlement intérieur mentionné à l'article R. 6352-1 définit les modalités de fonctionnement du conseil de perfectionnement et de la désignation de ses membres.

CHAPITRE II Organisation de l'apprentissage au sein des centres de formation d'apprentis

Art. L. 6232-1. Un centre de formation d'apprentis peut conclure avec des établissements d'enseignement, des organismes de formation ou des entreprises une convention aux termes de laquelle ces derniers assurent tout ou partie des enseignements normalement dispensés par le centre de formation d'apprentis et mettent à disposition des équipements pédagogiques ou d'hébergement.

Les centres de formation d'apprentis mentionnés au premier alinéa conservent la responsabilité pédagogique et administrative des enseignements dispensés.

Note Voir le «questions - réponses» sur la mise en œuvre de la réforme dans les CFA, décembre 2019, rapporté dans les *Textes non codifiés*.

Voir aussi JCP éd. S 2019, act. 424 , aperçu rapide, S. Dougados et F. du Pradel.

Art. R. 6232-1. ***(D. 2019-1143 du 7 nov. 2019, art. 1er, JO 8)*** La convention prévue à l'article L. 6232-1 fixe les conditions dans lesquelles tout ou partie des enseignements normalement dispensés par le centre de formation d'apprentis est assuré par les structures mentionnées à cet article.

La mise en œuvre de cette convention s'effectue sans préjudice des missions et obligations du centre de formation d'apprentis prévues aux articles L. 6231-2 à L. 6231-7.

Art. R. 6232-2. ***(D. 2019-1143 du 7 nov. 2019, art. 1er, JO 8)*** La convention précise notamment :

1° Son objet ;
2° Sa durée de validité ;
3° La description de l'organisation des formations et des équipements pédagogiques ;
4° Le nombre d'apprentis pouvant être accueillis simultanément ;
5° Les moyens humains permettant de dispenser la formation ;
6° Le cas échéant, la mise à disposition de locaux destinés à l'hébergement ;
7° Les modalités de financement.

Art. R. 6232-3. ***(D. 2019-1143 du 7 nov. 2019, art. 1er, JO 8)*** Pour les enseignements assurés par une ou des entreprises, la convention prévoit également que l'entreprise garantit la nature des équipements mis à la disposition des apprentis ainsi que la technologie à laquelle ils ont accès.

CHAPITRE III Création d'unités de formation par apprentissage

Art. L. 6233-1. Les enseignements dispensés par le centre de formation d'apprentis peuvent être dispensés dans un établissement d'enseignement au sein d'une unité de formation par apprentissage. Cette unité est créée dans le cadre d'une convention entre cet établissement et le centre de formation d'apprentis.

L'établissement d'enseignement a la responsabilité pédagogique des formations dispensées par son unité de formation par apprentissage.

Note Voir le «questions - réponses» sur la mise en œuvre de la réforme dans les CFA, décembre 2019, rapporté dans les *Textes non codifiés*.

Art. R. 6233-1. ***(D. 2019-1143 du 7 nov. 2019, art. 1er, JO 8)*** La convention entre un établissement d'enseignement et un centre de formation d'apprentis créant une unité de formation par apprentissage dans l'établissement est conclue pour une durée au moins égale à celle du cycle de la formation, nécessaire à l'acquisition d'une certification professionnelle, pour laquelle elle a été ouverte.

La mise en œuvre de cette convention s'effectue sans préjudice des missions et obligations du centre de formation d'apprentis prévues aux articles L. 6231-2 à L. 6231-7.

Art. R. 6233-2. ***(D. 2019-1143 du 7 nov. 2019, art. 1er, JO 8)*** La convention créant une unité de formation par apprentissage détermine notamment :

1° Le recrutement, les effectifs des apprentis à former et les certifications professionnelles préparées ;

2° Les moyens humains et matériels destinés à la formation, l'organisation pédagogique, les modalités d'accompagnement, le contenu des enseignements et, le cas échéant, les locaux destinés à l'hébergement ;

3° Les modalités de financement.

CHAPITRE IV Dispositions d'application

Art. L. 6234-1. Un décret en Conseil d'État détermine les mesures d'application du présent titre.

CHAPITRE IV (réglementaire) Dispositions applicables à l'entreprise disposant d'un centre de formation d'apprentis

Note Ce chapitre est issu du décret 2019-1143 du 7 novembre 2019, art. 1er, JO 8.

Art. R. 6234-1. Le centre de formation d'apprentis d'entreprise mentionné au I de l'article L. 6241-2 dépose une déclaration d'activité dans les conditions prévues aux articles R. 6351-1 et suivants.

TITRE IV FINANCEMENT DE L'APPRENTISSAGE

Note • La **loi 2014-288 du 5 mars 2014** (JO 6) relative à la formation professionnelle, à l'emploi et à la démocratie sociale (art. 17) traite des questions financières relatives aux coûts de formation et du circuit de la collecte de la taxe d'apprentissage.

• Sur la contribution supplémentaire due par les employeurs de 250 salariés et plus assujettis à la taxe d'apprentissage, voir art. 230 H CGI.

• La **loi 2016-1088 du 8 août 2016** (JO 9) relative au travail, à la modernisation du dialogue social et à la sécurisation des parcours professionnels, dite «loi travail» contient des mesures portant sur la taxe d'apprentissage, notamment une extension de la liste des établissements habilités à percevoir les dépenses libératoires. Par ailleurs, celle loi a supprimé les conventions d'objectifs et de moyens (art. L. 6242-6 CT abrogé).

Voir FRS n° 18 du 29 juillet 2016, § 49, p. 78; RF du 8 septembre 2016, FH 3657, § 6-9.

• La **loi 2018-771 du 5 septembre 2018** (JO 6) a réformé le régime de la taxe d'apprentissage, avec effet pour les rémunérations versées depuis le 01.01.2019. La taxe d'apprentissage due au titre de l'année 2018 relève donc des règles antérieures. À cet égard, la collecte est organisée selon les anciennes règles (paiement aux organismes collecteurs au plus tard le 28 février 2019, insuffisances de versement à régulariser pour le 30 avril 2019 auprès du Trésor public assorties des majorations applicables) (loi précitée, art. 37, III, A).

Voir RF 7 février 2019, FH 3778, §§ 5-1 et s.

• **Dérogation pour les rémunérations 2019.** Par dérogation, la taxe d'apprentissage n'est pas due au titre des rémunérations 2019. En revanche, les employeurs de 250 salariés et plus, soumis à la contribution supplémentaire faute d'avoir le quota requis d'alternants à l'effectif, sont restés redevables (loi 2018-771 du 5 septembre 2018, art. 37, III, C modifié par la loi 2018-1317 du 28 décembre 2018, art. 136, IV, 1° *b)*; voir FH 3777, § 11-3; voir RF 1105, § 3741). Voir aussi RF 19 décembre 2019, FH 3820.

• **Covid-19.** Voir RF du 4.02.2021, FH 3877, §§ 10-1 et s.

CHAPITRE Ier Taxe d'apprentissage

SECTION 1. Principes

Art. L. 6241-1. La taxe d'apprentissage est régie par les articles ***(L. 2013-1279 du 29 déc. 2013, art. 60, II, JO 30)*** «1599 *ter* A à ***(L. 2018-1317 du 28 déc. 2018, art. 136, II, 1°, JO 30, entrée en vigueur le 01.01.2019)*** «1599 *ter* C, 1599 *ter* J et 1599 *ter* K» du code général des impôts.

(L. 2013-1279 du 29 déc. 2013, art. 60, II, JO 30) «Les dispositions du présent chapitre déterminent les conditions dans lesquelles l'employeur s'acquitte de la contribution supplémentaire à l'apprentissage et des fractions de la taxe d'apprentissage réservées au développement de l'apprentissage.»

Note • **Taxe d'apprentissage.** La **loi 2018-771a modifié le régime de la taxe d'apprentissage depuis le 01.01.2019**. Elle a ventilé, en effet, la taxe d'apprentissage en **deux fractions** (au lieu de trois): une fraction égale à 87 % de la taxe destinée au financement de l'apprentissage, qui s'apparente au quota d'apprentissage (suppression de la fraction régionale) et une fraction égale à 13 % (solde), destinée à des dépenses libératoires effectuées par l'employeur, qui s'apparente au hors-quota (loi précitée, art. 37, II, 1°; voir art. L. 6241-2).

En Alsace-Moselle, comme par le passé, l'intégralité de la taxe est destinée au financement de l'apprentissage (art. 1599 *ter* J CGI; L. 6261-2 et R. 6261-13 CT). En d'autres termes, il n'y a pas de fraction de 13 % comme il n'y avait pas de hors quota.

Par le passé, l'affectation des trois fractions du produit de la taxe d'apprentissage était établie de la façon suivante: 51 % pour la fraction régionale, 26 % pour le quota d'apprentissage et 23 % pour la fraction «hors quota» (correspondant aux dépenses libératoires mais uniquement si l'employeur avait rempli ses obligations au titre du quota d'apprentissage) (voir loi 2014-891 du 8 août 2014 de finances rectificative pour 2014, JO 9, et loi 2014-1654 du 29 décembre 2014, JO 30).

Pour rappel, l'article 60 de la loi 2013-1279 du 29 décembre 2013 s'applique pour les contributions et taxe dues au titre des rémunérations versées depuis le 01.01.2014. La taxe d'apprentissage et la contribution additionnelle sont fusionnées pour les rémunérations versées depuis le 01.01.2014 (collecte 2015 et suivantes). Voir DGEFP, questions - réponses, du 16 décembre 2014 concernant la mise en œuvre de la réforme de la taxe d'apprentissage (collecte 2015) : 1. La collecte de la taxe d'apprentissage ; 2. La répartition de la taxe d'apprentissage.

Par le passé, la taxe d'apprentissage recouvrait trois composantes : la taxe proprement dite, calculée au taux de 0,50 % (sauf en Alsace-Moselle où le taux est de 0,26 %), une contribution additionnelle au développement de l'apprentissage de 0,18 %, due par l'ensemble des employeurs assujettis à la taxe et une contribution supplémentaire, due par les employeurs de 250 salariés et plus n'ayant pas dans leur effectif un certain quota d'alternants.

Taux de la taxe d'apprentissage. Le taux de la taxe d'apprentissage est de 0,68 % des salaires bruts versés au cours de l'année d'imposition, sauf dans les départements du Haut-Rhin, du Bas-Rhin et de la Moselle où il est de 0,44 % (loi 2013-1279 précitée, art. 60 ; art. 1599 *ter* B et 1599 *ter* J CGI).

Contribution supplémentaire à la taxe d'apprentissage. Les employeurs d'au moins 250 salariés sont redevables d'une contribution supplémentaire à la taxe d'apprentissage, s'ils n'ont pas à l'effectif un quota minimum d'alternants (art. 230 H CGI). Pour vérifier leur quota d'alternants, les employeurs pourront aussi tenir compte des salariés embauchés en CDI par l'entreprise à l'issue d'un contrat d'apprentissage ou de professionnalisation, pour l'année suivant la fin du contrat. L'objectif est d'inciter les entreprises à embaucher leurs apprentis ou bénéficiaires d'un contrat de professionnalisation une fois diplômés (loi 2018-771 précitée, art. 37, VI, 4° ; art. 1609 *quinvicies* CGI modifié).

• **Collecte de la taxe 2019.** La loi 2018-771 précitée précise que, par dérogation, la taxe d'apprentissage ne sera pas due au titre des rémunérations 2019 (loi précitée, art. 37, III, C). En revanche, les employeurs de 250 salariés et plus n'ayant pas au moins 5 % d'alternants à l'effectif au titre de 2019 restent redevables de la contribution supplémentaire (voir RF 31 janvier 2019, FH 3777, § 11-3).

• **Collecte de la taxe 2020.** Sur les échéances de versement des sommes aux opérateurs de compétences, voir RF du 9 janvier 2020, FH 3824, § 1-41.

• **Collecte de la taxe 2021.** Voir décret 2020-1739 du 29 décembre 2020, art. 3, III, A, JO 30. Voir RF du 4.02.2021, FH 3877, §§ 10-1 et s.

• **Rémunérations versées aux résidents fiscaux à l'étranger et aux expatriés.** Les rémunérations versées par des employeurs établis en France aux personnels résidents fiscaux à l'étranger sont soumises à la taxe d'apprentissage, même s'ils ne relèvent pas du régime général de sécurité sociale (CE 15 février 2016, n° 381580). Solution identique à celle retenue pour les expatriés, voir CE 8 avril 2013, n° 346808, LS Jurispr. n° 113 du 18.06.2013 ; RJS 7/13 n° 557.

Art. L. 6241-1-1. ***(L. 2020-1721 du 29 déc. 2020, art. 159, IV, 2°, JO 30, entrée en vigueur au plus tard le 01.01.2022)*** I. – La taxe d'apprentissage mentionnée à l'article L. 6241-1 est assise sur les revenus d'activités mentionnés au I de l'article L. 242-1 du code de la sécurité sociale et à l'article L. 741-10 du code rural et de la pêche maritime.

Toutefois, les rémunérations dues aux apprentis par les employeurs de moins de onze salariés, selon les modalités prévues au I de l'article L. 130-1 du code de la sécurité sociale, sont exonérées de la taxe d'apprentissage.

II. – Le taux de la taxe d'apprentissage est fixé à 0,68 %.

Toutefois, ce taux est fixé à 0,44 % pour les établissements situés dans les départements du Bas-Rhin, du Haut-Rhin et de la Moselle, quel que soit le lieu du siège du principal établissement de l'entreprise. La taxe est versée dans les conditions fixées à l'article L. 6261-2.

III. – Pour le calcul de la taxe, le montant de la contribution et l'assiette déclarée sont arrondis conformément aux dispositions de l'article L. 133-10 du code de la sécurité sociale.

Note **Taux de la taxe d'apprentissage.** Le taux de la taxe d'apprentissage sera inscrit dans le code du travail à compter du 01.01.2022. Jusqu'à cette date, il figure dans le code général des impôts (art. 1599 *ter* A à 1599 *ter* C, 1599 *ter* J et 1599 *ter* K CGI). Voir LSQ n° 18238 du 05.02.2021.

Art. L. 6241-2. ***(L. 2018-771 du 5 sept. 2018, art. 37, II, 1°, JO 6)*** I. – Une part égale à 87 % du produit de la taxe d'apprentissage mentionnée à l'article 1599 *ter* A du code général des impôts est destinée au financement de l'apprentissage en application du 2° de l'article L. 6211-2 du présent code et reversée à France compétences selon les modalités prévues à l'article L. 6123-5. Pour satisfaire à cette obligation de financement, une entreprise qui dispose d'un *(Ord. 2019-861 du 21 août 2019, art. 1er, 41°, JO 22)* «centre de formation d'apprentis», accueillant ses apprentis, peut déduire de cette fraction de la taxe d'apprentissage le montant des dépenses relatives aux formations délivrées par ce service, dans des conditions de mise en œuvre et sous réserve d'un plafonnement précisés par décret. L'entreprise peut aussi déduire de cette même fraction les versements destinés à financer le développement d'offres nouvelles de formations par apprentissage, lorsque ces dernières servent à former un ou plusieurs apprentis de cette même entreprise, dans des conditions de mise en œuvre et sous réserve d'un plafonnement précisés par décret.

II. – Le solde, soit 13 % du produit de la taxe d'apprentissage due, est destiné à des dépenses libératoires effectuées par l'employeur en application de l'article L. 6241-4.

Note • **Loi 2018-771.** Les articles L. 6241-2 et 3 sont applicables depuis le 01.01.2019 (loi précitée, art. 46, I). La loi 2018-771 précitée **a modifié le régime de la taxe d'apprentissage à compter du 01.01.2019**. Elle ventile, en effet, la taxe d'apprentissage en **deux fractions** (au lieu de trois): une fraction égale à 87 % de la taxe destinée au financement de l'apprentissage, qui s'apparente au quota d'apprentissage (suppression de la fraction régionale) et une fraction égale à 13 % (solde), destinée à des dépenses libératoires effectuées par l'employeur, qui s'apparente au hors-quota. Le transfert du recouvrement du solde précité à l'URSSAF et les modalités de la répartition de ce solde seront par ailleurs organisés par ordonnance dans un délai de 30 mois à compter de la loi 2018-771 précitée (soit d'ici le 5 mars 2021) (loi précitée, art. 41, I, 4° et 5°, créés par loi 2019-1479 du 28 décembre 2019, art. 190, IV, 2°, JO 29).

En Alsace-Moselle, comme par le passé, l'intégralité de la taxe est destinée au financement de l'apprentissage (art. 1599 *ter* J CGI; L. 6261-2 et R. 6261-13 CT). En d'autres termes, il n'y a pas de fraction de 13 % comme il n'y avait pas de hors quota.

Sur les collectes de la taxe 2018 et 2019, voir note sous art. L. 6241-1 et L. 6131-1; voir aussi RF 13 septembre 2018, FH 3756; RF 31 janvier 2019, FH 3777; RF 7 février 2019, FH 3778.

Sur la collecte de la taxe 2020 et les échéances de versement des sommes aux opérateurs de compétences, voir RF du 9 janvier 2020, FH 3824, § 1-41.

Sur la collecte de la taxe 2021 et les échéances de versement des sommes aux opérateurs de compétences, voir RF du 4.02.2021, FH 3877, §§ 10-1 et s.

• **Avant la loi 2018-771.** Depuis la collecte 2015 (taxe 2014), la taxe d'apprentissage se décomposait en trois fractions: la fraction régionale (pour le financement du développement de l'apprentissage), le quota (pour le développement de l'apprentissage) et, en dehors de l'Alsace-Moselle, le hors-quota. Celui-ci correspondait, sauf exceptions, à des dépenses en faveur des formations technologiques et professionnelles dispensées en dehors du cadre de l'apprentissage (voir art. L. 6241-8 ancien).

Art. L. 6241-3. *(L. 2018-771 du 5 sept. 2018, art. 37, II, 2°, JO 6)* La fraction mentionnée au I de l'article L. 6241-2 et la contribution supplémentaire à l'apprentissage sont recouvrées dans les conditions prévues au III de l'article L. 6131-1.

Note • **Collecte par les OPCO à partir de 2019 puis par l'URSSAF à compter de 2022.** La taxe d'apprentissage (hormis la fraction correspondant au solde de 13 %) (voir art. L. 6241-1) ainsi que la contribution supplémentaire à la taxe d'apprentissage seront à l'avenir recouvrées par l'URSSAF, et non plus par des organismes collecteurs (OPCA-OCTA, remplacés par les opérateurs de compétences dits «OPCO»). Ce nouveau système sonne le glas de la collecte annuelle avec un an de décalage. Les contributions seront versées aux URSSAF au titre de l'année en cours (contribution de l'année N calculée sur les salaires de l'année N payée en année N), selon les mêmes modalités que les cotisations de sécurité sociale, et donc à un rythme mensuel pour le cas général. Le transfert du recouvrement aux URSSAF ne sera toutefois effectif qu'à compter du 01.01.2022 au plus tard. Il sera organisé par voie d'ordonnance prise dans les 30 mois suivant la promulgation de la loi 2018-771 précitée (loi précitée, art. 41, I, modifié par lois 2018-1317 du 28 décembre 2018, art. 136, IV, 2°, JO 29, entrée en vigueur le 01.01.2019, 2019-1479 du 28 décembre 2019, art. 190, IV, 2°, JO 29 et 2020-1721 du 29 décembre 2020, art. 159, VI, JO 30). Voir aussi LSQ n° 18238 du 05.02.2021.

• **Délai supplémentaire pour organiser par ordonnance les modalités du transfert.** Loi 2019-1479 du 28 décembre 2019, JO 29; C. constit. 27 décembre 2019, n° 2019-796 DC, JO 29. Voir RF 6 janvier 2020, FH 3823, § 8-6. Sur le transfert, voir aussi note sous art. L. 6131-1.

• **Période transitoire.** Du 01.01.2019 jusqu'au 31.12.2021 au plus tard, les collectes seront assurées par les OPCO selon un échéancier transitoire (voir note sous art. L. 6131-1). Sur les modalités de cette période transitoire, voir RF 31 janvier 2019, FH 3777, §§ 11-1 et s.

• **Covid-19.** Voir RF du 4.02.2021, FH 3877, §§ 10-1 et s.

SECTION 2. Versements libératoires

Art. L. 6241-4. ***(L. 2018-771 du 5 sept. 2018, art. 37, II, 3°, JO 6)*** Pour satisfaire aux dispositions du II de l'article L. 6241-2, les employeurs mentionnés au ***(L. 2018-1317 du 28 déc. 2018, art. 136, II, 2°, JO 30, entrée en vigueur le 01.01.2019)*** «2» de l'article 1599 *ter* A du code général des impôts imputent sur cette fraction de la taxe d'apprentissage:

1° Les dépenses réellement exposées afin de favoriser le développement des formations initiales technologiques et professionnelles, hors apprentissage, et l'insertion professionnelle, dont les frais de premier équipement, de renouvellement de matériel existant et d'équipement complémentaire;

2° Les subventions versées au centre de formation d'apprentis sous forme d'équipements et de matériels conformes aux besoins des formations dispensées.

Les formations technologiques et professionnelles mentionnées au 1° du présent article sont celles qui, dispensées dans le cadre de la formation initiale, conduisent à des diplômes ou titres enregistrés au répertoire national des certifications professionnelles et classés dans la nomenclature interministérielle des niveaux de formation. Ces formations sont dispensées, à temps complet et de manière continue ou selon un rythme approprié, dans le cadre de l'article L. 813-9 du code rural et de la pêche maritime.

Les entreprises mentionnées au I de l'article 1609 *quinvicies* du code général des impôts qui dépassent, au titre d'une année, le seuil d'effectif prévu au cinquième alinéa du même I bénéficient d'une créance égale au pourcentage de l'effectif qui dépasse ledit seuil, retenu dans la limite de deux points, multiplié par l'effectif annuel moyen de l'entreprise au 31 décembre de l'année et divisé par cent puis multiplié par un montant, compris entre 250 € et 500 €, défini par arrêté des ministres chargés du budget et de la formation professionnelle.

Cette créance est imputable sur le solde mentionné au II de l'article L. 6241-2. Le surplus éventuel ne peut donner lieu ni à report ni à restitution.

Note • ***À compter de la date d'entrée en vigueur de l'ordonnance relative à la collecte des contributions des employeurs au titre du financement de la formation professionnelle et de l'apprentissage prévue au I de l'article 41 de la loi 2018-771 précitée, et au plus tard le 01.01.2022,*** *au premier alinéa, la référence: «2» est remplacée par la référence: «I» (loi 2020-1721 du 29 décembre 2020, art. 159, IV, 3°, JO 30).*

• **Loi 2018-771.** Les articles L. 6241-4 et 5 sont applicables depuis le 01.01.2019 (loi 2018-771 précitée, art. 46, I).

• **Sur la liste des établissements habilités à percevoir des versements** à ce titre, voir art. L. 6241-5 et D. 6241-33.

• **Sur les modalités de détermination de la valeur comptable des subventions sous forme d'équipements et de matériels,** voir arrêté du 27 décembre 2019 (JO 29).

• **Sur le montant forfaitaire de la créance imputable sur le solde de la taxe d'apprentissage.** Le montant a été fixé à 400 € (voir arrêté du 3 janvier 2020, JO 8).

• Voir RF du 4.02.2021, FH 3877, §§ 10-1 et s.

Art. L. 6241-5. ***(L. 2018-771 du 5 sept. 2018, art. 37, II, 4°, JO 6)*** Sont habilités à percevoir le solde de la taxe d'apprentissage correspondant aux dépenses mentionnées au 1° de l'article L. 6241-4:

1° Les établissements publics d'enseignement du second degré;

2° Les établissements d'enseignement privés du second degré gérés par des organismes à but non lucratif et qui remplissent l'une des conditions suivantes:

a) Être lié à l'État par l'un des contrats d'association mentionnés à l'article L. 442-5 du code de l'éducation ou à l'article L. 813-1 du code rural et de la pêche maritime;

b) Être habilité à recevoir des boursiers nationaux conformément aux procédures prévues à l'article L. 531-4 du code de l'éducation;

c) Être reconnu conformément à la procédure prévue à l'article L. 443-2 du même code;

3° Les établissements publics d'enseignement supérieur ou leurs groupements agissant pour leur compte;

4° Les établissements gérés par une chambre consulaire et les établissements d'enseignement supérieur consulaire mentionnés à l'article L. 711-17 du code de commerce;

5° Les établissements privés relevant de l'enseignement supérieur gérés par des organismes à but non lucratif ou leurs groupements agissant pour leur compte;

6° Les établissements publics ou privés dispensant des formations conduisant aux diplômes professionnels délivrés par les ministères chargés de la santé, des affaires sociales, de la jeunesse et des sports;

7° Les écoles de la deuxième chance, mentionnées à l'article L. 214-14 du code de l'éducation, les centres de formation gérés et administrés par l'établissement public d'insertion de la défense, mentionnés à l'article L. 130-1 du code du service national, et les établissements à but non lucratif concourant, par des actions de formation professionnelle, à offrir aux jeunes sans qualification une nouvelle chance d'accès à la qualification;

8° Les établissements ou services d'enseignement qui assurent, à titre principal, une éducation adaptée et un accompagnement social ou médico-social aux mineurs ou jeunes adultes handicapés ou présentant des difficultés d'adaptation, mentionnés au 2° du I de l'article L. 312-1 du code de l'action sociale et des familles, ainsi que les établissements délivrant l'enseignement adapté prévu au premier alinéa de l'article L. 332-4 du code de l'éducation;

9° Les établissements ou services mentionnés au 5° du I de l'article L. 312-1 du code de l'action sociale et des familles;

10° Les établissements ou services à caractère expérimental accueillant des jeunes handicapés ou présentant des difficultés d'adaptation, mentionnés au 12° du I du même article L. 312-1;

11° Les organismes participant au service public de l'orientation tout au long de la vie, dont la liste est établie par décision du président du conseil régional;

12° Les écoles de production mentionnées à l'article L. 443-6 du code de l'éducation;

13° Les organismes figurant sur une liste établie par arrêté des ministres chargés de l'éducation nationale et de la formation professionnelle, agissant au plan national pour la promotion de la formation technologique et professionnelle initiale et des métiers. Cette liste est établie pour trois ans et les organismes y figurant justifient d'un niveau d'activité suffisant, déterminé par décret, pour prétendre continuer à y être inscrits. Le montant versé par les entreprises à ces organismes au titre du solde de la taxe d'apprentissage ne peut dépasser 30 % du montant dû.

Note **13°.** Sur la liste nationale des organismes habilités à percevoir le solde de la taxe d'apprentissage, voir arrêté du 22 décembre 2020 (JO 29). Voir LSQ du 5 janvier 2021, n° 18215.

SECTION 3. Affectation des fonds

Note Les articles L. 6241-10 et 11 qui figuraient dans cette section ont été abrogés par la loi 2018-771 du 5 septembre 2018, art. 37, II, 5°, JO 6, applicabilité depuis le 01.01.2019.

SECTION 4. Dispositions d'application

Note L'article L. 6241-12 qui figurait dans cette section a été abrogé par la loi 2018-771 du 5 septembre 2018, art. 37, II, 5°, JO 6, applicabilité depuis le 01.01.2019.

SECTION 1 (réglementaire). Principes

Note Les articles R. 6241-1 à 3-1 et 5 à 10 et D. 6241-4 qui figuraient dans cette section ont été abrogés par le décret 2020-372 du 30 mars 2020, art. 7, 1°, JO 31.

SECTION 2 (réglementaire). Financement national du développement et de la modernisation de l'apprentissage

Note Les articles R. 6241-11, 16 et 17 et D. 6241-13 à 15 qui figuraient dans cette section ont été abrogés par le décret 2011-1970 du 26 décembre 2011, JO 28; l'article D. 6241-12 l'a été par le décret 2015-151 du 10 février 2015, JO 12.

SECTION 3 (réglementaire). Solde de la taxe d'apprentissage

Note Cette section a été introduite par le décret 2019-1491 du 27 décembre 2019, JO 29; les dispositions de cette section sont applicables à la taxe d'apprentissage due depuis l'année 2020.

Toutefois, pour l'année 2020:

1° Par dérogation au premier alinéa de l'article R. 6241-20 CT, lorsque, pour s'acquitter du solde de la taxe d'apprentissage, les employeurs procèdent aux dépenses libératoires selon les modalités prévues au 1° de l'article L. 6241-4 CT, les dépenses réellement exposées prises en compte sont celles effectuées, directement auprès des établissements et organismes habilités à en bénéficier en application de l'article L. 6241-5 CT, jusqu'au 15 juillet 2020;

2° Par dérogation au premier alinéa de l'article R. 6241-24 CT, lorsque les employeurs procèdent aux dépenses libératoires selon les modalités prévues au 2° de l'article L. 6241-4 CT, les subventions prises en compte sont celles versées aux centres de formation d'apprentis entre le 1er juin 2019 et le 15 juillet 2020 (décret 2019-1491 précité, art. 3, modifié par décret 2020-894 du 22 juillet 2020, art. 5, JO 23, entrée en vigueur le 23.07.2020).

Voir RF du 4 février 2021, FH 3877, §§ 10-1 et s.

Art. R. 6241-19. Les employeurs assujettis à la taxe d'apprentissage s'acquittent du solde de 13 % mentionné au II de l'article L. 6241-2 sur la base d'une assiette constituée de la masse salariale de l'année précédant l'année au titre de laquelle la taxe est due. L'imputation des dépenses libératoires sur cette fraction de la taxe d'apprentissage s'effectue, au choix de l'employeur, alternativement ou cumulativement selon les modalités prévues au 1° et au 2° de l'article L. 6241-4.

Art. R. 6241-20. Lorsque les employeurs procèdent aux dépenses libératoires selon les modalités prévues au 1° de l'article L. 6241-4, les dépenses réellement exposées prises en compte pour l'année au titre de laquelle la taxe d'apprentissage est due sont celles effectuées, avant le 1er juin de cette année, directement auprès des établissements et organismes habilités à en bénéficier en application de l'article L. 6241-5.

Les établissements et organismes mentionnés à l'alinéa précédent établissent un reçu destiné à l'entreprise indiquant le montant versé et la date du versement.

Art. R. 6241-21. Le représentant de l'État dans la région arrête et publie, au plus tard le 31 décembre de l'année précédant celle au titre de laquelle la taxe d'apprentissage est due, la liste des formations dispensées par les établissements, services ou écoles mentionnés aux 1° à 10° et 12° de l'article L. 6241-5, habilités à bénéficier des dépenses libératoires selon les modalités prévues au 1° de l'article L. 6241-4 et établis dans la région.

Art. R. 6241-22. Le représentant de l'État dans la région publie, au plus tard le 31 décembre de l'année précédant celle au titre de laquelle la taxe d'apprentissage est due, la liste, communiquée par le président du conseil régional, des organismes participant au service public de l'orientation tout au long de la vie mentionnés au 11° de l'article L. 6241-5.

Art. R. 6241-23. Les listes mentionnées aux articles R. 6241-21 et R. 6241-22 font l'objet d'un avis du comité régional de l'emploi, de la formation et de l'orientation professionnelles mentionné à l'article L. 6123-3.

Art. R. 6241-24. Lorsque les employeurs procèdent aux dépenses libératoires selon les modalités prévues au 2° de l'article L. 6241-4, les subventions prises en compte pour l'année au titre de laquelle la taxe d'apprentissage est due sont celles versées aux centres de formation d'apprentis entre le 1er juin de l'année précédente et le 31 mai de cette année.

Les centres de formation d'apprentis établissent un reçu destiné à l'entreprise daté du jour de livraison des matériels et équipements et indiquant l'intérêt pédagogique de ces biens ainsi que la valeur comptable justifiée par l'entreprise selon des modalités fixées par arrêté du ministre chargé de la formation professionnelle.

SECTION 5 (réglementaire). Déductions de la taxe d'apprentissage

Note Les sections 5 et 6 ont été introduites par le décret 2019-1438 du 23 décembre 2019, JO 26.

Art. D. 6241-29. Les dépenses déductibles, en application du I de l'article L. 6241-2, de la part de la taxe d'apprentissage mentionnée au même I, sont celles qui remplissent les conditions suivantes :

1° Les dépenses des investissements destinés au financement des équipements et matériels nécessaires à la réalisation de la formation d'un ou plusieurs apprentis de l'entreprise au sein du centre de formation d'apprentis dont celle-ci dispose ;

2° Les versements concourant aux investissements destinés au financement des équipements et matériels nécessaires à la mise en place par le centre de formation d'apprentis d'une offre nouvelle de formation par apprentissage, lorsque celle-ci sert à former un ou plusieurs apprentis de l'entreprise.

Art. D. 6241-30. Le centre de formation d'apprentis mentionné au 1° de l'article D. 6241-29 est un centre de formation d'apprentis qui remplit l'une des conditions suivantes :

1° Être interne à l'entreprise ;

2° Dont l'entreprise détient plus de la moitié du capital au sens de l'article L. 233-1 du code de commerce ou plus de la moitié des voix au sein de l'organe de gouvernance du centre de formation d'apprentis ;

3° Est constitué par un groupe au sens du deuxième alinéa de l'article L. 1233-4 ;

4° Est constitué par plusieurs entreprises partageant des perspectives communes d'évolution des métiers ou qui interviennent dans des secteurs d'activité complémentaires.

(D. 2020-373 du 30 mars 2020, JO 31) « Le centre de formation d'apprentis d'entreprise mentionné aux 2°, 3° et 4° adresse la déclaration d'activité dans les conditions prévues aux articles R. 6351-

1 à R. 6351-7, accompagnée d'une attestation de l'entreprise précisant la situation du centre de formation en fonction des modalités prévues aux 1° à 4° du présent article. »

Note Les dispositions des articles D. 6241-30 et 31, dans leur rédaction issue du décret 2020-373 précité, s'appliquent aux contrats conclus depuis le 01.04.2020 (décret précité, art. 5).

Art. D. 6241-31. L'offre nouvelle de formation par apprentissage mentionnée au 2° de l'article D. 6241-29 est celle qui n'a jamais été dispensée ***(D. 2020-373 du 30 mars 2020, JO 31)*** « par la voie de l'apprentissage » sur le territoire national avant l'ouverture de la session de formation au titre de laquelle les versements prévus au même alinéa sont effectués.

Art. D. 6241-32. Le montant total des dépenses pouvant être déduites au titre de l'article D. 6241-29 ne peut excéder 10 % de la part des 87 % de la taxe d'apprentissage mentionnée au I de l'article L. 6241-2 sur la base des dépenses réelles effectuées par l'entreprise au titre de l'année précédant leur déduction.

SECTION 6 (réglementaire). Liste nationale des organismes habilités à percevoir le solde de la taxe d'apprentissage

Art. D. 6241-33. Le niveau d'activité prévu au 13° de l'article L. 6241-5 est fixé en fonction du nombre d'actions mises en œuvre et de leur périodicité, du nombre de bénéficiaires, de régions et de départements concernés, en fonction des ressources et des moyens engagés.

Au titre d'une année, les ressources et moyens engagés sont appréciés au regard du nombre d'actions mises en œuvre qui ne peut être inférieur à un au sein d'au moins deux régions. Le nombre de bénéficiaires de ces actions ne peut être inférieur à dix.

CHAPITRE III Aides à l'apprentissage

SECTION 1. Aide unique aux employeurs d'apprentis

Art. L. 6243-1. ***(L. 2018-771 du 5 sept. 2018, art. 27, I, A, 2°, JO 6)*** Les contrats d'apprentissage conclus dans les entreprises de moins de deux cent cinquante salariés afin de préparer un diplôme ou un titre à finalité professionnelle équivalant au plus au baccalauréat ouvrent droit à une aide versée à l'employeur par l'État.

Un décret fixe les modalités d'application du présent article.

Note • **Loi 2018-771.** Cet article est applicable depuis le 01.01.2019 (loi 2018-771 précitée, art. 46, I).

• **Contrats conclus depuis le 01.01.2019. *Création d'une aide unique en faveur des employeurs d'apprentis.*** La loi 2018-771 précitée a créé une aide unique à l'apprentissage réservée aux entreprises de moins de 250 salariés, pour l'embauche d'apprentis visant un diplôme de niveau bac ou moins. L'aide unique est attribuée pour les contrats d'apprentissage conclus depuis le 01.01.2019. L'effectif de l'entreprise doit être apprécié au titre de l'année civile précédant la date de conclusion du contrat, tous établissements confondus (voir art. D. 6243-1).

Covid-19. Sur l'assouplissement des conditions d'attribution de cette aide au titre de la première année d'exécution des contrats d'apprentissage conclus entre le 1er juillet 2020 et le 28 février 2021, voir loi 2020-935 du 30 juillet 2020, art. 76, JO 31 et décret 2020-1085 du 24 août 2020, JO 25. Voir RF du 3 septembre 2020, FH 3855, §§ 2-1 et s.

• **Suppression au 01.01.2019 des anciens mécanismes (loi 2018-771, art. 27).** Parallèlement à la mise en place de la nouvelle aide unique, les anciens mécanismes suivants sont supprimés depuis le 01.01.2019 : la prime à l'apprentissage, versée par la région, à destination des entreprises de moins de onze salariés (art. L. 6243-1 modifié CT; voir « Les cotisations sociales de l'entreprise », RF 1095, § 5608; RF 1096, § 752), l'aide au recrutement d'un premier apprenti ou d'un apprenti supplémentaire, versée par la région, à destination des entreprises de moins de 250 salariés (art. L. 6243-1-1 abrogé CT; voir RF 1095, § 5609; RF 1096, § 753), l'aide forfaitaire TPE jeune apprenti, en faveur des entreprises de moins de onze salariés qui recrutent des apprentis de moins de 18 ans (décret 2015-773 du 29 juin 2015, JO 30, abrogé par décret 2018-1348 du 28 décembre 2018, JO 30; voir RF 1095, § 5610; RF 1096, § 754), le crédit d'impôt en faveur de l'apprentissage (art. 244 *quater* G abrogé CGI; voir « Les crédits d'impôt des entreprises », RF 1092, § 58-1) ainsi que la prime destinée à compenser les dépenses supplémentaires ou le manque à gagner pouvant résulter de l'emploi d'apprentis handicapés (art. L. 6222-38 modifié CT; voir RF 1095, § 5611 et RF 1096, § 756).

***À noter*:** la réforme n'a pas remis en cause le mécanisme d'exonération de cotisations sociales sur la rémunération des apprentis mais ce mécanisme a été révisé par la loi 2018-1203 du 22 décembre 2018 (voir art. L. 6243-2 et 3; voir RF 1095, §§ 5603 à 5607).

Attention: l'abrogation du crédit d'impôt en faveur de l'apprentissage concerne uniquement les périodes d'imposition et exercices ouverts depuis le 01.01.2019 (loi 2018-771 précitée, art. 27, IV).

Voir RF 13 septembre 2018, FH 3756, § 3-22; RF 24 janvier 2019, FH 3776, §§ 2-14 et s.; FRS 17/18; JCP éd. S 2018, 1302, étude S. Dougados et J. Poyau.

• **Contrats conclus avant le 01.01.2019.** Les contrats d'apprentissage conclus avant le 01.01.2019 continuent, à titre dérogatoire, à ouvrir droit, jusqu'à leur terme, à l'aide TPE jeune apprenti, à la prime régionale à l'apprentissage et à la prime liée à l'emploi d'apprentis handicapés (loi 2018-771 précitée, art. 27, I, B et décret 2018-1348 précité, art. 3, II; voir RF 1096, §§ 752 à 756; RF 24 janvier 2019, FH 3776, §§ 2-19).

Art. L. 6243-1-1. ***(L. 2019-486 du 22 mai 2019, art. 11, VI, 17°, JO 23, entrée en vigueur le 01.01.2020)*** Pour l'application de l'article L. 6243-1, l'effectif salarié est déterminé selon les modalités prévues au I de l'article L. 130-1 du code de la sécurité sociale.

Art. L. 6243-1-2. ***(L. 2014-1545 du 20 déc. 2014, art. 3, JO 21)*** Le ministère chargé de l'emploi et de la formation professionnelle transmet à l'institution mentionnée à l'article L. 5312-1 du présent code la liste annuelle nominative des entreprises qui ont versé la contribution supplémentaire à l'apprentissage en application de l'article 1609 *quinvicies* du code général des impôts, à l'exclusion de toute information financière. Cette institution aide et conseille les entreprises mentionnées sur cette liste dans leur recrutement de jeunes ou d'adultes par la voie de l'apprentissage ou de la professionnalisation.

Art. D. 6243-1. ***(D. 2018-1348 du 28 déc. 2018, JO 30, entrée en vigueur le 01.01.2019)*** Les entreprises de moins de deux cent cinquante salariés bénéficient d'une aide forfaitaire de l'État pour la conclusion d'un contrat d'apprentissage visant un diplôme ou un titre à finalité professionnelle équivalant au plus au baccalauréat.

Note Le 2d alinéa de cet article a été supprimé par le décret 2019-1591 du 31 décembre 2019, JO 1er janv. 2020, entrée en vigueur le 01.01.2020.

Art. D. 6243-2. ***(D. 2018-1348 du 28 déc. 2018, JO 30, entrée en vigueur le 01.01.2019)*** I. – L'aide est attribuée à hauteur de:

1° 4 125 euros maximum pour la première année d'exécution du contrat d'apprentissage;
2° 2 000 euros maximum pour la deuxième année d'exécution du contrat d'apprentissage;
3° 1 200 euros maximum pour la troisième année d'exécution du contrat d'apprentissage.

II. – Dans les cas prévus au 2° de l'article L. 6222-37, au 1° de l'article L. 6222-40 et au 1° de l'article L. 6222-11 et lorsque le contrat a une durée supérieure à trois ans, le montant maximal prévu pour la troisième année d'exécution du contrat s'applique également pour la quatrième année d'exécution du contrat.

III. – L'aide est versée avant le paiement de la rémunération par l'employeur et chaque mois dans l'attente des données mentionnées dans la déclaration prévue à l'article L. 133-5-3 du code de la sécurité sociale effectuée par l'employeur. À défaut de transmission de ces données, le mois suivant, l'aide est suspendue.

IV. – En cas de rupture anticipée du contrat d'apprentissage, l'aide n'est pas due à compter du mois suivant la date de fin du contrat.

En cas d'une suspension du contrat conduisant au non versement de la rémunération par l'employeur à l'apprenti, l'aide n'est pas due pour chaque mois considéré.

V. – Les sommes indûment perçues sont remboursées à l'opérateur national mentionné à l'article D. 6243-4.

Art. D. 6243-3. ***(D. 2018-1348 du 28 déc. 2018, JO 30, entrée en vigueur le 01.01.2020) (D. 2020-373 du 30 mars 2020, JO 31)*** «Le bénéfice de l'aide est subordonné au dépôt du contrat d'apprentissage par l'opérateur de compétences auprès du ministre chargé de la formation professionnelle.»

Le ministre chargé de la formation professionnelle adresse par le service dématérialisé les informations nécessaires au paiement de l'aide pour chaque contrat éligible à l'opérateur national mentionné à l'article D. 6243-4. Cette transmission vaut décision d'attribution.

Note • **Jusqu'au 31.12.2019.** Pour les contrats d'apprentissage conclus jusqu'au 31 décembre 2019, le versement de l'aide unique aux employeurs d'apprentis est subordonné à l'enregistrement du contrat d'apprentissage par la chambre consulaire compétente, conformément aux dispositions de l'article L. 6224-1 CT, dans sa rédaction antérieure à la loi 2018-771 du 5 septembre 2018, ainsi qu'à sa transmission au ministre chargé de la formation professionnelle par le service dématérialisé défini à l'article 4 de la loi 2011-893 précitée.

Le ministre chargé de la formation professionnelle adresse par ce service dématérialisé les informations nécessaires au paiement de l'aide pour chaque contrat éligible à l'Agence de services et de paiement. Cette transmission vaut décision d'attribution.

En cas de difficulté de transmission de ces informations par le service dématérialisé, l'Agence de services et de paiement vérifie, par tout moyen, notamment au regard des pièces justificatives fournies par l'employeur, le respect des conditions d'éligibilité prévues à l'article D. 6243-1. Elle met en paiement les dossiers éligibles, selon les modalités définies dans la convention conclue avec le ministre chargé de la formation professionnelle (décret 2018-1348 précité, art. 3, I).

• En pratique, la transmission du contrat au ministère chargé de la formation professionnelle se fait via le service dématérialisé «portail de l'alternance» (*https://www.alternance.emploi.gouv.fr*).

• Voir RF 24 janvier 2019, FH 3776, § 2-17.

Art. D. 6243-4. ***(D. 2018-1348 du 28 déc. 2018, JO 30, entrée en vigueur le 01.01.2019)*** I. – La gestion de l'aide unique aux employeurs d'apprentis est confiée à l'Agence de services et de paiement, avec laquelle le ministre chargé de la formation professionnelle conclut une convention à cet effet.

II. – L'Agence de services et de paiement assure le paiement de l'aide. À ce titre, elle est chargée:
1° De notifier la décision d'attribution de l'aide à l'employeur bénéficiaire et de l'informer des modalités de versement de l'aide;
2° De verser mensuellement l'aide à l'employeur bénéficiaire;
3° Le cas échéant, de recouvrer les sommes indûment perçues par l'employeur.

III. – L'Agence de services et de paiement traite les réclamations et recours relatifs à l'aide.

IV. – L'Agence de services et de paiement peut demander à l'employeur et à l'opérateur de compétences toute information complémentaire nécessaire au paiement de l'aide.

V. – L'Agence de services et de paiement est responsable des traitements de données, y compris personnelles, nécessaires au versement de l'aide et à la gestion des réclamations et des recours.

SECTION 2. Cotisations dues au titre de l'emploi des apprentis

Art. L. 6243-2. ***(L. 2018-1203 du 22 déc. 2018, art. 8, VI, 5°, JO 23, entrée en vigueur le 01.01.2019)*** L'apprenti est exonéré de la totalité des cotisations salariales d'origine légale et conventionnelle pour la part de sa rémunération inférieure ou égale à un plafond fixé par décret.

Note **Loi 2018-1203 : révision de l'exonération de cotisations.** *Remplacement de l'exonération patronale spécifique par la réduction générale pour le secteur privé.* L'exonération de cotisations patronales attachée aux contrats d'apprentissage (voir RF 1095, §§ 5603 à 5605) est supprimée depuis le 01.01.2019 dans le secteur privé. À la place, les employeurs concernés peuvent appliquer la réduction générale de cotisations patronales en périmètre complet – c'est-à-dire incluant non seulement l'AGIRC-ARRCO, mais aussi l'assurance chômage – depuis le 01.01.2019 (loi précitée, art. 8, IX, B).

Révision de l'exonération de cotisations salariales. La rémunération des apprentis demeure exonérée de la totalité des cotisations salariales d'origine légale ou conventionnelle (voir RF 1095, §§ 5603 à 5605), mais, depuis le 01.01.2019, uniquement dans une limite fixée par décret (art. D. 6243-5). La loi précitée n'a pas modifié l'exonération de CSG/CRDS applicable au salaire des apprentis, laquelle s'applique sans condition de montant (art. L. 136-1-1, III, 1°, *a)* c. séc. soc.).

Suppression des assiettes forfaitaires. À partir de 2019, les cotisations dues sur la rémunération des apprentis sont calculées sur la rémunération réelle des intéressés. La loi précitée a, en effet, mis fin au système d'assiette forfaitaire égale à la rémunération minimale en pourcentage du SMIC, abattue de onze points en métropole et vingt points dans les DOM (voir RF 1095, § 1707). Concrètement, pour ce qui est des cotisations patronales, le bulletin de paye des apprentis doit, en principe, faire apparaître les cotisations, avec en bas de bulletin la réduction générale qui les annulera en quasi-totalité.

Voir RF 28 décembre 2018, FH 3771, §§ 1-10, 1-14 et s.

Art. D. 6243-5. ***(D. 2018-1357 du 28 déc. 2018, art. 3, JO 30)*** Le plafond mentionné à l'article L. 6243-2 est égal à 79 % du salaire minimum de croissance en vigueur au titre du mois considéré.

Note • **Périodes courant depuis le 01.01.2019.** Cet article s'applique aux cotisations et contributions dues au titre des périodes courant depuis le 01.01.2019 (décret 2018-1357 précité, art. 4). À titre d'exemple, pour un contrat conclu en septembre 2018, la rémunération correspondant au mois de janvier 2019 et versée en 2019 bénéficie de l'exonération de cotisations salariales pour la fraction n'excédant pas 79 % du SMIC. En revanche, si le salaire versé en janvier 2019 correspondant à la période d'emploi de décembre 2018, ce sont les anciennes règles qui s'appliquent: l'exonération portera sur la totalité de la rémunération (voir RF 24 janvier 2019, FH 3776, § 2-13).

• **Assiette.** L'exonération ne s'applique qu'aux salaires versés aux apprentis. Les sommes qui leur sont allouées au titre de l'intéressement et de la participation ne sont pas considérées comme des salaires; elles entrent donc dans l'assiette des cotisations, de la CSG et de la CRDS (cass. soc. 26 avril 2001, n° 99-18.773, BC V n° 135; RJS 7/01 n° 917).

Art. L. 6243-3. ***(L. 2018-1203 du 22 déc. 2018, art. 8, VI, 6°, JO 23, entrée en vigueur le 01.01.2019)*** « L'État prend en charge les cotisations et contributions sociales des apprentis qui font l'objet des exonérations prévues aux articles L. 6227-8-1 et L. 6243-2. »

(L. 2014-40 du 20 janv. 2014, art. 30, JO 21) « Le fonds mentionné à l'article L. 135-1 du code de la sécurité sociale prend à sa charge, dans des conditions fixées par décret, le versement d'un complément de cotisations d'assurance vieillesse afin de valider auprès des régimes de base un nombre de trimestres correspondant à la durée du contrat d'apprentissage. »

Note La loi de financement de la sécurité sociale pour 2014 et la loi 2014-40 précitée garantissant l'avenir et la justice du système de retraites ont rétabli l'assiette réelle pour le calcul des cotisations d'assurance vieillesse des apprentis et mis en place un dispositif de validation de droits à la retraite proportionnés à la durée de la période d'apprentissage. Le décret 2014-1514 du 16 décembre 2014 (JO 17) porte application de ces dispositions (applicable pour toutes les périodes d'apprentissage accomplies depuis le 01.01.2014).

SECTION 2 (réglementaire). Exonération de charges salariales

Art. R. 6243-6. ***(D. 2009-775 du 23 juin 2009, JO 24)*** Pour l'application des dispositions prévues à l'article L. 6243-2, l'effectif de l'entreprise calculé au 31 décembre, tous établissements confondus, est égal à la moyenne des effectifs déterminés chaque mois de l'année civile.

Pour la détermination des effectifs du mois, il est tenu compte des salariés titulaires d'un contrat de travail le dernier jour de chaque mois, y compris les salariés absents, conformément aux dispositions des articles L. 1111-2, L. 1111-3 et L. 1251-54.

Pour une entreprise créée en cours d'année, l'effectif est apprécié à la date de sa création. Au titre de l'année suivante, l'effectif de cette entreprise est apprécié dans les conditions définies aux deux alinéas précédents, en fonction de la moyenne des effectifs de chacun des mois d'existence de la première année.

Pour la détermination de la moyenne mentionnée aux premier et troisième alinéas, les mois au cours desquels aucun salarié n'est employé ne sont pas pris en compte.

Note Sur les modalités de décompte des effectifs résultant du décret 2009-775 du 23 juin 2009, voir circulaire DSS/5B/2010/38 du 1er février 2010 (NOR: SASS1003032C).

SECTION 3. Dispositions d'application

Art. L. 6243-4. Un décret en Conseil d'État détermine les mesures d'application du présent chapitre.

Note Cet article a été modifié par l'ordonnance 2019-861 du 21 août 2019, art. 1er, 43°, JO 22.

TITRE V (réglementaire) CONTRÔLE PÉDAGOGIQUE DES FORMATIONS PAR APPRENTISSAGE CONDUISANT À UN DIPLÔME

Note • **Décret 2018-1210.** Ce titre est issu du décret 2018-1210 du 21 décembre 2018, JO 23, entrée en vigueur le 01.01.2019.

• **Mission chargée du contrôle pédagogique.** Elle a succédé à l'inspection de l'apprentissage.

Art. R. 6251-1. Pour l'application du dernier alinéa de l'article L. 6211-2, chaque ministre certificateur instaure une mission, placée sous son autorité, chargée du contrôle pédagogique des formations par apprentissage conduisant à l'obtention des diplômes relevant de sa compétence.

Ces missions sont composées :

1° D'inspecteurs ou d'agents publics habilités des ministères certificateurs ;

2° D'experts désignés par les commissions paritaires régionales de l'emploi ou, à défaut, par les commissions paritaires nationales de l'emploi ;

3° D'experts désignés par les chambres consulaires.

En cas d'absence de désignation des personnes mentionnées aux 2° et 3°, le ministre certificateur met en demeure les instances concernées de procéder à cette désignation.

Les personnes mentionnées aux 2° et 3° sont nommées par le ministre certificateur pour une durée de cinq ans.

L'exercice du contrôle pédagogique est incompatible avec l'exercice d'une fonction dans un centre de formation d'apprentis ou la qualité de membre d'une instance d'un centre de formation d'apprentis.

Les modalités d'organisation et de fonctionnement des missions de contrôle pédagogique sont fixées par arrêté de chaque ministre certificateur pour les diplômes qui le concernent.

Art. L. 6261-2

Note **Modalités d'organisation et de fonctionnement des missions de contrôle pédagogique.** Pour les formations conduisant aux diplômes relevant, respectivement, de la compétence des ministres chargés de l'éducation nationale et de l'enseignement supérieur et de la compétence des ministres chargés de la jeunesse et des sports : voir arrêtés du 25 avril 2019 (JO 12 mai) et du 3 juillet 2019 (JO 6).

Pour les formations par apprentissage conduisant à un diplôme relevant du ministère en charge de l'agriculture : voir arrêté du 25 juillet 2019 (JO 4 août).

Art. R. 6251-2. Le contrôle pédagogique des formations par apprentissage conduisant à l'obtention d'un diplôme est diligenté par le ministre certificateur concerné, qui en informe le préfet de région.

Le contrôle peut être sollicité par un centre de formation d'apprentis, un employeur d'apprenti, un apprenti ou son représentant légal s'il est mineur. La demande est formée auprès du préfet de région, qui la transmet au ministère concerné.

Le contrôle est mené conjointement par au moins une personne de chacune des catégories mentionnées aux 1°, 2° et 3° de l'article R. 6251-1. En cas de non désignation des personnes mentionnées aux 2° ou 3° de cet article après mise en demeure prévue à l'article R. 6251-1, le contrôle peut être effectué en leur absence.

Le contrôle porte sur la mise en œuvre de la formation au regard du référentiel du diplôme concerné.

Il est réalisé sur pièces et sur les lieux de formation des apprentis.

Les personnes chargées du contrôle peuvent se faire communiquer par les organismes contrôlés tous documents et pièces utiles au contrôle.

Les personnes chargées du contrôle sont tenues au secret professionnel pour toutes les questions relatives aux procédés de fabrication, dans les conditions prévues aux articles 226-13 et 226-14 du code pénal.

Art. R. 6251-3. Le projet de rapport de contrôle est adressé au centre de formation d'apprentis et aux employeurs d'apprentis avec l'indication du délai dont ils disposent pour présenter des observations écrites et demander, le cas échéant, à être entendus. Ce délai ne peut être inférieur à trente jours à compter de la date de la notification.

Au terme de ce délai, le rapport de contrôle, accompagné, le cas échéant, de recommandations pédagogiques, est adressé au centre de formation d'apprentis et aux employeurs d'apprentis.

Le centre de formation d'apprentis, sur demande de l'organisme ou de l'instance mentionné à l'article L. 6316-2 lui ayant délivré la certification prévue à l'article L. 6316-1, lui adresse le rapport de contrôle.

Note Le dernier alinéa de cet article entre en vigueur le 01.01.2021 (décret 2018-1210 du 21 décembre 2018, art. 3, JO 23).

Art. R. 6251-4. Les missions de contrôle pédagogique transmettent chaque année au préfet de région un rapport d'activité.

Le préfet de région établit un rapport annuel de synthèse des activités et des recommandations des missions de contrôle pédagogique, qu'il présente au comité régional pour l'emploi, la formation et l'orientation professionnelles.

TITRE VI DISPOSITIONS PARTICULIÈRES AUX DÉPARTEMENTS DE LA MOSELLE, DU BAS-RHIN ET DU HAUT-RHIN

CHAPITRE UNIQUE

Art. L. 6261-2. Dans les départements de la Moselle, du Bas-Rhin et du Haut-Rhin, un décret en Conseil d'État détermine les modalités particulières d'application du présent livre pour tenir compte des circonstances locales.

Note • **Pas d'impact de la réforme du financement de l'apprentissage.** En Alsace-Moselle, comme antérieurement, l'intégralité de la taxe est destinée au financement de l'apprentissage. Il n'y a donc pas de fraction de 13 %, comme il n'y avait pas de hors quota autrefois. En pratique, la totalité de la taxe de 0,44 % relève donc du régime de la fraction de 87 %.

Rappelons que hors Alsace-Moselle, la taxe d'apprentissage recouvre depuis le 01.01.2019 deux composantes : une fraction destinée au financement de l'apprentissage (87 % de la taxe), que l'on peut comparer à l'ancien quota d'apprentissage, et une fraction solde de 13 %, que l'employeur doit consacrer à des dépenses libératoires directes, à rapprocher de l'ancien hors quota.

• **Doctrine.** Voir RF du 4.02.2021, FH 3877, §§ 10-2 et s.

SECTION 1 (réglementaire). Dispositions générales

Art. R. 6261-1. Les décrets n°s 72-279 et 72-283 du 12 avril 1972 ainsi que les dispositions du présent livre s'appliquent dans les départements de la Moselle, du Bas-Rhin et du Haut-Rhin, dans la mesure où il n'y est pas dérogé par les dispositions des articles R. 6261-2 à R. 6261-14.

Les textes modifiant ou remplaçant ces décrets et ces dispositions ne sont applicables à ces départements qu'après consultation ***(D. 2020-372 du 30 mars 2020, art. 8, 1°, JO 31)*** «du comité régional» ***(D. 2015-151 du 10 févr. 2015, JO 12)*** «de l'emploi, de la formation et de l'orientation professionnelles» ainsi que, ***(D. 2015-151 du 10 févr. 2015, JO 12)*** «dans le département de la Moselle, de la chambre de métiers et de l'artisanat et de la chambre de commerce et d'industrie ***(D. 2020-372 du 30 mars 2020, art. 8, 1°, JO 31)*** «compétentes».

Note Les dispositions de cet article, dans sa rédaction issue du décret 2015-151 précité, sont applicables à la taxe d'apprentissage due au titre des rémunérations versées depuis le 01.01.2014 (décret précité, art. 9).

Art. R. 6261-2. Toute disposition visant des personnes, entreprises, activités ou professions régies par le décret n° 83-487 du 10 juin 1983 s'applique, dans les départements de la Moselle, du Bas-Rhin et du Haut-Rhin, aux personnes, entreprises, activités ou professions qui, dans ces départements, relèvent des ***(D. 2010-1356 du 11 nov. 2010, art. 25, JO 13)*** «chambres de métiers et de l'artisanat de région».

SECTION 2 (réglementaire). Contrat d'apprentissage

Art. R. 6261-5. Dans les entreprises relevant de la ***(D. 2010-1356 du 11 nov. 2010, art. 25, JO 13)*** «chambre de métiers et de l'artisanat de région», les litiges entre les employeurs et les apprentis ou leurs représentants légaux sur l'exécution ou la rupture du contrat d'apprentissage ne peuvent être portés devant la juridiction compétente qu'après une tentative de conciliation devant la commission paritaire ou l'organisme délégué à cet effet par la ***(D. 2010-1356 du 11 nov. 2010, art. 25, JO 13)*** «chambre de métiers et de l'artisanat de région».

La procédure de conciliation n'a pas à être mise en œuvre lorsqu'une infraction a été constatée.

Faute de conciliation dans le mois suivant la notification du litige à la chambre, la juridiction peut être saisie.

SECTION 3 (réglementaire). Maître d'apprentissage

Art. R. 6261-9. Dans les entreprises relevant de la ***(D. 2010-1356 du 11 nov. 2010, art. 25, JO 13)*** «chambre de métiers et de l'artisanat de région», le maître d'apprentissage doit être titulaire du brevet de maîtrise délivré par les ***(D. 2010-1356 du 11 nov. 2010, art. 25, JO 13)*** «chambres de métiers et de l'artisanat de région» de la Moselle, du Bas-Rhin et du Haut-Rhin ou d'un diplôme ou titre de niveau équivalent.

Art. R. 6261-10. Dans des métiers de création récente, ainsi que là où des cas particuliers le rendent nécessaire, il peut être dérogé à la condition de titre prévue à l'article R. 6261-9.

Dans ce cas, l'avis ***(D. 2020-372 du 30 mars 2020, art. 8, 3°, JO 31)*** «des chambres des métiers et de l'artisanat compétentes pour les départements du Haut-Rhin, du Bas-Rhin et de la Moselle» est demandé avant ***(D. 2020-372 du 30 mars 2020, art. 8, 3°, JO 31)*** «le dépôt» du contrat d'apprentissage.

SECTION 5 (réglementaire). Financement de l'apprentissage

Art. R. 6261-13. Dans les départements de la Moselle, du Bas-Rhin et du Haut-Rhin, et conformément aux dispositions de l'article 9 de la loi n° 71-578 du 16 juillet 1971, le taux de la taxe d'apprentissage est réduit ***(D. 2019-1491 du 27 déc. 2019, JO 29)*** «au taux mentionné à l'article 1599 *ter* J du code général des impôts.

Le produit de la taxe d'apprentissage est réservé au financement de l'apprentissage, selon les modalités prévues au I de l'article L. 6241-2.»

Note • Les dispositions de cet article, dans sa rédaction issue du décret 2019-1491 précité, sont applicables à la taxe d'apprentissage due depuis l'année 2020 (décret précité, art. 3).

• L'article 9 de la loi 71-578 du 16 juillet 1971 précitée a été modifié par la loi 2014-288 du 5 mars 2014, art. 19, II, 4°, JO 6.

SECTION 6 (réglementaire). Contrôle pédagogique des formations par apprentissage conduisant à un diplôme

Note Cette section est issue du décret 2019-967 du 18 septembre 2019, JO 19.

Art. R. 6261-15. Les dispositions du chapitre unique du titre V relatif au contrôle pédagogique des formations par apprentissage conduisant à un diplôme sont applicables dans les départements de la Moselle, du Bas-Rhin et du Haut-Rhin, sous réserve des exceptions et des règles spéciales résultant des articles qui suivent.

Art. R. 6261-16. Le contrôle de la formation dispensée aux apprentis dans les entreprises auxquelles s'applique le décret n° 98-247 du 2 avril 1998 relatif à la qualification artisanale et au répertoire des métiers est assuré par les experts mentionnés au 3° de l'article R. 6251-1 désignés par la chambre régionale de métiers et de l'artisanat des départements de la Moselle, du Bas-Rhin et du Haut-Rhin.

Le contrôle de la formation dispensée aux apprentis dans les entreprises relevant des secteurs de l'industrie et du commerce est assuré par les experts mentionnés au 3° de l'article R. 6251-1 désignés par les chambres de commerce et d'industrie territoriales de ces mêmes départements.

Art. R. 6261-17. Les dispositions relatives au secret professionnel, prévues au dernier alinéa de l'article R. 6251-2, sont applicables aux experts désignés par les chambres consulaires mentionnés à l'article R. 6261-16.

Art. R. 6261-18. Les dispositions de l'article R. 6251-3 sont applicables aux rapports des experts désignés par les chambres consulaires mentionnés à l'article R. 6261-16.

Les rapports sont adressés systématiquement à la mission de contrôle pédagogique concernée par la formation contrôlée.

Art. R. 6261-19. Chaque expert désigné par les chambres consulaires mentionné à l'article R. 6261-16 établit annuellement un rapport d'activité.

Ce rapport est transmis par le président de la chambre intéressée au préfet de région.

Art. R. 6261-20. Un règlement, établi avec l'accord du préfet de région par chaque mission en charge du contrôle pédagogique des formations par apprentissage conduisant à l'obtention d'un diplôme et la chambre de métiers et de l'artisanat ou la chambre de commerce et d'industrie territoriale intéressée, fixe les modalités de la coopération entre la mission et cette chambre en vue de coordonner l'organisation des contrôles.

LIVRE III

LA FORMATION PROFESSIONNELLE

TITRE Ier DISPOSITIONS GÉNÉRALES

CHAPITRE Ier Objet de la formation professionnelle continue

Art. L. 6311-1. La formation professionnelle continue a pour objet de favoriser l'insertion ou la réinsertion professionnelle des travailleurs, de permettre leur maintien dans l'emploi, de favoriser le développement de leurs compétences et l'accès aux différents niveaux de la qualification professionnelle, de contribuer au développement économique et culturel, ***(L. 2009-1437 du 24 nov. 2009, art. 1er, JO 25)*** «à la sécurisation des parcours professionnels» et à leur promotion sociale.

Elle a également pour objet de permettre le retour à l'emploi des personnes qui ont interrompu leur activité professionnelle pour s'occuper de leurs enfants ou de leur conjoint ou ascendants en situation de dépendance.

CHAPITRE II Accès à la formation professionnelle continue

Art. L. 6312-1. ***(L. 2018-771 du 5 sept. 2018, art. 8, I, 1°, JO 6)*** L'accès des salariés à des actions de formation professionnelle est assuré:

1° À l'initiative de l'employeur, le cas échéant, dans le cadre d'un plan de développement des compétences;

2° À l'initiative du salarié, notamment par la mobilisation du compte personnel de formation prévu à l'article L. 6323-1;

3° Dans le cadre des contrats de professionnalisation prévus à l'article L. 6325-1.

Note • **Loi 2018-771.** Cet article est applicable depuis le 01.01.2019 (loi 2018-771 précitée, art. 46, I).

• **Ordonnance 2019-861.** L'ordonnance 2019-861 du 21 août 2019 (JO 22) dite «coquilles» a finalisé la réforme de la formation professionnelle mise en œuvre par la loi 2018-771 précitée.

Outre la correction d'erreurs rédactionnelles et d'incohérences, elle a apporté plusieurs précisions de fond, notamment sur le solde acquis au titre du DIF, les conditions d'accès et de prise en charge du CPF de transition professionnelle adaptées pour les intérimaires et les intermittents du spectacle, la période de pro-A réalisée dans le cadre d'une VAE ou la prise en charge par l'OPCO de la rémunération du salarié en période de pro-A. Voir FRS 18/19 du 30 août 2019, §§ 3 à 6; LSQ n° 17880 du 26.08.2019; RF 3 octobre 2019, FH 3809-3; Dr. Soc. 2019, pp. 878 et 967: «Chronique de droit de la formation professionnelle», Y. Pagnerre et S. Dougados.

• **Covid-19.** Voir ordonnance 2020-387 du 1er avril 2020 (JO 2) portant mesures d'urgence en matière de formation professionnelle; décret 2020-894 du 22 juillet 2020 (JO 23) portant diverses mesures en matière de formation professionnelle; décret 2020-1434 du 24 novembre 2020 (JO 25) portant diverses dispositions relatives à la formation professionnelle.

• **Plan de développement des compétences (ex-plan de formation).** Le plan de formation est devenu, depuis le 1er janvier 2019, le «plan de développement des compétences». Cette appellation est en lien avec la nouvelle définition de l'action de formation et la nouvelle notion «d'action concourant au développement des compétences» (voir RF 13 septembre 2018, FH 3756, § 1-5; RF 17 janvier 2019, FH 3775, §§ 1-6 et s.; FRS 5/19, 18 janvier 2019). Contrairement au plan de formation, le plan de développement des compétences n'a pas à être construit par catégorie d'actions de formation. Il n'y a plus lieu de distinguer entre les actions d'adaptation au poste de travail ou liées à l'évolution ou au maintien dans l'emploi d'une part et les actions de développement des compétences d'autre part. Il n'y a plus de catégorisation dans le plan de développement des compétences.

Sur les conditions de réalisation et de rémunération des actions de formation, voir art. L. 6321-2 et L. 6321-6.

Voir JCP éd. S 2019, 1234, étude S. Pélicier-Loevenbruck et Ch. Dumel, «Établir un plan de développement des compétences».

À noter que, dans le cadre législatif antérieur à la loi 2018-771 précitée, il a été jugé que lorsque le stage de formation d'une salariée a été accepté par l'employeur dans le cadre du plan de formation de l'entreprise, le contrat de travail de l'intéressée n'est pas suspendu et l'intéressée a droit au maintien de sa rémunération (cass. soc. 6 mai 1997, n° 93-41.581, Dr. Soc. 1997, p. 969, obs. G. Couturier).

• **CPF.** Pour rappel, depuis le 01.01.2015, le compte personnel de formation (CPF) s'est substitué au DIF. Il s'agit d'un dispositif de formation réellement portable dans la mesure où il suit les salariés tout au long de leur carrière (voir RF 20 mars 2014, FH 3537, § 8-1). Le compte personnel d'activité (CPA) regroupe, depuis le 1er janvier 2017, les droits issus du CPF (voir note sous Titre V «Compte personnel d'activité» du livre Ier de la partie V; art. L. 5151-1 et s.).

Art. L. 6312-2. Les travailleurs indépendants, les membres des professions libérales et des professions non-salariées, y compris ceux n'employant aucun salarié, ainsi que leur conjoint collaborateur ou leur conjoint associé mentionné à l'article L. 121-4 du code de commerce, bénéficient personnellement du droit à la formation professionnelle continue.

Le même droit est ouvert aux travailleurs privés d'emploi.

Art. D. 6312-1. L'État, les collectivités locales, les établissements publics, les établissements d'enseignement publics et privés, les associations, les organisations d'employeurs, de salariés et familiales, ainsi que les entreprises, concourent à assurer la formation professionnelle continue.

CHAPITRE III Catégories d'actions

Art. L. 6313-1. ***(L. 2018-771 du 5 sept. 2018, art. 4, II, 2°, JO 6)*** Les actions concourant au développement des compétences qui entrent dans le champ d'application des dispositions relatives à la formation professionnelle sont:

1° Les actions de formation;

2° Les bilans de compétences;

3° Les actions permettant de faire valider les acquis de l'expérience, dans les conditions prévues au livre IV de la présente partie;

4° Les actions de formation par apprentissage, au sens de l'article L. 6211-2.

Note • **Loi 2018-771.** Les dispositions des articles L. 6313-1 à 8, dans leur rédaction issue de la loi 2018-771 précitée, sont applicables depuis le 01.01.2019 (loi précitée, art. 46, I).

• **Depuis le 1er janvier 2019.** La liste des catégories d'actions de formation a été supprimée, depuis le 1er janvier 2019, au profit d'une notion plus vaste: celle d'action «concourant au développement des compétences». Cette notion recouvre tout le champ de la formation professionnelle, initiale et continue. L'action de formation devient une catégorie parmi d'autres dans les actions concourant au développement des compétences, lesquelles comprennent également les bilans de compétences, les actions permettant de faire valider les acquis de l'expérience

(VAE) et les actions de formation par apprentissage (avec la création d'une préparation à l'apprentissage). Voir RF 13 septembre 2018, FH 3756, §§ 1-1 et s.; RF 17 janvier 2019, FH 3775, §§ 1-1; FR 5/19 du 18 janvier 2019.

Voir aussi JCP éd. S 2019, act. 424, aperçu rapide, S. Dougados et F. du Pradel.

• Avant la loi 2018-771 du 5 septembre 2018

Encadrement pédagogique. Toute action de formation entrant dans le champ de la formation professionnelle continue suppose un encadrement pédagogique. La modalité essentielle est donc la notion de «stage» laquelle renvoie au face-à-face pédagogique direct entre le formateur et le formé dans un lieu unique (circ. du 4 septembre 1972, JO 20).

Les stages dits de motivation ne peuvent pas être classés en tant que tels au nombre des actions de formation visées à cet article (voir rép. QE 3309, JO AN 27 décembre 1993, p. 4788).

Maîtrise de la langue française. Les actions de formation tendant à l'amélioration de la maîtrise de la langue française relèvent du champ de la formation professionnelle tout au long de la vie. Ce faisant, est ainsi instaurée une cohérence entre les actions de lutte contre l'illettrisme et celles en faveur de l'apprentissage et de l'amélioration de la langue française, afin que des actions puissent être entreprises et financées tout au long de la vie professionnelle des personnes en difficulté du point de vue linguistique (rapport n° 3851 de la Commission spéciale chargée d'examiner le projet de loi Égalité et citoyenneté sur le projet de loi, après engagement de la procédure accélérée). Voir RF, FH n° 3679, § 8-11.

Enseignement à distance, par correspondance, e-learning. La formation peut se dérouler dans des conditions pédagogiques plus variées, dépassant le simple cadre du stage «présentiel» (formation «sur le tas», par correspondance, etc.) (circ. du 4 septembre 1972, JO 20). La formation doit toutefois répondre aux critères de base: des objectifs, un programme, des moyens pédagogiques et d'encadrement, un dispositif de suivi et d'appréciation des résultats (circ. DGEFP 2006-35 du 14 novembre 2006, BO TR 2006-12 du 30.12.2006; circ. DFP 37 du 14 mars 1986). L'enseignement à distance fait l'objet d'une législation spécifique (art. L. 444-1 à 11 c. éduc.).

Formation «ouverte et à distance» (FOAD). La loi 2014-288 du 5 mars 2014 et son décret d'application ont précisé les mentions nécessaires à la description des moyens d'encadrement des FOAD (voir art. L. 6353-1 et D. 6353-3 anciens CT). Jusqu'à cette loi, seule une circulaire définissait les conditions d'imputabilité des dépenses afférentes sur la participation formation (circ. DGEFP 2001-22 du 20 juillet 2001, BO TR 2001-16 du 5.09.2001).

Voir également décret 2006-1040 du 23 août 2006 (JO 25) pris en application des articles 199 *ter* L, 220 N, 223 O et 244 *quater* M CGI et relatif au crédit d'impôt en faveur des entreprises qui exposent des dépenses pour la formation de leurs dirigeants; circ. DGEFP 2011-26 du 15 novembre 2011 relative aux textes modifiant les droits et obligations des dispensateurs de formation et adaptant le contrôle (fiche 1: «Éléments de définition de l'action de formation»); décret 2013-153 du 19 février 2013 (JO 21) relatif à l'inscription des formations professionnelles suivies par les sapeurs-pompiers volontaires dans le champ de la formation professionnelle continue (art. R. 1424-52-1 c. gén. coll. territ.); voir circ. DGEFP questions - réponses du 12 janvier 2016 relative à l'application des critères d'appréciation de la qualité des actions de formation depuis le 01.01.2017.

Voir également LSQ n° 17053 du 4.04.2016, dossier juridique.

Titres professionnels (dernier alinéa de cet article). Pour les conditions de délivrance du titre professionnel, voir arrêté du 22 décembre 2015 (JO 30) depuis le 1er juin 2016.

Art. L. 6313-2. ***(L. 2018-771 du 5 sept. 2018, art. 4, II, 2°, JO 6)*** L'action de formation mentionnée au 1° de l'article L. 6313-1 se définit comme un parcours pédagogique permettant d'atteindre un objectif professionnel.

Elle peut être réalisée en tout ou partie à distance.

Elle peut également être réalisée en situation de travail.

Les modalités d'application des deuxième et troisième alinéas du présent article sont déterminées par décret.

Note **Sur les actions de formation en situation de travail (AFEST).** Voir guide ANACT 2019, *https://www.anact.fr/quest-ce-quune-action-de-formation-en-situation-de-travail-afest.*

Art. L. 6313-3. ***(L. 2018-771 du 5 sept. 2018, art. 4, II, 2°, JO 6)*** Les actions de formation mentionnées au 1° de l'article L. 6313-1 ont pour objet:

1° De permettre à toute personne sans qualification professionnelle ou sans contrat de travail d'accéder dans les meilleures conditions à un emploi;

2° De favoriser l'adaptation des travailleurs à leur poste de travail, à l'évolution des emplois ainsi que leur maintien dans l'emploi et de participer au développement de leurs compétences en lien ou non avec leur poste de travail. Elles peuvent permettre à des travailleurs d'acquérir une qualification plus élevée;

3° De réduire, pour les travailleurs dont l'emploi est menacé, les risques résultant d'une qualification inadaptée à l'évolution des techniques et des structures des entreprises, en les préparant à une mutation d'activité soit dans le cadre, soit en dehors de leur entreprise. Elles peuvent permettre à des salariés dont le contrat de travail est rompu d'accéder à des emplois exigeant une qualification différente, ou à des non-salariés d'accéder à de nouvelles activités professionnelles;

4° De favoriser la mobilité professionnelle.

Note • **Depuis le 1er janvier 2019.** La notion d'« actions de formation » est plus large que par le passé. Depuis le 1er janvier 2019, il est question d'action « concourant au développement des compétences » en lieu et place d'une liste de catégories d'actions de formation. L'action de formation est ainsi définie comme « un parcours pédagogique permettant d'atteindre un objectif professionnel » (art. L. 6313-2).

• **Avant la loi 2018-771 du 5 septembre 2018.** Voir circulaire DGEFP 2006-35 du 14 novembre 2006 précitée, fiche A4 sur les actions de formation, d'adaptation et de développement des compétences favorisant l'adaptation à l'emploi et au poste de travail.

Art. L. 6313-4. ***(L. 2018-771 du 5 sept. 2018, art. 4, II, 4°, JO 6)*** « Les bilans de compétences mentionnés au 2° de l'article L. 6313-1 » ont pour objet de permettre à des travailleurs d'analyser leurs compétences professionnelles et personnelles ainsi que leurs aptitudes et leurs motivations afin de définir un projet professionnel et, le cas échéant, un projet de formation.

Ce bilan ne peut être réalisé qu'avec le consentement du travailleur. Le refus d'un salarié d'y consentir ne constitue ni une faute ni un motif de licenciement.

(L. 2018-771 du 5 sept. 2018, art. 4, II, 4°, JO 6) « Les informations demandées au bénéficiaire du bilan doivent présenter un lien direct et nécessaire avec son objet. Le bénéficiaire est tenu d'y répondre de bonne foi. Il est destinataire des résultats détaillés et d'un document de synthèse. Ce document de synthèse peut être communiqué, à sa demande, à l'opérateur du conseil en évolution professionnelle mentionné à l'article L. 6111-6. Les résultats détaillés et le document de synthèse ne peuvent être communiqués à toute autre personne ou institution qu'avec l'accord du bénéficiaire. »

Les personnes chargées de réaliser et de détenir les bilans sont soumises aux dispositions des articles 226-13 et 226-14 du code pénal en ce qui concerne les informations qu'elles détiennent à ce titre.

(L. 2018-771 du 5 sept. 2018, art. 4, II, 4°, JO 6) « La durée du bilan de compétences ne peut excéder vingt-quatre heures par bilan. »

Note • Cet article est l'ancien article L. 6313-10 (loi 2018-771 précitée, art. 4, II, 4°, JO 6).

• **Avant la loi 2018-771.** Voir circulaires DFP 93-13 du 19 mars 1993 (BO TR 93/9, p. 207) et DFP 95-23 du 21 décembre 1995 (BO TR 96/4, p. 55).

Art. L. 6313-5. ***(L. 2018-771 du 5 sept. 2018, art. 4, II, 5°, JO 6)*** Les actions permettant de faire valider les acquis de l'expérience mentionnées au 3° de l'article L. 6313-1 ont pour objet l'acquisition d'une certification professionnelle enregistrée au répertoire national des certifications professionnelles mentionné à l'article L. 6113-1.

Art. L. 6313-6. ***(L. 2018-771 du 5 sept. 2018, art. 4, II, 5°, JO 6)*** Les actions de formation par apprentissage mentionnées au 4° de l'article L. 6313-1 ont pour objet:

1° De permettre aux travailleurs titulaires d'un contrat d'apprentissage d'obtenir une qualification professionnelle sanctionnée par un diplôme ou un titre à finalité professionnelle enregistré au répertoire national des certifications professionnelles mentionné à l'article L. 6113-1;

2° De dispenser aux travailleurs titulaires d'un contrat d'apprentissage ainsi qu'aux apprentis originaires de l'Union européenne en mobilité en France une formation générale associée à une formation technologique et pratique, qui complète la formation reçue en entreprise et s'articule avec elle;

3° De contribuer au développement des connaissances, des compétences et de la culture nécessaires à l'exercice de la citoyenneté;

4° De contribuer au développement de l'aptitude des apprentis à poursuivre des études par la voie de l'apprentissage ou par toute autre voie.

Art. L. 6313-7

La préparation à l'apprentissage vise à accompagner les personnes souhaitant s'orienter ou se réorienter par la voie de l'apprentissage, par toute action qui permet de développer leurs connaissances et leurs compétences et de faciliter leur intégration dans l'emploi, en cohérence avec leur projet professionnel. Ces actions sont accessibles en amont d'un contrat d'apprentissage. Elles sont organisées par les centres de formation d'apprentis ainsi que par des organismes et établissements déterminés par arrêté conjoint des ministres chargés de la formation professionnelle, de l'éducation nationale, de l'enseignement supérieur et de l'enseignement agricole. Les bénéficiaires des actions de préparation à l'apprentissage sont obligatoirement affiliés à un régime de sécurité sociale tel que défini à l'article L. 6342-1. Par ailleurs, ils peuvent bénéficier d'une rémunération en application de l'article L. 6341-1. Les actions de préparation à l'apprentissage ***(Ord. 2019-861 du 21 août 2019, art. 1er, 45°, JO 22)*** «peuvent être financées par l'État dans le cadre d'un programme national destiné à répondre à un besoin additionnel de qualification au profit de jeunes sortis du système scolaire sans qualification et des personnes à la recherche d'emploi disposant d'un niveau de qualification inférieur ou égal au baccalauréat».

Note Voir le «questions - réponses» sur la mise en œuvre de la réforme dans les CFA, décembre 2019, rapporté dans les *Textes non codifiés*.

Art. L. 6313-7. ***(L. 2018-771 du 5 sept. 2018, art. 4, II, 5°, JO 6)*** Sont dénommées formations certifiantes, les formations sanctionnées:

1° Par une certification professionnelle enregistrée au répertoire national des certifications professionnelles mentionné à l'article L. 6113-1;

2° Par l'acquisition d'un bloc de compétences au sens du même article L. 6113-1;

3° Par une certification enregistrée au répertoire spécifique mentionné à l'article L. 6113-6.

Les autres formations peuvent faire l'objet d'une attestation dont le titulaire peut se prévaloir.

Art. L. 6313-8. ***(L. 2018-771 du 5 sept. 2018, art. 4, II, 5°, JO 6)*** Un décret en Conseil d'État précise les conditions d'application du présent chapitre.

SECTION 1 (réglementaire). **Action de formation**

Note Les sections 1 et 2 ont été introduites par le décret 2018-1330 du 28 décembre 2018, JO 30, entrée en vigueur le 01.01.2019.

Art. R. 6313-1. L'action de formation mentionnée au 1° de l'article L. 6313-1 peut être organisée selon différentes modalités de formation permettant d'acquérir des compétences.

Selon les modalités de formation composant le parcours pédagogique, les moyens humains et techniques ainsi que les ressources pédagogiques, les conditions de prise en charge par les financeurs peuvent être différenciées. Sont considérés comme financeurs au sens du présent chapitre les employeurs, les organismes mentionnés à l'article L. 6316-1 et les organismes habilités à percevoir la contribution de financement mentionnée aux articles L. 6331-48 et L. 6331-54.

Art. R. 6313-2. Les informations relatives à l'organisation du parcours sont rendues accessibles par le dispensateur d'actions de formation, par tout moyen, aux bénéficiaires et aux financeurs concernés.

Art. R. 6313-3. La réalisation de l'action de formation composant le parcours doit être justifiée par le dispensateur par tout élément probant.

Note • **À l'égard du salarié.** Le prestataire de formation n'est plus tenu de remettre au salarié une attestation de fin de formation mentionnant les objectifs, la nature et la durée de l'action et les résultats de l'évaluation des acquis de la formation. Il doit seulement prouver par tout moyen que l'action de formation a été réalisée.

• **À l'égard de l'OPCO.** Le prestataire de formation doit établir un certificat de réalisation en vue du contrôle du service fait par l'OPCO (voir art. R. 6332-26).

Art. D. 6313-3-1. ***(D. 2018-1341 du 28 déc. 2018, JO 30, entrée en vigueur le 01.01.2019)*** La mise en œuvre d'une action de formation en tout ou partie à distance comprend:

1° Une assistance technique et pédagogique appropriée pour accompagner le bénéficiaire dans le déroulement de son parcours;

2° Une information du bénéficiaire sur les activités pédagogiques à effectuer à distance et leur durée moyenne;

3° Des évaluations qui jalonnent ou concluent l'action de formation.

Art. D. 6313-3-2. ***(D. 2018-1341 du 28 déc. 2018, JO 30, entrée en vigueur le 01.01.2019)*** La mise en œuvre d'une action de formation en situation de travail comprend :

1° L'analyse de l'activité de travail pour, le cas échéant, l'adapter à des fins pédagogiques ;

2° La désignation préalable d'un formateur pouvant exercer une fonction tutorale ;

3° La mise en place de phases réflexives, distinctes des mises en situation de travail et destinées à utiliser à des fins pédagogiques les enseignements tirés de la situation de travail, qui permettent d'observer et d'analyser les écarts entre les attendus, les réalisations et les acquis de chaque mise en situation afin de consolider et d'expliciter les apprentissages ;

4° Des évaluations spécifiques des acquis de la formation qui jalonnent ou concluent l'action.

SECTION 2 (réglementaire). Bilan de compétences

Art. R. 6313-4. Le bilan de compétences mentionné au 2° de l'article L. 6313-1 comprend, sous la conduite du prestataire effectuant ce bilan, les trois phases suivantes :

1° Une phase préliminaire qui a pour objet :

a) D'analyser la demande et le besoin du bénéficiaire ;

b) De déterminer le format le plus adapté à la situation et au besoin ;

c) De définir conjointement les modalités de déroulement du bilan ;

2° Une phase d'investigation permettant au bénéficiaire soit de construire son projet professionnel et d'en vérifier la pertinence, soit d'élaborer une ou plusieurs alternatives ;

3° Une phase de conclusions qui, par la voie d'entretiens personnalisés, permet au bénéficiaire :

a) De s'approprier les résultats détaillés de la phase d'investigation ;

b) De recenser les conditions et moyens favorisant la réalisation du ou des projets professionnels ;

c) De prévoir les principales modalités et étapes du ou des projets professionnels, dont la possibilité de bénéficier d'un entretien de suivi avec le prestataire de bilan de compétences.

Note **Loi 2018-771.** Si le bilan de compétences comprend toujours trois phases, leurs finalités ont été remaniées en vue d'un bilan de compétences modernisé et davantage personnalisé (voir RF 17 janvier 2019, FH 3775, §§ 1-4 et s.).

Art. R. 6313-5. Les employeurs ne peuvent réaliser eux-mêmes des bilans de compétences pour leurs salariés.

Art. R. 6313-6. L'organisme prestataire de bilans de compétences qui exerce par ailleurs d'autres activités dispose en son sein d'une organisation identifiée, spécifiquement destinée à la réalisation de bilans de compétences.

Art. R. 6313-7. L'organisme prestataire de bilans de compétences procède à la destruction des documents élaborés pour la réalisation du bilan de compétences, dès le terme de l'action.

Toutefois, les dispositions du premier alinéa ne s'appliquent pas pendant un an :

- au document de synthèse dans le cas mentionné au troisième alinéa de l'article L. 6313-4 ;
- aux documents faisant l'objet d'un accord écrit du bénéficiaire fondé sur la nécessité d'un suivi de sa situation.

Art. R. 6313-8. Lorsque le bilan de compétences est réalisé au titre du plan de développement des compétences mentionné au 1° de l'article L. 6312-1 ou dans le cadre d'un congé de reclassement dans les conditions prévues à l'article L. 1233-71, il fait l'objet d'une convention écrite conclue entre l'employeur, le salarié et l'organisme prestataire du bilan de compétences.

La convention comporte les mentions suivantes :

1° L'intitulé, l'objectif et le contenu de l'action, les moyens prévus, la durée et la période de réalisation, les modalités de déroulement et de suivi du bilan ainsi que les modalités de remise des résultats détaillés et du document de synthèse ;

2° Le prix et les modalités de règlement.

Le salarié dispose d'un délai de dix jours à compter de la transmission par son employeur du projet de convention pour faire connaître son acceptation en apposant sa signature.

L'absence de réponse du salarié au terme de ce délai vaut refus de conclure la convention.

CHAPITRE IV Droit à la qualification professionnelle

Art. L. 6314-1. Tout travailleur engagé dans la vie active ou toute personne qui s'y engage a droit à ***(L. 2014-288 du 5 mars 2014, art. 22, III, JO 6, entrée en vigueur le 01.01.2015)*** «la qualification professionnelle» et doit pouvoir suivre, à son initiative, une formation lui permettant, quel que soit son statut, ***(L. 2009-1437 du 24 nov. 2009, art. 3, JO 25)*** «de progresser au cours de sa vie professionnelle d'au moins un niveau en acquérant» une qualification correspondant aux besoins de l'économie prévisibles à court ou moyen terme :

1° Soit enregistrée dans le répertoire national des certifications professionnelles ***(Ord. 2019-861 du 21 août 2019, art. 1er, 46°, JO 22)*** «mentionné à l'article L. 6113-1» ;

2° Soit reconnue dans les classifications d'une convention collective nationale de branche;

(L. 2014-288 du 5 mars 2014, art. 1er, I, 2°, JO 6, entrée en vigueur le 01.01.2015) «3° Soit ouvrant droit à un certificat de qualification professionnelle de branche ou interbranche.»

Note • **Textes.** Voir notamment décret 2002-1029 du 2 août 2002 (JO 6) relatif au titre professionnel délivré par le ministre chargé de l'emploi.

Voir circulaire DGEFP 2012/15 du 19 juillet 2012 relative à la mise en œuvre du contrat de professionnalisation (NOR: ETSD1230450C) (BO TR 2012/8 du 30.08.2012).

• **Aide accordée au titre des contrats de professionnalisation: droit ouvert pour la préparation d'un certificat de qualification professionnelle.** Voir RF 3 septembre 2020, FH 3855, § 2-1.

Art. D. 6314-1. Les régions et l'État contribuent à l'exercice du droit à la qualification, notamment pour les personnes n'ayant pas acquis de qualification reconnue dans le cadre de la formation initiale.

Art. L. 6314-2. *(L. 2009-1437 du 24 nov. 2009, art. 22, JO 25)* Les certificats de qualification professionnelle sont établis par une ou plusieurs commissions paritaires nationales de l'emploi d'une branche professionnelle.

Ils s'appuient, d'une part, sur un référentiel d'activités qui permet d'analyser les situations de travail et d'en déduire les connaissances et les compétences nécessaires et, d'autre part, sur un référentiel de certification qui définit les modalités et les critères d'évaluation des acquis.

Les certificats de qualification professionnelle ainsi que les référentiels mentionnés à l'alinéa précédent sont transmis à la Commission nationale de la certification professionnelle.

Note • Voir décret 2011-1111 du 16 septembre 2011 (JO 18) relatif au répertoire national des certifications professionnelles et à la Commission nationale de la certification professionnelle.

• «La formation continue a-t-elle remis en cause le diplôme ?», P. Caillaud, Dr. Soc. mars 2012, p. 281.

CHAPITRE V Entretien professionnel

Note Ce chapitre a été introduit par la loi 2014-288 du 5 mars 2014, art. 5, I, 7°, JO 6.

Art. L. 6315-1. I. – À l'occasion de son embauche, le salarié est informé qu'il bénéficie tous les deux ans d'un entretien professionnel avec son employeur consacré à ses perspectives d'évolution professionnelle, notamment en termes de qualifications et d'emploi. Cet entretien ne porte pas sur l'évaluation du travail du salarié. *(L. 2016-1088 du 8 août 2016, art. 78, II, 1°, JO 9)* «Cet entretien comporte également des informations relatives à la validation des acquis de l'expérience *(L. 2018-771 du 5 sept. 2018, art. 8, I, 2°, JO 6)* «, à l'activation par le salarié de son compte personnel de formation, aux abondements de ce compte que l'employeur est susceptible de financer et au conseil en évolution professionnelle».»

Cet entretien professionnel, qui donne lieu à la rédaction d'un document dont une copie est remise au salarié, est proposé systématiquement au salarié qui reprend son activité à l'issue d'un congé de maternité, d'un congé parental d'éducation, d'un *(L. 2016-1088 du 8 août 2016, art. 9, III, 3°, JO 9)* «congé de proche aidant», d'un congé d'adoption, d'un congé sabbatique, d'une période de mobilité volontaire sécurisée mentionnée à l'article L. 1222-12, d'une période d'activité à temps partiel au sens de l'article L. 1225-47 du présent code, d'un arrêt longue maladie prévu à l'article L. 324-1 du code de la sécurité sociale ou à l'issue d'un mandat syndical. *(L. 2018-771 du 5 sept. 2018, art. 8, I, 2°, JO 6)* «Cet entretien peut avoir lieu, à l'initiative du salarié, à une date antérieure à la reprise de poste.»

II. – Tous les six ans, l'entretien professionnel mentionné au I du présent article fait un état des lieux récapitulatif du parcours professionnel du salarié. Cette durée s'apprécie par référence à l'ancienneté du salarié dans l'entreprise.

Cet état des lieux, qui donne lieu à la rédaction d'un document dont une copie est remise au salarié, permet de vérifier que le salarié a bénéficié au cours des six dernières années des entretiens professionnels prévus au I et d'apprécier s'il a:

1° Suivi au moins une action de formation;

2° Acquis des éléments de certification par la formation ou par une validation des acquis de son expérience;

3° Bénéficié d'une progression salariale ou professionnelle.

Dans les entreprises d'au moins cinquante salariés, lorsque, au cours de ces six années, le salarié n'a pas bénéficié des entretiens prévus et d'au moins ***(L. 2018-771 du 5 sept. 2018, art. 8, I, 2°, JO 6)*** «une formation autre que celle mentionnée à l'article L. 6321-2», son compte personnel est abondé dans les conditions définies à l'article L. 6323-13.

(L. 2019-486 du 22 mai 2019, art. 11, VI, 18°, JO 23, entrée en vigueur le 01.01.2020) «Pour l'application du présent article, l'effectif salarié et le franchissement du seuil de cinquante salariés sont déterminés selon les modalités prévues à l'article L. 130-1 du code de la sécurité sociale.»

(L. 2018-771 du 5 sept. 2018, art. 8, I, 2°, JO 6) «III. – Un accord collectif d'entreprise ou, à défaut, de branche peut définir un cadre, des objectifs et des critères collectifs d'abondement par l'employeur du compte personnel de formation des salariés. Il peut également prévoir d'autres modalités d'appréciation du parcours professionnel du salarié que celles mentionnés aux 1° à 3° du II du présent article ainsi qu'une périodicité des entretiens professionnels différente de celle définie au I.»

Note • **Covid-19. Jusqu'au 30 juin 2021,** l'employeur peut justifier de l'accomplissement des obligations prévues au II de cet article dans sa version en vigueur au 31 décembre 2018 (loi 2018-771 précitée, art. 1er, XIII créé par ordonnance 2019-861 du 21 août 2019, art. 7, 1°, JO 22, modifié par ordonnances 2020-387 du 1er avril 2020, art. 1er, II, JO 2, entrée en vigueur le 02.04.2020, et 2020-1501 du 2 décembre 2020, art. 2, JO 3).

Voir LSQ n° 18216 du 6.01.2021, «L'entretien professionnel, mode d'emploi et incidences de la crise sanitaire» (dossier pratique).

• **Depuis le 1er janvier 2019.** *Date d'application.* Les dispositions de cet article, dans sa rédaction issue de la loi 2018-771 précitée, sont applicables depuis le 01.01.2019 (loi précitée, art. 46, I).

Adaptation de la périodicité. La loi 2018-771 précitée a ouvert la possibilité d'adapter la périodicité de l'entretien professionnel. En effet, un accord d'entreprise (ou, à défaut, un accord de branche) peut prévoir une périodicité différente pour prendre en compte les réalités de l'entreprise. Notons toutefois que la périodicité de l'entretien qui dresse un «état des lieux» n'est pas négociable et continuera d'avoir lieu tous les six ans.

Contenu élargi. Le contenu des entretiens correspond a minima en un temps d'échange sur les «perspectives d'évolution professionnelles», sans obligation pour l'employeur d'assurer une progression de carrière du salarié. Ce contenu est étoffé avec, entre autres, une indication sur le conseil en évolution professionnelle (CEP), l'objectif étant ici de renforcer la connaissance du dispositif par les salariés. Pour rappel, le CEP est un dispositif d'accompagnement gratuit dont l'objectif est de favoriser l'évolution et la sécurisation de son parcours professionnel (voir note sous art. L. 6111-6). Précisons que l'information du salarié sur le CEP à l'occasion de l'entretien n'est pas une totale nouveauté. Elle était déjà mentionnée dans le cahier des charges relatif au CEP (arrêté du 16 juillet 2014, JO 24). Son insertion dans le code du travail la met ainsi en pleine lumière.

Négocier les critères d'appréciation du parcours du salarié. La loi 2018-771 précitée permet à un accord d'entreprise (ou, à défaut, un accord de branche) de mettre en place des critères différents pour apprécier le parcours professionnel du salarié. En revanche, il faut vérifier si le salarié a bénéficié de tous ses entretiens professionnels obligatoires. Cette mesure, associée à celle donnant la possibilité aux partenaires sociaux de prévoir une périodicité différente pour l'entretien professionnel a pour but de conserver l'obligation de principe pour l'employeur d'effectuer des entretiens professionnels tout en renvoyant à la négociation collective le droit d'adapter à la marge ses modalités d'application.

Abondement correctif des «50 salariés et plus». Voir note sous art. L. 6323-13.

Voir RF 13 septembre 2018, § 3756, §§ 1-18 et s.; LSQ n° 17671 du 12.10.2018, «L'accès à la formation repensé» (dossier juridique); RF 3 octobre 2019, FH 3809, § 3-4; LSQ n° 17900 du 19.09.2019 (dossier pratique).

• **Entretien professionnel ne portant pas sur l'évaluation du travail du salarié (I).** L'entretien professionnel est obligatoire. S'inscrivant dans une logique de gestion des ressources humaines, il a vocation à développer avec l'employeur une réflexion conjointe sur une évolution professionnelle. S'agissant de l'entretien annuel d'évaluation qui peut déjà exister dans certaines entreprises, il a une logique managériale et relève de l'initiative de l'employeur ou d'une disposition conventionnelle (convention collective, accord collectif, plus rarement contrat de travail), voire d'un usage (cass. soc. 10 novembre 2009, n° 08-42.114, LS Jurispr. n° 248 du 7.12.2009).

Les deux types d'entretien peuvent donc coexister sans toutefois se confondre. Voir RF 1075, «Entretiens professionnel et d'évaluation», §§ 1600 et 1614; LSQ n° 17078 du 11.05.2016, dossier pratique «L'entretien professionnel».

• **Modèle de compte rendu.** Selon l'accord national interprofessionnel du 14 décembre 2013 (à l'origine de la réforme sur la formation professionnelle), les OPCA (devenus opérateurs de compétences, «OPCO», au 01.01.2019; voir art. L. 6332-1) peuvent fournir un modèle de compte-rendu d'entretien. Ils sont également censés diffuser auprès des TPE-PME tous les outils nécessaires à la réalisation des entretiens professionnels ainsi que les informations sur les droits et dispositifs de formation (ANI du 14 décembre 2013 relatif la formation professionnelle, art. 1 et 8). En pratique, il s'agira le plus souvent d'une grille d'entretien conçu par l'employeur selon les modèles fournis par les organismes. Voir LSQ n° 17078 du 11.05.2016, dossier pratique «L'entretien professionnel».

• **Information sur la VAE.** Voir LSQ n° 17943 du 21.11.2019.

Art. L. 6315-2. ***(L. 2019-1461 du 27 déc. 2019, art. 90, II, JO 28)*** Au début de son mandat de conseiller municipal, de conseiller départemental ou de conseiller régional, le salarié bénéficie, à sa demande, d'un entretien individuel avec son employeur portant sur les modalités pratiques d'exercice de son mandat au regard de son emploi. Cet entretien ne se substitue pas à l'entretien professionnel mentionné à l'article L. 6315-1.

L'employeur et le salarié concerné peuvent s'accorder sur les mesures à mettre en œuvre pour faciliter la conciliation entre la vie professionnelle et les fonctions électives du salarié et, le cas échéant, sur les conditions de rémunération des temps d'absence consacrés à l'exercice de ces fonctions.

CHAPITRE VI Qualité des actions de formation professionnelle

Note Ce chapitre a été introduit par la loi 2014-288 du 5 mars 2014, art. 8, JO 6.

Art. L. 6316-1. Les ***(L. 2018-771 du 5 sept. 2018, art. 6, II, JO 6)*** «opérateurs de compétences, les commissions mentionnées à l'article L. 6323-17-6», l'État, les régions, Pôle emploi et l'institution mentionnée à l'article L. 5214-1 s'assurent, lorsqu'ils financent une action de formation professionnelle et sur la base de critères définis par décret en Conseil d'État, de la capacité du prestataire de formation mentionné à l'article L. 6351-1 à dispenser une formation de qualité.

Note • **Textes. Loi 2018-771.** Les dispositions de cet article, dans sa rédaction issue de la loi 2018-771 précitée, sont applicables depuis le 01.01.2019 (loi précitée, art. 46, I).

À compter du 01.01.2022, *cet article est ainsi rédigé:*

Art. L. 6316-1. **(L. 2018-771 du 5 sept. 2018, art. 6, I, 2° et III, JO 6, modifié par Ord. 2020-387 du 1er avril 2020, art. 1er, I, 1°, JO 2, entrée en vigueur le 01.01.2022)** *Les prestataires mentionnés à l'article L. 6351-1 financés par un opérateur de compétences, par la commission mentionnée à l'article L. 6323-17-6, par l'État, par les régions, par la Caisse des dépôts et consignations, par Pôle emploi ou par l'institution mentionnée à l'article L. 5214-1 sont certifiés sur la base de critères définis par décret en Conseil d'État.*

Arrêté. Voir aussi arrêté du 14 octobre 2019 (JO 29), modifié par arrêté du 24 avril 2020 (JO 6 mai), relatif à la certification mentionnée à cet article des organismes de formation de l'enseignement agricole public; les dispositions de cet arrêté s'appliquent à compter du 1er janvier 2022.

• **Critères de qualité.** Toutes les actions de formation financées par des fonds paritaires ou publics doivent, depuis le 1er janvier 2017, répondre aux critères de qualité fixés par le décret 2015-790 du 30 juin 2015 (JO 1er juil.).

L'administration précise la mise en œuvre des six critères d'appréciation de la qualité de la formation. Elle définit en particulier quelles actions seront soumises à un contrôle et les modalités selon lesquelles les critères s'appliqueront. Elle précise que ces critères s'imposeront à tous les prestataires de formation mais pas aux employeurs lorsqu'ils réalisent une formation en interne (Questions - Réponses DGEFP du 12 janvier 2016).

Voir le «questions - réponses» sur la mise en œuvre de la réforme dans les CFA, 7 décembre 2020.

Art. L. 6316-2. ***(L. 2018-771 du 5 sept. 2018, art. 6, I, 3° et III, JO 6, modifié par Ord. 2020-387 du 1er avril 2020, art. 1er, I, 1°, JO 2, entrée en vigueur le 01.01.2022)*** La certification mentionnée à l'article L. 6316-1 est délivrée par un organisme certificateur accrédité à cet effet ou en cours d'accréditation par l'instance nationale d'accréditation mentionnée à l'article 137 de la loi n° 2008-776 du 4 août 2008 de modernisation de l'économie ou par tout autre organisme signataire d'un accord européen multilatéral pris dans le cadre de la coordination européenne des organismes d'accréditation.

Elle peut également être délivrée par une instance de labellisation reconnue par France compétences sur la base du référentiel national mentionné à l'article L. 6316-3 du présent code.

Note **Sur l'accréditation des organismes certificateurs.** Voir articles R. 6316-3, D. 6316-1-1 et arrêté du 6 juin 2019 (JO 8) modifié par arrêté du 24 juillet 2020 (JO 29) lequel a été modifié par l'arrêté du 7 décembre 2020 (JO 13).

Art. L. 6316-3. ***(L. 2018-771 du 5 sept. 2018, art. 6, I, 3°, JO 6)*** **Un référentiel national déterminé par décret pris après avis de France compétences fixe les indicateurs d'appréciation des critères mentionnés à l'article L. 6316-1 ainsi que les modalités d'audit associées qui doivent être mises en œuvre.**

Ce référentiel prend notamment en compte les spécificités des publics accueillis et des actions dispensées par apprentissage.

Les organismes financeurs mentionnés au même article L. 6316-1 procèdent à des contrôles afin de s'assurer de la qualité des formations effectuées.

Note • Les articles L. 6316-3 à 5 sont applicables depuis le 01.01.2019 (loi 2018-771 précitée, art. 46, I).
• Le 3e alinéa de cet article entre en vigueur le 01.01.2022 (loi 2018-771 précitée, art. 6, III, modifié par ordonnance 2020-387 du 1er avril 2020, art. 1er, I, 1°, JO 2).

Art. L. 6316-4. ***(L. 2018-771 du 5 sept. 2018, art. 6, I, 3°, JO 6)*** **I. – Les établissements d'enseignement secondaire publics et privés associés à l'État par contrat ayant déclaré un centre de formation d'apprentis sont soumis à l'obligation de certification mentionnée à l'article L. 6316-1 pour les actions de formation dispensées par apprentissage à compter du 1er janvier 2022.**

II. – Les établissements d'enseignement supérieur publics accrédités conformément à l'article L. 613-1 du code de l'éducation après évaluation par le Haut Conseil de l'évaluation de la recherche et de l'enseignement supérieur ou après une évaluation dont les procédures ont été validées par celui-ci ainsi que les établissements d'enseignement supérieur privés évalués par le comité consultatif pour l'enseignement supérieur privé mentionné à l'article L. 732-1 du même code et ceux évalués par la commission mentionnée à l'article L. 642-3 dudit code sont réputés avoir satisfait à l'obligation de certification mentionnée à l'article L. 6316-1 du présent code.

III. – Les accréditations et évaluations mentionnées au II sont mises en œuvre selon des critères et des indicateurs qui font l'objet d'une conférence annuelle entre France compétences, le Haut Conseil de l'évaluation de la recherche et de l'enseignement supérieur et la commission mentionnée à l'article L. 642-3 du code de l'éducation. Cette conférence concourt à la réalisation de l'objectif de mise en cohérence des critères d'évaluation de la qualité des formations en apprentissage.

Note **À compter du 01.01.2022,** au III de cet article, les mots «en apprentissage» sont supprimés (ordonnance 2019-861 du 21 août 2019, art. 1er, 44°, JO 22).

Art. L. 6316-5. ***(L. 2018-771 du 5 sept. 2018, art. 6, I, 3°, JO 6)*** **Un décret en Conseil d'État détermine les modalités d'application du présent chapitre.**

Art. R. 6316-1. ***(D. 2019-564 du 6 juin 2019, JO 8)*** Les critères mentionnés à l'article L. 6316-1 auxquels doivent satisfaire les prestataires d'actions concourant au développement des compétences mentionnés à l'article L. 6351-1 sont:

1° Les conditions d'information du public sur les prestations proposées, les délais pour y accéder et les résultats obtenus;

2° L'identification précise des objectifs des prestations proposées et l'adaptation de ces prestations aux publics bénéficiaires, lors de la conception des prestations;

3° L'adaptation aux publics bénéficiaires des prestations et des modalités d'accueil, d'accompagnement, de suivi et d'évaluation mises en œuvre;

4° L'adéquation des moyens pédagogiques, techniques et d'encadrement aux prestations mises en œuvre;

5° La qualification et le développement des connaissances et compétences des personnels chargés de mettre en œuvre les prestations;

6° L'inscription et l'investissement du prestataire dans son environnement professionnel;

7° Le recueil et la prise en compte des appréciations et des réclamations formulées par les parties prenantes aux prestations délivrées.

Note Les articles R. 6316-1 à 7 s'appliquent à la certification mentionnée au 2° du I de l'article 6 de la loi 2018-771, obligatoire à compter du 1er janvier 2022.

Les organismes qui obtiennent cette certification avant le 1er janvier 2022 sont réputés satisfaire aux critères prévus à l'article R. 6316-1 CT, dans sa rédaction antérieure au décret 2019-564 précité, en vigueur jusqu'au 31 décembre 2021 (décret précité, art. 2, modifié par décret 2020-894 du 22 juillet 2020, art. 2, JO 23, entrée en vigueur le 23.07.2020).

Art. D. 6316-1-1. ***(D. 2019-565 du 6 juin 2019, JO 8)*** Les indicateurs d'appréciation des critères mentionnés à l'article R. 6316-1 et les modalités d'audit mises en œuvre par les organismes certificateurs pour délivrer la certification mentionnée à l'article L. 6316-1 sont définis dans le référentiel national figurant en annexe du présent chapitre. Les conditions de mise en œuvre des audits sont précisées par un arrêté du ministre chargé de la formation professionnelle.

Note • **À compter du 01.01.2022.** Cet article s'applique à la certification mentionnée au 2° du I de l'article 6 de la loi 2018-771, obligatoire à compter du 1er janvier 2022 (décret 2019-565 précité, art. 2, modifié par décret 2020-894 du 22 juillet 2020, art. 3, JO 23, entrée en vigueur le 23.07.2020).

• **Modalités d'audit initial et de renouvellement.** Voir arrêté du 6 juin 2019 (JO 8) modifié par arrêté du 24 juillet 2020 (JO 29) lequel a été modifié par l'arrêté du 7 décembre 2020 (JO 13). Ce dernier arrêté donne un an supplémentaire pour réaliser à distance l'audit initial de certification des organismes de formation afin de prendre en compte la persistance des effets de la crise sanitaire liée à la Covid-19. La possibilité de mener ces audits à distance avait été ouverte jusqu'au 1er janvier 2021, elle l'est finalement jusqu'au 1er janvier 2022. L'obligation de certification faite aux organismes de formation pour pouvoir bénéficier de fonds publics ou mutualisés ayant également été reportée au 1er janvier 2022, ce sont donc l'ensemble des audits initiaux qui pourront être menés à distance jusqu'à cette date. Voir LSQ n° 18205 du 16.12.2020.

Conformément à l'article 2 *bis* du décret 2019-565 du 6 juin 2019, JO 8, modifié par décret 2020-894 du 22 juillet 2020, JO 23, entrée en vigueur le 23.07.2020 :

Par dérogation aux modalités de renouvellement d'audit prévues au *c* du 2 du II de l'annexe au chapitre VI du titre Ier du livre III de la sixième partie du code du travail (partie réglementaire), pour les organismes ayant obtenu avant le 1er janvier 2021 la certification mentionnée au 2° du I de l'article 6 de la loi du 5 septembre 2018 susvisée, l'audit de renouvellement s'effectue au cours de la quatrième année de validité de la certification, avant son expiration.

Art. R. 6316-2. ***(D. 2019-564 du 6 juin 2019, JO 8)*** La certification mentionnée à l'article L. 6316-1 est délivrée par les organismes et instances mentionnés à l'article L. 6316-2 pour une durée de trois ans. Un arrêté fixe les modalités selon lesquelles elle peut être suspendue ou retirée par l'organisme ou l'instance qui l'a délivrée.

Note Par dérogation aux dispositions de cet article, la certification mentionnée au premier alinéa obtenue avant le 1er janvier 2021 a une validité de quatre ans (décret 2019-564 précité, art. 2, modifié par décret 2020-894 du 22 juillet 2020, art. 2, JO 23, entrée en vigueur le 23.07.2020).

Art. R. 6316-3. ***(D. 2019-564 du 6 juin 2019, JO 8)*** I. – L'accréditation des organismes certificateurs prévue à l'article L. 6316-2 garantit le respect :

1° De la norme de l'organisation internationale de normalisation correspondant à l'exercice de l'activité de certification des produits, des procédés et des services ;

2° D'exigences permettant notamment de garantir la compétence des auditeurs pour la certification des organismes mentionnés à l'article L. 6351-1, fixées par arrêté du ministre chargé de la formation professionnelle.

II. – Les organismes certificateurs mentionnés au I figurent sur une liste publiée sur le site internet du ministère chargé de la formation professionnelle.

Note **Exigences pour l'accréditation des organismes certificateurs.** Voir arrêté du 6 juin 2019 (JO 8) modifié par arrêté du 24 juillet 2020 (JO 29) lequel a été modifié par l'arrêté du 7 décembre 2020 (JO 13).

Art. R. 6316-4. ***(D. 2019-564 du 6 juin 2019, JO 8)*** France compétences inscrit sur une liste les instances de labellisation qu'elle reconnaît après avoir vérifié que le processus de certification mis en œuvre par ces instances implique une autorité administrative et qu'il présente des garanties d'indépendance à l'égard des prestataires certifiés.

France compétences met cette liste à la disposition du public et la révise tous les trois ans.

Art. R. 6316-5. ***(D. 2019-564 du 6 juin 2019, JO 8)*** Les organismes et instances mentionnés à l'article L. 6316-2 transmettent au ministre chargé de la formation professionnelle les listes des prestataires qu'ils ont certifiés. Les modalités de transmission et de publication de ces listes sont fixées par arrêté du ministre chargé de la formation professionnelle.

Art. R. 6316-6. ***(D. 2019-564 du 6 juin 2019, JO 8)*** Les organismes financeurs mentionnés à l'article L. 6316-1 veillent à l'adéquation financière des prestations achetées aux besoins de formation, à l'ingénierie pédagogique déployée par le prestataire, à l'innovation des moyens mobilisés et aux tarifs pratiqués dans des conditions d'exploitation comparables pour des prestations analogues.

Art. R. 6316-7. *(D. 2019-564 du 6 juin 2019, JO 8)* Les contrôles mentionnés à l'article L. 6316-3 peuvent être mutualisés entre les financeurs mentionnés à l'article L. 6316-1. Ces financeurs effectuent auprès du ministre chargé de la formation professionnelle tout signalement utile et étayé relatif à la qualité des actions de formation professionnelle. Lorsque les constats opérés sont susceptibles de remettre en cause une certification délivrée en application de l'article L. 6316-1, le ministre chargé de la formation professionnelle en informe l'organisme ou l'instance qui l'a délivrée.

ANNEXE

AU CHAPITRE VI DU TITRE PREMIER DU LIVRE III DE LA SIXIÈME PARTIE DU CODE DU TRAVAIL (PARTIE RÉGLEMENTAIRE)

RÉFÉRENTIEL NATIONAL DE CERTIFICATION QUALITÉ DES ORGANISMES MENTIONNÉS À L'ARTICLE L. 6351-1

I. – Indicateurs d'appréciation des critères définis à l'article R. 6316-1 du code du travail

Critère 1 : Les conditions d'information du public sur les prestations proposées, les délais pour y accéder et les résultats obtenus.				
L. 6313-1 – 1°	**L. 6313-1 – 2°**	**L. 6313-1 – 3°**	**L. 6313-1 – 4°**	**Indicateurs d'appréciation**
x	x	x	x	1) Le prestataire diffuse une information accessible au public, détaillée et vérifiable sur les prestations proposées : prérequis, objectifs, durée, modalités et délais d'accès, tarifs, contacts, méthodes mobilisées et modalités d'évaluation, accessibilité aux personnes handicapées.
x	x	x	x	2) Le prestataire diffuse des indicateurs de résultats adaptés à la nature des prestations mises en œuvre et des publics accueillis.
Indicateur spécifique d'appréciation				
x		x	x	3) Lorsque le prestataire met en œuvre des prestations conduisant à une certification professionnelle, il informe sur les taux d'obtention des certifications préparées, les possibilités de valider un/ou des blocs de compétences, ainsi que sur les équivalences, passerelles, suites de parcours et les débouchés.
Critère 2 : L'identification précise des objectifs des prestations proposées et l'adaptation de ces prestations aux publics bénéficiaires, lors de la conception des prestations.				
L. 6313-1 – 1°	**L. 6313-1 – 2°**	**L. 6313-1 – 3°**	**L. 6313-1 – 4°**	**Indicateurs d'appréciation**
x	x	x	x	4) Le prestataire analyse le besoin du bénéficiaire en lien avec l'entreprise et/ou le financeur concerné(s).
x	x	x	x	5) Le prestataire définit les objectifs opérationnels et évaluables de la prestation.
x	x	x	x	6) Le prestataire établit les contenus et les modalités de mise en œuvre de la prestation, adaptés aux objectifs définis et aux publics bénéficiaires.
Indicateurs spécifiques d'appréciation				
x			x	7) Lorsque le prestataire met en œuvre des prestations conduisant à une certification professionnelle, il s'assure de l'adéquation du ou des contenus de la prestation aux exigences de la certification visée.
x			x	8) Le prestataire détermine les procédures de positionnement et d'évaluation des acquis à l'entrée de la prestation.
Critère 3 : L'adaptation aux publics bénéficiaires des prestations et des modalités d'accueil, d'accompagnement, de suivi et d'évaluation mises en œuvre.				
L. 6313-1 – 1°	**L. 6313-1 – 2°**	**L. 6313-1 – 3°**	**L. 6313-1 – 4°**	**Indicateurs d'appréciation**
x	x	x	x	9) Le prestataire informe les publics bénéficiaires sur les conditions de déroulement de la prestation.
x	x	x	x	10) Le prestataire met en œuvre et adapte la prestation, l'accompagnement et le suivi aux publics bénéficiaires.
x	x	x	x	11) Le prestataire évalue l'atteinte par les publics bénéficiaires des objectifs de la prestation.
x	x	x	x	12) Le prestataire décrit et met en œuvre les mesures pour favoriser l'engagement des bénéficiaires et prévenir les ruptures de parcours.

				Indicateurs spécifiques d'appréciation
	x		x	13) Pour les formations en alternance, le prestataire, en lien avec l'entreprise, anticipe avec l'apprenant les missions confiées, à court, moyen et long terme, et assure la coordination et la progressivité des apprentissages réalisés en centre de formation et en entreprise.
			x	14) Le prestataire met en œuvre un accompagnement socio-professionnel, éducatif et relatif à l'exercice de la citoyenneté.
			x	15) Le prestataire informe les apprentis de leurs droits et devoirs en tant qu'apprentis et salariés ainsi que des règles applicables en matière de santé et de sécurité en milieu professionnel.
x		x	x	16) Lorsque le prestataire met en œuvre des formations conduisant à une certification professionnelle, il s'assure que les conditions de présentation des bénéficiaires à la certification respectent les exigences formelles de l'autorité de certification.
				Critère 4 : L'adéquation des moyens pédagogiques, techniques et d'encadrement aux prestations mises en œuvre.
L. 6313-1 – 1°	**L. 6313-1 – 2°**	**L. 6313-1 – 3°**	**L. 6313-1 – 4°**	**Indicateurs d'appréciation**
x	x	x	x	17) Le prestataire met à disposition ou s'assure de la mise à disposition des moyens humains et techniques adaptés et d'un environnement approprié (conditions, locaux, équipements, plateaux techniques…).
x	x	x	x	18) Le prestataire mobilise et coordonne les différents intervenants internes et/ou externes (pédagogiques, administratifs, logistiques, commerciaux …).
x	x	x	x	19) Le prestataire met à disposition du bénéficiaire des ressources pédagogiques et permet à celui-ci de se les approprier.
				Indicateur spécifique d'appréciation
			x	20) Le prestataire dispose d'un personnel dédié à l'appui à la mobilité nationale et internationale, d'un référent handicap et d'un conseil de perfectionnement.
				Critère 5 : La qualification et le développement des connaissances et compétences des personnels chargés de mettre en œuvre les prestations.
L. 6313-1 – 1°	**L. 6313-1 – 2°**	**L. 6313-1 – 3°**	**L. 6313-1 – 4°**	**Indicateurs d'appréciation**
x	x	x	x	21) Le prestataire détermine, mobilise et évalue les compétences des différents intervenants internes et/ou externes, adaptées aux prestations.
x	x	x	x	22) Le prestataire entretient et développe les compétences de ses salariés, adaptées aux prestations qu'il délivre.
				Critère 6 : L'inscription et l'investissement du prestataire dans son environnement professionnel.
L. 6313-1 – 1°	**L. 6313-1 – 2°**	**L. 6313-1 – 3°**	**L. 6313-1 – 4°**	**Indicateurs d'appréciation**
x	x	x	x	23) Le prestataire réalise une veille légale et réglementaire sur le champ de la formation professionnelle et en exploite les enseignements.
x	x	x	x	24) Le prestataire réalise une veille sur les évolutions des compétences, des métiers et des emplois dans ses secteurs d'intervention et en exploite les enseignements.
x	x	x	x	25) Le prestataire réalise une veille sur les innovations pédagogiques et technologiques permettant une évolution de ses prestations et en exploite les enseignements.
x	x	x	x	26) Le prestataire mobilise les expertises, outils et réseaux nécessaires pour accueillir, accompagner/former ou orienter les publics en situation de handicap.
x	x	x	x	27) Lorsque le prestataire fait appel à la sous-traitance ou au portage salarial, il s'assure du respect de la conformité au présent référentiel.
				Indicateurs spécifiques d'appréciation
x			x	28) Lorsque les prestations dispensées au bénéficiaire comprennent des périodes de formation en situation de travail, le prestataire mobilise son réseau de partenaires socio-économiques pour co-construire l'ingénierie de formation et favoriser l'accueil en entreprise.
			x	29) Le prestataire développe des actions qui concourent à l'insertion professionnelle ou la poursuite d'étude par la voie de l'apprentissage ou par toute autre voie permettant de développer leurs connaissances et leurs compétences.

Critère 7 : Le recueil et la prise en compte des appréciations et des réclamations formulées par les parties prenantes aux prestations délivrées.				
L. 6313-1 – 1°	L. 6313-1 – 2°	L. 6313-1 – 3°	L. 6313-1 – 4°	Indicateurs d'appréciation
x	x	x	x	30) Le prestataire recueille les appréciations des parties prenantes : bénéficiaires, financeurs, équipes pédagogiques et entreprises concernées.
x	x	x	x	31) Le prestataire met en œuvre des modalités de traitement des difficultés rencontrées par les parties prenantes, des réclamations exprimées par ces dernières, des aléas survenus en cours de prestation.
x	x	x	x	32) Le prestataire met en œuvre des mesures d'amélioration à partir de l'analyse des appréciations et des réclamations.

II. – Modalités d'audit prévues à l'article L. 6316-3 du code du travail

1. Périmètre

Les audits mis en œuvre par les organismes certificateurs pour s'assurer du respect des indicateurs fixés par le référentiel national concernent les organismes disposant d'un numéro d'enregistrement de la déclaration d'activité prévue à l'article L. 6351-1 ou en cours d'enregistrement et souhaitant bénéficier des fonds des financeurs mentionnés à l'article L. 6316-1.

Dans le cas d'un organisme implanté sur plusieurs sites, la certification porte sur l'ensemble des sites.

L'organisme informe en amont le certificateur des catégories d'actions de développement des compétences pour lesquelles il souhaite être certifié.

2. Procédure et cycle de la certification

La procédure de certification repose sur des audits, selon des cycles de trois années, selon des modalités précisées par arrêté du ministre chargé de la formation professionnelle. Elle comprend :

a) Un audit initial, qui permet de vérifier que les actions de développement des compétences répondent aux exigences requises. En cas de résultats satisfaisants, la certification est délivrée pour trois ans ;

b) Un audit de surveillance, qui permet de s'assurer de la bonne application du référentiel ;

c) En cas de demande de renouvellement de certification de l'organisme, un audit de renouvellement qui s'effectue durant la troisième année avant l'expiration de la certification.

La durée de chacun des audits varie en fonction du chiffre d'affaires relatif à l'activité de prestataire d'action concourant au développement des compétences de l'organisme et du nombre de catégories d'actions de développement des compétences pour lesquelles l'organisme demande à être certifié, selon des modalités précisées par arrêté du ministre chargé de la formation professionnelle.

3. Cas de non-conformité au référentiel

Une non-conformité est un écart par rapport à un ou plusieurs indicateurs du référentiel.

Elle peut être mineure ou majeure. La non-conformité mineure est la prise en compte partielle d'un indicateur ne remettant pas en cause la qualité de la prestation délivrée. La non-conformité majeure est la non prise en compte d'un indicateur ou sa prise en compte partielle remettant en cause la qualité de la prestation délivrée. Les modalités relatives à ces non conformités au référentiel national de certification de qualité des organismes mentionnés à l'article L. 6351-1 sont précisées par arrêté du ministre chargé de la formation professionnelle.

4. Modalités de certification d'un organisme disposant d'une certification ou d'une labellisation de qualité des actions concourant au développement des compétences

Les modalités de l'audit initial de certification d'un organisme disposant d'une certification ou d'une labellisation de qualité des actions concourant au développement des compétences obtenue en application de l'article R. 6316-3 du code du travail dans sa rédaction antérieure à l'entrée en vigueur du décret n° 2018-1262 du 26 décembre 2018 relatif à la Commission nationale de la négociation collective, de l'emploi et de la formation professionnelle, et en cours de validité au moment de sa demande de certification, sont précisées par arrêté du ministre chargé de la formation professionnelle.

TITRE II DISPOSITIFS DE FORMATION PROFESSIONNELLE CONTINUE

CHAPITRE Ier Formations à l'initiative de l'employeur et plan de formation

SECTION 1. Obligations de l'employeur et plan de formation

Art. L. 6321-1. L'employeur assure l'adaptation des salariés à leur poste de travail.

Il veille au maintien de leur capacité à occuper un emploi, au regard notamment de l'évolution des emplois, des technologies et des organisations.

Il peut proposer des formations qui participent au développement des compétences, ***(L. 2016-1321 du 7 oct. 2016, art. 109, JO 8)*** «y compris numériques,» ainsi qu'à la lutte contre l'illettrisme ***(L. 2016-1088 du 8 août 2016, art. 40, JO 9)*** «, notamment des actions d'évaluation et de formation permettant l'accès au socle de connaissances et de compétences défini par décret».

Les actions de formation mises en œuvre à ces fins sont prévues, le cas échéant, par le ***(L. 2018-771 du 5 sept. 2018, art. 8, I, 3°, JO 6)*** «plan de développement des compétences» mentionné au 1° de l'article L. 6312-1. ***(L. 2016-1088 du 8 août 2016, art. 40, JO 9)*** «Elles peuvent permettre d'obtenir une partie identifiée de certification professionnelle, classée au sein du répertoire national des certifications professionnelles et visant à l'acquisition d'un bloc de compétences.»

Note • **Depuis le 1er janvier 2019.** Les dispositions de cet article, dans sa rédaction issue de la loi 2018-771 précitée, sont applicables depuis le 01.01.2019 (loi précitée, art. 46, I).

Même si la catégorie «action d'adaptation au poste de travail» n'a plus à figurer dans le plan de développement des compétences (voir note sous art. L. 6312-1), l'employeur reste, comme par le passé, tenu d'assurer l'adaptation des salariés à leur poste de travail. Cette obligation continue d'être inscrite dans le code du travail. Voir RF 13 septembre 2018, FH 3756, § 1-5; Dr. Soc. 2018, p. 663, obs. S. Dougados et Y. Pagnerre.

• **Obligations de l'employeur**

Assurer l'adaptation. L'employeur a l'obligation d'assurer l'adaptation de ses employés à l'évolution de leurs emplois. Une cour d'appel ayant relevé qu'un employeur avait sciemment maintenu une salariée, mutée dans un autre atelier et à un autre emploi du fait de sa lenteur et de sa dissipation, à un poste qu'elle était incapable de tenir, a caractérisé un abus de droit, de sorte que l'insuffisance de résultats de l'intéressée dans l'accomplissement de ses nouvelles fonctions ne pouvait constituer une cause sérieuse de licenciement (cass. soc. 29 mai 2002, n° 00-40.996, RJS 10/02 n° 1120). Le seul fait qu'un salarié ait occupé successivement différents postes au sein d'une société ne suffit pas à établir que l'employeur a effectivement satisfait à son obligation de formation et d'adaptation (cass. soc. 12 avril 2012, n° 11-12.847). Constitue une cause réelle et sérieuse de licenciement le refus d'une salariée de suivre une formation proposée par l'employeur, destinée à l'adapter aux évolutions technologiques de son emploi, qui constitue une modalité d'exécution du contrat de travail et répond à l'intérêt de l'entreprise (cass. soc. 3 décembre 2008, n° 07-42.196, RJS 2/09 n° 203).
Assurer une reconversion professionnelle n'est pas une adaptation au poste de travail (cass. soc. 20 septembre 2017, n° 16-10.567, Dr. Soc. 2018, p. 664, obs. Y. Pagnerre).

Veiller au maintien de la capacité du salarié à occuper un emploi. Cette obligation relève de l'initiative de l'employeur, sans que les salariés n'aient à émettre une demande de formation au cours de l'exécution de leur contrat de travail (cass. soc. 18 juin 2014, n° 13-14.916, BC V n° 148; LSQ n° 16618 du 26.01.2014; RJS 10/14 n° 718; JSL n° 371, 8.09.2014, pp. 13 et s., Ph. Pacotte et J. Bloch; JCP éd. S 2014, 1396, note P. Rozec). Voir également cass. soc. 9 décembre 2015, n° 14-20.377 et 20 septembre 2017, n° 16-10.567.

Le fait pour un salarié qui, pendant sa présence dans l'entreprise de près de vingt-six ans, n'a bénéficié que d'une seule formation professionnelle, caractérise un manquement de l'employeur à son obligation de veiller au maintien de la capacité de cette salariée à occuper un emploi (cass. soc. 24 juin 2015, n° 13-28.784). Il en est de même lorsqu'un salarié n'a bénéficié que de deux formations en huit ans de présence dans l'entreprise (cass. soc. 5 octobre 2016, n° 15-13.594, LS Jurispr. n° 188 du 18.10.2016; RJS 12/16 n° 758). L'absence de formation professionnelle continue pendant toute la durée de l'emploi de garçons de cuisine d'origine malienne (vingt ans d'ancienneté en moyenne) est de nature à établir un manquement de l'employeur à son obligation de veille au maintien de leur capacité à occuper un emploi, au regard notamment de l'évolution des emplois, des technologies et des organisations, entraînant pour les intéressés un préjudice qu'il appartient au juge d'évaluer (cass. soc. 2 mars 2010, n° 09-40.914, RJS 5/10 n° 398; Dr. Soc. 2010, p. 714, obs. J. Barthélémy). A droit à des dommages-intérêts pour violation de l'obligation de formation incombant à l'employeur, le salarié qui, en seize ans d'exécution du contrat de travail, n'a bénéficié, dans le cadre du plan de formation de l'entreprise, d'aucune formation permettant de maintenir sa capacité à occuper un emploi au regard de l'évolution des emplois, des technologies et des organisations (cass. soc. 5 juin 2013, n° 11-21.255, BC V n° 146; JCP éd. S 2013, 1322, note L. Cailloux-Meurice). Voir aussi en ce sens cass. soc. 23 octobre 2007, n° 06-40.950, BC V n° 171; RJS 1/08 n° 3; Dr. Soc. 2008, p. 126, obs. J. Savatier; RDT, janvier 2008, CH, 33, A. Fabre.

À noter que le salarié n'a pas à justifier de demandes de formation pour démontrer son préjudice en l'absence d'adaptation (cass. soc. 13 décembre 2011, n° 10-21.855; 5 juin 2013, n° 11-21.255, précité).

Voir circulaire «questions - réponses» 8-1 à 8-5 (formations relevant du plan de formation) relatif aux OPCA (circ. DGEFP «questions - réponses» 8-1 à 8-5, décembre 2014).

• **Entretien de «seconde partie de carrière».** La loi 2014-288 a supprimé l'entretien de «seconde partie de carrière» pour les salariés ayant 45 ans (3e alinéa de cet article supprimé par la loi 2014-288 du 5 mars 2014, art. 5, I, 14°, JO 6).

SECTION 2. Régimes applicables aux heures de formation

Art. L. 6321-2. ***(L. 2018-771 du 5 sept. 2018, art. 8, I, 3°, JO 6)*** Toute action de formation qui conditionne l'exercice d'une activité ou d'une fonction, en application d'une convention internationale ou de dispositions légales et réglementaires, constitue un temps de travail effectif et donne lieu pendant sa réalisation au maintien par l'entreprise de la rémunération.

Note • **Depuis le 1er janvier 2019.** Les dispositions des articles L. 6321-2 à 7, dans leur rédaction issue de la loi 2018-771 précitée, sont applicables depuis le 01.01.2019 (loi précitée, art. 46, I). Du fait de la suppression des catégories d'actions de formation, la loi précitée distingue les formations obligatoires (visées dans cet article) et les autres formations (voir art. L. 6321-6) et a ainsi modifié les règles fixant les conditions de réalisation et de rémunération des actions de formation.

Voir RF 13 septembre 2018, FH 3756, §§ 1-5 et s.; RF 17 janvier 2019, FH 3775, §§ 1-6 et s.

• **Avant la loi 2018-771 du 5 septembre 2018**

Deux catégories de formation. Trois types d'actions de formation relevaient du plan de formation et devaient être regroupés en deux catégories:
– les actions destinées à adapter les salariés à leur poste de travail ou liées à l'évolution des emplois ou participant au maintien dans l'emploi;
– les actions ayant pour objet le développement des compétences des salariés (voir art. L. 6321-6 ancien).

L'employeur devait classer les actions qu'il envisageait de faire suivre aux salariés dans l'une de ces deux catégories, sachant que chacune d'elles obéissait à un régime juridique spécifique (Voir circ. DGEFP 2011-26 du 15 novembre 2011, fiche 1).

À noter qu'en complément des deux catégories d'actions de formation précitées, un plan de formation pouvait aussi prévoir des actions de bilan de compétences (voir art. R. 6322-32 ancien) ou encore des actions de validation des acquis de l'expérience (VAE) (voir art. L. 6313-11 ancien) lorsque l'employeur en était à l'initiative. Point commun à ces deux situations (bilan de compétences et VAE): leur programmation dans le plan de l'entreprise supposait toutefois l'accord de l'intéressé (voir art. L. 6313-10 ancien et L. 6421-1).

Temps de travail effectif. Toute action de formation suivie par un salarié pour assurer son adaptation au poste de travail constitue un temps de travail effectif donnant lieu au maintien par l'entreprise de la rémunération; la clause de dédit-formation, prévoyant qu'en cas de départ prématuré, le salarié devra rembourser les rémunérations qu'il a perçues durant sa formation, est nulle (cass. soc. 23 octobre 2013, n° 11-16.032, BC V n° 247; LSQ n° 16462 du 7.11.2013; RJS 1/14 n° 65, 2e espèce; JSL n° 355-356, 19.12.2013, pp. 11 et s., J-Ph. Lhernould; JCP éd. S 2013, 1026, note L. Drai). Lorsque le salarié a droit au maintien de son salaire, la clause de dédit-formation peut seulement prévoir le remboursement des frais de formation en tant que tels (coût payé à l'organisme de formation et, le cas échéant, frais annexes divers tels que le transport). Les actions de formation prévues par un accord collectif sur l'organisation du travail dans la métallurgie, qui tendaient à favoriser ou à permettre l'adaptation des salariés à l'évolution de leurs emplois, entraient dans le champ d'application de l'article L. 932-2 alors applicable [L. 6321-3 ancien] CT et le temps consacré à ces actions constituait, en conséquence, un temps de travail effectif (cass. soc. 11 juillet 2007, n° 06-11.164, BC V n° 123; RJS 10/07, p. 803, rapp. H. Gosselin et n° 1096).

Un salarié ne peut pas être condamné à rembourser à l'employeur les frais engagés au titre d'une action de formation destinée à assurer son adaptation, en application d'une clause de dédit-formation, sans rechercher si le coût total de la formation prévu dans la clause comprenait sa rémunération (cass. soc. 5 octobre 2016, n° 15-17.127, LS Jurispr. n° 193 du 25.10.2016).

Formation en informatique. L'utilisation de certains logiciels étant indispensable à l'exercice des fonctions d'une salariée, laquelle avait mentionné dans son *curriculum vitae* en maîtriser l'utilisation, une cour d'appel a pu décider que l'employeur n'était pas tenu d'une obligation de formation de l'intéressée (art. L. 932-2 CT dans sa rédaction issue de la loi du 19 janvier 2000) à l'utilisation de ces logiciels (cass. soc. 31 janvier 2006, n° 05-42.130, BC V n° 47; RJS 4/06 n° 390). Une société avait conclu un accord sur la réduction du temps de travail et l'emploi instituant un droit individuel à la formation financé par un compte épargne formation et avait imputé sur les comptes épargne formation de chaque salarié une partie des modules de la formation nécessaire à l'utilisation d'un progiciel modifiant son système informatique. C'est à bon droit qu'une cour d'appel a fait droit à la demande, en référé, d'une organisation syndicale pour qu'il soit fait interdiction à la société de les débiter. En effet, le temps passé par le salarié pour assurer son adaptation à son poste de travail est un temps de travail effectif et, en relevant que ces actions de formation n'avaient pas été demandées par les salariés, ce dont il résultait que, quelle que soit leur nature, ces temps de formation ne pouvaient pas être débités des comptes épargne formation, la cour a fait ressortir que les débits effectués d'autorité constituaient un trouble manifestement illicite (cass. soc. 16 janvier 2008, n° 07-10.095, BC V n° 10; RJS 4/08 n° 464; RDT, avril 2008, CH, 245, M. Véricel).

Art. L. 6321-6. ***(L. 2018-771 du 5 sept. 2018, art. 8, I, 3°, JO 6)*** Les actions de formation autres que celles mentionnées à l'article L. 6321-2 constituent également un temps de travail effectif et donnent lieu pendant leur déroulement au maintien par l'entreprise de la rémunération, à l'exception:

1° Des actions de formation déterminées par accord collectif d'entreprise ou, à défaut, de branche qui peuvent se dérouler, en tout ou partie, hors du temps de travail, selon le cas, soit dans une limite horaire par salarié, soit dans une limite correspondant à un pourcentage du forfait pour les salariés dont la durée de travail est fixée par une convention de forfait en jours ou en heures sur l'année, fixées par ledit accord. L'accord peut également prévoir les contreparties mises en œuvre par l'employeur pour compenser les charges induites par la garde d'enfant pour les salariés qui suivent des formations se déroulant en dehors du temps de travail;

2° En l'absence d'accord collectif et avec l'accord du salarié, des actions de formation qui peuvent se dérouler, en tout ou partie, hors du temps de travail, dans la limite de trente heures par an et par salarié. Pour les salariés dont la durée de travail est fixée par une convention de forfait en jours ou en heures sur l'année, cette limite est fixée à 2 % du forfait.

L'accord du salarié est formalisé et peut être dénoncé.

Un décret en Conseil d'État précise les modalités d'application du présent article.

Note • **Depuis le 1er janvier 2019.** La loi 2018-771 a établi une distinction entre les formations obligatoires (voir note sous art. L. 6321-2) et les autres formations. Ces dernières, non obligatoires, peuvent se dérouler hors temps de travail dans deux situations.

Lorsque le salarié suit une action de formation hors temps de travail (action de développement des compétences), la loi précitée a supprimé deux obligations qui étaient par le passé imposées à l'employeur (art. L. 6321-8, L. 6321-10 et L. 6321-12 CT abrogés):

– l'employeur n'a plus l'obligation de verser une allocation de formation égale à 50 % de la rémunération nette de référence du salarié, cette suppression étant présentée comme une contrepartie à la baisse de la durée maximale autorisée des formations hors temps de travail (rapport Sénat n° 609, p. 97);

– l'employeur n'est plus tenu de définir avec le salarié la nature des engagements pris en cas de réussite à la formation (notamment les conditions d'accès prioritaire, dans l'année suivant la formation, aux fonctions disponibles correspondant aux connaissances acquises).

Voir RF 13 septembre 2018, FH 3756, §§ 1-5 et s.; RF 17 janvier 2019, FH 3775, §§ 1-6 et s.

• **Avant la loi 2018-771.** Le suivi d'une action de formation en dehors du temps de travail était limité à 80 heures par an et par salarié ou, pour les salariés en forfait annuel en jours ou en heures, à 5 % du forfait.

Art. R. 6321-4. ***(D. 2018-1229 du 24 déc. 2018, JO 26, entrée en vigueur le 01.01.2019)*** En l'absence d'accord collectif d'entreprise ou de branche, l'accord du salarié sur les actions de formation se déroulant hors du temps de travail, prévu au 2° de l'article L. 6321-6, est écrit. Il peut être dénoncé par ce dernier dans un délai de huit jours à compter de sa conclusion.

Art. L. 6321-7. ***(L. 2018-771 du 5 sept. 2018, art. 8, I, 3°, JO 6)*** «Dans les cas prévus aux 1° et 2° de l'article L. 6321-6» le refus du salarié de participer à des actions de formation ***(L. 2018-771 du 5 sept. 2018, art. 8, I, 3°, JO 6)*** «hors temps de travail» ou la dénonciation de l'accord dans les conditions prévues à l'article L. 6321-6, ne constitue ni une faute ni un motif de licenciement.

Art. L. 6321-8. Pendant la durée de la formation accomplie en dehors du temps de travail, le salarié bénéficie de la législation de la sécurité sociale relative à la protection en matière d'accidents du travail et de maladies professionnelles.

Note Cet article est l'ancien article L. 6321-11 (loi 2018-771 du 5 septembre 2018, art. 8, I, 3°, JO 6, applicabilité depuis le 01.01.2019).

SECTION 3. Actions de formation du salarié occupant un emploi saisonnier

Art. L. 6321-9. Sans préjudice des dispositions de la section 2, lorsque, en application d'une convention ou d'un accord collectif étendu ou du contrat de travail, l'employeur s'engage à reconduire le contrat d'un salarié occupant un emploi à caractère saisonnier défini au 3° de l'article L. 1242-2 pour la saison suivante, un contrat de travail à durée déterminée peut être conclu, sur le fondement de l'article L. 1242-3, pour permettre au salarié de participer à une action de formation prévue au *(L. 2018-771 du 5 sept. 2018, art. 8, I, 3°, JO 6)* «plan de développement des compétences» de l'entreprise. La durée du contrat est égale à la durée prévue de l'action de formation.

Pour la détermination de la rémunération perçue par le salarié, les fonctions mentionnées à l'article L. 1242-15 sont celles que le salarié doit exercer au cours de la saison suivante.

(L. 2018-771 du 5 sept. 2018, art. 8, I, 3°, JO 6) «Les saisonniers pour lesquels l'employeur s'engage à reconduire le contrat la saison suivante peuvent également bénéficier d'un abondement du compte personnel de formation par accord de branche ou d'entreprise.»

Note Cet article est l'ancien article L. 6321-13 (loi 2018-771 du 5 septembre 2018, art. 8, I, 3°, JO 6, applicabilité depuis le 01.01.2019).

Art. L. 6321-10. Une convention ou un accord collectif de travail étendu détermine les conditions dans lesquelles l'employeur propose au salarié de participer à une action de formation et, en particulier, dans quel délai avant le début de la formation cette proposition doit être faite.

Note Cet article est l'ancien article L. 6321-14 (loi 2018-771 du 5 septembre 2018, art. 8, I, 3°, JO 6, applicabilité depuis le 01.01.2019).

Art. L. 6321-11. Le refus du salarié de participer à une action de formation dans les conditions fixées à la présente section n'exonère pas l'employeur de son obligation de reconduction du contrat pour la saison suivante.

Note Cet article est l'ancien article L. 6321-15 (loi 2018-771 du 5 septembre 2018, art. 8, I, 3°, JO 6, applicabilité depuis le 01.01.2019).

SECTION 4. Secteur public

Art. L. 6321-12. Dans les entreprises mentionnées à l'article 1er de la loi n° 83-675 du 26 juillet 1983 relative à la démocratisation du secteur public, tout plan de formation contient un programme d'actions, notamment avec le service public de l'éducation, portant notamment sur l'accueil d'élèves et de stagiaires dans l'entreprise, la formation dispensée au personnel de l'entreprise par les établissements d'enseignement et un programme de collaboration dans le domaine de la recherche scientifique et technique.

Note Cet article est l'ancien article L. 6321-16 (loi 2018-771 du 5 septembre 2018, art. 8, I, 3°, JO 6, applicabilité depuis le 01.01.2019).

CHAPITRE II (réglementaire) Formations à l'initiative du salarié

SECTION 3. Autres congés

Sous-section 1. Congés d'enseignement ou de recherche

§ 1. Condition d'ouverture

Art. R. 6322-64. Les salariés définis à l'article L. 6322-53 ont droit à une autorisation d'absence en vue de dispenser un enseignement ou de se livrer à une activité de recherche et d'innovation:

1° Soit à temps partiel, l'absence de l'entreprise ne pouvant alors excéder huit heures par semaine ou quarante heures par mois;

2° Soit à temps plein pour une période maximale d'un an.

Note Voir ANI du 5 décembre 2003, art. 2-61 à 2-65, étendu par arrêté du 17 décembre 2004 (JO 24).

Art. R. 6322-65. L'autorisation d'absence en vue de dispenser un enseignement ou de se livrer à une activité de recherche et d'innovation à temps partiel est accordée pour une période maximale d'un an.

Elle peut être renouvelée sur demande faite auprès de l'employeur.

Art. R. 6322-66. L'employeur peut différer la date de prise de congé de recherche et d'innovation lorsqu'il estime, après avis du ***(D. 2017-1819 du 29 déc. 2017, art. 3, 30°, JO 30, entrée en vigueur le 01.01.2018)*** «comité social et économique», que l'absence du salarié peut avoir des conséquences préjudiciables sur la politique de recherche et de développement technologique de l'entreprise.

La durée pendant laquelle ce congé peut être différé ne peut excéder neuf mois.

Art. R. 6322-67. Le salarié ayant bénéficié d'un congé d'enseignement à temps plein ou d'un congé de recherche et d'innovation à temps plein ne peut prétendre, dans la même entreprise, au bénéfice d'un nouveau congé avant un délai dont la durée, exprimée en mois, est égale au douzième de la durée, exprimée en heures, du congé précédemment suivi.

Ce délai ne peut être inférieur à six mois ni supérieur à six ans.

§ 2. Obligations du salarié

Art. R. 6322-68. Le bénéficiaire du congé d'enseignement ou de recherche remet à l'employeur une attestation d'exercice effectif de l'enseignement ou de l'activité de recherche et d'innovation. Cette attestation est remise à la fin de chaque mois et au moment de la reprise du travail.

Art. R. 6322-69. Le salarié qui, sans motif légitime, cesse d'exercer l'enseignement ou de se livrer à l'activité de recherche et d'innovation pour lesquels le congé a été accordé perd le bénéfice du congé.

Sous-section 2. Congés de formation pour les salariés de vingt-cinq ans et moins

Art. R. 6322-70. La durée minimum de présence dans l'entreprise pour l'ouverture du droit au congé de formation pour les salariés âgés de vingt-cinq ans et moins est fixée à trois mois.

Art. R. 6322-71. La demande de congé est formulée au plus tard trente jours avant la date d'effet.

Elle indique la date, la désignation et la durée d'ouverture du stage ainsi que le nom de l'organisme qui en est responsable.

Art. R. 6322-72. Dans les dix jours suivant la réception de la demande de congé, l'employeur fait connaître à l'intéressé soit son accord, soit les raisons qui motivent le rejet ou le report de la demande.

Art. R. 6322-73. La durée pendant laquelle le congé peut être différé, en application du 3° de l'article L. 6322-63, ne peut excéder trois mois.

Art. R. 6322-74. Lorsque les nécessités de l'entreprise font obstacle à ce que les demandes de congés présentées soient simultanément satisfaites, les demandes sont départagées selon l'ordre de priorité suivant :

1° Demandes déjà différées ;

2° Demandes présentées par les salariés dont le stage a été interrompu pour des motifs reconnus valables, après avis du ***(D. 2017-1819 du 29 déc. 2017, art. 3, 25°, JO 30, entrée en vigueur le 01.01.2018)*** « comité social et économique » ;

3° Demandes formulées par les salariés ayant la plus grande ancienneté dans l'entreprise.

Art. R. 6322-75. Le report de congé ne supprime pas le droit à congé pour le salarié qui atteint :

1° Soit l'âge de ***(D. 2009-289 du 13 mars 2009, JO 15)*** « vingt-six » ans après le dépôt de sa demande ;

2° Soit vingt-quatre mois d'activité professionnelle après le dépôt de ***(D. 2009-289 du 13 mars 2009, JO 15)*** « sa » demande.

Art. R. 6322-76. Outre la possibilité de bénéficier du congé individuel de formation prévu à l'article L. 6322-1, le salarié conserve le droit de prendre le congé de formation prévu à la présente sous-section au-delà des limites énoncées à l'article R. 6322-75.

Art. R. 6322-77. La décision de refus ou de report de congé est prise après avis du ***(D. 2017-1819 du 29 déc. 2017, art. 3, 25°, JO 30, entrée en vigueur le 01.01.2018)*** « comité social et économique ».

Art. R. 6322-78. Les heures de congé auxquelles a droit le salarié peuvent, sur sa demande, être reportées d'une année à l'autre.

Le congé total peut être utilisé en une ou plusieurs fois pour suivre des stages, continus ou discontinus, à temps plein ou à temps partiel.

SECTION 4. Formations se déroulant en dehors du temps de travail

Note Cette section a été introduite par le décret 2010-65 du 18 janvier 2010, JO 19.

Art. D. 6322-79. La durée minimum mentionnée au second alinéa de l'article L. 6322-64 est fixée à cent vingt heures.

CHAPITRE III Compte personnel de formation

Note • Ce chapitre a été introduit par la loi 2014-288 du 5 mars 2014, art. 1er, I, 3°, JO 6. Les dispositions de ce chapitre sont applicables à Mayotte depuis le 01.01.2019 (ordonnance 2017-1491 du 25 octobre 2017, art. 33, 1°, JO 26 et décret 2018-953 du 31 octobre 2018, art. 58, I, *c*, JO 6 nov.).

Voir RF 1116, Compte personnel de formation, §§ 3930 et s.

• **CPF et CPA.** Le compte personnel d'activité (CPA) regroupe, depuis le 1er janvier 2017, les droits issus du CPF (voir note sous Titre V «Compte personnel d'activité» du livre I de la partie V; art. L. 5151-1 et s.).

• **Évolution du CPF depuis le 1er janvier 2019.** *Seul outil de formation à l'initiative du salarié.* Depuis le 1er janvier 2019, le compte personnel de formation (CPF) est devenu le seul outil de formation à l'initiative du salarié. Jusqu'à cette date, le salarié disposait de deux outils de formation professionnelle qu'il pouvait mobiliser à son initiative: le CPF et le congé individuel de formation (CIF). La loi 2018-771 précitée a supprimé le CIF qui, selon les pouvoirs publics, peinait à remplir de manière collective et générale une véritable fonction de reconversion professionnelle (39 000 CIF par an environ pour 19 millions de salariés). Le «CPF de transition professionnelle», conçu comme une modalité particulière de mobilisation du CPF, prend le relais de ce dispositif (voir note sous art. L. 6323-17-1). Sur la jurisprudence rendue dans le cadre du CIF, voir Code du Travail Annoté, éd. 2018.

CPF crédité en euros. Depuis le 1er janvier 2019, le CPF est crédité, à la fin de chaque année, en euros (et non plus en heures) (voir art. L. 6323-2).

• **Portail en ligne depuis le 21 novembre 2019.** Voir *https://www.moncompteformation.gouv.fr*; voir aussi LSQ n° 17944 du 22.11.2019.

• **Avant la loi 2018-771 du 5 septembre 2018.** Le compte personnel de formation a été introduit par la loi 2014-288 du 5 mars 2014, art. 1er, I, 3°, JO 6. L'ANI du 11 janvier 2013 au service de la compétitivité des entreprises et de la sécurisation de l'emploi, rapporté dans *Textes non codifiés*, rubrique «Emploi-chômage», a posé, dans son article 5, les bases d'un compte personnel de formation (universel, individuel, transférable) (CPF) visant à améliorer les droits à portabilité de la formation, au-delà de ce qui existait dans le cadre du DIF. La loi 2014-288 du 5 mars 2014 (JO 6) relative à la formation professionnelle, à l'emploi et à la démocratie sociale, qui a transposé notamment l'accord national interprofessionnel sur la formation professionnelle du 14 décembre 2013, a organisé la mise en œuvre du CPF remplaçant le droit individuel à la formation (DIF) depuis le 01.01.2015. Sur la jurisprudence rendue dans le cadre du DIF, voir Code du Travail Annoté, éd. 2014.

Les droits à des heures de formation acquis jusqu'au 31 décembre 2014 au titre du droit individuel à la formation obéissent au régime applicable aux heures inscrites sur le CPF par le chapitre III du titre II du livre III de la sixième partie du code du travail depuis le 1er janvier 2015; ces heures peuvent être mobilisées jusqu'au 31 décembre 2020, le cas échéant complétées par les heures inscrites sur le CPF, dans la limite d'un plafond total de 150 heures et dans des conditions définies par décret en Conseil d'État; leur utilisation est mentionnée dans le CPF; elles ne sont prises en compte ni pour le calcul du plafond, ni pour le mode de calcul des heures créditées sur le compte mentionnés à l'article L. 6323-11 CT (loi 2014-288 précitée, art. 1er, V, abrogé par ordonnance 2019-861 du 21 août 2019, art. 8, III, JO 22). Sur la conversion de ces heures en euros à la suite de la «monétisation» du CPF au 1er janvier 2019 par la loi 2018-771 précitée, voir note sous art. L. 6323-2. Voir aussi notes sous art. L. 6323-8, L. 6323-11, L. 6323-27 et L. 6323-34.

SECTION 1. Principes communs

Art. L. 6323-1. ***(L. 2016-1088 du 8 août 2016, art. 39, II, 1°, JO 9, entrée en vigueur le 01.01.2017)*** Le compte personnel de formation est ouvert et fermé dans les conditions définies à l'article L. 5151-2.

Art. L. 6323-2. Le compte personnel de formation est comptabilisé ***(L. 2018-771 du 5 sept. 2018, art. 1er, I, 1°, JO 6, entrée en vigueur le 01.01.2019)*** «en euros» et mobilisé par la personne, qu'elle soit salariée, à la recherche d'un emploi, ***(L. 2016-1088 du 8 août 2016, art. 39, II, 2°, JO 9, entrée en vigueur le 01.01.2018)*** «travailleur indépendant, membre d'une profession libérale ou d'une profession non salariée ou conjoint collaborateur,» afin de suivre, à son initiative, une formation. Le compte ne peut être mobilisé qu'avec l'accord exprès de son titulaire. Le refus du titulaire du compte de le mobiliser ne constitue pas une faute.

Note • **Depuis le 01.01.2019.** Le CPF est crédité, chaque année, en euros (et non plus en heures). Voir RF 31 janvier 2019, FH 3777, §§ 10-1 et s.

• **Conversion des stocks d'heures.** Les heures inscrites sur le CPF et les heures acquises au titre du droit individuel à la formation (DIF) au 31 décembre 2018 sont converties en euros à raison de 15 euros par heure (décret 2018-1153 du 14 décembre 2018, JO 15, entrée en vigueur depuis le 01.01.2019). Afin de permettre la mobilisation des droits acquis au titre du DIF, le titulaire du CPF doit procéder à l'inscription de son montant de droits dans le service dématérialisé mentionné au I de l'article L. 6323-8 CT avant le 30 juin 2021 (ordonnance 2019-861 du 21 août 2019, art. 8, II, JO 22, modifié par loi 2020-1379 du 14 novembre 2020, art. 13, JO 15, entrée en vigueur le 15.11.2020).

• **Du DIF au CPF.** Sur l'instauration du CPF (remplaçant le DIF) au 1er janvier 2015 et son évolution depuis le 1er janvier 2019, voir note introductive du chapitre III («Compte personnel de formation») du titre II du livre III de la sixième partie.

• **Travailleurs indépendants.** Sur les modalités de mise en œuvre du CPF applicables aux travailleurs indépendants, aux membres des professions libérales et des professions non salariées et à leurs conjoints collaborateurs, voir art. L. 6323-25 et s.

Art. L. 6323-3. ***(L. 2018-771 du 5 sept. 2018, art. 1er, I, 2°, JO 6, entrée en vigueur le 01.01.2019)*** Les droits inscrits sur le compte personnel de formation demeurent acquis en cas de changement de situation professionnelle ou de perte d'emploi de son titulaire.

(L. 2019-828 du 6 août 2019, art. 58, III, JO 7) «Les droits acquis en heures, conformément à l'article 22 *quater* de la loi n° 83-634 du 13 juillet 1983 portant droits et obligations des fonctionnaires, sont conservés et convertis en euros au bénéfice de toute personne qui, au moment de sa demande, est autorisée, au titre d'une disposition du présent code, à utiliser les droits inscrits sur son compte personnel de formation. Les modalités d'application du présent alinéa sont fixées par décret en Conseil d'État.»

Le compte personnel de formation cesse d'être alimenté et les droits qui y sont inscrits ne peuvent plus être mobilisés lorsque son titulaire remplit l'une des conditions mentionnées aux 1° à 3° de l'article L. 5421-4.

Toutefois, par dérogation au ***(L. 2019-828 du 6 août 2019, art. 58, III, JO 7)*** «troisième» alinéa du présent article, les droits inscrits sur le compte personnel de formation au titre du compte d'engagement citoyen en application de l'article L. 5151-9 demeurent mobilisables pour financer les actions de formation destinées à permettre aux volontaires, aux bénévoles et aux sapeurs-pompiers volontaires d'acquérir les compétences nécessaires à l'exercice de leurs missions.

Note • **Changement de situation professionnelle ou perte d'emploi.** Les droits inscrits sur le CPF demeurent acquis en cas de changement de situation professionnelle ou de perte d'emploi de son titulaire. Le compte personnel de formation (CPF) va plus loin que le DIF en matière de portabilité: les droits acquis dans le cadre du CPF sont acquis pour une durée indéterminée et utilisables sans limite de délai au cours d'un contrat de travail ou d'une période de recherche d'emploi. Dans le cadre du DIF, la portabilité des heures acquises était conditionnelle et limitée dans le temps.

Voir RF 13 septembre 2018, FH 3756, § 2-2.

• **Départ à la retraite.** Le CPF cesse, **depuis le 1er janvier 2019**, d'être alimenté et les droits qui y sont inscrits ne peuvent plus être mobilisés à compter du départ à la retraite de son titulaire. Toutefois, par dérogation, les droits inscrits sur le CPF au titre du compte d'engagement citoyen demeurent mobilisables pour financer les actions de formation destinées à permettre aux volontaires, aux bénévoles et aux sapeurs-pompiers volontaires d'acquérir les compétences nécessaires à l'exercice de leurs missions.

Jusqu'à la fin 2018, ces règles d'utilisation du CPF à partir de la retraite figuraient dans le régime juridique du compte personnel d'activité (CPA) et non dans celui du CPF (voir art. L. 5151-2 ancien).

Art. L. 6323-4. ***(L. 2018-771 du 5 sept. 2018, art. 1er, I, 3°, JO 6, entrée en vigueur le 01.01.2019)*** I. – Les droits inscrits sur le compte personnel de formation permettent à son titulaire de financer une formation éligible au compte, au sens des articles L. 6323-6, L. 6323-21, L. 6323-31 et L. 6323-34.

II. – Lorsque le coût de cette formation est supérieur au montant des droits inscrits sur le compte ou aux plafonds respectivement mentionnés aux articles L. 6323-11, L. 6323-11-1, L. 6323-27 et L. 6323-34, le compte peut faire l'objet, à la demande de son titulaire, d'abondements en droits complémentaires pour assurer le financement de cette formation. Ces abondements peuvent être financés notamment par:

1° Le titulaire lui-même;

2° L'employeur, lorsque le titulaire du compte est salarié;

3° Un opérateur de compétences;

4° L'organisme mentionné à l'article L. 4163-14, chargé de la gestion du compte professionnel de prévention, à la demande de la personne, dans des conditions déterminées par décret en Conseil d'État;

5° Les organismes chargés de la gestion de la branche accidents du travail et maladies professionnelles en application de l'article L. 221-1 du code de la sécurité sociale, à la demande de la personne, dans des conditions déterminées par décret en Conseil d'État;

6° L'État;

7° Les régions;

8° Pôle emploi;

9° L'institution mentionnée à l'article L. 5214-1 du présent code;

10° Un fonds d'assurance-formation de non-salariés défini à l'article L. 6332-9 du présent code ou à l'article L. 718-2-1 du code rural et de la pêche maritime;

11° Une chambre régionale de métiers et de l'artisanat ou une chambre de métiers et de l'artisanat de région;

12° Une autre collectivité territoriale;

13° L'établissement public chargé de la gestion de la réserve sanitaire mentionné à l'article L. 1413-1 du code de la santé publique;

14° L'organisme gestionnaire de l'assurance chômage mentionné à l'article L. 5427-1 du présent code.

III. – À l'exception du titulaire du compte personnel de formation, les financeurs mentionnés au II peuvent alimenter le compte du titulaire. Les sommes correspondant à cette alimentation supplémentaire sont versées à l'organisme mentionné à l'article L. 6333-1 dans des conditions fixées par décret en Conseil d'État.

Note • **Abondements complémentaires: liste élargie des contributeurs.** Outre l'alimentation régulière par des droits acquis annuellement, le CPF peut faire l'objet d'abondements complémentaires en cas d'insuffisance des droits inscrits. La liste des personnes et organismes susceptibles d'abonder les CPF a été actualisée (opérateurs de compétences en remplacement des OPCA) et étoffée (toute collectivité territoriale, Unédic).

• **Alimentation pérenne.** Ces financeurs peuvent, depuis le 1er janvier 2019, directement alimenter le compte du titulaire. Les sommes correspondant à cette alimentation supplémentaire sont versées à la Caisse des dépôts et consignations. L'objectif de cette mesure est de permettre à ces financeurs d'alimenter de façon pérenne le compte des bénéficiaires en ressources supplémentaires (amendement AN n° 370 du 20 juillet 2018). En revanche, le titulaire du CPF ne peut pas alimenter lui-même son propre compte.

• **Suppression de l'abondement spécifique concernant les jeunes sortis du système scolaire sans diplôme.** Voir RF 1096, § 3950; loi 2018-771 précitée, art. 1er, I, 6° (art. L. 6323-7 abrogé).

• **Doctrine.** Voir RF 13 septembre 2018, FH 3756, § 2-8; FRS 17/18; JCP éd. S 2018, 1302, étude S. Dougados et J. Poyau. Voir aussi RF 1116, Compte personnel de formation, §§ 3930 et s.

Art. L. 6323-6. ***(L. 2018-771 du 5 sept. 2018, art. 1er, I, 5°, JO 6, entrée en vigueur le 01.01.2019)*** I. – Sont éligibles au compte personnel de formation les actions de formation sanctionnées par les certifications professionnelles enregistrées au répertoire national prévu à l'article L. 6113-1, celles sanctionnées par les attestations de validation de blocs de compétences au sens du même article L. 6113-1 et celles sanctionnées par les certifications et habilitations enregistrées dans le répertoire spécifique mentionné à l'article L. 6113-6 comprenant notamment la certification relative au socle de connaissances et de compétences professionnelles.

II. – Sont également éligibles au compte personnel de formation, dans des conditions définies par décret:

1° Les actions permettant de faire valider les acquis de l'expérience mentionnées au 3° de l'article L. 6313-1;

2° Les bilans de compétences mentionnés au 2° du même article L. 6313-1;

3° La préparation de l'épreuve théorique du code de la route et de l'épreuve pratique du permis de conduire des véhicules du groupe léger et du groupe lourd;

4° Les actions de formation d'accompagnement et de conseil dispensées aux créateurs ou repreneurs d'entreprises ayant pour objet de réaliser leur projet de création ou de reprise d'entreprise et de pérenniser l'activité de celle-ci;

5° Les actions de formation destinées à permettre aux bénévoles et aux volontaires en service civique d'acquérir les compétences nécessaires à l'exercice de leurs missions. Seuls les droits acquis au titre du compte d'engagement citoyen peuvent financer ces actions;

(Ord. 2021-45 du 20 janv. 2021, art. 6, II, 1°, JO 21, entrée en vigueur le 01.01.2022) «6° Les actions de formations financées par le fonds du droit individuel à la formation des élus locaux mentionné à l'article L. 1621-3 du code général des collectivités territoriales, dans les conditions prévues à la section 6 du présent chapitre.»

Note • **Suppression du système des «listes de certifications éligibles».** La loi 2018-771 précitée a eu pour objectif de simplifier l'éligibilité des formations au CPF en supprimant le «système de listes». Ce faisant, elle a défini et élargi les actions éligibles depuis le 1er janvier 2019. Par voie de conséquence, la suppression du système de liste d'éligibilité fait de l'enregistrement de la certification au répertoire national des certifications professionnelles (RNCP) ou au répertoire spécifique des certifications et des habilitations (RSCH) le nouvel outil de régulation.

• **Financement du permis de conduire.** Possibilité ouverte avant la loi 2018-771, sous réserve de remplir les conditions réglementaires (voir art. D. 6323-8), la mobilisation du CPF pour la préparation du permis vise à renforcer les capacités d'action des personnes pour construire leurs parcours professionnels. Voir RF 31 janvier 2019, FH 3777, §§ 10-20 et s.; RF 13 septembre 2018, FH 3756, § 2-10; FRS 17/18; JCP éd. S 2018, 1302, étude S. Dougados et J. Poyau.

• **Actions suivies à l'étranger.** Voir art. L. 6323-6-1 et L. 6323-24.

• **VAE.** Voir LSQ n° 17943 du 21.11.2019.

Art. L. 6323-6-1. ***(L. 2016-1088 du 8 août 2016, art. 39, II, 5°, JO 9, entrée en vigueur le 01.01.2017)*** Le compte peut être mobilisé par son titulaire pour la prise en charge d'une formation à l'étranger dans les conditions fixées à l'article L. 6323-6.

Art. L. 6323-8. ***(L. 2018-771 du 5 sept. 2018, art. 1er, I, 7°, JO 6, entrée en vigueur le 01.01.2019)*** « I. – Chaque titulaire d'un compte a connaissance du montant des droits inscrits sur son compte et des abondements dont il peut bénéficier en accédant à un service dématérialisé gratuit. Ce service dématérialisé donne également les informations sur les formations éligibles. Il assure la prise en charge des actions de formation de l'inscription du titulaire du compte aux formations jusqu'au paiement des prestataires mentionnés à l'article L. 6351-1.»

II. – Un traitement automatisé de données à caractère personnel, dénommé " système d'information du compte personnel de formation ", dont les modalités de mise en œuvre sont fixées par décret en Conseil d'État, permet la gestion ***(L. 2018-771 du 5 sept. 2018, art. 1er, I, 7°, JO 6, entrée en vigueur le 01.01.2019)*** «et l'utilisation des droits inscrits» sur le compte personnel de formation.

Ce traitement intègre la possibilité, pour chaque titulaire du compte, de disposer d'un passeport d'orientation, de formation et de compétences, dont la consultation est autorisée exclusivement par le titulaire, qui recense les formations et les qualifications suivies dans le cadre de la formation initiale ou continue ainsi que les acquis de l'expérience professionnelle, selon des modalités déterminées par décret.

Note • **Texte.** Cet article a été modifié par l'ordonnance 2019-861 du 21 août 2019, art. 1er, 47°, JO 22.

• **Sort du solde du DIF.** Afin de permettre la mobilisation des droits acquis au titre du droit individuel à la formation (DIF), le titulaire du compte personnel de formation doit procéder à l'inscription de son montant de droits dans le service dématérialisé mentionné au I de cet article (*https://www.moncompteformation.gouv.fr*) avant le 30 juin 2021 (ordonnance 2019-861 précitée, art. 8, II, JO 22, modifié par loi 2020-1379 du 14 novembre 2020, art. 13, JO 15, entrée en vigueur le 15.11.2020). Pour mémoire, cette inscription devait en principe être effectuée par le titulaire du CPF avant le 31 décembre 2020. La loi 2020-1379 précitée accorde un délai supplémentaire de 6 mois (voir RF du 26 novembre 2020, FH 3867, § 3-6).

• **Application numérique.** Grâce à cette application, les salariés peuvent s'inscrire, payer une formation et avoir accès à des renseignements sur les actions de formations proposées (taux d'insertion dans l'emploi, salaire à l'embauche, commentaires des utilisateurs notamment). L'application assure donc la prise en charge des actions de formation, de l'inscription du titulaire du compte aux formations jusqu'au paiement des prestataires.

Selon les travaux préparatoires du projet de loi, l'application numérique du CPF est censée concrétiser la «désintermédiation» de l'outil et faciliter une mobilisation directe et simplifiée pour l'utilisateur (rapport AN n° 117, p. 13).

Les informations relatives à l'offre de formation sont collectées au sein d'un système d'information national géré par la Caisse des dépôts et consignations (voir note sous art. L. 6111-7).

• **Date de mise en œuvre: le 1er décembre 2019.** Depuis le 1er décembre 2019, l'application numérique gratuite dédiée au CPF «MonCompteFormation» permet au salarié de connaître, en temps réel, le montant de ses droits acquis et les dates des sessions des formations éligibles. Cette application peut être téléchargée sur un téléphone portable.

• **Doctrine.** Voir RF 13 septembre 2018, FH 3756, § 2-11; JCP éd. S 2018, 1302, étude S. Dougados et J. Poyau. Voir aussi RF 1116, Compte personnel de formation, § 3935.

Art. L. 6323-9. ***(L. 2018-771 du 5 sept. 2018, art. 1er, I, 8°, JO 6, entrée en vigueur le 01.01.2019)*** La Caisse des dépôts et consignations gère le compte personnel de formation, le service dématérialisé, ses conditions générales d'utilisation et le traitement automatisé mentionnés à l'article L. 6323-8 dans les conditions prévues au chapitre III du titre III du présent livre. Les conditions générales d'utilisation précisent les engagements souscrits par les titulaires du compte et les prestataires mentionnés à l'article L. 6351-1.

SECTION 2. Mise en œuvre du compte personnel de formation pour les salariés

Sous-section 1. Alimentation et abondement du compte

Art. L. 6323-10. Le compte est alimenté en ***(L. 2018-771 du 5 sept. 2018, art. 1er, I, 9°, JO 6, entrée en vigueur le 01.01.2019)*** «euros» ***(Ord. 2019-861 du 21 août 2019, art. 1er, 48°, JO 22)*** «au titre» de chaque année et, le cas échéant, par des abondements ***(L. 2018-771 du 5 sept. 2018, art. 1er, I, 9°, JO 6, entrée en vigueur le 01.01.2019)*** «en droits complémentaires», selon les modalités définies par la présente sous-section.

Note • **Depuis le 1er janvier 2019.** *Date d'application.* Les dispositions des articles L. 6323-10 à 15, dans leur rédaction issue de la loi 2018-771 précitée, sont applicables depuis le 01.01.2019 (loi précitée, art. 46, I).

Alimentation du CPF en euros «au titre de chaque année». En pratique, les droits sont inscrits sur le CPF au cours du 1er semestre de l'année suivante (voir RF 3 octobre 2019, FH 3809, § 3-9).

Du 1er janvier 2019 au 31 décembre 2019. Le conseil d'administration de l'opérateur de compétences pouvait décider de financer l'abondement du compte personnel de formation (CPF) des salariés, avec la contribution relative au compte personnel de formation, dans des conditions définies par celui-ci (loi 2018-771 précitée, art. 1er, XII).

• **Depuis le 3 septembre 2020 : ouverture du portail pour l'abondement des employeurs.** Depuis le 3 septembre 2020, les employeurs peuvent abonder le compte personnel de formation (CPF) de leurs salariés depuis l'Espace des Employeurs et des Financeurs (EDEF) du site *moncompteformation.gouv.fr*. Concrètement, l'entreprise doit au préalable obtenir une habilitation sur la plateforme *net-entreprises.fr* au service «Mon Compte Formation». Dès le lendemain de son habilitation, l'employeur peut utiliser ses identifiants pour se connecter à «l'espace des employeurs et des financeurs» *https://www.financeurs.moncompteformation.gouv.fr* (voir RF du 17 septembre 2020, FH 3857).

Art. L. 6323-11. ***(L. 2018-771 du 5 sept. 2018, art. 1er, I, 10°, JO 6, entrée en vigueur le 01.01.2019)*** «Le compte du salarié ayant effectué une durée de travail supérieure ou égale à la moitié de la durée légale ou conventionnelle du travail sur l'ensemble de l'année est alimenté ***(Ord. 2019-861 du 21 août 2019, art. 1er, 48°, JO 22)*** «au titre» de cette année dans la limite d'un plafond. La valeur de ce plafond ne peut excéder dix fois le montant annuel de cette alimentation. Cette valeur et ce montant, exprimés en euros, sont fixés par décret en Conseil d'État.

Le compte du salarié ayant effectué une durée de travail inférieure à la moitié de la durée légale ou conventionnelle du travail sur l'ensemble de l'année est alimenté ***(Ord. 2019-861 du 21 août 2019, art. 1er, 48°, JO 22)*** «au titre» de cette année, dans la limite du plafond mentionné au premier alinéa, à due proportion de la durée de travail effectuée.

En outre, le compte d'un bénéficiaire mentionné à l'article L. 5212-13 est alimenté par une majoration dont le montant est défini par décret dans la limite du plafond mentionné ***(Ord. 2019-861 du 21 août 2019, art. 1er, 49°, JO 22)*** «à l'article L. 6323-11-1».

Un accord collectif d'entreprise, de groupe ou, à défaut, un accord de branche peut prévoir des modalités d'alimentation du compte plus favorables dans des conditions fixées par décret en Conseil d'État dès lors qu'elles sont assorties d'un financement spécifique à cet effet.

Un accord d'entreprise ou de groupe peut définir les actions de formation éligibles au sens de l'article L. 6323-6 pour lesquelles l'employeur s'engage à financer, dans les conditions définies par cet accord, les abondements prévus au 2° du II de l'article L. 6323-4, sans préjudice des dispositions de l'article L. 6323-2. Dans ce cas, l'entreprise peut prendre en charge l'ensemble des frais et peut demander le remboursement à la Caisse des dépôts et consignations des sommes correspondantes dans la limite des droits inscrits sur le compte personnel de chaque salarié concerné.

Tous les trois ans à compter de la promulgation de la loi n° 2018-771 du 5 septembre 2018 pour la liberté de choisir son avenir professionnel, sur la base du rapport de la Caisse des dépôts et consignations mentionné à l'article L. 6333-5, le ministre chargé de la formation professionnelle saisit le conseil d'administration de France compétences pour un avis relatif à l'actualisation des droits au compte personnel de formation, compte tenu de l'évolution générale des prix des biens et services et, plus particulièrement, de l'observation des coûts des organismes de formation par France compétences, telle que mentionnée au 6° de l'article L. 6123-5. Une fois cet avis recueilli, une éventuelle actualisation des droits à l'alimentation annuelle du compte personnel de formation et des plafonds mentionnés au présent article ainsi qu'aux articles L. 6323-11-1, L. 6323-27 et L. 6323-34 est fixée par décret en Conseil d'État.»

Les salariés à caractère saisonnier, au sens du 3° de l'article L. 1242-2, peuvent bénéficier, en application d'un accord ou d'une décision unilatérale de l'employeur, de droits majorés sur leur compte personnel de formation.

Note • Les droits acquis au titre du droit individuel à la formation sont pris en compte pour le calcul du plafond mentionné à cet article (ordonnance 2019-861 précitée, art. 8, I).

• **Temps partiel au moins égal à un mi-temps: mêmes droits que les salariés à temps plein.** Les salariés à temps partiel occupés au moins à mi-temps bénéficient, depuis le 1er janvier 2019, du même crédit que les salariés à temps plein. Il n'y a donc plus de proratisation de leurs droits contrairement à ce qui s'est pratiqué jusqu'au 31 décembre 2018 (voir RF 1096, § 3943).

En revanche, les salariés à temps partiel ayant eu une durée de travail inférieure à la moitié de la durée légale ou conventionnelle du travail sur l'ensemble de l'année voient leur compte alimenté au titre de cette année à due proportion de leur durée de travail effectuée.

Le montant maximal des droits susceptibles d'être accumulés sur le CPF n'est pas proratisé pour les salariés à temps partiel, même pour ceux qui sont à moins d'un mi-temps.

• **Création d'une «clause de revoyure».** La loi 2018-771 précitée institue une «clause de revoyure» ayant pour but d'augmenter, le cas échéant, l'alimentation et le plafond du CPF. France compétences sera donc saisie tous les trois ans à cette fin. Sur France compétences, voir LSQ n° 17710 du 10.12.2018 (dossier juridique).

• **Majoration spécifique pour les travailleurs handicapés.** Les personnes en situation de handicap bénéficient depuis le 1er janvier 2019 d'une majoration de l'alimentation de leur CPF. Le plafond du CPF n'est pas en revanche relevé. Le CPF des personnes handicapées accueillies en établissement et service d'aide par le travail (ESAT) est également majoré (voir art. L. 6323-34).

• **Abondement dans le cadre d'un accord de gestion interne du CPF.** En remplacement des accords «0,20 % CPF» (voir RF 1096, §§ 3938 et 3977), il est institué un nouveau type d'accord de gestion interne du CPF dans l'objectif de favoriser le coinvestissement de l'entreprise.

• **Modalités d'application.** Voir articles R. 6323-1 et 2.

Voir RF 31 janvier 2019, FH 3777, §§ 10-4 et s.; RF 13 septembre 2018, FH 3756, §§ 2-2 à 2-7; FRS 17/18; JCP éd. S 2018, 1302, étude S. Dougados et J. Poyau; RF 3 octobre 2019, FH 3809, § 3-9.

Art. L. 6323-11-1. ***(L. 2016-1088 du 8 août 2016, art. 39, II, 8°, JO 9, entrée en vigueur le 01.01.2017)*** Pour le salarié qui n'a pas atteint un niveau de formation sanctionné par un diplôme classé ***(Ord. 2019-861 du 21 août 2019, art. 1er, 50°, JO 22)*** «au niveau 3», un titre professionnel enregistré et classé ***(Ord. 2019-861 du 21 août 2019, art. 1er, 50°, JO 22)*** «au niveau 3» du répertoire national des certifications professionnelles ou une certification reconnue par une convention collective nationale de branche, l'alimentation du compte se fait à hauteur ***(L. 2018-771 du 5 sept. 2018, art. 1er, I, 11° et 12°, JO 6, entrée en vigueur le 01.01.2019)*** «d'un montant annuel et d'un plafond, exprimés en euros et fixés par décret en Conseil d'État, supérieurs au montant et au plafond mentionnés à l'article L. 6323-11. Ce montant et ce plafond sont portés à un niveau au moins égal à 1,6 fois ceux prévus au premier alinéa du même article L. 6323-11.»

Note • **Droits majorés pour les salariés non qualifiés.** Les droits des salariés non qualifiés (niveau de diplôme inférieur au CAP-BEP) sont majorés pour être à un niveau au moins égal à 1,6 fois le CPF de droit commun. Jusqu'au 31 décembre 2018, les droits des salariés non qualifiés étaient portés à 48 h par an, avec un plafond fixé à 400 h (voir RF 1096, §§ 3939 à 3942).

Le rapport prévu par la loi précitée de 1,6 est donc inférieur à celui antérieur à la réforme, puisqu'il est de 2 s'agissant du crédit annuel du CPF et de 2,66 s'agissant du plafond du CPF (rapport Sénat n° 609, p. 68).

• **Rappel.** La loi relative au travail, à la modernisation du dialogue social et à la sécurisation des parcours professionnels, dite «loi travail» avait majoré le CPF pour les salariés non qualifiés.

• Voir article R. 6323-3-1; RF 31 janvier 2019, FH 3777, §§ 10-8 et s.; RF 13 septembre 2018, FH 3756, § 2-4.

Art. L. 6323-12. La période d'absence du salarié pour un congé de maternité, de paternité et d'accueil de l'enfant, d'adoption, de présence parentale, de ***(L. 2016-1088***

du 8 août 2016, art. 39, II, 9°, JO 9, entrée en vigueur le 01.01.2017) «proche aidant» ou un congé parental d'éducation ou pour une maladie professionnelle ou un accident du travail est intégralement prise en compte pour le calcul ***(L. 2018-771 du 5 sept. 2018, art. 1er, I, 13°, JO 6, entrée en vigueur le 01.01.2019)*** «de la durée du travail effectuée».

Art. L. 6323-13. ***(L. 2018-771 du 5 sept. 2018, art. 1er, I, 14°, JO 6, entrée en vigueur le 01.01.2019)*** «Dans les entreprises d'au moins cinquante salariés, lorsque le salarié n'a pas bénéficié, durant les six ans précédant l'entretien mentionné au II de l'article L. 6315-1, des entretiens prévus au même article L. 6315-1 et d'au moins une formation autre que celle mentionnée à l'article L. 6321-2, un abondement est inscrit à son compte dans des conditions définies par décret en Conseil d'État et l'entreprise verse, dans le cadre de ses contributions au titre de la formation professionnelle, une somme dont le montant, fixé par décret en Conseil d'État, ne peut excéder six fois le montant annuel mentionné à l'article L. 6323-11. Le salarié est informé de ce versement.»

Dans le cadre des contrôles menés par les agents mentionnés à l'article L. 6361-5, lorsque l'entreprise n'a pas opéré le versement prévu au premier alinéa du présent article ou a opéré un versement insuffisant, elle est mise en demeure de procéder au versement de l'insuffisance constatée ***(L. 2018-771 du 5 sept. 2018, art. 1er, I, 14°, JO 6, entrée en vigueur le 01.01.2019)*** «dans le respect de la procédure contradictoire mentionnée à l'article L. 6362-10».

À défaut, l'entreprise verse au Trésor public un montant équivalent à l'insuffisance constatée majorée de 100 %.

(L. 2018-771 du 5 sept. 2018, art. 1er, I, 14°, JO 6, entrée en vigueur le 01.01.2019) «Ce versement est établi et recouvré selon les modalités ainsi que sous les sûretés, garanties et sanctions applicables aux taxes sur le chiffre d'affaires.

Le contrôle et le contentieux de ce versement sont opérés selon les règles applicables en matière de taxe sur le chiffre d'affaires.»

(L. 2019-486 du 22 mai 2019, art. 11, VI, 19°, JO 23, entrée en vigueur le 01.01.2020) «Pour l'application du premier alinéa du présent article, l'effectif salarié et le franchissement du seuil de cinquante salariés sont déterminés selon les modalités prévues à l'article L. 130-1 du code de la sécurité sociale.»

Note • **Covid-19.** *Date butoir une première fois reportée au 31 décembre 2020.* Pendant le premier confinement au printemps 2020, le gouvernement avait donné la possibilité aux employeurs de reporter jusqu'au 31 décembre 2020 la tenue des premiers entretiens d'état des lieux programmés en 2020 (voir ordonnance 2020-387 du 1er avril 2020, art. 1er, II, 2°, JO 2, entrée en vigueur le 02.04.2020, modifié par ordonnance 2020-1501 du 2 décembre 2020, art. 1er, 1°, JO 3).

Date butoir à nouveau décalée au 30 juin 2021. Les employeurs ont jusqu'au 30 juin 2021 pour organiser les entretiens d'état des lieux qui devaient être réalisés sur 2020 et ceux qui doivent être réalisés sur le premier semestre 2021 (ordonnance 2020-1501 précitée, art. 2). À titre d'exemples, pour un salarié arrivé le 3 décembre 2014, l'entretien devait, en principe, être organisé le 3 décembre 2020 au plus tard, avec une possibilité donnée jusqu'au 31 décembre 2020 à la suite du premier report. Avec ce second report, il pourra être réalisé jusqu'au 30 juin 2021 au plus tard. Pour un salarié arrivé le 1er février 2015, l'entretien doit, en principe, être organisé le 1er février 2021 au plus tard. Il pourra être effectué jusqu'au 30 juin 2021 au plus tard.

Voir RF 10 décembre 2020, FH 3869, §§ 7-1 et 7-2.

• **Abondement correctif des «50 salariés et plus».** La ***loi 2018-771*** a aménagé le régime de l'abondement. Celui-ci est dû uniquement si le salarié n'a pas bénéficié des entretiens prévus et d'une formation non obligatoire (c'est-à-dire non imposée par l'exercice d'une activité ou d'une fonction, en application d'une convention internationale ou d'une disposition légale ou réglementaire). Autrement dit, pour échapper à l'abondement correctif, sur les six dernières années, il suffit d'avoir réalisé tous les entretiens requis et fait suivre au salarié une formation non obligatoire.

Ordonnance 2019-861. L'ordonnance a tempéré cet aspect de la réforme et permet aux entreprises d'au moins 50 salariés de se prévaloir des dispositions antérieures à la loi Avenir professionnel jusqu'au 31 décembre 2020 (2020 étant la première année de mise en œuvre de l'entretien sexennal et, le cas échéant, de l'abondement correctif). En d'autres termes, ces entreprises n'auront pas à verser l'abondement correctif si elles ont fait bénéficier le salarié de tous ses entretiens et de deux des trois actions énumérées par l'article L. 6315-1 CT durant les 6 années précédentes (ordonnance précitée, art. 7, 1°; loi 2018-771 du 5 septembre 2018, art. 1er, XIII nouveau). En revanche, à partir du 1er janvier 2021, les entreprises devront se conformer aux nouvelles obligations posées par la loi Avenir professionnel. Voir RF 3 octobre 2019, FH 3809, § 3-4.

Antérieurement, dans les entreprises d'au moins 50 salariés, lorsqu'il apparaissait que, sur les six années précédant l'entretien «état des lieux», le salarié n'avait pas bénéficié des entretiens professionnels obligatoires et d'au moins «deux des trois mesures» prévues, l'employeur était redevable d'un abondement correctif au compte personnel de formation du salarié (art. L. 6323-13, dans sa version antérieure au 1er janvier 2019).

Covid-19. Corrélativement au report de la date limite de réalisation des entretiens professionnels (voir ci-avant), l'application du mécanisme d'abondement correctif au CPF a été décalée au 1er juillet 2021 (ordonnance 2020-387 du 1er avril 2020, art. 1er, II, 2° modifié). À partir du 1er juillet 2021, pour vérifier si l'employeur a respecté ses obligations et s'il y a lieu ou non d'abonder le CPF du salarié, c'est la date de l'entretien d'état des lieux reporté qui sera prise en compte. Voir RF 10 décembre 2020, FH 3869, § 7-4.

• **Entreprises de moins de 50 salariés.** S'agissant des entreprises de moins de 50 salariés, le code du travail ne prévoit aucune sanction particulière en l'absence d'entretiens professionnels.

• **Doctrine.** Voir RF 31 janvier 2019, FH 3777, § 10-17; RF 13 septembre 2018, FH 3756, §§ 2-1 et s.; RF 10 décembre 2020, FH 3869, §§ 7-1 et s.

Art. L. 6323-14. Le compte personnel de formation peut être abondé en application d'un accord d'entreprise ou de groupe, un accord de branche ou un accord conclu par les organisations syndicales de salariés et d'employeurs ***(L. 2018-771 du 5 sept. 2018, art. 1er, I, 15°, JO 6, entrée en vigueur le 01.01.2019)*** «gestionnaires d'un opérateur de compétences», portant notamment sur la définition des formations éligibles et les salariés prioritaires, en particulier les salariés les moins qualifiés, les salariés exposés à des facteurs de risques professionnels mentionnés à l'article ***(Ord. 2017-1389 du 22 sept. 2017, JO 23, entrée en vigueur le 01.10.2017)*** « L. 4161-1», les salariés occupant des emplois menacés par les évolutions économiques ou technologiques ***(L. 2019-485 du 22 mai 2019, JO 23)*** «, les salariés mentionnés à l'article L. 6323-12» et les salariés à temps partiel.

(L. 2019-485 du 22 mai 2019, JO 23) «Un décret en Conseil d'État fixe les conditions d'application du premier alinéa du présent article pour les agents publics civils et militaires.»

Art. L. 6323-15. Les abondements mentionnés aux articles ***(Ord. 2017-1385 du 22 sept. 2017, art. 3, II, JO 23)*** « L. 2254-2,» ***(L. 2016-1088 du 8 août 2016, art. 39, II, 10°, JO 9, entrée en vigueur le 01.01.2017)*** « L. 5151-9,» L. 6323-13 et L. 6323-14 n'entrent pas en compte dans les modes de calcul ***(L. 2018-771 du 5 sept. 2018, art. 1er, I, 16°, JO 6, entrée en vigueur le 01.01.2019)*** «du montant des droits inscrits» sur le compte du salarié chaque année et du plafond mentionnés à l'article L. 6323-11.

Sous-section 2. Formations éligibles et mobilisation du compte

Art. L. 6323-16. ***(L. 2018-771 du 5 sept. 2018, art. 1er, I, 17°, JO 6, entrée en vigueur le 01.01.2019)*** Les formations éligibles au compte personnel de formation sont les formations mentionnées à l'article L. 6323-6.

Note Les articles L. 6323-16 à 17-6 sont applicables depuis le 01.01.2019 (loi 2018-771 précitée, art. 46, I).

Art. L. 6323-17. ***(L. 2018-771 du 5 sept. 2018, art. 1er, I, 18°, JO 6, entrée en vigueur le 01.01.2019)*** Lorsque les formations financées dans le cadre du compte personnel de formation sont suivies en tout ou partie pendant le temps de travail, le salarié demande une autorisation d'absence à l'employeur qui lui notifie sa réponse dans des délais déterminés par décret. L'absence de réponse de l'employeur vaut acceptation.

Note **Depuis le 1er janvier 2019.** La loi 2018-771 précitée précise que l'employeur n'a pas de droit de regard sur le contenu et le calendrier de la formation, ce qui diffère du passé (voir RF 1096, § 3959).

Bien que la loi précitée ne le précise pas, le CPF peut également être utilisé en dehors du temps de travail, sans qu'il soit nécessaire d'obtenir l'accord de l'employeur, comme c'était déjà le cas avant cette loi (voir RF 1096, § 3962).

Voir RF 31 janvier 2019, FH 3777, § 10-22; FRS 5/19 du 18 janvier 2019; RF 13 septembre 2018, FH 3756, § 2-12.

Art. L. 6323-17-1. ***(L. 2018-771 du 5 sept. 2018, art. 1er, I, 19° JO 6, entrée en vigueur le 01.01.2019)*** Tout salarié mobilise les droits inscrits sur son compte personnel de formation afin que celui-ci contribue au financement d'une action de formation certifiante, destinée à lui permettre de changer de métier ou de profession dans le cadre d'un projet de transition professionnelle. Il bénéficie d'un positionnement préalable au suivi de l'action de formation afin d'identifier ses acquis professionnels permettant d'adapter la durée du parcours de formation proposé. Il bénéficie d'un congé spécifique lorsqu'il suit cette action de formation en tout ou partie durant son temps de travail.

(Ord. 2019-861 du 21 août 2019, art. 1er, 51°, JO 22) «Pour les salariés titulaires d'un contrat de travail conclu avec une entreprise de travail temporaire et les salariés intermittents du spectacle, un décret en Conseil d'État détermine les conditions d'ouverture et de prise en charge des projets de transition professionnelle.»

Note • **Loi 2018-771.** La loi Avenir professionnel a remplacé le congé individuel de formation (CIF) par le compte personnel de formation (CPF) de transition professionnelle depuis le 01.01.2019. Le CPF de transition professionnelle, conçu comme une modalité particulière d'utilisation du CPF, se différencie ici du CIF car il exige d'utiliser en priorité les droits inscrits au CPF pour financer la formation et vise obligatoirement la mise en œuvre d'un projet de transition professionnelle. Ses modalités pratiques de fonctionnement (ancienneté, procédure de demande, rémunération), telles que précisées par décrets, sont en revanche assez similaires à celles du CIF.

Sur la composition du dossier de demande de prise en charge financière d'un projet de transition professionnelle, voir arrêté du 28 décembre 2018 (JO 30) modifié par arrêté du 30 janvier 2019 (JO 26 févr.).

Voir RF 31 janvier 2019, FH 3777, §§ 10-29 et s.; LSQ n° 17729 du 09.01.2019; LSQ n° 18015 du 06.03.2020.

• **Ordonnance 2019-861.** Le CPF de transition professionnelle a été adapté pour certains salariés (salariés intérimaires et salariés intermittents du spectacle) (voir RF 3 octobre 2019, FH 3809, § 3-6).

Art. L. 6323-17-2. ***(L. 2018-771 du 5 sept. 2018, art. 1er, I, 19° JO 6, entrée en vigueur le 01.01.2019)*** I. – Pour bénéficier d'un projet de transition professionnelle, le salarié doit justifier d'une ancienneté minimale en qualité de salarié, déterminée par décret. La condition d'ancienneté n'est pas exigée pour le salarié mentionné à l'article L. 5212-13, ni pour le salarié qui a changé d'emploi à la suite d'un licenciement pour motif économique ou pour inaptitude et qui n'a pas suivi d'action de formation entre son licenciement et son réemploi.

II. – Le projet du salarié peut faire l'objet d'un accompagnement par l'un des opérateurs financés par l'organisme mentionné à l'article L. 6123-5 au titre du conseil en évolution professionnelle mentionné à l'article L. 6111-6. Cet opérateur informe, oriente et aide le salarié à formaliser son projet. Il propose un plan de financement.

Le projet est présenté à la commission paritaire interprofessionnelle régionale mentionnée à l'article L. 6323-17-6. Cette commission apprécie la pertinence du projet et du positionnement préalable prévu à l'article L. 6323-17-1, instruit la demande de prise en charge financière et autorise la réalisation et le financement du projet. Cette décision est motivée et notifiée au salarié.

Les modalités d'accompagnement du salarié et de prise en charge financière du projet de transition professionnelle sont précisées par décret en Conseil d'État.

Un système d'information national commun aux commissions paritaires interprofessionnelles régionales mentionnées à l'article L. 6323-17-6 est mis en œuvre par France compétences. Ses règles de création et d'alimentation sont précisées par décret en Conseil d'État.

Art. L. 6323-17-3. ***(L. 2018-771 du 5 sept. 2018, art. 1er, I, 19° JO 6, entrée en vigueur le 01.01.2019)*** La durée du projet de transition professionnelle correspond à la durée de l'action de formation.

Art. L. 6323-17-4. ***(L. 2018-771 du 5 sept. 2018, art. 1er, I, 19° JO 6, entrée en vigueur le 01.01.2019)*** La durée du projet de transition professionnelle ne peut être imputée sur la durée du congé payé annuel. Ce projet est assimilé à une période de travail:

1° Pour la détermination des droits des intéressés en matière de congé payé annuel;

2° À l'égard des droits que le salarié tient de son ancienneté dans l'entreprise.

Art. L. 6323-17-5. ***(L. 2018-771 du 5 sept. 2018, art. 1er, I, 19° JO 6, entrée en vigueur le 01.01.2019)*** Le salarié bénéficiaire du projet de transition professionnelle a droit à une rémunération minimale déterminée par décret.

Art. L. 6323-17-6

(Ord. 2019-861 du 21 août 2019, art. 1er, 52°, JO 22) « Dans les entreprises de cinquante salariés et plus, la rémunération due au bénéficiaire du projet de transition professionnelle est versée par l'employeur, qui est remboursé par la commission paritaire interprofessionnelle régionale mentionnée à l'article L. 6323-17-6. »

Un décret précise les modalités selon lesquelles cette rémunération est versée, notamment dans les entreprises de moins de cinquante salariés.

(L. 2019-486 du 22 mai 2019, art. 11, VI, 20°, JO 23, entrée en vigueur le 01.01.2020) « Pour l'application du présent article, l'effectif salarié est déterminé selon les modalités prévues au I de l'article L. 130-1 du code de la sécurité sociale. »

Note Voir RF 3 octobre 2019, FH 3809, § 3-9; LSQ n° 17968 du 31.12.2019.

Art. L. 6323-17-6. ***(L. 2018-771 du 5 sept. 2018, art. 1er, I, 19° JO 6, entrée en vigueur le 01.01.2019)*** Une commission paritaire interprofessionnelle est agréée dans chaque région par l'autorité administrative pour prendre en charge financièrement le projet de transition professionnelle mentionné à l'article L. 6323-17-1. Elle est dotée de la personnalité morale. Cette commission atteste également du caractère réel et sérieux du projet mentionné au 2° du II de l'article L. 5422-1. Elle suit la mise en œuvre du conseil en évolution professionnelle sur le territoire régional. L'agrément de cette commission est accordé au regard des critères mentionnés aux 1°, 3° et 5° du II de l'article L. 6332-1-1 et de leur aptitude à assurer leurs missions compte tenu de leurs moyens.

Cette commission est composée de représentants des organisations syndicales de salariés et des organisations professionnelles d'employeurs représentatives au niveau national et interprofessionnel.

Les frais de gestion correspondant aux missions de cette commission sont fixés par arrêté du ministre chargé de la formation professionnelle, dans la limite d'un plafond déterminé en pourcentage des ressources reçues par la commission, en application du 5° de l'article L. 6123-5.

Les commissions sont soumises au contrôle économique et financier de l'État et aux obligations mentionnées au 4° du II de l'article L. 6332-1-1.

En cas de dysfonctionnement répété ou de défaillance de la commission, un administrateur est nommé par le ministre chargé de la formation professionnelle. L'administrateur prend toute décision pour le compte de la commission, afin de rétablir son fonctionnement normal.

Un décret détermine les conditions d'application du présent article.

Note • **Covid-19.** Voir ordonnance 2020-387 du 1er avril 2020, art. 2, JO 2, entrée en vigueur le 02.04.2020, modifié par ordonnance 2020-1501 du 2 décembre 2020, art. 1er, 2°, JO 3.

• **Création des commissions paritaires interprofessionnelles régionales.** Pour gérer le projet de transition professionnelle, la loi 2018-771 précitée a créé au niveau régional des structures paritaires interprofessionnelles agréées par l'État et dédiées à l'accompagnement des salariés: les commissions paritaires interprofessionnelles régionales (CPIR). Sur:

– la composition du dossier de demande d'agrément des CPIR, voir arrêté du 26 juin 2019 (JO 30);

– la composition du dossier de demande de prise en charge financière d'un projet de transition professionnelle par une CPIR, voir arrêté du 28 décembre 2018 (JO 30) modifié par arrêté du 30 janvier 2019 (JO 26 févr.).

Ces commissions ont reçu le nom d'association Transitions Pro (ATpro), suivi du nom de la région considérée.

Voir RF 31 janvier 2019, FH 3777, §§ 10-43 et s.; LSQ n° 17729 du 09.01.2019; LSQ n° 18015 du 06.03.2020.

• **Plafonnement des frais de gestion des CPIR.** Voir arrêté du 7 août 2019 (JO 30, rectif. JO 7 sept.).

• **CIF accordés avant le 1er janvier 2019**

Prise en charge financière. Les organismes paritaires agréés en application des articles L. 6333-1 ou L. 6333-2 CT, dans leur rédaction antérieure à la loi 2018-771, assurent jusqu'à leur terme la prise en charge financière des congés individuels de formation accordés avant le 1er janvier 2019. Le cas échéant, les conventions triennales d'objectifs et de moyens qu'ils concluent avec l'État en application de l'article L. 6333-7 CT, dans sa rédaction antérieure à l'entrée en vigueur de la loi 2018-771, sont prolongées jusqu'à ce terme (loi précitée, art. 1er, VII, B).

Les organismes mentionnés à l'article L. 6333-1 CT, dans sa rédaction en vigueur au 31 décembre 2018, assurent les missions des commissions paritaires interprofessionnelles régionales mentionnées à cet article jusqu'au 31 décembre 2019 (loi 2018-771 précitée, art. 1er, X).

Biens et engagements des organismes paritaires agréés pour la prise en charge des CIF. Les biens et engagements de chacun des organismes mentionnés à l'article L. 6333-1 CT, dans sa rédaction en vigueur au 31 décembre 2018, sont transférés à la commission paritaire interprofessionnelle régionale agréée par l'État pour le même ressort géographique lorsque ceux-ci cessent leur activité. Une convention est conclue avant le 31 décembre 2019 entre chaque organisme mentionné à l'article L. 6333-2 CT, dans sa rédaction en vigueur au 31 décembre 2018, et l'État afin de déterminer la date et les modalités de dévolution des biens et des engagements de ces organismes (décret 2018-1332 du 28 décembre 2018, art. 3, III et IV, JO 30, entrée en vigueur le 01.01.2019).

Conformément au II de l'article 4 du décret 2018-1332 du 28 décembre 2018, JO 30, modifié par l'article 5, II du décret 2019-1119 du 31 octobre 2019, JO 3 nov.:

1° Les agréments des organismes mentionnés aux articles L. 6333-1 et 2 CT, dans leur rédaction en vigueur au 31 décembre 2018, demeurent valides en tant seulement qu'ils les autorisent à assurer, dans les conditions prévues aux articles R. 6333-8, R. 6333-9, R. 6333-12 à R. 6333-14 et R. 6322-15 à R. 6322-17 CT, dans leur rédaction en vigueur au 31 décembre 2018:
a) La prise en charge financière des congés individuels de formation accordés avant le 1er janvier 2019, jusqu'aux termes de ceux-ci, en application du B du VII de l'article 1er de la loi 2018-771 du 5 septembre 2018 précitée;
b) La délivrance du conseil en évolution professionnelle défini à l'article L. 6111-6 CT, jusqu'à la désignation par France compétences des opérateurs du conseil en évolution professionnelle en application du 4° de l'article L. 6123-5 CT et au plus tard jusqu'au 31 décembre 2019, en application du III de l'article 3 de la même loi;

2° Les organismes mentionnés aux articles L. 6333-1 et 2 CT, dans leur rédaction en vigueur au 31 décembre 2018, reçoivent, au titre de leur activité au cours de l'année 2019, les fonds dédiés au financement du conseil en évolution professionnelle prévus au 4° de l'article L. 6123-5 CT, dans des conditions définies par le conseil d'administration de France compétences et ils transmettent au ministre chargé de la formation professionnelle, au plus tard le 31 décembre 2019, les éléments permettant d'apprécier l'emploi de ces fonds au cours de l'année 2019;

3° En application du X de l'article 1er de la loi du 5 septembre 2018 précitée, les organismes mentionnés à l'article L. 6333-1 CT, dans sa rédaction en vigueur au 31 décembre 2018, assurent, jusqu'au 31 décembre 2019:
a) La prise en charge financière des projets de transition professionnelle dans les conditions prévues pour les commissions paritaires interprofessionnelles régionales à la section 2 du chapitre III du titre II du livre III de la sixième partie du code du travail. Ils reçoivent à cet effet les fonds pour le financement des projets de transition professionnelle versée en application du 5° de l'article L. 6123-5;
b) L'attestation du caractère réel et sérieux du projet mentionné au 2° du II de l'article L. 5422-1;
c) Le suivi de la mise en œuvre du conseil en évolution professionnelle sur le territoire régional, à compter de la désignation par France compétences des opérateurs du conseil en évolution professionnelle en application du 4° de l'article L. 6123-5;
4° Au cours de l'année 2019, les organismes mentionnés à l'article L. 6333-1 CT, dans sa rédaction en vigueur au 31 décembre 2018, gèrent paritairement les contributions des employeurs au sein de trois sections:
a) Une section dédiée aux contributions des employeurs affectées au financement du congé individuel de formation;
b) Une section dédiée aux contributions des employeurs affectées au financement du congé individuel de formation des salariés titulaires de contrats à durée déterminée;
c) Une section dédiée au financement des projets de transition professionnelle mentionné au 5° de l'article L. 6123-5;

5° Au cours de l'année 2019, les organismes mentionnés à l'article L. 6333-2 CT, dans sa rédaction en vigueur au 31 décembre 2018, gèrent paritairement les contributions des employeurs, respectivement mutualisées au sein des sections mentionnées aux *a* et *b* du 4°.

Dès leur réception, les fonds sont mutualisés au sein de leurs sections respectives;

6° Du 1er janvier au 31 décembre 2019, France compétences assure une mission d'harmonisation des systèmes d'information des organismes mentionnés à l'article L. 6333-1 CT, dans sa rédaction en vigueur au 31 décembre 2018.

Sous-section 3. **Rémunération et protection sociale**

Art. L. 6323-18. Les heures consacrées à la formation pendant le temps de travail constituent un temps de travail effectif et donnent lieu au maintien par l'employeur de la rémunération du salarié.

Art. L. 6323-19

Art. L. 6323-19. Pendant la durée de la formation, le salarié bénéficie du régime de sécurité sociale relatif à la protection en matière d'accidents du travail et de maladies professionnelles.

Sous-section 4. Prise en charge des frais de formation

Art. L. 6323-20. ***(L. 2018-771 du 5 sept. 2018, art. 1er, I, 20°, JO 6, entrée en vigueur le 01.01.2019)*** Les frais pédagogiques et les frais liés à la validation des compétences et des connaissances afférents à la formation sont pris en charge par l'organisme mentionné à l'article L. 6333-1.

Par dérogation au premier alinéa du présent article, les frais pédagogiques et les frais liés à la validation des compétences et des connaissances afférents à la formation suivie dans le cadre du projet de transition professionnelle mentionné à l'article L. 6323-17-1 sont pris en charge par la commission paritaire interprofessionnelle régionale mentionnée à l'article L. 6323-17-6.

Les modalités selon lesquelles ces prises en charges sont réalisées sont déterminées par décret.

Note • **Depuis le 01.01.2019.** Les dispositions des articles L. 6323-20 et 20-1, dans leur rédaction issue de la loi 2018-771 précitée, sont applicables depuis le 01.01.2019 (loi précitée, art. 46, I).

• **Frais de formation dans le cadre d'un CPF (al. 1er).** *Depuis le 01.01.2020,* la gestion technique et financière du CPF est gérée par la Caisse des dépôts et consignations.

Du 01.01.2019 au 31.12.2019 : période transitoire. Le premier alinéa de cet article a été complété par les mots: «ou par l'opérateur de compétences» (loi 2018-771 précitée, art. 1er, IX, B, 1°). En conséquence, durant cette période transitoire, c'était l'opérateur de compétences (OPCO) qui prenait en charge ces frais.

• **Frais de formation dans le cadre d'un CPF de transition professionnelle (al. 2).** Le CPF de transition a remplacé le CIF (voir art. L. 6323-17-1 et 17-2). Par exception, les frais de formation dans ce cadre sont pris en charge par la commission paritaire interprofessionnelle régionale (CPIR) (voir art. L. 6323-17-6).

• **Doctrine.** Voir RF 13 septembre 2018, FH 3756, §§ 2-13 et 2-25, FRS 17/18, JCP éd. S 2018, 1302, étude S. Dougados et J. Poyau. Voir aussi RF 1116, Compte personnel de formation, § 3969.

Art. L. 6323-20-1. ***(L. 2018-771 du 5 sept. 2018, art. 1er, I, 21°, JO 6, entrée en vigueur le 01.01.2019)*** «Le salarié employé par une personne publique qui ne verse pas la contribution mentionnée à l'article L. 6331-4 à un opérateur de compétences mobilise son compte personnel de formation en application de l'article 22 *ter* de la loi n° 83-634 du 13 juillet 1983 portant droits et obligations des fonctionnaires.

Lorsque la personne publique verse la contribution mentionnée à l'article L. 6331-4 à un opérateur de compétences, le salarié qu'elle emploie utilise ses droits inscrits sur le compte personnel de formation dans les conditions définies au présent chapitre. Il peut également solliciter une formation dans les conditions définies à l'article 22 *ter* de la loi n° 83-634 du 13 juillet 1983 précitée.»

Les établissements mentionnés à l'article 2 de la loi n° 86-33 du 9 janvier 1986 portant dispositions statutaires relatives à la fonction publique hospitalière peuvent choisir une prise en charge par l'organisme paritaire agréé par l'État mentionné à l'article 22 de la loi n° 90-579 du 4 juillet 1990 relative au crédit-formation, à la qualité et au contrôle de la formation professionnelle continue et modifiant le livre IX du code du travail.

Sous-section 1 (réglementaire). Alimentation du compte

Note Cette sous-section a été introduite par le décret 2018-1329 du 28 décembre 2018, art. 1er, 2°, JO 30, entrée en vigueur le 01.01.2019.

Art. R. 6323-1. ***(D. 2018-1329 du 28 décembre 2018, art. 1er, 3°, JO 30, entrée en vigueur le 01.01.2019)*** « I. – Le compte personnel de formation du salarié ayant effectué une durée de travail supérieure ou égale à la moitié de la durée légale ou conventionnelle de travail sur l'ensemble de l'année est alimenté à hauteur de 500 euros au titre de cette année, dans la limite d'un plafond total de 5 000 euros.

II. – Le compte du salarié dont la durée de travail a été inférieure à la moitié de la durée légale ou conventionnelle de travail sur l'ensemble de l'année est alimenté, au titre de cette année, d'une fraction du montant mentionné au I, calculée à due proportion de la durée de travail qu'il a effectuée. Lorsque le calcul de ses droits aboutit à un montant en euros comportant des décimales, ce montant est arrondi à la deuxième décimale, au centime d'euro supérieur.»

Pour les salariés dont la durée de travail à temps plein est fixée en application d'un accord ***(D. 2018-1329 du 28 décembre 2018, art. 1er, 3°, JO 30, entrée en vigueur le 01.01.2019)*** « collectif » d'entreprise ou de branche, le nombre d'heures de travail de référence pour le calcul de l'alimentation du compte personnel de formation est égal à la durée conventionnelle de travail.

Pour les salariés dont la durée de travail à temps plein n'est pas fixée en application d'un accord ***(D. 2018-1329 du 28 décembre 2018, art. 1er, 3°, JO 30, entrée en vigueur le 01.01.2019)*** « collectif » d'entreprise ou de branche, le nombre d'heures de travail de référence pour le calcul de l'alimentation du compte personnel de formation est égal à 1 607 heures.

(D. 2018-1329 du 28 décembre 2018, art. 1er, 3°, JO 30, entrée en vigueur le 01.01.2019) « Pour les salariés dont la durée de travail est décomptée en jours dans le cadre d'une convention de forfait annuel en jours, le nombre de jours de travail de référence pour le calcul de l'alimentation du compte personnel de formation est égal au nombre de jours compris dans le forfait tel que fixé par l'accord collectif instaurant le forfait annuel, dans la limite de 218 jours. »

Pour les salariés dont la rémunération n'est pas établie en fonction d'un horaire de travail, le montant de référence pour le calcul de l'alimentation du compte personnel de formation est fixé à 2 080 fois le montant du salaire minimum horaire de croissance.

L'alimentation du compte de ces salariés est calculée au prorata du rapport entre la rémunération effectivement perçue et le montant de référence mentionné à l'alinéa précédent.

(D. 2018-1329 du 28 décembre 2018, art. 1er, 3°, JO 30, entrée en vigueur le 01.01.2019) « III. – Le calcul des droits des salariés est effectué par la Caisse des dépôts et consignations au moyen des données issues de la déclaration sociale nominative des employeurs mentionnée à l'article L. 133-5-3 du code de la sécurité sociale afin de procéder à l'alimentation de leurs comptes personnels de formation.

Un arrêté du ministre chargé de la formation professionnelle fixe les modalités selon lesquelles la caisse procède à ce calcul et à cette alimentation lorsqu'elle ne reçoit pas ces données et lorsque les données qu'elle reçoit sont incomplètes ou erronées. »

Note Voir RF 31 janvier 2019, FH 3777, §§ 10-4 et s.

Art. R. 6323-2. ***(D. 2018-1171 du 18 déc. 2018, JO 20, entrée en vigueur le 01.01.2019)*** I. – Lorsqu'en application des dispositions du quatrième alinéa de l'article L. 6323-11, des dispositions plus favorables ont été prévues par un accord collectif d'entreprise, de groupe ou, à défaut, de branche, pour l'alimentation du compte personnel de formation des salariés, l'employeur effectue annuellement, pour chacun des salariés concernés, le calcul des droits venant abonder son compte personnel de formation.

II. – Une somme d'un montant égal à celui de l'abondement mentionné au I est versée par l'employeur à la Caisse des dépôts et consignations qui en assure la gestion conformément aux dispositions des articles L. 6333-6 et L. 6333-7. Le compte du salarié concerné est alimenté de l'abondement correspondant dès réception de cette somme.

(D. 2019-1049 du 11 oct. 2019, JO 13, entrée en vigueur le 01.01.2020) « III. – L'employeur adresse à la Caisse des dépôts et consignations la liste des salariés bénéficiaires des dispositions plus favorables mentionnées au I, ainsi que les données permettant leur identification et l'abondement attribué à chacun d'eux. »

Art. R. 6323-3. ***(D. 2018-1171 du 18 déc. 2018, JO 20, entrée en vigueur le 01.01.2019)*** I. – Le salarié mentionné au premier alinéa de l'article L. 6323-13 bénéficie d'un abondement de son compte personnel de formation d'un montant de 3 000 euros.

II. – Une somme d'un montant égal à celui de l'abondement mentionné au I est versée par l'employeur à la Caisse des dépôts et consignations qui en assure la gestion conformément aux dispositions des articles L. 6333-6 et L. 6333-7. Le compte du salarié concerné est alimenté de l'abondement correspondant dès réception de cette somme.

(D. 2019-1049 du 11 oct. 2019, JO 13, entrée en vigueur le 01.01.2020) « III. – L'employeur adresse à la Caisse des dépôts et consignations les informations nécessaires à l'abondement mentionné au I, notamment son montant, le nom du salarié bénéficiaire ainsi que les données permettant son identification. »

Art. R. 6323-3-1. ***(D. 2018-1329 du 28 déc. 2018, art. 1er, 4°, JO 30, entrée en vigueur le 01.01.2019)*** « I. – Le compte personnel de formation du salarié mentionné à l'article L. 6323-11-1 qui a effectué une durée de travail supérieure ou égale à la moitié de la durée légale ou conventionnelle de travail sur l'ensemble de l'année est alimenté, au titre de cette année, à hauteur de 800 euros, dans la limite d'un plafond de 8 000 euros.

II. – Afin de bénéficier de cette majoration, le salarié déclare remplir les conditions prévues à cet article par l'intermédiaire du service dématérialisé mentionné au I de l'article L. 6323-8. Cette déclaration peut être effectuée, à sa demande et selon les mêmes modalités, par son conseiller en évolution professionnelle. La majoration est effective à compter de l'alimentation du compte effectuée au titre de l'année au cours de laquelle cette déclaration est intervenue.»

(D. 2018-1329 du 28 déc. 2018, art. 1er, 4°, JO 30, entrée en vigueur le 01.01.2019) « III. – Le salarié » qui ne remplit plus les conditions prévues à l'article L. 6323-11-1 le déclare par l'intermédiaire ***(D. 2018-***

1329 du 28 déc. 2018, art. 1er, 4°, JO 30, entrée en vigueur le 01.01.2019) « du service dématérialisé mentionné » au I de l'article L. 6323-8. Il cesse de bénéficier des dispositions du même article à compter de l'année civile suivante.

(D. 2018-1329 du 28 déc. 2018, art. 1er, 4°, JO 30, entrée en vigueur le 01.01.2019) « IV ». – Une information spécifique portant sur les modalités de cette déclaration, sur la majoration des droits en résultant, ainsi que sur les conséquences d'une déclaration frauduleuse ou erronée est fournie par l'intermédiaire *(D. 2018-1329 du 28 déc. 2018, art. 1er, 4°, JO 30, entrée en vigueur le 01.01.2019)* « du service dématérialisé mentionné » au I de l'article L. 6323-8. Cette information est également délivrée par le *(D. 2018-1329 du 28 déc. 2018, art. 1er, 4°, JO 30, entrée en vigueur le 01.01.2019)* « conseiller » en évolution professionnelle, dans des conditions définies par le cahier des charges mentionné au *(D. 2018-1329 du 28 déc. 2018, art. 1er, 4°, JO 30, entrée en vigueur le 01.01.2019)* « quatrième » alinéa de l'article L. 6111-6.

(D. 2018-1329 du 28 déc. 2018, art. 1er, 4°, JO 30, entrée en vigueur le 01.01.2019) « V ». – En cas de déclaration frauduleuse ou erronée, les droits inscrits au compte personnel de formation font l'objet d'un nouveau calcul opéré conformément aux dispositions de l'article L. 6323-11, sans préjudice des sanctions prévues aux articles 313-3 et 441-6 du code pénal.

(D. 2018-1329 du 28 déc. 2018, art. 1er, 4°, JO 30, entrée en vigueur le 01.01.2019) « Les conditions générales d'utilisation du service dématérialisé mentionnées à l'article L. 6323-9 précisent que les droits, exprimés en euros, obtenus à la suite d'une déclaration frauduleuse ou erronée ne peuvent être utilisés. Lorsque le titulaire d'un compte a tout de même utilisé de tels droits, il rembourse les sommes correspondantes à la Caisse des dépôts et consignations ou, le cas échéant, à la commission paritaire interprofessionnelle régionale mentionnée à l'article L. 6323-17-6, au terme d'une procédure contradictoire et selon des modalités que les conditions générales d'utilisation précisent. »

Note Cet article est l'ancien article D. 6323-3-1 (décret 2018-1329 précité, art. 1er, 4°).

Art. R. 6323-3-2. *(D. 2018-1171 du 18 déc. 2018, JO 20, entrée en vigueur le 01.01.2019)* I. – Le salarié licencié à la suite du refus d'une modification de son contrat de travail résultant de l'application d'un accord d'entreprise mentionné à l'article L. 2254-2 bénéficie d'un abondement de son compte personnel de formation d'un montant minimal de 3 000 euros.

II. – Une somme d'un montant égal à celui de l'abondement mentionné au I est versée par l'employeur à la Caisse des dépôts et consignations qui en assure la gestion conformément aux dispositions des articles L. 6333-6 et L. 6333-7. Le compte du salarié licencié concerné est alimenté de l'abondement correspondant dès réception de cette somme.

(D. 2019-1049 du 11 oct. 2019, JO 13, entrée en vigueur le 01.01.2020) « III. – L'employeur dispose d'un délai de quinze jours à compter de la notification du licenciement, pour adresser à la Caisse des dépôts et consignations les informations nécessaires à l'abondement mentionné au I, notamment son montant, le nom du salarié bénéficiaire ainsi que les données permettant son identification. »

Art. D. 6323-3-3. *(D. 2019-566 du 7 juin 2019, JO 8)* Le compte personnel de formation du salarié bénéficiaire de l'obligation d'emploi mentionné à l'article L. 5212-13 est alimenté annuellement à hauteur de 300 euros au titre de la majoration prévue au troisième alinéa de l'article L. 6323-11, dans la limite du plafond mentionné au I de l'article R. 6323-3-1.

Sous-section 2 (réglementaire). Mobilisation du compte

Note Les sous-sections 2 et 3 ont été introduites par le décret 2018-1336 du 28 décembre 2018, JO 30, entrée en vigueur le 01.01.2019.

Art. D. 6323-4. I. – Le salarié qui souhaite bénéficier d'une action mentionnée à l'article L. 6323-6 suivie en tout ou partie pendant le temps de travail au titre du compte personnel de formation adresse une demande d'autorisation d'absence à l'employeur avant le début de l'action de formation dans un délai qui ne peut être inférieur à :

1° Soixante jours calendaires si la durée de l'action de formation est inférieure à six mois ;

2° Cent vingt jours calendaires si la durée de l'action de formation est égale ou supérieure à six mois.

II. – À compter de la réception de la demande, l'employeur dispose d'un délai de trente jours calendaires pour notifier sa réponse au salarié. L'absence de réponse de l'employeur dans ce délai vaut acceptation de la demande.

Sous-section 3 (réglementaire). Prise en charge des frais de formation au titre du compte personnel de formation

Art. D. 6323-5. I. – Les frais pédagogiques et les frais liés à la validation des compétences et des connaissances afférents à l'une des actions mentionnées à l'article L. 6323-6 suivie par le salarié, pendant son temps de travail ou hors temps de travail, sont pris en charge par la Caisse des dépôts et consignations, dans le cadre des fonds affectés à la prise en charge du compte personnel de formation.

II. – Lorsque les frais pédagogiques et les frais liés à la validation des compétences et des connaissances afférents à l'action de formation suivie par le salarié sont pris en charge par la commission paritaire interprofessionnelle régionale en application du deuxième alinéa de l'article L. 6323-20, la Caisse des dépôts et consignations débite le compte du titulaire des droits correspondants sans opérer de remboursement auprès de la commission.

III. – Un suivi de la mise en œuvre des dispositions prévues au I est effectué par la Caisse des dépôts et consignations. Il est intégré au rapport mentionné au troisième alinéa de l'article L. 6333-5.

Note • **Textes.** Les II et III de cet article entrent en vigueur le 01.01.2020 (décret 2018-1336 du 28 décembre 2018, art. 4, I, JO 30).

Du 1er janvier 2019 au 31 décembre 2019, la prise en charge prévue au I de cet article des frais pédagogiques et des frais liés à la validation des compétences et des connaissances afférents à l'une des actions mentionnées à l'article L. 6323-6 suivie par le salarié pendant son temps de travail ou hors temps de travail est assurée par l'opérateur de compétences, dans le cadre des fonds affectés au financement du compte personnel de formation (décret précité, art. 4, II).

• **Frais annexes.** À la différence des règles antérieures au 1er janvier 2019, la prise en charge des frais annexes (frais de transport, de repas, et d'hébergement occasionnés par la formation) n'est pas prévue. Ces frais resteraient à la charge du salarié.

• **Doctrine.** Voir RF 1116, Compte personnel de formation, § 3969.

Sous-section 4 (réglementaire). Formations éligibles au titre du compte personnel de formation

Note Cette sous-section a été introduite par le décret 2018-1338 du 28 décembre 2018, JO 30, entrée en vigueur le 01.01.2019.

Art. D. 6323-6. Les dispositions des articles R. 6313-4 à R. 6313-7 sont applicables aux bilans de compétences réalisés en mobilisant des droits inscrits au compte personnel de formation.

Le bilan de compétences peut notamment être effectué dans le cadre du conseil en évolution professionnelle mentionné à l'article L. 6111-6. À cet effet, le titulaire du compte est informé de la possibilité de s'adresser à un organisme de conseil en évolution professionnelle pour être accompagné dans sa réflexion sur son évolution professionnelle, préalablement à la décision de mobiliser ses droits pour effectuer un bilan. Cette information est fournie par l'intermédiaire du service dématérialisé mentionné au I de l'article L. 6323-8.

Art. D. 6323-7. ***(D. 2020-1228 du 8 oct. 2020, JO 9)*** « I. – Les actions de formation, d'accompagnement et de conseil éligibles au compte personnel de formation mentionnées au 4° du II de l'article L. 6323-6 sont réalisées dans le cadre du parcours prévu à l'article L. 6313-2 suivi par le créateur ou le repreneur d'entreprise.

Ces actions ont pour objet l'acquisition de compétences liées à l'exercice de la fonction de chef d'entreprise concourant au démarrage, à la mise en œuvre et au développement du projet de création ou de reprise d'une entreprise et à la pérennisation de son activité. »

II. – Ces actions sont mises en œuvre par des opérateurs ayant procédé à la déclaration prévue à l'article L. 6351-1.

III. – L'opérateur peut refuser de dispenser à la personne les actions mentionnées au I, soit en raison du manque de consistance ou de viabilité économique du projet de création ou de reprise d'entreprise, soit lorsque le projet du créateur ou du repreneur ne correspond pas au champ de compétences de l'opérateur.

Note L'accent «formation» est porté en priorité sur les compétences permettant d'acquérir la stature de chef d'entreprise en vue de «viabiliser» le projet de création ou de reprise d'entreprise (RF, Cahier juridique, Compte personnel d'activité, CPF, C2P et CEC, novembre 2020, § 4-4; LSQ n° 18160 du 13.10.2020).

Art. D. 6323-8. I. – Sans préjudice des dispositions de l'article L. 6321-1, la préparation à l'épreuve théorique du code de la route et à l'épreuve pratique du permis de conduire autorisant la conduite des véhicules des catégories B, C1, C, D1, D, C1E, CE, D1E, DE, mentionnées à l'article R. 221-4 du code de la route est éligible au compte personnel de formation dans les conditions suivantes:

1° L'obtention du permis de conduire contribue à la réalisation d'un projet professionnel ou à favoriser la sécurisation du parcours professionnel du titulaire du compte;

2° Le titulaire du compte ne fait pas l'objet d'une suspension de son permis de conduire ou d'une interdiction de solliciter un permis de conduire. Cette obligation est vérifiée par une attestation sur l'honneur de l'intéressé produite lors de la mobilisation de son compte.

II. – La préparation mentionnée au I est assurée par un établissement d'enseignement de la conduite et de la sécurité routière qui satisfait l'ensemble des obligations suivantes:

1° Être agréé au titre des articles L. 213-1 ou L. 213-7 du code de la route;

2° Avoir procédé à la déclaration prévue à l'article L. 6351-1 du présent code.

SECTION 2 (réglementaire). Projet de transition professionnelle

Note • Cette section a été introduite par le décret 2018-1332 du 28 décembre 2018, art. 1er, 2°, JO 30, entrée en vigueur le 01.01.2019.

• **Doctrine.** Voir RF 1116, CPF de formation professionnelle, §§ 3900 et s.; LSQ n° 18015 du 06.03.2020.

Sous-section 1. Mobilisation du CPF dans le cadre d'un projet de transition professionnelle

Note Cette sous-section a été introduite par le décret 2018-1332 du 28 décembre 2018, art. 1er, 3°, JO 30, entrée en vigueur le 01.01.2019.

§ 1. Conditions d'ancienneté

Note Ce paragraphe a été introduit par le décret 2018-1339 du 28 décembre 2018, art. 1er, I, JO 30, entrée en vigueur le 01.01.2019.

Art. D. 6323-9. I. – Pour bénéficier d'un projet de transition professionnelle, le salarié doit justifier :

1° Soit d'une ancienneté d'au moins vingt-quatre mois, consécutifs ou non, en qualité de salarié, dont douze mois dans l'entreprise, quelle qu'ait été la nature des contrats de travail successifs ;

2° Soit d'une ancienneté d'au moins vingt-quatre mois, consécutifs ou non, en qualité de salarié, quelle qu'ait été la nature des contrats successifs, au cours des cinq dernières années dont quatre mois, consécutifs ou non, en contrat de travail à durée déterminée au cours des douze derniers mois.

II. – Ne peut être prise en compte au titre du calcul des quatre mois en contrat de travail à durée déterminée mentionnée au I l'ancienneté acquise au titre :

1° D'un contrat d'accompagnement dans l'emploi mentionné à l'article L. 5134-20 ;

2° D'un contrat d'apprentissage mentionné à l'article L. 6221-1 ;

3° D'un contrat de professionnalisation mentionné à l'article L. 6325-1 ;

4° D'un contrat conclu avec un jeune au cours de son cursus scolaire ou universitaire ;

5° D'un contrat de travail à durée déterminée qui se poursuit par un contrat à durée indéterminée.

III. – Cette ancienneté est appréciée à la date de départ en formation du salarié.

Note Sur la composition du dossier de demande de prise en charge financière d'un projet de transition professionnelle par une CPIR, voir arrêté du 28 décembre 2018 (JO 30), modifié par arrêté du 30 janvier 2019 (JO 26 février).

Art. R. 6323-9-1. ***(D. 2019-1549 du 30 déc. 2019, JO 31)*** I. – Pour bénéficier d'un projet de transition professionnelle, le salarié intermittent du spectacle qui relève des secteurs d'activité du spectacle vivant ou du spectacle enregistré doit justifier de deux-cent-vingt jours de travail ou cachets répartis sur les deux à cinq dernières années et remplir, selon le cas, l'une des conditions d'ancienneté suivantes :

1° Pour le technicien du spectacle enregistré, justifier de cent-trente jours de travail sur les vingt-quatre derniers mois ou soixante-cinq jours sur les douze derniers mois ;

2° Pour le technicien du spectacle vivant, justifier de quatre-vingt-huit jours de travail sur les vingt-quatre derniers mois ou quarante-quatre jours sur les douze derniers mois ;

3° Pour l'artiste du spectacle mentionné à l'article L. 7121-2, justifier de soixante jours de travail ou soixante cachets sur les vingt-quatre derniers mois ou trente jours ou trente cachets sur les douze derniers mois.

II. – Pour bénéficier d'un projet de transition professionnelle, le salarié titulaire d'un contrat de travail conclu avec une entreprise de travail temporaire mentionnée à l'article L. 1251-2 doit justifier d'une ancienneté de 1 600 heures travaillées dans la branche, dont 600 heures dans l'entreprise de travail temporaire, ou le groupe d'entreprises de travail temporaire, dans lequel est déposée la demande du congé spécifique mentionné à l'article L. 6323-17-1. L'ancienneté s'apprécie, toutes missions confondues, sur une période de référence de dix-huit mois.

Pour le salarié titulaire d'un contrat de travail à durée indéterminée, les périodes sans exécution de mission sont prises en compte pour le calcul de l'ancienneté.

III. – L'ancienneté mentionnée au présent article est appréciée à la date du départ en formation du salarié.

§ 2. La demande de congé dans le cadre d'un projet de transition professionnelle

Note Les paragraphes 2 à 5 ont été introduits par le décret 2018-1332 du 28 décembre 2018, art. 1er, 4°, JO 30, entrée en vigueur le 01.01.2019.

Art. R. 6323-10. I. – Le salarié présente une demande de congé dans le cadre d'un projet de transition professionnelle à son employeur par écrit, au plus tard :

1° Cent vingt jours avant le début de l'action de formation lorsque la réalisation de celle-ci entraîne une interruption continue de travail d'au moins six mois ;

2° Soixante jours avant le début de l'action de formation lorsque la réalisation de celle-ci entraîne une interruption continue de travail d'une durée inférieure à six mois ou lorsque l'action de formation est réalisée à temps partiel.

(D. 2019-1549 du 30 déc. 2019, JO 31) « Le salarié titulaire d'un contrat de travail conclu avec une entreprise de travail temporaire mentionnée à l'article L. 1251-2 adresse sa demande de congé de transition professionnelle à cette entreprise. »

II. – La demande de congé indique la date du début de l'action de formation, la désignation et la durée de celle-ci ainsi que le nom de l'organisme qui en est responsable, l'intitulé et la date de l'examen concerné.

III. – L'employeur informe l'intéressé de sa réponse, par écrit, dans le délai de trente jours suivant la réception de la demande de congé. En l'absence de réponse dans ce délai, l'autorisation est réputée accordée.

IV. – L'employeur ne peut refuser d'accorder le congé demandé qu'en cas de non-respect, par le salarié, des conditions prévues au I ou au II ou des conditions d'ancienneté prévues au paragraphe 1. La décision par laquelle l'employeur rejette la demande est motivée.

Art. R. 6323-10-1. I. – L'employeur peut différer le bénéfice du congé de transition professionnelle demandé par un salarié :

1° Lorsqu'il estime que l'absence de l'intéressé pourrait avoir des conséquences préjudiciables à la production et à la marche de l'entreprise. Un tel report est décidé pour une durée maximale de neuf mois, après avis du comité social et économique lorsque celui-ci existe ;

2° Afin que :

a) Dans un établissement de 100 salariés et plus, le pourcentage de salariés simultanément absents au titre du congé de transition professionnelle ne dépasse pas 2 % de l'effectif total ;

b) Dans un établissement de moins de 100 salariés, le congé de transition professionnelle ne bénéficie qu'à un salarié à la fois ;

(D. 2019-1549 du 30 déc. 2019, JO 31) « Les dispositions du présent 2° ne sont pas applicables au salarié lorsque son employeur lui oppose deux refus successifs à des demandes de période de mobilité volontaire en application de l'article L. 1222-12. »

II. – La décision par laquelle l'employeur diffère le congé est motivée.

(D. 2019-1549 du 30 déc. 2019, JO 31) « III. – Le I n'est pas applicable au salarié titulaire d'un contrat de travail conclu avec une entreprise de travail temporaire. Celle-ci peut toutefois différer le bénéfice du congé de transition professionnelle demandé par le salarié lorsque la demande de congé et le début de l'action de formation interviennent au cours d'une même mission, à l'exception des cas suivants :

1° Le projet de transition professionnelle a pour but d'acquérir une qualification dans un secteur d'activité différent ;

2° Le projet de transition professionnelle a une durée supérieure à 1 200 heures. »

Art. R. 6323-10-2. Les demandes de congés de transition professionnelle qui ne peuvent être toutes satisfaites par l'employeur sont retenues suivant l'ordre de priorité décroissante suivant :

1° Les demandes déjà présentées et qui ont été différées ;

2° Les demandes formulées par les salariés dont l'action de formation a dû être interrompue pour des motifs légitimes, après avis du comité social et économique lorsqu'il existe ;

3° Les demandes formulées par les salariés ayant un niveau de qualification inférieur au niveau IV ;

4° Les demandes formulées par les salariés les plus anciens dans l'entreprise ;

5° Les demandes formulées par les salariés n'ayant jamais bénéficié d'un congé de transition professionnelle.

Art. R. 6323-10-3. Le salarié ayant bénéficié d'un congé de transition professionnelle ne peut prétendre, dans la même entreprise, au bénéfice d'un nouveau congé de transition professionnelle avant un délai, exprimé en mois, égal à dix fois la durée du projet de transition professionnelle précédemment effectué, exprimée en mois.

Ce délai ne peut être inférieur à six mois ni supérieur à six ans.

Art. R. 6323-10-4. I. – Le bénéficiaire du congé de transition professionnelle remet à l'employeur des justificatifs, établis par l'organisme de formation, prouvant son assiduité à l'action de formation à la fin de chaque mois et lorsqu'il reprend son poste de travail.

Le salarié qui, sans motif légitime, cesse de suivre l'action de formation, perd le bénéfice du congé.

II. – Par dérogation, dans les entreprises de moins de cinquante salariés, le bénéficiaire du congé de transition professionnelle remet les justificatifs prouvant son assiduité à la commission paritaire interprofessionnelle régionale qui assure la prise en charge financière de son projet de transition professionnelle.

§ 3. *Le positionnement préalable et la demande de prise en charge*

Art. R. 6323-11. La demande de prise en charge d'un projet de transition professionnelle est adressée par le salarié à la commission paritaire interprofessionnelle régionale compétente pour son lieu de résidence principale ou à celle compétente pour son lieu de travail, après que celui-ci a obtenu l'accord de son employeur pour bénéficier du congé de transition professionnelle. Le salarié ne peut déposer simultanément plusieurs demandes de prise en charge d'un projet de transition professionnelle.

Art. R. 6323-11-1. Lorsque le salarié est titulaire d'un contrat à durée déterminée, il peut adresser une demande de prise en charge d'un projet de transition professionnelle à la commission paritaire interprofessionnelle régionale compétente au cours de l'exécution de son contrat de travail. L'accord préalable de l'employeur est requis lorsque le salarié souhaite suivre l'action de formation correspondante pour tout ou partie pendant son temps de travail.

Art. R. 6323-11-2. ***(D. 2019-1549 du 30 déc. 2019, JO 31)*** Le salarié mentionné à l'article R. 6323-9-1 et réunissant l'une des conditions d'ancienneté prévues à cet article peut adresser une demande de prise en charge d'un projet de transition professionnelle à la commission paritaire interprofessionnelle régionale compétente au plus tard quatre mois après le terme de son dernier contrat de travail ou contrat de mission, à la condition que l'action de formation débute au plus tard six mois après ce terme.

Art. R. 6323-12. La demande de prise en charge d'un projet de transition professionnelle intervient après la réalisation d'une action de positionnement préalable. Le positionnement préalable est réalisé à titre gratuit par le prestataire de formation contacté en vue de suivre l'action de formation. Ce positionnement ne constitue pas une action de formation au sens de l'article L. 6313-1.

À l'issue de la réalisation du positionnement préalable, un document, joint à la demande de prise en charge, identifie les acquis du salarié et propose un parcours de formation individualisé et adapté, dans son contenu et sa durée, aux besoins de formation identifiés pour la réalisation du projet de transition professionnelle. Il comprend un devis approuvé par le salarié, précisant le coût et le contenu de l'action de formation proposée.

Art. R. 6323-13. La liste des pièces à transmettre à la commission paritaire interprofessionnelle régionale par le salarié souhaitant bénéficier d'un projet de transition professionnelle est arrêtée par le ministre chargé de la formation professionnelle.

Note Voir arrêté du 28 décembre 2018 (JO 30), modifié par arrêté du 30 janvier 2019 (JO 26 févr.), fixant la composition du dossier de demande de prise en charge financière d'un projet de transition professionnelle par une commission paritaire interprofessionnelle régionale.

§ 4. *Les critères et modalités de prise en charge du projet de transition professionnelle*

Art. R. 6323-14. La commission paritaire interprofessionnelle régionale procède à l'examen du dossier du salarié.

Elle contrôle le respect des conditions d'ancienneté et d'accès prévues au paragraphe 1 de la présente section et à l'article R. 6323-10 ainsi que la capacité, requise par l'article L. 6316-1, du prestataire de formation à dispenser une formation de qualité.

La commission apprécie la pertinence du projet professionnel au regard des critères cumulatifs suivants :

1° La cohérence du projet de transition professionnelle destiné à permettre de changer de métier ou de profession ;

2° La pertinence du parcours de formation et des modalités de financement envisagés à l'issue de l'action de positionnement préalable ;

3° Les perspectives d'emploi à l'issue de l'action de formation, notamment dans la région.

Art. R. 6323-14-1. I. – Lorsque la demande de prise en charge est présentée par le salarié mentionné à l'article R. 6323-11-1, la commission paritaire interprofessionnelle régionale peut décider de prendre en charge le projet même quand l'action de formation associée débute après le terme du contrat de travail, à la condition toutefois qu'elle débute au plus tard six mois après celui-ci.

II. – Pendant la durée de son projet de transition professionnelle, le travailleur mentionné au I a la qualité de stagiaire de la formation professionnelle.

Il bénéficie de la rémunération prévue à l'article L. 6323-17-5 ainsi que du maintien du régime de protection sociale dont il bénéficiait lorsqu'il était titulaire d'un contrat de travail à durée déterminée, en matière de sécurité sociale, d'assurance chômage et de retraite complémentaire. La commission paritaire interprofessionnelle régionale verse aux régimes concernés les cotisations sociales afférentes à ces garanties.

Art. R. 6323-14-2. I. – Les demandes de prise en charge d'un projet de transition professionnelle sont satisfaites dans l'ordre de leur réception. Toutefois, les commissions paritaires interprofessionnelles régionales sont admises à déterminer certaines catégories d'actions et de publics prioritaires lorsque les demandes de prise en charge d'un projet de transition professionnelle qui leur sont présentées ne peuvent être toutes satisfaites simultanément.

L'ordre de priorité est fixé par chaque commission au regard des spécificités de son territoire. Il tient compte notamment des analyses effectuées dans le cadre du contrat de plan régional de développement des formations et de l'orientation professionnelle élaboré par la région en application de l'article L. 6121-1, d'une part, et du référentiel de priorités dans la satisfaction des demandes de prise en charge établi par France compétences en application du 10° de l'article L. 6123-5, d'autre part.

Ce référentiel tient notamment compte du niveau de qualification et de la catégorie socioprofessionnelle des demandeurs ainsi que de leur éventuelle inaptitude à leur emploi, de la taille des entreprises qui les emploient et de l'objectif d'assurer l'égalité professionnelle entre les femmes et les hommes.

II. – La commission paritaire interprofessionnelle régionale planifie la répartition prévisionnelle de ses engagements financiers au cours de l'année.

III. – L'ordre de priorité et la répartition prévus au I et II sont définis et publiés chaque année dans des rubriques dédiées du système d'information national commun aux commissions paritaires interprofessionnelles régionales prévu au II de l'article L. 6323-17-2.

Art. R. 6323-14-3. I. – La commission paritaire interprofessionnelle régionale prend en charge :

1° Les frais pédagogiques et les frais de validation des compétences et des connaissances liés à la réalisation de l'action de formation ;

2° Les frais annexes, composés des frais de transport, de repas et d'hébergement occasionnés par la formation suivie par le salarié qui exécute un projet de transition professionnelle ;

3° La rémunération du salarié mentionnée à l'article L. 6323-17-5 ;

4° Les cotisations de sécurité sociale afférentes à cette rémunération ;

5° Les charges légales et conventionnelles assises sur cette rémunération.

II. – Sous réserve de la transmission, par le bénéficiaire, du justificatif matérialisant la décision de rompre le contrat de travail postérieurement à l'accord de prise en charge de la commission paritaire interprofessionnelle régionale, la prise en charge est maintenue en cas de rupture du contrat de travail :

1° Par l'employeur ;

2° Par le bénéficiaire, sous réserve de la conclusion d'un nouveau contrat de travail succédant au précédent dans un délai d'un mois à compter de la date de fin de préavis et de l'accord donné par le nouvel employeur à la demande de congé associé.

Art. R. 6323-14-4. La commission paritaire interprofessionnelle régionale mobilise prioritairement les droits inscrits sur le compte personnel de formation du salarié ayant fait l'objet d'une décision de prise en charge de son projet de transition professionnelle.

Le salarié peut bénéficier de compléments de financement versés à la commission paritaire interprofessionnelle régionale par les financeurs mentionnés au II de l'article L. 6323-4.

§ 5. Le refus de prise en charge d'un projet de transition professionnelle

Art. R. 6323-15. La commission paritaire interprofessionnelle régionale qui rejette tout ou partie d'une demande de prise en charge notifie au salarié les raisons motivant ce rejet par tout moyen conférant date certaine à la réception de cette notification. Elle l'informe également, dans sa notification, de la possibilité de déposer un recours gracieux.

Art. R. 6323-16. Le recours gracieux contre la décision est adressé à la commission paritaire interprofessionnelle régionale dans un délai de deux mois à compter de la date d'envoi de la notification du rejet.

Il est examiné par une instance paritaire de recours créée au sein de la commission paritaire interprofessionnelle régionale par son conseil d'administration. La commission détermine les conditions dans lesquelles elle délègue à cette instance le pouvoir de se prononcer sur les recours au nom du conseil d'administration.

La décision prise sur le recours gracieux est notifiée au salarié dans un délai de deux mois à compter de la date de dépôt du recours. En cas de confirmation du rejet, elle est motivée.

Art. R. 6323-17. L'intéressé peut solliciter une médiation de France compétences réalisée en application de l'article R. 6123-14 du code du travail. La commission paritaire interprofessionnelle régionale transmet, sur demande de France compétences, le dossier de demande de prise en charge du salarié accompagné de la décision motivée de refus de prise en charge du projet de transition professionnelle et, le cas échéant, de la décision prise sur le recours gracieux.

§ 6. Modalités de rémunération

Note Ce paragraphe a été introduit par le décret 2018-1339 du 28 décembre 2018, art. 1er, II, JO 30, entrée en vigueur le 01.01.2019.

Art. D. 6323-18-1. I. – Lorsque le projet de transition professionnelle est réalisé sur le temps de travail, le salarié bénéficie de la rémunération prévue à l'article L. 6323-17-5 pendant la durée de son projet, sous réserve de son assiduité à l'action de formation ou au stage en entreprise nécessaire à l'obtention de la certification prévue par le projet de transition professionnelle.

II. – La rémunération du bénéficiaire du projet de transition professionnelle et les cotisations sociales légales et conventionnelles à la charge de l'employeur assises sur cette rémunération sont versées mensuellement par l'employeur.

La commission paritaire interprofessionnelle régionale rembourse l'employeur dans le délai maximum d'un mois à compter de la réception des justificatifs suivants :

1° La copie du bulletin de paie ;

2° Le ou les justificatifs prouvant l'assiduité du bénéficiaire à l'action de formation ***(D. 2019-1439 du 23 déc. 2019, JO 26, entrée en vigueur le 01.01.2020)*** « ou au stage en entreprise » ;

3° Le cas échéant, les justificatifs relatifs aux cotisations sociales légales et conventionnelles à la charge de l'employeur assises sur les rémunérations dans l'entreprise concernée.

(D. 2019-1439 du 23 déc. 2019, JO 26, entrée en vigueur le 01.03.2020) « III. – Dans les entreprises de moins de cinquante salariés, l'employeur bénéficie, sur sa demande, du remboursement de la rémunération versée et des cotisations sociales légales et conventionnelles assises sur cette rémunération sous forme d'avances.

Le montant total des avances ne peut excéder 90 % du montant total des rémunérations mensuelles et des cotisations sociales légales et conventionnelles assises sur les rémunérations dues par l'employeur pendant le projet de transition professionnelle.

La première avance est versée à l'employeur par la commission paritaire interprofessionnelle régionale au plus tard trente jours après la réception de la facture émise par l'employeur comprenant le montant total des rémunérations et des cotisations sociales légales et conventionnelles dues par l'employeur pendant le projet de transition professionnelle. Le solde est versé à l'employeur par la commission paritaire interprofessionnelle régionale, après la réception des justificatifs, à la fin du projet de transition professionnelle.

En cas d'abandon du projet de transition professionnelle par le salarié ou d'absence supérieure à un mois, le paiement est réalisé au *prorata temporis* de la durée du projet de transition professionnelle.

Le taux et les conditions de versement des avances sont définis conjointement par la commission paritaire interprofessionnelle régionale et l'employeur. Ils peuvent s'appliquer pour l'ensemble des salariés bénéficiaires d'un projet de transition professionnelle au cours d'une période définie conjointement par la commission paritaire interprofessionnelle régionale et l'employeur. À défaut d'accord avant le début du projet de transition professionnelle, le taux et les conditions de versement de l'avance sont déterminés par arrêté du ministre chargé de la formation professionnelle.

L'employeur informe le cas échéant la commission paritaire interprofessionnelle régionale de la survenance de tout événement pouvant avoir des conséquences sur le suivi par le salarié de l'action de formation ou le montant de la rémunération et des cotisations sociales légales et conventionnelles et adresse les justificatifs avant le versement de l'avance suivante ou du solde.

Le versement sous forme d'avances est suspendu lorsque l'employeur ne transmet pas les justificatifs à la commission paritaire interprofessionnelle régionale.

En cas de trop perçu au titre des avances versées par la commission paritaire interprofessionnelle régionale, l'employeur rembourse la commission paritaire interprofessionnelle régionale concernée au plus tard trente jours après la constatation du trop perçu par la commission.

IV. – Pour les particuliers employeurs, la rémunération du salarié bénéficiaire d'un projet de transition professionnelle et les cotisations sociales légales et conventionnelles assises sur cette rémunération lui sont versées mensuellement par la commission paritaire interprofessionnelle régionale. »

Note • **TPE de moins de 50 salariés : droit à des avances sur les remboursements de la CPIR depuis le 1er mars 2020.** Voir arrêté du 26 février 2020 (JO 29) relatif au taux et aux conditions de versement des avances à défaut d'accord entre la commission paritaire interprofessionnelle régionale et l'employeur, en application du III de cet article.

Le seuil de 50 salariés est apprécié en appliquant les règles de calcul de l'effectif prévues par le code de sécurité sociale sans gel des effets de seuil (art. L. 130-1 et R. 130-1 c. séc. soc.).

• **Avant le décret 2019-1439.** À noter que le III de cet article, dans sa rédaction antérieure au décret 2019-1439 précité, était entré en vigueur le 1er janvier 2020 et que, du 1er janvier au 31 décembre 2019, la rémunération du bénéficiaire d'un projet de transition professionnelle et les cotisations sociales légales et conventionnelles à la charge de l'employeur assises sur cette rémunération étaient versées mensuellement par l'employeur, qui était remboursé par la commission paritaire interprofessionnelle régionale selon les modalités prévues au II de cet article (décret 2018-1339 du 28 décembre 2018, art. 3, II, JO 30).

• **Doctrine.** RF 1116, CPF de transition professionnelle, § 3916 ; LSQ n° 18015 du 06.03.2020.

Art. D. 6323-18-2. Lorsque le projet de transition professionnelle est réalisé après le terme du contrat de travail à durée déterminée en application de l'article R. 6323-14-1, la rémunération est versée par la commission paritaire interprofessionnelle régionale.

Art. R. 6323-18-2-1. ***(D. 2019-1549 du 30 déc. 2019, JO 31)*** I. – Lorsque le projet de transition professionnelle est accordé à un artiste ou technicien intermittent du spectacle mentionnés à l'article R. 6323-9-1 qui remplit la condition d'ancienneté mentionnée au 1°, au 2° ou au 3° du I de cet article, la rémunération et les cotisations sociales légales et conventionnelles assises sur cette rémunération, y compris celles versées en application des règles spécifiques d'indemnisation au titre du régime d'assurance chômage prévues à l'article L. 5424-22, sont versées mensuellement par la commission paritaire interprofessionnelle régionale.

II. – Lorsque le projet de transition professionnelle est accordé à un salarié, titulaire d'un contrat de travail conclu avec une entreprise de travail temporaire, qui remplit les conditions d'ancienneté mentionnées au III de l'article R. 6323-9-1, l'entreprise de travail temporaire établit un contrat de mission en application de l'article L. 1251-57 ou une lettre de mission pour les salariés titulaires d'un contrat à durée indéterminée intérimaire relevant de l'article L. 1251-58-1.

III. – La rémunération du salarié bénéficiaire du projet de transition professionnelle et les cotisations sociales légales et conventionnelles assises sur cette rémunération sont versées par l'employeur.

La commission paritaire interprofessionnelle régionale rembourse l'employeur dans le délai maximum d'un mois à compter de la réception des justificatifs suivants:

1° La copie du bulletin de paie;

2° Les justificatifs prouvant l'assiduité du bénéficiaire à l'action de formation ou au stage en entreprise;

3° Le cas échéant, les justificatifs relatifs aux cotisations sociales légales et conventionnelles à la charge de l'employeur assises sur les rémunérations dans l'entreprise concernée.

IV. – Dans les entreprises de moins de cinquante salariés, l'employeur bénéficie, sur sa demande, du remboursement de la rémunération versée et des cotisations sociales légales et conventionnelles assises sur cette rémunération sous forme d'avances.

Le montant total des avances ne peut excéder 90 % du montant total des rémunérations mensuelles et des cotisations sociales légales et conventionnelles assises sur les rémunérations dues par l'employeur pendant le projet de transition professionnelle.

La première avance est versée à l'employeur par la commission paritaire interprofessionnelle régionale au plus tard trente jours après la réception de la facture émise par l'employeur comprenant le montant total des rémunérations et des cotisations sociales légales et conventionnelles dues par l'employeur pendant le projet de transition professionnelle. Le solde est versé à l'employeur par la commission paritaire interprofessionnelle régionale, après la réception des justificatifs, à la fin du projet de transition professionnelle.

En cas d'abandon du projet de transition professionnelle par le salarié ou d'absence supérieure à un mois, le paiement est réalisé au *prorata temporis* de la durée du projet de transition professionnelle.

Le taux et les conditions de versement des avances sont définis conjointement par la commission paritaire interprofessionnelle régionale et l'employeur. Ils peuvent s'appliquer pour l'ensemble des salariés bénéficiaires d'un projet de transition professionnelle au cours d'une période définie conjointement par la commission paritaire interprofessionnelle régionale et l'employeur. À défaut d'accord avant le début du projet de transition professionnelle, le taux et les conditions de versement de l'avance sont déterminés par arrêté du ministre chargé de la formation professionnelle.

L'employeur informe le cas échéant la commission paritaire interprofessionnelle régionale de la survenance de tout événement pouvant avoir des conséquences sur le suivi par le salarié de l'action de formation ou le montant de la rémunération et des cotisations sociales légales et conventionnelles et adresse les justificatifs avant le versement de l'avance suivante ou du solde.

Le versement sous forme d'avances est suspendu lorsque l'employeur ne transmet pas les justificatifs à la commission paritaire interprofessionnelle régionale.

Note Voir arrêté du 26 février 2020 (JO 29) relatif au taux et aux conditions de versement des avances à défaut d'accord entre la commission paritaire interprofessionnelle régionale et l'employeur, en application du IV de cet article.

Art. D. 6323-18-3. I. – La rémunération due au titre du projet de transition professionnelle est égale à un pourcentage du salaire moyen de référence du bénéficiaire du projet, déterminé en fonction des salaires perçus au cours d'une période de référence.

II. – Le salaire moyen de référence du salarié qui remplit les conditions d'ancienneté mentionnées au 1° de l'article D. 6323-9 est calculé sur la base des salaires perçus au cours des douze mois précédant la formation.

III. – Le salaire moyen de référence du salarié qui remplit les conditions d'ancienneté mentionnées au 2° de l'article D. 6323-9 est calculé sur la base des salaires perçus au cours des quatre derniers mois en contrat de travail à durée déterminée, à l'exclusion des contrats mentionnés ***(D. 2019-1439 du 23 déc. 2019, JO 26, entrée en vigueur le 01.01.2020)*** « au II » de l'article D. 6323-9.

Art. R. 6323-18-3-1. ***(D. 2019-1549 du 30 déc. 2019, JO 31)*** I. – Le salaire moyen de référence de l'artiste ou technicien intermittent du spectacle mentionné à l'article R. 6323-9-1 qui bénéficie d'un projet de transition professionnelle est calculé sur la base des salaires perçus au cours des périodes travaillées mentionnées au 1°, au 2° ou au 3° du I de l'article R. 6323-9-1, du montant de l'allocation d'assurance perçu par le salarié et des indemnités versées par la caisse des congés spectacles.

II. – Le salaire moyen de référence du salarié titulaire d'un contrat de travail conclu avec une entreprise de travail temporaire, qui remplit les conditions d'ancienneté mentionnées au II de l'article R. 6323-9-1, est calculé sur la base des salaires moyens perçus au cours des 600 dernières heures de mission effectuées pour le compte de l'entreprise de travail temporaire dans laquelle cette demande est déposée.

Le salaire moyen tient compte du salaire de base, des heures complémentaires ou supplémentaires et des primes de toute nature versées au cours de la période de référence, à l'exception de l'indemnité de fin de mission, de l'indemnité compensatrice de congés payés et des remboursements de frais professionnels.

Art. D. 6323-18-4. I. – Lorsque le salaire moyen de référence du salarié est inférieur ou égal à deux fois le salaire minimum de croissance, la rémunération perçue au titre du projet de transition professionnelle est égale à 100 % du salaire moyen de référence.

II. – Lorsque le salaire moyen de référence du salarié est supérieur à deux fois le salaire minimum de croissance, la rémunération est égale à:

1° 90 % du salaire moyen de référence, lorsque la durée du congé de transition professionnelle n'excède pas un an ou 1 200 heures pour une formation discontinue ou à temps partiel;

2° 90 % du salaire moyen de référence pour la première année de formation ou pour les premières 1 200 heures de formation, lorsque la durée du congé de transition professionnelle est supérieure à un an ou 1 200 heures pour une formation discontinue ou à temps partiel, et 60 % du salaire moyen de référence pour les années suivantes ou à partir de la 1 201e heure.

Lorsque le salaire moyen de référence du bénéficiaire excède deux fois le salaire minimum de croissance, le montant de la rémunération perçue au titre d'un projet de transition professionnelle ne peut être inférieur [à] un montant égal à deux fois le salaire minimum de croissance.

Sous-section 2. Commissions paritaires interprofessionnelles régionales

Note • Cette sous-section a été introduite par le décret 2018-1339 du 28 décembre 2018, art. 2, JO 30, entrée en vigueur le 01.01.2019.

• Voir note sous article L. 6323-17-6.

§ 1. Agrément

Art. D. 6323-19. I. – L'autorité administrative mentionnée au premier alinéa de l'article L. 6323-17-6 est le ***(D. 2020-88 du 5 févr. 2020, art. 1er, 30°, JO 6)*** «préfet de région».

II. – La commission paritaire interprofessionnelle régionale prévue à l'article L. 6323-17-6 est gérée par une association paritaire administrée par un conseil d'administration.

III. – Les règles d'organisation et de fonctionnement des commissions paritaires interprofessionnelles régionales sont définies par un accord national interprofessionnel conclu entre les organisations d'employeurs et de salariés représentatives au plan national et interprofessionnel, sous réserve des dispositions prévues par le présent code.

Note Voir arrêtés du 16 décembre 2019 (JO 26) portant agrément des commissions paritaires interprofessionnelles régionales.

§ 2. Retrait de l'agrément et nomination d'un administrateur provisoire

Art. D. 6323-19-1. I. – Lorsqu'il constate des dysfonctionnements répétés ou des défaillances, le ***(D. 2020-88 du 5 févr. 2020, art. 1er, 31°, JO 6)*** «préfet de région» adresse à la commission paritaire interprofessionnelle régionale une mise en demeure motivée par tout moyen donnant date certaine à la réception de cette mise en demeure.

La commission paritaire interprofessionnelle dispose d'un délai d'un mois pour présenter ses observations écrites et, le cas échéant, orales relatives à cette situation ainsi que les mesures correctives envisagées.

Au vu des éléments de réponse de la commission paritaire interprofessionnelle régionale ou le cas échéant à l'expiration de ce délai, le ***(D. 2020-88 du 5 févr. 2020, art. 1er, 31°, JO 6)*** «préfet de région» peut, en application de l'article L. 6323-17-6, nommer par arrêté un administrateur provisoire. L'arrêté fixe la durée de cette fonction.

II. – L'administrateur provisoire peut avoir pour mission:

1° D'accomplir une opération déterminée par l'arrêté mentionné au I;

2° De gérer et de représenter l'organisme par substitution au conseil d'administration et à la direction générale pour la durée fixée par l'arrêté mentionné au I.

Art. D. 6323-19-2. I. – L'agrément peut être retiré lorsqu'une commission paritaire interprofessionnelle régionale ne satisfait plus aux dispositions des articles L. 6323-17-6, D. 6323-20-1, D. 6323-21, D. 6323-21-2 et D. 6323-21-4.

II. – Lorsqu'il constate qu'une commission paritaire interprofessionnelle régionale ne satisfait plus les dispositions mentionnées au I, le ***(D. 2020-88 du 5 févr. 2020, art. 1er, 32°, JO 6)*** « préfet de région » lui adresse une mise en demeure motivée, par tout moyen donnant date certaine à la réception de cette mise en demeure.

La commission paritaire interprofessionnelle régionale dispose d'un délai de deux mois pour présenter ses observations écrites ou orales.

III. – Au vu des éléments de réponse de la commission paritaire interprofessionnelle régionale ou, le cas échéant, à l'expiration de ce délai, le ***(D. 2020-88 du 5 févr. 2020, art. 1er, 32°, JO 6)*** « préfet de région » peut retirer l'agrément par arrêté.

L'arrêté précise la date à laquelle le retrait prend effet, ainsi que les modalités de dévolution des biens de l'opérateur concerné. L'arrêté lui est notifié et fait l'objet d'une publication au ***(D. 2020-88 du 5 févr. 2020, art. 1er, 32°, JO 6)*** « recueil des actes administratifs de la préfecture ».

§ 3. Constitution et fonctionnement des commissions paritaires interprofessionnelles régionales

Art. D. 6323-20. L'acte de constitution de la commission paritaire interprofessionnelle régionale détermine son champ d'intervention géographique, ainsi que les conditions de sa gestion. Il fixe notamment :

1° La composition et l'étendue des pouvoirs du conseil d'administration paritaire ;

2° Les modalités de désignation des organes chargés de la préparation et de l'exécution des décisions de gestion de l'organisme. L'acte de constitution peut prévoir à cet effet l'existence de commissions paritaires afférentes.

Art. D. 6323-20-1. I. – Le conseil d'administration de la commission paritaire interprofessionnelle régionale est composé, en tenant compte de la représentativité des signataires de l'accord constitutif de la commission, d'au plus vingt membres titulaires comme suit :

- dix membres titulaires au plus représentant les organisations syndicales de salariés représentatives au niveau national et interprofessionnel ;
- dix membres titulaires au plus représentant les organisations professionnelles d'employeurs représentatives au niveau national et interprofessionnel.

II. – Chaque organisation membre du conseil d'administration dispose d'un nombre de voix proportionnel à l'audience établie au niveau national et interprofessionnel en application du 3° de l'article L. 2122-9.

Art. D. 6323-20-2. I. – Les membres du conseil d'administration doivent être en activité professionnelle ou avoir été en activité professionnelle au cours des cinq années précédant leur désignation. Ils peuvent se faire représenter par un suppléant désigné selon les mêmes modalités que le titulaire.

II. – Les incompatibilités mentionnées aux articles L. 6332-2-1 et R. 6332-12 sont applicables aux membres de la commission paritaire interprofessionnelle régionale.

III. – Les fonctions d'administrateur ou de salarié dans un opérateur chargé d'organiser et de financer le conseil en évolution professionnelle désigné par France compétences en application du 4° de l'article L. 6123-5 sont incompatibles avec les fonctions d'administrateur ou de salarié d'une commission paritaire interprofessionnelle régionale.

Art. D. 6323-20-3. Les dispositions des articles R. 6332-13, R. 6332-14 et R. 6332-34 à R. 6332-37 sont applicables aux commissions paritaires interprofessionnelles régionales.

§ 4. Missions

Art. D. 6323-20-4. La commission paritaire interprofessionnelle régionale a pour mission :

1° L'examen, l'autorisation et la prise en charge des projets de transition professionnelle prévus à l'article L. 6323-17-2 ;

2° L'examen et la vérification du caractère réel et sérieux du projet de reconversion professionnelle mentionné au 2° du II de l'article L. 5422-1 ;

3° L'information du public sur les organismes délivrant du conseil en évolution professionnelle et le suivi de la mise en œuvre du conseil en évolution professionnelle sur le territoire régional prévus à l'article L. 6223-17-6. Ce suivi donne lieu à la transmission annuelle d'un rapport à France compétences, réalisé sur la base d'indicateurs transmis par les opérateurs de conseil en évolution professionnelle et d'une méthodologie définie par France compétences ;

4° L'examen des recours mentionnés à l'article R. 6323-16 et R. 5422-2-2, et, le cas échéant, pour les projets mentionnés à l'article L. 6323-17-1, la transmission d'une demande de médiation à France compétences prévue à l'article R. 6123-14 ;

5° Le contrôle de la qualité des formations dispensées dans le cadre d'un projet de transition professionnelle prévu à l'article L. 6316-3 ;

6° L'analyse des besoins en emploi, en compétences et en qualifications sur le territoire et l'élaboration de partenariats régionaux avec notamment l'État, le conseil régional et les acteurs du service public de l'emploi permettant l'élaboration et la mise en œuvre des parcours professionnels. ***(D. 2019-1439 du 23 déc. 2019, JO 26, entrée en vigueur le 01.01.2020)*** « La commission paritaire interprofessionnelle régionale organise des actions d'information sur la certification relative au socle de connaissances et de compétences professionnelles mentionné au I de l'article D. 6113-30 et des sessions de validation de cette certification dans la région. »

7° Le paiement des frais résultant des actions de formation mentionnées au 1° de l'article L. 6313-1 qui s'effectue dans les conditions prévues par le I et II de l'article R. 6332-25 et par l'article R. 6332-26.

Art. D. 6323-20-5. Les commissions paritaires interprofessionnelles régionales ne peuvent pas être désignées opérateurs de conseil en évolution professionnelle par France compétences.

Art. D. 6323-20-6. Les commissions paritaires interprofessionnelles régionales gèrent au sein d'une section financière unique les fonds reçus pour financer les projets de transition professionnelle en application du 5° de l'article L. 6123-5.

§ 5. Financement et disponibilités

Art. D. 6323-21. I. – Les commissions paritaires interprofessionnelles régionales financent :

1° Les frais pédagogiques, les frais annexes et les frais liés à la validation des compétences et des connaissances des projets de transition professionnelle prévus par l'article R. 6323-14-3 ;

2° La rémunération des bénéficiaires d'un projet de transition professionnelle et la prise en charge des cotisations sociales légales et conventionnelles à la charge de l'employeur assises sur ces rémunérations prévues à l'article R. 6323-14-3 ;

3° Les dépenses réalisées au titre du suivi de la mise en œuvre du conseil en évolution professionnelle sur le territoire régional prévu à l'article L. 6323-17-6 ;

4° Les frais de gestion correspondant aux missions de la commission paritaire interprofessionnelle régionale dans les limites définies par la convention d'objectifs et de moyens prévue à l'article ***(D. 2019-1439 du 23 déc. 2019, JO 26, entrée en vigueur le 01.01.2020)*** « D. 6323-21-4 » ou, à défaut, dans celles arrêtées par le ministre chargé de la formation professionnelle, dans les conditions prévues ***(D. 2019-1439 du 23 déc. 2019, JO 26, entrée en vigueur le 01.01.2020)*** « au III du même article ».

II. – Les commissions paritaires interprofessionnelles régionales n'assurent aucun financement, direct ou indirect, des organisations syndicales de salariés et des organisations professionnelles d'employeurs, sous réserve du remboursement, sur présentation de justificatifs, des frais de déplacement, de séjour et de restauration engagés par les personnes qui siègent au sein des organes de direction de ces commissions.

Art. D. 6323-21-1. Les règles et les sanctions prévues aux articles R. 6332-27 à R. 6332-29 s'appliquent à la gestion des fonds dont la commission paritaire interprofessionnelle régionale peut disposer au 31 décembre au titre de la section financière unique mentionnée à l'article D. 6323-20-6.

Note Conformément au I de l'article 5 du décret 2019-1119 du 31 octobre 2019, JO 3 nov. :

Les modalités de calcul et de reversement des disponibilités excédentaires mentionnées à l'article D. 6323-21-1 CT [voir les articles R. 6332-27 à 29] ne sont pas applicables aux exercices comptables relatifs :

1° À l'année 2019 pour les organismes mentionnés à l'article L. 6333-1 CT, dans sa rédaction en vigueur au 31 décembre 2018 ;

2° À l'année 2020 pour les commissions paritaires interprofessionnelles régionales mentionnées à l'article L. 6323-17-6.

§ 6. Transmission de documents

Art. D. 6323-21-2. Les articles R. 6332-30 à R. 6332-32 sont applicables aux commissions paritaires interprofessionnelles régionales. Les documents prévus aux articles R. 6332-30 et R. 6332-31 sont également transmis, avant le 31 mai de l'année civile considérée, au préfet de région.

§ 7. Convention d'objectifs et de moyens

Art. D. 6323-21-3. I. – Une convention d'objectifs et de moyens triennale est conclue entre la commission paritaire interprofessionnelle régionale et le préfet de région.

Lors de la procédure préalable à cette convention, la commission paritaire interprofessionnelle régionale transmet au préfet de région un état des orientations de son activité et de l'évolution prévisionnelle des charges qui en résultent.

II. – Les parties procèdent annuellement à l'évaluation de suivi de la convention d'objectifs et de moyens. Elles apprécient le niveau de réalisation des objectifs fixés.

III. – Une copie de la convention et de l'évaluation annuelle est transmise à France compétences et au ministre chargé de la formation professionnelle par le préfet de région.

Art. D. 6323-21-4. I. – Les frais de gestion des commissions ne peuvent excéder un plafond déterminé dans la convention d'objectifs et de moyens.

Ces frais sont définis en fonction des demandes présentées par la commission paritaire interprofessionnelle et des objectifs fixés avec le préfet de région.

II. – Le plafond des frais de gestion mentionné au I est compris entre un minimum et un maximum déterminés en pourcentage des sommes perçues au titre des fonds mentionnés au 5° de l'article L. 6123-5. Ce minimum et ce maximum sont fixés par arrêté du ministre chargé de la formation professionnelle.

III. – En cas d'absence de conclusion de la convention d'objectifs et de moyens, les frais mentionnés au I ne peuvent excéder le minimum mentionné au II.

Note **II.** Le montant des frais de gestion des commissions paritaires interprofessionnelles régionales (CPRI) doit être compris :
– en France métropolitaine entre 7 % et 11 % des fonds pour le financement de projets de transition professionnelle versés par France compétences ;
– en Corse, en Guyane, en Martinique, à La Réunion et à Mayotte, au maximum à 14 %.

Voir arrêté du 7 août 2019 (JO 30, rectif. JO 7 sept.).

Art. D. 6323-21-5. Les frais de gestion de la commission paritaire interprofessionnelle régionale sont constitués par :

1° Les frais de gestion administrative relatifs à l'instruction et au suivi des projets de transition professionnelle ***(D. 2019-1439 du 23 déc. 2019, JO 26, entrée en vigueur le 01.01.2020)*** « , des » projets mentionnés au 2° du II de l'article L. 5422-1 ***(D. 2019-1439 du 23 déc. 2019, JO 26, entrée en vigueur le 01.01.2020)*** « et à l'organisation des sessions de validation de la certification relative au socle de connaissances et de compétences professionnelles mentionné au I de l'article D. 6113-30 » ;

2° Les frais de gestion liés à la mission de suivi de la mise en œuvre du conseil en évolution professionnelle sur le territoire régional ;

3° Le remboursement des frais de déplacement, de séjour et de restauration engagés par les personnes qui siègent au sein des organes de direction de l'organisme ;

4° Les frais d'information des salariés sur les projets de transition professionnelle ***(D. 2019-1439 du 23 déc. 2019, JO 26, entrée en vigueur le 01.01.2020)*** « , la certification relative au socle de connaissances et de compétences professionnelles mentionné au I de l'article D. 6113-30 », les projets mentionnés au 2° du II de l'article L. 5422-1 et l'information sur les organismes délivrant du conseil en évolution professionnelle ;

5° Les frais engagés pour s'assurer de la qualité des formations dispensées ***(D. 2019-1439 du 23 déc. 2019, JO 26, entrée en vigueur le 01.01.2020)*** « , notamment ceux liés à l'analyse des besoins en emploi, en compétences et en qualification sur le territoire ».

Art. D. 6323-21-6. En cas de dépassement des plafonds ou lorsque les objectifs prévus aux articles D. 6323-21-3 et D. 6323-21-4 ne sont pas atteints, le ministre chargé de la formation professionnelle adresse, sur proposition du préfet de région, à la commission paritaire interprofessionnelle régionale par tout moyen donnant date certaine à sa réception une mise en demeure motivée afin de présenter, dans un délai d'un mois, ses observations écrites et, le cas échéant, orales justifiant cette situation.

Au vu des éléments de réponse de la commission paritaire interprofessionnelle régionale ou après l'expiration de ce délai, le ministre chargé de la formation professionnelle peut :

1° Adresser à la commission une notification afin de procéder aux mesures correctives permettant d'assurer le respect des plafonds et objectifs prévus aux articles D. 6323-21-3 et D. 6323-21-4, ces mesures devant faire l'objet d'un suivi permettant d'apprécier la réponse apportée par la commission paritaire interprofessionnelle régionale ;

2° Décider le versement au Trésor public par la commission paritaire interprofessionnelle régionale d'une somme correspondant en tout ou partie au montant du dépassement constaté. Le recouvrement du versement est établi et poursuivi selon les modalités ainsi que sous les sûretés, garanties et sanctions applicables aux taxes sur le chiffre d'affaires ;

3° Nommer un administrateur provisoire au sein de la commission paritaire interprofessionnelle régionale ;

4° Retirer l'agrément de la commission paritaire interprofessionnelle régionale.

§ 8. Le système d'information national commun aux commissions paritaires interprofessionnelles régionales

Note • Ce paragraphe a été introduit par le décret 2019-1492 du 27 décembre 2019, JO 29.

• Du 1er janvier au 31 décembre 2020, France compétences assure une mission d'harmonisation des systèmes d'information utilisés par les commissions paritaires interprofessionnelles régionales afin d'en garantir l'interopérabilité (décret 2019-1492 précité, art. 2).

Art. R. 6323-21-7. I. – Le système d'information national commun prévu à l'article L. 6323-17-2 est mis en œuvre par France compétences qui en assure la conception, le déploiement, l'exploitation et la maintenance.

France compétences est en charge du pilotage de ce système d'information et fixe les modalités de sa gouvernance et de son organisation financière. Elle définit et met en œuvre le cadre stratégique commun pour son développement et organise son administration. Elle veille également à son adaptation et détermine les modalités et les actions d'accompagnement nécessaires à son utilisation.

II. – Les commissions paritaires interprofessionnelles régionales ont recours au système d'information national commun pour l'exercice de leurs missions et procèdent, à ce titre, à son alimentation.

Art. R. 6323-21-8. France compétences est responsable des traitements de données à caractère personnel mis en œuvre au moyen du système d'information national commun mentionné à l'article R. 6323-21-7.

Note Cet article a été modifié par le décret 2020-1739 du 29 décembre 2020, JO 30.

Art. R. 6323-21-9. Le système d'information national commun des commissions paritaires interprofessionnelles permet la transmission dans le système d'information du compte personnel de formation mentionné à l'article L. 6323-8 des données mentionnées au II de l'article R. 6323-34 dont il dispose.

SECTION 3. Mise en œuvre du compte personnel de formation pour les demandeurs d'emploi

Sous-section 1. Formations éligibles et mobilisation du compte

Art. L. 6323-21. ***(Ord. 2019-861 du 21 août 2019, art. 1er, 53°, JO 22)*** Les formations éligibles au compte personnel de formation sont, pour les demandeurs d'emploi, les formations mentionnées à l'article L. 6323-6.

Art. L. 6323-22. ***(L. 2020-1577 du 14 déc. 2020, art. 14, JO 15)*** Lorsque le demandeur d'emploi accepte une formation achetée par la région, par l'opérateur de compétences mentionné à l'article L. 6332-1, par Pôle emploi ou par l'institution mentionnée à l'article L. 5214-1, ces organismes ou collectivités prennent en charge les frais pédagogiques et les frais liés à la validation des compétences et des connaissances afférents à la formation du demandeur d'emploi. Ils peuvent également prendre en charge des frais annexes hors rémunération. Le compte personnel de formation du demandeur d'emploi peut être débité selon des modalités définies par décret, en fonction notamment de la situation sociale et professionnelle de l'intéressé et dans la limite des droits inscrits sur son compte, après que le demandeur en a été informé.

Sous-section 2. Prise en charge des frais de formation

Art. L. 6323-23. ***(L. 2018-771 du 5 sept. 2018, art. 1er, I, 24°, JO 6, entrée en vigueur le 01.01.2019)*** Les frais pédagogiques et les frais liés à la validation des compétences et des connaissances afférents à la formation du demandeur d'emploi qui mobilise son compte personnel sont pris en charge par l'organisme mentionné à l'article L. 6333-1 si la prise en charge de l'action est effectuée sans financement complémentaire ou dans la limite du droit acquis du compte personnel en cas de financement complémentaire. Ce financement complémentaire correspond à toute aide individuelle à la formation du demandeur d'emploi.

Note Cet article est applicable depuis le 01.01.2019 (loi 2018-771 précitée, art. 46, I).

Art. L. 6323-24. ***(L. 2016-1088 du 8 août 2016, art. 39, II, 13°, JO 9, entrée en vigueur le 01.01.2017)*** Le compte peut être mobilisé par son titulaire à la recherche d'emploi dans un État membre de l'Union européenne autre que la France s'il n'est pas inscrit auprès de l'institution mentionnée à l'article L. 5312-1, sous réserve de la conclusion d'une convention entre cette institution et l'organisme chargé du service public de l'emploi dans le pays de la recherche d'emploi. Cette convention détermine les conditions de prise en charge des formations mobilisées par le demandeur d'emploi dans le cadre de son compte.

Sous-section 3. Dispositions d'application

Note Cette sous-section a été introduite par la loi 2018-771 du 5 septembre 2018, art. 1er, I, 25°, JO 6, entrée en vigueur le 01.01.2019; les dispositions issues de cette loi sont applicables depuis le 01.01.2019 (loi précitée, art. 46, I).

Art. L. 6323-24-1. Un décret en Conseil d'État fixe les conditions d'application de la présente section.

SECTION 4. Mise en œuvre du compte personnel de formation pour les travailleurs indépendants, les membres des professions libérales et des professions non salariées, leurs conjoints collaborateurs et les artistes auteurs

Note • Cette section a été introduite par la loi 2016-1088 du 8 août 2016, art. 39, II, 14°, JO 9, entrée en vigueur le 01.01.2018. Toutefois un décret peut prévoir une entrée en vigueur avant cette date pour les travailleurs indépendants affiliés aux fonds d'assurance-formation de non-salariés qu'il détermine (loi 2017-256 du 28 février 2017, art. 39, JO 1er mars).

• Depuis le 1er janvier 2018, les TNS – travailleurs indépendants, membres des professions libérales et des professions non salariées, leurs conjoints collaborateurs et artistes auteurs – ouvrent droit au CPA et commencent à acquérir des droits au titre du CPF et du CEC (compte d'engagement citoyen).

• La loi Avenir professionnel a adapté les dispositions relatives à la mise en œuvre du CPF applicables aux travailleurs indépendants compte tenu des nouvelles règles applicables au CPF des salariés depuis le 01.01.2019 (loi 2018-771 du 5 septembre 2018, art. 1er, I et VIII, JO 6).

Sous-section 1. Alimentation et abondement du compte

Art. L. 6323-25. ***(L. 2018-771 du 5 sept. 2018, art. 1er, I, 26°, JO 6, entrée en vigueur le 01.01.2019)*** Les droits à formation inscrits sur le compte personnel de formation des travailleurs indépendants, des membres des professions libérales et des professions non salariées, de leurs conjoints collaborateurs et des artistes auteurs sont financés conformément aux modalités de répartition de la contribution prévue aux articles L. 6331-48, L. 6331-53 et L. 6331-65 du présent code et à l'article L. 718-2-1 du code rural et de la pêche maritime.

Note • Les dispositions des articles L. 6323-25 à 29, dans leur rédaction issue de la loi 2018-771 précitée, sont applicables depuis le 01.01.2019 (loi précitée, art. 46, I).

• Voir RF 13 septembre 2018, FH 3756, §§ 4-1 et s.; JCP éd. S 2018, 1315, étude M. Bidaux et A. Lançon.

Art. L. 6323-26. Le compte est alimenté en ***(L. 2018-771 du 5 sept. 2018, art. 1er, I, 27°, JO 6, entrée en vigueur le 01.01.2019)*** «euros» ***(Ord. 2019-861 du 21 août 2019, art. 1er, 48°, JO 22)*** «au titre» de chaque année et, le cas échéant, par des abondements supplémentaires, selon les modalités définies à la présente sous-section.

Note • Depuis le 1er janvier 2019, le CPF est crédité, au titre de chaque année, en euros et non plus en heures.

Les heures inscrites sur le CPF et les heures acquises au titre du droit individuel à la formation (DIF) au 31 décembre 2018 sont converties en euros à raison de 15 euros par heure (décret 2018-1153 du 14 décembre 2018, JO 15, entrée en vigueur le 01.01.2019).

• Afin de permettre la mobilisation des droits acquis au titre du DIF, le titulaire du CPF doit procéder à l'inscription de son montant de droits dans le service dématérialisé mentionné au I de l'article L. 6323-8 avant le 30 juin 2021 (ordonnance 2019-861 du 21 août 2019, art. 8, II, JO 22, modifié par loi 2020-1379 du 14 novembre 2020, art. 13, JO 15, entrée en vigueur le 15.11.2020).

• Voir RF 3 octobre 2019, FH 3809, § 3-9.

Art. L. 6323-27. ***(L. 2018-771 du 5 sept. 2018, art. 1er, I, 28°, JO 6, entrée en vigueur le 01.01.2019)*** «L'alimentation du compte se fait à hauteur d'un montant annuel, exprimé en euros, dans la limite d'un plafond qui ne peut excéder dix fois le montant annuel. La valeur de ce plafond et ce montant sont fixés par décret en Conseil d'État.»

L'alimentation du compte est subordonnée à l'acquittement effectif de la contribution mentionnée aux articles L. 6331-48 et L. 6331-53 et au 1° de l'article L. 6331-65 du présent code ainsi qu'à l'article L. 718-2-1 du code rural et de la pêche maritime.

(L. 2018-771 du 5 sept. 2018, art. 1er, I, 28°, JO 6, entrée en vigueur le 01.01.2019) «Le montant mentionné au premier alinéa du présent article est diminué au prorata du temps d'exercice de l'activité au cours de l'année.»

Note • Les droits acquis au titre du droit individuel à la formation sont pris en compte pour le calcul du plafond mentionné à cet article (ordonnance 2019-861 du 21 août 2019, art. 8, I, JO 22).

• **Depuis le 01.01.2019.** Le montant de l'alimentation du compte personnel de formation des travailleurs indépendants est, depuis le 01.01.2019, diminué au prorata du temps d'exercice et non plus de la contribution acquittée. Jusqu'à cette date, l'alimentation du compte était subordonnée à l'acquittement effectif de la contribution à la formation professionnelle. Lorsque le travailleur n'avait pas versé cette contribution au titre d'une année entière, le nombre d'heures était diminué au prorata de la contribution versée.

Voir RF 13 septembre 2018, FH 3756, §§ 4-1 et s.; JCP éd. S 2018, 1315, étude M. Bidaux et A. Lançon.

Art. R. 6323-22. ***(D. 2018-1329 du 28 déc. 2018, art. 2, JO 30, entrée en vigueur le 01.01.2019)*** Le compte personnel de formation du travailleur mentionné à l'article L. 6323-25 est alimenté à hauteur de 500 euros par année de travail, dans la limite d'un plafond de 5 000 euros.

Lorsque le travailleur n'a pas exercé son activité au titre d'une année entière, son compte personnel de formation est alimenté d'une fraction du montant mentionné au I, calculée à due proportion du temps d'exercice de l'activité au cours de l'année. Lorsque le calcul des droits aboutit à un montant en euros comportant des décimales, ce montant est arrondi à la deuxième décimale, au centime d'euro supérieur.

(D. 2019-1049 du 11 oct. 2019, JO 13) « Un arrêté du ministre chargé de la formation professionnelle détermine les données permettant l'identification du travailleur et celles relatives à son activité professionnelle, transmises et utilisées par la Caisse des dépôts et consignations pour l'alimentation du compte personnel de formation. »

Art. L. 6323-28. La période d'absence du travailleur indépendant, du membre d'une profession libérale ou d'une profession non salariée, du conjoint collaborateur ou de l'artiste auteur pour un congé de maternité, de paternité et d'accueil de l'enfant, d'adoption, de présence parentale ou de proche aidant, pour un congé parental d'éducation ou pour une maladie professionnelle ou un accident du travail est intégralement prise en compte pour le calcul ***(L. 2018-771 du 5 sept. 2018, art. 1er, I, 29°, JO 6, entrée en vigueur le 01.01.2019)*** «du montant mentionné» au premier alinéa de l'article L. 6323-27.

Art. L. 6323-29. Le compte personnel de formation peut être abondé en application de l'accord constitutif du fonds d'assurance-formation de non-salariés mentionné à l'article L. 6332-9 du présent code ou à l'article L. 718-2-1 du code rural et de la pêche maritime. Il peut également être abondé par les chambres de métiers et de l'artisanat de région et les chambres régionales de métiers et de l'artisanat mentionnées à l'article 5-1 du code de l'artisanat, grâce aux contributions à la formation professionnelle versées dans les conditions prévues aux articles L. 6331-48 et L. 6331-50 du présent code.

Le compte personnel de formation des travailleurs indépendants de la pêche maritime, des employeurs de pêche maritime de moins de onze salariés, ainsi que des travailleurs indépendants et des employeurs de cultures marines de moins de onze salariés peut être abondé en application d'une décision du conseil d'administration de ***(L. 2018-771 du 5 sept. 2018, art. 1er, I, 30°, JO 6, entrée en vigueur le 01.01.2019)*** «l'opérateur de compétences» mentionné au troisième alinéa de l'article L. 6331-53 du présent code.

Le compte personnel de formation des artistes auteurs peut être abondé en application d'une décision du conseil d'administration de ***(L. 2018-771 du 5 sept. 2018, art. 1er, I, 30°, JO 6, entrée en vigueur le 01.01.2019)*** «l'opérateur de compétences» mentionné au premier alinéa de l'article L. 6331-68.

Sous-section 2. Formations éligibles et mobilisation du compte

Art. L. 6323-31. ***(L. 2018-771 du 5 sept. 2018, art. 1er, I, 32°, JO 6, entrée en vigueur le 01.01.2019)*** Les formations éligibles au compte personnel de formation sont les formations mentionnées à l'article L. 6323-6.

Note • **Depuis le 01.01.2019.** Cet article est applicable depuis le 01.01.2019 (loi 2018-771 précitée, art. 46, I).

La loi précitée a précisé les seules formations éligibles au financement par le CPF pour les indépendants (voir art. L. 6323-6). La possibilité ouverte aux fonds d'assurance-formation, aux OPCA et aux chambres régionales des métiers et de l'artisanat de définir des formations éligibles a, en conséquence, été supprimée au 01.01.2019.

• **Doctrine.** Voir RF 13 septembre 2018, FH 3756, §§ 4-1 et s.; JCP éd. S 2018, 1315, étude M. Bidaux et A. Lançon.

Art. D. 6323-23. ***(D. 2018-1338 du 28 déc. 2018, art. 2, II, JO 30, entrée en vigueur le 01.01.2019)*** Les dispositions des articles D. 6323-6, D. 6323-7 et D. 6323-8 sont applicables aux formations du travailleur mentionné à l'article L. 6323-25 éligibles au compte personnel de formation dans le cadre de la présente section.

Sous-section 3. Prise en charge des frais de formation

Art. L. 6323-32. ***(L. 2018-771 du 5 sept. 2018, art. 1er, I, 33°, JO 6, entrée en vigueur le 01.01.2019)*** Les frais pédagogiques et les frais liés à la validation des compétences et des connaissances afférents à la formation du travailleur indépendant, du membre d'une profession libérale ou d'une profession non salariée, du conjoint collaborateur ou de l'artiste auteur qui mobilise son compte personnel de formation sont pris en charge par l'organisme mentionné à l'article L. 6333-1.

Note • Cet article est applicable depuis le 01.01.2019 (loi 2018-771 précitée, art. 46, I).

• Les frais de formation susvisés sont pris en charge par la Caisse des dépôts et consignations depuis le 01.01.2019. Sur la possibilité du maintien du régime antérieur durant un an, voir RF 13 septembre 2018, FH 3756, §§ 4-1 et s.; JCP éd. S 2018, 1315, étude M. Bidaux et A. Lançon.

SECTION 4 (réglementaire). Mise en œuvre du compte personnel de formation pour les pluriactifs

Note Cette section est l'ancienne section 8 (décret 2018-1329 du 28 décembre 2018, art. 3, JO 30, entrée en vigueur le 01.01.2019).

Art. R. 6323-27. ***(D. 2018-1329 du 28 déc. 2018, art. 3, JO 30, entrée en vigueur le 01.01.2019)*** Lorsque le titulaire d'un compte relève de plusieurs catégories au cours d'une même année, la Caisse des dépôts et consignations applique le montant d'alimentation annuel et le plafond les plus favorables.

(D. 2019-1392 du 17 déc. 2019, art. 8, JO 19, entrée en vigueur le 01.01.2020) «Le titulaire d'un compte, qui exerce concomitamment des activités ouvrant des droits alimentés en euros et en heures, utilise ses droits acquis en euros ou en heures en fonction de son activité principale. Si ces activités sont exercées selon la même quotité, il peut utiliser ses droits acquis indifféremment en euros ou en heures.»

SECTION 5. Mise en œuvre du compte personnel de formation pour les personnes handicapées accueillies dans un établissement ou service d'aide par le travail

Note • **Loi 2016-1088.** Cette section a été introduite par la loi 2016-1088 du 8 août 2016, art. 43, 2°, JO 9.

La loi 2014-288 du 5 mars 2014 relative à la formation professionnelle a créé, depuis le 01.01.2015, un compte personnel de formation permettant à son titulaire de suivre à son initiative des actions de formation. L'article L. 6323-4, III CT renvoyait le soin à un décret de fixer les mesures nécessaires à la mise en œuvre de ce compte pour les personnes handicapées accueillies dans un établissement et service d'aide par le travail (ESAT). Ce décret n'est toutefois jamais paru. La loi 2016-1088 précitée a donc abrogé cette disposition et a défini dans les articles L. 6323-33 à 41 les conditions d'application de ce dispositif.

Voir FRS du 29 juillet 2016, n° 18, § 66; RF du 8 septembre 2016, FH n° 3657, § 5-27.

• **Loi 2018-771.** Sur la majoration de l'alimentation du CPF des personnes en situation de handicap, voir RF 13 septembre 2018, FH 3756, § 2-5; RF 31 janvier 2019, FH 3777, § 10-11.

Sous-section 1. Alimentation et abondement du compte

Art. L. 6323-33. Le compte personnel de formation du bénéficiaire d'un contrat de soutien et d'aide par le travail mentionné à l'article L. 311-4 du code de l'action sociale et des familles est alimenté en ***(L. 2018-771 du 5 sept. 2018, art. 1er, I, 34°, JO 6, entrée en vigueur le 01.01.2019)*** «euros» ***(Ord. 2019-861 du 21 août 2019, art. 1er, 48°, JO 22)*** «au titre» de chaque année et mobilisé par le titulaire ou son représentant légal afin qu'il puisse suivre, à son initiative, une formation. Le compte ne peut être mobilisé qu'avec l'accord exprès de son titulaire ou de son représentant légal.

Note • **Depuis le 01.01.2019.** Les dispositions des articles L. 6323-33 à 37, dans leur rédaction issue de la loi 2018-771 précitée, sont applicables depuis le 01.01.2019 (loi précitée, art. 46, I).

Depuis le 1er janvier 2019, le CPF est crédité, au titre de chaque année, en euros et non plus en heures.

Les heures inscrites sur le CPF et les heures acquises au titre du droit individuel à la formation (DIF) au 31 décembre 2018 sont converties en euros à raison de 15 euros par heure (décret 2018-1153 du 14 décembre 2018, JO 15, entrée en vigueur le 01.01.2019).

• **Inscription du montant des droits correspondant au solde du DIF sur le CPF: jusqu'au 31.06.2021.** Afin de permettre la mobilisation des droits acquis au titre du DIF, le titulaire du CPF doit procéder à l'inscription de son montant de droits dans le service dématérialisé mentionné au I de l'article L. 6323-8 avant le 30 juin 2021 (ordonnance 2019-861 précitée, art. 8, II, modifié par loi 2020-1379 du 14 novembre 2020, art. 13, JO 15, entrée en vigueur le 15.11.2020).

• **Doctrine.** Voir RF 3 octobre 2019, FH 3809, § 3-9; RF du 26.11.2020, FH 3867, § 3-6.

Art. L. 6323-34. ***(L. 2018-771 du 5 sept. 2018, art. 1er, I, 35°, JO 6, entrée en vigueur le 01.01.2019)*** L'alimentation du compte se fait à hauteur d'un montant exprimé en euros, par année d'admission à temps plein ou à temps partiel dans un établissement ou un service d'aide par le travail, dans la limite d'un plafond. La valeur de ce plafond et ce montant sont supérieurs au montant et au plafond mentionnés à l'article L. 6323-11. Le montant inscrit sur le compte permet à son titulaire de financer une formation éligible au compte, au sens de l'article L. 6323-6.

Note • Cet article a été modifié par l'ordonnance 2019-861 du 21 août 2019, art. 1er, 55°, JO 22.

• Les droits acquis au titre du droit individuel à la formation sont pris en compte pour le calcul du plafond mentionné à cet article (ordonnance 2019-861 précitée, art. 8, I).

Art. R. 6323-29. ***(D. 2018-1329 du 28 déc. 2018, art. 4, JO 30, entrée en vigueur le 01.01.2019)*** I. – Le compte personnel de formation de la personne mentionnée à l'article L. 6323-33 est alimenté à hauteur de 800 euros par année d'admission à temps plein ou à temps partiel dans un établissement ou un service d'aide par le travail, dans la limite d'un plafond de 8 000 euros.

II. – Le calcul des droits des salariés est effectué par la Caisse des dépôts et consignations au moyen des données issues de la déclaration sociale nominative des employeurs mentionnée à l'article L. 133-5-3 du code de la sécurité sociale afin de procéder à l'alimentation de leurs comptes personnels de formation.

Un arrêté du ministre chargé de la formation professionnelle fixe les modalités selon lesquelles la caisse procède à ce calcul et à cette alimentation lorsqu'elle ne reçoit pas ces données et lorsque les données qu'elle reçoit sont incomplètes ou erronées.

Art. D. 6323-29-1. ***(D. 2018-1338 du 28 déc. 2018, JO 30, entrée en vigueur le 01.01.2019)*** Les dispositions des articles D. 6323-6, D. 6323-7 et D. 6323-8 sont applicables aux formations de la personne mentionnée à l'article L. 6323-33 éligibles au compte personnel de formation dans le cadre de la présente section.

Art. L. 6323-35. La période d'absence de la personne handicapée pour un congé de maternité, de paternité et d'accueil de l'enfant, d'adoption, de présence parentale, de soutien familial ou un congé parental d'éducation ou pour une maladie professionnelle ou un accident du travail est intégralement prise en compte pour le calcul ***(L. 2018-771 du 5 sept. 2018, art. 1er, I, 36°, JO 6, entrée en vigueur le 01.01.2019)*** «du montant des droits inscrits sur le compte».

Art. L. 6323-36. ***(L. 2018-771 du 5 sept. 2018, art. 1er, I, 37°, JO 6, entrée en vigueur le 01.01.2019)*** L'établissement ou le service d'aide par le travail verse à l'opérateur de compétences dont il relève une contribution égale au plus à 0,35 % d'une partie forfaitaire de la rémunération garantie versée aux travailleurs handicapés concernés dont le montant ainsi que le taux de la contribution sont définis par décret.

Art. D. 6323-29-2. ***(D. 2018-1346 du 28 déc. 2018, JO 30)*** La contribution de l'établissement ou du service d'aide par le travail mentionnée à l'article L. 6323-36 est égale à 0,20 % de l'assiette égale à la somme:

1° D'une part, de la fraction de rémunération garantie mentionnée à l'article L. 243-4 du code de l'action sociale et des familles qui est financée par l'établissement ou le service d'aide par le travail;

2° Et, d'autre part, de la moitié de l'aide au poste financée par l'État et mentionnée au même article L. 243-4.

Note Cet article s'applique aux droits ouverts en matière de rémunération garantie depuis le 01.01.2019 (décret 2018-1346 précité, art. 2).

Art. L. 6323-37. ***(L. 2018-771 du 5 sept. 2018, art. 1er, I, 38°, JO 6, entrée en vigueur le 01.01.2019)*** Lorsque le coût de cette formation est supérieur au montant inscrit sur le compte ou au plafond mentionné à l'article L. 6323-34, le compte peut faire l'objet, à la demande de son titulaire ou de son représentant légal, d'abondements complémentaires. Outre les abondements mentionnés à l'article L. 6323-4, ces abondements peuvent être financés par les entreprises dans le cadre d'une mise à disposition par l'établissement ou le service d'aide par le travail mentionnée à l'article L. 344-2-4 du code de l'action sociale et des familles.

Sous-section 2. Mobilisation du compte et prise en charge des frais de formation

Art. L. 6323-39. Lorsque la formation financée dans le cadre du compte personnel de formation est suivie pendant le temps d'exercice d'une activité à caractère professionnel au sein de l'établissement ou du service d'aide par le travail, le travailleur handicapé doit demander l'accord préalable dudit établissement ou service sur le contenu et le calendrier de la formation.

Art. L. 6323-40. En cas d'acceptation par l'établissement ou le service d'aide par le travail, le travailleur handicapé bénéficie pendant la durée de la formation du maintien de sa rémunération garantie et du régime de sécurité sociale relatif à la protection en matière d'accidents du travail et de maladies professionnelles.

Art. L. 6323-41. ***(L. 2018-771 du 5 sept. 2018, art. 1er, I, 40°, JO 6, entrée en vigueur le 01.01.2019)*** Les frais pédagogiques et les frais liés à la validation des compétences et des connaissances afférents à la formation du titulaire qui mobilise son compte personnel de formation sont pris en charge par l'organisme mentionné à l'article L. 6333-1.

Note Cet article est applicable depuis le 01.01.2019 (loi 2018-771 précitée, art. 46, I).

Sous-section 3. Dispositions d'application

Note Cette sous-section a été introduite par la loi 2018-771 du 5 septembre 2018, art. 1er, I, 41°, JO 6; les dispositions issues de cette loi sont applicables depuis le 01.01.2019 (loi précitée, art. 46, I).

Art. L. 6323-42. Un décret en Conseil d'État fixe les conditions d'application de la présente section.

SECTION 6. Contribution du compte personnel de formation au droit individuel à la formation des élus locaux

Note Cette section a été introduite par l'ordonnance 2021-45 du 20 janvier 2021, art. 6, II, 2°, JO 21, entrée en vigueur le 01.01.2022.

Art. L. 6323-43. Le titulaire d'un compte personnel de formation peut mobiliser les droits inscrits sur ce compte afin de financer tout ou partie d'une action de formation sollicitée au titre du droit individuel à la formation des élus locaux mentionné à l'article L. 1621-3 du code général des collectivités territoriales, lorsque cette action de formation contribue à sa réinsertion professionnelle.

SECTION 6 (réglementaire). Système d'information du compte personnel de formation

Note
- Cette section a été introduite par le décret 2014-1717 du 30 décembre 2014, JO 31, entrée en vigueur le 01.01.2015.
- Les articles R. 6323-31 à 40 sont les anciens articles R. 6323-12 à 21 (décret 2018-1332 du 28 décembre 2018, art. 1er, 1°, JO 30, entrée en vigueur le 01.01.2019).

Art. R. 6323-31. Le compte personnel de formation est mis en œuvre au moyen du traitement automatisé mentionné à la présente section.

Note Voir décret 2015-1224 du 2 octobre 2015 (JO 4) autorisant les traitements automatisés de données à caractère personnel permettant la connexion au «système d'information du compte personnel de formation» pour la gestion des droits inscrits ou mentionnés au compte personnel de formation, modifié par décret 2018-1332 du 28 décembre 2018, art. 2 (JO 30, entrée en vigueur le 01.01.2019).

Art. R. 6323-32. Conformément ***(D. 2019-1049 du 11 oct. 2019, JO 13)*** « aux dispositions de l'article » L. 6323-8, est autorisée la création, par le ministre chargé de la formation professionnelle, d'un traitement automatisé de données à caractère personnel dénommé Système d'information du compte personnel de formation (SI-CPF), permettant la gestion des droits inscrits sur le compte personnel de formation ***(D. 2019-1049 du 11 oct. 2019, JO 13)*** « , la gestion du parcours de formation du titulaire du compte, la mise à disposition des informations relatives à l'offre de formation et la prise en charge des actions de formation de l'inscription du titulaire du compte aux formations jusqu'au paiement des prestataires mentionnés à l'article L. 6351-1 ».

(D. 2019-1049 du 11 oct. 2019, JO 13) « Le ministre chargé de la formation professionnelle et la Caisse des dépôts et consignations sont responsables conjoints du traitement automatisé, qui est mis en œuvre et géré par la Caisse des dépôts et consignations ».

Art. R. 6323-33. ***(D. 2019-1049 du 11 oct. 2019, JO 13)*** Le traitement automatisé mentionné à l'article R. 6323-32 a pour finalités de permettre :

1° La gestion et le contrôle des droits acquis ainsi que des abondements en droits complémentaires du compte personnel de formation, accessible via un service dématérialisé mis en place à cet effet ;

2° L'information du titulaire du compte personnel de formation sur le montant des droits inscrits sur son compte, les formations éligibles et les abondements en droits complémentaires pouvant être sollicités ;

3° La prise en charge des actions de formation, de l'inscription jusqu'au paiement des prestataires mentionnés à l'article L. 6351-1, après vérification du service fait ;

4° La mise en relation du titulaire du compte personnel de formation et des prestataires mentionnés à l'article L. 6351-1, conformément aux modalités prévues par les conditions générales d'utilisation du service dématérialisé mentionnées à l'article L. 6323-9 ;

5° L'analyse de l'utilisation et l'évaluation de la mise en œuvre du compte personnel de formation, notamment au moyen de la statistique ;

6° La mise à disposition des services prévus au titre du compte personnel d'activité mentionnés au II de l'article L. 5151-6 par l'intermédiaire du service en ligne mentionné au I de l'article L. 5151-6 ;

7° La mise à disposition de services permettant d'accompagner le titulaire du compte personnel de formation dans la construction de son parcours professionnel et de lui formuler des propositions en lien avec ses préférences, ses attentes et son parcours ;

8° Le recensement des activités bénévoles ou de volontariat, l'alimentation et la mobilisation des droits inscrits sur le compte d'engagement citoyen conformément aux dispositions des articles L. 5151-7, L. 5151-8 et L. 5151-9 ;

9° La mise à disposition de services permettant au titulaire du compte personnel de formation de recenser les connaissances et compétences acquises, au cours de sa formation initiale et continue, et de sa carrière ;

10° La mise en œuvre du partage des données mentionné au deuxième alinéa de l'article L. 6353-10.

Art. R. 6323-34. ***(D. 2019-1049 du 11 oct. 2019, JO 13)*** I. – Dans la mesure où leur exploitation est nécessaire à la poursuite des finalités définies aux 1° à 9° de l'article R. 6323-33, les catégories de données à caractère personnel pouvant être enregistrées dans le traitement automatisé sont les suivantes :

1° Données relatives à l'identité et à l'activité professionnelle du titulaire du compte personnel de formation ;

2° Données relatives au parcours professionnel du titulaire du compte personnel de formation ;

3° Données d'ordre économique et financier relatives au titulaire du compte personnel de formation ;

4° Données relatives aux droits et parcours de formation du titulaire du compte personnel de formation.

II. – Dans la mesure où leur exploitation est nécessaire à la poursuite des finalités définies au 10° de l'article R. 6323-33, les catégories de données à caractère personnel pouvant être enregistrées dans le traitement automatisé sont les suivantes :

1° Données relatives à l'identité et à l'activité professionnelle du titulaire du compte personnel de formation ;

2° Données relatives à l'action de formation ;

3° Données relatives à l'entrée effective, aux interruptions et aux sorties de formation ;

4° Données relatives au parcours professionnel du titulaire du compte ;

5° Données relatives au parcours de formation du titulaire du compte.

III. – Un arrêté du ministre chargé de la formation professionnelle précise les catégories de données à caractère personnel mentionnées aux I et II.

Note **Catégories de données à caractère personnel mentionnées aux I et II.** Sur la mise en œuvre du traitement automatisé de données à caractère personnel dénommé «Système d'information du compte personnel de formation», voir arrêté du 11 octobre 2019 (JO 13) modifié par arrêté du 19 mai 2020 (JO 18 juin).

Art. R. 6323-35. ***(D. 2019-1049 du 11 oct. 2019, JO 13)*** I. – Le titulaire du compte personnel de formation accède directement aux données à caractère personnel le concernant, en vue de renseigner et mettre à jour ses données à caractère personnel, son dossier de formation et son passeport d'orientation, de formation et de compétences.

II. – Ont seuls accès à tout ou partie des données à caractère personnel incluses dans le traitement automatisé mentionné à l'article R. 6323-32, dans les conditions fixées par les responsables de traitement et dans les limites strictement nécessaires à l'exercice de leurs missions, aux seules fins de la constitution et de la mise à jour des données relatives aux droits acquis et complémentaires, au projet de formation et aux sources de financement de la formation, les personnes et agents habilités des organismes. La liste de ces organismes est fixée par arrêté du ministre chargé de la formation professionnelle.

Note **Liste des organismes habilités à accéder à tout ou partie des données à caractère personnel.** Voir arrêté du 11 octobre 2019 (JO 13) modifié par arrêté du 19 mai 2020 (JO 18 juin).

Art. R. 6323-36. ***(D. 2019-1049 du 11 oct. 2019, JO 13)*** Sont destinataires de tout ou partie des données à caractère personnel incluses dans le traitement automatisé mentionné à l'article R. 6323-32, dans les conditions fixées par les responsables de traitement et dans les limites strictement nécessaires à l'exercice de leurs missions, les personnes et les agents habilités des organismes pour ce qui relève de:

1° La gestion et du contrôle des droits acquis sur le compte personnel de formation et des abondements en droits complémentaires;

2° La mise en relation du titulaire du compte personnel de formation et des prestataires mentionnés à l'article L. 6351-1;

3° L'analyse de l'utilisation et de l'évaluation de la mise en œuvre du compte personnel de formation;

(D. 2019-1490 du 27 déc. 2019, art. 2, JO 29) «4° La mise en œuvre du partage de données mentionné au deuxième alinéa de l'article L. 6353-10.»

La liste de ces organismes est fixée par arrêté du ministre chargé de la formation professionnelle.

Note Voir arrêté cité sous l'article R. 6323-34.

Art. R. 6323-37. ***(D. 2019-1049 du 11 oct. 2019, JO 13)*** I. – Dans le cadre des finalités définies à l'article R. 6323-33 et dans la limite du besoin d'en connaître, le traitement automatisé mentionné à l'article R. 6323-32 peut être alimenté par les traitements automatisés de données à caractère personnel comportant le numéro d'inscription des personnes au répertoire national d'identification des personnes physiques pour ce qui relève:

1° De la gestion et du contrôle des droits inscrits sur le compte personnel de formation;

2° Du recensement des activités bénévoles ou de volontariat, de l'alimentation et de la mobilisation des droits inscrits sur le compte d'engagement citoyen;

3° De la mise en œuvre du partage de données mentionné au deuxième alinéa de l'article L. 6353-10.

La liste de ces traitements automatisés est fixée par arrêté du ministre chargé de la formation professionnelle.

II. – Dans le cadre des finalités définies à l'article R. 6323-33 et dans la limite du besoin d'en connaître, le traitement automatisé mentionné à l'article R. 6323-32 peut être mis en relation avec d'autres traitements automatisés de données à caractère personnel comportant le numéro d'inscription des personnes au répertoire national d'identification des personnes physiques pour ce qui relève de la prise en charge des actions de formation. La liste de ces traitements automatisés est fixée par arrêté du ministre chargé de la formation professionnelle.

III. – Dans le cadre des finalités définies à l'article R. 6323-33 et dans la limite du besoin d'en connaître, le traitement automatisé mentionné à l'article R. 6323-32 peut être mis en relation avec d'autres traitements automatisés de données à caractère personnel ne comportant pas le numéro d'inscription des personnes au répertoire national d'identification des personnes physiques pour ce qui relève de:

1° La mise en relation du titulaire du compte personnel de formation et des prestataires mentionnés à l'article L. 6351-1;

2° L'analyse de l'utilisation et de l'évaluation de la mise en œuvre du compte personnel de formation;

3° La mise à disposition des services prévus au titre du compte personnel d'activité;

4° La mise à disposition de services permettant d'accompagner le titulaire du compte personnel de formation dans la construction de son parcours professionnel.

La liste de ces traitements automatisés est fixée par arrêté du ministre chargé de la formation professionnelle.

Note Voir arrêté cité sous l'article R. 6323-34.

Art. R. 6323-38. I. – Une information conforme aux dispositions de l'article 32 de la ***(D. 2019-1049 du 11 oct. 2019, JO 13)*** «loi n° 78-17 du 6 janvier 1978 relative à l'informatique, aux fichiers et aux libertés» figure sur le site internet du traitement automatisé mentionné à l'article ***(D. 2019-1049 du 11 oct. 2019, JO 13)*** « R. 6323-32».

II. – Le droit d'opposition prévu à l'article ***(D. 2019-1049 du 11 oct. 2019, JO 13)*** «21 du règlement (UE) n° 2016/679 du Parlement européen et du Conseil du 27 avril 2016 relatif à la protection des personnes physiques à l'égard du traitement des données à caractère personnel et à la libre circulation de ces données» ne s'applique pas à ce traitement.

III. – Le droit d'accès et de rectification prévu aux articles ***(D. 2019-1049 du 11 oct. 2019, JO 13)*** «15 et 16 du même règlement» s'exerce auprès de la Caisse des dépôts et consignations.

Art. R. 6323-39. Les données à caractère personnel et les informations enregistrées dans le traitement sont conservées pendant une durée de trois ans à compter de la date du décès du titulaire du compte personnel de formation.

En cas de contentieux, ce délai est prorogé, le cas échéant, jusqu'à l'intervention d'une décision juridictionnelle définitive.

Art. R. 6323-40. Toute opération relative au traitement automatisé mentionné à l'article ***(D. 2019-1049 du 11 oct. 2019, JO 13)*** « R. 6323-32 » fait l'objet d'un enregistrement comprenant l'identification de l'utilisateur, la date, l'heure et la nature de l'intervention dans ce traitement. Ces informations sont conservées pendant une durée d'un an.

(D. 2019-1049 du 11 oct. 2019, JO 13) « En cas de contentieux, ce délai est prorogé, le cas échéant, jusqu'à l'intervention d'une décision juridictionnelle définitive. »

SECTION 7 (réglementaire). **Modalités d'alimentation supplémentaire du compte personnel de formation**

Note Cette section a été introduite par le décret 2019-1049 du 11 octobre 2019, JO 13, entrée en vigueur le 01.01.2020.

Art. R. 6323-42. I. – Lorsqu'en application des dispositions du III de l'article L. 6323-4, les financeurs mentionnés au II du même article alimentent en droits supplémentaires le compte personnel de formation, ils adressent à la Caisse des dépôts et consignations les informations nécessaires à cette alimentation, notamment le nom du titulaire du compte, les données permettant son identification et le montant attribué.

II. – Une somme d'un montant égal à celui de l'alimentation mentionnée au I est versée par le financeur à la Caisse des dépôts et consignations qui en assure la gestion conformément aux dispositions de l'article L. 6333-6. Le compte du titulaire est alimenté du montant correspondant dès réception de cette somme.

SECTION 8 (réglementaire). **Modalités d'utilisation des droits acquis au titre d'une activité relevant du droit public**

Note Cette section a été introduite par le décret 2019-1392 du 17 décembre 2019, art. 8, JO 19, entrée en vigueur le 01.01.2020.

Art. R. 6323-43. Les droits acquis en heures au titre de l'article 22 *quater* de la loi n° 83-634 du 13 juillet 1983 peuvent être convertis en euros, à l'initiative de toute personne mentionnée aux articles L. 6323-2 et L. 6323-33, dans la limite des plafonds définis au I des articles R. 6323-1, R. 6323-3-1, R. 6323-29 et au premier alinéa de l'article R. 6323-22.

Art. D. 6323-44. La conversion en euros des droits acquis en heures mentionnée à l'article R. 6323-43 s'effectue à raison de 15 euros par heure.

CHAPITRE IV **Reconversion ou promotion par alternance**

Note • **Textes.** ***Loi 2014-288 du 5 mars 2014 (JO 6).*** Pour rappel, cette loi avait élargi les bénéficiaires potentiels d'une période de professionnalisation et précisé l'objet des périodes de professionnalisation qui devaient être accessibles aux salariés en contrat unique d'insertion ou relevant de structures d'insertion par l'activité économique. Leur ambition qualifiante ou certifiante avait été renforcée, tout en laissant place à des formations visant l'acquisition du socle de compétences. Ces périodes bénéficiaient d'une durée minimale fixée par le décret 2014-969 du 22 août 2014 afin de répondre précisément à leur objet.

Loi 2018-771 du 5 septembre 2018 (art. 28, II, JO 6). La loi Avenir professionnel a créé un dispositif de reconversion ou promotion par alternance, la période de «Pro-A», qui se substitue depuis le 01.01.2019 à la période de professionnalisation supprimée au 31 décembre 2018. La période de Pro-A a pour objet de permettre à un salarié de changer de métier ou de profession, ou de bénéficier d'une promotion sociale ou professionnelle grâce à des actions de formation en alternance, avec des périodes d'acquisition de savoir-faire en entreprise.

• **Doctrine.** Voir RF 13 septembre 2018, FH 3756, § 3-29; FRS 5/19, 18 janvier 2019; JCP éd. S 2018, 1302, étude S. Dougados et J. Poyau; LSQ n° 17927 du 28.10.2019 (dossier juridique).

Voir aussi RF 1116 «Temps de travail, salaire et formation», §§ 3700 à 3710.

SECTION 1. **Objet et conditions d'ouverture**

Art. L. 6324-1. ***(L. 2018-771 du 5 sept. 2018, art. 28, II, 2°, JO 6)*** La reconversion ou la promotion par alternance a pour objet de permettre au salarié de changer de métier ou de profession, ou de bénéficier d'une promotion sociale ou professionnelle par des actions de formation ***(Ord. 2019-861 du 21 août 2019, art. 1er, 56°, JO 22)*** «ou par des actions permettant de faire valider les acquis de l'expérience mentionnées à l'article L. 6313-5».

Elle concerne les salariés en contrat à durée indéterminée, les salariés, qu'ils soient sportifs ou entraîneurs professionnels, en contrat de travail à durée déterminée conclu en application de l'article L. 222-2-3 du code du sport et les salariés bénéficiaires d'un contrat à durée indéterminée conclu en application de l'article L. 5134-19-1 du présent code, notamment les salariés dont la qualification est insuffisante au regard de l'évolution des technologies ou de l'organisation du travail. ***(Ord. 2019-861 du 21 août 2019, art. 1er, 56°, JO 22)*** «Elle concerne également les salariés placés en position d'activité partielle mentionnée à l'article L. 5122-1.»

Note • **Depuis le 01.01.2019 : la «Pro-A».** Les articles L. 6324-1 et 2, dans leur rédaction issue de la loi 2018-771 précitée, sont applicables depuis le 01.01.2019 (loi précitée, art. 46, I).

Ce dispositif de reconversion ou de promotion par alternance à destination de certains salariés, surnommé «Pro-A», se distingue de l'ancienne période de professionnalisation par un ciblage plus strict vers une formation qualifiante.

Voir RF 13 septembre 2018, FH 3756, § 3-29; FRS 17/18; JCP éd. S 2018, 1302, étude S. Dougados et J. Poyau; LSQ n° 17927 du 28.10.2019 (dossier juridique).
Voir aussi RF 14 mai 2020, FH 3842, § 2-1.

• **Sur le financement d'une action de VAE.** Voir LSQ n° 17943 du 21.11.2019.

• **Salariés éligibles.** Voir RF 3 octobre 2019, FH 3809, § 3-9.

• **Avant le 01.01.2019.** *Période de professionnalisation.* La période de professionnalisation permettait à certaines catégories de salariés de bénéficier d'actions de formation afin d'acquérir un diplôme, un titre ou une qualification facilitant ainsi leur maintien en activité. Elle ne devait pas être confondue avec le contrat de professionnalisation (voir art. L. 6325-1 et s.).

Actions éligibles à une période de professionnalisation. La période de professionnalisation pouvait être mobilisée pour financer des actions d'évaluation et de formation. Voir décret 2015-172 du 13 février 2015 (JO 15) relatif au socle de connaissances et de compétences professionnelles (art. D. 6113-1 à 5 anciens). Voir «Réforme de la formation en alternance: changement d'objectifs, changement de méthode», J-Y Kerbourc'h, Dr. Soc. 2012, p. 592. Voir aussi «questions - réponses» 10-1 à 10-6 (périodes de professionnalisation) de la DGEFP relatif aux OPCA (décembre 2014); FRS n° 18 du 19 juillet 2016, § 38.

Art. D. 6324-1. ***(D. 2018-1232 du 24 déc. 2018, JO 26, entrée en vigueur le 01.01.2019)*** La reconversion ou la promotion par alternance mentionnée à l'article L. 6324-1 s'effectue selon les modalités et la durée prévues aux articles L. 6325-11 à L. 6325-15 ***(D. 2020-262 du 16 mars 2020, JO 17)*** «, à l'exception des actions d'acquisition du socle de connaissance et de compétences mentionné aux articles L. 6121-2 et L. 6323-6 et de validation des acquis de l'expérience mentionnées à l'article L. 6313-5, pour lesquelles cette durée n'est pas applicable.»

Note Le décret du 16 mars introduit une exception en excluant de ces durées les actions d'acquisition du socle de connaissance et de compétences (certificat CléA) et les actions de validation des acquis de l'expérience (VAE). Pour l'obtention du certificat CléA et la mise en œuvre d'une VAE, la durée de la pro-A peut donc être inférieure à 6 mois ou supérieure à 12 mois et le salarié n'est pas tenu par un contingent minimal d'heures de formation. Voir RF 14 mai 2020, FH 3842, § 2-3.

Art. L. 6324-2. ***(L. 2018-771 du 5 sept. 2018, art. 28, II, 2°, JO 6) (Ord. 2019-861 du 21 août 2019, art. 1er, 57°, JO 22)*** «La reconversion ou promotion par alternance concerne» les salariés dont la qualification est inférieure ou égale à un niveau déterminé par décret.

Art. D. 6324-1-1. ***(D. 2018-1232 du 24 déc. 2018, JO 26, entrée en vigueur le 01.01.2019)*** Les salariés mentionnés à l'article L. 6324-2 sont ceux n'ayant pas atteint un niveau de qualification sanctionné par une certification professionnelle enregistrée au répertoire national des certifications professionnelles prévu à l'article L. 6113-1 et correspondant au grade de la licence.

Note Cet article a été modifié par le décret 2020-262 du 16 mars 2020, JO 17. Dans le dispositif initial, la pro-A devait permettre au salarié d'atteindre un niveau de qualification supérieur ou identique à celui qu'il détenait. Cette condition a été supprimée par le décret du 16 mars 2020 précité. Une pro-A est possible, quel que soit le niveau de qualification visé par le salarié, qui peut donc être identique, supérieur ou inférieur à celui qu'il détient. Voir RF 14 mai 2020, FH 3842, § 2-2.

Art. L. 6324-3. ***(Ord. 2019-861 du 21 août 2019, art. 1er, 57° bis, JO 22)*** Un accord collectif de branche étendu définit la liste des certifications professionnelles éligibles à la reconversion ou promotion par alternance. L'extension de cet accord est subordonnée au respect des critères de forte mutation de l'activité et de risque d'obsolescence des compétences.

Art. L. 6324-4

La reconversion ou promotion par alternance peut permettre l'acquisition du socle de connaissance et de compétences mentionné aux articles L. 6121-2, L. 6324-1 et L. 6323-6.

Note Voir RF 3 octobre 2019, FH 3809, § 3-7.

Art. L. 6324-4. ***(Ord. 2019-861 du 21 août 2019, art. 1er, 58°, JO 22)*** «Lorsque la reconversion ou la promotion par alternance prévoit des actions de formation, ces dernières associent» des enseignements généraux, professionnels et technologiques dispensés dans des organismes publics ou privés de formation ou, lorsqu'elle dispose d'un service de formation, par l'entreprise et l'acquisition d'un savoir-faire par l'exercice en entreprise d'une ou plusieurs activités professionnelles en relation avec les qualifications recherchées.

Note Cet article est l'ancien article L. 6324-5 issu de la loi 2018-771 du 5 septembre 2018, art. 28, II, 2°, JO 6, applicable depuis le 01.01.2019 (ordonnance 2019-861 précitée, art. 1er, 58°, JO 22).

Art. L. 6324-5. Les actions de formation mentionnées à l'article L. 6324-2 sont financées selon les modalités prévues au ***(Ord. 2019-861 du 21 août 2019, art. 1er, 59°, JO 22)*** «5°» du I de l'article L. 6332-14.

(Ord. 2019-861 du 21 août 2019, art. 1er, 59°, JO 22) «L'accord de branche étendu mentionné à l'article L. 6324-3 prévoit que la rémunération du salarié en reconversion ou promotion par alternance peut être prise en charge par l'opérateur de compétences selon les modalités prévues au 5° du II de l'article L. 6332-14 et dans les conditions déterminées par décret.»

Note Cet article est l'ancien article L. 6324-5-1 issu de la loi 2018-771 du 5 septembre 2018, art. 28, II, 2°, JO 6, applicable depuis le 01.01.2019 (ordonnance 2019-861 précitée, art. 1er, 59°, JO 22). Voir RF 3 octobre 2019, FH 3809, § 3-8.

Art. L. 6324-6. ***(L. 2018-771 du 5 sept. 2018, art. 28, II, 2°, JO 6)*** Le contrat de travail du salarié fait l'objet d'un avenant qui précise la durée et l'objet de la reconversion ou de la promotion par alternance. L'avenant au contrat est déposé selon les modalités prévues à l'article ***(Ord. 2019-861 du 21 août 2019, art. 1er, 60°, JO 22)*** « L. 6325-5».

Note Les dispositions de cet article, dans sa rédaction issue de la loi 2018-771 précitée, sont applicables depuis le 01.01.2019 (loi précitée, art. 46, I).

SECTION 2. Déroulement de la reconversion ou de la promotion par alternance

Art. L. 6324-7. ***(L. 2018-771 du 5 sept. 2018, art. 28, II, 3°, JO 6)*** Les actions de reconversion ou de promotion par alternance peuvent se dérouler pour tout ou partie en dehors du temps de travail à l'initiative soit du salarié, soit de l'employeur, après accord écrit du salarié, en application du 2° de l'article L. 6321-6.

Note
- Cet article a été modifié par l'ordonnance 2019-861 du 21 août 2019, art. 1er, 61°, JO 22.
- Les articles L. 6324-7 et 8 sont applicables depuis le 1er janvier 2019 (loi 2018-771 précitée, art. 46, I).
- Les actions de formation peuvent se dérouler en dehors du temps de travail. Dans cette hypothèse, à la différence de l'ancienne période de professionnalisation, l'employeur n'a pas à verser d'allocation de formation, ni à souscrire des engagements envers le salarié avant son départ en formation s'il suit celle-ci avec succès.

Art. L. 6324-8. ***(L. 2018-771 du 5 sept. 2018, art. 28, II, 3°, JO 6)*** Lorsque les actions mises en œuvre en application de l'article L. 6324-1 sont effectuées pendant le temps de travail, elles donnent lieu au maintien par l'employeur de la rémunération du salarié.

Note Cet article a été modifié par l'ordonnance 2019-861 du 21 août 2019, art. 1er, 61°, JO 22.

Art. L. 6324-9. Pendant la durée des formations, le salarié bénéficie de la législation de la sécurité sociale relative à la protection en matière d'accidents du travail et de maladies professionnelles.

Note Cet article est l'ancien article L. 6324-10 (ordonnance 2019-861 du 21 août 2019, art. 1er, 62°, JO 22).

Art. L. 6324-10. ***(Ord. 2019-861 du 21 août 2019, art. 1er, 63°, JO 22)*** Un décret précise les modalités d'application du présent chapitre.

SECTION 2 (réglementaire). Tutorat

Art. D. 6324-2. ***(D. 2018-1232 du 24 déc. 2018, JO 26, entrée en vigueur le 01.01.2019)*** L'employeur désigne, parmi les salariés de l'entreprise, un tuteur chargé d'accompagner chaque bénéficiaire de la reconversion ou la promotion par alternance, selon les modalités prévues aux articles D. 6325-6 à D. 6325-10.

CHAPITRE V Contrats de professionnalisation

Note • **Loi 2004-391 du 4 mai 2004.** Le contrat de professionnalisation peut être conclu depuis le 1er octobre 2004 (loi 2004-391 du 4 mai 2004, art. 34, III, JO 5). Il s'est substitué aux contrats d'orientation, d'adaptation et de qualification. Le contrat de professionnalisation est l'unique contrat de formation en alternance qui s'inscrit dans le cadre de la formation professionnelle continue.

• La **loi 2009-1437 du 24 novembre 2009** (JO 25) relative à l'orientation et à la formation professionnelle tout au long de la vie a étendu le contrat de professionnalisation aux bénéficiaires des minima sociaux ainsi qu'aux personnes ayant bénéficié d'un contrat unique d'insertion. Les actions de professionnalisation et d'accompagnement ont été renforcées pour les publics éloignés de l'emploi et les jeunes ayant un faible niveau de qualification. Elle a également mis en place un dispositif visant à utiliser les marchés publics pour inciter les entreprises à recruter certains salariés.

• Le principe de gratuité du contrat de professionnalisation a été consacré par la **loi 2014-288 du 5 mars 2014** (JO 6). Dans un objectif d'égal accès, d'accompagnement et de qualité de ces contrats, la désignation d'un tuteur est devenue obligatoire. L'expérimentation menée avec les particuliers employeurs a été prolongée jusqu'au 31.12.2015.

• La **loi 2015-994 du 17 août 2015** (JO 18) a entériné le contrat de professionnalisation «nouvelle chance», adapté aux demandeurs d'emploi très éloignés du marché du travail. Le dispositif se traduit par une extension des publics prioritaires du contrat de professionnalisation pour lesquels la durée du contrat et le volume de formation sont supérieurs à la normale.

• Le contrat de professionnalisation ne doit pas être confondu avec l'apprentissage. Le contrat de professionnalisation intervient dans le cadre de la formation tout au long de la vie professionnelle, tandis que le contrat d'apprentissage intervient dans le cadre de la formation initiale. L'apprentissage est une forme d'éducation alternée qui a pour but de donner à des jeunes travailleurs ayant satisfait à l'obligation scolaire une formation générale, théorique et pratique, en vue de l'obtention d'une qualification professionnelle sanctionnée par un diplôme ou un titre à finalité professionnelle répertorié (voir art. L. 6211-1 et s.).

Voir circulaire DGEFP 2012/15 du 19 juillet 2012 relative à la mise en œuvre du contrat de professionnalisation; «Le contrat de professionnalisation: un vrai contrat de formation en alternance», Ch. Willmann, Dr. Soc. 2004, p. 715; Consulter le Portail de l'Alternance, guichet numérique unique d'information, de recherche et de simplification des formalités administratives pour les futurs alternants et les entreprises (*www.alternance.emploi.gouv.fr*); *www.urssaf.fr*, contrat de professionnalisation, document d'information synthétique du 24 octobre 2013.

Voir ASH n° 2989 du 23 décembre 2016, cahier 2, p. 49: «La réforme de la formation».

• **Loi 2018-771 du 5 septembre 2018.** Le régime du contrat de professionnalisation a été ajusté sur plusieurs points dont une augmentation de la durée maximale (portée à 36 mois pour les publics prioritaires) et la mise en place d'un cadre légal spécifique sur la mobilité européenne et internationale.

• **Doctrine.** Voir RF 13 septembre 2018, FH 3756, § 3-24; FRS 17/18; JCP éd. S 2018, 1302, étude S. Dougados et J. Poyau .Voir aussi RF 1116, Contrat de professionnalisation, §§ 800 et s.

SECTION 1. Objet et conditions d'ouverture

Art. L. 6325-1. Le contrat de professionnalisation a pour objet de permettre d'acquérir une des qualifications prévues à l'article L. 6314-1 et de favoriser l'insertion ou la réinsertion professionnelle.

Ce contrat est ouvert:

1° Aux personnes âgées de seize à vingt-cinq ans révolus afin de compléter leur formation initiale;

2° Aux demandeurs d'emploi âgés de vingt-six ans et plus;

(L. 2009-1437 du 24 nov. 2009, art. 23, JO 25) «3° Aux bénéficiaires du revenu de solidarité active, de l'allocation de solidarité spécifique ou de l'allocation aux adultes handicapés ou aux personnes ayant bénéficié d'un contrat conclu en application de l'article L. 5134-19-1;

4° (Abrogé).»

Note • **Covid-19.** Voir ordonnance 2020-387 du 1er avril 2020, art. 3, JO 2, entrée en vigueur le 02.04.2020, modifié par ordonnance 2020-428 du 15 avril 2020, art. 7, JO 16. L'épidémie liée au Covid-19 a bouleversé l'activité des organismes de formation, en ne leur permettant pas de respecter le calendrier d'alternance initialement prévu. L'ordonnance du 1er avril 2020 a permis la prolongation des contrats de professionnalisation. Pour les contrats s'achevant entre le 12 mars 2020 et le 31 juillet 2020 sans que le cycle de formation ait été entièrement accompli en raison de reports ou d'annulations de sessions de formation ou d'examens, les parties peuvent conclure un avenant prolongeant le contrat jusqu'à la fin du cycle de formation. L'ordonnance du 15 avril 2020 a précisé que, pour les contrats ainsi prolongés, les règles suivantes ne sont pas applicables: durées du contrat (L. 6325-11), âge maximal de l'alternant (L. 6325-1), durées de formation (L. 6325-13). Pour les contrats de professionnalisation en cours au 12 mars 2020 et qui devaient s'achever avant le 1er septembre 2020, les règles relatives aux durées de formation ne sont pas applicables. Il s'agit de tenir compte de la fermeture des organismes de formation, qui de ce fait peuvent être empêchés d'assurer les formations prévues.

• **Aides.** *Aide pour embaucher un demandeur d'emploi d'au moins 26 ans.* Il s'agit d'une aide forfaitaire versée par Pôle Emploi, dans la limite de la durée de l'action de professionnalisation (délib. Pôle Emploi 2011-18 du 24 mai 2011, BO Pôle Emploi 2011-50 du 1er juin 2011; instr. Pôle Emploi 2011-94 du 31 mai 2011; BO Pôle Emploi 2011-71 du 3 août 2011; instr. Pôle Emploi 2019-29 du 10 octobre 2019, BO Pôle Emploi 2019-83 du 21 octobre 2019).

Aide à l'embauche d'un demandeur d'emploi de 45 ans et plus. Voir décret 2011-524 du 16 mai 2011, art. 1er et 2; instr. Pôle Emploi 2011-94 du 31 mai 2011, BO Pôle Emploi 2011-71 du 3 août 2011.

Aide à l'accompagnement pour les groupements d'employeurs. Sur l'aide de l'État pour l'accompagnement personnalisé vers l'emploi de ces publics, voir D. 6325-22 à 28 CT.

Aide exceptionnelle pour les contrats de professionnalisation conclus entre le 1er juillet 2020 et le 28 février 2021. Cette aide vise les employeurs de salariés en contrat de professionnalisation au titre de la première année d'exécution des contrats conclus entre le 1er juillet 2020 et le 28 février 2021 (loi 2020-935 du 30 juillet 2020, art. 76, II, JO 31, et décret 2020-1084 du 24 août 2020, JO 25). Voir RF 3 septembre 2020, FH 3855, § 2-1.

Aide aux contrats de professionnalisation conclus par des structures d'insertion. Depuis le 1er janvier 2021, les structures d'insertion par l'activité économique peuvent bénéficier d'une aide de 4 000 € pour un temps plein lors de la conclusion d'un contrat de professionnalisation (décret 2020-1741 du 29 décembre 2020, JO 30).

• **Élargissement des bénéficiaires à titre expérimental.** Une expérimentation depuis le 28 décembre 2018, prévoit que le contrat de professionnalisation peut être conclu en vue d'acquérir des compétences qui seront définies par l'employeur et l'opérateur de compétences (OPCO), en accord avec le salarié (loi 2018-771 du 5 septembre 2018, art. 28, VI, JO 6; décret 2018-1263 du 26 décembre 2018, JO 28). Le but: élargir de façon temporaire l'objet du contrat pour les personnes les plus éloignées de l'emploi pour leur permettre de disposer d'une formation sur mesure adaptée aux besoins de l'entreprise. La conclusion de ces contrats de professionnalisation «expérimentaux» peut avoir lieu sur l'ensemble du territoire national, pour une durée qui ne pouvait pas excéder 3 ans à compter du 28 décembre 2018 (décret précité, art. 1er). Cette expérimentation a été prolongée de 2 ans, soit jusqu'au 28 décembre 2023 (loi 2018-771 du 5 septembre 2018, art. 28, VI modifié par loi 2020-1577 du 14 décembre 2020, art. 17, JO 15).

• **Accès supprimé aux bénéficiaires du RMI dans certains départements.** Le contrat de professionnalisation n'est plus ouvert, depuis le 01.01.2016, aux bénéficiaires du revenu minimum d'insertion et de l'allocation de parent isolé dans les départements d'outre-mer et les collectivités de Saint-Barthélemy, Saint-Martin et Saint-Pierre-et-Miquelon) (loi 2015-994 du 17 août 2015, art. 59, V et 60, I, JO 18).

Art. L. 6325-1-1. ***(L. 2009-1437 du 24 nov. 2009, art. 23, JO 25)*** Les personnes mentionnées au 1° de l'article L. 6325-1 qui n'ont pas validé un second cycle de l'enseignement secondaire et qui ne sont pas titulaires d'un diplôme de l'enseignement technologique ou professionnel, ***(L. 2015-994 du 17 août 2015, art. 42, JO 18)*** «les personnes mentionnées aux 1° et 2° du même article L. 6325-1 inscrites depuis plus d'un an sur la liste des demandeurs d'emploi définie à l'article L. 5411-1,» ainsi que les personnes mentionnées ***(L. 2015-994 du 17 août 2015, art. 42, JO 18)*** «au 3° de l'article L. 6325-1» bénéficient du contrat de professionnalisation selon les modalités prévues aux articles L. 6325-11, L. 6325-14, L. 6332-14 et L. 6332-15.

Note Le législateur a ajusté les textes existants régissant le contrat de professionnalisation afin que les demandeurs d'emploi de longue durée bénéficient du régime dérogatoire déjà prévu en faveur de certains publics prioritaires (ex.: durée du contrat et volume de formation allongés). L'ouverture du contrat de professionnalisation aux demandeurs d'emploi de longue durée peu ou pas qualifiés ne se traduit donc par un nouveau type de contrat aidé (voir RF, FH 3608, 10 septembre 2015, §§ 6-15 et s.).

Cette possibilité est ouverte depuis le 19 août 2015.

Art. L. 6325-2. Le contrat de professionnalisation associe des enseignements généraux, professionnels et technologiques dispensés dans des organismes publics ou privés de formation ou, lorsqu'elle dispose d'un service de formation, par l'entreprise, et l'acquisition d'un savoir-faire par l'exercice en entreprise d'une ou plusieurs activités professionnelles en relation avec les qualifications recherchées.

(L. 2015-994 du 17 août 2015, art. 54, JO 18) «Le contrat de professionnalisation peut comporter des périodes d'acquisition d'un savoir-faire dans plusieurs entreprises. Une convention est conclue à cet effet entre l'employeur, les entreprises d'accueil et le salarié en contrat de professionnalisation. Les modalités de l'accueil et le contenu de la convention sont fixés par décret.»

Note La loi 2015-994 a ouvert la possibilité pour un salarié sous contrat de professionnalisation de suivre sa formation «pratique» dans plusieurs entreprises. Sur les modalités d'application, voir article D. 6325-30 à 32 CT.

Auparavant, la formation ne pouvait être dispensée qu'auprès d'une seule entreprise, à l'exception de l'exercice d'activités saisonnières pour lesquels un contrat de professionnalisation pouvait être conclu conjointement par deux employeurs (voir art. L. 6325-4-1).

Art. L. 6325-2-1. ***(L. 2014-288 du 5 mars 2014, art. 7, I, 4°, JO 6)*** Les organismes publics ou privés de formation mentionnés à l'article L. 6325-2 ne peuvent conditionner l'inscription d'un salarié en contrat de professionnalisation au versement par ce dernier d'une contribution financière de quelque nature qu'elle soit.

Note La loi 2014-288 a consacré le principe de gratuité du contrat de professionnalisation pour le salarié.

Art. L. 6325-3. L'employeur s'engage à assurer une formation au salarié lui permettant d'acquérir une qualification professionnelle et à lui fournir un emploi en relation avec cet objectif pendant la durée du contrat à durée déterminée ou de l'action de professionnalisation du contrat à durée indéterminée.

Le salarié s'engage à travailler pour le compte de son employeur et à suivre la formation prévue au contrat.

Note • **Défaut de formation.** Lorsque l'employeur ne forme pas un salarié en **contrat de professionnalisation à durée indéterminée**, ce manquement est de nature à justifier la résiliation judiciaire du contrat de travail (cass. soc. 12 avril 2012, n° 11-13.182, LS Jurispr. n° 81 du 24.04.2012). S'agissant d'un **contrat de professionnalisation à durée déterminée**, le défaut de formation entraîne sa requalification en contrat à durée indéterminée (cass. soc. 28 juin 2006, n° 04-42.815, BC V n° 233; RJS 10/06 n° 1105, 2e espèce; Dr. Soc. 2006, p. 1044, obs. Cl. Roy-Loustaunau).

• **Absence du salarié.** S'agissant d'un salarié occupant le poste d'attaché commercial qui avait été absent pendant une journée sans motif valable de son établissement de formation et ne s'était pas non plus présenté à trois réunions commerciales, la cour d'appel, après avoir relevé que compte tenu de la nature de son contrat de professionnalisation destiné à l'obtention du brevet de technicien supérieur, la participation à ces réunions était essentielle afin d'assurer le suivi de l'intéressé et le contrôle de son activité et que ses absences avaient désorganisé le service, a pu décider que l'attitude du salarié caractérisait une faute grave ne permettant pas son maintien dans l'entreprise (cass. soc. 25 juin 2013, n° 11-30.298, LS Jurispr. n° 151 des 19-20.08.2013; JSL n° 352, 24.10.2013, pp. 7 et s., J-Ph. Lhernould; RJS 11/13 n° 753).

Art. L. 6325-3-1. ***(L. 2014-288 du 5 mars 2014, art. 7, I, 5°, JO 6)*** L'employeur désigne, pour chaque salarié en contrat de professionnalisation, un tuteur chargé de l'accompagner. Un décret fixe les conditions de cette désignation ainsi que les missions et les conditions d'exercice de la fonction de tuteur.

Note La loi 2014-288 a consacré l'obligation de tutorat dans le cadre d'un contrat de professionnalisation (voir RF, FH 3537, 20 mars 2014, § 8-32; «Le tutorat en entreprise», P-E Bastard, JCP éd. S 2014, 1369; ASH du 23 décembre 2016, n° 2989, cahier 2, «La réforme de la formation professionnelle», p. 51). Auparavant, le recours au tutorat dans ce cadre n'était qu'une possibilité. Seul un accord de branche ou un accord professionnel pouvait imposer ce recours au tutorat. Sur les modalités d'application, voir article D. 6325-6 à 10.

Art. L. 6325-4. Les titulaires d'un contrat de professionnalisation ne sont pas pris en compte pour le calcul du nombre de salariés simultanément absents au titre de congés de formation pour l'application des articles ***(L. 2018-771 du 5 sept. 2018, art. 28, III, 1°, JO 6)*** « L. 6323-17-1 à L. 6323-17-5 ».

Note Les dispositions de cet article, dans sa rédaction issue de la loi 2018-771 précitée, sont applicables depuis le 01.01.2019 (loi précitée, art. 46, I).

Art. L. 6325-4-1. ***(L. 2011-893 du 28 juil. 2011, art. 6, JO 29)*** Pour l'exercice d'activités saisonnières au sens du 3° de l'article L. 1242-2, deux employeurs peuvent conclure conjointement un contrat de professionnalisation à durée déterminée avec toute personne mentionnée au 1° de l'article L. 6325-1, en vue de l'acquisition d'une ou, par dérogation au même article L. 6325-1, de deux qualifications mentionnées à l'article L. 6314-1.

Une convention tripartite signée par les deux employeurs et le titulaire du contrat est annexée au contrat de professionnalisation. Elle détermine :

1° L'affectation du titulaire entre les deux entreprises au cours du contrat, selon un calendrier prédéfini ;

2° La désignation de l'employeur tenu de verser la rémunération due au titre de chaque période consacrée par le titulaire aux actions et aux enseignements mentionnés à l'article L. 6325-13 ;

3° Les conditions de mise en place du tutorat.

La période d'essai prévue à l'article L. 1242-10 est applicable au début de la première période de travail effectif chez chacun des employeurs.

Ce contrat peut être rompu, dans les conditions applicables aux contrats à durée déterminée, à l'initiative de chacune des parties, laquelle prend en charge les conséquences financières éventuelles de cette rupture.

Note Voir décret 2012-197 du 8 février 2012 (JO 10) modifiant les articles D. 337-21 et D. 337-90 c. éduc. pour l'application des articles L. 6222-5-1 et L. 6325-4-1 CT (entrée en vigueur depuis la session d'examen 2012).

SECTION 2. Formation et exécution du contrat

Art. L. 6325-5. Le contrat de professionnalisation est un contrat de travail à durée déterminée ou à durée indéterminée. Il est établi par écrit.

Lorsqu'il est à durée déterminée, il est conclu en application de l'article L. 1242-3.

Le contrat de professionnalisation est déposé auprès de l'autorité administrative.

Note • **Annexe au contrat de travail.** Un document précisant les objectifs, le programme et les modalités d'organisation, d'évaluation et de sanction de la formation doit être annexé au contrat (voir D. 6325-11 CT).

• **Formalités pratiques.** L'employeur remplit directement en ligne (*www.alternance.emploi.gouv.fr*) le formulaire Cerfa (n° 12434*02, Cerfa EJ 20), puis l'imprime, le signe et le fait signer au salarié, en trois exemplaires (un pour le salarié, un pour l'employeur, un pour l'OPCO). Avant de commencer cette démarche en ligne, l'employeur doit être en possession de la convention de formation.

• **CDD de professionnalisation.** Le contrat de professionnalisation à durée déterminée est un contrat écrit qui doit être transmis au salarié dans les deux jours suivant l'embauche sous peine de requalification en contrat à durée indéterminée (cass. soc. 7 janvier 2015, n° 13-18.598, LS Jurispr. n° 12 du 20.01.2015).

• **Échéance du contrat à durée déterminée.** Lorsque le contrat de professionnalisation à durée déterminée arrive à échéance, aucune indemnité de fin de contrat n'est due. La Cour de cassation applique à la rupture du contrat de professionnalisation sa jurisprudence selon laquelle certains manquements de l'employeur à ses obligations ne causent pas nécessairement un préjudice au salarié et que l'existence d'un préjudice et l'évaluation de celui-ci relèvent du pouvoir souverain d'appréciation des juges du fond (cass. soc. 13 avril 2016, n° 14-28.293, BC V n° 72). Ainsi, tel est le cas lorsque l'employeur ne remet pas les documents de fin de contrat obligatoires (attestation Pôle Emploi, certificat de travail, etc.) au terme du contrat de professionnalisation (cass. soc. 4 novembre 2016, n° 15-14.281).

• **Rupture anticipée.** Lorsque les parties sont liées par un contrat de professionnalisation à durée déterminée, la rupture avant l'échéance du terme ne peut intervenir, à défaut d'accord des parties, qu'en cas de faute grave ou de force majeure. L'exclusion définitive du salarié de l'organisme de formation n'est pas un cas de force majeure permettant la suspension du contrat de professionnalisation (cass. soc. 31 octobre 2012, n° 11-21.734, BC V n° 283 ; RJS 1/13 n° 64 ; Dr. Soc. 2013, p. 67, act. J. Mouly).

Une cour d'appel a justifié sa décision déclarant illicite la rupture anticipée d'un contrat de qualification d'une salariée pour échec aux épreuves théoriques du certificat de formation professionnelle conducteur routier, les conditions de la force majeure n'étant pas réunies (cass. soc. 29 octobre 2008, n° 07-40.066, BC V n° 205; RJS 1/09 n° 60; JCP éd. S 2009, 1285, obs. Fr. Bousez – solution qui pourrait s'appliquer à un contrat de professionnalisation).

Sur une faute grave commise par un salarié sous contrat de qualification et justifiant la rupture anticipée de ce contrat, voir cass. soc. 17 octobre 2012, n° 10-27.083.

• **Lien entre des faits de harcèlement sexuel constaté et rupture du contrat de professionnalisation: nullité de la rupture.** Ayant constaté que les liens de subordination et *a fortiori* de tutorat inhérents à la formation que la salariée suivait, en contrat de professionnalisation, l'empêchant de quitter le cabinet sous peine de perdre également la possibilité d'obtenir son diplôme, l'avaient logiquement et naturellement retenue dans l'expression de ses plaintes jusqu'à la mise à pied conservatoire et qu'au demeurant, elle avait déclaré à l'officier de police lors de la plainte que lorsqu'elle avait voulu parler à l'employeur de ses propos, il lui avait répondu qu'elle devait «se décoincer», une cour d'appel a fait ressortir le lien entre les faits de harcèlement sexuel qu'elle constatait et le licenciement, justifiant ainsi légalement sa décision de prononcer la nullité de cette rupture (cass. soc. 25 mars 2020, n° 18-23.682, à paraître, RJS 6/20 n° 277).

Art. L. 6325-6. Le titulaire d'un contrat de professionnalisation bénéficie de l'ensemble des dispositions applicables aux autres salariés de l'entreprise dans la mesure où elles ne sont pas incompatibles avec les exigences de la formation.

Note **Règles santé et sécurité.** En sa qualité de salarié, le titulaire d'un contrat de professionnalisation bénéficie de la réglementation relative à la sécurité et à la santé du travailleur. À ce titre le titulaire du contrat de professionnalisation bénéficie d'une visite d'information et de prévention dans les trois mois qui suivent la prise effective du poste (cass. soc. 4 novembre 2016, n° 15-14.281).

Art. L. 6325-6-1. ***(L. 2009-1437 du 24 nov. 2009, art. 23, JO 25)*** Les mineurs titulaires d'un contrat de professionnalisation peuvent être autorisés à utiliser au cours de leur formation professionnelle les équipements de travail dont l'usage est interdit aux jeunes travailleurs, dans des conditions définies par décret.

Art. L. 6325-6-2. ***(L. 2011-893 du 28 juil. 2011, art. 3, JO 29)*** Une carte portant la mention " Étudiant des métiers " est délivrée par l'organisme ou le service chargé de leur formation aux personnes qui sont mentionnées au 1° de l'article L. 6325-1 et dont le contrat de professionnalisation a pour objet d'acquérir une qualification enregistrée dans le répertoire national des certifications professionnelles mentionné à l'article ***(L. 2018-771 du 5 sept. 2018, art. 45, I, 7°, JO 6)*** « L. 6113-1 » et comporte une action de professionnalisation, au sens de l'article L. 6325-11 du présent code, d'une durée minimale de douze mois. Cette carte permet à son titulaire de faire valoir sur l'ensemble du territoire national la spécificité de son statut auprès des tiers, notamment en vue d'accéder à des réductions tarifaires identiques à celles dont bénéficient les étudiants de l'enseignement supérieur.

La carte d'étudiant des métiers est établie conformément à un modèle déterminé par voie réglementaire.

Note • Les dispositions de cet article, dans sa rédaction issue de la loi 2018-771 précitée, sont applicables depuis le 01.01.2019 (loi précitée, art. 46, I).

• Voir arrêté du 30 décembre 2011 (JO 31) relatif à la carte d'étudiant des métiers.

Art. L. 6325-7. ***(L. 2011-893 du 28 juil. 2011, art. 9, JO 29)*** Le contrat de professionnalisation à durée déterminée peut être renouvelé une fois si:

1° Le bénéficiaire, ayant obtenu la qualification visée, prépare une qualification supérieure ou complémentaire;

2° Le bénéficiaire n'a pu obtenir la qualification visée pour cause d'échec aux épreuves d'évaluation de la formation suivie, de maternité, de maladie, d'accident du travail, de maladie professionnelle ou de défaillance de l'organisme de formation.

SECTION 3. Salaire et durée du travail

Art. L. 6325-8. Sauf dispositions conventionnelles ou contractuelles plus favorables, le salarié âgé de moins de vingt-six ans et titulaire d'un contrat de professionnalisation perçoit pendant la durée du contrat à durée déterminée ou de l'action de professionnalisation du contrat à durée indéterminée une rémunération calculée en fonction du salaire minimum de croissance.

Art. L. 6325-9

Le montant de cette rémunération peut varier en fonction de l'âge du bénéficiaire et du niveau de sa formation.

Un décret détermine ce montant et les conditions de déduction des avantages en nature.

Note Sur les modalités d'application, voir article D. 6325-14 à 18.

Voir ASH n° 2989 du 23 décembre 2016, cahier 2, p. 51 : «La réforme de la formation professionnelle».

Art. L. 6325-9. Le titulaire d'un contrat de professionnalisation âgé d'au moins vingt-six ans perçoit, pendant la durée du contrat à durée déterminée ou de l'action de professionnalisation du contrat à durée indéterminée, une rémunération qui ne peut être inférieure ni au salaire minimum de croissance ni à un pourcentage déterminé par décret de la rémunération minimale prévue par les dispositions de la convention ou de l'accord collectif de branche dont relève l'entreprise.

Note • **Modalités d'application.** Voir article D. 6325-14 à 18.

Voir ASH n° 2989 du 23 décembre 2016, cahier 2, p. 51 : «La réforme de la formation professionnelle».

• **Salariés de 26 ans et plus.** Le passage à 26 ans n'a pas en lui-même d'incidence automatique sur la rémunération. Pour autant cela n'exclut pas que l'employeur et le salarié conviennent d'un commun accord d'une revalorisation salariale, au moment de la signature ou par avenant en cours de contrat (circ. DGEFP 2007-21 du 23 juillet 2007, § 1.11).

Il n'y a pas de rupture d'égalité de traitement, pour les salariés de 26 ans et plus, entre ceux relevant d'une convention collective et ayant une rémunération égale à 85 % du minimum conventionnelle supérieure au SMIC et ceux qui, ne relevant d'aucune convention collective ou accord de branche, bénéficient uniquement du SMIC (cass. soc. 5 mars 2014, n° 13-40.075, BC V n° 70 ; LS Jurispr. n° 52 du 18.03.2014 ; RJS 5/14 n° 418).

Art. L. 6325-10. La durée du travail du salarié, incluant le temps passé en formation, ne peut excéder la durée hebdomadaire de travail pratiquée dans l'entreprise ni la durée quotidienne maximale du travail fixée par l'article ***(L. 2016-1088 du 8 août 2016, art. 8, XI, 17°, JO 9)*** « L. 3121-18».

Il bénéficie du repos hebdomadaire dans les conditions fixées au présent code et au I de l'article L. 714-1 du code rural ***(Ord. 2010-462 du 6 mai 2010, JO 7)*** «et de la pêche maritime».

SECTION 4. Durée et mise en œuvre des actions de professionnalisation

Art. L. 6325-11. L'action de professionnalisation d'un contrat de professionnalisation à durée déterminée ou qui se situe au début d'un contrat de professionnalisation à durée indéterminée est d'une durée minimale comprise entre six et douze mois. ***(L. 2009-1437 du 24 nov. 2009, art. 23, JO 25)*** «Elle peut être allongée jusqu'à ***(L. 2018-771 du 5 sept. 2018, art. 28, III, 2°, JO 6)*** «trente-six» mois pour les personnes mentionnées à l'article L. 6325-1-1.»

Note **Loi 2018-771.** Les dispositions de cet article, dans sa rédaction issue de la loi 2018-771 précitée, sont applicables depuis le 01.01.2019 (loi précitée, art. 46, I).

Depuis le 01.01.2019. La durée maximale dérogatoire a été augmentée pour les publics prioritaires (passant de 24 à 36 mois). Le but de cette mesure est de permettre aux intéressés de préparer, par la voie du contrat de professionnalisation, des qualifications plus longues comme la licence professionnelle et le baccalauréat professionnel. Voir RF 13 septembre 2018, FH 3756, § 3-24 ; FR 5/19 du 18 janvier 2019.

Art. L. 6325-12. La durée minimale de l'action de professionnalisation peut être allongée jusqu'à vingt-quatre mois ***(L. 2009-1437 du 24 nov. 2009, art. 23, JO 25)*** «pour d'autres personnes que celles mentionnées à l'article L. 6325-11» ou lorsque la nature des qualifications prévues l'exige.

Ces bénéficiaires et la nature de ces qualifications sont définis par convention ou accord collectif de branche ou, à défaut, par accord collectif conclu entre les organisations représentatives d'employeurs et de salariés signataires de l'accord constitutif d'un organisme collecteur paritaire interprofessionnel agréé.

La nature de ces qualifications peut être définie par un accord conclu au niveau national et interprofessionnel.

Note Le 2e alinéa de cet article a été modifié par la loi 2014-288 du 5 mars 2014, art. 11, I, 23°, JO 6, entrée en vigueur le 01.01.2015.

Art. L. 6325-13. Dans le cadre du contrat de professionnalisation à durée déterminée ou d'actions de professionnalisation engagées dans le cadre de contrats à durée indéterminée, les actions ***(L. 2016-1088 du 8 août 2016, art. 82, JO 9)*** «de positionnement,» d'évaluation et d'accompagnement ainsi que les enseignements généraux, professionnels et technologiques sont mis en œuvre par un organisme de formation ou, lorsqu'elle dispose d'un service de formation, par l'entreprise elle-même.

Ils sont d'une durée minimale comprise entre 15 %, sans être inférieure à cent cinquante heures, et 25 % de la durée totale du contrat.

Note Une action de positionnement peut permettre, par exemple, de mesurer l'écart de compétences entre le niveau de l'intéressé et le niveau visé, au regard notamment d'un référentiel, d'identifier ses compétences (savoirs, savoir-faire) et les aptitudes professionnelles et personnelles.

Voir RF du 8 septembre 2016, FH n° 3657, § 5-37; ASH n° 2989 du 23 décembre 2016, cahier 2, p. 51: «La réforme de la formation professionnelle».

Art. L. 6325-14. Un accord de branche peut porter au-delà de 25 % la durée des actions pour certaines catégories de bénéficiaires, notamment pour ***(L. 2009-1437 du 24 nov. 2009, art. 23, JO 25)*** «ceux mentionnés à l'article L. 6325-1-1» ou pour ceux qui visent des formations diplômantes.

À défaut d'accord de branche, un accord peut être conclu entre les organisations représentatives d'employeurs et de salariés signataires de l'accord constitutif d'un organisme collecteur paritaire des fonds de la formation professionnelle continue à compétence interprofessionnelle mentionné à l'article L. 6325-12.

Art. L. 6325-14-1. ***(L. 2011-893 du 28 juil. 2011, art. 10, JO 29)*** Un accord de branche ou un accord collectif conclu entre les organisations syndicales de salariés et d'employeurs signataires de l'accord constitutif d'un ***(L. 2018-771 du 5 sept. 2018, art. 28, III, 3°, JO 6)*** «opérateur de compétences» interprofessionnel peut définir les modalités de continuation et de financement, pour une durée n'excédant pas ***(L. 2018-771 du 5 sept. 2018, art. 28, III, 3°, JO 6)*** «six» mois, des actions d'évaluation et d'accompagnement et des enseignements mentionnés à l'article L. 6325-13, au bénéfice des personnes dont le contrat de professionnalisation comportait une action de professionnalisation, au sens de l'article L. 6325-11, d'une durée minimale de douze mois et a été rompu sans que ces personnes soient à l'initiative de cette rupture.

Note Les dispositions de cet article, dans sa rédaction issue de la loi 2018-771 précitée, sont applicables depuis le 01.01.2019 (loi précitée, art. 46, I).

Art. L. 6325-15. Est nulle, toute clause prévoyant le remboursement à l'employeur par le titulaire d'un contrat de professionnalisation des dépenses de formation en cas de rupture du contrat de travail.

Note Les clauses de dédit-formation sont interdites pour les contrats de professionnalisation (voir LSQ n° 17804 du 25.04.2019).

SECTION 6. Entreprises de travail temporaire

Art. L. 6325-23. Les entreprises de travail temporaire peuvent conclure des contrats de professionnalisation à durée déterminée en application de l'article L. 1242-3.

Les activités professionnelles en relation avec les enseignements reçus sont alors exercées dans le cadre des missions de travail temporaire définies par le chapitre Ier du titre V du livre II de la première partie.

Art. L. 6325-24. Un accord, conclu au niveau de la branche professionnelle entre les organisations représentatives d'employeurs et de salariés du travail temporaire et l'État, peut prévoir qu'une partie des fonds ***(L. 2014-288 du 5 mars 2014, art. 1er, I, 10°, JO 6, entrée en vigueur le 01.01.2015)*** «affectés ***(L. 2018-771 du 5 sept. 2018, art. 28, III, 4°, JO 6)*** «à l'alternance» soit utilisée pour le» financement d'actions de formation réalisées dans le cadre de l'article L. 1251-57 et ayant pour objet la professionnalisation des salariés intérimaires ou l'amélioration de leur insertion professionnelle.

Note Les dispositions de cet article, dans sa rédaction issue de la loi 2018-771 précitée, sont applicables depuis le 01.01.2019 (loi précitée, art. 46, I).

SECTION 7. **Mobilité dans l'Union européenne et à l'étranger**

Note • Cette section a été introduite par la loi 2018-771 du 5 septembre 2018, art. 28, III, 5°, JO 6; les dispositions issues de cette loi sont applicables depuis le 01.01.2019 (loi précitée, art. 46, I).

• Si rien n'interdit l'exécution de la formation du contrat de professionnalisation à l'étranger, il n'existait jusqu'à la loi précitée aucun cadre légal spécifique. Pour remédier à cette carence, le législateur a décidé d'adopter des règles similaires à celles qui s'appliquent au contrat d'apprentissage en cas de mobilité européenne internationale.

Voir RF 13 septembre 2018, FH 3756, § 3-26; RF 31 octobre 2019, FH 3813; LSQ n° 17930 du 31.10.2019.

Art. L. 6325-25. I. – Le contrat de professionnalisation peut être exécuté en partie à l'étranger pour une durée qui ne peut excéder un an.

La durée du contrat peut être portée à vingt-quatre mois. L'exécution du contrat en France doit être au minimum de six mois.

Pendant la période de mobilité à l'étranger, l'article L. 6325-13 ne s'applique pas.

II. – Pendant la période de mobilité dans ou hors de l'Union européenne, l'entreprise ou l'organisme de formation d'accueil est seul responsable des conditions d'exécution du travail, telles qu'elles sont déterminées par les dispositions légales et conventionnelles en vigueur dans le pays d'accueil, notamment ce qui a trait:

1° À la santé et à la sécurité au travail;

2° À la rémunération;

3° À la durée du travail;

4° Au repos hebdomadaire et aux jours fériés.

Pendant la période de mobilité dans ou hors de l'Union européenne, le bénéficiaire du contrat de professionnalisation relève de la sécurité sociale de l'État d'accueil, sauf lorsqu'il ne bénéficie pas du statut de salarié ou assimilé dans cet État. Dans ce cas, sa couverture sociale est régie par le code de la sécurité sociale pour ce qui concerne les risques maladie, vieillesse, maternité, accidents du travail et maladies professionnelles et invalidité. Cette couverture est assurée en dehors de l'Union européenne, sous réserve des dispositions des ***(Ord. 2019-861 du 21 août 2019, art. 1er, 36°, JO 22)*** «règlements européens et des» conventions internationales de sécurité sociale, par une adhésion à une assurance volontaire.

Une convention peut être conclue entre le bénéficiaire, l'employeur en France, l'employeur à l'étranger, l'organisme de formation en France et, le cas échéant, l'organisme de formation à l'étranger pour la mise en œuvre de cette mobilité dans ou hors de l'Union européenne.

Un arrêté du ministre chargé du travail détermine le modèle de cette convention.

III. – Pour les périodes de mobilité n'excédant pas quatre semaines, une convention organisant la mise à disposition d'un bénéficiaire d'un contrat de professionnalisation peut être conclue entre le bénéficiaire, l'employeur en France, l'organisme de formation en France et l'organisme de formation à l'étranger ainsi que, le cas échéant, l'employeur à l'étranger.

Note Des réformes successives ont ouvert et développé la possibilité pour les titulaires d'un contrat de professionnalisation d'effectuer une partie de leur formation à l'étranger, dans ou hors de l'Union européenne (loi 2018-217 du 29 mars 2018, JO 31; loi 2018-771 du 5 septembre 2018, JO 6).

Voir RF 31 octobre 2019, FH 3813; LSQ n° 17930 du 31.10.2019.

SECTION 1 (réglementaire). **Formation, enregistrement et rupture du contrat**

Art. D. 6325-1. ***(D. 2011-535 du 17 mai 2011, JO 19)*** «L'employeur adresse le contrat de professionnalisation accompagné du document annexé à ce contrat mentionné à l'article D. 6325-11 à l'organisme paritaire collecteur agréé au titre de la professionnalisation, au plus tard dans les cinq jours qui suivent le début du contrat.»

(D. 2015-1093 du 28 août 2015, JO 30, entrée en vigueur le 01.09.2016) «L'employeur transmet, sous une forme dématérialisée, les documents prévus au premier alinéa au moyen du service dématérialisé favorisant le développement de la formation en alternance mentionné à l'article 4 de la loi n° 2011-893 du 28 juillet 2011 pour le développement de l'alternance et la sécurisation des parcours professionnels.

Les décisions d'accord ou de refus de prise en charge prévues à l'article D. 6325-2 sont notifiées à l'employeur au moyen du service dématérialisé mentionné au précédent alinéa.

Ces décisions sont également adressées au ***(D. 2020-1545 du 9 déc. 2020, JO 10, entrée en vigueur le 01.04.2021)*** «directeur régional de l'économie, de l'emploi, du travail et des solidarités» du lieu d'exécution du contrat par l'intermédiaire du service dématérialisé mentionné au deuxième alinéa.»

Note • **Texte.** Les dispositions de cet article, dans sa rédaction issue du décret 2011-535 précité, s'appliquent aux contrats de professionnalisation déposés auprès des OPCA depuis le 20 mai 2011.

• **En pratique.** *Formulaire type.* Le formulaire de ce contrat (Cerfa EJ 20) est disponible à la DIRECCTE ou sur Internet (*www.cerfa.gouv.fr* ou *www.alternance.emploi.gouv.fr*).

Demande en ligne. La transmission du contrat s'effectue sous forme dématérialisée, par le biais du portail Internet de l'alternance (*http://www.alternance.emploi.gouv.fr*).

Art. D. 6325-2. ***(D. 2011-535 du 17 mai 2011, JO 19)*** Dans le délai de vingt jours à compter de la réception du contrat et du document annexé à ce contrat, l'organisme collecteur se prononce sur la prise en charge financière. Il vérifie notamment que les stipulations du contrat ne sont pas contraires à une disposition légale ou à une stipulation conventionnelle. Il notifie à l'employeur sa décision relative à la prise en charge financière. À défaut d'une décision de l'organisme dans ce délai, la prise en charge est réputée acceptée et le contrat est réputé déposé.

Lorsque l'organisme refuse la prise en charge financière au motif que les stipulations du contrat sont contraires à une disposition légale ou à une stipulation conventionnelle, il notifie sa décision motivée à l'employeur et au salarié titulaire du contrat.

Note • **Texte.** Cet article a été modifié par le décret 2015-1093 du 28 août 2015, JO 30, entrée en vigueur le 01.09.2016.

• **En pratique.** Il est conseillé aux employeurs de déposer le dossier «contrat de professionnalisation» avant le début de l'exécution du contrat afin de s'assurer auprès de l'OPCO de sa conformité et de la prise en charge des dépenses de formation (voir RF 1116, Contrat de professionnalisation, § 809).

Art. D. 6325-4. Les périodes en entreprise réalisées au titre de la formation initiale des jeunes sous statut scolaire ou universitaire ne peuvent donner lieu à la conclusion de contrats de professionnalisation.

Art. D. 6325-5. Lorsque le contrat de professionnalisation, ou l'action de professionnalisation lorsqu'il s'agit d'un contrat de travail à durée indéterminée, est rompu avant son terme, l'employeur signale cette rupture dans un délai de trente jours:

1° Au ***(D. 2020-1545 du 9 déc. 2020, JO 10, entrée en vigueur le 01.04.2021)*** «directeur régional de l'économie, de l'emploi, du travail et des solidarités» ***(D. 2015-1093 du 28 août 2015, JO 30, entrée en vigueur le 01.09.2016)*** «par l'intermédiaire du service dématérialisé mentionné au deuxième alinéa de l'article D. 6325-1»;

2° À l'***(L. 2018-771 du 5 sept. 2018, art. 45, II, JO 6)*** «opérateur de compétences» ***(D. 2015-1093 du 28 août 2015, JO 30, entrée en vigueur le 01.09.2016)*** «par l'intermédiaire du service dématérialisé mentionné au deuxième alinéa de l'article D. 6325-1»;

3° À l'organisme chargé du recouvrement des cotisations et contributions sociales.

Note Les signalements à l'OPCO et à la DIRECCTE se font via le portail Internet de l'alternance (*www.alternance.emploi.gouv.fr*).

SECTION 2 (réglementaire). **Tutorat**

Note Le tutorat des jeunes embauchés ou stagiaires (voir décret 2010-661 du 15 juin 2010, JO 17, relatif à la prise en charge du tutorat des jeunes embauchés ou stagiaires) s'exerce dans les mêmes conditions que celles prévues aux articles D. 6325-6 à 9 pour les salariés en contrat de professionnalisation.

Art. D. 6325-6. Pour chaque salarié en contrat de professionnalisation, l'employeur ***(D. 2014-969 du 22 août 2014, JO 27)*** «choisit» un tuteur parmi les salariés qualifiés de l'entreprise.

Le salarié choisi pour être tuteur doit être volontaire et justifier d'une expérience professionnelle d'au moins deux ans dans une qualification en rapport avec l'objectif de professionnalisation visé.

(D. 2014-969 du 22 août 2014, JO 27) «Toutefois, l'employeur peut, notamment en l'absence d'un salarié qualifié répondant aux conditions prévues au second alinéa et à l'article D. 6325-9, assurer lui-même le tutorat dès lors qu'il remplit les conditions de qualification et d'expérience.»

Art. D. 6325-7. Les missions du tuteur sont les suivantes:

1° Accueillir, aider, informer et guider les bénéficiaires du contrat de professionnalisation;

2° Organiser avec les salariés intéressés l'activité de ces bénéficiaires dans l'entreprise et contribuer à l'acquisition des savoir-faire professionnels;

3° Veiller au respect de l'emploi du temps du bénéficiaire;

4° Assurer la liaison avec l'organisme ou le service chargé des actions d'évaluation, de formation et d'accompagnement des bénéficiaires à l'extérieur de l'entreprise;

5° Participer à l'évaluation du suivi de la formation.

Art. D. 6325-8. L'employeur laisse au tuteur le temps nécessaire pour exercer ses fonctions et se former.

Art. D. 6325-9. Lorsqu'il est salarié, le tuteur ne peut exercer simultanément ses fonctions à l'égard de plus de trois salariés bénéficiaires de contrats de professionnalisation ou d'apprentissage ou de périodes de professionnalisation.

L'employeur ne peut assurer simultanément le tutorat à l'égard de plus de deux salariés.

Art. D. 6325-10. ***(D. 2014-969 du 22 août 2014, JO 27)*** Dans le cadre d'un contrat de professionnalisation conclu avec une entreprise de travail temporaire ***(D. 2020-1741 du 29 déc. 2020, JO 30)*** «, une association intermédiaire» ou un groupement d'employeurs, l'entreprise utilisatrice désigne un tuteur chargé d'exercer, pendant les périodes de mise à disposition, les missions prévues aux 1°, 2° et 3° de l'article D. 6325-7.

L'entreprise de travail temporaire ***(D. 2020-1741 du 29 déc. 2020, JO 30)*** «, l'association intermédiaire» ou le groupement d'employeurs désigne également un tuteur chargé d'exercer, en lien avec le tuteur de l'entreprise utilisatrice, les missions prévues aux 4° et 5° de l'article D. 6325-7. Les conditions prévues aux articles D. 6325-6 et D. 6325-9 ne s'appliquent pas à ce tuteur.

SECTION 3 (réglementaire). **Organisation de la formation**

Art. D. 6325-11. Un document précisant les objectifs, le programme et les modalités d'organisation, d'évaluation et de sanction de la formation est annexé au contrat de professionnalisation.

Art. D. 6325-12. Les actions d'accompagnement ainsi que les enseignements généraux, professionnels et technologiques mentionnés à l'article L. 6325-13, mis en place dans le cadre d'un contrat de professionnalisation par un organisme de formation ou un établissement d'enseignement, donnent lieu à la signature, entre l'entreprise et l'organisme de formation ou l'établissement d'enseignement, d'une convention précisant les objectifs, le programme et les modalités d'organisation, d'évaluation et de sanction de la formation.

Art. D. 6325-13. Dans les deux mois suivant le début du contrat de professionnalisation, l'employeur examine avec le salarié l'adéquation du programme de formation au regard des acquis du salarié.

En cas d'inadéquation, l'employeur et le salarié peuvent, dans les limites de la durée de ce contrat, conclure un avenant.

Cet avenant est transmis à l'***(L. 2018-771 du 5 sept. 2018, art. 45, II, JO 6)*** «opérateur de compétences». Il est déposé à la ***(D. 2020-1545 du 9 déc. 2020, JO 10, entrée en vigueur le 01.04.2021)*** «direction régionale de l'économie, de l'emploi, du travail et des solidarités» selon les modalités et dans les conditions définies ***(D. 2011-535 du 17 mai 2011, JO 19)*** «à l'article D. 6325-2».

Note

• **Formulaire type.** Le formulaire de ce contrat (Cerfa EJ 20) est disponible à la DIRECCTE ou sur Internet (*www.cerfa.gouv.fr* ou *www.alternance.emploi.gouv.fr*).

• **Demande en ligne.** Un service dématérialisé de l'alternance a été mis en place: «le portail de l'alternance». Celui-ci vise notamment à faciliter la conclusion des contrats en alternance et le traitement des versements des aides à l'alternance (loi 2011-893 du 28 juillet 2011, art. 4; arrêté du 18 mai 2012, JO 4 juil.; délib CNIL 2012-140 du 2 mai 2012; circ. DGEFP 2012-15 du 19 juillet 2012) (*www.alternance.emploi.gouv.fr*).

SECTION 4 (réglementaire). **Salaire**

Art. D. 6325-14. Les salariés âgés de moins de vingt-six ans titulaires d'un contrat de professionnalisation perçoivent pendant la durée du contrat de travail à durée déterminée ou de l'action de professionnalisation du contrat de travail à durée indéterminée un salaire minimum calculé en fonction de leur âge et de leur niveau de formation.

Note

• **Passage à 26 ans.** Il n'a pas en lui-même d'incidence automatique sur la rémunération. Pour autant cela n'exclut pas que l'employeur et le salarié conviennent d'un commun accord d'une revalorisation salariale, au moment de la signature ou par avenant en cours de contrat (circ. DGEFP 2007-21 du 23 juillet 2007, § 1.11).

• **Égalité de traitement.** Les juges ont estimé qu'il n'y a pas de rupture d'égalité de traitement, pour les salariés de 26 ans et plus, entre ceux relevant d'une convention collective et ayant une rémunération égale à 85 % du minimum conventionnelle supérieure au SMIC et ceux qui, ne relevant d'aucune convention collective ou accord de branche, bénéficient uniquement du SMIC (cass. soc. 5 mars 2014, n° 13-40.075, BC V n° 70).

Voir RF 1116, Contrat de professionnalisation, § 815.

Art. D. 6325-15. Le salaire ne peut être inférieur à 55 % du salaire minimum de croissance pour les bénéficiaires âgés de moins de vingt et un ans et à 70 % du salaire minimum de croissance pour les bénéficiaires âgés de vingt et un ans et plus.

Ces rémunérations ne peuvent, respectivement, être inférieures à 65 % et 80 % du salaire minimum de croissance, lorsque le bénéficiaire est titulaire d'une qualification au moins égale à celle d'un baccalauréat professionnel ou d'un titre ou diplôme à finalité professionnelle de même niveau.

Art. D. 6325-16. Les montants de rémunération prévus à l'article D. 6325-15 sont calculés à partir du premier jour du mois suivant le jour où le titulaire du contrat a atteint l'âge indiqué.

Art. D. 6325-17. Excepté dans le cas où un taux moins élevé est prévu par une convention collective ou un contrat, les avantages en nature dont bénéficie le titulaire du contrat de professionnalisation peuvent être déduits du salaire dans la limite de 75 % de la déduction autorisée pour les autres salariés par la réglementation applicable en matière de sécurité sociale.

Ces déductions ne peuvent excéder, chaque mois, un montant égal aux trois quarts du salaire.

Art. D. 6325-18. La rémunération du titulaire d'un contrat de professionnalisation âgé d'au moins vingt-six ans, prévue à l'article L. 6325-9, ne peut être inférieure à 85 % de la rémunération minimale prévue par les dispositions de la convention ou de l'accord collectif de branche dont relève l'entreprise.

SECTION 5 (réglementaire). Exonérations de cotisations sociales

Art. D. 6325-19. En cas de suspension du contrat de travail avec maintien total ou partiel de la rémunération mensuelle brute du salarié, le nombre d'heures rémunérées pris en compte pour le calcul ***(D. 2009-612 du 2 juin 2009, JO 4)*** «des exonérations prévues aux articles L. 6325-16 et L. 6325-17» est égal au produit de la durée de travail que le salarié aurait accomplie s'il avait continué à travailler et du pourcentage de la rémunération demeuré à la charge de l'employeur et soumis à cotisation.

Ce nombre d'heures rémunérées ne peut excéder, au titre du mois civil considéré, la durée légale du travail calculée sur le mois, ou, lorsqu'elle est inférieure, la durée conventionnelle applicable dans l'établissement.

Note En cas de suspension du contrat de travail, le mode de calcul de l'exonération AT est identique à celui de l'exonération des autres cotisations patronales (art. D. 6325-19 modifié).

Art. D. 6325-19-1. ***(D. 2009-612 du 2 juin 2009, JO 4)*** L'exonération prévue à l'article L. 6325-17 bénéficie aux groupements d'employeurs ***(D. 2015-998 du 17 août 2015, JO 18)*** «pour l'insertion et la qualification» bénéficiant de l'aide prévue aux articles D. 6325-23 et D. 6325-24.

Art. R. 6325-20. Lorsque les services chargés du contrôle de l'exécution du contrat ou les agents de contrôle mentionnés à l'article L. 6361-5 constatent que l'employeur a méconnu les dispositions de l'article L. 1111-3, relatives aux modalités de calcul des effectifs, et celles du présent chapitre, le ***(D. 2020-1545 du 9 déc. 2020, JO 10, entrée en vigueur le 01.04.2021)*** «directeur régional de l'économie, de l'emploi, du travail et des solidarités» peut, par décision motivée, prononcer le retrait du bénéfice de l'exonération.

Art. R. 6325-21. La décision de retrait du bénéfice de l'exonération est notifiée à l'employeur. Ce dernier en informe les représentants du personnel.

Elle est également transmise à l'organisme chargé du recouvrement des cotisations et contributions sociales et à ***(D. 2018-1209 du 21 déc. 2018, art. 1er, 1°, JO 23, entrée en vigueur le 01.01.2019)*** «l'opérateur de compétences».

Les cotisations dont l'employeur a été exonéré avant la notification de la décision de retrait sont versées au plus tard à la première date d'exigibilité des cotisations et contributions sociales qui suit la date de notification de la décision.

SECTION 6 (réglementaire). Dispositions applicables aux groupements d'employeurs

Art. D. 6325-22. Dans le cas d'un contrat de travail conclu avec un groupement d'employeurs, lorsque l'entreprise utilisatrice désigne un tuteur, les missions prévues à l'article D. 6325-7 peuvent, pendant les périodes de mise à disposition, être confiées à ce tuteur.

Toutefois, lorsque l'employeur désigne un tuteur, l'évaluation du suivi de la formation et la liaison avec l'organisme de formation, ou le service de formation, sont assurées par ce tuteur. Les conditions prévues aux articles D. 6325-6 et D. 6325-9 ne s'appliquent pas à ce tuteur.

Note Voir instruction DGEFP 2008-14 du 20 août 2008 relative au développement des groupements d'employeurs pour l'insertion et la qualification (GEIQ).

Art. D. 6325-23. Le groupement d'employeurs ***(D. 2015-998 du 17 août 2015, JO 18)*** «pour l'insertion et la qualification» qui organise, dans le cadre du contrat de professionnalisation ***(D. 2020-1122 du 10 sept. 2020, JO 11)*** «ou du contrat d'apprentissage», des parcours d'insertion et de qualification peut bénéficier d'une aide de l'État.

(D. 2020-1122 du 10 sept. 2020, JO 11) «Sont éligibles à cette aide les groupements d'employeurs pour l'insertion et la qualification qui organisent l'accompagnement personnalisé vers l'emploi au profit des personnes rencontrant des difficultés d'insertion particulières et répondant aux caractéristiques fixées dans le cahier des charges mentionné à l'article D. 1253-45. »

Note Le montant de l'aide de l'État au financement de l'accompagnement personnalisé vers l'emploi des jeunes de 16 à 26 ans et des demandeurs d'emploi âgés de 45 ans et plus recrutés en contrat de professionnalisation par les groupements d'employeurs est fixé à 814 € par accompagnement et en année pleine (arrêté du 17 août 2015, JO 18). Cet arrêté est entré en vigueur le 1er janvier 2016.

Art. D. 6325-24. Pour bénéficier de l'aide prévue à l'article D. 6325-23, les groupements d'employeurs concluent une convention avec le préfet.

Cette convention précise :

1° Le nombre prévisionnel d'accompagnements ***(D. 2020-1122 du 10 sept. 2020, JO 11)*** « éligibles à cette aide dans l'année » ;

2° Les secteurs d'activité concernés, les qualifications préparées, les postes de travail sur lesquels les bénéficiaires du contrat sont embauchés ;

3° Le contenu et les modalités de mise en œuvre de l'accompagnement personnalisé vers l'emploi ;

4° Le nombre et la qualité des personnes chargées de l'accompagnement.

Art. D. 6325-25. Le groupement d'employeurs bénéficiant de l'aide prévue à l'article D. 6325-23 établit annuellement un bilan d'exécution de la convention.

Art. D. 6325-26. L'aide de l'État prévue aux articles D. 6325-23 et D. 6325-24 est attribuée chaque année, en fonction du nombre d'accompagnements prévus par le groupement d'employeurs.

Elle est calculée sur une base forfaitaire par accompagnement et par an, dont le montant est fixé par arrêté conjoint des ministres chargés de l'emploi et du budget.

(D. 2009-612 du 2 juin 2009, JO 4) « Elle est cumulable avec les exonérations prévues aux articles L. 6325-16 et L. 6325-17. »

Art. D. 6325-27. L'aide de l'État est versée à raison de 75 % de son montant prévisionnel au moment de la conclusion de la convention.

Le solde est versé après examen du bilan d'exécution de la convention par la ***(D. 2020-1545 du 9 déc. 2020, JO 10, entrée en vigueur le 01.04.2021)*** « direction régionale de l'économie, de l'emploi, du travail et des solidarités ».

Art. D. 6325-28. Lorsqu'il ressort de l'examen du bilan d'exécution que le nombre d'accompagnements réalisés est inférieur à celui prévu par la convention ou que le contenu et les modalités de mise en œuvre de l'accompagnement ne sont pas conformes à la convention, les sommes correspondantes sont déduites du solde de l'aide restant à verser et, le cas échéant, reversées au Trésor public pour la part excédant le montant du solde.

SECTION 7 (réglementaire). Carte d'étudiant des métiers

Note Cette section a été introduite par le décret 2011-2001 du 28 décembre 2011, JO 29.

Art. D. 6325-29. Une carte d'étudiant des métiers est délivrée gratuitement aux salariés en contrat de professionnalisation mentionnés à l'article L. 6325-6-2, par l'organisme ou le service chargé de leur formation dans les trente jours suivant la conclusion du contrat. En cas de rupture du contrat de professionnalisation, la carte est remise à l'établissement de formation, qui assure sa destruction.

La carte d'étudiant des métiers comporte les mentions prévues à l'article D. 6222-44 et est conforme au modèle défini en application de ce même article.

Note Voir arrêté du 30 décembre 2011 (JO 31) relatif à la carte d'étudiant des métiers.

SECTION 8 (réglementaire). Conventionnement avec l'entreprise d'accueil

Note Cette section a été introduite par le décret 2016-95 du 1er février 2016, JO 3.

Art. D. 6325-30. En application du second alinéa de l'article L. 6325-2, l'accueil du salarié dans d'autres entreprises que celle qui l'emploie ne peut excéder la moitié du temps de formation en entreprise prévu par le contrat de professionnalisation. Cet accueil doit permettre au salarié de compléter sa formation en recourant, notamment, à des équipements ou des techniques qui ne sont pas utilisés par l'employeur.

Chaque entreprise d'accueil désigne un tuteur.

Le salarié doit se conformer au règlement intérieur de chaque entreprise d'accueil.

Chaque entreprise d'accueil est responsable du respect des dispositions relatives à la durée du travail ainsi qu'à la santé et la sécurité au travail.

Lorsque l'activité exercée par le salarié en entreprise d'accueil nécessite ***(D. 2016-1908 du 27 déc. 2016, art. 19, III, 2°, JO 29, entrée en vigueur le 01.01.2017)*** « un suivi individuel renforcé », les obligations correspondantes sont à la charge de cette entreprise.

Art. D. 6325-31. L'accueil du salarié dans d'autres entreprises que celle qui l'emploie fait l'objet d'une convention conclue entre l'employeur, les entreprises d'accueil et le salarié.

La convention précise notamment :

1° Le titre, le diplôme ou le certificat de qualification professionnel préparé, la durée de la période d'accueil et la nature des tâches confiées au salarié ;

2° Les horaires et les lieux de travail ;

3° Les modalités de partage, entre l'employeur et chaque entreprise d'accueil, des charges, rémunérations et avantages liés à l'emploi du salarié ;

4° Les modalités de partage, entre l'employeur et chaque entreprise d'accueil, des frais de transport et d'hébergement ;

5° L'obligation pour chaque entreprise d'accueil de se garantir en matière de responsabilité civile.

Art. D. 6325-32. Dès sa conclusion, la convention est adressée par l'employeur à l'établissement de formation dans lequel est inscrit le salarié, ainsi qu'à l'organisme paritaire collecteur agréé chargé de financer la formation de ce contrat.

SECTION 9 (réglementaire). Mobilité dans ou hors de l'Union européenne

Note Cette section a été introduite par le décret 2019-1086 du 24 octobre 2019, JO 26.

Art. R. 6325-33. La convention conclue entre le bénéficiaire du contrat de professionnalisation et ses représentants légaux pour les mineurs, l'employeur en France, l'employeur à l'étranger, l'organisme de formation en France et, le cas échéant, l'organisme de formation à l'étranger, en application du II de l'article L. 6325-25, précise, notamment :

1° La date de début et de fin de la période de mobilité ;

2° L'objet de la formation et la nature des tâches confiées au bénéficiaire du contrat de professionnalisation en lien avec la certification visée, objet du contrat de professionnalisation ;

3° Les lieux de travail et le cas échéant, de formation ;

4° Le nom et la qualification des personnes chargées d'en suivre le déroulement en France au sein de l'organisme de formation et dans le pays d'accueil ainsi que les modalités de suivi ;

5° Les équipements utilisés et produits ;

6° Les horaires de travail, la durée du travail, les repos hebdomadaires, les congés et les jours fériés ;

7° Le cas échéant, les modalités de prise en charge de la rémunération et des frais annexes générés par la mobilité ;

8° Le cas échéant, les modalités d'évaluation et de validation des compétences acquises à l'étranger ;

9° Les dispositions applicables au bénéficiaire du contrat de professionnalisation dans le pays d'accueil en matière de santé et sécurité au travail ;

10° L'information relative aux garanties prises en matière de responsabilité civile ou de couverture de risques équivalents dans le pays concerné, par le bénéficiaire du contrat de professionnalisation, l'entreprise d'accueil et, le cas échéant, l'organisme de formation d'accueil.

Un arrêté du ministre chargé de la formation professionnelle détermine le modèle de cette convention.

Note • Sur le modèle de convention, voir arrêté du 22 janvier 2020 (JO 31).

• Voir RF 31 octobre 2019, FH 3813 ; LSQ n° 17930 du 31.10.2019.

Art. R. 6325-34. La convention conclue entre le bénéficiaire du contrat de professionnalisation et ses représentants légaux pour les mineurs, l'employeur en France, l'employeur à l'étranger, l'organisme de formation en France et, le cas échéant, l'organisme de formation à l'étranger, en application du III de l'article L. 6325-25, précise, notamment :

1° La date de début et de fin et la durée de la période de mobilité ;

2° L'objet de la formation et la nature des tâches confiées au bénéficiaire du contrat de professionnalisation en lien avec la certification visée, objet du contrat de professionnalisation ;

3° Les lieux de travail et le cas échéant de formation ;

4° Le nom et la qualification de la personne chargée d'en suivre le déroulement en France et dans le pays d'accueil ainsi que les modalités de suivi ;

5° Les équipements utilisés et produits ;

6° Les horaires de travail, la durée du travail, les repos hebdomadaires, les congés et les jours fériés ;

7° Le cas échéant, les modalités de prise en charge des frais annexes générés par la mobilité ;

8° Le cas échéant, les modalités d'évaluation et de validation des compétences acquises à l'étranger ;

9° Les dispositions applicables au bénéficiaire du contrat de professionnalisation dans le pays d'accueil en matière de santé et sécurité au travail ;

10° L'information relative aux garanties prises en matière de responsabilité civile ou de couverture de risques équivalents dans le pays concerné, par le bénéficiaire du contrat de professionnalisation, l'entreprise d'accueil et, le cas échéant, l'organisme de formation d'accueil.

Un arrêté du ministre chargé de la formation professionnelle détermine le modèle de cette convention.

Note Sur le modèle de convention, voir arrêté du 22 janvier 2020 (JO 31).

Art. R. 6325-35. Avant la conclusion de la convention prévue à l'article R. 6325-33, l'organisme de formation adresse à l'opérateur de compétences de l'employeur en France, le projet de convention avec une demande de prise en charge des frais supportés par le bénéficiaire du contrat de professionnalisation en application du 3° du II de l'article L. 6332-14.

Dès sa conclusion, la convention prévue à l'article R. 6325-33 est adressée par l'organisme de formation à l'opérateur de compétences de l'employeur en France.

Art. R. 6325-36. Avant la conclusion de la convention prévue à l'article R. 6325-34, l'employeur adresse à son opérateur de compétences le projet de convention avec une demande de prise en charge des frais supportés par le bénéficiaire du contrat de professionnalisation en application du 3° du II de l'article L. 6332-14.

Dès sa conclusion, la convention prévue à l'article R. 6325-34 est adressée par l'employeur à son opérateur de compétences.

CHAPITRE VI Préparation opérationnelle à l'emploi

Note • Ce chapitre a été introduit par la loi 2009-1437 du 24 novembre 2009, art. 18, JO 25.

• La préparation opérationnelle à l'emploi (POE) permet à un demandeur d'emploi ou à certains salariés de bénéficier d'une formation permettant d'acquérir les compétences nécessaires pour occuper un emploi correspondant à une offre déposée par une entreprise auprès de Pôle Emploi (voir RF 13 septembre 2018, FH 3756, § 3-34).

Pour rappel, la loi 2014-288 du 5 mars 2014 (JO 6) relative à la formation professionnelle, à l'emploi et à la démocratie sociale (art. 7) a étendu l'accès à la préparation opérationnelle à l'emploi, qu'elle soit individuelle ou collective, aux salariés bénéficiaires d'un contrat unique d'insertion ou aux salariés relevant de structures d'insertion par l'activité économique.

Voir «questions - réponses» 13-1 à 13-4 (préparation opérationnelle à l'emploi) de la DGEFP relatif aux OPCA (décembre 2014).

Art. L. 6326-1. La préparation opérationnelle à l'emploi ***(L. 2011-893 du 28 juil. 2011, art. 22, JO 29)*** «individuelle» permet à un demandeur d'emploi ***(L. 2014-288 du 5 mars 2014, art. 7, III, 1°, JO 6)*** «ou à un salarié recruté en contrat à durée déterminée ou indéterminée conclu en application de l'article L. 5134-19-1, ou en contrat à durée déterminée conclu en application de l'article L. 1242-3 avec un employeur relevant de l'article L. 5132-4» de bénéficier d'une formation nécessaire à l'acquisition des compétences requises pour occuper un emploi correspondant à une offre déposée par une entreprise auprès de ***(L. 2018-771 du 5 sept. 2018, art. 28, V, 1°, JO 6)*** «Pôle emploi». L'offre d'emploi est située dans la zone géographique privilégiée définie par le projet personnalisé d'accès à l'emploi du demandeur d'emploi. À l'issue de la formation, qui est dispensée préalablement à l'entrée dans l'entreprise, le contrat de travail qui peut être conclu par l'employeur et le demandeur d'emploi est un contrat à durée indéterminée, un contrat de professionnalisation ***(L. 2011-893 du 28 juil. 2011, art. 22, JO 29)*** «d'une durée minimale de douze mois, un contrat d'apprentissage ou» un contrat à durée déterminée d'une durée minimale de douze mois.

Note • **Depuis le 01.01.2019.** Les dispositions des articles L. 6326-1 à 4, dans leur rédaction issue de la loi 2018-771 précitée, sont applicables depuis le 01.01.2019 (loi précitée, art. 46, I).

La loi précitée mentionne Pôle Emploi en lieu et place du renvoi à l'article L. 5312 qui existait jusqu'alors. Les mentions des organismes paritaires collecteurs agréés (OPCA) et du Fonds paritaire de sécurisation des parcours professionnels (FPSPP) sont également remplacées par les opérateurs de compétences (OPCO).

• **Avant la loi 2018-771.** Dans une instruction du 30 juillet 2012, Pôle emploi précise les modalités d'application de la préparation opérationnelle à l'emploi individuelle (POE individuelle) et à l'action de formation préalable au recrutement (AFPR) en tenant compte des modifications introduites par la loi Cherpion 2011-893 du 28 juillet 2011 (instruction 2012-122 du 30 juillet 2012, BO PE n° 80 du 10.08.2012).

Les OPCA ayant connaissance d'offres d'emploi de leurs entreprises cotisantes et ayant signé une convention avec Pôle Emploi sur la POE pourront proposer cette formule, en coordination avec les entreprises intéressées, à des demandeurs d'emploi sélectionnés par Pôle Emploi. Voir ANI du 11 janvier 2013 au service de la compétitivité des entreprises et de la sécurisation de l'emploi, rapporté dans *Textes non codifiés*, rubrique «Emploi-chômage», art. 9.

Art. L. 6326-2. ***(L. 2018-771 du 5 sept. 2018, art. 28, V, 2°, JO 6)*** Dans le cadre de la préparation opérationnelle à l'emploi, la formation est financée par Pôle emploi. L'opérateur de compétences dont relève l'entreprise concernée peut contribuer au financement du coût pédagogique et des frais annexes de la formation.

L'employeur, en concertation avec Pôle emploi et avec l'opérateur de compétences dont relève l'entreprise concernée, définit les compétences que le demandeur d'emploi acquiert au cours de la formation pour occuper l'emploi proposé.

Art. L. 6326-3. ***(L. 2011-893 du 28 juil. 2011, art. 22, JO 29)*** La préparation opérationnelle à l'emploi collective permet à plusieurs demandeurs d'emploi ***(L. 2014-288 du 5 mars 2014, art. 7, III, 2°, JO 6)*** «et salariés recrutés en contrat à durée déterminée ou indéterminée conclu en application de l'article L. 5134-19-1, ou en contrat à durée déterminée conclu en application de l'article L. 1242-3 avec un employeur relevant de l'article L. 5132-4» de bénéficier d'une formation nécessaire à l'acquisition des compétences requises pour occuper des emplois correspondant à des besoins identifiés par un accord de branche ou, à défaut, par un conseil d'administration d'un ***(L. 2018-771 du 5 sept. 2018, art. 28, V, 3°, JO 6)*** «opérateur de compétences».

Le contrat de travail qui peut être conclu à l'issue de la préparation opérationnelle à l'emploi collective est un contrat à durée indéterminée, un contrat de professionnalisation d'une durée minimale de douze mois, un contrat d'apprentissage ou un contrat à durée déterminée d'une durée minimale de douze mois.

La formation est financée par l'***(L. 2018-771 du 5 sept. 2018, art. 28, V, 3°, JO 6)*** «opérateur de compétences» compétent. ***(L. 2018-771 du 5 sept. 2018, art. 28, V, 3°, JO 6)*** «L'État et Pôle emploi peuvent également financer la formation dans des conditions fixées, le cas échéant, par une convention avec l'opérateur de compétences.»

Pour les demandeurs d'emploi âgés de moins de vingt-six ans, la formation peut être dispensée dans un centre de formation d'apprentis.

Art. L. 6326-4. ***(L. 2014-288 du 5 mars 2014, art. 7, III, 3°, JO 6)*** Dans le cadre de la préparation opérationnelle à l'emploi, la rémunération du salarié recruté en contrat à durée déterminée ou indéterminée conclu en application de l'article L. 5134-19-1, ou en contrat à durée déterminée conclu en application de l'article L. 1242-3 avec un employeur relevant de l'article L. 5132-4 est maintenue par l'employeur.

Elle peut être prise en charge par l'***(L. 2018-771 du 5 sept. 2018, art. 28, V, 4°, JO 6)*** «opérateur de compétences» compétent ***(L. 2018-771 du 5 sept. 2018, art. 28, V, 4°, JO 6)*** «, l'État ou Pôle emploi», déduction faite des aides financières et exonérations de cotisations sociales dont bénéficie l'employeur au titre du contrat mentionné au premier alinéa.

TITRE III FINANCEMENT DE LA FORMATION PROFESSIONNELLE CONTINUE

CHAPITRE Ier Participation des employeurs au développement de la formation professionnelle continue

Note • **Obligation des employeurs.** La participation des employeurs au développement de la formation professionnelle continue a été profondément modifiée, notamment par les lois 84-130 du 24 février 1984, 90-579 du 4 juillet 1990, 90-613 du 12 juillet 1990, 91-1405 du 31 décembre 1991 (JO 4 janv. 1992), 2004-391 du 4 mai 2004 (JO 5), 2009-1437 du 24 novembre 2009 (JO 25), par la loi 2014-288 du 5 mars 2014 (JO 6) et, en dernier lieu, par la loi 2018-771 du 5 septembre 2018 (JO 6). Tout employeur doit, depuis le 1er janvier 1992, participer au financement de la formation professionnelle.

• **Loi 2018-771.** La loi Avenir professionnel a réformé le régime de la participation à la formation professionnelle, avec effet pour les rémunérations versées depuis le 01.01.2019 (loi 2018-771 du 5 septembre 2018, art. 37 et 46, JO 6).

Contribution unique à la formation professionnelle. La loi 2018-771 du 5 septembre 2018 a opéré une profonde transformation de l'architecture financière du système de formation professionnelle en fusionnant dans une contribution unique, taxe d'apprentissage et contribution à la formation professionnelle et en prévoyant, à terme, sa collecte par l'Urssaf et la MSA. Avant que ce transfert de collecte ne soit effectif, une période de transition sur les collectes de la nouvelle contribution unique de 2019, 2020 et 2021 est prévue (voir note sous art. L. 6131-1 CT). Voir «Contribution à la formation professionnelle», cahier RF 1115, mai 2020, §§ 3600 à 3671.

Contribution à la formation professionnelle. La contribution à la formation professionnelle a remplacé, depuis le 1er janvier 2019, la participation au développement de la formation professionnelle continue mais en conserve globalement l'ensemble des attributs. Pour les employeurs de moins de onze salariés, le taux de la contribution reste fixé à 0,55 %, tandis que pour les employeurs de onze salariés et plus, il est maintenu à 1 % (voir art. L. 6331-1 et 3 CT). La loi 2018-771 précitée a repris le mécanisme de lissage de l'effet de seuil pour les employeurs atteignant ou franchissant pour la première fois le seuil de onze salariés. Pour l'année du franchissement du seuil (N) et les deux années suivantes (N + 1 et N + 2), ces employeurs continuent à relever du régime des «moins de onze salariés» (0,55 %). L'assiette de la contribution formation reste fixée par référence à l'assiette des cotisations de sécurité sociale. Les rémunérations exonérées de la taxe sur les salaires au titre de l'article 231 bis L CGI et, pour les employeurs de moins de onze salariés, les rémunérations versées aux apprentis ne sont pas soumises à la contribution (art. L. 6331-1 et 3 CT; 231 bis L CGI). La contribution formation est dédiée au financement de l'alternance, du conseil en évolution professionnelle, du plan de développement des compétences des entreprises de moins de 50 salariés, de la formation des demandeurs d'emploi et du compte personnel de formation. La clé de répartition de la contribution est fixée par décret (art. L. 6131-3 CT). Voir «Contribution à la formation professionnelle», cahier RF 1115, mai 2020, §§ 3600 à 3671. Voir RF du 4 février 2021, FH 3877, § 9.

Sur le décalage du transfert du recouvrement aux URSSAF, voir RF 6 janvier 2020, FH 3826, § 8-5.

• **Sommes dues au titre des rémunérations versées en 2018.** Ces sommes relèvent des règles antérieures à la loi 2018-771. La collecte est également organisée selon les anciennes dispositions (paiement aux organismes collecteurs au plus tard le 28 février 2019, insuffisances de versement à régulariser pour le 30 avril 2019 auprès du Trésor public assorties des majorations applicables) (loi précitée, art. 37, III, A).

• **Employeur de moins de onze et d'au moins onze salariés.** La loi de finances pour 2016 a relevé le seuil de bascule, en distinguant les «moins de onze salariés» et les «onze salariés et plus» (au lieu des «moins de dix salariés» et «dix salariés et plus») (voir FH 3624, § 4-27). Cette réforme s'est appliquée pour la première fois aux contributions 2016 (collecte 2017).

• **Suppression de la déclaration 2483.** La loi 2014-288 du 5 mars 2014 a supprimé la possibilité pour les employeurs de déduire de leur contribution en faveur de la formation professionnelle, les financements directs qu'ils ont mobilisés en la matière. En conséquence, les dispositions réglementaires relatives à la déclaration 2483 qu'ils devaient transmettre afin de déduire les dépenses exposées (décret 2015-600 du 2 juin 2015, JO 4).

SECTION PRÉLIMINAIRE. Décompte et franchissement d'un seuil d'effectif

Note Cette section a été introduite par la loi 2019-486 du 22 mai 2019, art. 11, VI, 21°, JO 23, entrée en vigueur le 01.01.2020.

Art. L. 6331-1 A. Pour l'application du présent chapitre, l'effectif salarié et le franchissement d'un seuil d'effectif salarié sont déterminés selon les modalités prévues à l'article L. 130-1 du code de la sécurité sociale.

Note L'effectif de référence s'entend de l'effectif annuel moyen calculé selon les règles du code de la sécurité sociale sur l'année précédente, hors cas des entreprises nouvelles, pour lesquelles des règles particulières sont prévues. Voir RF du 4.02.2021, FH 3877, §§ 9-1 et s.

SECTION 1. Obligation de financement des employeurs de moins de onze salariés

Note Les sections 1 à 3 sont issues de la loi 2018-771 du 5 septembre 2018, art. 37, V, JO 6; les dispositions issues de cette loi sont applicables depuis le 01.01.2019 (loi précitée, art. 46, I).

• **Accords «0,2 % CPF». Depuis le 01.01.2019,** il est mis fin aux effets des accords d'entreprises conclus en application de l'article L. 6331-10 CT dans sa rédaction en vigueur à la date du 31 décembre 2018.

À cette date, les fonds que l'employeur n'a pas consacrés au financement du compte personnel de formation et à son abondement sont reversés selon les modalités prévues au second alinéa de l'article L. 6331-11 CT dans sa rédaction en vigueur à la date du 31 décembre 2018 (loi 2018-771 précitée, art. 37, IV, modifié par ordonnance 2019-861 du 21 août 2019, art. 7, 5°, JO 22).

• **Au plus tard jusqu'au 31 décembre 2021,** l'État exerce un contrôle administratif et financier, dans les conditions prévues au titre VI du livre III de la sixième partie du code du travail, sur les dépenses exposées par les employeurs au titre de leurs obligations de participation au développement de la formation professionnelle mentionnées à l'article L. 6322-37 CT et aux sections 1 à 3 du chapitre Ier du titre III du livre III de la sixième partie du même code, dans leur rédaction en vigueur au 31 décembre 2018.

Les employeurs présentent aux agents de contrôle mentionnés à l'article L. 6361-5 CT les documents et pièces établissant la réalité et le bien-fondé des dépenses mentionnées au premier alinéa.

À défaut, l'employeur n'est pas regardé comme ayant rempli les obligations qui lui incombent et verse au Trésor public, par décision de l'autorité administrative, les sommes mentionnées aux articles L. 6322-40, L. 6331-6, L. 6331-28 et L. 6331-30 CT dans leur rédaction en vigueur au 31 décembre 2018 pour la participation assise sur les rémunérations versées au titre de l'année 2018 et celles mentionnées au 2° et au quatrième alinéa du B du III de l'article 37 de la loi 2018-771 précitée pour les participations assises sur les rémunérations versées au titre des années 2019 à 2021. Ce versement est recouvré conformément à l'article L. 6362-12 CT (loi précitée, art. 42, III, modifié par loi 2019-1479 du 28 décembre 2019, art. 190, IV, 3°, JO 29).

Art. L. 6331-1. L'employeur de moins de onze salariés s'acquitte de la contribution à la formation professionnelle mentionnée au 2° de l'article L. 6131-2 du présent code par le versement de 0,55 % du montant du revenu d'activité retenu pour le calcul des cotisations sociales mentionnées à l'article L. 242-1 du code de la sécurité sociale et à l'article L. 741-10 du code rural et de la pêche maritime. Les rémunérations versées aux apprentis sont exonérées de cette contribution ***(Supprimé par L. 2019-1479 du 28 déc. 2019, art. 190, III, JO 29, applicabilité au plus tard le 01.01.2022)*** «; il en va de même des rémunérations exonérées de la taxe sur les salaires en application de l'article 231 *bis* L du code général des impôts».

Cette contribution est recouvrée dans les conditions prévues au III de l'article L. 6131-1 du présent code.

Note Voir note sous Titre III, Chapitre Ier du présent livre et note sous article L. 6131-1.

Voir aussi RF du 4.02.2021, FH 3877, §§ 9-1 et s.

Art. L. 6331-2. La contribution mentionnée à l'article L. 6331-1 est versée à France compétences et est dédiée au financement:

1° De l'alternance;

2° Du conseil en évolution professionnelle pour les actifs occupés du secteur privé;

3° Du développement des compétences des salariés des entreprises de moins de cinquante salariés;

4° De la formation des demandeurs d'emploi;

5° Du compte personnel de formation.

Note Voir note sous Titre III, chapitre Ier du présent livre et note sous article L. 6131-1.

Rémunération des salariés expatriés. Voir CE 8 avril 2013, n° 346808, LS Jurispr. n° 113 du 18.06.2013; RJS 7/13 n° 557.

SECTION 2. Obligation de financement des employeurs d'au moins onze salariés

Art. L. 6331-3. L'employeur ***(L. 2019-486 du 22 mai 2019, art. 11, VI, 21°, JO 23, entrée en vigueur le 01.01.2020)*** «d'au moins onze salariés» s'acquitte de la contribution à la formation professionnelle mentionnée au 2° de l'article L. 6131-2 du présent code par le versement de 1 % du montant du revenu d'activité retenu pour le calcul des cotisations sociales mentionnées à l'article L. 242-1 du code de la sécurité sociale et à l'article L. 741-10 du code rural et de la pêche maritime. ***(Supprimé par L. 2019-1479 du 28 déc. 2019, art. 190, III, JO 29, applicabilité au plus tard le 01.01.2022)*** «Les rémunérations exonérées de la taxe sur les salaires en application de l'article 231 *bis* L du code général des impôts sont exonérées de cette contribution.»

Cette contribution est recouvrée dans les conditions prévues au III de l'article L. 6131-1 du présent code.

Note Voir note sous Titre III, chapitre Ier du présent livre et note sous article L. 6131-1.

Voir aussi RF 6 janvier 2020, FH 3826, § 8-9.

Art. L. 6331-4. La contribution mentionnée à l'article L. 6331-3 est versée à France compétences et est dédiée au financement:

1° De l'alternance;

2° Du conseil en évolution professionnelle pour les actifs occupés du secteur privé;

3° Du développement des compétences des salariés des entreprises de moins de cinquante salariés;

4° De la formation des demandeurs d'emploi;

5° Du compte personnel de formation.

Note Voir note sous Titre III, chapitre Ier du présent livre et note sous article L. 6131-1.

Art. L. 6331-5. Pour les entreprises de travail temporaire, le taux mentionné au premier alinéa de l'article L. 6331-3 est fixé à 1,30 %.

(Ord. 2019-861 du 21 août 2019, art. 1er, 64°, JO 22) «Cette contribution fait l'objet de la répartition suivante:

– une part de 1 % fait l'objet de la répartition par France compétences mentionnée au 3° de l'article L. 6123-5;

– pour la part restante de 0,30 %, un accord de branche étendu conclu entre les organisations syndicales de salariés et les organisations professionnelles d'employeurs concernés en détermine les modalités d'utilisation tenant compte notamment des besoins des publics prioritaires au titre de la politique de l'emploi.»

SECTION 3. Mesures diverses

Art. L. 6331-6. Les employeurs s'acquittent d'une contribution dédiée au financement du compte personnel de formation égale à 1 % du revenu d'activité retenu pour le calcul des cotisations sociales des titulaires d'un contrat à durée déterminée mentionnées à l'article L. 242-1 du code de la sécurité sociale et à l'article L. 741-10 du code rural et de la pêche maritime.

Cette contribution est recouvrée dans les conditions prévues au III de l'article L. 6131-1 ***(Ord. 2019-861 du 21 août 2019, art. 1er, 65°, JO 22)*** «et est versée à France compétences».

Les contrats déterminés par décret et ceux visant les salariés occupant un emploi à caractère saisonnier défini au 3° de l'article L. 1242-2 ne donnent pas lieu au versement de cette contribution.

Note • **Contribution 1 % CPF-CDD.** À la place du 1 % CIF-CDD, les entreprises doivent s'acquitter d'une contribution spécifique de 1 % pour financer le compte personnel de formation (CPF) des salariés en CDD. Ce changement est lié au fait que le CPF de transition professionnelle remplace le congé individuel de formation (CIF).

La liste des contrats exclus de cette contribution est étendue aux CDD saisonniers, et ce, sans condition particulière.

• **Collecte de la contribution.** La contribution 1 % CPF-CDD est recouvrée:
– du 01.01.2019 au 31.12.2021 : la collecte est assurée par les opérateurs de compétences dits «OPCO» qui remplacent, depuis le 1er janvier 2019, les organismes collecteurs (OPCA-OCTA);
– à partir du 01.01.2022 : la collecte sera assurée par l'URSSAF. Ce transfert de recouvrement sera organisé par voie d'ordonnance prise dans les 30 mois suivant la promulgation de la loi (loi 2018-771 du 5 septembre 2018, art. 41, I, JO 6, modifié par lois 2018-1317 du 28 décembre 2018, art. 136, IV, 2°, JO 29, entrée en vigueur le 01.01.2019, 2019-1479 du 28 décembre 2019, art. 190, IV, 2°, JO 29 et 2020-1721 du 29 décembre 2020, art. 159, VI, JO 30).

Ce nouveau système met fin à la collecte annuelle avec un an de décalage. Les contributions seront versées aux URSSAF au titre de l'année en cours (contribution de l'année N calculée sur les salaires de l'année N payée en année N), selon les mêmes modalités que les cotisations de sécurité sociale.

Sur le décalage du transfert du recouvrement aux URSSAF, voir RF 6 janvier 2020, FH 3826, § 8-5. Voir aussi note sous article L. 6131-1.

• Voir RF 7 février 2019, FH 3778, §§ 6-1 et s.; RF 13 septembre 2018, FH 3756, § 1-12; FRS 5/19, 18 mai 2019; LSQ n° 17710 du 10.12.2018, «Rôle de France compétences, des OPCO» (dossier juridique); LSQ n° 17694 du 16.11.2018, «Financement de la formation professionnelle» (dossier juridique).

SECTION 1 (réglementaire). Modalités de calcul des effectifs

Note L'article R. 6331-1 qui figurait dans cette section a été abrogé par le décret 2019-1586 du 31 décembre 2019, JO 1er janv. 2020, entrée en vigueur le 01.01.2020.

SECTION 2 (réglementaire). Employeurs de moins de onze salariés

Art. R. 6331-2. ***(D. 2014-968 du 22 août 2014, JO 27, entrée en vigueur le 01.01.2015)*** Pour l'application de l'article L. 6331-2, l'employeur de moins de ***(D. 2017-249 du 27 févr. 2017, JO 28)*** «onze» salariés procède au versement de la participation avant le 1er mars de l'année suivant celle au titre de laquelle elle est due.

Note Cet article s'applique à la collecte des contributions dues depuis 2015 (collecte 2016 et suivantes).

Voir note sous Titre III, chapitre Ier du présent livre et note sous article L. 6131-1. Voir aussi RF 7 février 2019, FH 3778, §§ 6-1 et s.; RF 13 septembre 2018, FH 3756, § 1-12; FRS 5/19, 18 mai 2019; LSQ n° 17710 du 10.12.2018, «Rôle de France compétences, des OPCO» (dossier juridique); LSQ n° 17694 du 16.11.2018, «Financement de la formation professionnelle» (dossier juridique).

Voir aussi RF du 4.02.2021, FH 3877, §§ 9-1 et s.

SECTION 3 (réglementaire). Employeurs d'au moins onze salariés

Sous-section 1. Montant et mise en œuvre de la participation

§ 1. Dispositions générales

Art. R. 6331-9. ***(D. 2019-1586 du 31 déc. 2019, JO 1er janv. 2020, entrée en vigueur le 01.01.2020)*** Pour l'application de l'article L. 6331-3, l'employeur d'au moins onze salariés procède au versement de la participation avant le 1er mars de l'année suivant celle au titre de laquelle elle est due.

Note Voir RF du 4.02.2021, FH 3877, §§ 9-1 et s.

§ 2. Prise en compte d'un accroissement d'effectif

Art. R. 6331-12. ***(Abrogé par D. 2019-1586 du 31 déc. 2019, JO 1er janv. 2020, entrée en vigueur le 01.01.2020) (D. 2014-968 du 22 août 2014, JO 27, entrée en vigueur le 01.01.2015)*** Lorsque, en raison de l'accroissement de leur effectif, les employeurs atteignent ou dépassent au titre d'une année l'effectif de ***(D. 2017-249 du 27 févr. 2017, JO 28)*** «onze» salariés, dans les conditions prévues à l'article L. 6331-15, le pourcentage minimal mentionné au premier alinéa de l'article L. 6331-9 est calculé en diminuant respectivement, pour les quatrième et cinquième années, le montant des rémunérations versées pendant l'année en cours d'un montant équivalent à ***(D. 2016-189 du 24 févr. 2016, JO 26)*** «30 % puis 10 %».

Note Cet article continue à s'appliquer aux entreprises relevant de ses dispositions au 31 décembre 2019 (décret 2019-1586 précité, art. 4, V).

§ 3. Dépenses éligibles au financement par l'employeur du compte personnel de formation

Art. R. 6331-13. ***(D. 2014-968 du 22 août 2014, JO 27, entrée en vigueur le 01.01.2015)*** L'accord d'entreprise mentionné à l'article L. 6331-10 porte sur la masse salariale de l'année civile au titre de laquelle il est conclu et sur celles des deux années suivantes.

Lorsque à l'issue de la période de ces trois années les dépenses effectuées par l'employeur sont inférieures au montant total correspondant à 0,2 % de la masse salariale des trois années couvertes par l'accord, une somme égale à la différence entre ce montant total et les dépenses effectivement consacrées par l'employeur au financement du compte personnel de formation de ses salariés et à son abondement fait l'objet d'un versement à l'***(L. 2018-771 du 5 sept. 2018, art. 45, II, JO 6)*** «opérateur de compétences» mentionné à l'article L. 6331-11 avant le 1er mars de l'année qui suit la dernière année d'application de l'accord.

Art. R. 6331-15. En cas de cession, de cessation d'entreprise ou de décès de l'exploitant, les dispositions ***(D. 2014-968 du 22 août 2014, JO 27, entrée en vigueur le 01.01.2015)*** «du second alinéa de l'article R. 6331-13» ne sont applicables qu'aux dépenses engagées et payées antérieurement à la cession, à la cessation de l'entreprise ou au décès.

Note Cet article s'applique à la collecte des contributions dues depuis l'année 2015.

Art. R. 6331-16. ***(D. 2014-1120 du 2 oct. 2014, JO 4, entrée en vigueur le 01.01.2015)*** Les dépenses effectuées par l'employeur, mentionnées au second alinéa de l'article R. 6331-13, sont prises en compte selon les modalités définies aux I, III et V de l'article R. 6323-5.

SECTION 4. Dispositions applicables à certaines catégories d'employeurs

Sous-section 1. Employeurs du bâtiment et des travaux publics

Art. L. 6331-35. Les entreprises appartenant aux professions du bâtiment et des travaux publics entrant dans le champ d'application des articles ***(L. 2016-1088 du 8 août 2016, art. 8, XI, 18°, JO 9)*** « L. 3141-32 et L. 3141-33», relatifs à la caisse de congés payés, ainsi que des articles L. 5424-6 à L. 5424-19, relatifs au régime particulier applicable à ces entreprises en cas d'intempéries, versent une cotisation créée par accord entre les organisations représentatives au niveau national des employeurs et des salariés du bâtiment et des travaux publics.

Art. L. 6331-36

Cette cotisation est ***(L. 2019-1479 du 28 déc. 2019, art. 198, 1°, JO 29)*** «, sauf exception prévue par la loi ou par l'accord mentionné à l'article L. 6331-38,» versée au profit du comité de concertation et de coordination de l'apprentissage du bâtiment et des travaux publics.

Note • Les dispositions relatives à la cotisation mentionnée à cet article ne sont pas applicables aux départements de la Moselle, du Bas-Rhin et du Haut-Rhin au titre de l'année 2019 (décret 2018-1344 du 28 décembre 2018, art. 2, II, JO 30, entrée en vigueur le 01.01.2019).

• Le montant de cette cotisation constitue une dépense déductible des obligations prévues à l'article L. 6331-3 CT lorsque l'effectif moyen annuel est d'au moins onze salariés pour les entreprises entrant dans son champ d'application (décret 2020-198 du 5 mars 2020, JO 6).

• Voir accord du 24 septembre 2014 sur l'organisation et le financement de l'apprentissage dans les branches du bâtiment et des travaux publics (BTP).

• Voir décret 2007-928 du 15 mai 2007 (JO 16) relatif aux modalités d'exercice des attributions du commissaire du Gouvernement et de l'autorité chargée de l'exercice du contrôle économique et financier [contrôle budgétaire] de l'État auprès du comité de concertation et de coordination de l'apprentissage du BTP et arrêté du 19 avril 2007 (JO 17 mai) relatif au plafonnement des dépenses exposées pour la gestion paritaire de la cotisation prévue à cet article et des frais de fonctionnement du comité de concertation et de coordination de l'apprentissage du BTP.

Art. R. 6331-39. Pour les entreprises nouvellement créées ou celles qui entrent dans le champ d'application prévu à l'article L. 6331-35, les acomptes des cotisations prévues à l'article L. 6331-35 sont calculés pour la première année sur la base de l'effectif moyen de l'entreprise de l'année en cours. Ils sont assis, de manière forfaitaire, sur le salaire minimum de croissance applicable aux travailleurs intéressés. La régularisation est opérée au moment de la liquidation de la cotisation, dans les conditions prévues à l'article R. 6331-38.

Art. L. 6331-36. La cotisation prévue à l'article L. 6331-35 concourt au développement de la formation professionnelle initiale, notamment de l'apprentissage, et de la formation professionnelle continue dans les métiers des professions du bâtiment et des travaux publics.

Cette cotisation contribue:

1° À l'information des jeunes, de leurs familles et des entreprises, sur la formation professionnelle initiale ou sur les métiers du bâtiment et des travaux publics;

2° Au développement de la formation professionnelle dans les métiers du bâtiment et des travaux publics;

3° Au financement d'actions particulières visant, d'une part, la préformation et l'insertion professionnelle des publics de moins de vingt-six ans, d'autre part, l'animation et l'accompagnement connexes à la formation des apprentis;

4° Aux frais de fonctionnement du comité de concertation et de coordination de l'apprentissage du bâtiment et des travaux publics, dans certaines limites;

5° À la prise en charge des dépenses exposées pour la gestion paritaire de cette cotisation par les organisations, siégeant au comité de concertation et de coordination de l'apprentissage du bâtiment et des travaux publics, dans la limite d'un pourcentage du montant des sommes collectées au titre de la cotisation.

Art. R. 6331-36. La cotisation prévue à l'article L. 6331-35 contribue au développement des actions mentionnées au 2° de l'article L. 6331-36, en ce qui concerne en particulier:

1° Le financement des investissements et du fonctionnement des établissements d'enseignement professionnel, des centres de formation d'apprentis et des sections d'apprentissage;

2° La formation des personnels enseignants et des maîtres d'apprentissage;

3° L'acquisition de matériel technique et pédagogique.

Art. R. 6331-43. La limite prévue au 4° de l'article L. 6331-36 est déterminée par le taux du montant total de la collecte de la cotisation fixé par arrêté du ministre chargé de la formation professionnelle, au regard de la mission particulière d'intérêt général du Comité de concertation et de coordination de l'apprentissage du bâtiment et des travaux publics.

Art. L. 6331-37. La cotisation prévue à la présente sous-section est assise sur les rémunérations versées pendant l'année en cours entendues au sens des règles prévues aux chapitres Ier et II du titre IV du livre II du code de la sécurité sociale.

Note ***À compter de la date d'entrée en vigueur de l'ordonnance relative à la collecte des contributions des employeurs au titre du financement de la formation professionnelle et de l'apprentissage prévue au I de l'article 41 de la loi 2018-771 du 5 septembre 2018, et au plus tard le 01.01.2022,*** *cet article est ainsi rédigé:*

Art. L. 6331-37. **(L. 2020-1721 du 29 déc. 2020, art. 159, IV, 4°, JO 30, entrée en vigueur au plus tard le 01.01.2022)** *L'assiette de la cotisation prévue à la présente sous-section est celle de la contribution à la formation professionnelle mentionnée aux articles L. 6331-1 et L. 6331-3.*

Art. L. 6331-38. ***(L. 2018-771 du 5 sept. 2018, art. 38, I, 1°, JO 6) (L. 2019-1479 du 28 déc. 2019, art. 198, 2°, JO 29)*** « I. –» Le taux de cotisation pour les entreprises est fixé par accord entre les organisations professionnelles d'employeurs et les organisations syndicales de salariés représentatives au niveau national dans le secteur du bâtiment et des travaux publics.

(L. 2019-1479 du 28 déc. 2019, art. 198, 2°, JO 29) «II. – À défaut d'accord au 31 décembre de l'année précédant l'exercice, le taux de contribution au titre des salaires versés sur l'année de l'exercice est le suivant:

1° Pour les entreprises dont l'effectif moyen est d'au moins onze salariés:
a) 0,30 % pour les entreprises relevant du secteur des métiers du bâtiment;
b) 0,22 % pour les entreprises relevant du secteur des travaux publics;
2° Pour les entreprises dont l'effectif moyen est inférieur à onze salariés:
a) 0,30 % pour les entreprises relevant du secteur des métiers du bâtiment;
b) 0,22 % pour les entreprises relevant du secteur des travaux publics.

Le nombre de salariés pris en compte pour la détermination du taux applicable est celui de l'année au titre de laquelle la cotisation est due.

III. – Les fractions du produit de la cotisation prévue à l'article L. 6331-35 obtenue en application du *a* des 1° et 2° du II du présent article sont reversées pour moitié à la section financière dédiée au financement de l'alternance de l'opérateur de compétences de la construction, dans les conditions prévues à l'article L. 6331-39.»

Note • Cet article, dans sa rédaction issue de la loi 2018-771 précitée, est applicable depuis le 01.01.2019 (loi 2018-771 précitée, art. 46, I).

• **Depuis le 01.01.2019.** Par dérogation à cet article, dans sa rédaction issue de la loi 2018-771 précitée, au titre des salaires versés en 2019, le taux de cotisation est fixé:

1° Pour les entreprises dont l'effectif moyen est d'au moins onze salariés:
a) À 0,30 % pour les entreprises relevant du secteur des métiers du bâtiment;
b) À 0,22 % pour les entreprises relevant du secteur des travaux publics.

2° Pour les entreprises dont l'effectif moyen de l'année au titre de laquelle la cotisation est due est inférieur à onze salariés:
a) À 0,30 % pour les entreprises relevant du secteur des métiers du bâtiment;
b) À 0,22 % pour les entreprises relevant du secteur des travaux publics.

Le nombre de salariés pris en compte pour la détermination du taux applicable est celui de l'année au titre de laquelle la cotisation est due (loi 2018-771 précitée, art. 38, III).

• Voir RF 6 janvier 2020, FH 3823, §§ 8-13 et 8-14; RF du 4.02.2021, FH 3877, §§ 9-1 et s.

Art. L. 6331-39. La cotisation ***(L. 2020-1721 du 29 déc. 2020, art. 159, IV, 5°, JO 30, entrée en vigueur au plus tard le 01.01.2022)*** «versée par les entreprises de moins de onze salariés» donne lieu au versement d'acomptes provisionnels dont la périodicité et la quotité sont déterminées par décret en Conseil d'État.

Art. R. 6331-37. La cotisation donne lieu à trois versements d'acomptes provisionnels, les 30 avril, 31 juillet et 31 octobre de chaque année.

Le montant de chaque acompte est égal au quart de la cotisation mise à la charge du redevable au cours de la dernière année au titre de laquelle il a été assujetti. Pour l'année en cours, leur montant est égal au quart de la cotisation évaluée sur la base des rémunérations de l'année précédente calculée selon les modalités prévues à l'article L. 6331-37.

Art. R. 6331-38. La cotisation est liquidée le 31 janvier de l'année suivant le paiement du dernier acompte. Le solde de cotisation exigible est versé à cette date.

Les éventuels trop-perçus sont déduits de l'acompte suivant, sauf si l'entreprise en demande expressément le remboursement. Dans ce cas, le remboursement est réalisé dans le délai de trois mois.

Art. L. 6331-40. **La caisse BTP Prévoyance recouvre *(L. 2020-1721 du 29 déc. 2020, art. 159, IV, 6°, JO 30, entrée en vigueur au plus tard le 01.01.2022)* «pour les entreprises de moins de onze salariés» la cotisation affectée au bénéfice du comité de concertation et de coordination de l'apprentissage du bâtiment et des travaux publics, sous la responsabilité de cet organisme.**

Art. L. 6331-41

À ce titre, l'institution de prévoyance assure la gestion du fichier des entreprises redevables et est chargée de l'émission des bordereaux d'appel de la cotisation et de l'encaissement des versements des entreprises redevables ***(L. 2020-1721 du 29 déc. 2020, art. 159, IV, 6°, JO 30, entrée en vigueur au plus tard le 01.01.2022)*** «de moins de onze salariés».

Art. R. 6331-40. Les entreprises redevables de la cotisation adressent leurs versements à la caisse BTP Prévoyance selon les modalités prévues aux articles R. 6331-37 à R. 6331-39.

Art. R. 6331-41. L'ensemble des opérations liées au recouvrement de la cotisation et au versement de son produit au Comité de concertation et de coordination de l'apprentissage du bâtiment et des travaux publics fait l'objet d'une comptabilité distincte dans les comptes de la caisse BTP Prévoyance.

Art. R. 6331-42. Le produit de la cotisation est versé mensuellement par la caisse BTP Prévoyance au Comité de concertation et de coordination de l'apprentissage du bâtiment et des travaux publics, déduction faite d'un prélèvement de 0,6 % hors cotisations. Ce prélèvement représente les frais engagés par la caisse BTP Prévoyance pour procéder au recouvrement de la cotisation.

Art. L. 6331-41. Le montant de la cotisation constitue une dépense déductible ***(L. 2014-1655 du 29 déc. 2014, art. 19, I, 3°, JO 30)*** «des obligations prévues aux articles ***(L. 2018-771 du 5 sept. 2018, art. 38, I, 2°, JO 6)*** « L. 6331-1 et L. 6331-3» dans des conditions déterminées par un ***(L. 2018-771 du 5 sept. 2018, art. 38, I, 2°, JO 6)*** «décret».»

Note • ***À compter de la date d'entrée en vigueur de l'ordonnance relative à la collecte des contributions des employeurs au titre du financement de la formation professionnelle et de l'apprentissage prévue au I de l'article 41 de la loi 2018-771 précitée, et au plus tard le 01.01.2022,*** *cet article est ainsi rédigé:*

***Art. L. 6331-41.* (L. 2020-1721 du 29 déc. 2020, art. 159, IV, 7°, JO 30, entrée en vigueur au plus tard le 01.01.2022)** *Pour les entreprises de onze salariés et plus, la cotisation est prélevée par France compétences sur les produits de la contribution à la formation professionnelle mentionnée à l'article L. 6331-3. France compétences la reverse respectivement au comité de concertation et de coordination de l'apprentissage du bâtiment et des travaux publics, et à l'opérateur de compétences de la construction en application du III de l'article L. 6331-38.*

• Les dispositions de cet article, dans sa rédaction issue de la loi 2018-771 précitée, sont applicables depuis le 01.01.2019 (loi précitée, art. 46, I).

• Conformément au I de l'article 2 du décret 2018-1344 du 28 décembre 2018, JO 30, entrée en vigueur le 01.01.2019 :

Au titre des salaires versés en 2019, le montant mentionné au III de l'article 38 de la loi 2018-771 précitée de la cotisation est déduit du montant des obligations prévues à l'article L. 6331-3 comme suit pour les entreprises dont l'effectif moyen est d'au moins onze salariés:
1° À 0,30 % des rémunérations mentionnées à l'article L. 6331-37 pour les entreprises relevant du secteur des métiers du bâtiment;
2° À 0,22 % des rémunérations mentionnées à l'article L. 6331-37 pour les entreprises relevant du secteur des travaux publics.

• Les dispositions de cet article, dans sa rédaction issue de la loi 2014-1655 précitée, s'appliquent aux contributions assises sur les rémunérations versées depuis le 01.01.2015 (loi précitée, art. 19, II). Voir RF, FH 3576 du 8 janvier 2015, § 5-62.

Art. L. 6331-42. La caisse BTP Prévoyance met en œuvre toute action précontentieuse ou contentieuse relative au recouvrement de la cotisation à l'encontre des entreprises redevables défaillantes.

À défaut, le recouvrement de cette cotisation est opéré selon les règles ainsi que sous les sûretés, garanties et sanctions applicables aux taxes sur le chiffre d'affaires telles qu'elles sont prévues par l'article L. 137-4 du code de la sécurité sociale pour ***(L. 2011-1906 du 21 déc. 2011, art. 12, JO 22)*** «les contributions mentionnées au chapitre VII du titre III du livre Ier» du même code.

Art. L. 6331-43. Le comité de concertation et de coordination de l'apprentissage du bâtiment et des travaux publics est constitué sous la forme d'une association régie par la loi du 1er juillet 1901 relative au contrat d'association.

Il est géré paritairement par les organisations syndicales d'employeurs et de salariés représentatives au plan national du bâtiment et des travaux publics.

Art. L. 6331-44. Les statuts du comité de concertation et de coordination de l'apprentissage du bâtiment et des travaux publics sont élaborés par les organisations syndicales d'employeurs et de salariés représentatives au plan national du bâtiment et des travaux publics.

Les frais de gestion correspondant aux missions de ce comité ainsi que les dépenses liées à la gestion du paritarisme au sein de l'organisme sont respectivement fixés par arrêté conjoint des ministres chargés de la formation professionnelle et de l'éducation nationale, dans la limite d'un plafond déterminé en pourcentage de la collecte annuelle encaissée par l'association.

Art. L. 6331-45. Le comité de concertation et de coordination de l'apprentissage du bâtiment et des travaux publics est soumis au contrôle économique et financier de l'État.

Art. R. 6331-44. Un commissaire du Gouvernement auprès du Comité de concertation et de coordination de l'apprentissage du bâtiment et des travaux publics est désigné par le ministre chargé de l'éducation nationale en accord avec les ministres chargés de l'équipement, du logement et de la formation professionnelle.

Art. R. 6331-45. Le contrôleur général économique et financier de l'État auprès du Comité de concertation et de coordination de l'apprentissage du bâtiment et des travaux publics est compétent pour contrôler l'ensemble des opérations relatives à la collecte et au recouvrement de la cotisation instituée au profit de ce comité, y compris lorsque ces opérations sont assurées par la caisse BTP Prévoyance.

Art. R. 6331-46. Un compte rendu annuel d'activités et des sommes consacrées à la prise en charge des dépenses mentionnées au 5° de l'article L. 6331-6 est adressé au commissaire du Gouvernement et au contrôleur général économique et financier de l'État placés auprès du Comité de concertation et de coordination de l'apprentissage du bâtiment et des travaux publics.

Art. L. 6331-47. Un décret en Conseil d'État détermine les conditions d'application de la présente sous-section.

Sous-section 2. Travailleurs indépendants, membres des professions libérales et professions non salariées

Note Ces articles ont été introduits par la loi du 31 décembre 1991 qui a prévu des contributions pour le financement de la formation des chefs d'entreprise et des non-salariés. Ainsi, depuis le 1er janvier 1992, les travailleurs indépendants, les membres des professions libérales et des professions non salariées, y compris ceux n'employant aucun salarié, consacrent obligatoirement au financement de cette formation une contribution égale au moins à 0,25 % du montant annuel du plafond de la sécurité sociale (pourcentage issu de la loi 2012-958 du 16 août 2012, JO 17).

Depuis le 1er janvier 2018, les TNS – travailleurs indépendants, membres des professions libérales et des professions non salariées, leurs conjoints collaborateurs et artistes auteurs – ouvrent droit au CPA (compte personnel d'activité) et commencent à acquérir des droits du CPF (compte personnel de formation) et au CEC (compte d'engagement citoyen).

Art. L. 6331-48. ***(L. 2016-1088 du 8 août 2016, art. 41, I, 1°, JO 9, entrée en vigueur le 01.01.2018)*** Les travailleurs indépendants, y compris ceux n'employant aucun salarié, consacrent chaque année au financement des actions définies à l'article L. 6331-1 du présent code :

1° Une contribution qui ne peut être inférieure à 0,25 % du montant annuel du plafond de la sécurité sociale pour les personnes ***(L. 2016-1827 du 23 déc. 2016, art. 50, III, 1°, JO 24)*** « mentionnées au premier alinéa, à l'exception de celles mentionnées au 2° du présent article ». Ce taux est porté à 0,34 % lorsque ces personnes bénéficient du concours de leur conjoint collaborateur dans les conditions prévues au premier alinéa du I de l'article L. 121-4 du code de commerce ;

2° Une contribution égale à 0,29 % du montant annuel du plafond de la sécurité sociale pour les personnes ***(L. 2016-1827 du 23 déc. 2016, art. 50, III, 2°, JO 24)*** « immatriculées au répertoire des métiers » dont :

a) Une fraction correspondant à 0,12 point est affectée, en application de l'article L. 6331-50 du présent code, aux chambres mentionnées au a de l'article 1601 du code général des impôts pour le financement d'actions de formation au sens des articles L. 6313-1 à L. 6313-11 et L. 6353-1 du présent code. Ces actions de formation font l'objet d'une comptabilité analytique et sont gérées sur un compte annexe ;

b) Une fraction correspondant à 0,17 point est affectée, en application de l'article L. 6331-50, au fonds d'assurance-formation des chefs d'entreprise mentionné au III de l'article 8 de l'ordonnance n° 2003-1213 du 18 décembre 2003 relative aux mesures de simplification des formalités concernant les entreprises, les travailleurs indépendants, les associations et les particuliers employeurs.

Art. L. 6331-48

Les travailleurs indépendants ***(Ord. 2018-470 du 12 juin 2018, art. 1er, II, I, JO 13)*** «mentionnés ***(L. 2020-1721 du 29 déc. 2020, art. 159, IV, 8°, JO 30)*** «aux articles L. 613-7 et L. 642-4-2» du code de la sécurité sociale consacrent chaque année au financement des actions définies à l'article L. 6313-1 du présent code, en sus des cotisations et contributions acquittées au titre de ce régime, une contribution égale à 0,1 % du montant annuel de leur chiffre d'affaires pour ceux mentionnés au 1° du présent article qui relèvent de la première catégorie définie au dernier alinéa du 1 de l'article 50-0 du code général des impôts, à 0,2 % du montant annuel de leur chiffre d'affaires pour les autres travailleurs indépendants mentionnés au même 1° et à 0,3 % du montant annuel de leur chiffre d'affaires pour les travailleurs indépendants mentionnés au 2° du présent article. Pour cette dernière catégorie, la contribution est répartie dans les conditions mentionnées au même 2°, au prorata des valeurs qui y sont indiquées.

Un décret en Conseil d'État détermine les modalités de mise en œuvre du présent article.

Note • Le 1er alinéa de cet article a été modifié par la loi 2019-1479 du 28 décembre 2019, art. 275, I, 1°, JO 29, entrée en vigueur le 01.01.2020.

• Conformément au VII de l'article 41 de la loi 2016-1088 précitée modifié par le II de l'article 38 de la loi 2018-771 du 5 septembre 2018, JO 6 :

Par dérogation à l'article L. 6331-51 CT, la contribution prévue au 2° de cet article est due en 2019 pour les personnes immatriculées au répertoire des métiers pour le financement des droits à la formation des années 2019 et 2020. Elle fait l'objet de deux versements qui s'ajoutent à l'échéance provisionnelle des cotisations et contributions sociales des mois de février et novembre 2019 ou aux cotisations des mois de février et octobre 2019 pour les chefs d'entreprise mentionnés au deuxième alinéa de l'article L. 6331-51 CT.

Par dérogation à l'article L. 225-1-4 c. séc. soc. et pour les besoins de ce transfert, l'Agence centrale des organismes de sécurité sociale peut consentir en 2018, contre rémunération, des avances aux organismes mentionnés au 2° de cet article dans la limite du montant prévisionnel des flux financiers de l'année en cours ainsi que du plafond individuel de l'année précédente prévu à l'article L. 6331-50 CT applicable aux chambres mentionnées au *a* de l'article 1601 CGI.

• Le *a* du 2° de cet article a été modifié par la loi 2016-1917 du 29 décembre 2016, art. 103, III, JO 30, entrée en vigueur le 01.01.2018.

• Les dispositions de cet article, dans sa rédaction issue de la loi 2016-1827 précitée, s'appliquent aux travailleurs indépendants créant leur activité depuis le 01.01.2018 (loi précitée, art. 50, X).

• Cet article s'applique à la contribution à la formation professionnelle due par les travailleurs indépendants pour les périodes courant depuis le 01.01.2018 (loi 2016-1088 précitée, art. 41, VII).

• **Alinéas 1 et 2.** Le montant des acomptes à verser aux fonds de l'assurance formation (FAF) de non-salariés au titre de la contribution afférente à l'année 2017 (conformément aux articles L. 6331-50, 51 et 52 CT) a été fixé par arrêté du 19 juillet 2017 (JO 27).

Les montants à verser aux FAF de non-salariés au titre de la contribution afférente aux soldes de l'année 2016 et aux acomptes de l'année 2017 (conformément aux articles L. 6331-50, 51 et 52 CT) ont été fixés par arrêté du 23 janvier 2018 (JO 2 févr.).

• **Alinéa 3.** L'article 25 de la loi 2014-626 du 18 juin 2014 s'applique aux cotisations et contributions de sécurité sociale dues au titre des périodes courant depuis le 01.01.2015.

Les montants à verser aux FAF de non-salariés au titre de la contribution afférente à l'année 2017 (conformément aux articles L. 6331-50, 51 et 52 CT) ont été fixés par arrêté du 26 mars 2018 (JO 13 avril).

• **Conséquence de l'ouverture du CPF aux non-salariés.** Le compte personnel de formation (CPF) est étendu depuis le 1er janvier 2018 aux travailleurs indépendants, membres d'une profession libérale ou d'une profession non salariée ou conjoints collaborateurs (voir art. L. 6323-2 CT) et aux artistes auteurs (voir art. L. 6323-25 CT). À l'occasion de l'édiction des règles du CPF pour les non-salariés, le législateur a apporté des clarifications au régime juridique de la CFP pour le rendre plus intelligible et a unifié son recouvrement, hors agriculture et pêche, sous l'égide de l'URSSAF (voir art. L. 6331-51 CT).

• **Chefs d'entreprise artisanale assimilés salariés.** Sur la fin de la double cotisation, voir RF 6 janvier 2020, FH 3823, § 8-12.

• Sur la détermination, à titre transitoire, pour la contribution mentionnée à cet article, des sommes versées en 2019 à France compétences, destinées à financer le compte personnel de formation et le conseil en évolution professionnelle en 2020, voir arrêté du 27 janvier 2020 (JO 31).

Art. R. 6331-47. La contribution prévue à l'article L. 6331-48 est due par les personnes non salariées, à l'exception de celles dont la rémunération ne peut être prise en compte pour la détermination du montant des salaires, entendu au sens du 1 de l'article 231 du code général des impôts, ***(D. 2020-1739 du 29 déc. 2020, JO 30)*** « mentionnées au premier alinéa de l'article L. 6331-48 et à l'article L. 6331-53 ».

Ces personnes ne peuvent bénéficier du droit à la formation professionnelle continue que si elles sont à jour du paiement de cette contribution.

Art. L. 6331-48-1. ***(L. 2014-626 du 18 juin 2014, art. 30, JO 19)*** Les travailleurs indépendants mentionnés ***(L. 2016-1088 du 8 août 2016, art. 41, I, 2°, JO 9, entrée en vigueur le 01.01.2018)*** « à l'avant-dernier » alinéa de l'article L. 6331-48 qui ont déclaré un montant de chiffre d'affaires ou de recettes nul pendant une période de douze mois civils consécutifs précédant le dépôt de la demande de prise en charge de la formation ne peuvent bénéficier du droit prévu à l'article L. 6312-2.

Note Les dispositions de cet article, dans sa rédaction issue de la loi 2016-1088 précitée, s'appliquent à la contribution à la formation professionnelle due par les travailleurs indépendants pour les périodes courant depuis le 01.01.2018 (loi précitée, art. 41, VII).

Art. L. 6331-50. ***(L. 2017-1837 du 30 déc. 2017, art. 44, V, JO 31)*** La contribution mentionnée au 1° de l'article L. 6331-48 est versée à un fonds d'assurance-formation de non-salariés.

La contribution mentionnée au *a* du 2° du même article L. 6331-48 est affectée aux chambres mentionnées au *a* de l'article 1601 du code général des impôts, dans la limite d'un plafond individuel fixé de façon à respecter le plafond général prévu au I de l'article 46 de la loi n° 2011-1977 du 28 décembre 2011 de finances pour 2012 pour les actions de formation financées par les chambres de métiers et de l'artisanat.

Ce plafond individuel est obtenu, pour chacun de ces bénéficiaires, en répartissant le montant prévu au même I *au prorata* des appels des contributions mentionnées au deuxième alinéa du présent article émis l'année directement antérieure auprès des travailleurs indépendants situés dans le ressort géographique de chaque bénéficiaire.

La contribution mentionnée au *b* du 2° de l'article L. 6331-48 est affectée au fonds d'assurance formation des chefs d'entreprise mentionné au III de l'article 8 de l'ordonnance n° 2003-1213 du 18 décembre 2003 relative aux mesures de simplification des formalités concernant les entreprises, les travailleurs indépendants, les associations et les particuliers employeurs.

Les sommes excédant les plafonds mentionnés aux deuxième et cinquième alinéas du présent article sont reversées au budget général de l'État avant le 31 décembre de chaque année.

Note
- Le 4e alinéa de cet article a été supprimé par la loi 2019-1479 du 28 décembre 2019, art. 275, I, 2°, JO 29, entrée en vigueur le 01.01.2020.
- Voir note sous article L. 6331-48.
- Par dérogation au II de l'article 46 de la loi 2011-1977 précitée, le plafond du tableau du I du même article 46, mentionné à l'article L. 6331-50 CT, ne porte pas, en 2019, sur les encaissements relatifs à la contribution due pour le financement des droits à la formation de l'année 2020 prévue au troisième alinéa du VII de l'article 41 de la loi 2016-1088 du 8 août 2016 relative au travail, à la modernisation du dialogue social et à la sécurisation des parcours professionnels dans sa rédaction résultant de la loi 2018-771 du 5 septembre 2018 pour la liberté de choisir son avenir professionnel (loi 2018-1317 du 28 décembre 2018, art. 83, XII, JO 30).

Art. L. 6331-51. ***(L. 2016-1088 du 8 août 2016, art. 41, I, 4°, JO 9, entrée en vigueur le 01.01.2018)*** Les contributions prévues à l'article L. 6331-48, à l'exception de celle mentionnée à l'avant-dernier alinéa, sont recouvrées et contrôlées selon les règles et sous les garanties et sanctions applicables au recouvrement des cotisations ***(L. 2017-1836 du 30 déc 2017, art. 15, X, JO 31)*** « du régime général dues par les assujettis concernés ». Elles font l'objet d'un versement unique s'ajoutant à l'échéance provisionnelle des cotisations et contributions sociales du mois de novembre de l'année au titre de laquelle elles sont dues.

Les versements de la contribution mentionnée à l'avant-dernier alinéa de l'article L. 6331-48 du présent code sont effectués suivant la périodicité, selon les règles et sous les garanties et sanctions applicables au recouvrement des cotisations et contributions de sécurité sociale mentionnées à l'article ***(Ord. 2018-470 du 12 juin 2018, art. 1er, II, A, 4°, JO 13)*** « L. 613-7 » du code de la sécurité sociale.

Art. L. 6331-52

Les organismes chargés du recouvrement reversent le montant de leur collecte aux fonds d'assurance formation de non-salariés, agréés à cet effet par l'État et aux organismes mentionnés au a de l'article 1601 du code général des impôts, dans des conditions déterminées par décret en Conseil d'État. Ce décret prévoit les modalités de fixation des frais afférents au recouvrement et au reversement de la contribution mentionnée à l'article L. 6331-48 du présent code.

Les règles applicables en cas de contentieux sont ***(Ord. 2018-358 du 16 mai 2018, JO 17, entrée en vigueur au plus tard le 01.01.2019)*** «celles du ***(L. 2019-222 du 23 mars 2019, art. 96, V, JO 24)*** «contentieux» de la sécurité sociale».

Note • Le 2e alinéa de cet article a été supprimé par la loi 2019-1479 du 28 décembre 2019, art. 275, I, 3°, JO 29, entrée en vigueur le 01.01.2020. Voir RF 6 janvier 2020, FH 3823, § 8-12.

• Les dispositions de cet article, dans sa rédaction issue de la loi 2019-222 précitée, sont applicables aux recours préalables et aux recours juridictionnels introduits à compter d'une date fixée par décret en Conseil d'État, et au plus tard le 1er janvier 2020 (loi précitée, art. 96, VII).

• Cet article s'applique à la contribution à la formation professionnelle due par les travailleurs indépendants pour les périodes courant depuis le 01.01.2018 (loi 2016-1088 précitée, art. 41, VII).

• **Versement unique de la CFP à l'URSSAF depuis 2017.** La CFP fait l'objet d'un versement unique s'ajoutant à l'échéance provisionnelle des cotisations et contributions sociales du mois de novembre de l'année au titre de laquelle elles sont dues: la CFP est recouvrée, hors agriculture et pêche, par l'URSSAF.

Auparavant, le recouvrement de la CFP était assuré par plusieurs organismes, en fonction du statut de celui qui l'acquitte. L'URSSAF par délégation du régime social des indépendants (RSI) la collectait pour les commerçants, le Trésor public s'en chargeait pour les artisans, tout comme l'URSSAF pour les professions libérales. Pour les exploitants agricoles, le recouvrement relevait des caisses de la mutualité sociale agricole (MSA).

Voir note sous article L. 6331-48.

Art. L. 6331-52. Les organismes chargés du recouvrement ***(L. 2010-1657 du 29 déc. 2010, art. 137, JO 30)*** «des contributions prévues à l'article L. 6331-48» peuvent percevoir des frais de gestion dont les modalités et le montant sont déterminés par arrêté conjoint du ministre chargé de la sécurité sociale et du ministre chargé de la formation professionnelle.

Note S'agissant des contributions à verser, voir note sous art. L. 6331-48 CT. S'agissant des frais de gestion visés à cet article (2,5 %), voir arrêtés du 10 décembre 1996 (JO 19) et du 28 juillet 2017 (JO 2 août).

Art. L. 6331-53. Les travailleurs indépendants de la pêche maritime et les employeurs de pêche maritime de moins de ***(L. 2015-1785 du 29 déc. 2015, art. 15, II, JO 30)*** «onze» salariés ainsi que les travailleurs indépendants et les employeurs de cultures marines de moins de ***(L. 2015-1785 du 29 déc. 2015, art. 15, II, JO 30)*** «onze» salariés affiliés au régime social des marins et, le cas échéant, leurs conjoints, partenaires liés par un pacte civil de solidarité ou concubins, collaborateurs ou associés, consacrent chaque année, pour le financement de leurs propres actions de formation, telles que définies à l'article L. 6313-1, une contribution qui ne peut être inférieure à 0,15 % du montant annuel du plafond de la sécurité sociale.

Cette contribution est directement recouvrée en une seule fois et contrôlée par ***(L. 2014-1554 du 22 déc. 2014, art. 30, III, 2°, JO 24, entrée en vigueur le 01.01.2016)*** «l'organisme ***(L. 2015-1702 du 21 déc. 2015, art. 16, II, 2°, JO 22)*** «mentionné à l'article L. 213-4 du code de la sécurité sociale», selon les règles et sous les garanties et sanctions applicables au recouvrement des cotisations dues au titre du régime de protection sociale maritime.

S'agissant des chefs d'entreprise de pêche maritime et des travailleurs indépendants du même secteur, ***(L. 2014-1554 du 22 déc. 2014, art. 30, III, 2°, JO 24, entrée en vigueur le 01.01.2016)*** «l'organisme ***(L. 2015-1702 du 21 déc. 2015, art. 16, II, 2°, JO 22)*** «mentionné à l'article L. 213-4 du code de la sécurité sociale» reverse le montant annuel de la collecte de la contribution prévue au premier alinéa à l'***(L. 2018-771 du 5 sept. 2018, art. 45, II, JO 6)*** «opérateur de compétences» à cet effet, dans les conditions déterminées par décret en Conseil d'État.

S'agissant des chefs d'entreprise de cultures marines et des travailleurs indépendants du même secteur et, le cas échéant, de leurs conjoints collaborateurs ou associés, la caisse de mutualité sociale agricole reverse le montant de leur collecte à l'***(L. 2018-771 du 5 sept. 2018, art. 45, II, JO 6)*** «opérateur de compétences» mentionné au troisième alinéa.

Note • Sur la détermination, à titre transitoire, pour la contribution mentionnée à cet article, des sommes versées en 2019 à France compétences, destinées à financer le compte personnel de formation et le conseil en évolution professionnelle en 2020, voir arrêté du 27 janvier 2020 (JO 31).

• Les dispositions de cet article, dans sa rédaction issue de la loi 2018-771 précitée, sont applicables depuis le 01.01.2019 (loi précitée, art. 46, I).

• Voir arrêté du 18 février 2013 (JO 13 mars) fixant les modalités de reversement de la contribution de formation professionnelle prévue à cet article.

• La formation professionnelle est d'application générale pour tous les travailleurs indépendants, notamment pour les marins-pêcheurs qui ont cette qualité (cass. soc. 5 mars 1998, n° 96-18.586, BC V n° 122; RJS 4/98 n° 544).

Art. R. 6331-48. La contribution prévue à l'article L. 6331-53 est due au titre de la participation au développement de la formation professionnelle continue des travailleurs indépendants et des employeurs de la pêche maritime de moins de ***(D. 2017-249 du 27 févr. 2017, JO 28)*** «onze» salariés ainsi que des travailleurs indépendants et des employeurs de cultures marines de moins de ***(D. 2017-249 du 27 févr. 2017, JO 28)*** «onze» salariés.

Cette disposition s'applique également aux conjoint, partenaire lié par un pacte civil de solidarité ou concubin des personnes mentionnées au premier alinéa, s'ils sont leurs collaborateurs ou associés.

Ces personnes ne peuvent bénéficier du droit à la formation professionnelle continue que si elles sont à jour du paiement de cette contribution.

Art. R. 6331-49. Les personnes mentionnées à l'article R. 6331-48 adhèrent à l'***(L. 2018-771 du 5 sept. 2018, art. 45, II, JO 6)*** «opérateur de compétences» mentionné au troisième alinéa de l'article L. 6331-53.

Art. R. 6331-50. L'agrément de l'***(L. 2018-771 du 5 sept. 2018, art. 45, II, JO 6)*** «opérateur de compétences» mentionné au troisième alinéa de l'article L. 6331-53 est prononcé par arrêté conjoint des ministres chargés de la formation professionnelle, des gens de mer et de la pêche maritime.

Art. R. 6331-51. L'agrément peut être retiré par arrêté conjoint des ministres chargés de la formation professionnelle, des gens de mer et de la pêche maritime lorsque les dispositions légales applicables à l'organisme ou les conditions particulières prévues le cas échéant par l'agrément ne sont pas respectées.

La décision de retrait intervient après que l'organisme gestionnaire a été appelé à s'expliquer.

Art. R. 6331-52. La contribution prévue au premier alinéa de l'article L. 6331-53 est reversée à l'***(L. 2018-771 du 5 sept 2018, art. 45, II, JO 6)*** «opérateur de compétences» avant le premier mois de l'année suivant celle du recouvrement.

Art. R. 6331-53. Les modalités du reversement prévu à l'article R. 6331-52 sont précisées par arrêté conjoint des ministres chargés de la formation professionnelle, des gens de mer et de la pêche maritime.

Note • Cet article a été modifié par le décret 2020-1739 du 29 décembre 2020, JO 30.

• Voir arrêté du 18 février 2013 (JO 13 mars) fixant les modalités de reversement de la contribution de formation professionnelle prévue à l'article L. 6331-53.

Art. R. 6331-54. L'***(L. 2018-771 du 5 sept. 2018, art. 45, II, JO 6)*** «opérateur de compétences» désigne en son sein une section particulière.

Cette section est gérée par les organisations syndicales représentatives des travailleurs indépendants et des employeurs de la pêche maritime et des cultures marines.

Sous-section 3 (réglementaire). **Travailleurs indépendants du secteur artisanal**

Note Cette sous-section a été introduite par le décret 2012-528 du 19 avril 2012, JO 21.

§ 1. Fonds d'assurance formation des chefs d'entreprise artisanale

Art. R. 6331-55. I. – Le fonds d'assurance formation des chefs d'entreprise exerçant une activité artisanale créé en application de l'article 8 de l'ordonnance n° 2003-1213 du 18 décembre 2003 a pour mission d'organiser, de développer et de promouvoir la formation de ces chefs d'entreprise ainsi que celle de leurs conjoints collaborateurs ou associés, de leurs auxiliaires familiaux et, pour l'exercice de leurs responsabilités, de ceux d'entre eux qui ont la qualité d'élus des organisations professionnelles. Il participe au financement de cette formation.

II. – Ce fonds est constitué sous forme d'une association régie par la loi du 1er juillet 1901 et placé sous la tutelle du ministre chargé de l'artisanat.

III. – Le fonds est habilité par arrêté conjoint du ministre chargé de l'artisanat et du ministre chargé de la formation professionnelle après vérification de la conformité de son statut et de son règlement intérieur aux dispositions législatives et réglementaires en vigueur.

En cas de modification de ce statut ou de ce règlement, une nouvelle habilitation est requise.

(D. 2015-254 du 3 mars 2015, JO 5) « IV. – En cas de non-respect des dispositions législatives et réglementaires applicables, l'habilitation peut être retirée par arrêté conjoint des autorités mentionnées au III. Préalablement à cette décision, le conseil d'administration du fonds est informé et appelé à présenter ses observations.

Cet arrêté est motivé et précise la date à laquelle il prend effet ainsi que les modalités de dévolution des biens du fonds dans les conditions prévues à l'article R. 6331-63. Il fait l'objet d'une publication au *Journal officiel* de la République française.

V. – L'acte constitutif du fonds détermine son champ professionnel par référence à la nomenclature des activités françaises de l'artisanat. »

Art. R. 6331-56. Le fonds d'assurance formation des chefs d'entreprise exerçant une activité artisanale est administré par un conseil d'administration et dirigé par un directeur général, nommé par le conseil d'administration.

Art. R. 6331-57. Le conseil d'administration du fonds définit les priorités de financement de la formation professionnelle des bénéficiaires mentionnés à l'article R. 6331-55 dans le respect des conditions fixées par les dispositions du chapitre III du titre Ier du présent livre ***(D. 2019-1143 du 7 nov. 2019, art. 2, JO 8)*** « et de l'article L. 6353-1 ». Il détermine les critères et les modalités de prise en charge des actions de formation financées par le fonds. ***(D. 2015-254 du 3 mars 2015, JO 5)*** « Le fonds rend publiques ces informations. »

Il fixe les principes de gestion et les règles de procédure applicables au financement des actions de formation. Il contrôle leur mise en œuvre.

Il décide des actions d'information, de sensibilisation et de conseil des bénéficiaires mentionnés à l'article R. 6331-55 relatives aux besoins et aux moyens de formation.

Art. R. 6331-58. Le fonds respecte le principe d'égalité de traitement des ressortissants du fonds, et des prestataires de formation ou d'actions entrant dans le champ d'application des titres Ier et III du livre troisième de la sixième partie du présent code. Le conseil d'administration veille à ce que l'allocation des financements tienne compte des besoins de formation des différents métiers représentés au sein du fonds.

(D. 2015-254 du 3 mars 2015, JO 5) « Le fonds établit, en coordination avec ***(D. 2019-56 du 30 janv. 2019, art. 8, JO 31)*** « CMA France », la liste relative à la nature des actions de formation finançables par le fonds. Cette liste est rendue publique auprès des bénéficiaires mentionnés à l'article R. 6331-55 et est établie de manière à rendre impossible tout cofinancement d'une même action de formation par le fonds d'assurance formation des chefs d'entreprise artisanale et par les conseils de la formation institués auprès des chambres de métiers et de l'artisanat de niveau régional.

Le fonds crée un site internet dédié proposant un service dématérialisé de traitement des demandes de financement des formations professionnelles.

Ce site internet présente des éléments comptables et extra-comptables du fonds. Il comporte notamment au sein de rubriques dédiées et identifiables :

1° La liste relative à la nature des actions de formation financées par le fonds prévue au deuxième alinéa du présent article ;

2° Les priorités de financement et les critères et modalités de prise en charge des actions de formation prévues à l'article R. 6331-57 ;

3° Les comptes annuels du fonds et le rapport du commissaire aux comptes, sans préjudice de l'application des dispositions de l'article L. 612-4 du code de commerce ;

4° Le bilan annuel quantitatif et financier de l'activité du fonds qui présente :

– l'état des ressources et la répartition des dépenses ;

– la typologie des entreprises et des stagiaires qui bénéficient d'un financement du fonds ;

– la typologie des actions de formation financées par le fonds ;

– la formation des élus des organisations professionnelles ;

5° Le bilan annuel détaillé qualitatif et financier des actions prévues au *b* de l'article R. 6331-60 du code du travail.

Les rubriques 1° et 2° sont actualisées dans les quinze jours suivant la modification de l'une de ces informations.

Les rubriques 3°, 4° et 5° relatives à un exercice sont mises en ligne au plus tard le 30 juin de l'exercice suivant. Ces informations portant sur les cinq derniers exercices sont consultables sur le site internet du fonds. »

Art. R. 6331-59. ***(D. 2015-254 du 3 mars 2015, JO 5)*** « I. – » Les statuts et le règlement intérieur du fonds fixent la composition du conseil d'administration, les modalités et les conditions de désignation ou de radiation de ses membres ainsi que ses règles de fonctionnement. Ils peuvent prévoir la mise en place de commissions dont les membres sont nommés par le conseil d'administration.

(D. 2015-254 du 3 mars 2015, JO 5) « II. – » Le président du conseil d'administration est élu par ce conseil.

(D. 2015-254 du 3 mars 2015, JO 5) « III. – » Les membres du conseil d'administration doivent être des chefs d'entreprise en activité exerçant une activité artisanale ou des conjoints collaborateurs ou associés en activité au moment de leur désignation. Ils doivent être à jour de leurs cotisations sociales et fiscales. La cessation d'activité entraîne obligatoirement le remplacement au sein du conseil.

(D. 2015-254 du 3 mars 2015, JO 5) « IV. – Nul ne peut être salarié du fonds s'il est administrateur ou salarié dans un établissement de formation, un établissement bancaire ou un organisme de crédit.

Le cumul des fonctions d'administrateur du fonds avec celles de salarié ou d'administrateur d'un établissement de formation, d'un établissement bancaire ou d'un organisme de crédit doit être porté à la connaissance du conseil d'administration du fonds ainsi qu'à celle du commissaire aux comptes qui établit, s'il y a lieu, un rapport spécial.

Le directeur et le personnel du fonds ne peuvent être membres d'une des organisations professionnelles administrant le fonds.

V. – Le directeur général du fonds peut procéder à des vérifications auprès des organismes de formation *(D. 2016-480 du 18 avril 2016, JO 20)* « et des bénéficiaires mentionnés au I de l'article R. 6331-55 » pour s'assurer de la bonne exécution des prestations pour lesquelles une prise en charge est demandée au fonds. »

Art. R. 6331-60. I. – Les ressources du fonds d'assurance formation des chefs d'entreprise exerçant une activité artisanale, lorsqu'elles proviennent des contributions mentionnées *(D. 2020-1739 du 29 déc. 2020, JO 30)* « au *b* du 2° de l'article L. 6331-48 », assurent le financement :

a) Des actions de formations *(D. 2020-1739 du 29 déc. 2020, JO 30)* « mentionnées aux 1°, 2° et 3° de » l'article L. 6313-1, et notamment de celles qui permettent l'accès à la qualification professionnelle au sens de l'article L. 6314-1, et la prise en charge des frais de transport et d'hébergement des stagiaires ;

b) Des actions d'information, de sensibilisation et de conseil des chefs d'entreprise exerçant une activité artisanale, de leurs conjoints collaborateurs ou associés et de leurs auxiliaires familiaux relatives aux besoins et aux moyens de formation. La mise en œuvre de ces actions par des prestataires extérieurs est subordonnée à la conclusion d'une convention approuvée par le conseil d'administration ;

c) Des frais de gestion du fonds. Cette gestion ne peut pas être confiée à un établissement de formation, à un établissement bancaire, à un organisme de crédit ou à une organisation professionnelle ;

d) De la formation des élus des organisations professionnelles *(D. 2020-1739 du 29 déc. 2020, JO 30)* « dans le cadre de leur mandat au sein du fonds » ;

e) Le cas échéant, des indemnités pour perte de ressources allouées aux membres du conseil d'administration et aux membres des commissions mentionnées à l'article R. 6331-59.

II. – L'agrément financier d'une formation par le fonds ne peut être délivré plus de trois mois avant le début du stage. Il est soumis obligatoirement à l'identification du stagiaire qui se matérialise par une inscription formelle.

Le niveau de prise en charge des actions de formation est déterminé de manière à permettre le caractère effectif de celle-ci pendant la durée de l'exercice. Il fait, le cas échéant, l'objet d'ajustements en cours d'année à cette fin.

III. – Les dépenses sont engagées à concurrence de la totalité de la *(D. 2020-1739 du 29 déc. 2020, JO 30)* « part de la contribution perçue au titre du *b* du 2° de l'article L. 6331-48 » en appliquant le principe de la mutualisation au premier euro dès réception des dossiers complets dans les conditions prévues à l'article R. 6331-58 et au II ci-dessus. Les paiements sont effectués après exécution des prestations et réception des justificatifs probants, et notamment les attestations de présence et les feuilles d'émargement signées par les stagiaires.

Les dépenses mentionnées aux *b*, *c*, *d* et *e* du I ci-dessus ne peuvent excéder un plafond fixé par arrêté du ministre chargé de l'artisanat *(D. 2020-1739 du 29 déc. 2020, JO 30)* « et du ministre chargé de la formation professionnelle ».

Art. R. 6331-61. *(D. 2015-254 du 3 mars 2015, JO 5)* Le fonds d'assurance formation des chefs d'entreprise exerçant une activité artisanale ne peut posséder d'autres biens, meubles et immeubles, que ceux qui sont nécessaires à son fonctionnement.

Art. R. 6331-62. *(D. 2015-254 du 3 mars 2015, JO 5)* « I. – » Toutes les sommes destinées au fonds d'assurance formation des chefs d'entreprise exerçant une activité artisanale sont versées *(D. 2020-1739 du 29 déc. 2020, JO 30)* « à France compétences au plus tard le 1er mars de l'année qui suit le recouvrement de la contribution prévue à l'article L. 6331-48, accompagnés d'un état de collecte permettant à France compétences d'assurer la répartition entre les attributaires et l'affectation au fonds d'assurance formation à chaque versement ».

(D. 2015-254 du 3 mars 2015, JO 5) « II. – » Les intérêts produits par les sommes placées à court terme ont le même caractère que les sommes dont ils sont issus. Ils sont soumis aux mêmes conditions d'utilisation et à la même procédure de contrôle.

(D. 2015-254 du 3 mars 2015, JO 5) « III. – » Les disponibilités, au sens de l'article R. 6332-29, dont le fonds peut disposer au 31 décembre d'un exercice ne peuvent excéder le tiers du montant des charges comptabilisées au cours dudit exercice, à l'exception des dotations aux amortissements, des dépréciations et des provisions autres que celles relatives à un contentieux engagé avec un organisme de formation.

(D. 2018-1209 du 21 déc. 2018, art. 1er, 2°, a), JO 23, entrée en vigueur le 01.01.2019) « N'entrent pas dans le calcul des disponibilités les contributions à la formation versée en année N permettant de financer les formations réalisées en année N+1. »

En cas d'excédent, celui-ci est reversé ***(D. 2020-372 du 30 mars 2020, art. 10, JO 31)*** « à France compétences » ***(D. 2016-480 du 18 avril 2016, JO 20)*** « avant le 30 avril de l'année suivant la clôture de l'exercice. »

IV. – La comptabilité du fonds est tenue par référence au plan comptable applicable aux organismes collecteurs paritaires mentionnés à l'article ***(D. 2018-1209 du 21 déc. 2018, art. 1er, 2°, a), JO 23, entrée en vigueur le 01.01.2019)*** « R. 6332-34 ». Elle est certifiée par un commissaire aux comptes en application des dispositions prévues aux articles L. 612-1 à L. 612-5 du code du commerce.

Les pièces justificatives des recettes et des dépenses sont transmises, à leur demande, aux autorités de tutelle ou de contrôle.

V. – Le fonds d'assurance formation transmet au ministre chargé de l'artisanat ***(D. 2020-1739 du 29 déc. 2020, JO 30)*** « et au ministre chargé de la formation professionnelle », après validation de son conseil d'administration et au plus tard le 30 juin de l'année suivant la clôture de l'exercice, la liste des éléments comptables et extra-comptables comprenant notamment :

1° Un état comportant les renseignements statistiques et financiers permettant de suivre son fonctionnement, la réalisation des programmes d'intervention et l'emploi des fonds collectés. ***(D. 2020-1739 du 29 déc. 2020, JO 30)*** « La liste de ces informations est fixée par arrêté du ministre chargé de la formation professionnelle. »

2° Un bilan et un compte de résultat certifié par le commissaire aux comptes ;

3° Un rapport présentant les principales orientations de son activité.

Les procès-verbaux des conseils d'administration du fonds sont transmis au ministre chargé de l'artisanat ***(D. 2020-1739 du 29 déc. 2020, JO 30)*** « et au ministre chargé de la formation professionnelle » dans les quinze jours qui suivent la date de leur validation par le conseil d'administration.

Art. R. 6331-63. En cas de cessation d'activité du fonds d'assurance formation des chefs d'entreprise exerçant une activité artisanale, ses biens sont dévolus, sous réserve des dispositions de l'article 2 du décret n° 2007-1268 du 24 août 2007, à d'autres fonds d'assurance formation désignés par le conseil d'administration ou, à défaut, à l'État. La dévolution des biens, des droits et des obligations à d'autres fonds d'assurance formation est soumise à l'accord préalable conjoint du ministre chargé de l'artisanat et du ministre chargé de la formation professionnelle. Les conditions de cette dévolution sont fixées par arrêté conjoint des ministres chargés de l'artisanat et du budget.

§ 2. Conseils de la formation institués auprès des chambres de métiers et de l'artisanat de région et auprès des chambres régionales de métiers et de l'artisanat

Note Ce paragraphe a été introduit par le décret 2015-254 du 3 mars 2015, JO 5.

Art. R. 6331-63-1. Il est institué ***(D. 2016-480 du 18 avril 2016, JO 20)*** « auprès des chambres de métiers et de l'artisanat de région et auprès des chambres régionales de métiers et de l'artisanat » un conseil de la formation chargé de promouvoir et de financer les actions de formation professionnelle, au sens ***(D. 2019-1143 du 7 nov. 2019, art. 2, JO 8)*** « de l'article L. 6313-1 », des chefs d'entreprise exerçant une activité artisanale ainsi que de leurs conjoints collaborateurs ou associés, de leurs auxiliaires familiaux dans le seul domaine de la gestion et du développement de leurs entreprises.

L'information des chefs d'entreprise sur la nature des actions de formation pouvant être financées par les conseils de la formation est assurée par ***(D. 2019-56 du 30 janv. 2019, art. 8, JO 31)*** « CMA France » en coordination avec le fonds d'assurance formation mentionné à l'article R. 6331-55.

La liste relative à la nature des actions de formation est établie de manière à rendre impossible tout cofinancement d'une même action de formation par les conseils de la formation et par le fonds d'assurance formation des chefs d'entreprise artisanale.

Art. R. 6331-63-2. Le conseil de la formation a pour missions :

1° De définir les priorités de financement de la formation professionnelle dans le respect des conditions prévues à l'article R. 6331-63-1 et de fixer les critères et les modalités de prise en charge des actions de formation qu'il finance ;

2° De fixer les principes de gestion et les règles de procédure applicables au financement des actions de formation ;

3° De rendre publics les priorités annuelles, les critères et les modalités de prise en charge des actions de formation fixés par le conseil ainsi que les règles de traitement des demandes de financement des actions de formation, notamment celles portant sur les critères applicables aux organismes de formation leur permettant de présenter des demandes collectives de prise en charge de formations pour le compte des stagiaires dans le cadre de la subrogation de paiement.

L'ensemble de ces informations sont mises en ligne sur le site internet de la chambre de métiers et de l'artisanat compétente au sein d'une rubrique dédiée au conseil de la formation, dans un délai de quinze jours suivant leur approbation par le conseil de la formation.

Art. R. 6331-63-3. Le conseil de la formation délibère sur:

1° Les priorités de financement, les critères et les modalités de prise en charge des formations;

2° Les orientations ainsi que les mesures générales relatives à son organisation et à son fonctionnement;

3° Les actions financées au titre du 3° du I de l'article R. 6331-63-6;

4° Le budget et ses modifications;

5° Le compte financier et l'affectation des résultats de l'exercice;

6° Le rapport annuel d'activité;

7° Les conventions relatives aux modalités et aux conditions de mise en œuvre de la procédure de subrogation de paiement entre le conseil de la formation et un organisme de formation et celles visant à déléguer la mise en œuvre des actions prévues au 3° du I de l'article R. 6331-63-6;

8° Le règlement intérieur.

Le conseil de la formation contrôle la mise en œuvre de ces décisions.

Art. R. 6331-63-4. Le conseil de la formation est constitué de sept membres désignés parmi les élus des chambres de métiers et de l'artisanat de région ***(D. 2016-480 du 18 avril 2016, JO 20)*** «et des chambres régionales de métiers et de l'artisanat. Le règlement intérieur mentionné à l'article R. 6331-63-3 peut prévoir, lorsque la diversité de représentation des métiers le justifie, de porter le nombre de membres jusqu'à treize et la désignation de membres suppléants.»

Les fonctions de membre du conseil sont incompatibles avec celles:

1° D'administrateur ou de salarié d'un établissement de formation, d'un établissement bancaire ou d'un organisme de crédit;

2° De président, de trésorier et de vice-président responsable de la formation des chambres de métiers et de l'artisanat;

3° De personnel administratif affecté au service de formation de la chambre.

Le président du conseil de la formation est élu par ce conseil.

Le président du conseil et le commissaire du Gouvernement mentionné à l'article R. 6331-63-5 peuvent conjointement convier toute personne qu'ils jugent utile d'inviter au conseil afin d'y apporter son expertise sur un point particulier.

Le conseil de la formation fixe ses règles de fonctionnement, notamment les modalités de vote applicables en son sein, par un règlement intérieur approuvé par le préfet de région.

Art. R. 6331-63-5. Un commissaire du Gouvernement est nommé par le préfet de région auprès du conseil de la formation.

Il veille au respect de la réglementation, du règlement intérieur du conseil, de l'application des décisions prises par le conseil, de l'égalité d'accès à la formation et de l'égalité de traitement des organismes de formation. Il s'assure de la bonne utilisation des fonds et de leur affectation au compte mentionné à l'article R. 6331-63-9.

Il a accès aux documents comptables ou extra-comptables nécessaires à l'exercice de ses missions.

Il assiste aux réunions du conseil. Il reçoit quinze jours avant la réunion du conseil l'ordre du jour et l'ensemble des documents soumis à examen, notamment ceux relatifs au compte mentionné à l'article R. 6331-63-9 ainsi que le projet de procès-verbal de la réunion précédente.

Il peut formuler des observations ou des réserves sur les décisions du conseil. Il peut également, dans un délai de huit jours à compter de la date d'une délibération, en demander une nouvelle. Cette demande a un effet suspensif jusqu'à l'intervention d'une nouvelle délibération.

Art. R. 6331-63-6. I. – Les recettes du conseil de la formation sont constituées des fonds provenant de la contribution prévue ***(D. 2020-1739 du 29 déc. 2020, JO 30)*** «au *a* du 2° de l'article L. 6331-48 du présent code et», le cas échéant, des concours financiers de l'État et des collectivités territoriales.

Les recettes et dépenses du conseil de la formation sont retracées dans un budget et une comptabilité distincts de ceux de la chambre de métiers et de l'artisanat auprès de laquelle le conseil est institué.

Les dépenses du conseil de la formation sont constituées:

1° Du financement des actions de formation prévues à l'article R. 6331-63-1;

2° Du financement des actions ***(D. 2020-1739 du 29 déc. 2020, JO 30)*** «d'accompagnement, d'information et de conseil dispensées aux créateurs ou repreneurs d'entreprises agricoles, artisanales, commerciales ou libérales, exerçant ou non une activité,» et du stage de préparation à l'installation prévu à l'article 2 de la loi n° 82-1091 du 23 décembre 1982 relative à la formation professionnelle des artisans;

3° Du financement des actions d'information, de sensibilisation et de conseil des chefs d'entreprise exerçant une activité artisanale, de leurs conjoints collaborateurs ou associés, de leurs auxiliaires familiaux, relatives aux besoins et aux moyens de formation;

4° Du financement de la formation des élus ***(D. 2016-480 du 18 avril 2016, JO 20)*** « du réseau des chambres de métiers et de l'artisanat » ;

5° Du financement des frais de transport et d'hébergement des stagiaires ;

6° Du financement des indemnités pour perte de ressources servies aux membres du conseil lorsqu'il en est alloué ;

7° Du financement des frais de gestion de l'ensemble de ces actions.

Les dépenses mentionnées aux 2°, 3°, 4°, 5°, 6° et 7° ci-dessus ne doivent pas excéder des plafonds fixés par arrêté du ministre chargé de l'artisanat.

II. – L'agrément financier d'une formation par le conseil ne peut être délivré plus de trois mois avant le début du stage. Il est soumis obligatoirement à l'identification du stagiaire qui se matérialise par une inscription formelle.

Le niveau de prise en charge des actions de formation est déterminé de manière à permettre le caractère effectif de celle-ci pendant la durée de l'exercice comptable. Il fait, le cas échéant, l'objet des ajustements nécessaires en cours d'année.

III. – Sous réserve du respect du principe de l'équilibre réel du budget, les dépenses sont engagées à concurrence de la totalité de la ***(D. 2020-1739 du 29 déc. 2020, JO 30)*** « part de la » contribution perçue au titre ***(D. 2020-1739 du 29 déc. 2020, JO 30)*** « du *a* du 2° de l'article L. 6331-48 » en appliquant le principe de la mutualisation au premier euro dès réception des dossiers complets. Les paiements sont effectués après exécution des prestations et réception des justificatifs probants, notamment les attestations de présence et les feuilles d'émargement signées par les stagiaires.

Art. R. 6331-63-7. Un agent comptable est nommé auprès du conseil de la formation de chaque chambre de métiers et de l'artisanat de région ***(D. 2016-480 du 18 avril 2016, JO 20)*** « et de chaque chambre régionale de métiers et de l'artisanat », par arrêté conjoint du préfet de région et du directeur régional des finances publiques.

Il assiste aux réunions du conseil. Il reçoit quinze jours avant la réunion du conseil l'ordre du jour et l'ensemble des documents soumis à examen ainsi que le projet de procès-verbal de la réunion précédente.

Art. R. 6331-63-8. Par dérogation aux dispositions de l'article 3 du décret n° 2012-1246 du 7 novembre 2012 relatif à la gestion budgétaire et comptable publique, les conseils de la formation sont soumis aux dispositions des titres Ier et III de ce même décret, à l'exception des 1° et 2° de l'article 175 et des articles 178 à 185, 204 à 208 et 220 à 228.

Art. R. 6331-63-9. Les recettes du conseil de la formation mentionnées à l'article R. 6331-63-6 sont versées ***(D. 2020-1739 du 29 déc. 2020, JO 30)*** « , au plus tard le 1er mars de l'année qui suit le recouvrement de la contribution prévue à l'article L. 6331-48, » au compte de dépôt de fonds au Trésor, ouvert à son nom.

Art. R. 6331-63-10. Les disponibilités, au sens de l'article R. 6332-29, dont le conseil peut disposer au 31 décembre d'un exercice déterminé ne peuvent excéder le tiers du montant des charges comptabilisées au cours de cet exercice à l'exception des dotations aux amortissements, des dépréciations et des provisions autres que celles relatives à un contentieux engagé avec un organisme de formation.

(D. 2018-1209 du 21 déc. 2018, art. 1er, 2°, b), JO 23, entrée en vigueur le 01.01.2019) « N'entrent pas dans le calcul des disponibilités les contributions à la formation versée en année N permettant de financer les formations réalisées en année N+1. »

En cas d'excédent, celui-ci est reversé ***(D. 2020-372 du 30 mars 2020, art. 10, JO 31)*** « à France compétences » ***(D. 2016-480 du 18 avril 2016, JO 20)*** « avant le 30 avril de l'année suivant la clôture de l'exercice. »

Art. R. 6331-63-11. Le conseil de la formation transmet au préfet de région et au ministre chargé de l'artisanat, au plus tard le 31 mars de l'année suivant la clôture de l'exercice, le compte financier établi dans les conditions prévues aux articles 210 à 214 du décret n° 2012-1246 du 7 novembre 2012 relatif à la gestion budgétaire et comptable publique ainsi que des éléments extra-comptables comprenant notamment :

1° Un état comportant les renseignements statistiques et financiers permettant de suivre son fonctionnement, la réalisation des programmes d'intervention et l'emploi des fonds collectés ;

2° Un rapport présentant les principales orientations de son activité ;

3° Un bilan détaillé qualitatif et financier des actions prévues au 3° du I de l'article R. 6331-63-6.

Art. R. 6331-63-12. En cas de cessation d'activité d'un conseil de la formation, les modalités d'une nouvelle affectation de ses droits et obligations sont fixées par arrêté ***(D. 2016-480 du 18 avril 2016, JO 20)*** « du préfet de région ».

Sous-section 3. Employeurs occupant des salariés intermittents du spectacle

Art. L. 6331-55. Par dérogation aux dispositions relatives au financement du ***(L. 2018-771 du 5 sept. 2018, art. 38, I, 4°, JO 6)*** « compte personnel » de formation, prévues par l'article *(Ord. 2019-861 du 21 août 2019, art. 1er, 66°, JO 22)* « L. 6331-6 », à l'obligation de financement pour les employeurs de moins de *(L. 2015-1785 du 29 déc. 2015, art. 15, II, JO 30)* « onze » salariés, prévue par l'article *(L. 2018-771 du 5 sept. 2018, art. 38, I, 4°, JO 6)* « L. 6135-1 », et à l'obligation de financement pour les employeurs de *(L. 2015-1785 du 29 déc. 2015, art. 15, II, JO 30)* « onze » salariés et plus, prévue par les articles *(L. 2018-771 du 5 sept. 2018, art. 38, I, 4°, JO 6)* « L. 6133-1 et L. 6134-1 », lorsque des employeurs occupent un ou plusieurs salariés intermittents du spectacle qui relèvent des secteurs d'activités *(L. 2014-288 du 5 mars 2014, art. 3, JO 6)* « du spectacle vivant et du spectacle enregistré », pour lesquels il est d'usage constant de ne pas recourir au contrat à durée indéterminée en raison de la nature de l'activité exercée et du caractère par nature temporaire de ces emplois, une convention ou un accord professionnel national étendu peut prévoir pour ce ou ces salariés intermittents une participation unique au développement de la formation professionnelle, quel que soit le nombre de salariés occupés. Cette contribution est due à compter du premier salarié intermittent.

Le pourcentage de la contribution ne peut être inférieur à 2 % des rémunérations versées pendant l'année en cours. Les rémunérations sont entendues au sens des règles prévues aux chapitres premier et II du titre IV du livre II du code de la sécurité sociale.

(L. 2014-288 du 5 mars 2014, art. 3, JO 6) « Pour permettre la gestion des droits inscrits ou mentionnés dans le compte personnel de formation de ces salariés, le décret prévu à l'article L. 6323-8 peut prévoir des aménagements spécifiques. »

Note • Les dispositions des articles L. 6331-55 et 56, dans leur rédaction issue de la loi 2018-771 précitée, sont applicables depuis le 01.01.2019 (loi précitée, art. 46, I).

• Voir RF 7 février 2019, FH 3778, § 6-18 ; RF 3 octobre 2019, FH 3809, § 3-9.

Art. L. 6331-56. *(L. 2018-771 du 5 sept. 2018, art. 38, I, 5°, JO 6)* La convention ou l'accord mentionné à l'article L. 6331-55, qui détermine la répartition de la contribution au titre du compte personnel de formation, de l'aide au développement des compétences, de l'alternance, du conseil en évolution professionnelle des actifs occupés du secteur privé ainsi que des actions de formation au bénéfice des demandeurs d'emploi ne peut avoir pour effet d'abaisser le taux en dessous de :

1° 0,35 % du revenu d'activité retenu pour le calcul des cotisations sociales en application de l'article L. 242-1 du code de la sécurité sociale, au titre du compte personnel de formation ;

2° 1,10 % au titre de l'aide au développement des compétences ;

3° 0,10 % au titre des actions de formation au bénéfice des demandeurs d'emploi.

Sous-section 4. Particuliers employeurs

Note • Ces articles, introduits par la loi 96-63 du 29 janvier 1996 (JO 30), sont applicables depuis le 1er avril 1996. Depuis cette date, les employeurs d'employés de maison ont dû acquitter une contribution formation professionnelle continue de 0,15 % calculée sur l'assiette servant au calcul des cotisations sociales et recouvrée par l'Urssaf.

Depuis la loi 2004-391 du 4 mai 2004 (JO 5), les employeurs d'assistantes maternelles et ceux des salariés visés à l'article L. 722-20, 2° et 3° c. rur. et pêche mar. sont également concernés. La contribution est fixée à 0,15 %. Une contribution complémentaire de 0,10 % au titre des actions de professionnalisation et du DIF pouvait être prévue par accord de branche conclu avant le 31 décembre 2006.

Un accord relatif à la formation professionnelle tout au long de la vie dans la branche des salariés du particulier employeur a été conclu le 25 mars 2016 afin d'adapter les dispositions de la loi 2014-288 du 5 mars 2014 à ce secteur. Cet accord prévoit outre la contribution dérogatoire (prévue par l'article L. 6331-57 CT) une contribution conventionnelle au taux de 0,20 % (accord du 25 mars 2016 sur la formation des salariés du particulier employeur).

• Voir arrêté du 18 mars 1997 (JO 9 avril) définissant les modalités de reversement du produit de la contribution visée à cet article et les frais de gestion y afférents.

Art. L. 6331-57. Sont redevables d'une contribution versée au titre de la participation au développement de la formation professionnelle continue et égale à 0,15 % des rémunérations de l'année de référence les particuliers employeurs occupant un ou plusieurs :

1° *(L. 2016-1088 du 8 août 2016, art. 93, II, JO 9)* « Salariés du particulier employeur » mentionnés à l'article L. 7221-1 ;

2° Assistants maternels mentionnés [à l'article] L. 421-1 du code de l'action sociale et des familles ;

3° Salariés mentionnés aux 2° et 3° de l'article L. 722-20 du code rural ***(Ord. 2010-462 du 6 mai 2010, JO 7)*** «et de la pêche maritime».

Art. L. 6331-58. La contribution prévue à l'article L. 6331-57 est calculée sur l'assiette retenue en application:
1° Pour les employés de maison, de l'article L. 133-7 du code de la sécurité sociale;
2° Pour les assistants maternels, de l'article L. 242-1 du même code.

Art. L. 6331-59. La contribution est recouvrée et contrôlée par les organismes chargés du recouvrement des cotisations de sécurité sociale et d'allocations familiales en même temps que les cotisations de sécurité sociale dues sur les rémunérations versées aux travailleurs salariés et assimilés, selon les mêmes règles et sous les mêmes garanties et sanctions.

Art. L. 6331-60. ***(L. 2018-771 du 5 sept. 2018, art. 38, I, 6°, JO 6)*** La contribution est versée à un opérateur de compétences agréé, France Compétences ou à la Caisse des dépôts et consignations selon une répartition et des modalités déterminées par un arrêté du ministre chargé de la formation professionnelle.

La part versée à l'opérateur de compétences peut faire l'objet d'une gestion particulière par un organisme créé par accord entre les organisations représentatives au niveau national des employeurs et des salariés des branches des salariés du particulier employeur et des assistants maternels du particulier employeur. Elle fait l'objet d'un suivi comptable distinct et permet le financement des dépenses éligibles au titre des sections financières mentionnées ***(Ord. 2019-861 du 21 août 2019, art. 1er, 67°, JO 22)*** «aux 1° et 2°» de l'article L. 6332-3 ainsi que des dépenses spécifiques nécessaires à l'accessibilité à la formation des salariés du particulier employeur et des assistants maternels du particulier employeur.

Les modalités de constitution et de gestion de cet organisme ainsi que les dépenses spécifiques mentionnées au deuxième alinéa du présent article sont fixées par décret.

Note • Les dispositions des articles L. 6331-60 et 61, dans leur rédaction issue de la loi 2018-771 précitée, sont applicables depuis le 01.01.2019 (loi précitée, art. 46, I).

• Voir arrêté du 21 décembre 2018 (JO 27, entrée en vigueur le 01.01.2019), modifié par arrêté du 27 janvier 2020 (JO 31), relatif à la gestion des contributions du particulier employeur.

Art. D. 6331-67. ***(D. 2018-1344 du 28 déc. 2018, JO 30, entrée en vigueur le 01.01.2019)*** I. – L'accord prévu à l'article L. 6331-60 détermine l'organisation de l'organisme mentionné au même article et ses missions, sous réserve des dispositions prévues à la présente sous-section.

II. – L'organisme mentionné au I est doté d'un conseil de gestion composé d'au plus 12 membres représentant les employeurs et les salariés en nombre égal désignés par les organisations signataires de l'accord le créant. Ces membres peuvent se faire représenter par un suppléant désigné selon les mêmes modalités que le titulaire.

III. – Les dispositions de l'article R. 6332-12 sont applicables aux membres du conseil de gestion et aux salariés de l'organisme mentionné au I.

IV. – L'organisme mentionné au I définit son règlement intérieur. Il le transmet à l'opérateur de compétences dont il relève.

Art. D. 6331-68. ***(D. 2018-1344 du 28 déc. 2018, JO 30, entrée en vigueur le 01.01.2019)*** I. – L'opérateur de compétences définit, sur proposition du conseil de gestion mentionné à l'article D. 6331-67, les actions de formation éligibles au titre du 1° de l'article L. 6332-3 ainsi que des dépenses spécifiques nécessaires à l'accessibilité à la formation des salariés et des assistants maternels du particulier employeur, les priorités, les critères et les conditions de prise en charge de ces formations et de ces dépenses.

À défaut de proposition du conseil de gestion, le conseil d'administration de l'opérateur de compétences les définit.

Art. D. 6331-69. ***(D. 2018-1344 du 28 déc. 2018, JO 30, entrée en vigueur le 01.01.2019)*** La part versée à l'opérateur de compétences reçue au titre du premier alinéa de l'article L. 6331-60 permet le financement:

I. – 1° Des frais des actions mentionnées à l'article L. 6313-1;
2° Des frais de transport et d'hébergement des stagiaires afférents aux actions prévues au I, ainsi qu'à la rémunération des salariés du particulier employeur et des assistants maternels du particulier employeur, que cette rémunération soit assurée directement par l'employeur ou par mandatement;

II. – En fonction des missions confiées à l'organisme prévu à l'article L. 6331-60:
1° Des frais de gestion administrative relatifs à l'instruction et au suivi des dossiers de formation;
2° Des frais d'information générale et de sensibilisation des particuliers employeurs et de leurs salariés;

3° Du remboursement des frais de déplacement, de séjour et de restauration engagés par les personnes qui siègent au sein du conseil de gestion;

4° D'études ou de recherches relatives à la formation des salariés du particulier employeur et des assistants maternels du particulier employeur.

Les dépenses mentionnées au II ne peuvent excéder un plafond arrêté par le ministre chargé de la formation professionnelle.

Art. D. 6331-70. ***(D. 2018-1344 du 28 déc. 2018, JO 30, entrée en vigueur le 01.01.2019)*** L'organisme mentionné à l'article L. 6331-60 adresse avant le 30 avril à l'opérateur de compétences les informations financières et statistiques nécessaires au respect des obligations prévues aux articles R. 6332-30 à R. 6332-33.

Il transmet avant le 30 avril au ministre chargé de la formation professionnelle un bilan de son activité annuelle précédente permettant de suivre son fonctionnement et d'apprécier l'emploi des fonds reçus.

Art. D. 6331-71. ***(D. 2018-1344 du 28 déc. 2018, JO 30, entrée en vigueur le 01.01.2019)*** En cas de dépassement du plafond mentionné au dernier alinéa de l'article D. 6331-69 ou de dysfonctionnement de l'organisme spécifique mentionné à l'article L. 6331-60, le ministre chargé de la formation professionnelle adresse à l'organisme spécifique et à l'opérateur de compétences, par tout moyen donnant date certaine à sa réception, une mise en demeure motivée afin de présenter, dans un délai d'un mois, ses observations écrites et, le cas échéant, orales justifiant cette situation et précisant les mesures prévues pour y remédier.

Au vu des éléments de réponse de l'opérateur de compétences ou après l'expiration de ce délai, le ministre chargé de la formation professionnelle peut:

1° Adresser à l'organisme spécifique mentionné à l'article L. 6331-60 et à l'opérateur de compétences une notification afin de procéder aux mesures correctives permettant d'assurer le respect des plafonds et objectifs définis à l'article D. 6331-69, ces mesures devant faire l'objet d'un suivi permettant d'apprécier la réponse apportée;

2° Décider le versement au Trésor public par l'opérateur de compétences d'une somme correspondant en tout ou partie au montant du dépassement constaté. Le recouvrement du versement est établi et poursuivi selon les modalités ainsi que sous les sûretés, garanties et sanctions applicables aux taxes sur le chiffre d'affaires;

3° De retirer la gestion de la part reçue au titre du premier alinéa de l'article L. 6331-60 à l'organisme spécifique et les frais de gestion y afférent.

Art. L. 6331-61. Le produit de la contribution est reversé à l'***(L. 2018-771 du 5 sept. 2018, art. 45, II, JO 6)*** «opérateur de compétences», après déduction de frais de gestion, selon des modalités déterminées par arrêté conjoint du ministre chargé de la sécurité sociale et du ministre chargé de la formation professionnelle.

Art. L. 6331-62. Les règles applicables en cas de contentieux sont ***(Ord. 2018-358 du 16 mai 2018, JO 17, entrée en vigueur au plus tard le 01.01.2019)*** «celles du ***(L. 2019-222 du 23 mars 2019, art. 96, V, JO 24)*** «contentieux» de la sécurité sociale».

Note Les dispositions de cet article, dans sa rédaction issue de la loi 2019-222 précitée, sont applicables aux recours préalables et aux recours juridictionnels introduits à compter d'une date fixée par décret en Conseil d'État, et au plus tard le 1er janvier 2020 (loi précitée, art. 96, VII).

Sous-section 5. Employeurs de la pêche maritime et des cultures marines

Note Les articles L. 6331-63 et 64 qui figuraient dans cette sous-section ont été abrogés par la loi 2018-771 du 5 septembre 2018, art. 38, I, 7°, JO 6, applicabilité depuis le 01.01.2019.

Sous-section 6. Artistes auteurs

Note Cette sous-section a été introduite par la loi 2011-1978 du 28 décembre 2011, art. 89, JO 29, entrée en vigueur le 01.07.2012.

Art. L. 6331-65. Pour le financement des actions prévues à l'article L. 6331-1 au profit des artistes auteurs définis à l'article L. 382-1 du code de la sécurité sociale, il est créé:

1° Une contribution annuelle des artistes auteurs assise sur les revenus définis à l'article L. 382-3 du même code. Le taux de cette contribution est de 0,35 %;

2° Une contribution annuelle des personnes physiques ou morales mentionnées à l'article L. 382-4 du même code, assise sur les éléments mentionnés au deuxième alinéa du même article. Le taux de cette contribution est de 0,1 %.

Les contributions prévues aux 1° et 2° du présent article ne sont pas exclusives de financements par les sociétés d'auteurs.

Art. L. 6331-66

(L. 2014-288 du 5 mars 2014, art. 4, JO 6) «Pour permettre la gestion des droits inscrits ou mentionnés dans le compte personnel de formation des artistes auteurs et leur compatibilité avec les droits mis en place au titre du présent article, le décret prévu à l'article L. 6323-8 peut prévoir des aménagements spécifiques.»

Note • À noter que, pour le financement du conseil en évolution professionnelle en 2019, l'arrêté du 15 février 2019 relatif à la répartition de la contribution des non-salariés s'applique aux contributions mentionnées à l'article L. 6331-65 dues par les artistes-auteurs (arrêté du 27 janvier 2020, art. 3, JO 31).

• Voir arrêté du 28 janvier 2013 (JO 7 févr.) fixant les modalités de reversement de la contribution prévue pour le financement de la formation professionnelle continue des artistes auteurs.

• Sur l'entrée en vigueur du dispositif de financement de la formation professionnelle continue des artistes auteurs, voir JCP éd. S, 2012, act. 546.

Art. L. 6331-66. Les contributions mentionnées aux 1° et 2° de l'article L. 6331-65 sont recouvrées et contrôlées selon les règles et sous les garanties et sanctions applicables au recouvrement des cotisations de sécurité sociale dues sur les revenus et éléments mentionnés à ces mêmes 1° et 2°.

Art. L. 6331-67. ***(L. 2017-1836 du 30 déc. 2017, art. 23, II, JO 31)*** «L'organisme mentionné à l'article L. 382-5 du code de la sécurité sociale, chargé» du recouvrement des contributions mentionnées à l'article L. 6331-65 du présent code, ***(L. 2017-1836 du 30 déc. 2017, art. 23, II, JO 31)*** «peut» percevoir des frais de gestion dont les modalités et le montant sont déterminés par arrêté conjoint des ministres chargés de la sécurité sociale, de la culture et de la formation professionnelle.

Note Les dispositions de cet article, dans sa rédaction issue de la loi 2017-1836 précitée, s'appliquent aux cotisations et contributions dues au titre des périodes courant **à compter d'une date fixée par décret, et au plus tard le 01.01.2019** (loi précitée, art. 23, IV).

Art. L. 6331-68. Les contributions prévues à l'article L. 6331-65 sont affectées à ***(Ord. 2019-861 du 21 août 2019, art. 1er, 68°, JO 22)*** «l'opérateur de compétences» agréé au titre des contributions versées en application de l'article L. 6331-55 ***(Ord. 2019-861 du 21 août 2019, art. 1er, 68°, JO 22)*** «au sein d'une section particulière, à France compétences ou à la Caisse des dépôts et consignations selon une répartition et» des modalités déterminées par arrêté conjoint des ministres chargés de la sécurité sociale, de la culture et de la formation professionnelle.

Un décret en Conseil d'État détermine les modalités d'organisation et de fonctionnement de la section particulière mentionnée au premier alinéa.

Note • Voir note sous article L. 6331-67.

• Sur la répartition de la contribution à la formation professionnelle, voir arrêtés du 27 janvier 2020 (JO 31) et du 30 juillet 2020 (JO 2 août). Voir aussi note sous art. L. 6331-65.

• Le décret 2012-1370 du 7 décembre 2012 (JO 9) détermine les modalités d'organisation et de fonctionnement de la section particulière de l'organisme paritaire collecteur agréé chargée de gérer les contributions. Il augmente par ailleurs la fraction de la contribution à la charge des diffuseurs prévue à l'article L. 382-4 c. séc. soc. affectée au financement de l'action sociale des artistes auteurs, en la portant de 1,5 % à 2 % du montant recouvré lors de l'année civile précédente.

Art. R. 6331-64. ***(D. 2012-1370 du 7 déc. 2012, JO 9)*** I. – Il est créé au sein de l'***(D. 2018-1209 du 21 déc. 2018, art. 1er, 2°, c), JO 23, entrée en vigueur le 01.01.2019)*** «opérateur de compétences chargé de gérer la contribution mentionnée à» l'article L. 6331-55 une section particulière chargée de gérer les contributions mentionnées à l'article L. 6331-65 du présent code.

II. – Le conseil d'administration de l'***(D. 2018-1209 du 21 déc. 2018, art. 1er, 2°, c), JO 23, entrée en vigueur le 01.01.2019)*** «opérateur de compétences» arrête, sur proposition du conseil de gestion de la section mentionnée au I, les services et actions de formation susceptibles d'êtres financés, les priorités, les critères et les conditions de prise en charge des demandes de formation présentées par les artistes auteurs. À défaut de proposition, le conseil d'administration délibère valablement sur ces questions.

(D. 2018-1209 du 21 déc. 2018, art. 1er, 2°, c), JO 23, entrée en vigueur le 01.01.2019) «III. – Le conseil de gestion de la section mentionnée au I est composé :

1° D'un collège comprenant vingt et un membres représentant des organisations professionnelles d'artistes auteurs ;

2° D'un collège comprenant sept membres représentant des organisations professionnelles de diffuseurs ;

3° D'un collège comprenant cinq membres représentant des organismes de gestion collective contribuant au financement.

IV. – Un arrêté du ministre chargé de la culture fixe, pour une durée de deux ans:
- la répartition en nombre de sièges entre les branches professionnelles du collège des artistes auteurs;
- les organismes professionnels appelés à siéger au sein des trois collèges ainsi que le nombre de sièges affectés à chacun des organismes.

La répartition en nombre de sièges au sein de chaque collège tient compte:
- pour le collège des artistes auteurs, du montant des contributions par branches professionnelles définies à l'article R. 382-1 du code de la sécurité sociale;
- pour le collège des diffuseurs, du montant des contributions par secteurs professionnels;
- pour le collège organismes de gestion collective, du montant de leurs contributions au regard des branches professionnelles d'artistes auteurs qu'elles représentent.

Le conseil de gestion arrête son règlement intérieur et le communique au conseil d'administration de l'opérateur de compétences.»

Art. R. 6331-65. ***(D. 2012-1370 du 7 déc. 2012, JO 9)*** Les ressources reçues au titre de l'article L. 6331-65 peuvent être également destinées:
1° Au financement des frais de fonctionnement liés aux actions de formation mentionnées à l'article L. 6313-1 et des frais de transport et d'hébergement afférents des stagiaires;
2° Au financement des dépenses d'information et de conseil aux artistes auteurs;
3° Au financement des autres frais de gestion de la section mentionnée à l'article R. 6331-64.

Les dépenses mentionnées aux 2° et 3° ne peuvent excéder le plafond fixé pour les fonds d'assurance formation des non-salariés en application de l'article R. 6332-64.

Art. R. 6331-66. ***(D. 2012-1370 du 7 déc. 2012, JO 9)*** Sont applicables à la gestion des actions de formation des artistes auteurs les dispositions de l'article R. 6332-63.

Sous-section 6 (réglementaire). Contrats à durée déterminée ne donnant pas lieu au versement de la contribution spécifique assise sur le revenu d'activité pour les cotisations sociales des titulaires d'un contrat à durée déterminée

Note Cette sous-section a été introduite par le décret 2018-1233 du 24 décembre 2018, JO 26, entrée en vigueur le 01.01.2019.

Art. D. 6331-72. Les contrats à durée déterminée ne donnant pas lieu au versement de la contribution spécifique mentionnée à l'article L. 6331-6 sont:
1° Les contrats d'accompagnement dans l'emploi;
2° Les contrats d'apprentissage;
3° Les contrats de professionnalisation;
4° Les contrats conclus avec des jeunes au cours de leur cursus scolaire ou universitaire;
5° Les contrats de travail à durée déterminée qui se poursuivent par des contrats à durée indéterminée;
6° Les contrats mentionnés à l'article L. 6321-9.

CHAPITRE II Opérateurs de compétences

Note • **Loi 2018-771 du 5 septembre 2018 (JO 6).** La loi précitée organise la transformation des organismes paritaires collecteurs agréés (OPCA) en opérateurs de compétences (OPCO) depuis le 01.01.2019, ainsi que leur rapprochement par grandes filières ou grands secteurs. À la différence des OPCA, les OPCO n'auront pas pour mission de collecter la contribution à la formation, celle-ci revenant à l'URSSAF. Par dérogation, avant que le transfert du recouvrement aux URSSAF ne devienne effectif (2021), les OPCO assureront la collecte; à noter qu'ils pourront déléguer à toute personne morale une convention de collecte dont l'objet est de leur permettre de percevoir les contributions des entreprises (décret 2018-1209 du 21 décembre 2018, art. 2, I, JO 23, entrée en vigueur le 01.01.2019).

La mission des OPCO est centrée sur le «conseil» aux branches et le «service» aux entreprises.

Voir RF 31 janvier 2019, FH 3777, § 11-1; RF 13 septembre 2018, FH 3756, §§ 1-10 et s.; JCP éd. S 2018, 1302, étude S. Dougados et J. Poyau; LS n° 17710 du 10.12.2018, dossier juridique «Loi Avenir professionnel».

• **Loi 2014-288 du 5 mars 2014 (JO 6).** La loi précitée relative à la formation professionnelle, à l'emploi et à la démocratie sociale (art. 11) a actualisé la définition et les missions des organismes collecteurs paritaires agréés qui sont devenus des organismes collecteurs globaux des fonds de la formation professionnelle. Ils peuvent prendre en charge directement ou indirectement (par le biais d'autres organismes) le financement des formations relevant du plan de formation, du congé individuel de formation, des formations financées au titre du compte personnel de formation, des périodes de professionnalisation et de la préparation opérationnelle à l'emploi mais n'assurent en revanche plus aucun financement direct ou indirect des organisations syndicales de salariés et des organisations professionnelles d'employeurs. Ils peuvent recevoir des contributions supplémentaires conventionnelles ou versées volontairement par les entreprises.

Voir «questions - réponses» de la DGEFP relatif à l'agrément, aux missions et au fonctionnement des OPCA (décembre 2014). Voir aussi notamment «Nouvelles frontières, nouveaux défis pour les OPCA», J-P Willems, Dr. Soc. 2014, p. 1026; «Le contrôle par les OPCA du service fait par les organismes de formation», rapport établi par H. Gosselin, Y. Rabineau et H. Vincent (novembre 2014), rendu public le 18 février 2015; RF 1063, §§ 3670 et s.

SECTION 1. Dispositions générales

Sous-section préliminaire. Décompte et franchissement d'un seuil d'effectif

Note Cette sous-section a été introduite par la loi 2019-486 du 22 mai 2019, art. 11, VI, 22°, JO 23, entrée en vigueur le 01.01.2020.

Art. L. 6332-1 A. Pour l'application du présent chapitre, l'effectif salarié est déterminé selon les modalités prévues au I de l'article L. 130-1 du code de la sécurité sociale.

Sous-section 1. Agrément

Art. L. 6332-1. ***(L. 2018-771 du 5 sept. 2018, art. 39, I, 2°, JO 6)*** I. – Les organismes paritaires agréés sont dénommés "opérateurs de compétences". Ils ont pour mission:

1° D'assurer le financement des contrats d'apprentissage et de professionnalisation, selon les niveaux de prise en charge fixés par les branches;

2° D'apporter un appui technique aux branches adhérentes pour établir la gestion prévisionnelle de l'emploi et des compétences et pour déterminer les niveaux de prise en charge des contrats d'apprentissage et des contrats de professionnalisation;

3° D'assurer un appui technique aux branches professionnelles pour leur mission de certification mentionnée à l'article ***(Ord. 2019-861 du 21 août 2019, art. 1er, 69°, JO 22)*** « L. 6113-4»;

4° D'assurer un service de proximité au bénéfice des très petites, petites et moyennes entreprises, permettant d'améliorer l'information et l'accès des salariés de ces entreprises à la formation professionnelle et d'accompagner ces entreprises dans l'analyse et la définition de leurs besoins en matière de formation professionnelle, notamment au regard des mutations économiques et techniques de leur secteur d'activité;

5° De promouvoir les modalités de formation prévues aux deuxième et troisième alinéas de l'article L. 6313-2 auprès des entreprises.

II. – Les opérateurs de compétences peuvent conclure:

1° Avec l'État:

a) Des conventions dont l'objet est notamment de définir la part de leurs ressources qu'ils peuvent affecter au cofinancement d'actions en faveur de la formation professionnelle et du développement des compétences des salariés et des demandeurs d'emploi;

b) Une convention-cadre de coopération définissant les conditions de leur participation à l'amélioration et à la promotion des formations technologiques et professionnelles initiales, notamment l'apprentissage, ainsi que la promotion des métiers. Cette convention peut, le cas échéant, être conclue conjointement avec les organisations couvrant une branche ou un secteur d'activité;

2° Avec les régions, des conventions dans les conditions déterminées à l'article L. 6211-3.

Note • Les dispositions des articles L. 6332-1 à 2-1, dans leur rédaction issue de la loi 2018-771 précitée, sont applicables depuis le 01.01.2019 (loi précitée, art. 46, I).

• **Remplacement des OPCA par les OPCO.** Voir note introductive du chapitre II.

• **Jusqu'au 31 décembre 2021 au plus tard.** Les opérateurs de compétences mentionnés à cet article (OPCO) peuvent financer des organismes prenant en charge notamment le conseil en évolution professionnelle, la formation de demandeurs d'emploi et le compte personnel de formation.

Pendant cette période, les actions de formations financées par le compte personnel de formation et les actions de formations au bénéfice des demandeurs d'emploi sont prises en charge par les opérateurs de compétences dans le cadre de deux sections financières spécifiques (loi 2018-771 précitée, art. 39, III, modifié par loi 2019-1479 du 28 décembre 2019, art. 190, IV, 1°, JO 29).

• **Agréments.** ***Phase transitoire du 01.01.2019 au 31.03.2019.*** Les organismes collecteurs paritaires agréés (OPCA) existants au 31.12.2018 ont été agréés provisoirement en tant qu'opérateurs de compétences (OPCO) du 01.01.2019 au 31.03.2019. Pour rappel, la validité des agréments délivrés aux organismes collecteurs paritaires agréés des fonds de la formation professionnelle continue mentionnés à l'article L. 6332-1 CT dans sa rédaction en vigueur au 31 décembre 2018 et des organismes collecteurs de la taxe d'apprentissage mentionnés aux articles L. 6242-1 et L. 6242-2 CT a expiré au 01.01.2019.

À partir du 01.04.2019. Un nouvel agrément doit être obtenu. Celui-ci, subordonné à l'existence d'un accord de branche conclu à cet effet entre les organisations syndicales de salariés et les organisations professionnelles d'employeurs représentatives dans le champ d'application de l'accord est pris sur le fondement de l'article L. 6332-1-1 CT, selon des modalités déterminées par décret, au plus tard au 1er avril 2019. En l'absence de convention de branche transmise à l'autorité administrative au 31 décembre 2018, celle-ci désigne pour la branche concernée un opérateur de compétences agréé.

Transferts de biens, droits et obligations. Les transferts de biens, droits et obligations réalisés dans le cadre de dévolutions effectués jusqu'au 30 juin 2020, à titre gratuit ou moyennant la seule prise en charge du passif ayant grevé l'acquisition des biens transférés au profit d'organismes agréés en application du même article L. 6332-1-1 ne donnent lieu au paiement d'aucun droit, taxe ou impôt de quelque nature que ce soit. Ils ne donnent pas non plus lieu au paiement de la contribution prévue à l'article 879 CGI (loi 2018-771 précitée, art. 39, IV, modifié par loi 2019-1479 du 28 décembre 2019, art. 82, JO 29).

• **Avant la loi 2018-771.** Depuis le 1er janvier 2015 (collecte 2016), avec l'instauration de la contribution légale unique, l'OPCA était devenu collecteur unique des contributions légales et conventionnelles à la formation professionnelle, y compris celles versées au titre du congé individuel de formation (CIF). Les OPCA étaient donc chargés de reverser les sommes collectées au titre du CIF aux Opacif par l'intermédiaire du FPSPP. Voir arrêté du 22 décembre 2016 (JO 21 janv. 2017).

Les dispositions du III de cet article dans sa rédaction antérieure à la loi 2018-771 s'appliquaient sous réserve de l'application d'accords professionnels conclus avant le 7 mars 2014, et ce, pendant une durée maximale d'au plus trois ans (loi 2014-288 du 5 mars 2014, art. 11, V, JO 6).

Voir «questions - réponses» de la DGEFP relatif aux OPCA (décembre 2014) précitées *supra* sous Chapitre II «Organismes collecteurs agréés»: 1-1 à 1-10 (agrément et autorisation délivrés aux organismes), 5-1 (objet des conventions d'objectifs et de moyens), 7-1 (dispositifs de formation professionnelle que les organismes collecteurs paritaires au titre de la formation professionnelle continue peuvent financer). Voir aussi «Versements à effectuer avant le 1er mars», RF 12 février 2015, FH 3581.

Art. L. 6332-1-1. ***(L. 2018-771 du 5 sept. 2018, art. 39, I, 2°, JO 6)*** I. – L'opérateur de compétences est agréé par l'autorité administrative pour gérer les fonds mentionnés aux 1° et *c* du 3° de l'article L. 6123-5. Il a une compétence nationale.

II. – L'agrément est accordé aux opérateurs de compétences en fonction:

1° De leur capacité financière et de leurs performances de gestion;

2° De la cohérence et de la pertinence économique de leur champ d'intervention;

3° De leur mode de gestion paritaire;

4° De leur aptitude à assurer leurs missions compte tenu de leurs moyens et de leur capacité à assurer des services de proximité aux entreprises et à leurs salariés sur l'ensemble du territoire national, sans préjudice des dispositions de l'article L. 6523-1;

5° De l'application d'engagements relatifs à la transparence de la gouvernance et à la publicité des comptes.

L'agrément des opérateurs de compétences n'est accordé que lorsque le montant des contributions gérées ou le nombre d'entreprises couvertes sont supérieurs respectivement à un montant et à un nombre fixés par décret.

III. – L'agrément est subordonné à l'existence d'un accord conclu à cette fin entre les organisations syndicales de salariés et les organisations professionnelles d'employeurs représentatives d'une ou plusieurs branches qui composent le champ d'application de l'accord.

Une branche professionnelle ne peut adhérer qu'à un seul opérateur de compétences dans le champ d'application d'une convention collective au sens de l'article L. 2222-1.

S'agissant d'un opérateur de compétences interprofessionnel, cet accord est valide et peut être agréé même s'il n'est signé, en ce qui concerne la représentation des employeurs, que par une organisation professionnelle.

IV. – En cas de refus d'agrément par l'autorité administrative, celle-ci émet des recommandations permettant de satisfaire les critères mentionnés au II. À compter de la notification de ces recommandations, les organisations syndicales de salariés et les organisations professionnelles d'employeurs concernées disposent d'un délai de deux mois pour parvenir à un nouvel accord et transmettre celui-ci à l'autorité administrative.

À défaut d'agrément sur le fondement du nouvel accord, l'autorité administrative peut, eu égard à l'intérêt général que constituent la cohérence et la pertinence économique du champ d'intervention des opérateurs de compétences :

1° Agréer l'opérateur de compétences désigné par le nouvel accord dès lors qu'il satisfait aux critères mentionnés au II, pour les branches dont les activités répondent au critère mentionné au 2° du même II ;

2° Agréer un autre opérateur de compétences satisfaisant aux critères mentionnés au II, pour chacune des branches dont les activités ne permettent pas le rattachement au champ d'intervention de l'opérateur de compétences désigné par le nouvel accord en application du critère mentionné au 2° du même II.

Art. L. 6332-1-2. ***(L. 2014-288 du 5 mars 2014, art. 11, I, 4°, JO 6, entrée en vigueur le 01.01.2015)*** Les ***(L. 2018-771 du 5 sept. 2018, art. 39, I, 3°, JO 6)*** «opérateurs de compétences agréés pour gérer» la contribution mentionnée au chapitre Ier du présent titre peuvent collecter des contributions supplémentaires ayant pour objet le développement de la formation professionnelle continue.

Ces contributions sont versées soit en application d'un accord professionnel national conclu entre les organisations représentatives d'employeurs et de salariés et mutualisées dès réception par l'organisme ***(L. 2018-771 du 5 sept. 2018, art. 39, I, 3°, JO 6)*** «au sein des branches concernées», soit sur une base volontaire par l'entreprise.

Elles font l'objet d'un suivi comptable distinct.

Art. L. 6332-1-3. ***(L. 2018-771 du 5 sept. 2018, art. 39, I, 4°, JO 6)*** I. – L'opérateur de compétences prend en charge :

1° Les actions concourant au développement des compétences au bénéfice des entreprises de moins de cinquante salariés mentionnées à l'article L. 6313-1 ;

2° Les contrats d'apprentissage et de professionnalisation, les dépenses afférentes à la formation du tuteur et du maître d'apprentissage et à l'exercice de leurs fonctions ainsi que les actions de reconversion ou de promotion par l'alternance ;

3° Si un accord de branche le prévoit, pendant une durée maximale de deux ans, les coûts de formation engagés pour faire face à de graves difficultés économiques conjoncturelles.

II. – L'opérateur de compétences n'assure aucun financement, direct ou indirect, des organisations syndicales de salariés et des organisations professionnelles d'employeurs.

Il peut toutefois rembourser, sur présentation de justificatifs, les frais de déplacement, de séjour et de restauration engagés par les personnes qui siègent au sein de leurs organes de direction.

Art. L. 6332-2. ***(L. 2018-771 du 5 sept. 2018, art. 39, I, 5°, JO 6)*** Une convention d'objectifs et de moyens est conclue entre chaque opérateur de compétences et l'État. Elle prévoit les modalités de financement, le cadre d'action ainsi que les objectifs et les résultats attendus des opérateurs dans la conduite de leurs missions définies à l'article L. 6332-1. Cette convention est rendue publique à sa signature et à son renouvellement.

Un décret détermine le contenu, la périodicité ainsi que les modalités d'évaluation de ces conventions.

Art. L. 6332-2-1. ***(L. 2009-1437 du 24 nov. 2009, art. 41, JO 25)*** Lorsqu'une personne exerce une fonction de salarié dans un ***(L. 2018-771 du 5 sept. 2018, art. 39, I, 6°, JO 6)*** «organisme» de formation, elle ne peut exercer une fonction de salarié dans un ***(L. 2018-771 du 5 sept. 2018, art. 39, I, 6°, JO 6)*** «opérateur de compétences» ou un organisme délégué par ce dernier.

Lorsqu'une personne exerce une fonction de salarié dans un établissement de crédit, elle ne peut exercer une fonction de salarié dans un ***(L. 2018-771 du 5 sept. 2018, art. 39, I, 6°, JO 6)*** «opérateur de compétences» ou un organisme délégué par ce dernier.

Le cumul des fonctions d'administrateur dans un ***(L. 2018-771 du 5 sept. 2018, art. 39, I, 6°, JO 6)*** «opérateur de compétences» et d'administrateur ou de salarié dans un établissement de crédit est porté à la connaissance des instances paritaires de l'*(L. 2018-771 du 5 sept. 2018, art. 39, I, 6°, JO 6)* «opérateur de compétences» ainsi qu'à celle du commissaire aux comptes qui établit, s'il y a lieu, un rapport spécial.

Note Le premier alinéa de cet article a été modifié par l'ordonnance 2019-861 du 21 août 2019, art. 1er, 70°, JO 22.

§ 1 (réglementaire). Délivrance de l'agrément

Note Les paragraphes 1 à 3 ont été introduits par le décret 2018-1209 du 21 décembre 2018, art. 1er, 3°, *b)*, JO 23, entrée en vigueur le 01.01.2019.

Art. R. 6332-1. L'agrément des opérateurs de compétences mentionnés à l'article L. 6332-1-1 est délivré par arrêté du ministre chargé de la formation professionnelle.

Art. R. 6332-2. La composition du dossier de demande d'agrément est fixée par arrêté du ministre chargé de la formation professionnelle.

Note **Dossier de demande d'agrément.** Pour la composition du dossier, voir arrêté du 21 décembre 2018 (JO 29).

Sur la validité de l'arrêté ministériel, voir CE 13 novembre 2013, n° 351776.

Art. R. 6332-3. L'accord mentionné au premier alinéa du III de l'article L. 6332-1-1 détermine le champ d'intervention professionnel ou interprofessionnel de l'opérateur de compétences, ainsi que, le cas échéant, la présence et la capacité d'intervention de ce dernier dans les territoires d'outre-mer.

Art. R. 6332-4. L'agrément est accordé en application du II de l'article L. 6332-1-1 lorsque les opérateurs de compétences:

1° Sont en capacité de mettre en œuvre une comptabilité analytique;

2° Interviennent dans un champ caractérisé par des métiers, des emplois et des compétences proches, ou par l'existence de secteurs d'activités complémentaires, ou bien encore par un niveau général de qualification des salariés ou par des perspectives communes d'évolution des métiers des branches concernées;

3° Gèrent un montant de contributions, déduction faite de la péréquation inter-branche mentionnée au 1° de l'article L. 6123-5, supérieur à 200 millions d'euros, ou couvrent au moins 200 000 entreprises;

4° Sont dirigés par un conseil d'administration ou disposent des organes mentionnés au 2° de l'article R. 6332-8 permettant d'assurer une représentation de l'ensemble des organisations syndicales de salariés et des organisations professionnelles d'employeurs relevant des branches adhérentes de l'opérateur de compétences;

5° Prévoient dans leurs statuts qu'un commissaire du Gouvernement, nommé par arrêté du ministre chargé de la formation professionnelle, assiste aux séances du conseil d'administration avec voix consultative.

§ 2 (réglementaire). Nomination de l'administrateur provisoire

Art. R. 6332-5. I. – Lorsqu'il constate des dysfonctionnements répétés ou des défaillances, le ministre chargé de la formation professionnelle adresse à l'opérateur de compétences une mise en demeure motivée, par tout moyen donnant date certaine à la réception de cette mise en demeure.

L'opérateur de compétences dispose d'un délai d'un mois pour présenter ses observations écrites et, le cas échéant, orales relatives à cette situation ainsi que les mesures correctives envisagées.

Au vu des éléments de réponse de l'opérateur de compétences ou le cas échéant à l'expiration de ce délai, le ministre chargé de la formation professionnelle peut, en application du 4° de l'article L. 6332-6, nommer par arrêté un administrateur provisoire. L'arrêté fixe la durée de cette fonction.

II. – L'administrateur provisoire peut avoir pour mission:

1° D'accomplir une opération déterminée par l'arrêté mentionné au I;

2° De gérer et de représenter l'organisme par substitution au conseil d'administration et à la direction générale pour la durée fixée par l'arrêté mentionné au I.

§ 3 (réglementaire). Retrait de l'agrément

Art. R. 6332-6. L'agrément peut être retiré lorsqu'un opérateur de compétences ne satisfait plus les conditions fixées aux 1°, 2°, 4° et 5° de l'article R. 6332-4.

L'agrément est retiré lorsque l'opérateur de compétences ne satisfait plus les conditions prévues au 3° de l'article R. 6332-4 pendant trois années consécutives.

Art. R. 6332-7. Lorsqu'il constate qu'un opérateur de compétences ne satisfait plus les conditions d'agrément prévues à l'article R. 6332-4, le ministre chargé de la formation professionnelle lui adresse une mise en demeure motivée, par tout moyen donnant date certaine à la réception de cette mise en demeure.

L'opérateur de compétences dispose d'un délai de deux mois pour présenter ses observations écrites ou orales.

Au vu des éléments de réponse de l'opérateur de compétences ou, le cas échéant, à l'expiration de ce délai, le ministre chargé de la formation professionnelle peut retirer l'agrément par arrêté.

L'arrêté précise la date à laquelle le retrait prend effet, ainsi que les modalités de dévolution des biens de l'opérateur concerné. L'arrêté lui est notifié et fait l'objet d'une publication au *Journal officiel* de la République française.

Sous-section 2 (réglementaire). **Constitution et fonctionnement des opérateurs de compétence**

Note Cette sous-section a été introduite par le décret 2018-1209 du 21 décembre 2018, art. 1er, 3°, *b)*, JO 23, entrée en vigueur le 01.01.2019.

Art. R. 6332-8. L'accord de constitution d'un opérateur de compétences mentionné au premier alinéa du III de l'article L. 6332-1-1 détermine son champ d'intervention professionnel ou interprofessionnel, ainsi que les conditions de sa gestion. Il fixe notamment :

1° L'étendue des pouvoirs du conseil d'administration ainsi que les modalités de prise en compte par celui-ci des orientations, priorités de formation et conditions de prise en charge des actions de formation proposées par les sections paritaires professionnelles ou les commissions constituées dans les conditions mentionnées au 2° ;

2° Le mode de désignation des organes chargés de la préparation des mesures énumérées au 1° et de l'exécution des décisions de gestion de l'organisme. L'accord de constitution peut prévoir à cet effet l'existence de sections paritaires professionnelles de branches ou de commissions paritaires afférentes à un champ plus large, ou relatives aux activités complémentaires, chargées de proposer au conseil d'administration les orientations et priorités de formation pour les champs professionnels concernés.

Art. R. 6332-9. Le conseil d'administration de l'opérateur de compétences est composé d'un nombre égal de représentants des salariés et des employeurs désignés parmi les organisations signataires. Les membres du conseil d'administration peuvent se faire représenter par un suppléant désigné selon les mêmes modalités que le titulaire.

La composition du conseil d'administration tient compte de la diversité des branches professionnelles adhérentes.

Art. R. 6332-10. Les opérateurs de compétences peuvent conclure avec une personne morale une convention de délégation de mise en œuvre d'une partie des décisions en matière d'informations et de services mentionnées aux 1°, 2°, 3° et 5° du II de l'article R. 6332-17.

Cette personne morale ne peut être ni un prestataire de formation, ni un gestionnaire d'organisme de formation, ni une organisation d'employeur ou une organisation de salariés.

La convention de délégation peut être conclue au plan national ou territorial avec les personnes morales autres que celles mentionnées à l'alinéa précédent dans leur champ d'application géographique, à l'exclusion de tout champ d'application professionnel.

La délégation est autorisée par le conseil d'administration et exercée sous sa responsabilité et son contrôle.

Cette convention est transmise au ministre chargé de la formation professionnelle.

Note Au titre de l'année 2019 et par dérogation aux dispositions de cet article, un opérateur de compétences peut conclure avec une personne morale relevant des organisations d'employeurs ou des organisations d'employeurs et de salariés, signataires de l'accord de constitution de l'opérateur de compétences, une convention de délégation de mise en œuvre de tout ou partie des décisions en matière de collecte, de gestion et d'information et des décisions relatives aux missions prévues au II de l'article R. 6332-17 CT, si une convention de délégation ayant le même objet et le même délégataire avait été conclue au titre de l'année 2018 par l'organisme paritaire collecteur agréé auquel adhérait la ou les branches adhérentes à l'opérateur de compétences (décret 2018-1209 du 21 décembre 2018, art. 2, VI, JO 23, entrée en vigueur le 01.01.2019).

Art. R. 6332-11. Les tâches de gestion d'un opérateur de compétences ne peuvent être confiées directement ou indirectement à un organisme prestataire de formation mentionné à l'article L. 6351-1 ou à un établissement de crédit.

Toutefois, les tâches relatives à la gestion du compte personnel de formation peuvent être confiées à la Caisse des dépôts et consignations.

Art. R. 6332-12. I. – Une fonction salariée au sein d'un opérateur de compétences est incompatible avec l'exercice d'une fonction salariée dans un organisme prestataire de formation mentionné à l'article L. 6351-1, un établissement de crédit ou une société de financement.

II. – Le cumul des fonctions d'administrateur au sein d'un opérateur de compétences et de salarié ou d'administrateur dans un organisme de formation prestataire mentionné à l'article L. 6351-1, un établissement de crédit ou une société de financement est porté à la connaissance des instances paritaires de l'opérateur de compétences ainsi qu'à celle du commissaire aux comptes qui établit, s'il y a lieu, un rapport spécial.

L'administrateur concerné par ce cumul ne prend pas part aux délibérations impliquant l'organisme de formation prestataire mentionné à l'article L. 6351-1, l'établissement de crédit ou la société de financement auquel il est lié.

Art. R. 6332-13. Les biens des opérateurs de compétences qui cessent leur activité sont dévolus à des organismes de même nature, désignés par le conseil d'administration.

Cette dévolution est soumise à l'accord préalable du ministre chargé de la formation professionnelle. La décision est publiée au *Journal officiel* de la République française.

À défaut les biens sont dévolus au Trésor public.

Art. R. 6332-14. Les opérateurs de compétences ne peuvent posséder d'autres biens que ceux nécessaires à leur fonctionnement.

Sous-section 2. Gestion des fonds

Art. L. 6332-3. ***(L. 2018-771 du 5 sept. 2018, art. 39, I, 7°, JO 6)*** L'opérateur de compétences gère, paritairement, les fonds mentionnés au I de l'article L. 6332-1-1 au sein des sections financières suivantes:

1° Des actions de financement de l'alternance;

2° Des actions utiles au développement des compétences au bénéfice des entreprises de moins de cinquante salariés.

Note **Depuis le 1er janvier 2019.** Les dispositions des articles L. 6332-3 et 5-1, dans leur rédaction issue de la loi 2018-771 précitée, sont applicables depuis le 01.01.2019 (loi précitée, art. 46, I).

La loi 2018-771 précitée a réservé aux seules entreprises de moins de 50 salariés la possibilité de faire financer leur plan de développement des compétences (ex-plan de formation) par les opérateurs de compétences (OPCO, ex-OPCA). Avant la réforme, le financement du plan de formation par les OPCA était accessible aux entreprises de moins de 300 salariés. En conséquence, depuis le 1er janvier 2019, les entreprises de 50 à 299 salariés n'ont donc plus accès aux fonds mutualisés de la formation et doivent financer elles-mêmes leur plan de développement des compétences.

Sur les dépenses pouvant être prises en charge par les OPCO au titre du plan de développement des compétences des entreprises de moins de 50 salariés, voir art. L. 6332-17.

Voir RF 17 janvier 2019, FH 3775, §§ 1-9 et s.; LSQ n° 17694 du 16.11.2018, «Financement de la formation professionnelle» (dossier juridique).

Art. L. 6332-5-1. ***(L. 2009-1437 du 24 nov. 2009, art. 41, JO 25)*** L'***(L. 2018-771 du 5 sept. 2018, art. 45, II, JO 6)*** «opérateur de compétences» est assujetti aux ***(Ord. 2019-698 du 3 juil. 2019, JO 4)*** «deuxième et troisième alinéas du I de l'article L. 441-10 et au I de l'article L. 441-11» du code de commerce pour le délai de règlement des sommes dues aux organismes de formation.

Note Le délai convenu entre les parties pour régler les sommes dues ne peut pas dépasser 45 jours fin de mois ou 60 jours à compter de la date d'émission de la facture (art. L. 441-6, al. 9 c. com.). Les professionnels d'un secteur, clients et fournisseurs, peuvent décider conjointement de réduire ce délai maximum de paiement. Ils peuvent également proposer de retenir la date de réception des marchandises ou d'exécution de la prestation de services demandée comme point de départ de ce délai. Des accords sont conclus à cet effet par leurs organisations professionnelles. Un décret peut étendre le nouveau délai maximum de paiement à tous les opérateurs du secteur ou, le cas échéant, valider le nouveau mode de computation et l'étendre à ces mêmes opérateurs (art. L. 441-6, al. 10 c. com.).

§ 1 (réglementaire). Sections financières

Note Les paragraphes 1 à 6 ont été introduits par le décret 2018-1209 du 21 décembre 2018, art. 1er, 3°, *b)*, JO 23, entrée en vigueur le 01.01.2019.

Art. R. 6332-15. I. – L'opérateur de compétences gère les contributions mentionnées aux 2°, 3° et 4° de l'article L. 6131-1 au sein des sections consacrées au financement respectivement:

1° Des actions en alternance;

2° Des actions utiles au développement des compétences au bénéfice des entreprises de moins de cinquante salariés.

II. – L'opérateur de compétences gère, le cas échéant, dans le cadre de sections constituées en son sein à cet effet, les contributions supplémentaires ayant pour objet le développement de la formation professionnelle continue mentionnées à l'article L. 6332-1-2 qui lui sont versées:

1° En application d'un accord de branche;

2° Sur une base volontaire par l'entreprise.

Art. L. 6332-5-1

Note Conformément aux II et III de l'article 2 du décret 2018-1209 du 21 décembre 2018, JO 23, entrée en vigueur le 01.01.2019, modifié par l'article 2, 1° du décret 2019-1326 du 10 décembre 2019, JO 11 :

II. – Jusqu'à la date d'entrée en vigueur de l'ordonnance relative à la collecte des contributions des employeurs au titre du financement de la formation professionnelle et de l'alternance mentionnée à l'article 41 de la loi 2018-771 précitée, et au plus tard jusqu'au 31 décembre 2020, les opérateurs de compétences mentionnés à l'article L. 6332-1 CT peuvent financer des organismes prenant en charge notamment le conseil en évolution professionnelle, la formation de demandeurs d'emploi et le compte personnel de formation.

À cet effet, il est ajouté trois sections comptables supplémentaires provisoires au I de l'article R. 6332-15 CT, dédiées respectivement au compte personnel de formation, à France compétences et à la taxe d'apprentissage.

Ces sections financières sont exclues de la répartition des frais de gestion mentionnés à l'article R. 6332-17 du même code, à l'exception, au titre de l'année 2019, de la section dédiée au compte personnel de formation, diminuée de la part reversée à France compétences pour le financement du compte personnel de formation de transition professionnelle et pour la mise en œuvre anticipée du compte personnel de formation par la Caisse des dépôts et consignations.

III. – Les ressources au titre de la section particulière dédiée au compte personnel de formation sont destinées :

1° Au financement par l'opérateur de compétences des frais pédagogiques occasionnés par la formation suivie par le salarié qui mobilise son compte personnel de formation. Après accord exprès du conseil d'administration et si le conseil d'administration de l'organisme paritaire collecteur agrée auquel adhérait la ou les branches adhérentes à l'opérateur de compétences l'avait décidé, l'opérateur de compétences peut également prendre en charge de la rémunération des salariés en formation pendant le temps de travail au titre du compte personnel de formation, dans la limite, pour chaque salarié concerné, à 50 % du montant total pris en charge par cet organisme pour le financement de la formation ;

2° Au financement direct des frais de formation par reversement à la Caisse des dépôts et consignations ;

3° Au financement des frais de formation des actions de formation organisées dans le cadre du compte personnel de formation de transition professionnelle, par reversement de la part dédiée à France compétences ;

4° Au financement des frais prévus à l'article R. 6332-17 CT.

Art. D. 6332-16. L'opérateur de compétences gère, le cas échéant, dans le cadre d'une section particulière constituée en son sein, les contributions des travailleurs indépendants versées dans les conditions prévues à l'article L. 6332-11-1.

Le conseil d'administration de l'opérateur de compétences arrête, sur proposition d'un conseil de gestion composé des organisations professionnelles représentatives des travailleurs indépendants, les services et actions de formation susceptibles d'être financés, les priorités, les critères et les conditions de prise en charge des demandes de formation présentées par le conseil de gestion. À défaut de proposition, le conseil d'administration de l'opérateur de compétences délibère valablement sur ces questions.

§ 2 (réglementaire). Frais de gestion et d'information et frais relatifs aux missions des opérateurs de compétences

Art. R. 6332-17. I. – Les frais de gestion mentionnés au 9° de l'article L. 6332-6 des opérateurs de compétences sont constitués par :

1° Les frais de gestion administrative relatifs à l'instruction et au suivi des dossiers de formation ;

2° Le remboursement des frais de déplacement, de séjour et de restauration engagés par les personnes qui siègent au sein des organes de direction de l'organisme.

II. – Les frais d'information et de missions mentionnés au 9° de l'article L. 6332-6 des opérateurs de compétences sont constitués par :

1° Les frais d'accompagnement des branches professionnelles pour le développement de l'alternance ***(D. 2019-1326 du 10 déc. 2019, JO 11)*** « et les frais de » mise en œuvre des conventions cadre de coopération mentionnées au *b* du II de l'article L. 6332-1 ;

2° L'appui technique aux branches pour aider les commissions paritaires nationales de l'emploi, ou la commission paritaire de branche, à déterminer les niveaux de prise en charge des contrats d'apprentissage et de professionnalisation ;

3° Les dépenses réalisées pour le fonctionnement d'observatoires prospectifs des métiers et des qualifications destinées à mesurer l'évolution quantitative et qualitative des emplois et des qualifications, en privilégiant les approches multi branches couvrant tout ou partie du champ professionnel de l'opérateur de compétences ;

4° Le financement des frais relatifs à l'ingénierie de certification professionnelle visée au 3° de l'article L. 6332-1 et les frais d'études ou de recherches intéressant la formation ;

5° Les frais d'information-conseil, de pilotage de projet et de service de proximité aux entreprises notamment des très petites entreprises et des petites et moyennes entreprises, dont les coûts de diagnostics et d'accompagnement des entreprises;

6° Les frais engagés pour s'assurer du contrôle de la qualité des formations dispensées.

Note Les frais de gestion mentionnés au I de cet article comprennent, au titre des années 2019, 2020 et 2021, les frais de collecte des contributions des employeurs au titre du financement de la formation professionnelle et de l'alternance (décret 2018-1209 du 21 décembre 2018, art. 2, IV, JO 23, entrée en vigueur le 01.01.2019).

Art. D. 6332-18. I. – Les frais de gestion, d'information et de missions mentionnés à l'article R. 6332-17 ne peuvent excéder un plafond déterminé dans la convention d'objectifs et de moyens mentionnée à l'article L. 6332-2.

Ces frais sont définis en fonction des demandes présentées par l'opérateur de compétences et des objectifs fixés avec le ministre chargé de la formation professionnelle.

Le plafond des frais de gestion mentionné au I de l'article R. 6332-17 est compris entre un minimum et un maximum déterminés en pourcentage des sommes perçues au titre des fonds mentionnés aux 1° et *c* du 3° de l'article L. 6123-5 et de l'article L. 6332-1-2 par arrêté du ministre chargé de la formation professionnelle.

II. – Pour préparer la convention d'objectifs et de moyens, l'opérateur de compétences transmet au ministre chargé de la formation professionnelle un document comprenant:

1° Les principales orientations pour son activité;

2° L'évolution correspondante de ses charges;

3° Les moyens mis en place pour assurer les services de proximité aux entreprises et à leurs salariés sur l'ensemble du territoire, et pour organiser des observatoires ou financer une structure paritaire spécifique accomplissant cette mission;

4° Une carte précisant ses lieux d'implantation géographique sur le territoire.

III. – La convention d'objectifs et de moyens mentionnée à l'article L. 6332-2 est triennale.

Les parties procèdent annuellement à son évaluation.

Note • **Plafonnement des frais de gestion (I).** Sur le minimum (2 %) et maximum (6 %) des dépenses de gestion, voir arrêté du 26 mars 2019 (JO 29).

• **Convention d'objectifs et de moyens (III).** Par dérogation au III de cet article, l'année 2019 fait l'objet d'une convention d'objectifs et de moyens annuelle (décret 2018-1209 du 21 décembre 2018, art. 2, VII, JO 23, entrée en vigueur le 01.01.2019).

Art. R. 6332-19. La répartition des dépenses mentionnées à l'article R. 6332-17 de l'opérateur de compétences s'effectue, au prorata des sommes affectées dans le cadre:

1° Des sections mentionnées à l'article L. 6332-3;

2° Le cas échéant, des sections constituées en application du II de l'article R. 6332-17 pour regrouper les sommes versées au titre des contributions supplémentaires versées en application de l'article L. 6332-1-2 soit en application d'un accord professionnel national, soit sur une base volontaire par l'entreprise.

Sur la base d'une comptabilité analytique, cette répartition peut toutefois faire l'objet d'une modulation déterminée par la convention d'objectifs et de moyens mentionnée au dernier alinéa de l'article L. 6332-2, sans que cette modulation ne puisse avoir pour effet de faire peser sur les sections mentionnées au 1° les frais de gestion des sections mentionnées au 2°. Afin de garantir le respect de cette obligation, les frais de gestion afférents aux sections mentionnées au 2° sont égaux ou supérieurs à un minimum fixé par arrêté du ministre chargé de la formation professionnelle.

Note **4e alinéa.** Le taux minimum est de 3 % (arrêté du 26 mars 2019, JO 29).

Art. D. 6332-20. Les frais de gestion de la section financière mentionnée à l'article D. 6332-18 sont constitués par les frais de gestion administrative relatifs à l'instruction et au suivi des dossiers de formation, les frais d'information générale et de sensibilisation des travailleurs indépendants et le remboursement des frais de déplacement, de séjour et de restauration engagés par les personnes qui siègent au sein des organes de direction de l'organisme, le financement d'études ou de recherches intéressant la formation et les dépenses pour assurer le contrôle de la qualité des formations dispensées.

Ces dépenses sont exprimées en pourcentage des sommes perçues au titre de la part de la collecte non affectée au financement du compte personnel de formation des travailleurs indépendants et du conseil en évolution professionnelle. Ce pourcentage doit être inférieur ou égal à un taux maximum fixé par arrêté du ministre chargé de la formation professionnelle.

Note **2e alinéa.** Le taux maximum est de 9,7 % (arrêté du 26 mars 2019, JO 29).

Art. R. 6332-21. En cas d'absence de conclusion de la convention d'objectifs et de moyens mentionnée à l'article L. 6332-2, les dépenses mentionnées à l'article R. 6332-17 ne peuvent excéder le minimum mentionné au troisième alinéa du I de l'article D. 6332-18.

Art. R. 6332-22. En cas de dépassement des plafonds ou lorsque les objectifs définis à l'article D. 6332-18 ne sont pas atteints, le ministre chargé de la formation professionnelle adresse à l'opérateur de compétences, par tout moyen donnant date certaine à sa réception, une mise en demeure motivée afin de présenter, dans un délai d'un mois, ses observations écrites et, le cas échéant, orales justifiant cette situation.

Au vu des éléments de réponse de l'opérateur de compétences ou après l'expiration de ce délai, le ministre chargé de la formation professionnelle peut:

1° Adresser à l'opérateur de compétences une notification afin de procéder aux mesures correctives permettant d'assurer le respect des plafonds et objectifs définis à l'article D. 6332-18, ces mesures devant faire l'objet d'un suivi permettant d'apprécier la réponse apportée par l'opérateur de compétences;

2° Décider le versement au Trésor public par l'opérateur de compétences d'une somme correspondant en tout ou partie au montant du dépassement constaté. Le recouvrement du versement est établi et poursuivi selon les modalités ainsi que sous les sûretés, garanties et sanctions applicables aux taxes sur le chiffre d'affaires;

3° Nommer un administrateur provisoire au sein de l'opérateur de compétences;

4° Retirer l'agrément de l'opérateur de compétences.

§ 3 (réglementaire). Prise en charge des demandes des employeurs et du paiement des bénéficiaires

Art. R. 6332-23. Les opérateurs de compétences créent un service dématérialisé qui publie au sein d'une rubrique dédiée et identifiable:

1° La liste des priorités, des critères et des conditions de prise en charge des demandes présentées par les employeurs, des coûts de diagnostics visés au 4° du I de l'article L. 6332-1 ainsi que les services proposés correspondant à l'emploi des sommes mentionnées au II de l'article R. 6332-17;

2° Les niveaux de prise en charge décidés par les branches professionnelles ou les commissions paritaires mentionnés au 1° du I de l'article L. 6332-14;

3° La liste annuelle des organismes bénéficiaires des fonds de l'opérateur de compétences ainsi que le montant versé pour chacun des organismes;

4° Les comptes annuels des opérateurs de compétences et le rapport du commissaire aux comptes en application du 6° de l'article L. 6332-1, sans préjudice de l'application des dispositions de l'article L. 612-4 du code de commerce.

Cette rubrique est actualisée dans les quinze jours suivant la modification de l'une de ces informations.

Art. R. 6332-24. La décision de rejet total ou partiel par un opérateur de compétences d'une demande de prise en charge formée par un employeur ou un organisme prestataire de formation est motivée et notifiée dans un délai de deux mois.

Art. R. 6332-25. I. – Le paiement des frais de formation pris en charge par les opérateurs de compétences est réalisé après exécution des actions mentionnées à l'article L. 6313-1.

II. – Pour les actions mentionnées aux 1° à 3° de l'article L. 6313-1, les parties peuvent convenir d'un échelonnement des paiements au fur et à mesure du déroulement des actions de formation. Cet échelonnement peut être assorti d'une avance dont le montant ne peut être supérieur à 30 % du prix convenu.

III. – Pour les actions mentionnées au 4° de l'article L. 6313-1, l'opérateur de compétences verse au centre de formation d'apprentis un montant annuel constitué de la somme du niveau de la prise en charge mentionnée au 1° du I de l'article L. 6332-14 et des frais annexes mentionnés au 3° du même article, selon les modalités de versement suivantes:

1° Au plus tard dans les 30 jours après ***(D. 2019-1326 du 10 déc. 2019, JO 11)*** «la réception d'une facture adressée par le centre de formation d'apprentis», une avance de ***(D. 2020-1739 du 29 déc. 2020, JO 30)*** «40 %» du montant annuel;

2° Avant la fin du septième mois, ***(D. 2020-1739 du 29 déc. 2020, JO 30)*** «30 %» du montant annuel;

3° Le solde au dixième mois.

(D. 2019-1326 du 10 déc. 2019, JO 11) «IV. – Par dérogation au III, lorsque la durée du contrat est inférieure à un an:

1° Le montant est calculé au *prorata temporis* du niveau de la prise en charge mentionnée au 1° du I de l'article L. 6332-14 pour la durée du contrat d'apprentissage;

2° Le montant peut être majoré de 10 % en application du troisième alinéa de l'article L. 6222-7-1. Le versement au centre de formation au titre de ce contrat ne peut toutefois excéder le niveau de prise en charge déterminé en application du décret n° 2018-1345 du 28 décembre 2018 relatif aux modalités de détermination des niveaux de prise en charge des contrats d'apprentissage.

Lorsque le contrat d'apprentissage prépare à un titre à finalité professionnelle du ministère chargé de la formation professionnelle et lorsque la durée de ce contrat a été fixée à moins d'un an par voie réglementaire, les 1° et 2° ne s'appliquent pas.

Le centre de formation d'apprentis perçoit une avance de 50 % de ce montant au plus tard trente jours après la réception de la facture par l'opérateur de compétences et le solde à la fin du contrat.

V. – Lorsque la durée du contrat est supérieure à un an, les modalités de versement prévues au premier alinéa du III s'appliquent pour chaque année d'exécution. Pour la dernière année d'exécution, le montant est calculé au *prorata temporis* du niveau de la prise en charge mentionnée au 1° du I de l'article L. 6332-14.

VI. – En cas de rupture anticipée du contrat d'apprentissage, le paiement est réalisé au *prorata temporis* de la durée du contrat d'apprentissage.

Chaque mois de contrat d'apprentissage débuté est dû.

Dans le cas prévu aux articles L. 6222-12-1 et R. 6222-1-1, et après conclusion d'un contrat d'apprentissage, le montant versé par les opérateurs de compétences prend en compte la période passée en centre de formation d'apprentis préalable à la signature du contrat.

Dans le cas prévu à l'article L. 6222-18-2, l'opérateur de compétences maintient les versements du niveau de prise en charge déterminé à l'article L. 6332-14, et ce jusqu'à la signature d'un nouveau contrat d'apprentissage ou jusqu'à expiration du délai de six mois.

VII. – Les modalités de versement mentionnées au III du présent article peuvent être modifiées par arrêté du ministre chargé de la formation professionnelle. »

Note • Les dispositions de cet article, dans sa rédaction issue du décret 2020-1739 précité, s'appliquent aux contrats d'apprentissage conclus à compter du 01.01.2021 (décret précité, art. 7).

• Conformément au IX de l'article 2 du décret 2018-1209 du 21 décembre 2018, JO 23, entrée en vigueur le 01.01.2019, modifié par l'article 2, 2° du décret 2019-1326 du 10 décembre 2019, JO 11 : Par dérogation au III de cet article, pour le financement en 2020 et pour la durée restante d'exécution des contrats d'apprentissage conclus au plus tard le 31 août 2019, l'opérateur de compétences verse aux centres de formation d'apprentis, selon un calendrier et des modalités fixés par arrêté du ministre chargé de la formation professionnelle, des montants correspondant aux coûts annuels de formation sur la base des coûts publiés par le préfet de région au 31 décembre 2018, conformément aux dispositions de l'article R. 6241-3-1 CT dans sa rédaction en vigueur au 31 décembre 2018.

Pour le financement en 2020 et pour la durée restante d'exécution des contrats d'apprentissage conclus entre le 1er septembre 2019 et le 31 décembre 2019, l'opérateur de compétences verse aux centres de formation d'apprentis, selon un calendrier et des modalités fixés par un arrêté du ministre chargé de la formation professionnelle, des montants correspondant au niveau de prise en charge déterminé par les commissions paritaires nationales de l'emploi ou, à défaut, par la commission paritaire de la branche dont relève l'entreprise signataire du contrat conformément au décret 2018-1345 du 28 décembre 2018 relatif aux modalités de détermination des niveaux de prise en charge des contrats d'apprentissage.

Par dérogation à l'alinéa précédent, l'opérateur de compétences peut, pour les contrats conclus entre le 1er septembre et le 31 décembre 2019, verser au centre de formation d'apprentis qui le demande un montant établi selon les coûts annuels de formation publiés par le préfet de région au 31 décembre 2018. Cette dérogation ne peut excéder six mois d'exécution du contrat à compter du 1er janvier 2020. Les mois restants d'exécution des contrats sont versés aux centres de formation d'apprentis selon les modalités précisées à l'alinéa précédent. Le centre de formation d'apprentis informe l'opérateur de compétences concerné de son choix lors de la transmission de la facture afférente au contrat.

En l'absence de coût annuel de formation publié par le préfet de région au 31 décembre 2018, un montant forfaitaire de 5 000 euros est appliqué.

• Voir arrêté du 6 décembre 2019 (JO 13) relatif au versement des niveaux de prise en charge des contrats d'apprentissage prévu à l'article 2 du décret 2018-1209 précité.

Art. R. 6332-26. I. – Les opérateurs de compétences s'assurent de l'exécution des actions de formation mentionnées à l'article L. 6313-1 dans le cadre d'un contrôle de service fait.

II. – Le contrôle mentionné au I s'effectue au regard des pièces justificatives définies par un arrêté du ministre chargé de la formation professionnelle.

En cas d'anomalie constatée dans l'exécution d'une action mentionnée aux 1° à 3° de l'article L. 6313-1, l'opérateur de compétences peut demander à l'organisme prestataire de formation ou à l'employeur tout document complémentaire nécessaire pour s'assurer de la réalité de l'action qu'il finance et de sa conformité aux dispositions légales, réglementaires et conventionnelles.

III. – Lorsque le prestataire de formation ou l'employeur ne fournissent pas l'ensemble des pièces prévues ou demandées en application du II, l'opérateur de compétences ne prend pas en charge les dépenses liées aux actions définies à l'article L. 6313-1.

IV. – Les opérateurs de compétences effectuent tout signalement utile et étayé auprès des services de l'État chargés du contrôle de la formation professionnelle.

En cas d'anomalie constatée dans l'exécution d'un contrat d'apprentissage, les opérateurs de compétences effectuent un signalement auprès des services de l'État chargés du contrôle de la formation professionnelle et auprès des services chargés du contrôle pédagogique mentionnés au dernier alinéa de l'article L. 6211-2.

Note **Justificatifs.** Les pièces nécessaires au contrôle visées par le II de cet article sont définies par l'arrêté du 21 décembre 2018 (JO 29).

Modèle de certificat de réalisation. Le ministère du Travail a mis en place, depuis avril 2020 sur son site Internet, un document de référence simple et basé sur un principe de confiance afin d'harmoniser les pratiques entre les opérateurs de compétences avec les entreprises, les organismes de formation et les centres de formation d'apprentis (CFA) et de fluidifier les paiements. Dans le cadre des formations à distance, le modèle précise qu'il faut prendre en compte la réalisation des activités pédagogiques et le temps estimé pour les réaliser. Les justificatifs de réalisation doivent être conservés par les dispensateurs de formation. Pour télécharger ce modèle, voir *https://travail-emploi.gouv.fr/IMG/pdf/certificat_de_realisation.pdf*.

§ 4 (réglementaire). Disponibilités

Art. R. 6332-27. Les disponibilités, dont un opérateur de compétences peut disposer au 31 décembre d'une année donnée au titre des actions de l'alternance ou du plan de développement des compétences, ne peuvent excéder le tiers des charges comptabilisées au cours du dernier exercice clos.

N'entrent pas dans le calcul des disponibilités les dotations aux amortissements et provisions.

Art. R. 6332-28. Les disponibilités au 31 décembre sont constituées par les montants figurant aux comptes de placement, de banque et de caisse, tels que définis par le plan comptable prévu à l'article R. 6332-35. Les placements sont toutefois appréciés à leur valeur liquidative.

Art. R. 6332-29. Les disponibilités excédant les montants dont un opérateur de compétences peut disposer en application des articles R. 6332-27 sont versées à France compétences avant le 30 avril de l'année suivant la clôture de l'exercice.

Note Les modalités de calcul et de reversement des disponibilités excédentaires mentionnées à cet article ne sont pas applicables aux exercices comptables relatifs aux années 2020 et 2021.

Les fonds propres disponibles de la section financière dédiée au compte personnel de formation à l'issue de l'exercice comptable de l'année 2019 qui ne sont pas affectés à la liquidation des opérations y afférentes sont reportés dans la section financière dédiée à l'alternance. Ils sont affectés intégralement au financement des actions de formation relatives aux contrats d'apprentissage et à ses frais annexes, notamment d'hébergement et de restauration, ainsi que des actions de formation relatives aux contrats de professionnalisation et aux reconversions ou promotions par alternance mentionnées à l'article L. 6324-1 CT. (décret 2018-1209 du 21 décembre 2018, art. 2, V, JO 23, entrée en vigueur le 01.01.2019, modifié par décret 2020-1739 du 29 décembre 2020, art. 4, JO 30).

§ 5 (réglementaire). Transmission de documents

Art. R. 6332-30. Les opérateurs de compétences informent le ministre chargé de la formation professionnelle de toute modification apportée à leurs statuts, à leur règlement intérieur et à leur organigramme en lui transmettant ces documents dès modification.

Ils lui communiquent également chaque année le nombre et la composition des conseils d'administration, des commissions paritaires et des sections paritaires professionnelles mises en place pour chaque branche professionnelle.

Art. R. 6332-31. I. – Les opérateurs de compétences transmettent chaque année, avant le 31 mai suivant l'année civile considérée, au ministre chargé de la formation professionnelle et à France compétences un état, dont le modèle est fixé par le ministre chargé de la formation professionnelle.

II. – L'état mentionné au I comporte les renseignements statistiques et financiers permettant de suivre le fonctionnement de l'opérateur de compétences et d'apprécier l'emploi des fonds reçus, ainsi que ses comptes et bilans.

Les renseignements statistiques et financiers qui peuvent être rendus publics sont définis par arrêté du ministre chargé de la formation professionnelle.

III. – Le commissaire aux comptes des opérateurs de compétences atteste de la réalité et de l'exactitude des renseignements financiers.

Art. R. 6332-32. Le conseil d'administration de France compétences peut, en tant que de besoin, recourir à des experts, notamment des commissaires aux comptes pour l'accomplissement des missions mentionnées à l'article L. 6123-5, pour pratiquer des audits auprès des opérateurs de compétences.

Les opérateurs de compétences présentent à ces experts toutes pièces ou documents établissant la réalité et le bien-fondé des éléments figurant sur l'état statistique et financier mentionné à l'article R. 6332-31.

Art. R. 6332-33. Chaque opérateur de compétences transmet au ministre chargé de la formation professionnelle les informations individuelles relatives aux bénéficiaires des contrats d'apprentissage et de professionnalisation qu'il contribue à financer.

Ces informations sont transmises lors du dépôt, de la modification et de la fin des contrats.

Les opérateurs de compétences transmettent simultanément les informations relatives aux entreprises qui ont conclu ces contrats ainsi qu'aux actions de formation correspondantes.

§ 6 (réglementaire). Contrôle et comptabilité

Art. R. 6332-34. Les opérateurs de compétences établissent des comptes annuels selon les principes et méthodes comptables définis au code de commerce.

Art. R. 6332-35. *(D. 2019-1326 du 10 déc. 2019, JO 11)* Les opérateurs de compétences sont tenus d'établir des comptes annuels selon les modalités définies par un règlement de l'Autorité des normes comptables.

Art. R. 6332-36. Pour l'exercice du contrôle des comptes, les opérateurs de compétences désignent au moins un commissaire aux comptes et un suppléant.

Art. R. 6332-37. Les ressources des opérateurs de compétences sont conservées en numéraire, soit déposées à vue, soit placées à court terme.

Les intérêts produits par les sommes déposées ou placées à court terme ont le même caractère que les sommes dont ils sont issus. Ils sont soumis aux mêmes conditions d'utilisation et à la même procédure de contrôle.

Art. R. 6332-38. Les opérateurs de compétences et les fonds d'assurance formation des non-salariés sont soumis au contrôle économique et financier de l'État dans les conditions prévues par le décret n° 55-733 du 26 mai 1955.

Note Voir arrêté du 7 mai 2019 (JO 15) portant désignation de la mission «Emploi et formation professionnelle» du contrôle général économique et financier pour exercer le contrôle économique et financier de l'État sur les opérateurs de compétences et l'association pour la gestion du régime d'assurance des créances des salariés.

Sous-section 3. **Dispositions d'application**

Art. L. 6332-6. *(L. 2018-771 du 5 sept. 2018, art. 39, I, 9°, JO 6)* Un décret en Conseil d'État détermine les conditions d'application de la présente section ainsi que:

1° Les règles relatives à la constitution, aux attributions, au fonctionnement des opérateurs de compétences;

2° Les modalités de mise en œuvre du principe de transparence dans le fonctionnement de l'opérateur de compétences, notamment en ce qui concerne l'égalité de traitement des entreprises, des salariés et des prestataires de formations ou de prestations entrant dans le champ d'application du présent livre, notamment au regard de leurs obligations prévues à l'article L. 6316-1;

3° Les modalités d'information, sur chacun des points mentionnés aux 1° et 2°, des entreprises ayant contribué au financement de la formation professionnelle et des prestataires de formation;

4° Les conditions dans lesquelles un administrateur provisoire peut être nommé en cas de dysfonctionnement répété ou de défaillance de l'opérateur de compétences, notamment en matière de non-respect des délais de paiement par l'opérateur, lesquels sont fixés au trentième jour suivant la date de réception des pièces justificatives pour le règlement des organismes de formation au titre des frais relatifs aux contrats de professionnalisation et aux contrats d'apprentissage;

5° Les conditions dans lesquelles l'agrément de l'opérateur de compétences peut être accordé, refusé ou retiré, ainsi que, le cas échéant, les modalités de désignation par l'autorité administrative, pour les branches concernées, d'un opérateur de compétences, eu égard à l'intérêt général que constituent la cohérence et la pertinence économique de son champ d'intervention;

6° Les règles applicables aux excédents financiers dont est susceptible de disposer l'opérateur de compétences agréé et les conditions de reversement de ces fonds à France compétences;

7° Les conditions d'utilisation des versements ainsi que les modalités de fonctionnement des sections prévues à l'article L. 6332-3;

8° Les conditions de gestion des versements mentionnés à l'article L. 6123-5;

9° La définition et les modalités de fixation du plafond des dépenses pouvant être négociées dans le cadre de la convention prévue à l'article L. 6332-2 relatives aux frais de gestion, d'information et de mission des opérateurs de compétences.

Art. L. 6332-9

Note Cet article est applicable depuis le 01.01.2019 (loi 2018-771 précitée, art. 46, I).

SECTION 2. Fonds d'assurance-formation

Note Voir notamment J-P Willems, «La mutualisation dans les FAF et OPCA»; P. Déjean, «Contribution de la jurisprudence au référentiel juridique des FAF et des OPCA», Dr. Soc. 2008, n° spécial, pp. 1203 et 1186.

Sous-section 2. Fonds d'assurance-formation de non-salariés

Art. L. 6332-9. Les travailleurs indépendants, les membres des professions libérales et des professions non-salariées peuvent créer dans les professions ou les branches professionnelles considérées des fonds d'assurance-formation de non-salariés.

Ces fonds sont dotés de la personnalité morale. ***(L. 2018-771 du 5 sept. 2018, art. 39, I, 11°, JO 6)*** «Ils peuvent, le cas échéant, être créés au sein d'un opérateur de compétences mentionné à l'article L. 6332-1-1, selon des modalités définies par décret, et faire l'objet d'une gestion dans une section particulière.»

Note Les dispositions de cet article, dans sa rédaction issue de la loi 2018-771 précitée, sont applicables depuis le 01.01.2019 (loi précitée, art. 46, I).

Art. L. 6332-10. Les fonds d'assurance-formation de non-salariés sont alimentés par des ressources dégagées par voie de concertation entre les organisations professionnelles intéressées ou les chambres consulaires.

Art. L. 6332-11. ***(L. 2018-771 du 5 sept. 2018, art. 39, I, 12°, JO 6)*** Deux fractions de la collecte, dont le montant est déterminé par un arrêté du ministre chargé de la formation professionnelle, sont affectées au financement du compte personnel de formation des travailleurs indépendants et au conseil en évolution professionnelle et versées respectivement à l'organisme mentionné à l'article L. 6333-1 et à France compétences.

Note • Les articles L. 6332-11 et 11-1 sont applicables depuis le 01.01.2019 (loi 2018-771 précitée, art. 46, I).

• **Sur la répartition de la contribution des non-salariés au titre de l'année 2019.** Voir arrêté du 15 février 2019 (JO 11 avril).

Voir aussi arrêté du 27 janvier 2020 (JO 31) relatif à la répartition de la contribution à la formation professionnelle des travailleurs indépendants ne relevant pas du régime agricole, des particuliers employeurs et des artistes-auteurs.

• **Sur la répartition de la contribution des non-salariés recouvrée au titre de la période du 1er janvier au 30 juin 2020.** Voir arrêté du 30 juillet 2020 (JO 2 août).

Art. L. 6332-11-1. ***(L. 2018-771 du 5 sept. 2018, art. 39, I, 13°, JO 6)*** Un accord de branche peut prévoir que la part de la collecte non affectée au financement du compte personnel de formation des travailleurs indépendants et du conseil en évolution professionnelle est gérée au sein d'une section particulière d'un opérateur de compétences mentionné à l'article L. 6332-1-1. L'opérateur de compétences désigné est celui agréé pour recevoir les fonds mentionnés au *c* du 3° de l'article L. 6123-5 de la branche professionnelle concernée.

Un décret détermine les modalités d'organisation et de fonctionnement de la section particulière mentionnée au premier alinéa du présent article.

Art. L. 6332-12. À défaut d'être déjà financées par un organisme de financement de la formation professionnelle continue des professions salariées ou des demandeurs d'emploi, les dépenses de formation engagées par le bénéficiaire du stage d'initiation à la gestion prévu à l'article 59 de la loi n° 73-1193 du 27 décembre 1973 d'orientation du commerce et de l'artisanat sont éligibles au financement du fonds d'assurance-formation, à condition que ce bénéficiaire soit immatriculé au registre du commerce et des sociétés dans un délai déterminé par décret et courant à compter de la fin du stage.

§ 1 (réglementaire). Constitution

Art. R. 6332-63. Sont applicables aux fonds d'assurance formation de non-salariés habilités au titre ***(D. 2010-1116 du 22 sept. 2010, JO 24)*** «de la présente section», y compris aux fonds d'assurance-formation de non salariés des employeurs et travailleurs indépendants de la pêche maritime et des cultures marines, les articles suivants:

1° ***(D. 2018-1209 du 21 déc. 2018, art. 1er, 3°, d), JO 23, entrée en vigueur le 01.01.2019)*** « R. 6332-13 », relatif à la dévolution des biens des ***(D. 2019-1326 du 10 déc. 2019, JO 11)*** «opérateurs de compétences» qui cessent leur activité;

2° *(D. 2018-1209 du 21 déc. 2018, art. 1er, 3°, d), JO 23, entrée en vigueur le 01.01.2019)* « R. 6332-14 », relatif aux biens nécessaires au fonctionnement des *(D. 2019-1326 du 10 déc. 2019, JO 11)* « opérateurs de compétences » ;

3° *(D. 2018-1209 du 21 déc. 2018, art. 1er, 3°, d), JO 23, entrée en vigueur le 01.01.2019)* « R. 6332-23 à R. 6332-25 », relatifs aux conditions de prise en charge et de paiement des frais de formation ;

(D. 2014-1240 du 24 oct. 2014, art. 22, JO 26, entrée en vigueur le 01.01.2015) « 4° » R. 6332-30 à *(D. 2018-1209 du 21 déc. 2018, art. 1er, 3°, d), JO 23, entrée en vigueur le 01.01.2019)* « R. 6332-33 », relatifs à la transmission de documents par les *(D. 2019-1326 du 10 déc. 2019, JO 11)* « opérateurs de compétences » ;

(D. 2014-1240 du 24 oct. 2014, art. 22, JO 26, entrée en vigueur le 01.01.2015) « 5° » *(D. 2018-1209 du 21 déc. 2018, art. 1er, 3°, d), JO 23, entrée en vigueur le 01.01.2019)* « R. 6332-34 à R. 6332-36 », relatifs à la comptabilité et au contrôle des comptes des *(D. 2019-1326 du 10 déc. 2019, JO 11)* « opérateurs de compétences » ;

(D. 2014-1240 du 24 oct. 2014, art. 22, JO 26, entrée en vigueur le 01.01.2015) « 6° » *(D. 2018-1209 du 21 déc. 2018, art. 1er, 3°, d), JO 23, entrée en vigueur le 01.01.2019)* « R. 6332-37 », relatif aux ressources des *(D. 2019-1326 du 10 déc. 2019, JO 11)* « opérateurs de compétences ».

Art. R. 6332-64. Un fonds d'assurance formation de non-salariés est destiné à recevoir la contribution des travailleurs indépendants, membres des professions libérales et professions non salariées prévue à l'article R. 6331-47.

Ce fonds a pour objet exclusif de financer la formation des personnes intéressées. *(D. 2015-753 du 24 juin 2015, JO 28)* « Il définit les services proposés, les priorités, les critères et les conditions de prise en charge des demandes présentées. »

(D. 2010-1116 du 22 sept. 2010, JO 24) « Les ressources du fonds sont destinées :

1° Au financement des frais de fonctionnement des actions de formation mentionnées aux articles L. 6313-1 et L. 6314-1 et des frais de transport, d'hébergement et d'indemnisation de la perte de ressources des stagiaires ;

2° Au financement d'études ou de recherches intéressant la formation ;

3° Au financement des dépenses d'information et de conseil des non-salariés ;

4° Au financement des frais de gestion du fonds d'assurance formation.

Les dépenses mentionnées au 2° à 4° ne peuvent excéder un plafond fixé par arrêté du ministre chargé de la formation professionnelle. »

Note Les dépenses d'études et de recherches de portée collective intéressant la formation professionnelle, mentionnées au 2° de cet article ne peuvent excéder 4 % du montant de la collecte comptabilisée au cours de l'exercice. Les dépenses d'information et de conseil des non-salariés mentionnées au 3° de cet article ne peuvent excéder 5,7 % du montant de la collecte comptabilisée au cours de l'exercice. Les dépenses de gestion du fonds d'assurance formation mentionnées au 4° de cet article ne peuvent excéder 4 % du montant des décaissements de l'exercice. Les décaissements s'entendent des charges de l'exercice comptabilisées au compte 6561 (plan de formation), compte non tenu des dépenses d'information et de conseil mentionnées au 3°. L'ensemble des montants susmentionnés s'entendent des montants portés en comptabilité, hors taxes (arrêté du 20 septembre 2011, JO 11 oct., relatif au plafonnement des frais de gestion et d'information, d'études et de recherches des fonds d'assurance formation de non-salariés, pris en application de l'article R. 6332-64 CT, applicable depuis le 01.01.2012).

Art. R. 6332-65. Le fonds d'assurance formation de non-salariés est créé soit par des organisations d'employeurs représentatives et des *(D. 2010-1463 du 1er déc. 2010, art. 87, JO 2)* « chambres de commerce et d'industrie territoriales », soit par des organisations représentatives de professions libérales.

Art. R. 6332-66. L'acte constitutif du fonds d'assurance formation de non-salariés détermine son champ d'intervention géographique et professionnel ou interprofessionnel.

Lorsqu'il est professionnel, ce champ d'intervention est obligatoirement national.

Ce champ est défini par référence à la Nomenclature d'activités française.

Art. R. 6332-67. L'acte constitutif du fonds d'assurance formation de non-salariés fixe notamment :

1° La composition du conseil de gestion et l'étendue des pouvoirs de celui-ci ;

2° Les règles de détermination des actions donnant lieu à intervention du fonds et de répartition des ressources entre ces interventions ;

3° Le mode de désignation des organes chargés de la préparation des mesures énumérées aux 1° et 2° et de l'exécution des décisions de gestion du fonds.

§ 2 (réglementaire). Habilitation

Art. R. 6332-68. Le fonds d'assurance formation de non-salariés est habilité par l'État.

Art. R. 6332-69. L'habilitation d'un fonds d'assurance formation de non-salariés est accordée par arrêté du ministre chargé de la formation professionnelle, après avis *(D. 2018-1209 du 21 déc. 2018, art. 1er, 3°, e), JO 23, entrée en vigueur le 01.01.2019)* « de France compétences ».

Note Voir arrêté du 21 décembre 2018 (JO 27, entrée en vigueur le 01.01.2019), modifié par arrêté du 27 janvier 2020 (JO 31), relatif à la gestion des contributions du particulier employeur.

Art. R. 6332-70. L'habilitation du fonds d'assurance formation de non-salariés ne peut être délivrée que s'il respecte les dispositions légales relatives à sa constitution.

L'habilitation n'est accordée que lorsque le montant estimé de la collecte annuelle est supérieur à un seuil fixé par arrêté du ministre chargé de la formation professionnelle. Ce seuil est déterminé en vue d'assurer une capacité financière suffisante pour le développement de la formation professionnelle.

Art. R. 6332-71. L'habilitation d'un fonds d'assurance formation de non-salariés peut être retirée lorsque les dispositions légales applicables aux fonds d'assurance formation ou les conditions particulières prévues par la décision d'habilitation ne sont pas respectées.

L'habilitation est également retirée lorsque le montant de la collecte annuelle n'atteint pas, pendant deux années consécutives, le seuil prévu au second alinéa de l'article R. 6332-70.

La décision de retrait intervient après que le fonds d'assurance formation a été appelé à s'expliquer.

§ 3 (réglementaire). Contribution et gestion

Art. R. 6332-72. ***(D. 2020-1739 du 29 déc. 2020, JO 30)*** L'Agence centrale des organismes de sécurité sociale est chargée de centraliser les sommes recouvrées au titre du versement de la contribution mentionnée à l'article L. 6331-48 par les organismes chargés de son recouvrement, mentionnés aux articles L. 213-1 et L. 752-4 du code de la sécurité sociale.

L'Agence centrale des organismes de sécurité sociale reverse sous forme d'un acompte le montant de cette contribution à France compétences au plus tard le 31 décembre de l'année au titre de laquelle elle est due, après déduction de la retenue mentionnée à l'article R. 6332-73 du présent code et selon des modalités fixées par convention entre ces organismes. La régularisation de l'acompte est effectuée au plus tard le 1er mars de l'année qui suit le recouvrement de la contribution. L'Agence centrale des organismes de sécurité sociale accompagne ses versements des informations permettant la répartition des fonds par France compétences.

Art. R. 6332-73. ***(D. 2020-1739 du 29 déc. 2020, JO 30)*** Le taux de la retenue pour frais de recouvrement mentionnée à l'article L. 6331-51 est fixé par arrêté conjoint du ministre chargé de la sécurité sociale et du ministre chargé de la formation professionnelle. Elle est prélevée par l'Agence centrale des organismes de sécurité sociale.

Art. R. 6332-75. ***(D. 2020-1739 du 29 déc. 2020, JO 30)*** La contribution due par les personnes mentionnées au premier alinéa de l'article L. 6331-48 est répartie par France compétences entre les fonds d'assurance formation de non-salariés en fonction de la population des cotisants relevant du champ d'intervention de chaque fonds. Cette répartition est notamment fondée sur les informations fournies par les organismes collecteurs.

Note • Sur les modalités de répartition entre les fonds habilités, voir note sous article L. 6331-48.

• Sur la répartition de la contribution des non-salariés recouvrée au titre de la période du 1er janvier au 30 juin 2020, voir arrêté du 30 juillet 2020 (JO 2 août).

Art. R. 6332-77. Les tâches de gestion d'un fonds d'assurance formation de non-salariés ne peuvent être confiées à un établissement de formation, à un établissement bancaire ou à un organisme de crédit.

Art. R. 6332-77-1. ***(D. 2014-1240 du 24 oct. 2014, art. 24, JO 26, entrée en vigueur le 01.01.2015)*** Les disponibilités dont un fonds d'assurance formation de non-salariés peut disposer au 31 décembre d'un exercice déterminé ne peuvent excéder ***(D. 2019-1326 du 10 déc. 2019, JO 11)*** «le tiers du montant» des charges comptabilisées au cours du même exercice.

(D. 2018-1209 du 21 déc. 2018, art. 1er, 3°, g), JO 23, entrée en vigueur le 01.01.2019) «N'entrent pas dans le calcul des disponibilités les contributions à la formation versée en année N permettant de financer les formations réalisées en année N+1.»

Les disponibilités au 31 décembre sont constituées par les montants figurant aux comptes de placement, de banque et de caisse, tels que définis par le plan comptable prévu ***(D. 2019-1326 du 10 déc. 2019, JO 11)*** «au 5° de l'article R. 6332-63». Les placements sont toutefois appréciés à leur valeur liquidative.

Les disponibilités excédant les montants dont le fonds d'assurance formation de non-salariés peut disposer en application du premier alinéa du présent article sont versées ***(D. 2020-372 du 30 mars 2020, art. 10, JO 31)*** «à France compétences» avant le 30 avril de l'année suivant la clôture de l'exercice.

D. 2019-1326 du 10 déc. 2019, JO 11) «Le fonds d'assurance formation de non-salariés transmet à France compétences le bilan comptable de l'exercice pour lequel un excédent financier est déterminé, accompagné du rapport du commissaire aux comptes et des pièces justifiant la situation de trésorerie de la structure, avec le versement correspondant. Ces documents sont également transmis au ministre chargé de la formation professionnelle.»

À défaut, il est fait application de la procédure prévue par les articles L. 6362-8 à L. 6362-12.

Sous-section 3. **Dispositions d'application**

Art. L. 6332-13. ***(L. 2009-1437 du 24 nov. 2009, art. 41, JO 25)*** Un décret en Conseil d'État détermine les conditions d'application de la présente section selon les modalités définies à l'article L. 6332-6.

SECTION 3. **Utilisation des fonds par les opérateurs de compétences pour la prise en charge de l'alternance, du compte personnel de formation et du développement des compétences au bénéfice des entreprises de moins de cinquante salariés**

Art. L. 6332-14. ***(L. 2018-771 du 5 sept. 2018, art. 39, I, 15°, JO 6)*** I. – L'opérateur de compétences prend en charge au titre de la section financière mentionnée au 1° de l'article L. 6332-3:

1° Les contrats d'apprentissage et de professionnalisation au niveau de prise en charge fixé par les branches ou, à défaut, par un accord collectif conclu entre les organisations représentatives d'employeurs et de salariés signataires d'un accord constitutif d'un opérateur de compétences interprofessionnel gestionnaire des fonds de la formation professionnelle continue. Ce niveau est déterminé pour les contrats d'apprentissage en fonction du domaine d'activité du titre ou du diplôme visé. Ces niveaux de prise en charge prennent en compte les recommandations de France compétences mentionnées au 10° de l'article L. 6123-5 en matière d'observation des coûts et de niveaux de prise en charge. Les niveaux de prise en charge fixés par les branches peuvent faire l'objet de modulations en fonction de critères et selon un montant déterminés par décret, en particulier lorsque le salarié est reconnu travailleur handicapé ou lorsqu'il existe d'autres sources de financement public. À défaut de fixation du niveau de la prise en charge ou de prise en compte des recommandations à une date et dans un délai fixés par voie réglementaire, les modalités de détermination de la prise en charge sont définies par décret;

2° Les dépenses d'investissement visant à financer les équipements nécessaires à la réalisation des formations;

3° Des frais annexes à la formation des salariés en contrat d'apprentissage ou de professionnalisation, notamment d'hébergement et de restauration, dans des conditions déterminées par décret;

4° Les dépenses exposées par l'entreprise pour chaque salarié, ou pour tout employeur de moins de onze salariés, lorsqu'il bénéficie d'une action de formation en qualité de tuteur ou de maître d'apprentissage, limitées à un plafond horaire et à une durée maximale, ainsi que les coûts liés à l'exercice de ces fonctions engagés par l'entreprise dans la limite de plafonds mensuels et de durées maximales. Les plafonds et durées mentionnés au présent 4° sont fixés par décret;

5° Les frais pédagogiques et les frais annexes d'une action de reconversion ou de promotion par l'alternance mentionnée à l'article L. 6324-1.

II. – L'opérateur de compétences peut également prendre en charge dans les conditions prévues au I du présent article:

1° Des actions d'évaluation, d'accompagnement, d'inscription aux examens et de formation des bénéficiaires des contrats prévus aux articles L. 6221-1 et L. 6325-5 dans les cas de rupture du contrat définis aux articles L. 1233-3, L. 1243-4 et L. 6222-18, dans les cas prévus à l'article L. 6222-12-1 et dans les cas de redressement ou de liquidation judiciaires de l'entreprise;

2° Une partie des dépenses de tutorat externe à l'entreprise engagées pour:

a) Les personnes mentionnées à l'article L. 6325-1-1;

b) Les personnes qui ont été suivies par un référent avant la signature d'un contrat de professionnalisation ou d'un contrat d'apprentissage;

c) Les personnes qui n'ont exercé aucune activité professionnelle à plein temps et en contrat à durée indéterminée au cours des trois années précédant la signature du contrat de professionnalisation;

3° Tout ou partie de la perte de ressources ainsi que des coûts de toute nature y compris ceux correspondant aux cotisations sociales et, le cas échéant, la rémunération et les frais annexes générés par la mobilité hors du territoire national des apprentis et des salariés en contrat de professionnalisation en application des articles L. 6222-42 et L. 6325-25;

4° Les actions portées par une convention-cadre de coopération mentionnée au *b* du 1° du II de l'article L. 6332-1, dans la limite d'un plafond fixé par voie réglementaire;

Art. L. 6332-17

(Ord. 2019-861 du 21 août 2019, art. 1er, 70° bis, JO 22) «5° La rémunération des salariés bénéficiaires d'une action de reconversion ou de promotion par alternance.»

Note • **Textes. Loi 2018-771.** Les articles L. 6332-14 à 17-1 sont applicables depuis le 01.01.2019 (loi 2018-771 précitée, art. 46, I).

Depuis le 1er janvier 2020, l'opérateur de compétences assure le financement des contrats d'apprentissage selon le niveau de prise en charge fixé par les branches selon les modalités mentionnées à cet article (loi 2018-771 précitée, art. 39, IX).

• **Covid-19.** Voir ordonnance 2020-387 du 1er avril 2020, art. 2, JO 2, entrée en vigueur le 02.04.2020, modifié par ordonnance 2020-1501 du 2 décembre 2020, art. 1er, 2°, JO 3.

• **Art. L. 6332-14 dans sa rédaction antérieure à la loi 2018-771. Fin de l'obligation de financement réalisé sur une base de forfaits horaires.** L'obligation de financement réalisé sur la base de forfaits horaires en cas d'accord collectif a été supprimée (loi 2016-1088, art. 82). Le mot «horaires» étant retiré (1er al.), cela a ouvert la voie à d'autres modalités de calcul des coûts et de forfaits spécifiques pour les partenaires sociaux. Les dispositions réglementaires ont donc été adaptées via la suppression des références à des forfaits «horaires» (décret 2017-382 du 22 mars 2017, JO 24).

Art. L. 6332-17. ***(L. 2018-771 du 5 sept. 2018, art. 39, I, 18°, JO 6)*** L'opérateur de compétences finance au titre de la section financière mentionnée au 2° de l'article L. 6332-3 relative aux actions concourant au développement des compétences au bénéfice des entreprises de moins de cinquante salariés:

1° Les coûts des actions de formation du plan de développement des compétences, de la rémunération du salarié en formation et des frais annexes;

2° Un abondement du compte personnel de formation d'un salarié;

3° Les coûts des diagnostics et d'accompagnement de ces entreprises en vue de la mise en œuvre d'actions de formation;

4° La formation de demandeurs d'emploi, dont notamment la préparation opérationnelle à l'emploi mentionnée aux articles L. 6326-1 et L. 6326-3;

5° Les dépenses afférentes à la participation d'un salarié ou d'un bénévole à un jury d'examen ou de validation des acquis de l'expérience selon les modalités fixées par accord de branche.

Les dépenses y afférentes couvrent:

a) Les frais de transport, d'hébergement et de restauration;

b) La rémunération du salarié;

c) Les cotisations sociales obligatoires ou conventionnelles qui s'y rattachent;

d) Le cas échéant, la taxe sur les salaires qui s'y rattache.

Les modalités et priorités de prise en charge de ces frais sont définies par le conseil d'administration de l'opérateur de compétences.

Note **Sur la VAE.** Voir LSQ n° 17943 du 21.11.2019.

Art. L. 6332-17-1. ***(L. 2018-771 du 5 sept. 2018, art. 39, I, 19°, JO 6)*** Un décret détermine les conditions d'application de la présente section.

SECTION 2 (réglementaire). Prise en charge des actions utiles au développement des compétences au bénéfice des entreprises de moins de cinquante salariés

Note Cette section a été introduite par le décret 2018-1342 du 28 décembre 2018, JO 30, entrée en vigueur le 01.01.2019.

Art. D. 6332-39. I. – Les opérateurs de compétences peuvent prendre en charge au titre de la section financière mentionnée au 2° de l'article L. 6332-3 la rémunération et les charges sociales légales et conventionnelles des salariés des entreprises de moins de cinquante salariés en formation, dans la limite du coût horaire du salaire minimum interprofessionnel de croissance par heure de formation, selon les modalités définies par le conseil d'administration de l'opérateur de compétences prévues à l'article L. 6332-17.

II. – Les frais annexes mentionnés au 1° de l'article L. 6332-17 couvrent les frais de transport, de restauration et d'hébergement afférents à la formation suivie. Lorsque les formations se déroulent pour tout ou partie en dehors du temps de travail, les frais de garde d'enfants ou de parents à charge peuvent également être pris en charge selon les modalités définies par le conseil d'administration mentionnées au I.

Le conseil d'administration détermine les priorités, les critères et les conditions de prise en charge des demandes présentées par les employeurs.

SECTION 4 (réglementaire). Prise en charge des actions de formation en alternance par les opérateurs de compétences

Note À titre transitoire les opérateurs de compétences peuvent, au titre de la section alternance en 2019, prendre en charge les dépenses de fonctionnement des centres de formation d'apprentis, ainsi que les dépenses de fonctionnement des écoles d'enseignement technologique et professionnel mentionnées à l'article L. 6241-5, selon des modalités arrêtées dans le cadre d'un accord de branche ou, à défaut, d'une décision des organisations représentatives d'employeurs et de salariés signataires d'un accord constitutif d'un opérateur de compétences (décret 2018-1342 du 28 décembre 2018, art. 3, JO 30, entrée en vigueur le 01.01.2019).

Sous-section 1. Prise en charge des contrats d'apprentissage

Note Cette sous-section a été introduite par le décret 2018-1345 du 28 décembre 2018, JO 30, entrée en vigueur le 01.01.2019.

Art. D. 6332-78. ***(D. 2019-956 du 13 sept. 2019, JO 14)*** I. – La commission paritaire nationale de l'emploi, ou à défaut la commission paritaire de la branche professionnelle, détermine le niveau de prise en charge du contrat d'apprentissage en fonction du diplôme ou du titre à finalité professionnelle préparé. Ce niveau correspond à un montant annuel. Le niveau de prise en charge du contrat d'apprentissage permet le financement des centres de formation d'apprentis par les opérateurs de compétences dans les conditions prévues à l'article R. 6332-25.

II. – Ce niveau de prise en charge comprend les charges de gestion administrative et les charges de production suivantes :

1° La conception, la réalisation des enseignements mentionnés au 2° de l'article L. 6211-2 et au 11° de l'article L. 6231-2, ainsi que l'évaluation des compétences acquises par les apprentis prévue au 12° du même article ;

2° La réalisation des missions d'accompagnement et de promotion de la mixité prévues aux 1° à 9°, 13° et 14° de l'article L. 6231-2 ;

3° Le déploiement d'une démarche qualité engagée pour satisfaire aux exigences liées au cadre de certification prévu à l'article L. 6316-1.

Les charges d'amortissement annuelles comptabilisées pour des équipements qui participent à la mise en œuvre des enseignements dispensés par apprentissage ainsi qu'à l'ingénierie pédagogique sont prises en compte pour la détermination du niveau de prise en charge du contrat d'apprentissage dès lors que leur durée d'amortissement n'excède pas trois ans.

Lorsque la commission paritaire nationale de l'emploi, ou à défaut la commission paritaire de la branche professionnelle, le sollicite, l'opérateur de compétences apporte son appui technique et son expertise conformément aux dispositions prévues au 2° du I de l'article L. 6332-1.

Note Conformément au II de l'article 2 du décret 2018-1345 du 28 décembre 2018, JO 30, entrée en vigueur le 01.01.2019, à titre transitoire pour l'année 2019 :
1° Les commissions paritaires nationales de l'emploi, ou à défaut les commissions paritaires des branches professionnelles, transmettent les niveaux de prise en charge établis par diplôme et titre à finalité professionnelle selon les modalités fixées à l'article D. 6332-78 au plus tard le 1er février 2019 ;
2° Les recommandations de France compétences prévues à l'article D. 6332-79 sont transmises au plus tard le 15 mars 2019 ;
3° À défaut de la transmission des niveaux de prise en charge prévue au 1°, France compétences communique au plus tard le 15 mars 2019 la liste des commissions paritaires nationale pour l'emploi ou des commissions paritaires qui n'ont pas respecté leurs obligations en matière de détermination de niveaux de prise en charge des contrats d'apprentissage, ainsi que celle des diplômes ou titres à finalité professionnelle préparés pour lesquels elles devaient se déterminer au ministre chargé de la formation professionnelle.

Art. D. 6332-78-1. ***(D. 2019-956 du 13 sept. 2019, JO 14)*** I. – La commission paritaire nationale de l'emploi ou à défaut la commission paritaire de la branche professionnelle transmet le niveau de prise en charge du contrat d'apprentissage qu'elle a déterminé en application de l'article D. 6332-78 à l'opérateur de compétences dont relève la branche, qui le communique à France compétences.

II. – France compétences en informe les commissions paritaires nationales de l'emploi autres que celle mentionnée au premier alinéa, ou à défaut les commissions paritaires des branches professionnelles, qui disposent de deux mois pour transmettre le niveau de prise en charge qu'elles ont déterminé.

III. – À compter de la réception des niveaux de prise en charge fixés en application des I et II, France compétences dispose d'un délai de deux mois pour émettre ses recommandations prévues au 10° de l'article L. 6123-5.

IV. – La prise en compte des recommandations de France compétences prévue au 1° du I de l'article L. 6332-14 est assurée dans un délai d'un mois à compter de leur réception par la commission paritaire nationale de l'emploi ou le cas échéant la commission paritaire de la branche professionnelle concernée.

V. – À défaut de la prise en compte des recommandations de France compétences dans le délai imparti par la commission paritaire, le ministre chargé de la formation professionnelle fixe ***(D. 2020-1076 du 20 août 2020, JO 21)*** «par arrêté» le niveau de prise en charge du contrat d'apprentissage en tenant compte des recommandations de France compétences.

VI. – Le niveau de prise en charge du contrat d'apprentissage est établi pour une période minimale de deux ans, sans préjudice des modifications rendues nécessaires par la prise en compte des recommandations de France compétences.

Note • **Contrats conclus depuis le 27.08.2020.** Voir arrêté du 24 août 2020 (JO 26) fixant les niveaux de prise en charge des contrats d'apprentissage qui n'ont pas été fixés par les commissions paritaires des branches professionnelles ou pour lesquels les commissions paritaires n'ont pas pris en compte les recommandations de France compétences dans les délais impartis. Voir aussi arrêté du 29 décembre 2020 (JO 30) qui complète l'arrêté du 24 août 2020 quant aux niveaux de prise en charge des contrats d'apprentissage. Ces dispositions sont applicables aux contrats d'apprentissage conclus depuis le 1er janvier 2021, sous réserve des dispositions prévues à l'article D. 6332-80.

• **Contrats conclus entre le 01.01.2020 et le 26.08.2020.** Le niveau de prise en charge du contrat d'apprentissage mentionné au V de cet article, à défaut de la prise en compte des recommandations de France compétences dans le délai imparti par la commission paritaire, était fixé dans l'annexe 2 du décret 2019-956 précité (décret précité, art. 3, abrogé par décret 2020-1076 précité, art. 2). Les niveaux de prise en charge fixés dans cette annexe étaient applicables aux contrats d'apprentissage conclus depuis le 1er janvier 2020, à l'exception des contrats d'apprentissage mentionnés au II de l'article 2 du décret 2018-1331 du 28 décembre 2018 (JO 30) relatif à l'organisation et au fonctionnement de France compétences pour lesquels ils s'appliquaient le 15 septembre 2019 (décret 2019-956 précité, art. 5).

Art. D. 6332-78-2. ***(D. 2019-956 du 13 sept. 2019, JO 14)*** Lorsque la commission paritaire nationale de l'emploi ou à défaut la commission paritaire de la branche professionnelle n'a pas déterminé le niveau de prise en charge du contrat d'apprentissage prévu à l'article D. 6332-78, le ministre chargé de la formation professionnelle fixe ***(D. 2020-1076 du 20 août 2020, JO 21)*** «par arrêté un niveau de prise en charge qui correspond à un montant annuel» applicable au contrat d'apprentissage selon le diplôme ou titre à finalité professionnelle préparé et la nature des dépenses mentionnées au ***(D. 2020-1076 du 20 août 2020, JO 21)*** «II» du même article.

Note • **Contrats conclus depuis le 27.08.2020.** Voir arrêté du 24 août 2020 (JO 26) fixant les niveaux de prise en charge des contrats d'apprentissage qui n'ont pas été fixés par les commissions paritaires des branches professionnelles ou pour lesquels les commissions paritaires n'ont pas pris en compte les recommandations de France compétences dans les délais impartis. Voir aussi arrêté du 29 décembre 2020 (JO 30) qui complète l'arrêté du 24 août 2020 quant aux niveaux de prise en charge des contrats d'apprentissage. Ces dispositions sont applicables aux contrats d'apprentissage conclus depuis le 1er janvier 2021, sous réserve des dispositions prévues à l'article D. 6332-80.

• **Contrats conclus entre le 01.01.2020 et le 26.08.2020.** Le montant annuel de niveau de prise en charge applicable au contrat d'apprentissage prévu à cet article était fixé dans l'annexe 2 du décret 2019-956 précité (décret précité, art. 4, abrogé par décret 2020-1076 précité, art. 2). Les niveaux de prise en charge fixés dans cette annexe étaient applicables aux contrats d'apprentissage conclus depuis le 1er janvier 2020, à l'exception des contrats d'apprentissage mentionnés au II de l'article 2 du décret 2018-1331 du 28 décembre 2018 (JO 30) relatif à l'organisation et au fonctionnement de France compétences pour lesquels ils s'appliquaient le 15 septembre 2019 (décret 2019-956 précité, art. 5).

Art. D. 6332-79. ***(D. 2019-956 du 13 sept. 2019, JO 14)*** I. – Lorsqu'un contrat d'apprentissage dont le niveau de prise en charge n'a jamais été fixé est transmis pour dépôt auprès de l'opérateur de compétences, il saisit la commission paritaire nationale de l'emploi, ou le cas échéant la commission paritaire de la branche professionnelle concernée, dans le mois suivant la réception de ce contrat. Il en informe France compétences.

II. – France compétences en informe les commissions paritaires nationales de l'emploi autres que celle mentionnée au premier alinéa, ou à défaut les commissions paritaires des branches professionnelles.

III. – Les commissions paritaires nationales de l'emploi, ou le cas échéant les commissions paritaires des branches professionnelles, disposent de deux mois pour transmettre le niveau de prise en charge qu'elles ont déterminé en application de l'article D. 6332-78 à l'opérateur de compétences dont elles relèvent, qui le communique à France compétences.

IV. – À compter de la réception des niveaux de prise en charge fixés en application des II et III, France compétences dispose d'un délai de deux mois pour émettre ses recommandations prévues au 10° de l'article L. 6123-5.

V. – La prise en compte des recommandations de France compétences prévue au 1° du I de l'article L. 6332-14 est assurée dans un délai d'un mois à compter de leur réception par la commission paritaire nationale de l'emploi ou le cas échéant la commission paritaire de la branche professionnelle concernée.

VI. – À défaut de la prise en compte des recommandations de France compétences dans le délai imparti par la commission paritaire, le ministre chargé de la formation professionnelle fixe ***(D. 2020-1076 du 20 août 2020, JO 21)*** «par arrêté» le niveau de prise en charge du contrat d'apprentissage en tenant compte des recommandations de France compétences au plus tard le 31 mai de l'année suivant la date de transmission pour dépôt du contrat d'apprentissage auprès de l'opérateur de compétences mentionné au I.

VII. – Le niveau de prise en charge du contrat d'apprentissage est établi pour une période minimale de deux ans, sans préjudice des modifications rendues nécessaires par la prise en compte des recommandations de France compétences.

Note • **VI.** Voir arrêté du 24 août 2020 (JO 26) fixant les niveaux de prise en charge des contrats d'apprentissage qui n'ont pas été fixés par les commissions paritaires des branches professionnelles ou pour lesquels les commissions paritaires n'ont pas pris en compte les recommandations de France compétences dans les délais impartis. Voir aussi arrêté du 29 décembre 2020 (JO 30) qui complète l'arrêté du 24 août 2020 quant aux niveaux de prise en charge des contrats d'apprentissage. Ces dispositions sont applicables aux contrats d'apprentissage conclus depuis le 1er janvier 2021, sous réserve des dispositions prévues à l'article D. 6332-80.

• Sur les mesures transitoires prévues, pour l'année 2019, par l'article 2 du décret 2018-1345 du 28 décembre 2018, JO 30, entrée en vigueur le 01.01.2019, voir note sous article D. 6332-78.

Art. D. 6332-80. ***(D. 2019-956 du 13 sept. 2019, JO 14)*** Jusqu'à la détermination du niveau de prise en charge, l'opérateur de compétences verse au centre de formation d'apprentis un montant forfaitaire annuel fixé par décret conformément aux dispositions prévues à l'article R. 6332-25.

À compter de la fixation du niveau de prise en charge par la commission paritaire nationale de l'emploi, ou le cas échéant par la commission paritaire de la branche professionnelle concernée, ou à défaut par le ministère chargé de la formation professionnelle, l'opérateur de compétences procède, le cas échéant, à la régularisation des sommes dues ou à la récupération des sommes avancées à ce titre, dès le premier versement suivant la décision fixant le niveau de prise en charge applicable.

Note Le montant forfaitaire annuel prévu à cet article est fixé dans l'annexe 1 du décret 2019-956 précité (décret précité, art. 2). Les montants fixés dans cette annexe sont applicables aux contrats d'apprentissage conclus depuis le 1er janvier 2020, à l'exception des contrats d'apprentissage mentionnés au II de l'article 2 du décret 2018-1331 du 28 décembre 2018 (JO 30) relatif à l'organisation et au fonctionnement de France compétences pour lesquels ils s'appliquent le 15 septembre 2019 (décret 2019-956 précité, art. 5).

Art. D. 6332-81. ***(D. 2019-956 du 13 sept. 2019, JO 14)*** Avant le 31 décembre de chaque année, France compétences communique au ministre chargé de la formation professionnelle la liste actualisée des commissions paritaires nationale pour l'emploi ou des commissions paritaires qui n'ont pas respecté leurs obligations en matière de détermination de niveaux de prise en charge des contrats d'apprentissage, ainsi que celle des diplômes ou titres à finalité professionnelle préparés pour lesquels elles devaient se déterminer.

Art. D. 6332-82. L'opérateur de compétences ***(D. 2020-1450 du 26 nov. 2020, JO 27)*** «majore» le niveau de prise en charge, en application du 1° du I de l'article L. 6332-14, ***(D. 2020-1450 du 26 nov. 2020, JO 27)*** «pour l'accueil d'un apprenti reconnu travailleur handicapé par la commission mentionnée à l'article L. 241-5 du code de l'action sociale et des familles, en appliquant une majoration dans la limite d'un montant de 4 000 euros, selon les niveaux d'intervention fixés par arrêté conjoint du ministre chargé de la formation professionnelle et du ministre chargé du handicap».

Note • Les dispositions de cet article, dans sa rédaction issue du décret 2020-1450 précité, s'appliquent aux contrats d'apprentissage conclus à compter du 01.01.2021 (décret précité, art. 2).

• Voir arrêté du 7 décembre 2020, (JO 12, application aux contrats d'apprentissage conclus à compter du 01.01.2021) fixant les modalités de majoration du niveau de prise en charge des contrats d'apprentissage prévue par l'article L. 6332-14 CT pour les apprentis reconnus travailleurs handicapés.

Art. D. 6332-83. L'opérateur de compétences prend en charge, dès lors qu'ils sont financés par les centres de formation d'apprentis, les frais annexes à la formation des apprentis prévus aux 3° des I et II de l'article L. 6332-14 selon les modalités suivantes:

1° Les frais d'hébergement sont pris en charge par nuitée pour un montant déterminé par arrêté du ministre chargé de la formation professionnelle;

2° Les frais de restauration sont pris en charge par repas pour un montant déterminé par arrêté du ministre chargé de la formation professionnelle;

3° Les frais de premier équipement pédagogique nécessaire à l'exécution de la formation sont pris en charge selon un forfait déterminé par l'opérateur de compétences identique pour l'ensemble des centres de formation d'apprentis concernés, établi en fonction de la nature des activités des apprentis, et dans la limite d'un plafond maximal de 500 euros;

4° Les frais liés à la mobilité internationale des apprentis prévus au 10° de l'article L. 6231-2 sont pris en charge selon un forfait déterminé par l'opérateur de compétences identique pour l'ensemble des centres de formation d'apprentis concernés.

Note • Cet article a été modifié par le décret 2020-373 du 30 mars 2020, JO 31; cette modification s'applique aux contrats conclus depuis le 01.04.2020 (décret précité, art. 5).

• **Frais d'hébergement et de restauration (1° et 2°).** Le montant a été fixé à 6 € par nuitée (1°) et à 3 € par repas (2°) (arrêté du 30 juillet 2019, JO 22 août, modifié par arrêté du 29 septembre 2020, JO 4 oct.)

• **Frais liés à la mobilité internationale des apprentis (4°).** Le 4° de cet article a été modifié par le décret 2019-956 du 13 septembre 2019 (art. 1er, 2°, JO 14).

Art. D. 6332-84. Le financement des actions mentionnées au 4° du II de l'article L. 6332-14 ne peut excéder un montant déterminé dans le cadre des frais de missions fixés lors de la conclusion de la convention d'objectifs et de moyens établie entre l'opérateur de compétences et l'État.

Sous-section 2. Prise en charge des contrats de professionnalisation

Note Les sous-sections 2 à 4 ont été introduites par le décret 2018-1342 du 28 décembre 2018, JO 30, entrée en vigueur le 01.01.2019.

Art. D. 6332-85. I. – L'opérateur de compétences prend en charge au titre de la section financière mentionnée au 1° de l'article L. 6332-3 les contrats de professionnalisation au niveau de prise en charge fixé par les branches ou, à défaut d'accord, par un accord collectif conclu entre les organisations représentatives d'employeurs et de salariés signataires d'un accord constitutif d'un opérateur gestionnaire des fonds de la formation professionnelle continue.

II. – Le niveau de prise en charge correspond à un montant forfaitaire par contrat versé par l'opérateur de compétences. Il couvre tout ou partie des frais pédagogiques, des rémunérations et charges sociales légales et conventionnelles des stagiaires, ainsi que des frais de transport et d'hébergement.

III. – Le montant prévu au II est communiqué à France compétences par l'opérateur de compétences.

Art. D. 6332-86. À défaut de fixation du montant forfaitaire de la prise en charge prévu à l'article D. 6332-85, ce montant est fixé à 9,15 euros par heure ou, lorsqu'il porte sur des contrats conclus avec les personnes mentionnées à l'article L. 6325-1-1 ***(D. 2020-1122 du 10 sept. 2020, JO 11)*** « ou les personnes en parcours d'insertion dans un groupement d'employeur pour l'insertion et la qualification mentionné au troisième alinéa de l'article L. 1253-1 », à 15 euros par heure.

Note Les dispositions de cet article, dans sa rédaction issue du décret 2020-1122 précité, s'appliquent aux contrats de professionnalisation conclus depuis le 01.10.2020 (décret précité, art. 2).

Art. D. 6332-87. Pôle emploi peut prendre en charge, pour le compte de l'organisme gestionnaire du régime d'assurance chômage par l'intermédiaire des opérateurs de compétences les dépenses afférentes aux contrats de professionnalisation des demandeurs d'emploi âgés de vingt-six ans et plus.

Art. D. 6332-88. Les dépenses exposées par les employeurs des entreprises de moins de 50 salariés au-delà des montants forfaitaires prévus par l'article D. 6332-85 peuvent être financées par l'opérateur de compétences au titre des fonds affectés au développement des compétences au bénéfice des entreprises de moins de 50 salariés, selon les modalités définies par le conseil d'administration de l'opérateur de compétences prévues à l'article L. 6332-17.

Sous-section 3. Prise en charge des actions de reconversion ou promotion par l'alternance

Art. D. 6332-89. Dans le respect d'un accord de branche ou, à défaut, d'un accord collectif conclu entre les organisations représentatives d'employeurs et de salariés signataires d'un accord constitutif d'un opérateur de compétences, un opérateur de compétences finance les actions selon un niveau de prise en charge déterminé.

Le niveau de prise en charge correspond à un montant forfaitaire versé par l'opérateur de compétences. Ce montant couvre tout ou partie des frais pédagogiques ainsi que des frais de transport et d'hébergement.

(D. 2020-262 du 16 mars 2020, JO 17) « La prise en charge de la rémunération du salarié en reconversion ou en alternance prévue par l'accord de branche étendu mentionné au deuxième alinéa de l'article L. 6324-5 peut également comprendre les charges sociales légales et conventionnelles dues par l'employeur au titre des salariés concernés, sans que le montant total pris en charge au titre de la rémunération puisse toutefois excéder le coût horaire du salaire minimum interprofessionnel de croissance par heure. »

Ce montant est communiqué par l'opérateur de compétences à France compétences.

Le dépôt de l'avenant au contrat de travail prévoyant la reconversion ou la promotion par l'alternance est effectué selon les modalités mentionnées aux articles D. 6325-1 et suivants.

Note Voir RF 14 mai 2020, FH 3842, § 2-4.

Art. D. 6332-90. En l'absence de forfaits fixés dans les conditions prévues à l'article D. 6332-89, ce montant est de 9,15 euros par heure.

(D. 2020-262 du 16 mars 2020, JO 17) « Lorsque l'accord de branche étendu mentionné à l'article L. 6324-3 prévoit la prise en charge de la rémunération par l'opérateur de compétences sans en préciser le niveau de prise en charge, celui-ci est fixé par l'opérateur de compétences. Il peut également comprendre les charges sociales légales et conventionnelles dues par l'employeur au titre des salariés concernés, sans que le montant total pris en charge au titre de la rémunération puisse toutefois excéder le coût horaire du salaire minimum interprofessionnel de croissance par heure. »

Note Voir RF 14 mai 2020, FH 3842, § 2-4.

Art. D. 6332-91. Les dépenses exposées par les employeurs des entreprises de moins de 50 salariés au-delà des montants forfaitaires prévus par l'article D. 6332-89 peuvent être financées par l'opérateur de compétences au titre des fonds affectés au développement des compétences au bénéfice des entreprises de moins de 50 salariés, selon des modalités précisées par le conseil d'administration de l'opérateur de compétences.

Sous-section 4. Dépenses de tutorat et de formation pédagogique des maîtres d'apprentissage

Art. D. 6332-92. Le plafond horaire et la durée maximale prévus au 4° de l'article L. 6332-14 des dépenses exposées pour les actions de formation en qualité de tuteur ou de maître d'apprentissage pour chaque salarié ou employeur de moins de onze salariés sont respectivement de 15 euros par heure de formation et de 40 heures.

Ces dépenses couvrent les frais pédagogiques, les rémunérations, les cotisations et contributions sociales légales et conventionnelles, ainsi que les frais de transport, de restauration et d'hébergement.

Art. D. 6332-93. Le plafond mensuel et la durée prévus au 4° de l'article L. 6332-14 sont:

1° Pour l'exercice de tutorat, de 230 euros par mois et par salarié pour une durée maximale de six mois. Ce plafond mensuel est majoré de 50 % lorsque la personne chargée de l'exercice du tutorat est âgée de 45 ans ou plus ou accompagne une personne mentionnée à l'article L. 6325-1-1.

[2°] Pour l'exercice de maître d'apprentissage de 230 euros par mois et par apprenti pour une durée maximale de 12 mois.

SECTION 5 (réglementaire). Prise en charge par l'opérateur de compétences des formations organisées au titre du compte personnel de formation

Note Cette section a été introduite par le décret 2014-1240 du 24 octobre 2014, art. 36, JO 26, entrée en vigueur le 01.01.2015. Les dispositions de cette section sont applicables à Mayotte depuis le 01.01.2019 (décret 2018-953 du 31 octobre 2018, art. 58, I, *d*, JO 6 nov.).

§ 1. Sommes perçues par l'opérateur de compétences

Art. R. 6332-93. Les ***(L. 2018-771 du 5 sept. 2018, art. 45, II, JO 6)*** « opérateurs de compétences » gèrent paritairement les contributions des employeurs affectées au financement du compte personnel de formation selon les modalités définies par les articles R. 6332-22-3 à R. 6332-22-5 et suivent l'emploi des sommes collectées au sein d'une section particulière.

Ils définissent les services proposés, les priorités, les critères et les conditions de prise des demandes présentées dans le cadre du compte personnel de formation selon les modalités définies par l'article R. 6323-5.

Dès leur réception, les fonds mentionnés au premier alinéa sont mutualisés au sein de la section particulière.

§ 2. Gestion des ressources

Art. R. 6332-94. Les ressources au titre de la section particulière mentionnée à l'article R. 6332-93 sont destinées :

1° Au financement des frais de formation des actions de formation mentionnées à l'article L. 6323-16 organisées dans le cadre du compte personnel de formation selon les modalités définies par l'article R. 6323-5;

2° Au financement des frais prévus à l'article R. 6332-36. Ces frais sont répartis selon les modalités définies à l'article R. 6332-7.

Les formations se déroulent selon les modalités définies à l'article L. 6353-1.

§ 3. Contrôle

Art. R. 6332-95. Les agents de contrôle mentionnés à l'article L. 6361-5 sont habilités à exercer le contrôle des recettes et des dépenses des organismes collecteurs paritaires au titre du compte personnel de formation.

Donnent lieu à un reversement de même montant par l'organisme collecteur paritaire au Trésor public les emplois de fonds qui ne sont pas conformes aux règles posées par les articles R. 6332-22, R. 6332-22-3 à R. 6332-22-5, R. 6332-25 à R. 6332-27, R. 6332-28-1 et R. 6332-29, R. 6332-42 et R. 6332-94.

SECTION 5. Information de l'État

Art. L. 6332-23. Les ***(L. 2018-771 du 5 sept. 2018, art. 45, II, JO 6)*** «opérateurs de compétences» et ***(Ord. 2019-861 du 21 août 2019, art. 1er, 71°, JO 22)*** «France compétences» transmettent à l'État, dans des conditions déterminées par décret en Conseil d'État:

1° Des données physiques et comptables relatives aux actions qu'ils contribuent à financer;

2° Des données agrégées et sexuées sur les caractéristiques des bénéficiaires des actions menées;

3° Des informations relatives aux bénéficiaires des actions menées et destinées à la constitution d'échantillons statistiquement représentatifs.

Note Les dispositions des articles L. 6332-23 et 24, dans leur rédaction issue de la loi 2018-771 précitée, sont applicables depuis le 01.01.2019 (loi précitée, art. 46, I).

Art. L. 6332-24. Lorsqu'un ***(L. 2018-771 du 5 sept. 2018, art. 45, II, JO 6)*** «opérateur de compétences» ou ***(Ord. 2019-861 du 21 août 2019, art. 1er, 71°, JO 22)*** «France compétences» n'établit pas ou ne transmet pas les informations prévues à l'article L. 6332-23, l'autorité administrative peut le mettre en demeure d'y procéder.

Art. R. 6332-114. La mise en demeure prévue à l'article L. 6332-24 est réalisée par le préfet de région.

CHAPITRE III Gestion du compte personnel de formation par la Caisse des dépôts et consignations

Note • **Loi 2018-771.** Les dispositions législatives de ce chapitre ont été introduites par la loi 2018-771 du 5 septembre 2018, art. 1er, II, JO 6, entrée en vigueur le 01.01.2019; ces dispositions sont applicables depuis le 01.01.2019 (loi précitée, art. 46, I). Les dispositions réglementaires de ce chapitre ont été introduites par le décret 2018-1333 du 28 décembre 2018, JO 30; ces dispositions entrent en vigueur à compter de la date à laquelle la Caisse des dépôts et consignations (CDC) reçoit de France compétences les fonds affectés au financement du compte personnel de formation qui lui sont versés en 2019 en application du *b* du 2° du B du III de l'article 4 du décret 2018-1331 du 28 décembre 2018 relatif à l'organisation et au fonctionnement de France compétences (décret 2018-1333 précité, art. 4, II).

La loi Avenir professionnel a confié à la CDC le rôle de maître d'œuvre du CPF, à partir du 01.01.2020 (art. L. 6333-1 à 8 CT; voir FH 3756, § 2-14). Elle assurera le fonctionnement du service dématérialisé du CPF, la centralisation et la gestion des ressources finançant le CPF via un fonds *ad hoc* et le paiement des organismes de formation.

• **Application numérique.** Par le biais d'une application numérique, chaque actif peut consulter ses droits, connaître les formations accessibles en rapport avec son projet, comparer leurs caractéristiques et s'inscrire à la formation choisie puis la payer (voir FH 3756, § 2-11). Ce nouveau dispositif est disponible depuis le 21 novembre 2019. Voir *https://www.moncompteformation.gouv.fr*.

• **Doctrine.** Voir RF 31 janvier 2019, FH 3777, § 10-24; RF 1116, Compte personnel de formation, § 3936.

SECTION 1. Missions

Art. L. 6333-1. La Caisse des dépôts et consignations est habilitée à recevoir les ressources mentionnées au *a* du 3° de l'article L. 6123-5 et aux articles L. 6331-6, L. 6323-36 et L. 6332-11.

La Caisse des dépôts et consignations assure la gestion de ces ressources en vue de financer les droits acquis au titre du compte personnel de formation selon les modalités prévues aux deux premiers alinéas de l'article L. 6323-11 et aux articles L. 6323-11-1, L. 6323-27 et L. 6323-34.

(L. 2019-1479 du 28 déc. 2019, art. 206, 2°, JO 29) «La Caisse des dépôts et consignations est habilitée à recevoir les ressources mentionnées à l'article L. 5151-11 dans des conditions définies par conventions entre la Caisse des dépôts et consignations et les financeurs mentionnés à l'article L. 5151-11.»

Art. L. 6333-2. La Caisse des dépôts et consignations peut recevoir des ressources supplémentaires mentionnées au VI de l'article L. 2254-2 et aux articles L. 6323-4, L. 6323-11, L. 6323-13, L. 6323-14, L. 6323-29 et L. 6323-37.

Art. L. 6333-3. La Caisse des dépôts et consignations reçoit les ressources supplémentaires prévues par un accord collectif de branche et destinées à financer l'abondement du compte personnel de formation. Cet accord détermine les priorités et modalités d'abondement.

Elle peut également recevoir des ressources supplémentaires destinées à financer l'abondement du compte personnel de formation versées à cet effet par l'employeur hors accord collectif d'entreprise ou de branche.

Art. L. 6333-4. La Caisse des dépôts et consignations est habilitée à conduire les procédures d'attribution des marchés publics répondant à ses besoins pour la mise en œuvre du compte personnel de formation ainsi qu'à conclure ces marchés et à assurer le suivi de leur exécution.

La Caisse des dépôts et consignations peut conclure avec toute personne morale des conventions, notamment financières, dont l'objet est de promouvoir le développement de la formation professionnelle continue pour tout ou partie des titulaires du compte personnel de formation.

Art. L. 6333-5. La Caisse des dépôts et consignations conclut avec l'État une convention triennale d'objectifs et de performance qui définit notamment la part des ressources mentionnées aux articles L. 6333-1 et L. 6333-2 destinée à financer les frais de mise en œuvre de ses missions, dont le financement des traitements automatisés de données à caractère personnel mentionnés aux articles L. 5151-6, L. 6111-7 et L. 6323-8.

La Caisse des dépôts et consignations rend compte trimestriellement à France compétences de l'utilisation de ses ressources et de ses engagements financiers dans des conditions prévues par décret.

Elle élabore un rapport annuel de gestion du compte personnel de formation remis à France compétences.

Ce rapport est transmis au Parlement et aux ministres chargés de la formation professionnelle et du budget.

Note Voir décret 2019-631 du 24 juin 2019 (JO 25) relatif aux conditions selon lesquelles la Caisse des dépôts et consignations rend compte trimestriellement à France compétences de l'utilisation de ses ressources et de ses engagements financiers.

SECTION 2. Gestion

Art. L. 6333-6. La Caisse des dépôts et consignations gère les ressources mentionnées au premier alinéa de l'article L. 6333-1 ***(Ord. 2019-861 du 21 août 2019, art. 1er, 72°, JO 22)*** «et à l'article L. 6333-2» au sein d'un fonds dédié dont elle assure la gestion administrative, financière et comptable dans un compte spécifique ouvert dans ses livres. Les ressources ***(Ord. 2019-861 du 21 août 2019, art. 1er, 72°, JO 22)*** «mentionnées au premier alinéa de l'article L. 6333-1» sont mutualisées dès réception.

Les ressources supplémentaires mentionnées à l'article L. 6333-2 font l'objet d'un suivi comptable distinct. ***(L. 2019-1479 du 28 déc. 2019, art. 206, 3°, JO 29)*** «Il en est de même des ressources mentionnées au dernier alinéa de l'article L. 6333-1.»

Les sommes dont dispose la Caisse des dépôts et consignations au 31 décembre de chaque année constituent, pour l'année suivante, ses ressources et alimentent une réserve de précaution dans un compte spécifique ouvert dans ses livres.

Art. L. 6333-7. La Caisse des dépôts et consignations conclut avec les régions, Pôle emploi, l'institution mentionnée à l'article L. 5214-1, les opérateurs de compétences, les commissions mentionnées à l'article L. 6323-17-6, les organismes mentionnés à l'article L. 6332-9 et tout autre organisme intervenant dans le suivi ou la gestion des droits acquis au titre du compte personnel de formation des titulaires des conventions définissant les modalités de gestion permettant le suivi de ces droits.

Note En application de cet article, les modalités de gestion et de mobilisation des droits inscrits sur les comptes personnels de formation des demandeurs d'emploi au cours de l'année 2019 ainsi que les conditions dans lesquelles les intéressés en sont informés sont fixées par une convention conclue entre la Caisse des dépôts et consignations, Pôle emploi, les régions et l'institution mentionnée à l'article L. 5214-1 CT (décret 2018-1333 du 28 décembre 2018, art. 3, JO 30, entrée en vigueur le 01.01.2019).

SECTION 3. **Dispositions d'application**

Art. L. 6333-8. Un décret en Conseil d'État détermine les conditions d'application du présent chapitre.

SECTION 1 (réglementaire). **Ressources perçues par la Caisse des dépôts et consignations**

Art. R. 6333-1. Les ressources mentionnées au premier alinéa de l'article L. 6333-1 sont versées trimestriellement, par France compétences, à la Caisse des dépôts et consignations, à l'exception de celle mentionnée à l'article L. 6332-11 qui fait l'objet d'un versement dans des délais définis par convention entre la Caisse des dépôts et consignations et les organismes de recouvrement mentionnés aux articles L. 213-1 du code de la sécurité sociale et L. 718-2-1 du code rural et de la pêche maritime.

Art. R. 6333-2. La mobilisation, par un titulaire d'un compte personnel de formation, de droits complémentaires associés à des ressources mentionnées à l'article L. 6333-2 est subordonnée à la réception des ressources correspondantes par la Caisse des dépôts et consignations.

Note Cet article entre en vigueur le 01.01.2020 (décret 2018-1333 du 28 décembre 2018, art. 4, II, JO 30).

Art. R. 6333-2-1. ***(D. 2020-894 du 22 juil. 2020, JO 23)*** Les financeurs mentionnés aux 2° à 14° du II de l'article L. 6323-4 peuvent confier à la Caisse des dépôts et consignations, le cas échéant dans le cadre d'une convention conclue sur le fondement de l'article L. 6333-7, la gestion d'une enveloppe globale de fonds lui permettant de financer des abondements en droits complémentaires en application des dispositions de ce II ou des alimentations supplémentaires en application des dispositions du III du même article.

SECTION 2 (réglementaire). **Modalités de financement des actions de formation**

Art. R. 6333-3. I. – Afin de financer une formation éligible au compte personnel de formation mentionnée à l'article L. 6323-6, la Caisse des dépôts et consignations mobilise d'abord les ressources mentionnées à l'article L. 6333-1 destinées au financement des droits acquis par le titulaire du compte, puis, lorsque ces derniers sont insuffisants, les ressources supplémentaires mentionnées à l'article L. 6333-2 destinées au financement des droits complémentaires.

II. – Lorsque la Caisse des dépôts et consignations procède à la mobilisation des droits complémentaires, elle utilise les ressources mentionnées à l'article L. 6333-2 dans un ordre de priorité fixé par arrêté du ministre chargé de la formation professionnelle.

III. – Les frais de formation qui ne sont pas financés par les droits mobilisés au titre du compte personnel de formation restent à la charge du titulaire du compte. Les délais et modalités de versement du reste à charge par le titulaire à la Caisse des dépôts et consignations sont fixés par les conditions générales d'utilisation du service dématérialisé mentionnées à l'article L. 6323-9.

Note • Les I et II de cet article entrent en vigueur le 01.01.2020 (décret 2018-1333 du 28 décembre 2018, art. 4, II, JO 30).

• Voir arrêté du 30 juillet 2020 (JO 1er août) relatif à la détermination de l'ordre de priorité dans l'utilisation des ressources destinées au financement des droits complémentaires au titre du compte personnel de formation.

SECTION 3 (réglementaire). **Paiement des organismes de formation par la Caisse des dépôts et consignations**

Art. R. 6333-4. La Caisse des dépôts et consignations procède au paiement des prestataires mentionnés à l'article L. 6351-1 après réception des informations nécessaires au débit des droits inscrits sur le compte personnel de formation et vérification du service fait, selon des modalités prévues aux conditions générales d'utilisation du service dématérialisé mentionnées à l'article L. 6323-9.

SECTION 4 (réglementaire). Obligations contractuelles des organismes de formation et des titulaires du compte personnel de formation

Art. R. 6333-5. La Caisse des dépôts et consignations définit dans les conditions générales d'utilisation du service dématérialisé mentionnées à l'article L. 6323-9, les engagements souscrits par les titulaires du compte personnel de formation et les prestataires mentionnés à l'article L. 6351-1.

Art. R. 6333-6. Lorsque la Caisse des dépôts et consignations constate un manquement de l'un des prestataires mentionnés à l'article L. 6351-1 aux engagements qu'il a souscrits, elle peut, selon la nature du manquement, lui demander le remboursement des sommes qu'elle lui a indûment versées et suspendre temporairement son référencement sur le service dématérialisé mentionné à l'article L. 6323-9. Ces mesures, proportionnées aux manquements constatés, sont prises après application d'une procédure contradictoire et selon des modalités que les conditions générales d'utilisation du service dématérialisé précisent.

La Caisse des dépôts et consignations effectue tout signalement utile et étayé des manquements qu'elle constate auprès des services de l'État chargés du contrôle de la formation professionnelle.

Art. R. 6333-7. Lorsque la Caisse des dépôts et consignations constate un manquement du titulaire d'un compte personnel de formation aux engagements qu'il a souscrits, elle peut, selon la nature du manquement, suspendre temporairement la prise en charge des formations dont il bénéficie ou dont il demande à bénéficier. Ces mesures, proportionnées aux manquements constatés, sont prises après application d'une procédure contradictoire et selon des modalités que les conditions générales d'utilisation du service dématérialisé précisent.

SECTION 5 (réglementaire). Gestion administrative, comptable et financière du compte personnel de formation

Art. R. 6333-8. La convention triennale d'objectifs et de performance mentionnée au premier alinéa de l'article L. 6333-5 définit les objectifs stratégiques, opérationnels et de performance de la Caisse des dépôts et consignations pour la gestion du compte personnel de formation, qu'elle assortit d'indicateurs quantitatifs et qualitatifs. Elle fixe les moyens dont dispose la Caisse pour mettre en œuvre cette gestion et détermine les modalités de suivi de ses actions.

Art. R. 6333-9. La Caisse des dépôts et consignations élabore et transmet à France compétences, avant le 30 juin suivant l'année au titre de laquelle il est établi, un rapport annuel relatif à la gestion administrative, comptable et financière du compte personnel de formation. Ce rapport présente les perspectives pluriannuelles de mobilisation du compte personnel de formation des actifs et les hypothèses d'évolutions financières qui en découlent.

Art. R. 6333-10. La réserve de précaution mentionnée au troisième alinéa de l'article L. 6333-6 est affectée à la correction des déséquilibres financiers du fonds mentionné au premier alinéa du même article.

Si elle constate que la couverture des engagements n'est pas assurée de manière durable, la Caisse des dépôts et consignations en informe le directeur général de France compétences. Ce dernier propose au ministre chargé de la formation professionnelle un programme de rétablissement destiné à assurer la couverture intégrale des engagements.

Art. R. 6333-11. Un commissaire aux comptes certifie les comptes annuels du fonds mentionné au premier alinéa de l'article L. 6333-6 et vérifie chaque année son équilibre financier, en procédant à l'évaluation des provisions et du taux de couverture des engagements.

Art. R. 6333-12. Le fonds mentionné au premier alinéa de l'article L. 6333-6 est soumis en matière de gestion financière et comptable aux règles applicables aux entreprises industrielles et commerciales.

Art. R. 6333-13. I. – Les modalités de gestion de trésorerie, ainsi que la politique de placement réalisée par la Caisse des dépôts et consignations dans sa gestion financière du compte personnel de formation sont prévues par la convention triennale d'objectifs et de performance.

II. – La gestion des actifs et des instruments financiers peut être déléguée à des entreprises ou des sociétés exerçant les activités mentionnées au I de l'article L. 532-9 du code monétaire et financier. Cette délégation de gestion porte sur les opérations d'achat et de vente des actifs ainsi que sur les opérations relatives à leur gestion. Les mandats de gestion correspondants prévoient que le mandataire accepte de se soumettre aux contrôles et aux expertises sur pièces et sur place diligentés par le mandant.

III. – Les produits financiers provenant de la politique de placement sont affectés au fonds mentionné au premier alinéa de l'article L. 6333-6.

Art. R. 6333-14. La Caisse des dépôts et consignations met en place un dispositif permanent de contrôle interne administratif, financier et comptable de la gestion du fonds mentionné au premier alinéa de l'article L. 6333-6. Le rapport de contrôle interne détaille notamment:

1° Les objectifs et la méthodologie du contrôle interne;

2° Les procédures et dispositifs permettant d'identifier, d'évaluer, de gérer et de contrôler les risques;

3° Les suites données aux recommandations des personnes chargées du contrôle interne.

TITRE IV STAGIAIRE DE LA FORMATION PROFESSIONNELLE

CHAPITRE Ier Rémunération du stagiaire

SECTION 1. Financement des stages rémunérés par l'État ou la région

Art. L. 6341-1. L'État, les régions, les employeurs et les ***(L. 2018-771 du 5 sept. 2018, art. 45, II, JO 6)*** «opérateurs de compétences» concourent au financement de la rémunération des stagiaires de la formation professionnelle.

(L. 2008-126 du 13 févr. 2008, art. 16, JO 14) «L'institution mentionnée à l'article L. 5312-1 y concourt également, le cas échéant pour le compte de l'organisme mentionné à l'article L. 5427-1, notamment dans les conditions prévues ***(L. 2011-893 du 28 juil. 2011, art. 44, JO 29)*** «à l'article L. 1233-68».»

Note • Les dispositions de cet article, dans sa rédaction issue de la loi 2018-771 précitée, sont applicables depuis le 01.01.2019 (loi précitée, art. 46, I).

• Les dispositions de la convention relative aux conditions à remplir pour pouvoir bénéficier de l'allocation formation reclassement signée entre l'Unédic et l'État, et la liste annexée des formations y ouvrant droit, présentent un caractère réglementaire. Le refus d'inscrire sur cette liste les formations universitaires générales de droit n'a pas à être motivé et est justifié par le souci de privilégier les formations professionnelles proches des besoins des entreprises (CE 15 janvier 1999, n° 188588, RJS 4/99 n° 566).

Art. L. 6341-2. Les stages pour lesquels l'État et les régions concourent au financement de la rémunération du stagiaire, lorsqu'il suit un stage agréé dans les conditions fixées à l'article L. 6341-4, sont:

1° Les stages suivis par les salariés à l'initiative de leur employeur;

2° Les stages suivis par les travailleurs non salariés prévus à l'article ***(L. 2020-1721 du 29 déc. 2020, art. 240, I, 1°, JO 30, entrée en vigueur le 01.01.2021)*** « L. 6341-7»;

(L. 2014-288 du 5 mars 2014, art. 21, V, 1° et 27, II, JO 6, entrée en vigueur le 01.01.2015) «3° Les stages en direction des ***(L. 2020-1721 du 29 déc. 2020, art. 240, I, 1°, JO 30, entrée en vigueur le 01.01.2021)*** «personnes en recherche» d'emploi qui ne relèvent plus du régime d'assurance chômage, mentionnés à l'article L. 6341-7.»

Art. L. 6341-3. Les stages pour lesquels les régions assurent le financement de la rémunération du stagiaire, lorsqu'il suit un stage agréé dans les conditions fixées à l'article L. 6341-4, sont:

1° (Abrogé);

2° Les stages en direction des travailleurs reconnus handicapés en application de l'article L. 5213-1;

3° (Abrogé);

(L. 2014-288 du 5 mars 2014, art. 21, V, 2°, JO 6, entrée en vigueur le 01.01.2015) «4° Les stages en direction des personnes sous main de justice.»

Note Le 3° de cet article a été abrogé par la loi 2018-771 du 5 septembre 2018, art. 24, VII, 1°, JO 6; cette abrogation est applicable depuis le 01.01.2019 (loi précitée, art. 46, I).

Art. L. 6341-4. Dans la limite de leurs compétences respectives, l'agrément des stages est accordé:

1° En ce qui concerne l'État, par l'autorité administrative;

2° En ce qui concerne les régions, par décision du conseil régional;

(L. 2018-771 du 5 sept. 2018, art. 39, II, JO 6) «3° En ce qui concerne les opérateurs de compétences, par décision du conseil d'administration.»

Note • Les dispositions de cet article, dans sa rédaction issue de la loi 2018-771 précitée, sont applicables depuis le 01.01.2019 (loi précitée, art. 46, I).

• Aucune disposition législative ou réglementaire ne fait obstacle à ce qu'une université puisse être agréée au titre de l'article L. 961-3 (ancien) CT pour accueillir des stagiaires de la formation professionnelle, et notamment ceux qui bénéficient d'une mesure d'éducation ou de rééducation professionnelle prévue par l'article R. 323-34 (ancien) CT. La commission départementale des travailleurs handicapés, des mutilés de guerre et assimilés a commis une erreur de droit en jugeant qu'une université ne pouvait en aucune façon assurer l'éducation et la rééducation professionnelle des travailleurs handicapés (CE 28 juin 2004, n° 252288).

Art. L. 6341-6. ***(Ord. 2009-325 du 25 mars 2009, JO 27)*** Les collectivités territoriales responsables de la gestion de la rémunération des stagiaires de la formation professionnelle assurent l'accueil et l'information des stagiaires, le respect de délais rapides de paiement de cette rémunération, la conservation des archives nécessaires au calcul de leurs droits à pension et la transmission aux services de l'État des informations relatives aux stagiaires, dont la liste est fixée par décret.

(L. 2016-1088 du 8 août 2016, art. 81, I, 5°, JO 9) «Les collectivités territoriales mentionnées au premier alinéa du présent article transmettent chaque mois à Pôle emploi les informations individuelles nominatives relatives aux stagiaires de la formation professionnelle inscrits sur la liste mentionnée à l'article L. 5411-1 dont elles financent la rémunération.»

Note **Informations relatives aux formations de stagiaires adressées à Pôle Emploi (al. 2).** Il s'agit d'éviter un double paiement quand la région, d'une part, et Pôle Emploi, d'autre part, sont amenés à verser une rémunération à un demandeur d'emploi en formation. Les organismes de formation devant informer Pôle Emploi des entrées effectives en stage de formation d'une personne inscrite sur la liste des demandeurs d'emploi sont également tenus, depuis la loi relative au travail, à la modernisation du dialogue social et à la sécurisation des parcours professionnels (dite «loi Travail») d'informer de l'interruption et de la sortie effective de la formation (voir art. L. 6121-5 CT).

Sous-section 1 (réglementaire). **Dispositions générales**

Art. R. 6341-1. Les actions de formations définies aux articles L. 6313-1 à L. 6314-1 ouvrent droit au bénéfice des régimes de rémunération du stagiaire prévus au présent chapitre, si elles répondent aux conditions prévues à la présente section.

Sous-section 2 (réglementaire). **Agrément des stages**

Art. R. 6341-2. ***(D. 2015-466 du 23 avril 2015, JO 26)*** «Dans la limite de leurs compétences respectives, l'agrément des stages de formation professionnelle est accordé par:»

1° Le ministre chargé de la formation professionnelle, après avis ***(D. 2018-1262 du 26 déc. 2018, art. 1er, III, JO 28, entrée en vigueur le 01.01.2019)*** «de la Commission nationale de la négociation collective, de l'emploi et de la formation professionnelle», pour les stages organisés et financés au niveau national;

2° Le préfet de région, après avis du ***(D. 2014-1055 du 16 sept. 2014, JO 18)*** «comité régional de l'emploi, de la formation [et] de l'orientation professionnelles», pour les stages organisés et financés au niveau régional;

3° Le préfet de département, après avis du ***(D. 2014-1055 du 16 sept. 2014, JO 18)*** «comité régional de l'emploi, de la formation [et] de l'orientation professionnelles», pour les stages organisés et financés au niveau départemental.

Art. R. 6341-3. La consultation ***(D. 2018-1262 du 26 déc. 2018, art. 1er, III, JO 28, entrée en vigueur le 01.01.2019)*** «de la Commission nationale de la négociation collective, de l'emploi et de la formation professionnelle» et du ***(D. 2015-466 du 23 avril 2015, JO 26)*** «comité régional de l'emploi, de la formation et de l'orientation professionnelles» prévue à l'article R. 6341-2 porte sur les programmes au titre desquels sont organisés les stages dont l'agrément est sollicité.

Art. R. 6341-4. Les stages autres que ceux mentionnés à l'article R. 6341-2 sont agréés par le président du conseil régional après avis du ***(D. 2015-466 du 23 avril 2015, JO 26)*** «comité régional de l'emploi, de la formation et de l'orientation professionnelles».

Art. R. 6341-5. L'autorité administrative compétente pour délivrer l'agrément examine le projet de stage selon les critères d'appréciation suivants:

1° La nature du stage;
2° Les conditions d'admission du stagiaire;
3° Le niveau de la formation;
4° Le contenu des programmes;
5° Le contenu du plan de formation prévu à l'article R. 6341-12;
6° La sanction des études;
7° La qualification des enseignants et des responsables du stage;
8° L'installation des locaux;
9° L'exercice du contrôle financier, technique et pédagogique.

Art. R. 6341-6. La décision d'agrément précise:

1° Lorsqu'il s'agit de stages dont la durée est préalablement définie:

a) Le nombre maximal de stagiaires susceptibles d'être rémunérés chaque année;

b) La durée totale et la durée hebdomadaire du stage, ainsi que le nombre de mois-stagiaires;
c) Les dates de début et de fin du stage;
2° Lorsqu'il s'agit de stages accueillant des stagiaires en continu: le nombre annuel de mois-stagiaires;
3° Lorsqu'il s'agit de stages comportant un enseignement à distance, outre le nombre de stagiaires et les dates de début et de fin du stage:
a) Lorsque l'enseignement est dispensé en totalité à distance;
- le nombre d'heures estimées nécessaires pour réaliser les travaux demandés à chaque stagiaire;
- la fréquence, au moins mensuelle, et la durée des séances d'évaluation pédagogique se déroulant dans les locaux du centre de formation;
b) Lorsque l'enseignement, dispensé en formation dite ouverte, comporte alternativement un enseignement dans les locaux d'un centre de formation et un enseignement à distance;
- la durée totale, en heures, de l'ensemble de ces enseignements;
- pour l'enseignement à distance, le nombre d'heures estimées nécessaires pour réaliser les travaux demandés à chaque stagiaire.

Art. R. 6341-7. Les stages organisés par les employeurs en application de l'article L. 6341-2 ne peuvent être agréés que lorsque leur création est motivée par une création d'emplois, une modification du processus de production, une réduction de l'effectif ou une cessation d'activité.

Art. R. 6341-8. L'agrément du stage est délivré pour une durée de trois ans maximum.

Son renouvellement, au terme de la période pour laquelle il a été délivré, intervient par une décision explicite.

Art. R. 6341-9. L'agrément du stage peut être retiré après un préavis de trois mois en raison des résultats des contrôles opérés par les organismes ou services chargés [de] réaliser les inspections administrative, financière ou technique.

Le retrait d'agrément ne fait pas obstacle au maintien de la rémunération des intéressés jusqu'à la fin du stage.

Art. R. 6341-10. Les conventions mentionnées à l'article R. 5111-1 prévoyant le financement d'une action de formation ou d'adaptation valent agrément de cette action par l'État au titre de la rémunération des stagiaires.

Art. R. 6341-11. L'établissement public de l'État auquel la gestion des rémunérations peut être confiée, en application de l'article L. 6341-6, est un établissement public à caractère administratif.

Sous-section 3 (réglementaire). **Plan de formation des stages comportant un enseignement à distance**

Art. R. 6341-12. Les stages comportant un enseignement dispensé en totalité ou en partie à distance donnent lieu, avant le début des travaux du stagiaire, à l'élaboration d'un plan de formation établi par accord entre le directeur de l'établissement et le stagiaire.

Art. R. 6341-13. Le plan de formation définit:
1° Pour chaque mois, le calendrier, la nature, la durée estimée nécessaire pour réaliser les travaux demandés et le mode de vérification de l'exécution de ces derniers;
2° L'assiduité du stagiaire, par le rapport entre la durée estimée de l'exécution des travaux effectivement réalisés par le stagiaire et vérifiés par l'établissement et la durée estimée nécessaire pour réaliser tous les travaux prévus chaque mois.

Art. R. 6341-14. Le plan de formation est transmis, avec la demande de rémunération établie par le stagiaire, dans les conditions prévues au 1° de l'article R. 6341-33.

Sous-section 4 (réglementaire). **Durée des stages**

Art. R. 6341-15. Les durées des stages sont les suivantes:
1° Stages à temps plein:
a) Durée maximum: trois ans;
b) Durée minimum: quarante heures;
c) Durée minimum hebdomadaire: trente heures;
2° Stages à temps partiel:
a) Durée maximum: trois ans;
b) Durée minimum: quarante heures.

Sous-section 5 (réglementaire). **Titulaires d'un livret d'épargne**

Art. R. 6341-16. Le titulaire d'un livret d'épargne institué par l'article 80 de la loi n° 76-1232 du 29 décembre 1976 qui envisage de créer ou d'acquérir une entreprise artisanale, ainsi que son conjoint, partenaire lié par un pacte civil de solidarité ou concubin, est prioritaire pour l'accès aux stages agréés ou conventionnés par l'État lorsque la formation dispensée vise l'acquisition de la qualification nécessaire à la gestion d'une entreprise.

Art. R. 6341-17. Le titulaire d'un livret d'épargne bénéficie de la priorité prévue à l'article R. 6341-16 dans l'année qui précède ou qui suit l'échéance du plan d'épargne et pour une formation d'une durée maximale de quatre cents heures.

Art. R. 6341-18. L'État prend en charge les frais de stage des titulaires d'un livret d'épargne.

Art. R. 6341-19. Le stagiaire, qui ne crée pas ou n'acquiert pas une entreprise artisanale dans l'année qui suit l'achèvement du stage, rembourse à l'État 50 % des frais de stage:

1° Soit lorsque l'aide de l'État est limitée aux titulaires d'un livret d'épargne;

2° Soit lorsque le stage a été suivi avec maintien du contrat de travail et que les conditions de délai prévues à l'article ***(D. 2018-1332 du 28 déc. 2018, art. 3, II, 1°, JO 30, entrée en vigueur le 01.01.2019)*** « R. 6323-10-3 » ne sont pas remplies.

Art. R. 6341-20. Le titulaire d'un livret d'épargne est exonéré du remboursement prévu à l'article R. 6341-19 lorsque l'établissement dépositaire du livret d'épargne a refusé de délivrer le prêt prévu au deuxième alinéa du III de l'article 80 de la loi n° 76-1232 du 2 décembre 1976.

Art. R. 6341-21. Le titulaire d'un livret d'épargne peut être exonéré du remboursement en fonction de circonstances exceptionnelles, par décision de l'autorité signataire de la convention ou, dans le cas d'un stage ne faisant pas l'objet d'une convention, par décision du préfet de région.

Art. R. 6341-22. Les dispositions relatives à la périodicité du ***(D. 2018-1332 du 28 déc. 2018, art. 3, II, 2°, JO 30, entrée en vigueur le 01.01.2019)*** « congé de transition professionnelle », prévues par l'article ***(D. 2018-1332 du 28 déc. 2018, art. 3, II, 2°, JO 30, entrée en vigueur le 01.01.2019)*** « R. 6323-10-3 », ne s'appliquent pas au titulaire d'un livret d'épargne et à son conjoint salarié, partenaire lié par un pacte civil de solidarité ou concubin.

Ils peuvent bénéficier, sans condition de délai, dans l'année qui précède ou qui suit l'échéance du plan d'épargne, d'un ***(D. 2018-1332 du 28 déc. 2018, art. 3, II, 2°, JO 30, entrée en vigueur le 01.01.2019)*** « congé de transition professionnelle » d'une durée maximum de 400 heures en vue de les préparer à la fonction de chef d'entreprise.

SECTION 2. Montant de la rémunération

Note L'activité salariée, seule prise en compte pour le calcul des droits à rémunération du stagiaire, s'entend d'une activité exercée dans le cadre d'un contrat de travail, c'est-à-dire sous la subordination d'un employeur. En accordant un complément de rémunération à une personne alors que le stage de formation professionnelle qu'elle avait accompli ne constituait pas légalement une activité salariée, un tribunal d'instance a violé l'article R. 961-6 (ancien) CT (cass. soc. 19 mai 1998, n° 95-41.011).

Art. L. 6341-7. ***(L. 2020-1721 du 29 déc. 2020, art. 240, I, 2°, JO 30, entrée en vigueur le 01.01.2021)*** Lorsqu'elles suivent des stages agréés dans les conditions prévues à l'article L. 6341-4, les personnes en recherche d'emploi et les travailleurs non salariés perçoivent une rémunération dont le montant minimum est déterminé par décret.

Cette rémunération peut se cumuler avec une rémunération perçue au titre d'une activité salariée ou non salariée, sous réserve du respect des obligations de la formation, dans des conditions déterminées par l'autorité agréant ces formations sur le fondement du même article L. 6341-4.

Un décret précise les conditions d'application du présent article, notamment la durée minimum de formation ouvrant droit à la rémunération et les conditions dans lesquelles il est tenu compte de la rémunération antérieurement perçue par les personnes qui se sont vu reconnaître la qualité de travailleurs handicapés.

Note Le fait pour un travailleur involontairement privé d'emploi de suivre un stage de formation professionnelle rémunéré (en l'espèce, stage de formation à la profession d'avocat) ne le prive pas du droit d'être inscrit comme demandeur d'emploi (CE 24 février 1999, n° 165111, D. 1999 IR 108).

Sous-section 1 (réglementaire). Montant et cumul de la rémunération

Note Voir décret 88-368 du 15 avril 1988 (JO 19) modifié (taux et montants des rémunérations versées aux stagiaires de formation professionnelle) rapporté dans les *Textes non codifiés*.

§ 1. Travailleurs non salariés

Art. D. 6341-23. La durée minimale d'activité professionnelle mentionnée à l'article L. 6341-8 est d'au moins douze mois, dont six consécutifs, dans les trois années qui précèdent l'entrée en stage.

Art. R. 6341-24. Les travailleurs titulaires d'un livret d'épargne institué par l'article 80 de la loi n° 76-1232 du 29 décembre 1976 ainsi que leur conjoint, partenaire lié par un pacte civil de solidarité ou concubin reçoivent une rémunération dont le montant est fixé par décret lorsqu'ils suivent un stage de formation agréé par l'État ou par une région au titre de la rémunération des stagiaires et que leur demande de prise en charge, présentée au titre du 2° de l'article L. 6331-11, n'a pas reçu de suite favorable.

§ 2. Travailleurs privés d'emploi

Art. R. 6341-25. Les travailleurs ayant la qualité de demandeur d'emploi perçoivent une rémunération déterminée sur une base mensuelle lorsque :

1° Ils ne sont pas pris en charge dans les conditions prévues au deuxième alinéa de l'article L. 6341-1 ;

2° Ils suivent des stages agréés en application des dispositions de l'article L. 6341-4.

Art. D. 6341-26. La rémunération due aux travailleurs handicapés privés d'emploi ayant exercé une activité salariée pendant six mois au cours d'une période de douze mois ou pendant douze mois au cours d'une période de vingt-quatre mois est établie sur la base du salaire perçu antérieurement.

Elle est calculée selon la durée légale du travail fixée à l'article ***(D. 2016-1553 du 18 nov. 2016, art. 7, IV, 7°, JO 19, entrée en vigueur le 01.01.2017)*** « L. 3121-27 » à partir de la moyenne des salaires perçus pendant la durée d'activité de six mois ou de douze mois considérée. Les majorations pour heures supplémentaires, les indemnités compensatrices de congé payé et de préavis ainsi que les primes et indemnités qui ne sont pas retenues pour le calcul des cotisations sociales n'entrent pas dans le décompte des salaires perçus.

Lorsque l'interruption du travail est antérieure depuis plus d'un an à l'entrée en stage, le salaire perçu dans le dernier emploi est affecté d'un coefficient de revalorisation correspondant aux majorations du salaire minimum de croissance au cours de la période considérée.

Art. R. 6341-27. La rémunération due aux demandeurs d'emploi qui n'entrent pas dans la catégorie définie à l'article D. 6341-26 et qui ont également exercé une activité salariée pendant six mois au cours d'une période de douze mois ou pendant douze mois au cours d'une période de vingt-quatre mois est fixée par décret à partir du montant de l'allocation de solidarité spécifique prévue à l'article L. 5423-1.

Le nombre d'heures à retenir pour calculer les sommes dues à ces stagiaires est celui de la durée légale du travail fixée à l'article ***(D. 2016-1551 du 18 nov. 2016, art. 6, V, 23°, JO 19, entrée en vigueur le 01.01.2017)*** « L. 3121-27 ».

Art. R. 6341-28. La rémunération due aux demandeurs d'emploi qui n'entrent pas dans les catégories définies aux articles D. 6341-26 et R. 6341-27 est fixée par décret en fonction :

1° Soit de leur situation personnelle ;

2° Soit de leur âge ;

3° Soit de la catégorie de stages définie à l'initiative de l'État.

Art. R. 6341-29. La rémunération perçue au titre d'un stage de formation professionnelle peut se cumuler avec les pensions et les rentes versées aux travailleurs reconnus handicapés au sens de l'article L. 5213-1 ***(D. 2015-466 du 23 avril 2015, JO 26)*** « ou avec la rémunération perçue pour une activité salariée à temps partiel. »

Art. R. 6341-30. Les indemnités journalières, à l'exclusion de celle servie par application combinée des articles L. 432-9 et L. 433-1 du code de la sécurité sociale, sont ***(D. 2015-466 du 23 avril 2015, JO 26)*** « déduites » de la rémunération perçue au titre des stages de formation professionnelle.

À cet effet, le montant des indemnités journalières est notifié par les organismes concernés :

1° Au préfet du département dans lequel est situé l'établissement de formation ou, le cas échéant, ***(D. 2009-340 du 27 mars 2009, JO 29)*** « à l'Agence de services et de paiement », lorsque le stage a été agréé par l'État ;

2° Au président du conseil régional, lorsque le stage a été agréé par une région.

Art. R. 6341-31. Les bénéficiaires de l'allocation aux adultes handicapés, définie à l'article L. 821-1 du code de la sécurité sociale, et de la prestation de compensation, définie à l'article L. 245-1 du code de l'action sociale et des familles, peuvent cumuler avec celles-ci les rémunérations perçues au titre d'un stage de formation professionnelle dans la limite des plafonds prévus par ces codes.

Art. R. 6341-32. Pour permettre le versement aux bénéficiaires de l'aide sociale des allocations qu'ils sont susceptibles de percevoir, le service chargé du paiement de ces rémunérations ou éventuellement ***(D. 2009-340 du 27 mars 2009, JO 29)*** « l'Agence de services et de paiement » notifie le montant de la rémunération versée à l'occasion d'un stage de formation professionnelle aux caisses d'allocations familiales, aux caisses de mutualité sociale agricole ***(D. 2010-344 du 31 mars 2010, art. 350, JO 1er avril)*** « aux directions départementales interministérielles chargées de la cohésion sociale ».

Sous-section 2 (réglementaire). Obligations du directeur de l'établissement ou du centre de formation

Art. R. 6341-33. Les rémunérations dues aux stagiaires sont liquidées sur demande établie par les intéressés le premier jour du stage. Le directeur de l'établissement ou du centre de formation certifie:

1° Les mentions portées sur la demande et relatives au stage;

2° Que cette demande est comprise dans les limites de l'effectif agréé au titre du stage considéré par la décision prévue aux articles R. 6341-6 et R. 6341-7.

Art. R. 6341-34. Dès le début du stage, le directeur de l'établissement ou du centre de formation:

1° Lorsqu'il s'agit de stages agréés par l'État, et en ce qui concerne les stagiaires pour lesquels la gestion de la rémunération est confiée à ***(D. 2014-524 du 22 mai 2014, art. 16, JO 24)*** «Pôle emploi, adresse la demande à cet établissement»;

2° Lorsqu'il s'agit de stages agréés par l'État, et en ce qui concerne les autres stagiaires, adresse la demande au service régional ***(D. 2009-340 du 27 mars 2009, JO 29)*** «de l'Agence de services et de paiement» dans le ressort duquel est implanté l'établissement ou le centre de formation;

3° Lorsqu'il s'agit de stages agréés par la région, donne suite à la demande conformément aux instructions du président du conseil régional.

(D. 2016-1539 du 15 nov. 2016, art. 6, JO 17, entrée en vigueur au plus tard le 01.01.2017) «L'établissement mentionné à l'article L. 5315-1 du code du travail» assure les obligations prévues par l'article R. 6341-33 pour les stagiaires dont elle est chargée par convention de gérer la rémunération.

Art. R. 6341-35. Le directeur de l'établissement ou du centre de formation:

1° Fait connaître à l'institution ou au service chargé de la gestion des rémunérations tout changement survenu dans la situation des stagiaires susceptible de modifier le montant notifié par la décision mentionnée à l'article R. 6341-36;

2° Certifie les documents individuels mensuels de présence en ce qui concerne les stagiaires pour lesquels la gestion de la rémunération est confiée à ***(D. 2014-524 du 22 mai 2014, art. 16, JO 24)*** «Pôle emploi et notifie à cet établissement» les abandons et les renvois de stage ainsi que leurs motifs et les accidents du travail;

3° Communique au service chargé de la rémunération en ce qui concerne les autres stagiaires les états mensuels de présence et notifie à ce service les abandons et les renvois de stage ainsi que leurs motifs et les accidents du travail.

Dans le cas des stages comportant un enseignement à distance, les documents individuels mensuels de présence et les états mensuels de présence mentionnés aux 2° et 3° précisent les durées définies au 3° de l'article R. 6341-6.

Note L'envoi tardif par le directeur de l'établissement de formation de l'état mensuel de présence d'un stagiaire, au service chargé de la rémunération, peut fonder une demande en paiement de dommages-intérêts pour le préjudice subi (cass. soc. 3 mai 2000, n° 98-18.046).

Sous-section 3 (réglementaire). Paiement

Art. R. 6341-36. Selon le cas, l'organisme auquel a été confiée la gestion, ou ***(D. 2009-340 du 27 mars 2009, JO 29)*** «l'Agence de services et de paiement», ou le président du conseil régional, fixe le montant de la rémunération à servir pendant la durée du stage et notifie sa décision au stagiaire.

Art. R. 6341-37. Lorsqu'il s'agit de stages agréés par l'État et que la gestion de la rémunération est assurée par ***(D. 2014-524 du 22 mai 2014, art. 16, JO 24)*** «Pôle emploi» ou par ***(D. 2016-1539 du 15 nov. 2016, art. 6, JO 17, entrée en vigueur au plus tard le 01.01.2017)*** «l'établissement mentionné à l'article L. 5315-1 du code du travail», le préfet, ***(D. 2014-524 du 22 mai 2014, art. 16, JO 24)*** «saisi par l'établissement ou l'association»:

1° Prononce les décisions de rejet relatives à la prise en charge;

2° Prend les décisions relatives aux demandes qui lui sont soumises;

3° Statue sur les cas dans lesquels la décision de ***(D. 2014-524 du 22 mai 2014, art. 16, JO 24)*** «l'établissement» ou de l'association a été contestée par le stagiaire.

Art. R. 6341-38. Pour l'application des dispositions de l'article R. 6341-37, le préfet compétent est:

1° Soit celui du département du siège de l'institution chargée de la gestion de la rémunération;

2° Soit celui du département dans lequel est implanté le centre de ***(D. 2016-1539 du 15 nov. 2016, art. 6, JO 17, entrée en vigueur au plus tard le 01.01.2017)*** «l'établissement mentionné à l'article L. 5315-1 du code du travail» qui dispense le stage, en ce qui concerne les stagiaires qu'elle est chargée de rémunérer.

Art. R. 6341-39. Les rémunérations des stagiaires, lorsqu'elles sont à la charge de l'État, sont payées, selon le cas, par l'organisme auquel a été confiée la gestion ou par ***(D. 2009-340 du 27 mars 2009, JO 29)*** «l'Agence de services et de paiement».

Art. R. 6341-40. Les rémunérations dues aux stagiaires à plein temps sont payées mensuellement et à terme échu.

Dès la fin du premier mois de stage ouvrant droit à rémunération à la charge de l'État, ces stagiaires perçoivent au moins un acompte dont le montant est fixé par décret.

Art. R. 6341-41. Lorsque la rémunération des stagiaires est déterminée par décret en application des articles L. 6341-7 et L. 6341-8, le paiement de l'acompte peut être opéré, par l'organisme ou l'établissement mentionnés à l'article R. 6341-39, avant notification au stagiaire de la décision prévue à l'article R. 6341-36.

Art. R. 6341-42. La liquidation et le paiement des sommes dues aux stagiaires à l'issue d'un stage à titre de solde des rémunérations et, le cas échéant, des indemnités compensatrices de congés payés, sont réalisés dans les mêmes conditions que la liquidation et le paiement des rémunérations.

Art. R. 6341-43. Par dérogation aux dispositions des articles R. 6341-39 à R. 6341-42, le paiement des rémunérations à la charge de l'État peut être réalisé par les établissements ou centres de formation lorsque ceux-ci sont soumis au contrôle administratif et financier de l'État.

Des conventions conclues entre ces organismes, le ministre de l'économie et des finances et le ministre intéressé fixent les modalités d'application du présent article.

Art. R. 6341-44. La fraction de la rémunération à rembourser à l'employeur qui maintient le salaire des salariés qui suivent des stages agréés ainsi que les cotisations de sécurité sociale relatives à cette fraction sont liquidées, en application du 1° de l'article L. 6341-2, sur demande de l'employeur, selon le cas par :

1° Le préfet du département du lieu du stage ;

2° Le président du conseil régional ;

3° Le directeur de ***(D. 2009-340 du 27 mars 2009, JO 29)*** « l'Agence de services et de paiement », lorsqu'il s'agit de stages relevant du ministre de l'agriculture ou faisant l'objet d'une convention conclue au nom de l'État par ce ministre.

Art. R. 6341-45. Les rémunérations versées aux stagiaires et les rémunérations remboursées aux employeurs ainsi que, le cas échéant, les sommes payées au titre des cotisations de sécurité sociale afférentes à ces rémunérations, font l'objet de retenues proportionnelles à la durée des absences non justifiées aux séances de formation.

Art. R. 6341-46. Les manquements non justifiés à l'obligation d'assiduité déterminée dans les conditions prévues au 2° de l'article R. 6341-13 et les absences non justifiées aux séquences de formation en centre, dans le cas des formations ouvertes, font l'objet des retenues proportionnelles prévues à l'article R. 6341-45.

Les absences non justifiées aux séquences d'évaluation pédagogique en centre donnent lieu au reversement de la rémunération perçue depuis la dernière séquence, ou à retenue de la rémunération due depuis celle-ci.

Art. R. 6341-47. Lorsque le stagiaire abandonne sans motif légitime le stage ou fait l'objet d'un renvoi pour faute lourde, les rémunérations perçues par les stagiaires et les rémunérations qui ont été remboursées aux employeurs ainsi que, le cas échéant, les sommes versées au titre des cotisations de sécurité sociale afférentes à ces rémunérations sont reversées en totalité à l'État ou, selon le cas, à la région.

Art. R. 6341-48. Le recouvrement des sommes indûment versées est opéré, suivant le cas, soit par le préfet lorsque le reversement n'a pu être obtenu par l'organisme auquel a été confiée la gestion de la rémunération, soit par ***(D. 2009-340 du 27 mars 2009, JO 29)*** « l'Agence de services et de paiement », soit par le président du conseil régional.

À titre exceptionnel, une remise partielle ou totale de dette peut être accordée, suivant le cas, par le préfet, par ***(D. 2009-340 du 27 mars 2009, JO 29)*** « l'Agence de services et de paiement » ou par le président du conseil régional.

Pour l'application de ces dispositions, le préfet compétent est celui mentionné à l'article R. 6341-38.

SECTION 3. Remboursement des frais de transport

Art. L. 6341-9. Les frais de transport supportés par les stagiaires qui reçoivent une rémunération de l'État ou des régions pour les déplacements de toute nature nécessités par les stages donnent lieu à un remboursement total ou partiel par l'État ou la région.

Art. R. 6341-49. Les stagiaires dont la rémunération est prise en charge par l'État ou par la région ont droit ***(D. 2015-466 du 23 avril 2015, JO 26)*** « à la prise en charge » des frais de transport exposés à l'occasion des déplacements réalisés en fonction des nécessités des stages ***(D. 2015-466 du 23 avril 2015, JO 26)*** « dans les conditions précisées à la présente section ».

Le remboursement couvre notamment, dans le cas des stages comportant un enseignement à distance, les frais de transport exposés au début et à la fin de chaque période en centre et de chaque séance d'évaluation pédagogique.

Art. R. 6341-50. À condition que la distance à parcourir à partir de leur domicile soit supérieure à 25 kilomètres, les stagiaires dont la rémunération est prise en charge par l'État ou par la région ont droit au remboursement de la totalité des frais de transport exposés au début et à la fin du stage pour rejoindre l'établissement ou le centre de formation et en revenir.

Art. R. 6341-51. Les stagiaires ont droit au remboursement des trois quarts des frais de transport exposés pour se rendre ***(D. 2015-466 du 23 avril 2015, JO 26)*** « à leur domicile habituel », à condition que la distance à parcourir soit supérieure à 25 kilomètres, à raison :

1° Pour les stagiaires âgés de moins de dix-huit ans, d'un voyage mensuel ;

2° Pour les autres stagiaires, lorsqu'ils sont célibataires, d'un voyage si la durée du stage est supérieure à huit mois ;

3° Pour les autres stagiaires, lorsqu'ils sont mariés ou chargés de famille, d'un voyage si la durée du stage est comprise entre trois et huit mois et de deux voyages si cette durée est supérieure à huit mois.

Art. R. 6341-52. Les frais de transport exposés par les stagiaires participant à des sessions de regroupement ouvrant droit à rémunération dans le cadre de stages d'enseignement à distance sont remboursés dans les mêmes conditions que les frais correspondants aux déplacements mentionnés au premier alinéa de l'article R. 6341-49.

Art. R. 6341-53. Le remboursement des frais de transport est opéré dans les conditions prévues aux articles R. 6341-35 à R. 6341-43.

SECTION 4. Prêts au stagiaire

Art. L. 6341-10. Sous certaines conditions définies par décret en Conseil d'État, le stagiaire peut bénéficier d'un prêt accordé par l'État ou par les organismes agréés bénéficiant du concours de l'État.

Ce prêt peut se cumuler avec les indemnités éventuellement perçues en vertu des dispositions du présent titre.

SECTION 5. Règlement des litiges

Art. L. 6341-11. Tous les litiges auxquels peuvent donner lieu la liquidation, le versement et le remboursement des rémunérations et indemnités prévues au présent chapitre relèvent de la compétence du juge judiciaire.

Note **Compétence des tribunaux judiciaires.** Seuls les tribunaux judiciaires sont compétents pour connaître de l'action engagée par un stagiaire pour contester, d'une part, la décision par laquelle le ministre chargé de l'emploi a refusé de le rémunérer pour un stage de formation au motif qu'il est titulaire d'une pension militaire de retraite et, d'autre part, celle par laquelle l'ANPE a refusé de prendre en charge les frais de transport afférents à ce stage (Trib. confl. 7 juin 1999, n° 3129, Rec. Lebon, p. 455 ; D. 2000, JP 347, obs. Y. Rousseau).

Le bénéficiaire de stages pris en charge au titre de la formation professionnelle par le Centre national pour l'aménagement des structures des exploitations agricoles (CNASEA) [Agence de services et de paiement] avait saisi la juridiction prud'homale pour obtenir le paiement de ses frais de transport par cet organisme. En faisant droit à cette demande, alors que l'intéressé, stagiaire de la formation professionnelle, n'était pas lié au CNASEA [Agence de services et de paiement] par un contrat de travail, ce dont il résultait que le litige relevait du tribunal de grande instance, le conseil de prud'hommes a violé les articles L. 961-11 [L. 6341-11] et L. 511-1 (ancien) CT (cass. soc. 29 juin 1999, n° 96-45.703, BC V n° 313).

SECTION 6. Dispositions d'application

Art. L. 6341-12. Un décret en Conseil d'État détermine les conditions d'application du présent chapitre.

CHAPITRE II Protection sociale du stagiaire

SECTION 1. Affiliation à un régime de sécurité sociale

Art. L. 6342-1. Toute personne qui suit un stage de formation professionnelle continue en vertu du présent livre est obligatoirement affiliée à un régime de sécurité sociale.

Art. L. 6342-2

Le stagiaire qui, avant son stage, relevait, à quelque titre que ce soit, d'un régime de sécurité sociale, reste affilié à ce régime pendant la durée de son stage.

Celui qui ne relevait d'aucun régime est affilié au régime général de sécurité sociale.

Toutefois, des exceptions peuvent, par décret, être apportées à la règle posée par les deuxième et troisième alinéas lorsque le stage de formation suivi prépare exclusivement et directement à une profession relevant d'un régime de sécurité sociale plus favorable que le régime général.

SECTION 2. Prise en charge des cotisations par l'État ou la région

Art. L. 6342-2. Lorsque le stagiaire de la formation professionnelle relevant d'un régime de sécurité sociale de salariés est rémunéré par son employeur, l'État participe aux cotisations de sécurité sociale incombant à l'employeur dans la même proportion qu'aux rémunérations.

Art. L. 6342-3. Les cotisations de sécurité sociale d'un stagiaire qui est rémunéré par l'État ***(L. 2020-935 du 30 juil. 2020, art. 75, JO 31)*** «, l'opérateur de compétences» ou par la région pendant la durée du stage ou qui ne bénéficie d'aucune rémunération sont intégralement prises en charge au même titre que le financement de l'action de formation, selon le cas, par l'État ***(L. 2020-935 du 30 juil. 2020, art. 75, JO 31)*** «, l'opérateur de compétences» ou la région.

(L. 2014-288 du 5 mars 2014, art. 21, V, 5° et 27, II, JO 6, entrée en vigueur le 01.01.2015) «Pour les formations financées par le fonds de développement pour l'insertion professionnelle des handicapés mentionné à l'article L. 5214-1 ou cofinancées avec le fonds d'insertion des personnes handicapées dans la fonction publique mentionné à l'article L. 5214-1 A, les cotisations de sécurité sociale d'un stagiaire, qu'il soit rémunéré ou non par le ou les fonds, sont prises en charge par ce ou ces fonds.»

Ces cotisations sont calculées sur la base de taux forfaitaires fixés par voie réglementaire et révisés annuellement compte tenu de l'évolution du plafond retenu pour le calcul des cotisations du régime général de sécurité sociale.

Note • **Cotisation AT.** Le taux de la cotisation d'accidents du travail et de maladies professionnelles due pour les stagiaires de la formation professionnelle continue pour l'année 2020 est égal au taux net moyen national constitué du taux brut moyen affecté des majorations, soit 2,24 % (arrêté du 16 décembre 2020, JO 24).

• **Cotisations vieillesse.** Les montants de l'assiette forfaitaire et de la cotisation vieillesse dues pour les stagiaires de la formation professionnelle non rémunérés ou rémunérés par l'État sont pour 2020 (circulaire CNAV 2020-40 du 22 décembre 2020):
- assiette forfaitaire horaire: 1,74 €;
- cotisation vieillesse: 0,31 €.

SECTION 3. Droits aux prestations

Art. L. 6342-4. Les droits aux prestations de sécurité sociale d'un salarié qui a bénéficié d'un congé non rémunéré au titre de la formation professionnelle continue sont garantis dans des conditions identiques à celles qui leur étaient appliquées antérieurement à ce congé.

Art. L. 6342-5. Les dispositions applicables en matière d'accidents du travail et de maladies professionnelles aux personnes mentionnées au 2° de l'article L. 412-8 du code de la sécurité sociale sont applicables à l'ensemble des stagiaires de la formation professionnelle continue, réserve faite des fonctionnaires de l'État et des collectivités territoriales qui restent régis par les dispositions qui leur sont propres.

SECTION 4. Règlement des litiges

Art. L. 6342-6. Tous les litiges auxquels peuvent donner lieu le versement et la prise en charge des cotisations de sécurité sociale en application du présent chapitre relèvent de la compétence du juge judiciaire.

SECTION 5. Dispositions d'application

Art. L. 6342-7. Un décret en Conseil d'État détermine les mesures d'application du présent chapitre autres que celles qui portent fixation des taux forfaitaires prévus à l'article L. 6342-3.

Art. R. 6342-1. Sous réserve de l'application des dispositions du présent titre, les obligations qui incombent à l'employeur en application des législations de sécurité sociale sont assumées par la personne, le service ou l'organisme qui assure le versement de la rémunération due au stagiaire.

Art. R. 6342-2. L'organisme qui assure le versement de la rémunération des stagiaires est dispensé du versement des cotisations dues au titre des assurances sociales et des prestations familiales en ce qui concerne:

1° Les travailleurs reconnus handicapés au sens de l'article L. 5213-1 et dont les périodes de stages sont prises en compte sans cotisation pour l'ouverture des droits aux assurances sociales et aux prestations familiales;

2° Les travailleurs privés d'emploi dont la rémunération est assurée par ***(D. 2014-524 du 22 mai 2014, art. 16, JO 24)*** «Pôle emploi» ***(D. 2008-1010 du 29 sept. 2008, art. 7, JO 30)*** «pour le compte de l'organisme mentionné à l'article L. 5427-1», en application des dispositions du second alinéa de l'article L. 6341-1, et qui bénéficient des dispositions du 2° de l'article L. 351-3 du code de la sécurité sociale.

Art. R. 6342-3. En matière d'accidents du travail et de maladies professionnelles, les obligations autres que celles qui concernent le paiement des cotisations incombent à la personne ou à l'organisme responsable de la gestion du centre où le stage est accompli.

CHAPITRE III Conditions de travail du stagiaire

Note Pour condamner un employeur sur le fondement de l'article 1384 [1242], al. 5 c. civ., en raison de la faute commise par son salarié au cours d'un stage professionnel dans l'entreprise d'accueil, une cour d'appel ne peut pas se borner à énoncer que la formation suivie par le salarié à l'initiative de l'employeur s'analyse comme une modalité d'exécution du contrat de travail et que le salarié reste sous l'autorité de celui-ci, le lien de subordination étant maintenu et le stagiaire se trouvant dans une situation comparable à celle d'un salarié en mission. Elle doit préciser les conditions d'exécution du stage de formation professionnelle et rechercher si l'employeur avait en fait conservé sur le salarié les pouvoirs de lui donner des ordres et des instructions et d'en surveiller l'exécution (cass. civ., 2e ch., 18 décembre 1996, n° 94-17.715, BC II n° 306; RJS 6/97 n° 654).

Art. L. 6343-1. Pendant la durée de sa présence en entreprise au titre de l'une des actions de formation mentionnées à l'article L. 6313-1, le stagiaire non titulaire d'un contrat de travail bénéficie des dispositions du présent code et, le cas échéant, du code rural ***(Ord. 2010-462 du 6 mai 2010, JO 7)*** «et de la pêche maritime» relatives:

1° À la durée du travail, à l'exception de celles relatives aux heures supplémentaires.
2° Au repos hebdomadaire;
3° À la santé et à la sécurité.

Note Un organisme de formation est tenu d'une obligation de sécurité de moyen vis-à-vis des stagiaires qu'il accueille (cass. civ., 1re ch., 22 juin 2017, n° 16-20.791).

Art. L. 6343-2. La durée du travail applicable au stagiaire non titulaire d'un contrat de travail ne peut excéder la durée légale hebdomadaire et la durée quotidienne du travail respectivement fixées par les articles ***(L. 2016-1088 du 8 août 2016, art. 8, XI, 19°, JO 9)*** « L. 3121-27 et L. 3121-18».

La durée maximale hebdomadaire ci-dessus fixée s'entend de toute heure de travail effectif ou de présence sur les lieux de travail.

Art. L. 6343-3. Le stagiaire non titulaire d'un contrat de travail ne peut accomplir d'heures supplémentaires.

Art. L. 6343-4. Le stagiaire non titulaire d'un contrat de travail bénéficie du repos dominical.

TITRE V ORGANISMES DE FORMATION

Note • Chaque année, le Conseil national de l'emploi, de la formation et de l'orientation professionnelles (CNEFOP) établit un bilan, par bassin d'emploi et par région, des actions de formation professionnelle qui ont été réalisées par l'ensemble des organismes dispensant de telles actions, sur la base des évaluations transmises par chaque comité régional de l'emploi, de la formation et de l'orientation professionnelles (loi 2009-1437 du 24 novembre 2009, art. 48, JO 25 modifié par loi 2014-288 du 5 mars 2014, art. 24, IV, JO 6).

France compétences reprend depuis le 01.01.2019 le rôle du CNEFOP.

Art. L. 6351-1 A

• Voir circulaire DGEFP 2011-26 du 15 novembre 2011 relative aux textes modifiant les droits et obligations des dispensateurs de formation et adaptant le contrôle (fiche 3 : les obligations des dispensateurs de formation).

CHAPITRE Ier Déclaration d'activité

Note La déclaration d'activité déposée par un prestataire de formation avant la date d'entrée en vigueur du décret 2010-530 du 20 mai 2010 est enregistrée dans les conditions fixées par ce chapitre dans sa rédaction antérieure à la promulgation de la loi du 24 novembre 2009 et à la publication du décret précité (décret précité, art. 11).

Voir circulaire DGEFP 2011-01 du 6 janvier 2011 relative à la déclaration d'activité des prestataires de formation (fiches I à VI : régime déclaratoire).

SECTION 1. Principes généraux

Note Cette section a été introduite par la loi 2009-1437 du 24 novembre 2009, art. 49, JO 25.

Art. L. 6351-1 A. L'employeur est libre de choisir l'organisme de formation, enregistré conformément aux dispositions de la section 2 ou en cours d'enregistrement, auquel il confie la formation de ses salariés.

SECTION 2. Régime juridique de la déclaration d'activité

Art. L. 6351-1. Toute personne qui réalise ***(L. 2018-771 du 5 sept. 2018, art. 24, VII, 2°, JO 6)*** «des actions prévues à» l'article L. 6313-1 dépose auprès de l'autorité administrative une déclaration d'activité, dès la conclusion de la première convention de formation professionnelle ou du premier contrat de formation professionnelle, conclus respectivement en application des articles ***(L. 2018-771 du 5 sept. 2018, art. 24, VII, 2°, JO 6)*** « L. 6353-1 » et L. 6353-3.

(L. 2009-1437 du 24 nov. 2009, art. 49, JO 25) «L'autorité administrative procède à l'enregistrement de la déclaration sauf dans les cas prévus par l'article L. 6351-3.»

Note • **Loi 2018-771.** Les dispositions de cet article, dans sa rédaction issue de la loi 2018-771 précitée, sont applicables depuis le 01.01.2019 (loi précitée, art. 46, I).

• **Déclaration d'activité.** La **loi 2002-73** a rénové le dispositif légal qui régissait la déclaration préalable d'existence des dispensateurs de formation, en instituant une déclaration d'activité dont l'enregistrement est notamment assorti de la condition de production de la première convention ou du premier contrat de formation professionnelle.

Lorsqu'il reçoit une déclaration d'activité, le préfet peut refuser de l'enregistrer si l'activité déclarée ne porte pas sur des prestations de formation professionnelle continue au sens des dispositions de l'article L. 6313-1 auxquelles renvoie l'article L. 6351-1 ; dès lors, en jugeant que le préfet est tenu de procéder à l'enregistrement, hors l'hypothèse où le dossier de la déclaration d'activité serait incomplet, une cour administrative d'appel a commis une erreur de droit (CE 10 avril 2013, n° 355296).

Annulation de la déclaration d'activité. L'annulation de la déclaration d'activité n'est pas une sanction administrative (CE 19 juillet 2017, n° 398517).

Sanctions. La **loi 2009-1437** a prévu qu'un certain nombre d'infractions entraînaient, à titre de peine complémentaire, l'interdiction d'exercer la fonction de prestataire de formation professionnelle continue pour une durée de 5 ans (art. 50). Cette peine est encourue en cas de condamnation pour crime d'eugénisme ou de clonage reproductif (art. 215-1 et 215-3 c. pén.), importation ou exportation illicite de stupéfiants (art. 222-36 c. pén.), provocation au suicide (art. 223-13 c. pén.), obtention, auprès d'une personne vulnérable ou dépendante, de services non rétribués (art. 225-13 c. pén.), escroquerie (art. 313-7 c. pén.), usurpation de titres (art. 433-17 c. pén.), abus frauduleux de l'état d'ignorance ou de faiblesse d'un mineur ou d'une personne vulnérable (art. 223-15-3 c. pén.), exercice illégal de la profession de médecin, de chirurgien-dentiste, de sage-femme (art. L. 4161-5 c. santé publ.) ou de pharmacien (art. L. 4223-1 c. santé publ.).

À noter que si l'omission de la déclaration prévue par cet article destinée à l'information des services compétents de l'État peut donner lieu à l'application de sanctions pénales et administratives, elle n'entache pas la validité de la convention conclue entre les parties (cass. soc. 25 mars 1998, n° 94-20.780, BC V n° 176).

Voir circulaire DGEFP 2011-26 du 15 novembre 2011 (NOR : ETSD1131004C) (BO TR 2011/12 du 30.12.2011).

Art. L. 6351-2. La déclaration d'activité comprend les informations administratives d'identification du déclarant, ainsi que les éléments descriptifs de son activité.

Art. L. 6351-3. ***(L. 2009-1437 du 24 nov. 2009, art. 49, JO 25)*** L'enregistrement de la déclaration d'activité peut être refusé de manière motivée, avec indication des modalités de recours, par décision de l'autorité administrative dans les cas suivants :

1° Les prestations prévues à la première convention de formation professionnelle ou au premier contrat de formation professionnelle ne correspondent pas aux actions mentionnées à l'article L. 6313-1 ;

2° Les dispositions du chapitre III du présent titre relatives à la réalisation des actions de formation ne sont pas respectées ;

(L. 2018-771 du 5 sept. 2018, art. 24, VII, 3°, JO 6) « 3° Les statuts de l'organisme ne mentionnent pas expressément dans leur objet l'activité de formation en apprentissage, conformément à l'article L. 6231-5 ;

4° » L'une des pièces justificatives n'est pas produite.

Note Les dispositions des articles L. 6351-3 et 4, dans leur rédaction issue de la loi 2018-771 précitée, sont applicables depuis le 01.01.2019 (loi précitée, art. 46, I).

Art. L. 6351-4. ***(L. 2009-1437 du 24 nov. 2009, art. 49, JO 25)*** L'enregistrement de la déclaration d'activité est annulé par décision de l'autorité administrative lorsqu'il est constaté, au terme d'un contrôle réalisé en application du 1° de l'article L. 6361-2 :

1° Soit que les prestations réalisées ne correspondent pas aux actions mentionnées à l'article L. 6313-1 ;

2° Soit que l'une des dispositions du chapitre III du présent titre relatives à la réalisation des actions de formation n'est pas respectée ;

3° Soit que, après mise en demeure de se mettre en conformité avec les textes applicables dans un délai fixé par décret, l'une des dispositions du chapitre II du présent titre relatives au fonctionnement des organismes de formation ***(L. 2018-771 du 5 sept. 2018, art. 24, VII, 4°, JO 6)*** « ou l'une des dispositions du titre III du livre II de la présente partie relatives aux dispositions spécifiques applicables aux organismes de formation d'apprentis » n'est pas respectée.

Avant toute décision d'annulation, l'intéressé est invité à faire part de ses observations.

Note Voir circulaire DGEFP 2011-26 du 15 novembre 2011 précitée sous Titre V du Livre III de la Partie 6 (fiche 9 : l'annulation de la déclaration d'activité).

Art. L. 6351-5. ***(L. 2009-1437 du 24 nov. 2009, art. 49, JO 25)*** « Une déclaration rectificative est souscrite en cas de modification d'un ou des éléments de la déclaration initiale. »

La cessation d'activité fait l'objet d'une déclaration.

Art. L. 6351-6. ***(L. 2009-1437 du 24 nov. 2009, art. 49, JO 25)*** La déclaration d'activité devient caduque lorsque le bilan pédagogique et financier prévu à l'article L. 6352-11 ne fait apparaître aucune activité de formation, ou lorsque ce bilan n'a pas été adressé à l'autorité administrative.

Art. L. 6351-7. Le conseil régional a communication des éléments de la déclaration d'activité et de ses éventuelles modifications.

Il a communication du bilan pédagogique et financier de l'activité, du bilan, du compte de résultat et de l'annexe du dernier exercice clos par les organismes dont les actions de formation au sens de l'article L. 6313-1 bénéficient de son concours financier.

Art. L. 6351-7-1. ***(L. 2009-1437 du 24 nov. 2009, art. 49, JO 25)*** La liste des organismes déclarés dans les conditions fixées au présent chapitre et à jour de leur obligation de transmettre le bilan pédagogique et financier mentionné à l'article L. 6352-11 est rendue publique et comporte les renseignements relatifs à la raison sociale de l'organisme, à ses effectifs, à la description des actions de formation dispensées et au nombre de salariés et de personnes formées.

Art. L. 6351-8. Un décret en Conseil d'État détermine les modalités d'application du présent chapitre.

SECTION 1 (réglementaire). **Dépôt et enregistrement de la déclaration**

Art. R. 6351-1. ***(D. 2010-530 du 20 mai 2010, JO 22)*** La déclaration d'activité prévue à l'article L. 6351-2 est adressée par le prestataire de formation au préfet de région compétent. Elle est complétée des pièces justificatives mentionnées à l'article R. 6351-5.

Cette déclaration est effectuée au plus tard dans les trois mois qui suivent la conclusion par le prestataire de formation de la première convention ou du premier contrat de formation professionnelle.

Note Voir JCP éd. S 2019, act. 424, aperçu rapide, S. Dougados et F. du Pradel.

Art. R. 6351-2. ***(D. 2010-530 du 20 mai 2010, JO 22)*** L'organisme prestataire se déclare auprès du préfet de région compétent à raison soit du lieu de son principal établissement, soit du lieu où est assurée sa direction effective, soit du lieu de son siège social.

Art. R. 6351-3. Les organismes de formation qui exercent leur activité sur le territoire français, mais dont le siège social se trouve hors de ce territoire, désignent un représentant domicilié en France habilité à répondre en leur nom aux obligations résultant de la présente partie ***(D. 2019-1143 du 7 nov. 2019, art. 3, JO 8)*** «et immatriculé ou ayant déclaré son activité auprès d'un centre de formalités des entreprises». ***(D. 2010-530 du 20 mai 2010, JO 22)*** «Dans ce cas, l'organisme se déclare auprès du préfet de région compétent à raison du lieu du domicile de ce représentant.»

Cette obligation ne concerne pas les organismes de formation dont le siège social est situé dans un autre État membre de la Communauté européenne ou de l'Espace économique européen et qui interviennent de manière occasionnelle sur le territoire français.

Art. R. 6351-4. La déclaration d'activité indique la dénomination, l'adresse, l'objet de l'activité et le statut juridique du déclarant.

(D. 2010-530 du 20 mai 2010, JO 22) «Le cas échéant, l'organisme mentionne dans sa déclaration les autres activités exercées.»

Note **En pratique.** La déclaration d'activité s'effectue par le biais du formulaire Cerfa n° 10782*04, qui peut être rempli en ligne.

Art. R. 6351-5. ***(D. 2010-530 du 20 mai 2010, JO 22)*** La déclaration d'activité est accompagnée des pièces justificatives suivantes:

1° Une copie du justificatif d'attribution du numéro SIREN;

2° Le bulletin n° 3 du casier judiciaire du dirigeant pour les personnes morales ou celui du déclarant pour les personnes physiques;

(D. 2019-1143 du 7 nov. 2019, art. 3, JO 8) «3° Une copie de la première convention de formation professionnelle relative à une des actions concourant au développement des compétences prévues à l'article L. 6313-1, ou du premier contrat de formation professionnelle prévu à l'article L. 6353-3, ou, s'il y a lieu, d'un contrat d'apprentissage lorsque l'entreprise dispose d'un centre de formation d'apprentis d'entreprise mentionné au I de l'article L. 6241-2;

4° Pour les personnes morales de droit privé qui dispensent des actions de formation par apprentissage, à l'exception des centres de formation d'apprentis d'entreprise, une copie de leurs statuts»;

5° ***(D. 2019-1143 du 7 nov. 2019, art. 3, JO 8)*** «Les informations relatives au contenu des actions, à leur organisation et aux moyens techniques et pédagogiques mobilisés lorsque ces informations ne figurent pas sur les pièces produites en application du 3°», ainsi que la liste des personnes qui interviennent dans la réalisation de l'action avec la mention de leurs titres et qualités, du lien entre ces titres et qualités et la prestation réalisée conformément à l'article L. 6352-1 et du lien contractuel qui les lie à l'organisme.

L'administration peut demander, pour l'appréciation de la conformité de la déclaration d'activité un justificatif relatif à la première prestation de formation réalisée, au public bénéficiaire ou à la nature de cette prestation.

Elle peut aussi demander, pour l'appréciation de la conformité de cette déclaration aux dispositions de l'article L. 6352-1, un justificatif relatif aux titres et qualités des personnes qui interviennent dans la réalisation de la prestation et à la relation entre ces titres et qualités et la prestation.

La demande de justificatifs complémentaires prévue aux deux alinéas précédents est adressée à l'organisme dans le délai de dix jours à compter de la réception des pièces mentionnées aux 1° à 5° du présent article. L'organisme dispose d'un délai de quinze jours à compter de la réception de la demande pour fournir les justificatifs.

Note L'examen des titres et qualités des formateurs doit permettre à la DIRECCTE (DREETS à partir du 01.01.2021) de constater l'adéquation entre les titres exposés et les domaines des formations conduites et de s'assurer que le déclarant est bien en mesure d'identifier ses formateurs réguliers ou occasionnels et décliner leurs titres et qualités. Par contre, il ne revient pas à la DIRECCTE de porter une quelconque appréciation qualitative sur les compétences des formateurs (circulaire DGEFP 2011-01 du 6 janvier 2011 précitée sous Chapitre Ier, fiches IV et V).

Voir aussi le «questions - réponses» sur la mise en œuvre de la réforme dans les CFA, décembre 2019, rapporté dans les *Textes non codifiés*.

Art. R. 6351-6. ***(D. 2010-530 du 20 mai 2010, JO 22)*** «Dans les trente jours qui suivent la réception de la déclaration complétée des pièces justificatives mentionnées à l'article R. 6351-5, le préfet de région délivre un récépissé comportant un numéro d'enregistrement à l'organisme qui satisfait aux conditions d'enregistrement de la déclaration d'activité.

Jusqu'à la délivrance de ce récépissé ou la notification de la décision de refus d'enregistrement, l'organisme est réputé déclaré.»

À l'exception de la première convention ou du premier contrat de formation professionnelle, le prestataire de formation fait figurer ce numéro d'enregistrement sur les conventions et, en l'absence de conventions, sur les bons de commandes ***(D. 2019-1143 du 7 nov. 2019, art. 3, JO 8)*** «, devis» ou factures, ou les contrats de formation professionnelle qu'il conclut, sous la forme suivante: «déclaration d'activité enregistrée sous le numéro auprès du préfet de région de...».

Art. R. 6351-6-1. ***(D. 2010-530 du 20 mai 2010, JO 22)*** La décision de refus d'enregistrement est notifiée au prestataire de formation par le préfet de région dans les trente jours qui suivent la réception de la déclaration complétée des pièces justificatives.

Le silence gardé dans ce délai vaut enregistrement de la déclaration.

Note Voir circulaire DGEFP 2011-01 du 6 janvier 2011 précitée sous Chapitre Ier, fiche VII.

Art. R. 6351-7. Toute personne qui exerce, en droit ou en fait, une fonction de direction ***(D. 2019-1143 du 7 nov. 2019, art. 3, JO 8)*** «, d'enseignement aux apprentis» ou d'administration dans un organisme de formation au sens du présent titre présente, sur demande du préfet de région territorialement compétent, un bulletin n° 3 de son casier judiciaire de moins d'un mois.

Note Voir circulaire DFP 92-11 du 7 septembre 1992 relative au décret 91-1107 du 23 octobre 1991, JO 25 (BO TR 92/21, p. 179).

Art. R. 6351-7-1. ***(D. 2019-1143 du 7 nov. 2019, art. 3, JO 8)*** Sur demande des inspections compétentes, les personnes morales de droit privé mentionnées au 4° de l'article R. 6351-5 leur transmettent leurs statuts.

SECTION 2 (réglementaire). **Déclaration rectificative et annulation**

Art. R. 6351-8. La modification de la déclaration ainsi que la cessation d'activité du prestataire de formation font l'objet, dans un délai de trente jours, d'une déclaration rectificative auprès du préfet de région destinataire de la déclaration d'activité.

Celui-ci en informe le président du conseil régional.

Art. R. 6351-8-1. ***(D. 2019-1143 du 7 nov. 2019, art. 3, JO 8)*** Lorsque l'organisme de formation titulaire d'un numéro d'enregistrement dispense pour la première fois une action de formation par apprentissage, il transmet une copie de ses statuts au préfet de région dans un délai de trente jours. Cette disposition s'applique aux personnes morales de droit privé mentionnées au 4° de l'article R. 6351-5.

Art. R. 6351-9. ***(D. 2010-530 du 20 mai 2010, JO 22)*** Pour l'appréciation des conditions d'annulation de l'enregistrement de la déclaration d'activité mentionnées aux 1° et 2° de l'article L. 6351-4, les prestations examinées sont celles qui correspondent aux recettes figurant dans le dernier bilan pédagogique et financier adressé par le prestataire au préfet de région en application des articles L. 6352-11 et R. 6352-22 à R. 6352-24 et aux recettes perçues entre la date de la fin de ce bilan et la date du contrôle.

Lorsque le prestataire vient de déclarer son activité et n'est donc pas tenu de dresser le bilan pédagogique et financier, l'examen porte sur les prestations réalisées jusqu'à la date du contrôle.

Art. R. 6351-10. ***(D. 2010-530 du 20 mai 2010, JO 22)*** L'annulation de l'enregistrement de la déclaration est prononcée par le préfet de région.

Art. R. 6351-11. ***(D. 2010-530 du 20 mai 2010, JO 22)*** L'intéressé qui entend contester la décision de refus ou d'annulation de l'enregistrement de la déclaration d'activité saisit d'une réclamation, préalablement à tout recours pour excès de pouvoir, l'autorité qui a pris la décision.

Art. D. 6351-12. ***(D. 2010-63 du 18 janv. 2010, JO 19)*** Le délai mentionné au 3° de l'article L. 6351-4 est fixé à trente jours.

CHAPITRE II **Fonctionnement**

SECTION 1. **Personnels**

Art. L. 6352-1. La personne mentionnée à l'article L. 6351-1 doit justifier des titres et qualités des personnels d'enseignement et d'encadrement ***(L. 2009-1437 du 24 novembre 2009, art. 49, JO 25)*** «qui interviennent à quelque titre que ce soit dans les prestations de formation qu'elle réalise», et de la relation entre ces titres et qualités et les prestations réalisées dans le champ de la formation professionnelle.

Art. L. 6352-2. Nul ne peut, même de fait, exercer une fonction de direction ***(L. 2018-771 du 5 sept. 2018, art. 24, VII, 5°, JO 6)*** «, d'enseignement» ***(Ord. 2019-861 du 21 août 2019, art. 1er, 73°, JO 22)*** «aux apprentis» ou d'administration dans un organisme de formation s'il a fait l'objet d'une condamnation pénale pour des faits constituant des manquements à la probité, aux bonnes mœurs et à l'honneur.

Note Les dispositions de cet article, dans sa rédaction issue de la loi 2018-771 précitée, sont applicables depuis le 01.01.2019 (loi précitée, art. 46, I).

SECTION 2. Règlement intérieur

Art. L. 6352-3. Tout organisme de formation établit un règlement intérieur applicable aux stagiaires ***(L. 2018-771 du 5 sept. 2018, art. 24, VII, 6°, JO 6)*** «et aux apprentis. Ce règlement constitue un document écrit qui détermine les principales mesures applicables en matière de santé, de sécurité dans l'établissement et de discipline ainsi que les modalités de représentation des stagiaires et apprentis.»

Note • **Loi 2018-771: application du règlement intérieur des organismes de formation aux apprentis.** Les dispositions de cet article, dans sa rédaction issue de la loi 2018-771 précitée, sont applicables depuis le 01.01.2019 (loi précitée, art. 46, I).

Voir le «questions - réponses» sur la mise en œuvre de la réforme dans les CFA, décembre 2019, rapporté dans les *Textes non codifiés.*

• **Exigence d'un règlement intérieur.** Voir circulaire DGEFP 2011-26 du 15 novembre 2011 précitée sous Titre V du Livre III de la Partie 6.

• **Exception en cas de formation interne.** Lorsque les actions de formation sont organisées par l'entreprise dans le cadre de la formation interne, il n'y a pas lieu d'établir un règlement intérieur applicable aux stagiaires (circulaire DFP 92-11 du 7 septembre 1992, BO TR 92-21 du 20.11.1992).

Art. L. 6352-5. Un décret en Conseil d'État détermine les mesures d'application de la présente section.

Note Voir articles R. 6352-1 à 8.

SECTION 3. Obligations comptables

Sous-section 1. Dispensateurs de droit privé

Art. L. 6352-6. Les dispensateurs de formation de droit privé établissent, chaque année, un bilan, un compte de résultat et une annexe dans des conditions déterminées par décret.

Art. L. 6352-7. Les organismes de formation à activités multiples suivent d'une façon distincte en comptabilité l'activité exercée au titre ***(L. 2018-771 du 5 sept. 2018, art. 24, VII, 8°, JO 6)*** «, d'une part,» de la formation professionnelle continue ***(L. 2018-771 du 5 sept. 2018, art. 24, VII, 8°, JO 6)*** «et, d'autre part, de l'apprentissage».

Note Les dispositions de cet article, dans sa rédaction issue de la loi 2018-771 précitée, sont applicables depuis le 01.01.2019 (loi précitée, art. 46, I).

Art. L. 6352-8. Un décret en Conseil d'État pris conformément aux articles L. 221-9, L. 223-35 et L. 612-1 du code de commerce détermine des seuils particuliers aux dispensateurs de formation en ce qui concerne l'obligation de désigner un commissaire aux comptes.

Art. L. 6352-9. Le contrôle des comptes des dispensateurs de formation de droit privé constitués en groupement d'intérêt économique est exercé par un commissaire aux comptes, dans les conditions fixées par l'article L. 251-12 du code de commerce lorsque leur chiffre d'affaires annuel est supérieur à un montant déterminé par décret en Conseil d'État.

Sous-section 2. Dispensateurs de droit public

Art. L. 6352-10. Les dispensateurs de formation de droit public tiennent un compte séparé de leur activité en matière de formation professionnelle continue ***(L. 2018-771 du 5 sept. 2018, art. 24, VII, 9°, JO 6)*** «, d'une part, et d'apprentissage, d'autre part».

Note Les dispositions de cet article, dans sa rédaction issue de la loi 2018-771 précitée, sont applicables depuis le 01.01.2019 (loi précitée, art. 46, I).

SECTION 4. Bilan pédagogique et financier

Art. L. 6352-11. Une personne qui réalise des actions entrant dans le champ de la formation professionnelle défini à l'article L. 6313-1 adresse chaque année à l'autorité administrative un document retraçant l'emploi des sommes reçues et dressant un bilan pédagogique et financier de leur activité.

(L. 2018-771 du 5 sept. 2018, art. 24, VII, 10°, JO 6) «Sur demande des inspections compétentes, le bilan, le compte de résultat et l'annexe du dernier exercice clos sont transmis par l'organisme de formation.»

Un décret en Conseil d'État détermine les conditions d'application du présent article.

Note Les dispositions de cet article, dans sa rédaction issue de la loi 2018-771 précitée, sont applicables depuis le 01.01.2019 (loi précitée, art. 46, I).

SECTION 5. Publicité

Art. L. 6352-12. Lorsque la publicité réalisée par un organisme de formation fait mention de la déclaration d'activité, elle doit l'être sous la seule forme: «Enregistrée sous le numéro... Cet enregistrement ne vaut pas agrément de l'État.»

Note Les libellés commençant par «Déclaration enregistrée ...» ou «Organisme enregistré ...» peuvent être tolérés. En revanche, si le prestataire de formation a choisi de mentionner son numéro de déclaration d'activité, il ne doit pas omettre ou modifier la phrase «Cet enregistrement ne vaut pas agrément de l'État» (circulaire DGEFP 2011-26 du 15 novembre 2011 précitée sous Titre V du Livre III de la Partie 6).

Art. L. 6352-13. La publicité ***(L. 2018-771 du 5 sept. 2018, art. 24, VII, 11°, JO 6)*** «réalisée par un organisme de formation» ne doit comporter aucune mention de nature à induire en erreur sur les conditions d'accès aux formations proposées, leurs contenus, leurs sanctions ou leurs modalités de financement.

Note Les dispositions de cet article, dans sa rédaction issue de la loi 2018-771 précitée, sont applicables depuis le 01.01.2019 (loi précitée, art. 46, I).

SECTION 1 (réglementaire). Règlement intérieur

Art. R. 6352-1. Le règlement intérieur est établi dans tous les organismes de formation, y compris dans ceux qui accueillent les stagiaires ***(D. 2019-1143 du 7 nov. 2019, art. 4, JO 8)*** «et apprentis» dans des locaux mis à leur disposition.

Lorsque l'organisme comporte plusieurs établissements ***(D. 2019-1143 du 7 nov. 2019, art. 4, JO 8)*** «ou qu'il dispense l'activité de formation par apprentissage», le règlement intérieur peut faire l'objet des adaptations nécessaires, notamment en matière de santé et de sécurité au travail.

Lorsque la formation se déroule dans une entreprise ou un établissement déjà doté d'un règlement intérieur, les mesures de santé et de sécurité applicables aux stagiaires ***(D. 2019-1143 du 7 nov. 2019, art. 4, JO 8)*** «et apprentis» sont celles de ce dernier règlement.

Art. R. 6352-2. Le règlement intérieur est établi dans les trois mois suivant le début de l'activité de l'organisme de formation.

Il se conforme aux dispositions de la présente section.

SECTION 2 (réglementaire). Droit disciplinaire

Art. R. 6352-3. Constitue une sanction toute mesure, autre que les observations verbales, prise par le directeur de l'organisme de formation ou son représentant, à la suite d'un agissement du stagiaire ***(D. 2019-1143 du 7 nov. 2019, art. 4, JO 8)*** «ou de l'apprenti» considéré par lui comme fautif, que cette mesure soit de nature à affecter immédiatement ou non la présence de l'intéressé dans ***(D. 2019-1143 du 7 nov. 2019, art. 4, JO 8)*** «la formation» ou à mettre en cause la continuité de la formation qu'il reçoit.

Les amendes ou autres sanctions pécuniaires sont interdites.

Art. R. 6352-4. Aucune sanction ne peut être infligée au stagiaire ***(D. 2019-1143 du 7 nov. 2019, art. 4, JO 8)*** «ou à l'apprenti» sans que celui-ci ait été informé au préalable des griefs retenus contre lui.

Art. R. 6352-5. Lorsque le directeur de l'organisme de formation ou son représentant envisage de prendre une sanction qui a une incidence, immédiate ou non, sur la présence d'un stagiaire

(D. 2019-1143 du 7 nov. 2019, art. 4, JO 8) «ou d'un apprenti» dans une formation, il est procédé comme suit :

1° Le directeur ou son représentant convoque le stagiaire *(D. 2019-1143 du 7 nov. 2019, art. 4, JO 8)* «ou l'apprenti» en lui indiquant l'objet de cette convocation. Celle-ci précise la date, l'heure et le lieu de l'entretien. Elle est écrite et est adressée par lettre recommandée ou remise à l'intéressé contre décharge ;

2° Au cours de l'entretien, le stagiaire *(D. 2019-1143 du 7 nov. 2019, art. 4, JO 8)* «ou l'apprenti» peut se faire assister par la personne de son choix, notamment le délégué de stage. La convocation mentionnée au 1° fait état de cette faculté ;

3° Le directeur ou son représentant indique le motif de la sanction envisagée et recueille les explications du stagiaire *(D. 2019-1143 du 7 nov. 2019, art. 4, JO 8)* «ou de l'apprenti.

L'employeur de l'apprenti est informé de cette procédure, de son objet et du motif de la sanction envisagée.»

Art. R. 6352-6. La sanction ne peut intervenir moins d'un jour franc ni plus de quinze jours après l'entretien.

Elle fait l'objet d'une décision écrite et motivée, notifiée au stagiaire *(D. 2019-1143 du 7 nov. 2019, art. 4, JO 8)* «ou à l'apprenti» par lettre recommandée ou remise contre récépissé.

Art. R. 6352-7. Lorsque l'agissement a rendu indispensable une mesure conservatoire d'exclusion temporaire à effet immédiat, aucune sanction définitive, relative à cet agissement, ne peut être prise sans que la procédure prévue à l'article R. 6352-4 et, éventuellement, aux articles R. 6352-5 et R. 6352-6, ait été observée.

Art. R. 6352-8. *(D. 2019-1143 du 7 nov. 2019, art. 4, JO 8)* Le directeur de l'organisme de formation informe l'employeur et l'organisme financeur de la sanction prise.

SECTION 3 (réglementaire). Représentation des stagiaires et des apprentis

Sous-section 1. Élection et scrutin

Art. R. 6352-9. *(D. 2019-1143 du 7 nov. 2019, art. 4, JO 8)* «Pour les actions de formation organisées en sessions d'une durée totale supérieure à cinq cents heures», il est procédé simultanément à l'élection d'un délégué titulaire et d'un délégué suppléant au scrutin uninominal à deux tours.

Tous les stagiaires *(D. 2019-1143 du 7 nov. 2019, art. 4, JO 8)* «ou apprentis» sont électeurs et éligibles.

Art. R. 6352-10. Le scrutin se déroule pendant les heures de la formation. Il a lieu au plus tôt vingt heures et au plus tard quarante heures après le début *(D. 2019-1143 du 7 nov. 2019, art. 4, JO 8)* «de la première session collective».

Art. R. 6352-11. Le directeur de l'organisme de formation est responsable de l'organisation du scrutin. Il en assure le bon déroulement.

Art. R. 6352-12. Lorsque, à l'issue du scrutin, il est constaté que la représentation des stagiaires *(D. 2019-1143 du 7 nov. 2019, art. 4, JO 8)* «et apprentis» ne peut être assurée, le directeur dresse un procès-verbal de carence.

Sous-section 2. Mandat et attribution

Art. R. 6352-13. Les délégués sont élus pour la durée *(D. 2019-1143 du 7 nov. 2019, art. 4, JO 8)* «de la formation». Leurs fonctions prennent fin lorsqu'ils cessent de participer *(D. 2019-1143 du 7 nov. 2019, art. 4, JO 8)* «à la formation».

Lorsque le délégué titulaire et le délégué suppléant ont cessé leurs fonctions avant la fin *(D. 2019-1143 du 7 nov. 2019, art. 4, JO 8)* «de la formation», il est procédé à une nouvelle élection, dans les conditions prévues à la sous-section 1.

Art. R. 6352-14. Les délégués font toute suggestion pour améliorer le déroulement des *(D. 2019-1143 du 7 nov. 2019, art. 4, JO 8)* «formations» et les conditions de vie des stagiaires *(D. 2019-1143 du 7 nov. 2019, art. 4, JO 8)* «et des apprentis» dans l'organisme de formation.

Ils présentent les réclamations individuelles ou collectives relatives à ces matières, aux conditions de santé et de sécurité au travail et à l'application du règlement intérieur.

Art. R. 6352-15. Les dispositions de la présente section ne sont pas applicables aux détenus admis à participer à une action de formation professionnelle.

SECTION 4 (réglementaire). Obligations comptables

Art. D. 6352-16. Les dispensateurs de formation qui ont un statut de droit privé établissent des comptes annuels selon les principes et méthodes comptables définis au code de commerce.

Art. D. 6352-17. Le plan comptable applicable aux dispensateurs de formation est approuvé par arrêté conjoint du garde des sceaux, ministre de la justice, du ministre du budget et du ministre chargé de la formation professionnelle.

Cet arrêté est pris après avis ***(Ord. 2009-79 du 22 janv. 2009, JO 23)*** «de l'Autorité des normes comptables».

Note Voir arrêté du 2 août 1995 (JO 12) relatif à l'application des adaptations professionnelles du plan comptable général aux dispensateurs de formation professionnelle ayant un statut de droit privé.

Art. D. 6352-18. Les organismes qui interviennent dans le déroulement des actions destinées à la validation des acquis de l'expérience tiennent une comptabilité distincte pour cette activité lorsqu'ils exercent simultanément plusieurs autres activités.

Art. R. 6352-19. Sans préjudice des dispositions du ***(D. 2016-1026 du 26 juil. 2016, art. 92, JO 28)*** «I de l'article L. 822-1» du code de commerce applicables aux sociétés anonymes, les dispensateurs de formation de droit privé désignent au moins un commissaire aux comptes et un suppléant lorsqu'ils dépassent, à la fin de l'année civile ou à la clôture de l'exercice, les chiffres fixés pour deux des trois critères suivants:

1° Trois pour le nombre des salariés;

2° 153 000 € pour le montant hors taxe du chiffre d'affaires ou des ressources;

3° 230 000 € pour le total du bilan.

Art. R. 6352-20. Les dispensateurs de formation de droit privé ne sont pas tenus à l'obligation de désigner un commissaire aux comptes lorsqu'ils ne dépassent pas les chiffres fixés pour deux des trois critères définis à l'article R. 6352-19 pendant deux exercices successifs.

Art. R. 6352-21. Le montant du chiffre annuel mentionné à l'article L. 6352-9 est fixé à 152 449,02 € hors taxes.

SECTION 5 (réglementaire). Bilan pédagogique et financier

Art. R. 6352-22. Le bilan pédagogique et financier prévu à l'article L. 6352-11 indique:

1° Les activités de formation conduites au cours de l'exercice comptable;

2° Le nombre de stagiaires ***(D. 2019-1143 du 7 nov. 2019, art. 4, JO 8)*** «et apprentis» accueillis;

(D. 2019-1143 du 7 nov. 2019, art. 4, JO 8) «3° Le nombre d'heures de formation suivies par les stagiaires et les apprentis, ainsi que le nombre d'heures de formation dispensées, en fonction de la nature, du niveau, des domaines et de la durée des formations;»

4° La répartition des fonds reçus selon leur nature et le montant des factures émises par le prestataire;

5° Les données comptables relatives aux prestations de formation professionnelle.

Art. R. 6352-23. Le prestataire de formation déclaré adresse au préfet de région son bilan pédagogique et financier avant le 30 avril de chaque année.

Note Cet article a été modifié par le décret 2019-1143 du 7 novembre 2019, art. 4, JO 8.

Art. R. 6352-24. Sur la demande du préfet de région compétent, le prestataire produit la liste des prestations de formation réalisées ou à accomplir.

Note Cet article a été modifié par le décret 2019-1143 du 7 novembre 2019, art. 4, JO 8.

SECTION 6 (réglementaire). Centres de formation professionnelle

Sous-section 1. Objet, organisation et fonctionnement

Art. D. 6352-25. Les centres de formation professionnelle ont pour objet:

1° Soit de délivrer aux travailleurs une formation professionnelle accélérée leur permettant d'exercer un métier, de s'adapter à un nouveau métier ou d'acquérir une qualification professionnelle d'un niveau supérieur;

2° Soit de former les moniteurs aptes à assurer cette formation.

Note Les articles D. 6352-25 et 26, 28 à 34, 36 à 40 sont issus du décret 46-2511 du 9 novembre 1946 relatif aux centres de formation professionnelle.

Art. D. 6352-26. Les centres de formation professionnelle peuvent être créés sous forme:

1° Soit de centres d'entreprises par une entreprise dans ses propres établissements;

2° Soit de centres collectifs par des organisations professionnelles d'employeurs ou de salariés, par des collectivités publiques ou par des associations ayant pour objet la rééducation professionnelle.

Art. R. 6352-27. Les centres de formation professionnelle sont soumis à la déclaration d'activité prévue à l'article L. 6351-1.

Art. D. 6352-28. La gestion des centres d'entreprises est soumise au contrôle du ***(D. 2017-1819 du 29 déc. 2017, art. 3, 4°, JO 30, entrée en vigueur le 01.01.2018)*** « comité social et économique ».

La gestion des centres collectifs est soumise au contrôle d'une commission composée de trois représentants des employeurs et de trois représentants des salariés.

Art. D. 6352-29. Les centres d'entreprises sont installés dans des locaux séparés des locaux de travail, suivant les modalités permettant de s'assurer que tout en participant, le cas échéant, à l'activité, les salariés sont formés ou perfectionnés progressivement.

Art. D. 6352-30. La comptabilité du centre de formation professionnelle et les comptes bancaires qu'il se fait ouvrir sont distincts de ceux de l'organisme créateur.

La comptabilité est tenue suivant les règles fixées par un arrêté conjoint des ministres chargés de la formation professionnelle et des finances.

Art. D. 6352-31. En cas de cessation d'activité d'un centre de formation professionnelle, le ministre chargé de la formation professionnelle fixe les conditions dans lesquelles il est procédé à la liquidation du centre ou à sa prise en charge par un autre groupement.

Sous-section 2. Stagiaires

Art. D. 6352-32. Les stagiaires des centres d'entreprises sont recrutés soit parmi le personnel de l'entreprise, soit parmi les candidats présentés par le service public de l'emploi.

Les stagiaires des centres collectifs sont recrutés parmi les candidats présentés par le service public de l'emploi.

Art. D. 6352-33. L'entrée en stage est subordonnée à un examen médical et psychotechnique organisé ou contrôlé par le service public de l'emploi.

Art. D. 6352-34. La rémunération versée par le centre de formation professionnelle au demandeur d'emploi se substitue à l'allocation qui lui est versée à ce titre.

Ce stagiaire est tenu de suivre le cours de formation jusqu'à son expiration.

Le stagiaire qui abandonne le stage pour des motifs non reconnus valables est exclu du bénéfice des allocations de chômage pendant une durée d'un an, à compter du jour de son départ.

Sous-section 3. Subventions

Art. R. 6352-35. Les centres de formation professionnelle peuvent bénéficier des financements de la région ou de l'État dans les conditions prévues respectivement aux articles L. 6121-1 et L. 6122-1.

Art. D. 6352-36. Les dépenses ouvrant droit à subvention sont :

1° Pour les centres d'entreprise, les salaires des moniteurs et les charges sociales correspondantes ;

2° Pour les centres collectifs :

a) Les salaires du personnel administratif, technique et de service nécessaire au fonctionnement du centre, ainsi que les charges sociales correspondantes ;

b) Les frais de location et d'aménagement du mobilier ainsi que d'entretien des locaux et ateliers nécessaires au fonctionnement du centre ;

c) Les frais de bureau, affranchissement, téléphone, frais divers ;

d) Les frais d'achat de machines-outils, d'outillage et de moteurs ;

e) Les frais de location ou d'amortissement du matériel ;

f) Les frais d'assurances comprenant les assurances accidents du personnel et des élèves, les assurances de vol et incendie du matériel et des locaux, les assurances recours contre le tiers ;

g) Les frais d'achat de matières premières et de petit outillage ;

h) Les frais d'éclairage, frais de chauffage, frais d'eau des locaux ainsi que les frais de combustible et de force motrice ;

i) Les frais d'inspection médicale et de service social ;

j) Les frais d'aménagement et d'entretien des locaux mis à la disposition des stagiaires.

Art. D. 6352-37. Les subventions portent sur les dépenses opérées au cours de chaque trimestre civil, compte tenu des recettes, notamment des heures passées à la production, vente des vieilles matières et des produits fabriqués par les stagiaires.

Art. D. 6352-38. Les subventions ne peuvent s'appliquer qu'aux dépenses ayant fait l'objet de prévisions fournies par le centre et acceptées par le ministre chargé de la formation professionnelle.

À cet effet, le centre présente au début de chaque trimestre civil des prévisions de recettes et de dépenses portant sur le trimestre qui suit. Ces prévisions sont fournies en même temps que la demande de subventions.

Exceptionnellement, les subventions peuvent porter, si elles s'avèrent indispensables à l'exécution des programmes de rééducation établis par les centres.

Note Le troisième alinéa de cet article est incomplet. Il devrait, à notre sens, être rédigé de la façon suivante:

«Exceptionnellement, les subventions peuvent porter, si elles s'avèrent indispensables à l'exécution des programmes de rééducation établis par les centres, sur des dépenses non prévues à l'article D. 6352-36».

En effet, l'article D. 6352-38 est la transposition de l'article 11 du décret 46-2511 du 9 novembre 1946 relatif aux centres de formation professionnelle, lequel article visait l'article 9 du même décret, devenu aujourd'hui l'article D. 6352-36.

Art. D. 6352-39. La demande de subvention est présentée dans un délai de dix jours à compter de l'expiration de chaque trimestre civil au ***(D. 2020-1545 du 9 déc. 2020, JO 10, entrée en vigueur le 01.04.2021)*** «directeur régional de l'économie, de l'emploi, du travail et des solidarités».

Elle est accompagnée d'un relevé de la situation financière du centre de formation professionnelle faisant ressortir les recettes et les dépenses effectuées au cours du trimestre considéré.

Art. D. 6352-40. Des avances à valoir sur subventions peuvent être allouées au centre.

Lors du démarrage, ces avances peuvent être égales aux dépenses de fonctionnement prévues pour les deux premiers trimestres civils qui suivent la date d'ouverture du centre sur la base des prévisions fournies à l'appui de la demande d'agrément.

Par la suite, elles peuvent être égales aux dépenses de fonctionnement prévues pour le trimestre auquel s'appliquent les prévisions fournies dans les conditions fixées au deuxième alinéa de l'article D. 6352-38.

CHAPITRE III Réalisation des actions de formation

SECTION 1. Convention de formation entre l'acheteur de formation et l'organisme de formation

Art. L. 6353-1. ***(L. 2018-771 du 5 sept. 2018, art. 24, VII, 12°, JO 6)*** Pour la réalisation des actions mentionnées à l'article L. 6313-1, une convention est conclue entre l'acheteur et l'organisme qui les dispense, selon des modalités déterminées par décret.

Note • **Depuis le 1er janvier 2019.** Cet article est applicable depuis le 01.01.2019 (loi 2018-771 précitée, art. 46, I). Les actions de formations doivent être réalisées dans le cadre d'une seule convention conclue entre l'acheteur de formation et l'organisme dispensateur.

La loi précitée a donc supprimé de la partie législative du code du travail (L. 6353-2 abrogé) les règles antérieures encadrant la réalisation des actions de formation, qui prévoyaient l'élaboration d'un programme préétabli de formation. Celui-ci précisait, en fonction des objectifs déterminés, le niveau de connaissances préalables requis pour suivre la formation, les moyens pédagogiques, techniques et d'encadrement mis en œuvre, ainsi que les moyens permettant de suivre son exécution et d'en apprécier les résultats.

Voir RF 13 septembre 2018, FH 3756, § 1-4; RF 17 janvier 2019, FH 3775, § 1-3. Voir aussi le «questions - réponses» sur la mise en œuvre de la réforme dans les CFA, décembre 2019, rapporté dans les *Textes non codifiés*.

• **Avant la loi 2018-771 du 5 septembre 2018.**

Convention de formation tripartite et l'attestation de formation, voir lettre DGEFP du 9 septembre 2010 à la Fédération de la formation professionnelle.

Voir également circulaire DGEFP 2011-26 du 15 novembre 2011 relative aux textes modifiant les droits et obligations des dispensateurs de formation et adaptant le contrôle (fiches 2 et 3: la contractualisation des actions de formation et les obligations des dispensateurs de formation).

Modalités pratiques de déroulement des actions de formation. Les actions de formation professionnelle continue doivent être réalisées conformément à un programme (al. 1er). Cette règle vaut aussi bien pour une formation externe mise en œuvre par un organisme de formation que pour une formation interne organisée par l'employeur (voir art. D. 6321-1). Depuis la réforme de la formation professionnelle du 5 mars 2014, la formation peut être séquentielle (al. 3).

La loi relative au travail, à la modernisation du dialogue social et à la sécurisation des parcours professionnels, dite «loi Travail», a généralisé la possibilité de réaliser l'action de formation sous la forme d'un parcours séquentiel (al. 2). Cette modification, introduite par un amendement gouvernemental, a pour objectif de mieux prendre en considération la diversité des modalités de réalisation des formations et d'ajuster le contenu de l'action au regard des besoins du stagiaire.

Les actions de formation peuvent être réalisées en une seule fois ou non. Elles peuvent se dérouler à distance. Jusqu'à la loi 2014-288, les formations réalisées en «e-learning» souffraient d'un vide juridique manifeste (voir RF, FH 3537 du 20 mars 2014, §§ 8-36 et s.). Voir RF 8 septembre 2016, FH n° 3657, § 6-22; FRS n° 18 du 29 juillet 2016, § 38; LSQ n° 17167 du 26.09.2016, § 1.

Art. D. 6353-1. ***(D. 2018-1341 du 28 déc. 2018, JO 30, entrée en vigueur le 01.01.2019)*** I. – Lorsque les actions concourant au développement des compétences prévues à l'article L. 6313-1 sont financées par un organisme mentionné à l'article L. 6316-1 ou par un organisme habilité à percevoir la contribution de financement mentionnée aux articles L. 6331-48 et L. 6331-54, la convention prévue à l'article L. 6353-1 comporte:

1° L'intitulé, l'objectif et le contenu de l'action, les moyens prévus, la durée et la période de réalisation, ainsi que les modalités de déroulement, de suivi et de sanction de l'action;

2° Le prix de l'action et les modalités de règlement.

II. – Pour les actions mentionnées au 1° de l'article L. 6313-1 qui sont financées par un organisme mentionné à l'article L. 6316-1 ou par un organisme habilité à percevoir la contribution de financement mentionnée aux articles L. 6331-48 et L. 6331-54, les bons de commandes ou les devis approuvés peuvent tenir lieu de la convention prévue au I s'ils satisfont à ses prescriptions, ou si une de leurs annexes y satisfait.

III. – Lorsque les actions concourant au développement des compétences prévues à l'article L. 6313-1 sont financées par la Caisse des dépôts et consignations et mises en œuvre dans le cadre du compte personnel de formation, les conditions générales d'utilisation du service dématérialisé mentionnées à l'article L. 6323-9 tiennent lieu de la convention prévue au I pour le prestataire et le titulaire du compte.

Note Voir RF 17 janvier 2019, FH 3775, § 1-3.

SECTION 2. Contrat de formation entre une personne physique et un organisme de formation

Art. L. 6353-3. Lorsqu'une personne physique entreprend une formation, à titre individuel et à ses frais, un contrat est conclu entre elle et le dispensateur de formation.

(L. 2009-1437 du 24 nov. 2009, art. 51, JO 25) «Ce contrat est conclu avant l'inscription définitive du stagiaire et tout règlement de frais.»

Note Ayant relevé que les contrats de formation conclus par une société avec différents stagiaires ne précisaient pas selon quelles modalités s'effectuait le contrôle des connaissances et n'indiquaient pas les diplômes, titres et références du responsable de la formation, une cour d'appel a légalement justifié sa décision d'accueillir les demandes des stagiaires en nullité de ces contrats. Ayant fait ressortir que les stagiaires avaient accompli un travail effectif sous l'autorité et le contrôle de la société, et ayant caractérisé ainsi l'existence d'un contrat de travail, la cour d'appel a pu décider que les stagiaires étaient liés à la société par un contrat de travail à durée indéterminée (cass. soc. 30 mars 2005, n° 03-43.413).

Art. L. 6353-4. Le contrat conclu entre la personne physique qui entreprend une formation et le dispensateur de formation précise, à peine de nullité:

1° La nature, la durée, le programme et l'objet des actions de formation qu'il prévoit ainsi que les effectifs qu'elles concernent;

2° Le niveau de connaissances préalables requis pour suivre la formation et obtenir les qualifications auxquelles elle prépare;

3° Les conditions dans lesquelles la formation est donnée aux stagiaires, notamment les modalités de formation dans le cas des formations réalisées en tout ou en partie à distance, les moyens pédagogiques et techniques mis en œuvre ainsi que les modalités de contrôle des connaissances et la nature de la sanction éventuelle de la formation;

4° Les diplômes, titres ou références des personnes chargées de la formation prévue par le contrat;

5° Les modalités de paiement ainsi que les conditions financières prévues en cas de cessation anticipée de la formation ou d'abandon en cours de stage.

Art. L. 6353-5. Dans le délai de dix jours à compter de la signature du contrat, le stagiaire peut se rétracter par lettre recommandée avec avis de réception.

Art. L. 6353-6. Aucune somme ne peut être exigée du stagiaire avant l'expiration du délai de rétractation prévu à l'article L. 6353-5.

Il ne peut être payé à l'expiration de ce délai une somme supérieure à 30 % du prix convenu.

Le solde donne lieu à échelonnement des paiements au fur et à mesure du déroulement de l'action de formation.

Art. L. 6353-7. Si, par suite de force majeure dûment reconnue, le stagiaire est empêché de suivre la formation, il peut rompre le contrat. Dans ce cas, seules les prestations effectivement dispensées sont rémunérées à due proportion de leur valeur prévue au contrat.

SECTION 3. Obligations vis-à-vis du stagiaire et de l'apprenti

Art. L. 6353-8. ***(L. 2009-1437 du 24 nov. 2009, art. 51, JO 25) (L. 2018-771 du 5 sept. 2018, art. 24, VII, 15°, JO 6)*** «Les objectifs et le contenu de la formation, la liste des formateurs et des enseignants, les horaires, les modalités d'évaluation, les coordonnées de la personne chargée des relations avec les stagiaires ou les apprentis par l'entité commanditaire de la formation et le règlement intérieur applicable à la formation sont mis à disposition du stagiaire et de l'apprenti avant leur inscription définitive.»

Dans le cas des contrats conclus en application de l'article L. 6353-3, les informations mentionnées au premier alinéa du présent article ainsi que les tarifs, les modalités de règlement et les conditions financières prévues en cas de cessation anticipée de la formation ou d'abandon en cours de stage sont remis au stagiaire potentiel avant son inscription définitive et tout règlement de frais.

Note • Les dispositions des articles L. 6358-8 et 9, dans leur rédaction issue de la loi 2018-771 précitée, sont applicables depuis le 01.01.2019 (loi précitée, art. 46, I).

Les informations sont mises à disposition (et non plus à être remises physiquement) au stagiaire ou à l'apprenti. Voir LSQ n° 17671 du 12.10.2018, «L'accès à la formation repensé», (dossier juridique).

• Voir circulaire DGEFP 2011-26 du 15 novembre 2011 précitée sous Titre V du Livre III de la Partie 6.

Art. L. 6353-9. Les informations demandées, sous quelque forme que ce soit, par un organisme de formation au candidat ***(L. 2018-771 du 5 sept. 2018, art. 24, VII, 16°, JO 6)*** «à une action telle que définie à l'article L. 6313-1, à un stagiaire ou à un apprenti» ne peuvent avoir comme finalité que d'apprécier son aptitude à suivre l'action de formation, qu'elle soit sollicitée, proposée ou poursuivie.

Ces informations doivent présenter un lien direct et nécessaire avec l'action de formation ***(L. 2018-771 du 5 sept. 2018, art. 24, VII, 16°, JO 6)*** «et il doit y être répondu de bonne foi».

SECTION 4. Obligations vis-à-vis des organismes financeurs

Note Cette section est issue de la loi 2016-1088 du 8 août 2016, art. 81, I, 3°, JO 9.

Art. L. 6353-10. Les organismes de formation informent les organismes qui financent la formation, dans des conditions définies par décret, du début, des interruptions et de l'achèvement de la formation, pour chacun de leurs stagiaires ***(L. 2018-771 du 5 sept. 2018, art. 24, VII, 17°, JO 6, entrée en vigueur le 01.01.2021)*** «et apprentis», et leur communiquent les données relatives à l'emploi et au parcours de formation professionnelle dont ils disposent sur ces stagiaires ***(L. 2018-771 du 5 sept. 2018, art. 24, VII, 17°, JO 6, entrée en vigueur le 01.01.2021)*** «et apprentis».

Les organismes financeurs, l'organisme gestionnaire du système d'information du compte personnel de formation mentionné ***(L. 2018-771 du 5 sept. 2018, art. 1er, IV, 4°, JO 6, entrée en vigueur le 01.01.2019)*** «à l'article L. 6323-9» et les institutions et organismes chargés du conseil en évolution professionnelle mentionnés à l'article L. 6111-6 partagent les données mentionnées au premier alinéa du présent article, ainsi que celles relatives aux coûts des actions de formation, sous forme dématérialisée et dans des conditions définies par décret en Conseil d'État.

Note • **Textes.** *Loi 2018-771.* Les dispositions de cet article, dans sa rédaction issue de l'article 1er de la loi 2018-771 précitée, sont applicables depuis le 01.01.2019 (loi précitée, art. 46, I).

Ordonnance 2019-861. Cet article a été modifié par l'ordonnance 2019-861 du 21 août 2019, art. 1er, 47°, JO 22.

Décret 2019-1386. Voir décret du 17 décembre 2019 (JO 19) relatif à l'information des organismes financeurs de la formation professionnelle par les organismes de formation sur les entrées et les sorties de formation.

Voir aussi arrêté du 19 mai 2020 (JO 18 juin) relatif au référentiel des données de l'emploi, de l'orientation et de la formation professionnelle.

• **Information des organismes financeurs par les organismes de formation.** Il s'agit d'une obligation légale d'information à la charge des organismes de formation à destination des organismes financeurs.

• **Mise en place d'une plate-forme d'information.** La plate-forme permettra de:
– réduire la charge administrative pour les organismes de formation et plus largement pour l'ensemble des opérateurs;
– mettre à disposition de l'ensemble des financeurs de formation les données sur les entrées et sorties de formation et alimenter le système d'informations du CPF afin de réaliser notamment le contrôle du service fait;
– mettre à jour la liste des demandeurs d'emploi émise par Pôle Emploi;
– améliorer le suivi et l'accompagnement dans le parcours des personnes à travers des échanges systématiques d'informations entre les opérateurs en charge de l'accompagnement de personnes et ceux en charge de la formation;
– améliorer la connaissance des effets de la politique de formation à travers la mise en cohérence et le partage des données suivies par les différents acteurs (étude d'impact du projet de loi précitée du 24 mars 2016).

• **Doctrine.** Voir RF 8 septembre 2016, FH n° 3657, § 6-17; LSQ n° 17167 du 26.09.2016, § 1, p. 3.

CHAPITRE IV Sanctions financières

Art. L. 6354-1. En cas d'inexécution totale ou partielle d'une prestation de formation, l'organisme prestataire rembourse au cocontractant les sommes indûment perçues de ce fait.

Note • Voir circulaire DGEFP 2011-26 du 15 novembre 2011 précitée sous l'article L. 6353-1 (fiche 7: l'application de sanction financière en cas d'inexécution d'une prestation de formation).

• Sur l'inexécution partielle d'une convention de formation du fait de l'absence des salariés à une partie du stage, voir cass. soc. 9 mars 1994, n° 91-18.666, RJS 5/94 n° 584.

• Vu les termes d'une convention de qualification prévoyant que «pour tout abandon ou absence d'un participant en cours de stage, l'organisme de formation conservera les sommes dépensées ou engagées par lui» et ceux de l'article L. 920-9 CT, a privé sa décision de base légale la cour d'appel qui a condamné un GIE à payer à l'organisme de formation le paiement de la totalité du prix initialement convenu sans rechercher quelle était la partie du prix global correspondant à 1200 heures de stage qui était relative à des dépenses déjà effectivement effectuées ou engagées (cass. soc. 31 janvier 1996, n° 93-14.587).

• Le Conseil d'État contrôle au titre de la qualification juridique, à partir de faits souverainement appréciés par les juges du fond, si des pratiques revêtent le caractère de manœuvres frauduleuses au sens des dispositions de l'ancien article L. 920-9 [L. 6354-1] CT.

CHAPITRE V Dispositions pénales

Art. L. 6355-1. Le fait de réaliser des ***(L. 2018-771 du 5 sept. 2018, art. 24, VII, 19°, JO 6)*** «actions mentionnées à l'article L. 6313-1» sans déposer auprès de l'autorité administrative une déclaration d'activité, dès la conclusion de la première convention de formation professionnelle ou du premier contrat de formation professionnelle, en méconnaissance des dispositions de l'article L. 6351-1, est puni d'une amende de 4 500 €.

Note • Les dispositions de cet article, dans sa rédaction issue de la loi 2018-771 précitée, sont applicable depuis le 01.01.2019 (loi précitée, art. 46, I).

• À la suite d'un contrôle effectué au sein d'un organisme de formation professionnelle exploité par une association, le président de celle-ci avait été poursuivi pour avoir dirigé cet établissement sans avoir procédé à la déclaration préalable prévue à l'article L. 920-4 [L. 6351-1] CT, ni établi le règlement intérieur prescrit à l'article L. 920-5-1 [L. 6352-3], pour s'être abstenu de préciser, dans les publicités écrites, les tarifs et modalités de règlement de la formation en méconnaissance de l'article L. 920-6 [L. 6352-13], et pour ne pas avoir informé les stagiaires de leur faculté de rétractation après la signature du contrat de formation, en violation de l'article L. 920-13 [L. 6353-5] CT. Doit être rejeté le pourvoi du prévenu soutenant que l'organisme qu'il dirigeait ne dispensait qu'une formation professionnelle en alternance dans le cadre de contrats passés entre l'employeur et l'élève, régis par les articles L. 980-1 et s. [L. 6325-1 et s.] CT, de sorte qu'il n'était pas soumis aux dispositions relatives aux institutions de formation professionnelle continue alors qu'il résultait des énonciations des juges du fond que, bien que lié par des conventions de formation alternée aux entreprises employant les élèves et finançant le coût de la formation, l'organisme dirigé par le prévenu entrait dans le champ d'application des articles L. 920-4 et s. [L. 6351-1 et s.] CT (cass. crim. 10 décembre 1997, n° 97-80.061, B. crim. n° 422).

Art. L. 6355-2. Le fait de procéder à une déclaration d'activité, en méconnaissance des dispositions de l'article L. 6351-2, est puni d'une amende de 4 500 €.

Art. L. 6355-3. Le fait de ne pas souscrire une déclaration rectificative en cas de modification d'un ou des éléments de la déclaration initiale, en méconnaissance des dispositions ***(L. 2009-1437 du 24 nov. 2009, art. 49, JO 25)*** «du premier alinéa de l'article L. 6351-5», est puni d'une amende de 4 500 €.

Art. L. 6355-4. Le fait de ne pas déclarer la cessation d'activité, en méconnaissance des dispositions de l'article L. 6351-5, est puni d'une amende de 4 500 €.

Art. L. 6355-6. Le fait de ne pas justifier des titres et qualités des personnels d'enseignement et d'encadrement employés et de la relation entre ces titres et qualités et les prestations réalisées dans le champ de la formation professionnelle, en méconnaissance des dispositions de l'article L. 6352-1, est puni d'une amende de 4 500 €.

Art. L. 6355-7. Le fait, pour toute personne qui a fait l'objet d'une condamnation pénale pour des faits constituant des manquements à la probité, aux bonnes mœurs et à l'honneur, d'exercer, même de fait, une fonction de direction ***(L. 2018-771 du 5 sept. 2018, art. 24, VII, 21°, JO 6)*** «, d'enseignement» ***(Ord. 2019-861 du 21 août 2019, art. 1er, 73°, JO 22)*** «aux apprentis» ou d'administration dans un organisme de formation, en méconnaissance des dispositions de l'article L. 6352-2, est puni d'une amende de 4 500 €.

Note Les dispositions des articles L. 6355-7 et 8, dans leur rédaction issue de la loi 2018-771 précitée, sont applicables depuis le 01.01.2019 (loi précitée, art. 46, I).

Art. L. 6355-8. Le fait de ne pas établir un règlement intérieur applicable aux stagiaires ***(L. 2018-771 du 5 sept. 2018, art. 24, VII, 22°, JO 6)*** «et aux apprentis», en méconnaissance des dispositions de l'article L. 6352-3, est puni d'une amende de 4 500 €.

Art. L. 6355-9. Le fait d'établir un règlement intérieur ne comportant pas les prescriptions exigées par l'article ***(Ord. 2019-861 du 21 août 2019, art. 1er, 74°, JO 22)*** « L. 6352-3» est puni d'une amende de 4 500 €.

Art. L. 6355-10. Le fait, pour tout dispensateur de formation de droit privé, de ne pas avoir établi un bilan, un compte de résultat et une annexe, en méconnaissance des dispositions de l'article L. 6352-6, est puni d'une amende de 4 500 €.

Art. L. 6355-11. Le fait, pour tout dispensateur de formation de droit privé, lorsque l'organisme de formation exerce des activités multiples, de ne pas suivre d'une façon distincte en comptabilité l'activité au titre de la formation professionnelle continue ***(L. 2018-771 du 5 sept. 2018, art. 24, VII, 23°, JO 6)*** «, d'une part, et de l'apprentissage, d'autre part», en méconnaissance des dispositions de l'article L. 6352-7, est puni d'une amende de 4 500 €.

Note Les dispositions de cet article, dans sa rédaction issue de la loi 2018-771 précitée, sont applicables depuis le 01.01.2019 (loi précitée, art. 46, I).

Art. L. 6355-12. Le fait, pour tout dispensateur de formation de droit privé, de ne pas désigner un commissaire aux comptes, en méconnaissance des dispositions de l'article L. 6352-8, est puni d'une amende de 4 500 €.

Art. L. 6355-13. Le fait, pour tout dispensateur de formation de droit privé, constitué en groupement d'intérêt économique, de ne pas confier le contrôle des comptes à un commissaire aux comptes, en méconnaissance des dispositions de l'article L. 6352-9, est puni d'une amende de 4 500 €.

Art. L. 6355-14. Le fait, pour tout dispensateur de formation de droit public, de ne pas tenir un compte séparé de son activité en matière de formation professionnelle continue ***(L. 2018-771 du 5 sept. 2018, art. 24, VII, 24°, JO 6)*** «, d'une part, et d'apprentissage, d'autre part», en méconnaissance des dispositions de l'article L. 6352-10, est puni d'une amende de 4 500 €.

Note Les dispositions de cet article, dans sa rédaction issue de la loi 2018-771 précitée, sont applicables depuis le 01.01.2019 (loi précitée, art. 46, I).

Art. L. 6355-15. Le fait de réaliser des actions entrant dans le champ de la formation professionnelle continue sans adresser à l'autorité administrative le document retraçant l'emploi des sommes reçues et dressant le bilan pédagogique et financier de son activité, le bilan, le compte de résultat et l'annexe du dernier exercice clos, en méconnaissance des dispositions de l'article L. 6352-11, est puni d'une amende de 4 500 €.

Art. L. 6355-16. Le fait de réaliser une publicité mentionnant la déclaration d'activité, en méconnaissance des formes prescrites par l'article L. 6352-12, est puni d'un emprisonnement d'un an et d'une amende de 4 500 €.

Art. L. 6355-17. ***(L. 2018-771 du 5 sept. 2018, art. 24, VII, 25°, JO 6)*** Le fait de réaliser une publicité comportant une mention de nature à induire en erreur sur les conditions d'accès aux formations proposées, leurs contenus, leurs sanctions ou leurs modalités de financement, en méconnaissance de l'article L. 6352-13, est puni d'un an emprisonnement et de 4 500 € d'amende.

Note Cet article est applicable depuis le 01.01.2019 (loi 2018-771 précitée, art. 46, I).

Art. L. 6355-18. Le fait, pour tout dispensateur de formation, de ne pas conclure un contrat avec la personne physique qui entreprend une formation à titre individuel et à ses frais, en méconnaissance des dispositions de l'article L. 6353-3, est puni d'une amende de 4 500 €.

Art. L. 6355-19. Le fait, pour tout dispensateur de formation, d'établir un contrat ne comportant pas les prescriptions exigées par l'article L. 6353-4 est puni d'une amende de 4 500 €.

Art. L. 6355-20. Le fait, pour tout dispensateur de formation, d'exiger du stagiaire, avant l'expiration du délai de rétractation prévu à l'article L. 6353-5, le paiement de sommes en méconnaissance des dispositions du premier alinéa de l'article L. 6353-6 est puni d'une amende de 4 500 €.

Est puni de la même peine le dispensateur de formation qui exige le paiement à l'expiration de ce délai de rétractation une somme supérieure à 30 % du prix convenu, en méconnaissance du deuxième alinéa de l'article L. 6353-6.

Est également puni de la même peine le dispensateur de formation qui n'échelonne pas les paiements du solde du prix convenu, en méconnaissance du troisième alinéa de l'article L. 6353-6.

Art. L. 6355-21. Le fait de demander au stagiaire empêché de suivre la formation par suite de force majeure dûment reconnue le paiement de prestations, en méconnaissance des dispositions de l'article L. 6353-7, est puni d'une amende de 4 500 €.

Art. L. 6355-22. Le fait, pour tout dispensateur de formation, de ne pas remettre au stagiaire avant son inscription définitive et tout règlement de frais ***(L. 2009-1437 du 24 nov. 2009, art. 51, JO 25)*** « le document mentionné » à l'article L. 6353-8 est puni d'une amende de 4 500 €.

Art. L. 6355-23. La condamnation aux peines prévues aux articles L. 6355-1 à L. 6355-22 peut être assortie, à titre de peine complémentaire, d'une interdiction d'exercer temporairement ou définitivement l'activité de dirigeant d'un organisme de formation professionnelle.

Toute infraction à cette interdiction est punie d'un emprisonnement de deux ans et d'une amende de 15 000 €.

En outre, en cas de récidive, la juridiction peut, pour l'application des peines prévues aux articles L. 6355-16 et L. 6355-17 ainsi qu'au deuxième alinéa du présent article, ordonner l'insertion du jugement, aux frais du contrevenant, dans un ou plusieurs journaux.

Note Sur l'interdiction d'exercer, voir articles 131-6 et 131-27 à 29 c. pén.

Art. L. 6355-24. ***(L. 2018-771 du 5 sept. 2018, art. 24, VII, 26°, JO 6)*** Est punie de cinq ans d'emprisonnement et de 37 500 € d'amende toute personne qui :

1° En qualité d'employeur, de travailleur indépendant, de membre des professions libérales et des professions non salariées, a, par des moyens ou agissements frauduleux, éludé les obligations qui lui incombent en application des articles L. 6331-1, L. 6331-3, L. 6331-5 à L. 6331-8, L. 6331-48 à L. 6331-52, L. 6331-55 et L. 6331-56 ;

2° En qualité de responsable d'un opérateur de compétences ou d'un fonds d'assurance-formation, a frauduleusement utilisé les fonds reçus dans des conditions non conformes aux dispositions légales régissant l'utilisation de ces fonds.

Note Cet article est applicable depuis le 01.01.2019 (loi 2018-771 précitée, art. 46, I).

TITRE VI CONTRÔLE DE LA FORMATION PROFESSIONNELLE

Note • **Textes.** *La loi 92-675 du 17 juillet 1992* relative à l'apprentissage et à la formation professionnelle a étendu aux organismes chargés de réaliser des bilans de compétences certaines dispositions relatives au contrôle par l'État des organismes de formation. Les lois 93-1313 du 20 décembre 1993 (JO 21) et 2004-391 du 4 mai 2004 (JO 5) ont renforcé et étendu le contrôle administratif et financier de l'État et le champ d'intervention des agents de contrôle.

La loi 2009-1437 du 24 novembre 2009 (JO 25) a habilité de nouveaux agents de contrôle, élargi le contrôle des employeurs et a institué trois nouvelles sanctions financières (art. L. 6362-7-1, 7-2 et 7-3).

La loi 2014-288 du 5 mars 2014 (JO 6) relative à la formation professionnelle, à l'emploi et à la démocratie sociale a renforcé les moyens de contrôle et les sanctions applicables en matière d'apprentissage et de formation professionnelle continue (art. 11).

La loi 2018-771 du 5 septembre 2018 (JO 6) a précisé le contrôle administratif et financier exercé par l'État sur les actions concourant au développement des compétences conduites par les employeurs lorsqu'elles sont financées par l'État, les collectivités territoriales, la Caisse des dépôts et consignations, Pôle Emploi ou les opérateurs de compétences ainsi que sur le respect des obligations de l'abondement correctif au CPF (art. L. 6361-1 et s.).

L'ordonnance 2019-861 du 21 août 2019 (JO 22), dite ordonnance «coquilles», a corrigé sur quelques points la loi Avenir pro.

Administration. Voir instruction DGEFP 2010-21 du 3 août 2010 relative aux axes prioritaires de contrôle à partir du second semestre 2010 et circulaire DGEFP 2011-26 du 15 novembre 2011 relative aux textes modifiant les droits et obligations des dispensateurs de formation et adaptant le contrôle (NOR: ETSD1131004C) (BO TR 2011/12 du 30.12.2011).

• **Doctrine.** Voir «Le contrôle des organismes collecteurs», B. Dreano, Dr. Soc. 2008, p. 1222; «La régulation et le contrôle du système de formation professionnelle», S. Rémy, Dr. Soc. 2014, p. 1039.

CHAPITRE Ier Objet du contrôle et fonctionnaires de contrôle

SECTION 1. Objet du contrôle

Sous-section 1. Contrôle des dépenses et activités de formation

Art. L. 6361-1. ***(L. 2018-771 du 5 sept. 2018, art. 42, I, 2°, JO 6)*** L'État exerce un contrôle administratif et financier, dans les conditions prévues au présent titre, sur les actions prévues à l'article L. 6313-1 conduites par les employeurs lorsqu'elles sont financées par l'État, les collectivités territoriales, la Caisse des dépôts et consignations, Pôle emploi ou les opérateurs de compétences ainsi que sur le respect des obligations mentionnées à l'article L. 6323-13.

Note • Les dispositions des articles L. 6361-1 et 2, dans leur rédaction issue de la loi 2018-771 précitée, sont applicables depuis le 1er janvier 2019 (loi précitée, art. 46, I).

• Voir circulaire DGEFP 2011-26 du 15 novembre 2011 précitée sous Titre VI du Livre III de la Partie 6 (fiche 6: la modernisation des méthodes et procédures de contrôle).

Art. L. 6361-2. L'État exerce un contrôle administratif et financier sur:

(L. 2018-771 du 5 sept. 2018, art. 42, I, 3°, JO 6) «1° Les activités en matière de formation professionnelle conduites par:

a) Les opérateurs de compétences;

b) Les organismes habilités à percevoir la contribution de financement mentionnée ***(Ord. 2019-861 du 21 août 2019, art. 1er, 75°, JO 22)*** «à l'article L. 6331-48»;

c) Les organismes chargés de réaliser des conseils en évolution professionnelle qui sont financés à ce titre par France compétences;

d) Les commissions mentionnées à l'article L. 6323-17-6 agréées pour prendre en charge les projets de transition professionnelle;

e) Les organismes chargés de réaliser tout ou partie des actions mentionnées à l'article L. 6313-1;»

2° Les activités d'accueil, d'information, d'orientation et d'évaluation, en matière de formation professionnelle, au financement desquelles l'État concourt par voie de convention, conduites par tout organisme.

Note Sur le contrôle administratif et financier, voir le «questions - réponses» sur la mise en œuvre de la réforme dans les CFA, décembre 2019, rapporté dans les *Textes non codifiés.*

Art. L. 6361-3

Art. L. 6361-3. Le contrôle administratif et financier des dépenses et activités porte sur l'ensemble des moyens financiers, techniques et pédagogiques, à l'exclusion des qualités pédagogiques, mis en œuvre pour la formation professionnelle.

Ce contrôle peut porter sur tout ou partie de l'activité, des actions de formation ou des dépenses de l'organisme.

(L. 2014-288 du 5 mars 2014, art. 34, II, 1°, JO 6) «Les agents de contrôle peuvent solliciter, en tant que de besoin, l'avis ou l'expertise d'autorités publiques ou professionnelles pour les aider à apprécier les moyens financiers, techniques et pédagogiques mis en œuvre pour la formation professionnelle.»

Note • Cet article a été modifié par la loi 2018-771 du 5 septembre 2018, art. 42, I, 4°, JO 6; cette modification est applicable depuis le 1er janvier 2019 (loi précitée, art. 46, I).

• La **loi 2014-288** a renforcé les modalités de contrôle de la formation professionnelle en prévoyant des moyens supplémentaires pour les agents chargés d'opérer ces contrôles. Ce faisant, ces experts permettront aux agents de contrôle de mieux être à même de déterminer si les formations proposées par certains organismes sont appropriées. Des dérives auraient notamment été constatées, ces dernières années, lors du contrôle d'organismes de formation proposant des prestations apparentées à des pratiques non conventionnelles à visée thérapeutique jugées comme étant des pratiques sectaires (rapport Sénat n° 359, p. 58).

• Voir CE 1er mars 2013, n° 357686, cité sous l'article L. 6362-5.

SECTION 2. Agents de contrôle

Art. L. 6361-5. ***(L. 2009-1437 du 24 nov. 2009, art. 58, JO 25)*** Sans préjudice des attributions propres des corps d'inspection compétents à l'égard des établissements concernés, les contrôles prévus au présent titre sont réalisés par les ***(L. 2016-1088 du 8 août 2016, art. 113, III, 2°, JO 9)*** «agents de contrôle de l'inspection du travail mentionnés à l'article L. 8112-1», les inspecteurs de la formation professionnelle et les agents de la fonction publique de l'État de catégorie A placés sous l'autorité du ministre chargé de la formation professionnelle, formés préalablement pour assurer les contrôles prévus au présent titre, assermentés et commissionnés à cet effet.

Ils peuvent se faire assister par des agents de l'État.

Les agents participant aux contrôles sont tenus au secret professionnel dans les termes des articles 226-13 et 226-14 du code pénal.

Note • **Au plus tard jusqu'au 31 décembre 2021,** sans préjudice des prérogatives de l'administration fiscale, les agents mentionnés à cet article sont habilités à contrôler, dans les conditions prévues au titre VI du livre III de la sixième partie du code du travail, les informations déclarées par les entreprises au titre de la contribution prévue à l'article 1609 *quinvicies* CGI. Aux fins de ce contrôle, les entreprises remettent à ces agents tous documents et pièces justifiant le respect de leur obligation.

À défaut, les entreprises versent au Trésor public, par décision de l'autorité administrative, la contribution concernée, majorée de l'insuffisance constatée. Ce versement est recouvré conformément à l'article L. 6362-12 CT (loi 2018-771 du 5 septembre 2018, art. 42, II, JO 6, modifié par lois 2018-1317 du 28 décembre 2018, art. 136, IV, 3°, JO 30, entrée en vigueur le 01.01.2019 et 2019-1479 du 28 décembre 2019, art. 190, IV, 3°, JO 29).

• Voir circulaire DGEFP 2011-26 du 15 novembre 2011 relative aux textes modifiant les droits et obligations des dispensateurs de formation et adaptant le contrôle (fiche 4: l'élargissement de la compétence de contrôle).

• Les fonctionnaires commissionnés pour le contrôle de la formation professionnelle avant la date d'entrée en vigueur de la loi du 24 novembre 2009 sont réputés avoir suivi la formation préalable à l'exercice des missions de contrôle (décret 2010-530 du 20 mai 2010, art. 10).

• Le contrôle de la formation professionnelle continue est inclus dans les attributions des inspecteurs du travail que ceux-ci exercent concurremment avec les inspecteurs de la formation professionnelle. Faire obstacle aux fonctions d'un inspecteur du travail lors d'un contrôle effectué au titre de la formation professionnelle continue est de nature à caractériser un délit d'obstacle à l'exercice de sa mission (cass. crim. 14 octobre 2008, n° 07-84.365, B. crim. n° 209).

SECTION 3. Dispositions d'application

Art. L. 6361-6. Un décret en Conseil d'État détermine les conditions d'application du présent chapitre.

Art. R. 6361-1. Avant d'entrer en fonction, ***(D. 2010-530 du 20 mai 2010, JO 22)*** «les agents de contrôle mentionnés au premier alinéa de l'article L. 6361-5» prêtent serment devant le ***(D. 2019-966 du 18 sept. 2019, art. 8, JO 19, entrée en vigueur le 01.01.2020)*** «tribunal judiciaire» de leur résidence administrative en ces termes: «Je jure d'accomplir avec exactitude et probité, en conformité avec les lois et règlements en vigueur, les missions de contrôle qui me sont confiées».

Art. R. 6361-2. ***(D. 2010-530 du 20 mai 2010, JO 22)*** «Les agents de contrôle mentionnés au premier alinéa de l'article L. 6361-5» sont commissionnés par:

1° Le préfet de région lorsqu'ils interviennent dans les limites d'une région;

2° Le ministre chargé de la formation professionnelle lorsqu'ils ont vocation à intervenir sur l'ensemble du territoire.

Art. D. 6361-3. ***(D. 2010-530 du 20 mai 2010, JO 22)*** Les agents de la fonction publique de l'État placés sous l'autorité du ministre chargé de la formation professionnelle mentionnés au premier alinéa de l'article L. 6361-5 suivent une formation pratique de six mois dans les services en charge des contrôles.

Durant ce stage, ils participent aux contrôles en qualité d'assistant.

Note Voir circulaire DGEFP 2011-26 du 15 novembre 2011 précitée sous l'article L. 6361-5 (fiche 5: modèle d'arrêté relatif à la formation pratique prévue à l'article D. 6361-3).

Art. D. 6361-4. ***(D. 2010-530 du 20 mai 2010, JO 22)*** Les inspecteurs et contrôleurs du travail mentionnés au premier alinéa de l'article L. 6361-5 suivent la formation préalable à l'exercice des missions de contrôle prévue par les dispositions statutaires relatives aux formations et aux stages précédant leur titularisation.

CHAPITRE II Déroulement des opérations de contrôle

SECTION 1. Accès aux documents et justifications à apporter

Art. L. 6362-1. L'administration fiscale, ***(L. 2007-1787 du 20 déc. 2007, art. 12, III, JO 21)*** «les organismes de sécurité sociale,» ***(L. 2018-771 du 5 sept. 2018, art. 42, I, 6°, JO 6)*** «les opérateurs de compétences, Pôle emploi, les commissions mentionnées à l'article L. 6323-17-6, les organismes habilités à percevoir la contribution de financement mentionnée ***(Ord. 2019-861 du 21 août 2019, art. 1er, 75°, JO 22)*** «à l'article L. 6331-48», la Caisse des dépôts et consignations, France compétences», ***(L. 2009-1437 du 24 nov. 2009, art. 60, JO 25)*** «, les collectivités territoriales, les employeurs, les organismes ***(L. 2018-771 du 5 sept. 2018, art. 42, I, 6°, JO 6)*** «chargés de réaliser tout ou partie des actions mentionnées à l'article L. 6313-1» et les administrations qui financent des actions de formation communiquent aux agents de contrôle mentionnés à l'article L. 6361-5 les renseignements nécessaires à l'accomplissement de leur mission.

Note • Les dispositions des articles L. 6362-1 à 7-2, dans leur rédaction issue de la loi 2018-771 précitée, sont applicables depuis le 1er janvier 2019 (loi précitée, art. 46, I).

• Les dispositions de cet article, dans sa rédaction issue de la loi 2007-1787 précitée, sont applicables à raison des rémunérations versées depuis le 1er janvier 2007 (loi précitée, art. 12, V).

• Voir circulaire DGEFP 2011-26 du 15 novembre 2011 précitée sous Titre VI du Livre III de la Partie 6 (fiche 12: l'extension du droit de communication et ses limites).

• **Dérives de la formation professionnelle continue.** Sanctions du détournement de fonds (cass. crim. 5 janvier 2017, n° 15-86.362, B. crim. n° 6; JCP éd. S 2017, 1117, note S. Dougados et L. Rameau).

Art. L. 6362-2. ***(L. 2018-771 du 5 sept. 2018, art. 42, I, 7°, JO 6)*** Les employeurs présentent aux agents de contrôle mentionnés à l'article L. 6361-5 les documents et pièces établissant le respect des obligations mentionnées à l'article L. 6323-13.

À défaut, l'employeur n'est pas regardé comme ayant rempli les obligations qui lui incombent et verse au Trésor public, par décision de l'autorité administrative, les sommes mentionnées au troisième alinéa de l'article L. 6323-13.

Note Justifie de la réalité et de la validité des dépenses qu'elle a engagées une clinique qui, lors d'un contrôle, a produit la convention de formation signée avec l'organisme dispensateur, la facture établie par cet organisme et les feuilles de présence signées par les participants, même si le programme détaillé du stage n'a pas été produit lors du contrôle, l'administration n'expliquant pas en quoi l'absence de ce document avait pu, en l'espèce, faire obstacle au contrôle des dépenses de formation exposées (CAA Bordeaux 21 octobre 2003, n° 99-2459, RJS 1/04 n° 87).

Art. L. 6362-3. *(L. 2014-288 du 5 mars 2014, art. 34, II, 3°, JO 6)* En cas de contrôle d'un organisme *(L. 2018-771 du 5 sept. 2018, art. 42, I, 8°, JO 6)* «chargé de réaliser tout ou partie des actions mentionnées à l'article L. 6313-1», lorsqu'il est constaté que des actions financées par des fonds de la formation professionnelle ont poursuivi d'autres buts que *(L. 2018-771 du 5 sept. 2018, art. 42, I, 8°, JO 6)* «ceux définis aux articles L. 6313-1 à L. 6313-8», ces actions sont réputées inexécutées et donnent lieu à remboursement des fonds auprès de l'organisme ou de la personne qui les a financées.

À défaut de remboursement dans le délai fixé à l'intéressé pour faire valoir ses observations, l'organisme mentionné au premier alinéa du présent article est tenu de verser au Trésor public, par décision de l'autorité administrative, un montant équivalent aux sommes non remboursées.

Note Le dispositif de remboursement mis en place par la loi 2014-288 se substitue au mécanisme antérieur qui prévoyait que lorsqu'ils n'étaient pas parvenus à établir la réalité et le bien-fondé de certaines dépenses, les organismes de formation devaient verser à leur cocontractant une somme équivalant à ces dépenses non justifiées.

Art. L. 6362-4. *(L. 2018-771 du 5 sept. 2018, art. 42, I, 9°, JO 6)* «Les employeurs présentent les documents et pièces justifiant les objectifs et la réalisation des actions mentionnées à l'article L. 6313-1 ainsi que les moyens mis en œuvre à cet effet, lorsque ces actions sont financées par l'État, les collectivités territoriales, la Caisse des dépôts et consignations, Pôle emploi ou les opérateurs de compétences.»

À défaut, ces actions sont réputées ne pas avoir été exécutées et donnent lieu à remboursement auprès de l'organisme ou de la collectivité qui les a financées.

Note S'agissant des articles L. 6362-4 à 7, voir circulaire DGEFP 2011-26 du 15 novembre 2011, fiche 6, précitée sous l'article L. 6361-1.

Art. L. 6362-5. Les organismes mentionnés à l'article L. 6361-2 sont tenus, à l'égard des agents de contrôle mentionnés à l'article L. 6361-5:

1° De présenter les documents et pièces établissant l'origine des produits et des fonds reçus ainsi que la nature et la réalité des dépenses exposées pour l'exercice des activités conduites en matière de formation professionnelle;

2° De justifier *(L. 2018-771 du 5 sept. 2018, art. 42, I, 10°, JO 6)* «le bien-fondé de ces dépenses et leur rattachement» à leurs activités ainsi que la conformité de l'utilisation des fonds aux dispositions légales *(L. 2018-771 du 5 sept. 2018, art. 42, I, 10°, JO 6)* «et réglementaires» régissant ces activités.

À défaut de remplir ces conditions, les organismes font, pour les dépenses *(L. 2018-771 du 5 sept. 2018, art. 42, I, 10°, JO 6)* «ou les emplois de fonds considérés», l'objet de la décision de rejet prévue à l'article L. 6362-10.

Note • Les articles L. 6362-5, L. 6362-7 et L. 6362-10 CT, dans leur rédaction antérieure à la loi 2009-1437 du 24 novembre 2009 relative à l'orientation et à la formation professionnelle tout au long de la vie, sont conformes à la Constitution (C. constit. 21 septembre 2012, n° 2012-273 QPC, JO 22).

• À la suite du contrôle administratif et financier d'une société réalisé par les services de l'État au titre du contrôle des activités de formation professionnelle continue, un préfet de région a prononcé le rejet d'une somme de dépenses et en a ordonné le reversement au Trésor public. Il y a lieu de rejeter la demande de la société tendant à la suspension de l'exécution de la décision préfectorale ayant confirmé le rejet des dépenses de la société requérante correspondant au coût de la remise d'un ordinateur portable à chaque stagiaire en fin de stage de formation à la bureautique et à Internet et en ayant ordonné le reversement au Trésor public (CE 1er mars 2013, n° 357686).

Art. L. 6362-6. Les organismes *(L. 2018-771 du 5 sept. 2018, art. 42, I, 11°, JO 6)* «chargés de réaliser tout ou partie des actions mentionnées à» l'article L. 6313-1 présentent tous documents et pièces établissant *(L. 2018-771 du 5 sept. 2018, art. 42, I, 11°, JO 6)* «les objectifs et la réalisation de ces actions ainsi que les moyens mis en œuvre à cet effet».

À défaut, celles-ci sont réputées ne pas avoir été exécutées *(L. 2009-1437 du 24 nov. 2009, art. 61, JO 25)* «et donnent lieu à remboursement au cocontractant des sommes *(L. 2018-771 du 5 sept. 2018, art. 42, I, 11°, JO 6)* «indûment» perçues».

Art. L. 6362-6-1. *(L. 2018-771 du 5 sept. 2018, art. 42, I, 12°, JO 6)* Les organismes mentionnés aux *a* à *d* du 1° de l'article L. 6361-2 versent au Trésor public une somme égale au montant des emplois de fonds injustifiés ayant fait l'objet d'une décision de rejet en application de l'article L. 6362-10.

Art. L. 6362-6-2. ***(L. 2018-771 du 5 sept. 2018, art. 42, I, 12°, JO 6)*** Les dépenses des organismes mentionnés au 2° de l'article L. 6361-2 qui ne sont pas conformes à leur objet ou aux stipulations des conventions conclues avec l'État donnent lieu à reversement à ce dernier, à due proportion de sa participation financière, dans les conditions prévues par les textes qui régissent ces conventions ou les stipulations de ces dernières.

Art. L. 6362-7. Les organismes ***(L. 2018-771 du 5 sept. 2018, art. 42, I, 13°, JO 6)*** «chargés de réaliser tout ou partie des actions mentionnées à» l'article L. 6313-1 versent au Trésor public, solidairement avec leurs dirigeants de fait ou de droit, une somme égale au montant des dépenses ayant fait l'objet d'une décision de rejet en application de l'article L. 6362-10.

Note Le dernier alinéa de cet article a été supprimé par la loi 2009-1437 du 24 novembre 2009, art. 61, JO 25.

Art. L. 6362-7-1. ***(L. 2009-1437 du 24 nov. 2009, art. 61, JO 25)*** En cas de contrôle, les remboursements mentionnés aux articles L. 6362-4 et L. 6362-6 interviennent dans le délai fixé à l'intéressé pour faire valoir ses observations.

À défaut, l'intéressé verse au Trésor public, par décision de l'autorité administrative, une somme équivalente aux remboursements non effectués.

Note • **Al. 2.** L'amende due au Trésor public à défaut de remboursement est constitutionnelle (C. constit. 16 mars 2017, n° 2016-619 QPC, JO 17). Le Conseil constitutionnel a toutefois précisé que l'amende ne peut s'appliquer s'il s'avère finalement que les sommes à rembourser ne sont pas dues. Voir LSQ n° 17292 du 23.03.2017.

• **Position administrative.** Voir circulaire DGEFP 2011-26 du 15 novembre 2011 précitée sous Titre VI du Livre III de la Partie 6 (fiche 7: l'application de sanction financière en cas d'inexécution d'une prestation de formation).

Art. L. 6362-7-2. ***(L. 2009-1437 du 24 nov. 2009, art. 61, JO 25)*** Tout employeur ou ***(L. 2018-771 du 5 sept. 2018, art. 42, I, 14°, JO 6)*** «organisme chargé de réaliser tout ou partie des actions mentionnées à l'article L. 6313-1» qui établit ou utilise intentionnellement des documents de nature à obtenir indûment le versement d'une aide, le paiement ou la prise en charge de tout ou partie du prix des prestations de formation professionnelle est tenu, par décision de l'autorité administrative, solidairement avec ses dirigeants de fait ou de droit, de verser au Trésor public une somme égale aux montants indûment reçus.

Note Voir circulaire DGEFP 2011-26 du 15 novembre 2011 précitée sous Titre VI du Livre III de la Partie 6 (fiche 8: les sanctions prévues à l'article L. 6362-7-2).

Art. L. 6362-7-3. ***(L. 2009-1437 du 24 nov. 2009, art. 61, JO 25)*** Sans préjudice des dispositions des articles L. 8114-1 et L. 8114-2, le refus de se soumettre aux contrôles prévus au présent chapitre donne lieu à évaluation d'office par l'administration des sommes faisant l'objet des remboursements ou des versements au Trésor public prévus au présent livre.

Un décret en Conseil d'État détermine les modalités d'application du présent article.

Note Voir circulaire DGEFP 2011-26 du 15 novembre 2011 précitée sous Titre VI du Livre III de la Partie 6 (fiches 10 et 11: l'évaluation d'office; exemple de mise en demeure préalable à l'évaluation d'office).

SECTION 2. Procédure

Art. L. 6362-8. Les contrôles en matière de formation professionnelle peuvent être opérés soit sur place, soit sur pièces.

Note Cet article a été modifié par la loi 2018-771 du 5 septembre 2018, art. 42, I, 15°, JO 6; cette modification est applicable depuis le 1er janvier 2019 (loi précitée, art. 46, I).

Art. L. 6362-9. Les résultats du contrôle sont notifiés à l'intéressé.

Cette notification interrompt la prescription courant à l'encontre du Trésor public, au regard des versements dus et des pénalités fiscales correspondantes.

Art. L. 6362-10. Les décisions de rejet et de versement mentionnées ***(L. 2009-1437 du 24 nov. 2009, art. 61, JO 25)*** «au présent livre» prises par l'autorité administrative ne peuvent intervenir, après la notification des résultats du contrôle, que si une procédure contradictoire a été respectée.

Note • Cet article a été modifié par la loi 2018-771 du 5 septembre 2018, art. 42, I, 16°, JO 6; cette modification est applicable depuis le 1er janvier 2019 (loi précitée, art. 46, I).

• Le Conseil constitutionnel a précisé que la décision du préfet doit être prise en tenant compte des observations de l'employeur et qu'elle est soumise au contrôle du juge administratif qui peut l'annuler et proportionner le montant de la sanction aux montants réellement dus (C. constit. 16 mars 2017, n° 2016-619 QPC, JO 17). Voir LSQ n° 17292 du 23.03.2017.

Art. L. 6362-11. ***(L. 2009-1437 du 24 nov. 2009, art. 60, JO 25) (L. 2018-771 du 5 sept. 2018, art. 42, I, 17°, JO 6)*** «Lorsque les contrôles ont porté sur des actions mentionnées à l'article L. 6313-1 ou des activités de conseil en évolution professionnelle financées par l'État, les collectivités territoriales, la Caisse des dépôts et consignations, France compétences, Pôle emploi, les commissions mentionnées à l'article L. 6323-17-6, les employeurs, les opérateurs de compétences ou les organismes habilités à percevoir la contribution de financement mentionnée ***(Ord. 2019-861 du 21 août 2019, art. 1er, 75°, JO 22)*** «à l'article L. 6331-48», l'autorité administrative les informe, chacun pour ce qui le concerne, des constats opérés.»

Le cas échéant, les constats opérés sont adressés au service chargé du contrôle de l'application de la législation du travail.

Note • Les dispositions de cet article, dans sa rédaction issue de la loi 2018-771 précitée, sont applicables depuis le 1er janvier 2019 (loi précitée, art. 46, I).

• Voir circulaire DGEFP 2011-26 du 15 novembre 2011 précitée sous Titre VI du Livre III de la Partie 6 (fiche 12: les mesures d'information).

SECTION 3. Sanctions

Art. L. 6362-12. Le recouvrement des versements exigibles au titre des contrôles réalisés en application des articles L. 6361-1 à L. 6361-3 est établi et poursuivi selon les modalités ainsi que sous les sûretés, garanties et sanctions applicables aux taxes sur le chiffre d'affaires.

SECTION 4. Dispositions d'application

Art. L. 6362-13. Un décret en Conseil d'État détermine les conditions d'application du présent chapitre.

Art. R. 6362-1. Les personnes et organismes mentionnés aux articles L. 6361-1 et L. 6361-2 qui ont fait l'objet d'un contrôle sur place, sont informés de la fin de la période d'instruction par lettre recommandée avec avis de réception.

Des faits nouveaux constatés postérieurement à la réception de cette lettre peuvent justifier l'ouverture d'une nouvelle période d'instruction.

(D. 2010-530 du 20 mai 2010, JO 22) «Les dispositions qui précèdent ne s'appliquent pas lorsque la procédure d'évaluation d'office est mise en œuvre.»

Note Le 1er alinéa de cet article a été modifié par le décret 2018-1209 du 21 décembre 2018, art. 1er, 4°, *a)*, JO 23, entrée en vigueur le 01.01.2019.

Art. R. 6362-1-1. ***(D. 2010-530 du 20 mai 2010, JO 22)*** En cas d'obstacle à l'accomplissement des contrôles réalisés par les agents mentionnés à l'article L. 6361-5, la procédure d'évaluation d'office est mise en œuvre au plus tôt trente jours après l'envoi d'une mise en demeure de lever tout obstacle à l'exercice par les agents de contrôle de leurs missions.

Art. R. 6362-1-2. ***(D. 2010-530 du 20 mai 2010, JO 22)*** L'évaluation d'office est établie à partir des déclarations souscrites en matière professionnelle, des informations recueillies auprès des administrations et organismes visés à l'article L. 6362-1 ou à l'occasion de contrôles par les agents mentionnés au premier alinéa de l'article L. 6361-5 des organismes ou entreprises participant au financement des actions de formation ***(D. 2018-1209 du 21 déc. 2018, art. 1er, 4°, b), JO 23, entrée en vigueur le 01.01.2019)*** «mentionnées à l'article L. 6313-1».

Les bases ou les éléments servant au calcul des remboursements ou des versements à opérer au bénéfice du Trésor public et leurs modalités de détermination sont notifiés à l'intéressé conformément à l'article L. 6362-9 avec les garanties prévues aux articles R. 6362-2 à R. 6362-6.

L'intéressé peut faire valoir ses observations sur la détermination des éléments chiffrés par l'administration.

Art. R. 6362-1-3. *(D. 2010-530 du 20 mai 2010, JO 22)* La mise en demeure est motivée. Elle précise le délai dont dispose l'intéressé pour permettre aux agents de débuter ou de reprendre le contrôle sur place et rappelle les dispositions applicables dans le cas où la procédure d'évaluation d'office est mise en œuvre. Elle est visée par l'autorité qui a commissionné l'agent de contrôle en application de l'article R. 6361-2.

Art. R. 6362-2. La notification des résultats du contrôle prévue à l'article L. 6362-9 intervient dans un délai ne pouvant dépasser trois mois à compter de la fin de la période d'instruction avec l'indication des procédures dont l'organisme contrôlé dispose pour faire valoir ses observations.

Les résultats du contrôle peuvent comporter des observations adressées à l'organisme contrôlé.

(D. 2010-530 du 20 mai 2010, JO 22) « Lorsque la procédure d'évaluation d'office est mise en œuvre, le délai mentionné ci-dessus est de six mois à compter de la fin de la période fixée par la mise en demeure. »

Art. R. 6362-3. Les résultats des contrôles prévus aux articles L. 6361-1 à L. 6361-3 sont notifiés à l'intéressé avec l'indication du délai dont il dispose pour présenter des observations écrites et demander, le cas échéant, à être entendu.

Ce délai ne peut être inférieur à trente jours à compter de la date de la notification.

Art. R. 6362-4. La décision du ministre chargé de la formation professionnelle ou du préfet de région ne peut être prise qu'au vu des observations écrites et après audition, le cas échéant, de l'intéressé, à moins qu'aucun document ni aucune demande d'audition n'aient été présentés avant l'expiration du délai prévu à l'article R. 6362-3.

La décision est motivée et notifiée à l'intéressé.

Art. R. 6362-5. Les décisions de rejet et de versement sont transmises, s'il y a lieu, à l'administration fiscale.

Note Cet article a été modifié par le décret 2018-1209 du 21 décembre 2018, art. 1er, 4°, *c)*, JO 23, entrée en vigueur le 01.01.2019.

Art. R. 6362-6. L'intéressé qui entend contester la décision administrative qui lui a été notifiée en application de l'article R. 6362-4, saisit d'une réclamation, préalablement à tout recours *(D. 2018-1209 du 21 déc. 2018, art. 1er, 4°, d), JO 23, entrée en vigueur le 01.01.2019)* « contentieux », l'autorité qui a pris la décision.

Le rejet total ou partiel de la réclamation fait l'objet d'une décision motivée notifiée à l'intéressé.

Art. R. 6362-7. Le ministre chargé de la formation professionnelle et le préfet de région peuvent déférer ou défendre devant le juge administratif tout contentieux consécutif aux contrôles mentionnés aux articles L. 6361-1 à L. 6361-3, à l'exception du contentieux relatif à l'établissement et au recouvrement des versements mentionnés aux articles L. 6362-8 à L. 6362-12.

Note Cet article a été modifié par le décret 2018-1209 du 21 décembre 2018, art. 1er, 4°, *e)*, JO 23, entrée en vigueur le 01.01.2019.

Art. R. 6362-8. Le préfet de région présente chaque année au *(D. 2014-1055 du 16 sept. 2014, JO 18)* « comité régional de l'emploi, de la formation [et] de l'orientation professionnelles » un rapport relatif à l'activité des services de contrôle.

Note Cet article a été modifié par le décret 2018-1209 du 21 décembre 2018, art. 1er, 4°, *f)*, JO 23, entrée en vigueur le 01.01.2019.

CHAPITRE III Constatation des infractions et dispositions pénales

SECTION 1. Constatation des infractions

Art. L. 6363-1. Les *(L. 2016-1088 du 8 août 2016, art. 113, III, 2°, JO 9)* « agents de contrôle de l'inspection du travail mentionnés à l'article L. 8112-1 », concurremment avec les inspecteurs de la formation professionnelle *(L. 2009-1437 du 24 nov. 2009, art. 58, JO 25)* « et les agents de la fonction publique de l'État de catégorie A placés sous l'autorité du ministre chargé de la formation professionnelle », habilités dans des conditions prévues par décret en Conseil d'État, peuvent rechercher et constater par procès-verbal les infractions prévues aux articles L. 6355-1 à L. 6355-22, L. 6355-24 et L. 6363-2.

Les contrôles s'exercent dans les conditions prévues au présent titre.

Le procureur de la République est préalablement informé des opérations envisagées en cas de recherche d'une infraction. Il peut s'opposer à ces opérations.

Les procès-verbaux lui sont transmis dans les cinq jours suivant leur établissement. Une copie est remise à l'intéressé.

Note Depuis le 1er janvier 1997, les attributions dévolues par le code du travail et le code rural aux contrôleurs du travail et de la main-d'œuvre, aux contrôleurs de la formation professionnelle ou aux contrôleurs des lois sociales en agriculture sont exercées respectivement par les contrôleurs du travail en fonction dans les services placés sous l'autorité du ministre chargé du travail et du ministre chargé de l'agriculture (loi 96-1093 du 16 décembre 1996, art. 82, JO 17).

Art. R. 6363-1. ***(D. 2010-530 du 20 mai 2010, JO 22)*** « Les agents de contrôle mentionnés au premier alinéa de l'article L. 6361-5 » sont habilités à rechercher et constater par procès-verbal les infractions prévues aux articles L. 6355-1 à L. 6355-24 et L. 6363-2.

SECTION 2. Dispositions pénales

Art. L. 6363-2. ***(L. 2009-1437 du 24 nov. 2009, art. 58, JO 25)*** Les articles L. 8114-1 et L. 8114-2 sont applicables aux faits et gestes commis à l'égard des agents en charge des contrôles prévus au présent titre.

Note L'obstacle aux fonctions d'un inspecteur ou contrôleur de la formation professionnelle est passible des mêmes peines que l'obstacle apporté à l'accomplissement des devoirs d'un inspecteur ou contrôleur du travail. Les dispositions du code pénal (art. 433-5, al. 2) réprimant les actes de résistance, les outrages et les violences contre les officiers de police judiciaire les couvrent également.

LIVRE IV

VALIDATION DES ACQUIS DE L'EXPÉRIENCE

TITRE Ier OBJET DE LA VALIDATION DES ACQUIS DE L'EXPÉRIENCE ET RÉGIME JURIDIQUE

CHAPITRE Ier Objet de la validation des acquis de l'expérience

Art. L. 6411-1. ***(L. 2018-771 du 5 sept. 2018, art. 4, IV, 3°, JO 6)*** La validation des acquis de l'expérience mentionnée à l'article L. 6111-1 a pour objet l'acquisition d'une certification professionnelle enregistrée dans le répertoire national des certifications professionnelles mentionné à l'article L. 6113-1.

Note • Cet article est applicable depuis le 01.01.2019 (loi 2018-771 précitée, art. 46, I).

• Voir articles R. 335-5 à 11 c. éduc.

• **Loi 2016-1088 du 8 août 2016 : promotion de la VAE.** La loi relative au travail, à la modernisation du dialogue social et à la sécurisation des parcours professionnels, dite «loi Travail» a complété le dispositif de validation des acquis de l'expérience (VAE) par une série de mesures visant à encourager les salariés à y recourir : l'information des salariés lors de l'entretien professionnel (voir note sous art. L. 6315-1 CT) et la promotion spécifique dans les entreprises de plus de 50 salariés.

• **Loi 2018-771 du 5 septembre 2018.** La loi précitée a ajusté le congé de validation des acquis de l'expérience (VAE) (loi, art. 9, I, 2° à 4° ; voir RF 1096, §§ 3854 à 3859), ce congé devenant un véritable droit individuel du salarié.

Voir RF 13 septembre 2018, FH 3756, § 1-24 ; LSQ n° 17656 du 21.09.2018, «Réforme des droits à formation» (dossier juridique) ; LSQ n° 17943 du 21.11.2019, «VAE» (dossier juridique).

• **Répertoire national des certifications professionnelles.** Exemples de certifications enregistrées dans ce répertoire (voir arrêtés du 23 février 2017, JO 3 mars et du 7 juillet 2017, JO 19).

• **Covid-19 : VAE financées par les OPCO et les associations Transition Pro.** Dans le cadre de la crise sanitaire liée au Covid-19, une ordonnance du 1er avril 2020 permet le financement des parcours de VAE par les OPCO et par les associations Transition pro, à hauteur d'un montant forfaitaire déterminé par chaque OPCO ou ATpro, dans la limite de 3 000 € maximum par dossier (ordonnance 2020-387 du 1er avril 2020, art. 2, JO 2). Les dépenses financées couvrent l'ensemble des actions composant le parcours de VAE. Elles incluent les frais de positionnement du bénéficiaire, l'accompagnement à la constitution des dossiers de recevabilité et la préparation au jury, ainsi que les frais afférents à ces jurys. Selon le rapport accompagnant l'ordonnance, l'objectif est de favoriser et faciliter l'accès à la VAE durant la période de crise sanitaire, notamment par le renforcement des accompagnements préalables nécessaires. Ces facilités peuvent en particulier servir aux salariés placés en activité partielle qui envisageraient d'engager ou de finaliser une VAE à distance durant leur période chômée.

Cette mesure, applicable en principe jusqu'au 31 décembre 2020, est maintenue jusqu'au 30 juin 2021 (ordonnance 2020-1501 du 2 décembre 2020, JO 3; LSQ n° 18198 du 07.12.2020). Voir aussi RF 1116, Actions de formation professionnelle, § 3565.

• **Site Internet dédié:** *http://www.vae.gouv.fr*

CHAPITRE II Régime juridique

Art. L. 6412-1. ***(L. 2014-288 du 5 mars 2014, art. 6, III, 1°, JO 6)*** La validation des acquis de l'expérience est régie par le II de l'article L. 335-5, le premier alinéa de l'article L. 613-3 et l'article L. 613-4 du code de l'éducation.

Note • Ce chapitre a été introduit par la loi 2002-73 du 17 janvier 2002, art. 136, JO 18.

• Voir LSQ n° 17943 du 21.11.2019.

Art. L. 6412-2. ***(L. 2018-771 du 5 sept. 2018, art. 4, IV, 4°, JO 6)*** Sous réserve des dérogations prévues aux articles L. 231-4 à L. 231-6 du code des relations entre le public et l'administration, le ministère ou l'organisme certificateur au sens de l'article L. 6113-2 du présent code se prononce, dans un délai de deux mois à compter de la réception de la demande, sur la recevabilité du candidat à la validation des acquis de l'expérience au regard des conditions fixées aux articles L. 335-5 et L. 613-3 du code de l'éducation. À l'expiration de ce délai, l'absence de réponse vaut recevabilité de la demande.

Note • Cet article est applicable depuis le 01.01.2019 (loi 2018-771 précitée, art. 46, I).

• **Validation préalable du dossier VAE.** La loi 2014-288 a créé une étape de validation préalable du dossier de VAE. Parmi les conditions à remplir, figure une durée d'activité minimale. Celle-ci passe de trois ans à un an (L. 335-5 c. éduc.). Pour apprécier cette condition, l'organisme compétent doit prendre en compte toutes les périodes de formation initiale ou continue en milieu professionnel.

Art. R. 6412-1. La procédure de validation des acquis de l'expérience pour la délivrance d'une certification professionnelle est fixée par les articles R. 335-5 à R. 335-11 ***(D. 2017-1135 du 4 juil. 2017, JO 6, entrée en vigueur le 01.10.2017)*** «et R. 613-33 à R. 613-37» du code de l'éducation.

Note Voir arrêté du 29 novembre 2017 (JO 1er févr. 2018) fixant le modèle de formulaire «demande de recevabilité à la validation des acquis de l'expérience».

TITRE II MISE EN ŒUVRE DE LA VALIDATION DES ACQUIS DE L'EXPÉRIENCE

CHAPITRE Ier Garanties

Art. L. 6421-1. La validation des acquis de l'expérience ne peut être réalisée qu'avec le consentement du travailleur.

Note Sur les certifications professionnelles, voir arrêté du 7 juillet 2017 (JO 19).

Art. L. 6421-2. Le refus d'un salarié de consentir à une action de validation des acquis de l'expérience ne constitue ni une faute ni un motif de licenciement.

Art. L. 6421-3. Les informations demandées au bénéficiaire d'une action de validation des acquis de l'expérience présentent un lien direct et nécessaire avec l'objet de la validation tel qu'il est défini à l'article L. 6411-1.

Art. L. 6421-4. Les personnes dépositaires d'informations communiquées par le candidat dans le cadre de sa demande de validation sont soumises aux dispositions des articles 226-13 et 226-14 du code pénal.

Art. R. 6421-1. ***(D. 2017-1135 du 4 juil. 2017, JO 6, entrée en vigueur le 01.10.2017)*** Toute personne bénéficie gratuitement d'une information sur les principes, sur les modalités de mise en œuvre et de financement ***(D. 2019-1119 du 31 oct. 2019, art. 3, JO 3 nov.)*** «des actions permettant la validation des acquis de l'expérience» et d'un conseil, mentionné à l'article L. 6111-3 du code du travail, sur l'identification des certifications en rapport direct avec son expérience, le cas échéant, en s'appuyant sur un bilan de compétences.

Ces informations et ces conseils sont disponibles sur un portail national dématérialisé, ainsi qu'auprès des opérateurs de conseil en évolution professionnelle et des centres de conseil sur la validation des acquis de l'expérience dans le cadre du service public régional de l'orientation.

CHAPITRE II Dispositions générales de mise en œuvre

Note • **Modalités de mise en œuvre de la VAE depuis le 1er octobre 2017.** La liste des expériences, la durée d'exercice des activités pouvant être prises en compte et la procédure ont été revues par le décret 2017-1135 du 4 juillet 2017 (JO 6). Voir ASH n° 3019 du 14 juillet 2017, p. 42; FH n° 3701 du 13 juillet 2017; LSQ n° 17362 du 7.07.2017 et n° 17417 du 3.10.2017).

• **Informations et conseils relatifs à la VAE mis en ligne et accessibles au public.** Voir article R. 6421-1; LSQ n° 17362 du 7.07.2017 et ASH n° 3019 du 14 juillet 2017, p. 42.

• **Types de dépenses pouvant être prises en charge par l'OPCA au titre des demandes de VAE.** Voir articles R. 6422-9, R. 6422-10 et LSQ n° 17362 du 7.07.2017.

• **Doctrine.** Voir RF 1116, Actions de formation professionnelle, § 3565.

SECTION 1. Congé de validation des acquis de l'expérience

Art. L. 6422-1. ***(L. 2018-771 du 5 sept. 2018, art. 9, I, 3°, JO 6)*** Lorsqu'un salarié fait valider les acquis de son expérience en tout ou partie pendant le temps de travail et à son initiative, il bénéficie d'un congé à cet effet.

Le salarié demande à l'employeur une autorisation d'absence prévue à l'article L. 6323-17. L'employeur peut refuser cette autorisation pour des raisons de service, motivant son report sous un délai et selon des modalités définis par décret.

Note • **Depuis le 1er janvier 2019.** Les articles L. 6422-1 et 2 sont applicables depuis le 01.01.2019 (loi 2018-771 précitée, art. 46, I).

Le congé de validation des acquis de l'expérience (VAE) est devenu un droit pour le salarié: la loi précitée a, en effet, précisé que le salarié bénéficie (et non «peut bénéficier» comme auparavant) d'un congé de 24 h au plus par session d'évaluation. Le salarié doit néanmoins préalablement obtenir une autorisation d'absence de l'employeur qui suit la même règle que celle prévue pour le CPF (voir note sous L. 6323-6).

• **Actions VAE et période expérimentale jusqu'au 31 décembre 2021.** Les actions de VAE peuvent permettre d'acquérir un ou plusieurs blocs de compétences composant une certification professionnelle (loi 2018-771 précitée, art. 9, III). Le périmètre de cette expérimentation a été fixé par arrêté (voir arrêté du 21 novembre 2019, JO 28, fixant le cahier des charges de l'expérimentation visant des actions de validation des acquis de l'expérience ayant pour objet l'acquisition d'un ou plusieurs blocs de compétences). Ces actions peuvent être un préalable au suivi d'une action de formation dans le cadre d'un projet de transition professionnelle (voir note sous L. 6323-17-1).

• Voir RF 13 septembre 2018, FH 3756, § 1-24; LSQ n° 17656 du 21.09.2018, «Réforme des droits à formation» (dossier juridique); LSQ n° 17943 du 21.11.2019, «VAE» (dossier juridique).

Art. L. 6422-2. ***(L. 2018-771 du 5 sept. 2018, art. 9, I, 3°, JO 6)*** La durée de cette autorisation d'absence ne peut excéder vingt-quatre heures par session d'évaluation. Cette durée peut être augmentée par convention ou accord collectif pour les salariés n'ayant pas atteint un niveau de qualification fixé par décret ou dont l'emploi est menacé par les évolutions économiques ou technologiques.

Note La loi relative au travail, à la modernisation du dialogue social et à la sécurisation des parcours professionnels, dite «loi Travail» a ouvert la possibilité aux entreprises de définir par accord collectif une durée du congé supérieure à 24 heures de temps de travail. Cette faculté est toutefois réservée à deux catégories de salariés:

– les salariés n'ayant pas atteint un niveau IV de qualification, au sens du répertoire national des certifications professionnelles;

– les salariés dont l'emploi est menacé par les évolutions économiques ou technologiques.

Le niveau IV de qualification au sens du répertoire national des certifications professionnelles (RNCP) correspond au baccalauréat (général et professionnel) (*www.cncp.gouv.fr*).

Sous-section 1 (réglementaire). **Demande de congé**

Art. R. 6422-1. Le congé pour validation des acquis de l'expérience peut être demandé en vue:

1° De participer ***(D. 2019-1119 du 31 oct. 2019, art. 3, JO 3 nov.)*** «à la session d'évaluation organisée par le ministère ou l'organisme certificateur»;

2° ***(D. 2019-1119 du 31 oct. 2019, art. 3, JO 3 nov.)*** «De se préparer à» cette validation.

Art. R. 6422-2. La demande d'autorisation d'absence au titre du congé pour validation des acquis de l'expérience précise:

1° ***(D. 2019-1119 du 31 oct. 2019, art. 3, JO 3 nov.)*** «La certification professionnelle visée»;

2° Les dates, la nature et la durée des actions permettant au salarié de faire valider les acquis de son expérience;

3° La dénomination ***(D. 2019-1119 du 31 oct. 2019, art. 3, JO 3 nov.)*** «du ministère ou de l'organisme certificateur.

Le salarié joint à sa demande tout document attestant de la recevabilité de sa candidature à une validation des acquis de l'expérience. Lorsque le salarié peut bénéficier d'une augmentation de la durée de l'autorisation d'absence, en application de l'article R. 6422-8, il joint également à sa demande tout document permettant d'attester de son niveau de qualification.»

Note Voir LSQ n° 17943 du 21.11.2019, «VAE» (dossier juridique).

Art. R. 6422-3. La demande d'autorisation d'absence est transmise à l'employeur au plus tard soixante jours avant le début des actions de validation des acquis de l'expérience ***(D. 2019-1119 du 31 oct. 2019, art. 3, JO 3 nov.)*** «par tout moyen conférant date certaine à sa réception».

Art. R. 6422-4. Dans les trente jours ***(D. 2019-1119 du 31 oct. 2019, art. 3, JO 3 nov.)*** «calendaires» suivant la réception de la demande d'autorisation d'absence, l'employeur fait connaître par écrit à l'intéressé son accord ou les raisons de service motivant le report de l'autorisation d'absence.

Ce report ne peut excéder six mois à compter de la demande.

(D. 2019-1119 du 31 oct. 2019, art. 3, JO 3 nov.) «L'absence de réponse de l'employeur dans un délai de trente jours calendaires suivant la réception de la demande d'autorisation d'absence vaut accord.»

Art. R. 6422-5. Au terme d'un congé de validation des acquis de l'expérience, le bénéficiaire du congé présente ***(D. 2017-1135 du 4 juil. 2017, JO 6, entrée en vigueur le 01.10.2017)*** «sur demande de l'employeur» ***(D. 2019-1119 du 31 oct. 2019, art. 3, JO 3 nov.)*** «ou d'un organisme financeur mentionné à l'article L. 6316-1, tout justificatif attestant de sa participation aux actions de validation des acquis de l'expérience» fournie par ***(D. 2019-1119 du 31 oct. 2019, art. 3, JO 3 nov.)*** «le ministère ou l'organisme certificateur» ***(D. 2017-1135 du 4 juil. 2017, JO 6, entrée en vigueur le 01.10.2017)*** «et le cas échéant, par l'organisme accompagnateur».

Art. R. 6422-6. Le salarié ayant bénéficié d'une autorisation d'absence pour accomplir des actions de validation des acquis de l'expérience ne peut prétendre, dans la même entreprise, au bénéfice d'une nouvelle autorisation dans le même but avant un an ***(D. 2017-1135 du 4 juil. 2017, JO 6, entrée en vigueur le 01.10.2017)*** «, à l'exception des candidats ayant obtenu une ou plusieurs parties de certification pour le passage de l'évaluation complémentaire prévue à l'article L. 335-5 du code de l'éducation».

Art. R. 6422-7. ***(D. 2019-1119 du 31 oct. 2019, art. 3, JO 3 nov.)*** L'autorisation d'absence n'est pas prise en compte dans le calcul du délai de franchise applicable au congé spécifique dans le cadre d'un projet de transition professionnelle.

Sous-section 2 (réglementaire). **Dispositions propres aux salariés titulaires d'un contrat à durée déterminée**

Note Cette sous-section a été introduite par le décret 2014-1354 du 12 novembre 2014, JO 14.

Art. R. 6422-7-1. Le congé pour validation des acquis de l'expérience se déroule en dehors de la période d'exécution du contrat de travail à durée déterminée. Il débute au plus tard douze mois après le terme du contrat.

Par dérogation, le congé pour validation des acquis de l'expérience peut être pris, à la demande du salarié et après accord de l'employeur, en tout ou partie avant le terme du contrat de travail.

Note • Cet article est l'ancien article R. 6422-7-2 (décret 2017-1135 du 4 juillet 2017, JO 6, entrée en vigueur le 01.10.2017).

• La VAE est accessible à tous les salariés, en CDI ou en CDD.

Pour rappel, le dispositif a été assoupli pour les CDD par la loi 2016-1088 qui leur a ouvert un droit d'accès au congé VAE identique à celui des salariés en CDI, c'est-à-dire sans condition d'ancienneté minimale. Auparavant, les salariés en CDD devaient justifier de 24 mois d'activité salariée ou d'apprentissage, consécutifs ou non, quelle qu'ait été la nature des contrats successifs, au cours des cinq dernières années pour obtenir un congé VAE.

Voir LSQ n° 17943 du 21.11.2019, «VAE» (dossier juridique).

SECTION 2. Rémunération

Note Cette section est issue de la loi 2018-771 du 5 septembre 2018, art. 9, I, 4°, JO 6; les dispositions issues de cette loi sont applicables depuis le 01.01.2019 (loi précitée, art. 46, I).

Art. L. 6422-3. Les heures consacrées à la validation des acquis de l'expérience bénéficiant de l'autorisation prévue à l'article L. 6422-1 constituent du temps de travail effectif et donnent lieu au maintien de la rémunération et de la protection sociale du salarié conformément aux articles L. 6323-18 et L. 6323-19 et par dérogation à l'article L. 6323-17-5.

Note **Depuis le 1er janvier 2019.** La loi 2018-771 précitée précise que les heures consacrées à la VAE bénéficiant d'une autorisation d'absence constituent du temps de travail effectif et sont, à ce titre, rémunérées par l'employeur. Voir RF 13 septembre 2018, FH 3777, § 1-24.

Art. D. 6422-8. Le salarié bénéficiaire d'un congé pour validation des acquis de l'expérience a droit à une rémunération égale à celle qu'il aurait perçue s'il était resté à son poste de travail, dans la limite de vingt-quatre heures ***(D. 2019-1119 du 31 oct. 2019, art. 3, JO 3 nov.)*** «, continues ou discontinues, » par validation.

(D. 2017-1135 du 4 juil. 2017, JO 6, entrée en vigueur le 01.10.2017) « Toutefois, cette limite peut être augmentée par convention ou accord collectif de travail pour les travailleurs n'ayant pas atteint un niveau ***(D. 2019-1119 du 31 oct. 2019, art. 3, JO 3 nov.)*** « 4 » de qualification, au sens du ***(D. 2019-1119 du 31 oct. 2019, art. 3, JO 3 nov.)*** « cadre » national des certifications professionnelles, ou dont l'emploi est menacé par les évolutions économiques ou technologiques. »

Art. R. 6422-8-1. ***(D. 2019-1119 du 31 oct. 2019, art. 3, JO 3 nov.)*** Lorsque les actions de validation des acquis de l'expérience se déroulent pendant le temps de travail, dans le cadre du plan de développement des compétences, de la mobilisation du compte personnel de formation, d'un congé de validation des acquis de l'expérience ou de la reconversion ou promotion par alternance, les heures qui y sont consacrées constituent un temps de travail effectif et donnent lieu au maintien de la rémunération.

Lorsque les actions de validation des acquis de l'expérience se déroulent en dehors du temps de travail, au titre du plan de développement des compétences, du compte personnel de formation ou de la reconversion ou promotion par alternance, le salarié bénéficie de la législation de la sécurité sociale relative à la protection en matière d'accidents du travail et de maladies professionnelles.

SECTION 3. Conditions de prise en charge et rémunération

Art. L. 6422-4. ***(L. 2018-771 du 5 sept. 2018, art. 9, I, 5°, JO 6)*** Les frais afférents aux actions permettant de faire valider les acquis de l'expérience comprennent les frais de procédure et d'accompagnement déterminés par voie réglementaire.

Note
- Les articles L. 6422-4 et 5 sont applicables depuis le 01.01.2019 (loi 2018-771 précitée, art. 46, I).
- Voir LSQ n° 17943 du 21.11.2019, «VAE» (dossier juridique).

Art. L. 6422-5. ***(L. 2018-771 du 5 sept. 2018, art. 9, I, 5°, JO 6)*** Les motifs de refus des demandes de prise en charge des frais mentionnés à l'article L. 6422-4 sont déterminés par voie réglementaire.

Art. R. 6422-9. ***(D. 2019-1119 du 31 oct. 2019, art. 3, JO 3 nov.)*** Les frais de procédure et d'accompagnement relatifs à la validation des acquis de l'expérience comprennent :

1° Les frais de transport, de repas et d'hébergement ;
2° Les frais d'examen du dossier de recevabilité au sens de l'article R. 335-7 du code de l'éducation ;
3° Les frais d'accompagnement du candidat défini à l'article R. 6423-3 ;
4° Les frais occasionnés par les formations obligatoires ou complémentaires recommandées, le cas échéant, au candidat par le ministère ou l'organisme certificateur au terme de l'analyse de la recevabilité de sa demande ;
5° Les frais de session d'évaluation organisée par le ministère ou l'organisme certificateur.

(D. 2020-372 du 30 mars 2020, art. 9, JO 31) « Lorsque les actions de validation des acquis de l'expérience sont financées dans le cadre de la mobilisation du compte personnel de formation, les frais mentionnés au 1° ne sont pas pris en charge par l'organisme mentionné à l'article L. 6333-1. »

Art. R. 6422-10. ***(D. 2019-1119 du 31 oct. 2019, art. 3, JO 3 nov.)*** L'absence de transmission, par le candidat, d'un document attestant de la recevabilité de sa demande de validation des acquis de l'expérience, constitue un motif de refus de prise en charge des dépenses mentionnées à l'article R. 6422-9 par, selon le cas, l'employeur, les organismes mentionnés à l'article L. 6316-1 ou l'organisme gestionnaire du système d'information du compte personnel de formation.

Ceux-ci peuvent également refuser de prendre en charge les dépenses mentionnées à l'article R. 6422-9 lorsque les actions de validation des acquis de l'expérience sont insusceptibles de se rattacher aux priorités qui régissent leur intervention en matière de formation professionnelle ou lorsque les demandes de prise en charge ne peuvent être toutes simultanément satisfaites.

Art. R. 6422-11. ***(D. 2019-1119 du 31 oct. 2019, art. 3, JO 3 nov.)*** I. – Lorsque les actions permettant de faire valider les acquis de l'expérience font l'objet d'une prise en charge par l'employeur ou par un ou plusieurs organismes mentionnés à l'article L. 6316-1, en l'absence de mobilisation du compte personnel de formation, une convention est conclue entre :

1° Le candidat à une validation des acquis de l'expérience ;

2° Le ou les financeurs des actions permettant de faire valider les acquis de l'expérience ;

3° L'organisme ou chacun des organismes intervenant dans la procédure de validation des acquis de l'expérience du candidat.

Cette convention précise, en plus du contenu prévu par les dispositions réglementaires prises en application de l'article L. 6353-1, la certification ciblée ainsi que la nature et les conditions de prise en charge des frais mentionnés à l'article R. 6422-9. Sa signature est conditionnée à la production, par le candidat, de tout document attestant de la recevabilité de sa demande de validation des acquis de l'expérience.

II. – Lorsque le candidat à une validation des acquis de l'expérience mobilise son compte personnel de formation en vue de financer les actions permettant de faire valider les acquis de l'expérience, l'acceptation des conditions générales d'utilisation du service dématérialisé mentionnées à l'article L. 6323-9 tient lieu de convention.

III. – Lorsqu'une personne entreprend, à titre individuel et à ses frais, des actions en vue de faire valider les acquis de son expérience, une convention est conclue entre elle et les organismes intervenant dans cette procédure. Ce contrat est conforme aux articles L. 6353-3 à L. 6353-7.

Art. R. 6422-12. La signature par le salarié de la convention ***(D. 2019-1119 du 31 oct. 2019, art. 3, JO 3 nov.)*** « mentionnée au I de l'article R. 6422-11 » atteste de son consentement au sens de l'article L. 6421-1.

Note Cet article est l'ancien article R. 6422-13 (décret 2019-1119 du 31 octobre 2019, art. 3, JO 3 nov.).

SECTION 4. Dispositions d'application

Art. L. 6422-6. Un décret en Conseil d'État détermine les conditions d'application du présent chapitre.

Note Cet article est l'ancien article L. 6422-10 (loi 2018-771 du 5 septembre 2018, art. 9, I, 7°, JO 6, applicabilité depuis le 01.01.2019).

CHAPITRE III Accompagnement à la validation des acquis de l'expérience

Note Ce chapitre a été introduit par la loi 2014-288 du 5 mars 2014, art. 6, III, 4°, JO 6.

Art. L. 6423-1. Toute personne dont la candidature a été déclarée recevable en application de l'article L. 6412-2 peut bénéficier d'un accompagnement dans la préparation de son dossier et de son entretien avec le jury en vue de la validation des acquis de son expérience.

La région organise cet accompagnement pour les jeunes et les adultes à la recherche d'un emploi selon les modalités définies au 4° de l'article L. 6121-1.

Un décret en Conseil d'État détermine les modalités de cet accompagnement.

(L. 2016-1088 du 8 août 2016, art. 78, II, 5°, JO 9) « Un accompagnement renforcé pour certains publics peut être prévu et financé par un accord de branche. »

Note • **Accompagnement à la VAE.** La « loi Formation » (loi 2014-288 du 5 mars 2014) a consacré le principe d'un accompagnement à la VAE. Il s'agit d'une aide méthodologique pour le candidat à la VAE, en vue de constituer son dossier auprès du certificateur, pour préparer l'entretien avec le jury et, éventuellement, la mise en situation professionnelle. C'est une mesure facultative.

La « loi Travail » a ouvert la possibilité d'un accompagnement renforcé réservé à certains publics. Cette possibilité nécessite la conclusion d'un accord de branche destiné à apporter des précisions sur le public concerné et le mode de financement de l'accompagnement.

Auparavant, le code du travail n'envisageait cet accompagnement que dans le cadre du congé VAE destiné aux salariés (art. R. 6422-1).

• **Aide financière.** Le Pôle Emploi prévoit une aide financière notamment destinée à couvrir les frais de prestation d'accompagnement pour les demandeurs d'emploi entreprenant une démarche de VAE (instruction Pôle Emploi 2009-305 du 8 décembre 2009, fiche 6 ; BO PE n° 101 du 15.12.2009).

Art. L. 6423-2. Le comité régional de l'emploi, de la formation et de l'orientation professionnelles et *(L. 2018-771 du 5 sept. 2018, art. 36, VI, JO 6)* «France compétences» assurent le suivi statistique des parcours de validation des acquis de l'expérience, selon des modalités définies par décret en Conseil d'État.

Note Les dispositions de cet article, dans sa rédaction issue de la loi 2018-771 précitée, sont applicables depuis le 01.01.2019 (loi précitée, art. 46, I).

SECTION 1 (réglementaire). Dispositions générales

Art. R. 6423-1. *(D. 2014-1354 du 12 nov. 2014, JO 14)* L'accompagnement des candidats à la validation des acquis de l'expérience entre dans le champ d'application des dispositions relatives à la formation professionnelle continue prévues au *(D. 2019-1119 du 31 oct. 2019, art. 3, JO 3 nov.)* «3°» de l'article L. 6313-1.

SECTION 2 (réglementaire). Contenu et déroulement

Art. R. 6423-2. *(D. 2014-1354 du 12 nov. 2014, JO 14)* L'accompagnement *(D. 2017-1135 du 4 juil. 2017, JO 6, entrée en vigueur le 01.10.2017)* «est facultatif et» débute dès que *(D. 2017-1135 du 4 juil. 2017, JO 6, entrée en vigueur le 01.10.2017)* «la demande de recevabilité en vue de la validation des acquis de l'expérience a été déclarée recevable. Il» prend fin à la date d'évaluation par le jury.

Il peut s'étendre, *(D. 2017-1135 du 4 juil. 2017, JO 6, entrée en vigueur le 01.10.2017)* «en cas d'attribution d'une ou plusieurs parties de certification», jusqu'au contrôle complémentaire prévu au *(D. 2017-1135 du 4 juil. 2017, JO 6, entrée en vigueur le 01.10.2017)* «sixième» alinéa du II de l'article L. 335-5 du code de l'éducation ou au *(D. 2017-1135 du 4 juil. 2017, JO 6, entrée en vigueur le 01.10.2017)* «troisième» alinéa de l'article L. 613-4 du même code.

Art. R. 6423-3. *(D. 2014-1354 du 12 nov. 2014, JO 14)* L'accompagnement à la validation des acquis de l'expérience *(D. 2017-1135 du 4 juil. 2017, JO 6, entrée en vigueur le 01.10.2017)* «est proposé en fonction des besoins du candidat *(D. 2019-1119 du 31 oct. 2019, art. 3, JO 3 nov.)* «. Ceux-ci sont déterminés avec le candidat, notamment en fonction des formations complémentaires recommandées, le cas échéant, par le ministère ou l'organisme certificateur au terme de l'examen de la recevabilité de sa demande.» Il» comprend un module de base composé d'une aide méthodologique à la description des activités et de l'expérience du candidat correspondant aux exigences du référentiel de la certification visée, à la formalisation de son dossier de validation, à la préparation de l'entretien avec le jury et le cas échéant à la mise en situation professionnelle.

(D. 2017-1135 du 4 juil. 2017, JO 6, entrée en vigueur le 01.10.2017) «L'accompagnement peut également comprendre:

1° Une assistance à l'orientation vers une formation complémentaire, correspondant aux formations obligatoires requises ou aux apprentissages liés à l'exercice d'activité manquante dans le parcours du candidat et correspondant à une partie identifiée du référentiel de la certification;

2° La recherche de financement pour la prise en charge de cette formation.

Dans ce cas, l'organisme chargé de cet accompagnement peut s'appuyer sur les propositions d'un représentant d'un des organismes mentionnés au quatrième alinéa de l'article L. 6111-6.»

Art. R. 6423-3-1. *(D. 2019-1119 du 31 oct. 2019, art. 3, JO 3 nov.)* Dans le cadre de leurs compétences respectives mentionnées aux articles L. 5311-1 et L. 5311-2 et au 6° de l'article L. 6121-1, l'État ou la région peuvent financer, le cas échéant avec les branches professionnelles, des actions d'accompagnement collectif à la validation des acquis de l'expérience.

Par dérogation aux articles R. 6422-10 et R. 6423-3, cet accompagnement peut comporter une assistance au dépôt d'une demande de recevabilité en vue de la validation des acquis de l'expérience, lorsque les personnes accompagnées n'ont pas atteint un niveau 4 de qualification ou que leurs emplois sont menacés.

SECTION 3 (réglementaire). Information des candidats

Art. R. 6423-4. *(D. 2014-1354 du 12 nov. 2014, JO 14)* Toute personne qui souhaite recourir à un service d'accompagnement pour la validation des acquis de l'expérience bénéficie d'une information sur les conditions d'accueil, les modalités et méthodes utilisées par l'organisme intervenant *(D. 2019-1119 du 31 oct. 2019, art. 3, JO 3 nov.)* «ainsi que sur les certifications qualité prévues par l'article L. 6316-1 du code du travail qu'il détient».

SECTION 4 (réglementaire). Suivi statistique des parcours de validation des acquis de l'expérience

Art. R. 6423-5. *(D. 2014-1354 du 12 nov. 2014, JO 14)* Le comité régional de l'emploi, de la formation et de l'orientation professionnelles et *(D. 2019-1119 du 31 oct. 2019, art. 3, JO 3 nov.)* «France compétences» assurent le suivi statistique du parcours des candidats à la validation des acquis de l'expérience depuis le dépôt du dossier de recevabilité de la demande ***(D. 2017-1135 du 4 juil. 2017, JO 6, entrée en vigueur le 01.10.2017)*** «jusqu'au contrôle complémentaire prévu au sixième alinéa du II de l'article L. 335-5 du code de l'éducation ou au troisième alinéa de l'article L. 613-4 du même code».

Au niveau régional, les autorités ou organismes publics et privés en charge d'instruire les dossiers de recevabilité de la demande de validation et de délivrer la certification ainsi que les organismes en charge de l'accompagnement des candidats sont tenus de transmettre leurs données anonymisées selon des modalités établies par le comité régional de l'emploi, de la formation et de l'orientation professionnelles.

En application du ***(D. 2019-1119 du 31 oct. 2019, art. 3, JO 3 nov.)*** «6° de l'article L. 6123-5, France Compétences» veille à l'harmonisation des catégories de données collectées par les systèmes automatisés de traitement d'informations régionales afin de permettre à la fois le suivi longitudinal des parcours des candidats à la validation des acquis de l'expérience et le suivi des effectifs annuels accueillis à chaque étape du dispositif.

LIVRE V
DISPOSITIONS RELATIVES À L'OUTRE-MER

TITRE Ier DISPOSITIONS GÉNÉRALES

CHAPITRE UNIQUE

Art. L. 6511-1. Les dispositions générales prévues par l'article L. 1511-1 sont également applicables aux dispositions du présent livre.

Note Quelle que soit la terminologie qu'il emploie, le code du travail ne trouve effet, sauf exception expresse, que dans les départements métropolitains ou d'outre-mer et à Saint-Pierre-et-Miquelon.

Art. R. 6511-1. ***(D. 2018-953 du 31 oct. 2018, art. 7, 2°, JO 6 nov.)*** Pour l'application à Mayotte de l'article D. 6121-11, les mots : " de la région de résidence de la personne " sont remplacés par les mots : " du Département de Mayotte ".

TITRE II GUADELOUPE, GUYANE, MARTINIQUE, MAYOTTE, LA RÉUNION, SAINT-BARTHÉLEMY, SAINT-MARTIN ET SAINT-PIERRE-ET-MIQUELON

Note **Loi 2015-1268 du 14 octobre 2015 (JO 15).** Loi portant modification de plusieurs dispositions du code du travail et donnant compétence au gouvernement pour prendre des ordonnances dans certains domaines (art. 76, II).

Loi 2018-771 du 5 septembre 2018 (JO 6). Loi «Avenir professionnel» rénovant les règles relatives à la formation professionnelle et à l'apprentissage qui s'appliquent sur l'ensemble du territoire national. Un de ses articles a prévu que le Gouvernement peut, par le biais d'une ordonnance, adapter son contenu aux collectivités d'outre-mer (Guadeloupe, Guyane, Martinique, Mayotte, La Réunion) ainsi qu'à Saint-Barthélemy, Saint-Martin et Saint-Pierre-et-Miquelon (art. 114, 2°).

Ordonnance 2019-893 du 28 août 2019 (JO 29). Ordonnance adaptant certaines règles de la loi Avenir professionnel aux collectivités d'outre-mer, ainsi qu'à Saint-Barthélemy, Saint-Martin et Saint-Pierre-et-Miquelon : adaptation des règles applicables en matière d'opérateurs de compétences (OPCO), en matière d'apprentissage ainsi que celles relatives à la mobilité hors apprentissage. Entrée en vigueur depuis le 01.01.2020, exceptées les mesures relatives aux OPCO, entrant en vigueur, sauf indication contraire, au 01.01.2021.

Voir LSQ n° 17888 du 3.09.2019.

CHAPITRE Ier Dispositions générales

Art. L. 6521-1. Les dispositions générales prévues par ***(Ord. 2008-205 du 27 févr. 2008, JO 1er mars)*** «les articles L. 1521-1 à L. 1521-4» sont également applicables aux dispositions du présent titre.

Art. L. 6521-2

Art. L. 6521-2. ***(L. 2014-288 du 5 mars 2014, art. 21, VI, JO 6, entrée en vigueur le 01.01.2015)*** Les personnes ayant leur résidence habituelle en Guadeloupe, en Guyane, à la Martinique, à La Réunion, à Mayotte, à Saint-Barthélemy, à Saint-Martin, à Saint-Pierre-et-Miquelon, en Nouvelle-Calédonie, en Polynésie française ou à Wallis-et-Futuna qui poursuivent une formation professionnelle en dehors de leur territoire de résidence peuvent bénéficier des aides versées par l'État, notamment dans le cadre de la mise en œuvre de la politique nationale de continuité territoriale prévue au chapitre III du titre préliminaire du livre VIII de la première partie du code des transports.

Note Parmi les «aides de l'État» visés à cet article, figure le «passeport mobilité formation professionnelle» qui comprend plusieurs volets (aides au financement des titres de transport, aide au financement des frais d'installation et de formation) (art. L. 1803-6 c. transp.).

Covid-19. Sur la dérogation temporaire aux conditions d'application du «passeport mobilité formation professionnelle» pour faire face à l'épidémie de Covid-19, voir décret 2020-416 du 9 avril 2020 (JO 10).

Art. L. 6521-3. ***(Ord. 2017-1491 du 25 oct. 2017, art. 7, 2°, JO 26, entrée en vigueur le 01.01.2018)*** Pour l'application à Mayotte de l'article L. 6121-1, les mots: " et adopte la carte régionale des formations professionnelles initiales ***(L. 2018-771 du 5 sept. 2018, art. 43, II, JO 6)*** «hors apprentissage» prévue au troisième alinéa de l'article L. 214-13-1 du même code " sont supprimés.

Note Les dispositions de cet article, dans sa rédaction issue de la loi 2018-771 précitée, sont applicables depuis le 01.01.2019 (loi précitée, art. 46, I).

CHAPITRE II Dispositions spécifiques à l'apprentissage

Art. L. 6522-1. ***(Ord. 2017-1491 du 25 oct. 2017, art. 7, 3°, JO 26, entrée en vigueur le 01.01.2018)*** «En Guadeloupe, en Guyane, en Martinique, à Mayotte, à La Réunion» ***(Ord. 2008-205 du 27 févr. 2008, JO 1er mars)*** «, à Saint-Barthélemy, à Saint-Martin» et à Saint-Pierre-et-Miquelon, les modalités particulières d'application du livre II relatif à l'apprentissage sont déterminées par décret.

Art. L. 6522-2. ***(Ord. 2017-1491 du 25 oct. 2017, art. 7, 3°, JO 26, entrée en vigueur le 01.01.2018)*** «En Guadeloupe, en Guyane, en Martinique, à Mayotte, à La Réunion» ***(Ord. 2008-205 du 27 févr. 2008, JO 1er mars)*** «, à Saint-Barthélemy, à Saint-Martin» et à Saint-Pierre-et-Miquelon, l'employeur peut assurer dans l'entreprise la formation pratique d'un apprenti dans les mêmes conditions de parrainage que celles prévues aux articles L. 6523-3 et suivants.

Art. L. 6522-3. ***(Ord. 2019-893 du 28 août 2019, JO 29, entrée en vigueur le 01.01.2020)*** Pour son application en Guadeloupe, en Guyane, en Martinique, à Mayotte, à La Réunion, à Saint-Barthélemy, à Saint-Martin et à Saint-Pierre-et-Miquelon le II de l'article L. 6211-3 est ainsi rédigé:

" II. – Le montant des dépenses engagées et mandatées en matière de fonctionnement et d'investissement mentionnées au I du présent article ainsi qu'un état détaillé de leur affectation font l'objet d'un débat annuel en conseil régional sur la base d'un rapport présenté par le président du conseil régional. Ce débat peut également porter sur les autres dépenses engagées par la région en matière d'apprentissage. Le rapport, comprenant une annexe présentant les montants des dépenses engagées et mandatées et l'état détaillé de leur affectation, est transmis pour information au représentant de l'État dans la région et à France compétences. Les ressources allouées à la région pour les dépenses d'investissement mentionnées au 2° du même I sont déterminées et réparties sur la base des dépenses d'investissement constatées au titre des exercices ***(L. 2019-1479 du 28 déc. 2019, art. 76, IV, 2°, JO 29)*** «2017 et 2018», ou, à défaut de dépenses d'investissement réalisées sur cette période dans les territoires d'outre-mer, en fonction d'un montant minimum défini par ***(L. 2019-1479 du 28 déc. 2019, art. 76, IV, 2°, JO 29)*** «décret». "

Art. L. 6522-4. ***(Ord. 2019-893 du 28 août 2019, JO 29, entrée en vigueur le 01.01.2020)*** Pour l'application de l'article L. 6243-1 en Guadeloupe, en Guyane, en Martinique, à Mayotte, à La Réunion, à Saint-Barthélemy, à Saint-Martin et à Saint-Pierre-et-Miquelon, les mots: " au baccalauréat " sont remplacés par les mots: " au niveau 5 ".

Note • **Ordonnance 2019-893 du 28 août 2019.** L'ordonnance a étendu le bénéfice de l'aide unique à l'apprentissage aux entreprises de moins de 250 salariés qui recrutent des apprentis engagés dans des formations de niveau 5 (ancien niveau III), soit l'équivalent d'un BAC + 2 (DEUG, BTS, DUT, DEUST) alors que cette aide est en principe limitée aux contrats d'apprentissage conclus pour préparer un diplôme de niveau bac ou moins (voir L. 6243-1 CT).

• Voir LSQ n° 17888 du 3.09.2019.

Art. D. 6522-1. Les dispositions du livre II relatives à l'apprentissage sont applicables ***(D. 2018-953 du 31 oct. 2018, art. 7, 4°, JO 6 nov.)*** «en Guadeloupe, en Guyane, en Martinique, à Mayotte, à La Réunion», à Saint-Barthélemy et à Saint-Martin.

Note Cet article a été modifié par le décret 2020-138 du 18 février 2020, JO 20.

Art. D. 6522-2. ***(D. 2020-138 du 18 févr. 2020, JO 20)*** Pour l'application de l'article D. 6243-1 en Guadeloupe, en Guyane, en Martinique, à Mayotte, à La Réunion, à Saint-Barthélemy, à Saint-Martin et à Saint-Pierre-et-Miquelon, les mots : " au baccalauréat " sont remplacés par les mots : " au niveau 5 ".

Art. D. 6522-3. ***(D. 2020-1476 du 30 nov. 2020, JO 1er déc.)*** Le montant minimum mentionné à l'article L. 6522-3 est fixé à 25 000 euros.

CHAPITRE III La formation professionnelle

SECTION 1. Financement de la formation professionnelle

Art. L. 6523-1. ***(Ord. 2017-1491 du 25 oct. 2017, art. 7, 5°, JO 26, entrée en vigueur le 01.01.2018)*** «En Guadeloupe, en Guyane, en Martinique, ***(Ord. 2019-893 du 28 août 2019, JO 29, entrée en vigueur le 01.01.2021)*** «et» à La Réunion», ***(Ord. 2019-861 du 21 août 2019, art. 1er, 76°, JO 22)*** «les contributions mentionnées au titre III du livre Ier de la présente partie» ***(L. 2014-288 du 5 mars 2014, art. 11, II, JO 6, entrée en vigueur le 01.01.2015)*** «ne peuvent être ***(L. 2018-771 du 5 sept. 2018, art. 43, III, 3°, JO 6)*** «gérées» que par des ***(L. 2018-771 du 5 sept. 2018, art. 43, III, 3°, JO 6)*** «opérateurs de compétences» ***(Ord. 2019-893 du 28 août 2019, JO 29, entrée en vigueur le 01.01.2021)*** «interprofessionnels», à l'exception des contributions des entreprises relevant du ***(L. 2014-288 du 5 mars 2014, art. 11, II, JO 6, entrée en vigueur le 01.01.2015)*** «champ professionnel des ***(L. 2018-771 du 5 sept. 2018, art. 43, III, 3°, JO 6)*** «opérateurs de compétences» autorisés à ***(L. 2018-771 du 5 sept. 2018, art. 43, III, 3°, JO 6)*** «les gérer» dans ces territoires par arrêté conjoint des ministres chargés de la formation professionnelle et de l'outre-mer».

(L. 2014-288 du 5 mars 2014, art. 11, II, JO 6, entrée en vigueur le 01.01.2015) «Un décret détermine les modalités et les critères selon lesquels cette autorisation est accordée, en fonction notamment des services de proximité aux entreprises que les ***(L. 2018-771 du 5 sept. 2018, art. 43, III, 4°, JO 6)*** «opérateurs de compétences» sont en mesure d'assurer sur les territoires concernés.»

(L. 2015-994 du 17 août 2015, art. 36, JO 18) «Le présent article n'est pas applicable aux secteurs d'activité employant les salariés mentionnés aux articles L. 6331-55, L. 6331-65 et L. 7111-1. La liste des secteurs concernés est fixée par arrêté du ministre du travail.»

Note • **Loi 2018-771.** Les dispositions des articles L. 6523-1 et 2, dans leur rédaction issue de la loi 2018-771 précitée, sont applicables depuis le 01.01.2019 (loi précitée, art. 46, I).

• Voir LSQ n° 17888 du 3.09.2019.

Art. L. 6523-1-1. ***(Ord. 2019-893 du 28 août 2019, JO 29, entrée en vigueur le 01.01.2020)*** Les opérateurs de compétences qui ne sont pas implantés dans les territoires d'outre-mer en application de l'article L. 6523-1 ou des articles L. 6523-1-2 à L. 6523-1-4 peuvent conclure, dans des conditions prévues par décret en Conseil d'État, des conventions avec un opérateur de compétences implanté dans ces territoires.

Art. L. 6523-1-2. ***(Ord. 2019-893 du 28 août 2019, JO 29, entrée en vigueur le 01.01.2021)*** À Mayotte, les contributions mentionnées au titre III du livre Ier de la présente partie sont gérées par un seul opérateur de compétences interprofessionnel.

Les conditions de désignation et les modalités d'intervention de cet opérateur de compétences sur le territoire de Mayotte sont déterminées par décret en Conseil d'État.

Art. L. 6523-1-3

Art. L. 6523-1-3. ***(Ord. 2019-893 du 28 août 2019, JO 29, entrée en vigueur le 01.01.2021)*** À Saint-Martin et à Saint-Barthélemy, les contributions mentionnées au titre III du livre Ier de la présente partie sont gérées par un seul opérateur de compétences interprofessionnel.

Les conditions de désignation et les modalités d'intervention de cet opérateur de compétences sur les territoires de Saint-Martin et de Saint-Barthélemy sont déterminées par décret en Conseil d'État.

Art. L. 6523-1-4. ***(Ord. 2019-893 du 28 août 2019, JO 29, entrée en vigueur le 01.01.2021)*** À Saint-Pierre-et-Miquelon, les contributions dédiées au développement de la formation professionnelle et à l'alternance sont gérées par un seul opérateur de compétences interprofessionnel.

Les conditions de désignation et les modalités d'intervention de cet opérateur de compétences ainsi que les modalités selon lesquelles les ressources sont versées à l'opérateur de compétences pour la réalisation de ses missions sont déterminées par décret en Conseil d'État.

Art. L. 6523-2. ***(Ord. 2017-1491 du 25 oct. 2017, art. 7, 3°, JO 26, entrée en vigueur le 01.01.2018)*** «En Guadeloupe, en Guyane, en Martinique, à Mayotte, à La Réunion», ***(Ord. 2019-893 du 28 août 2019, JO 29, entrée en vigueur le 01.01.2021)*** «à Saint-Barthélemy, à Saint-Martin et à Saint-Pierre-et-Miquelon», les ***(L. 2018-771 du 5 sept. 2018, art. 43, III, 5°, JO 6)*** «opérateurs de compétences» à compétence interprofessionnelle rendent compte aux ***(L. 2018-771 du 5 sept. 2018, art. 43, III, 5°, JO 6)*** «opérateurs de compétences» à compétence nationale et professionnelle de l'utilisation des fonds ***(L. 2018-771 du 5 sept. 2018, art. 43, III, 5°, JO 6)*** «qu'ils gèrent» auprès d'entreprises relevant du champ professionnel de ces organismes.

(Ord. 2019-893 du 28 août 2019, JO 29, entrée en vigueur le 01.01.2021) «Les opérateurs de compétence rendent compte annuellement de leur activité et de l'état de leurs engagements financiers au comité régional de l'emploi, de l'orientation et de la formation professionnelles, ou au comité de l'emploi, de la formation et de l'orientation professionnelles lorsqu'il en exerce les attributions.»

Art. L. 6523-2-1. ***(Ord. 2017-1491 du 25 oct. 2017, art. 7, 6°, JO 26, entrée en vigueur le 01.01.2018)*** Ne sont pas applicables à Mayotte:

a) Le deuxième alinéa de l'article L. 6331-54;

b) La sous-section 6 de la section 4 du chapitre Ier du titre III du livre III.

Art. L. 6523-2-2. ***(Ord. 2019-893 du 28 août 2019, JO 29, entrée en vigueur le 01.01.2021)*** Pour l'application, en Guadeloupe, en Guyane, en Martinique, à Mayotte, à La Réunion, à Saint-Barthélemy, à Saint-Martin et à Saint-Pierre-et-Miquelon, de l'article L. 6332-3, l'opérateur de compétences comporte un conseil d'orientation comprenant les organisations syndicales de salariés et les organisations professionnelles d'employeurs adhérentes et présentes sur le territoire concerné. Ce conseil d'orientation reçoit communication du rapport annuel d'activité de l'opérateur de compétences comportant l'état de ses engagements financiers sur le territoire concerné. Il propose des orientations au conseil d'administration de l'opérateur de compétences pour la gestion des fonds et la mise en œuvre de ses missions.

Art. L. 6523-2-3. ***(Ord. 2019-893 du 28 août 2019, JO 29, entrée en vigueur le 01.01.2020)*** Pour l'application en Guadeloupe, en Guyane, en Martinique, à Mayotte, à La Réunion, à Saint-Barthélemy, à Saint-Martin et à Saint-Pierre-et-Miquelon de l'article L. 6332-14:

1° Les niveaux de prise en charge des contrats d'apprentissage fixés au niveau national par les branches, mentionnés au 1° du I de cet article, peuvent faire l'objet d'une modulation par décision du conseil d'administration de l'opérateur de compétences pour tenir compte des surcoûts liés à l'accompagnement social des apprentis les plus en difficulté;

2° L'opérateur de compétences peut prendre en charge, au titre de la section financière mentionnée au 1° de l'article L. 6332-3, les frais annexes générés par la mobilité des apprentis vers la métropole ou vers d'autres territoires d'outre-mer.

Note Voir LSQ n° 17888 du 3.09.2019.

Art. L. 6523-2-4. ***(Ord. 2019-893 du 28 août 2019, JO 29, entrée en vigueur le 01.01.2020)*** Pour l'application en Guadeloupe, en Guyane, en Martinique, à Mayotte, à La Réunion, à Saint-Barthélemy, à Saint-Martin et à Saint-Pierre-et-Miquelon de l'article L. 6332-17 du code du travail, le 1° de cet article est ainsi rédigé :

" 1° Les coûts des actions de formation du plan de développement des compétences, de la rémunération du salarié en formation et des frais annexes, notamment une partie des frais de transport liés à la mobilité vers la métropole ou vers d'autres territoires d'outre-mer et à la mobilité internationale en l'absence d'offre de formation disponible sur les territoires d'outre-mer. À cette fin, l'opérateur de compétences peut notamment solliciter le concours financier de la collectivité territoriale ; ".

SECTION 2. Parrainage

Art. L. 6523-3. ***(Ord. 2017-1491 du 25 oct. 2017, art. 7, 3°, JO 26, entrée en vigueur le 01.01.2018)*** «En Guadeloupe, en Guyane, en Martinique, à Mayotte, à La Réunion» ***(Ord. 2008-205 du 27 févr. 2008, JO 1er mars)*** «, à Saint-Barthélemy, à Saint-Martin» et à Saint-Pierre-et-Miquelon, pour assurer dans l'entreprise la formation pratique d'un salarié en contrat de professionnalisation, l'employeur peut, pour une durée limitée, bénéficier du concours de personnes qui le parrainent.

Ces personnes sont choisies parmi les salariés concernés par une mesure de retraite anticipée au sens de l'article L. 5123-2, les travailleurs privés d'emploi, bénéficiaires d'un des revenus de remplacement dont la liste est déterminée par décret ou parmi les personnes retraitées.

Note Le 2e alinéa de cet article a été modifié par la loi 2018-771 du 5 septembre 2018, art. 63, III, JO 6, entrée en vigueur le 01.01.2019.

Art. L. 6523-4. Les personnes habilitées à exercer les fonctions de parrain sont agréées par l'autorité administrative, compte tenu notamment de leur expérience en matière de tutorat au sens des articles L. 6223-5, relatif au maître d'apprentissage, et L. 6325-1 et suivants, relatifs au contrat de professionnalisation.

Pendant l'exercice de leur mission, elles bénéficient de la législation de sécurité sociale relative à la protection en matière d'accident du travail et de maladie professionnelle dans les conditions prévues à l'article L. 754-5 du code de la sécurité sociale.

Art. L. 6523-5. Un décret en Conseil d'État détermine les mesures d'application de la présente section.

SECTION 2 *BIS*. Autres dispositifs

Note Cette section est issue de l'ordonnance 2017-1491 du 25 octobre 2017, art. 7, 4°, JO 26, entrée en vigueur le 01.01.2018.

Art. L. 6523-5-1. Pour l'application à Mayotte de l'article L. 6315-1, les mots : " prévu à l'article L. 324-1 du code de la sécurité sociale " sont supprimés.

SECTION 3. Stagiaire de la formation professionnelle

Art. L. 6523-6. À Saint-Pierre-et-Miquelon, en vue d'améliorer la qualification et de faciliter l'insertion professionnelle des personnes sans emploi rencontrant des difficultés particulières d'accès à l'emploi ou l'adaptation des salariés à l'évolution de l'emploi dans les entreprises, l'État peut prendre en charge, en application de conventions conclues avec des organismes de formation pour l'organisation de stages de formation et d'insertion professionnelles, les frais de formation ainsi que les dépenses afférentes à la rémunération et à la protection sociale des stagiaires.

SECTION 3 *BIS*. Comité régional de l'emploi, de la formation et de l'orientation professionnelles

Note Cette section a été introduite par la loi 2014-288 du 5 mars 2014, art. 25, JO 6.

Art. L. 6523-6-1. ***(L. 2018-771 du 5 sept. 2018, art. 43, III, 7°, JO 6)*** Pour son application en Guadeloupe, en Guyane, en Martinique, à Mayotte, à La Réunion, à Saint-Barthélemy, à Saint-Martin et à Saint-Pierre-et-Miquelon, l'article L. 6123-3 est ainsi modifié :

1° Au deuxième alinéa, après le mot : " intéressées ", sont insérés les mots : " et des représentants des organisations syndicales de salariés et des organisations professionnelles d'employeurs les plus représentatives au niveau régional et interprofessionnel et intéressées ";

2° Le quatrième alinéa est complété par les mots: " ainsi que des représentants régionaux des organisations syndicales de salariés et des organisations professionnelles d'employeurs les plus représentatives au niveau régional et interprofessionnel ".

Note Cet article est applicable depuis le 01.01.2019 (loi 2018-771 précitée, art. 46, I).

SECTION 4. Dispositions d'adaptation

Art. L. 6523-7. ***(L. 2018-771 du 5 sept. 2018, art. 43, III, 9°, JO 6)*** En Guadeloupe, en Guyane, en Martinique, à Mayotte, à La Réunion, à Saint-Barthélemy, à Saint-Martin et à Saint-Pierre-et-Miquelon, les modalités particulières d'application de la présente partie, notamment celles relatives aux dispositifs et au financement de la formation professionnelle et celles relatives aux opérateurs de compétences, sont déterminées par décret.

Note Cet article est applicable depuis le 01.01.2019 (loi 2018-771 précitée, art. 46, I).

SECTION 1 (réglementaire). Dispositions générales

Art. R. 6523-1. ***(D. 2020-138 du 18 févr. 2020, JO 20)*** Les modalités d'application en Guadeloupe, en Guyane, en Martinique, à Mayotte, à La Réunion, à Saint-Barthélemy et à Saint-Martin des dispositions relatives à l'accès des salariés à la formation, prévues à l'article L. 6312-1, à l'obligation de l'employeur en matière de formation, prévues à l'article L. 6321-1, à la participation des employeurs au développement de la formation professionnelle, prévues par les articles L. 6131-1 à L. 6131-3 et L. 6331-1 à L. 6331-68, sont celles qui résultent des articles R. 6323-10 à R. 6323-10-4 et R. 6331-1, dans la mesure où il n'y est pas dérogé par les dispositions du présent chapitre.

SECTION 2 (réglementaire). Financement de la formation professionnelle

Sous-section 1. Dispositions générales

Note Les sous-sections 1 et 2 ont été introduites par le décret 2018-953 du 31 octobre 2018, art. 7, 9°, JO 6 nov.

Art. R. 6523-2. Les employeurs ***(D. 2018-953 du 31 oct. 2018, art. 7, 7°, JO 6 nov.)*** «de Guadeloupe, Guyane, Martinique, Mayotte, La Réunion», de Saint-Barthélemy et de Saint-Martin employant des salariés à temps partiel, d'une manière intermittente ou travaillant à domicile ne sont soumis à l'obligation de participer au financement de la formation professionnelle continue, prévue par les articles L. 6313-1 et suivants, que si le montant total des salaires versés pendant l'année est au moins égal à 520 fois le salaire hebdomadaire minimum de croissance.

En cas de début ou de fin d'activité, ce nombre est réduit, pour l'année considérée, à due proportion du nombre de semaines pendant lesquelles l'activité est exercée.

Art. D. 6523-2-1. ***(D. 2019-204 du 18 mars 2019, JO 20, entrée en vigueur le 01.01.2019) (D. 2020-1680 du 23 déc. 2020, art. 1er, JO 26, entrée en vigueur le 01.01.2021)*** «En Guadeloupe, en Guyane, en Martinique et à La Réunion, des opérateurs de compétences agréés d'une ou plusieurs branches professionnelles peuvent être autorisés, pour une ou plusieurs collectivités, à gérer les contributions des entreprises mentionnées au titre III du livre Ier de la sixième partie du présent code lorsque leur implantation locale leur permet d'assurer des services de proximité auprès des entreprises concernées et, notamment, la mise en œuvre de partenariats pour le déploiement d'actions de formation sur les territoires concernés.»

L'autorisation mentionnée au premier alinéa est délivrée par un arrêté conjoint des ministres chargés de la formation professionnelle et de l'outre-mer, qui précise le champ territorial sur lequel est délivrée l'autorisation ainsi que le champ d'application de l'accord constitutif de l'opérateur de compétences concernés.

Note **Seuils de gestion des contributions de la formation professionnelle.** Conformément au décret 2020-1680 du 23 décembre 2020, le montant des contributions annuelles devant être gérées par un opérateur de compétences (Opco) n'a plus à être au moins égal à un seuil pour qu'il soit autorisé à en assurer la gestion. En conséquence, un arrêté du 16 décembre 2020 (JO 31) a abrogé au 1er janvier 2021 l'arrêté du 28 mars 2019 (JO 2 avril) qui fixait ces seuils. Pour rappel, les seuils devant être respectés par les opérateurs de compétences pour être autorisés à gérer les contributions de la formation professionnelle en Guadeloupe, en Guyane, en Martinique, à Mayotte, à La Réunion, à Saint-Barthélemy et à Saint-Martin, avaient été fixés à 110 000 € pour Saint-Barthélemy, 900 000 € pour la Guadeloupe, 60 000 € pour la Guyane, 20 000 € pour Saint-Martin, 700 000 € pour la Martinique, 2 000 000 € pour La Réunion et 500 000 € pour Mayotte.

Une seule condition est maintenue par l'article D. 6523-2-1 CT: l'implantation locale des Opco doit leur permettre «d'assurer des services de proximité auprès des entreprises concernées et, notamment, la mise en œuvre de partenariats pour le déploiement d'actions de formation sur les territoires concernés».

Voir LSQ n° 18218 du 8.01.2020.

Art. D. 6523-2-2. ***(D. 2019-204 du 18 mars 2019, JO 20, entrée en vigueur le 01.01.2019)*** Les opérateurs de compétences agréés d'une ou plusieurs branches professionnelles intéressés saisissent d'une demande de gestion des contributions mentionnées à l'article D. 6523-2-1 les ministres chargés de la formation professionnelle et de l'outre-mer.

Cette demande est accompagnée des éléments de nature à justifier du respect ***(D. 2020-1680 du 23 déc. 2020, art. 1er, JO 26, entrée en vigueur le 01.01.2021)*** «de la condition prévue» à l'article D. 6523-2-1.

Art. D. 6523-2-3. ***(D. 2019-204 du 18 mars 2019, JO 20, entrée en vigueur le 01.01.2019)*** Les opérateurs de compétences autorisés en application de l'article D. 6523-2-1 mentionnent dans l'état statistique et financier prévu à l'article R. 6332-31, pour la ou les collectivités territoriales concernées, les montants des fonds gérés et des fonds dépensés, ainsi que le nombre de salariés concernés.

Art. D. 6523-2-4. ***(D. 2019-204 du 18 mars 2019, JO 20, entrée en vigueur le 01.01.2019)*** L'autorisation mentionnée à l'article D. 6523-2-2 est abrogée, par arrêté conjoint des ministres chargés de la formation professionnelle et de l'outre-mer, après procédure contradictoire, lorsque ***(D. 2020-1680 du 23 déc. 2020, art. 1er, JO 26, entrée en vigueur le 01.01.2021)*** «la condition justifiant sa délivrance cesse d'être remplie».

Art. R. 6523-2-4-1. ***(D. 2020-138 du 18 févr. 2020, JO 20)*** En application de l'article L. 6523-1-1, un opérateur de compétences qui n'est pas implanté dans un territoire d'outre-mer peut conclure avec un opérateur de compétences qui y est implanté une convention ayant pour objet l'accomplissement de ses missions dans ce territoire au bénéfice des entreprises soumises à une convention collective qui y est applicable et des entreprises du territoire concerné dont l'activité principale relève du champ professionnel pour lequel il est agréé. Une convention peut concerner plusieurs territoires d'outre-mer.

Les conventions mentionnées au précédent alinéa font notamment état des orientations, priorités de formation, décisions de gestion et conditions de prise en charge des actions de formation, telles qu'elles ont été définies par l'opérateur de compétences non implanté sur le ou les territoires concernés, et prévoient les modalités de financement par l'opérateur de compétences non implanté des actions réalisées localement par l'opérateur de compétences implanté.

Ces conventions font l'objet, préalablement à leur conclusion, d'une délibération du conseil d'administration des opérateurs de compétences concernés. Le conseil d'administration de chaque organisme autorise leur conclusion et contrôle leur exécution.

Les opérateurs de compétences implantés dans les territoires d'outre-mer rendent compte aux opérateurs de compétences non implantés avec lesquels ils ont conclu une convention de l'activité accomplie et de l'utilisation des fonds qu'ils gèrent localement pour leur compte.

Ces conventions font l'objet d'un contrôle dans le cadre des conventions triennales d'objectifs et de moyens que les opérateurs de compétences concluent avec l'État en application de l'article L. 6332-2.

Sous-section 2. Dispositions relatives à Mayotte

Art. R. 6523-2-5. La sous-section 4 de la section 4 du chapitre Ier du titre III du livre III de la présente partie n'est pas applicable à Mayotte.

Art. R. 6523-2-6. Pour l'application à Mayotte de l'article R. 6331-63-1, les mots: " des chambres de métiers et de l'artisanat de région et auprès des chambres régionales de métiers et de l'artisanat " sont remplacés par les mots: " de la chambre de métiers et de l'artisanat de Mayotte ".

Art. R. 6523-2-7. Pour l'application à Mayotte de l'article R. 6331-63-4, les mots: " des chambres de métiers et de l'artisanat de région et auprès des chambres régionales de métiers et de l'artisanat " sont remplacés par les mots: " de la chambre de métiers et de l'artisanat de Mayotte ".

Art. R. 6523-2-8. Pour l'application à Mayotte de l'article R. 6331-63-7, les mots: " de chaque chambre de métiers et de l'artisanat de région et chaque chambre régionale de métiers et de l'artisanat " sont remplacés par les mots: " de la chambre de métiers et de l'artisanat de Mayotte ".

Art. R. 6523-2-9. ***(D. 2020-1680 du 23 déc. 2020, art. 2, JO 26, entrée en vigueur le 01.01.2021)*** En application de l'article L. 6523-1-2, un opérateur de compétences interprofessionnel agréé au titre de l'article L. 6332-1-1 est autorisé par arrêté conjoint des ministres chargés de la formation professionnelle et des outre-mer à gérer à Mayotte, pour une durée de cinq ans, les contributions mentionnées au titre III du livre premier de la sixième partie du présent code.

Art. R. 6523-2-10. ***(D. 2020-1680 du 23 déc. 2020, art. 2, JO 26, entrée en vigueur le 01.01.2021)*** I. – Les opérateurs de compétences interprofessionnels agréés intéressés sont invités, par un appel à candidatures, à adresser aux ministres chargés de la formation professionnelle et des outre-mer une demande d'autorisation accompagnée des éléments de nature à justifier :

1° Qu'ils disposent d'une implantation locale ;

2° Qu'ils sont en mesure d'assurer des services de proximité auprès des entreprises exerçant sur le territoire.

II. – L'autorisation est accordée à l'opérateur qui satisfait le mieux aux conditions énoncées au I.

Art. R. 6523-2-11. ***(D. 2020-1680 du 23 déc. 2020, art. 2, JO 26, entrée en vigueur le 01.01.2021)*** À défaut de demande d'autorisation présentée dans les conditions de l'article R. 6523-2-10, ou si les demandes présentées ne remplissent pas les conditions prévues au I du même article, les ministres chargés de la formation professionnelle et des outre-mer désignent par arrêté un opérateur de compétences interprofessionnel agréé au titre de l'article L. 6332-1-1 chargé de gérer les contributions mentionnées au titre III du livre premier de la sixième partie du présent code.

Art. R. 6523-2-12. ***(D. 2020-1680 du 23 déc. 2020, art. 2, JO 26, entrée en vigueur le 01.01.2021)*** L'opérateur de compétences autorisé en application de l'article R. 6523-2-10 précise dans une annexe à l'état statistique et financier prévu à l'article R. 6332-31, pour le territoire, les montants des fonds gérés et des fonds dépensés, ainsi que le nombre de salariés concernés.

Art. R. 6523-2-13. ***(D. 2020-1680 du 23 déc. 2020, art. 2, JO 26, entrée en vigueur le 01.01.2021)*** Sans préjudice de l'application des dispositions des articles R. 6332-5 à R. 6332-7, l'autorisation mentionnée à l'article R. 6523-2-9 est abrogée, par arrêté conjoint des ministres chargés de la formation professionnelle et des outre-mer, après procédure contradictoire, lorsque les conditions justifiant sa délivrance cessent d'être remplies ou en cas de dysfonctionnements répétés ou de défaillances de l'opérateur dans l'accomplissement de sa mission sur le territoire.

Art. R. 6523-2-14. ***(D. 2020-1680 du 23 déc. 2020, art. 2, JO 26, entrée en vigueur le 01.01.2021)*** Les autres opérateurs de compétences agréés au titre de l'article L. 6332-1-1 peuvent conclure avec l'opérateur de compétences interprofessionnel autorisé en application de l'article R. 6523-2-9 des conventions ayant pour objet l'accomplissement de leurs missions sur le territoire au bénéfice des entreprises soumises à une convention collective qui y est applicable ou des entreprises exerçant sur ce territoire dont l'activité principale relève du champ professionnel de leur agrément. Cette convention est conclue dans les conditions prévues à l'article R. 6523-2-4-1.

Sous-section 3. **Dispositions relatives à Saint-Martin et à Saint-Barthélemy**

Note Les sous-sections 3 et 4 ont été introduites par le décret 2020-1680 du 23 décembre 2020, art. 2, JO 26, entrée en vigueur le 01.01.2021.

Note à compléter : cf. art. 5.

Art. R. 6523-2-15. À Saint-Martin et à Saint-Barthélemy, en application de l'article L. 6523-1-3, un opérateur de compétences interprofessionnel agréé au titre de l'article L. 6332-1-1 est autorisé par arrêté conjoint des ministres chargés de la formation professionnelle et des outre-mer à gérer sur ce ou ces territoires, pour une durée de cinq ans, les contributions mentionnées au titre III du livre premier de la sixième partie du présent code.

Cet arrêté précise le champ d'application territorial de l'autorisation.

Art. R. 6523-2-16. Les dispositions des articles R. 6523-2-10 à R. 6523-2-14 sont applicables, au titre de l'article L. 6523-1-3, à la présente sous-section.

Sous-section 4. **Dispositions relatives à Saint-Pierre-et-Miquelon**

Note Voir décret 2020-1680 du 23 décembre 2020, art. 3 et 5, II et III, JO 26.

Art. R. 6523-2-17. À Saint-Pierre-et-Miquelon, en application de l'article L. 6523-1-4, un opérateur de compétences interprofessionnel agréé au titre de l'article L. 6332-1-1 peut être autorisé par arrêté conjoint des ministres chargés de la formation professionnelle et des outre-mer à gérer sur ce territoire, pour une durée de cinq ans, les contributions dédiées au développement de la formation professionnelle et à l'alternance.

Art. R. 6523-2-18. Les dispositions des articles R. 6523-2-10 à R. 6523-2-14 sont applicables, au titre de l'article L. 6523-1-4, à la présente sous-section.

Art. R. 6523-2-19. Pour la réalisation de ses missions, l'opérateur de compétences reçoit les ressources qui sont collectées au titre du développement de la formation professionnelle et de l'alternance par la caisse de prévoyance sociale mentionnée à l'article 3 de l'ordonnance n° 77-1102 du 26 septembre 1977 modifiée portant extension et adaptation au département de Saint-Pierre-et-Miquelon de diverses dispositions relatives aux affaires sociales.

SECTION 3 (réglementaire). **Parrainage**

Art. R. 6523-3. Peuvent être agréées pour exercer l'activité de parrainage, prévue à l'article L. 6523-3, les personnes volontaires justifiant soit d'une expérience minimale de deux années en qualité de maître d'apprentissage ou de tuteur, soit d'une expérience professionnelle de cinq ans.

Art. R. 6523-4. L'agrément des personnes habilitées à exercer les fonctions de parrain est délivré par le préfet pour trois ans.

Art. R. 6523-5. Une même personne ne peut parrainer simultanément plus de trois apprentis ou jeunes bénéficiaires de contrat de professionnalisation.

Art. R. 6523-6. Le parrain a pour mission d'assister et d'informer l'apprenti ou le jeune bénéficiaire en contrat de professionnalisation.

Cette mission est complémentaire des fonctions du maître d'apprentissage ou du tuteur désigné dans le cadre du contrat précité.

Art. R. 6523-7. La fonction de parrain n'est pas rémunérée.

Art. R. 6523-8. La liste des parrains agréés est arrêtée par le préfet.

Elle comporte le nom, le prénom, le métier antérieurement exercé ainsi que la qualification professionnelle de chaque parrain.

Elle est tenue à disposition des employeurs à la direction du travail, de l'emploi et de la formation professionnelle et dans chaque mairie.

Art. D. 6523-9. Les revenus de remplacement mentionnés au deuxième alinéa de l'article L. 6523-3 sont :

1° L'allocation d'assurance, mentionnée au 1° de l'article L. 5421-2 ;

(D. 2020-138 du 18 févr. 2020, JO 20) « 2° L'allocation des travailleurs indépendants et les autres allocations et indemnités régies par les régimes particuliers, mentionnées au 3° de ce même article ; »

3° L'allocation de congé solidarité, instituée sur le fondement de l'article 15 de la loi n° 2000-1207 du 13 décembre 2000 d'orientation pour l'outre-mer.

SECTION 4 (réglementaire). **Stagiaire de la formation professionnelle**

Sous-section 1. **Remboursement des frais de transport exposés par les stagiaires**

Note Les sous-sections 1 et 2 ont été introduites par le décret 2018-953 du 31 octobre 2018, art. 7, 14°, JO 6 nov.

Art. R. 6523-10. Les dispositions du premier alinéa de l'article R. 6341-49 sont applicables aux stagiaires qui suivent ***(D. 2018-953 du 31 oct. 2018, art. 7, 10°, JO 6 nov.)*** « en Guadeloupe, en Guyane, en Martinique, à Mayotte, à La Réunion », à Saint-Barthélemy ou à Saint-Martin un stage ouvrant droit à rémunération à la charge de l'État, de la région ou de la collectivité.

Art. R. 6523-11. Les stagiaires résidant ***(D. 2018-953 du 31 oct. 2018, art. 7, 11°, JO 6 nov.)*** « en Guadeloupe, en Guyane, en Martinique, à Mayotte, à La Réunion », à Saint-Barthélemy ou à Saint-Martin qui suivent, dans ce même département ou cette même collectivité, un stage donnant lieu à rémunération à la charge de l'État ou de la région ont droit :

1° Au remboursement par l'État ou la région de la totalité des frais de transport exposés au début et à la fin du stage pour rejoindre l'établissement ou le centre de formation et en revenir, à condition que la distance à parcourir à partir de leur domicile soit supérieure à 25 km ;

2° Au remboursement des trois quarts des frais de transport exposés pour se rendre dans leur famille, à condition que la distance à parcourir soit supérieure à 25 km, à raison :

a) Pour les stagiaires âgés de moins de dix-huit ans, d'un voyage mensuel ;

b) Pour les autres stagiaires ;

– lorsqu'ils sont célibataires, d'un voyage si la durée du stage est supérieure à huit mois ;

– lorsqu'ils sont mariés, liés par un pacte civil de solidarité, concubins ou chargés de famille, d'un voyage si la durée du stage est comprise entre trois et huit mois et de deux voyages si cette durée est supérieure à huit mois.

Art. R. 6523-12. Les stagiaires résidant en Guadeloupe, Guyane, Martinique ou à Saint-Barthélemy, Saint-Martin et qui suivent un stage donnant lieu à rémunération à la charge de l'État, de la région ou de la collectivité dans l'un des autres départements ou collectivités précités ont droit au remboursement par l'État de la totalité des frais de transport exposés au début et à la fin du stage pour rejoindre l'établissement de formation et en revenir.

Ces stagiaires ont également droit au remboursement par l'État des trois quarts des frais de transport exposés pour se rendre dans leur famille, dans l'un des départements précités, à raison d'un voyage par stage d'une durée supérieure à six mois.

Art. R. 6523-13. *(D. 2020-88 du 5 févr. 2020, art. 1er, 35°, JO 6)* À défaut de prise en charge par les financeurs de l'action de formation des frais de transport correspondants, le préfet peut accorder aux stagiaires résidant en Guadeloupe, en Guyane, en Martinique, à La Réunion, à Mayotte, à Saint-Barthélemy, à Saint-Martin à Saint-Pierre-et-Miquelon, qui suivent en France métropolitaine un stage donnant lieu à rémunération à la charge de l'État ou de la région le remboursement de la totalité des frais de transport occasionnés par le stage.

Un bilan annuel des décisions prises par le préfet en matière de remboursement de frais de transport pour les stagiaires mentionnés à l'alinéa précédent est présenté au comité régional de l'emploi, de la formation et de l'orientation professionnelles.

Art. R. 6523-14. Le remboursement des frais de transport est opéré dans les conditions prévues aux articles R. 6341-35 à R. 6341-43.

Sous-section 2. Dispositions relatives à Mayotte

Art. R. 6523-14-1. Pour l'application à Mayotte de l'article R. 6341-31, les mots : " à l'article L. 821-1 du code de la sécurité sociale " sont remplacés par les mots : " à l'article 35 de l'ordonnance n° 2002-411 du 27 mars 2002 relative à la protection sanitaire et sociale à Mayotte ".

Art. R. 6523-14-2. Pour l'application à Mayotte de l'article R. 6342-2, les mots : " du 2° de l'article L. 351-3 du code de la sécurité sociale " sont remplacés par les mots : " de l'article 8 de l'ordonnance n° 2002-411 du 27 mars 2002 relative à la protection sanitaire et sociale à Mayotte ".

Art. R. 6523-14-3. Les stagiaires résidant à Mayotte ou à La Réunion et qui suivent un stage donnant lieu à rémunération à la charge de l'État, de La Réunion ou du département de Mayotte dans l'autre territoire que celui où ils sont domiciliés, ont droit au remboursement par l'État de la totalité des frais de transport exposés au début et à la fin du stage pour rejoindre l'établissement de formation et en revenir.

Ces stagiaires ont également droit au remboursement par l'État des trois quarts des frais de transport exposés pour se rendre dans leur famille, dans l'un des territoires précités, à raison d'un voyage par stage d'une durée supérieure à six mois.

Art. R. 6523-14-4. Pour l'application à Mayotte de l'article R. 6523-11, les mots : " 25 km " sont remplacés par les mots : " 10 km ".

SECTION 5 (réglementaire). Comité régional de l'emploi, de la formation et de l'orientation professionnelles

Note Cette section a été introduite par le décret 2014-1055 du 16 septembre 2014, JO 18.

Sous-section 1. Guadeloupe, Guyane, Martinique, La Réunion

Note Pour l'application en Guyane et en Martinique de cette sous-section, et jusqu'à la date de la première réunion suivant la première élection de l'assemblée de Guyane et de l'assemblée de Martinique créées en application des dispositions de la loi du 27 juillet 2011, voir notes sous articles R. 6523-17, 18, 19 et 21 (décret 2014-1055 précité, art. 4).

Art. R. 6523-15. La section 2 du chapitre III du titre II du livre Ier de la présente partie s'applique *(D. 2018-953 du 31 oct. 2018, art. 7, 12°, JO 6 nov.)* « en Guadeloupe, en Guyane, en Martinique » et à La Réunion sous réserve des dispositions de la présente sous-section.

Note Cet article a été modifié par le décret 2020-138 du 18 février 2020, JO 20.

Art. R. 6523-16. I. – Les articles R. 6123-3-3, R. 6123-3-4 et R. 6123-3-10 ne sont pas applicables.

II. – Pour l'application de l'article R. 6123-3-9, les mots : "national et" sont supprimés.

Art. R. 6523-17. Outre les attributions dévolues au comité régional par les articles R. 6123-3 à R. 6123-3-2, le comité de chacune des collectivités mentionnées à l'article R. 6523-15 est chargé :

a) D'émettre un avis sur la charte ou le plan régional de prévention et de lutte contre l'illettrisme établi sous l'égide du préfet et du président du conseil régional en Guadeloupe et à La Réunion, du préfet et du président de l'assemblée en Guyane *(D. 2020-138 du 18 févr. 2020, JO 20)* « ou du préfet et du président du conseil exécutif en Martinique » ;

b) D'examiner toute question relative à l'emploi et à la formation professionnelle en mobilité.

Note Pour l'application en Guyane et en Martinique du *a)* de cet article, et jusqu'à la date de la première réunion suivant la première élection de l'assemblée de Guyane et de l'assemblée de Martinique, la charte ou le plan régional de prévention et de lutte contre l'illettrisme sur laquelle le comité régional de l'emploi, de la formation et de l'orientation professionnelles émet un avis est établi sous l'égide du préfet et du président du conseil régional.

Art. R. 6523-18. Au III de l'article R. 6123-3, sont ajoutées après le troisième alinéa les dispositions suivantes :

3° Chaque année, des activités de l'Agence de l'outre-mer pour la mobilité et du service militaire adapté dans la collectivité ;

4° Chaque année, du bilan des activités du ***(D. 2020-138 du 18 févr. 2020, JO 20)*** « conseil départemental », de l'assemblée de Guyane ou de l'assemblée de Martinique en matière d'aide à l'insertion sociale et professionnelle ;

5° Chaque année, par les services compétents de l'État, des données relatives au ***(D. 2020-138 du 18 févr. 2020, JO 20)*** « territoire » d'outre-mer concernées figurant dans les états statistiques et financiers des ***(D. 2020-138 du 18 févr. 2020, JO 20)*** « opérateurs de compétences ».

Note Pour l'application en Guyane et en Martinique du 4° de cet article, et jusqu'à la date de la première réunion suivant la première élection de l'assemblée de Guyane et de l'assemblée de Martinique, le comité régional de l'emploi, de la formation et de l'orientation professionnelles est informé du bilan des activités du conseil général en matière d'aide à l'insertion sociale et professionnelle.

Art. R. 6523-19. Le comité régional de l'emploi, de la formation et de l'orientation professionnelle est composé, outre le préfet ou son représentant et, selon le cas, le président du conseil régional en Guadeloupe et à La Réunion, le président de l'assemblée de Guyane ou le président du conseil exécutif de la Martinique, de membres nommés par arrêté du préfet :

1° Huit représentants de l'État :

a) Le recteur ***(D. 2019-1554 du 30 déc. 2019, art. 2, V, JO 31, entrée en vigueur le 01.01.2020)*** « de région académique » ;

b) Le chef de corps commandant le régiment du service militaire adapté présent dans la collectivité ;

c) d) Le ***(D. 2020-1545 du 9 déc. 2020, JO 10, entrée en vigueur le 01.04.2021)*** « directeur de l'économie, de l'emploi, du travail et des solidarités » ;

e) Le directeur de la mer ;

f) Le directeur de l'agriculture, de l'agroalimentaire et de la forêt ;

g) Un représentant local de l'administration pénitentiaire ;

h) Un autre représentant de l'État désigné par le préfet ;

2° Sept représentants de la région désignés par le conseil régional, ainsi que le président du conseil général ou son représentant en Guadeloupe et à La Réunion, huit représentants de l'assemblée de Guyane et huit représentants de l'assemblée de la Martinique ;

3° Un nombre compris entre cinq et onze au titre du *a* comme du *b* de représentants désignés par leurs organisations respectives :

a) Des organisations syndicales de salariés représentatives au niveau national et interprofessionnel, des organisations syndicales de salariés représentatives au niveau régional et interprofessionnel et des organisations syndicales de salariés intervenant dans les secteurs d'activités correspondant à ceux des organisations intéressées ***(D. 2020-138 du 18 févr. 2020, JO 20)*** « mentionnées au III de l'article R. 2272-9 » ;

b) Des organisations professionnelles d'employeurs représentatives au niveau national et interprofessionnel, des organisations professionnelles d'employeurs représentatives au niveau régional et interprofessionnel, ou au niveau multi professionnel, ainsi que de chacun des trois réseaux consulaires ;

4° Des représentants des principaux opérateurs de l'emploi, de la formation et de l'orientation professionnelles implantés localement, dont un représentant du regroupement des établissements d'enseignement supérieur constitué en application des dispositions combinées de l'article L. 718-2 et du 2° de l'article L. 718-3 du code de l'éducation, le directeur régional de Pôle emploi, le représentant régional des Cap emploi, le directeur ***(D. 2020-138 du 18 févr. 2020, JO 20)*** « de la commission paritaire interprofessionnelle régionale », le président de l'association régionale des missions locales, le délégué en région de l'association pour l'emploi des cadres, le directeur du centre d'animation, de ressources et d'information sur les formations et observatoire régional de l'emploi et de la formation professionnelle, le directeur régional de l'Office national d'information des enseignements et des professions, le président du conseil économique, social et environnemental régional, le directeur de l'association de gestion du fonds pour l'insertion professionnelle des personnes handicapées, et le délégué régional de l'agence de l'outre-mer pour la mobilité.

Les représentants désignés en application du 2° comprennent un nombre égal de femmes et d'hommes, conformément au principe de parité tel que défini à l'article L. 6123-3. Le représentant désigné en application du *h* du 1° de l'article R. 6523-19 doit être du sexe qui a le moins de représentants nommés en application des *a* à *g*.

Les membres mentionnés au 4° du présent article siègent sans voix délibératives.

Pour l'application du présent article, le préfet arrête le nombre et la liste des organisations représentatives au niveau régional mentionnées au *a* et *b* du 3° de l'article R. 6523-19, en application des dispositions du chapitre II du titre II du livre Ier de la deuxième partie et du chapitre II du titre V du même livre.

Art. L. 6523-7

Note Pour l'application en Guyane et en Martinique de cet article, et jusqu'à la date de la première réunion suivant la première élection de l'assemblée de Guyane et de l'assemblée de Martinique, le comité régional de l'emploi, de la formation et de l'orientation professionnelles est coprésidé par le président du conseil régional, et composé de sept représentants de la région désignés par le conseil régional ainsi que du président du conseil général ou de son représentant.

Art. R. 6523-20. Afin d'obtenir le même nombre de représentants, d'une part, des organisations syndicales et, d'autre part, des organisations professionnelles augmentées des représentants des réseaux consulaires, le préfet peut nommer des représentants supplémentaires d'une organisation syndicale ou professionnelle. Selon le cas, les sièges supplémentaires sont attribués aux organisations syndicales de salariés ayant obtenu les meilleurs résultats dans le cadre de la mesure de l'audience effectuée en application des dispositions du chapitre II du titre II du livre Ier de la deuxième partie ou aux organisations professionnelles d'employeurs dont la mesure d'audience effectuée en application des dispositions du chapitre II du titre V du livre Ier de la deuxième partie est la plus importante.

Art. R. 6523-21. Le comité régional de l'emploi, de la formation et de l'orientation professionnelles constitue en son sein en un bureau comprenant :

1° Trois représentants de l'État, dont le préfet de région, le recteur ***(D. 2019-1554 du 30 déc. 2019, art. 2, III, JO 31, entrée en vigueur le 01.01.2020)*** « de région académique » et un représentant de l'État désigné par le préfet de région parmi ceux mentionnés au 1° de l'article ***(D. 2020-1680 du 23 déc. 2020, art. 4, JO 26)*** « R. 6523-19 » ;

2° Trois représentants des collectivités territoriales investies des compétences en matière de formation et d'orientation professionnelles, selon les modalités suivantes :

a) En Guadeloupe et à La Réunion, trois représentants de la région, dont le président du conseil régional et deux représentants de la région désignés par lui parmi ceux qui ont été nommés en application du 2° de l'article R. 6523-19 ;

b) En Guyane, trois représentants de l'assemblée de Guyane dont son président et deux représentants désignés par lui parmi ceux qui ont été nommés en application du 2° de l'article R. 6523-19 ;

c) En Martinique, trois représentants de l'assemblée de Martinique dont le président du conseil exécutif et deux représentants désignés par lui parmi ceux qui ont été nommés en application du 2° de l'article R. 6523-19 ;

3° Quatre représentants des organisations syndicales de salariés représentatives au plan national et interprofessionnel ou au plan régional et interprofessionnel et des organisations professionnelles d'employeurs représentatives au plan national et interprofessionnel ou représentatives au niveau régional et interprofessionnel, désignés sur proposition du collège constitué par l'ensemble des représentants des partenaires sociaux mentionnés au 3° de l'article R. 6523-19.

Dans le cas où aucun accord ne peut être obtenu au sein du collège mentionné à l'alinéa précédent dans un délai d'un mois à compter de la saisine à cet effet de tous ses membres par le préfet de région, celui-ci désigne deux organisations syndicales de salariés et deux organisations professionnelles d'employeurs dont l'audience, mesurée suivant les dispositions des titres II et V du livre Ier de la deuxième partie, est la plus forte.

Note Pour l'application en Guyane et en Martinique du 2° de cet article, et jusqu'à la date de la première réunion suivant la première élection de l'assemblée de Guyane et de l'assemblée de Martinique, le bureau du comité régional de l'emploi, de la formation et de l'orientation professionnelles est composé de deux représentants dont le président du conseil régional et un représentant de la région désigné par lui parmi ceux qui ont été nommés en application du 2° de l'article R. 6523-19.

Sous-section 2. **Saint-Barthélemy et Saint-Martin**

Art. R. 6523-22. Les dispositions de la sous-section 1 de la présente section, à l'exclusion de l'article R. 6523-19, sont applicables à Saint-Barthélemy et Saint-Martin sous réserve des adaptations suivantes :

1° Les attributions du comité régional de l'emploi, de la formation et de l'orientation professionnelles, sont exercées par le comité de l'emploi, de la formation et de l'orientation professionnelles ;

2° Les attributions dévolues au préfet de région sont exercées par le représentant de l'État à Saint-Barthélemy et à Saint-Martin ;

3° Les compétences dévolues au président du conseil régional sont exercées par le président du conseil territorial ;

4° Les références à la région, à la Guadeloupe, à la Guyane, à la Martinique et à La Réunion sont remplacées par celles de Saint-Barthélemy et de Saint-Martin ;

5° Les références au conseil général sont remplacées par celles du conseil territorial.

Art. R. 6523-23. Le Comité de l'emploi, de la formation et de l'orientation professionnelles est composé, outre le représentant de l'État à Saint-Barthélemy et à Saint-Martin et le président du conseil territorial, de membres nommés par arrêté du représentant de l'État dans chacune des collectivités :

1° Six représentants de l'État :

a) Le ***(D. 2019-1554 du 30 déc. 2019, art. 2, III, JO 31, entrée en vigueur le 01.01.2020)*** « recteur de la région académique Guadeloupe » ou son représentant ;

b) Le chef de corps commandant le régiment du service militaire adapté présent en Guadeloupe ou son représentant ;

c) d) Le ***(D. 2020-1545 du 9 déc. 2020, JO 10, entrée en vigueur le 01.04.2021)*** « directeur de l'économie, de l'emploi, du travail et des solidarités » ou son représentant ;

e) Deux autres représentants des services de l'État désignés par le représentant de l'État ;

2° Six représentants de la collectivité d'outre-mer désigné par le président du conseil territorial ;

3° Un nombre compris entre quatre et huit, au titre du *a* comme du *b*, de représentants désignés par leurs organisations respectives :

a) Des organisations syndicales de salariés représentatives au niveau national et interprofessionnel, des organisations syndicales de salariés représentatives au niveau régional et interprofessionnel et des organisations syndicales de salariés intervenant dans les secteurs d'activités correspondant à ceux des organisations intéressées ***(D. 2020-138 du 18 févr. 2020, JO 20)*** « mentionnées au III de l'article R. 2272-9 » ;

b) Des organisations professionnelles d'employeurs représentatives au niveau national et interprofessionnel, des organisations professionnelles d'employeurs représentatives au niveau régional et interprofessionnel ou au niveau multi-professionnel, ainsi que de la chambre économique multi-professionnelle à Saint-Barthélemy et de la chambre consulaire interprofessionnelle à Saint-Martin.

4° Des représentants des principaux opérateurs de l'emploi, de la formation et de l'orientation professionnelles implantés localement dont le directeur de l'institut universitaire, le directeur régional de Pôle emploi, le directeur ***(D. 2020-138 du 18 févr. 2020, JO 20)*** « de la commission paritaire interprofessionnelle régionale », le directeur de l'association régionale des missions locales, le représentant du réseau des associations de financement des créateurs-repreneurs d'entreprise, le directeur du centre d'animation, de ressources et d'information sur les formations et observatoire régional de l'emploi et de la formation professionnelle, le président du comité économique, social et environnemental régional, le directeur régional de l'Office national d'information des enseignements et des professions ainsi que le directeur régional de l'agence de l'outre-mer pour la mobilité ou leurs représentants.

Les représentants désignés en application du *e* du 1° et du 2° comprennent un nombre égal de femmes et d'hommes, conformément au principe de parité tel que défini à l'article L. 6123-3.

Les membres mentionnés au 4° du présent article siègent sans voix délibératives.

Pour l'application du présent article, le représentant de l'État arrête la liste des organisations représentatives au niveau local mentionnées aux *a* et *b* du 3°, en application des dispositions du chapitre II du titre II du livre Ier de la deuxième partie et du chapitre II du titre V du même livre.

Sous-section 3. **Saint-Pierre-et-Miquelon**

Art. R. 6523-24. Les dispositions de la sous-section 1 de la présente section, à l'exception de celles du II de l'article R. 6523-16, du a de l'article R. 6523-17, de l'article R. 6523-18 en ce qu'il ajoute un 3° et un 4° au III de l'article R. 6123-3, de l'article R. 6523-19 et de l'article R. 6523-21, sont applicables à Saint-Pierre-et-Miquelon sous réserve des adaptations suivantes :

1° Les attributions du comité régional de l'emploi, de la formation et de l'orientation professionnelles, sont exercées par le comité de l'emploi, de la formation et de l'orientation professionnelles ;

2° Les attributions dévolues au préfet de région sont exercées par le représentant de l'État à Saint-Pierre-et-Miquelon ;

3° Les compétences dévolues au président du conseil régional sont exercées par le président du conseil territorial ;

4° Les références à la région, à la Guadeloupe, à la Guyane, à la Martinique et à La Réunion sont remplacées par celles de Saint-Pierre-et-Miquelon ;

5° Les références au conseil général sont remplacées par celles du conseil territorial ;

6° L'article R. 6123-3-4 n'est pas applicable à Saint-Pierre-et-Miquelon.

Art. R. 6523-25. Le comité de l'emploi, de la formation et de l'orientation professionnelle est composé, outre le représentant de l'État à Saint-Pierre-et-Miquelon et le président du conseil territorial, de membres nommés par arrêté du représentant de l'État :

1° Quatre représentants de l'État :

a) Le chef de service de l'éducation nationale ;

b) Le directeur de la cohésion sociale, du travail, de l'emploi et de la population ;

c) Le correspondant aux droits des femmes et à l'égalité ;

d) Le directeur du centre pénitentiaire ;

2° Trois représentants de la collectivité d'outre-mer désigné par le président du conseil territorial ;

3° Un nombre compris entre quatre et six, au titre du *a* comme du *b*, de représentants désignés par leurs organisations respectives :

a) Des organisations syndicales de salariés représentatives au niveau national et interprofessionnel, des organisations syndicales de salariés représentatives au niveau régional et interprofessionnel et des organisations syndicales de salariés intervenant dans les secteurs d'activités correspondant à ceux des organisations intéressées ***(D. 2020-138 du 18 févr. 2020, JO 20)*** « mentionnées au III de l'article R. 2272-9 » ;

b) Des organisations professionnelles d'employeurs les plus représentatives au niveau national et interprofessionnel, des organisations syndicales des salariés représentatives au niveau régional et interprofessionnel, dans la région au niveau interprofessionnel ou multi professionnel, ainsi que de la chambre d'agriculture, du commerce, d'industrie et des métiers ;

4° Des représentants des principaux opérateurs de l'emploi, de la formation et de l'orientation professionnelles implantés localement dont le directeur régional de Pôle emploi, le chef du centre d'information et d'orientation et le directeur du groupement d'intérêt public Expertise, mobilisation et valorisation des initiatives vers l'emploi (EMVIE).

Les représentants désignés en application du 2° comprennent au moins une personne de chaque sexe.

Chaque membre du conseil émet un avis sauf les membres mentionnés au 4° du présent article. Ils peuvent, le cas échéant, être entendus pour éclairer les débats.

Pour l'application du présent article, le représentant de l'État arrête la liste des organisations les plus représentatives au niveau local mentionnées aux *a* et *b* du 3° en application des dispositions du chapitre II du titre II du livre Ier de la deuxième partie et du chapitre II du titre V du même livre.

Art. R. 6523-26. Le comité de l'emploi, de la formation et de l'orientation professionnelles constitue en son sein un bureau comprenant le représentant de l'État, le président du conseil territorial, un représentant des organisations syndicales de salariés représentatives au plan national et interprofessionnel et un représentant des organisations professionnelles d'employeurs représentatives au plan national et interprofessionnel.

Les représentants des organisations syndicales de salariés et des organisations professionnelles d'employeurs représentatives sont désignés sur proposition du collège constitué par l'ensemble des personnes nommées au titre du 3° de l'article R. 6523-26. Dans le cas où aucun accord ne peut être obtenu sur cette désignation dans le délai d'un mois à compter de la saisine à cet effet des membres concernés par le représentant de l'État, celui-ci désigne, pour le choix des deux membres du bureau l'organisation syndicale de salariés et l'organisation professionnelle d'employeurs dont l'audience, mesurée suivant les dispositions des titres II et V du livre Ier de la deuxième partie est la plus forte.

Sous-section 4. Dispositions relatives à Mayotte

Note Cette sous-section est issue du décret 2018-953 du 31 octobre 2018, art. 7, 15°, JO 6 nov.

Art. R. 6523-26-1. La section 2 du chapitre III du titre II du livre Ier de la présente partie s'applique à Mayotte sous réserve des dispositions de la présente sous-section.

Art. R. 6523-26-2. I. – Le 2° de l'article R. 6123-3-2 et les articles R. 6123-3-3, R. 6123-3-4 et R. 6123-3-10 ne sont pas applicables à Mayotte.

II. – Pour l'application de l'article R. 6123-3-9 à Mayotte, les mots : " national et " sont supprimés.

Art. R. 6523-26-3. Outre les attributions dévolues au comité régional par les articles R. 6123-3 à R. 6123-3-2, le comité de Mayotte est chargé :

1° D'émettre un avis sur la charte ou le plan régional de prévention et de lutte contre l'illettrisme établi sous l'égide du préfet et du président du conseil départemental de Mayotte ;

2° D'examiner toute question relative à l'emploi et à la formation professionnelle en mobilité.

Art. R. 6523-26-4. Après le troisième alinéa du III de l'article R. 6123-3, sont ajoutées les dispositions suivantes :

" 3° Chaque année, des activités de l'Agence de l'outre-mer pour la mobilité et du service militaire adapté dans la collectivité ;

4° Chaque année, du bilan des activités du conseil départemental de Mayotte en matière d'aide à l'insertion sociale et professionnelle ;

5° Chaque année, par les services compétents de l'État, des données relatives au ***(D. 2020-138 du 18 févr. 2020, JO 20)*** « territoire » d'outre-mer concernées figurant dans les états statistiques et financiers des ***(D. 2020-138 du 18 févr. 2020, JO 20)*** « opérateurs de compétences » ".

Art. R. 6523-26-5. Le comité régional de l'emploi, de la formation et de l'orientation professionnelle est composé, outre le préfet ou son représentant et du président du conseil départemental de Mayotte, de membres nommés par arrêté du préfet :

1° Huit représentants de l'État ;

a) Le ***(D. 2019-1553 du 30 déc. 2019, art. 11, JO 31, entrée en vigueur le 01.01.2020)*** « recteur » d'académie ;

b) Le chef de bataillon du service militaire adapté de Mayotte ;

c) d) Le ***(D. 2020-1545 du 9 déc. 2020, JO 10, entrée en vigueur le 01.04.2021)*** « directeur de l'économie, de l'emploi, du travail et des solidarités » ;

e) Le chef des affaires maritimes ;
f) Le directeur de l'agriculture, de l'agroalimentaire et de la forêt ;
g) Un représentant local de l'administration pénitentiaire ;
h) Un autre représentant de l'État désigné par le préfet ;
2° Sept représentants du Département de Mayotte désignés par le conseil départemental, ainsi que le président du conseil départemental ou son représentant ;
3° Un nombre compris entre cinq et onze au titre du *a* comme du *b* de représentants désignés par leurs organisations respectives :
a) Des organisations syndicales de salariés représentatives au niveau national et interprofessionnel, des organisations syndicales de salariés représentatives au niveau régional et interprofessionnel et des organisations syndicales de salariés intervenant dans les secteurs d'activités correspondant à ceux des organisations intéressées ***(D. 2020-138 du 18 févr. 2020, JO 20)*** « mentionnées au III de l'article R. 2272-9 » ;
b) Des organisations professionnelles d'employeurs représentatives au niveau national et interprofessionnel, des organisations professionnelles d'employeurs représentatives au niveau régional et interprofessionnel, ou au niveau multi professionnel, ainsi que de chacun des trois réseaux consulaires ;
4° Des représentants des principaux opérateurs de l'emploi, de la formation et de l'orientation professionnelles implantés localement, dont un représentant des établissements d'enseignement supérieur, le directeur régional de Pôle emploi, un représentant des organismes ayant compétence pour l'accompagnement des personnes reconnues travailleurs handicapés, un représentant des missions locales de Mayotte, un représentant des organismes ayant compétence pour l'accompagnement des cadres et assimilés, le directeur du centre d'animation, de ressources et d'information sur les formations et observatoire régional de l'emploi et de la formation professionnelle, le directeur régional de l'Office national d'information des enseignements et des professions, le président du conseil économique, social et environnemental de Mayotte, le délégué régional de l'agence de l'outre-mer pour la mobilité, et un représentant de la chambre de l'économie sociale et solidaire de Mayotte.

Les représentants désignés en application du 2° comprennent un nombre égal de femmes et d'hommes, conformément au principe de parité tel que défini à l'article L. 6123-3. Le représentant désigné en application du *h* du 1° de l'article R. 6523-19 doit être du sexe qui a le moins de représentants nommés en application des *a* à *g*.

Les membres mentionnés au 4° du présent article siègent sans voix délibératives.

Pour l'application du présent article, le préfet arrête le nombre et la liste des organisations représentatives au niveau régional mentionnées au *a* et *b* du 3° de l'article R. 6523-19, en application des dispositions du chapitre II du titre II du livre Ier de la deuxième partie et du chapitre II du titre V du même livre.

Art. R. 6523-26-6. ***(D. 2020-138 du 18 févr. 2020, JO 20)*** Pour son application à Mayotte, l'article R. 6523-21 du code du travail est ainsi rédigé :

" Art. R. 6523-21. – Le comité régional de l'emploi, de la formation et de l'orientation professionnelles constitue en son sein un bureau comprenant :
1° Trois représentants de l'État, dont le préfet, le recteur et un représentant de l'État désigné par le préfet parmi ceux mentionnés au 1° de l'article ***(D. 2020-1680 du 23 déc. 2020, art. 4, JO 26)*** « R. 6523-26-5 » ;
2° Trois représentants du Département de Mayotte, dont le président du conseil départemental de Mayotte et deux représentants désignés par lui parmi ceux qui ont été nommés en application du 2° de l'article R. 6323-26-5 ;
3° Quatre représentants des organisations syndicales de salariés représentatives au plan national et interprofessionnel ou au plan régional et interprofessionnel et des organisations professionnelles d'employeurs représentatives au plan national et interprofessionnel ou représentatives au niveau régional et interprofessionnel, désignés sur proposition du collège constitué par l'ensemble des représentants des partenaires sociaux mentionnés au 3° de l'article ***(D. 2020-1680 du 23 déc. 2020, art. 4, JO 26)*** « R. 6523-26-5 ».

Dans le cas où aucun accord ne peut être obtenu au sein du collège mentionné à l'alinéa précédent dans un délai d'un mois à compter de la saisine à cet effet de tous ses membres par le préfet, celui-ci désigne deux organisations syndicales de salariés et deux organisations professionnelles d'employeurs dont l'audience, mesurée suivant les dispositions des titres II et V du livre Ier de la deuxième partie, est la plus forte. "

Septième partie

DISPOSITIONS PARTICULIÈRES À CERTAINES PROFESSIONS ET ACTIVITÉS

LIVRE Ier

JOURNALISTES PROFESSIONNELS, PROFESSIONS DU SPECTACLE, DE L'AUDIOVISUEL, DE LA PUBLICITÉ ET DE LA MODE

TITRE Ier JOURNALISTES PROFESSIONNELS

CHAPITRE Ier Champ d'application et définitions

SECTION 1. Champ d'application

Art. L. 7111-1. Les dispositions du présent code sont applicables aux journalistes professionnels et assimilés, sous réserve des dispositions particulières du présent titre.

Note Le statut des journalistes professionnels est complété par la convention collective nationale des journalistes du 1er novembre 1976, refondue le 27 octobre 1987 et étendue par arrêté du 2 février 1988 (JO 13).

Voir JCP éd. S 2014, 1457, étude R. Dupiré et D. Chatard: «Le statut de journaliste professionnel en droit du travail: épitaphe des entreprises de presse».

Art. L. 7111-2. Est nulle toute convention contraire aux dispositions du présent chapitre du chapitre II ainsi qu'à celles de l'article L. 7113-1.

SECTION 2. Définitions

Art. L. 7111-3. Est journaliste professionnel toute personne qui a pour activité principale, régulière et rétribuée, l'exercice de sa profession dans une ou plusieurs entreprises de presse, publications quotidiennes et périodiques ou agences de presse et qui en tire le principal de ses ressources.

Le correspondant, qu'il travaille sur le territoire français ou à l'étranger, est un journaliste professionnel s'il perçoit des rémunérations fixes et remplit les conditions prévues au premier alinéa.

Note • **Nature de l'activité**

Sont journalistes au sens de cet article ceux qui apportent une collaboration intellectuelle et permanente à une publication périodique en vue de l'information des lecteurs (cass. soc. 1er avril 1992, n° 88-42.951, BC V n° 221).

Ne peuvent avoir la qualité de journaliste:
– ni une personne écrivant ou traduisant pour une publication périodique des œuvres de pure imagination et dont le rôle n'est donc pas d'assurer l'information des lecteurs, quelle que soit la nature de celle-ci (cass. soc. 11 octobre 1978, n° 76-40.903, BC V n° 657),
– ni le collaborateur d'une revue, spécialisé dans la réalisation de jeux et de tests sans rapport avec l'information des lecteurs, peu important qu'une carte professionnelle lui ait été remise (cass. soc. 1er avril 1992, n° 88-42.951, précité),
– ni, dans une société audiovisuelle, un secrétaire d'édition qui intervient pour assurer la préparation, la mise en forme, la planification des décomptes de temps des différentes séquences composant les journaux télévisés, qui travaille sous l'autorité des journalistes responsables de

l'émission et dont les interventions se situent au niveau de la fabrication et de l'enregistrement des émissions (cass. soc. 17 avril 1991, n° 87-45.076),
– ni le chef opérateur du son qui n'apporte qu'une contribution technique, limitée à la fabrication de reportages audiovisuels à l'exclusion de leur conception et du choix des sujets, alors même que cette contribution comporte, pour la bonne exécution du travail, certains choix et ne se borne pas à une pure exécution (CE 8 juillet 2005, n° 270288; voir aussi, du même jour, arrêts n°s 270290 et a.; cass. soc. 12 février 2020, n° 17-31.662, s'agissant d'un photographe dont les tâches consistent essentiellement à apporter une contribution technique aux interviews et reportages réalisés par la société éditrice d'un magazine en ligne),
– ni le reporter-photographe dont les photographies sont destinées à illustrer la présentation des programmes figurant dans les magazines adressés aux abonnés d'une chaîne de télévision, cette activité ayant essentiellement pour objet d'assurer la promotion des programmes de cette chaîne et ne revêtant pas le caractère d'une activité de journaliste professionnel (CE 22 juin 2001, n° 206090, RJS 10/01 n° 1228, 2e espèce; voir aussi CE 24 octobre 2001, n° 208526, RJS 2/02 n° 242).

Mais la personne qui a la qualité de directeur politique et de directeur de rédaction d'une revue, et qui y écrit régulièrement des articles, a la qualité de journaliste professionnel, nonobstant le fait qu'il exerce des fonctions d'autorité et de direction générale (CE 26 avril 1985, n° 44226, JCP éd. G 1986.II.20541).

• **Conditions d'exercice de la profession**

Le journalisme doit être l'activité principale, régulière et rétribuée du journaliste. Le journalisme doit être l'activité principale: n'a donc pas la qualité de journaliste professionnel l'agent à la communication sociale engagé dans le cadre du dispositif emploi-jeune et chargé entre autres d'animer des émissions d'une radio locale, dès lors que son activité de journaliste, occasionnelle et secondaire, porte sur des sujets de son choix pour lesquels il ne reçoit aucune directive et que ses articles, non signés, n'ont pas la nature d'articles de fond (cass. soc. 7 mai 2008, n° 06-46.086, JSL n° 235, 16.06.2008, p. 26). Mais le correspondant permanent d'un journal peut, par exemple, sans perdre pour autant le bénéfice du statut, exercer une activité accessoire de courtier en publicité (cass. soc. 13 juin 1957, BC IV n° 709).

Le journalisme doit être une activité régulière et non occasionnelle. Un journaliste, qui doit assurer régulièrement, pour tous les jours de la semaine où un journal paraît, l'envoi d'un texte plus ou moins développé certains jours, reçoit des directives, assure au journal une collaboration régulière depuis plusieurs années et perçoit une rémunération fixe et mensuelle, se trouve dans un lien de subordination (cass. soc. 29 juin 1977, n° 76-40.209, BC V n° 439). De même, la personne qui assure régulièrement la rédaction de la rubrique automobile d'un journal et reçoit, en contrepartie, une rémunération mensuelle fixe lui assurant l'intégralité de ses ressources a la qualité de journaliste et bénéficie de la présomption édictée par l'article L. 761-2 [L. 7112-1] CT (cass. soc. 1er décembre 1998, n° 96-44.540; 5 janvier 2000, n° 97-45.635).

Le journalisme doit apporter à l'intéressé le principal de ses ressources. Ne peut prétendre au bénéfice du statut de journaliste professionnel l'avocate ayant collaboré à un magazine durant 7 ans de façon régulière, mais sans en tirer l'essentiel de ses ressources (cass. soc. 7 décembre 2011, n° 10-10.192, BC V n° 293; RJS 3/12 n° 289; voir aussi, s'agissant d'un photographe, cass. soc. 12 février 2020, n° 17-31.662, précité). Mais le propriétaire d'un domaine agricole, dont l'exploitation est, en fait, dirigée par un employé salarié disposant de larges pouvoirs et qui n'y exerce qu'une activité réduite, alors qu'il assure une grande partie de la rédaction d'un journal mensuel consacré à l'élevage et qu'il tire le principal de ses ressources de son activité de journaliste, remplit les conditions requises par l'article L. 761-2 [L. 7111-3] (CE 27 avril 1977, n° 02688, Rev. dr. pub. 1978, 278; voir aussi CE 15 novembre 1995, n° 146784). À noter que la loi n'impose pas de condition relative à un montant minimum de ressources (cass. soc. 12 février 1992, n° 89-41.864; 13 juillet 1993, n° 90-40.139).

À noter également que, même si elle tire l'essentiel de ses ressources de sa collaboration avec la société éditrice du journal, une personne cumulant son activité de rédaction d'un billet d'humeur quotidien pour la lettre électronique d'un journal avec une activité d'auteur ne peut bénéficier du statut de journaliste professionnel que si elle démontre que son activité de journaliste constitue son activité principale par rapport à son activité d'auteur exercée dans le même temps (cass. soc. 23 septembre 2020, n° 18-26.097).

Le journaliste doit exercer son activité dans une ou plusieurs publications quotidiennes ou périodiques ou dans une ou plusieurs agences de presse. L'appartenance à une entreprise de presse est, en principe, une condition nécessaire pour bénéficier du statut de journaliste professionnel (cass. soc. 22 octobre 1996, n° 94-17.199, BC V n° 341). Ne constitue pas une entreprise de presse l'entreprise dont l'objet social n'est pas celui d'une entreprise de presse, même si, à titre accessoire, elle assure la publication d'une revue ou d'un journal. Ainsi, après avoir relevé que l'Institut national de la consommation avait pour activité principale des essais, recherches, information et documentation dans le domaine de la consommation, que sa publication «60 millions de consommateurs» avait pour objectif unique l'information des consommateurs et fait ressortir que cette publication ne constituait pas un établissement autonome au sein de l'entreprise, un conseil de prud'hommes a exactement décidé que l'INC n'était pas une entreprise de presse au sens de l'article L. 761-2 [L. 7111-3] CT et n'était pas, dès lors, obligatoirement soumis à la convention collective des journalistes. Le rédacteur en chef adjoint, responsable des numéros spéciaux de cette revue, ne bénéficie donc pas du statut de journaliste (cass. soc. 17 mars 1999, n° 96-45.487, RJS 5/99 n° 760). Voir aussi cass. soc. 5 janvier 2000, n° 97-43.556, refusant la qualité de journaliste professionnelle à une rédactrice spécialisée du mensuel publié par une association de retraités, cette association n'étant pas une entreprise de presse.

Dans le cas où l'employeur n'est pas une entreprise ou une agence de presse, la qualité de journaliste professionnel peut néanmoins être retenue si la personne exerce son activité dans une publication de presse disposant d'une indépendance éditoriale (cass. soc. 25 septembre 2013, n° 12-17.516, BC V n° 216; RJS 12/13 n° 859; 11 mai 2016, n° 14-26.507, RJS 7/16 n° 530). À cet égard, statuant dans un litige concernant un salarié collaborant à la publication d'une revue éditée par une chambre syndicale qui demandait la reconnaissance du statut de journaliste, la Cour de cassation a précisé que le caractère spécialisé et la qualité esthétique de la revue ainsi que sa large diffusion à la fois aux adhérents et au public ne suffisaient pas à établir cette indépendance (cass. soc. 1er décembre 2016, n° 15-19.177, BC V n° 229; JCP éd. S 2017, 1020, note N. Dauxerre; RDT, février 2017, CH, 122, G. Auzero; RJS 2/17 n° 158).

Le Conseil d'État avait déjà reconnu la qualité de journaliste à des rédacteurs d'une revue distribuée à titre gratuit et dont le contenu «fait la promotion de la SNCF et des services qu'elle offre» aux motifs que «cette publication contient de nombreux articles d'information et d'opinion et doit donc être regardée comme une publication au sens de l'article L. 761-2 (ancien) CT» (CE 30 juin 1997, n° 175792, JCP éd. G 1998, 10002). Dans une autre décision, le Conseil d'État avait énoncé qu'«il ressortait des dispositions de l'article L. 761-2 [L. 7111-3] CT que la reconnaissance de la qualité de journaliste professionnel n'était pas nécessairement subordonnée à la condition que l'activité soit exercée au sein d'une entreprise de presse» et que la Commission supérieure de la carte d'identité des journalistes professionnels ne pouvait légalement se fonder, pour refuser l'attribution de la carte professionnelle, sur le fait que le requérant n'exerçait pas son activité au sein d'une société de presse et que la nature juridique de son employeur ne répondait donc pas aux règles fixées par les articles L. 761-4, 6, 8 et 9 (anciens) CT relatifs à la résiliation du contrat liant un journaliste professionnel à une entreprise de journaux ou périodiques (CE 22 juin 2001, n° 219930, RJS 10/01 n° 1228, 1re espèce).

Ne bénéficient pas du statut:
– la rédactrice d'une revue interne distribuée gratuitement au personnel d'EDF-GDF et éditée, non pas par une entreprise de presse, mais par une entreprise de publicité (cass. soc. 10 janvier 2001, n° 98-45.781, RJS 3/01 n° 377);
– le rédacteur en chef d'un journal édité par un syndicat professionnel, peu important la remise d'une carte de journaliste ou l'attribution d'un numéro à la revue par la commission paritaire des publications (cass. soc. 10 octobre 2001, n° 99-45.852, RJS 12/01 n° 1467);
– le cadre collaborant aux bulletins périodiques réalisés par la direction de la communication d'une entreprise d'ingénierie pétrolière (cass. soc. 24 février 1993, n° 89-19.948, BC V n° 68, arrêt n° 1);
– le salarié chargé de la mise en page et des maquettes des mensuels édités par la FNAC (cass. soc. 24 février 1993, n° 88-40.253, BC V n° 68, arrêt n° 2);
– l'agent public contractuel d'une chambre de commerce et d'industrie, peu important qu'il soit affecté à des tâches de journaliste au sein d'une publication (CE 24 octobre 1997, n° 165347, RJS 12/97 n° 1451);
– le salarié employé par une société dont l'activité principale est la publicité (cass. soc. 6 juillet 2011, n° 09-69.689, BC V n° 185; RJS 11/11 n° 910).

Sur la communication au public par voie électronique, voir article L. 7111-5 et note sous cet article.

• **Correspondants de presse.** Il résulte de cet article que le correspondant de presse n'est réputé journaliste professionnel qu'à la double condition de recevoir des appointements fixes et de tirer de son activité, exercée à titre d'occupation principale et régulière, l'essentiel de ses ressources (cass. soc. 30 mai 2018, n° 16-26.415, à paraître, RJS 8-9/18 n° 569; JCP éd. S 2018, 1234, note N. Dauxerre). La personne qui fournit à un journal des articles et photographies de manifestations sportives locales mais ne participe pas à la politique rédactionnelle du journal, à la hiérarchisation et à la vérification de l'information et qui perçoit en contrepartie, sous forme d'honoraires, des rémunérations variables, dont il n'est pas établi qu'elles constituent ses uniques revenus, n'est pas un journaliste professionnel, mais un correspondant local de presse, qui, faute d'appointements fixes, a un statut de travailleur indépendant (cass. soc. 20 décembre 2006, n° 06-40.662, BC V n° 404; 18 mai 2005, n° 02-44.075). Mais, dès lors que le correspondant de presse remplit les conditions posées par l'article L. 7111-3 CT, le statut légal de journaliste professionnel, dispositions impératives de la loi française, lui est applicable, que l'intéressé travaille sur le territoire français ou à l'étranger (cass. soc. 31 janvier 2007, n° 05-44.203, BC V n° 17).

Art. L. 7111-4

Art. L. 7111-4. Sont assimilés aux journalistes professionnels les collaborateurs directs de la rédaction, rédacteurs-traducteurs, sténographes-rédacteurs, rédacteurs-réviseurs, reporters-dessinateurs, reporters-photographes, à l'exclusion des agents de publicité et de tous ceux qui n'apportent, à un titre quelconque, qu'une collaboration occasionnelle.

Note La liste des collaborateurs directs de la rédaction, énumérés à cet article et assimilés aux journalistes professionnels, n'est pas limitative. La cour d'appel de Versailles, statuant sur renvoi après cassation, a reconnu la qualité de journaliste aux maquettistes, compte tenu des rapports étroits existant entre ces derniers et le rédacteur en chef et de l'imbrication de leur activité avec celle des concepteurs de la publication (cass. soc. 9 février 1989, n° 85-45.119, BC V n° 109 et CA Versailles 10 novembre 1993, n° 51-93). Voir aussi cass. soc. 20 janvier 1999, n° 96-44.088, ayant reconnu la qualité de journaliste à un maquettiste, dès lors que son nom figurait dans les registres du personnel, dans les notes de la direction et à l'ours des numéros édités, ce dont il résultait qu'il collaborait directement à la rédaction du journal.

La qualité de journaliste professionnel a également été reconnue à un infographiste apportant une contribution permanente illustrative dans le cadre de l'élaboration des journaux télévisés, ce dont il résultait qu'il était un collaborateur direct de la rédaction, et tirant de cette contribution le principal de ses ressources (cass. soc. 25 janvier 2017, n° 15-23.169, BC V n° 16; JCP éd. S 2017, 1079, note D. Chenu; RJS 4/17 n° 302, 2e espèce).

Les dessinateurs de bandes dessinées exerçant dans des publications périodiques leurs fonctions à titre d'occupation principale, dont ils tirent l'essentiel de leurs ressources, sont assimilés aux journalistes (TA Paris 18 juin 1974, Rec. Lebon p. 1131). L'employé d'une société d'édition qui illustre des reportages est un reporter-dessinateur assimilé aux journalistes professionnels (cass. soc. 24 novembre 1966, BC IV n° 892). Toutefois, les dessinateurs ne sont assimilés aux journalistes que s'ils sont «reporters-dessinateurs», lesquels exécutent des documents dessinés, inspirés par l'actualité (cass. soc. 13 mai 1996, n° 94-42.166). Tel est le cas du dessinateur d'illustrations de fiches d'une revue de jardinage, dès lors que ces illustrations revêtent un caractère suffisant de rapport avec l'actualité pour que leur auteur puisse être qualifié de reporter au sens des dispositions de l'article L. 7111-3 CT (CE 24 octobre 1997, n° 170320, RJS 12/97 n° 1451). En revanche, n'a pas la qualité de journaliste professionnel la personne qui illustre en bandes dessinées des œuvres d'imagination sans rapport avec l'actualité (cass. soc. 4 juin 1987, n° 83-41.138, BC V n° 363).

À noter que pour pouvoir prétendre au statut de journaliste et au bénéfice de la présomption de salariat prévue à l'article L. 7112-1, il ne suffit pas qu'une personne apporte à une société éditrice une collaboration constante et régulière; encore faut-il qu'elle tire de cette collaboration l'essentiel de ses ressources (cass. soc. 7 décembre 2011, n° 10-10.192, BC V n° 293; RJS 3/12 n° 289).

Art. L. 7111-5. Les journalistes exerçant leur profession dans une ou plusieurs entreprises de communication au public par voie électronique ont la qualité de journaliste professionnel.

Note • Cette disposition, issue de la loi 82-652 du 29 juillet 1982 sur la communication audiovisuelle (art. 93) modifiée par la loi 2004-575 du 21 juin 2004 pour la confiance dans l'économie numérique, et codifiée par l'ordonnance 2007-329 du 12 mars 2007, reconnaît le bénéfice du statut légal de journaliste professionnel à tous les journalistes exerçant leur profession dans une ou plusieurs entreprises de communication par voie électronique, cette notion englobant la communication audiovisuelle et la communication au public en ligne.

La loi du 21 juin 2004 définit la communication audiovisuelle comme toute communication au public de services de radio ou de télévision, quelles que soient les modalités de mise à disposition auprès du public, ainsi que toute communication au public par voie électronique de services autres que de radio et de télévision et ne relevant pas de la communication au public en ligne. La communication au public en ligne, quant à elle, s'entend de toute transmission, sur demande individuelle, de données numériques n'ayant pas un caractère de correspondance privée, par un procédé de communication électronique permettant un échange réciproque d'informations entre l'émetteur et le récepteur.

À noter qu'une entreprise qui a pour activité la création d'œuvres audiovisuelles destinées à être diffusées dans le public doit être regardée comme une entreprise de communication pour l'application des dispositions relatives à la délivrance de la carte d'identité professionnelle des journalistes, alors même qu'elle n'assure pas directement la diffusion de ses œuvres (CE 5 avril 2002, n° 219829, RJS 7/02 n° 909).

• **Réalisation d'un site Internet.** Le mode de diffusion d'informations par voie électronique, notamment sur un site Internet, ne fait pas, par lui-même, obstacle à la qualification de publication au sens des dispositions du code du travail ou à la reconnaissance de la qualité de journaliste professionnel dans une entreprise de communication au public par voie électronique en application de cet article (CE 16 octobre 2015, n° 377177). Toutefois, la conception et la réalisation d'un site Internet par un service d'un établissement public dont le rôle et l'activité se confondent avec ceux de cet établissement (en l'espèce, reprise sur le site du contenu des expositions organisées par l'établissement) ne peuvent pas être regardées comme l'exercice de la profession de journaliste au sein d'une publication périodique (CE 26 juillet 2007, n° 296389, JCP éd. S 2007, 1912, note Th. Lahalle). De même, un site qui a pour objet principal la promotion publicitaire ne peut être regardé comme une publication au sens des articles L. 7111-3 et 5 CT (CE 16 octobre 2015, n° 377177, précité).

Art. L. 7111-5-1. ***(L. 2009-669 du 12 juin 2009, art. 20, JO 13)*** La collaboration entre une entreprise de presse et un journaliste professionnel porte sur l'ensemble des supports du titre de presse tel que défini au premier alinéa de l'article L. 132-35 du code de la propriété intellectuelle, sauf stipulation contraire dans le contrat de travail ou dans toute autre convention de collaboration ponctuelle.

Art. L. 7111-5-2. ***(L. 2016-1524 du 14 nov. 2016, art. 2, JO 15)*** Un exemplaire de la charte déontologique prévue à l'article 2 *bis* de la loi du 29 juillet 1881 sur la liberté de la presse est remis à tout journaliste lors de son embauche et à tout journaliste déjà employé dans une entreprise de presse, de publication quotidienne ou périodique, une agence de presse, une entreprise de communication au public par voie électronique ou de communication audiovisuelle, dans un délai de trois mois suivant l'adoption de la charte par cette entreprise ou cette agence.

Note Les entreprises de presse devaient négocier une charte déontologique avant le 1er juillet 2017 (loi 2016-1524 précitée, art. 1er).

SECTION 3. Carte d'identité professionnelle

Art. L. 7111-6. Le journaliste professionnel dispose d'une carte d'identité professionnelle dont les conditions de délivrance, la durée de validité, les conditions et les formes dans lesquelles elle peut être annulée sont déterminées par décret en Conseil d'État.

L'ancien journaliste professionnel peut bénéficier d'une carte d'identité de journaliste professionnel honoraire dans des conditions déterminées par ce même décret.

Note La carte d'identité n'est pas exigée pour l'exercice de la profession de journaliste, mais elle apporte à celui qui la détient des facilités administratives pour l'exercice de cette profession.

Le bénéfice de la carte d'identité des journalistes professionnels est réservé aux salariés dont la situation est régie par le code du travail. La commission supérieure a donc pu, pour refuser à une personne l'attribution de la carte d'identité de journaliste professionnel, se fonder sur la circonstance qu'elle était l'unique associé-gérant d'une entreprise unipersonnelle à responsabilité limitée et que cette situation la plaçait en dehors du champ d'application du code du travail (CE 15 novembre 2006, n° 289762, Rec. Lebon p. 470; RJS 2/07 n° 290).

La détention de la carte d'identité de journaliste professionnel n'est pas suffisante pour établir la qualité de journaliste (cass. soc. 1er avril 1992, n° 88-42.951, BC V n° 221; 22 octobre 1996, n° 94-17.199, BC V n° 341; 27 février 2002, n° 00-41.818).

SECTION 4. Représentation professionnelle

Note Cette section a été introduite par la loi 2008-789 du 20 août 2008, art. 2, JO 21.

Art. L. 7111-7. Dans les entreprises mentionnées aux articles L. 7111-3 et L. 7111-5, lorsqu'un collège électoral spécifique est créé pour les journalistes professionnels et assimilés, est représentative à l'égard des personnels relevant de ce collège l'organisation syndicale qui satisfait aux critères de l'article L. 2121-1 et qui a recueilli au moins 10 % des suffrages exprimés au premier tour des dernières élections des titulaires au ***(Ord. 2017-1386 du 22 sept. 2017, art. 4, 16°, JO 23, entrée en vigueur au plus tard le 01.01.2018)*** «comité social et économique» dans ce collège.

Note **Modalités de création du collège spécifique aux journalistes.** Les décisions rapportées ci-dessous sont transposables dans le cadre de la mise en place du CSE.

• L'instauration d'un collège spécifique aux journalistes étant prévue par la loi, les dispositions de l'article L. 2324-12 conditionnant la création d'un collège électoral modifiant les prévisions légales à la signature d'un accord par toutes les organisations syndicales représentatives existant dans l'entreprise ne sont pas applicables. La création du collège journalistes n'est donc pas soumise à la conclusion d'un accord unanime mais, en l'absence de dispositions légales particulières, aux conditions de droit commun de validité du protocole préélectoral [signature par la majorité des organisations syndicales ayant participé à la négociation du protocole préélectoral, dont les organisations syndicales représentatives ayant recueilli la majorité des suffrages exprimés lors des dernières élections professionnelles] (cass. soc. 2 mars 2011, n° 09-60.419, BC V n° 60; RJS 5/11 n° 480, 1re espèce; JCP éd. S 2011, 1231, 2e espèce, note N. Dauxerre; Dr. Soc. 2011, p. 874, 1er arrêt, obs. Fr. Petit).

• La condition tenant à la création d'un collège électoral spécifique prévue par ce texte est satisfaite dès lors qu'un accord préélectoral impose l'inscription de tous les journalistes dans un seul et même collège et interdit, par là même, à un syndicat de journalistes de présenter des candidats dans d'autres collèges, peu important que ce collège au sein duquel sont inscrits les journalistes puisse aussi comprendre d'autres salariés (cass. soc. 2 mars 2011, n° 10-60.157, BC V n° 66; RJS 5/11 n° 480, 2e espèce; JCP éd. S 2011, 1231, 1re espèce, note N. Dauxerre; Dr. Soc. 2011, p. 875, 2e arrêt, obs. Fr. Petit).

Art. L. 7111-8. Dans les branches qui couvrent les activités des entreprises de presse, publications quotidiennes ou périodiques et agences de presse, ainsi que les activités des entreprises de communication au public par voie électronique ou de communication audiovisuelle, sont représentatives à l'égard des personnels mentionnés à l'article L. 7111-1 les organisations syndicales qui remplissent les conditions de l'article L. 2122-5 dans les collèges électoraux de journalistes.

Note Cet article a été modifié par la loi 2010-1215 du 15 octobre 2010, JO 16.

Art. L. 7111-9. ***(L. 2008-789 du 20 août 2008, art. 8, JO 21)*** Dans les entreprises dans lesquelles un collège électoral spécifique est créé pour les journalistes professionnels et assimilés, lorsque la convention ou l'accord ne concerne que les journalistes ou assimilés, sa validité est subordonnée à sa signature par ***(L. 2016-1088 du 8 août 2016, art. 21, IV, JO 9)*** «, d'une part, l'employeur ou son représentant et, d'autre part,» une ou plusieurs organisations syndicales de salariés représentatives ayant recueilli ***(L. 2016-1088 du 8 août 2016, art. 21, IV, JO 9)*** «plus de 50 %» des suffrages exprimés ***(L. 2016-1088 du 8 août 2016, art. 21, IV, JO 9)*** «en faveur d'organisations représentatives» dans ce collège spécifique au premier tour des dernières élections des titulaires au ***(Ord. 2017-1386 du 22 sept. 2017, art. 4, 16°, JO 23, entrée en vigueur au plus tard le 01.01.2018)*** «comité social et économique», quel que soit le nombre de votants.

(L. 2016-1088 du 8 août 2016, art. 21, IV, JO 9) «Les règles de sa validité sont celles prévues à l'article L. 2232-12. Les taux de 30 % et de 50 % mentionnés au même article sont appréciés à l'échelle du collège des journalistes.»

Note Les dispositions de cet article, dans sa rédaction issue de la loi 2016-1088 précitée, s'appliquent depuis le 1er janvier 2017 aux accords collectifs qui portent sur la durée du travail, les repos et les congés et, depuis le 9 août 2016, aux accords mentionnés à l'article L. 2254-2. Elles s'appliquent depuis le 1er mai 2018 aux autres accords collectifs (loi précitée, art. 21, IX, modifié par ordonnance 2017-1385 du 22 septembre 2017, art. 11, JO 23).

Art. L. 7111-10. ***(L. 2008-789 du 20 août 2008, art. 8, JO 21)*** Lorsque la convention de branche ou l'accord ne concerne que les journalistes professionnels et assimilés, sa validité est subordonnée à sa signature par une ou plusieurs organisations syndicales de salariés représentatives ayant recueilli, aux élections prises en compte pour la mesure de l'audience prévue au 3° de l'article L. 2122-5, au moins 30 % des suffrages exprimés dans le collège de journalistes en faveur d'organisations reconnues représentatives à ce niveau, quel que soit le nombre de votants, et à l'absence d'opposition d'une ou de plusieurs organisations syndicales de salariés représentatives ayant recueilli la majorité des suffrages exprimés dans ce collège à ces élections, quel que soit le nombre de votants.

Note Cet article a été modifié par la loi 2010-1215 du 15 octobre 2010, JO 16.

Art. L. 7111-11. ***(L. 2016-1524 du 14 nov. 2016, art. 3, JO 15)*** Le ***(Ord. 2017-1386 du 22 sept. 2017, art. 4, 20°, JO 23, entrée en vigueur au plus tard le 01.01.2018)*** «comité social et économique» de toute entreprise de presse, de toute publication quotidienne ou périodique, de toute agence de presse ou de toute entreprise de communication au public en ligne ou de communication audiovisuelle est informé chaque année sur le respect par celle-ci de l'article 2 *bis* de la loi du 29 juillet 1881 sur la liberté de la presse.

SECTION 1 (réglementaire). Carte d'identité professionnelle

Sous-section 1. Délivrance et renouvellement

Art. R. 7111-1. La carte d'identité professionnelle des journalistes ne peut être délivrée qu'aux personnes qui, conformément aux dispositions des articles L. 7111-3 à L. 7111-5, sont journalistes professionnels ou sont assimilées à des journalistes professionnels.

Art. R. 7111-2. À l'appui de sa première demande adressée à la commission de la carte d'identité des journalistes professionnels, prévue à la section 2, l'intéressé fournit :

1° La justification de son identité et de sa nationalité ;

2° Un curriculum vitae affirmé sur l'honneur ;

3° Le bulletin n° 3 de son casier judiciaire daté de moins de trois mois ;

4° L'affirmation sur l'honneur que le journalisme est bien sa profession principale, régulière et rétribuée et qu'il en tire une rémunération au moins égale au salaire minimum résultant de l'application des dispositions du présent code. Cette affirmation est accompagnée de l'indication des publications quotidiennes ou périodiques, agences de presse ou entreprises de communication audiovisuelle dans lesquelles le postulant exerce sa profession ;

5° L'indication des autres occupations régulières rétribuées ;

6° L'engagement de faire connaître à la commission tout changement qui surviendrait dans sa situation et qui entraînerait une modification des déclarations sur la production desquelles la carte aurait été délivrée. Cet engagement comporte l'obligation de rendre la carte à la commission lorsque le titulaire perd la qualité de journaliste professionnel.

Art. R. 7111-3. Après examen, et dans les conditions prévues aux articles R. 7111-27 et R. 7111-28, la commission de la carte d'identité des journalistes professionnels statue sur les demandes de délivrance de cartes dont elle est saisie.

Elle peut préalablement procéder ou faire procéder aux vérifications qu'elle juge utiles.

Art. R. 7111-4. La personne étrangère présentant une demande de carte d'identité de journaliste professionnel doit respecter les dispositions du présent code relatives aux conditions d'exercice d'une activité salariée par un étranger en France.

Art. R. 7111-5. La commission de la carte d'identité des journalistes professionnels délivre une carte de stagiaire à la personne qui a moins de deux ans d'ancienneté dans la profession.

Art. R. 7111-6. La carte d'identité de journaliste professionnel comporte la photographie du titulaire, sa signature, l'indication de ses nom, prénoms, nationalité et domicile, la mention des publications, agences de presse ou entreprise de communication audiovisuelle dans lesquelles il exerce sa profession.

Le cachet de la commission de la carte d'identité des journalistes professionnels et la signature de deux de ses membres, pris respectivement parmi les représentants des employeurs et des salariés, sont apposés sur la carte.

Art. R. 7111-7. La carte d'identité de journaliste professionnel est valable pour une durée d'un an. Elle mentionne la période de sa validité.

Elle est renouvelée pour une même durée sur décision favorable de la commission de la carte d'identité des journalistes professionnels.

Art. R. 7111-8. Lors du renouvellement de la carte d'identité de journaliste professionnel, la commission détermine les justificatifs à fournir à l'appui de la demande de renouvellement, compte tenu des justificatifs déjà fournis à l'appui de la demande initiale.

Art. R. 7111-9. Lorsque, sans faute de sa part, un journaliste professionnel ayant possédé cette qualité pendant deux ans au moins se trouve momentanément privé de travail, la commission peut lui délivrer une carte provisoire d'identité de journaliste professionnel dont la durée est expressément limitée.

Cette carte ne diffère de la carte ordinaire que par l'absence d'indication des publications, agences de presse ou entreprises de communication audiovisuelle dans lesquelles le titulaire est employé.

Art. R. 7111-10. La décision de la commission de refus de délivrance ou de renouvellement de la carte est notifiée à l'intéressé par lettre recommandée avec avis de réception.

Note Le silence gardé pendant deux mois sur les demandes de délivrance et de renouvellement de la carte d'identité de journaliste professionnel vaut décision de rejet (décret 2014-1304 du 23 octobre 2014, JO 1er nov., applicable aux demandes présentées depuis le 12.11.2014, modifié par décret 2016-308 du 17 mars 2016, JO 18).

Sous-section 2. Modifications et annulation

Art. R. 7111-11. Le titulaire d'une carte d'identité de journaliste professionnelle qui cesse d'être employé dans les publications, agences de presse ou entreprises de communication audiovisuelle auxquelles il était attaché au moment de la délivrance de la carte d'identité, saisit la commission.

Cette dernière modifie la carte en tenant compte de sa nouvelle situation ou engage, s'il y a lieu, la procédure d'annulation prévue aux articles R. 7111-12 et R. 7111-13.

Art. R. 7111-12. La commission de la carte d'identité des journalistes professionnels peut annuler une carte.

Au préalable, le président de la commission convoque le titulaire devant celle-ci par lettre recommandée. Ce dernier, qui peut être assisté d'un conseil, présente ses explications. Lorsqu'il ne comparaît pas, il peut faire parvenir à la commission des explications écrites.

Art. R. 7111-13. La décision de la commission d'annuler de la carte est notifiée à l'intéressé par lettre recommandée avec avis de réception.

Sous-section 3. Carte d'identité de journaliste professionnel honoraire

Art. R. 7111-14. À l'appui de sa demande de carte de journaliste professionnel honoraire, l'intéressé fournit :

1° La justification de son identité et de sa nationalité ;

2° Un curriculum vitae affirmé sur l'honneur indiquant notamment les publications quotidiennes ou périodiques, agences de presse ou entreprises de communication audiovisuelle dans lesquelles il exerçait la profession de journaliste professionnel, dans les conditions définies aux articles L. 7111-3 et L. 7111-4 ;

3° Le bulletin n° 3 de son casier judiciaire daté de moins de trois mois ;

(D. 2014-1767 du 31 déc. 2014, JO 3 janv. 2015) « 4° S'il bénéficie d'une pension de retraite, une notification de l'organisme qui lui sert cette pension de retraite attestant qu'il a été affilié en qualité de journaliste professionnel et la justification de l'exercice de la profession de journaliste pendant vingt ans au moins. Lorsqu'il ne bénéficie pas d'une pension de retraite, il justifie d'avoir atteint l'âge d'ouverture du droit à une pension de retraite prévu à l'article L. 161-17-2 du code de la sécurité sociale ainsi que de l'exercice de sa profession de journaliste pendant trente ans. La justification de la qualité de journaliste est établie par la possession de la carte d'identité de journaliste professionnel ou par la production d'attestations de ses anciens employeurs ; »

5° Deux photographies récentes.

Art. R. 7111-15. Après examen, et dans les conditions prévues aux articles R. 7111-27 et R. 7111-28, la commission de la carte d'identité des journalistes professionnels statue sur les demandes de délivrance de cartes de journaliste professionnel honoraire dont elle est saisie.

Elle peut préalablement procéder ou faire procéder aux vérifications jugées utiles.

Note Le silence gardé pendant deux mois sur une demande de délivrance de la carte d'identité de journaliste professionnel honoraire vaut décision de rejet (décret 2014-1304 du 23 octobre 2014, JO 1er nov., applicable aux demandes présentées depuis le 12.11.2014, modifié par décret 2016-308 du 17 mars 2016, JO 18).

Art. R. 7111-16. Le modèle de la carte d'identité de journaliste professionnel honoraire ainsi que les mentions qu'elle comporte sont établis par le règlement intérieur de la commission de la carte d'identité des journalistes professionnels.

Art. R. 7111-17. La carte d'identité de journaliste professionnel honoraire peut être annulée suivant la procédure prévue aux articles R. 7111-12 et R. 7111-13 lorsque le titulaire reprend son activité dans la profession ou lorsqu'il est établi que la carte lui a été délivrée au vu de déclarations ou attestations sciemment inexactes.

SECTION 2 (réglementaire). Commission de la carte d'identité des journalistes professionnels

Sous-section 1. Attributions, composition et mandat

Art. R. 7111-18. La commission chargée d'attribuer la carte d'identité des journalistes professionnels est paritaire.

Elle comprend :

1° Huit représentants des employeurs, dont :

a) Sept au titre des directeurs de journaux et agences de presse ;

b) Un au titre des entreprises de communication audiovisuelle ;

2° Huit représentants des journalistes professionnels.

Art. R. 7111-19. Les membres de la commission justifient de l'exercice de leur profession pendant deux ans au moins durant les cinq années précédant leur désignation ou leur élection.

Ils ne doivent avoir fait l'objet d'aucune interdiction, déchéance ou incapacité relative à leurs droits civiques.

Art. R. 7111-20. Le mandat des membres désignés et des membres élus de la commission est de trois ans, renouvelable.

Il expire en même temps pour les deux catégories.

Sous-section 2. Désignation et élection des membres

Art. R. 7111-21. Les représentants des employeurs sont désignés par les organisations représentatives des directeurs de journaux et agences de presse et des entreprises de communication audiovisuelle.

En cas de désaccord, le siège en litige est pourvu par arrêté du ministre chargé de la communication.

Art. R. 7111-22. Les représentants des journalistes professionnels sont élus par les journalistes titulaires de la carte d'identité professionnelle.

Leur élection a lieu à bulletin secret au scrutin de liste à deux tours, à la représentation proportionnelle suivant la règle de la plus forte moyenne, avec vote préférentiel et sans panachage.

Les listes peuvent comporter un nombre de candidats inférieur à celui des sièges à pourvoir.

Art. R. 7111-23. Au premier tour de scrutin de l'élection des représentants des journalistes professionnels, chaque liste est établie par les organisations de salariés représentatives au niveau national. Lorsque le nombre de votants est inférieur à la moitié des électeurs inscrits, il est procédé, dans un délai d'un mois, à un second tour de scrutin.

Pour le second tour, les électeurs peuvent voter pour des listes autres que celles qui sont présentées par les organisations précédemment mentionnées.

Les modalités techniques du scrutin sont précisées par le protocole d'accord électoral ou, à défaut, le règlement intérieur de la commission.

Art. R. 7111-24. Des membres suppléants, en nombre égal à celui des représentants des employeurs et des journalistes professionnels, sont désignés et élus simultanément et dans les mêmes conditions que les membres titulaires.

Un des suppléants des représentants des employeurs est désigné au titre des entreprises de communication audiovisuelle du secteur privé par les organisations professionnelles représentatives de ces entreprises.

En cas de désaccord entre les organisations mentionnées au premier alinéa de l'article R. 7111-21, le siège en litige est pourvu par arrêté du ministre chargé de la communication.

Ces représentants suppléent les membres titulaires absents et remplacent, entre deux renouvellements, les membres décédés, démissionnaires ou qui cessent de faire partie de la commission par suite de décès ou de toute autre cause.

Les membres suppléants qui ne remplacent pas un membre titulaire peuvent être entendus par la commission, avant que celle-ci ne délibère.

Art. R. 7111-25. Dans les régions délimitées par le règlement intérieur de la commission un représentant et un remplaçant de chaque catégorie sont désignés en qualité de correspondants.

Dans chaque région, le représentant et le remplaçant des employeurs sont désignés par l'organisation la plus représentative des directeurs de journaux, agences de presse et entreprises de communication audiovisuelle. Le représentant et le remplaçant des journalistes professionnels sont élus par les journalistes titulaires de la carte d'identité professionnelle.

Les correspondants peuvent être entendus par la commission, avant que celle-ci ne délibère.

Sous-section 3. Organisation et fonctionnement

Art. R. 7111-26. Le président de la commission de la carte d'identité des journalistes professionnels est alternativement un représentant des employeurs et un représentant des journalistes professionnels. Le sort détermine celui qui préside la commission la première fois.

Art. R. 7111-27. La commission de la carte d'identité des journalistes professionnels établit son règlement intérieur.

La commission ne peut délibérer que lorsqu'au moins cinq représentants des employeurs et cinq représentants des journalistes professionnels sont présents et participent au vote.

Lorsque, au cours d'une séance, l'une des deux catégories a plus de membres présents que l'autre, le nombre de ses représentants autorisés à prendre part au vote est ramené au nombre des présents de l'autre catégorie, dans des conditions déterminées par le règlement intérieur de la commission.

Art. R. 7111-28. Les décisions de la commission de la carte d'identité des journalistes professionnels, notamment celles qui comportent délivrance, renouvellement ou annulation de la carte, sont prises à la majorité absolue des représentants présents.

Sous-section 4. Réclamations

Art. R. 7111-29. Toute décision de la commission de la carte d'identité des journalistes professionnels peut faire l'objet d'une réclamation, par l'intéressé, devant la commission supérieure mentionnée à l'article R. 7111-32.

Art. R. 7111-30. Le délai pour formuler une réclamation devant la commission supérieure est d'un mois franc à compter de la notification de la décision comportant annulation, refus de délivrance ou de renouvellement de la carte.

Pour les personnes qui, domiciliées en France, en sont temporairement éloignées pour une cause reconnue légitime, le délai pour formuler la réclamation devant la commission supérieure est porté à six mois.

Art. R. 7111-31. La réclamation est adressée par lettre recommandée avec avis de réception au président de la commission supérieure. Elle est suspensive.

La commission statue dans les conditions prévues aux articles R. 7111-12 et R. 7111-13.

Art. R. 7111-31-1. ***(D. 2014-1767 du 31 déc. 2014, JO 3 janv. 2015)*** Le président de la commission supérieure représente l'État devant les juridictions compétentes en cas de litige relatif aux décisions de cette commission, à l'exception des pourvois devant le Conseil d'État.

Art. R. 7111-32. La commission supérieure comprend :

1° Un conseiller à la Cour de cassation, en exercice ou honoraire, président ;

2° Deux magistrats de la cour d'appel de Paris, en exercice ou honoraires ;

3° Un représentant des directeurs de journaux, agences de presse et entreprises de communication audiovisuelle ;

4° Un représentant des journalistes professionnels.

Art. R. 7111-33. Les trois magistrats de la commission supérieure ainsi qu'un suppléant pour chacun d'eux sont désignés par le premier président de la cour dont ils relèvent.

Les représentants des directeurs de journaux, agences de presse et entreprises de communication audiovisuelle et des journalistes professionnels, ainsi que deux suppléants pour chacun d'eux, sont respectivement désignés et élus simultanément et dans les mêmes conditions que les membres de la commission de la carte d'identité des journalistes professionnels.

Art. R. 7111-34. Le mandat de représentant à la commission supérieure est incompatible avec celui de membre de la commission de la carte d'identité des journalistes professionnels.

Art. R. 7111-35. Il est procédé tous les trois ans au renouvellement complet de la commission supérieure. Les membres sortants peuvent être désignés ou élus à nouveau.

CHAPITRE II Contrat de travail

SECTION 1. Présomption de salariat

Art. L. 7112-1. Toute convention par laquelle une entreprise de presse s'assure, moyennant rémunération, le concours d'un journaliste professionnel est présumée être un contrat de travail.

Cette présomption subsiste quels que soient le mode et le montant de la rémunération ainsi que la qualification donnée à la convention par les parties.

Note • La présomption légale de contrat de travail qu'institue cet article ne peut être détruite en tirant argument de l'absence de carte de journaliste professionnel, de contrat de travail ou de bulletins de salaire (cass. soc. 4 février 2009, n° 07-43.680, RJS 4/09 n° 402). Elle comporte un renversement de la charge de la preuve en faveur des journalistes. Les mentions figurant sur le bulletin de paie sont sans incidence à cet égard. Voir, s'agissant d'un correspondant sportif à Paris d'un quotidien régional dont l'employeur n'avait pas rapporté la preuve qu'il travaillait en toute indépendance et en toute liberté, cass. soc. 1er février 1995, n° 91-42.789, BC V n° 47 ; dans le même sens, voir aussi cass. soc. 3 mars 2004, n° 02-40.122, RJS 6/04 n° 769, précisant que la présomption édictée par l'article L. 7112-1 CT ne peut être détruite par la lettre d'embauche fixant le point de départ de l'ancienneté du salarié à une date postérieure au début de sa collaboration.

Mais une cour d'appel a pu déduire du fait qu'une journaliste écrivait des articles sur des sujets de son choix et que la société ne lui adressait aucune commande ni instruction que, peu important le mode de rémunération et les conditions dans lesquelles lui avait été remise sa carte de journaliste, la société avait détruit la présomption de subordination établie par l'article L. 761-2 [L. 7112-1] (cass. soc. 8 avril 1992, n° 89-42.171, BC V n° 254; dans le même sens, voir cass. soc. 14 janvier 2004, n° 01-46.555).

À noter que la présomption de salariat prévue par cet article s'applique à une convention liant un journaliste professionnel à une agence de presse (cass. soc. 13 avril 2016, n° 11-28.713, BC V n° 74; RJS 6/16 n° 461; JCP éd. S 2016, 1228, note Th. Lahalle).

• **Pigistes**

La qualité de pigiste n'est pas de nature à priver l'intéressé du bénéfice du statut de journaliste professionnel (cass. soc. 17 octobre 2012, n° 11-14.302, BC V n° 263; RJS 1/13 n° 79). En effet, la loi institue en faveur des journalistes rémunérés à la pige une présomption de contrat de travail. Mais, pour bénéficier de cette présomption, le journaliste pigiste doit satisfaire à la définition de l'article L. 7111-3 CT. Ainsi, pour avoir la qualité de salarié d'une entreprise de presse, le pigiste doit collaborer au journal de cette entreprise de façon régulière (cass. soc. 8 mars 1995, n° 94-60.106, RJS 4/95 n° 452; 6 novembre 2019, n° 18-12.638). Le pigiste ne bénéficie donc pas de cette présomption vis-à-vis de l'ensemble des entreprises de presse auxquelles il peut apporter sa collaboration de façon occasionnelle (mêmes arrêts).

Ne peut prétendre au bénéfice du statut le pigiste, forfaitairement rémunéré, dont il apparaît qu'il traite les sujets de son choix et que la société de presse ne lui adresse ni instructions ni même orientations ou directives (cass. soc. 9 février 1989, n° 86-40.996, BC V n° 108).

Ne peut davantage y prétendre le reporter-photographe, libre de son temps, qui fait parvenir à une agence de presse, sans instruction de celle-ci, des clichés sur les événements et les sujets de son choix, ces seuls motifs suffisant à détruire la présomption de salariat (cass. soc. 30 juin 1988, n° 85-44.396, BC V n° 399). En revanche, lorsqu'un reporter-photographe, agissant sur instructions, effectue de manière constante et habituelle des reportages photographiques destinés à illustrer des événements précis publiés par deux journaux et perçoit en contrepartie une rémunération mensuelle d'un montant assez constant, la présomption de salariat n'est pas détruite et les parties sont liées par un contrat de travail (cass. soc. 10 juin 1997, n° 94-41.091; 11 juillet 2006, n° 04-45.419, RJS 10/06 n° 1131; voir aussi cass. soc. 6 février 2019, n° 16-19.881, RJS 5/19 n° 328, 3e espèce, approuvant la reconnaissance, par une cour d'appel, de la qualité de journaliste permanent à un reporter-photographe qui collaborait de manière régulière et permanente avec une agence de presse, percevait une rémunération forfaitaire d'un montant relativement stable et ne correspondant pas nécessairement au nombre de piges effectuées chaque mois, n'avait pas le choix de ses reportages et devait les réaliser en se conformant aux consignes qui lui étaient données).

En l'absence de contrat écrit conclu dans l'un des cas où il peut être recouru au contrat à durée déterminée (art. L. 1242-2), le contrat conclu avec un pigiste est en principe un contrat de travail à durée indéterminée, mais à temps partiel (cass. soc. 18 janvier 2018, n° 16-21.215, BC V n° 4; JCP éd. S 2018, 1067, note N. Dauxerre; RJS 3/18 n° 224; JSL n° 449, 16.03.2018, p. 22).

Lorsque la collaboration d'un journaliste pigiste est occasionnelle et non permanente et que la société n'a pas l'obligation de lui assurer la parution et la rémunération d'un nombre d'articles déterminé dans un temps donné, l'interruption des commandes pendant quatre mois ne s'analyse pas en un licenciement (cass. soc. 9 juillet 1996, n° 93-41.401, RJS 10/96 n° 1119; voir aussi cass. soc. 28 juin 2018, n° 16-27.544, à paraître, JCP éd. S 2018, 1284, note N. Dauxerre; RJS 10/18 n° 645; JSL n° 460, 28.09.2018, p. 28). *A contrario*, en fournissant régulièrement du travail à un pigiste pendant une longue période, une entreprise de presse fait de ce dernier, même rémunéré à la pige, un collaborateur régulier auquel l'entreprise est tenue de fournir du travail (cass. soc. 30 juin 2009, n° 08-42.770). Ainsi, lorsqu'une société a régulièrement versé, pendant trois ans, des piges à une pigiste et que la régularité de ces paiements atteste du caractère constant du concours qu'elle apportait à l'entreprise de presse, la société a l'obligation de demander à l'intéressée, de manière constante et régulière, une prestation de travail et l'interruption de cette relation de travail s'analyse en un licenciement (cass. soc. 1er février 2000, n° 98-40.195, BC V n° 49). En outre, l'entreprise de presse qui manque à son obligation de procurer du travail au pigiste dont elle avait fait un collaborateur régulier peut être condamnée au paiement d'un rappel de salaire; ainsi, ayant relevé qu'un dessinateur pigiste n'avait pris acte de la rupture de son contrat de travail qu'à l'issue d'un délai compatible avec ce type de collaboration pendant lequel il s'était tenu à la disposition de son employeur, une cour d'appel a pu décider qu'un rappel de salaire était dû pour la période correspondante (cass. soc. 31 octobre 2006, n° 05-41.773, RJS 1/07 n° 122). À noter, toutefois, que si l'employeur d'un journaliste pigiste, employé comme collaborateur régulier, est tenu de lui fournir régulièrement du travail sauf à engager la procédure de licenciement, il n'est pas tenu de lui fournir un volume de travail constant (cass. soc. 29 septembre 2009, n° 08-43.487, BC V n° 207; 15 février 2012, n° 10-30.700; 3 juillet 2019, n° 17-28.889).

Les pigistes étant salariés dès lors qu'ils sont collaborateurs réguliers de l'entreprise de presse, ils doivent bénéficier de la mesure spéciale de participation prévue par l'accord de participation en faveur de tous les salariés de l'entreprise comptant une certaine ancienneté; un employeur ne peut donc se prévaloir, pour leur refuser le bénéfice de la participation, du fait que l'accord de participation conclu dans son entreprise prévoyant une répartition de la réserve en fonction du temps de présence excluait implicitement les pigistes, rémunérés selon les travaux réalisés et non selon leur temps de présence (cass. soc. 10 janvier 2001, n° 99-10.731, RJS 3/01 n° 323).

En outre, lorsque, compte tenu de la durée et de la régularité de leur collaboration, les journalistes pigistes ont la qualité de collaborateurs réguliers d'une entreprise de presse, ils doivent bénéficier des avantages prévus en faveur des journalistes professionnels permanents par la convention collective nationale des journalistes (cass. soc. 3 mars 2004, n° 02-40.372, RJS 6/04 n° 770; voir aussi cass. soc. 6 février 2019, n° 16-19.881, précité).

Sur les conditions d'emploi des journalistes rémunérés à la pige, voir accord du 7 novembre 2008 (BO CC 2009-2), étendu par arrêté du 11 octobre 2010 (JO 20). On notera que, par arrêté du 26 août 2011 (JO 3 sept.), certaines dispositions de cet accord relatives à l'électorat et à l'éligibilité aux élections professionnelles (condition de rémunération minimale) et à la prise en compte des pigistes dans le calcul des seuils d'effectifs (subordination à la possession de la carte de presse) ont été retirées du champ de l'arrêté d'extension précité, en tant qu'elles ont été jugées illicites par le tribunal de grande instance et la cour d'appel de Paris (TGI Paris 3 novembre 2009; CA Paris 24 mars 2011).

Covid-19. Sur les modalités de calcul de l'indemnité et de l'allocation d'activité partielle applicables aux journalistes pigistes en collaboration régulière, prévues à titre dérogatoire et temporaire pour faire face à l'épidémie de Covid-19, voir décret 2020-435 du 16 avril 2020, JO 17, entrée en vigueur le 17.04.2020, modifié et décret 2020-1786 du 30 décembre 2020, JO 31, entrée en vigueur le 01.01.2021. Sur les mesures prises en matière d'activité partielle pour aider les entreprises, voir aussi note introductive du chapitre II du titre II du livre Ier de la cinquième partie.

SECTION 2. **Rupture du contrat**

Art. L. 7112-2. Dans les entreprises de journaux et périodiques, en cas de rupture par l'une ou l'autre des parties du contrat de travail à durée indéterminée d'un journaliste professionnel, la durée du préavis, sous réserve du 3° de l'article L. 7112-5, est fixée à:

1° Un mois pour une ancienneté inférieure ou égale à trois ans;

2° Deux mois pour une ancienneté supérieure à trois ans.

Toutefois, lorsque la rupture est à l'initiative de l'employeur et que le salarié a une ancienneté de plus de deux ans et de moins de trois ans, celui-ci bénéficie du préavis prévu au 3° de l'article L. 1234-1.

Note • L'application de cet article est écartée en cas de démission du journaliste lorsque celui-ci invoque la «clause de conscience». Voir article L. 7112-5 et la note.

• À noter que si l'article 47 de la convention collective nationale des journalistes se rapportant aux conflits individuels stipule que les parties sont d'accord pour recommander, avant le recours à la procédure prévue par les articles L. 761-4 et L. 761-5 devenus L. 7112-2 à L. 7112-4 CT, de soumettre les conflits individuels à une commission paritaire amiable ayant uniquement une mission conciliatrice, il n'en résulte pas pour l'employeur l'obligation de saisir la commission paritaire amiable préalablement à la rupture du contrat le liant au journaliste; à l'exception des litiges relevant de l'article 3, B de la convention collective se rapportant à la liberté d'opinion, pour lesquels le préalable de conciliation est obligatoire, l'absence de saisine préalable de la commission paritaire, qui ne présente aucun caractère obligatoire, est donc sans effet sur la régularité du licenciement (cass. soc. 18 septembre 2019, n° 18-10.261, à paraître, JCP éd. S 2019, 1307, note N. Dauxerre; RJS 11/19 n° 658).

Art. L. 7112-3. Si l'employeur est à l'initiative de la rupture, le salarié a droit à une indemnité qui ne peut être inférieure à la somme représentant un mois, par année ou fraction d'année de collaboration, des derniers appointements. Le maximum des mensualités est fixé à quinze.

Note • Les articles L. 7112-3 et L. 7112-4 ont été déclarés conformes à la Constitution: en effet, les journalistes sont, compte tenu de la nature particulière de leur travail, placés dans une situation différente de celles des autres salariés; en prenant en compte cette particularité et en instaurant ce mode de détermination de l'indemnité de rupture du contrat de travail au profit des seuls journalistes, l'article L. 7112-3 ne méconnaît pas le principe d'égalité devant la loi. S'agissant de l'article L. 7112-4, du fait de la spécificité de cette profession, il peut sembler légitime de confier la fixation de l'indemnité de rupture du contrat pour les journalistes les plus anciens ou à qui il est reproché une faute grave ou des fautes répétées à une commission arbitrale, composée majoritairement de personnes désignées par des organismes professionnels. Si le dernier alinéa de cet article prévoit que la décision de la commission arbitrale ne peut être frappée d'appel, le principe du double degré de juridiction n'a pas, en lui-même, valeur constitutionnelle; en outre, ces dispositions n'ont ni pour objet ni pour effet d'interdire tout recours contre la décision de la commission, cette décision pouvant faire l'objet, devant la cour d'appel, d'un recours en annulation formé, selon les règles applicables en matière d'arbitrage et par lequel sont appréciés notamment le respect des exigences d'ordre public, la régularité de la procédure et le principe du contradictoire et l'arrêt de la cour d'appel pouvant faire l'objet d'un pourvoi en cassation; enfin, eu égard à la compétence particulière de la commission arbitrale, portant sur des questions de fait liées à l'exécution et à la rupture du contrat de travail des journalistes, ces dispositions ne méconnaissent pas le droit à un recours juridictionnel effectif (C. constit. 14 mai 2012, n°s 2012-243 à 246 QPC, JO 15; JCP éd. S 2012, 1343, note N. Dauxerre).

• Il n'y a pas lieu de distinguer là où la loi ne distingue pas; dès lors, les dispositions des articles L. 7112-3 et L. 7112-4 CT sont applicables aux journalistes professionnels au service d'une entreprise de presse, quelle qu'elle soit, et non aux seuls journalistes salariés des entreprises de journaux et périodiques (cass. soc. 30 septembre 2020, n° 19-12.885, à paraître, JSL n° 508, 23.11.2020, p. 28, D. J.-P. ; RJS 12/20 n° 630, concernant un journaliste salarié d'une agence de presse).

• L'indemnité de licenciement n'est due que lorsque la rupture du contrat provient du fait de l'employeur. Le départ volontaire à la retraite dans le cadre d'un plan social constitue une rupture à l'initiative du salarié et n'ouvre donc pas droit à l'indemnité de congédiement prévue à cet article (cass. soc. 9 juillet 2003, n° 01-43.298, RJS 10/03 n° 1161).

• L'indemnité de licenciement est calculée en fonction des seules années passées dans l'exercice de la profession de journaliste, sauf pour l'intéressé à lui préférer, si elle est plus favorable, l'indemnité légale de licenciement prévue à l'article L. 1234-9 CT, prenant en compte la totalité des années de service dans l'entreprise. Elle ne peut non plus, sauf dispositions contraires, se cumuler avec une indemnité conventionnelle de licenciement (cass. soc. 11 décembre 1991, n° 88-41.171, BC V n° 565).

• En cas de rupture conventionnelle, le montant minimum de l'indemnité de rupture prévue par l'article L. 1237-13 est celui de l'indemnité de licenciement de droit commun fixé par les articles R. 1234-1 et 2 et non celui de l'indemnité de licenciement prévue par cet article (cass. soc. 3 juin 2015, n° 13-26.799, BC V n° 109; RJS 8-9/15 n° 564; Dr. Soc. 2015, p. 746, act. J. Mouly; RDT, Juillet/Août 2015, CH, 458, G. Auzero; JSL n° 392, 25.07.2015, p. 22, J-Ph. Lhernould).

• **Pigistes.** Si l'employeur d'un journaliste pigiste employé comme collaborateur régulier est tenu de lui fournir régulièrement du travail sauf à engager la procédure de licenciement, il n'est pas tenu de lui fournir un volume de travail constant; il en résulte qu'en cas de rupture du contrat de travail s'analysant en un licenciement, le salaire de référence pour déterminer le montant des indemnités de licenciement, de préavis et de congés payés ainsi que la somme due conformément aux dispositions de l'article L. 1235-3 CT en l'absence de cause réelle et sérieuse doit être fixé par application de l'article 44 de la convention collective nationale des journalistes du 1er novembre 1976 (cass. soc. 21 septembre 2017, 2 arrêts, n°s 16-10.346 et 16-16.531, BC V n°s 154 et 155; JCP éd. S 2017, 1345, note N. Dauxerre; RJS 12/17 n° 842).

• **Assujettissement à CSG/CRDS.** Seul le montant de l'indemnité de congédiement correspondant à 15 années d'activité doit être considéré comme «fixé par la loi», l'excédent, laissé à la discrétion de la commission arbitrale, devant être soumis à la CSG et à la CRDS (cass. civ., 2e ch., 21 juin 2005, n° 03-30.754, BC II n° 168).

Prenant en compte cette jurisprudence, l'ACOSS n'exclut de l'assiette de la CSG et de la CRDS que la seule fraction de l'indemnité versée aux journalistes, correspondant à 1 mois de salaire par année d'ancienneté, dans la limite de 15 mois de salaire pour les salariés ayant 15 années d'ancienneté ou plus. Le surplus y est au contraire assujetti (lettre-circ. ACOSS 2012-76 du 8 juin 2012).

Art. D. 7112-1. L'indemnité de rupture du contrat de travail, prévue à l'article L. 7112-3, ne peut être inférieure à un mois de salaire, par année ou fraction d'année d'ancienneté.

Le maximum des mensualités est fixé à quinze.

Art. L. 7112-4. Lorsque l'ancienneté excède quinze années, une commission arbitrale est saisie pour déterminer l'indemnité due.

Cette commission est composée paritairement d'arbitres désignés par les organisations professionnelles d'employeurs et de salariés. Elle est présidée par un fonctionnaire ou par un magistrat en activité ou retraité.

Si les parties ou l'une d'elles ne désignent pas d'arbitres, ceux-ci sont nommés par le président du ***(Ord. 2019-964 du 18 sept. 2019, art. 35, JO 19, entrée en vigueur le 01.01.2020)*** «tribunal judiciaire», dans des conditions déterminées par voie réglementaire.

Si les arbitres désignés par les parties ne s'entendent pas pour choisir le président de la commission arbitrale, celui-ci est désigné à la requête de la partie la plus diligente par le président du ***(Ord. 2019-964 du 18 sept. 2019, art. 35, JO 19, entrée en vigueur le 01.01.2020)*** «tribunal judiciaire».

Art. L. 7112-4

En cas de faute grave ou de fautes répétées, l'indemnité peut être réduite dans une proportion qui est arbitrée par la commission ou même supprimée.

La décision de la commission arbitrale est obligatoire et ne peut être frappée d'appel.

Note • Sur la conformité de cet article à la Constitution et les journalistes bénéficiaires de ses dispositions, voir note sous article L. 7112-3.

• La commission arbitrale est seule compétente pour statuer sur l'octroi et sur le montant d'une indemnité de licenciement, quelle qu'en soit la cause, au journaliste professionnel ayant plus de 15 années d'ancienneté (cass. soc. 14 février 2018, n° 16-25.649, BC V n° 27; JCP éd. S 2018, 1104, note N. Dauxerre; RJS 4/18 n° 299; 15 mars 1979, n° 76-15.417, BC V n° 242; 19 juillet 1988, n° 86-41.641, BC V n° 467).

Elle est également compétente pour fixer, donc pour réduire ou supprimer, quelle que soit l'ancienneté du journaliste, le montant de l'indemnité due lorsque l'employeur allègue soit une faute grave, soit des fautes répétées (cass. soc. 15 mars 1979, n° 76-15.417, précité; 29 mars 1995, n° 91-45.876, BC V n° 115). Ce faisant, la commission arbitrale a compétence pour apprécier l'existence et la gravité des fautes alléguées (cass. soc. 12 octobre 1961, BC IV n° 854), sans que la décision de la juridiction prud'homale, statuant sur les indemnités réclamées au titre de la rupture du contrat de travail, ne s'impose à elle (cass. soc. 29 octobre 2002, n° 00-13.413, BC V n° 330).

• La compétence de la commission arbitrale dans le domaine qui lui est dévolu entraîne corrélativement l'incompétence de la juridiction prud'homale en la matière (cass. soc. 29 mars 1995, n° 91-45.876, précité; 13 avril 1999, n° 97-40.090, BC V n° 173; RJS 6/99 n° 877).

• La saisine de la commission arbitrale suppose, outre la condition d'une ancienneté excédant quinze années, une rupture à l'initiative de l'employeur; ainsi, la commission arbitrale n'est pas compétente pour déterminer le montant de l'indemnité de licenciement due aux salariés ayant signé une convention de rupture amiable au titre des départs volontaires dans le cadre d'un plan de sauvegarde de l'emploi (cass. soc. 9 avril 2015, n° 13-23.588, BC V n° 72; JCP éd. S 2015, 1193, note G. Loiseau; RJS 6/15 n° 452).

• La commission arbitrale n'est compétente pour aucun autre chef de demande (détermination de l'auteur de la rupture, cass. soc. 6 juillet 1961, BC IV n° 748; indemnité compensatrice de préavis ou de congés payés, cass. soc. 8 juillet 1960, BC IV n° 764; existence et durée du contrat de travail, cass. soc. 18 juillet 1961, BC IV n° 801). La juridiction prud'homale garde en effet la plénitude de sa compétence pour toute indemnité autre que l'indemnité mentionnée à l'article L. 761-5 [L. 7112-3] CT (cass. soc. 27 janvier 1999, n° 96-44.837).

• Le domaine de compétence de la commission arbitrale ne peut être étendu à des cas non prévus par la loi: si l'application volontaire de la convention collective des journalistes, au bénéfice d'un salarié qui n'exerce pas cette activité, ouvre droit au paiement de l'indemnité de licenciement déterminée par l'article L. 7112-3, dont l'assiette est précisée par l'article 44 de la convention, elle n'a pas pour effet de soumettre le litige auquel donne lieu cette indemnité au pouvoir de la commission arbitrale des journalistes prévue par l'article L. 7112-4 (cass. soc. 12 octobre 2011, n° 10-26.699, RJS 12/11 n° 1022).

• L'autorité qui s'attache à la chose jugée au cours de la même instance est d'ordre public et s'impose à la commission arbitrale des journalistes; méconnaît cette règle la commission arbitrale qui décide que des journalistes peuvent se prévaloir des dispositions des articles L. 761-5 et L. 761-7 (anciens) CT, contrairement à un arrêt définitif précédemment rendu à leur égard dans la même instance (cass. soc. 11 janvier 2000, n° 98-42.489). À l'inverse, une cour d'appel a rejeté à bon droit le recours en annulation dirigé contre la décision de la commission arbitrale des journalistes qui, en statuant sur la demande d'indemnité de licenciement, a, ainsi qu'elle y était tenue, respecté l'autorité de la chose jugée attachée à la décision prud'homale qui avait renvoyé les parties à saisir cette commission pour fixation de l'indemnité de licenciement (cass. soc. 16 octobre 2019, n° 17-31.802).

• En raison des règles dérogatoires au droit commun auxquelles obéit la détermination de l'indemnité de licenciement des journalistes professionnels, la portée de la sentence rendue par la commission arbitrale est limitée au domaine de compétence de cette commission. Par conséquent, des faits considérés comme n'étant pas constitutifs d'une faute grave par la commission arbitrale peuvent être regardés par la juridiction prud'homale comme constitutifs d'une faute grave (cass. soc. 12 janvier 1977, n° 76-40.001, BC V n° 17). À l'inverse, même si des faits ont été considérés comme constitutifs d'une faute grave par la commission, le conseil de prud'hommes conserve la plénitude de sa compétence pour octroyer - ou non - une indemnité de préavis, voire des dommages et intérêts pour rupture abusive (cass. soc. 8 juillet 1992, n° 89-41.343, BC V n° 456; 22 mai 1995, n° 91-43.448, BC V n° 163; RJS 7/95 n° 837).

• Il résulte du dernier alinéa de cet article que la décision de la commission arbitrale des journalistes ne peut être frappée d'appel; ces dispositions ne méconnaissent pas le droit à un recours juridictionnel effectif puisque la décision de la commission d'arbitrage des journalistes peut faire l'objet, devant la cour d'appel, d'un recours en annulation formé selon les règles applicables en matière d'arbitrage et que l'arrêt de la cour d'appel peut faire l'objet d'un pourvoi en cassation (cass. soc. 15 avril 2015, n° 13-27.759, BC V n° 76; JCP éd. S 2015, 1233, note A. Bugada). Voir aussi C. constit. 14 mai 2012, n°s 2012-243 à 246 QPC, cité sous l'article L. 7112-3.

• Une cour d'appel peut accorder à un journaliste dont l'indemnité de licenciement devait être fixée, eu égard à son ancienneté (supérieure à quinze années) par la commission arbitrale, une provision à partir du moment où elle a reconnu, dans les limites de sa compétence, un principe de créance certain au titre des dispositions de l'article L. 761-5 (ancien) CT (cass. soc. 4 juillet 1990, n° 87-40.144; 23 octobre 1991, n° 88-41.635). Toutefois, il ne s'agit que d'une simple faculté pour les juges et non d'une obligation (cass. soc. 27 janvier 1999, n° 96-44.837, précité).

Art. D. 7112-2. La commission arbitrale prévue à l'article L. 7112-4 détermine l'indemnité due au salarié dont l'ancienneté excède quinze années.

Art. D. 7112-3. La décision de la commission arbitrale est obligatoire. Elle produit effet à compter de sa saisine. Aucune disposition ne peut prescrire que ses effets rétroagiront avant cette date.

Sa minute est déposée par l'un des arbitres ou par le président de la commission au greffe du ***(D. 2019-966 du 18 sept. 2019, art. 8, JO 19, entrée en vigueur le 01.01.2020)*** «tribunal judiciaire» dans le ressort duquel la décision a été rendue. Ce dépôt est accompli dans les vingt-quatre heures et rend la décision exécutoire.

Les actes nécessités par l'application de l'article L. 7112-4 et du présent article sont dispensés de formes et de frais, en particulier de timbre et d'enregistrement.

Note La procédure prévue par cet article, reprise des articles 15 et 16 de la loi du 4 mars 1938, exclut la procédure d'*exequatur* et la possibilité d'opposition.

Art. D. 7112-4. La décision de la commission arbitrale est notifiée aux parties par lettre recommandée avec avis de réception vingt-quatre heures après avoir été rendue. Cette notification est faite par l'un des arbitres ou par le président de la commission.

Art. D. 7112-5. La commission arbitrale comprend deux arbitres désignés par les organisations professionnelles d'employeurs et deux arbitres désignés par les organisations syndicales de salariés.

Art. D. 7112-6. La nomination des arbitres par le président du ***(D. 2019-966 du 18 sept. 2019, art. 8, JO 19, entrée en vigueur le 01.01.2020)*** «tribunal judiciaire» intervient huit jours après une mise en demeure adressée par lettre recommandée à la partie défaillante par l'autre organisation ou aux deux parties par l'intéressé lui-même.

Art. L. 7112-5. Si la rupture du contrat de travail survient à l'initiative du journaliste professionnel, les dispositions des articles L. 7112-3 et L. 7112-4 sont applicables, lorsque cette rupture est motivée par l'une des circonstances suivantes:

1° Cession du journal ou du périodique;

2° Cessation de la publication du journal ou périodique pour quelque cause que ce soit;

3° Changement notable dans le caractère ou l'orientation du journal ou périodique si ce changement crée, pour le salarié, une situation de nature à porter atteinte à son honneur, à sa réputation ou, d'une manière générale, à ses intérêts moraux. Dans ces cas, le salarié qui rompt le contrat n'est pas tenu d'observer la durée du préavis prévue à l'article L. 7112-2.

Note • Le bénéfice des dispositions de cet article est réservé aux journalistes employés dans une entreprise de journal ou de périodique; ceux travaillant dans des agences de presse ne peuvent s'en prévaloir (cass. soc. 6 février 2001, n° 98-44.306, BC V n° 46; RJS 4/01 n° 539).

• L'indemnité de licenciement prévue à l'article L. 761-5 [L. 7112-3] est due, contrairement au droit commun, en cas de rupture du fait du journaliste, si celle-ci est motivée:
– par la cession du journal ou du périodique: on ne peut assimiler à la cession, qui implique un changement de propriétaire du journal, le fait de mettre fin à une gérance libre (cass. soc. 8 juillet 1960, BC IV n° 764) ou celui de mettre en location-gérance un journal ou un périodique (cass. soc. 29 mai 1991, n° 87-45.677, BC V n° 279); par contre, l'article L. 7112-5 doit recevoir application lorsque la cession d'actions de la société qui possède un journal ou de la société qui est actionnaire de celle-ci, entraîne la prise de contrôle de la société propriétaire par un nouvel actionnaire ou un nouveau groupe d'actionnaires (cass. soc. 21 juin 1984, n° 83-63.328, BC V n° 266; 12 janvier 1994, n° 90-42.783, BC V n° 5; voir aussi cass. soc. 10 mars 1998, n° 95-43.795, BC V n° 130; RJS 4/98 n° 542, s'agissant d'un transfert de contrôle à un nouveau groupe d'actionnaires à la suite de diverses cessions d'actions). S'analyse également en une cession de périodique au sens de l'article L. 7112-5, 1° CT la cession du titre d'un journal intervenue dans le cadre d'une procédure de redressement judiciaire, même si le cessionnaire exploitait ce journal depuis plusieurs années en vertu d'un contrat de licence de marque (cass. soc. 26 février 2002, n° 00-40.763, BC V n° 80; RJS 5/02 n° 635). À noter que l'application

de l'article L. 122-12 [L. 1224-1] ne peut priver le journaliste du droit de bénéficier de l'article L. 7112-5 (cass. soc. 15 novembre 1989, n° 86-42.742, BC V n° 666);
– par la cessation de la publication, même si elle est due à la force majeure. Il doit cependant s'agir d'une cessation définitive et non d'une interruption momentanée de la publication du journal (cass. soc. 8 juillet 1997, n° 94-43.881);
– par le changement notable dans le caractère ou l'orientation du journal ou périodique. Cette «clause de conscience», qui tend à garantir l'indépendance morale du journaliste, ne peut être invoquée que dans la mesure où, d'une part, est survenu un changement notable dans le caractère ou dans l'orientation du journal ou du périodique, par exemple, après l'acquisition de l'exploitation du journal par une société et le retrait des personnalités qui animaient primitivement celui-ci (cass. soc. 9 novembre 1961, BC IV n° 926) et où, d'autre part, un tel changement crée une situation de nature à porter atteinte à l'honneur, à la conscience, à la réputation ou aux intérêts moraux du journaliste (cass. soc. 21 juin 1978, n° 76-40.892, BC V n° 497). Ainsi, constitue un changement notable dans l'orientation du journal, créant pour les journalistes une situation de nature à porter atteinte à leurs intérêts moraux, le fait pour un magazine, qui, depuis son lancement, était exclusif de tout caractère scandaleux, de s'être orienté délibérément, pour élargir sa diffusion et assurer sa survie, vers la publication d'articles privilégiant le sensationnel et portant atteinte à la vie privée (cass. soc. 17 avril 1996, n° 93-42.409, BC V n° 167). C'est au journaliste de rapporter la preuve de ce changement (cass. soc. 27 octobre 1993, n° 89-44.766): l'insertion dans une revue d'un reportage publicitaire rédigé par des journalistes et ne portant pas la mention «Publicité» ne constitue pas un changement d'orientation justifiant l'application des dispositions de l'article L. 7112-5, 3°, dès lors que ce reportage, faisant suite à d'autres reportages publicitaires périodiquement insérés dans la revue sous la même rubrique, ne pouvait tromper le lecteur sur sa véritable nature.

• Lorsque le journaliste se prévaut de l'une des hypothèses prévues par l'article L. 7112-5 CT, la résiliation du contrat de travail, même s'il bénéficie d'une indemnité de licenciement, reste son fait et il est légalement dispensé d'accomplir un préavis. Il ne peut donc réclamer une indemnité compensatrice de préavis à son employeur (cass. soc. 17 avril 1996, n° 93-42.409, précité).

L'article L. 7112-5 n'impose aucun délai au journaliste pour mettre en œuvre la clause de conscience (cass. soc. 10 mars 1998, n° 95-43.795, précité; 30 novembre 2004, n° 02-42.437, BC V n° 314; RJS 2/05 n° 234). Il suffit donc, pour que les dispositions de cet article puissent être invoquées, que la résiliation du contrat de travail ait été motivée par l'une des circonstances qu'il énumère (cass. soc. 16 février 2012, n° 10-18.525, RJS 5/12 n° 512). Encore faut-il que l'intention du salarié de mettre fin pour cette raison à la relation de travail soit claire et non équivoque. Ayant constaté qu'un salarié ne s'était résolu à invoquer la clause légale de cession du journal que parce que les propositions de modification de son contrat, qui lui avaient été faites par le nouvel actionnaire majoritaire, entraînaient une diminution de son salaire de l'ordre de 25 %, une cour d'appel a pu en déduire que sa volonté de résilier son contrat de travail n'était ni claire ni dépourvue d'équivoque (cass. soc. 15 mars 2006, n° 03-45.875, BC V n° 112; RJS 5/06 n° 648). En effet, il ne suffit pas que le courrier de démission du journaliste vise la cession de l'entreprise; l'existence d'un lien de causalité entre la rupture du contrat de travail et la cession du journal (intervenue, en l'espèce, trois ans auparavant) doit être établie (cass. soc. 8 juillet 2020, n° 18-21.460).

Sur les conditions d'application et la mise en œuvre de la clause de conscience, voir «La clause de conscience des journalistes professionnels», J-L Durand, Dr. Soc. 1994, p. 256 et «Le refus par la Cour de cassation d'enfermer la clause de conscience des journalistes dans un délai bref», J-J Touati, JSL 1998 n° 18, p. 4.

CHAPITRE III Rémunération

Art. L. 7113-1. Tout travail non prévu au contrat de travail conclu entre une entreprise de journal et périodique et un journaliste professionnel entraîne une rémunération spéciale.

Art. L. 7113-2. ***(L. 2009-669 du 12 juin 2009, art. 20, JO 13)*** Tout travail commandé ou accepté par l'éditeur d'un titre de presse au sens de l'article L. 132-35 du code de la propriété intellectuelle, quel qu'en soit le support, est rémunéré, même s'il n'est pas publié.

Note Une société éditrice ne peut refuser de payer un article qui lui a été adressé par un journaliste pigiste, dès lors qu'à la réception de cet article, elle n'a notifié aucune remarque à son auteur pour en empêcher la parution, ce qui équivalait à une acceptation de sa part (cass. soc. 25 octobre 1995, n° 94-40.487).

Art. L. 7113-3. ***(L. 2009-669 du 12 juin 2009, art. 20, JO 13)*** Lorsque le travail du journaliste professionnel donne lieu à publication dans les conditions définies à l'article L. 132-37 du code de la propriété intellectuelle, la rémunération qu'il perçoit est un salaire.

Art. L. 7113-4. *(L. 2009-669 du 12 juin 2009, art. 20, JO 13)* La négociation obligatoire visée aux articles L. 2241-1 et L. 2241-8 porte également sur les salaires versés aux journalistes professionnels qui contribuent, de manière permanente ou occasionnelle, à l'élaboration d'un titre de presse.

CHAPITRE IV Dispositions pénales

Art. L. 7114-1. Est puni d'un emprisonnement de deux ans et d'une amende de 3750 €, le fait:

1° Soit de faire sciemment une déclaration inexacte en vue d'obtenir la carte d'identité de journaliste professionnel ou la carte d'identité de journaliste professionnel honoraire;

2° Soit de faire usage d'une carte frauduleusement obtenue, périmée ou annulée, en vue de bénéficier des avantages offerts par ces cartes;

3° Soit de délivrer sciemment des attestations inexactes en vue de faire attribuer l'une de ces cartes.

Est puni des mêmes peines le fait de fabriquer, de distribuer ou d'utiliser une carte présentant avec l'une de ces cartes ou les documents délivrés par l'autorité administrative aux journalistes une ressemblance de nature à prêter à confusion.

TITRE II PROFESSIONS DU SPECTACLE, DE L'AUDIOVISUEL, DE LA PUBLICITÉ ET DE LA MODE

CHAPITRE Ier Artistes du spectacle

Note Le statut des artistes du spectacle résulte de la loi 69-1186 du 26 décembre 1969, JO 30, relative au placement des artistes du spectacle. Cette loi a donné lieu à un décret d'application 71-971 du 3 décembre 1971 et à une circulaire ministérielle TE 226 du 2 février 1972 relative au placement payant des artistes du spectacle. Voir Cah. prud'h. 2005 n° 5, ch. «Les artistes et le conseil de prud'hommes».

SECTION 1. Champ d'application

Art. L. 7121-1. Les dispositions du présent code sont applicables aux artistes du spectacle, sous réserve des dispositions particulières du présent chapitre.

SECTION 2. Définitions

Art. L. 7121-2. Sont considérés comme artistes du spectacle, notamment:

1° L'artiste lyrique;

2° L'artiste dramatique;

3° L'artiste chorégraphique;

4° L'artiste de variétés;

5° Le musicien;

6° Le chansonnier;

7° L'artiste de complément;

8° Le chef d'orchestre;

9° L'arrangeur-orchestrateur;

10° Le metteur en scène *(L. 2016-925 du 7 juil. 2016, art. 46, JO 8)* «, le réalisateur et le chorégraphe», pour l'exécution matérielle de *(L. 2016-925 du 7 juil. 2016, art. 46, JO 8)* «leur» conception artistique;

(L. 2016-925 du 7 juil. 2016, art. 46, JO 8) «11° L'artiste de cirque;

12° Le marionnettiste;

13° Les personnes dont l'activité est reconnue comme un métier d'artiste-interprète par les conventions collectives du spectacle vivant étendues.»

Note Le bénéfice des dispositions de cet article et des articles suivants est réservé aux seuls artistes du spectacle, mais la liste qui en est donnée n'est pas limitative. Ainsi, doit être considéré comme artiste du spectacle le sonorisateur-éclairagiste chargé de fournir la sonorisation et l'éclairage en liaison avec le metteur en scène et dont le rôle n'est pas celui d'un simple exécutant (cass. soc. 8 juillet 1999, n° 97-14.487, BC V n° 339; RJS 10/99 n° 1310).

La qualité d'artiste du spectacle et le statut qui lui est attaché impliquent de participer à l'interprétation d'une œuvre de l'esprit (cass. soc. 27 novembre 2007, n° 06-41.091). Les participants à une émission de téléréalité dont la prestation ne requiert aucune interprétation, dans la mesure où ils n'ont aucun rôle à jouer ni aucun texte à dire, et qu'il ne leur est demandé que d'être eux-mêmes et d'exprimer leurs réactions face aux situations auxquelles ils sont confrontés, ne peuvent se voir reconnaître la qualité d'artiste-interprète, le caractère artificiel de ces situations et de leur enchaînement ne suffisant pas à leur donner la qualité d'acteurs (cass. civ., 1re ch., 24 avril 2013, n° 11-19.091, BC I n° 83; JCP éd. S 2013, 1191, avis O. Falletti; RJS 7/13 n° 566).

À noter que le personnel de la Comédie-Française relève d'un statut particulier: les «sociétaires» n'ont pas la qualité de salariés, alors que les «pensionnaires» ont cette qualité.

À noter également que, statuant sur l'application de la présomption de salariat, le Conseil d'État en a étendu le bénéfice aux sportifs professionnels. Voir note sous article L. 7121-3.

Distinction entre les statuts d'artistes-interprètes et de mannequins utilisés dans le cadre des films publicitaires. L'artiste de spectacle participant à un film publicitaire se distingue du mannequin en ce qu'il ne se limite pas à prêter son image pour la présentation d'un produit au public, mais qu'il se livre par la voix ou le geste à un jeu de scène impliquant une interprétation personnelle et relevant de l'activité du spectacle. Ayant constaté que les films pour le tournage desquels une artiste avait été engagée avaient été réalisés sur la base d'un scénario mettant en jeu trois personnages, dont celui de la «vendeuse» interprété par l'intéressée, et que la prestation fournie relevait du registre du théâtre ou du cinéma avec jeux de physionomie et interaction entre les partenaires, une cour d'appel a pu en déduire que cette personne ne s'était pas bornée à présenter un produit, mais qu'elle avait interprété un rôle et que le contrat conclu entre les parties devait être qualifié de contrat d'artiste (cass. soc. 10 février 1998, n° 95-43.510, BC V n° 82; RJS 3/98 n° 381).

De son côté, le Conseil d'État a adopté la même position en retenant que lorsqu'un artiste se livre, dans le cadre du tournage d'un film publicitaire, à une prestation qui ne se réduit pas à la seule utilisation de son image, il ne se produit pas en qualité de mannequin. Il a annulé en conséquence la circulaire du ministre du Travail, de l'Emploi et de la Formation professionnelle en date du 18 janvier 1995 en tant qu'elle énonçait que l'artiste-comédien qui tourne un film publicitaire doit être considéré comme un mannequin (CE 23 février 1998, n° 172735).

SECTION 3. Contrat de travail

Art. L. 7121-3. Tout contrat par lequel une personne s'assure, moyennant rémunération, le concours d'un artiste du spectacle en vue de sa production, est présumé être un contrat de travail dès lors que cet artiste n'exerce pas l'activité qui fait l'objet de ce contrat dans des conditions impliquant son inscription au registre du commerce.

Note • **Caractéristiques requises du contrat pour l'application de la présomption légale.** Tout contrat par lequel une personne physique ou morale s'assure, moyennant rémunération, le concours d'un artiste du spectacle en vue de sa production, est présumé être un contrat de travail, quels que soient le mode et le montant de la rémunération, ainsi que la qualification donnée au contrat par les parties, la liberté d'expression conservée par l'artiste ou le fait qu'il est propriétaire de tout ou partie du matériel utilisé. Doit être cassé le jugement qui, pour débouter deux artistes de variétés, engagés par une association pour animer deux soirées, de leurs demandes d'indemnité pour non-remise d'un bulletin de salaire et d'un certificat de travail et non-paiement des charges sociales, a retenu que le contrat qu'ils avaient signé n'était pas un contrat de travail mais un contrat de prestation de services, en raison de l'absence de lien de subordination, de l'utilisation par les salariés de leur propre matériel et des irrégularités que présentait le contrat (cass. soc. 19 mai 1998, n° 96-41.138, BC V n° 270).

• **Présomption légale.** Elle porte sur l'existence d'un lien de subordination juridique entre l'artiste et la personne qui l'a engagé. Il en résulte:

– que la partie qui prétend que le contrat en cause est un contrat de travail n'a pas à faire la preuve de l'existence d'un lien de subordination juridique;

– que la partie qui soutient la thèse inverse doit, pour faire tomber la présomption, rapporter la preuve que les conditions d'exercice de l'activité sont telles, en fait et en droit, qu'elles sont exclusives de tout lien de subordination juridique. Il s'agit donc d'un renversement de la charge de la preuve en faveur de l'artiste.

Dans la pratique, cette preuve apparaîtra dans bien des cas difficile à administrer dans la mesure où la présomption subsiste si l'artiste conserve la liberté d'expression de son art. À noter également - ce qui réduit la portée de la condition relative à l'activité exercée dans des conditions n'impliquant pas inscription au registre du commerce - que la présomption subsiste si l'artiste est propriétaire de tout ou partie du matériel nécessaire au spectacle et s'il emploie lui-même un ou plusieurs assistants pour le seconder (voir article L. 7121-4). Il a également été jugé que la seule détention d'une licence d'entrepreneur de spectacles vivants en application de l'article L. 7122-5 CT, dans sa rédaction antérieure à l'ordonnance 2019-700 du 3 juillet 2019 (voir note au-dessus de l'article L. 7122-3), ne suffisait pas à conférer à son titulaire la qualité de dirigeant de l'association organisatrice des spectacles et ne permettait donc pas de renverser la présomption de contrat de travail (cass. soc. 8 juillet 2020, n° 18-21.278).

Sur la présomption légale et les conditions dans lesquelles elle peut être écartée, voir aussi rép. QE 6192, JO AN 22 septembre 1986, p. 3213.

• **Metteur en scène.** Ne peut bénéficier de la présomption de salariat le metteur en scène lié à un producteur par un contrat aux termes duquel le commun accord des parties est nécessaire pour la date de début du tournage et sa durée, ainsi que pour le choix du studio et duquel il découlait qu'à aucun stade de l'élaboration technique du film, le producteur n'était en droit de donner des ordres ou directives au metteur en scène, lequel avait en réalité la qualité de «coproducteur» impliquant son inscription au registre du commerce (cass. soc. 13 mai 1980, n° 78-15.859, BC V n° 420).

• **Artistes du spectacle.** Bénéficie de la présomption de contrat de travail l'acteur lié avec la société productrice de film par une convention aux termes de laquelle il apparaît qu'il existe un lien de subordination entre les parties, l'acteur devant se conformer aux instructions de la société quant au lieu, à l'horaire et au programme du tournage et se soumettre au règlement du studio, peu important, notamment, le mode et le montant de la rémunération et le fait que le contrat ne fasse pas référence à la convention collective de la production cinématographique (CA Paris 26 septembre 1986, Gaz. Pal. 1978, 2-638). La présomption légale s'applique également au contrat conclu entre une société organisant des soirées sur un terrain de camping et l'animateur d'une discothèque chargé de l'animation de ces soirées, dès lors qu'aux termes du contrat, il est soumis à un ensemble d'obligations strictement définies et ne peut prendre aucune initiative (cass. soc. 22 juin 1993, n° 90-18.544).

Ne détruit pas la présomption de salariat l'entrepreneur de spectacles qui assure la production d'artistes étrangers ne se comportant pas eux-mêmes en organisateurs de spectacles, n'étant pas titulaires d'une licence à cet effet, peu important que les intéressés soient liés par des contrats d'exclusivité avec des producteurs étrangers exerçant un certain contrôle sur leur activité (cass. soc. 23 octobre 1980, n° 79-11.667, BC V n° 764).

De même, le seul fait, pour un disc-jockey travaillant dans une boîte de nuit, de ne pas y être «résident», de ne produire aucun contrat de travail, aucun bulletin de salaire ni preuve de versement d'une rémunération régulière ne suffit pas à détruire la présomption de salariat, dès lors qu'il n'est pas établi que l'intéressé exerce son activité dans des conditions impliquant son inscription au registre du commerce (cass. soc. 14 octobre 2009, n° 08-42.908, BC V n° 223; RJS 12/09 n° 982).

À noter que la présomption de contrat de travail prévue par cet article ne vaut qu'entre les organisateurs de spectacle et les artistes y participant et ne s'applique pas entre deux artistes participant aux mêmes spectacles organisés par un tiers. Il appartient alors à l'artiste qui revendique l'existence d'un contrat de travail de démontrer qu'il a travaillé dans un lien de subordination avec l'autre artiste (cass. soc. 3 octobre 2007, n° 06-40.449, BC V n° 151; RJS 12/07 n° 1326). Ainsi, après avoir constaté qu'un artiste décidait du recrutement des musiciens jouant dans son orchestre, leur donnait des instructions précises et exerçait sur eux un pouvoir de direction et de surveillance, et qu'il avait pris seul la décision de faire cesser leur participation aux activités de l'orchestre, une cour d'appel a pu en déduire l'existence du lien de subordination caractérisant le contrat de travail de chacun des musiciens à l'égard de celui-ci (cass. soc. 19 décembre 2007, n° 06-42.773, BC V n° 221; RJS 3/08 n° 336).

Artistes amateurs. Voir loi 2016-925 du 7 juillet 2016 (JO 8) relative à la liberté de la création, à l'architecture et au patrimoine, art. 32.

Artistes employés par des collectivités territoriales agissant en qualité d'entrepreneur de spectacle vivant. Voir loi 2016-925 précitée, art. 47.

• **Autres professions.** Le Conseil d'État a étendu le bénéfice de la présomption de salariat aux sportifs professionnels. Il a en effet considéré que «les dispositions des articles L. 7121-3 et 4, eu égard à la généralité de leurs termes, qui ne définissent pas de manière limitative les artistes du spectacle et n'imposent aucun aspect culturel particulier à l'activité déployée par ceux-ci», sont applicables aux joueurs de tennis professionnels engagés dans des tournois du type de ceux que la Fédération française de tennis organise» (CE 22 juin 2011, n° 319240, LS Jurispr. n° 180 du 13.09.2011) et aux coureurs cyclistes professionnels (CE 8 juillet 1988, n° 60731).

Art. L. 7121-4. La présomption de l'existence d'un contrat de travail subsiste quels que soient le mode et le montant de la rémunération, ainsi que la qualification donnée au contrat par les parties.

Cette présomption subsiste même s'il est prouvé que l'artiste conserve la liberté d'expression de son art, qu'il est propriétaire de tout ou partie du matériel utilisé ou qu'il emploie lui-même une ou plusieurs personnes pour le seconder, dès lors qu'il participe personnellement au spectacle.

Art. L. 7121-5. La présomption de salariat prévue à l'article L. 7121-3 ne s'applique pas aux artistes reconnus comme prestataires de services établis dans un État membre de la Communauté européenne ou dans un autre État partie à l'accord sur l'Espace économique européen où ils fournissent habituellement des services analogues et qui viennent exercer leur activité en France, par la voie de la prestation de services, à titre temporaire et indépendant.

Note C'est à l'organisateur de spectacles qui soutient que les artistes qu'il emploie exercent leur activité dans leur État membre d'origine à titre de prestataires indépendants d'en rapporter la preuve (cass. soc. 14 mai 2014, n° 13-13.742, BC V n° 119; RJS 7/14 n° 592; JCP éd. S 2014, 1434, note Th. Lahalle).

Art. L. 7121-6. Le contrat de travail d'un artiste du spectacle est individuel.

Art. L. 7121-7. Le contrat de travail peut être commun à plusieurs artistes lorsqu'il concerne des artistes se produisant dans un même numéro ou des musiciens appartenant au même orchestre.

Dans ce cas, le contrat de travail désigne nominativement tous les artistes engagés et comporte le montant du salaire attribué à chacun d'eux. Il peut être revêtu de la signature d'un seul artiste, à condition que le signataire ait reçu mandat écrit de chacun des artistes figurant au contrat.

L'artiste contractant dans ces conditions conserve la qualité de salarié.

Note La présomption de salariat n'est pas détruite par la preuve que l'artiste emploie lui-même une ou plusieurs personnes pour le seconder, dès lors qu'il participe personnellement au spectacle (cass. soc. 20 septembre 2006, n° 05-40.225, BC V n° 272; JCP éd. S 2006, 1835, note Th. Lahalle; JSL n° 199, 14.11.2006, p. 24). De même, le fait que le contrat ne mentionne pas le nom de chacun des artistes n'est pas de nature à exclure l'application de la présomption légale de contrat de travail entre l'organisateur de spectacles et les artistes qui y participent (cass. soc. 1er octobre 1992, n° 90-14.825, BC V n° 496; 1er avril 1993, n° 91-11.649, BC V n° 109). Enfin, le fait que, dans le cadre des contrats communs qu'elle signait avec des organisateurs de spectacles, une artiste ait fourni à ceux-ci les indications leur permettant d'établir les bulletins de paye des musiciens et les vignettes destinées à la sécurité sociale, ni le fait qu'elle ait précisé le montant des sommes devant revenir à chacun dans le cadre de ces contrats ni, enfin, le fait que les contrats des deux musiciens aient été rompus à sa demande ne détruisent, à défaut de preuve d'un lien de subordination entre les deux musiciens et cette artiste, la présomption de contrat de travail entre les organisateurs de spectacles et les artistes participant à ces spectacles (cass. soc. 9 avril 1996, n° 94-42.609). En revanche, l'existence d'un contrat de travail entre le mandataire et les autres participants au spectacle doit être retenue lorsque ce mandataire exerce sur ces derniers des prérogatives en matière de recrutement, de rémunération et d'autorité excédant celles liées à son mandat et caractérisant l'existence d'un lien de subordination entre le mandataire et les autres artistes (cass. soc. 4 décembre 2013, n° 12-26.553, BC V n° 301; RJS 2/14 n° 171).

Art. L. 7121-7-1. ***(L. 2011-525 du 17 mai 2011, art. 8, JO 18)*** Les employeurs relevant du champ d'application du guichet unique fixé à l'article L. 7122-22 doivent, en l'absence de dispositions conventionnelles spécifiques aux artistes et techniciens du spectacle au titre de leur activité principale, lorsqu'ils emploient un artiste ou un technicien du spectacle, les faire bénéficier des dispositions d'une convention collective des activités du spectacle et s'y référer dans le formulaire de déclaration d'emploi.

Note Ces dispositions ont pour objet d'assurer aux artistes et techniciens du spectacle vivant une protection conventionnelle adaptée à leur activité lorsqu'ils interviennent en dehors du champ d'application des conventions collectives du secteur du spectacle vivant.

SECTION 4. Rémunération

Art. L. 7121-8. La rémunération due à l'artiste à l'occasion de la vente ou de l'exploitation de l'enregistrement de son interprétation, exécution ou présentation par l'employeur ou tout autre utilisateur n'est pas considérée comme salaire dès que la présence physique de l'artiste n'est plus requise pour exploiter cet enregistrement et que cette rémunération n'est pas fonction du salaire reçu pour la production de son interprétation, exécution ou présentation, mais est fonction du produit de la vente ou de l'exploitation de cet enregistrement.

Note • **Le salaire proprement dit** est constitué des cachets versés pour l'exécution de la tâche qui est prévue au contrat et qui est liée à la présence physique de l'artiste. N'a pas légalement justifié sa décision la cour d'appel qui a décidé qu'avaient la nature de salaire les rémunérations perçues par des artistes-interprètes en contrepartie de l'autorisation consentie à un producteur de diffuser les enregistrements d'un spectacle, sans rechercher si ces rémunérations étaient fonction du salaire reçu par eux pour la production de leur interprétation, exécution ou présentation, ou au contraire fonction du seul produit de l'exploitation de l'enregistrement (cass. soc. 21 juin 2004, n° 02-15.296, BC V n° 173; RJS 10/04 n° 1108).

La rémunération avant amortissement d'un film prévue dans le contrat d'engagement d'un comédien, calculée en pourcentage du montant du financement du montage et égale à 4 % des sommes encaissées par le producteur à titre d'avances sur recettes constitue une rémunération de sa prestation artistique dont le montant doit être garanti par l'AGS (cass. soc. 17 mai 2005, n° 02-47.541, BC V n° 166; RJS 11/05 n° 1148).

De même, les avances, prévues dans le contrat d'exclusivité d'un artiste, dont le versement est conditionné par la présence physique de l'artiste – nécessairement présent lors de son entrée au studio et lors de l'achèvement de l'enregistrement de l'album – et n'est fonction ni du produit de la vente, ni du produit de l'exploitation de cet enregistrement, doivent être prises en compte pour le calcul des dommages-intérêts dus en cas de rupture anticipée du contrat à durée déterminée (cass. soc. 8 juillet 2015, n° 13-25.681, BC V n° 146; RJS 10/15 n° 680; JCP éd. S 2015, 1397, note L. Drai).

• **Les redevances** (commissions, pourcentages, «royalties»...) n'ont pas le caractère d'un salaire s'il s'agit de rémunérations qui ne sont pas directement liées à la présence physique de l'artiste et dont le montant est fonction non du salaire reçu, mais du seul produit aléatoire de la vente ou de l'exploitation de l'enregistrement, de l'interprétation, exécution ou présentation de l'intéressé. Elles sont, en conséquence, calculées et versées postérieurement à l'exécution de la prestation de travail de l'artiste et ne doivent pas donner lieu à paiement de cotisations de sécurité sociale (cass. soc. 8 juin 1983, n° 82-13.109, BC V n° 311. Dans le même sens, voir aussi cass. soc. 21 juin 2004, n° 02-15.296, BC V n° 173; 1er juillet 2009, n° 07-45.681, BC V n° 170, précisant que les redevances et avances sur redevances ne peuvent être prises en compte dans l'évaluation du montant des rémunérations dues à l'artiste-interprète en cas de rupture abusive de son contrat à durée déterminée). Aux termes de l'article L. 212-4 c. propr. intel., le contrat conclu entre un artiste-interprète et un producteur vaut présomption de cession des droits de l'artiste-interprète pour la fixation, la reproduction et la communication de sa prestation, et il doit fixer une rémunération distincte pour chaque mode d'exploitation de l'œuvre. La rémunération de l'artiste-interprète au titre de la cession de ses droits sur l'œuvre doit donc être distincte de la rémunération de sa prestation artistique (cass. soc. 10 février 1998, n° 95-43.510, BC V n° 82).

• **Frais professionnels.** Dans la pratique, ces frais sont inclus dans les cachets ou font l'objet d'un remboursement séparé. Dans la mesure où ces frais sont inclus dans les cachets, des problèmes peuvent se trouver posés en ce qui concerne, par exemple, le calcul des congés payés (voir note sous art. L. 3141-24).

• *Covid-19.* Sur les modalités de calcul de l'indemnité et de l'allocation d'activité partielle applicables aux artistes du spectacle, prévues à titre dérogatoire et temporaire pour faire face à l'épidémie de Covid-19, voir décret 2020-435 du 16 avril 2020, JO 17, entrée en vigueur le 17.04.2020, modifié et décret 2020-1786 du 30 décembre 2020, JO 31, entrée en vigueur le 01.01.2021. Sur les mesures prises en matière d'activité partielle pour aider les entreprises, voir aussi note introductive du chapitre II du titre II du livre Ier de la cinquième partie.

SECTION 5. Placement

Sous-section 1. Activité d'agent artistique

Art. L. 7121-9. ***(L. 2010-853 du 23 juil. 2010, art. 21, JO 24)*** L'activité d'agent artistique, qu'elle soit exercée sous l'appellation d'impresario, de manager ou sous toute autre dénomination, consiste à recevoir mandat à titre onéreux d'un ou de plusieurs artistes du spectacle aux fins de placement et de représentation de leurs intérêts professionnels.

Un décret en Conseil d'État fixe les modalités du mandat écrit visé au premier alinéa et les obligations respectives à la charge des parties.

Nul ne peut exercer l'activité d'agent artistique s'il exerce, directement ou par personne interposée, l'activité de producteur d'œuvres cinématographiques ou audiovisuelles.

Art. L. 7121-11. L'activité d'agent artistique présente un caractère commercial au sens des dispositions du code de commerce.

Art. L. 7121-12. Sous réserve du respect ***(L. 2010-853 du 23 juil. 2010, art. 21, JO 24)*** «de l'incompatibilité prévue à l'article L. 7121-9», un agent artistique peut produire un spectacle vivant au sens du chapitre II, lorsqu'il est titulaire d'une licence d'entrepreneur de spectacles vivants.

Dans ce cas, il ne peut percevoir aucune commission sur l'ensemble des artistes composant la distribution du spectacle.

Note Attention, depuis le 1er octobre 2019, le régime juridique de l'exercice de l'activité d'entrepreneur de spectacles vivants a été simplifié : l'obligation de détenir une licence d'entrepreneur de spectacles vivants a été remplacée par une procédure de déclaration d'activité auprès de l'administration (voir note introductive de la sous-section 3 de la section 1 du chapitre II, au-dessus de l'article L. 7122-3).

Sous-section 2. Rémunération des services de placement

Art. L. 7121-13. ***(L. 2010-853 du 23 juil. 2010, art. 21, JO 24)*** Les sommes que les agents artistiques peuvent percevoir en rémunération de leurs services et notamment du placement se calculent en pourcentage sur l'ensemble des rémunérations de l'artiste. Un décret fixe la nature des rémunérations prises en compte pour le calcul de la rétribution de l'agent artistique ainsi que le plafond et les modalités de versement de sa rémunération.

Ces sommes peuvent, par accord entre l'agent artistique et l'artiste du spectacle bénéficiaire du placement, être en tout ou partie mises à la charge de l'artiste. Dans ce cas, l'agent artistique donne quittance à l'artiste du paiement opéré par ce dernier.

Note Voir ci-après articles D. 7121-7 et 8.

Sous-section 3. Agences artistiques

Art. L. 7121-14. Le maire surveille les agences artistiques, leurs succursales et leurs bureaux annexes pour y assurer le maintien de l'ordre et le respect des règles d'hygiène.

SECTION 1 (réglementaire). Agents artistiques

Note Cette section a été introduite par le décret 2011-517 du 11 mai 2011, JO 13.

Sous-section 1. Dispositions générales

Art. R. 7121-1. L'agent artistique représente l'artiste du spectacle. À cette fin, il exerce notamment les missions suivantes :

1° Défense des activités et des intérêts professionnels de l'artiste du spectacle ;

2° Assistance, gestion, suivi et administration de la carrière de l'artiste du spectacle ;

3° Recherche et conclusion des contrats de travail pour l'artiste du spectacle ;

4° Promotion de la carrière de l'artiste du spectacle auprès de l'ensemble des professionnels du monde artistique ;

5° Examen de toutes propositions qui sont faites à l'artiste du spectacle ;

6° Gestion de l'agenda et des relations de presse de l'artiste du spectacle ;

7° Négociation et examen du contenu des contrats de l'artiste du spectacle, vérification de leur légalité et de leur bonne exécution auprès des employeurs.

Sous-section 2. Le mandat

Art. R. 7121-6. Le mandat entre un agent artistique et un artiste est régi dans les conditions prévues au titre XIII du livre III du code civil. Il précise au minimum :

1° La ou les missions confiées et les modalités pour rendre compte de leur exécution périodique ;

2° Leurs conditions de rémunération ;

3° Le terme du mandat ou les autres modalités par lesquelles il prend fin.

Il est établi à titre gratuit.

Sous-Section 3. Rémunérations

Note Cette sous-section a été introduite par le décret 2011-1018 du 25 août 2011, JO 27.

Art. D. 7121-7. L'agent artistique perçoit en contrepartie de ses services, dans les conditions fixées par le mandat mentionné à l'article R. 7121-6, une rémunération calculée en pourcentage des rémunérations, fixes ou proportionnelles à l'exploitation, perçues par l'artiste.

Les sommes perçues par l'agent artistique en contrepartie des missions définies à l'article R. 7121-1, autres que celles mentionnées au second alinéa de l'article D. 7121-8, ne peuvent excéder un plafond de 10 % du montant brut des rémunérations définies au premier alinéa.

Toutefois, lorsque, conformément aux usages professionnels en vigueur notamment dans le domaine des musiques actuelles, des missions particulières justifiant une rémunération complémentaire sont confiées par l'artiste à l'agent en matière d'organisation et de développement de sa carrière, le plafond mentionné à l'alinéa précédent est porté à 15 %.

Le contrat de travail signé entre l'artiste et l'employeur prévoit la partie qui prend en charge les sommes dues à l'agent artistique et, le cas échéant, selon quel partage. Ne peuvent être prises en charge par l'employeur que les sommes calculées en pourcentage des rémunérations qu'il verse directement à l'artiste et dont l'agent artistique bénéficiaire est explicitement désigné dans le contrat de travail.

La rémunération complémentaire mentionnée au troisième alinéa est prise en charge par l'artiste. Elle peut toutefois être versée par l'employeur pour le compte de l'artiste.

Art. D. 7121-8. Ne peuvent être pris en considération pour le calcul de la rémunération de l'agent artistique en application du premier alinéa de l'article D. 7121-7 les remboursements, indemnités et avantages en nature perçus par l'artiste à titre de frais professionnels.

Dans les conditions fixées par le mandat mentionné à l'article R. 7121-6 et sur présentation de pièces justificatives, les frais engagés par l'agent artistique en accord avec l'artiste peuvent faire l'objet d'un remboursement.

SECTION 2 (réglementaire). Congés payés

Sous-section 1. Champ d'application

Art. D. 7121-28. La présente section détermine, conformément à l'article ***(D. 2016-1553 du 18 nov. 2016, art. 7, IV, 8°, JO 19, entrée en vigueur le 01.01.2017)*** « L. 3141-32 », les modalités d'application des dispositions relatives aux congés payés du personnel artistique et technique du spectacle occupé :

1° Dans les entreprises de spectacle occupant les activités prévues au code 92.3 et aux codes 92.7A et 55.4C de la nomenclature des activités françaises (NAF) ainsi que par les impresarios, agences théâtrales, chefs d'orchestre, chefs de troupe ou dans les hôtels, cafés, restaurants ;

2° Dans les entreprises exerçant les activités cinématographiques et vidéo prévues au code 92.1 de la nomenclature NAF ;

3° Dans les entreprises exerçant les activités de radio et de télévision prévues au code 92.2 de la nomenclature NAF ;

4° Dans les entreprises exerçant les activités d'édition d'enregistrements sonores prévues au code 22.1G.

Art. D. 7121-29. La présente section s'applique également pour leur personnel artistique et technique :

1° Aux personnes morales de droit public exerçant les types d'activités mentionnés à l'article D. 7121-28 à titre principal, accessoire ou occasionnel, sous quelque forme juridique que ce soit ;

2° Au personnel artistique et technique détaché dans les conditions prévues à l'article L. 1261-3.

Sous-section 2. Droit au congé

Art. D. 7121-30. Les dispositions relatives aux congés payés, prévus par le chapitre premier du titre IV du livre premier de la partie III, qui ne sont pas contraires aux dispositions de la présente section s'appliquent.

Art. D. 7121-31. Lorsqu'il justifie d'au moins quatre semaines d'engagement ou de trente cachets au cours de la période de référence chez un ou plusieurs des employeurs assujettis, le bénéficiaire de la présente section a droit à un congé déterminé conformément aux dispositions des articles L. 3141-3 à ***(D. 2016-1553 du 18 nov. 2016, art. 7, IV, 9°, JO 19, entrée en vigueur le 01.01.2017)*** « L. 3141-31 ».

Chaque journée de congé payé est considérée, pour la détermination du droit au congé ultérieur, comme correspondant à une journée de travail ou à un cachet.

Art. D. 7121-32. L'employeur délivre au salarié qu'il cesse d'employer ou qui peut bénéficier de son congé annuel un certificat justificatif de ses droits à congé en double exemplaire.

Ce certificat indique :

1° La durée des engagements ou le nombre des cachets accomplis pour le compte de l'employeur dans les douze mois qui précèdent et le montant de la rémunération versée pendant la période envisagée ;

2° La raison sociale et l'adresse de la caisse de congés payés à laquelle l'employeur est affilié.

Il lui remet également une enveloppe timbrée nécessaire à la transmission de ce certificat à la caisse de congés payés.

Art. D. 7121-33. Le salarié transmet à la caisse de congés payés prévue à la sous-section 3 un exemplaire du certificat justificatif de ses droits à congés.

Art. D. 7121-34. Lorsque, au moment du départ du salarié, l'employeur ne lui a pas délivré le certificat justificatif de ses droits à congés, l'intéressé peut le réclamer dans les six mois suivant son départ.

En cas de refus de l'employeur, l'intéressé informe la caisse de congés.

Art. D. 7121-35. Le versement des cotisations accompli par l'employeur en application de l'article D. 7121-44 le dispense du paiement de l'indemnité compensatrice de congé, prévue à l'article ***(D. 2016-1553 du 18 nov. 2016, art. 7, IV, 10°, JO 19, entrée en vigueur le 01.01.2017)*** « L. 3141-28 », en cas de rupture du contrat de travail d'un salarié qui a au moins un mois d'ancienneté dans l'entreprise et qui n'a pas bénéficié de son congé payé.

Art. D. 7121-36. Pour bénéficier du congé annuel continu, en application de l'article D. 7121-31, le salarié transmet à la caisse de congés payés les certificats qu'il a reçus de son employeur ou de ses employeurs successifs. Cette transmission est faite quinze jours au moins avant la date à laquelle il prend son congé.

Après vérification, la caisse verse à l'intéressé le montant de l'indemnité à laquelle il a droit contre remise d'une pièce justifiant son immatriculation à la sécurité sociale.

Art. D. 7121-37. Le montant de l'indemnité journalière de congé est égal à la rémunération journalière moyenne que l'intéressé a reçue dans les entreprises où il a été employé pendant la période prise en considération pour la détermination du droit au congé.

Le montant de l'indemnité journalière ne peut excéder le chiffre maximum fixé dans les conventions collectives de travail ou par sentence arbitrale, rendue dans les conditions prévues aux articles L. 2524-1 et suivants.

En cas d'absence de convention collective, le montant de l'indemnité journalière est limité au triple du montant du salaire minimum de la catégorie professionnelle, à moins qu'une sentence arbitrale n'ait fixé une limite plus élevée.

Sous-section 3. Caisse de congés payés

§ 1. Constitution

Art. D. 7121-38. Une caisse de congés payés assure le service des congés annuels au personnel artistique et technique employé de façon intermittente dans les entreprises mentionnées aux articles D. 7121-28 et D. 7121-29.

Cette caisse répartit entre ces entreprises les charges résultant de l'attribution des congés payés.

Art. D. 7121-39. La caisse de congés payés est agréée par le ministre chargé du travail.

Le ministre approuve ses statuts et règlements ainsi que les modifications qui leur sont apportées. Ils ne peuvent être modifiés qu'avec son approbation.

Un arrêté du ministre chargé du travail fixe les pièces, justifications et garanties à fournir par la caisse, soit en vue de son agrément, soit au cours de son fonctionnement. Cet arrêté détermine également les dispositions que contiennent ses statuts et règlements.

§ 2. Affiliation

Art. D. 7121-40. Les employeurs mentionnés aux articles D. 7121-28 et D. 7121-29 s'affilient, pour le personnel artistique et technique qu'ils emploient, à la caisse de congés payés prévue à l'article D. 7121-38.

Art. D. 7121-41. Les employeurs déclarent à la caisse de congés payés le personnel artistique et technique qu'ils n'ont pas employé de façon continue pendant les douze mois précédant la demande de congé.

Art. D. 7121-42. Les entreprises établies dans un autre État membre de ***(D. 2016-1553 du 18 nov. 2016, art. 7, IV, 11°, JO 19, entrée en vigueur le 01.01.2017)*** « l'Union » européenne ou d'un autre État partie à l'accord sur l'Espace économique européen qui emploient des salariés détachés mentionnés au 2° de l'article D. 7121-29 peuvent s'exonérer des obligations figurant à la présente section lorsqu'elles justifient que ces salariés bénéficient, pour la période de détachement, de leurs droits à congés payés dans des conditions au moins équivalentes à celles prévues par la législation française.

Art. D. 7121-43. Lorsque, dans le pays où elles sont établies, les entreprises mentionnées à l'article D. 7121-42 sont affiliées à une institution équivalente aux caisses de congés payés, elles justifient, pour bénéficier de l'exonération :

1° Qu'elles sont à jour de leurs obligations à l'égard de ces institutions à la date du commencement de la prestation ;

2° Qu'elles ont continué à cotiser à l'institution compétente durant le détachement temporaire.

Art. D. 7121-44. La cotisation versée par l'employeur affilié à la caisse de congés payés est déterminée par un pourcentage du montant des salaires et appointements payés au personnel intéressé.

Le règlement intérieur de la caisse détermine le pourcentage, les périodes et les modes de versement des cotisations ainsi que les justifications dont ce versement est accompagné.

Il détermine également les vérifications auxquelles se soumettent les employeurs.

Art. D. 7121-45. L'employeur ***(D. 2016-1418 du 20 oct. 2016, JO 22)*** « communique par tout moyen aux salariés » la raison sociale et l'adresse de la caisse de congés payés à laquelle il est affilié.

Art. D. 7121-46. L'employeur justifie aux agents de l'inspection du travail et aux officiers de police judiciaire qu'il est à jour de ses obligations envers la caisse de congés payés en produisant les pièces émanant de cette caisse.

Art. D. 7121-47. L'employeur indique à la caisse de congés payés la caisse d'allocations familiales à laquelle il adhère.

Il justifie, par des pièces émanant de la caisse de congés payés, trimestriellement et plus souvent si nécessaire:

1° Du taux de compensation qui lui est appliqué;

2° Qu'il est à jour de ses obligations envers la caisse de congés payés.

§ 3. Commission paritaire

Art. D. 7121-48. Une commission paritaire est instituée auprès de la caisse de congés payés.

Elle est chargée:

1° De contrôler le fonctionnement de la caisse quant à l'attribution des indemnités de congé aux ayants droit;

2° De statuer sur les contestations qui peuvent s'élever sur le droit au congé.

Art. D. 7121-49. La commission paritaire est composée en nombre égal de représentants des employeurs et des salariés. Ces représentants sont désignés respectivement par les organisations professionnelles représentatives au niveau national des entreprises et professions pour lesquelles la caisse est agréée.

En cas de contestation sur la détermination des organisations représentatives, le ministre chargé du travail se prononce dans les conditions prévues à l'article L. 2121-2.

SECTION 6. Dispositions pénales

Art. L. 7121-15. Le fait, pour un agent artistique, de produire un spectacle vivant sans être titulaire d'une licence d'entrepreneur de spectacles vivants, en méconnaissance des dispositions de l'article ***(L. 2010-853 du 23 juil. 2010, art. 21, JO 24)*** « L. 7121-12», est puni, en cas de récidive, d'un emprisonnement de six mois et d'une amende de 3750 €.

Note Voir note sous art. L. 7121-12.

Art. L. 7121-16. Le fait, pour un agent artistique titulaire d'une licence d'entrepreneur de spectacles vivants et produisant un spectacle vivant, de percevoir une commission sur l'ensemble des artistes composant la distribution du spectacle, en méconnaissance des dispositions de l'article ***(L. 2010-853 du 23 juil. 2010, art. 21, JO 24)*** « L. 7121-12», est puni, en cas de récidive, d'un emprisonnement de six mois et d'une amende de 3750 €.

Note Voir note sous art. L. 7121-12.

Art. L. 7121-17. ***(L. 2010-853 du 23 juil. 2010, art. 21, JO 24)*** Le fait, pour un agent artistique établi sur le territoire national, de percevoir des sommes en méconnaissance du premier alinéa de l'article L. 7121-13 est puni, en cas de récidive, d'un emprisonnement de six mois et d'une amende de 3750 €.

Art. R. 7121-51. ***(D. 2011-517 du 11 mai 2011, JO 13)*** Le fait, pour un agent artistique titulaire d'une licence d'entrepreneur de spectacles vivants et produisant un spectacle vivant, de percevoir une commission sur l'ensemble des artistes composant la distribution du spectacle, en méconnaissance des dispositions de l'article L. 7121-12, est puni de l'amende prévue pour les contraventions de la cinquième classe.

Note Voir note sous art. L. 7121-12.

Art. R. 7121-52. ***(D. 2011-517 du 11 mai 2011, JO 13)*** Le fait, pour un agent artistique établi sur le territoire national, de percevoir des sommes, en méconnaissance des dispositions de l'article L. 7121-13, est puni de l'amende prévue pour les contraventions de la cinquième classe.

CHAPITRE II Entreprises de spectacles vivants

Note • Une nouvelle convention collective nationale des entreprises du secteur privé du spectacle vivant a été signée le 3 février 2012 et étendue par arrêté du 29 mai 2013 (JO 7 juin). Depuis son extension, cette convention, qui couvre l'ensemble des personnels artistiques, administratifs et techniques, s'applique sur tout le territoire national (France métropolitaine et DOM) et s'est substituée aux trois conventions collectives suivantes:

– convention collective nationale étendue des Théâtres Privés;

– convention collective nationale étendue régissant les rapports entre les entrepreneurs de spectacles et les artistes dramatiques, lyriques, marionnettistes, de variétés et musiciens en tournées;

– convention collective nationale non étendue Chanson, variétés, jazz, musiques actuelles.

Art. L. 7122-1

• L'ordonnance 2019-700 du 3 juillet 2019 relative aux entrepreneurs de spectacles vivants (JO 4, entrée en vigueur le 01.10.2019) a simplifié le régime juridique de l'exercice de l'activité d'entrepreneur de spectacles vivants (voir section 1, sous-section 3, et section 2 ci-après) ainsi que le régime de sanction y afférent (voir section 1, sous-section 5 ci-après). Le décret 2019-1004 du 27 septembre 2019 (JO 29, entrée en vigueur le 01.10.2019) a précisé les modalités d'application de ces nouvelles mesures.

SECTION 1. **Activité d'entrepreneur de spectacles vivants**

Sous-section 1. **Champ d'application**

Art. L. 7122-1. Les dispositions de la présente section s'appliquent aux entrepreneurs de spectacles vivants qui, en vue de la représentation en public d'une œuvre de l'esprit, s'assurent la présence physique d'au moins un artiste du spectacle percevant une rémunération.

Sous-section 2. **Définitions**

Art. L. 7122-2. Est entrepreneur de spectacles vivants toute personne qui exerce une activité d'exploitation de lieux de spectacles, de production ou de diffusion de spectacles, seul ou dans le cadre de contrats conclus avec d'autres entrepreneurs de spectacles vivants, quel que soit le mode de gestion, public ou privé, à but lucratif ou non, de ces activités.

Les différentes catégories d'entrepreneurs de spectacles vivants sont déterminées par voie réglementaire.

Sous-section 3. **La déclaration d'activité d'entrepreneur de spectacles vivants**

Note • Cette sous-section est issue de l'ordonnance 2019-700 du 3 juillet 2019, JO 4, entrée en vigueur le 01.10.2019.

Cette ordonnance vise à simplifier et moderniser le régime juridique de l'exercice de l'activité d'entrepreneur de spectacles vivants en remplaçant l'ancien régime d'autorisation administrative (délivrance d'une licence) par un régime déclaratif (Rapp. au Prés. Rép. relatif à l'ordonnance 2019-700 précitée). Ainsi, ces entrepreneurs n'ont plus, depuis le 1er octobre 2019, à détenir une licence pour exercer leur activité mais seulement à déclarer cette activité auprès de l'administration, cette déclaration, valable pour une durée limitée, pouvant être déposée par une personne physique ou une personne morale (alors que la licence ne pouvait être délivrée qu'à une personne physique : entrepreneur de spectacles vivants personne physique ou représentant légal ou statutaire de la personne morale exerçant l'activité).

• Les demandes de licence et de renouvellement de licence déposées avant le 1er octobre 2019 demeurent régies par les dispositions du code du travail relatives à la licence d'entrepreneur de spectacles vivants dans leur rédaction antérieure à l'ordonnance 2019-700 précitée (ordonnance précitée, art. 6).

Sur les dispositions antérieures à l'ordonnance 2019-700 précitée, voir Code du Travail Annoté, éd. 2019.

Art. L. 7122-3. Toute personne établie sur le territoire national et qui relève d'une ou plusieurs des catégories mentionnées à l'article L. 7122-2 peut exercer une activité d'entrepreneur de spectacles vivants sous réserve de :

1° Remplir les conditions énoncées à l'article L. 7122-4 ;

2° Déclarer son activité auprès de l'autorité administrative compétente.

Cette déclaration donne lieu à la délivrance d'un récépissé de déclaration d'entrepreneur de spectacles vivants, valant licence. Toutefois, l'autorité administrative compétente peut s'opposer à cette délivrance lorsque les conditions pour exercer l'activité d'entrepreneur de spectacles vivants ne sont pas remplies.

Le décret en Conseil d'État mentionné à l'article L. 7122-17 détermine le délai de validité de la déclaration ainsi que les modalités d'instruction et d'opposition à cette déclaration par l'autorité administrative compétente.

Art. L. 7122-4. I. – Lorsque l'activité d'entrepreneur de spectacles vivants est exercée par une personne physique, celle-ci est tenue de remplir des conditions de compétence ou d'expérience professionnelle.

Lorsque l'activité d'entrepreneur de spectacles vivants est exercée par une personne morale, le représentant légal ou toute autre personne désignée par la structure est tenu de remplir des conditions de compétence ou d'expérience professionnelle.

En cas de cessation de fonctions, pendant le délai de validité de la déclaration, de la personne tenue de remplir les conditions de compétence ou d'expérience mentionnées au deuxième alinéa, l'entrepreneur de spectacles en informe l'administration, ainsi que des nom et qualités de la personne qui la remplace. L'administration peut alors, si elle estime que les conditions de compétence ou d'expérience ne sont plus remplies, s'opposer à la poursuite de l'activité et mettre fin à la validité de la déclaration dans les conditions et délais fixés par le décret prévu à l'article L. 7122-17.

II. – La personne déclarante ne doit pas avoir fait l'objet d'une décision judiciaire interdisant l'exercice d'une activité commerciale et doit être immatriculée au registre du commerce et des sociétés ou au répertoire des métiers lorsqu'elle est soumise à cette obligation.

III. – La déclaration d'activité d'entreprise de spectacles vivants établit que les obligations en matière de sécurité des lieux de spectacles sont respectées.

Art. L. 7122-5. Les entrepreneurs de spectacles vivants ressortissants d'un État européen peuvent s'établir, sans déclarer leur activité, pour exercer leurs activités en France, sous réserve de produire un titre d'effet équivalent délivré dans un de ces États dans des conditions comparables.

Art. L. 7122-6. Les entrepreneurs de spectacles vivants autres que ceux mentionnés aux articles L. 7122-3 et L. 7122-5 peuvent exercer cette activité de façon temporaire et occasionnelle dans des conditions fixées par décret en Conseil d'État, sous réserve:

1° S'ils sont légalement établis dans un autre État membre de l'Union européenne ou partie à l'accord sur l'Espace économique européen, d'avoir préalablement informé l'autorité administrative compétente de cette activité;

2° S'ils ne sont pas établis dans un État membre de l'Union européenne ou partie à l'accord sur l'Espace économique européen, d'avoir préalablement informé l'autorité administrative compétente de cette activité et conclu un contrat avec un entrepreneur de spectacles vivants détenteur du récépissé mentionné à l'article L. 7122-3.

Art. L. 7122-7. L'autorité administrative compétente peut s'opposer à la poursuite de l'activité et mettre fin à la validité de la déclaration en cas de méconnaissance des obligations de l'employeur prévues par le présent code, par le régime de sécurité sociale ou par les dispositions relatives à la protection de la propriété littéraire et artistique ainsi que des obligations en matière de sécurité des lieux de spectacle.

Art. L. 7122-8. Les administrations et organismes intéressés communiquent à l'autorité administrative compétente pour délivrer le récépissé de déclaration toute information relative à la situation des entrepreneurs de spectacles au regard des obligations mentionnées à l'article L. 7122-7.

Sous-section 4. Protection des salaires

Art. L. 7122-15. En cas de besoin, pour assurer le paiement des salaires, les recettes peuvent, sur la demande de l'autorité administrative ou des intéressés, faire en cours de représentation l'objet de saisies autorisées par ordonnance du juge judiciaire statuant en référé.

Sous-section 1 (réglementaire). Dispositions communes

Note Les sous-sections 1 à 3 sont issues du décret 2019-1004 du 27 septembre 2019, art. 2, 2°, JO 29, entrée en vigueur le 01.10.2019.

Art. D. 7122-1. Les entrepreneurs de spectacles vivants soumis aux obligations du présent chapitre sont classés selon les catégories suivantes:

1° Les exploitants de lieux de spectacles aménagés pour les représentations publiques;

2° Les producteurs de spectacles ou entrepreneurs de tournées qui ont la responsabilité d'un spectacle et notamment celle d'employeur à l'égard du plateau artistique;

3° Les diffuseurs de spectacles qui ont la charge, dans le cadre d'un contrat, de l'accueil du public, de la billetterie et de la sécurité des spectacles, et les entrepreneurs de tournées qui n'ont pas la responsabilité d'employeur à l'égard du plateau artistique.

Art. R. 7122-2. L'entrepreneur de spectacles vivants adresse au préfet de région la déclaration prévue par le 2° de l'article L. 7122-3, ou l'informe de son activité en application de l'article L. 7122-6, au moyen d'un téléservice mentionné à l'article L. 112-9 du code des relations entre le public et l'administration, mis en place par le ministre chargé de la culture.

Art. L. 7122-15

Le téléservice permet le signalement sans délai au déclarant des pièces ou informations manquantes et, lorsque la déclaration est complète, l'envoi sans délai d'un récépissé de déclaration. Le récépissé mentionne le numéro de la déclaration.

Le silence gardé par l'administration pendant un mois à compter de la date du récépissé vaut absence d'opposition à la déclaration.

Le site internet public du téléservice comporte la liste des récépissés de déclaration.

La liste des documents et informations à fournir en application des articles L. 7122-3, L. 7122-4, L. 7122-5 et L. 7122-6 est fixée par un arrêté du ministre chargé de la culture.

Note Voir arrêté du 27 septembre 2019 (JO 29) fixant la liste des documents et informations requis en vue de l'exercice de l'activité d'entrepreneur de spectacles vivants, modifié par arrêté du 11 mars 2020 (JO 29).

Sous-section 2 (réglementaire). **Entrepreneur de spectacles vivants établi en France**

Art. R. 7122-3. Aux fins de répondre aux conditions de compétence ou d'expérience professionnelle mentionnées au I de l'article L. 7122-4, lorsque l'entrepreneur est une personne physique, il doit être majeur et remplir l'une des conditions suivantes :

1° Être titulaire d'un diplôme de l'enseignement supérieur ou d'un titre de même niveau inscrit au répertoire national des certifications professionnelles mentionné à l'article L. 6113-1 ;

2° Justifier d'une expérience professionnelle de six mois au moins dans le spectacle vivant ;

3° Justifier d'une formation d'au moins cent vingt cinq heures ou d'un ensemble de compétences, figurant dans un répertoire établi par la commission paritaire nationale mentionnée à l'article L. 6113-2, compétente pour le spectacle vivant.

Lorsque l'entrepreneur est une personne morale, il doit justifier de la présence dans l'entreprise d'une ou plusieurs personnes physiques remplissant l'une au moins des conditions mentionnées aux 1° à 3°.

Lorsque la déclaration est faite en vue de l'exploitation de lieux de spectacles aménagés pour les représentations publiques, la personne physique déclarante doit en outre justifier avoir suivi une formation à la sécurité des spectacles adaptée à la nature de ces lieux, figurant dans un répertoire établi par la commission paritaire nationale, et la personne morale doit justifier de la présence dans l'entreprise d'une ou plusieurs personnes physiques remplissant cette condition.

Note Jusqu'à la mise à disposition, par la commission paritaire nationale, du répertoire des formations et ensembles de compétences mentionné à cet article et au plus tard jusqu'au 1er octobre 2020, la justification prévue au 3° de cet article porte sur une formation professionnelle de 125 heures au moins dans le domaine du spectacle (décret 2019-1004 du 27 septembre 2019, art. 7, JO 29, entrée en vigueur le 01.10.2019).

Art. R. 7122-4. Lors d'une première déclaration, le déclarant peut exercer l'activité d'entrepreneur de spectacles vivants à l'issue du délai d'un mois mentionné à l'article R. 7122-2.

Art. R. 7122-5. La déclaration prévue par le 2° de l'article L. 7122-3 est renouvelée par l'entrepreneur tous les cinq ans, dans les conditions prévues à l'article R. 7122-2, auprès du préfet de région compétent pour connaître de la déclaration de l'établissement principal de l'entreprise.

La liste des documents et informations à fournir en application du présent article est fixée par un arrêté du ministre chargé de la culture.

Note Voir arrêté du 27 septembre 2019 (JO 29) fixant la liste des documents et informations requis en vue de l'exercice de l'activité d'entrepreneur de spectacles vivants (art. 3, 4 et 8), modifié par arrêté du 11 mars 2020 (JO 29).

Art. R. 7122-6. Toute modification dans les éléments constitutifs de la déclaration est portée à la connaissance du préfet de région, dans un délai de quinze jours suivant ce changement, par actualisation de la déclaration au moyen du téléservice mentionné à l'article R. 7122-2.

Lorsque la modification porte sur la cessation de présence dans l'entreprise de toute personne physique remplissant au moins l'une des conditions mentionnées aux 1° à 3° de l'article R. 7122-3, ou de toute personne physique remplissant la condition mentionnée au dernier alinéa du même article, la personne morale entrepreneur de spectacles vivants justifie en outre de leur remplacement respectivement dans les trois mois et dans le mois suivant leur départ. À défaut, le préfet de région peut engager la procédure prévue à l'article R. 7122-11.

Sous-section 3 (réglementaire). **Entrepreneur de spectacles vivants non établi en France**

§ 1. Conditions d'établissement en France des ressortissants d'un État membre de l'Union européenne ou d'un autre État partie à l'accord sur l'Espace économique européen

Art. R. 7122-7. Le titre mentionné à l'article L. 7122-5 est transmis par l'entrepreneur de spectacles vivants au préfet de région du lieu envisagé de l'établissement, au moyen du téléservice mentionné à l'article R. 7122-2. Le préfet de région apprécie l'équivalence du titre fourni eu égard aux conditions de compétence ou d'expérience professionnelle mentionnées au I de l'article L. 7122-4 et au contenu de la déclaration prévue par le 2° de l'article L. 7122-3.

Lorsqu'il reconnaît le titre d'effet équivalent, le préfet de région délivre un récépissé de déclaration pour la catégorie correspondant au titre dans un délai d'un mois à compter du dépôt du titre.

Dans le cas contraire, le préfet de région informe par tout moyen l'intéressé de son refus de reconnaître l'équivalence du titre par une décision motivée dans le même délai.

Le silence gardé par l'administration pendant un mois à compter du dépôt du titre vaut reconnaissance de l'équivalence.

Note Sur les documents et informations à fournir, voir note sous article R. 7122-2.

§ 2. Conditions de prestation de services en France des entrepreneurs de spectacles vivants établis dans un État membre de l'Union européenne ou dans un autre État partie à l'accord sur l'Espace économique européen

Art. R. 7122-8. L'information préalable d'activité mentionnée au 1° de l'article L. 7122-6 est adressée, via le téléservice mentionné à l'article R. 7122-2, au préfet de région du lieu de la représentation publique ou, lorsque les représentations sont données dans plusieurs régions, au préfet de région du lieu de la première représentation publique. Elle précise la date de début et la durée de l'exercice envisagé en France.

L'information est transmise au moins un mois avant le début de la période d'exercice en France.

Note Sur les documents et informations à fournir, voir note sous article R. 7122-2.

§ 3. Conditions de prestation de services en France des entrepreneurs non établis dans un État membre de l'Union européenne ou de l'Espace économique européen

Art. R. 7122-9. L'information préalable d'activité et le contrat prévus au 2° de l'article L. 7122-6 sont adressés au préfet de région du lieu de la représentation publique ou, lorsque les représentations sont données dans plusieurs régions, au préfet de région du lieu de la première représentation, au moyen du téléservice mentionné à l'article R. 7122-2.

L'information précise la date de début et la durée de l'exercice envisagé en France.

Elle est transmise au moins un mois avant le début de la période d'exercice en France.

Note Sur les documents et informations à fournir, voir note sous article R. 7122-2.

Sous-section 4 (réglementaire). **Protection des salaires**

Art. D. 7122-10. Pour assurer le paiement des salaires, le président du tribunal peut autoriser, en application de l'article L. 7122-15, la saisie des recettes du spectacle.

Note Cet article est l'ancien article D. 7122-24 (décret 2019-1004 du 27 septembre 2019, art. 2, 3°, JO 29, entrée en vigueur le 01.10.2019).

Sous-section 5 (réglementaire). **Contrôle**

Art. R. 7122-11. ***(D. 2019-1004 du 27 sept. 2019, art. 2, 4°, JO 29, entrée en vigueur le 01.10.2019)*** I. – Si le préfet de région du lieu de l'établissement principal de l'entreprise de spectacles vivants ou du lieu de la représentation publique constate que l'exercice de l'activité ne satisfait pas aux exigences légales ou réglementaires relatives à la profession d'entrepreneur de spectacles vivants mentionnées à l'article L. 7122-7, il en informe par tout moyen l'entrepreneur de spectacles vivants en l'invitant à présenter des observations écrites et, le cas échéant, à régulariser sa situation dans le délai d'un mois à compter de cette notification. L'entrepreneur peut demander à être entendu par le préfet de région.

II. – Le préfet de région informe l'entrepreneur de spectacles vivants des suites données à la procédure.

En cas d'opposition à la poursuite de l'activité, l'entrepreneur ne peut plus exercer son activité en France et l'invalidité du récépissé est portée sur le site internet public du téléservice mentionné à l'article R. 7122-2.

Art. R. 7122-12. ***(D. 2019-1004 du 27 sept. 2019, art. 2, 4°, JO 29, entrée en vigueur le 01.10.2019)*** Les supports de communication et la billetterie de tout spectacle vivant mentionnent le numéro du récépissé de la déclaration en cours de validité du ou des entrepreneurs de spectacles vivants qui le produisent ou le diffusent.

Sous-section 5. **Sanctions en cas de non-respect de l'obligation de déclaration et d'information**

Note • Cette sous-section est issue de l'ordonnance 2019-700 du 3 juillet 2019, JO 4, entrée en vigueur le 01.10.2019.

• L'ordonnance 2019-700 précitée met en place un régime de sanctions administratives se substituant, depuis le 1er octobre 2019, au régime de sanctions pénales prévu jusqu'alors aux fins de réprimer l'exercice illégal de l'activité d'entrepreneur de spectacles vivants (voir Rapp. au Prés. Rép. relatif à l'ordonnance 2019-700 précitée).

Art. L. 7122-16. I. – Lorsqu'il est constaté qu'une personne, physique ou morale, exerce l'activité d'entrepreneurs de spectacles vivants sans être détentrice du récépissé de déclaration d'activité valide mentionné à l'article L. 7122-3, ou qu'elle n'a pas satisfait aux obligations prévues au troisième alinéa du I de l'article L. 7122-4, ou au 1° ou au 2° de l'article L. 7122-6, ou qu'elle n'est pas titulaire d'un titre d'effet équivalent visé à l'article L. 7122-5, l'autorité administrative compétente informe par écrit la personne mise en cause de la sanction envisagée en portant à sa connaissance le manquement retenu à son encontre et en l'invitant à présenter ses observations, dans un délai fixé par voie réglementaire.

II. – À l'issue de ce délai, l'autorité administrative compétente peut, par décision motivée :

1° Prononcer une amende administrative d'un montant maximum de 1 500 €, pour une personne physique, et d'un montant maximum de 7 500 € pour une personne morale ;

2° Assortir l'amende mentionnée au 1° d'une astreinte en cas de non-paiement de l'amende. L'astreinte cesse de courir le jour de la régularisation de la situation ;

3° Ordonner la fermeture, pour une durée de un an au plus, du ou des établissements de l'entrepreneur ayant servi à commettre l'infraction.

III. – Le plafond de l'amende est porté au double en cas de nouveau manquement de même nature constaté dans un délai de deux ans à compter du jour de la notification de l'amende concernant un précédent manquement de même nature.

IV. – Sous réserve des secrets protégés par la loi, les sanctions mentionnées au présent article peuvent être assorties d'une mesure de publicité qui n'a pas à être spécialement motivée.

V. – Pour fixer le montant de l'amende ou la durée de la fermeture d'un établissement, l'autorité administrative compétente prend en compte les circonstances et la gravité du manquement, le comportement de son auteur, notamment sa bonne foi, ainsi que ses ressources et ses charges.

VI. – La décision est prise sur rapport constatant le manquement transmis à l'autorité administrative compétente dans des conditions fixées par voie réglementaire.

VII. – Le délai de prescription de l'action de l'autorité administrative compétente pour la sanction du manquement par une amende administrative ou la fermeture d'un établissement est de deux années révolues à compter du jour où le manquement a été commis.

VIII. – Les amendes et les astreintes mentionnées aux 1° et 2° du II sont recouvrées au profit du Trésor public.

Art. L. 7122-17. Outre les officiers et agents de police judiciaire, les agents de contrôle de l'inspection du travail mentionnés à l'article L. 8112-1 ainsi que les agents de contrôle des organismes de sécurité sociale sont habilités à constater l'infraction prévue à l'article L. 7122-16.

Art. L. 7122-18. Un décret en Conseil d'État détermine les conditions d'application de la présente section.

Note Voir art. R. 7122-26 à 29.

SECTION 2. Exercice de l'activité d'entrepreneur de spectacles vivants à titre accessoire

Note • Cette section est issue de l'ordonnance 2019-700 du 3 juillet 2019, JO 4, entrée en vigueur le 01.10.2019.

• Auparavant dispensés de détenir une licence mais tenus de procéder à une déclaration préalable de leur activité, les entrepreneurs de spectacles vivants à titre occasionnel, renommés entrepreneurs de spectacles vivants à titre accessoire, sont dispensés de toute déclaration depuis le 1er octobre 2019.

Art. L. 7122-19. Peuvent exercer l'activité d'entrepreneur de spectacles vivants, dans la limite d'un plafond annuel de représentations, sans être soumis aux obligations de déclaration mentionnées aux articles L. 7122-3 et L. 7122-6 :

1° Toute personne qui n'a pas pour activité principale ou pour objet l'exploitation de lieux de spectacles, la production ou la diffusion de spectacles;

2° Les groupements d'artistes amateurs bénévoles faisant occasionnellement appel à un ou plusieurs artistes du spectacle percevant une rémunération.

Art. L. 7122-20. Un décret en Conseil d'État détermine les modalités d'application de la présente section.

Art. R. 7122-13. ***(D. 2019-1004 du 27 sept. 2019, art. 3, JO 29, entrée en vigueur le 01.10.2019)*** Le plafond annuel permettant d'exercer l'activité d'entrepreneur de spectacles vivants sans être soumis aux obligations de déclaration mentionnées à l'article L. 7122-3 est fixé à six représentations.

SECTION 3. Guichet unique pour le spectacle vivant

Note • Afin de lutter contre le recours abusif à l'intermittence par certains employeurs et le travail dissimulé dans le secteur du spectacle et de la production audiovisuelle et cinématographique, l'ordonnance 2003-1059 du 6 novembre 2003 (JO 8) relative aux mesures de simplification pour les emplois du spectacle et ratifiée par la loi 2004-1343 du 9 décembre 2004, art. 78 (JO 10) a réformé le guichet unique du spectacle occasionnel qui avait été institué par la loi 98-546 du 2 juillet 1998 (JO 3, rectif. JO 9).

Ainsi, depuis le 1er janvier 2004, ce guichet unique (Guso) a été élargi et rendu obligatoire pour tous les organisateurs non professionnels de spectacles vivants. Il leur permet de se libérer, auprès d'un seul organisme habilité par arrêté (Pôle emploi) et en une seule formalité, de l'ensemble des déclarations obligatoires liées à l'embauche et à l'emploi, sous contrat de travail à durée déterminée, d'artistes, d'ouvriers et de techniciens du spectacle, ainsi que du paiement de l'ensemble des cotisations et contributions sociales s'y rapportant. Cette formalité permet également de satisfaire aux obligations relatives à la forme, au contenu et à la transmission du contrat de travail à durée déterminée prévus aux articles L. 1242-12 et 13 CT. Voir circulaire interministérielle DSS/5C/DMDTS/2009/252 du 5 août 2009 précisant le champ d'application du guichet unique, les modalités de mise en œuvre de la procédure de déclaration ainsi que les taux et l'assiette des cotisations et contributions sociales.

• Les employeurs qui relèvent du Guso ne peuvent pas, pour se libérer de leurs obligations liées à l'embauche et à l'emploi, utiliser les dispositifs du chèque emploi-service universel, du chèque emploi-associatif, du centre national des firmes étrangères pour les employeurs dont l'entreprise ne comporte pas d'établissement en France, du titre emploi-service entreprise ou du titre emploi-forain (circ. DSS/5C/DMDTS/2009/252 du 5 août 2009, précitée).

Sous-section 1. Champ d'application

Art. L. 7122-22. Les dispositions de la présente section s'appliquent:

1° Aux personnes mentionnées à l'article L. 7122-19;

2° Aux personnes qui n'ont pas pour activité principale ou pour objet l'exploitation de lieux de spectacles, de parcs de loisirs ou d'attraction, la production ou la diffusion de spectacles.

Sous-section 2. Conditions de mise en œuvre

Art. L. 7122-23. Les groupements et les personnes mentionnés à l'article L. 7122-22 procèdent auprès d'un organisme habilité par l'État ***(L. 2016-1917 du 29 déc. 2016, art. 60, I, E, 3°, JO 30)*** «à la déclaration de la retenue à la source prévue à l'article 204 A du code général des impôts et» aux déclarations obligatoires liées à l'embauche et à l'emploi sous contrat de travail à durée déterminée:

1° Des artistes du spectacle mentionnés à l'article L. 7121-2;

2° Des ouvriers et des techniciens concourant au spectacle, engagés pour pourvoir l'un des emplois figurant sur une liste déterminée par décret en Conseil d'État.

Note • Les dispositions de cet article, dans sa rédaction issue de la loi 2016-1917 précitée, s'appliquent aux revenus perçus ou réalisés depuis le 01.01.2019 (loi précitée, art. 60, I, G, modifié par ordonnance 2017-1390 du 22 septembre 2017, art. 1er, JO 23).

• L'organisme habilité à recevoir les déclarations obligatoires liées à l'embauche et à l'emploi sous CDD est l'institution mentionnée à l'article L. 5312-1 CT, c'est-à-dire Pôle Emploi (arrêté du 16 décembre 2008, JO 28, portant désignation de l'organisme habilité pour le guichet unique du spectacle vivant).

Art. L. 7122-24. L'employeur, qui remet au salarié et qui adresse à l'organisme habilité par l'État les éléments de la déclaration prévue à l'article L. 7122-23 qui leur sont respectivement destinés, est réputé satisfaire aux obligations relatives:

1° À la déclaration préalable à l'embauche, prévue par l'article L. 1221-10;

2° À la remise du certificat de travail, prévue par l'article L. 1234-19;

3° À l'établissement, au contenu et à la transmission du contrat de travail à durée déterminée, prévus par les articles L. 1242-12 et L. 1242-13;

4° À l'affiliation à la caisse de congés payés, prévue par l'article ***(L. 2016-1088 du 8 août 2016, art. 8, XI, 7°, JO 9)*** « L. 3141-32 ».

(L. 2016-1917 du 29 déc. 2016, art. 60, I, E, 4°, JO 30) « 5° Aux déclarations prévues aux articles 87 et 87-0 A du code général des impôts. »

Note Les dispositions de cet article, dans sa rédaction issue de la loi 2016-1917 précitée, s'appliquent aux revenus perçus ou réalisés depuis le 01.01.2019 (loi précitée, art. 60, I, G, modifié par ordonnance 2017-1390 du 22 septembre 2017, art. 1er, JO 23).

Art. L. 7122-25. Par dérogation aux dispositions de l'article L. 7122-24, les parties conservent la faculté d'établir le contrat de travail sur un autre document que celui prévu par ce même article.

Art. L. 7122-26. L'organisme habilité par l'État délivre au salarié une attestation mensuelle d'emploi qui se substitue à la remise du bulletin de paie prévue par l'article L. 3243-2.

Sous-section 3. Litiges

Art. L. 7122-27. Les litiges résultant de l'application aux employeurs du secteur public mentionnés à l'article L. 5424-1 des dispositions de l'article L. 7122-23, relatives aux déclarations obligatoires, ***(L. 2008-126 du 13 févr. 2008, art. 17, JO 14; D. 2009-1708 du 30 déc. 2009, JO 31, entrée en vigueur le 01.01.2011)*** « suivent les règles de compétence prévues à l'article L. 5422-16 ».

Sous-section 4. Dispositions d'application

Art. L. 7122-28. Un décret en Conseil d'État détermine les modalités d'application de la présente section.

Art. R. 7122-14. L'employeur procède aux déclarations obligatoires mentionnées à l'article L. 7122-23:

1° Soit au moyen d'un document appelé « déclaration unique et simplifiée »;

2° Soit par voie électronique, dans les conditions prévues à l'article L. 133-5 du code de la sécurité sociale.

Note Les articles R. 7122-14 à 24 sont les anciens articles R. 7122-29 à 39 (décret 2019-1004 du 27 septembre 2019, art. 4, 1°, JO 29, entrée en vigueur le 01.10.2019).

Art. R. 7122-15. La déclaration unique et simplifiée concerne l'embauche et l'emploi d'artistes du spectacle ainsi que des ouvriers et techniciens relevant des professions du spectacle vivant et occupant un des emplois définis par l'accord relatif à l'application du régime d'assurance chômage à ces professions prévu à l'article L. 5422-20.

Art. R. 7122-16. La déclaration unique et simplifiée permet de satisfaire:

1° Aux déclarations prévues par les dispositions suivantes, ou requises pour leur application:

a) Articles 87 A et 87-0 A du code général des impôts;

b) Articles L. 922-2, R. 243-2, R. 243-13, R. 243-14 et R. 312-4 du code de la sécurité sociale;

c) Articles L. 1221-10 et L. 1221-11, relatifs à la déclaration préalable à l'embauche;

d) Article R. 1234-9, relatif à l'attestation d'assurance chômage;

e) Article L. 4622-6, relatif aux dépenses afférentes aux services de santé au travail;

f) Articles L. 6331-55 et L. 6331-56, relatifs à la participation des employeurs de salariés intermittents au développement de la formation professionnelle continue;

g) Articles R. 4622-1 à R. 4622-4, relatifs à l'organisation du service de santé au travail;

h) Articles R. 4624-10 à R. 4624-15, relatifs à la visite d'information et de prévention, ou aux articles R. 4624-24 à R. 4624-27 relatif à l'examen médical d'aptitude;

i) Articles R. 5422-5 et R. 5422-6, relatifs à l'obligation d'assurance contre le risque de privation d'emploi et à l'obligation pour l'employeur d'adresser à l'organisme de recouvrement compétent mentionné à l'article L. 5427-1 des déclarations;

j) Article D. 7121-40, relatif à l'affiliation à la caisse de congés payés des artistes du spectacle;

2° Aux déclarations et au versement des cotisations et contributions et de la retenue à la source prévue à l'article 204 A du code général des impôts dues:

a) Aux organismes chargés du recouvrement des cotisations et contributions du régime général de la sécurité sociale;

b) À l'organisme de recouvrement compétent mentionné à l'article L. 5427-1 pour le compte de l'organisme gestionnaire de l'assurance chômage;

c) Aux institutions mettant en œuvre les régimes de retraite complémentaire mentionnés au chapitre premier du titre II du livre IX du code de la sécurité sociale;

d) Aux services de santé au travail interentreprises organisés en application de l'article L. 4622-2;

e) À l'opérateur de compétences chargé du recouvrement de la contribution mentionnée à l'article L. 6331-55 ;

f) À la caisse des congés payés mentionnée à l'article D. 7121-38 ;

g) À l'administration fiscale.

Art. R. 7122-17. La déclaration unique et simplifiée comporte deux volets :

1° Un premier volet qui permet de satisfaire à la déclaration préalable à l'embauche prévue à l'article L. 1221-10 ;

2° Un second volet constitué de quatre feuillets identiques qui permet de satisfaire aux autres obligations mentionnées aux articles L. 7122-24 et R. 7122-31.

Art. R. 7122-18. L'employeur est réputé satisfaire aux obligations énumérées aux articles L. 7122-24 et R. 7122-31 lorsque les deux volets de la déclaration unique et simplifiée comportent les informations suivantes :

1° Mentions relatives à l'employeur :

a) Nom, prénom ou dénomination sociale ;

b) Code APE ;

c) Numéro SIRET ;

d) Numéro d'inscription au répertoire national d'identification des personnes physiques lorsque l'employeur est un particulier ;

e) Adresse ;

f) Numéros de téléphone et courriel ;

2° Mentions relatives au salarié :

a) Nom et prénom ;

b) Nom marital ;

c) Adresse ;

d) Numéro d'immatriculation à la sécurité sociale ;

e) Date et lieu de naissance ;

f) Sexe ;

g) Nationalité ;

3° Mentions relatives à l'embauche et à l'emploi :

a) Date et heure d'embauche ;

b) Motif du contrat ;

c) Emploi occupé ;

d) (Abrogé) ;

e) Salaire horaire brut ou valeur unitaire en cas de rémunération au cachet ;

f) Intitulé de la convention collective de branche applicable ;

g) Montant de la retenue à la source prévue à l'article 204 A du code général des impôts ;

4° Mentions relatives à l'exécution et à la cessation du contrat de travail :

a) Nombre d'heures de travail accomplies ou de cachets ;

b) Période pendant laquelle l'emploi a été pourvu ;

c) Rémunération nette ;

d) (Abrogé) ;

e) Signature de l'employeur à la date d'expiration du contrat de travail.

Art. R. 7122-19. Les employeurs mentionnés à l'article L. 7122-22 adressent à l'organisme habilité par l'État la déclaration unique et simplifiée.

Art. R. 7122-20. L'organisme habilité délivre avant l'embauche la déclaration unique et simplifiée à l'employeur, à la demande de l'employeur ou de la personne susceptible d'être embauchée.

Au plus tard lors de l'embauche, l'employeur adresse à l'organisme habilité le premier volet de la déclaration permettant de satisfaire à l'obligation prévue à l'article L. 1221-10. L'employeur est dispensé des envois prévus à l'article R. 1221-3.

Lorsque l'employeur ne dispose pas de la déclaration avant le début effectif du travail, il satisfait aux dispositions des articles R. 1221-1 à R. 1221-12, relatives à la déclaration préalable à l'embauche.

Dans tous les cas, il n'est pas dérogé aux modes de preuve prévus à l'article R. 1221-5.

Art. R. 7122-21. Au plus tard dans les deux jours suivant l'embauche, l'employeur remet au salarié le feuillet de la déclaration unique simplifiée permettant de satisfaire aux obligations relatives à la forme, au contenu et à la transmission du contrat de travail à durée déterminée prévues aux articles L. 1242-12 et L. 1242-13.

Art. R. 7122-22. Au terme du contrat de travail, l'employeur remet au salarié les feuillets permettant de satisfaire aux obligations de délivrance des attestations d'assurance chômage, du certificat de travail et du certificat justificatif du droit au congé, prévues par les articles L. 1234-19, R. 1234-9 et D. 3141-9.

Art. R. 7122-23. Au plus tard le quinzième jour suivant le terme du contrat de travail, l'employeur adresse à l'organisme habilité le feuillet du second volet prévu à cet effet. Cet envoi est accompagné du versement des cotisations et contributions sociales ainsi que de la retenue à la source prévue à l'article 204 A du code général des impôts dont l'employeur est redevable au titre de l'emploi de ce salarié.

Art. R. 7122-24. L'employeur adresse à l'organisme habilité les volets de la déclaration unique simplifiée par voie postale, par télécopie, par télématique ou par échanges de données informatisées dans des conditions définies par arrêté conjoint des ministres chargés du travail et de la sécurité sociale.

L'organisme habilité lui délivre un avis de réception.

Art. R. 7122-25. ***(D. 2019-1004 du 27 sept. 2019, art. 4, 2°, JO 29, entrée en vigueur le 01.10.2019)*** L'organisme habilité par l'État mentionné à l'article L. 7122-23 transmet au préfet de région les informations utiles à la vérification du respect du plafond annuel mentionné à l'article R. 7122-13.

SECTION 4 (réglementaire). Sanctions administratives

Note • Cette section est issue du décret 2019-1004 du 27 septembre 2019, art. 5, JO 29, entrée en vigueur le 01.10.2019.

• Le décret 2019-1004 précité définit notamment les modalités de mise en œuvre du nouveau régime de sanction institué par l'ordonnance 2019-700 du 3 juillet 2019; voir note introductive de la sous-section 5 de la section 1 (au-dessus de l'article L. 7122-16).

Art. R. 7122-26. Peut être sanctionné d'une amende administrative d'un montant maximum de 800 € pour une personne physique et de 2 000 € pour une personne morale le fait de ne pas avoir porté sur les supports de communication ou la billetterie la mention rendue obligatoire par l'article R. 7122-12 du numéro de récépissé de déclaration en cours de validité.

Art. R. 7122-27. Le préfet de région du lieu de l'établissement principal prononce les sanctions prévues aux II et III de l'article L. 7122-16 et à l'article R. 7122-26 après avoir notifié par lettre recommandée avec demande d'avis de réception à la personne mise en cause les griefs qui lui sont reprochés.

Le préfet de région mentionne dans cette notification que la personne dispose d'un délai d'un mois pour transmettre ses observations écrites. Il lui indique les sanctions encourues et lui précise qu'elle peut prendre connaissance des pièces du dossier et se faire assister ou représenter par tout conseil de son choix. L'entrepreneur peut demander à être entendu par le préfet de région.

Le préfet de région fixe la sanction en tenant compte de l'ensemble des circonstances de l'affaire et la notifie par lettre recommandée avec demande d'avis de réception à la personne mise en cause.

Lorsque la sanction est assortie d'une mesure de publicité totale ou partielle, la publicité est assurée sur le site internet du téléservice mentionné à l'article R. 7122-2.

Art. R. 7122-28. Les amendes mentionnées à la présente section sont versées au Trésor et sont recouvrées comme les créances de l'État étrangères à l'impôt et au domaine.

Art. R. 7122-29. Sur leur rapport, le ***(D. 2020-1545 du 9 déc. 2020, JO 10, entrée en vigueur le 01.04.2021)*** «directeur régional de l'économie, de l'emploi, du travail et des solidarités» informe le préfet de région des manquements constatés au titre de la présente section par les agents de contrôle de l'inspection du travail.

Le maire, les organismes de sécurité sociale et le directeur général de Pôle emploi transmettent au préfet de région les manquements constatés au titre de la présente section par leurs agents dans le cadre de leurs missions.

CHAPITRE III Mannequins et agences de mannequins

SECTION 1. Mannequins

Sous-section 1. Champ d'application

Art. L. 7123-1. Les dispositions du présent code sont applicables aux mannequins, sous réserve des dispositions particulières du présent chapitre.

Note Le statut des mannequins, qui résultait de la loi 69-1186 du 26 décembre 1969 (JO 30), a été profondément modifié par la loi 90-603 du 12 juillet 1990 (JO 13) relative aux agences de mannequins et à la protection des enfants et des adultes exerçant l'activité de mannequin.

Cette loi a donné lieu à un décret d'application 92-962 du 9 septembre 1992 (JO 10), modifié par les décrets 97-503 du 21 mai 1997 (JO 22) et 2000-10 du 6 janvier 2000 (JO 8). Une circulaire interministérielle DGT/DPM 2007/19 du 20 décembre 2007 relative à l'application des articles L. 763-1 [L. 7123-1] et s. CT relatifs à l'emploi des mannequins et aux agences de mannequins a rappelé et précisé les principales règles régissant le fonctionnement de ces agences et les droits attachés à la qualité de mannequin.

La convention collective nationale du 22 juin 2004 complète le statut des mannequins adultes et des mannequins enfants de moins de seize ans employés par les agences de mannequins. Cette convention a été étendue par arrêté du 13 avril 2005 (JO 27).

Ce dispositif a été à nouveau modifié par la loi 2011-302 du 22 mars 2011 et le décret 2011-1001 du 24 août 2011 afin de permettre l'ouverture du marché aux prestataires européens, conformément au droit communautaire. Une circulaire DGT 2012/06 du 26 juillet 2012 (ETST1231303C) précise les conditions dans lesquelles les mannequins et agences de mannequins peuvent exercer leur activité en France, notamment s'agissant des agences établies au sein de l'UE, en libre prestation de services ou en libre établissement en France.

Sous-section 2. **Définitions**

Art. L. 7123-2. Est considérée comme exerçant une activité de mannequin, même si cette activité n'est exercée qu'à titre occasionnel, toute personne qui est chargée:

1° Soit de présenter au public, directement ou indirectement par reproduction de son image sur tout support visuel ou audiovisuel, un produit, un service ou un message publicitaire;

2° Soit de poser comme modèle, avec ou sans utilisation ultérieure de son image.

Note • L'activité de mannequin supposant la présentation au public d'un produit, service ou message publicitaire, la personne ayant accepté d'être photographiée en vue de l'utilisation des clichés à des fins d'édition, de publication ou d'exposition avec autorisation des droits correspondants n'a pas la qualité de mannequin (cass. civ., 1re ch., 20 mars 2007, n° 06-10.305, BC I n° 125; JCP éd. S 2007, 1410, note Th. Lahalle).

• *Distinction entre les statuts d'artistes-interprètes et de mannequins utilisés dans le cadre des films publicitaires.* L'activité de mannequin, qui consiste à présenter un produit ou un message publicitaire, se distingue de celle de l'artiste du spectacle par l'absence d'interprétation d'un rôle qui est réservée à l'artiste. Voir note sous art. L. 7121-2 et l'étude effectuée par L. Veyssière, «Statut juridique de comédiens et mannequins de films publicitaires», Gaz. Pal. 26 au 30 mai 1996, p. 8.

• Voir aussi JCP éd. S 2017, 1198, étude F. Rizzo, «Les contrats de parrainage sportif et le mannequinat».

Art. L. 7123-2-1. ***(L. 2016-41 du 26 janv. 2016, art. 20, 1°, JO 27)*** L'exercice de l'activité de mannequin est conditionné à la délivrance d'un certificat médical. Ce certificat atteste que l'évaluation globale de l'état de santé du mannequin, évalué notamment au regard de son indice de masse corporelle, est compatible avec l'exercice de son métier.

Un arrêté des ministres chargés de la santé et du travail, pris après avis de la Haute Autorité de santé, définit les modalités d'application du premier alinéa.

Note Voir arrêté du 4 mai 2017 (JO 5) relatif au certificat médical permettant l'exercice de l'activité de mannequin.

Sous-section 3. **Contrat de travail**

Art. L. 7123-3. Tout contrat par lequel une personne s'assure, moyennant rémunération, le concours d'un mannequin est présumé être un contrat de travail.

Note • La présomption de salariat édictée par cet article en faveur des mannequins n'est pas irréfragable: une cour d'appel a pu écarter l'existence d'un lien de subordination entre une joueuse de tennis professionnelle et une société d'eaux minérales avec laquelle elle avait conclu un contrat de parrainage sportif, après avoir relevé que les seules obligations de l'intéressée étaient limitées à des astreintes publicitaires et à la participation à certaines réunions, activités qui ne relevaient pas de celles de la société, et que cette joueuse professionnelle, dont l'activité principale était de participer à des compétitions sportives, conservait la liberté de choisir celles auxquelles elle participerait et d'organiser son activité (cass. soc. 16 janvier 1997, n° 95-12.994). Toutefois, le seul fait que les parties aient prévu dans la convention qu'aucun matériel publicitaire portant le nom, l'image ou la voix du mannequin ne peut être communiqué au public sans son accord préalable ne suffit pas à détruire la présomption de salariat (cass. civ., 2e ch., 13 décembre 2005, n° 04-30.457, BC II n° 318; RJS 2/06 n° 284).

• **Mannequins étrangers.** Les mannequins étrangers venant en France à l'invitation de certaines agences sont présumés être salariés de ces agences. Dès lors, à l'exception des mannequins employés régulièrement par des agences installées dans l'Union européenne, les mannequins étrangers ne peuvent exercer leur activité sans être en possession de l'autorisation de travail prévue à l'article L. 5221-2. Une instruction du 11 juillet 2013 (INTV1314776J) expose le régime des autorisations de travail présentées en faveur des mannequins recrutés par des agences de mannequins établies sur le territoire français.

Art. L. 7123-4. La présomption de l'existence d'un contrat de travail subsiste quels que soient le mode et le montant de la rémunération ainsi que la qualification donnée au contrat par les parties.

Elle n'est pas non plus détruite par la preuve que le mannequin conserve une entière liberté d'action pour l'exécution de son travail de présentation.

Art. L. 7123-4-1. ***(L. 2011-302 du 22 mars 2011, art. 14, JO 23)*** La présomption de salariat prévue aux articles L. 7123-3 et L. 7123-4 ne s'applique pas aux mannequins reconnus comme prestataires de services établis dans un État membre de l'Union européenne ou dans un autre État partie à l'accord sur l'Espace économique européen où ils fournissent habituellement des services analogues et qui viennent exercer leur activité en France, par la voie de la prestation de services, à titre temporaire et indépendant.

Art. L. 7123-5. Tout contrat de travail conclu entre une agence de mannequins et chacun des mannequins qu'elle emploie est établi par écrit et comporte la définition précise de son objet.

Note Le contrat de travail doit être remis au mannequin au plus tard dans les deux jours ouvrables suivant sa mise à disposition et comporter certaines mentions obligatoires (voir ci-après art. R. 7123-1).

Sous-section 4. Rémunération

Art. L. 7123-6. La rémunération due au mannequin à l'occasion de la vente ou de l'exploitation de l'enregistrement de sa présentation par l'employeur ou tout autre utilisateur n'est pas considérée comme salaire dès que la présence physique du mannequin n'est plus requise pour exploiter cet enregistrement et que cette rémunération n'est pas fonction du salaire reçu pour la production de sa présentation, mais est fonction du produit de la vente ou de l'exploitation de l'enregistrement.

Art. L. 7123-7. Le salaire perçu par un mannequin pour une prestation donnée ne peut être inférieur à un pourcentage minimum des sommes versées à cette occasion par l'utilisateur à l'agence de mannequins.

Ce pourcentage est établi, pour les différents types de prestation, par convention ou accord collectif de travail.

Note *Covid-19.* Sur les modalités de calcul de l'indemnité et de l'allocation d'activité partielle applicables aux mannequins, prévues à titre dérogatoire et temporaire pour faire face à l'épidémie de Covid-19, voir décret 2020-435 du 16 avril 2020, JO 17, entrée en vigueur le 17.04.2020, modifié et décret 2020-1786 du 30 décembre 2020, JO 31, entrée en vigueur le 01.01.2021. Sur les mesures prises en matière d'activité partielle pour aider les entreprises, voir aussi note introductive du chapitre II du titre II du livre Ier de la cinquième partie.

Art. L. 7123-8. Toute consultation donnée à un jeune sur les possibilités d'accès à l'activité de mannequin est gratuite.

Art. L. 7123-9. Les frais avancés par l'agence de mannequins pour la promotion et le déroulement de la carrière du mannequin ne peuvent faire l'objet d'un remboursement qu'au moyen de retenues successives ne dépassant pas un pourcentage du montant des salaires et rémunérations exigibles. Ce pourcentage est déterminé par décret en Conseil d'État.

Note Ce pourcentage a été fixé à 20 % par le décret 92-962 du 9 septembre 1992 (voir art. R. 7123-3).

Art. L. 7123-10. Le salarié lié à l'agence de mannequins par un contrat de travail a droit à une indemnité compensatrice de congé payé pour chaque prestation, quelle que soit la durée de celle-ci.

Le montant de l'indemnité, calculé en fonction de cette durée, ne peut être inférieur au dixième de la rémunération totale due au salarié.

L'indemnité est versée à la fin de la prestation.

SECTION 2. Agences de mannequins

Sous-section 1. Licence d'agence de mannequins

Art. L. 7123-11. ***(L. 2011-302 du 22 mars 2011, art. 14, JO 23)*** Le placement des mannequins peut être réalisé à titre onéreux.

Toute personne établie sur le territoire national qui exerce l'activité définie au premier alinéa doit être titulaire d'une licence d'agence de mannequins.

Les agences de mannequins légalement établies dans un autre État membre de l'Union européenne ou partie à l'accord sur l'Espace économique européen peuvent exercer cette activité de façon temporaire et occasionnelle sur le territoire national, sous réserve d'avoir préalablement déclaré leur activité.

Art. L. 7123-12. Est considérée comme exploitant une agence de mannequins, toute personne physique ou morale dont l'activité consiste à mettre à la disposition provisoire d'utilisateurs, à titre onéreux, des mannequins qu'elle embauche et rémunère à cet effet.

Art. L. 7123-13. Les dispositions relatives au prêt de main-d'œuvre illicite prévues à l'article L. 8241-1 ne s'appliquent pas à l'activité d'exploitant d'une agence de mannequins lorsque celle-ci est exercée par une personne ***(L. 2011-302 du 22 mars 2011, art. 14, JO 23)*** «exerçant l'activité d'agence de mannequins dans les conditions prévues par l'article L. 7123-11.»

Art. L. 7123-14. ***(L. 2011-302 du 22 mars 2011, art. 14, JO 23)*** La délivrance de la licence d'agence de mannequins par l'autorité administrative est subordonnée à des conditions déterminées par voie réglementaire. Lorsqu'une agence est légalement établie dans un autre État membre de l'Union européenne ou partie à l'accord sur l'Espace économique européen, il est tenu compte des exigences équivalentes auxquelles elle est déjà soumise.

La licence devient caduque si son titulaire ne produit pas, à des échéances déterminées, les pièces établissant qu'il continue de remplir les conditions de sa délivrance et que sa situation est régulière au regard du présent code.

Art. L. 7123-15. ***(L. 2011-302 du 22 mars 2011, art. 14, JO 23)*** Les agences de mannequins prennent toutes mesures nécessaires pour garantir la défense des intérêts des mannequins qu'elles emploient et éviter les situations de conflit d'intérêts.

Un décret en Conseil d'État fixe les conditions dans lesquelles elles rendent publiques les autres activités professionnelles exercées par leurs dirigeants, dirigeants sociaux, associés et salariés, ainsi que les mesures prises pour se conformer au premier alinéa. Il fixe également les sanctions en cas de méconnaissance de ces dispositions.

Note Le Conseil d'État a décidé (CE 17 mars 1997, n° 167586, D. 1997, Jurispr. 467) d'une part, que lorsqu'un artiste-interprète se livre, dans le cadre du tournage d'un film publicitaire, à une prestation qui ne se réduit pas à la seule utilisation de son image, il ne se produit pas en qualité de mannequin et, d'autre part, que le réalisateur et le producteur d'un film publicitaire utilisant les prestations d'un mannequin doivent être regardés comme les bénéficiaires desdites prestations et peuvent ainsi légalement procéder eux-mêmes au recrutement de ce mannequin sans recourir à une agence de mannequins. Il a annulé, en conséquence, la circulaire 95/2 du 2 janvier 1995 et celle du 4 juin 1993 (93/17) en tant qu'elles imposaient au réalisateur ou producteur d'un film publicitaire de passer, pour le recrutement des mannequins, par l'annonceur ou par l'intermédiaire d'une agence de mannequins dûment licenciée.

Sous-section 2. Mise à disposition

Art. L. 7123-17. Lorsqu'une agence de mannequins met un mannequin à la disposition d'un utilisateur, un contrat de mise à disposition est conclu par écrit entre l'utilisateur et l'agence.

Ce contrat précise les caractéristiques de la prestation demandée au mannequin.

Un exemplaire du contrat est délivré par l'agence au mannequin avant toute acceptation de sa part de la mission qui lui est proposée.

Note Le contrat de mise à disposition doit être conclu avant le début de la prestation; il comporte également certaines mentions obligatoires (art. R. 7123-19).

Art. L. 7123-18. Pendant la durée de la prestation, l'utilisateur est responsable des conditions d'exécution du travail conformément aux dispositions légales et stipulations conventionnelles applicables au lieu du travail.

Pour l'application de ces dispositions, les conditions d'exécution du travail comprennent limitativement les dispositions relatives à la durée du travail, au travail de nuit, au repos hebdomadaire et aux jours fériés, à la santé et à la sécurité au travail, au travail des femmes enceintes, venant d'accoucher ou allaitant, des enfants et des jeunes travailleurs.

Sous-section 3. **Garantie financière**

Art. L. 7123-19. Toute agence de mannequins justifie d'une garantie financière assurant, en cas de défaillance de sa part, le paiement des salaires, de leurs accessoires et compléments, des cotisations sociales obligatoires et le versement des sommes dues au mannequin à la date de la mise en jeu de cette garantie, au titre de la rémunération définie à l'article L. 7123-6.

Art. L. 7123-20. La garantie financière ne peut résulter que d'un engagement de caution pris par une société de caution mutuelle, un organisme de garantie collective, une compagnie d'assurance, une banque ou un établissement financier habilité à donner caution.

Art. L. 7123-21. En cas d'insuffisance de la garantie financière, l'utilisateur est substitué à l'agence de mannequins pour le paiement des sommes restant dues aux salariés et aux organismes de sécurité sociale dont relèvent ces salariés, pour la durée de la prestation accomplie pour le compte de l'utilisateur.

Art. L. 7123-22. L'agence de mannequins fournit aux utilisateurs, sur leur demande, une attestation des organismes de sécurité sociale précisant leur situation au regard du recouvrement des cotisations dues à ces organismes.

SECTION 3. **Dispositions d'application**

Art. L. 7123-23. Un décret en Conseil d'État détermine les conditions d'application du présent chapitre.

SECTION 1 (réglementaire). **Mannequins**

Sous-section 1. **Contrat de travail**

Art. R. 7123-1. Le contrat de travail conclu entre une agence de mannequins et chaque mannequin mis à la disposition d'un utilisateur est remis au mannequin, ou à ses représentants légaux, au plus tard dans les deux jours ouvrables suivant sa mise à disposition.

Ce contrat comporte :

1° La date de la délivrance du contrat de mise à disposition prévu à l'article L. 7123-17 ;

2° La qualification du mannequin au regard des conventions et accords collectifs de travail applicables ;

3° Le montant, ou le cas échéant le taux horaire, et les modalités de fixation et de versement des salaires et rémunérations dus au mannequin ;

4° Une clause de rapatriement du mannequin à la charge de l'agence de mannequins lorsque la mission est réalisée hors du territoire métropolitain ***(D. 2018-953 du 31 oct. 2018, art. 8, 1°, JO 6 nov.)*** « ou du lieu d'établissement de l'agence de mannequin lorsque celle-ci est établie dans le ressort d'une collectivité ultramarine ». Cette clause n'est pas applicable en cas de rupture du contrat à l'initiative du mannequin, sauf si celui-ci est mineur ;

5° Le nom et l'adresse de la caisse de retraite complémentaire et, le cas échéant, de l'organisme de prévoyance dont relève l'agence de mannequins ;

6° Une clause précisant les conditions dans lesquelles est autorisée par le mannequin, ou ses représentants légaux, et rémunérée la vente ou l'exploitation de l'enregistrement de sa présentation, au sens de l'article L. 7123-6.

Art. R. 7123-2. Le contrat de travail conclu entre une agence de mannequins et chaque mannequin mis à la disposition d'un utilisateur est signé par les représentants légaux du mannequin lorsque celui-ci est mineur. Celui-ci peut y apposer sa signature.

Sous-section 2. **Rémunération**

Art. R. 7123-3. Aucune des retenues successives mentionnées à l'article L. 7123-9 et opérées par l'agence de mannequins en remboursement des frais qu'elle a avancés pour la promotion et le déroulement de la carrière du mannequin ne peut excéder 20 % du montant des salaires et rémunérations exigibles versés au mannequin.

SECTION 2 (réglementaire). **Suivi de l'état de santé des mannequins en milieu de travail**

Art. R. 7123-4. ***(D. 2016-1908 du 27 déc. 2016, art. 19, IV, 3°, JO 29, entrée en vigueur le 01.01.2017)*** « La visite d'information et de prévention prévue aux articles R. 4624-10 à R. 4624-21 et l'examen médical d'aptitude prévu aux articles R. 4624-23 à R. 4624-27 sont réalisés » par le service de santé au travail chargé du suivi médical des mannequins. ***(D. 2016-1908 du 27 déc. 2016, art. 19, IV, 3°, JO 29, entrée en vigueur le 01.01.2017)*** « Le certificat médical mentionné à l'article L. 7123-2-1 du code du travail est délivré à l'occasion de cette visite ou de cet examen. »

Art. R. 7123-5. Par dérogation aux dispositions ***(D. 2016-1908 du 27 déc. 2016, art. 19, IV, 4°, JO 29, entrée en vigueur le 01.01.2017)*** «des sous-sections 1 et 2 de la section 2 du chapitre IV du titre II du livre VI de la quatrième partie du présent code, la visite d'information et de prévention ou» l'examen médical d'embauche demeure valable un an pour les contrats conclus par le mannequin auprès de la même agence de mannequins ou six mois pour les contrats conclus avec plusieurs agences de mannequins lorsque les conditions suivantes sont réunies:

1° Le mannequin est appelé à occuper un emploi identique;

(D. 2016-1908 du 27 déc. 2016, art. 19, IV, 4°, JO 29, entrée en vigueur le 01.01.2017) «2° Les professionnels de santé du service de santé au travail, chargés du suivi de l'état de santé des mannequins de chaque agence de mannequins, sont en possession de l'avis médical d'aptitude ou de l'attestation de suivi de chaque mannequin et de l'avis médical prévu à l'article L. 7123-2-1 du code du travail»;

3° Aucune inaptitude n'a été reconnue ***(D. 2016-1908 du 27 déc. 2016, art. 19, IV, 5°, JO 29, entrée en vigueur le 01.01.2017)*** «ni mesure proposée en application de l'article L. 4624-3» lors du dernier examen médical intervenu au cours des douze mois précédents.

Art. R. 7123-6. La mise en œuvre de la dérogation mentionnée à l'article R. 7123-5 est subordonnée à la conclusion et à l'extension d'un accord de branche, prévoyant notamment les modalités de répartition du financement de la surveillance médicale.

Art. R. 7123-7. Chaque mannequin bénéficie d'au moins ***(D. 2016-1908 du 27 déc. 2016, art. 19, IV, 6°, JO 29, entrée en vigueur le 01.01.2017)*** «une visite ou un examen réalisés par un professionnel de santé du service de santé au travail» par période de douze mois en vue de s'assurer ***(D. 2016-1908 du 27 déc. 2016, art. 19, IV, 6°, JO 29, entrée en vigueur le 01.01.2017)*** «, s'il relève du suivi individuel renforcé,» du maintien de son aptitude à exercer l'emploi considéré.

(D. 2016-1908 du 27 déc. 2016, art. 19, IV, 6°, JO 29, entrée en vigueur le 01.01.2017) «La première visite ou le premier examen» a lieu dans les douze mois ***(D. 2016-1908 du 27 déc. 2016, art. 19, IV, 6°, JO 29, entrée en vigueur le 01.01.2017)*** «qui suivent la première visite d'information et de prévention ou l'examen médical d'embauche».

SECTION 3 (réglementaire). Agences de mannequins

Sous-section 1. Licence d'agence de mannequins et déclaration préalable

Note Cette sous-section a été introduite par le décret 2011-1001 du 24 août 2011, JO 26.

§ 1. Délivrance de la licence et déclaration préalable

Art. R. 7123-8. Toute personne établie sur le territoire national qui exerce une activité de placement de mannequins à titre onéreux doit être titulaire d'une licence d'agence de mannequins.

Art. R. *7123-9. La licence d'agence de mannequins est délivrée pour une durée indéterminée par le préfet de Paris. Le ***(D. 2020-1545 du 9 déc. 2020, JO 10, entrée en vigueur le 01.04.2021)*** «directeur régional de l'économie, de l'emploi, du travail et des solidarités» d'Île-de-France instruit le dossier et sollicite l'avis du directeur régional des affaires culturelles d'Île-de-France.

L'arrêté portant délivrance de la licence d'agence de mannequins est notifié aux intéressés et publié au *Journal officiel* de la République française.

Art. R. 7123-10. La demande de licence est adressée au préfet mentionné à l'article R.* 7123-9, par lettre recommandée avec demande d'avis de réception.

Elle précise le lieu choisi comme siège de l'agence. Elle est accompagnée des documents mentionnés, suivant les cas, à l'article R. 7123-10-1 ou à l'article R. 7123-10-2.

Lorsque la demande de licence est incomplète, le préfet indique au demandeur les documents manquants et fixe un délai pour la réception de ces pièces.

Le silence gardé pendant plus de deux mois sur une demande de licence assortie d'un dossier complet vaut acceptation.

Art. R. 7123-10-1. La demande de licence comporte:

1° Un extrait K ou un extrait K *bis* de l'entreprise accompagné de ses statuts;

2° Un *curriculum vitae* indiquant, notamment, l'expérience professionnelle du demandeur à la date de la demande;

3° La liste des collaborateurs permanents, des délégataires de l'agence et des personnes habilitées à représenter l'agence pour tout ou partie de ses activités, au siège de l'agence ou dans les succursales, avec l'indication, pour chacune d'elles, des nom, prénoms, nationalité, date et lieu de naissance, adresse personnelle, expérience professionnelle (*curriculum vitae*) ainsi que des fonctions exercées au sein de l'agence;

4° Une copie de l'attestation de la garantie financière mentionnée à l'article L. 7123-19;

5° Un extrait de bulletin de casier judiciaire n° 2 ou tout document équivalent du demandeur de la licence, des dirigeants sociaux et des gérants de l'agence;

6° Une note sur les conditions dans lesquelles l'agence exercera son activité, notamment au plan géographique, et comportant l'identification des succursales et les secteurs professionnels concernés;

7° Au titre des activités ou professions susceptibles d'entraîner une situation de conflit d'intérêts mentionnées à l'article R. 7123-16, une déclaration indiquant, le cas échéant, les autres activités ou professions exercées et les mandats sociaux détenus par chaque dirigeant, mandataire social, associé, délégataire et salarié. La déclaration précise, en outre, l'adresse d'exercice de l'activité en cause ou le siège de la société dont ils sont mandataires. Cette déclaration est également exigée en l'absence d'autres activités ou de mandats sociaux.

Art. R. 7123-10-2. Une agence de mannequins, légalement établie dans un autre État membre de l'Union européenne ou partie à l'accord sur l'Espace économique européen, produit à l'appui de sa demande de licence les documents mentionnés à l'article R. 7123-10-1. Si cette agence a obtenu dans son pays d'origine un titre d'effet équivalent, elle en produit la copie et est dispensée de produire ceux des documents mentionnés à l'article R. 7123-10-1 qu'elle a dû présenter dans le cadre de la procédure de délivrance de ce titre.

Art. R. 7123-11. Le bénéficiaire de la licence informe le préfet mentionné à l'article R.* 7123-9 dans le délai d'un mois, par lettre recommandée avec demande d'avis de réception, de tout changement de lieu du siège social de l'agence ou de ses succursales, ou de modification de ses statuts.

Il informe le préfet dans le même délai de tout changement de dirigeants, de collaborateurs permanents, de délégataires ou d'associés de l'agence en indiquant les nom, prénoms, nationalité, date et lieu de naissance, adresse personnelle, expérience professionnelle (*curriculum vitae*) ainsi que des fonctions exercées dans le cadre de l'agence de tout nouveau dirigeant, délégataire ou associé de cette agence, et transmet au préfet les éléments mentionnés aux 3°, 5° et 7° de l'article R. 7123-10-1.

Le bénéficiaire de la licence qui cesse ses activités en fait la déclaration au préfet mentionné à l'article R.* 7123-9 dans le délai d'un mois.

Art. R. 7123-12. Les agences de mannequins légalement établies dans un autre État membre de l'Union européenne ou partie à l'accord sur l'Espace économique européen qui veulent exercer cette activité de façon temporaire et occasionnelle sur le territoire national adressent à la ***(D. 2020-1545 du 9 déc. 2020, JO 10, entrée en vigueur le 01.04.2021)*** « direction régionale de l'économie, de l'emploi, du travail et des solidarités » du lieu d'exécution de la prestation et préalablement à celle-ci la déclaration comportant les informations suivantes :

1° Les références de l'immatriculation de l'agence à un registre professionnel de son pays d'origine ;

2° Le nom ou la raison sociale et l'adresse du lieu d'établissement de l'agence de mannequins ;

3° Les nom, prénoms et adresse du domicile des dirigeants de l'agence ;

4° La désignation du ou des organismes auxquels l'agence de mannequins verse les cotisations de sécurité sociale ;

5° La preuve de l'obtention d'une garantie financière conformément à l'article L. 7123-19 ou la preuve de l'obtention d'une garantie équivalente dans le pays d'établissement ;

6° Le nom ou la raison sociale ainsi que l'adresse de l'utilisateur ;

7° Les lieux, dates, durée et, le cas échéant, les heures d'exécution de la prestation ;

8° S'il y a lieu, l'autorisation individuelle pour l'emploi d'enfants mentionnée à l'article L. 7124-1.

Art. R. 7123-12-1. Pour l'application des dispositions de l'article L. 7123-4-1, les mannequins reconnus comme prestataires de services établis dans un État membre de l'Union européenne ou dans un autre État partie à l'accord sur l'Espace économique européen qui veulent exercer leur activité en France, par la voie de la prestation de services, à titre temporaire et indépendant, indiquent à l'autorité administrative mentionnée à l'article R. 7123-12 le ou les organismes auxquels ils versent les cotisations de sécurité sociale.

Art. R. 7123-13. Le bénéficiaire de la licence adresse au préfet mentionné à l'article R.* 7123-9, par lettre recommandée avec demande d'avis de réception, tous les trois ans, dans les deux mois qui précèdent la date anniversaire de l'obtention de la licence, une déclaration certifiant qu'aucun changement n'est intervenu dans la situation de l'agence au regard des pièces fournies dans la demande initiale, compte tenu, le cas échéant, des documents communiqués en application de l'article R. 7123-11.

§ 2. Refus, suspension et retrait de licence d'agence de mannequins

Art. R. 7123-14. I. – La licence d'agence de mannequins est refusée ou retirée par le préfet mentionné à l'article R.* 7123-9 :

1° Lorsque l'auteur de la demande de licence ou les dirigeants de l'agence n'offrent pas ou n'offrent plus les garanties de moralité nécessaires. À tout moment, l'autorité administrative peut demander la délivrance du bulletin n° 2 du casier judiciaire ou de tout document d'effet équivalent ;

2° Lorsque les dispositions légales ou conventionnelles relatives aux conditions d'emploi des mannequins fixées par les articles L. 7123-5, L. 7123-7 à L. 7123-9, et à l'exercice de l'activité d'agence de mannequins fixées par les articles L. 7123-14, L. 7123-15, L. 7123-17, L. 7123-19 et L. 7123-22, ne sont pas ou ne sont plus respectées.

Elle est retirée lorsque les dispositions de l'article R. 7123-15 ne sont pas ou ne sont plus respectées.

II. – En cas d'urgence, et lorsque l'agence de mannequins a commis une irrégularité particulièrement grave, le préfet mentionné à l'article R.* 7123-9 peut suspendre la licence pour une durée maximum d'un mois.

III. – La décision portant retrait est motivée. Elle ne peut être prononcée sans que l'intéressé ait été préalablement informé, par lettre recommandée avec demande d'avis de réception, des motifs invoqués à l'appui de la mesure envisagée et invité à présenter ses observations dans un délai déterminé par le préfet.

IV. – Les arrêtés portant refus, suspension ou retrait de licence sont notifiés aux intéressés. Les arrêtés portant retrait de licence sont publiés au *Journal officiel* de la République française.

§ 3. Prévention des conflits d'intérêts

Art. R. 7123-15. Pour l'application de l'article L. 7123-15 et dans le cadre du contrôle de son activité, l'agence de mannequins porte à la connaissance de chaque mannequin, de chaque utilisateur et de la ***(D. 2020-1545 du 9 déc. 2020, JO 10, entrée en vigueur le 01.04.2021)*** « direction régionale de l'économie, de l'emploi, du travail et des solidarités » du lieu d'exercice de l'activité :

1° Les modalités de facturation permettant d'identifier la part consacrée à la prestation du mannequin au sens de l'article L. 7123-2 ;

2° Au titre des activités ou professions susceptibles d'entraîner une situation de conflit d'intérêts, le détail des mandats sociaux exercés par chaque dirigeant, dirigeant social, associé et salarié indiquant la nature de l'activité ou la qualité de mandataire social, l'adresse d'exercice de l'activité ou le siège de la société dont il est mandataire. ***(D. 2016-1417 du 20 oct. 2016, art. 10, JO 22)*** « Ces informations sont portées, par tout moyen, à la connaissance du public et des salariés. »

Art. R. 7123-16. Les activités ou professions dont l'exercice conjoint avec l'activité d'agences de mannequins est susceptible d'entraîner des situations de conflits d'intérêts sont :

1° Production ou réalisation d'œuvres cinématographiques ou audiovisuelles ;
2° Distribution ou sélection pour l'adaptation d'une production ;
3° Organisation de cours ou de stages de formation payants pour mannequins ou comédiens ;
4° Agence de publicité ;
5° Organisation de défilés de mode ;
6° Photographe.

Art. R. 7123-17. Peut être sanctionné d'une amende administrative d'un montant maximum de 1 500 € pour une personne physique et de 7 500 € pour une personne morale, et respectivement de 3 000 € et de 15 000 € en cas de récidive, le fait de méconnaître les dispositions de l'article R. 7123-15.

Art. R. 7123-17-1. Le préfet du lieu de constat de l'infraction notifie à la personne mise en cause les griefs qui lui sont reprochés et les sanctions encourues et l'invite à présenter ses observations dans un délai d'un mois. La notification est faite par lettre recommandée adressée à l'intéressé avec demande d'avis de réception.

Pendant le délai mentionné au premier alinéa, l'intéressé peut prendre connaissance et copie des pièces du dossier et se faire assister ou représenter par tout conseil de son choix.

La décision de sanction est notifiée à l'intéressé par lettre recommandée avec demande d'avis de réception.

Les amendes prévues à l'article R. 7123-17 sont prononcées par arrêté du préfet. Elles donnent lieu à l'émission d'un titre de perception exécutoire, établi par le préfet et recouvré au profit de l'État par les comptables du Trésor, selon les modalités prévues pour les créances étrangères à l'impôt et au domaine.

Sous-section 2. **Mise à disposition**

Art. R. 7123-18. Le contrat de mise à disposition prévu à l'article L. 7123-17 est conclu avant le début de la prestation.

Il est établi pour chaque mannequin et lui est remis ainsi que, le cas échéant, à ses représentants légaux.

Art. R. 7123-19. Le contrat de mise à disposition mentionne notamment :

1° La nature et les caractéristiques de la prestation, notamment en ce qui concerne les conditions de travail et les horaires prévisibles d'emploi et de sélection ;

2° La durée prévisible et le lieu de la mission ;

3° Pour les enfants, l'avis d'un pédiatre ou d'un médecin généraliste ;

4° Le pourcentage minimum prévu à l'article L. 7123-7 et correspondant à la prestation réalisée par le mannequin ;

5° Le nom et l'adresse du garant financier de l'agence de mannequins prévu par l'article L. 7123-19.

Sous-section 3. Garantie financière

§ 1. Objet et montant de la garantie financière

Art. R. 7123-20. La garantie financière prévue à l'article L. 7123-19 a exclusivement pour objet d'assurer :

1° Le paiement aux mannequins, mis à la disposition d'utilisateurs par une agence de mannequins, de leur salaire et de ses accessoires, de l'indemnité compensatrice de congés payés et des rémunérations dues au titre de l'article L. 7123-6 ;

2° Le paiement aux organismes de sécurité sociale ou autres institutions sociales des cotisations obligatoires dues pour ces salariés.

Art. R. 7123-21. Le montant de la garantie financière peut être révisé à tout moment et fait l'objet d'un réexamen chaque année.

Ce montant ne peut être inférieur, pour chaque agence de mannequins, à 6 % de la masse salariale résultant des déclarations annuelles réalisées au titre de l'article R. 243-14 du code de la sécurité sociale, ni à un minimum fixé à 15200 € et révisable par décret.

Art. R. 7123-22. En cas d'absorption ou de fusion d'agences de mannequins, le montant de la garantie de l'agence ainsi formée ne peut être inférieur au montant des garanties cumulées de ces agences.

En cas de scission d'une agence de mannequins, le montant de sa garantie est ventilé entre les agences issues de la scission, proportionnellement à leur masse salariale respective.

§ 2. Attestation de garantie

Art. R. 7123-23. L'agence de mannequins doit être en possession d'une attestation de garantie délivrée par le garant, indiquant notamment le nom et l'adresse de celui-ci, le montant, la date de prise d'effet et la date d'expiration de la garantie accordée.

Cette attestation de garantie est tenue à la disposition des agents de l'inspection du travail et des agents de contrôle des organismes de sécurité sociale et institutions sociales intéressées.

Art. R. 7123-25. Les dirigeants de l'agence de mannequins font figurer sur les documents concernant l'agence, notamment sur les contrats de travail qui les lient à chacun des mannequins et les contrats de mise à disposition qu'ils concluent avec les utilisateurs, le nom et l'adresse de leur garant ainsi que la référence à l'article L. 7123-19.

§ 3. Engagement de caution

Art. R. 7123-26. La garantie financière ne peut être donnée par des sociétés de caution mutuelle que lorsqu'elles ont pour objet unique de garantir les créances définies à l'article R. 7123-20.

Art. R. 7123-27. L'engagement de caution prévu à l'article L. 7123-20 ne peut être pris par un organisme de garantie collective, une entreprise d'assurances, une banque ou un établissement financier habilité à donner caution que lorsque cet organisme, entreprise, banque ou établissement peut légalement exercer son activité en France.

Art. R. 7123-28. L'engagement de caution fait l'objet d'un contrat écrit précisant les conditions et le montant de la garantie accordée ainsi que les modalités du contrôle comptable que le garant peut exercer sur l'agence de mannequins.

Ce contrat mentionne la renonciation du garant, en cas de défaillance de l'agence de mannequins, au bénéfice de discussion prévu aux articles 2298 à 2301 du code civil.

Le contrat est tenu, au siège de l'agence de mannequins, à la disposition des agents de l'inspection du travail et des agents de contrôle des organismes de sécurité sociale et des institutions sociales.

Art. R. 7123-29. Lorsque l'engagement de caution dont bénéficie une agence de mannequins prend fin, l'agence ne peut poursuivre son activité que si elle a obtenu, dans les conditions prévues par les articles R. 7123-26 à R. 7123-28, un autre engagement de caution, de sorte que le paiement des dettes définies à l'article R. 7123-20 soit garanti sans interruption.

§ 4. Obligations du garant

Art. R. 7123-30. L'agence de mannequins est considérée comme défaillante, au sens de l'article L. 7123-19, lorsqu'à l'expiration d'un délai de quinze jours suivant la réception d'une mise en demeure, elle n'a pas payé tout ou partie des dettes énumérées à l'article R. 7123-20.

L'agence de mannequins est également considérée comme défaillante lorsqu'elle fait l'objet d'une procédure de sauvegarde, de redressement ou de liquidation judiciaire. Dans ce cas, le garant est informé du jugement, dans les mêmes formes, par le mandataire judiciaire ou par le liquidateur.

Art. R. 7123-31. La mise en demeure mentionnée à l'article R. 7123-30 peut émaner soit d'un salarié, soit d'un organisme de sécurité sociale ou d'une institution sociale, dès lors que leurs créances sont certaines, liquides et exigibles. Cette mise en demeure est faite par lettre recommandée avec avis de réception.

Le garant est informé de l'envoi de la mise en demeure par le créancier par lettre recommandée avec avis de réception ou par lettre remise contre récépissé.

Art. R. 7123-32. Dès la constatation de la défaillance de l'agence de mannequins, le titulaire de l'une des créances définies à l'article R. 7123-20 peut adresser au garant une demande de paiement par lettre recommandée avec avis de réception ou par lettre remise contre récépissé.

Le garant entend le représentant de l'agence de mannequins et reçoit ses explications sur la demande présentée.

Art. R. 7123-33. Lorsqu'une agence de mannequins fait l'objet d'une procédure de sauvegarde, de redressement ou de liquidation judiciaire, le mandataire judiciaire ou le liquidateur adresse au garant un relevé, visé par le juge commissaire, des salaires, des cotisations impayées et rémunérations dues au titre de l'article L. 7123-6.

Ce relevé est adressé dans le délai de dix jours à compter du prononcé du jugement et dans les formes prévues à l'article R. 7123-32. Il précise les droits de chacun des créanciers et éventuellement les sommes versées par le mandataire judiciaire ou le liquidateur.

Art. R. 7123-34. Le garant paye les sommes dues dans les dix jours à compter de la réception de la demande de paiement.

Lorsque le reliquat de paiements demandés excède le montant de la garantie financière, les créances de même nature sont réglées proportionnellement aux paiements demandés.

Art. R. 7123-35. Lorsque le garant conteste l'existence, l'exigibilité ou le montant de la créance, le salarié ou l'organisme social peut l'assigner directement devant les juridictions compétentes.

Art. R. 7123-36. Le garant qui a payé les sommes définies à l'article R. 7123-20 est subrogé, à due concurrence, dans tous les droits des salariés, des organismes de sécurité sociale et des institutions sociales contre l'agence de mannequins.

Le garant informe l'utilisateur intéressé ainsi que le préfet du paiement de ces sommes.

Art. R. 7123-37. En cas de cessation de la garantie, le garant en informe dans un délai de trois jours à compter de la date à laquelle il en est informé, par lettre recommandée avec avis de réception, dans la circonscription du siège de l'agence de mannequins :

1° La ***(D. 2020-1545 du 9 déc. 2020, JO 10, entrée en vigueur le 01.04.2021)*** « direction régionale de l'économie, de l'emploi, du travail et des solidarités » ;

2° L'organisme chargé du recouvrement des cotisations de sécurité sociale.

§ 5. Substitution de l'utilisateur à l'agence de mannequins en cas d'insuffisance de la caution

Art. R. 7123-38. En cas d'insuffisance de la caution, l'utilisateur est substitué à l'agence de mannequins pour le paiement des sommes définies à l'article R. 7123-20 qui restent dues par elle au titre des prestations réalisées par des mannequins pour le compte de cet utilisateur. Cette règle s'applique nonobstant toute convention contraire et obligations qui découlent pour l'agence de mannequins des dispositions relatives à l'assurance contre le risque de non paiement, prévu par les articles L. 3253-6 à L. 3253-21.

Dans ce cas, soit le salarié ou l'organisme de sécurité sociale ou l'institution sociale, soit, en cas de procédure de sauvegarde, de redressement ou de liquidation judiciaire, le mandataire judiciaire ou le liquidateur informe l'utilisateur de l'insuffisance de la caution en lui adressant une demande de paiement des sommes restant dues. Cette demande est faite par lettre recommandée avec avis de réception ou par lettre remise contre récépissé.

Le paiement des sommes dues est réalisé par l'utilisateur dans le délai de dix jours à compter de la réception de la demande.

Art. R. 7123-39. Les salariés ainsi que les organismes de sécurité sociale ont une action directe contre l'utilisateur ainsi substitué pour les sommes qui restaient dues à l'agence de mannequins par cet utilisateur pour la mise à disposition des salariés.

Art. R. 7123-40. L'utilisateur qui a payé les sommes définies à l'article R. 7123-20 qui restaient dues est subrogé, à due concurrence, dans tous les droits des salariés, des organismes de sécurité sociale contre l'agence de mannequins.

Art. R. 7123-41. Lorsqu'un organisme de sécurité sociale poursuit à l'encontre de l'utilisateur, substitué à une agence de mannequins en raison de l'insuffisance de la caution, le remboursement de prestations sociales pour défaut de versement des cotisations dues, la somme réclamée ne peut être supérieure au montant des cotisations dues pour les salariés mis à la disposition provisoire de l'utilisateur par cette agence.

SECTION 4. Dispositions pénales

Art. L. 7123-24. Le fait, pour toute personne exploitant une agence de mannequins, de ne pas avoir conclu par écrit un contrat de travail avec chaque mannequin qu'elle emploie, en méconnaissance des dispositions de l'article L. 7123-5, est puni d'un emprisonnement de six mois et d'une amende de 75000 €.

Art. L. 7123-25. Le fait, pour toute personne exploitant une agence de mannequins, d'avoir établi un contrat de travail ne comportant pas la définition précise de son objet, en méconnaissance des dispositions de l'article L. 7123-5, est puni d'un emprisonnement de six mois et d'une amende de 75000 €.

Art. L. 7123-26. Le fait d'exercer l'activité d'exploitant d'agence de mannequins sans être titulaire d'une licence d'agence de mannequins ***(L. 2011-302 du 22 mars 2011, art. 14, JO 23)*** «ou sans avoir déclaré préalablement son activité», en méconnaissance des dispositions de l'article L. 7123-11, est puni d'un emprisonnement de six mois et d'une amende de 75 000 €.

Art. L. 7123-27. ***(L. 2016-41 du 26 janv. 2016, art. 20, 2°, JO 27)*** Le fait, pour toute personne exploitant une agence de mannequins ou s'assurant, moyennant rémunération, le concours d'un mannequin, de ne pas respecter l'obligation prévue à l'article L. 7123-2-1 est puni de six mois d'emprisonnement et de 75 000 € d'amende.

Art. L. 7123-28. Le fait, pour toute personne exploitant une agence de mannequins, de mettre un mannequin à la disposition d'un utilisateur sans conclure un contrat de mise à disposition par écrit ou ne précisant pas les caractéristiques de la prestation demandée au mannequin, en méconnaissance des dispositions des premier et deuxième alinéas de l'article L. 7123-17, est puni d'un emprisonnement de six mois et d'une amende de 75000 €.

Est puni des mêmes peines le fait de ne pas délivrer un exemplaire du contrat de mise à disposition au mannequin avant toute acceptation par celui-ci de la mission qui lui est proposée, en méconnaissance des dispositions du troisième alinéa de l'article ***(L. 2011-302 du 22 mars 2011, art. 14, JO 23)*** « L. 7123-17».

Art. L. 7123-29. Le fait, pour toute personne exploitant une agence de mannequins, de ne pas justifier d'une garantie financière, en méconnaissance des dispositions de l'article L. 7123-19, est puni d'un emprisonnement de six mois et d'une amende de 75000 €.

Art. L. 7123-30. Le fait, pour toute personne exploitant une agence de mannequins, de présenter une garantie financière résultant d'un engagement de caution pris en méconnaissance des dispositions de l'article L. 7123-20 est puni d'un emprisonnement de six mois et d'une amende de 75000 €.

Art. L. 7123-31. Le fait, pour tout utilisateur, en cas d'insuffisance de la garantie financière prévue à l'article L. 7123-19, de ne pas se substituer à l'agence de mannequins pour le paiement des sommes restant dues aux salariés et aux organismes de sécurité sociale, en méconnaissance des dispositions de l'article L. 7123-21, est puni d'un emprisonnement de six mois et d'une amende de 75000 €.

Art. L. 7123-32. Le fait, pour toute personne exploitant une agence de mannequins, de ne pas fournir à l'utilisateur, sur sa demande, une attestation des organismes de sécurité sociale, en méconnaissance des dispositions de l'article L. 7123-22, est puni d'un emprisonnement de six mois et d'une amende de 75000 €.

CHAPITRE IV Enfants dans le spectacle, les professions ambulantes, l'audiovisuel, la publicité et la mode

SECTION 1. Autorisation individuelle

Art. L. 7124-1. Un enfant de moins de seize ans ne peut, sans autorisation individuelle préalable, accordée par l'autorité administrative, être, à quelque titre que ce soit, engagé ou produit:

1° Dans une entreprise de spectacles, sédentaire ou itinérante;

2° Dans une entreprise de cinéma, de radiophonie, de télévision ***(L. 2020-1266 du 19 oct. 2020, JO 20, entrée en vigueur le 20.04.2021)*** «, d'enregistrements sonores ou d'enregistrements audiovisuels, quels que soient leurs modes de communication au public;»

3° En vue d'exercer une activité de mannequin au sens de l'article L. 7123-2;

(L. 2016-1321 du 7 oct. 2016, art. 101, II, JO 8) «4° Dans une entreprise ou association ayant pour objet la participation à des compétitions de jeux vidéo au sens de l'article L. 321-8 du code de la sécurité intérieure.»

(L. 2020-1266 du 19 oct. 2020, JO 20, entrée en vigueur le 20.04.2021) «5° Par un employeur dont l'activité consiste à réaliser des enregistrements audiovisuels dont le sujet principal est un enfant de moins de seize ans, en vue d'une diffusion à titre lucratif sur un service de plateforme de partage de vidéos.

En cas d'obtention de l'autorisation mentionnée au 5° du présent article, l'autorité administrative délivre aux représentants légaux une information relative à la protection des droits de l'enfant dans le cadre de la réalisation de ces vidéos, qui porte notamment sur les conséquences, sur la vie privée de l'enfant, de la diffusion de son image sur une plateforme de partage de vidéos. Cette information porte également sur les obligations financières qui leur incombent, en application de l'article L. 7124-25.»

Note S'agissant de la diffusion de l'image d'un enfant de moins de seize ans sur un service de plateforme de partage de vidéos, lorsque l'enfant en est le sujet principal, en dehors des cas mentionnés à cet article, voir loi 2020-1266 précitée, art. 3.

Art. L. 7124-2. L'emploi d'un mineur de plus de treize ans, en vue d'exercer les activités définies à l'article L. 7124-1, est subordonné à son avis favorable écrit.

Art. L. 7124-3. L'autorisation individuelle préalable à l'emploi d'un enfant mentionnée à l'article L. 7124-1 peut être retirée à tout moment.

SECTION 2. Dérogations pour l'emploi d'enfants par des personnes agréées

Art. L. 7124-4. L'autorisation individuelle n'est pas requise si l'enfant est engagé par une agence de mannequins ***(L. 2011-302 du 22 mars 2011, art. 14, JO 23)*** «exerçant son activité dans les conditions prévues par l'article L. 7123-11» et qui a obtenu un agrément lui permettant d'engager des enfants.

Art. L. 7124-4-1. ***(L. 2020-1266 du 19 oct. 2020, JO 20, entrée en vigueur le 20.04.2021)*** Lorsque l'enfant est engagé, en application du 5° de l'article L. 7124-1, l'autorisation individuelle prend la forme d'un agrément.

Art. L. 7124-5. ***(L. 2020-1266 du 19 oct. 2020, JO 20, entrée en vigueur le 20.04.2021)*** Les agréments prévus aux articles L. 7124-4 et L. 7124-4-1 pour l'engagement des enfants de moins de seize ans sont accordés par l'autorité administrative pour une durée déterminée renouvelable.

Ils peuvent être retirés à tout moment.

En cas d'urgence, ils peuvent être suspendus pour une durée limitée.

SECTION 3. Conditions de travail des enfants

Sous-section 1. Durée du travail et repos

Art. L. 7124-6. L'emploi et la sélection d'un enfant scolarisé ou non exerçant l'activité de mannequin ne peuvent excéder des durées journalières et hebdomadaires maximales déterminées par décret en Conseil d'État.

Art. L. 7124-7. L'emploi et la sélection d'un enfant non scolarisé exerçant l'activité de mannequin ne peuvent être autorisés que deux jours par semaine à l'exclusion du dimanche.

Art. L. 7124-8. Durant les périodes scolaires, l'emploi d'un enfant scolarisé exerçant l'activité de mannequin et la sélection préalable en vue de cette activité ne peuvent être autorisés que les jours de repos hebdomadaire autres que le dimanche.

Sous-section 2. Rémunération

Art. L. 7124-9. Une part de la rémunération perçue par l'enfant peut être laissée à la disposition de ses représentants légaux.

Art. L. 7124-10

Le surplus, qui constitue le pécule, est versé à la Caisse des dépôts et consignations et géré par cette caisse jusqu'à la majorité de l'enfant ***(L. 2020-1266 du 19 oct. 2020, JO 20, entrée en vigueur le 20.04.2021)*** «ou son émancipation». Des prélèvements peuvent être autorisés en cas d'urgence et à titre exceptionnel.

Note Voir notamment les articles 382 et s. c. civ. sur l'autorité parentale relativement aux biens de l'enfant.

Art. L. 7124-10. Lorsque, en application ***(L. 2020-1266 du 19 oct. 2020, JO 20, entrée en vigueur le 20.04.2021)*** «des articles L. 7124-4 et L. 7124-4-1», l'emploi d'un enfant n'est pas soumis à autorisation, les règles de répartition de la rémunération perçue par cet enfant entre ses représentants légaux et le pécule sont fixées par la décision d'agrément ***(L. 2020-1266 du 19 oct. 2020, JO 20, entrée en vigueur le 20.04.2021)*** «prévue à l'article L. 7124-5».

Des prélèvements sur le pécule peuvent être autorisés dans les conditions mentionnées au ***(L. 2020-1266 du 19 oct. 2020, JO 20, entrée en vigueur le 20.04.2021)*** «second» alinéa de l'article L. 7124-9.

Art. L. 7124-11. La rémunération à laquelle l'enfant a droit en cas d'utilisation de son image en application de l'article L. 7123-6 est soumise aux dispositions de la présente sous-section.

Art. L. 7124-12. Les rémunérations de toute nature perçues par des enfants de seize ans et moins pour l'exercice d'une activité artistique ou littéraire, autre que celles mentionnées à l'article L. 7124-1 sont soumises aux dispositions de la présente sous-section.

SECTION 4. Interdictions

Art. L. 7124-13. Il est interdit à toute personne de publier au sujet des mineurs engagés ou produits dans les conditions prévues aux articles L. 7124-1 et L. 7124-4 par tous moyens, commentaires, informations ou renseignements autres que ceux concernant leur création artistique.

Art. L. 7124-14. Est interdite toute publicité abusive tendant à attirer les mineurs vers des professions artistiques dont elle souligne le caractère lucratif.

Art. L. 7124-15. La publicité écrite tendant à proposer à des enfants de moins de seize ans une activité de mannequin ne peut émaner que des agences de mannequins titulaires d'un agrément leur permettant d'engager des enfants de moins de seize ans.

Art. L. 7124-16. Il est interdit:

1° À toute personne de faire exécuter par des enfants de moins de seize ans des tours de force périlleux ou des exercices de dislocation, ou de leur confier des emplois dangereux pour leur vie, leur santé ou leur moralité;

2° À toute personne autre que les père et mère pratiquant les professions d'acrobate saltimbanque, montreur d'animaux, directeur de cirque ou d'attraction foraine, d'employer dans ses représentations des enfants âgés de moins de seize ans;

3° Aux père et mère exerçant des activités et professions mentionnées au 1° et 2°, d'employer dans leurs représentations leurs enfants âgés de moins de douze ans;

4° À toute personne d'employer comme mannequin un enfant durant une période de vacances scolaires pour un nombre de jours supérieur à la moitié de la durée des vacances.

Art. L. 7124-17. Il est interdit aux père, mère, tuteurs ou employeurs, et généralement à toute personne ayant autorité sur un enfant ou en ayant la garde, de confier, à titre gratuit ou onéreux, leurs enfants, pupilles ou apprentis âgés de moins de seize ans aux personnes exerçant les professions mentionnées à l'article L. 7124-16.

Il est également interdit aux intermédiaires ou agents de confier ou de faire confier ces enfants.

Il est interdit à toute personne d'inciter des enfants âgés de moins de seize ans à quitter le domicile de leurs parents ou tuteurs pour suivre les personnes des activités et professions mentionnées à l'article L. 7124-16.

Art. L. 7124-18. Il est interdit à toute personne exerçant une des activités et professions mentionnées à l'article L. 7124-16 d'employer des enfants sans être porteur de l'extrait des actes de naissance et sans justifier de leur origine ainsi que de leur identité par la production d'un passeport.

Art. L. 7124-19. En cas d'infraction aux dispositions du présent chapitre, le maire interdit toutes représentations aux personnes exerçant une des professions mentionnées à l'article L. 7124-16.

Il requiert également la justification, conformément à l'article L. 7124-18, de l'origine et de l'identité de tous les enfants placés sous la conduite des personnes mentionnées à cet article. À défaut de cette justification, le maire en avise immédiatement le procureur de la République.

Art. L. 7124-20. Les dispositions des articles L. 7124-13 à L. 7124-15 s'appliquent également aux mineurs qui exercent une activité artistique ou littéraire, autre que celles mentionnées à l'article L. 7124-12.

SECTION 5. Dispositions d'application

Art. L. 7124-21. Un décret en Conseil d'État détermine les modalités d'application des articles L. 7124-1 à L. 7124-11.

SECTION 1 (réglementaire). Autorisation individuelle

Art. R. 7124-1. Toute personne souhaitant engager ou produire un enfant âgé de moins de seize ans pour un spectacle ou une production déterminés, dans une entreprise de cinéma, de radiophonie, de télévision ou d'enregistrement sonore, ***(D. 2017-871 du 9 mai 2017, JO 10)*** « ou dans une entreprise ou association ayant pour objet la participation à des compétitions de jeux vidéo au sens de l'article L. 321-8 du code de la sécurité intérieure, » dépose préalablement une demande d'autorisation auprès du préfet du siège de l'entreprise.

Lorsque le siège de l'entreprise se trouve à l'étranger ou lorsque l'entreprise n'a pas de siège fixe, la demande est déposée auprès du préfet de Paris.

Une demande d'autorisation est également déposée par toute personne, autre que l'agence de mannequins agréée, qui souhaite sélectionner, engager, employer ou produire un enfant âgé de moins de seize ans pour exercer une activité de mannequin au sens de l'article L. 7123-2.

Art. R. 7124-2. La demande d'autorisation individuelle est accompagnée :

1° D'une pièce établissant l'état civil de l'enfant ;

2° De l'autorisation écrite de ses représentants légaux accompagnée de la liste des emplois précédemment ou actuellement occupés par l'enfant ;

3° De tous documents permettant d'apprécier les difficultés et la moralité du rôle qu'il est appelé à jouer ***(D. 2017-871 du 9 mai 2017, JO 10)*** « , de la prestation qu'il fournit en tant que mannequin ou de son activité de joueur de jeu vidéo compétitif au sens du I de l'article 102 de la loi n° 2016-1321 du 7 octobre 2016 pour une République numérique » ;

4° De toutes précisions sur ses conditions d'emploi, sur sa rémunération et sur les dispositions prises pour assurer sa fréquentation scolaire.

Art. R. 7124-3. L'autorisation individuelle est accordée sur avis conforme d'une commission dont la composition et le mode de fonctionnement sont déterminés à la section 3.

Art. R. 7124-4. La demande d'autorisation individuelle est instruite par le ***(D. 2020-1545 du 9 déc. 2020, JO 10, entrée en vigueur le 01.04.2021)*** « directeur régional de l'économie, de l'emploi, du travail et des solidarités » et par le directeur départemental ***(D. 2011-1001 du 24 août 2011, JO 26)*** « interministériel en charge de la cohésion sociale », chacun en ce qui le concerne.

Art. R. 7124-5. L'instruction permet à la commission d'apprécier :

1° Si le rôle proposé ***(D. 2017-871 du 9 mai 2017, JO 10)*** « , la prestation de mannequin ou activité de joueur de jeu vidéo compétitif au sens du I de l'article 102 de la loi n° 2016-1321 du 7 octobre 2016 pour une République numérique » peut, compte tenu de ses difficultés et de sa moralité, être normalement confié à l'enfant ;

2° Si l'enfant a déjà été ou est actuellement employé dans des activités du spectacle ***(D. 2017-871 du 9 mai 2017, JO 10)*** « , comme mannequin ou comme joueur de jeu vidéo compétitif au sens du I de l'article 102 de la loi n° 2016-1321 du 7 octobre 2016 pour une République numérique » et à quelles conditions ;

3° Si, compte tenu de son âge, de l'obligation scolaire à laquelle il est soumis et de son état de santé, l'enfant est en mesure d'assurer le travail qui lui est proposé. À cet effet, un examen médical pris en charge par l'employeur est réalisé par un pédiatre ou par un médecin généraliste ;

4° Si les conditions d'emploi de l'enfant sont satisfaisantes au regard :

a) Des horaires de travail ;

(D. 2017-871 du 9 mai 2017, JO 10) « *b)* Du rythme des représentations ou des compétitions, notamment en ce qui concerne sa participation éventuelle à des représentations en soirée ou à plusieurs représentations ou compétitions au cours de la même semaine ; »

c) De sa rémunération ;
d) Des congés et temps de repos ;
e) De l'hygiène, de la sécurité ;
f) De la sauvegarde de sa santé et de sa moralité ;
5° Si des dispositions sont prises en vue de lui assurer une fréquentation scolaire normale ;
6° Si la famille de l'enfant ou les personnes qui en ont la charge sont en mesure d'exercer à son égard une surveillance efficace, notamment pendant les heures de repos et les trajets.

Art. R. 7124-6. Pour les demandes d'autorisations individuelles présentées en Île-de-France, l'examen médical prévu au 3° de l'article R. 7124-5 est réalisé par un médecin du travail du service interprofessionnel de santé au travail spécialisé en médecine du travail des artistes et techniciens du spectacle.

Art. R. 7124-7. Un arrêté du ministre chargé de la santé fixe les vérifications auxquelles il doit être procédé au cours de l'examen médical prévu au 3° de l'article de l'article R. 7124-5 pour s'assurer, en fonction de l'âge, de l'état de santé de l'enfant, de la durée, du rythme et des horaires de l'activité proposée, que cette activité n'est pas néfaste pour la santé de l'enfant et pour déterminer d'éventuelles contre-indications.

Note Le contenu de l'examen médical préalable a été fixé par arrêté du 14 avril 2009 (JO 6 mai). Voir aussi arrêté du 4 mai 2017 (JO 5) relatif au certificat médical permettant l'exercice de l'activité de mannequin.

SECTION 2 (réglementaire). Dérogations pour l'emploi d'enfants par des agences de mannequins agréées

§ 1. Agrément de l'agence

Art. R. 7124-8. La demande d'agrément ou de renouvellement d'agrément présentée par une agence de mannequins en vue d'engager des enfants est accompagnée des documents suivants :
1° Un extrait d'acte de naissance des dirigeants, associés et gérants de l'agence ;
2° Une attestation de versement des cotisations aux organismes de sécurité sociale pour les agences en activité au moment du dépôt de la demande d'agrément ;
3° Une attestation par laquelle l'agence s'engage à faire passer à l'enfant un examen médical aux frais de l'agence ;
4° Un exemplaire de la notice prévue à l'article R. 7124-15 ;
5° Tous éléments permettant d'apprécier :
a) La moralité, la compétence et l'expérience professionnelle en matière d'emploi d'enfants mannequins des dirigeants, associés et gérants de l'agence de mannequins ;
b) La situation financière de l'agence, si elle est en activité au moment du dépôt de la demande ;
c) Les conditions de fonctionnement de l'agence, notamment en ce qui concerne l'équipement dont elle dispose, les locaux dans lesquels elle est installée, l'effectif et la compétence du personnel employé ;
d) Les conditions dans lesquelles elle exercera son activité avec des enfants.

Art. R. 7124-9. L'examen médical préalable à l'emploi de l'enfant, prévu au 3° de l'article R. 7124-5, est réalisé par un pédiatre ou par un médecin généraliste, selon les modalités prévues par l'arrêté mentionné à l'article R. 7124-7.

Il fait apparaître si, compte tenu de l'âge et de l'état de santé de l'enfant, celui-ci est en mesure d'assurer une activité de mannequin sans compromettre sa santé ou son développement.

Cet examen est renouvelé tous les trois mois pour les enfants âgés de moins de trois ans, tous les six mois pour ceux âgés de trois à six ans et tous les ans pour ceux âgés de plus de six ans.

En cas d'avis négatif du médecin, l'enfant ne peut être employé.

Note Le contenu de l'examen médical préalable a été fixé par arrêté du 14 avril 2009 (JO 6 mai). Voir aussi arrêté du 4 mai 2017 (JO 5) relatif au certificat médical permettant l'exercice de l'activité de mannequin.

Art. R. 7124-10. Le préfet accorde l'agrément, pour une durée d'un an renouvelable, sur avis conforme d'une commission dont la composition et le mode de fonctionnement sont déterminés à la section 3.

Il peut également le suspendre en cas d'urgence.

Art. R. 7124-11. L'agrément ou le renouvellement d'agrément ne peut être accordé que lorsque les garanties assurées aux enfants quant à leur sécurité physique et psychique sont suffisantes.

Dans le cadre de l'instruction de la demande, le préfet peut demander la délivrance du bulletin n° 2 du casier judiciaire. Aucun agrément ne peut être accordé ou renouvelé s'il apparaît qu'un dirigeant, associé ou gérant de l'agence a fait l'objet d'une condamnation figurant sur ce bulletin.

Art. R. 7124-12. La décision de suspension de l'agrément doit être justifiée par l'urgence et ne peut être fondée que sur des faits mettant en cause immédiatement et gravement la santé ou la moralité des enfants employés par l'agence ou de certains d'entre eux. Elle est motivée.

Art. R. 7124-13. La durée de la suspension de l'agrément ne peut excéder un mois. Dans ce délai, la commission, saisie par le préfet, propose à ce dernier, après que l'agence intéressée a été mise en mesure de présenter ses observations:

1° Soit le retrait de l'agrément;

2° Soit la levée de la suspension si les mesures prises par l'agence sont de nature à supprimer les risques encourus par les enfants et à éviter leur renouvellement.

La suspension prend fin à l'expiration du délai d'un mois si le préfet n'a pas fait connaître sa décision définitive dans ce délai.

Art. R. 7124-14. La liste des décisions portant attribution, renouvellement, non-renouvellement ou retrait de l'agrément est publiée sous forme d'avis au *Journal officiel* de la République française.

Note Cet article a été modifié par le décret 2011-1001 du 24 août 2011, JO 26.

§ 2. Conditions de fonctionnement

Art. R. 7124-15. L'agence de mannequins agréée qui engage un enfant lui remet ainsi qu'à ses représentants légaux, contre récépissé, une notice explicative précisant:

1° Le fonctionnement de l'agence;

2° Le contrôle médical de l'enfant;

3° La procédure de sélection par les utilisateurs;

4° Les conditions de mise à disposition de l'utilisateur, y compris les durées de déplacement et les temps d'attente;

5° Les durées maximales d'emploi;

6° Les conditions de rémunération.

Art. R. 7124-16. L'agence de mannequins agréée consigne dans un registre spécial:

1° L'identité et l'adresse des enfants sélectionnés ou employés ainsi que celles de leurs représentants légaux;

2° La date, le lieu et l'heure des opérations de sélection réalisées pour chaque enfant avec l'identité de l'utilisateur et du commanditaire;

3° Les mises à disposition de l'utilisateur de chaque enfant, avec les horaires quotidiens d'emploi, la durée des déplacements et le temps d'attente.

Art. R. 7124-17. Le registre spécial est tenu à la disposition de l'inspection du travail et des représentants légaux de l'enfant en cas de sélection ou d'emploi. Les représentants légaux de l'enfant le contresignent au moins trimestriellement.

En cas de contrôle de la sélection ou de l'emploi d'un enfant mannequin, celui-ci ainsi que ses représentants légaux sont entendus par l'inspection du travail sur sa demande ou à leur propre demande.

Art. R. 7124-18. Lors de la conclusion du contrat de mise à disposition mentionné à l'article L. 7123-17, l'utilisateur informe l'enfant de la nature et des conditions de la prestation.

SECTION 3 (réglementaire). **Dispositions communes**

§ 1. Composition et fonctionnement de la commission consultative

Art. R. 7124-19. La commission participe à l'examen des demandes d'autorisation individuelles et des demandes d'agrément des agences de mannequins en vue d'engager des enfants.

Elle comprend:

1° Un magistrat chargé des fonctions de juge des enfants et désigné par le premier président de la cour d'appel, président;

2° ***(D. 2012-16 du 5 janv. 2012, art. 7, JO 6)*** «Le directeur académique des services de l'éducation nationale agissant sur délégation du recteur d'académie» ou son représentant;

3° Le ***(D. 2020-1545 du 9 déc. 2020, JO 10, entrée en vigueur le 01.04.2021)*** «directeur régional de l'économie, de l'emploi, du travail et des solidarités» ou son représentant;

4° Le directeur départemental ***(D. 2011-1001 du 24 août 2011, JO 26)*** «interministériel en charge de la cohésion sociale» ou son représentant;

5° Un médecin inspecteur de la santé;

6° Le directeur régional des affaires culturelles ou son représentant.

Art. R. 7124-20. À Paris, la commission comprend:

1° Le président du tribunal pour enfants ou son suppléant, président;

2° Le directeur de l'enseignement de la ville de Paris ou son représentant;

3° Le ***(D. 2020-1545 du 9 déc. 2020, JO 10, entrée en vigueur le 01.04.2021)*** «directeur régional de l'économie, de l'emploi, du travail et des solidarités» ou son représentant;

4° Le directeur *(D. 2011-1001 du 24 août 2011, JO 26)* « départemental de la cohésion sociale de Paris » ou son représentant ;
5° Un médecin inspecteur de la santé de la *(D. 2010-687 du 24 juin 2010, JO 25)* « préfecture de la région d'Île-de-France, préfecture de Paris » ;
6° Un représentant du ministre chargé de la culture, désigné par arrêté ;
7° Un représentant du ministre chargé de l'information, désigné par arrêté.

Art. R. 7124-21. La commission se réunit sur convocation du préfet aussi souvent qu'il est nécessaire. Elle lui remet un avis circonstancié sur chaque demande d'autorisation individuelle ou d'agrément qui lui est soumise.

Elle ne délibère valablement que lorsqu'elle réunit au moins trois de ses membres dont l'une des personnes chargées d'assurer sa présidence.

Elle rend son avis à la majorité des voix des membres présents. En cas de partage égal des voix, celle du président est prépondérante.

Elle peut, en toute circonstance, entendre l'enfant et ses représentants légaux, séparément ou non, sur leur demande ou à celle de l'un de ses membres.

Art. R. 7124-22. Le secrétariat de la commission est chargé, notamment, de la conservation des dossiers de chaque enfant.

§ 2. Procédure devant la commission consultative

Art. R. 7124-23. Dans le délai d'un mois à compter du jour du dépôt de la demande d'autorisation individuelle, d'agrément ou de renouvellement d'agrément et à la condition que le dossier déposé soit complet, le préfet notifie aux parties intéressées :
1° Le refus de l'autorisation ou l'agrément ;
2° Le fait qu'il procède à un complément d'instruction et, dans ce cas, le délai d'un mois est prorogé d'un mois ;
3° Il soumet l'autorisation ou l'agrément au respect de certaines conditions ou modalités ;
4° Il accorde l'autorisation ou l'agrément.

Une copie de cette notification est adressée, dans les cas prévus aux 3° et 4°, à la Caisse des dépôts et consignations.

Art. R. 7124-24. Lorsque le préfet n'a pas fait connaître sa décision dans le délai d'un mois fixé au premier alinéa de l'article R. 7124-23 :
1° La demande d'autorisation individuelle ou d'agrément est considérée comme rejetée ;
2° La demande de renouvellement de l'agrément est considérée comme acceptée.

Art. R. 7124-25. Les refus et retraits d'autorisation individuelle et d'agrément sont motivés. Ils peuvent notamment être prononcés à la demande de personnes qualifiées en raison de leurs activités dans le domaine de la protection de l'enfance ou de l'intérêt qu'elles portent aux mineurs concernés.

Les convocations aux séances de la commission sont adressées par lettre recommandée avec avis de réception.

Les demandeurs sont entendus par la commission s'ils le souhaitent. Ils peuvent se faire assister ou représenter par une personne de leur choix.

Art. R. 7124-26. Le retrait de l'autorisation individuelle et de l'agrément prévu aux articles L. 7124-3 et L. 7124-5 est prononcé par le préfet sur avis conforme de la commission soit d'office, soit à la demande de toute personne qualifiée.

SECTION 4 (réglementaire). Conditions de travail des enfants

Sous-section 1. Durée du travail et repos

Art. R. 7124-27. L'emploi d'un enfant âgé de moins de six ans révolus exerçant une activité de mannequin et la sélection préalable en vue de cette activité ne peuvent être autorisés que selon les durées suivantes :
1° Durée journalière maximum :
a) Une heure, dont pas plus d'une demi-heure en continu, jusqu'à l'âge de trois ans révolus ;
b) Deux heures, dont pas plus d'une heure en continu, de trois à six ans ;
2° Durée hebdomadaire maximum :
a) Une heure, jusqu'à l'âge de six mois ;
b) Deux heures, de six mois à trois ans ;
c) Trois heures, de trois ans à six ans.

Art. R. 7124-28. L'emploi et la sélection d'un enfant scolarisé mentionné à l'article *(D. 2009-289 du 13 mars 2009, JO 15)* « L. 7124-8 » ne sont autorisés que les jours et demi-journées de repos autres que le dimanche.

Art. R. 7124-29. Durant les périodes scolaires, l'emploi d'un enfant âgé de six à seize ans exerçant une activité de mannequin et la sélection préalable en vue d'exercer cette activité ne peuvent être autorisés que les jours ou demi-journées de repos hebdomadaire autres que le dimanche, et selon les durées suivantes:

1° Durée journalière maximum:

a) Trois heures, dont pas plus d'une heure et demie en continu, de six à onze ans;

b) Quatre heures, dont pas plus de deux heures en continu, de douze à seize ans.

Cette durée journalière est réduite de moitié pour l'emploi et la sélection de l'enfant pendant une demi-journée.

2° Durée hebdomadaire maximum:

a) Quatre heures et demie, de six à onze ans;

b) Six heures, de douze à seize ans.

Art. R. 7124-30. Durant les périodes de congés scolaires, l'emploi d'un enfant âgé de six à seize ans exerçant une activité de mannequin et la sélection préalable en vue d'exercer cette activité ne peuvent être autorisés que pendant la moitié des congés et selon les durées suivantes:

1° Durée journalière maximum:

a) Six heures, dont pas plus de deux heures en continu de six à onze ans;

b) Sept heures, dont pas plus de trois heures en continu, de douze à seize ans;

2° Durée hebdomadaire maximum:

a) Douze heures, de six à onze ans;

b) Quinze heures, de douze à quatorze ans;

c) Dix-huit heures, de quatorze à seize ans.

Art. R. 7124-30-1. ***(D. 2008-889 du 2 sept. 2008, JO 4)*** Dans le secteur du spectacle, le travail de nuit des enfants de moins de 16 ans ne peut être autorisé que jusqu'à 24 heures.

Art. R. 7124-30-2. ***(D. 2009-1049 du 27 août 2009, JO 29)*** Constitue un temps de travail effectif au sens de l'article L. 3121-1 la durée des représentations payantes auxquelles participent les enfants appartenant à une manécanterie développant une activité de production de spectacles itinérants dans le cadre du projet pédagogique d'un établissement d'enseignement.

Sous-section 2. Rémunération

Art. R. 7124-31. La part de la rémunération perçue par l'enfant dont le montant peut être laissé à la disposition de ses représentants légaux est fixée par la commission mentionnée à l'article R. 7124-19.

Art. R. 7124-32. La commission statue sur demande des contractants préalablement présentée à toute exécution.

Art. R. 7124-33. Dans les cas énoncés aux 3° et 4° de l'article R. 7124-23, la notification précise la fraction de rémunération affectée à la constitution du pécule.

Cette notification rappelle l'obligation faite à l'employeur par l'article R. 7124-35. Cette fraction porte sur le salaire et la rémunération perçue par l'enfant conformément aux articles L. 7123-6 et L. 7123-12 à L. 7123-16.

Art. R. 7124-34. L'autorisation donnée aux représentants légaux de l'enfant, en application de l'article L. 7124-9, de réaliser des prélèvements, en cas d'urgence et à titre exceptionnel, sur son pécule peut être retirée à tout moment s'il apparaît que les sommes déjà prélevées n'ont pas été intégralement affectées à l'usage auquel elles étaient destinées.

Les prélèvements sur le pécule sont autorisés par le président de la commission.

Ces prélèvements ne peuvent être autorisés que dans l'intérêt exclusif de l'enfant.

Art. R. 7124-35. Le versement à la Caisse des dépôts et consignations prévu au deuxième alinéa de l'article L. 7124-9 est accompagné d'une déclaration de l'employeur rappelant l'état civil de l'enfant, son domicile et le nom de ses représentants légaux.

Art. R. 7124-36. La Caisse des dépôts et consignations ouvre dans ses écritures, au nom de chacun des mineurs intéressés, un compte de dépôt auquel sont portés les versements réalisés par les employeurs.

Le taux et le mode de calcul des intérêts produits par le compte de dépôts sont fixés dans les conditions prévues à l'article L. 518-23 du code monétaire et financier. Ce taux ne peut être inférieur au taux de l'intérêt légal de l'exercice en cours.

Art. R. 7124-37. Avant le 31 mars de chaque année, la Caisse des dépôts et consignations transmet au titulaire du compte ou à son représentant légal, à la dernière adresse connue, un document indiquant l'encours des dépôts et les intérêts qu'ils ont générés pour l'année précédente.

Lorsque l'enfant atteint sa majorité, la Caisse des dépôts et consignations lui communique à la dernière adresse connue, par lettre recommandée avec avis de réception, le solde de son compte et l'informe qu'elle tient les fonds de son pécule à sa disposition.

Art. L. 7124-22

Lorsque, à la suite de l'émancipation du mineur, la commission décide que tout ou partie du pécule pourra être remis à l'intéressé, cette décision est notifiée à la Caisse des dépôts et consignations.

À compter de la majorité de l'enfant ou de la notification prévue au troisième alinéa, la Caisse des dépôts et consignations transfère les fonds mis à la disposition de l'intéressé à un compte ordinaire de dépôt.

SECTION 5 (réglementaire). Contrôle

Art. R. 7124-38. Toute infraction aux dispositions des articles L. 4153-7, L. 7124-1 à L. 7124-11, L. 7124-13 à L. 7124-18 et L. 7124-21 ainsi que des articles R. 7124-3, R. 7124-10, R. 7124-26, R. 7124-31 et R. 7124-34 commise à l'étranger à l'égard de Français doit être dénoncée, dans le plus bref délai, par les agents consulaires de la France aux autorités françaises ou aux autorités locales si les lois du pays en assurent la répression.

Ces agents doivent, en outre, prendre les mesures nécessaires pour assurer le rapatriement en France des enfants d'origine française.

SECTION 6. Dispositions pénales

Art. L. 7124-22. Le fait d'engager ou de produire dans une entreprise mentionnée à l'article L. 7124-1, un enfant de seize ans et moins, soumis à l'obligation scolaire, sans autorisation individuelle préalable, en méconnaissance des dispositions de ce même article, est puni d'un emprisonnement de cinq ans et d'une amende de 75000 €.

Note Cette disposition est issue de la loi 2004-1 du 2 janvier 2004 (JO 3) concernant l'accueil et la protection de l'enfance qui prévoit des sanctions plus sévères dans les cas où les dispositions relatives à l'emploi des enfants dans les spectacles, les professions ambulantes, la publicité ou la mode n'auront pas été respectées.

Art. L. 7124-23. Le fait d'employer un mineur de plus de treize ans, en vue d'exercer les activités définies à l'article L. 7124-1, sans avoir préalablement recueilli son avis favorable écrit, en méconnaissance des dispositions de l'article L. 7124-2, est puni d'un emprisonnement de cinq ans et d'une amende de 75000 €.

Art. L. 7124-24. Le fait de méconnaître les dispositions des articles L. 7124-6 à L. 7124-8, relatives à la durée du travail et au repos, est puni d'un emprisonnement de cinq ans et d'une amende de 75000 €.

Art. L. 7124-25. Le fait de remettre directement ou indirectement aux enfants mentionnés aux ***(L. 2020-1266 du 19 oct. 2020, JO 20, entrée en vigueur le 20.04.2021)*** « 1° à 4° de l'article L. 7124-1 et à l'article L. 7124-2 » ou à leurs représentants légaux des fonds au-delà de la part fixée en application du premier alinéa de l'article L. 7124-9 est puni d'une amende de 3 750 €.

(L. 2020-1266 du 19 oct. 2020, JO 20, entrée en vigueur le 20.04.2021) « Est puni de la même peine le fait pour toute personne employant des enfants mentionnés au 5° de l'article L. 7124-1 de ne pas respecter l'obligation mentionnée au second alinéa de l'article L. 7124-9. »

La récidive est punie d'un emprisonnement de quatre mois et d'une amende de 7 500 €.

Art. L. 7124-26. Est puni d'une amende de 3 750 € le fait de remettre des fonds, directement ou indirectement, à un enfant mentionné à l'article L. 7124-12, ou à ses représentants légaux :

1° Soit sans avoir requis ou obtenu l'autorisation individuelle préalable à l'emploi d'un enfant dans les conditions prévues par l'article L. 7124-3 ;

2° Soit au-delà de la part fixée en application du premier alinéa de l'article L. 7124-9.

La récidive est punie d'un emprisonnement de quatre mois et d'une amende de 7 500 €.

Art. L. 7124-27. Le fait de publier au sujet des mineurs engagés ou produits dans les conditions prévues aux articles L. 7124-1 et L. 7124-4 par tous moyens, commentaires, informations ou renseignements autres que ceux concernant leur création artistique, en méconnaissance des dispositions de l'article L. 7124-13, est puni d'une amende de 6000 €.

La récidive est punie d'un emprisonnement de deux ans.

Art. L. 7124-28. Le fait de réaliser une publicité abusive tendant à attirer un mineur vers des professions artistiques dont elle souligne le caractère lucratif, en méconnaissance des dispositions de l'article L. 7124-14, est puni d'une amende de 6000 €.

La récidive est punie d'un emprisonnement de deux ans.

Art. L. 7124-29. Le fait de réaliser une publicité écrite tendant à proposer à un enfant de moins de seize ans une activité de mannequins, en méconnaissance des dispositions de l'article L. 7124-15, est puni d'une amende de 6000 €.

La récidive est punie d'un emprisonnement de deux ans.

Art. L. 7124-30. Est puni d'un emprisonnement de cinq ans et d'une amende de 75000 €, le fait, en méconnaissance des dispositions de l'article L. 7124-16:

1° Pour toute personne, de faire exécuter par un enfant de moins de seize ans des tours de force périlleux ou des exercices de dislocation, ou de lui confier des emplois dangereux pour sa vie, sa santé ou sa moralité;

2° Pour toute personne autre que les père et mère pratiquant les professions d'acrobate saltimbanque, montreur d'animaux, directeur de cirque ou d'attraction foraine, d'employer dans ses représentations un enfant âgé de moins de seize ans;

3° Pour le père et la mère exerçant des professions mentionnées aux 1° et 2°, d'employer dans leurs représentations leur enfant âgé de moins de douze ans;

4° Pour toute personne, d'employer comme mannequin un enfant durant une période de vacances scolaires pour un nombre de jours supérieur à la moitié de la durée des vacances.

Art. L. 7124-31. Est puni d'un emprisonnement de cinq ans et d'une amende de 75 000 € le fait, en méconnaissance des dispositions de l'article L. 7124-17:

1° Pour le père, la mère, le tuteur ou l'employeur, et généralement toute personne ayant autorité sur un enfant ou en ayant la garde, de livrer, à titre gratuit ou onéreux, son enfant, pupille ou apprenti âgé de moins de seize ans aux personnes exerçant les professions mentionnées à l'article L. 7124-16 ou de le placer sous la conduite de vagabonds, de personnes sans moyens de subsistance ou se livrant à la mendicité;

2° Pour les intermédiaires ou agents, de confier ou de faire confier l'enfant mentionné au 1°;

3° Pour toute personne, d'inciter un enfant âgé de moins de seize ans à quitter le domicile de ses parents ou tuteurs pour suivre les personnes des professions mentionnées à l'article L. 7124-16.

La condamnation entraîne de plein droit, pour les tuteurs, la destitution de la tutelle. Les pères et mères peuvent être privés de l'autorité parentale.

Art. L. 7124-32. Le fait, pour toute personne exerçant une des professions mentionnées à l'article L. 7124-16, de ne pas être porteur de l'extrait des actes de naissance des enfants placés sous son autorité et de ne pas justifier de leur origine ainsi que de leur identité par la production d'un passeport, en méconnaissance des dispositions de l'article L. 7124-18, est puni d'un emprisonnement de six mois et d'une amende de 3 750 €.

Art. L. 7124-33. Le fait de méconnaître les dispositions de l'article L. 7124-20 est puni d'une amende de 6000 €.

La récidive est punie d'un emprisonnement de deux ans.

Art. L. 7124-34. En cas d'infraction aux dispositions concernant le travail des enfants, prévues par le présent chapitre, l'affichage du jugement peut, suivant les circonstances et en cas de récidive seulement, être ordonné par la juridiction.

La juridiction peut également ordonner, dans le même cas, l'insertion du jugement, aux frais du contrevenant, dans un ou plusieurs journaux du département.

Art. L. 7124-35. Les pénalités réprimant les infractions relatives au travail des enfants ne sont pas applicables lorsque l'infraction a été le résultat d'une erreur provenant de la production d'actes de naissance, livrets ou certificats contenant de fausses énonciations ou délivrés pour une autre personne.

LIVRE II
CONCIERGES ET EMPLOYÉS D'IMMEUBLES À USAGE D'HABITATION, EMPLOYÉS DE MAISON ET SERVICES À LA PERSONNE

TITRE Ier CONCIERGES ET EMPLOYÉS D'IMMEUBLES À USAGE D'HABITATION

CHAPITRE Ier Dispositions générales

SECTION 1. Champ d'application et définitions

Art. L. 7211-1. Les dispositions du présent titre sont applicables aux salariés définis à l'article L. 7211-2, à l'exclusion des concierges attachés à la personne même du propriétaire, lesquels relèvent des dispositions du titre II applicables aux employés de maison.

Art. L. 7211-2. Est considérée comme concierge, employé d'immeubles, femme ou homme de ménage d'immeuble à usage d'habitation, toute personne salariée par le propriétaire ou par le principal locataire et qui, logeant dans l'immeuble au titre d'accessoire au contrat de travail, est chargée d'en assurer la garde, la surveillance et l'entretien ou une partie de ces fonctions.

Note • A la qualité d'employé d'hôtel meublé et non de concierge à usage d'habitation la personne au service d'un commerçant loueur de meublés qui, outre les tâches habituelles aux concierges d'immeuble à usage d'habitation, est astreinte à d'autres tâches telles que service du téléphone, service du livre de police, service du linge et de la literie (cass. soc. 21 juin 1966, BC IV n° 634).

• Le syndicat de copropriété d'un immeuble (et non le syndic de l'immeuble) est le seul employeur du concierge (cass. soc. 1er décembre 1993, n° 90-44.055, RJS 2/94 n° 192).

• **Obligation de garde, de surveillance et d'entretien.** Elle ne pèse que sur les concierges et employés d'immeubles et non sur les femmes de ménage d'immeubles.

Pour apprécier si un salarié répond ou non à la définition du concierge d'immeuble à usage d'habitation, il faut tenir compte de ses fonctions effectives, abstraction faite de la qualification donnée à l'intéressé dans le contrat. Ainsi, si un salarié, successivement qualifié de gardien, puis de gardien de nuit par son employeur, remplit effectivement les fonctions de concierge, il doit bénéficier du statut (cass. soc. 25 mai 1976, n° 74-40.620, BC V n° 311). De même, bien que les tâches confiées d'après le contrat de travail à une salariée correspondent à celles relevant de la définition du concierge, si le contrat la qualifie de «préposée à l'entretien de l'immeuble», le juge peut estimer que cette contradiction impose une interprétation de l'intention des parties et, si l'intéressée n'a exercé, en fait, que les fonctions de femme de ménage de l'immeuble et n'a pas assuré une surveillance permanente des locaux que la disposition des lieux ne permettait pas, il peut écarter la qualification de concierge réclamée par cette salariée (cass. soc. 26 février 1969, BC V n° 132).

• **Astreintes de nuit.** L'employeur peut faire figurer dans le contrat de travail d'une concierge une clause obligeant celle-ci à occuper son logement de fonction durant la nuit, même en dehors de l'amplitude de la journée de travail, à l'exclusion des nuits incluses dans le repos hebdomadaire (rép. QE 11054, JO AN 11 avril 1996, p. 881).

• **Logement.** Il résulte de l'article L. 771-1 devenu L. 7211-2, auquel se réfère l'article 18 de la CCN des gardiens, concierges et employés d'immeubles du 11 décembre 1979, que le salarié engagé au titre du régime légal des concierges et rattaché au régime dérogatoire de la catégorie B excluant toute référence à un horaire précis doit être logé au titre d'accessoire à son contrat de travail dans l'immeuble où il exerce ses fonctions, ce qui implique l'attribution d'un logement de fonction. Méconnaît donc ses obligations légales le syndicat de copropriétaires qui, lors de l'embauche d'un gardien, conclut avec ce dernier un bail d'habitation de droit commun (cass. soc. 12 décembre 2012, n° 11-20.653, BC V n° 336; RJS 3/13 n° 238; JCP éd. S 2013, 1121 note Th. Lahalle).

Ce logement doit être décent: l'article 225-14 c. pén. incrimine le comportement de toute personne qui abuse de la situation de dépendance ou de vulnérabilité d'autrui pour le soumettre à des conditions d'hébergement incompatibles avec la dignité humaine sans exiger que l'auteur soit l'employeur ou le bailleur de la victime. Après avoir constaté que les conditions d'hébergement d'une gardienne étaient contraires à la dignité humaine et que celle-ci, âgée de 60 ans et ne disposant d'aucun autre logement, se trouvait dans une situation de dépendance à l'égard de son employeur, une cour d'appel a pu déclarer la présidente du syndic de copropriété coupable de ce délit dès lors que cette dernière ne pouvait ignorer, depuis la mise en demeure de l'inspection du travail de procéder à des travaux, les conditions d'hébergement, ni la nécessité d'y remédier dans un bref délai et ne s'est néanmoins décidée à réunir l'assemblée des copropriétaires afin d'examiner les devis reçus qu'après qu'elle eut été citée devant le tribunal correctionnel (cass. crim. 23 avril 2003, n° 02-82.985, RJS 8-9/03 n° 1049).

Si le règlement de copropriété ne prévoit pas de loge de concierge, l'employeur n'est pas tenu de mettre un logement de fonction à la disposition de la personne chargée des travaux d'entretien et de nettoyage (cass. soc. 3 novembre 1976, n° 75-40.111, BC V n° 547). Voir aussi note sous l'article L. 7212-1.

Si le logement a une destination partiellement professionnelle, l'employeur doit verser au concierge un rappel de salaire au titre de l'avantage logement. Tel est le cas du logement ne comportant qu'une seule pièce, dont les rideaux doivent rester ouverts dans la journée et dans lequel une gardienne a l'obligation de recevoir et de conserver les colis et paquets destinés aux occupants de l'immeuble (cass. soc. 28 janvier 1998, n° 95-42.141).

À noter que le logement attribué à titre gratuit à un salarié pour l'exercice de ses fonctions, qui est l'accessoire du contrat de travail et dont il bénéficie dans sa vie personnelle, ne peut lui être retiré ou donner lieu au versement d'un loyer, pendant une période de suspension du contrat de travail pour maladie (cass. soc. 26 janvier 2011, n° 09-43.193, BC V n° 32).

Art. L. 7211-3. Sont applicables aux salariés définis à l'article L. 7211-2 les dispositions relatives :

1° Au harcèlement moral prévues aux articles L. 1152-1 et suivants, au harcèlement sexuel prévues aux articles L. 1153-1 et suivants ainsi qu'à l'exercice en justice par les organisations syndicales des actions qui naissent du harcèlement en application de l'article L. 1154-2 ;

2° Aux absences pour maladie ou accident, prévues à l'article L. 1226-1 ;

3° Au repos hebdomadaire, prévues par les articles L. 3132-1 et suivants ;

4° Aux jours fériés, prévues par les articles L. 3133-1 et suivants ;

5° Aux congés pour événements familiaux, prévus ***(L. 2016-1088 du 8 août 2016, art. 9, III, 4°, JO 9)*** « à la sous-section 1 de la section 1 du chapitre II du titre IV du livre Ier de la troisième partie » ;

6° Au mode de paiement des salaires prévu par les articles L. 3241-1 et suivants ;

(L. 2011-867 du 20 juil. 2011, art. 16, JO 24) « 7° À la surveillance médicale définie au titre II du livre VI de la quatrième partie. »

Note • **Statut légal.** L'énumération des dispositions du code du travail figurant à cet article n'est pas exhaustive : les concierges et employés d'immeubles à usage d'habitation, soumis au statut spécial fixé par les articles L. 7211-1 à 7215-1 et R. 7212-1 à R. 7216-9 CT, relèvent, sur les points non réglés par ce statut, des dispositions de droit commun du code du travail à l'exception de celles qui prévoient expressément qu'elles ne leur sont pas applicables (cass. soc. 20 janvier 2010, n° 08-45.018, BC V n° 18). Ainsi, les dispositions relatives à la protection de l'emploi des salariés victimes d'un accident du travail ou d'une maladie professionnelle leur sont applicables (cass. soc. 30 juin 1994, n° 89-41.654, BC V n° 224 ; RJS 10/94 n° 1212). Ils peuvent également prétendre à l'intéressement ou à la participation aux résultats mis en place par un employeur au profit de ses salariés dans les conditions prévues par les articles L. 3311-1 à L. 3325-4 CT, qui ne comportent aucune exclusion à l'égard des concierges et employés d'immeubles à usage d'habitation (cass. soc. 20 janvier 2010, n° 08-45.018, précité).

• **Rémunération.** La législation sur le SMIC est applicable aux concierges, comme aux employés de maison (cass. soc. 31 mars 1982, n° 80-40.019, BC V n° 242 ; 23 juin 1982, n° 80-40.936, BC V n° 411). Les salaires minimaux sont fixés par l'avenant 75 de la CCN des gardiens, concierges et employés d'immeubles du 16 novembre 2009, étendu à tous les employeurs par arrêté du 29 mars 2010 (JO 3 avril). La taxe d'habitation afférente au logement de fonction est à la charge du concierge, sauf usage local prévoyant le remboursement de cette taxe par le propriétaire (cass. soc. 10 décembre 1996, n° 94-18.340, BC V n° 433). Le contrat de travail d'un gardien d'immeuble ne peut donc faire obstacle à l'application d'un usage local prévoyant le paiement de la taxe d'habitation par l'employeur (cass. soc. 27 mars 2001, n° 98-44.292, BC V n° 106 ; RJS 6/01 n° 801).

• **Durée du travail.** Les dispositions du code du travail relatives à la durée du travail étant inapplicables aux concierges d'immeubles à usage d'habitation, la convention collective peut prévoir une réglementation spécifique des heures d'équivalence malgré l'absence de décret pris pour la profession concernée (cass. soc. 12 mars 1997, n° 93-46.213, Cah. Prud'h. 1997, Jurispr. 113).

• **Repos hebdomadaire.** Si l'article 19 § 2 de la convention collective des gardiens, concierges et employés d'immeubles prévoit que les conjoints salariés travaillant pour le même employeur ont le droit de prendre leur repos simultanément, il appartient aux intéressés de faire savoir à l'employeur leur volonté de faire usage de ce droit. Un employeur ne saurait donc être condamné à payer des dommages-intérêts pour avoir privé pendant 26 ans de tout repos hebdomadaire en couple deux conjoints salariés lorsque aucun d'entre eux n'a sollicité auprès de lui le bénéfice de périodes de repos en commun (cass. soc. 16 février 2012, n° 10-24.421, BC V n° 73; RJS 5/12 n° 510; JCP éd. S 2012, 1205, note Th. Lahalle).

• **Statut conventionnel.** La convention collective nationale des gardiens, concierges et employés d'immeuble du 11 décembre 1979 a été étendue par arrêté du 15 avril 1981 (JO 16 mai). Un arrêté du 19 septembre 1994 (JO 25, BO 94/15) a rendu obligatoires, pour tous les employeurs et salariés compris dans le champ d'application de cette convention, les dispositions de l'avenant du 14 janvier 1994 concernant la classification des emplois et les conditions de travail et de rémunération. Cette convention a été actualisée par l'avenant 74 du 27 avril 2009, étendu par arrêté du 24 décembre 2009 (JO 5 janv. 2010, BOCC 2009-36). Un avenant 80 du 16 mars 2012 en clarifie les dispositions relatives aux indemnités de rupture.

La convention collective ne s'applique pas seulement aux concierges et employés d'immeubles à usage d'habitation, visés par le présent article, mais aussi aux concierges et employés d'immeubles à usage professionnel, à l'exception de ceux disposant déjà d'une autre convention collective nationale pour définir leur statut. Quelles que soient les prestations annexes qu'elles proposent à leurs résidents (restauration, surveillance médicale, aide ménagère, accueil et animation), les résidences de services sont avant tout des immeubles à usage d'habitation. Par conséquent, la salariée exerçant les fonctions de femme de ménage dans une telle résidence peut prétendre au bénéfice des dispositions de la convention collective des gardiens, concierges et employés d'immeubles (cass. soc. 2 mai 2000, n° 97-43.663, BC V n° 160; RJS 6/00 n° 742). Sont exclus de son champ d'application les gardiens et personnels des immeubles des offices d'HLM et assimilés, lesquels ne comprennent pas les sociétés d'économie mixte ayant pour objet la construction de logements sociaux (cass. soc. 27 mai 1992, n° 88-40.640).

• **Vente de l'immeuble.** Une propriété immobilière ne constituant pas en elle-même une entité économique autonome, la cession de l'immeuble n'entraîne pas le transfert du contrat de travail d'une employée d'immeuble au nouveau propriétaire (cass. soc. 14 mars 2006, n° 05-41.610, BC V n° 97; RJS 6/06 n° 692; 31 janvier 2001, n° 98-42.070, BC V n° 27).

• **Suppression de poste.** Un syndicat de copropriétaires n'étant pas une entreprise au sens des dispositions de l'article L. 1233-1, le licenciement du concierge de l'immeuble par le syndic de la copropriété au motif de la suppression de son poste votée par le syndicat des copropriétaires de l'immeuble, même s'il repose sur un motif non inhérent à sa personne, n'est pas soumis aux dispositions concernant les licenciements pour motif économique, de sorte que l'intéressé ne peut se prévaloir de l'absence de reclassement ni de l'absence de motif économique du licenciement (cass. soc. 1er février 2017, n° 15-26.853, BC V n° 21; LS Jurispr. n° 31 du 14.02.2017; RJS 4/17 n° 298; JCP éd. S 2017, 1100, note Th. Lahalle).

SECTION 2. Dispositions d'application

Art. L. 7211-4. Un décret en Conseil d'État détermine les conditions d'application du présent titre.

CHAPITRE II Contrat de travail

Art. L. 7212-1. Le salarié dont le contrat de travail est rompu à l'initiative de l'employeur ne peut être obligé à quitter son logement avant un délai minimum déterminé par décret en Conseil d'État ou sans le paiement d'une indemnité.

Le montant de cette indemnité est égal au prix de la location trimestrielle d'un logement équivalent à celui que le salarié occupe et des avantages en nature qu'il perçoit.

Note **Rupture du contrat de travail**

• L'article L. 7212-1 ne vise que l'hypothèse d'une rupture intervenant à l'initiative de l'employeur. Le licenciement doit reposer sur une cause réelle et sérieuse: tel n'est pas le cas du licenciement prononcé à l'encontre d'un surveillant d'immeuble à la suite d'une altercation avec un locataire dès lors que ce salarié était lui-même locataire dans la résidence et que cette altercation s'était produite au cours d'un congé de maladie, ce dont il résultait qu'il s'agissait d'un fait relevant de sa vie privée ne pouvant constituer une cause de licenciement (cass. soc. 14 mai 1997, n° 94-45.473, BC V n° 175).

• *Absences pour maladie.* Durant la période de suspension du contrat de travail pour maladie, le logement attribué à titre gratuit à un salarié pour l'exercice de ses fonctions, qui est l'accessoire du contrat de travail et dont il bénéficie dans sa vie personnelle, ne peut lui être retiré ou donner lieu au versement d'un loyer (cass. soc. 26 janvier 2011, n° 09-43.193, BC V n° 32; JCP éd. S 2011, 1150, note D. Corrignan-Carsin).

Lorsque l'absence prolongée ou les absences répétées du salarié pour maladie perturbent le fonctionnement de l'entreprise (en l'occurrence le gardiennage et l'entretien de la copropriété), le salarié ne peut être licencié qu'en cas de nécessité de procéder à son remplacement définitif. Le remplacement définitif s'entend de l'engagement d'un autre salarié et non du recours à une société prestataire de services. Ainsi, lorsqu'un syndicat de copropriétaires fait appel à une société spécialisée dans l'entretien d'immeubles pour accomplir les tâches incombant à une gardienne d'immeuble absente pour maladie, le remplacement n'a pas un caractère définitif et le licenciement prononcé dans ces conditions est dénué de cause réelle et sérieuse (cass. soc. 18 octobre 2007, n° 98-44.292, BC V n° 106 et, dans la même affaire, cass. ass. plén. 22 avril 2011, n° 09-43.334, BC n° 3; LS Bref n° 15848 du 2.05.2011; JCP éd. S 2011, 1285, note P-Y Verkindt; RDT, juin 2011, CH, 372, B. Lardy-Pélissier; RJS 7/11 n° 595).

• Il résulte de l'article 31 du décret 67-223 du 17 mars 1967 portant règlement d'administration publique pour l'application de la loi 65-557 du 10 juillet 1967 fixant le statut de la copropriété des immeubles bâtis que le syndic n'a pas à recevoir mandat pour licencier le personnel du syndicat de copropriétaires (cass. soc. 9 février 2010, n° 08-45.461, JSL n° 274, 6.04.2010, p. 27; RJS 5/10 n° 471, 1re espèce). Toutefois, lorsque le règlement de copropriété impose au syndic de recueillir l'autorisation de l'assemblée générale des copropriétaires avant le licenciement du gardien, cette procédure d'autorisation préalable constitue une garantie de fond accordée au gardien dans la mesure où elle a pour objet de permettre à l'employeur (le syndicat des copropriétaires) de réserver son avis sur l'exercice du pouvoir de licencier son personnel par le syndic. L'inobservation de cette procédure prive donc de cause réelle et sérieuse le licenciement du gardien (cass. ass. plén. 5 mars 2010, n° 08-42.843, BC n° 1; LS Jurispr. n° 54 du 16.03.2010; RJS 5/10 n° 471, 2e espèce; JCP éd. S 2010, 1187, note C. Puigelier).

Préavis et délai d'évacuation du logement

• La disposition de l'article L. 7212-1 relative au délai d'évacuation du logement ne saurait faire échec aux dispositions de l'article L. 1234-1 relatives à la durée du préavis en fonction de l'ancienneté du salarié. À l'issue du délai de trois mois, le concierge qui a cessé ses fonctions devient un occupant sans droit ni titre de logement accessoire à son contrat de travail et peut donc faire l'objet d'une procédure d'expulsion (cass. soc. 5 mai 1983, n° 81-16.467, BC V n° 241).

• L'article L. 7212-1 prévoit également la possibilité pour l'employeur d'opter pour le paiement d'une indemnité d'occupation. Le salarié congédié ne pouvant être obligé de quitter son logement avant un délai de trois mois, une cour d'appel a pu décider que le point de départ de l'indemnité d'occupation devait être fixé à la fin du délai de préavis de trois mois pendant lequel un salarié avait été dispensé de travailler (cass. soc. 26 mai 1998, n° 95-44.422).

Contrat de travail commun à deux époux

• Lorsque les époux ont été engagés par le même contrat de travail, l'inaptitude partielle et momentanée de l'épouse ne justifie pas le licenciement du couple lorsque la femme propose que son travail soit effectué temporairement par son mari. Les juges doivent en effet tenir compte de l'indivisibilité des engagements souscrits par les conjoints et caractériser l'impossibilité dans laquelle se trouve l'employeur de maintenir le contrat de travail (cass. soc. 14 octobre 1993, n° 91-45.409, BC V n° 234).

• La Cour de cassation a également précisé que:
– le fait que les contrats de travail de deux époux soient indivisibles et comportent une clause de résiliation automatique en cas de rupture de l'un d'eux n'implique pas que le licenciement du mari suffise à justifier le licenciement de la femme et ne dispense pas le juge d'en rechercher la cause réelle et sérieuse (cass. soc. 18 novembre 1998, n° 97-42.854, BC V n° 496);
– le licenciement d'une gardienne suffit à justifier celui de son époux lorsqu'il rend impossible la poursuite du contrat de travail de ce dernier. Tel est le cas, lorsque les deux contrats sont indissociables, celui de l'époux ne conférant aucune tâche spécifique au salarié dont le rôle se borne à apporter une aide à la gardienne (cass. soc. 24 avril 2013, n° 12-13.333, RJS 7/13 n° 567);
– le licenciement étant une mesure individuelle, il appartient à l'employeur qui envisage de rompre le contrat de travail de deux personnes engagées conjointement en qualité de «couple gardien d'immeuble» d'engager deux procédures de licenciement distinctes et cela, même si le contrat comporte une clause selon laquelle la rupture du contrat de travail de l'un entraîne la rupture du contrat de l'autre. Commet une irrégularité de procédure à l'égard de l'épouse l'employeur qui adresse au couple une lettre de licenciement commune dès lors que cette lettre n'a été réceptionnée que par l'époux. Cependant, cette irrégularité ne rend pas le licenciement de l'épouse sans cause réelle et sérieuse si les deux époux n'ont pas été privés de la possibilité d'avoir un entretien préalable et qu'ils ont été informés des causes de leur licenciement par une lettre de licenciement commune (cass. soc. 10 mai 2001, n° 99-42.555, RJS 7/01 n° 940).

Logement accordé conjointement aux deux époux

Dès lors qu'un couple a été engagé en qualité de concierges par contrat disposant que l'emploi de deux époux était la condition essentielle et déterminante du contrat et que les avantages en nature comprenant un logement étaient attribués conjointement aux intéressés, en cas de licenciement de l'un des époux, l'autre ne peut sous aucun prétexte se maintenir dans les lieux. Le juge des référés peut donc, sans violer les dispositions de l'article L. 7212-1, après avoir constaté qu'ils étaient contractants solidaires, ordonner l'expulsion des deux époux (cass. soc. 14 avril 1988, n° 86-18.555, BC V n° 235).

Art. R. 7212-1. Le délai minimum avant lequel, en application de l'article L. 7212-1, le salarié dont le contrat de travail est rompu à l'initiative de l'employeur ne peut être obligé à quitter son logement est de trois mois.

Art. L. 7212-2. En cas de faute grave dans l'exercice de ses fonctions, le licenciement immédiat du salarié peut être prononcé par le conseil de prud'hommes sur la demande de l'employeur.

CHAPITRE III Congés payés

Art. L. 7213-1. La durée du congé annuel payé est déterminée conformément aux dispositions des articles L. 3141-3 à ***(L. 2016-1088 du 8 août 2016, art. 8, XI, 20°, JO 9)*** « L. 3141-23 ».

Art. L. 7213-2. Pendant la durée du congé annuel payé, le salarié assure lui-même son remplacement, avec l'accord et sous la responsabilité de l'employeur.

La rémunération du remplaçant est assurée par l'employeur.

Art. L. 7213-3. Lorsque le service est assuré par des conjoints, des partenaires liés par un pacte civil de solidarité ou des concubins salariés, le congé annuel payé est donné simultanément.

Art. L. 7213-4. Le salaire de la période de congé annuel payé est majoré d'une indemnité représentative du logement et de tous les autres avantages en nature accordés par l'employeur en application du contrat de travail ou de tout contrat qui en est l'accessoire.

Art. L. 7213-5. Lorsque le remplacement du salarié pendant la durée du congé payé implique l'occupation totale ou partielle du logement du salarié par son remplaçant, le salarié a le choix de ne pas user de son droit à congé.

Dans ce cas, le salarié perçoit une indemnité égale au montant de l'indemnité représentative du salaire qui serait versée à son remplaçant.

Note *Renonciation au droit à congé.* Le concierge peut renoncer à prendre ses congés payés lorsque son remplacement implique nécessairement l'occupation totale ou partielle de son logement. Dans un tel cas, l'article 26 de la convention collective nationale des gardiens, concierges et employés d'immeubles prévoit qu'il doit percevoir, en sus de son salaire habituel, une indemnité d'un montant majoré. Mais le bénéfice de cette indemnité ne peut être étendu aux concierges non tenus de mettre leur logement à la disposition de leur remplaçant, même s'ils travaillent pendant la période prévue pour leur congé (cass. soc. 1er février 1995, n° 90-44.514, BC V n° 50).

Un avenant 82 du 17 juin 2013 a modifié l'article 26 de la convention collective à compter du 1er juillet 2015 en supprimant la possibilité pour les gardiens d'immeuble d'assurer eux-mêmes leur remplacement durant les congés payés.

Art. L. 7213-6. L'employeur déclare, dans un délai déterminé par voie réglementaire, s'il accepte le remplaçant que lui propose le salarié.

Art. L. 7213-7. Lorsque l'employeur refuse le remplaçant proposé il pourvoit lui-même au remplacement du salarié.

Dans ce cas, pendant la durée de son congé payé, le salarié met les locaux et le mobilier à la disposition du remplaçant désigné par l'employeur.

L'employeur est responsable des abus et dommages qui pourraient être commis par le remplaçant.

SECTION 1 (réglementaire). Droit au congé

Art. R. 7213-1. Le congé à attribuer à deux salariés déterminés à l'article L. 7213-3 est déterminé compte tenu des droits distincts de chacun.

Art. R. 7213-2. Les jours autres que le dimanche et ceux qui, en application de la loi, de l'usage ou de la convention sont fériés et obligatoirement chômés par les catégories de salariés mentionnées à l'article L. 7211-2, sont réputés ouvrables pour la détermination du congé.

Art. R. 7213-3. Le congé ne peut être confondu avec:
1° Une absence pour cause de maladie;
2° Les périodes de cure indemnisées par la sécurité sociale;
3° Les périodes légales de repos des femmes enceintes;
4° Les périodes obligatoires d'instruction du service national;
5° Les repos payés bénévolement accordés par l'employeur.

SECTION 2 (réglementaire). Durée du congé

Art. R. 7213-4. Le congé annuel d'une durée inférieure ou égale à douze jours ouvrables est continu.

Art. R. 7213-5. Le congé annuel d'une durée supérieure à douze jours ouvrables peut être fractionné par l'employeur avec l'accord du salarié. En cas de fractionnement, l'une des fractions est de deux semaines civiles au moins.

Art. R. 7213-6. L'employeur peut imposer à un concierge d'immeuble à usage d'habitation un congé annuel d'une durée supérieure à celle du congé légal auquel peut prétendre l'intéressé.

Dans ce cas, l'employeur verse à l'intéressé, pendant toute la durée du repos supplémentaire, une indemnité qui ne peut être inférieure aux sommes qui seraient dues pour un même temps de congé légal.

Ce temps de repos supplémentaire et l'indemnité correspondante ne peuvent être imputés sur les congés légaux à venir et sur les indemnités correspondantes.

SECTION 3 (réglementaire). Prise des congés

Art. R. 7213-7. Sauf accord du bénéficiaire, le congé annuel est pris au cours des mois de mai à octobre inclus.

Art. R. 7213-8. Le délai dont dispose l'employeur pour déclarer s'il accepte ou refuse le remplaçant proposé par le salarié, mentionné à l'article L. 7213-6, est de huit jours.

SECTION 4 (réglementaire). Indemnité de congés payés

Art. R. 7213-9. L'indemnité correspondante au congé prévu par l'article L. 3141-3 ne peut être inférieure ni ***(D. 2018-953 du 31 oct. 2018, art. 8, 2°, JO 6 nov.)*** «au dixième» de la rémunération totale perçue par l'intéressé au cours de la période de référence, ni au salaire qui serait dû au moment du règlement de l'indemnité pour un temps de travail égal à celui du congé.

Chaque jour de congé supplémentaire accordé conformément aux dispositions de l'article ***(D. 2016-1551 du 18 nov. 2016, art. 6, V, 24°, JO 19, entrée en vigueur le 01.01.2017)*** « L. 3141-8» donne lieu à l'attribution d'une indemnité égale au quotient de l'indemnité correspondante au congé principal par le nombre de jours ouvrables compris dans ce congé.

Art. R. 7213-10. Pour le calcul de l'indemnité de congé à attribuer à deux salariés relevant de l'article L. 7213-3, la rémunération des intéressés, tant en espèces qu'en nature, est considérée, sauf accord contraire, comme due pour moitié à chacun d'eux.

Art. R. 7213-11. À l'indemnité calculée suivant les dispositions des articles R. 7213-9 et R. 7221-2, s'ajoute, s'il y a lieu, une indemnité représentative des avantages en nature garantis par le contrat et dont le travailleur cesse de bénéficier pendant son congé.

Le montant de cette indemnité ne peut être inférieur à celui qui est fixé chaque année pour chaque département, localité ou groupe de localités, par arrêté préfectoral.

Art. R. 7213-12. En cas de licenciement, de démission ou de décès du salarié, les indemnités prévues par les articles R. 7213-9 à R. 7213-11 sont dues dans les conditions déterminées par les articles ***(D. 2016-1551 du 18 nov. 2016, art. 6, V, 25°, JO 19, entrée en vigueur le 01.01.2017)*** « L. 3141-28 à L. 3141-30», relatifs aux indemnités de congés consécutives à la rupture du contrat de travail, et à l'article ***(D. 2016-1551 du 18 nov. 2016, art. 6, V, 25°, JO 19, entrée en vigueur le 01.01.2017)*** « D. 3141-8» lorsque l'employeur est tenu d'adhérer à une caisse de congés payés.

SECTION 5 (réglementaire). Interdictions

Art. R. 7213-13. Il est interdit au bénéficiaire d'un congé légal d'accepter un travail rémunéré pendant ce congé.

Art. R. 7213-14. Il est interdit à toute personne de proposer un emploi rémunéré à un salarié lorsqu'elle sait que celui-ci est en congé annuel légal.

CHAPITRE IV Surveillance médicale

Note Les dispositions réglementaires ne sont plus adaptées depuis l'abrogation de l'article L. 7214-1.

SECTION 1 (réglementaire). Services de santé au travail

Sous-section 1. Organisation et fonctionnement

Art. R. 7214-1. La création et la constitution d'un service de santé au travail interentreprises destiné uniquement à assurer la surveillance médicale des gardiens d'immeubles à usage d'habitation et des employés de maison, sont soumises aux règles applicables aux services de santé au travail interentreprises en ce qui concerne tant la définition de leur compétence territoriale que leur agrément.

Sous-section 2. Adhésion

Art. R. 7214-5. Lorsqu'il ne dispose pas d'un service autonome de santé au travail, l'employeur d'un gardien d'immeubles à usage d'habitation ou d'un employé de maison adhère à un service de santé au travail interentreprises habilité à faire assurer la surveillance médicale.

Art. R. 7214-6. L'adhésion à un service de santé au travail interentreprises habilité est demandée dans le délai d'un mois à compter de l'engagement du premier salarié.

Sous-section 3. Dépenses et frais

Art. R. 7214-7. Les frais de transport du salarié pour se rendre au service de santé au travail interentreprises et pour en revenir sont à la charge de l'employeur.

Art. R. 7214-8. Le temps passé par le salarié pour satisfaire aux obligations de la surveillance médicale est assimilé à une période de travail. Ce temps ne peut justifier une réduction de la rémunération.

SECTION 3 (réglementaire). Documents et rapports

Sous-section 2. Documents médicaux

Art. R. 7214-21. Le dossier médical est complété lors des visites ultérieures.

Ces visites donnent lieu à l'établissement d'une nouvelle fiche médicale d'aptitude remise à l'employeur et au salarié dans les mêmes conditions que la fiche médicale d'aptitude initiale.

CHAPITRE V Litiges

Art. L. 7215-1. Le conseil de prud'hommes est seul compétent pour connaître des différends relatifs au contrat de travail conclu entre les salariés définis à l'article L. 7211-2 et leurs employeurs ainsi qu'aux contrats qui en sont l'accessoire.

TITRE II EMPLOYÉS À DOMICILE PAR DES PARTICULIERS EMPLOYEURS

CHAPITRE Ier Dispositions générales

Art. L. 7221-1. ***(L. 2016-1088 du 8 août 2016, art. 93, JO 9)*** Le présent titre est applicable aux salariés employés par des particuliers à leur domicile privé pour réaliser des travaux à caractère familial ou ménager.

Le particulier employeur emploie un ou plusieurs salariés à son domicile privé, au sens de l'article 226-4 du code pénal, ou à proximité de celui-ci, sans poursuivre de but lucratif et afin de satisfaire des besoins relevant de sa vie personnelle, notamment familiale, à l'exclusion de ceux relevant de sa vie professionnelle.

Note • N'ont pas la qualité d'employé de maison les personnes affectées à l'entretien de locaux industriels, commerciaux ou administratifs qui sont assimilables au personnel de l'entreprise (rép. QE 18146, JO AN 19 avril 1951, p. 3511), non plus que les jardiniers et gardes-chasse, ces derniers relevant des législations du régime agricole.

• La convention collective nationale des employés de maison [du particulier employeur] est applicable aux employés au pair (cass. soc. 17 mars 1993, n° 89-40.317). Bien que la Cour de cassation n'ait pas encore eu à le préciser, il semble donc que les dispositions du code du travail applicables aux employés de maison le soient également aux employés au pair.

Art. L. 7221-2. Sont seules applicables au salarié défini à l'article L. 7221-1 les dispositions relatives :

1° Au harcèlement moral, prévues aux articles L. 1152-1 et suivants, au harcèlement sexuel, prévues aux articles L. 1153-1 et suivants ainsi qu'à l'exercice en justice par les organisations syndicales des actions qui naissent du harcèlement en application de l'article L. 1154-2 ;

2° À la journée du 1er mai, prévues par les articles L. 3133-4 à L. 3133-6 ;

3° Aux congés payés, prévues aux articles L. 3141-1 à ***(L. 2016-1088 du 8 août 2016, art. 8, XI, 21°, JO 9)*** « L. 3141-33 », sous réserve d'adaptation par décret en Conseil d'État ;

4° Aux congés pour événements familiaux, prévues ***(L. 2016-1088 du 8 août 2016, art. 9, III, 4°, JO 9)*** « à la sous-section 1 de la section 1 du chapitre II du titre IV du livre Ier de la troisième partie » ;

(L. 2011-867 du 20 juil. 2011, art. 16, JO 24) « 5° À la surveillance médicale définie au titre II du livre VI de la quatrième partie. »

Note • Voir A. Perrier, « Gens de maison : une image du passé qui a de l'avenir », JCP éd. S 2012, 1493.

• Malgré l'emploi du mot « seules », la liste des dispositions mentionnées par cet article n'est pas limitative (cass. soc. 29 juin 2011, n° 10-11.525, BC V n° 178 ; RJS 10/11 n° 843, 2e espèce). Ainsi, notamment, les employés de maison bénéficient des dispositions de l'article L. 1226-14 CT prévoyant le versement au salarié accidenté du travail d'une indemnité spéciale de licenciement égale au double de l'indemnité prévue par l'article L. 1234-9 en cas de licenciement consécutif à une impossibilité de reclassement ou à un refus de l'emploi proposé (cass. soc. 10 juillet 2013, n° 12-21.380, BC V n° 191 ; JCP éd. S 2013, 1420, note D. Boulmier ; RJS 11/13 n° 761).

De même, les dispositions de l'article L. 7221-2 ne font pas obstacle à l'application aux employés de maison des dispositions légales relatives au travail dissimulé (cass. soc. 20 novembre 2013, n° 12-20.463, BC V n° 276 ; LS Jurispr. n° 230 du 17.12.2013 ; JCP éd. S 2014, 1068, note Th. Lahalle).

• **Rémunération.** *La législation sur le SMIC* est applicable aussi bien aux concierges qu'aux employés de maison, qu'ils soient ou non logés ou nourris (cass. soc. 31 mars 1982, n° 80-40.019, BC V n° 242).

Depuis l'intervention du décret 92-660 du 13 juillet 1992 (JO 16), le bulletin de paie des employés de maison est simplifié. Voir article R. 3243-6.

La loi du 19 janvier 1978 relative à la *mensualisation*, codifiée aux articles L. 3242-1 et 2, qui a étendu les droits résultant de l'accord interprofessionnel du 10 décembre 1977 à diverses catégories de salariés, est applicable aux employés de maison.

Jours fériés : c'est à bon droit que les juges du fond, ayant relevé qu'une personne travaillait à raison d'une heure par jour et cinq jours par semaine en qualité de femme de ménage au profit d'une société, ont décidé, au regard de la mensualisation dont bénéficiait la salariée en vertu de l'accord national interprofessionnel du 10 décembre 1977 étendu aux employés de maison par la loi du 19 janvier 1978, que cette société devait supporter le paiement des jours fériés non travaillés au prorata du temps qui lui était consacré (cass. soc. 19 mars 1987, n° 84-41.658, BC V n° 175).

Selon l'article 220 c. civ., toute dette contractée par l'un des époux pour l'entretien du ménage ou l'éducation des enfants oblige l'autre solidairement quel que soit le régime matrimonial. Par conséquent, lorsqu'une employée de maison a été engagée par le mari pour exécuter son travail au domicile des époux, l'épouse est tenue solidairement des dettes envers les organismes de retraite (cass. soc. 11 mars 2009, n° 07-43.977, BC V n° 73 ; Dr. Soc. 2009, p. 736, obs. J. Savatier).

Modalités de calcul des cotisations et contributions sociales dues au titre des rémunérations versées depuis le 01.01.2013. L'ensemble des cotisations et contributions sociales dues au titre des rémunérations versées aux salariés mentionnés à l'article L. 7221-1 sont recouvrées sous les garanties et sanctions applicables au recouvrement des cotisations du régime général de sécurité sociale assises sur les salaires (art. L. 133-7, al. 1er c. séc. soc.).

Chaque heure de travail effectuée par ces salariés ouvre droit à une déduction forfaitaire de cotisations patronales (art. L. 241-10, I *bis* c. séc. soc.).

Covid-19. Sur la possibilité ouverte aux particuliers employeurs, à titre temporaire, de placer leurs salariés employés à domicile en position d'activité partielle lors de l'épidémie de Covid-19 afin de leur garantir une rémunération, voir ordonnance 2020-346 du 27 mars 2020, art. 7, JO 28, modifié et décret 2020-1059 du 14 août 2020, JO 15. Sur les mesures prises en matière d'activité partielle, voir aussi note introductive du chapitre II du titre II du livre Ier de la cinquième partie.

• **Statut conventionnel.** Les employés de maison relèvent de la convention collective nationale des salariés du particulier employeur du 24 novembre 1999, étendue par arrêté du 2 mars 2000 (JO 11).

• **Contrat de travail.** Sauf recours au chèque emploi-service universel, la convention collective exige la rédaction d'un contrat écrit. Pour les contrats de travail à temps partiel, les dispositions légales relatives à la durée du travail n'étant pas applicables aux employés de maison, les mentions prévues par l'article L. 3123-6 ne sont pas requises (voir ci-dessous «Durée du travail»).

En cas de recours au chèque emploi-service universel, celui-ci tient lieu de contrat de travail lorsque la durée du travail n'excède pas huit heures par semaine ou ne dépasse pas quatre semaines consécutives dans l'année (art. L. 1271-5 CT; voir aussi cass. soc. 27 octobre 2004, n° 03-48.234, BC V n° 276; RJS 1/05 n° 89; 13 juin 2007, n° 05-43.013, BC V n° 102).

Pour les emplois dont la durée de travail dépasse huit heures par semaine, un contrat de travail doit être établi par écrit et préciser, s'il est à temps partiel, la durée hebdomadaire ou, le cas échéant, mensuelle prévue et la répartition de la durée du travail entre les jours de la semaine ou les semaines du mois. Il en résulte que l'absence d'écrit mentionnant la durée du travail et sa répartition fait présumer que l'emploi est à temps complet et qu'il incombe à l'employeur qui conteste cette présomption de rapporter la preuve, d'une part, de la durée exacte hebdomadaire ou mensuelle convenue, d'autre part que le salarié n'était pas placé dans l'impossibilité de prévoir à quel rythme il devait travailler et qu'il n'avait pas à se tenir constamment à la disposition de l'employeur.

En rejetant la demande d'une employée de maison tendant à la requalification de son contrat de travail en un contrat à temps plein sans rechercher si l'employeur, qui l'occupait plus de huit heures par semaine sans contrat écrit, justifiait de la durée exacte, hebdomadaire ou mensuelle du travail convenue, une cour d'appel n'a pas légalement justifié sa décision (cass. soc. 9 avril 2008, n° 06-41.596, BC V n° 84; RDT, juin 2008, CH, 381, B. Lardy-Pélissier; RJS 6/08 n° 729).

Contrat à durée déterminée. À noter que si l'utilisation du chèque emploi-service universel pour les emplois n'excédant pas huit heures hebdomadaires dispense l'employeur d'établir un contrat de travail écrit, elle ne lui permet pas de déroger aux dispositions d'ordre public du code du travail régissant les cas de recours au contrat à durée déterminée et ses conditions de renouvellement (cass. soc. 27 mars 2019, n° 18-10.903, à paraître, JCP éd. S 2019, 1149, note Fr. Bousez; RJS 6/19 n° 389; LS Jurispr. n° 67 du 09.04.2019; JSL n° 477, 11.06.2019, p. 25, D. Julien-Paturle).

• **Durée du travail.** Les dispositions relatives à la durée du travail et au travail à temps partiel ne sont pas applicables aux employés de maison qui travaillent au domicile privé de leur employeur et qui sont soumis à la convention collective nationale des salariés du particulier employeur du 24 novembre 1999 (cass. soc. 17 octobre 2000, n° 98-43.443, BC V n° 335; 4 mars 2003, n° 00-46.785, RJS 6/03 n° 817, 1re espèce; 5 juillet 2017, n° 16-10.841, BC V n° 115; JCP éd. S 2017, 1297, note Th. Lahalle; RJS 10/17 n° 714; 7 décembre 2017, n° 16-12.809, BC V n° 210; JCP éd. S 2018, 1003, note Th. Lahalle; RJS 2/18 n° 148; 23 janvier 2019, n° 17-26.748, JSL n° 472, 25.03.2019, p. 32, D. Julien-Paturle; 8 juillet 2020, n° 18-21.584, à paraître, JCP éd. S 2020, 3003, note Th. Lahalle; RJS 10/20 n° 509; JSL n° 504 du 28.09.2020, p. 31, D. J.-P.).

Une employée de maison, engagée à temps partiel selon un contrat verbal, n'est donc pas fondée à réclamer des rappels de salaires sur la base d'un temps plein au seul motif que son contrat ne contient pas les mentions imposées par l'article L. 3123-14 (devenu L. 3123-6) CT (cass. soc. 4 mars 2003, n° 00-46.785, précité; 23 janvier 2019, n° 17-26.748, précité). De même, une employée de maison embauchée en contrat de travail à durée déterminée à temps partiel ne peut solliciter la requalification de son contrat en contrat à temps complet et obtenir un rappel de salaire au motif que la durée de son travail a été portée temporairement au-delà de la durée légale du travail; en effet, un employé de maison travaillant au domicile privé de son employeur ne peut prétendre à un rappel de salaire au titre de la requalification de son contrat de travail à temps partiel en contrat à temps complet (cass. soc. 8 juillet 2020, n° 18-21.584, précité).

Les dispositions du code du travail relatives à la durée du travail et à la définition du travail effectif n'étant pas applicables aux employés de maison, il appartient au juge, saisi d'une demande de rappels de salaire calculés sur la base d'un nombre global d'heures de travail hebdomadaires, de déterminer la durée du travail de la salariée et sa répartition éventuelle entre les heures de travail effectif, les heures de présence responsable et les heures d'astreinte (cass. soc. 13 juillet 2004, n° 02-43.026, BC V n° 221).

À noter, cependant, que la preuve de l'existence ou du nombre d'heures de travail effectuées par une employée de maison obéit au régime prévu par l'article L. 3171-4 CT; le salarié doit donc étayer sa demande par la production d'éléments suffisamment précis pour permettre à l'employeur de répondre en fournissant ses propres éléments (cass. soc. 19 mars 2003, n° 00-46.686, BC V n° 103; Dr. Soc. 2003, p. 655, obs. J. Savatier; 30 juin 2010, n° 08-44.514; 27 juin 2012, n° 11-18.010, BC V n° 199; RJS 10/12 n° 847; voir aussi cass. soc. 17 octobre 2012, n° 10-14.248, BC V n° 268; LS Jurispr. n° 204 du 30.10.2012; JCP éd. S 2012, 1519, note D. Boulmier; RJS 1/13 n° 77, précisant que l'utilisation du chèque emploi-service universel ne fait pas obstacle à l'application des dispositions de l'article L. 3171-4 relatives à la preuve de l'existence ou du nombre d'heures de travail accomplies). La demande de rappel de salaires au titre des heures supplémentaires, des heures de nuit et des congés payés afférents à l'appui de laquelle la salariée produit des décomptes journaliers précisant, entre 8 h et 20 h, ses activités selon les plages horaires, est fondée sur des éléments suffisamment précis quant aux heures qu'elle prétend avoir accomplies pour permettre à l'employeur, qui assure le contrôle des heures de travail effectuées, d'y répondre en produisant ses propres éléments (cass. soc. 8 juillet 2020, n° 17-10.622, à paraître, JCP éd. S 2020, 3002, note Th. Lahalle; RJS 10/20 n° 508; JSL n° 504 du 28.09.2020, p. 31, D. J.-P.).

À noter également que l'employeur d'une employée de maison, quand bien même il aurait antérieurement toléré une situation irrégulière quant à la durée du travail, doit se conformer à la législation relative à la durée maximale du travail, sous réserve de laisser à la salariée un délai de réflexion suffisant pour lui permettre de choisir entre l'emploi qu'elle souhaite conserver ou la réduction d'horaire proposée (cass. soc. 4 juin 1998, n° 95-44.693, BC V n° 302).

• **Congé parental d'éducation.** Les dispositions de l'article L. 122-28-1 [L. 1225-47] CT, selon lesquelles tout salarié qui justifie d'une ancienneté minimale d'une année à la date de naissance de son enfant a le droit de bénéficier d'un congé parental d'éducation durant lequel le contrat de travail est suspendu, s'appliquent à tous les salariés, y compris les employés de maison, la liste des textes mentionnés à l'article L. 772-2 [L. 7221-2] CT n'étant pas limitative (cass. soc. 19 novembre 2003, n° 01-43.456, BC V n° 291; RJS 2/04 n° 270).

• **Licenciement.** À l'exception des dispositions expressément réservées aux entreprises, telles celles relatives au conseiller du salarié (cass. soc. 4 juin 1998, n° 95-44.693, précité; 5 janvier 1999, n° 96-45.202, RJS 2/99 n° 311; 18 octobre 2000, n° 98-45.234, JSL n° 73, 13.02.2001, p. 4, chron. G-P Quetant), les règles de droit commun concernant la résiliation du contrat de travail s'appliquent aux employés de maison.

Ainsi, le licenciement d'un employé de maison doit avoir une cause réelle et sérieuse (cass. soc. 13 janvier 1994, n° 91-44.109, BC V n° 13; RJS 3/94 n° 329) et être notifié par LRAR précisant clairement le ou les motifs du licenciement, à défaut de quoi il est sans cause réelle et sérieuse (cass. soc. 29 juin 2011, n° 10-11.365, BC V n° 177; RJS 10/11 n° 843, 1re espèce). La procédure (convocation à l'entretien préalable, entretien avec l'intéressé, notification du licenciement) doit également être respectée (cass. soc. 29 janvier 2002, n° 99-40.254, RJS 4/02 n° 498; 25 février 2004, n° 02-41.624); mais on rappelle que la Cour de cassation ne considère plus, depuis 2016, que le non-respect de cette procédure entraîne nécessairement un préjudice dont la réparation doit être effective: désormais, pour être indemnisé, le salarié doit démontrer l'existence d'un préjudice (cass. soc. 30 juin 2016, n° 15-16.066; 13 septembre 2017, n° 16-13.578, BC V n° 136, rendus à propos de salariés employés par des entreprises. Voir note sous art. L. 1235-2). Enfin, les dispositions de l'article R. 1234-2 relatives au montant minimal de l'indemnité de licenciement s'appliquent à tous les salariés, y compris les employés de maison, la liste des textes mentionnés à l'article L. 7221-2 n'étant pas limitative (cass. soc. 29 juin 2011, n° 10-11.525, précité; 7 mars 2012, n° 10-28.222).

À noter cependant que le bien-fondé du licenciement d'un employé de maison pour une cause réelle et sérieuse n'est soumis qu'aux dispositions de la convention collective; dès lors le juge qui constate la réalité et le sérieux du motif invoqué par la lettre de licenciement, en l'espèce, les perturbations causées par des absences pour maladie, peut décider que ce licenciement est justifié, sans être tenu de constater la nécessité d'un remplacement définitif (cass. soc. 16 septembre 2015, n° 14-11.990, BC V n° 165; JCP éd. S 2015, 1396, note Th. Lahalle; RJS 12/15 n° 818).

À noter également que les articles L. 1226-9 et 13 CT interdisant le licenciement durant la période de suspension du contrat consécutive à un accident du travail ou à une maladie professionnelle sont applicables aux employés de maison (cass. soc. 9 novembre 2010, n° 09-65.637). Ces derniers bénéficient également des dispositions de l'article L. 1226-14 prévoyant le versement aux salariés accidentés du travail d'une indemnité spéciale en cas de licenciement consécutif à une impossibilité de reclassement ou à un refus de l'emploi proposé (cass. soc. 10 juillet 2013, n° 12-21.380, précité). Mais en cas d'inaptitude d'origine non professionnelle, le licenciement du salarié n'est soumis qu'aux dispositions de la convention collective (cass. soc. 17 février 2010, n° 08-45.205, BC V n° 46; RJS 5/10 n° 472).

S'agissant des dispositions concernant les licenciements pour motif économique, elles sont applicables aux employés de maison employés par une personne morale (cass. soc. 21 janvier 2015, n° 13-17.850, BC V n° 5; JCP éd. S 2015, 1087, note G. Duchange; RJS 4/15 n° 295), mais pas à ceux employés par un particulier (cass. soc. 18 février 1998, n° 95-44.721, BC V n° 94).

• **Hospitalisation ou décès de l'employeur.** La rupture du contrat de travail d'une employée de maison due à une hospitalisation de l'employeur ne constitue pas un cas de force majeure et la salariée peut donc prétendre au paiement des indemnités de préavis et de licenciement (cass. soc. 31 mars 1994, n° 90-42.976, Dr. Soc. 1994, p. 514).

Selon l'article 13 de la convention collective des salariés du particulier employeur, le décès de l'employeur met fin *ipso facto* au contrat de travail qui le liait à son salarié et le contrat ne se poursuit pas automatiquement avec les héritiers (voir aussi cass. soc. 26 septembre 2012, n° 11-11.697, RJS 12/12 n° 990). La date du décès de l'employeur fixe le départ du préavis.

Sont dus au salarié le dernier salaire, les indemnités de préavis et de licenciement calculées sur la base de l'ancienneté du salarié à la date du décès de l'employeur ainsi que l'indemnité de congés payés. À noter que cette disposition n'exonère pas les héritiers de l'obligation de notifier le licenciement et que les actes liés à la rupture du contrat de travail du salarié du particulier employeur décédé, le paiement de ses salaires et indemnités ainsi que la remise des documents de fin de contrat sont, en vertu de l'article 784 c. civ., des actes purement conservatoires pouvant être réalisés par les héritiers sans autorisation du juge.

Voir aussi G. François, «La mort de l'employeur», Dr. Soc. 2020, p. 924.

• **Formation professionnelle.** Voir note au-dessus de l'article L. 6331-57.

• **Suivi individuel de l'état de santé du salarié.** Les dispositions relatives à la surveillance médicale définie au titre II du livre VI de la quatrième partie du code du travail sont applicables aux employés de maison, qu'ils soient à temps complet ou à temps partiel (cass. soc. 28 septembre 2011, n° 10-14.284, BC V n° 209; RJS 12/11 n° 1020).

Voir aussi O. Levannier-Gouël, «Salariés du particulier employeur: suivi de l'état de santé, inaptitude et prévention des risques professionnels», JCP éd. S 2018, 1396.

Art. R. 7221-1. L'employeur peut imposer à un employé de maison, à l'exclusion, sauf convention contraire, des femmes et des hommes de ménage, un congé annuel d'une durée supérieure à celle du congé légal auquel peut prétendre l'intéressé.

Dans ce cas l'employeur verse à l'intéressé, pendant toute la durée du repos supplémentaire, une indemnité qui ne peut être inférieure aux sommes qui seraient dues pour un même temps de congé légal.

Ce temps de repos supplémentaire et l'indemnité correspondante ne peuvent être imputés sur les congés légaux à venir et sur les indemnités correspondantes.

Art. R. 7221-2. L'indemnité journalière de congé due aux femmes et aux hommes de ménage est égale au sixième du salaire hebdomadaire habituel sauf si l'application de la règle ***(D. 2018-953 du 31 oct. 2018, art. 8, 3°, JO 6 nov.)*** «du dixième» énoncée au premier alinéa de l'article R. 7213-9 est plus favorable.

CHAPITRE II (réglementaire) Dispositions pénales

Art. R. 7222-1. Le fait de méconnaître les dispositions des 2° à 5° de l'article L. 7221-2 est puni de l'amende prévue pour les contraventions de la cinquième classe.

TITRE III ACTIVITÉS DE SERVICES À LA PERSONNE

Note • La convention collective des entreprises de services à la personne du 20 septembre 2012 a été étendue par arrêté du 3 avril 2014 (JO 30) avec effet au 1er novembre 2014 à l'exception de ses dispositions relatives à la prévoyance. Cependant, cet arrêté d'extension ayant été partiellement annulé par le Conseil d'État (CE 12 mai 2017, n° 381870) les dispositions de la convention collective concernant le versement d'indemnités kilométriques en cas d'utilisation d'un véhicule personnel pour les déplacements professionnels, les règles relatives au travail de nuit, certaines dispositions relatives au travail à temps partiel et les dispositions relatives au recours aux conventions de forfait en jours sur l'année ne sont plus obligatoires dans l'ensemble du secteur et doivent faire l'objet de nouvelles négociations.

• Voir aussi JCP éd. S 2005, 1254, étude J-Y Kerbourc'h, «Service Chèque-emploi TPE, chèque emploi-service universel et services à la personne: une politique législative de ciblage».

• Les services d'aide à domicile des centres communaux et intercommunaux d'action sociale sont dispensés du régime d'autorisation prévu aux articles L. 313-1 et s. c. action soc. et fam. pour celles de leurs activités relatives aux tâches ménagères, familiales ou à l'entretien du cadre de vie (loi 2005-841 du 26 juillet 2005, art. 2, JO 27).

CHAPITRE Ier Champ d'application

Art. L. 7231-1. Les services à la personne portent sur les activités suivantes:

1° La garde d'enfants;

2° L'assistance aux personnes âgées, aux personnes handicapées ou aux autres personnes qui ont besoin d'une aide personnelle à leur domicile ou d'une aide à la mobilité dans l'environnement de proximité favorisant leur maintien à domicile;

3° Les services aux personnes à leur domicile relatifs aux tâches ménagères ou familiales.

Note À noter que le décret 2008-1084 du 22 octobre 2008, JO 24, a étendu les conditions d'ouverture du droit aux prestations maladie, maternité-invalidité et décès prévues à l'article R. 313-7 c. séc. soc. aux assurés occupant un emploi de service à la personne et rémunérés par chèque emploi-service universel.

Art. L. 7231-2. Des décrets précisent :

1° Le contenu des activités de services à la personne mentionnées à l'article L. 7231-1 ;

2° Un plafond en valeur ou en temps de travail des interventions à domicile permettant aux activités figurant dans le décret prévu au 1° de bénéficier des dispositions du présent titre.

Art. D. 7231-1. ***(D. 2016-750 du 6 juin 2016, JO 8)*** « I. – Les activités de service à la personne soumises à agrément, en application de l'article L. 7232-1, sont les suivantes :

1° Garde d'enfants à domicile, en dessous d'un âge fixé par arrêté conjoint du ***(D. 2016-1895 du 28 déc. 2016, JO 29)*** « ministre chargé de l'économie » et du ministre chargé de la famille ;

2° Accompagnement des enfants en dessous d'un âge fixé par arrêté conjoint du ***(D. 2016-1895 du 28 déc. 2016, JO 29)*** « ministre chargé de l'économie » et du ministre chargé de la famille dans leurs déplacements en dehors de leur domicile (promenades, transport, actes de la vie courante) ;

3° Assistance dans les actes quotidiens de la vie ou aide à l'insertion sociale aux personnes âgées et aux personnes handicapées ou atteintes de pathologies chroniques qui ont besoin de telles prestations à domicile, quand ces prestations sont réalisées dans les conditions prévues aux 1° et 2° de l'article L. 7232-6 du présent code, à l'exclusion d'actes de soins relevant d'actes médicaux à moins qu'ils ne soient exécutés dans les conditions prévues à l'article L. 1111-6-1 du code de la santé publique et du décret n° 99-426 du 27 mai 1999 habilitant certaines catégories de personnes à effectuer des aspirations endo-trachéales ;

4° Prestation de conduite du véhicule personnel des personnes âgées, des personnes handicapées ou atteintes de pathologies chroniques du domicile au travail, sur le lieu de vacances, pour les démarches administratives quand cette prestation est réalisée dans les conditions prévues aux 1° et 2° de l'article L. 7232-6 du présent code ;

5° Accompagnement des personnes âgées, des personnes handicapées ou atteintes de pathologies chroniques, dans leurs déplacements en dehors de leur domicile (promenades, aide à la mobilité et au transport, actes de la vie courante) quand cet accompagnement est réalisé dans les conditions prévues aux 1° et 2° de l'article L. 7232-6 du même code. »

II. – Les activités de services à la personne soumises à titre facultatif à la déclaration prévue à l'article L. 7232-1-1 sont, outre celles mentionnées au I du présent article ***(D. 2016-750 du 6 juin 2016, JO 8)*** « et à l'article D. 312-6-2 du code de l'action sociale et des familles », les activités suivantes :

1° Entretien de la maison et travaux ménagers ;

2° Petits travaux de jardinage, y compris les travaux de débroussaillage ;

3° Travaux de petit bricolage dits " homme toutes mains " ;

4° Garde d'enfants à domicile au-dessus d'un âge fixé par arrêté conjoint du ***(D. 2016-1895 du 28 déc. 2016, JO 29)*** « ministre chargé de l'économie » et du ministre chargé de la famille ;

5° Soutien scolaire à domicile ou cours à domicile ;

6° Soins d'esthétique à domicile pour les personnes dépendantes ;

7° Préparation de repas à domicile, y compris le temps passé aux ***(D. 2016-750 du 6 juin 2016, JO 8)*** « courses » ;

8° Livraison de repas à domicile ;

9° Collecte et livraison à domicile de linge repassé ;

10° Livraison de courses à domicile ;

11° Assistance informatique à domicile ;

12° Soins et promenades d'animaux de compagnie, à l'exception des soins vétérinaires et du toilettage, pour les personnes dépendantes ;

13° Maintenance, entretien et vigilance temporaires, à domicile, de la résidence principale et secondaire ;

14° Assistance administrative à domicile ;

15° Accompagnement des enfants de plus de trois ans dans leurs déplacements en dehors de leur domicile (promenades, transport, actes de la vie courante) ;

(D. 2016-750 du 6 juin 2016, JO 8) « 16° Téléassistance et visio assistance ;

17° Interprète en langue des signes, technicien de l'écrit et codeur en langage parlé complété ;

18° Prestation de conduite du véhicule personnel des personnes mentionnées au 20° du II du présent article, du domicile au travail, sur le lieu de vacances, pour les démarches administratives ;

19° Accompagnement des personnes mentionnées au 20° du II du présent article dans leurs déplacements en dehors de leur domicile (promenades, aide à la mobilité et au transport, actes de la vie courante) ;

20° Assistance aux personnes autres que celles mentionnées au 3° du I du présent article qui ont besoin temporairement d'une aide personnelle à leur domicile, à l'exclusion des soins relevant d'actes médicaux ;

21° Coordination et délivrance des services mentionnés au présent article. »

III. – Les activités mentionnées ***(D. 2016-750 du 6 juin 2016, JO 8)*** « aux 2°, 4° et 5° du I et aux 8°, 9°, 10°, 15°, 18° et 19° » du II du présent article n'ouvrent droit au bénéfice du 1° de l'article

L. 7233-2 du code du travail et de l'article L. 241-10 du code de la sécurité sociale qu'à la condition que la prestation soit comprise dans une offre de services incluant un ensemble d'activités réalisées à domicile.

Note • Cet article a été introduit par le décret 2011-1133 du 20 septembre 2011, JO 22, entrée en vigueur le 23.11.2011.

• Voir arrêté du 1er octobre 2018 (JO 5) précisant que sont soumises aux dispositions du cahier des charges prévu au 2° de l'article R. 7232-6 CT les activités prévues au I de cet article concernant:
a) La garde et l'accompagnement d'enfants de moins de trois ans ou d'enfants de moins de dix-huit ans en situation de handicap, au sens de l'article L. 114 du code de l'action sociale et des familles;
b) L'assistance dans les actes de la vie quotidienne ou l'aide à l'insertion sociale aux personnes âgées et aux personnes handicapées ou atteintes de pathologies chroniques qui ont besoin de cette assistance à domicile lorsque ces activités sont réalisées par mise à disposition ou par prestation de mandat, à l'exclusion d'actes de soins relevant d'actes médicaux à moins qu'ils ne soient exécutés dans les conditions prévues à l'article L. 1111-6-1 du code de la santé publique et du décret 99-426 du 27 mai 1999 habilitant certaines catégories de personnes à effectuer des aspirations endo-trachéales.

Sont considérés comme activité d'assistance telle que prévue au 3° du I de cet article:
– l'accompagnement et l'aide aux personnes dans les actes essentiels de la vie quotidienne (aide à la mobilité et aux déplacements, à la toilette, à l'habillage, à l'alimentation, aux fonctions d'élimination, garde malade, soutien aux activités intellectuelles, sensorielles et motrices, transports…);
– l'accompagnement et l'aide aux personnes dans les activités de la vie sociale et relationnelle (accompagnement dans les activités domestiques, de loisirs, de la vie sociale, soutien des relations sociales, assistance administrative…) à domicile ou à partir du domicile.

• Pour plus de précisions sur la définition des vingt-six activités de services à la personne listées par cet article, voir circulaire ministérielle du 11 avril 2019 (NOR: ECOI1907576C).

• Voir aussi arrêté du 17 mars 2015 (JO 26, entrée en vigueur le 01.07.2015) relatif à l'information préalable du consommateur sur les prestations de services à la personne.

CHAPITRE II Déclaration et agrément des organismes et mise en œuvre des activités

Note • L'article 31 de la loi 2010-853 du 23 juillet 2010 a assoupli le régime de l'agrément des prestataires de services à la personne en remplaçant l'agrément simple par un régime déclaratif, la procédure d'agrément étant désormais réservée aux activités de garde d'enfants ou mettant en cause la sécurité des personnes.

À condition d'exercer à titre exclusif ou d'être dispensée de cette condition, toute personne morale ou entreprise individuelle disposant d'un agrément en cours de validité délivré antérieurement à l'entrée en vigueur du décret prévu à l'article L. 7232-1-1 bénéficie des dispositions des articles L. 7233-2 et L. 7233-3 (loi précitée, art. 31, II).

• Pour plus de précisions sur les conditions d'obtention de la déclaration et de l'agrément pour les entreprises souhaitant réaliser des activités de services à la personne, voir circulaire ministérielle du 11 avril 2019 (NOR: ECOI1907576C).

SECTION 1. Déclaration et agrément des organismes

Art. L. 7232-1. ***(L. 2010-853 du 23 juil. 2010, art. 31, JO 24)*** Toute personne morale ou entreprise individuelle qui exerce les activités de service à la personne mentionnées ci-dessous est soumise à agrément délivré par l'autorité compétente suivant des critères de qualité:

1° La garde d'enfants au-dessous d'une limite d'âge fixée par arrêté conjoint du ministre de l'emploi et du ministre chargé de la famille;

2° Les activités relevant du 2° de l'article L. 7231-1, à l'exception des activités dont la liste est définie par décret et qui ne mettent pas en cause la sécurité des personnes.

Note Pour l'exercice de l'activité de garde d'enfant à domicile ou d'accompagnement d'enfant dans ses déplacements, les personnes morales ou les entrepreneurs individuels sont soumis à la possession de l'agrément prévu à cet article lorsque l'enfant a moins de trois ans ou moins de dix-huit ans lorsqu'il est en situation de handicap au sens de l'article L. 114 c. act. soc. et fam. (arrêté du 25 février 2019, JO 2 mars).

Art. L. 7232-1-1. ***(L. 2010-853 du 23 juil. 2010, art. 31, JO 24)*** À condition qu'elle exerce son activité à titre exclusif, toute personne morale ou entreprise individuelle qui souhaite bénéficier des 1° et 2° de l'article L. 7233-2 et de l'article L. 7233-3 déclare son activité auprès de l'autorité compétente dans des conditions et selon des modalités prévues par décret en Conseil d'État.

Art. L. 7232-1-2. ***(L. 2010-853 du 23 juil. 2010, art. 31, JO 24)*** «Sont dispensées de la condition d'activité exclusive fixée par les articles L. 7232-1-1, L. 7233-2 et L. 7233-3 :»

1° Pour leurs activités d'aide à domicile :

a) Les associations intermédiaires ;

(L. 2009-1673 du 30 déc. 2009, art. 141, JO 31) «*a bis)* Les régies de quartiers. Un décret définit les conditions de leur agrément et de la dérogation à la clause d'activité exclusive dont elles bénéficient ;»

b) Les communes, les centres communaux ou intercommunaux d'action sociale, les établissements publics de coopération intercommunale compétents ;

c) Les organismes ayant conclu une convention avec un organisme de sécurité sociale au titre de leur action sociale ;

d) Les organismes publics ou privés gestionnaires d'un établissement ou d'un service autorisé au titre du I de l'article L. 312-1 du code de l'action sociale et des familles et les groupements de coopération mentionnés au 3° de l'article L. 312-7 du même code ;

2° Pour leurs activités qui concourent directement à coordonner et délivrer les services à la personne, les unions et fédérations d'associations ;

3° Pour leurs activités d'aide à domicile rendues aux personnes mentionnées à l'article L. 7231-1 :

a) Les organismes publics ou privés gestionnaires d'un établissement de santé relevant de l'article L. 6111-1 du code de la santé publique ;

b) Les centres de santé relevant de l'article L. 6323-1 du même code ;

c) Les organismes publics ou privés gestionnaires d'un établissement ou d'un service mentionné aux premier et deuxième alinéas de l'article L. 2324-1 du même code ;

4° Pour les services d'aide à domicile rendus aux personnes mentionnées à l'article L. 7231-1 qui y résident, les ***(L. 2015-1776 du 28 déc. 2015, art. 14, II, JO 29)*** «prestataires appelés à fournir les services spécifiques individualisables dans les copropriétés avec services, mentionnés à l'article 41-4» de la loi n° 65-557 du 10 juillet 1965 fixant le statut de la copropriété des immeubles bâtis ;

(L. 2015-1776 du 28 déc. 2015, art. 15, III, JO 29) «5° Pour leurs services d'aide à domicile rendus aux personnes mentionnées à l'article L. 7231-1 qui y résident, les gérants de résidences-services relevant de l'article L. 631-13 du code de la construction et de l'habitation.»

Art. L. 7232-4. ***(L. 2015-1776 du 28 déc. 2015, art. 15, IV, JO 29)*** Par dérogation à l'article L. 313-1-1 du code de l'action sociale et des familles, les résidences-services mentionnées au 5° de l'article L. 7232-1-2 du présent code qui gèrent des services d'aide à domicile rendus aux personnes mentionnées à l'article L. 7231-1 qui y résident sont autorisées au titre de l'article L. 313-1-2 du code de l'action sociale et des familles, sous réserve du respect du cahier des charges national prévu à l'article L. 313-1-3 du même code.

SECTION 2. Mise en œuvre des activités

Art. L. 7232-6. ***(L. 2010-853 du 23 juil. 2010, art. 31, JO 24)*** «Les personnes morales ou les entreprises individuelles mentionnées aux articles L. 7232-1, L. 7232-1-1 et L. 7232-1-2 peuvent assurer leur activité selon les modalités suivantes :»

1° Le placement de travailleurs auprès de personnes physiques employeurs ainsi que, pour le compte de ces dernières, l'accomplissement des formalités administratives et des déclarations sociales et fiscales liées à l'emploi de ces travailleurs ;

2° Le recrutement de travailleurs pour les mettre, à titre onéreux, à la disposition de personnes physiques. Dans ce cas, l'activité des associations est réputée non lucrative au regard des articles L. 8231-1 et L. 8241-1 ;

3° La fourniture de prestations de services aux personnes physiques.

Note • Les associations qui assurent le placement de travailleurs auprès de personnes physiques employeurs et accomplissent pour le compte de ces personnes des formalités administratives et des déclarations sociales et fiscales liées à l'emploi de ces travailleurs ne remplissent qu'un rôle de mandataire, les personnes physiques étant les seuls employeurs des travailleurs (cass. soc. 23 novembre 2005, n° 04-45.328, BC V n° 331 ; Dr. Soc. 2006, p. 217, obs. B. Gauriau ; RJS 2/06 n° 281).

Mais lorsqu'une association de services à la personne excède son rôle de service mandataire en organisant les conditions de travail d'une aide ménagère et des autres aide-ménagères auprès de la personne aidée, il existe un lien de subordination entre l'aide ménagère et l'association, de sorte que celle-ci est son véritable employeur (cass. soc. 30 juin 2010, n° 09-42.116, RJS 12/10 n° 991).

• Voir aussi J-Y Kerbourc'h et E. Prouet, «Les tiers dans la relation de travail: entre fragmentation et sécurisation de l'emploi», France Stratégie, note d'analyse n° 65, mars 2018 (*https://www.strategie.gouv.fr/sites/strategie.gouv.fr/files/atoms/files/fs-na65-tiers-12mars2018.pdf*).

SECTION 3. Dispositions d'application

Art. L. 7232-7. Un décret en Conseil d'État détermine les conditions de délivrance, de contrôle et de retrait de l'agrément des ***(L. 2010-853 du 23 juil. 2010, art. 31, JO 24)*** «personnes morales ou des entreprises individuelles mentionnées aux articles L. 7232-1 et L. 7232-1-2», notamment les conditions particulières auxquelles sont soumises celles dont l'activité porte sur la garde d'enfants ou l'assistance aux personnes âgées, handicapées ou dépendantes et les modalités de mise en œuvre du régime de la décision implicite d'acceptation de cet agrément.

Art. L. 7232-8. ***(L. 2010-853 du 23 juil. 2010, art. 31, JO 24)*** Lorsqu'il est constaté qu'une personne morale ou une entreprise individuelle mentionnée aux articles L. 7232-1 et L. 7232-1-1 ne se livre pas à titre exclusif à une activité prévue à l'article L. 7231-1, elle perd le bénéfice des 1° et 2° de l'article L. 7233-2 ***(L. 2010-1657 du 29 déc. 2010, art. 200, JO 30)*** «et de l'article L. 241-10 du code de la sécurité sociale».

Elle ne peut bénéficier de nouveau de ces avantages à l'occasion d'une nouvelle déclaration qu'après une période de douze mois.

Le contribuable de bonne foi conserve le bénéfice ***(L. 2016-1917 du 29 déc. 2016, art. 82, II, 1°, JO 30)*** «du crédit d'impôt prévu» à l'article 199 *sexdecies* du code général des impôts.

Un décret en Conseil d'État détermine les modalités d'application des deux premiers alinéas du présent article.

Note Les dispositions de cet article, dans sa rédaction issue de la loi 2016-1917 précitée, sont applicables à compter de l'imposition des revenus de l'année 2017 (loi précitée, art. 82, III).

Art. L. 7232-9. ***(L. 2010-853 du 23 juil. 2010, art. 31, JO 24)*** Outre les ***(L. 2016-1088 du 8 août 2016, art. 113, III, 2°, JO 9)*** «agents de contrôle de l'inspection du travail mentionnés à l'article L. 8112-1», les agents de la concurrence, de la consommation et de la répression des fraudes sont compétents pour constater, par procès-verbal, les infractions aux dispositions relatives à la facturation des services. Les agents de la concurrence, de la consommation et de la répression des fraudes disposent à cet effet des pouvoirs prévus aux articles L. 450-3, L. 450-7 et L. 450-8 du code de commerce.

CHAPITRE II (réglementaire) Agrément et déclaration des personnes morales et entrepreneurs individuels

SECTION 1. Demande d'agrément

Art. R. 7232-1. ***(D. 2011-1132 du 20 sept. 2011, JO 22, entrée en vigueur le 23.11.2011)*** La demande d'agrément d'une personne morale ou d'un entrepreneur individuel mentionné à l'article L. 7232-1 est adressée par son représentant légal au préfet de département par voie électronique ou par lettre recommandée avec avis de réception.

Art. R. 7232-2. La demande d'agrément mentionne:

(D. 2011-1132 du 20 sept. 2011, JO 22, entrée en vigueur le 23.11.2011) «1° L'adresse et la raison sociale de la personne morale ou le nom de l'entrepreneur individuel;

2° L'adresse du principal établissement de la personne morale ou de l'entrepreneur individuel ainsi que l'adresse de leurs établissements secondaires, le cas échéant;

3° Les départements où seront exercées les activités;

4° La nature des prestations proposées et des publics ou clients visés;»

(D. 2011-1132 du 20 sept. 2011, JO 22, entrée en vigueur le 23.11.2011) «5°» Les conditions d'emploi du personnel;

(D. 2011-1132 du 20 sept. 2011, JO 22, entrée en vigueur le 23.11.2011) «6°» Les moyens d'exploitation mis en œuvre.

Art. R. 7232-3. À la demande d'agrément est joint un dossier comprenant:

(D. 2011-1132 du 20 sept. 2011, JO 22, entrée en vigueur le 23.11.2011) «1° Un extrait du registre du commerce et des sociétés ou du répertoire des métiers ou une copie des statuts de la personne morale, ou, le cas échéant, pour les ressortissants d'un État membre de l'Union européenne ou d'un autre État partie à l'accord sur l'Espace économique européen, un document équivalent»;

2° Les éléments permettant d'apprécier le niveau de qualité des services mis en œuvre;

3° Un modèle de document prévoyant une information des clients et des usagers en matière fiscale et des services administratifs en matière statistique;

4° La liste des sous-traitants.

(D. 2011-1132 du 20 sept. 2011, JO 22, entrée en vigueur le 23.11.2011) «Les personnes morales ou entrepreneurs individuels qui sont légalement établis dans un autre État membre de l'Union européenne ou partie à l'accord sur l'Espace économique européen joignent à leur dossier toute information et tout document relatifs à leur situation au regard de la mise en œuvre des obligations prévues, le cas échéant, par la législation applicable dans l'État où ils sont établis, en vue de l'examen de leur demande d'agrément.»

SECTION 2. Délivrance de l'agrément

Art. R. 7232-4. ***(D. 2011-1132 du 20 sept. 2011, JO 22, entrée en vigueur le 23.11.2011)*** L'agrément des personnes morales ou des entrepreneurs individuels mentionnés à l'article L. 7232-1 est délivré par le préfet du département du lieu d'implantation du principal établissement de la personne morale ou de l'entrepreneur individuel ***(D. 2016-1895 du 28 déc. 2016, JO 29)*** «. Lorsque cet agrément est demandé au titre du 1° de l'article L. 7232-1, le président du conseil départemental donne un avis» sur la capacité des personnes morales ou des entrepreneurs individuels demandant l'agrément à assurer une prestation de qualité et sur l'affectation de moyens humains, matériels et financiers proportionnés à cette exigence.

Si le dossier est incomplet, le préfet en informe le demandeur et l'invite à produire les pièces ou informations manquantes.

Le silence gardé par le préfet pendant plus de trois mois à compter de la date de réception d'un dossier complet de demande d'agrément emporte décision d'acceptation.

Lorsque la personne morale ou l'entrepreneur individuel est établi hors de France, la demande d'agrément est adressée au préfet du département où sa principale activité sera exercée.

Note Le délai visé à l'alinéa 3 de cet article est par ailleurs inscrit dans le décret 2014-1281 du 23 octobre 2014, JO 1er nov., applicable aux demandes présentées depuis le 12.11.2014, modifié par décret 2016-308 du 17 mars 2016 (JO 18).

Art. R. 7232-5. ***(D. 2011-1132 du 20 sept. 2011, JO 22, entrée en vigueur le 23.11.2011)*** Si la personne morale ou l'entrepreneur individuel projette d'exercer ***(D. 2016-1895 du 28 déc. 2016, JO 29)*** «l'activité mentionnée au 1° de l'article L. 7232-1» dans plusieurs départements, le préfet du département du lieu d'implantation du principal établissement de la personne morale ou de l'entrepreneur individuel recueille l'avis des présidents de ***(D. 2013-938 du 18 oct. 2013, art. 1er, JO 20)*** «conseil départemental» des départements intéressés, par l'intermédiaire des préfets territorialement compétents.

Toute demande d'extension de l'agrément à une nouvelle activité ou à un nouveau département fait l'objet d'une demande de modification de l'agrément adressée au préfet du département du lieu d'implantation du principal établissement de la personne morale ou de l'entrepreneur individuel. ***(D. 2016-1895 du 28 déc. 2016, JO 29)*** «Lorsqu'il s'agit de l'activité mentionnée au 1° de l'article L. 7232-1,» ce dernier recueille l'avis du président du ***(D. 2013-938 du 18 oct. 2013, art. 1er, JO 20)*** «conseil départemental» du département intéressé, par l'extension d'agrément, par l'intermédiaire du préfet territorialement compétent.

Si le dossier de demande d'extension est incomplet, le préfet en informe le demandeur et l'invite à produire les pièces ou informations manquantes. Le silence gardé par le préfet pendant plus de trois mois à compter de la date de réception d'un dossier complet emporte décision d'acceptation.

Art. R. 7232-6. Le préfet accorde l'agrément lorsque les conditions suivantes sont remplies:

1° La personne morale ou l'entrepreneur individuel dispose, en propre ou au sein du réseau dont il fait partie, des moyens humains, matériels et financiers permettant de satisfaire l'objet pour lequel l'agrément est sollicité;

2° Le demandeur de l'agrément s'engage à respecter un cahier des charges approuvé par arrêté du ministre chargé de l'économie et du ministre chargé de la famille. Ce cahier des charges précise les conditions de fonctionnement, d'organisation et, le cas échéant, de continuité des services, ainsi que les conditions de délivrance et d'évaluation des prestations, permettant de répondre aux exigences de qualité mentionnées à l'article L. 7232-1;

3° Les dirigeants de la personne morale ou l'entrepreneur individuel n'ont pas fait l'objet d'une condamnation pénale ni d'une sanction civile, commerciale ou administrative de nature à leur interdire de gérer, administrer ou diriger une personne morale ou d'exercer une activité commerciale;

4° Lorsque l'activité de services à la personne est en lien avec les mineurs, la personne représentant la personne morale ou l'entrepreneur individuel ainsi que l'encadrant et les intervenants définis par arrêté du ministre chargé de l'économie et du ministre chargé de la famille ne sont pas inscrits au fichier judiciaire national automatisé des auteurs d'infractions sexuelles mentionné à l'article 706-53-7 du code de procédure pénale ou, pour les ressortissants d'un État membre de l'Union européenne ou d'un autre État partie à l'accord sur l'Espace économique européen, sur un document équivalent s'il existe.

Art. L. 7232-9

Note • Cet article est l'ancien article R. 7232-7, modifié par le décret 2016-1895 du 28 décembre 2016, JO 29.

• Voir arrêté du 1er octobre 2018 (JO 5) fixant le cahier des charges prévu au 2° de cet article et note sous art. D. 7231-1.

Art. R. 7232-7. L'agrément est délivré pour une durée de cinq ans.

Note Cet article est l'ancien article R. 7232-8 (décret 2016-1895 du 28 décembre 2016, JO 29).

Art. R. 7232-8. La demande de renouvellement est déposée, au plus tard, trois mois avant le terme de la période d'agrément auprès du préfet du département du lieu d'implantation du principal établissement de la personne morale ou de l'entrepreneur individuel.

Chaque organisme agréé et certifié bénéficie d'un renouvellement automatique de son précédent agrément à condition que l'ensemble de ses activités et établissements concernés soient couverts par une certification telle que définie à l'article L. 433-3 du code de la consommation. Cette certification doit être fondée sur un référentiel des services à la personne qui respecte les exigences fixées par le cahier des charges mentionné au 2° de l'article R. 7232-6. La conformité du référentiel de chaque organisme certificateur au cahier des charges est reconnue par un arrêté du ministre chargé de l'économie, qui est publiée au Bulletin officiel du ministère en charge de l'économie.

Note Cet article est l'ancien article R. 7232-9, modifié par le décret 2016-1895 du 28 décembre 2016, JO 29.

Art. R. 7232-9. La personne morale ou l'entrepreneur individuel agréé produit au moins chaque trimestre un état d'activité et chaque année un bilan qualitatif et quantitatif de l'activité exercée au titre de l'année écoulée ainsi qu'un tableau statistique annuel. Ces documents sont adressés par voie électronique au préfet, qui les rend accessibles au ministre chargé de l'économie. À défaut, ils sont adressés sous forme de documents papiers au préfet, qui en assure la transmission au ministre chargé de l'économie. Celui-ci les rend accessibles par voie électronique au ministre chargé de l'emploi, à des fins statistiques.

Lorsque la personne morale ou l'entrepreneur individuel dispose de plusieurs établissements, les états statistiques et le bilan annuel distinguent l'activité exercée par chaque établissement.

Note Cet article est l'ancien article R. 7232-10, modifié par le décret 2016-1895 du 28 décembre 2016, JO 29.

Art. R. 7232-10. L'agrément délivré à une personne morale ou un entrepreneur individuel disposant de plusieurs établissements peut être modifié lorsqu'un de ses établissements se trouve dans un des cas de retrait mentionnés à l'article R. 7232-12.

Note Cet article est l'ancien article R. 7232-11, modifié par le décret 2016-1895 du 28 décembre 2016, JO 29.

Art. R. 7232-11. La décision d'agrément est publiée au recueil des actes administratifs de la préfecture.

Le préfet en informe l'organisme chargé du recouvrement des cotisations de sécurité sociale.

Note Cet article est l'ancien article R. 7232-12 (décret 2016-1895 du 28 décembre 2016, JO 29).

SECTION 3. Retrait d'agrément

Art. R. 7232-12. L'agrément est retiré à la personne morale ou à l'entrepreneur individuel qui :

1° Cesse de remplir les conditions ou de respecter les obligations mentionnées aux articles R. 7232-4 à R. 7232-9 ;

2° Ne respecte pas les dispositions légales relatives à la santé et à la sécurité au travail ;

3° Exerce des activités autres que celles déclarées dans la demande d'agrément ;

4° Ne transmet pas au préfet compétent, avant la fin du premier semestre de l'année, le bilan qualitatif et quantitatif de l'activité exercée au titre de l'année écoulée.

Note Cet article est l'ancien article R. 7232-13, modifié par le décret 2016-1895 du 28 décembre 2016, JO 29.

Art. R. 7232-13. La personne morale ou l'entrepreneur individuel qui ne remplit plus les conditions de l'agrément en est informée par lettre recommandée avec avis de réception.

Il dispose d'un délai de quinze jours au moins pour faire valoir ses observations.

Note Cet article est l'ancien article R. 7232-15 (décret 2016-1895 du 28 décembre 2016, JO 29).

Art. R. 7232-14. Lorsque l'agrément lui est retiré, la personne morale ou l'entrepreneur individuel en informe sans délai l'ensemble des bénéficiaires de ses prestations de service par lettre individuelle.

À défaut de justification de l'accomplissement de cette obligation et après mise en demeure restée sans effet, le préfet publie aux frais de la personne morale ou de l'entrepreneur individuel sa décision dans deux journaux locaux ou dans un journal local et un journal à diffusion nationale lorsque les activités en cause de services à la personne sont exercées sur le territoire d'au moins deux régions.

Note Cet article est l'ancien article R. 7232-16 (décret 2016-1895 du 28 décembre 2016, JO 29).

Art. R. 7232-15. La décision de retrait d'agrément est publiée au recueil des actes administratifs de la préfecture.

Le préfet en informe le président des conseils départementaux intéressés, le ministre chargé de l'économie ainsi que l'organisme chargé du recouvrement des cotisations de sécurité sociale territorialement compétent.

Note Cet article est l'ancien article R. 7232-17, modifié par le décret 2016-1895 du 28 décembre 2016, JO 29.

SECTION 4. Déclaration, enregistrement d'activité et retrait de l'enregistrement

Note Cette section a été introduite par le décret 2011-1132 du 20 septembre 2011, JO 22, entrée en vigueur le 23.11.2011.

Art. R. 7232-16. La déclaration de la personne morale ou de l'entrepreneur individuel, mentionnée à l'article L. 7232-1-1, est effectuée auprès du préfet du département du lieu d'implantation du principal établissement de la personne morale ou du lieu d'établissement de l'entrepreneur individuel. Elle est adressée par voie électronique ou par lettre recommandée avec avis de réception par son représentant légal.

Lorsque la personne morale ou l'entrepreneur individuel est établi hors de France, sa déclaration est adressée au préfet du département où sa principale activité sera exercée.

Lorsque la personne morale ou l'entrepreneur individuel dispose de plusieurs établissements ou exerce une nouvelle activité, l'ouverture d'un nouvel établissement ou l'exercice de la nouvelle activité fait l'objet d'une déclaration modificative dans les mêmes conditions que la déclaration initiale.

Note Cet article est l'ancien article R. 7232-18 (décret 2016-1895 du 28 décembre 2016, JO 29).

Art. R. 7232-17. La déclaration comprend:

1° La raison sociale de la personne morale ou le nom de l'entrepreneur individuel et leur adresse;

2° L'adresse du principal établissement de la personne morale ou de l'entrepreneur individuel ainsi que l'adresse de leurs établissements secondaires;

3° La mention des activités de services à la personne proposées;

4° L'engagement du représentant légal de la personne morale ou de l'entrepreneur individuel d'exercer son activité dans le champ des services à la personne à titre exclusif, conformément à l'article L. 7232-1-1, sous réserve du 5°;

5° L'engagement du représentant légal de la personne morale dispensée de la condition d'activité exclusive en application de l'article L. 7232-1-2 de mettre en place une comptabilité séparée relative aux prestations de services à la personne mentionnées à l'article L. 7231-1;

6° Pour certaines prestations identifiées à ce titre par le décret prévu au 1° de l'article L. 7231-2, l'engagement d'inclure ces prestations dans une offre de services comprenant un ensemble d'activités de services à la personne réalisées à domicile.

Note Cet article est l'ancien article R. 7232-19 (décret 2016-1895 du 28 décembre 2016, JO 29).

Art. R. 7232-18. Dès réception du dossier de déclaration complet, le préfet du département du lieu d'implantation du principal établissement de la personne morale ou de l'entrepreneur individuel enregistre la déclaration et lui délivre un récépissé. Dans le cas où le dossier est incomplet, le préfet en informe le demandeur et l'invite à produire les pièces ou informations manquantes.

Le récépissé délivré à la personne morale ou à l'entrepreneur individuel est publié au recueil des actes administratifs de la préfecture.

Le préfet en informe le directeur des services fiscaux et l'organisme chargé du recouvrement des cotisations de sécurité sociale territorialement compétents. Le ministre chargé de l'économie rend accessible au public par voie électronique la liste des personnes morales et entrepreneurs individuels dont la déclaration a donné lieu à délivrance d'un récépissé.

Le bénéfice des exonérations de cotisations de sécurité sociale mentionnées à l'article L. 241-10 du code de la sécurité sociale est acquis à compter du premier jour du mois qui suit la publication du récépissé.

Note Cet article est l'ancien article R. 7232-20, modifié par le décret 2016-1895 du 28 décembre 2016, JO 29.

Art. R. 7232-19. La personne morale ou l'entrepreneur individuel qui a effectué une déclaration produit au moins chaque trimestre un état d'activité et chaque année un bilan qualitatif et quantitatif de l'activité exercée au titre de l'année écoulée ainsi qu'un tableau statistique annuel. Ces documents sont adressés par voie électronique au préfet, qui les rend accessibles au ministre chargé de l'économie. À défaut, ils sont adressés sous forme de documents papiers au préfet, qui en assure la transmission au ministre chargé de l'économie. Celui-ci les rend accessibles par voie électronique au ministre chargé de l'emploi, à des fins statistiques.

Lorsque la personne morale ou l'entrepreneur individuel dispose de plusieurs établissements, les états statistiques et le bilan annuel mentionnés au premier alinéa distinguent l'activité exercée par chaque établissement.

La personne morale ou l'entrepreneur individuel qui a effectué une déclaration s'engage à apposer sur tous ses supports commerciaux le logotype identifiant le secteur des services à la personne. Ce logotype est mis gratuitement à la disposition des personnes morales et des entrepreneurs individuels par le ministre chargé de l'économie.

Note Cet article est l'ancien article R. 7232-21, modifié par le décret 2016-1895 du 28 décembre 2016, JO 29.

Art. R. 7232-20. La personne morale ou l'entrepreneur individuel qui cesse de remplir les conditions ou de respecter les obligations mentionnées aux 4°, 5° et 6° de l'article R. 7232-17 ou qui méconnaît de façon répétée, après mise en demeure par le préfet restée sans effet, les obligations définies à l'article R. 7232-19 perd le bénéfice des dispositions de l'article L. 7233-2 et des dispositions de l'article L. 241-10 du code de la sécurité sociale.

Il en est informé par le préfet, par lettre recommandée avec accusé de réception. Il dispose d'un délai de quinze jours pour faire valoir ses observations.

Lorsque le préfet estime que les manquements relevés ne justifient pas le retrait de l'enregistrement mais rendent nécessaire une modification des termes de la déclaration, la personne en cause est invitée par le préfet à apporter à sa déclaration la modification requise.

La décision de retrait ou de modification d'un enregistrement de déclaration est prise par le préfet du département où la déclaration a été enregistrée. Elle est publiée au recueil des actes administratifs de la préfecture.

Le préfet en informe le directeur des services fiscaux et l'organisme chargé du recouvrement des cotisations de sécurité sociale territorialement compétents.

Note Cet article est l'ancien article R. 7232-22, modifié par le décret 2016-1895 du 28 décembre 2016, JO 29.

Art. R. 7232-21. La décision de retrait de l'enregistrement et du bénéfice des dispositions des articles L. 7233-2 du code du travail et de l'article L. 241-10 du code de la sécurité sociale prend effet immédiatement. La personne morale ou l'entrepreneur individuel en informe sans délai l'ensemble des bénéficiaires de ses prestations de services par lettre individuelle.

À défaut de justification de l'accomplissement de cette obligation, et après mise en demeure restée sans effet, le préfet publie aux frais de la personne morale ou de l'entrepreneur individuel sa décision dans deux journaux locaux ou dans un journal local et un journal à diffusion nationale lorsque les activités en cause de services à la personne sont exercées sur le territoire d'au moins deux régions.

Note Cet article est l'ancien article R. 7232-23 (décret 2016-1895 du 28 décembre 2016, JO 29).

Art. R. 7232-22. Dans le cas prévu au premier alinéa de l'article L. 7232-8, la personne morale ou l'entrepreneur individuel qui a fait l'objet d'une décision de retrait du bénéfice des articles L. 7233-2 du code du travail et de l'article L. 241-10 du code de la sécurité sociale ne peut, en application du deuxième alinéa de l'article L. 7232-8, faire une nouvelle déclaration qu'après un délai d'un an à compter de la date de la notification de la décision de retrait de l'enregistrement de la déclaration.

Note Cet article est l'ancien article R. 7232-24 (décret 2016-1895 du 28 décembre 2016, JO 29).

CHAPITRE III Dispositions financières

SECTION 1. Frais de gestion et mesures fiscales et sociales

Art. L. 7233-1. ***(L. 2010-853 du 23 juil. 2010, art. 31, JO 24)*** «La personne morale ou l'entreprise individuelle» qui assure le placement de travailleurs auprès de personnes physiques employeurs ou qui, pour le compte de ces dernières, accomplit des formalités administratives et des déclarations sociales et fiscales liées à l'emploi de ces travailleurs peut demander aux employeurs une contribution représentative de ses frais de gestion.

Art. L. 7233-2. ***(L. 2010-853 du 23 juil. 2010, art. 31, JO 24)*** «La personne morale ou l'entreprise individuelle déclarée qui exerce, à titre exclusif, une activité» de services à la personne rendus aux personnes physiques bénéficie:

1° Du taux réduit de taxe sur la valeur ajoutée ***(L. 2010-853 du 23 juil. 2010, art. 31, JO 24)*** «sous les conditions prévues» au i de l'article 279 du code général des impôts;

2° De l'aide ***(L. 2010-853 du 23 juil. 2010, art. 31, JO 24)*** «sous les conditions prévues» à l'article 199 *sexdecies* du même code.

SECTION 2. Aide financière en faveur des salariés, du chef d'entreprise ou des dirigeants sociaux

Art. L. 7233-4. L'aide financière du ***(Ord. 2017-1386 du 22 sept. 2017, art. 4, 20°, JO 23, entrée en vigueur au plus tard le 01.01.2018)*** «comité social et économique» et celle de l'entreprise versées en faveur des salariés n'ont pas le caractère de rémunération pour l'application de la législation du travail ***(Ord. 2018-474 du 12 juin 2018, art. 6, 8°, JO 13)*** «et sont exclues de l'assiette de la contribution définie à l'article L. 136-1 du code de la sécurité sociale et de l'assiette des cotisations définie à l'article L. 242-1 du même code et à l'article L. 741-10 du code rural et de la pêche maritime», lorsque ces aides sont destinées soit à faciliter l'accès des services aux salariés, soit à financer:

1° Des activités entrant dans le champ des services à la personne;

2° Des activités de services assurées par les organismes mentionnés aux premier et deuxième alinéas de l'article L. 2324-1 du code de la santé publique ou les organismes ou les personnes organisant l'accueil sans hébergement prévu au troisième alinéa du même article ou par des assistants maternels agréés en application de l'article L. 421-1 du code de l'action sociale et des familles;

(L. 2010-853 du 23 juil. 2010, art. 31, JO 24) «3° Des prestations directement liées à la gestion et au fonctionnement du chèque emploi-service et proposées aux salariés par les établissements spécialisés mentionnés à l'article L. 1271-10.»

Les dispositions du présent article ne donnent pas lieu à application de l'article L. 131-7 du code de la sécurité sociale.

Note • Les dispositions de cet article, dans sa rédaction issue de l'ordonnance 2018-474 précitée, s'appliquent aux cotisations et contributions dues pour les périodes courant depuis le 01.09.2018 (ordonnance précitée, art. 16).

• Voir notamment lettre-circulaire ACOSS 2007-001 du 8 janvier 2007 relative aux subventions versées par l'employeur ou le comité d'entreprise pour assurer le fonctionnement d'une crèche et lettre-circulaire 2007-028 du 5 février 2007 relative à l'aide financière versée par l'entreprise et le comité d'entreprise destinée à financer des activités de services à la personne ou des activités de garde d'enfant.

Voir aussi le site *www.urssaf.fr*, rubrique «Employeur», «Calculer les cotisations», «Les éléments à prendre en compte», «Les prestations non soumises à cotisations», «Les prestations liées aux activités sociales et culturelles», «Les aides financières finançant des activités de services à la personne et de garde d'enfant».

Art. L. 7233-5. Les dispositions de l'article L. 7233-4 s'appliquent également au chef d'entreprise ou, si l'entreprise est une personne morale, à son président, son directeur général, son ou ses directeurs généraux délégués, ses gérants ou des membres de son directoire, dès lors que l'aide financière leur est versée aux mêmes fins et peut bénéficier à l'ensemble des salariés de l'entreprise selon les mêmes règles d'attribution.

Art. L. 7233-6. L'aide financière de l'entreprise n'entre pas dans le cadre des activités sociales et culturelles du ***(Ord. 2017-1386 du 22 sept. 2017, art. 4, 20°, JO 23, entrée en vigueur au plus tard le 01.01.2018)*** «comité social et économique» mentionnées à l'article L. 2323-83 et ne constitue pas une dépense sociale au sens de l'article L. 2323-86.

Art. L. 7233-7. L'aide financière est exonérée d'impôt sur le revenu pour les bénéficiaires.

Elle n'est pas prise en compte dans le montant des dépenses à retenir pour l'assiette ***(L. 2016-1917 du 29 déc. 2016, art. 82, II, 2°, JO 30)*** «du crédit d'impôt mentionné» à l'article 199 *sexdecies* du code général des impôts.

L'aide financière de l'entreprise bénéficie des dispositions du f du I de l'article 244 *quater* F du même code.

Note Les dispositions de cet article, dans sa rédaction issue de la loi 2016-1917 précitée, sont applicables à compter de l'imposition des revenus de l'année 2017 (loi précitée, art. 82, III).

Art. L. 7233-8. L'aide financière peut être gérée par le ***(Ord. 2017-1386 du 22 sept. 2017, art. 4, 20°, JO 23, entrée en vigueur au plus tard le 01.01.2018)*** «comité social et économique» ou l'entreprise ou, conjointement, par le ***(Ord. 2017-1386 du 22 sept. 2017, art. 4, 20°, JO 23, entrée en vigueur au plus tard le 01.01.2018)*** «comité social et économique» et l'entreprise.

La gestion de l'aide financière de l'entreprise fait l'objet d'une consultation préalable du ***(Ord. 2017-1386 du 22 sept. 2017, art. 4, 20°, JO 23, entrée en vigueur au plus tard le 01.01.2018)*** «comité social et économique» en cas de gestion conjointe et d'une procédure d'évaluation associant le ***(Ord. 2017-1386 du 22 sept. 2017, art. 4, 20°, JO 23, entrée en vigueur au plus tard le 01.01.2018)*** «comité social et économique».

Art. L. 7233-9. Un décret précise les conditions d'application des articles L. 7233-4 et L. 7233-5.

SECTION 1 (réglementaire). **Facturation des services**

Art. D. 7233-1. ***(D. 2011-1133 du 20 sept. 2011, JO 22, entrée en vigueur le 23.11.2011)*** «Lorsqu'ils assurent» la fourniture aux personnes physiques de prestations de services à la personne, ***(D. 2011-1133 du 20 sept. 2011, JO 22, entrée en vigueur le 23.11.2011)*** «les personnes morales et les entrepreneurs individuels» produisent une facture faisant apparaître:

1° Le nom et l'adresse de ***(D. 2011-1133 du 20 sept. 2011, JO 22, entrée en vigueur le 23.11.2011)*** «la personne morale ou de l'entrepreneur individuel»;

(D. 2011-1133 du 20 sept. 2011, JO 22, entrée en vigueur le 23.11.2011) «2° Le numéro et la date d'enregistrement de la déclaration si celle-ci a été demandée ainsi que le numéro et la date de délivrance de l'agrément lorsque les activités relèvent de l'article L. 7232-1;»

3° Le nom et l'adresse du bénéficiaire de la prestation de service;

4° La nature exacte des services fournis;

5° Le montant des sommes effectivement acquittées au titre de la prestation de service;

6° Un numéro d'immatriculation de l'intervenant permettant son identification dans les registres des salariés de l'entreprise ou de l'association prestataire;

7° Les taux horaires de main-d'œuvre ou, le cas échéant, le prix forfaitaire de la prestation;

8° Le décompte du temps passé;

9° Les prix des différentes prestations;

10° Le cas échéant, les frais de déplacement;

(D. 2011-1133 du 20 sept. 2011, JO 22, entrée en vigueur le 23.11.2011) «11° Lorsque la personne morale ou l'entrepreneur individuel est agréé en application de l'article ***(D. 2016-1895 du 28 déc. 2016, JO 29)*** « L. 7232-1 » mais non déclaré au titre de l'article L. 7232-1-1, les devis, factures et documents commerciaux indiquent que les prestations fournies n'ouvrent pas droit aux avantages fiscaux prévus par l'article L. 7233-2.»

Note La facture prévue à cet article est délivrée au consommateur avant paiement. Elle est gratuite quel que soit le support durable utilisé à cette fin (arrêté du 17 mars 2015, art. 8, JO 26, entrée en vigueur le 01.07.2015).

Art. D. 7233-2. Lorsque les prestations de service sont imposables à la taxe sur la valeur ajoutée, les taux, prix et frais de déplacement mentionnés à l'article D. 7233-1 comprennent cette taxe.

Art. D. 7233-3. Seules peuvent ouvrir droit à ***(D. 2016-1895 du 28 déc. 2016, JO 29)*** «l'aide» prévue par l'article 199 *sexdecies* du code général des impôts, les factures acquittées:

1° Soit par carte de paiement, prélèvement, virement, titre universel ou interbancaire de paiement ou par chèque;

2° Soit par chèque emploi-service universel.

Note Le 2° est applicable à Mayotte depuis le 01.01.2020 (décret 2018-953 du 31 octobre 2018, art. 58, II, *b*, JO 6 nov.).

Art. D. 7233-4. ***(D. 2011-1133 du 20 sept. 2011, JO 22, entrée en vigueur le 23.11.2011)*** «La personne morale ou l'entrepreneur individuel déclaré en application de l'article L. 7232-1-1» délivre à chacun de ses clients une attestation fiscale annuelle, pour leur permettre de bénéficier de ***(D. 2016-1895 du 28 déc. 2016, JO 29)*** «l'aide prévue par l'article 199 *sexdecies* du code général des impôts.»

Cette attestation mentionne:

1° Le nom, l'adresse et le numéro d'identification de ***(D. 2011-1133 du 20 sept. 2011, JO 22, entrée en vigueur le 23.11.2011)*** «la personne morale ou de l'entrepreneur individuel»;

2° Le numéro et la date ***(D. 2011-1133 du 20 sept. 2011, JO 22, entrée en vigueur le 23.11.2011)*** «d'enregistrement de la déclaration»;

3° Le nom de la personne ayant bénéficié du service, son adresse, le numéro de son compte débité le cas échéant, le montant effectivement acquitté;

4° Un récapitulatif des interventions faisant apparaître le nom et le code identifiant de l'intervenant, ainsi que la date et la durée de l'intervention.

SECTION 2 (réglementaire). **Mesures fiscales**

Art. D. 7233-5. Les activités de service à la personne à domicile ouvrent droit à ***(D. 2016-1895 du 28 déc. 2016, JO 29)*** «l'aide» prévue par l'article 199 *sexdecies* du code général des impôts sous les réserves suivantes:

1° Le montant total ***(D. 2011-1133 du 20 sept. 2011, JO 22, entrée en vigueur le 23.11.2011)*** «des travaux de petit bricolage dits» " hommes toutes mains " est plafonné à 500 € par an et par foyer fiscal. La durée d'une intervention de petit bricolage ne peut excéder deux heures;

2° Le montant de l'assistance informatique et Internet à domicile est plafonné à ***(D. 2013-524 du 19 juin 2013, JO 21, entrée en vigueur le 01.07.2013)*** «3 000» € par an et par foyer fiscal;

3° Le montant des interventions de petits travaux de jardinage des particuliers est plafonné à ***(D. 2013-524 du 19 juin 2013, JO 21, entrée en vigueur le 01.07.2013)*** «5 000» € par an et par foyer fiscal.

SECTION 3 (réglementaire). **Aide financière en faveur des salariés, du chef d'entreprise ou des dirigeants sociaux**

Art. D. 7233-6. ***(D. 2011-1133 du 20 sept. 2011, JO 22, entrée en vigueur le 23.11.2011)*** L'aide financière mentionnée à l'article L. 7233-4 peut financer des services à la personne au sein de l'entreprise au bénéfice de ses salariés.

Art. D. 7233-7. Les bénéficiaires de l'aide financière ***(D. 2011-1133 du 20 sept. 2011, JO 22, entrée en vigueur le 23.11.2011)*** «prévue à l'article L. 7233-4» sont les salariés ou agents des personnes physiques ou morales de droit public ou de droit privé ainsi que ceux mentionnés à l'article L. 7233-5 dans les conditions prévues à cet article.

Art. D. 7233-8. Le montant maximum de l'aide financière est fixé à 1 830 € par année civile et par bénéficiaire.

Ce montant maximum est révisé annuellement, par arrêté conjoint des ministres chargés de l'économie et de la sécurité sociale, en fonction de l'évolution de l'indice des prix à la consommation des ménages.

Ce montant ne peut excéder le coût des services supportés par le bénéficiaire.

Note Cet article a été modifié par le décret 2016-1895 du 28 décembre 2016, JO 29.

Art. D. 7233-9. Le ***(D. 2017-1819 du 29 déc. 2017, art. 3, 4°, JO 30, entrée en vigueur le 01.01.2018)*** «comité social et économique» ou l'entreprise qui verse l'aide financière établit, aux fins de contrôle, au titre de chaque année civile, un état récapitulatif individuel des aides versées aux salariés de l'entreprise et aux autres personnes mentionnées à l'article L. 7233-5.

Art. D. 7233-10. Le ***(D. 2017-1819 du 29 déc. 2017, art. 3, 4°, JO 30, entrée en vigueur le 01.01.2018)*** «comité social et économique» qui verse l'aide financière transmet à l'entreprise, dans les dix premiers jours du mois de janvier de l'année suivant celle de l'attribution de l'aide, l'identité des bénéficiaires et le montant qui leur a été versé à ce titre au cours de l'année civile précédente.

Art. D. 7233-11. L'employeur communique au bénéficiaire de l'aide, avant le 1er février de l'année suivant celle de l'attribution de l'aide versée par le ***(D. 2017-1819 du 29 déc. 2017, art. 3, 4°, JO 30, entrée en vigueur le 01.01.2018)*** «comité social et économique» ou l'entreprise au cours de l'année écoulée, une attestation mentionnant le montant total de celle-ci et précisant son caractère non imposable.

La déclaration annuelle prévue par l'article 87 du code général des impôts, souscrite par l'entreprise, mentionne, pour chaque bénéficiaire, le montant de l'aide accordée par le ***(D. 2017-1819 du 29 déc. 2017, art. 3, 4°, JO 30, entrée en vigueur le 01.01.2018)*** «comité social et économique» ou par l'entreprise.

Art. R. 7233-12. Les dispositions de l'article L. 7233-4 s'appliquent à l'aide financière de la personne morale de droit public destinée à financer les chèques emploi-service universels au bénéfice de ses agents et salariés et des ayants droit.

Note Cet article est applicable à Mayotte depuis le 01.01.2020 (décret 2018-953 du 31 octobre 2018, art. 58, II, *b*, JO 6 nov.).

CHAPITRE IV **Agence nationale des services à la personne**

Art. L. 7234-1. L'Agence nationale des services à la personne, établissement public national chargé de promouvoir le développement des activités de services à la personne, peut recruter des contractuels de droit privé pour une durée déterminée ou pour une mission déterminée.

Art. L. 7311-1

Note Cette disposition législative est devenue sans objet depuis l'intervention du décret 2014-753 du 2 juillet 2014 (JO 3) portant dissolution de l'Agence nationale des services à la personne. Ses dispositions suppriment cet établissement public et transfèrent ses biens, droits, obligations et missions à l'État.

Le compte financier de l'Agence nationale des services à la personne pour l'année 2013 est établi par l'agent comptable en fonctions à la date d'entrée en vigueur du décret précité (4 juillet 2014).

Par dérogation aux dispositions des articles 212, 213 et 232 du décret 2012-1246 du 7 novembre 2012, les ministres chargés du budget, des services à la personne et de l'emploi arrêtent et approuvent conjointement le compte financier de l'exercice 2013 de l'Agence nationale des services à la personne (décret 2014-753 précité, art. 2).

LIVRE III

VOYAGEURS, REPRÉSENTANTS OU PLACIERS, GÉRANTS DE SUCCURSALES, ENTREPRENEURS SALARIÉS ASSOCIÉS D'UNE COOPÉRATIVE D'ACTIVITÉ ET D'EMPLOI ET TRAVAILLEURS UTILISANT UNE PLATEFORME DE MISE EN RELATION PAR VOIE ÉLECTRONIQUE

TITRE Ier VOYAGEURS, REPRÉSENTANTS ET PLACIERS

Note Voir :
- RF Social, janvier 2010, Cahier juridique n° 93, « VRP, un statut particulier » ;
- RF janvier 2012, Cahier juridique HS 2011-6, « Agents commerciaux, VRP, autres commerciaux » ;
- LS Numéros juridiques, octobre 2017, « Les VRP : statut, contrat de travail, protection sociale ».

CHAPITRE Ier Champ d'application et définitions

SECTION 1. Champ d'application

Art. L. 7311-1. Les dispositions du présent code sont applicables au voyageur, représentant ou placier, sous réserve des dispositions particulières du présent titre.

Note Pour déterminer les droits dont peuvent se prévaloir les représentants statutaires (VRP), il convient également de tenir compte :
– d'une part, de l'accord interprofessionnel du 22 juin 1970 sur la sécurité de l'emploi des VRP, modifié par un avenant du 20 mars 1975 mais non étendu, qui s'applique à tous les représentants salariés, statutaires ou non, travaillant pour le compte d'une ou plusieurs entreprises relevant des professions adhérentes au Medef à l'exclusion de celle représentée par la Fédération nationale de la maroquinerie, et qui traite des licenciements collectifs pour motif économique ;
– d'autre part, de l'accord national interprofessionnel (ANI) du 3 octobre 1975 applicable aux seuls représentants statutaires, étendu par arrêté du 20 juin 1977 (JO 26 juil., rectif. JO 30 oct.) puis élargi à tous les employeurs et VRP statutaires des professions non agricoles énumérées à l'article L. 131-2 (ancien) CT par arrêté du 5 octobre 1983 (JO 19) et à tous les employeurs et VRP relevant des professions agricoles, par arrêté du 28 juin 1989 (JO 11 juil.) ; cet accord ayant été modifié et complété par quatre avenants en date des 25 septembre et 15 novembre 1978 et du 12 janvier 1982. À noter que l'arrêté d'élargissement du 5 octobre 1983 ne vise pas les avenants n°s 3 et 4 du 12 janvier 1982 relatifs au paiement mensuel d'acomptes sur commissions (voir note sous art. L. 7313-7), mais l'avenant n° 4 a été étendu par arrêté du 11 juillet 1983 (JO 27). À noter aussi que l'arrêté du 5 octobre 1983 a été annulé partiellement par le Conseil d'État en tant qu'il visait les professions représentées par le Syndicat national des grossistes en confiserie, biscuiterie, chocolaterie et alimentation fine, les agents immobiliers et mandataires en vente de fonds de commerce ainsi que la profession de la vente et du service à domicile (CE 17 janvier 1986, 3 arrêts, nos 55693, 55717 et 55728, JO 31 mai). Il en découle, pour ces professions, que l'arrêté d'élargissement n'a pu produire d'effets, ayant été réputé, du fait de son annulation, n'être jamais intervenu (cass. soc. 7 mai 1991, n° 88-44.691, BC V n° 227) ; par ailleurs, il résulte de l'avenant n° 31 du 15 juin 2006 à la convention collective nationale de l'immobilier du 9 septembre 1988, relatif au nouveau statut de négociateur immobilier et étendu par arrêté du 5 juin 2007, que l'ANI du 3 octobre 1975 ne s'applique pas non plus aux

négociateurs immobiliers VRP, lesquels dépendent exclusivement de la convention collective de l'immobilier (cass. soc. 30 septembre 2020, n° 18-18.266, à paraître, JSL n° 508, 23.11.2020, p. 28, D. J.-P. ; RJS 12/20 n° 631). En revanche, il s'applique aux entreprises de vente à domicile membres du Syndicat national pour la vente et le service à domicile en application de l'avenant n° 3 du 12 janvier 1982 relatif à la vente à domicile, non étendu.

Dans la mesure où il s'applique aux représentants travaillant dans les conditions définies par les articles L. 751-1 à 3 (devenus L. 7311-2 et 3 et L. 7313-1 et 2) CT et rendant effectivement compte de leur activité à leurs employeurs, dès lors que ceux-ci leur en ont fait la demande (art. 2; cass. soc. 27 mai 1992, n° 88-43.937), l'ANI du 3 octobre 1975 a un champ d'application plus restreint que celui de la loi; il contient des clauses relatives, notamment, à:
- la rémunération (ressource minimale forfaitaire pour les représentants engagés à titre exclusif par un seul employeur, art. 5);
- la garde des échantillons et collections (art. 6);
- l'indemnité journalière complémentaire en cas de maladie ou d'accident (art. 8), en cas de maladie professionnelle et d'accident du travail (art. 9);
- l'indemnisation en cas de maternité (art. 10);
- la durée du préavis réciproque (art. 12);
- l'indemnité conventionnelle et l'indemnité spéciale de rupture (art. 13 et 14);
- l'indemnité conventionnelle de départ en retraite et l'indemnité spéciale de mise à la retraite (art. 15 et 16);
- la clause d'interdiction de concurrence (art. 17).

Est aussi applicable aux VRP un accord interprofessionnel du 29 mai 1978 concernant l'indemnité de retraite (étendu par arrêté du 10 octobre 1980, JO 23 nov.).

Enfin, les représentants statutaires peuvent se prévaloir de l'accord national interprofessionnel de mensualisation du 10 décembre 1977, dans la mesure où ses clauses leur sont plus favorables que le statut légal ou les textes conventionnels qui leur sont applicables.

Les représentants statutaires ne peuvent réclamer le bénéfice des conventions collectives applicables aux entreprises qu'ils représentent, sauf clause contraire expresse de la convention (cass. soc. 21 décembre 1964, BC IV n° 877; 10 mars 2004, n° 02-40.668, BC V n° 82).

Durée du travail. Si les VRP, du fait que leur activité s'effectue en dehors de tout établissement et de l'indépendance dont ils bénéficient dans l'exercice de leurs fonctions, ne sont, en principe, pas soumis aux dispositions légales relatives à la réglementation de la durée du travail, il en va autrement au cas où une convention collective comporte sur ce point des dispositions particulières aux VRP dans la branche d'activité (cass. soc. 8 juin 2011, n° 09-41.000, BC V n° 149; JCP éd. S 2011, 1523, note L. Sébille) ou lorsqu'ils sont soumis par l'employeur à des horaires de travail déterminés (cass. soc. 3 juillet 2019, 2 arrêts, n°s 17-22.480 et 17-23.659, RJS 10/19 n° 606).

Travail à temps partiel. Les conditions particulières d'exercice de l'activité de VRP et principalement l'indépendance dont ils jouissent dans l'organisation de leur travail ne rendent pas nécessaire la mention dans le contrat de la répartition de la durée du travail entre les jours de la semaine ou, le cas échéant, les semaines du mois, les conditions de la modification éventuelle de cette répartition et les limites dans lesquelles peuvent être effectuées les heures complémentaires, ainsi que l'exige l'article L. 3123-14 (devenu L. 3123-6) CT. Toutefois, la durée hebdomadaire ou, le cas échéant, mensuelle du travail - qui seule permet de qualifier le contrat à temps partiel - doit y figurer. À défaut, et lorsque l'employeur ne rapporte pas la preuve de la durée exacte du travail convenue, le contrat peut être requalifié à temps complet (cass. soc. 5 juin 2001, n° 98-46.371, BC V n° 213; JSL n° 83, 12.07.2001, p. 7, M. Hautefort; voir aussi cass. soc. 18 janvier 2011, n° 09-41.073; 12 février 2020, n° 18-16.337).

Suivi individuel de l'état de santé du salarié. Voir article L. 4625-2 et note sous cet article.

Art. L. 7311-2. Les dispositions du présent titre s'appliquent au voyageur, représentant ou placier exclusif, ainsi qu'au salarié qui, conjointement à l'exercice effectif et habituel de la représentation, accepte de se livrer à d'autres activités, quelle qu'en soit la nature, pour le compte d'un ou plusieurs de ses employeurs.

Note • L'exercice «exclusif et constant» de la représentation reste requis pour obtenir le bénéfice du statut (art. L. 7311-3) mais l'article L. 7311-2 tempère cette exigence, en requérant seulement l'exercice «effectif et habituel» de la représentation en faveur de ceux des représentants qui exercent une autre activité, conjointement avec celle de représentation, pour le compte d'un ou de plusieurs de leurs employeurs (cass. soc. 23 octobre 1991, n° 88-41.663). Encore faut-il que l'exercice effectif et habituel de la représentation ne soit pas que l'accessoire de l'activité salariée de l'intéressé (cass. soc. 17 octobre 1979, n° 78-40.040, BC V n° 752). Ayant constaté qu'un salarié exerçait les fonctions de directeur commercial, qu'il était chargé des grands comptes et du développement de produits publicitaires, qu'il encadrait le réseau commercial, assurait le suivi des commandes et réglait les problèmes du service après-vente, que la prospection itinérante et la prise d'ordre ne constituaient donc plus l'essentiel de son activité et qu'il ne prospectait plus effectivement et exclusivement les hypermarchés sur son secteur comme cela était prévu dans son contrat initial de VRP exclusif et ayant relevé qu'au lieu d'être rémunéré exclusivement à la commission sur le chiffre d'affaires, il percevait désormais un salaire fixe augmenté de commissions sur les chiffres d'affaires «Publicité», une cour d'appel a pu en déduire que, n'exerçant plus de façon exclusive et constante la profession de représentant, l'intéressé avait perdu la qualité de VRP (cass. soc. 10 mai 2005, n° 03-42.391).

• Les représentants ne peuvent, sans perdre le bénéfice du statut, exercer conjointement avec la représentation une autre activité que dans la mesure où ils exercent cette activité pour le compte d'un ou de plusieurs de leurs employeurs, ce qui exclut toute activité artisanale, indépendante ou commerciale que le représentant pourrait exercer parallèlement à son activité de représentant ainsi que toute activité, quelle qu'en soit la nature, exercée au profit de tiers. Voir, sous l'article L. 7311-3, note sur l'exercice de l'activité de VRP.

• Les principales activités «conjointes» visées par cet article semblent devoir être des activités complémentaires de la représentation indispensables à la pratique correcte de la profession, c'est-à-dire des activités de vente ou des tâches administratives au siège de l'entreprise, des activités de conseil, de contrôle, de surveillance du personnel (à l'intérieur ou à l'extérieur de l'entreprise), des activités de vente à la clientèle, des activités de démonstration, de mise en place ou de contrôle de matériels, des activités de tenue, voire de gestion de dépôts de marchandises, sauf dans les cas où l'activité constitue un commerce personnel du VRP. La jurisprudence admet de son côté, par exemple, comme activité conjointe, celle d'assistance technique de l'entreprise (cass. soc. 27 octobre 1976, n° 75-40.637, BC V n° 541), d'encadrement des salariés en magasin (cass. soc. 11 décembre 1991, n° 90-42.270, BC V n° 573). L'article L. 7311-2 permet à un représentant de livrer les produits et d'encaisser les factures sans perdre le bénéfice du statut (cass. soc. 11 décembre 1975, n° 74-40.591, BC V n° 611).

• Sur la prise en considération ou non des ressources pour déterminer si les travaux effectués en sus de la représentation ont bien un caractère accessoire ou complémentaire ne faisant pas perdre le statut: voir instr. min. du 25 novembre 1974 et rép. QE 74809, JO AN 9 décembre 1985, p. 5664.

SECTION 2. **Définitions**

Art. L. 7311-3. Est voyageur, représentant ou placier, toute personne qui:

1° Travaille pour le compte d'un ou plusieurs employeurs;

2° Exerce en fait d'une façon exclusive et constante une profession de représentant;

3° Ne fait aucune opération commerciale pour son compte personnel;

4° Est liée à l'employeur par des engagements déterminant:

a) La nature des prestations de services ou des marchandises offertes à la vente ou à l'achat;

b) La région dans laquelle il exerce son activité ou les catégories de clients qu'il est chargé de visiter;

c) Le taux des rémunérations.

Note • Ce sont les conditions de fait d'exercice de l'activité telles qu'elles sont énoncées par la loi qui déterminent si un représentant a ou non la qualité de VRP statutaire (cass. soc. 25 mars 2010, n° 08-42.302, LS Jurispr. n° 73 du 12.04.2010; 18 octobre 2006, n° 04-48.025, BC V n° 308), nonobstant toute stipulation expresse du contrat ou en son silence (cass. soc. 11 décembre 1991, n° 90-42.270, BC V n° 573; 15 juin 1999, n° 96-42.714, SSL n° 948, p. 13; 8 mars 2006, n° 04-44.951, JSL n° 188, 28.04.2006, p. 25). Ainsi, la référence dans le contrat à une convention collective ne peut l'emporter sur un statut d'ordre public, si les conditions d'application de celui-ci sont réunies (cass. soc. 12 avril 1995, n° 91-43.407, Dr. Soc. 1995, p. 606). Seule la réunion de ces conditions permet au représentant de se prévaloir du statut (voir à propos d'un démarcheur en assurances: cass. soc. 23 novembre 1994, n° 90-41.844, BC V n° 311; RJS 1/95 n° 80).

Octroi contractuel du statut. Quelles que soient ses attributions, un salarié peut toutefois se prévaloir de la qualification de représentant de commerce, dès l'instant qu'elle lui a été contractuellement reconnue (cass. soc. 11 décembre 2013, n° 12-27.208). Est en effet licite toute convention par laquelle un employeur s'engage à accorder le bénéfice du statut à un représentant n'exerçant pas son activité dans les conditions légales (cass. soc. 7 mai 1980, n° 78-40.084, BC V n° 398; 13 juin 2012, n° 10-27.689), et un employeur ayant accepté d'accorder le statut à un représentant ne peut, ultérieurement, pour se soustraire à ses obligations, prétendre que ces conditions ne sont pas remplies (cass. soc. 20 juillet 1982, n° 80-40.326). De même, le salarié engagé en qualité de VRP avec une période d'essai peut se prévaloir de cette qualification sans que l'insuffisance professionnelle alléguée par l'employeur puisse l'en priver (cass. soc. 7 novembre 1995, n° 92-41.229, RJS 12/95 n° 1301). Encore faut-il un accord non équivoque de l'employeur (cass. soc. 10 mai 1979, n° 77-40.069, BC V n° 412; 18 juillet 1995, n° 92-40.124).

En revanche, lorsque les conditions légales du statut ne sont pas réunies, le salarié ne peut se voir opposer le statut de VRP, nonobstant la référence à ce statut figurant dans son contrat de travail (cass. soc. 17 décembre 2002, n° 00-44.375, BC V n° 398; 9 mars 2011, n° 09-66.535).

Il appartient alors au salarié qui conteste son statut de VRP d'établir que les conditions légales d'application du statut de VRP stipulé au contrat de travail ne sont pas remplies (cass. soc. 3 juillet 2019, n° 17-23.659).

• **Exercice de l'activité de VRP**

Prospection et transmission des commandes. L'activité de VRP consiste essentiellement à rechercher des commandes, à prendre et à transmettre des ordres (cass. soc. 8 juillet 1976, n° 75-40.434, BC V n° 436; 22 mai 2001, n° 99-41.838, BC V n° 180). La prise d'ordre est une condition nécessaire à l'application du statut (cass. soc. 26 février 1986, n° 83-41.590, BC V n° 42; 15 mars 2006, n° 04-40.541). Ne peut prétendre au statut de VRP le salarié, engagé comme vendeur, dont les fonctions se limitent à se déplacer sur un secteur délimité par le contrat de travail en proposant à des particuliers à leur domicile des produits qu'il transporte dans un camion-magasin mis à sa disposition et qu'il remet au client contre encaissement immédiat du prix des marchandises vendues (cass. soc. 30 octobre 2000, n° 99-40.490; voir aussi cass. soc. 26 mai 2010, n° 08-42.184; 29 janvier 2020, n° 18-17.651). Sur le caractère itinérant de l'activité du représentant, voir cass. soc. 20 mai 1966, BC IV n° 473.

Nature de l'activité. L'engagement qui lie le représentant à son employeur doit indiquer la nature des prestations de services ou des marchandises offertes à l'achat ou à la vente. Il peut s'agir, par exemple, de rechercher des commandes de travaux, tels des contrats de dératisation, de désinfection ou de désinsectisation (cass. soc. 21 mai 1963, BC IV n° 426), de recueillir des contrats de location d'emplacements publicitaires (cass. civ., 2e ch., 15 octobre 1964, BC II n° 615), de placer des contrats de location de films (cass. soc. 22 octobre 1981, n° 79-10.789, BC V n° 825), des contrats d'abonnement à des services de documentation ou de renseignements (cass. soc. 18 décembre 1979), des contrats d'assurance (cass. soc. 23 novembre 1994, n° 90-41.844, précité).

Autonomie d'action. Le VRP doit en principe disposer d'une certaine indépendance dans l'organisation et l'exercice de son travail (voir par exemple cass. soc. 29 janvier 2020, n° 18-17.651, précité). L'absence d'un lien de subordination juridique n'est pas, à elle seule, exclusive de l'application du statut professionnel (cass. soc. 13 janvier 2009, n° 08-40.157, BC V n° 10; 5 mai 1977, n° 76-40.640, BC V n° 306; 4 janvier 1979, n° 77-41.163, BC V n° 9; 26 novembre 2002, n° 01-40.121). De même, ne s'oppose pas à l'application du statut légal le fait qu'un représentant ne soit pas obligé d'adresser périodiquement des rapports (cass. soc. 11 décembre 1991, n° 90-42.270, précité), qu'il jouisse d'une large liberté d'action dans l'exercice de sa profession, comme il est d'usage dans la représentation (cass. soc. 4 juin 1957, BC IV n° 690).

Toutefois, l'employeur est fondé à donner à son représentant des directives pour la tâche de prospection qui lui est confiée. Ainsi, le fait que son contrat de travail prévoie des visites imposées par l'employeur dans un cadre strict et suivant des formalités préétablies ne prive pas le salarié du bénéfice du statut de VRP (cass. soc. 15 janvier 2002, n° 99-45.694, RJS 5/02 n° 637). L'employeur peut aussi exercer un contrôle sur les conditions dans lesquelles le représentant exécute sa mission, ce contrôle pouvant porter à la fois sur son activité et sur les possibilités de développement de la clientèle (cass. soc. 13 mars 1980, n° 78-40.834, BC V n° 265). Le représentant peut ainsi être tenu de fournir des rapports ou comptes rendus d'activité non seulement s'ils sont prévus dans le contrat, mais, même en l'absence d'une telle obligation lors de l'engagement, s'ils sont imposés en cours de contrat (cass. soc. 4 avril 1962, BC IV n° 354) et il y aurait faute grave de sa part à refuser d'établir ces rapports (cass. soc. 18 juillet 1963, BC IV n° 626). L'obligation de rendre compte est d'ailleurs mentionnée à l'article 2 de l'accord national interprofessionnel (ANI) des VRP du 3 octobre 1975 au nombre des conditions exigées des représentants pour bénéficier des dispositions de cet accord.

Le représentant doit en outre apporter ses meilleurs soins à la conservation et à la garde des échantillons et collections qui lui ont été confiés (cass. soc. 17 juillet 1963, BC IV n° 609 et article 6 de la convention collective du 3 octobre 1975), la perte ou le vol des échantillons ou de la collection par suite de sa négligence constituant une faute privative des indemnités de rupture (cass. soc. 24 mars 1999, n° 97-40.494).

Activité exclusive et constante. L'obligation qui est faite au représentant statutaire d'exercer sa profession de façon exclusive écarte du bénéfice du statut toute personne exerçant une seconde activité pour son propre compte (activité commerciale, cass. soc. 10 mai 1979, n° 77-40.069, BC V n° 412; artisanale, cass. soc. 29 juin 1966, BC IV n° 640; de travailleur indépendant: guide de montagne, cass. soc. 13 décembre 1961, BC IV n° 1035; expert, cass. soc. 6 mars 1963, BC IV n° 220); une activité de journaliste même si elle était autorisée par l'employeur et de nature à permettre le développement de la clientèle (cass. soc. 21 octobre 1964, BC IV n° 692). À noter qu'une activité épisodique, telle celle consistant à apporter un concours occasionnel en fin de semaine, comme cuisinier, à des particuliers, n'est pas incompatible avec le statut de VRP (cass. soc. 19 novembre 1987, n° 84-45.261).

Voir aussi note sous article L. 7311-2.

L'obligation qui est faite au représentant statutaire d'exercer sa profession de façon constante écarte du bénéfice du statut ceux qui ne font de la représentation que de façon occasionnelle ou intermittente (cass. soc. 18 novembre 1964, BC IV n° 762; 14 novembre 1990, n° 87-41.134).

Interdiction de faire des opérations commerciales pour son compte personnel. Cette condition s'apprécie uniquement en fait. L'exploitation effective d'un commerce pour son propre compte par un représentant est exclusive de l'application du statut et un accord non équivoque de l'employeur pour renoncer à s'en prévaloir ne peut résulter du fait que cet employeur a eu connaissance de cette situation et l'a admise (cass. soc. 10 mai 1979, n° 77-40.069, précité).

L'existence d'une clause de ducroire (par laquelle le représentant garantit à la maison le paiement du prix des marchandises) est incompatible avec l'application du statut légal (cass. soc. 26 juin 1980, n° 77-40.878, BC V n° 583; 23 juin 1994, n° 89-44.418, Gaz. Pal. 11 septembre 1994, p. 24). Mais la clause prévoyant une modalité de paiement comptant éventuel, entre les mains du représentant, de ventes faites pour le compte de l'employeur ne suffit pas à le priver du bénéfice du statut (cass. soc. 27 novembre 1991, n° 87-45.712).

Secteur d'activité. L'existence d'un secteur d'activité fixe (région géographique ou catégorie de clients) constitue une condition essentielle du contrat de VRP statutaire (cass. soc. 31 janvier 1973, n° 72-40.032, BC V n° 56; 14 mai 2003, n° 01-42.648, RJS 11/03 n° 1326; 6 janvier 2010, n° 08-42.204; 8 mars 2012, n° 10-18.004). Dès lors, la détermination du secteur d'activité dans le contrat constitue un élément nécessaire que l'employeur ne peut valablement se réserver de modifier unilatéralement (cass. soc. 23 janvier 2001, n° 98-46.377, BC V n° 23; 19 mai 2004, n° 01-44.964). Toute clause dans ce sens est nulle (cass. soc. 16 octobre 2002, n° 00-44.307). Une cour d'appel, qui a relevé que le contrat de travail d'une salariée prévoyait la possibilité pour l'employeur de modifier à tout moment le secteur d'activité de cette dernière, faculté dont il avait été fait usage, a, par ce seul motif, légalement justifié sa décision de ne pas accorder à l'intéressée le statut de VRP (cass. soc. 14 mai 2003, n° 01-42.648, précité). Cependant, des modifications ne portant que sur la périphérie du secteur ne privent pas le salarié du bénéfice du statut (cass. soc. 21 juillet 1986, n° 2412 S); en effet, dès lors que le cœur du secteur géographique attribué au salarié est demeuré déterminé et stable, l'exigence légale de fixité est remplie, en dépit du retrait et du rajout de certaines zones géographiques (cass. soc. 9 septembre 2020, n° 18-20.487). Par ailleurs, il n'est pas exigé que le représentant ait l'exclusivité du secteur à prospecter (cass. soc. 24 janvier 1979, n° 77-41.373, BC V n° 76). Enfin, le fait pour un représentant d'avoir des clients en dehors des deux départements constituant son secteur ne suffit pas à permettre de conclure que l'intéressé n'avait pas un secteur fixe (cass. soc. 20 mars 1991, n° 87-40.095).

Région: rien ne s'oppose à ce que le représentant exerce son activité dans plusieurs secteurs, à condition que chacun d'eux soit nettement déterminé (cass. soc. 20 novembre 1963, BC IV n° 809), mais l'ensemble du territoire français ne saurait constituer une région au sens de l'article L. 751-1 [L. 7311-3] (cass. soc. 3 mars 1971, n° 70-40.352, BC V n° 178). Au contraire, un pays étranger, pris dans sa totalité, constitue une «région» au sens de cet article (cass. soc. 1er juillet 1964, BC IV n° 573).

Clients: les catégories de clients doivent être déterminées positivement et directement (usines, clientèle particulière... ou liste nominative). Toutefois, cette détermination peut résulter des produits eux-mêmes qui font l'objet de la représentation (cass. soc. 26 octobre 1966, BC IV n° 818, en ce qui concerne la vente et l'installation de cuisines pour collectivités). Lorsque les catégories de clients sont déterminées, le secteur ayant été fixé par ce moyen, rien n'empêche que la prospection s'étende sur l'ensemble du territoire français.

• **Rémunération**

Modalités de la rémunération. Le contrat de VRP statutaire doit, conformément à l'article L. 7311-3, fixer le taux des rémunérations. Malgré l'utilisation du terme «taux» qui s'apparente aux commissions ou aux remises, le représentant statutaire peut être rémunéré en partie ou en totalité par un fixe mensuel (cass. soc. 23 octobre 1984, n° 2633 S); dans ce cas, le montant, et non le «taux», de la rémunération fixe doit être indiqué. Ainsi, la rémunération peut être fixe ou proportionnelle, ou encore fixe et proportionnelle, et il importe que des bases préétablies et constantes soient convenues entre l'employeur et le représentant pour sa détermination (rép. QE 18859, JO AN 1er décembre 1979, p. 11097). Lorsque la rémunération est constituée par un fixe et des commissions, le fixe peut, d'après les stipulations du contrat et la commune intention des parties, être soit un salaire minimum contractuellement garanti et donc, éventuellement, une avance à valoir sur les commissions dues (cass. soc. 29 novembre 1979, n° 78-41.370, BC V n° 935), soit un salaire fixe définitivement acquis en tout état de cause au représentant (cass. soc. 23 juin 1976, n° 75-40.474, BC V n° 395). Un changement de modalités de la rémunération est sans incidence sur le statut, à moins qu'il ne s'accompagne d'un changement d'activité (cass. soc. 29 octobre 1962, BC IV n° 763).

Covid-19. Sur les modalités de calcul de l'indemnité et de l'allocation d'activité partielle applicables aux VRP qui ne relèvent pas d'un aménagement du temps de travail applicable dans l'entreprise, prévues à titre dérogatoire et temporaire pour faire face à l'épidémie de Covid-19, voir décret 2020-435 du 16 avril 2020, JO 17, entrée en vigueur le 17.04.2020, modifié et décret 2020-1786 du 30 décembre 2020, JO 31, entrée en vigueur le 01.01.2021. Sur les mesures prises en matière d'activité partielle pour aider les entreprises, voir aussi note introductive du chapitre II du titre II du livre Ier de la cinquième partie.

SMIC. Dès lors qu'ils sont soumis à un horaire déterminé, les VRP peuvent prétendre au bénéfice du SMIC (cass. soc. 3 mai 1972, n° 71-10.611, BC V n° 309; 22 mai 1996, n° 95-40.200, BC V n° 195; 30 juin 1999, n° 96-45.873, SSL 27 septembre 1999, n° 949); ceux auxquels n'est imposée aucune durée de travail et qui sont libres d'organiser leur activité à leur gré ne peuvent y prétendre (cass. soc. 10 novembre 1993, n° 89-42.513, BC V n° 266; 28 juin 2005, n° 03-45.199).

Rémunération minimale forfaitaire. L'ANI du 3 octobre 1975 a institué une garantie de rémunération (520 fois le SMIC pour un trimestre d'emploi à plein temps) réservée aux VRP exclusifs (cass. soc. 23 septembre 2003, n° 01-43.636, BC V n° 243; 25 mars 2010, n° 08-43.156, BC V n° 76; voir aussi cass. soc. 8 juin 2011, n° 09-41.019, BC V n° 148; RJS 8-9/11 n° 736: la clause contractuelle liant le représentant à son employeur qui ne lui interdit pas d'effectuer, pour le compte d'un tiers, des opérations autres que celles portant sur des produits susceptibles de concurrencer son employeur ne s'analyse pas en une clause d'exclusivité, de sorte que le représentant a droit à la rémunération minimale forfaitaire).

Dès lors qu'il est engagé à titre exclusif, un VRP ne peut se voir imposer de travailler à temps partiel et a droit à la rémunération minimale forfaitaire prévue par l'article 5 de l'ANI du 3 octobre 1975 (cass. soc. 11 juillet 2000, n° 98-40.143, BC V n° 276; 2 avril 2003, n° 01-41.494; 11 mai 2005, n° 03-40.837, BC V n° 161; RJS 7/05 n° 787; JCP éd. S 2005, 1005, note J-Fr. Cesaro).

À noter que:
– le représentant exclusif non tenu de rendre compte de son activité bénéficie néanmoins de la rémunération minimale forfaitaire (cass. soc. 22 janvier 1998, n° 94-44.192);
– la possibilité conférée à l'employeur d'autoriser un VRP à déroger à la clause d'exclusivité figurant dans le contrat de travail ne peut faire obstacle à sa qualification. Le VRP ayant signé un contrat de représentant exclusif prévoyant qu'il s'interdisait de représenter toute autre société ou d'effectuer toute opération pour son compte ou pour le compte d'un tiers sans autorisation préalable peut donc prétendre à la rémunération minimale forfaitaire prévue par l'article 5 de l'ANI des VRP (cass. soc. 9 juillet 2003, n° 01-43.116, BC V n° 228);
– toute retenue pratiquée par l'employeur sur la rémunération minimale conventionnelle garantie constitue une sanction pécuniaire illicite (cass. soc. 27 octobre 2004, n° 02-41.028, BC V n° 278; RJS 1/05 n° 92), y compris lorsqu'elle est motivée par une activité réduite (cass. soc. 23 juin 2004, n° 01-45.527; 13 décembre 2006, n° 05-40.969, BC V n° 379; RJS 2/07 n° 291; JCP éd. S 2007, 1103, note J-Fr. Cesaro). C'est donc à tort que, pour débouter une salariée de sa demande en rappel de salaires par application de la rémunération minimale garantie prévue par l'ANI des VRP, une cour d'appel a retenu que l'intéressée ne travaillait plus qu'à temps partiel (cass. soc. 11 juin 2003, n° 01-43.586, RJS 11/03 n° 1327).

Une clause contractuelle ne peut prévoir une rémunération inférieure à la rémunération minimale conventionnelle, ni différer le point de départ du bénéfice de cette rémunération minimale à la fin de la période d'essai (cass. soc. 5 mai 1999, n° 97-40.443).

Pour vérifier si le représentant a bénéficié de cette ressource minimale, il convient de comparer son montant aux sommes effectivement perçues, déduction faite des frais professionnels qui y sont inclus (cass. soc. 8 juillet 1992, n° 88-44.911, BC V n° 461; 28 février 1996, n° 92-43.709). Lorsque le montant des commissions inclut les frais professionnels et que ceux-ci sont déterminés forfaitairement, le VRP peut prétendre, en sus du minimum conventionnel, au remboursement de ses frais professionnels calculés par rapport à la ressource minimale (cass. ass. plén. 2 mai 1997, n° 94-42.521, BC n° 6).

À noter que le respect par l'employeur de son obligation de s'acquitter de cette ressource s'apprécie trimestre par trimestre; lorsque l'employeur n'a pas effectivement versé au VRP chaque trimestre le montant de la ressource minimale forfaitaire instituée par l'article 5-1 de l'ANI du 3 octobre 1975, il ne peut déduire du rappel de salaire dû les sommes excédant cette ressource versées au cours des trois trimestres suivants (cass. soc. 28 février 2006, n° 03-47.880, BC V n° 89; RJS 5/06 n° 650; dans le même sens, voir aussi cass. soc. 30 novembre 2004, n° 03-44.635, BC V n° 315; RJS 2/05 n° 235).

Commissions. Le droit à commission naît de la prise d'ordre. Il en résulte que:
– le VRP dont le rôle s'est borné à une simple prise de contact avec un client, en l'absence de prise d'ordre, ne peut prétendre percevoir une commission sur la commande passée par ce client (cass. soc. 9 octobre 2001, n° 99-44.353, BC V n° 314; RJS 12/01 n° 1468);
– la passation d'un marché sur appel d'offres n'ouvre pas droit à commissions pour le représentant. En effet, la réalisation d'un tel marché ne résulte que de la comparaison des offres effectuées par les différentes entreprises intéressées, le représentant n'y ayant aucune part, ni sa personnalité ni celle de l'entreprise n'étant prises en considération (cass. soc. 29 janvier 2002, n° 99-44.323, BC V n° 41; RJS 4/02 n° 501);
– la commission est due au VRP, à défaut de convention ou d'usage contraire, dès que la commande est prise et acceptée, sans qu'il y ait à prendre en considération la livraison de la marchandise ou le paiement par le client, même s'il s'agit de ventes avec réduction à certains clients (cass. soc. 20 mars 1980, n° 78-40.363, BC V n° 287; 19 mai 1998, n° 96-41.034; 7 avril 2004, n° 00-44.379). En cas de refus de la commande par l'employeur pour un motif légi-

time (mauvais renseignements bancaires sur la solvabilité du client), la commission n'est pas due (cass. soc. 30 janvier 1959, BC IV n° 172). Si l'inexécution du contrat provient au moins partiellement de la faute ou du fait de l'employeur, sans qu'il y ait faute du représentant, la commission est intégralement due (cass. soc. 28 février 1980, n° 78-40.915, BC V n° 204); en revanche, si l'inexécution est due au représentant (commandes inexactes), celui-ci n'a pas droit à commission (cass. soc. 2 novembre 1950, D. 1951, 70). Il convient par ailleurs de tenir compte des usages professionnels pour l'application du contrat, tel que l'usage de ne verser les commissions que sur les ordres réellement livrés et normalement payés par le client (cass. soc. 12 mars 1975, n° 74-40.358, BC V n° 140). Mais même en présence d'un tel usage, lorsque l'absence de livraison des produits commandés, et donc de paiement par le client, est directement liée à la relation entre l'employeur et son fournisseur, les commissions sont dues au VRP, cette situation ne pouvant constituer pour l'employeur un cas de force majeure susceptible d'être opposé au salarié (cass. soc. 19 décembre 2018, n° 13-26.940, RJS 3/19 n° 187).

Certaines clauses du contrat (paiement après encaissement des factures, vente menée à bonne fin) peuvent subordonner à la réalisation de la condition qu'elles prévoient le droit du représentant à sa commission (cass. soc. 13 janvier 1982, n° 80-40.105, BC V n° 15); si de telles clauses sont licites (cass. soc. 15 mars 2006, n° 03-43.858), c'est à la condition que l'inexécution de la commande ne soit pas due à une faute de l'employeur et que le salarié ne soit pas privé des commissions qui lui sont dues sur des contrats effectivement réalisés (cass. soc. 25 mars 2009, n° 07-43.587, RJS 6/09 n° 587; JCP éd. S 2009, 1320, note J-Fr. Cesaro); il appartient donc à l'employeur, qui refuse de payer les commissions, de justifier du motif de non-encaissement éventuel des factures (cass. soc. 8 juin 1994, n° 90-43.709).

Les commissions sont calculées, suivant les stipulations du contrat, soit sur le direct seul, c'est-à-dire sur les seules affaires traitées directement par le représentant, soit sur le direct et sur l'indirect, c'est-à-dire non seulement sur les affaires traitées directement par le représentant, mais aussi sur celles qui ont été réalisées dans le secteur, en dehors de toute intervention de sa part; les commissions sur l'indirect sont subordonnées à l'existence d'une clause expresse du contrat ou d'un usage constant dans la profession et la région (cass. soc. 7 mai 1980, n° 78-40.084, BC V n° 398; voir aussi cass. soc. 19 janvier 1994, n° 90-40.357, précisant que l'exclusivité du secteur ne suffit pas à faire bénéficier le représentant de commissions sur les commandes adressées directement à l'employeur); la charge de la preuve de l'accord ou de l'usage incombe au demandeur (cass. soc. 29 mai 1962, BC IV n° 635; 24 novembre 1993, n° 90-40.901, Cah. prud'h. 1994, 26); en l'absence de stipulation contractuelle, les juges disposent d'un pouvoir souverain pour fixer, selon les usages, le taux et les modalités de calcul des commissions (cass. soc. 2 juillet 1974, n° 73-40.567, BC V n° 407).

En l'absence de clause contraire, les commissions se calculent sur le prix facturé aux clients, sans qu'il y ait lieu d'en déduire les taxes et notamment la TVA (cass. soc. 20 mai 1998, n° 95-41.169, BC V n° 274).

Conditions de validité d'une clause d'arrêté des comptes: le contrat de travail du représentant peut valablement prévoir que les comptes des commissions seront arrêtés le dernier jour de chaque trimestre, qu'un relevé trimestriel des commissions sera remis au salarié dans le mois suivant et que le défaut d'observations de sa part dans le mois de la réception sera considéré comme un accord valant arrêté de comptes. En effet, dans la mesure où elle donne au salarié un délai suffisant pour présenter ses observations, une telle clause est licite et l'absence d'observations du représentant sur les relevés détaillés adressés par l'employeur concrétise leur accord définitif sur le montant des commissions (cass. soc. 30 septembre 2003, n° 01-42.819, BC V n° 247; RJS 12/03 n° 1389).

Action en paiement de commissions: lorsque la rémunération du VRP est composée d'un fixe et de commissions calculées sur le chiffre d'affaires réalisé par l'employeur et que l'intéressé réclame le paiement de ses commissions, il appartient à l'employeur de justifier du chiffre d'affaires réalisé pendant la période sur laquelle porte la réclamation (cass. soc. 18 décembre 2001, n° 99-43.538, BC V n° 389; RJS 3/02 n° 287).

L'action en paiement de commissions est soumise aux dispositions relatives à la prescription de l'action en paiement des créances salariales (soit une prescription désormais triennale: art. L. 3245-1), sauf lorsque leur montant est variable et qu'elles dépendent d'éléments ignorés du VRP (cass. soc. 22 mai 1995, n° 91-40.767).

Après la cessation du contrat, le droit à commission est prévu par les articles L. 7313-11 et 12 (voir notes sous ces articles).

Frais professionnels. Ni la loi ni l'ANI des VRP ne prévoient les modalités selon lesquelles les frais professionnels sont pris en charge par l'employeur. Pour la Cour de cassation, les frais qu'un salarié justifie avoir exposés pour les besoins de son activité professionnelle et dans l'intérêt de l'employeur doivent être remboursés sans qu'ils puissent être imputés sur la rémunération qui lui est due, à moins qu'il n'ait été contractuellement prévu qu'il en conserverait la charge moyennant le versement d'une somme fixée à l'avance de manière forfaitaire et à la condition, d'une part, que cette somme forfaitaire ne soit pas manifestement disproportionnée au regard du montant réel des frais engagés et, d'autre part, que la rémunération proprement dite du travail reste chaque mois au moins égale au SMIC (cass. soc. 14 janvier 2015, n° 13-16.229). La clause du contrat de travail mettant à la charge du salarié les frais engagés par lui pour les besoins de son activité professionnelle doit être réputée non écrite (cass. soc. 25 mars 2010, n° 08-43.156, précité). Par conséquent, une cour d'appel ne saurait débouter un salarié de sa demande en remboursement de frais aux motifs que le contrat de travail prévoyait que, pour ses fonctions, l'intéressé recevrait exclusivement des commissions, étant précisé que ces commissions étaient exclusives de tout remboursement de frais engagés dans le cadre ou à l'occasion de son contrat (cass. soc. 9 janvier 2001, n° 98-44.833, BC V n° 1; RJS 5/01 n° 604; 24 mai 2005, n° 03-43.865, JCP éd. S 2005, 1034, note J-Fr. Cesaro; s'agissant des VRP bénéficiant de la rémunération minimale conventionnelle, voir aussi cass. ass. plén. 2 mai 1997, n° 94-42.521, précité dans «Rémunération minimale forfaitaire»).

En outre, certaines règles doivent être respectées lors de la fixation des modalités de remboursement des frais professionnels dans le contrat de travail.

Ainsi leur remboursement ne peut être subordonné à la réalisation d'objectifs; une telle clause constituerait une sanction pécuniaire et serait donc nulle (cass. soc. 19 septembre 2013, n° 12-15.996). De même, le contrat de travail ne peut faire dépendre le montant du remboursement des frais professionnels d'un élément sans rapport avec leur coût (en l'espèce, prise en charge par l'employeur des cadeaux offerts aux clients dans la limite de 2 % du chiffre d'affaires HT atteint dans le mois) (même arrêt).

Indemnité d'occupation du domicile à des fins professionnelles. Dès lors qu'un local professionnel n'est pas mis effectivement à sa disposition, le salarié peut prétendre à une indemnité au titre de l'occupation de son domicile à des fins professionnelles; l'occupation du domicile du salarié à des fins professionnelles constituant une immixtion dans sa vie privée et n'entrant pas dans l'économie générale du contrat, il en résulte que la demande en paiement d'une indemnité d'occupation du domicile à des fins professionnelles ne constitue pas une action engagée à raison de sommes afférentes aux salaires. Sauf mention expresse contraire, une clause contractuelle de prise en charge, à hauteur de 30 % des commissions, des frais professionnels exposés par un VRP ne couvre pas la sujétion découlant de l'obligation pour celui-ci d'utiliser une partie de son domicile personnel à des fins professionnelles (cass. soc. 27 mars 2019, n° 17-21.014, à paraître, RJS 6/19 n° 354; Dr. Soc. 2019, p. 571, act. J. Mouly; JCP éd. S 2019, 1130, note B. Bossu; LS Jurispr. n° 76 du 23.04.2019; JSL n° 476, 23.05.2019, p. 27, D. Julien-Paturle; RDT, novembre 2019, CH, 725, F. Fouvet). Bénéficie d'une telle indemnité le salarié qui exerce des fonctions à caractère itinérant, ne dispose pas de bureau au sein de l'entreprise et consacre une pièce de son logement à l'accomplissement des tâches administratives lui incombant et au stockage de son matériel (cass. soc. 9 septembre 2020, n° 18-20.487, LS Jurispr. n° 185 du 13.10.2020).

Intéressement. Lorsqu'un accord d'intéressement a été conclu au sein d'une entreprise, tous les salariés, y compris les VRP, doivent en bénéficier (cass. soc. 23 novembre 1999, n° 97-42.979, BC V n° 454).

CHAPITRE II Accès à la profession

Art. L. 7312-1. Les dispositions du chapitre VII[I] du titre II du livre Ier du code de commerce relatives aux incapacités d'exercer une profession commerciale et industrielle sont applicables au voyageur, représentant ou placier qui exerce la représentation commerciale dans les conditions du présent titre.

Note Le chapitre du code de commerce relatif aux «Incapacités d'exercer une profession commerciale ou industrielle», introduit par l'ordonnance 2005-428 du 6 mai 2005 et interdisant, pendant une durée de dix ans, aux personnes ayant fait l'objet d'une condamnation définitive pour crime ou à une peine d'au moins trois mois de prison ferme pour certains délits (à caractère économique et financier notamment) de pratiquer une activité commerciale ou industrielle, a été abrogé par la loi 2008-776 du 4 août 2008 de modernisation de l'économie (JO 5), qui a remplacé cette interdiction automatique par une peine complémentaire, prévue notamment par le code pénal, le code de commerce (art. L. 249-1 et L. 654-5) et le code de la consommation, pouvant être prononcée (à titre temporaire ou définitif) par les tribunaux lorsque l'interdiction d'exercice leur paraît justifiée (loi précitée, art. 70 à 73).

CHAPITRE III Contrat de travail

SECTION 1. Présomption de salariat

Art. L. 7313-1. Toute convention dont l'objet est la représentation, conclue entre un voyageur, représentant ou placier et un employeur est, nonobstant toute stipulation expresse du contrat ou en son silence, un contrat de travail.

Art. L. 7313-2. L'absence de clauses interdisant soit l'exercice d'une autre profession, soit l'accomplissement d'opérations commerciales personnelles ne peut faire obstacle à l'application des dispositions de l'article L. 7313-1.

Art. L. 7313-3. En l'absence de contrat de travail écrit, toute personne exerçant la représentation est présumée être un voyageur, représentant ou placier soumis aux règles particulières du présent titre.

Note En l'absence de contrat écrit, les personnes exerçant la représentation sont présumées être des VRP statutaires tant qu'il n'est pas établi qu'elles n'ont pas travaillé dans les conditions imposées pour l'application du statut. Elles ne sont pas tenues de rapporter la preuve de l'exigence d'un engagement (cass. soc. 26 juin 1985, n° 83-43.048, BC V n° 372). Il s'agit d'une présomption simple. En cas de contestation, il appartient aux employeurs, par tous moyens de preuve, de détruire cette présomption en établissant qu'il n'y a pas exercice effectif de la représentation dans les conditions fixées aux articles [L. 7311-2 et 3] (cass. soc. 20 janvier 1999, n° 95-43.877). Il s'agit donc d'une présomption simple et d'un renversement de la charge de la preuve en faveur des VRP statutaires. Le VRP peut, en cas de contrat verbal, prouver par le double des factures communiqué par l'employeur pour le calcul des commissions, l'existence de son secteur (cass. soc. 5 octobre 1966, BC IV n° 749) ou des catégories de clients. La qualité de statutaire est refusée si l'employeur établit que l'intéressé n'exerce pas la représentation de façon exclusive et constante et n'a ni secteur ni catégorie de clients (cass. soc. 21 juillet 1981, n° 80-13.944, BC V n° 732), ou simplement s'il établit que l'intéressé prospectait l'ensemble de la clientèle de l'entreprise sans aucune restriction d'aucune sorte (cass. soc. 29 mars 1984, n° 979, JS 1984, SJ 171).

Art. L. 7313-4. Est nulle toute convention qui aurait pour objet de faire obstacle l'application des dispositions du présent titre.

Note Est nulle la clause du contrat imposant à un représentant de commerce de payer la valeur de la clientèle qu'il est chargé de visiter pour le compte de son employeur. Un employeur ne peut donc refuser de restituer au salarié, qui est en droit de démissionner sans être tenu de présenter un successeur, les sommes qu'il a indûment perçues en contrepartie d'une clientèle dont la valeur lui est restée acquise (cass. soc. 3 octobre 2007, n° 06-42.320, BC V n° 152; RJS 12/07 n° 1331).

SECTION 2. Conclusion et exécution du contrat de travail

Sous-section 1. Période d'essai

Art. L. 7313-5. Le contrat de travail peut comporter une période d'essai dont la durée ne peut être supérieure à trois mois.

Note • La période d'essai prévue par cet article est facultative et ne se présume pas. Elle n'existe que si les parties l'ont effectivement prévue dans le contrat de travail, ce qu'il incombe aux juges de constater (cass. soc. 17 janvier 1996, n° 92-43.574, RJS 2/96 n° 180). Elle ne peut être stipulée pour une période supérieure à trois mois ni prolongée au-delà de cette durée, même d'un commun accord entre les parties (cass. soc. 23 octobre 1991, n° 88-43.251, BC V n° 441; 22 mai 1995, n° 91-45.670).

• La possibilité de convenir d'une période d'essai ne saurait priver le salarié de la rémunération minimale prévue à son profit par la convention collective pendant la durée de son activité ni en différer le point de départ (cass. soc. 25 octobre 1995, n° 93-46.041; 5 mai 1999, n° 97-40.443, JSL n° 38, 17.06.1999, p. 31).

Sous-section 2. Clause d'exclusivité

Art. L. 7313-6. Le contrat de travail peut, pour sa durée, prévoir l'interdiction pour le voyageur, représentant ou placier, de représenter des entreprises ou des produits déterminés.

Lorsque le contrat de travail ne prévoit pas cette interdiction, il comporte, à moins que les parties n'y renoncent par une stipulation expresse, la déclaration des entreprises ou des produits que le voyageur, représentant ou placier représente déjà et l'engagement de ne pas prendre en cours de contrat de nouvelles représentations sans autorisation préalable de l'employeur.

Note • **Obligation de fidélité (en cours de contrat)**

Le représentant, étant un salarié, est tenu de respecter les intérêts de l'entreprise qui l'emploie et donc, en vertu de l'obligation de fidélité qui pèse sur lui et suivant les règles du droit commun applicables au contrat de travail, de s'abstenir, même en l'absence d'une clause d'interdiction, de tout acte susceptible de nuire à son entreprise (cass. soc. 10 octobre 1962, BC IV n° 704), fût-ce par l'intermédiaire de son épouse (cass. soc. 3 mai 1979, n° 78-40.260, BC V n° 377). L'article L. 7313-6 explicite cette obligation de fidélité dans le cas particulier du représentant.

Les contrats (qu'il s'agisse de représentant «exclusif» ou multicarte) peuvent la prévoir expressément. Elle peut viser toute autre entreprise concurrente ou non. Le manquement à cette obligation constitue, de la part du représentant, une faute grave privative, en principe, des indemnités légales de rupture, voire une faute lourde (cass. soc. 3 mars 1982, n° 79-41.477, BC V n° 145; 22 mai 1995, n° 91-45.675, SSL n° 754). La responsabilité des actes illicites de concurrence incombe à la fois au représentant et au nouvel employeur s'il a eu connaissance de l'interdiction.

En l'absence d'une clause d'interdiction, les contrats doivent, sauf si les parties y renoncent expressément, contenir la mention des établissements ou produits que le VRP représente déjà et l'engagement de ne pas en prendre d'autres sans autorisation de l'employeur. Lorsqu'un contrat prévoit la possibilité de représenter d'autres maisons fabriquant des produits analogues, le fait pour un VRP multicarte de prendre une nouvelle carte sans en informer ses employeurs n'est pas une faute grave si la nouvelle représentation ne porte pas préjudice aux sociétés employeurs (cass. soc. 3 juin 1961). N'est pas une faute grave privative des indemnités légales de rupture et de l'indemnité de clientèle le fait de prendre une carte pour une maison concurrente alors que l'employeur a admis que le représentant n'était pas exclusivement à son service et que l'engagement au service d'un nouvel établissement s'explique par l'attitude du premier employeur qui ne remplissait pas ses obligations (cass. soc. 13 novembre 1970, n° 69-40.577, BC V n° 607).

• Clause de non-concurrence (après rupture du contrat)

Le contrat peut contenir une clause d'interdiction d'entrer au service d'un établissement concurrent ou de s'établir à son compte dans une branche d'activité similaire.

L'interdiction stipulée dans une clause de non-concurrence n'est valable que si elle est indispensable à la protection des intérêts légitimes de l'entreprise (cass. soc. 7 avril 1998, n° 95-42.495, BC V n° 202; RJS 5/98 n° 591) et si elle n'empêche pas, dans la pratique, la continuation de l'activité professionnelle (cass. soc. 13 janvier 1998, n° 95-40.732, BC V n° 7; RJS 4/98, n° 458). S'agissant des VRP, il a été jugé que:
– le contrat de travail ne peut pas valablement contenir des dispositions plus contraignantes pour le salarié que celles prévues par l'article 17 de l'accord national interprofessionnel (ANI) des VRP du 3 octobre 1975 qui spécifie que l'interdiction de concurrence doit seulement viser le secteur ou les catégories des clients que le VRP était chargé de visiter au moment de la rupture. Doit donc être déclarée nulle, comme dépassant les limites du secteur attribué au représentant, la clause de non-concurrence interdisant à un VRP de vendre à toute personne ayant passé commande par son intermédiaire, cette clause visant son activité au cours des foires, laquelle n'était pas incluse dans son secteur (cass. soc. 12 février 2002, n° 99-43.858, BC V n° 63; RJS 4/02 n° 404, 2e espèce; 14 novembre 2007, n° 06-44.284, BC V n° 189; JCP éd. S 2008, 1153, note E. Jeansen; 12 octobre 2011, n° 09-43.155, BC V n° 233; RJS 12/11 n° 1023);
– la clause de non-concurrence n'engage que les parties au contrat de travail et ne peut porter atteinte à la liberté du travail d'un tiers, fût-il le conjoint du salarié ou uni à lui par un lien de parenté ou d'alliance. Par suite, le seul fait que l'épouse d'un VRP, tenu par une obligation de non-concurrence, exerce une activité de prospection dans le secteur interdit par la clause ne peut constituer une violation de l'obligation de non-concurrence (cass. soc. 4 juin 1998, n° 95-43.133, BC V n° 305).

Une clause de non-concurrence peut valablement interdire à un VRP non seulement la représentation mais aussi toute activité dans une entreprise concurrente, dès l'instant qu'elle est nécessaire à la protection des intérêts légitimes de l'entreprise et qu'elle n'empêche pas le salarié de retrouver un autre emploi, compte tenu de sa formation et de son expérience professionnelles (cass. soc. 18 décembre 1997, n° 95-43.409, BC V n° 459; RJS 2/98 n° 170).

Le représentant lié par une clause de non-concurrence doit aviser son nouvel employeur de l'existence de cette clause (cass. soc. 23 mars 1977, n° 75-40.636, BC V n° 227).

L'interdiction de concurrence peut être et est fréquemment assortie d'une clause pénale insérée au contrat (paiement d'une somme déterminée en cas d'inobservation de l'interdiction), dont la validité a été reconnue (cass. soc. 20 février 1975, n° 74-40.455, BC V n° 93) et dont le juge peut, depuis la loi 75-597 du 9 juillet 1975, modérer ou augmenter le montant s'il est manifestement excessif ou dérisoire, toute stipulation contraire étant réputée non écrite. On notera que l'ANI du 3 octobre 1975 précise (art. 17) que le montant de la pénalité prévue ne peut être supérieur à celui des rémunérations versées par l'employeur durant les vingt-quatre derniers mois ou pendant la durée de l'emploi si celle-ci a été inférieure.

Contrepartie financière. L'ANI des VRP du 3 octobre 1975 prévoit en son article 17 une interdiction contractuelle de concurrence après la rupture du contrat de travail et le versement, pendant la période d'interdiction, d'une indemnité mensuelle spéciale dont le montant varie selon la durée d'interdiction. Cette contrepartie financière s'applique de plein droit dès lors que le contrat de travail, qui comporte une clause de non-concurrence, se réfère à l'ANI des VRP. Ainsi, bien que la clause de non-concurrence figurant dans le contrat de travail d'un

VRP n'ait pas prévu d'indemnité compensatrice, une cour d'appel a pu la déclarer valable et condamner le salarié, qui ne l'avait pas respectée, au paiement de dommages-intérêts (cass. soc. 10 mars 2004, n° 02-40.108, BC V n° 83; RJS 5/04 n° 621; voir aussi cass. soc. 6 janvier 2010, n° 08-42.263). À noter que par un arrêt plus récent (cass. soc. 18 mars 2016, n° 14-14.265, RJS 6/16 n° 462), la Cour de cassation a jugé que la contrepartie financière prévue à l'article 17 de l'ANI du 3 octobre 1975 est due dès lors que le salarié est soumis au statut de VRP résultant de cet accord, peu important que le contrat de travail, qui comporte une clause de non-concurrence, ne renvoie pas expressément à l'accord.

Les clauses de non-concurrence demeurent valables, sous réserve des limitations prévues par l'ANI précité, mais donnent lieu de plein droit au paiement de la contrepartie pécuniaire prévue par cet accord. Ainsi, un VRP dont le contrat prévoyait une interdiction de concurrence durant trois ans sans contrepartie pécuniaire a obtenu une indemnité compensatrice, mais dans la limite de deux ans, l'interdiction conventionnelle étant limitée à cette durée (cass. soc. 4 mai 1993, n° 88-43.521).

La contrepartie financière prévue par l'article 17 de l'ANI des VRP est due, quel que soit le mode de rupture du contrat et donc, notamment, en cas de mise à la retraite (cass. soc. 21 juin 1995, n° 94-40.059, BC V n° 207). Elle doit également être intégralement versée en cas de départ à la retraite ou en préretraite (cass. soc. 30 avril 2003, n° 01-41.874, RJS 7/03 n° 899). À noter que si l'article 17 de l'ANI prévoit la réduction de moitié de la contrepartie pécuniaire de la clause de non-concurrence en cas de démission, cette disposition doit être réputée non écrite, la Cour de cassation condamnant toute modulation du montant de l'indemnité de non-concurrence en fonction du mode de rupture du contrat (cass. soc. 14 avril 2016, n° 14-29.679, BC V n° 76; LSQ n° 17068 du 25.04.2016; RJS 6/16 n° 414; JCP éd. S 2016, 1229, note I. Beyneix).

À la différence d'une clause pénale, la contrepartie pécuniaire n'est pas une peine au sens de l'article 1152 [1231-5] c. civ. et ne peut donc être modérée par le juge (cass. soc. 4 juillet 1983, n° 80-41.906, BC V n° 380). Elle a un caractère forfaitaire lié à la rémunération globale du représentant, ce qui exclut toute réduction pour limitation de l'interdiction de concurrence (cass. soc. 17 janvier 1996, n° 91-41.869, BC V n° 17). Dans le même sens, voir aussi cass. soc. 7 mars 2007, n° 05-45.574, BC V n° 43; Dr. Soc. 2007, obs. J. Mouly; JCP éd. S 2007, 1299, note J-Fr. Cesaro.

Pour le calcul de la contrepartie pécuniaire mensuelle spéciale de la clause de non-concurrence, l'article 17 de l'ANI des VRP se réfère à la rémunération moyenne des douze derniers mois, ce qui doit s'entendre des mois normalement travaillés, à l'exclusion des périodes au cours desquelles le VRP s'est trouvé en arrêt de travail pour maladie. Lorsque, durant les douze mois précédant la rupture de son contrat de travail, le salarié a été en arrêt de travail pour maladie et n'a donc perçu que des indemnités journalières, il y a lieu de retenir, comme base de calcul, le salaire des douze mois ayant précédé l'arrêt de travail (cass. soc. 11 mai 2005, n° 03-43.181, BC V n° 160; RJS 7/05 n° 788; JCP éd. S 2005, 1006, note J-Fr. Cesaro).

L'article 17 de l'ANI précité prévoit également, sous réserve de prévenir le représentant dans les quinze jours suivant la notification de la rupture du contrat, la possibilité pour l'employeur de dispenser l'intéressé de l'exécution de la clause de non-concurrence ou d'en réduire la durée. Ce délai de quinze jours a pour point de départ la date de réception de la lettre de licenciement ou de démission (date de réception qui ne compte pas dans la computation du délai) (cass. soc. 9 mars 2005, n° 02-46.149, BC V n° 84; RJS 5/05 n° 588). Lorsque le représentant a pris acte de la rupture de son contrat de travail avant d'être licencié, le point de départ du délai de quinze jours pour la dispense d'exécution de la clause est la date de réception par l'employeur de la lettre de prise d'acte de la rupture par le salarié et non la date de notification du licenciement (cass. soc. 8 juin 2005, n° 03-43.321, BC V n° 194; RJS 8-9/05 n° 925; JSL n° 174, 20.09.2005, p. 29, N. Rérolle). Lorsque l'employeur a rompu le contrat de travail en notifiant au salarié une lettre lui enjoignant de quitter l'entreprise, c'est la date de cette notification qui constitue le point de départ du délai de quinze jours imparti à l'employeur pour la dispense d'exécution de la clause de non-concurrence et non la date de notification du jugement ayant constaté la rupture et assorti de l'exécution provisoire (cass. soc. 31 janvier 2007, n° 04-47.842, BC V n° 18; RJS 4/07 n° 501; JSL n° 210, 24.04.2007, p. 28, N. Rérolle; JCP éd. S 2007, 1414, note Th. Lahalle). Ce délai expire à la date de réception de la lettre dispensant le représentant d'exécuter la clause de non-concurrence (cass. soc. 16 juillet 1997, n° 95-45.265, BC V n° 276; RJS 10/97 n° 1176; 14 octobre 1998, n° 96-40.638, BC V n° 424). L'employeur qui n'a pas libéré le représentant de l'interdiction de concurrence dans les quinze jours doit verser l'indemnité compensatrice en totalité (cass. soc. 8 juillet 1992, n° 89-41.409). Il en est ainsi même lorsque l'employeur a relevé le salarié de la clause dans les quinze jours suivant la fin du préavis, conformément à ce qui était prévu au contrat, cette clause contractuelle étant moins favorable au salarié que les dispositions de l'ANI des VRP (cass. soc. 4 mai 1993, n° 89-43.378). Enfin, si la renonciation de l'employeur à la clause de non-concurrence au cours de l'entretien préalable, c'est-à-dire avant la rupture, ne peut produire aucun effet (cass. soc. 10 février 1998, n° 94-45.279, BC V n° 80), cette renonciation est valable si elle intervient dans la même lettre que le licenciement (cass. soc. 22 janvier 2003, n° 01-41.369, RJS 4/03 n° 543; dans le même sens, voir aussi cass. soc. 24 avril 2013, n° 11-26.007, BC V n° 111; LSQ n° 16347 du 21.05.2013; RJS 7/13 n° 537; JCP éd. S 2013, 1320, note I. Beyneix).

À noter que le salarié peut prétendre au bénéfice de la contrepartie financière de la clause de non-concurrence, même en cas de rupture du contrat de travail consécutive à une liquidation de biens et à la cessation des activités de l'entreprise; en effet, en l'absence de dispense de l'exécution de la clause par l'employeur et de demande du salarié d'en être délié, celle-ci n'est pas non avenue (cass. soc. 11 juin 2003, n° 01-43.092, RJS 11/03 n° 1271).

En l'absence de clause de non-concurrence, le représentant peut concurrencer son ancien employeur soit en retournant voir la clientèle pour une nouvelle maison, soit en fondant sa propre entreprise (cass. soc. 12 mars 1959, BC IV n° 367), mais il ne doit pas lui faire une concurrence déloyale.

SECTION 3. **Rémunération et congés**

Art. L. 7313-7. Les commissions dues au voyageur, représentant ou placier du commerce sont payées au moins tous les trois mois.

Note • Sauf clause dans le contrat prévoyant une périodicité plus courte, les commissions doivent être versées au moins tous les trois mois; cette disposition est d'ordre public et d'application stricte, son non-respect par l'employeur constitue une rupture de son fait du contrat (cass. soc. 18 décembre 1967); les parties au contrat ne peuvent en écarter l'application pour allonger le délai; le règlement des commissions une fois par an cause au VRP un préjudice indépendant du simple retard de paiement et justifie la condamnation de l'employeur au paiement de dommages-intérêts (cass. soc. 8 octobre 1992, n° 91-43.638). Suivant l'avenant n° 4 du 12 janvier 1982 à l'ANI des VRP du 3 octobre 1975, les entreprises doivent accorder au représentant qui en fait la demande des acomptes mensuels exclusivement fonction des commissions effectivement dues au titre du trimestre en cours.

Le paiement des commissions doit donner lieu à délivrance d'un «bulletin de paie» conforme à celui prévu à l'article R. 3243-1 ou d'un document comportant toutes les mentions prescrites par cet article.

• **Lieu du paiement.** Il s'effectue au lieu prévu dans le contrat. En cas d'absence de stipulation à cet égard, la jurisprudence considère que le paiement des commissions doit s'effectuer au domicile du représentant.

• **Prescription.** La prescription, désormais triennale, prévue à l'article L. 3245-1 est en principe applicable aux commissions. Voir note sous l'article L. 7312-1.

• **Privilèges.** Les privilèges généraux prévus par le code civil (art. 2331 et 2375) s'appliquent aux commissions dues aux représentants.

Art. L. 7313-8. Les dispositions des articles L. 3253-2 et L. 3253-3, relatives aux garanties des rémunérations dans le cadre d'une procédure de sauvegarde, de redressement ou de liquidation judiciaire, s'appliquent aux voyageurs, représentants ou placiers pour les rémunérations de toute nature dues au titre des quatre-vingt-dix derniers jours de travail.

Art. D. 7313-1. Pour l'application de la législation sur les congés payés, le voyageur, représentant ou placier qui exerce sa profession dans les conditions prévues par les articles L. 7311-1 à L. 7311-3, L. 7313-1 et L. 7313-6 a droit à la rémunération moyenne qu'il a reçue pour une période de même durée dans l'année qui a précédé son congé.

L'allocation de cette indemnité n'entraîne pas de réduction du montant des commissions auxquelles il a droit, dans les conditions prévues à son contrat, en raison de son activité antérieure à son départ en congé.

Note • **Calcul de l'indemnité de congés payés.** Elle est déterminée proportionnellement à la rémunération moyenne de l'année antérieure, sans qu'il soit tenu compte de la durée du travail accomplie au cours de cette année (cass. soc. 6 mars 1963, D. 1963, 330, à propos d'un représentant ne travaillant que trois mois par an pour une entreprise). Elle est calculée sur la base:
– des commissions, dites «sur le direct» et «sur l'indirect» (cass. soc. 3 mars 1971, n° 70-40.038, BC V n° 183), perçues (y compris celles qui l'ont été pendant la période de congé de l'année précédente) ou dues, se rattachant à l'activité antérieure au congé dès lors qu'il s'agit d'ordres des clients habituels du représentant, même pris durant les congés de celui-ci en sus de leur travail normal, par des employés d'une société qui ne sont pas spécialement rétribués par celle-ci à cet effet (cass. soc. 29 octobre 1974); le représentant rémunéré par des commissions directes et indirectes perçoit pendant son congé les commissions indirectes en sus de l'indemnité de congés payés s'il n'a pas été remplacé pendant son congé et si les ordres passés par sa clientèle pendant son absence résultent de son activité antérieure à son départ en congé (cass. soc. 9 octobre 1968, BC V n° 425);
– de la part fixe des rémunérations (cass. soc. 25 octobre 1967);
– sans tenir compte des frais professionnels (cass. soc. 16 février 1983, n° 81-41.615, BC V n° 83). Lorsque ces frais sont incorporés dans les commissions, ils ne sont pas pris en

compte si le contrat de travail prévoit que la rémunération englobe le remboursement de ces frais. Si tel n'est pas le cas, l'indemnité de congés payés est calculée sur le montant global des commissions (cass. soc. 9 juillet 2008, n° 06-44.240, BC V n° 154; RJS 10/08 n° 992; JCP éd. S 2009, 1007, Th. Lahalle).

• **Paiement de l'indemnité de congés payés.** Elle doit en principe faire l'objet d'un paiement séparé. Toutefois, il n'est pas interdit aux parties de prévoir expressément dans le contrat de travail une rémunération mensuelle forfaitaire incluant l'indemnité de congés payés. Une majoration du taux des commissions doit alors être expressément prévue pour permettre de vérifier que le VRP a été rempli de ses droits (cass. soc. 30 mai 2000, n° 97-45.946, BC V n° 212; 20 novembre 2013, n° 12-18.810). En effet, le niveau des commissions d'un VRP ne permet pas, à lui seul, d'établir qu'elles incluent l'indemnité de congés payés et l'absence de réclamation de l'intéressé ne suffit pas à laisser présumer la réalité de cette inclusion (cass. soc. 23 novembre 1994, n° 91-41.467, BC V n° 307).

• **Cumul de l'indemnité et des commissions restant dues.** L'indemnité de congés payés n'est due qu'en cas de départ effectif du représentant en congé et ne peut être cumulée avec la rémunération de l'activité exercée pendant la même période. Mais elle se cumule avec les commissions «sur le direct» et «sur l'indirect» résultant de l'activité du représentant avant son départ en congé. Si un employeur ne peut valablement se soustraire au paiement de l'indemnité de congés payés en sus des commissions dues au représentant en rémunération de son travail, il peut être admis que l'indemnité de congés payés soit effectivement payée en même temps que les commissions par le moyen d'une majoration du taux de celles-ci (cass. soc. 4 novembre 1961). Voir ci-dessus: «Paiement de l'indemnité de congés payés».

SECTION 4. Rupture du contrat de travail

Note Il résulte des dispositions de l'article L. 7311-1 CT que les dispositions des articles L. 1231-1 à L. 1238-5 CT relatives à la rupture du contrat de travail à durée indéterminée sont applicables aux VRP sous réserve des dispositions particulières figurant à la présente section.

Sous-section 1. Préavis

Art. L. 7313-9. En cas de rupture du contrat de travail, la durée du préavis ne peut être inférieure à:

1° Un mois durant la première année de présence dans l'entreprise;
2° Deux mois durant la deuxième année;
3° Trois mois au-delà.

Art. L. 7313-10. La durée du préavis du voyageur, représentant ou placier employé hors de France est augmentée de la durée normale du voyage de retour lorsque la rupture du contrat entraîne son retour en France.

Sous-section 2. Commissions et remises

Art. L. 7313-11. Quelles que soient la cause et la date de rupture du contrat de travail, le voyageur, représentant ou placier a droit, à titre de salaire, aux commissions et remises sur les ordres non encore transmis à la date de son départ, mais qui sont la suite directe des remises d'échantillon et des prix faits antérieurs à l'expiration du contrat.

Note • Les remises et commissions sont dues dans tous les cas de cessation du contrat (contrat arrivé à son terme, résiliation unilatérale ou par consentement mutuel…), qu'elle soit régulière ou non et même s'il y a eu force majeure ou si le représentant a commis une faute grave, voire une faute lourde (cass. soc. 25 mai 1981, n° 79-41.618, BC V n° 464; 10 avril 2013, n° 12-11.658, JSL n° 344, 30.05.2013, p. 29). Elles doivent être versées même lorsque le représentant continue à prospecter la même clientèle pour le compte de son nouvel employeur et ne subit donc aucun préjudice (cass. soc. 22 mai 1995, n° 91-41.982, RJS 7/95 n° 838). Elles portent sur les ordres non encore transmis à la date de départ de l'entreprise (cass. soc. 25 avril 1974, n° 73-40.185, BC V n° 251; 4 février 1976, n° 74-40.320, BC V n° 74) mais qui sont la suite directe de l'activité (remise d'échantillons ou accord sur le prix) que le VRP a déployée antérieurement à l'expiration de son contrat (cass. soc. 12 janvier 1977, n° 75-41.021, BC V n° 16; 19 janvier 1994, n° 90-40.357; 13 mars 2001, n° 99-41.294). En cas de litige, il appartient à l'employeur de fournir les justificatifs des ordres ainsi passés et le chiffre d'affaires en résultant (cass. soc. 11 juin 2003, n° 01-43.199; 7 mars 2012, n° 09-71.612). Si le représentant a été remplacé immédiatement après son départ par un autre représentant dans son secteur, les juges doivent rechercher si les ordres transmis sont ou non la suite directe des échantillonnages et prix faits par l'intéressé (cass. soc. 12 janvier 1977, n° 75-41.021, précité).

• Les commissions de retour sur échantillonnages, qui sont fonction des résultats produits par le travail personnel du salarié, entrent dans l'assiette de calcul de l'indemnité compensatrice de congés payés (cass. soc. 27 mars 2019, n° 17-21.014, à paraître, RJS 6/19 n° 354; JCP éd. S 2019, 1130, note B. Bossu).

• Les intérêts moratoires sur les commissions sur ordres passés et les commissions de retour sur échantillonnage courent de plein droit à compter de la demande valant mise en demeure (cass. soc. 1er juin 2004, n° 02-40.070, RJS 8-9/04 n° 975).

• Le représentant rémunéré uniquement au fixe ne peut prétendre aux commissions de retour sur échantillonnages (cass. soc. 14 octobre 1970, n° 69-40.511, BC V n° 523).

Art. L. 7313-12. Sauf clause contractuelle plus favorable au voyageur, représentant ou placier, le droit à commissions est apprécié en fonction de la durée normale consacrée par les usages.

Une durée plus longue est retenue pour tenir compte des sujétions administratives, techniques, commerciales ou financières propres à la clientèle. Cette durée ne peut excéder trois ans à compter de la date à laquelle le contrat de travail a pris fin.

Sous-section 3. Indemnité de clientèle

Art. L. 7313-13. En cas de rupture du contrat de travail à durée indéterminée par l'employeur, en l'absence de faute grave, le voyageur, représentant ou placier a droit à une indemnité pour la part qui lui revient personnellement dans l'importance en nombre et en valeur de la clientèle apportée, créée ou développée par lui.

Le montant de cette indemnité de clientèle tient compte des rémunérations spéciales accordées en cours de contrat pour le même objet ainsi que des diminutions constatées dans la clientèle préexistante et imputables au salarié.

Ces dispositions s'appliquent également en cas de rupture du contrat de travail par suite d'accident ou de maladie entraînant une incapacité permanente totale de travail du salarié.

Note • L'indemnité de clientèle est réservée au représentant statutaire, c'est-à-dire à celui qui répond à la définition légale (cass. soc. 7 juillet 1965, BC IV n° 567; 24 février 1977, n° 75-40.975, BC V n° 154; 5 novembre 1992, n° 91-44.404, BC V n° 531).

Voir l'étude de J.-M. Fouilland, «Regards sur l'indemnité de clientèle des voyages représentants placiers», JCP éd. S 2012, 1079.

• Droit à l'indemnité: conditions requises

1) Rupture du contrat. L'indemnité n'est due que si le contrat a été rompu par le fait de l'employeur (cass. soc. 10 février 1977, n° 74-40.800, BC V n° 110), sauf cas de faute grave commise par le représentant.

Cette règle exclut tout droit à indemnité de clientèle en cas, notamment, de démission (cass. soc. 5 février 1992, n° 88-41.932), de départ volontaire à la retraite (cass. soc. 15 janvier 2002, n° 99-45.335, RJS 5/02 n° 638) ou de rupture du contrat résultant du décès du représentant (cass. soc. 20 janvier 1960, BC IV n° 7) ainsi qu'en cas de rupture intervenue d'un commun accord (cass. soc. 3 juillet 1967, BC IV n° 542).

Rupture par l'employeur. Il suffit qu'il ait pris l'initiative de la rupture ou que la rupture lui incombe effectivement (cass. soc. 9 mars 1978, n° 76-40.522, BC V n° 185; voir aussi cass. soc. 31 mars 2016, n° 15-10.630, LS Jurispr. n° 68 du 12.04.2016, s'agissant d'une prise d'acte jugée justifiée). La cessation d'exploitation ou la fermeture de l'entreprise sont assimilées à une rupture du fait de l'employeur. De même, la mise à la retraite du représentant par l'employeur prévue par l'article L. 1237-5 CT constitue un mode de résiliation du contrat de travail par l'employeur permettant au salarié de prétendre, s'il en remplit les conditions, à l'indemnité de clientèle (cass. soc. 11 mai 2011, n° 09-41.298, BC V n° 107; RJS 7/11 n° 649; 21 juin 1995, n° 91-43.639, BC V n° 210; RJS 8-9/95 n° 968; 4 janvier 1996, n° 92-41.429, RJS 2/96 n° 181). En revanche, la rupture du contrat pour cas de force majeure (empêchement extérieur, imprévisible et insurmontable) dispense du paiement de l'indemnité (cass. soc. 22 février 1967, BC IV n° 175).

En outre, la rupture du contrat est imputable à l'employeur lorsqu'il y a:

- *modification du contrat de travail:* modification ou réduction du secteur d'activité (cass. soc. 22 octobre 1981, n° 79-41.313, BC V n° 824; 23 mai 2001, n° 99-43.449); suppression des fonctions de chef de secteur et de chef de région (cass. soc. 20 janvier 1999, n° 95-42.176); proposition faite par l'employeur aux VRP de vendre ses articles sous une marque neutre, alors qu'auparavant ils les distribuaient sous une marque ayant une certaine notoriété (cass. soc. 20 octobre 1993, 2 arrêts, nos 92-41.667 et 92-41.670, RJS 12/93 n° 1180); modification du secteur géographique entraînant une réduction du taux des commissions (cass. soc. 4 janvier 1996, n° 92-40.440, BC V n° 2; 17 mars 2016, n° 14-20.114, précisant que le fait pour un employeur d'imposer à un VRP un nouveau secteur de clientèle avec pour conséquence prévisible d'entraîner une baisse substantielle de sa rémunération, et de maintenir sa position malgré le refus argumenté du salarié, constitue un manquement justifiant la prise d'acte de la rupture du contrat de travail à ses torts); création d'un réseau de ventes concurrençant le représentant (cass. soc. 22 janvier 1976, n° 74-40.576, BC V n° 46); organisation, dans des magasins clients, de points de vente diffusant directement une collection de prêt-à-porter au détriment du représentant (cass. soc. 21 décembre 1977, n° 76-40.669, BC V n° 739); retrait d'une marque précédemment distribuée par le représentant et diffusion de cette marque dans des magasins d'usine, ce qui aboutissait à diminuer unilatéralement la rémunération du représentant (cass. soc. 5 janvier 2000, n° 97-44.489); affectation d'un autre représentant dans une partie du secteur géographique du VRP (cass. soc. 26 octobre 1999, n° 97-43.096; 4 mars 2003, n° 00-46.325); introduction d'une clause de non-concurrence (cass. soc. 26 octobre 1999, n° 97-43.096, précité); diminution unilatérale du taux des commissions selon un mode de calcul ne correspondant pas au critère de diminution prévu par la lettre d'engagement (cass. soc. 8 janvier 2002, n° 99-44.467, BC V n° 3; Dr. Soc. 2002, p. 358, obs. Ch. Radé); instauration d'un chiffre d'affaires maximum à ne pas dépasser non prévu au contrat (cass. soc. 18 juillet 2000, n° 98-41.222, BC V n° 288); fixation de nouveaux quotas de vente (cass. soc. 26 janvier 2000, n° 97-43.884). Cependant, l'adoption d'une nouvelle politique commerciale de l'entreprise ne constitue pas une modification du contrat de travail. Une cour d'appel ne peut donc décider qu'un employeur a pris la responsabilité de la rupture du contrat de travail d'un VRP au seul motif qu'il a adopté une nouvelle politique commerciale ayant entraîné une baisse du chiffre d'affaires de l'intéressé et, partant, une diminution de sa rémunération (cass. soc. 19 juin 2001, n° 99-42.810, RJS 10/01 n° 1116).

- *non-respect des obligations contractuelles:* non-paiement de la ressource minimale forfaitaire prévue par l'accord national interprofessionnel des VRP (cass. soc. 28 juin 1994, n° 90-43.081, SSL n° 713), frais de déplacement non perçus (cass. soc. 15 décembre 1970, n° 69-40.539, BC V n° 719), substitution à des produits connus de nouveaux produits similaires (cass. soc. 22 mars 1978, n° 77-40.252, BC V n° 238), modification du quota contractuel (cass. soc. 2 mars 1978, n° 76-40.924, BC V n° 157), paiement tardif des commissions (cass. soc. 25 novembre 1998, n° 96-43.044, JSL n° 29, 2.02.1999, p. 23). La seule carence dans le paiement, conformément aux stipulations du contrat, des commissions suffit à rendre la rupture du contrat imputable à l'employeur et dépourvue de cause réelle et sérieuse (cass. soc. 7 novembre 1995, n° 92-41.065, RJS 12/95 n° 1232). Lorsqu'un VRP a pris acte de la rupture de son contrat de travail en raison des manquements commis par l'employeur et que cette prise d'acte est jugée justifiée, l'indemnité de clientèle est due (cass. soc. 31 mars 2016, n° 15-10.630, précité).

Absence de faute grave du représentant. La faute grave du représentant entraîne, d'une part, la rupture immédiate du contrat de travail avec privation de l'indemnité compensatrice de préavis et, d'autre part, privation de l'indemnité de clientèle (cass. soc. 5 juin 1991, n° 88-43.464, BC V n° 285; dans le même sens, cass. soc. 4 mars 1992, n° 88-43.671).

Il appartient au juge du fond et à lui seul d'apprécier la gravité de la faute; ne s'impose donc pas à lui toute clause de contrat énumérant les fautes graves privatives de l'indemnité de clientèle.

Exemples de faute grave:

– refus, en présence d'un tiers, de se soumettre aux instructions de son supérieur hiérarchique sur l'organisation des tournées (cass. soc. 18 novembre 1970, n° 69-40.570, BC V n° 629; 20 mai 1998, n° 95-41.169, BC V n° 274);

– démarchage de clientèle pour le compte d'une autre société en violation de la clause d'exclusivité figurant dans le contrat de travail (cass. soc. 28 octobre 1998, n° 96-41.969);

– représentation non autorisée de maisons concurrentes fabriquant des articles similaires (cass. soc. 22 février 1973, n° 72-40.236, BC V n° 102; 7 mars 2012, n° 10-10.954);

– acte déloyal d'un VRP multicarte ayant consisté à soumettre à certains de ses clients, auxquels il vendait les produits de son employeur, le catalogue des produits d'une autre marque comportant les mêmes composants et destinés à satisfaire les mêmes besoins (cass. soc. 20 janvier 1999, n° 97-40.173);

– activité professionnelle, autre que de démarchage, dans une entreprise concurrente qui bénéficie des connaissances professionnelles acquises chez l'employeur (cass. soc. 2 juin 1977, n° 76-41.057, BC V n° 370);

– défaut prolongé de rapports de visite (cass. soc. 25 mars 1966, BC IV n° 319);

– envoi de rapports mensongers ou production volontaire de nombreux faux rapports de visite (cass. soc. 4 avril 1978, n° 77-40.247, BC V n° 283; 5 novembre 1991, n° 90-42.813);

– dénigrement de l'employeur auprès des clients (cass. soc. 3 mars 1993, n° 89-44.781);

– négligence consciente du VRP à l'égard de la collection qui lui est confiée (cass. soc. 24 mars 1999, n° 97-40.494);

– appropriation par des moyens frauduleux du fichier des fournisseurs en vue de la création d'une société concurrente (cass. soc. 22 mai 1995, n° 91-45.675, SSL 1995 n° 754).

Exemples de situations où la faute grave n'a pas été retenue:

– le seul fait que les ventes aient diminué dans le secteur du VRP ne peut, à défaut de tout autre grief, constituer une faute grave (cass. soc. 18 avril 1991, n° 89-42.143);

– refus du VRP de se soumettre à ses obligations contractuelles, alors qu'au cours des six années antérieures, le salarié n'avait jamais fait l'objet de la moindre observation sur la manière dont il informait son employeur de son activité (cass. soc. 7 novembre 1991, n° 90-41.071);
– assistance donnée par un VRP à son épouse dans son activité de débutante démarcheuse pour le compte d'un cabinet concurrent, dans la mesure où il n'est pas établi qu'il ait démarché lui-même pour le compte de ce cabinet (cass. soc. 23 octobre 1991, n° 89-40.968);
– prise d'une nouvelle carte par un VRP multicarte malgré le refus de l'employeur, dès lors que cette nouvelle carte ne lui faisait pas concurrence (cass. soc. 23 juin 1994, n° 92-42.225).

Faute grave commise durant le préavis: le représentant qui commet une faute grave pendant son préavis ne perd pas le droit à l'indemnité de clientèle, lequel prend naissance à la date de notification du licenciement (cass. soc. 1er avril 1992, n° 88-43.524, BC V n° 226).

2) Cessation du contrat. Le droit au bénéfice de l'indemnité de clientèle n'est pas subordonné au fait que l'inaptitude invoquée comme motif de licenciement corresponde à une incapacité permanente totale de travail (cass. soc. 19 novembre 2014, n° 13-15.775, BC V n° 273; JCP éd. S 2015, 1034, note L. Drai; RJS 2/15 n° 157), dès lors que l'employeur a pris l'initiative de rompre le contrat de travail du VRP et qu'aucune faute grave n'a été reprochée à celui-ci, l'indemnité de clientèle lui est due, peu important que l'inaptitude au travail invoquée comme cause de licenciement ait été totale ou partielle (cass. soc. 8 juin 2005, n° 03-43.398, BC V n° 198; JCP éd. S 2005, 1092, note J-Fr. Cesaro; RJS 8-9/05 n° 926).

Si le contrat de travail se trouve seulement suspendu du fait de la maladie, l'employeur qui met fin au contrat en raison de la prolongation de la maladie prend de ce fait la responsabilité de la rupture et le salarié peut prétendre à l'indemnité (cass. soc. 9 mai 1990, n° 86-45.410; 7 juillet 1993, n° 89-41.096). En cas d'accident entraînant une incapacité permanente totale, l'indemnité de clientèle peut ne pas être due si le préjudice résultant de l'accident est déjà réparé par l'auteur du dommage (cass. soc. 30 juin 1971, n° 70-10.246, BC V n° 501). En cas de décès, l'indemnité est due aux héritiers si le représentant a été victime d'une maladie ou d'un accident ayant provoqué, avant le décès, une incapacité totale et permanente de travail qui avait entraîné la cessation du contrat de travail (cass. soc. 6 novembre 1991, n° 86-45.442). Dans ce cas, l'indemnité attribuée aux héritiers est calculée sur la base de la rémunération qu'aurait procurée à ce représentant son travail jusqu'à son décès (cass. soc. 29 novembre 1978, n° 77-40153, BC V n° 811).

3) Existence d'une clientèle et d'un préjudice résultant de sa perte

Clientèle: elle doit être réelle et stable, ce qui implique un renouvellement plus ou moins régulier des achats, même s'il intervient dans des délais importants (cass. soc. 4 novembre 1970, n° 69-40.494, BC V n° 583 à propos de machines à laver industrielles; cass. soc. 28 novembre 1973 s'agissant d'un représentant qui avait été au service d'une entreprise pendant quatorze ans et d'un matériel [cuisinières] qui ne se renouvelait qu'après dix ou quinze ans d'utilisation mais nécessitait entre-temps des réparations, donc des changements de pièces détachées; cass. soc. 2 juin 1976, n° 75-40.155, BC V n° 355 à propos de machines à écrire et à calculer dont l'amortissement est de trois à cinq ans) et exclut la clientèle occasionnelle (cass. soc. 22 octobre 1981, n° 79-41.313, précité, au sujet d'un représentant d'une maison d'édition; 16 décembre 1998, n° 96-42.365, s'agissant d'un salarié chargé de vendre des biens d'équipement lourd agricole, ne donnant pas lieu à de fréquents renouvellements).

La clientèle doit être personnelle: elle doit avoir été apportée, créée ou développée par le représentant (cass. soc. 31 mai 2006, n° 04-40.051; 30 avril 2014, n° 12-27.510). Le représentant qui n'a pas apporté à son employeur des clients susceptibles de rester attachés à celui-ci n'a pas droit à l'indemnité de clientèle (cass. soc. 13 mars 1980, n° 78-40.834, BC V n° 265). Il en est de même lorsque les fonctions du salarié (seconder les chefs de ventes, assurer l'intérim d'un représentant malade ou d'un secteur provisoirement sans titulaire) ne lui permettent pas d'apporter personnellement une clientèle ou de la développer (cass. soc. 22 mai 2001, n° 99-42.056). L'apport de clientèle peut également résulter de la reprise par le représentant, avec l'accord de l'employeur, de la clientèle d'un tiers dès lors que ce dernier n'avait pas été indemnisé (cass. soc. 16 juin 2004, n° 02-42.674, BC V n° 170). Lorsque le développement de la clientèle résulte d'une action conjointe de l'employeur et du représentant, ce dernier peut prétendre à une indemnité de clientèle pour la part lui revenant dans l'accroissement de celle-ci (cass. soc. 14 octobre 1998, n° 96-40.638, BC V n° 424). À noter que l'accroissement de la clientèle doit exister à la fois en nombre et en valeur (cass. soc. 28 octobre 1992, n° 89-44.016, BC V n° 526; 11 mars 2009, n° 07-43.344; 30 avril 2014, n° 12-27.510, précité). Une diminution du chiffre d'affaires essentiellement imputable à l'employeur, du fait de sa politique commerciale et de la qualité des produits qu'il distribue, ne saurait priver un représentant de l'indemnité de clientèle (cass. soc. 9 novembre 1982, n° 80-41.202, BC V n° 616; 12 mars 1992, n° 91-41.400).

C'est au représentant qu'il incombe de prouver l'accroissement de la clientèle (cass. soc. 22 janvier 1998, n° 94-45.259; voir aussi cass. soc. 10 février 2010, n° 09-40.131: preuve rapportée en l'espèce par la production de tableaux circonstanciés, non contredits par l'employeur, et permettant d'établir une évolution en nombre et en valeur de la clientèle développée par le représentant); mais l'employeur qui conteste cet accroissement doit produire à l'expert désigné par le tribunal tous documents comptables justifiant son refus d'allouer une indemnité, et, à défaut, l'expert établit valablement ses propositions sur les présomptions (cass. soc. 18 juin 1953). En cas de modification dans la situation juridique de l'employeur, c'est à la date d'embauche du représentant par le premier employeur qu'il faut se placer pour apprécier dans quelle mesure le représentant a développé la clientèle jusqu'au moment de son départ de la maison (cass. soc. 20 octobre 1993, n° 91-45.853).

Préjudice. Pour qu'existe un préjudice, il est nécessaire que le matériel offert à la vente soit d'un renouvellement assez fréquent et que les clients soient donc susceptibles de renouveler leurs ordres (cass. soc. 5 janvier 1994, n° 89-44.116). Le préjudice n'existe pas si le représentant «exclusif» (en cas d'embauche dans une entreprise concurrente ou dans une entreprise à laquelle a été cédée la clientèle de l'ancien employeur) peut continuer dans un nouvel emploi à prospecter la même clientèle pour les mêmes produits (cass. soc. 2 mars 1977, n° 75-40.599, BC V n° 161; 23 novembre 1999, n° 97-42.979, BC V n° 454; 22 janvier 1998, n° 94-44.274) ou si, de son propre chef et sans opposition de son employeur, il a vendu sa clientèle à son successeur (cass. soc. 28 octobre 1992, n° 89-43.805, BC V n° 527). En effet, un VRP peut être autorisé à céder la valeur de la clientèle qu'il a apportée, créée ou développée pour son entreprise, sous réserve qu'il renonce au bénéfice de l'indemnité de clientèle à laquelle il peut prétendre et que l'employeur ait donné son accord à ladite cession (cass. soc. 17 décembre 2002, n° 01-01.188, BC V n° 397).

C'est à l'employeur de prouver qu'après la rupture du contrat, le représentant a continué à visiter la clientèle qu'il s'était constituée (cass. soc. 13 octobre 1993, n° 89-45.458, BC V n° 233; 22 mai 2001, n° 99-40.293; 11 février 2004, n° 02-40.601, BC V n° 52). Le représentant, rémunéré uniquement par un salaire fixe et ne tirant aucun bénéfice direct de la clientèle qu'il visite, ne subit pas de préjudice lorsqu'il quitte l'entreprise et ne peut prétendre à l'indemnité de clientèle (cass. soc. 16 février 1983, n° 80-41.063, BC V n° 96; 5 mars 1992, n° 89-40.256); toutefois, il y a droit à indemnité de clientèle pour un représentant au fixe si ce fixe est assimilable à une commission forfaitaire ou s'il a été alloué en compensation d'un taux de commission réduit (cass. soc. 10 mars 2004, n° 03-42.744, BC V n° 84).

Le fait qu'après la rupture de son contrat de travail le représentant perçoive des revenus d'un montant plus élevé que celui de ses commissions n'exclut pas l'existence d'un préjudice résultant de la perte de la clientèle. C'est donc à tort que, pour débouter un salarié de sa demande d'indemnité de clientèle, une cour d'appel a retenu que, depuis sa mise à la retraite, l'intéressé percevait des revenus supérieurs à ceux qu'il aurait pu escompter dans le cadre du démarchage de sa clientèle (cass. soc. 11 mai 2011, n° 09-41.298, précité).

• **Montant de l'indemnité.** L'indemnité doit, en principe, se calculer au jour de la rupture du contrat (cass. soc. 22 janvier 1976, n° 74-40.576, précité; 31 octobre 2012, n° 11-18.612). Toutefois, si les juges constatent que les résultats d'un VRP ont diminué en raison d'une modification unilatérale de son secteur par l'employeur, ils peuvent se placer au moment où cette modification est intervenue pour évaluer l'indemnité de clientèle (cass. soc. 18 mars 2003, n° 01-42.255, BC V n° 101; RJS 6/03 n° 820). En l'absence de disposition légale en réglementant l'évaluation, son montant est fixé par les juges du fond qui évaluent souverainement le préjudice du représentant résultant de la perte de sa clientèle (cass. soc. 3 mai 2001, n° 99-40.912; 15 juillet 1998, n° 96-40.866, BC V n° 382; RJS 8-9/98 n° 986). L'indemnité est calculée sur la part de rémunération liée au chiffre d'affaires, c'est-à-dire sur les commissions (dans la pratique, celles afférentes aux deux années précédant la date de résiliation du contrat; à ce sujet, voir cass. soc. 20 mars 1963, BC IV n° 269; 21 mars 1979, n° 77-40.977, BC V n° 259), déduction faite, éventuellement, d'un pourcentage correspondant à la moyenne des frais généraux du représentant, des frais professionnels compris dans le montant des commissions (cass. soc. 12 octobre 1966, BC IV n° 769) et à l'exclusion:

– des rémunérations fixes sans corrélation avec la clientèle (cass. soc. 3 juin 1957). À noter, toutefois, à ce propos, qu'un salaire fixe mensuel alloué à un représentant pour tenir compte de la perte résultant de la réduction du taux de ses commissions doit être considéré comme une «commission forfaitaire» et être pris en compte pour le calcul de l'indemnité de clientèle (cass. soc. 21 janvier 1972, n° 71-40.028, BC V n° 47);

– des rémunérations spéciales accordées en cours de contrat pour rémunérer l'apport ou le développement de la clientèle (cass. soc. 25 juin 2003, n° 01-46.479, BC V n° 206; RJS 10/03 n° 1146). En effet, si ces rémunérations spéciales ont la nature d'un salaire qui reste acquis au représentant, même en cas de faute grave, elles doivent venir en déduction, pour leur montant net, de l'indemnité de clientèle à laquelle il a droit lors de la résiliation du contrat (cass. soc. 18 novembre 2003, n° 01-44.202, BC V n° 290).

Pour calculer le montant de l'indemnité de clientèle, il est tenu compte éventuellement des éléments qui établissent soit une réduction de la part personnelle du représentant dans l'augmentation constatée (hausse des prix, cass. soc. 9 mars 1966; notoriété de la maison et réputation de la marque, cass. soc. 4 juin 1942, 8 mars 1967), soit une responsabilité de l'employeur, du fait de ses agissements, dans la diminution de la clientèle (cass. soc. 22 janvier 1976, n° 74-40.576, précité). Il semblerait qu'il puisse être tenu compte de l'incidence de la publicité faite par l'employeur sur les résultats du salarié, à condition qu'elle soit établie (cass. soc. 27 mars 1991, n° 88-42.088).

• **Nature juridique de l'indemnité de clientèle.** Cette indemnité n'est pas le prix d'une cession de clientèle, mais présente le caractère de dommages-intérêts destinés à réparer le préjudice que subit le représentant en perdant pour l'avenir, lorsqu'il quitte une entreprise, le bénéfice de la clientèle apportée, créée ou développée par lui (cass. soc. 1er avril 1992, n° 89-40.136, BC V n° 238). Le fait qu'immédiatement après son licenciement, le représentant ait travaillé pour une société concurrente ne le prive pas du droit à l'indemnité de clientèle dès lors qu'il n'est pas démontré que l'intéressé prospectait la même clientèle en qualité de VRP (cass. soc. 17 mai 2000, n° 98-41.488).

À noter que lorsque, au cours de l'exécution du contrat de travail, l'employeur a versé au représentant une rémunération spéciale destinée à l'indemniser de la clientèle apportée, créée ou développée par lui, cette rémunération constitue un élément de salaire qui reste acquis au représentant et qui ne peut donner lieu à restitution, même en cas de faute grave (cass. soc. 23 novembre 1999, n° 97-43.250, BC V n° 455; Dr. Soc. 2000, p. 220).

Il ne peut y avoir de cumul entre l'indemnité de clientèle et l'indemnité légale de licenciement à laquelle le VRP licencié peut prétendre s'il remplit les conditions requises; en effet, ces deux indemnités ayant le même objet, seule la plus élevée est due (cass. soc. 20 mars 1980, n° 78-40.363, BC V n° 287; 14 novembre 2018, n° 17-21.026). L'indemnité de clientèle ne se cumule pas non plus avec l'indemnité conventionnelle de licenciement (cass. soc. 21 septembre 2005, n° 03-45.980, JSL n° 179, 13.12.2005, p. 27), ni avec l'indemnité conventionnelle de rupture et l'indemnité spéciale de rupture prévues par les articles 13 et 14 de l'ANI des VRP du 3 octobre 1975 (voir note sous article L. 7313-17), ni avec l'indemnité de mise à la retraite (cass. soc. 21 juin 1995, n° 91-43.639, BC V n° 210; RJS 8-9/95, n° 968; 11 mai 2011, n° 09-41.298, précité), seule la plus élevée étant due. En revanche, il peut y avoir cumul avec la contrepartie financière de la clause de non-concurrence destinée à compenser le dommage résultant, après l'expiration des relations de travail, de la restriction apportée à l'activité du salarié et qui répare un préjudice différent (cass. soc. 6 juin 1990, n° 87-44.104, BC V n° 271).

L'indemnité légale de licenciement constitue le minimum auquel le représentant a droit. Dès lors:
– le juge qui déboute un salarié de sa demande d'indemnité de clientèle doit alors statuer sur son droit à une indemnité de licenciement, celle-ci étant nécessairement incluse dans la demande d'indemnité de clientèle (cass. soc. 1er juin 2004, n° 02-41.176, RJS 8-9/04 n° 880, 1re espèce; 9 mars 2005, n° 02-46.149, BC V n° 84; RJS 5/05 n° 588; 18 janvier 2011, n° 09-40.267);
– il revient au juge qui accorde une indemnité de clientèle, en réponse à une demande incluant nécessairement l'indemnité légale de licenciement, de vérifier que la somme allouée n'est pas inférieure au montant de cette dernière et, si tel est le cas, de retenir le montant de l'indemnité légale de licenciement (cass. soc. 2 juillet 2014, n° 12-29.902, BC V n° 169; RJS 11/14 n° 818).

Art. L. 7313-14. L'indemnité de clientèle est due en cas de rupture du contrat de travail à durée déterminée par l'employeur avant l'échéance du terme ou lorsque le contrat venu à échéance n'est pas renouvelé, et en l'absence de faute grave.

Art. L. 7313-15. L'indemnité de clientèle ne se confond ni avec l'indemnité pour rupture abusive du contrat de travail à durée indéterminée, ni avec celle due en cas de rupture anticipée du contrat de travail à durée déterminée.

Art. L. 7313-16. L'indemnité de clientèle ne peut être déterminée forfaitairement à l'avance.

Note L'indemnité de clientèle ne pouvant être déterminée forfaitairement à l'avance, les parties ne peuvent convenir d'un montant ni d'un mode de calcul diminuant les droits résultant pour le représentant de ce texte d'ordre public (cass. soc. 3 juin 1970, n° 69-40.369, BC V n° 374). Le juge ne peut non plus fixer arbitrairement son montant, par exemple à deux années de commissions, sans rechercher l'importance du préjudice réel subi par l'intéressé (cass. soc. 4 novembre 1988, n° 85-46.158).

L'indemnité de clientèle dont le montant est fixé forfaitairement à l'avance, contrairement à l'interdiction légale, est en réalité une indemnité de rupture du contrat qui est due au VRP non licencié pour faute grave et n'est pas l'indemnité de clientèle prévue par la loi. La violation des règles établies dans l'intérêt des travailleurs n'est sanctionnée par la nullité que lorsqu'elle nuit aux intérêts de ceux-ci; l'employeur ne peut donc soulever la nullité d'une telle clause (cass. soc. 12 février 1975, n° 74-40.062, BC V n° 68). Toute convention intervenue entre les parties et tendant soit à supprimer ou à réduire l'indemnité de clientèle, soit à éluder les règles légales relatives au paiement de cette indemnité, est nulle et de nul effet (cass. soc. 13 novembre 1974, n° 74-40.145, BC V n° 545). L'indemnité de clientèle ne produit d'intérêts moratoires qu'à compter du jour où elle est judiciairement fixée (cass. soc. 16 mars 1989, n° 86-41.072; 27 mai 1992, n° 89-43.775).

Sous-section 4. **Indemnité conventionnelle de substitution**

Art. L. 7313-17. Lorsque l'employeur est assujetti à une convention ou accord collectif de travail ou à une décision unilatérale de sa part ou d'un groupement d'employeurs, le voyageur, représentant ou placier peut, dans les cas de rupture du contrat de travail mentionnés aux articles L. 7313-13 et L. 7313-14, bénéficier d'une indemnité.

L'indemnité est égale à celle à laquelle le voyageur, représentant ou placier aurait pu prétendre si, bénéficiant de la convention ou du règlement il avait, selon son âge, été licencié ou mis à la retraite.

Cette indemnité n'est pas cumulable avec l'indemnité de clientèle. Seule la plus élevée est due.

Note • À défaut d'indemnité de clientèle, et suivant que le représentant est rémunéré au fixe, à la commission, ou à la fois au fixe et à la commission, une indemnité conventionnelle de rupture et/ou une indemnité spéciale de rupture lui sont dues. Ces indemnités résultent des articles 13 à 16 de l'accord national interprofessionnel des VRP du 3 octobre 1975 (indemnité conventionnelle de rupture ou de mise à la retraite et indemnité spéciale de rupture ou de mise à la retraite). Si une entreprise est soumise à la fois à l'ANI des VRP et à une autre convention collective, cette dernière ne pourra s'appliquer que si elle comporte des dispositions plus favorables visant expressément les représentants de commerce dans son champ d'application, conformément au 3° du préambule de l'ANI précité (cass. soc. 21 juillet 1993, n° 89-45.285).

Mais les signataires de la convention collective à laquelle l'employeur est assujetti étant libres d'en déterminer le champ d'application, ils peuvent très bien décider d'exclure les VRP de ce champ d'application. Dans ce cas, un représentant de commerce ne saurait revendiquer le bénéfice de l'indemnité de licenciement prévue par la convention en question (cass. soc. 30 septembre 1997, n° 94-43.733, BC V n° 291).

• **Indemnité spéciale de rupture**

Conditions d'attribution. Le bénéfice de l'indemnité spéciale de rupture est subordonné à la renonciation du salarié au bénéfice de l'indemnité de clientèle à laquelle il pourrait avoir droit en application des articles L. 7313-13 et L. 7313-14 CT (ANI des VRP du 3 octobre 1975, art. 14); il n'est donc pas subordonné à la reconnaissance d'un droit à l'indemnité de clientèle (cass. soc. 24 mars 1999, n° 96-42.927; 15 janvier 2002, n° 99-45.694, RJS 5/02 n° 637; 13 avril 2005, n° 02-42.312). Le salarié ne peut, avant l'expiration de son contrat de travail, valablement renoncer au bénéfice de l'indemnité de clientèle en contrepartie du bénéfice de l'indemnité spéciale qui présente un caractère forfaitaire (cass. soc. 17 décembre 1997, n° 95-42.807). Aux termes de l'article 14 de l'ANI des VRP, cette renonciation doit intervenir dans les trente jours de la lettre de rupture du contrat (cass. soc. 20 mars 1991, n° 87-45.719, BC V n° 148) et elle doit être expresse (cass. soc. 18 mars 1992, n° 88-40.923, BC V n° 191; 8 juillet 1992, n° 88-44.911, BC V n° 461); la seule acceptation par le salarié du versement spontané par l'employeur de l'indemnité spéciale de rupture ne suffit pas à caractériser la renonciation à l'indemnité de clientèle (cass. soc. 17 décembre 1997, n° 95-42.807, précité). Cet article prévoit également que l'employeur peut s'opposer au versement de l'indemnité spéciale de rupture, à condition d'en informer par écrit le représentant dans les quinze jours de la notification de la rupture du contrat (cass. soc. 31 mars 1993, n° 88-43.694).

Cette indemnité est due en l'absence de faute grave du représentant; ainsi, l'employeur qui, en procédant à un licenciement pour faute grave, n'a pas cru devoir s'opposer au versement de l'indemnité spéciale de rupture dans le délai de quinze jours parce qu'il estimait qu'elle n'était pas due, est tenu de la verser au VRP dès lors que toute faute est écartée par les juges (cass. soc. 24 mars 1999, n° 96-42.927, précité). Par ailleurs, lorsqu'il est jugé que le licenciement prononcé pour faute grave repose en réalité sur une cause réelle et sérieuse, le bénéfice de l'indemnité spéciale de rupture ne peut être subordonné à la condition de renonciation par le salarié à l'indemnité de clientèle dans le délai de trente jours suivant l'expiration du contrat de travail; en effet, le salarié licencié pour faute grave ne peut renoncer à une indemnité de clientèle à laquelle il ne peut pas prétendre au jour de l'expiration du contrat (cass. soc. 9 décembre 2020, n° 19-17.395, à paraître).

Le VRP qui commet une faute grave en cours de préavis conserve son droit à l'indemnité spéciale de rupture, lequel prend naissance à la date de notification du licenciement (cass. soc. 11 mai 1993, n° 89-43.359).

En cas de mise à la retraite, c'est à la date de la notification de la mise à la retraite du VRP qu'il convient de se placer pour apprécier s'il remplit la condition d'âge requise pour bénéficier de l'indemnité spéciale de rupture prévue par l'article 14 de l'ANI des VRP du 3 octobre 1975. Peut donc prétendre à cette indemnité le salarié qui, au jour de la notification de sa mise à la retraite, n'a pas atteint l'âge de 65 ans à partir duquel cette indemnité n'est plus due (cass. soc. 9 mai 2006, n° 03-47.564, BC V n° 166; RJS 7/06 n° 902).

Calcul. Aux termes de l'article 14 de l'ANI des VRP du 3 octobre 1975, l'indemnité spéciale de rupture est calculée sur la rémunération moyenne mensuelle des douze derniers mois, déduction faite des frais professionnels et à l'exclusion de la partie fixe convenue de cette rémunération (cas des VRP rémunérés à la fois au fixe et à la commission). En cas de licenciement pour absence prolongée pour maladie, l'indemnité spéciale doit être calculée sur la rémunération moyenne mensuelle des douze derniers mois précédant l'arrêt de travail (cass. soc. 1er juillet 1997, n° 94-40.449, BC V n° 244; dans le même sens, voir cass. soc. 19 mai 1999, n° 98-40.166, JSL n° 39, 6.07.1999, p. 31).

• **Indemnité conventionnelle de rupture.** Prévue par l'article 13 de l'ANI des VRP, cette indemnité est calculée uniquement sur la partie fixe de la rémunération et s'ajoute éventuellement à l'indemnité spéciale de rupture, calculée, elle, sur les commissions. Le VRP qui perçoit exclusivement une rémunération fixe ne peut donc prétendre qu'à l'indemnité conventionnelle de rupture, qui n'est pas cumulable avec l'indemnité de licenciement (cass. soc. 15 octobre 2002, n° 00-42.364, BC V n° 308; RJS 12/02 n° 1449).

• **Cumul avec d'autres indemnités.** Si les articles 13 et 14 de l'ANI des VRP du 3 octobre 1975 disposent que l'indemnité conventionnelle de rupture et l'indemnité spéciale de rupture qu'ils prévoient ne sont pas cumulables avec l'indemnité de clientèle, il n'en résulte pas qu'elles ne peuvent se cumuler avec des rémunérations accordées en cours de contrat pour le même objet que l'indemnité de clientèle (cass. soc. 4 janvier 1996, n° 92-40.440, BC V n° 2; 27 mars 2019, n° 17-21.014, à paraître, RJS 6/19 n° 354; JCP éd. S 2019, 1130, note B. Bossu, s'agissant de sommes versées en cours de contrat à titre d'avances sur le montant de l'indemnité de clientèle). Le fait pour un VRP d'avoir perçu au cours de l'exécution du contrat de travail une rémunération spéciale ayant pour objet de rémunérer le développement et la création de clientèle ne peut donc le priver du bénéfice de l'indemnité prévue par l'article 13 de l'ANI du 3 octobre 1975, dès lors qu'il remplit les conditions pour y prétendre, peu important qu'il ait été rémunéré à la commission (cass. soc. 25 juin 2003, n° 01-43.717, BC V n° 207; RJS 10/03 n° 1146, 2e espèce).

SECTION 5. Litiges

Art. L. 7313-18. Le conseil de prud'hommes est seul compétent pour connaître des litiges relatifs à l'application du contrat de représentation régi par les dispositions du présent titre.

Note Ces dispositions interdisent l'introduction d'une clause attributive de juridiction dans le contrat des VRP statutaires. Le conseil de prud'hommes compétent est celui du domicile du représentant mais ce dernier peut, s'il le préfère, saisir le conseil du lieu où l'employeur est établi ou celui du lieu où l'engagement a été conclu (voir, à ce sujet, note sous art. R. 1412-1).

TITRE II GÉRANTS DE SUCCURSALES

CHAPITRE Ier Dispositions générales

Art. L. 7321-1. Les dispositions du présent code sont applicables aux gérants de succursales, dans la mesure de ce qui est prévu au présent titre.

Note • **Convention collective applicable.** Les dispositions du code du travail, et notamment celles relatives aux conventions collectives, étant applicables aux gérants de succursales, ces derniers bénéficient de la convention collective à laquelle est soumis le chef d'entreprise qui les emploie (cass. soc. 26 février 1992, n° 88-41.533, BC V n° 133; 25 mars 2009, n° 07-41.242, BC V n° 89; 26 octobre 2011, n° 10-14.175, RJS 1/12 n° 86; 11 janvier 2012, n° 10-23.821).

Mais si le mandataire gérant remplissant les conditions prévues par l'article L. 7321-2 peut se prévaloir de la convention collective applicable à la relation de travail, il ne peut, en l'absence de lien de subordination, être assimilé à un cadre salarié et ne peut en conséquence prétendre à la qualification conventionnelle correspondante (cass. soc. 15 janvier 2014, n° 11-11.223, BC V n° 22; RJS 3/14 n° 280).

• **Rémunération des gérants.** Sauf faute lourde de leur part, les gérants doivent conserver chaque mois une rémunération au moins égale au SMIC (cass. soc. 25 février 1998, n° 95-44.096, BC V n° 106).

Les frais professionnels exposés par le gérant pour les besoins de son activité et dans l'intérêt de l'employeur doivent lui être remboursés. Ils ne peuvent être imputés sur sa rémunération, à moins qu'il n'ait été contractuellement prévu qu'il en conserverait la charge moyennant le versement d'une somme fixée à l'avance de manière forfaitaire et à la condition que la rémunération proprement dite du travail reste au moins égale au SMIC (cass. soc. 25 février 1998, n° 95-44.096, précité; dans le même sens, voir aussi cass. soc. 4 décembre 2001, n° 99-41.265, BC V n° 373; RJS 2/02 n° 241, 1re espèce).

S'agissant des heures supplémentaires, on relèvera : le rejet par le juge d'une demande de paiement d'heures supplémentaires et d'indemnités compensatrices de congés payés présentée par un couple de gérants qui déterminaient librement les heures et jours d'ouverture de la station-service, choisissaient en toute liberté son personnel et fixaient les conditions de travail, d'hygiène et de sécurité dans les stations (cass. soc. 5 mars 1986), et l'acceptation d'une telle demande par le juge ayant estimé que les conditions d'ouverture du magasin entraînaient nécessairement l'accomplissement d'heures supplémentaires par les gérants qui ne pouvaient embaucher du personnel pour les accomplir en raison du faible montant des bénéfices de l'exploitation (cass. soc. 15 octobre 1987, n° 84-40.665).

• **Participation aux résultats de l'entreprise.** Si les gérants peuvent, en principe, prétendre participer aux fruits de l'entreprise, ils ne peuvent prétendre à aucune somme à ce titre dès lors que leurs bénéfices sont égaux ou supérieurs au montant de la rémunération minimale - salaire et participation - à laquelle ils peuvent prétendre en application du code du travail (cass. soc. 9 janvier 1985, n° 83-16.227, BC V n° 17).

• **Durée du travail, hygiène et sécurité.** Voir note sous art. L. 7321-3.

• **Congés payés.** Voir cass. soc. 19 octobre 1977, n° 76-40.684, BC V n° 546.

• **Rupture du contrat.** Les règles gouvernant la rupture du contrat de travail sont applicables à la rupture de la relation de travail entre un gérant de succursale et l'entreprise fournissant les marchandises distribuées (cass. soc. 5 mars 2014, n° 12-27.050) ; elle doit reposer sur une cause réelle et sérieuse, une clause contractuelle ne pouvant valablement prévoir un cas de résiliation automatique (cass. soc. 9 novembre 2004, n° 02-41.801). Le gérant peut prétendre à l'indemnité légale de licenciement, peu important le bénéfice qu'il a réalisé par l'exploitation de la succursale (cass. soc. 11 décembre 1985, n° 81-41.635, BC V n° 606). En matière de licenciement, voir aussi cass. soc. 11 octobre 1978, n° 77-12.077, BC V n° 662 ; 24 janvier 1979, n° 77-40.811, BC V n° 66 ; 1er février 1979, n° 77-40.861, BC V n° 110.

• **Déficit de gestion.** Voir note sous art. L. 7322-2. Les mêmes règles sont applicables aux gérants de station-service (cass. soc. 7 février 1990, n° 87-13.309).

• **Déficit d'inventaire.** L'engagement pris par une gérante salariée, dont le contrat est soumis aux dispositions de l'article L. 781-1 (ancien), de garantir le déficit d'inventaire est licite dans la mesure où il n'est pas porté atteinte à son droit au salaire minimum (cass. soc. 20 janvier 1993, n° 89-45.262).

• **Compétence juridictionnelle.** Lorsque les gérants d'un magasin exercent leur activité, non pas dans un lien de subordination caractérisant l'existence d'un contrat de travail de droit commun, mais dans les conditions posées par l'article L. 7321-2, les litiges se rattachant aux modalités commerciales d'exploitation du magasin relèvent de la compétence du tribunal de commerce (cass. soc. 14 janvier 2015, n° 13-20.707, RJS 3/15 n° 207). Tel est le cas d'un litige né de la demande d'une société tendant à obtenir le paiement d'une certaine somme correspondant à des détournements et à un déficit d'inventaire (cass. soc. 8 mars 2006, n° 04-17.059, BC V n° 96 ; RJS 6/06 n° 766 ; Dr. Soc. 2006, p. 789, obs. J. Savatier).

Mais la juridiction prud'homale est compétente pour trancher les litiges relatifs à l'application de l'article L. 781-1 [L. 7321-2] CT ; en effet, la répartition des compétences entre le tribunal de commerce et le conseil de prud'hommes, en cas de différends entre les locataires-gérants et les sociétés propriétaires du fonds, ne peut priver les gérants du droit de saisir le conseil de prud'hommes en invoquant le bénéfice des dispositions de l'article L. 781-1 [L. 7321-2] CT et il appartient aux juges du fond, saisis de demandes formées en application de la législation sociale, d'une part, d'apprécier si les gérants exercent leur activité professionnelle dans les conditions fixées par l'article L. 781-1, 2° [L. 7321-2, 2°] et, d'autre part, s'ils ont valablement renoncé à se prévaloir du statut de salarié (cass. soc. 22 mars 2006, n° 05-42.233, BC V n° 122 ; RJS 6/06 n° 777 ; Dr. Soc. 2006, p. 789, obs. J. Savatier).

Art. L. 7321-2. Est gérant de succursale toute personne :

1° Chargée, par le chef d'entreprise ou avec son accord, de se mettre à la disposition des clients durant le séjour de ceux-ci dans les locaux ou dépendances de l'entreprise, en vue de recevoir d'eux des dépôts de vêtements ou d'autres objets ou de leur rendre des services de toute nature ;

2° Dont la profession consiste essentiellement :

a) Soit à vendre des marchandises de toute nature qui leur sont fournies exclusivement ou presque exclusivement par une seule entreprise ***(L. 2008-776 du 4 août 2008, art. 39, JO 5)*** « , lorsque ces personnes exercent leur profession dans un local fourni ou agréé par cette entreprise et aux conditions ***(L. 2009-526 du 12 mai 2009, JO 13)*** « et » prix imposés par cette entreprise » ;

b) Soit à recueillir les commandes ou à recevoir des marchandises à traiter, manutentionner ou transporter, pour le compte d'une seule entreprise, lorsque ces personnes exercent leur profession dans un local fourni ou agréé par cette entreprise et aux conditions et prix imposés par cette entreprise.

Note • **Bénéfice du statut.** Les dispositions du chapitre Ier sont applicables aux personnes qui exercent leur profession dans les conditions fixées aux points 1° ou 2°, quelle que soit leur dénomination (dépositaire, gérant, succursaliste…), à l'exception, par conséquent :
– des gérants salariés auxquels s'appliquent les dispositions de droit commun concernant les salariés proprement dits ;
– des «gérants non salariés» des succursales de commerce de détail alimentaire et des coopératives de consommation auxquels est applicable le chapitre II du titre II ;
– et, en principe, des gérants libres (voir, toutefois, la note concernant les gérants de stations-service).

Le bénéfice des dispositions des articles L. 7321-1 à 5 CT n'est pas subordonné au caractère fictif de la société ni à la condition que l'activité professionnelle découlant de cette exploitation soit exercée par les seuls intéressés, à l'exclusion de l'emploi de salariés (cass. soc. 25 février 2009, n° 07-40.371, JCP éd. S 2009, 1329, note Th. Lahalle).

Les clauses du contrat liant le fournisseur à la société chargée de la distribution des produits ne peuvent être opposées au gérant demandant l'application des dispositions du code du travail sur le fondement de l'article L. 7321-2 (cass. soc. 5 décembre 2012, n° 11-22.365, BC V n° 328).

Action tendant à obtenir le statut de gérant de succursale. L'action tendant à faire reconnaître que les dispositions de l'article L. 7321-2 sont applicables à un rapport contractuel, qui n'exige pas que soit établie l'existence d'un lien de subordination, n'est pas une action exclusivement attachée à la personne qui désire bénéficier de ces dispositions. Dès lors, cette action peut être exercée par les organes d'une procédure collective (cass. soc. 9 mars 2011, n° 09-42.901, BC V n° 74 ; RJS 5/11 n° 478 ; Dr. Soc. 2011, p. 715, obs. E. Dockès).

• **Lien exclusif ou quasi exclusif avec une entreprise industrielle ou commerciale.** Le critère de «presque exclusivité» posé par l'article L. 7321-2, bien que non défini par ce texte, est conforme à l'article 6 § 1 de la Convention EDH ; en effet, le fait que les juridictions apprécient dans chaque cas l'importance, prépondérante ou non, de l'activité consacrée par un distributeur de produits au service du fournisseur, ne constitue pas une atteinte à la sécurité juridique mais constitue au contraire une garantie de sécurité pour ce dernier (cass. soc. 5 décembre 2012, n° 11-20.460, BC V n° 327 ; RJS 3/13 n° 241, 2e espèce ; JCP éd. S 2013, 1122, note Th. Lahalle).

Le gérant doit soit recevoir exclusivement ou quasi exclusivement des marchandises d'une seule entreprise, soit agir exclusivement pour le compte d'une seule entreprise, peu important l'objet de cette entreprise (cass. com. 3 mai 1995, n° 93-12.981, RJS 10/95 n° 1077 ; 1er juillet 2020, n° 17-31.755, précisant que l'activité professionnelle de restauration peut entrer dans le champ d'application de l'article L. 7321-2 CT et être confiée à un gérant de succursale dès lors que sont réunies les conditions prévues au 2° de cet article). Ne peut être considéré comme gérant l'exploitant d'un commerce personnel, qualité en laquelle l'intéressé est inscrit au registre du commerce et qui a, dans ce cadre, un dépôt de bière provenant d'un établissement, pour lequel il bénéficie seulement de conditions particulières (cass. soc. 24 janvier 1980, n° 78-40.109, BC V n° 80). De même, il a été jugé que les dispositions de cet article n'étaient pas applicables aux relations entre un franchiseur et un franchisé dès lors que l'accord de franchise permettait au franchisé de s'approvisionner de façon indépendante et que le franchiseur n'était pas son seul fournisseur (cass. soc. 11 octobre 2000, n° 99-10.922).

• **Fourniture ou agrément du local.** Le local doit être fourni, choisi ou simplement agréé par l'entreprise (cass. com. 3 mai 1995, n° 93-12.981, précité ; cass. soc. 13 octobre 1998, n° 96-41.922). Il importe peu que l'activité soit exercée dans des locaux faisant l'objet d'une autorisation temporaire d'occupation du domaine public (cass. com. 1er juillet 2020, n° 17-31.755, précité, s'agissant d'un recours à la gérance de succursale pour l'exploitation de points de restauration d'un aéroport par une entreprise attributaire d'une autorisation temporaire d'occupation).

• **Conditions et prix imposés.** Les gérants doivent exercer leur profession dans les conditions fixées par l'entreprise et pratiquer les prix imposés par elle, sans pouvoir pratiquer une politique personnelle des prix (cass. soc. 12 janvier 1983, n° 80-41.288, BC V n° 14 ; 13 janvier 2010, n° 09-41.644). Lorsque les prix ne sont pas imposés mais seulement conseillés par l'entreprise, le gérant ne peut prétendre bénéficier des dispositions de cet article (cass. soc. 8 avril 1992, n° 89-42.101).

La Cour de cassation a précisé que la circonstance que les pratiques de prix mises en œuvre par une société dans ses rapports avec ses distributeurs échapperaient, en vertu de règlements communautaires d'exemption, à la prohibition des ententes entre entreprises découlant des articles 81 et 82 du Traité CE est dépourvue de lien avec la prise en considération, au titre des dispositions de l'article L. 7321-2, 2° CT, qui permettent à des gérants de succursales de se prévaloir à l'égard de la société mère de l'application de dispositions de ce code, de l'existence de prix imposés aux gérants de ses succursales par la société sans qu'il en résulte la moindre prohibition de cette pratique qu'elle met ainsi en œuvre (cass. soc. 16 septembre 2015, n° 14-17.371, BC V n° 166 ; RJS 12/15 n° 821).

• **Activité exercée à titre principal.** L'activité de gérant doit constituer la profession principale.

Pour déterminer si le gérant doit ou non bénéficier des dispositions du code du travail, le juge n'a pas à rechercher si l'intéressé exerce ou non ses fonctions dans un rapport de subordination avec la société; il lui appartient seulement de rechercher si les conditions énoncées par l'article L. 781-1, 2° [L. 7321-2, 2°] CT sont en fait réunies (cass. soc. 4 décembre 2001, n° 99-44.452, BC V n° 373; Dr. Soc. 2002, p. 163; 8 février 2005, n° 03-40.731, RJS 4/05 n° 453; 19 mai 2010, n° 09-42.614, JCP éd. S 2010, 1426, note Th. Lahalle; 9 mars 2011, n° 09-42.901, précité; 18 janvier 2012, n° 10-23.921).

Ces conditions doivent être cumulativement remplies (cass. soc. 3 novembre 2005, n° 03-47.968, JCP éd. S 2005, 1399, note J-Fr. Cesaro). Si l'ensemble de ces conditions ne font pas apparaître un lien de subordination juridique d'employeur à employé au sens strict de ces termes, elles définissent une réelle dépendance économique. Est fondé l'arrêt refusant le bénéfice de l'article L. 781-1 (ancien) à un locataire-gérant après avoir constaté qu'«une des conditions cumulatives prévues à cet article faisait défaut», les revenus procurés à l'intéressé par le secteur d'activité autre que la vente des carburants et lubrifiants, objet d'exclusivité, représentaient «un profit non négligeable lui permettant de se soustraire à une prétendue subordination économique à l'égard de la société» (cass. soc. 23 octobre 1985, n° 3635 S; dans le même sens, voir aussi cass. soc. 17 octobre 2006, n° 04-45.912, RJS 12/06 n° 1326). À l'inverse, une cour d'appel a pu requalifier un contrat de location-gérance de station-service en contrat de gérant salarié après avoir constaté que les activités annexes de charcuterie et de restauration rapide exercées par le gérant, tributaires de la vente de carburants et produits pétroliers et de la fréquentation peu importante de la station, ne procuraient à l'intéressé qu'un chiffre d'affaires très faible, ce qui suffisait à caractériser son état de dépendance économique à l'égard de la société pétrolière (cass. soc. 4 mai 1999, n° 96-43.775). Voir aussi cass. soc. 4 décembre 2001, n° 99-41.265, BC V n° 373; RJS 2/02 n° 241, 1re espèce, approuvant une cour d'appel d'avoir décidé que les conditions de l'article L. 781-1, 2° (ancien) étaient réunies après avoir fait ressortir que le franchisé distribuait et ramassait des colis à partir d'un local dont la société était locataire, que la distribution était soumise à des horaires et à un itinéraire imposés par la politique commerciale de la société, que les tarifs étaient imposés par cette dernière qui encaissait directement les factures de la clientèle.

• **Gérants de stations-service.** C'est à leur sujet que s'est d'abord posée la question de savoir si les gérants libres, qui ont la qualité de commerçants en application de la loi du 20 mars 1956 relative à la location-gérance des fonds de commerce et des établissements artisanaux, pouvaient bénéficier des dispositions des articles L. 781-1 et s. [L. 7321-1 et s.] CT, puis si leur application pouvait être écartée par un accord collectif ou par les contrats individuels, seuls ou se référant à un accord collectif prévoyant un statut excluant ces dispositions.

Régime conventionnel dérogatoire. Les «partenaires sociaux» concernés ont été amenés à conclure des accords (accord interprofessionnel du 25 avril 1973, protocole d'accord du 21 janvier 1977) qui tendent à exclure l'application des dispositions des articles L. 781-1 et 2 [L. 7321-1 à 5] aux gérants des stations-service.

Position de l'administration. Elle estime pour sa part qu'il appartient aux tribunaux, dans chaque cas d'espèce, d'apprécier si le gérant est ou non lié au propriétaire du fonds de commerce dans des conditions qui justifient l'application de l'article L. 781-1 [L. 7321-2] (voir, en ce sens, rép. QE 21585, JO AN 29 novembre 1979, p. 10877).

Jurisprudence. La Cour suprême admet qu'un locataire-gérant de station-service puisse soit bénéficier du «statut» de salarié, en application de l'article L. 781-1 [L. 7321-2], soit du «statut» conventionnel, en application d'un contrat individuel conclu dans le cadre de l'accord interprofessionnel, l'examen des conditions dans lesquelles l'activité de l'intéressé s'exerce réellement étant essentiel pour déterminer lequel des deux statuts est applicable au gérant. Ces deux statuts étant exclusifs l'un de l'autre, c'est à tort qu'après avoir constaté qu'un gérant de station-service avait réalisé un bénéfice commercial, une cour d'appel a condamné la société qui lui avait confié l'exploitation du fonds à lui payer une somme à titre de salaires par application de l'article L. 781-1 [L. 7321-2] CT, l'intéressé ne pouvant obtenir, au cours d'une même année, le cumul des sommes dues à titre de salaires et de celles perçues à titre de bénéfice commercial (cass. soc. 13 mars 2001, n° 99-40.193, BC V n° 81; RJS 5/01 n° 681). Voir aussi cass. soc. 7 décembre 2017, n° 16-18.669, BC V n° 211; JCP éd. S 2018, 1035, note Th. Lahalle; RJS 2/18 n° 151 (ayant relevé l'absence de tout lien de subordination existant entre des gérants et les sociétés leur ayant confié l'exploitation du fonds, une cour d'appel en a exactement déduit qu'ils ne pouvaient se voir appliquer la qualification prévue par la convention collective applicable à ces sociétés et le salaire minimum en découlant); cass. soc. 26 février 1992, n° 88-41.533, BC V n° 133 (le gérant qui a été admis au bénéfice des dispositions de l'article L. 781-1 [L. 7321-2] ne peut prétendre au paiement de l'indemnité contractuelle de fin de gérance). Mais seul le bénéfice effectif de la législation du travail interdit au gérant de revendiquer l'application du statut conventionnel; ainsi, lorsque, après avoir réclamé le paiement d'indemnités de rupture et de dommages et intérêts, le gérant s'est désisté de son action prud'homale, il demeure en droit de réclamer la prime de fin de gérance prévue à son contrat de locataire-gérant (cass. soc. 8 avril 1992, n° 89-13.956, BC V n° 266). Par ailleurs, si le règlement de l'indemnité de fin de gérance intervient en cours d'exécution de conventions qui maintenaient le locataire-gérant dans un lien de subordination à l'égard de la société, la perception, dans ces circonstances, d'une telle indemnité n'impliquait pas que le locataire-gérant eût renoncé au bénéfice des dispositions d'ordre public de l'article L. 781-1 [L. 7321-2] (cass. soc. 10 décembre 1986, JS 1987, SJ 53).

Participation aux résultats de l'entreprise. Il résulte des dispositions de l'article L. 781-1 (ancien) CT que, s'ils ont droit de participer aux fruits de l'expansion de l'entreprise, les locataires-gérants des stations-service ne peuvent bénéficier d'aucune somme à ce titre, dès lors que les bénéfices retirés par eux de leur activité commerciale sont égaux ou supérieurs au montant de la rémunération «minimale» (salaire et participation) à laquelle ils peuvent prétendre en application du code du travail (cass. soc. 9 janvier 1985, n° 83-16.227, BC V n° 17).

Affiliation aux régimes de retraite complémentaire. Le fait qu'un gérant de station-service bénéficie des dispositions du code du travail en application des articles L. 7321-1 et s., n'implique pas son affiliation automatique aux régimes de retraite complémentaires AGIRC et ARRCO (cass. soc. 23 novembre 2016, n° 15-21.192, BC V n° 223; JCP éd. S 2017, 1002, 2e espèce, note Th. Lahalle; RJS 2/17 n° 156, 2e espèce).

Responsabilité pécuniaire. Lorsqu'un gérant de station-service s'est vu reconnaître, non pas la qualité de salarié, mais l'application des dispositions de l'article L. 7321-2, l'engagement de sa responsabilité pécuniaire n'est pas soumis à l'exigence de l'existence d'une faute lourde (cass. soc. 23 novembre 2016, n° 15-21.942, BC V n° 224; JCP éd. S 2017, 1002, 1re espèce, note Th. Lahalle; RJS 2/17 n° 156, 1re espèce).

Art. L. 7321-3. Le chef d'entreprise qui fournit les marchandises ou pour le compte duquel sont recueillies les commandes ou sont reçues les marchandises à traiter, manutentionner ou transporter n'est responsable de l'application aux gérants salariés de succursales des dispositions du livre Ier de la troisième partie relatives à la durée du travail, aux repos et aux congés et de celles de la quatrième partie relatives à la santé et à la sécurité au travail que s'il a fixé les conditions de travail, de santé et de sécurité au travail dans l'établissement ou si celles-ci ont été soumises à son accord.

Dans le cas contraire, ces gérants sont assimilés à des chefs d'établissement. Leur sont applicables, dans la mesure où elles s'appliquent aux chefs d'établissement, directeurs ou gérants salariés, les dispositions relatives:

1° Aux relations individuelles de travail prévues à la première partie;

2° À la négociation collective et aux conventions et accords collectifs de travail prévus au livre II de la deuxième partie;

3° À la durée du travail, aux repos et aux congés prévus au livre Ier de la troisième partie;

4° Aux salaires prévus au livre II de la troisième partie;

5° À la santé et à la sécurité au travail prévues à la quatrième partie.

Note Le gérant ne bénéficie de la réglementation sur la durée du travail, l'hygiène et la sécurité que si les conditions de travail, d'hygiène et de sécurité ont été fixées par l'entreprise qui l'emploie (cass. soc. 16 février 2011, n° 09-68.540).

Il appartient, en cas de litige, aux juridictions saisies d'analyser le contrat liant les parties pour déterminer qui, de la société ou du gérant, fixe les conditions de travail, d'hygiène et de sécurité. Le seul fait du versement d'un salaire au gérant et de l'immatriculation de celui-ci au régime général de la sécurité sociale ne suffit pas à rendre le chef d'entreprise responsable de l'application au gérant des dispositions du code du travail relatives à la santé et à la sécurité au travail (cass. crim. 14 novembre 1966). Lorsque le contrat met à la charge du gérant l'entretien et le maintien dans un état constant de propreté de la station-service, des locaux fréquentés par la clientèle et de ceux où il travaille ainsi que de l'appareillage qui lui est confié, les conditions d'hygiène et de sécurité du travail sont fixées par la société employeur, peu important que le gérant ait la possibilité de prendre des dispositions concernant les conditions de travail, d'hygiène ou de sécurité pour l'emploi de son propre personnel (cass. soc. 2 octobre 1974).

Art. L. 7321-4. Les gérants de succursales sont responsables à l'égard des salariés placés sous leur autorité, au lieu et place du chef d'entreprise avec lequel ils ont contracté, de l'application des dispositions mentionnées aux 1° à 5° de l'article L. 7321-3 à condition d'avoir toute liberté en matière d'embauche, de licenciement et de fixation des conditions de travail de ces salariés.

Note Il résulte de ces dispositions que, pour l'application du code du travail, le personnel salarié recruté pour permettre le fonctionnement de l'établissement devra être considéré comme lié par un contrat de travail soit avec l'entreprise, soit, au contraire, avec le gérant si ce dernier agit en toute liberté en ce qui concerne l'embauche, la fixation des conditions de travail et le licenciement dudit personnel.

Art. L. 7321-5. Est nulle toute convention contraire aux dispositions du présent chapitre.

CHAPITRE II Gérants non salariés des succursales de commerce de détail alimentaire

Art. L. 7322-1. Les dispositions du chapitre Ier sont applicables aux gérants non salariés définis à l'article L. 7322-2, sous réserve des dispositions du présent chapitre.

L'entreprise propriétaire de la succursale est responsable de l'application au profit des gérants non salariés des dispositions du livre Ier de la troisième partie relatives à la durée du travail, aux repos et aux congés, ainsi que de celles de la quatrième partie relatives à la santé et à la sécurité au travail lorsque les conditions de travail, de santé et de sécurité au travail dans l'établissement ont été fixées par elle ou soumises à son accord.

Dans tous les cas, les gérants non salariés bénéficient des avantages légaux accordés aux salariés en matière de congés payés.

Par dérogation aux dispositions des articles L. 3141-1 et suivants relatives aux congés payés, l'attribution d'un congé payé peut, en cas d'accord entre les parties, être remplacée par le versement d'une indemnité d'un montant égal au douzième des rémunérations perçues pendant la période de référence.

Les obligations légales à la charge de l'employeur incombent à l'entreprise propriétaire de la succursale.

Note • Le gérant non salarié d'une succursale doit bénéficier de tous les avantages accordés aux salariés par la législation sociale. Il ne peut donc être privé, dès l'origine, par une clause du contrat, du bénéfice des règles protectrices relatives à la rupture des relations contractuelles (cass. soc. 28 septembre 2011, n° 10-21.294, BC V n° 210; RJS 12/11 n° 1021; 27 mars 2013, n° 12-12.892, BC V n° 91; RJS 6/13 n° 495). Il appartient à la juridiction prud'homale, qui n'est pas liée par la définition donnée par la convention des parties des faits susceptibles d'en entraîner la rupture sans préavis ni indemnité, d'apprécier si les faits reprochés aux gérants sont constitutifs d'une faute grave; ayant relevé que le comportement de gérants non salariés ne faisait l'objet d'aucune critique autre que celle tirée de l'existence d'un déficit d'inventaire, une cour d'appel a pu décider qu'aucune faute grave ne pouvait être retenue à leur encontre (cass. soc. 28 octobre 1997, n° 94-45.257, BC V n° 351; RJS 12/97 n° 1450; voir aussi cass. soc. 11 mars 2009, n° 07-40.813, BC V n° 79).

• Sont également applicables aux gérants non salariés:

– les dispositions du code du travail relatives à l'obligation de reclassement des salariés devenus physiquement inaptes à leur emploi à la suite d'une maladie non professionnelle, les visites médicales de reprise devant être effectuées auprès de la médecine du travail (cass. soc. 15 mai 2007, n° 06-40.872, BC V n° 78; JCP éd. S 2007, 1586, note Th. Lahalle; RJS 7/07 n° 896; Dr. Soc. 2007, p. 1054, obs. J. Savatier);

– les dispositions des articles L. 1226-10 et L. 1226-12 CT relatives au reclassement des salariés déclarés inaptes à la suite d'un accident du travail ou d'une maladie professionnelle (cass. soc. 5 octobre 2016, n° 15-22.730, BC V n° 185; JCP éd. S 2016, 1402, note L. Drai; RJS 12/16 n° 830; 19 juin 2019, n° 17-31.716).

– les dispositions du code du travail relatives à la rupture du contrat de travail à durée indéterminée et à la prescription des sanctions, de sorte que la rupture du contrat qui s'appuie sur des fautes prescrites constitue un licenciement sans cause réelle et sérieuse (cass. soc. 8 décembre 2009, n° 08-42.090, BC V n° 278);

– les dispositions du code du travail concernant les retenues sur salaires (cass. soc. 4 février 1988, n° 85-40.271, BC V n° 99);

– le régime protecteur accordé aux représentants du personnel en matière de licenciement. Ainsi, le gérant non salarié, investi d'un mandat représentatif en application de l'article 37 de l'accord collectif national du 18 juillet 1963 précisant les modalités d'application particulières, aux gérants non salariés de succursales, des dispositions légales relatives aux syndicats professionnels et aux institutions représentatives du personnel, doit être en mesure d'exprimer et de défendre librement les revendications de la collectivité des gérants qu'il représente et doit bénéficier, à ce titre, des dispositions du code du travail applicables aux délégués syndicaux et aux représentants du personnel. La rupture du contrat d'un gérant non salarié désigné délégué syndical d'établissement sans autorisation préalable de l'inspecteur du travail est donc entachée de nullité (cass. soc. 8 décembre 2009, n° 08-42.089, BC V n° 277; voir aussi cass. soc. 28 septembre 2011, n° 10-21.294, précité, précisant que l'autorisation de licenciement est requise

pendant six mois pour le candidat aux élections des délégués gérants de succursales de commerce de détail alimentaire, à partir de la publication de la liste des candidatures, la durée de six mois courant à partir de l'envoi par lettre recommandée de la candidature à l'employeur);
– les dispositions légales relatives aux syndicats professionnels et aux institutions représentatives du personnel, sous réserve des aménagements expressément et limitativement prévus par l'accord du 18 juillet 1963 (cass. soc. 13 janvier 2010, n° 09-60.107, BC V n° 8; JCP éd. S 2010, 1079, 4e espèce, note Th. Lahalle; RJS 3/10 n° 294; voir aussi cass. crim. 11 octobre 2011, n° 10-86.944, B. crim. n° 204, précisant que lorsqu'un gérant non salarié d'une succursale de commerce de détail alimentaire est titulaire d'un mandat représentatif ou syndical, le transfert ou la rupture du contrat de gérance sans autorisation administrative est constitutif d'entrave et puni par l'article L. 2431-1 CT; solution confirmée par l'assemblée plénière de la Cour de cassation dans un arrêt du 9 janvier 2015, n° 13-80.967, BC n° 1; RJS 3/15 n° 223; JCP éd. S 2015, 1098, note Th. Lahalle).

• Une clause de non-concurrence prévue dans le contrat d'un gérant non salarié de succursale de maison d'alimentation de détail n'est licite que si elle comporte l'obligation pour la société de distribution de verser au gérant une contrepartie financière, étant précisé que la stipulation d'une clause de non-concurrence nulle est susceptible de causer au gérant un préjudice dont l'existence et l'évaluation relèvent du pouvoir souverain d'appréciation des juges du fond (cass. soc. 5 octobre 2016, n° 15-22.730, précité; voir aussi cass. soc. 27 mars 2013, n° 12-12.892, précité, précisant que la validité de la clause de non-concurrence s'apprécie à la date de sa conclusion).

Art. L. 7322-2. Est gérant non salarié toute personne qui exploite, moyennant des remises proportionnelles au montant des ventes, les succursales des commerces de détail alimentaire ou des coopératives de consommation lorsque le contrat intervenu ne fixe pas les conditions de son travail et lui laisse toute latitude d'embaucher des salariés ou de se faire remplacer à ses frais et sous son entière responsabilité.

La clause de fourniture exclusive avec vente à prix imposé est une modalité commerciale qui ne modifie pas la nature du contrat.

Note • **Statut.** Le statut des gérants non salariés des succursales de commerce de détail alimentaire résulte de la loi du 3 juillet 1944. À défaut d'une définition du contrat de gérance succursaliste, on considère généralement qu'il s'agit d'un «contrat de mandat d'intérêt commun» liant le propriétaire du fonds au gérant qui jouit d'une indépendance certaine, partage les risques de l'exploitation mais bénéficie d'un statut social légal et conventionnel (accord collectif national du 12 novembre 1951, modifié par avenant du 21 novembre 1984 et par accord du 2 mars 2006, concernant les coopératives de consommation et accord collectif national du 18 juillet 1963, modifié par accord du 24 septembre 1984 et avenant du 14 octobre 2009, et étendu par arrêté du 25 avril 1985 (JO 14 mai), concernant les maisons d'alimentation de détail).

Sont seules visées par cet article les personnes exploitant des succursales de commerce de détail alimentaire ou des coopératives de consommation à l'exclusion, donc, des autres gérants non salariés de succursales de toute autre entreprise industrielle ou commerciale. En ce qui concerne la distinction entre gérant «salarié» et gérant «non salarié», au sens de cet article, voir notamment cass. soc. 29 octobre 1980, n° 79-14.352, BC V n° 789 et, s'agissant d'un gérant salarié, cass. soc. 21 avril 1988, n° 86-18.100, BC V n° 244 et 31 octobre 1989, n° 87-13.376, BC V n° 624.

• **Activité de la société employeur et du gérant.** La réglementation n'exigeant pas que les maisons d'alimentation de détail aient pour seule activité la vente au détail, peu importe qu'elles soient également grossistes des mêmes produits alimentaires (cass. soc. 18 mai 1967). La réglementation n'exigeant pas que les gérants non salariés aient pour seule activité l'exploitation d'une succursale, peu importe qu'à cette activité essentielle, s'ajoute l'exercice d'une autre activité commerciale (cass. soc. 21 décembre 1953).

• **Conditions de travail.** Les clauses prévoyant que le gérant doit tenir son magasin ouvert aux heures fixées par l'entreprise et ne pas le fermer sans son autorisation ainsi que celles relatives à la présentation des marchandises ne fixent pas «les conditions de travail» au sens de cet article parce qu'elles ne portent pas sur l'exécution même de la tâche (cass. soc. 4 mars 1964, BC IV n° 198; 15 décembre 1993, n° 91-18.573, RJS 1/94 n° 90).

• **Liberté de se faire remplacer et de recruter du personnel.** Toute clause contraire dans un contrat ferait perdre au gérant sa qualité de «gérant non salarié» au sens de cet article (voir cass. soc. 29 octobre 1980, n° 79-14.352, BC V n° 789). À l'inverse, lorsque le gérant peut se substituer un tiers ou employer du personnel, il ne peut revendiquer la qualité de salarié (cass. soc. 3 mars 1993, n° 88-41.219). Encore faut-il que la clause permettant au gérant d'embaucher du personnel ou de se substituer un remplaçant ait été appliquée dans les faits: si, lors des absences du gérant, le remplacement est assuré par la société sans que le gérant n'intervienne dans la décision, la qualité de salarié pourra être reconnue (cass. soc. 19 janvier 1999, n° 97-13.299); il en est de même lorsque la rémunération du gérant, très nettement inférieure au SMIC, ne lui permet pas de se faire remplacer pendant ses congés faute de pouvoir rémunérer un remplaçant, ni de bénéficier de la possibilité effective d'embaucher son propre personnel (cass. soc. 24 juin 2020, n° 18-20.705).

• **Contrat de travail.** Il est nécessaire que le contrat de travail des gérants «ne fixe pas les conditions de leur travail et leur laisse toute latitude d'embaucher du personnel ou de se substituer des remplaçants à leurs frais et sous leur entière responsabilité» (cass. soc. 3 juin 1982, n° 80-40.065, BC V n° 359). Ayant relevé qu'une gérante succursaliste ne jouissait d'aucune liberté concernant, d'une part, l'exploitation de la succursale, qu'il s'agisse des conditions de travail, de la gestion du stock dont le réassortiment dépendait du bon vouloir de la société qui pouvait à tout moment faire exercer des contrôles par ses inspecteurs, concernant, d'autre part, l'embauche du personnel dans la mesure où la succursale avait fonctionné à l'aide d'apprenties dont le recrutement était assuré par la société, une cour d'appel a pu décider que le contrat liant la société à cette gérante, bien que qualifié de contrat de gérance non salariée, comportait un lien de subordination qui faisait du gérant le salarié de la société (cass. soc. 19 février 1997, n° 93-46.712).

Mais une clause de fourniture exclusive avec vente à prix imposé insérée dans un contrat individuel ne peut faire perdre au gérant sa qualité de «gérant non salarié» (art. L. 7322-2, al. 2 CT).

S'agissant de gérants remplaçants (dit «intérimaires»), il a par ailleurs été jugé que ne permettent pas, à elles seules, de caractériser l'existence d'un lien de subordination juridique avec la société, la brièveté et la multiplicité des remplacements ainsi que des contraintes inhérentes aux conditions d'exploitation des magasins concernés, à savoir, en l'espèce, le strict respect de l'organisation mise en place par les gérants remplacés (avec interdiction de modifier les horaires et jours d'ouverture et de fermeture des magasins, l'implantation des marchandises ou les jours d'inventaire), l'obligation d'établir un compte-rendu d'intérim à remettre au service commercial de la direction régionale à la fin de chaque période d'intérim et la réception, à la fin de chaque année, par les gérants intérimaires, d'un planning des remplacements à effectuer établi par la société (cass. soc. 10 octobre 2018, n° 16-26.497, à paraître, JCP éd. S 2018, 1355, note Th. Lahalle; JSL n° 467, 09.01.2019, p. 19, D. Julien-Paturle).

• **Application des dispositions relatives à la rémunération des gérants.** Il résulte de la jurisprudence de la Cour de cassation que si, sauf faute lourde, le gérant doit conserver une rémunération au moins égale au SMIC, quel que soit le déficit de gestion qui lui est imputable, il doit, au contraire, dans tous les cas, sauf convention contraire, assurer dans sa totalité la charge de tout déficit d'inventaire (cass. soc. 4 février 1988, n° 86-16.021; 4 octobre 1995, n° 93-18.336).

Le seul fait de garantir temporairement à des gérants non salariés, rémunérés par des remises proportionnelles au montant des ventes, un salaire fixe mensuel se substituant aux commissions prévues contractuellement tant que le montant de celles-ci ne sera pas supérieur à celui du fixe ne peut suffire à les soustraire au statut de gérants non salariés (cass. soc. 29 mars 1995, n° 91-43.163).

Rémunération minimale et déficit de gestion. Pour déterminer la rémunération minimale à laquelle le gérant a droit, il convient de se référer au SMIC ou au salaire minimum conventionnel applicable, le salaire à prendre en considération étant le salaire horaire correspondant à une heure de travail effectif (cass. soc. 25 juin 1987, n° 84-44.462). La Cour de cassation précise que si les accords collectifs peuvent déterminer la rémunération minimum garantie des gérants non salariés des succursales de commerce de détail alimentaire compte tenu de l'importance de la succursale et des modalités d'exploitation de celle-ci, il demeure qu'en application de l'article L. 7322-3 CT, la rémunération convenue ne peut jamais être inférieure au SMIC (cass. soc. 11 juillet 2018, n° 17-13.417, JSL n° 459, 14.09.2018, p. 30).

Il résulte des dispositions combinées des articles L. 143-2, L. 782-1 et L. 782-7 (anciens) CT que le gérant non salarié a droit de «conserver définitivement chaque mois, quelle qu'ait été l'importance du déficit mensuel imputable à sa gestion, sauf faute lourde de sa part, une rémunération au moins égale au SMIC» (cass. soc. 18 octobre 1972, n° 71-11.758, BC V n° 555; 20 juin 1990, n° 89-12.187). Il s'ensuit que l'entreprise ne peut pratiquer de saisie sur les commissions dues que sur le montant excédant le SMIC et dans les seules proportions autorisées pour les salaires (art. R. 3252-2 CT).

L'obligation d'un paiement au moins mensuel du salaire entraîne la nécessité d'inventaires mensuels afin de déterminer l'imputation possible de la partie des commissions dues excédant le SMIC sur le déficit qui serait constaté chaque mois, la rémunération perçue à titre de commission pour un mois déterminé demeurant définitivement acquise au gérant, même en cas de déficit constaté sur le mois suivant (cass. soc. 8 juin 1979, n° 76-12.955, BC V n° 513). Mais le propriétaire du fonds de commerce peut réclamer au gérant le remboursement de déficits de gestion, plusieurs mois après leur constatation ou en fin de gérance, s'il peut, *a posteriori*, établir de façon certaine et mois par mois les résultats (déficitaires) de la gestion du gérant et la part de sa rémunération excédentaire (dépassant le SMIC) (cass. soc. 26 mars 1980, n° 78-14.921, BC V n° 302). Voir aussi rép. QE 28800, JO AN 18 août 1980, p. 3590.

Déficits d'inventaire. Les gérants non salariés doivent, sauf convention contraire, assurer la charge de tout déficit d'inventaire, sans que l'obligation de remboursement soit limitée à la fraction des commissions excédant le SMIC (cass. soc. 12 février 1992, n° 89-40.052; voir aussi cass. soc. 12 mars 1991, n° 88-14.813, la gérante n'ayant invoqué aucune convention qui l'eût dispensée de répondre d'un tel déficit), même en l'absence de faute lourde de leur part (cass. soc. 4 février 1988, n° 86-16.021, précité, s'agissant de manquants en espèces et/ou en marchandises provenant de vols, pertes ou avaries de marchandises résultant de la négligence de l'intéressé).

Heures supplémentaires. Lorsque les conditions d'application en sont réunies, les gérants non salariés peuvent revendiquer le paiement d'heures supplémentaires et l'application des dispositions de l'article L. 3171-4 CT (cass. soc. 10 octobre 2018, n° 17-13.418, à paraître, JCP éd. S 2018, 1354, note Th. Lahalle; 11 juillet 2018, n° 17-13.417, précité; 15 novembre 1989, n° 86-42.971, BC V n° 665).

Heures de délégation. Si les accords collectifs peuvent déterminer la rémunération minimum garantie des gérants non salariés des succursales de commerce de détail alimentaire compte tenu de l'importance de la succursale et des modalités d'exploitation de celle-ci, il demeure qu'en application de l'article L. 7322-3, la rémunération convenue ne peut jamais être inférieure au SMIC; en conséquence, lorsque le représentant est payé en tout ou en partie par des commissions, la somme qui lui est allouée pendant une période où du fait de ses fonctions représentatives il ne peut travailler, doit être calculée d'après son salaire réel et être au moins égale au SMIC (cass. soc. 9 janvier 2013, n° 11-26.418, BC V n° 4; JCP éd. S 2013, 1362, note J-Y Kerbourc'h; 10 octobre 2018, n° 17-13.418, précité).

Incidence du type de gérance. Selon l'article 4 de l'accord collectif national du 18 juillet 1963, étendu par arrêté du 25 avril 1985, les gérances sont réparties en deux catégories, la gérance d'appoint et la gérance normale, la seconde étant assurée par deux gérants mandataires non salariés au minimum et faisant l'objet d'un contrat de cogérance; la Cour de cassation précise qu'en cas de gérance normale, le montant de la rémunération garantie, fixée à l'article 5 de cet accord, s'entend de la rémunération garantie non à chacun des cogérants mais à l'ensemble des cogérants (cass. soc. 10 octobre 2018, n° 17-13.418, précité).

• **Compétence juridictionnelle.** Voir art. L. 7322-5 et note sous cet article.

Art. L. 7322-3. Les accords collectifs fixant les conditions auxquelles doivent satisfaire les contrats individuels conclus entre les entreprises et leurs gérants de succursales non salariés sont régis, en ce qui concerne leur validité, leur durée, leur résolution, leur champ d'application, leurs effets et leurs sanctions, par les dispositions du livre II de la deuxième partie.

Ces accords déterminent, notamment, le minimum de la rémunération garantie aux gérants non salariés, compte tenu de l'importance de la succursale et des modalités d'exploitation de celle-ci.

Note • L'article L. 132-4 [L. 2251-1] figurant au nombre des dispositions du titre III du livre I [livre II de la deuxième partie] du code du travail visées par cet article, un accord collectif (en l'espèce la convention collective nationale des maisons d'alimentation, d'approvisionnement à succursales du 18 juillet 1963) ne peut priver un gérant non salarié d'une succursale de commerce de détail alimentaire du bénéfice des dispositions du code du travail relatives à la résiliation du contrat de travail à durée indéterminée qu'à la condition de comporter des dispositions plus favorables au gérant quant aux conditions et aux conséquences de la rupture du contrat de gérance (cass. soc. 4 février 1993, n° 89-41.354, BC V n° 45).

• Voir aussi *supra*, note sous art. L. 7322-2, «Application des dispositions relatives à la rémunération des gérants».

Art. L. 7322-4. Les dispositions des accords collectifs mentionnés à l'article L. 7322-3 peuvent, après consultation des organisations professionnelles intéressées, être rendues obligatoires par l'autorité administrative à l'ensemble des commerces de détail alimentaire et des coopératives de consommation comprises dans leur champ d'application.

À défaut de tels accords, l'autorité administrative peut, après consultation des organisations professionnelles intéressées, fixer, soit pour la région déterminée, soit pour l'ensemble du territoire, les conditions auxquelles doivent satisfaire les contrats individuels conclus entre les entreprises et leurs gérants non salariés, notamment le minimum de rémunération.

Note Lorsqu'un logement doit être fourni gratuitement aux gérants en vertu de l'accord collectif national applicable, la valeur de cet avantage en nature ne peut, sous aucune forme, venir en déduction du salaire minimum garanti par cet accord (cass. soc. 20 juillet 1977, n° 74-15.262, BC V n° 499).

Art. D. 7322-1. L'autorité administrative mentionnée à l'article L. 7322-4 est le ministre chargé du travail. Il prend les décisions mentionnées au même article par arrêté.

Art. L. 7322-5. Les litiges entre les entreprises et leurs gérants non salariés relèvent de la compétence des tribunaux de commerce lorsqu'ils concernent les modalités commerciales d'exploitation des succursales.

Ils relèvent de celle des conseils de prud'hommes lorsqu'ils concernent les conditions de travail des gérants non salariés.

Note Relève de la juridiction commerciale le différend qui oppose le gérant au propriétaire du fonds lorsque ce différend porte non sur les conditions de travail du gérant mais sur un déficit d'exploitation (cass. soc. 21 novembre 1985, JS 1986, SJ 34). Mais lorsque le différend porte sur la résiliation, quelle qu'en soit la cause (en l'espèce: résiliation en raison d'un manquant dans la gestion comptable), du contrat de gérance non salariée et de ses conséquences, et ne concerne pas en lui-même les modalités commerciales d'exploitation (demande de rappels de salaire, d'une indemnité de préavis, de dommages-intérêts pour rupture abusive et d'une indemnité d'inventaire), il relève de la juridiction prud'homale (cass. soc. 9 juin 1998, n° 94-43.827, BC V n° 313; voir aussi cass. soc. 3 mars 2004, n° 01-46.878, précisant que si le tribunal de commerce est compétent pour connaître de la demande d'une société fondée sur le déficit d'exploitation de la succursale, le jugement intervenu ne peut priver le gérant du droit de saisir la juridiction prud'homale d'une demande de requalification du contrat de gérance non salariée en contrat de gérance salariée).

Art. L. 7322-6. Toute clause attributive de juridiction incluse dans un contrat conclu entre une entreprise mentionnée à l'article L. 7322-2 et un gérant non salarié de succursale est nulle.

Note Sur la portée de l'interdiction des clauses attributives de juridiction, voir note sous art. L. 1221-5, art. R. 1412-4 et cass. soc. 1er juin 1994, n° 92-12.179, BC V n° 185.

TITRE III ENTREPRENEURS SALARIÉS ASSOCIÉS D'UNE COOPÉRATIVE D'ACTIVITÉ ET D'EMPLOI

Note Ce titre a été introduit par la loi 2014-856 du 31 juillet 2014, art. 48, JO 1er août.

CHAPITRE Ier Dispositions générales

SECTION 1. Champ d'application

Art. L. 7331-1. Le présent code est applicable aux entrepreneurs salariés associés d'une coopérative d'activité et d'emploi mentionnée à l'article 26-41 de la loi n° 47-1775 du 10 septembre 1947 portant statut de la coopération, sous réserve des dispositions du présent titre.

Note Les coopératives d'activité et d'emploi ont pour objet principal l'appui à la création et au développement d'activités économiques par des entrepreneurs personnes physiques. Elles mettent en œuvre un accompagnement individualisé des personnes physiques et des services mutualisés. Les statuts de la coopérative déterminent les moyens mis en commun par elle à cet effet et les modalités de rémunération des entrepreneurs personnes physiques, dans des conditions prévues par décret en Conseil d'État.

Les articles 25-1 à 25-5 de la loi du 10 septembre 1947 modifiée sont applicables aux sociétés coopératives d'activité et d'emploi (art. 26-41 précité).

SECTION 2. Principes

Art. L. 7331-2. Est entrepreneur salarié d'une coopérative d'activité et d'emploi toute personne physique qui:

1° Crée et développe une activité économique en bénéficiant d'un accompagnement individualisé et de services mutualisés mis en œuvre par la coopérative en vue d'en devenir associé;

2° Conclut avec la coopérative un contrat, établi par écrit, comportant:

a) Les objectifs à atteindre et les obligations d'activité minimale de l'entrepreneur salarié;

b) Les moyens mis en œuvre par la coopérative pour soutenir et contrôler son activité économique;

c) Les modalités de calcul de la contribution de l'entrepreneur salarié au financement des services mutualisés mis en œuvre par la coopérative, dans les conditions prévues par les statuts de celle-ci;

d) Le montant de la part fixe et les modalités de calcul de la part variable de la rémunération de l'entrepreneur salarié, en application de l'article L. 7332-3;

e) La mention des statuts en vigueur de la coopérative;

f) Les conditions dans lesquelles sont garantis à l'entrepreneur salarié ses droits sur la clientèle qu'il a apportée, créée et développée, ainsi que ses droits de propriété intellectuelle.

Note Lorsqu'un contrat de travail a été conclu avec une coopérative d'activité et d'emploi avant le 1er janvier 2016, les parties peuvent convenir que le contrat prévu par cet article se substitue à celui-ci qui s'éteint par novation (décret 2015-1363 du 27 octobre 2015, art. 3, JO 29).

Art. L. 7331-3. Dans un délai maximal de trois ans à compter de la conclusion du contrat mentionné à l'article L. 7331-2, l'entrepreneur salarié devient associé de la coopérative d'activité et d'emploi.

Ce délai est minoré, le cas échéant, de la durée du contrat d'appui au projet d'entreprise pour la création ou la reprise d'une activité économique prévu à l'article L. 127-1 du code de commerce ou de tout autre contrat conclu entre les parties.

Le contrat mentionné à l'article L. 7331-2 du présent code prend fin si l'entrepreneur salarié ne devient pas associé avant ce délai.

Art. R. 7331-1. ***(D. 2015-1363 du 27 oct. 2015, JO 29, entrée en vigueur le 01.01.2016)*** La coopérative d'activité et d'emploi assure l'ensemble des obligations légales, réglementaires et contractuelles inhérentes à l'exercice de l'activité économique de chaque entrepreneur salarié avec lequel elle conclut le contrat d'entrepreneur salarié mentionné au 2° de l'article L. 7331-2.

Elle assure notamment les obligations fiscales, sociales et comptables relatives à l'activité de l'entrepreneur salarié.

Art. R. 7331-2. ***(D. 2015-1363 du 27 oct. 2015, JO 29, entrée en vigueur le 01.01.2016)*** La coopérative d'activité et d'emploi assure un accompagnement individuel de chaque entrepreneur salarié en vue de favoriser le développement de son activité économique.

Les statuts de la coopérative d'activité et d'emploi déterminent les services mutualisés proposés pour l'accompagnement individuel et collectif des entrepreneurs salariés.

L'assemblée générale délibère chaque année sur les actions nécessaires à l'accompagnement individuel et collectif des entrepreneurs salariés et les ressources à affecter à cet effet.

Art. R. 7331-3. ***(D. 2015-1363 du 27 oct. 2015, JO 29, entrée en vigueur le 01.01.2016)*** Le contrat d'entrepreneur salarié mentionné au 2° de l'article L. 7331-2 définit les conditions dans lesquelles l'entrepreneur salarié bénéficie, par période de douze mois, d'au moins deux entretiens individuels d'accompagnement faisant l'objet d'un document écrit et signé par l'entrepreneur salarié. Ce document comporte notamment le bilan et les perspectives d'évolution prévisible de son activité économique, les actions individuelles et collectives nécessaires au développement de son activité économique ainsi que les besoins d'accompagnement.

Art. R. 7331-4. ***(D. 2015-1363 du 27 oct. 2015, JO 29, entrée en vigueur le 01.01.2016)*** Sans préjudice des dispositions de l'article L. 7332-2, la coopérative d'activité et d'emploi informe et conseille les entrepreneurs salariés aux fins d'assurer leur sécurité ou de protéger leur santé dans l'exercice de leur activité.

Art. R. 7331-5. ***(D. 2015-1363 du 27 oct. 2015, JO 29, entrée en vigueur le 01.01.2016)*** La coopérative d'activité et d'emploi tient, pour chaque activité économique autonome:

1° Un compte analytique de bilan qui récapitule les éléments de l'actif et du passif;

2° Un compte analytique de résultat qui récapitule les produits et les charges de l'exercice.

L'entrepreneur salarié a accès au système d'information de la coopérative pour consulter le compte d'activité et les opérations comptables qui le concernent, ainsi que pour prendre connaissance de sa situation financière. À défaut de système d'information, ces informations lui sont transmises une fois par mois par la coopérative ou à sa demande pour les besoins de gestion de son activité.

Art. R. 7331-6. ***(D. 2015-1363 du 27 oct. 2015, JO 29, entrée en vigueur le 01.01.2016)*** Lorsque plusieurs entrepreneurs salariés d'une même coopérative d'activité et d'emploi exercent ensemble une activité économique autonome, ils concluent préalablement avec la coopérative d'activité et d'emploi une convention précisant notamment la nature de l'activité économique ainsi que les modalités de répartition de la rémunération entre les entrepreneurs salariés. Cette convention précise aussi la répartition de la propriété de la clientèle, du nom commercial commun et de tous éléments matériels et immatériels mis en commun.

Art. R. 7331-7. ***(D. 2015-1363 du 27 oct. 2015, JO 29, entrée en vigueur le 01.01.2016)*** La coopérative d'activité et d'emploi peut tenir un seul compte analytique de bilan et un seul compte analytique de résultat pour un entrepreneur salarié qui exerce plusieurs activités économiques.

Art. R. 7331-8. ***(D. 2015-1363 du 27 oct. 2015, JO 29, entrée en vigueur le 01.01.2016)*** Les statuts de la coopérative d'activité et d'emploi déterminent les principes régissant la contribution des entrepreneurs salariés au financement des services mutualisés mis en œuvre par la coopérative.

L'assemblée générale arrête les assiettes, les taux ou les montants de la contribution aux conditions de majorité des assemblées générales ordinaires prévues, selon la forme juridique de la coopérative d'activité et d'emploi, aux articles L. 223-29, L. 223-30, L. 225-98 ou L. 227-9 du code de commerce.

Le contrat d'entrepreneur salarié mentionné au 2° de l'article L. 7331-2 peut prévoir que les assiettes, les taux ou les montants de la contribution mentionnés au précédent alinéa sont, le cas échéant, modifiés par l'assemblée générale.

Art. R. 7331-9. ***(D. 2015-1363 du 27 oct. 2015, JO 29, entrée en vigueur le 01.01.2016)*** La contribution de l'entrepreneur salarié mentionnée au c du 2° de l'article L. 7331-2 participe au financement des dépenses, permettant à la coopérative la réalisation de son objet tel qu'il est défini par l'article 26-41 de la loi n° 47-1775 du 10 septembre 1947.

La coopérative met à la disposition de l'entrepreneur salarié le compte analytique des services mutualisés de la coopérative d'activité et d'emploi établi à la clôture de l'exercice comptable.

Art. R. 7331-10. ***(D. 2015-1363 du 27 oct. 2015, JO 29, entrée en vigueur le 01.01.2016)*** Le contrat d'entrepreneur salarié mentionné au 2° de l'article L. 7331-2 précise les délais et les modalités par lesquels l'entrepreneur salarié devient associé de la coopérative dans les conditions posées par l'article L. 7331-3.

CHAPITRE II Mise en œuvre

Art. L. 7332-1. Le contrat mentionné au 2° de l'article L. 7331-2 peut comporter une période d'essai dont la durée, renouvellement compris, ne peut excéder huit mois.

Lorsque les parties ont préalablement conclu un contrat d'appui au projet d'entreprise pour la création ou la reprise d'une activité économique, prévu à l'article L. 127-1 du code de commerce, ou tout autre contrat, la durée de ces contrats est déduite de la durée prévue au premier alinéa du présent article.

Art. L. 7332-2. La coopérative d'activité et d'emploi est responsable de l'application, au profit des entrepreneurs salariés associés, des dispositions du livre Ier de la troisième partie relatives à la durée du travail, aux repos et aux congés, ainsi que de celles de la quatrième partie relatives à la santé et à la sécurité au travail lorsque les conditions de travail, de santé et de sécurité au travail ont été fixées par elle ou soumises à son accord.

Dans tous les cas, les entrepreneurs salariés associés bénéficient des avantages légaux accordés aux salariés, notamment en matière de congés payés.

Art. L. 7332-3. La rémunération d'un entrepreneur salarié associé d'une coopérative d'activité et d'emploi comprend une part fixe et une part variable calculée en fonction du chiffre d'affaires de son activité, après déduction des charges directement et exclusivement liées à son activité et de la contribution mentionnée au *c* du 2° de l'article L. 7331-2.

La coopérative met à la disposition de l'entrepreneur salarié associé un état des comptes faisant apparaître le détail des charges et des produits liés à son activité.

Les modalités de calcul et de versement de la rémunération à l'entrepreneur salarié associé et de déclaration auprès des organismes sociaux sont précisées par décret en Conseil d'État.

Art. R. 7331-11. ***(D. 2015-1363 du 27 oct. 2015, JO 29, entrée en vigueur le 01.01.2016)*** La rémunération prévue à l'article L. 7332-3, fixée au contrat, est composée :

1° D'une part fixe versée mensuellement dont le montant est déterminé forfaitairement en fonction des objectifs d'activités minimales définis dans le contrat de l'entrepreneur salarié ;

2° D'une part variable calculée pour chaque exercice en fonction du chiffre d'affaires défini à l'article L. 7332-3. Un acompte sur la part variable de la rémunération peut être versé mensuellement.

Art. R. 7331-12. ***(D. 2015-1363 du 27 oct. 2015, JO 29, entrée en vigueur le 01.01.2016)*** En fin d'exercice, la coopérative d'activité et d'emploi procède à la régularisation du calcul de la part variable de la rémunération de chaque entrepreneur salarié et au versement du solde restant dû dans un délai maximum d'un mois après la date de l'assemblée générale statuant sur la clôture des comptes de l'exercice.

Le contrat d'entrepreneur salarié peut stipuler les conditions dans lesquelles les parties conviennent en fin d'exercice comptable des modalités de constitution d'un résultat net comptable. Ce résultat est affecté en application des conventions et accords collectifs de travail et des statuts de la coopérative.

Art. L. 7332-4. Les dispositions des articles L. 3253-2 et L. 3253-3 relatives aux garanties des rémunérations dans le cadre d'une procédure de sauvegarde, de redressement ou de liquidation judiciaires s'appliquent aux entrepreneurs salariés associés d'une coopérative d'activité et d'emploi pour les rémunérations de toute nature dues au titre des quatre-vingt-dix derniers jours de travail.

Art. L. 7332-5. La coopérative d'activité et d'emploi est responsable des engagements pris vis-à-vis des tiers dans le cadre de l'activité économique développée par l'entrepreneur salarié associé.

Art. L. 7332-6. Le conseil de prud'hommes est seul compétent pour connaître des litiges relatifs au contrat mentionné au 2° de l'article L. 7331-2.

Toute clause attributive de juridiction incluse dans un contrat conclu entre un entrepreneur salarié associé et une coopérative d'activité et d'emploi dont il est l'associé est nulle.

Art. L. 7332-7. Le présent titre s'applique aux entrepreneurs salariés régis par les articles L. 7331-2 et L. 7331-3 qui ne sont pas encore associés de la coopérative d'activité et d'emploi.

TITRE IV TRAVAILLEURS UTILISANT UNE PLATEFORME DE MISE EN RELATION PAR VOIE ÉLECTRONIQUE

Note • Ce titre est issu de la loi 2016-1088 du 8 août 2016, art. 60, JO 9.

• Voir circulaire interministérielle DGT/RT1/DGEFP/SDPFC/DSS/2C/2017/256 du 8 juin 2017 (BO TR 2017/9 du 30 septembre 2017), notamment pour des exemples de calcul du montant de la prise en charge des cotisations d'accidents du travail des travailleurs ayant souscrit une assurance couvrant ce risque ou adhéré à l'assurance volontaire.

• Voir aussi K. Van Den Bergh, «Plateformes numériques de mise au travail: mettre en perspective le particularisme français», RDT, février 2019, CH, 101; A. Teissier, «En questions: Plateformes numériques, faut-il encore opposer travail salarié et travail indépendant ?», JCP éd. S 2019, act. 357, aperçu rapide; B. Gomes, «Le modèle du contrat de travail au défi des plateformes numériques», Dr. Ouvr. 2019, p. 599; A. Millerand, «Pour comprendre les plateformes numériques, il faut aller au-delà du droit du travail», JCP éd. S 2020, act. 294, libres propos; J-Ph. Lhernould et S. Robin-Olivier, «Travailleurs des plateformes: état des lieux et perspectives du droit social de l'Union européenne», RJS 7/20, chron. p. 472; A. Lampert, «Entre salarié et travailleur indépendant, un débat frontalier permanent», JCP éd. S 2020, 3096.

• Voir enfin le rapport «Réguler les plateformes numériques de travail» (rapp. Frouin), remis le 2 décembre 2020 au Premier ministre et transmis aux partenaires sociaux, proposant notamment de salarier les travailleurs des plateformes *via* une entreprise de portage salarial ou une coopérative d'activité et d'emploi, d'organiser une négociation au niveau sectoriel avec des représentants élus des travailleurs et d'instaurer un socle minimal de droits sociaux par la voie de la réglementation (communiqué du Premier ministre du 2 décembre 2020 et texte intégral du rapport sur le site *www.gouvernement.fr*; LSQ n° 18199 du 08.12.2020; JCP éd. S 2020, act. 531, entretien avec J-Y. Frouin; voir aussi B. Serizay, «Le salariat " masqué " des travailleurs de plateformes: une imposture ?», SSL 21 décembre 2020, n° 1934-1935, p. 13). Suite à ce rapport, la ministre du Travail a confié à Bruno Mettling la coordination d'une mission visant à proposer une architecture des mesures législatives qui pourraient être inscrites dans le droit national (lettre de mission, 7 janvier 2021).

CHAPITRE Ier Champ d'application

Art. L. 7341-1. Le présent titre est applicable aux travailleurs indépendants recourant, pour l'exercice de leur activité professionnelle, à une ou plusieurs plateformes de mise en relation par voie électronique définies à l'article 242 *bis* du code général des impôts.

Note • En l'absence d'indices suffisants permettant, avec l'évidence requise en référé, de renverser la présomption de non-salariat prévue à l'article L. 8221-6 CT pour les travailleurs indépendants s'inscrivant sur une plateforme de mise en relation par voie électronique, il ne peut être établi avec évidence qu'une société exploitant une plateforme ayant pour objet de mettre en relation des travailleurs indépendants avec des entreprises ayant publié une annonce correspondant à leurs besoins de services occasionnels d'un professionnel (en l'espèce dans le secteur de l'hôtellerie-restauration) exerce de façon illicite une activité d'exploitation de plateforme numérique légalement reconnue, ce qui écarte ainsi toute hypothèse de fraude manifeste à la loi et l'existence d'un trouble manifestement illicite exposant à un dommage imminent les entreprises de travail temporaire requérantes; ces dernières alléguaient l'existence d'une fraude consistant en l'utilisation d'un moyen légal, celui des plateformes de mise en relation, pour éluder une règle de droit, la réglementation sur le travail temporaire (cass. soc. 12 novembre 2020, n° 19-10.606, à paraître, LS Jurispr. n° 217 du 01.12.2020; voir aussi, G. Loiseau, «Le déréglementarisme des plateformes de mise à disposition de personnel», SSL 11 janvier 2021, n° 1936, pp. 13 et s.).

• Pour des exemples de requalification en contrat de travail du contrat liant un travailleur indépendant et une plateforme de mise en relation par voie électronique, voir note sous article L. 8221-6.

• Sur l'exclusion de la qualification de «travailleur», au sens de la directive 2003/88/CE du 4 novembre 2003 concernant certains aspects de l'aménagement du temps de travail, d'une personne recourant, pour l'exercice de son activité professionnelle, à une plateforme de mise en relation par voie électronique sur le fondement d'un accord de services précisant qu'elle est entrepreneure indépendante (en l'espèce, un coursier travaillant pour une plateforme de livraison britannique), lorsqu'elle dispose de certaines facultés (recourir à des sous-traitants ou remplaçants; accepter ou refuser les différentes tâches offertes par la plateforme, ou en fixer unilatéralement un nombre maximal; fournir ses services à tout tiers, y compris à des concurrents directs de la plateforme; fixer ses propres heures de «travail» dans le cadre de certains paramètres et organiser son temps pour s'adapter à sa convenance personnelle), que son indépendance n'apparaît pas fictive et que l'existence d'un lien de subordination entre elle et la plateforme ne peut être établie, voir CJUE 22 avril 2020, aff. C-692/19, LS Jurispr. n° 93 du 19.05.2020; RJS 7/20, p. 483 (I. A.), chron. H. Nasom-Tissandier; voir aussi RJS 7/20, p. 472, chron. J-Ph. Lhernould et S. Robin-Olivier.

CHAPITRE II Responsabilité sociale des plateformes

Note • Toutes les plateformes de mise en relation par voie électronique qui déterminent les caractéristiques des prestations de service fournies ou des biens vendus et fixent leur prix sont tenues, depuis le 10 août 2016, d'une responsabilité sociale envers les travailleurs indépendants utilisateurs, qui s'exerce en matière de protection contre les accidents du travail, de formation professionnelle et de droits collectifs (loi 2016-1088 du 8 août 2016, art. 60, JO 9); les droits dont bénéficient les travailleurs utilisant ces plateformes en matière de formation professionnelle continue et d'accès aux données les concernant ont été renforcés depuis le 27 décembre 2019 par la loi d'orientation des mobilités (loi 2019-1428 du 24 décembre 2019, art. 44, II, 2°, et 47, JO 26).

Depuis le 27 décembre 2019, des dispositions spécifiques s'appliquent par ailleurs aux plateformes de mise en relation de conducteurs de voiture de transport avec chauffeur (VTC) et de livreurs de marchandises en deux-roues ou trois-roues, visant à les inciter à mettre en place des chartes de responsabilité sociale (loi 2019-1428 précitée art. 44, II, 4°; voir articles L. 7342-8 et s.).

• Voir C. Larrazet, «Régime des plateformes numériques, du non-salariat au projet de charte sociale», Dr. Soc. 2019, p. 167; G. Loiseau, «Travailleurs des plateformes: un naufrage législatif (L. n° 2019-1428, 24 déc. 2019)», JCP éd. S 2020, 1000. Voir aussi RF 14 mai 2020, FH 3842, dossier «Protection sociale et plateformes numériques: regard des étudiants de l'École de droit de la Sorbonne», ss dir. F. Kessler; I. Desbarrats, «Quelle protection sociale pour les travailleurs des plateformes ?», RDT, octobre 2020, ET, 592.

SECTION 1. Dispositions communes

Note Cette section a été introduite par la loi 2019-1428 du 24 décembre 2019, art. 44, II, 1°, JO 26, et comprend les articles L. 7342-1 à L. 7342-6 préexistants.

Art. L. 7342-1. Lorsque la plateforme détermine les caractéristiques de la prestation de service fournie ou du bien vendu et fixe son prix, elle a, à l'égard des travailleurs concernés, une responsabilité sociale qui s'exerce dans les conditions prévues au présent chapitre.

Art. L. 7342-2. Lorsque le travailleur souscrit une assurance couvrant le risque d'accidents du travail ou adhère à l'assurance volontaire en matière d'accidents du travail mentionnée à l'article L. 743-1 du code de la sécurité sociale, la plateforme prend en charge sa cotisation, dans la limite d'un plafond fixé par décret. Ce plafond ne peut être supérieur à la cotisation prévue au même article L. 743-1.

Le premier alinéa du présent article n'est pas applicable lorsque le travailleur adhère à un contrat collectif souscrit par la plateforme et comportant des garanties au moins équivalentes à l'assurance volontaire en matière d'accidents du travail mentionnée au premier alinéa, et que la cotisation à ce contrat est prise en charge par la plateforme.

Art. L. 7342-3. Le travailleur bénéficie du droit d'accès à la formation professionnelle continue prévu à l'article L. 6312-2. La contribution à la formation professionnelle mentionnée à l'article L. 6331-48 est prise en charge par la plateforme.

(L. 2019-1428 du 24 déc. 2019, art. 44, II, 2°, JO 26) «Il bénéficie, à sa demande, des actions mentionnées au 3° de l'article L. 6313-1. La plateforme prend alors en charge les frais d'accompagnement et lui verse une indemnité dans des conditions définies par décret.

Le compte personnel de formation du travailleur est abondé par la plateforme lorsque le chiffre d'affaires qu'il réalise sur cette plateforme est supérieur à un seuil déterminé selon le secteur d'activité du travailleur. Les conditions d'abondement, les seuils et les secteurs d'activité sont précisés par décret.»

Art. L. 7342-4. ***(L. 2019-1428 du 24 déc. 2019, art. 44, II, 3°, JO 26)*** L'article L. 7342-2 et les deux premiers alinéas de l'article L. 7342-3 ne sont pas applicables lorsque le chiffre d'affaires réalisé sur la plateforme est inférieur à un seuil fixé par décret. Pour le calcul de la cotisation afférente aux accidents du travail et de la contribution à la formation professionnelle, seul est pris en compte le chiffre d'affaires réalisé par le travailleur sur la plateforme.

Art. L. 7342-5. Les mouvements de refus concerté de fournir leurs services organisés par les travailleurs mentionnés à l'article L. 7341-1 en vue de défendre leurs revendications professionnelles ne peuvent, sauf abus, ni engager leur responsabilité contractuelle, ni constituer un motif de rupture de leurs relations avec les plateformes, ni justifier de mesures les pénalisant dans l'exercice de leur activité.

Art. L. 7342-6. Les travailleurs mentionnés à l'article L. 7341-1 bénéficient du droit de constituer une organisation syndicale, d'y adhérer et de faire valoir par son intermédiaire leurs intérêts collectifs.

Art. L. 7342-7. ***(L. 2019-1428 du 24 déc. 2019, art. 47, JO 26)*** Les travailleurs mentionnés à l'article L. 7341-1 bénéficient du droit d'accès à l'ensemble des données concernant leurs activités propres au sein de la plateforme et permettant de les identifier. Ils ont le droit de recevoir ces données dans un format structuré et celui de les transmettre. Le périmètre précis de ces données ainsi que leurs modalités d'accès, d'extraction et de transmission sont définis par décret.

SECTION 2. Dispositions particulières

Note Cette section a été introduite par la loi 2019-1428 du 24 décembre 2019, art. 44, II, 4°, JO 26.

Art. L. 7342-8. Les dispositions de la présente section sont applicables aux travailleurs en lien avec des plateformes définis à l'article L. 7341-1 et exerçant l'une des activités suivantes:

1° Conduite d'une voiture de transport avec chauffeur;

2° Livraison de marchandises au moyen d'un véhicule à deux ou trois roues, motorisé ou non.

Note Voir aussi les dispositions spécifiques à la mise en relation de travailleurs ayant recours à des plateformes pour exercer les activités précitées prévues par la réglementation sociale du transport (articles L. 1326-1 et s. et D. 1326-1 et s. du code des transports).

Art. L. 7342-9. Dans le cadre de sa responsabilité sociale à l'égard des travailleurs mentionnés à l'article L. 7342-8, la plateforme peut établir une charte déterminant les conditions et modalités d'exercice de sa responsabilité sociale, définissant ses droits et obligations ainsi que ceux des travailleurs avec lesquels elle est en relation. Cette charte, qui rappelle les dispositions du présent chapitre, précise notamment :

1° Les conditions d'exercice de l'activité professionnelle des travailleurs avec lesquels la plateforme est en relation, en particulier les règles selon lesquelles ils sont mis en relation avec ses utilisateurs ainsi que les règles qui peuvent être mises en œuvre pour réguler le nombre de connexions simultanées de travailleurs afin de répondre, le cas échéant, à une faible demande de prestations par les utilisateurs. Ces règles garantissent le caractère non exclusif de la relation entre les travailleurs et la plateforme et la liberté pour les travailleurs d'avoir recours à la plateforme et de se connecter ou se déconnecter, sans que soient imposées des plages horaires d'activité ;

2° Les modalités visant à permettre aux travailleurs d'obtenir un prix décent pour leur prestation de services ;

3° Les modalités de développement des compétences professionnelles et de sécurisation des parcours professionnels ;

4° Les mesures visant notamment :

a) À améliorer les conditions de travail ;

b) À prévenir les risques professionnels auxquels les travailleurs peuvent être exposés en raison de leur activité ainsi que les dommages causés à des tiers ;

5° Les modalités de partage d'informations et de dialogue entre la plateforme et les travailleurs sur les conditions d'exercice de leur activité professionnelle ;

6° Les modalités selon lesquelles les travailleurs sont informés de tout changement relatif aux conditions d'exercice de leur activité professionnelle ;

7° La qualité de service attendue, les modalités de contrôle par la plateforme de l'activité et de sa réalisation et les circonstances qui peuvent conduire à une rupture des relations commerciales entre la plateforme et le travailleur répondant aux exigences de l'article L. 442-1 du code de commerce ainsi que les garanties dont le travailleur bénéficie dans ce cas ;

8° Le cas échéant, les garanties de protection sociale complémentaire négociées par la plateforme dont les travailleurs peuvent bénéficier.

Dans des conditions précisées par décret, la charte est transmise par la plateforme à l'autorité administrative.

Lorsqu'elle en est saisie par la plateforme, l'autorité administrative se prononce sur toute demande d'appréciation de la conformité du contenu de la charte au présent titre par décision d'homologation. Préalablement à cette demande d'homologation, la plateforme consulte par tout moyen les travailleurs indépendants sur la charte qu'elle a établie. Le résultat de la consultation est communiqué aux travailleurs indépendants et joint à la demande d'homologation.

L'autorité administrative notifie à la plateforme la décision d'homologation ou son refus dans un délai de quatre mois à compter de la réception de la charte. À défaut de réponse dans ce délai, la charte est réputée homologuée.

La charte est publiée sur le site internet de la plateforme et annexée aux contrats ou aux conditions générales d'utilisation qui la lient aux travailleurs.

Lorsqu'elle est homologuée, l'établissement de la charte ne peut caractériser l'existence d'un lien de subordination juridique entre la plateforme et les travailleurs.

Art. L. 7342-10. Tout litige concernant la conformité de la charte aux dispositions du présent titre, l'homologation ou le refus d'homologation relève de la compétence du [tribunal judiciaire] dont le siège et le ressort sont fixés par décret, à l'exclusion de tout autre recours contentieux ou administratif. Le recours doit être formé, à peine d'irrecevabilité, par la plateforme, avant l'expiration d'un délai de deux mois à compter de la notification de la décision d'homologation de la charte ou, par le travailleur, avant l'expiration d'un délai de deux mois à compter de la date à laquelle cette décision a été portée à sa connaissance par tout moyen conférant date certaine.

La juridiction saisie se prononce dans un délai de quatre mois. Si, à l'issue de ce délai, elle ne s'est pas prononcée ou en cas d'appel, le litige est porté devant la cour d'appel.

Lorsque dans un litige relevant de la compétence du conseil de prud'hommes, est soulevée une difficulté sérieuse relative à l'homologation de la charte dont dépend la solution du litige, le conseil de prud'hommes initialement saisi sursoit à statuer et transmet la question à la juridiction judiciaire désignée par le décret mentionné au premier alinéa.

Note Les litiges prévus à cet article relèvent de la compétence du tribunal judiciaire de Paris (art. D. 211-7-3 c. org. jud).

Art. L. 7342-11. Les modalités d'application de la présente section sont déterminées par voie réglementaire.

Sous-section 1 (réglementaire). Demande d'homologation

Note Les sous-sections 1 à 3 ont été introduites par le décret 2020-1548 du 9 décembre 2020, JO 10; la sous-section 1 comprend les articles D. 7342-1 à D. 7342-11 préexistants.

Art. D. 7342-1. *(D. 2017-774 du 4 mai 2017, JO 6, entrée en vigueur le 01.01.2018)* La cotisation mentionnée au premier alinéa de l'article L. 7342-2 et la contribution mentionnée au premier alinéa de l'article L. 7342-3 sont prises en charge par la plateforme lorsque le travailleur indépendant a réalisé sur la plateforme, au cours de l'année civile au titre de laquelle la cotisation et la contribution ont été acquittées, un chiffre d'affaires égal ou supérieur à 13 % du plafond annuel de la sécurité sociale.

Les frais d'accompagnement et l'indemnité mentionnés au deuxième alinéa de l'article L. 7342-3 sont pris en charge par la plateforme lorsque le travailleur indépendant a réalisé sur la plateforme, au cours de la dernière année civile écoulée, un chiffre d'affaires égal ou supérieur à 13 % du plafond annuel de la sécurité sociale.

Art. D. 7342-2. *(D. 2017-774 du 4 mai 2017, JO 6, entrée en vigueur le 01.01.2018)* Le montant du plafond mentionné au premier alinéa de l'article L. 7342-2 est égal à la cotisation due au titre de l'assurance volontaire des accidents du travail et des maladies professionnelles prévue à l'article L. 743-1 du code de la sécurité sociale, calculée sur la base du salaire minimum prévu au premier alinéa de l'article L. 434-16 du même code.

Art. D. 7342-3. *(D. 2017-774 du 4 mai 2017, JO 6, entrée en vigueur le 01.01.2018)* Les frais d'accompagnement à la validation des acquis de l'expérience pris en charge par la plateforme sont ceux exposés par la personne pour réaliser les actions définies aux articles R. 6423-2 et R. 6423-3, dans la limite de 3 % du plafond annuel de la sécurité sociale.

L'indemnité versée pour compenser la perte de revenus occasionnée par l'accompagnement à la validation des acquis de l'expérience est due dans la limite de vingt-quatre fois le taux horaire du salaire minimum interprofessionnel de croissance.

Art. D. 7342-4. *(D. 2017-774 du 4 mai 2017, JO 6, entrée en vigueur le 01.01.2018)* Lorsque plusieurs plateformes sont tenues de prendre en charge les cotisations, contributions et frais mentionnés aux articles D. 7342-1 à D. 7342-3, chacune d'entre elles les rembourse au prorata du chiffre d'affaires que le travailleur indépendant a réalisé par son intermédiaire, rapporté au chiffre d'affaires total qu'il a réalisé au cours de l'année civile par l'intermédiaire des plateformes mentionnées à l'article L. 7341-1.

Art. D. 7342-5. *(D. 2017-774 du 4 mai 2017, JO 6, entrée en vigueur le 01.01.2018)* Afin de bénéficier de la prise en charge par la plateforme des cotisations, contributions et frais mentionnés aux articles D. 7342-1 à D. 7342-3, le travailleur indépendant lui adresse une demande de remboursement et justifie auprès d'elle des dépenses qu'il a exposées, ainsi que du chiffre d'affaires total mentionné à l'article D. 7342-4. À cette fin, il produit les documents mentionnés au II de l'article 242 *bis* du code général des impôts.

La demande de remboursement est réalisable gratuitement et par voie électronique.

Toute plateforme remplissant les conditions définies à l'article L. 7342-1 est tenue d'informer les travailleurs indépendants qui utilisent ses services de la possibilité de présenter une demande de remboursement dans les conditions définies au présent article.

Art. D. 7342-7. *(D. 2020-1284 du 22 oct. 2020, JO 23)* La plateforme ayant établi une charte déterminant les conditions et modalités d'exercice de sa responsabilité sociale en vertu de l'article L. 7342-9 la dépose auprès de la direction générale du travail.

Le dépôt est opéré sur support électronique sur le site internet (https://demarches-simplifiees.fr).

Un récépissé est délivré à la plateforme.

Art. D. 7342-8. ***(D. 2020-1284 du 22 oct. 2020, JO 23)*** I. – Lorsque la plateforme de mise en relation par voie électronique demande l'homologation de la charte, elle saisit le directeur général du travail.

La saisine est opérée sur support électronique sur le site internet (https://demarches-simplifiees.fr).

Un récépissé est délivré à la plateforme.

II. – La demande d'homologation est accompagnée des documents permettant d'attester:
1° Du résultat de la consultation des travailleurs prévue à l'article L. 7342-9;
2° Du nombre de travailleurs consultés;
3° Du nombre de travailleurs qui se sont exprimés;
4° Des modalités d'organisation et de déroulement de la consultation.

La plateforme joint les conditions générales d'utilisation et un modèle type de contrat commercial, ainsi que tout document utile pour préciser la nature des engagements figurant dans la charte soumise à homologation.

III. – Le directeur général du travail s'assure de:
1° La complétude de la charte au regard des dispositions de l'article L. 7342-9;
2° La conformité de la charte au cadre de la responsabilité sociale incombant à la plateforme à l'égard de ses travailleurs.

IV. – Le directeur général du travail notifie à la plateforme la décision d'homologation ou son refus dans les conditions prévues par l'article L. 7342-9.

Art. D. 7342-9. ***(D. 2020-1284 du 22 oct. 2020, JO 23)*** La plateforme porte la décision administrative d'homologation de la charte à la connaissance de chacun des travailleurs avec lesquels elle est liée à la date à laquelle la charte est homologuée, par voie électronique ou par tout autre moyen permettant de conférer date certaine à la réception de cette information.

Art. D. 7342-10. ***(D. 2020-1284 du 22 oct. 2020, JO 23)*** Lorsque la charte de responsabilité sociale est homologuée, la plateforme le mentionne sur son site internet et sur la charte annexée aux contrats ou aux conditions générales d'utilisation qui la lient aux travailleurs comme suit: " En application de l'article L. 7342-9 du code du travail, la présente charte de responsabilité sociale a été homologuée par décision administrative du [date]. "

Art. D. 7342-11. ***(D. 2020-1284 du 22 oct. 2020, JO 23)*** I. – Toute modification de la charte est transmise par la plateforme de mise en relation par voie électronique à la direction générale du travail dans les conditions fixées à l'article D. 7342-7.

II. – Il appartient à la plateforme de mise en relation par voie électronique de demander l'homologation de la charte modifiée en saisissant le directeur général du travail dans les conditions fixées à l'article D. 7342-8.

III. – La plateforme porte la décision administrative d'homologation de la charte modifiée à la connaissance de chacun des travailleurs avec lesquels elle est liée à la date à laquelle la charte modifiée est homologuée, par voie électronique ou par tout autre moyen permettant de conférer date certaine à la réception de cette information. Lorsque la modification de la charte est homologuée, la plateforme procède aux formalités prévues à l'article D. 7342-10.

Sous-section 2 (réglementaire). **Procédure applicable au recours dirigé contre une décision relative à une demande d'homologation**

Art. R. 7342-12. La notification de la décision d'homologation de la charte mentionnée au premier alinéa de l'article L. 7342-10 indique le délai de recours ainsi que les modalités selon lesquelles celui-ci peut être exercé. À défaut de ces mentions, le délai de recours ne court pas à l'égard de la plateforme.

Lorsque la plateforme porte à la connaissance du travailleur la décision d'homologation de la charte, elle l'informe, en même temps, du délai de recours ainsi que des modalités selon lesquelles celui-ci peut être exercé. À défaut de cette information, le délai de recours ne court pas à l'égard du travailleur.

Art. R. 7342-13. La juridiction saisie d'un litige mentionné au premier alinéa de l'article L. 7342-10 statue suivant la procédure accélérée au fond. La procédure est sans représentation obligatoire.

Art. R. 7342-14. Le délai de quatre mois mentionné au deuxième alinéa de l'article L. 7342-10 court à compter de la remise de la copie de l'assignation au greffe.

Art. R. 7342-15. Lorsqu'il n'a pas statué dans le délai de quatre mois mentionné au deuxième alinéa de l'article L. 7342-10, le tribunal judiciaire est dessaisi de l'affaire. Dans ce cas, le dossier de la procédure est transmis sans délai par le greffe de ce tribunal au greffe de la cour d'appel. Le greffe du tribunal judiciaire en avise les parties par lettre simple.

Dès réception du dossier de la procédure, le greffe de la cour d'appel convoque les parties à l'audience prévue pour les débats. La procédure est orale et sans représentation obligatoire. Il est fait application des dispositions des articles 937 à 949 du code de procédure civile.

La cour d'appel statue en premier et dernier ressort.

Sous-section 3 (réglementaire). Procédure applicable en cas de transmission de question préjudicielle par le conseil de prud'hommes

Art. R. 7342-16. Lorsque le tribunal judiciaire est saisi en application du troisième alinéa de l'article L. 7342-10, le greffe convoque à l'audience, au moins un mois à l'avance et par lettre recommandée avec demande d'avis de réception, les parties à l'instance engagée devant le conseil de prud'hommes.

La convocation précise qu'à défaut de comparution les parties s'exposent à ce qu'un jugement soit rendu en leur absence.

Art. R. 7342-17. Le greffe avise de la date d'audience l'autorité administrative mentionnée au treizième alinéa de l'article L. 7342-9 à laquelle l'homologation de la charte a été demandée.

Art. R. 7342-18. La juridiction statue à bref délai selon la procédure orale ordinaire. Les parties ne sont pas tenues de constituer avocat. Le jugement est rendu en premier et en dernier ressort. Le délai de pourvoi en cassation est de quinze jours à compter de la notification du jugement.

LIVRE IV

TRAVAILLEURS À DOMICILE

TITRE Ier DISPOSITIONS GÉNÉRALES

CHAPITRE Ier Champ d'application et dispositions d'application

Art. L. 7411-1. Les dispositions du présent code sont applicables aux travailleurs à domicile, sous réserve des dispositions du présent livre.

Note • Les dispositions du code du travail sont applicables:
– sous réserve des dispositions spécifiques des articles L. 7411-1 et s., aux travailleurs à domicile;
– dans les conditions de droit commun, aux auxiliaires occupés à leur propre domicile par des travailleurs à domicile (art. R. 7413-3).

• **Chômage partiel.** Le travailleur à domicile qui subit une perte de salaire occasionnée par la suspension temporaire d'activité de son entreprise doit bénéficier de l'allocation spécifique de chômage partiel prévue par l'article L. 351-25 (ancien) CT [devenue l'aide aux salariés placés en activité partielle: art. L. 5122-1] (cass. soc. 30 juin 1998, n° 96-42.566).

• **Durée du travail.** Les dispositions concernant la durée légale du travail sont applicables aux travailleurs à domicile. Toutefois, du fait des conditions particulières d'exercice de leur activité, ces salariés sont également soumis à des dispositions spécifiques (voir art. L. 7422-9 et 10). Par ailleurs, la Cour de cassation a précisé que l'emploi de travailleur à domicile n'est pas incompatible avec la stipulation d'une durée hebdomadaire minimale de travail (cass. soc. 31 janvier 1996, n° 92-41.390).

• **Licenciement.** Est responsable de la rupture du contrat de travail l'employeur qui ne respecte pas la durée hebdomadaire minimale de travail contractuellement prévue (cass. soc. 31 janvier 1996, n° 92-41.390, précité). Est également responsable de la rupture du contrat l'employeur qui s'abstient volontairement, sans motif valable, de satisfaire aux demandes réitérées d'une travailleuse à domicile de recevoir du travail et cette rupture est sans cause réelle et sérieuse (cass. soc. 5 janvier 1995, n° 91-41.174, BC V n° 16). Il en est de même lorsque le refus de fournir du travail constitue une mesure de rétorsion prise par l'employeur après que le salarié eut présenté de légitimes revendications (cass. soc. 21 juin 1994, n° 93-40.143, RJS 11/94 n° 1316).

Art. L. 7411-2. Des décrets en Conseil d'État déterminent les modalités d'application du présent livre.

CHAPITRE II Définitions

Art. L. 7412-1. Est travailleur à domicile toute personne qui:

1° Exécute, moyennant une rémunération forfaitaire, pour le compte d'un ou plusieurs établissements, un travail qui lui est confié soit directement, soit par un intermédiaire;

2° Travaille soit seule, soit avec son conjoint, partenaire lié par un pacte civil de solidarité, concubin ou avec ses enfants à charge au sens fixé par l'article L. 313-3 du code de la sécurité sociale, ou avec un auxiliaire.

Il n'y a pas lieu de rechercher:

a) S'il existe entre lui et le donneur d'ouvrage un lien de subordination juridique, sous réserve de l'application des dispositions de l'article L. 8221-6;

b) S'il travaille sous la surveillance immédiate et habituelle du donneur d'ouvrage;

c) Si le local où il travaille et le matériel qu'il emploie, quelle qu'en soit l'importance, lui appartient;

d) S'il se procure lui-même les fournitures accessoires;

e) Le nombre d'heures accomplies.

Note • **Contrat de travail.** Il peut être à durée indéterminée ou à durée déterminée.

• **Nature de l'activité.** Dans plusieurs arrêts rendus en matière de sécurité sociale, la Cour de cassation a été amenée à décider:

– que l'application de l'article L. 721-1 [L. 7412-1] n'est pas subordonnée à la transformation matérielle de matières premières fournies par le donneur d'ouvrage (cass. soc. 6 octobre 1971, n° 70-10.712, BC V n° 546; 24 novembre 1971, n° 70-12.617, BC V n° 683) et ce dernier peut exercer une activité libérale (cass. soc. 6 mai 1981, n° 80-10.855, BC V n° 378);

– que les dispositions de l'article L. 721-1 [L. 7412-1] ne font aucune distinction entre travail manuel et intellectuel (cass. soc. 24 mai 1972, n° 71-10.700, BC V n° 380).

• **Conditions d'exercice de l'activité.** Il n'est pas exigé que l'activité soit exercée à titre exclusif, à titre principal ou soit constante. Le travail à domicile peut donc être épisodique, irrégulier, voire se borner à l'exécution d'une seule tâche.

L'article L. 721-1 [L. 7412-1] CT n'interdit pas au travailleur à domicile de travailler pour des entreprises concurrentes et la violation de la clause de non-concurrence prévue par la convention collective n'a pas pour effet de priver le salarié de la qualité de travailleur à domicile (cass. soc. 5 janvier 1995, n° 91-41.174, BC V n° 16).

Peut bénéficier du statut de travailleur à domicile toute personne exerçant conjointement une telle activité (à titre principal ou accessoire) et toute autre activité salariée; en ce sens, cass. soc. 6 mai 1981, n° 80-10.855, précité, s'agissant d'un fonctionnaire exerçant, à titre accessoire, une activité de travailleur à domicile.

En revanche, ne peut bénéficier du statut la personne qui travaille pour une clientèle personnelle. C'est à juste titre qu'une cour d'appel a estimé que faute de travailler exclusivement pour des établissements industriels, une confectionneuse en chapeaux ne pouvait bénéficier du statut de travailleur à domicile dès lors qu'elle était inscrite au registre des métiers et avait une clientèle privée constituée de particuliers (cass. soc. 14 octobre 1970, n° 69-40.358, BC V n° 530).

• **Rémunération forfaitaire.** Il s'agit d'une des conditions d'exercice de l'activité ouvrant droit au bénéfice du statut de travailleur à domicile: le dessinateur industriel qui facture lui-même ses travaux ne peut y prétendre (cass. soc. 1er février 1994, n° 89-44.902).

Constitue une rémunération forfaitaire au sens de l'article L. 7412-1 CT la rémunération calculée selon des tarifs de base connus à l'avance et liés à des éléments quantitatifs, peu important qu'elle dépende de critères quantitatifs distincts et soit calculée sur la base de taux différents dès lors que ceux-ci sont déterminés par avance (cass. soc. 10 avril 2013, n° 12-11.676; voir précédemment, cass. soc. 5 janvier 1995, n° 91-41.174, précité). Une faculté de révision des tarifs convenus à l'avance, laissée au travailleur à domicile, ne fait pas disparaître le caractère préétabli de la base de la rémunération retenue pour chaque traduction opérée (cass. soc. 3 juin 1981, n° 80-10.084, BC V n° 509). Mais la convention passée entre une dessinatrice ayant proposé une bande dessinée entièrement réalisée à une entreprise qui accepte de la publier, aux termes de laquelle les parties sont convenues d'une rémunération pour deux pages publiées mensuellement pendant un an, doit s'analyser en une cession de droit à la reproduction d'une œuvre déjà faite (cass. soc. 8 novembre 1979, n° 78-10.273, BC V n° 832).

La rémunération a un caractère forfaitaire lorsque son montant, en cas de refus par le donneur d'ordre du travail confié ou de sa non-utilisation, est de 30 % de la somme préalablement fixée pour le travail demandé (cass. civ., 2e ch., 19 février 2009, n° 08-11.628, BC II n° 52; JCP éd. S 2009, 1260, note Th. Lahalle).

Ne constitue pas une rémunération forfaitaire versée à un travailleur à domicile celle qui ne fait pas référence à un tarif horaire mais est «fonction des difficultés du travail à effectuer et du temps approximatif nécessaire à la réalisation de l'ouvrage» (cass. soc. 23 janvier 1985, n° 295 S).

Est illicite la clause du contrat de travail subordonnant la rémunération du travailleur à domicile au règlement par le client de la commande qu'il a enregistrée (cass. soc. 10 mai 2007, n° 05-44.313, BC V n° 73; JSL n° 213, 12.06.2007, p. 11, obs. J-E Tourreil; RJS 7/07 n° 897; JCP éd. S 2007, 1571, note Th. Lahalle; RDT, octobre 2007, CH, 594, M. Véricel).

• Travail à domicile et activités indépendantes

Présomption de salariat. La distinction entre travailleur à domicile et travailleur indépendant n'est pas toujours aisée à opérer dans la pratique, les travailleurs à domicile travaillant le plus souvent en dehors de tout lien de subordination avec le donneur d'ouvrage. L'article L. 721-1 [L. 7412-1] CT reconnaît la qualité de salarié à toute personne travaillant dans les conditions qu'il énonce, sans qu'il y ait lieu de rechercher l'existence d'un lien de subordination entre cette personne et le donneur d'ouvrage (Dir. Unédic 24/00 du 4 août 2000).

Activités intellectuelles (littéraires ou artistiques). L'existence d'une rémunération forfaitaire est une condition nécessaire mais non suffisante; il faut qu'il y ait réalisation d'un travail commandé par le donneur d'ouvrage et exécuté en se conformant aux normes fixées par ce dernier.

Bénéficie, par exemple, du statut de travailleur à domicile:
– la personne à qui une maison d'édition confie la lecture d'ouvrages d'auteurs étrangers avec mission de dresser, en se conformant à des normes fixées, des comptes-rendus précis sur le contenu, la valeur littéraire et la valeur commerciale desdits ouvrages et qui est rémunérée selon un tarif fixé à l'avance par ouvrage (cass. soc. 22 janvier 1981, n° 80-10.493, BC V n° 60);
– la personne à qui une maison d'édition confie la rédaction de plusieurs articles pour des ouvrages à paraître moyennant une rémunération fixée à la page, celle-ci comportant un nombre déterminé de lignes et de signes (cass. soc. 22 janvier 1981, n° 79-14.693, BC V n° 63);
– la personne qui effectue à son domicile, pour le compte d'un donneur d'ouvrage, des corrections de devoirs moyennant une rémunération forfaitaire (cass. soc. 14 décembre 1983, n° 82-15.519, BC V n° 620).

N'a pas le statut de travailleur à domicile:
– la personne qui effectue, en dehors de toutes normes établies, la rédaction d'articles traitant de sujets historiques qu'elle choisit librement, la maison d'édition ne pouvant, quant à elle, qu'accepter ou refuser lesdits articles et l'intéressée supportant seule «ses peines et ses soins» en cas de refus de ses articles (cass. soc. 22 janvier 1981, n° 77-12.854, BC V n° 62);
– la personne à laquelle sont seulement proposés des sujets de dessins (l'intéressée pouvant les refuser de même que la maison d'édition peut ne pas accepter les dessins présentés) et qui perçoit, en cas de refus d'un dessin, une indemnité différente ne correspondant pas à la rémunération de son travail, ce dont il résulte que l'activité de création artistique que l'intéressée exerce à ses risques et périls n'est pas un travail à domicile (cass. soc. 22 janvier 1981, n° 79-12.795, BC V n° 61).

• Lieu de travail. Il peut s'agir de locaux dont le travailleur à domicile est propriétaire, locataire ou occupant. Il peut également s'agir de locaux où plusieurs travailleurs à domicile s'assemblent pour effectuer leurs tâches respectives, à condition, toutefois, que ces tâches ne soient pas complémentaires les unes des autres (art. L. 7412-3). En toute hypothèse, un travailleur à domicile est en droit de refuser de travailler dans un local appartenant à l'employeur (cass. soc. 28 février 2001, n° 99-40.600, RJS 5/01 n° 685).

• Recours à des aides

Notion d'enfants à charge. Les articles L. 313-3 et R. 313-12 (anciens) c. séc. soc. désignaient comme enfants à charge les enfants de moins de seize ans non salariés ainsi que ceux de moins de dix-huit ans placés en apprentissage et ceux de moins de vingt ans qui poursuivaient leurs études ou étaient, par suite d'infirmité, dans l'impossibilité permanente de se livrer à un travail salarié. Depuis le 1er janvier 2016, la notion d'enfants à charge est définie aux articles L. 161-1 et R. 161-4 c. séc. soc.: sont visés les enfants mineurs et les enfants de moins de vingt ans qui poursuivent leurs études ou qui, par suite d'infirmités ou de maladies chroniques, sont dans l'impossibilité permanente d'exercer un travail salarié.

Notion d'auxiliaire. Doivent être considérés comme auxiliaires non seulement toute personne étrangère au groupe familial (conjoint et enfants à charge), mais encore les enfants mineurs et/ou majeurs du travailleur à domicile qui ne remplissent pas les conditions rappelées ci-dessus.

Cumuls d'aides. À s'en tenir au sens littéral du point 2°, on pourrait soutenir que le travailleur à domicile ne peut recourir que de manière alternative à l'aide soit de son conjoint, soit de l'un ou plusieurs de ses enfants à charge, soit d'un auxiliaire étranger au groupe familial tel que défini sous ce point. Il paraît, en tout cas, indubitable que le recours à l'aide familiale s'oppose au recrutement d'un auxiliaire.

Mais, en ce qui concerne l'aide familiale, la question est plus délicate de savoir si le travailleur à domicile peut avoir recours, de façon cumulative, à l'aide de son conjoint et à celle d'un ou plusieurs enfants à charge. Il semble qu'il faille considérer que ce cumul est autorisé. On notera cependant que, dans une circulaire du 31 mars 1964 (TE 39/64), le ministre chargé du travail considérait que tout cumul d'aides se trouvait prohibé (pour bénéficier du statut, les travailleurs à domicile doivent travailler soit seuls, «soit avec l'aide ou bien de leur conjoint, ou bien de leurs enfants à charge, ou bien d'un seul auxiliaire»).

Utilisation du concours de travailleurs autres que l'auxiliaire autorisé. Elle ne fait pas perdre son statut au travailleur à domicile si elle est occasionnelle et intermittente (cass. crim. 20 novembre 1957, B. crim. n° 759).

Art. L. 7412-2. Conserve la qualité de travailleur à domicile celui qui, en même temps que le travail, fournit tout ou partie des matières premières, lorsque ces matières premières lui sont vendues par un donneur d'ouvrage qui acquiert ensuite l'objet fabriqué ou par un fournisseur indiqué par le donneur d'ouvrage et auquel le travailleur est tenu de s'adresser.

Note **Matières nécessaires à l'exécution du travail.** Il résulte des dispositions de cet article et des articles L. 7412-1 et L. 7422-12, que:
– les matières premières mises en œuvre peuvent être fournies par le donneur d'ouvrage ou par le travailleur à domicile lui-même (en totalité ou en partie), mais à condition, dans ce cas, qu'elles aient été vendues par un donneur d'ouvrage qui acquiert ensuite l'objet fabriqué ou qu'elles aient été acquises auprès d'un fournisseur indiqué par le donneur d'ouvrage;
– si les fournitures accessoires, dont le mode d'acquisition importe peu, sont fournies par le donneur d'ouvrage, elles doivent l'être gratuitement (art. L. 7422-12).

Art. L. 7412-3. Lorsque des travailleurs à domicile exercent leur activité dans un même local pour exécuter des tâches complémentaires les unes des autres, ils acquièrent la qualité de salariés en atelier.

Ces dispositions ne s'appliquent pas lorsque le travailleur à domicile travaille avec son conjoint partenaire lié par un pacte civil de solidarité, concubin ou avec ses enfants, dans les conditions prévues au 2° de l'article L. 7412-1.

CHAPITRE III Mise en œuvre

Art. L. 7413-1. Le donneur d'ouvrage est responsable à l'égard du travailleur à domicile de l'application de l'ensemble des dispositions légales applicables aux salariés, même s'il utilise un intermédiaire.

Note N'est pas «donneur d'ouvrage» le simple particulier s'adressant, pour faire effectuer un travail, à une personne travaillant à son domicile; cette dernière, traitant directement avec un client, a la qualité d'artisan ou de travailleur indépendant et non de travailleur à domicile (cass. soc. 21 décembre 1965, BC IV n° 961).

Art. L. 7413-2. Le travailleur à domicile bénéficie des dispositions conventionnelles liant le donneur d'ouvrage, sauf stipulations contraires, dans les conventions ou accords collectifs de travail en cause.

Note C'est à bon droit qu'après avoir relevé que la convention collective applicable dans l'entreprise disposait que le terme «salarié» recouvrait l'ensemble des salariés de la métallurgie, à l'exception des ingénieurs, cadres et VRP, un conseil de prud'hommes en a déduit que l'article 19 de cette convention prévoyant le versement d'une prime d'ancienneté aux salariés était applicable aux travailleurs à domicile qui n'en étaient pas expressément exclus (cass. soc. 2 mai 2006, n° 04-46.418, BC V n° 157; RJS 7/06 n° 904; 21 octobre 1992, n° 89-44.355, RJS 12/92 n° 1427; 17 janvier 1995, n° 91-43.492). De même, les travailleurs à domicile doivent bénéficier des primes d'ancienneté et des compléments de salaires pour maladie expressément prévus par une convention collective étendue et applicable à l'ensemble des salariés des entreprises concernées (cass. crim. 18 novembre 1980, n° 79-91.855, B. crim. n° 306).

À noter que selon l'article L. 2261-22, pour pouvoir être étendues, les conventions de branche conclues au niveau national doivent contenir, «en tant que de besoin dans la branche», des dispositions concernant les conditions d'emploi et de rémunération des travailleurs à domicile.

Art. L. 7413-3. Le donneur d'ouvrage ***(Ord. 2014-699 du 26 juin 2014, art. 18, JO 27)*** «communique, à sa demande,» à l'***(L. 2016-1088 du 8 août 2016, art. 113, III, 1°, JO 9)***

« agent de contrôle de l'inspection du travail mentionné à l'article L. 8112-1 » une déclaration dès qu'il commence ou cesse de faire exécuter du travail à domicile.

Art. L. 7413-4. Le travailleur à domicile qui utilise le concours d'un auxiliaire est responsable de l'application à celui-ci de l'ensemble des dispositions légales applicables aux salariés, sous réserve de l'application des articles L. 8232-1 à L. 8232-3 relatifs à l'obligation et à la solidarité financière du donneur d'ordre.

SECTION 1 (réglementaire). Comptabilité

Art. R. 7413-1. Le donneur d'ouvrage à domicile tient une comptabilité distincte des matières premières et fournitures destinées au travailleur à domicile.

Cette comptabilité fait ressortir séparément :
1° À l'entrée dans l'établissement : la date d'entrée, la quantité et la nature de chaque article ;
2° À la remise de l'ouvrage aux travailleurs :
a) La date de remise, la quantité, la nature de chaque article ;
b) La nature de l'ouvrage ;
c) Le nom du travailleur ;
3° À la livraison de l'ouvrage par les travailleurs : la date de la livraison.

Art. R. 7413-2. Les registres de la comptabilité du donneur d'ouvrage sont tenus à la disposition de l'inspection du travail.

Le ***(D. 2020-1545 du 9 déc. 2020, JO 10, entrée en vigueur le 01.04.2021)*** « directeur régional de l'économie, de l'emploi, du travail et des solidarités » peut demander un contrôle de cette comptabilité.

Art. R. 7413-3. Sous réserve de l'application de l'article L. 8232-2, relatif aux obligations et à la solidarité du donneur d'ordres, la responsabilité du travailleur à domicile pour l'application, à l'auxiliaire auquel il recourt, de l'ensemble des dispositions applicables aux salariés est, suivant que l'auxiliaire est employé à son propre domicile ou à celui du travailleur à domicile :
1° Soit celle d'un donneur d'ouvrage vis-à-vis d'un travailleur à domicile ;
2° Soit celle d'un chef d'entreprise industrielle vis-à-vis d'un ouvrier en atelier.

Note **Responsabilité du donneur d'ouvrage.** Les dispositions des articles L. 7413-4 et R. 7413-3 rendent applicables aux donneurs d'ouvrage, dans leurs rapports avec des travailleurs à domicile lorsque ces derniers occupent des aides, les dispositions de l'article L. 8232-2 qui prévoient la substitution du chef d'entreprise à celle du sous-traitant en cas de défaillance de celui-ci. Le donneur d'ouvrage se trouve donc directement responsable du paiement, notamment, des salaires et congés payés dus aux aides occupés par le travailleur à domicile en cas d'insolvabilité de ce dernier.

SECTION 2 (réglementaire). Rupture du contrat de travail

Art. R. 7413-4. Pour l'application aux travailleurs à domicile liés par un contrat de travail à durée indéterminée des dispositions des articles L. 1234-1 à L. 1234-8 et L. 1237-1, relatives au préavis, l'indemnité due, sauf rupture pour faute grave, en cas d'inobservation du préavis, est calculée sur la moyenne des salaires des six mois précédant la rupture du contrat.

SECTION 3 (réglementaire). Dispositions pénales

Art. R. 7413-5. Le fait de méconnaître les dispositions des articles R. 7413-1 et R. 7413-2, est puni de l'amende prévue pour les contraventions de la troisième classe.

TITRE II RÉMUNÉRATION ET CONDITIONS DE TRAVAIL

CHAPITRE Ier Fourniture et livraison des travaux

Art. L. 7421-1. Lorsqu'un donneur d'ouvrage recourt à un travailleur à domicile, il établit un bulletin ou un carnet.

Un décret en Conseil d'État détermine les conditions dans lesquelles ce bulletin ou carnet est établi. Il précise notamment les mentions devant y figurer :
1° Lors de la remise des travaux à exécuter à domicile ;
2° Lors de la livraison du travail achevé.

Art. R. 7421-1. Le bulletin ou le carnet remis au travailleur à domicile, en application de l'article L. 7421-2, est établi en deux exemplaires au moins.

Il mentionne :
1° Le nom et l'adresse de l'établissement ou les nom, prénoms et adresse du donneur d'ouvrage ;

2° La référence des organismes auxquels le donneur d'ouvrage verse les cotisations de sécurité sociale et le numéro d'immatriculation sous lequel ces cotisations sont versées;

3° Le numéro d'inscription au registre du commerce ou au registre des métiers;

4° La nature et la quantité du travail, la date à laquelle il est donné, les temps d'exécution, les prix de façon ou les salaires applicables;

5° La nature et la valeur des fournitures imposées au travailleur ainsi que les frais d'atelier et accessoires;

6° Le cas échéant, la date à laquelle le travail est livré.

Art. R. 7421-2. Lors de la livraison du travail achevé, le bulletin ou carnet mentionne:

1° La date de la livraison;

2° Le montant:

a) Des prix de façon acquis par le travailleur;

b) Des frais d'ateliers qui s'y ajoutent;

c) De l'allocation de congés payés;

d) Des retenues que la loi fait obligation aux employeurs d'opérer;

e) Le cas échéant, des divers frais accessoires laissés à la charge de l'intéressé par le donneur d'ouvrage, dans les limites prévues aux articles L. 3251-1 et L. 3251-2, relatifs à la saisie et à la cession des sommes dues au titre de rémunération;

3° La somme nette payée ou à payer au travailleur compte tenu des éléments énumérés aux a, b et c du 2° et après déduction des frais et retenues mentionnées aux d et e du 2°.

Art. R. 7421-3. Les inscriptions relatives à chaque travail sont portées sous un numéro d'ordre qui figure sur tous les exemplaires du bulletin ou carnet.

Art. L. 7421-2. Un exemplaire du bulletin ou carnet est remis au travailleur.

Un exemplaire est conservé pendant au moins cinq ans par le donneur d'ouvrage et, le cas échéant, son intermédiaire et présenté par eux à toute demande de l'***(L. 2016-1088 du 8 août 2016, art. 113, III, 1°, JO 9)*** «agent de contrôle de l'inspection du travail mentionné à l'article L. 8112-1».

Note • En cas de non-respect par l'employeur des dispositions des articles L. 7421-1 et 2 et R. 7421-1 à 3, le contrat de travail est présumé à temps complet (cass. soc. 3 novembre 2010, n° 09-40.255, BC V n° 253; voir aussi cass. soc. 19 octobre 2005, n° 03-47.343, RJS 1/06 n° 92).

• L'employeur ne peut tirer parti de la faute qu'il a commise en n'établissant pas le bulletin ou le carnet sur lequel doivent figurer les mentions de nature à établir le temps de travail et la rémunération perçue par le travailleur à domicile. En l'absence de tels documents, le salarié doit être autorisé à faire procéder, au besoin par voie d'expertise, à des investigations auprès de l'employeur pour établir les heures supplémentaires qu'il prétend avoir effectuées (cass. soc. 22 juin 1994, n° 89-42.461, BC V n° 211).

SECTION 2 (réglementaire). Dispositions pénales

Art. R. 7421-4. Le fait de méconnaître les dispositions des articles L. 7421-1 et L. 7421-2 ou des règlements pris pour leur application, est puni de l'amende prévue pour les contraventions de la troisième classe, prononcée autant de fois qu'il y a de personnes concernées.

Le fait de porter des mentions inexactes sur les bulletins ou carnets et leur duplicata est puni des mêmes peines.

CHAPITRE II Conditions de rémunération

SECTION 1. Salaires

Note • **Caractère forfaitaire de la rémunération.** Voir note sous article L. 7412-1.

• **Salaires conventionnels.** Voir note sous article L. 7413-2.

• **Rémunération mensuelle minimale.** Les travailleurs à domicile bénéficient de la rémunération mensuelle minimale prévue par les articles L. 3232-1 et s. si leur contrat de travail comporte un horaire au moins égal à la durée légale hebdomadaire du travail (cass. soc. 30 juin 1993, n° 90-41.540).

• **Mensualisation.** Les dispositions des articles L. 3242-1 et s. CT ne s'appliquent pas aux travailleurs à domicile.

• **Heures supplémentaires** (art. L. 7422-9 et R. 7422-10 et 11). Il résulte des dispositions des articles L. 7422-9 et R. 7422-10 et 11 – sauf stipulation plus favorable d'une convention collective applicable – que la majoration pour heures supplémentaires au taux de 25 % ne peut, pour une semaine de travail sans fête légale, être accordée qu'à partir de la 49e heure.

• **Obligation de l'employeur de fournir du travail.** Sauf disposition conventionnelle ou contractuelle contraire, l'employeur n'a pas l'obligation de fournir un volume de travail constant au travailleur à domicile. Cependant, il ne peut, sans commettre une faute, modifier unilatéralement et sans justification de façon durable la quantité de travail fournie et la rémunération (cass. soc. 10 octobre 2001, n° 99-45.420, BC V n° 315; RJS 12/01 n° 1469; 5 avril 2006, n° 03-45.888, BC V n° 137; RJS 6/06 n° 780; 28 septembre 2011, n° 09-41.496, JCP éd. S 2012, 1025, note H. Guyot). Ainsi, après avoir relevé que la diminution considérable de la rémunération mensuelle moyenne d'une salariée n'était justifiée par aucun élément objectif mais résultait de la volonté arbitraire de l'employeur, une cour a pu décider que celui-ci avait ainsi commis une faute génératrice d'un préjudice qu'elle a souverainement évalué (cass. soc. 5 avril 2006, n° 03-45.888, précité). De même, une cour d'appel, qui a relevé qu'un employeur n'avait jamais prétendu ni démontré ne pas avoir été en mesure de fournir un travail à un salarié à domicile, a pu allouer à ce dernier des dommages et intérêts pour absence de fourniture de travail (cass. soc. 29 octobre 2007, n° 06-41.456, RJS 1/08 n° 77).

En outre, le manquement injustifié de l'employeur à son obligation de fournir du travail au travailleur à domicile s'analyse en un licenciement sans cause réelle et sérieuse: en privant une salariée de tout travail pendant un mois malgré deux courriers de cette dernière et en ne se manifestant auprès d'elle que postérieurement à sa convocation devant le conseil de prud'hommes, un employeur a manqué à ses obligations contractuelles, entraînant la rupture du contrat de travail, celle-ci s'analysant, à défaut de lettre de licenciement, en un licenciement sans cause réelle et sérieuse (cass. soc. 28 novembre 2001, n° 99-45.423, RJS 2/02 n° 244, 1re espèce).

• **Congés payés.** Le donneur d'ouvrage se libère de toute obligation à cet égard par le versement, lors de chaque paiement fait au travailleur à domicile, d'une allocation forfaitaire égale à 10 % de la rémunération brute de l'intéressé, déduction faite des frais d'atelier (arrêté du 4 avril 1956, modifié par arrêté du 18 février 1982). Des taux plus élevés sont prévus dans certaines conventions collectives. L'employeur qui invoque l'existence d'une convention incluant l'indemnité de congés payés dans la rémunération convenue à la pièce doit en apporter la preuve (cass. soc. 2 février 1994, n° 90-42.509).

• **1er Mai.** Il doit donner lieu au paiement, à tout travailleur à domicile, d'une indemnité égale au sixième du salaire hebdomadaire moyen perçu pendant la période de paie précédente, quel que soit le jour de la semaine où il tombe (rép. QE 24414, JO AN 28 juin 1972).

• **Matières premières et fournitures accessoires.** Elles sont exclues du tarif minimum de rémunération (art. L. 7422-12) ainsi que des frais d'atelier et frais accessoires prévus à l'article L. 7422-11 et doivent faire l'objet d'un remboursement séparé.

• *Covid-19.* Sur les modalités de calcul de l'indemnité et de l'allocation d'activité partielle applicables aux travailleurs à domicile, prévues à titre dérogatoire et temporaire pour faire face à l'épidémie de Covid-19, voir décret 2020-435 du 16 avril 2020, JO 17, entrée en vigueur le 17.04.2020, modifié et décret 2020-1786 du 30 décembre 2020, JO 31, entrée en vigueur le 01.01.2021. Sur les mesures prises en matière d'activité partielle, voir aussi note introductive du chapitre II du titre II du livre Ier de la cinquième partie.

Sous-section 1. Détermination des temps d'exécution

Art. L. 7422-1. Dans les branches professionnelles employant des travailleurs à domicile, le tableau des temps nécessaires à l'exécution des travaux en série et de ceux qui peuvent être préalablement décrits pour les divers articles et les diverses catégories de travailleurs est établi par les conventions ou accords collectifs de travail.

Art. L. 7422-2. À défaut de convention ou accord collectif de travail étendu, l'autorité administrative dresse le tableau des temps d'exécution des travaux.

Art. L. 7422-3. L'autorité administrative peut fixer soit spontanément, soit à la demande d'une organisation professionnelle ou de toute personne intéressée, pour une partie ou pour l'ensemble du territoire, les temps d'exécution de certains travaux à domicile.

Art. R. 7422-1. Dans les cas prévus à l'article L. 7422-2, le tableau des temps d'exécution des travaux est dressé par le préfet, après avis d'une commission départementale composée de trois employeurs et de trois travailleurs à domicile.

Art. R. 7422-2. Les membres de la commission départementale sont désignés par le préfet selon la nature de l'activité, après consultation:

1° Des organisations d'employeurs et de travailleurs intéressées représentatives au niveau national;

2° Du ***(D. 2020-1545 du 9 déc. 2020, JO 10, entrée en vigueur le 01.04.2021)*** «directeur régional de l'économie, de l'emploi, du travail et des solidarités».

Art. R. 7422-3. La composition de la commission départementale peut varier, d'une part, selon la nature des travaux pour lesquels elle est consultée, d'autre part, pour une même branche d'activité, selon qu'elle est appelée à émettre un avis sur les temps d'exécution des travaux ou sur les salaires et les frais d'atelier.

Art. R. 7422-4. Les arrêtés pris par le préfet conformément à l'article R. 7422-1 sont publiés dans un délai d'un mois à compter de la date à laquelle ils ont été pris et insérés au recueil des actes administratifs du département.

À l'expiration du délai d'un jour franc à compter de leur publication au chef-lieu du département, ces arrêtés sont applicables dans l'étendue du département ou de la circonscription.

Les arrêtés ministériels pris conformément aux articles R. 7422-5 et R. 7422-6 sont publiés au *Journal officiel* de la République française.

Art. R. 7422-5. Un arrêté conjoint des ministres chargé du travail, de l'intérieur et des finances détermine les conditions dans lesquelles les membres employeurs sont indemnisés de leurs frais de déplacement et les membres travailleurs de leurs frais de déplacement et de leurs pertes de salaires.

Art. R. 7422-6. Dans les cas prévus à l'article L. 7422-3, le ministre chargé du travail prend un arrêté après avis:

1° Soit des commissions départementales compétentes mentionnées à l'article R. 7422-1, lorsqu'il s'agit de plusieurs départements;

2° Soit d'une commission nationale des temps d'exécution lorsqu'il s'agit de l'ensemble du territoire.

La composition de la commission nationale des temps d'exécution est fixée dans chaque cas par arrêté du ministre chargé du travail.

Sous-section 2. Détermination du salaire

Art. L. 7422-4. Il est interdit au donneur d'ouvrage d'appliquer aux travaux à domicile des tarifs inférieurs aux tarifs minimaux définis à l'article L. 7422-5.

Art. L. 7422-5. Le tarif minimum des travaux à domicile est le produit du salaire fixé conformément aux dispositions des articles L. 7422-6 et L. 7422-7 par les temps d'exécution fixés conformément aux dispositions des articles L. 7422-1 à L. 7422-3.

S'ajoutent à ce tarif:

1° Le cas échéant, les majorations prévues aux articles L. 7422-9 et L. 7422-10;

2° Les frais d'atelier et les frais accessoires prévus à l'article L. 7422-11.

Note En l'absence de fixation du salaire horaire et du temps d'exécution des travaux dans les conditions précisées par les articles L. 721-9 à L. 721-17 [L. 7422-4 à L. 7422-12] CT, le travailleur à domicile a droit à une rémunération au moins égale au salaire minimum de croissance pour le nombre d'heures de travail qu'il a effectué (cass. soc. 10 mai 2007, n° 05-44.313, BC V n° 73; JSL n° 213, 12.06.2007, p. 11, J-E Tourreil; JCP éd. S 2007, 1571, note Th. Lahalle; RJS 7/07 n° 897; RDT, octobre 2007, CH, 594, M. Véricel; Dr. Soc. 2007, p. 1177, obs. D. Jourdan et J. Barthélémy).

Art. L. 7422-6. À défaut de convention ou d'accord collectif de travail étendu ou lorsque les salaires pratiqués en atelier sont sensiblement supérieurs aux taux horaires prévus par la convention ou accord collectif de travail applicable, l'autorité administrative constate le salaire habituellement payé dans la région aux ouvriers de la même profession et d'habileté moyenne travaillant en atelier et exécutant les divers travaux courants de la profession.

Dans les régions où, pour les professions en cause, le travail à domicile est seul pratiqué, l'autorité administrative fixe le taux horaire du salaire, d'après le salaire des ouvriers d'habileté moyenne exécutant en atelier des travaux analogues dans la région ou dans des régions similaires.

Le taux horaire de salaire ainsi fixé peut être révisé soit d'office, soit sur la demande des employeurs ou des travailleurs intéressés, lorsque des variations de salaires se sont produites d'une manière générale dans l'industrie en cause.

Art. L. 7422-7. L'autorité administrative peut fixer soit spontanément, soit à la demande d'une organisation professionnelle, pour une partie ou pour l'ensemble du territoire, les taux horaires de salaires applicables à certaines professions.

Art. L. 7422-8. Lorsque le salaire horaire fixé par l'autorité administrative pour servir de base au calcul des tarifs d'exécution est inférieur au montant cumulé du salaire minimum de croissance et des indemnités, primes ou majorations susceptibles de s'y ajouter, les tarifs d'exécution sont complétés dès la date d'entrée en vigueur du texte modifiant le salaire minimum et sans attendre la publication de la décision administrative.

Art. R. 7422-7. Le préfet prend la décision prévue au premier alinéa de l'article L. 7422-6 sur avis conforme de la commission départementale prévue à l'article R. 7422-1.

Il prend la décision prévue au deuxième alinéa de l'article L. 7422-6 sur avis simple de cette commission.

Art. R. 7422-8. Les arrêtés pris par le préfet conformément aux articles L. 7422-6 et L. 7422-11 sont publiés et insérés au recueil des actes administratifs du département dans un délai d'un mois à compter de la date à laquelle ils ont été pris.

À l'expiration du délai d'un jour franc à compter de leur publication au chef-lieu du département, ces arrêtés sont applicables dans l'étendue du département ou de la circonscription.

L'arrêté ministériel pris conformément à l'article L. 7422-7, est publié au *Journal officiel* de la République française.

Art. R. 7422-9. Les taux horaires de salaires applicables aux professions mentionnées à l'article L. 7422-7 sont fixés par le ministre chargé du travail, après avis:

1° Soit des commissions départementales compétentes mentionnées à l'article R. 7422-1 lorsqu'il s'agit de plusieurs départements;

2° Soit de la commission nationale de salaires lorsqu'il s'agit de l'ensemble du territoire.

La composition de la commission nationale des salaires est fixée dans chaque cas par arrêté du ministre chargé du travail après consultation des organisations d'employeurs et de travailleurs intéressées représentatives au niveau national.

Sous-section 3. Majorations

Art. L. 7422-9. Lorsque les délais fixés par le donneur d'ouvrage pour la remise du travail imposent au travailleur à domicile de prolonger son activité au-delà de huit heures par jour ouvrable, le tarif d'exécution est majoré, sauf stipulation plus favorable d'une convention ou d'un accord collectif de travail:

1° De 25 % au minimum pour les deux premières heures ainsi accomplies;

2° De 50 % au minimum pour les heures suivantes.

Le droit des intéressés à ces majorations est apprécié sur la base des temps d'exécution définis conformément à l'article L. 7422-6, et compte tenu, le cas échéant, des concours auxquels le travailleur à domicile peut recourir, conformément au 2° de l'article L. 7412-1.

Note Le deuxième alinéa de cet article renvoyant aux «temps d'exécution» (et non aux taux horaires), il convient, semble-t-il, de lire «… conformément aux articles L. 7422-1, L. 7422-2 et L. 7422-3», qui visent respectivement les temps d'exécution fixés par convention collective, arrêté préfectoral et arrêté ministériel et non «… conformément aux articles L. 7422-6», cet article visant les arrêtés préfectoraux qui fixent les taux horaires des salaires.

Art. L. 7422-10. Lorsque le donneur d'ouvrage remet un travail à livrer dans des délais tels que celui-ci ne peut être terminé qu'en travaillant le dimanche ou un jour de fête légale, le travailleur bénéficie des majorations prévues par la convention ou l'accord collectif de travail applicable pour le travail exécuté le jour de repos hebdomadaire ou les jours fériés.

Art. R. 7422-10. Pour apprécier si un donneur d'ouvrage doit verser à un travailleur à domicile les majorations pour heures supplémentaires prévues à l'article L. 7422-9, il est tenu compte:

1° Des temps d'exécution résultant de la convention collective de travail étendue ou, à défaut, de l'arrêté préfectoral ou ministériel pris en application des articles L. 7422-2 et R. 7422-6;

2° Le cas échéant, des concours auxquels le travailleur à domicile a eu recours conformément au 2° de l'article L. 7412-1.

Art. R. 7422-11. Pour l'application des majorations mentionnées à l'article R. 7422-10, les jours de la semaine autres que les dimanches et les jours de fêtes légales sont considérés comme jours ouvrables.

Dans le cas d'exécution d'heures supplémentaires, le pourcentage correspondant aux frais d'atelier porte sur le tarif normal, à l'exclusion de la majoration appliquée au titre des heures supplémentaires.

SECTION 2. Frais d'atelier et frais accessoires

Art. L. 7422-11. Les frais d'ateliers correspondant notamment au loyer, au chauffage et à l'éclairage du local de travail, à la force motrice, à l'amortissement normal des moyens de production, ainsi que les frais accessoires sont déterminés par l'autorité administrative suivant la procédure définie à l'article L. 7422-6.

Note À défaut de convention ou accord collectif de travail étendu, les frais d'atelier auxquels ont droit les travailleurs à domicile sont déterminés par arrêté du préfet du lieu d'établissement du donneur d'ouvrage, quel que soit le lieu où le salarié exerce son activité (cass. soc. 6 mai 1998, n° 96-41.442). En l'absence de convention ou accord collectif, ou d'arrêté préfectoral déterminant les frais d'atelier, le montant de ces frais est fixé par accord des parties ou, en cas de litige, par le juge. Ce dernier peut donc décider que le salarié a droit au remboursement des frais réellement exposés (cass. soc. 18 janvier 1995, n° 91-40.605, BC V n° 34). Mais le juge peut également fixer le montant du remboursement sur une base forfaitaire (cass. soc. 17 mai 2000, n° 98-41.461, RJS 7-8/00 n° 883).

Art. L. 7422-12. La valeur des matières premières et des fournitures accessoires que le travailleur à domicile est tenu de se procurer en tout ou en partie ne constitue pas un élément du tarif et fait l'objet d'un remboursement séparé.

Lorsque le travailleur est tenu de prendre les fournitures accessoires chez l'employeur, celles-ci lui sont fournies gratuitement.

SECTION 4 (réglementaire). Affichages

Art. R. 7422-12. Les temps d'exécution des travaux à domicile, les prix de façon ou les salaires applicables à ces travaux et les frais d'atelier et frais accessoires sont affichés en permanence par le donneur d'ouvrage dans les locaux d'attente ainsi que dans ceux où la remise au travailleur des matières premières ou objets et la réception des articles après exécution est réalisée.

Ces dispositions ne s'appliquent pas au domicile privé des travailleurs, lorsque la remise de ces matières premières ou objets et la réception des marchandises y sont réalisées par les donneurs d'ouvrages ou leurs intermédiaires.

Art. R. 7422-13. Le préfet peut décider l'affichage dans les mairies des communes intéressées des dispositions réglementaires relatives aux temps d'exécution, aux prix de façon, aux frais d'atelier et frais accessoires ainsi que la remise d'un extrait de ces dispositions à chaque travailleur à domicile de la profession.

SECTION 5 (réglementaire). Dispositions pénales

Art. R. 7422-14. Le fait de méconnaître les dispositions de l'article L. 7422-4 ou des règlements pris pour leur application, est puni de l'amende prévue pour les contraventions de la quatrième classe, prononcée autant de fois qu'il y a de travailleurs concernés.

Art. R. 7422-15. Le fait de méconnaître les dispositions de l'article L. 7422-8 ou des règlements pris pour leur application, est puni de l'amende prévue pour les contraventions de la quatrième classe, prononcée autant de fois qu'il y a de travailleurs concernés.

Art. R. 7422-16. Le fait de méconnaître les dispositions ***(D. 2009-289 du 13 mars 2009, JO 15)*** « des premier à troisième alinéa de l'article L. 7422-9 et de l'article L. 7422-10 » ou des règlements pris pour leur application, est puni de l'amende prévue pour les contraventions de la quatrième classe, prononcée autant de fois qu'il y a de travailleurs concernés.

Art. R. 7422-17. Le fait de méconnaître les dispositions du premier alinéa de l'article R. 7422-12, est puni de l'amende prévue pour les contraventions de la troisième classe.

CHAPITRE III Règlement des litiges

Art. L. 7423-1. Les réclamations des travailleurs à domicile relatives au tarif du travail exécuté, aux frais d'atelier, aux frais accessoires et aux congés payés se prescrivent par cinq ans à compter du paiement de leur salaire.

Art. L. 7423-2. Les syndicats professionnels peuvent exercer toute action civile fondée sur l'inobservation des dispositions du présent livre.

Ils peuvent exercer ces actions en faveur de chacun de leurs membres, sans avoir à justifier d'un mandat de l'intéressé pourvu que celui-ci ait été averti et n'ait pas déclaré s'y opposer. L'intéressé peut toujours intervenir à l'instance engagée par le syndicat.

Art. R. 7423-1. Le conseil de prud'hommes connaît les litiges relatifs à la rémunération des travailleurs à domicile et redresse notamment les comptes faisant ressortir des tarifs inférieurs au tarif minimum défini aux articles L. 7422-4 et L. 7422-5.

La différence constatée entre le salaire effectivement versé et celui qui aurait dû l'être est payée au travailleur. Il ne doit pas être tenu compte de l'indemnité à laquelle le donneur d'ouvrage peut être condamné.

Art. R. 7423-2. À l'occasion de différend portant sur la rémunération d'un travailleur exécutant des travaux à domicile, le conseil de prud'hommes rend public, par affichage à la porte du prétoire, le tarif d'espèce résultant du jugement.

Tout intéressé et tout groupement professionnel sont autorisés à prendre sans frais copie de ces tarifs, au greffe du conseil de prud'hommes, et à les publier.

CHAPITRE IV Santé et sécurité au travail

Art. L. 7424-1. L'autorité administrative peut déterminer les catégories de travaux présentant des risques pour la santé et la sécurité des travailleurs, qui ne peuvent être exécutés par des travailleurs à domicile, que dans les conditions fixées par le présent chapitre.

Art. L. 7424-2. L'employeur qui fait exécuter des travaux à domicile relevant de l'une des catégories prévues par l'article L. 7424-1 est responsable de l'application aux travailleurs à domicile et aux auxiliaires que ceux-ci emploient des mesures de protection individuelles prévues par les dispositions des décrets mentionnés à l'article L. 4111-6.

Art. L. 7424-3. Lorsque le travailleur à domicile et ses auxiliaires éventuels exécutant des travaux mentionnés à l'article L. 7424-1 sont occupés dans des conditions ne répondant pas aux obligations de santé et de sécurité au travail, l'***(L. 2016-1088 du 8 août 2016, art. 113, III, 1°, JO 9)*** «agent de contrôle de l'inspection du travail mentionné à l'article L. 8112-1» peut mettre le donneur d'ouvrage en demeure de cesser de recourir aux services de ce travailleur.

Art. R. 7424-1. L'employeur ou le préposé qui fait exécuter à domicile des travaux présentant des risques compris dans un arrêté pris en exécution de l'article L. 7424-1, mentionne la nature exacte des travaux dans la déclaration qu'il adresse à l'inspection du travail.

Art. R. 7424-2. Le délai minimum d'exécution de la mise en demeure prévue par l'article L. 7424-3 est fixé à quinze jours.

LIVRE V

DISPOSITIONS RELATIVES À L'OUTRE-MER

TITRE Ier DISPOSITIONS GÉNÉRALES

CHAPITRE UNIQUE

Art. L. 7511-1. Les dispositions générales prévues par l'article L. 1511-1 sont également applicables aux dispositions du présent livre.

TITRE II GUADELOUPE, GUYANE, MARTINIQUE, MAYOTTE, LA RÉUNION, SAINT-BARTHÉLEMY, SAINT-MARTIN ET SAINT-PIERRE-ET-MIQUELON

CHAPITRE Ier Dispositions générales

Art. L. 7521-1. Les dispositions générales prévues par ***(Ord. 2008-205 du 27 févr. 2008, JO 1er mars)*** «les articles L. 1521-1 à L. 1521-4» sont également applicables aux dispositions du présent titre.

CHAPITRE II (réglementaire) Journalistes professionnels

Art. D. 7522-1. Les modalités d'application des dispositions des articles R. 7111-2 à R. 7111-35, relatives à la carte d'identité professionnelle et à la commission de la carte d'identité des journalistes professionnels, sont déterminées ***(D. 2018-953 du 31 oct. 2018, art. 8, 5°, JO 6 nov.)*** «en Guadeloupe, en Guyane, en Martinique, à Mayotte, à La Réunion», à Saint-Barthélemy et à Saint-Martin par arrêté du représentant de l'État dans le département ou la collectivité.

CHAPITRE III (réglementaire) Professions du spectacle, de la publicité et de la mode

Note Les chapitres III et IV sont issus du décret 2018-953 du 31 octobre 2018, art. 8, 6°, JO 6 nov.

Art. R. 7523-1. Pour l'application à Mayotte de l'article R. 7122-30, les mots: " et occupant un des emplois définis par l'accord relatif à l'application du régime d'assurance chômage à ces professions prévu à l'article L. 5422-20 " sont remplacés par les mots: " et, le cas échéant, occupant un des emplois définis par l'accord prévu à l'alinéa 2 de l'article L. 5524-2 ".

Art. R. 7523-2. Pour l'application à Mayotte de l'article R. 7122-31:

1° Le *b* du 1° est remplacé par les dispositions suivantes:

" *b)* Article 1er du décret n° 98-1162 du 16 décembre 1998 et article R. 243-13 du code de la sécurité sociale ";

2° Le *c* du 2° n'est pas applicable.

CHAPITRE IV (réglementaire) Concierges et employés d'immeubles à usage d'habitation, employés de maison et services à la personne

Art. R. 7524-1. Pour l'application à Mayotte de l'article R. 7213-7, les mots: " mois de mai à octobre inclus " sont remplacés par les mots: " mois de juillet à décembre inclus ".

Art. R. 7524-2. Pour l'application à Mayotte des articles D. 7231-1, R. 7232-20 et R. 7232-22, les mots: " L. 241-10 du code de la sécurité sociale " sont remplacés par les mots: " 28-8-1 de l'ordonnance n° 96-1122 du 20 décembre 1996 relative à l'amélioration de la santé publique, à l'assurance maladie, maternité, invalidité et décès, au financement de la sécurité sociale à Mayotte et à la caisse de sécurité sociale de Mayotte ".

HUITIÈME PARTIE

CONTRÔLE DE L'APPLICATION DE LA LÉGISLATION DU TRAVAIL

LIVRE Ier

INSPECTION DU TRAVAIL

Note • **Principaux textes sur l'inspection du travail**

Le **décret 2003-770 du 20 août 2003** (JO 21) modifié par le décret 2009-1382 du 9 novembre 2009 (JO 14), l'ordonnance 2010-462 du 6 mai 2010 (JO 7) et les décrets 2011-181 du 15 février 2011 (JO 17), 2016-558 du 6 mai 2016 (JO 8), 2017-1701 du 15 décembre 2017 (JO 17) et 2020-1025 du 10 août 2020 (JO 11) a défini le statut particulier du corps de l'inspection du travail. Le décret 2013-511 du 18 juin 2013 (JO 19) fixe des modalités exceptionnelles de recrutement dans le corps de l'inspection du travail.

Le **décret 2014-359 du 20 mars 2014** (JO 21) a défini l'organisation du système d'inspection du travail avec notamment la création des unités de contrôle aux divers niveaux territoriaux et la mise en place d'unités régionales d'appui et de contrôle sur le travail illégal, voire d'unités de contrôle sectorielles ou thématiques. La réorganisation de l'inspection du travail ne menace pas son indépendance (CE 30 décembre 2015, n° 380480).

La **loi 2015-990 du 6 août 2015** (JO 7) a autorisé le gouvernement à prendre par ordonnance les mesures visant à «renforcer le rôle de surveillance et les prérogatives du système d'inspection du travail, étendre et coordonner les différents modes de sanction et, en matière de santé et de sécurité au travail, réviser l'échelle des peines».

Le **décret 2015-1689 du 17 décembre 2015** (JO 19) portant sur l'organisation des services déconcentrés de l'État suite à la décentralisation et à la fusion de certaines régions a renommé, depuis le 01.01.2016, les unités territoriales en unités départementales (voir art. R. 8122-1 à 11).

L'**ordonnance du 7 avril 2016** (JO 8), relative au contrôle de l'application du droit du travail, ordonnance ratifiée par la loi «Travail», a modifié, depuis le 01.07.2016, les moyens d'action de l'inspection du travail en lui permettant, entre autres mesures, de prononcer des amendes administratives et de proposer des transactions pénales (loi 2016-1088 du 8 août 2016, JO 9). Le décret 2016-510 du 7 avril 2016 (JO 8) a fixé la procédure à suivre par le DIRECCTE pour proposer des transactions et prononcer des amendes.

Sur les précisions de l'administration, voir l'instruction DGT 2016-03 du 12 juillet 2016 et la circulaire ministérielle du 18 juillet 2016 (BO MJ 2016-07 du 29 juillet 2016) relative au droit pénal du travail (présentation de l'ordonnance 2016-413 du 7 avril 2016; coordination des sanctions administratives et pénales en droit du travail).

Le **décret 2017-541 du 12 avril 2017** (JO 14) portant sur le code de déontologie des agents du système d'inspection du travail a précisé le cadre général d'exercice des missions de service public de l'inspection du travail, les agents concernés par le code de déontologie, les devoirs respectifs de la hiérarchie et des agents placés sous son autorité, les droits et les devoirs envers chaque usager et les autres devoirs des agents.

La **loi 2018-771 du 5 septembre 2018** (JO 6) pour la liberté de choisir son avenir professionnel a renforcé et modernisé les pouvoirs d'enquête de l'inspection du travail en ouvrant le droit de communication aux données et supports informatisés et en élargissant ce droit de communication aux tiers à l'occasion des opérations de contrôle (voir art. L. 8113-5-1 et L. 8113-5-2). Les modalités de mise en œuvre de ces mesures ont été définies par le **décret 2019-555 du 4 juin 2019** (JO 5) portant diverses dispositions relatives au détachement de travailleurs et au renforcement de la lutte contre le travail illégal.

Le **décret 2020-1545 du 9 décembre 2020** (JO 10) a fusionné les DIRECCTE et les services déconcentrés chargés de la cohésion sociale en des entités dénommées DREETS. Elles sont mises en place à compter du 1er avril 2021. Les DREETS sont secondées, au niveau départemental, par deux entités: d'une part, des directions départementales de l'emploi, du travail et des solidarités (DDETS) et, d'autre part, les directions départementales de l'emploi, du travail, des solidarités et de la protection des populations (DEETS-PP).

• **Covid-19.** Voir Instructions DGT du 17 mars 2020 et du 7 avril 2020 (précisant les règles applicables pour les licenciements et transferts des salariés protégés afin de tenir compte des circonstances exceptionnelles liées à l'épidémie de coronavirus); voir aussi Instruction DGT du 22 avril 2020 (en vue de renforcer le nombre et l'efficacité des contrôles sur site, pour garantir la santé et la sécurité des salariés et l'information des entreprises).

• **Doctrine.** Voir RF décembre 2019, cahier juridique n° 1109, §§ 1500 et s., «L'inspecteur du travail»; Ph. Auvergnon, «De nouvelles prérogatives pour l'inspection du travail», Dr. Soc. 2015, p. 826; SSL 22 février 2016, n° 1711, p. 2, «Inspecteur du travail, Le grand défi»; RF 5 mai 2016, FH 3642, §§ 2-1 et s. et RF 8 septembre 2016, FH 3657, § 4-73; C. Mandy, «Les "nouveaux pouvoirs" de l'inspecteur du travail après l'ordonnance du 7 avril 2016», Dr. Soc. 2017, p. 170; Ph. Auvergnon et Th. Kapp, «Des nouveaux rapports du système d'inspection du travail avec le parquet et les juges», Dr. Soc. 2017, p. 657; RF 13 septembre 2018, FH 3756, § 6-4; RF 18 juillet 2019, FH 3801, § 2-10; JCP éd. S 2019, act. 234, aperçu rapide Ph. Coursier. Voir LSQ n° 18205 du 16.12.2020.

Voir aussi V. Tiano, «Le nouveau visage de l'inspection du travail: 2006-2020 près de quinze ans de réformes incessantes», Dr. Soc. 2020, p. 67.

• **Autorité européenne du travail (AET).** Cette entité a notamment pour mission d'améliorer l'accès des citoyens et entreprises aux informations relatives à la mobilité transfrontalière de la main-d'œuvre, de faciliter la coopération entre les autorités nationales et l'organisation d'inspections concertées ou communes sur le territoire des États membres et d'exercer un rôle de médiation en cas de différends entre États membres en matière de mobilité transfrontalière (règlement 2019/1149/UE du 20 juin 2019, JOUE L 186 du 11.07.2019); voir K. Chatzilaou, «La création d'une autorité européenne du travail: à quoi bon ?», RDT, septembre 2019, ET, 537.

TITRE Ier COMPÉTENCES ET MOYENS D'INTERVENTION

CHAPITRE Ier (réglementaire) Répartition des compétences entre les différents départements ministériels

Note • La détermination des autorités et départements ministériels dont dépendent les fonctionnaires chargés des fonctions d'inspection du travail a trait à la répartition d'attributions de l'État relevant, pour leur exercice, de la compétence du pouvoir exécutif et a un caractère réglementaire (C. constit. 6 avril 1993, n° 93-174 L, JO 8; 17 janvier 2008, n° 2007-561 DC, JO 22, cité sous le Titre II).

• Les décrets 2008-1503 et 2008-1510 du 30 décembre 2008 (JO 31) ont organisé la fusion des services d'inspection du travail au 1er janvier 2009. Dans tous les textes réglementaires, codifiés ou non, relatifs aux relations et conditions de travail, la référence aux inspecteurs et contrôleurs du travail ainsi qu'aux responsables départementaux et régionaux des inspections du travail dépendant, avant l'entrée en vigueur des décrets, des ministres chargés de l'agriculture ou des transports doit être entendue comme une référence aux inspecteurs, contrôleurs et responsables départementaux et régionaux de l'inspection du travail placée sous l'autorité du ministre chargé du travail. En ce qui concerne les transports, voir arrêté du 30 décembre 2008 (JO 31).

SECTION 1. Inspection du travail dans l'industrie, les commerces et les services, les professions agricoles et le secteur des transports

Art. R. 8111-1. Sous réserve des dispositions des autres sections du présent chapitre, les missions d'inspection du travail sont exercées par les inspecteurs et contrôleurs du travail placés sous l'autorité du ministre chargé du travail.

SECTION 2. Inspection du travail dans les mines et carrières

Art. R. 8111-8. Dans les mines et carrières, ainsi que dans leurs dépendances, les missions d'inspection du travail sont exercées par les fonctionnaires habilités à cet effet par les ***(D. 2009-235 du 27 févr. 2009, art. 5, JO 28; voir D. 2010-1582 du 17 déc. 2010, art. 36, JO 18, pour outre-mer)*** «directeurs régionaux de l'environnement, de l'aménagement et du logement» parmi les agents placés sous leur autorité. Ces missions sont exercées sous l'autorité du ministre chargé du travail.

Note • Le 2e alinéa de cet article a été abrogé par le décret 2016-510 du 25 avril 2016, JO 27, entrée en vigueur le 01.07.2016.

• En Île-de-France, cette compétence est exercée par le directeur régional et interdépartemental de l'environnement et de l'énergie (décret 2010-687 du 24 juin 2010, art. 47, JO 25).

• Une circulaire interministérielle du 25 octobre 1996 (BO TR 96/24, p. 299) précise les compétences respectives et la coordination des fonctionnaires du ministère chargé des mines, du ministère du Travail et du ministère des Transports.

Art. R. 8111-9. Les dispositions de l'article R. 8111-8 ne s'appliquent pas aux carrières situées sur le domaine de l'État mis à la disposition du ministère de la défense.

Pour ces dernières, les missions d'inspection du travail sont exercées par des agents habilités à cet effet par le ministre de la défense.

SECTION 3. Inspection du travail dans les industries électriques et gazières

Art. R. 8111-10. ***(D. 2011-1697 du 1er déc. 2011, art. 30, JO 2, entrée en vigueur le 01.01.2012)*** Dans les établissements et ouvrages des aménagements hydroélectriques concédés, placés sous le contrôle du ministre chargé de l'énergie, les missions d'inspection du travail sont exercées par les ingénieurs ou techniciens, habilités à cet effet par les directeurs régionaux de l'environnement, de l'aménagement et du logement ou le directeur régional et interdépartemental de l'environnement et de l'énergie d'Île-de-France parmi les agents placés sous leur autorité.

Ces missions sont exercées sous l'autorité du ministre chargé du travail.

Note Voir circulaire conjointe ministère de l'Emploi/ministère des Finances 2005-200 du 23 novembre 2005 (BO MT 2006/01) relative à l'inspection du travail dans les industries électriques et gazières.

Art. R. 8111-11. Dans les centrales de production d'électricité comprenant une ou plusieurs installations nucléaires de base au sens ***(D. 2018-437 du 4 juin 2018, art. 2, JO 5, entrée en vigueur le 01.07.2018)*** « de l'article L. 593-2 du code de l'environnement », les missions d'inspection du travail sont exercées par ***(D. 2018-437 du 4 juin 2018, art. 2, JO 5, entrée en vigueur le 01.07.2018)*** « des agents de l'Autorité de sûreté nucléaire, habilités à cet effet par cette dernière ».

Ces missions sont exercées sous l'autorité du ministre chargé du travail.

Note • Voir **circulaire DGT/ASN 13 du 16 novembre 2007** (BO TR 2007/12) relative à la coordination de l'action des inspecteurs de la radioprotection et des inspecteurs et contrôleurs du travail en matière de prévention des risques liés aux rayonnements ionisants et **instruction DGT/ASN du 1er mars 2011** relative à l'inspection du travail dans les centres nucléaires de production d'électricité (CNPE) précisant les compétences, les missions, les modalités pratiques d'organisation et de coopération de l'inspection du travail dans les centres nucléaires de production d'électricité.

• **Compétence de l'inspecteur du travail dans certains cas.** La compétence de l'inspecteur du travail ne s'applique pas aux salariés des entreprises qui travaillent pour le compte d'EDF-GDF mais n'exercent pas des activités qui relèvent du contrôle technique spécifique des services du ministère de l'Industrie (ex. d'une entreprise attributaire d'un marché de surveillance et de gardiennage d'une centrale nucléaire). L'inspecteur du travail n'est donc pas compétent pour se prononcer sur le licenciement d'un salarié protégé au sein de celle-ci (CE 12 avril 1995, n° 121699, RJS 6/95 n° 672).

SECTION 4. Inspection du travail dans les établissements de la défense

Art. R. 8111-12. Pour les établissements placés sous l'autorité du ministre de la défense et dont l'accès est réglementé et surveillé en permanence, les missions d'inspection du travail, conformément à l'article ***(D. 2017-272 du 1er mars 2017, JO 3)*** « L. 8112-1 », sont exercées, sous l'autorité du ministre de la défense, par les agents civils et militaires qu'il désigne.

Note Sur l'articulation des contrôles des agents de l'inspection du travail et des inspecteurs exerçant auprès du délégué à la sûreté nucléaire et à la radioprotection pour des activités et installations intéressant la défense, voir décret 2001-592 du 5 juillet 2001, art. 3 (JO 7).

CHAPITRE II Compétence des agents de contrôle de l'inspection du travail

Note • **Organisation interne de l'inspection du travail**

Le **premier volet de la réforme de l'inspection du travail** a pris forme par la modification et la rénovation de l'organisation interne de l'inspection du travail aux niveaux local, régional et national. Cette organisation collective réformée est effective dans toutes les régions depuis le 1er janvier 2015 (décret 2014-359 du 20 mars 2014, JO 21).

L'inspection du travail dépend de la DIRECCTE et, plus précisément, de son pôle « politique du travail ». Chaque DIRECCTE chapeaute plusieurs « unités territoriales », implantées dans les départements, auxquelles sont rattachées les différentes unités de contrôle d'inspection du travail. Un responsable d'unité territoriale peut être amené à prendre des décisions incombant habituellement au directeur régional, sur délégation. Il peut lui-même subdéléguer ce pouvoir aux inspecteurs du travail (voir art. R. 8122-2).

Le **second volet de la réforme de l'inspection du travail** a renforcé le rôle de surveillance et les moyens coercitifs. En application de la loi Macron pour la croissance, l'activité et l'égalité des chances économiques (loi 2015-990 du 6 août 2015, art. 261, JO 7 ; voir RF 27 août 2015,

FH 3606, § 10-35), l'inspection du travail bénéficie, depuis le 1er juillet 2016, de nouveaux moyens d'action, avec notamment la possibilité de prononcer des amendes administratives et de proposer des transactions pénales (ordonnance 2016-413 du 7 avril 2016, JO 8; décret 2016-510 du 25 avril 2016, JO 27).

Voir RF 5 mai 2016, FH 3642, §§ 2-1 et s.; instruction DGT 2016-03 du 12 juillet 2016 et circulaire ministérielle du 18 juillet 2016 (BOMJ 2016-07 du 29 juillet 2016) relative au droit pénal du travail (présentation de l'ordonnance 2016-413 du 7 avril 2016; coordination des sanctions administratives et pénales en droit du travail).

La **loi 2018-771 du 5 septembre 2018** (JO 6) pour la liberté de choisir son avenir professionnel et le **décret 2019-555 du 4 juin 2019** (JO 5) ont ensuite modernisé et renforcé les pouvoirs d'enquête de l'inspection du travail en ouvrant le droit de communication aux données et supports informatisés et en l'élargissant aux tiers à l'occasion des opérations de contrôle (voir notamment RF 13 septembre 2018, FH 3556, § 6-4; RF 18 juillet 2019, FH 3801, § 2-10; JCP éd. S 2019, act. 234, aperçu rapide Ph. Coursier).

• **Agents de l'inspection du travail**

L'inspection du travail est assurée essentiellement par des inspecteurs et contrôleurs du travail en charge du contrôle des entreprises et du renseignement du public. Depuis le 1er octobre 2013, le corps des contrôleurs du travail est «mis en extinction» pour constituer d'ici 2023 un corps unique d'inspecteurs. Depuis cette date, il n'y a plus de recrutement de contrôleurs de travail, tandis que ceux déjà en fonction sont progressivement intégrés au corps des inspecteurs du travail. L'objectif est qu'il n'y ait plus aucun contrôleur du travail en 2023 (décret 2013-875 du 27 septembre 2013, JO 29).

De façon générale, les dispositions issues de l'ordonnance 2016-413 du 7 avril 2016 (JO 8) n'évoquent plus l'inspecteur ou le contrôleur du travail, mais «l'agent de contrôle de l'inspection du travail mentionné à l'article L. 8112-1».

• **Du DIRECCTE au DREETS.** Le décret 2020-1545 du 9 décembre 2020 (JO 10) a fusionné les DIRECCTE et les services déconcentrés chargés de la cohésion sociale en des entités dénommées DREETS. Elles sont mises en place à compter du 1er avril 2021. Les DREETS sont secondées, au niveau départemental, par deux entités: d'une part, des directions départementales de l'emploi, du travail et des solidarités (DDETS) et, d'autre part, les directions départementales de l'emploi, du travail, des solidarités et de la protection des populations (DEETS-PP).

Art. L. 8112-1. ***(Ord. 2016-413 du 7 avril 2016, art. 4, II, 1°, JO 8, entrée en vigueur le 01.07.2016)*** «Les agents de contrôle de l'inspection du travail sont membres soit du corps des inspecteurs du travail, soit du corps des contrôleurs du travail jusqu'à l'extinction de leur corps.

Ils disposent d'une garantie d'indépendance dans l'exercice de leurs missions au sens des conventions internationales concernant l'inspection du travail.»

(Ord. 2016-413 du 7 avril 2016, art. 4, II, 2°, JO 8, entrée en vigueur le 01.07.2016) «Ils» sont chargés de veiller à l'application des dispositions du code du travail et des autres dispositions légales relatives au régime du travail, ainsi qu'aux stipulations des conventions et accords collectifs de travail répondant aux conditions fixées au livre II de la deuxième partie.

Ils sont également chargés, concurremment avec les officiers et agents de police judiciaire, de constater les infractions à ces dispositions et stipulations.

(Ord. 2016-413 du 7 avril 2016, art. 4, II, 3°, JO 8, entrée en vigueur le 01.07.2016) «Les agents de contrôle de l'inspection du travail sont associés à la définition des orientations collectives et des priorités d'intérêt général pour le système d'inspection du travail arrêtées, chaque année, par le ministre chargé du travail après concertation avec les organisations syndicales de salariés et les organisations professionnelles d'employeurs représentatives, et ils contribuent à leur mise en œuvre.

Ils sont libres d'organiser et de conduire des contrôles à leur initiative et décident des suites à leur apporter.»

(L. 2016-1088 du 8 août 2016, art. 116, III, 1°, JO 9) «Les attributions des agents de contrôle de l'inspection du travail peuvent être exercées par des agents de contrôle assimilés dans des conditions fixées par voie réglementaire.»

Note • **Agent de contrôle de l'inspection du travail.** De façon générale, les dispositions du code du travail n'évoquent plus l'inspecteur ou le contrôleur du travail, mais «l'agent de contrôle de l'inspection du travail mentionné à l'article L. 8112-1». Ce changement de dénomination fait écho à la disparition progressive des contrôleurs du travail, qui sont peu à peu intégrés à un «nouvel espace statutaire», constitués des agents de contrôle de l'inspection du travail (décret 2013-875 du 27 septembre 2013, JO 29). Voir RF 5 mai 2016, FH 3642, § 2-3.

• **Action individuelle de l'inspecteur du travail.** L'action individuelle des inspecteurs du travail en matière de contrôle de la législation du travail relève du principe général de l'indépendance des inspecteurs du travail (CE 9 octobre 1996, n° 167511, RJS 12/96 n° 1308). Aux termes des stipulations de l'article 17 de la convention internationale du travail n° 81 du 11 juillet 1947 publiée au *Journal officiel* conformément au décret 51-193 du 16 février 1951, il est laissé à la libre décision des inspecteurs du travail de «donner des avertissements ou des conseils au lieu d'intenter ou de recommander des poursuites». En rejetant implicitement une demande de dresser procès-verbal ne comportant aucune précision sur l'ampleur et la gravité des manquements dénoncés, l'inspecteur du travail ne commet pas d'erreur manifeste d'appréciation. Le directeur départemental du travail et de l'emploi, qui n'est pas investi de missions de police judiciaire, ne peut se substituer aux inspecteurs du travail dans la constatation par voie de procès-verbal des infractions (CE 3 octobre 1997, n° 161520, Rec. Lebon, p. 332; RJS 12/97 n° 1418). Il se déduit de la convention internationale du travail n° 81 et du décret du 20 août 2003 portant statut du corps de l'inspection du travail que, lorsqu'ils décident de dresser procès-verbal d'une infraction, les inspecteurs du travail ne sont pas placés sous le contrôle hiérarchique du directeur départemental (cass. crim. 6 mai 2008, n° 07-80.530, B. crim. n° 106; RJS 8-9/08 n° 923).

Sur la question de l'indépendance à l'égard de toute influence extérieure indue, voir CE 11 janvier 2002, n° 225597, Dr. Soc. 2002, p. 428, concl. E. Mignon.

Sur la collaboration entre l'inspection du travail et les autorités en charge de l'immigration, voir rapport 2009 de la commission des experts pour l'application des conventions et recommandations du BIT (LS Bref n° 15345 du 16.04.2009).

Sur l'intérêt à agir d'un syndicat interne contre une circulaire dont les dispositions sont de nature à porter atteinte à l'application régulière du droit du travail à laquelle les inspecteurs du travail doivent veiller, voir CE 27 juin 2001, n° 226261, Rec. Lebon, p. 284; RJS 11/01 n° 1381 et 24 octobre 2001, n° 219461, RJS 1/02 n° 75.

• **Rôle de l'inspecteur du travail.** Les inspecteurs du travail ont compétence générale pour veiller à l'application des dispositions du code du travail ainsi que des lois et règlements non codifiés relatifs au régime du travail, et pour constater les infractions à ces dispositions.

Dans le domaine conventionnel, les pouvoirs de contrôle de l'inspection du travail s'exercent à l'égard de toutes les conventions et accords collectifs, de branche ou d'entreprise, étendus ou non. L'inspection du travail peut donc procéder à toute enquête ou vérification utile pour s'assurer de l'application correcte (sous réserve des pouvoirs des organes d'interprétation des textes et des juridictions compétentes en la matière) des textes conventionnels de toute nature. En cas de non-respect des clauses salariales étendues (et sauf le cas où le non-respect résulterait d'un accord d'entreprise pris en application de l'article L. 132-24 [devenu L. 2253-4]) et des clauses dérogatoires étendues relatives à la durée du travail, l'infraction peut être relevée par procès-verbal. Dans les autres cas de non-respect des textes applicables, l'inspection du travail devra rappeler ses obligations à l'employeur, dont le refus persistant pourrait alors entraîner la saisine du juge sur la base des articles L. 135-5 et L. 135-6 [devenus L. 2262-11 et 12] (circ. min. DRT 15 du 25 octobre 1983, JO 10 janv. 1984).

Les articles L. 8112-1 et L. 8112-2 CT n'interdisent pas à l'inspecteur du travail de faire état des infractions de droit commun dont les éléments constitutifs lui paraissent réunis et de les porter à la connaissance du procureur de la République en application de l'article 40 c. proc. pén. (cass. crim. 9 janvier 2018, n° 17-80.200, B. crim. n° 5; RJS 3/18 n° 213; JCP éd. S 2018, 1083, note A. Leduc et P. Massamba-Débat).

Rien n'interdit à l'inspecteur du travail de répondre à l'employeur ou au salarié qui lui demande un avis au sujet d'un différend né à l'occasion du contrat de travail. Cet avis, toujours émis sous réserve de l'appréciation souveraine des tribunaux, ne peut porter atteinte à l'indépendance de la juridiction éventuellement saisie, qui n'est nullement tenue de le prendre en considération s'il en est fait état devant elle. Il reste bien entendu que l'inspecteur du travail ne peut, à cette occasion, transgresser ses obligations en matière de secret et de discrétion professionnels (rép. QE 25533, JO Sén. 10 mai 1978, p. 751).

La lettre par laquelle l'inspecteur du travail répond à une demande de renseignements formulée par un employeur au sujet de la protection des salariés exposés à certains risques et du fonctionnement du service de la médecine du travail ne revêt pas le caractère d'une décision faisant grief susceptible de donner lieu à un recours pour excès de pouvoir (CE 31 mai 1995, n° 162652, RJS 8-9/95 n° 929).

Voir aussi circulaire du 15 février 1989 relative à la discrétion professionnelle et à l'indépendance de jugement (BO MT 89/17) et circulaire DAGEMO/BCG 99-1 du 5 janvier 1999 relative aux droits et obligations des fonctionnaires et agents publics de l'administration du travail, de l'emploi et de la formation professionnelle dans leurs relations avec les médias (BO TR 99/3, p. 238; CE 29 décembre 2000, n° 213590, RJS 4/01 n° 548).

• **Compétence territoriale.** Les inspecteurs et les contrôleurs du travail ont le pouvoir et le devoir de vérifier les conditions de travail des salariés travaillant dans tous les établissements situés dans leur ressort, que ceux-ci soient ou non autonomes ou qu'ils dépendent ou non d'un autre établissement sis hors dudit ressort (cass. crim. 17 janvier 1995, n° 94-80.081, B. crim. n° 22). L'inspecteur du travail dans le ressort duquel séjourne une entreprise itinérante est compétent pour contrôler l'application des dispositions relatives à l'hygiène et à la sécurité, alors même que le séjour n'est que temporaire (CE 6 mai 1996, n° 146824, RJS 7/96 n° 824). En matière de règlement intérieur, voir circulaire DGT 2009-09 du 17 avril 2009 (BO TR 2009/5) relative à la compétence territoriale des membres de l'inspection du travail saisis d'un règlement intérieur unique. Pour la durée du travail, voir instruction DGT 2010-06 du 29 juillet 2010 (BO TR 2010/10) relative aux règles de compétence territoriale en matière de dérogation à la durée du travail.

Voir loi 2010-384 du 16 avril 2010 (JO 17) autorisant l'approbation du protocole additionnel relatif au rôle de l'inspection du travail sur le site de l'organisation internationale ITER et portant sur la santé et la sécurité au travail.

• **Pouvoirs de décision de l'inspecteur du travail.** Outre son pouvoir de contrôle et sa mission de conseil et de conciliation, l'inspecteur du travail a un pouvoir de décision dans certains domaines (durée du travail, règlement intérieur, licenciement des représentants du personnel, notamment).

Lorsqu'elles ont le caractère de décisions administratives, les décisions prises par les inspecteurs du travail peuvent faire l'objet d'un recours devant les tribunaux administratifs et être annulées si elles sont entachées d'illégalité ou d'excès de pouvoir.

La loi 79-587 du 11 juillet 1979 (JO 12, rectif. JO 13), dont les conditions d'application ont été précisées par une circulaire du 28 septembre 1987 (JO 20 oct.) relative à la motivation des actes administratifs, a soumis à une obligation de motivation expresse les décisions administratives individuelles qui ont un caractère négatif ou restrictif, ou encore qui constituent une sanction; cette disposition s'applique notamment aux décisions des inspecteurs du travail dont une liste est établie en annexe à cette circulaire. La loi 78-753 du 17 juillet 1978 (JO 18) modifiée a par ailleurs, notamment, posé le principe de liberté d'accès aux documents administratifs (voir aussi décret 2005-1755 du 30 décembre 2005, JO 31, modifié).

Ces dispositions législatives et réglementaires relatives à la motivation des actes administratifs et au droit d'accès aux documents administratifs sont désormais inscrites dans le code des relations entre le public et l'administration, entré en vigueur le 1er janvier 2016 (voir ordonnance 2015-1341 du 23 octobre 2015, JO 25, et décret 2015-1342 du 23 octobre 2015, JO 25; voir *Textes non codifiés*; voir aussi ordonnance 2016-307 du 17 mars 2016, JO 18).

À noter également qu'un arrêté du 12 mars 1986 (JO 19), modifié par le décret 2016-308 du 17 mars 2016 (JO 18), fixe la liste des documents administratifs émanant des services placés sous l'autorité ou le contrôle du ministre du Travail, de l'Emploi et de la Formation professionnelle qui ne peuvent pas être communiqués au public (voir *Textes non codifiés*). Voir aussi circulaire du 14 mars 1986 (BO MT 86/15-16).

Au sujet des différentes missions incombant aux inspecteurs du travail, voir la chronique de A. Jeammaud: «Du pouvoir de l'inspection du travail de trancher certains différends», à propos d'un arrêt du Conseil d'État du 20 décembre 1985 (D. 1987, p. 27).

• **Contrôle du respect de la législation du travail dans le secteur public.** Voir F. Zapata, «L'inspection du travail dans le secteur public», Dr. Soc. 1994, p. 1002. Sur la compétence de l'inspection du travail pour contrôler l'application à La Poste des règles du code du travail relatives à la santé et à la sécurité tirée de la loi elle-même, sans que cette dernière ait assorti de mesures transitoires l'exercice de cette compétence, voir CE 23 mars 2012, n° 345386, SSL 2012 n° 1543, note Th. Kapp.

• **Garantie d'indépendance des agents.** L'ordonnance 2016-413 du 7 avril 2016 affirme que les inspecteurs et contrôleurs du travail disposent d'une garantie d'indépendance dans l'exercice de leurs missions au sens de la convention n° 81 sur l'inspection du travail (voir art. L. 8124-1 CT; LSQ n° 17058 du 11.04.2016). Voir aussi A. Casado, «L'OIT et l'inspection du travail», JCP éd. S 2019, 1229.

• **Covid-19.** Voir Instructions DGT du 17 mars 2020 et du 7 avril 2020 (précisant les règles applicables pour les licenciements et transferts des salariés protégés afin de tenir compte des circonstances exceptionnelles liées à l'épidémie de coronavirus); voir aussi Instruction DGT du 22 avril 2020 (en vue de renforcer le nombre et l'efficacité des contrôles sur site, pour garantir la santé et la sécurité des salariés et l'information des entreprises). Voir LSQ n° 18205 du 16.12.2020.

Art. L. 8112-2. Les ***(Ord. 2016-413 du 7 avril 2016, art. 4, III, JO 8, entrée en vigueur le 01.07.2016)*** «agents de contrôle de l'inspection du travail mentionnés à l'article L. 8112-1» constatent également:

1° Les infractions commises en matière de discriminations prévues au 3° et au 6° de l'article 225-2 du code pénal, ***(L. 2012-954 du 6 août 2012, JO 7)*** «les délits de harcèlement sexuel ou moral prévus, dans le cadre des relations de travail, par les articles 222-33 et 222-33-2 du même code» ***(Ord. 2016-413 du 7 avril 2016, art. 4, III, JO 8, entrée en vigueur le 01.07.2016)*** «, les infractions relatives à la traite des êtres humains, au travail forcé et à la réduction en servitude, prévues aux articles 225-4-1, 225-14-1 et 225-14-2 du même code,» ainsi que les infractions relatives aux conditions de travail et d'hébergement contraires à la dignité des personnes, prévues par les articles 225-13 à 225-15-1 du même code;

2° Les infractions aux mesures de prévention édictées par les caisses régionales d'assurance maladie et étendues sur le fondement de l'article L. 422-1 du code de la sécurité sociale ainsi que les infractions aux dispositions relatives à la déclaration des accidents du travail et à la délivrance d'une feuille d'accident, prévues aux articles L. 441-2 et L. 441-5 du même code;

3° Les infractions aux dispositions relatives à l'interdiction de fumer dans les lieux affectés à un usage collectif, prévues à l'article L. 3511-7 du code de la santé publique;

4° Les infractions relatives aux conditions d'entrée et de séjour des étrangers en France, prévues par les articles ***(Ord. 2020-1733 du 16 déc. 2020, art. 16, JO 30, entrée en vigueur le 01.05.2021)*** « L. 823-1, L. 823-2 et L. 823-3» du code de l'entrée et du séjour des étrangers et du droit d'asile;

5° Les infractions aux dispositions de la section 4 du chapitre V du titre Ier du livre Ier du code de la consommation, relatives à la certification des services et produits autres qu'alimentaires, ainsi qu'au livre II de ce même code, relatives à la conformité et la sécurité des produits et des services;

6° Les infractions aux dispositions des articles L. 123-10 à L. 123-11-1 du code de commerce, relatives à la domiciliation des personnes immatriculées au registre du commerce et des sociétés;

(L. 2014-788 du 10 juil. 2014, art. 5, JO 11) «7° Les manquements aux articles L. 124-7, L. 124-8, L. 124-10, L. 124-13 et L. 124-14 et à la première phrase du premier alinéa de l'article L. 124-9 du code de l'éducation;»

(Ord. 2020-71 du 29 janv. 2020, art. 7, V, 3°, JO 31, entrée en vigueur au plus tard le 01.07.2021) «8° Lorsqu'elles concernent des bâtiments à usage professionnel, les infractions aux dispositions des articles L. 112-2, L. 134-13 et L. 155-2 du code de la construction et de l'habitation ainsi qu'à celles des dispositions réglementaires prises pour leur application.»

Note • **1°**. S'agissant des articles 222-33 et 33-2 c. pén., voir *Textes non codifiés*, rubrique «Santé et conditions de travail».

Les inspecteurs du travail ont le pouvoir de constater les infractions aux dispositions prévues par les articles 225-13 à 225-15-1 c. pén. relatives à l'abus de la vulnérabilité ou de la situation de dépendance d'une personne afin d'obtenir la fourniture de services non rétribués ou en échange d'une rétribution manifestement sans rapport avec l'importance du travail accompli et à la soumission d'une personne à des conditions de travail ou d'hébergement incompatibles avec la dignité humaine (loi 2003-239 du 18 mars 2003, art. 41).

• **4°**. L'article L. 622-1 ancien CESEDA concerne les situations d'aide à l'entrée, au séjour et à la circulation irrégulières de ressortissants étrangers sur le territoire français, ou sur le territoire d'États parties à la convention de Schengen ou à la convention des Nations unies contre la criminalité transnationale, et notamment à toute personne (et pas seulement aux employeurs) qui, «par aide directe ou indirecte», aura «facilité ou tenté de faciliter l'entrée, la circulation ou le séjour irréguliers d'un étranger en France».

L'article L. 622-5 ancien CESEDA aggrave dans certains cas les peines précédentes, notamment lorsque les infractions sont commises en bande organisée, qu'elles ont pour effet ou sont susceptibles, par les moyens utilisés, de mettre en danger la vie des étrangers ou qu'elles ont pour effet de les soumettre à des conditions de vie, de transport, de travail ou d'hébergement incompatibles avec la dignité de la personne humaine (voir note interministérielle du 4 juillet 2004 présentant des dispositions de lois modifiant le code du travail, BO TR 2004/16, p. 105).

Art. R. 8112-1. Dans la mise en œuvre des actions d'inspection du travail prévues à l'article L. 8112-1, l'inspecteur du travail contribue, notamment, à la prévention des risques professionnels, ainsi qu'à l'amélioration des conditions de travail et des relations sociales.

(D. 2009-1377 du 10 nov. 2009 modifié, art. 13, III, 3°, JO 13) «Outre l'exercice de ces attributions principales, il concourt à l'exécution des missions de la ***(D. 2020-1545 du 9 déc. 2020, JO 10, entrée en vigueur le 01.04.2021)*** «direction régionale de l'économie, de l'emploi, du travail et des solidarités», en ce qui concerne les politiques du travail, de l'emploi et de la formation professionnelle.»

Art. R. 8112-2. L'inspecteur du travail assure un rôle de conseil et de conciliation en vue de la prévention et du règlement des conflits.

Art. R. 8112-3. L'inspecteur du travail contribue à l'élaboration des statistiques relatives aux conditions du travail dans le secteur qu'il est chargé de surveiller.

Art. R. 8112-4. L'inspecteur du travail fournit des rapports circonstanciés sur l'application, dans toute l'étendue de sa circonscription, des dispositions dont il est chargé d'assurer le contrôle de l'exécution.

Ces rapports mentionnent les accidents dont les salariés ont été victimes et leurs causes.

Ils contiennent des propositions relatives aux prescriptions nouvelles qui seraient de nature à mieux assurer la santé et la sécurité au travail.

Art. R. 8112-5. Un rapport de synthèse de l'ensemble des communications des inspecteurs du travail est publié tous les ans par le ministre chargé du travail.

Art. R. 8112-6. ***(D. 2011-2029 du 29 déc. 2011, JO 30)*** Pour l'application des articles L. 242-7, L. 422-3 et L. 422-4 du code de la sécurité sociale et des articles L. 751-21 et L. 751-48 du code rural et de la pêche maritime, l'inspecteur ou le contrôleur du travail informe la caisse chargée de la prévention et de la tarification des accidents du travail et des maladies professionnelles compétente des mesures qu'il a prises à l'encontre d'une entreprise dans laquelle il a constaté une situation particulièrement grave de risque exceptionnel, notamment dans le cas de situations de danger grave et imminent ou de risque sérieux pour l'intégrité physique des travailleurs mentionnées au titre III du livre VII de la quatrième partie du présent code.

CHAPITRE III Prérogatives et moyens d'intervention

SECTION 1. Droit d'entrée dans les établissements et dans les locaux affectés à l'hébergement

Art. L. 8113-1. Les ***(L. 2016-1088 du 8 août 2016, art. 113, III, 2°, JO 9)*** «agents de contrôle de l'inspection du travail mentionnés à l'article L. 8112-1» ont un droit d'entrée dans tout établissement où sont applicables les règles énoncées au premier alinéa de l'article L. 8112-1 afin d'y assurer la surveillance et les enquêtes dont ils sont chargés.

Ils ont également un droit d'entrée dans les locaux où les travailleurs à domicile réalisent les travaux définis à l'article L. 7424-1.

Toutefois, lorsque les travaux sont exécutés dans des locaux habités, les ***(L. 2016-1088 du 8 août 2016, art. 113, III, 2°, JO 9)*** «agents de contrôle de l'inspection du travail mentionnés à l'article L. 8112-1» ne peuvent y pénétrer qu'après avoir reçu l'autorisation des personnes qui les occupent.

Note • **Principes.** Il est de règle stricte que:
– les visites de contrôle sur les lieux de travail ne soient jamais annoncées à l'avance, l'employeur, ou son représentant, ne devant être informé qu'au moment de l'arrivée de l'inspecteur dans l'entreprise;
– l'inspecteur ne fasse jamais état devant l'employeur de la plainte d'un salarié (convention internationale n° 81, arrêté du 12 mars 1986 et circulaire du 15 février 1989 cités sous l'article L. 8112-1).

Le droit de visite peut s'exercer à toute heure du jour et de la nuit dans les établissements où le travail est organisé pendant la nuit ou dans les établissements où le travail de nuit est interdit.

• **Jurisprudence.** Les inspecteurs du travail sont autorisés à entrer dans tous les établissements à l'effet d'y assurer la surveillance et les enquêtes dont ils sont chargés (cass. crim. 10 mai 2000, n° 99-80.711; 16 septembre 2003, n° 02-86.661, B. crim. n° 164). Ils peuvent procéder, à l'intérieur des établissements où ils ont accès en raison de leurs fonctions, aux enquêtes dont ils sont chargés. Un chef d'entreprise ne peut donc pas s'opposer à l'audition, à l'intérieur de son établissement, de témoins qu'un inspecteur du travail voulait entendre dans le cadre d'une enquête qu'il effectuait à la suite d'une plainte pour entrave à l'exercice du droit syndical et à celui des fonctions d'un délégué du personnel dont il avait été saisi (cass. crim. 22 juillet 1981, n° 81-90.167, B. crim. n° 237).

La décision refusant d'annuler le procès-verbal d'un inspecteur du travail relatant une visite dans un local habité, au sens de l'alinéa 3 de l'article L. 611-8 [L. 8113-1], est justifiée dès lors qu'il n'est pas allégué que l'autorisation de pénétrer aurait été refusée à l'inspecteur du travail (cass. crim. 4 janvier 1994, n° 92-86.290). Voir également cass. crim. 2 mars 2004, n° 03-83.299, écartant l'exception de nullité du procès-verbal de constatations dans un immeuble en rénovation dont le prévenu prétendait qu'il était habité par sa mère.

Le fait de ne pas permettre à un contrôleur de procéder aux examen et consultation qu'il souhaitait faire est un délit d'obstacle à l'accomplissement des devoirs de cet agent, quelles que soient les raisons invoquées par l'employeur pour justifier ses agissements et même si, comme il le soutenait, il avait invité ledit contrôleur à attendre, pour effectuer ses opérations, l'achèvement du travail urgent que lui-même avait entrepris, travail qui, selon lui, ne pouvait ni être différé ni être exécuté par un membre du personnel (cass. crim. 28 avril 1987, JS 1987, SJ 147).

Le déplacement de l'inspecteur du travail dans les locaux d'une société n'interrompt pas la prescription de l'action publique (cass. crim. 21 mai 2019, n° 18-82.574, à paraître, LS Jurispr. n° 98 du 28.05.2019; JSL n° 480, 22.07.2019, pp. 7 et s., L. Genty et H. Durif; RJS 8-9/19 n° 545; Dr. Soc. 2019, p. 779, chron. R. Salomon; voir aussi note sous article L. 8113-7).

Art. L. 8113-2. Les ***(L. 2016-1088 du 8 août 2016, art. 113, III, 2°, JO 9)*** «agents de contrôle de l'inspection du travail mentionnés à l'article L. 8112-1» sont habilités à demander aux employeurs et aux personnes employées dans les établissements soumis au présent code de justifier de leur identité et de leur adresse.

Note Sur les prérogatives relatives à la justification de l'identité et de l'adresse, voir note interministérielle du 4 juillet 2004 (BO TR 2004/16, p. 105).

Art. L. 8113-2-1. ***(L. 2015-990 du 6 août 2015, art. 280, IV, 2°, JO 7)*** Pour l'application des articles L. 4221-1 et L. 4231-1 et du 1° de l'article L. 8112-2 du présent code et de l'article L. 716-1 du code rural et de la pêche maritime, les agents de contrôle de l'inspection du travail peuvent pénétrer dans tout local affecté à l'hébergement de travailleurs, après avoir reçu l'autorisation de la ou des personnes qui l'occupent.

Art. R. 8113-1. Les employeurs, autres que ceux des professions agricoles, tiennent à la disposition de l'inspection du travail, au siège de leur établissement, une liste de leurs chantiers et autres lieux de travail à caractère temporaire.

Ils informent par écrit l'inspection du travail de l'ouverture de tout chantier ou autre lieu de travail employant dix salariés au moins pendant plus d'une semaine.

SECTION 2. Droit de prélèvement

Art. L. 8113-3. Les ***(L. 2016-1088 du 8 août 2016, art. 113, III, 4°, JO 9)*** «agents de contrôle de l'inspection du travail mentionnés à l'article L. 8112-1» ont qualité, concurremment avec les officiers de police judiciaire et les agents de la concurrence, de la consommation et de la répression des fraudes, pour procéder, aux fins d'analyse, à tous prélèvements portant sur les matières mises en œuvre et les produits distribués ou utilisés.

En vue de constater les infractions, ces prélèvements doivent être faits conformément à la procédure instituée par les décrets pris en application de l'article ***(Ord. 2016-301 du 14 mars 2016, art. 21, JO 16)*** « L. 512-23» du code de la consommation.

SECTION 3. Accès aux documents

Art. L. 8113-4. Les ***(L. 2016-1088 du 8 août 2016, art. 113, III, 2°, JO 9)*** «agents de contrôle de l'inspection du travail mentionnés à l'article L. 8112-1» peuvent se faire présenter, au cours de leurs visites, l'ensemble des livres, registres et documents rendus obligatoires par le présent code ou par une disposition légale relative au régime du travail.

Note **Jurisprudence.** L'employeur doit prendre toutes mesures utiles pour que le droit de visite des inspecteurs puisse s'exercer en tout temps, même en son absence. «Ce qui est obligatoire, c'est la tenue à la disposition de l'inspecteur du travail d'un certain nombre de documents. L'obligation est satisfaite dès lors que ce fonctionnaire se voit remettre ces documents par une personne quelconque. La formule la plus simple consiste donc, pour un employeur, à regrouper ces documents et à informer un ou plusieurs membres de son entreprise de l'endroit où se trouvent les registres, et à les autoriser à les remettre à l'inspecteur du travail en cas de réquisition de celui-ci, etc. Si l'inspecteur du travail est tenu d'informer l'employeur de sa présence dans l'entreprise, rien n'oblige ce dernier à lui consacrer du temps. En fait, il est souhaitable, et c'est ce qui est pratiqué le plus souvent, que le chef d'entreprise accompagne, ou fasse accompagner, l'inspecteur au cours de sa visite et entende de ce dernier les conclusions de sa visite. L'employeur a ainsi l'occasion d'obtenir les informations, explications ou conseils sur le moyen d'assurer les mesures de mise en conformité que l'inspecteur peut prescrire» (rép. QE 8387, JO Sén. 5 décembre 1982, p. 6329). Voir cass. crim. 31 janvier 2012, n° 11-85.226, B. crim. n° 32; RJS 5/12 n° 490 et CJUE 30 mai 2013, aff. C-342/12, JOUE C 225/37 du 03.08.2013; RJS 11/13 n° 766 et chron. E. Lafuma, p. 655.

Exception faite des cas légaux pour certaines infractions [voir notamment les articles L. 8113-5, 5-1 et 5-2], les inspecteurs du travail, au cours de leurs enquêtes, ne peuvent exiger des chefs d'établissement que la présentation des seuls livres, registres et documents rendus obligatoires par le code du travail ou par une disposition légale ou réglementaire relative au régime du travail. Tel n'était pas le cas, par exemple, des fiches d'appréciation de deux salariés, qui avaient saisi l'inspecteur du travail d'une plainte pour discrimination syndicale, réclamées par ce fonctionnaire et dont le refus de présentation ne constituait pas le délit prévu par l'article L. 631-1 CT (cass. crim. 17 mars 1992, n° 90-86.492, B. crim. n° 116; JCP éd. E 1992.II.385, note O. Godard) avant intervention de la loi du 16 novembre 2001 [L. 8113-5].

La remise des documents n'est subordonnée à la production d'aucune réquisition écrite de la part de l'agent de contrôle (cass. crim. 13 novembre 1985, n° 85-91.196, B. crim. n° 353, s'agissant de la remise du registre spécial «étrangers» existant alors).

Art. L. 8113-5. Les ***(L. 2016-1088 du 8 août 2016, art. 113, III, 2°, JO 9)*** «agents de contrôle de l'inspection du travail mentionnés à l'article L. 8112-1» peuvent se faire communiquer tout document ou tout élément d'information, quel qu'en soit le support, utile à la constatation de faits susceptibles de vérifier le respect de l'application:

1° Des dispositions des articles L. 1132-1 à L. 1132-4 du code du travail et de celles de l'article 225-2 du code pénal, relatives aux discriminations;

2° Des dispositions des articles L. 1142-1 et L. 1142-2, relatives à l'égalité professionnelle entre les femmes et les hommes;

3° Des dispositions des articles L. 2141-5 à L. 2141-8, relatives à l'exercice du droit syndical;

(Ord. 2016-413 du 7 avril 2016, art. 4, V, JO 8, entrée en vigueur le 01.07.2016) «4° Des dispositions des articles L. 1152-1 à L. 1152-6 et L. 1153-1 à L. 1153-6, relatives aux harcèlements moral et sexuel;

5° Des dispositions de la quatrième partie, relatives à la santé et la sécurité au travail.»

Art. L. 8113-5-1. ***(L. 2018-771 du 5 sept. 2018, art. 103, JO 6)*** Pour la recherche et la constatation des infractions constitutives de travail illégal mentionnées à l'article L. 8211-1, les agents de contrôle définis par voie réglementaire peuvent obtenir, au cours de leurs visites, communication de tout document comptable ou professionnel ou tout autre élément d'information propre à faciliter l'accomplissement de leur mission. Ils peuvent également en prendre copie immédiate, par tout moyen et sur tout support.

Pour la communication des données informatisées, ils ont accès aux logiciels et aux données stockées ainsi qu'à la restitution en clair des informations propres à faciliter l'accomplissement de leur mission. Ils peuvent en demander la transcription par tout traitement approprié en des documents directement utilisables pour les besoins du contrôle.

Art. L. 8113-5-2. ***(L. 2018-771 du 5 sept. 2018, art. 103, JO 6)*** Pour la recherche et la constatation des infractions constitutives de travail illégal mentionnées à l'article L. 8211-1, les agents de contrôle définis par voie réglementaire disposent d'un droit de communication leur permettant d'obtenir, sans que s'y oppose le secret professionnel, communication de tout document, renseignement ou élément d'information utile à l'accomplissement de leur mission.

Sans préjudice des autres dispositions législatives applicables en matière d'échanges d'informations, le droit de communication défini au présent article est exercé dans les conditions prévues et auprès des personnes mentionnées à la section I du chapitre II du titre II de la première partie du livre des procédures fiscales, à l'exception des personnes mentionnées aux articles L. 82 C, L. 83 A à L. 83 E, L. 84 à L. 84 E, L. 91, L. 95 et L. 96 B à L. 96 F du même livre.

Pour les données conservées et traitées par les opérateurs de communications électroniques dans le cadre de l'article L. 34-1 du code des postes et des communications électroniques et par les prestataires mentionnés aux 1 et 2 du I de l'article 6 de la loi n° 2004-575 du 21 juin 2004 pour la confiance dans l'économie numérique, le droit de communication institué par le présent article ne s'applique qu'aux seules données permettant l'identification des personnes proposant un travail, une prestation ou une activité pouvant relever des infractions constitutives de travail illégal mentionnées à l'article L. 8211-1 du présent code.

Le droit de communication prévu au premier alinéa du présent article s'exerce quel que soit le support utilisé pour la conservation des documents et peut s'accompagner de la prise d'extraits et de copies. Les documents et informations sont communiqués à titre gratuit dans les trente jours qui suivent la réception de la demande écrite.

Il peut porter sur des informations relatives à des personnes non identifiées, dans des conditions fixées par décret en Conseil d'État pris après avis de la Commission nationale de l'informatique et des libertés.

Art. L. 8113-6. Lorsque des garanties de contrôle équivalentes sont maintenues, les entreprises peuvent, dans les conditions et limites déterminées par décret, déroger à la conservation des bulletins de paie et à la tenue de certains registres pour tenir compte du recours à d'autres moyens, notamment informatiques.

Note Sur l'utilisation des supports informatiques pour la conservation des bulletins de paie, voir circulaire DRT 98/9 du 2 novembre 1998 (BO TR 99/1, p. 25).

Art. D. 8113-2. Lorsque un décret, pris en application de l'article L. 8113-6, après consultation des organisations représentatives d'employeurs et de salariés, prévoit que l'employeur peut recourir à un support de substitution pour la tenue de certains registres, ce support est conçu et tenu de façon à obtenir, sans difficulté d'utilisation et de compréhension et sans risque d'altération, toutes les mentions obligatoires.

Il est présenté dans les mêmes conditions et conservé pendant le même délai que le registre auquel il se substitue.

Art. D. 8113-3. En cas de traitement automatisé de données nominatives pour la tenue d'un registre, l'employeur ou le responsable du traitement justifie à l'inspecteur du travail de la délivrance du récépissé attestant qu'il a accompli la déclaration préalable prévue par la loi n° 78-17 du 6 janvier 1978 relative à l'informatique, aux fichiers et aux libertés.

Art. R. 8113-3-1. ***(D. 2015-1359 du 26 oct. 2015, JO 28)*** Pour l'application des dispositions des articles L. 124-8, L. 124-10, L. 124-13, L. 124-14 et du premier alinéa de l'article L. 124-9 du code de l'éducation, l'organisme d'accueil ou l'établissement d'enseignement communique, à leur demande, aux agents de contrôle de l'inspection du travail une copie de la convention de stage conclue avec le stagiaire.

Art. R. 8113-3-2. ***(D. 2019-555 du 4 juin 2019, art. 4, 1°, JO 5, entrée en vigueur le 01.07.2019)*** Le droit de communication de documents ou d'informations prévu à l'article L. 8113-5-1 est exercé, dans le cadre de leurs visites et enquêtes, par les agents de contrôle de l'inspection du travail mentionnés à l'article L. 8112-1.

Art. R. 8113-3-3. ***(D. 2019-555 du 4 juin 2019, art. 4, 1°, JO 5, entrée en vigueur le 01.07.2019)*** Le droit de communication de documents ou d'informations auprès de tiers défini à l'article L. 8113-5-2 est exercé, dans le cadre d'une enquête visant une ou plusieurs infractions constitutives de travail illégal, par les agents de contrôle de l'inspection du travail en fonction, soit au groupe national de veille, d'appui et de contrôle prévu par l'article R. 8121-15, soit dans l'une des unités régionales d'appui et de contrôle instituées à l'article R. 8122-8.

La demande est notifiée par écrit à la personne physique ou morale destinataire du droit de communication.

Lorsque le droit de communication porte sur des informations relatives à des personnes non identifiées, il satisfait aux conditions suivantes:

1° La demande comporte les précisions suivantes:

a) La nature de la relation juridique ou économique existant entre la personne à qui la demande est adressée et les personnes qui font l'objet de la demande;

b) Des critères relatifs à l'activité des personnes qui font l'objet de la demande, dont l'un au moins des trois critères suivants:

- lieu d'exercice de l'activité;
- niveau d'activité ou niveau des ressources perçues, ces niveaux pouvant être exprimés en montant financier ou en nombre ou fréquence ou durée des opérations réalisées ou des versements reçus;
- mode de paiement ou de rémunération;

c) La période, éventuellement fractionnée, mais sans pouvoir excéder dix-huit mois, sur laquelle porte la demande;

2° Sur demande des agents, les informations sont communiquées sur un support informatique, par un dispositif sécurisé;

3° Les informations communiquées sont conservées pendant un délai de trois ans à compter de leur réception et jusqu'à l'épuisement des voies et délais de recours contre les sanctions administratives ou condamnations pénales consécutives aux contrôles réalisés sur la base de ces informations.

SECTION 4. Recherche et constatation des infractions ou des manquements

Sous-section 1. Procès-verbaux

Art. L. 8113-7. ***(Ord. 2016-413 du 7 avril 2016, art. 4, VII, JO 8, entrée en vigueur le 01.07.2016)*** «Les agents de contrôle de l'inspection du travail mentionnés à l'article L. 8112-1» et les fonctionnaires de contrôle assimilés constatent les infractions par des procès-verbaux qui font foi jusqu'à preuve du contraire.

Ces procès-verbaux sont transmis au procureur de la République. Un exemplaire est également adressé au représentant de l'État dans le département.

Art. L. 8113-7

(L. 2012-387 du 22 mars 2012, art. 55, JO 23) «Avant la transmission au procureur de la République, l'agent de contrôle informe la personne visée au procès-verbal des faits susceptibles de constituer une infraction pénale ainsi que des sanctions encourues.»

(Ord. 2016-413 du 7 avril 2016, art. 4, VII, JO 8, entrée en vigueur le 01.07.2016) «Lorsqu'il constate des infractions pour lesquelles une amende administrative est prévue au titre V du livre VII de la quatrième partie ou à l'article L. 8115-1, l'agent de contrôle de l'inspection du travail peut, lorsqu'il n'a pas dressé un procès-verbal à l'attention du procureur de la République, adresser un rapport à l'autorité administrative compétente, dans le cadre de la procédure prévue au chapitre V du présent titre.»

Note • **Agents habilités.** Voir note sous art. L. 8112-1 CT. Sur les agents habilités à contrôler le respect des règles applicables en matière de lutte contre le tabagisme, voir aussi art. L. 3515-1 c. santé publ.

• **Nature des procès-verbaux.** Dressés par l'inspecteur du travail dans l'exercice de ses attributions de police judiciaire, à l'effet de constater les infractions, les procès-verbaux sont des actes d'instruction ou de poursuites, au sens de l'article 7 c. proc. pén., qui interrompent la prescription de l'action publique (cass. crim. 26 novembre 1985, n° 84-93.304, B. crim. n° 378; 29 février 2000, n° 99-83.241, B. crim. n° 89; 3 juin 2008, n° 07-86.627; 21 mai 2019, n° 18-82.574, à paraître, LS Jurispr. n° 98 du 28.05.2019; JSL n° 480, 22.07.2019, pp. 7 et s., L. Genty et H. Durif; RJS 8-9/19 n° 545; Dr. Soc. 2019, p. 779, chron. R. Salomon: seuls ces procès-verbaux peuvent être regardés comme des actes d'instruction ou de poursuite, interruptifs de la prescription, à l'exclusion des actes de l'enquête administrative qui en ont constitué le prélude, tel le déplacement de l'inspecteur du travail dans les locaux de la société).

Lorsqu'il saisit en référé le président du tribunal de grande instance [juge judiciaire] en application de l'article L. 3132-31 CT, l'inspecteur du travail n'est pas tenu de dresser le procès-verbal prévu à l'article L. 8113-7 (cass. soc. 10 mars 2010, n° 08-17.044, BC V n° 64; RJS 5/10 n° 434; RDT, mai 2010, CH, 302, note M. Véricel).

Sur la conformité d'une mise en demeure et d'un procès-verbal avec les articles 6-1 et 6-3 de la Convention européenne de sauvegarde des droits de l'homme, voir cass. crim. 6 novembre 2007, n° 07-80.031, B. crim. n° 265; RJS 3/08 n° 298.

• **Compétence géographique des agents de l'inspection du travail.** Les agents de l'inspection du travail sont compétents pour dresser procès-verbal dans le département où ils sont nommés (cass. crim. 16 septembre 2003, n° 02-86.661, B. crim. n° 164; RJS 1/04 n° 72). Les éléments constitutifs d'infraction doivent avoir été rassemblés par l'inspecteur du travail et portés à sa connaissance en vertu de son pouvoir d'enquête exercé dans le cadre de sa compétence territoriale, c'est-à-dire en rapport direct avec sa mission de contrôle des établissements et institutions situés dans son secteur d'inspection; en l'espèce, les éléments constitutifs du délit d'entrave avaient été relevés sur la base d'une communication de pièces sans lien avec l'activité de contrôle de l'établissement situé dans le ressort de compétence de l'inspecteur (cass. crim. 9 décembre 2003, n° 03-80.781, B. crim. n° 238; JCP éd. G 2004.II.1241).

• **Forme des procès-verbaux.** Ils ne sont soumis à aucune forme particulière (cass. crim. 18 octobre 1913) et aucun délai n'est imparti aux inspecteurs pour les rédiger (cass. crim. 11 mars 1910). L'inspecteur du travail n'est pas officier de police judiciaire et les prescriptions de l'article 66 du code de procédure pénale (procès-verbaux rédigés sur-le-champ en cas de flagrance) ne sont donc pas applicables aux procès-verbaux dressés par ses soins et qui obéissent aux règles posées par l'article L. 611-10 [L. 8113-7] CT (cass. crim. 28 mai 1991, n° 90-84.545, RJS 7/91 n° 870).

La nullité d'une enquête effectuée par des services de police concernant l'emploi irrégulier d'un fonctionnaire de police par une entreprise n'entache pas la procédure effectuée par les fonctionnaires de l'inspection du travail qui, alertés par la police, ont dressé un procès-verbal conformément aux dispositions de l'article L. 611-10 [L. 8113-7] CT, en l'absence de prescriptions légales spéciales définissant les modalités d'action de cette administration (cass. crim. 29 octobre 1991, n° 90-80.968, RJS 1/92 n° 63).

• **Transmission des procès-verbaux** (al. 2). Si tout procès-verbal doit, en principe, être adressé au préfet du département, un manquement à cette prescription ne saurait être considéré comme portant atteinte aux droits de la défense et entraîner à lui seul la nullité des poursuites exercées devant la juridiction pénale, l'initiative des poursuites échappant à l'autorité administrative (cass. crim. 18 juillet 1990, n° 89-86.088, RJS 11/90 n° 911).

Aucun texte de loi n'impose la transmission du procès-verbal de l'inspecteur du travail au directeur départemental (cass. crim. 28 janvier 1997, n° 95-84.257, Dr. Soc. 1997, p. 456, note M. Cohen).

Une instruction ministérielle 2002-3 du 28 mars 2002 (BO TR 2002/11, p. 281) fixe les règles d'établissement et de transmission des procès-verbaux ainsi que celles de leur suivi. Pour leur gestion et leur suivi, voir arrêté du 27 février 1996 (JO 8 mars) modifié par décret 2009-1377 du 10 novembre 2009, art. 11, JO 13.

• **Force probante des procès-verbaux.** Le procès-verbal fait foi jusqu'à preuve contraire de ce que l'agent de contrôle a vu, entendu, et donc personnellement constaté (cass. crim. 19 mars 2013, n° 11-86.552, B. crim. n° 67; Dr. Ouvr. 2013, p. 680, note Th. Kapp; Dr. Soc. 2013, p. 639, chron. R. Salomon). Mais les procès-verbaux ne font foi, jusqu'à preuve contraire, que des faits que les inspecteurs et contrôleurs du travail ont personnellement et matériellement constatés (cass. crim. 27 mai 1999, n° 98-83.535) et non des circonstances que ces fonctionnaires ont pu déduire des déclarations de témoins qu'ils ont recueillies (cass. crim. 28 avril 1975, n° 75-90.167, B. crim. n° 111). Ils ont, pour le surplus, valeur de simples renseignements (cass. crim. 22 janvier 1991, n° 90-80.034; 4 avril 1991, n° 90-82.040). Il importe peu que le procès-verbal mentionne un nombre erroné d'amendes pour sanctionner la contravention relevée (cass. crim. 15 mai 1990, n° 89-85.672, RJS 6/90 n° 516).

Si les procès-verbaux des inspecteurs du travail font foi jusqu'à preuve du contraire, il n'en est ainsi que dans le cas où leur auteur constate une infraction entrant dans le champ de compétence qui lui est reconnu par l'article L. 611-1 [L. 8112-1] CT, tel n'étant pas le cas du procès-verbal par lequel l'inspecteur du travail relève un délit d'outrage prévu et réprimé par l'article L. 433-5, al. 2 c. pén. (cass. crim. 6 février 2007, n° 06-83.356, B. crim. n° 33; RJS 5/07 n° 647).

Les constatations de l'inspecteur du travail (relatives au non-respect du délai d'un tiers de la durée de la première mission de travail temporaire entre deux missions successives sur le même poste de travail) faisant foi jusqu'à preuve du contraire, les juges n'ont pas à rechercher si les allégations de l'utilisateur sont exactes et il appartient à ce dernier de rapporter la preuve de leur bien-fondé (cass. crim. 28 mai 1991, n° 90-82.359, B. crim. n° 227).

En l'absence de nullité prononcée par la juridiction pénale, le procès-verbal qui fait foi jusqu'à preuve contraire doit recevoir application devant la juridiction sociale (cass. soc. 24 avril 2001, n° 98-44.364).

La valeur probante des constatations de l'inspecteur du travail s'étend à celles qui résulteraient des documents fournis par l'employeur; ainsi, des listings de pointage des salariés remis par l'employeur à l'inspecteur du travail permettent, à défaut de preuve contraire rapportée par écrit ou par témoins, d'établir la réalité du travail de nuit des salariés même s'ils ne sont pas joints à la procédure (cass. crim. 30 octobre 2018, n° 17-87.520, B. crim. n° 181; LS Jurispr. n° 205 du 13.11.2018; RJS 1/19 n° 46; JSL n° 467, 09.01.2019, pp. 10 et s., L. Genty et H. Durif).

Les procès-verbaux dressés par l'inspecteur du travail (ou un officier de police judiciaire) ne sont qu'un moyen de preuve de l'infraction qui peut, selon les règles générales, être prouvée par tout autre moyen (témoignages, aveux… ou, comme en l'espèce, constatations par huissier) (cass. crim. 12 mai 1980, JS 1980, SJ 129).

L'absence d'un délégué du personnel lors de la constatation par un inspecteur ou un contrôleur du travail d'une infraction aux dispositions du code du travail ne saurait avoir pour effet de vicier de nullité le procès-verbal dressé par l'agent de contrôle (cass. crim. 15 juin 1977).

La personne poursuivie ayant la faculté de contester la valeur probante des procès-verbaux des contrôleurs du travail par tout moyen de preuve, devant la juridiction de jugement, une poursuite pour faux en écriture publique du fonctionnaire, rédacteur du procès-verbal, ne saurait être considérée comme se rattachant étroitement à une défense et caractérise, en l'espèce, le délit de dénonciation calomnieuse. Porte préjudice à l'ensemble de la profession des contrôleurs du travail et justifie l'action civile du syndicat le fait, pour une personne verbalisée par l'un d'eux, de dénoncer faussement des faits de nature à entraîner des sanctions judiciaires, administratives ou disciplinaires contre ce fonctionnaire (cass. crim. 11 mars 2003, n° 02-82.352, B. crim. n° 65; RJS 7/03 n° 925).

Les agents de la direction du travail et de l'emploi n'ayant pas qualité pour engager les poursuites relatives aux infractions qu'ils sont chargés de constater, c'est à bon droit qu'une juridiction de jugement a procédé à l'audition d'un inspecteur du travail comme témoin, serment préalablement prêté conformément à l'article 446 c. proc. pén. (cass. crim. 26 septembre 1995, n° 94-80.983, B. crim. n° 287; RJS 12/95 n° 1271).

Art. L. 8113-8. Les dispositions de l'article L. 8113-7 ne sont pas applicables à l'État, aux collectivités territoriales et à leurs établissements publics administratifs.

Un décret en Conseil d'État détermine les conditions dans lesquelles les constatations des ***(L. 2016-1088 du 8 août 2016, art. 113, III, 4°, JO 9)*** «agents de contrôle de l'inspection du travail mentionnés à l'article L. 8112-1» dans ces établissements sont communiquées par le ministre chargé du travail aux administrations concernées.

Sous-section 2. **Mises en demeure et demandes de vérification**

Art. L. 8113-9. Les mises en demeure prévues par le présent code ou par des dispositions légales relatives au régime du travail et les demandes de vérification ***(Ord. 2016-413 du 7 avril 2016, art. 4, VIII, JO 8, entrée en vigueur le 01.07.2016)*** «, de mesure et d'analyse» prévues à l'article L. 4722-1 sont soumises à des règles de procédure déterminées par décret en Conseil d'État.

Art. R. 8113-4. Les mises en demeure et demandes de vérification de l'inspecteur ou du contrôleur du travail sont notifiées par écrit à l'employeur soit par remise en main propre contre décharge, soit par lettre recommandée avec avis de réception.

Art. R. 8113-5. Le délai d'exécution des mises en demeure ainsi que les délais de recours courent à compter du jour de remise de la notification ou du jour de présentation de la lettre recommandée.

SECTION 4 (réglementaire). Constats dans les établissements de l'État, les collectivités territoriales et leurs établissements publics administratifs

Art. R. 8113-6. Les constatations de l'inspecteur ou du contrôleur du travail dans un établissement de l'État, d'une collectivité territoriale ou de l'un de leurs établissements publics administratifs, sont consignées dans un registre spécial fourni par l'administration intéressée ou adressées au directeur de l'établissement, qui les annexe à ce registre.

Une copie de ces observations est adressée au ***(D. 2020-1545 du 9 déc. 2020, JO 10, entrée en vigueur le 01.04.2021)*** «directeur régional de l'économie, de l'emploi, du travail et des solidarités».

Art. R. 8113-7. Le directeur de l'établissement fait connaître au ***(D. 2020-1545 du 9 déc. 2020, JO 10, entrée en vigueur le 01.04.2021)*** «directeur régional de l'économie, de l'emploi, du travail et des solidarités», dans un délai d'un mois, les suites qu'il entend donner aux observations de l'inspecteur ou du contrôleur du travail.

Une copie de cette lettre est annexée au registre spécial sur lequel figurent les observations de l'inspection du travail.

Art. R. 8113-8. En cas de désaccord entre le directeur de l'établissement et le ***(D. 2020-1545 du 9 déc. 2020, JO 10, entrée en vigueur le 01.04.2021)*** «directeur régional de l'économie, de l'emploi, du travail et des solidarités», ce dernier informe le ministre chargé du travail, qui saisit le ministre intéressé.

SECTION 5. Secret professionnel

Art. L. 8113-10. Les inspecteurs du travail prêtent serment de ne pas révéler les secrets de fabrication et les procédés d'exploitation dont ils pourraient prendre connaissance dans l'exercice de leurs fonctions.

La méconnaissance de ce serment est punie conformément à l'article 226-13 du code pénal.

Note • Sur un plan général, les dispositions des articles L. 8113-10 et 11 sont à rapprocher de celles des articles L. 311-5 et 6 du code des relations entre le public et l'administration; voir aussi arrêté du 12 mars 1986 (JO 19) fixant la liste des documents administratifs émanant des services placés sous l'autorité ou le contrôle du ministre du Travail, de l'Emploi et de la Formation professionnelle qui ne peuvent pas être communiqués au public, modifié par décret 2016-308 du 17 mars 2016 (JO 18) (voir *Textes non codifiés*); circulaire du 14 mars 1986 (BO 86/15-16); lettre-circulaire DRT 93-19 du 3 août 1993 relative à la communication des rapports d'enquête sur les accidents du travail.

• Les inspecteurs du travail, conformément à l'avis émis par le Conseil d'État le 11 juillet 1950, ne doivent pas, en raison de leur qualité, révéler à la justice les faits confidentiels par leur nature ou qui leur ont été confiés avec la conviction qu'ils ne seraient pas dévoilés et qu'ils ont connus en raison de leurs fonctions (rép. QE 523, JO AN 7 juin 1967, p. 1639).

• Sur la possibilité pour un inspecteur du travail poursuivi pour violation du secret professionnel d'être considéré comme un lanceur d'alerte et bénéficier du cadre protecteur applicable, prévu par l'article 122-9 c. pén., si les conditions sont réunies, voir cass. crim. 17 octobre 2018, n° 17-80.485, RJS 12/18 n° 761 et pp. 867 et s., concl. R. Salomon; JCP éd. S 2018, 1347, concl. R. Salomon; JCP éd. S 2019, 1342, étude M. Segonds; D. 2019, EC, 101, avis R. Salomon et note L. Saenko.

Art. D. 8113-9. Avant d'entrer en fonctions, l'inspecteur du travail prête le serment prévu à l'article L. 8113-10 devant le ***(D. 2019-966 du 18 sept. 2019, art. 8, JO 19, entrée en vigueur le 01.01.2020)*** «tribunal judiciaire» dans le ressort duquel se trouve la résidence de sa première affectation.

Art. L. 8113-11. Il est interdit aux contrôleurs du travail de révéler les secrets de fabrication et les procédés d'exploitation dont ils pourraient prendre connaissance dans l'exercice de leurs fonctions.

La méconnaissance de ces interdictions est punie conformément à l'article 226-13 du code pénal.

CHAPITRE IV Dispositions pénales

Note L'ordonnance 2016-413 du 7 avril 2016, JO 8, entrée en vigueur le 01.07.2016, a divisé ce chapitre en deux sections et a créé les articles L. 8114-4 à 8.

SECTION 1. Obstacles et outrages

Art. L. 8114-1. Le fait de faire obstacle à l'accomplissement des devoirs d'un ***(Ord. 2016-413 du 7 avril 2016, art. 4, IX, 2°, JO 8, entrée en vigueur le 01.07.2016)*** «agent de contrôle de l'inspection du travail mentionné à l'article L. 8112-1» est puni d'un emprisonnement d'un an et d'une amende de ***(Ord. 2016-413 du 7 avril 2016, art. 4, IX, 2°, JO 8, entrée en vigueur le 01.07.2016)*** «37 500 €».

Note • **Champ d'application.** Les dispositions des articles L. 631-1 et 2 [L. 8114-1 et 2] sont applicables aux faits et gestes commis à l'égard des inspecteurs et contrôleurs de la formation professionnelle (art. L. 6363-2).

• **Délit d'obstacle à l'accomplissement des devoirs d'un inspecteur ou d'un contrôleur du travail.** La Cour de cassation tend à donner une assise large à l'application de cet article. Elle considère en effet que le délit d'obstacle à l'accomplissement des devoirs d'un inspecteur du travail est constitué dès lors qu'est établie la volonté délibérée de différer et de perturber le contrôle (cass. crim. 8 novembre 2005, n° 05-81.269, B. crim. n° 285; RJS 4/06 n° 483; 14 avril 2015, n° 14-83.267, B. crim. n° 89; RJS 7/15 n° 513: absence de production des documents nécessaires au décompte des heures travaillées malgré des injonctions répétées demeurées sans effet) ou que les renseignements donnés lors d'un contrôle à ce fonctionnaire, sur le personnel d'une entreprise, comportent volontairement des inexactitudes (cass. crim. 26 novembre 1980, n° 80-92.226, B. crim. n° 322; voir aussi cass. crim. 26 février 1991, n° 90-83.517 [fait de produire un faux extrait de procès-verbal du comité d'entreprise lors d'une demande d'autorisation de licenciement d'un salarié protégé]; 4 février 1992, n° 91-81.992 [fait de fournir à l'inspection du travail un document comportant des mentions erronées et ne correspondant pas à la réalité, dans le but d'éluder la surveillance de l'administration]; 7 juin 1994, n° 93-82.026 [refus d'établir des bulletins de paie conformes aux prescriptions réglementaires caractérisant la volonté du prévenu de refuser à l'inspecteur du travail des renseignements qui lui auraient permis d'exercer son contrôle sur la durée effective du travail des salariés]; 30 mars 1999, n° 98-80.598 [présentation en connaissance de cause de documents dépourvus de sincérité et d'exactitude procédant d'une volonté de ne pas se soumettre à la réglementation sur les heures supplémentaires]; 26 septembre 2000, n° 00-80.034 [communication incomplète des bulletins de paie et de relevés des horaires non correctement remplis]; 24 avril 2001, n° 00-84.712 [affirmations mensongères suite à un accident du travail]). Ce n'est pas parce qu'un employeur est poursuivi, au titre de textes spécifiques, pour n'avoir pas présenté certains livres ou documents à l'inspecteur du travail qu'il ne peut l'être également au titre de l'article L. 8114-1: cass. crim. 26 novembre 1980, n° 80-92.226, précité; 31 janvier 2012, n° 11-85.226, B. crim. n° 32; RJS 5/12 n° 490 (impossibilité de consulter le registre du personnel dans l'établissement); 25 avril 2017, n° 16-81.793, B. crim. n° 122 (remise de renseignements volontairement inexacts ou incomplets), RJS 7/17 n° 515. Voir également cass. crim. 8 juillet 1980, Dr. Ouvr. 1981, p. 28, note M. Petit; 22 juillet 1981, n° 81-90.167, précité sous l'article L. 8113-1; 3 janvier 1985, n° 84-94.199, B. crim. n° 6.

Si le défaut de communication d'un document, passible de sanctions contraventionnelles, ne constitue pas en lui-même le délit d'obstacle aux fonctions d'un inspecteur du travail, il en est autrement lorsque l'employeur communique des renseignements qui se révèlent inexacts, marquant ainsi son intention d'éluder la surveillance de l'inspecteur du travail (cass. crim. 28 septembre 1993, n° 92-86.528, B. crim. n° 269; RJS 12/93 n° 1228). Mais pour que les délits de faux en écriture et d'obstacle à l'exercice des fonctions d'un agent de contrôle de l'inspection du travail soient caractérisés, les renseignements volontairement inexacts fournis par l'employeur à l'inspection du travail doivent être de nature, par eux-mêmes, à rapporter la preuve, auprès de l'inspection du travail, d'un droit ou d'un fait ayant des conséquences juridiques et, du fait de leur fausseté, à induire ce service en erreur (cass. crim. 19 juin 2018, n° 17-81.730, RJS 10/18 n° 628, s'agissant de la mention manuscrite, apposée par le gestionnaire des ressources humaines, d'une date d'envoi sur des courriers d'invitation des organisations syndicales à négocier les protocoles d'accords préélectoraux en vue de l'organisation de l'élection des délégués du personnel dans plusieurs entités du groupe, transmis à l'inspection du travail).

Il est nécessaire d'établir, à la charge du prévenu, un acte positif constitutif d'obstacle à l'accomplissement de la mission de l'agent de contrôle (cass. crim. 13 mai 1986, JS 1986, SJ 159). Les dispositions de cet article s'appliquent nécessairement au chef d'entreprise qui, par son fait personnel, met obstacle, dans un établissement dépendant de celle-ci, à l'exercice des fonctions de l'agent de contrôle (cass. crim. 4 août 1998, n° 97-83.427, B. crim. n° 224; RJS 11/98 n° 1391).

L'infraction prévue à l'article L. 631-1 [L. 8114-1] CT implique un comportement volontaire de la part de son auteur, lequel n'est pas démontré lorsque le prévenu, absent de l'entreprise au moment de la réclamation de l'inspecteur du travail, lui a transmis les documents réclamés quatre jours plus tard (cass. crim. 6 mai 2008, n° 07-80.530, B. crim. n° 106; RJS 8-9/08 n° 923).

Le seul fait, par le prévenu, de s'être volontairement placé dans l'impossibilité de satisfaire à ses obligations en refusant à l'inspection du travail les renseignements qui lui auraient permis d'exercer son contrôle sur la durée effective du travail des salariés suffit, même en l'absence de toute autre manœuvre, à caractériser l'élément intentionnel de l'infraction (cass. crim. 10 septembre 2002, n° 02-80.102; 24 septembre 2002, n° 02-80.101, JSL n° 116, 28.01.2003, p. 23).

• **Action des syndicats.** L'obstacle mis à l'accomplissement des devoirs d'un inspecteur constitue non seulement une atteinte à l'intérêt général mais encore un dommage subi personnellement par l'intéressé, empêché d'accomplir ses devoirs, et un préjudice à l'intérêt collectif de la profession autorisant un syndicat à exercer devant toutes les juridictions les droits réservés à la partie civile (cass. crim. 11 octobre 1983, JS 1983, SJ 252); voir également, dans le même sens, cass. crim. 4 octobre 1988, n° 87-80.084, B. crim. n° 328 et 11 mars 2003, n° 02-82.352, cité sous l'article L. 8113-7.

• **Hausse significative de la sanction pénale.** Le montant de l'amende a été, depuis le 1er juillet 2016, multiplié par 10, passant de 3 750 € à 37 500 € (amende à laquelle s'ajoute toujours un emprisonnement d'un an). Voir RF 5 mai 2016, FH 3642, §§ 2-4; instr. DGT 2016-03 du 12 juillet 2016 et circ. min. du 18 juillet 2016 (BO MJ 2016-07 du 29 juillet 2016) relative au droit pénal du travail (présentation de l'ordonnance 2016-413 du 7 avril 2016; coordination des sanctions administratives et pénales en droit du travail).

Art. L. 8114-2. Les dispositions des articles 433-3, 433-5 et 433-6 du code pénal qui prévoient et répriment respectivement les actes de violences, d'outrages et de résistance contre les officiers de police judiciaire sont applicables à ceux qui se rendent coupables de faits de même nature à l'égard des ***(L. 2016-1088 du 8 août 2016, art. 113, III, 7°, JO 9)*** «agents de contrôle de l'inspection du travail mentionnés à l'article L. 8112-1 du présent code».

Note • Voir notes sous art. L. 8113-1 et L. 8114-1.

• Sur un délit d'outrage caractérisé pour des propos excédant le droit de libre critique, voir cass. crim. 12 février 2008, n° 07-80.346, RJS 5/08 n° 587.

• Pour être constitué, le délit prévu par l'article 433-5 c. pén. suppose, si l'outrage est indirect, que puisse être constatée chez son auteur l'intention de faire parvenir à l'agent concerné l'écrit ou les propos outrageants; tel n'est pas le cas d'un courrier adressé par l'employeur, non à l'inspecteur du travail, mais au directeur départemental (cass. crim. 6 mai 2008, n° 07-80.530, B. crim. n° 106; RJS 8-9/08 n° 923).

• N'ont pas méconnu ces dispositions les juges qui ont retenu la culpabilité d'un employeur pour séquestration et également pour coups et violences volontaires sur un citoyen chargé d'un ministère public (art. 309, 3° c. pén. alors en vigueur) (cass. crim. 7 janvier 1992, n° 91-82.861).

• Le délit d'outrage à inspecteur du travail n'ayant pas pour objet exclusif la protection de l'intérêt général attachée à l'autorité de ce fonctionnaire, celui-ci est recevable à déclencher l'action publique en qualité de partie civile afin d'obtenir réparation du préjudice moral qu'il a subi (cass. crim. 11 juillet 1994, n° 92-84.514).

Art. L. 8114-3. Les dispositions des articles L. 8114-1 et L. 8114-2 ne sont pas applicables à l'État, aux collectivités territoriales et à leurs établissements publics administratifs.

Art. R. 8114-1. Le fait de méconnaître les dispositions de l'article R. 8113-1 est puni de l'amende prévue pour les contraventions de la quatrième classe.

Cette amende est appliquée autant de fois qu'il y a de personnes employées dans des conditions susceptibles d'être sanctionnées au titre des dispositions de cet article.

Art. R. 8114-2. ***(D. 2009-289 du 13 mars 2009, JO 15)*** Le fait de ne pas présenter à l'inspection du travail les livres, registres et documents rendus obligatoires par le présent code ou par une disposition légale relative au régime du travail, en méconnaissance de l'article L. 8113-4, est puni de l'amende prévue pour les contraventions de la troisième classe.

SECTION 2. Transaction pénale

Note Depuis le 1er juillet 2016, le DIRECCTE (DREETS à compter du 1er avril 2021) peut proposer une transaction aux personnes physiques et morales qui ont commis certaines infractions constituant une contravention ou un délit (voir art. L. 8114-4 CT).

Le champ de la transaction pénale est toutefois circonscrit. À titre d'illustration, l'administration ne peut pas proposer de transaction pénale en cas d'infraction en matière de discrimination ou de harcèlement.

Voir RF 5 mai 2016, FH 3642, §§ 2-10 et s.; instruction DGT 2016-03 du 12 juillet 2016, § 2 et circulaire ministérielle du 18 juillet 2016 (BO MJ 2016-07 du 29 juillet 2016) relative au droit pénal du travail (présentation de l'ordonnance 2016-413 du 7 avril 2016; coordination des sanctions administratives et pénales en droit du travail). Voir LSQ n° 18205 du 16.12.2020.

Art. L. 8114-4. L'autorité administrative compétente peut, tant que l'action publique n'a pas été mise en mouvement, transiger avec les personnes physiques et les personnes morales sur la poursuite d'une infraction constituant une contravention ou un délit, prévue et réprimée:

1° Aux livres II et III de la première partie;

2° Au titre VI du livre II de la deuxième partie;

3° Aux livres Ier, II et IV de la troisième partie, à l'exception des dispositions mentionnées aux 1° à 4° de l'article L. 8115-1;

4° À la quatrième partie, à l'exception des dispositions mentionnées au titre V du livre VII et au 5° de l'article L. 8115-1;

5° Au titre II du livre II de la sixième partie;

6° À la septième partie.

Sont exclus de cette procédure les délits punis d'une peine d'emprisonnement d'un an ou plus.

Art. L. 8114-5. La proposition de transaction est déterminée en fonction des circonstances et de la gravité de l'infraction, de la personnalité de son auteur ainsi que de ses ressources et de ses charges.

Elle précise le montant de l'amende transactionnelle que l'auteur de l'infraction devra payer, ainsi que, le cas échéant, les obligations qui lui seront imposées pour faire cesser l'infraction, éviter son renouvellement ou se mettre en conformité avec les obligations auxquelles il est soumis par le présent code ou les autres dispositions relatives au régime du travail. Elle fixe également les délais impartis pour le paiement et, s'il y a lieu, l'exécution des obligations.

Une copie du procès-verbal de constatation de l'infraction est jointe à la proposition de transaction adressée à l'auteur de l'infraction.

Art. L. 8114-6. Lorsqu'elle a été acceptée par l'auteur de l'infraction, la proposition de transaction est soumise à l'homologation du procureur de la République.

L'acte par lequel le procureur de la République homologue la proposition de transaction est interruptif de la prescription de l'action publique.

L'action publique est éteinte lorsque l'auteur de l'infraction a exécuté dans les délais impartis l'intégralité des obligations résultant pour lui de l'acceptation de la transaction.

Art. L. 8114-7. Lorsque la transaction est homologuée, l'autorité administrative en informe le ***(Ord. 2017-1386 du 22 sept. 2017, art. 4, 50°, JO 23, entrée en vigueur au plus tard le 01.01.2018)*** «comité social et économique».

Art. L. 8114-8. Les modalités d'application de la présente section sont fixées par décret en Conseil d'État.

Art. R. 8114-3. ***(D. 2016-510 du 25 avril 2016, JO 27, entrée en vigueur le 01.07.2016)*** La proposition de transaction mentionnée à l'article L. 8114-4 est établie par le ***(D. 2020-1545 du 9 déc. 2020, JO 10, entrée en vigueur le 01.04.2021)*** «directeur régional de l'économie, de l'emploi, du travail et des solidarités».

Note Cette disposition ne constitue pas une atteinte au droit d'accès à un tribunal dès lors que la transaction est homologuée par le procureur de la République, qu'elle suppose l'accord libre et non équivoque de l'auteur des faits, qu'elle est exécutée volontairement et que son inexécution fait seulement obstacle à l'extinction de l'action publique (CE 26 avril 2017, n° 400971, LSQ n° 17320 du 4.05.2017).

Art. R. 8114-4. ***(D. 2016-510 du 25 avril 2016, JO 27, entrée en vigueur le 01.07.2016)*** La proposition de transaction mentionne:

1° La nature des faits reprochés et leur qualification juridique;

2° Le montant des peines encourues;

3° Le montant de l'amende transactionnelle;

4° Les délais impartis pour le paiement et, s'il y a lieu, pour l'exécution des obligations;

5° Le cas échéant, la nature et les modalités d'exécution des obligations imposées en vue de faire cesser l'infraction, d'éviter son renouvellement ou de remettre en conformité les situations de travail;

6° L'indication que la proposition, une fois acceptée par l'auteur de l'infraction, doit être homologuée par le procureur de la République.

Art. R. 8114-5. ***(D. 2016-510 du 25 avril 2016, JO 27, entrée en vigueur le 01.07.2016)*** La proposition de transaction est adressée en double exemplaire à l'auteur de l'infraction par tout moyen permettant d'établir date certaine, dans le délai de quatre mois pour les contraventions et d'un an pour les délits, à compter de la date de clôture du procès-verbal de constatation de l'infraction.

S'il l'accepte, l'auteur de l'infraction en retourne un exemplaire signé dans le délai d'un mois à compter de sa réception. Si l'auteur de l'infraction n'a pas renvoyé un exemplaire signé dans le délai susmentionné, la proposition de transaction est réputée refusée.

Art. R. 8114-6. ***(D. 2016-510 du 25 avril 2016, JO 27, entrée en vigueur le 01.07.2016)*** Après acceptation de l'intéressé, le ***(D. 2020-1545 du 9 déc. 2020, JO 10, entrée en vigueur le 01.04.2021)*** «directeur régional de l'économie, de l'emploi, du travail et des solidarités» transmet le dossier de transaction au procureur de la République pour homologation.

Dès que l'homologation du procureur de la République sur la proposition de transaction est intervenue, l'autorité administrative notifie celle-ci à l'auteur de l'infraction, par tout moyen permettant d'établir date certaine, pour exécution. Cette notification fait courir les délais d'exécution des obligations prévues par la transaction.

CHAPITRE V Amendes administratives

Note • Ce chapitre a été introduit par l'ordonnance 2016-413 du 7 avril 2016, art. 5, JO 8, entrée en vigueur le 01.07.2016.

• **Consécration des sanctions administratives.** Depuis le 1er juillet 2016, le DIRECCTE (DREETS à compter du 1er avril 2021) a le pouvoir de prononcer à l'encontre des employeurs des amendes administratives, dans un certain nombre de cas, limitativement énumérés (voir art. L. 8115-1 CT). Dans toutes ces hypothèses, l'amende est plafonnée (voir art. L. 8115-3 CT).

Pour rappel, si l'on fait abstraction des amendes spécifiques à certains secteurs ou certaines professions, comme les entrepreneurs de spectacles vivants ou les agences de mannequins (voir art. R. 7122-40 et R. 7122-41 anciens, L. 7122-16, R. 7122-26, R. 7123-17 et R. 7123-17-1 CT), un mécanisme d'amende administrative a été créé initialement le 1er avril 2015 pour sanctionner certaines infractions commises dans le cadre du détachement de salariés par des entreprises établies hors de France (voir art. L. 1264-1 à L. 1264-3 et R. 8115-1 à R. 8115-5 CT; voir RF décembre 2019, cahier juridique n° 1109, §§ 3762 à 3764, «Statuts particuliers de certains salariés»). Ce dispositif a été étendu le 29 octobre 2015 à certains manquements relatifs aux stages (voir art. R. 8115-6 CT; voir RF, FH n° 3616 du 5 novembre 2015, §§ 5-5 à 5-7). Voir également la possibilité de sanction en cas d'absence de déclaration en vue d'obtenir la carte d'identification professionnelle des salariés du bâtiment et des travaux publics, prévue par les articles R. 8115-7 et R. 8115-8 CT issus du décret 2016-175 du 22 février 2016, JO 23 (voir aussi RF décembre 2019, cahier juridique n° 1109, § 3734).

L'ordonnance du 7 avril 2016 a consacré les amendes administratives en droit du travail via l'extension de son champ d'application (voir RF 5 mai 2016, FH 3642, §§ 2-6 et 2-7). Toutefois, bien que de portée générale, ce régime n'absorbe pas le mécanisme d'amende administrative spécifique aux prestations de services internationales, aux stages et à la carte d'identification professionnelle des salariés du BTP (voir art. L. 8291-2 CT).

Voir instruction DGT 2016-03 du 12 juillet 2016 et circulaire ministérielle du 18 juillet 2016 (BO MJ 2016-07 du 29 juillet 2016) relative au droit pénal du travail (présentation de l'ordonnance 2016-413 du 7 avril 2016; coordination des sanctions administratives et pénales en droit du travail).

À noter également que depuis le 12 août 2018, le DIRECCTE a la possibilité d'adresser un avertissement à l'employeur au lieu de prononcer une amende (loi 2018-727 du 10 août 2018, art. 18, I, JO 11; voir notamment art. L. 8115-1 et L. 8115-4; voir RF 27 septembre 2018, FH 3758, § 1-9). Sur le renforcement des sanctions applicables en cas de récidive par les lois 2018-727 précitée et 2018-771 du 5 septembre 2018, JO 6, voir art. L. 8115-3; voir RF 13 septembre 2018, FH 3756, § 6-17 et RF 27 septembre 2018, FH 3758, § 1-10.

• Voir LS Dossier juridique n° 2 du 03.01.2019, «Le nouveau régime des sanctions administratives».

Art. L. 8115-1. L'autorité administrative compétente peut, sur rapport de l'agent de contrôle de l'inspection du travail mentionné à l'article L. 8112-1, et sous réserve de l'absence de poursuites pénales, ***(L. 2018-727 du 10 août 2018, art. 18, I, 1°, JO 11)*** «soit adresser à l'employeur un avertissement, soit» prononcer à l'encontre de l'employeur une amende en cas de manquement:

1° Aux dispositions relatives aux durées maximales du travail fixées aux articles ***(L. 2016-1088 du 8 août 2016, art. 115, JO 9)*** « L. 3121-18 à L. 3121-25» et aux mesures réglementaires prises pour leur application;

2° Aux dispositions relatives aux repos fixées aux articles ***(L. 2016-1088 du 8 août 2016, art. 115, JO 9)*** « L. 3131-1 à L. 3131-3 et» L. 3132-2 et aux mesures réglementaires prises pour leur application;

3° À l'article L. 3171-2 relatif à l'établissement d'un décompte de la durée de travail et aux dispositions réglementaires prises pour son application;

4° Aux dispositions relatives à la détermination du salaire minimum de croissance prévues aux articles L. 3231-1 à L. 3231-11 et aux dispositions relatives au salaire minimum fixé par la convention collective ou l'accord étendu applicable à l'entreprise, et aux mesures réglementaires prises pour leur application;

5° Aux dispositions prises pour l'application des obligations de l'employeur relatives aux installations sanitaires, à la restauration et à l'hébergement prévues au chapitre VIII du titre II du livre II de la quatrième partie, ainsi qu'aux mesures relatives aux prescriptions techniques de protection durant l'exécution des travaux de bâtiment et génie civil prévues au chapitre IV du titre III du livre V de la même partie pour ce qui concerne l'hygiène et l'hébergement.

Art. L. 8115-2. L'autorité administrative compétente informe par tout moyen le procureur de la République des suites données au rapport de l'agent de contrôle.

Art. L. 8115-3. Le montant maximal de l'amende est de ***(L. 2018-771 du 5 sept. 2018, art. 95, II, 1°, JO 6)*** «4 000 €» et peut être appliqué autant de fois qu'il y a de travailleurs concernés par le manquement.

Le plafond de l'amende est porté au double en cas de nouveau manquement constaté dans un délai ***(L. 2018-771 du 5 sept. 2018, art. 95, II, 2°, JO 6)*** «de deux ans» à compter du jour de la notification de l'amende concernant un précédent manquement ***(L. 2018-727 du 10 août 2018, art. 18, I, 2°, JO 11)*** «de même nature.

Il est majoré de 50 % en cas de nouveau manquement constaté dans un délai d'un an à compter du jour de la notification d'un avertissement concernant un précédent manquement de même nature.»

Art. L. 8115-4. ***(L. 2018-727 du 10 août 2018, art. 18, I, 3°, JO 11)*** Pour déterminer si elle prononce un avertissement ou une amende et, le cas échéant, pour fixer le montant de cette dernière, l'autorité administrative prend en compte les circonstances et la gravité du manquement, le comportement de son auteur, notamment sa bonne foi, ainsi que ses ressources et ses charges.

Art. L. 8115-5. Avant toute décision, l'autorité administrative informe par écrit la personne mise en cause de la sanction envisagée en portant à sa connaissance le manquement retenu à son encontre et en l'invitant à présenter, dans un délai fixé par décret en Conseil d'État, ses observations.

À l'issue de ce délai, l'autorité administrative peut, par décision motivée, prononcer l'amende et émettre le titre de perception correspondant.

Elle informe de cette décision le ***(Ord. 2017-1386 du 22 sept. 2017, art. 4, 51°, JO 23, entrée en vigueur au plus tard le 01.01.2018)*** «comité social et économique».

Le délai de prescription de l'action de l'autorité administrative pour la sanction du manquement par une amende administrative est de deux années révolues à compter du jour où le manquement a été commis.

Art. L. 8115-6. La personne à l'encontre de laquelle ***(L. 2018-727 du 10 août 2018, art. 18, I, 4°, JO 11)*** «un avertissement ou une amende est prononcé» peut contester la décision de l'administration devant le tribunal administratif, à l'exclusion de tout recours hiérarchique.

Note En précisant que le seul recours envisageable à l'encontre des sanctions administratives est un recours contentieux, l'ordonnance 2016-413 du 7 avril 2016 a ajusté à cette occasion le régime existant des amendes administratives spécifiques au détachement de salariés par des entreprises établies hors de France, pour indiquer que la seule voie de contestation est la saisine du tribunal administratif (voir art. L. 1263-6 et L. 1264-3 CT).

Art. L. 8115-7. Les amendes sont recouvrées selon les modalités prévues pour les créances de l'État étrangères à l'impôt et au domaine. ***(L. 2018-771 du 5 sept. 2018, art. 97, IV, JO 6)*** «L'opposition à l'exécution ou l'opposition aux poursuites n'a pas pour effet de suspendre l'action en recouvrement de la créance.»

Art. L. 8115-8

Art. L. 8115-8. Les modalités d'application de la présente section sont fixées par décret en Conseil d'État.

CHAPITRE V (réglementaire) Sanctions administratives

Note Ce chapitre a été introduit par le décret 2015-364 du 30 mars 2015, art. 7, II, JO 31, entrée en vigueur le 01.05.2015. Sur l'entrée en vigueur de ce décret, voir CE 8 juillet 2016, n° 389745, RJS 11/16 n° 735.

SECTION 1. Dispositions générales

Art. R. 8115-1. Lorsqu'un agent de contrôle de l'inspection du travail constate l'un des manquements aux obligations mentionnées à la section 2 du présent chapitre, il transmet au ***(D. 2020-1545 du 9 déc. 2020, JO 10, entrée en vigueur le 01.04.2021)*** « directeur régional de l'économie, de l'emploi, du travail et des solidarités » un rapport sur le fondement duquel ce dernier peut décider de prononcer une amende administrative.

Art. R. 8115-2. Lorsque le ***(D. 2020-1545 du 9 déc. 2020, JO 10, entrée en vigueur le 01.04.2021)*** « directeur régional de l'économie, de l'emploi, du travail et des solidarités » décide de prononcer une amende administrative, il indique à l'intéressé ***(D. 2015-1579 du 3 déc. 2015, JO 4)*** « par l'intermédiaire du représentant de l'employeur mentionné au II de l'article L. 1262-2-1 » ***(D. 2019-555 du 4 juin 2019, art. 2, 1°, JO 5)*** « ou, à défaut, directement à l'employeur, » le montant de l'amende envisagée et l'invite à présenter ses observations dans un délai de quinze jours.

À l'expiration du délai fixé et au vu des observations éventuelles de l'intéressé, il notifie sa décision et émet le titre de perception correspondant.

L'indication de l'amende envisagée et la notification de la décision infligeant l'amende sont effectuées par tout moyen permettant de leur conférer date certaine.

Art. R. 8115-3. La décision du ***(D. 2020-1545 du 9 déc. 2020, JO 10, entrée en vigueur le 01.04.2021)*** « directeur régional de l'économie, de l'emploi, du travail et des solidarités » indique les voies et délais de recours.

Art. R. 8115-4. L'amende est prise en charge et recouvrée par le comptable public assignataire de la recette. ***(D. 2019-555 du 4 juin 2019, art. 2, 2°, JO 5)*** « Le délai de prescription de l'action en recouvrement de cette créance est de cinq ans à compter de la date de notification du titre de perception. Les » articles 112 à 124 ***(D. 2019-555 du 4 juin 2019, art. 2, 2°, JO 5)*** « , à l'exception du quatrième alinéa de l'article 117, » du décret n° 2012-1246 du 7 novembre 2012 relatif à la gestion budgétaire et comptable publique sont applicables au recouvrement ***(D. 2019-555 du 4 juin 2019, art. 2, 2°, JO 5)*** « de cette amende. Les sommes recouvrées sont affectées au budget général de l'État. »

SECTION 2. Dispositions particulières

Sous-section 1. Prestations de services internationales

Art. R. 8115-5. ***(D. 2015-1579 du 3 déc. 2015, JO 4)*** Les manquements aux obligations mentionnées à l'article R. 8115-1 sont ceux résultant de la méconnaissance des dispositions [de l'article] L. 1262-2-1, ***(D. 2020-916 du 28 juil. 2020, JO 29, entrée en vigueur le 30.07.2020)*** « du troisième alinéa du II de l'article L. 1262-4, des articles L. 1262-4-1, L. 1262-4-4, L. 1262-4-5, L. 1263-6 et L. 1263-7 » du code du travail.

Sous-section 2. Accueil et encadrement des stagiaires

Note Cette sous-section a été introduite par le décret 2015-1359 du 26 octobre 2015, JO 28.

Art. R. 8115-6. Les manquements mentionnés à l'article R. 8115-1 sont ceux résultant de la méconnaissance des articles L. 124-8, L. 124-14 et du premier alinéa de l'article L. 124-9 du code de l'éducation.

Pour fixer le montant de l'amende applicable aux manquements des articles L. 124-8, L. 124-14 et du premier alinéa de l'article L. 124-9 du code de l'éducation, le ***(D. 2020-1545 du 9 déc. 2020, JO 10, entrée en vigueur le 01.04.2021)*** « directeur régional de l'économie, de l'emploi, du travail et des solidarités » tient compte des éléments du rapport prévu à l'article R. 8115-1, des circonstances de fait, notamment, du caractère réitéré du manquement, de la proportion de stagiaires par rapport à l'effectif tel que défini à l'article R. 124-12 du code de l'éducation, de la situation économique, sociale et financière de l'établissement, ainsi que le cas échéant, de la commission d'autres infractions.

Le débiteur de l'amende administrative prévue à l'article L. 124-17 est l'organisme d'accueil du stagiaire.

Sous-section 3. Carte d'identification professionnelle des salariés du bâtiment et des travaux publics

Note Cette sous-section a été introduite par le décret 2016-175 du 22 février 2016, JO 23.

Voir LSQ n° 17307 du 13.04.2017, dossier juridique, LSQ n° 17356 du 29.06.2017 et *https://travail-emploi.gouv.fr*; *www.cartebtp.fr*.

• **Entrée en vigueur de la carte BTP.** La carte d'identité professionnelle est entrée en vigueur le 22 mars 2017 (arrêté du 20 mars 2017, JO 21). Pour mémoire, la loi 2015-990 du 6 août 2015 (JO 7) a rendu obligatoire la détention d'une carte d'identification professionnelle par les salariés travaillant sur un chantier du bâtiment et des travaux publics (BTP) (art. L. 8291-1 CT).

• **Gestion du dispositif par l'UCF CIBTP.** L'Union des caisses de France congés intempéries BTP (UCF CIBTP) a été valablement désignée pour délivrer la carte BTP et en assurer la gestion administrative, technique et financière (CE 26 juin 2017, n° 398948).

• **Employeurs concernés.** Les employeurs concernés par la carte d'identification professionnelle sont ceux:
– qui sont établis en France et dont les salariés effectuent des travaux, même à titre occasionnel, accessoire ou secondaire, dans les secteurs du bâtiment et des travaux publics;
– qui ne sont pas établis en France et qui détachent sur le territoire français des salariés pour effectuer les travaux précités.

Les entreprises de travail temporaire établies en France qui emploient des salariés effectuant les travaux de BTP sont également concernées. À l'inverse, les employeurs dont les salariés exercent les métiers d'architectes, de diagnostiqueurs immobilier, métreurs, coordinateurs en matière de sécurité et de protection de la santé, chauffeurs et livreurs ne sont pas concernés, et ce, même lorsque leurs salariés travaillent sur un site ou un chantier de travaux de BTP.

• **Salariés et intérimaires d'entreprises établies hors de France.** Le dispositif s'applique depuis le 22 mars 2017. Les entreprises étrangères qui détachent des salariés sur des chantiers de BTP en France doivent, depuis cette date, se rendre sur le site afin d'effectuer une demande de carte BTP pour chaque salarié concerné, en joignant la déclaration préalable de détachement correspondante. Les entreprises françaises utilisatrices de salariés intérimaires détachés sur des chantiers de BTP doivent également demander la carte BTP pour ces derniers.

• **Salariés et intérimaires d'entreprises établies en France.** Le déploiement a été réalisé progressivement en fonction des zones géographiques:
– Nouvelle Aquitaine, Occitanie: 22 mars 2017;
– Pays de la Loire, Centre-Val de Loire, Bourgogne Franche-Comté, Grand Est: 1er mai 2017;
– Auvergne Rhône-Alpes, Provence-Alpes-Côte d'Azur, Corse: 1er juin 2017;
– Bretagne, Hauts-de-France, Normandie: 1er juillet 2017;
– Île-de-France, DOM: 1er août 2017.

Les employeurs disposent d'un délai de 2 mois maximum pour effectuer les demandes de cartes des salariés et intérimaires déjà dans le champ d'application de la carte BTP au moment du démarrage de la zone. Pour les salariés et intérimaires entrant dans le champ de la carte BTP après le démarrage de la zone (nouveaux embauchés, salariés nouvellement affectés à des tâches du BTP), les employeurs doivent immédiatement procéder aux demandes de cartes.

Art. R. 8115-7. Lorsqu'un agent de contrôle de l'inspection du travail constate l'un des manquements aux obligations de déclaration et d'information mentionnées aux articles R. 8293-1 à R. 8293-4, et R. 8295-3 commis par l'employeur d'un salarié ou le cas échéant de l'entreprise utilisatrice d'un salarié intérimaire détaché, il transmet au ***(D. 2020-1545 du 9 déc. 2020, JO 10, entrée en vigueur le 01.04.2021)*** «directeur régional de l'économie, de l'emploi, du travail et des solidarités», un rapport sur le fondement duquel ce dernier peut décider de prononcer l'amende administrative prévue par l'article L. 8291-2, selon les modalités prévues aux articles R. 8115-2 à R. 8115-4.

Art. R. 8115-8. Lorsqu'un agent de la direction générale des finances publiques ou un agent de la direction générale des douanes et des droits indirects constate l'un des manquements aux obligations de déclaration et d'information mentionnées aux articles R. 8293-1 à R. 8293-4 et R. 8295-3 commis par l'employeur d'un salarié ou le cas échéant de l'entreprise utilisatrice d'un salarié intérimaire détaché, il transmet, sous couvert du directeur sous l'autorité duquel il est placé, un rapport au ***(D. 2020-1545 du 9 déc. 2020, JO 10, entrée en vigueur le 01.04.2021)*** «directeur régional de l'économie, de l'emploi, du travail et des solidarités », aux fins du prononcé de l'amende administrative prévue à l'article L. 8291-2.

Sous-section 4. Manquements en matière de santé et sécurité au travail, durée du travail, repos et salaires

Note Cette sous-section a été introduite par le décret 2016-510 du 25 avril 2016, JO 27, entrée en vigueur le 01.07.2016.

Art. R. 8115-9. Les manquements mentionnés à l'article R. 8115-1 sont ceux résultant de la méconnaissance des articles L. 4751-1 à ***(D. 2017-899 du 9 mai 2017, JO 10)*** « L. 4754-1 » et de l'article L. 8115-1.

Note Les dispositions des articles R. 8115-9 et 10, dans leur rédaction issue du décret 2017-899 précité, sont entrées en vigueur aux dates suivantes: 1° Immeubles bâtis: 1er mars 2019; 2° Autres immeubles tels que terrains, ouvrages de génie civil et infrastructures de transport: 1er octobre 2020; 3° Matériels roulants ferroviaires et autres matériels roulants de transports: 1er janvier 2020; 4° Navires, bateaux, engins flottants et autres constructions flottantes: 1er janvier 2020; 5° Aéronefs: 1er juillet 2020; 6° Installations, structures ou équipements concourant à la réalisation ou la mise en œuvre d'une activité: 1er juillet 2020 (décret précité, art. 2, modifié par décret 2019-251 du 27 mars 2019, art. 3, JO 30).

Art. R. 8115-10. Par dérogation à l'article R. 8115-2, lorsque le ***(D. 2020-1545 du 9 déc. 2020, JO 10, entrée en vigueur le 01.04.2021)*** « directeur régional de l'économie, de l'emploi, du travail et des solidarités » décide de prononcer une amende administrative sur le fondement des articles L. 4751-1 à ***(D. 2017-899 du 9 mai 2017, JO 10)*** « L. 4754-1 » et L. 8115-1 à L. 8115-8, il invite l'intéressé à présenter ses observations dans un délai d'un mois.

Ce délai peut être prorogé d'un mois à la demande de l'intéressé, si les circonstances ou la complexité de la situation le justifient.

Note La compétence donnée au DIRECCTE (DREETS à compter du 1er avril 2021) pour infliger directement des amendes financières pour certaines infractions ciblées au code du travail n'entre pas en contradiction avec la CESDH (art. 6) et la Charte des droits fondamentaux de l'Union européenne (art. 47). Ces derniers n'excluent pas, en effet, qu'une sanction ayant le caractère d'une «accusation en matière pénale» soit prononcée par une autorité administrative, sous le contrôle du juge, à condition que celui-ci puisse opérer un entier contrôle sur tous les éléments de droit et de fait qui lui sont soumis (voir art. L. 8115-6 CT) (CE 26 avril 2017, n° 400971, LSQ n° 17320 du 4.05.2017).

Voir LSQ n° 18205 du 16.12.2020.

TITRE II SYSTÈME D'INSPECTION DU TRAVAIL

Note • Si l'indépendance de l'inspection du travail doit être rangée au nombre des principes fondamentaux du droit du travail au sens de l'article 34 de la Constitution, la détermination de l'autorité administrative chargée des attributions en cause au sein d'un «système d'inspection du travail» relève du pouvoir réglementaire (C. constit. 17 janvier 2008, n° 2007-561 DC, JO 22). Voir note sous Titre Ier.

• Sur la mise à disposition du ministre de l'immigration, de l'intégration, de l'identité nationale et du développement de la direction générale du travail, voir CE 14 novembre 2007, n° 307860, Dr. Soc. 2008, p. 117, concl. A. Courrèges: «Inspection du travail et attributions ministérielles».

CHAPITRE Ier Échelon central

Art. L. 8121-1. ***(L. 2018-727 du 10 août 2018, art. 19, JO 11)*** L'autorité centrale de l'inspection du travail prévue par la convention n° 81 de l'Organisation internationale du travail du 11 juillet 1947 sur l'inspection du travail ainsi que par la convention n° 129 de l'Organisation internationale du travail du 25 juin 1969 sur l'inspection du travail veille au respect des droits, garanties et obligations des agents de l'inspection du travail placés sous sa surveillance et son contrôle. Elle détermine les règles qui encadrent l'exercice des missions et s'assure de leur respect. Elle veille à l'application du code de déontologie du service public de l'inspection du travail prévu par l'article L. 8124-1.

SECTION 1 (réglementaire). Conseil national de l'inspection du travail

Note Le Conseil national de l'inspection du travail a été institué par le décret 2007-279 du 2 mars 2007 (JO 3).

Sous-section 1. Attributions

Art. D. 8121-1. Le Conseil national de l'inspection du travail, institué auprès du ministre chargé du travail, contribue à assurer, par ses attributions consultatives auprès du ministre, l'exercice des missions et garanties de l'inspection du travail telles qu'elles sont notamment définies par les conventions n° 81 et n° 129 de l'OIT sur l'inspection du travail et par le présent code.

Art. D. 8121-2. Le Conseil national de l'inspection du travail peut être saisi par tout agent participant aux activités de contrôle de l'inspection du travail de tout acte d'une autorité administrative de nature à porter directement et personnellement atteinte aux conditions dans lesquelles il doit pouvoir exercer sa mission.

(D. 2016-299 du 14 mars 2016, JO 16) « Le conseil se prononce sur la recevabilité de la saisine. Dans le cas où elle est recevable, il procède à l'instruction du dossier, informe l'autorité centrale, qui présente ses observations si elle le juge utile et rend un avis motivé » transmis au ministre chargé du travail et, le cas échéant, au ministre dont relève l'agent et notifié à l'agent.

(D. 2016-299 du 14 mars 2016, JO 16) « L'avis est simultanément adressé à l'autorité centrale et à la commission administrative paritaire du corps interministériel dont relève l'agent. »

Art. D. 8121-3. *(D. 2016-299 du 14 mars 2016, JO 16)* « Le Conseil national de l'inspection du travail peut être saisi par le ministre chargé du travail, par un autre ministre en charge d'un service d'inspection du travail ou par l'autorité centrale de l'inspection du travail de toute question à caractère général concernant le respect des missions et garanties de l'inspection du travail. »

L'avis rendu est transmis aux ministres *(D. 2016-299 du 14 mars 2016, JO 16)* « , à l'autorité centrale » et communiqué au *(D. 2011-184 du 15 févr. 2011, art. 55, JO 17)* « comité technique » compétent.

Art. D. 8121-4. Les attributions du Conseil national de l'inspection du travail sont sans incidence sur les compétences des instances paritaires telles qu'elles sont définies par les dispositions légales.

Art. D. 8121-5. Le Conseil national de l'inspection du travail établit un rapport annuel d'activité. Ce rapport est public.

Sous-section 2. Composition et mandat

Art. D. 8121-6. Le Conseil national de l'inspection du travail est composé :

1° D'un conseiller d'État *(D. 2016-299 du 14 mars 2016, JO 16)* « en activité ou honoraire » désigné par le vice-président du Conseil d'État ;

2° *(D. 2016-299 du 14 mars 2016, JO 16)* « D'un membre de la Cour de cassation ayant au moins le grade de conseiller, en activité ou honoraire » désigné par le premier président de la Cour de cassation ;

3° D'un inspecteur général des affaires sociales, désigné par le chef de l'inspection générale des affaires sociales ;

(D. 2008-1510 du 30 déc. 2008, JO 31) « 4° D'un membre du corps de l'inspection du travail exerçant les fonctions de *(D. 2020-1545 du 9 déc. 2020, JO 10, entrée en vigueur le 01.04.2021)* « directeur régional de l'économie, de l'emploi, du travail et des solidarités » *(D. 2016-299 du 14 mars 2016, JO 16)* « ou de chef de pôle Travail dans une *(D. 2020-1545 du 9 déc. 2020, JO 10, entrée en vigueur le 01.04.2021)* « direction régionale de l'économie, de l'emploi, du travail et des solidarités » désigné par le collège des directeurs régionaux ; »

5° D'un inspecteur du travail, sur proposition des représentants du personnel élus à la commission administrative paritaire du corps interministériel des inspecteurs du travail ;

6° D'un contrôleur du travail, sur proposition des représentants du personnel élus à la commission administrative paritaire du corps interministériel des contrôleurs du travail.

(D. 2016-299 du 14 mars 2016, JO 16) « Chaque membre titulaire a un suppléant désigné dans les mêmes conditions, appelé à participer aux travaux en cas d'absence ponctuelle ou d'empêchement, ou à lui succéder en cas de cessation de fonctions. »

Art. D. 8121-7. *(D. 2008-1510 du 30 déc. 2008, JO 31)* Les membres *(D. 2016-299 du 14 mars 2016, JO 16)* « titulaires et suppléants » du Conseil national de l'inspection du travail sont nommés par arrêté du ministre chargé du travail.

Art. D. 8121-8. Le mandat des membres *(D. 2016-299 du 14 mars 2016, JO 16)* « titulaires et suppléants » du Conseil national de l'inspection du travail est de trois ans. Il est renouvelable une fois *(D. 2016-299 du 14 mars 2016, JO 16)* « dans l'une ou l'autre qualité. »

Si, en cours de mandat, un membre *(D. 2016-299 du 14 mars 2016, JO 16)* « titulaire ou suppléant » du conseil cesse d'exercer ses fonctions *(D. 2016-299 du 14 mars 2016, JO 16)* « pour quelque cause que ce soit », le mandat de son successeur est limité à la période restant à courir.

Note La durée du mandat des suppléants nommés en application de l'article D. 8121-6, effectué jusqu'à l'échéance du mandat des membres titulaires en fonctions au moment de la parution du décret 2016-299 précité, n'est pas prise en compte pour l'application du premier alinéa de cet article (décret 2016-299 précité, art. 2).

Sous-section 3. Fonctionnement

Art. D. 8121-9. Le Conseil national de l'inspection du travail établit un règlement intérieur approuvé par arrêté des ministres intéressés. *(D. 2016-299 du 14 mars 2016, JO 16)* « Ce règlement fixe les modalités de l'instruction contradictoire des affaires soumises au conseil. »

Note Voir arrêté du 14 mars 2016 (JO 16) approuvant le règlement intérieur du Conseil national de l'inspection du travail.

Art. D. 8121-9-1. ***(D. 2016-299 du 14 mars 2016, JO 16)*** Les membres du Conseil national de l'inspection du travail exercent leur mission dans le respect des exigences d'indépendance, d'impartialité et d'intégrité. Ils sont soumis au secret des débats de l'instance et ne peuvent intervenir à d'autres titres pendant l'instruction d'une affaire dont le conseil a été saisi en application de l'article D. 8121-2.

Tout membre du conseil s'abstient de participer aux débats et travaux se rapportant à une demande portant sur une affaire dans laquelle il est partie prenante ou qui le met en cause.

Art. D. 8121-10. Le Conseil national de l'inspection du travail élit son président, en son sein, à chaque renouvellement triennal.

En cas d'empêchement, de démission ou pour toute autre raison empêchant le président d'achever son mandat, son remplaçant est désigné dans les mêmes conditions pour la durée de la période restant à courir.

Art. D. 8121-11. Le secrétariat du Conseil national de l'inspection du travail est assuré par le directeur général du travail ou son représentant.

Art. D. 8121-12. Les fonctions de membre du Conseil national de l'inspection du travail ne sont pas rémunérées.

Les frais de déplacement donnent lieu à indemnisation dans les conditions prévues par le décret n° 2006-781 du 3 juillet 2006 fixant les conditions et les modalités de règlement des frais occasionnés par les déplacements temporaires des personnels civils de l'État.

SECTION 2 (réglementaire). Direction générale du travail

Note La direction générale du travail a été instituée par le décret 2006-1033 du 22 août 2006 (JO 23).

Sur l'organisation de cette direction, voir arrêté du 3 août 2018 (JO 7) modifié par arrêté du 27 décembre 2019 (JO 29).

Art. R. 8121-13. ***(D. 2008-1503 du 30 déc. 2008, JO 31)*** La direction générale du travail a autorité sur les services déconcentrés et est chargée de l'application de la convention n° 81 de l'Organisation internationale du travail (OIT) du 11 juillet 1947 sur l'inspection du travail, ainsi que de la convention n° 129 du 25 juin 1969 sur l'inspection du travail en agriculture, ***(D. 2014-359 du 20 mars 2014, JO 21)*** «de la convention n° 178 du 22 octobre 1996 et des règles 5.1.4 à 5.1.6 du titre 5 de la convention de travail maritime 2006» sur l'inspection des conditions de travail et de vie des gens de mer.

Elle exerce à ce titre pour les agents de l'inspection du travail la fonction d'autorité centrale, d'organe central et d'autorité centrale de coordination prévue par ces conventions.

Elle a autorité sur les agents de l'inspection du travail dans le champ des relations du travail.

(D. 2014-359 du 20 mars 2014, JO 21) «Elle fixe les modalités de coordination entre les différentes unités de contrôle du système d'inspection.»

Art. R. 8121-14. La direction générale du travail:

1° Détermine les orientations de la politique du travail, coordonne et évalue les actions, notamment en matière de contrôle de l'application du droit du travail;

2° Contribue à la définition des principes de l'organisation du réseau territorial;

3° Assure l'appui et le soutien des services déconcentrés dans l'exercice de leurs missions;

4° Veille au respect des règles déontologiques des agents de l'inspection du travail;

5° Coordonne les liaisons avec les services ***(D. 2008-1503 du 30 déc. 2008, JO 31)*** «exerçant des fonctions d'inspection du travail» relevant d'autres départements ministériels;

(D. 2014-359 du 20 mars 2014, JO 21) «6° Conduit des actions spécifiques de contrôle.»

SECTION 3 (réglementaire). Groupe national de veille, d'appui et de contrôle

Note Cette section a été introduite par le décret 2014-359 du 20 mars 2014, JO 21, entrée en vigueur le 01.01.2015.

Art. R. 8121-15. Le groupe national de veille, d'appui et de contrôle mène ou apporte un appui à des opérations qui nécessitent une expertise particulière, un accompagnement des services, un contrôle spécifique ou une coordination des contrôles. Des inspecteurs et contrôleurs du travail y sont affectés. Il est placé sous l'autorité d'un inspecteur du travail.

CHAPITRE II Services déconcentrés

Note • Conformément aux articles 1 à 3 du **décret 2009-1377 du 10 novembre 2009**, JO 13, modifié:

Art. 1. Les directions régionales des entreprises, de la concurrence, de la consommation, du travail et de l'emploi sont des services déconcentrés communs au ministère de l'économie, de l'industrie et de l'emploi et au ministère du travail, des relations sociales, de la famille, de la solidarité et de la ville.

Dans chaque région, la direction régionale des entreprises, de la concurrence, de la consommation, du travail et de l'emploi exerce, sous l'autorité du préfet de région et, pour les missions relevant de sa compétence, sous l'autorité fonctionnelle du préfet de département, les missions définies à l'article 2 du décret, à l'exception de celles relatives aux actions d'inspection de la législation du travail mentionnées au 1° dudit article, d'une part, et, d'autre part, des pouvoirs d'enquête et d'investigation exercés sous le contrôle de l'autorité judiciaire.

Art. 2. Sous réserve des compétences attribuées à d'autres services ou établissements publics de l'État, la direction régionale des entreprises, de la concurrence, de la consommation, du travail et de l'emploi est chargée:

1° De la politique du travail et des actions d'inspection de la législation du travail;

2° Des actions de développement des entreprises et de l'emploi, notamment dans les domaines de l'innovation et de la compétitivité des entreprises, en France et à l'étranger, du marché du travail, de la formation professionnelle continue, de l'industrie, du commerce, de l'artisanat, des professions libérales, des services et du tourisme, ainsi que de celles, définies par le ministre chargé de l'économie, dans les domaines de l'intelligence économique et, pour ce qui la concerne, de la sécurité économique;

3° Des actions de contrôle du bon fonctionnement des marchés et des relations commerciales entre entreprises, de protection économique des consommateurs et de sécurité des consommateurs ainsi que de contrôle dans le domaine de la ***(D. 2016-885 du 29 juin 2016, JO 30)*** «métrologie légale».

En relation, le cas échéant, avec d'autres administrations compétentes, la direction régionale assure le pilotage des politiques de l'État susmentionnées, au besoin en élaborant un plan d'action régional, et évalue la performance de leur application.

(D. 2016-885 du 29 juin 2016, JO 30) «À ce titre, elle est chargée de la planification, de la programmation et du suivi des actions mentionnées au 3° qui sont mises en œuvre dans la région sous l'autorité des préfets de département et coordonne celles de ces actions exercées au niveau interdépartemental, notamment dans le cadre d'un schéma régional de mutualisation des compétences professionnelles. Sous réserve des dispositions du II de l'article 10 du décret n° 2009-1484 du 3 décembre 2009 relatif aux directions départementales interministérielles, elle s'assure d'une application harmonisée des règles de gestion des agents chargés de la mise en œuvre dans la région des actions mentionnées au 3° et de l'unité du réseau formé par ces agents.

Elle met en œuvre les actions de développement des entreprises, celles relatives au bon fonctionnement des marchés, aux relations commerciales entre entreprises et à la métrologie légale, ainsi que les actions en matière de travail, d'emploi et de formation professionnelle.

Elle concourt à la mise en œuvre des missions de protection économique et de sécurité des consommateurs.»

Art. 3. I. – Chaque direction régionale des entreprises, de la concurrence, de la consommation, du travail et de l'emploi comprend les pôles suivants:

– un pôle «politique du travail», chargé des actions relevant du 1° de l'article 2;
– un pôle «entreprises, emploi et économie», chargé des actions mentionnées au 2° de l'article 2;
– un pôle «concurrence, consommation, répression des fraudes et métrologie», chargé des actions mentionnées au 3° de l'article 2.

En outre, les directions régionales des entreprises, de la concurrence, de la consommation, du travail et de l'emploi peuvent disposer d'un secrétariat général.

II. – Chaque direction régionale comprend également des unités territoriales.

(D. 2014-359 du 20 mars 2014, art. 2, JO 21, entrée en vigueur dans chaque région, à compter de la publication au recueil des actes administratifs de l'arrêté du Direccte mentionné à l'article R. 8122-6, al. 1, et au plus tard le 01.01.2015) «III. – Les ***(D. 2015-1689 du 17 déc. 2015, art. 4, JO 18)*** «unités départementales» comportent des unités de contrôle départementales ou infra-départementales. La délimitation géographique d'une unité de contrôle peut recouvrir tout ou partie d'une ou plusieurs ***(D. 2015-1689 du 17 déc. 2015, art. 4, JO 18)*** «unités départementales» dans les conditions prévues à l'article R. 8122-6 du code du travail.»

(D. 2015-1689 du 17 déc. 2015, art. 5, JO 18) «IV. – Lorsque la démographie, les conditions économiques ou les caractéristiques des bassins d'emploi le justifient, une direction régionale peut disposer d'unités n'ayant pas un ressort départemental, créées par arrêté conjoint des ministres chargés du travail, de l'emploi et de l'économie sur proposition du préfet de région».

• Dans l'ensemble des dispositions réglementaires en vigueur, les références aux directions régionales et aux directions départementales du travail, de l'emploi et de la formation professionnelle et à leurs directeurs sont remplacées par des références aux directions régionales des entreprises, de la concurrence, de la consommation, du travail et de l'emploi et à leurs directeurs (décret 2009-1377 modifié précité, art. 11; décret 2010-1582 du 17 décembre 2010 modifié, art. 36, JO 18, pour outre-mer).

Art. L. 8121-1

• Voir arrêté du 20 mai 2010 (JO 1er juin) créant les unités territoriales du Nord-Lille et du Nord-Valenciennes au sein de la Direccte du Nord-Pas-de-Calais.

• Les dispositions du décret du 10 novembre 2009 sont applicables dans la région Île-de-France (décret 2010-687 du 24 juin 2010, art. 2 et 38, JO 25).

• Le décret 2010-1372 du 12 novembre 2010 (JO 14), modifié par les décrets 2011-26 du 6 janvier 2011 (JO 8) et 2011-184 du 15 février 2011 (JO 17), crée la délégation générale au pilotage des Direccte.

• Le Conseil d'État a validé le décret du 10 novembre 2009 en confirmant la compétence de l'autorité réglementaire pour modifier l'organisation et le fonctionnement des services déconcentrés de l'État (CE 28 mars 2011, n° 335515).

• **Du DIRECCTE au DREETS.** Le décret 2020-1545 du 9 décembre 2020 (JO 10) a fusionné les DIRECCTE et les services déconcentrés chargés de la cohésion sociale en des entités dénommées DREETS. Elles sont mises en place à compter du 1er avril 2021. Les DREETS sont secondées, au niveau départemental, par deux entités : d'une part, des directions départementales de l'emploi, du travail et des solidarités (DDETS) et, d'autre part, les directions départementales de l'emploi, du travail, des solidarités et de la protection des populations (DEETS-PP). Voir LSQ n° 18205 du 16.12.2020.

CHAPITRE II (réglementaire) Services déconcentrés

Note • Le chapitre est issu du décret 2009-1377 du 10 novembre 2009, JO 13, modifié. Voir aussi le décret 2010-687 du 24 juin 2010, JO 25, modifié.

• Les unités territoriales sont, depuis le 01.01.2016, nommées Unités départementales (décret 2015-1689 du 17 décembre 2015, JO 19 sur l'organisation des services déconcentrés de l'État suite à la décentralisation et à la fusion de certaines régions). Voir art. R. 8122-1 à R. 8122-11.

• Pour l'outre-mer, voir article R. 8322-2.

Art. R. 8122-1. Dans le cadre des directives du directeur général du travail, ***(D. 2020-1545 du 9 déc. 2020, art. 6, 1°, JO 10, entrée en vigueur le 01.04.2021)*** « le directeur régional de l'économie, de l'emploi, du travail et des solidarités » :

1° Met en œuvre au plan régional ***(D. 2020-1545 du 9 déc. 2020, art. 6, 1°, JO 10, entrée en vigueur le 01.04.2021)*** « et pilote la mise en œuvre à l'échelon départemental » [de] la politique définie par les pouvoirs publics afin d'améliorer les relations collectives et individuelles et les conditions de travail dans les entreprises ;

2° Définit les orientations générales des actions d'inspection de la législation du travail, qu'il organise, coordonne, suit et évalue ;

3° Coordonne l'action de ses services avec les autres services de l'État et les organismes chargés de la prévention ou du contrôle, en matière d'inspection de la législation du travail, de prévention des risques professionnels et d'amélioration des conditions de travail. À ce titre, il est tenu informé par l'Agence nationale pour l'amélioration des conditions de travail de ses interventions dans la région ;

4° Assure le suivi de la négociation collective dans les entreprises et ***(D. 2020-1545 du 9 déc. 2020, art. 6, 1°, JO 10, entrée en vigueur le 01.04.2021)*** « à l'échelon territorial avec les directeurs départementaux de l'emploi, du travail et des solidarités et les directeurs départementaux de l'emploi, du travail, des solidarités et de la protection des populations » ;

5° Est chargé des relations avec les autorités judiciaires, sous réserve des attributions confiées par la loi aux inspecteurs du travail ;

6° Exerce les pouvoirs propres qui lui sont conférés par les dispositions en vigueur ou sur le fondement de telles dispositions ;

(D. 2020-1545 du 9 déc. 2020, art. 6, 1°, JO 10, entrée en vigueur le 01.04.2021) « 7° Organise le système d'inspection du travail dans la région, répartit les effectifs aux échelons régional et départemental et s'assure de l'adaptation des moyens humains et matériels dévolus au système d'inspection du travail. »

Art. R. 8122-2. ***(D. 2020-1545 du 9 déc. 2020, art. 6, 2°, JO 10, entrée en vigueur le 01.04.2021)*** « I. – Le directeur régional de l'économie, de l'emploi, du travail et des solidarités a autorité sur les directeurs départementaux de l'emploi, du travail et des solidarités et les directeurs départementaux de l'emploi, du travail, des solidarités et de la protection des populations pour l'exercice des missions relevant des actions d'inspection de la législation du travail.

Les directeurs départementaux de l'emploi, du travail et des solidarités, les directeurs départementaux de l'emploi, du travail, des solidarités et de la protection des populations et, en Île-de-France, les directeurs d'unités départementales exercent, au nom du directeur régional et sous son autorité, et dans le cadre des directives et instructions de la direction générale du travail, le pouvoir hiérarchique sur les agents du système d'inspection du travail affectés dans les directions départementales de l'emploi, du travail et des solidarités, les directions départementales de l'emploi, du travail, des solidarités et de la protection des populations et les unités départementales.

II. – Pour l'exercice des compétences en matière d'actions d'inspection de la législation du travail, le directeur régional de l'économie, de l'emploi, du travail et des solidarités» peut déléguer sa signature au chef du pôle en charge des questions de travail ***(D. 2020-1545 du 9 déc. 2020, art. 6, 2°, JO 10, entrée en vigueur le 01.04.2021)*** «aux directeurs départementaux de l'emploi, du travail et des solidarités, aux directeurs départementaux de l'emploi, du travail, des solidarités et de la protection des populations et, en Île-de-France, aux directeurs d'unités départementales».

En accord avec le délégant, ceux-ci peuvent ***(D. 2020-1545 du 9 déc. 2020, art. 6, 2°, JO 10, entrée en vigueur le 01.04.2021)*** «subdéléguer la signature des actes pour lesquels» ils ont eux-mêmes reçu délégation aux agents du corps de l'inspection du travail placés sous leur autorité. Le directeur régional peut mettre fin à tout ou partie de cette délégation. Il peut également fixer la liste des compétences qu'il souhaite exclure de la délégation que peuvent consentir ces chefs de service aux agents du corps de l'inspection du travail placés sous leur autorité.

Art. R. 8122-3. ***(D. 2014-359 du 20 mars 2014, art. 1er, JO 21)*** Sans préjudice des dispositions de l'article R. 8121-15, les inspecteurs et les contrôleurs du travail exercent leur mission:
1° Soit dans une unité de contrôle départementale ou infra-départementale;
2° Soit dans une unité de contrôle interdépartementale;
3° Soit dans une unité de contrôle régionale;
4° Soit dans une unité de contrôle interrégionale.

Chacune de ces unités de contrôle est placée sous l'autorité d'un inspecteur du travail.

Note Voir arrêté du 18 octobre 2019 (JO 27) portant création et répartition des unités de contrôle de l'inspection du travail.

Art. R. 8122-4. ***(D. 2020-1545 du 9 déc. 2020, art. 6, 3°, JO 10, entrée en vigueur le 01.04.2021)*** «Les directions départementales de l'emploi, du travail et des solidarités, les directions départementales de l'emploi, du travail, des solidarités et de la protection des populations et les unités départementales de la direction régionale et interdépartementale de l'économie de l'emploi du travail et des solidarités d'Île-de-France comportent des unités de contrôle départementales, infra-départementales ou interdépartementales. La délimitation géographique d'une unité de contrôle peut recouvrir tout ou partie d'un ou plusieurs départements dans les conditions prévues à l'article R. 8122-6.»

(D. 2014-359 du 20 mars 2014, art. 1er, JO 21) «Les unités de contrôle ***(D. 2020-1545 du 9 déc. 2020, art. 6, 3°, JO 10, entrée en vigueur le 01.04.2021)*** «infra-départementales, départementales ou interdépartementales» et les unités de contrôle interrégionales, rattachées à une direction régionale ***(D. 2020-1545 du 9 déc. 2020, art. 6, 3°, JO 10, entrée en vigueur le 01.04.2021)*** «de l'économie, de l'emploi, du travail et des solidarités», sont composées de sections, dans lesquelles un inspecteur ou un contrôleur du travail exerce ses compétences.

Le responsable de l'unité de contrôle est chargé, notamment dans la mise en œuvre de l'action collective, de l'animation, de l'accompagnement et du pilotage de l'activité des agents de contrôle. Il peut apporter un appui à une opération de contrôle menée sur le territoire de l'unité dont il est responsable. Il peut en outre, sur décision du directeur régional ***(D. 2020-1545 du 9 déc. 2020, art. 6, 3°, JO 10, entrée en vigueur le 01.04.2021)*** «de l'économie, de l'emploi, du travail et des solidarités», être chargé d'exercer les fonctions d'inspecteur du travail dans une section relevant de son unité.»

Note La création et la répartition des unités de contrôle de l'inspection du travail sont définies par arrêté ministériel (arrêté du 18 octobre 2019, JO 27). Chaque région dispose d'une unité de contrôle consacrée à la lutte contre le travail illégal.
Les dispositions de cet arrêté sont entrées en vigueur dans chaque région dès la publication au recueil des actes administratifs de l'arrêté du DIRECCTE (mentionné au 1er alinéa de l'article R. 8122-6) et au plus tard le 1er novembre 2019.

Art. R. 8122-5. Le nombre d'unités de contrôle infra-départementales, départementales ou interdépartementales et leur rattachement sont fixés pour chaque région par arrêté du ministre chargé du travail.

Lorsque des spécificités sectorielles ou thématiques justifient l'intervention d'une unité de contrôle spécialisée dont la compétence territoriale excède la région, un arrêté du ministre en charge du travail fixe sa localisation, sa délimitation et son champ d'intervention. Cet arrêté précise la ***(D. 2020-1545 du 9 déc. 2020, JO 10, entrée en vigueur le 01.04.2021)*** «direction régionale de l'économie, de l'emploi, du travail et des solidarités» à laquelle est rattachée cette unité de contrôle.

Note Voir arrêté du 18 octobre 2019 (JO 27) portant création et répartition des unités de contrôle de l'inspection du travail.

Art. R. 8122-6. ***(D. 2014-359 du 20 mars 2014, art. 1er, JO 21)*** Dans les limites de sa circonscription territoriale ***(D. 2020-1545 du 9 déc. 2020, art. 6, 4°, JO 10, entrée en vigueur le 01.04.2021)*** «et dans le cadre des directives et instructions de la direction générale du travail», le directeur régional ***(D. 2020-1545 du 9 déc. 2020, art. 6, 4°, JO 10, entrée en vigueur le 01.04.2021)*** «de l'économie, de l'emploi, du travail et des solidarités» décide de la localisation et de la délimitation des unités de contrôle *(D. 2020-1545 du 9 déc. 2020, art. 6, 4°, JO 10, entrée en vigueur le 01.04.2021)* « infra-départementales, départementales et interdépartementales.

Il décide dans chaque unité de contrôle du nombre, de la localisation et de la délimitation, et le cas échéant du champ d'intervention sectoriel ou thématique, des sections d'inspection. »

Il nomme les responsables des unités de contrôle et affecte les agents de contrôle de l'inspection du travail dans les sections d'inspection.

(D. 2020-1545 du 9 déc. 2020, art. 6, 4°, JO 10, entrée en vigueur le 01.04.2021) « Il peut également créer des services interdépartementaux ou régionaux pour garantir l'adaptation du fonctionnement du système d'inspection du travail aux particularités de la région. »

Art. R. 8122-7. *(D. 2014-359 du 20 mars 2014, art. 1er, JO 21)* Dans chaque département, au moins une section exerce les missions définies au chapitre II du titre Ier du présent livre dans les exploitations, entreprises et établissements définis à l'article L. 717-1 du code rural et de la pêche maritime, sauf exception justifiée par le faible volume de l'activité agricole et prévue par arrêté des ministres chargés de l'agriculture et du travail. Le *(D. 2020-1545 du 9 déc. 2020, JO 10, entrée en vigueur le 01.04.2021)* « directeur régional de l'économie, de l'emploi, du travail et des solidarités » peut en tant que de besoin élargir le champ de compétence des sections agricoles tel qu'il résulte de l'application de l'article L. 717-1 du code rural et de la pêche maritime.

Note Voir arrêté du 24 juin 2014 (JO 3 juil.) fixant les départements pour lesquels il pourra être dérogé à la création d'une section agricole.

Art. R. 8122-8. *(D. 2014-359 du 20 mars 2014, art. 1er, JO 21)* Dans chaque région, une unité régionale d'appui et de contrôle, rattachée au pôle " politique du travail " de la *(D. 2020-1545 du 9 déc. 2020, JO 10, entrée en vigueur le 01.04.2021)* « direction régionale de l'économie, de l'emploi, du travail et des solidarités », est chargée de la lutte contre le travail illégal *(D. 2015-1579 du 3 déc. 2015, JO 4)* « et du contrôle du respect des dispositions relatives aux salariés détachés temporairement en France par une entreprise non établie en France ».

Note Voir arrêté du 18 octobre 2019 (JO 27) portant création et répartition des unités de contrôle de l'inspection du travail.

Art. R. 8122-9. *(D. 2014-359 du 20 mars 2014, art. 1er, JO 21)* Afin d'opérer un contrôle sectoriel ou thématique *(D. 2015-1579 du 3 déc. 2015, JO 4)* « , de prévenir un risque particulier ou d'assurer le renfort des agents des unités de contrôle », le *(D. 2020-1545 du 9 déc. 2020, JO 10, entrée en vigueur le 01.04.2021)* « directeur régional de l'économie, de l'emploi, du travail et des solidarités » peut :

1° Soit désigner au sein des unités de contrôle des agents disposant de compétences particulières pour assurer dans la région un appui aux unités de contrôle infra-départementales, départementales ou interdépartementales ou de mener une action régionale ;

2° Soit proposer la création d'une unité de contrôle régionale chargée d'opérer ce contrôle sectoriel ou thématique *(D. 2015-1579 du 3 déc. 2015, JO 4)* « de prévenir ce risque particulier ou d'assurer ce renfort ». Cette unité, rattachée au pôle " politique du travail " de la *(D. 2020-1545 du 9 déc. 2020, JO 10, entrée en vigueur le 01.04.2021)* « direction régionale de l'économie, de l'emploi, du travail et des solidarités », est créée par arrêté du ministre chargé du travail.

Note Voir arrêté du 18 octobre 2019 (JO 27) portant création et répartition des unités de contrôle de l'inspection du travail.

Art. R. 8122-10. *(D. 2014-359 du 20 mars 2014, art. 1er, JO 21)* I. – Dans chaque unité de contrôle mentionnée au 1° de l'article R. 8122-3, l'agent de contrôle de l'inspection du travail exerce ses missions sur le territoire d'une section. Il peut, lorsqu'une action le rend nécessaire, intervenir sur le reste du territoire de l'*(D. 2015-1689 du 17 déc. 2015, JO 18, entrée en vigueur le 01.01.2016)* « unité départementale » à laquelle est rattachée l'unité de contrôle où il est affecté.

II. – Dans chaque unité de contrôle mentionnée au 2° de l'article R. 8122-3, l'agent de contrôle de l'inspection du travail exerce ses missions sur le territoire d'une section. Il peut, lorsqu'une action le rend nécessaire, intervenir sur le territoire de son unité de contrôle et sur celui de la *(D. 2020-1545 du 9 déc. 2020, JO 10, entrée en vigueur le 01.04.2021)* « direction départementale de l'emploi, du travail et des solidarités » à laquelle cette unité de contrôle est rattachée.

III. – Dans chaque unité de contrôle mentionnée au 4° de l'article R. 8122-3, l'agent de contrôle de l'inspection du travail exerce ses missions sur le territoire d'une section. Il peut, lorsqu'une action le rend nécessaire, intervenir sur le territoire de son unité de contrôle et sur celui de la *(D. 2020-1545 du 9 déc. 2020, JO 10, entrée en vigueur le 01.04.2021)* « direction régionale de l'économie, de l'emploi, du travail et des solidarités » à laquelle cette unité de contrôle est rattachée.

IV. – Toutefois, l'inspecteur du travail est seul habilité à prendre, dans la section où il exerce ses missions, les décisions qui relèvent de sa compétence exclusive en vertu de dispositions législatives ou réglementaires.

Art. R. 8122-11. *(D. 2014-359 du 20 mars 2014, art. 1er, JO 21)* Lorsque les actions d'inspection de la législation du travail ont été confiées, dans une section, à un contrôleur du travail, le *(D. 2020-1545* *du 9 déc. 2020, JO 10, entrée en vigueur le 01.04.2021)* « directeur régional de l'économie, de l'emploi, du travail et des solidarités » :

1° Désigne un ou plusieurs inspecteurs du travail pour prendre les décisions qui relèvent de la compétence exclusive de l'inspecteur du travail, en vertu de dispositions législatives ou réglementaires;

2° Peut confier le contrôle des établissements d'au moins cinquante salariés à un ou plusieurs inspecteurs du travail.

CHAPITRE III Appui à l'inspection du travail

SECTION 1. Médecin inspecteur du travail

Art. L. 8123-1. Les médecins inspecteurs du travail exercent une action permanente en vue de la protection de la santé physique et mentale des travailleurs sur leur lieu de travail et participent à la veille sanitaire au bénéfice des travailleurs. Leur action porte en particulier sur l'organisation et le fonctionnement des services de santé au travail prévus au titre II du livre VI de la quatrième partie.

Les médecins inspecteurs du travail agissent en liaison avec *(L. 2016-1088 du 8 août 2016, art. 113, III, 12°, JO 9)* « les agents de contrôle mentionnés à l'article L. 8112-1 », avec lesquels ils coopèrent à l'application de la réglementation relative à la santé au travail.

Art. L. 8123-2. Les dispositions du présent code relatives aux pouvoirs et obligations des *(Ord. 2016-413 du 7 avril 2016, art. 6, JO 8, entrée en vigueur le 01.07.2016)* « agents de contrôle de l'inspection du travail mentionnés à l'article L. 8112-1 » sont étendues aux médecins inspecteurs du travail à l'exception des dispositions de l'article L. 8113-7, relatives aux procès-verbaux, de l'article L. 4721-4, relatives aux mises en demeure *(Ord. 2016-413 du 7 avril 2016, art. 6, JO 8, entrée en vigueur le 01.07.2016)* « et des articles L. 8115-1 à L. 8115-7, relatives aux sanctions administratives ».

Art. L. 8123-3. En vue de la prévention des affections professionnelles, les médecins inspecteurs du travail sont autorisés à faire, aux fins d'analyse, tous prélèvements portant notamment sur les matières mises en œuvre et les produits utilisés.

Art. R. 8123-1. Le médecin inspecteur du travail concourt à l'ensemble des missions des services déconcentrés relevant des ministres chargés du travail, de l'emploi et de la formation professionnelle.

À ce titre, il formule les avis et prend les décisions prévues par les dispositions légales.

Il est notamment chargé de l'étude des risques professionnels et de leur prévention. Il exerce une mission d'information au bénéfice des médecins du travail et des médecins de main-d'œuvre, qu'il associe aux études entreprises.

Il est chargé du contrôle technique de l'activité des médecins de main-d'œuvre.

Note Cet article a été modifié par le décret 2008-1503 du 30 décembre 2008, JO 31.

Art. D. 8123-2. Le médecin inspecteur du travail veille, avec les services de l'inspection du travail et en liaison avec les comités techniques des caisses de sécurité sociale, à l'application des dispositions légales relatives à la santé et la sécurité au travail.

Art. D. 8123-3. Le médecin inspecteur du travail exerce une action permanente en vue de la protection des travailleurs sur leur lieu de leur travail.

Cette action porte également sur le contrôle du fonctionnement des services de santé au travail.

Art. D. 8123-4. Le médecin inspecteur du travail communique aux comités techniques des caisses de sécurité sociale les renseignements qu'il possède sur les risques de maladies professionnelles et d'accidents du travail inhérents aux différentes entreprises.

Art. D. 8123-5. Le médecin inspecteur du travail assure, en coordination étroite avec les services psychotechniques, l'examen médical des travailleurs en vue de leur orientation professionnelle, de leur reclassement et de l'envoi dans les centres de rééducation de ceux qui sont provisoirement inaptes au travail ou handicapés physiquement.

Art. R. 8123-6. Le médecin inspecteur du travail est placé sous l'autorité du *(D. 2020-1545 du 9 déc. 2020, JO 10, entrée en vigueur le 01.04.2021)* « directeur régional de l'économie, de l'emploi, du travail et des solidarités », sauf dans l'exercice des compétences qu'il tient directement des dispositions légales, et sous réserve des dispositions de l'article R. 8123-7.

Art. R. 8123-7. Le médecin inspecteur du travail est placé sous l'autorité du chef du service de l'inspection médicale du travail pour l'exercice de ses compétences techniques.

SECTION 2. Ingénieurs de prévention

Art. L. 8123-4. Les ingénieurs de prévention des ***(L. 2011-525 du 17 mai 2011, art. 170, JO 18)*** «[directions régionales de l'économie, de l'emploi, du travail et des solidarités]», lorsqu'ils assurent un appui technique aux ***(Ord. 2016-413 du 7 avril 2016, art. 7, JO 8, entrée en vigueur le 01.07.2016)*** «agents de contrôle de l'inspection du travail mentionnés à l'article L. 8112-1» dans leurs contrôles, enquêtes et missions, jouissent du droit d'entrée et du droit de prélèvement respectivement prévus aux articles L. 8113-1 et L. 8113-3. ***(Ord. 2016-413 du 7 avril 2016, art. 7, JO 8, entrée en vigueur le 01.07.2016)*** «Leurs constats peuvent être produits dans les actes et procédures des agents de contrôle.»

Ils peuvent se faire présenter les documents prévus à l'article L. 8113-4, lorsqu'ils concernent la santé, la sécurité et les conditions de travail.

Art. L. 8123-5. Il est interdit aux ingénieurs de prévention des ***(L. 2011-525 du 17 mai 2011, art. 170, JO 18)*** «[directions régionales de l'économie, de l'emploi, du travail et des solidarités]» de révéler les secrets de fabrication et les procédés d'exploitation dont ils pourraient prendre connaissance dans l'exercice de leurs fonctions.

La méconnaissance de ces interdictions est punie conformément à l'article 226-13 du code pénal.

Note L'article 226-13 c. pén. vise le délit de violation du secret professionnel.

SECTION 3. Missions spéciales temporaires confiées à des médecins et ingénieurs

Art. L. 8123-6. Le ministre chargé du travail peut charger des médecins de missions spéciales temporaires concernant l'application des dispositions relatives à la santé des travailleurs.

Le ministre peut également charger des ingénieurs, titulaires du titre d'ingénieur diplômé au sens des articles L. 642-1 et suivants du code de l'éducation, de missions temporaires concernant l'application des dispositions relatives à la santé et la sécurité des travailleurs.

Les médecins conseils et les ingénieurs conseils de l'inspection du travail jouissent, pour l'exécution de ces missions, des droits attribués aux ***(L. 2016-1088 du 8 août 2016, art. 113, III, 4°, JO 9)*** «agents de contrôle de l'inspection du travail mentionnés à l'article L. 8112-1» par les articles L. 8113-1 et L. 8113-3.

Art. R. 8123-8. Les médecins-conseils de l'inspection du travail, prévus à l'article L. 8123-6, sont choisis sur une liste arrêtée par décret pris après avis du ***(D. 2016-1834 du 22 déc. 2016, JO 24)*** «Conseil d'orientation des conditions de travail».

Art. R. 8123-9. Les ingénieurs conseils de l'inspection du travail mentionnés à l'article L. 8123-6 sont choisis sur une liste arrêtée par décret pris après avis du ***(D. 2016-1834 du 22 déc. 2016, JO 24)*** «Conseil d'orientation des conditions de travail».

CHAPITRE IV De la déontologie des agents du système d'inspection du travail

Note Ce chapitre est issu de la loi 2016-1088 du 8 août 2016, art. 117, JO 9.

Art. L. 8124-1. Un code de déontologie du service public de l'inspection du travail, établi par décret en Conseil d'État, fixe les règles que doivent respecter ses agents ainsi que leurs droits dans le respect des prérogatives et garanties qui leur sont accordées pour l'exercice de leurs missions définies notamment par les conventions n° 81 et n° 129 de l'Organisation internationale du travail sur l'inspection du travail et au présent livre Ier.

CHAPITRE IV (réglementaire) De la déontologie des agents du système d'inspection du travail

Note Ce chapitre a été introduit par le décret 2017-541 du 12 avril 2017, JO 14. Voir LSQ n° 17310 du 19.04.2017.

- **Application du code de déontologie à tout agent quelles que soient ses fonctions.** Ces dispositions s'appliquent à tous les agents du service public de l'inspection du travail, du directeur général du travail aux agents de contrôle en passant par les médecins inspecteurs du travail.
- **Objectifs du code de déontologie.** Il vise à fixer les règles que doivent respecter les agents ainsi que les prérogatives et garanties prévues pour l'exercice de leurs missions.

Art. R. 8124-1. Les dispositions du présent chapitre constituent le code de déontologie du service public de l'inspection du travail.

SECTION 1. Cadre général d'exercice des missions du service public de l'inspection du travail

Art. R. 8124-2. Les règles déontologiques énoncées par le présent code procèdent de la Constitution et notamment du Préambule de la Constitution de 1946, des engagements internationaux de la France, des principes généraux du droit et des lois et règlements en vigueur, notamment des règles statutaires applicables aux agents de la fonction publique ainsi que de celles régissant les relations entre le public et l'administration.

Les agents du système d'inspection du travail bénéficient pour l'exercice de leurs missions d'une garantie d'indépendance les préservant des influences extérieures indues. Cette garantie conditionne la qualité du service rendu au public et la confiance des usagers dans le service public de l'inspection du travail.

Art. R. 8124-3. Chaque agent affecté au sein du service public de l'inspection du travail veille, compte tenu de son emploi et de ses attributions, à l'application des dispositions du code du travail et des autres dispositions légales relatives au régime du travail, ainsi qu'aux stipulations des conventions et accords collectifs de travail répondant aux conditions fixées au livre II de la deuxième partie de ce code et notamment des dispositions et stipulations assurant le respect des droits et libertés fondamentaux du travailleur et de la personne humaine. Dans l'exercice de ses missions, il contribue à la mise en œuvre des principes constitutionnels particulièrement nécessaires à notre temps proclamés par le Préambule de la Constitution de 1946.

Art. R. 8124-4. Le présent code de déontologie s'applique à tout agent quelles que soient les fonctions qu'il exerce.

Il concerne notamment :

1° Le directeur général du travail et les agents de la direction générale du travail participant au service public de l'inspection du travail ;

2° Les ***(D. 2020-1545 du 9 déc. 2020, art. 6, 5°, JO 10, entrée en vigueur le 01.04.2021)*** « directeurs régionaux de l'économie, de l'emploi, du travail et des solidarités et leurs adjoints », chefs de pôle " politique du travail " ***(D. 2020-1545 du 9 déc. 2020, art. 6, 5°, JO 10, entrée en vigueur le 01.04.2021)*** « , le directeur régional et interdépartemental de l'économie, de l'emploi, du travail et des solidarités et son adjoint chef de pôle " politique du travail ", les directeurs départementaux de l'emploi, du travail, des solidarités et leurs adjoints responsables du système d'inspection du travail, les directeurs départementaux de l'emploi, du travail, des solidarités et de la protection des populations et leurs adjoints responsables du système d'inspection du travail, les directeurs d'unité départementale de la direction régionale et interdépartementale de l'économie, de l'emploi, du travail et des solidarités d'Île-de-France et leurs adjoints responsables du système d'inspection du travail », ainsi que les agents d'encadrement ;

3° Les agents de contrôle de l'inspection du travail mentionnés à l'article L. 8112-1 ;

4° Les médecins inspecteurs du travail, sans préjudice du code de déontologie médicale mentionné aux articles R. 4127-1 et suivants du code de la santé publique ;

5° Les agents des pôles " politique du travail " ***(D. 2020-1545 du 9 déc. 2020, art. 6, 5°, JO 10, entrée en vigueur le 01.04.2021)*** « des directions régionales de l'économie, de l'emploi, du travail et des solidarités, en Île-de-France, de la direction régionale et interdépartementale de l'économie, de l'emploi, du travail et des solidarités, des directions départementales de l'emploi, du travail et des solidarités, des directions départementales de l'emploi, du travail, des solidarités et de la protection des populations et des unités départementales de la direction régionale et interdépartementale de l'économie, de l'emploi, du travail et des solidarités d'Île-de-France », notamment les ingénieurs de prévention, les agents des unités de contrôle et des services mettant en œuvre la politique du travail ;

6° Les agents des services fournissant au public des renseignements sur la législation du travail ;

7° Les agents du groupe national de veille d'appui et de contrôle prévu par l'article R. 8121-15 ;

8° Les agents publics assimilés aux agents de contrôle de l'inspection mentionnés au dernier alinéa de l'article L. 8112-1 relevant de l'autorité centrale du système d'inspection du travail.

SECTION 2. Droits et devoirs respectifs de la hiérarchie et des agents placés sous son autorité

Art. R. 8124-5. Le directeur général du travail, autorité centrale du système d'inspection du travail, veille au respect par toute autorité et toute personne placée sous son autorité des obligations, prérogatives et garanties prévues pour l'inspection du travail par le présent code de déontologie.

Art. R. 8124-6. Tout agent exerçant l'autorité hiérarchique est garant du respect des règles déontologiques applicables à l'ensemble des agents placés sous son autorité. À cet effet :

1° Il en explique le sens aux agents et en précise, par ses instructions, les modalités de mise en œuvre ;

2° Il s'assure de son application effective dans les situations professionnelles dans lesquelles sont placés les agents ;

3° Il intervient en cas de méconnaissance des principes et règles déontologiques, tant dans les actions menées par les agents du service que dans les relations entre les agents ;

4° Il veille à ce que ses instructions assurent le respect des droits reconnus aux agents par les dispositions du présent code ainsi que des garanties d'indépendance dans l'exercice de leurs missions ;

5° Il veille également à l'indépendance reconnue aux médecins inspecteurs du travail par l'article R. 4127-5 du code de la santé publique ;

6° Il contribue à la mise en œuvre de la protection juridique dont les agents bénéficient dans l'exercice légal de leurs attributions ;

7° Il apporte par tout moyen approprié un soutien aux agents rencontrant des difficultés dans l'exercice de leurs missions ;

8° Il rend compte à la direction générale du travail de toute difficulté rencontrée dans la mise en œuvre du présent code de déontologie.

Tout agent exerçant l'autorité hiérarchique explique en tant que de besoin le sens des règles déontologiques aux travailleurs et aux employeurs ainsi qu'à leurs organisations professionnelles.

Art. R. 8124-7. Les agents de contrôle du système d'inspection du travail sont associés à la définition des orientations collectives et des priorités pour l'inspection du travail définies selon les modalités prévues par l'article L. 8112-1.

Tout agent est tenu de contribuer à la mise en œuvre des actions engagées conformément à ces orientations collectives et priorités.

Tout agent de contrôle est libre d'organiser et de conduire des contrôles à son initiative.

Art. R. 8124-8. Tout agent se conforme aux instructions reçues de son supérieur hiérarchique.

Les dispositions du premier alinéa s'appliquent sans préjudice de l'article 28 de la loi n° 83-634 du 13 juillet 1983 portant droits et obligations des fonctionnaires et, pour ce qui concerne les médecins inspecteurs du travail, des articles R. 4127-5 et R. 4127-95 du code de la santé publique.

Art. R. 8124-9. Tout agent rend compte de ses actions à l'autorité investie du pouvoir hiérarchique suivant les modalités définies par l'administration, notamment celles concernant le partage, dans le système d'information prévu à cet effet, des informations relatives à ses actions et aux entreprises contrôlées.

Ces obligations s'appliquent aux médecins inspecteurs du travail sous réserve des informations couvertes par le secret professionnel en vertu des articles R. 4127-4 et R. 4127-104 du code de la santé publique.

Art. R. 8124-10. Tout agent porte sans délai à la connaissance de l'autorité hiérarchique tout fait ou plainte survenue à l'occasion du service ayant entraîné ou susceptible d'entraîner sa convocation par une autorité de police, juridictionnelle ou de contrôle.

Chaque agent mis en cause par un usager en est informé par son autorité hiérarchique.

Art. R. 8124-11. Les agents du système d'inspection du travail se prêtent aide et assistance dans l'exercice de leurs missions. Ils se doivent mutuellement respect.

Art. R. 8124-12. Les agents du système d'inspection du travail bénéficient du libre exercice du droit syndical dans les conditions définies par les lois et les règlements relatifs à son exercice dans la fonction publique.

Art. R. 8124-13. Les agents peuvent exercer des mandats politiques dans les conditions garanties notamment par le code électoral et le code général des collectivités territoriales, sous réserve des dispositions de l'article R. 8124-15.

SECTION 3. Droits et devoirs envers chaque usager du service public de l'inspection du travail

Sous-section 1. Prévention des conflits d'intérêts

Art. R. 8124-14. Les agents du système d'inspection du travail ne peuvent avoir un intérêt quelconque direct ou indirect dans les entreprises qu'ils contrôlent ou entrant dans leur champ de compétence.

Art. R. 8124-15. Chaque agent veille à prévenir ou à faire cesser immédiatement toute situation d'interférence entre l'exercice de son activité professionnelle et des intérêts publics ou privés, y compris l'exercice d'un mandat politique, de nature à influencer ou paraître influencer l'exercice indépendant, impartial et objectif de ses fonctions selon les modalités prévues à l'article 25 *bis* de la loi du 13 juillet 1983 précitée.

Art. R. 8124-16. L'autorité investie du pouvoir hiérarchique propose à tout agent, lors de son affectation, et aussi souvent que nécessaire par la suite, un entretien consacré à la prévention des situations de conflits d'intérêts.

Lorsque l'agent est soumis à l'obligation de déclaration d'intérêts prévue à l'article 25 *ter* de la loi du 13 juillet 1983 précitée, l'entretien prévu au premier alinéa est obligatoire et se déroule sur la base du contenu de cette déclaration.

L'entretien permet à l'agent de faire état des intérêts ou activités, passés ou présents, notamment de nature patrimoniale, professionnelle, familiale ou personnelle susceptibles d'influencer ou de paraître influencer l'exercice indépendant, impartial et objectif de ses fonctions.

Compte tenu des éléments dont il est fait état lors de l'entretien, le travail de l'agent est organisé de façon à éviter les situations dans lesquelles un doute pourrait naître quant à l'impartialité de l'agent ou l'exercice indépendant de ses fonctions. S'il ne peut être procédé à cet aménagement, un changement d'affectation est envisagé.

Sous-section 2. Obligation de se consacrer à ses fonctions

Art. R. 8124-17. Les agents du système d'inspection du travail consacrent l'intégralité de leur activité professionnelle aux fonctions qui leur sont confiées.

Le cumul d'activités n'est possible que dans les conditions prévues à l'article 25 *septies* de la loi du 13 juillet 1983 précitée. Ces activités ne doivent pas faire obstacle à l'exercice de leurs fonctions principales ni porter préjudice d'une manière quelconque à l'autorité ou à l'impartialité nécessaires dans les relations avec les employeurs et les travailleurs.

Sous-section 3. Devoirs de neutralité et d'impartialité

Art. R. 8124-18. Les agents du système d'inspection du travail exercent leurs fonctions de manière impartiale sans manifester d'a priori par leurs comportements, paroles et actes.

Ils font bénéficier les usagers placés dans des situations identiques, quels que soient leur statut, leur implantation géographique et leur activité, d'une égalité de traitement.

Art. R. 8124-19. Dans l'exercice de leurs missions, les agents s'abstiennent de toute expression ou manifestation de convictions personnelles, de quelque nature qu'elles soient.

En dehors du service, ils s'expriment librement dans les limites posées par le devoir de réserve. Ils ne peuvent notamment tenir des propos de nature à nuire à la considération du système d'inspection du travail.

Ils ne peuvent se prévaloir de la qualité d'agent du système d'inspection du travail dans l'expression publique de leurs opinions personnelles.

Sous-section 4. Devoir d'information

Art. R. 8124-20. Les agents du système d'inspection du travail fournissent des informations et des conseils aux usagers sur le droit applicable, sur sa portée et sur les moyens d'assurer son respect.

Ils répondent aux demandes d'information selon les formes et les moyens les plus adaptés à leur interlocuteur, dans un délai raisonnable compte tenu de la complexité de la question.

Art. R. 8124-21. Les agents du système d'inspection du travail communiquent les documents administratifs aux usagers conformément aux articles L. 311-1 à L. 311-14 du code des relations entre le public et l'administration.

Sous-section 5. Obligations de discrétion, de secret et de confidentialité

Art. R. 8124-22. Soumis au devoir de discrétion professionnelle, les agents du système d'inspection du travail s'abstiennent de divulguer à quiconque n'a le droit d'en connaître les informations dont ils ont connaissance dans l'exercice de leurs fonctions, sous réserve de l'article 8 de la loi n° 2016-1691 du 9 décembre 2016 relative à la transparence, à la lutte contre la corruption et à la modernisation de la vie économique.

Art. R. 8124-23. Les agents sont soumis au secret professionnel dans les conditions prévues par la loi.

Les agents de contrôle ainsi que les ingénieurs de prévention ont interdiction de révéler les secrets de fabrication et procédés d'exploitation dont ils pourraient prendre connaissance dans l'exercice de leurs fonctions.

Les médecins inspecteurs du travail sont soumis au secret professionnel dans les conditions prévues par les articles L. 1413-15 , R. 4127-4 et R. 4127-104 du code de la santé publique.

Art. R. 8124-24. Les agents respectent l'obligation de confidentialité des plaintes dont ils sont saisis et s'abstiennent de révéler à toute personne l'identité d'un plaignant et de faire état de l'existence de plaintes signalant une infraction ou un manquement aux dispositions des articles L. 8112-1 et L. 8112-2, sauf lorsque le plaignant a informé par écrit son employeur qu'il sollicitait l'intervention des agents de contrôle pour faire cesser l'infraction signalée par sa plainte.

Sous-section 6. Droits et devoirs spécifiques liés à l'exercice de fonctions de contrôle

Art. R. 8124-25. L'agent de contrôle pénètre librement, sans avertissement préalable, à toute heure du jour et de la nuit dans tout établissement assujetti à son contrôle.

Art. L. 8124-1

Lors d'une visite d'inspection, inopinée ou non, l'agent de contrôle informe de sa présence l'employeur ou son représentant, à moins qu'il n'estime qu'un tel avis risque de porter préjudice à l'efficacité du contrôle.

L'agent de contrôle doit être muni de sa carte professionnelle afin de justifier de sa qualité.

Art. R. 8124-26. L'agent reste, en toute circonstance, courtois à l'égard des personnes présentes sur le lieu de travail ou dans le local affecté à l'hébergement des travailleurs soumis à son contrôle.

Art. R. 8124-27. Lorsqu'il constate des infractions ou des manquements à la réglementation, l'agent de contrôle agit en faisant preuve de discernement et de diligence dans le choix de ses modalités d'action.

Il décide librement des suites à donner à ses interventions et aux constats qu'il a réalisés. Il peut ainsi formuler des conseils ou des observations, saisir l'autorité judiciaire ou engager des suites administratives.

Art. R. 8124-28. Lorsqu'il constate ou est informé d'un accident du travail grave ou mortel, ainsi que de tout incident qui aurait pu avoir des conséquences graves, l'agent de contrôle effectue une enquête et informe son service qui à son tour informe l'autorité centrale. En tant que de besoin, il saisit les autorités compétentes.

Art. R. 8124-29. L'agent de contrôle veille à informer, selon les modalités prévues par la législation en vigueur, les usagers concernés des suites données à son contrôle.

SECTION 4. Respect du code de déontologie

Art. R. 8124-30. À tous les niveaux de la hiérarchie, les agents du système d'inspection du travail veillent au respect du présent code.

Art. R. 8124-31. Les agents de contrôle prêtent serment de remplir leurs missions conformément au présent code.

La prestation de serment intervient, lors de leur première affectation en unité de contrôle, en audience publique, devant le président du ***(D. 2019-966 du 18 sept. 2019, art. 8, JO 19, entrée en vigueur le 01.01.2020)*** «tribunal judiciaire» dans le ressort duquel se trouve leur lieu d'affectation.

La formule du serment est la suivante:

" Je m'engage à exercer mes fonctions de contrôle avec dignité, impartialité, intégrité, neutralité et probité. Je m'engage à ne pas révéler les secrets de fabrication et les procédés d'exploitation dont je pourrais prendre connaissance dans l'exercice de mes fonctions. "

Art. R. 8124-32. Les agents participant aux activités de contrôle de l'inspection du travail peuvent, sans préjudice des attributions du référent déontologue prévu à l'article 28 *bis* de la loi du 13 juillet 1983 précitée, saisir le Conseil national de l'inspection du travail de tout acte d'une autorité administrative de nature à porter directement et personnellement atteinte aux conditions dans lesquelles il doit pouvoir exercer sa mission.

Art. R. 8124-33. Les agents du système d'inspection du travail peuvent, sans préjudice des attributions du Conseil national de l'inspection du travail, saisir le référent déontologue de toute question entrant dans le cadre des missions de ce dernier.

LIVRE II

LUTTE CONTRE LE TRAVAIL ILLÉGAL

Note • Voir le plan national de lutte contre le travail illégal 2019-2021 *(https://travail-emploi.gouv.fr/IMG/pdf/cnlti_2019_priorites_2019_2021.pdf)*; voir aussi, précédemment, le plan national de lutte contre le travail illégal 2016-2018 *(https://travail-emploi.gouv.fr/IMG/pdf/le_pnlti_2016-2018.pdf)* et son bilan *(https://travail-emploi.gouv.fr/IMG/pdf/cnlti_2019_bilan_2016_2018.pdf)*; circ. intermin. INTK1300188C du 11 février 2013 relative à la mise en œuvre du plan national de lutte contre le travail illégal 2013-2015.

• V. Bonnin, «Qu'est-ce que le travail illégal ?», RJS 3/14, p. 151; H. Guichaoua, «Quarante ans de lutte contre le travail illégal», Dr. Soc. 2014, p. 51; «La fraude en matière sociale», dossier, Dr. Soc. 2014, p. 876.

Voir aussi LS Dossier pratique n° 230 du 19.12.2018 : «Gérer le risque pénal pour l'entreprise et ses dirigeants».

• Voir ordonnance sur les marchés publics qui précise notamment que les personnes qui ont été sanctionnées pour travail dissimulé, pour marchandage, pour prêt illicite de main-d'œuvre, pour l'emploi d'étrangers sans titre de travail sont exclues de la procédure de passation des marchés publics (ordonnance 2015-899 du 23 juillet 2015, art. 45, JO 24, modifiée par loi 2018-771 du 5 septembre 2018, art. 104, JO 6); pour les marchés publics ou contrats de concession pour lesquels une consultation a été engagée ou un avis d'appel à la concurrence ou de concession a été envoyé à la publication depuis le 1er avril 2019, voir art. L. 2141-4 et 5, L. 3123-4 et 5, R. 2143-3, 6 et 8, R. 2343-8 et R. 3123-16 et 17 c. commande publ. (ordonnance 2018-1074 du 26 novembre 2018, art. 1er, 18 et 20, JO 5 déc.; décret 2018-1075 du 3 décembre 2018, art. 1er, 14 et 16, JO 5).

Voir loi Macron pour la croissance, l'activité et l'égalité des chances économiques qui durcit les sanctions et améliore l'arsenal répressif contre le travail illégal (loi 2015-990 du 6 août 2015, JO 7; LS Dossier juridique n° 173 du 28.09.2015, «Loi Macron: les mesures renforçant le contrôle du travail»; RF décembre 2019, cahier juridique n° 1109, §§ 1410 et s., «Le travail dissimulé»).

Voir loi relative au travail, à la modernisation du dialogue social et à la sécurisation des parcours professionnels, dite «loi travail» (loi 2016-1088 du 8 août 2016, JO 9; voir RF 8 septembre 2016, FH 3657; LS Dossier juridique n° 177 du 03.10.2016, «Le contrôle du travail illégal»).

Voir loi de financement de la sécurité sociale pour 2017 (loi 2016-1827 du 23 décembre 2016, JO 24; RF 29 décembre 2016, FH 3673, §§ 1-36 et s.).

Sur le prêt de main-d'œuvre en faveur des jeunes entreprises, voir ordonnance 2017-1718 du 20 décembre 2017, JO 21; RF 19 octobre 2017, FH 3712, § 4-51.

Voir loi pour la liberté de choisir son avenir professionnel (loi 2018-771 du 5 septembre 2018, JO 6; RF 13 septembre 2018, FH 3756, §§ 6-1 et s.) et décret 2019-555 du 4 juin 2019 (JO 5) portant diverses dispositions relatives au détachement de travailleurs et au renforcement de la lutte contre le travail illégal (voir RF 18 juillet 2019, FH 3801, §§ 2-8 et s.).

TITRE Ier DÉFINITION

CHAPITRE UNIQUE

Art. L. 8211-1. Sont constitutives de travail illégal, dans les conditions prévues par le présent livre, les infractions suivantes:

1° Travail dissimulé;

2° Marchandage;

3° Prêt illicite de main-d'œuvre;

4° Emploi d'étranger ***(L. 2016-274 du 7 mars 2016, art. 18, 1°, JO 8)*** «non autorisé à travailler»;

5° Cumuls irréguliers d'emplois;

6° Fraude ou fausse déclaration prévue aux articles L. 5124-1 et L. 5429-1.

CHAPITRE UNIQUE (réglementaire) Dispositions relatives à la publication des décisions pénales

Note Ce chapitre a été introduit par le décret 2015-1327 du 21 octobre 2015, JO 23. Ce décret met en œuvre le cadre juridique posé par la loi Hamon relative à la concurrence sociale déloyale permettant de publier sur Internet la «liste noire» des personnes physiques et morales condamnées pour travail illégal (loi 2014-790 du 10 juillet 2014, art. 8, JO 11). Cette peine complémentaire concerne les personnes condamnées au pénal pour travail dissimulé, marchandage ou prêt illicite de main-d'œuvre ou emploi de ressortissants étrangers sans titre de travail (voir art. L. 8224-3, L. 8224-5, L. 8234-1, L. 8234-2, L. 8243-1, L. 8243-2, L. 8256-3 et L. 8256-7).

Cette liste est accessible sur le site Internet *https://liste-noire.travail-emploi.gouv.fr.*

Art. R. 8211-1. Lorsque la juridiction a ordonné la diffusion de sa décision dans les conditions prévues ***(D. 2019-555 du 4 juin 2019, art. 4, 2°, JO 5)*** «au sixième alinéa de l'article L. 8224-3, à la seconde phrase du 4° de l'article L. 8256-3» ainsi qu'au dernier alinéa des articles L. 8224-5, L. 8234-1, L. 8234-2, L. 8243-1, L. 8243-2 et L. 8256-7, cette diffusion est assurée par les services du ministre chargé du travail sur une partie du site internet de ce ministère, dédiée à la diffusion des décisions pénales prononcées sur le fondement des dispositions susmentionnées à titre de peine complémentaire, en matière d'infractions de travail illégal. Cette rubrique est consultable librement et gratuitement par toute personne.

Art. R. 8211-2. Lorsqu'une personne physique ou morale est condamnée par une décision pénale pour l'une des infractions de travail illégal mentionnées aux articles L. 8224-1, L. 8224-2, L. 8224-5, L. 8234-1, L. 8234-2, L. 8243-1, L. 8256-2 et L. 8256-7 à une peine complémentaire de diffusion de la décision pénale sur la partie dédiée du site internet du ministère, le greffe de la juridiction transmet la décision aux services de l'administration centrale du ministère chargé du travail dès qu'elle a acquis un caractère définitif dans les conditions prévues par l'article 708 du code de procédure pénale, et sans préjudice des dispositions des articles 471 et 512 du même code.

La transmission, qui peut être dématérialisée, est assurée dans des conditions garantissant l'intégrité et la confidentialité des données transmises.

Le greffe informe la personne condamnée de la transmission de la décision pénale au ministère chargé du travail en vue d'une publication sur la partie dédiée du site internet de ce ministère.

Art. R. 8211-3. Les informations relatives aux personnes physiques ou morales condamnées mises en ligne sur le site internet sont:

1° Pour les personnes physiques:

a) Identité (nom, prénom(s), sexe, date et lieu de naissance);

b) SIREN ou SIRET ou, le cas échéant, numéro d'immatriculation à un registre professionnel ou autre référence équivalente pour la personne établie à l'étranger, ou à un organisme chargé du recouvrement des cotisations de sécurité sociale;

c) Adresse professionnelle;

d) Activité principale exercée (APE/ NAF);

e) Nature de l'infraction mentionnée à l'article R. 8211-2;

f) Date et dispositif de la décision;

g) Date de mise en ligne;

h) Durée de la diffusion et date de fin de la diffusion;

i) Références de la juridiction et indication d'un éventuel appel ou d'un éventuel recours en cassation lorsque le juge du fond a ordonné l'exécution provisoire du jugement ou de l'arrêt en application respectivement des articles 471 et 512 du code de procédure pénale;

2° Pour les personnes morales:

a) Dénomination sociale, objet social ou statut;

b) Identité du représentant légal lorsque celui-ci est également condamné;

c) Numéro SIREN ou SIRET ou, le cas échéant, numéro d'immatriculation à un registre professionnel, ou autre référence équivalente pour la personne établie à l'étranger;

d) Adresse du siège social;

e) Activité principale exercée (APE/ NAF);

f) Nature de l'infraction mentionnée à l'article R. 8211-2;

g) Date et dispositif de la décision;

h) Date de mise en ligne;

i) Durée et date de fin de la diffusion;

j) Références de la juridiction.

Art. R. 8211-4. La peine complémentaire de diffusion prend effet à compter de la date de la mise en ligne de la décision pénale sur la partie dédiée du site internet du ministère chargé du travail, pour la durée fixée par cette décision.

Lorsqu'au cours du délai de diffusion fixé par la juridiction qui a ordonné l'exécution provisoire en application des articles 471 et 512 du code de procédure pénale, les termes du dispositif de la décision diffusée sont confirmés ou modifiés par les juridictions supérieures, les services du ministre chargé du travail procèdent sans délai, pour la durée de diffusion de la décision fixée par la juridiction du fond, à la mise à jour de la partie dédiée du site internet relative:

1° À la mention sur la partie dédiée du site d'un recours en appel ou en cassation;

2° À la confirmation ou à la modification par la juridiction supérieure des termes du dispositif de la décision;

3° À la cessation de la diffusion de la décision de condamnation sur la partie dédiée du site internet, lorsque la modification du jugement ou de l'arrêt par la juridiction supérieure implique le retrait des données.

Pour l'application des dispositions du présent article, le greffe de la juridiction concernée transmet sans délai aux services du ministre chargé du travail les nouvelles données nécessaires.

Art. R. 8211-5. L'autorité responsable du site internet au titre de la diffusion mentionnée à l'article R. 8211-1 des décisions pénales en matière d'infractions de travail illégal est le ministre chargé du travail (direction générale du travail).

Art. R. 8211-6. L'autorité responsable prend les mesures nécessaires pour assurer l'intégrité et la sécurité des pages sur lesquelles sont diffusées les informations mentionnées à l'article R. 8211-3 et la protection des données identifiantes en vue d'empêcher leur indexation par les sites de moteur de recherche.

Ces pages mentionnent l'interdiction faite à ces sociétés de procéder à l'indexation et au référencement des données contenues durant l'exécution de la peine ou à l'issue de celle-ci.

Elles informent que ces données ne peuvent faire l'objet par quiconque d'une reproduction sur d'autres sites internet ou sur tout support électronique.

Art. R. 8211-7. L'autorité responsable indique sur ces pages la possibilité pour la personne condamnée d'exercer ses droits d'accès et de rectification des informations la concernant auprès du ministre chargé du travail (direction générale du travail), en application des articles 39 et 40 de la loi n° 78-17 du 6 janvier 1978 relative à l'informatique, aux fichiers et aux libertés, et qu'elle ne dispose pas du droit d'opposition prévu à l'article 38 de ladite loi pendant la durée d'exécution de la peine.

Art. R. 8211-8. L'autorité responsable conserve les décisions transmises par les greffes des juridictions pendant une durée de cinq ans avant de procéder à leur destruction.

TITRE II TRAVAIL DISSIMULÉ

Note • Voir RF décembre 2019, cahier juridique n° 1109, §§ 1400 et s., «Travail dissimulé»; avis du conseil économique, social et environnemental du 4 juin 2014 sur les «Conséquences économiques, financières et sociales de l'économie non déclarée»; LSQ n° 17030 du 01.03.2016, «Travail dissimulé: le contenu de l'obligation de vigilance du donneur d'ordre».

• **Travail forcé.** Tout travail forcé est incompatible avec la dignité humaine (cass. crim. 13 janvier 2009, n° 08-80.787, B. crim. n° 9; RJS 8-9/09 n° 739). Une victime de travail forcé ou d'un état de servitude a droit à la réparation intégrale du préjudice tant moral qu'économique qui en découle; un juge prud'homal ne peut donc pas refuser d'indemniser le préjudice économique en raison de l'absence de preuve de l'existence d'une relation salariée (cass. soc. 3 avril 2019, n° 16-20.490, à paraître, RJS 6/19 n° 339; JSL n° 477, 11.06.2019, pp. 4 et s., V. Nivelles; RDT, juillet/août 2019, CH, 487, R. Dalmasso). Voir aussi B. Lavaud-Legendre, A. Canzian, M. Testemale et N. Martin, «La France respecte-t-elle ses obligations internationales en matière de lutte contre la traite et le travail forcé ?», RDT, septembre 2019, CO, 528; Ch. Willmann, «Esclavage domestique: punir ET réparer», Dr. Soc. 2019, p. 608.

CHAPITRE Ier Interdictions

SECTION 1. Dispositions générales

Art. L. 8221-1. Sont interdits:

1° Le travail totalement ou partiellement dissimulé, défini et exercé dans les conditions prévues aux articles L. 8221-3 et L. 8221-5;

2° La publicité, par quelque moyen que ce soit, tendant à favoriser, en toute connaissance de cause, le travail dissimulé;

3° Le fait de recourir sciemment, directement ou par personne interposée, aux services de celui qui exerce un travail dissimulé.

Note • **Champ d'application de l'infraction de travail dissimulé.** La circulaire interministérielle du 9 novembre 1992 (JO 18, rectif. BO TR 93/12) a précisé que l'infraction de travail clandestin [dissimulé] ne peut être relevée à l'encontre du salarié dissimulé lui-même. Voir par ailleurs «La mise en cause des bénéficiaires du travail clandestin», Fr. Salas, Dr. Soc. 1996, p. 913; «Définition du travail dissimulé: dialogue ou opposition des chambres sociale et criminelle ?», J-Y Frouin et V. Malabat, JCP éd. S, 2014, 1441.

Les articles L. 324-9 [L. 8221-1] et L. 362-3 [L. 8224-1] n'exigent pas que les agissements incriminés aient procuré un avantage à leur auteur ou qu'ils aient été commis par lui dans un but lucratif (cass. crim. 30 septembre 2003, n° 02-83.183, Dr. Soc. 2004, p. 206, obs. Fr. Duquesne).

Attention. La procédure de droit commun du contrôle Urssaf doit être respectée par les agents de contrôle, y compris en cas de constat d'infraction de travail dissimulé. Ainsi, l'agent contrôleur ne peut solliciter d'un tiers à l'employeur des documents qui n'ont pas été demandés à ce dernier (cass. civ., 2e ch., 22 octobre 2020, n° 19-18.335, à paraître, LS Jurispr. n° 208 du 17.11.2020; JCP éd. S 2020, 3085, note X. Aumeran).

• **Absence de déclaration préalable à l'embauche.** La seule constatation de la violation en connaissance de cause d'une prescription légale ou réglementaire implique de la part de son auteur l'intention coupable exigée par l'article 121-3 c. pén. (cass. crim. 28 janvier 2014, n° 12-85.251, RJS 5/14 n° 419: déclaration préalable à l'embauche un mois après celle-ci, le lendemain d'un accident du travail).

Les faits établissant l'élément matériel du délit de travail dissimulé constituent le fait générateur du versement des cotisations et contributions dues au titre du redressement et justifient l'annulation par l'organisme de recouvrement des mesures d'exonération et de réduction de celles-ci. Une société ayant dissimulé des emplois salariés en ne procédant pas aux déclarations préalables à l'embauche pour deux de ses salariés, c'est à juste titre que l'inspecteur du recouvrement n'a pas tenu compte de la réduction des cotisations au titre de la loi Fillon pour les périodes concernées, peu important qu'aucune poursuite pénale n'ait été engagée contre cet employeur (cass. civ., 2e ch., 10 octobre 2013, n° 12-26.123, BC II n° 188; RJS 1/14 n° 66).

S'il procède du constat d'infraction de travail dissimulé par dissimulation d'emploi salarié, le redressement Urssaf a pour objet exclusif le recouvrement des cotisations afférentes à cet emploi, sans qu'il soit nécessaire d'établir l'intention frauduleuse de l'employeur (cass. civ., 2e ch., 9 octobre 2014, n° 13-22.943, BC II n° 206).

Voir aussi cass. crim. 17 octobre 2017, n° 16-81.289, RJS 12/17 n° 818.

• **Sous-traitance.** La durée des relations commerciales, les conditions de leur exercice caractérisées par une forte intégration, le fait que la prévenue n'a effectué aucune des vérifications prévues par l'article L. 324-14 [L. 8222-1] CT démontrent que celle-ci a sciemment eu recours aux services d'une société qui effectuait un travail clandestin [dissimulé] (cass. crim. 21 janvier 1997, n° 95-84.204, B. crim. n° 21; 21 avril 1998, n° 97-80.959; 19 octobre 1999, n° 98-87.180; 3 décembre 2002, n° 01-88.778). Sur la sanction d'un donneur d'ordre faisant appel à des travailleurs indépendants dans des conditions telles que ces derniers ne pouvaient réaliser de bénéfices qu'en ne déclarant que partiellement les heures effectuées par leurs salariés, voir cass. crim. 11 mars 1997, n° 95-82.009, B. crim. n° 97; 11 janvier 2000, n° 99-80.823, RJS 4/00 n° 427; 4 novembre 2008, n° 08-81.552, RJS 2/09 n° 205. Sur la sanction du donneur d'ordre qui ne pouvait ignorer, en raison de son expérience, que ses sous-traitants ne disposaient pas du personnel suffisant pour réaliser les travaux confiés et ne pourraient y faire face sans recourir au travail dissimulé, au regard de la disproportion entre la jeunesse de ces sociétés (onze à treize mois d'existence), sans surface financière, et la masse salariale induite par les travaux confiés, voir cass. crim. 23 janvier 2018, n° 16-86.726, RJS 4/18 n° 276. Sur la sanction d'un courtier donneur d'ordre en l'absence de vérification des obligations des sous-traitants participant à une opération de transport, voir cass. crim. 16 mars 2004, n° 03-86.681. Sur la responsabilité d'un maître d'ouvrage n'ayant pas effectué les vérifications relatives à la déclaration des salariés de l'entreprise retenue pour un chantier, voir cass. crim. 2 mars 2010, n° 09-84.673. Sur le recours à un travailleur indépendant assujetti au régime des artistes-auteurs et établissant des factures d'honoraires tout en exerçant sous la subordination juridique de la société, voir cass. soc. 17 octobre 2012, n° 11-14.115.

Sur la responsabilité de la société dont le directeur général savait, en raison de son expérience, qu'elle serait dans l'incapacité de terminer dans les délais contractuels les chantiers importants qu'elle avait en charge sans l'aide d'un sous-traitant irrégulier, voir cass. crim. 7 juillet 1998, n° 97-81.273, B. crim. n° 216; RJS 11/98 n° 1389. Sur la responsabilité d'une société de promotion immobilière, maître d'ouvrage délégué, voir cass. crim. 3 avril 2002, n° 01-85.601.

• **Marchés publics et contrats de concession.** Sur l'exclusion de la procédure de passation des marchés publics ou des contrats de concession des personnes sanctionnées pour méconnaissance des obligations prévues aux articles L. 8221-1, L. 8221-3, L. 8221-5, L. 8231-1, L. 8241-1, L. 8251-1 et L. 8251-2 CT, voir note introductive du livre II «Lutte contre le travail dissimulé».

• **Remises de dette.** Les remises de dettes consenties pour l'application de l'article L. 626-6 c. com. par les administrations financières, les organismes de sécurité sociale, Pôle emploi, etc., sont subordonnées à la constatation que le débiteur ou, s'il est une personne morale, ses organes ou ses représentants, n'a pas fait l'objet depuis au moins 10 ans d'une condamnation définitive pour l'une des infractions sanctionnées par les articles L. 8224-1 à 3 et L. 8224-5 CT (art. D. 626-15 c. com.; décret 2009-385 du 6 avril 2009, JO 8).

Art. L. 8221-2. Sont exclus des interdictions prévues au présent chapitre, les travaux d'urgence dont l'exécution immédiate est nécessaire pour prévenir les accidents imminents ou organiser les mesures de sauvetage.

SECTION 2. Travail dissimulé par dissimulation d'activité

Art. L. 8221-3. Est réputé travail dissimulé par dissimulation d'activité, l'exercice à but lucratif d'une activité de production, de transformation, de réparation ou de prestation de services ou l'accomplissement d'actes de commerce par toute personne qui, se soustrayant intentionnellement à ses obligations:

1° Soit n'a pas demandé son immatriculation au répertoire des métiers ou, dans les départements de la Moselle, du Bas-Rhin et du Haut-Rhin, au registre des entreprises ou au registre du commerce et des sociétés, lorsque celle-ci est obligatoire, ou a poursuivi son activité après refus d'immatriculation, ou postérieurement à une radiation;

2° Soit n'a pas procédé aux déclarations qui doivent être faites aux organismes de protection sociale ou à l'administration fiscale en vertu des dispositions légales en vigueur. ***(L. 2011-1906 du 21 déc. 2011, art. 123, JO 22)*** «Cette situation peut notamment résulter de la non-déclaration d'une partie de son chiffre d'affaires ou de ses revenus ou de la continuation d'activité après avoir été radié par les organismes de protection sociale en application de l'article ***(L. 2017-1836 du 30 déc. 2017, art. 15, XI, JO 31)*** « L. 613-4» du code de la sécurité sociale.»

(L. 2018-771 du 5 sept. 2018, art. 99, JO 6) « 3° Soit s'est prévalue des dispositions applicables au détachement de salariés lorsque l'employeur de ces derniers exerce dans l'État sur le territoire duquel il est établi des activités relevant uniquement de la gestion interne ou administrative, ou lorsque son activité est réalisée sur le territoire national de façon habituelle, stable et continue. »

Note • **Champ d'application.** L'interdiction du travail dissimulé par dissimulation d'activité vise toutes les activités exercées à titre professionnel et lucratif : activités artisanales, industrielles, commerciales, libérales et agricoles, mais également l'accomplissement de tout acte de commerce hors de ce cadre. Se trouvent notamment exclus les activités bénévoles et d'entraide ainsi que les travaux domestiques (circ. intermin. du 9 novembre 1992, JO 18, rectif. BO TR 93/12).

• **Caractérisation du délit.** Le travail dissimulé suppose un élément intentionnel de l'employeur. Le défaut d'immatriculation au registre du commerce et des sociétés ou au répertoire des métiers, qui constitue en lui-même une contravention, doit être intentionnel pour caractériser le délit de travail clandestin (circ. précitée). Il en est ainsi de l'absence d'immatriculation d'une agence de société de travail temporaire (cass. crim. 14 mai 1996, n° 94-85.617). L'omission volontaire de demande d'inscription modificative au répertoire des métiers doit être assimilée au défaut d'immatriculation (cass. crim. 23 mai 1995, n° 93-85.460, B. crim. n° 192 ; RJS 10/95 n° 1038). Voir aussi cass. crim. 11 juillet 2017, n° 16-80.521, RJS 10/17 n° 693 (à propos de la date à laquelle le chef d'entreprise doit procéder à son immatriculation au RCS).

L'exercice d'une autre activité que celle pour laquelle l'entreprise est inscrite au registre du commerce et, pour une entreprise de transport, le fait de faire circuler un camion dont le poids total en charge excède de plus de 20 % le poids autorisé constituent des infractions à l'article L. 324-10 [L. 8221-3] CT (cass. crim. 7 mars 2007, n° 06-80.875). Il en est de même de l'exploitation de voitures de grande remise, activité distincte de l'activité principale de taxi (cass. crim. 3 avril 2013, n° 08-83.982, B. crim. n° 77).

La poursuite d'activité malgré le refus d'immatriculation au répertoire des métiers, même indirectement notifié, constitue le délit (cass. crim. 31 janvier 2006, n° 05-82.014). Une cour d'appel ne méconnaît pas les articles 39 et 40 du traité sur l'Union européenne en jugeant coupable du délit de travail dissimulé un brocanteur ayant constitué une société en Grande-Bretagne et poursuivant sur le territoire national, après sa radiation du registre du commerce, la même activité que celle qu'il exerçait auparavant en omettant volontairement de se soumettre aux obligations de déclaration auxquelles il était astreint (cass. crim. 3 octobre 2006, n° 05-87.436, B. crim. n° 242 ; RJS 1/07 n° 94).

Voir également cass. crim. 1er février 2000, n° 99-83.372 : absence de déclarations sociales et fiscales pour une activité d'assistance devant les tribunaux ; cass. crim. 8 février 2000, n° 99-82.109, RJS 5/00 n° 563 : travaux de réparation automobile effectués avec un matériel de professionnel, moyennant rétribution ; cass. crim. 26 septembre 2000, n° 99-87.115 : exercice, sans respect des obligations déclaratives, d'une activité rémunérée constitutive par ailleurs d'un abus de confiance, les travaux effectués relevant de l'activité et des clients de l'employeur du prévenu ; cass. crim. 21 novembre 2001, n° 01-83.014, Dr. Soc. 2002 p. 214 : activité de voyance et de guérisseur postérieure à une radiation auprès de l'URSSAF ; cass. crim. 24 mai 2005, n° 04-86.813, B. crim. n° 154 : syndic et travaux dans une copropriété ; cass. crim. 19 février 2013, n° 12-80.440 : activité de voyant médium ; cass. crim. 20 juin 2017, n° 14-85.879, B. crim. n° 173 ; RJS 10/17 n° 694 : à propos d'une représentation permanente pour les besoins de l'activité commerciale au domicile français du gérant d'une société étrangère.

Le juge ne peut déduire l'existence du délit de travail clandestin du seul exercice illicite de l'activité d'agent de voyages, sans préciser si le prévenu a omis de procéder à l'une ou l'autre des formalités visées à l'article L. 324-10 [L. 8221-3] CT (cass. crim. 14 mai 1996, n° 94-83.117, B. crim. n° 201).

La seule constatation de la violation en connaissance de cause d'une prescription légale ou réglementaire implique de la part de son auteur l'intention coupable (cass. crim. 19 mars 2002, n° 01-83.509, RJS 6/02 n° 705 ; 27 septembre 2005, n° 04-85.558, RJS 1/06 n° 71).

Le délit est caractérisé dès lors que l'inspecteur du travail constate le non-respect des formalités au moment de son contrôle, peu important que l'employeur ait régularisé la situation postérieurement (cass. crim. 3 octobre 1995, n° 94-82.751).

Il y a dissimulation d'activité en cas d'omission intentionnelle des déclarations périodiques aux Urssaf (cass. crim. 30 mars 2016, n° 15-80.761, B. crim. n° 116).

Force probante des certificats A1 (ex-E 101.) Revenant sur sa jurisprudence antérieure (cass. crim. 11 mars 2014, n° 12-81.461, B. crim. n° 75 ; RJS 5/14, n° 441, chron. J-Ph. Lhernould, p. 307), la Cour de cassation reconnaît désormais le caractère contraignant des certificats E 101 (devenus A1) délivrés au titre de l'article 14, § 2, a), du règlement 1408/71, qui attestent de l'affiliation d'un travailleur détaché dans un État membre au régime de sécurité sociale de l'État membre du siège de l'entreprise, même lorsqu'il est constaté que les conditions d'exercice de l'activité du salarié concerné n'entrent pas dans le champ matériel de cette disposition (c'est-à-dire hors situation de détachement): lorsqu'il est saisi de poursuites pénales du chef de travail dissimulé pour défaut de déclarations aux organismes de protection sociale, le juge pénal ne peut écarter les certificats produits par l'employeur de salariés titulaires de contrats de travail étrangers qui effectuent des prestations en France (en l'espèce des personnels navigants techniques et commerciaux) que s'ils ont été obtenus ou invoqués frauduleusement; en l'absence de fraude, la production de ces certificats permet donc à l'employeur d'échapper à une condamnation pour travail dissimulé par défaut de déclarations aux organismes de protection sociale (cass. crim. 18 septembre 2018, 4 arrêts, n°s 13-88.631, 13-88.632, 11-88.040 et 15-81.316, B. crim. n° 160; RJS 11/18 n° 705; JSL n° 463, 12.11.2018, pp. 10 et s., R. Mesa). La Cour de cassation aligne ainsi sa position sur celle de la CJUE [voir CJUE 27 avril 2017, aff. C-620/15, RJS 8-9/17, p. 628 (II. A.), chron. J-C Fillon; 6 février 2018, aff. C-359/16, RJS 5/18, p. 389 (II. A.), chron. J-C Fillon; voir aussi CJUE 11 juillet 2018, aff. C-356/15, RJS 12/18, p. 861, (II. B.), chron. A. Gardin; 6 septembre 2018, aff. C-527/16, RJS 12/18, p. 860 (II. A.), chron. J-C Fillon]. On relèvera toutefois que cette jurisprudence a été rendue dans le cadre législatif antérieur à la loi 2018-771 du 5 septembre 2018, qui a ajouté un troisième cas de travail dissimulé par dissimulation d'activité: le fait de se prévaloir des dispositions applicables au détachement de salariés lorsque l'employeur exerce dans l'État sur le territoire duquel il est établi des activités relevant uniquement de la gestion interne ou administrative, ou lorsque son activité est réalisée sur le territoire national de façon habituelle, stable et continue (art. L. 8221-3, 3°; voir RF 13 septembre 2018, FH 3756, § 6-2).

Sur les conséquences d'un retrait du formulaire A1 sur la législation de sécurité sociale applicable, voir cass. soc. 4 novembre 2020, n° 18-24.451, à paraître, LS n° 18211 du 29.12.2020; JCP éd. S 2020, 3118, note J. Icard. Dans cette affaire, la Cour de cassation précise qu'en l'absence de certificat E101/A1 résultant d'un refus de délivrance ou d'un retrait par l'institution compétente, seule trouve à s'appliquer la législation de l'État membre où est exercée l'activité salariée. Par conséquent, les salariés qui avaient été mis à disposition d'une société française et exerçaient leur activité salariée sur le territoire français et, dont les certificats A1/E101 avaient été retirés par l'institution chypriote, devaient bien être soumis à la législation française. Dans de telles circonstances, leur employeur, à savoir l'ETT chypriote, était soumis aux obligations de déclaration aux organismes de sécurité sociale. Leur non-respect constituait du travail dissimulé (L. 8221-3 et L. 8221-5 CT).

• **Flagrant délit.** L'état de flagrance est caractérisé lorsque le délit de travail clandestin [dissimulé] est apparu avant l'intervention sur place de la police, l'exploitation de renseignements recueillis auprès du greffe du tribunal de commerce, de l'Urssaf et de l'administration fiscale et la surveillance du magasin ayant permis de constater l'ouverture au public d'un commerce de chaussures en l'absence de toute inscription auprès du tribunal de commerce et des organismes sociaux et fiscaux (cass. crim. 3 février 1998, n° 96-82.067; 19 février 1998, n° 97-80.497). Voir également cass. crim. 23 août 2006, n° 06-83.790 (garde à vue à l'initiative d'un OPJ d'un organisateur de concert ne produisant pas les documents attestant de la situation de travailleurs indépendants des musiciens dans leur pays d'origine).

Ne sont pas entachés de nullité les actes de la procédure de flagrant délit poursuivie du chef de travail dissimulé dès lors que, au vu des manquements caractérisés à la réglementation sur la sécurité des travailleurs qu'ils avaient constatés sur un chantier, les fonctionnaires de police étaient en droit de procéder à un contrôle d'identité en application de l'article 78-2, al. 1 c. pén. et de poursuivre l'enquête, ledit contrôle ayant révélé des délits flagrants de travail illégal (cass. crim. 2 mai 2007, n° 07-81.517, B. crim. n° 112; RJS 8-9/07 n° 983).

Art. L. 8221-4. Les activités mentionnées à l'article L. 8221-3 sont présumées, sauf preuve contraire, accomplies à titre lucratif:

1° Soit lorsque leur réalisation a lieu avec recours à la publicité sous une forme quelconque en vue de la recherche de la clientèle;

2° Soit lorsque leur fréquence ou leur importance est établie;

3° Soit lorsque la facturation est absente ou frauduleuse;

4° Soit lorsque, pour des activités artisanales, elles sont réalisées avec un matériel ou un outillage présentant par sa nature ou son importance un caractère professionnel.

Note • Les dispositions de l'article L. 324-11 [L. 8221-4] CT qui prévoient que, sauf preuve contraire, sont présumées accomplies à titre lucratif les activités pratiquées selon les modalités prévues par ce texte, ne contreviennent nullement à l'article 6, §§ 1 et 2 de la Convention européenne de sauvegarde des droits de l'homme et des libertés fondamentales, dès lors qu'elles n'ont pas pour objet de définir les infractions relatives au travail clandestin [dissimulé], exercé dans un but lucratif, dont les éléments constitutifs sont énumérés par les articles L. 324-9 [L. 8221-1] et L. 324-10 [L. 8221-3 et 5] dudit code (cass. crim. 25 juin 1991, n° 89-83.369).

• Pour une application à une activité de réparation automobile, voir cass. crim. 16 janvier 1996, n° 94-85.428, B. crim. n° 24.

Art. R. 8221-1. L'entrepreneur travaillant sur un chantier ayant donné lieu à la délivrance d'un permis de construire affiche sur ce chantier, pendant la durée de l'affichage du permis, son nom, sa raison ou sa dénomination sociale ainsi que son adresse.

L'affichage est assuré sur un panneau dont les indications sont lisibles de la voie publique.

SECTION 3. Travail dissimulé par dissimulation d'emploi salarié

Art. L. 8221-5. Est réputé travail dissimulé par dissimulation d'emploi salarié le fait pour tout employeur:

1° Soit de se soustraire intentionnellement à l'accomplissement de la formalité prévue à l'article L. 1221-10, relatif à la déclaration préalable à l'embauche;

(L. 2016-1088 du 8 août 2016, art. 105, II, JO 9) «2° Soit de se soustraire intentionnellement à la délivrance d'un bulletin de paie ou d'un document équivalent défini par voie réglementaire, ou de mentionner sur le bulletin de paie ou le document équivalent un nombre d'heures» de travail inférieur à celui réellement accompli, si cette mention ne résulte pas d'une convention ou d'un accord collectif d'aménagement du temps de travail conclu en application du titre II du livre Ier de la troisième partie;

(L. 2011-672 du 16 juin 2011, art. 73, JO 17) «3° Soit de se soustraire intentionnellement aux déclarations relatives aux salaires ou aux cotisations sociales assises sur ceux-ci auprès des organismes de recouvrement des contributions et cotisations sociales ou de l'administration fiscale en vertu des dispositions légales.»

Note • **Infraction intentionnelle.** S'agissant d'une infraction intentionnelle, l'article L. 8221-5 CT n'emporte aucune atteinte au principe de la présomption d'innocence. Ce faisant, le renvoi au Conseil constitutionnel d'une question prioritaire de constitutionnalité n'est pas justifié (cass. crim., QPC, 25 juin 2010, n° 10-90.068, LSQ n° 15651 du 13.07.2010).

• **Champ d'application.** La dissimulation d'emploi salarié vise tout employeur, sans référence au but lucratif de l'activité, y compris les particuliers.

Est justifié l'arrêt de cour d'appel ayant déclaré une personne, qui dispensait des cours privés de piano et qui avait employé irrégulièrement deux pianistes salariés, coupable d'infraction aux dispositions réprimant le travail clandestin [dissimulé] après avoir considéré à bon droit que ceux qui exercent une activité de prestation de services, même à titre libéral, sont astreints aux obligations prévues, en cas d'emploi de salariés, par l'article L. 324-10, 3° [L. 8221-5] CT, la loi n'exigeant pas qu'un profit illicite soit réalisé au préjudice des salariés mais seulement que l'activité exercée ait un but lucratif (cass. crim. 8 décembre 1992, n° 91-86.745, B. crim. n° 411; RJS 3/93 n° 297).

L'obligation de déclarer les salariés préalablement à leur embauche pèse sur le seul employeur, qui ne peut invoquer la négligence d'un tiers pour s'en affranchir (cass. crim. 7 mai 2019, n° 18-83.552, RJS 7/19 n° 452: employeur contestant toute intention de frauder en imputant la responsabilité du défaut de déclaration préalable à l'embauche à son comptable, dépendant d'un cabinet privé).

Une salariée étrangère ayant travaillé en France sous la subordination de son employeur de nationalité britannique sans y avoir été déclarée aux organismes de protection sociale ni à l'administration fiscale, la situation de travail dissimulé est caractérisée, des formalités équivalentes dans un autre État n'exonérant pas des obligations déclaratives existant en France (cass. soc. 10 mai 2006, n° 03-46.593, BC V n° 168; voir aussi cass. crim. 12 mars 2019, n° 17-80.744, RJS 5/19 n° 312, s'agissant d'une société de droit suisse ayant employé des salariés domiciliés et travaillant en France, sans avoir effectué les formalités de déclaration préalable à l'embauche dans ce pays). Toutefois, sur la valeur probante du certificat E 101 (devenu A1), voir note sous article L. 8221-3.

Le travail dissimulé par dissimulation d'emploi salarié qui peut aussi être le fait pour tout employeur de se soustraire intentionnellement aux déclarations, légalement requises, relatives aux salaires ou aux cotisations sociales assises sur ceux-ci, auprès des organismes de recouvrement des contributions et cotisations sociales ou de l'administration fiscale, s'applique aussi bien au défaut de souscription de toute déclaration qu'au fait, lorsqu'une déclaration a été souscrite, d'y porter des informations tendant à minorer les obligations de l'employeur; la seule minoration par l'employeur des salaires déclarés à l'Urssaf constitue donc un comportement légalement incriminé (cass. crim. 27 mars 2018, n° 16-87.585, B. crim. n° 55; RJS 6/18 n° 436).

• **Caractérisation du délit.** Le caractère habituel n'est pas une condition de l'infraction. En conséquence, le recours occasionnel aux services d'une personne, assorti d'avantages accordés en contrepartie, doit être sanctionné en l'absence de deux des formalités visées au 3° de l'article L. 324-10 dans sa rédaction alors applicable (cass. crim. 30 mai 1995, n° 94-82.372, RJS 11/95 n° 1155).

La contravention qui n'est pas retenue au titre de l'élément matériel du délit prévu à l'article L. 324-10, 3° dans sa rédaction alors applicable, constitué par l'omission cumulative de deux autres formalités visées par les textes énumérés dans cet article, peut être sanctionnée séparément (cass. crim. 7 avril 1994, n° 93-81.361, B. crim. n° 145; RJS 10/94 n° 1166). L'infraction à l'article L. 324-10, 3° [ancien], seule poursuivie en l'espèce, ne peut causer à l'Urssaf le préjudice invoqué, tenant aux charges occasionnées par le défaut de déclaration à cet organisme, qui ne pourrait résulter que d'une infraction à l'article L. 324-10, 2° du même code (cass. crim. 26 novembre 1996, n° 95-81.973).

La déclaration préalable à l'embauche un mois après celle-ci, le lendemain d'un accident du travail implique de la part de son auteur l'intention coupable exigée par l'article 121-3 c. pén. (cass. crim. 28 janvier 2014, n° 12-85.251, RJS 5/14 n° 419).

La déclaration à l'Urssaf postérieure au contrôle caractérise le délit de travail dissimulé (cass. crim. 7 mars 2007, n° 06-80.875).

La violation en connaissance de cause d'une prescription légale ou réglementaire impliquant de la part de son auteur l'intention coupable, l'emploi de deux salariés dans des conditions attestant l'existence d'un lien de subordination sans effectuer de déclaration préalable à l'embauche entraîne condamnation de la gérante de la société. Le mari de celle-ci, qui s'occupait de la gestion et de l'approvisionnement des chantiers, et qui a seul organisé celui sur lequel la présence des travailleurs dissimulés a été relevée, est coupable de complicité (cass. crim. 20 janvier 2009, n° 08-83.933, RJS 4/09 n° 390). Dans le même sens, cass. civ., 2e ch., 28 mai 2014, n° 12-21.397: dissimulation du travail salarié d'agents commerciaux dont les contrats ont été requalifiés en contrat de travail.

Mais le caractère intentionnel du délit de travail dissimulé par dissimulation d'emploi salarié ne peut se déduire du seul recours à un contrat inapproprié ni de la seule conscience des difficultés en résultant (cass. soc. 3 juin 2009, n° 08-40.981, BC V n° 141; RJS 8-9/09 n° 678; 5 février 2014, n° 13-11.653; 9 janvier 2019, n° 17-21.939).

Par ailleurs, une cour d'appel ayant relevé que les bulletins de salaire avaient été régulièrement établis, que les cotisations sociales avaient toujours été prélevées et que les arrêts de travail pour maladie du salarié avaient toujours été pris en charge par les organismes de sécurité sociale a pu en déduire que l'employeur ne s'était pas intentionnellement soustrait à l'accomplissement de la déclaration préalable à l'embauche (cass. soc. 2 oct. 2019, n° 18-21.326, JCP éd. S 2019, 1313, note Th. Lahalle).

Le caractère non intentionnel de l'absence d'accomplissement des déclarations relatives aux salaires ou aux cotisations sociales ne peut se déduire du seul poids des charges et des difficultés financières de l'employeur (cass. soc. 21 mai 2014, n° 13-14.088).

L'employeur qui a effectué systématiquement des déclarations à l'Urssaf après l'embauche et la période d'essai ne peut invoquer comme cause d'irresponsabilité l'erreur de droit prévue par l'article 122-3 c. pén. (cass. crim. 20 janvier 2015, n° 14-80.532, B. crim. n° 19; LS Jurispr. n° 17 du 27.01.2015; RJS 3/15 n° 227; JCP éd. S 2015, 1145, note Fr. Duquesne).

S'il procède du constat d'infraction de travail dissimulé par dissimulation d'emploi salarié, le redressement par l'Urssaf a pour objet exclusif le recouvrement des cotisations afférentes à cet emploi, sans qu'il soit nécessaire d'établir l'intention frauduleuse de l'employeur (cass. civ., 2e ch., 9 octobre 2014, n° 13-22.943, BC II n° 206; 21 septembre 2017, n° 16-22.307).

L'identification des salariés est suffisante lorsque le réquisitoire aux fins de renvoi devant le tribunal vise expressément la liste des salariés concernés (cass. crim. 18 décembre 2007, n° 07-85.891).

• **Délit caractérisé même en cas de régularisation ultérieure.** Le défaut d'accomplissement par l'employeur, auprès d'un organisme de recouvrement, de ses obligations déclaratives relatives aux salaires ou aux cotisations sociales, s'apprécie à la date à laquelle les déclarations sont ou auraient dû être transmises à cet organisme, peu important toute régularisation ultérieure (cass. civ., 2e ch., 21 septembre 2017, n° 16-22.307; 22 octobre 2020, n° 19-21.933, à paraître, LS Jurispr. n° 208 du 17.11.2020).

• **Bénévolat et entraide.** Les activités de bénévolat et d'entraide peuvent, dans certains cas, être qualifiées de travail dissimulé par dissimulation d'emploi salarié. Voir cass. crim. 14 décembre 1999, n° 99-80.249, RJS 3/00 n° 245: travaux «d'entraide» effectués à titre onéreux chez un avocat et s'inscrivant dans une relation de subordination juridique; cass. crim. 15 février 2000, n° 99-80.156: emploi par un exploitant d'auto-école d'un concubin non déclaré comme conjoint collaborateur, en l'absence même de rétribution; cass. crim. 5 décembre 2000, n° 00-83.494: mentions contradictoires sur les plannings et les carnets de ronde conservés par des clients et sur le registre du personnel, les déclarations préalables à l'embauche et les fiches de paie d'une société de gardiennage; cass. crim. 5 mars 2002, n° 01-85.242: professeurs dispensant des cours pour une association de musique; cass. crim. 22 octobre 2002, n° 02-81.859, B. crim. n° 192: emploi du conjoint de façon durable et permanente dans un rapport de subordination; cass. crim. 25 mai 2004, n° 03-86.282, RJS 12/04 n° 1309: propriétaire employant à des travaux de jardinage et d'entretien d'un parc moyennant fourniture gratuite d'un logement; cass. crim. 13 novembre 2007, n° 06-89.016: officier ministériel ayant recours à une main-d'œuvre non déclarée, au-delà de l'entraide familiale, pour des travaux de construction; cass. crim.17 juin 2008, n° 07-87.518, B. crim. n° 155; JCP éd. S 2008, 1552, note A. Martinon: époux employant une personne à des travaux familiaux et domestiques sans déclaration préalable ni salaire ni bulletin de paie, tout en mettant à disposition gratuitement un logement.

La loge mise temporairement à la disposition de l'organisateur d'un concert n'a pas le caractère d'un domicile (cass. crim. 6 décembre 2005, n° 05-85.951, B. crim. n° 315).

Sur un montage juridique impliquant deux sociétés ayant le même dirigeant, pour faire travailler le dimanche des étudiants sans les déclarer en tant que salariés, de nature à caractériser, à l'égard d'une société le délit de prêt de main-d'œuvre irrégulier et, à l'égard de l'autre société, le délit d'exécution d'un travail dissimulé et la contravention de non-respect du repos dominical, voir cass. crim. 19 juin 2012, n° 11-82.391, RJS 10/12 n° 853.

• **Stages.** Voir cass. crim. 14 juin 2000, n° 99-87.730: organisation de travaux encadrés sous couvert de stages; cass. crim. 26 mai 2010, n° 09-86.095, RJS 11/10 n° 873; Dr. Soc. 2010, p. 1108, obs. Fr. Duquesne: véritable relation de travail, sans rapport avec une formation; *a contrario*, cass. crim. 5 décembre 2000, n° 00-82.178 et cass. soc. 17 octobre 2000, n° 98-40.896, BC V n° 336; Dr. Soc. 2001, p. 192: stages en entreprises réguliers dans le cadre de conventions avec des établissements d'enseignement ou de formation; cass. civ., 2e ch., 16 février 2012, n° 11-10.075, BC II n° 27; RJS 5/12 n° 501: bourses attribuées à des étudiants sans la contrepartie d'un travail accompli dans un lien de subordination. Voir également articles L. 124-1 et s., R. 124-1 et s. c. éduc. pour la définition des stages en milieu professionnel.

Sur la caractérisation du délit d'obtention abusive, de la part d'une personne vulnérable, de services non rétribués ou insuffisamment rétribués, dans le cas de stagiaires qui se trouvaient en situation de dépendance en raison, notamment, du caractère obligatoire de leur stage pour l'obtention du BTS, voir cass. crim. 3 décembre 2002, n° 02-81.453, B. crim. n° 215; RJS 3/03 n° 373.

• **Test professionnel.** La simple affirmation que le salarié n'a exécuté qu'un «test» professionnel d'une journée au sein de la société, sans preuve plus convaincante, est insuffisante pour justifier le défaut de déclaration d'embauche et caractérise l'infraction de travail dissimulé (cass. crim. 5 février 2013, n° 12-81.383). De même, la référence à une convention d'évaluation en milieu de travail dont il n'est pas démontré la conclusion avec Pôle emploi alors que le salarié justifiait d'une promesse d'embauche et avait commencé à exécuter une prestation de travail avant la déclaration (cass. soc. 23 octobre 2013, n° 12-13.899).

• **Dissimulation d'heures de travail.** Voir «La dissimulation partielle d'emploi», J-M Gasser, RJS 11/03, p. 855; «Aménagement conventionnel du temps de travail et travail dissimulé par sous-évaluation du bulletin de paie», J-Ph. Lhernould, RJS 4/14, p. 227.

A justifié sa condamnation sur le fondement de l'article L. 324-10 [L. 8221-5] CT la cour d'appel qui a, après avoir relevé l'absence de tenue du registre du personnel, énoncé notamment que le prévenu ne mentionnait sur les bulletins de paie remis aux salariés qu'une partie de leur rémunération et de leurs heures de travail, la délivrance d'un tel bulletin de paie ne répondant pas aux prescriptions légales et caractérisant l'omission de la formalité prévue par l'article L. 143-3 CT alors applicable (cass. crim. 27 septembre 1994, n° 93-84.665, B. crim. n° 306; RJS 12/94 n° 1375; 24 février 1998, n° 96-84.536, Dr. Ouvr. 1998, p. 278; 22 février 2000, n° 99-84.643, RJS 5/00 n° 562; 24 octobre 2000, n° 00-81.230: gardes de nuit dans un établissement hôtelier; 9 mai 2001, n° 00-86.346 et 22 novembre 2005, n° 05-80.167, B. crim. n° 308; RJS 10/06 n° 1076: les dispositions de l'article L. 611-10 [L. 8113-7] CT, qui prévoient qu'une copie du procès-verbal doit être communiquée au contrevenant en matière d'infraction à la durée du travail, ne trouvent pas à s'appliquer).

En revanche, l'absence de mention d'une prime sur le bulletin de paie n'entre pas dans les prévisions de l'article L. 8221-5 CT (cass. soc. 18 mai 2011, n° 09-42.232), ni la conclusion irrégulière d'un contrat de travail à temps partiel justifiant une requalification à temps plein, mais n'induisant pas pour autant le caractère intentionnel de la dissimulation d'emploi (cass. soc. 23 mai 2012, n° 11-20.638). Le juge doit vérifier si l'employeur n'a pas mentionné sur les bulletins de salaire la totalité des heures effectuées en omettant simplement de les rémunérer comme heures de nuit (cass. soc. 28 septembre 2011, n° 10-20.289).

Le temps de déplacement professionnel d'auxiliaires de vie ou d'aides à domicile entre le domicile de différents clients constitue un temps de travail effectif dès lors que les salariés ne sont pas soustraits, au cours de ces trajets, à l'autorité du chef d'entreprise. En l'espèce, l'intention coupable se déduit du refus persistant de se soumettre à la législation en vigueur malgré deux rappels de l'administration compétente (cass. crim. 2 septembre 2014, n° 13-80.665, B. crim. n° 179; RJS 11/14, n° 803; JCP éd. S 2015, 1016, note Fr. Duquesne). En revanche, l'infraction n'est pas constituée lorsque les heures non mentionnées sur la fiche de salaire, correspondant à un temps durant lequel le conducteur n'exerce aucune activité et peut vaquer librement à ses occupations personnelles, ne constituent pas du temps de travail effectif (cass. crim. 5 juin 2012, n° 11-83.319, B. crim. n° 143; RJS 10/12 n° 836; Dr. Soc. 2012 p. 958; JCP éd. S 2012, 1475, note A. Martinon).

La dissimulation d'emploi salarié prévue par le dernier alinéa de l'article L. 324-10 [L. 8221-5] n'est caractérisée que s'il est établi que l'employeur a, de manière intentionnelle, mentionné sur le bulletin de paie un nombre d'heures de travail inférieur à celui réellement effectué (cass. soc. 21 mai 2002, n° 99-45.890, BC V n° 170; RJS 8-9/02 n° 983; 4 mars 2003, n° 00-46.906, BC V n° 80; RJS 6/03 n° 780; 24 mars 2004, n° 01-43.875, BC V n° 96; RJS 6/04 n° 699; 30 juin 2004, n° 02-41.823, BC V n° 189; RJS 11/04 n° 1152: incidence sur l'application de l'article L. 324-11-1 [L. 8223-1] CT; 29 novembre 2007, n° 06-42.681, RJS 2/08 n° 211; cass. crim. 8 juin 2004, n° 03-86.839; 24 octobre 2012, n° 11-30.387: connaissance par l'employeur de l'exécution régulière par le salarié d'heures supplémentaires jamais contestées; 20 juin 2013, n° 10-20.507, BC V n° 161; RJS 10/13 n° 715; 5 mars 2014, n° 12-27.091, JSL n° 364, 22.04.2014, p. 29; 2 avril 2014, n° 10-23.744; 21 mai 2014, n° 13-16.231: heures supplémentaires réglées sous forme de primes). Peu importe que les heures accomplies au-delà de la durée légale du travail, qui ne pouvaient être rémunérées ainsi, aient donné lieu au versement d'une prime exceptionnelle et que l'employeur se soit éventuellement acquitté des cotisations sociales afférentes (cass. soc. 1er mars 2011, n° 09-65.590, RJS 5/11 n° 484).

Le caractère intentionnel du délit de travail dissimulé ne peut se déduire de la seule absence de mention des heures supplémentaires sur les bulletins de paie (cass. soc. 29 juin 2005, n° 04-40.758, BC V n° 222; RJS 10/05 n° 1015; 29 novembre 2007, précité; 12 janvier 2011, n° 09-41.139, JSL n° 295, 10.03.2011, p. 26; 27 novembre 2014, n° 13-16.276). La seule application erronée du taux de majoration des heures supplémentaires ne caractérise pas le caractère intentionnel nécessaire à l'infraction de travail dissimulé (cass. soc. 1er février 2017, n° 15-23.039, RJS 4/17 n° 262).

Les juges du fond apprécient souverainement l'existence de l'intention de l'employeur (cass. soc. 19 janvier 2005, n° 02-46.967, BC V n° 14; Dr. Soc. 2005, p. 472; 20 février 2008, n° 06-44.964, BC V n° 42; RJS 5/08 n° 579; 16 septembre 2009, n° 07-45.622, JCP éd. S 2009, 1520, note A. Martinon; 20 janvier 2010, n° 08-43.476, BC V n° 17; 27 juin 2012, n° 10-15.812). L'élément intentionnel est caractérisé par le refus de l'employeur de prendre en considération la réclamation du salarié alors même que l'inspecteur du travail avait constaté l'existence de dépassements d'horaires dans son service (cass. soc. 6 avril 2005, n° 03-42.082, RJS 7/05 n° 746) ou lorsqu'il est établi que l'employeur ne pouvait ignorer l'amplitude du travail de son salarié (cass. soc. 9 avril 2008, n° 07-41.340, RJS 7/08 n° 771; voir aussi cass. soc. 14 mars 2018, n° 16-12.171: la production par le salarié, non soumis au pointage, d'un relevé de badgeage mentionnant les heures d'entrée et de sortie du site ne suffit pas à caractériser l'intention de l'employeur de dissimuler son emploi). De même, la persistance de l'employeur à décompter le temps de travail du salarié en se fondant exclusivement sur la quantification préalable prévue par la convention collective alors qu'il sait qu'elle aboutit à un résultat minoré caractérise l'élément intentionnel du travail dissimulé (cass. soc. 5 juin 2019, n° 17-23.228, à paraître, RJS 8-9/19 n° 515; JCP éd. S 2019, 1257, note Th. Aubert-Monpeyssen).

Le fait de payer la salariée en espèces en mentionnant faussement sur les bulletins de paie un paiement par chèque caractérise l'élément intentionnel (cass. soc. 13 mars 2013, n° 12-11.549). Il en est de même de la modification par l'employeur des temps enregistrés sur le chronotachygraphe d'un salarié conducteur routier lors de l'établissement des bulletins de paie et du fait d'omettre sciemment de régler toutes les heures de travail effectuées par ce salarié (cass. soc. 26 septembre 2018, n° 17-15.384).

Modulation du temps de travail. La mention sur le bulletin de paie d'un nombre d'heures de travail inférieur à celui réellement accompli n'est pas punissable quand cette mention résulte d'une convention ou d'un accord collectif d'aménagement du temps de travail (cass. crim. 16 avril 2013, n° 12-81.767, B. crim. n° 89; RJS 7/13 n° 558). En l'absence de dispositions conventionnelles instaurant une annualisation du temps de travail et permettant un décompte des heures supplémentaires au-delà d'un seuil annuel de 1 596 heures, le défaut de rémunération de l'intégralité des heures effectuées au-delà de la durée légale hebdomadaire du travail caractérise l'élément intentionnel du travail dissimulé (cass. soc. 24 avril 2013, n° 11-28.691, BC V n° 115; RJS 7/13 n° 558). Dès lors que l'employeur qui prétendait appliquer un système de modulation de la durée du travail n'a respecté aucune des conditions nécessaires à la mise en œuvre de cette modulation, l'existence d'une dissimulation intentionnelle d'emploi salarié peut être retenue (cass. soc. 28 janvier 2009, n° 07-42.830).

Forfait. Le fait d'avoir soumis le salarié à une convention de forfait en jours sans conclure avec lui une convention individuelle suffit à caractériser l'élément intentionnel de l'infraction, dès lors que l'existence d'heures supplémentaires est établie (cass. soc. 28 février 2012, n° 10-27.839, RJS 5/12 n° 491; JSL n° 320, 20.04.2012, p. 22, N. Gardair-Rérolle; RDT, septembre 2012, CH, 500, S. Amalric; 27 juin 2012, n° 11-10.491, JSL n° 328, 25.09.2012, p. 29; 27 novembre 2013, n° 12-20.905, RJS 4/14 n° 324). Cependant, le caractère intentionnel du travail dissimulé ne peut se déduire de la seule absence de conclusion d'une convention de forfait dont la possibilité est prévue par la convention collective (cass. soc. 27 juin 2012, n° 11-12.527, RJS n° 878) ou de la seule application d'une convention de forfait illicite (cass. soc. 16 juin

2015, n° 14-16.953, BC V n° 124; RJS 10/15 n° 656; 28 février 2018, 2 arrêts, n°s 16-19.054 et 16-19.060, RJS 5/18 n° 356).

Imposer à un salarié de dépasser son forfait jours sans mentionner les jours en plus sur le bulletin de paye vaut travail dissimulé par dissimulation d'emploi salarié (cass. soc. 1er décembre 2016, n° 15-15.805, LS Jurispr. n° 45 du 7.03.2017; RJS 3/17 n° 219).

• **Réparation du préjudice.** Si la législation sur le travail clandestin [dissimulé] a été édictée en vue de l'intérêt général, elle n'en tend pas moins également à la protection des particuliers qui peuvent, lorsque sa méconnaissance leur a causé un préjudice personnel et direct, en obtenir réparation devant la juridiction pénale (cass. crim. 6 février 2001, n° 00-81.526, B. crim. n° 32; RJS 5/01 n° 678).

La dissimulation de salaires par minoration des sommes portées à la connaissance de l'Urssaf par l'employeur porte directement atteinte aux intérêts de l'organisme social qui peut se constituer partie civile et prétendre à la réparation du préjudice subi (cass. crim. 13 mai 2014, n° 13-81.240, B. crim. n° 132; RJS 7/14 n° 606; JCP éd. S, 1380, note Fr. Duquesne).

La décision juridictionnelle condamnant le dirigeant d'une société pour avoir exercé une activité illégalement, qui a autorité de la chose jugée à l'égard de tous, implique l'existence d'un contrat de travail (cass. soc. 27 mars 2001, n° 95-45.429, BC V n° 105; RJS 6/01 n° 714).

• **Protection accident du travail.** La circonstance que l'employeur soit reconnu coupable du délit de travail dissimulé n'a pas d'incidence sur le droit de la victime à la protection de la législation sur les accidents du travail (cass. crim. 11 février 2003, n° 02-81.729, B. crim. n° 30; RJS 5/03 n° 668).

Art. L. 8221-6. I. – Sont présumés ne pas être liés avec le donneur d'ordre par un contrat de travail dans l'exécution de l'activité donnant lieu à immatriculation ou inscription:

1° Les personnes physiques immatriculées au registre du commerce et des sociétés, au répertoire des métiers, au registre des agents commerciaux ou auprès des unions de recouvrement des cotisations de sécurité sociale et d'allocations familiales pour le recouvrement des cotisations d'allocations familiales;

2° Les personnes physiques inscrites au registre des entreprises de transport routier de personnes, qui exercent une activité de transport scolaire prévu par l'article ***(L. 2015-991 du 7 août 2015, art. 15, IV, JO 8, entrée en vigueur le 01.09.2017)*** « L. 214-18» du code de l'éducation ou de transport à la demande conformément à l'article 29 de la loi n° 82-1153 du 30 décembre 1982 d'orientation des transports intérieurs;

3° Les dirigeants des personnes morales immatriculées au registre du commerce et des sociétés et leurs salariés;

II. – L'existence d'un contrat de travail peut toutefois être établie lorsque les personnes mentionnées au I fournissent directement ou par une personne interposée des prestations à un donneur d'ordre dans des conditions qui les placent dans un lien de subordination juridique permanente à l'égard de celui-ci.

(L. 2011-1906 du 21 déc. 2011, art. 125, JO 22) «Dans ce cas, la dissimulation d'emploi salarié est établie si le donneur d'ordre s'est soustrait intentionnellement par ce moyen à l'accomplissement des obligations incombant à l'employeur mentionnées à l'article L. 8221-5.»

Le donneur d'ordre qui a fait l'objet d'une condamnation pénale pour travail dissimulé en application du présent II est tenu au paiement des cotisations et contributions sociales à la charge des employeurs, calculées sur les sommes versées aux personnes mentionnées au I au titre de la période pour laquelle la dissimulation d'emploi salarié a été établie.

Note • **Sur la présomption de non-salariat.** La présomption de non-salariat, abrogée par la loi 2000-37 du 19 janvier 2000, a été rétablie par la loi 2003-721 du 1er août 2003 (JO 5). Voir M. Véricel, «Le rétablissement de la présomption de non-salariat», Dr. Soc. 2004, p. 297.

• **Sous-traitance.** L'existence d'un lien de subordination est établie lorsque la clientèle, la facturation, la rémunération sont fournies à l'artisan adhérent qui exerce son activité de la même manière que les salariés de l'entreprise utilisatrice dont le responsable lui donne des ordres et contrôle son travail (cass. soc. 17 octobre 1996, n° 94-21.637). Il y a matière à requalification des contrats de travail et à condamnation pour travail dissimulé par dissimulation de salariés dès lors qu'il est démontré que l'entreprise sous-traitante apportait uniquement sa main-d'œuvre placée sous la subordination juridique permanente et la dépendance économique du donneur d'ordre (cass. crim. 12 décembre 2006, n° 05-87.125, RJS 4/07 n° 463; 22 janvier 2013, n° 12-80.734; 5 février 2013, n° 11-87.206; 23 janvier 2018, n° 16-86.973, RJS 4/18 n° 275). Le travail clandestin [dissimulé] par dissimulation de salarié interdit par l'article L. 324-10 [L. 8221-5] est caractérisé lorsque le sous-traitant lui-même est employé par le donneur d'ouvrage dans une relation de subordination (cass. crim. 14 avril 1992, n° 91-82.634; 10 mars 1998, n° 96-86.675, B. crim. n° 95; 17 octobre 2012, n° 11-14.115). Il en est ainsi lorsque de prétendus artisans transporteurs se trouvent placés dans un état de dépendance économique et de subordination juridique caractérisant l'existence de contrats de travail sans que les déclarations et formalités prévues à l'article L. 324-10 [L. 8221-5] CT soient effectuées (cass. crim. 5 janvier 1995, n° 93-84.923, RJS 3/95 n° 317; 24 février 1998, n° 97-80.236; 5 février 2002, n° 01-85.576; 19 février 2002, n° 01-85.774). Le recours à des sous-traitants se bornant à fournir la main-d'œuvre au sein d'ateliers clandestins entre dans les prévisions des articles L. 324-9 et L. 324-10 [L. 8221-1 et 5]; la responsabilité de celui qui participe à la gestion de la société, sans même être le gérant de droit de celle-ci, est engagée (cass. crim. 14 juin 1994, n° 93-85.188, RJS 8-9/94 n° 1029; voir également cass. crim. 16 décembre 1998, n° 98-81.069; 31 janvier 2006, n° 05-80.833; 3 mars 2009, n° 07-81.043, B. crim. n° 50; RJS 6/09 n° 584 et 8 juin 2010, n° 07-87.289, B. crim. n° 105; RJS 11/10 n° 891, cités sous L. 8241-1 CT: prêt illicite de main-d'œuvre étrangère).

Sur un montage juridique impliquant deux sociétés ayant le même dirigeant, pour faire travailler le dimanche des étudiants sans les déclarer en tant que salariés, de nature à caractériser, à l'égard d'une société, le délit de prêt de main-d'œuvre irrégulier et, à l'égard de l'autre société, le délit d'exécution d'un travail dissimulé et la contravention de non-respect du repos dominical, voir cass. crim. 19 juin 2012, n° 11-82.391, RJS 10/12 n° 853.

A contrario, ne peut être poursuivie une société qui se trouve dans la situation d'une partie à des contrats de vente et non dans celle de donneur d'ordre ayant recours aux services d'une personne exerçant un travail dissimulé (cass. crim. 4 septembre 2012, n° 11-87.225, B. crim. n° 180; LS Jurispr. n° 195 du 16.10.2012).

Voir aussi P. Thiébart et M. Saunier, «Comment recourir à la sous-traitance en toute sécurité ?», JCP éd. S 2018, 1414.

• **Auto-entrepreneurs.** Sur le risque de requalification en contrat de travail si un lien de subordination est établi ou en cas d'externalisation abusive d'emploi salarié, voir rép. QE 41196, JO AN 12 janvier 2010, p. 402 et 76823, JO AN 12 octobre 2010, p. 11146. Voir aussi cass. crim. 15 décembre 2015, n° 14-85.638, B. crim. n° 302; LS Jurispr. n° 12 du 19.01.2016; RJS 3/16 n° 199 (condamnation pour travail dissimulé d'un employeur ayant employé de fait d'anciens salariés sous le statut d'auto-entrepreneurs dans des conditions les plaçant dans un lien de subordination juridique permanente à son égard); 15 octobre 2019, n° 17-86.838, RJS 12/19 n° 715; cass. civ., 2e ch., 28 novembre 2019, n° 18-15.333, à paraître.

• **Travailleurs utilisant une plateforme de mise en relation par voie électronique.** Statuant pour la première fois sur la qualification du contrat liant un travailleur indépendant et une plateforme de mise en relation par voie électronique, la Cour de cassation rappelle que l'existence d'une relation de travail ne dépend ni de la volonté exprimée par les parties, ni de la dénomination qu'elles ont donnée à leur convention, mais des conditions de fait dans lesquelles est exercée l'activité des travailleurs et que le lien de subordination est caractérisé par l'exécution d'un travail sous l'autorité d'un employeur qui a le pouvoir de donner des ordres et des directives, d'en contrôler l'exécution et de sanctionner les manquements de son subordonné. Dès lors, en retenant qu'un coursier n'était pas lié par un contrat de travail à une société mettant en relation, par l'intermédiaire d'une plateforme numérique et d'une application, des restaurateurs partenaires, des clients passant commande de repas par le truchement de la plateforme et des coursiers à vélo exerçant sous le statut d'indépendant, alors qu'elle avait constaté, d'une part, que l'application était dotée d'un système de géolocalisation permettant le suivi en temps réel par la société de la position du coursier et la comptabilisation du nombre total de kilomètres parcourus par celui-ci et, d'autre part, que la société disposait d'un pouvoir de sanction à l'égard du coursier, la cour d'appel, qui n'a pas tiré les conséquences légales de ses constatations dont il résultait l'existence d'un pouvoir de direction et de contrôle de l'exécution de la prestation caractérisant un lien de subordination, a violé l'article L. 8221-6, II CT (cass. soc. 28 novembre 2018, n° 17-20.079, à paraître, LSQ n° 17705 du 03.12.2018; JCP éd. S 2018, 1398, avis C. Courcol-Bouchard et note G. Loiseau; RDT, décembre 2018, ET, 812, avis C. Courcol-Bouchard et obs. Th. Pasquier; RDT, janvier 2019, CH, 36, M. Peyronnet; JSL n° 468, 28.01.2019, p. 4, J-Ph. Lhernould; RJS 2/19, p. 93, avis C. Courcol-Bouchard, p. 101, rapp. F. Salomon et n° 72; D. 2019, EC, 169, avis C. Courcol-Bouchard et note M-C Escande-Varniol).

Sur la reconnaissance de l'existence d'un contrat de travail entre un chauffeur de VTC et une plateforme de mise en relation par voie électronique, voir cass. soc. 4 mars 2020, n° 19-13.316, à paraître, JCP éd. S 2020, 1080, note G. Loiseau; Dr. Soc. 2020, p. 374, act. P-H Antonmattei; RJS 5/20 n° 223; RDT, mai 2020, CH, 328, L. Willocx; JSL n° 500, 19.06.2020, pp. 13 et s., Ch. Radé.

Voir aussi K. Van Den Bergh, «Plateformes numériques de mise au travail: mettre en perspective le particularisme français», RDT, février 2019, CH, 101; A. Teissier, «En questions: Plateformes numériques, faut-il encore opposer travail salarié et travail indépendant», JCP éd. S 2019, act. 357, aperçu rapide; B. Gomes, «Le modèle du contrat de travail au défi des plateformes numériques», Dr. Ouvr. 2019, p. 599; S. Michel, «L'article 44 de la LOM *versus* les arrêts *Take Eat Easy* et *Uber*», JSL n° 494, 23.03.2020, pp. 3 et s.

Art. L. 8221-6-1. ***(L. 2008-776 du 4 août 2008, art. 11, JO 5)*** Est présumé travailleur indépendant celui dont les conditions de travail sont définies exclusivement par lui-même ou par le contrat les définissant avec son donneur d'ordre.

Art. R. 8221-2. ***(D. 2011-681 du 16 juin 2011, JO 18, entrée en vigueur le 01.08.2011)*** Sur demande des agents de contrôle mentionnés à l'article L. 8271-7, pour l'application des dispositions du 1° de l'article L. 8221-5, l'employeur produit l'avis de réception prévu à l'article R. 1221-7 s'il est encore tenu de le conserver en application de l'article R. 1221-8 ou, tant qu'il n'a pas reçu cet avis, les éléments leur permettant de vérifier qu'il a procédé à la déclaration préalable à l'embauche du salarié.

SECTION 4. Règles applicables à la diffusion d'annonces

Art. L. 8221-7. Toute personne qui publie, diffuse ou fait diffuser par tout moyen une offre de service ou de vente ou une annonce destinée à faire connaître son activité professionnelle au public est tenue :

1° Lorsqu'elle est soumise au respect des formalités mentionnées aux articles L. 8221-3 et L. 8221-5 :

a) De mentionner un numéro d'identification prévu par décret en Conseil d'État ou, pour l'entreprise en cours de création, son nom ou sa dénomination sociale et son adresse professionnelle ;

b) De communiquer au responsable de la publication ou de la diffusion son nom ou sa dénomination sociale et son adresse professionnelle ;

2° Lorsqu'elle n'est pas soumise au respect des formalités mentionnées au 1° :

a) De mentionner son nom et son adresse sur toute annonce faite par voie d'affiche ou de prospectus ;

b) De communiquer son nom et son adresse au responsable de la publication ou de la diffusion.

Le responsable de la publication ou de la diffusion tient ces informations à la disposition des agents de contrôle mentionnés à l'article L. 8271-7 pendant un délai de six mois à compter de la cessation de la diffusion de l'annonce.

Note Voir circulaire DILTI 99/1 du 1er mars 1999 (BO TR 99/6, p. 67) relative à la transparence des offres de service ou de vente en vue de la lutte contre le travail dissimulé.

Art. R. 8221-3. Le numéro d'identification mentionné au a du 1° de l'article L. 8221-7 est le numéro unique d'identification des entreprises défini à l'article D. 123-235 du code de commerce.

SECTION 5. Dispositions d'application

Art. L. 8221-8. Un décret en Conseil d'État détermine les conditions d'application des dispositions du présent chapitre.

CHAPITRE II Obligations et solidarité financière des donneurs d'ordre et des maîtres d'ouvrage

Art. L. 8222-1. Toute personne vérifie lors de la conclusion d'un contrat dont l'objet porte sur une obligation d'un montant minimum en vue de l'exécution d'un travail, de la fourniture d'une prestation de services ou de l'accomplissement d'un acte de commerce, et périodiquement jusqu'à la fin de l'exécution du contrat, que son cocontractant ***(L. 2011-672 du 16 juin 2011, art. 73, JO 17)*** « s'acquitte » :

1° des formalités mentionnées aux articles L. 8221-3 et L. 8221-5 ;

2° de l'une seulement des formalités mentionnées au 1°, dans le cas d'un contrat conclu par un particulier pour son usage personnel, celui de son conjoint, partenaire lié par un pacte civil de solidarité, concubin, de ses ascendants ou descendants.

Les modalités selon lesquelles sont opérées les vérifications imposées par le présent article sont précisées par décret.

Note • **Dispositif de lutte contre le travail dissimulé.** Les dispositions des articles L. 8222-1 et 2 CT, qui s'inscrivent dans le dispositif de lutte contre le travail dissimulé et tendent à assurer la loyauté de la concurrence, ne portent pas atteinte à la liberté d'entreprendre, ni à la liberté contractuelle qui découlent de l'article 4 de la Déclaration des droits de l'homme et du citoyen du 26 août 1789 ; tendant au paiement effectif des cotisations et contributions dues à raison de l'emploi d'un salarié, elles ne contreviennent pas davantage au principe de l'égalité devant les charges publiques énoncé à l'article 13 de la même Déclaration (cass. civ., 2e ch., QPC,

28 février 2013, n° 12-40.099, BC II n° 46; voir également 8 février 2012, n° 11-40.094, cité dans Dr. Soc. 2013, étude, p. 148).

• **Attestation de vigilance.** Une attestation de vigilance, délivrée par l'Urssaf, mentionne le nombre de salariés et le total des rémunérations déclarés par le sous-traitant lors de sa dernière échéance; ce document atteste également du respect des obligations de déclaration et de paiement des charges sociales. Sur le site *www.urssaf.fr*, le donneur d'ordre peut saisir le numéro de sécurité mentionné sur l'attestation afin de vérifier l'authenticité du document (*https://www.urssaf.fr/portail/home/utile-et-pratique/verification-attestation.html*).

Sur la délivrance des attestations relatives aux obligations déclaratives et de paiement prévues à cet article, voir article L. 243-15 c. séc. soc. Le refus par l'Urssaf de délivrer une attestation de régularité à un employeur ayant fait l'objet d'un procès-verbal pour travail dissimulé ne méconnaît pas le principe d'égalité et ne porte pas d'atteinte disproportionnée à la présomption d'innocence, à la liberté d'entreprendre ainsi qu'au principe de sécurité juridique, dès lors que le refus peut être contesté, y compris par voie de référé, devant le juge du contentieux général de la sécurité sociale (cass. civ., 2e ch., 5 juillet 2012, n° 12-40.037, BC II n° 128; RJS 10/12 n° 837; Dr. Soc. 2013, p. 149, note R. Salomon).

• **Contenu de l'obligation de vigilance du donneur d'ordre.** Seule la remise des documents énumérés par l'art. D. 8222-5 CT permet au donneur d'ordre d'assurer la bonne exécution de son obligation de vigilance et d'échapper à la solidarité financière prévue en cas d'infraction de travail dissimulé commise par son sous-traitant ou cocontractant (cass. civ., 2e ch., 11 février 2016, 2 arrêts, nos 14-10.614 et 15-10.168, BC II n° 50; JCP éd. S 2016, 1120, note Th. Lahalle). Leur défaut de remise ne peut donc être suppléé par la fourniture d'un document ne figurant pas dans la liste réglementaire (voir art. D. 8222-5 CT).

• **Présomption de vérification.** Le délit de recours aux services d'une personne exerçant un travail dissimulé est constitué dès lors que le prévenu a conclu un contrat pour un usage professionnel sans procéder aux vérifications requises (cass. crim. 16 septembre 2014, n° 13-86.382; voir aussi cass. crim. 1er décembre 2015, n° 14-85.828, B. crim. n° 274; RJS 4/16 n° 282; 27 février 2018, n° 17-82.130, RJS 5/18 n° 357). Si le donneur d'ordre est considéré comme ayant procédé aux vérifications requises par l'article L. 324-14 [L. 8222-1] CT, dès lors qu'il s'est fait remettre par son cocontractant les documents prévus par l'article D. 8222-5, cette présomption de vérification est écartée en cas de discordance entre la dénomination de la société désignée sur les documents remis et l'identité du cocontractant (cass. civ., 2e ch., 11 juillet 2013, n° 12-21.554, BC II n° 164; RJS 11/13 n° 754; JSL n° 352, 24.10.2013, p. 17, E. Chuilon).

• **Contrat portant sur une obligation inférieure à 5 000 €.** Les dispositions des articles L. 8222-1 et R. 8222-1 CT ne dispensent pas les juridictions pénales de vérifier, dans le cas d'un contrat portant sur une obligation inférieure à 5 000 € (3 000 € jusqu'au 30 mars 2015), si l'infraction est constituée en tous ses éléments (cass. crim. 1er mars 2011, n° 10-84.303, RJS 7/11 n° 634; JCP éd. S 2011, 1348, note A. Barège).

Art. R. 8222-1. Les vérifications à la charge de la personne qui conclut un contrat, prévues à l'article L. 8222-1, sont obligatoires pour toute opération d'un montant au moins égal à ***(D. 2015-364 du 30 mars 2015, art. 13, I, JO 31, entrée en vigueur le 01.05.2015)*** «5 000 euros hors taxes».

Note • Sur l'entrée en vigueur du décret 2015-364 précité, voir CE 8 juillet 2016, n° 389745, RJS 11/16 n° 735.

• Le seuil de déclenchement de l'obligation de vigilance a été modifié, pour la première fois depuis la date de sa création (loi 91-1383 du 31 décembre 1991, art. 7, JO 1er janv. 1992), par le décret 2015-364 précité; jusqu'à la parution de ce décret, le seuil était fixé à 3 000 €.

Art. L. 8222-2. Toute personne qui méconnaît les dispositions de l'article L. 8222-1, ainsi que toute personne condamnée pour avoir recouru directement ou par personne interposée aux services de celui qui exerce un travail dissimulé, est tenue solidairement avec celui qui a fait l'objet d'un procès-verbal pour délit de travail dissimulé:

1° Au paiement des impôts, taxes et cotisations obligatoires ainsi que des pénalités et majorations dus par celui-ci au Trésor ou aux organismes de protection sociale;

2° Le cas échéant, au remboursement des sommes correspondant au montant des aides publiques dont il a bénéficié;

3° Au paiement des rémunérations, indemnités et charges dues par lui à raison de l'emploi de salariés n'ayant pas fait l'objet de l'une des formalités prévues aux articles L. 1221-10, relatif à la déclaration préalable à l'embauche et L. 3243-2, relatif à la délivrance du bulletin de paie.

Note • Voir circulaire DILTI du 31 décembre 2005 (BO MT 2006/3).

• **Application de la solidarité financière.** Sans que soit nécessaire une condamnation pénale préalable, la règle de solidarité s'applique à toute personne, particulier ou professionnel (client ou donneur d'ordre), qui ne s'est pas assurée lors de la conclusion du contrat que son cocontractant, fournisseur d'un bien, d'un travail ou d'une prestation, s'acquittait de ses obligations au regard de l'article L. 324-10 [L. 8222-1] (cass. civ., 2e ch., 4 novembre 2003, n° 01-13.196; 17 janvier 2008, n° 06-21.961, RJS 4/08 n° 465; 4 avril 2013, n° 12-15.736, dans un cas de condamnation pénale du cocontractant). Dès lors qu'il contracte pour son usage professionnel et non personnel, un vétérinaire exerçant à titre libéral qui fait exécuter des travaux doit vérifier que son cocontractant a satisfait à l'ensemble de ses obligations au regard de l'article L. 324-10 [L. 8221-3 et 5] CT (cass. soc. 23 janvier 2003, n° 00-12.164, BC V n° 16; RJS 4/03 n° 505). Peu important que le contrat ait été conclu au nom d'un syndicat de copropriétaires, il appartenait au syndic, par l'intermédiaire de son représentant, de vérifier que l'entreprise choisie pour effectuer des travaux dans la copropriété remplissait ses obligations légales (cass. crim. 24 mai 2005, n° 04-86.813, B. crim. n° 154). Dès lors que les treize factures émises par la société prestataire pour la mise à disposition d'un agent de sécurité caractérisaient un contrat à exécution successive dont le montant global était supérieur au seuil légal, le donneur d'ordre était tenu solidairement des cotisations sociales impayées (cass. civ., 2e ch., 16 novembre 2004, n° 02-30.550, BC II n° 490; RJS 2/05 n° 189). Sur une relation continue, répétée et successive, pour une prestation globale supérieure à 3 000 €, voir cass. civ., 2e ch., 17 janvier 2008, n° 06-20.594, RJS 4/08 n° 465.

Les articles L. 8222-2, 3° et L. 8222-5 CT doivent être interprétés en ce sens qu'il appartient à l'entreprise utilisatrice, informée de l'intervention de salariés employés par une ETT en situation de travail dissimulé, d'enjoindre aussitôt à celle-ci de faire cesser sans délai cette situation et que, à défaut, elle est tenue solidairement avec l'ETT au paiement des indemnités pour travail dissimulé (cass. soc. 4 novembre 2020, n° 18-24.451, à paraître, LS n° 18211 du 29.12.2020; JCP éd. S 2020, 3118, note J. Icard). Dans cette affaire, la Cour de cassation constate que la société française avait été informée en mai 2011 de l'intervention de l'ETT chypriote en situation de travail dissimulé et qu'elle s'était abstenue, en l'absence de certificats A1 (ex-E101), de lui enjoindre aussitôt de faire cesser cette situation en accomplissant les formalités déclaratives. Par conséquent, sa solidarité financière devait être engagée.

• **Condition d'application.** La solidarité financière du donneur d'ordre est subordonnée à l'établissement d'un procès-verbal pour délit de travail dissimulé à l'encontre du co-contractant (cass. civ., 2e ch., 26 novembre 2015, n° 14-23.851, BC II n° 258; RJS 2/16 n° 143).

• **Refus ou annulation des réductions ou exonérations de cotisations de sécurité sociale.** Voir art. L. 133-4-2, L. 133-4-5 et L. 242-1-1 c. séc. soc.

• **Compétence territoriale des Urssaf en matière de contrôle.** Les règles régissant la compétence territoriale des Urssaf en matière de contrôle des cotisants ne s'appliquent pas à la mise en œuvre de la solidarité financière d'une entreprise en vue du paiement des cotisations impayées par son sous-traitant auteur de l'infraction de travail dissimulé (cass. civ., 2e ch., 17 septembre 2009, n° 08-16.641, BC II n° 219; RJS 12/09 n° 969).

La lettre d'observations adressée par l'Urssaf au donneur d'ordre en application de l'article R. 243-59 c. séc. soc. qui, après avoir rappelé les règles applicables et mentionné le montant global des cotisations dues par la société contrevenante, énonce que les cotisations mises à la charge du donneur d'ordre ont été calculées au prorata de la valeur des prestations effectuées par cette société à son bénéfice, seules étant prises en compte les prestations supérieures à 3 000 euros, et précise, année par année, le montant des sommes dues, satisfait aux exigences des textes. L'Urssaf n'est pas tenue de joindre le procès-verbal constatant le délit (cass. civ., 2e ch., 13 octobre 2011, n° 10-24.861, BC II n° 188; RJS 1/12 n° 79).

Art. L. 8222-3. Les sommes dont le paiement est exigible en application de l'article L. 8222-2 sont déterminées à due proportion de la valeur des travaux réalisés, des services fournis, du bien vendu et de la rémunération en vigueur dans la profession.

Note Sur la contestation des bases et de la quote-part des cotisations mises à la charge du donneur d'ordre, voir cass. civ., 2e ch., 10 décembre 2009, n° 09-12.173, JCP éd. S 2010, 1168, note A. Martinon.

Art. L. 8222-4. Lorsque le cocontractant intervenant sur le territoire national est établi ou domicilié à l'étranger, les obligations dont le respect fait l'objet de vérifications sont celles qui résultent de la réglementation d'effet équivalent de son pays d'origine et celles qui lui sont applicables au titre de son activité en France.

Art. L. 8222-5. Le maître de l'ouvrage ou le donneur d'ordre, informé par écrit par un agent de contrôle mentionné à l'article L. 8271-7 ou par un syndicat ou une association professionnels ou une institution représentative du personnel, de l'intervention ***(L. 2014-790 du 10 juil. 2014, art. 6, JO 11)*** «du cocontractant,» d'un sous-traitant ou d'un subdélégataire en situation irrégulière au regard des formalités mentionnées aux articles L. 8221-3 et L. 8221-5 enjoint aussitôt à son cocontractant de faire cesser sans délai cette situation.

À défaut, il est tenu solidairement avec son cocontractant au paiement des impôts, taxes, cotisations, rémunérations et charges mentionnés aux 1° à 3° de l'article L. 8222-2, dans les conditions fixées à l'article L. 8222-3.

Les dispositions du présent article ne s'appliquent pas au particulier qui contracte pour son usage personnel, celui de son conjoint, partenaire lié par un pacte civil de solidarité, concubin, de ses ascendants ou descendants.

Note En l'absence d'une définition légale uniforme pour l'ensemble des secteurs économiques, on entend ici par «maître d'ouvrage» ou «donneur d'ouvrage» celui qui, quelles que soient son activité et sa nature de droit privé ou de droit public, au début de la chaîne de sous-traitance, prend l'initiative du processus économique et pour le compte duquel l'ouvrage est réalisé.

Le cocontractant du maître d'ouvrage pourra lui-même être tenu solidairement responsable si, ayant été lui-même enjoint par le maître d'ouvrage, il n'a pas enjoint à son tour, dans les mêmes formes, ses propres cocontractants qui ont fait intervenir le ou les sous-traitants mis en cause. La mise en jeu de la solidarité s'exerce ainsi dans les mêmes conditions à tous les échelons de la sous-traitance (circ. intermin. du 9 novembre 1992, JO 18, rectif. BO TR 93/12).

Sur la solidarité financière de l'entreprise utilisatrice à l'égard de l'ETT coupable de travail dissimulé, voir cass. soc. 4 novembre 2020, n° 18-24.451, à paraître, LS n° 18211 du 29.12.2020; JCP éd. S 2020, 3118, note J. Icard, et note sous art. L. 8222-2 CT.

Art. R. 8222-2. L'injonction adressée au cocontractant par le maître d'ouvrage ou le donneur d'ordre, en application du premier alinéa de l'article L. 8222-5, est réalisée par lettre recommandée avec avis de réception.

Art. L. 8222-6. ***(L. 2013-1203 du 23 déc. 2013, art. 83, I, JO 24)*** Sans préjudice des articles L. 8222-1 à L. 8222-3, toute personne morale de droit public ayant contracté avec une entreprise, informée par écrit par un agent de contrôle de la situation irrégulière de cette entreprise au regard des formalités mentionnées aux articles L. 8221-3 et L. 8221-5, enjoint aussitôt à cette entreprise de faire cesser sans délai cette situation.

L'entreprise ainsi mise en demeure apporte à la personne publique, dans un délai de deux mois, la preuve qu'elle a mis fin à la situation délictuelle. À défaut, le contrat peut être rompu sans indemnité, aux frais et risques de l'entrepreneur.

La personne morale de droit public informe l'agent auteur du signalement des suites données par l'entreprise à son injonction.

À défaut de respecter les obligations qui découlent des premier et troisième alinéas du présent article ou, en cas de poursuite du contrat, si la preuve de la fin de la situation délictuelle ne lui a pas été apportée dans un délai de six mois suivant la mise en demeure, la personne morale de droit public est tenue solidairement avec son cocontractant au paiement des sommes mentionnées aux 1° à 3° de l'article L. 8222-2, dans les conditions fixées à l'article L. 8222-3.

Art. R. 8222-3. L'injonction adressée à l'entreprise en situation irrégulière par la personne morale de droit public, en application du premier alinéa de l'article L. 8222-6, est réalisée par lettre recommandée avec avis de réception.

L'entreprise mise en demeure dispose d'un délai de quinze jours pour répondre à la personne publique.

Art. L. 8222-7. Un décret en Conseil d'État détermine les conditions d'application des dispositions du présent chapitre.

SECTION 2 (réglementaire). Cocontractant établi en France

Art. D. 8222-4. Le particulier qui contracte pour son usage personnel, celui de son conjoint, partenaire lié par un pacte civil de solidarité, concubin ou de ses ascendants ou descendants, est considéré comme ayant procédé aux vérifications imposées par l'article L. 8222-1 s'il se fait remettre, par son cocontractant, lors de la conclusion du contrat et tous les six mois jusqu'à la fin de son exécution, l'un des documents énumérés à l'article D. 8222-5.

Art. D. 8222-5. La personne qui contracte, lorsqu'elle n'est pas un particulier répondant aux conditions fixées par l'article D. 8222-4, est considérée comme ayant procédé aux vérifications imposées par l'article L. 8222-1 si elle se fait remettre par son cocontractant, lors de la conclusion et tous les six mois jusqu'à la fin de son exécution :

(D. 2011-1601 du 21 nov. 2011, JO 23, entrée en vigueur le 01.01.2012) « 1° Une attestation de fourniture des déclarations sociales et de paiement des cotisations et contributions de sécurité sociale prévue à l'article L. 243-15 émanant de l'organisme de protection sociale chargé du recouvrement des cotisations et des contributions datant de moins de six mois dont elle s'assure de l'authenticité auprès de l'organisme de recouvrement des cotisations de sécurité sociale».

2° Lorsque l'immatriculation du cocontractant au registre du commerce et des sociétés ou au répertoire des métiers est obligatoire ou lorsqu'il s'agit d'une profession réglementée, l'un des documents suivants:

a) Un extrait de l'inscription au registre du commerce et des sociétés (K ou K *bis*);

b) Une carte d'identification justifiant de l'inscription au répertoire des métiers;

c) Un devis, un document publicitaire ou une correspondance professionnelle, à condition qu'y soient mentionnés le nom ou la dénomination sociale, l'adresse complète et le numéro d'immatriculation au registre du commerce et des sociétés ou au répertoire des métiers ou à une liste ou un tableau d'un ordre professionnel, ou la référence de l'agrément délivré par l'autorité compétente;

d) Un récépissé du dépôt de déclaration auprès d'un centre de formalités des entreprises pour les personnes en cours d'inscription.

Note • **3°.** Le 3° de cet article a été supprimé par le décret 2011-1601 du 21 novembre 2011, JO 23, entrée en vigueur le 01.01.2012.

• **Caractère exclusif.** Seule la remise des documents exigés par cet article permet au donneur d'ordre d'assurer la bonne exécution de son obligation de vigilance et d'échapper à la solidarité financière prévue en cas d'infraction de travail dissimulé commise par son sous-traitant ou cocontractant (cass. civ., 2e ch., 11 février 2016, 2 arrêts, nos 14-10.614 et 15-10.168, BC II n° 50; JCP éd. S 2016, 1120, note Th. Lahalle).

• **Marchés publics et contrats de concession.** Sur la production, par le candidat à un marché public ou un contrat de concession, des pièces prévues aux articles D. 8222-5 ou D. 8222-7 et 8 CT à titre de preuve de l'absence de motifs d'exclusion, voir note introductive du livre II «Lutte contre le travail dissimulé».

SECTION 3 (réglementaire). Cocontractant établi à l'étranger

Art. D. 8222-6. Le particulier qui contracte pour son usage personnel, celui de son conjoint, partenaire lié par un pacte civil de solidarité, concubin ou de ses ascendants ou descendants, est considéré comme ayant procédé aux vérifications imposées par l'article L. 8222-4 s'il se fait remettre par son cocontractant établi ou domicilié à l'étranger, lors de la conclusion du contrat et tous les six mois jusqu'à la fin de son exécution, l'un des documents énumérés à l'article D. 8222-7.

Art. D. 8222-7. La personne qui contracte, lorsqu'elle n'est pas un particulier répondant aux conditions fixées par l'article D. 8222-6, est considérée comme ayant procédé aux vérifications imposées par l'article ***(D. 2009-289 du 13 mars 2009, JO 15)*** « L. 8222-4» si elle se fait remettre par son cocontractant établi ou domicilié à l'étranger, lors de la conclusion du contrat et tous les six mois jusqu'à la fin de son exécution:

1° Dans tous les cas, les documents suivants:

a) Un document mentionnant son numéro individuel d'identification attribué en application de l'article 286 *ter* du code général des impôts. Si le cocontractant n'est pas tenu d'avoir un tel numéro, un document mentionnant son identité et son adresse ou, le cas échéant, les coordonnées de son représentant fiscal ponctuel en France;

(D. 2011-1601 du 21 nov. 2011, JO 23, entrée en vigueur le 01.01.2012) «*b)* Un document attestant de la régularité de la situation sociale du cocontractant au regard du règlement (CE) n° 883/2004 du 29 avril 2004 ou d'une convention internationale de sécurité sociale et, lorsque la législation du pays de domiciliation le prévoit, un document émanant de l'organisme gérant le régime social obligatoire et mentionnant que le cocontractant est à jour de ses déclarations sociales et du paiement des cotisations afférentes, ou un document équivalent ou, à défaut, une attestation de fourniture des déclarations sociales et de paiement des cotisations et contributions de sécurité sociale prévue à l'article L. 243-15 du code de la sécurité sociale. Dans ce dernier cas, elle doit s'assurer de l'authenticité de cette attestation auprès de l'organisme chargé du recouvrement des cotisations et contributions sociales»;

2° Lorsque l'immatriculation du cocontractant à un registre professionnel est obligatoire dans le pays d'établissement ou de domiciliation, l'un des documents suivants:

a) Un document émanant des autorités tenant le registre professionnel ou un document équivalent certifiant cette inscription;

b) Un devis, un document publicitaire ou une correspondance professionnelle, à condition qu'y soient mentionnés le nom ou la dénomination sociale, l'adresse complète et la nature de l'inscription au registre professionnel;

c) Pour les entreprises en cours de création, un document datant de moins de six mois émanant de l'autorité habilitée à recevoir l'inscription au registre professionnel et attestant de la demande d'immatriculation audit registre.

Note • Le document visé au 1°, *b)* de cet article est le certificat E 101, devenu le certificat A1, seul document susceptible d'attester la régularité de la situation sociale du cocontractant établi ou domicilié à l'étranger (cass. ass. plén. 6 novembre 2015, 2 arrêts, n°s 14-10.182 et 14-10.193, BC n°s 7 et 8; LS Jurispr. n° 206 du 17.11.2015; JCP éd. S 2015, 1452, note É. Jeansen).

Sur la valeur probante de ce certificat, voir note sous article L. 8221-3.

• Le 3° de cet article a été supprimé par le décret 2011-1601 du 21 novembre 2011, JO 23, entrée en vigueur le 01.01.2012.

Art. D. 8222-8. Les documents et attestations énumérés à l'article D. 8222-7 sont rédigés en langue française ou accompagnés d'une traduction en langue française.

CHAPITRE III Droits des salariés et actions en justice

SECTION 1. Droits des salariés

Art. L. 8223-1. En cas de rupture de la relation de travail, le salarié auquel un employeur a eu recours dans les conditions de l'article L. 8221-3 ou en commettant les faits prévus à l'article L. 8221-5 a droit à une indemnité forfaitaire égale à six mois de salaire.

Note • **Article conforme à la Constitution.** L'article L. 8223-1 CT est conforme à la Constitution, l'indemnité forfaitaire qu'il prévoit ayant pour objet d'assurer une réparation minimale du préjudice et ne constituant pas une sanction ayant le caractère d'une punition (C. constit. 25 mars 2011, n° 2011-111 QPC, JO 26; RJS 5/11 n° 448). Aucun changement de circonstances de droit ou de fait n'étant intervenu qui, affectant la portée de cette disposition, en justifierait le réexamen, la Cour de cassation a refusé, en conséquence, la transmission d'une QPC sur cette indemnité forfaitaire (cass. soc., QPC, 23 octobre 2020, n° 19-26.020, à paraître, LS Jurispr. n° 208 du 17.11.2020).

• **Champ d'application.** L'indemnité forfaitaire n'est due qu'en cas de rupture du contrat de travail (cass. soc. 2 mars 2016, n° 14-15.611); un employeur ne peut donc être condamné au paiement d'une somme à ce titre alors que le contrat est toujours en cours (cass. soc. 29 septembre 2015, n° 14-17.955, LS Jurispr. n° 188 du 20.10.2015). En cas de transfert du contrat de travail, c'est le nouvel employeur qui doit verser, le cas échéant, l'indemnité pour travail dissimulé (cass. soc. 11 mai 2016, n° 14-17.496, BC V n° 100; RJS 7/16 n° 500).

Cette indemnité est due quelle que soit la qualification de la rupture (cass. soc. 19 juin 2013, n° 12-15.957). Par exemple: rupture d'un commun accord (cass. soc. 12 octobre 2004, n° 02-44.666, BC V n° 250; RJS 12/04 n° 1310) ou terme d'un contrat à durée déterminée comme le contrat d'apprentissage (cass. soc. 7 novembre 2006, n° 05-40.197, BC V n° 328; RJS 1/07 n° 95). Dès lors que la relation de travail a été rompue (en l'espèce, à la date du licenciement pour motif économique du salarié), l'indemnité est due, peu important que le salarié ait continué à travailler avec d'autres entreprises successives sur le même site dans le cadre d'un nouveau contrat (cass. soc. 3 juillet 2019, n° 17-20.115, RJS 10/19 n° 587).

Les pratiques d'un chef d'entreprise ou d'un chef de chantier imposant des heures de travail non déclarées constituent bien des manquements de l'employeur devant conduire le juge à requalifier la démission du salarié en prise d'acte justifiée de la rupture (cass. soc. 20 janvier 2010, n° 08-43.476, BC V n° 17; 2 juin 2010, n° 08-44.849).

À noter: en l'absence d'éléments caractérisant un travail dissimulé, le prêt illicite de main-d'œuvre n'ouvre pas droit à l'indemnité forfaitaire de l'article L. 8223-1 CT (cass. soc. 14 avril 2010, n° 08-43.445, RJS 6/10 n° 571).

• **Calcul de l'indemnité forfaitaire.** Le montant de l'indemnité forfaitaire doit être calculé en tenant compte des heures supplémentaires accomplies par le salarié au cours des six mois précédant la rupture du contrat de travail (cass. soc. 18 octobre 2006, n° 05-40.464, RJS 3/07 n° 366; 5 mai 2011, n° 10-11.967, JCP éd. S 2011, 1413, note A. Martinon).

• **Cumul avec d'autres indemnités.** L'indemnité forfaitaire peut se cumuler avec l'indemnité compensatrice de préavis, l'indemnité de congés payés, l'indemnité de requalification d'un contrat à durée déterminée en contrat à durée indéterminée, l'indemnité pour licenciement sans cause réelle et sérieuse, l'indemnité pour non-respect de la procédure de licenciement, les dommages-intérêts pour violation de l'ordre des licenciements (mêmes arrêts), les dommages-intérêts pour compenser les conséquences dommageables du défaut de déclaration aux organismes sociaux, en particulier pour les droits à allocation de chômage et les indemnités journalières car, indépendamment de la sanction civile prévue par l'article L. 8223-1 CT, tout salarié a droit à l'indemnisation du préjudice lié à la faute de l'employeur dans l'exécution de ses obligations (cass. soc. 14 avril 2010, n° 08-43.124, BC V n° 101; RJS 6/10 n° 540; JCP éd. S 2010, 1327, note Ch. Willmann; 29 janvier 2014, n° 12-22.235, RJS 5/14 n° 421).

Au regard de la nature de sanction civile de cette indemnité, les dispositions de l'article L. 8223-1 CT ne font pas obstacle au cumul de l'indemnité forfaitaire qu'elles prévoient avec les indemnités de toute nature auxquelles le salarié a droit en cas de rupture de la relation de travail, y compris l'indemnité légale ou conventionnelle de licenciement (cass. soc. 6 février 2013, n° 11-23.738, BC V n° 31; RJS 4/13 n° 316; JCP éd. S 2013, 1149, note P-Y Verkindt; 25 septembre 2013, n° 12-19.744, rompant avec la jurisprudence antérieure relative à l'indemnité de licenciement; 29 octobre 2014, n° 13-20.026; 18 février 2015, n° 11-10.892) ou l'indemnité de mise à la retraite (cass. soc. 15 mai 2013, n° 11-22.396, BC V n° 123; RJS 7/13 n° 559). La demande en paiement d'heures supplémentaires n'a pas pour effet de rendre irrecevable la demande en paiement de l'indemnité forfaitaire (cass. soc. 9 février 2005, n° 03-40.636; *a contrario*, 10 juin 2003, n° 01-40.779, BC V n° 190; RJS 8-9/03 n° 1023).

Mais l'indemnité forfaitaire ne se cumule pas avec l'indemnité prévue par l'article L. 8252-2 CT et versée au salarié de nationalité étrangère employé sans titre de travail (cass. soc. 14 février 2018, n° 16-22.335, BC V n° 28; RJS 4/18 n° 297; JCP éd. S 2018, 1129, note A. Barège; LS Jurispr. n° 39 du 27.02.2018; JSL n° 451, 16.04.2018, p. 22).

• **Paiement de l'indemnité.** Le paiement de l'indemnité forfaitaire pour travail dissimulé n'est pas subordonné à l'existence d'une décision pénale préalable déclarant l'employeur coupable de travail dissimulé (cass. soc. 15 octobre 2002, n° 00-45.082, BC V n° 312; RJS 12/02 n° 1424). En revanche, dès lors qu'un employeur a été condamné pénalement pour travail dissimulé, cette décision a autorité de la chose jugée à l'égard de tous et permet au salarié de demander, en cas de rupture de la relation de travail, le paiement de l'indemnité forfaitaire (cass. soc. 31 octobre 2006, n° 04-47.107, RJS 1/07 n° 96). L'allocation de l'indemnité forfaitaire, liée à la rupture du contrat de travail, relève de la compétence exclusive de la juridiction prud'homale et ne peut constituer, au sens des articles 2 et 3 c. proc. pén., la réparation du préjudice causé par l'infraction (cass. crim. 30 octobre 2012, n° 11-81.694, B. crim. n° 226).

Les juges n'ayant pas recherché si l'employeur avait intentionnellement omis de procéder aux déclarations légales, celui-ci ne pouvait être condamné à verser au salarié l'indemnité forfaitaire pour travail dissimulé (cass. soc. 12 juin 2008, n° 07-41.402). Dès lors qu'il n'est pas établi que l'employeur a minoré de façon intentionnelle le nombre d'heures de travail portées sur les feuilles de paie, l'indemnité prévue par l'article L. 324-11-1 [L. 8223-1 et 2] CT n'est pas due (cass. soc. 30 juin 2004, n° 02-41.823, BC V n° 189; RJS 11/04 n° 1152; 29 novembre 2007, n° 06-42.681, RJS 2/08 n° 211).

La cour d'appel qui a constaté qu'une salariée avait travaillé en France sans avoir été déclarée aux organismes de protection sociale ou à l'administration fiscale a exactement fait application des dispositions d'ordre public de l'article L. 324-11-1 [L. 8223-1 et 2] CT, peu important que l'employeur ait accompli ou non des formalités équivalentes dans un autre État (cass. soc. 10 mai 2006, n° 03-46.593, BC V n° 168). Toutefois, sur la valeur probante du certificat E 101 (devenu A1), voir note sous article L. 8221-3.

• **Régime social de l'indemnité.** De caractère indemnitaire, les sommes versées à ce titre au salarié ne sont pas soumises à cotisations sociales (cass. soc. 20 février 2008, n° 06-44.964, BC V n° 42; JCP éd. S 2008, 1235, note A. Martinon; RJS 5/08 n° 579).

• **AGS.** L'indemnité forfaitaire doit être garantie par l'AGS lorsque les conditions relatives à la date de rupture du contrat de travail sont réunies (cass. soc. 12 février 2003, n° 01-40.722, RJS 4/03 n° 465; 21 septembre 2005, n° 03-45.088, RJS 12/05 n° 1212). Dans le cadre d'une liquidation judiciaire, l'AGS garantit le paiement de l'indemnité pour travail dissimulé (L. 8223-1), à condition que la rupture du contrat intervienne dans les 15 jours suivant le jugement de liquidation (art. L. 3253-8, 2° CT) (cass. soc. 29 septembre 2010, n° 09-67.633).

Art. L. 8223-1-1. ***(L. 2014-788 du 10 juil. 2014, art. 6, JO 11)*** Sans préjudice du chapitre Ier du présent titre et des articles L. 8113-7 et L. 8271-8 du présent code, lorsque l'***(L. 2016-1088 du 8 août 2016, art. 113, III, 9°, JO 9)*** «agent de contrôle de l'inspection du travail mentionné à l'article L. 8112-1 du présent code» constate qu'un stagiaire occupe un poste de travail en méconnaissance des articles L. 124-7 et L. 124-8 du code de l'éducation ou que l'organisme d'accueil ne respecte pas les articles L. 124-13 et L. 124-14 du même code, il en informe le stagiaire, l'établissement d'enseignement dont il relève, ainsi que les institutions représentatives du personnel de l'organisme d'accueil, dans des conditions fixées par décret.

Art. L. 8223-2. Le salarié obtient des agents de contrôle mentionnés à l'article L. 8271-7, dans des conditions définies par décret, les informations relatives à l'accomplissement par son employeur de la déclaration préalable à l'embauche le concernant.

Lorsque cette formalité n'est pas accomplie par l'employeur, ces agents sont habilités à communiquer au salarié les informations relatives à son inscription sur le registre unique du personnel.

Art. L. 8223-3. Un décret en Conseil d'État détermine les conditions d'application des dispositions du présent chapitre.

Art. D. 8223-1. En application de l'article L. 8223-2, le salarié obtient les informations relatives à l'accomplissement par l'employeur de la déclaration préalable à l'embauche le concernant sur demande écrite.

La demande du salarié contient :

1° Ses nom, prénoms, nationalité, date et lieu de naissance ;

2° Son numéro national d'identification, s'il est déjà immatriculé à la sécurité sociale ;

3° Son adresse ;

4° Sa date d'embauche et la période de travail pour laquelle l'information relative à l'accomplissement de la déclaration préalable à l'embauche est sollicitée.

Art. D. 8223-2. La réponse à la demande du salarié lui est adressée dans les trente jours qui suivent la réception de sa demande.

Elle contient les informations relatives à :

1° L'existence ou non d'une déclaration préalable à l'embauche le concernant, correspondant à la date d'embauche et à la période d'emploi mentionnées dans sa demande ;

2° Lorsque l'embauche a fait l'objet d'une déclaration, la date et l'heure prévisibles d'embauche indiquées par l'employeur, ainsi que la date et l'heure auxquelles il a procédé à la déclaration ;

3° La dénomination sociale ou les nom et prénoms de l'employeur qui a procédé à cette déclaration ainsi que son adresse professionnelle et, le cas échéant, son numéro SIRET.

Art. D. 8223-3. Lorsque la demande du salarié est présentée verbalement, cette demande et la réponse qui lui est apportée sont consignées par procès-verbal.

SECTION 2. Actions en justice

Note Cette section a été introduite par la loi 2014-790 du 10 juillet 2014, art. 9, JO 11.

Art. L. 8223-4. Les organisations syndicales représentatives peuvent exercer en justice toutes les actions résultant de l'application du présent titre en faveur d'un salarié, sans avoir à justifier d'un mandat de l'intéressé.

Il suffit que celui-ci ait été averti, dans des conditions déterminées par voie réglementaire, et ne s'y soit pas opposé dans un délai de quinze jours à compter de la date à laquelle l'organisation syndicale lui a notifié son intention.

L'intéressé peut toujours intervenir à l'instance engagée par le syndicat et y mettre un terme à tout moment.

Art. D. 8223-4. ***(D. 2015-364 du 30 mars 2015, art. 14, JO 31, entrée en vigueur le 01.05.2015)*** Le salarié est informé de l'action en justice envisagée par l'organisation syndicale représentative en application de l'article L. 8223-4 par tout moyen conférant date certaine. ***(D. 2015-1327 du 21 oct. 2015, JO 23)*** « Cette information » précise la nature et l'objet de l'action envisagée par l'organisation syndicale et indique que :

1° Le salarié peut faire connaître à l'organisation syndicale son opposition à l'action envisagée dans un délai de quinze jours à compter de la date de réception de l'information ;

2° L'organisation syndicale peut exercer elle-même les voies de recours ;

3° Le salarié peut, à tout moment, intervenir dans l'instance engagée par l'organisation syndicale.

Note Sur l'entrée en vigueur du décret 2015-364 précité, voir CE 8 juillet 2016, n° 389745, RJS 11/16 n° 735.

CHAPITRE IV Dispositions pénales

Art. L. 8224-1. Le fait de méconnaître les interdictions définies à l'article L. 8221-1 est puni d'un emprisonnement de trois ans et d'une amende de 45 000 €.

Note • **Infractions inscrites dans le code pénal.** En vue de « sanctionner plus sévèrement " les marchands de sommeil " et autres personnes exploitant des travailleurs en situation irrégulière », deux infractions introduites dans le code pénal répriment le fait d'obtenir d'une personne, en abusant de sa vulnérabilité ou de sa situation de dépendance, la fourniture de services non rétribués ou en échange d'une rétribution manifestement sans rapport avec l'importance du travail accompli (art. 225-13 c. pén.) et le fait de soumettre une telle personne à des conditions de travail ou d'hébergement incompatibles avec la dignité humaine (art. 225-14 c. pén.). Les personnes morales peuvent être déclarées responsables pénalement de ces infractions (art. 225-16 c. pén.).

• **Conséquence en cas d'absence de délégation de pouvoir.** Il appartient au chef d'entreprise dans ce cas de s'assurer personnellement de la régularité de l'embauche de son personnel (cass. crim. 18 janvier 1996, n° 95-80.228). En l'absence de délégation donnée par le conseil d'administration au directeur général, le président du conseil d'administration d'une SA ne peut invoquer la responsabilité de celui-ci afin d'échapper aux poursuites engagées contre lui pour travail clandestin [dissimulé] et emploi de travailleurs étrangers en situation irrégulière (cass. crim. 23 juillet 1996, n° 94-85.287, B. crim. n° 301; RJS 3/97 n° 316). Sur la condamnation du gérant d'une SCA ayant opté, avec son directeur d'exploitation, pour le système du contrat d'entreprise dans des conditions telles que les travailleurs indépendants n'auraient pas les moyens financiers de respecter leurs obligations sociales et fiscales, voir cass. crim. 11 mars 1997, n° 95-82.009, B. crim. n° 97. Sur la responsabilité d'un dirigeant de fait ayant personnellement participé à l'infraction de travail dissimulé en accomplissant des actes de gestion en toute indépendance sous le couvert des organes statutaires de la société, voir cass. crim. 3 juin 2008, n° 07-85.871.

Sur l'impossibilité pour le gérant de droit d'une société, poursuivi devant le tribunal correctionnel du chef d'exécution d'un travail dissimulé, d'obtenir sa relaxe en invoquant la délégation de l'intégralité de ses pouvoirs de gestion au gérant de fait de cette société alors que ce dernier faisait l'objet d'une mesure d'interdiction de gérer, voir cass. soc. 22 août 2018, n° 17-83.966, RJS 11/18 n° 708; JCP éd. S 2018, 1322, note Fr. Duquesne.

• **Action des syndicats ou des particuliers.** L'exercice d'un travail dissimulé étant de nature à causer à la profession un préjudice distinct de celui subi personnellement par les salariés, la constitution de partie civile des syndicats concernés est admise (cass. crim. 6 décembre 2011, n° 10-86.829, B. crim. n° 244; RJS 3/12 n° 263; Dr. Soc. 2012, p. 312, obs. Fr. Duquesne; JCP éd. S 2012, 1363, note A. Martinon).

Si la législation sur le travail clandestin [dissimulé] a été édictée en vue de l'intérêt général, elle n'en tend pas moins également à la protection des particuliers qui peuvent, lorsque sa méconnaissance leur a causé un préjudice direct et personnel, en obtenir réparation devant la juridiction pénale (cass. crim. 17 novembre 1998, n° 97-81.754, RJS 4/99 n° 560: action de l'employeur sur le fondement du délit de dissimulation d'activité commis par le salarié dans le cadre de son emploi). Sur la nécessité d'un préjudice et d'une relation directe de celui-ci avec l'infraction poursuivie, voir cass. crim. 5 novembre 2002, n° 02-81.576. Sur la constitution de partie civile de la Mutualité sociale agricole, voir cass. crim. 14 septembre 2004, n° 03-87.679, B. crim. n° 203.

• **Motivation de la sanction.** Sur l'obligation de motivation des peines principales d'emprisonnement et d'amende en cas de travail dissimulé, voir cass. crim. 4 juin 2019, n° 18-83.789, RJS 8-9/19 n° 517.

• **Préjudice indemnisable.** Ne peut être indemnisé que le seul préjudice résultant directement des infractions de marchandage, de prêt illicite de main-d'œuvre et de travail dissimulé durant la période visée à la prévention, non le préjudice de carrière invoqué suite au licenciement pour motif économique du salarié après la fin du partenariat entre les entreprises, ni un préjudice moral pour perte brutale d'emploi (cass. crim. 14 janvier 2014, n° 12-88.053).

• **Autres sanctions.** Sur l'exclusion de la procédure de passation des marchés publics ou des contrats de concession, voir note introductive du livre II «Lutte contre le travail dissimulé».

Les remises de dettes consenties pour l'application de l'article L. 626-6 c. com. par les administrations financières, les organismes de sécurité sociale, Pôle emploi, etc, sont subordonnées à la constatation que le débiteur ou, s'il est une personne morale, ses organes ou ses représentants, n'a pas fait l'objet depuis au moins 10 ans d'une condamnation définitive pour l'une des infractions sanctionnées par les articles L. 8224-1 à 3 et L. 8224-5 CT (art. D. 626-15 c. com.).

Nul ne peut exercer des activités d'entremise et de gestion des immeubles et fonds de commerce s'il a fait l'objet, depuis moins de 10 ans, d'une condamnation définitive à une peine d'au moins 3 mois d'emprisonnement sans sursis pour l'une des infractions prévues aux articles L. 324-9, 10 et L. 362-3 [L. 8221-1, 3, 5 et L. 8224-1] CT (loi 70-9 du 2 janvier 1970, art. 9, modifié en dernier lieu par ordonnance 2019-1015 du 2 octobre 2019, art. 37, JO 3).

• **Responsabilité solidaire du dirigeant.** Sur la responsabilité solidaire du dirigeant de société pour le paiement des cotisations, contributions et sanctions pécuniaires susceptible d'être prononcée par le président du tribunal judiciaire, voir art. L. 243-3-2 c. séc. soc.

• **Responsabilité subsidiaire et solidaire de la société mère ou de la holding.** Si l'employeur appartient à un ensemble de personnes entre lesquelles existe un lien de dépendance ou de contrôle, au sens des articles L. 233-1 et L. 233-3 c. com., en cas de constatation d'une infraction de travail dissimulé par procès-verbal établi à son encontre, la société mère ou la société holding de cet ensemble sont tenues subsidiairement et solidairement au paiement des contributions et cotisations sociales ainsi que des majorations et pénalités dues à la suite de ce constat (art. L. 243-7-3 c. séc. soc.; lettre-circ. ACOSS 2009-084 du 3 novembre 2009).

Art. L. 8224-2. Le fait de méconnaître les interdictions définies à l'article L. 8221-1 par l'emploi dissimulé d'un mineur soumis à l'obligation scolaire est puni d'un emprisonnement de cinq ans et d'une amende de 75 000 €.

Art. L. 8224-3

(L. 2014-1554 du 22 déc. 2014, art. 94, JO 24) «Le fait de méconnaître les interdictions définies au même article L. 8221-1 en commettant les faits à l'égard de plusieurs personnes ou d'une personne dont la vulnérabilité ou l'état de dépendance sont apparents ou connus de l'auteur est puni d'un emprisonnement de cinq ans et d'une amende de 75 000 €.»

(L. 2014-790 du 10 juil. 2014, art. 13, JO 11) «Le fait de méconnaître les interdictions définies aux 1° et 3° du même article L. 8221-1 en commettant les faits en bande organisée est puni de dix ans d'emprisonnement et de 100 000 € d'amende.»

Note Lorsque le délit de travail dissimulé est établi avec circonstances aggravantes (art. L. 8224-2 CT), le montant du redressement de cotisations et contributions Urssaf, qu'il fasse suite à un contrôle Urssaf dit «sur place» (art. L. 243-7 c. séc. soc.) ou à un PV pour travail dissimulé (art. L. 243-7-5 c. séc. soc.), est majoré, depuis le 1er janvier 2015, de 40 %, contre 25 % sans circonstances aggravantes (art. L. 243-7-7 c. séc. soc.).

Art. L. 8224-3. Les personnes physiques coupables des infractions prévues aux articles L. 8224-1 et L. 8224-2 encourent les peines complémentaires suivantes:

(L. 2008-776 du 4 août 2008, art. 11, JO 5) «1° L'interdiction, suivant les modalités prévues par l'article 131-27 du code pénal, soit d'exercer une fonction publique ou d'exercer l'activité professionnelle ou sociale dans l'exercice ou à l'occasion de l'exercice de laquelle l'infraction a été commise, soit d'exercer une profession commerciale ou industrielle, de diriger, d'administrer, de gérer ou de contrôler à un titre quelconque, directement ou indirectement, pour son propre compte ou pour le compte d'autrui, une entreprise commerciale ou industrielle ou une société commerciale. Ces interdictions d'exercice peuvent être prononcées cumulativement;»

2° L'exclusion des marchés publics pour une durée de cinq ans au plus;

(L. 2015-990 du 6 août 2015, art. 282, II, JO 7) «3° La peine de confiscation dans les conditions et selon les modalités prévues à l'article 131-21 du code pénal;»

(L. 2018-771 du 5 sept. 2018, art. 102, 1°, JO 6) «4° L'affichage ou la diffusion de la décision prononcée, dans les conditions prévues à l'article 131-35 du même code.

Le prononcé de la peine complémentaire d'affichage ou de diffusion de la décision est obligatoire à l'encontre de toute personne coupable d'un délit mentionné à l'article L. 8224-2 du présent code. L'affichage ou la diffusion est alors opéré pour une durée maximale d'un an par les services du ministre chargé du travail sur un site internet dédié, dans des conditions prévues par décret en Conseil d'État pris après avis de la Commission nationale de l'informatique et des libertés. Toutefois, la juridiction peut, par une décision spécialement motivée, décider de ne pas prononcer la peine mentionnée au présent alinéa, en considération des circonstances de l'infraction et de la personnalité de son auteur;»

5° L'interdiction, suivant les modalités prévues par l'article 131-26 du code pénal, des droits civiques, civils et de famille.

Note

- La peine complémentaire d'interdiction d'exercer une activité professionnelle ou sociale prévue à l'article 131-27 c. pén. est soit définitive, soit d'une durée maximale de 5 ans (cass. crim. 27 juin 2012, n° 11-86.683, cité dans Dr. Soc. 2013, p. 148, étude R. Salomon et A. Martinel). Sur l'obligation de motiver cette peine, voir cass. crim. 27 mars 2018, n° 16-87.585, B. crim. n° 55; RJS 6/18 n° 436; 17 septembre 2019, n° 18-86.276, RJS 11/19 n° 647.
- L'interdiction professionnelle prononcée en application de l'article L. 362-4 [L. 8224-3] CT n'est pas incompatible avec les dispositions du pacte international relatif aux droits économiques, sociaux et culturels (cass. crim. 30 janvier 2001, n° 00-82.341, RJS 6/01 n° 775).
- La mesure d'affichage de la décision de condamnation prévue par l'article L. 362-3 CT alors applicable, reprise par l'article L. 362-4, 4° du même code [L. 8224-3, 4°], constitue une peine complémentaire affectant la seule personne physique, auteur ou complice du délit de travail clandestin, quel que soit le lieu d'affichage indiqué par la juridiction de jugement (cass. crim. 3 avril 1996, n° 95-81.857, B. crim. n° 152). Sur les peines encourues par la personne morale, voir art. L. 8224-5.
- La peine complémentaire d'affichage et celle de diffusion de la décision de condamnation pour travail dissimulé, marchandage ou prêt illicite de main-d'œuvre, respectivement prévues par les articles L. 8224-3 et 5, L. 8234-1 et 2 et L. 8243-1 et 2 CT, ne peuvent être prononcées qu'à titre alternatif et non cumulatif; le prévenu encourt soit l'une, soit l'autre (cass. crim. 15 octobre 2019, n° 17-86.838, RJS 12/19 n° 715; voir déjà, à propos d'une condamnation pour travail clandestin, cass. crim. 13 mai 1997, n° 97-80.772, B. crim. n° 180).

Sur les modalités de diffusion, par le ministère du Travail, de la «liste noire» des personnes condamnées pour travail dissimulé, marchandage, prêt illicite de main-d'œuvre ou emploi de ressortissants étrangers sans titre de travail, voir le chapitre unique (réglementaire) du titre Ier du livre II («Dispositions relatives à la publication des décisions pénales»; art. R. 8211-1 à 8) et sa note introductive.

• Sur l'obligation pour le juge de rechercher si la confiscation des objets saisis est possible en application de l'article L. 362-4, 3° [L. 8224-3, 3°] CT, voir cass. crim. 5 octobre 1999, n° 98-87.593, B. crim. n° 209; RJS 1/00 n° 81. Sur l'obligation de motiver la peine de confiscation, voir cass. crim. 14 février 2006, n° 05-83.534; 23 janvier 2018, n° 16-87.712, RJS 4/18 n° 274.

Sur la qualification du bien pouvant être confisqué, voir cass. crim. 14 avril 2015, n° 14-80.896, B. crim. n° 81 (véhicule professionnel de l'employeur).

Sur l'inapplicabilité du principe de proportionnalité entre la peine de confiscation prononcée et l'atteinte portée au droit de propriété du prévenu lorsque les fonds ayant permis l'acquisition des immeubles saisis et confisqués proviennent en totalité des infractions de travail dissimulé dont le prévenu a été déclaré coupable, voir cass. crim. 7 mai 2019, n° 18-84.033, RJS 7/19 n° 451.

Art. L. 8224-4. Tout étranger coupable des infractions prévues aux articles L. 8224-1 et L. 8224-2 est passible d'une interdiction du territoire français qui peut être prononcée dans les conditions prévues par l'article 131-30 du code pénal pour une durée de cinq ans au plus.

Art. L. 8224-5. Les personnes morales reconnues pénalement responsables, dans les conditions prévues par l'article 121-2 du code pénal, des infractions prévues par les articles L. 8224-1 et L. 8224-2 encourent:

1° L'amende, dans les conditions prévues à l'article 131-38 du code pénal;

2° Les peines mentionnées aux 1° à 5°, 8° ***(L. 2014-790 du 10 juil. 2014, art. 12, JO 11)*** «et 12°» de l'article 131-39 du même code.

L'interdiction prévue au 2° de l'article 131-39 du code pénal porte sur l'activité dans l'exercice ou à l'occasion de l'exercice de laquelle l'infraction a été commise.

(L. 2018-771 du 5 sept. 2018, art. 102, 2°, JO 6) «3° L'affichage ou la diffusion de la décision prononcée, dans les conditions prévues à l'article 131-39 du code pénal.

Le prononcé de la peine complémentaire d'affichage ou de diffusion de la décision est obligatoire à l'encontre de toute personne coupable d'un délit mentionné à l'article L. 8224-2 du présent code. L'affichage ou la diffusion est alors opéré pour une durée maximale d'un an par les services du ministre chargé du travail sur un site internet dédié, dans des conditions prévues par décret en Conseil d'État pris après avis de la Commission nationale de l'informatique et des libertés. Toutefois, la juridiction peut, par une décision spécialement motivée, décider de ne pas prononcer la peine mentionnée au présent alinéa en considération des circonstances de l'infraction et de la personnalité de son auteur.»

Note • **Représentant de la personne morale.** Pour être considéré comme représentant de la personne morale, la personne physique auteur des faits doit être identifiée et investie d'une délégation de pouvoirs valable (cass. crim. 11 avril 2012, n° 10-86.974, B. crim. n° 94; 25 mars 2014, n° 13-80.376, B. crim. n° 94; JCP éd. S 2014, 1217, note A. Cœuret et Fr. Duquesne; JSL n° 366, 22.05.2014, p. 25; RJS 6/14 n° 532).

Pour condamner une personne morale, il faut rechercher par quel organe ou représentant les délits reprochés à la personne morale avaient été commis pour son compte (cass. crim. 13 mai 2014, n° 13-81.240, B. crim. n° 132; RJS 7/14 n° 606; JCP éd. S, 1380, note Fr. Duquesne).

Sur l'application de la responsabilité pénale de la personne morale (art. 121-2, al. 1er c. pén.) à une société dont le directeur général a eu sciemment recours aux services d'un entrepreneur clandestin, voir cass. crim. 7 juillet 1998, n° 97-81.273, B. crim. n° 216; RJS 11/98 n° 1389; 19 février 2002, n° 01-85.774; 3 avril 2002, n° 01-85.601.

• Sur le caractère alternatif des peines complémentaires d'affichage et de diffusion de la décision de condamnation, voir note sous art. L. 8224-3.

• Sur les modalités de diffusion, par le ministère du Travail, de la «liste noire» des personnes condamnées pour travail dissimulé, marchandage, prêt illicite de main-d'œuvre ou emploi de ressortissants étrangers sans titre de travail, voir le chapitre unique (réglementaire) du titre Ier du livre II («Dispositions relatives à la publication des décisions pénales»; art. R. 8211-1 à 8) et sa note introductive.

Art. L. 8224-5-1. ***(L. 2011-672 du 16 juin 2011, art. 88, JO 17)*** Le prononcé de la peine complémentaire de fermeture provisoire d'établissement mentionnée au 4° de l'article 131-39 du code pénal n'entraîne ni rupture, ni suspension du contrat de travail, ni aucun préjudice pécuniaire à l'encontre des salariés de l'établissement concerné.

Art. L. 8224-6. Le fait, pour toute personne soumise aux obligations énoncées à l'article L. 8221-7, de diffuser ou de faire diffuser, ou de communiquer au responsable de la publication ou de la diffusion des informations mensongères relatives à son identification est puni d'une amende de 7 500 €.

Art. R. 8224-1. Le fait de ne pas respecter l'obligation d'affichage prévue à l'article R. 8221-1, est puni de l'amende prévue pour les contraventions de la cinquième classe.

TITRE III MARCHANDAGE

CHAPITRE Ier Interdiction

Art. L. 8231-1. Le marchandage, défini comme toute opération à but lucratif de fourniture de main-d'œuvre qui a pour effet de causer un préjudice au salarié qu'elle concerne ou d'éluder l'application de dispositions légales ou de stipulations d'une convention ou d'un accord collectif de travail, est interdit.

Note • **But lucratif.** Seules les opérations de fourniture de main-d'œuvre à but lucratif sont prohibées, que la prohibition résulte de l'article L. 125-1 [L. 8231-1] ou de l'article L. 125-3 [L. 8241-1]. Il appartient au juge de caractériser le but lucratif de l'opération de prêt de main-d'œuvre conclu par l'entreprise prêteuse (cass. crim. 26 mai 2010, n° 09-86.095, RJS 11/10 n° 873; 5 juin 2012, n° 11-85.662, RJS 11/12 n° 905). Certains arrêts ont assimilé les opérations à but lucratif aux opérations à titre onéreux (cass. soc. 4 avril 1990, n° 86-44.229, BC V n° 157; Dr. Soc. 1990, p. 783, rapp. Waquet: «Le contrat ayant été conclu entre les deux sociétés, moyennant une rémunération, l'opération avait un but lucratif»; cass. crim. 15 février 1983, n° 82-92.003, B. crim. n° 57: «Cette opération ayant donné lieu à rétribution et ayant été réalisée en dehors des dispositions légales relatives au travail temporaire, l'infraction prévue par l'article L. 125-3 [L. 8241-1] CT se trouve dès lors caractérisée en tous ses éléments constitutifs.»). D'autres arrêts, donnant au terme lucratif sa signification propre (qui procure un bénéfice, un profit, un gain pécuniaire), écartent l'infraction en l'absence de but lucratif caractérisé (cass. crim. 20 mars 2007, n° 05-85.253, B. crim. n° 86; RJS 7/07 n° 898) ou relèvent l'existence d'un profit pour retenir la qualification d'«opération à but lucratif» (cass. soc. 25 septembre 1990, n° 88-19.856, BC V n° 382; RJS 10/90 n° 833; CA Paris, 20e ch., 11 février 1982: le prêt de main-d'œuvre n'est pas lucratif du moment que le montant de la rémunération versée à l'entreprise fournisseuse correspond aux salaires, aux charges sociales ainsi qu'éventuellement aux frais de gestion).

• **Distinction de la fourniture de main-d'œuvre et du contrat de prestation de services.** Le contrat de prestation de services à but lucratif est licite alors même que son exécution suppose la présence de salariés de l'entreprise prestataire de services dans l'entreprise bénéficiaire de la prestation. La difficulté consiste à distinguer, dans la pratique, la véritable prestation de services de celle qui masque une fourniture prohibée de main-d'œuvre à but lucratif. La qualification donnée par les cocontractants ne lie pas le juge qui recherche, à partir des constatations de fait, quelle est la véritable nature des conventions litigieuses (cass. crim. 26 mai 1988, n° 86-91.989, B. crim. n° 228; Dr. Ouvr. 1989, p. 362).

Les juges écartent la qualification conventionnelle de contrat d'entreprise pour retenir celle de fourniture de main-d'œuvre lorsque le personnel de l'entreprise prestataire de services est placé sous l'autorité de l'encadrement de l'entreprise dite bénéficiaire de la prestation (cass. crim. 26 mai 1988, précité: «Il apparaissait en réalité que S. avait mis à la disposition des firmes en cause de la main-d'œuvre placée sous l'autorité ainsi que sous la responsabilité des entreprises utilisatrices et intégrée au personnel de celle-ci»; cass. crim. 25 avril 1989, n° 87-81.212, B. crim. n° 170; Dr. Soc. 1990, p. 425; 23 juin 1987, n° 85-95.585, B. crim. n° 263; 3 mai 1994, n° 93-83.104, RJS 10/94 n° 1224; 3 novembre 1999, n° 98-85.665, B. crim. n° 242; 5 février 2013, n° 11-87.206). Sur la condamnation solidaire pour prêt de main-d'œuvre illicite, recours par personne morale aux services d'une personne exerçant un travail dissimulé et marchandage d'une société qui a procédé au recrutement et à l'embauche de délégués pharmaceutiques mis à disposition et de l'entreprise utilisatrice qui s'est comportée comme le véritable employeur, voir cass. crim. 29 septembre 2009, n° 08-82.691, RJS 1/10 n° 80.

Les juges attachent également une grande importance à la nature de la prestation fournie. Le contrat est un contrat de prestation de services et non pas un contrat de fourniture de main-d'œuvre lorsque l'un des cocontractants s'engage à exécuter au profit de l'autre une tâche spéciale, nettement définie (cass. soc. 19 juin 2002, n° 00-41.156, RJS 10/02 n° 1189). L'accomplissement de cette tâche constitue, pour le débiteur, une véritable obligation de résultat (cass. crim. 7 février 1984, n° 82-94.131, B. crim. n° 46; 19 mars 1985, n° 84-90.417, B. crim. n° 117). Les juges recherchent si l'entreprise prestataire de services a une activité spécifique, nettement différenciée de l'activité de l'entreprise cliente (cass. crim. 19 mars 1985, n° 84-90.417, précité). Si tel n'est pas le cas, les juges sont portés à déclarer qu'il s'agit d'une fourniture de main-d'œuvre prohibée (cass. crim. 25 avril 1989, n° 87-81.212, précité).

Les juges ont également tendance à retenir la qualification de prêt de main-d'œuvre et à écarter celle de contrat de prestation de services, lorsque la rémunération prévue dans le contrat est fonction des heures de travail effectuées par les salariés mis à disposition de l'entreprise cliente (cass. crim. 26 mai 1988, n° 86-91.989, B. crim. n° 228; 25 avril 1989, n° 88-84.222, B. crim. n° 169; 25 juin 1985, n° 84-91.628, B. crim. n° 250).

Une cour d'appel, qui a relevé que les salariés concernés effectuaient pour le compte de l'entreprise utilisatrice une tâche spécifique et restaient sous l'autorité de leur employeur et que le prix des prestations fournies en exécution du contrat de sous-traitance était calculé de façon forfaitaire, a pu décider que l'entreprise utilisatrice n'était pas coemployeur et que les contrats de sous-traitance ne dissimulaient pas un prêt de main-d'œuvre illicite (cass. soc. 6 février 2008, n° 06-45.385, RJS 4/08 n° 493).

• **Travail temporaire.** Dès lors que le salarié avait été employé pour les besoins de l'activité normale et permanente de l'entreprise, en sorte que le contrat de travail liant le salarié à l'entreprise utilisatrice relevait du droit commun et notamment des dispositions interdisant le prêt de main-d'œuvre poursuivant un but lucratif, il incombait à la cour d'appel de rechercher si la mise à disposition du salarié réalisait une opération de fourniture de main-d'œuvre constitutive du délit de marchandage en procurant à l'entreprise utilisatrice des facilités et des économies dans la gestion du personnel (cass. soc. 6 février 2013, n° 11-16.950, RJS 4/13 n° 335).

• **Effet de la fourniture de main-d'œuvre.** L'opération de prêt de main-d'œuvre n'est illicite qu'autant qu'«elle cause un préjudice au salarié qu'elle concerne ou qu'elle élude l'application des dispositions de la loi, de règlement ou de convention ou accord collectif de travail». Les opérations de fausse sous-traitance ont pour effet de priver les salariés des avantages de la convention collective applicable dans l'entreprise cliente et tombent, de ce fait, sous le coup de l'interdiction (cass. crim. 25 avril 1989, n° 87-81.212, précité). La fourniture de main-d'œuvre qui prive les salariés des avantages conventionnels, notamment de l'indemnisation des heures d'intempéries, constitue un délit de marchandage (cass. crim. 5 octobre 1999, n° 98-81.786).

La mise à disposition d'une filiale de salariés dans le but d'un accroissement de flexibilité dans la gestion du personnel et d'une économie de charges procurée à l'entreprise utilisatrice tombe sous le coup du marchandage lorsqu'un salarié est privé du paiement des heures supplémentaires par l'application de la convention collective de la société mère (cass. soc. 18 mai 2011, n° 09-69.175, BC V n° 117; RJS 8-9/11 n° 659; RDT, septembre 2011, CH, 503, note A. Fabre).

L'établissement public des Aéroports de Paris, qui est un service public à caractère industriel et commercial, est soumis aux dispositions du code du travail réprimant le marchandage. Doit être rejeté le pourvoi de cet établissement public reprochant à une cour d'appel de l'avoir déclaré coupable de complicité de marchandage. La cour d'appel qui avait relevé, d'une part, que le contrat passé entre une société de portage et Aéroports de Paris avait un caractère fictif et qu'en réalité les porteurs étaient placés sous l'autorité d'Aéroports de Paris pour l'accomplissement d'activités relevant des obligations lui incombant envers les voyageurs en application du code de l'aviation civile, d'autre part, que ces porteurs avaient été privés, du fait du caractère fictif dudit contrat, de leurs droits sociaux, a pu en déduire que les dispositions de l'article L. 125-1 [L. 8231-1] CT avaient été violées par l'établissement public (cass. soc. 29 avril 2003, n° 00-44.840, BC V n° 147; RJS 7/03 n° 957).

• **Marchés publics et contrats de concession.** Sur l'exclusion de la procédure de passation des marchés publics ou des contrats de concession des personnes sanctionnées pour méconnaissance de l'interdiction du marchandage édictée par l'article L. 8231-1 CT, voir note introductive du livre II «Lutte contre le travail dissimulé».

• Voir aussi P. Thiébart et M. Saunier, «Comment recourir à la sous-traitance en toute sécurité ?», JCP éd. S 2018, 1414.

CHAPITRE II Obligations et solidarité financière du donneur d'ordre

Art. L. 8232-1. Lorsqu'un chef d'entreprise conclut un contrat pour l'exécution d'un travail ou la fourniture de services avec un entrepreneur qui recrute lui-même la main-d'œuvre nécessaire et que celui-ci n'est pas propriétaire d'un fonds de commerce ou d'un fonds artisanal, le chef d'entreprise respecte, à l'égard des salariés de l'entrepreneur employés dans son établissement ou les dépendances de celui-ci et sous les mêmes sanctions que pour ses propres salariés, les prescriptions prévues:

1° À l'article L. 1225-29, relatives aux repos obligatoires prénatal et postnatal;

2° Aux articles L. 1225-30 à L. 1225-33, relatives aux dispositions particulières à l'allaitement;

3° Au livre Ier de la troisième partie, relatives à la durée du travail, aux repos et aux congés;

4° À la quatrième partie, relatives à la santé et à la sécurité au travail.

Note • **Contrat de sous-entreprise.** Le contrat visé par cet article est celui par lequel une personne (sous-entrepreneur) s'engage vis-à-vis d'une autre (entrepreneur principal) à exécuter une tâche (travail ou fourniture de services) en recrutant elle-même la main-d'œuvre nécessaire. Il se distingue nettement du contrat ayant pour objet la mise à la disposition provisoire d'un employeur (utilisateur) de travailleurs par une ETT (art. L. 1251-42).

• **«Faux» contrat de sous-traitance.** Voir notes sous art. L. 8221-6 et L. 8231-1.

Art. D. 8232-1. L'entrepreneur qui, en application de l'article L. 8232-1, a conclu un contrat avec un chef d'entreprise sans être propriétaire d'un fonds de commerce ou d'un fonds artisanal et qui fait exécuter des travaux dans les ateliers, magasins ou chantiers autres que ceux de l'entrepreneur principal qui lui a confié ces travaux, affiche dans chacun de ces ateliers, magasins ou chantiers, le nom et l'adresse de la personne de qui il tient les travaux.

Art. L. 8232-2. En cas de défaillance de l'entreprise, à laquelle il est recouru dans les conditions prévues à l'article L. 8232-1, le chef d'entreprise encourt, nonobstant toute stipulation contraire, les responsabilités suivantes:

1° Si les travaux sont exécutés ou les services fournis dans son établissement ou dans les dépendances de celui-ci, le chef d'entreprise est substitué au sous-traitant en ce qui concerne les salariés que celui-ci emploie pour le paiement des salaires et des congés payés ainsi que pour les obligations résultant de la législation sur les assurances sociales, sur les accidents du travail et les maladies professionnelles et sur les prestations familiales;

2° S'il s'agit de travaux exécutés dans des établissements autres que ceux du chef d'entreprise ou de travaux exécutés par des salariés travaillant à domicile, le chef d'entreprise est substitué au sous-traitant pour le paiement des salaires et congés payés ainsi que pour le versement de la cotisation des prestations familiales et de la double cotisation des assurances sociales.

Note **Responsabilité subsidiaire de l'entrepreneur principal.** Pour s'exonérer de sa responsabilité, l'entrepreneur principal doit établir que le sous-entrepreneur est inscrit au registre du commerce, ou au répertoire des métiers et qu'il est propriétaire d'un fonds de commerce (conditions cumulatives). Voir, à ce sujet, cass. soc. 22 mars 1982, n° 81-10.044, BC V n° 198, qui précise que l'article L. 125-2 [L. 8232-1 à 3] n'exige pas que la main-d'œuvre nécessaire pour l'exécution du contrat ait été recrutée «spécialement» pour ce contrat mais seulement qu'elle ait été recrutée par l'entrepreneur sous-traitant, et confirme que l'inscription au registre du commerce (ou au répertoire des métiers) est insuffisante à elle seule pour faire échec à la mise en jeu de la responsabilité de l'entrepreneur principal.

Art. L. 8232-3. Dans les cas prévus au présent chapitre, le salarié lésé, les organismes de sécurité sociale et d'allocations familiales et la caisse de congés payés peuvent engager, en cas de défaillance de l'entrepreneur, une action directe contre le chef d'entreprise pour lequel le travail a été réalisé.

CHAPITRE III Actions en justice

Art. L. 8233-1. Les organisations syndicales représentatives peuvent exercer en justice toutes les actions résultant de l'application des dispositions du présent titre en faveur d'un salarié sans avoir à justifier d'un mandat de l'intéressé.

Il suffit que celui-ci ait été averti, dans des conditions déterminées par voie réglementaire, et ne s'y soit pas opposé dans un délai de quinze jours à compter de la date à laquelle l'organisation syndicale lui a notifié son intention.

L'intéressé peut toujours intervenir à l'instance engagée par le syndicat et y mettre un terme à tout moment.

Art. D. 8233-1. ***(D. 2015-364 du 30 mars 2015, art. 15, I, JO 31, entrée en vigueur le 01.05.2015)*** Le salarié est informé de l'action en justice envisagée par l'organisation syndicale représentative en application de l'article L. 8233-1 par tout moyen conférant date certaine. Cette information précise la nature et l'objet de l'action envisagée par l'organisation syndicale et indique que:

1° Le salarié peut faire connaître à l'organisation syndicale son opposition à l'action envisagée dans un délai de quinze jours à compter de la date de réception de l'information;

2° L'organisation syndicale peut exercer elle-même les voies de recours;

3° Le salarié peut, à tout moment, intervenir dans l'instance engagée par l'organisation syndicale.

Note Sur l'entrée en vigueur du décret 2015-364 précité, voir CE 8 juillet 2016, n° 389745, RJS 11/16 n° 735.

Art. D. 8233-2. Passé le délai de quinze jours prévu au 4° de l'article D. 8233-1, l'acceptation du salarié est considérée comme tacitement acquise.

CHAPITRE IV Dispositions pénales

Art. L. 8234-1. Le fait de commettre le délit de marchandage, défini par l'article L. 8231-1, est puni d'un emprisonnement de deux ans et d'une amende de 30 000 €.

(L. 2014-1554 du 22 déc. 2014, art. 94, JO 24) «Les peines sont portées à cinq ans d'emprisonnement et à 75 000 € d'amende:

1° Lorsque l'infraction est commise à l'égard de plusieurs personnes;

2° Lorsque l'infraction est commise à l'égard d'une personne dont la vulnérabilité ou l'état de dépendance sont apparents ou connus de l'auteur.»

(L. 2014-790 du 10 juil. 2014, art. 13, JO 11) «Les peines sont portées à dix ans d'emprisonnement et à 100 000 € d'amende lorsque l'infraction est commise en bande organisée.»

(L. 2015-990 du 6 août 2015, art. 282, III, JO 7) «La juridiction peut ordonner, à titre de peine complémentaire, la peine de confiscation dans les conditions et selon les modalités prévues à l'article 131-21 du code pénal.»

La juridiction peut prononcer, en outre, l'interdiction de sous-traiter de la main-d'œuvre pour une durée de deux à dix ans.

Le fait de méconnaître cette interdiction, directement ou par personne interposée, est puni d'un emprisonnement de douze mois et d'une amende de 12 000 €.

(L. 2014-790 du 10 juil. 2014, art. 8, JO 11) «La juridiction peut également ordonner, à titre de peine complémentaire, l'affichage ou la diffusion de la décision prononcée, dans les conditions prévues à l'article 131-35 du code pénal. Lorsqu'une amende est prononcée, la juridiction peut ordonner que cette diffusion soit opérée, pour une durée maximale de deux ans, par les services du ministre chargé du travail sur un site internet dédié, dans des conditions prévues par décret en Conseil d'État pris après avis de la Commission nationale de l'informatique et des libertés.»

Note • **Peines complémentaires.** Les personnes physiques peuvent, depuis la loi 2015-990 précitée, encourir la peine complémentaire de confiscation prévue par l'article 131-21 c. pén.

Sur le caractère alternatif des peines complémentaires d'affichage et de diffusion de la décision de condamnation, voir note sous art. L. 8224-3.

Sur les modalités de diffusion, par le ministère du Travail, de la «liste noire» des personnes condamnées pour travail dissimulé, marchandage, prêt illicite de main-d'œuvre ou emploi de ressortissants étrangers sans titre de travail, voir le chapitre unique (réglementaire) du titre Ier du livre II («Dispositions relatives à la publication des décisions pénales»; art. R. 8211-1 à 8) et sa note introductive.

• **Réductions et exonérations de cotisations.** Voir art. L. 242-1-1 c. séc. soc.

• **Redressement de cotisations.** Voir note sous art. L. 8224-2 CT.

Art. L. 8234-2. Les personnes morales reconnues pénalement responsables, dans les conditions prévues par l'article 121-2 du code pénal, du délit de marchandage défini à l'article L. 8231-1 encourent les peines suivantes:

1° L'amende dans les conditions prévues à l'article 131-38 du code pénal;

2° Les peines mentionnées aux 1° à 5°, 8°, ***(L. 2014-790 du 10 juil. 2014, art. 12, JO 11)*** «9° et 12°» de l'article 131-39 du même code.

L'interdiction mentionnée au 2° de l'article 131-39 porte sur l'activité dans l'exercice ou à l'occasion de l'exercice de laquelle l'infraction a été commise.

(L. 2014-790 du 10 juil. 2014, art. 8, JO 11) «Lorsqu'une amende est prononcée, la juridiction peut ordonner que la diffusion prévue au 9° du même article 131-39 soit opérée, pour une durée maximale de deux ans, par les services du ministre chargé du travail sur un site internet dédié, dans des conditions prévues par décret en Conseil d'État pris après avis de la Commission nationale de l'informatique et des libertés.»

Note • Sur l'application au délit de marchandage de l'article 121-2 c. pén. dès lors que l'infraction n'a pu être commise, pour le compte de la personne morale, que par ses organes ou représentants, voir cass. crim. 1er septembre 2009, n° 08-88.309, RJS 1/10 n° 106.

Art. L. 8234-3

• Sur le caractère alternatif des peines complémentaires d'affichage et de diffusion de la décision de condamnation (art. 131-39, 9° c. pén.), voir note sous art. L. 8224-3.

• Sur les modalités de diffusion, par le ministère du Travail, de la «liste noire» des personnes condamnées pour travail dissimulé, marchandage, prêt illicite de main-d'œuvre ou emploi de ressortissants étrangers sans titre de travail, voir le chapitre unique (réglementaire) du titre Ier du livre II («Dispositions relatives à la publication des décisions pénales»; art. R. 8211-1 à 8) et sa note introductive.

Art. L. 8234-3. ***(L. 2011-672 du 16 juin 2011, art. 88, JO 17)*** Le prononcé de la peine complémentaire de fermeture provisoire d'établissement mentionnée au 4° de l'article 131-39 du code pénal n'entraîne ni rupture, ni suspension du contrat de travail, ni aucun préjudice pécuniaire à l'encontre des salariés de l'établissement concerné.

Art. R. 8234-1. Le fait, pour un entrepreneur ayant conclu un contrat dans les conditions prévues à l'article D. 8232-1, de ne pas afficher dans chacun des ateliers, magasins ou chantiers, le nom et l'adresse de la personne de qui il tient les travaux, est puni de l'amende prévue pour les contraventions de la quatrième classe.

TITRE IV PRÊT ILLICITE DE MAIN-D'ŒUVRE

CHAPITRE Ier Interdiction

Art. L. 8241-1. Toute opération à but lucratif ayant pour objet exclusif le prêt de main-d'œuvre est interdite.

Toutefois, ces dispositions ne s'appliquent pas aux opérations réalisées dans le cadre:

1° Des dispositions du présent code relatives au travail temporaire, aux entreprises de travail à temps partagé et à l'exploitation d'une agence de mannequins lorsque celle-ci est exercée par une personne titulaire de la licence d'agence de mannequin;

2° Des dispositions de l'article L. 222-3 du code du sport relatives aux associations ou sociétés sportives;

(L. 2008-789 du 20 août 2008, art. 10, JO 21) «3° Des dispositions des articles L. 2135-7 et L. 2135-8 du présent code relatives à la mise à disposition des salariés auprès des organisations syndicales ou des associations d'employeurs mentionnées à l'article L. 2231-1.»

(L. 2011-893 du 28 juil. 2011, art. 40, JO 29) «Une opération de prêt de main-d'œuvre ne poursuit pas de but lucratif lorsque l'entreprise prêteuse ne facture à l'entreprise utilisatrice, pendant la mise à disposition, que les salaires versés au salarié, les charges sociales afférentes et les frais professionnels remboursés à l'intéressé au titre de la mise à disposition.»

Note • **Covid-19.** Sur l'adaptation, à titre dérogatoire et temporaire, de la notion de prêt de main-d'œuvre à but non lucratif pour certaines entreprises utilisatrices, voir loi 2020-734 du 17 juin 2020, art. 52, JO 18, modifié et décret 2020-1317 du 30 octobre 2020, JO 31; voir aussi RDT, septembre 2020, CH, 536, A. Fabre et D. Baugard.

• **Prêt de main-d'œuvre exclusif à but lucratif.** S'il n'est pas effectué dans le cadre des dispositions légales régissant le travail temporaire, le prêt de main-d'œuvre à but lucratif est interdit. L'interdiction concerne aussi bien l'employeur d'origine que l'entreprise utilisatrice (cass. crim. 20 mars 2007, n° 05-85.253, B. crim. n° 86; RJS 7/07 n° 898; cass. soc. 18 mai 2011, n° 09-69.175, BC V n° 117; RJS 8-9/11 n° 659; RDT, septembre 2011, CH, 503, A. Fabre). Sur la requalification d'un contrat de sous-traitance caractérisé par la seule fourniture de main-d'œuvre, voir cass. crim. 15 septembre 2009, n° 09-80.414, RJS 1/10 n° 98; 29 septembre 2009, n° 08-82.691, RJS 1/10 n° 80 (activité de recrutement et non prestation de services) et cass. crim. 5 février 2013, n° 11-87.206; sur la requalification d'un «contrat de collaboration» portant exclusivement sur la mise à disposition de personnes n'ayant aucun savoir-faire spécifique par rapport aux salariés de l'entreprise d'accueil, voir cass. crim. 8 juin 2010, n° 07-87.289, B. crim. n° 105; RJS 11/10 n° 891; Dr. Soc. 2010, p. 1109, obs. Fr. Duquesne. L'objet du prêt de main-d'œuvre doit avoir un caractère exclusif. Tel n'est pas le cas d'un contrat de sous-traitance conforme aux usages de la profession, avec mise à disposition de matériel adéquat et en l'absence de subordination des salariés à l'entreprise utilisatrice (cass. crim. 2 février 2010, n° 09-84.113, RJS 7/10 n° 629). Voir aussi note sous art. L. 8231-1.

Le caractère lucratif est avéré lorsque le paiement des charges sociales est éludé (cass. crim. 19 mars 2013, n° 11-86.552, B. crim. n° 67; RJS 7/13 n° 570). Voir à cet égard CJUE 4 octobre 2012, aff. C-115/11, JOUE C 366/11 du 24.11.2012; RJS 1/13 n° 87 et p. 21, chron., J-Ph. Lhernould: «Conflit de lois et cotisations sociales: un arrêt anti-dumping ?».

Le prêt de main-d'œuvre n'est pas prohibé lorsqu'il n'est que la conséquence nécessaire de la transmission d'un savoir-faire ou de la mise en œuvre d'une technicité qui relève de la spécificité propre de l'entreprise prêteuse (cass. soc. 9 juin 1993, n° 91-40.222, BC V n° 164; RJS 7/93 n° 815: mise à disposition d'un salarié qui doit superviser la pose d'un électro-filtre sur un chantier). La mise à la disposition d'une autre entreprise d'un personnel spécialisé ne constitue l'apport d'un savoir-faire spécifique que si ce dernier est distinct de celui des salariés de l'entreprise utilisatrice (cass. crim. 3 mai 1994, n° 93-83.104, RJS 10/94 n° 1224; cass. soc. 8 avril 2009, n° 07-45.200).

Est fondé l'arrêt de cour d'appel qui condamne un chef d'entreprise, prévenu d'infraction aux dispositions de l'article L. 125-3 [L. 8241-1] CT, après avoir constaté que l'intéressé, contrôlant en fait deux sociétés et agissant sous le couvert d'un contrat de sous-traitance simulé, avait simultanément joué le rôle d'un prêteur et d'un utilisateur de main-d'œuvre, et que le prêt de main-d'œuvre avait donné lieu à rétribution (cass. crim. 15 février 1983, n° 82-92.003, B. crim. n° 57).

Le but lucratif peut résulter d'un accroissement de flexibilité dans la gestion du personnel et de l'économie de charges procurée à l'entreprise utilisatrice (cass. soc. 18 mai 2011, n° 09-69.175 et 5 février 2013, n° 11-87.206, précités).

Les articles réprimant le prêt illicite de main-d'œuvre s'appliquent à une société de sécurité à qui un centre culturel, établissement public administratif employant des agents publics non soumis aux dispositions du livre Ier du code du travail, a confié l'exécution de missions de surveillance. En cas de poursuite de cette société et de son président pour prêt illicite de main-d'œuvre, les juges doivent rechercher si les éléments constitutifs du délit sont réunis à leur encontre (cass. crim. 30 septembre 2003, n° 02-85.022, BC V n° 175; RJS 2/04 n° 273).

Devant une opération rémunérée dans le cadre de deux contrats de prestation de services et de sous-traitance, il y a lieu de rechercher quelle société avait le pouvoir de contrôle et de direction du salarié (cass. soc. 23 janvier 2008, n° 06-40.958, RJS 5/08 n° 613).

• **Détachement temporaire.** La notion de prestation de services autorisant le détachement temporaire de salariés d'une entreprise non établie en France est subordonnée à l'existence d'une relation de travail entre l'entreprise d'envoi et le travailleur pendant la période de détachement (cass. crim. 3 mars 2009, n° 07-81.043, B. crim. n° 50; RJS 6/09 n° 584; voir également cass. crim. 8 juin 2010, n° 07-87.289, précité).

• **Entreprise de travail temporaire.** Une entreprise de travail temporaire peut être condamnée pour délit de prêt de main-d'œuvre à des fins lucratives lorsqu'elle intervient hors du cadre légal du travail temporaire (cass. crim. 13 novembre 2012, n° 10-80.862, B. crim. n° 245; RJS 4/13 n° 335; Dr. Soc. 2013, p. 151, comm. R. Salomon). Est à juste titre condamnée pour délit de marchandage, pour avoir participé à une opération à but lucratif de fourniture de main-d'œuvre ayant pour effet, sinon pour but, de soustraire à l'application de la loi une société «A» mise en liquidation judiciaire et ayant procédé au licenciement pour motif économique de 26 salariés, une entreprise de travail temporaire qui a mis des travailleurs temporaires à la disposition de cette société, par l'intermédiaire d'une entreprise «B», utilisateur officiel jouant le rôle de prête-nom, qui envisageait la reprise de l'entreprise «A» (cass. crim. 15 mars 1988, n° 86-94.199). Voir aussi cass. crim. 25 avril 1989, n° 87-81.212 et cass. soc. 6 février 2013, n° 11-16.950, cités sous art. L. 8231-1.

• **Faute inexcusable.** Dans tous les cas de prêt de main-d'œuvre, qu'ils soient licites ou illicites, l'employeur demeure tenu des obligations résultant de la faute inexcusable (cass. soc. 6 juillet 2000, n° 98-20.054, RJS 9-10/00 n° 1004).

• **Indemnité forfaitaire.** En l'absence d'éléments caractérisant un travail dissimulé, le prêt illicite de main-d'œuvre n'ouvre pas droit à l'indemnité forfaitaire de l'article L. 8223-1 CT (cass. soc. 14 avril 2010, n° 08-43.445, RJS 6/10 n° 571).

• **Marchés publics et contrats de concession.** Sur l'exclusion de la procédure de passation des marchés publics ou des contrats de concession des personnes sanctionnées pour prêt illicite de main-d'œuvre, voir note introductive du livre II «Lutte contre le travail dissimulé».

• Voir RF juillet 2019, cahier juridique n° 1106, @ §§ 320 à 357, «Le prêt de main-d'œuvre»; «L'illégalité sous-traitée ? Les conséquences du recours à des employeurs intermédiaires dans le secteur du bâtiment», N. Jounin, Dr. Soc. 2007, p. 38; «Qu'est-ce qu'une mise à disposition de personnel ?», J-Y Kerbourc'h, Dr. Soc. 2009, p. 530; «Le recours à la main-d'œuvre extérieure», B. Boubli, Dr. Soc. 2009, p. 806; «Faut-il libéraliser le prêt de main-d'œuvre ?», M. Del Sol, E. Dockès, RDT 2009, 625; F. Pelletier: «Le prêt de main-d'œuvre exclusif», JCP éd S 2011, 1397; Fr. Favennec-Héry: «Prêt de main-d'œuvre à but non lucratif: un texte décevant», Dr. Soc. 2011, p. 1200; G. Auzero: «Le but lucratif dans les opérations de prêt de main-d'œuvre», Dr. Soc. 2012, p. 115; S. Tournaux: «Mise à disposition par un groupement d'employeurs: un prêt de main-d'œuvre comme les autres ?», Dr. Soc. 2012, p. 890; «Mise à disposition et prêt de main-d'œuvre», LSQ n° 16281 du 8.02.2013.

Voir aussi P. Thiébart et M. Saunier, «Comment recourir à la sous-traitance en toute sécurité ?», JCP éd. S 2018, 1414.

Art. L. 8241-2. Les opérations de prêt de main-d'œuvre à but non lucratif sont autorisées.

Dans ce cas, les articles L. 1251-21 à L. 1251-24, ***(Ord. 2017-1718 du 20 déc. 2017, art. 1er, I, 148°, JO 21)*** «les 2° et 3° de l'article L. 2312-6, le 9° du II de l'article L. 2312-26 et l'article L. 5221-4» du présent code ainsi que les articles L. 412-3 à L. 412-7 du code de la sécurité sociale sont applicables.

(L. 2011-893 du 28 juil. 2011, art. 40, JO 29) «Le prêt de main-d'œuvre à but non lucratif conclu entre entreprises requiert:

1° L'accord du salarié concerné;

2° Une convention de mise à disposition entre l'entreprise prêteuse et l'entreprise utilisatrice qui en définit la durée et mentionne l'identité et la qualification du salarié concerné, ainsi que le mode de détermination des salaires, des charges sociales et des frais professionnels qui seront facturés à l'entreprise utilisatrice par l'entreprise prêteuse;

3° Un avenant au contrat de travail, signé par le salarié, précisant le travail confié dans l'entreprise utilisatrice, les horaires et le lieu d'exécution du travail, ainsi que les caractéristiques particulières du poste de travail.

À l'issue de sa mise à disposition, le salarié retrouve son poste de travail ***(L. 2012-387 du 22 mars 2012, art. 56, JO 23)*** «ou un poste équivalent» dans l'entreprise prêteuse sans que l'évolution de sa carrière ou de sa rémunération ne soit affectée par la période de prêt.

Les salariés mis à disposition ont accès aux installations et moyens de transport collectifs dont bénéficient les salariés de l'entreprise utilisatrice.

Un salarié ne peut être sanctionné, licencié ou faire l'objet d'une mesure discriminatoire pour avoir refusé une proposition de mise à disposition.

La mise à disposition ne peut affecter la protection dont jouit un salarié en vertu d'un mandat représentatif.

Pendant la période de prêt de main-d'œuvre, le contrat de travail qui lie le salarié à l'entreprise prêteuse n'est ni rompu ni suspendu. Le salarié continue d'appartenir au personnel de l'entreprise prêteuse; il conserve le bénéfice de l'ensemble des dispositions conventionnelles dont il aurait bénéficié s'il avait exécuté son travail dans l'entreprise prêteuse.

Le ***(Ord. 2017-1386 du 22 sept. 2017, art. 4, 52°, JO 23, entrée en vigueur au plus tard le 01.01.2018)*** «comité social et économique est consulté préalablement à la mise en œuvre d'un prêt de main-d'œuvre et informé» des différentes conventions signées.

Le ***(Ord. 2017-1386 du 22 sept. 2017, art. 4, 52°, JO 23, entrée en vigueur au plus tard le 01.01.2018)*** «comité» de l'entreprise prêteuse est informé lorsque le poste occupé dans l'entreprise utilisatrice par le salarié mis à disposition figure sur la liste de ceux présentant des risques particuliers pour la santé ou la sécurité des salariés mentionnée au second alinéa de l'article L. 4154-2.

Le ***(Ord. 2017-1386 du 22 sept. 2017, art. 4, 52°, JO 23, entrée en vigueur au plus tard le 01.01.2018)*** «comité social et économique de l'entreprise utilisatrice est informé et consulté» préalablement à l'accueil de salariés mis à la disposition de celle-ci dans le cadre de prêts de main-d'œuvre.

L'entreprise prêteuse et le salarié peuvent convenir que le prêt de main-d'œuvre est soumis à une période probatoire au cours de laquelle il peut y être mis fin à la demande de l'une des parties. Cette période probatoire est obligatoire lorsque le prêt de main-d'œuvre entraîne la modification d'un élément essentiel du contrat de travail. La cessation du prêt de main-d'œuvre à l'initiative de l'une des parties avant la fin de la période probatoire ne peut, sauf faute grave du salarié, constituer un motif de sanction ou de licenciement.»

Note • **Situation de mise à disposition non interdite.** Sur la mise à disposition par la Croix-Rouge de son personnel auprès d'un syndicat interhospitalier ne tendant pas à l'obtention d'un gain, mais poursuivant un but d'économie des dépenses publiques de santé et ne tombant donc pas sous le coup des interdictions des articles L. 125-1 [L. 8231-1] et 3 [L. 8241-1 et 2] CT, voir cass. soc. 1er avril 2003, n° 02-14.680, BC V n° 128; Dr. Soc. 2003, p. 663, obs. J. Savatier.

• Voir note sous art. L. 8241-1.

• **Covid-19.** Sur l'adaptation temporaire des modalités de mise en œuvre des opérations de prêt de main-d'œuvre à but non lucratif, voir loi 2020-734 du 17 juin 2020, art. 52, JO 18, modifié et décret 2020-1317 du 30 octobre 2020, JO 31; voir aussi RDT, septembre 2020, CH, 536, A. Fabre et D. Baugard; voir FH 3849, §§ 1-32 à 1-34; FH 3871, § 6-6.

• **Expérimentation «contrat passerelle».** Pour une durée de 3 ans à compter de la publication de la loi (soit jusqu'au 15 décembre 2023), la loi 2020-1577 du 14 décembre 2020 (JO 15) a mis en place expérimentation visant à faciliter le recrutement par les entreprises de droit commun de personnes en fin de parcours d'insertion (loi art. 5). Elle permet à un ou plusieurs salariés engagés dans un parcours d'insertion par l'activité économique depuis au moins 4 mois dans une entreprise d'insertion ou un atelier et chantier d'insertion d'être mis à disposition d'une entreprise utilisatrice de droit commun, pour une durée de 3 mois renouvelable une fois, dans les conditions prévues pour les opérations de prêt de main-d'œuvre à but non lucratif (L. 8241-2 CT). À l'issue de la mise à disposition, le salarié réintégrera la structure d'insertion. Mais si à l'issue de la période de mise à disposition, l'entreprise utilisatrice embauche le salarié dans un emploi en correspondance avec les activités qui lui avaient été confiées, il est dispensé de toute période d'essai. Les modalités de cette expérimentation seront précisées par décret.

Art. L. 8241-3. ***(Ord. 2017-1387 du 22 sept. 2017, art. 33, JO 23, entrée en vigueur au plus tard le 01.01.2018)*** I. – ***(L. 2018-217 du 29 mars 2018, art. 11, I, 24°, JO 31)*** «Par dérogation au dernier alinéa» de l'article L. 8241-1 et dans les conditions prévues par le présent article, une entreprise peut mettre à disposition de manière temporaire ses salariés auprès ***(Ord. 2017-1718 du 20 déc. 2017, art. 1er, I, 149°, JO 21)*** «d'une jeune ou d'une petite ou moyenne entreprise», afin de lui permettre d'améliorer la qualification de sa main-d'œuvre, de favoriser les transitions professionnelles ou de constituer un partenariat d'affaires ou d'intérêt commun. Le dispositif est applicable:

1° Pour les entreprises utilisatrices, ***(L. 2018-217 du 29 mars 2018, art. 11, I, 24°, JO 31)*** «aux personnes morales dont la liste est fixée aux *a* à *g* du 1 de l'article 238 *bis* du code général des impôts,» aux jeunes entreprises qui ont moins de huit ans d'existence au moment de la mise à disposition et aux petites ou moyennes entreprises ***(L. 2019-486 du 22 mai 2019, art. 11, VI, 23°, JO 23, entrée en vigueur le 01.01.2020)*** «de moins de» deux cent cinquante salariés;

2° Pour les entreprises prêteuses, ***(Ord. 2017-1718 du 20 déc. 2017, art. 1er, I, 149°, JO 21)*** «aux entreprises ou aux entreprises appartenant à un groupe d'au moins 5 000 salariés».

(L. 2019-486 du 22 mai 2019, art. 11, VI, 23°, JO 23, entrée en vigueur le 01.01.2020) «L'effectif salarié et le franchissement du seuil de deux cent cinquante salariés sont déterminés selon les modalités prévues à l'article L. 130-1 du code de la sécurité sociale.»

La mise à disposition d'un salarié dans les conditions prévues au présent article ne peut être effectuée au sein d'un même groupe, au sens des dispositions de l'article L. 233-1, des I et II de l'article L. 233-3 et de l'article L. 233-16 du code de commerce.

Elle ne peut excéder une durée de deux ans.

II. – Les opérations de prêt de main-d'œuvre réalisées ***(Ord. 2017-1718 du 20 déc. 2017, art. 1er, I, 149°, JO 21)*** «sur le fondement» du présent article n'ont pas de but lucratif au sens de l'article L. 8241-1 ***(L. 2018-217 du 29 mars 2018, art. 11, I, 24°, JO 31)*** «pour les entreprises utilisatrices», même lorsque le montant facturé par l'entreprise prêteuse à l'entreprise utilisatrice est inférieur aux salaires versés au salarié, aux charges sociales afférentes et aux frais professionnels remboursés à l'intéressé au titre de sa mise à disposition temporaire ***(L. 2018-217 du 29 mars 2018, art. 11, I, 24°, JO 31)*** «ou est égal à zéro».

(Ord. 2017-1718 du 20 déc. 2017, art. 1er, I, 149°, JO 21) «Ces opérations ne sont pas soumises aux dispositions de l'article L. 8241-2.»

III. – Un décret en Conseil d'État détermine les conditions d'application du présent article.

Note **Prêt de main-d'œuvre en faveur des jeunes entreprises et des PME.** Voir RF 19 octobre 2017, FH 3712, § 4-51; RF 11 janvier 2018, FH 3724, § 6-31. Voir aussi LS Dossier pratique n° 54 du 20.03.2019, «Le prêt de main-d'œuvre aux jeunes entreprises et aux PME - Dérogation à l'interdiction du prêt de main-d'œuvre à but lucratif»; F. Carrière, «Le prêt de main-d'œuvre entre entreprises: les obligations en matière de refacturation», JCP éd. S 2019, 1189.

La 2e loi de finances rectificative pour 2017 a adapté la législation fiscale à ce type de prêt de main-d'œuvre (loi 2017-1775 du 28 décembre 2017, JO 29, modifiée ; CGI art. 39, 1, 4° modifié) (voir FH 3724 précité, § 1-1).

Art. R. 8241-1. *(D. 2017-1879 du 29 déc. 2017, JO 31, entrée en vigueur le 01.01.2018)* I. – La durée d'existence maximale des jeunes entreprises mentionnées au 1° de l'article L. 8241-3 s'apprécie à compter de la date d'immatriculation à un registre professionnel ou, le cas échéant, de déclaration par l'entreprise de son activité.

II. – Le décompte des effectifs des entreprises mentionnées au *(D. 2019-1586 du 31 déc. 2019, JO 1er janv. 2020, entrée en vigueur le 01.01.2020)* « 2° du » I de l'article L. 8241-3 s'effectue en référence à l'effectif occupé au dernier jour de l'année précédente et conformément aux dispositions de l'article L. 1111-2.

Art. R. 8241-2. *(D. 2017-1879 du 29 déc. 2017, JO 31, entrée en vigueur le 01.01.2018)* I. – Une convention de mise à disposition est conclue entre l'entreprise prêteuse et l'entreprise utilisatrice. Cette convention mentionne l'identité et la qualification du salarié concerné et le mode de détermination des salaires, des charges sociales et des frais professionnels qui seront facturés le cas échéant à l'entreprise utilisatrice par l'entreprise prêteuse. Elle précise la durée et la finalité poursuivie par l'opération de prêt au regard du premier alinéa de l'article L. 8241-3 du présent code et les missions confiées au salarié concerné.

L'employeur met à disposition du comité social et économique les informations relatives au nombre de conventions de mise à disposition conclues et aux types de postes occupés dans l'entreprise utilisatrice par les salariés mis à disposition, dans le cadre de la base de données économiques et sociales mentionnée à l'article L. 2312-18.

Les articles L. 1251-21 à L. 1251-24, les 2° et 3° de l'article L. 2312-6 et l'article L. 5221-4 du présent code ainsi que les articles L. 412-3 à L. 412-7 du code de la sécurité sociale sont applicables aux opérations mentionnées à l'article L. 8241-3.

II. – La mise à disposition ne peut être mise en œuvre qu'avec l'accord exprès et écrit du salarié concerné.

À l'issue de sa mise à disposition, le salarié retrouve son poste de travail ou un poste équivalent dans l'entreprise prêteuse sans que l'évolution de sa carrière ou de sa rémunération ne soit affectée par la période de prêt.

Un salarié ne peut être sanctionné, licencié ou faire l'objet d'une mesure discriminatoire pour avoir refusé une proposition de mise à disposition.

La mise à disposition ne peut affecter la protection dont jouit un salarié en vertu d'un mandat représentatif.

Pendant la période de prêt de main-d'œuvre, le contrat de travail qui lie le salarié à l'entreprise prêteuse n'est ni rompu ni suspendu. Le salarié continue d'appartenir au personnel de l'entreprise prêteuse. Il conserve le bénéfice de l'ensemble des dispositions conventionnelles dont il aurait bénéficié s'il avait exécuté son travail dans l'entreprise prêteuse.

Note Voir RF 11 janvier 2018, FH 3724, §§ 6-33 et 6-34.

CHAPITRE II Actions en justice

Art. L. 8242-1. Les organisations syndicales représentatives peuvent exercer en justice toutes les actions résultant des dispositions du présent titre en faveur d'un salarié sans avoir à justifier d'un mandat de l'intéressé.

Il suffit que celui-ci ait été averti, dans des conditions déterminées par voie réglementaire, et ne s'y soit pas opposé dans un délai de quinze jours à compter de la date à laquelle l'organisation syndicale lui a notifié son intention.

L'intéressé peut toujours intervenir à l'instance engagée par le syndicat et y mettre un terme à tout moment.

Art. R. 8242-1. *(D. 2015-364 du 30 mars 2015, art. 15, II, JO 31, entrée en vigueur le 01.05.2015)* Le salarié est informé de l'action en justice envisagée par l'organisation syndicale représentative en application de l'article L. 8242-1 *(D. 2015-1327 du 21 oct. 2015, JO 23)* « par tout moyen conférant date certaine. Cette information » précise la nature et l'objet de l'action envisagée par l'organisation syndicale et indique que :

1° Le salarié peut faire connaître à l'organisation syndicale son opposition à l'action envisagée dans un délai de quinze jours à compter de la date de réception de la lettre ;

2° L'organisation syndicale peut exercer elle-même les voies de recours ;

3° Le salarié peut, à tout moment, intervenir dans l'instance engagée par l'organisation syndicale.

Note Sur l'entrée en vigueur du décret 2015-364 précité, voir CE 8 juillet 2016, n° 389745, RJS 11/16 n° 735.

Art. R. 8242-2. Passé le délai de quinze jours prévu au 4° de l'article R. 8242-1, l'acceptation du salarié est considérée comme tacitement acquise.

CHAPITRE III Dispositions pénales

Art. L. 8243-1. Le fait de procéder à une opération de prêt illicite de main-d'œuvre en méconnaissance des dispositions de l'article L. 8241-1, est puni d'un emprisonnement de deux ans et d'une amende de 30 000 €.

(L. 2014-1554 du 22 déc. 2014, art. 94, JO 24) «Les peines sont portées à cinq ans d'emprisonnement et à 75 000 € d'amende:

1° Lorsque l'infraction est commise à l'égard de plusieurs personnes;

2° Lorsque l'infraction est commise à l'égard d'une personne dont la vulnérabilité ou l'état de dépendance sont apparents ou connus de l'auteur.»

(L. 2014-790 du 10 juil. 2014, art. 13, JO 11) «Les peines sont portées à dix ans d'emprisonnement et à 100 000 € d'amende lorsque l'infraction est commise en bande organisée.»

(L. 2015-990 du 6 août 2015, art. 282, III, JO 7) «La juridiction peut ordonner, à titre de peine complémentaire, la peine de confiscation dans les conditions et selon les modalités prévues à l'article 131-21 du code pénal.»

La juridiction peut prononcer, en outre, l'interdiction de sous-traiter de la main-d'œuvre pour une durée de deux à dix ans.

Le fait de méconnaître cette interdiction, directement ou par personne interposée, est puni d'un emprisonnement de douze mois et d'une amende de 12 000 €.

(L. 2014-790 du 10 juil. 2014, art. 8, JO 11) «Dans tous les cas, la juridiction peut ordonner l'affichage ou la diffusion de la décision prononcée, dans les conditions prévues à l'article 131-35 du code pénal. Lorsqu'une amende est prononcée, la juridiction peut ordonner que cette diffusion soit opérée, pour une durée maximale de deux ans, par les services du ministre chargé du travail sur un site internet dédié, dans des conditions prévues par décret en Conseil d'État pris après avis de la Commission nationale de l'informatique et des libertés.»

Note • **Peines complémentaires.** Les personnes physiques peuvent, depuis la loi 2015-990 précitée, encourir la peine complémentaire de confiscation prévue par l'article 131-21 c. pén.

Sur le caractère alternatif des peines complémentaires d'affichage et de diffusion de la décision de condamnation, voir note sous art. L. 8224-3.

Sur les modalités de diffusion, par le ministère du Travail, de la «liste noire» des personnes condamnées pour travail dissimulé, marchandage, prêt illicite de main-d'œuvre ou emploi de ressortissants étrangers sans titre de travail, voir le chapitre unique (réglementaire) du titre Ier du livre II («Dispositions relatives à la publication des décisions pénales»; art. R. 8211-1 à 8) et sa note introductive.

• **Réductions et exonérations de cotisations.** Voir art. L. 242-1-1 c. séc. soc.

• **Redressement de cotisations.** Voir note sous art. L. 8224-2 CT.

• **Indemnisation du préjudice.** Le seul préjudice qui peut être indemnisé est celui qui résulte directement des infractions de marchandage, de prêt illicite de main-d'œuvre et de travail dissimulé durant la période visée à la prévention, et non le préjudice de carrière invoqué suite au licenciement pour motif économique du salarié après la fin du partenariat entre les entreprises, ou le préjudice moral pour perte brutale d'emploi (cass. crim. 14 janvier 2014, n° 12-88.053).

Art. L. 8243-2. Les personnes morales reconnues pénalement responsables, dans les conditions prévues par l'article 121-2 du code pénal, du délit de prêt illicite de main-d'œuvre prévu par l'article L. 8241-1 encourent les peines suivantes:

1° L'amende dans les conditions prévues à l'article 131-38 du code pénal;

2° Les peines mentionnées aux 1° à 5°, 8°, ***(L. 2014-790 du 10 juil. 2014, art. 12, JO 11)*** «9° et 12°» de l'article 131-39 du même code.

L'interdiction mentionnée au 2° de l'article 131-39 porte sur l'activité dans l'exercice ou à l'occasion de l'exercice de laquelle l'infraction a été commise.

Art. L. 8243-3

(L. 2014-790 du 10 juil. 2014, art. 8, JO 11) «Lorsqu'une amende est prononcée, la juridiction peut ordonner que la diffusion prévue au 9° du même article 131-39 soit opérée, pour une durée maximale de deux ans, par les services du ministre chargé du travail sur un site internet dédié, dans des conditions prévues par décret en Conseil d'État pris après avis de la Commission nationale de l'informatique et des libertés.»

Note • Sur le caractère alternatif des peines complémentaires d'affichage et de diffusion de la décision de condamnation (art. 131-39, 9° c. pén.), voir note sous art. L. 8224-3.

• Sur les modalités de diffusion, par le ministère du Travail, de la «liste noire» des personnes condamnées pour travail dissimulé, marchandage, prêt illicite de main-d'œuvre ou emploi de ressortissants étrangers sans titre de travail, voir le chapitre unique (réglementaire) du titre Ier du livre II («Dispositions relatives à la publication des décisions pénales»; art. R. 8211-1 à 8) et sa note introductive.

Art. L. 8243-3. *(L. 2011-672 du 16 juin 2011, art. 88, JO 17)* Le prononcé de la peine complémentaire de fermeture provisoire d'établissement mentionnée au 4° de l'article 131-39 du code pénal n'entraîne ni rupture, ni suspension du contrat de travail, ni aucun préjudice pécuniaire à l'encontre des salariés de l'établissement concerné.

TITRE V EMPLOI D'ÉTRANGERS NON AUTORISÉS À TRAVAILLER

CHAPITRE Ier Interdictions

Art. L. 8251-1. Nul ne peut, directement ou *(L. 2011-672 du 16 juin 2011, art. 74, JO 17)* «indirectement», embaucher, conserver à son service ou employer pour quelque durée que ce soit un étranger non muni du titre l'autorisant à exercer une activité salariée en France.

Il est également interdit à toute personne d'engager ou de conserver à son service un étranger dans une catégorie professionnelle, une profession ou une zone géographique autres que celles qui sont mentionnées, le cas échéant, sur le titre prévu au premier alinéa.

Note • **Nullité du contrat de travail.** La nullité du contrat de travail d'un salarié étranger pour défaut de titre autorisant l'exercice d'une activité en France ou pour emploi irrégulier dans une catégorie professionnelle, profession ou zone géographique autres que celles figurant sur le titre autorisant l'intéressé à travailler est une nullité d'ordre public dont toute personne intéressée peut se prévaloir (cass. soc. 15 février 1978, n° 76-41.142, BC V n° 107). La nullité du contrat de travail et l'irrégularité de la situation du travailleur étranger ne permettent pas à l'employeur de se dégager de ses obligations (cass. soc. 3 juin 1998, n° 96-45.035, BC V n° 293). L'employeur est légalement tenu de s'assurer, avant son engagement, de la nationalité du salarié et de la détention par celui-ci d'un titre l'autorisant à exercer une activité professionnelle; ayant conclu un contrat de travail sur la seule production d'une carte de sécurité sociale, sans vérification préalable de la nationalité, il ne peut se prévaloir d'un vice de consentement (cass. soc. 25 septembre 2012, n° 11-19.712, RJS 12/12 n° 991).

• **Transfert du contrat de travail.** Il résulte des dispositions combinées des articles L. 8251-1 et L. 8252-1 CT qu'un étranger non muni du titre l'autorisant à exercer une activité salariée en France n'est pas assimilé à un salarié régulièrement engagé au regard des règles régissant le transfert du contrat de travail; ainsi, les dispositions de l'article L. 8251-1 font obstacle à ce que le nouveau titulaire d'un marché soit tenu, en vertu de dispositions conventionnelles applicables en cas de changement de prestataire de services, à la poursuite du contrat de travail d'un étranger non muni du titre l'autorisant à exercer une activité salariée en France (cass. soc. 17 avril 2019, n° 18-15.321, à paraître, LS Jurispr. n° 84 du 07.05.2019; RJS 7/19 n° 415; Dr. Soc. 2019, p. 660, act. J. Mouly).

• **Licenciement.** Le licenciement d'un travailleur étranger irrégulièrement occupé et auquel l'administration a refusé une autorisation de travail repose sur une cause réelle et sérieuse (cass. soc. 17 juin 1981, n° 79-41.220, BC V n° 562). En l'absence de renouvellement du titre de travail, la rupture du contrat de travail à l'initiative de l'employeur, qui n'est pas due à un cas de force majeure, constitue un licenciement (cass. soc. 6 novembre 2001, n° 99-42.054, JSL n° 91, 04.12.2001, p. 28). Si l'irrégularité de la situation d'un travailleur étranger constitue nécessairement une cause objective justifiant la rupture de son contrat de travail exclusive de l'application des dispositions relatives aux licenciements et de l'allocation de dommages-intérêts pour licenciement sans cause réelle et sérieuse (cass. soc. 9 juillet 2014, n° 13-11.027, RJS 11/14 n° 817), elle n'est pas constitutive en soi d'une faute privative des indemnités de rupture ; l'employeur qui entend invoquer une faute grave distincte de la seule irrégularité de l'emploi doit donc en faire état dans la lettre de licenciement. Doit être cassé l'arrêt d'appel qui a débouté un salarié licencié pour faute grave au motif d'absence d'autorisation de travail valable sur le territoire français de toutes ses demandes relatives au licenciement alors que la lettre de rupture mentionnait comme seul motif le fait que le salarié ne possédait pas d'autorisation de travail valable sur le territoire français, sans invoquer la production d'un faux titre de séjour (cass. soc. 4 juillet 2012, n° 11-18.840, BC V n° 209 ; RJS 10/12 n° 850 ; 1er octobre 2014, n° 13-17.745, RJS 3/15 n° 222). Voir aussi note sous article L. 8252-2.

Si l'article L. 341-6 [L. 8251-1] CT interdit de conserver à son service un salarié non muni du titre l'autorisant à exercer une activité salariée en France, il appartient à l'employeur de payer la redevance de l'Office des migrations internationales [OFII] et de délivrer au salarié étranger auquel il est lié par un contrat de travail à durée indéterminée les documents de nature à permettre à celui-ci de justifier auprès de l'administration de l'existence d'un contrat de travail continuant à produire ses effets (cass. soc. 10 février 1998, n° 94-44.308, BC V n° 72 ; RJS 3/98 n° 387).

Un salarié étranger occupé sans titre de travail ne saurait bénéficier de la protection spéciale prévue en faveur des délégués du personnel en cas de licenciement (cass. soc. 5 novembre 2009, n° 08-40.923, RJS 1/10 n° 96).

La protection de la maternité, qu'elle soit relative ou absolue, ne peut faire obstacle, d'une quelconque manière, au licenciement fondé sur l'interdiction de travail délivrée par l'autorité administrative (cass. soc. 15 mars 2017, n° 15-27.928, BC V n° 51 ; LSQ n° 17290 du 21.03.2017 ; Dr. Soc. 2017, p. 566, act. J. Mouly ; JSL n° 430, 25.04.2017, pp. 10 et s., P. Pacotte et C. Margerin ; RJS 5/17 n° 382).

• **Délit.** Les dispositions de l'article L. 341-6 [L. 8251-1 et L. 5221-8] CT impliquent nécessairement que l'employeur s'informe de la nationalité de celui qu'il embauche et vérifie, dans le cas où il s'agit d'un étranger, s'il est titulaire du titre précité (cass. crim. 29 mars 1994, n° 93-82.178, B. crim. n° 121 ; 14 mai 1996, n° 94-85.616) ; les juges considèrent en effet qu'en s'abstenant de procéder à cette vérification, alors même qu'il avait eu des doutes sur la véracité des documents d'identité présentés par la personne, l'employeur a sciemment commis le délit d'emploi d'un étranger non muni d'une autorisation de travail salarié (cass. crim. 8 août 2018, n° 17-84.920, B. crim. n° 135 ; LSQ n° 17651 du 14.09.2018 ; JSL n° 460, 28.09.2018, pp. 20 et s., R. Mesa). La régularisation ultérieure d'une situation irrégulière par l'obtention d'une autorisation provisoire de travail n'a pas d'effet rétroactif et ne fait pas disparaître l'infraction (cass. crim. 19 novembre 2002, n° 02-81.749). La responsabilité de l'utilisateur dans le cadre d'un prêt de main-d'œuvre illicite est engagée (cass. crim. 3 décembre 1991, n° 90-86.763, B. crim. n° 458 ; 12 octobre 1993, n° 93-80.533 ; 27 septembre 1994, n° 93-85.285 ; 8 juin 2010, n° 07-87.289, B. crim. n° 105 ; RJS 11/10 n° 891 ; Dr. Soc. 2010, p. 1109, obs. Fr. Duquesne).

• **Préjudice.** Le délit d'emploi d'un étranger non muni d'une autorisation de travail salarié cause nécessairement un préjudice direct et personnel au travailleur étranger irrégulièrement employé (cass. crim. 11 avril 2012, n° 11-85.224, B. crim. n° 87 ; Dr. Soc. 2012 p. 755, obs. Fr. Duquesne).

Par ailleurs, l'employeur qui s'est abstenu de vérifier l'identité du salarié embauché, alors même qu'il avait eu des doutes sur la véracité des documents d'identité présentés, puis a établi une déclaration d'accident du travail auprès de la CPAM en se basant sur l'identité sous laquelle le salarié s'était présenté et n'a pas averti la caisse lorsque le salarié l'a informé de sa fausse identité se rend coupable de déclaration mensongère à une administration publique en vue d'obtenir un avantage indu (article 441-6 c. pén.) et est tenu d'indemniser la CPAM au titre du préjudice financier subi, à hauteur de la totalité des dépenses qu'elle a supporté pour ce salarié au titre de la législation sur les accidents du travail (article L. 471-1, al. 3 c. séc. soc.), peu important que la caisse ait continué à verser des prestations au salarié après avoir eu connaissance du caractère mensonger de la déclaration (cass. crim. 8 août 2018, n° 17-84.920, précité).

• **Prestations de services au sein de l'Union européenne.** Voir note au-dessus de l'article R. 5221-1.

• **Marchés publics et contrats de concession.** Sur l'exclusion de la procédure de passation des marchés publics ou des contrats de concession des personnes sanctionnées pour méconnaissance des interdictions édictées par les articles L. 8251-1 et 2 CT, voir note introductive du livre II « Lutte contre le travail dissimulé ».

• Voir aussi F. Jault-Seseke, « Sur la situation des travailleurs étrangers dépourvus d'autorisation de travail et sur celle de leur employeur », RDT, novembre 2019, DR, 740.

Art. L. 8251-2. ***(L. 2011-672 du 16 juin 2011, art. 75, JO 17, entrée en vigueur au plus tard le 30.09.2011)*** Nul ne peut, directement ou indirectement, recourir sciemment aux services d'un employeur d'un étranger ***(L. 2016-274 du 7 mars 2016, art. 18, 2°, JO 8)*** « non autorisé à travailler ».

CHAPITRE II Droits du salarié étranger

Art. L. 8252-1. Le salarié étranger employé en méconnaissance des dispositions du premier alinéa de l'article L. 8251-1 est assimilé, à compter de la date de son embauche, à un salarié régulièrement engagé au regard des obligations de l'employeur définies par le présent code:

1° Pour l'application des dispositions relatives aux périodes d'interdiction d'emploi prénatal et postnatal et à l'allaitement, prévues aux articles L. 1225-29 à L. 1225-33;

2° Pour l'application des dispositions relatives à la durée du travail, au repos et aux congés prévues au livre Ier de la troisième partie;

3° Pour l'application des dispositions relatives à la santé et la sécurité au travail prévues à la quatrième partie;

4° Pour la prise en compte de l'ancienneté dans l'entreprise.

Il en va de même pour les articles L. 713-1 et suivants du code rural ***(Ord. 2010-462 du 6 mai 2010, JO 7)*** «et de la pêche maritime» pour les professions agricoles.

Art. L. 8252-2. Le salarié étranger a droit au titre de la période d'emploi illicite:

1° Au paiement du salaire et des accessoires de celui-ci, conformément aux dispositions légales ***(L. 2011-672 du 16 juin 2011, art. 76, JO 17, entrée en vigueur au plus tard le 30.09.2011)*** «, conventionnelles» et aux stipulations contractuelles applicables à son emploi, déduction faite des sommes antérieurement perçues au titre de la période considérée. ***(L. 2011-672 du 16 juin 2011, art. 76, JO 17, entrée en vigueur au plus tard le 30.09.2011)*** «À défaut de preuve contraire, les sommes dues au salarié correspondent à une relation de travail présumée d'une durée de trois mois. Le salarié peut apporter par tous moyens la preuve du travail effectué;»

2° En cas de rupture de la relation de travail, à une indemnité forfaitaire égale à ***(L. 2011-672 du 16 juin 2011, art. 76, JO 17, entrée en vigueur au plus tard le 30.09.2011)*** «trois mois» de salaire, à moins que l'application des règles figurant aux articles L. 1234-5, L. 1234-9, L. 1243-4 et L. 1243-8 ou des stipulations contractuelles correspondantes ne conduise à une solution plus favorable.

(L. 2011-672 du 16 juin 2011, art. 76, JO 17, entrée en vigueur au plus tard le 30.09.2011) «3° Le cas échéant, à la prise en charge par l'employeur de tous les frais d'envoi des rémunérations impayées vers le pays dans lequel il est parti volontairement ou a été reconduit.

Lorsque l'étranger ***(L. 2016-274 du 7 mars 2016, art. 18, 3°, JO 8)*** «non autorisé à travailler a été employé» dans le cadre d'un travail dissimulé, il bénéficie soit des dispositions de l'article L. 8223-1, soit des dispositions du présent chapitre si celles-ci lui sont plus favorables.»

Le conseil de prud'hommes saisi peut ordonner par provision le versement de l'indemnité forfaitaire prévue au 2°.

Ces dispositions ne font pas obstacle au droit du salarié de demander en justice une indemnisation supplémentaire s'il est en mesure d'établir l'existence d'un préjudice non réparé au titre de ces dispositions.

Note

• Voir RF décembre 2019, cahier juridique n° 1109, §§ 3535 et s., «Embaucher des travailleurs étrangers»; C. Mangematin, «Rupture de la relation de travail du travailleur étranger en situation irrégulière», Dr. Soc. 2013, p. 402; P. Bailly et le Gisti, «Le travailleur sans papier a-t-il droit aux règles du licenciement ?», RDT, avril 2011, CO, 221.

• **Salaire et accessoires du salaire.** L'étranger occupé sans titre de travail étant assimilé à compter de la date de son embauchage à un travailleur régulièrement embauché et ayant droit, au titre de la période d'emploi illicite, au paiement du salaire et des accessoires de celui-ci, c'est à l'employeur auquel un salarié réclame un rappel de salaire sur la base du SMIC et des indemnités de congé payé qu'il appartient d'établir qu'il est libéré de son obligation de paiement (cass. soc. 5 juin 1986, JS 1986 SJ 174).

Dès lors que le contrat de travail d'un étranger a été rompu par la cause objective de l'irrégularité de sa situation, à une date à laquelle l'employeur a cessé de fournir du travail à l'intéressé, aucun salaire n'est dû postérieurement à cette date (cass. soc. 9 juillet 2014, n° 13-11.027, RJS 11/14 n° 817).

• **Indemnités de rupture.** Il appartient au juge de comparer le montant de l'indemnité forfaitaire avec la somme résultant des indemnités de licenciement et de préavis pour déterminer quelle est la plus favorable pour le salarié (cass. soc. 28 septembre 2011, n° 09-70.543). Le droit à l'indemnité forfaitaire n'est pas subordonné à la rupture abusive du contrat de travail (cass. soc. 22 novembre 1995, n° 92-42.070).

La rupture du contrat de travail d'un étranger embauché irrégulièrement ouvre droit, pour le salarié, à une indemnité de préavis, même si celui-ci ne peut être exécuté (cass. soc. 13 février 2013, n° 11-23.920, BC V n° 37; RJS 5/13 n° 413; JCP éd. S 2013, 1395, note Ch. Hodez et M. Paradis; 12 mars 2002, n° 99-44.316, BC V n° 90; RJS 6/02 n° 748). L'indemnité ne peut être alors que la plus élevée de l'indemnité forfaitaire ou de l'indemnité de préavis (cass. soc. 29 janvier 2008, n° 06-44.983, BC V n° 27; RJS 5/08 n° 611; JCP éd. S 2008, 1253, note L. Dauxerre).

L'article 7 de la convention 158 de l'OIT ne visant que les licenciements pour motifs liés à la conduite ou au travail du salarié ne trouve pas à s'appliquer à la rupture du contrat de travail d'un étranger motivée par son emploi en violation de l'article L. 341-6 [L. 8251-1] CT qui exclut l'application de l'article L. 122-14 [L. 1232-2 et s.] CT (cass. soc. 29 janvier 2008, n° 06-44.983, précité; 26 juin 2008, n° 07-40.434, RJS 10/08 n° 1048; 13 novembre 2008, n° 07-40.689, BC V n° 221; RJS 1/09 n° 70).

Si l'irrégularité de la situation d'un travailleur étranger constitue nécessairement une cause objective justifiant la rupture de son contrat de travail exclusive de l'application des dispositions relatives aux licenciements et de l'allocation de dommages-intérêts pour licenciement sans cause réelle et sérieuse (cass. soc. 9 juillet 2014, n° 13-11.027, précité), elle n'est pas constitutive en soi d'une faute privative des indemnités de rupture; l'employeur qui entend invoquer une faute grave distincte de la seule irrégularité de l'emploi (en l'espèce production d'un faux titre de séjour) doit donc en faire état dans la lettre de licenciement et mettre en œuvre la procédure disciplinaire (cass. soc. 4 juillet 2012, n° 11-18.840, BC V n° 209; RJS 10/12 n° 850; 1er octobre 2014, n° 13-17.745, RJS 3/15 n° 222). En retenant, pour écarter l'application de l'article L. 341-6-1 [L. 8252-2] CT, que l'employeur a embauché les salariés dans l'ignorance de la falsification des cartes de résident présentées par ces derniers, le juge a ajouté une condition supplémentaire pour l'application du régime mis en place par cet article, que ce texte n'exigeait pas (cass. soc. 26 juin 2008, n° 07-40.434, précité). Mais après avoir retenu l'absence de toute faute de l'employeur dans la vérification du titre apparemment régulier et dont la fausseté n'était apparue que lors de la demande de confirmation du caractère régulier du titre de séjour du salarié après renouvellement, une cour d'appel a pu en déduire que la fraude du salarié constituait une faute grave privative des indemnités de rupture et qu'elle le privait également du bénéfice de l'indemnité forfaitaire prévue par l'article L. 8252-2 CT (cass. soc. 18 février 2014, n° 12-19.214, BC V n° 56; RJS 4/14 n° 359). En l'absence de faute lourde caractérisée à l'encontre du salarié, l'employeur ne peut se voir allouer des dommages et intérêts (cass. soc. 13 février 2013, n° 11-23.920, précité).

L'article L. 8252-2, 2° CT n'est pas applicable lorsque l'employeur a diligenté une procédure de licenciement dès l'instant où le salarié l'a informé de ce qu'il ne bénéficiait plus d'une autorisation de travail; en l'absence d'un trouble manifestement illicite, le salarié n'est donc pas fondé à obtenir en référé le paiement de l'indemnité compensatrice de préavis et de congés payés afférents, ces demandes faisant l'objet d'une contestation sérieuse (cass. soc. 3 avril 2019, n° 17-17.106, à paraître, LS Jurispr. n° 129 du 16.07.2019; RJS 6/19 n° 392 et pp. 435 et s., avis R. Weissmann).

• **Principe de non-cumul de l'indemnité liée à l'absence d'un titre régulier et de celle pour travail dissimulé.** Le salarié étranger employé sans titre de travail et dans le cadre d'un travail dissimulé ne peut prétendre, en cas de rupture de la relation de travail, qu'à l'une ou l'autre des indemnités forfaitaires applicables; il bénéficie soit de l'indemnité forfaitaire pour travail dissimulé prévue à l'article L. 8223-1 CT, soit de l'indemnité forfaitaire due au titre de la période d'emploi illicite prévue à l'article L. 8252-2 si elle lui est plus favorable (cass. soc. 14 février 2018, n° 16-22.335, BC V n° 28; RJS 4/18 n° 297; JCP éd. S 2018, 1129, note A. Barège; LS Jurispr. n° 39 du 27.02.2018; JSL n° 451, 16.04.2018, p. 22).

Attention l'indemnité forfaitaire de 6 mois (prévue à l'article L. 8223-1 CT) n'est pas toujours la plus favorable. Voir, par exemple, cass. soc. 18 mars 2020, n° 18-24.982, à paraître, LS Jurispr. n° 75 du 21.04.2020; RJS 6/20 n° 321; JSL n° 499, 08.06.2020, p. 25.

• **Notion de «rupture de la relation de travail».** À s'en tenir aux travaux préparatoires qui ont précédé l'adoption de la loi du 17 octobre 1981 et à la circulaire interministérielle du 12 mars 1982 (JO 24 avril), l'indemnité forfaitaire minimale de rupture ne serait due que si l'employeur met fin de sa propre initiative aux relations de travail ou si, à la suite d'un contrôle, il ne peut plus conserver l'intéressé à son service. Se trouveraient exclus tous les cas de rupture à l'initiative du salarié.

Ayant embauché et conservé à son service un ressortissant étranger en situation irrégulière, l'employeur ne peut se prévaloir, pour ne pas verser l'indemnité prévue précisément dans ce cas par l'article L. 341-6-1 [L. 8252-2] CT, de la nullité du contrat (cass. soc. 3 juin 1998, n° 96-45.035, BC V n° 293; RJS 7/98 n° 932) ni du refus de régularisation opposé par l'autorité administrative (cass. soc. 8 juillet 1985, JS 1985 SJ 289).

Art. L. 8252-3

• **Sous-traitance clandestine.** En application des dispositions des articles L. 324-13-1, L. 324-14 et 14-1 [L. 8222-1, 2, 5 et 6] CT résultant de la loi du 31 décembre 1991, l'entrepreneur principal négligent est tenu solidairement avec le «premier» entrepreneur sous-traitant au paiement des salaires et des indemnités de rupture en cas d'insolvabilité du «second» sous-traitant.

Art. L. 8252-3. Le salarié étranger mentionné à l'article L. 8252-1 bénéficie des dispositions du chapitre III du titre V du livre II de la troisième partie relatives aux assurances et privilèges de salaire pour les sommes qui lui sont dues en application de cet article.

Note Les dispositions figurant dans cet article visent les avantages pécuniaires dus aux salariés étrangers occupés sans titre de travail, au titre de leur période d'emploi illicite.

Art. L. 8252-4. ***(L. 2011-672 du 16 juin 2011, art. 77, JO 17, entrée en vigueur au plus tard le 30.09.2011)*** Les sommes dues à l'étranger ***(L. 2016-274 du 7 mars 2016, art. 18, 2°, JO 8)*** «non autorisé à travailler», dans les cas prévus aux 1° à 3° de l'article L. 8252-2, lui sont versées par l'employeur dans un délai de trente jours à compter de la constatation de l'infraction. Lorsque l'étranger est placé en rétention administrative ***(Ord. 2020-1733 du 16 déc. 2020, art. 16, JO 30, entrée en vigueur le 01.05.2021)*** «en application des articles L. 740-1 ou L. 751-8» du code de l'entrée et du séjour des étrangers et du droit d'asile ou assigné à résidence ***(Ord. 2020-1733 du 16 déc. 2020, art. 16, JO 30, entrée en vigueur le 01.05.2021)*** «en application des articles L. 731-1 ou L. 751-2» du même code ou lorsqu'il n'est plus sur le territoire national, ces sommes sont déposées sous le même délai auprès d'un organisme désigné à cet effet, puis reversées à l'étranger.

Lorsque l'employeur ne s'acquitte pas des obligations mentionnées au premier alinéa, l'organisme recouvre les sommes dues pour le compte de l'étranger.

Les modalités d'application des dispositions relatives à la consignation, au recouvrement et au reversement des sommes dues à l'étranger ***(L. 2016-274 du 7 mars 2016, art. 18, 2°, JO 8)*** «non autorisé à travailler» ainsi que les modalités d'information de celui-ci sur ses droits sont précisées par décret en Conseil d'État.

SECTION 1 (réglementaire). Information des étrangers non autorisés à travailler au regard de leurs droits

Note Les sections 1 à 3 ont été introduites par le décret 2011-1693 du 30 novembre 2011, art. 1er et 3, JO 1er déc.

Art. R. 8252-1. Lorsque l'un des agents mentionnés à l'article L. 8271-7 constate qu'un travailleur étranger est occupé sans être en possession d'un titre l'autorisant à exercer une activité salariée en France, il lui remet un document l'informant de ses droits dont le contenu est défini à l'article R. 8252-2.

SECTION 2 (réglementaire). Le document d'information

Art. R. 8252-2. Le document remis au salarié étranger ***(D. 2016-1456 du 28 oct. 2016, art. 26, JO 30, entrée en vigueur le 01.11.2016)*** «non autorisé à travailler» comporte les informations suivantes:

1° Dans tous les cas:

a) Le droit aux salaires et indemnités mentionnés aux 1° et 2° de l'article L. 8252-2;

b) L'obligation qui incombe à l'employeur de remettre les bulletins de paie, le certificat de travail et le solde de tout compte correspondant à la période d'emploi dans l'entreprise;

c) La possibilité, lorsqu'il est placé dans l'une des situations mentionnées à la dernière phrase du premier alinéa de l'article L. 8252-4, d'obtenir le recouvrement des salaires et des indemnités auprès de l'Office français de l'immigration et de l'intégration;

d) La possibilité, le cas échéant, de saisir la juridiction compétente en matière prud'homale aux fins d'obtenir le paiement des salaires et des indemnités, pour la partie non recouvrée par l'Office français de l'immigration et de l'intégration, notamment par l'intermédiaire d'une organisation syndicale représentative, conformément aux dispositions de l'article L. 8255-1;

e) La possibilité de saisir également la juridiction compétente en matière prud'homale afin de réclamer des dommages et intérêts s'il est en mesure d'établir l'existence d'un préjudice non réparé au titre des dispositions de l'article L. 8252-2;

f) La possibilité de porter plainte contre une personne qu'il accuse d'avoir commis à son encontre les infractions visées aux articles 225-4-1 à 225-4-6 et 225-5 à 225-10 du code pénal et de pouvoir bénéficier à cet effet d'une carte de séjour temporaire durant la procédure, au titre de l'article ***(D. 2020-1734 du 16 déc. 2020, art. 14, JO 30, entrée en vigueur le 01.05.2021)*** « L. 425-1 » du code de l'entrée et du séjour des étrangers et du droit d'asile;

2° En outre, l'indication de l'indemnité forfaitaire mentionnée au 2° de l'article L. 8252-2 ou celle prévue par l'article L. 8223-1, en cas d'emploi dans les conditions définies aux articles L. 8221-3 et L. 8221-5.

Le document est traduit dans les langues les plus couramment utilisées désignées par le ministre chargé de l'immigration.

Note Voir arrêté du 30 novembre 2011 (JO 1er déc.) précisant que le document prévu à cet article est rédigé dans les langues suivantes: anglais, arabe (littéral), chinois (mandarin), espagnol, portugais, russe.

SECTION 3 (réglementaire). Modalités de paiement, de recouvrement et de versement des salaires et indemnités dus au salarié étranger non autorisé à travailler

Sous-section 1. Dispositions générales

Art. R. 8252-4. L'organisme mentionné à l'article L. 8252-4 est l'Office français de l'immigration et de l'intégration.

Art. R. 8252-5. Lorsqu'un des agents mentionnés à l'article L. 8271-7 a relevé une infraction à l'emploi d'étranger ***(D. 2016-1456 du 28 oct. 2016, art. 26, JO 30, entrée en vigueur le 01.11.2016)*** «non autorisé à travailler», il en informe sans délai l'Office français de l'immigration et de l'intégration, en précisant l'identité du contrevenant, du ou des salariés concernés ainsi que tout élément relatif à la mise en œuvre des dispositions de l'article L. 8252-2. Le préfet du département et, à Paris, le préfet de police tiennent l'office informé des mesures prises à l'égard du salarié concerné. Ce dernier informe l'office de sa situation au regard du règlement des sommes auxquelles il a droit en application de l'article L. 8252-2.

Sous-section 2. Paiement spontané par l'employeur des salaires et indemnités dus au salarié étranger non autorisé à travailler

Art. R. 8252-6. L'employeur d'un étranger ***(D. 2016-1456 du 28 oct. 2016, art. 26, JO 30, entrée en vigueur le 01.11.2016)*** «non autorisé à travailler» s'acquitte par tout moyen, dans le délai mentionné à l'article L. 8252-4, des salaires et indemnités déterminés à l'article L. 8252-2.

Il remet au salarié étranger ***(D. 2016-1456 du 28 oct. 2016, art. 26, JO 30, entrée en vigueur le 01.11.2016)*** «non autorisé à travailler» les bulletins de paie correspondants, un certificat de travail ainsi que le solde de tout compte. Il justifie, auprès de l'Office français de l'immigration et de l'intégration, par tout moyen, de l'accomplissement de ses obligations légales.

Art. R. 8252-7. Lorsque le salarié étranger est placé en rétention administrative, est assigné à résidence ou n'est déjà plus sur le territoire national, son employeur s'acquitte des sommes déterminées à l'article L. 8252-2, dans le délai mentionné à l'article L. 8252-4, auprès de l'Office français de l'immigration et de l'intégration, lequel les reverse à l'intéressé.

Sous-section 3. Recouvrement forcé des salaires et indemnités dus au salarié étranger non autorisé à travailler

Art. R. 8252-8. Pour tout salarié étranger placé en rétention administrative, assigné à résidence ou qui ne se trouve plus sur le territoire national, le directeur général de l'office rappelle à son employeur, par lettre recommandée avec avis de réception ou par tout autre moyen permettant de faire la preuve de sa réception par le destinataire, qu'il doit, s'il ne s'est pas déjà acquitté des sommes mentionnées à l'article R. 8252-6, les verser sans délai sur un compte ouvert par l'office au nom du salarié étranger concerné.

À défaut de règlement par l'employeur au terme du délai mentionné à l'article L. 8252-4, le directeur général émet à son encontre un titre exécutoire correspondant aux sommes dues en application de l'article L. 8252-2, pour permettre à l'agent comptable de l'office d'en effectuer le recouvrement. Le directeur général notifie sa décision à l'employeur ainsi que le titre de recouvrement par lettre recommandée avec avis de réception ou par tout autre moyen permettant de faire la preuve de sa réception par le destinataire.

Le recouvrement des sommes mentionnées au présent article est réalisé conformément aux dispositions régissant les états exécutoires émis pour le recouvrement des créances des établissements publics nationaux.

Si le salarié étranger est toujours sur le territoire national, l'agent comptable de l'office reverse les sommes au salarié étranger concerné.

Si le salarié étranger a quitté le territoire national, ces sommes sont transférées dans le pays où il est retourné ou a été reconduit afin qu'elles lui soient remises. Les frais d'envoi mentionnés au 3° de l'article L. 8252-2 sont mis à la charge de l'employeur.

Art. R. 8252-9. Si, dans la situation du salarié étranger mentionnée à l'article R. 8252-8, le directeur général de l'Office français de l'immigration et de l'intégration décide de mettre en œuvre la solidarité financière du donneur d'ordre mentionné à l'article L. 8254-2, il informe le donneur d'ordre, par lettre recommandée avec avis de réception ou par tout autre moyen permettant de faire la preuve de sa réception par le destinataire, qu'il doit verser les sommes dues sur un compte ouvert par l'office au nom du salarié étranger concerné.

À défaut de règlement par le donneur d'ordre au terme du délai fixé dans la décision mentionnée à l'alinéa précédent, qui ne peut être inférieur à quinze jours suivant sa notification, il est procédé dans les mêmes conditions qu'à l'article R. 8252-8.

Sous-section 4. Recouvrement des sommes dues au salarié étranger non autorisé à travailler sur décision judiciaire

§ 1. Dispositions générales

Art. R. 8252-10. Lorsque la juridiction statuant en matière prud'homale, saisie par un salarié étranger ***(D. 2016-1456 du 28 oct. 2016, art. 26, JO 30, entrée en vigueur le 01.11.2016)*** «non autorisé à travailler» ou son représentant, en application de l'article L. 8252-2, a rendu une décision passée en force de chose jugée condamnant l'employeur ou le donneur d'ordre au paiement des sommes restant dues, le greffe transmet une copie de cette décision au directeur général de l'Office français de l'immigration et de l'intégration.

Art. R. 8252-11. Lorsqu'une juridiction correctionnelle a prononcé une décision définitive condamnant une personne pour avoir recouru sciemment aux services d'un employeur d'un étranger ***(D. 2016-1456 du 28 oct. 2016, art. 26, JO 30, entrée en vigueur le 01.11.2016)*** «non autorisé à travailler», le greffe transmet une copie de la décision au directeur général de l'Office français de l'immigration et de l'intégration, afin de lui permettre de procéder à la mise en œuvre de la solidarité financière prévue à l'article L. 8254-2-2.

§ 2. Intervention de l'Office français de l'immigration et de l'intégration saisi sur décision judiciaire

Art. R. 8252-12. Lorsque le directeur général de l'Office français de l'immigration et de l'intégration est saisi d'une décision judiciaire mentionnée à l'article R. 8252-10, il enjoint la personne condamnée de verser ces sommes sur un compte ouvert au nom du salarié étranger concerné, par lettre recommandée avec avis de réception ou par tout autre moyen permettant de faire la preuve de sa réception par le destinataire.

À défaut de règlement par la personne condamnée au terme du délai fixé dans la décision mentionnée à l'alinéa précédent, qui ne peut être inférieur à quinze jours suivant sa notification, il est procédé dans les mêmes conditions qu'à l'article R. 8252-8.

Art. R. 8252-13. Lorsque le directeur général de l'Office français de l'immigration et de l'intégration est saisi d'une décision pénale mentionnée à l'article R. 8252-11, il met en œuvre dans les mêmes conditions la procédure prévue à l'article R. 8252-8.

CHAPITRE III Contribution spéciale

Art. L. 8253-1. Sans préjudice des poursuites judiciaires pouvant être intentées à son encontre, l'employeur qui a employé un travailleur étranger en méconnaissance des dispositions du premier alinéa de l'article L. 8251-1 acquitte, ***(L. 2012-1509 du 29 déc. 2012, art. 42, JO 30)*** «pour chaque travailleur étranger ***(L. 2016-274 du 7 mars 2016, art. 18, 1°, JO 8)*** «non autorisé à travailler»,» une contribution spéciale. Le montant de cette contribution spéciale est déterminé dans des conditions fixées par décret en Conseil d'État. ***(L. 2012-1509 du 29 déc. 2012, art. 42, JO 30)*** «Il est, au plus, égal à 5 000 fois le taux horaire du minimum garanti prévu à l'article L. 3231-12. Ce montant peut être minoré en cas de non-cumul d'infractions ou en cas de paiement spontané par l'employeur des salaires et indemnités dus au salarié étranger ***(L. 2016-274 du 7 mars 2016, art. 18, 2°, JO 8)*** «non autorisé à travailler» mentionné à l'article R. 8252-6. Il est alors, au plus, égal à 2000 fois ce même taux. Il peut être majoré en cas de réitération et est alors, au plus, égal à 15 000 fois ce même taux.»

(L. 2010-1657 du 29 déc. 2010, art. 78, JO 30) «L'Office français de l'immigration et de l'intégration est chargé de constater et ***(L. 2018-1317 du 28 déc. 2018, art. 245, II, JO 30, entrée en vigueur le 01.01.2018)*** «fixer le montant de cette contribution pour le compte de l'État selon des modalités définies par convention.

L'État est ordonnateur de la contribution spéciale. À ce titre, il liquide et émet le titre de perception.

Le comptable public compétent assure le recouvrement de cette contribution comme en matière de créances étrangères à l'impôt et aux domaines.»

Note • **Modalités d'application.** Voir circ. intermin. DPM 2005-544 du 9 décembre 2005 (BO TR 2006/1) traitant du recouvrement de la contribution spéciale pour emploi d'étranger sans titre.

• **Nature de la contribution spéciale.** La contribution spéciale instituée par l'article L. 341-7 [L. 8253-1] CT, qui présente le caractère d'une punition tendant à empêcher la réitération des agissements qu'elle vise et n'a pas pour objet la seule réparation pécuniaire d'un préjudice, appartient à la «matière pénale» au sens des stipulations de l'article 6 de la Convention européenne de sauvegarde des droits de l'homme, alors même que le législateur a laissé le soin de l'établir et de la prononcer à l'autorité administrative, et les principes énoncés par ces stipulations lui sont applicables (CE 28 juillet 1999, n° 188973, RJS 10/99 n° 1314).

L'administration doit communiquer le procès-verbal constatant l'infraction à l'employeur qui en fait la demande; elle peut toutefois occulter les mentions étrangères à cette infraction et susceptibles de donner lieu à des poursuites pénales (CE 29 juin 2016, n° 398398, RJS 11/16 n° 734; 6 mai 2019, n° 417756, JSL n° 478, 21.06.2019, p. 25). Mais le refus de communication du procès-verbal n'entache la sanction d'irrégularité que dans le cas où la demande de communication a été faite avant l'intervention de la décision qui, mettant la contribution spéciale à la charge de l'intéressé, prononce la sanction; si la communication du procès-verbal est demandée alors que la sanction a déjà été prononcée, elle doit intervenir non au titre du respect des droits de la défense mais en raison de l'exercice d'une voie de recours, et un éventuel refus ne saurait alors être regardé comme entachant d'irrégularité la sanction antérieurement prononcée, non plus que les décisions consécutives, même ultérieures, procédant au recouvrement de cette sanction (CE 6 mai 2019, n° 417756, précité).

• **Recouvrement.** La procédure de mise en recouvrement de la contribution spéciale est indépendante des poursuites judiciaires qui peuvent être intentées à l'encontre des contrevenants à l'article L. 341-6 [L. 8251-1] (CE 9 octobre 1989, n° 81228). Dès lors qu'il est établi qu'un employeur a occupé irrégulièrement trois travailleurs étrangers, il est redevable de la contribution spéciale, peu important, à cet égard, qu'un procès-verbal de gendarmerie ait été classé sans suite par le parquet et que la cour d'appel ait relaxé le prévenu au bénéfice du doute (CE 5 mai 1986, JS 1986, SJ 210). Voir également, dans le même sens, CE 11 mars 1987, n° 53984, Rec. Lebon, p. 90 et 15 octobre 1999, n° 188864, RJS 1/00 n° 119. En revanche, l'administration et le juge administratif doivent d'office tirer les conséquences d'une relaxe ayant acquis force de chose jugée du délit d'emploi d'étrangers sans titre au motif que ces faits n'avaient pas été commis (CE 15 octobre 1999, n° 187512, RJS 12/99 n° 1537).

• **Montant.** Le montant de la contribution spéciale prévue à l'article L. 8253-1 CT ne saurait excéder le plafond établi par l'article L. 626-1 ancien CESEDA pour le cas de cumul avec la contribution forfaitaire prévue par cet article (voir *infra* «Contribution forfaitaire " réacheminement "»); l'employeur peut donc se prévaloir de ce plafonnement alors même que seule la contribution spéciale prévue à l'article L. 8253-1 CT lui a été infligée (CE 17 juin 2019, n° 417837, JCP éd. S 2019, 1326, note S. Riancho).

• **Contestations.** Les contestations concernant la contribution spéciale doivent être portées devant le tribunal administratif dans le ressort duquel l'infraction a été constatée.

• **Contribution forfaitaire «réacheminement».** Outre la contribution spéciale prévue par cet article, l'employeur qui a occupé un travailleur étranger en situation de séjour irrégulier est redevable d'une contribution forfaitaire représentative des frais de réacheminement de l'étranger dans son pays d'origine: voir art. L. 626-1 et R. 626-1 anciens CESEDA et arrêtés du 5 décembre 2006 (JO 10) fixant le montant de cette contribution.

• **Fraude du salarié.** Il résulte des articles L. 8253-1 CT et L. 626-1 ancien CESEDA que les contributions qu'ils prévoient ont pour objet de sanctionner les faits d'emploi d'un travailleur étranger séjournant irrégulièrement sur le territoire français ou démuni de titre l'autorisant à exercer une activité salariée, sans qu'un élément intentionnel soit nécessaire à la caractérisation du manquement; toutefois, un employeur ne saurait être sanctionné sur le fondement de ces articles lorsque, d'une part, et sauf à ce que le salarié ait justifié avoir la nationalité française, il s'est acquitté des obligations qui lui incombent en vertu de l'article L. 5221-8 CT et que, d'autre part, il n'était pas en mesure de savoir que les documents qui lui étaient présentés revêtaient un caractère frauduleux ou procédaient d'une usurpation d'identité (CE 12 octobre 2018, n° 408567, Rec. Lebon, p. 373). De même, lorsqu'un salarié s'est prévalu lors de son embauche de la nationalité française ou de sa qualité de ressortissant d'un État pour lequel une autorisation de travail n'est pas exigée, l'employeur ne peut pas être sanctionné s'il s'est assuré que ce salarié disposait d'un document d'identité de nature à en justifier et s'il n'était pas en mesure de savoir que ce document revêtait un caractère frauduleux ou procédait d'une usurpation d'identité (CE 26 novembre 2018, n° 403978).

Art. L. 8253-2. Le paiement de la contribution spéciale est garanti par un privilège sur les biens meubles et effets mobiliers des redevables, où qu'ils se trouvent, au même rang que celui dont bénéficie le Trésor en application de l'article 1920 du code général des impôts.

Note Cet article a été modifié par la loi 2010-1657 du 29 décembre 2010, art. 78, JO 30.

Art. L. 8253-3. Les créances privilégiées en application de l'article L. 8253-2 dues par un commerçant, un artisan ou une personne morale de droit privé même non commerçante, sont inscrites à un registre public, dans le délai de six mois suivant leur date limite de paiement.

L'inscription conserve le privilège pendant deux années et six mois à compter du jour où elle est effectuée. Elle ne peut être renouvelée.

Art. L. 8253-4. En cas de procédure de sauvegarde, de redressement ou de liquidation judiciaire du redevable ou d'un tiers tenu légalement au paiement de la contribution spéciale, le privilège dont l'inscription n'a pas été régulièrement requise à l'encontre du redevable ne peut plus être exercé pour les créances qui étaient soumises à titre obligatoire à cette inscription.

Les frais de poursuite dus par le redevable à la date du jugement d'ouverture ne sont pas dus.

Note Cet article a été modifié par la loi 2011-672 du 16 juin 2011, art. 79, JO 17, entrée en vigueur au plus tard le 30.09.2011.

Art. L. 8253-5. L'inscription d'une créance privilégiée en application de l'article L. 8253-2 peut faire l'objet à tout moment d'une radiation totale ou partielle.

Art. L. 8253-7. Un décret en Conseil d'État détermine les modalités d'application du présent chapitre.

Art. R. 8253-1. ***(D. 2012-812 du 16 juin 2012, art. 2, JO 19)*** La contribution spéciale prévue à l'article L. 8253-1 est due pour chaque étranger employé en méconnaissance des dispositions du premier alinéa de l'article L. 8251-1.

Cette contribution est à la charge de l'employeur qui a embauché ou employé un travailleur étranger non muni d'une autorisation de travail.

Art. R. 8253-2. ***(D. 2013-467 du 4 juin 2013, JO 6)*** I. – Le montant de la contribution spéciale prévue à l'article L. 8253-1 est égal à 5 000 fois le taux horaire, à la date de la constatation de l'infraction, du minimum garanti prévu à l'article L. 3231-12.

II. – Ce montant est réduit à 2 000 fois le taux horaire du minimum garanti dans l'un ou l'autre des cas suivants :

1° Lorsque le procès-verbal d'infraction ne mentionne pas d'autre infraction commise à l'occasion de l'emploi du salarié étranger en cause que la méconnaissance des dispositions du premier alinéa de l'article L. 8251-1 ;

2° Lorsque l'employeur s'est acquitté des salaires et indemnités mentionnés à l'article L. 8252-2 dans les conditions prévues par les articles R. 8252-6 et R. 8252-7.

III. – Dans l'hypothèse mentionnée au 2° du II, le montant de la contribution spéciale est réduit à 1 000 fois le taux horaire du minimum garanti lorsque le procès-verbal d'infraction ne mentionne l'emploi que d'un seul étranger sans titre l'autorisant à exercer une activité salariée en France.

IV. – Le montant de la contribution spéciale est porté à 15 000 fois le taux horaire du minimum garanti lorsqu'une méconnaissance du premier alinéa de l'article L. 8251-1 a donné lieu à l'application de la contribution spéciale à l'encontre de l'employeur au cours de la période de cinq années précédant la constatation de l'infraction.

Note Les dispositions du décret 2013-467 précité ne sont pas applicables à Mayotte, Saint-Barthélemy, Saint-Martin et Saint-Pierre-et-Miquelon.

Art. R. 8253-3. ***(D. 2012-812 du 16 juin 2012, art. 2, JO 19)*** Au vu des procès-verbaux qui lui sont transmis en application de l'article L. 8271-17, le directeur général de l'Office français de l'immigration et de l'intégration indique à l'employeur, par lettre recommandée avec avis de réception ou par tout autre moyen permettant de faire la preuve de sa date de réception par le destinataire, que les dispositions de l'article L. 8253-1 sont susceptibles de lui être appliquées et qu'il peut présenter ses observations dans un délai de quinze jours.

Art. R. 8253-4. ***(D. 2012-812 du 16 juin 2012, art. 2, JO 19)*** À l'expiration du délai fixé, le directeur général de l'Office français de l'immigration et de l'intégration décide, au vu des observations éventuelles de l'employeur, de l'application de la contribution spéciale prévue à l'article L. 8253-1.

(D. 2020-163 du 26 févr. 2020, JO 27) « Le ministre chargé de l'immigration est l'autorité compétente pour la liquider et émettre le titre de perception correspondant. »

La créance est recouvrée par le comptable public compétent comme en matière de créances étrangères à l'impôt et au domaine.

CHAPITRE IV Solidarité financière du donneur d'ordre

Art. L. 8254-1. Toute personne vérifie, lors de la conclusion d'un contrat dont l'objet porte sur une obligation d'un montant minimum en vue de l'exécution d'un travail, de la fourniture d'une prestation de services ou de l'accomplissement d'un acte de commerce et périodiquement jusqu'à la fin de l'exécution de ce contrat, que son cocontractant s'acquitte de ses obligations au regard des dispositions du premier alinéa de l'article L. 8251-1.

Art. L. 8254-2. ***(L. 2011-672 du 16 juin 2011, art. 78, JO 17, entrée en vigueur au plus tard le 30.09.2011)*** La personne qui méconnaît l'article L. 8254-1 est tenue solidairement avec son cocontractant, sans préjudice de l'application des articles L. 8222-1 à L. 8222-6, au paiement :

1° Du salaire et des accessoires de celui-ci dus à l'étranger ***(L. 2016-274 du 7 mars 2016, art. 18, 2°, JO 8)*** « non autorisé à travailler », conformément au 1° de l'article L. 8252-2 ;

2° Des indemnités versées au titre de la rupture de la relation de travail, en application soit du 2° de l'article L. 8252-2, soit des articles L. 1234-5, L. 1234-9, L. 1243-4 et L. 1243-8 ou des stipulations contractuelles, lorsque celles-ci conduisent à une solution plus favorable pour le salarié ;

3° De tous les frais d'envoi des rémunérations impayées vers le pays dans lequel l'étranger est parti volontairement ou a été reconduit, mentionnés au 3° de l'article L. 8252-2 ;

4° De la contribution spéciale prévue à l'article L. 8253-1 du présent code et de la contribution forfaitaire prévue à l'article ***(Ord. 2020-1733 du 16 déc. 2020, art. 16, JO 30, entrée en vigueur le 01.05.2021)*** « L. 822-2 » du code de l'entrée et du séjour des étrangers et du droit d'asile.

Art. L. 8254-2-1. ***(L. 2011-672 du 16 juin 2011, art. 80, JO 17, entrée en vigueur au plus tard le 30.09.2011)*** Toute personne mentionnée à l'article L. 8254-1, informée par écrit par un agent mentionné à l'article L. 8271-1-2, par un syndicat de salariés, un syndicat ou une association professionnels d'employeurs ou une institution représentative du personnel que son cocontractant ou un sous-traitant direct ou indirect de ce dernier emploie un étranger ***(L. 2016-274 du 7 mars 2016, art. 18, 2°, JO 8)*** « non autorisé à travailler » enjoint aussitôt à son cocontractant de faire cesser cette situation.

L'employeur mis ainsi en demeure informe la personne mentionnée au premier alinéa des suites données à l'injonction. Si celle-ci n'est pas suivie d'effet, la personne mentionnée au premier alinéa peut résilier le contrat aux frais et risques du cocontractant.

La personne qui méconnaît le premier alinéa ainsi que son cocontractant sont tenus, solidairement avec le sous-traitant employant l'étranger ***(L. 2016-274 du 7 mars 2016, art. 18, 2°, JO 8)*** « non autorisé à travailler », au paiement des rémunérations et charges, contributions et frais mentionnés à l'article L. 8254-2.

Art. L. 8254-2-2. ***(L. 2011-672 du 16 juin 2011, art. 80, JO 17, entrée en vigueur au plus tard le 30.09.2011)*** Toute personne condamnée en vertu de l'article L. 8256-2 pour avoir recouru sciemment aux services d'un employeur d'un étranger ***(L. 2016-274 du 7 mars 2016, art. 18, 2°, JO 8)*** « non autorisé à travailler » est tenue solidairement avec cet employeur au paiement des rémunérations et charges, contributions et frais mentionnés aux 1° à 4° de l'article L. 8254-2.

Art. L. 8254-3. Le particulier qui conclut pour son usage personnel, celui de son conjoint, partenaire lié par un pacte civil de solidarité, concubin, de ses ascendants ou descendants un contrat dont l'objet porte sur une obligation d'un montant minimum est soumis aux dispositions des articles L. 8254-1 et L. 8254-2, lors de la conclusion de ce contrat.

Art. L. 8254-4. Les modalités selon lesquelles sont opérées les vérifications imposées par le présent chapitre ainsi que la répartition de la charge de la contribution en cas de pluralité de cocontractants sont précisées par décret.

SECTION 1 (réglementaire). **Vérifications préalables**

Art. D. 8254-1. Les vérifications à la charge de la personne qui conclut un contrat, prévues aux articles L. 8254-1 et L. 8254-3, sont obligatoires pour toute opération d'un montant au moins égal à ***(D. 2015-364 du 30 mars 2015, art. 13, JO 31, entrée en vigueur le 01.05.2015)*** «5 000 euros hors taxes».

Note Sur l'entrée en vigueur du décret 2015-364 précité, voir CE 8 juillet 2016, n° 389745, RJS 11/16 n° 735.

Jusqu'au 30 mars 2015, étaient visés les contrats portant sur un montant au moins égal à 3 000 €.

Art. D. 8254-2. La personne à qui les vérifications prévues à l'article L. 8254-1 s'imposent se fait remettre, par son cocontractant, lors de la conclusion du contrat, la liste nominative des salariés étrangers employés par ce dernier et soumis à l'autorisation de travail prévue à l'article L. 5221-2.

Cette liste, établie à partir du registre unique du personnel, précise pour chaque salarié :

1° Sa date d'embauche ;

2° Sa nationalité ;

3° Le type et le numéro d'ordre du titre valant autorisation de travail.

Art. D. 8254-3. Lorsque le contrat est conclu avec un prestataire établi à l'étranger détachant des salariés sur le territoire national pour l'exécution de ce contrat, dans les conditions définies à l'article L. 1262-1, elle se fait remettre, lors de la conclusion du contrat, une liste nominative des salariés étrangers soumis à autorisation de travail, comprenant les indications prévues à l'article D. 8254-2.

Art. D. 8254-4. Sauf en ce qui concerne les particuliers, la liste nominative des salariés étrangers soumis à autorisation de travail est adressée tous les six mois, jusqu'à la fin de l'exécution du contrat.

Art. D. 8254-5. Pour les entreprises de travail temporaire, la communication de la liste nominative prévue à l'article D. 8254-2 est réputée accomplie lorsque les informations relatives au salarié étranger figurent dans le contrat de mise à disposition conclu avec l'utilisateur.

Art. D. 8254-6. L'agent de contrôle qui constate l'embauche ou l'emploi d'un étranger non muni d'un titre l'autorisant à exercer une activité salariée en France par le cocontractant prévu à l'article D. 8254-2, s'assure auprès de la personne à laquelle ce même article est applicable qu'elle s'est fait remettre par ce cocontractant la liste nominative des salariés étrangers soumis à autorisation de travail.

Lorsque cette liste n'a pas été remise, l'agent de contrôle le mentionne dans le procès-verbal prévu à l'article ***(D. 2012-812 du 16 juin 2012, art. 3, JO 19)*** « L. 8271-17 » ou dans une notice qui lui est annexée en précisant :

1° L'identité et l'adresse de chacune des personnes intéressées ;

2° L'objet et le montant de chacun des contrats qu'elles ont conclus en méconnaissance des obligations prévues à l'article L. 8254-1.

Un exemplaire du procès-verbal et, le cas échéant, de la notice sont adressés au ***(D. 2020-1545 du 9 déc. 2020, JO 10, entrée en vigueur le 01.04.2021)*** «directeur régional de l'économie, de l'emploi, du travail et des solidarités».

Note Cet article a été modifié par le décret 2008-1510 du 30 décembre 2008, JO 31.

SECTION 2 (réglementaire). **Méconnaissance de l'obligation**

Art. D. 8254-7. Indépendamment de la procédure prévue aux articles R. 8253-2 et suivants, le ***(D. 2020-1545 du 9 déc. 2020, JO 10, entrée en vigueur le 01.04.2021)*** «directeur régional de l'économie, de l'emploi, du travail et des solidarités» informe chaque personne mentionnée dans le procès-verbal ou la notice, par lettre recommandée avec avis de réception, que les dispositions de l'article L. 8254-2 sont susceptibles de lui être appliquées et qu'elle peut lui adresser des observations dans un délai de quinze jours.

Note Cet article a été modifié par le décret 2008-1510 du 30 décembre 2008, JO 31.

Art. D. 8254-9. Dès que le délai de quinze jours est expiré et qu'il dispose des pièces mentionnées aux deuxième et troisième alinéas de l'article D. 8254-11, le directeur général de l' ***(D. 2009-331 du 25 mars 2009, JO 27)*** «Office français de l'immigration et de l'intégration» peut prescrire aux personnes mentionnées à l'article L. 8254-1 de consigner, sans délai, entre les mains de l'agent comptable de l'agence, une somme égale à 40 % du montant de la contribution spéciale. Cette somme est calculée conformément à l'article R. 8253-8.

Les dispositions de l'article R. 8253-10 sont applicables à cette consignation.

Art. D. 8254-10. Lorsque plusieurs personnes sont mentionnées au titre du même salarié étranger dans le procès-verbal mentionné à l'article R. 8253-2 et qu'il a ordonné la consignation, le directeur général de l' ***(D. 2009-331 du 25 mars 2009, JO 27)*** «Office français de l'immigration et de l'intégration» répartit à due proportion le montant de la somme à consigner entre ces personnes.

Art. D. 8254-11. Le ***(D. 2020-1545 du 9 déc. 2020, JO 10, entrée en vigueur le 01.04.2021)*** «directeur régional de l'économie, de l'emploi, du travail et des solidarités» vérifie que les conditions des articles L. 8254-1 et suivants sont réunies et demande à l'agent verbalisateur, si nécessaire, toutes informations complémentaires.

Il transmet au directeur général de l' ***(D. 2009-331 du 25 mars 2009, JO 27)*** «Office français de l'immigration et de l'intégration» son avis sur les modalités de mise en œuvre de la contribution spéciale à l'égard de chacune des personnes mentionnées dans la procédure.

Cet avis est accompagné du procès-verbal et de la notice qui lui est éventuellement annexée, ainsi que des observations de chacune de ces personnes s'il en a été produit.

Note Cet article a été modifié par le décret 2008-1510 du 30 décembre 2008, JO 31.

Art. D. 8254-12. Au vu des documents qui lui sont transmis en application des articles D. 8254-2, D. 8254-4 et D. 8254-5, le directeur général de l' ***(D. 2009-331 du 25 mars 2009, JO 27)*** «Office français de l'immigration et de l'intégration» décide, conformément à l'article R. 8253-6, de l'application de la contribution spéciale à l'employeur qui a occupé le salarié étranger non muni d'un titre de travail.

S'il décide de faire application de la règle de solidarité financière prévue à l'article L. 8254-2, il notifie le titre de recouvrement soit à celui qui a occupé le salarié, soit aux personnes mentionnées à ce même article.

Art. D. 8254-13. Lorsque plusieurs personnes sont concernées par l'application, au titre du même salarié étranger, de la règle de solidarité financière prévue à l'article L. 8254-2, le directeur général de l' ***(D. 2009-331 du 25 mars 2009, JO 27)*** «Office français de l'immigration et de l'intégration» répartit le montant de la contribution spéciale à due proportion du nombre de personnes ayant contracté en méconnaissance des dispositions de l'article D. 8254-2.

Art. D. 8254-14. Lorsque la contribution spéciale est mise à la charge des personnes mentionnées à l'article L. 8254-1, elle est déterminée et recouvrée conformément aux dispositions des articles R. 8253-1, R. 8253-7, R. 8253-8, R. 8253-11, R. 8253-13 et R. 8253-14.

CHAPITRE V Actions en justice

Art. L. 8255-1. Les organisations syndicales représentatives peuvent exercer en justice les actions nées en faveur des salariés étrangers en vertu des dispositions des articles L. 8252-1 et L. 8252-2, sans avoir à justifier d'un mandat de l'intéressé, à condition que celui-ci n'ait pas déclaré s'y opposer.

L'intéressé peut toujours intervenir à l'instance engagée par le syndicat.

Art. D. 8255-1. ***(D. 2015-364 du 30 mars 2015, art. 15, III, JO 31, entrée en vigueur le 01.05.2015)*** Le salarié est informé de l'action en justice envisagée par l'organisation syndicale représentative en application de l'article L. 8255-1 par tout moyen conférant date certaine. Cette information précise la nature et l'objet de l'action envisagée par l'organisation syndicale et indique que:

1° Le salarié peut faire connaître à l'organisation syndicale son opposition à l'action envisagée;
2° L'organisation syndicale peut exercer elle-même les voies de recours;
3° Le salarié peut toujours intervenir dans l'instance engagée par l'organisation syndicale.

Note Sur l'entrée en vigueur du décret 2015-364 précité, voir CE 8 juillet 2016, n° 389745, RJS 11/16 n° 735.

CHAPITRE VI Dispositions pénales

Art. L. 8256-1. Le fait de se rendre coupable de fraude ou de fausse déclaration pour obtenir, faire obtenir ou tenter de faire obtenir à un étranger le titre mentionné à l'article L. 8251-1 est puni d'un emprisonnement d'un an et d'une amende de 3 000 €.

Art. L. 8256-2. Le fait pour toute personne, directement ou par personne interposée, d'embaucher, de conserver à son service ou d'employer pour quelque durée que ce soit un étranger non muni du titre l'autorisant à exercer une activité salariée en France, en méconnaissance des dispositions du premier alinéa de l'article L. 8251-1, est puni d'un emprisonnement de cinq ans et d'une amende de 15 000 €.

Art. L. 8256-3

(L. 2011-672 du 16 juin 2011, art. 81, JO 17, entrée en vigueur au plus tard le 30.09.2011) «Le fait de recourir sciemment, directement ou indirectement, aux services d'un employeur d'un étranger ***(L. 2016-274 du 7 mars 2016, art. 18, 2°, JO 8)*** «non autorisé à travailler» est puni des mêmes peines.»

Ces peines sont portées à un emprisonnement de dix ans et une amende de 100 000 € lorsque l'infraction est commise en bande organisée.

(L. 2011-672 du 16 juin 2011, art. 74, JO 17) «Le premier alinéa n'est pas applicable à l'employeur qui, sur la base d'un titre frauduleux ou présenté frauduleusement par un étranger salarié, a procédé sans intention de participer à la fraude et sans connaissance de celle-ci à la déclaration auprès des organismes de sécurité sociale prévue à l'article L. 1221-10, à la déclaration unique d'embauche et à la vérification auprès des administrations territorialement compétentes du titre autorisant cet étranger à exercer une activité salariée en France.»

L'amende est appliquée autant de fois qu'il y a d'étrangers concernés.

Art. L. 8256-3. Les personnes physiques coupables des infractions prévues à l'article L. 8256-2 encourent les peines complémentaires suivantes:

1° L'interdiction, pour une durée de cinq ans au plus, d'exercer directement ou par personne interposée l'activité professionnelle dans l'exercice ou à l'occasion de l'exercice de laquelle l'infraction a été commise, selon les modalités prévues par l'article 131-27 du code pénal;

2° L'exclusion des marchés publics pour une durée de cinq ans au plus;

(L. 2015-990 du 6 août 2015, art. 282, II, JO 7) «3° La peine de confiscation dans les conditions et selon les modalités prévues à l'article 131-21 du code pénal;»

(L. 2014-790 du 10 juil. 2014, art. 8, JO 11) «4° L'affichage ou la diffusion de la décision prononcée, dans les conditions prévues à l'article 131-35 du code pénal. Lorsqu'une amende est prononcée, la juridiction peut ordonner que cette diffusion soit opérée, pour une durée maximale de deux ans, par les services du ministre chargé du travail sur un site internet dédié, dans des conditions prévues par décret en Conseil d'État pris après avis de la Commission nationale de l'informatique et des libertés;»

5° L'interdiction, suivant les modalités prévues par l'article 131-26 du code pénal, des droits civiques, civils et de la famille;

6° L'interdiction de séjour pour une durée de cinq ans au plus.

Note Sur les modalités de diffusion, par le ministère du Travail, de la «liste noire» des personnes condamnées pour travail dissimulé, marchandage, prêt illicite de main-d'œuvre ou emploi de ressortissants étrangers sans titre de travail, voir le chapitre unique (réglementaire) du titre Ier du livre II («Dispositions relatives à la publication des décisions pénales»; art. R. 8211-1 à 8) et sa note introductive.

Art. L. 8256-4. Les personnes physiques coupables des infractions prévues à l'article L. 8256-2 encourent la peine complémentaire de fermeture des locaux ou établissements tenus ou exploités par elles et ayant servi à commettre les faits incriminés.

Art. L. 8256-5. Les personnes physiques condamnées au titre de l'infraction prévue au deuxième alinéa de l'article L. 8256-2 encourent la peine complémentaire de confiscation de tout ou partie de leurs biens, quelle qu'en soit la nature.

Art. L. 8256-6. L'interdiction du territoire français peut être prononcée, dans les conditions prévues par les articles 131-30 à 131-30-2 du code pénal, pour une durée de dix ans au plus ou à titre définitif à l'encontre de tout étranger coupable des infractions définies à l'article L. 8256-2.

Art. L. 8256-7. Les personnes morales reconnues pénalement responsables, dans les conditions prévues par l'article 121-2 du code pénal, des infractions prévues au présent chapitre, à l'exception de l'article L. 8256-1, encourent:

1° L'amende, dans les conditions prévues à l'article 131-38 du code pénal;

2° Les peines mentionnées aux 1° à 5°, 8°, ***(L. 2014-790 du 10 juil. 2014, art. 12, JO 11)*** «9° et 12°» de l'article 131-39 du même code.

L'interdiction mentionnée au 2° de l'article 131-39 porte sur l'activité dans l'exercice ou à l'occasion de l'exercice de laquelle l'infraction a été commise.

(L. 2014-790 du 10 juil. 2014, art. 8, JO 11) «Lorsqu'une amende est prononcée, la juridiction peut ordonner que la diffusion prévue au 9° du même article 131-39 soit opérée, pour une durée maximale de deux ans, par les services du ministre chargé du travail sur un site internet dédié, dans des conditions prévues par décret en Conseil d'État pris après avis de la Commission nationale de l'informatique et des libertés.»

Note Sur les modalités de diffusion, par le ministère du Travail, de la «liste noire» des personnes condamnées pour travail dissimulé, marchandage, prêt illicite de main-d'œuvre ou emploi de ressortissants étrangers sans titre de travail, voir le chapitre unique (réglementaire) du titre Ier du livre II («Dispositions relatives à la publication des décisions pénales»; art. R. 8211-1 à 8) et sa note introductive.

Art. L. 8256-7-1. ***(L. 2011-672 du 16 juin 2011, art. 82, JO 17, entrée en vigueur au plus tard le 30.09.2011)*** Le prononcé de la peine complémentaire de fermeture provisoire d'établissement mentionnée au 4° de l'article 131-39 du code pénal n'entraîne ni rupture, ni suspension du contrat de travail, ni aucun préjudice pécuniaire à l'encontre des salariés de l'établissement concerné.

Art. L. 8256-8. Les personnes morales condamnées au titre de l'infraction prévue au ***(L. 2011-672 du 16 juin 2011, art. 81, JO 17, entrée en vigueur au plus tard le 30.09.2011)*** «troisième» alinéa de l'article L. 8256-2 encourent la peine complémentaire de confiscation de tout ou partie de leurs biens, quelle qu'en soit la nature.

Art. R. 8256-1. Le fait d'engager ou de conserver à son service un étranger dans une catégorie professionnelle, une profession ou une zone géographique autres que celles mentionnées, le cas échéant, sur le titre de travail mentionné au premier alinéa de l'article L. 8251-1, en méconnaissance du second alinéa de ce même article, est puni de l'amende prévue pour les contraventions de la cinquième classe.

La récidive est réprimée conformément aux articles 132-11 et 132-15 du code pénal.

TITRE VI CUMULS IRRÉGULIERS D'EMPLOIS

CHAPITRE Ier Interdictions et dérogations

SECTION 1. Interdictions

Art. L. 8261-1. Aucun salarié ne peut accomplir des travaux rémunérés au-delà de la durée maximale du travail, telle qu'elle ressort des dispositions légales de sa profession.

Art. L. 8261-2. Nul ne peut recourir aux services d'une personne qui méconnaît les dispositions de la présente section.

Note • **Cumul d'activités privées.** En cas de cumul par le salarié de deux contrats de travail entraînant un dépassement de la durée maximale du travail, l'employeur, auquel le salarié demande de réduire son temps de travail, n'est pas tenu d'accepter cette modification du contrat de travail (cass. soc. 10 mars 2009, n° 07-43.985, BC V n° 70; RJS 5/09, n° 456; RDT 2009 p. 455, note M. Véricel).

L'inertie du salarié, invité à se conformer aux prescriptions de l'article L. 324-2 [L. 8261-1] CT, ne peut, à elle seule, constituer la preuve d'une volonté claire et non équivoque de mettre fin à l'un des deux contrats de travail qu'il cumulait, et il appartient à l'employeur qui entend respecter l'interdiction édictée par l'article L. 324-3 [L. 8261-2] de mettre en œuvre une procédure de licenciement (cass. soc. 25 octobre 1990, n° 86-44.212, BC V n° 501; 1er avril 2003, n° 01-40.507, RJS 6/03 n° 782). Le salarié qui ne remet pas à son employeur, malgré plusieurs demandes de celui-ci, les documents permettant de vérifier la durée totale du travail, alors que de fait il dépassait la durée maximale autorisée, commet une faute grave rendant impossible son maintien dans l'entreprise (cass. soc. 19 mai 2010, n° 09-40.923, RJS 7/10 n° 614; JCP éd. S 2010, 1428, note A. Martinon). L'employeur n'est cependant pas libéré de son obligation de payer les salaires correspondant aux heures de travail effectuées (cass. soc. 31 janvier 1996, n° 92-40.944, BC V n° 34; RJS 3/96 n° 319). Sur la nécessaire mise en demeure préalable par l'employeur de faire cesser l'illégalité, voir cass. soc. 10 décembre 2003, n° 01-45.826, JSL n° 138, 27.01.2004, p. 23.

Si les articles L. 324-2 [L. 8261-1] et L. 324-3 [L. 8261-2] CT établissent une incompatibilité entre deux contrats entraînant un dépassement de la durée maximale du travail, la violation desdits articles résulte de l'accomplissement de travaux au-delà de la durée autorisée, mais non de la conclusion du second contrat, et il appartient au seul salarié de choisir, le cas échéant, l'emploi qu'il souhaite conserver (cass. soc. 13 mai 1992, n° 91-40.734, BC V n° 299).

Art. L. 8261-3

• **Cumul d'un emploi public et d'une activité privée.** Ni les dispositions de la loi 83-634 du 13 juillet 1983 portant droits et obligations des fonctionnaires, ni celles des articles L. 324-1 [abrogé] et L. 324-3 [L. 8261-2], relatives au cumul d'une fonction publique et d'une activité privée, n'édictent la nullité de la convention de droit privé qui serait passée en contravention à ces prescriptions (cass. soc. 4 mai 1993, n° 89-42.572, RJS 7/93 n° 776; 7 décembre 1994, n° 91-44-458). L'article 25 de la loi du 13 juillet 1983 n'édicte pas la nullité des conventions de droit privé qui seraient passées en contravention à ses prescriptions et n'a aucune incidence sur leur qualification juridique (cass. soc. 23 octobre 2013, n° 12-19.921, RJS 1/14 n° 68).

Voir circ. Fonction Publique 2157 du 11 mars 2008 (BIFP 2008) relative au cumul d'activité qui précise les modalités d'application de la loi 83-634 précitée.

SECTION 2. Dérogations

Art. L. 8261-3. Sont exclus des interdictions prévues à l'article L. 8261-1 :

1° Les travaux d'ordre scientifique, littéraire ou artistique et les concours apportés aux œuvres d'intérêt général, notamment d'enseignement, d'éducation ou de bienfaisance ;

2° Les travaux accomplis pour son propre compte ou à titre gratuit sous forme d'une entraide bénévole ;

3° Les petits travaux ménagers accomplis chez des particuliers pour leurs besoins personnels ;

4° Les travaux d'extrême urgence dont l'exécution immédiate est nécessaire pour prévenir des accidents imminents ou organiser des mesures de sauvetage.

Note Il résulte de la combinaison des articles L. 324-1, et L. 324-4, 1° [L. 8261-3] CT et de l'article 25 de la loi du 13 juillet 1983 modifié, dans leur rédaction alors applicable, que si un agent public ne peut exercer à titre professionnel une activité privée lucrative, cette interdiction connaît une dérogation pour les travaux d'ordre scientifique, littéraire ou artistique et les concours apportés aux œuvres d'intérêt général, notamment d'enseignement, d'éducation ou de bienfaisance. Cette dérogation concerne tous les agents publics qu'ils soient employés à temps complet ou à temps partiel et s'applique en l'espèce à un agent de collectivité exerçant la fonction d'aide ménagère dans une association (cass. soc. 13 novembre 2008, n° 07-41.878, JSL n° 247, 14.01.2009, p. 25).

Art. D. 8261-1. Les agents de l'inspection du travail peuvent se faire communiquer, par les chefs d'établissement soumis à leur contrôle, la liste des noms et adresses de tous les fournisseurs de ces établissements et, pour chacun de ces fournisseurs, une lettre ou tout autre document faisant mention de l'inscription au registre du commerce ou au registre des métiers.

Art. D. 8261-2. Lorsque des présomptions tirées notamment des conditions d'organisation du travail de tout ou partie des salariés employés dans une entreprise laissent craindre à l'inspecteur ou au contrôleur du travail que cet emploi constitue une infraction à la fois à l'interdiction de cumul d'emploi prévue à l'article L. 8261-1 et à la dérogation prévue à l'article L. 8261-3, il peut demander à l'employeur d'exiger des salariés désignés une attestation écrite certifiant qu'ils ne contreviennent pas à ces mêmes dispositions ou à celles relatives à la durée du travail.

Art. D. 8271-1. Pour l'application des articles L. 8261-1 et suivants, relatifs aux interdictions et dérogations de cumul d'emplois, les droits et pouvoirs des inspecteurs du travail et contrôleurs du travail, définis au livre premier, sont étendus à tous les établissements dont le chef exerce habituellement une profession industrielle, commerciale ou artisanale, même s'il s'agit d'établissements de famille ou n'occupant pas de salariés.

Les chefs de ces établissements tiennent à la disposition des agents de l'inspection du travail toutes justifications de leurs inscriptions soit au registre du commerce, soit au registre des métiers.

CHAPITRE II (réglementaire) Dispositions pénales

Art. R. 8262-1. Le fait, pour un salarié, d'accomplir des travaux rémunérés au-delà de la durée maximale hebdomadaire du travail, telle qu'elle ressort des dispositions légales de sa profession, en méconnaissance des dispositions de l'article L. 8261-1, est puni de l'amende prévue pour les contraventions de la cinquième classe.

La récidive est réprimée conformément aux articles 132-11 et 132-15 du code pénal.

Art. R. 8262-2. Le fait de recourir aux services d'une personne qui méconnaît les dispositions de l'article L. 8261-1 est puni de l'amende prévue pour les contraventions de la cinquième classe.

La récidive est réprimée conformément aux articles 132-11 et 132-15 du code pénal.

TITRE VII CONTRÔLE DU TRAVAIL ILLÉGAL

Note Voir instruction DGT 2016-03 du 12 juillet 2016 et circulaire ministérielle du 18 juillet 2016 (BO MJ 2016-07 du 29 juillet 2016) relative au droit pénal du travail (présentation de l'ordonnance 2016-413 du 7 avril 2016; coordination des sanctions administratives et pénales en droit du travail).

CHAPITRE Ier Compétence des agents

SECTION 1. Dispositions communes

Art. L. 8271-1. Les infractions constitutives de travail illégal mentionnées à l'article L. 8211-1 sont recherchées et constatées par les agents de contrôle mentionnés à l'article ***(L. 2011-672 du 16 juin 2011, art. 84, JO 17, entrée en vigueur au plus tard le 30.09.2011)*** « L. 8271-1-2» dans la limite de leurs compétences respectives en matière de travail illégal.

Note La recherche des infractions constitutives de travail illégal s'inscrit en principe dans le cadre de la procédure spécifique prévue par les articles du code du travail. Mais la jurisprudence admet que l'Urssaf peut également procéder à cette recherche dans le cadre d'une procédure de contrôle ordinaire de l'application de la législation de sécurité sociale. En effet, ni les procédures du code du travail, ni l'exercice du droit de communication n'empêchent les Urssaf de procéder à un contrôle selon les règles de droit commun pour recouvrer les cotisations afférentes (cass. civ., 2e ch., 7 juillet 2016, n° 15-16.110, BC II n° 190; 9 novembre 2017, n° 16-23.484, BC II n° 208; RJS 1/18 n° 69; 7 novembre 2019, n° 18-21.947, à paraître, RJS 1/20 n° 40).

Mais les contrôleurs Urssaf ne peuvent pas, dans cette situation, user des prérogatives dont ils disposent dans le cadre de la procédure de contrôle du travail illégal (cass. civ., 2e ch., 9 octobre 2014, n° 13-19.493). Ainsi, quand le contrôle a été engagé selon la procédure de droit commun (selon le code de sécurité sociale), l'Urssaf ne peut pas solliciter d'un tiers des documents non demandés initialement à l'employeur (cass. civ., 2e ch., 22 octobre 2020, n° 19-18.335, à paraître, LS Jurispr. n° 208 du 17.11.2020; JCP éd. S 2020, 3085, note X. Aumeran).

Art. L. 8271-1-1. ***(L. 2011-672 du 16 juin 2011, art. 83, JO 17, entrée en vigueur au plus tard le 30.09.2011)*** Les infractions au premier alinéa de l'article 3 de la loi n° 75-1334 du 31 décembre 1975 relative à la sous-traitance sont constatées par les agents mentionnés à l'article L. 8271-1-2. Ces infractions sont punies d'une amende de 7 500 €.

Art. L. 8271-1-2. ***(L. 2011-672 du 16 juin 2011, art. 84, JO 17, entrée en vigueur au plus tard le 30.09.2011)*** Les agents de contrôle compétents en application de l'article L. 8271-1 sont:

1° Les ***(L. 2016-1088 du 8 août 2016, art. 113, III, 5°, JO 9)*** «agents de contrôle de l'inspection du travail mentionnés à l'article L. 8112-1»;

2° Les officiers et agents de police judiciaire;

3° Les agents des impôts et des douanes;

4° Les agents des organismes de sécurité sociale et des caisses de mutualité sociale agricole agréés à cet effet et assermentés;

5° ***(L. 2013-431 du 28 mai 2013, art. 31, IX, JO 29)*** «Les administrateurs des affaires maritimes, les officiers du corps technique et administratif des affaires maritimes et les fonctionnaires affectés dans les services exerçant des missions de contrôle dans le domaine des affaires maritimes sous l'autorité ou à la disposition du ministre chargé de la mer;»

6° Les fonctionnaires des corps techniques de l'aviation civile commissionnés à cet effet et assermentés;

7° Les fonctionnaires ou agents de l'État chargés du contrôle des transports terrestres;

8° Les agents de l'institution mentionnée à l'article L. 5312-1, chargés de la prévention des fraudes, agréés et assermentés à cet effet.

Note • **Agréments des agents chargés du contrôle.** Voir arrêté du 5 mai 2014 (JO 23) fixant les conditions d'agrément des agents chargés du contrôle de l'application des législations de sécurité sociale et de certaines dispositions du code du travail, modifié par arrêté du 15 juillet 2019 (JO 31 août), et arrêté du 16 juin 2011 (JO 30) relatif aux conditions d'agrément et d'assermentation des agents de Pôle emploi en charge de la prévention des fraudes, modifié par décret 2019-966 du 18 septembre 2019 (art. 8, JO 19, entrée en vigueur le 01.01.2020).

Art. L. 8271-1-3

• **Office dédié à la lutte contre le travail illégal.** Un Office central de lutte contre le travail illégal est rattaché à la direction générale de la gendarmerie nationale et à la direction centrale de la police judiciaire (décret 2005-455 du 12 mai 2005, JO 13, modifié par décret 2018-1337 du 28 décembre 2018, JO 30).

• **Rôle et compétences des agents des Direccte.** Voir «La lutte contre le travail illégal par l'inspection du travail», Th. Kapp, Dr. Soc. 2014, p. 892; «La recherche et le constat des infractions en matière de travail illégal par l'inspection du travail: un exemple d'enquête», P. Ramackers, Dr. Soc. 2014, p. 898.

Art. L. 8271-1-3. ***(L. 2011-1977 du 28 déc. 2011, art. 62, JO 29)*** Pour la mise en œuvre des articles L. 8272-1 à L. 8272-4, le représentant de l'État dans le département reçoit copie des procès-verbaux relevant les infractions constitutives de travail illégal constatées par les agents de contrôle mentionnés à l'article L. 8271-1-2.

Note Voir circulaire interministérielle EFIZ1239322C du 28 novembre 2012 relative aux sanctions administratives suite à procès-verbal relevant une infraction de travail illégal.

Art. L. 8271-2. Les agents de contrôle mentionnés à l'article ***(L. 2011-672 du 16 juin 2011, art. 84, JO 17, entrée en vigueur au plus tard le 30.09.2011)*** « L. 8271-1-2 » se communiquent réciproquement tous renseignements et tous documents utiles à l'accomplissement de leur mission de lutte contre le travail illégal.

Les agents de la concurrence, de la consommation et de la répression des fraudes sont habilités à leur transmettre tous renseignements et documents nécessaires à cette mission.

Art. L. 8271-3. Lorsqu'ils ne relèvent pas des services de la police ou de la gendarmerie nationales, les agents de contrôle mentionnés à l'article ***(L. 2011-672 du 16 juin 2011, art. 84, JO 17, entrée en vigueur au plus tard le 30.09.2011)*** « L. 8271-1-2 » peuvent solliciter des interprètes assermentés inscrits sur l'une des listes prévues à l'article 157 du code de procédure pénale, pour le contrôle de la réglementation sur la main-d'œuvre étrangère et le détachement transnational de travailleurs.

(L. 2016-1088 du 8 août 2016, art. 109, II, JO 9) «Les agents de contrôle mentionnés au premier alinéa du présent article qui exercent leur droit d'entrée dans les établissements dans les conditions mentionnées à l'article L. 8113-1 du présent code peuvent être accompagnés de ces interprètes assermentés.»

Note L'assistance d'interprètes assermentés a vocation à mieux identifier les situations dangereuses pour les salariés et à mieux garantir l'application de certaines décisions (ex.: la suspension des travaux). Auparavant, cette assistance était déjà prévue par le code du travail mais pas de façon spécifique au droit d'entrée (voir art. L. 8113-1 CT). Voir LS Dossier juridique n° 177 du 03.10.2016 : «Loi Travail (8): le contrôle du travail illégal».

Art. L. 8271-4. Les agents de contrôle mentionnés à l'article ***(L. 2011-672 du 16 juin 2011, art. 84, JO 17, entrée en vigueur au plus tard le 30.09.2011)*** « L. 8271-1-2 » transmettent, sur demande écrite, aux agents du ***(Ord. 2009-901 du 24 juil. 2009, JO 25)*** «Centre national du cinéma et de l'image animée», des directions régionales des affaires culturelles, de l' ***(L. 2008-126 du 13 févr. 2008, JO 14)*** «institution mentionnée à l'article L. 5312-1», de l' ***(L. 2008-126 du 13 févr. 2008, JO 14)*** «organisme gestionnaire du régime d'assurance chômage» et des collectivités territoriales tous renseignements et tous documents nécessaires à l'appréciation des droits ou à l'exécution d'obligations qui entrent dans le champ de leurs compétences respectives.

Ils disposent, dans l'exercice de leur mission de lutte contre le travail illégal, d'un droit de communication sur tous renseignements et documents nécessaires auprès de ces services.

Note Voir circulaire interministérielle du 28 novembre 2012 précitée sous l'article L. 8271-1-3.

Art. L. 8271-5. Les agents de contrôle mentionnés à l'article ***(L. 2011-672 du 16 juin 2011, art. 84, JO 17, entrée en vigueur au plus tard le 30.09.2011)*** « L. 8271-1-2 » peuvent, sur demande écrite, obtenir des organismes chargés d'un régime de protection sociale ou des caisses assurant le service des congés payés mentionnées au livre Ier de la troisième partie tous renseignements ou tous documents utiles à l'accomplissement de leurs missions en matière de travail illégal.

Ils transmettent à ces organismes, qui doivent en faire la demande par écrit, tous renseignements et tous documents permettant à ces derniers de recouvrer les sommes impayées ou d'obtenir le remboursement de sommes indûment versées.

Art. L. 8271-5-1. ***(L. 2016-1088 du 8 août 2016, art. 109, III, JO 9)*** Les agents de contrôle mentionnés à l'article L. 8271-1-2 du présent code peuvent transmettre aux agents de l'organisme mentionné à l'article L. 767-1 du code de la sécurité sociale tous renseignements et documents utiles à l'accomplissement par ces derniers des missions confiées à cet organisme pour l'application des règlements et accords internationaux et européens de sécurité sociale.

Les agents de l'organisme mentionné au même article L. 767-1 peuvent transmettre aux agents de contrôle mentionnés à l'article L. 8271-1-2 du présent code tous renseignements et documents utiles à l'accomplissement de leur mission de lutte contre le travail illégal.

Note **Coopération avec le CLEISS.** Les agents de l'organisme mentionné à l'article L. 767-1 c. séc. soc. sont ceux du centre des liaisons européennes et internationales de sécurité sociale (Cleiss). Celui-ci est un établissement public national qui assure notamment le rôle d'organisme de liaison entre les institutions de sécurité sociale françaises et les institutions de sécurité sociale étrangères pour l'application des règlements de la communauté européenne et des accords internationaux de sécurité sociale.

Voir LS Dossier juridique n° 177 du 03.10.2016 : «Loi Travail (8): le contrôle du travail illégal».

Art. L. 8271-6. Les agents de contrôle mentionnés à l'article ***(L. 2011-672 du 16 juin 2011, art. 84, JO 17, entrée en vigueur au plus tard le 30.09.2011)*** « L. 8271-1-2», ainsi que les autorités chargées de la coordination de leurs actions, peuvent échanger tous renseignements et tous documents nécessaires à l'accomplissement de leur mission de lutte contre le travail illégal avec les agents investis des mêmes compétences et les autorités chargées de la coordination de leurs actions dans les États étrangers.

Lorsque des accords sont conclus avec les autorités de ces États, ils prévoient les modalités de mise en œuvre de ces échanges.

Art. L. 8271-6-1. ***(L. 2011-672 du 16 juin 2011, art. 84, JO 17, entrée en vigueur au plus tard le 30.09.2011)*** Les agents de contrôle mentionnés à l'article L. 8271-1-2 sont habilités à entendre, en quelque lieu que ce soit et avec son consentement, tout employeur ou son représentant et toute personne rémunérée, ayant été rémunérée ou présumée être ou avoir été rémunérée par l'employeur ou par un travailleur indépendant, afin de connaître la nature des activités de cette personne, ses conditions d'emploi et le montant des rémunérations s'y rapportant, y compris les avantages en nature. De même, ils peuvent entendre toute personne susceptible de fournir des informations utiles à l'accomplissement de leur mission de lutte contre le travail illégal.

(L. 2016-731 du 3 juin 2016, art. 83, II, JO 4) «Conformément à l'article 28 du code de procédure pénale, l'article 61-1 du même code est applicable lorsqu'il est procédé à l'audition d'une personne à l'égard de laquelle il existe des raisons plausibles de soupçonner qu'elle a commis ou tenté de commettre une infraction.»

Ces auditions peuvent faire l'objet d'un procès-verbal signé des agents mentionnés au premier alinéa et des personnes entendues.

Ces agents sont en outre habilités à demander aux employeurs, aux travailleurs indépendants, aux personnes employées dans l'entreprise ou sur le lieu de travail ainsi qu'à toute personne dont ils recueillent les déclarations dans l'exercice de leur mission de justifier de leur identité et de leur adresse.

Note L'élargissement des prérogatives des agents de l'Urssaf en matière d'audition des personnes remet en cause la jurisprudence déclarant nul le contrôle assorti d'une audition des salariés à leur domicile (cass. soc. 6 juin 1996, n° 94-14.202, BC V n° 234; RJS 7/96 n° 841; voir également cass. soc. 14 juin 2001, n° 99-20.506, RJS 8-9/01 n° 1067). Les dispositions de l'article R. 243-59 c. séc. soc. ne sont pas applicables aux opérations ayant pour objet la recherche et la constatation d'infractions constitutives de travail illégal engagées sur le fondement des articles L. 8271-1 et s. CT (cass. civ., 2e ch., 9 octobre 2014, n° 13-19.493, BC II n° 204; RJS 12/14 n° 882; JCP éd. S 2014, 1483, note C. Millet-Ursin et O. Anfray); mais dans la mesure où l'Urssaf a envoyé un avis de passage à l'employeur en référence à l'article R. 243-59 c. séc. soc., elle aurait dû remettre à celui-ci au début du contrôle la charte du cotisant contrôlé, peu important que le contrôle ait conduit à la constatation d'une infraction de travail dissimulé (cass. civ., 2e ch., 9 octobre 2014, n° 10-13.699, BC II n° 203; RJS 1/15 n° 52).

Il résulte de cet article que les auditions auxquelles les agents de contrôle procèdent pour la recherche et le constat des infractions en matière de travail illégal ne peuvent être réalisées qu'avec le consentement des personnes entendues (cass. civ., 2e ch., 9 octobre

2014, n° 13-19.493, précité ; 19 septembre 2019, n° 18-19.929, à paraître, LSQ n° 17912 du 07.10.2019 ; JCP éd. S 2019, 1303, note X. Aumeran ; RJS 12/19 n° 716, 2e espèce ; JSL n° 489, 09.01.2020, p. 22, D. Julien-Paturle : ces dispositions sont d'application stricte ; c'est donc à tort qu'une cour d'appel a retenu qu'elles ne s'appliquaient que lorsque l'organisme contrôleur entendait exclusivement fonder un redressement sur les déclarations du témoin ou du dirigeant entendu). Mais ce principe ne s'applique pas à une audition intervenue après la notification de la lettre d'observations consécutive au procès-verbal de constatation d'infraction, qui n'entre pas dans le champ d'application des opérations de recherche et de constat d'infraction ; le défaut de mention du consentement de la personne auditionnée dans le procès-verbal de cette audition n'entraîne donc pas l'annulation du redressement (cass. civ., 2e ch., 19 septembre 2019, n° 18-19.847, à paraître, LSQ n° 17912 du 07.10.2019 ; JCP éd. S 2019, 1304, note K. Meiffret-Delsanto ; RJS 12/19 n° 716, 1re espèce ; JSL n° 489, 09.01.2020, p. 22, D. Julien-Paturle).

La rédaction d'un procès-verbal d'audition n'étant qu'une faculté, l'envoi de questionnaires aux salariés libres d'y répondre n'est pas de nature à entraîner la nullité du contrôle (cass. civ., 2e ch., 17 février 2011, n° 10-14.388, BC II n° 54 ; RJS 5/11 n° 459 ; JCP éd S 2011, 1248, note T. Tauran).

Sur l'audition contradictoire et la confrontation avec le prévenu des témoins à charge en application de la Convention européenne des droits de l'homme et, en cas d'impossibilité, la mise en évidence dans le jugement d'autres éléments de conviction, voir cass. crim. 10 mai 2006, n° 05-82.826, B. crim. n° 123.

Art. L. 8271-6-2. ***(L. 2011-672 du 16 juin 2011, art. 84, JO 17, entrée en vigueur au plus tard le 30.09.2011)*** Pour la recherche et la constatation des infractions constitutives de travail illégal, les agents de contrôle mentionnés à l'article L. 8271-1-2 peuvent se faire présenter et obtenir copie immédiate des documents justifiant du respect des dispositions du présent livre ***(L. 2014-790 du 10 juil. 2014, art. 7, JO 11)*** « et du chapitre II du titre VI du livre II de la première partie ».

Art. L. 8271-6-3. ***(L. 2015-1702 du 21 déc. 2015, art. 94, I, JO 22)*** Les agents de contrôle mentionnés à l'article L. 8271-1-2 peuvent transmettre aux agents habilités par le directeur du Conseil national des activités privées de sécurité, mentionnés à l'article L. 634-1 du code de la sécurité intérieure, tous renseignements et tous documents leur permettant d'assurer le contrôle des personnes exerçant les activités privées de sécurité pour tirer les conséquences d'une situation de travail illégal.

Les agents habilités par le directeur du Conseil national des activités privées de sécurité peuvent transmettre aux agents de contrôle mentionnés à l'article L. 8271-1-2 du présent code tous renseignements et documents nécessaires à leur mission de lutte contre le travail illégal.

Art. L. 8271-6-4. ***(L. 2016-1827 du 23 déc. 2016, art. 24, III, JO 24)*** Les agents de contrôle mentionnés à l'article L. 8271-1-2 communiquent leurs procès-verbaux relevant une des infractions constitutives de travail illégal mentionnées aux 1° à 4° de l'article L. 8211-1 du présent code aux organismes de recouvrement mentionnés aux articles L. 213-1 et L. 752-1 du code de la sécurité sociale et à l'article L. 723-3 du code rural et de la pêche maritime, qui procèdent à la mise en recouvrement des cotisations et contributions qui leur sont dues sur la base des informations contenues dans ces procès-verbaux.

Note Cet article s'applique aux contrôles engagés depuis le 01.01.2017 (loi 2016-1827 précitée, art. 24, IV). Voir RF 29 décembre 2016, FH 3673, § 1-36.

SECTION 2. Travail dissimulé

Art. L. 8271-7. ***(L. 2011-672 du 16 juin 2011, art. 84, JO 17, entrée en vigueur au plus tard le 30.09.2011)*** Les infractions aux interdictions du travail dissimulé prévues à l'article L. 8221-1 sont recherchées par les agents mentionnés à l'article L. 8271-1-2.

Art. L. 8271-8. Les infractions aux interdictions du travail dissimulé sont constatées au moyen de procès-verbaux qui font foi jusqu'à preuve du contraire.

Ces procès-verbaux sont transmis directement au procureur de la République.

Art. L. 8271-9. Pour la recherche et la constatation des infractions aux interdictions du travail dissimulé, les agents de contrôle peuvent se faire présenter et obtenir copie immédiate des documents suivants, quels que soient leur forme et leur support :

1° Les documents justifiant que l'immatriculation, les déclarations et les formalités mentionnées aux articles L. 8221-3 et L. 8221-5 ont été effectuées ainsi que ceux relatifs à l'autorisation d'exercice de la profession ou à l'agrément lorsqu'une disposition particulière l'a prévu ;

2° Les documents justifiant que l'entreprise a vérifié, conformément aux dispositions des articles L. 8222-1 ou L. 8222-4, que son ou ses cocontractants ont accompli les formalités mentionnées aux articles L. 8221-3 et L. 8221-5 ou des réglementations d'effet équivalent de leur pays d'origine ;

3° Les devis, les bons de commande ou de travaux, les factures et les contrats ou documents commerciaux relatifs aux prestations exécutées en méconnaissance des dispositions de l'article L. 8221-1 ;

(L. 2014-626 du 18 juin 2014, art. 31, JO 19) « 4° Les attestations d'assurances professionnelles détenues par les travailleurs indépendants lorsque ces assurances répondent à une obligation légale. »

Art. L. 8271-10. Les agents de contrôle peuvent, sur demande écrite, obtenir des services préfectoraux tous renseignements ou tous documents relatifs à l'autorisation d'exercice ou à l'agrément d'une profession réglementée.

Art. L. 8271-12. Les agents de contrôle sont habilités, lorsque le siège de l'entreprise est domicilié dans des locaux occupés en commun en application de l'article L. 123-10 du code de commerce réprimant certaines infractions en matière de registre du commerce et des sociétés, à se faire communiquer par l'entreprise domiciliataire tous les documents détenus dans ses locaux nécessaires à l'accomplissement de leur mission de lutte contre le travail dissimulé.

SECTION 3. Marchandage

Art. L. 8271-14. Outre les ***(L. 2016-1088 du 8 août 2016, art. 113, III, 2°, JO 9)*** « agents de contrôle de l'inspection du travail mentionnés à l'article L. 8112-1 », les agents et officiers de police judiciaire, les agents des impôts et des douanes sont compétents pour rechercher et constater, au moyen de procès-verbaux transmis directement au procureur de la République, les infractions aux dispositions de l'article L. 8231-1 relatives à l'interdiction du marchandage.

Art. L. 8271-15. Dans le cadre de leur mission de lutte contre le marchandage, les agents mentionnés à l'article L. 8271-14 peuvent se faire présenter les devis, les bons de commande ou de travaux, les factures et les contrats ou documents commerciaux relatifs aux opérations de marchandage.

SECTION 4. Prêt illicite de main-d'œuvre

Art. L. 8271-16. Dans le cadre de leur mission de lutte contre le prêt illicite de main-d'œuvre, les agents mentionnés à l'article L. 8112-1 peuvent se faire présenter les devis, les bons de commande ou de travaux, les factures et les contrats ou documents commerciaux relatifs aux opérations de prêt illicite de main-d'œuvre.

SECTION 5. Emploi d'étrangers non autorisés à travailler

Art. L. 8271-17. Outre les ***(L. 2016-1088 du 8 août 2016, art. 113, III, 2°, JO 9)*** « agents de contrôle de l'inspection du travail mentionnés à l'article L. 8112-1 », les agents et officiers de police judiciaire, les agents de la direction générale des douanes sont compétents pour rechercher et constater, au moyen de procès-verbaux transmis directement au procureur de la République, les infractions aux dispositions de l'article L. 8251-1 relatif à l'emploi d'un étranger ***(L. 2016-274 du 7 mars 2016, art. 18, 1°, JO 8)*** « non autorisé à travailler » ***(L. 2011-672 du 16 juin 2011, art. 75, JO 17, entrée en vigueur au plus tard le 30.09.2011)*** « et de l'article L. 8251-2 interdisant le recours aux services d'un employeur d'un étranger ***(L. 2016-274 du 7 mars 2016, art. 18, 2°, JO 8)*** « non autorisé à travailler ».

(L. 2011-1977 du 28 déc. 2011, art. 62, JO 29) « Afin de permettre la liquidation de la contribution spéciale mentionnée à l'article L. 8253-1 du présent code et de la contribution forfaitaire mentionnée à l'article ***(Ord. 2020-1733 du 16 déc. 2020, art. 16, JO 30, entrée en vigueur le 01.05.2021)*** « L. 822-2 » du code de l'entrée et du séjour des étrangers et du droit d'asile, le directeur général de l'Office français de l'immigration et de l'intégration reçoit des agents mentionnés au premier alinéa du présent article une copie des procès-verbaux relatifs à ces infractions. »

Art. L. 8271-18. Les dispositions de l'article L. 8271-13 sont applicables à la recherche et à la constatation des infractions à l'emploi d'étranger ***(L. 2016-274 du 7 mars 2016, art. 18, 1°, JO 8)*** «non autorisé à travailler».

Note L'article L. 8271-13 CT, qui permettait aux officiers de police judiciaire, dans le cadre des enquêtes préliminaires diligentées pour la recherche et la constatation des infractions aux interdictions de travail dissimulé, hors situation de flagrance, de procéder, sur simple autorisation judiciaire et sans l'accord de l'employeur, à des visites domiciliaires, perquisitions et saisies de pièces à conviction dans les lieux de travail, y compris dans ceux n'abritant pas de salariés et même lorsqu'il s'agissait de locaux habités, a été déclaré contraire à la Constitution et abrogé au 1er janvier 2015 (C. constit. 4 avril 2014, n° 2014-387 QPC, JO 5, LSQ n° 16568 du 09.04.2014). Sur la non-conformité de l'article L. 8271-13 CT, dans sa rédaction issue de l'ordonnance 2010-462 du 6 mai 2010, à l'article 8 de la Convention européenne des droits de l'homme au motif qu'il ne prévoyait pas le contrôle des opérations de perquisition et saisie de pièces à conviction par le juge qui les avait ordonnées, voir cass. crim. 10 décembre 2019, n° 18-85.833, à paraître, RJS 2/20 n° 107.

Art. L. 8271-19. Afin de lutter contre le travail illégal, les agents chargés de la délivrance des titres de séjour, individuellement désignés et dûment habilités, peuvent avoir accès aux traitements automatisés des autorisations de travail dans les conditions définies par la loi n° 78-17 du 6 janvier 1978 relative à l'informatique, aux fichiers et aux libertés.

Pour les mêmes motifs, les ***(L. 2016-1088 du 8 août 2016, art. 113, III, 8°, JO 9)*** «agents de contrôle de l'inspection du travail mentionnés à l'article L. 8112-1» et fonctionnaires assimilés, individuellement désignés et dûment habilités, peuvent avoir accès aux traitements automatisés des titres de séjour des étrangers dans les conditions définies par la loi n° 78-17 du 6 janvier 1978 précitée.

Note Sur l'accès des agents de contrôle de l'inspection du travail à l'application de gestion des dossiers des ressortissants étrangers en France (AGDREF2), voir art. R. 611-5 ancien CESEDA.

SECTION 6. Dispositions d'application

Art. L. 8271-20. Un décret en Conseil d'État détermine les conditions d'application des dispositions des articles L. 8271-7 à L. 8271-12.

CHAPITRE II Sanctions administratives

Note • Voir circulaire intermin. EFIZ1239322C du 28 novembre 2012 relative aux sanctions administratives suite à procès-verbal relevant une infraction de travail illégal; voir aussi circulaire intermin. 2006-01 du 29 mai 2006 (BO TR 2006/6).

• À noter que le code de la sécurité sociale prévoit également des sanctions à l'encontre des employeurs et travailleurs indépendants lorsqu'a été constatée une infraction constitutive de travail illégal:
– sur le redressement forfaitaire d'assiette appliqué en cas de travail dissimulé pour le calcul des cotisations de sécurité sociale et sur la majoration du montant du redressement des cotisations et contributions sociales, voir art. L. 242-1-2, L. 243-7-5 à 7-7 et R. 243-18 et s. c. séc. soc.; voir aussi note sous art. L. 8224-2;
– sur le refus ou l'annulation des réductions et exonérations de cotisations sociales, voir art. L. 133-4-2, L. 133-4-5 (donneurs d'ordre), R. 613-15 (régime micro-social) et L. 242-1-1 c. séc. soc.; voir aussi circulaire DSS/5C 2008-254 du 28 juillet 2008 (LSQ n° 15190 du 05.09.2008);
– sur l'impossibilité de se voir proposer par le directeur de l'Urssaf une transaction sociale et, pour les très petites entreprises, la limitation de la durée du contrôle, voir art. L. 243-6-5 et L. 243-13 c. séc. soc.

• Par ailleurs, sur l'exclusion de la procédure de passation des marchés publics ou des contrats de concession des personnes sanctionnées pour méconnaissance des obligations prévues aux articles L. 8221-1, L. 8221-3, L. 8221-5, L. 8231-1, L. 8241-1, L. 8251-1 et L. 8251-2 CT, voir note introductive du livre II «Lutte contre le travail dissimulé».

Art. L. 8272-1. Lorsque l'autorité administrative a connaissance d'un procès-verbal relevant une des infractions constitutives de travail illégal mentionnées à l'article L. 8211-1, elle peut, eu égard à la gravité des faits constatés, à la nature des aides sollicitées et à l'avantage qu'elles procurent à l'employeur, refuser d'accorder, pendant une durée maximale de cinq ans, ***(L. 2011-672 du 16 juin 2011, art. 85, JO 17, entrée en vigueur au plus tard le 30.09.2011)*** «certaines des aides publiques en matière d'emploi, de formation professionnelle et de culture» à la personne ayant fait l'objet de cette verbalisation.

Cette décision de refus est prise sans préjudice des poursuites judiciaires qui peuvent être engagées.

(L. 2011-672 du 16 juin 2011, art. 85, JO 17, entrée en vigueur au plus tard le 30.09.2011) « L'autorité administrative peut également demander, eu égard aux critères mentionnés au premier alinéa, le remboursement de tout ou partie des aides publiques mentionnées au premier alinéa et perçues au cours des douze derniers mois précédant l'établissement du procès-verbal. »

Un décret fixe la nature des aides concernées et les modalités de la prise de décision relative au refus de leur attribution ***(L. 2011-672 du 16 juin 2011, art. 85, JO 17, entrée en vigueur au plus tard le 30.09.2011)*** « ou à leur remboursement ».

Art. L. 8272-2. ***(L. 2011-672 du 16 juin 2011, art. 86, JO 17, entrée en vigueur au plus tard le 30.09.2011)*** Lorsque l'autorité administrative a connaissance d'un procès-verbal relevant une infraction prévue aux 1° à 4° de l'article L. 8211-1 ***(L. 2015-990 du 6 août 2015, art. 282, I, JO 7)*** « ou d'un rapport établi par l'un des agents de contrôle mentionnés à l'article L. 8271-1-2 constatant un manquement prévu aux mêmes 1° à 4° », elle peut, ***(L. 2014-790 du 10 juil. 2014, art. 10, JO 11)*** « si la proportion de salariés concernés le justifie, » eu égard à la répétition ***(L. 2014-790 du 10 juil. 2014, art. 10, JO 11)*** « ou » à la gravité des faits constatés, ordonner par décision motivée la fermeture de l'établissement ayant servi à commettre l'infraction, à titre ***(L. 2015-990 du 6 août 2015, art. 282, I, JO 7)*** « temporaire » et pour une durée ne pouvant excéder trois mois. Elle en avise sans délai le procureur de la République.

(L. 2015-990 du 6 août 2015, art. 282, I, JO 7) « La mesure de fermeture temporaire est levée de plein droit en cas de décision de relaxe ou de non-lieu. Lorsqu'une fermeture administrative temporaire a été décidée par l'autorité administrative avant un jugement pénal, sa durée s'impute sur la durée de la peine complémentaire de fermeture mentionnée au 4° de l'article 131-39 du code pénal, pour une durée de cinq ans au plus des établissements ou de l'un ou de plusieurs des établissements de l'entreprise ayant servi à commettre les faits incriminés, prononcée, le cas échéant, par la juridiction pénale. »

La mesure de fermeture ***(L. 2015-990 du 6 août 2015, art. 282, I, JO 7)*** « temporaire » peut s'accompagner de la saisie à titre conservatoire du matériel professionnel des contrevenants.

(L. 2016-1088 du 8 août 2016, art. 110, JO 9) « Lorsque l'activité de l'entreprise est exercée sur des chantiers de bâtiment ou de travaux publics ***(L. 2018-771 du 5 sept. 2018, art. 98, 1°, JO 6)*** « ou dans tout lieu autre que son siège ou l'un de ses établissements », la fermeture temporaire prend la forme d'un arrêt de l'activité de l'entreprise sur le site dans lequel a été commis l'infraction ou le manquement.

Lorsque la fermeture temporaire selon les modalités mentionnées au quatrième alinéa est devenue sans objet parce que l'activité est déjà achevée ou a été interrompue, l'autorité administrative peut, dans les conditions prévues au même alinéa, prononcer l'arrêt de l'activité de l'entreprise sur un autre site. »

Les modalités d'application du présent article ainsi que les conditions de sa mise en œuvre sont fixées par décret en Conseil d'État.

Note **Mise en œuvre de la fermeture administrative.** La loi 2015-990 précitée a permis le prononcé de la fermeture administrative de l'entreprise sur la base d'un rapport d'un agent de contrôle. Auparavant, cette sanction ne pouvait être prise que sur la base d'un procès-verbal. Elle a également supprimé plusieurs cas de levée de plein droit de la sanction, à savoir les cas de classement sans suite ou de non-prononcé par le juge pénal de la peine complémentaire de fermeture de l'établissement prévue par l'article 131-39 c. pén.

La loi 2016-1088 précitée a renforcé les sanctions lorsque l'activité de l'entreprise est exercée sur des chantiers de BTP (voir SSL 5 septembre 2016 n° 1734, p. 17).

Depuis la loi 2018-771 précitée, la fermeture temporaire peut également s'appliquer lorsque l'activité de l'entreprise est exercée dans tout lieu autre que son siège ou l'un de ses établissements (voir RF 13 septembre 2018, FH 3756, § 6-1 et RF 18 juillet 2019, FH 3801, § 2-8).

Art. L. 8272-3. ***(L. 2011-672 du 16 juin 2011, art. 86, JO 17, entrée en vigueur au plus tard le 30.09.2011)*** La décision de fermeture provisoire de l'établissement par l'autorité administrative prise en application de l'article L. 8272-2 n'entraîne ni rupture, ni suspension du contrat de travail, ni aucun préjudice pécuniaire à l'encontre des salariés de l'établissement.

Art. L. 8272-4. ***(L. 2011-672 du 16 juin 2011, art. 87, JO 17, entrée en vigueur au plus tard le 30.09.2011)*** Lorsque l'autorité administrative a connaissance d'un procès-verbal relevant une infraction prévue aux 1° à 4° de l'article L. 8211-1, elle peut, ***(L. 2014-790 du 10 juil. 2014, art. 10, JO 11)*** «si la proportion de salariés concernés le justifie,» eu égard à la répétition ***(L. 2014-790 du 10 juil. 2014, art. 10, JO 11)*** «ou» à la gravité des faits constatés, ordonner, par décision motivée prise à l'encontre de la personne ayant commis l'infraction, l'exclusion des contrats administratifs mentionnés aux articles L. 551-1 et L. 551-5 du code de justice administrative, pour une durée ne pouvant excéder six mois. Elle en avise sans délai le procureur de la République.

La mesure d'exclusion est levée de plein droit en cas de classement sans suite de l'affaire, d'ordonnance de non-lieu et de décision de relaxe ou si la juridiction pénale ne prononce pas la peine complémentaire d'exclusion des marchés publics mentionnée au 5° de l'article 131-39 du code pénal.

Les modalités d'application du présent article sont fixées par décret en Conseil d'État.

Art. L. 8272-5. ***(L. 2014-790 du 10 juil. 2014, art. 10, JO 11)*** Le fait de ne pas respecter les décisions administratives mentionnées au troisième alinéa de l'article L. 8272-1 ainsi qu'aux articles L. 8272-2 ou L. 8272-4 est puni d'un emprisonnement de deux mois et d'une amende de 3750 €.

SECTION 1 (réglementaire). Refus d'attribution et remboursement des aides publiques

Note • Les sections 1 et 2 ont été introduites par le décret 2011-1693 du 30 novembre 2011, art. 4, JO 1er déc.

• Pour l'application des sections 1 et 2 à Saint-Barthélemy et à Saint-Martin le mot «préfet» est remplacé par les mots «représentant de l'État».

• Pour l'application de ces mêmes sections, sont prises en compte les infractions survenues postérieurement à l'entrée en vigueur de la loi 2011-672 du 16 juin 2011 relative à l'immigration, à l'intégration et à la nationalité.

Sous-section 1. Dispositions générales

Art. D. 8272-1. Pour l'application de l'article L. 8272-1, l'autorité compétente est l'autorité gestionnaire des aides publiques. Cette autorité peut, dans les conditions prévues à la présente section, refuser d'accorder les aides publiques, ou demander leur remboursement, correspondant aux dispositifs suivants:

1° Contrat d'apprentissage;

2° Contrat unique d'insertion;

3° Contrat de professionnalisation;

4° Prime à la création d'emploi ***(D. 2018-953 du 31 oct. 2018, art. 9, 1°, JO 6 nov.)*** «en Guadeloupe, en Guyane, en Martinique, à Mayotte, à La Réunion» et à Saint-Pierre-et-Miquelon;

5° Aides des collectivités territoriales et de leurs groupements prévues aux articles L. 1511-1 à L. 1511-5 du code général des collectivités territoriales;

6° Aides et subventions de soutien à la création, à la production et à la diffusion du spectacle vivant et enregistré;

(D. 2019-555 du 4 juin 2019, art. 4, 3°, JO 5) «7° Allocation d'activité partielle prévue à l'article L. 5122-1.»

Art. D. 8272-2. Toute décision de refus ou de remboursement des aides publiques prise par l'autorité compétente est portée à la connaissance du préfet du département situé dans le ressort de l'autorité mentionnée à l'article D. 8272-1, ou, à Paris, du préfet de police.

Sous-section 2. Refus des aides publiques

Art. D. 8272-3. Lorsque l'autorité compétente est saisie d'une demande pour l'une des aides mentionnées à l'article D. 8272-1, elle vérifie si le demandeur a été verbalisé pour l'une des infractions constitutives du travail illégal prévues à l'article L. 8211-1, dans les douze mois précédant sa demande, auprès du préfet mentionné à l'article D. 8272-2.

Art. D. 8272-4. Si l'entreprise ou son responsable de droit ou de fait ont été verbalisés dans les douze mois précédant la demande, l'autorité compétente peut décider de refuser l'aide sollicitée. Elle informe alors l'entreprise, par lettre recommandée avec avis de réception ou par tout autre moyen permettant de faire la preuve de sa réception par le destinataire, de son intention en lui précisant qu'elle peut présenter ses observations écrites dans un délai de quinze jours.

À l'expiration du délai fixé, l'autorité compétente peut décider, au vu des observations éventuelles de l'entreprise, de ne pas lui attribuer l'aide sollicitée pendant une durée maximale de cinq ans qu'elle détermine en fonction des critères mentionnés au premier alinéa de l'article L. 8272-1, compte tenu de sa situation économique, sociale et financière. Elle lui notifie sa décision par lettre recommandée avec avis de réception ou par tout autre moyen permettant de faire la preuve de sa réception par le destinataire et en adresse copie au préfet.

Sous-section 3. Remboursement des aides publiques

Art. D. 8272-5. Au vu des informations qui lui sont transmises sur la verbalisation d'une entreprise ou de son responsable de droit ou de fait, le préfet mentionné à l'article D. 8272-2 informe les autorités compétentes gestionnaires des aides mentionnées à l'article D. 8272-1 qu'elles peuvent enjoindre l'entreprise de rembourser tout ou partie des aides versées au cours des douze mois précédant l'établissement du procès-verbal de constatation de l'infraction.

Art. D. 8272-6. Si l'autorité compétente décide de mettre en œuvre la sanction prévue à l'article L. 8272-1, elle informe l'entreprise concernée, par lettre recommandée avec avis de réception ou par tout autre moyen permettant de faire la preuve de sa réception par le destinataire, de son intention en lui précisant qu'elle peut présenter ses observations écrites dans un délai de quinze jours.

À l'expiration du délai fixé, l'autorité compétente peut décider, au vu des observations éventuelles de l'entreprise, le remboursement de tout ou partie des aides publiques octroyées au cours des douze mois précédant l'établissement du procès-verbal de constatation de l'infraction, en fonction des critères mentionnés au premier alinéa de l'article L. 8272-1, compte tenu de sa situation économique, sociale et financière. Elle lui notifie sa décision par lettre recommandée avec avis de réception ou par tout autre moyen permettant de faire la preuve de sa réception par le destinataire et en adresse copie au préfet.

SECTION 2 (réglementaire). Dispositions relatives à la fermeture administrative et à l'exclusion des contrats administratifs mentionnés aux articles L. 551-1 et L. 551-5 du code de justice administrative

Sous-section 1. Dispositions générales

Art. R. 8272-7. Le préfet du département dans lequel est situé l'établissement, ou, à Paris ***(D. 2018-583 du 6 juil. 2018, art. 8, III, JO 7)*** « et sur les emprises des aérodromes de Paris-Charles de Gaulle, Paris-Le Bourget et Paris-Orly, » le préfet de police, peut décider, au vu des informations qui lui sont transmises, de mettre en œuvre à l'égard de l'employeur verbalisé l'une ou les mesures prévues aux articles L. 8272-2 et L. 8272-4, en tenant compte de l'ensemble des éléments de la situation constatée, et notamment des autres sanctions qu'il encourt. Préalablement, il informe l'entreprise, par lettre recommandée avec avis de réception ou par tout autre moyen permettant de faire la preuve de sa réception par le destinataire, de son intention en lui précisant la ou les mesures envisagées et l'invite à présenter ses observations dans un délai de quinze jours. À l'expiration de ce délai, au vu des observations éventuelles de l'entreprise, le préfet peut décider de la mise à exécution de la ou des sanctions appropriées. Il notifie sa décision à l'entreprise par lettre recommandée avec avis de réception ou par tout autre moyen permettant de faire la preuve de sa réception par le destinataire et transmet immédiatement une copie au procureur de la République. Il en adresse copie au préfet du siège de l'entreprise si l'établissement est situé dans un département différent.

Sous-section 2. Fermeture administrative et arrêt d'activité

Art. R. 8272-8. ***(D. 2015-364 du 30 mars 2015, art. 16, I, JO 31, entrée en vigueur le 01.05.2015)*** « Le préfet tient compte, pour déterminer la durée de fermeture d'au plus trois mois ***(D. 2019-555 du 4 juin 2019, art. 4, 4°, JO 5)*** « du ou des établissements ayant servi à commettre l'infraction » conformément à l'article L. 8272-2, de la nature, du nombre, de la durée de la ou des infractions relevées, du nombre de salariés concernés ainsi que de la situation économique, sociale et financière de l'entreprise ou de l'établissement. »

(D. 2019-555 du 4 juin 2019, art. 4, 4°, JO 5) « La décision du préfet est portée à la connaissance du public par voie d'affichage sur les lieux du ou des établissements. »

Si le préfet décide que la fermeture s'accompagne de la saisie conservatoire du matériel professionnel du contrevenant, la décision précise les machines-outils, les moyens de transport et tout autre matériel appartenant à l'employeur, utilisés dans le secteur d'activité dont relève l'établissement concerné, sur lesquels la saisie porte effet.

Note Sur l'entrée en vigueur du décret 2015-364 précité, voir CE 8 juillet 2016, n° 389745, RJS 11/16 n° 735.

Art. R. 8272-9. Lorsque l'activité de l'employeur mis en cause s'exerce dans un lieu temporaire de travail ou dans un établissement ne relevant pas de son entreprise, le préfet du département dans le ressort duquel se trouve l'établissement mis en cause, ou, à Paris ***(D. 2018-583 du 6 juil. 2018, art. 8, III, JO 7)*** « et sur les emprises des aérodromes de Paris-Charles de Gaulle, Paris-Le Bourget et Paris-Orly, » le préfet de police, peut infliger la sanction prévue à l'article L. 8272-2 en décidant la fermeture de l'établissement employeur dans les mêmes conditions qu'à l'article R. 8272-8

(D. 2019-555 du 4 juin 2019, art. 4, 4°, JO 5) «ou l'arrêt de l'activité de l'entreprise sur les lieux du chantier ou sur le site dans lesquels a été commis l'infraction ou le manquement».

Dans le cas mentionné au cinquième alinéa de l'article L. 8272-2, le préfet peut décider de l'arrêt de l'activité sur un autre site *(D. 2019-555 du 4 juin 2019, art. 4, 4°, JO 5)* «où intervient l'entreprise». Dans ce cas, le préfet détermine la *(D. 2019-555 du 4 juin 2019, art. 4, 4°, JO 5)* «durée de fermeture ou de cessation de l'activité» en tenant compte de la gravité de l'infraction ou du manquement constaté et du nombre de salariés qui sont employés sur cet autre site. Lorsque l'autre site sur lequel l'entreprise exerce son activité est situé dans un département distinct de celui où a été constaté l'infraction ou le manquement, le préfet de ce département en informe le préfet du département dans lequel est situé *(D. 2019-555 du 4 juin 2019, art. 4, 4°, JO 5)* «l'autre site» et lui communique les documents relatifs au constat de l'infraction ou du manquement, afin qu'il décide, le cas échéant, de l'arrêt de l'activité *(D. 2019-555 du 4 juin 2019, art. 4, 4°, JO 5)* «de l'entreprise sur le site se trouvant» dans son département.

(D. 2019-555 du 4 juin 2019, art. 4, 4°, JO 5) «Lorsque le site concerné est un chantier de bâtiment ou de travaux publics, la décision» d'arrêt temporaire est prononcée après *(D. 2019-555 du 4 juin 2019, art. 4, 4°, JO 5)* «information» du maître d'ouvrage, ou à défaut, du responsable du chantier *(D. 2019-555 du 4 juin 2019, art. 4, 4°, JO 5)* «ou du site concerné par l'arrêt de l'activité». Celui-ci prend les mesures permettant de prévenir tout risque pour la santé ou la sécurité des travailleurs présents sur le site concerné ainsi que des usagers ou des tiers, qui résulterait de l'arrêt temporaire de l'activité de l'entreprise sanctionnée.

La décision du préfet est portée à la connaissance du public par voie d'affichage sur les lieux du chantier *(D. 2019-555 du 4 juin 2019, art. 4, 4°, JO 5)* «ou du site concerné par l'arrêt de l'activité».

Sous-section 3. Exclusion des contrats administratifs

Art. R. 8272-10. *(D. 2015-364 du 30 mars 2015, art. 16, II, JO 31, entrée en vigueur le 01.05.2015)* «Le préfet tient compte, pour déterminer la durée de l'exclusion des contrats administratifs de la personne ayant commis l'infraction conformément à l'article L. 8272-4, de la nature, du nombre, de la durée de la ou des infractions relevées, du nombre de salariés concernés ainsi que de la situation économique, sociale et financière de cette personne.»

Note Sur l'entrée en vigueur du décret 2015-364 précité, voir CE 8 juillet 2016, n° 389745, RJS 11/16 n° 735.

Art. R. 8272-11. Lorsqu'il est prononcé une décision d'exclusion temporaire à l'encontre d'une entreprise, cette décision vaut pour l'entreprise et son responsable légal qui ne peut soumissionner à d'autres contrats administratifs personnellement ou par personne interposée ou encore en créant une entreprise nouvelle dont il assure la direction en droit ou en fait.

CHAPITRE III (réglementaire) Coordination interministérielle de la lutte contre le travail illégal

Note Voir décret 2008-371 du 18 avril 2008 (JO 19), modifié par les décrets 2010-333 du 25 mars 2010 (JO 26) et 2019-966 du 18 septembre 2019 (JO 19, entrée en vigueur le 01.01.2020), relatif à la coordination de la lutte contre les fraudes et créant une délégation nationale à la lutte contre la fraude, notamment art. 5 et 7 instituant le Comité national de lutte contre la fraude et la dénomination de Commission nationale de lutte contre le travail illégal lorsqu'il se réunit pour examiner les questions relatives au travail illégal, art. 8 créant dans chaque département un comité de lutte contre la fraude, présidé conjointement par le préfet et le procureur de la République (voir arrêté du 25 mars 2010, JO 26, fixant la composition des comités départementaux de lutte contre la fraude) et doté d'un secrétariat permanent au sein duquel l'agent compétent en matière de lutte contre le travail illégal assure le traitement statistique des procès-verbaux relatifs aux infractions de travail illégal définies par le code du travail.

TITRE VIII VIGILANCE DU DONNEUR D'ORDRE EN MATIÈRE D'APPLICATION DE LA LÉGISLATION DU TRAVAIL

Note Ce titre a été introduit par la loi 2014-790 du 10 juillet 2014, art. 4, JO 11.

CHAPITRE UNIQUE Obligation de vigilance et responsabilité du donneur d'ordre

Art. L. 8281-1. Le maître d'ouvrage ou le donneur d'ordre, informé par écrit par l'un des agents mentionnés à l'article L. 8271-1-2 d'une infraction aux dispositions légales et aux stipulations conventionnelles applicables au salarié d'un sous-traitant direct ou indirect dans les matières suivantes:

1° Libertés individuelles et collectives dans la relation de travail;
2° Discriminations et égalité professionnelle entre les femmes et les hommes;
3° Protection de la maternité, congés de maternité et de paternité et d'accueil de l'enfant, congés pour événements familiaux;
4° Conditions de mise à disposition et garanties dues aux salariés par les entreprises exerçant une activité de travail temporaire;
5° Exercice du droit de grève;
6° Durée du travail, repos compensateurs, jours fériés, congés annuels payés, durée du travail et travail de nuit des jeunes travailleurs;
7° Conditions d'assujettissement aux caisses de congés et intempéries;
8° Salaire minimum et paiement du salaire, y compris les majorations pour les heures supplémentaires;
9° Règles relatives à la santé et sécurité au travail, âge d'admission au travail, emploi des enfants, enjoint aussitôt, par écrit, à ce sous-traitant de faire cesser sans délai cette situation.

Le sous-traitant mentionné au premier alinéa informe, par écrit, le maître d'ouvrage ou le donneur d'ordre de la régularisation de la situation. Ce dernier en transmet une copie à l'agent de contrôle mentionné au même premier alinéa.

En l'absence de réponse écrite du sous-traitant dans un délai fixé par décret en Conseil d'État, le maître d'ouvrage ou le donneur d'ordre informe aussitôt l'agent de contrôle.

Pour tout manquement à ses obligations d'injonction et d'information mentionnées au présent article, le maître d'ouvrage ou le donneur d'ordre est passible d'une sanction prévue par décret en Conseil d'État.

Art. R. 8281-1. ***(D. 2015-364 du 30 mars 2015, art. 17, JO 31, entrée en vigueur le 01.05.2015)*** Le maître d'ouvrage ou le donneur d'ordre concerné enjoint l'employeur, dans un délai de vingt-quatre heures à compter de son information, de faire cesser immédiatement le non-respect de l'une des dispositions énumérées par l'article L. 8281-1.

Note Sur l'entrée en vigueur du décret 2015-364 précité, voir CE 8 juillet 2016, n° 389745, RJS 11/16 n° 735.

Art. R. 8281-2. ***(D. 2015-364 du 30 mars 2015, art. 17, JO 31, entrée en vigueur le 01.05.2015)*** Dès réception de l'injonction, l'employeur informe dans un délai de quinze jours le maître d'ouvrage ou le donneur d'ordre des mesures prises pour faire cesser la situation.

Le maître d'ouvrage ou le donneur d'ordre transmet aussitôt cette réponse à l'agent de contrôle auteur du signalement.

Note Voir note sous art. R. 8281-1.

Art. R. 8281-3. ***(D. 2015-364 du 30 mars 2015, art. 17, JO 31, entrée en vigueur le 01.05.2015)*** En l'absence de réponse de l'employeur à son injonction, le maître d'ouvrage ou le donneur d'ordre informe l'agent auteur du signalement dans les deux jours suivant l'expiration du délai prévu par l'article R. 8281-2.

Note Voir note sous art. R. 8281-1.

Art. R. 8281-4. ***(D. 2015-364 du 30 mars 2015, art. 17, JO 31, entrée en vigueur le 01.05.2015)*** Les injonctions et les informations mentionnées aux articles R. 8281-1 à R. 8281-3 sont effectuées par tout moyen leur conférant date certaine.

Note Voir note sous art. R. 8281-1.

CHAPITRE II (réglementaire) Dispositions pénales

Note Ce chapitre a été introduit par le décret 2015-364 du 30 mars 2015, art. 17, JO 31, entrée en vigueur le 01.05.2015. Sur l'entrée en vigueur de ce décret, voir CE 8 juillet 2016, n° 389745, RJS 11/16 n° 735.

Art. R. 8282-1. Est puni de l'amende prévue pour les contraventions de la cinquième classe le maître d'ouvrage ou le donneur d'ordre, informé par un agent mentionné à l'article L. 8271-1-2 d'une infraction commise par l'employeur à l'une des dispositions légales ou des stipulations conventionnelles énumérées par l'article L. 8281-1 :

1° Qui n'a pas enjoint l'employeur de faire cesser la situation dans le délai mentionné à l'article R. 8281-1 ; ou

2° Qui n'a pas informé l'agent de contrôle auteur du signalement de l'absence de réponse de l'employeur dans le délai mentionné à l'article R. 8281-3.

TITRE IX DÉCLARATION ET CARTE D'IDENTIFICATION PROFESSIONNELLE DES SALARIÉS DU BÂTIMENT ET DES TRAVAUX PUBLICS

CHAPITRE UNIQUE

Art. L. 8291-1. ***(L. 2015-990 du 6 août 2015, art. 282, IV, JO 7)*** Une carte d'identification professionnelle est délivrée par un organisme national désigné par décret en Conseil d'État à chaque salarié effectuant des travaux de bâtiment ou de travaux publics pour le compte d'une entreprise établie en France ou pour le compte d'une entreprise établie hors de France en cas de détachement. Elle comporte les informations relatives au salarié, à son employeur, le cas échéant à l'entreprise utilisatrice, ainsi qu'à l'organisme ayant délivré la carte.

Un décret en Conseil d'État détermine les modalités de déclaration des salariés soit par l'employeur établi en France, soit, en cas de détachement, par l'employeur établi hors de France, soit par l'entreprise utilisatrice qui recourt à des travailleurs temporaires, aux fins de délivrance de la carte.

Un décret en Conseil d'État, pris après avis de la Commission nationale de l'informatique et des libertés, détermine les modalités de délivrance de la carte d'identification professionnelle, ainsi que les informations relatives aux salariés y figurant. ***(L. 2016-1088 du 8 août 2016, art. 105, III, JO 9)*** «Il précise également les modalités d'information des travailleurs détachés sur le territoire national sur la réglementation qui leur est applicable en application de l'article L. 1262-4 au moyen d'un document, rédigé dans une langue qu'ils comprennent, qui leur est remis en même temps que la carte d'identification professionnelle.»

Note La carte d'identification professionnelle des salariés du BTP est entrée en vigueur le 22 mars 2017 (arrêté du 20 mars 2017, JO 21).

Sur la mise œuvre du dispositif et son déploiement progressif, voir note introductive de la sous-section 3 (Carte d'identification professionnelle des salariés du BTP) de la section 2 du chapitre V (réglementaire) du titre Ier du livre Ier, au-dessus de l'article R. 8115-7.

Voir aussi LSQ n° 17027 du 25.02.2016; RF 8 septembre 2016, FH 3657, § 4-60; *https://travail-emploi.gouv.fr/actualites/article/btp-le-gouvernement*.

Art. L. 8291-2. ***(L. 2015-990 du 6 août 2015, art. 282, IV, JO 7)*** En cas de manquement à l'obligation de déclaration mentionnée à l'article L. 8291-1, l'employeur ou, le cas échéant, l'entreprise utilisatrice est passible d'une amende administrative.

Le manquement est passible d'une amende administrative, qui est prononcée par l'autorité administrative compétente sur le rapport motivé d'un agent de contrôle de l'inspection du travail mentionné ***(L. 2016-1088 du 8 août 2016, art. 113, III, 10°, JO 9)*** «à l'article L. 8112-1» ou d'un agent mentionné au 3° de l'article L. 8271-1-2.

Le montant maximal de l'amende est de ***(Ord. 2019-861 du 21 août 2019, art. 1er, 77°, JO 22)*** «4 000 € par salarié et de 8 000 €» en cas de récidive dans un délai ***(Ord. 2019-861 du 21 août 2019, art. 1er, 77°, JO 22)*** «de deux ans» à compter du jour de la notification de la première amende. Le montant total de l'amende ne peut être supérieur à 500 000 €.

Pour fixer le montant de l'amende, l'autorité administrative prend en compte les circonstances et la gravité du manquement, le comportement de son auteur ainsi que les ressources et les charges de ce dernier.

Le délai de prescription de l'action de l'administration pour la sanction du manquement par une amende administrative est de deux années révolues à compter du jour où le manquement a été commis.

(Ord. 2016-413 du 7 avril 2016, art. 9, JO 8, entrée en vigueur le 01.07.2016) «L'employeur ou l'entreprise utilisatrice peut contester la décision de l'administration devant le tribunal administratif, à l'exclusion de tout recours hiérarchique.»

L'amende est recouvrée comme les créances de l'État étrangères à l'impôt et au domaine.

Note L'ordonnance 2019-861 précitée a doublé le montant maximal de l'amende administrative et le délai de récidive prévus par cet article afin d'aligner le régime de sanction du manquement aux obligations relatives à la carte d'identification professionnelle des salariés du BTP sur celui de la sanction applicable en matière de détachement (voir article L. 1264-3).

Art. L. 8291-3. ***(L. 2018-727 du 10 août 2018, art. 21, V, 3°, JO 11)*** L'autorité administrative se prononce sur toute demande d'un employeur portant sur l'application à sa situation des dispositions du présent titre. La demande doit poser une question précise, nouvelle et présenter un caractère sérieux.

La demande mentionnée au premier alinéa n'est pas recevable dès lors qu'un agent de contrôle de l'inspection du travail a engagé un contrôle sur le respect des dispositions de l'article L. 8291-1.

La décision de l'autorité administrative est opposable pour l'avenir à l'ensemble des agents de l'administration du travail ainsi qu'aux agents mentionnés au 3° de l'article L. 8271-1-2 tant que la situation de fait exposée dans la demande ou la législation au regard de laquelle la situation a été appréciée n'ont pas été modifiées ou jusqu'à ce que l'autorité administrative notifie au demandeur une modification de son appréciation.

La demande mentionnée au premier alinéa du présent article peut être adressée par une organisation professionnelle d'employeurs représentative au niveau de la branche professionnelle.

CHAPITRE Ier (réglementaire) Dispositions générales

Note • Les chapitres Ier à V ont été introduits par le décret 2016-175 du 22 février 2016, JO 23, entrée en vigueur le 22.03.2017 (voir note sous art. R. 8295-1).

• Voir LS Dossier pratique n° 117 du 28.06.2019, «BTP: la carte d'identification professionnelle des salariés - Demande, délivrance et contrôle de la carte des salariés du BTP».

SECTION 1. Champ d'application

Art. R. 8291-1. Les dispositions du présent titre s'appliquent aux employeurs établis en France dont les salariés accomplissent, dirigent ou organisent, même à titre occasionnel, accessoire ou secondaire, ***(D. 2019-555 du 4 juin 2019, art. 4, 5°, JO 5)*** «sur un site ou un chantier ***(D. 2020-916 du 28 juil. 2020, JO 29, entrée en vigueur le 30.07.2020)*** «de bâtiment ou de travaux publics, des» travaux» d'excavation, de terrassement, d'assainissement, de construction, de montage et démontage d'éléments préfabriqués, d'aménagements ou équipements intérieurs ou extérieurs, de réhabilitation ou de rénovation, de démolition ou de transformation, de curage, de maintenance ou d'entretien des ouvrages, de réfection ou de réparation ainsi que de peinture et de nettoyage afférents à ces travaux et de toutes opérations annexes qui y sont directement liées.

Elles s'appliquent aux entreprises de travail temporaire établies en France employant des salariés pour effectuer l'un ou plusieurs des travaux mentionnés au premier alinéa et toutes opérations annexes qui y sont directement liées.

Elles s'appliquent aux employeurs qui ne sont pas établis sur le territoire français et qui détachent des salariés pour effectuer l'un ou plusieurs des travaux mentionnés au premier alinéa et toutes opérations annexes qui y sont directement liées dans le cadre d'une prestation de services internationale selon les modalités définies aux articles L. 1262-1 et L. 1262-2, ainsi qu'aux entreprises utilisatrices ayant recours à des salariés détachés intérimaires.

(D. 2019-555 du 4 juin 2019, art. 4, 5°, JO 5) «Elles s'appliquent aux entreprises non établies sur le territoire français employant un ou plusieurs salariés immatriculés au régime de sécurité sociale français et tenues de remplir leurs obligations relatives aux déclarations et versements des contributions et cotisations sociales d'origine légale ou conventionnelle auprès de l'organisme de recouvrement prévu à l'article R. 243-8-1 du code de la sécurité sociale, lorsque leurs salariés effectuent l'un ou plusieurs des travaux mentionnés au premier alinéa.»

Elles ne s'appliquent pas aux employeurs dont les salariés exercent les métiers suivants, même lorsqu'ils travaillent sur un site ou un chantier de travaux de bâtiment ou de travaux publics: architectes, diagnostiqueurs immobilier, métreurs, coordinateurs en matière de sécurité et de protection de la santé, chauffeurs et livreurs ***(D. 2019-555 du 4 juin 2019, art. 4, 5°, JO 5)*** «, géomètres-topographes et géomètres-experts».

Note Depuis le 6 juin 2019, le champ d'application de la carte d'identification professionnelle des salariés du BTP est étendu aux entreprises établies à l'étranger qui emploient des salariés sur un chantier de BTP en France en dehors du cadre du détachement; par ailleurs, sont ajoutés à la liste des métiers pour lesquels les employeurs sont dispensés de demander une carte d'identification professionnelle les géomètres-topographes et géomètres-experts (décret 2019-555 précité; voir RF 18 juillet 2019, FH 3801, § 2-11; JCP éd. S 2019, act. 234, aperçu rapide Ph. Coursier).

Art. R. 8291-1-1. ***(D. 2018-1227 du 24 déc. 2018, art. 6, I, 5°, JO 26)*** La demande mentionnée à l'article L. 8291-3 est accompagnée d'une description détaillée des travaux ou opérations devant être accomplis par le ou les salariés concernés.

Art. L. 8291-3

Elle est présentée, par tout moyen conférant date certaine à sa réception, au ***(D. 2020-1545 du 9 déc. 2020, JO 10, entrée en vigueur le 01.04.2021)*** « directeur régional de l'économie, de l'emploi, du travail et des solidarités » de la région dans laquelle est établie l'entreprise ou situé l'établissement employant les salariés concernés, ou, à défaut d'établissement en France, la région dans laquelle est situé le lieu de la prestation envisagée ou, en cas de pluralité de lieux, de la première des prestations envisagées.

Pour l'application du dernier alinéa de l'article L. 8291-3, la demande, accompagnée des éléments mentionnés au premier alinéa, est présentée par une organisation professionnelle représentative au niveau de la branche professionnelle à la direction générale du travail, qui se prononce dans les conditions prévues au présent article.

Si la demande est incomplète, le service invite son auteur, dans les mêmes formes que la demande, à fournir les éléments complémentaires nécessaires.

L'autorité administrative se prononce dans un délai de trois mois à compter de la date de réception de la demande de rescrit, ou des éléments complémentaires demandés.

SECTION 2. Dispositions relatives à l'organisme national chargé de la gestion de la carte d'identification professionnelle des salariés du bâtiment et des travaux publics

Art. R. 8291-2. L'association dénommée " Congés intempéries BTP - Union des caisses de France ", dénommée " l'union des caisses " dans le présent titre, délivre la carte d'identification professionnelle mentionnée à l'article L. 8291-1. Elle est chargée de la gestion administrative, technique et financière de cette carte.

La comptabilité des opérations de l'union des caisses qui relève de sa mission de gestion de cette carte est distincte de celles afférentes aux autres missions qui lui sont confiées.

Note Voir arrêté du 20 mars 2017 (JO 21) relatif au traitement automatisé de données à caractère personnel de la carte d'identification professionnelle des salariés du BTP.

Art. R. 8291-3. Les charges afférentes à la gestion de la carte d'identification professionnelle du bâtiment et des travaux publics sont couvertes par une redevance dont le montant est fixé par l'union mentionnée à l'article R. 8291-2 et mise à la charge des employeurs mentionnés aux premier, ***(D. 2019-555 du 4 juin 2019, art. 4, 5°, JO 5)*** « deuxième, troisième et quatrième » alinéas de l'article R. 8291-1 ou, le cas échéant, des entreprises utilisatrices de salariés intérimaires détachés. Le produit de cette redevance ne peut être affecté au financement d'autres missions confiées à l'union des caisses mentionnée à l'article R. 8291-2.

Art. R. 8291-4. Les données nominatives recueillies par l'union des caisses mentionnée à l'article R. 8291-2 dans le cadre de la gestion de la carte d'identification professionnelle des salariés du bâtiment et des travaux publics ne peuvent faire l'objet d'une utilisation à d'autres fins que celles ***(D. 2019-555 du 4 juin 2019, art. 4, 5°, JO 5)*** « définies par le présent titre ».

Art. R. 8291-5. L'union des caisses mentionnée à l'article R. 8291-2 établit chaque année un bilan de l'application de ce dispositif et le communique au ministre chargé du travail.

Art. R. 8291-6. Les modifications des statuts de l'union des caisses mentionnée à l'article R. 8291-2 requises par la délivrance, la mise à jour et la gestion de la carte sont approuvées par le ministre du travail.

CHAPITRE II (réglementaire) Dispositions relatives à la carte d'identification professionnelle

Art. R. 8292-1. La carte d'identification professionnelle est une carte individuelle sécurisée destinée à tout salarié effectuant un ou des travaux de bâtiment ou de travaux publics énumérés au premier alinéa de l'article R. 8291-1. La carte est la propriété de l'union des caisses mentionnée à l'article R. 8291-2. Elle comporte les logotypes de la " Marianne " et de l'union des caisses. Y sont mentionnés :

1° L'identité du salarié : nom, prénoms, sexe ;

2° La date de délivrance et le numéro de gestion de la carte ;

(D. 2019-555 du 4 juin 2019, art. 4, 5°, JO 5) « 3° Un code permettant de vérifier la validité de la carte, telle que définie à l'article R. 8292-3, et permettant aux agents mentionnés à l'article L. 8271-1-2 d'accéder à la base de données du traitement automatisé d'informations à caractère personnel mentionné à l'article R. 8295-1. Pour les salariés des entreprises mentionnées au deuxième alinéa de l'article R. 8291-1, le code permet également de vérifier l'existence d'une mission en cours ; »

4° Les coordonnées de l'union des caisses mentionnée au premier alinéa.

Elle comporte une photographie d'identité du salarié conforme aux normes prévues par l'article 6-1 du décret n° 2005-1726 du 30 décembre 2005 modifié relatif aux passeports.

Art. R. 8292-2. Sont mentionnées sur la carte d'identification professionnelle, en plus des informations indiquées à l'article R. 8292-1 :

1° Pour les salariés des entreprises mentionnées au premier alinéa de l'article R. 8291-1, les mentions suivantes:

a) La raison sociale de l'entreprise ***(D. 2019-555 du 4 juin 2019, art. 4, 5°, JO 5)*** «ou le nom de l'employeur précédé de la mention " Employeur: " lorsqu'il s'agit d'une entreprise individuelle, d'une entreprise en nom propre ou d'une personne physique»;

b) Le numéro SIREN;

c) Le logo de l'entreprise, à sa demande;

2° Pour les salariés des entreprises mentionnées au deuxième alinéa de l'article R. 8291-1, la mention: " salarié intérimaire ";

3° Pour les salariés intérimaires détachés en France par une entreprise de travail temporaire établie à l'étranger, les mentions suivantes:

a) La mention " salarié intérimaire détaché ";

b) La raison sociale ou le nom de l'entreprise de travail temporaire ***(D. 2019-555 du 4 juin 2019, art. 4, 5°, JO 5)*** «ou le nom de l'employeur précédé de la mention " Employeur: " lorsqu'il s'agit d'une entreprise individuelle, d'une entreprise en nom propre ou d'une personne physique»;

c) Le logo de l'entreprise, à sa demande;

4° Pour les travailleurs détachés en France par une entreprise prestataire de services établie à l'étranger, les mentions suivantes:

a) La mention " salarié détaché ";

b) La raison sociale ou le nom de l'entreprise qui l'emploie;

c) Le logo de l'entreprise, à sa demande;

(D. 2019-555 du 4 juin 2019, art. 4, 5°, JO 5) «5° Pour les salariés des entreprises mentionnées au quatrième alinéa de l'article R. 8291-1, les mentions suivantes:

a) La raison sociale de l'entreprise ou le nom de l'employeur précédé de la mention " Employeur: " lorsqu'il s'agit d'une entreprise individuelle, d'une entreprise en nom propre ou d'une personne physique;

b) Le numéro SIREN;

c) Le logo de l'entreprise, à sa demande.»

Art. R. 8292-3. La durée de validité de la carte d'identification professionnelle d'un salarié est ainsi déterminée:

1° Pour les salariés des entreprises mentionnées ***(D. 2019-555 du 4 juin 2019, art. 4, 5°, JO 5)*** «au premier et au quatrième alinéa» de l'article R. 8291-1, la durée de validité de la carte est celle du contrat de travail du salarié dans l'entreprise ou, en cas de succession de contrats, la durée totale de ces contrats;

2° Pour les salariés intérimaires employés par une entreprise de travail temporaire établie en France, la durée de validité de la carte est de cinq ans;

3° Pour les travailleurs détachés en France par une entreprise prestataire de services établie à l'étranger, y compris en qualité de travailleurs intérimaires, la durée de validité de la carte est celle de leur détachement.

Art. R. 8292-4. Le renouvellement de la carte d'identification professionnelle s'effectue à partir des déclarations prévues aux articles R. 8293-1, R. 8293-2 et R. 8293-3.

CHAPITRE III (réglementaire) Déclaration des salariés et paiement de la carte

SECTION 1. Employeurs établis en France

Art. R. 8293-1. I. – Lors de l'embauche d'un salarié, l'employeur mentionné ***(D. 2019-555 du 4 juin 2019, art. 4, 5°, JO 5)*** «au premier et au quatrième alinéa» de l'article R. 8291-1 adresse une déclaration auprès de l'union des caisses mentionnée à l'article R. 8291-2, afin d'obtenir une carte d'identification professionnelle.

La déclaration est accompagnée des renseignements mentionnés au 1° de l'article R. 8292-1, ***(D. 2019-555 du 4 juin 2019, art. 4, 5°, JO 5)*** «au 1° et au 5° de l'article R. 8292-2» et ***(D. 2019-555 du 4 juin 2019, art. 4, 5°, JO 5)*** «au 1° et au 2° de l'article R. 8295-2» et de la photographie d'identité du salarié.

(D. 2016-1748 du 15 déc. 2016, art. 2, JO 17) «Cette déclaration est effectuée par voie dématérialisée sur un site internet dédié de l'union des caisses mentionnée à l'article R. 8291-2.»

II. – Pour les salariés intérimaires ne disposant pas d'une carte en cours de validité au début de la mission, l'entreprise de travail temporaire adresse une déclaration auprès de l'union des caisses mentionnée à l'article R. 8291-2, afin d'obtenir une carte d'identification professionnelle.

La déclaration est accompagnée des renseignements mentionnés au 1° de l'article R. 8292-1, au 2° de l'article R. 8292-2 et à l'article R. 8295-2 et de la photographie d'identité du salarié.

(D. 2016-1748 du 15 déc. 2016, art. 2, JO 17) «Cette déclaration est effectuée par voie dématérialisée sur un site internet dédié de l'union des caisses mentionnée à l'article R. 8291-2.»

III. – Avant d'effectuer la déclaration, l'employeur informe le salarié de la transmission des données à caractère personnel le concernant à l'union des caisses mentionnée à l'article R. 8291-2.

SECTION 2. Réglementation applicable

Art. R. 8293-2. ***(D. 2016-1748 du 15 déc. 2016, art. 3, JO 17) (D. 2020-916 du 28 juil. 2020, JO 29, entrée en vigueur le 30.07.2020)*** « L'employeur mentionné au troisième alinéa de l'article R. 8291-1 effectue pour chaque salarié détaché en France, préalablement au détachement, une déclaration auprès de l'union des caisses mentionnée à l'article R. 8291-2, afin d'obtenir une carte d'identification professionnelle. »

Avant d'effectuer la déclaration prévue à l'alinéa précédent, l'employeur informe le salarié de la transmission des données à caractère personnel le concernant à l'union des caisses mentionnée à l'article R. 8291-2.

Art. R. 8293-3. ***(D. 2016-1748 du 15 déc. 2016, art. 3, JO 17)*** Par dérogation à l'article R. 8293-2, lorsque le salarié détaché est employé par une entreprise de travail temporaire établie hors de France, la déclaration est faite par l'entreprise utilisatrice de ce dernier.

Note Cet article a été modifié par le décret 2020-916 du 28 juillet 2020, JO 29, entrée en vigueur le 30.07.2020.

Art. R. 8293-4. ***(D. 2016-1748 du 15 déc. 2016, art. 3, JO 17) (D. 2020-916 du 28 juil. 2020, JO 29, entrée en vigueur le 30.07.2020)*** « En complément des informations déjà contenues dans la déclaration de détachement mentionnée à l'article L. 1262-2-1, la déclaration mentionnée à l'article R. 8293-2 est accompagnée de la photographie d'identité de chaque salarié détaché et le cas échéant du numéro de l'autorisation de travail ou de la carte de séjour valant autorisant de travail.

Cette déclaration est effectuée par voie dématérialisée sur un site internet dédié de l'union des caisses mentionnée à l'article R. 8291-2. »

(D. 2019-555 du 4 juin 2019, art. 4, 5°, JO 5) « Toute déclaration non conforme est rejetée et la carte n'est pas délivrée. La transmission d'une photographie d'identité ne respectant pas les normes prévues par l'article 6-1 du décret n° 2005-1726 du 30 décembre 2005 relatif aux passeports constitue un motif valable de non-délivrance de la carte ou d'invalidation de la carte délivrée par l'union des caisses mentionnée à l'article R. 8291-2. »

Après paiement de la redevance ***(D. 2020-916 du 28 juil. 2020, JO 29, entrée en vigueur le 30.07.2020)*** « mentionnée à l'article R. 8291-3 », l'union des caisses mentionnée à l'article R. 8291-2 adresse la carte d'identification professionnelle ou le cas échéant une attestation provisoire valant carte d'identification professionnelle à l'entreprise prestataire de services établie à l'étranger ou le cas échéant, à son représentant en France.

SECTION 3. Modalités de déclaration des salariés et de paiement de la carte

Art. R. 8293-5. L'union des caisses mentionnée à l'article R. 8291-2 vérifie que l'employeur ou l'entreprise utilisatrice qui effectue la déclaration entre dans le champ d'application de l'article R. 8291-1 et que le salarié n'est possesseur d'aucune autre carte valide.

Note Le premier alinéa de cet article a été supprimé par le décret 2016-1748 du 15 décembre 2016, art. 4, JO 17.

Art. R. 8293-6. La redevance mentionnée à l'article R. 8291-3 est exigible au moment de la déclaration mentionnée aux articles R. 8293-1 à R. 8293-3. Le paiement est effectué par télépaiement.

À défaut de paiement, la carte n'est pas délivrée. Les sanctions prévues aux articles R. 8115-7 et R. 8115-8 sont alors applicables à l'employeur ou, le cas échéant, à l'entreprise utilisatrice.

CHAPITRE IV (réglementaire) Modalités de délivrance de la carte d'identification professionnelle

Art. R. 8294-1. À la réception de la déclaration mentionnée aux articles R. 8293-1 à R. 8293-3, l'union des caisses mentionnée à l'article R. 8291-2 adresse la carte d'identification professionnelle à l'employeur ou au représentant de l'employeur, ou à l'entreprise utilisatrice d'un salarié intérimaire détaché.

Art. R. 8294-2. Dans l'attente de l'édition de la carte d'identification professionnelle, une attestation provisoire valant carte d'identification professionnelle est adressée par l'union des caisses mentionnée à l'article R. 8291-2 à l'employeur ou au représentant de l'employeur, ou à l'entreprise utilisatrice d'un salarié intérimaire détaché, par voie dématérialisée pour être délivrée au salarié concerné.

La validité de cette attestation provisoire cesse dans un délai fixé par l'arrêté mentionné à l'article R. 8295-1 à compter de la date de la transmission de la carte professionnelle à l'employeur ou au représentant de l'employeur, ou à l'entreprise utilisatrice d'un salarié intérimaire détaché. Ce délai ne peut excéder soixante-douze heures.

La carte d'identification professionnelle est adressée par l'union des caisses mentionnée à l'article R. 8291-2 à l'employeur ou à l'entreprise utilisatrice d'un salarié intérimaire détaché, par tout moyen lui conférant date certaine.

(D. 2020-916 du 28 juil. 2020, JO 29, entrée en vigueur le 30.07.2020) « L'union des caisses lui transmet également l'adresse du site internet du ministère chargé du travail relatif au détachement (https://travail-emploi.gouv.fr/droit-du-travail/detachement-des-salaries/) en vue d'être communiquée par l'employeur ou l'entreprise utilisatrice au salarié détaché concerné. »

Note Voir arrêté du 20 mars 2017 (JO 21) relatif au traitement automatisé de données à caractère personnel de la carte d'identification professionnelle des salariés du BTP.

Art. R. 8294-3. Le titulaire de la carte d'identification professionnelle informe, dans un délai de vingt-quatre heures, son employeur ou l'entreprise utilisatrice de toute dégradation, perte ou vol de sa carte, afin que l'employeur ou l'entreprise utilisatrice en informe l'union des caisses mentionnée à l'article R. 8291-2, selon la procédure prévue par cet organisme.

Toute carte signalée comme volée, perdue ou gravement détériorée est invalidée. L'union des caisses édite, sur demande de l'employeur ou de l'entreprise utilisatrice et après paiement de la redevance mentionnée à l'article R. 8291-3, une nouvelle carte pour le salarié concerné.

Art. R. 8294-4. Le salarié est tenu, lors de la cessation de son contrat dans l'entreprise ou à l'issue de son détachement en France, de remettre sa carte d'identification professionnelle à son employeur ou à l'entreprise utilisatrice afin que celui-ci la transmette à l'union des caisses mentionnée à l'article R. 8291-2, pour qu'elle soit détruite.

Art. R. 8294-5. Le titulaire de la carte d'identification professionnelle ou de l'attestation provisoire est tenu de la présenter sans délai à toute demande des agents de contrôle mentionnés à l'article L. 8271-1-2.

Art. R. 8294-6. Tout maître d'ouvrage ou tout donneur d'ordre peut vérifier auprès de l'union des caisses mentionnée à l'article R. 8291-2 que les salariés de son cocontractant, d'un sous-traitant direct ou indirect ou d'un cocontractant d'un sous-traitant ont été déclarés auprès de cet organisme et que leurs cartes ou attestations ont été émises par celui-ci. ***(D. 2019-555 du 4 juin 2019, art. 4, 5°, JO 5)*** « Cette vérification est faite au moyen du code prévu au 3° de l'article R. 8292-1. »

Art. R. 8294-7. Le salarié titulaire d'une carte d'identification professionnelle ou de l'attestation provisoire est tenu de la présenter sans délai à la demande du maître d'ouvrage ou d'un donneur d'ordre intervenant sur le chantier où le salarié exerce son activité.

CHAPITRE IV *BIS* (réglementaire) Document d'information du salarié détaché

Note Ce chapitre a été introduit par le décret 2017-825 du 5 mai 2017, JO 7, entrée en vigueur le 01.07.2017.

Art. R. 8294-8. Lorsque le salarié est détaché en France par une entreprise prestataire de services établie à l'étranger en vue de réaliser des travaux de bâtiment ou des travaux publics, le document d'information des travailleurs détachés est mis à disposition par l'union des caisses de France mentionnée à l'article R. 8291-2 sur son site internet, en vue d'être délivré par l'employeur au salarié concerné.

Le document, dont le modèle est fixé par arrêté du ministre chargé du travail, présente au salarié détaché la réglementation française de droit du travail qui lui est applicable et les modalités selon lesquelles il peut faire valoir ses droits.

Note Le modèle du document d'information est fixé par arrêté du 22 décembre 2020 (JO 12 janv. 2021).

CHAPITRE V (réglementaire) Système automatisé d'information de la carte d'identification professionnelle

SECTION 1. Caractéristiques générales

Art. R. 8295-1. Il est créé au sein de l'union des caisses mentionnée à l'article R. 8291-2 un traitement automatisé d'informations à caractère personnel dénommé " Système d'information de la carte d'identification professionnelle " (SI-CIP), ayant pour finalité ***(D. 2019-555 du 4 juin 2019, art. 4, 5°, JO 5)*** « la délivrance de la carte d'identification professionnelle, la gestion et le suivi du dispositif afférent ».

Art. L. 8311-1

Un arrêté du ministre chargé du travail pris après avis de la Commission nationale de l'informatique et des libertés détermine les modalités du traitement informatisé des informations relatives aux salariés, aux employeurs et aux entreprises utilisatrices mentionnées à l'article R. 8295-2.

Note Les modalités du traitement informatisé des informations relatives aux salariés, aux employeurs et aux entreprises utilisatrices ont été déterminées par l'arrêté du 20 mars 2017 (JO 21) relatif au traitement automatisé de données à caractère personnel de la carte d'identification professionnelle des salariés du BTP.

Art. R. 8295-2. Les catégories de données à caractère personnel pouvant être enregistrées dans le traitement automatisé sont les suivantes:

1° Données personnelles relatives au titulaire de la carte d'identification professionnelle: nom et prénoms, sexe, date et lieu de naissance, nationalité, nature du contrat de travail, photographie d'identité numérisée et, pour les salariés étrangers titulaires d'une autorisation ou d'une carte de séjour valant autorisation de travail, le numéro de cette carte;

2° Données personnelles relatives à l'employeur du salarié et, le cas échéant, à l'entreprise utilisatrice d'un salarié intérimaire détaché;

a) Pour les personnes physiques:

- identité (nom, prénoms, sexe, date et lieu de naissance), nationalité(s) ***(D. 2019-555 du 4 juin 2019, art. 4, 5°, JO 5)*** «, nom de l'entreprise», SIRET ou SIREN ou à défaut le numéro d'immatriculation à un registre professionnel ou à un organisme chargé du recouvrement des cotisations de sécurité sociale, adresse professionnelle postale et électronique, activité principale exercée (APE/NAF);

b) Pour les personnes morales:

- dénomination sociale, objet social ou statut, identité du représentant légal ou du représentant en France, numéro SIREN ou SIRET ou à défaut le numéro d'immatriculation à un registre professionnel, adresse du siège social, activité principale exercée (APE/NAF);

3° Données relatives au chantier ou au lieu d'activité: adresse, date de début du chantier, durée prévisible du chantier ou date de fin du chantier.

Les renseignements énumérés aux 1°, 2° et 3° du présent article sont mentionnés par les employeurs et les entreprises utilisatrices de travailleurs intérimaires détachés sur les déclarations mentionnées aux articles R. 8293-1 à R. 8293-3.

SECTION 2. Actualisation des données

Art. R. 8295-3. L'employeur ou, le cas échéant, l'entreprise utilisatrice d'un salarié intérimaire détaché informe dans un délai de vingt-quatre heures l'union des caisses mentionnée à l'article R. 8291-2 de toute modification relative aux renseignements le ou la concernant ou relatives aux salariés ou portant sur l'adresse du site ou du chantier de travaux.

LIVRE III

DISPOSITIONS RELATIVES À L'OUTRE-MER

TITRE Ier DISPOSITIONS GÉNÉRALES

CHAPITRE UNIQUE

Art. L. 8311-1. Les dispositions générales prévues par l'article L. 1511-1 sont également applicables aux dispositions du présent livre.

TITRE II GUADELOUPE, GUYANE, MARTINIQUE, MAYOTTE, LA RÉUNION, SAINT-BARTHÉLEMY, SAINT-MARTIN ET SAINT-PIERRE-ET-MIQUELON

CHAPITRE Ier Dispositions générales

Art. L. 8321-1. Les dispositions générales prévues par ***(Ord. 2008-205 du 27 févr. 2008, JO 1er mars)*** «les articles L. 1521-1 à L. 1521-4» sont également applicables aux dispositions du présent titre.

CHAPITRE II (réglementaire) Inspection du travail

SECTION 1. Compétences et moyens d'intervention

Art. D. 8322-1. Les inspecteurs du travail ***(D. 2018-953 du 31 oct. 2018, art. 9, 3°, JO 6 nov.)*** « de Guadeloupe, de Guyane, de Martinique, de Mayotte, de La Réunion », de Saint-Barthélemy et de Saint-Martin ont les mêmes attributions que les inspecteurs du travail de la métropole.

Note Le second alinéa de cet article a été supprimé par le décret 2008-1510 du 30 décembre 2008, JO 31.

SECTION 2. Systèmes d'inspection du travail

Note Cette section a été introduite par le décret 2010-1582 du 17 décembre 2010, art. 35, JO 18.

Art. R. 8322-2. Pour l'application des articles ***(D. 2015-364 du 30 mars 2015, art. 7, III, JO 31, entrée en vigueur le 01.05.2015)*** « R. 8115-1 à R. 8115-4, » ***(D. 2015-1359 du 26 oct. 2015, JO 28)*** « R. 8115-6, » R. 8122-1 et R. 8122-2 ***(D. 2018-953 du 31 oct. 2018, art. 9, 4°, JO 6 nov.)*** « en Guadeloupe, en Guyane, en Martinique, à Mayotte, à La Réunion », ***(D. 2020-1545 du 9 déc. 2020, art. 6, 6°, JO 10, entrée en vigueur le 01.04.2021)*** « à Saint-Barthélemy et à Saint-Martin :

1° Les attributions dévolues aux directeurs régionaux de l'économie, de l'emploi, du travail et des solidarités sont exercées :

a) Par les directeurs de l'économie, de l'emploi, du travail et des solidarités en Guadeloupe, en Martinique, à La Réunion, à Mayotte, à Saint-Barthélemy et à Saint-Martin ;

b) Par le directeur général des populations en Guyane ;

c) Par le directeur de la cohésion sociale, du travail, de l'emploi et de la population à Saint-Pierre-et-Miquelon ; »

2° Les dispositions relatives aux responsables d'***(D. 2015-1689 du 17 déc. 2015, JO 18, entrée en vigueur le 01.01.2016)*** « unités départementales » ne s'appliquent pas.

Note • Sur l'entrée en vigueur du décret 2015-364 précité, voir CE 8 juillet 2016, n° 389745, RJS 11/16 n° 735.

• Sur l'organisation et les missions des services de l'État, dans les départements et les régions d'outre-mer, à Mayotte et à Saint-Pierre-et-Miquelon, voir décret 2010-1582 du 17 décembre 2010, JO 18, modifié, art. 6 à 9 relatifs aux Direccte [Dreets], 18 à 20 relatifs à la direction de la cohésion sociale, du travail, de l'emploi et de la population à Saint-Pierre-et-Miquelon, 23 et 36.

CHAPITRE III Lutte contre le travail illégal

SECTION 1. Travail dissimulé

Art. L. 8323-1. Un décret en Conseil d'État apporte aux dispositions du titre II du livre II, relatives au travail dissimulé, les adaptations nécessaires à leur application ***(Ord. 2017-1491 du 25 oct. 2017, art. 9, 2°, JO 26, entrée en vigueur le 01.01.2018)*** « en Guadeloupe, en Guyane, en Martinique, à Mayotte, à La Réunion » ***(Ord. 2008-205 du 27 févr. 2008, JO 1er mars)*** « , à Saint-Barthélemy et à Saint-Martin ».

Art. R. 8323-1. Dans le département de la Guyane, le document mentionnant le numéro individuel d'identification prévu au *a* du 1° de l'article D. 8222-7 est remplacé par une attestation certifiant que le cocontractant est connu des services fiscaux de son État d'établissement ou de domiciliation.

Art. L. 8323-1-1. ***(Ord. 2017-1491 du 25 oct. 2017, art. 9, 3°, JO 26, entrée en vigueur le 01.01.2018)*** Pour l'application à Mayotte de l'article L. 8221-3, les mots : “ en application de l'article L. 133-6-7-1 du code de la sécurité sociale ” sont supprimés.

Art. L. 8323-1-2. ***(Ord. 2017-1491 du 25 oct. 2017, art. 9, 3°, JO 26, entrée en vigueur le 01.01.2018)*** Pour l'application à Mayotte de l'article L. 8271-6-4, il est inséré, après les mots : “ aux articles L. 213-1 et L. 752-1 du code de la sécurité sociale, ” les mots : “ à l'article 22 de l'ordonnance n° 96-1122 du 20 décembre 1996 relative à l'amélioration de la santé publique, à l'assurance-maladie, maternité et décès, au financement de la sécurité sociale à Mayotte et à la caisse de sécurité sociale de Mayotte ”.

SECTION 2. Emploi d'étrangers sans titre de travail

Sous-section 1. Interdictions

Art. L. 8323-2. Nul ne peut, directement ou par personne interposée, engager, conserver à son service ou employer pour quelque durée que ce soit un étranger non muni du titre l'autorisant à exercer une activité salariée à Saint-Pierre-et-Miquelon.

Les conditions de délivrance de l'autorisation de travail sont déterminées par voie réglementaire.

Note Pour exercer en France une activité professionnelle salariée, les étrangers doivent se conformer aux articles L. 1261-1, L. 5221-1 à L. 5221-3, L. 5221-5, L. 5221-7, L. 5523-1 à L. 5523-3 et L. 8323-2 CT ainsi qu'aux articles L. 311-13 et L. 311-14 CESEDA (art. L. 322-1 ancien CESEDA).

Sous-section 2. Dispositions pénales

Art. L. 8323-3. Le fait pour toute personne, directement ou par personne interposée, d'engager, de conserver à son service ou d'employer pour quelque durée que ce soit un étranger non muni du titre l'autorisant à exercer une activité salariée à Saint-Pierre-et-Miquelon, en méconnaissance des dispositions de l'article L. 8323-2, est puni des peines prévues aux articles L. 8256-2 à L. 8256-6.

TITRE III MESURES DE COORDINATION AVEC LES AUTRES COLLECTIVITÉS ULTRAMARINES

CHAPITRE UNIQUE

Art. L. 8331-1. Lorsque les salariés et les entreprises interviennent dans les collectivités de la République française exclues du champ d'application géographique défini à l'article L. 1511-1, les dispositions de l'article L. 8222-4 sont applicables au cocontractant établi ou domicilié à Wallis-et-Futuna ou dans les Terres australes et antarctiques françaises.

Note Cet article a été modifié par l'ordonnance 2017-1491 du 25 octobre 2017, art. 9, 5°, JO 26, entrée en vigueur le 01.01.2018.

Textes non codifiés

Table analytique

TEXTES NON CODIFIÉS

Pages

(*) Texte rapporté ou extraits.

(*) Texte rapporté ou extraits.

(*) Texte rapporté ou extraits.

(*) Texte rapporté ou extraits.

(*) Texte rapporté ou extraits.

(*) Texte rapporté ou extraits.

Sécurité intérieure :

Activités de sécurité :

Enquêtes administratives :

Solidarité internationale :

Stages en entreprise :

ANNEXE

Conventions internationales du travail

(*) Texte rapporté ou extraits.

ACTIONNARIAT DES SALARIÉS

■ **CODE DE COMMERCE**
Souscription et achat d'actions par les salariés : art. L. 225-177 à 197-5.

ADMINISTRATION DU TRAVAIL

■ **DÉCRET 2003-770 DU 20 AOÛT 2003**
portant statut particulier du corps de l'inspection du travail (JO 21) modifié par décrets 2009-1382 du 9 novembre 2009 (JO 14), 2011-181 du 15 février 2011 (JO 17), 2016-558 du 6 mai 2016 (JO 8), 2017-131 du 3 février 2017 (JO 5), 2017-1701 du 15 décembre 2017 (JO 17), 2020-1025 du 10 août 2020 (JO 11) et 2020-1545 du 9 décembre 2020 (JO 10).

■ **DÉCRET 2010-687 DU 24 JUIN 2010**
relatif à l'organisation et aux missions des services de l'État dans la région et les départements d'Île-de-France (JO 25) modifié par décrets 2010-1582 du 17 décembre 2010 (JO 18), 2011-184 du 15 février 2011 (JO 17), 2015-1689 du 17 décembre 2015 (JO 18), 2015-1867 du 30 décembre 2015 (JO 31), 2020-139 du 19 février 2020 (JO 20) et 2020-1545 du 9 décembre 2020 (JO 10).

■ **DÉCRET 2010-1582 DU 17 DÉCEMBRE 2010**
relatif à l'organisation et aux missions des services de l'État dans les départements et les régions d'outre-mer, à Mayotte et à Saint-Pierre-et-Miquelon (JO 18) modifié par décrets 2011-184 du 15 février 2011 (JO 17), 2012-219 du 16 février 2012 (JO 17), 2014-359 du 20 mars 2014 (JO 21), 2015-1689 du 17 décembre 2015 (JO 18), 2019-894 du 28 août 2019 (JO 29), 2020-1542 du 9 décembre 2020 (JO 10) et 2020-1545 du 9 décembre 2020 (JO 10).

CESSION D'ENTREPRISE

Information des salariés en cas de vente de leur entreprise

■ **CODE DE COMMERCE**
Articles L. 141-23 à 32 ; D. 141-3 à 5 ; L. 23-10-1 à 10-12 ; D. 23-10-1 à 10-3.

■ **LOI 2014-856 DU 31 JUILLET 2014**
relative à l'économie sociale et solidaire (JO 1er août) modifiée par lois 2015-990 du 6 août 2015 (JO 7) et 2015-992 du 17 août 2015 (JO 18), ordonnance 2016-415 du 7 avril 2016 (JO 8), loi 2018-699 du 3 août 2018 (JO 5), ordonnance 2018-1074 du 26 novembre 2018 (JO 5 déc.) et lois 2019-486 du 22 mai 2019 (JO 23) et 2020-1525 du 7 décembre 2020 (JO 8).

....

Art. 18. Un dispositif d'information des salariés sur les possibilités de reprise d'une société par les salariés est instauré à destination de l'ensemble des salariés des sociétés de moins de deux cent cinquante salariés soumises au livre II du code de commerce.

Cette information est organisée au moins une fois tous les trois ans et porte, en particulier, sur les conditions juridiques de la reprise d'une entreprise par les salariés, sur ses avantages et ses difficultés, ainsi que sur les dispositifs d'aide dont ils peuvent bénéficier.

L'information porte également sur les orientations générales de l'entreprise relatives à la détention de son capital, notamment sur le contexte et les conditions d'une cession de celle-ci et, le cas échéant, sur le contexte et les conditions d'un changement capitalistique substantiel.

Le contenu et les modalités de cette information sont définis par un décret qui prend en compte la taille des entreprises concernées.

....

■ **DÉCRET 2016-2 DU 4 JANVIER 2016**
relatif à l'information triennale des salariés prévue par l'article 18 de la loi 2014-856 du 31 juillet 2014 relative à l'économie sociale et solidaire (JO 5).

Art. 1er. – L'information périodique des salariés des sociétés commerciales de moins de 250 salariés sur les possibilités de reprise d'une société par les salariés comporte les éléments suivants :

1° Les principales étapes d'un projet de reprise d'une société, en précisant les avantages et les difficultés pour les salariés et pour le cédant ;

2° Une liste d'organismes pouvant fournir un accompagnement, des conseils ou une formation en matière de reprise d'une société par les salariés ;

3° Les éléments généraux relatifs aux aspects juridiques de la reprise d'une société par les salariés, en précisant les avantages et les difficultés pour les salariés et pour le cédant ;

4° Les éléments généraux en matière de dispositifs d'aide financière et d'accompagnement pour la reprise d'une société par les salariés ;

5° Une information générale sur les principaux critères de valorisation de la société, ainsi que sur la structure de son capital et son évolution prévisible ;

6° Le cas échéant, une information générale sur le contexte et les conditions d'une opération capitalistique concernant la société et ouverte aux salariés.

Art. 2. – L'information est présentée par écrit ou oralement par le représentant légal de la société, ou son délégataire, lors d'une réunion à laquelle les salariés doivent avoir été convoqués par tout moyen leur permettant d'en avoir connaissance.

L'obligation d'information relative aux éléments mentionnés à l'article 1er, à l'exception de ceux mentionnés aux 5° et 6°, peut être satisfaite par l'indication de l'adresse électronique d'un ou plusieurs sites internet comportant ces informations.

Art. 3. – Le seuil d'effectif salarié mentionné au premier alinéa de l'article 1er est apprécié conformément aux articles L. 1111-2 et L. 1111-3 du code du travail.

Art. 4. – Le I de l'article 204 de la loi du 6 août 2015 susvisée entre en vigueur au lendemain de la publication du présent décret.

....

CODE DES TRANSPORTS

Entreprises de transport aérien de passagers

LIVRE Ier

....

TITRE Ier

....

CHAPITRE IV – *Dispositions relatives au droit à l'information des passagers du transport aérien*

Section 1. Champ d'application

Art. L. 1114-1. – Le présent chapitre est applicable, lorsqu'ils concourent directement à l'activité de transport aérien de passagers, aux entreprises, établissements ou parties d'établissement qui exercent une activité de transport aérien ou qui assurent les services d'exploitation d'aérodrome, de la sûreté aéroportuaire, de secours et de lutte contre l'incendie, de lutte contre le péril animalier, de maintenance en ligne des aéronefs ainsi que les services d'assistance en escale comprenant le contrôle du chargement, des messages et des télécommunications, le traitement, le stockage, la manutention et l'administration des unités de chargement, l'assistance aux passagers, l'assistance des bagages, l'assistance des opérations en piste, l'assistance du nettoyage et du service de l'avion, l'assistance du carburant et de l'huile, l'assistance d'entretien en ligne, l'assistance des opérations aériennes et de l'administration des équipages, l'assistance du transport au sol et l'assistance du service du commissariat.

Section 2. Dialogue social et prévention des conflits

Art. L. 1114-2. – I. – Sans préjudice des dispositions de l'article L. 2512-2 du code du travail, dans les entreprises, établissements ou parties d'établissement entrant dans le champ d'application du présent chapitre, l'employeur et les organisations syndicales représentatives peuvent engager des négociations en vue de la signature d'un accord-cadre organisant une procédure de prévention des conflits et tendant à développer le dialogue social. En application de cet accord, l'exercice du droit de grève ne peut intervenir qu'après une négociation préalable entre l'employeur et la ou les organisations syndicales représentatives qui envisagent de recourir au droit de grève. L'accord-cadre fixe les règles d'organisation et de déroulement de cette négociation.

Ces règles doivent être conformes aux conditions posées au II.

II. – L'accord-cadre détermine notamment :

1° Les conditions dans lesquelles la ou les organisations syndicales représentatives procèdent à la notification à l'employeur des motifs pour lesquels elles envisagent de recourir à l'exercice du droit de grève ;

2° Le délai dans lequel, à compter de cette notification, l'employeur est tenu de réunir la ou les organisations syndicales représentatives qui ont procédé à la notification. Ce délai ne peut dépasser trois jours ;

3° La durée dont l'employeur et la ou les organisations syndicales représentatives qui ont procédé à la notification disposent pour conduire la négociation préalable mentionnée au I. Cette durée ne peut excéder huit jours francs à compter de la notification ;

4° Les informations qui doivent être transmises par l'employeur à la ou aux organisations syndicales représentatives qui ont procédé à la notification en vue de favoriser la réussite du processus de négociation ainsi que le délai dans lequel ces informations doivent être fournies ;

5° Les conditions dans lesquelles la négociation préalable entre la ou les organisations syndicales représentatives qui ont procédé à la notification et l'employeur se déroule ;

6° Les modalités d'élaboration du relevé de conclusions de la négociation préalable ainsi que les informations qui doivent y figurer ;

7° Les conditions dans lesquelles les salariés sont informés des motifs du conflit, de la position de l'employeur, de la position de la ou des organisations syndicales représentatives qui ont procédé à la notification ainsi que les conditions dans lesquelles ils reçoivent communication du relevé de conclusions de la négociation préalable.

Section 3. Exercice du droit de grève

Art. L. 1114-3. – En cas de grève et pendant toute la durée du mouvement, les salariés dont l'absence est de nature à affecter directement la réalisation des vols informent, au plus tard quarante-huit heures avant de participer à la grève, le chef d'entreprise ou la personne désignée par lui de leur intention d'y participer.

Le salarié qui a déclaré son intention de participer à la grève et qui renonce à y participer en informe son employeur au plus tard vingt-quatre heures avant l'heure prévue de sa participation à la grève afin que celui-ci puisse l'affecter. Cette information n'est pas requise lorsque la grève n'a pas lieu ou lorsque la prise du service est consécutive à la fin de la grève.

Le salarié qui participe à la grève et qui décide de reprendre son service en informe son employeur au plus tard vingt-quatre heures avant l'heure de sa reprise afin que ce dernier puisse l'affecter. Cette information n'est pas requise lorsque la reprise du service est consécutive à la fin de la grève.

Par dérogation au dernier alinéa du présent article, les informations issues de ces déclarations individuelles peuvent être utilisées pour l'application de l'article L. 1114-4.

Sont considérés comme salariés dont l'absence est de nature à affecter directement la réalisation des vols les salariés des exploitants d'aérodrome et des entreprises, établissements ou parties d'établissement mentionnés à l'article L. 1114-1 qui occupent un emploi de personnel navigant ou qui assurent personnellement l'une des opérations d'assistance en escale mentionnée au même article L. 1114-1, de maintenance en ligne des aéronefs, de sûreté aéroportuaire, de secours et de lutte contre l'incendie ou de lutte contre le péril animalier.

Les informations issues des déclarations individuelles des salariés ne peuvent être utilisées que pour l'organisation de l'activité durant la grève en vue d'en informer les passagers. Elles sont couvertes par le secret professionnel. Leur utilisation à d'autres fins ou leur communication à toute personne autre que celles désignées par l'employeur comme étant chargées de l'organisation du service est passible des peines prévues à l'article 226-13 du code pénal.

Art. L. 1114-4. – Est passible d'une sanction disciplinaire le salarié qui n'a pas informé son employeur de son intention de participer à la grève dans les conditions prévues à l'article L. 1114-3. Cette sanction disciplinaire peut également être prise à l'encontre du salarié qui, de façon répétée, n'a pas informé son employeur de son intention de renoncer à participer à la grève ou de reprendre son service.

Art. L. 1114-5. – Dès le début de la grève, les parties au conflit peuvent décider de désigner un médiateur, choisi d'un commun accord, aux fins de favoriser le règlement amiable de leurs différends. Le médiateur dispose, pour exercer sa mission, des pouvoirs mentionnés aux articles L. 2523-4 à L. 2523-9 du code du travail. Il veille à la loyauté et à la sincérité de la consultation éventuellement organisée en application de l'article L. 1114-6 du présent code.

Art. L. 1114-6. – Au-delà de huit jours de grève, l'employeur, une organisation syndicale représentative ou le médiateur éventuellement désigné peut décider l'organisation par l'entreprise d'une consultation ouverte aux salariés concernés par les motifs de la grève et portant sur la poursuite de celle-ci. Les conditions du vote sont définies par l'employeur dans les vingt-quatre heures qui suivent la décision d'organiser la consultation. L'employeur en informe l'inspecteur du travail. La consultation est assurée dans des conditions garantissant le secret du vote. Son résultat n'affecte pas l'exercice du droit de grève.

Section 4. Information des passagers

Art. L. 1114-7. – En cas de perturbation du trafic aérien liée à une grève dans une entreprise, un établissement ou une partie d'établissement entrant dans le champ d'application du présent chapitre, tout passager a le droit de disposer d'une information gratuite, précise et fiable sur l'activité assurée. Cette information doit être délivrée aux passagers par l'entreprise de transport aérien au plus tard vingt-quatre heures avant le début de la perturbation.

....

Transports terrestres réguliers de voyageurs

Articles L. 1324-1 à 11 c. transp. issus des articles 1 à 10 de la loi 2007-1224 du 21 août 2007 sur le dialogue social et la continuité du service public dans les transports terrestres réguliers de voyageurs (JO 22) et codifiés par ordonnance 2010-1307 du 28 octobre 2010 (JO 3 nov.) ; articles R. 1324-1 à 6 c. transp. issus de l'article 1er du décret 2008-82 du 24 janvier 2008 (JO 26) et codifiés par décret 2014-530 du 22 mai 2014 (JO 27).

LIVRE III

....

TITRE II

....

CHAPITRE IV – *Dialogue social, prévention des conflits collectifs et exercice du droit de grève*

Section 1. Champ d'application

Art. L. 1324-1. – Sans préjudice des dispositions du chapitre II du titre Ier du livre V de la deuxième partie du code du travail, les dispositions du présent chapitre sont applicables aux services publics de transport terrestre régulier de personnes et aux services librement organisés de transport ferroviaire de voyageurs mentionnés à l'article L. 2121-12 à l'exception des services de transport international de voyageurs.

Section 2. Dialogue social et prévention des conflits

Art. L. 1324-2. – Dans les entreprises de transport entrant dans le champ d'application du présent chapitre, l'employeur et les organisations syndicales représentatives engagent des négociations en vue de la signature, avant le 1er janvier 2008, d'un accord-cadre organisant une procédure de prévention des conflits et tendant à développer le dialogue social. Dans ces entreprises, le dépôt d'un préavis de grève ne peut intervenir qu'après une négociation préalable entre l'employeur et la ou les organisations syndicales représentatives qui envisagent de déposer le préavis. L'accord-cadre fixe les règles d'organisation et de déroulement de cette négociation. Ces règles doivent être conformes aux conditions posées à l'article L. 1324-5. Le présent article s'applique sans préjudice des dispositions de l'article L. 2512-2 du code du travail.

Art. L. 1324-3. – Un accord de branche organise une procédure de prévention des conflits et tend à développer le dialogue social. Cet accord de branche fixe les règles d'organisation et de déroulement de la négociation préalable mentionnée à l'article L. 1324-2. Ces règles doivent être conformes aux dispositions de l'article L. 1324-5. L'accord de branche s'applique dans les entreprises de transport où aucun accord-cadre n'a pu être signé. L'accord-cadre régulièrement négocié s'applique, dès sa signature, en lieu et place de l'accord de branche.

Art. L. 1324-4. – Un décret en Conseil d'État pris après consultation des organisations syndicales représentatives des employeurs et des salariés des secteurs d'activité concernés fixe les règles d'organisation et de déroulement de la négociation préalable mentionnée au premier alinéa dans les entreprises de transport où, à la date du 1er janvier 2008, aucun accord-cadre n'a pu être signé et aucun accord de branche ne s'applique. Les règles d'organisation et de déroulement ainsi prévues respectent les conditions posées par l'article L. 1324-5. L'accord de branche ou l'accord-cadre régulièrement négocié après cette date s'applique, dès sa signature, en lieu et place de ce décret.

Art. L. 1324-5. – L'accord-cadre, l'accord de branche et, le cas échéant, le décret en Conseil d'État prévus aux articles précédents déterminent notamment :

1° Les conditions dans lesquelles une organisation syndicale représentative procède à la notification à l'employeur des motifs pour lesquels elle envisage de déposer un préavis de grève conformément à l'article L. 2512-2 du code du travail ;

2° Le délai dans lequel, à compter de cette notification, l'employeur est tenu de réunir les organisations syndicales représentatives qui ont procédé à la notification. Ce délai ne peut dépasser trois jours ;

3° La durée dont l'employeur et les organisations syndicales représentatives qui ont procédé à la notification disposent pour conduire la négociation préalable mentionnée à l'article L. 1324-2. Cette durée ne peut excéder huit jours francs à compter de cette notification ;

4° Les informations qui doivent être transmises par l'employeur aux organisations syndicales représentatives qui ont procédé à la notification en vue de favoriser la réussite du processus de négociation ainsi que le délai dans lequel ces informations doivent être fournies ;

5° Les conditions dans lesquelles la négociation préalable entre les organisations syndicales représentatives qui ont procédé à la notification et l'employeur se déroule ;

6° Les modalités d'élaboration du relevé de conclusions de la négociation préalable ainsi que les informations qui doivent y figurer ;

7° Les conditions dans lesquelles les salariés sont informés des motifs du conflit, de la position de l'employeur, de la position des organisations syndicales représentatives qui ont procédé à la notification ainsi que les conditions dans lesquelles ils reçoivent communication du relevé de conclusions de la négociation préalable.

Art. L. 1324-6. – Lorsqu'un préavis a été déposé dans les conditions prévues à l'article L. 2512-2 du code du travail par une ou plusieurs organisations syndicales représentatives, un nouveau préavis ne peut être déposé par la ou les mêmes organisations et pour les mêmes motifs qu'à l'issue du délai du préavis en cours et avant que la procédure prévue à la présente section n'ait été mise en œuvre.

Section 3. Exercice du droit de grève

Art. L. 1324-7. – En cas de grève, les salariés relevant des catégories d'agents mentionnées dans l'accord collectif ou le plan de prévisibilité prévus à l'article L. 1222-7 informent, au plus tard quarante-huit heures avant de participer à la grève, le chef d'entreprise ou la personne désignée par lui de leur intention d'y participer.

Les informations issues de ces déclarations individuelles ne peuvent être utilisées que pour l'organisation du service durant la grève. Elles sont couvertes par le secret professionnel. Leur utilisation à d'autres fins ou leur communication à toute personne autre que celles désignées par l'employeur comme étant chargées de l'organisation du service est passible des peines prévues à l'article 226-13 du code pénal.

Le salarié qui a déclaré son intention de participer à la grève et qui renonce à y participer en informe son employeur au plus tard vingt-quatre heures avant l'heure prévue de sa participation à la grève afin que ce dernier puisse l'affecter dans le cadre du plan de transport. Cette information n'est pas requise lorsque la grève n'a pas lieu ou lorsque la prise du service est consécutive à la fin de la grève.

Le salarié qui participe à la grève et qui décide de reprendre son service en informe son employeur au plus tard vingt-quatre heures avant l'heure de sa reprise afin que ce dernier puisse l'affecter dans le cadre du plan de transport. Cette information n'est pas requise lorsque la reprise du service est consécutive à la fin de la grève.

Par dérogation au premier alinéa du présent article, les informations issues de ces déclarations individuelles peuvent être utilisées pour l'application de l'article L. 1324-8.

Art. L. 1324-8. – Est passible d'une sanction disciplinaire le salarié qui n'a pas informé son employeur de son intention de participer à la grève dans les conditions prévues à l'article L. 1324-7. Cette sanction disciplinaire peut également être prise à l'encontre du salarié qui, de façon répétée, n'a pas informé son employeur de son intention de renoncer à participer à la grève ou de reprendre son service.

Art. L. 1324-9. – Dès le début de la grève, les parties au conflit peuvent décider de désigner un médiateur, choisi d'un commun accord, aux fins de favoriser le règlement amiable de leurs différends. Le médiateur dispose, pour exercer sa mission, des pouvoirs mentionnés aux articles L. 2523-4 à L. 2523-10 du code du travail. Il veille à la loyauté et à la sincérité de la consultation éventuellement organisée en application de l'article L. 1324-10.

Art. L. 1324-10. – Au-delà de huit jours de grève, l'employeur, une organisation syndicale représentative ou le médiateur éventuellement désigné peut décider l'organisation par l'entreprise d'une consultation, ouverte aux salariés concernés par les motifs figurant dans le préavis, et portant sur la poursuite de la grève. Les conditions du vote sont définies, par l'employeur, dans les vingt-quatre heures qui suivent la décision d'organiser la consultation. L'employeur en informe l'agent de contrôle de l'inspection du travail mentionné à l'article L. 8112-1 du code du travail. La consultation est assurée dans des conditions garantissant le secret du vote. Son résultat n'affecte pas l'exercice du droit de grève.

Art. L. 1324-11. – La rémunération d'un salarié participant à une grève, incluant le salaire et ses compléments directs et indirects, à l'exclusion des suppléments pour charges de famille, est réduite en fonction de la durée non travaillée en raison de la participation à cette grève.

....

Art. R. 1324-1. À défaut de conclusion de l'accord-cadre mentionné à l'article L. 1324-2, l'organisation et le déroulement de la négociation préalable sont ceux prévus par le présent chapitre.

Art. R. 1324-2. L'organisation syndicale représentative qui notifie à l'employeur les motifs pour lesquels elle envisage de déposer un préavis de grève conformément à l'article L. 2512-2 du code du travail procède à cette notification par remise en main propre contre décharge ou par tout autre moyen permettant d'attester la date de remise à l'autorité hiérarchique ou à la direction de l'établissement, de l'entreprise ou de l'organisme.

La notification comporte les mentions, assorties des précisions utiles, des revendications qui ont conduit l'organisation syndicale à envisager le recours à la grève, ainsi que les catégories d'agents et les services ou les établissements concernés par ces revendications.

Art. R. 1324-3. L'employeur, saisi d'une notification par les organisations syndicales représentatives, en réunit les représentants dans les trois jours à compter de la remise de cette notification. Il communique sans délai aux représentants de ces organisations syndicales, par remise en main propre contre décharge ou par tout autre moyen permettant d'attester la date de cette remise, les lieu, date et heure de la première réunion de négociation préalable.

L'employeur ou son représentant transmet aux représentants des organisations syndicales représentatives qui ont procédé à la notification mentionnée à l'article R. 1324-2 toute information de nature à éclairer les parties à la négociation dans la détermination de leurs positions respectives. Cette information, transmise au plus tard vingt-quatre heures avant l'ouverture de la négociation préalable, doit être pertinente au regard des motifs énoncés dans la notification dès lors que ces motifs relèvent de la compétence de l'employeur.

Art. R. 1324-4. L'employeur et les organisations syndicales représentatives disposent d'une durée de huit jours francs à compter de la notification pour mener à son terme la négociation préalable.

L'employeur donne toute facilité aux négociateurs désignés par les organisations syndicales ainsi invitées pour préparer et assister à la négociation. Ces facilités concernent notamment les conditions matérielles de déplacement, de préparation et de participation aux réunions de négociation. Le calendrier de celles-ci est arrêté au cours de la première réunion par l'employeur et les organisations syndicales.

L'employeur ou son représentant peut se faire assister de toute personne qualifiée, au sein de l'entreprise, dont il juge que la participation aux réunions est de nature à éclairer les parties.

Sauf accord exprès qui est mentionné au relevé de conclusions prévu à l'article R. 1324-5, les délégations patronales et syndicales comportent un nombre égal de personnes.

Le temps consacré par les salariés de l'entreprise ou de l'établissement à la préparation et à la participation à la négociation est assimilé à du temps de travail effectif. Pour les cas où ces salariés bénéficient d'un crédit d'heures de délégation prévu à l'article L. 2143-13 du code du travail, ce temps est assimilé à des circonstances exceptionnelles au sens de cet article.

Art. R. 1324-5. Le relevé de conclusions de la négociation préalable est élaboré et signé conjointement par l'employeur ou son représentant et par les représentants des organisations syndicales ayant participé à la première réunion de négociation. Ce relevé de conclusions contient au moins :

1° Les motifs ayant conduit à envisager le dépôt d'un préavis de grève, les revendications afférentes ainsi que les autres informations mentionnées au second alinéa de l'article R. 1324-2 ;

2° Les conditions d'organisation et de déroulement de la négociation préalable ;

3° La nature des informations et des réponses apportées par l'employeur relativement à ces motifs ;

4° Les positions finales respectives des parties à la négociation et la liste des points d'accord et de désaccord éventuels constatés au terme de la négociation préalable.

Art. R. 1324-6. Les organisations syndicales représentatives qui ont procédé à la notification informent les personnels des services, des établissements ou de l'entreprise des motifs pour lesquels elles envisagent, le cas échéant, de déposer un préavis de grève.

L'employeur fait connaître aux personnels des services, des établissements ou de l'entreprise sa position.

Le relevé de conclusions établi en application de l'article R. 1324-5 est diffusé dans les meilleurs délais par la partie la plus diligente aux personnels des services, des établissements ou de l'entreprise.

Un exemplaire du relevé de conclusions est transmis sans délai au représentant de l'État dans la région, au représentant de l'autorité organisatrice de transport et à l'inspection du travail territorialement compétente.

■ CIRCULAIRE DGT 11 DU 30 NOVEMBRE 2007

relative à la loi 2007-1224 du 21 août 2007 sur le dialogue social et la continuité du service public dans les transports terrestres réguliers de voyageurs.

CONGÉS ET ABSENCES

Congés de formation économique, sociale et syndicale

■ ARRÊTÉ DU 7 MARS 1986

pris pour l'application de l'article L. 451-1 du code du travail, al. 6 et 7 [L. 2145-8] (JO 14).

Art. 1er. – Le nombre maximum de jours de congés susceptibles d'être pris par établissement au cours d'une année civile au titre des formations prévues par les articles L. 236-10, L. 434-10 et L. 451-1 du code du travail est fixé comme suit :

– établissements de 1 à 24 salariés : douze jours ;

– établissements comprenant de 25 à 499 salariés : douze jours par tranche ou fraction de tranche supplémentaire de 25 salariés ;

– établissements comprenant de 500 à 999 salariés : douze jours par tranche ou fraction de tranche supplémentaire de 50 salariés ;

– établissements comprenant de 1 000 à 4 999 salariés : douze jours par tranche ou fraction de tranche supplémentaire de 100 salariés ;

– établissements comprenant plus de 4 999 salariés : douze jours de plus par tranche ou fraction de tranche supplémentaire de 200 salariés.

Dans les établissements de 1 à 24 salariés, le nombre maximum de jours de congés est porté à dix-huit jours pour les animateurs et les salariés appelés à exercer des responsabilités syndicales.

Art. 2. – Dans les établissements comprenant plus de 49 salariés, le total des jours de congés pris au titre de l'article L. 451-1 du code du travail par les animateurs et par les salariés appelés à exercer des responsabilités syndicales ne peut excéder 50 p. 100 de l'ensemble des jours de congés de formation économique, sociale et syndicale.

Art. 3. – Dans le cas où plusieurs salariés demandent un congé de formation économique, sociale et syndicale, la satisfaction accordée à certaines demandes peut être différée :

– dans les établissements de plus de 99 salariés lorsque le pourcentage de salariés simultanément absents au titre de ce congé atteint 2 p. 100 ;

– dans les établissements de 25 à 99 salariés lorsque le nombre de salariés simultanément absents au titre de ce congé atteint 2 ;

– dans les établissements de moins de 25 salariés lorsqu'un salarié est absent au titre de ce congé.

Les demandes à satisfaire en priorité sont celles ayant déjà fait l'objet d'un report.

Art. 4. – Le nombre maximum de jours de congés susceptibles d'être pris par établissement en application de l'article L. 451-1 du code du travail entre le 1er octobre 1985 et le 30 septembre 1986 ne peut être supérieur au plafond fixé à l'article 1er du présent arrêté.

Chèques-vacances

■ CODE DU TOURISME

Voir livre IV, titre Ier, chapitre Ier.
Chèques-vacances

Sapeurs-pompiers

■ LOI 96-370 DU 3 MAI 1996

relative au développement du volontariat dans les corps de sapeurs-pompiers (JO 4) modifiée par lois 99-128 du 23 février 1999 (JO 24), 2002-276 du 27 février 2002 (JO 28), 2003-1312 du 30 décembre 2003, art. 95 (JO 31), 2004-811 du 13 août 2004 (JO 17), ordonnances 2005-1045 du 26 août 2005, art. 5 (JO 27), 2009-1530 du 10 décembre 2009 (JO 11), loi 2011-851 du 20 juillet 2011 (JO 21), ordonnance 2012-351 du 12 mars 2012 (JO 13) et loi 2016-1867 du 27 décembre 2016 (JO 28).

....

Art. 6-1. – Les sapeurs-pompiers volontaires salariés victimes d'accident survenu ou de maladie contractée en service bénéficient des dispositions de la section 5-1 du chapitre II du titre II du livre Ier du code du travail.

Art. 7. – L'employeur public ou privé est subrogé, à sa demande, dans le droit du sapeur-pompier volontaire à percevoir les indemnités prévues à l'article 11 en cas de maintien, durant son absence, de sa rémunération et des avantages y afférents, et dans la limite de ceux-ci.

Les indemnités perçues par l'employeur en application du premier alinéa ne sont assujetties à aucun impôt, ni soumises aux prélèvements prévus par la législation sociale.

Art. 8. – Lorsque l'employeur maintient la rémunération pendant l'absence pour la formation suivie par les salariés sapeurs-pompiers volontaires, la rémunération et les prélèvements sociaux afférents à cette absence sont admis au titre de la participation des employeurs au financement de la formation professionnelle continue prévue à l'article L. 950-1 du code du travail.

Les frais afférents à la formation suivie par les travailleurs indépendants, les membres des professions libérales et des professions non salariées sapeurs-pompiers volontaires sont pris en charge par les organismes agréés ou habilités par l'État visés au chapitre III du titre V du livre IX du code du travail.

Art. 8-1. – Les formations suivies dans le cadre de l'activité de sapeur-pompier volontaire peuvent être prises en compte, selon des modalités définies par voie réglementaire, au titre de la formation professionnelle continue prévue par le code du travail, des obligations de formation prévues par le statut de la fonction publique et du développement professionnel continu des professionnels de santé prévu par le code de la santé publique.

....

CONJOINT COLLABORATEUR

■ CODE DE COMMERCE

Articles R. 121-1 à 6.

CONVENTIONS EUROPÉENNES ET INTERNATIONALES

■ DÉCRET 74-360 DU 3 MAI 1974

portant publication de la Convention européenne de sauvegarde des droits de l'homme et des libertés fondamentales, signée le 4 novembre 1950, de ses protocoles additionnels n°s 1, 3, 4 et 5, signés les 20 mars 1952, 6 mai et 16 septembre 1963 et 20 janvier 1966, ainsi que des déclarations et réserves qui ont été formulées par le Gouvernement de la République française lors de la ratification (JO 4). Entrée en vigueur le 3 septembre 1953.

■ DÉCRET 81-917 DU 9 OCTOBRE 1981

portant publication de la déclaration d'acceptation du droit du recours individuel en application de l'article 25 de la Convention européenne des droits de l'homme en date du 4 novembre 1950 et de l'article 6 du protocole n° 4 à ladite convention en date du 16 septembre 1963 (JO 14).

■ DÉCRET 83-1205 DU 20 DÉCEMBRE 1983

portant publication de la Convention européenne relative au statut juridique du travailleur migrant, faite à Strasbourg le 24 novembre 1977 (JO 31). Entrée en vigueur le 1er janvier 1984 à l'égard de la France.

■ DÉCRET 84-193 DU 12 MARS 1984

portant publication de la Convention sur l'élimination de toutes les formes de discrimination à l'égard des femmes, ouverte à la signature à New York le 1er mars 1980 (JO 20). Entrée en vigueur le 13 janvier 1984 à l'égard de la France.

■ **DÉCRET 86-1314 DU 23 DÉCEMBRE 1986**
portant publication de la déclaration de renouvellement d'acceptation du recours individuel, en application de l'article 25 de la Convention européenne des droits de l'homme en date du 4 novembre 1950 et de l'article 6 du protocole n° 4 à ladite convention en date du 16 septembre 1963, faite à Paris le 1er octobre 1986 (JO 30).

■ **DÉCRET 89-37 DU 24 JANVIER 1989**
portant publication du protocole n° 7 à la Convention de sauvegarde des droits de l'homme et des libertés fondamentales, fait à Strasbourg le 22 novembre 1984, ainsi que des déclarations et réserves accompagnant l'instrument français de ratification et de la déclaration française du 1er novembre 1988 (JO 27). Entrée en vigueur le 1er novembre 1988.

■ **DÉCRET 90-245 DU 14 MARS 1990**
portant publication du protocole n° 8 à la Convention européenne de sauvegarde des droits de l'homme et des libertés fondamentales, fait à Vienne le 19 mars 1985 (JO 21). Entrée en vigueur le 1er janvier 1990.

■ **DÉCRET 90-415 DU 14 MAI 1990**
portant publication des déclarations de renouvellement de l'acceptation du droit de recours individuel et de la reconnaissance de la juridiction obligatoire de la Cour européenne des droits de l'homme, en application des articles 25 et 46 de la Convention européenne de sauvegarde des droits de l'homme et des libertés fondamentales du 4 novembre 1950, de l'article 6 du protocole n° 4 à ladite convention en date du 16 septembre 1963 et de l'article 7 du protocole n° 7 à ladite convention en date du 22 novembre 1984, faites à Paris le 25 septembre 1989 (JO 19).

■ **DÉCRET 98-1055 DU 18 NOVEMBRE 1998**
portant publication du protocole n° 11 à la Convention de sauvegarde des droits de l'homme et des libertés fondamentales, portant restructuration du mécanisme de contrôle établi par la convention (ensemble une annexe), fait à Strasbourg le 11 mai 1994 (JO 25). Entrée en vigueur le 1er novembre 1998.

■ **DÉCRET 2001-953 DU 15 OCTOBRE 2001**
portant publication du protocole facultatif à la convention sur l'élimination de toutes les formes de discrimination à l'égard des femmes, fait à New York le 6 octobre 1999 (JO 20). Entrée en vigueur le 22 décembre 2000.

■ **DÉCRET 2010-356 DU 1er AVRIL 2010**
portant publication de la convention relative aux droits des personnes handicapées (ensemble un protocole facultatif), signée à New York le 30 mars 2007 (JO 3). Entrée en vigueur le 20 mars 2010.

■ **DÉCRET 2010-711 DU 28 JUIN 2010**
portant publication du protocole n° 14 à la Convention de sauvegarde des droits de l'homme et des libertés fondamentales, amendant le système de contrôle de la convention, signé à Strasbourg le 13 mai 2004 (JO 30). Entrée en vigueur le 1er juin 2010.

COOPÉRATIVES DE PRODUCTION

■ **LOI 78-763 DU 19 JUILLET 1978**
portant statut des sociétés coopératives ouvrières de production (JO 20) modifiée en dernier lieu par loi 92-643 du 13 juillet 1992 (JO 14), ordonnances 2000-912 du 18 septembre 2000 (JO 21), 2000-916 du 19 septembre 2000 (JO 22), lois 2005-882 du 2 août 2005, art. 31 (JO 3), 2006-1770 du 30 décembre 2006 (JO 31), ordonnance 2009-80 du 22 janvier 2009 (JO 23), lois 2009-1255 du 19 octobre 2009 (JO 20), 2012-387 du 22 mars 2012 (JO 23), 2014-856 du 31 juillet 2014 (JO 1er août), 2015-1785 du 29 décembre 2015 (JO 30) et ordonnance 2019-738 du 17 juillet 2019 (JO 18).

■ **DÉCRET 79-558 DU 27 JUIN 1979**
relatif à l'application du titre II, chapitre III, de la loi 78-763 du 19 juillet 1978 portant statut des sociétés coopératives ouvrières de production et concernant la souscription de parts sociales réservées aux salariés (JO 6 juil.).

■ **DÉCRET 93-1231 DU 10 NOVEMBRE 1993**
relatif à la reconnaissance de la qualité de société coopérative ouvrière de production (JO 13).

Accès au droit du travail par la voie numérique

■ ORDONNANCE 2017-1387 DU 22 SEPTEMBRE 2017

relative à la prévisibilité et la sécurisation des relations de travail (JO 23) modifiée par ordonnance 2017-1718 du 20 décembre 2017 (JO 21) et loi 2018-217 du 29 mars 2018 (JO 31).

....

Art. 1er. – I. – Le dispositif intitulé « code du travail numérique » est mis en place au plus tard le 1er janvier 2020. Celui-ci permet, en réponse à une demande d'un employeur ou d'un salarié sur sa situation juridique, l'accès aux dispositions législatives et réglementaires ainsi qu'aux stipulations conventionnelles, en particulier de branche, d'entreprise et d'établissement, sous réserve de leur publication, qui lui sont applicables. L'accès à ce dispositif se fait, de manière gratuite, au moyen du service public de la diffusion du droit par l'internet.

II. – L'employeur ou le salarié qui se prévaut des informations obtenues au moyen du « code du travail numérique » est, en cas de litige, présumé de bonne foi.

....

Simplification et sécurisation de la vie des entreprises

■ ORDONNANCE 2003-1213 DU 18 DÉCEMBRE 2003 modifiée

relative aux mesures de simplification des formalités concernant les entreprises, les travailleurs indépendants, les associations et les particuliers employeurs (JO 20).
Voir articles L. 133-5 à L. 133-5-5 c. séc. soc.

■ LOI 2014-1 DU 2 JANVIER 2014

habilitant le Gouvernement à simplifier et sécuriser la vie des entreprises (JO 3) modifiée par ordonnance 2016-1058 du 3 août 2016 (JO 5) et lois 2016-1087 du 8 août 2016 (JO 9) et 2019-1428 du 24 décembre 2019 (JO 26).

■ DÉCRET 2014-11 DU 8 JANVIER 2014

instituant le conseil de la simplification pour les entreprises (JO 10) modifié par décrets 2014-618 du 13 juin 2014 (JO 15), 2015-371 du 31 mars 2015 (JO 2 avril) et 2016-1342 du 11 octobre 2016 (JO 12).

■ LOI 2014-1545 DU 20 DÉCEMBRE 2014

relative à la simplification de la vie des entreprises et portant diverses dispositions de simplification et de clarification du droit et des procédures administratives (JO 21 ; rectif. JO 3 janv. 2015) modifiée par loi 2015-990 du 6 août 2015 (JO 7), ordonnance 2015-1174 du 23 septembre 2015 (JO 24), lois 2015-1786 du 29 décembre 2015 (JO 30), 2016-1827 du 23 décembre 2016 (JO 24), 2016-1918 du 29 décembre 2016 (JO 30) et 2020-1721 du 29 décembre 2020 (JO 30).

Informatique et libertés

■ LOI 78-17 DU 6 JANVIER 1978

relative à l'informatique, aux fichiers et aux libertés (JO 7) modifiée en dernier lieu par ordonnances 2018-1125 du 12 décembre 2018 (JO 13), 2019-964 du 18 septembre 2019 (JO 19) et lois 2019-774 du 24 juillet 2019 (JO 26) et 2019-828 du 6 août 2019 (JO 7).

■ DÉCRET 2019-536 DU 29 MAI 2019

pris pour l'application de la loi 78-17 du 6 janvier 1978 relative à l'informatique, aux fichiers et aux libertés (JO 30) modifié par décrets 2019-966 du 18 septembre 2019 (JO 19) et 2020-567 du 14 mai 2020 (JO 15).

■ CIRCULAIRE DU 14 SEPTEMBRE 2011

relative au cadre juridique applicable à l'installation de caméras de vidéoprotection sur la voie publique et dans des lieux ou établissements ouverts au public, d'une part, et dans des lieux non ouverts au public, d'autre part (JO 15).

Relations avec l'administration

■ CODE DES RELATIONS ENTRE LE PUBLIC ET L'ADMINISTRATION

Note Issu de l'ordonnance 2015-1341 du 23 octobre 2015 (JO 25) et du décret 2015-1342 du 23 octobre 2015 (JO 25), le code des relations entre le public et l'administration reprend les principales dispositions des grandes lois relatives aux droits des citoyens dans leurs relations avec les administrations et notamment la loi 2000-321 du 12 avril 2000 modifiée (JO 13), la loi 78-753 du 17 juillet 1978 (JO 31) sur l'accès aux documents administratifs et la loi 79-587 du 11 juillet 1979 (JO 12) sur la motivation des actes administratifs.

Le code intègre également les récentes réformes relatives au silence de l'administration valant acceptation (loi 2013-1005 du 12 novembre 2013, JO 13, et décrets pris pour son application), au droit des usagers de saisir l'administration par voie électronique (ordonnance 2014-1330 du 6 novembre 2014, JO 7 ; décret 2016-1411 du

20 octobre 2016, JO 22), aux échanges de données entre administrations (ordonnance 2015-507 du 7 mai 2015, JO 8), au recommandé électronique (loi 2016-1321 du 7 octobre 2016, JO 8 ; décret 2017-1728 du 21 décembre 2017, JO 23), au droit à régularisation en cas d'erreur (loi 2018-727 du 10 août 2018, JO 11) et aux conditions de publication des instructions et circulaires (décret 2018-1047 du 28 novembre 2018, JO 30).

Le plan du code est le suivant : les échanges avec l'administration (livre Ier), les actes unilatéraux pris par l'administration (livre II), l'accès aux documents administratifs et la réutilisation des informations publiques (livre III) et le règlement des différends avec l'administration (livre IV). Les dispositions relatives à l'outre-mer ont été regroupées dans un livre V.

Le code est entré en vigueur le 1er janvier 2016, à l'exception des règles relatives au retrait et à l'abrogation des actes administratifs, qui sont entrées en vigueur à compter du 1er juin 2016.

■ ARRÊTÉ DU 12 MARS 1986

fixant la liste des documents administratifs émanant des services placés sous l'autorité ou le contrôle du ministre du travail, de l'emploi et de la formation professionnelle qui ne peuvent être communiqués au public (JO 19) modifié par décret 2016-308 du 17 mars 2016 (JO 18).

Art. 1er. – Les documents administratifs émanant des services, établissements et organismes placés sous l'autorité ou le contrôle du ministre du travail, de l'emploi et de la formation professionnelle ne peuvent, sous réserve des dispositions de la loi du 3 janvier 1979 susvisée sur les archives, être communiqués au public lorsqu'ils entrent dans l'une des catégories fixées par la liste ci-après :

....

4. Documents dont la communication porterait atteinte au secret en matière commerciale et industrielle :

4.1. Informations techniques, économiques, commerciales, comptables ou financières sur une entreprise publique ou privée, recueillies à l'occasion de contrôles, enquêtes ou vérifications exercées par ou pour le compte des services de l'État.

4.2. Sans préjudice de l'application des dispositions de l'article L. 311-3 du code des relations entre le public et l'administration, informations techniques, économiques, comptables ou financières transmises par les entreprises à l'administration en application du code du travail et des lois et règlements non codifiés relatifs au régime du travail, et notamment :
– les justifications annuelles des entreprises assujetties au financement de la formation professionnelle continue ;
– les renseignements statistiques et financiers fournis annuellement à l'administration par les fonds d'assurance formation et les dispensateurs de formation.

4.3. Informations techniques, commerciales, comptables ou financières, produites par une entreprise qui sollicite une aide de l'État en matière d'emploi, de formation professionnelle ou pour l'amélioration des conditions de travail.

4.4. Informations techniques, commerciales, financières ou économiques, fournies à l'administration par une entreprise et contenues :
– dans les documents produits en vue d'obtenir l'autorisation de procéder à une modification des horaires, à une mise en chômage partiel du personnel, à un licenciement pour motif économique, sans préjudice de l'application des dispositions de l'article L. 311-3 du code des relations entre le public et l'administration ;
– dans les documents relatifs aux substances et préparations destinées à être mises pour la première fois sur le marché ;
– dans les dossiers fournis à l'appui d'une demande d'agrément du ministre chargé du travail par des organismes techniques pour des prélèvements, des analyses ou des vérifications relatives à l'hygiène et à la sécurité du travail ;
– dans les documents relatifs aux matériels, machines et leurs éléments, aux protecteurs de machines, aux dispositifs, équipements et produits de protection, soumis à la procédure d'homologation ou de visa d'examen technique ;
– dans les documents présentés à l'appui d'une demande d'homologation d'un contrat d'intéressement des travailleurs à l'entreprise ou d'un accord de participation des salariés aux fruits de l'expansion de l'entreprise.

4.5. Documents contenant des éléments techniques et financiers sur des entreprises parties à des procédures de conclusion de marchés publics et sur leurs propositions ou leurs offres.

4.6. Documents décrivant les besoins individualisés des entreprises en personnel, tels qu'ils sont formulés auprès du service public de l'emploi.

4.7. Données recueillies à l'occasion d'enquêtes lorsqu'elles sont de nature à révéler des informations couvertes par le secret industriel et commercial relatives à des entreprises identifiables du fait du petit nombre d'unités concernées ou de la position dominante de l'une d'entre elles.

4.8. Documents scientifiques relatifs aux programmes, contrats ou travaux de recherche en cours dans les établissements d'enseignement et de recherche ou les organismes d'études sous tutelle.

5. Documents dont la communication porterait atteinte à un secret protégé par la loi :

Documents révélant l'origine des plaintes signalant aux services chargés de l'inspection du travail la méconnaissance par un employeur des dispositions du droit du travail.

....

■ DÉCRET 2014-1289 DU 23 OCTOBRE 2014

relatif aux exceptions à l'application du principe « silence vaut acceptation » sur le fondement du II de l'article 21 de la loi 2000-321 du 12 avril 2000 relative aux droits des citoyens dans leurs relations avec les administrations (ministère du travail, de l'emploi, de la formation professionnelle et du dialogue social) (JO 1er nov.) modifié par décrets 2016-308 du 17 mars 2016 (JO 18), 2016-1551 du 18 novembre 2016 (JO 19), 2018-437 du 4 juin 2018 (JO 5) et 2020-88 du 5 février 2020 (JO 6).

Note La loi du 12 novembre 2013 habilitant le Gouvernement à simplifier les relations entre l'administration et les citoyens prévoit que le silence gardé pendant plus de deux mois par l'administration sur une demande vaut acceptation. Des dérogations à ce principe peuvent être prévues pour des motifs tenant à l'objet de la décision ou pour des motifs de bonne administration. Ce décret précise la liste des procédures relevant du ministère du travail, de l'emploi, de la formation professionnelle et du dialogue social dans lesquelles le silence de l'administration continuera de valoir décision de rejet.

Art. 1er. – En application des articles L. 231-5 et L. 231-6 du code des relations entre le public et l'administration, le silence gardé par l'administration vaut décision de rejet pour les demandes dont la liste figure en annexe du présent décret.

Art. 2. – Pour les demandes mentionnées à l'article 1er du présent décret, l'annexe du présent décret fixe, lorsqu'il est différent du délai de deux mois, le délai à l'expiration duquel, en application des articles L. 231-5 et L. 231-6 du code des relations entre le public et l'administration, la décision de rejet est acquise.

Art. 3. – Le délai à l'expiration duquel sont acquises les décisions implicites de rejet mentionnées à l'article 1er du présent décret peut être modifié par décret en Conseil d'État.

Art. 4. – Le présent décret est applicable dans les îles Wallis et Futuna et dans les Terres australes et antarctiques françaises pour les demandes, mentionnées à l'article 1er du présent décret, qui s'inscrivent dans les procédures qui sont applicables dans ces collectivités.

Art. 5. – Les dispositions du présent décret s'appliquent aux demandes présentées à compter du 12 novembre 2014.

Annexe

Objet de la demande	Dispositions applicables	Délai à l'expiration duquel la décision de rejet est acquise, lorsqu'il est différent du délai de deux mois
Code du travail		
Réalisation d'une enquête afin de déterminer la représentativité d'un syndicat ou d'une organisation professionnelle autre que ceux affiliés à des organisations représentatives au niveau national.	Art. L. 2121-2	Six mois
Agrément des organismes de formation économique, sociale et syndicale des salariés appelés à exercer des responsabilités syndicales.	Art. L. 2145-2, dernière phrase	
Inscription sur la liste des organismes dispensant le stage de formation économique pour les membres titulaires du comité d'entreprise élus pour la première fois.	Art. L. 2325-44	
Autorisation d'exercice des caisses de congés payés pour les professions du bâtiment et des travaux publics.	Art. L. 3141-32 et D. 3141-18	
Agrément de la caisse de congés payés du spectacle.	Art. L. 3141-32 et D. 7121-39, premier alinéa	
Agrément des caisses de congés payés des personnels des entreprises de manutention des ports.	Art. L. 3141-32 du code du travail et D. 743-2 de l'ancien code du travail	
Autorisation d'exercice des caisses de congés payés des travailleurs intermittents des transports.	Art. L. 3141-32 du code du travail et D. 1325-3, deuxième alinéa, du code des transports	
Agrément des contrôleurs chargés de collaborer à la surveillance de l'application de la législation sur les congés payés.	Art. L. 3141-33	
Agrément des experts auxquels le comité d'hygiène, de sécurité et des conditions de travail peut faire appel.	Art. L. 4614-12	Quatre mois
Autorisation d'exercice de la médecine du travail à Saint-Pierre-et-Miquelon.	Art. L. 4822-1	
Inscription sur la liste des demandeurs d'emploi.	Art. L. 5411-1	

Objet de la demande	Dispositions applicables	Délai à l'expiration duquel la décision de rejet est acquise, lorsqu'il est différent du délai de deux mois
Agrément des stages de la formation professionnelle financés par l'État.	Art. L. 6341-4	
Autorisation individuelle préalable d'emploi d'enfants de moins de seize ans.	Art. L. 7124-1	Un mois
Agrément initial des agences de mannequins pour l'engagement des enfants de moins de seize ans.	Art. L. 7124-5	Un mois
Habilitation des organismes chargés de mettre en œuvre les procédures d'évaluation de la conformité ou de réaliser des opérations de contrôle de conformité des équipements de travail et des moyens de protection.	Art. R. 4313-83	Quatre mois
Agrément des organismes de formation des représentants du personnel au comité d'hygiène, de sécurité et des conditions de travail.	Art. R. 4614-26	Quatre mois
Désignation ou maintien en fonction des conseillers du travail.	Art. D. 4632-5	
Arrêté du 28 janvier 1991 définissant les modalités de formation à la sécurité des personnels intervenant dans des opérations hyperbares		
Agrément des organismes de formation à la sécurité des personnes souhaitant exercer une activité de scaphandrier.	Art. 5	

DÉCRET 2014-1290 DU 23 OCTOBRE 2014

relatif aux exceptions à l'application du délai de deux mois de naissance des décisions implicites d'acceptation sur le fondement du II de l'article 21 de la loi n° 2000-321 du 12 avril 2000 relative aux droits des citoyens dans leurs relations avec les administrations (ministère du travail, de l'emploi, de la formation professionnelle et du dialogue social) (JO 1er nov.) modifié par décrets 2016-308 du 17 mars 2016 (JO 18) et 2016-1551 du 18 novembre 2016 (JO 19).

Note La loi du 12 novembre 2013 habilitant le Gouvernement à simplifier les relations entre l'administration et les citoyens prévoit que le silence gardé pendant plus de deux mois par l'administration sur une demande vaut acceptation. Des exceptions à ce délai de deux mois peuvent être prévues pour des motifs tenant à l'urgence ou à la complexité de la procédure. Ce décret précise la liste des procédures, relevant du ministère du travail, de l'emploi, de la formation professionnelle et du dialogue social, pour lesquelles une acceptation implicite de l'administration est acquise dans un délai différent de celui de deux mois.

Art. 1er. – En application des articles L. 231-5 et L. 231-6 du code des relations entre le public et l'administration, et par dérogation au délai de deux mois prévu à l'article L. 231-1 du même code, l'annexe du présent décret fixe le délai à l'expiration duquel le silence gardé par l'administration sur une demande vaut décision d'acceptation.

Art. 2. – Le présent décret est applicable dans les îles Wallis et Futuna et dans les Terres australes et antarctiques françaises pour les demandes, mentionnées à l'article 1er du présent décret, qui s'inscrivent dans les procédures qui sont applicables dans ces collectivités.

Art. 3. – Les dispositions du présent décret s'appliquent aux demandes présentées à compter du 12 novembre 2014.

Annexe

Objet de la demande	Dispositions applicables	Délai à l'expiration duquel la décision d'acceptation est acquise, lorsqu'il est différent du délai de deux mois
Code du travail		
Autorisation de dépassement de la durée quotidienne maximale de travail effectif par salarié	1° de l'article L. 3121-18	Quinze jours
Autorisation de dépassement de la durée maximale hebdomadaire absolue du travail	Art. L. 3121-21	Trente jours
Dérogation individuelle à la durée hebdomadaire maximale moyenne de travail	Art. L. 3121-24, dernier alinéa, et R. 3121-15	Trente jours
Dérogation à la durée hebdomadaire maximale moyenne de travail dans certains secteurs, dans certaines régions ou dans certaines entreprises	Art. L. 3121-25, dernier alinéa, et R. 3121-16	Trente jours

Objet de la demande	Dispositions applicables	Délai à l'expiration duquel la décision d'acceptation est acquise, lorsqu'il est différent du délai de deux mois
Autorisation de pratique des horaires individualisés	Art. L. 3121-48	Trente jours
Autorisation de substitution à la période 21 heures-6 heures, pour la définition du travail de nuit	Art. L. 3122-22	Trente jours
Dérogation à la durée quotidienne maximale de travail accompli par un travailleur de nuit	Art. L. 3122-6, dernier alinéa	Quinze jours
Autorisation d'affectation des travailleurs à des postes de nuit	Art. L. 3122-21	Trente jours
Dérogation à la durée minimale de repos quotidien	Art. L. 3131-3	Quinze jours
Autorisation de dépasser la durée maximale quotidienne de dix heures pour les équipes de suppléances	Art. R. 3132-12	Trente jours
Autorisation d'organiser le travail de façon continue pour des raisons économiques et d'attribuer le repos hebdomadaire par roulement	Art. L. 3132-14	Trente jours
Dérogation permettant de prévoir que le personnel d'exécution fonctionne en deux groupes dont l'un, dénommé « équipe de suppléance », a pour seule fonction de remplacer l'autre pendant le ou les jours de repos accordés au premier groupe	Art. L. 3132-18	Trente jours
Dérogations aux durées quotidienne et hebdomadaire maximales de travail effectif des jeunes travailleurs	Art. L. 3162-1, second alinéa	Trente jours
Dérogation à l'interdiction du travail de nuit pour les jeunes travailleurs salariés des établissements commerciaux et de ceux du spectacle	Art. L. 3163-2	Trente jours
Dérogation à l'obligation d'accorder deux jours de repos consécutifs par semaine aux jeunes travailleurs	Art. L. 3164-2, dernier alinéa	Trente jours
Enregistrement des intervenants en prévention des risques professionnels	Art. L. 4644-1-I, troisième alinéa	Trente jours
Dérogation aux durées quotidienne et hebdomadaire maximales de travail effectif des apprentis de moins de 18 ans	Art. L. 6222-25, second alinéa	Trente jours
Dérogation à l'interdiction du travail de nuit pour les apprentis de moins de 18 ans	Art. L. 6222-26, deuxième alinéa	Trente jours
Arrêté n° 93-196 du 9 juillet 1993 fixant la durée du travail dans le territoire des îles Wallis et Futuna		
....		

....

DÉCRET 2014-1291 DU 23 OCTOBRE 2014

relatif aux exceptions à l'application du principe « silence vaut acceptation » sur le fondement du 4° du I de l'article 21 de la loi 2000-321 du 12 avril 2000 relative aux droits des citoyens dans leurs relations avec les administrations (ministère du travail, de l'emploi, de la formation professionnelle et du dialogue social) (JO 1er nov.) modifié par décrets 2015-1173 du 23 septembre 2015 (JO 24), 2016-308 du 17 mars 2016 (JO 18) et 2018-437 du 4 juin 2018 (JO 5).

Note La loi du 12 novembre 2013 habilitant le Gouvernement à simplifier les relations entre l'administration et les citoyens prévoit que le silence gardé pendant plus de deux mois par l'administration sur une demande vaut acceptation. Le décret précise la liste des procédures, relevant du ministère du travail, de l'emploi, de la formation professionnelle et du dialogue social, pour lesquelles une acceptation implicite ne serait pas compatible avec le respect des engagements internationaux et européens de la France, la protection de la sécurité nationale, la protection des libertés et des principes à valeur constitutionnelle et la sauvegarde de l'ordre public et que la loi exclut, pour ce motif, du champ d'application du principe du silence vaut acceptation.

Art. 1er. – En application du 4° de l'article L. 231-4 du code des relations entre le public et l'administration, le silence gardé pendant deux mois par l'administration vaut décision de rejet pour les demandes dont la liste figure en annexe du présent décret.

Art. 2. – Pour les demandes mentionnées à l'article 1er du présent décret, l'annexe du présent décret fixe, lorsqu'il est différent du délai de deux mois, le délai à l'expiration duquel, en application des articles L. 231-5 et L. 231-6 du code des relations entre le public et l'administration, la décision de rejet est acquise.

Art. 3. – Le présent décret est applicable dans les îles Wallis et Futuna et dans les Terres australes et antarctiques françaises pour les demandes, mentionnées à l'article 1er du présent décret, qui s'inscrivent dans les procédures qui sont applicables dans ces collectivités.

Art. 4. – Les dispositions du présent décret s'appliquent aux demandes présentées à compter du 12 novembre 2014.

....

Annexe

Objet de la demande	Dispositions applicables	Délai à l'expiration duquel la décision de rejet est acquise, lorsqu'il est différent du délai de deux mois
Code du travail		
Autorisation de rupture conventionnelle du contrat de travail des salariés bénéficiant d'une protection mentionnés aux articles L. 2411-1 et L. 2411-2	Art. L. 1237-15	
Autorisation de rupture de contrat de travail des salariés bénéficiant de la protection prévue par le chapitre Ier du titre Ier du livre IV de la deuxième partie	Art. L. 2411-1 et L. 2411-2	
Autorisation de fin d'un contrat à durée déterminée des salariés bénéficiant de la protection prévue par le chapitre II du titre Ier du livre IV de la deuxième partie	Art. L. 2412-1	
Autorisation d'interruption ou de notification du non-renouvellement de la mission d'un salarié temporaire	Art. L. 2413-1	
Autorisation de transfert du contrat de travail d'un salarié compris dans un transfert partiel d'entreprise ou d'établissement	Art. L. 2414-1	
Dérogation temporaire au repos dominical accordée par le préfet lorsqu'il est établi que le repos simultané, le dimanche, de tous les salariés d'un établissement serait préjudiciable au public ou compromettrait le fonctionnement normal de cet établissement	Art. L. 3132-20	
Extension de la dérogation temporaire au repos dominical	Art. L. 3132-23, premier alinéa	
Retrait de l'autorisation d'extension de la dérogation temporaire au repos dominical	Art. L. 3132-23, second alinéa	
Dispense d'une partie de l'application des règles relatives aux risques d'incendies et d'explosions et à l'évacuation accordée au maître d'ouvrage pour la conception des lieux de travail	Art. R. 4216-32	
Dispense d'une partie de l'application des règles relatives aux risques d'incendies et d'explosions et à l'évacuation accordée à l'employeur pour l'utilisation des lieux de travail	Art. R. 4227-55	
Dérogation aux règles d'utilisation des protecteurs auditifs individuels	Art. R. 4437-1	
Dérogation aux valeurs limites d'exposition aux rayonnements ionisants	Art. R. 4451-93	Quinze jours
Autorisation de licenciement du médecin du travail	Art. L. 4623-5	
Autorisation de rupture du contrat de travail à durée déterminée d'un médecin du travail	Art. L. 4623-5-1	
Autorisation de rupture du contrat de travail à durée déterminée, au terme du contrat, d'un médecin du travail	Art. L. 4623-5-2	
Autorisation de transfert d'un médecin du travail compris dans un transfert partiel de service de santé au travail	Art. L. 4623-5-3	
Loi n° 52-1322 du 15 décembre 1952 modifiée instituant un code du travail dans les territoires et territoires associés relevant du ministère de la France d'outre-mer		
....		
Décret n° 47-1619 du 23 août 1947 portant règlement d'administration publique en ce qui concerne les mesures particulières relatives à la protection des ouvriers qui exécutent des travaux de peinture ou de vernissage par pulvérisation		
Autorisation d'emploi de dispositifs de protection offrant des garanties au moins équivalentes à celles qui sont prévues par le décret n° 47-1619 du 23 août 1947 portant règlement d'administration publique en ce qui concerne les mesures particulières relatives à la protection des ouvriers qui exécutent des travaux de peinture ou de vernissage par pulvérisation	Art. 20	
Décret n° 2005-1325 du 26 octobre 2005 relatif aux règles de sécurité applicables lors de travaux réalisés dans le cadre d'un chantier de dépollution pyrotechnique		
Approbation de l'étude de sécurité pyrotechnique	Art. 8	Délai de naissance de la décision implicite de trois mois ; le directeur régional de l'économie, de l'emploi, du travail et des solidarités peut, par décision motivée, fixer un nouveau délai si l'instruction du dossier l'exige

Objet de la demande	Dispositions applicables	Délai à l'expiration duquel la décision de rejet est acquise, lorsqu'il est différent du délai de deux mois
Arrêté n° 92-022 du 29 janvier 1992 relatif aux conditions d'application des dispositions relatives au repos dominical		
Autorisation de dérogation au repos dominical accordée par le préfet lorsqu'il est établi que le repos simultané, le dimanche, de tous les salariés d'un établissement compromet le fonctionnement normal de cet établissement	Art. 2	
Arrêté du 15 mai 2006 relatif aux conditions de délimitation et de signalisation des zones surveillées et contrôlées et des zones spécialement réglementées ou interdites compte tenu de l'exposition aux rayonnements ionisants, ainsi qu'aux règles d'hygiène, de sécurité et d'entretien qui y sont imposées		
Autorisation d'installation de postes de distribution de boissons à l'intérieur d'une zone contrôlée	Art. 25, III	
Arrêté du 30 octobre 2012 relatif aux travaux subaquatiques effectués en milieu hyperbare (mention A)		
Autorisation exceptionnelle d'utilisation de la plongée en scaphandre autonome	Art. 36	Quinze jours
Arrêté préfectoral n° 2013-469 du 10 juin 2013 concernant la surveillance médicale au travail des salariés		
Autorisation de licenciement d'un médecin du travail	Art. 3, section 1, paragraphe 4, quatrième alinéa	
Autorisation de transfert d'un médecin du travail compris dans un transfert partiel de service de santé au travail	Art. 3, section 1, paragraphe 2, sous-paragraphe 3, deuxième alinéa	

■ DÉCRET 2015-1450 DU 10 NOVEMBRE 2015

relatif aux exceptions à l'application du principe « silence vaut acceptation » ainsi qu'aux exceptions au délai de deux mois de naissance des décisions implicites sur le fondement du II de l'article 21 de la loi 2000-321 du 12 avril 2000 relative aux droits des citoyens dans leurs relations avec les administrations (accès aux documents et informations détenus par l'administration et réutilisation des informations publiques) (JO 11).

■ DÉCRET 2015-1452 DU 10 NOVEMBRE 2015

relatif aux exceptions à l'application du principe « silence vaut acceptation » sur le fondement du 4° du I de l'article 21 de la loi 2000-321 du 12 avril 2000 relative aux droits des citoyens dans leurs relations avec les administrations ainsi qu'aux exceptions au délai de deux mois de naissance des décisions implicites, sur le fondement du II de cet article (organismes chargés d'une mission de service public) (JO 11) modifié par décrets 2016-308 du 17 mars 2016 (JO 18), 2017-1411 du 27 septembre 2017 (JO 28) et 2018-434 du 4 juin 2018 (JO 5).

Note La loi du 12 novembre 2013 habilitant le Gouvernement à simplifier les relations entre l'administration et les citoyens prévoit que le silence gardé pendant plus de deux mois par l'administration sur une demande vaut acceptation. Le décret précise la liste des procédures relevant d'organismes chargés de la gestion d'un service public administratif pour lesquelles une acceptation implicite ne serait pas compatible avec le respect des engagements internationaux et européens de la France, la protection de la sécurité nationale, la protection des libertés et des principes à valeur constitutionnelle et la sauvegarde de l'ordre public et que la loi exclut, pour ce motif, du champ d'application du principe du silence vaut acceptation.

Le décret précise en outre la liste des procédures relevant de ces organismes pour lesquelles une acceptation implicite est acquise dans un délai différent de celui de deux mois pour des motifs tenant à l'urgence ou à la complexité de la procédure.

Art. 1er. – En application du 4° de l'article L. 231-4 du code des relations entre le public et l'administration susvisée, le silence gardé pendant deux mois par un organisme chargé d'une mission de service public vaut décision de rejet pour les demandes dont la liste figure en annexe I du présent décret, sous réserve des exceptions que cette annexe comporte.

Art. 2. – Pour les demandes mentionnées à l'article 1er, l'annexe I du présent décret fixe, lorsqu'il est différent du délai de deux mois, le délai à l'expiration duquel, en application du II de l'article 21 de la loi du 12 avril 2000 susvisée, la décision de rejet est acquise. En application du II de l'article 21 de la loi du 12 avril 2000 susvisée, et par exception à l'application du délai de deux mois prévu au premier alinéa du I, les délais à l'expiration desquels le silence gardé par un organisme chargé d'une mission de service public sur les demandes dont la liste figure à l'annexe II du présent décret vaut décision d'acceptation sont mentionnés à la même annexe.

Art. 3. – Le présent décret est applicable en Nouvelle-Calédonie, en Polynésie française, dans les îles Wallis et Futuna et dans les Terres australes et antarctiques françaises pour les demandes, mentionnées à l'article 1er et à l'article 2, qui s'inscrivent dans les procédures qui sont applicables en Nouvelle-Calédonie ou dans ces collectivités.

Art. 4. – Le présent décret s'applique aux demandes présentées à compter du 12 novembre 2015.

....

ANNEXES

ANNEXE I

....

Objet de la demande	Dispositions applicables	Délai à l'expiration duquel la décision de rejet est acquise, lorsqu'il est différent du délai de deux mois
Code du travail		
Évaluation de la conformité applicable aux machines et équipements de protection individuelle : délivrance d'une attestation dite « examen CE de type »	Article R. 4313-23	3 mois
Approbation du système d'assurance qualité complète pour les machines	Article R. 4313-43	
Conformité au type sur la base de la vérification du produit pour les équipements de protection individuelle	Article R. 4313-57	
Conformité au type sur la base de la vérification de la qualité du procédé de fabrication pour les équipements de protection individuelle	Article R. 4313-62	

....

■ DÉCRET 2015-1461 DU 10 NOVEMBRE 2015

relatif aux exceptions à l'application du principe « silence vaut acceptation » ainsi qu'aux exceptions au délai de deux mois de naissance des décisions implicites pour les actes des collectivités territoriales et de leurs établissements publics sur le fondement du II de l'article 21 de la loi 2000-321 du 12 avril 2000 relative aux droits des citoyens dans leurs relations avec les administrations (JO 11) modifié par décrets 2016-308 du 17 mars 2016 (JO 18), 2016-625 du 19 mai 2016 (JO 20), 2017-488 du 6 avril 2017 (JO 7) et 2017-537 du 13 avril 2017 (JO 14).

Note La loi du 12 novembre 2013 habilitant le Gouvernement à simplifier les relations entre l'administration et les citoyens prévoit que le silence gardé pendant plus de deux mois par l'administration sur une demande vaut acceptation. Des dérogations à ce principe peuvent être prévues pour des motifs tenant à l'objet de la décision ou pour des motifs de bonne administration. Le décret précise la liste des procédures relevant des collectivités territoriales et de leurs établissements publics dans lesquelles le silence de l'administration continuera de valoir décision de rejet.

Art. 1er. – En application des articles L. 231-5 et L. 231-6 du code des relations entre le public et l'administration, le silence gardé par une collectivité territoriale ou un de ses établissements publics vaut décision de rejet pour les demandes dont la liste figure en annexe du présent décret.

Art. 2. – Pour les demandes mentionnées à l'article 1er du présent décret, l'annexe du présent décret fixe, lorsqu'il est différent du délai de deux mois, le délai à l'expiration duquel, en application des articles L. 231-5 et L. 231-6 du code des relations entre le public et l'administration, la décision de rejet est acquise.

....

Art. 4. – Le délai à l'expiration duquel sont acquises les décisions implicites de rejet mentionnées à l'article 1er du présent décret peut être modifié par décret en Conseil d'État.

Art. 5. – Le présent décret est applicable en Nouvelle-Calédonie, en Polynésie française, dans les îles Wallis et Futuna et dans les Terres australes et antarctiques françaises pour les demandes, mentionnées à l'article 1er du présent décret, qui s'inscrivent dans les procédures qui sont applicables en Nouvelle-Calédonie ou dans ces collectivités.

Art. 6. – Le présent décret s'applique aux demandes présentées à compter du 12 novembre 2015.

....

ANNEXE

....

OBJET DE LA DEMANDE	DISPOSITIONS APPLICABLES à la date du 12 novembre 2015	DÉLAI À L'EXPIRATION duquel la décision est acquise, lorsqu'il est différent du délai de deux mois
	Code du travail	
Agrément des stages de la formation professionnelle	Article L. 6341-4	

....

■ DÉCRET 2016-685 DU 27 MAI 2016

autorisant les téléservices tendant à la mise en œuvre du droit des usagers de saisir l'administration par voie électronique (JO 29).

Art. 1er. – Les services de l'État et les établissements publics à caractère administratif de l'État sont autorisés, par le présent acte réglementaire unique, à créer des téléservices destinés à la mise en œuvre du droit des usagers à les saisir par voie électronique tel qu'il résulte des articles L. 112-8 et suivants du code des relations entre le public et l'administration.

Ces traitements automatisés permettent aux usagers d'effectuer à leur initiative et quelle que soit leur situation géographique des démarches administratives dématérialisées de toutes natures, d'y joindre, le cas échéant, des pièces justificatives et, au choix des services et des établissements concernés, d'en obtenir une réponse par voie électronique.

Art. 2. – I. – Les catégories de données à caractère personnel qui sont enregistrées et traités, à l'initiative des usagers, dans les téléservices prévus à l'article 1er sont les suivantes :

a) Pour les particuliers :

1° État civil (civilité, nom de naissance, nom d'usage, prénoms, date et lieu de naissance) et nationalité ;

2° Coordonnées de toute nature (adresses postales, électroniques, numéros de téléphone fixe, de télécopie et de portable) ;

3° Éléments d'identification administrative ou professionnelle (références de carte nationale d'identité, de titre de séjour, des permis de conduire de toute nature, numéro d'inscription au registre national d'identification des personnes physiques [NIR], matricules professionnels, identifiants ministériels spécifiques) ;

4° Objet et références de la saisine (nature et contenu de la saisine, messages et pièces complémentaire éventuellement jointes à l'appui de la saisine, numéro de dossier ou de suivi propre au service, données relatives à l'accusé de réception électronique) ;

5° Informations relatives aux connexions et accès au téléservice par l'usager individuel ;

b) Pour les entreprises :

1° Identification juridique et administrative de l'entreprise (raison sociale, forme juridique, nom commercial ou d'enseigne, adresse du siège social, libellé d'activité, numéros SIREN, RCS et TVA intracommunautaire) ;

2° Références de l'établissement (désignation, adresse du siège social, numéro SIRET, code NAF) ;

3° Information sur le représentant légal de l'entreprise : état civil (civilité, nom de naissance, nom d'usage, prénoms, date et lieu de naissance), nationalité et qualité au sein de l'entreprise ;

4° Information sur l'auteur de la saisine (nom, prénom, qualité au sein de l'entreprise, adresse électronique, numéro de téléphone fixe et/ou de portable) ;

5° Objet et références de la saisine (nature et contenu de la saisine, messages et pièces complémentaires éventuellement jointes à l'appui de la saisine, numéro de dossier ou de suivi propre au service, données relatives à l'accusé de réception électronique) ;

6° Informations relatives aux connexions et accès au téléservice de l'entreprise ;

c) Pour les associations :

1° Identification de l'association (raison sociale, objet, téléphone, adresse site internet, numéro RNA, union ou fédération ou réseau auquel elle est affiliée, libellé d'activité, numéros SIREN, SIRET, RCS et TVA intracommunautaire, code NAF) ;

2° Adresse du siège social et adresse de correspondance ;

3° Renseignements administratifs et juridiques (date de déclaration en préfecture, date de publication de la création au Journal officiel, détention d'agrément[s], reconnaissance d'utilité publique) ;

4° Information sur les représentants légaux de l'organisme : état civil (civilité, nom de naissance, nom d'usage, prénoms, date et lieu de naissance), nationalité et qualité au sein de l'association ;

5° Information sur l'auteur de la saisine agissant au nom de l'association : état civil (civilité, nom de naissance, nom d'usage, prénoms, date et lieu de naissance), nationalité, qualité au sein de l'association, adresse électronique, numéro de téléphone fixe et/ou de portable ;

6° Objet et références de la saisine (nature et contenu de la saisine, messages et pièces complémentaires éventuellement jointes à l'appui de la saisine, numéro de dossier ou de suivi propre au service, données relatives à l'accusé de réception électronique) ;

7° Informations relatives aux connexions et accès au téléservice de l'auteur de la saisine agissant au nom de l'association ;

d) Pour la traçabilité des accès :

Lorsqu'elles sont le fait de personnels et d'agents des services et établissements mentionnés à l'article 1er, les consultations, créations, modifications ou suppressions de données font l'objet d'un enregistrement comprenant l'identifiant de leur auteur ainsi que la date, l'heure et l'objet de l'opération. Ces informations sont conservées pendant un délai qui ne peut excéder trois années.

II. – Les téléservices mentionnés à l'article 1er peuvent traiter des données à caractère personnel mentionnées au I de l'article 8 et à l'article 9 de la loi du 6 janvier 1978 susvisée, soit parce que ces données sont directement en lien avec la saisine du service ou de l'établissement, soit parce que l'auteur de la saisine a souhaité joindre à son dossier des précisions relevant de cette catégorie de données.

Art. 3. – L'accès aux données à caractère personnel prévues à l'article 2 s'effectue par les agents habilités à instruire les saisines et les procédures administratives transmises par voie électronique en raison de leurs fonctions ou pour les besoins du service et dans la limite de leur besoin d'en connaître.

Les services et établissements mentionnés à l'article 1er peuvent procéder à la transmission des données recueillies lors de la réception d'une saisine par voie électronique vers les applications informatiques régulièrement mises en œuvre de leurs services compétents pour instruire cette demande. Ils peuvent également procéder à l'interconnexion des téléservices permettant la saisine par voie électronique avec de telles applications informatiques.

Art. 4. – La durée de conservation des données à caractère personnel et informations enregistrées à l'article 2 ne peut excéder de deux années le délai d'instruction des saisines.

Les services et établissements mentionnés à l'article 1er peuvent mettre en œuvre une conservation en base intermédiaire des données relatives aux saisines des usagers, assortie de conditions d'accès restrictives et pour une durée qui ne peut excéder dix années à compter de leur introduction.

Au terme de la durée d'utilité administrative de ces données, celles-ci sont soumises aux règles de gestion des archives publiques définies en application du code du patrimoine.

Art. 5. – L'autorisation des téléservices mentionnés à l'article 1er est subordonnée à l'envoi à la Commission nationale de l'informatique et des libertés d'un engagement de conformité faisant référence au présent décret et accompagné d'une description synthétique des fonctionnalités, de la sécurité desdits téléservices particulièrement en cas d'interconnexions, et des éventuelles transmissions et interconnexions mises en œuvre.

Les téléservices autorisés dans le cadre du présent décret sont créés par un acte réglementaire publié des services ou des établissements qui en ont la responsabilité juridique, lequel vise l'engagement de conformité prévu à l'alinéa précédent.

Art. 6. – I. – Les droits d'accès et de rectification prévus par les articles 39 et 40 de la loi du 6 janvier 1978 susvisée s'exercent auprès du service désigné à cette fin et porté à la connaissance du public par l'acte réglementaire publié prévu à l'article 5.

Lorsque le téléservice autorisé le prévoit, l'usager peut accéder directement à sa saisine.

II. – Le droit d'opposition pour motifs légitimes au titre de l'article 38 de la loi du 6 janvier 1978 susvisée s'applique aux traitements autorisés par le présent décret, sauf disposition contraire expresse de l'acte réglementaire prévu au second alinéa de l'article 5.

....

Déconcentration des décisions administratives individuelles

■ DÉCRET 97-34 DU 15 JANVIER 1997 modifié
relatif à la déconcentration des décisions administratives individuelles (JO 18).

Art. 1er. – Les décisions administratives individuelles entrant dans le champ des compétences des administrations civiles de l'État, à l'exception de celles concernant les agents publics, sont prises par le préfet.

Toutefois, restent applicables les dispositions en vigueur à la date de publication du présent décret qui attribuent compétence pour prendre de telles décisions aux chefs des services à compétence nationale, au préfet de zone, au préfet de région, au préfet de police, au préfet maritime, aux autres autorités déconcentrées de l'État ou à leurs agents, aux magistrats de l'ordre administratif ou judiciaire et aux maires.

Art. 2. – Par dérogation aux dispositions de l'article 1er, des décrets en Conseil d'État fixent la liste des décisions qui sont prises par les ministres ou par décret.

En outre, des décrets en Conseil d'État déterminent les décisions qui sont prises par les chefs des services à compétence nationale, le préfet de zone, le préfet de région, le préfet de police, le préfet maritime, les autres autorités déconcentrées de l'État, ou leurs agents, pour l'exercice des missions mentionnées aux articles 32 et 33 du décret du 29 avril 2004 relatif aux pouvoirs des préfets, à l'organisation et à l'action des services de l'État dans les régions et départements, les magistrats de l'ordre administratif ou judiciaire et les maires.

Art. 2-1. – Les décrets pris en application du 1° de l'article 2 du présent décret dans sa rédaction antérieure à l'intervention du décret n° 2007-139 du 1er février 2007 peuvent être modifiés par décret en Conseil d'État.

Note 1° Voir décrets 97-1184, 97-1185, 97-1187, 97-1189, 97-1191, 97-1194, 97-1196, 97-1198, 97-1200, 97-1202, 97-1204, 97-1206, 97-1207, 97-1208 du 19 décembre 1997 (JO 27) modifiés.

2° Voir décrets 97-1186, 97-1188, 97-1192, 97-1195, 97-1197, 97-1199, 97-1201, 97-1203, 97-1209 du 24 décembre 1997 (JO 27) modifiés et 99-239 du 24 mars 1999 (JO 28) modifié.

Art. 3. – Les dispositions de l'article 1er du présent décret entrent en vigueur le 1er janvier 1998.

Les dispositions réglementaires contraires au présent décret sont abrogées à compter de la même date.

Note Voir circulaire du 24 décembre 1997 (JO 27).

Commissions administratives à caractère consultatif

■ **ORDONNANCE 2014-1329 DU 6 NOVEMBRE 2014**
relative aux délibérations à distance des instances administratives à caractère collégial (JO 7).

■ **DÉCRET 2014-1627 DU 26 DÉCEMBRE 2014**
relatif aux modalités d'organisation des délibérations à distance des instances administratives à caractère collégial (JO 28).

Interdiction de la dissimulation du visage dans l'espace public

■ **LOI 2010-1192 DU 11 OCTOBRE 2010**
interdisant la dissimulation du visage dans l'espace public (JO 12) modifiée par loi 2019-222 du 23 mars 2019 (JO 24, entrée en vigueur le 24.03.2020).

Art. 1er. – Nul ne peut, dans l'espace public, porter une tenue destinée à dissimuler son visage.

Art. 2. – I. – Pour l'application de l'article 1er, l'espace public est constitué des voies publiques ainsi que des lieux ouverts au public ou affectés à un service public.

II. – L'interdiction prévue à l'article 1er ne s'applique pas si la tenue est prescrite ou autorisée par des dispositions législatives ou réglementaires, si elle est justifiée par des raisons de santé ou des motifs professionnels, ou si elle s'inscrit dans le cadre de pratiques sportives, de fêtes ou de manifestations artistiques ou traditionnelles.

Art. 3. – La méconnaissance de l'interdiction édictée à l'article 1er est punie de l'amende prévue pour les contraventions de la deuxième classe.

L'obligation d'accomplir le stage mentionné au 1° de l'article 131-35-1 du code pénal peut être prononcée en même temps ou à la place de la peine d'amende.

Art. 4. – Après la section 1 *bis* du chapitre V du titre II du livre II du code pénal, il est inséré une section 1 *ter* ainsi rédigée :

« Section 1 *ter*

« De la dissimulation forcée du visage

« Art. 225-4-10. – Le fait pour toute personne d'imposer à une ou plusieurs autres personnes de dissimuler leur visage par menace, violence, contrainte, abus d'autorité ou abus de pouvoir, en raison de leur sexe, est puni d'un an d'emprisonnement et de 30 000 € d'amende.

« Lorsque le fait est commis au préjudice d'un mineur, les peines sont portées à deux ans d'emprisonnement et à 60 000 € d'amende. »

Art. 5. – Les articles 1er à 3 entrent en vigueur à l'expiration d'un délai de six mois à compter de la promulgation de la présente loi.

Art. 6. – La présente loi s'applique sur l'ensemble du territoire de la République.

Art. 7. – Le Gouvernement remet au Parlement un rapport sur l'application de la présente loi dix-huit mois après sa promulgation. Ce rapport dresse un bilan de la mise en œuvre de la présente loi, des mesures d'accompagnement élaborées par les pouvoirs publics et des difficultés rencontrées.

....

■ **CIRCULAIRE DU 2 MARS 2011**
relative à la mise en œuvre de la loi 2010-1192 du 11 octobre 2010 interdisant la dissimulation du visage dans l'espace public (JO 3).

DURÉE DU TRAVAIL

Transports

■ **DÉCRET 2000-118 DU 14 FÉVRIER 2000**
relatif à la durée du travail dans les entreprises de transport public urbain de voyageurs (JO 15) modifié par décrets 2006-925 du 19 juillet 2006 (JO 28), 2008-1510 du 30 décembre 2008 (JO 31) et 2009-1377 du 10 novembre 2009 (JO 13). Voir aussi CE 27 juillet 2001, n° 220067 (JO 10 févr. 2002 ; Rec. Lebon, pp. 824-1207).

Établissements financiers

■ **DÉCRET 97-326 DU 10 AVRIL 1997**
relatif à la durée du travail dans les établissements de banque, de finance, de crédit, d'épargne et de change (JO 11 ; rectif. JO 12).

■ **LOI 98-461 DU 13 JUIN 1998** modifiée
d'orientation et d'incitation relative à la réduction du temps de travail (JO 14).

■ **DÉCRET 98-494 DU 22 JUIN 1998**
relatif à l'incitation financière à la réduction du temps de travail portant application de l'article 3 de la loi 98-461 du 13 juin 1998 d'orientation et d'incitation relative à la réduction du temps de travail (JO 23) modifié par décrets 99-498 du 17 juin 1999 (JO 18), 2000-84 du 31 janvier 2000 (JO 1er févr.), 2001-1203 du 17 décembre 2001 (JO 19), 2003-487 du 11 juin 2003 (JO 12) et 2018-821 du 27 septembre 2018 (JO 29).

■ **DÉCRET 98-946 DU 22 OCTOBRE 1998**
portant application du VII de l'article 3 de la loi 98-461 du 13 juin 1998 d'orientation et d'incitation relative à la réduction du temps de travail (JO 24 ; rectif. JO 31).

■ **LOI 2000-37 DU 19 JANVIER 2000** modifiée
relative à la réduction négociée du temps de travail (JO 20).

■ **DÉCRET 2000-84 DU 31 JANVIER 2000**
relatif à l'incitation financière à la réduction du temps de travail prévue par l'article 3 de la loi n° 98-461 du 13 juin 1998 d'orientation et d'incitation relative à la réduction du temps de travail, modifié par la loi n° 2000-37 du 19 janvier 2000 relative à la réduction négociée du temps de travail et applicable aux entreprises de vingt salariés ou moins et aux entreprises nouvelles (JO 1er févr.), modifié par décrets 2003-487 du 11 juin 2003 (JO 12) et 2018-821 du 27 septembre 2018 (JO 29).

■ **DÉCRET 2000-113 DU 9 FÉVRIER 2000**
relatif à la consultation des salariés instaurée par l'article 19 de la loi 2000-37 du 19 janvier 2000 relative à la réduction négociée du temps de travail (JO 13) modifié par décret 2019-966 du 18 septembre 2019 (JO 19, entrée en vigueur le 01.01.2020).

■ **DÉCRET 2000-815 DU 25 AOÛT 2000**
relatif à l'aménagement et à la réduction du temps de travail dans la fonction publique de l'État *(D. 2006-744 du 27 juin 2006, JO 29)* « et dans la magistrature » (JO 29) modifié par décrets 2004-1307 du 26 novembre 2004 (JO 30, entrée en vigueur le 01.01.2005), 2006-744 du 27 juin 2006 (JO 29) et 2011-184 du 15 février 2011 (JO 17).

■ **DÉCRET 2002-1072 DU 7 AOÛT 2002**
relatif au temps partiel annualisé dans la fonction publique de l'État (JO 10) modifié par décret 2015-652 du 10 juin 2015 (JO 13).

■ **LOI 2003-47 DU 17 JANVIER 2003**
relative aux salaires, au temps de travail et au développement de l'emploi (JO 18) modifiée par lois 2003-1311 du 30 décembre 2003 (JO 31) et 2004-1484 du 30 décembre 2004 (JO 31).

■ **LOI 2005-296 DU 31 MARS 2005** modifiée
portant réforme de l'organisation du temps de travail dans l'entreprise (JO 1er avril).

■ **LOI 2008-111 DU 8 FÉVRIER 2008** modifiée
pour le pouvoir d'achat (JO 9).

■ **LOI 2008-789 DU 20 AOÛT 2008** modifiée
portant rénovation de la démocratie sociale et réforme du temps de travail (JO 21).

■ **LOI 2013-504 DU 14 JUIN 2013**
relative à la sécurisation de l'emploi (JO 17) modifiée par ordonnance 2015-82 du 29 janvier 2015 (JO 30) et lois 2015-1702 du 21 décembre 2015 (JO 22) et 2016-41 du 26 janvier 2016 (JO 27).

ÉCONOMIE SOCIALE ET SOLIDAIRE

■ **LOI 2014-856 DU 31 JUILLET 2014** modifiée
relative à l'économie sociale et solidaire (JO 1er août).

Conditions d'exercice des mandats locaux

■ CODE GÉNÉRAL DES COLLECTIVITÉS TERRITORIALES

Mandats municipaux : art. L. 2123-1 à 16 ; R. 2123-1 à 22-1-D.
Mandats départementaux : art. L. 3123-1 à 14 ; R. 3123-1 à 19-4.
Mandats régionaux : art. L. 4135-1 à 14 ; R. 4135-1 à 19-4.

EMPLOI-CHÔMAGE

Compétitivité des entreprises, sécurisation de l'emploi et des parcours professionnels

■ ACCORD NATIONAL INTERPROFESSIONNEL DU 11 JANVIER 2013

pour un nouveau modèle économique et social au service de la compétitivité des entreprises et de la sécurisation de l'emploi et des parcours professionnels des salariés.

TITRE Ier – *Créer de nouveaux droits pour les salariés afin de sécuriser les parcours professionnels*

Art. 1er. – *Généralisation de la couverture complémentaire des frais de santé.* Les parties signataires sont convenues que :

1° Les branches professionnelles ouvriront des négociations avant le 1er avril 2013, en vue de permettre aux salariés qui ne bénéficient pas encore d'une couverture collective à adhésion obligatoire en matière de remboursements complémentaires de frais de santé au niveau de leur branche ou de leur entreprise, d'accéder à une telle couverture.

Dans le cadre des futurs accords de branche qui seront signés pour parvenir à cet objectif :
- les partenaires sociaux de la branche laisseront aux entreprises la liberté de retenir le ou les organismes assureurs de leur choix. Toutefois, ils pourront, s'ils le souhaitent, recommander aux entreprises de s'adresser à un ou plusieurs organismes assureurs ou institutions pouvant garantir cette couverture après mise en œuvre d'une procédure transparente de mise en concurrence (1). Les accords de branche pourront définir, quels que soient les organismes éventuellement recommandés, les contributions dédiées au financement de l'objectif de solidarité, notamment pour l'action sociale et la constitution de droits non contributifs ;
- les accords préciseront, le cas échéant, les cas de dispenses d'affiliation tels que définis à l'article R. 242-1-6 du code de la sécurité sociale (2).

Les futurs accords devront impérativement laisser aux entreprises un délai de 18 mois afin de leur permettre de se conformer aux nouvelles obligations conventionnelles ; mais, en tout état de cause, ces accords devront entrer en vigueur au sein des entreprises concernées au plus tard le 1er janvier 2016 (3).

2° a) À défaut d'accord de branche signé avant le 1er juillet 2014, et afin de parvenir à l'objectif de généralisation fixé au 1er paragraphe du 1° du présent article, les entreprises non couvertes relevant de telles branches ouvriront des négociations dans le cadre de l'obligation annuelle de négocier sur la prévoyance prévue à l'article L. 2242-11 du code du travail. b) À défaut d'accord d'entreprise, les entreprises visées au premier paragraphe du 2° seront alors tenues, au plus tard à compter du 1er janvier 2016, de faire bénéficier leurs salariés d'une couverture collective de frais de santé couvrant au minimum, pour le seul salarié, un panier de soins défini comme suit : 100 % de la base de remboursement des consultations, actes techniques et pharmacie en ville et à l'hôpital, le forfait journalier hospitalier, 125 % de la base de remboursement des prothèses dentaires et un forfait optique de 100 € par an (4).

Le financement de cette couverture en frais de santé sera partagé par moitié entre salariés et employeurs.

3° Les dispositions visées aux 1° et 2° du présent article devront obligatoirement respecter la définition des contrats dits solidaires et responsables conformément à la législation et la réglementation en vigueur. Elles devront s'inscrire dans le cadre des articles R. 242-1-1 à R. 242-1-6 du code de la sécurité sociale précisant le caractère collectif et obligatoire des régimes de protection sociale complémentaire.

---

(1) Les parties signataires du présent accord décident de constituer un groupe de travail paritaire, dont l'objet sera de définir, dans le délai de trois mois, les conditions et les modalités d'une procédure transparente de mise en concurrence, tant lors de la mise en place de la couverture « remboursements complémentaires frais de santé » que lors du réexamen périodique du ou des organismes assureurs désignés ou recommandés. Ce groupe de travail paritaire sera notamment chargé de fixer les conditions d'élaboration du cahier des charges, les conditions de publicité et de transparence de cette mise en concurrence, les critères de sélection des offres conformes à ce cahier des charges et de définir les critères d'évaluation de la gestion du régime collectif lors du réexamen des conditions de la mutualisation.
(2) Ainsi notamment, les salariés couverts par ailleurs par un contrat collectif obligatoire en qualité d'ayant droit pourraient être dispensés d'affiliation.
(3) Les parties signataires souhaitent que les branches professionnelles ouvrent, au plus tard à l'issue du processus de généralisation de la couverture en frais de santé, des négociations en vue de mettre en place un dispositif de prévoyance à l'attention des salariés qui n'en bénéficient pas.
(4) Sur la base des conditions de remboursement par l'assurance maladie obligatoire (base de remboursement, ticket modérateur…) prévues à la date de signature du présent accord..

Les partenaires sociaux demandent aux pouvoirs publics à être consultés préalablement à tout projet d'évolution des conditions d'exonérations sociales attachées au financement des prestations de prévoyance prévues à l'article L. 242-1 du code de la sécurité sociale. En cas de modification de ces conditions d'exonérations sociales, les parties signataires du présent accord conviennent de réexaminer ensemble les dispositions du présent article.

Art. 2. – *Améliorer l'effectivité de la portabilité de la couverture santé et prévoyance pour les demandeurs d'emploi.* Pour améliorer l'effectivité de la portabilité de la couverture santé et prévoyance prévues par l'article 14 de l'accord national interprofessionnel du 11 janvier 2008 modifié par avenant n° 3 du 18 mai 2009, les signataires conviennent de généraliser, au niveau des branches professionnelles et des entreprises, le système de mutualisation du financement du maintien des garanties de couverture de frais de santé et de prévoyance ouvert par l'avenant susvisé.

Pour atteindre cet objectif, ils décident d'ouvrir un délai d'un an, à compter de l'entrée en vigueur du présent accord, pour permettre aux branches professionnelles et aux entreprises, de mettre en place un tel système de mutualisation du financement du maintien des garanties de couverture complémentaire de frais de santé. Ce délai est porté à deux ans pour la mutualisation du financement du maintien des garanties de prévoyance.

La durée maximale de la portabilité de la couverture de frais de santé et de prévoyance est portée de 9 à 12 mois.

Art. 3. – *Création de droits rechargeables à l'assurance chômage.* Les parties signataires considèrent que le régime d'assurance chômage contribue à la sécurisation des parcours des salariés, tant en leur assurant un revenu de remplacement qu'en leur permettant de bénéficier des dispositifs d'accompagnement destinés à accéder à des emplois durables.

À cet effet, elles conviennent de la mise en place d'un dispositif de droits rechargeables dans le cadre du régime d'assurance chômage. Les paramètres de ce dispositif feront l'objet, sans tarder, d'un examen dans le cadre du groupe paritaire politique prévu par l'accord national interprofessionnel du 25 mars 2011 relatif à l'indemnisation du chômage.

La mise en œuvre de ces paramètres interviendra dans le cadre de la nouvelle convention issue de la renégociation de l'accord national interprofessionnel du 25 mars 2011 relatif à l'indemnisation du chômage.

Ce dispositif consiste pour les salariés, en cas de reprise d'emploi consécutive à une période de chômage, à conserver le reliquat de tout ou partie de leurs droits aux allocations du régime d'assurance chômage non utilisés, pour les ajouter, en cas de nouvelle perte d'emploi, aux nouveaux droits acquis au titre de la période d'activité ouverte par cette reprise d'emploi.

Les partenaires sociaux veilleront à ne pas aggraver ainsi le déséquilibre financier du régime d'assurance chômage.

L'UNÉDIC devra réaliser pour les partenaires sociaux une double évaluation des résultats du déploiement de ces mesures au fil de l'eau et ex post, sur l'ensemble des plans qualitatifs, quantitatifs et financiers. Ces évaluations devront nécessairement distinguer les effets de la conjoncture économique des effets de chacune des mesures. Au vu de ces évaluations, les partenaires sociaux procéderont aux adaptations nécessaires.

Art. 4. – *Majoration de la cotisation d'assurance chômage des contrats à durée déterminée*

a) Un avenant à la convention d'assurance chômage fixera le montant de la cotisation employeur au régime d'assurance chômage pour les contrats à durée déterminée, visés au titre IV du livre deuxième de la première partie du code du travail, selon les principes ci-après :

- 7 % pour les contrats d'une durée inférieure à un mois ;
- 5,5 % pour les contrats d'une durée comprise entre 1 et 3 mois ;
- 4,5 % pour les contrats d'une durée inférieure à 3 mois, conclus dans certains secteurs d'activité définis par décret ou par convention ou accord collectif de travail étendu, dans lesquels il est d'usage constant de ne pas recourir au contrat de travail à durée indéterminée en raison de la nature de l'activité exercée et du caractère par nature temporaire de ces emplois, visés au 3° de l'article L. 1242-2 du code du travail.

Les contrats conclus pour l'exécution d'une tâche précise et temporaire dans les cas visés au 1°, 4° et 5° de l'article L. 1242-2 du code du travail et les contrats correspondants aux emplois saisonniers visés au 3° du même article ne sont pas concernés par les dispositions du présent a).

Les taux mentionnés ci-dessus ne sont pas applicables lorsque le salarié est embauché par l'employeur en contrat à durée indéterminée à l'issue du contrat à durée déterminée.

Cet avenant entrera en vigueur au 1er juillet 2013.

b) Le contrat à durée indéterminée conclu pour l'embauche d'un jeune de moins de 26 ans est exonéré de cotisations patronales d'assurance chômage, pendant une durée de 3 mois, dès lors qu'il se poursuit au-delà de la période d'essai.

Pour les entreprises de moins de 50 salariés, l'exonération est portée à 4 mois.

c) La branche du travail temporaire a développé au bénéfice des salariés intérimaires des dispositifs qui organisent l'accès de ces salariés à un accompagnement et une protection sociale de branche.

Les parties signataires prennent acte de la décision de la profession d'approfondir la sécurisation des parcours professionnels de cette catégorie de salariés par la mise en place d'un contrat de travail à durée indéterminée.

À cet effet, les parties signataires invitent la branche du travail temporaire à organiser par accord collectif, dans les six mois suivant la signature du présent accord, les conditions d'emploi et de rémunération des intérimaires qui seront titulaires d'un contrat de travail à durée indéterminée dans des conditions n'ayant ni pour effet ni pour objet de pourvoir durablement un emploi lié à l'activité normale et permanente de l'entreprise cliente, ni d'élargir sans accord des parties signataires du présent accord le champ de recours aux missions d'intérim. les conditions permettant de se rapprocher pour les autres salariés intérimaires, des objectifs visés par l'article 11 du présent accord.

Si aucun accord n'est intervenu au moment de l'ouverture de la prochaine négociation sur l'assurance chômage, les parties signataires conviennent de réexaminer les conditions dans lesquelles la sécurisation des parcours professionnels des intérimaires pourrait être améliorée.

Art. 5. – *Création d'un compte personnel de formation.* En vue de franchir une étape supplémentaire en matière de portabilité des droits à la formation, il est instauré dans les 6 mois de l'entrée en vigueur du présent accord, un compte personnel sur la base des principes directeurs ci-après.

Le compte personnel de formation possède les trois grandes propriétés suivantes :
- il est universel : toute personne dispose d'un compte personnel de formation dès son entrée sur le marché du travail et jusqu'à son départ à la retraite ;
- il est individuel : chaque personne bénéficie d'un compte, qu'elle soit salarié ou demandeur d'emploi ;
- il est intégralement transférable : la personne garde le même compte tout au long de sa vie professionnelle et quel que soit son parcours professionnel. Le compte n'est jamais débité sans l'accord exprès du salarié et ne peut jamais être diminué du fait d'un changement d'employeur, quelle que soit la fréquence des changements.

Il est régi selon les principes suivants :
- les droits acquis par le salarié au titre du compte le sont à raison de 20 h/an pour les salariés à temps plein (1). Des proratas sont effectués pour les salariés à temps partiel ou pour les salariés en contrat à durée déterminée. Les heures acquises et non utilisées à ce jour au titre du DIF par le salarié sont réputées acquises au titre du compte personnel de formation. Le compte est plafonné à 120 heures ;
- le compte est mobilisé par la personne lorsqu'elle accède à une formation à titre individuel, qu'elle soit salarié ou demandeur d'emploi ;
- la transférabilité n'emporte pas monétisation des heures. Les droits acquis demeurent comptabilisés en heures, quel que soit le coût horaire de la formation ;
- le salarié peut mobiliser son compte personnel avec l'accord de l'employeur. Celui-ci lui notifie sa réponse dans un délai d'un mois. L'absence de réponse de l'employeur vaut acceptation. l'accord de l'employeur n'est pas nécessaire lorsque le salarié entend bénéficier d'un congé individuel de formation. Lorsque le salarié souhaite mobiliser son compte en dehors du congé individuel de formation, l'employeur peut abonder le compte du salarié au-delà du nombre d'heures créditées sur le compte de manière à permettre au salarié d'accéder à une formation qualifiante ou certifiante ;
- le demandeur d'emploi peut mobiliser son compte dès lors que la formation visée correspond à une des priorités de formation définie conjointement par les partenaires sociaux et les pouvoirs publics, ou accéder au socle de compétences tel que défini par les articles 39 et 40 de l'accord national interprofessionnel du 7 janvier 2009.

Le financement du compte personnel de formation fait l'objet d'une concertation avec l'État et les régions. Sa mise en place est conditionnée à un accord sur ses modalités de financement entre les partenaires sociaux, les régions et l'État, qui engageront une concertation sur ce sujet dans les plus brefs délais.

Une personne sortie du système de formation initiale sans qualification peut bénéficier, avant son premier emploi, d'un compte personnel de formation pris en charge financièrement par les pouvoirs publics.

Les partenaires sociaux adapteront les dispositions conventionnelles interprofessionnelles en vigueur, impactées par le présent article.

Art. 6. – *Assouplissement des conditions d'accès des salariés de moins de 30 ans au CIF-CDD.* Afin de faciliter l'accès des salariés de moins de 30 ans en CDD au bénéfice d'un CIF, les deux conditions cumulatives fixées par l'article R. 6322-20 du code du travail sont ramenées pour les intéressés à une seule condition de 4 mois de travail consécutifs ou non en CDD au cours des 28 derniers mois.

Art. 7. – *Création d'un droit à une période de mobilité volontaire sécurisée.* Afin de développer leurs compétences, les salariés souhaitent de plus en plus pouvoir changer d'emploi, mais peuvent y renoncer faute de la sécurisation adaptée.

Sans préjudice des dispositions relatives au congé de reclassement et au congé de mobilité, le salarié qui justifie d'une ancienneté minimale de deux ans dans une entreprise de 300 salariés et plus, peut, à son initiative et avec l'accord de son employeur, mettre en œuvre une « période de mobilité » lui permettant de découvrir un emploi dans une autre entreprise.

1) Modalités de mise en œuvre

La période de mobilité est mise en œuvre par accord entre l'employeur et le salarié. Elle donne lieu à la conclusion d'un avenant au contrat de travail, préalable à sa prise d'effet.

L'avenant prévoit l'objet, la durée et la date de prise d'effet de la période de mobilité. Il précise que, pendant cette période, le contrat de travail est suspendu.

Si la demande de mobilité du salarié a fait l'objet de deux refus successifs de l'employeur, l'intéressé bénéficie d'un accès privilégié au CIF.

---

(1) Lorsque des dispositions conventionnelles plus favorables à l'accumulation des heures de DIF existent, elles s'appliquent automatiquement au compte personnel de formation.

2) Cessation de la période de mobilité

a) Cessation avant le terme de la période de mobilité

Avant le terme prévu à l'avenant visé à l'article 5-1, le retour du salarié dans l'entreprise ne peut intervenir que du commun accord des parties. Toutefois, l'avenant peut prévoir un droit au retour du salarié dans l'entreprise d'origine à tout moment pendant la période de mobilité, notamment pendant la période d'essai dans l'autre entreprise ou en cas de fermeture de l'entreprise d'accueil.

b) Cessation au terme de la période de mobilité

Au terme de la période de mobilité, le salarié choisit de revenir, ou non, dans l'entreprise d'origine.

L'avenant au contrat de travail mentionné à l'article 5-1 prévoit le délai de prévenance, avant le terme de la période de mobilité, que le salarié observe pour informer l'employeur de son choix. À défaut d'information du salarié avant le terme de la période de mobilité, il est présumé avoir choisi de revenir dans l'entreprise d'origine.

Lorsque le salarié ne souhaite pas revenir dans son entreprise d'origine, le contrat de travail est rompu au terme de la période de mobilité. Cette rupture constitue une démission et n'est soumise à aucun préavis de la part de l'une ou l'autre des parties.

En cas de démission du salarié au terme de la période de mobilité, dans les conditions visées au présent article, l'entreprise est exonérée, à l'égard du salarié concerné, de l'ensemble des obligations légales et conventionnelles qui auraient résulté d'un licenciement pour motif économique.

c) Retour dans l'entreprise d'origine

Lorsque le salarié revient dans son entreprise d'origine dans les conditions prévues aux a) et b) ci-dessus, il retrouve, de plein droit, son emploi antérieur ou un emploi similaire, assorti d'une qualification et d'une rémunération qui ne peut être inférieure à celles de son emploi antérieur, ainsi que du maintien à titre personnel de sa classification.

Art. 8. – *Accompagnement financier des demandeurs d'emploi bénéficiant d'un accès au contrat de sécurisation professionnel expérimental.* Afin d'inciter certains bénéficiaires potentiels du CSP expérimental mis en place par l'ANI du 31 mai 2011 à accepter le bénéfice du dispositif, une prime de 1 000 euros, financée par le régime d'assurance chômage, est versée au 7e mois d'accompagnement pour ceux d'entre eux engagés dans une formation certifiante ou qualifiante et dont les droits à l'assurance-chômage s'éteignent avant la fin de la formation engagée.

Dans le cas où l'employeur aurait omis d'informer le salarié concerné de la possibilité de bénéficier d'un CSP, cette information est assurée par Pôle Emploi, auprès de qui il a alors la possibilité de souscrire à ce contrat.

Art. 9. – *Développement de la préparation opérationnelle à l'emploi.* Dans le prolongement de l'accord national interprofessionnel du 7 janvier 2009 relatif au développement de la formation tout au long de la vie, la professionnalisation et la sécurisation des parcours professionnels, les parties signataires souhaitent développer la préparation opérationnelle à l'emploi en facilitant sa mise en œuvre.

À ce titre, les Opca ayant connaissance d'offres d'emploi de leurs entreprises cotisantes et ayant signé une convention avec Pôle Emploi sur la POE pourront proposer cette formule, en coordination avec les entreprises intéressées, à des demandeurs d'emploi sélectionnés par Pôle Emploi.

Cette possibilité est subordonnée :

- pour les Opca de branche à l'autorisation des branches professionnelles, donnée après avis de la CNPE de chaque branche concernée ;
- pour les Opca interprofessionnels et interbranches (Agefos et Opcalia) à l'avis de la commission paritaire nationale d'application de l'accord (CPNAA) constituée auprès de l'Opca.

Art. 10. – *Faciliter l'accès au logement en mobilisant Action Logement.* Suivant le cadrage financier et les engagements réciproques convenus entre l'État et l'UESL le 12 novembre 2012, les parties signataires conviennent que l'UESL affectera annuellement sur la période triennale 2013/2015 :

• 100 M€ à la participation au financement de résidences collectives temporaires avec services proches de moyens d'accès aux centres villes ;

• 200 M€ à la participation au financement d'une offre de logements meublés en colocation situés en cœur de ville ;

• 100 à 150 M€ à la compensation mise en œuvre dans le cadre de la garantie des risques locatifs (GRL) ou de tout autre dispositif s'y substituant au bénéfice des salariés ;

• 120 M€ aux aides financières à la mobilité (Mobili-Pass et Mobili-Jeunes).

Ces services et aides bénéficieront prioritairement aux primo-entrants sur le marché du travail, aux salariés sous contrats courts et aux salariés en mobilité professionnelle.

Art. 11. – *Travail à temps partiel*

1/ Sans préjudice des accords de branche et d'entreprises mentionnés à l'accord L. 3122-2 du code du travail, concernant le temps partiel, qui ne pourront toutefois pas déroger au nombre minimum d'heures prévu au présent 2/, lissées sur tout ou partie de l'année, les branches professionnelles qui le souhaitent et les branches professionnelles dont au moins un tiers des effectifs est occupé à temps partiel à la date du présent accord ou dès lors qu'elles franchissent le seuil, ouvriront des négociations visant à organiser les modalités d'exercice du temps partiel dans les 3 mois suivant l'entrée en vigueur du présent accord.

Les négociations devront notamment porter sur :

- les dérogations à la durée minimum hebdomadaire ou mensuelle du travail à temps partiel visée au point 2/ du présent article. Ces dérogations ne sont possibles que si les horaires de travail sont réguliers ou laissent la possibilité au salarié, à sa demande, d'être embauché par un ou plusieurs autres employeurs afin d'atteindre au minimum la durée visée au 2/ du présent article ou un temps plein, à condition d'organiser le travail de façon à regrouper les horaires sur des journées ou demi-journées régulières ou complètes ;
- le nombre et la durée des périodes d'interruption d'activité au cours d'une même journée, la répartition de la durée du travail dans la semaine visant à permettre au salarié de compléter son temps de travail chez un autre employeur ;
- le délai de prévenance préalable à la modification des horaires ;
- la rémunération des heures complémentaires. Celles-ci sont majorées d'au minimum 10 % dès la première heure et dans la limite du quota d'heures complémentaires fixé par les articles L. 3123-17 et L. 3123-18 du code du travail.

2/ Sans préjudice des accords de branche et d'entreprises mentionnés à l'accord L. 3122-2 du code du travail concernant le temps partiel, qui ne pourront toutefois pas déroger au nombre minimum d'heures prévu au présent 2/, et en tout état de cause et indépendamment des négociations prévues au point 1/, au plus tard le 31 décembre 2013, les dispositions ci-après s'appliqueront aux salariés qui sont employés à temps partiel dans les entreprises, quel que soit leur secteur d'activité, non couvertes par des clauses conventionnelles portant sur les dispositions du 1/ ci-dessus :

- la durée minimale d'activité est fixée à 24 h par semaine, (à l'exception du cas des salariés des particuliers employeurs ou des salariés âgés de moins de 26 ans et poursuivant leurs études). Une durée d'activité inférieure peut être prévue, à la demande écrite et motivée du salarié, pour lui permettre de cumuler plusieurs employeurs afin d'atteindre au minimum la durée prévue au présent 2/ ou un temps plein, ou pour faire face à des contraintes personnelles et à condition d'organiser le travail de façon à regrouper les horaires sur des journées ou des demi-journées régulières ou complètes (1) ;
- les heures de travail, effectuées au-delà de la durée hebdomadaire ou mensuelle du travail prévue au contrat, sont majorées de 10 % jusqu'à ce que leur nombre atteigne le 1/10e de cette durée hebdomadaire ou mensuelle. Au-delà, la majoration est portée à 25 %, sans préjudice des articles L. 3123-17 et L. 3123-18 du code du travail.

3/ Un accord de branche étendu peut permettre, lorsque le salarié et l'employeur en conviennent d'augmenter temporairement la durée du travail au moyen d'un avenant au contrat de travail intitulé « complément d'heures ».

Un accord de branche étendu détermine :

- le taux de majoration éventuelle des heures incluses dans le « complément d'heures » ;
- les conditions dans lesquelles seules les heures effectuées au-delà de la durée de travail définie par le « complément d'heures » ont le caractère d'heures complémentaires ;
- le taux de majoration des heures complémentaires, qui ne peut être inférieur à 25 % dès la première heure ;
- le nombre maximum de « compléments d'heures » par an par salarié, qui ne peut en aucun cas être supérieur à huit, hors cas de remplacement d'un salarié absent nommément désigné ;
- les modalités selon lesquelles les salariés à temps partiel peuvent bénéficier prioritairement des « compléments d'heures ».

De plus, ces accords pourront également prévoir :

- la mise en place d'une procédure de demande de passage à plein temps d'un salarié à temps partiel ;
- la possibilité pour l'employeur de proposer des emplois à temps complet de nature différente.

TITRE II – *Renforcer l'information des salariés sur les perspectives et les choix stratégiques de l'entreprise pour renforcer la gestion prévisionnelle des emplois et des compétences*

Comprendre la stratégie de l'entreprise, les leviers et contraintes qui la déterminent, constitue une étape nécessaire aux salariés pour se l'approprier. Savoir que les conséquences de cette stratégie pour leur emploi, leur carrière, leurs conditions de travail sont anticipées et que leur avenir est sécurisé est une condition de leur adhésion et de leur performance.

La représentation des intérêts des salariés, comme de ceux des autres parties prenantes, au moment où le projet se construit, est indispensable : la stratégie adoptée pourra ainsi n'occulter aucun des problèmes éventuels et prévoir à temps les solutions adaptées.

Art. 12. – *Information et consultation anticipée des IRP*

1/ Sans attendre la fin des discussions paritaires en cours sur la modernisation du dialogue social, les parties signataires conviennent qu'une base de données unique (2) sera mise en place dans l'entreprise et mise à jour régulièrement, regroupant et rationalisant exhaustivement les données existantes et sans remettre en cause les attributions des représentants du personnel.

Conformément à l'annexe visée au renvoi (2), cette information, économique et sociale, remplace l'ensemble des informations données de façon récurrente aux IRP, sous forme de rapports ou autres. Elle revêt un caractère prospectif en portant sur les 3 années suivant celle au cours de laquelle elle est établie.

(1) La demande du salarié n'est pas requise pour les salariés embauchés avant l'entrée en vigueur du présent accord, quand l'activité ne le permet pas.

(2) Voir document en annexe.

Elle est mobilisable à tout moment aussi bien par les IRP et les délégués syndicaux, dans le cadre de leurs attributions, que par l'employeur.

Elle est le support de la préparation par l'employeur de la consultation des IRP sur les options stratégiques de l'entreprise et sur leurs conséquences. Elle ne se substitue pas aux informations données aux élus et aux représentants syndicaux en vue de leur consultation sur des événements ponctuels.

Elle comprend au moins 5 rubriques, 6 pour les groupes :
- investissements, fonds propres et endettement (emploi et investissement social, investissement matériel et immatériel) ;
- rétributions (salariés et dirigeants) et activités sociales et culturelles, rémunération des financeurs, flux financiers entre la société et l'entreprise (aides reçues, flux sortants, crédits d'impôts) ;
- sous-traitance (y compris l'intégration dans la filière), transferts internes au groupe (flux commerciaux et financiers entre les entités du groupe).

Un accord collectif de branche ou d'entreprise peut adapter le contenu des informations relevant de ces rubriques, en fonction de l'organisation et/ou du domaine d'activité de l'entreprise.

Le contenu et les modalités d'utilisation de ce document unique (ou base de données) – qui, compte tenu des contraintes techniques pesant sur sa mise en œuvre, devra être opérationnel au plus tard 1 an après l'entrée en application de l'accord – font l'objet d'adaptations aux entreprises de moins de 300 salariés dans les 12 mois suivant sa mise en œuvre dans les entreprises de 300 salariés et plus.

2/ Ce dispositif doit permettre :
- une présentation pédagogique par l'employeur des options stratégiques possibles et des conséquences anticipées de chaque option en termes d'évolution de l'activité, des métiers impactés, des compétences requises, de l'emploi, du recours à la sous-traitance, à l'intérim, à des contrats temporaires ou à de nouveaux partenariats ;
- un débat entre l'employeur et les représentants du personnel sur les perspectives présentées ;
- un avis rédigé par les représentants du personnel, commentant les options proposées et formulant le cas échéant une option alternative ;
- une réponse argumentée de l'employeur à l'avis des élus.

Dans le cadre de ce dialogue renforcé, l'avis des IRP sur les orientations stratégiques arrêtées par le conseil d'administration est transmis à ce dernier, qui devra en délibérer. Cette délibération sera portée à la connaissance des IRP.

3/ L'effort d'anticipation et d'information sur l'évolution de l'entreprise suppose un partage d'informations et engage la responsabilité de chaque partie à l'égard de leur diffusion, afin que le dialogue puisse être constructif et se tenir dans un climat de confiance.

Ce partage d'information doit donc être entouré d'un certain nombre de garanties, notamment au regard de la confidentialité des informations fournies et identifiées comme telles.

Ainsi, quand l'employeur estime que les informations qu'il doit donner sont sensibles et doivent rester confidentielles, il indique aux élus les raisons et la durée souhaitable de ce caractère confidentiel, que les élus sont tenus de respecter.

4/ Les demandes d'information ou d'éclaircissement ne doivent en aucun cas conduire à empêcher la bonne marche de l'entreprise, y compris le fonctionnement des organes de gouvernance, tel que prévu par le code de commerce (conseil d'administration, assemblée générale, ...).

À cet effet, compte tenu de l'exhaustivité des informations à disposition des IRP figurant obligatoirement dans le document unique prévu ci-dessus, un délai préfixe est laissé aux IRP par le code du travail – sauf accord entre l'employeur et l'IRP concernée – pour faire connaître leur avis. Ce délai préfix doit être suffisant pour permettre aux IRP d'obtenir les réponses de l'employeur à leurs questions, et au besoin d'obtenir du juge des référés qu'il statue sur la remise par l'employeur des éléments d'information que les IRP estimeraient manquants. L'absence d'avis des IRP vaut avis négatif.

5/ Outre les cas de recours à l'expertise prévus par le code du travail à la date d'entrée en vigueur du présent accord, dans lesquels celle-ci est organisée, en l'absence d'accord entre l'IRP concernée et l'employeur, dans des délais préfix, débutant à la date de désignation de l'expert et auxquels il ne peut être dérogé sous aucune condition (1), et dans la limite de coûts qui, sauf accord entre les IRP et l'employeur, sont fixés sur la base d'un barème établi par le Conseil de l'ordre des experts-comptables, en fonction de l'effectif de l'entreprise ou de l'établissement, les IRP peuvent, lorsqu'elles le jugent nécessaire, se faire accompagner par un expert-comptable de leur choix, pour les aider à analyser les informations mises à leur disposition et avoir une meilleure appréhension des enjeux attachés à la mise en œuvre des orientations stratégiques de l'entreprise.

Cette mission d'accompagnement est financée, sauf accord entre les IRP et l'employeur, à hauteur de 20 % sur le budget de fonctionnement des IRP.

6/ Lorsque l'entreprise envisage, indépendamment de tout projet de cession, sa fermeture, celle d'un établissement, d'un site ou d'une filiale, il convient d'envisager la recherche de repreneurs dès l'annonce du projet de fermeture.

Le comité d'entreprise est informé et consulté sur cette recherche. Il peut se faire assister par un expert-comptable de son choix pour analyser le processus de reprise, sa méthodologie et son ciblage, pour apprécier les informations mises à la disposition des repreneurs potentiels et pour analyser les projets de reprise.

(1) Ces délais préfix doivent être d'une durée suffisante pour permettre la prise en compte des informations nécessaires à l'expertise fournies par l'employeur et au besoin d'obtenir du juge des référés qu'il statue sur la remise par l'employeur des éléments d'information que les IRP estimeraient manquants.

Lorsqu'un repreneur potentiel formalise son intention de reprise, le comité d'entreprise en est informé, dans le respect de son obligation de discrétion, par le cédant. Il peut émettre un avis sur l'offre de reprise après examen de celle-ci par l'expert qu'il a désigné le cas échéant.

7/ Pour toute décision de l'entreprise conduisant à saisir le CHSCT, il est mis en place, si plusieurs établissements sont concernés par le même projet, une instance de coordination *ad hoc* issue de comités locaux qui, dans les cas prévus par la loi de recours à l'expertise par les CHSCT, fait appel, à une expertise unique. Celle-ci est réalisée dans le délai préfix d'intervention de l'expert-comptable (1) et porte sur l'ensemble des éléments relevant de la compétence des CHSCT. Le résultat de cette expertise est communiqué à l'ensemble des CHSCT concernés.

Art. 13. – *Représentation des salariés dans l'organe de gouvernance de tête qui définit la stratégie de l'entreprise (conseil d'administration ou conseil de surveillance).* Afin de favoriser la prise en compte du point de vue des salariés sur la stratégie de l'entreprise, leur participation avec voix délibérative à l'organe de l'entreprise qui définit cette stratégie doit être assurée (avec les mêmes règles de confidentialité que celles appliquées aux autres participants) dans les entreprises dont les effectifs totaux, appréciés à l'échelle mondiale, sont au moins égaux à 10 000 salariés ou à 5 000 appréciés à l'échelle de la France.

Les entreprises qui n'auraient pas déjà des salariés administrateurs disposeront de 26 mois pour mettre en place une telle représentation dont les modalités devront être au préalable approuvées par l'Assemblée générale.

Le nombre de représentants des salariés sera égal à deux dans les entreprises dont le nombre d'administrateurs est supérieur à douze et à un dans les autres cas.

Les salariés administrateurs auront le même statut que les autres administrateurs. Leur fonction sera incompatible avec celle de membre du CE, du CHSCT, de délégué du personnel ou de délégué syndical.

Art. 14. – *Articulation de la négociation sur la gestion prévisionnelle des emplois et des compétences et du plan de formation.* Encore méconnue dans certains cas ou souvent controversée, la GPEC est avant tout un outil d'anticipation qui peut, si l'on en fait bon usage, concilier besoins de performance des entreprises, aspirations des salariés et sécurisation de l'emploi. En outre, la GPEC installe un nouvel état d'esprit de dialogue entre la direction et les IRP. Un accord GPEC doit accompagner la vision stratégique à moyen et long terme de l'entreprise et contribuer à l'évolution de la carrière des salariés, notamment à travers la formation.

1/ Prenant appui sur les informations disponibles dans la base de données unique visée à l'article 11 ci-dessus, la négociation visée à l'article L. 2242-15 du code du travail est étendue à la mise en perspective des parcours professionnels.

Outre les éléments déjà prévus par ledit article, cette négociation inclut :
- les grandes orientations du plan de formation ;
- les perspectives d'utilisation des différentes formes de contrat de travail ;
- les contrats de génération, pour les entreprises et groupes d'entreprises visés à l'article 1 de l'accord national interprofessionnel du 19 octobre 2012 relatif aux contrats de génération ;
- la mobilité interne visée à l'article 14 ci-après.

2/ La consultation annuelle du comité d'entreprise sur les orientations annuelles du plan de formation sera l'occasion de s'assurer que ces orientations sont établies en cohérence avec le dispositif de gestion prévisionnelle des emplois et des compétences mis en place en application de l'article L. 2242-15.

3/ Les branches professionnelles ou les entreprises mettront en place les dispositifs adaptés pour permettre aux sous-traitants, dont l'activité dépend majoritairement du donneur d'ordre, d'anticiper les évolutions résultant des options prises par ce dernier. À cet effet, elles s'attacheront à une meilleure information des sous-traitants par les donneurs d'ordres qui pourront associer en partie ceux-ci à leur GPEC.

4/ Les parties signataires attirent l'attention des entreprises dotées de délégués syndicaux, non assujetties aux dispositions de l'article L. 2242-15 du code du travail, sur l'intérêt qui s'attache, tant pour elles que pour leurs salariés, à l'ouverture de négociations telles que celles prévues audit article.

5/ Au niveau territorial, les organisations syndicales représentatives de salariés et d'employeurs s'attacheront à entretenir un dialogue social actif destiné mettre à la disposition des TPE et des PME les informations susceptibles de leur être utiles en matière d'évolution de l'emploi et des besoins de compétences.

Art. 15. – *Mobilité interne.* La mobilité interne s'entend de la mise en œuvre des mesures collectives d'organisation courantes dans l'entreprise, ne comportant pas de réduction d'effectifs et se traduisant notamment par des changements de poste ou de lieux de travail au sein de la même entreprise.

L'organisation de cette mobilité interne fait l'objet, dans les entreprises dotées de délégués syndicaux, d'une négociation triennale.

Dans les entreprises assujetties à l'article L. 2242-15 du code du travail, elle intervient dans le cadre de la négociation prévue audit article.

La négociation prévue ci-dessus doit porter sur les conditions de mobilité professionnelle ou géographique interne à l'entreprise. Elle comporte notamment :
- les mesures d'accompagnement à la mobilité des salariés, en particulier en termes de formation et d'aides à la mobilité géographique ;
- les limites imposées à cette mobilité au-delà de la zone géographique de son emploi, telle qu'également précisée par l'accord ;
- des dispositions visant à prendre en compte la conciliation de la vie professionnelle et de la vie familiale.

(1) Ces délais préfix doivent être d'une durée suffisante pour permettre la prise en compte des informations nécessaires à l'expertise fournies par l'employeur et au besoin d'obtenir du juge des référés qu'il statue sur la remise par l'employeur des éléments d'information que les IRP estimeraient manquants.

Les mobilités envisagées ne peuvent en aucun cas entraîner une diminution du niveau de rémunération ou de la classification personnelle du salarié, et doivent garantir le maintien ou l'amélioration de sa qualification professionnelle.

Le refus par un salarié d'une modification de son contrat proposée dans les conditions définies au présent article n'entraîne pas son licenciement pour motif économique. Il s'agit d'un licenciement pour motif personnel ouvrant droit à des mesures de reclassement telles qu'un bilan de compétence ou un abondement du compte personnel de formation.

Art. 16. – *Création d'un conseil en évolution professionnelle.* Pour permettre l'accès de tous les salariés, notamment des salariés des TPE PME, à un conseil en évolution professionnelle, en dehors de l'entreprise, une offre de service d'accompagnement claire, lisible et de proximité est proposée aux salariés, visant l'évolution et la sécurisation professionnelle.

Cette information/conseil doit permettre au salarié :
- d'être mieux informé sur son environnement professionnel (évolution des métiers sur les territoires...) ;
- de mieux connaître ses compétences, pouvoir les valoriser et identifier les compétences nécessaires à acquérir ;
- de repérer des offres d'emploi adaptées à ses compétences.

Pour assurer l'effectivité de ce droit au conseil à l'évolution professionnelle, tout salarié bénéficie :
- de la possibilité d'utiliser son compte personnel de formation pour accéder à ce conseil en évolution professionnelle ;
- d'un droit à l'information sur l'existence de ce service et sur les possibilités d'y accéder.

Pour que tous les salariés puissent effectivement accéder à ce service, il devra être proposé sur chaque territoire, grâce à la coordination des opérateurs publics et paritaires existants sur l'orientation, la formation et l'emploi.

L'articulation avec les pouvoirs publics et les dispositifs tels que le service public de l'orientation, devra être discutée avec l'ensemble des interlocuteurs concernés, notamment dans le cadre du débat sur la décentralisation.

Dans l'attente, et dans l'objectif d'assurer la réelle effectivité de ce service, les partenaires sociaux s'engagent à entamer, dans les deux mois de l'entrée en vigueur de l'accord, un travail avec les opérateurs paritaires qui participent aux réseaux d'accueil des publics salariés, notamment les Fongecif et l'APEC.

Art. 17. – *Mise en œuvre du dialogue social dans l'entreprise.* Afin de bien préparer la mise en place des IRP dans l'entreprise, les parties signataires proposent que les entreprises se voient accorder un délai d'un an pour la mise en œuvre des obligations complètes liées aux seuils de 11 et 50 salariés une fois les effectifs atteints en application, des dispositions du code du travail, sous réserve que l'organisation des élections des représentants du personnel concernés intervienne dans les trois mois du franchissement du seuil d'effectif.

TITRE III – Donner *aux entreprises les moyens de s'adapter aux problèmes conjoncturels et de préserver l'emploi*

Art. 18. – *Accords de maintien dans l'emploi.* Afin de maintenir l'emploi, en cas de graves difficultés conjoncturelles rencontrées par une entreprise, il convient de se doter, à côté de dispositifs existants tels que le chômage partiel, de la possibilité de conclure des accords d'entreprise permettant de trouver un nouvel équilibre, pour une durée limitée dans le temps, dans l'arbitrage global temps de travail/salaire (1) (2)/emploi, au bénéfice de l'emploi.

L'ouverture d'une telle négociation requiert une transparence totale sur les informations destinées à l'évaluation de la situation économique de l'entreprise.

À cet effet et afin d'aboutir à un diagnostic partagé, les représentants des salariés pourront, mobiliser les éléments d'information visés à l'article 11 ci-dessus ainsi que ceux énumérés dans l'annexe jointe en matière financière, économique et sociale.

Ils pourront faire appel à un expert-comptable de leur choix financé par l'entreprise.

Ces accords ne pourront pas déroger aux éléments de l'ordre public social, tels que, notamment, le Smic, la durée légale, les durées maximales quotidiennes et hebdomadaires, le repos quotidien et hebdomadaire, les congés payés légaux, la législation relative au 1er Mai.

Ils devront par ailleurs respecter les dispositions des accords de branche, auxquels, en application de l'article L. 2253-3 du code du travail, il n'est pas possible de déroger par accord d'entreprise.

En contrepartie de l'application de ces ajustements, l'employeur s'engage à maintenir dans l'emploi les salariés auxquels ils s'appliquent, pour une durée au moins égale à celle de l'accord.

Ces accords doivent être entourés de toutes les garanties nécessaires. Celles-ci sont détaillées en annexe.

Étant donné le champ de ces accords, qui résultent d'une négociation permettant de trouver un nouvel équilibre dans l'arbitrage global temps du travail/salaire/emploi, au bénéfice de l'emploi, ceux-ci ne peuvent être que des accords majoritaires conclus pour une durée maximale de deux ans (3).

(1) Les partenaires sociaux engageront, dans les 3 mois de l'entrée en vigueur du présent accord, une réflexion sur les mesures envisageables pour atténuer les effets d'une éventuelle baisse du salaire net de base, intervenant dans le cadre d'un tel accord.

(2) L'arbitrage résultant d'un accord de maintien dans l'emploi ne peut avoir d'impact sur les salaires inférieurs à 1,2 SMIC.

(3) Ces accords ne sauraient être confondus avec les accords de réduction de la durée du travail visés à l'article L. 1222-8 du code du travail.

En contrepartie des efforts demandés, l'accord devra comporter des garanties telles que le partage du bénéfice économique de l'accord arrivé à échéance et les sanctions en cas de non-respect de celui-ci.

Ces accords constituent un outil supplémentaire pouvant compléter les dispositifs existants. Ces accords doivent permettre aux partenaires sociaux de l'entreprise de passer un cap difficile et de consolider le dialogue social sans en faire un cas général.

Les accords de maintien dans l'emploi devront participer d'une démarche de transparence identique à celle recherchée dans les négociations en cours au niveau national interprofessionnel sur la modernisation du dialogue social.

Leur acceptabilité par les salariés concernés requiert le respect d'une certaine symétrie des formes à l'égard de la rémunération des mandataires sociaux et des actionnaires. Les dirigeants salariés qui exercent leurs responsabilités dans le périmètre de l'accord doivent participer aux mêmes efforts que ceux qui sont demandés aux salariés.

Bien que s'imposant au contrat de travail, l'accord de maintien dans l'emploi requiert néanmoins l'accord individuel du salarié.

En cas de refus du salarié des mesures prévues par l'accord, la rupture de son contrat de travail qui en résulte s'analyse en un licenciement économique dont la cause réelle et sérieuse est attestée par l'accord précité.

L'entreprise est exonérée de l'ensemble des obligations légales et conventionnelles qui auraient résulté d'un licenciement collectif pour motif économique.

Toutefois l'accord devra prévoir des mesures d'accompagnement susceptibles de bénéficier au salarié ayant refusé l'application des mesures de l'accord.

Art. 19. – *Recours à l'activité partielle.* Devant l'urgence de la situation et le besoin des entreprises, les parties signataires engageront dans les deux semaines suivant la signature du présent accord une négociation sur l'activité partielle, en incluant l'État sur les champs relevant de sa compétence, visant à mettre en œuvre un nouveau régime d'activité partielle encadré par les principes exposés ci-après :

- la procédure d'autorisation préalable réintroduite récemment est maintenue, sans nécessité de conventionnement ;
- l'allocation spécifique et l'allocation d'APLD sont regroupées et prises en charge dans les mêmes conditions que l'APLD par l'État et l'Unédic ;
- le régime actuel est simplifié et unifié :
  - maintien d'un contingent annuel d'heures d'activité partielle par salarié (aujourd'hui fixé à 1 000 heures),
  - simplification importante des modalités de calcul des heures indemnisables, en fixant une règle de prise en charge sur la perte d'heures de travail applicable quel que soit le mode d'aménagement du temps de travail prévu dans l'entreprise,
  - en dehors du nouveau régime unifié, abrogation des autres dispositifs d'activité partielle qui tomberont de fait en désuétude ;
- le niveau d'indemnisation garanti aux salariés est plus incitatif au départ en formation ;
- pendant les heures d'activité partielle, les salariés peuvent réaliser toute action de formation, notamment au titre du plan de formation ;
- les contreparties adaptées au bénéfice du dispositif mis en place après consultation des IRP (emploi, formation, GPEC, plan de redressement, modification de l'organisation du travail…) qui pourront être modulées en fonction de la récurrence du recours au dispositif.

Art. 20. – *Règles relatives au licenciement de 10 salariés et plus sur une même période de 30 jours dans les entreprises d'au moins 50 salariés.* La procédure de licenciement collectif pour motif économique et le contenu du plan de sauvegarde de l'emploi sont fixés soit par accord collectif majoritaire soit par un document produit par l'employeur et homologué par le Direccte.

1/ Un accord collectif signé par une ou plusieurs organisations ayant recueilli au moins 50 % des suffrages exprimés au 1er tour des précédentes élections professionnelles (titulaires) peut fixer, par dérogation aux dispositions concernées du chapitre III du Titre III du Livre II du code du travail, des procédures applicables à un licenciement collectif pour motif économique de 10 salariés et plus sur une même période de 30 jours dans une entreprise d'au moins 50 salariés, en ce qui concerne, en particulier, le nombre et le calendrier des réunions avec les IRP, la liste des documents à produire, les conditions et délais de recours à l'expert, l'ordre des licenciements, et le contenu du plan de sauvegarde de l'emploi.

L'accord précise la date à partir de laquelle peuvent être mis en œuvre les reclassements internes.

L'ensemble des délais fixés par l'accord sont des délais préfixes, non susceptibles de suspension ou de dépassement

Toute action en contestation de la validité de l'accord doit être formée dans un délai de 3 mois à compter de son dépôt. Toute contestation portée par le salarié, visant le motif du licenciement ou le non-respect par l'employeur des dispositions de l'accord, doit être formée dans un délai de 12 mois suivant la notification du licenciement.

2/ Lorsque l'employeur recourt à la procédure d'homologation, il établit un document qu'il soumet à l'avis du comité d'entreprise, préalablement à sa transmission au Direccte.

Ce document précise le nombre et le calendrier des réunions des instances représentatives du personnel, les délais de convocation, la liste des documents à produire ainsi que le projet de PSE. L'administration se prononce dans un délai de 21 jours sur le document et le projet de plan de sauvegarde de l'emploi. À défaut de réponse expresse dans ce délai, ils sont réputés homologués.

À compter de la date de présentation du document au CE, la procédure s'inscrit dans un délai maximum préfixe, non susceptible de suspension ou de dépassement :

- de 2 mois pour les projets de licenciements collectifs pour motif économique concernant de 10 à 99 salariés,
- de 3 mois pour les projets de licenciements collectifs pour motif économique concernant de 100 à 249 salariés,
- de 4 mois pour les projets de licenciements collectifs pour motif économique concernant 250 salariés et plus.

La mise en œuvre des reclassements internes peut débuter à compter de l'obtention de l'homologation.

En cas de refus d'homologation de la procédure par l'administration, celui-ci est motivé. L'entreprise doit alors établir un nouveau document et le soumettre à la procédure d'homologation visée au premier alinéa. Le délai maximum mentionné au troisième alinéa est alors suspendu jusqu'à l'homologation, par l'administration, du document établi par l'employeur.

Toute action en contestation de l'homologation doit être formée dans un délai de 3 mois à compter de son obtention. Toute contestation par le salarié visant le motif du licenciement ou le non-respect par l'employeur des dispositions du document ayant fait l'objet d'une homologation doit être formée dans un délai de 12 mois suivant la notification du licenciement.

Art. 21. – *Congé de reclassement.* Les parties signataires proposent que la durée maximale du congé de reclassement, prévue à l'article L. 1233-71 du code du travail, soit portée de 9 à 12 mois, afin d'harmoniser sa durée avec celle des contrats de sécurisation professionnelle.

TITRE IV – *Développer l'emploi en adaptant la forme du contrat de travail à l'activité économique de l'entreprise*

Art. 22. – *Expérimenter le contrat de travail intermittent.* Sans préjudice des accords collectifs existants, les parties signataires conviennent de l'ouverture, à titre expérimental, aux entreprises de moins de 50 salariés, des secteurs mentionnés en annexe au présent accord, d'un recours direct au contrat de travail intermittent (défini aux articles L. 3123-31 à L. 3123-37 du code du travail) après information des délégués du personnel, afin de pourvoir des emplois permanents comportant, par nature, une alternance de périodes travaillées et non travaillées. Les dispositions de l'article L. 3123-31 du code du travail devraient être modifiées en conséquence.

Par ailleurs, pour les embauches effectuées dans ce cadre dans les entreprises de moins de 50 salariés, afin d'éviter des distorsions importantes en ce qui concerne le montant de la rémunération versée mensuellement, il devrait être ajouté une mention obligatoire dans le contrat de travail intermittent. Celle-ci préciserait, par référence à l'actuel article L. 3123-37 du code du travail, que la rémunération versée mensuellement aux salariés titulaires d'un contrat de travail intermittent peut être indépendante de l'horaire réel, et notamment être « lissée » tout au long de l'année.

Un bilan-évaluation de l'expérimentation sera effectué avant le 31 décembre 2014 en concertation avec les pouvoirs publics.

TITRE V – *Rationaliser les procédures de contentieux judiciaire*

Art. 23. – *Ordre des licenciements.* À défaut d'accord de branche ou d'entreprise en disposant autrement, en cas de licenciement pour motif économique, l'employeur est fondé, pour fixer l'ordre des licenciements, à privilégier la compétence professionnelle sous réserve de tenir également compte, après consultation du CE, des autres critères fixés par la loi.

Art. 24. – *Sécurité juridique des relations de travail.* Les signataires conviennent que la sécurité juridique des relations de travail peut être compromise si des irrégularités de forme sont assimilées à des irrégularités de fond.

Dès lors, ils conviennent d'examiner, avec le concours des pouvoirs publics, les cas dans lesquels les irrégularités de forme risquent de primer sur le fond. Au vu de cette expertise les signataires se retrouveront pour se saisir des éventuels aménagements nécessaires dans le respect des principes généraux du droit et de la Constitution.

Art. 25. – *Faciliter la conciliation prud'homale.* En cas de contentieux judiciaire portant sur la contestation du licenciement, les parties peuvent, lors de l'audience devant le bureau de conciliation, choisir de mettre un terme définitif au litige qui les oppose en contrepartie du versement, par le défendeur au demandeur, d'une indemnité forfaitaire calculée en fonction de l'ancienneté de ce dernier, et ayant le caractère social et fiscal de dommages et intérêts.

Cette indemnité forfaitaire vaut réparation de l'ensemble des préjudices liés à la rupture du contrat de travail, et son montant est fixé à :

- entre 0 et 2 ans d'ancienneté : 2 mois de salaire ;
- entre 2 et 8 ans d'ancienneté : 4 mois de salaire ;
- entre 8 et 15 ans d'ancienneté : 8 mois de salaire ;
- entre 15 et 25 ans d'ancienneté : 10 mois de salaire ;
- au-delà de 25 ans d'ancienneté : 14 mois de salaire.

La conciliation intervenue en cette forme a, entre les parties au litige, autorité de la chose jugée en dernier ressort.

Toute demande portée devant les prud'hommes (1) est inscrite au rôle du bureau de conciliation dans les deux mois de son dépôt au greffe.

À défaut de conciliation, l'affaire est portée devant le bureau de jugement, qui doit former sa conviction au vu des éléments fournis par les parties, et justifier du montant des condamnations qu'il prononce en réparation du préjudice subi par le demandeur.

Art. 26. – *Délais de prescription.* Sans préjudice des délais de prescription plus courts fixés par le code du travail, aucune action ayant pour objet une réclamation portant sur l'exécution ou la rupture du contrat de travail ne peut être engagée devant la juridiction compétente au-delà d'un délai de 24 mois (2).

Les demandes de salaires visées à l'article L. 3245-1 du code du travail, se prescrivent par 36 mois si elles sont formées en cours d'exécution de contrat.

Si la demande est formée dans le délai de 24 mois suivant la rupture du contrat, la période de 36 mois susvisée s'entend à compter de la rupture du contrat.

TITRE VI - *Dispositions diverses*

Art. 27. – *Entrée en application.* Le présent accord entrera en vigueur dès l'adoption de l'ensemble des dispositions législatives et réglementaires nécessaires à son application.

Art. 28. – *Bilan.* Les parties signataires se réuniront pour dresser un bilan du présent accord à l'issue d'un délai de 2 ans suivant son entrée en vigueur.

ANNEXE À L'ARTICLE 12 RELATIF À L'INFORMATION DES IRP SUR LES OPTIONS STRATÉGIQUES DE L'ENTREPRISE ET LA RÉPARTITION DE LA VALEUR : BASE DE DONNÉES ACCESSIBLE AUX REPRÉSENTANTS ÉLUS ET SYNDICAUX

La réalisation et la répartition de la richesse produite par l'entreprise sont au cœur de son activité.

Elles reposent sur des choix stratégiques impliquant les conditions en amont de la création de valeur et en aval de sa répartition. Leurs effets portent directement sur le collectif de travail, conditionnent la pérennité de l'entreprise et peuvent dépasser son périmètre juridique.

Intégrer le rôle, les intérêts et l'avenir des salariés au même niveau que l'investissement productif, les enjeux économiques et sociaux de l'entreprise au sein de sa filière et de la société dans les choix stratégiques de l'entreprise évite de séparer l'économique et le social, contribue à donner du sens au travail et sert l'intérêt bien compris de l'entreprise.

La qualité de l'information économique et sociale partagée est l'une des conditions indispensables à l'effectivité d'un dialogue social de qualité notamment sur la répartition des richesses que produit l'entreprise. L'information économique et sociale des élus doit reposer sur une présentation claire et lisible de la formation et de la répartition de la valeur créée par l'activité de l'entreprise. Elle doit permettre aux représentants des salariés de disposer d'une vision claire et actualisée des options stratégiques impactant les conditions, la rémunération et la finalité du travail.

Elle doit être établie au niveau de l'entreprise ou, si cela est justifié, au niveau de l'établissement après accord entre l'entreprise et les IRP, lorsque la prise en compte d'un tel périmètre est possible. Cette information économique et sociale doit également comprendre des éléments permettant d'apprécier les conséquences environnementales de l'activité de l'entreprise.

Cette information est à la disposition des élus du personnel et des représentants syndicaux et est regroupée dans une « base de données économiques et sociales accessible » à tout moment, mise à jour sur des périodicités allant du temps réel à l'année selon la nature des données, afin de veiller à ne pas complexifier les processus de gestion au sein des entreprises.

Elle est le support de la préparation par l'employeur de la consultation des IRP, sur les options stratégiques de l'entreprise et sur leurs conséquences. Elle intègre les comptes annuels de l'entreprise, et ne se substitue pas aux informations données aux élus et aux représentants syndicaux en vue de leur consultation sur des événements ponctuels.

ANNEXE À L'ARTICLE 18 RELATIF AUX ACCORDS DE MAINTIEN DE L'EMPLOI

Afin de maintenir l'emploi, en cas de graves difficultés conjoncturelles rencontrées par une entreprise, il convient de se doter, à côté de dispositifs existants tels que le chômage partiel, de la possibilité de conclure des accords d'entreprise permettant de trouver un nouvel équilibre, pour une durée limitée dans le temps, dans l'arbitrage global temps de travail/salaire/emploi, au bénéfice de l'emploi.

Les accords de maintien dans l'emploi devront participer d'une démarche de transparence identique à celle recherchée dans les négociations en cours au niveau national interprofessionnel sur la modernisation du dialogue social.

Ils constituent des outils supplémentaires à disposition des partenaires sociaux dans l'entreprise pour passer un cap difficile et consolider le dialogue social, sans en faire un cas général.

Leur acceptabilité par les salariés concernés requiert le respect d'une certaine symétrie des formes à l'égard de la rémunération des mandataires sociaux et des actionnaires.

Sur ces bases, les parties signataires sont convenues des dispositions ci-après :

(1) Exception faite des recours dont la loi prévoit qu'ils sont directement portés devant le bureau de jugement.
(2) Ce délai ne s'applique pas aux actions fondées sur une discrimination.

TITRE Ier - *Conclusion et effets des accords de maintien dans l'emploi*

Art. 1er. – *Objet et périmètre des accords de maintien dans l'emploi*

a) Pour faire face à des difficultés, prévisibles ou déjà présentes, susceptibles de mettre en danger l'emploi et/ou la survie de l'entreprise, il peut être conclu des accords de maintien dans l'emploi pour sauvegarder la compétitivité de l'entreprise.

Une entreprise doit en effet avoir, dans de telles circonstances, la possibilité, lorsque l'analyse de la situation est partagée avec les partenaires sociaux, de prendre des mesures temporaires destinées à passer une période difficile en préservant l'emploi.

b) Le champ de ces accords peut couvrir tout ou partie de l'établissement ou de l'entreprise (1).

Art. 2. – *Conditions d'ouverture de la négociation.* L'ouverture d'une telle négociation requiert une transparence totale sur les informations destinées à l'évaluation de la situation économique de l'entreprise.

Un dialogue social approfondi entre les partenaires sociaux de l'entreprise doit permettre d'identifier et d'anticiper les situations justifiant le recours aux accords de maintien dans l'emploi.

À cet effet, sans préjudice des dispositions prévues par l'article 12 de l'accord national interprofessionnel sur la sécurisation de l'emploi, pour permettre une telle anticipation, il est procédé, lors des réunions annuelles (L. 2323-47, L. 2323-55) ainsi que trimestrielles (L. 2323-46, L. 2323-50) prévues par le code du travail, à une analyse de la situation économique de l'entreprise, sur la base d'indicateurs la caractérisant, ainsi que son secteur d'activité.

Cette analyse périodique permet de prendre en compte les éléments fournis par certains indicateurs, qui doivent impérativement être examinés dans le cadre de cette négociation, tels que :
- évolution du chiffre d'affaires ;
- état prévisionnel de l'activité ;
- état prévisionnel de la trésorerie.

Si la fixation des indicateurs destinés à évaluer la situation économique de l'entreprise relève de la responsabilité des partenaires sociaux de l'entreprise, en fonction des caractéristiques qui lui sont propres, ceux-ci pourront tirer parti des éléments ci-après, donnés à titre indicatif :
- Les indicateurs du tableau de bord issu du dialogue économique de septembre 2009, qui permettent notamment une appréciation de l'environnement de l'entreprise ;
- Les indicateurs ci-après donnés à titre indicatif :
  - évolution sur la période récente, et perspectives du niveau d'activité,
  - évolution du niveau de marges et de résultat,
  - évolution des investissements matériels et immatériels,
  - situation financière : niveau d'endettement, de trésorerie, relations avec les banques,
  - etc.

Ces indicateurs sont donnés à titre d'exemple, sans préjudice de ceux qui pourraient être élaborés au niveau des branches, dans le cadre d'analyses sectorielles par exemple.

Les branches peuvent également avoir un rôle de conseil dans la mise en place de tels accords.

Art. 3. – *Les parties à la négociation*

a) Entreprises pourvues de délégués syndicaux

Dans ce cas, la négociation a lieu avec les délégués syndicaux des organisations syndicales représentatives dans le champ de l'accord, sur la base des informations économiques, techniques, commerciales et financières justifiant l'ouverture de cette négociation et qui serviront à l'établissement des indicateurs de suivi de l'accord.

b) Entreprises dépourvues de délégués syndicaux

• Lorsqu'il existe des représentants élus du personnel, la négociation peut s'engager avec un ou plusieurs d'entre eux, ayant reçu délégation d'une ou plusieurs organisations syndicales représentatives dans la branche pour négocier de tels accords.

• Lorsqu'il n'existe pas de représentation élue dans l'entreprise, la négociation peut s'engager avec un ou plusieurs salariés, ayant reçu délégation d'une ou plusieurs organisations syndicales représentatives dans la branche pour négocier de tels accords.

c) La délégation donnée par une organisation syndicale

• La délégation précise les modalités de désignation du salarié, et les relations qu'il doit entretenir avec l'organisation syndicale concernée, notamment durant la négociation et au moment de la conclusion de l'accord puis de son suivi.

• Cette délégation, donnée dans les conditions ci-dessus, ne vaut que pour la durée de la négociation, et pour le suivi de l'accord et de ses garanties à l'exclusion de toute autre représentation syndicale dans l'entreprise.

• Le temps passé à la négociation et aux réunions de suivi par les salariés ayant reçu une telle délégation est payé comme du temps de travail.

Afin de permettre au salarié, ayant une délégation d'une organisation syndicale, de rester tout au long de la négociation en liaison étroite avec celle-ci, le temps qu'il consacre à cette relation avec ladite organisation syndicale fait, si nécessaire, l'objet d'absences autorisées et lui est également payé comme du temps de travail, dans la limite de 10 heures.

(1) Sans préjudice d'accords de branche visant à adapter les dispositions conventionnelles en vigueur à la situation économique de la branche.

• Le salarié concerné bénéficie de la protection prévue pour les représentants du personnel pendant la négociation et la durée de l'accord.

Art. 4. – *Conditions de validité de l'accord.* Pour être valable :

• L'accord conclu avec des délégués syndicaux doit être signé par une ou plusieurs organisations ayant recueilli au moins 50 % des suffrages exprimés au 1er tour des précédentes élections professionnelles (titulaires).

• L'accord conclu avec un ou plusieurs salariés ayant reçu délégation d'une organisation syndicale représentative doit être approuvé par les salariés compris dans le champ de l'accord, à la majorité des suffrages exprimés. Les modalités de cette consultation devront être précisées dans l'accord.

Art. 5. – *Éléments et encadrement de la négociation*

• Il s'agit, dans le cadre d'une négociation globale durée du travail/salaires/emploi, d'ajuster des paramètres tels que ci-après :
- durée du travail, organisation du temps de travail ;
- éléments de rémunération.

En contrepartie de l'application de ces ajustements, l'employeur s'engage à maintenir dans l'emploi les salariés auxquels ils s'appliquent, pour une durée au moins égale à celle de l'accord.

• L'accord ne peut pas déroger aux éléments de l'ordre public social, tels que, notamment, le Smic, la durée légale, les durées maximales quotidiennes et hebdomadaires, le repos quotidien et hebdomadaire, les congés payés légaux, la législation relative au 1er Mai.

Il devra par ailleurs respecter les dispositions des accords de branche, auxquels, en application de l'article L. 2253-3 du code du travail, il n'est pas possible de déroger par accord d'entreprise.

• Les dirigeants salariés qui exercent leurs responsabilités dans le périmètre de l'accord doivent participer aux mêmes efforts que ceux qui sont demandés aux salariés.

• Afin de maintenir la solidarité et la motivation à l'intérieur de l'entreprise, en veillant au respect d'une certaine symétrie entre la rémunération des mandataires sociaux et des actionnaires et les mesures de l'accord de maintien dans l'emploi, une information sur le contenu de l'accord doit être assurée auprès du conseil d'administration et de l'assemblée générale, lors de la première réunion de ces instances suivant la conclusion de l'accord.

• Les négociations doivent prendre en compte les contraintes d'ordre privé que peuvent supporter les salariés.

Art. 6. – *Durée de l'accord.* L'accord devra être conclu pour une durée déterminée, qui ne peut excéder deux ans.

Art. 7. – *Articulation de l'accord de maintien dans l'emploi et des contrats de travail.* Bien que s'imposant au contrat de travail, l'accord de maintien dans l'emploi requiert néanmoins l'accord individuel du salarié, pour l'application de ses dispositions se substituant à celles de son contrat suspendues par ledit accord, dans les conditions fixées à l'article 8 ci-après.

L'accord détermine le délai et les modalités de l'acceptation ou du refus du salarié.

En cas de refus du salarié des mesures prévues par l'accord, la rupture de son contrat de travail qui en résulte s'analyse en un licenciement économique dont la cause réelle et sérieuse est attestée par l'accord précité.

En cas de mise en œuvre d'un accord de maintien de l'emploi, l'entreprise est exonérée, à l'égard des salariés qui refusent l'application des mesures prévues, de l'ensemble des obligations légales et conventionnelles qui auraient résulté d'un licenciement pour motif économique.

Toutefois, l'accord devra prévoir des mesures d'accompagnement susceptibles de bénéficier au salarié ayant refusé l'application des dispositions de l'accord.

Art. 8. – *Effets de l'accord sur le contrat de travail.* L'entrée en vigueur de l'accord suspend les clauses du contrat de travail impactées par ses dispositions, pour la durée de celui-ci.

Art. 9. – *Suivi de l'accord de maintien dans l'emploi.* Pour permettre un suivi régulier de l'accord par ses signataires (la fréquence est à déterminer par l'accord mais ne devrait pas dépasser 6 mois), il est nécessaire que le contenu des indicateurs visés à l'article 2 soit actualisé régulièrement et fasse l'objet d'un débat avec les signataires et les institutions représentatives du personnel, dans des conditions fixées par l'accord.

TITRE II - *Mise en cause des accords de maintien dans l'emploi*

Art. 10. – *Procédure de mise en cause*

• Compte tenu de la spécificité des accords de maintien dans l'emploi, et des situations qu'ils ont pour objet de redresser, il est nécessaire, par dérogation au régime des accords à durée déterminée, de prévoir des modalités de mise en cause ou de modification :
- à l'initiative de l'employeur qui fait état d'une détérioration importante de la situation économique, ne permettant pas d'atteindre les objectifs fixés en poursuivant l'application de l'accord ;
- à l'initiative des organisations syndicales de salariés en cas de conflit sur le non-respect de l'accord ;
- à l'initiative de l'une ou l'autre partie en cas d'amélioration significative de la situation de l'entreprise, justifiant une telle mise en cause,

qui, en l'absence d'un nouvel accord entre elles pour régler ces questions, pourront saisir le Tribunal de Grande Instance [tribunal judiciaire] territorialement compétent.

Dans ce cadre, le juge aura pour mission, dans un premier temps, de prononcer la suspension de l'accord pendant une durée déterminée dans l'attente de la régularisation de la situation par les parties.

Il pourra ensuite, au vu de la situation, soit :
- autoriser la reprise des termes de l'accord pour le temps restant ;
- prononcer la résolution judiciaire de l'accord.

L'accord devra contenir une clause pénale, qui trouvera à s'appliquer dès lors qu'il est incontestable que l'employeur n'a pas respecté les termes de l'accord.

Art. 11. – *Effets de la mise en cause de l'accord.* L'accord doit prévoir les conséquences d'un retour à meilleure fortune sur la situation des salariés qui ont consenti des efforts.

En cas de rupture de contrats de travail, consécutive à la mise en cause de l'accord, le calcul des droits des salariés se fait sur la base de leur situation antérieure :
- indemnité de licenciement ;
- préavis ;
- calcul des indemnités chômage sur la base des paramètres antérieurs à l'accord.

S'agissant des salariés qui restent dans l'entreprise, les clauses de leur contrat de travail qui avaient été suspendues trouvent de nouveau à s'appliquer.

Art. 13. – *Suivi au niveau national interprofessionnel des accords de maintien dans l'emploi.* Les signataires de l'accord national interprofessionnel sur la sécurisation de l'emploi se réuniront tous les ans pour faire un bilan des accords de sauvegarde de l'activité et de l'emploi conclus au regard de la situation économique des entreprises concernées.

ANNEXE À L'ARTICLE 22 RELATIF À L'EXPÉRIMENTATION DU CONTRAT DE TRAVAIL INTERMITTENT

Branches professionnelles qui souhaitent bénéficier à titre expérimental pour leurs entreprises de moins de 50 salariés d'un recours direct au contrat de travail intermittent afin de pourvoir des emplois permanents comportant, par nature, une alternance de périodes travaillées et non travaillées.

- Organismes de formation (à l'exception des salariés formateurs en langue)
- Commerce des articles de sport et équipements de loisirs
- Chocolatiers

ANNEXE RELATIVE AUX NÉGOCIATIONS PARITAIRES À REPRENDRE OU À OUVRIR

Indépendamment des négociations sur la modernisation du dialogue social, les parties signataires du présent accord conviennent de reprendre au premier semestre 2013 des négociations au niveau national interprofessionnel sur :
- le bilan d'étape professionnel ;
- les groupements d'employeurs ;
- les clauses des contrats de travail ;
- la procédure prud'homale.

Emploi

■ DÉCRET 2002-790 DU 3 MAI 2002

relatif aux comités de bassin et au comité de liaison des comités de bassin d'emploi (JO 5) modifié par décret 2013-420 du 23 mai 2013 (JO 24).

■ CIRCULAIRE 93/16 DU 26 MARS 1993

relative aux comités de bassin d'emploi.

■ CIRCULAIRE DGEFP 2004/007 DU 16 FÉVRIER 2004

relative aux comités de bassin d'emploi et au comité de liaison des comités de bassin d'emploi (BO TR 2004/6, p. 104).

■ ACCORD NATIONAL INTERPROFESSIONNEL DU 14 NOVEMBRE 2008

sur la gestion prévisionnelle des emplois et des compétences.

La Gestion prévisionnelle des emplois et des compétences (GPEC) est une démarche favorable aux entreprises et aux salariés. Sans modifier les dispositions légales en vigueur, il s'agit de lui insuffler une nouvelle dynamique, avec l'objectif que chaque salarié puisse bénéficier d'une visibilité sur les évolutions des emplois, des métiers et des qualifications ainsi que sur les parcours professionnels possibles.

Comme l'ont souligné les partenaires sociaux dans le relevé de discussions relatif aux politiques industrielles de mai 2007, les mutations industrielles, porteuses de fortes conséquences sur l'emploi, sont sources d'incertitudes et d'instabilité pour les salariés. « *C'est dire l'importance, dans les branches professionnelles et dans les entreprises, de l'information et de la négociation sociale en amont. Il n'est pas non plus de stratégie industrielle viable qui n'intègre une gestion prévisionnelle des emplois et des compétences, laquelle reste encore embryonnaire.* »

La finalité de la GPEC est d'anticiper les évolutions prévisibles des emplois et des métiers, des compétences et des qualifications, liées aux mutations économiques, démographiques et technologiques prévisibles, au regard des stratégies des entreprises, pour permettre à celles-ci de renforcer leur dynamisme et leur compétitivité et aux salariés de disposer des informations et des outils dont ils ont besoin pour être les acteurs de leur parcours professionnel au sein de l'entreprise ou dans le cadre d'une mobilité externe.

Pour atteindre ces objectifs, les signataires du présent accord considèrent qu'il convient d'aborder la GPEC sous l'angle de l'anticipation de l'évolution des métiers, des compétences et des qualifications.

Lorsqu'elle est ainsi conçue et mise en œuvre dans le cadre d'un dialogue social et d'un processus de concertation, la GPEC doit être tout à la fois :
– pour les entreprises, un outil d'anticipation de leurs besoins en compétences et ainsi de préservation et de développement de leur compétitivité ;
– et pour les salariés, le moyen d'aborder de façon maîtrisée et positive les évolutions des métiers et des qualifications tout au long de leur carrière, ce qui doit contribuer à sécuriser leur parcours professionnel.

Elle doit se caractériser par la construction et la conduite d'une démarche collective permettant la définition, l'élaboration et la mise en œuvre d'actions individuelles.

À cet effet, elle doit mobiliser les différents outils existants ou à créer en application du présent accord et les articuler de façon dynamique dans une approche active d'anticipation.

Sur ces bases, il convient de rechercher :
– comment renforcer l'utilité et la mise en œuvre de la GPEC, conçue conformément aux principes définis ci-dessus, dans les entreprises où la négociation sur la GPEC est obligatoire ;
– et comment inciter et aider les autres entreprises à s'engager dans une telle démarche.

TITRE Ier – *La démarche de gestion prévisionnelle des emplois et des compétences dans l'entreprise*

La GPEC et l'anticipation dans la gestion des compétences et des carrières, impliquent en amont un effort de prévision et de partage des informations relatives aux évolutions technologiques, démographiques et économiques, articulées avec la stratégie que l'entreprise entend mettre en œuvre.

Cette démarche globale d'anticipation doit favoriser la gestion des compétences en couplant les données prospectives retenues avec la disponibilité des compétences des salariés afin de faciliter les évolutions de carrière interne ou externe. Elle doit également contribuer à l'atteinte de l'objectif visant à permettre à chaque salarié de progresser d'au moins un niveau de qualification au cours de sa vie professionnelle.

Dans cette optique, une attention particulière doit être portée aux personnes les plus exposées au risque de rupture de leur parcours professionnel et à celles qui ont des difficultés à accéder à l'emploi stable. Ainsi la mise en œuvre de la GPEC doit s'appuyer sur une identification préalable des emplois et des métiers possibles au sein de l'entreprise, en l'associant à une vision plus globale de l'évolution des emplois et des métiers de la branche professionnelle et/ou du territoire.

S'il n'existe pas de méthodologie unique pour la mettre en œuvre, celle-ci doit cependant respecter certaines étapes essentielles et recourir à un certain nombre d'outils collectifs et individuels qui en assurent la cohérence.

Art. 1er. – *Phase de diagnostic*

1.1 – Diagnostic global. La construction d'une démarche de GPEC implique nécessairement la réalisation d'un diagnostic qualitatif et quantitatif de l'emploi, des métiers et des compétences dans l'entreprise. Ce diagnostic, réalisé au moyen d'instruments collectifs et individuels, permet d'établir un état des lieux des métiers et des compétences disponibles ou nécessaires dans le cadre des évolutions des activités de l'entreprise, en mobilisant différents outils, en fonction de la taille et des caractéristiques de l'entreprise, tels que :
• la cartographie des emplois, des métiers et des compétences par famille de métiers (en termes quantitatifs et qualitatifs, par CSP, par site, par service…) ;
• le référentiel des compétences transversales ou transférables vers d'autres métiers ou d'autres sites/services ;
• les passerelles entre les métiers et les familles professionnelles ;
• les études et informations émanant des observatoires professionnels et territoriaux ;
• l'analyse prospective des métiers en développement ou en décroissance ;
• les éléments d'information fournis par le bilan social (pyramide des âges, entrée/sortie de l'entreprise, niveaux de qualifications, etc.) ainsi que l'ensemble des informations existantes et utiles pour le diagnostic comme le rapport de situation comparée entre les hommes et les femmes, le rapport sur l'emploi remis chaque année et certains des éléments fournis par le CHSCT.

1.2 – Diagnostic individuel. La réalisation d'un diagnostic global, permettant de disposer d'une vision d'ensemble des compétences disponibles afin de pouvoir anticiper les besoins de compétences et de qualification, doit prendre appui notamment sur un diagnostic individuel des compétences des salariés.

Le bilan d'étape professionnel, qui ne constitue pas un élément exclusivement dédié à la GPEC, doit contribuer à la réalisation de ce diagnostic.

Cette phase de diagnostic individuel doit permettre au salarié de disposer d'un état de ses compétences professionnelles. Offrant l'opportunité d'identifier les souhaits et les possibilités de mobilité, il permet, d'une part, au salarié de définir son projet professionnel et, d'autre part, à l'entreprise de déterminer les besoins et les objectifs de professionnalisation de ce dernier dans une optique de sécurisation des parcours professionnels.

Ce bilan est de nature distincte de l'entretien annuel d'évaluation qui constitue un acte de management. À cet effet, lorsqu'il est réalisé dans l'entreprise et que la taille et la structure de l'entreprise le permettent, il ne peut être fait par la hiérarchie directe de l'intéressé.

Exception faite de la VAE, du passeport formation et de l'entretien de deuxième partie de carrière qui se substitue au bilan d'étape professionnel, il ne se cumule pas avec les autres dispositifs d'orientation et de bilan mis en place par l'accord national interprofessionnel du 5 décembre 2003 sur la formation tout au long de la vie professionnelle et par l'accord national interprofessionnel du 13 octobre 2005 relatif à l'emploi des seniors qui ne sont mis en œuvre que si le bilan d'étape professionnel en fait apparaître la nécessité. Les textes des accords précités seront modifiés en conséquence.

Ce bilan doit permettre aux salariés d'être acteurs de leur déroulement de carrière, favoriser leur engagement dans le développement de leurs compétences et de leur qualification et leur donner des outils susceptibles de les aider dans la construction de leur parcours professionnel.

Il bénéficie tous les cinq ans aux salariés (1) qui le souhaitent. La demande du salarié ne peut être refusée par l'entreprise. Tous les salariés sont informés par leur entreprise du droit qui leur est ainsi ouvert.

L'année où le bilan d'étape professionnel est réalisé, et au vu de ses conclusions, le salarié envisage avec l'entreprise les moyens à mettre en œuvre (formation, mobilité…).

Cette prestation doit être simple d'utilisation et réalisable quelle que soit la taille de l'entreprise.

Les modalités de sa mise en œuvre et son contenu, qui doit porter sur l'état des lieux des compétences et de l'expérience professionnelle de l'intéressé ainsi que sur ses besoins, seront définis par un groupe de travail paritaire qui prévoira aussi les modalités d'évaluation de sa mise en œuvre et entamera ses travaux dès la fin de la présente négociation. Il fera l'objet d'un avenant au présent accord.

Ce groupe veillera en particulier à ce que les conditions de la mise en œuvre du bilan d'étape professionnel, qui doivent être financièrement neutres pour les entreprises, n'entravent pas, dans le cadre de son financement sur les budgets de la formation professionnelle, l'objectif de sa généralisation.

Les éléments du bilan d'étape professionnel figurent, à l'initiative du salarié, dans son passeport formation.

1.3 – Les données prévisionnelles et prospectives. Pour mener une politique de GPEC, il est nécessaire de croiser les éléments de diagnostics dans l'entreprise, tels que prévus ci-dessus, avec les données prévisionnelles et prospectives, qu'elles soient de portée générale (économique, démographique, technologique) ou qu'elles relèvent des orientations résultant de la stratégie économique définie par l'entreprise.

Ces données prospectives doivent donc coupler les informations propres à l'entreprise avec l'ensemble de celles qui peuvent lui être fournies tant par sa branche professionnelle qu'au niveau territorial et qui sont issues notamment des travaux réalisés au sein des Observatoires régionaux et de branches.

Art. 2. – *Mise en œuvre de la gestion prévisionnelle des emplois et des compétences*

2.1 – Les moyens. Pour la détermination des actions à engager dans le cadre de la GPEC, il convient de mettre en cohérence et d'articuler les éléments suivants :

• les accords (notamment ceux conclus dans le cadre de la négociation obligatoire sur la mixité et l'égalité professionnelle), les outils et les dispositifs déjà existants dans la branche et dans l'entreprise (diversité, seniors…) ;

• les modes d'organisation du travail ;

• les dispositions relatives à la mobilité professionnelle et géographique ;

• les mesures envisagées en matière de formation professionnelle (plan de formation, périodes de professionnalisation…) en réponse aux besoins identifiés lors de la phase de diagnostic, notamment au regard des besoins spécifiques des publics prioritaires ;

• les outils ou les dispositifs existants d'identification des compétences et qualifications propres au secteur d'activité et le cas échéant aux catégories d'emploi ;

• les politiques de recrutement.

2.2 – Les publics prioritaires. De plus, il convient de porter une attention particulière à certains salariés. La GPEC, qui concerne tous les salariés, doit en effet conduire à prendre en compte de manière prioritaire les personnes les plus exposées au risque de rupture de leur parcours professionnel et celles qui ont des difficultés à accéder à l'emploi stable. Elle doit donc avoir entre autres objectifs de :

• porter une attention particulière aux salariés les plus exposés aux conséquences des évolutions économiques ou technologiques et notamment les salariés qui travaillent dans des métiers qui sont potentiellement en décroissance ;

• améliorer la gestion des âges (jeunes et seniors) ;

• prendre en compte la mise en œuvre de la mixité professionnelle et de l'égalité professionnelle entre les femmes et les hommes ;

• contribuer à une utilisation responsable des contrats (y compris des contrats de travail à temps partiel).

Le bilan d'étape professionnel est un des outils permettant d'identifier les salariés éligibles aux moyens spécifiques prévus à l'article 15 de l'accord national interprofessionnel du 11 janvier 2008.

Ainsi, les actions collectives conduites dans le cadre de la GPEC doivent permettre, par une approche transversale, de donner une visibilité commune à l'entreprise et à ses salariés.

(1) Ayant au moins deux ans d'activité dans l'entreprise.

Art. 3. – *Place du dialogue social et rôle des institutions représentatives du personnel*

Le dialogue social, sur la base de l'ensemble des éléments ci-dessus, doit favoriser une lecture globale et prospective de l'évolution de l'emploi et des compétences ainsi que sa compréhension par les salariés de l'entreprise et leurs représentants.

Quelle que soit sa forme, le dialogue social doit conduire à préciser les moyens et la méthode à suivre pour la mise en œuvre des étapes mentionnées ci-dessus, en tenant compte de la taille et des caractéristiques de l'entreprise concernée.

3.1 – Le rôle de la négociation collective. Dans les entreprises soumises à l'obligation triennale de négocier sur la GPEC, la négociation porte notamment sur :

• la mise en place d'un comité de suivi et de pilotage de la démarche de GPEC ;

• les modalités d'association des institutions élues du personnel et des délégués syndicaux au processus de GPEC ;

• les conditions de suivi des actions mises en œuvre.

Dans le cadre du suivi de la mise en œuvre de l'accord GPEC, l'employeur consultera les organisations signataires de l'accord et informera les institutions élues du personnel sur les moyens d'information mis en place à l'intention des salariés et de leur hiérarchie en particulier sur l'évolution prévisible des emplois et des compétences.

Les entreprises de moins de 300 salariés qui souhaiteraient s'engager dans une démarche concertée de GPEC sont encouragées à s'inspirer des dispositions ci-dessus. Les branches les informeront à cet effet.

3.2 – Le rôle des institutions représentatives du personnel. L'association dans l'entreprise des institutions représentatives du personnel, lorsqu'elles existent, notamment au regard du rôle qui est le leur en matière d'information sur la marche générale de l'entreprise, d'emploi et de formation professionnelle constitue un facteur déterminant de la réussite d'une démarche de GPEC.

Les institutions représentatives du personnel doivent par ailleurs être associées au suivi des dispositifs mis en place. Ce rôle de suivi sera confié à la commission formation dans les entreprises, d'au moins 200 salariés, dans le cadre de ses attributions ou à défaut au comité d'entreprise.

Par ailleurs, les entreprises veilleront à ce qu'une articulation efficace soit mise en place entre les commissions économique, les commissions emploi et les commissions formation des comités d'entreprise lorsqu'elles existent.

En outre, la mise en œuvre des dispositions relatives au rôle des institutions représentatives du personnel prévues par les accords nationaux interprofessionnels, de branche et d'entreprise sur l'égalité professionnelle entre les hommes et les femmes, l'emploi des seniors, la diversité et la modernisation du marché du travail, sera l'occasion de la prise en compte de ces problématiques dans la GPEC.

TITRE II – *L'entreprise dans son environnement*

Art. 4. – *Rôle des branches professionnelles*

Les branches professionnelles ont un rôle majeur d'information d'incitation et d'appui à remplir. Celui-ci est initié en priorité dans le cadre de la négociation triennale sur la GPEC et se poursuit dans le cadre des travaux des CPNE.

4.1 – Pour faciliter la mise en œuvre des politiques de GPEC dans les entreprises, elles mettront à la disposition des entreprises, des salariés et de leurs représentants des informations sur les évolutions démographiques, technologiques, l'évolution des politiques industrielles, la détermination des besoins en qualifications et compétences.

En liaison avec les CPNE, elles diffuseront des modules adaptés d'information et de sensibilisation s'adressant en premier lieu au chef d'entreprise pour le convaincre de l'intérêt de s'inscrire dans la démarche de GPEC.

Elles mettront également en place :

• des outils simples, pratiques, adaptés aux caractéristiques et à la taille des entreprises tels que, notamment, des modes d'emploi et des guides d'action (définition des enjeux, établissement d'un diagnostic, modalités de passage à l'action…) ;

• une information aux PME et aux TPE sur les outils et dispositifs de financement existants ;

• une mise en réseau des informations existant au niveau national interprofessionnel ou dans la branche, en matière de prospective des métiers et des qualifications ;

• des moyens de suivi et d'évaluation des actions mises en œuvre dans la branche (notamment pour les TPE et les PME) et de diffusion des bonnes pratiques permettant ainsi à la branche de jouer un rôle structurant dans l'accompagnement des TPE/PME.

De plus, les résultats des travaux des CPNE et des observatoires prospectifs des métiers et des qualifications mis en place par les branches professionnelles seront rendus accessibles aux institutions représentatives du personnel lorsqu'elles existent, aux salariés et aux entreprises quelles que soient leur taille et leurs éventuelles relations juridiques entre elles. À cet effet, il appartiendra aux CPNE de veiller à l'effectivité des travaux confiés à ces observatoires.

Les branches inciteront les observatoires à croiser leurs données prévisionnelles en vue de l'identification de passerelles entre les différents secteurs d'activité.

4.2 – Afin d'ancrer la démarche de GPEC dans la perspective de sécurisation des parcours professionnels initiée par l'accord national interprofessionnel du 11 janvier 2008, les branches veilleront au respect, dans les conditions prévues au III - B dudit accord, des engagements pris concernant l'utilisation responsable des contrats, l'embauche des jeunes, le renouvellement de la période d'essai, l'accès aux droits, la formation des salariés à temps partiel, les outils de GPEC, le CDD pour la réalisation d'un objet défini, la portabilité.

4.3 – Les branches enrichiront les différents éléments ci-dessus au vu du contenu des accords d'entreprise conclus dans leur champ professionnel et recensés par les observatoires paritaires de la négociation collective.

Art. 5. – *Dynamique d'accompagnement au niveau territorial*

Sans préjudice des dispositifs mis en place et financés par les pouvoirs publics auxquels les acteurs territoriaux peuvent faire appel, il appartient à ces derniers de conduire les actions ci-après, notamment en vue de développer la GPEC dans les PME/TPE.

5.1 – Afin de faciliter à tous les salariés, quelle que soit leur situation d'emploi et quelle que soit la taille des entreprises, l'accès au bénéfice d'une GPEC, les branches et les organisations interprofessionnelles territoriales doivent développer, en liaison entre elles et avec les différents bassins d'emplois, une logique d'étude qualitative et quantitative sur l'évolution des métiers, des emplois, des compétences et des qualifications qui éclaire les différents acteurs.

Elles sont, en effet, les mieux à même de mutualiser les informations existantes sur les évolutions prévisibles en matière d'environnement économique, d'activité des entreprises, et en matière de métiers et de compétences.

Dans ce cadre, il appartiendra aux COPIRE et aux Commissions Paritaires de Branche Territoriales Régionales, lorsqu'elles existent, de faire, tous les ans, une analyse de ces évolutions, dans le ressort de leur champ territorial en identifiant notamment les besoins de main-d'œuvre et les métiers en tension.

Elles feront également connaître les expériences en cours (pôle de mobilité, filières d'activité…).

Les COPIRE prendront l'initiative de coordonner l'ensemble des informations et données prospectives propres à leurs territoires ainsi que celles émanant notamment des branches, susceptibles d'éclairer les partenaires sociaux au niveau régional, les entreprises et les salariés sur l'évolution des métiers et des compétences.

Les branches et les organisations territoriales interprofessionnelles inciteront les entreprises ayant développé des pratiques réussies de GPEC, à mettre en commun leurs expériences pour faciliter les développements de carrière et les mises en relation des offres et besoins de compétences.

Enfin, elles rechercheront, dans toute la mesure du possible, la mise à disposition des entreprises, des informations communes à celles d'entre elles ayant des relations industrielles (y compris de sous-traitance, notamment, afin de permettre aux entreprises concernées d'en tenir compte dans leur démarche).

5.2 – Pour développer l'efficacité de la GPEC en améliorant la compréhension et l'adhésion des salariés, il est souhaitable de renforcer, au niveau territorial, l'information en direction des salariés et de s'attacher à faire jouer pleinement leur rôle, en la matière, aux institutions représentatives du personnel lorsqu'elles existent.

5.3 – Au-delà de ces dispositifs d'accompagnement, lorsque la mise en relation, sur un territoire, d'entreprises conduisant des GPEC paraît opportune, des expérimentations doivent être encouragées (par exemple : pôles de compétitivité, périmètres conventionnels au niveau des filières d'activités) pour que la GPEC puisse tenir compte de l'ensemble des acteurs du processus de production et permettre de ce fait de prendre en compte les caractéristiques propres à des entreprises faisant partie d'une chaîne de production, notamment par la mise en place d'outils communs de GPEC.

Art. 6. – *Mise en place d'un dispositif interprofessionnel d'information et d'orientation*

De façon à permettre aux entreprises et aux salariés d'accéder aux différentes études réalisées en la matière par les organismes spécialisés tant au plan national qu'au plan professionnel ou territorial, et de pouvoir procéder à des études prospectives, les signataires du présent accord mettront en place un portail internet permettant l'accès direct à l'ensemble de ces éléments d'information.

Ils veilleront à ce que la mise en place de ce portail contribue progressivement au renforcement de la cohérence et de l'homogénéité des résultats des travaux des observatoires prospectifs des métiers et des qualifications mis en place par les branches professionnelles.

Ils s'attacheront par ailleurs, dans un souci de rationalisation et d'efficacité, à ce que ce portail puisse être accessible non seulement aux entreprises et à leurs salariés mais également aux jeunes, à leurs familles et aux demandeurs d'emploi de façon à contribuer à l'orientation scolaire et professionnelle et à en devenir un élément pivot.

Un groupe de travail paritaire déterminera les modalités de mise en œuvre de ce dispositif.

TITRE III – *Dispositions diverses*

Art. 7. – *GPEC et licenciements économiques*

Si la GPEC doit prendre en compte la prospective des métiers (métiers en croissance, stables, en décroissance, en forte modification de contenu ou encore en renouvellement démographique) elle ne doit pas être un outil favorisant les licenciements collectifs.

Ainsi conçue elle n'est donc pas une étape préalable aux procédures de licenciements collectifs et aux PSE qui obéissent à des règles spécifiques et doit, de ce fait, être dissociée de leur gestion.

Pour autant, une GPEC conduite dans l'esprit et les conditions du présent accord doit permettre de consolider l'emploi et, le cas échéant, de mieux armer les salariés confrontés à des restructurations.

Art. 8. – *Articulation avec les accords antérieurs*

Les dispositions du présent accord ne remettent pas en cause les dispositions des accords antérieurs à sa signature conclus en matière de GPEC jusqu'à leur renégociation à l'échéance triennale.

Il ne peut être dérogé par accord de branche ou d'entreprise aux dispositions des articles 1.1, 1.2, 2.1, 2.2, 3, 4, 5 et 7 du présent accord.

Art. 9. – *Entrée en vigueur*

Le présent accord constitue un nouvel élément de référence dans la mise en œuvre des parcours professionnels tels que définis par l'accord national interprofessionnel du 11 janvier 2008.

Sans en modifier le contenu et la portée, les négociations en cours sur la formation professionnelle s'articuleront avec le présent accord.

Il entrera en vigueur au moment de la conclusion des négociations en cours sur la formation tout au long de la vie professionnelle et de l'avenant au présent accord définissant le contenu du bilan d'étape professionnel.

Art. 10. – *Évaluation*

Les parties signataires du présent accord se rencontreront à l'issue d'un délai de 3 ans suivant son entrée en vigueur pour procéder à un bilan et à une évaluation de son application.

Fait à Paris, le 14 novembre 2008

Pour le MEDEF, la CGPM, l'UPA — Pour la CFDT, la CFE-CGC, la CFTC, la CGT-CGT-FO

■ ACCORD NATIONAL INTERPROFESSIONNEL DU 7 AVRIL 2011

sur l'accompagnement des jeunes demandeurs d'emploi dans leur accès à l'emploi (arrêté d'extension du 26 octobre 2012, JO 3 nov.). Cahier des charges paritaires pour la mise en œuvre de l'ANI ; avenant n° 1 du 20 décembre 2012 ; avenant n° 3 du 20 décembre 2013.

■ DÉCRET 2019-1471 DU 26 DÉCEMBRE 2019

portant généralisation des emplois francs et création d'une expérimentation à La Réunion (JO 28) modifié par décrets 2020-1278 du 21 octobre 2020 (JO 22) et 2021-94 du 30 janvier 2021 (JO 31).

CHAPITRE Ier – *Éligibilité aux emplois francs et à l'aide de l'État*

Art. 1er. – Sont éligibles à une aide de l'État pour le recrutement en emploi franc mentionnée aux articles 4 à 6 du présent décret les employeurs définis à l'article 3 remplissant les conditions prévues à l'article 5 qui recrutent un salarié appartenant à une ou plusieurs catégories mentionnées ci-après :

1° Un demandeur d'emploi inscrit à Pôle emploi en catégorie 1, 2, 3, 6, 7 ou 8, telle que prévue à l'article 2 de l'arrêté du 5 février 1992 portant application de l'article L. 5411-2 du code du travail et définissant les catégories de demandeurs d'emploi ;

2° Un adhérent à un contrat de sécurisation professionnelle ;

3° Un jeune suivi par une mission locale qui n'est pas inscrit en tant que demandeur d'emploi.

Le bénéfice de l'aide mentionnée au premier alinéa est conditionné au fait que la personne recrutée réside dans un quartier prioritaire de la politique de la ville.

Art. 2. – La situation de la personne recrutée et son lieu de résidence sont appréciés à la date de la signature du contrat de travail.

Art. 3. – Sont éligibles à l'aide de l'État pour le recrutement en emploi franc les employeurs mentionnés à l'article L. 5134-66 du code du travail établis sur tout le territoire national, à l'exception des établissements publics administratifs et des établissements publics industriels et commerciaux. Les particuliers employeurs ne sont pas éligibles à l'aide.

CHAPITRE II – *Aide financière de l'État*

Section 1. Condition d'attribution et de maintien de l'aide

Art. 4. – L'aide financière versée au titre du recrutement en emploi franc est attribuée par Pôle emploi pour le compte de l'État.

Une convention conclue entre l'État et Pôle emploi définit les modalités de mise en œuvre et de suivi du dispositif.

Art. 5. – Pour l'attribution de l'aide prévue à l'article 4, l'employeur doit satisfaire aux conditions suivantes :

1° Être à jour de ses obligations déclaratives et de paiement à l'égard de l'administration fiscale et des organismes de recouvrement des cotisations et des contributions de sécurité sociale ou d'assurance chômage, ou avoir souscrit et respecter un plan d'apurement des montants restant dus ;

2° Ne pas avoir procédé, dans les six mois précédant l'embauche, à un licenciement pour motif économique sur le poste pourvu par le recrutement en emploi franc. L'employeur doit rembourser le cas échéant à l'État l'intégralité des sommes qui ont été perçues au titre de l'aide financière s'il apparaît que le recrutement d'un salarié en emploi franc a pour conséquence le licenciement d'un autre salarié ;

3° Ne pas bénéficier d'une autre aide de l'État à l'insertion, à l'accès ou au retour à l'emploi versée au titre du salarié recruté en emploi franc. Par dérogation, le cumul de l'aide emploi franc est autorisé avec les autres aides financières mobilisables dans le cadre d'un recrutement en contrat de professionnalisation tel que prévu aux articles L. 6325-1 et suivants du code du travail dont la durée est au moins égale à six mois, à l'exception de l'aide aux employeurs de salariés bénéficiaires d'un contrat de professionnalisation prévue au II de l'article 76 de la loi n° 2020-935 du 30 juillet 2020 de finances rectificative pour 2020. L'embauche en contrat d'apprentissage n'est pas éligible à l'aide emploi franc ;

4° Le salarié recruté en emploi franc ne doit pas avoir appartenu à l'effectif de l'entreprise au cours des six derniers mois précédant la date d'embauche sauf dans les cas prévus au III de l'article 6 ;

5° Le salarié recruté en emploi franc doit être maintenu dans les effectifs de l'entreprise pendant six mois à compter du premier jour d'exécution du contrat.

Section 2. Montant de l'aide

Art. 6. – I. – Le montant de l'aide financière pour le recrutement d'un salarié en emploi franc à temps complet est égal à :

1° 5 000 € par an, dans la limite de trois ans, pour un recrutement en contrat à durée indéterminée ;

2° 2 500 € par an, dans la limite de deux ans, pour un recrutement en contrat à durée déterminée d'au moins six mois.

II. – Par dérogation au I, pour les contrats conclus entre le 15 octobre 2020 inclus et le 31 mars 2021 inclus pour le recrutement d'un salarié de moins de vingt-six ans en emploi franc à temps complet, le montant de l'aide financière est égal à :

1° 7 000 € pour la première année, puis 5 000 € pour les années suivantes, dans la limite de trois ans, pour un recrutement en contrat à durée indéterminée ;

2° 5 500 € pour la première année, puis 2 500 € pour l'année suivante, dans la limite de deux ans, pour un recrutement en contrat à durée déterminée d'au moins six mois.

L'âge du salarié s'apprécie à la date de conclusion du contrat de travail.

III. – Lorsque le contrat de travail à durée déterminée ayant ouvert droit à l'aide est renouvelé pour une durée d'au moins six mois, l'employeur continue de bénéficier de l'aide, dans la limite totale de deux ans fixée au 2° du I et au 2° du II du présent article.

Lorsque, pour un même salarié, un contrat de travail à durée indéterminée succède à un contrat de travail à durée déterminée ayant ouvert droit à l'aide, l'employeur bénéficie, pendant la durée restant à courir jusqu'à la limite totale de trois ans, de l'aide prévue au 1° du I et au 1° du II du présent article. Le montant de l'aide versée au titre de la période effectuée dans le cadre du contrat de travail à durée indéterminée est calculé conformément au 1° du I et au 1° du II du présent article.

IV. – Le montant de l'aide est proratisé en fonction de la durée effective du contrat de travail si le contrat de travail est interrompu en cours d'année civile et de la durée de travail hebdomadaire, lorsque cette durée est inférieure au temps plein.

L'aide n'est pas due :

1° Pour les périodes d'absence du salarié qui n'ont pas donné lieu au maintien de la rémunération par l'employeur ;

2° Pour les périodes au cours desquelles le salarié est placé en position d'activité partielle au titre de l'article R. 5122-1 du code du travail ;

3° Pour les périodes au cours desquelles le salarié est placé en position spécifique d'activité partielle prévue à l'article 53 de la loi n° 2020-734 du 17 juin 2020 relative à diverses dispositions liées à la crise sanitaire, à d'autres mesures urgentes ainsi qu'au retrait du Royaume-Uni de l'Union européenne au cours du semestre considéré.

Section 3. Procédure d'attribution et modalités de versement

Art. 7. – La demande d'aide est déposée par l'employeur auprès de Pôle emploi dans le délai de trois mois suivant la date de signature du contrat de travail, par l'intermédiaire d'un téléservice.

Art. 8. – I. – L'aide de l'État est due à compter du premier jour d'exécution du contrat de travail, dès lors que la condition prévue au 5° de l'article 5 est remplie. Cette aide est versée à un rythme semestriel.

II. – Chaque versement est effectué sur la base d'une attestation de l'employeur justifiant la présence du salarié, transmise à Pôle emploi.

L'attestation de présence mentionne le cas échéant les périodes d'absence du salarié qui n'ont pas donné lieu au maintien de la rémunération.

Le défaut de production de l'attestation de présence dans le délai de deux mois suivant l'échéance de chaque semestre d'exécution du contrat entraîne la perte du droit au versement de l'aide au titre de cette période.

Le défaut de production de l'attestation de présence dans le délai de quatre mois suivant l'échéance de chaque semestre d'exécution du contrat entraîne la perte du droit au versement de l'aide pour l'ensemble des semestres restant à couvrir.

III. – Lorsque la somme due à l'employeur est inférieure à 100 euros au titre d'un semestre, Pôle emploi ne procède pas à son versement.

Section 4. Procédure de contrôle et modalités de remboursement

Art. 9. – Le bénéficiaire de l'aide tient à la disposition de Pôle emploi tout document permettant d'effectuer le contrôle de l'éligibilité de l'aide, durant un délai de quatre ans à compter de la date d'attribution de l'aide.

Pôle emploi échange les informations ou données strictement nécessaires à l'exercice de ce contrôle avec d'autres administrations publiques, notamment l'Agence centrale des organismes de sécurité sociale, la Caisse centrale de la mutualité sociale agricole et le Commissariat général à l'égalité des territoires.

Les demandes visant à contrôler l'exactitude des déclarations de l'employeur sont adressées à celui-ci par tout moyen permettant d'établir une date certaine. Si l'employeur ne produit pas dans le délai d'un mois les documents demandés, le versement de l'aide est suspendu. Au-delà de trois mois, les sommes versées sont considérées comme indûment perçues et reversées à l'État.

Art. 10. – En cas de constatation du caractère inexact des attestations de l'employeur justifiant de la présence du salarié, les sommes indûment perçues au titre de la période considérée sont reversées à l'État.

En cas de constatation d'une fraude de l'employeur dans les attestations ou déclarations qu'il transmet à Pôle emploi pour justifier de l'éligibilité aux emplois francs, la totalité des sommes perçues au titre de ce dispositif doivent être reversées à l'État et le bénéfice de l'aide au titre des semestres restants n'est plus dû.

CHAPITRE III – *Dispositions finales et création d'un dispositif expérimental à la Réunion*

Art. 11. – Les dispositions du présent décret sont applicables aux contrats de travail conclus entre le 1er janvier 2020 et le 31 décembre 2021.

Art. 12. – Par dérogation aux articles 1er, 2 et 11, à La Réunion, à titre expérimental et jusqu'au 31 décembre 2022, le bénéfice de l'aide de l'État mentionnée aux articles 4 à 6 du présent décret est également ouvert pour le recrutement d'un salarié sortant depuis moins de trois mois de l'un des dispositifs dont la liste est fixée par arrêté préfectoral, sans condition d'inscription à Pôle emploi ni de résidence dans un quartier prioritaire de la politique de la ville. Cette expérimentation fait l'objet d'une évaluation.

Art. 13. – La ministre du travail, le ministre de l'action et des comptes publics, la ministre de la cohésion des territoires et des relations avec les collectivités territoriales, la ministre des outre-mer et le ministre auprès de la ministre de la cohésion des territoires et des relations avec les collectivités territoriales, chargé de la ville et du logement, sont chargés, chacun en ce qui le concerne, de l'exécution du présent décret, qui sera publié au *Journal officiel* de la République française.

……………………………………………………………………………………………………

Chômage

■ DÉCRET 2019-797 DU 26 JUILLET 2019

relatif au régime d'assurance chômage (JO 28) modifié par décrets 2019-1106 du 30 octobre 2019 (JO 31), 2020-361 du 27 mars 2020 (JO 29), 2020-741 du 16 juin 2020 (JO 18), 2020-929 du 29 juillet 2020 (JO 30), 2020-1550 du 8 décembre 2020 (JO 10) et 2020-1716 du 28 décembre 2020 (JO 19).

Art. 1er. – I. – Les mesures d'application du régime d'assurance chômage prévues à l'article L. 5422-20 du code du travail sont déterminées à l'annexe A du présent décret.

II. – Les mesures d'application du régime d'assurance chômage applicable à Mayotte prévues à l'article L. 5524-3 du code du travail sont déterminées à l'annexe B du présent décret.

III. – Les annexes A et B s'appliquent aux travailleurs salariés mentionnés à l'article L. 5422-13 du code du travail.

Art. 2. – L'annexe A du présent décret s'applique sur le territoire métropolitain ainsi qu'en Guadeloupe, en Guyane, en Martinique, à la Réunion, à Saint-Barthélemy, à Saint-Martin et à Saint-Pierre-et-Miquelon.

Art. 3. – La contribution globale mentionnée au I de l'article L. 5422-24 du code du travail correspond à 10 % des ressources mentionnées aux articles L. 5422-9, L. 5422-11 et L. 5424-20 du même code.

Cette contribution globale est majorée d'un point au titre du renforcement de l'accompagnement des demandeurs d'emploi.

Art. 4. – I. – L'arrêté du 4 mai 2017 portant agrément de la convention du 14 avril 2017 relative à l'assurance chômage et de ses textes associés est abrogé en tant qu'il agrée les stipulations de cette convention et des textes qui lui sont annexés, à l'exception de l'avenant n° 2 du 14 avril 2017 à la convention du 26 janvier 2015 relative au contrat de sécurisation professionnelle.

II. – L'arrêté du 3 mai 2018 portant agrément de l'avenant n° 1 du 17 janvier 2018 au règlement général annexé à la convention du 14 avril 2017 relative à l'assurance chômage est abrogé.

III. – L'arrêté du 3 mai 2018 portant agrément de l'avenant du 23 novembre 2017 portant extension du champ d'application territorial de la convention du 14 avril 2017 relative à l'assurance chômage au territoire monégasque et de l'accord d'application n° 22 du 23 novembre 2017 pris pour l'interprétation du paragraphe 3 de l'article 9 du règlement général annexé à la convention du 14 avril 2017 relative à l'assurance chômage en faveur des salariés ayant exercé une activité sur le territoire monégasque et des salariés affiliés au titre de l'annexe IX est abrogé.

IV. – Le décret n° 2019-374 du 26 avril 2019 relatif à l'indemnisation du chômage à Mayotte est abrogé.

Art. 5. – I. – Les dispositions des articles 1er et 2, du premier alinéa de l'article 3 et de l'article 4 du présent décret entrent en vigueur le 1er novembre 2019, dans les conditions prévues aux III et IV du présent article.

II. – Les dispositions du second alinéa de l'article 3 du présent décret entrent en vigueur le 1er janvier 2020.

III. – Les dispositions de l'annexe A du présent décret sont applicables aux travailleurs privés d'emploi dont la fin de contrat de travail est intervenue à compter du 1er novembre 2019, sous réserve des dispositions suivantes :

1° Restent applicables aux salariés ayant fait l'objet d'une procédure de licenciement engagée avant le 1er novembre 2019 les dispositions de la convention d'assurance chômage relatives aux règles d'indemnisation en vigueur au jour de l'engagement de la procédure, à savoir, selon le cas, la date de l'entretien préalable mentionné aux articles L. 1232-2 et L. 1233-11 du code du travail ou la date de présentation de la lettre de convocation à la première réunion des instances représentatives du personnel mentionnée aux articles L. 1233-28 à L. 1233-30 de ce code ;

2° L'article 2 *bis* du règlement d'assurance chômage est applicable aux travailleurs privés d'emploi dont la fin du contrat de travail intervient à compter du 1er avril 2020.

Les travailleurs privés d'emploi mentionnés à l'article 2 *bis* précité dont la fin de contrat de travail intervient entre le 1er novembre 2019 et le 31 mars 2020 ou qui sont compris dans une procédure de licenciement engagée pendant cette période, et les employeurs relevant de ces mêmes dispositions, sont compris dans le champ d'application des chapitres 2 et 3 de l'annexe IX du règlement d'assurance chômage annexé au présent décret.

3° Pour les travailleurs privés d'emploi dont la fin de contrat de travail intervient entre le 1er novembre 2019 et le 31 mars 2021 ou ayant fait l'objet d'une procédure de licenciement engagée dans cet intervalle, restent applicables :

- le premier alinéa du paragraphe 1er et le paragraphe 2 de l'article 9, le paragraphe 1er de l'article 11, les paragraphes 1er et 3 de l'article 12 et le premier alinéa de l'article 13 du règlement général annexé à la convention d'assurance chômage du 14 avril 2017 relative à l'assurance chômage ;
- le paragraphe 7 de l'accord d'application n° 1, les accords d'application n° 5 et n° 6, le paragraphe 2 de l'accord d'application n° 12 et le paragraphe 2 de l'accord d'application n° 18 annexés à ce règlement général ;
- les dispositions correspondantes de l'annexe I, du chapitre 2 de l'annexe II, des annexes III à VII, des chapitres 1er et 4 de l'annexe IX et de l'annexe XI de ce règlement général ;
- les deux premiers alinéas du paragraphe 2 de l'article 3 de l'annexe V de ce règlement général.

Pour les travailleurs privés d'emploi dont la fin de contrat de travail intervient à compter du 1er novembre 2019 jusqu'au 31 mars 2021 ou ayant fait l'objet d'une procédure de licenciement engagée dans cet intervalle, le salaire journalier moyen de référence calculé en application du premier alinéa de l'article 13 du règlement général annexé à la convention d'assurance chômage du 14 avril 2017 relative à l'assurance chômage est affecté d'un coefficient, limité à 1, correspondant au quotient du nombre de jours travaillés sur la période de référence mentionnée à cet article par 88, lorsque le salarié justifie uniquement en heures de la condition d'affiliation mentionnée au paragraphe 1er de l'article 3 ou au paragraphe 1er de l'article 28 du même règlement général.

3° *bis*. – Le paragraphe 2 de l'article 17 *bis* du règlement d'assurance chômage est applicable aux travailleurs privés d'emploi accomplissant une action de formation, soit inscrite dans le projet personnalisé d'accès à l'emploi, soit non inscrite dans ce projet mais financée, en tout ou partie, par la mobilisation du compte personnel de formation, dont la prescription intervient à compter du 1er avril 2020.

L'accomplissement par les travailleurs privés d'emploi d'une action de formation, soit inscrite dans le projet personnalisé d'accès à l'emploi, soit non inscrite dans ce projet mais financée, en tout ou partie, par la mobilisation du compte personnel de formation, dont la prescription intervient du 1er novembre 2019 au 31 mars 2020, suspend, pour la durée correspondante, le délai de 182 jours mentionné au premier alinéa du paragraphe 1er de l'article 17 *bis* du règlement d'assurance chômage.

4° Les dispositions des articles 21 et 23 du règlement général annexé à la convention d'assurance chômage du 14 avril 2017 relative à l'assurance chômage et les dispositions correspondantes des annexes I à VI et des annexes IX et XI de ce règlement général restent applicables aux travailleurs privés d'emploi dont la fin de contrat de travail intervient entre le 1er novembre 2019 et le 31 mars 2021 ou ayant fait l'objet d'une procédure de licenciement engagée dans cet intervalle.

5° Le dernier alinéa du paragraphe 1er de l'article 26 du règlement d'assurance chômage ainsi que les dispositions correspondantes de ses annexes sont applicables, à compter du 1er janvier 2021, à l'ensemble des travailleurs privés d'emploi quelle que soit la convention relative à l'indemnisation du chômage dont ils relèvent.

6° Les dispositions du titre VII du règlement d'assurance chômage ainsi que les dispositions correspondantes de ses annexes sont applicables à compter du 1er novembre 2019, sous réserve des dispositions suivantes :

- les quatre derniers alinéas de l'article 50-1 du règlement d'assurance chômage et les paragraphes 2 et 3, le deuxième alinéa du paragraphe 4 et le deuxième alinéa du paragraphe 5 de l'article 50 des annexes VIII et X de ce règlement sont applicables à compter du 1er janvier 2020.

7° Les dispositions de l'annexe VI du règlement général annexé à la convention du 14 avril 2017 relative à l'assurance chômage restent applicables, dans leur version en vigueur au 31 octobre 2019, aux anciens titulaires d'un contrat de travail à durée déterminée bénéficiaires d'un congé individuel de formation accordé avant le 1er janvier 2019.

IV. – Les dispositions de l'annexe B du présent décret sont applicables aux travailleurs privés d'emploi dont la fin du contrat de travail est intervenue à compter du 1er novembre 2019.

Art. 6. – Les dispositions du présent décret sont applicables, dans les conditions fixées à l'article 5, jusqu'au 1er novembre 2022.

....

■ DÉCRET 2019-797 DU 26 JUILLET 2019

précité, Annexe A, Règlement d'assurance chômage (JO 28).

■ DÉCRET 2019-797 DU 26 JUILLET 2019

précité, Annexe B, Règlement d'assurance chômage applicable à Mayotte (JO 28).

Expérimentation « territoires zéro chômeurs de longue durée »

■ LOI 2016-231 DU 29 FÉVRIER 2016

d'expérimentation territoriale visant à résorber le chômage de longue durée (JO 1er mars) modifiée par loi 2018-699 du 3 août 2018 (JO 5) et ordonnance 2019-861 du 21 août 2019 (JO 22) et abrogée par loi 2020-1577 du 14 décembre 2020 (JO 15).

Art. 1er. – I. – Pour une durée de cinq ans à compter de l'entrée en vigueur de la présente loi est mise en place dans, au plus, dix territoires couvrant chacun tout ou partie de la superficie d'une ou plusieurs collectivités territoriales, établissements publics de coopération intercommunale ou groupes de collectivités territoriales volontaires une expérimentation visant à résorber fortement le chômage de longue durée en permettant à des demandeurs d'emploi d'être embauchés en contrat à durée indéterminée par des entreprises qui remplissent les conditions fixées aux articles 1er et 2 de la loi n° 2014-856 du 31 juillet 2014 relative à l'économie sociale et solidaire, pour exercer des activités économiques pérennes et non concurrentes de celles déjà présentes sur le territoire. Cette expérimentation est, pour les collectivités concernées, complémentaire des politiques publiques en faveur du développement économique et de la lutte contre le chômage.

Elle est mise en place avec le concours financier de l'État, des collectivités territoriales volontaires, des établissements publics de coopération intercommunale volontaires mentionnés au premier alinéa du présent I et d'organismes publics et privés volontaires susceptibles de tirer un bénéfice financier de ces embauches, avec pour objectif que ce bénéfice soit supérieur au coût du dispositif.

II. – Au plus tard dix-huit mois avant le terme de l'expérimentation, le fonds d'expérimentation territoriale contre le chômage de longue durée dresse par rapport le bilan de l'expérimentation.

III. – Au plus tard douze mois avant le terme de l'expérimentation, un comité scientifique réalise l'évaluation de l'expérimentation afin de déterminer les conditions appropriées pour son éventuelle généralisation.

Son rapport évalue notamment les effets de l'expérimentation sur la situation de l'emploi dans les territoires participants, sur les formations suivies par les personnes ainsi que les conséquences financières pour les collectivités territoriales, les établissements publics de coopération intercommunale et les organismes mentionnés au second alinéa du I du présent article, par comparaison avec les coûts liés au chômage de longue durée. Il tient compte des nouveaux indicateurs de richesse définis à l'article unique de la loi n° 2015-411 du 13 avril 2015 visant à la prise en compte des nouveaux indicateurs de richesse dans la définition des politiques publiques.

Les membres du comité scientifique sont nommés par arrêté du ministre chargé de l'emploi. Ils siègent à titre bénévole.

IV. – Les rapports mentionnés aux II et III du présent article sont adressés au Parlement et au ministre chargé de l'emploi et rendus publics.

CHAPITRE Ier – *Public visé, fonds d'expérimentation territoriale contre le chômage de longue durée et entreprises conventionnées*

Art. 2. – Dans le cadre de l'expérimentation, peuvent être embauchés par les entreprises de l'économie sociale et solidaire mentionnées au I de l'article 1er de la présente loi les demandeurs d'emploi, quel que soit le motif pour lequel leur éventuel précédent contrat de travail a pris fin, qui sont inscrits sur la liste établie en application de l'article L. 5411-1 du code du travail, privés d'emploi depuis plus d'un an malgré l'accomplissement d'actes positifs de recherche d'emploi et domiciliés depuis au moins six mois dans l'un des territoires participant à l'expérimentation.

Art. 3. – I. – Il est institué un fonds d'expérimentation territoriale contre le chômage de longue durée, chargé de financer une fraction du montant de la rémunération des personnes mentionnées à l'article 2 de la présente loi embauchées par les entreprises de l'économie sociale et solidaire mentionnées au I de l'article 1er ainsi qu'une fraction du montant de l'indemnité légale ou conventionnelle de licenciement lorsque celui-ci intervient dans les conditions prévues à l'article 6.

Ce fonds élabore un cahier des charges, approuvé par un arrêté du ministre chargé de l'emploi, fixant les critères que doivent respecter les collectivités territoriales, les établissements publics de coopération intercommunale ou les groupes de collectivités territoriales mentionnés au I de l'article 1er.

Sur proposition du fonds, un arrêté du ministre chargé de l'emploi dresse la liste des territoires retenus pour mener l'expérimentation et des collectivités territoriales, des établissements publics de coopération intercommunale et des groupes de collectivités territoriales mentionnés au I du même article 1er y participant, au vu du cahier des charges mentionné au deuxième alinéa du présent I et du projet de programme d'actions mentionné au II du présent article.

La gestion de ce fonds est confiée à une association relevant de la loi du 1er juillet 1901 relative au contrat d'association. Elle est administrée par un conseil d'administration dont la composition est la suivante :

1° Deux représentants de l'État ;

2° Un représentant de chaque organisation syndicale de salariés représentative au plan national et interprofessionnel, sur proposition de son organisation ;

3° Un représentant de chaque organisation professionnelle d'employeurs représentative au plan national et interprofessionnel, sur proposition de son organisation ;

4° Un représentant de chaque organisation professionnelle d'employeurs représentative au plan national multiprofessionnel, sur proposition de son organisation ;

5° Un représentant du Conseil national des politiques de lutte contre la pauvreté et l'exclusion sociale ;

6° (Abrogé) ;

7° Un représentant de l'institution mentionnée à l'article L. 5312-1 du code du travail ;

8° Un député et un sénateur ;

9° Un représentant du Conseil supérieur de l'économie sociale et solidaire ;

10° Un représentant de chaque comité local mentionné au II du présent article, après sa mise en place ;

11° Quatre personnalités qualifiées désignées par arrêté du ministre chargé de l'emploi, dont l'une est choisie en raison de sa compétence concernant le secteur de l'insertion par l'activité économique ;

12° Un représentant de l'Association des régions de France ;

13° Un représentant de l'Assemblée des départements de France ;

14° Un représentant de l'Assemblée des communautés de France ;

15° Un représentant de l'Association des maires de France ;

16° Un représentant des missions locales désigné par arrêté du ministre chargé de l'emploi ;

17° Un représentant de l'association nationale des collectivités territoriales pour la formation, l'insertion et l'emploi, dénommée Alliance Villes Emploi.

Les membres du conseil d'administration siègent à titre bénévole.

Le conseil d'administration peut déléguer certaines de ses compétences à son président et à un bureau constitué en son sein.

Le ministre chargé de l'emploi désigne un commissaire du Gouvernement auprès de cette association. Le commissaire du Gouvernement assiste de droit aux séances de toutes les instances de délibération et d'administration de l'association. Il est destinataire de toutes les délibérations du conseil d'administration et a communication de tous les documents relatifs à la gestion du fonds.

Lorsque le commissaire du Gouvernement estime qu'une délibération du conseil d'administration ou qu'une décision prise par une autre instance de l'association gestionnaire du fonds est contraire aux dispositions régissant les missions et la gestion du fonds, il peut s'opposer, par décision motivée, à sa mise en œuvre.

II. – Les collectivités territoriales, les établissements publics de coopération intercommunale ou les groupes de collectivités territoriales participant à l'expérimentation mettent en place un comité local chargé du pilotage de l'expérimentation et de déterminer les modalités d'accompagnement des personnes mentionnées à l'article 2 de la présente loi en lien avec les acteurs du service public de l'emploi. Les modalités de fonctionnement du comité local sont approuvées par le fonds.

Le comité local établit un programme d'actions, approuvé par le fonds, ayant pour objet de promouvoir la création d'entreprises conventionnées ou le conventionnement d'entreprises existantes pour l'embauche des personnes mentionnées au même article 2.

Art. 4. – I. – Le fonds d'expérimentation territoriale contre le chômage de longue durée signe, pour la durée de l'expérimentation, des conventions avec les entreprises de l'économie sociale et solidaire mentionnées au I de l'article 1er de la présente loi afin qu'elles concluent avec des personnes remplissant les conditions mentionnées à l'article 2 des contrats de travail à durée indéterminée rémunérés, au moins, au moment du recrutement, au niveau du salaire minimum de croissance mentionné à l'article L. 3231-2 du code du travail.

Chaque convention précise la part de la rémunération prise en charge par le fonds, compte tenu de la durée de travail prévue dans le contrat et des conditions de son éventuelle dégressivité en fonction de l'évolution de la situation économique de l'entreprise. Elle prévoit la fraction de l'indemnité de licenciement prise en charge par le fonds et due lorsque le licenciement intervient dans les conditions prévues à l'article 6 de la présente loi. La convention fixe également les conditions à respecter pour bénéficier du financement du fonds, notamment les engagements de l'entreprise sur le contenu du poste proposé, les conditions d'accompagnement et les actions de formation envisagées pour le bénéficiaire du contrat.

II. – Le contrat de travail conclu dans le cadre de l'expérimentation peut être suspendu, à la demande du salarié, afin de lui permettre d'accomplir une période d'essai afférente à une offre d'emploi visant une embauche en contrat de travail à durée indéterminée ou à durée déterminée au moins égale à six mois, ou bien un contrat à durée déterminée de moins de six mois.

En cas d'embauche à l'issue de cette période d'essai, le contrat est rompu sans préavis.

L'aide attribuée pour cet emploi par le fonds dans le cadre de l'expérimentation n'est pas versée pendant la période de suspension du contrat de travail.

CHAPITRE II – *Financement du fonds d'expérimentation territoriale contre le chômage de longue durée*

Art. 5. – Le fonds d'expérimentation territoriale contre le chômage de longue durée est financé par l'État, les collectivités territoriales, les établissements publics de coopération intercommunale, les groupes de collectivités territoriales et les organismes publics et privés mentionnés au I de l'article 1er de la présente loi pour assurer son fonctionnement et permettre le versement des aides financières associées aux conventions mentionnées à l'article 4.

Le fonds signe avec chaque collectivité territoriale, établissement public de coopération intercommunale ou groupe de collectivités territoriales participant à l'expérimentation une convention qui précise leur engagement à respecter le cahier des charges mentionné au deuxième alinéa du I de l'article 3, qui fixe les conditions de leur participation volontaire au financement de l'expérimentation et qui définit l'affectation de cette participation. L'État et l'institution mentionnée à l'article L. 5312-1 du code du travail sont également cosignataires de ces conventions.

Le fonds signe une convention avec l'État et chacun des organismes publics et privés participant à l'expérimentation afin de fixer le montant de leur contribution à son financement et de définir l'affectation de cette contribution.

CHAPITRE III – *Dispositions transitoires et finales*

Art. 6. – Si l'expérimentation n'est pas reconduite au terme du délai mentionné à l'article 1er de la présente loi ou si elle est interrompue avant ce terme par une décision du fonds mentionné à l'article 3, les entreprises mentionnées à l'article 4 reçoivent une notification du fonds d'expérimentation territoriale contre le chômage de longue durée signifiant la fin de la prise en charge d'une fraction des rémunérations dans le cadre de l'expérimentation.

Dans ce cas, elles peuvent rompre tout ou partie des contrats de travail mentionnés au même article 4. Ce licenciement, qui repose sur un motif économique et sur une cause réelle et sérieuse, est prononcé selon les modalités d'un licenciement individuel pour motif économique. Le fonds verse à l'employeur la fraction du montant de l'indemnité de licenciement fixée par la convention mentionnée audit article 4.

Dans tous les autres cas, le licenciement intervient dans les conditions du droit commun.

Art. 7. – Un décret en Conseil d'État définit les modalités d'application de la présente loi, notamment la méthodologie de l'évaluation de l'expérimentation, les modalités de fonctionnement et de gestion du fonds et des comités locaux mentionnés à l'article 3 de la présente loi, les modalités de passation des conventions conclues entre le fonds et les entreprises mentionnées à l'article 4 et celles conclues entre le fonds et les collectivités territoriales, les établissements publics de coopération intercommunale ou les groupes de collectivités territoriales participant à l'expérimentation ainsi que les critères retenus pour fixer le montant de la fraction de la rémunération prise en charge par le fonds mentionné à l'article 3.

Art. 8. – La présente loi entre en vigueur à une date fixée par décret, et, au plus tard, le 1er juillet 2016.

....

■ DÉCRET 2016-1027 DU 27 JUILLET 2016
relatif à l'expérimentation territoriale visant à résorber le chômage de longue durée (JO 28)

TITRE Ier – *L'association gestionnaire du fonds national d'expérimentation territoriale contre le chômage de longue durée*

Art. 1er. – Le fonctionnement de l'association gestionnaire du fonds national d'expérimentation territoriale contre le chômage de longue durée mentionné au I de l'article 3 de la loi du 29 février 2016 susvisée est financé par l'État et par les collectivités territoriales, les établissements publics de coopération intercommunale ou groupes de collectivités territoriales participant à l'expérimentation ainsi que par tous autres organismes publics et privés volontaires.

Ces contributions financières font l'objet de conventions d'objectifs et de moyens conclues avec l'association.

Art. 2. – La convention d'objectifs et de moyens signée entre l'État et l'association gestionnaire du fonds pour la durée de l'expérimentation précise notamment :

1° Le montant prévisionnel de la contribution de l'État, d'une part, au fonctionnement de l'association et, d'autre part, au financement du fonds et les modalités de versement de cette contribution ;

2° Les modalités de contrôle de l'utilisation des crédits versés à l'association pour son fonctionnement et le financement du fonds ;

3° Le dispositif de contrôle interne destiné à sécuriser les versements effectués par le fonds aux entreprises ;

4° Le système de collecte des données de suivi mises à la disposition de l'État et du comité scientifique.

Art. 3. – L'association gestionnaire du fonds présente un budget distinct et tient une comptabilité distincte, d'une part, pour son fonctionnement et, d'autre part, pour les interventions du fonds.

Art. 4. – Les conventions d'objectifs et de moyens conclues entre l'association et les autres contributeurs précisent les montants financiers mobilisés et leur affectation ainsi que les modalités de versement des crédits et de contrôle de leur utilisation.

Art. 5. – Les attributions du conseil d'administration de l'association gestionnaire du fonds d'expérimentation territoriale contre le chômage de longue durée sont notamment les suivantes :

1° Adopter et modifier les statuts ;

2° Désigner le président et, le cas échéant, un vice-président ;

3° Désigner les membres du bureau ;

4° Adopter le budget annuel et approuver les comptes financiers en vue de leur présentation à l'assemblée générale ;

5° Adopter le rapport annuel d'activité du fonds ;

6° Adopter le cahier des charges mentionné à l'article 3 de la loi du 29 février 2016 susvisée ;

7° Proposer la liste des territoires retenus pour mener l'expérimentation et des collectivités territoriales, établissements de coopération intercommunales et groupes de collectivités territoriales, prévue à l'article 3 de la loi du 29 février 2016 susvisée ;

8° Approuver les programmes d'action et les modalités de fonctionnement des comités locaux chargés du suivi de l'expérimentation sur chaque territoire ;

9° Approuver les conventions d'objectifs et de moyens avec l'État, les collectivités territoriales, leurs groupements et les autres contributeurs ;

10° Approuver chaque année la programmation budgétaire des subventions à verser aux entreprises conventionnées ;

11° Approuver les conventions à conclure par le fonds avec les entreprises mentionnées à l'article 4 de la loi du 29 février 2016 susvisée ;

12° Approuver le rapport de bilan de l'expérimentation avant sa transmission au Parlement et au ministre chargé de l'emploi.

Le conseil d'administration peut déléguer au bureau les compétences mentionnées aux 8°, 10° et 11° dans les conditions définies par les statuts.

Le conseil d'administration est régulièrement informé des conditions de déroulement de l'expérimentation.

Art. 6. – Le conseil d'administration se réunit au moins deux fois par an, dans les conditions prévues par les statuts de l'association gestionnaire du fonds.

Art. 7. – Le bureau est composé de huit membres parmi lesquels figurent le président, le vice-président si les statuts de l'association le prévoient, un représentant de l'État, un représentant des collectivités territoriales, le représentant de Pôle emploi, le représentant du Conseil national de l'insertion par l'activité économique, le représentant du Conseil national des politiques de lutte contre la pauvreté et l'exclusion sociale. Le commissaire du Gouvernement assiste de droit aux séances du bureau.

Art. 8. – Les membres du conseil d'administration, les personnes invitées à ses réunions et les membres du comité scientifique qui n'ont pas la qualité de fonctionnaire ou d'agent de l'État bénéficient du remboursement de leurs frais de déplacement dans les conditions prévues par le décret du 3 juillet 2006 susvisé.

Art. 9. – Les délibérations et décisions sont transmises au commissaire du Gouvernement, par tout moyen conférant date certaine à cette transmission. Celui-ci dispose, pour s'y opposer, d'un délai de quinze jours ou, lorsque l'urgence lui est signalée, de cinq jours ouvrés, à compter de sa réception.

L'exécution de la délibération ou de la décision concernée est suspendue jusqu'à l'expiration du délai fixé à l'alinéa précédent, ou jusqu'à la date, si elle est antérieure, à laquelle le commissaire du Gouvernement fait connaître par tout moyen lui conférant date certaine qu'il n'entend pas exercer son droit d'opposition.

L'exercice par le commissaire du Gouvernement de son droit d'opposition dans le délai mentionné au premier alinéa fait obstacle à la mise en œuvre de la délibération ou de la décision qui en fait l'objet.

TITRE II – *La contribution au développement de l'emploi*

Art. 10. – L'embauche, par l'entreprise conventionnée, de personnes dans le cadre de l'expérimentation ouvre droit à une contribution au développement de l'emploi attribuée par l'association gestionnaire du fonds d'expérimentation territoriale contre le chômage de longue durée, dans le cadre d'une convention qui fixe le nombre maximal de salariés exprimé en équivalents temps plein couverts par la contribution. Cette contribution ne peut pas être cumulée pour une même embauche avec une autre aide à l'insertion ou à l'emploi financée par l'État au titre d'un même salarié. Cette contribution ne peut pas être attribuée lorsque l'employeur n'est pas à jour du versement des cotisations et contributions sociales dues pour ses salariés.

Art. 11. – Le montant de la contribution au développement de l'emploi est fixé en proportion du salaire minimum de croissance. Il ne peut excéder 113 % de son montant brut par heure travaillée, dans la limite de la durée légale hebdomadaire du travail.

Ce montant peut être modulé dans la convention prévue à l'article 17 par décision de l'association gestionnaire du fonds d'expérimentation territoriale contre le chômage de longue durée en fonction :

1° Des caractéristiques socio-économiques du territoire ;

2° Du type d'activités exercées par les personnes embauchées dans le cadre de l'expérimentation ;

3° De la part que prennent les recettes de l'entreprise résultant de la vente de biens et services dans la couverture des charges liées à ces activités.

Art. 12. – Les conventions entre l'association gestionnaire du fonds d'expérimentation territoriale contre le chômage de longue durée et les entreprises ou leurs avenants financiers annuels peuvent prévoir une dégressivité du montant annuel de la contribution au développement de l'emploi pour tenir compte de l'évolution de la situation économique de l'entreprise, appréciée notamment au regard de l'évolution de son chiffre d'affaires, de sa marge brute et de sa masse salariale.

Art. 13. – Le versement par l'association gestionnaire du fonds d'expérimentation territoriale contre le chômage de longue durée à l'entreprise de la contribution au développement de l'emploi intervient sur production d'une attestation de l'employeur justifiant le nombre d'heures de travail effectuées par les salariés participant à l'expérimentation.

Art. 14. – Le remboursement à l'employeur d'une fraction des indemnités de licenciement, dans les conditions prévues au deuxième alinéa de l'article 6 de la loi du 29 février 2016 susvisée, intervient sur décision de l'association gestionnaire du fonds d'expérimentation territoriale contre le chômage de longue durée et après réception d'un justificatif du montant versé par l'employeur aux salariés licenciés.

TITRE III – *Financement de la contribution au développement de l'emploi*

Art. 15. – Pour financer la contribution au développement de l'emploi, le fonds d'expérimentation territoriale contre le chômage de longue durée reçoit des dotations financières de l'État et des collectivités territoriales, des établissements publics de coopération intercommunale ou groupes de collectivités territoriales participant à l'expérimentation ainsi que de tous autres organismes publics et privés volontaires.

Art. 16. – L'État contribue au financement de la contribution au développement de l'emploi versée aux entreprises conventionnées à hauteur d'un montant égal au minimum à 53 % et au maximum à 101 % du montant brut horaire du salaire minimum de croissance, appliqué au nombre prévisionnel d'équivalents temps plein correspondant aux personnes mentionnées à l'article 2 de la loi du 29 février 2016 susvisée embauchées par ces entreprises, dans la limite des crédits disponibles. Ce taux est fixé annuellement par arrêté des ministres en charge de l'emploi et du budget.

Les autres personnes morales mentionnées à l'article 5 de la loi du 29 février 2016 susvisée peuvent compléter ce montant selon des modalités précisées dans les conventions mentionnées à cet article.

TITRE IV – *Modalités de conventionnement des entreprises*

Art. 17. – La convention conclue par l'association gestionnaire du fonds d'expérimentation territoriale contre le chômage de longue durée avec une entreprise participant à l'expérimentation comporte notamment :

1° L'identification de l'entreprise ;

2° Ses caractéristiques générales ;

3° Les éléments attestant de son appartenance au champ de l'économie sociale et solidaire mentionnée aux articles 1er et 2 de la loi du 31 juillet 2014 susvisée ;

4° Le nombre et le contenu des emplois proposés ;

5° Le calendrier prévisionnel annuel des embauches ;

6° L'organisation du travail au sein de l'entreprise ;

7° Les taux de la contribution au développement de l'emploi appliqués aux embauches effectuées ;

8° Les modalités de régularisation sur l'année des montants versés par rapport aux montants effectivement dus, calculés sur la base des justificatifs produits par l'employeur ;

9° Le cas échéant, les conditions et les modalités de la dégressivité de la subvention annuelle ;

10° Les modalités de prise en charge de la fraction de l'indemnité de licenciement prévue au I de l'article 4 de la loi du 29 février 2016 susvisée ;

11° Le cas échéant, les actions de formation professionnelle ou de validation des acquis de l'expérience nécessaires à la réalisation du projet professionnel des personnes embauchées ;

12° Les modalités d'accompagnement, en lien avec Pôle emploi, des personnes embauchées ;

13° Les informations à communiquer au fonds, pour réaliser le suivi et le bilan de l'expérimentation, et au comité scientifique chargé de son évaluation ;

14° Les modalités de suivi, de contrôle et d'évaluation de la convention.

Art. 18. – La convention mentionnée à l'article 17 est conclue pour la durée de l'expérimentation.

Un avenant assorti d'une annexe financière fixe, pour chaque année civile ou si nécessaire pour chaque semestre, les engagements de l'employeur et le montant de la subvention à verser par le fonds pour l'année considérée, compte tenu du bilan établi par l'employeur pour l'année précédente.

TITRE V – *Modalités de contrôle d'exécution de la convention*

Art. 19. – L'association gestionnaire du fonds d'expérimentation territoriale contre le chômage de longue durée contrôle l'exécution de la convention. L'employeur lui fournit, à sa demande, tout élément permettant de vérifier la bonne exécution de la convention, la réalité des embauches en contrat à durée indéterminée et, le cas échéant, des actions d'accompagnement et de formation mises en œuvre ainsi que leurs résultats.

L'association gestionnaire du fonds se voit communiquer à sa demande toute information financière ou commerciale concernant l'entreprise conventionnée dans la limite des informations strictement nécessaires à son contrôle.

En cas de non-respect des dispositions de la convention par l'employeur, l'association gestionnaire du fonds informe l'employeur par lettre recommandée de son intention de résilier la convention. Celui-ci dispose d'un délai, qui ne peut être inférieur à un mois, pour faire connaître ses observations. Le fonds peut alors demander le reversement des sommes indûment perçues.

Lorsque l'aide financière est obtenue à la suite de fausses déclarations ou lorsque la convention est détournée de son objet, le fonds résilie la convention et demande le remboursement de la totalité des aides perçues.

TITRE VI – *Les comités locaux*

Art. 20. – Le comité local de pilotage et d'appui à l'expérimentation mentionné au II de l'article 3 de la loi du 29 février 2016 susvisée est au minimum composé des représentants pour le territoire de l'expérimentation :

1° Des collectivités territoriales ou leurs groupements parties prenantes à l'expérimentation désignés par leurs assemblées respectives ;

2° Du directeur régional de l'économie, de l'emploi, du travail et des solidarités ;

3° De Pôle emploi ;

4° Des entreprises conventionnées par le fonds.

Sont également membres du comité local des demandeurs d'emploi de longue durée embauchés par des entreprises du territoire conventionnées par le fonds.

Art. 21. – Le comité local est chargé de piloter l'expérimentation dans le territoire habilité, d'en suivre le déploiement et de collecter toutes les données nécessaires au fonds pour assurer le suivi et établir le bilan de l'expérimentation.

À ce titre, il est chargé de :

1° Coordonner l'action des acteurs locaux participant à l'expérimentation ;

2° Établir un état de la situation socio-économique du territoire en termes de chômage de longue durée et d'activités économiques existantes ;

3° Informer et accueillir l'ensemble des demandeurs d'emploi de longue durée volontaires ;

4° Déterminer, en lien avec Pôle emploi, la liste des demandeurs d'emploi mentionnés à l'article 2 de la loi du 29 février 2016 susvisée volontaires pour participer à l'expérimentation, et identifier leurs compétences ainsi que leurs projets professionnels ;

5° Organiser, avec Pôle emploi, les modalités d'accompagnement des demandeurs d'emploi participant à l'expérimentation et identifier leurs besoins de formation ;

6° Recenser les activités répondant à des besoins non satisfaits, adaptées aux compétences des demandeurs d'emploi participant à l'expérimentation, non concurrentes des activités économiques existantes et ne se substituant pas aux emplois privés ou publics déjà présents sur le territoire ;

7° Élaborer le programme d'actions mentionné au II de l'article 3 de la loi du 29 février 2016 susvisée ;

8° Assurer le suivi de la mise en œuvre de l'expérimentation et de ses résultats.

Il communique au comité scientifique mentionné à l'article 23 toutes les informations nécessaires à l'évaluation et à l'association gestionnaire du fonds les informations nécessaires à la réalisation du bilan de l'expérimentation.

Art. 22. – Lorsque la candidature d'un territoire émane d'un groupe de collectivités territoriales dépourvu de la personnalité morale, celle-ci est portée par la collectivité ou l'établissement public désigné comme chef de file par convention entre toutes les collectivités participantes.

TITRE VII – *Modalités d'évaluation de l'expérimentation*

Art. 23. – Le comité scientifique mentionné à l'article 1er de la loi du 29 février 2016 susvisée est chargé de l'évaluation de l'expérimentation. Il est composé de personnalités reconnues pour leurs compétences académiques et de représentants des services des études et des statistiques des personnes publiques intéressées.

Art. 24. – L'évaluation mesure les effets de l'expérimentation sur la situation globale des territoires en matière d'emploi, de qualité de vie, d'inégalités et de développement durable.

En particulier, elle s'attache à déterminer l'impact de l'expérimentation sur ces différents aspects, en comparant l'évolution constatée sur ces dimensions par rapport à une situation où l'expérimentation n'aurait pas été mise en place. Elle utilise à cette fin tous les instruments d'observation adaptés de nature quantitative ou qualitative.

Le comité scientifique procède à une analyse coût-bénéfice de l'expérimentation. Il évalue notamment l'impact, global et territoire par territoire, de l'expérimentation sur les finances publiques. Il porte également une attention particulière à la soutenabilité du financement de l'expérimentation. Il a accès à tous les documents comptables et financiers de gestion du fonds. Il analyse les conditions d'une éventuelle généralisation.

TITRE VIII – *Dispositions finales*

Art. 25. – Au terme de l'expérimentation ou si elle est interrompue avant ce terme, l'association gestionnaire du fonds national d'expérimentation territoriale contre le chômage de longue durée est dissoute. Toutefois, elle conserve la personnalité morale pour les besoins de sa liquidation et jusqu'à l'apurement de ses comptes.

L'actif restant après ces opérations est reversé, dans le délai de six mois, à l'État et aux autres financeurs à proportion de leurs contributions effectives au financement de l'association et du fonds durant l'expérimentation.

La clôture de la liquidation est prononcée par le conseil d'administration.

....

■ ARRÊTÉ DU 24 NOVEMBRE 2016

fixant la liste des territoires retenus pour mener l'expérimentation territoriale visant à résorber le chômage de longue durée (JO 22 déc.).

Art. 1er. – Sont retenus pour mener l'expérimentation territoriale visant à résorber le chômage de longue durée les dix territoires suivants :

La commune de Colombelles (14), la communauté de communes du Pays de Colombey et du Sud Toulois (54), la commune de Jouques (13), la commune de Mauléon (79), le quartier prioritaire de la politique de la ville « Les Oliveaux » situé sur la commune de Loos et le segment dit « Triangle Menin-Clemenceau » du quartier prioritaire de la politique de la ville « Phalempin » situé sur la commune de Tourcoing appartenant à la Métropole européenne de Lille (59), la communauté de communes Entre Nièvre et Forêt (58), les quartiers prioritaires de la politique de la ville « Oudiné-Chevaleret » et « Bédier-Boutroux » du 13e arrondissement de la Ville de Paris (75), les communes de Pipriac et de Saint-Ganton (35), les quartiers prioritaires de la politique de la ville « Centre Ancien » et « Molles-Cizolles » situés sur la commune de Thiers (63), le quartier prioritaire de la politique de la ville « Saint-Jean » situé sur la commune de Villeurbanne (69).

Ces territoires ainsi que les collectivités territoriales, les établissements publics de coopération intercommunale et les groupes de collectivités territoriales participant à l'expérimentation sont listés dans une annexe jointe au présent arrêté.

Art. 2. – Le présent arrêté sera publié au *Journal officiel* de la République française.

ANNEXE

Territoires expérimentateurs et collectivités territoriales, établissements publics de coopération intercommunale ou groupes de collectivités territoriales participant à l'expérimentation

Territoires expérimentateurs	Collectivités territoriales, établissements publics de coopération intercommunales ou groupes de collectivités territoriales participant à l'expérimentation
Commune de Colombelles	Commune de Colombelles Communauté d'agglomération Caen la mer Département du Calvados Région Normandie
Communauté de communes du Pays de Colombey et du Sud Toulois	Communauté de communes du Pays de Colombey et du Sud Toulois (communes d'Aboncourt, Allain, Allamps, Bagneux, Barisey-la-Côte, Barisey-au-Plain, Battigny, Beuvezin, Colombey-les-Belles, Courcelles, Crépey, Dolcourt, Favières, Fécocourt, Gélaucourt, Gémonville, Germiny, Gibeaumeix, Grimonviller, Mont-l'Etroit, Pulney, Saulxures-lès-Vannes, Selaincourt, Thuilley-aux-Groseilles, Tramont-Emy, Tramont Saint-André, Tramont-Lassus, Uruffe, Vandeleville, Vannes-le-Chatel, Saulxerotte, Bulligny, Blénod-lès-Toul, Crézilles, Mont-le-Vignoble, Moutrot, Ochey, Aroffe, Vicherey) Département de Meurthe-et-Moselle Région Grand Est
Commune de Jouques	Commune de Jouques Département des Bouches-du-Rhône Région Provence-Alpes-Côte d'Azur
Commune de Mauléon	Commune de Mauléon Agglomération du Bocage bressuirais Département des Deux-Sèvres Région Nouvelle-Aquitaine
Métropole européenne de Lille : quartier prioritaire de la politique de la Ville les Oliveaux et le Segment « Triangle Menin-Clemenceau » du quartier prioritaire de la politique de la ville « Phalempin »	Communes de Loos et de Tourcoing Métropole européenne de Lille Département du Nord Région Hauts-de-France
Communauté de communes Entre Nièvre et Forêt	Communauté de communes Entre Nièvre et Forêt (communes d'Arbouse, Arthel, Arzembouy, Hamplemy, Dompierre-sur-Nièvre, Giry, Lurcy-le-Bourg, Montenoison, Moussy, Oulon, Prémery, Saint-Bonnot, Sichamps) Région Bourgogne-Franche-Comté
Paris 13e : quartiers prioritaires de la politique de la ville « Oudiné - Chevaleret » et « Bédier-Boutroux »	Département de Paris Région Ile-de-France
Communes de Pipriac et de Saint-Ganton	Communes de Pipriac et de Saint-Ganton Département d'Ille-et-Vilaine Région Bretagne

Territoires expérimentateurs et collectivités territoriales, établissements publics de coopération intercommunale ou groupes de collectivités territoriales participant à l'expérimentation	
Territoires expérimentateurs	**Collectivités territoriales, établissements publics de coopération intercommunales ou groupes de collectivités territoriales participant à l'expérimentation**
Commune de Thiers : quartiers prioritaires de la politique de la Ville « Centre Ancien » et « Molles-Cizolles »	Commune de Thiers Communauté de communes Thiers-Communauté Parc naturel régional Livradois-Forez Département du Puy-de-Dôme Région Auvergne-Rhône-Alpes
Commune de Villeurbanne : quartier prioritaire de la politique « La Ville Saint-Jean »	Commune de Villeurbanne Métropole de Lyon

LOI 2020-1577 DU 14 DÉCEMBRE 2020

relative au renforcement de l'inclusion dans l'emploi par l'activité économique et à l'expérimentation « territoire zéro chômeur de longue durée » (JO 15).

TITRE II – *Expérimentation territoriale visant à supprimer le chômage de longue durée*

Art. 9. – I. – La loi n° 2016-231 du 29 février 2016 d'expérimentation territoriale visant à résorber le chômage de longue durée est abrogée.

II. – Pour une durée de cinq ans à compter de l'entrée en vigueur du présent titre, est mise en place, dans soixante territoires, dont les dix territoires habilités dans le cadre de la loi n° 2016-231 du 29 février 2016 d'expérimentation territoriale visant à résorber le chômage de longue durée dans sa rédaction antérieure à la présente loi, désignés dans les conditions définies à l'article 10 de la présente loi, couvrant chacun tout ou partie de la superficie d'une ou de plusieurs collectivités territoriales, établissements publics de coopération intercommunale ou groupes de collectivités territoriales volontaires, une expérimentation visant à mettre un terme à la privation durable d'emploi.

Lorsque le nombre maximal de territoires mentionné au premier alinéa du présent II a été atteint, des territoires supplémentaires peuvent être habilités, à titre dérogatoire, par décret en Conseil d'État.

Cette expérimentation permet aux personnes concernées d'être embauchées en contrat à durée indéterminée par des entreprises qui remplissent les conditions fixées aux articles 1er et 2 de la loi n° 2014-856 du 31 juillet 2014 relative à l'économie sociale et solidaire, pour exercer des activités économiques non concurrentes de celles déjà présentes sur le territoire.

L'expérimentation est mise en place avec le concours financier de l'État et des départements concernés ainsi que des autres collectivités territoriales et des établissements publics de coopération intercommunale volontaires mentionnés au premier alinéa du présent II et d'organismes publics et privés volontaires susceptibles de tirer un bénéfice financier de ces embauches.

III. – Au plus tard dix-huit mois avant le terme de l'expérimentation, le fonds mentionné à l'article 10 dresse le bilan de l'expérimentation dans un rapport.

IV. – Au plus tard douze mois avant le terme de l'expérimentation, un comité scientifique réalise l'évaluation de l'expérimentation afin de déterminer les suites qu'il convient de lui donner. Cette évaluation s'attache notamment à identifier le coût du dispositif pour les finances publiques, les externalités positives constatées et ses résultats comparés à ceux des structures d'insertion par l'activité économique. Elle détermine le cas échéant les conditions dans lesquelles l'expérimentation peut être prolongée, élargie ou pérennisée, en identifiant les caractéristiques des territoires et des publics pour lesquels elle est susceptible de constituer une solution adaptée à la privation durable d'emploi.

V. – Les rapports mentionnés aux III et IV sont adressés au Parlement et au ministre chargé de l'emploi et rendus publics.

VI. – Dans le cadre de l'expérimentation, peuvent être embauchées par les entreprises de l'économie sociale et solidaire mentionnées au II les personnes volontaires privées durablement d'emploi depuis au moins un an malgré l'accomplissement d'actes positifs de recherche d'emploi et domiciliées depuis au moins six mois dans l'un des territoires participant à l'expérimentation.

VII. – Les collectivités territoriales, les établissements publics de coopération intercommunale ou les groupes de collectivités territoriales participant à l'expérimentation mettent en place un comité local, au sein duquel sont représentés les acteurs du service public de l'emploi, chargé du pilotage de l'expérimentation. Ce comité local définit un programme d'actions, approuvé par le fonds mentionné à l'article 10, qui :

1° Identifie les activités économiques susceptibles d'être exercées par les entreprises de l'économie sociale et solidaire mentionnées au II du présent article ;

2° Apprécie l'éligibilité, au regard des conditions fixées au VI, des personnes dont l'embauche est envisagée par les entreprises conventionnées ;

3° Détermine les modalités d'information, de mobilisation et d'accompagnement des personnes mentionnées au même VI en lien avec les acteurs du service public de l'emploi ;

4° Promeut le conventionnement d'entreprises existantes ou, le cas échéant, la création d'entreprises conventionnées pour l'embauche des personnes mentionnées audit VI en veillant au caractère supplémentaire des emplois ainsi créés par rapport à ceux existant sur le territoire.

Les modalités de fonctionnement du comité local sont approuvées par le fonds mentionné à l'article 10.

Art. 10. – I. – Il est institué un fonds d'expérimentation territoriale contre le chômage de longue durée, chargé de financer une fraction du montant de la rémunération des emplois supplémentaires créés par les entreprises de l'économie sociale et solidaire mentionnées au II de l'article 9 ainsi qu'une fraction du montant de l'indemnité légale ou conventionnelle de licenciement lorsque celui-ci intervient dans les conditions prévues au V de l'article 11. Ce fonds peut financer le démarrage et le développement des entreprises conventionnées mentionnées au même article 11.

Le fonds d'expérimentation territoriale contre le chômage de longue durée veille au respect par les entreprises de l'économie sociale et solidaire mentionnées au II de l'article 9 des orientations de l'expérimentation prévue au même article 9. Il apporte à ces entreprises ainsi qu'aux collectivités territoriales, aux établissements publics de coopération intercommunale ou aux groupes de collectivités territoriales volontaires l'appui et l'accompagnement nécessaires.

II. – Sous réserve de satisfaire aux conditions d'habilitation définies dans un cahier des charges fixé par arrêté du ministre chargé de l'emploi et d'avoir recueilli l'accord du président du conseil départemental, les collectivités territoriales, les établissements publics de coopération intercommunale ou les groupes de collectivités territoriales volontaires peuvent se porter candidat à l'expérimentation prévue à l'article 9 pendant une durée de trois ans à compter de la date de l'entrée en vigueur du présent titre. Ce cahier des charges prend en compte les spécificités des outre-mer et de la Corse. Sur proposition du fonds d'expérimentation territoriale contre le chômage de longue durée, un arrêté du ministre chargé de l'emploi habilite les territoires retenus pour mener l'expérimentation.

Par dérogation au premier alinéa du présent II, les dix territoires mentionnés au II de l'article 9 sont habilités de droit à mener l'expérimentation. Ils veillent à prendre les mesures éventuellement nécessaires à leur conformité au cahier des charges mentionné au premier alinéa du présent II.

III. – La gestion du fonds d'expérimentation territoriale contre le chômage de longue durée est confiée à une association relevant de la loi du 1er juillet 1901 relative au contrat d'association. Celle-ci est administrée par un conseil d'administration dont la composition est définie par décret en Conseil d'État.

Les membres du conseil d'administration siègent à titre bénévole.

Le conseil d'administration peut déléguer certaines de ses compétences à son président et à un bureau constitué en son sein.

Le ministre chargé de l'emploi désigne un commissaire du Gouvernement auprès de cette association. Le commissaire du Gouvernement assiste de droit aux séances de toutes les instances de délibération et d'administration de l'association. Il est destinataire de toutes les délibérations du conseil d'administration et a communication de tous les documents relatifs à la gestion du fonds, de même que les présidents des organes exécutifs des collectivités territoriales et de leurs groupements engagés dans le dispositif.

Lorsque le commissaire du Gouvernement estime qu'une délibération du conseil d'administration ou qu'une décision prise par une autre instance de l'association gestionnaire du fonds est contraire aux dispositions régissant les missions et la gestion du fonds, il peut s'opposer, par décision motivée, à sa mise en œuvre.

Le fonds publie annuellement un rapport moral et financier retraçant notamment l'ensemble des financements perçus par les entreprises mentionnées au II de l'article 9 de la présente loi ainsi que les sommes ayant concouru à son financement ainsi qu'à celui des comités locaux. Ce rapport présente le nombre de personnes embauchées par ces entreprises ainsi que le montant des prestations diverses dont elles ont bénéficié l'année précédant leur embauche.

Art. 11. – I. – Le fonds d'expérimentation territoriale contre le chômage de longue durée signe, pour la durée de l'expérimentation mentionnée à l'article 9, des conventions avec les entreprises de l'économie sociale et solidaire mentionnées au II du même article 9 afin qu'elles concluent avec des personnes remplissant les conditions mentionnées au VI dudit article 9 des contrats de travail à durée indéterminée au moins rémunérés au moment du recrutement, au niveau du salaire minimum de croissance mentionné à l'article L. 3231-2 du code du travail.

Chaque convention fixe les conditions à respecter pour bénéficier du financement du fonds, notamment les engagements de l'entreprise sur sa trajectoire d'embauche prévue et son plan d'affaires, le contenu des postes proposés, les conditions d'accompagnement et les actions de formation envisagées pour les salariés, conformément aux objectifs du projet. La convention précise également la part de la rémunération prise en charge par le fonds, compte tenu de la durée de travail prévue dans le contrat et en fonction du prévisionnel et de la situation économique de l'entreprise. Elle prévoit en outre la fraction de l'indemnité de licenciement prise en charge par le fonds et due lorsque le licenciement intervient dans les conditions prévues au V du présent article.

Le président du conseil départemental est cosignataire de la convention.

II. – Le contrat de travail conclu dans le cadre de l'expérimentation mentionnée à l'article 9 peut être suspendu à la demande du salarié afin de lui permettre d'accomplir une période d'essai afférente à une offre d'emploi en contrat de travail à durée indéterminée ou à durée déterminée au moins égale à six mois, ou bien en contrat à durée déterminée de moins de six mois.

En cas d'embauche à l'issue de cette période d'essai, le contrat est rompu sans préavis. L'aide attribuée pour cet emploi par le fonds dans le cadre de l'expérimentation n'est pas versée pendant la période de suspension du contrat de travail.

III. – Les conventions antérieurement conclues avec les entreprises à but d'emploi conventionnées dans le cadre de la loi n° 2016-231 du 29 février 2016 d'expérimentation territoriale visant à résorber le chômage de longue durée sont automatiquement reconduites à l'entrée en vigueur du présent titre.

À compter de la date définie par le décret mentionné au VII du présent article, et au plus tard à compter du 1er juillet 2021, le fonds mentionné au I de l'article 10 et l'association gestionnaire mentionnée au III du même article 10 sont substitués au fonds d'expérimentation territoriale contre le chômage de longue durée et à l'association gestionnaire prévus par la loi n° 2016-231 du 29 février 2016 précitée dans leurs droits et obligations de toute nature.

Le cas échéant, les transferts de biens, droits et obligations réalisés dans le cadre des dévolutions, à titre gratuit ou moyennant la seule prise en charge du passif ayant grevé l'acquisition des biens transférés au profit du fonds d'expérimentation territoriale contre le chômage de longue durée mentionné au I de l'article 10 de la présente loi et de l'association gestionnaire mentionnée au III du même article 10, ne donnent lieu au paiement d'aucun droit, taxe ou impôt de quelque nature que ce soit. Ils ne donnent pas non plus lieu au paiement de la contribution prévue à l'article 879 du code général des impôts.

Les contrats de travail conclus par les entreprises dans les territoires mentionnés au I de l'article 1er de la loi n° 2016-231 du 29 février 2016 précitée se poursuivent dans les conditions prévues par la présente loi.

IV. – Le fonds d'expérimentation territoriale contre le chômage de longue durée est financé par l'État et les départements concernés ainsi que, de manière volontaire, par les collectivités territoriales, les établissements publics de coopération intercommunale, les groupes de collectivités territoriales, les organismes publics et privés mentionnés au II de l'article 9 de la présente loi et les fondations d'entreprise mentionnées à l'article 19 de la loi n° 87-571 du 23 juillet 1987 sur le développement du mécénat pour assurer son fonctionnement et permettre le versement des aides financières associées aux conventions mentionnées au I du présent article.

Le fonds signe avec chaque collectivité territoriale, établissement public de coopération intercommunale ou groupe de collectivités territoriales volontaire participant à l'expérimentation mentionnée à l'article 9 une convention qui précise leur engagement à respecter le cahier des charges mentionné au II de l'article 10, fixe les conditions de leur participation volontaire au financement de l'expérimentation et définit l'affectation de cette participation. L'État, Pôle emploi ainsi que le président du conseil départemental sont également cosignataires de ces conventions.

Le fonds signe une convention avec l'État, les conseils départementaux et chacun des organismes publics et privés participant à l'expérimentation mentionnée à l'article 9 afin de fixer le montant de leur contribution à son financement et de définir l'affectation de cette contribution.

V. – Si l'expérimentation n'est pas reconduite au terme du délai mentionné à l'article 9 ou si elle est interrompue avant ce terme par une décision du fonds mentionné au I de l'article 10, les entreprises mentionnées au II de l'article 9 reçoivent une notification du fonds d'expérimentation territoriale contre le chômage de longue durée signifiant la fin de la prise en charge d'une fraction des rémunérations dans le cadre de l'expérimentation. Dans ce cas, ces entreprises peuvent rompre tout ou partie des contrats de travail mentionnés au I du présent article. Ce licenciement, qui repose sur un motif économique et sur une cause réelle et sérieuse, est prononcé selon les modalités d'un licenciement individuel pour motif économique. Le fonds verse à l'employeur la fraction du montant de l'indemnité de licenciement fixée par la convention mentionnée au I de l'article 10. Dans tous les autres cas, le licenciement intervient dans les conditions du droit commun.

VI. – Un décret en Conseil d'État définit les modalités d'application des articles 9 et 10 ainsi que du présent article, notamment la méthodologie de l'évaluation de l'expérimentation, les modalités de transmission au comité scientifique mentionné au IV de l'article 9 ainsi qu'au fonds mentionné au I de l'article 10 des données à caractère personnel, y compris le numéro d'inscription au répertoire national d'identification des personnes physiques, relatives aux personnes mentionnées au VI de l'article 9 et nécessaires à l'évaluation de l'expérimentation, les modalités de fonctionnement et de gestion des comités locaux et du fonds respectivement mentionnés au VII du même article 9 et à l'article 10, les modalités de financement du fonds par les départements, les modalités de passation des conventions conclues entre le fonds et les entreprises mentionnées à l'article 9 et celles conclues entre le fonds et les collectivités territoriales, les établissements publics de coopération intercommunale ou les groupes de collectivités territoriales participant à l'expérimentation mentionnée au même article 9 ainsi que les critères retenus pour fixer le montant de la fraction de la rémunération prise en charge par le fonds mentionné à l'article 10.

Le décret mentionné au premier alinéa du présent VI ne peut prévoir que le montant du concours financier obligatoire des départements excède, pour chaque salarié embauché à temps plein dans le cadre de l'expérimentation mentionnée à l'article 9, celui du montant forfaitaire mentionné à l'article L. 262-3 du code de l'action sociale et des familles.

Le concours obligatoire des départements fixé par le décret peut être complété par une contribution volontaire.

VII. – Les dispositions du présent titre entrent en vigueur à une date fixée par décret, et au plus tard le 1er juillet 2021.

....

Art. 16. – À titre expérimental pour une durée de trois ans à compter du 1er janvier 2021, les entreprises de portage salarial peuvent conclure, lorsqu'ils sont à durée déterminée, des contrats de professionnalisation en application de l'article L. 1242-3 du code du travail.

Les dispositions du chapitre IV du titre V du livre II de la première partie du même code sont applicables.

Les dispositions du chapitre V du titre II du livre III de la sixième partie dudit code sont applicables, à l'exception des articles L. 6325-3, L. 6325-3-1, L. 6325-4-1, L. 6325-6-1, L. 6325-8, L. 6325-9 et L. 6325-11 à L. 6325-14-1.

Par dérogation au premier alinéa de l'article L. 6325-1, le contrat de professionnalisation a pour objet de permettre d'acquérir une des qualifications prévues aux 1° et 3° de l'article L. 6314-1 et de favoriser l'insertion ou la réinsertion professionnelle.

L'entreprise de portage salarial s'engage à assurer une formation au salarié porté lui permettant d'acquérir une qualification professionnelle en lien avec l'objet du contrat et le développement de son activité professionnelle. Le salarié porté s'engage à suivre la formation prévue au contrat.

L'entreprise de portage salarial et le salarié porté désignent conjointement sur proposition de l'entreprise de portage salarial un tuteur, chargé d'accompagner le salarié porté. Ce tuteur est choisi parmi les salariés volontaires, qualifiés de l'entreprise de portage salarial. Il ne peut exercer simultanément ses fonctions à l'égard de plus de cinq salariés bénéficiaires de contrats de professionnalisation en portage salarial.

L'action de professionnalisation d'un contrat de professionnalisation à durée déterminée ou qui se situe au début d'un contrat de professionnalisation à durée indéterminée est d'une durée minimale comprise entre six mois et vingt-quatre mois.

Dans le cadre du contrat de professionnalisation à durée déterminée ou d'actions de professionnalisation engagées dans le cadre de contrats à durée indéterminée, les actions de positionnement, d'évaluation et d'accompagnement ainsi que les enseignements généraux, professionnels et technologiques sont mis en œuvre par un organisme de formation ou, lorsqu'elle dispose d'un service de formation, par l'entreprise de portage salarial elle-même.

Ils sont d'une durée minimale comprise entre 15 %, sans être inférieure à soixante heures, et 25 % de la durée totale du contrat.

Au plus tard trois mois avant son terme, le Gouvernement présente au Parlement un rapport d'évaluation de cette expérimentation.

....

Art. 18. – À titre expérimental, pour une durée de trois ans à compter de la publication de la présente loi, les comités sociaux et économiques des structures mentionnées à l'article L. 5132-4 du code du travail dont les effectifs représentent au moins onze salariés selon les modalités de calcul des effectifs prévues aux articles L. 1111-2 et L. 2301-1 du même code peuvent mettre en place une commission « insertion ».

Cette commission comprend :

a) Un représentant de l'employeur ;

b) Au moins un membre de la délégation du personnel et une délégation de salariés en parcours d'insertion désignés par le comité social et économique à la majorité des membres présents parmi les salariés volontaires, âgés de seize ans révolus, inscrits dans un parcours d'accompagnement dans la structure et ayant travaillé depuis un mois au moins au sein de celle-ci.

Un accord conclu dans les conditions prévues au premier alinéa de l'article L. 2232-12 dudit code définit :

1° Le nombre de membres de la commission ;

2° La durée pour laquelle ils sont désignés ;

3° Les modalités de fonctionnement de la commission, notamment la fréquence des réunions et la limite dans laquelle le temps passé en réunion est considéré comme du temps de travail effectif ;

4° Les informations mises à la disposition des membres de la commission par l'employeur ainsi que les mesures d'accompagnement qu'il met en œuvre au titre de l'accompagnement social et professionnel des salariés en insertion membres de la commission ;

5° Le cas échéant, les moyens alloués à la commission.

En l'absence d'accord, dans les entreprises d'au moins cinquante salariés, le règlement intérieur du comité social et économique définit les modalités mentionnées aux 1° à 5° du présent article. Dans les entreprises de moins de cinquante salariés, elles sont définies par accord entre l'employeur et la délégation du personnel.

La commission est chargée de préparer les réunions et les délibérations du comité sur les questions d'insertion. Elle contribue également à promouvoir les dispositions légales et stipulations conventionnelles applicables aux salariés en parcours d'insertion. Elle débat sur les conditions de travail de ces salariés ainsi que sur la qualité des parcours proposés par la structure en matière d'insertion.

L'expérimentation prévue au présent article fait l'objet d'une évaluation chaque année jusqu'à son terme.

....

CONVENTION DU 26 JANVIER 2015
relative au contrat de sécurisation professionnelle.

Le Mouvement des Entreprises de France (MEDEF),

La Confédération Générale des Petites et Moyennes Entreprises (CGPME), L'Union Professionnelle Artisanale (UPA), d'une part,

La Confédération Française Démocratique du Travail (CFDT), La Confédération Française des Travailleurs Chrétiens (CFTC), La Confédération Française de l'Encadrement CGC (CFE-CGC), La Confédération Générale du Travail Force Ouvrière (CGT-FO), La Confédération Générale du Travail (CGT), d'autre part,

Vu les dispositions du code du travail ;

Vu l'accord national interprofessionnel du 8 décembre 2014 relatif au contrat de sécurisation professionnelle ;

Vu la convention du 14 mai 2014 relative à l'indemnisation du chômage, son règlement général et accords d'application annexés ;

Conviennent de ce qui suit :

Art. 1er. – La présente convention définit les conditions et les modalités d'application du contrat de sécurisation professionnelle précisées par l'accord national interprofessionnel du 8 décembre 2014, en faveur des salariés visés par une procédure de licenciement pour motif économique, qui ne peuvent pas bénéficier d'un congé de reclassement prévu par l'article L. 1233-71 du code du travail.

Le contrat de sécurisation professionnelle leur permet de bénéficier, après la rupture de leur contrat de travail, d'un accompagnement renforcé et personnalisé consistant en un ensemble de mesures favorisant un reclassement accéléré vers l'emploi durable.

CHAPITRE Ier – *Bénéficiaires du contrat de sécurisation professionnelle*

Art. 2. – Ont la faculté de bénéficier d'un contrat de sécurisation professionnelle, les salariés privés d'emploi :

a) justifiant des conditions prévues aux articles 3, 4 *c)* et *f)* du règlement général annexé à la convention du 14 mai 2014 relative à l'indemnisation du chômage ;

b) aptes physiquement à l'exercice d'un emploi, au sens de l'article 4 *d)* du règlement annexé à la convention du 14 mai 2014 relative à l'indemnisation du chômage.

Art. 3. – À titre expérimental, sur des bassins d'emploi donnés, les demandeurs d'emploi en fin de contrat de travail à durée déterminée d'au moins six mois peuvent bénéficier du contrat de sécurisation professionnelle dans les conditions fixées par le comité de pilotage national visé à l'article 29 de la présente convention.

CHAPITRE II – *Procédure d'acceptation du contrat de sécurisation professionnelle*

Art. 4. – § 1. – Chacun des salariés concernés doit être informé, par l'employeur, individuellement et par écrit du contenu du contrat de sécurisation professionnelle et de la possibilité qu'il a d'en bénéficier.

Il dispose d'un délai de 21 jours pour accepter ou refuser un tel contrat à partir de la date de la remise du document proposant le contrat de sécurisation professionnelle selon les modalités prévues au paragraphe 2 du présent article.

Pour les salariés dont le licenciement est soumis à autorisation, ce délai de réflexion est prolongé jusqu'au lendemain de la date de notification à l'employeur de la décision de l'autorité administrative compétente.

Le document remis par l'employeur au salarié porte mention :
- de la date de remise du document faisant courir le délai de réflexion ;
- du délai de 21 jours imparti au salarié pour donner sa réponse ;
- de la date à partir de laquelle, en cas d'acceptation du contrat de sécurisation professionnelle, son contrat de travail est rompu.

Le document remis au salarié comporte également un volet bulletin « d'acceptation détachable », à compléter par le salarié s'il demande à bénéficier du contrat de sécurisation professionnelle et à remettre à son employeur.

Au cours du délai de réflexion, le salarié bénéficie d'un entretien d'information réalisé par Pôle emploi, destiné à l'éclairer dans son choix.

§ 2. – Lorsque le licenciement pour motif économique doit être précédé d'un entretien préalable au licenciement, le document écrit d'information prévu au paragraphe 1er du présent article est remis au salarié au cours de cet entretien préalable, contre récépissé (1).

Lorsque le licenciement pour motif économique doit être soumis à la procédure d'information et de consultation des représentants élus du personnel dans le cadre des articles L. 1233-28 à L. 1233-30 du code du travail, le document écrit d'information prévu au paragraphe 1er est remis à chaque salarié concerné, contre récépissé, à l'issue de la dernière réunion de consultation des représentants élus du personnel.

---

(1) S'agissant des salariées bénéficiant de la protection instituée par l'article L. 1225-4, alinéa 2 du code du travail, les documents d'information prévus au § 1er de l'article 5 peuvent être remis, au plus tard, le lendemain de fa fin de la période de protection liée au congé de maternité.

Lorsque le licenciement pour motif économique donne lieu à un plan de sauvegarde de l'emploi dans les conditions prévues aux articles L. 1233-24-2 à L. 1233-24-4 du code du travail, le document écrit d'information prévu au paragraphe 1er est remis à chaque salarié, contre récépissé, au lendemain de la notification ou de l'acquisition de la décision administrative de validation ou d'homologation du plan prévue à l'article L. 1233-57-4 du même code.

Lorsque, à la date prévue par les articles L. 1233-15 et L. 1233-39 du code du travail pour l'envoi de la lettre de licenciement, le délai de réflexion dont dispose le salarié pour faire connaître sa réponse à la proposition du contrat de sécurisation professionnelle n'est pas expiré, l'employeur lui adresse une lettre recommandée avec demande d'avis de réception :

- lui rappelant la date d'expiration du délai de réflexion ;
- et lui précisant qu'en cas de refus du contrat de sécurisation professionnelle, cette lettre recommandée constituera la notification de son licenciement.

Art. 5. – § 1. – Le salarié manifeste sa volonté de bénéficier du contrat de sécurisation professionnelle en remettant à l'employeur le bulletin d'acceptation dûment complété et signé, accompagné d'une copie de sa pièce d'identité ou du titre en tenant lieu.

En cas d'acceptation du salarié, le contrat de travail est réputé rompu du commun accord des parties, à la date d'expiration du délai de réflexion visé à l'article 4 § 1er de la présente convention. Le salarié bénéficie, dès le jour suivant la rupture du contrat de travail, du statut de stagiaire de la formation professionnelle attaché au contrat de sécurisation professionnelle.

L'absence de réponse au terme du délai de réflexion est assimilée à un refus du contrat de sécurisation professionnelle par le salarié.

§ 2. – Dès l'acceptation du dispositif par le salarié, l'employeur transmet au Pôle emploi dans le ressort duquel le salarié est domicilié, le bulletin d'acceptation complété par l'employeur et le salarié, accompagné de la copie de la pièce d'identité de ce dernier ou du titre en tenant lieu.

Au plus tard à la rupture du contrat de travail, l'employeur complète son précédent envoi en adressant à ce Pôle emploi l'ensemble des documents nécessaires à l'examen des droits du salarié et au paiement des sommes dues par l'employeur, notamment l'attestation d'employeur, la demande d'allocation de sécurisation professionnelle dûment complétée et signée par le salarié, la copie de la carte d'assurance maladie (carte Vitale).

§ 3. – L'ensemble des documents nécessaires à la mise en œuvre du contrat de sécurisation professionnelle sont arrêtés par l'Unédic et remis par Pôle emploi, à l'employeur, à sa demande.

Art. 6. – Le contrat de sécurisation professionnelle est conclu pour une durée de 12 mois et prend effet dès le lendemain de la fin du contrat de travail. Cette durée est allongée des périodes d'activités professionnelles visées à l'article 12 de la présente convention et intervenues après la fin du 6e mois du contrat de sécurisation professionnelle, dans la limite de trois mois supplémentaires. La durée du contrat de sécurisation professionnelle ne peut excéder 15 mois de date à date.

Art. 7. – Lors de l'inscription comme demandeur d'emploi d'un salarié licencié pour motif économique, le conseiller de Pôle emploi doit s'assurer que l'intéressé a été informé individuellement et par écrit du contenu du contrat de sécurisation professionnelle et de la possibilité qu'il a d'en bénéficier.

À défaut, le conseiller de Pôle emploi doit procéder à cette information en lieu et place de son employeur. Le salarié peut souscrire au contrat de sécurisation professionnelle dans un délai de 21 jours à compter de son inscription comme demandeur d'emploi. L'absence de réponse au terme du délai de réflexion est assimilée à un refus du contrat de sécurisation professionnelle par le salarié.

En cas d'acceptation du contrat de sécurisation professionnelle, l'adhésion prend effet au lendemain de l'expiration du délai de réflexion. À compter de son inscription comme demandeur d'emploi jusqu'au terme du délai de réflexion, le salarié licencié peut être indemnisé dans les conditions de la convention du 14 mai 2014 relative à l'indemnisation du chômage.

CHAPITRE III – *Les prestations d'accompagnement*

Art. 8. – L'accompagnement des bénéficiaires du contrat de sécurisation professionnelle, sur la base du cahier des charges défini par le comité de pilotage national visé à l'article 29 de la présente convention, est confié à Pôle emploi qui peut déléguer cet accompagnement à d'autres opérateurs choisis par appel d'offres.

Art. 9. – § 1. – Les salariés qui acceptent le contrat de sécurisation professionnelle bénéficient, dans les 8 jours de leur adhésion, d'un entretien individuel de pré-bilan pour l'examen de leurs capacités professionnelles.

Cet entretien de pré-bilan, qui peut conduire si nécessaire à un bilan de compétences, est suivi d'une période de préparation du plan de sécurisation professionnelle du bénéficiaire.

L'entretien de pré-bilan et la période de préparation qui lui succède sont destinés à identifier le profil et le projet de reclassement du bénéficiaire du contrat de sécurisation professionnelle, ses atouts potentiels, ses difficultés et ses freins éventuels. Il est réalisé par l'opérateur en charge, pour le bassin d'emploi, des contrats de sécurisation professionnelle, en prenant notamment en compte les caractéristiques du bassin d'emploi concerné.

Ils permettent l'élaboration du plan de sécurisation professionnelle du bénéficiaire, qui est validé et mis en œuvre au plus tard dans le mois suivant l'entretien de pré-bilan.

Le plan de sécurisation professionnelle prend la forme d'un document écrit, qui formalise les relations entre les bénéficiaires du contrat de sécurisation professionnelle et Pôle emploi. Il précise les éléments requis par le présent article ainsi que les articles 10, 11, 12 et 20 de la présente convention, ainsi que les prestations fournies.

Le plan de sécurisation professionnelle peut être actualisé au vu du déroulement du parcours d'accompagnement et de reclassement du bénéficiaire.

§ 2. – À l'issue du 4e mois d'accompagnement effectif, un point d'étape est réalisé afin que le conseiller référent et le bénéficiaire du dispositif analysent conjointement les actions mises en œuvre avec le projet défini lors de l'entretien de pré-bilan et d'envisager, le cas échéant, les ajustements et nouvelles actions à effectuer.

Art. 10. – Les prestations d'accompagnement s'inscrivent dans le plan de sécurisation professionnelle du bénéficiaire visé à l'article 9 § 1er de la présente convention, qui comprend :
- si nécessaire, un bilan de compétences permettant d'orienter dans les meilleures conditions le plan de sécurisation ;
- un suivi individuel de l'intéressé par l'intermédiaire d'un référent spécifique, destiné à l'accompagner à tous les niveaux de son projet professionnel et à évaluer le bon déroulement de son plan de sécurisation, y compris dans les 6 mois suivant son reclassement ;
- des mesures d'appui social et psychologique ;
- des mesures d'orientation tenant compte de la situation du marché local de l'emploi ;
- des mesures d'accompagnement (préparation aux entretiens d'embauche, techniques de recherche d'emploi, ...) ;
- des actions de validation des acquis de l'expérience ;
- et/ou des mesures de formation pouvant inclure l'évaluation préformative prenant en compte l'expérience professionnelle de l'intéressé.

Ces prestations d'accompagnement, retenues d'un commun accord au vu du résultat de l'entretien de pré-bilan et dans le cadre de l'élaboration du plan de sécurisation professionnelle, sont mises en place au profit des bénéficiaires du contrat de sécurisation professionnelle au plus tard dans le mois suivant l'entretien individuel de pré-bilan.

Art. 11. – Les actions de formation entreprises dans le cadre du contrat de sécurisation professionnelle et inscrites dans le plan de sécurisation professionnelle visé à l'article 9 § 1er de la présente convention, mises en place le plus rapidement possible, sont celles correspondant aux besoins de l'économie, prévisibles à court ou moyen terme et favorisant la sécurisation des parcours professionnels des salariés.

En conséquence, le bénéficiaire du contrat de sécurisation professionnelle accède à toutes les formations éligibles au compte personnel de formation, sous réserve que la formation retenue corresponde au projet de reclassement du bénéficiaire visé à l'article 9 § 1er de la présente convention.

Lorsque l'action de formation, notamment s'il s'agit d'une action de requalification, n'est pas achevée au terme du contrat de sécurisation professionnelle, celle-ci se poursuit dans le cadre du projet personnalisé d'accès à l'emploi, dans la mesure où le bénéficiaire s'inscrit comme demandeur d'emploi au terme du contrat de sécurisation professionnelle, et dans les limites prévues à l'article 27 de la présente convention.

Les conditions dans lesquelles les formations effectuées dans le cadre du contrat de sécurisation professionnelle sont financées, sont déterminées par un accord conclu entre les organisations syndicales d'employeurs et de salariés représentatives au niveau national et interprofessionnel relatif à l'affectation des ressources du fonds paritaire de sécurisation des parcours professionnels.

Art. 12. – § 1. – Le bénéficiaire peut réaliser au cours de son contrat de sécurisation professionnelle des périodes d'activités professionnelles en entreprise, sous forme de contrat de travail à durée déterminée ou de contrat de travail temporaire d'une durée minimale de trois jours.

Le cumul total de ces périodes ne peut excéder six mois.

Le plan de sécurisation professionnelle expose au bénéficiaire les conditions et modalités selon lesquelles ces périodes d'activités professionnelles sont effectuées en vue de concourir à son projet de reclassement visé à l'article 9 § 1er de la présente convention.

Ces périodes sont validées au préalable par le conseiller référent afin d'en vérifier la cohérence avec le projet de reclassement du bénéficiaire.

Pendant ces périodes, le bénéficiaire est salarié de l'entreprise ou de l'agence d'emploi, le bénéfice du contrat de sécurisation professionnelle et le versement de l'allocation de sécurisation professionnelle sont suspendus.

Un bilan des périodes d'activités professionnelles réalisées pendant le contrat de sécurisation professionnelle est établi avec le conseiller référent en vue d'une capitalisation de l'expérience ainsi acquise par le bénéficiaire.

§ 2. – En cas de reprise d'emploi en contrat à durée indéterminée, en contrat à durée déterminée ou contrat de travail temporaire d'une durée d'au moins six mois, l'intéressé cesse de bénéficier du contrat de sécurisation professionnelle.

La rupture du contrat de travail pendant la période d'essai permet une reprise du contrat de sécurisation professionnelle pour la durée restant à courir conformément aux dispositions de l'article 6 de la présente convention.

Lorsque cette reprise d'emploi a donné lieu au versement de tout ou partie de la prime visée à l'article 14 de la présente convention, la durée d'indemnisation au titre de l'allocation de sécurisation professionnelle est réduite conformément aux dispositions de l'article 16 § 1er alinéa 2 de la présente convention.

Art. 13. – Lorsque, avant le terme du contrat de sécurisation professionnelle, le bénéficiaire reprend un emploi salarié dont la rémunération est, pour un nombre identique d'heures hebdomadaire de travail, inférieure à la rémunération de son emploi précédent, il perçoit une indemnité différentielle de reclassement.

Le montant mensuel de l'indemnité différentielle de reclassement est égal à la différence entre 30 fois le salaire journalier de référence servant au calcul de l'allocation de sécurisation professionnelle et le salaire brut mensuel de l'emploi repris.

Cette indemnité dont l'objet est de compenser la baisse de rémunération, est versée mensuellement, à terme échu, pour une durée qui ne peut excéder 12 mois et dans la limite d'un montant total plafonné à 50 % des droits résiduels à l'allocation de sécurisation professionnelle.

Art. 14. – Le bénéficiaire du contrat de sécurisation professionnelle qui retrouve avant la fin du dixième mois du dispositif un emploi sous forme de contrat de travail à durée indéterminée, de contrat de travail à durée déterminée ou de contrat de travail temporaire d'une durée d'au moins six mois, cesse de bénéficier du contrat de sécurisation professionnelle, sous réserve de l'article 12 § 2 de la présente convention, et peut solliciter le versement d'une prime au reclassement s'il remplit les conditions suivantes :
- son plan de sécurisation professionnelle a été validé conformément aux dispositions de l'article 9 § 1er de la présente convention ;
- il bénéficie de l'allocation de sécurisation professionnelle dans les conditions prévues à l'article 15 § 1er de la présente convention.

La demande de prime au reclassement doit intervenir dans un délai de 30 jours suivant la date de reprise d'emploi. Cette demande est effectuée au moyen d'un formulaire conforme au modèle établi par l'Unédic, complété, daté et signé par le bénéficiaire.

Il est informé de la possibilité de percevoir cette prime de reclassement.

Cette prime, équivalente à 50 % des droits résiduels à l'allocation de sécurisation professionnelle, ne peut être attribuée qu'une fois et donne lieu à deux versements égaux :
- le premier versement intervient au plus tôt au lendemain de la date de reprise d'emploi ;
- le second versement intervient trois mois après la date de reprise d'emploi, sous réserve que l'intéressé exerce toujours cet emploi.

Cette prime ne peut se cumuler, pour le même emploi, avec l'indemnité différentielle de reclassement visée à l'article 13 de la présente convention.

CHAPITRE IV – *L'allocation de sécurisation professionnelle*

Art. 15. – § 1. – Pendant la durée du contrat de sécurisation professionnelle, les bénéficiaires justifiant au moment de leur licenciement de deux ans d'ancienneté dans l'entreprise, au sens de l'article L. 1234-1, 3° du code du travail, perçoivent une allocation de sécurisation professionnelle égale à 75 % de leur salaire journalier de référence défini conformément à l'article 13 du règlement général annexé à la convention du 14 mai 2014 relative à l'indemnisation du chômage.

Sous réserve des dispositions prévues à l'article 31 § 3 de la présente convention, la condition d'ancienneté prévue à l'alinéa précédent est d'un an d'ancienneté dans l'entreprise, au sens de l'article L. 1234-1, 2° du code du travail.

Le salaire de référence pris en considération pour fixer le montant de l'allocation journalière est établi conformément aux articles 11, 12 et 20 du règlement général annexé à la convention du 14 mai 2014 relative à l'indemnisation du chômage.

Cette allocation ne peut être :
- ni inférieure au montant de l'allocation d'aide au retour à l'emploi à laquelle l'intéressé aurait pu prétendre, au titre de l'emploi perdu, s'il n'avait pas accepté le contrat de sécurisation professionnelle. À ce titre, en cas de perte involontaire d'une activité conservée pendant le contrat de sécurisation professionnelle, le montant de l'allocation de sécurisation professionnelle peut être révisé afin de ne pas être inférieur au montant de l'allocation d'aide au retour à l'emploi qui aurait été révisé dans les conditions prévues à l'article 34 du règlement général annexé à la convention du 14 mai 2014 relative à l'indemnisation du chômage ;
- ni supérieure à l'allocation maximale au titre de l'allocation d'aide au retour à l'emploi calculée sur la base d'un salaire de référence plafonné conformément aux dispositions de l'article 11 § 2 du règlement général annexé à la convention du 14 mai 2014 relative à l'indemnisation du chômage.

§ 2. – Le montant de l'allocation servie aux bénéficiaires du contrat de sécurisation professionnelle ne justifiant pas, au moment de leur licenciement, de deux ans d'ancienneté dans l'entreprise au sens de l'article L. 1234-1, 3° du code du travail, est égal au montant de l'allocation d'aide au retour à l'emploi tel que fixé par les articles 14, 15, 16, 17, 18 § 2, 19, 20, 26, 28, 29 et 34 du règlement général annexé à la convention du 14 mai 2014 relative à l'indemnisation du chômage.

Sous réserve des dispositions prévues à l'article 31 § 3 de la présente convention, la condition d'ancienneté prévue à l'alinéa précédent est d'un an d'ancienneté dans l'entreprise, au sens de l'article L. 1234-1, 2° du code du travail.

§ 3. – Le montant de l'allocation servie aux bénéficiaires d'une pension d'invalidité de 2e ou 3e catégorie, au sens de l'article L. 341-4 du code de la sécurité sociale ou au sens de toute autre disposition prévue par les régimes spéciaux ou autonomes de sécurité sociale, ou d'une pension d'invalidité acquise à l'étranger, est cumulable la pension d'invalidité de 2e ou 3e catégorie dans les conditions prévues par l'article R. 341-17 du code de la sécurité sociale, dès lors que les revenus issus de l'activité professionnelle prise en compte pour l'ouverture des droits ont été cumulés avec la pension.

À défaut, l'allocation servie aux bénéficiaires d'une telle pension est égale à la différence entre le montant de l'allocation de sécurisation professionnelle et celui de la pension d'invalidité.

§ 4. – Une participation de 3 % assise sur le salaire journalier de référence est retenue sur l'allocation journalière. Le prélèvement de cette participation ne peut avoir pour effet de réduire le montant des allocations tel qu'il est fixé au dernier alinéa de l'article 14 du règlement général annexé à la convention du 14 mai 2014 relative à l'indemnisation du chômage.

Le produit de cette participation est affecté au financement des retraites complémentaires des bénéficiaires de l'allocation de sécurisation professionnelle.

Art. 16. – § 1. – L'allocation de sécurisation professionnelle est versée pour la durée du contrat de sécurisation professionnelle définie à l'article 6 de la présente convention, sous réserve des dispositions prévues à l'article 12 de la présente convention.

En cas de rupture de la période d'essai et de reprise du contrat de sécurisation professionnelle en application des dispositions de l'article 12 § 2 de la présente convention, la durée d'indemnisation que représente le montant de la prime versée en application de l'article 14 est imputée sur la durée d'indemnisation courant du jour de la reprise de l'indemnisation au terme du contrat de sécurisation professionnelle.

§ 2. – Pour les bénéficiaires visés à l'article 15 § 2 de la présente convention, la durée de versement de l'allocation de sécurisation professionnelle ne peut en aucun cas excéder celle à laquelle ils auraient pu prétendre au titre de l'allocation d'aide au retour à l'emploi.

Art. 17. – L'allocation de sécurisation professionnelle est payée mensuellement à terme échu, pour tous les jours ouvrables ou non.

Le service des allocations doit être interrompu à compter du jour où l'intéressé :

a) retrouve une activité professionnelle salariée ou non, exercée en France ou à l'étranger, à l'exception des cas visés à l'article 12 de la présente convention ;

b) est pris ou est susceptible d'être pris en charge par la sécurité sociale au titre des prestations en espèces ;

c) est admis à bénéficier du complément de libre choix d'activité de la prestation d'accueil du jeune enfant ou de la prestation partagée d'éducation de l'enfant ;

d) cesse de résider sur le territoire relevant du champ d'application de l'assurance chômage visé à l'article 4, alinéa 1er, de la convention du 14 mai 2014 relative à l'indemnisation du chômage ;

e) est admis au bénéfice de l'allocation journalière de présence parentale visée à l'article L. 544-1 du code de la sécurité sociale ;

f) cesse de remplir la condition visée à l'article 4 *c)* du règlement général annexé à la convention du 14 mai 2014 relative à l'indemnisation du chômage ;

g) a conclu un contrat de service civique conformément aux dispositions de l'article du code du service national.

Art. 18. – Les articles 27, 37 et 38 du règlement général annexé à la convention du 14 mai 2014 relative à l'indemnisation du chômage sont applicables aux bénéficiaires du contrat de sécurisation professionnelle.

CHAPITRE V – *Prescription*

Art. 19. – Le délai de prescription de la demande en paiement de l'allocation de sécurisation professionnelle, de l'indemnité différentielle de reclassement et de la prime au reclassement est de 2 ans suivant leur fait générateur.

CHAPITRE VI – *Suivi de l'exécution des prestations d'accompagnement du contrat de sécurisation professionnelle*

Art. 20. – § 1. – Le plan de sécurisation professionnelle visé à l'article 9 § 1er de la présente convention précise les conditions, y compris les modalités de recours, dans lesquelles l'intéressé cesse de bénéficier du contrat de sécurisation professionnelle :

- lorsqu'il refuse une action de reclassement et de formation ou ne s'y présente pas, ou lorsqu'il refuse à deux reprises une offre raisonnable d'emploi ;
- lorsqu'il a fait des déclarations inexactes ou présenté des attestations mensongères en vue de bénéficier indûment du contrat de sécurisation professionnelle.

§ 2. – Lorsque l'intéressé cesse de bénéficier du contrat de sécurisation professionnelle dans le cadre des dispositions du paragraphe 1er, il doit s'inscrire comme demandeur d'emploi et son dossier est transmis au directeur de l'unité territoriale de la DIRECCTE.

CHAPITRE VII – *Financement du contrat de sécurisation professionnelle*

Art. 21. – L'employeur contribue au financement de l'allocation de sécurisation professionnelle versée aux bénéficiaires visés à l'article 15 § 1 de la présente convention en s'acquittant du paiement d'une somme correspondant à l'indemnité de préavis que le salarié aurait perçue s'il n'avait pas bénéficié du dispositif et qui ne peut être inférieure à l'indemnité légale prévue à l'article L. 1234-1, 2° et 3° du code du travail. Cette contribution comprend l'ensemble des charges patronales et salariales.

Pôle emploi assure, pour le compte de l'Unédic, le recouvrement de ces sommes.

Dans le cas où l'indemnité de préavis que le salarié aurait perçue s'il n'avait pas bénéficié du contrat de sécurisation professionnelle est supérieure à 3 mois de salaire, la fraction excédant ce montant est versée à l'intéressé dès la rupture de son contrat de travail.

Les salariés visés à l'article 15 § 2 de la présente convention qui auraient bénéficié d'une indemnité de préavis s'ils n'avaient pas adhéré au contrat de sécurisation professionnelle, en perçoivent le montant dès la rupture de leur contrat de travail.

Art. 22. – En cas de non-respect de son obligation de proposer le contrat de sécurisation professionnelle, l'employeur est redevable à Pôle emploi d'une contribution spécifique correspondant à 2 mois de salaire brut, portée à 3 mois de salaires comprenant l'ensemble des charges patronales et salariales lorsque l'ancien salarié bénéficie du contrat de sécurisation professionnelle en application des dispositions de l'article 7 de la présente convention.

Pôle emploi assure, pour le compte de l'Unédic, le recouvrement de ces éventuelles pénalités.

Art. 23. – En cas de licenciements intervenus antérieurement à l'ouverture d'une procédure de redressement ou de liquidation judiciaires, Pôle emploi communique sans délai les informations utiles portées sur l'attestation d'employeur et, le cas échéant l'appel de contribution due au titre du contrat de sécurisation professionnelle, au mandataire judiciaire compétent, afin que ce dernier puisse vérifier son montant. À défaut de fonds disponibles au sein de l'entreprise, le mandataire judiciaire adresse un relevé de créances à l'association pour la gestion du régime de garantie des créances des salariés (AGS).

Pour les licenciements intervenus postérieurement à l'ouverture d'une procédure de redressement ou de liquidation judiciaires, Pôle emploi adresse l'appel de contribution due au titre du contrat de sécurisation professionnelle au mandataire judiciaire compétent, afin que ce dernier puisse vérifier son montant. À défaut de fonds disponibles au sein de l'entreprise, le mandataire judiciaire établit un relevé de créances pour prise en charge par le régime de garantie des créances des salariés (AGS).

Art. 24. – Une convention État-Unédic fixe les modalités de financement du dispositif et les modalités de collaboration entre les parties à tous les niveaux du dispositif. Une annexe financière sera négociée annuellement avec l'État.

CHAPITRE VIII – *Recouvrement*

Art. 25. – § 1. – Le règlement des sommes dues par l'employeur visées aux articles 21 et 22 de la présente convention est exigible au plus tard le 25 du 2e mois civil suivant le début du contrat de sécurisation professionnelle.

§ 2. – Les contributions non payées à la date limite d'exigibilité fixée au paragraphe 1er du présent article sont passibles des majorations de retard prévues par l'article R. 243-18 du code de la sécurité sociale.

§ 3. – Toute action intentée ou poursuite engagée contre un employeur manquant aux obligations de la présente convention est obligatoirement précédée d'une mise en demeure dans les conditions prévues à l'article R. 5422-9 du code du travail.

Art. 26. – § 1. – Remise des contributions

Une remise partielle ou totale des contributions restant dues par un employeur bénéficiant d'une procédure de conciliation ou de sauvegarde peut être accordée lorsqu'une telle remise préserve les intérêts généraux de l'assurance chômage.

Une remise partielle des contributions restant dues par un employeur en redressement ou liquidation judiciaire peut être accordée lorsqu'un paiement partiel sur une période donnée est de nature à mieux préserver les intérêts du régime qu'un paiement intégral sur une période plus longue.

§ 2. – Remise des majorations de retard et délais de paiement

Une remise totale ou partielle des majorations de retard prévues à l'article 25 § 2, ainsi que des délais de paiement, peuvent être consentis aux débiteurs qui en font la demande. Les demandes de remise des majorations de retard ainsi que les demandes de délai de paiement sont examinées par l'instance compétente au sein de Pôle emploi.

En cas de redressement ou de liquidation judiciaires, les majorations de retard prévues à l'article 25 § 2 dues à la date du jugement d'ouverture, sont remises d'office. Les remises de majorations de retard et pénalités et délais de paiement des contributions sont accordés dans les conditions de l'accord d'application n° 12 de la convention du 14 mai 2014 relative à l'indemnisation du chômage.

CHAPITRE IX – *Détermination des droits à l'allocation d'aide au retour à l'emploi au terme du contrat de sécurisation professionnelle*

Art. 27. – Le bénéficiaire du contrat de sécurisation professionnelle qui, au terme de ce contrat est à la recherche d'un emploi, peut bénéficier de l'allocation d'aide au retour à l'emploi sans différé d'indemnisation, ni délai d'attente, et ce :

- au titre d'une reprise de droits en application de l'article 26 du règlement général annexé à la convention du 14 mai 2014 relative à l'indemnisation du chômage ;
- au titre du droit auquel l'intéressé aurait pu prétendre s'il n'avait pas accepté le contrat de sécurisation professionnelle.

La durée d'indemnisation au titre de ces droits est réduite du nombre de jours indemnisés au titre de l'allocation de sécurisation professionnelle.

CHAPITRE X – *Dispositions diverses*

Art. 28. – La présente convention confie à l'Unédic la gestion des contrats de sécurisation professionnelle proposés par les employeurs qui relèvent du champ d'application du régime d'assurance chômage fixé par l'article L. 5422-13 du code du travail, ou par des employeurs qui ont adhéré à titre irrévocable à ce régime conformément à l'article L. 5424-2, 2° dudit code.

Art. 29. – § 1. – Un comité de pilotage national est chargé du suivi et de l'évaluation de la mise en œuvre de la présente convention.

Ce comité est composé des Partenaires sociaux signataires de la présente convention et des représentants de l'État ; les services de l'Unédic sont étroitement associés au suivi et à l'évaluation du dispositif.

Ce comité se réunit une fois par trimestre.

L'Unédic assure, conjointement avec la DGEFP, le secrétariat technique du dispositif. Les actions financées dans les conditions fixées par la présente convention font l'objet d'un suivi comptable spécifique.

Les organismes nationaux intéressés par le dispositif (Pôle emploi, FPSPP, OPCA, etc.) sont associés aux travaux du comité de pilotage en tant que de besoin.

§ 2. – Le comité de pilotage national établit le cahier des charges que devront respecter Pôle emploi ainsi que les opérateurs auxquels Pôle emploi délègue l'accompagnement des bénéficiaires du contrat de sécurisation professionnelle.

Tous les opérateurs, y compris Pôle emploi, chargés de l'accompagnement des bénéficiaires du contrat de sécurisation professionnelle sont rémunérés en fonction des résultats obtenus en matière de reclassement durable à l'emploi. S'agissant de Pôle emploi, la rémunération aux résultats tient compte des contraintes liées à sa mission d'opérateur public de l'emploi.

Dans le cadre de la mise en œuvre du dispositif, Pôle emploi veille à ce que les relations avec les opérateurs en charge du suivi soient facilitées par un partage d'informations optimisé (par exemple, par la mise à disposition des opérateurs des déclarations préalables à l'embauche concernant les bénéficiaires dont ils ont la charge de l'accompagnement et du suivi).

§ 3. – Le comité de pilotage national définit le cadre et les paramètres de l'expérimentation du contrat de sécurisation professionnelle visée à l'article 3 de la présente convention. Il est chargé de suivre la mise en œuvre de cette expérimentation ainsi que son coût global, lequel ne peut excéder trois millions d'euros.

§ 4. – Le comité de pilotage national est annuellement destinataire des éléments suivants :

- les informations lui permettant d'évaluer l'accélération de l'entrée en accompagnement des bénéficiaires du contrat de sécurisation professionnelle ;
- les informations lui permettant d'évaluer les effets sur le retour à l'emploi durable de la possibilité pour les bénéficiaires de réaliser des périodes d'activité professionnelle en entreprise dans les conditions prévues par l'article 12, ainsi que ceux de l'allongement de la durée du CSP en cas de périodes d'activité professionnelle dans les conditions prévues à l'article 6 de la présente convention ;
- les indicateurs lui permettant d'évaluer les effets sur le retour à l'emploi durable de l'indemnisation au titre de l'allocation de sécurisation professionnelle représentant 75 % du salaire journalier prévue par l'article 15 § 1er de la présente convention ;
- les indicateurs lui permettant d'évaluer l'effet incitatif au retour à l'emploi durable et le coût de l'indemnité différentielle de reclassement prévue par l'article 13 de la présente convention, et d'apprécier la typologie des bénéficiaires de cette indemnité en termes notamment de catégories socio-professionnelles et de niveaux de qualification ;
- les indicateurs lui permettant d'évaluer l'effet incitatif au retour à l'emploi durable et le coût de la prime au reclassement prévue par l'article 14 de la présente convention, et d'apprécier la typologie des bénéficiaires de cette prime en termes notamment de catégories socio-professionnelles et de niveaux de qualification.

Le comité de pilotage national est également destinataire, au plus tard six mois avant le terme de la présente convention visé à l'article 31 § 1er, des informations relatives à la situation des bénéficiaires du dispositif dans les six mois suivant leur reclassement.

Art. 30. Les représentants des signataires de la présente convention au sein des instances paritaires régionales veillent à la mise en œuvre de cette convention et des décisions du comité de pilotage visé au paragraphe ci-dessus.

Ces représentants constituent avec les représentants de l'État :

- dans chaque bassin d'emploi, ou au niveau départemental (quand la taille du département le justifie), un comité de pilotage autour de l'opérateur désigné pour la gestion du contrat de sécurisation professionnelle. Les opérateurs intervenant sur le dispositif local seront associés à ses travaux ;
- un comité régional, qui réunit une fois par trimestre l'ensemble des parties pour tirer un bilan du fonctionnement du dispositif et veiller à l'articulation des besoins repérés dans les bassins d'emploi avec les offres de formation développées.

La composition et les attributions de ces deux comités sont précisées dans le cahier des charges visé au paragraphe ci-dessus.

CHAPITRE XI – *Durée de l'accord. – Entrée en vigueur*

Art. 31. – § 1. – La présente convention entrera en vigueur à compter du 1er février 2015 et produira ses effets jusqu'au 31 décembre 2016.

Elle peut être renouvelée si les signataires de la présente convention constatent, au vu des résultats d'une évaluation sur la qualité de l'accompagnement et l'efficacité des reclassements réalisés, que les conditions d'accompagnement ont été remplies.

Toutefois, les bénéficiaires d'un contrat de sécurisation professionnelle à cette date d'échéance demeureront régis par les dispositions de la présente convention.

§ 2. – La présente convention s'applique aux salariés compris dans une procédure de licenciement pour motif économique engagée à compter du 1er février 2015.

Par date d'engagement de la procédure de licenciement pour motif économique, il y a lieu d'entendre :

- la date de l'entretien préalable visé à l'article L. 1233-11 du code du travail ;
- la date de présentation de la lettre de convocation à la première réunion des instances représentatives du personnel prévue aux articles L. 1233-28 à L. 1233-30 du code du travail.

Par dérogation aux paragraphes précédents, les dispositions prévues par l'article 12 § 1 de la présente convention sont applicables à compter du 1er mars 2015 à tous les bénéficiaires d'un CSP en cours d'exécution, quelle que soit la date d'engagement de la procédure de licenciement pour motif économique.

§ 3. – Une convention entre l'État et l'Unédic détermine les conditions et modalités selon lesquelles les salariés justifiant au moment de leur licenciement d'une à deux années d'ancienneté dans l'entreprise, au sens de l'article L. 1234-1, 2° du code du travail, peuvent bénéficier de l'allocation de sécurisation professionnelle conformément aux articles 15 § 1er et 16 alinéa 1 de la présente convention, ainsi que la date d'entrée en vigueur de cette mesure.

§ 4. – Par dérogation aux dispositions prévues aux paragraphes précédents, la mise en œuvre de la révision de l'allocation de sécurisation professionnelle en cas de perte involontaire d'une activité conservée pendant le contrat de sécurisation professionnelle mentionnée à l'article 15 § 1er de la présente convention, sera effective au plus tard à compter du 1er octobre 2015.

CHAPITRE XII – *Révision*

Art. 32. – Les Partenaires sociaux signataires de la présente convention conviennent, dans l'hypothèse où le contrat de sécurisation professionnelle génèrerait un surcoût pour l'Unédic par rapport au coût du contrat de sécurisation professionnelle issu de l'accord national interprofessionnel du 31 mai 2011 de plus de 150 millions d'euros par an, de se réunir pour étudier les éventuels ajustements du dispositif à mettre en œuvre ainsi qu'au vu des résultats de l'enquête menée par la DARES et l'Unédic courant 2015.

Art. 33. – La présente convention sera déposée à la Direction générale du travail de Paris.

Fait à Paris, le 26 janvier 2015.

Pour le MEDEF,	Pour la CFDT,	Pour la CGPME,	Pour la CFTC,
Pour l'UPA,	Pour la CFE-CGC,	Pour la CGT-FO,	Pour la CGT,

■ AVENANT 1 DU 17 NOVEMBRE 2016 À LA CONVENTION DU 26 JANVIER 2015 relative au contrat de sécurisation professionnelle.

■ AVENANT 2 DU 14 AVRIL 2017 À LA CONVENTION DU 26 JANVIER 2015
relative au contrat de sécurisation professionnelle.

■ AVENANT 3 DU 31 MAI 2018 À LA CONVENTION DU 26 JANVIER 2015
relative au contrat de sécurisation professionnelle.

■ AVENANT 4 DU 12 JUIN 2019 À LA CONVENTION DU 26 JANVIER 2015
relative au contrat de sécurisation professionnelle.

■ AVENANT 5 DU 8 JANVIER 2020 À LA CONVENTION DU 26 JANVIER 2015 relative au contrat de sécurisation professionnelle.

■ CIRCULAIRE UNÉDIC 2016-09 DU 27 JANVIER 2016
relative à la mise en œuvre de la convention du 26 janvier 2015 relative au contrat de sécurisation professionnelle.

ENTREPRISES EN DIFFICULTÉ

■ CODE DE COMMERCE
Voir notamment Livre VI : Des difficultés des entreprises et notamment :
Titre Ier : De la prévention des difficultés des entreprises ; Titre II : De la sauvegarde ; Titre III : Du redressement judiciaire ; Titre IV : De la liquidation judiciaire et du rétablissement professionnel.

■ ORDONNANCE 2014-326 DU 12 MARS 2014
portant réforme de la prévention des difficultés des entreprises et des procédures collectives (JO 14 ; rectif. JO 12 juil.).

■ DÉCRET 2014-736 DU 30 JUIN 2014
pris pour l'application de l'ordonnance 2014-326 du 12 mars 2014 portant réforme de la prévention des difficultés des entreprises et des procédures collectives (JO 1er juil.).

« QUESTIONS/RÉPONSES », DÉCEMBRE 2019

sur la mise en œuvre de la réforme dans les CFA, ministère du Travail, mis à jour le 7 décembre 2020.

Définition

Qu'est-ce qu'un centre formation d'apprentis (CFA) ?

La loi du 5 septembre 2018 a transformé le statut des CFA. Depuis le 1er janvier 2019, il s'agit d'un organisme de formation qui dispense des actions de formation par apprentissage, au sens de l'article L. 6211-2 du code du travail, concourantes au développement des compétences.

C'est donc un organisme de formation qui est rattaché au titre V du livre III de la sixième partie (règlement intérieur, obligations comptables, bilan pédagogique et financier, publicité) comportant quelques spécificités (titre III du livre II de la sixième partie).

Contrairement au rattachement obligatoire des CFA à un organisme gestionnaire dans le cadre du texte en vigueur jusqu'au 31 décembre 2018, l'organisme de formation dispensant des actions de formation par apprentissage a aujourd'hui une autonomie juridique et doit se déclarer (déclaration d'activité) auprès du service régional de contrôle de la direction régionale des entreprises, de la concurrence, de la consommation, du travail et de l'emploi (Direccte) [Dreets].

Ouverture d'un CFA

Quelles sont les modalités d'ouverture d'un organisme de formation souhaitant dispenser des actions par apprentissage (CFA) ?

Deux cas de figure :

- soit il s'agit d'un organisme de formation réalisant déjà des actions de formation, hors apprentissage : dans ce cas, l'organisme devra mettre à jour ses statuts, pour y faire figurer la possibilité de réaliser des actions de formation par apprentissage et les adresser au préfet (service régional de contrôle de la Direccte [Dreets]) ;

- soit il s'agit d'un organisme en cours de création : dans ce cas, l'organisme devra effectuer une démarche de déclaration d'activité auprès du préfet (service régional de contrôle de la Direccte [Dreets]).

Source : R. 6351-5 du code du travail.

Par ailleurs, un nouvel organisme de formation souhaitant dispenser des actions de formation par apprentissage doit solliciter un code UAI (Unité Administrative Immatriculée) auprès des services de l'Éducation nationale. Il s'agit en effet d'un élément nécessaire pour la complétude du Cerfa actuellement applicable.

Une instruction DGEFP transmise aux consulaires et aux Direccte [Dreets] (référents apprentissage et service régional de contrôle de la formation professionnelle (SRC) présente une procédure d'obtention d'un UAI (cf. annexe : formulaire).

Quelle est la procédure pour un CFA existant à la publication de la loi avenir professionnel souhaitant poursuivre son activité en apprentissage ?

Deux cas de figure :

• soit l'organisme gestionnaire, porteur de la convention de création du CFA, est déjà organisme de formation (il possède un numéro de déclaration d'activité) et :

- souhaite poursuivre son activité en apprentissage : il devra mettre à jour ses statuts, pour y indiquer l'action en apprentissage et les envoyer au Préfet (service régional de contrôle de la Direccte [Dreets])

- ne souhaite pas conserver la formation par apprentissage, l'activité apprentissage du CFA pouvant être reprise par un organisme de formation existant ou à créer. Dans ce cas de figure, il bénéficie encore de la présomption d'existence de l'ancien CFA ; de fait, il bénéficie du délai complémentaire de mise en conformité prévu par la loi avenir professionnel (jusqu'au 31 décembre 2021 pour faire sa DA et obtenir sa certification qualité).

• soit l'organisme gestionnaire, porteur de la convention de création du CFA, n'est pas lui-même organisme de formation et

- souhaite néanmoins poursuivre l'activité par apprentissage : il conviendra de créer un organisme de formation (démarche de déclaration d'activité auprès du service régional de contrôle de la Direccte [Dreets] avec présentation des statuts)

- ne souhaite pas conserver la formation par apprentissage : l'activité apprentissage du CFA peut être reprise par un organisme de formation existant ou à créer. Dans ce cas de figure, il bénéficie encore de la présomption de l'ancien CFA, et donc bénéficie du délai complémentaire de mise en conformité prévu par la loi avenir professionnel (jusqu'au 31 décembre 2021 pour faire sa DA et obtenir sa certification qualité).

L'article L. 6231-5 du Code du travail précise ce qui est attendu concernant la mention de l'apprentissage dans les statuts et les organismes visés.

À défaut de statut, lorsque l'activité d'un organisme est organisée par la loi et les décrets, la mention dans les textes de la formation professionnelle initiale suffit. De même, en l'absence de statut, l'article L. 6231-5 ne s'applique pas aux travailleurs indépendants.

Rappel : les CFA existants à la publication de la loi ont jusqu'au 31 décembre 2021 pour se mettre en conformité. Néanmoins, ils sont encouragés à réaliser les démarches dans les meilleurs délais.

Source : R. 6351-5 du code du travail.

Procédure de dépôt des contrats d'apprentissage

Quelle est la procédure de dépôt des contrats d'apprentissage, dans le secteur privé ?

Au plus tard dans les cinq jours ouvrables qui suivent la date de début d'exécution du contrat d'apprentissage, l'employeur transmet le contrat d'apprentissage à l'opérateur de compétences (OPCO) dont il relève. Celui-ci procède au dépôt du contrat auprès des services du ministre en charge de la formation professionnelle.

L'employeur transmet :
- une copie du contrat d'apprentissage dûment renseigné et signé ;
- une copie de la convention de formation. Lorsque la formation est assurée par un CFA d'entreprise, service interne, l'entreprise transmet une annexe pédagogique et financière reprenant les éléments de la convention ; à savoir : l'intitulé, l'objectif et le contenu de l'action de formation, les moyens prévus, la durée et la période de réalisation, les modalités de déroulement, de suivi et de sanction de l'action ainsi que le prix. Cette convention doit également être dûment renseignée et signée par les parties ;
- et le cas échéant, une copie de la convention tripartite d'aménagement du durée (réduction/allongement) renseignée et signée par les parties (art. D. 6224-1 du Code du travail).

Il s'agit des seules pièces nécessaires à la décision de prise en charge financière et au dépôt des contrats d'apprentissage.

Afin de favoriser la dématérialisation de la procédure de dépôt des contrats d'apprentissage, les documents cités précédemment et les informations afférentes peuvent être transmis par voie dématérialisée.

À réception du contrat, l'OPCO se prononce sur la prise en charge financière. Il vérifie à cet effet que le contrat satisfait aux conditions suivantes :
- éligibilité des formations à l'apprentissage (art. L. 6211-1 du Code du travail) ;
- âge de l'apprenti (art. L. 6222-1 à L. 6222-3 du Code du travail) ;
- qualité et âge du maître d'apprentissage ;
- rémunération réglementaire de l'apprenti (art. D. 6222-26 du Code du travail).

L'OPCO statue sur la prise en charge financière dans un délai de 20 jours à compter de la réception de l'ensemble des documents mentionnés ci-dessus. Le silence gardé par l'OPCO pendant 20 jours après réception du dossier complet vaut décision implicite de rejet.

Si l'OPCO se rend compte qu'il est susceptible de dépasser le délai d'instruction de 20 jours, il est tenu d'informer l'employeur et le CFA concerné avant la fin dudit délai, afin de leur indiquer que l'instruction se poursuit. En effet, une décision explicite d'acceptation, même postérieure, annule une décision implicite de rejet. Tout refus de la part de l'OPCO sera notifié aux parties intéressées et devra être motivé.

Toute modification d'un élément essentiel du contrat fait l'objet d'un avenant transmis à l'OPCO pour dépôt dans les mêmes conditions que le dépôt initial.

Lorsque le contrat d'apprentissage est rompu de manière anticipée, l'employeur notifie sans délai la rupture à l'OPCO, qui informe les services du ministre chargé de la formation professionnelle.

Sources : articles D. 6224-1 et suivants du code du travail.

Quelle est la procédure de dépôt des contrats d'apprentissage, dans le secteur public ?

Au plus tard dans les cinq jours ouvrables qui suivent la date de début de l'exécution du contrat, l'employeur public transmet à l'unité départementale (UD) de la Direccte [DDETS] compétente les pièces suivantes :
- le contrat d'apprentissage ;
- la convention de financement conclue avec le CFA ;
- la convention tripartite réduisant ou allongeant la durée du contrat.

Cette transmission peut se faire par voie dématérialisée.

À réception du contrat, l'UD de la Direccte [DDETS] vérifie que celui-ci satisfait aux conditions suivantes :
- éligibilité des formations éligibles à l'apprentissage (art. L. 6211-1 du Code du travail) ;
- âge de l'apprenti (art. L. 6222-1 à L. 6222-3 du Code du travail) ;
- rémunération réglementaire des apprentis (art. D. 6222-26 à D. 6222-33 du Code du travail).

L'UD de la Direccte [DDETS] statue sur la prise en charge financière dans un délai de 20 jours à compter de la réception de l'ensemble des documents mentionnés ci-dessus. Le silence gardé par l'UD [DDETS] pendant 20 jours a valeur d'acceptation.

Toute modification d'un élément essentiel du contrat fait l'objet d'un avenant transmis à l'UD [DDETS] pour dépôt dans les mêmes conditions que le dépôt initial.

Lorsque le contrat d'apprentissage est rompu de manière anticipée, l'employeur notifie sans délai la rupture à l'UD [DDETS].

Sources : articles D. 6275-1 et suivants du code du travail.

Quelles démarches sont nécessaires pour permettre la réduction de la durée du contrat d'apprentissage ?

Le principe : la durée du contrat d'apprentissage est égale à celle du cycle de formation qui fait l'objet du contrat, elle est comprise en principe entre 6 mois et 3 ans (article L. 6222-7-1, alinéas 1 et 2, du code du travail) sauf cas exceptionnels (apprentis reconnus travailleurs handicapés et sportifs de haut niveau).

La durée du contrat d'apprentissage peut être d'une durée inférieure ou supérieure à celle du cycle de formation préparant à la qualification qui fait l'objet du contrat, compte tenu :

>> du niveau initial de compétences de l'apprenti. Une convention tripartite d'aménagement de durée sera produite, en application de l'article R. 6222-6 du code du travail lorsqu'il y aura une évaluation des compétences du jeune et donc une « réelle individualisation du parcours de formation ». Dans tous les autres cas d'aménagement, la rédaction d'une convention tripartite ne sera pas nécessaire.

>> ou des compétences acquises lors d'une mobilité à l'étranger, telle que prévue à l'article L. 6222-42, lors d'une activité militaire dans la réserve opérationnelle, lors d'un service civique, lors d'un volontariat militaire ou lors d'un engagement comme sapeur-pompier volontaire (liste restrictive des cas possibles). Une convention d'aménagement de durée sera jointe au contrat pour ces seuls cas de figure.

Dans les cas où la convention tripartite est nécessaire, au moment du dépôt, le Cerfa sera accompagné de cette convention d'aménagement de durée.

Un arrêté à venir fixera un modèle de convention tripartite de réduction ou d'allongement de durée.

Pour les cas où une convention tripartite est nécessaire et pour les autres cas d'aménagement de durée (allongement et réduction) ne nécessitant pas de convention, il sera fait mention sur le Cerfa, dans la partie « contrat », de cet aménagement en indiquant soit qu'il s'agit d'une réduction de durée, soit d'un allongement de durée (code 2.1 et 2.2).

Un prochain véhicule législatif sera l'occasion de simplifier la rédaction du code du travail afin de clarifier les cas de recours à la convention tripartite.

S'agissant du financement : le principe du financement du CFA repose sur la durée du contrat d'apprentissage, modulo la prise en compte du suivi de la formation par le jeune, sans contrat, sous statut de stagiaire de la formation professionnelle, au début de la formation (L. 6222-12-1) ou à l'issue d'une rupture (L. 6222-18-2).

La production de la convention tripartite aura une conséquence lorsqu'au regard de l'article R. 6332-25, la durée du contrat est inférieure à 1 an et bénéficiera d'une majoration du financement de 10 %. Cette majoration ne pourra donc intervenir que lorsque la réduction de la durée à 1 an est le fait d'une réelle évaluation des compétences ou bien des compétences acquises dans les cas limités.

S'agissant de la rémunération :

>> pour la réduction : application de l'article D. 6222-28-1 pour tous les cas de réduction de durée (convention ou non), le temps non fait en apprentissage sera considéré comme fait dans le cadre de la rémunération ;

>> pour l'allongement : la période d'allongement au-delà de la période de formation théorique habituelle donne lieu au versement d'une rémunération équivalente à celle correspondant à la dernière année du contrat concerné.

Sources : articles D. 6222-7 et suivants du code du travail.

Financement

Comment faut-il interpréter la notion de « chaque mois de contrat d'apprentissage débuté est dû » ?

Pour le calcul du financement du CFA, l'article R. 6332-25 du code du travail prévoit que « chaque mois de contrat d'apprentissage débuté est dû ».

Ainsi, le financement du contrat est proratisé en fonction du nombre de mois réalisés. Le calcul débute au premier jour d'exécution du contrat d'apprentissage, en formation pratique ou théorique. Le dernier mois est considéré comme exécuté entièrement. Le décompte du nombre de mois se fait donc bien sur mois glissant.

À titre d'exemple, un contrat d'apprentissage qui commence le 28 septembre de l'année N et se termine le 3 octobre de l'année N + 1 sera financé sur 13 mois : du 28 septembre de l'année N au 27 septembre année N + 1 (12 mois) et du 28 septembre au 27 octobre de l'année N + 1 (1 mois) – même si le contrat s'arrête le 3 octobre.

Sur quelle base sont financés les contrats ayant une durée de moins d'un an et ayant fait l'objet d'une rupture anticipée ou d'une durée réduite mais pour lesquels la formation est dispensée dans sa totalité ?

La prise en charge financière est attachée au contrat d'apprentissage et le système de financement est basé sur la durée d'exécution du contrat et non sur la durée de la formation.

Ainsi, le montant ne sera pas calculé en fonction de la durée de réalisation de la formation mais en fonction de la durée réelle du contrat.

>> *Exemple : si un contrat dont le niveau de prise en charge annuel est de 7 000 € est rompu au bout de 9 mois, le CFA percevra 9/12e du montant annuel, soit 5 250 €.*

Une majoration de 10 % sera appliquée dans le cas d'une réduction de durée décidée en application de l'article L. 6222-7-1 du Code du travail. Cette majoration ne s'applique qu'aux contrats dont la durée est inférieure à un an.

>> *Exemple : si un contrat normalement prévu sur 12 mois, dont le niveau de prise en charge annuel est de 7 000 €, bénéficie d'une durée d'exécution réduite à 9 mois par convention tripartite pour tenir compte du niveau initial de compétences de l'apprenti, le CFA percevra 9/12e du montant annuel + 10 %, soit 5 775 €.*

Comment s'applique le *prorata temporis* en cas de contrat pluriannuel ?

Lorsqu'un contrat a une durée supérieure à un an, le *prorata temporis* s'applique sur la dernière année du contrat.

>> *Exemple : si un contrat dont le niveau de prise en charge annuel est de 7 000 € dure 18 mois, la première année le CFA recevra 7 000 € et la deuxième année 3 500 €.*

Le *prorata temporis* est-il appliqué si l'apprenti a obtenu son diplôme ?

Oui, le principe de *prorata temporis* s'applique dans ce cas également. Il ne sera pas tenu compte de la durée de la formation ou de l'issue de la formation dans le calcul du montant financier. Le financement est bien fonction de la durée réelle d'exécution du contrat.

Quelles sont les dates prises en compte pour l'application du *prorata temporis* ?

Les dates prises en compte sont celles de début d'exécution et de la fin d'exécution du contrat ou de la période d'apprentissage.

Quel impact sur le niveau de prise en charge en cas de rénovation d'une certification générant un changement de numéro de diplôme délivré par l'Éducation nationale ?

Le niveau de prise en charge du contrat d'apprentissage est établi selon le diplôme ou titre préparé. Chaque niveau de prise en charge est donc attaché au « code diplôme » délivré par l'Éducation nationale. Or, lors d'une rénovation de certification, le code change, et il n'y a pas de niveau de prise en charge attaché à ce nouveau code. S'il s'agit d'une rénovation de diplôme ou titre, il y a maintien du niveau de prise en charge initial.

S'il s'agit d'une création, un nouveau processus de détermination du niveau de prise en charge est nécessaire. Dans ce cas de figure, si un niveau de prise en charge n'a pas pu être déterminé de manière anticipée et qu'un contrat se présente pour dépôt et prise en charge financière, la valeur d'amorçage sera appliquée (décret n° 2019-956 du 13 septembre 2019), selon le niveau de la certification.

L'idée de la réforme est de favoriser l'individualisation des parcours en contrat d'apprentissage (entrée/sortie permanentes) *quid* des dates d'inscription aux sessions d'examen ?

Dans le cadre de la réforme de l'apprentissage, les demandes d'inscription en candidat libre sont dorénavant acceptées jusqu'au 15 janvier (antérieurement, la date limite était fixée au 15 novembre).

Cet assouplissement a récemment été rappelé aux recteurs par le directeur général de l'enseignement scolaire du ministère de l'Éducation nationale, comme en avaient convenu les ministres de l'Éducation et du Travail.

En cas de difficulté, signaler le problème à Rodolphe Delmet : *rodolphe.delmet@education.gouv.fr*

Comment sont financées les formations des jeunes qui démarrent leur formation en CFA avant de signer leur contrat d'apprentissage ?

Le financement de ces périodes est pris en charge de manière rétroactive par l'opérateur de compétences de l'employeur signataire du contrat, dans la limite d'une durée de 3 mois.

Pendant cette période, le CFA peut également bénéficier de la prise en charge des frais annexes (restauration/hébergement) s'il remplit les conditions de l'article D. 6332-87, à savoir que l'OPCO prend en charge les frais annexes dès lors qu'ils sont financés par les CFA.

Pour rappel : Il n'y aura de financement de ces périodes que si elles donnent lieu à la conclusion d'un contrat d'apprentissage.

Comment sont financées les formations des jeunes dont le contrat a été rompu de manière anticipée et qui poursuivent leur formation en CFA avant de conclure, le cas échéant, un nouveau contrat d'apprentissage pour terminer leur formation ?

Le financement de ces périodes est pris en charge par l'opérateur de compétences initial (celui de l'employeur signataire du contrat initial), dans l'attente de la signature d'un nouveau contrat d'apprentissage et dans la limite d'une durée de 6 mois.

Pendant cette période, le CFA bénéficie de la prise en charge des frais annexes (restauration/ hébergement) s'il remplit les conditions de l'article D. 6332-87, à savoir que l'OPCO prend en charge les frais annexes à la formation dès lors qu'ils sont financés par les CFA.

Dans le cas de la signature d'un nouveau contrat d'apprentissage avant le terme du délai de 6 mois, l'OPCO dont dépend la nouvelle entreprise prend le relais du financement du contrat et des frais annexes, à partir de la signature du nouveau contrat.

L'information concernant la signature d'un nouveau contrat d'apprentissage impliquant un nouvel OPCO transite par le CFA, dans l'attente que l'outil de dépôt des contrats d'apprentissage puisse le faire automatiquement.

Quelles sont les ressources mobilisables par le CFA en 2020 ?

Le budget du CFA est constitué en 2020, des produits issus :
- du financement des contrats d'apprentissage, provenant des OPCO, des entreprises, de la Région ;
- des autres produits relatifs à l'apprentissage des OPCO, des entreprises, des régions, de l'État, autres collectivités et établissements publics et des autres financeurs ;
- les produits non incorporables tels que les produits financiers ou produits exceptionnels.

Frais annexes : quelle définition ?

Il s'agit des frais annexes à la formation (hébergement, restauration, 1ers équipements (dont extension pour l'achat de matériels informatiques), frais liés à la mobilité) financés par le CFA. Ces frais sont pris en charge par l'OPCO selon des règles propres à chaque poste de dépenses.

Frais de restauration : il s'agit de :
- la restauration du midi ;
- la restauration du soir.

Ces frais de restauration ne concernent que le temps de formation en CFA.

Si le CFA ne propose pas directement une restauration collective mais a conventionné avec une structure extérieure qui en propose l'organisation, l'OPCO prend en charge les frais financés par le CFA.

Le montant du forfait des frais de restauration s'élève à 3 € par repas.

Frais d'hébergement : il s'agit des frais liés à l'hébergement des apprentis :
- au sein d'un internat du CFA ;
- ou bien d'une structure extérieure avec laquelle le CFA a conventionné.

L'OPCO prend en charge les frais d'hébergement dès lors qu'ils sont financés par le CFA.

Tous les OPCO se sont prononcés sur une prise en charge des frais d'hébergement à hauteur de 6 € par nuitée (petit déjeuner compris).

Des frais d'hébergement pourront être facturés uniquement pendant le temps CFA.

Frais de premiers équipements :

Il s'agit du premier équipement pédagogique nécessaire à l'exécution de la formation lorsque celle-ci requiert un équipement professionnel spécifique. À titre d'exemples : mallette de couteaux, ciseaux, logiciels spécifiques et nécessaires au suivi de la formation.

Pour favoriser l'enseignement à distance, le forfait de premier équipement pourra être utilisé pour l'achat de matériel informatique (ordinateur portable, tablette, clé 4 G) mis à disposition de jeunes pour leur permettre de suivre leur enseignement à distance et ne disposant pas de ce matériel.

/!\ Cela ne peut pas concerner :
>> l'achat de contenu pédagogique : livres scolaires, contenu pédagogique accessible à distance ;
>> l'outillage informatique du CFA : les équipements « software » et les équipements « hardware ».

Le premier équipement sera acheté par le CFA qui :
>> pour l'équipement pédagogique spécifique, en cédera la propriété à l'apprenti à l'issue de la formation ou d'une durée déterminée par le CFA selon des modalités définies ;

Pour l'équipement pédagogique spécifique, le CFA pourra faire le choix de l'achat du matériel directement par l'apprenti. Le CFA viendra rembourser le jeune à hauteur du forfait de premier équipement perçu.
>> pour le matériel informatique dans le cadre de la formation à distance, en conservera la propriété afin de pouvoir le mettre à disposition auprès d'autres apprentis.

Le forfait de premier équipement est pris en charge selon un forfait déterminé par l'opérateur de compétences identique pour l'ensemble des CFA concernés, établi en fonction de la nature des activités des apprentis, et dans la limite d'un plafond maximum de 500 €.

S'agissant des frais de mobilité, un groupe de travail CFA/ OPCO dédié est en cours.

Frais annexes : quelles modalités de facturation ?

Le principe de financement des frais annexes est basé sur la facturation.

Une facturation simplifiée :
>> pour les frais de restauration : nbre de repas x 3 €
>> pour les frais d'hébergement : nbre de repas x 6 €

Pour un apprenti qui est hébergé et demi pensionnaire, un forfait global pourra être facturé à l'OPCO : nbre de repas x 12 € (1 repas le midi, 1 repas le soir, 1 un forfait hébergement)
>> pour les frais de premier équipement : nbre de forfaits x montant € associé déterminé par la branche

Les factures peuvent être groupées pour plusieurs jeunes ou à l'unité, en accord avec le CFA et l'OPCO.

Documents à transmettre et à conserver :
>> Du point de vue de l'OPCO : transmission par le CFA de la facture et du certificat de réalisation. Aucun autre justificatif sera transmis à l'OPCO.

>> Du point de vue du CFA : il devra conserver les justificatifs concernant :
- le nombre de repas et de nuitées consommés : des justificatifs issus des cartes d'accès à la restauration scolaire, des relevés de présence… ;
- l'achat de matériel pour le forfait de premier équipement.

En tant qu'organisme de formation, dans le cadre du contrôle administratif et financier réalisé par l'administration, le CFA pourra être amené à justifier des demandes de financement des frais annexes auprès de l'administration (article L. 6361-1 et suivants).

Temporalité de la facturation :

>> La deuxième facturation :

Pour faciliter le traitement de ces factures et leur suivi, les frais de 1er équipement seront portés sur la deuxième facture (7e mois).

Les frais d'hébergement et de restauration seront facturés à compter de la seconde avance.

>> Les factures suivantes :

Les factures suivantes d'hébergement et de restauration suivront les factures suivantes d'avance de frais de pédagogie.

En accord avec l'OPCO et le CFA, des factures intermédiaires pourront avoir lieu.

Frais annexes : est-ce que tous les contrats ouvrent droit aux frais annexes ?

	Contrats conclus avant le 31 décembre 2019, repris par les OPCO à compter du 1er janvier 2020	Contrats conclus avant le 31 décembre 2019, hors convention régionale	Contrats en flux, conclus à partir du 1er janvier 2020
Restauration	À compter du 1er janvier 2020	Dès le début du contrat	Dès le début du contrat
Hébergement	À compter du 1er janvier 2020	Dès le début du contrat	Dès le début du contrat
1er équipement (y compris extension à l'achat de matériels informatique)		Dès le début du contrat	Dès le début du contrat
Mobilité européenne et apprentissage	Pour les mobilités réalisées à compter du 1er janvier 2020	Pour les mobilités réalisées à compter du début du contrat	Pour les mobilités réalisées à compter du début du contrat

Qui adresse le contrat d'apprentissage à l'OPCO : l'employeur ou le CFA ?

Le contrat d'apprentissage peut être adressé à l'OPCO soit par l'employeur, soit par le CFA avec accord préalable de l'employeur.

Pour identifier l'OPCO de l'employeur, le CFA peut utilement consulter la table de correspondance entre l'identifiant de convention collective (IDCC), qui est indiqué sur le contrat d'apprentissage, et les OPCO, publiée sur le site du ministère du travail : *https://travail-emploi.gouv.fr/ministere/acteurs/partenaires/opco* (voir « table de correspondance IDCC > OPCO »).

Est-ce que les OPCO ont bien tous une plateforme pour déposer les contrats ?

Les OPCO sont engagés de longue date dans des procédures dématérialisées (contrat de professionnalisation, prise en charge financière de dispositifs de FPC). Il s'agit d'outils mis à disposition des entreprises pour leur permettre de transmettre leur demande de prise en charge et toutes les pièces nécessaires.

Les OPCO vont mettre en place ce type d'outil pour l'apprentissage ; le décret relatif au dépôt des contrats d'apprentissage permettra le transfert des données des contrats d'apprentissage de manière dématérialisée et ainsi faciliter ce type de pratique.

Organisation de l'apprentissage

Quelle organisation choisir pour un réseau de CFA ayant aujourd'hui une implantation territoriale et souhaitant constituer un CFA national ?

Aujourd'hui, tout organisme de formation bénéficie d'une identification (déclaration d'activité délivrée par le service régional de contrôle de la Direccte [Dreets]) permettant d'exercer sur l'ensemble du territoire national.

Plusieurs organisations sont possibles :
- une animation nationale et des CFA créés localement, et juridiquement autonomes ;
- un CFA national avec des établissements de formation sur le territoire ;
- un CFA national conventionnant avec des organismes de formation sur le territoire (L. 6232-1 et L. 6233-1 du Code du travail).

Peut-on contractualiser avec une autre structure pour la réalisation de tout ou partie des enseignements ?

Oui, un CFA peut conclure avec des établissements d'enseignement, des organismes de formation ou des entreprises, une convention prévoyant les conditions selon lesquelles tout ou partie des enseignements normalement dispensés par les CFA peuvent être réalisés en leur sein.

Cette contractualisation n'entraîne pas d'obligation pour le co-contractant du CFA à procéder à une déclaration d'activité.

Le CFA conserve la responsabilité pédagogique et administrative des enseignements dispensés.

Source : article L. 6232-1 du code du travail.

La création d'unités de formation par apprentissage (UFA) est-elle toujours d'actualité ?

Oui, les enseignements proposés par le CFA peuvent toujours être organisés dans un établissement d'enseignement (public ou privé), au sein d'une unité de formation par apprentissage (UFA), créée dans le cadre d'une convention entre cet établissement et le CFA. Dans ce cas, l'établissement d'enseignement dispense l'intégralité de la formation et a la responsabilité pédagogique des formations.

Pour autant, le CFA conserve la responsabilité administrative et reste le garant du respect de ses missions et obligations. C'est donc lui, en tant que CFA, qui doit procéder à la déclaration d'activité mentionnée à l'article L. 6353-1 du Code du travail.

Fonctionnement du CFA

Suis-je obligé de mettre en place un conseil de perfectionnement ?

Oui, c'est obligatoire (art. L. 6231-3 du Code du travail). Le conseil de perfectionnement a pour mission de veiller à l'organisation et au fonctionnement du CFA.

Les modalités de fonctionnement du conseil de perfectionnement ainsi que de désignation de ses membres ont été profondément simplifiées. Elles sont précisées dans le règlement intérieur notamment dans le cas d'un OF-CFA organisé de manière territoriale (plusieurs établissements de formation, CFA/UFA). Le CFA déterminera l'organisation adéquate pour que le conseil de perfectionnement puisse fonctionner de manière optimale.

Dans le cadre d'un CFA organisé avec des unités de formation par apprentissage (UFA), suis-je tenu de mettre en place des comités de liaison ?

Non, la loi ne l'impose plus.

Néanmoins, dans le cas des UFA, le CFA est tenu de veiller à une organisation cohérente et opérante qui se traduira par les dispositions de la convention créant l'UFA.

Dois-je établir un règlement intérieur ?

Oui, tout organisme de formation (y compris celui dispensant des formations par l'apprentissage) établit un règlement intérieur applicable aux stagiaires et aux apprentis. Ce règlement constitue un document écrit qui détermine les principales mesures applicables en matière de santé, de sécurité dans l'établissement et de discipline, ainsi que les modalités de représentation des stagiaires et apprentis.

À ces mentions, s'ajoutent les règles de fonctionnement et d'organisation du conseil de perfectionnement.

Source : article L. 6352-3 du code du travail.

Quel sera le niveau de qualification requis des enseignants en CFA ?

Les dispositions spécifiques encadrant le niveau de qualification requis des enseignants des CFA ont été abrogées par la loi du 5 septembre 2018. C'est donc la réglementation de droit commun des organismes de formation qui s'applique (art. L. 6352-1 du code du travail).

Auparavant, le personnel enseignant devait justifier du niveau de qualification exigé des candidats postulant à un emploi d'enseignement dans les établissements publics d'enseignement préparant à des diplômes professionnels ou à des titres de même nature et de même niveau (art. R. 6233-13 abrogé dans projet de décret CFA). Cette justification prenait souvent la forme d'une autorisation donnée par le rectorat.

Désormais, aucune autorisation n'est requise. L'organisme de formation dispensant des formations en apprentissage choisit librement ses enseignants. C'est à lui de s'assurer du lien entre les titres et les qualités des personnels d'enseignement et d'encadrement qui interviennent à quelque titre que ce soit dans les formations qu'il dispense. (art. L. 6352-1 du code du travail).

Des critères relatifs à la qualification et à la professionnalisation des personnels chargés des prestations sont inclus dans le référentiel national de qualité auquel les organismes de formation devront répondre.

Par ailleurs, le directeur du CFA ne sera plus tenu de répondre aux conditions précédemment requises en termes de niveau de formation et de durée d'expérience.

Un directeur de CFA peut-il être directeur à 50 % et, dans le même temps, à 50 % comme directeur d'un OF ?

Le CFA devient un organisme de formation délivrant des formations en apprentissage. De fait, il n'y a plus de distinction entre directeur d'OF et directeur de CFA.

Pédagogie

Que dois-je faire avant de proposer une nouvelle formation au sein de mon CFA ?

Il est nécessaire de se rapprocher du certificateur du diplôme ou du titre afin de prendre connaissance des référentiels de la formation, des modalités d'évaluation et de passage des examens.

Attention, pour certaines certifications spécifiques (ex : professions de santé), des agréments peuvent être nécessaires.

Par ailleurs, un nouvel organisme de formation souhaitant dispenser des actions de formation par apprentissage doit solliciter un code UAI (Unité Administrative Immatriculée) auprès des services de l'Éducation nationale. Il s'agit en effet d'un élément nécessaire pour compléter le Cerfa actuellement applicable.

Une instruction DGEFP, transmise aux chambres consulaires et aux Direccte [Dreets], présente la procédure d'obtention d'un UAI (cf. annexe : formulaire).

Afin de ne pas bloquer le financement des contrats « hors convention régionale » en attendant l'obtention du numéro UAI, un message a été passé aux opérateurs de compétences pour qu'il lance la prise en charge financière sans attendre l'enregistrement du contrat (l'article R. 6224-4 du Code du travail précisant que le silence gardé par la chambre pendant le délai de 15 jours à compter de la réception du contrat vaut acceptation, même si ce délai n'empêchera pas la chambre d'instruire ensuite le contrat). L'UAI sera régularisé ultérieurement, au moment de l'enregistrement du contrat.

Peut-on aménager la durée du contrat (réduire ou allonger) par rapport à la durée initiale de formation ?

La durée du contrat d'apprentissage est égale à celle du cycle de formation qui fait l'objet du contrat, elle est comprise en principe entre 6 mois et 3 ans (art. L. 6222-7-1, alinéas 1er et 2, du code du travail) sauf cas exceptionnels (apprentis reconnus travailleurs handicapés et sportifs de haut niveau).

La durée du contrat d'apprentissage peut être inférieure ou supérieure au cycle de formation initialement prévu, compte tenu :

>> du niveau initial de compétences de l'apprenti ou

>> des compétences acquises le cas échéant, lors :
- d'une mobilité à l'étranger ;
- d'une activité militaire dans la réserve opérationnelle ;
- d'un service civique ;
- lors d'un volontariat militaire ;
- d'un engagement comme sapeur-pompier volontaire.

Il convient de s'assurer que la durée de formation, même réduite, est compatible avec les modalités de délivrance de la certification ou titre (notamment la date limite d'inscription du jeune à l'examen).

À la demande des CFA, un modèle de convention tripartite sera fixé par arrêté. Ceci étant, il est rappelé qu'une simple convention rédigée sur papier libre suffit, à condition de comporter les mentions suivantes :
1° Les nom et prénoms de l'employeur ou la dénomination de l'entreprise ;
2° Les nom et prénoms de l'apprenti ;
3° La dénomination du centre de formation d'apprenti ;
4° Le diplôme ou le titre préparés par l'apprenti ;
5° L'aménagement de durée proposé et la justification.

Les démarches à accomplir pour la mise en œuvre de l'allongement ou de la réduction de durée du contrat d'apprentissage sont précisées dans le chapitre relatif à la procédure de dépôt des contrats d'apprentissage.

Dois-je toujours avoir une durée de formation minimale annuelle de 400 heures ?

Non, la référence minimale à 400 heures annuelles n'existe plus.

Sous réserve, le cas échéant, des règles fixées par l'organisme certificateur du diplôme ou titre à finalité professionnelle visé, cette durée de la formation ne peut être inférieure à 25 % de la durée totale du contrat.

Le respect de la règle des 25 % est apprécié sur la base d'une durée annuelle. Ainsi, sous réserve des règles fixées par le certificateur, sur la base de la durée légale de travail de 1 607 h par an, la durée annuelle de formation ne devra pas être inférieure à 402 h. Cette durée est ensuite adaptée en fonction de la durée du contrat.

Lorsque la formation a été entamée dans le cadre de l'article L. 6222-12-1 (le jeune a débuté sa formation en CFA sans avoir de contrat, pendant une durée maximale de 3 mois sous statut de stagiaire de la formation professionnelle), les heures de formation suivies dans ce cadre peuvent être comptabilisées dans les 25 %. Il en va de même lors de la signature d'un nouveau contrat après une rupture : les périodes de formation du premier contrat et la formation suivie éventuellement en CFA sous statut de stagiaire de la formation professionnelle entre les deux contrats peuvent être comptabilisées dans les 25 %.

Source : article L. 6211-2 du code du travail.

Pourquoi les conditions d'accès à la fonction de maître d'apprentissage ont été durcies, notamment les non-salariés dans les clubs sportifs ne peuvent plus être maître d'apprentissage ?

La loi du 5 septembre 2018 n'a pas durci la réglementation des maîtres d'apprentissage.

Le maître d'apprentissage doit être majeur, volontaire et salarié de l'entreprise, ou à défaut être l'employeur (l'ordonnance de cet été est venue ajouter à la liste le conjoint collaborateur lorsque ce dernier n'est pas salarié).

En lien avec le ministère des Sports, le ministère du Travail va examiner début 2020 dans quelles conditions les bénévoles pourraient être des maîtres d'apprentissage. Les modifications éventuelles de la réglementation interviendront au premier semestre 2020.

Missions

Quelles sont les nouvelles missions du CFA ?

L'article L. 6231-2 du code du travail précise les 14 missions des CFA.

Le directeur de l'organisme de formation délivrant des formations en apprentissage ou son représentant est garant de la mise en œuvre des missions et obligations des CFA.

Exemples de nouvelles missions issues de la loi du 5 septembre 2018 :
- accompagner les personnes, y compris celles en situation de handicap, souhaitant s'orienter ou se réorienter par la voie de l'apprentissage ;
- permettre aux apprentis en rupture de contrat la poursuite de leur formation pendant six mois tout en les accompagnant dans la recherche d'un nouvel employeur ;
- faciliter l'intégration des personnes en situation de handicap : désignation d'un référent handicap ;
- encourager la mobilité nationale et internationale des apprentis : désignation d'un référent mobilité ;
- …

Le CFA est-il tenu d'assurer l'ensemble de ces missions ?

Oui, le CFA est tenu d'assurer l'ensemble de ces missions.

Il peut, néanmoins, confier une partie de la réalisation de ces missions aux chambres consulaires. Pour cela, la signature d'une convention entre les organisations est nécessaire.

Dans le cas d'une convention avec un établissement d'enseignement, un organisme de formation ou une entreprise, le CFA veille à la réalisation de ces missions, que celles-ci soient assurées directement par lui ou par l'organisme avec qui il a conventionné (art. L. 6232-1 du code du travail).

Dans une organisation avec des UFA, le CFA veille à la réalisation de ces missions, que celles-ci soient assurées directement par lui ou par l'établissement d'enseignement (art. L. 6233-1 du code du travail) porteur de l'UFA.

Qualité

Quand les CFA seront-ils soumis aux critères qualité ?

Les CFA existants à la date de publication de la loi ont jusqu'au 31 décembre 2021 pour satisfaire aux critères qualité mentionnés aux articles L. 6316-1 et suivants du Code du travail.

Pour les autres CFA, la certification doit être acquise au 1er janvier 2021.

<u>À noter</u> :
- les établissements d'enseignement secondaire publics ou privés associés à l'État par contrat ayant déclaré un CFA sont soumis à l'obligation de certification pour les actions de formation dispensées par apprentissage à compter du 1er janvier 2022 ;
- les établissements d'enseignement supérieur publics accrédités après évaluation par le Haut conseil de l'évaluation de la recherche et de l'enseignement supérieur (art. L. 613-1 du Code de l'éducation), les établissements supérieurs privés évalués par le comité consultatif pour l'enseignement supérieur privé (mentionné à l'article L. 732-1 du Code de l'éducation) et les établissements évalués par la commission des titres d'ingénieur (art. L. 642-3 du Code du travail) sont réputés satisfaire à l'obligation de certification.

Comment la certification qualité sera-t-elle organisée avec les UFA ?

Le CFA sera titulaire de la certification qualité.

Il devra s'assurer que les critères qualité soient respectés au sein du ou des établissements d'enseignement (art. L. 6233-1 du Code du travail) porteurs de l'UFA.

Cf. indicateur n° 27 du référentiel national qualité : lorsque le prestataire fait appel à la sous-traitance ou au portage salarial, il s'assure du respect de la conformité au référentiel.

Je suis déjà un CFA déjà certifié, je suis référencé dans Datadock, dois-je obtenir une nouvelle certification ?

La certification que le CFA doit posséder doit être délivrée par un organisme certificateur accrédité par l'instance nationale d'accréditation (COFRAC) ou par une instance reconnue par France compétences.

De fait, le CFA devra obtenir une nouvelle certification répondant au référentiel national, soit avant le 1er janvier 2021, soit avant le 1er janvier 2022.

Sources : article L. 6316-1 et suivants du Code du travail, décret n° 2019-564 du 6 juin 2019 relatif à la qualité des actions de la formation professionnelle, décret n° 2019-565 du 6 juin 2019 relatif au référentiel national sur la qualité des actions concourant au développement des compétences, arrêté du 6 juin 2019 relatif aux modalités d'audit associées au référentiel national mentionné à l'article D. 6316-1-1 du Code du travail, arrêté du 6 juin 2019 relatif aux exigences pour l'accréditation des organismes certificateurs prévues à l'article R. 6316-3 du Code du travail.

Pour un ancien CFA qui se réorganise et crée de nouveaux opérateurs : jusqu'à quelle date ces nouveaux opérateurs ont-ils pour se mettre en conformité avec les critères qualité ?

Les CFA existant à la date de publication de la loi, ont jusqu'au 31 décembre 2021 pour se mettre en conformité avec la loi, quelles que soient les modifications nécessaires de leur statut juridique. Ainsi, pour un CFA existant à la publication de la loi, le fait de se réorganiser juridiquement ne lui impose pas de répondre aux critères « qualité » au 31 décembre 2020 (comme tout CFA nouvellement créé) mais bien au 31 décembre 2021.

Si le CFA fait appel à un autoentrepreneur : par qui et comment est assuré le contrôle qualité de son intervention ?

C'est le CFA, en tant qu'organisme de formation, qui est responsable, dans tous les cas, de la qualité. Il devra donc s'assurer que son intervenant respecte les critères qualité.

Contrôle pédagogique et contrôle financier

Peut-on toujours mobiliser les services académiques de l'inspection de l'apprentissage (SAIA) ?

Non, les services académiques de l'inspection de l'apprentissage (SAIA) ont été supprimés au 1er janvier 2019.

Le CFA doit dorénavant se rapprocher directement du certificateur, pour toute question relative à la mise en œuvre de la certification qu'il propose. Pour mémoire, aucune autorisation d'aucune sorte n'est requise pour l'embauche d'un formateur par le CFA.

Qui assure le contrôle pédagogique ?

Un contrôle pédagogique a été créé pour les formations conduisant à un diplôme, associant inspecteurs (ou agents publics habilités par ministères certificateurs en l'absence de corps d'inspection) et représentants désignés par les branches professionnelles et les chambres consulaires.

Seules les formations conduisant à un diplôme sont concernées (à l'exclusion des titres).

Ce contrôle est régi par le décret n° 2018-1210 du 21 décembre 2018 qui porte sur la mise en œuvre de la formation au regard du référentiel du diplôme concerné. Une mission de contrôle pédagogique des formations par apprentissage est instaurée par les services territoriaux de chaque ministère certificateur concerné.

Au-delà des contrôles, la mission a un rôle d'information et d'accompagnement des CFA pour tout ce qui relève de la mise en œuvre pédagogique, notamment lors des rénovations de diplômes, ainsi que de la veille réglementaire.

Quel contrôle administratif et financier pour le CFA ?

Le CFA étant un organisme de formation dispensant de la formation par apprentissage, il est soumis au contrôle de droit commun des organismes de formation, c'est-à-dire à un contrôle administratif et financier selon les modalités du titre VI du livre III de la 6e partie du Code du travail.

Le contrôle de l'État sur les organismes de formation est un contrôle administratif et financier qui porte sur l'utilisation des fonds de la formation professionnelle et sur le respect des obligations administratives des prestataires de formation. Il ne s'agit pas d'un contrôle pédagogique.

Source : article L. 6361-2 du code du travail.

DÉCRET 88-368 DU 15 AVRIL 1988

fixant les taux et les montants des rémunérations versées aux stagiaires de formation professionnelle (JO 19) modifié par décrets 90-12 du 3 janvier 1990 (JO 4), 2002-1551 du 23 décembre 2002 (JO 29), 2013-802 du 2 septembre 2013, 2015-1891 du 30 décembre 2015 (JO 31) et 2018-1337 du 28 décembre 2018 (JO 30).

TITRE Ier – *Travailleurs salariés sous contrat de travail*

Art. 1. – La fraction de la rémunération maintenue aux stagiaires par leurs employeurs, qui peut être remboursée par l'État en application des articles L. 961-4 [L. 6341-2] et R. 961-2 [R. 6341-2], quatrième alinéa, du code du travail, est fixée par l'autorité qui agrée le stage.

Le taux de remboursement ne peut dépasser :

50 p. 100 dans le cas de création d'emplois ou de modification du processus de production ;

70 p. 100 dans le cas de réduction d'effectif ou de cessation d'activité.

Dans le cas des conventions prévoyant le financement d'une action d'adaptation au poste de travail ou d'une action de formation par le Fonds national de l'emploi, le taux de remboursement ne peut dépasser :

50 p. 100 pour les actions d'adaptation ;

70 p. 100 pour les actions de formation.

Art. 2. – Les travailleurs salariés titulaires d'un livret d'épargne institué par l'article 80 de la loi n° 76-1232 du 29 décembre 1976, ou leur conjoint, qui suivent un stage agréé par l'État ou une région au titre de la rémunération des stagiaires et dont la demande de prise en charge du stage n'a pas reçu l'accord de l'un des organismes mentionnés à l'article L. 951-3 [L. 6332-6] du code du travail, perçoivent une rémunération mensuelle égale à leur salaire antérieur, déterminée suivant les conditions prévues au deuxième alinéa du 1° de l'article R. 961-6 [R. 6341-25] du même code dans les limites du plancher et du plafond fixés à l'article 14 ci-après.

Art. 3. – Les travailleurs salariés qui sont en attente de réinsertion ou en instance de reclassement par application de l'article L. 122-32-1 [L. 1226-7] du code du travail et qui suivent un stage agréé par l'État ou une région au titre de la rémunération des stagiaires perçoivent une rémunération mensuelle égale à leur salaire antérieur, déterminée suivant les conditions prévues aux deuxième et troisième alinéas du 1° de l'article R. 961-6 du même code dans les limites du plancher et du plafond fixés à l'article 14 ci-après.

TITRE II – *Travailleurs privés d'emploi ou demandeurs d'emploi*

Art. 4. – Les travailleurs handicapés privés d'emploi qui suivent un stage de formation agréé par l'État ou une région au titre de la rémunération des stagiaires et qui réunissent les conditions définies au premier alinéa du 1° de l'article R. 961-6 [R. 6341-27] du code du travail perçoivent la rémunération mensuelle fixée à l'article 3 ci-dessus.

Art. 5. – Les travailleurs privés d'emploi qui suivent un stage de formation agréé par l'État ou une région au titre de la rémunération des stagiaires et qui réunissent les conditions définies au 2° de l'article R. 961-6 [R. 6341-27] du code du travail perçoivent une rémunération mensuelle dont le montant est fixé à 652,02 €.

Art. 6. – Les personnes à la recherche d'un emploi, appartenant aux catégories ci-après, perçoivent, lorsqu'elles suivent un stage de formation agréé par l'État ou une région au titre de la rémunération des stagiaires, une rémunération mensuelle dont le montant est égal à celui fixé à l'article 5 :

1° Les personnes veuves, divorcées, séparées, abandonnées ou célibataires et qui assument seules la charge effective et permanente d'un ou plusieurs enfants résidant en France ainsi que les femmes seules en état de grossesse ayant effectué la déclaration de grossesse et les examens prénataux prévus par la loi ;

2° Les mères de famille ayant eu trois enfants au moins ;

3° Les femmes divorcées, veuves, séparées judiciairement depuis moins de trois ans.

Art. 7. – Les travailleurs handicapés privés d'emploi qui ne réunissent pas les conditions définies au 1° de l'article R. 961-6 [R. 6341-25] du code du travail, ainsi que les jeunes handicapés à la recherche d'un premier emploi, perçoivent, lorsqu'ils suivent un stage de formation agréé par l'État ou une région, au titre de la rémunération des stagiaires et sous réserve des dispositions de l'article 9 ci-après, une rémunération mensuelle fixée à 652,02 €.

Art. 8. – Les personnes à la recherche d'un emploi âgées de dix-huit ans au moins à la date d'entrée de stage et n'appartenant pas aux catégories définies aux articles 5, 6 et 7 perçoivent lorsqu'elles suivent un stage de formation agréé par l'État ou une région, au titre de la rémunération des stagiaires, une rémunération mensuelle fixée à 310,39 € lorsqu'elles ont de dix-huit à vingt ans, 339,35 € lorsqu'elles ont vingt et un à vingt-cinq ans et 401,09 € lorsqu'elles ont vingt-six ans ou plus.

Les personnes âgées de moins de dix-huit ans à la date de leur entrée en stage perçoivent dans les conditions prévues à l'alinéa précédent une rémunération mensuelle fixée à 130,34 €.

[Art. 9. – Abrogé par décret 2002-1551 du 23 décembre 2002, art. 1, JO 29.]

Art. 10. – Les personnes à la recherche d'un emploi qui justifient de trois années d'activité professionnelle perçoivent, lorsqu'elles suivent une formation d'une durée supérieure à un an et au plus égale à trois ans, une rémunération mensuelle fixée comme suit :

1° Si elles bénéficiaient de l'allocation prévue à l'article L. 351-3 (a) [L. 5422-3] du code du travail lorsqu'elles ont été admises à suivre un stage au titre de la convention visée au deuxième alinéa de l'article L. 961-1 [L. 6341-1] du même code, elles reçoivent, jusqu'à la fin du stage et après épuisement de leurs droits au régime d'assurance chômage, une rémunération d'un montant identique à celui perçu précédemment ;

2° Si elles n'ont pas bénéficié de l'allocation visée ci-dessus depuis la rupture du contrat de travail, elles perçoivent une rémunération établie selon les modalités de calcul de l'allocation prévue à l'article L. 351-3 (a) [L. 5422-3] du code du travail.

TITRE III – *Travailleurs non-salariés*

Art. 11. – Les travailleurs non salariés qui suivent un stage agréé par l'État ou une région au titre de la rémunération des stagiaires perçoivent, lorsqu'ils ont exercé une activité professionnelle, salariée ou non salariée, durant douze mois, dont six consécutifs, dans les trois années qui précèdent l'entrée en stage, une rémunération mensuelle fixée à 708,59 €.

TITRE IV – *Dispositions communes*

Art. 12. – Les personnes qui suivent un stage à temps partiel agréé par l'État ou une région au titre de la rémunération des stagiaires perçoivent pour chaque heure de stage une rémunération égale à la rémunération mensuelle qu'elles auraient perçue pour un stage à temps complet divisée par 151,67.

Toutefois, cette rémunération n'est versée que par périodes minimales de quarante heures.

Art. 13. – Lorsque, en application des dispositions du deuxième alinéa de l'article R. 961-11 [R. 6341-40] du code du travail, les stagiaires perçoivent un acompte mensuel, cet acompte est égal au montant du plancher fixé à l'article 14 ci-après pour les stagiaires rémunérés sur la base de leur salaire antérieur et au montant de la rémunération mensuelle pour les autres stagiaires.

Art. 14. – Les montants des plancher et plafond mensuels prévus aux articles 2, 3, 4 et 13 du présent décret sont respectivement fixés à 644,17 € et 1932,52 €.

Art. 15. – Les rémunérations mensuelles fixées aux articles 5, 6, 7, 8 et 11 du présent décret incluent les indemnités compensatrices de congés payés mentionnées à l'article R. 961-12 [R. 6341-42] du code du travail.

Les personnes relevant de l'administration pénitentiaire qui effectuent un stage de formation professionnelle à l'extérieur de l'établissement en régime de semi-liberté ou de placement extérieur bénéficient des rémunérations définies au présent décret avec les mêmes critères d'attribution.

Art. 16. – Les rémunérations prévues aux articles qui précèdent, à l'exception de celles définies à l'article 1er, sont calculées ou arrêtées à la date d'ouverture du stage.

Lorsque le stage a une durée supérieure à un an, la rémunération versée aux stagiaires est réévaluée selon un taux fixé par le décret portant revalorisation des rémunérations.

TITRE V – *Dispositions applicables à Mayotte*

Art. 16-1. – Les articles 3, 4, 5, 6, 7, 8, 11, 12 et 14 du présent décret sont applicables à Mayotte sous réserve des adaptations suivantes :

1° (Abrogé par D. 2018-1337 du 28 déc. 2018, JO 30) ;

2° Aux articles 5 et 7, la somme de 652,02 € est remplacée par la somme de 580,00 € ;

3° À l'article 8, les sommes de 310,39 €, 339,35 € et 401,09 € sont remplacées par les sommes de 275,25 €, 302,02 € et 356,97 € et la somme de 130,34 € est remplacée par la somme de 116,00 € ;

4° À l'article 11, la somme de 708,59 € est remplacée par la somme de 630,64 € ;

6° À l'article 14, les sommes de 644,17 € et 1932,52 € sont remplacées respectivement par les sommes de 573,00 € et 1720,00 €.

Art. 16-2. – Les personnes qui suivent un stage de formation relevant de l'administration pénitentiaire au titre de la rémunération des stagiaires perçoivent une rémunération fixée à 0,53 € par heure de formation.

Les rémunérations mensuelles fixées en application du présent décret incluent les indemnités compensatrices de congés payés.

Les personnes relevant de l'administration pénitentiaire qui effectuent un stage de formation professionnelle à l'extérieur de l'établissement en régime de semi-liberté ou de placement extérieur bénéficient des rémunérations définies au présent décret avec les mêmes critères d'attribution.

Art. 17. – Sous réserve des dispositions de l'article 18 ci-après, le présent décret abroge le décret n° 79-250 du 27 mars 1979 et les décrets ci-après qui l'ont modifié : n° 79-1033 du 23 novembre 1979 ; n° 82-811 du 23 septembre 1982 ; n° 84-831 du 27 mars 1984 ; n° 84-613 du 16 juillet 1984, dans ses articles 4 (2e alinéa) et 5 ; n° 84-953 du 25 octobre 1984, dans son article 1er ; n° 84-1140 du 19 décembre 1984, dans son article 2 ; n° 85-468 du 29 avril 1985 ; n° 85-1360 du 20 décembre 1985 ; n° 86-139 du 30 janvier 1986 et n° 86-214 du 14 février 1986.

Les décrets suivants sont abrogés après la date de publication du présent décret : n° 82-812 du 23 septembre 1982 ; n° 84-232 du 27 mars 1984 ; n° 85-469 du 29 avril 1985 ; n° 86-213 du 14 février 1986 ; n° 87-653 du 10 août 1987, dans son article 3.

Art. 18. – Le présent décret s'applique aux stages commençant après sa date de publication, Toutefois, à titre transitoire, pour des entrées en stage antérieures au 1er juillet 1988, les stagiaires inscrits avant la date de publication du présent décret continueront à être régis par les dispositions antérieures.

....

LICENCIEMENT (NOTIFICATION)

■ DÉCRET 2017-1820 DU 29 DÉCEMBRE 2017

établissant des modèles types de lettres de notification de licenciement (JO 30).

Art. 1er. – Lorsqu'il notifie un licenciement dans les conditions prévues aux articles L. 1232-6, L. 1233-16 ou L. 1233-42 du code du travail, l'employeur peut utiliser les modèles de lettres établis aux annexes 1 à 6 du présent décret.

L'employeur utilise le modèle de lettre correspondant à la nature juridique du licenciement envisagé et l'adapte aux spécificités propres à la situation du salarié ainsi qu'aux régimes conventionnels et contractuels qui lui sont applicables.

....

ANNEXES

ANNEXE I

MODÈLE DE LETTRE DE LICENCIEMENT POUR MOTIF PERSONNEL DISCIPLINAIRE (FAUTE(S) SÉRIEUSE(S), GRAVE(S) OU LOURDE(S)) – ARTICLES L. 1232-1 ET L. 1331-1 DU CODE DU TRAVAIL

L'application du présent modèle est sans incidence sur l'application des stipulations conventionnelles ou contractuelles plus favorables applicables au contrat de travail du salarié licencié.

S'agissant d'un licenciement pour motif disciplinaire, l'employeur dispose d'un délai de deux mois à compter de sa connaissance des faits fautifs pour engager la procédure disciplinaire.

Dénomination sociale et adresse du siège social de l'entreprise

Lieu et date

Nom, prénom et adresse du salarié

Objet : notification d'un licenciement pour faute *(préciser s'il s'agit d'une faute sérieuse, grave ou lourde)*

Lettre recommandée avec avis de réception ou lettre remise contre récépissé *(en cas de remise en main propre, la lettre doit être établie en double exemplaire et celui de l'employeur doit être accompagné de la mention « reçue le… » avec la signature du salarié ; la lettre ne peut être expédiée ou remise en main propre moins de deux jours ouvrables après l'entretien préalable et au plus tard un mois à compter de l'entretien préalable ou, le cas échéant, à compter de l'avis rendu par une instance disciplinaire)*.

« Madame, Monsieur…,

Suite à notre entretien qui s'est tenu le … *(date à compléter)*, nous vous informons de notre décision de vous licencier pour les motifs suivants : … *(énoncer les éléments fautifs de façon précise et objective. Ils doivent être matériellement vérifiables, si possible en précisant les dates, les lieux, le contexte plus général de l'attitude fautive du salarié et être imputables personnellement au salarié. S'il est reproché une faute lourde, mentionner l'intention de nuire à l'entreprise).*

[Ou]

Si le salarié ne s'est pas présenté à l'entretien préalable, indiquer : « Nous vous avons convoqué à un entretien préalable en date du … auquel vous ne vous êtes pas présenté. Nous vous informons, par la présente, de notre décision de vous licencier pour les motifs suivants : … » *(énoncé des éléments fautifs comme ci-dessus).*

Si le salarié est un salarié protégé, ajouter :

« Votre licenciement a fait l'objet d'une autorisation de l'inspecteur du travail *(ou du ministre du travail)* en date du … » *(date à compléter).*

Si le salarié est licencié pour faute sérieuse et si vous souhaitez qu'il exécute son préavis :

« Vous restez tenu d'effectuer votre préavis d'une durée de … *(durée du préavis à compléter)*, qui débutera à la date de première présentation de cette lettre. »

Si le salarié est licencié pour faute sérieuse et si vous le dispensez d'effectuer son préavis :

« Nous vous dispensons d'effectuer votre préavis qui débute le … *(date présumée de première présentation de cette lettre à compléter)* et se termine le … *(date à compléter selon la durée du préavis)*, date à laquelle vous quitterez les effectifs de l'entreprise. Votre salaire continuera de vous être versé durant cette période. »

Si le salarié est licencié pour faute grave ou faute lourde :

« Compte tenu de la gravité des faits qui vous sont reprochés, votre maintien dans l'entreprise est impossible. Votre licenciement prend donc effet immédiatement, sans indemnité de préavis ni de licenciement. »

Si le salarié est licencié pour faute grave ou lourde et qu'il fait l'objet d'une mise à pied à titre conservatoire au cours de la procédure de licenciement :

« Vous avez fait par ailleurs l'objet d'une mise à pied à titre conservatoire qui vous a été notifiée le … *(préciser la date)*. Dès lors, la période non travaillée du … *(indiquer la date de début de la mise à pied)* au … *(indiquer la date de la notification du licenciement)* ne sera pas rémunérée. »

Pour l'ensemble des cas :

« À l'expiration de votre contrat de travail, nous tiendrons à votre disposition [ou] nous vous remettrons [ou] nous vous adresserons par courrier votre certificat de travail, votre reçu pour solde de tout compte et votre attestation Pôle emploi.

Vous pouvez faire une demande de précision des motifs du licenciement énoncés dans la présente lettre, dans les quinze jours suivant sa notification par lettre recommandée avec avis de réception ou remise contre récépissé. Nous avons la faculté d'y donner suite dans un délai de quinze jours après réception de votre demande, par lettre recommandée avec avis de réception ou remise contre récépissé. Nous pouvons également, le cas échéant et dans les mêmes formes, prendre l'initiative d'apporter des précisions à ces motifs dans un délai de quinze jours suivant la notification du licenciement. »

Nom, prénom Qualité Signature

ANNEXE II

MODÈLE DE LETTRE DE LICENCIEMENT POUR INAPTITUDE – ARTICLES L. 1226-2-1 (INAPTITUDE D'ORIGINE NON PROFESSIONNELLE) ET L. 1226-12 DU CODE DU TRAVAIL (INAPTITUDE D'ORIGINE PROFESSIONNELLE)

L'application du présent modèle est sans incidence sur l'application des stipulations conventionnelles ou contractuelles plus favorables applicables au contrat de travail du salarié licencié.

S'agissant d'un licenciement pour inaptitude, l'employeur doit reclasser ou licencier le salarié dans un délai d'un mois à compter de la date du constat de l'inaptitude par le médecin du travail ; à défaut, l'employeur est tenu de reprendre le versement des salaires.

Dénomination sociale et adresse du siège social de l'entreprise

Lieu et date

Nom, prénom et adresse du salarié

Objet : notification d'un licenciement pour inaptitude et impossibilité de reclassement *[ou]* pour inaptitude *(en présence d'une dispense de reclassement).*

Lettre recommandée avec avis de réception ou lettre remise contre récépissé *(en cas de remise en main propre, la lettre doit être établie en double exemplaire et celui de l'employeur doit être accompagné de la mention « reçue le… » avec la signature du salarié ; la lettre ne peut être expédiée ou remise en main propre moins de deux jours ouvrables après l'entretien préalable).*

« Madame, Monsieur…,

Suite à notre entretien qui s'est tenu le … *(date à compléter)*, nous vous informons de notre décision de vous licencier, en raison de votre inaptitude à occuper votre emploi, constatée le … *(date à compléter)* par le médecin du travail et en raison de l'impossibilité de vous reclasser. »

[Ou]

Si le salarié ne s'est pas présenté à l'entretien préalable, indiquer : « Nous vous avons convoqué à un entretien préalable en date du … auquel vous ne vous êtes pas présenté. Nous vous informons, par la présente, de notre décision de vous licencier en raison de votre inaptitude à occuper votre emploi, constatée le … *(date à compléter)* par le médecin du travail et en raison de l'impossibilité de vous reclasser. »

Puis expliciter dans les deux cas :

« En effet, les recherches qui ont été menées en vue de votre reclassement, après consultation du comité social et économique *(s'il existe)*, tenant compte des conclusions du médecin du travail ainsi que de nos échanges, n'ont pas permis de trouver un autre emploi approprié à vos capacités, parmi les emplois disponibles *(préciser, le cas échéant, les recherches effectuées et le contenu des échanges avec le salarié et le médecin du travail. Si l'entreprise appartient à un groupe de sociétés, préciser quelles ont été les recherches effectuées dans les autres entreprises du groupe, situées sur le territoire national : sociétés contactées, dates, réponses, etc.- voir les articles L. 1226-2 et L. 1226-10 du code du travail).*

Dans le cas où le médecin du travail a mentionné expressément dans son avis que tout maintien du salarié dans un emploi serait gravement préjudiciable à sa santé ou que l'état de santé du salarié fait obstacle à tout reclassement dans un emploi, remplacer l'énoncé ci-dessus par :

« Suite à notre entretien qui s'est tenu le … *(date à compléter)*, nous vous informons de notre décision de vous licencier en raison de votre inaptitude à occuper votre emploi, constatée le … *(date à compléter)* par le médecin du travail et en raison de l'impossibilité de vous reclasser, compte tenu de la mention expresse dans l'avis du médecin du travail que votre maintien dans un emploi serait gravement préjudiciable à votre santé (ou que votre état de santé fait obstacle à tout reclassement dans un emploi). »

Si le salarié est un salarié protégé, ajouter :

« Votre licenciement a fait l'objet d'une autorisation de l'inspecteur du travail (ou du ministre du travail) en date du … *(date à compléter)*. »

Pour l'ensemble des cas :

« Votre contrat de travail prend fin à la date d'envoi de cette lettre, soit le … *(date à compléter)*. Vous n'effectuerez donc pas de préavis. *(Le préavis n'est ni exécuté, ni payé.)* »

Si l'inaptitude a une origine professionnelle :

« Vous percevrez une indemnité égale à l'indemnité compensatrice de préavis *(le préavis n'est pas exécuté mais payé)* et une indemnité spéciale de licenciement » *(cette indemnité est égale au double de l'indemnité légale de licenciement, sauf dispositions conventionnelles plus favorables).*

Pour l'ensemble des cas :

« Nous tiendrons à votre disposition *[ou]* nous vous remettrons *[ou]* nous vous adresserons par courrier votre certificat de travail, votre reçu pour solde de tout compte et votre attestation Pôle emploi.

Vous pouvez faire une demande de précision des motifs du licenciement énoncés dans la présente lettre, dans les quinze jours suivant sa notification, par lettre recommandée avec avis de réception ou remise contre récépissé. Nous avons la faculté d'y donner suite dans un délai de quinze jours après réception de votre demande, par lettre recommandée avec avis de réception ou remise contre récépissé. Nous pouvons également, le cas échéant et dans les mêmes formes, prendre l'initiative d'apporter des précisions à ces motifs dans un délai de quinze jours suivant la notification du licenciement. »

Nom, prénom   Qualité   Signature

ANNEXE III

MODÈLE DE LETTRE DE LICENCIEMENT POUR MOTIF PERSONNEL NON DISCIPLINAIRE – ARTICLE L. 1232-1 DU CODE DU TRAVAIL

L'application du présent modèle est sans incidence sur l'application des stipulations conventionnelles ou contractuelles plus favorables applicables au contrat de travail du salarié licencié.

Dénomination sociale et adresse du siège social de l'entreprise

Lieu et date

Nom, prénom et adresse du salarié

Objet : notification du licenciement pour *(préciser la nature du motif, par exemple, insuffisance professionnelle).*

Lettre recommandée avec avis de réception ou lettre remise contre récépissé *(en cas de remise en main propre, la lettre doit être établie en double exemplaire et celui de l'employeur doit être accompagné de la mention «reçue le …» avec la signature du salarié ; la lettre ne peut être expédiée ou remise en main propre moins de deux jours ouvrables après l'entretien préalable).*

Madame, Monsieur…,

« Suite à notre entretien qui s'est tenu le … *(date à compléter)*, nous vous informons de notre décision de vous licencier pour les motifs suivants :

(énoncer les faits de façon précise et objective. Ils doivent être matériellement vérifiables : lieux, dates, circonstances, contexte, etc., et imputables personnellement au salarié) »

[Ou]

Si le salarié ne s'est pas présenté à l'entretien préalable, indiquer : « Nous vous avons convoqué à un entretien préalable en date du … auquel vous ne vous êtes pas présenté. Nous vous informons, par la présente, de notre décision de vous licencier pour les motifs suivants : … » *(énoncé des faits comme ci-dessus).*

<u>S'il s'agit d'un licenciement pour absences répétées justifiées ou absence prolongée justifiée (dans l'hypothèse où les absences ne seraient pas justifiées, il s'agit d'un licenciement pour motif personnel disciplinaire)</u> :

… pour les motifs suivants :

« Votre absence prolongée (ou vos absences répétées) qui perturbe(nt) le bon fonctionnement de l'entreprise et rend(ent) nécessaire votre remplacement définitif : … » *(énoncer les perturbations dans l'entreprise : faits précis, objectifs, matériellement vérifiables, puis préciser les raisons qui empêchent une solution de remplacement temporaire du salarié : spécificité du poste occupé, qualifications nécessaires pour le poste, caractère non prévisible des absences, etc.).*

Les absences auxquelles nous faisons référence sont les suivantes : … » *(préciser la durée et la fréquence des absences).*

<u>S'il s'agit d'un licenciement pour insuffisance professionnelle</u> :

… pour les motifs suivants :

« Votre insuffisance professionnelle. »

<u>S'il s'agit d'un licenciement pour trouble objectif caractérisé</u> :

… pour les motifs suivants :

« Le trouble objectif au bon fonctionnement de l'entreprise causé par … » *(énoncer de manière précise et objective en quoi les faits ou le comportement du salarié, en dehors de la sphère professionnelle, ont créé un trouble dans l'entreprise en raison, par exemple, des fonctions qu'il occupe ou de son positionnement hiérarchique ou de l'activité propre de l'entreprise).*

Dans tous les cas de figure, si le salarié est un salarié protégé, ajouter :

« Votre licenciement a fait l'objet d'une autorisation de l'inspecteur du travail *(ou du ministre du travail)* en date du … » *(date à compléter).*

Si vous souhaitez que le salarié effectue son préavis :

« Vous restez néanmoins tenu d'effectuer votre préavis d'une durée de … *(durée du préavis à compléter)*, qui débutera à la date de première présentation de cette lettre. »

Si vous dispensez le salarié d'effectuer son préavis :

« Nous vous dispensons d'effectuer votre préavis qui débute le … *(date présumée de première présentation de cette lettre à compléter)* et se termine le … *(date à compléter selon la durée du préavis)*, date à laquelle vous quitterez les effectifs de l'entreprise. Votre salaire continuera de vous être versé durant cette période. »

Pour l'ensemble des cas :

« À l'expiration de votre contrat de travail, votre certificat de travail, votre reçu pour solde de tout compte et votre attestation Pôle emploi vous seront remis *(ou adressés par courrier).*

Vous pouvez faire une demande de précision des motifs du licenciement énoncés dans la présente lettre, dans les quinze jours suivant sa notification par lettre recommandée avec avis de réception ou remise contre récépissé. Nous avons la faculté d'y donner suite dans un délai de quinze jours après réception de cette demande par lettre recommandée avec avis de réception ou remise contre récépissé. Nous pouvons également, le cas échéant et dans les mêmes formes, prendre l'initiative d'apporter des précisions à ces motifs dans un délai de quinze jours suivant la notification du licenciement. »

Nom, prénom Qualité Signature

ANNEXE IV

MODÈLE DE LETTRE DE LICENCIEMENT POUR MOTIF ÉCONOMIQUE INDIVIDUEL

L'application du présent modèle est sans incidence sur l'application des stipulations conventionnelles ou contractuelles plus favorables applicables au contrat de travail du salarié licencié.

La lettre de licenciement ne peut être adressée moins de sept jours ouvrables à compter de la date prévue de l'entretien préalable de licenciement auquel le salarié a été convoqué.

Le délai est porté à quinze jours ouvrables pour le licenciement individuel d'un membre du personnel d'encadrement mentionné au 2° de l'article L. 1441-13 du code du travail.

Dénomination sociale et adresse du siège social de l'entreprise

Lieu et date

Nom, prénom et adresse du salarié

Objet : notification d'un licenciement pour motif économique

Lettre recommandée avec avis de réception ou lettre remise contre récépissé *(dans ce cas, la lettre doit être établie en double exemplaire et celui de l'employeur doit être accompagné de la mention «reçue le… » avec la signature du salarié).*

Madame, Monsieur…,

En l'absence de procédure collective au sens du code de commerce (redressement judiciaire ou liquidation judiciaire)

À la suite de notre entretien qui s'est tenu le … *(date à compléter)*, nous vous informons de notre décision de vous licencier pour le(s) motif(s) économique(s) suivant(s) dans les conditions posées à l'article L. 1233-3 du code du travail :

– Énoncer de manière précise et objective les raisons économiques (soit les difficultés économiques, soit la réorganisation de l'entreprise nécessaire à la sauvegarde de la compétitivité, soit les mutations technologiques, soit la cessation d'activité de l'entreprise).

– Préciser les incidences sur l'emploi ou le contrat de travail (soit la suppression d'emploi, soit la transformation d'emploi refusée, soit la modification d'un élément essentiel du contrat de travail refusée).

(Si le salarié ne s'est pas présenté à l'entretien préalable, indiquer : « Nous vous avons convoqué à un entretien préalable en date du … auquel vous ne vous êtes pas présenté. Ainsi, nous n'avons pas pu recueillir vos explications. »)

Si le salarié est un salarié protégé

Votre licenciement a fait l'objet d'une autorisation de l'inspecteur du travail *(ou du ministre du travail)* en date du … *(date à compléter).*

*

* *

Ou en cas de décision d'autorisation du licenciement émanant du juge-commissaire ou du jugement du tribunal de commerce

À la suite de notre entretien qui s'est tenu le … (*date à compléter)*, nous vous informons de notre décision de vous licencier pour motif économique. Par *(ordonnance du juge-commissaire ou jugement du tribunal de commerce)* en date du … *(date à compléter)*, votre licenciement a fait l'objet d'une autorisation spécifique.

Si le salarié est un salarié protégé

Votre licenciement a fait l'objet d'une autorisation de l'inspecteur du travail en date du … *(date à compléter).*

*

* *

Sur l'impossibilité de reclassement

En dépit des recherches que nous avons effectuées au sein de notre *(entreprise ou groupe le cas échéant)*, conformément à l'article L. 1233-4 du code du travail, nous n'avons pas trouvé de poste de reclassement *(le poste de reclassement proposé doit correspondre à un emploi de catégorie équivalente à celui précédemment occupé par le salarié ou à un emploi de catégorie inférieure sous réserve que le salarié ait donné son accord exprès).*

*

* *

Si l'entreprise comprend moins de 1000 salariés (articles L. 1233-65 et suivants du code du travail)

Lors de notre entretien préalable ou à l'issue de la dernière réunion des représentants du personnel en date du … *(date à compléter)*, nous vous avons proposé le bénéfice du contrat de sécurisation professionnelle. Par lettre du … *(date à compléter)*, vous nous avez fait connaître votre refus d'adhérer au dispositif *(en cas d'absence de réponse du salarié dans un délai de vingt et un jours à compter de la remise des documents relatifs au CSP, indiquez : « N'ayant pas reçu dans un délai de vingt et un jours votre décision d'adhérer ou non au contrat de sécurisation professionnelle, vous êtes considéré comme ayant refusé le bénéfice du dispositif »).*).

Si vous ne dispensez pas le salarié d'effectuer son préavis

Vous restez néanmoins tenu d'effectuer votre préavis d'une durée de … *(durée du préavis à compléter)*, qui débutera à la date de la première présentation de cette lettre.

Si vous dispensez le salarié d'effectuer son préavis

Nous vous dispensons d'effectuer votre préavis qui débute le … *(date présumée de première présentation de cette lettre à compléter)* et se termine le … *(date à compléter selon la durée du préavis)*, date à laquelle vous quitterez les effectifs de l'entreprise. Néanmoins, votre salaire continuera de vous être versé durant cette période.

Si l'entreprise comprend plus de 1000 salariés (articles L. 1233-71 et suivants du code du travail)

Lors de notre entretien préalable *ou* à l'issue de la dernière réunion des représentants du personnel en date du … *(date à compléter)*, nous vous avons informé des conditions de mise en œuvre du congé de reclassement. Par la présente, nous vous invitons à nous faire part de votre souhait d'adhérer ou non à ce dispositif. Vous disposez d'un délai de huit jours à compter de la date de notification de la présente lettre pour nous informer de votre décision. En l'absence de réponse dans ce délai, votre silence sera assimilé à un refus. En cas d'acceptation, le congé de reclassement débutera le … *(indiquer la date d'expiration du délai de réponse de huit jours)* et vous serez dispensé d'exécuter votre préavis.

En cas de refus du dispositif *(deux hypothèses)*,

Si vous ne dispensez pas le salarié d'effectuer son préavis

Vous restez tenu d'effectuer votre préavis d'une durée de … (durée du préavis à compléter), qui débutera à l'expiration du délai de réflexion de huit jours.

Si vous dispensez le salarié d'effectuer son préavis

Nous vous dispensons d'effectuer votre préavis qui débute le … *(date d'expiration du délai de réflexion de huit jours)* et se termine le … *(date à compléter selon la durée du préavis)*, date à laquelle vous quitterez les effectifs de l'entreprise. Néanmoins, votre salaire continuera de vous être versé durant cette période.

*

* *

Vous pouvez bénéficier d'une priorité de réembauche pendant une durée d'un an à compter de la date de prise d'effet de votre licenciement, si vous en faites la demande par écrit dans ce même délai.

*

* *

À l'expiration de votre contrat de travail, nous tiendrons à votre disposition ou nous vous remettrons ou nous vous adresserons par courrier votre certificat de travail, votre reçu pour solde de tout compte et votre attestation Pôle emploi.

Vous pouvez faire une demande de précision des motifs du licenciement énoncés dans la présente lettre, dans les quinze jours suivant sa notification par lettre recommandée avec avis de réception ou remise contre récépissé. Nous avons la faculté d'y donner suite dans un délai de quinze jours après réception de votre demande, par lettre recommandée avec avis de réception ou remise contre récépissé. Nous pouvons également, le cas échéant et dans les mêmes formes, prendre l'initiative d'apporter des précisions à ces motifs dans un délai de quinze jours suivant la notification du licenciement. »

Nom, prénom Qualité Signature

ANNEXE V

MODÈLE DE LETTRE DE LICENCIEMENT POUR MOTIF ÉCONOMIQUE POUR LES PETITS LICENCIEMENTS COLLECTIFS (MOINS DE 10 SALARIÉS DANS UNE MÊME PÉRIODE DE TRENTE JOURS OU AU MOINS 10 SALARIÉS DANS UNE MÊME PÉRIODE DE TRENTE JOURS DANS UNE ENTREPRISE DE MOINS DE 50 SALARIÉS)

L'application du présent modèle est sans incidence sur l'application des stipulations conventionnelles ou contractuelles plus favorables applicables au contrat de travail du salarié licencié.

Lorsque le licenciement concerne plus de 10 salariés dans une même période de trente jours dans une entreprise de moins de 50 salariés :

La lettre de licenciement ne peut être adressée avant l'expiration d'un délai de trente jours courant à compter de la notification du projet de licenciement à l'autorité administrative.

[Ou]

Lorsque le licenciement concerne moins de 10 salariés dans une même période de trente jours (dans toutes les entreprises) :

La lettre de licenciement ne peut être adressée moins de sept jours ouvrables à compter de la date prévue de l'entretien préalable de licenciement auquel le salarié a été convoqué.

Le délai est porté à quinze jours ouvrables pour le licenciement individuel d'un membre du personnel d'encadrement mentionné au 2° de l'article L. 1441-13.

Dénomination sociale et adresse du siège social de l'entreprise

Lieu et date

Nom, prénom et adresse du salarié

Objet : notification d'un licenciement pour motif économique

Lettre recommandée avec avis de réception ou lettre remise contre récépissé *(dans ce cas, la lettre doit être établie en double exemplaire et celui de l'employeur doit être accompagné de la mention « reçue le… » avec la signature du salarié).*

Madame, Monsieur…,

En l'absence de procédure de collective au sens du code de commerce (redressement judiciaire ou liquidation judiciaire)

À la suite de notre entretien qui s'est tenu le … *(date à compléter) (en cas d'absence des institutions représentatives du personnel)*, nous vous informons de notre décision de vous licencier pour le(s) motif(s) économique(s) suivant(s) dans les conditions posées à l'article L. 1233-3 du code du travail :

– Énoncer de manière précise et objective les raisons économiques (soit les difficultés économiques, soit la réorganisation de l'entreprise nécessaire à la sauvegarde de la compétitivité, soit les mutations technologiques, soit la cessation d'activité de l'entreprise).

– Préciser les incidences sur l'emploi ou le contrat de travail (soit la suppression d'emploi, soit la transformation d'emploi refusée, soit la modification d'un élément essentiel du contrat de travail refusée).

(Si le salarié ne s'est pas présenté à l'entretien préalable, indiquer : « Nous vous avons convoqué à un entretien préalable en date du … auquel vous ne vous êtes pas présenté. Ainsi, nous n'avons pas pu recueillir vos explications. »)

Si le salarié est un salarié protégé

Votre licenciement a fait l'objet d'une autorisation de l'inspecteur du travail *(ou du ministre du travail)* en date du … *(date à compléter).*

[Ou]

En cas de décision d'autorisation du licenciement émanant du juge-commissaire ou du jugement du tribunal de commerce

À la suite de notre entretien qui s'est tenu le … *(date à compléter)*, nous vous informons de notre décision de vous licencier pour motif économique. Par *(ordonnance du juge-commissaire ou jugement du tribunal de commerce)* en date du … *(date à compléter)*, votre licenciement a fait l'objet d'une autorisation spécifique.

Si le salarié est un salarié protégé

Votre licenciement a fait l'objet d'une autorisation de l'inspecteur du travail en date du … *(date à compléter).*

*
* *

Sur l'impossibilité de reclassement

En dépit des recherches que nous avons effectuées au sein de notre *(entreprise ou groupe le cas échéant)*, conformément à l'article L. 1233-4 du code du travail, nous n'avons pas trouvé de poste de reclassement *(le poste de reclassement proposé doit correspondre à un emploi de catégorie équivalente à celui précédemment occupé par le salarié ou à un emploi de catégorie inférieure sous réserve que le salarié ait donné son accord exprès).*

*
* *

Si l'entreprise comprend moins de 1000 salariés (articles L. 1233-65 et suivants du code du travail)

Lors de notre entretien préalable ou à l'issue de la dernière réunion des représentants du personnel en date du … *(date à compléter)*, nous vous avons proposé le bénéfice du contrat de sécurisation professionnelle. Par lettre du … *(date à compléter)*, vous nous avez fait connaître votre refus d'adhérer au dispositif *(en cas d'absence de réponse du salarié dans un délai de vingt et un jours à compter de la remise des documents relatifs au CSP, indiquez : « N'ayant pas reçu dans un délai de vingt et un jours votre décision d'adhérer ou non au contrat de sécurisation professionnelle, vous êtes considéré comme ayant refusé le bénéfice du dispositif »).*

Si vous ne dispensez pas le salarié d'effectuer son préavis

Vous restez néanmoins tenu d'effectuer votre préavis d'une durée de *(durée du préavis à compléter)*, qui débutera à la date de la première présentation de cette lettre.

Si vous dispensez le salarié d'effectuer son préavis

Nous vous dispensons d'effectuer votre préavis qui débute le … *(date présumée de première présentation de cette lettre à compléter)* et se termine le … *(date à compléter selon la durée du préavis)*, date à laquelle vous quitterez les effectifs de l'entreprise. Néanmoins, votre salaire continuera de vous être versé durant cette période.

Si l'entreprise comprend plus de 1000 salariés (articles L. 1233-71 et suivants du code du travail)

Lors de notre entretien préalable ou à l'issue de la dernière réunion des représentants du personnel en date du … *(date à compléter)*, nous vous avons informé des conditions de mise en œuvre du congé de reclassement. Par la présente, nous vous invitons à nous faire part de votre souhait d'adhérer ou non à ce dispositif. Vous disposez d'un délai de huit jours à compter de la date de notification de la présente lettre pour nous informer de votre décision. En l'absence de réponse dans ce délai, votre silence sera assimilé à un refus. En cas d'acceptation, le congé de reclassement débutera le … *(indiquer la date d'expiration du délai de réponse de huit jours)* et vous serez dispensé d'exécuter votre préavis.

En cas de refus du dispositif *(deux hypothèses),*

Si vous ne dispensez pas le salarié d'effectuer son préavis

Vous restez néanmoins tenu d'effectuer votre préavis d'une durée de … (durée du préavis à compléter), qui débutera à l'expiration du délai de réflexion de huit jours.

Si vous dispensez le salarié d'effectuer son préavis

Nous vous dispensons d'effectuer votre préavis qui débute le … *(date d'expiration du délai de réflexion de huit jours)* et se termine le … *(date à compléter selon la durée du préavis)*, date à laquelle vous quitterez les effectifs de l'entreprise. Néanmoins, votre salaire continuera de vous être versé durant cette période.

*
* *

Vous pouvez bénéficier d'une priorité de réembauche pendant une durée d'un an à compter de la date de prise d'effet de votre licenciement, si vous en faites la demande par écrit dans ce même délai.

*
* *

« À l'expiration de votre contrat de travail, nous tiendrons à votre disposition ou nous vous remettrons ou nous vous adresserons par courrier votre certificat de travail, votre reçu pour solde de tout compte et votre attestation Pôle emploi.

Vous pouvez faire une demande de précision des motifs du licenciement énoncés dans la présente lettre, dans les quinze jours suivant sa notification par lettre recommandée avec avis de réception ou remise contre récépissé. Nous avons la faculté d'y donner suite dans un délai de quinze jours après réception de votre demande, par lettre recommandée avec avis de réception ou remise contre récépissé. Nous pouvons également, le cas échéant et dans les mêmes formes, prendre l'initiative d'apporter des précisions à ces motifs dans un délai de quinze jours suivant la notification du licenciement. »

Nom, prénom Qualité Signature

*
* *

ANNEXE VI

MODÈLE DE LETTRE DE LICENCIEMENT POUR MOTIF ÉCONOMIQUE (GRANDS LICENCIEMENTS COLLECTIFS AVEC PLAN DE SAUVEGARDE DE L'EMPLOI (PSE) : AU MOINS 10 LICENCIEMENTS SUR UNE MÊME PÉRIODE DE TRENTE JOURS DANS UNE ENTREPRISE DE PLUS DE 50 SALARIÉS)

L'application du présent modèle est sans incidence sur l'application des stipulations conventionnelles ou contractuelles plus favorables applicables au contrat de travail du salarié licencié.

La lettre de licenciement ne peut être adressée avant la notification de la décision d'homologation ou de validation de l'autorité administrative ou dans le silence de l'autorité administrative, à l'expiration du délai de quinze jours (validation) ou de vingt et un jours (homologation).

Dénomination sociale et adresse du siège social de l'entreprise

Lieu et date Nom, prénom et adresse du salarié

Objet : notification d'un licenciement pour motif économique

Lettre recommandée avec avis de réception ou lettre remise contre récépissé *(dans ce cas, la lettre doit être établie en double exemplaire et celui de l'employeur doit être accompagné de la mention « reçue le… » avec la signature du salarié).*

Madame, Monsieur…,

En l'absence de procédure collective au sens du code de commerce (redressement judiciaire ou liquidation judiciaire).

À la suite de notre entretien qui s'est tenu le … *(date à compléter) (en cas d'absence des institutions représentatives du personnel)*, nous vous informons de notre décision de vous licencier pour le(s) motif(s) économique(s) suivant(s) dans les conditions posées à l'article L. 1233-3 du code du travail :

– Énoncer de manière précise et objective les raisons économiques (soit les difficultés économiques, soit la réorganisation de l'entreprise nécessaire à la sauvegarde de la compétitivité, soit les mutations technologiques, soit la cessation d'activité de l'entreprise).

– Préciser les incidences sur l'emploi ou le contrat de travail (soit la suppression d'emploi, soit la transformation d'emploi refusée, soit la modification d'un élément essentiel du contrat de travail refusée).

(Si le salarié ne s'est pas présenté à l'entretien préalable, indiquer : « Nous vous avons convoqué à un entretien préalable en date du … auquel vous ne vous êtes pas présenté. Ainsi, nous n'avons pas pu recueillir vos explications. »)

Si le salarié est un salarié protégé

Votre licenciement a fait l'objet d'une autorisation de l'inspecteur du travail (ou du ministre du travail) en date du … *(date à compléter).*

Ou

En cas de décision d'autorisation du licenciement émanant du juge-commissaire ou du jugement du tribunal de commerce

À la suite de notre entretien qui s'est tenu le … *(date à compléter)*, nous vous informons de notre décision de vous licencier pour motif économique. Par *(ordonnance du juge-commissaire ou jugement du tribunal de commerce)* en date du … *(date à compléter)*, votre licenciement a fait l'objet d'une autorisation spécifique.

Si le salarié est un salarié protégé

Votre licenciement a fait l'objet d'une autorisation de l'inspecteur du travail en date du … *(date à compléter).*

*
* *

Sur l'impossibilité de reclassement

En dépit des recherches que nous avons effectuées au sein de notre *(entreprise ou groupe le cas échéant)* conformément à l'article L. 1233-4 du code du travail, nous n'avons pas trouvé de poste de reclassement *(le poste de reclassement proposé doit correspondre à un emploi de catégorie équivalente à celui précédemment occupé par le salarié ou à un emploi de catégorie inférieure sous réserve que le salarié ait donné son accord exprès).*

*
* *

Si l'entreprise comprend moins de 1000 salariés (articles L. 1233-65 et suivants du code du travail)

Lors de notre entretien préalable ou à l'issue de la dernière réunion des représentants du personnel en date du … *(date à compléter)*, nous vous avons proposé le bénéfice du contrat de sécurisation professionnelle. Par lettre du … *(date à compléter)*, vous nous avez fait connaître votre refus d'adhérer au dispositif *(en cas d'absence de réponse du salarié dans un délai de vingt et un jours à compter de la remise des documents relatifs au CSP, indiquez : « N'ayant pas reçu dans un délai de vingt et un jours votre décision d'adhérer ou non au contrat de sécurisation professionnelle, vous êtes considéré comme ayant refusé le bénéfice du dispositif »)*.

Si vous ne dispensez pas le salarié d'effectuer son préavis

Vous restez néanmoins tenu d'effectuer votre préavis d'une durée de … *(durée du préavis à compléter)*, qui débutera à la date de la première présentation de cette lettre.

Si vous dispensez le salarié d'effectuer son préavis

Nous vous dispensons d'effectuer votre préavis qui débute le … *(date présumée de première présentation de cette lettre à compléter)* et se termine le *(date à compléter selon la durée du préavis)*, date à laquelle vous quitterez les effectifs de l'entreprise. Néanmoins, votre salaire continuera de vous être versé durant cette période.

Si l'entreprise comprend plus de 1000 salariés (articles L. 1233-71 et suivants du code du travail)

Lors de notre entretien préalable ou à l'issue de la dernière réunion des représentants du personnel en date du … *(date à compléter)*, nous vous avons informé des conditions de mise en œuvre du congé de reclassement. Par la présente, nous vous invitons à nous faire part de votre souhait d'adhérer ou non à ce dispositif. Vous disposez d'un délai de huit jours à compter de la date de notification de la présente lettre pour nous informer de votre décision. En l'absence de réponse dans ce délai, votre silence sera assimilé à un refus. En cas d'acceptation, le congé de reclassement débutera le … *(indiquer la date d'expiration du délai de réponse de huit jours)* et vous serez dispensé d'exécuter votre préavis.

En cas de refus du dispositif *(deux hypothèses)*,

Si vous ne dispensez pas le salarié d'effectuer son préavis

Vous restez néanmoins tenu d'effectuer votre préavis d'une durée de (durée du préavis à compléter), qui débutera à l'expiration du délai de réflexion de huit jours.

Si vous dispensez le salarié d'effectuer son préavis

Nous vous dispensons d'effectuer votre préavis qui débute le … *(date d'expiration du délai de réflexion de huit jours)* et se termine le … *(date à compléter selon la durée du préavis)*, date à laquelle vous quitterez les effectifs de l'entreprise. Néanmoins, votre salaire continuera de vous être versé durant cette période.

*
* *

Vous pouvez bénéficier d'une priorité de réembauche pendant une durée d'un an à compter de la date de prise d'effet de votre licenciement, si vous en faites la demande par écrit dans ce même délai.

*
* *

« À l'expiration de votre contrat de travail, nous tiendrons à votre disposition ou nous vous remettrons ou nous vous adresserons par courrier votre certificat de travail, votre reçu pour solde de tout compte et votre attestation Pôle emploi.

Vous pouvez faire une demande de précision des motifs du licenciement énoncés dans la présente lettre, dans un délai de quinze jours suivant sa notification par lettre recommandée avec avis de réception ou remise contre récépissé. Nous avons la faculté d'y donner suite dans un délai de quinze jours après réception de votre demande, par lettre recommandée avec avis de réception ou remise contre récépissé. Nous pouvons également, le cas échéant et dans les mêmes formes, prendre l'initiative d'apporter des précisions à ces motifs dans un délai de quinze jours suivant la notification du licenciement. »

Nom, prénom Qualité Signature

LUTTE CONTRE LES DISCRIMINATIONS

Adaptation au droit communautaire

■ LOI 2008-496 DU 27 MAI 2008

portant diverses dispositions d'adaptation au droit communautaire dans le domaine de la lutte contre les discriminations (JO 28 ; rectif. JO 8 août 2009) modifiée par lois 2012-954 du 6 août 2012 (JO 7), 2014-173 du 21 février 2014 (JO 22), 2016-832 du 24 juin 2016 (JO 25), 2016-1547 du 18 novembre 2016 (JO 19), 2017-86 du 27 janvier 2017 (JO 28), 2017-256 du 28 février 2017 (JO 1er mars), 2018-699 du 3 août 2018 (JO 5) et 2020-1525 du 7 décembre 2020 (JO 8).

Art. 1er. – Constitue une discrimination directe la situation dans laquelle, sur le fondement de son origine, de son sexe, de sa situation de famille, de sa grossesse, de son apparence physique, de la particulière vulnérabilité résultant de sa situation économique, apparente ou connue de son auteur, de son patronyme, de son lieu de résidence, de son état de santé, de sa perte d'autonomie, de son handicap, de ses caractéristiques génétiques, de ses mœurs, de son orientation sexuelle, de son identité de genre, de son âge, de ses opinions politiques, de ses activités syndicales, de sa capacité à s'exprimer dans une langue autre que le français, de son appartenance ou de sa non-appartenance, vraie ou supposée, à une ethnie, une nation, une prétendue race ou une religion déterminée, une personne est traitée de manière moins favorable qu'une autre ne l'est, ne l'a été ou ne l'aura été dans une situation comparable.

Constitue une discrimination indirecte une disposition, un critère ou une pratique neutre en apparence, mais susceptible d'entraîner, pour l'un des motifs mentionnés au premier alinéa, un désavantage particulier pour des personnes par rapport à d'autres personnes, à moins que cette disposition, ce critère ou cette pratique ne soit objectivement justifié par un but légitime et que les moyens pour réaliser ce but ne soient nécessaires et appropriés.

La discrimination inclut :

1° Tout agissement lié à l'un des motifs mentionnés au premier alinéa et tout agissement à connotation sexuelle, subis par une personne et ayant pour objet ou pour effet de porter atteinte à sa dignité ou de créer un environnement intimidant, hostile, dégradant, humiliant ou offensant ;

2° Le fait d'enjoindre à quiconque d'adopter un comportement prohibé par l'article 2.

Note Les dispositions de cet article dans sa rédaction issue de la loi 2016-1547 du 18 novembre 2016 sont applicables aux seules actions dont le fait générateur de la responsabilité ou le manquement est postérieur à l'entrée en vigueur de cette loi (loi 2016-1547 précitée, art. 92, II).

Art. 2. – Sans préjudice de l'application des autres règles assurant le respect du principe d'égalité :

1° (Abrogé) ;

2° Toute discrimination directe ou indirecte fondée sur un motif mentionné à l'article 1er est interdite en matière d'affiliation et d'engagement dans une organisation syndicale ou professionnelle, y compris d'avantages procurés par elle, d'accès à l'emploi, d'emploi, de formation professionnelle et de travail, y compris de travail indépendant ou non salarié, ainsi que de conditions de travail et de promotion professionnelle.

Ce principe ne fait pas obstacle aux différences de traitement fondées sur les motifs visés à l'alinéa précédent lorsqu'elles répondent à une exigence professionnelle essentielle et déterminante et pour autant que l'objectif soit légitime et l'exigence proportionnée ;

3° Toute discrimination directe ou indirecte fondée sur un motif mentionné à l'article 1er est interdite en matière de protection sociale, de santé, d'avantages sociaux, d'éducation, d'accès aux biens et services ou de fourniture de biens et services.

Ce principe ne fait pas obstacle à ce que des différences soient faites selon l'un des motifs mentionnés au premier alinéa du présent 3° lorsqu'elles sont justifiées par un but légitime et que les moyens de parvenir à ce but sont nécessaires et appropriés.

La dérogation prévue au deuxième alinéa du présent 3° n'est pas applicable aux différences de traitement fondées sur l'origine, le patronyme ou l'appartenance ou la non-appartenance, vraie ou supposée, à une ethnie ou une prétendue race ;

4° Toute discrimination directe ou indirecte est interdite en raison de la grossesse ou de la maternité, y compris du congé de maternité.

Ce principe ne fait pas obstacle aux mesures prises en faveur des femmes en raison de la grossesse ou la maternité, y compris du congé de maternité, ou de la promotion de l'égalité entre les femmes et les hommes ;

5° Ces principes ne font notamment pas obstacle :

a) Aux mesures prises en faveur des personnes handicapées et visant à favoriser l'égalité de traitement ;

b) Aux mesures prises en faveur des personnes résidant dans certaines zones géographiques et visant à favoriser l'égalité de traitement ;

c) A l'organisation d'enseignements par regroupement des élèves en fonction de leur sexe ;

6° Ces principes ne font pas obstacle aux différences de traitement prévues et autorisées par les lois et règlements en vigueur à la date de publication de la loi n° 2016-1547 du 18 novembre 2016 de modernisation de la justice du XXIe siècle.

Ce principe ne fait pas obstacle :

– à ce que soient faites des différences selon le sexe lorsque la fourniture de biens et services exclusivement ou essentiellement destinés aux personnes de sexe masculin ou de sexe féminin est justifiée par un but légitime et que les moyens de parvenir à ce but sont nécessaires et appropriés ;

– au calcul des primes et à l'attribution des prestations d'assurance dans les conditions prévues par l'article L. 111-7 du code des assurances ;

– à l'organisation d'enseignements par regroupement des élèves en fonction de leur sexe.

Note Les dispositions de cet article dans sa rédaction issue de la loi 2016-1547 du 18 novembre 2016 sont applicables aux seules actions dont le fait générateur de la responsabilité ou le manquement est postérieur à l'entrée en vigueur de cette loi (loi 2016-1547 précitée, art. 92, II).

Art. 3. – Aucune personne ayant témoigné de bonne foi d'un agissement discriminatoire ou l'ayant relaté ne peut être traitée défavorablement de ce fait.

Aucune décision défavorable à une personne ne peut être fondée sur sa soumission ou son refus de se soumettre à une discrimination prohibée par l'article 2.

Art. 4. – Toute personne qui s'estime victime d'une discrimination directe ou indirecte présente devant la juridiction compétente les faits qui permettent d'en présumer l'existence. Au vu de ces éléments, il appartient à la partie défenderesse de prouver que la mesure en cause est justifiée par des éléments objectifs étrangers à toute discrimination. Le juge forme sa conviction après avoir ordonné, en cas de besoin, toutes les mesures d'instruction qu'il estime utiles.

Le présent article ne s'applique pas devant les juridictions pénales.

Note Les dispositions de cet article dans sa rédaction issue de la loi 2016-1547 du 18 novembre 2016 sont applicables aux seules actions dont le fait générateur de la responsabilité ou le manquement est postérieur à l'entrée en vigueur de cette loi (loi 2016-1547 précitée, art. 92, II).

Art. 5. – I. – Les articles 1er à 4 et 7 à 10 s'appliquent à toutes les personnes publiques ou privées, y compris celles exerçant une activité professionnelle indépendante.

II. – Ils s'entendent sans préjudice des dispositions et conditions relatives à l'admission et au séjour des ressortissants des pays non membres de l'Union européenne et des apatrides.

Art. 6. – [Modifications du code du travail]

Art. 7. – Le 3° de l'article 225-3 du code pénal est remplacé par les 3° à 5° ainsi rédigés :

« 3° Aux discriminations fondées, en matière d'embauche, sur le sexe, l'âge ou l'apparence physique, lorsqu'un tel motif constitue une exigence professionnelle essentielle et déterminante et pour autant que l'objectif soit légitime et l'exigence proportionnée ;

« 4° Aux discriminations fondées, en matière d'accès aux biens et services, sur le sexe lorsque cette discrimination est justifiée par la protection des victimes de violences à caractère sexuel, des considérations liées au respect de la vie privée et de la décence, la promotion de l'égalité des sexes ou des intérêts des hommes ou des femmes, la liberté d'association ou l'organisation d'activités sportives ;

« 5° Aux refus d'embauche fondés sur la nationalité lorsqu'ils résultent de l'application des dispositions statutaires relatives à la fonction publique. »

Art. 8. – I. – Après l'article L. 112-1 du code de la mutualité, il est inséré un article L. 112-1-1 ainsi rédigé :

« Art. L. 112-1-1. – I. – Aucune différence de traitement en matière de cotisations et de prestations ne peut être fondée sur le sexe.

« Les frais liés à la grossesse et à la maternité n'entraînent pas un traitement moins favorable des femmes en matière de cotisations et de prestations.

« Par dérogation au premier alinéa, le ministre chargé de la mutualité peut autoriser par arrêté des différences de cotisations et de prestations fondées sur la prise en compte du sexe et proportionnées aux risques lorsque des données actuarielles et statistiques pertinentes et précises établissent que le sexe est un facteur déterminant dans l'évaluation du risque d'assurance.

« Les mutuelles et les unions exerçant une activité d'assurance ne sont pas soumises aux dispositions de l'alinéa précédent pour les opérations individuelles et collectives à adhésion facultative relatives au remboursement ou à l'indemnisation des frais occasionnés par une maladie, une maternité ou un accident.

« II. – Un arrêté du ministre chargé de la mutualité fixe les conditions dans lesquelles les données mentionnées au troisième alinéa du I sont collectées ou répertoriées par les organismes professionnels mentionnés à l'article L. 223-10-1 et les conditions dans lesquelles elles leur sont transmises. Ces données régulièrement mises à jour sont publiées dans des conditions fixées par cet arrêté et au plus tard à la date d'entrée en vigueur de l'arrêté mentionné au troisième alinéa du I.

« Par dérogation, les données mentionnées au troisième alinéa du I peuvent, s'agissant des risques liés à la durée de la vie humaine, prendre la forme de tables homologuées et régulièrement mises à jour par arrêté du ministre chargé de la mutualité ou de tables établies ou non par sexe par la mutuelle ou l'union et certifiées par un actuaire indépendant de celle-ci, agréé à cet effet par l'une des associations d'actuaires reconnues par l'autorité de contrôle instituée à l'article L. 510-1.

« III. – Le présent article s'applique aux contrats d'assurance autres que ceux conclus dans les conditions prévues à l'article L. 911-1 du code de la sécurité sociale.

« IV. – Le présent article est applicable aux adhésions individuelles et aux adhésions à des contrats d'assurance de groupe souscrites à compter de sa date d'entrée en vigueur. Par dérogation, il s'applique aux stocks de contrats de rentes viagères, y compris celles revêtant un caractère temporaire, en cours à sa date d'entrée en vigueur. »

« II. – Après l'article L. 931-3-1 du code de la sécurité sociale, il est inséré un article L. 931-3-2 ainsi rédigé :

« Art. L. 931-3-2. – I. – Aucune différence en matière de cotisations et de prestations ne peut être fondée sur le sexe.

« L'alinéa précédent ne fait pas obstacle à l'attribution aux femmes de prestations liées à la grossesse et à la maternité.

« Par dérogation au premier alinéa, le ministre chargé de la sécurité sociale peut autoriser par arrêté des différences de cotisations et de prestations fondées sur la prise en compte du sexe et proportionnées aux risques lorsque des données actuarielles et statistiques pertinentes et précises établissent que le sexe est un facteur déterminant dans l'évaluation du risque d'assurance.

« Les institutions de prévoyance et leurs unions ne sont pas soumises aux dispositions de l'alinéa précédent pour les opérations individuelles relatives au remboursement ou à l'indemnisation des frais occasionnés par une maladie, une maternité ou un accident.

« II. – Un arrêté du ministre chargé de la sécurité sociale fixe les conditions dans lesquelles les données mentionnées au troisième alinéa du I sont collectées ou répertoriées par les organismes professionnels mentionnés à l'article L. 132-9-2 du code des assurances et les conditions dans lesquelles elles leur sont transmises. Ces données régulièrement mises à jour sont publiées dans des conditions fixées par cet arrêté et au plus tard à la date d'entrée en vigueur de l'arrêté mentionné au troisième alinéa du I.

« Par dérogation, les données mentionnées au troisième alinéa du I peuvent, s'agissant des risques liés à la durée de la vie humaine, prendre la forme de tables homologuées et régulièrement mises à jour par arrêté du ministre chargé de la sécurité sociale ou de tables établies ou non par sexe par l'institution de prévoyance ou l'union et certifiées par un actuaire indépendant de celle-ci, agréé à cet effet par l'une des associations d'actuaires reconnues par l'autorité de contrôle instituée à l'article L. 951-1.

« III. – Le présent article s'applique aux opérations individuelles souscrites à compter de sa date d'entrée en vigueur. Par dérogation, il s'applique aux stocks de contrats de rentes viagères, y compris celles revêtant un caractère temporaire, en cours à sa date d'entrée en vigueur. »

Art. 9. – Le titre II de la loi n° 2004-1486 du 30 décembre 2004 portant création de la Haute Autorité de lutte contre les discriminations et pour l'égalité est abrogé.

Art. 9-1. – I. – Le Haut Conseil à l'égalité entre les femmes et les hommes est placé auprès du Premier ministre. Il a pour mission d'animer le débat public sur les grandes orientations de la politique des droits des femmes et de l'égalité entre les femmes et les hommes.

À cette fin, le Haut Conseil :

1° Formule des recommandations et des avis et propose des réformes au Premier ministre ;

2° Contribue à l'évaluation des politiques publiques conduites en matière de droits des femmes et d'égalité entre les femmes et les hommes dans tous les champs de la vie sociale et professionnelle au regard des objectifs fixés par la loi et les engagements internationaux de la France ;

3° Assure un suivi des évolutions législatives et réglementaires et de leurs impacts sur la politique publique d'égalité entre les femmes et les hommes ;

4° Recueille, fait produire et diffuse les données, analyses, études et recherches sur les droits des femmes et l'égalité entre les femmes et les hommes, aux niveaux national, européen et international ;

5° Remet, tous les ans, au Premier ministre et au ministre chargé des droits des femmes un rapport sur l'état du sexisme en France. Ce rapport est rendu public.

Le Haut Conseil mène librement ses travaux, formule librement ses recommandations et adresse librement ses communications.

Le Haut Conseil peut être saisi par le Premier ministre ou par le ministre chargé des droits des femmes. Il peut se saisir de toute question de nature à contribuer aux missions qui lui sont confiées.

Le Haut Conseil est consulté sur les projets de loi et de décret ayant pour objet d'assurer l'égalité professionnelle entre les femmes et les hommes ainsi que sur les textes relatifs à des conditions particulières de travail propres à l'un ou l'autre sexe, dans des conditions définies par décret.

I *bis*. – Le Haut Conseil comprend parmi ses membres deux députés et deux sénateurs ainsi que, de droit, les présidents des délégations parlementaires aux droits des femmes et à l'égalité des chances entre les hommes et les femmes de l'Assemblée nationale et du Sénat.

II. – L'écart entre le nombre de femmes et le nombre d'hommes qui sont nommés au Haut Conseil à l'égalité entre les femmes et les hommes ne peut être supérieur à un. Les conditions dans lesquelles il est procédé aux désignations ainsi que le fonctionnement et la composition du Haut Conseil sont fixés par décret.

Art. 10. – I. – Sous réserve du présent article, le chapitre Ier du titre V de la loi n° 2016-1547 du 18 novembre 2016 de modernisation de la justice du XXIe siècle ainsi que le chapitre X du titre VII du livre VII du code de justice administrative s'appliquent à l'action ouverte sur le fondement du présent article.

Une association régulièrement déclarée depuis cinq ans au moins intervenant dans la lutte contre les discriminations ou œuvrant dans le domaine du handicap peut agir devant une juridiction civile ou administrative afin d'établir que plusieurs personnes physiques font l'objet d'une discrimination directe ou indirecte, au sens de la présente loi ou des dispositions législatives en vigueur, fondée sur un même motif et imputable à une même personne. Peuvent agir aux mêmes fins les associations régulièrement déclarées depuis cinq ans au moins dont l'objet statutaire comporte la défense d'un intérêt lésé par la discrimination en cause.

L'action peut tendre à la cessation du manquement et, le cas échéant, en cas de manquement, à la réparation des préjudices subis.

II. – Le présent article n'est toutefois pas applicable à l'action de groupe engagée contre un employeur qui relève, selon le cas, du chapitre IV du titre III du livre Ier de la première partie du code du travail ou du chapitre XI du titre VII du livre VII du code de justice administrative.

Note Cet article est applicable aux seules actions dont le fait générateur de la responsabilité ou le manquement est postérieur à l'entrée en vigueur de la loi 2016-1547 du 18 novembre 2016 (loi 2016-1547 précitée, art. 92, II).

Art. 11. – La présente loi est applicable en Nouvelle-Calédonie, en Polynésie française, dans les îles Wallis et Futuna et dans les Terres australes et antarctiques françaises dans toutes les matières que la loi organique ne réserve pas à la compétence de leurs institutions.

La présente loi sera exécutée comme loi de l'État.

....

Délit de discrimination

■ CODE PÉNAL

Art. 225-1. – Constitue une discrimination toute distinction opérée entre les personnes physiques sur le fondement de leur origine, de leur sexe, de leur situation de famille, de leur grossesse, de leur apparence physique, de la particulière vulnérabilité résultant de leur situation économique, apparente ou connue de son auteur, de leur patronyme, de leur lieu de résidence, de leur état de santé, de leur perte d'autonomie, de leur handicap, de leurs caractéristiques génétiques, de leurs mœurs, de leur orientation sexuelle, de leur identité de genre, de leur âge, de leurs opinions politiques, de leurs activités syndicales, de leur capacité à s'exprimer dans une langue autre que le français, de leur appartenance ou de leur non-appartenance, vraie ou supposée, à une ethnie, une Nation, une prétendue race ou une religion déterminée.

Constitue également une discrimination toute distinction opérée entre les personnes morales sur le fondement de l'origine, du sexe, de la situation de famille, de la grossesse, de l'apparence physique, de la particulière vulnérabilité résultant de la situation économique, apparente ou connue de son auteur, du patronyme, du lieu de résidence, de l'état de santé, de la perte d'autonomie, du handicap, des caractéristiques génétiques, des mœurs, de l'orientation sexuelle, de l'identité de genre, de l'âge, des opinions politiques, des activités syndicales, de la capacité à s'exprimer dans une langue autre que le français, de l'appartenance ou de la non-appartenance, vraie ou supposée, à une ethnie, une Nation, une prétendue race ou une religion déterminée des membres ou de certains membres de ces personnes morales.

Art. 225-1-1. – Constitue une discrimination toute distinction opérée entre les personnes parce qu'elles ont subi ou refusé de subir des faits de harcèlement sexuel tels que définis à l'article 222-33 ou témoigné de tels faits, y compris, dans le cas mentionné au I du même article, si les propos ou comportements n'ont pas été répétés.

Art. 225-1-2. – Constitue une discrimination toute distinction opérée entre les personnes parce qu'elles ont subi ou refusé de subir des faits de bizutage définis à l'article 225-16-1 ou témoigné de tels faits.

Art. 225-2. – La discrimination définie aux articles 225-1 à 225-1-2, commise à l'égard d'une personne physique ou morale, est punie de trois ans d'emprisonnement et de 45000 euros d'amende lorsqu'elle consiste :

1° À refuser la fourniture d'un bien ou d'un service ;

2° À entraver l'exercice normal d'une activité économique quelconque ;

3° À refuser d'embaucher, à sanctionner ou à licencier une personne ;

4° À subordonner la fourniture d'un bien ou d'un service à une condition fondée sur l'un des éléments visés à l'article 225-1 ou prévue à aux articles 225-1-1 ou 225-1-2 ;

5° À subordonner une offre d'emploi, une demande de stage ou une période de formation en entreprise à une condition fondée sur l'un des éléments visés à l'article 225-1 ou prévue aux articles 225-1-1 ou 225-1-2 ;

6° À refuser d'accepter une personne à l'un des stages visés par le 2° de l'article L. 412-8 du code de la sécurité sociale.

Lorsque le refus discriminatoire prévu au 1° est commis dans un lieu accueillant du public ou aux fins d'en interdire l'accès, les peines sont portées à cinq ans d'emprisonnement et à 75000 euros d'amende.

Art. 225-3. – Les dispositions de l'article précédent ne sont pas applicables :

1° Aux discriminations fondées sur l'état de santé, lorsqu'elles consistent en des opérations ayant pour objet la prévention et la couverture du risque décès, des risques portant atteinte à l'intégrité physique de la personne ou des risques d'incapacité de travail ou d'invalidité. Toutefois, ces discriminations sont punies des peines prévues à l'article précédent lorsqu'elles se fondent sur la prise en compte de tests génétiques prédictifs ayant pour objet une maladie qui n'est pas encore déclarée ou une prédisposition génétique à une maladie ou qu'elles se fondent sur la prise en compte des conséquences sur l'état de santé d'un prélèvement d'organe tel que défini à l'article L. 1231-1 du code de la santé publique ;

2° Aux discriminations fondées sur l'état de santé ou le handicap, lorsqu'elles consistent en un refus d'embauche ou un licenciement fondé sur l'inaptitude médicalement constatée soit dans le cadre du titre IV du livre II du code du travail, soit dans le cadre des lois portant dispositions statutaires relatives à la fonction publique ;

3° Aux discriminations fondées, en matière d'embauche, sur un motif mentionné à l'article 225-1 du présent code, lorsqu'un tel motif constitue une exigence professionnelle essentielle et déterminante et pour autant que l'objectif soit légitime et l'exigence proportionnée ;

4° Aux discriminations fondées, en matière d'accès aux biens et services, sur le sexe lorsque cette discrimination est justifiée par la protection des victimes de violences à caractère sexuel, des considérations liées au respect de la vie privée et de la décence, la promotion de l'égalité des sexes ou des intérêts des hommes ou des femmes, la liberté d'association ou l'organisation d'activités sportives ;

5° Aux refus d'embauche fondés sur la nationalité lorsqu'ils résultent de l'application des dispositions statutaires relatives à la fonction publique.

6° Aux discriminations liées au lieu de résidence lorsque la personne chargée de la fourniture d'un bien ou service se trouve en situation de danger manifeste.

Les mesures prises en faveur des personnes résidant dans certaines zones géographiques et visant à favoriser l'égalité de traitement ne constituent pas une discrimination.

Art. 225-3-1. – Les délits prévus par la présente section sont constitués même s'ils sont commis à l'encontre d'une ou plusieurs personnes ayant sollicité l'un des biens, actes, services ou contrats mentionnés à l'article 225-2 dans le but de démontrer l'existence du comportement discriminatoire, dès lors que la preuve de ce comportement est établie.

Art. 225-4. – Les personnes morales déclarées responsables pénalement, dans les conditions prévues par l'article 121-2, des infractions définies à l'article 225-2 encourent, outre l'amende suivant les modalités prévues par l'article 131-38, les peines prévues par les 2° à 5°, 8° et 9° de l'article 131-39.

L'interdiction mentionnée au 2° de l'article 131-39 porte sur l'activité dans l'exercice ou à l'occasion de l'exercice de laquelle l'infraction a été commise.

Actions en matière de discriminations

CODE DE PROCÉDURE CIVILE

Art. 1263-1. – Les associations régulièrement déclarées depuis au moins cinq ans et se proposant, par leurs statuts, de lutter contre les discriminations peuvent exercer les actions en justice qui naissent de la loi n° 2008-496 du 27 mai 2008 en faveur de la victime d'une discrimination.

L'association doit justifier avoir obtenu l'accord écrit de l'intéressé après avoir porté à sa connaissance les informations suivantes :

1° La nature et l'objet de l'action envisagée ;

2° Le fait que l'action sera conduite par l'association qui pourra exercer elle-même les voies de recours ;

3° Le fait que l'intéressé pourra, à tout moment, intervenir dans l'instance engagée par l'association ou y mettre fin.

LOI 2016-1547 DU 18 NOVEMBRE 2016

de modernisation de la justice du XXIe siècle (JO 19 ; rectif. JO 8 avril 2017) modifiée par ordonnances 2018-358 du 16 mai 2018 (JO 17), 2018-1125 du 12 décembre 2018 (JO 13) et 2019-964 du 18 septembre 2019 (JO 19), lois 2019-222 du 23 mars 2019 (JO 24) et 2020-1721 du 29 décembre 2020 (JO 30).

....

TITRE V. - *L'action de groupe*

CHAPITRE Ier. - *L'action de groupe devant le juge judiciaire*

Art. 60. – Sous réserve des dispositions particulières prévues pour chacune de ces actions, le présent chapitre est applicable aux actions suivantes devant le juge judiciaire :

1° L'action ouverte sur le fondement de la loi n° 2008-496 du 27 mai 2008 portant diverses dispositions d'adaptation au droit communautaire dans le domaine de la lutte contre les discriminations ;

2° L'action ouverte sur le fondement des articles L. 1134-6 à L. 1134-10 du code du travail ;

3° L'action ouverte sur le fondement de l'article L. 142-3-1 du code de l'environnement ;

4° L'action ouverte sur le fondement du chapitre III du titre IV du livre Ier de la première partie du code de la santé publique ;

5° L'action ouverte sur le fondement de l'article 37 de la loi n° 78-17 du 6 janvier 1978 relative à l'informatique, aux fichiers et aux libertés.

Art. 61. – Sauf disposition contraire, l'action de groupe est introduite et régie selon les règles prévues au code de procédure civile.

Section 1. *Objet de l'action de groupe, qualité pour agir et introduction de l'instance*

Art. 62. – Lorsque plusieurs personnes placées dans une situation similaire subissent un dommage causé par une même personne, ayant pour cause commune un manquement de même nature à ses obligations légales ou contractuelles, une action de groupe peut être exercée en justice au vu des cas individuels présentés par le demandeur.

Cette action peut être exercée en vue soit de la cessation du manquement mentionné au premier alinéa, soit de l'engagement de la responsabilité de la personne ayant causé le dommage afin d'obtenir la réparation des préjudices subis, soit de ces deux fins.

Art. 63. – Seules les associations agréées et les associations régulièrement déclarées depuis cinq ans au moins dont l'objet statutaire comporte la défense d'intérêts auxquels il a été porté atteinte peuvent exercer l'action mentionnée à l'article 62.

Art. 64. – Préalablement à l'introduction de l'action de groupe, la personne ayant qualité pour agir met en demeure celle à l'encontre de laquelle elle envisage d'agir par la voie de l'action de groupe de cesser ou de faire cesser le manquement ou de réparer les préjudices subis.

À peine d'irrecevabilité que le juge peut soulever d'office, afin que la personne mise en demeure puisse prendre les mesures pour cesser ou faire cesser le manquement ou réparer les préjudices subis, l'action de groupe ne peut être introduite qu'à l'expiration d'un délai de quatre mois à compter de la réception de cette mise en demeure.

Section 2. *Cessation du manquement*

Art. 65. – Lorsque l'action de groupe tend à la cessation du manquement, le juge, s'il constate l'existence d'un manquement, enjoint au défendeur de cesser ou de faire cesser ledit manquement et de prendre, dans un délai qu'il fixe, toutes les mesures utiles à cette fin, au besoin avec l'aide d'un tiers qu'il désigne. Lorsque le juge prononce une astreinte, celle-ci est liquidée au profit du Trésor public.

Section 3. *Réparation des préjudices*

Sous-section 1. *Jugement sur la responsabilité*

Art. 66. – Lorsque l'action de groupe tend à la réparation des préjudices subis, le juge statue sur la responsabilité du défendeur.

Il définit le groupe de personnes à l'égard desquelles la responsabilité du défendeur est engagée en fixant les critères de rattachement au groupe et détermine les préjudices susceptibles d'être réparés pour chacune des catégories de personnes constituant le groupe qu'il a défini.

Il fixe également le délai dans lequel les personnes répondant aux critères de rattachement et souhaitant se prévaloir du jugement sur la responsabilité peuvent adhérer au groupe en vue d'obtenir réparation de leur préjudice.

Art. 67. – Le juge qui reconnaît la responsabilité du défendeur ordonne, à la charge de ce dernier, les mesures de publicité adaptées pour informer de cette décision les personnes susceptibles d'avoir subi un dommage causé par le fait générateur constaté.

Ces mesures ne peuvent être mises en œuvre qu'une fois que le jugement mentionné à l'article 66 ne peut plus faire l'objet de recours ordinaire ni de pourvoi en cassation.

Art. 68. – Lorsque le demandeur à l'action le demande et que les éléments produits ainsi que la nature des préjudices le permettent, le juge peut décider la mise en œuvre d'une procédure collective de liquidation des préjudices.

À cette fin, il habilite le demandeur à négocier avec le défendeur l'indemnisation des préjudices subis par chacune des personnes constituant le groupe. Il détermine, dans le même jugement, le montant ou tous les éléments permettant l'évaluation des préjudices susceptibles d'être réparés pour chacune des catégories de personnes constituant le groupe qu'il a défini. Il fixe également les délais et modalités selon lesquels cette négociation et cette réparation doivent intervenir.

Le juge peut également condamner le défendeur au paiement d'une provision à valoir sur les frais non compris dans les dépens exposés par le demandeur à l'action.

Sous-section 2. *Mise en œuvre du jugement et réparation des préjudices*

§ 1. Procédure individuelle de réparation des préjudices

Art. 69. – Dans les délais et conditions fixés par le jugement mentionné à l'article 66, les personnes souhaitant adhérer au groupe adressent une demande de réparation soit à la personne déclarée responsable par ce jugement, soit au demandeur à l'action, qui reçoit ainsi mandat aux fins d'indemnisation.

Ce mandat ne vaut ni n'implique adhésion au demandeur à l'action.

Il vaut mandat aux fins de représentation pour l'exercice de l'action en justice mentionnée à l'article 71 et, le cas échéant, pour l'exécution forcée du jugement prononcé à l'issue.

Art. 70. – La personne déclarée responsable par le jugement mentionné à l'article 66 procède à l'indemnisation individuelle des préjudices résultant du fait générateur de responsabilité reconnu par le jugement et subis par les personnes remplissant les critères de rattachement au groupe et ayant adhéré à celui-ci.

Art. 71. – Les personnes dont la demande n'a pas été satisfaite en application de l'article 70 peuvent saisir le juge ayant statué sur la responsabilité en vue de la réparation de leur préjudice dans les conditions et limites fixées par le jugement mentionné à l'article 66.

§ 2. Procédure collective de liquidation des préjudices

Art. 72. – Dans les délais et conditions fixés par le juge en application des articles 66 et 68, les personnes intéressées peuvent se joindre au groupe en se déclarant auprès du demandeur à l'action, qui est chargé de solliciter auprès du responsable la réparation du dommage.

L'adhésion au groupe vaut mandat au profit du demandeur à l'action aux fins d'indemnisation. À cette fin, le demandeur à l'action négocie avec le défendeur le montant de l'indemnisation, dans les limites fixées par le jugement mentionné au même article 68.

Ce mandat ne vaut ni n'implique adhésion au demandeur à l'action.

Il vaut mandat aux fins de représentation à l'action en justice mentionnée à l'article 73 et, le cas échéant, pour l'exécution forcée du jugement prononcé à l'issue.

Art. 73. – Dans un délai qui ne peut être inférieur à celui fixé par le jugement mentionné à l'article 66 pour l'adhésion des personnes lésées au groupe, le juge ayant statué sur la responsabilité est saisi aux fins d'homologation de l'accord, éventuellement partiel, intervenu entre les parties et accepté par les membres du groupe concernés.

Le juge peut refuser l'homologation si les intérêts des parties et des membres du groupe lui paraissent insuffisamment préservés au regard des termes du jugement mentionné à l'article 68 et peut renvoyer à la négociation pour une nouvelle période de deux mois.

En l'absence d'accord total, le juge est saisi dans le délai fixé au premier alinéa du présent article aux fins de liquidation des préjudices subsistants. Dans ce dernier cas, le juge statue dans les limites fixées par le jugement mentionné au même article 68.

À défaut de saisine du tribunal à l'expiration d'un délai d'un an à compter du jour où le jugement mentionné audit article 68 a acquis force de chose jugée, les membres du groupe peuvent adresser une demande de réparation à la personne déclarée responsable par le jugement mentionné à l'article 66. La procédure individuelle de réparation des préjudices définie au paragraphe 1 de la présente sous-section est alors applicable.

Une amende civile d'un montant maximal de 50 000 € peut être prononcée contre le demandeur ou le défendeur à l'instance lorsque celui-ci a, de manière dilatoire ou abusive, fait obstacle à la conclusion d'un accord sur le fondement du jugement mentionné à l'article 68.

Sous-section 3. *Gestion des fonds reçus au titre de l'indemnisation des membres du groupe*

Art. 74. – Sous réserve des dispositions législatives relatives au maniement des fonds des professions judiciaires réglementées, toute somme reçue au titre de l'indemnisation des personnes lésées membres du groupe est immédiatement versée sur un compte ouvert auprès de la Caisse des dépôts et consignations. Celui-ci ne peut faire l'objet de mouvements en débit que pour le règlement de l'affaire qui est à l'origine du dépôt.

Section 4. *Médiation*

Art. 75. – La personne mentionnée à l'article 63 de la présente loi peut participer à une médiation, dans les conditions fixées au chapitre Ier du titre II de la loi n° 95-125 du 8 février 1995 relative à l'organisation des juridictions et à la procédure civile, pénale et administrative, afin d'obtenir la réparation des préjudices individuels.

Art. 76. – Tout accord négocié au nom du groupe est soumis à l'homologation du juge, qui vérifie s'il est conforme aux intérêts de ceux auxquels il a vocation à s'appliquer et lui donne force exécutoire.

Cet accord précise les mesures de publicité nécessaires pour informer de son existence les personnes susceptibles d'être indemnisées sur son fondement, ainsi que les délais et modalités pour en bénéficier.

Section 5. *Dispositions diverses*

Art. 77. – L'action de groupe suspend la prescription des actions individuelles en réparation des préjudices résultant des manquements constatés par le juge ou des faits retenus dans l'accord homologué en application de l'article 76.

Le délai de prescription recommence à courir, pour une durée qui ne peut être inférieure à six mois, à compter de la date à laquelle le jugement n'est plus susceptible de recours ordinaire ou de pourvoi en cassation ou à compter de la date de l'homologation de l'accord.

Art. 78. – Le jugement mentionné à l'article 66 et celui résultant de l'application de l'article 76 ont autorité de la chose jugée à l'égard de chacune des personnes dont le préjudice a été réparé au terme de la procédure.

Art. 79. – L'adhésion au groupe ne fait pas obstacle au droit d'agir selon les voies de droit commun pour obtenir la réparation des préjudices n'entrant pas dans le champ défini par le jugement mentionné à l'article 66 qui n'est plus susceptible de recours ordinaire ou de pourvoi en cassation ou d'un accord homologué en application de l'article 76.

Art. 80. – N'est pas recevable l'action de groupe qui se fonde sur le même fait générateur, le même manquement et la réparation des mêmes préjudices que ceux reconnus par le jugement mentionné à l'article 66 ou par un accord homologué en application de l'article 76.

Art. 81. – Lorsque le juge a été saisi d'une action en application de l'article 62 et que le demandeur à l'action est défaillant, toute personne ayant qualité pour agir à titre principal peut demander au juge sa substitution dans les droits du demandeur.

Art. 82. – Est réputée non écrite toute clause ayant pour objet ou pour effet d'interdire à une personne de participer à une action de groupe.

Art. 83. – Le demandeur à l'action peut agir directement contre l'assureur garantissant la responsabilité civile du responsable en application de l'article L. 124-3 du code des assurances.

....

■ LOI ORGANIQUE 2011-333 DU 29 MARS 2011

relative au Défenseur des droits (JO 30) modifiée par lois 2016-1690 du 9 décembre 2016 (JO 10), 2017-54, 55 du 20 janvier 2017 (JO 21) et 2019-221 du 23 mars 2019 (JO 24).

TITRE Ier. - Dispositions *générales*

Art. 1er. – Le Défenseur des droits est nommé par décret en conseil des ministres, après application de la procédure prévue au dernier alinéa de l'article 13 de la Constitution.

Il ne peut être mis fin à ses fonctions que sur sa demande ou en cas d'empêchement dans des conditions définies par décret en Conseil d'État.

Art. 2. – Le Défenseur des droits, autorité constitutionnelle indépendante, ne reçoit, dans l'exercice de ses attributions, aucune instruction.

Le Défenseur des droits et ses adjoints ne peuvent être poursuivis, recherchés, arrêtés, détenus ou jugés à l'occasion des opinions qu'ils émettent ou des actes qu'ils accomplissent dans l'exercice de leurs fonctions.

Art. 3. – Les fonctions de Défenseur des droits et celles de ses adjoints sont incompatibles avec celles de membre du Gouvernement, du Conseil constitutionnel, du Conseil supérieur de la magistrature et du Conseil économique, social et environnemental ainsi qu'avec tout mandat électif.

Le membre du Gouvernement, du Conseil constitutionnel, du Conseil supérieur de la magistrature, du Conseil économique, social et environnemental ou le titulaire d'un mandat électif qui est nommé Défenseur des droits ou adjoint est réputé avoir opté pour ces dernières fonctions s'il n'a pas exprimé de volonté contraire dans les huit jours suivant la publication au *Journal officiel* de sa nomination.

Les fonctions de Défenseur des droits et celles de ses adjoints sont, en outre, incompatibles avec toute autre fonction ou emploi public et toute activité professionnelle ainsi qu'avec toute fonction de président et de membre de conseil d'administration, de président et de membre de directoire, de président et de membre de conseil de surveillance, et d'administrateur délégué dans toute société, entreprise ou établissement.

Dans un délai d'un mois suivant la publication de sa nomination comme Défenseur des droits ou comme un de ses adjoints, la personne nommée doit cesser toute activité incompatible avec ses nouvelles fonctions. Si elle est fonctionnaire ou magistrat, elle est placée en position de détachement de plein droit pendant la durée de ses fonctions et ne peut recevoir, au cours de cette période, aucune promotion au choix.

TITRE II. - *Dispositions relatives aux compétences et à la saisine du Défenseur des droits*

Art. 4. – Le Défenseur des droits est chargé :

1° De défendre les droits et libertés dans le cadre des relations avec les administrations de l'État, les collectivités territoriales, les établissements publics et les organismes investis d'une mission de service public ;

2° De défendre et de promouvoir l'intérêt supérieur et les droits de l'enfant consacrés par la loi ou par un engagement international régulièrement ratifié ou approuvé par la France ;

3° De lutter contre les discriminations, directes ou indirectes, prohibées par la loi ou par un engagement international régulièrement ratifié ou approuvé par la France ainsi que de promouvoir l'égalité ;

4° De veiller au respect de la déontologie par les personnes exerçant des activités de sécurité sur le territoire de la République.

Art. 5. – Le Défenseur des droits peut être saisi :

1° Par toute personne physique ou morale qui s'estime lésée dans ses droits et libertés par le fonctionnement d'une administration de l'État, d'une collectivité territoriale, d'un établissement public ou d'un organisme investi d'une mission de service public ;

2° Par un enfant qui invoque la protection de ses droits ou une situation mettant en cause son intérêt, par ses représentants légaux, les membres de sa famille, les services médicaux ou sociaux ou toute association régulièrement déclarée depuis au moins cinq ans à la date des faits et se proposant par ses statuts de défendre les droits de l'enfant ;

3° Par toute personne qui s'estime victime d'une discrimination, directe ou indirecte, prohibée par la loi ou par un engagement international régulièrement ratifié ou approuvé par la France, ou par toute association régulièrement déclarée depuis au moins cinq ans à la date des faits se proposant par ses statuts de combattre les discriminations ou d'assister les victimes de discriminations, conjointement avec la personne s'estimant victime de discrimination ou avec son accord ;

4° Par toute personne qui a été victime ou témoin de faits dont elle estime qu'ils constituent un manquement aux règles de déontologie dans le domaine de la sécurité.

Le Défenseur des droits peut être saisi des agissements de personnes publiques ou privées.

Il peut en outre se saisir d'office ou être saisi par les ayants droit de la personne dont les droits et libertés sont en cause.

Il est saisi des réclamations qui sont adressées à ses adjoints.

Art. 6. – La saisine du Défenseur des droits est gratuite.

Elle est précédée de démarches préalables auprès des personnes publiques ou des organismes mis en cause, sauf lorsqu'elle est présentée au titre des compétences mentionnées aux 2° à 4° de l'article 4.

La saisine du Défenseur des droits n'interrompt ni ne suspend par elle-même les délais de prescription des actions en matière civile, administrative ou pénale, non plus que ceux relatifs à l'exercice de recours administratifs ou contentieux.

Art. 7. – Une réclamation peut être adressée à un député, à un sénateur ou à un représentant français au Parlement européen, qui la transmet au Défenseur des droits s'il estime qu'elle appelle son intervention. Le Défenseur des droits informe le député, le sénateur ou le représentant français au Parlement européen des suites données à cette transmission.

Les membres du Parlement peuvent, de leur propre initiative, saisir le Défenseur des droits d'une question qui leur paraît appeler son intervention.

Sur la demande de l'une des commissions permanentes de son assemblée, le président de l'Assemblée nationale ou le président du Sénat peut transmettre au Défenseur des droits, dans les domaines de sa compétence, toute pétition dont l'assemblée a été saisie.

Le Défenseur des droits instruit également les réclamations qui lui sont transmises par le Médiateur européen ou un homologue étranger et qui lui paraissent relever de sa compétence et appeler son intervention.

Art. 8. – Lorsqu'il se saisit d'office ou lorsqu'il est saisi autrement qu'à l'initiative de la personne s'estimant lésée ou, s'agissant d'un enfant, de ses représentants légaux, le Défenseur des droits ne peut intervenir qu'à la condition que cette personne ou, le cas échéant, ses ayants droit ait été avertie et ne se soit pas opposée à son intervention. Toutefois, il peut toujours se saisir des cas lui paraissant mettre en cause l'intérêt supérieur d'un enfant et des cas relatifs à des personnes qui ne sont pas identifiées ou dont il ne peut recueillir l'accord.

Art. 9. – Lorsque le Défenseur des droits transmet une réclamation à une autre autorité indépendante investie d'une mission de protection des droits et libertés, il peut accompagner cette transmission de ses observations et demander à être informé des suites données à celles-ci.

Le Défenseur des droits est associé, à sa demande, aux travaux de la Commission nationale de l'informatique et des libertés et de la Commission d'accès aux documents administratifs.

Art. 10. – Le Défenseur des droits ne peut être saisi ni ne peut se saisir des différends susceptibles de s'élever entre les personnes publiques et organismes mentionnés au 1° de l'article 4.

Il ne peut être saisi ni ne peut se saisir, sauf au titre de ses compétences mentionnées au 3° et au 5° du même article 4, des différends susceptibles de s'élever entre, d'une part, ces personnes publiques et organismes et, d'autre part, leurs agents, à raison de l'exercice de leurs fonctions.

Il ne peut ni être saisi ni se saisir, au titre de ses compétences mentionnées au 5° du même article 4, des différends qui ne relèvent pas des situations prévues par la loi.

TITRE III. - *Dispositions relatives à l'intervention du Défenseur des droits*

CHAPITRE Ier - *Dispositions relatives aux collèges*

....

CHAPITRE II - *Dispositions relatives aux moyens d'information du Défenseur des droits*

Art. 18. – Le Défenseur des droits peut demander des explications à toute personne physique ou morale mise en cause devant lui. À cet effet, il peut entendre toute personne dont le concours lui paraît utile.

Les personnes physiques ou morales mises en cause doivent faciliter l'accomplissement de sa mission.

Elles sont tenues d'autoriser leurs agents et préposés à répondre à ses demandes. Ceux-ci sont tenus de répondre aux demandes d'explications qu'il leur adresse et de déférer à ses convocations. Les convocations doivent mentionner l'objet de l'audition.

Lorsque le Défenseur des droits est saisi, les personnes auxquelles il demande des explications peuvent se faire assister du conseil de leur choix. Un procès-verbal contradictoire de l'audition est dressé et remis à la personne entendue.

Si le Défenseur des droits en fait la demande, les ministres donnent instruction aux corps de contrôle d'accomplir, dans le cadre de leur compétence, toutes vérifications ou enquêtes. Ils l'informent des suites données à ces demandes.

Art. 19. – Le Défenseur des droits peut demander au vice-président du Conseil d'État ou au premier président de la Cour des comptes de faire procéder à toutes études.

Art. 20. – Les personnes physiques ou morales mises en cause communiquent au Défenseur des droits, sur sa demande motivée, toutes informations et pièces utiles à l'exercice de sa mission.

Le Défenseur des droits peut recueillir sur les faits portés à sa connaissance toute information qui lui apparaît nécessaire sans que son caractère secret ou confidentiel puisse lui être opposé, sauf en matière de secret concernant la défense nationale, la sûreté de l'État ou la politique extérieure. Le secret de l'enquête et de l'instruction ne peut lui être opposé.

Les informations couvertes par le secret médical ou par le secret professionnel applicable aux relations entre un avocat et son client ne peuvent lui être communiquées qu'à la demande expresse de la personne concernée. Toutefois, les informations couvertes par le secret médical peuvent lui être communiquées sans le consentement de la personne concernée lorsqu'elles sont relatives à des privations, sévices et violences physiques, sexuelles ou psychiques commis sur un mineur ou une personne qui n'est pas en mesure de se protéger en raison de son âge ou de son incapacité physique ou psychique.

Les personnes astreintes au secret professionnel ne peuvent être poursuivies en application de l'article 226-13 du code pénal pour les informations à caractère secret qu'elles ont pu révéler au Défenseur des droits, dès lors que ces informations entrent dans le champ de compétence de ce dernier tel que prévu à l'article 4 de la présente loi organique.

Les personnes ayant saisi le Défenseur des droits ne peuvent faire l'objet, pour ce motif, de mesures de rétorsion ou de représailles.

Art. 21. – Lorsque ses demandes formulées en vertu de l'article 18, à l'exception du dernier alinéa, ou de l'article 20 ne sont pas suivies d'effet, le Défenseur des droits peut mettre en demeure les personnes intéressées de lui répondre dans un délai qu'il fixe.

Lorsque la mise en demeure n'est pas suivie d'effet, il peut saisir le juge des référés d'une demande motivée aux fins d'ordonner toute mesure que ce dernier juge utile.

Art. 22. – I. – Le Défenseur des droits peut procéder à :

1° Des vérifications sur place dans les locaux administratifs ou privés des personnes mises en cause ;

2° Des vérifications sur place dans les lieux, locaux, moyens de transport accessibles au public et dans les locaux professionnels exclusivement consacrés à cet usage.

Lors de ses vérifications sur place, le Défenseur des droits peut entendre toute personne susceptible de fournir des informations.

II. – L'autorité compétente peut s'opposer à une vérification sur place, dans les locaux administratifs d'une personne publique, au titre de l'une des compétences prévues par les 1° à 3° et 5° de l'article 4, pour des motifs graves et impérieux liés à la défense nationale ou à la sécurité publique.

L'autorité compétente doit alors fournir au Défenseur des droits les justifications de son opposition.

Le Défenseur des droits peut saisir le juge des référés d'une demande motivée afin qu'il autorise les vérifications sur place. Les vérifications s'effectuent alors sous l'autorité et le contrôle du juge qui les a autorisées. Celui-ci peut se rendre dans les locaux administratifs durant l'intervention. À tout moment, il peut décider l'arrêt ou la suspension des vérifications.

III. – Le responsable de locaux privés est préalablement informé de son droit d'opposition à la visite ou à la vérification sur place. Lorsqu'il exerce ce droit, la visite ou la vérification sur place ne peut se dérouler qu'après l'autorisation du juge des libertés et de la détention du tribunal judiciaire dans le ressort duquel sont situés les locaux à visiter, qui statue dans des conditions fixées par décret en Conseil d'État. Toutefois, lorsque l'urgence, la gravité des faits à l'origine du contrôle ou le risque de destruction ou de dissimulation de documents le justifient, la visite peut avoir lieu sans que le responsable des locaux en ait été informé, sur autorisation préalable du juge des libertés et de la détention. Dans ce cas, le responsable des lieux ne peut s'opposer à la visite.

La visite s'effectue sous l'autorité et le contrôle du juge des libertés et de la détention qui l'a autorisée, en présence de l'occupant des lieux ou de son représentant, qui peut se faire assister d'un conseil de son choix ou, à défaut, en présence de deux témoins qui ne sont pas placés sous l'autorité des personnes chargées de procéder au contrôle.

L'ordonnance ayant autorisé la visite est exécutoire au seul vu de la minute. Elle mentionne que le juge ayant autorisé la visite peut être saisi à tout moment d'une demande de suspension ou d'arrêt de cette visite. Elle indique le délai et la voie de recours. Elle peut faire l'objet, suivant les règles prévues par le code de procédure civile, d'un appel devant le premier président de la cour d'appel. Celui-ci connaît également des recours contre le déroulement des opérations de visite.

Art. 23. – Lorsque le Défenseur des droits est saisi, ou se saisit d'office, de faits donnant lieu à une enquête préliminaire ou de flagrance ou pour lesquels une information judiciaire est ouverte ou des poursuites judiciaires sont en cours, il doit recueillir l'accord préalable des juridictions saisies ou du procureur de la République, selon le cas, pour la mise en œuvre de l'article 18, à l'exception du dernier alinéa, des articles 20 et 22. Lorsqu'il intervient au titre de sa compétence prévue au 3° de l'article 4, il doit également recueillir l'accord préalable :

– des juridictions saisies ou du procureur de la République, pour la mise en œuvre de l'article 26 et du I de l'article 28, lorsque les faits donnent lieu à une enquête préliminaire ou de flagrance ou qu'une information judiciaire est ouverte ou des poursuites judiciaires sont en cours ;

– du procureur de la République, pour la mise en œuvre du II de l'article 28, lorsque les faits donnent lieu à une enquête préliminaire ou de flagrance.

CHAPITRE III - Dispositions *relatives aux pouvoirs du Défenseur des droits*

Art. 24. – Le Défenseur des droits apprécie si les faits qui font l'objet d'une réclamation ou qui lui sont signalés appellent une intervention de sa part.

Il indique les motifs pour lesquels il décide de ne pas donner suite à une saisine.

Art. 25. – Le Défenseur des droits peut faire toute recommandation qui lui apparaît de nature à garantir le respect des droits et libertés de la personne lésée et à régler les difficultés soulevées devant lui ou à en prévenir le renouvellement.

Il peut recommander de régler en équité la situation de la personne dont il est saisi.

Les autorités ou personnes intéressées informent le Défenseur des droits, dans le délai qu'il fixe, des suites données à ses recommandations.

À défaut d'information dans ce délai ou s'il estime, au vu des informations reçues, qu'une recommandation n'a pas été suivie d'effet, le Défenseur des droits peut enjoindre à la personne mise en cause de prendre, dans un délai déterminé, les mesures nécessaires.

Lorsqu'il n'a pas été donné suite à son injonction, le Défenseur des droits établit un rapport spécial, qui est communiqué à la personne mise en cause. Le Défenseur des droits rend public ce rapport et, le cas échéant, la réponse de la personne mise en cause, selon des modalités qu'il détermine.

Art. 26. – Le Défenseur des droits peut procéder à la résolution amiable des différends portés à sa connaissance, par voie de médiation.

Les constatations effectuées et les déclarations recueillies au cours de la médiation ne peuvent être ni produites, ni invoquées ultérieurement dans les instances civiles ou administratives sans le consentement des personnes intéressées, sauf si la divulgation de l'accord est nécessaire à sa mise en œuvre ou si des raisons d'ordre public l'imposent.

Art. 27. – Lorsque le Défenseur des droits estime, dans les conditions définies à l'article 24, que la réclamation d'une personne s'estimant victime d'une discrimination ou invoquant la protection des droits de l'enfant appelle une intervention de sa part, il l'assiste dans la constitution de son dossier et l'aide à identifier les procédures adaptées à son cas, y compris lorsque celles-ci incluent une dimension internationale.

Art. 28. – I. – Le Défenseur des droits peut proposer à l'auteur de la réclamation et à la personne mise en cause de conclure une transaction dont il peut recommander les termes.

II. – Lorsqu'il constate des faits constitutifs d'une discrimination sanctionnée par les articles 225-2 et 432-7 du code pénal et L. 1146-1 et L. 2146-2 du code du travail, le Défenseur des droits peut, si ces faits n'ont pas déjà donné lieu à la mise en mouvement de l'action publique, proposer à l'auteur des faits une transaction consistant dans le versement d'une amende transactionnelle dont le montant ne peut excéder 3 000 € s'il s'agit d'une personne physique et 15 000 € s'il s'agit d'une personne morale et, s'il y a lieu, dans l'indemnisation de la victime. Le montant de l'amende est fixé en fonction de la gravité des faits ainsi que des ressources et des charges de l'auteur des faits.

La transaction proposée par le Défenseur des droits et acceptée par l'auteur des faits ainsi que, s'il y a lieu, par la victime doit être homologuée par le procureur de la République.

La personne à qui est proposée une transaction est informée qu'elle peut se faire assister par un avocat avant de donner son accord à la proposition du Défenseur des droits.

III. – Dans les cas prévus au II, le Défenseur des droits peut également proposer que la transaction consiste dans :

1° L'affichage d'un communiqué, dans des lieux qu'elle précise et pour une durée qui ne peut excéder deux mois ;

2° La transmission, pour information, d'un communiqué au comité d'entreprise ou aux délégués du personnel ;

3° La diffusion d'un communiqué, par son insertion au *Journal officiel* ou dans une ou plusieurs autres publications de presse, ou par la voie de services de communication électronique, sans que ces publications ou services de communication électronique puissent s'y opposer ;

4° L'obligation de publier la décision au sein de l'entreprise.

Les frais d'affichage ou de diffusion sont à la charge de l'auteur des faits, sans pouvoir toutefois excéder le montant maximal de l'amende transactionnelle prévue au II.

IV. – Les actes tendant à la mise en œuvre ou à l'exécution de la transaction mentionnée au même II sont interruptifs de la prescription de l'action publique.

L'exécution de la transaction constitue une cause d'extinction de l'action publique. Elle ne fait cependant pas échec au droit de la partie civile de délivrer citation directe devant le tribunal correctionnel. Le tribunal, composé d'un seul magistrat exerçant les pouvoirs conférés au président, ne statue alors que sur les seuls intérêts civils.

En cas de refus de la proposition de transaction ou d'inexécution d'une transaction acceptée et homologuée par le procureur de la République, le Défenseur des droits, conformément à l'article 1er du code de procédure pénale, peut mettre en mouvement l'action publique par voie de citation directe.

V. – Un décret précise les modalités d'application des II à IV.

Art. 29. – Le Défenseur des droits peut saisir l'autorité investie du pouvoir d'engager les poursuites disciplinaires des faits dont il a connaissance et qui lui paraissent de nature à justifier une sanction.

Cette autorité informe le Défenseur des droits des suites réservées à sa saisine et, si elle n'a pas engagé de procédure disciplinaire, des motifs de sa décision.

À défaut d'information dans le délai qu'il a fixé ou s'il estime, au vu des informations reçues, que sa saisine n'a pas été suivie des mesures nécessaires, le Défenseur des droits peut établir un rapport spécial qui est communiqué à l'autorité mentionnée au premier alinéa. Il peut rendre publics ce rapport et, le cas échéant, la réponse de cette autorité selon des modalités qu'il détermine.

L'alinéa précédent ne s'applique pas à la personne susceptible de faire l'objet de la saisine du Conseil supérieur de la magistrature prévue à l'avant-dernier alinéa de l'article 65 de la Constitution.

Art. 30. – Le Défenseur des droits, lorsqu'il a constaté une discrimination directe ou indirecte mentionnée au 3° de l'article 4 dans l'activité professionnelle d'une personne physique ou morale soumise à agrément ou autorisation par une autorité publique, ou à l'encontre de laquelle une telle autorité dispose du pouvoir de prendre des mesures conservatoires ou des sanctions pour non-respect de la législation relative aux discriminations ou au titre de l'ordre et des libertés publics peut recommander à cette autorité publique de faire usage des pouvoirs de suspension ou de sanction dont elle dispose.

Le Défenseur des droits est tenu informé des suites données à sa recommandation.

Art. 31. – Lorsque le Défenseur des droits est saisi d'une réclamation, non soumise à une autorité juridictionnelle, qui soulève une question touchant à l'interprétation ou à la portée d'une disposition législative ou réglementaire, il peut consulter le Conseil d'État. Le Défenseur des droits peut rendre public cet avis. Ce dernier est rendu dans des conditions fixées par décret en Conseil d'État.

Art. 32. – Le Défenseur des droits peut recommander de procéder aux modifications législatives ou réglementaires qui lui apparaissent utiles.

Il peut être consulté par le Premier ministre sur tout projet de loi intervenant dans son champ de compétence.

Il peut également être consulté par le Premier ministre, le président de l'Assemblée nationale ou le président du Sénat sur toute question relevant de son champ de compétence.

Il contribue, à la demande du Premier ministre, à la préparation et à la définition de la position française dans les négociations internationales dans les domaines relevant de son champ de compétence.

Dans les cas prévus aux deuxième et troisième alinéas, le Défenseur des droits rend son avis dans un délai d'un mois.

Art. 33. – Le Défenseur des droits ne peut remettre en cause une décision juridictionnelle.

Les juridictions civiles, administratives et pénales peuvent, d'office ou à la demande des parties, l'inviter à présenter des observations écrites ou orales. Le Défenseur des droits peut lui-même demander à présenter des observations écrites ou à être entendu par ces juridictions ; dans ce cas, son audition est de droit.

Sans préjudice de l'application du II de l'article 28, lorsqu'il apparaît au Défenseur des droits que les faits portés à sa connaissance sont constitutifs d'un crime ou d'un délit, il en informe le procureur de la République. Il lui fait savoir, le cas échéant, qu'une mission de médiation a été initiée en application de l'article 26.

Le procureur de la République informe le Défenseur des droits des suites données à ses transmissions.

Le Défenseur des droits porte à la connaissance de l'autorité judiciaire les affaires concernant un mineur susceptibles de donner lieu à des mesures d'assistance éducative prévues à l'article 375 du code civil ou toutes informations qu'il aurait recueillies à l'occasion de sa saisine par un mineur impliqué dans une procédure en cours.

Art. 34. – Le Défenseur des droits mène toute action de communication et d'information jugée opportune dans ses différents domaines de compétence.

Il favorise à cette fin la mise en œuvre de programmes de formation. Il conduit et coordonne des travaux d'étude et de recherche. Il suscite et soutient les initiatives de tous organismes publics ou privés en ce qui concerne l'élaboration et l'adoption d'engagements visant à la promotion des droits et de l'égalité. Il identifie et promeut toute bonne pratique en la matière.

Art. 35. – Le Défenseur des droits saisit les autorités locales compétentes de tout élément susceptible de justifier une intervention du service en charge de l'aide sociale à l'enfance.

Art. 36. – I. – Le Défenseur des droits peut, après en avoir informé la personne mise en cause, décider de rendre publics ses avis, recommandations ou décisions avec, le cas échéant, la réponse faite par la personne mise en cause, selon des modalités qu'il détermine.

II. – Il présente chaque année au Président de la République, au président de l'Assemblée nationale et au président du Sénat :

1° Un rapport qui rend compte de son activité générale et comprend une annexe thématique relative à chacun de ses domaines de compétences énumérés à l'article 4 ;

2° Un rapport consacré aux droits de l'enfant à l'occasion de la journée internationale des droits de l'enfant.

Les rapports visés aux 1° et 2° sont publiés et peuvent faire l'objet d'une communication du Défenseur des droits devant chacune des deux assemblées.

III. – Le Défenseur des droits peut également présenter tout autre rapport au Président de la République, au président de l'Assemblée nationale et au président du Sénat. Ce rapport est publié.

TITRE IV. - *Dispositions relatives à l'organisation et au fonctionnement du Défenseur des droits*

....

TITRE V. - *Dispositions finales*

....

Art. 44. – I. – La présente loi organique entre en vigueur le lendemain de sa publication. À compter de cette date, le Défenseur des droits exerce les missions visées au 1° de l'article 4 et succède au Médiateur de la République dans ses droits et obligations.

II. – Toutefois, entrent en vigueur au premier jour du deuxième mois suivant la date de promulgation de la présente loi organique, en tant qu'ils concernent les missions visées aux 2° à 4° de l'article 4 :

– au second alinéa de l'article 2, les mots : « et ses adjoints » ;
– aux premier et avant-dernier alinéas de l'article 3, les mots : « et celles de ses adjoints » ;
– au deuxième alinéa du même article 3, les mots : « ou adjoint » ;
– à la première phrase du dernier alinéa dudit article 3, les mots : « ou comme un de ses adjoints » ;
– les 2° à 4° des articles 4 et 5 ;
– le dernier alinéa de l'article 5 ;
– à la fin du deuxième alinéa de l'article 6, les mots : « , sauf lorsqu'elle est présentée au titre des compétences mentionnées aux 2° à 4° de l'article 4 » ;
– à la dernière phrase de l'article 8, les mots : « des cas lui paraissant mettre en cause l'intérêt supérieur d'un enfant et » ;
– au second alinéa de l'article 10, les mots : « , sauf au titre de ses compétences mentionnées au 3° du même article 4, » ;
– les articles 11 à 17 ;
– au premier alinéa du II de l'article 22, la référence : « à 3° » ;
– la dernière phrase du premier alinéa et les deux derniers alinéas de l'article 23 ;
– l'article 27, les II à V de l'article 28 et l'article 30 ;
– le dernier alinéa de l'article 33 ;
– les deux dernières phrases du second alinéa de l'article 34 ;
– l'article 35 ;
– le 2° du II de l'article 36 et, au dernier alinéa du même II, la référence : « et 2° » ;
– l'avant-dernier alinéa de l'article 37 et, au dernier alinéa du même article, les mots : « et quatrième » ;
– au premier alinéa de l'article 38, les mots : « ses adjoints, les autres membres des collèges, » ;
– à l'article 39, les mots : « ses adjoints, aux autres membres des collèges, à » ;
– au troisième alinéa du 1° de l'article 42, les mots : « et ses adjoints » ;
– le 6° du même article 42, en tant qu'il supprime, aux articles LO 489, LO 516 et LO 544 du code électoral, la référence au Défenseur des enfants ;
– au I de l'article 43, les mots : « de la Commission nationale de déontologie de la sécurité, du Défenseur des enfants, de la Haute Autorité de lutte contre les discriminations et pour l'égalité et » ;
– au 1° du II du même article 43, les mots : « du Défenseur des enfants, de la Haute Autorité de lutte contre les discriminations et pour l'égalité, » ;
– au 2° du même II, les mots : « et du Défenseur des enfants » ;
– le 3° dudit II en tant qu'il supprime la référence au Défenseur des enfants au 5° du I de l'article 109 de la loi organique n° 2004-192 du 27 février 2004 portant statut d'autonomie de la Polynésie française ;
– au 1° du III du même article 43, les mots : « , du Défenseur des enfants, de la Haute Autorité de lutte contre les discriminations et pour l'égalité, ».

À compter du premier jour du deuxième mois suivant la promulgation de la présente loi organique, le Défenseur des droits succède au Défenseur des enfants, à la Commission nationale de déontologie de la sécurité et à la Haute Autorité de lutte contre les discriminations et pour l'égalité dans leurs droits et obligations au titre de leurs activités respectives.

III. – Les détachements, les mises à disposition en cours et les contrats des agents contractuels de droit public auprès des autorités auxquelles succède le Défenseur des droits se poursuivent auprès de lui.

Les procédures ouvertes par le Médiateur de la République, le Défenseur des enfants, la Commission nationale de déontologie de la sécurité et la Haute Autorité de lutte contre les discriminations et pour l'égalité et non clôturées aux dates d'entrée en vigueur mentionnées au I et au premier alinéa du II se poursuivent devant le Défenseur des droits. À cette fin, les actes valablement accomplis par le Médiateur de la République, le Défenseur des enfants, la Commission nationale de déontologie de la sécurité et la Haute Autorité de lutte contre les discriminations et pour l'égalité sont réputés avoir été valablement accomplis par le Défenseur des droits.

La présente loi sera exécutée comme loi de l'État.

Fait à Paris, le 29 mars 2011.

■ LOI 2011-334 DU 29 MARS 2011

relative au Défenseur des droits (JO 30) modifiée par loi 2017-55 du 20 janvier 2017 (JO 21).

■ DÉCRET 2011-904 DU 29 JUILLET 2011

relatif à la procédure applicable devant le Défenseur des droits (JO 30) modifié par décret 2019-966 du 18 septembre 2019 (JO 19, entrée en vigueur le 01.01.2020).

■ DÉCRET 2011-905 DU 29 JUILLET 2011

relatif à l'organisation et au fonctionnement des services du Défenseur des droits (JO 30) modifié par décrets 2011-1555 du 17 novembre 2011 (JO 18), 2012-213 du 15 février 2012 (JO 16), 2016-714 du 30 mai 2016 (JO 1er juin) et 2020-173 du 27 février 2020 (JO 28).

■ DÉCRET 2020-872 DU 15 JUILLET 2020

relatif à la coordination interministérielle en matière de lutte contre la fraude et à la création d'une mission interministérielle de coordination anti-fraude (JO 17).

Art. 1er. – Il est créé une mission interministérielle, dénommée « mission interministérielle de coordination anti-fraude », chargée de veiller à la bonne coordination de l'ensemble des partenaires engagés dans la lutte contre la fraude aux finances publiques, qu'elle se rapporte aux prélèvements obligatoires fiscaux et prélèvements sociaux ainsi qu'aux autres recettes des collectivités publiques ou aux prestations sociales. Elle contribue également à la lutte contre la fraude portant atteinte aux intérêts financiers de l'Union européenne.

Cette mission est placée, par délégation du Premier ministre, sous l'autorité du ministre chargé du budget. Elle est rattachée au secrétariat général des ministères économiques et financiers pour sa gestion administrative et financière. Elle peut faire appel, pour l'exercice de ses attributions, aux services des ministères et des organismes concernés par la lutte contre la fraude, et notamment des organismes de protection sociale.

Art. 2. – Le chef de la mission est nommé par arrêté conjoint du Premier ministre et du ministre chargé du budget.

La mission est composée de personnels affectés ou mis à disposition par le ministère chargé du budget. Elle peut aussi accueillir des personnels d'autres ministères, des caisses et institutions de sécurité sociale ou de leurs groupements ou d'autres organismes de protection sociale ainsi que des contractuels.

Art. 3. – La mission est notamment chargée :

– d'assurer un suivi actif de groupes opérationnels nationaux anti-fraude qui réunissent périodiquement autour d'une direction chef de file les administrations et organismes concernés par des thématiques de fraude prioritaires. Ces groupes ont pour missions de promouvoir les échanges opérationnels entre partenaires et de définir des stratégies communes d'action. Les thématiques prioritaires sont arrêtées par le comité interministériel anti-fraude mentionné à l'article 4 sur la base des propositions de la mission, après concertation avec l'ensemble des partenaires concernés ;

– de coordonner l'activité des comités opérationnels départementaux anti-fraude mentionnés à l'article 8 dont les priorités d'action sont arrêtées par le comité interministériel anti-fraude sur la base des propositions de la mission, après concertation avec l'ensemble des partenaires concernés ;

– de faciliter la coopération avec les instances européennes chargées de la protection des intérêts financiers de l'Union européenne, et notamment les échanges opérationnels avec l'Office européen de lutte anti-fraude, dans le cadre du règlement (UE, EURATOM) du Parlement et du Conseil du 11 septembre 2013 susvisé ;

– d'informer le Premier ministre et le ministre chargé du budget, au moins une fois par an, de l'activité des groupes opérationnels nationaux anti-fraude, de celle des comités opérationnels départementaux anti-fraude, ainsi que des relations avec les instances européennes chargées de la lutte contre la fraude et plus particulièrement avec l'Office européen de lutte anti-fraude. Elle propose, le cas échéant, d'éventuelles évolutions ;

– d'impulser de nouvelles synergies en matière d'échanges d'informations entre partenaires, notamment en matière d'interconnexion des données dans le respect de la loi du 6 janvier 1978 susvisée ;

– de proposer toute réforme visant à favoriser une plus grande efficacité et une meilleure articulation des moyens d'investigation et de sanction ainsi qu'un meilleur recouvrement en matière de lutte contre la fraude aux finances publiques ;

– de contribuer à une meilleure connaissance de cette fraude en élaborant tous les ans un document de politique transversale dans le cadre du projet de loi de finances et en favorisant les actions de formation à destination des partenaires.

Art. 4. – Il est institué un comité interministériel anti-fraude qui est informé de l'activité des groupes opérationnels nationaux anti-fraude et de celle des comités opérationnels départementaux anti-fraude. Il est chargé de définir ou redéfinir, en tant que de besoin, leurs thématiques et orientations d'actions prioritaires sur la base des propositions de la mission, après concertation avec l'ensemble des partenaires concernés.

Art. 5. – Le comité interministériel anti-fraude est présidé par le Premier ministre et comprend le ministre chargé du budget, qui le supplée en cas d'absence ou d'empêchement, ainsi que les ministres chargés du travail, de la sécurité sociale, de la santé, de la justice, de l'intérieur, de l'immigration, de l'agriculture et des transports. Le Premier ministre et les ministres peuvent être représentés.

Selon les questions inscrites à l'ordre du jour, d'autres membres du Gouvernement ainsi que les présidents des organismes de sécurité sociale, des organismes de gestion de l'assurance chômage, de l'Association pour le régime de retraite complémentaire des salariés et de l'Association générale des institutions de retraite des cadres, ou leur représentant, peuvent être appelés à siéger au comité ainsi que les responsables d'autres organismes concernés par la lutte contre la fraude aux finances publiques ou leur représentant.

Le comité peut entendre, en tant que de besoin, des représentants des collectivités territoriales ainsi que des représentants des organisations professionnelles d'employeurs et les organisations syndicales de salariés représentatives au niveau national et interprofessionnel ou national et multiprofessionnel, des organismes consulaires et chambres professionnelles nationaux et toute personne qualifiée, ainsi que les représentants des directions des ministères concernés par la lutte contre la fraude aux finances publiques.

Art. 6. – Le comité interministériel anti-fraude peut également se réunir sur les questions relatives à la lutte contre le travail illégal distinctes des thématiques et orientations d'actions prioritaires des groupes opérationnels nationaux anti-fraude et des comités opérationnels départementaux anti-fraude. Il détermine notamment les orientations de contrôle et de prévention relatives à la lutte contre le travail illégal et veille à leur mise en œuvre coordonnée. Il est, sur ces questions spécifiques, présidé, en cas d'absence ou d'empêchement du Premier ministre ou de son représentant, par le ministre chargé du travail ou son représentant. Dans cette formation, le comité entend les représentants des organisations professionnelles d'employeurs et des organisations syndicales de salariés représentatives au niveau national et interprofessionnel ou national et multiprofessionnel.

Art. 7. – La coordination en matière de lutte contre la fraude au niveau local s'organise autour du comité opérationnel départemental anti-fraude qui a pour missions, en fonction des orientations des actions prioritaires et en tenant compte des spécificités de chaque territoire :

– de déterminer les actions coordonnées à mettre en place entre partenaires en matière de lutte contre la fraude portant atteinte aux prélèvements obligatoires fiscaux et aux prélèvements sociaux ou à d'autres recettes des collectivités publiques ainsi qu'aux prestations sociales. Il est également compétent en matière de travail illégal. Ces actions sont arrêtées sur la base des propositions des chefs ou agents des services de l'État et des organismes de protection sociale. Le comité peut aussi être saisi par le chef de la mission interministérielle de coordination anti-fraude de toute situation susceptible de justifier l'organisation d'une action coordonnée ;

– de veiller aux échanges opérationnels d'informations entre les services de l'État concernés, d'une part, et entre ces derniers et les organismes de protection sociale, d'autre part ;

– de rendre compte périodiquement de son action à la mission en s'assurant de la transmission périodique des éléments de bilan.

Art. 8. – Le comité est présidé conjointement par le préfet et le procureur de la République près le tribunal judiciaire du chef-lieu du département en associant, le cas échéant, très étroitement les procureurs des autres ressorts judiciaires du département. Il se réunit aussi souvent que nécessaire et au moins une fois par an. Il fixe notamment les grandes orientations en matière de contrôles coordonnés et d'échanges de renseignements et procède au bilan annuel de l'activité du comité.

Il est composé de représentants des services de l'État, de magistrats et de représentants des organismes locaux de protection sociale. Un arrêté conjoint des ministres chargés du budget, de la justice, de l'intérieur, du travail, de la santé, de la sécurité sociale et des transports fixe la liste des membres du comité.

Le comité peut entendre toute personne dont il juge l'audition utile.

Lorsqu'il se réunit en formation restreinte, chaque fois que nécessaire et au moins trois fois par an, il est présidé par le procureur de la République territorialement compétent pour la mise en œuvre des actions coordonnées et des échanges de renseignements ayant une éventuelle incidence pénale. Il comprend alors, outre un représentant du préfet, les services de l'État et des organismes de protection sociale dont les compétences sont requises pour l'examen de questions ou le suivi de procédures dont il se saisit.

Art. 9. – Le comité opérationnel départemental anti-fraude dispose d'un secrétariat permanent, assuré par un ou plusieurs agents des administrations de l'État ou des organismes de protection sociale, dont l'un au moins est compétent en matière de lutte contre le travail illégal. Les secrétaires permanents sont désignés conjointement par les deux présidents.

Le secrétariat permanent prépare les réunions du comité et apporte, le cas échéant, son concours technique à l'organisation des opérations de contrôle. Il communique les relevés de décisions et les synthèses d'opérations à la mission.

Il s'assure de la transmission, entre les services chargés des contrôles, les organismes chargés du recouvrement et les organismes et services chargés des prestations et allocations, des informations et documents nécessaires à l'accomplissement de leurs missions.

Art. 10. – Dans les départements de Paris et des Bouches-du-Rhône, les attributions confiées au préfet par le présent décret sont exercées par le préfet de police.

Art. 11. – Le décret n° 2008-371 du 18 avril 2008 relatif à la coordination de la lutte contre les fraudes et créant une délégation nationale à la lutte contre la fraude est abrogé.

Art. 12. – Les dispositions du présent décret peuvent être modifiées par décret.

....

MÉDAILLE D'HONNEUR DU TRAVAIL

■ DÉCRET 84-591 DU 4 JUILLET 1984

relatif à la médaille d'honneur du travail (JO 12) modifié par décrets 86-401 du 12 mars 1986 (JO 14), 88-199 du 29 février 1988 (JO 2 mars), 2000-1015 du 17 octobre 2000 (JO 19), 2007-259 du 27 février 2007 (JO 28) et 2007-1746 du 12 décembre 2007 (JO 14).

MODERNISATION DU MARCHÉ DU TRAVAIL

■ ACCORD NATIONAL INTERPROFESSIONNEL DU 11 JANVIER 2008

sur la modernisation du marché du travail.

Note Voir arrêté d'extension du 23 juillet 2008 rapporté *infra*.

I – Faciliter l'entrée dans l'entreprise et améliorer le parcours en emploi

Art. 1er. – *Les contrats de travail.* Le contrat à durée indéterminée est la forme normale et générale du contrat de travail.

Le contrat de travail à durée déterminée et le contrat de travail temporaire constituent des moyens de faire face à des besoins momentanés de main-d'œuvre. Leur utilité économique dans un environnement en perpétuelles fluctuations et dans un contexte de concurrence mondiale est avérée.

Le recours à ces contrats de travail doit se faire de manière responsable dans le respect de leur objet et ne peut se justifier que pour faire face à des besoins momentanés de renfort, de transition et de remplacement objectivement identifiables, par le comité d'entreprise ou à défaut par les délégués du personnel (1) dans le cadre de leurs attributions respectives concernant l'évolution de la situation de l'emploi dans l'entreprise.

À l'occasion des réunions prévues aux articles L. 432-4-1 et L. 432-4-2 du code du travail, le chef d'entreprise informe le comité d'entreprise (1) des éléments à sa disposition qui pourraient conduire l'entreprise à faire appel, pour la période à venir, aux contrats à durée déterminée et aux contrats de travail temporaire pour accroissement temporaire d'activité. De même, il porte à la connaissance du comité d'entreprise les éléments qui l'ont conduit à recourir à ces mêmes contrats.

Dans les entreprises dépourvues de comité d'entreprise, le chef d'entreprise communique, une fois par an, ces mêmes informations aux délégués du personnel (1).

Il appartient aux branches professionnelles, à l'occasion de la négociation annuelle obligatoire, de jouer pleinement leur rôle et de s'assurer, à partir du rapport prévu à l'article L. 132-12 du code du travail, qu'il est fait appel à ces types de contrats (CDD, intérim, temps partiel) de façon responsable et dans le respect de leur objet.

En outre, s'agissant des contrats aidés, les parties signataires demandent aux pouvoirs publics de procéder à une simplification et rationalisation des dispositifs existants.

Art. 2. – *L'orientation professionnelle.* L'orientation professionnelle est un élément primordial pour toute personne qui est amenée à faire un choix soit, au cours de son *cursus* scolaire ou universitaire, en faveur d'un métier, soit, au cours de sa vie professionnelle, pour améliorer sa situation ou se reconvertir.

Elle doit être fondée sur une information concrète et facilement accessible, sur les secteurs d'activités, la diversité des métiers, les entreprises et les organisations, ainsi que sur la formation tout au long de la vie. Elle doit également prendre en compte les débouchés professionnels offerts par les différentes filières scolaires et universitaires.

Cette information doit plus largement prendre en compte la situation du marché du travail et s'accompagner d'interventions plus systématiques de professionnels en activité, notamment de jeunes professionnels, dans les établissements d'enseignement, en liaison avec les chefs d'établissement, dans le cadre d'une amélioration des relations entre le monde de l'éducation et le monde de l'entreprise.

Pour favoriser ce type d'action, les branches professionnelles examineront les modalités susceptibles d'être mises en œuvre pour faciliter l'intervention de professionnels dans les établissements d'enseignement.

La qualité des informations disponibles participe à une meilleure information de tous les acteurs et par conséquent doit permettre de diminuer de façon significative le taux d'échec et les sorties sans diplôme ni qualification du système éducatif.

Pour atteindre ces objectifs, les partenaires sociaux diffuseront et valoriseront les informations disponibles, provenant notamment des observatoires prospectifs des métiers et des qualifications, concernant les différents secteurs d'activité et les métiers y afférents et leurs évolutions prévisibles, au besoin par la création d'un portail internet interprofessionnel qui s'appuiera sur les sites existants.

Au-delà de ces dispositions, les parties signataires précisent en annexe les demandes qu'ils entendent présenter aux pouvoirs publics dans ce domaine.

Art. 3. – *L'entrée des jeunes dans la vie professionnelle.* Afin de faciliter aux jeunes l'accès à la vie professionnelle, notamment en CDI, et afin de leur permettre une insertion durable, il convient de mettre en œuvre les dispositions ci-après :

a/ • La durée du stage intégré à un cursus pédagogique réalisé lors de la dernière année d'études est prise en compte dans la durée de la période d'essai, sans que cela puisse la réduire de plus de moitié, sauf accord de branche ou d'entreprise prévoyant des dispositions plus favorables, en cas d'embauche dans l'entreprise à l'issue de la formation.

• Tout stage en entreprise fait l'objet d'une mention particulière sur le passeport formation. Il en est de même des contrats d'apprentissage et des contrats de professionnalisation qui, comme les stages, font partie de la construction du parcours professionnel des jeunes.

b/ Les branches professionnelles rechercheront, en privilégiant la négociation collective, tous les moyens permettant de favoriser l'embauche, prioritairement en CDI, des jeunes ayant accompli un stage, ou exécuté un contrat d'apprentissage ou de professionnalisation dans une entreprise de leur ressort.

c/ À l'issue d'un contrat de travail tout jeune de moins de 25 ans, qui le souhaite, bénéficie d'une prestation spécifique du nouveau service public de l'emploi sous forme d'un examen personnalisé de sa situation et d'un accompagnement spécifique (voir ci-après article 17).

d/ Il est institué pour les jeunes de moins de 25 ans, involontairement privés d'emploi et ne remplissant pas les conditions de durée d'activité antérieure ouvrant l'accès aux allocations du régime d'assurance chômage, une

(1) Dans les entreprises qui en sont dotées.

prime forfaitaire servie par celui-ci. Les conditions d'accès, le montant de cette prime ainsi que les conditions dans lesquelles elle sera susceptible de s'imputer sur le montant des premiers droits aux allocations chômage ouverts à ses bénéficiaires après son versement, seront définies dans le cadre de la fixation des nouvelles règles d'attribution du revenu de remplacement servi par l'assurance chômage (voir ci-après article 16).

e/ Accès au logement, aux transports et à la restauration

Pour faciliter aux jeunes l'accès à la vie professionnelle, les partenaires sociaux, conscients des difficultés que rencontrent de plus en plus de jeunes en matière de logement, de transports et de restauration, demandent l'ouverture d'une concertation avec les pouvoirs publics pour rechercher les solutions adaptées à la nature des difficultés rencontrées et à la spécificité des bassins d'emploi concernés.

Art. 4. – *La période d'essai*

a/ Afin de faciliter l'accès direct au CDI en permettant à l'employeur d'évaluer les compétences du salarié dans son travail, notamment au regard de son expérience, et au salarié d'apprécier si les fonctions occupées lui conviennent, il est institué une période d'essai interprofessionnelle dont la durée, sauf accord de branche conclu avant l'entrée en application du présent accord et prévoyant des durées supérieures, est comprise pour :

• les ouvriers et les employés entre 1 et 2 mois maximum ;
• les agents de maîtrise et les techniciens entre 2 et 3 mois maximum ;
• les cadres entre 3 et 4 mois maximum.

La période d'essai ci-dessus peut être renouvelée une fois par un accord de branche étendu qui fixe les conditions et les durées de renouvellement, sans que ces durées, renouvellement compris, ne puissent, respectivement, dépasser 4, 6 et 8 mois.

b/ La période d'essai ne se présume pas. Pour exister, elle doit être expressément stipulée dans la lettre d'engagement ou le contrat de travail.

c/ Lorsqu'il est mis fin par l'employeur à la période d'essai prévue par le présent article, la durée du délai de prévenance pendant la période d'essai est fixée comme suit :

• 48 heures au cours du 1er mois de présence ;
• 2 semaines après 1 mois de présence ;
• 1 mois après 3 mois de présence.

Ce délai de prévenance ne peut avoir pour effet de prolonger la période d'essai au-delà des maxima prévus ci-dessus.

Lorsqu'il est mis fin à cette période d'essai par le salarié, celui-ci doit respecter un délai de prévenance de 48 heures.

d/ Les dispositions qui précèdent ne font pas échec à la fixation de périodes d'essai plus courtes dans la lettre d'engagement ou le contrat de travail.

Art. 5. – *L'accès aux droits.* Afin de faciliter l'accès à certains droits qui, en raison de leur nature et de l'impact de leur exercice sur le fonctionnement de l'entreprise, sont subordonnés à une condition d'ancienneté :

• toutes les périodes de travail accomplies dans la même entreprise dans le cadre d'un contrat de travail sont prises en compte pour l'appréciation de l'ancienneté requise pour bénéficier des indemnités conventionnelles de maladie prévues par les accords de mensualisation ;

• dans la même perspective, la condition d'ancienneté de 3 ans pour bénéficier de l'indemnisation conventionnelle de la maladie, prévue à l'article 7 de l'accord national interprofessionnel sur la mensualisation de 10 décembre 1977, est ramenée à 1 an.

À cette occasion, le délai de carence de 11 jours prévu par ce même article 7 est réduit à 7 jours.

• enfin, les branches professionnelles et les entreprises rechercheront les autres assouplissements susceptibles d'être apportés aux modalités de décompte de l'ancienneté, en fonction de la nature des droits qui en dépendent.

Dans ce cadre, les branches professionnelles examineront si, pour tout ou partie de certains droits, il est possible d'apprécier l'ancienneté des salariés dans la branche, en veillant à ne pas, de ce fait, générer des freins à la mobilité ou à l'embauche.

Art. 6. – *Le développement des compétences et des qualifications des salariés.* Le développement des compétences des salariés constitue un élément déterminant pour leur évolution de carrière. Il contribue à l'atteinte de l'objectif visant à permettre à chaque salarié de progresser d'au moins un niveau de qualification au cours de sa vie professionnelle.

Le développement des compétences des salariés concourt également au maintien et à l'amélioration de la compétitivité des entreprises et de la situation de l'emploi. Les modes d'organisation du travail ont un rôle déterminant dans ces domaines.

Pour permettre aux salariés d'être acteurs de leur déroulement de carrière et favoriser leur engagement dans le développement de leurs compétences et de leur qualification, il convient qu'ils puissent disposer d'outils susceptibles de les aider dans la construction de leur parcours professionnel.

Une nouvelle prestation simple, dénommée bilan d'étape professionnel, destinée à inventorier de manière prospective et à périodicité régulière leurs compétences, doit être accessible aux salariés. Elle ne se cumule pas avec les différents dispositifs d'orientation et de bilan mis en place par l'accord national interprofessionnel du 5 décembre 2003 sur la formation tout au long de la vie professionnelle et par l'accord national interprofessionnel du 13 octobre 2005 relatif à l'emploi des seniors.

Ce bilan d'étape professionnel doit aussi permettre aux intéressés d'évaluer leurs besoins de compétences et, s'ils le souhaitent, de les faire connaître lors des entretiens professionnels ainsi que, lorsqu'ils sont demandeurs d'emploi, à l'occasion de la mise en œuvre des dispositions de l'article 17 ci-après.

Les partenaires sociaux détermineront, par avenant au présent accord, avant fin 2008, les conditions de mise en œuvre des dispositions ci-dessus, dont la périodicité du bilan d'étape professionnel. À cette occasion, ils veilleront à la cohérence des différents dispositifs d'orientation et de bilan.

Art. 7. – *La formation professionnelle pour les salariés.* La formation tout au long de la vie professionnelle constitue un élément déterminant de la sécurisation des parcours professionnels.

Articulée avec la gestion prévisionnelle des emplois et des compétences, elle doit permettre à chaque salarié d'être en mesure de développer, de compléter ou de renouveler sa qualification, ses connaissances, ses compétences et ses aptitudes, en participant à des actions de formation réalisées dans les conditions définies par l'accord national interprofessionnel du 5 décembre 2003.

Les partenaires sociaux, dans le cadre du bilan en cours de l'accord interprofessionnel précité, s'assureront que les dispositions dudit accord permettent de progresser dans la réalisation de ces objectifs, en particulier pour ce qui est du développement des compétences transférables, du maintien et de l'amélioration de l'employabilité des salariés, et, au besoin, adapteront ces dispositions en conséquence.

En ce qui concerne plus particulièrement la validation des acquis de l'expérience et le passeport formation, la formalisation des acquis en matière de compétences et de qualification doit contribuer, sous réserve de ne pas s'en tenir au simple constat de l'expérience passée, à favoriser l'évolution professionnelle des salariés.

Les partenaires sociaux, dans le cadre du bilan en cours de l'accord national interprofessionnel relatif à la formation tout au long de la vie professionnelle, rechercheront les moyens d'en faciliter le développement, notamment par une simplification du dispositif et un meilleur accompagnement du candidat à la VAE, en particulier en matière d'information, de conseil et d'appui.

De même, doivent être recherchés les moyens d'inciter les salariés à faire un plus large usage du passeport formation,

a/ Afin de favoriser l'accès au marché de l'emploi des salariés les moins qualifiés ou dont la qualification est inadaptée ou qui accèdent le moins souvent à une formation qualifiante, le déploiement des dispositifs prévus par l'accord national interprofessionnel du 5 décembre 2003 doit être accéléré et amplifié (entretien professionnel, bilan de compétences, passeport formation, VAE, professionnalisation). Les partenaires sociaux adopteront les dispositions propres à permettre l'atteinte de cet objectif, dans le cadre du bilan en cours de l'accord interprofessionnel relatif à la formation tout au long de la vie professionnelle.

b/ Pour faciliter l'accès à l'emploi durable des titulaires de CDD qui le souhaitent, les partenaires sociaux mettront en œuvre, sans attendre, les dispositions du 1er alinéa du § 4/ de l'article 5 de l'accord national interprofessionnel du 22 décembre 2005 relatif à l'aide au retour à l'emploi et à l'indemnisation du chômage, dans les conditions prévues par son avenant n° 1 du 16 février 2007.

c/ Pour permettre aux salariés à temps partiel de développer leurs compétences, les branches professionnelles non couvertes par un accord portant sur le même objet ouvriront, dans les 12 mois de l'entrée en application du présent accord, des négociations sur les modalités d'accès à la formation professionnelle de ces salariés.

d/ Afin de renforcer la cohérence entre les éléments d'anticipation mis en lumière dans le cadre de la GPEC et la mise en œuvre du plan de formation de l'entreprise, les deux réunions de consultation du comité d'entreprise sur l'exécution du plan de formation de l'année précédente et sur le projet de plan de l'année à venir doivent respectivement intervenir avant le 1er octobre et le 31 décembre de l'année en cours.

Art. 8. – *La mobilité professionnelle et géographique.* La mobilité professionnelle et géographique doit offrir des possibilités d'évolution de carrière et de promotion sociale des salariés. Elle doit constituer également pour eux une protection contre la perte d'emploi. Elle est d'autant mieux acceptée qu'elle est anticipée, expliquée et accompagnée.

Les dispositifs prévus par l'accord national interprofessionnel relatif à la formation tout au long de la vie professionnelle contribuent à cette mobilité.

Il convient de distinguer la mobilité professionnelle de la mobilité géographique bien qu'elles soient souvent liées. De même, la distinction doit être faite entre la mobilité à l'initiative du salarié et la mobilité à l'initiative de l'employeur.

Afin de faciliter la mobilité, quelle que soit sa forme, celle-ci est mise en œuvre dans l'entreprise suivant un processus organisé et concerté, destiné à permettre au salarié concerné de mieux maîtriser sa carrière. L'articulation de ce processus avec la GPEC et le plan de formation de l'entreprise est nécessaire à la réalisation de cet objectif.

a/ *Mobilité professionnelle à l'initiative du salarié.* Afin de donner la possibilité aux salariés en activité de progresser dans leur carrière, ces salariés pourront avoir accès aux services du SPE tout en restant dans leur entreprise. Ainsi, dans le cadre de leur parcours professionnel, ils pourront acquérir de nouvelles qualifications ou encore s'engager dans la création ou la reprise d'une entreprise.

Le service public de l'emploi informera le salarié des conditions d'accès aux dispositifs, notamment la VAE, le bilan de compétence, le CIF, la formation et l'aidera à articuler entre eux les dispositifs de financement afin que le salarié soit conseillé et aidé dans la concrétisation de ses projets professionnels.

b/ *Mobilité à l'initiative de l'employeur et accompagnement des mobilités géographiques.* S'agissant de la mobilité géographique souhaitée par les entreprises au regard de leurs besoins en ressources humaines, celles-ci doivent rechercher les mesures d'accompagnement susceptibles d'être mises en place, dans le cadre d'une anticipation du changement ou d'une restructuration, au bénéfice des salariés et de leur famille, telles que par exemple :

– visite du futur lieu de travail,
– aide au déménagement,
– aide à la recherche de logement,

– aide à l'accès au logement,
– aide à l'achat ou à la location d'un véhicule,
– aide à l'obtention du permis de conduire,
– aide à la recherche d'établissement scolaire,
– aide à la recherche d'emploi pour le conjoint,
– politique d'essaimage…

Les différents dispositifs du 1 % logement (notamment loca-pass et mobili-pass) et du pass-GRL doivent aussi être mobilisés à cet effet par les entreprises. Celles-ci peuvent également faire appel au réseau des organisations professionnelles et interprofessionnelles territoriales ou conclure des conventions avec des organismes spécialisés dans la gestion de dispositifs d'appui à la mobilité.

Les branches professionnelles et les organisations territoriales doivent faire connaître aux entreprises et aux salariés les différents dispositifs existants qui sont destinés à faciliter la mobilité géographique et professionnelle des salariés, tels que les crédits d'impôt, les résultats des travaux des observatoires des métiers et des qualifications, etc.

Dans la même perspective, elles évalueront les expériences de mobilité interentreprise mises en œuvre au niveau de bassin d'emplois (pôle de mobilité par exemple), diffuseront les bonnes pratiques ainsi repérées et apporteront leur concours aux demandes émanant, en la matière, des pôles de compétitivité.

Afin de sécuriser les mobilités, les entreprises de plus de 300 salariés examineront les conditions et les modalités selon lesquelles une « période expérimentation mobilité » pourrait être mise en place. Elle permettrait au salarié de découvrir son nouvel emploi et prévoirait les conditions dans lesquelles l'intéressé pourrait revenir dans l'entreprise si le nouvel emploi ne lui convenait pas.

Lorsque la mobilité géographique fait partie du parcours professionnel du salarié, son entreprise s'emploiera à ce que les modalités de mise en œuvre de cette mobilité soient compatibles avec les impératifs de la vie familiale. Elle veillera notamment à ce que, dans toute la mesure du possible, les dates de mise en œuvre de la mobilité soient compatibles avec le calendrier scolaire.

Il conviendrait enfin, dans le même objectif, de rechercher avec les pouvoirs publics les moyens administratifs afin que le passage d'un régime à un autre maintienne une cohérence au parcours professionnel et tende à assurer une continuité des droits (salarié du public/salarié du privé/travailleur indépendant/employeur).

Art. 9. – *La gestion prévisionnelle des emplois et des compétences.* La GPEC revêt une grande importance pour la sécurisation des parcours professionnels. Les signataires du présent accord, décident de rappeler les principes directeurs de cette démarche et de lui donner une nouvelle dynamique.

a/ La gestion prévisionnelle des emplois et des compétences (GPEC) a pour objet de faciliter tant pour les salariés que pour les entreprises, l'anticipation des besoins d'évolution et de développement des compétences en fonction de la stratégie de l'entreprise ainsi que des évolutions économiques, démographiques et technologiques prévisibles.

La GPEC doit constituer ainsi pour les salariés un outil majeur pour faciliter les évolutions de carrière internes ou externes, choisies ou acceptées en leur permettant de disposer de points de repère dans la gestion de leur parcours professionnel. Elle est un facteur essentiel de sécurisation des parcours professionnels des salariés. Elle constitue conjointement pour les entreprises un élément de dynamisme économique.

Pour produire sa pleine efficacité, la GPEC doit s'inscrire dans le cadre d'un dialogue social dynamique avec les représentants du personnel (1), en prenant appui sur la stratégie économique définie par l'entreprise.

En outre, elle doit permettre, lorsqu'ils existent, d'articuler et de mettre en cohérence les accords de développement des compétences, les accords sur la formation professionnelle et les accords relatifs à la mobilité. En tant que démarche globale d'anticipation, la GPEC doit être entièrement dissociée de la gestion des procédures de licenciements collectifs et des PSE.

b/ Ainsi conçue et mise en perspective avec les éléments prospectifs fournis par les branches et les territoires, la GPEC fournit des éléments simples, pratiques, adaptés aux caractéristiques et à la taille des entreprises, transparents et pédagogiques, destinés à offrir aux salariés un cadre de réflexion leur permettant d'être acteurs de leur vie professionnelle.

À cette fin, l'entreprise doit s'employer à procéder à une analyse croisée des perspectives qui lui sont propres avec les données mises à sa disposition par les CPNE et les COPIRE.

Elle doit porter une attention particulière à la situation des salariés les plus exposés aux conséquences des évolutions économiques ou technologiques.

L'anticipation concerne également les formes d'emploi. La place occupée dans l'entreprise par les contrats à durée limitée doit faire l'objet, dans ce cadre, d'une analyse régulière et doit être marquée de la volonté d'égalité de droits et de perspectives d'évolutions professionnelles.

Elle doit aussi prendre en compte la mise en œuvre de la mixité professionnelle et de l'égalité professionnelle entre les femmes et les hommes ainsi que la gestion des âges, par l'organisation du travail et l'actualisation des compétences professionnelles qui sont les conditions d'un maintien en activité réussi des salariés en fin de carrière.

La GPEC doit assurer la cohérence des informations à destination des salariés en leur donnant une visibilité sur leur déroulement de carrière et leur permettre de faire des choix pertinents en matière de formation, d'acquisition de compétences, de qualification et de mobilité professionnelle.

c/ Si la gestion des emplois et des compétences relève directement des entreprises, l'importance qui s'attache à celle-ci doit conduire les partenaires sociaux des différentes branches professionnelles à recher-

(1) Dans les entreprises qui en sont dotées.

cher les moyens d'en développer l'accès dans les entreprises non assujetties à l'obligation triennale de négocier sur la mise en place d'un tel dispositif. Dans tous les cas où cela sera possible et utile, les branches s'emploieront à travailler en synergie.

Dans cette optique, les partenaires sociaux des branches professionnelles devront s'attacher :
• à la construction d'outils simples, pratiques, adaptés aux caractéristiques et à la taille des entreprises ;
• à faire connaître aux PME et aux TPE les outils et dispositifs existants susceptibles d'être mobilisés pour faciliter la mise en place d'un plan de gestion prévisionnelle des compétences adapté à leur taille ;
• à faire connaître et à rendre accessibles aux salariés et aux entreprises les résultats des travaux des observatoires prospectifs des métiers et des qualifications mis en place par les branches professionnelles ;
• et à mettre en place des commissions paritaires de suivi de la GPEC.

Le niveau de la branche et des organisations territoriales doit en outre permettre de mettre en place, en liaison entre eux, une logique d'étude sur l'évolution qualitative des métiers qui éclaire les différents acteurs. Elles sont, en effet, les mieux à même de mutualiser les informations existantes sur les évolutions prévisibles en matière d'environnement économique, d'activité des entreprises, et en matière de métiers et de compétences. Dans ce cadre, il appartiendra aux COPIRE et aux CPTE, lorsqu'elles existent, de faire tous les ans une analyse de ces évolutions, dans le ressort de leur champ territorial.

Les branches et les organisations territoriales inciteront les entreprises ayant développé des pratiques réussies de GPEC, à mettre en commun leurs expériences pour faciliter des développements de carrière et des mises en relation des offres et besoins de compétences.

d/ Une négociation interprofessionnelle déclinera, dans les 6 mois de l'entrée en application du présent accord, l'ensemble des principes énoncés ci-dessus à la lumière des enseignements et des bonnes pratiques tirés des accords de GPEC déjà conclus. Elle précisera notamment les conditions dans lesquelles les signataires du présent accord s'appuieront sur les travaux des COPIRE et des CPNE en la matière.

II – Sécuriser les contrats et améliorer le retour à l'emploi

Art. 10. – *Clarifier les clauses spécifiques du contrat de travail.* S'agissant, en particulier, du personnel d'encadrement, les contrats de travail devront préciser les conditions de mise en œuvre :
– des clauses de non-concurrence (limites dans l'espace et dans le temps, contrepartie financière, modalités du droit de renonciation de l'employeur),
– des clauses de mobilité,
– ainsi que, lorsqu'elles existent, des délégations de pouvoir (étendue de la délégation...).

Une négociation interprofessionnelle précisera, dans les 6 mois de l'entrée en vigueur du présent accord, les modalités d'intégration et de mise en œuvre des principes ci-dessus dans l'accord national interprofessionnel du 25 avril 1983 relatif au personnel d'encadrement.

Art. 11. – *Encadrer et sécuriser les ruptures de contrat de travail.* Plusieurs évolutions doivent contribuer à la réalisation de cet objectif :

• L'obligation de motiver les licenciements :

Tout licenciement doit être fondé sur un motif réel et sérieux qui doit être porté à la connaissance du salarié concerné.

En conséquence et compte tenu du présent accord, les parties signataires demandent aux pouvoirs publics de prendre les dispositions, pour que ce principe s'applique à tous les contrats de travail.

• L'amélioration de la lisibilité des droits contractuels :

Les salariés et les entreprises ont besoin, dans le cours de leurs relations contractuelles, de lisibilité et de sécurité, en particulier, lorsque le parcours professionnel du salarié est amené à évoluer.

Le contrat de travail, lorsqu'il est écrit, ou un document informatif annexé à la lettre d'engagement, doit informer le salarié lors de son embauche des conditions d'accès à la connaissance des droits directement applicables à son contrat de travail en application d'un accord d'entreprise ou de branche.

Par ailleurs, le contrat de travail doit déterminer ceux de ses éléments qui ne pourront être modifiés sans l'accord du salarié.

Afin d'atteindre l'objectif de pouvoir déterminer, *a priori* et de manière limitative, les éléments qui doivent toujours être considérés comme contractuels, les parties signataires conviennent de l'ouverture d'une réflexion dans les plus brefs délais.

Cette réflexion portera également sur l'application du principe selon lequel la modification des clauses contractuelles à l'initiative de l'employeur et les modalités de réponse du salarié sont encadrées dans une procédure, de manière à assurer la sécurité juridique des parties.

• *(Avenant n° 4 du 18 mai 2009, arrêté d'extension du 26 nov. 2009, JO 27)* « Les indemnités de rupture en cas de licenciement » :

Afin de rationaliser le calcul des indemnités de rupture du CDI dans les cas où l'ouverture au droit à une telle indemnité est prévue *(Avenant n° 4 du 18 mai 2009, arrêté d'extension du 26 nov. 2009, JO 27)* « à la suite d'un licenciement », il est institué une indemnité de rupture interprofessionnelle unique dont le montant ne peut être inférieur, sauf dispositions conventionnelles plus favorables à partir d'un an d'ancienneté dans l'entreprise, à 1/5 de mois par année de présence.

Note Voir notamment Instruction DGT 2009-25 du 8 décembre 2009 (BOTR 2009/12 du 30 décembre 2009).

• Le reçu pour solde de tout compte :

Le reçu pour solde de tout compte fait l'inventaire des sommes reçues par le salarié lors de la rupture du contrat de travail. La signature du salarié atteste du fait que l'employeur a rempli les obligations formalisées dans le reçu pour solde de tout compte. Cette signature peut être dénoncée par le salarié dans un délai de 6 mois. Au-delà de celui-ci, il est libératoire.

• La conciliation prud'homale :

Il est indispensable de réhabiliter la conciliation prud'homale en lui restituant son caractère d'origine de règlement amiable, global et préalable à l'ouverture de la phase contentieuse proprement dite, devant le bureau de jugement.

À cet effet, le demandeur adresse au défendeur l'objet de sa réclamation préalablement à la saisine du conseil de prud'hommes.

Par ailleurs, si, malgré l'obligation légale de comparution personnelle des parties, l'une d'entre elles ne pouvait être présente à l'audience devant le bureau de conciliation, elle devrait être tenue de fournir à son mandataire, qu'il soit ou non avocat (1), un écrit formalisant :
– son autorisation à se concilier en son nom et pour son compte,
– sa connaissance de ce que, en son absence, le bureau de conciliation pourra, s'il est demandeur, déclarer sa demande caduque et s'il est défendeur, ordonner à son encontre un certain nombre de mesures exécutoires par provision.

Enfin, seule la constatation de l'impossibilité de parvenir à une conciliation par les juges, ouvre le droit de saisir le bureau de jugement. Ainsi la conciliation partielle ouvre le droit de saisir le bureau de jugement.

• La réparation judiciaire du licenciement

Sans préjudice des dispositions de l'article L. 122-14-5 du code du travail, et en respectant la distinction opérée par l'article L. 122-14-4 du même code, les parties signataires conviennent de travailler avec les pouvoirs publics à la possibilité de fixer un plafond et un plancher au montant des dommages et intérêts susceptibles d'être alloués en cas de licenciement sans cause réelle et sérieuse.

En l'état actuel de la jurisprudence, une insuffisance dans l'énonciation des motifs du licenciement est assimilée à une absence de cause réelle et sérieuse.

Il convient donc que soient examinés les moyens conduisant le juge à rechercher, dans ce cas, la cause du licenciement et à statuer sur son caractère réel et sérieux.

Art. 12. – *Privilégier les solutions négociées à l'occasion des ruptures du contrat de travail.* La recherche de solutions négociées vise, pour les entreprises, à favoriser le recrutement et développer l'emploi tout en améliorant et garantissant les droits des salariés. Elle ne doit pas se traduire par une quelconque restriction de la capacité des salariés à faire valoir leurs droits en justice mais au contraire se concrétiser dans des dispositifs conçus pour minimiser les sources de contentieux.

a/ *La rupture conventionnelle*

Sans remettre en cause les modalités de rupture existantes du CDI, ni porter atteinte aux procédures de licenciements collectifs pour cause économique engagées par l'entreprise, il convient, par la mise en place d'un cadre collectif, de sécuriser les conditions dans lesquelles l'employeur et le salarié peuvent convenir en commun des conditions de la rupture du contrat de travail qui les lie.

Ce mode de rupture, exclusif de la démission et du licenciement, qui ne peut être imposé de façon unilatérale par l'une ou l'autre des parties, s'inscrit dans le cadre collectif ci-après :
• la liberté de consentement des parties est garantie :
– par la possibilité, lors des discussions préalables à cette rupture, pour le salarié de se faire assister par une personne de son choix – membre du CE, DP, DS ou tout autre salarié de l'entreprise – ou par un conseiller du salarié dans les entreprises dépourvues de représentants du personnel. Cette possibilité d'assistance est également ouverte à l'employeur quand le salarié en fait lui-même usage,
– par l'information du salarié de la possibilité qui lui est ouverte de prendre les contacts nécessaires, notamment auprès du service public de l'emploi, pour être en mesure d'envisager la suite de son parcours professionnel avant tout consentement,
– par la création d'un droit de rétractation pendant un délai de 15 jours suivant la signature de la convention actant l'accord des parties,
– par l'homologation, à l'issue du délai de rétractation, de l'accord définitif des parties par le directeur départemental du travail.

• Le processus ci-dessus fait l'objet d'un formulaire-type reprenant les trois étapes : première discussion entre les parties, signature de la convention, homologation de l'accord par le directeur départemental du travail. Un exemplaire du formulaire est conservé par l'employeur, un exemplaire est conservé par le salarié, un exemplaire est adressé au directeur départemental du travail.

• L'accès aux indemnités de rupture et aux allocations du régime d'assurance chômage est assuré :
– par le versement d'une indemnité spécifique non assujettie aux prélèvements sociaux et fiscaux et dont le montant ne peut être inférieur à celui de l'indemnité de rupture prévue à l'article 11 ci-dessus *(Avenant n° 4 du 18 mai 2009, arrêté d'extension du 26 nov. 2009, JO 27)* « ni à l'indemnité conventionnelle de licenciement prévue par la convention collective applicable » ;
– par le versement des allocations de l'assurance chômage dans les conditions de droit commun dès lors que la rupture conventionnelle a été homologuée par le directeur départemental du travail.

(1) Étant entendu que l'avocat dispose d'un mandat de représentation dont cette mention n'est qu'un rappel.

• La sécurité juridique du dispositif, pour les deux parties, résulte de leur accord écrit qui les lie dès que la réunion de l'ensemble des conditions ci-dessus, garante de leur liberté de consentement, a été constatée et homologuée par le directeur départemental du travail précité au titre de ses attributions propres.

Celui-ci dispose à cet effet d'un délai préfix de 15 jours calendaires à l'issue duquel son silence vaut homologation (1).

b/ *La rupture pour réalisation de l'objet défini au contrat*

Afin de permettre la réalisation par des ingénieurs et cadres de certains projets dont la durée est incertaine, il est institué, à titre expérimental, un contrat à durée déterminée à terme incertain et d'une durée minimum de 18 mois et maximum de 36 mois, conclu pour la réalisation d'un objet défini. Ce contrat ne peut pas être renouvelé.

Les modalités collectives de mise en œuvre et d'encadrement de ce contrat, définies ci-après, ont pour objet d'apporter aux salariés concernés les garanties nécessaires à la sécurisation de leur parcours professionnel lorsqu'ils exercent leur activité dans ce cadre (2).

• Le recours à ce contrat particulier est subordonné à la conclusion d'un accord de branche étendu ou, à défaut, d'un accord d'entreprise, précisant les nécessités économiques auxquelles il est susceptible d'apporter une réponse adaptée. Cet accord est l'occasion d'un examen d'ensemble des conditions dans lesquelles il est fait appel aux contrats à durée limitée, afin de rationaliser leur utilisation et de réduire la précarité.

• Le recours à ce contrat n'est possible que lorsque la durée envisagée pour la réalisation du projet pour lequel il est conclu est comprise entre 18 et 36 mois. Il ne peut être utilisé pour faire face à un accroissement temporaire d'activité. La durée approximative envisagée du projet doit être mentionnée dans le contrat.

• Lors de sa conclusion, ce contrat :

– précise expressément le projet pour lequel il est conclu et dont la réalisation constitue le terme du contrat,

– indique la possibilité de sa rupture, à la date anniversaire de sa conclusion, par l'une ou l'autre des parties pour un motif réel et sérieux, et que cette rupture ouvre droit à une indemnité de rupture d'un montant égal à 10 % de la rémunération totale brute du salarié et non assujettie aux prélèvements sociaux et fiscaux.

• Il doit également préciser les conditions et le délai dans lesquels le salarié doit être informé de l'arrivée du terme de son contrat en raison de la réalisation du projet pour lequel il a été conclu, ou de la proposition de poursuivre la relation contractuelle, sous forme d'un CDI, au-delà du terme du contrat, si l'intéressé l'accepte. Ce délai de prévenance ne peut être inférieur à deux mois.

• En l'absence de proposition par l'entreprise de poursuivre la relation contractuelle en CDI, au-delà de la réalisation du projet pour lequel le contrat a été conclu, à des conditions au moins équivalentes à celles du contrat initial ou, en cas de refus par le salarié d'une proposition de poursuite d'activité en CDI, dans des conditions qui ne seraient pas au moins équivalentes à celles du contrat initial, dans ces deux cas, l'intéressé bénéficie :

– d'une indemnité spécifique de rupture d'un montant égal à 10 % de la rémunération totale brute du salarié et non assujettie aux prélèvements sociaux et fiscaux ;

– des allocations du nouveau dispositif d'assurance chômage dans les conditions de droit commun ;

– des mesures d'accompagnement offertes aux demandeurs d'emploi.

• En outre, afin que ce type de contrat constitue pour leurs titulaires une véritable étape de carrière, l'accord précité doit prévoir un dispositif spécifique destiné à leur donner les moyens de changer d'activité, en étant préparé à le faire, notamment par une formation appropriée au maintien de leur employabilité. Il doit également, dans la même perspective, rechercher comment mieux utiliser la VAE et le passeport formation.

Il doit, par ailleurs, préciser :

– les conditions dans lesquelles le salarié bénéficie d'une priorité d'accès à un emploi en CDI dans l'entreprise, à la suite de la réalisation du projet pour lequel le contrat a été conclu,

– les conditions dans lesquelles le salarié pourra, au cours du délai de prévenance prévu ci-dessus, mobiliser les moyens disponibles pour organiser la suite de son parcours professionnel.

Compte tenu du caractère expérimental du dispositif, un comité de suivi composé de représentants des signataires du présent accord sera mis en place au niveau national interprofessionnel dès l'entrée en vigueur du présent accord. Il se réunira tous les 6 mois pour examiner et évaluer l'évolution de ce contrat à partir du contenu des accords de branche et d'entreprise (dont il devra être rendu destinataire à cet effet) conclus en la matière et de leur mise en œuvre (nombre de contrats signés…).

Au vu de cette évaluation, les aménagements nécessaires à ce dispositif seront apportés par les partenaires sociaux. Sans attendre une telle évaluation globale, les parties signataires du présent accord pourront, au vu du contenu d'un accord d'entreprise, proposer aux partenaires sociaux d'aménager voire d'abroger le présent article.

Art. 13. – *Les ruptures pour inaptitude d'origine non professionnelle.* En cas de rupture du contrat de travail due à la survenance d'une inaptitude d'origine non professionnelle et en cas d'impossibilité de reclassement dans l'entreprise, les indemnités de rupture dues aux salariés peuvent être prises en charge soit par l'entreprise, soit par un fonds de mutualisation à la charge des employeurs.

Art. 14. – *Ouvrir l'accès à la portabilité de certains droits.* Pour garantir le maintien de l'accès à certains droits liés au contrat travail, en cas de rupture de celui-ci (3) ouvrant droit à prise en charge par le régime d'assurance chômage, un mécanisme de portabilité est, dès à présent, mis en place pour éviter une rupture

---

(1) Les parties signataires conviennent de saisir en commun les pouvoirs publics des modalités de mise en œuvre du présent dispositif.

(2) Les dispositions du présent article s'appliquent sans préjudice de celles de l'article L. 321-12 du code du travail.

(3) Non consécutive à une faute lourde.

de tout ou partie de leur bénéfice entre le moment où il est mis fin au contrat de travail du salarié et celui où il reprend un autre emploi et acquiert de nouveaux droits.

À cet effet, il est convenu :

• *(Avenant n° 3 du 18 mai 2009, BO CC 2009/29, arrêté d'extension du 7 oct. 2009, JO 15)* « que les intéressés garderont le bénéfice des garanties des couvertures complémentaires santé et prévoyance appliquées dans leur ancienne entreprise pendant leur période de chômage et pour des durées égales à la durée de leur dernier contrat de travail, appréciée en mois entiers, dans la limite de 9 mois de couverture.

Le bénéfice du maintien de ces garanties est subordonné à la condition que les droits à couverture complémentaire aient été ouverts chez le dernier employeur.

Le financement du maintien de ces garanties est assuré conjointement par l'ancien employeur et l'ancien salarié dans les proportions et dans les conditions applicables aux salariés de l'entreprise ou par un système de mutualisation défini par accord collectif. À défaut d'accord collectif, ce système de mutualisation peut être mis en place dans les autres conditions définies à l'article L. 911-1 du code de la sécurité sociale.

Il résulte des modalités de financement des garanties ci-dessus que :
– le salarié a la possibilité de renoncer au maintien de ces garanties :
  – s'il entend y renoncer, cette renonciation qui est définitive, concerne l'ensemble des garanties et doit être notifiée expressément par écrit à l'ancien employeur dans les 10 jours suivant la date de cessation du contrat de travail ;
– le non-paiement par l'ancien salarié de sa quote-part de financement de ces garanties, à la date d'échéance des cotisations, libère l'ancien employeur de toute obligation et entraîne la perte des garanties pour la période restant à courir ;
– le dispositif de portabilité entre en application à la date de cessation du contrat de travail.

Les droits garantis par le régime de prévoyance au titre de l'incapacité temporaire ne peuvent conduire l'ancien salarié à percevoir des indemnités d'un montant supérieur à celui des allocations chômage qu'il aurait perçu au titre de la même période.

Pour bénéficier des dispositions relatives au maintien des garanties précitées, l'ancien salarié doit fournir à l'ancien employeur la justification de sa prise en charge par le régime d'assurance chômage.

L'ancien salarié doit informer son ancien employeur de la cessation du versement des allocations du régime d'assurance chômage lorsque celle-ci intervient au cours de la période de maintien des garanties des couvertures complémentaires santé et prévoyance prévues par l'article 14 ci-dessus. »

La notice d'information, prévue par les textes en vigueur, fournie par l'organisme assureur, et remise au salarié par l'employeur, mentionnera les conditions d'application de la portabilité.

Note Sur l'entrée en vigueur de l'avenant du 18 mai 2009 instaurant un droit à la portabilité de la prévoyance, voir cass. soc. 23 mai 2012, n° 11-17.549, *LS* jurispr. n° 107 du 5.06.2012.

Un salarié est en droit d'obtenir des dommages et intérêts à défaut d'avoir reçu l'information sur la portabilité. La preuve de la remise à l'intéressé de la notice d'information mentionnant les conditions de la portabilité incombe à l'employeur (cass. soc. 20 novembre 2013, n° 12-21.999).

• que, sans préjudice des dispositions de l'accord national interprofessionnel du 5 décembre 2003 relatives à l'accès au DIF en cas de rupture du contrat de travail, ils pourront mobiliser le solde du nombre d'heures acquises au titre du DIF, multiplié par le montant forfaitaire horaire prévu à l'article D. 981-5 du code du travail (soit 9,15 €) (1). La mise en œuvre de cette disposition se fait à l'initiative du bénéficiaire :

– en priorité, pendant leur prise en charge par le régime d'assurance chômage, en accord avec le référent chargé de leur accompagnement, au cours de la première moitié de leur période d'indemnisation du chômage, afin d'abonder le financement d'actions de formation, de bilan de compétence ou de VAE, ou de mesures d'accompagnement prescrites par ledit référent,

– et, en accord avec leur nouvel employeur, pendant les deux années suivant leur embauche, afin d'abonder le financement d'actions de formation, de bilan de compétence ou de VAE dans le cadre de la formation continue du salarié.

Les organismes paritaires collecteurs agréés financeront cet abondement selon les modalités définies ci-après :

– L'OPCA dont relève l'entreprise dans laquelle le salarié a acquis ses droits abondera le financement des actions mises en œuvre pendant la durée de la prise en charge par le régime d'assurance chômage,

– L'OPCA dont relève l'entreprise dans laquelle le salarié est embauché abondera le financement des actions mises en œuvre dans la nouvelle entreprise dans les conditions ci-dessus.

Le Fonds unique de péréquation pourra, en cas de besoin, abonder les ressources des OPCA pour la mise en œuvre des dispositions ci-dessus, à hauteur de montants fixés par le comité paritaire national pour la formation professionnelle.

Il appartiendra aux branches professionnelles de rechercher :
• les aménagements susceptibles d'être éventuellement apportés aux dispositions ci-dessus,
• et les possibilités de mise en place de mécanismes de portabilité ou de transférabilité pour d'autres droits tels que les comptes épargne-retraite par exemple.

Elles ouvriront à cet effet des négociations dans les 12 mois de l'entrée en vigueur du présent accord.

Pour encourager les mobilités et sécuriser les transitions professionnelles au-delà du présent accord qui constitue une première étape, il sera nécessaire de mettre en place d'autres dispositifs. À cette fin, les parties signataires conviennent de réunir un groupe de travail spécifique.

(1) Tel que prévu en l'absence de forfait horaire fixé dans les conditions définies à l'article L. 983-1 du code du travail.

Art. 15. – *Assurer l'accès à la formation de certains salariés et demandeurs d'emploi.* Des moyens spécifiques seront mis en place pour assurer la qualification ou la requalification des salariés et des demandeurs d'emploi, notamment ceux les plus éloignés de l'emploi, (indemnisés ou non) dont le déficit de formation fragilise leur entrée, leur maintien, leur évolution ou leur retour dans un emploi.

Adaptés aux besoins des bénéficiaires et liés à leurs projets professionnels (y compris, le cas échéant, en prenant appui sur le bilan d'étape professionnel visé à l'article 6 ci-dessus) ainsi qu'aux besoins des entreprises, ils peuvent prendre des formes diverses et viser notamment :
– l'acquisition de savoirs de base ;
– l'acquisition de compétences professionnelles et de qualifications.

Ils peuvent se mettre en œuvre dans le cadre de l'amélioration de l'accompagnement des demandeurs d'emploi visé à l'article 17 ci-après.

Pour assurer la mise en œuvre de ces objectifs, les partenaires sociaux prendront les dispositions nécessaires lors de la négociation interprofessionnelle sur la formation professionnelle à venir, pour en assurer durablement le financement.

À cette occasion, ils préciseront les modalités de conventionnement avec l'ensemble des autres partenaires concernés.

Ils veilleront, par ailleurs, à ce que la négociation relative à la convention d'assurance chômage tienne compte et soit mise en cohérence avec les résultats de la négociation sur la formation professionnelle concernant ce point.

Art. 16. – *Assurer un revenu de remplacement aux chômeurs.* L'attribution d'un revenu de remplacement aux chômeurs par le régime d'assurance chômage constitue un élément important de la sécurisation des parcours professionnels. Les modalités de sa mise en œuvre seront fixées par la prochaine convention d'assurance chômage dont la négociation s'ouvrira au cours du 1er semestre 2008. Cette convention devra respecter les objectifs et les principes ci-après :

a/ clarifier et articuler la place respective des dispositifs pris en charge par la solidarité nationale et du dispositif assurantiel afin :
• de permettre la prise en charge de nouveaux publics ;
• et de garantir l'indépendance des partenaires sociaux dans la fixation des paramètres du régime d'assurance chômage.

b/ fixer les règles d'attribution d'un revenu de remplacement aux personnes involontairement privées d'emploi ou considérées comme telles dans les conditions suivantes :

• Les bénéficiaires doivent être involontairement privés d'emploi ou être inscrits comme demandeurs d'emploi à la suite d'une rupture conventionnelle. La convention précisera les modalités d'application de ce principe aux salariés démissionnaires et à ceux dont il a été mis fin au contrat de travail en cas de non reprise du travail après une mise en demeure de l'employeur ;

• Les conditions et modalités d'acquisition des droits et d'indemnisation doivent être plus simples et plus lisibles. Ils doivent aussi répondre au quadruple objectif :
– de s'adapter aux nouvelles caractéristiques du marché du travail, notamment pour les jeunes rencontrant des difficultés d'insertion durable (voir article 3 d/ ci-dessus),
– de mieux indemniser les allocataires, pour des durées plus courtes, dans le cadre d'un dispositif conjuguant des mesures personnalisées d'accompagnement vers l'emploi mises en place par le nouvel opérateur de placement et des incitations à la reprise d'emploi,
– de prendre en compte la nécessité d'allonger la durée d'activité des seniors,
– mieux prendre en compte le parcours professionnel des intéressés.

• Le montant de l'allocation doit correspondre, dans la limite d'un plancher et d'un plafond, à un pourcentage de l'ancien salaire.

• Le caractère de revenu de remplacement des allocations ne doit pas être remis en cause. La convention précisera les conditions dans lesquelles ce principe pourra être aménagé en évitant tout glissement vers l'institution d'un revenu de complément (activités réduites).

c/ articuler les principes et orientations ci-dessus en vue d'optimiser la prise en charge des demandeurs d'emploi.

Art. 17. – *Améliorer l'accompagnement des demandeurs d'emploi.* Dans le cadre des réformes en cours, l'amélioration de l'accompagnement des demandeurs d'emploi constitue, pour les signataires du présent accord, une priorité. Pour être pleinement efficace, cet accompagnement doit répondre simultanément à deux objectifs :
– contribuer à l'accélération du retour à l'emploi dans un emploi de qualité,
– mieux répondre à la satisfaction des besoins des entreprises.

Cet accompagnement, tenant compte de la situation de chacun et adapté en conséquence à leurs besoins, doit pouvoir être accessible à l'ensemble des demandeurs d'emploi.

Pour atteindre ces objectifs, il convient, à partir d'une évaluation des dispositifs déjà mis en place, de mobiliser tout à la fois :
– des moyens humains renforcés faisant appel aux ressources des différents intervenants sur le marché de l'emploi : ANPE, Assédic (dans le cadre de la fusion des réseaux opérationnels), AFPA, APEC, opérateurs privés, branches professionnelles…,
– des dispositifs rénovés, permettant au demandeur d'emploi, après une évaluation de sa situation et de ses compétences, de perfectionner ses démarches, avec l'appui d'un référent qui aurait pour mission de

l'accompagner dans la mise en œuvre du plan personnalisé d'aide au retour à l'emploi qu'ils auraient élaboré en commun, en tenant compte de la situation du marché du travail sur le bassin d'emploi, la région, ou l'ensemble du territoire.

Art. 18. – *S'inscrire dans un cadre de droits et devoirs réciproques.* L'efficacité d'un dispositif cohérent et dynamique de prise en charge financière et d'accompagnement personnalisé des demandeurs d'emploi requiert de ces derniers une démarche active de recherche d'emploi qui s'inscrit dans une logique de respect des droits et devoirs réciproques et conduit nécessairement à ce que soient clairement définies, dans le respect de la personne, les modalités de contrôle de l'effectivité de la recherche et la notion d'offre valable d'emploi.

Art. 19. – *Sécuriser le portage salarial.* Le portage salarial se caractérise par :
– une relation triangulaire entre une société de portage, une personne, le porté, et une entreprise cliente,
– la prospection des clients et la négociation de la prestation et de son prix par le porté,
– la fourniture des prestations par le porté à l'entreprise cliente,
– la conclusion d'un contrat de prestation de service entre le client et la société de portage,
– et la perception du prix de la prestation par la société de portage qui en reverse une partie au porté dans le cadre d'un contrat qualifié de contrat de travail.

Considérée comme entachée d'illégalité, cette forme d'activité répond cependant à un besoin social dans la mesure où elle permet le retour à l'emploi de certaines catégories de demandeurs d'emploi, notamment des seniors. Il est souhaitable de l'organiser afin de sécuriser la situation des portés ainsi que la relation de prestation de service.

À cet effet, la branche du travail temporaire organisera, par accord collectif étendu, la relation triangulaire en garantissant au porté, le régime du salariat, la rémunération de sa prestation chez le client ainsi que de son apport de clientèle. La durée du contrat de portage ne devra pas excéder trois ans.

Les signataires du présent accord évalueront les effets du dispositif, dont la mise en place est prévue ci-dessus par voie d'accord.

III – Place de la négociation collective

Par le présent accord, ses signataires ont entendu souligner la place que joue la négociation collective, aux différents niveaux, pour parvenir à la meilleure adéquation entre les enjeux économiques, les politiques de l'emploi, la sécurisation des parcours professionnels et l'accroissement des compétences des salariés.

a/ Dans cet esprit, ils sont convenus d'organiser, de façon cohérente, le calendrier des négociations interprofessionnelles décidées pour la mise en œuvre de certaines dispositions du présent accord :
– au cours du 1er semestre 2008 : convention d'assurance chômage (article 16) ;
– dans les 6 mois de l'entrée en application du présent accord : déclinaison des principes énoncés et des objectifs fixés en matière de GPEC (article 9) ;
– dans les 12 mois de l'entrée en application du présent accord : conditions de mise en œuvre du bilan d'étape professionnel (article 6) ;
– dans les 3 ans de l'entrée en application du présent accord : bilan des accords de branche relatifs au CDD pour la réalisation d'un objet défini (article 12- b) ;
– les modalités d'intégration des principes de l'article 10 dans l'accord du 25 avril 1983 sur le personnel d'encadrement ;
– évaluation du portage salarial (article 19) ;
– groupe de travail paritaire sur le renforcement de l'efficacité du 1 % logement en faveur de la mobilité et de l'insertion professionnelle des jeunes.
– groupe de réflexion sur les étapes ultérieures de la portabilité.

Ils conviennent de mettre en place une commission de suivi et d'évaluation de l'accord qui s'assurera, notamment, du bon fonctionnement des différents dispositifs mis en place par le présent accord.

b/ S'agissant du rôle qui incombe aux branches professionnelles en matière de sécurisation des parcours professionnels, les signataires du présent accord ont entendu renvoyer, à leur niveau de négociation, l'examen, dans leur champ de compétence, d'un certain nombre de points abordés dans le présent accord :
– utilisation responsable des contrats (article 1) ;
– embauche des jeunes (article 3 b) ;
– renouvellement de la période d'essai (article 4) ;
– accès aux droits (article 5) ;
– formation des salariés à temps partiel (article 7 c) ;
– outils de GPEC (article 9 c) ;
– CDD pour la réalisation d'un objet défini (article 12 b) ;
– portabilité (article 14).

Afin que ces négociations s'ouvrent dans des conditions permettant de parvenir à des solutions cohérentes et équilibrées, il est souhaitable que, comme dans le présent accord, les thèmes ci-dessus soient abordés dans le cadre d'une négociation globale.

c/ Les objectifs assignés à la négociation de branche peuvent se décliner dans la négociation d'entreprise, soit dans la mise en œuvre d'un accord de branche, soit par la création de dispositifs propres.

Il est en particulier souhaitable que soient recherchés les moyens de mettre en place ou de consolider, par accord collectif, des dispositifs permettant un véritable parcours professionnel (état des lieux des compétences, entretien professionnel, VAE, parcours de formation, évolution de carrière…) ainsi que les moyens permettant d'en mesurer l'efficacité et de contribuer au recul de la précarité.

IV – Entrée en application

a/ Les dispositions du présent accord correspondent à un équilibre d'ensemble.

Sa validité est subordonnée à l'adoption des dispositions législatives et réglementaires indispensables à son application.

Il entrera en vigueur à la date de publication au *Journal officiel* des dispositions législatives et réglementaires précitées.

b/ Compte tenu de la nature et des objectifs du présent accord qui vise à moderniser le marché du travail, à développer l'emploi et à sécuriser les parcours professionnels, les parties signataires conviennent qu'il ne peut être dérogé à ses dispositions par accord de branche ou d'entreprise.

ANNEXE à l'accord national interprofessionnel sur la modernisation du marché du travail du 11 janvier 2008 Relations avec les pouvoirs publics

Certains des points abordés ci-dessus nécessitent pour entrer en application une disposition législative, d'autres doivent être arrêtés en concertation avec les pouvoirs publics et enfin d'autres encore relèvent de la seule compétence de l'État auquel les partenaires sociaux se réservent de faire des suggestions comme en matière d'orientation et de formation initiale, de fiscalité pour faciliter la mobilité géographique ou encore de passage d'une situation à une autre. Ces derniers points feront l'objet d'une lettre paritaire.

■ ARRÊTÉ DU 23 JUILLET 2008

portant extension de l'accord national interprofessionnel sur la modernisation du marché du travail (JO 25).

Art. 1er. – Sont rendues obligatoires, pour tous les employeurs et tous les salariés compris dans son champ d'application, les dispositions de l'accord national interprofessionnel sur la modernisation du marché du travail du 11 janvier 2008, sous réserve de l'application des dispositions de la loi n° 2008-596 du 25 juin 2008 portant modernisation du marché du travail et des décrets n° 2008-715 et n° 2008-716 du 18 juillet 2008 portant diverses mesures relatives à la modernisation du marché du travail.

Le second alinéa du cinquième paragraphe de l'article 11 relatif à la conciliation prud'homale est exclu comme étant contraire aux dispositions de l'article 53 du code de procédure civile.

Art. 2. – L'extension des effets et sanctions de l'accord national interprofessionnel susvisé est faite à dater de la publication du présent arrêté pour la durée restant à courir et aux conditions prévues par ledit accord national interprofessionnel.

....

■ ARRÊTÉ DU 8 FÉVRIER 2012

fixant les modèles de la demande d'homologation d'une rupture conventionnelle de contrat de travail à durée indéterminée (JO 17).

Note Les formulaires sont accessibles pour impression sur les sites internet *www.service-public.fr* et *www.travail-emploi.gouv.fr* ; ils peuvent être saisis en ligne sur le site *www.telerc.travail.gouv.fr*

■ ARRÊTÉ DU 31 DÉCEMBRE 2008

fixant le modèle du formulaire « Déclaration de départ de salariés, soit à 55 ans au moins dans le cadre d'un licenciement ou d'une rupture conventionnelle, soit en cas de préretraite d'entreprise ou de mise à la retraite d'office » (JO 13 janv. 2009).

Note Ce formulaire peut être imprimé ou rempli électroniquement puis imprimé sur les sites internet *www.urssaf.fr* et *www.service-public.fr*.

PARTICIPATION, INTÉRESSEMENT, ÉPARGNE SALARIALE

Plans d'épargne retraite

■ CODE MONÉTAIRE ET FINANCIER

....

LIVRE II

....

TITRE II

....

CHAPITRE IV – *Plans d'épargne retraite*

Note Les dispositions législatives de ce chapitre sont issues de la loi 2019-486 du 22 mai 2019, JO 23 et de l'ordonnance 2019-766 du 24 juillet 2019, JO 25 ; les dispositions réglementaires sont issues du décret 2019-807 du 30 juillet 2019, JO 1er août ; l'ensemble de ces dispositions est entré en vigueur le 01.10.2019 (décret précité, art. 9, I, II et IV).

Section 1. Dispositions communes

Sous-section 1. Définition

Art. L. 224-1. – Les personnes physiques peuvent verser des sommes dans un plan d'épargne retraite. Le plan a pour objet l'acquisition et la jouissance de droits viagers personnels ou le versement d'un capital, payables au titulaire à compter, au plus tôt, de la date de liquidation de sa pension dans un régime obligatoire d'assurance vieillesse ou de l'âge mentionné à l'article L. 161-17-2 du code de la sécurité sociale.

Le plan donne lieu à ouverture d'un compte-titres ou, pour les plans ouverts auprès d'une entreprise d'assurance, d'une mutuelle ou union, d'une institution de prévoyance ou union, à l'adhésion à un contrat d'assurance de groupe dont l'exécution est liée à la cessation d'activité professionnelle ou, pour les plans ouverts auprès d'un organisme de retraite professionnelle supplémentaire, à l'adhésion à un contrat ayant pour objet la couverture d'engagements de retraite supplémentaire mentionnés à l'article L. 381-1 du code des assurances.

Le plan prévoit la possibilité pour le titulaire d'acquérir une rente viagère à l'échéance prévue au premier alinéa du présent article, ainsi qu'une option de réversion de cette rente au profit d'un bénéficiaire en cas de décès du titulaire.

Sous-section 2. Composition et gestion

Art. L. 224-2. – Les sommes versées dans un plan d'épargne retraite peuvent provenir :

1° De versements volontaires du titulaire ;

2° De sommes versées au titre de la participation aux résultats de l'entreprise prévue au titre II du livre III de la troisième partie du code du travail ou de l'intéressement prévu au titre Ier du même livre III, ou de versements des entreprises prévus au titre III dudit livre III, ainsi que des droits inscrits au compte épargne-temps ou, en l'absence de compte épargne-temps dans l'entreprise et dans des limites fixées par décret, des sommes correspondant à des jours de repos non pris, s'agissant des plans d'épargne retraite d'entreprise ;

3° De versements obligatoires du salarié ou de l'employeur, s'agissant des plans d'épargne retraite d'entreprise auxquels le salarié est affilié à titre obligatoire.

Art. L. 224-3. – Les versements dans un plan d'épargne retraite ayant donné lieu à l'ouverture d'un compte-titres sont affectés à l'acquisition de titres financiers offrant une protection suffisante de l'épargne investie et figurant sur une liste fixée par voie réglementaire, en prenant en considération les modalités de gestion financière du plan. Cette liste inclut des titres intermédiés par les conseillers en investissements participatifs mentionnés au premier alinéa du I de l'article L. 547-1 ou par d'autres intermédiaires.

Les versements dans un plan d'épargne retraite ayant donné lieu à l'adhésion à un contrat d'assurance de groupe dont l'exécution est liée à la cessation d'activité professionnelle sont affectés à l'acquisition de droits exprimés en euros, de droits exprimés en parts de provision de diversification, de droits exprimés en unités de rente ou de droits exprimés en unités de compte constituées des titres financiers mentionnés au premier alinéa du présent article, sous réserve de l'article L. 131-1 du code des assurances.

Sauf décision contraire et expresse du titulaire, les versements sont affectés selon une allocation de l'épargne permettant de réduire progressivement les risques financiers pour le titulaire, dans des conditions fixées par décret. Il est proposé au titulaire au moins une autre allocation d'actifs correspondant à un profil d'investissement différent, notamment, s'agissant des plans d'épargne retraite d'entreprise, une allocation permettant l'acquisition de parts de fonds investis, dans les limites prévues à l'article L. 214-164 du présent code, dans les entreprises solidaires d'utilité sociale au sens de l'article L. 3332-17-1 du code du travail.

Les allocations permettant de réduire progressivement les risques financiers correspondent à des profils d'investissement adaptés à un horizon de long terme. La qualification de ces profils tient compte du niveau d'exposition aux risques financiers et de l'espérance de rendement pour le titulaire, dans des conditions précisées par un arrêté du ministre chargé de l'économie.

Les conditions de partage ou d'affectation aux plans d'épargne retraite des rétrocessions de commissions perçues au titre de leur gestion financière sont fixées par voie réglementaire.

Les dispositions des troisième et quatrième alinéas ne sont pas applicables aux plans d'épargne retraite donnant lieu à l'ouverture d'un contrat d'assurance de groupe dont les garanties sont exprimées en unités de rente.

Sous-section 3. Disponibilité de l'épargne

Art. L. 224-4. – I. – Les droits constitués dans le cadre du plan d'épargne retraite peuvent être, à la demande du titulaire, liquidés ou rachetés avant l'échéance mentionnée à l'article L. 224-1 dans les seuls cas suivants :

1° Le décès du conjoint du titulaire ou de son partenaire lié par un pacte civil de solidarité ;

2° L'invalidité du titulaire, de ses enfants, de son conjoint ou de son partenaire lié par un pacte civil de solidarité. Cette invalidité s'apprécie au sens des 2° et 3° de l'article L. 341-4 du code de la sécurité sociale ;

3° La situation de surendettement du titulaire, au sens de l'article L. 711-1 du code de la consommation ;

4° L'expiration des droits à l'assurance chômage du titulaire, ou le fait pour le titulaire d'un plan qui a exercé des fonctions d'administrateur, de membre du directoire ou de membre du conseil de surveillance et n'a pas liquidé sa pension dans un régime obligatoire d'assurance vieillesse de ne pas être titulaire d'un contrat de travail ou d'un mandat social depuis deux ans au moins à compter du non-renouvellement de son mandat social ou de sa révocation ;

5° La cessation d'activité non salariée du titulaire à la suite d'un jugement de liquidation judiciaire en application du titre IV du livre VI du code de commerce ou toute situation justifiant ce retrait ou ce rachat selon le président du tribunal de commerce auprès duquel est instituée une procédure de conciliation mentionnée à l'article L. 611-4 du même code, qui en effectue la demande avec l'accord du titulaire ;

6° L'affectation des sommes épargnées à l'acquisition de la résidence principale. Les droits correspondants aux sommes mentionnées au 3° de l'article L. 224-2 du présent code ne peuvent être liquidés ou rachetés pour ce motif.

II. – Le décès du titulaire avant l'échéance mentionnée à l'article L. 224-1 du présent code entraîne la clôture du plan.

Art. L. 224-5. – À l'échéance mentionnée à l'article L. 224-1 :

1° Les droits correspondant aux sommes mentionnées au 3° de l'article L. 224-2 sont délivrés sous la forme d'une rente viagère ;

2° Les droits correspondant aux autres versements sont délivrés, au choix du titulaire, sous la forme d'un capital, libéré en une fois ou de manière fractionnée, ou d'une rente viagère, sauf lorsque le titulaire a opté expressément et irrévocablement pour la liquidation de tout ou partie de ses droits en rente viagère à compter de l'ouverture du plan.

Art. L. 224-6. – Les droits individuels en cours de constitution sont transférables vers tout autre plan d'épargne retraite. Le transfert des droits n'emporte pas modification des conditions de leur rachat ou de leur liquidation prévues à la présente sous-section.

Les frais encourus à l'occasion d'un tel transfert ne peuvent excéder 1 % des droits acquis. Ils sont nuls à l'issue d'une période de cinq ans à compter du premier versement dans le plan, ou lorsque le transfert intervient à compter de l'échéance mentionnée à l'article L. 224-1 du présent code.

Les droits individuels relatifs aux plans d'épargne retraite d'entreprise auxquels le salarié est affilié à titre obligatoire ne sont transférables que lorsque le titulaire n'est plus tenu d'y adhérer.

Lorsque le plan d'épargne retraite donne lieu à l'adhésion à un contrat d'assurance de groupe dont l'exécution est liée à la cessation d'activité professionnelle, le contrat peut prévoir de réduire la valeur de transfert dans des conditions et limites fixées par voie réglementaire, dans le cas où le droit de transfert des provisions mathématiques excède la quote-part de l'actif qui les représente.

Les plans d'épargne retraite individuels donnant lieu à l'adhésion à un contrat d'assurance de groupe dont l'exécution est liée à la cessation d'activité professionnelle et les plans d'épargne retraite d'entreprise prévoient les conditions dans lesquelles l'association souscriptrice ou l'entreprise peut changer de gestionnaire à l'issue d'un préavis qui ne peut excéder dix-huit mois.

Sous-section 4. Information des titulaires

Art. L. 224-7. – Les titulaires bénéficient d'une information régulière sur leurs droits, dans des conditions fixées par voie réglementaire, s'agissant notamment de la valeur des droits en cours de constitution et des modalités de leur transfert vers un autre plan d'épargne retraite.

Les titulaires d'un plan d'épargne retraite bénéficient d'une information détaillée précisant, pour chaque actif du plan, la performance brute de frais, la performance nette de frais et les frais prélevés, dans des conditions définies par arrêté du ministre chargé de l'économie. Cette information, qui mentionne notamment les éventuelles rétrocessions de commission perçues au titre de la gestion financière des plans, est fournie avant l'ouverture du plan puis actualisée annuellement.

Sous-section 5. Modalités d'application

Art. L. 224-8. – Sauf disposition contraire, les modalités d'application du présent chapitre sont précisées par décret en Conseil d'État.

Pour l'application du présent chapitre, les dispositions applicables aux plans d'épargne retraite ouverts sous la forme d'un contrat d'assurance de groupe dont l'exécution est liée à la cessation d'activité professionnelle sont également applicables aux plans d'épargne retraite ouverts sous la forme d'un contrat ayant pour objet la couverture d'engagements de retraite supplémentaire mentionnés à l'article L. 381-1 du code des assurances.

Le plan d'épargne retraite est ouvert sous la forme d'un plan d'épargne retraite d'entreprise, relevant de la section 2 du présent chapitre, ou d'un plan d'épargne retraite individuel, relevant de la section 3 du présent chapitre.

Pour l'application du présent chapitre, on entend par « gestionnaire » :

- lorsque le plan d'épargne retraite est un contrat d'assurance de groupe dont l'exécution est liée à la cessation d'activité professionnelle : l'entreprise d'assurance, la mutuelle ou union, l'institution de prévoyance ou union ;
- lorsque le plan d'épargne retraite est un contrat ayant pour objet la couverture d'engagements de retraite supplémentaire mentionnés aux articles L. 381-1 du code des assurances, L. 214-1 du code de la mutualité ou L. 942-1 du code de la sécurité sociale : l'organisme de retraite professionnelle supplémentaire ;

- lorsque le plan donne lieu à l'ouverture d'un compte-titres : l'établissement de crédit, l'entreprise d'investissement ou l'établissement habilité pour les activités de conservation ou d'administration d'instruments financiers.

Un arrêté du ministre chargé de l'économie précise la dénomination sous laquelle les plans d'épargne retraite sont désignés dans les actes et documents destinés aux tiers.

....

Art. R. 224-1. – Les titres financiers mentionnés au premier alinéa de l'article L. 224-3 du présent code sont :

1° Les actifs, parts ou actions énumérés aux 1°, 2°, 2° *bis*, 2° *ter*, 3°, 4°, 5°, 7°, 7° *ter*, 7° *quater* et 8° de l'article R. 332-2 du code des assurances ;

2° Les actions de sociétés commerciales mentionnées au 6° du même article ;

3° Les parts ou actions mentionnées aux 9° *ter* et 9° *sexies* du même article et respectant les conditions suivantes :

a) Elles prévoient dans leur statut ou règlement, sans autre restriction que celle prévue à l'article L. 214-67-1 du présent code, le rachat des parts ou actions deux mois au plus tard après que le porteur en a effectué la demande ;

b) Elles emploient au moins 20 % de leurs actifs immobiliers en immeubles construits, loués ou offerts à la location, dans les conditions définies aux articles R. 214-86 à R. 214-88 du présent code ;

4° Les parts ou actions de sociétés civiles de placement immobilier mentionnées à l'article L. 214-114 du présent code. Lorsque le plan d'épargne retraite donne lieu à l'adhésion à un contrat d'assurance de groupe, ces parts ou actions sont souscrites dans les conditions fixées aux articles R. 131-2 à R. 131-4 du code des assurances.

Outre les titres financiers mentionnés aux 1° à 4° du présent article, les versements effectués sur un plan d'épargne retraite d'entreprise peuvent également être affectés à l'acquisition de parts de fonds communs de placement d'entreprise mentionnés au VII de l'article L. 214-164 du présent code.

Les rétrocessions de commission liées à la gestion ou à la distribution des titres financiers mentionnés au présent article peuvent être versées au gestionnaire du plan d'épargne retraite, au sens de l'article L. 224-8 du présent code, être versées au distributeur du plan ou être affectées au plan. Le cas échéant, le plan d'épargne retraite précise les modalités d'affectation de ces rétrocessions et les modalités d'information des titulaires sur cette affectation.

Art. R. 224-2. – Le gestionnaire du plan d'épargne retraite au sens de l'article L. 224-8 communique chaque année au titulaire :

1° L'identification du titulaire et, lorsque le plan d'épargne retraite relève de l'article L. 224-9, de l'entreprise ;

2° La valeur des droits en cours de constitution au 31 décembre de l'année précédente, ainsi que l'évolution de cette valeur depuis l'ouverture du plan et au cours de l'année précédente ;

3° Le montant des versements effectués au titre des 1°, 2° et 3° de l'article L. 224-2, ainsi que le montant des retraits, rachats ou liquidations, depuis l'ouverture du plan et au cours de l'année précédente ;

4° Les frais de toute nature prélevés sur le plan au cours de l'année précédente, ainsi que le total de ces frais exprimé en euros ;

5° La valeur de transfert du plan d'épargne retraite au 31 décembre de l'année précédente, ainsi que les conditions dans lesquelles le titulaire peut demander le transfert vers un autre plan d'épargne retraite et les éventuels frais afférents ;

6° Pour chaque actif du plan, la performance annuelle brute de frais, la performance annuelle nette de frais, les frais annuels prélevés, y compris ceux liés aux éventuelles rétrocessions de commission, ainsi que les modifications significatives affectant chaque actif, selon des modalités précisées par un arrêté du ministre chargé de l'économie ;

7° Lorsque le plan est un contrat d'assurance de groupe, la participation aux bénéfices techniques et financiers du contrat et le taux moyen de rendement des actifs détenus en représentation des engagements au titre des contrats de même catégorie ;

8° Lorsque les versements sont affectés à une allocation permettant de réduire progressivement les risques financiers en application des troisième et quatrième alinéas de l'article L. 224-3, la performance de cette allocation au cours de l'année précédente et depuis l'ouverture du plan et le rythme de sécurisation prévu jusqu'à la date de liquidation envisagée par le titulaire ;

9° Les modalités de disponibilité de l'épargne mentionnées aux articles L. 224-4 et L. 224-5.

Art. D. 224-3. – Pour l'application des troisième et quatrième alinéas de l'article L. 224-3, les allocations de l'épargne permettant de réduire progressivement les risques financiers pour le titulaire permettent d'investir dans des actifs adaptés à un horizon de long terme. Elles garantissent une diminution progressive de la part des actifs à risque élevé ou intermédiaire et une augmentation progressive de la part des actifs présentant un profil d'investissement à faible risque, à mesure que la date de liquidation envisagée par le titulaire approche. Cette date peut être modifiée à tout moment par le titulaire, dans les limites prévues à l'article D. 224-5. Le rythme minimal de sécurisation et la nature des actifs présentant un profil d'investissement à faible risque sont précisés par arrêté du ministre chargé de l'économie.

Le plan d'épargne retraite prévoit la possibilité pour le titulaire de ne pas respecter le rythme minimal de sécurisation de l'épargne mentionné ci-dessus, à condition qu'il en fasse expressément la demande.

Art. D. 224-4. – La liquidation ou le rachat anticipé des droits dans les cas mentionnés au I de l'article L. 224-4 intervient sous la forme d'un versement unique qui porte, au choix du titulaire, sur tout ou partie des droits susceptibles d'être liquidés ou rachetés.

Art. D. 224-5. – Le plan d'épargne retraite prévoit les conditions dans lesquelles le titulaire exprime son choix quant aux modalités de délivrance des sommes mentionnées à l'article L. 224-5.

Art. R. 224-6. – Pour l'application du quatrième alinéa de l'article L. 224-6, dans le cas où le droit de transfert des provisions mathématiques ou des parts de provisions de diversification excède la quote-part de l'actif qui les représente, le plan peut prévoir de réduire cette valeur de transfert à due concurrence sans que cette réduction puisse toutefois excéder 15 % de la valeur des droits individuels du titulaire relatifs à des engagements exprimés en euros.

Ces dispositions ne s'appliquent pas aux contrats et conventions relevant des articles L. 441-1 du code des assurances, L. 222-1 du code de la mutualité et L. 932-24 du code de la sécurité sociale.

La valeur de rachat des plans d'épargne retraite donnant lieu à l'adhésion à un contrat d'assurance de groupe dont les garanties sont exprimées en unités de rente correspond à la valeur de transfert mentionnée à l'article L. 142-8 du code des assurances.

Un arrêté du ministre chargé de l'économie précise les modalités d'exécution du transfert d'un plan d'épargne retraite.

....

Section 2. Le plan d'épargne retraite d'entreprise

Sous-section 1. Dispositions communes

Art. L. 224-9. – Le plan d'épargne retraite d'entreprise prend la forme d'un plan d'épargne retraite d'entreprise collectif, relevant de la sous-section 2 de la présente section, ou d'un plan d'épargne retraite obligatoire, relevant de la sous-section 3 de la présente section.

L'entreprise qui a mis en place un plan d'épargne d'entreprise mentionné à l'article L. 3332-1 du code du travail depuis plus de trois ans ouvre une négociation en vue de la mise en place d'un plan d'épargne retraite d'entreprise ouvert à tous les salariés de l'entreprise.

Art. L. 224-10. – Le plan d'épargne retraite d'entreprise prévoit qu'à compter de la cinquième année précédant l'échéance mentionnée à l'article L. 224-1, le titulaire peut interroger par tout moyen le gestionnaire du plan afin de s'informer sur ses droits et sur les modalités de restitution de l'épargne appropriées à sa situation et de confirmer, le cas échéant, le rythme de réduction des risques financiers dans le cadre d'une allocation mentionnée aux troisième et quatrième alinéas de l'article L. 224-3.

Six mois avant le début de la période mentionnée au premier alinéa, le gestionnaire du plan informe le titulaire de la possibilité susmentionnée.

Art. L. 224-11. – Par dérogation au troisième alinéa de l'article L. 224-5, le titulaire ne peut opter irrévocablement pour la liquidation de ses droits en rente viagère avant l'échéance mentionnée à l'article L. 224-1.

Art. L. 224-12. – Le changement de gestionnaire prévu au cinquième alinéa de l'article L. 224-6 emporte le transfert au nouveau gestionnaire de l'ensemble des droits individuels du plan en cours de constitution.

En cas de modification survenue dans la situation juridique d'une entreprise ayant mis en place un plan d'épargne retraite d'entreprise, notamment par fusion, cession, absorption ou scission, rendant impossible la poursuite de l'ancien plan, les sommes qui y étaient affectées peuvent être transférées dans le plan d'épargne retraite de la nouvelle entreprise.

Sous-section 2. Le plan d'épargne retraite d'entreprise collectif

§ 1. Mise en place

Art. L. 224-13. – Sous réserve des dispositions particulières du présent chapitre, les dispositions relatives au plan d'épargne d'entreprise mentionné au chapitre II du titre III du livre III de la troisième partie du code du travail sont applicables au plan d'épargne retraite d'entreprise collectif, à l'exception des dispositions des articles L. 3332-10 et L. 3332-18 à L. 3332-28 du même code.

Art. L. 224-14. – Un plan d'épargne retraite d'entreprise collectif peut être mis en place à l'initiative de l'entreprise ou selon l'une des modalités mentionnées à l'article L. 3322-6 du code du travail.

Lorsque l'entreprise compte au moins un délégué syndical ou est dotée d'un comité social et économique, le plan d'épargne retraite d'entreprise collectif est négocié dans les conditions prévues aux 1° à 3° de l'article L. 3322-6 du code du travail. Si, au terme de la négociation, aucun accord n'a été conclu, un procès-verbal de désaccord est établi dans lequel sont consignées en leur dernier état les propositions respectives des parties et les mesures que l'employeur entend soumettre à la ratification du personnel dans les conditions prévues au 4° de l'article L. 3322-6 du code du travail ou appliquer unilatéralement.

Art. L. 224-15. – Le règlement du plan détermine les conditions dans lesquelles les frais liés à la gestion du plan sont pris en charge par l'employeur. La liste des frais obligatoirement pris en charge par l'employeur est précisée par décret.

Art. L. 224-16. – Le plan d'épargne retraite d'entreprise collectif peut être mis en place sous la forme d'un plan interentreprises dans les conditions prévues au chapitre III du titre III du livre III de la troisième partie du code du travail.

§ 2. Titulaires

Art. L. 224-17. – Lorsqu'un plan d'épargne retraite d'entreprise collectif a été mis en place, tous les salariés de l'entreprise peuvent bénéficier de ses dispositions. Toutefois, une condition d'ancienneté peut être exigée. Elle ne peut excéder trois mois.

Un plan d'épargne retraite d'entreprise collectif peut prévoir l'adhésion par défaut des salariés de l'entreprise, sauf avis contraire de ces derniers. Les salariés sont informés de cette clause dans des conditions prévues par décret.

Un ancien salarié peut continuer à effectuer des versements sur le plan d'épargne retraite d'entreprise collectif. Ces versements ne bénéficient pas des versements complémentaires de l'entreprise et, par dérogation aux dispositions de l'article L. 224-15, les frais afférents à leur gestion sont à la charge exclusive de l'ancien salarié qui effectue ces versements. Cette possibilité n'est pas ouverte au salarié qui a accès à un plan d'épargne retraite d'entreprise collectif dans la nouvelle entreprise où il est employé.

Art. L. 224-18. – Le transfert de droits individuels d'un plan d'épargne retraite d'entreprise collectif vers un autre plan d'épargne retraite avant le départ de l'entreprise n'est possible que dans la limite d'un transfert tous les trois ans.

Art. L. 224-19. – Le règlement du plan d'épargne retraite d'entreprise collectif détermine les conditions dans lesquelles le personnel est informé de son existence et de son contenu.

Lorsque le plan n'est pas établi en vertu d'un accord avec le personnel, l'employeur communique la liste nominative de la totalité des salariés au gestionnaire du plan. Le gestionnaire informe nominativement chaque salarié de l'existence d'un plan d'épargne retraite d'entreprise collectif. Ces dispositions ne s'appliquent pas aux entreprises ayant remis à leurs salariés une note d'information individuelle sur l'existence et le contenu du plan prévue par le règlement du plan d'épargne retraite d'entreprise collectif.

§ 3. Règles particulières de versement

Art. L. 224-20. – Le plan d'épargne retraite d'entreprise collectif doit pouvoir recevoir les versements mentionnés aux 1° et 2° de l'article L. 224-2, effectués en numéraire. Le plan doit pouvoir recevoir également des sommes issues des versements obligatoires mentionnés au 3° du même article par transfert en provenance d'un autre plan d'épargne retraite.

Pour chaque versement volontaire mentionné au 1° de l'article L. 224-2, y compris la part correspondant aux garanties complémentaires prévues aux 1° à 3° de l'article L. 142-3 du code des assurances, le titulaire du plan d'épargne retraite peut renoncer au bénéfice des dispositions des articles 154 *bis* et 154 *bis-0 A* ou 163 *quatervicies* du code général des impôts. Cette option est exercée au plus tard lors du versement auprès du gestionnaire du plan et elle est irrévocable. À défaut d'option dans les conditions précitées, les dispositions des articles 154 *bis* et 154 *bis-0 A* ou 163 *quatervicies* du code général des impôts s'appliquent dans les conditions de droit commun.

Lorsque un versement correspondant à des sommes issues de la participation est affecté à un plan d'épargne retraite d'entreprise collectif dans les conditions prévues à l'article L. 3324-12 du code du travail, le titulaire peut, par dérogation à l'article L. 224-4, demander la liquidation ou le rachat des droits correspondant à ce versement dans un délai d'un mois à compter de la notification de son affectation au plan. Les droits correspondants sont valorisés à la date de la demande de liquidation ou de rachat par le titulaire.

Outre les versements des entreprises prévus au chapitre II du titre III du livre III de la troisième partie du code du travail, les entreprises peuvent, même en l'absence de contribution du salarié :

1° Effectuer un versement initial sur ce plan ;

2° Effectuer des versements périodiques sur ce plan, sous réserve d'une attribution uniforme à l'ensemble des salariés. La périodicité de ces versements est précisée dans le règlement du plan.

Ces versements respectent les dispositions de l'article L. 3332-13 du code du travail.

Les plafonds de versement annuel au plan d'épargne retraite d'entreprise collectif sont fixés par décret.

§ 4. Gouvernance

Art. L. 224-21. – Le règlement du plan fixe la liste des actifs auxquels les versements peuvent être affectés. Lorsque cette liste comporte d'autres actifs que des parts de fonds communs de placement d'entreprise mentionnés à l'article L. 214-164, le règlement du plan prévoit la mise en place d'un comité de surveillance composé de représentants de l'entreprise et, pour moitié au moins, de représentants des titulaires du plan. Les modalités de désignation des membres sont fixées par le règlement du plan. Le président du comité de surveillance est choisi parmi les représentants des titulaires.

Lorsque le plan est mis en place sous la forme d'un plan interentreprises, le comité de surveillance peut être commun à l'ensemble des entreprises adhérentes au plan.

Les membres du comité de surveillance sont tenus au secret professionnel à l'égard des informations présentant un caractère confidentiel et données comme telles par les personnes consultées dans les conditions et sous les peines prévues aux articles 226-13 et 226-14 du code pénal. Le comité peut entendre le ou les commissaires aux comptes compétents, qui sont déliés de l'obligation du secret professionnel à l'égard du comité en ce qui concerne les comptes concernés.

Lorsque le plan donne lieu à l'adhésion à un contrat d'assurance de groupe et lorsque les versements peuvent être affectés à des parts de fonds communs de placement d'entreprise mentionnés à l'article L. 214-

164, les titulaires du plan sont représentés au conseil de surveillance de ces fonds en lieu et place de l'entreprise d'assurance porteuse des parts.

Art. L. 224-22. – Le comité de surveillance du plan, qui se réunit au moins une fois par an, est chargé de veiller à la bonne gestion du plan et à la représentation des intérêts des titulaires.

Le gestionnaire du plan informe chaque trimestre le comité de surveillance de la performance des actifs auxquels des versements ont été affectés ainsi que des différents frais prélevés. Lorsque le plan donne lieu à l'adhésion à un contrat d'assurance de groupe dont l'exécution est liée à la cessation d'activité professionnelle, l'organisme d'assurance informe chaque année le comité de surveillance du montant de la participation aux bénéfices et des modalités de sa répartition entre les titulaires.

Le gestionnaire du plan consulte le comité de surveillance :

1° Sur la liste des actifs auxquels les versements peuvent être affectés, lors de la mise en place du plan puis avant chaque modification de cette liste, en prenant en considération notamment leur performance financière ainsi que des facteurs environnementaux, sociaux et de gouvernance, appréciés selon des critères définis par le comité de surveillance ;

2° Sur l'allocation de l'épargne à laquelle les versements sont affectés sauf décision contraire et expresse du titulaire, en application du troisième alinéa de l'article L. 224-3.

Sous-section 3. Le plan d'épargne retraite obligatoire

§ 1. Mise en place

Art. L. 224-23. – Un plan d'épargne retraite obligatoire peut être mis en place selon l'une des modalités mentionnées à l'article L. 911-1 du code de la sécurité sociale.

§ 2. Titulaires

Art. L. 224-24. – Le plan d'épargne retraite obligatoire est mis en place au bénéfice de l'ensemble des salariés de l'entreprise ou bien d'une ou plusieurs catégories de salariés, sous réserve que ces catégories soient constituées à partir des critères objectifs mentionnés au 4° du II de l'article L. 242-1 du code de la sécurité sociale.

Le plan d'épargne retraite obligatoire peut également être créé en tant que plan d'épargne retraite obligatoire interentreprises dans des conditions fixées par décret.

Le règlement du plan prévoit que l'adhésion des salariés intéressés revêt un caractère obligatoire. Toutefois, la liquidation mentionnée à l'article L. 224-5 relève le salarié de son obligation d'adhésion.

§ 3. Règles particulières de versement

Art. L. 224-25. – Le plan d'épargne retraite obligatoire doit pouvoir recevoir les versements suivants, effectués en numéraire :

1° Les versements volontaires mentionnés au 1° de l'article L. 224-2. Les dispositions du deuxième alinéa de l'article L. 224-20 sont applicables à ces versements ;

2° Les versements mentionnés au 2° de l'article L. 224-2, à l'exception des versements des entreprises prévus au titre III du livre III de la troisième partie du code du travail, à condition que l'entreprise ait mis en place un plan d'épargne retraite bénéficiant à tous les salariés. Cette condition n'est toutefois pas exigée pour le versement de droits inscrits au compte épargne-temps ou, en l'absence de compte épargne-temps dans l'entreprise, de sommes correspondant à des jours de repos non pris ;

3° Les versements obligatoires mentionnés au 3° de l'article L. 224-2. Toutefois, lorsque le plan a été mis en place à la suite d'une décision unilatérale de l'employeur, les salariés déjà présents dans l'entreprise lors de la mise en place du plan peuvent se dispenser, à leur initiative, de participer aux versements obligatoires des salariés.

Le plan doit pouvoir également recevoir les sommes issues des versements mentionnés aux 1°, 2° et 3° de l'article L. 224-2 par transfert en provenance d'un autre plan d'épargne retraite.

§ 4. Gouvernance

Art. L. 224-26. – Il est institué, pour chaque plan d'épargne retraite obligatoire pouvant être alimenté par l'intéressement et la participation, un comité de surveillance relevant des dispositions des articles L. 224-21 et L. 224-22. Toutefois, ce comité de surveillance est facultatif lorsque les versements sont affectés uniquement à l'acquisition de parts de fonds communs de placement d'entreprise mentionnés à l'article L. 214-164 du code monétaire et financier.

Lorsque le plan donne lieu à l'adhésion à un contrat d'assurance de groupe et lorsque les versements peuvent être affectés à des parts de fonds communs de placement d'entreprise mentionnés à l'article L. 214-164, les titulaires du plan sont représentés au conseil de surveillance de ces fonds en lieu et place de l'entreprise d'assurance porteuse des parts.

Sous-section 4. Possibilités de regroupement des plans d'épargne retraite d'entreprise

Art. L. 224-27. – Par dérogation à l'article L. 224-20, lorsqu'un plan d'épargne retraite d'entreprise collectif est mis en place, l'entreprise peut décider, dans les conditions mentionnées à l'article L. 224-14, de mettre en place des versements obligatoires mentionnés au 3° l'article L. 224-2. Ces versements obligatoires peuvent être réservés à une ou plusieurs catégories de salariés, sous réserve que ces catégories soient constituées à partir des critères objectifs mentionnés au 4° du II de l'article L. 242-1 du code de la sécurité sociale. Le règlement du plan prévoit que l'adhésion des salariés visés par une de ces catégories revêt un caractère obligatoire jusqu'à la liquidation mentionnée à l'article L. 224-5. Lorsque les versements obligatoires sont mis en place à la suite d'une décision unilatérale de l'employeur, les salariés déjà présents dans l'entreprise lors de la mise en place du plan peuvent se dispenser, à leur initiative, de participer aux versements obligatoires des salariés.

Lorsqu'un plan d'épargne retraite obligatoire est mis en place, l'entreprise peut décider, dans les conditions mentionnées à l'article L. 224-14, de le transformer en un plan d'épargne retraite d'entreprise collectif mentionné à l'alinéa précédent. Ce plan couvre l'ensemble des salariés de l'entreprise et peut recevoir les versements mentionnés aux 1°, 2° et 3° de l'article L. 224-2, ces derniers pouvant être réservés à une ou plusieurs catégories de salariés, sous réserve que ces catégories soient constituées à partir des critères objectifs mentionnés au 4° du II de l'article L. 242-1 du code de la sécurité sociale.

....

Art. R. 224-7. – Lorsque la situation juridique d'une entreprise ayant mis en place un plan d'épargne retraite d'entreprise est modifiée, notamment par fusion, cession, absorption ou scission, les signataires de l'accord ou, lorsque le plan n'a pas été mis en place en application d'un accord, l'employeur, peuvent décider de transférer les avoirs des salariés dans le plan de la nouvelle entreprise. Les représentants du personnel sont informés de ce transfert. En cas d'impossibilité juridique de réunir les signataires initiaux, le transfert peut être mis en place par un accord avec le personnel ou avec les comités sociaux et économiques concernés.

Art. R. 224-8. – Les jours de congés investis dans le plan d'épargne retraite d'entreprise à la demande du salarié le sont pour la valeur de l'indemnité de congés calculée selon les dispositions des articles L. 3141-23 à L. 3141-26 du code du travail.

Art. D. 224-9. – En l'absence de compte épargne-temps dans l'entreprise, le salarié peut, dans la limite de dix jours par an, verser les sommes correspondant à des jours de repos non pris sur le plan d'épargne retraite d'entreprise. Le congé annuel ne peut être affecté que pour sa durée excédant vingt-quatre jours ouvrables.

Art. D. 224-10. – Le plafond prévu à l'article L. 3332-11 du code du travail est fixé à 16 % du montant annuel du plafond prévu à l'article L. 241-3 du code de la sécurité sociale.

Le versement initial et le versement périodique d'une entreprise dans le plan d'épargne retraite d'entreprise collectif prévus à l'article L. 224-20 du présent code bénéficient à l'ensemble des titulaires qui satisfont aux conditions d'ancienneté éventuellement prévues par le règlement du plan. Le montant total annuel de ces deux versements ne peut excéder 2 % du montant annuel du plafond prévu au premier alinéa de l'article L. 241-3 du code de la sécurité sociale.

Ces versements sont pris en compte pour apprécier le respect du plafond d'abondement prévu par le règlement et du plafond mentionné au premier alinéa du présent article.

Art. D. 224-11. – Lorsque le règlement du plan d'épargne retraite d'entreprise collectif prévoit l'adhésion par défaut des salariés, l'entreprise en informe chaque salarié suivant les modalités prévues par le règlement du plan. Après la mise en place du plan, cette communication est également adressée à chaque nouveau salarié. Le salarié dispose d'un délai de quinze jours à compter de cette communication pour renoncer de manière expresse à cette adhésion. Le salarié peut être informé par voie électronique, dans des conditions de nature à garantir l'intégrité des données.

Art. D. 224-12. – Les frais obligatoirement pris en charge par l'employeur en application de l'article L. 224-15 sont :

1° Lorsque le plan d'épargne retraite d'entreprise collectif donne lieu à l'ouverture d'un compte-titres : les frais récurrents de toute nature liés à la tenue du compte-titres ;

2° Lorsque le plan d'épargne retraite d'entreprise collectif donne lieu à l'adhésion à un contrat d'assurance de groupe : les frais récurrents de toute nature liés à la gestion du contrat, à l'exception des frais liés à la gestion des engagements exprimés en euros et en parts de provision de diversification.

Le règlement du plan peut prévoir que d'autres frais sont également pris en charge par l'employeur.

Les frais pris en charge par l'employeur sont facturés par le gestionnaire à l'employeur. Ils ne donnent pas lieu à un prélèvement sur les droits individuels en cours de constitution dans le plan d'épargne retraite.

....

Section 4. Transferts

Art. L. 224-40. – I. – Sont transférables dans un plan d'épargne retraite mentionné au présent chapitre, les droits individuels en cours de constitution sur :

1° Un contrat mentionné à l'article L. 144-1 du code des assurances ayant pour objet l'acquisition et la jouissance de droits viagers personnels ;

2° Un plan d'épargne retraite populaire mentionné à l'article L. 144-2 du code des assurances ;

3° Un contrat relevant du régime de retraite complémentaire institué par la Caisse nationale de prévoyance de la fonction publique mentionné à l'article L. 132-23 du code des assurances ;

4° Une convention d'assurance de groupe dénommée « complémentaire retraite des hospitaliers » mentionnée à l'article L. 132-23 du code des assurances ;

5° Les contrats souscrits dans le cadre des régimes gérés par l'Union mutualiste retraite ;

6° Un plan d'épargne pour la retraite collectif mentionné à l'article L. 3334-1 du code du travail ;

7° Un contrat souscrit dans le cadre d'un régime de retraite supplémentaire mentionné au 2° de l'article 83 du code général des impôts, lorsque le salarié n'est plus tenu d'y adhérer.

II. – Lorsque les droits mentionnés au I sont transférés dans un plan d'épargne retraite :

1° Les droits mentionnés aux 1° à 5° du I sont assimilés à des droits issus de versements volontaires mentionnés au 1° de l'article L. 224-2 ;

2° Les droits mentionnés au 6° du I sont assimilés à des droits issus de versements mentionnés au 2° de l'article L. 224-2 ;

3° Les droits issus de versements volontaires du salarié sur un contrat mentionné au 7° du I sont assimilés à des droits issus de versements volontaires mentionnés au 1° de l'article L. 224-2. Les droits issus de versements obligatoires du salarié ou de l'employeur sur un contrat mentionné au 7° du I sont assimilés à des droits issus de versements obligatoires mentionnés au 3° de l'article L. 224-2. Lorsque l'ancienneté du plan ne permet pas à l'entreprise d'assurance, la mutuelle ou union ou l'institution de prévoyance, de distinguer les versements volontaires des versements obligatoires, les droits sont assimilés à des versements obligatoires, sauf lorsque le titulaire justifie auprès de l'entreprise d'assurance, de la mutuelle ou union ou de l'institution de prévoyance, du montant des versements volontaires effectués.

Le gestionnaire du contrat, plan ou convention transféré communique au gestionnaire du nouveau plan d'épargne retraite le montant des droits en cours de constitution et le montant des sommes versées, en distinguant les versements mentionnés aux 1°, 2° et 3° de l'article L. 224-2.

III. – Avant le transfert des droits vers un plan d'épargne retraite individuel, le gestionnaire du nouveau plan informe le titulaire des caractéristiques du plan et des différences entre le nouveau plan d'épargne retraite et l'ancien contrat, plan ou convention transféré.

Le transfert de droits individuels d'un plan d'épargne pour la retraite collectif mentionné à l'article L. 3334-1 du code du travail vers un plan d'épargne retraite mentionné à l'article L. 224-1 avant le départ de l'entreprise du salarié n'est possible que dans la limite d'un transfert tous les trois ans.

IV. – L'entreprise ayant mis en place un plan d'épargne pour la retraite collectif peut décider, dans les conditions mentionnées à l'article L. 3334-2 du code du travail, de transférer collectivement les droits en cours d'acquisition dans un plan d'épargne retraite d'entreprise collectif mentionné à l'article L. 224-13. Le cas échéant, ce transfert doit intervenir dans un délai de 6 mois. Les salariés sont informés des conséquences de ce transfert, des caractéristiques du nouveau plan et des différences entre le nouveau plan et le plan transféré.

V. – Lorsqu'un plan d'épargne pour la retraite collectif est conforme aux dispositions du troisième alinéa de l'article L. 224-3, de l'article L. 224-5 et des articles L. 224-14 à L. 224-17, l'employeur peut décider que le plan devient un plan d'épargne retraite d'entreprise collectif, après information et consultation du comité social et économique, dès lors que les signataires d'origine ne s'y opposent pas. Toutefois, la transformation du plan ne devient effective qu'après information des bénéficiaires du plan, notamment sur les nouvelles dispositions fiscales relatives aux versements volontaires et aux cas de déblocage anticipé.

VI. – Le règlement d'un plan d'épargne pour la retraite collectif interentreprises mentionné à l'article L. 3333-1 du code du travail peut être modifié dans les conditions prévues au deuxième alinéa de l'article L. 3333-7 du code du travail afin de prévoir la transformation du plan en plan d'épargne retraite mentionné à l'article L. 224-16.

PROPRIÉTÉ INTELLECTUELLE

■ CODE DE LA PROPRIÉTÉ INTELLECTUELLE

Art. L. 113-9. – Sauf dispositions statutaires ou stipulations contraires, les droits patrimoniaux sur les logiciels et leur documentation créés par un ou plusieurs employés dans l'exercice de leurs fonctions ou d'après les instructions de leur employeur sont dévolus à l'employeur qui est seul habilité à les exercer.

Toute contestation sur l'application du présent article est soumise au tribunal judiciaire du siège social de l'employeur.

Les dispositions du premier alinéa du présent article sont également applicables aux agents de l'État, des collectivités publiques et des établissements à caractère administratif.

....

Art. L. 611-6. – Le droit au titre de propriété industrielle mentionné à l'article L. 611-1 appartient à l'inventeur ou à son ayant cause.

Si plusieurs personnes ont réalisé l'invention indépendamment l'une de l'autre, le droit au titre de propriété industrielle appartient à celle qui justifie de la date de dépôt la plus ancienne.

Dans la procédure devant le directeur de l'Institut national de la propriété industrielle, le demandeur est réputé avoir droit au titre de propriété industrielle.

Art. L. 611-7. – Si l'inventeur est un salarié, le droit au titre de propriété industrielle, à défaut de stipulation contractuelle plus favorable au salarié, est défini selon les dispositions ci-après :

1. Les inventions faites par le salarié dans l'exécution soit d'un contrat de travail comportant une mission inventive qui correspond à ses fonctions effectives, soit d'études et de recherches qui lui sont explicitement confiées, appartiennent à l'employeur. L'employeur informe le salarié auteur d'une telle invention lorsque cette dernière fait l'objet du dépôt d'une demande de titre de propriété industrielle et lors de la délivrance,

le cas échéant, de ce titre. Les conditions dans lesquelles le salarié, auteur d'une invention appartenant à l'employeur, bénéficie d'une rémunération supplémentaire sont déterminées par les conventions collectives, les accords d'entreprise et les contrats individuels de travail.

Si l'employeur n'est pas soumis à une convention collective de branche, tout litige relatif à la rémunération supplémentaire est soumis à la commission de conciliation instituée par l'article L. 615-21 ou au tribunal judiciaire.

2. Toutes les autres inventions appartiennent au salarié. Toutefois, lorsqu'une invention est faite par un salarié, soit dans le cours de l'exécution de ses fonctions, soit dans le domaine des activités de l'entreprise, soit par la connaissance ou l'utilisation des techniques ou de moyens spécifiques à l'entreprise, ou de données procurées par elle, l'employeur a le droit, dans des conditions et délais fixés par décret en Conseil d'État, de se faire attribuer la propriété ou la jouissance de tout ou partie des droits attachés au brevet protégeant l'invention de son salarié.

Le salarié doit en obtenir un juste prix qui, à défaut d'accord entre les parties, est fixé par la commission de conciliation instituée par l'article L. 615-21 ou par le tribunal judiciaire : ceux-ci prendront en considération tous éléments qui pourront leur être fournis notamment par l'employeur et par le salarié, pour calculer le juste prix tant en fonction des apports initiaux de l'un et de l'autre que de l'utilité industrielle et commerciale de l'invention.

3. Le salarié auteur d'une invention en informe son employeur qui en accuse réception selon des modalités et des délais fixés par voie réglementaire.

Le salarié et l'employeur doivent se communiquer tous renseignements utiles sur l'invention en cause. Ils doivent s'abstenir de toute divulgation de nature à compromettre en tout ou en partie l'exercice des droits conférés par le présent livre.

Tout accord entre le salarié et son employeur ayant pour objet une invention de salarié doit, à peine de nullité, être constaté par écrit.

4. Les modalités d'application du présent article sont fixées par décret en Conseil d'État.

5. Les dispositions du présent article sont également applicables aux agents de l'État, des collectivités publiques et de toutes autres personnes morales de droit public, selon des modalités qui sont fixées par décret en Conseil d'État.

Note
• Sur la reconnaissance à part entière de l'acte d'inventer, quelle que soit la fonction du salarié dans l'entreprise, voir rép. QE 10037, JO Sén. 29 juin 2000, p. 2303.

• L'invention faite par le salarié dans l'exécution du contrat de travail comportant une mission inventive appartient à l'employeur (cass. soc. 21 septembre 2011, n° 09-69.927, JSL n° 308, 27 octobre 2011, pp. 18 et s. ; JCP éd. S 2011, 1500, note L. Drai ; RJS 12/11 n° 926 ; RDT, décembre 2011, CH, 696, Fr. Héas).

Art. L. 611-8. – Si un titre de propriété industrielle a été demandé soit pour une invention soustraite à l'inventeur ou à ses ayants cause, soit en violation d'une obligation légale ou conventionnelle, la personne lésée peut revendiquer la propriété de la demande ou du titre délivré.

L'action en revendication se prescrit par cinq ans à compter de la publication de la délivrance du titre de propriété industrielle.

Toutefois, en cas de mauvaise foi au moment de la délivrance ou de l'acquisition du titre, le délai de prescription est de cinq ans à compter de l'expiration du titre.

Art. L. 611-9. – L'inventeur, salarié ou non, est mentionné comme tel dans le brevet ; il peut également s'opposer à cette mention.

....

Art. R. 611-1. – Le salarié auteur d'une invention en fait immédiatement la déclaration à l'employeur.

En cas de pluralité d'inventeurs, une déclaration conjointe peut être faite par tous les inventeurs ou par certains d'entre eux seulement.

Art. R. 611-2. – La déclaration contient les informations, en la possession du salarié, suffisantes pour permettre à l'employeur d'apprécier le classement de l'invention dans l'une des catégories prévues aux paragraphes 1 et 2 de l'article L. 611-7.

Ces informations concernent :

1° L'objet de l'invention ainsi que les applications envisagées ;

2° Les circonstances de sa réalisation, par exemple : instructions ou directives reçues, expériences ou travaux de l'entreprise utilisés, collaborations obtenues ;

3° Le classement de l'invention tel qu'il apparaît au salarié.

Art. R. 611-3. – Lorsque le classement implique l'ouverture au profit de l'employeur du droit d'attribution, la déclaration est accompagnée d'une description de l'invention.

Cette description expose :

1° Le problème que s'est posé le salarié compte tenu éventuellement de l'état de la technique antérieure ;

2° La solution qu'il lui a apportée ;

3° Au moins un exemple de la réalisation accompagné éventuellement de dessins.

Art. R. 611-4. – Si, contrairement au classement de l'invention résultant de la déclaration du salarié, le droit d'attribution de l'employeur est ultérieurement reconnu, le salarié, le cas échéant, complète immédiatement sa déclaration par les renseignements prévus à l'article R. 611-3.

Art. R. 611-5. – Si la déclaration du salarié n'est pas conforme aux dispositions de l'article R. 611-2 (1° et 2°) ou, le cas échéant, de l'article R. 611-3, l'employeur communique à l'intéressé les points précis sur lesquels elle doit être complétée.

Cette communication est faite dans un délai de deux mois à compter de la date de réception de la déclaration. À défaut, la déclaration est réputée conforme.

Art. R. 611-6. – Dans un délai de deux mois, l'employeur donne son accord au classement de l'invention résultant de la déclaration du salarié ou, en cas de défaut d'indication du classement, fait part au salarié, par une communication motivée, du classement qu'il retient.

Le délai de deux mois court à compter de la date de réception par l'employeur de la déclaration du salarié contenant les informations prévues à l'article R. 611-2 ou, en cas de demande de renseignements complémentaires reconnue justifiée, de la date à laquelle la déclaration a été complétée.

L'employeur qui ne prend pas parti dans le délai prescrit est présumé avoir accepté le classement résultant de la déclaration du salarié.

Art. R. 611-7. – Le délai ouvert à l'employeur pour revendiquer le droit d'attribution est de quatre mois, sauf accord contraire entre les parties qui ne peut être que postérieur à la déclaration de l'invention.

Ce délai court à compter de la date de réception par l'employeur de la déclaration de l'invention contenant les indications prévues aux articles R. 611-2 (1° et 2°) et R. 611-3 ou, en cas de demande de renseignements complémentaires reconnue justifiée, de la date à laquelle la déclaration a été complétée.

La revendication du droit d'attribution s'effectue par l'envoi au salarié d'une communication précisant la nature et l'étendue des droits que l'employeur entend se réserver.

Art. R. 611-8. – Les délais prévus aux articles R. 611-5 à R. 611-7 sont suspendus par l'engagement d'une action contentieuse portant sur la régularité de la déclaration ou le bien-fondé du classement de l'invention invoqué par le salarié, ou par la saisine, aux mêmes fins, de la commission de conciliation prévue à l'article L. 615-21.

Les délais continuent à courir du jour où il a été définitivement statué.

Art. R. 611-9. – Toute déclaration ou communication émanant du salarié ou de l'employeur est faite par lettre recommandée avec demande d'avis de réception ou par tout autre moyen permettant d'apporter la preuve qu'elle a été reçue par l'autre partie.

La déclaration prévue à l'article R. 611-1 peut résulter de la transmission par l'Institut national de la propriété industrielle à l'employeur, selon les modalités fixées par arrêté du ministre chargé de la propriété industrielle, du second exemplaire d'un pli adressé par le salarié à l'institut pour y être conservé.

Cette procédure est facultative pour les interventions visées au premier paragraphe de l'article L. 611-7.

Art. R. 611-10. – Le salarié et l'employeur s'abstiennent de toute divulgation de l'invention tant qu'une divergence subsiste sur son classement ou tant qu'il n'a pas été statué sur celui-ci.

Si l'une des parties, pour la conservation de ses droits, dépose une demande de brevet, elle notifie sans délai une copie des pièces du dépôt à l'autre partie.

Elle épuise les facultés offertes par la législation et la réglementation applicables pour que soit différée la publication de la demande.

....

REPRÉSENTATION DU PERSONNEL

Démocratisation du secteur public

■ LOI 83-675 DU 26 JUILLET 1983 modifiée
relative à la démocratisation du secteur public (JO 27).

■ DÉCRET 83-1160 DU 26 DÉCEMBRE 1983
portant application de la loi 83-675 du 26 juillet 1983 relative à la démocratisation du secteur public (JO 28) modifié par décrets 2008-484 du 22 mai 2008 (JO 24), 2014-949 du 20 août 2014 (JO 23), 2019-913 du 30 août 2019 (JO 1er sept., entrée en vigueur le 01.01.2020) et 2019-966 du 18 septembre 2019 (JO 19, entrée en vigueur le 01.01.2020).

Conseil d'administration ou de surveillance des sociétés anonymes, des sociétés en commandite par actions

■ CODE DE COMMERCE
art. L. 225-22 ; L. 225-27 à 34 ; L. 225-79, 79-2 et 80 ; L. 226-5-1
Représentation du personnel salarié au sein du conseil d'administration ou du conseil de surveillance des sociétés anonymes ; conseil de surveillance des sociétés en commandite par actions.

Conseils d'administration des organismes de la sécurité sociale

CODE DE LA SÉCURITÉ SOCIALE

Livre II, titre III, chapitre Ier

Dispositions relatives aux conseils d'administration des organismes du régime général de la sécurité sociale.

Art. L. 231-9. – Les employeurs sont tenus de laisser aux salariés de leur entreprise, membres d'un conseil ou d'un conseil d'administration d'un organisme de sécurité sociale, le temps nécessaire pour se rendre et participer aux séances plénières de ce conseil ou des commissions qui en dépendent.

Le temps passé hors de l'entreprise pendant les heures de travail par les membres d'un conseil ou administrateurs salariés pour l'exercice de leurs fonctions est assimilé à une durée de travail effectif pour la détermination de la durée des congés payés, du droit aux prestations d'assurances sociales et aux prestations familiales ainsi qu'au regard de tous les droits que le salarié tient du fait de son ancienneté dans l'entreprise.

Les absences de l'entreprise des membres d'un conseil ou administrateurs salariés, justifiées par l'exercice de leurs fonctions, n'entraînent aucune diminution de leurs rémunérations et des avantages y afférents.

Les membres d'un conseil ou administrateurs salariés, travaillant en service continu ou discontinu posté, ont droit à un aménagement d'horaires de leur travail de façon à leur garantir un temps de repos minimum.

Un décret détermine les modalités d'indemnisation des salariés qui exercent leur activité professionnelle en dehors de tout établissement ou dépendent de plusieurs employeurs.

Art. L. 231-10. – Les employeurs sont tenus d'accorder aux salariés de leur entreprise, membres d'un conseil ou d'un conseil d'administration d'un organisme de sécurité sociale, sur leur demande, des autorisations d'absence pour leur permettre d'assister aux sessions de formation organisées pour l'exercice de leurs fonctions.

Les organismes de sécurité sociale peuvent assurer, dans des conditions prévues par décret, le financement de la formation des membres des conseils ou conseils d'administration des organismes de sécurité sociale pour les préparer à l'exercice de leurs fonctions.

Art. L. 231-11. – L'exercice du mandat de membre du conseil ou d'administrateur ne peut être une cause de rupture par l'employeur du contrat de travail, à peine de dommages et intérêts au profit du salarié.

Le licenciement par l'employeur d'un salarié exerçant le mandat de membre du conseil ou d'administrateur ou ayant cessé son mandat depuis moins de six mois est soumis à la procédure prévue par l'article L. 412-18 du code du travail. Il en est de même du licenciement des candidats aux mandats de membre du conseil ou d'administrateur dès la publication des candidatures et pendant une durée de trois mois.

Lorsque le membre du conseil ou l'administrateur salarié est titulaire d'un contrat à durée déterminée ou d'un contrat de travail temporaire, il bénéficie des mêmes garanties et protections que celles qui sont accordées par ce même article L. 412-18 aux délégués syndicaux titulaires de tels contrats.

Dans les branches d'activité à caractère saisonnier, les délais de protection définis au deuxième alinéa du présent article sont prolongés d'une durée égale à la période habituelle.

Art. L. 231-12.

……………………………………………………………………………………………

[Les organismes de sécurité sociale] remboursent également aux employeurs des membres du conseil ou administrateurs salariés les salaires maintenus pour leur permettre d'exercer leurs fonctions pendant le temps de travail ainsi que les avantages et les charges sociales y afférents.

……………………………………………………………………………………………

Cotisations syndicales

CODE GÉNÉRAL DES IMPÔTS

Art. 199 *quater* C

Les cotisations versées aux organisations syndicales représentatives de salariés et de fonctionnaires au sens de l'article L. 2121-1 du code du travail, ainsi qu'aux associations professionnelles nationales de militaires représentatives au sens de l'article L. 4126-8 du code de la défense ouvrent droit à un crédit d'impôt sur le revenu.

Le crédit d'impôt est égal à 66 % des cotisations versées prises dans la limite de 1 % du montant du revenu brut désigné à l'article 83, après déduction des cotisations et des contributions mentionnées aux 1° à 2° *ter* du même article.

Le crédit d'impôt ne s'applique pas aux bénéficiaires de traitements et salaires admis à justifier du montant de leurs frais réels.

L'excédent éventuel de crédit d'impôt est remboursé.

Le versement des cotisations ouvre droit au bénéfice du crédit d'impôt, sous réserve que le contribuable soit en mesure de présenter, à la demande de l'administration fiscale, le reçu du syndicat ou de l'association nationale professionnelle de militaires mentionnant le montant et la date du versement.

Note Cet article, tel qu'issu de la loi 2013-1279 du 29 décembre 2013, art. 17 (JO 30) modifiée par lois 2015-917 du 28 juillet 2015 (JO 29) et 2020-1721 du 29 décembre 2020 (JO 30), est applicable à compter de l'imposition des revenus de 2013.

Qualité de vie au travail

■ ACCORD NATIONAL INTERPROFESSIONNEL DU 19 JUIN 2013

Vers une politique d'amélioration de la qualité de vie au travail et de l'égalité professionnelle (arrêté d'extension du 15 avril 2014, JO 23).

Lutte contre le tabagisme

■ CODE DE LA SANTÉ PUBLIQUE

Art. L. 3512-8. – Il est interdit de fumer dans les lieux affectés à un usage collectif, notamment scolaire, et dans les moyens de transport collectif, sauf dans les emplacements expressément réservés aux fumeurs.

....

Art. L. 3513-6. – Il est interdit de vapoter dans :

1° Les établissements scolaires et les établissements destinés à l'accueil, à la formation et à l'hébergement des mineurs ;

2° Les moyens de transport collectif fermés ;

3° Les lieux de travail fermés et couverts à usage collectif.

....

Art. L. 3515-1. – Les agents mentionnés à l'article L. 1312-1 du présent code [et] à l'article L. 8112-1 du code du travail veillent au respect des articles L. 3512-8, L. 3512-12, L. 3513-5 et L. 3513-6 du présent code et des règlements pris pour son application et procèdent à la recherche et à la constatation des infractions à ces dispositions.

Ils disposent à cet effet, chacun pour ce qui le concerne, des prérogatives qui leur sont reconnues par les articles L. 1312-1 du présent code, L. 8113-1 à L. 8113-5 et L. 8113-7 du code du travail et par les textes pris pour leur application.

Ces agents peuvent, pour constater une infraction aux articles L. 3512-12 et L. 3513-5, exiger que le client établisse la preuve de sa majorité, par la production de tout document officiel muni d'une photographie.

....

Art. R. 3512-2. – L'interdiction de fumer dans les lieux affectés à un usage collectif mentionnée à l'article L. 3512-8 s'applique :

1° Dans tous les lieux fermés et couverts qui accueillent du public ou qui constituent des lieux de travail ;

2° Dans les moyens de transport collectif ;

3° Dans les espaces non couverts des écoles, collèges et lycées publics et privés, ainsi que des établissements destinés à l'accueil, à la formation ou à l'hébergement des mineurs ;

4° Dans les aires collectives de jeux telles que définies par le décret n° 96-1136 du 18 décembre 1996 fixant les prescriptions de sécurité relatives aux aires collectives de jeux.

Art. R. 3512-3. – L'interdiction de fumer ne s'applique pas dans les emplacements mis à la disposition des fumeurs au sein des lieux mentionnés à l'article R. 3512-2 et créés, le cas échéant, par la personne ou l'organisme responsable des lieux.

Ces emplacements ne peuvent pas être aménagés au sein des établissements d'enseignement publics et privés, des centres de formation des apprentis, des établissements destinés à ou régulièrement utilisés pour l'accueil, la formation, l'hébergement ou la pratique sportive des mineurs, des aires collectives de jeux et des établissements de santé.

Art. R. 3512-4. – Les emplacements réservés mentionnés à l'article R. 3512-3 sont des salles closes, affectées à la consommation de tabac et dans lesquelles aucune prestation de service n'est délivrée. Aucune tâche d'entretien et de maintenance ne peut y être exécutée sans que l'air ait été renouvelé, en l'absence de tout occupant, pendant au moins une heure.

Ces emplacements doivent :

1° Être équipés d'un dispositif d'extraction d'air par ventilation mécanique permettant un renouvellement d'air minimal de dix fois le volume de l'emplacement par heure. Ce dispositif est entièrement indépendant du système de ventilation ou de climatisation d'air du bâtiment. Le local est maintenu en dépression continue d'au moins cinq pascals par rapport aux pièces communicantes ;

2° Être dotés de fermetures automatiques sans possibilité d'ouverture non intentionnelle ;

3° Ne pas constituer un lieu de passage ;

4° Présenter une superficie au plus égale à 20 % de la superficie totale de l'établissement au sein duquel les emplacements sont aménagés sans que la superficie d'un emplacement puisse dépasser 35 mètres carrés.

Art. R. 3512-5. – L'installateur ou la personne assurant la maintenance du dispositif de ventilation mécanique atteste que celui-ci permet de respecter les exigences mentionnées au 1° de l'article R. 3512-4.

Le responsable de l'établissement est tenu de produire cette attestation à l'occasion de tout contrôle et de faire procéder à l'entretien régulier du dispositif.

Art. R. 3512-6. – Dans les établissements dont les salariés relèvent du code du travail, le projet de mettre un emplacement à la disposition des fumeurs et ses modalités de mise en œuvre sont soumis à la consultation du comité d'hygiène et de sécurité et des conditions de travail ou, à défaut, des délégués du personnel et du médecin du travail.

Dans les administrations et établissements publics dont les personnels relèvent des titres Ier à IV du statut général de la fonction publique, le projet de mettre un emplacement à la disposition des fumeurs et ses modalités de mise en œuvre sont soumis à la consultation du comité d'hygiène et de sécurité ou, à défaut, du comité technique.

Les consultations mentionnées aux alinéas précédents sont renouvelées tous les deux ans.

Art. R. 3512-7. – Dans les lieux mentionnés à l'article R. 3512-2, une signalisation apparente rappelle le principe de l'interdiction de fumer. Un modèle de signalisation accompagné d'un message sanitaire de prévention est déterminé par arrêté du ministre chargé de la santé.

Le même arrêté fixe le modèle de l'avertissement sanitaire à apposer à l'entrée des espaces mentionnés à l'article R. 3512-3.

Art. R. 3512-8. – Les dispositions de la présente sous-section s'appliquent sans préjudice des dispositions législatives et réglementaires relatives à l'hygiène et à la sécurité, notamment celles du titre III du livre II du code du travail.

Art. R. 3512-9. – Les mineurs ne peuvent accéder aux emplacements mentionnés au premier alinéa de l'article R. 3512-3.

....

Art. R. 3513-2. – Les lieux de travail soumis à l'interdiction de vapoter en application du 3° de l'article L. 3513-6 du présent code s'entendent des locaux recevant des postes de travail situés ou non dans les bâtiments de l'établissement, fermés et couverts, et affectés à un usage collectif, à l'exception des locaux qui accueillent du public.

Art. R. 3513-3. – Dans les lieux mentionnés aux 1° et 2° et dans les bâtiments abritant les lieux mentionnés au 3° de l'article L. 3513-6, une signalisation apparente rappelle le principe de l'interdiction de vapoter et, le cas échéant, ses conditions d'application dans l'enceinte de ces lieux.

Art. R. 3513-4. – Les dispositions des articles R. 3513-2 à R. 3513-3 s'appliquent sans préjudice des dispositions législatives et réglementaires relatives à l'hygiène et à la sécurité.

....

Art. R. 3515-1. – Les agents mentionnés au premier alinéa de l'article L. 3515-1 sont, le cas échéant, habilités et assermentés dans les conditions fixées aux articles R. 1312-2 à R. 1312-7.

Art. R. 3515-2. – Le fait de fumer dans un lieu à usage collectif mentionné à l'article R. 3512-2 hors de l'emplacement mentionné à l'article R. 3512-3 est puni de l'amende prévue pour les contraventions de la troisième classe.

Art. R. 3515-3. – Est puni de l'amende prévue pour les contraventions de la quatrième classe le fait, pour le responsable des lieux où s'applique l'interdiction prévue à l'article R. 3512-2, de :

1° Ne pas mettre en place la signalisation prévue à l'article R. 3512-7 ;

2° Mettre à la disposition de fumeurs un emplacement non conforme aux dispositions des articles R. 3512-3 et R. 3512-4 ;

3° Favoriser, sciemment, par quelque moyen que ce soit, la violation de l'interdiction mentionnée au premier alinéa du présent article.

....

Art. R. 3515-7. – Le fait de vapoter dans les lieux mentionnés aux 1° à 3° de l'article L. 3513-6 en méconnaissance de l'interdiction prévue au même article est puni de l'amende prévue pour les contraventions de la 2e classe.

Art. R. 3515-8. – Le fait, pour le responsable des lieux où s'applique l'interdiction prévue à l'article L. 3513-6, de ne pas mettre en place la signalisation prévue à l'article R. 3513-3 est puni de l'amende prévue pour les contraventions de la 3e classe.

....

Lutte contre le stress

■ ACCORD NATIONAL INTERPROFESSIONNEL DU 2 JUILLET 2008

sur le stress au travail (arrêté d'extension du 23 avril 2009, JO 6 mai).

1 – Introduction. Le stress au travail est considéré sur le plan international, européen et national comme une préoccupation à la fois des employeurs et des travailleurs. Ayant identifié la nécessité d'une action commune spécifique sur cette question et anticipant une consultation sur le stress par la Commission, les partenaires sociaux européens ont signé, le 8 octobre 2004, un accord sur le stress au travail dans le cadre de l'article 138 du Traité CE.

Le présent accord a pour objet de transposer l'accord européen en droit français et de prendre en compte les évolutions de la société sur ce sujet.

Le stress peut affecter potentiellement tout lieu de travail et tout travailleur, quels que soient la taille de l'entreprise, le domaine d'activité, le type de contrat ou de relation d'emploi. En pratique, tous les lieux de travail et tous les travailleurs ne sont pas nécessairement affectés.

La lutte contre le stress au travail doit conduire à une plus grande efficacité et une amélioration de la santé et de la sécurité au travail, avec les bénéfices économiques et sociaux qui en découlent pour les entreprises, les travailleurs et la société dans son ensemble. Il importe de tenir compte de la diversité des travailleurs, des situations de travail et de la responsabilité des employeurs dans la lutte contre les problèmes de stress au travail.

2 – Objet. L'objet de l'accord est :

• d'augmenter la prise de conscience et la compréhension du stress au travail, par les employeurs, les travailleurs et leurs représentants,

• d'attirer leur attention sur les signes susceptibles d'indiquer des problèmes de stress au travail et ce, le plus précocement possible,

• de fournir aux employeurs et aux travailleurs un cadre qui permette de détecter, de prévenir, d'éviter et de faire face aux problèmes de stress au travail. Son but n'est pas de culpabiliser l'individu par rapport au stress.

Dans ce cadre, les partenaires sociaux souhaitent concourir à la préservation de la santé des travailleurs par :

• la mise en place d'une prévention efficace contre les problèmes générés par les facteurs de stress liés au travail,

• l'information et la formation de l'ensemble des acteurs de l'entreprise,

• la lutte contre les problèmes de stress au travail et la promotion de bonnes pratiques notamment de dialogue dans l'entreprise et dans les modes organisationnels pour y faire face,

• la prise en compte de l'équilibre entre vie professionnelle, vie familiale et personnelle.

Reconnaissant que le harcèlement et la violence au travail sont des facteurs de stress, les partenaires sociaux décident d'engager, dans les 12 mois qui suivent la signature du présent accord, une négociation spécifique sur ces questions dans le cadre de la transposition de l'accord européen sur le harcèlement et la violence au travail du 26 avril 2007. Le présent accord ne traite donc ni de la violence au travail, ni du harcèlement et du stress post-traumatique.

3 – Description du stress et du stress au travail. Un état de stress survient lorsqu'il y a déséquilibre entre la perception qu'une personne a des contraintes que lui impose son environnement et la perception qu'elle a de ses propres ressources pour y faire face. L'individu est capable de gérer la pression à court terme mais il éprouve de grandes difficultés face à une exposition prolongée ou répétée à des pressions intenses.

En outre, différents individus peuvent réagir de manière différente à des situations similaires et un même individu peut, à différents moments de sa vie, réagir différemment à des situations similaires. Le stress n'est pas une maladie mais une exposition prolongée au stress peut réduire l'efficacité au travail et peut causer des problèmes de santé.

Le stress d'origine extérieure au milieu de travail peut entraîner des changements de comportement et une réduction de l'efficacité au travail. Toute manifestation de stress au travail ne doit pas être considérée comme stress lié au travail. Le stress lié au travail peut être provoqué par différents facteurs tels que le contenu et l'organisation du travail, l'environnement de travail, une mauvaise communication, etc.

4 – Identification des problèmes de stress au travail. Compte tenu de la complexité du phénomène de stress, le présent accord n'entend pas fournir une liste exhaustive des indicateurs potentiels de stress. Toutefois, un certain nombre d'indicateurs peuvent révéler la présence de stress dans l'entreprise justifiant la prise de mesures adaptées pour lutter contre le phénomène. Par exemple un niveau élevé d'absentéisme notamment de courte durée ou de rotation du personnel en particulier fondée sur des démissions, des conflits personnels ou des plaintes fréquents de la part des travailleurs, un taux de fréquence des accidents du travail élevé, des passages à l'acte violents contre soi-même ou contre d'autres, même peu nombreux, une augmentation significative des visites spontanées au service médical sont quelques-uns des signes pouvant révéler la présence de stress au travail.

L'identification d'un problème de stress au travail doit passer par une analyse de facteurs tels que :

• l'organisation et les processus de travail (aménagement du temps de travail, dépassements excessifs et systématiques d'horaires, degré d'autonomie, mauvaise adéquation du travail à la capacité ou aux moyens mis à disposition des travailleurs, charge de travail réelle manifestement excessive, des objectifs disproportionnés ou mal définis, une mise sous pression systématique qui ne doit pas constituer un mode de management, etc.),

• les conditions et l'environnement de travail (exposition à un environnement agressif, à un comportement abusif, au bruit, à une promiscuité trop importante pouvant nuire à l'efficacité, à la chaleur, à des substances dangereuses, etc.),

• la communication (incertitude quant à ce qui est attendu au travail, perspectives d'emploi, changement à venir, une mauvaise communication concernant les orientations et les objectifs de l'entreprise, une communication difficile entre les acteurs etc.),

• et les facteurs subjectifs (pressions émotionnelles et sociales, impression de ne pouvoir faire face à la situation, perception d'un manque de soutien, difficulté de conciliation entre vie personnelle et vie professionnelle, etc.).

L'existence des facteurs énumérés peut constituer des signes révélant un problème de stress au travail.

Dès qu'un problème de stress au travail est identifié, une action doit être entreprise pour le prévenir, l'éliminer ou à défaut le réduire. La responsabilité de déterminer les mesures appropriées incombe à l'employeur. Les institutions représentatives du personnel, et à défaut les travailleurs, sont associées à la mise en œuvre de ces mesures.

L'amélioration de la prévention du stress est un facteur positif qui contribue à une meilleure santé des travailleurs et à une plus grande efficacité de l'entreprise.

Le médecin du travail est une ressource en termes d'identification du stress au travail.

5 – Responsabilités des employeurs et des travailleurs. En vertu de la directive-cadre 89/391 concernant la mise en œuvre des mesures visant à promouvoir l'amélioration de la sécurité et de la santé des travailleurs au travail, et des articles L. 4121-1 à 5 du code du travail, les employeurs prennent les mesures nécessaires pour assurer la sécurité et protéger la santé physique et mentale des travailleurs. Cette obligation couvre également les problèmes de stress au travail dans la mesure où ils présentent un risque pour la santé et la sécurité. Tous les travailleurs ont l'obligation générale de se conformer aux mesures de protection déterminées par l'employeur.

La lutte contre les causes et les conséquences du stress au travail peut être menée dans le cadre d'une procédure globale d'évaluation des risques, par une politique distincte en matière de stress et/ou par des mesures spécifiques visant les facteurs de stress identifiés.

Les mesures sont mises en œuvre, sous la responsabilité de l'employeur, avec la participation et la collaboration des travailleurs et/ou de leurs représentants.

6 – Prévenir, éliminer et à défaut, réduire les problèmes de stress au travail. Prévenir, éliminer, et à défaut, réduire les problèmes de stress au travail inclut diverses mesures. Ces mesures peuvent être collectives, individuelles ou concomitantes. Elles peuvent être mises en œuvre sous la forme de mesures spécifiques visant les facteurs de stress identifiés ou dans le cadre d'une politique intégrée qui implique des actions de prévention et des actions correctives.

À ce titre, les partenaires sociaux souhaitent réaffirmer le rôle pivot du médecin du travail soumis au secret médical, ce qui garantit au travailleur de préserver son anonymat, dans un environnement pluridisciplinaire.

Lorsque l'entreprise ne dispose pas de l'expertise requise, elle fait appel à une expertise externe conformément aux législations, aux conventions collectives et aux pratiques européennes et nationales, sans obérer le rôle du CHSCT.

Les mesures de lutte contre le stress sont régulièrement réexaminées afin d'évaluer leur efficacité ainsi que leur impact sur le stress tel qu'il ressort des indicateurs. Dans ce cadre, il conviendra de déterminer s'il a été fait un usage optimal des ressources et si les mesures définies sont encore appropriées ou nécessaires.

Ces mesures incluent par exemple :

• des mesures visant à améliorer l'organisation, les processus, les conditions et l'environnement de travail, à assurer un soutien adéquat de la direction aux personnes et aux équipes, à donner à tous les acteurs de l'entreprise des possibilités d'échanger à propos de leur travail, à assurer une bonne adéquation entre responsabilité et contrôle sur le travail, et des mesures de gestion et de communication visant à clarifier les objectifs de l'entreprise et le rôle de chaque travailleur,

• la formation de l'ensemble des acteurs de l'entreprise et en particulier de l'encadrement et de la direction afin de développer la prise de conscience et la compréhension du stress, de ses causes possibles et de la manière de le prévenir et d'y faire face,

• l'information et la consultation des travailleurs et/ou leurs représentants, conformément à la législation, aux conventions collectives et aux pratiques européennes et nationales.

7 – Mise en œuvre et suivi. Les organisations professionnelles d'employeurs et les organisations syndicales de salariés, représentatives au niveau national et interprofessionnel, invitent l'État à prendre, dans les meilleurs délais, les mesures d'extension du présent accord.

Les accords de branche et les accords d'entreprises ne peuvent déroger aux dispositions du présent accord que dans un sens plus favorable aux travailleurs.

Lutte contre le harcèlement et la violence au travail

■ ACCORD NATIONAL INTERPROFESSIONNEL DU 26 MARS 2010

sur le harcèlement et la violence au travail (arrêté d'extension du 23 juillet 2010, JO 31).

Préambule. Le respect de la dignité des personnes à tous les niveaux est un principe fondamental qui ne peut être transgressé, y compris sur le lieu de travail. C'est pourquoi le harcèlement et la violence, qui enfreignent très gravement ce principe, sont inacceptables. Les parties signataires les condamnent sous toutes leurs formes.

Elles estiment qu'employeurs et salariés ont un intérêt mutuel à traiter, notamment par la mise en place d'actions de prévention, cette problématique, qui peut avoir de graves conséquences sur les personnes et est susceptible de nuire à la performance de l'entreprise et de ses salariés.

Elles considèrent comme étant de leur devoir et de leur responsabilité de transposer, par le présent accord, l'accord cadre autonome signé par les partenaires sociaux européens le 15 décembre 2006 sur le harcèlement et la violence au travail.

Prenant en compte :

• les dispositions des législations européenne (1) et nationale qui définissent l'obligation de l'employeur de protéger les salariés contre le harcèlement et la violence sur le lieu de travail ;

• et le fait que le harcèlement et/ou la violence au travail peuvent prendre différentes formes, susceptibles :

– d'être d'ordre physique, psychologique et/ou sexuel,

– de consister en incidents ponctuels ou en comportements systématiques,

– d'être exercés entre collègues, entre supérieurs et subordonnés, ou par des tiers tels que clients, consommateurs, patients, élèves, etc.,

– d'aller de cas mineurs de manque de respect à des agissements plus graves, y compris des délits, exigeant l'intervention des pouvoirs publics, les parties signataires reconnaissent que le harcèlement et la violence peuvent affecter potentiellement tout lieu de travail et tout salarié, quels que soient la taille de l'entreprise, son champ d'activité ou la forme du contrat ou de la relation d'emploi.

Cependant, certaines catégories de salariés et certaines activités sont plus exposées que d'autres, notamment, s'agissant des agressions externes, les salariés qui sont en contact avec le public. Néanmoins, dans la pratique, tous les lieux de travail et tous les salariés ne sont pas affectés.

Le présent accord vient compléter la démarche initiée par l'accord national interprofessionnel du 2 juillet 2008 sur le stress au travail (signé le 24 novembre 2008) dont les dispositions abordent les aspects organisationnels, les conditions et l'environnement de travail.

Il vise à identifier, à prévenir et à gérer deux aspects spécifiques des risques psychosociaux – le harcèlement et la violence au travail.

Dans cette perspective, les parties signataires réaffirment leur volonté de traiter ces questions en raison de leurs conséquences graves pour les personnes ainsi que de leurs coûts sociaux et économiques. Elles conviennent, en conséquence, de prendre des mesures de protection collective visant à améliorer la santé et la sécurité au travail des salariés, de veiller à l'environnement physique et psychologique du travail. Elles soulignent également l'importance qu'elles attachent au développement de la communication sur les phénomènes de harcèlement et de violence au travail, ainsi qu'à la promotion des méthodes de prévention de ces phénomènes.

Sans préjudice des dispositions législatives et réglementaires en vigueur, le présent accord traite des formes de harcèlement et de violence au travail qui ressortent de la compétence des partenaires sociaux et correspondent à la description qui en est faite à l'article 2 ci-dessous.

Art. 1er. – *Objectifs de l'accord.*

Le présent accord a pour objectifs :

– d'améliorer la sensibilisation, la compréhension et la prise de conscience des employeurs, des salariés et de leurs représentants à l'égard du harcèlement et de la violence au travail afin de mieux prévenir ces phénomènes, les réduire et si possible les éliminer ;

– d'apporter aux employeurs, aux salariés et à leurs représentants, à tous les niveaux, un cadre concret pour l'identification, la prévention et la gestion des problèmes de harcèlement et de violence au travail.

Ces objectifs s'imposent à l'ensemble des entreprises, quel que soit leur effectif. Les modalités retenues pour les atteindre devront être adaptées à la taille des entreprises.

Art. 2. – *Définition, description et identification du harcèlement et de la violence au travail*

1. Définition (2) et description générale. Le harcèlement et la violence au travail s'expriment par des comportements inacceptables d'un ou plusieurs individus ; ils peuvent prendre des formes différentes (physiques, psychologiques, sexuelles), dont certaines sont plus facilement identifiables que d'autres. L'environnement de travail peut avoir une influence sur l'exposition des personnes au harcèlement et à la violence.

Le harcèlement survient lorsqu'un ou plusieurs salariés font l'objet d'abus, de menaces et/ou d'humiliations répétés et délibérés dans des circonstances liées au travail, soit sur les lieux de travail, soit dans des situations liées au travail.

La violence au travail se produit lorsqu'un ou plusieurs salariés sont agressés dans des circonstances liées au travail. Elle va du manque de respect à la manifestation de la volonté de nuire, de détruire, de l'incivilité à l'agression physique. La violence au travail peut prendre la forme d'agression verbale, d'agression comportementale, notamment sexiste, d'agression physique, ...

---

(1) La législation européenne inclut notamment les directives suivantes :

• directive 2000/43/CE du Conseil du 29 juin 2000 relative à la mise en œuvre du principe de l'égalité de traitement entre les personnes sans distinction de race ou d'origine ethnique

• directive 2000/78/CE du Conseil du 27 novembre 2000 portant création d'un cadre général en faveur de l'égalité de traitement en matière d'emploi et de travail

• directive 2002/73/CE du Parlement européen et du Conseil du 23 septembre 2002 modifiant la directive 76/207/CEE du Conseil relative à la mise en œuvre du principe de l'égalité de traitement entre hommes et femmes en ce qui concerne l'accès à l'emploi, à la formation et à la promotion professionnelles, et les conditions de travail modifiée par la directive 2006/54/CE du 5 juillet 2006

• directive 89/391/CEE du Conseil, du 12 juin 1989, concernant la mise en œuvre de mesures visant à promouvoir l'amélioration de la sécurité et de la santé des travailleurs au travail

(2) Au sens du BIT la violence au travail s'entend de « toute action, tout incident ou tout comportement qui s'écarte d'une attitude raisonnable par lesquels une personne est attaquée, menacée, lésée, ou blessée dans le cadre du travail ou du fait de son travail :

– la violence au travail interne est celle qui se manifeste entre les travailleurs, y compris le personnel d'encadrement ;

– la violence au travail externe est celle qui s'exprime entre les travailleurs (et le personnel d'encadrement) et toute personne présente sur le lieu de travail. »

Les incivilités contribuent à la dégradation des conditions de travail, notamment pour les salariés qui sont en relation quotidienne avec le public, et rendent difficile la vie en commun. Les entreprises qui laissent les incivilités s'installer, les banalisent et favorisent l'émergence d'actes plus graves de violence et de harcèlement.

Le harcèlement et la violence au travail peuvent être exercés par un ou plusieurs salariés ou par des tiers avec pour but ou pour effet de porter atteinte à la dignité d'un salarié, affectant sa santé et sa sécurité et/ou créant un environnement de travail hostile.

Les phénomènes de stress lorsqu'ils découlent de facteurs tenant à l'organisation du travail, l'environnement de travail ou une mauvaise communication dans l'entreprise peuvent conduire à des situations de harcèlement et de violence au travail plus difficiles à identifier.

2. Cas particulier de harcèlement et de violence au travail. Certaines catégories de salariés peuvent être affectées plus particulièrement par le harcèlement et la violence en raison de leur origine, de leur sexe, de leur orientation sexuelle, de leur handicap, ou de la fréquence de leur relation avec le public. En effet, les personnes potentiellement exposées à des discriminations peuvent être plus particulièrement sujettes à des situations de harcèlement ou de violence au travail.

3. Violences faites aux femmes. En ce qui concerne plus particulièrement les violences faites aux femmes, la persistance des stéréotypes et des tabous ainsi que la non reconnaissance des phénomènes de harcèlement sexuel, nécessite une forte sensibilisation à tous les niveaux de la hiérarchie et la mise en place de politiques de prévention, et d'accompagnement dans les entreprises. Il s'agit notamment d'identifier ces stéréotypes et de les démystifier en réfutant les représentations erronées de la place des femmes dans le travail. Une telle démarche s'inscrit notamment dans une approche volontariste et opérationnelle pour combattre ces phénomènes qui peuvent se révéler dans le cadre du travail au travers de situations de harcèlement et de violence au travail.

Art. 3. – *Engagements des employeurs et des salariés*

Aucun salarié ne doit subir des agissements répétés de harcèlement qui ont pour objet ou pour effet une dégradation de ses conditions de travail susceptible de porter atteinte à ses droits et à sa dignité, d'altérer sa santé physique ou mentale ou de compromettre son avenir professionnel.

De même, aucun salarié ne doit subir des agressions ou des violences dans des circonstances liées au travail, qu'il s'agisse de violence interne ou externe :

– la violence au travail interne est celle qui se manifeste entre les salariés, y compris le personnel d'encadrement,

– la violence au travail externe est celle qui survient entre les salariés, le personnel d'encadrement et toute personne extérieure à l'entreprise présente sur le lieu de travail.

En conséquence, l'employeur prend toutes les mesures nécessaires en vue de prévenir de tels agissements :

• Les entreprises doivent clairement affirmer que le harcèlement et la violence au travail ne sont pas admis. Cette position qui peut être déclinée sous la forme d'une « charte de référence » précise les procédures à suivre si un cas survient. Les procédures peuvent inclure une phase informelle, durant laquelle une personne ayant la confiance de la direction et des salariés est disponible pour fournir conseils et assistance.

• La diffusion de l'information est un moyen essentiel pour lutter contre l'émergence et le développement du harcèlement et de la violence au travail. À cet effet, la position ci-dessus, lorsqu'elle fait l'objet d'un document écrit ou de la « charte de référence », est annexée au règlement intérieur dans les entreprises qui y sont assujetties.

Art. 4. – *Prévention, identification et gestion des problèmes de harcèlement et de violence au travail*

L'employeur, en concertation avec les salariés et/ou leurs représentants, prend les mesures nécessaires en vue de prévenir et gérer les agissements de harcèlement et de violence au travail.

À cet effet, il apparaît important de recenser, le cas échéant, les phénomènes de harcèlement ou de violence au travail afin d'en mesurer l'ampleur, d'en appréhender les circonstances, et de rechercher les mesures de prévention adéquates.

Le harcèlement et la violence au travail ne peuvent se présumer. Toutefois, en l'absence de dénonciation explicite, les employeurs doivent manifester une vigilance accrue à l'apparition de certains indicateurs ou indices tels que des conflits personnels répétés, des plaintes fréquentes de la part de salariés, ou des passages à l'acte violents contre soi-même ou contre d'autres.

1. Prévention des problèmes de harcèlement et de violence au travail

• Une meilleure sensibilisation et une formation adéquate des responsables hiérarchiques et des salariés réduisent la probabilité des cas de survenance de harcèlement et de violence au travail. Aujourd'hui, la formation au management proposée dans les différentes écoles ou universités ne prend pas suffisamment en compte la formation à la conduite des équipes. Aussi, ces programmes de formation doivent davantage intégrer la dimension relative à la conduite des hommes et des équipes, et aux comportements managériaux.

Cette sensibilisation et cette formation passent par la mobilisation des branches professionnelles qui mettront en place les outils adaptés à la situation des entreprises de leur secteur professionnel.

Ainsi, les outils nécessaires pourront être élaborés afin de favoriser la connaissance des employeurs et des salariés des phénomènes de harcèlement et de violence au travail et de mieux appréhender leurs conséquences au sein de l'entreprise.

• Par ailleurs, les mesures visant à améliorer l'organisation, les processus, les conditions et l'environnement de travail et à donner à tous les acteurs de l'entreprise des possibilités d'échanger à propos de leur travail participent à la prévention des situations de harcèlement et de violence au travail.

En cas de réorganisation, restructuration ou changement de périmètre de l'entreprise, celle-ci veillera à penser, dans ce nouveau contexte, un environnement de travail équilibré.

Les branches professionnelles s'emploieront avec les organisations syndicales de salariés à aider les entreprises à trouver des solutions adaptées à leur secteur professionnel.

• Lorsqu'une situation de harcèlement ou de violence est repérée ou risque de se produire, le salarié peut recourir à la procédure d'alerte prévue en cas d'atteinte au droit des personnes.

• Les parties signataires rappellent que les services de santé au travail qui associent des compétences médicales et pluridisciplinaires sont les acteurs privilégiés de la prévention du harcèlement et de la violence au travail. Outre leur rôle d'information et de sensibilisation des salariés ou de l'employeur confrontés à ces phénomènes, ils peuvent participer à l'élaboration de formations adaptées et d'une politique de sécurité, au niveau approprié de l'entreprise.

Le médecin du travail joue dans ce cadre un rôle particulier tenant au respect du secret médical tel qu'il est attaché à sa fonction et auquel il est tenu.

• Dans le cadre des attributions des institutions représentatives du personnel, le CHSCT agit, en lien avec le comité d'entreprise, pour la promotion de la prévention des risques professionnels dans l'établissement. Il peut notamment proposer des actions de prévention en matière de harcèlement et de violence au travail. En cas de refus de l'employeur, ce refus doit être motivé.

2. Identification et gestion des problèmes de harcèlement et de violence au travail

• Sans préjudice des procédures préexistantes dans l'entreprise, une procédure appropriée peut être mise en place pour identifier, comprendre et traiter les phénomènes de harcèlement et de violence au travail.

Elle sera fondée sur les éléments suivants, sans pour autant s'y limiter :
– il est dans l'intérêt de tous d'agir avec la discrétion nécessaire pour protéger la dignité et la vie privée de chacun ;
– aucune information, autre qu'anonymisée ne doit être divulguée aux parties non impliquées dans l'affaire en cause ;
– les plaintes doivent être suivies d'enquêtes et traitées sans retard ;
– toutes les parties impliquées doivent bénéficier d'une écoute impartiale et d'un traitement équitable ;
– les plaintes doivent être étayées par des informations détaillées ;
– les fausses accusations délibérées ne doivent pas être tolérées, et peuvent entraîner des mesures disciplinaires ;
– une assistance extérieure peut être utile Elle peut notamment s'appuyer sur les services de santé au travail.

• Dans le respect de ces orientations, une procédure de médiation peut être mise en œuvre par toute personne de l'entreprise s'estimant victime de harcèlement ou par la personne mise en cause.

Le choix du médiateur fait l'objet d'un accord entre les parties.

Le médiateur s'informe de l'état des relations entre les parties. Il tente de les concilier et leur soumet des propositions qu'il consigne par écrit en vue de mettre fin au conflit.

• L'employeur peut avoir recours aux compétences pluridisciplinaires du service de santé au travail dès l'identification de phénomènes de harcèlement et de violence au travail jusqu'à la mise en œuvre d'actions de prévention.

• Les employeurs, en concertation avec les salariés et/ou leurs représentants, établissent, revoient et suivent ces procédures pour assurer leur efficacité, tant en matière de prévention qu'en matière de traitement des problèmes éventuels.

Art. 5. – *Sanctions à l'encontre des auteurs de harcèlement et de violence au travail et mesures d'accompagnement des salariés harcelés ou agressés*

1. Sanction à l'encontre des auteurs de harcèlement ou de violence. S'il est établi qu'il y a eu harcèlement ou violence, des mesures adaptées sont prises à l'égard du ou des auteur(s). Le règlement intérieur précisera les sanctions applicables aux auteurs des agissements de harcèlement ou de violence.

2. Mesures d'accompagnement des salariés harcelés ou agressés. Aucun salarié ne peut être sanctionné, licencié ou faire l'objet d'une mesure discriminatoire, directe ou indirecte, notamment en matière de rémunération, de formation, de reclassement, d'affectation, de qualification, de classification, de promotion professionnelle, de mutation ou de renouvellement de contrat pour avoir subi ou refusé de subir des agissements de harcèlement ou de violence ou pour avoir témoigné de tels agissements ou les avoir relatés.

La(les) victime(s) bénéficie(nt) d'un soutien et, si nécessaire, d'une aide à leur maintien, à leur retour dans l'emploi ou à leur réinsertion.

Des mesures d'accompagnement prises en charge par l'entreprise sont mises en œuvre en cas de harcèlement avéré ou de violence, pouvant porter atteinte à la santé. Celles-ci sont avant tout destinées à apporter un soutien à la victime, notamment au plan médical et psychologique.

S'agissant des agressions par des tiers, l'entreprise pourra prévoir des mesures d'accompagnement, notamment juridique, du salarié agressé.

L'employeur, en concertation avec les salariés ou leurs représentants, procédera à l'examen des situations de harcèlement et de violence au travail lorsque de telles situations sont constatées, y compris au regard de l'ensemble des éléments de l'environnement de travail : comportements individuels, modes de management, relations avec la clientèle, mode de fonctionnement de l'entreprise, ...

Art. 6. – *Promotion, suivi et évaluation*

Les parties signataires assureront la diffusion et la promotion du présent accord auprès des salariés et des entreprises. Elles s'attacheront également à la situation dans les TPE/PME.

Elles insistent sur le rôle fondamental que doivent jouer les branches professionnelles en la matière.

Les partenaires sociaux établiront un rapport annuel conjoint, communiqué aux partenaires sociaux européens dans le cadre du suivi du déploiement de l'accord autonome européen.

À l'issue d'un délai de deux ans suivant la publication de l'arrêté d'extension de l'accord, les partenaires sociaux se réuniront pour évaluer la mise en œuvre de l'accord à tous les niveaux.

Art. 7. – *Extension*

Les parties signataires demanderont, à l'initiative de la partie la plus diligente, l'extension du présent accord.

Paris, le 26 mars 2010

Pour les employeurs MEDEF, CGPME, UPA — Pour les salariés CFDT, CFE-CGC, CFTC, CGT-FO, CGT

CODE PÉNAL

Art. 222-33. I. – Le harcèlement sexuel est le fait d'imposer à une personne, de façon répétée, des propos ou comportements à connotation sexuelle ou sexiste qui soit portent atteinte à sa dignité en raison de leur caractère dégradant ou humiliant, soit créent à son encontre une situation intimidante, hostile ou offensante.

L'infraction est également constituée :

1° Lorsque ces propos ou comportements sont imposés à une même victime par plusieurs personnes, de manière concertée ou à l'instigation de l'une d'elles, alors même que chacune de ces personnes n'a pas agi de façon répétée ;

2° Lorsque ces propos ou comportements sont imposés à une même victime, successivement, par plusieurs personnes qui, même en l'absence de concertation, savent que ces propos ou comportements caractérisent une répétition.

II. – Est assimilé au harcèlement sexuel le fait, même non répété, d'user de toute forme de pression grave dans le but réel ou apparent d'obtenir un acte de nature sexuelle, que celui-ci soit recherché au profit de l'auteur des faits ou au profit d'un tiers.

III. – Les faits mentionnés aux I et II sont punis de deux ans d'emprisonnement et de 30 000 € d'amende.

Ces peines sont portées à trois ans d'emprisonnement et 45 000 € d'amende lorsque les faits sont commis :

1° Par une personne qui abuse de l'autorité que lui confèrent ses fonctions ;

2° Sur un mineur de quinze ans ;

3° Sur une personne dont la particulière vulnérabilité, due à son âge, à une maladie, à une infirmité, à une déficience physique ou psychique ou à un état de grossesse, est apparente ou connue de leur auteur ;

4° Sur une personne dont la particulière vulnérabilité ou dépendance résultant de la précarité de sa situation économique ou sociale est apparente ou connue de leur auteur ;

5° Par plusieurs personnes agissant en qualité d'auteur ou de complice ;

6° Par l'utilisation d'un service de communication au public en ligne ou par le biais d'un support numérique ou électronique ;

7° Alors qu'un mineur était présent et y a assisté ;

8° Par un ascendant ou par toute autre personne ayant sur la victime une autorité de droit ou de fait.

....

Art. 222-33-2. Le fait de harceler autrui par des agissements répétés ayant pour objet ou pour effet une dégradation des conditions de travail susceptible de porter atteinte à ses droits et à sa dignité, d'altérer sa santé physique ou mentale ou de compromettre son avenir professionnel, est puni de deux ans d'emprisonnement et de 30000 € d'amende.

....

Art. 621-1. I.– Constitue un outrage sexiste le fait, hors les cas prévus aux articles 222-13,222-32,222-33 et 222-33-2-2, d'imposer à une personne tout propos ou comportement à connotation sexuelle ou sexiste qui soit porte atteinte à sa dignité en raison de son caractère dégradant ou humiliant, soit crée à son encontre une situation intimidante, hostile ou offensante.

II. – L'outrage sexiste est puni de l'amende prévue pour les contraventions de la 4e classe. Cette contravention peut faire l'objet des dispositions du code de procédure pénale relatives à l'amende forfaitaire, y compris celles concernant l'amende forfaitaire minorée.

III. – L'outrage sexiste est puni de l'amende prévue pour les contraventions de la 5e classe lorsqu'il est commis :

1° Par une personne qui abuse de l'autorité que lui confèrent ses fonctions ;

2° Sur un mineur de quinze ans ;

3° Sur une personne dont la particulière vulnérabilité, due à son âge, à une maladie, à une infirmité, à une déficience physique ou psychique ou à un état de grossesse, est apparente ou connue de son auteur ;

4° Sur une personne dont la particulière vulnérabilité ou dépendance résultant de la précarité de sa situation économique ou sociale est apparente ou connue de son auteur ;

5° Par plusieurs personnes agissant en qualité d'auteur ou de complice ;

6° Dans un véhicule affecté au transport collectif de voyageurs ou dans un lieu destiné à l'accès à un moyen de transport collectif de voyageurs ;

7° En raison de l'orientation sexuelle, vraie ou supposée, de la victime.

La récidive de la contravention prévue au présent III est réprimée conformément au premier alinéa de l'article 132-11.

IV. – Les personnes coupables des contraventions prévues aux II et III du présent article encourent également les peines complémentaires suivantes :

1° L'obligation d'accomplir, le cas échéant à leurs frais, un stage de lutte contre le sexisme et de sensibilisation à l'égalité entre les femmes et les hommes ;

2° L'obligation d'accomplir, le cas échéant à leurs frais, un stage de citoyenneté ;

3° L'obligation d'accomplir, le cas échéant à leurs frais, un stage de sensibilisation à la lutte contre l'achat d'actes sexuels ;

4° L'obligation d'accomplir, le cas échéant à leurs frais, un stage de responsabilisation pour la prévention et la lutte contre les violences au sein du couple et les violences sexistes ;

5° Dans le cas prévu au III, un travail d'intérêt général pour une durée de vingt à cent vingt heures.

SÉCURITÉ ET CONDITIONS DE TRAVAIL

Courants électriques

■ DÉCRET 88-1056 DU 14 NOVEMBRE 1988 – Implicitement abrogé –

pris pour l'exécution des dispositions du livre II du code du travail en ce qui concerne la protection des travailleurs dans les établissements qui mettent en œuvre des courants électriques (JO 24) modifié par décrets 95-608 du 6 mai 1995 (JO 7) et 2001-532 du 20 juin 2001 (JO 22).

Note L'abrogation du décret du 14 novembre 1988 ainsi que l'ensemble de ses arrêtés d'application est implicite (...). Cependant l'ancien décret reste applicable aux installations électriques anciennes telles qu'elles sont définies à l'article 2 du décret 2010-1017 du 30 août 2010 (voir note au-dessus de R. 4215-1). Voir aussi art. R. 4215-1 à 17 ; R. 4226-1 à 21 ; R. 4324- 21 et 22 ; R. 4535-1 et 12 ; R. 4544-1 à 11 ; R. 4722-26 à 30 et circulaire DGT 2012/12 du 9 octobre 2012 relative à la prévention des risques électriques (BOTR 2012/12 du 30 décembre 2012).

Travaux insalubres ou salissants

■ ARRÊTÉ DU 23 JUILLET 1947

modifié par arrêtés du 31 juillet 1948 (JO 11 août), 1er février 1950 (JO 6), 15 octobre 1951 (JO 27), 29 novembre 1960 (JO 7 déc.), 13 décembre 1982 (JO 23), 30 juillet 1986 (JO 7 août), 28 décembre 1988 (JO 5 janv. 1989), 22 novembre 1989 (JO 1er déc.), 22 octobre 1991 (JO 5 nov.), 4 avril 1995 (JO 15) et 6 décembre 1999 (JO 11) et décret 2011-774 du 28 juin 2011 (JO 30) fixant les conditions dans lesquelles les douches doivent être mises à la disposition du personnel effectuant des travaux insalubres ou salissants (JO 30).

Art. 1er. – Les chefs d'établissements sont tenus de mettre des douches journalières à la disposition du personnel qui effectue les travaux énumérés aux tableaux I et II annexés au présent arrêté.

Art. 2. – Dans chaque entreprise, la liste des salariés intéressés par les travaux énumérés à l'article 1er sera établie par le comité d'hygiène, de sécurité et des conditions de travail ou, à défaut, par les délégués du personnel en accord avec le chef d'entreprise.

Art. 3. – Le directeur départemental du travail et de la main-d'œuvre pourra, après avis du comité d'hygiène, de sécurité et des conditions de travail ou à défaut, des délégués du personnel, dispenser le chef d'établissement de l'obligation imposée par l'article 1er, lorsque les travaux visés s'effectueront en appareil clos.

Art. 4. – Les douches seront installées dans des cabines individuelles à raison d'au moins une pomme pour huit personnes visées au présent arrêté lorsque chaque cabine de douches comprendra deux cellules d'habillage ou de déshabillage.

Art. 5. – Le temps passé à la douche, rémunéré comme temps de travail normal, sera au minimum d'un quart d'heure considéré comme temps normal d'une douche, déshabillage et habillage compris, et au maximum d'une heure.

Art. 6. – L'ordre de passage des travailleurs à la douche, ainsi que le temps de rémunération pour chacun d'eux, seront fixés par un règlement intérieur.

Art. 7. – Des arrêtés ultérieurs pourront compléter la liste des travaux énumérés à l'article 1er.

ANNEXE À L'ARRÊTÉ DU 23 JUILLET 1947
MODIFIÉ PAR LES ARRÊTÉS DES 1er FÉVRIER 1950, 15 OCTOBRE 1951, 29 NOVEMBRE 1960, 13 DÉCEMBRE 1982, 30 JUILLET 1986, 28 DÉCEMBRE 1988, 22 NOVEMBRE 1989, 22 OCTOBRE 1991, 4 AVRIL 1995 ET 6 DÉCEMBRE 1999

TABLEAU I – *Travaux salissants visés par les tableaux des maladies professionnelles annexés au décret 46-2959 du 31 décembre 1946*

Récupération du vieux plomb donnant lieu à des dégagements de poussières d'oxyde de plomb.
Métallurgie, affinage, fonte, laminage du plomb, de ses alliages et des métaux plombifères.
Ébarbage, polissage de tous objets en plomb ou en alliage de plomb.
Fabrication, réparation des accumulateurs au plomb.
Fabrication et manipulation des oxydes et sels de plomb.
Préparation et application de peintures, vernis, laques, encres à base de composés de plomb ; grattage, brûlage, découpage au chalumeau de matières recouvertes de peintures plombifères.
Fabrication et application des émaux plombeux.
Fabrication du plomb tétraéthyle.
Récupération des résidus industriels mercuriels (agents catalytiques, etc.).
Fabrication et réparation d'accumulateurs électriques au mercure.
Fabrication des composés du mercure.
Sécrétage des peaux par le nitrate acide de mercure.
Feutrage des poils sécrétés.
Concassage, broyage, ensachage et transport à dos d'homme des ciments.
Fabrication de l'acide chromique, des chromates et bichromates alcalins.
Préparation et emploi des dérivés nitrés et chloronitrés du benzène et de ses homologues.
Préparation et emploi du dinitrophénol, de ses homologues et de leurs sels.
Fabrication de l'aniline et autres amines aromatiques.
Préparation au moyen d'amines aromatiques de produits chimiques, matières colorantes, produits pharmaceutiques.
Teinture de fils, tissus, fourrures, cuirs, etc., au noir d'aniline ou autres colorants développés sur fibres.
Manipulation ou emploi du brai de houille.
Fabrication de l'arsenic et de ses composés (anhydride arsénieux, arsénites, acide arsénique, arséniates, etc.).
Préparation de produits insecticides ou anticrypto-gamiques renfermant des composés de l'arsenic.
Fabrication et emploi de couleurs et peintures contenant des composés de l'arsenic.
Emploi des composés arsenicaux en mégisserie et en tannerie, manipulation de peaux qui en sont enduites.
Travaux de fonderie : préparation et manutention du sable chargé de noir, moulage au sable chargé de noir et décochage des moules, dessablage et ébarbage des pièces brutes, dans les ateliers où les dispositifs de captation des poussières s'avèrent insuffisamment efficaces.
Travaux au jet de sable.
Récupération et manipulation du fluorure double de glucinium et de sodium.
Préparation et manipulation du thiophosphate de diéthyle et paranitrophényle et des produits qui en renferment.
Travaux comportant un contact permanent avec les lubrifiants de décolletage, notamment les travaux de réglage (1).
Broyage et manipulation du bioxyde de manganèse.
(Arrêté du 13 décembre 1982.)
Travaux d'abattage des animaux de boucherie.
Travaux d'abattage des volailles.
Travaux d'équarrissage.
Tueries particulières.
(Arrêté du 30 juillet 1986.)
Travaux occasionnels et poussiéreux exposant à l'amiante (2).
(Arrêté du 28 décembre 1988.)
Travaux exposant aux poussières de chlorure de potassium.
(Arrêté du 22 novembre 1989.)
Travaux de collecte et de traitement des ordures.
(Arrêté du 22 octobre 1991.)
Travaux de garderie et d'élevage d'animaux, notamment dans les animaleries.
Travaux exécutés dans les laboratoires où sont utilisés des animaux d'expérience.
(Arrêté du 4 avril 1995.)
Les travaux d'usinage comportant un contact permanent avec des fluides de coupe.
(Arrêté du 6 décembre 1999.)
Les travaux effectués dans les égouts (3).

---
(1) Ces dispositions ne concernent pas les ouvriers dont seuls les mains et les avant-bras sont exposés aux projections d'huile de décolletage (circ. 102-47 du 18 décembre 1947).
(2) Applicable à partir du 1er janvier 1987.
(3) Entrée en vigueur le 1er janvier 2000.

TABLEAU II – *Autres travaux salissants effectués dans des ateliers où les dispositifs de captation des poussières ou aérosols s'avèrent insuffisamment efficaces*

Préparation et emploi du trinitrophénol.
Manipulation de la cyanamide calcique.
Fabrication, transformation et manutention des engrais.
Effilochage et cardage des textiles.
Triage des vieux chiffons.
Broyage, criblage et manutention du charbon.
Criblage, ensachage et manutention du charbon de bois, fabrication d'agglomérés à partir des poussières de charbon de bois.
Fabrication et manipulation du noir animal, du noir de fumée, du noir de pétrole et du noir de carbone, notamment dans l'industrie du caoutchouc.
Fabrication et manipulation des pigments en poudre.
Fabrication et manipulation des matières colorantes.
Concassage et broyage des émeris.
Retaillage des vieilles meules.
Polissage des métaux.
Nettoyage et entretien des fours, cheminées et chaudières mettant le personnel en contact avec les suies, les cendres ou les tartres.

Risques particuliers

■ **DÉCRET 2006-761 DU 30 JUIN 2006**
relatif à la protection des travailleurs contre les risques liés à l'inhalation de poussières d'amiante (JO 1er juil.).

■ **DÉCRET 2015-567 DU 20 MAI 2015**
relatif aux modalités du suivi médical postprofessionnel des agents de l'État exposés à une substance cancérogène, mutagène ou toxique pour la reproduction (JO 23) modifié par décret 2020-1427 du 20 novembre 2020 (JO 22).

■ **DÉCRET 2009-1546 DU 11 DÉCEMBRE 2009**
relatif au suivi médical post-professionnel des agents de l'État exposés à un agent cancérogène, mutagène ou toxique pour la reproduction (JO 13).

■ **DÉCRET 2015-1438 DU 5 NOVEMBRE 2015**
relatif aux modalités du suivi médical post-professionnel des agents de la fonction publique territoriale exposés à une substance cancérogène, mutagène ou toxique pour la reproduction (JO 7).

■ **ARRÊTÉ DU 6 DÉCEMBRE 1996** portant application de l'article 16 du décret du 7 février 1996 fixant le modèle de l'attestation d'exposition à remplir par l'employeur et le médecin du travail (JO 1er janv. 1997).

■ **ARRÊTÉ DU 12 JUILLET 2000** relatif aux exceptions à l'interdiction de l'amiante (JO 20).

■ **ARRÊTÉS DU 22 FÉVRIER 2007**
définissant les travaux de confinement et de retrait de matériaux non friables contenant de l'amiante présentant des risques particuliers en vue de la certification des entreprises chargées de ces travaux et définissant les conditions de certification de ces entreprises (JO 1er mars) modifié, pour ce dernier arrêté, par arrêté du 13 octobre 2009 (JO 21).

■ **ARRÊTÉ DU 23 FÉVRIER 2012**
définissant les modalités de la formation des travailleurs à la prévention des risques liés à l'amiante (JO 7 mars) modifié par arrêté du 20 avril 2015 (JO 23 sept.).

■ **ARRÊTÉ DU 14 AOÛT 2012**
relatif aux conditions de mesurage des niveaux d'empoussièrement, aux conditions de contrôle du respect de la valeur limite d'exposition professionnelle aux fibres d'amiante et aux conditions d'accréditation des organismes procédant à ces mesurages (JO 23, entrée en vigueur le 24.08.2012, à l'exception des dispositions de son titre II entrées en vigueur le 01.07.2013) modifié par arrêté du 30 mai 2018 (JO 29 juin, entrée en vigueur le 01.07.2018).

CODE DE LA ROUTE

Art. L. 121-6. – Lorsqu'une infraction constatée selon les modalités prévues à l'article L. 130-9 a été commise avec un véhicule dont le titulaire du certificat d'immatriculation est une personne morale ou qui est détenu par une personne morale, le représentant légal de cette personne morale doit indiquer, par lettre recommandée avec demande d'avis de réception ou de façon dématérialisée, selon des modalités précisées par arrêté, dans un délai de quarante-cinq jours à compter de l'envoi ou de la remise de l'avis de contravention, à l'autorité mentionnée sur cet avis, l'identité et l'adresse de la personne physique qui conduisait ce véhicule, à moins qu'il n'établisse l'existence d'un vol, d'une usurpation de plaque d'immatriculation ou de tout autre événement de force majeure.

Le fait de contrevenir au présent article est puni de l'amende prévue pour les contraventions de la quatrième classe.

Note Cet article est entré en vigueur le 1er janvier 2017.

ARRÊTÉ DU 15 DÉCEMBRE 2016

pris pour l'application de l'article L. 121-6 du code de la route (JO 22, entrée en vigueur le 01.01.2017).

....

Art. A. 121-1. – Les informations que le représentant légal d'une personne morale propriétaire ou détentrice d'un véhicule, pour lequel une infraction a été constatée selon les modalités prévues à l'article L. 130-9, est tenu d'adresser, en application de l'article L. 121-6, dans un délai de quarante-cinq jours à compter de l'envoi ou de la remise de l'avis de contravention, doivent préciser :

1° Soit l'identité et l'adresse de la personne physique qui conduisait ce véhicule ;

2° Soit les éléments permettant d'établir l'existence d'un vol, d'une usurpation de plaque d'immatriculation ou de tout autre événement de force majeure.

Art. A. 121-2. – Lorsque ces informations sont adressées par lettre recommandée avec demande d'avis de réception, il est utilisé le formulaire prévu à cette fin qui est joint à l'avis de contravention adressée au représentant légal de la personne morale.

Ce formulaire mentionne que toute fausse déclaration expose le représentant de la personne morale ainsi que la personne morale à des poursuites pénales.

Dans le cas prévu au 1° de l'article A. 121-1, le représentant de la personne morale doit également préciser la référence du permis de conduire de la personne qui était présumée conduire le véhicule lorsque l'infraction a été constatée.

Dans le cas prévu au 2° de l'article A. 121-1, il doit joindre à l'envoi, selon les cas, la copie du récépissé du dépôt de plainte pour vol ou destruction du véhicule ou pour le délit d'usurpation de plaque d'immatriculation prévu par l'article L. 317-4-1, la copie de la déclaration de destruction de véhicule établie conformément aux dispositions du présent code, ou les copies de la déclaration de cession du véhicule et de son accusé d'enregistrement dans le système d'immatriculation des véhicules, ou une déclaration motivée expliquant tout autre événement de force majeure, accompagné le cas échéant de documents justificatifs.

Art. A. 121-3. – Lorsque ces informations sont adressées de façon dématérialisée, l'envoi est fait sur le site "www.antai.fr", en utilisant les informations figurant sur l'avis de contravention, à l'aide du formulaire en ligne figurant sur ce site.

Cet envoi produit les mêmes effets que l'envoi de la lettre recommandée avec demande d'avis de réception prévu par l'article L. 121-6.

Dans le cas prévu au 1° de l'article A. 121-1, le représentant de la personne morale doit également préciser la référence du permis de conduire de la personne qui était présumée conduire le véhicule lorsque l'infraction a été constatée ; il est informé que toute fausse déclaration l'expose à des poursuites pénales.

Dans le cas prévu au 2° de l'article A. 121-1, le représentant de la personne morale :

– soit transmet de façon numérisée, selon les formats indiqués sur le site "www.antai.fr" la copie du récépissé du dépôt de plainte pour vol ou de destruction du véhicule ou pour le délit d'usurpation de plaque d'immatriculation prévu par l'article L. 317-4-1, la copie de la déclaration de destruction de véhicule établie conformément aux dispositions du présent code, ou les copies de la déclaration de cession du véhicule et de son accusé d'enregistrement dans le système d'immatriculation des véhicules ;

– soit mentionné dans le formulaire en ligne les éléments justifiant la survenance de tout autre événement de force majeure ; ces informations peuvent également figurer sur un document numérisé, selon les formats indiqués sur le site "www.antai.fr", le cas échéant avec les documents justificatifs également numérisés.

Dans tous les cas, un accusé d'enregistrement de la transmission est présenté automatiquement à la personne lorsque celle-ci a validé et envoyé les informations demandées. Ce document peut être téléchargé ou imprimé par la personne.

....

SÉCURITÉ INTÉRIEURE

Activités de sécurité

■ CODE DE LA SÉCURITÉ INTÉRIEURE

Livre VI : Activités privées de sécurité.

■ DÉCRET 2009-214 DU 23 FÉVRIER 2009

modifiant la réglementation des activités privées de sécurité et portant transposition, pour ces activités, de la directive 2005/36/CE du Parlement européen et du Conseil du 7 septembre 2005 relative à la reconnaissance des qualifications professionnelles (JO 25).

■ DÉCRET 2014-901 DU 18 AOÛT 2014

relatif aux activités privées de sécurité (JO 20).

Enquêtes administratives

■ CODE DE LA SÉCURITÉ INTÉRIEURE

Articles L. 114-1 et 2 ; R. 114-1 à 10.

SOLIDARITÉ INTERNATIONALE

■ LOI 2005-159 DU 23 FÉVRIER 2005

relative au contrat de volontariat de solidarité internationale (JO 24) modifiée par lois 2010-241 du 10 mars 2010 (JO 11) et 2012-1404 du 17 décembre 2012 (JO 18) et décret 2019-1379 du 18 décembre 2019 (JO 19, entrée en vigueur le 01.01.2020).

Art. 1er. – Toute association de droit français agréée dans les conditions prévues à l'article 9, ayant pour objet des actions de solidarité internationale, peut conclure un contrat de volontariat de solidarité internationale avec une personne majeure.

Ce contrat est un contrat écrit qui organise une collaboration désintéressée entre l'association et le volontaire. Il ne relève pas, sauf dispositions contraires prévues par la présente loi, des règles du code du travail. Il est conclu pour une durée limitée dans le temps.

Ce contrat, exclusif de l'exercice de toute activité professionnelle, a pour objet l'accomplissement d'une mission d'intérêt général à l'étranger dans les domaines de la coopération au développement et de l'action humanitaire.

Ce contrat constitue un service civique effectué à l'étranger et obéissant aux règles spécifiques de la présente loi.

Art. 2. – Le volontaire de solidarité internationale accomplit une ou plusieurs missions dans un État autre que les États membres de l'Union européenne ou parties à l'accord sur l'Espace économique européen. Il ne peut accomplir de mission dans l'État dont il est le ressortissant ou le résident régulier.

Art. 3. – Si le candidat volontaire est un salarié de droit privé, l'engagement pour une ou plusieurs missions de volontariat de solidarité internationale d'une durée continue minimale d'un an est un motif légitime de démission. Dans ce cas, si l'intéressé réunit les autres conditions pour bénéficier d'une indemnisation du chômage, ses droits seront ouverts à son retour de mission. Ces droits seront également ouverts en cas d'interruption de la mission.

L'ensemble des compétences acquises dans l'exécution d'un contrat de volontariat de solidarité internationale en rapport direct avec le contenu d'un diplôme, d'un titre à finalité professionnelle ou d'un certificat de qualification est pris en compte au titre de la validation des acquis de l'expérience dans les conditions prévues aux articles L. 335-5 et L. 335-6 du code de l'éducation.

À l'issue de sa mission, l'association délivre au volontaire une attestation d'accomplissement de mission de volontariat de solidarité internationale.

Art. 4. – Le contrat de volontariat de solidarité internationale mentionne les conditions dans lesquelles le volontaire accomplit sa mission. Il est conclu pour une durée maximale de deux ans. La durée cumulée des missions accomplies par un volontaire, de façon continue ou non, pour le compte d'une ou plusieurs associations, ne peut excéder six ans.

Les associations assurent une formation aux volontaires avant leur départ, prennent en charge les frais de voyage liés à la mission et apportent un appui à la réinsertion professionnelle des volontaires à leur retour.

Il peut être mis fin de façon anticipée à un contrat de volontariat moyennant un préavis d'au moins un mois. Dans tous les cas, y compris en cas de retrait de l'agrément délivré à l'association en application de l'article 9, l'association assure le retour du volontaire vers son lieu de résidence habituelle.

Art. 5. – L'association affilie le volontaire et ses ayants droit, à compter de la date d'effet du contrat, à un régime de sécurité sociale lui garantissant des droits d'un niveau identique à celui du régime général de la sécurité sociale française.

Ce régime de sécurité sociale assure la couverture des risques maladie, maternité, invalidité, décès, vieillesse, accidents du travail et maladies professionnelles. Pour les ayants droit, il assure la couverture des prestations en nature des risques maladie, maternité et invalidité.

Le volontaire et ses ayants droit bénéficient, dans des conditions fixées par décret, d'une assurance maladie complémentaire, d'une assurance responsabilité civile et d'une assurance pour le rapatriement sanitaire prises en charge par l'association.

Art. 6. – Le volontaire bénéficie au minimum d'un congé de deux jours non chômés, au sens de la législation de l'État d'accueil, par mois de mission, dès lors qu'il accomplit une mission d'une durée au moins égale à six mois.

Le volontaire bénéficie des congés de maladie, de maternité, de paternité et d'accueil de l'enfant et d'adoption prévus par le code du travail et le code de la sécurité sociale pour les travailleurs salariés.

Pendant la durée de ces congés, le volontaire perçoit la totalité de l'indemnité mentionnée à l'article 7.

Art. 7. – Une indemnité est versée au volontaire. Elle lui permet d'accomplir sa mission dans des conditions de vie décentes. Cette indemnité n'a pas le caractère d'un salaire ou d'une rémunération. Elle n'est soumise, en France, ni à l'impôt sur le revenu, ni aux cotisations et contributions sociales.

Le montant de l'indemnité et les conditions dans lesquelles elle est versée sont fixés pour chaque volontaire dans son contrat. Les montants minimum et maximum de l'indemnité sont fixés par arrêté du ministre des affaires étrangères en tenant compte des conditions d'existence dans l'État où la mission a lieu.

Art. 9. – Toute association qui souhaite faire appel au concours de volontaires dans les conditions prévues par la présente loi doit être agréée par le ministre des affaires étrangères. Cet agrément est délivré, pour une durée limitée, aux associations qui présentent des garanties suffisantes pour organiser des missions de volontaires de solidarité internationale dans les conditions prévues par la présente loi.

Art. 10. – La présente loi entrera en vigueur trois mois après sa publication.

Les conditions d'application de la présente loi sont fixées par décret.

Art. 11. – Les dispositions de la présente loi sont applicables à Saint-Pierre-et-Miquelon et à Mayotte.

....

■ DÉCRET 2005-600 DU 27 MAI 2005

pris pour l'application de la loi 2005-159 du 23 février 2005 relative au contrat de volontariat de solidarité internationale (JO 29) modifié par décrets 2008-1010 du 29 septembre 2008 (JO 30), 2009-716 du 18 juin 2009 (JO 19) et 2019-1379 du 18 décembre 2019 (JO 19, entrée en vigueur le 01.01.2020).

STAGES EN ENTREPRISE

■ CODE DE L'ÉDUCATION

PREMIÈRE PARTIE

LIVRE Ier

....

TITRE II

....

CHAPITRE IV – *Stages et périodes de formation en milieu professionnel*

Note • Toute personne ou organisme qui publie, pour son compte ou celui d'autrui, des offres de stage sur internet est tenu de les distinguer des offres d'emploi qu'il propose et d'en assurer le référencement spécifique dans ses outils de recherche (loi 2014-788 du 10 juillet 2014, art. 1er, IV, JO 11).

• Voir arrêté du 29 décembre 2014 (JO 10 févr. 2015) relatif aux conventions de stage (convention-type) dans l'enseignement supérieur.

• Voir aussi *RF Social*, février 2015, « Nouvelles règles à respecter pour accueillir des stagiaires » ; *RF Paye*, février 2015, « La paye du stagiaire ».

Art. L. 124-1. – Les enseignements scolaires et universitaires peuvent comporter, respectivement, des périodes de formation en milieu professionnel ou des stages. Les périodes de formation en milieu professionnel sont obligatoires dans les conditions prévues à l'article L. 331-4 du présent code.

Les périodes de formation en milieu professionnel et les stages ne relevant ni du 2° de l'article L. 4153-1 du code du travail, ni de la formation professionnelle tout au long de la vie, définie à la sixième partie du même code, font l'objet d'une convention entre le stagiaire, l'organisme d'accueil et l'établissement d'enseignement, dont les mentions obligatoires sont déterminées par décret.

Les périodes de formation en milieu professionnel et les stages correspondent à des périodes temporaires de mise en situation en milieu professionnel au cours desquelles l'élève ou l'étudiant acquiert des compétences professionnelles et met en œuvre les acquis de sa formation en vue d'obtenir un diplôme ou une certification et de favoriser son insertion professionnelle. Le stagiaire se voit confier une ou des missions conformes au projet pédagogique défini par son établissement d'enseignement et approuvées par l'organisme d'accueil.

L'enseignant référent prévu à l'article L. 124-2 du présent code est tenu de s'assurer auprès du tuteur mentionné à l'article L. 124-9, à plusieurs reprises durant le stage ou la période de formation en milieu professionnel, de son bon déroulement et de proposer à l'organisme d'accueil, le cas échéant, une redéfinition d'une ou des missions pouvant être accomplies.

Art. L. 124-1-1. – Par dérogation au troisième alinéa de l'article L. 124-1 et à l'article L. 124-3, les périodes de césure prévues à l'article L. 611-12 peuvent se dérouler sous forme de stage dans des conditions fixées par décret.

Art. L. 124-2. – L'établissement d'enseignement est chargé :

1° D'appuyer et d'accompagner les élèves ou les étudiants dans leur recherche de périodes de formation en milieu professionnel ou de stages correspondant à leur cursus et à leurs aspirations et de favoriser un égal accès des élèves et des étudiants, respectivement, aux périodes de formation en milieu professionnel et aux stages ;

2° De définir dans la convention, en lien avec l'organisme d'accueil et le stagiaire, les compétences à acquérir ou à développer au cours de la période de formation en milieu professionnel ou du stage et la manière dont ce temps s'inscrit dans le cursus de formation ;

3° De désigner un enseignant référent au sein des équipes pédagogiques de l'établissement, qui s'assure du bon déroulement de la période de formation en milieu professionnel ou du stage et du respect des stipulations de la convention mentionnée à l'article L. 124-1. Le nombre de stagiaires suivis simultanément par un même enseignant référent et les modalités de ce suivi pédagogique et administratif constant sont définis par le conseil d'administration de l'établissement, dans la limite d'un plafond fixé par décret ;

4° D'encourager la mobilité internationale des stagiaires, notamment dans le cadre des programmes de l'Union européenne.

Art. L. 124-2-1. – Chaque académie comporte au moins un pôle de stages qui associe aux établissements publics locaux d'enseignement les acteurs du monde éducatif, professionnel et associatif. Il accompagne les élèves des classes de troisième des collèges et des lycées professionnels dans la recherche de lieux de stages et de périodes de formation en milieu professionnel et leur assure un accès équitable et de qualité à ces stages et périodes.

Art. L. 124-3. – Les périodes de formation en milieu professionnel et les stages sont intégrés à un cursus pédagogique scolaire ou universitaire, selon des modalités déterminées par décret. Un volume pédagogique minimal de formation en établissement ou selon les modalités d'enseignement à distance proposées par l'établissement ainsi que les modalités d'encadrement de la période de formation en milieu professionnel ou du stage par l'établissement d'enseignement et l'organisme d'accueil sont fixés par ce décret et précisés dans la convention de stage.

Art. L. 124-3-1. – Des périodes d'observation en milieu professionnel dans une entreprise, une administration ou une association, d'une durée maximale d'une semaine, peuvent être proposées, en dehors des semaines réservées aux cours et au contrôle de connaissances, aux étudiants de l'enseignement supérieur, en vue de l'élaboration de leur projet d'orientation professionnelle. Dans l'exercice de leurs compétences, les chambres consulaires apportent leur appui à l'organisation de ces périodes.

Note Cet article s'applique depuis le 1er janvier 2019 (loi 2018-771 du 5 septembre 2018, art. 46, I, JO 6).

Art. L. 124-4. – Tout élève ou étudiant ayant achevé sa période de formation en milieu professionnel ou son stage transmet aux services de son établissement d'enseignement chargés de l'accompagner dans son projet d'études et d'insertion professionnelle un document dans lequel il évalue la qualité de l'accueil dont il a bénéficié au sein de l'organisme. Ce document n'est pas pris en compte dans son évaluation ou dans l'obtention de son diplôme.

Art. L. 124-5. – La durée du ou des stages ou périodes de formation en milieu professionnel effectués par un même stagiaire dans un même organisme d'accueil ne peut excéder six mois par année d'enseignement.

Art. L. 124-6. – Lorsque la durée du stage ou de la période de formation en milieu professionnel au sein d'un même organisme d'accueil est supérieure à deux mois consécutifs ou, au cours d'une même année scolaire ou universitaire, à deux mois consécutifs ou non, le ou les stages ou la ou les périodes de formation en milieu professionnel font l'objet d'une gratification versée mensuellement dont le montant est fixé par convention de branche ou par accord professionnel étendu ou, à défaut, par décret, à un niveau minimal de 15 % du plafond horaire de la sécurité sociale défini en application de l'article L. 241-3 du code de la sécurité sociale. Cette gratification n'a pas le caractère d'un salaire au sens de l'article L. 3221-3 du code du travail.

Le premier alinéa s'applique sans préjudice des dispositions de l'article L. 4381-1 du code de la santé publique.

La gratification mentionnée au premier alinéa est due au stagiaire à compter du premier jour du premier mois de la période de stage ou de formation en milieu professionnel. Son montant minimal forfaitaire n'est pas fonction du nombre de jours ouvrés dans le mois.

Un décret fixe les conditions dans lesquelles il peut être dérogé à la durée prévue au premier alinéa du présent article pour les périodes de formation en milieu professionnel réalisées dans le cadre des formations mentionnées à l'article L. 813-9 du code rural et de la pêche maritime.

Note • Les trois premiers alinéas de l'article L. 124-6 c. éduc., dans leur rédaction résultant de la présente loi, sont applicables aux conventions de stage signées depuis le 01.09.2015. L'article L. 612-11 du même code, dans sa rédaction en vigueur jusqu'à la publication de la présente loi, est applicable aux conventions de stage signées avant le 01.09.2015 (loi 2014-788 du 10 juillet 2014, art. 1er, II, JO 11).

• À défaut d'accord ou de convention de branche fixant un taux supérieur, la gratification minimale se calcule comme suit :
- conventions conclues avant le 01.12.2014 : 12,50 % du plafond horaire de la sécurité sociale par heure (c. éduc. art. D. 612-54 ancien) ;
- conventions conclues du 01.12.2014 au 30.08.2015 : 13,75 % du plafond horaire de la sécurité sociale par heure (décret 2014-1420 du 27 novembre 2014, art. 4, al. 2) ;
- conventions de stages conclues depuis le 01.09.2015 : 15 % du plafond horaire de la sécurité sociale par heure (c. éduc. art. L. 124-6).

Le décret 2014-1420 précité a par ailleurs aligné le seuil de franchise de cotisations sur les nouvelles valeurs (c. séc. soc. art. D. 242-2-1 modifié).

Art. L. 124-7. – Aucune convention de stage ne peut être conclue pour exécuter une tâche régulière correspondant à un poste de travail permanent, pour faire face à un accroissement temporaire de l'activité de l'organisme d'accueil, pour occuper un emploi saisonnier ou pour remplacer un salarié ou un agent en cas d'absence ou de suspension de son contrat de travail.

Art. L. 124-8. – Le nombre de stagiaires dont la convention de stage est en cours sur une même semaine civile dans l'organisme d'accueil ne peut pas être supérieur à un nombre fixé par décret en Conseil d'État. Ce nombre tient compte des effectifs de l'organisme d'accueil. Pour l'application de cette limite, il n'est pas tenu compte des périodes de prolongation prévues à l'article L. 124-15.

Par dérogation au premier alinéa du présent article, l'autorité académique fixe, dans des conditions déterminées par le décret en Conseil d'État prévu au même premier alinéa, le nombre de stagiaires qui peuvent être accueillis dans un même organisme d'accueil pendant une même semaine civile au titre de la période de formation en milieu professionnel prévue par le règlement du diplôme qu'ils préparent.

Art. L. 124-8-1. – L'autorité administrative se prononce de manière explicite sur toute demande précise et circonstanciée d'un organisme d'accueil ayant pour objet de connaître les modalités de prise en compte des effectifs servant de base au calcul du plafond de stagiaires autorisés.

La demande mentionnée au premier alinéa n'est pas recevable dès lors que les services chargés de l'application de la législation du travail ont engagé un contrôle sur le respect des dispositions de l'article L. 124-8.

La réponse de l'autorité administrative ne s'applique qu'à l'organisme d'accueil demandeur et est opposable pour l'avenir à l'autorité administrative tant que la situation de fait exposée dans la demande ou la législation au regard de laquelle la situation a été appréciée n'ont pas été modifiées ou jusqu'à ce que l'autorité administrative notifie au demandeur une modification de son appréciation.

Art. L. 124-9. – L'organisme d'accueil désigne un tuteur chargé de l'accueil et de l'accompagnement du stagiaire. Le tuteur est garant du respect des stipulations pédagogiques de la convention prévues au 2° de l'article L. 124-2.

Un accord d'entreprise peut préciser les tâches confiées au tuteur, ainsi que les conditions de l'éventuelle valorisation de cette fonction.

Art. L. 124-10. – Un tuteur de stage ne peut pas être désigné si, à la date de la conclusion de la convention, il est par ailleurs désigné en cette qualité dans un nombre de conventions prenant fin au-delà de la semaine civile en cours supérieur à un nombre fixé par décret en Conseil d'État.

Art. L. 124-11. – L'accueil successif de stagiaires, au titre de conventions de stage différentes, pour effectuer des stages dans un même poste n'est possible qu'à l'expiration d'un délai de carence égal au tiers de la durée du stage précédent. Cette disposition n'est pas applicable lorsque ce stage précédent a été interrompu avant son terme à l'initiative du stagiaire.

Art. L. 124-12. – Les stagiaires bénéficient des protections et droits mentionnés aux articles L. 1121-1, L. 1152-1 et L. 1153-1 du code du travail, dans les mêmes conditions que les salariés.

Art. L. 124-13. – En cas de grossesse, de paternité ou d'adoption, le stagiaire bénéficie de congés et d'autorisations d'absence d'une durée équivalente à celles prévues pour les salariés aux articles L. 1225-16 à L. 1225-28, L. 1225-35, L. 1225-37 et L. 1225-46 du code du travail.

Pour les stages et les périodes de formation en milieu professionnel dont la durée est supérieure à deux mois et dans la limite de la durée maximale prévue à l'article L. 124-5 du présent code, la convention de stage doit prévoir la possibilité de congés et d'autorisations d'absence au bénéfice du stagiaire au cours de la période de formation en milieu professionnel ou du stage.

Le stagiaire a accès au restaurant d'entreprise ou aux titres-restaurant prévus à l'article L. 3262-1 du code du travail, dans les mêmes conditions que les salariés de l'organisme d'accueil. Il bénéficie également de la prise en charge des frais de transport prévue à l'article L. 3261-2 du même code.

Art. L. 124-14. – La présence du stagiaire dans l'organisme d'accueil suit les règles applicables aux salariés de l'organisme pour ce qui a trait :

1° Aux durées maximales quotidienne et hebdomadaire de présence ;
2° À la présence de nuit ;
3° Au repos quotidien, au repos hebdomadaire et aux jours fériés.

Pour l'application du présent article, l'organisme d'accueil établit, selon tous moyens, un décompte des durées de présence du stagiaire.

Il est interdit de confier au stagiaire des tâches dangereuses pour sa santé ou sa sécurité.

Art. L. 124-15. – Lorsque le stagiaire interrompt sa période de formation en milieu professionnel ou son stage pour un motif lié à la maladie, à un accident, à la grossesse, à la paternité, à l'adoption ou, en accord avec l'établissement, en cas de non-respect des stipulations pédagogiques de la convention ou en cas de rupture de la convention à l'initiative de l'organisme d'accueil, l'autorité académique ou l'établissement d'enseignement supérieur valide la période de formation en milieu professionnel ou le stage, même s'il n'a pas atteint la durée prévue dans le cursus, ou propose au stagiaire une modalité alternative de validation de sa formation. En cas d'accord des parties à la convention, un report de la fin de la période de formation en milieu professionnel ou du stage, en tout ou partie, est également possible.

Art. L. 124-16. – Les stagiaires accèdent aux activités sociales et culturelles mentionnées à l'article L. 2323-83 du code du travail dans les mêmes conditions que les salariés.

Art. L. 124-17. – La méconnaissance des articles L. 124-8, L. 124-14 et de la première phrase du premier alinéa de l'article L. 124-9 est constatée par les agents de contrôle de l'inspection du travail mentionnés aux articles L. 8112-1 et L. 8112-5 du code du travail.

Les manquements sont passibles d'une amende administrative prononcée par l'autorité administrative.

Le montant de l'amende est d'au plus 2000 € par stagiaire concerné par le manquement et d'au plus 4000 € en cas de réitération dans un délai d'un an à compter du jour de la notification de la première amende.

Le délai de prescription de l'action de l'administration pour la sanction du manquement par une amende administrative est de deux années révolues à compter du jour où le manquement a été commis.

L'amende est recouvrée comme les créances de l'État étrangères à l'impôt et au domaine.

Art. L. 124-18. – La durée du ou des stages et de la ou des périodes de formation en milieu professionnel prévue aux articles L. 124-5 et L. 124-6 est appréciée en tenant compte de la présence effective du stagiaire dans l'organisme d'accueil, sous réserve de l'application de l'article L. 124-13.

Art. L. 124-19. – Pour favoriser la mobilité internationale, les stages ou les périodes de formation en milieu professionnel peuvent être effectués à l'étranger. Les dispositions relatives au déroulement et à l'encadrement du stage ou de la période de formation en milieu professionnel à l'étranger font l'objet d'un échange préalable entre l'établissement d'enseignement, le stagiaire et l'organisme d'accueil, sur la base de la convention définie au deuxième alinéa de l'article L. 124-1.

Art. L. 124-20. – Pour chaque stage ou période de formation en milieu professionnel à l'étranger, est annexée à la convention de stage une fiche d'information présentant la réglementation du pays d'accueil sur les droits et devoirs du stagiaire.

....

Art. D. 124-1. – Les périodes de formation en milieu professionnel ou les stages sont intégrés à un cursus de formation dans les conditions suivantes :

1° Les finalités, les modalités de mise en œuvre et l'évaluation des périodes de formation en milieu professionnel sont définies conformément aux dispositions de l'article D. 331-15 du présent code et de l'article R. 715-1-5 du code rural et de la pêche maritime.

2° Les finalités et les modalités de mise en œuvre des stages sont définies dans les textes réglementaires relatifs à l'organisation des formations. Les stages font l'objet d'une restitution de la part du stagiaire donnant lieu à évaluation de la part de l'établissement et à attribution de crédits européens, le cas échéant.

Note Ce chapitre IV du titre II du livre Ier de la partie réglementaire est issu du décret 2014-1420 du 27 novembre 2014 (JO 30). Les dispositions de ce décret sont applicables aux conventions conclues depuis son entrée en vigueur (01.12.2014). Toutefois, pour les conventions de stage signées avant le 01.09.2015, le montant horaire de la gratification due au stagiaire est fixé, en l'absence de convention de branche ou d'accord professionnel étendu fixant un taux supérieur, à 13,75 % du plafond horaire de la sécurité sociale en application de l'article L. 241-3 c. séc. soc. (décret précité, art. 4).

Art. D. 124-2. – Les périodes de formation en milieu professionnel et les stages définis à l'article L. 124-1 font partie d'un cursus de formation dont le volume pédagogique d'enseignement est, au minimum, de deux cents heures par année d'enseignement.

Les périodes de formation en milieu professionnel ou les stages n'entrent pas dans le décompte de ce volume pédagogique.

Dans l'enseignement scolaire, le volume pédagogique d'enseignement de deux cents heures est dispensé en présence des élèves.

Dans l'enseignement supérieur, le volume pédagogique d'enseignement de deux cents heures comporte un minimum de cinquante heures dispensées en présence des étudiants.

Art. D. 124-3. – Conformément à l'article L. 124-2, l'établissement d'enseignement désigne l'enseignant référent parmi les membres des équipes pédagogiques. Celui-ci est responsable du suivi pédagogique de la période de formation en milieu professionnel ou du stage.

Dans l'enseignement scolaire, un même enseignant référent ne peut suivre simultanément plus de seize stagiaires.

Dans l'enseignement supérieur, un même enseignant référent ne peut suivre simultanément plus de vingt-quatre stagiaires.

Le conseil d'administration de l'établissement d'enseignement ou l'instance équivalente détermine les modalités du suivi régulier des stagiaires par les enseignants référents.

Art. D. 124-4. – La convention de stage est signée par l'établissement d'enseignement, l'organisme d'accueil, le stagiaire ou son représentant légal, l'enseignant référent et le tuteur de stage. Elle comporte les mentions obligatoires suivantes :

1° L'intitulé complet du cursus ou de la formation du stagiaire et son volume horaire par année d'enseignement ou par semestre d'enseignement, selon les cas ;

2° Le nom de l'enseignant référent de l'établissement d'enseignement et le nom du tuteur dans l'organisme d'accueil ;

3° Les compétences à acquérir ou à développer au cours de la période de formation en milieu professionnel ou du stage ;

4° Les activités confiées au stagiaire en fonction des objectifs de formation et des compétences à acquérir définies au 3° et validées par l'organisme d'accueil ;

5° Les dates du début et de la fin de la période de formation en milieu professionnel ou du stage ainsi que la durée totale prévue, calculée selon les modalités prévues à l'article D. 124-6 ;

6° La durée hebdomadaire de présence effective du stagiaire dans l'organisme d'accueil et sa présence, le cas échéant, la nuit, le dimanche ou des jours fériés, en application de l'article L. 124-14 ;

7° Les conditions dans lesquelles l'enseignant référent de l'établissement d'enseignement et le tuteur dans l'organisme d'accueil assurent l'encadrement et le suivi du stagiaire ;

8° Le montant de la gratification versée au stagiaire et les modalités de son versement, le cas échéant ;

9° Le régime de protection sociale dont bénéficie le stagiaire, y compris la protection en cas d'accident du travail, conformément aux *a*, *b* et *f* du 2° de l'article L. 412-8 du code de la sécurité sociale ou aux 1° et 8° du II de l'article L. 751-1 du code rural et de la pêche maritime et au 1° de l'article L. 761-14 du même code ainsi que, le cas échéant, l'obligation faite au stagiaire de justifier d'une assurance couvrant sa responsabilité civile ;

10° Les conditions dans lesquelles le stagiaire est autorisé à s'absenter, notamment dans le cadre d'obligations attestées par l'établissement d'enseignement et des congés et autorisations d'absence mentionnés à l'article L. 124-13 ;

11° Les modalités de suspension et de résiliation de la convention de stage ;

12° Les modalités de validation du stage ou de la période de formation en milieu professionnel en cas d'interruption, conformément à l'article L. 124-15 ;

13° La liste des avantages offerts par l'organisme d'accueil au stagiaire, notamment l'accès au restaurant d'entreprise ou aux titres-restaurant prévus à l'article L. 3262-1 du code du travail et la prise en charge des frais de transport prévue à l'article L. 3261-2 du même code, le cas échéant, ainsi que les activités sociales et culturelles mentionnées à l'article L. 2323-83 du code du travail ;

14° Les clauses du règlement intérieur de l'organisme d'accueil qui sont applicables au stagiaire, le cas échéant ;

15° Les conditions de délivrance de l'attestation de stage prévue à l'article D. 124-9.

La convention de stage peut faire l'objet d'avenants, notamment en cas de report ou de suspension de la période de formation en milieu professionnel ou du stage.

Art. D. 124-5. – Les établissements d'enseignement public et les établissements d'enseignement privés dispensant une formation dont les élèves ou les étudiants accomplissent des périodes de formation en milieu professionnel ou des stages prévus à l'article L. 124-1 élaborent, en concertation avec les organismes d'accueil intéressés, la convention de stage sur la base d'une convention type définie par les ministres intéressés.

Art. D. 124-6. – La durée du (ou des) stage(s) ou de la (ou des) période(s) de formation en milieu professionnel prévue aux articles L. 124-5 et L. 124-6 est calculée en fonction du temps de présence effective du stagiaire dans l'organisme d'accueil. Chaque période au moins égale à sept heures de présence, consécutives ou non, est considérée comme équivalente à un jour et chaque période au moins égale à vingt-deux jours de présence, consécutifs ou non, est considérée comme équivalente à un mois.

Art. D. 124-7. – Les trajets effectués par les stagiaires accueillis au sein d'un organisme de droit public entre leur domicile et le lieu où ils accomplissent leur période de formation en milieu professionnel ou de stage sont pris en charge dans les conditions fixées par le décret n° 2010-676 du 21 juin 2010 instituant une prise en charge partielle du prix des titres d'abonnement correspondant aux déplacements effectués par les agents publics entre leur résidence habituelle et leur lieu de travail.

Le stagiaire accueilli dans un organisme de droit public et qui effectue une mission dans ce cadre bénéficie de la prise en charge de ses frais de déplacement temporaire selon la réglementation en vigueur.

Pour l'application des alinéas précédents, est assimilé à la résidence administrative du stagiaire le lieu de la période de formation en milieu professionnel ou du stage indiqué dans la convention de stage.

Art. D. 124-8. – La gratification de stage définie à l'article L. 124-6 est due au stagiaire sans préjudice du remboursement des frais engagés par celui-ci pour effectuer la période de formation en milieu professionnel ou le stage et des avantages offerts, le cas échéant, pour la restauration, l'hébergement et le transport.

La durée du stage est décomptée en fonction de la durée de présence du stagiaire selon les modalités prévues à l'article D. 124-6.

La gratification prévue à l'article L. 124-6 est due pour chaque heure de présence du stagiaire dans l'organisme d'accueil, à compter du premier jour du premier mois de la période de formation en milieu professionnel ou du stage. Elle est versée mensuellement.

La gratification due par une administration, un établissement public ou tout organisme de droit public ne peut être cumulée avec une rémunération versée par ce même organisme d'accueil au cours de la période concernée. Le montant de cette gratification ne peut excéder le taux défini à l'article L. 124-6.

Tout organisme d'accueil peut prévoir de verser une gratification lorsque la durée de la période de formation en milieu professionnel ou du stage est inférieure à la durée définie à l'article L. 124-6.

Art. D. 124-9. – Une attestation de stage est délivrée par l'organisme d'accueil à tout élève ou étudiant. Cette attestation mentionne la durée effective totale du stage et le montant total de la gratification versée au stagiaire, le cas échéant.

Art. R. 124-10. – Le nombre de stagiaires dont la convention de stage est en cours pendant une même semaine civile dans l'organisme d'accueil doté de la personnalité morale ne peut excéder :

1° 15 % de l'effectif arrondis à l'entier supérieur pour les organismes d'accueil dont l'effectif est supérieur ou égal à vingt ;

2° Trois stagiaires, pour les organismes d'accueil dont l'effectif est inférieur à vingt.

Note Les articles R. 124-10 à 12 et 13 sont applicables aux conventions conclues postérieurement au 28 octobre 2015 (décret 2015-1359 du 26 octobre 2015, art. 6).

Art. R. 124-11. – Pour les périodes de formation en milieu professionnel rendues obligatoires par l'article L. 331-4, le recteur de région académique peut fixer par arrêté un nombre de stagiaires supérieur à celui mentionné à l'article R. 124-10, dans la limite de 20 % de l'effectif lorsque celui-ci est supérieur ou égal à trente et dans la limite de cinq stagiaires lorsqu'il est inférieur à trente. Il peut limiter cette dérogation à des secteurs d'activités qu'il détermine. Pour l'appréciation de ces deux limites, il est tenu compte de l'ensemble des personnes accueillies au titre des stages et des périodes de formation en milieu professionnel.

Art. R. 124-12. – Pour l'application des articles R. 124-10 et R. 124-11, l'effectif est égal :

1° Au nombre des personnes physiques employées dans l'organisme d'accueil au dernier jour du mois civil précédant la période sur laquelle est appréciée la condition ;

2° À la moyenne sur les douze mois précédents du nombre des personnes mentionnées au 1°, si elle est supérieure au nombre mentionné au 1°.

Pour les administrations et établissements publics administratifs, l'effectif s'entend de l'ensemble des personnels exerçant leurs fonctions dans l'organisme d'accueil, apprécié selon les modalités définies au présent article.

Art. R. 124-12-1. – La demande mentionnée à l'article L. 124-8-1 précise le nom ou la raison sociale de son auteur, son adresse ainsi que les catégories de personnes que l'organisme d'accueil envisage de prendre en compte en vue de la détermination de son effectif pour l'application des articles R. 124-10 et R. 124-11.

Elle est présentée au directeur régional de l'économie, de l'emploi, du travail et des solidarités de la région dans laquelle est situé le siège de l'organisme d'accueil par tout moyen conférant date certaine à sa réception.

Si la demande est incomplète, le service invite le demandeur, dans les mêmes formes, à fournir les éléments complémentaires nécessaires.

Le directeur régional de l'économie, de l'emploi, du travail et des solidarités se prononce dans un délai de trois mois à compter de la date de réception de la demande ou des éléments complémentaires demandés.

Art. R. 124-13. – Une même personne ne peut être désignée en qualité de tuteur dans un organisme d'accueil lorsqu'elle l'est déjà dans trois conventions de stage en cours d'exécution à la date à laquelle la désignation devrait prendre effet.

....

■ DÉCRET 2006-757 DU 29 JUIN 2006

portant application de l'article 10 de la loi 2006-396 du 31 mars 2006 pour l'égalité des chances (JO 30).

■ DÉCRET 2006-1627 DU 18 DÉCEMBRE 2006

relatif à la protection contre les accidents du travail et les maladies professionnelles des stagiaires mentionnés aux a, b et f du 2° de l'article L. 412-8 et modifiant le code de la sécurité sociale (JO 20).-

■ DÉCRET 2015-284 DU 11 MARS 2015

précisant les modalités et conditions de validation des stages en entreprise par le régime général d'assurance vieillesse (JO 14) (c. séc. soc. art. D. 351-16 à 20).

ANNEXE

CONVENTIONS INTERNATIONALES DU TRAVAIL *APPLICABLES* EN FRANCE

• Voir « Listes des ratifications par convention et par pays », Conférence internationale du Travail, édition du BIT.

• Les conventions *précédées d'un astérisque* ne sont pas applicables dans les départements d'outre-mer.

• Par arrêté du 18 novembre 1983 (JO 2 décembre 1983) a été instituée, auprès du ministre chargé des Affaires sociales et de la Solidarité nationale, une commission consultative pour l'Organisation internationale du travail (OIT) (1).

* **Convention 2 (1919)** concernant le chômage.

Convention 3 (1919) concernant l'emploi des femmes avant et après l'accouchement.

Convention 6 (1919) concernant le travail de nuit des enfants dans l'industrie.

Convention 11 (1921) concernant les droits d'association-coalition des travailleurs agricoles.

Convention 12 (1921) sur la réparation des accidents du travail dans l'agriculture.

Convention 13 (1921) concernant l'emploi de la céruse dans la peinture.

Convention 14 (1921) concernant l'application du repos hebdomadaire dans les établissements industriels.

Convention 17 (1925) sur la réparation des accidents du travail.

Convention 18 (1925) sur les maladies professionnelles.

Convention 19 (1925) sur l'égalité de traitement (accidents du travail).

* **Convention 26 (1928)** concernant l'institution de méthodes de fixation des salaires minima.

Convention 27 (1929) concernant l'indication du poids sur les gros colis transportés par bateau.

Convention 29 (1930) concernant le travail forcé ou obligatoire.

La France a également ratifié le Protocole 29 de 2014 relatif à la convention sur le travail forcé.

Convention 42 (1934) concernant la réparation des maladies professionnelles.

Convention 43 (1934) concernant la durée du travail dans les verreries à vitres automatiques.

Convention 44 (1934) assurant aux chômeurs involontaires des indemnités ou des allocations.

Convention 49 (1935) concernant la réduction de la durée du travail dans les verreries à bouteilles.

Convention 52 (1936) concernant les congés annuels payés.

Convention 62 (1937) concernant les prescriptions de sécurité dans l'industrie du bâtiment.

* **Convention 63 (1938)** concernant les statistiques des salaires et des heures de travail dans les principales industries minières et manufacturières, y compris le bâtiment et la construction, et dans l'agriculture.

* **Convention 77 (1946)** concernant l'examen médical d'aptitude à l'emploi dans l'industrie des enfants et des adolescents.

* **Convention 78 (1946)** concernant l'examen médical d'aptitude à l'emploi aux travaux non industriels des enfants et des adolescents.

Convention 81 (1947) concernant l'inspection du travail dans l'industrie et le commerce.

Convention 82 (1947) concernant la politique sociale dans les territoires non métropolitains.

Convention 84 (1947) concernant le droit d'association et le règlement des conflits du travail dans les territoires non métropolitains.

Convention 85 (1947) concernant l'inspection du travail dans les territoires non métropolitains.

---

(1) Cette commission chargée de mettre en œuvre les dispositions de la convention 144 et de la recommandation 152 de l'OIT concernant les consultations tripartites relatives aux normes internationales du travail et plus généralement d'assurer une consultation tripartite sur l'ensemble des affaires de l'OIT (art. 1er de l'arrêté) se réunit au moins une fois par an sur convocation du ministre chargé du travail, président de ladite commission.

Convention 87 (1948) concernant la liberté syndicale et la protection du droit syndical.

* **Convention 88 (1948)** concernant l'organisation du service de l'emploi.

Convention 90 (1948) concernant le travail de nuit des enfants occupés dans l'industrie.

Convention 94 (1949) concernant les clauses de travail dans les contrats passés par une autorité publique.

Convention 95 (1949) concernant la protection du salaire.

* **Convention 97 (1949)** concernant les travailleurs migrants.

Convention 98 (1949) concernant l'application des principes du droit d'organisation et de négociation collective.

Convention 99 (1951) concernant les méthodes de fixation des salaires minima dans l'agriculture.

Convention 100 (1951) concernant l'égalité de rémunération entre la main-d'œuvre masculine et la main-d'œuvre féminine pour un travail de valeur égale.

Convention 101 (1952) concernant les congés payés dans l'agriculture.

Convention 105 (1957) concernant l'abolition du travail forcé.

Convention 106 (1957) concernant le repos hebdomadaire dans le commerce et les bureaux.

Convention 111 (1958) concernant la discrimination en matière d'emploi et de profession.

Convention 115 (1960) concernant la protection des travailleurs contre les radiations ionisantes.

Convention 120 (1964) concernant l'hygiène dans le commerce et les bureaux.

* **Convention 122 (1964)** concernant la politique de l'emploi.

Convention 124 (1965) concernant l'examen médical d'aptitude des adolescents à l'emploi aux travaux souterrains dans les mines.

Convention 125 (1966) concernant les brevets de capacité des pêcheurs.

* **Convention 127 (1967)** concernant le poids maximum des charges pouvant être transportées par un seul travailleur.

* **Convention 129 (1969)** concernant l'inspection du travail dans l'agriculture.

* **Convention 131 (1970)** concernant la fixation des salaires minima, notamment en ce qui concerne les pays en voie de développement.

Convention 135 (1971) concernant la protection des représentants des travailleurs dans l'entreprise et les facilités à leur accorder.

Convention 136 (1971) concernant la protection contre les risques d'intoxication dus au benzène.

Convention 137 (1973) sur le travail dans les ports.

Convention 138 (1973) concernant l'âge minimum d'admission à l'emploi.

Convention 139 (1974) concernant la prévention et le contrôle des risques professionnels causés par les substances et agents cancérogènes.

* **Convention 140 (1974)** concernant le congé-éducation payé.

Convention 141 (1975) concernant les organisations de travailleurs ruraux et leur rôle dans le développement économique et social.

Convention 142 (1975) concernant le rôle de l'orientation et de la formation professionnelle dans la mise en œuvre des ressources humaines.

Convention 144 (1976) concernant les consultations tripartites relatives aux normes internationales du travail.

Convention 148 (1977) concernant la pollution de l'air, le bruit et les vibrations dans le milieu du travail.

Convention 149 (1977) concernant le personnel infirmier.

Convention 152 (1979) concernant la sécurité et l'hygiène dans les manutentions portuaires.

Convention 156 (1981) concernant l'égalité des chances et de traitement pour les travailleurs des deux sexes : travailleurs ayant des responsabilités familiales.

Convention 158 (1982) concernant la cessation de la relation de travail à l'initiative de l'employeur.

Convention 159 (1983) concernant la réhabilitation professionnelle et l'emploi de personnes handicapées.

Convention 181 (1997) sur les agences d'emploi privées.

Convention 182 (1999) concernant l'interdiction des pires formes de travail des enfants et l'action immédiate en vue de leur élimination.

Convention 185 (2003) concernant les pièces d'identité des gens de mer.

Convention du travail maritime (2006).

Convention 187 (2006) sur le cadre promotionnel pour la sécurité et la santé au travail.

Convention 188 (2007) sur le travail dans la pêche.

Table alphabétique

Les numéros renvoient aux articles du code. Pour trouver rapidement les pages correspondantes du code, se reporter à la table de référence page XLVII. Pour les textes non codifiés (TNC), se reporter à la page 2705.

Aux éditions du Groupe Revue Fiduciaire

FISCAL

Les codes
Le code général des impôts
Le Contrôle fiscal

Les dictionnaires
Fiscal - Dictionnaire pratique

Les guides
Dividendes - Distributions
Guide de la TVA
La TVA intracommunautaire et internationale
Prélèvement à la source
Titres des dirigeants : quelle fiscalité ?

Pratiques d'experts
Gestion fiscale du patrimoine
Initiation à l'intégration fiscale
La gestion fiscale des holdings
Les fusions de sociétés
L'intégration fiscale

PATRIMOINE

Les essentiels
Le Patrimoine privé
Le Patrimoine professionnel

Les guides
Le guide des donations et des successions
L'impôt sur la fortune immobilière
La fiscalité de tous vos placements
L'épargne salariale dans une petite entreprise
Transmission d'entreprise

Pratiques d'experts
Démembrement de l'immobilier d'entreprise

COMPTABILITÉ

Les codes
Code comptable
Le Code IFRS
Le Plan de comptes

Les dictionnaires
Comptable et financier - Dictionnaire pratique

Les guides
Comprendre les comptes d'une entreprise
Du PCG aux IFRS
La comptabilité du CSE : mode d'emploi
L'arrêté des comptes (2 tomes)
Les méthodes d'évaluation d'entreprise
Maîtriser les IFRS
Manuel de consolidation

Cléon
Poche
Bureau

SOCIAL

Les codes

Le Code du Travail (non annoté)
Le Code du Travail Annoté

Les dictionnaires

Jurisprudence Sociale - Dictionnaire pratique
Social - Dictionnaire pratique

Les essentiels

Le droit du travail en infographies pratiques

Les guides

Contrôle URSSAF
Épargne salariale et actionnariat salarié
Inaptitude physique et maladie du salarié
La retraite du salarié
Mobilité internationale des salariés
Réforme du code du travail
Ruptures conventionnelles

Pratiques d'experts

Le comité social et économique
Comprendre le droit du travail
Durée et aménagement du temps de travail
Les clés pour négocier un accord d'entreprise
Moi manager, mes droits et mes devoirs en droit du travail
Piloter le contrôle de gestion sociale
Procès aux prud'hommes

PAYE

Les dictionnaires

DSN - Dictionnaire pratique
Paye - Dictionnaire pratique

VIE DES AFFAIRES

Les guides

Créer, organiser, gérer un groupe de PME
Guide des associations
Le bail commercial
Le mémento de la SA non cotée
Le mémento de la SARL et de l'EURL
Le mémento de la SAS et de la SASU
Le mémento de la SCI
Le mémento de l'EIRL
Professions libérales
Faire échec aux impayés

Pratiques d'experts

Dirigeants de sociétés
Maîtriser le RGPD dans l'entreprise

MÉTIERS

Pratiques d'experts

Comment réussir la transformation numérique du cabinet
L'Expert comptable augmenté